明文 새 中韓辭典

編者 許 世 旭

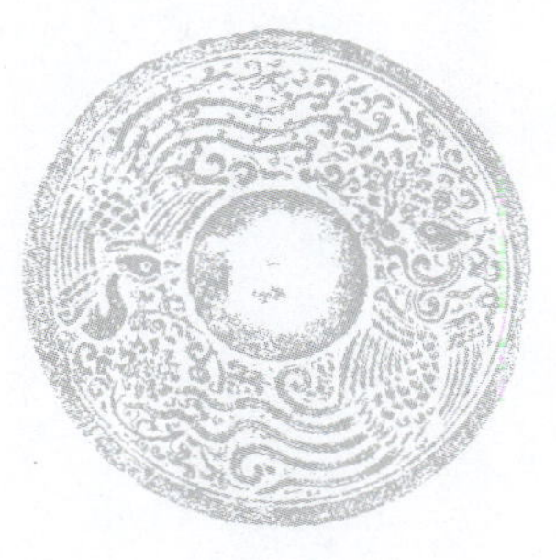

圖書出版 明文堂

머 리 말

이 사전을 편찬하기 시작한 지 이미 5년이 되었읍니다. 생각컨대 중국도 5·4 문화혁명(文化革命) 이후 근래에 와서 눈부신 발전과 변화가 있었읍니다. 국어 정책의 급속한 구체화 방안과 더불어 오늘날의 중국은 언어면에서도 많은 변화가 생겼읍니다. 어휘의 신진대사(新陳代謝)와 발음·의미·용법의 변화는 말할 것도 없거니와, 이 나라의 언어나 문장에도 새로운 양상을 가져왔다고 할 수 있겠읍니다. 따라서 재래의 사전은 약간 퇴색한 것이 되고,경우에 따라 그 용도마저 없어질것이라는 말까지 들려옵니다.

이 사전은 이러한 현실에 즉응하여 현대적인 생생한 언어에 중점을 두고, 문학 작품·논문·신문·잡지·방송 등에 대하여 보다 현실적이고, 보다 정확하며, 보다 도움이 되도록 편집에 중점을 두었읍니다. 이 사전의 모체(母體)가 된 것은 사용상 충분하다고 생각되는 표제자(標題字) 약 10,000자(字)와 다수의 문헌(文獻)이나 또는 일상 생활에 사용하는 언어 중에서 채집한 100,000개의 어휘(語彙)에서 사용 빈도를 고려하여 정선(精選)된 약 6만의 어휘로 구성되었는데 최신 여러 사전들을 참고로 하여 편집을 하였으며, 그 구체적인 내용은 다음과 같습니다.

1. 문자(文字)
   ① 표제자(標題字) 약 10,000자(字), 어휘(語彙) 약 60,000 이상으로써 현대중국어 사전으로서는 가장 완비된 사전이라 하겠읍니다.
   ② 자체(字體)는 특별한 경우를 제외하고는 번체자(繁體字)를 전적으로 채용하고, 간체자(簡體字)·이체자(異體字)도 병기하였읍니다.
2. 발음(發音)
   ① 최근의 표준적인 발음을 웨이드식 로마자와 주음 자모(注音字母)로 병기(倂記)하였읍니다.
   ② 표음 자모(表音字母)도 알 수 있게 표기 대조표를 수록하였읍니다.
   ③ 근래의 중국어 표준화 진행에 따라 이독(異讀)을 정리 통합하고 간단하고 알기 쉬운 발음으로 하려는 움직임 외에 자음(字音) 그 자체, 특히 성조(聲調)의 변화를 일으키는 것이 적지 않은 것은 우리들도 주의하여야 할 일입니다. 따라서 여러 가지 새로운 참고 서적을 참조하고 가장 표준적인 것을 채용하였읍니다.
3. 어휘(語彙)의 선정(選定)
   ① 현대에 있어서 비교적 상용되는 공통어(共通語)를 중심으로 하여 문장에서 자주 보이는 방언·숙어·성어·이언(俚諺) 따위도 수록하였읍니다.
   ② 현대에 있어서는 문어(文語)도 사용도가 적지 않으므로 필요한 것은 될 수 있는 한 수록하였읍니다.
   ③ 한국·중국의 공통의 복합어로서 예컨대 "國家·政治·工業" 따위와 같은 것은 이 사전 전체에 분량의 제한이 있기 때문에 원칙으로는 채록(採録)하지 않았지만 부록에 일괄하여 수록하고, 경성(輕聲)과 같은 발음상의 주의할 점이 있는 것이나 의미·용법상의 한국어 단어와 다른 것은 될 수 있는 대로 채록하였읍니다.
4. 한중 동의어(韓中同意語) 수록

   한중 동의어는 원칙으로 수록하지 않은 것을 일괄하여 별표 부록에 수록하였읍니다.

5. 상용 이언(常用俚諺)의 수록

상당수(相當數)의 이언이 수록되었지만 다시 편리하도록 추가 수집하여 별표 부록에 수록하였읍니다.

6. 검자표(檢字表)의 개량

본문에 채용되지 않은 간체자로 중국에서 널리 사용되는 것은 모두 색인(索引)에 의하여 곧 검출(檢出)되도록 하였으며 이 밖에도 필요한 부록을 다수 첨부하였읍니다.

7. 주석(註釋)

허사(虛辭)나 실사(實辭)의 일부는 우리말에 비하여 의미의 폭이 넓고 용법(用法)이 복잡한 것이 많으며, 또한 반대로 의미의 폭이 좁고 유사(類似)한 말과 구별하기 힘든 것도 있읍니다. 이런 점에 대해서는 특별히 많은 예를 들어 상세히 설명하였고, 그리고 근래에 와서 새로 생긴 의미·용법에 대하여도 주의를 게을리하지 않았으며, 현대 중국의 사실 그대로의 모습을 될 수 있는 한 정확히 기술하도록 노력하였읍니다.

편 자 씀

개정판(改訂版)에 즈음하여

사전(辭典)의 편찬이란 매우 어려운 일이어서, 초판본(初版本)에는 다소의 미진(未盡)한 부분이 없지 않았읍니다. 다행히 중국어계(界)의 찬사 속에서 초판이 매진(賣盡)되어 재판(再版)을 냄에 있어 전면 검색(檢索)하여 그 부족분을 남김없이 개고수정(改稿修正)하였읍니다. 사전의 어려움을 새삼 실감하면서 다음의 중판(重版) 때를 다시 기약합니다.

부록(附錄)을 다시 체계화(體系化)하였음을 부언(附言)합니다.

1999年 10月

편 자 씀

일 러 두 기

이 사전의 구성

1. 머리말
2. 일러두기
3. 본 문
4. 부 록

   ① 한중 동의 복합어표(韓中同義複合語表)
   ② 상용 이언집(常用俚諺集)
   ③ 성씨표(姓氏表)
   ④ 중국 소수 민족표(中國小數民族表)
   ⑤ 음역 고유 명사표(音譯固有名詞表)
   ⑥ 화학 원소명(化學元素名)
   ⑦ 발음 표기법 대조표(發音表記法對照表)
   ⑧ 간체자 일람표(簡體字一覽表)
   ⑨ 한자·편방 간화표(漢字偏旁簡化表)

5. 색인(索引)

   ① 부수 검자표(部首檢字表)
   ② 부수 색인(部首索引)

이 사전의 사용법

1. 표제자의 발음을 웨이드(wade)식 발음으로 알고 있을 경우에는 직접 본문을 알파벳순으로 찾을 수가 있다.
2. 표제자의 발음을 주음 자모(注音字母)나 표음 자모(表音字母 : 拼音字母)로 알고 있을 경우에는 발음 표기법 대조표를 이용하면 된다.
3. 표제자의 발음을 모를 경우에는 부수 색인(部首索引)을 이용하기 바란다.

표제자에 대하여

1. 배열
   ① 웨이드식 로마자 발음 표기에 의하여 알파벳순으로 배열하였다.
   ② 음이 같은 것은 사성(四聲)에 따라 제1성(上聲聲)·제2성(下聲聲)·제 3성(上聲) · 제 4 성(去聲)및 경성(輕聲)의 순으로 실었다.
   ③ 동음 동성(同音同聲)인 경우에 방별(旁別)로 적은 것부터 많은 획수의 글자의 차례로 배열하였다.
2. 간체자(簡體字)와 이체자(異體字)
   ① 간체자와 이체자가 있을 경우에는 특별한 경우를 제외하고는 될 수 있는 한 표제자 다음 ( )속에 넣어 실었다.
   ② 간체자라 하더라도 공통의 많은 이체자를 가지고 있는 것과 흔히 널리 쓰이는 글자는 표제자의 ( )앞에 내세웠다.
   ③ 그 표제자와의 관계는 다음과 같다.
   [價] (价), [鋪] (铺)는 간체자 및 이체자이다.
3. 발음

① 발음은 웨이드식 로마자와 주음 자모(注音字母)를 병기(倂記)하고, 사성(四聲)은 직관 부호(直觀符號)인 " - ˊ ˇ ˋ "로 표시하며 경성(輕聲)은 무표시로 하였다. 다만 주음 자 모(注音字母)에는 제 1 성에도 무표시로 하였다.

② 표제자에 두 가지 이상의 발음이 있을 경우에는 다음과 같이 처리하였다.

㉮ 같은 문자로서 의미에 따라 발음의 차이가 생겼을 경우에는 다시 다른 표제자를 정했다.

㉯ 이 경우에는 참조 부호(參照符號) ☞표로써 표시하였다.

③ 의의(意義)가 같아도 몇 가지 발음이 있을 경우에는 다음과 같이 하였다.

㉮ [百] Pái ㄅㄞˊ 〈文〉 Pó

㉯ [痴] Ch īh ㄔ , Ch íh

㉮의 〈文〉은 문어음(文語音)이고 다음의 ㉯는 어느 쪽이나 발음해도 좋다는 뜻이다.

4. 주석

① 표제자의 뜻이 몇 가지로 나누어질 경우에는 ①②③…으로 나누어서 표시하였는데, **① ② ③**‥처럼 고딕으로 표시한 것은 그 의미(意味)의 경우 하나의 단어(單語)임을 나타낸다.

② 표제자 다음 ( )속에 있는 한자(漢字)에 붙은 번호는 의미 번호(意味番號)이므로 그 주석의 번호와 대조하도록 하였다. 그 관계는 다음과 같다.

[沙] (砂① ②). (砂① ②)에 있는 ①②는 표제자 주석의 ①②의 뜻을 가지고 있음을 의미한다.

어휘(語彙)에 대하여

1 배열

배열은 표제자의 배열과 같이 웨이드식 로마자의 알파벳순으로 하고, 동음인 경우에는 사성순으로 하였다.

2. 발음

① 발음은 웨이드식과 주음 자모(注音字母)를 병기(倂記)하고, 사성(四聲)은 직관 부호로 하였으며 경성(輕聲)과 주음 자모로 표기한 제 1 성은 무표시로 했다.

② 변성(變聲)은 직접 표시하고 원성(原聲)을 겹쳐 표시하지 않았다.

③ 동일한 어휘에서 몇 가지의 발음이 있을 경우에는 〈文〉·「,」로 표시하고 〈文〉은 문어음(文語音),「,」는 그러한 음으로 발음하여도 무관하다는 것이고 《北》은 뻬이핑(北平 : 北京)음인 것을 의미한다.

④ 발음 변화에 의하여 의미 변화가 생기는 것은 다음과 같이 처리하였다.

[隔膜] kómó ㄍㄜㄇㄛ ①… ②kómo… ③… ④…

이 경우에 kómó ㄍㄜˊㄇㄛˊ①…은 ①에만 설명이나 뜻이 미치고 ②③④에는 미치지 못한다. 그러나 ②kómo는 ②…의 뜻에 미칠 뿐만 아니라 ③④에도 미친다.

3. 주석

① 의미가 몇 가지로 나누어지는 것은 ①②③…로 구별하고 다시 그 중에서 세분되는 것은 ㉮㉯㉰…로 표시하였다.

② 주석 중에 의미의 보충·한정이나 방언·변화 형식·동의어 등은 부호·약어로 표시하였으며, 약어는 구분이 어려울 경우에만 붙였으므로 참작하기 바란다.

4. 기재 중의 요령

① 어휘 중에 한 단어로 인정되는 것은 원칙적으로 붙여 썼으며 성어나 숙어 중 병열(並列)·연합 관계(聯合關係)로 성립된 것은 하이픈을 붙였고, 중간에 허사(虛辭)를 가지고 있는 것은 사음절(四音節) 이내의 것은 붙여 기록했다.

② 방언·구어(舊語)·성어(成語)·경어(敬語) 따위의 표시는 부호나 약어표에 따르도록 하였다.

「儿化韻」에 대하여

접미어(接尾語)「一兒」을 그 앞의 운모(韻母)와 결합하여 하나의 음절 변화(音節變化)를 수반하는 수가 많다.
웨이드식에 따라 본래의 음절에 [—rh] 만을 붙이는데, 음 변화를 고려하여 주음(注音)할 경우에는 다음과 같은 표기도 하고 있다.

1. [—rh]을 붙이는 경우

—a	fărh	(法兒)	fărh
—o	ts'ōrh	(錯兒)	ts'ōrh
—e	kōrh	(哥兒)	kōrh
—u	t'ùrh	(兎兒)	t'ùrh
—ng	tūngrh	(東兒)	tūngrh

2. 끝의 모음이나 자음을 제거하고 [-rh]을 붙이는 경우.

-ai	kàirh	(蓋兒)	kàrh
-ei	wèirh	(味兒)	wề rh
-ien	piēnrh	(邊兒)	piērh
-ên	fê̄nrh	(分兒)	fê̄rh

3. [-êrh]을 붙이는 경우.

-i	chīrh	(鷄兒)	chiê̄rh
-ü	yǘrh	(魚兒)	yüếrh

4. 끝에 자음을 제거하고 [-êrh]을 붙이는 경우.

-in	hsìnrh	(信兒)	hsiềrh

5. chih, ch'ih, shih,jih,tzŭ,tz'ŭ,ssŭ는 [ih]·[ŭ]가 [-êrh]로 변한다.

-ih	shìhrh	(事兒)	shềrh
-ŭ	tzŭ̌rh	(子兒)	tzê̌rh

부호(符號)·약어표(略語表)

〔 〕 표제자.

[ ] 어휘 부호.

( ) ① 주석 앞의 보충·한정 설명.
② 주석 중에서 우리말에 해당하는 한자(漢字), 또는 외래어.
③ 그 말이나 글자가 있어도 좋고 없어도 좋음을 나타내며, 주석 중의 보충을 의미한다.
주석의 뒤의 보충·한정의 설명.

」 ① 중국어의 예어(例語)·예문(例文).
② 한국어 설명 중에 인용하는 중국어.

“ ” ‘	주석 중에 인용하는 중국어나 외래어. 또는 동상의 우리말 주석.
>	변화 형식(變化形式).
=	동자(同字)·동의어(同義語).
—	예어·예문 중에 있어서 중국어 어휘의 생략. 표제자 접미어를 취할 경우에 그 표제자의 생략.
…	한국어의 생략.
⇨	참조.
↔	반대어.
①②③…	표제자·어휘의 의미의 분류.
①②③…	표제자의 의미 분류와 하나의 단어임을 표시함.
㉮㉯㉰…	①②③… **①②③**…의 하위 분류(下位分類).

약어(略語)는 구분하기 어려운 경우만 사용했다.

〈文〉 문어문	〈植〉 식물
〈建〉 건축	〈經〉 경제
〈公〉 공문서	〈印〉 인쇄
〈軍〉 군사	〈鑛〉 광물·광업
〈農〉 농업	〈物〉 물리
〈政〉 정치	〈天〉 천문
〈宗〉 종교	〈地〉 지리
〈動〉 동물	〈化〉 화학
〈醫〉 의학	〈演〉 연예
〈土〉 토목	〈生〉 생리
〈貨〉 화폐	〈樂〉 음악
〈數〉 수학	〈語〉 어학
〈體〉 체육	
《方》 方言	**《罵》** 罵語
《東》 東北方言	**《人》** 인사말
《吳》 吳語	**《南》** 南方方言
《廣》 廣東方言	**《江》** 江南方言
《擬》 擬態·擬聲語	**《四》** 四川方言
《謙》 謙遜語	**《舊》** 舊語
《敬》 敬語	**《西》** 西北方言
《譯》 音譯語	**《山》** 山東方言

《北》 北平(北京)方言·北平(北京)音·北方方言

A ㄚ

〔阿〕 ā ㄚ 남을 부를 때 그 칭호 위에 붙여 친근함을 나타내는 접두어.「一王！; 왕씨. 왕서방. 왕군」⇨ă, ē.
[阿姐] āchiěh ㄚㄐㄧㄝˇ ①누님. 언니. ②손위 여자에 대한 존칭. 언니.《南》
[阿飛] āfēi ㄚㄈㄟ ①부랑 소년.《上》②맘보 따위의 춤.
[阿飛舞] āfēiwǔ ㄚㄈㄟㄨˇ 훌라 댄스.
[阿兄] āhsiūng ㄚㄒㄩㄥ 형. 형님.《南》
[阿吽] āhūng ㄚㄏㄨㄥ ＝阿訇.「의 주교.
[阿訇] āhūng ㄚㄏㄨㄥ 회교(回教). 회교
[阿姨] āí ㄚㄧˊ ①이모(姨母). ② 처형이나 처제. ③아버지의 첩. ④보모. ⑤아줌마.
[阿哥] ākō ㄚㄍㄜ ＝阿兄.
[阿姑] ākū ㄚㄍㄨ 시누이.《南》
[阿公] ākūng ㄚㄍㄨㄥ ①시아버지. ②노인을 친근하게 부르는 말. ③할아버지.
[阿聯] ālién ㄚㄌㄧㄢˊ 아랍연합.
[阿羅漢] ālóhàn ㄚㄌㄨㄛˊㄏㄢˋ 불교에서 도(道)를 깨달은 사람. 나한(羅漢).
[阿媽] āmā ㄚㄇㄚ ①어머니. ②유모(乳母).《南》「중이 떠중이.
[阿猫阿狗] āmāo-ākǒu ㄚㄇㄠ ㄚㄍㄡˇ어
[阿妹] āmèi ㄚㄇㄟˋ ①누이 동생. ②나이 어린 여성에 대한 애칭.《南》
[阿米巴] āmǐpā ㄚㄇㄧˇㄅㄚ 아메바.《南》
[阿米巴痢疾] āmǐpālìchí ㄚㄇㄧˇㄅㄚㄌㄧˋㄐㄧ 아메바로 생긴 이질.《譯》
[阿摩尼亞] āmóníyà ㄚㄇㄛˊㄋㄧˊㄧㄚˋ 암모니아(ammonia).
[阿母] āmǔ ㄚㄇㄨˇ 어머니.
[阿木林] āmùlín ㄚㄇㄨˋㄌㄧㄣˊ 우매한 자. 멍텅구리.《吳》
[阿剌伯數字] ālāpó shùtzǔ ㄚㄌㄚㄅㄛˊ ㄕㄨˋㄗˋ 아라비아 수자.
[阿伯] āpó ㄚㄅㄛˊ 큰아버지.《南》
[阿Q精神] AQchīngshên AQㄐㄧㄥㄕㄣ 정신적으로 승리를 찾는 사고 방식. "阿Q正傳"의 주인공. "阿Q"가 사람들로부터 패배·모욕을 당하면서도 정신상의 승리자인양 자부 자위하여 그 자리를 잘 처리한 데서 연유함. "阿Q相·阿Q思想"이라고도 함.
[阿三] āsān ㄚㄙㄢ 서양 사람에게 고용된 심부름군.《上》《舊》「말.《南》
[阿嬸] āshěn ㄚㄕㄣˇ 숙모(叔母)를 부르는
[阿叔] āshū ㄚㄕㄨ 작은 아버지. 숙부.
[阿斯匹靈] āssǔp'ìlíng ㄚㄙㄆㄧㄌㄧㄥˊ 아스피링(Aspirin).《譯》
[阿大] ātà ㄚㄉㄚˋ ①장남. ②나이 많은 상대를 친근하게 부르는 말:형님 형씨 형장. ③우두머리. 두목.《方》
[阿弟] ātì ㄚㄉㄧˋ ①아우. 동생. ②수하자를 친근하게 부르는 말.《南》
[阿爹] ātiēh ㄚㄉㄧㄝ 아버지.《南》
[阿斗] Ātǒu ㄚ ㄉㄡˇ 쓸모 없는 사람. 무능한 인물.

〔啊〕 ā ㄚ ①어세(語勢)나 감정을 나타내는 감탄사. 대개의 경우 경성(輕聲)이 됨.「是一; 그렇소」「別忙一!; 급하게 굴지 마시오. 서둘지 말아요.」②"啊"는 기본적인 어기 조사(語氣助詞)로서 앞말의 끝의 음과 합쳐서 그 음이 여러가지로 변화한다. 이 경우에는 다른 글자로 표시하기도 한다. 예를 들어 앞 말이 i(ai, ei), ü로 끝나면 ya(呀)로 발음되고, u(ou), o(ao)로 끝나면 wa(哇)로 발음되며, 또 n(an, en)으로 끝나면 na(哪)로 발음된다.
[啊哈] āhā ㄚㄏㄚ 무슨 생각이 문득 떠오르거나 약간 놀랐을 때 내는 소리: 아하! 아하! 앗!
[啊唷] āyō ㄚㄧㄛ 놀라거나 아프거나 또는 슬플 때 내는 소리: 아아! 아이구! 아아!

〔腌〕 ā ㄚ ⇨yēn ㄧㄢ
[腌臢] ātsa ㄚㄗㄚ ①불결하다. 더럽다. ②마음이 검다. 불유쾌하다. ⇨yēn.

〔嗄〕 á ㄚˊ 의문이나 반문(反問)을 나타내는 감탄사.「一! 你說什麼?; 네! 뭐라구요?」

〔阿〕 ǎ ㄚˇ 의아스러운 기분을 나타내는 감탄사.「一! 他怎麼還沒來?; 아니! 그 사람은 왜 아직 오지 않을까?」

AI ㄞ

〔哀〕 āi ㄞ ①슬픔. ②애통하다. ③어머니를 여읨.「一子; 어머니를 여읜 자식. 애자:부고 따위에 쓰는 말」
[哀戚] āich'ì ㄞㄑㄧˋ 슬퍼하다. 애도하다.
[哀求] āich'iú ㄞㄑㄧㄡˊ 애원(哀願)하다.
[哀勁兒] āichìnrh ㄞㄐㄧㄣˋㄦ 애처롭거나 슬픈 모양.「명을 지르다.
[哀號] āiháo ㄞㄏㄠˊ 슬프게 울부짖다. 비
[哀嗥] āiháo ㄞㄏㄠˊ ＝哀號.
[哀鴻遍野] āihúng pièn yěh ㄞㄏㄨㄥˊ ㄅㄧㄢˋㄧㄝˇ 슬피우는 기러기가 들을 꽉메운다는 뜻으로 도처에 이재민이 가득함.
[哀衣] āiī ㄞㄧ 상복(喪服).「다.
[哀哭] āik'ū ㄞㄎㄨ 소리를 높여 슬피 울
[哀國殤] āikuóshāng ㄞㄍㄨㄛˊㄕㄤ 나라를 위하여 죽은 사람을 슬퍼하다.
[哀憫] āimǐn ㄞㄇㄧㄣˇ 불쌍히 여기다.
[哀鳴] āimíng ㄞㄇㄧㄥˊ 비명을 올리다.
[哀吊] āitiào ㄞㄉㄧㄠˋ 죽음을 슬퍼하다. 애도(哀悼)하다.
[哀的美敦書] āitìměitūnshū ㄞㄉㄧˋㄇㄟˇㄉㄨㄣㄕㄨ 국가 사이의 최후 통첩. ultimatum의 음역(音譯).
[哀痛] āit'ùng ㄞㄊㄨㄥˋ 슬퍼하다. 불쌍히 여기다.
[哀樂] āiyüèh ㄞㄩㄝˋ 애도의 뜻을 나타내는 음악.

〔哎〕 āi ㄞ 의아스럽거나 섭섭한 기분을 나타내는 감탄사.
[哎呀] āiya ㄞㄧㄚ 놀랍거나 고통스러운 기분을 나타내는 감탄사: 아아! 아이구 놀랐을 때, 특히 여성은"哎喲"를 많이 씀.
[哎喲] āiyao ㄞㄧㄠ, āiyo ①앗! 어머나. ②아아. ③＝哎呀.

〔埃〕 āi ㄞ 티끌. 먼지.

[埃塵] āich'én ㄞㄔㄣˊ 쓰레기. 먼지.

〔挨〕 āi ㄞ ①…의 차례로. …마다.「一家問；집집마다 묻다」②가까이 다그다.「一着我座吧；내 옆에 가까이 앉으렴」⇨ ái.

[挨挨搶搶] āiāich'iángch'iǎng ㄞㄞㄑㄧㄤˊㄑㄧㄤˇ 혼잡한 인파를 뚫고 가는 모양.

[挨挨兒] āiāirh ㄞㄞㄦ ①질질 끌다.조금 연기하다. ②다음으로 미루다.「一再買吧；나중에 사지요」

[挨着大樹有柴燒] āichê tàshù yǔ ch'ái shāo ㄞㄓㄜ ㄉㄚˋㄕㄨˋㄧㄡˇㄔㄞˊㄕㄠ 같은 값이면 큰 나무 그늘. 같은 값이면 다홍치마란 뜻. 《諺》

[挨擠] āichǐ ㄞㄐㄧˇ 밀치락달치락하다.

[挨家] āichiā ㄞㄐㄧㄚ 집집마다. =挨門. 挨戶.

[挨墻靠壁兒的] āich'iáng-k'àopìrhtê ㄞㄑㄧㄤˊㄎㄠˋㄅㄧˋㄦㄉㄜ 안심되는 곳. 안심될 만한 곳.「把東西一放着；물건을 위하지 않은 곳에 두다」

[挨肩兒] āichiēnrh ㄞㄐㄧㄢㄦ ①연년생의 형제 자매. ②해마다 어린애를 낳다.

[挨斥兒] āich'ìhrh ㄞㄔˋㄦ 꾸지람을 듣다.

[挨近] āichìn ㄞㄐㄧㄣˋ 접근하다. 가까이 가다.

[挨黑兒] āihēirh ㄞㄏㄟㄦ 저녁 때. 해질 「무렵.

[挨戶] āihù ㄞㄏㄨˋ 한집한집.매호(每戶).「一通知；매호에 통지하다」

[挨靠] āik'ào ㄞㄎㄠˋ 의지하다. 기대다.

[挨個兒] āi kòrh ㄞㄍㄜˋㄦ ① 사람마다. 하나하나.「一問；사람마다 묻다」②순번으로 된. ③두개를 서로 접근시키다.

[挨門挨戶] āimén-āihù ㄞㄇㄣˊㄞㄏㄨˋ① 가가호호(家家戶戶). ②(집이) 처마를 잇대어 즐비하다.

[挨門(兒)] āi mén(rh) ㄞㄇㄣˊ(ㄦ) ①집마다. 문(門)마다. ②처마를 잇대어.「我們兩家一住；우리들 두 집은 처마를 잇대고 산다」

[挨鬧] āinào ㄞㄋㄠˋ 밀치락달치락하여 「번거롭다.

[挨班兒] āi pānrh ㄞㄅㄢㄦ ①반(班)마다. ②순번에 따라.「請一來；순번을 따라 차례차례 오시오」

[挨不上] āipùshang ㄞㄅㄨˋㄕㄤ 차례가 계속되지 않다. 순서가 조금도 앞서지지 않다.

[挨不得] āiputê ㄞㄅㄨㄉㄜ ①가까이 오지 말것. 접근할 수 없다. ②손대지 마라. 손을 댈 수 없다.

[挨次] āitz'ǔ ㄞㄘˋ 차례로. 순번대로.

[挨晚(兒)] āiwǎn(rh) ㄞㄨㄢˇ(ㄦ) 저녁 때.

[挨延] āiyén ㄞㄧㄢˊ ①순연(順延). ②순서대로 미루다.

〔唉〕 āi ㄞ ①실망과 불만(不滿)의 뜻을 나타내는 감탄사.「一，這眞太難了；아!이거 정말 어렵군」② 승낙하였다는 뜻을 나타내는 말.「一，我這就來；네! 곧 갑니다」

[唉聲嘆氣] āishēng-t'ànch'ì ㄞㄕㄥㄊㄢˋㄑㄧˋ (슬프거나 섭섭해서)한숨을 쉬다.

[唉嘆] āit'àn ㄞㄊㄢˋ 한탄하다. 탄식하다.

〔欸〕 āi ㄞ 탄식하다.「一聲嘆氣；탄식하다」 ⇨ ǎi, ěi, èi

〔矮〕 ǎi ㄞˇ ①사람의 키가 작다.「比哥哥一；형보다 키가 작다」②높이가 낮다.「小一樹；작고 낮은 나무」 ③지위나 등급이 낮다.「一一級；한 급 아래다」④가락을 낮추다.「一調門兒；어조(語調)·곡조를 낮추다」

[矮幾(兒)] ǎichī(rh) ㄞˇㄐㄧ(ㄦ) 발이 짧고 「면이 긴 탁자.

[矮小] ǎihsiǎo ㄞˇㄒㄧㄠˇ 낮고 작은 몸집 따위가 작은.「材一；체격이 작다」>矮矮小小.

[矮人] ǎijén ㄞˇㄖㄣˊ 키가 작은 사람. 난 「장이.

[矮稈作物] ǎikǎntsòwù ㄞˇㄍㄢˇㄗㄨㄛˋㄨˋ 줄기의 키가 작은 콩 따위의 작물.

[矮個子(一兒)] ǎikòtzǔ(—rh) ㄞˇㄍㄜˋㄗ (一ㄦ) 키가 작은 사람. 난장이.

[矮胖子] ǎip'àngtzǔ ㄞˇㄆㄤˋㄗ 키가 작고 뚱뚱한 사람. 땅딸보.

[矮跑跑的] ǎip'āp'ātê ㄞˇㄆㄚㄆㄚㄉㄜ 아주 납작한 모양.「一房子；얕은 집」

[矮釘] ǎitīng ㄞˇㄉㄧㄥ 양쪽 끝이 뾰족한 「못.

[矮矬矬的] ǎits'óts'ótê ㄞˇㄘㄨㄛˊㄘㄨㄛˊㄉㄜ 키가 몹시 작은 모양. 땅딸보.

[矮矬子] ǎits'ótzǔ ㄞˇㄘㄨㄛˊㄗ 꼬마.난장 「이.

[矮墩墩的] ǎitūntūntê ㄞˇㄉㄨㄣㄉㄨㄣㄉㄜ 똥똥하고 작은 모양. 오동통한.

[矮子] ǎitzǔ ㄞˇㄗ 키가 작은 사람. 꼬마. 난장이.

[矮靿兒襪子] ǎiyàorh wàtzǔ ㄞˇㄧㄠˋㄦㄨㄚˋㄗ 목이 짧은 양말.

〔欸〕 ǎi ㄞˇ ①승낙할 때 내는 소리.네. 응. ②탄식할 때 내는 소리. 아이구. 음. ⇨ āi, ěi, èi

[欸乃] ǎinǎi ㄞˇㄋㄞˇ 노(櫓)를 저을 때 나는 소리나 또는 뱃노래.

〔藹〕 ǎi ㄞˇ ①평온한. 상냥한. 친절한.「和一；상냥한」②수목이 무성한 모양.

[藹然] ǎiján ㄞˇㄖㄢˊ 부드러운 모양. 화합(和合)한 모양.「一可親；부드러워서 친근할 수 있다」

〔噯〕 ǎi ㄞˇ 부정(否定)이나 부동의(不同意)의 뜻을 나타내는 감탄사:아니. 아아. 어머나. ⇨ ài ㄞˋ

〔艾〕 ài ㄞˋ ①쑥. ②뜸쑥. ③그치다(止). 끊어지다.「方興未一；발전 도상에 있다」④아름답다.「少一；아름답고 젊은 사람」⑤성의 하나.

[艾艾] àiài ㄞˋㄞˋ 말을 더듬거리는 모양.

[艾蒿] àihāo ㄞˋㄏㄠ 쑥. 엉거시과의 다년초.

[艾絮] àihsǜ ㄞˋㄒㄩˋ 뜸쑥. 뜸질에 쓰이는 정제한 쑥.

[艾焙] àipèi ㄞˋㄅㄟˋ ①뜸을 뜨다.②고생 「(苦生)스러운 모양.

[艾草] àits'ǎo ㄞˋㄘㄠˇ 뜸쑥. =艾絮.

[艾子] àitzǔ ㄞˋㄗ 쑥. 엉거시과의 쑥의 총 「칭.

〔隘〕 ài ㄞˋ ①험한. ②좁은. 협소한.

[隘口] àik'ǒu ㄞˋㄎㄡ 험준한 관문(關門).

[隘害] àihài ㄞˋㄏㄞˋ 험준한 요해지(要害 「地).

〔礙〕(碍) ài ㄞˋ 방해하다. 훼방놓 「다.

[礙滯] àichìh ㄞˋㄓˋ 막히다. 순조롭지 않

[礙口] àik'ǒu ㄞˋㄎㄡˇ 말문이 막히다.

[礙難] àinán ㄞˋㄋㄢˊ ①지장이 있다. ②곤란하다.「一照准; 그대로는 허가하기 어렵다」

[礙事] àishìh ㄞˋㄕˋ ①지장이 있다. 고장이 있다. ②위험하다.「他的病不一; 그의 병은 위험하지 않다」

[礙手] àishǒu ㄞˋㄕㄡˇ 잘 진행이 아니 되다. 방해가 되다.「一碍脚; 손발에 걸리적거리다」

[礙眼] àiyěn ㄞˋㄧㄢˇ ①눈에 거슬리다.②볼품이 좋지 않다. 눈에 차지 않다. ③몰래 하는 일에 방해가 되다. ④눈엣가시.

〔靉〕 ài ㄞˋ 「모양.②안경의 옛말

[靉靆] àitài ㄞˋㄉㄞˋ ①구름이 자욱이 낀

〔曖〕 ài ㄞˋ 어두컴컴하다.

[曖曖] àiài ㄞˋㄞˋ 어두컴컴한 모양. 어렴풋한 모양.「暮色一; 땅거미가 져서 어두컴컴하다」 「다.

[曖昧] àimèi ㄞˋㄇㄟˋ 하는 짓이 엉큼하

〔噯〕 ài ㄞˋ 번민이나 후회의 뜻을 나타내는 감탄사 : 아이구. ⇨ ǎi ㄞˇ.

〔嬡〕 ài ㄞˋ 영양(令孃).「令嬡 ; 영애」

〔愛〕 ài ㄞˋ ①좋아하다. 사랑하다.「一祖國 ; 조국을 사랑하다」 ②정애(情愛). 우애.「母一;어머니의 애정」③ 부부간의 애정. ④좋아하는. 사랑하는.「一女 ; 귀여운 딸」⑤…기 쉽다. …는 경향이 있다.「一害病 ; 병에 걸리기 쉽다」 ⑥성(姓)의 하나.

[愛潮] ài ch'áo ㄞˋㄔㄠˊ 습(濕)하기 쉽다.

[愛親做親] àich'īn tsǒch'īn ㄞˋㄑㄧㄣ ㄗㄨㄛˋㄑㄧㄣ 친한 친구끼리 그 자녀를 결혼시키는 일. 「정 영화(映畫).

[愛情片] àich'íngp'ièn ㄞˋㄑㄧㄥˊㄆㄧㄢˋ 애

[愛羣] àich'ún ㄞˋㄑㄩㄣˊ ①백성을 사랑하다. ②동류(同類)끼리 서로 사랑하다. ③떼지어 모이기 쉽다. 「복하다.

[愛服] àifú ㄞˋㄈㄡˊ 기꺼이 복종하다. 감

[愛好] àihào ㄞˋㄏㄠˋ ①애호하다. 사랑하다. ②자애(自愛)하다.

[愛好兒] àihǎorh ㄞˋㄏㄠˇㄦ ①남의 비평을 꺼리다. ②의기(意氣)가 서로 통하다.

[愛惜] àihsī ㄞˋㄒㄧ 아끼다. 소중히 하다.「一光陰; 시간을 아끼다」

[愛小] àihsiǎo ㄞˋㄒㄧㄠˇ 잔 욕심을 부리다. 목전의 이익에만 급급하다. =愛小便宜.

[愛人] àijěn ㄞˋㄖㄣˊ ①애인. ②부부끼리 서로 부르는 호칭.③다른 사람의 부부를 일컫는 말.④남에게 귀엽게 보임.즐거움. ⑤남을 사랑함. ‹方› 「여운 녀석.

[愛人肉兒] àijěnjòurh ㄞˋㄖㄣˊㄖㄡˋㄦ 귀

[愛克斯光] àik'òssūkuāng ㄞˋㄎㄜˋㄙㄍㄨㄤ 엑스(X) 광선. ‹譯›

[愛力] àilì ㄞˋㄌㄧˋ 화합력(化合力). 「다.

[愛憐] àilién ㄞˋㄌㄧㄢˊ 귀여워하다.사랑하

[愛理不理] àilǐ pùlǐ ㄞˋㄌㄧˇ ㄅㄨˋㄌㄧˇ 옳게 받아 들이지 않다.

[愛莫能助] àimònéngchù ㄞˋㄇㄛˋㄋㄥˊㄓㄨˋ 호의를 베풀어 힘이 되려 하여도 되지 않음. ‹成›

[愛病] àipìng ㄞˋㄅㄧㄥˋ 병을 자주 앓다.

[愛不釋手] àipúshìhshǒu ㄞˋㄅㄨˊㄕˋㄕㄡˇ 매우 아껴 손에서 놓지 않다. 「하다.

[愛上] àishāng ㄞˋㄕㄤ 사랑하게 되다. 반

[愛戴] àitài ㄞˋㄉㄞˋ 기꺼이 추대하다. 기꺼이 받들어 올리다.

[愛戴高帽] ài tài kāomào ㄞˋㄉㄞˋㄍㄠ ㄇㄠˋ 추어 올리면 신이 나서 뽐내다.우쭐하여 참견하고 나서다.

[愛財如命] àits'áijúmìng ㄞˋㄘㄞˊㄖㄨˊㄇㄧㄥˋ 돈이나 재물을 목숨과 같이 사랑함. 「‹成›

[愛子] àitzǔ ㄞˋㄗˇ 귀여운 아이.

[愛窩窩] àiwōwo ㄞˋㄨㄛㄨㄛ 찹쌀가루를 쪄서 만든 과자. =艾窩窩.

[愛屋及烏] àiwū chíwu ㄞˋㄨ ㄐㄧˊㄨ 사랑이 지붕 위의 까마귀에게까지 미친다는 뜻으로, 아내가 예쁘면 처가집 울타리까지 예쁘다는 말과 비슷함. ‹成›

AN ㄢ

〔安〕 ān ㄢ ①편안한. 조용한. ②편안하게 하다. 안정시키다.「一慰 ; 위로하다」 ③배치하다. ④시설하다. 가설하다. ⑤(생각 따위를)가지다. ⑥어디. 어찌하여. ⑦성(姓)의 하나.

[安揷] ānch'ā ㄢㄔㄚ ①놓아 두다. 마련하여 주다. ②편입(編入)하다. ③편안히 하여 주다. 안도시키다.

[安常處順] ānch'áng-ch'ǔshùn ㄢㄔㄤˊㄔㄨˇㄕㄨㄣˋ 편안한 나날을 보내다. 순조로운 처지에 있다.

[安家] ānchiā ㄢㄐㄧㄚ (남자가) 결혼하여 가정을 가지다. 살림살이를 차리다.

[安家費] ānchiāfèi ㄢㄐㄧㄚㄈㄟˋ 전임(轉任)·전거(轉居) 수당. 가족 부양비.

[安家落戶] ānchiā-lòhù ㄢㄐㄧㄚㄌㄨㄛˋㄏㄨˋ 가정을 이루어 정주(定住)하다. 영주(永住)하다.

[安置] ānchìh ㄢㄓˋ ①놓아 두다.②배치하다. ③마련하여 주다. ④취침(就寢)하다.

[安之若素] ānchīhjòsù ㄢㄓㄖㄨㄛˋㄙㄨˋ 태연하여 조금도 개의(介意)치 않다. 태연스러워 평소와 다름이 없다. ‹成›

[安靜] ānching ㄢㄐㄧㄥ ①안정되어 있다.「一地坐着 ; 조용히 앉아 있다」 ②시끄럽지 않다. 평온하다. ＞安安靜靜.

[安裝] ānchuāng ㄢㄓㄨㄤ 고정시키다. 가설하다. 장치하다.

[安全火柴] ānch'uán huǒch'ái ㄢㄔㄨㄢˊ ㄏㄨㄛˇㄔㄞˊ 성냥 : 딱성냥과 구별됨

[安全帶] ānch'uántài ㄢㄔㄨㄢˊㄉㄞˋ 벨트.

[安居樂業] ānchū-lèyèh ㄢㄐㄩ ㄌㄜˋㄧㄝˋ 생활에 걱정 없이 즐겁게 맡은 일을 하다. ‹成› 「뿌리다. ‹東›

[安種] ānchǔng ㄢㄓㄨㄥˇ 씨를 심거나

[安放] ānfàng ㄢㄈㄤˋ 두다. 안치하다.

[安分] ānfèn ㄢㄈㄣˋ 분수를 지키다. 본분(本分)에 만족하다.

[安分守己] ānfèn-shǒuchǐ ㄢㄈㄣˋ ㄕㄡˇㄐㄧˇ 분수에 만족하여 자기 본분을 넘지 않는다. ‹成›

[安好] ānhǎo ㄢㄏㄠˇ 평온 무사하다.

[安心] ānhsīn ㄢㄒㄧㄣ ①안심하다.편안히 하다.②고의(故意)로.「一做壞事 ; 고의로 나쁜 짓을 하다」③착실하게. 빈틈 없이. 「一工作 ; 착실하게 일을 하다」

[安詳] ānhsiáng ㄢㄒㄧㄤˊ ①유유히. 침착하게. ②정숙한. 얌전한. >安安詳詳.

[安歇] ānhsiēh ㄢㄒㄧㄝ ①휴식하다.②잠을 자다.

「다.>安安閑閑.

[安閑] ānhsién ㄢㄒㄧㄢˊ 한가롭다. 편안하

[安息油] ānhsīyú ㄢㄒㄧ|ㄡˊ벤진(benzine) 유(油).

「연한 모양.

[安然] ānján ㄢㄖㄢˊ ①평온한 모양.②태

[安哥拉兎] ānkōlāt'ù ㄢㄍㄜㄌㄚㄊㄨˋ 앙고라(Angora)토끼.

[安樂] ānlè ㄢㄌㄜˋ 즐겁다. 안락하다.

[安理會] ānlǐhuì ㄢㄌㄧˇㄏㄨㄟˋ 국제 연합 안전 보장이사회의 준말. 안보회(安保會).

[安謐] ānmì ㄢㄇㄧˋ 안온하다. 평온하다.

[安眠藥] ānmiényào ㄢㄇㄧㄢˊㄧㄠˋ 수면제(睡眠劑).

[安那其主義] ānnàch'ìchǔ-ì ㄢㄋㄚˋㄑㄧˋㄓㄨˇㄧˋ 무정부주의(無政府主義). 아나키즘. ‹譯›

「닐린(Anilin)유

[安尼林油] ānnílínyú ㄢㄋㄧˊㄌㄧㄣˊㄧㄡˊ 아

[安排] ānp'ai ㄢㄆㄞ ①배치·수배하다. 처리하다.② 배분(配分).

[安培] ānp'éi ㄢㄆㄟˊ 암페어(ampere). 전류(電流)의 단위.「一表 ; 암페어 계량기」

[安瓿] ānp'ǒu ㄢㄆㄡˇ ‹藥› 앰푸울(ampoule). ‹譯›

「適)하다.

[安適] ānshìh ㄢㄕˋ 기분이 좋다. 쾌적(快

[安身] ānshēn ㄢㄕㄣ ①몸을 안정시키다. ②출세하다. 입신(立身)하다. ③몸을 휴식시키다.

[安神] ānshén ㄢㄕㄣˊ ①정신을 가다듬다. 마음을 집중시키다. ②기분을 안정시키다.

[安生] ānshēng ㄢㄕㄥ ①편안하게 생활하다. ②(아이가) 어른답다. 점잖다.

[安抵] āntǐ ㄢㄉㄧˇ 안착(安着)하다.

[安土重遷] ānt'ǔ chùngch'iēn ㄢㄊㄨˇㄓㄨㄥˋㄑㄧㄢ 그 땅에 정이 들어 쉽사리 떠나려 하지 않는다. ‹成›

「내다.

[安渡] āntù ㄢㄉㄨˋ 편안하게 세월을 보

[安頓] āntùn ㄢㄉㄨㄣˋ ①배치하다.「一得井井有條 ; 질서 정연하게 배치하다.」②자리 잡게하여 안정시키다. ③치우다. 처리하다. ④āntun (소란스러운것이) 조용하게 되다.「風潮一了 ; 풍파가 조용해졌다」>安安頓頓.

[安慰] ānwèi ㄢㄨㄟˋ 위로하다.

[安穩] ānwěn ㄢㄨㄣˇ 평온하다.조용하다. >安安穩穩.

「설영(設營)하다.

[安營] ānyíng ㄢㄧㄥˊ ①야영(野營)하다.②

〔桉〕 ān ㄢ 나무의 한 가지. "百樹" 또는 "油樹"라고도 함 : 천인화과에 속하는 상록 교목.「一樹 ; 유우칼리나무」

〔鞍〕 ān ㄢ「一子 ; 안장」「언치 따위.

[鞍韂] ānch'àn ㄢㄔㄢˋ 마구(馬具). 안장·

[鞍橋] ānch'iáo ㄢㄑㄧㄠˊ (말의) 안장.

[鞍前馬後] ānch'iénmǎhòu ㄢㄑㄧㄢˊㄇㄚˇㄏㄡˋ 남의 일을 돌보아 주는 일. ‹成›

[鞍座] āntsò ㄢㄗㄨㄛˋ 새들(saddle):(자전거 따위의) 안장.

[鞍子(一兒)] āntzǔ(-rh) ㄢㄗ(ㄦ)(말의) 안장.

〔諳〕 ān ㄢ 외다. 익숙하게 알다.

[諳練] ānliàn ㄢㄌㄧㄢˋ 숙련하다.숙달하다.

[諳識] ānshíh ㄢㄕˊ 외어서 알고 있다.

〔庵〕(菴) ān ㄢ ①원형(圓形)의 초가집.②작은 암자.

[庵廬] ānlú ㄢㄌㄨˊ 초가집.

[庵子] āntzǔ ㄢㄗ ①둥근 초가집.②암자.

〔腤〕 ān ㄢ ①(물에)삶다.②더럽다.

[腤臢] āntsan ㄢㄗㄢ 더럽다. 불결하다.

〔鵪〕 ān ㄢ 메추리.

[鵪鶉] ānch'un ㄢㄔㄨㄣ ‹動› 메추리.

〔唵〕 ān ㄢ, ǎn 상대방의 말을 기다리거나 꺼낼 때 쓰는 감탄사.

〔氨〕 ān ㄢ 암모니아(ammonia).

[氨水] ānshuǐ ㄢㄕㄨㄟˇ 암모니아수(水). =阿莫尼亞液.

〔俺〕 ǎn ㄢˇ ①나, 자기. ②우리들 ‹東› ‹山› ‹西›

[俺每] ánměi ㄢˊㄇㄟˇ 우리들. =我們.

[俺給] ánchǐ ㄢˊㄐㄧˇ 소리쳐 꾸짖다. 욕하다.

〔揞〕 ǎn ㄢˇ ①누르다. ②우격으로 틀어 박다. ③덮다.

「다.

[揞脈] ǎnmò ㄢˇㄇㄛˋ 맥을 짚다. 맥을 보

〔垵〕 ǎn ㄢˇ=埯 ǎn

〔埯〕 ǎn ㄢˇ ①종자(種子)를 심는 조그만 구멍. ②구멍을 파고 종자를 심다. ③한 구멍에 뿌린 외나 콩 따위를 세는 단위.

〔案〕 àn ㄢˋ ①좁고 긴 탁자.②공문서. 「備一 ; ㉮문서를 접수하다.㉯등록하다」③사건. 소송 사건.「犯一 ; 범죄 사건」④옛날에 식사를 나를 때 쓰던 쟁반. 「擧一齊眉 ; 부부의 사이가 좋음을 비유한 말」

[案秤] ànch'èng ㄢˋㄔㄥˋ 앉은저울.

[案件] ànchièn ㄢˋㄐㄧㄢˋ 소송에 관계되는 사건.

「용.

[案情] ànch'íng ㄢˋㄑㄧㄥˊ 사건의 양상. 내

[案桌] ànchō ㄢˋㄓㄨㄛ 좁고 긴 탁자.

[案卷] ànchüàn ㄢˋㄐㄩㄢˋ 사건의 기록. 공문서(公文書).

[案犯] ànfàn ㄢˋㄈㄢˋ 범인(犯人).

[案目] ànmù ㄢˋㄇㄨˋ 극장의 안내인. ‹吳›

[案板] ànpǎn ㄢˋㄅㄢˇ 도마.

[案兒上的] ànrhshàngtê ㄢˋㄦㄕㄤˋㄉㄜ 떡이나 국수를 만드는 직공(職工).

「上).

[案頭] ànt'óu ㄢˋㄊㄡˊ 책상 머리. 탁상(卓

[案子] àntzǔ ㄢˋㄗ ①사건. 안건(案件). 소송 사건. ②길고 큰 탁자. ③책상. 작업대(作業臺). ④바이스(vice)를 장치해 놓는 작업대.

[案牘] àntú ㄢˋㄉㄨˊ 공문서(公文書).

[案由] ànyú ㄢˋㄧㄡˊ 사건의 원인.

〔按〕 àn ㄢˋ ①손으로 지긋이 누르다. 「一電鈴 ; 벨을 누르다」②멈추게 하다.

눌러서 그만두게 하다.「一兵不動;군대를 눌러서 움직이지 못하게 하다」 ③에 따라서. …와 같이.「一人數算;사람 수에 따라서 계산하다」 ④주석(註釋).

[按揷] ànch'a ㄢˋㄔㄚ ①피난민·이재민을 옮기어 안주(安住)시키다. ②신병(新兵)을 적당한 곳으로 옮기다. ③(야만족이나 변방의 백성을)민적(民籍)에 입적시키다. 「다.

[按察] ànch'á ㄢˋㄔㄚˊ 검사하다. 취조하

[按照] ànchào ㄢˋㄓㄠˋ …을 본보기로 하다. …에 의거하다.「一樣本製造; 견본대로 만들다」

[按成(兒)] ànch'ếng(rh) ㄢˋㄔㄥˊ(ㄦ)·비율에 따라서 안분(按分)하다.

[按期] ànch'ī ㄢˋㄑㄧ 기한에 맞추어. 기한에 따라. 「격대로.

[按價] ànchià ㄢˋㄐㄧㄚˋ 가격에 맞추어. 가

[按劍] ànchièn ㄢˋㄐㄧㄢˋ 칼로 베다.

[按件計工] ànchièn chìkūng ㄢˋㄐㄧㄢˋㄐㄧˋㄍㄨㄥ 일한 분량에 따라 또는 생산량에 따라 품삯을 계산하다.

[按酒] ànchiǔ ㄢˋㄐㄧㄡˇ ①술안주. ②술안주로 하다. 「리다. ‹西›

[按轉] ànchuǎn ㄢˋㄓㄨㄢˇ 힘주어 구부

[按法] àn fǎ ㄢˋㄈㄚˇ 법규대로.규정에 의하여.

[按黑點兒] ànhēi tiěnrh ㄢˋㄏㄟ ㄉㄧㄢˇㄦ ①죄를 뒤집어 씌우다. ②남을 모함하다. =陷害.

[按下不表] ànhsiā pùpiǎo ㄢˋㄒㄧㄚˋㄅㄨˋㄅㄧㄠˇ 이야기는 이것으로 끝남(구 백화(白話) 소설에 많이 쓰이고 있음).

[按日] àn jìh ㄢˋㄖˋ ①일할(日割)로. ②기일에 맞추어.

[按釦] ànk'òu ㄢˋㄎㄡˋ 호크.

[按勞計酬] ànláo chìch'óu ㄢˋㄌㄠˊㄐㄧˋㄔㄡˊ = 按件計工.

[按勞取酬] ànláo ch'ǚch'óu ㄢˋㄌㄠˊㄑㄩˇㄔㄡˊ 노동의 질과 양에 의하여 보수를 받다.

[按理] ànlǐ ㄢˋㄌㄧˇ 이치로 따진다면.「一說;이치대로 말한다면」

[按脈] ànmài ㄢˋㄇㄞˋ 맥을 짚다.

[按捺] ànnà ㄢˋㄋㄚˋ 억누르다. 참다.

[按板] ànpǎn ㄢˋㄅㄢˇ 도마. =案板.

[按病下藥] ànpìng hsiàyào ㄢˋㄅㄧㄥˋㄒㄧㄚˋㄧㄠˋ 병에 따라 약을 쓰다. 상대에 따라 방법을 바꾸다. ‹成›

[按步就班] ànpù chiùpān ㄢˋㄅㄨˋㄐㄧㄡˋㄅㄢ 순서에 따라 규정대로 일을 진행시키다. ‹成›

[按說] ànshuō ㄢˋㄕㄨㄛ 말하자면. 그건 그렇고. 그런데: 애매한 말이 시작될 때 쓰이는 말.

[按圖索驥] ànt'ú sǒchì ㄢˋㄊㄨˊㄙㄨㄛˇㄐㄧˋ 어떤 것을 근거로 하여 구하다. ‹成›

[按次] àntz'ǔ ㄢˋㄘˋ 순번대로. 순서에 따라서. 「주어(註語).

[按語] ànyǚ ㄢˋㄩˇ 평론(評論). 평어(評語). 「형용.

〔岸〕 àn ㄢˋ ①물가. 강변. ②높고 험한

[岸然道貌] ànján tàomào ㄢˋㄖㄢˊㄉㄠˋㄇㄠˋ 예의 바르고 엄숙한 모양 ‹成›.

[岸幘] àntsế ㄢˋㄗㄜˊ ①두건을 뒤로 젖혀 이마를 내놓는 일. ②어떤 일에도 구애받지 않고 저절로 친숙해지는 모양.

〔胺〕 àn ㄢˋ 아미노기(amino基).

〔暗〕 àn ㄢˋ①어둡다.「屋子太一; 방이 몹시 어둡다」②어리석다. 턱없는. ③은밀하게, 남 몰래. 비밀리에.「一殺; 암살하다」 「暗門子.

[暗娼] ànch'āng ㄢˋㄔㄤ 사창(私娼). =

[暗疾] ànchí ㄢˋㄐㄧˊ 남에게 말할 수 없는 └병.

[暗記] ànchì ㄢˋㄐㄧˋ①속셈. ②암호.

[暗計] ànchì ㄢˋㄐㄧˋ =暗記 ①. 「울다.

[暗泣] ànch'ì ㄢˋㄑㄧˋ 흐느끼다. 소리 없이

[暗器] ànch'ì ㄢˋㄑㄧˋ 남 몰래 공격할 수 있는 무기. 암살할 때 쓰이는 무기 따위.

〔暗箭傷人〕ànchièn shāngjên ㄢˋㄐㄧㄢˋㄕㄤㄖㄣ 남 몰래 사람을 해치는 행위.「放一; 사람을 중상·모략하다」 「데. ②남이 모르는 곳.

[暗處(兒)] ànch'u(rh)ㄢˋㄔㄨ(ㄦ) ①어두운

[暗房] ànfáng ㄢˋㄈㄤˊ 산실(產室).

[暗害] ànhài ㄢˋㄏㄞˋ ①암살하다.「一者; 암살자」②남 모르게 중상·모략하다.

[暗含着] ànhánchê ㄢˋㄏㄢˊㄓㄜ 슬며시. 남 모르게.「一罵人; 은근히 남을 욕하다」

[暗號(兒)] ànhào(rh) ㄢˋㄏㄠˋ(ㄦ) 암호.

[暗合] ànhố ㄢˋㄏㄜˊ 우연히 들어맞다. 우연히 부합(符合)하다.

[暗想] ànhsiǎng ㄢˋㄒㄧㄤˇ 남 모르게 생각하다. 은근히 생각하다.

[暗笑] ànhsiào ㄢˋㄒㄧㄠˋ 은근히 웃다. 남몰래 비웃다.「心裡一;마음 속으로 은근히 비웃다」=竊笑.

[暗花(兒)] ànhuā(rh) ㄢˋㄏㄨㄚ(ㄦ) (포목·도자기 따위의) 투명한 무늬. 내비치는 무늬.

[暗溝] ànkōu ㄢˋㄍㄡ 두껑을 덮은 도랑.

[暗樓子] ànlóutzǔ ㄢˋㄌㄡˊㄗ (광으로 쓰는) 다락방.

[暗碼(兒)] ànmǎ(rh) ㄢˋㄇㄚˇ(ㄦ) ①⇨暗號兒. ②(상점에서 고객이 모르게 가격 따위를 표시하는) 비밀 부호.

[暗昧] ànmèi ㄢˋㄇㄟˋ ①애매하다. ②부정(不正)을 감싸다. ③어리석은 사람.

[暗門子] ànmếntzǔ ㄢˋㄇㄣˊㄗ =暗娼.

[暗算] ànsuàn ㄢˋㄙㄨㄢˋ 흉계를 꾸미다.

[暗送秋波] ànsùng ch'iūpō ㄢˋㄙㄨㄥˋㄑㄧㄡㄅㄛ 은근히 추파를 던지다. 은근히 서로 결탁하려고 하다. ‹成›

[暗探] ànt'àn ㄢˋㄊㄢˋ 사찰(査察)하다. 탐정하다. 「(暗淡)한.

[暗澹] àntàn ㄢˋㄊㄢˋ 선명치 않은. 암담

[暗地(裡)] àntì(li) ㄢˋㄉㄧˋ(ㄌㄧ) 살그머니. 남모르게.

[暗無天日] ànwút'iēnjìh ㄢˋㄨˊㄊㄧㄢㄖˋ 사회가 어둡고 공리(公理)가 없다. 세상이 어지럽다. ‹成›

〔闇〕 àn ㄢˋ ①어둡다. ②몰래. 은밀히. ③밤. ④우매하다.

[闇闇] ànàn ㄢˋㄢˋ 은밀히. 슬그머니.「一點頭; 슬그머니 고개를 끄덕이다. 마음속으로 은근히 긍정하다」=暗暗. 「하다.

[闇淺] ànch'iěn ㄢˋㄑㄧㄢˇ 무식하고 우매

[闇然] ànján ㄢˋㄖㄢˊ 어두운 모양.

[闇弱] ànjò ㄢˋㄖㄨㄛˋ 사리에 어둡고 겁이 많다.

[闇懦] àn nò ㄢˋ ㄋㄨㄛˋ =闇弱
[闇劣] ànlièh ㄢˋㄌㄧㄝˋ 우매하고 무능(無能)하다.
[闇暝] ànmíng ㄢˋㄇㄧㄥˊ 어둡다.컴컴하다.
[闇誦] ànsùng ㄢˋㄙㄨㄥˋ 외다. 암기하다.

〔黯〕 àn ㄢˋ ①어두운. ②검은. 「진.
[黯然] ànján ㄢˋㄖㄢˊ 풀이 죽은. 맥이 빠
[黯淡] àntàn ㄢˋㄉㄢˋ ①어둑어둑한.②비참한. 암담한. ③생기가 없는. ④전망이 없어 앞이 캄캄한.

ANG　ㄤ

〔骯〕(肮) āng ㄤ 불결한. 더러운.
[骯髒] āngtsang ㄤㄗㄤ ①더럽다.불결하다. ②추하다. 속이 검다.
[骯髒氣] āngtsangch'ì ㄤㄗㄤㄑㄧˋ①겉에 드러낼 수 없는 노여움. ②공개할 수 없는 속으로만 내는 노여움. 「계략.
[骯髒計] āntsangchì ㄤㄗㄤㄐㄧˋ 엉큼한

〔昂〕 áng ㄤˊ ①우러러 보다. ②높이 올리다.「一首 ; 머리를 들다」③값이 오르다.「價一 ; 값이 오르다」 ④의기가 높아지다.「氣一一 ; 의기 양양한 모양」
[昂氣] ángch'ì ㄤˊㄑㄧˋ 건방지다.
[昂奮] ángfèn ㄤˊㄈㄣˋ 감정이 솟구치다. 흥분하다. 「다.
[昂貴] ángkueì ㄤˊㄍㄨㄟˋ 물가가 등귀하
[昂首闊步] ángshǒu k'uòpù ㄤˊㄕㄡˇ ㄎㄨㄛˋㄅㄨˋ 고개를 들고 크게 활보하는 모양. 거만한 모양. 의기 양양하여 뽐내는 모양. ‹成›
[昂低] ángtī ㄤˊㄉㄧ 고저(高低). 높낮이.
[昂頭] ángt'óu ㄤˊㄊㄡˊ 머리를 들다. = 「昂首.

〔盎〕 àng ㄤˋ 넘쳐 흐르다.「喜氣一然 ; 기쁨이 넘치다」

AO　ㄠ

〔凹〕 āo ㄠ 오목한. 우묵한. 「렌즈
[凹透鏡] āot'òuchìng ㄠㄊㄡˋㄐㄧㄥˋ 오목

〔坳〕(垇) āo ㄠ, ào 웅덩이. 밭이나 논에 물을 괴게 한 곳.

〔熬〕 āo ㄠ 삶다. 조리다.「一菜 ; 반찬을 끓이다」「一白菜 ; 배추를 국물을 많이 붓고 삶다」 ⇨ áo.
[熬心] āohsīn ㄠㄒㄧㄣ 조마조마하다.안달하다.「爲一點兒小事一了好幾天 ; 사소한 일로 며칠을 두고 심노하였다」
[熬菜] āots'ài ㄠㄘㄞˋ 반찬을 끓이다.
[熬魚] āo yǘ ㄠㄩˊ 물고기를 삶다.물고기를 조리다.

〔鏖〕 áo ㄠˊ 사상자가 많은 격전.「赤壁一兵 ; 적벽의 섬멸전」
[鏖戰] áochàn ㄠˊㄓㄢˋ 격전하다.

〔熬〕 áo ㄠˊ ①약한 불에 오래도록 삶다.「一粥 ; 죽을 쑤다」②참고 견디다. 끝까지 버티다.「一夜 ; 밤새하다」
[熬膠] áochīao ㄠˊㄐㄧㄠ 아교를 끓이다.
[熬煎] áochiēn ㄠˊㄐㄧㄢ ①(어찌할 수 없는)고생.「受一 ; 고통을 받다」② 고생하다.「一了十年;십년을 고생했다」
[熬粥] áochōu ㄠˊㄓㄡ 죽을 쑤다.
[熬出頭兒] áoch'ūt'óurh ㄠˊㄔㄨㄊㄡˊㄦ 고생한 보람으로 싹이 트이다. 살게 되다. ‹成›
[熬日頭] áojìht'óu ㄠˊㄖˋㄊㄡˊ 질질 시간을 끌다.
[熬更手夜] áokēng-shǒuyèh ㄠˊㄍㄥㄕㄡˇㄧㄝˋ 밤새하다. 철야하다.
[熬苦] áok'ǔ ㄠˊㄎㄨˇ 고생하다. 애먹다.
[熬敗] áopài ㄠˊㄅㄞˋ 참고 견디기에 지치다. 「수 없게 되다.
[熬不過] áopukuò ㄠˊㄅㄨㄍㄨㄛˋ 참을
[熬湯] áot'āng ㄠˊㄊㄤ ①바짝 조린 수우프. ②수우프를 만들다.
[熬頭兒] áot'óurh ㄠˊㄊㄡˊㄦ 고생한 보람.
[熬藥] áo yào ㄠˊㄧㄠˋ 약을 달이다.
[熬夜] áoyèh ㄠˊㄧㄝˋ 철야하다. 밤새하다.

〔廒〕 áo ㄠˊ 식량 창고(食糧倉庫).
[廒間] áochiēn ㄠˊㄐㄧㄢ 곡물을 저장하는 광. 「고.
[廒房] áofáng ㄠˊㄈㄤˊ 쌀 곳간. 곡물 창

〔驁〕 áo ㄠˊ ①준마(駿馬). ②유순치 않은. 거만한.
[驁放] áofàng ㄠˊㄈㄤˋ 교만한. 방자한.

〔聱〕 áo ㄠˊ
[聱牙] áoyá ㄠˊㄧㄚˊ ①문장이 알기 어렵다. ②꾸불꾸불하다.「詰屈一;문장이 번거로와 알기 어렵다」

〔嗷〕 áo ㄠˊ 고통스러워 울부짖는 소리나 떠들썩하는 소리를 나타내는 말.
[嗷嗷] áoáo ㄠˊㄠˊ ①아우성치는 소리.②괴롭거나 슬플 때 울부짖는 소리.
[嗷嗷待哺] áoáo tàipǔ ㄠˊㄠˊㄉㄞˋㄅㄨˇ 이재민들이 구호를 기다리는 모양.

〔翱〕 áo ㄠˊ 「니다.
[翱翔] áohsiáng ㄠˊㄒㄧㄤˊ(날개로)날아다

〔謷〕 áo ㄠˊ
[謷謷] áoáo ㄠˊㄠˊ ①탓하는 모양. ②사람들이 격정하는 모양. 또는 그 소리.

〔鰲〕(鼇) áo ㄠˊ 전설(傳說)에 나오는 바다 거북. 바다의 큰 거북.
[鰲頭] áot'óu ㄠˊㄊㄡˊ 첫 번. 일등. 일위(一位).「獨占一 ; 과거(科擧)에서 진사(進士)시험에 수석(首席)으로 합격하는 일」

〔螯〕 áo ㄠˊ 게 따위의 집게발.

〔遨〕 áo ㄠˊ 놀다.
[遨遊] áoyú ㄠˊㄧㄡˊ 즐겁게 놀다.

〔媼〕 ǎo ㄠˇ ①늙은 부인. 마나님. ②늙은 어머니. ③부인의 통칭(通稱).

〔襖〕(袄) ǎo ㄠˇ 겹옷이나 솜을 둔 중국 의복.「綿一 ; 솜옷」

〔奡〕 ào ㄠˋ ①＝傲 ào ②건장하다. 씩씩하다. 늠름하다.「排一 ; 문장이 힘차다」

〔傲〕 ào ㄠˋ 오만한.

[傲岸] àoàn ㄠˋㄢˋ 거만하다.
[傲氣] àoch'i ㄠˋㄑㄧˋ 오만하고 잘난 체하는 모양.
[傲骨] àokǔ ㄠˋㄍㄨˇ 오만한 기질.
[傲慢] àomàn ㄠˋㄇㄢˋ 거만을 떨다.
[傲視] àoshìh ㄠˋㄕˋ 경멸하는 태도로 보다.
[傲霜之菊] àoshuāngchīchǘ ㄠˋㄕㄨㄤㄓㄐㄩˊ 서리를 맞아도 죽지 않는 국화. 즉 정절(貞節)이 굳음을 비유하는 말.

〔奧〕 ào ㄠˋ 심오한. 의미 심장한.

[奧區] àoch'ü ㄠˋㄑㄩ 벽지(僻地).
[奧秘] àomì ㄠˋㄇㄧˋ 깊숙하게 숨겨진.
[奧援] àoyüán ㄠˋㄩㄢˊ ①내부의 원조. ②유력한 원조자.

〔澳〕 ào ㄠˋ 선박이 정박할 수 있는 곳.

〔懊〕 ào ㄠˋ 괴로와하다. 후회하다. 고민하다. 번민하다.

[懊悔] àohuǐ ㄠˋㄏㄨㄟˇ 후회하다. 분하게 생각하다.
[懊悶] àomèn ㄠˋㄇㄣˋ 기분이 우울하다.
[懊惱] àonaǒ ㄠˋㄋㄠˇ 괴로와하다. 울적해 지다.
[懊喪] àosàng ㄠˋㄙㄤˋ 낙담하여 침울해 하다.

〔拗〕(抝) ào ㄠˋ ①완고한. 괴팍한. 복종하지 않는. ②꺾다. 꺽다.

[拗花] àohuā ㄠˋㄏㄨㄚ 꽃을 꺽다.
[拗開] àok'ai ㄠˋㄎㄞ 반으로 쪼개다.
[拗口令] àok'ǒulìng ㄠˋㄎㄡˇㄌㄧㄥˋ ＝繞口令.
[拗折] àoshé ㄠˋㄕㄜˊ 꺾다.

〔鏊〕 ào ㄠˋ 운두가 낮고 넓적한 남비 : "烙餅"을 만드는 데 씀.

〔嶴〕(岙) ào ㄠˋ 산 사이의 평지.

CHA ㄓㄚ

〔扎〕 chā ㄓㄚ ①(칼·창·바늘·가시 등으로)찌르다.「拿針一一一 ; 침으로 찌르다」②파고 들어가다.「一在人群裏 ; 많이 모인 사람들 틈으로 파고 들어가다」③(일을)하다. 담당하다.《山》《西》「在李家莊一過一回短工 ; "李家莊"에서 날품팔이를 한 적이 있다」④넓다.「一肩膀 ; 넓은 어깨」➪tsā, chá, chā.

[扎針] chāchēn ㄓㄚㄓㄣ ① 주사(注射)를 놓다. ②침을 놓다.
[扎槍] chāch'iāng ㄓㄚㄑㄧㄤ 창으로 찌르다.
[扎進] chāchīn ㄓㄚㄐㄧㄣ 찔러 넣다.
[扎耳朵] chāěrhto ㄓㄚㄦˇㄉㄨㄛ ①귀를 찌르다. 귀가 따갑다.「這話聽着很一 ; 귀가 아픈 이야기다」②귀에 구멍을 뚫다.「一眼兒 ; 귀걸이의 구멍을 뚫다」
[扎心] chāhsīn ㄓㄚㄒㄧㄣ ①(분해서)가슴이 아프다. ②가슴이 섬뜩하다.
[扎花(兒)] chāhuā(rh) ㄓㄚㄏㄨㄚ(ㄦ) 자수를 놓다.
[扎根(兒)] chākēn(rh) ㄓㄚㄍㄣ(ㄦ) ①(식물이)뿌리를 뻗다. ②영주(永住)하다. 뿌리를 박고 살다.
[扎工] chākūng ㄓㄚㄍㄨㄥ ①일을 하다. ②노동력을 교환하다.
[扎空槍] chāk'ūngch'iāng ㄓㄚㄎㄨㄥㄑㄧㄤ 구두로 거래 계약을 하다.
[扎喇叭的] chālǎpatê ㄓㄚㄌㄚˇㄅㄚㄉㄜ 쌀부대에 대통을 찔러 넣어 쌀을 훔치는 놈.
[扎猛子] chāměngtzǔ ㄓㄚㄇㄥˇㄗ 물 속으로 잠입하다. ＝扎蒙子.
[扎白] chāpái ㄓㄚㄅㄞˊ 창백하다.
[扎蓬棵] chāp'ěngk'ō ㄓㄚㄆㄥㄎㄜ 헝클어진 머리. 봉두 난발(蓬頭亂髮).
[扎煞] chāsha ㄓㄚㄕㄚ ①세우다.. ＝支楞.「一耳朵 ; 귀를 세우다」②산란하다. 난잡하다.「一着頭髮 ; 머리칼이 흩어져 있다」③헐렁헐렁하다. 축 처져 널브러지다. 풀어 헤쳐지다. ④힘없이 축 처지다.「一着兩手 ; 두 손을 축 늘어뜨리고 손바닥을 겉으로 내 보이다 : 아무 것도 하지 않고 멍청하게 서 있는 모양」＞扎扎煞煞.
[扎實] chāshih ㄓㄚㄕ ①확실하다. 틀림이 없다. 굳다.「這個人做活做得很 一 ; 이 사람 하는 일은 틀림이 없다」②내용이 충실하다. ＞扎扎實實.
[扎手] chāshǒu ㄓㄚㄕㄡˇ ①손을 찌르다. ②어렵다. 힘에 겨웁다. ➪cháshǒu.
[扎手舞脚] chāshǒu-wǔchiǎo ㄓㄚㄕㄡˇㄨˇㄐㄧㄠˇ ①손발을 쭉 펴다. ②마음 내키는 대로 행동하다. ③손을 흔들며 마음대로 뛰고 춤추고 하다.
[扎死] chāssǔ ㄓㄚㄙ 찔러 죽이다.
[扎疼] chāt'ěng ㄓㄚㄊㄥˊ 찔러 따끔따끔 아프다.
[扎眼] chāyěn ㄓㄚㄧㄢˇ ①(광선 따위가) 눈을 쏘다. ②남의 주의를 끌다. ③보고 우습게 여기다.

〔查〕 chā ㄓㄚ 성(姓)의 하나. ➪ch'á.

〔渣〕 chā ㄓㄚ 찌꺼기 부스러기. 침전물(沈澱物).「豆腐一 ; 비지」「茶葉一 ; 차의 찌꺼기」

[渣末] chāmò ㄓㄚㄇㄛˋ 찌꺼기.
[渣兒] chārh ㄓㄚㄦ ①물건의 흠.「果子上面都有一 ; 과일 표면에 모두 흠터가 있다」②감정상 개운치 않은 일.
[渣滓] chātzǔ ㄓㄚㄗˇ ①찌꺼기. ②쓸모가 없는 사람. 악인(惡人).
[渣子] chātzǔ ㄓㄚㄗ ①분탄(粉炭)에서 가려낸 석탄 덩어리. ②＝渣末.

〔揸〕 chā ㄓㄚ ①잡아 쥐다. (손가락으로)집다. ②손가락을 펴다.

〔喳〕 chā ㄓㄚ 쩩쩩 : 새의 우는 소리.「喜鵲一一地叫 ; 까치가 깍깍 운다」➪ch'ā.

〔猹〕 chā ㄓㄚ 두더지를 닮은 야수(野獸).

〔楂〕(樝) chā ㄓㄚ ①풀명자나무, 또는 그 열매. ②산사자(山楂子). ⇨ ch'á ㄔㄚˊ

〔皻〕(齇) chā ㄓㄚ 얼굴과 코에 생기는 흠.「酒一鼻 ; 비사증. 주독코」

〔扎〕(紮④·紥) chá ㄓㄚˊ ① 주둔하다. ② 허위적거리다. ③ 한기(寒氣)를 느끼다. ④묶다. 포박하다.

[扎掙] cháchêng ㄓㄚˊㄓㄥ 견디다. 간신히 참다.「一不住 ; 견디어 낼 수가 없다」

[扎裹] chákuo ㄓㄚˊㄍㄨㄛ 옷·신발 등을 간수하다.

[扎配] cháp'èi ㄓㄚˊㄆㄟˋ 엮어서 짝을 짓다.

[扎手] cháshǒu ㄓㄚˊㄕㄡˇ 뼈를 에이듯 추위가 심하다. ⇨ chāshǒu

[扎營] cháyíng ㄓㄚˊㄧㄥˊ 군대가 숙영하다.

〔札〕(劄①③) chá ㄓㄚˊ ①나무쪽. 옛적에 종이 대신으로 글씨를 쓰던 엷고 작은 나무패. ②서신(書信). ③옛적에 상급 관리가 하급 관리에게 보내던 공문서

[扎記] cháchì ㄓㄚˊㄐㄧˋ조목(條目)으로 나누어 기재(記載)한 수필(隨筆)의 하나.

〔軋〕 chá ㄓㄚˊ ⇨kā , ya.

[軋鋼] chákāng ㄓㄚˊㄍㄤ 강철을 압연(壓延)하다.「一機 ; 압연기(壓延機)」

[軋輥] chákǔn ㄓㄚˊㄍㄨㄣˇ 압연 로울러.

〔紮〕 chá ㄓㄚˊ 묶다. 매다. 엮다.「一帶子 ; 허리띠를 매다」

[紮脚] cháchiǎo ㄓㄚˊㄐㄧㄠˇ 전족(纏足).

〔炸〕 chá ㄓㄚˊ 기름에 튀기다.「把這塊肉一一一 ; 이 고기를 기름에 튀겨라」「一丸子 ; 기름에 튀긴 고기만두(饅頭)」

[炸醬] cháchiàng ㄓㄚˊㄐㄧㄤˋ밀가루로 만든 된장에 고기채를 넣어 볶은 것.「一麵 ; 짜장면」

[炸糕] chákāo ㄓㄚˊㄍㄠ 찹쌀떡을 기름에 튀긴 것.

[炸三角] chásānchiǎo ㄓㄚˊㄙㄢㄐㄧㄠˇ 밀가루로 엷게 반죽하여 돼지고기·야채·표고 등을 삼각형으로 싸서 기름에 튀긴 것.

[炸食] cháshíh ㄓㄚˊㄕˊ 기름에 튀긴 과자.

〔閘〕 chá ㄓㄚˊ ①수문(水門).「分水一 ; 조절(調節) 댐」②브레이크.「汽一 ; 에어 브레이크」④개폐기(開閉器).

[閘盒兒] cháhórh ㄓㄚˊㄏㄜˊㄦ 전기의 개폐기. 스위치 복스.

[閘口] chák'ǒu ㄓㄚˊㄎㄡˇ 수문구(水門口).

[閘門] chámên ㄓㄚˊㄇㄣˊ 수문을 여닫는 문짝.

[閘板] chápǎn ㄓㄚˊㄅㄢˇ ①수문을 여닫는 문짝. ②(비나 바람을 막기 위한) 덧문.

[閘草] cháts'ǎo ㄓㄚˊㄘㄠˇ 말.은화식물의 총칭.

〔鍘〕 chá ㄓㄚˊ ①작두. ②풀이나 여물을 썰다.「一草 ; 작두로 풀을 썰다」

〔拃〕 chǎ ㄓㄚˇ ①뼘. 엄지손가락과 가운데손가락을 뻗친 길이.「有三一寬 ; 세 뼘의 폭이 있다」②뼘으로 재다.「用手把這塊木板一了一一 ; 이 널빤지를 뼘으로 재 보았다」

〔苲〕 chǎ ㄓㄚˇ 이삭물수세미 : 수초(水草)의 한 가지.

〔眨〕 chǎ ㄓㄚˇ 눈을 깜박거리다.「一一眼就看不見了 ; 눈 깜박할 사이에 보이지 않게 되었다」

[眨巴] chǎpa ㄓㄚˇㄅㄚ 눈을 깜박거리다.「眼睛直一 ; 눈을 자꾸만 깜박거리다」> 眨眨巴巴.

〔砟〕 chǎ ㄓㄚˇ「一子 ; 작은 덩이. 소괴(小塊)」「煤一子 ; 석탄 덩이」「爐灰一子 ; 난로의 석탄재」

〔怎〕 chǎ ㄓㄚˇ, tsǎ ＝怎, 怎麼. "河北·東北·陝西" 지방의 방언.「一辦? ; 어떻게 할까?」「一好? ; 어떻게 하면 좋으냐?」

〔鮓〕 chǎ ㄓㄚˇ ①소금에 절여서 말린 생선. ②「皮一말린 복어 껍질」

〔扎〕 chà ㄓㄚˋ ①길어지다. 펴지다. 널브러지다.「頭髮一着 ; 머리카락이 산산이 흩어지다」②넓다. 헐렁헐렁하다.「這件衣服下面太一了 ; 이 옷은 아래 쪽이 너무 넓다」⇨tsā ㄗㄚ, chā ㄓㄚ, chá ㄓㄚˊ

[扎撒] chàsa ㄓㄚˋㄙㄚ ①좌우로 넓히다. 크게 벌리다.「一着兩手攔住人 ; 두 손을 크게 벌리어 사람을 저지하다」②힘차게 일어서다.「頭髮一着 ; 머리카락이 빳빳하게 서다」「胡子一着 ; 수염이 거세게 나 있다」

〔乍〕 chà ㄓㄚˋ ①갑자기. 급작스레.「一冷一熱 ; 춥구나 했더니 급작스레 또 덥다」②…했을 당시. 처음에는.「我一來的時候兒, 誰也不認識 ; 처음에 내가 왔을 때는 아무도 몰랐었다」

[乍着膽子] chàchêtǎntzǔ ㄓㄚˋㄓㄜ ㄉㄢˇㄗ (억지로)용기를 내다.

[乍群] chàch'ǘn ㄓㄚˋㄑㄩㄣˊ 무리(群)에서 떨어져 나가다.

[乍富] chàfù ㄓㄚˋㄈㄨˋ 벼락부자가 되다.

[乍然] chàján ㄓㄚˋㄖㄢˊ 돌연(突然). ＝乍乍的.

[乍猛的] chàmêngtê ㄓㄚˋㄇㄥˇㄉㄜ 갑자기. 돌연. 급작스레.

[乍地] chàtê ㄓㄚˋㄉㄜ 갑자기. 돌연.

[乍刺] chàtz'ǔ ㄓㄚˋㄘ ①화를 내다. ②떠들어대다.

[乍一] chàī ㄓㄚˋㄧ …하자마자.

〔咋〕 chà ㄓㄚˋ,tsǒ ㄗㄨㄛˋ (이빨로)물다. 악물다. >咋咋呼呼.

[咋呼] chàhu ㄓㄚˋㄏㄨ 큰 소리로 부르다.

[咋舌] chàshê ㄓㄚˋㄕㄜˊ 놀래어 말이 나오지 않다. 말이 막히다.

〔炸〕 chà ㄓㄚˋ①깨어지다. 파열하다.「這個玻璃杯一了 ; 이 유리컵은 깨어졌다」②폭파하다.「一碉堡 ; 토오치카를

폭파하다」③성내다. 노하다.「他··聽就一了 ; 그는 듣자마자 노발대발했다」④시끄럽게 큰소리를 지르다. 「다.
[炸沈] chàch'ěn ㄓㄚˋㄔㄣˊ 격침(擊沈) 하
[炸唬] chàhū ㄓㄚˋㄏㄨˇ 큰소리로 부르다.
[炸毁] chàhui ㄓㄚˋㄏㄨㄟˇ 폭약(爆藥)으로 파괴하다.
[炸開] chàk'ai ㄓㄚˋㄎㄞ 폭파(爆破)하다.
[炸彈] chàtàn ㄓㄚˋㄉㄢˋ 폭탄.
[炸窩] chàwō ㄓㄚˋㄨㄛ 벌이나 새 따위가 집에서 별안간 쏟아져 나오다.
[炸牙] chàyá ㄓㄚˋㄧㄚˊ 추워서 이가 시리다. 「하다.
[炸煙] chàyēn ㄓㄚˋㄧㄢ 몹시 성내다. 격노
[炸] chàyào ㄓㄚˋㄧㄠˋ 폭약(爆藥).
[炸獄] chàyǜ ㄓㄚˋㄩˋ 죄수들이 집단 탈 ⌊옥하다.

〔柵〕 chà ㄓㄚˋ 울타리. 책문(柵門). 단단하고 견고한 문.「鐵一欄 ; 철로 건널목의 난간」
[柵欄兒] chàlanrh ㄓㄚˋㄌㄢㄦ 가로(街路) 입구에 설치한 작은 문. 「문.
[柵門] chàmén ㄓㄚˋㄇㄣˊ 울로 둘러 싸인

〔咤〕(吒) chà ㄓㄚˋ 큰소리로 야단치다. 호통치다.

〔痄〕 chà ㄓㄚˋ
[痄腮] chàsai ㄓㄚˋㄙㄞ 〈醫〉 유행성 이하선염(耳下腺炎)의 속칭: 항아리손님.

〔蚱〕 chà ㄓㄚˋ「一蜢 ; 방아깨비」

〔詐〕 chà ㄓㄚˋ ①속이다. 사기하다.「稱不必拿話一我! ; 무어 속일 필요야 없지 않은가?」「一財 ; 돈을 사취하다」
[詐降] chàhsiáng ㄓㄚˋㄒㄧㄤˊ 거짓 항복을 하다.
[詐唬] chàhǔ ㄓㄚˋㄏㄨˇ ① 남을 겁나게 하다. ②자기 자랑을 하다.
[詐冒] chàmào ㄓㄚˋㄇㄠˋ 거짓으로 꾸며대다. 사칭(詐稱)하다. 「칭(詐稱).
[詐騙] chàp'ièn ㄓㄚˋㄆㄧㄢˋ 사기(詐欺). 사
[詐病] chàping ㄓㄚˋㄆㄧㄥˋ ① 꾀병. ②꾀병을 부리다.
[詐善] chàshàn ㄓㄚˋㄕㄢˋ 위선(僞善).
[詐屍] chàshīh ㄓㄚˋㄕ 송장이 갑자기 일어 나는 현상(現象).
[詐死] chàssǔ ㄓㄚˋㄙˇ 죽은 체하다.

〔榨〕(搾②) chà ㄓㄚˋ①기름틀. ②(기름 따위를) 짜다.
[榨蔗] chàchè ㄓㄚˋㄓㄜˋ 사탕수수를 졸여 짜다. 「다.
[榨取] chàch'ǚ ㄓㄚˋㄑㄩˇ 짜내다. 착취하
[榨床] chàch'uáng ㄓㄚˋㄔㄨㄤˊ 기름틀. 조리개틀. 「제당 공장.
[榨糖廠] chàt'ángch'ǎng ㄓㄚˋㄊㄤˊㄔㄤˇ

CH'A ㄔㄚ

〔叉〕 ch'ā ㄔㄚ ①끝이 갈라진 것. 포오크 따위 ②쇠스랑. ③포오크 따위로 찌르다. ④두 손을 깍지끼다. ⑤손을 바싹 대다. ⇨ch'á, chǎ.
[叉住] ch'āchu ㄔㄚㄓㄨ 찔러서 누르다.
[叉痲雀] ch'āmách'üèh ㄔㄚㄇㄚˊㄑㄩㄝ 마작을 하다. 「수(拱手)하다. =拱手.
[叉手] ch'āshǒu ㄔㄚㄕㄡˇ 읍(揖)하다. 공
[叉腿] ch'āt'ŭi ㄔㄚㄊㄨㄟˇ 발에 힘을 주어 버티고 서다. 「갈퀴 따위.
[叉子] ch'ātzū ㄔㄚㄗ 포오크·쇠스랑·
[叉腰子] ch'āyāotzū ㄔㄚㄧㄠㄗ 두 손을 허리에 대다. 「르다.
[叉魚] ch'āyǘ ㄔㄚㄩˊ 작살로 물고기를 찌

〔扠〕 ch'ā ㄔㄚ ①손으로 받치다. ②뾰족한 것으로 찌르다. =叉. ⇨chà②.
[扠腰] ch'ā yāoㄔㄚㄧㄠ써레: 농기구의 하나.

〔杈〕 ch'ā ㄔㄚ ①나무의 곁가지 ②끝이 갈라져서 살처럼 되어 있는 것. ③작살: 어구(魚具). ⇨ch'à.
[杈桿兒] ch'ākǎnrh ㄔㄚㄍㄢˇㄦ 표면에 나타나지 않고 지원해 주는 사람. 뒷배경.
[杈把] ch'āpà ㄔㄚㄆㄚˋ 갈퀴.
[杈手] ch'āshǒu ㄔㄚㄕㄡˇ =叉手.
[杈子] ch'ātzū ㄔㄚㄗ 통금(通禁)울타리. 나무를 엇걸어서 통행을 막는 장치.
[杈枒] ch'āyá ㄔㄚㄧㄚˊ 가지가 나누어져 밖으로 뻗은 모양. > 杈杈枒枒.

〔差〕 ch'ā ㄔㄚ ①차이. 상위. ②대략. 거의. ⇨ch'à, ch'āi.
[差價] ch'āchià ㄔㄚㄐㄧㄚˋ 값의 차액.
[差強人意] ch'āch'iáng jěni ㄔㄚㄑㄧㄤˊㄖㄣˊㄧˋ 대체로 사람을 만족시키다.
[差遲] ch'āch'íh ㄔㄚㄔˊ =差錯.
[差池] ch'āch'íh ㄔㄚㄔˊ ①잘못. ②생각지도 않은 일.
[差可] ch'āk'ǒ ㄔㄚㄎㄜˇ 그만하면 좋다.「質量一 ; 질은 그저 그만하다」
[差別] ch'āpiéh ㄔㄚㄅㄧㄝˊ 차이(差異).
[差數] ch'āshù ㄔㄚㄕㄨˋ (수학 용어에서) 차(差).
[差等] ch'ātěng ㄔㄚㄉㄥˇ 등급의 차.
[差錯] ch'āts'ò ㄔㄚㄗㄨㄛˋ ①뜻밖의 재난. ②잘못.
[差誤] ch'āwù ㄔㄚㄨˋ 잘못. 착오(錯誤).

〔喳〕 ch'ā ㄔㄚ ①낮은 목소리로 속삭이다. ②참새 따위의 우는 소리: 짹짹. ⇨chā.
[喳喳] ch'āch'a ㄔㄚㄔㄚ 속삭이는 모양. 가만가만히.「打一; 소곤소곤 말을 하다」

〔插〕 ch'ā ㄔㄚ ①(가늘고 긴 것이나 얇고 평평한 것을)삽입하다. 끼우다.「把花一在瓶子裡 ; 꽃을 꽃병에 꽂다」②참가하다. 가입하다. ③끼어 들다. 끼어 들다.「一嘴 ; 말 참견을 하다」
[插脚] ch'āchiǎo ㄔㄚㄐㄧㄠˇ 발을 들여놓다. 관계를 갖다.
[插翅難飛] ch'āchih nánfēi ㄔㄚㄔˋㄋㄢˊㄈㄟ 아무래도 도망칠 수 없다.
[插曲] ch'āch'ǚ ㄔㄚㄑㄩˇ①막간의 음악. ②(연극·영화의 중간에 넣다)가곡을 삽입함.
[插糞] ch'āfěn ㄔㄚㄈㄣˋ 똥을 걷어 내다.
[插香] ch'āhsiāng ㄔㄚㄒㄧㄤ 향을 피우다.
[插銷] ch'āhsiāo ㄔㄚㄒㄧㄠ 〈電〉플럭. 콘센트.

[插話] ch'āhuā ㄔㄚㄏㄨㄚˋ 에피소우드. =插嘴. 「를 박다. ②운이 틔다.
[插根兒] ch'ākēnrh ㄔㄚㄍㄣˊㄦ ①뿌리
[插科打諢] ch'āk'ō-tăhùn ㄔㄚㄎㄜ ㄉㄚˇㄏㄨㄣˋ 극중(劇中)에서 괴상한 몸짓이나 대사(臺詞)로 웃기다. 「견하다.
[插口] ch'āk'ǒu ㄔㄚㄎㄡˇ ①소켓. ②말참
[插關兒] ch'ākuanrh ㄔㄚㄍㄨㄢㄦ 문의 빗장. 「끼다.
[插門] ch'āmēn ㄔㄚㄇㄣˊ 문에 빗장을
[插班] ch'āpān ㄔㄚㄅㄢ 보결 입학. 보결 편입. 「一生 ;보결생. 편입생」
[插板兒] ch'āpǎnrh ㄔㄚㄅㄢˇㄦ 장사가 안되어 문을 닫다.
[插屛兒] ch'āp'ingrh ㄔㄚㄆㄧㄥˊㄦ 유리를 안에 그림이나 글씨를 넣어서 방안을 장식하는 물건. 진열한 미술품.
[插上手] ch'āshangshǒu ㄔㄚㄕㄤㄕㄡˇ 남이 하고 있는 일에 관여하다. 손을 내밀다. 「갖다.
[插身] ch'āshēn ㄔㄚㄕㄣ 일에 관계를
[插手] ch'āshǒu ㄔㄚㄕㄡˇ 착수하다. 일에 관여하다. 「(插木).
[插條] ch'āt'iáo ㄔㄚㄊㄧㄠˊ 꺾꽂이. 삽목
[插座] ch'ātsò ㄔㄚㄗㄨㄛˋ 소켓.
[插足] ch'ātsú ㄔㄚㄗㄨˊ 插身.
[插嘴] ch'ātsuǐ ㄔㄚㄗㄨㄟˇ 말참견하다.
[插腿] ch'āt'uǐ ㄔㄚㄊㄨㄟˇ 관여하다. 관계를 갖다.
[插圖] ch'āt'ú ㄔㄚㄊㄨˊ 삽화(插畫).
[插秧] ch'āyāng ㄔㄚㄧㄤ 모내기. =栽插.
[插言] ch'āyén ㄔㄚㄧㄢˊ 말참견하다. = 插嘴.

〔鍤〕 ch'ā ㄔㄚ 삽.

〔查〕 ch'á ㄔㄚˊ ①조사하다. 검열하다. 「一詞典 ; 사전을 찾아 보다」②심문하다. 점검하다.
[查照] ch'áchào ㄔㄚˊㄓㄠˋ ①조사하여…대로 하다. ②조사하여 …과 같이. 「一辦理是荷 ; 지시대로 처리하기 바람」
[查訖] ch'ách'ì ㄔㄚˊㄑㄧˋ 검사필(檢查畢).
[查禁] ch'áchìn ㄔㄚˊㄐㄧㄣˋ 확실히 조사하여 금지하다.
[查卷] ch'áchüàn ㄔㄚˊㄐㄩㄢˋ 보존(保存) 서류를 조사하다.
[查訪] ch'áfǎng ㄔㄚˊㄈㄤˇ 수사하다. 탐방하다. 「류하다. =查抄.
[查封] ch'áfēng ㄔㄚˊㄈㄥ 차압하다. 압
[查核] ch'áhó ㄔㄚˊㄏㄜˊ 조사하다.
[查詢] ch'áhsǘn ㄔㄚˊㄒㄩㄣˊ 조회(照會)하다. 「루 살펴보다. >查查看看.
[查看] ch'ák'àn ㄔㄚˊㄎㄢˋ 검문하다. 두
[查勘] ch'ák'ān ㄔㄚˊㄎㄢ ①조사(調查). ②조사하다. 「查查考考.
[查考] ch'ák'ǎo ㄔㄚˊㄎㄠˇ 조사하다. >
[查明] ch'ámíng ㄔㄚˊㄇㄧㄥˊ 조사하여 밝히다. 「벌하다
[查辦] ch'ápàn ㄔㄚˊㄅㄢˋ 조사한 후에 처
[查票] ch'áp'iào ㄔㄚˊㄆㄧㄠˋ 표를 조사하다. 검찰(檢札)하다.
[查哨] ch'áshào ㄔㄚˊㄕㄠˋ 행군(行軍)할 때에 군인이 길목에서 통행하는 사람을 조사하다.
[查點] ch'átiěn ㄔㄚˊㄉㄧㄢˇ 점검하다.
[查對] ch'átùi ㄔㄚˊㄉㄨㄟˋ 대조하여 조사하다.
[查問] ch'áwěn ㄔㄚˊㄨㄣˋ 추궁하여 문초하다. 「다.
[查夜] ch'áyèh ㄔㄚˊㄧㄝˋ 야간 순시를 하
[查驗] ch'áyèn ㄔㄚˊㄧㄢˋ 검사하다.
[查閱] ch'áyüèh ㄔㄚˊㄩㄝˋ 검열하다.

〔茶〕 ch'á ㄔㄚˊ ①차(茶). 음료용. 「喝一 ; 차를 마시다」 ②차나무. 차잎. =山茶. ③보리 따위로 만든 음료. 「팁.
[茶錢] ch'ách'ien ㄔㄚˊㄑㄧㄢ ①찻값. ②
[茶几] ch'áchi ㄔㄚˊㄐㄧ 찻그릇을 올려 놓는 작은 탁자. 「(水晶).
[茶晶] ch'áchīng ㄔㄚˊㄐㄧㄥ 갈색 수정
[茶青] ch'ách'īng ㄔㄚˊㄑㄧㄥ 풀색.
[茶匙(兒)] ch'ách'íh(rh) ㄔㄚˊㄔˊ(ㄦ) 찻숟가락.
[茶鏡] ch'áchìng ㄔㄚˊㄐㄧㄥˋ 갈색 수정으로 만든 안경.
[茶桌] ch'áchō ㄔㄚˊㄓㄨㄛ ①차를 마시는 탁자. ②찻잔이나 접시를 놓아 두는 테이블.
[茶磚] ch'áchuān ㄔㄚˊㄓㄨㄢ =茶餅.
[茶莊] ch'áchuāng ㄔㄚˊㄓㄨㄤ (도매상급의)차를 파는 큰 가게.
[茶區] ch'ách'ǖ ㄔㄚˊㄑㄩ 차의 산지(產地). 동해 연안(浙江·福建·廣東·臺灣), "揚子江"유역(江蘇·安徽·江西·湖南·四川), 서남 고원 지방(雲南·貴州·西康·廣西)의 세 지구.
[茶盅(兒)] ch'áchūng(rh) ㄔㄚˊㄓㄨㄥ(ㄦ) 조그마한 찻잔.
[茶菊] ch'áchǘ ㄔㄚˊㄐㄩˊ 국화의 일종. 약용으로 쓰임.
[茶具] ch'áchǜ ㄔㄚˊㄐㄩˋ 차도구(茶道具).
[茶房] ch'áfáng ㄔㄚˊㄈㄤˊ ①사환. 급사. =夥計. ②차(茶)를 준비하는 장소.
[茶飯] ch'áfàn ㄔㄚˊㄈㄢˋ 음식. 먹을 것과 마실 것. 「가게.
[茶號] ch'áhào ㄔㄚˊㄏㄠˋ 엽차를 파는
[茶花] ch'áhuā ㄔㄚˊㄏㄨㄚ 〈植〉 동백꽃.
[茶壺] ch'áhú ㄔㄚˊㄏㄨˊ 찻주전자. 「一耳朵 ; 주전자의 손잡이」
[茶會] ch'áhuì ㄔㄚˊㄏㄨㄟˋ ①다화회(茶話會). ②"北京"의 "香會"의 일종으로 차를 대접하는 곳.
[茶缸子] ch'ákāngtzǔ ㄔㄚˊㄍㄤㄗ 얕고 주둥이가 넓은 찻잔.
[茶罐] ch'ákuàn ㄔㄚˊㄍㄨㄢˋ 손잡이가 달린 질그릇의 찻잔. 「방.
[茶館] ch'ákuǎn ㄔㄚˊㄍㄨㄢˇ 구석의 다
[茶果] ch'ákuǒ ㄔㄚˊㄍㄨㄛˇ 차(茶)와 과
[茶樓] ch'álóu ㄔㄚˊㄌㄡˊ = 茶館. 「실.
[茶爐] ch'álú ㄔㄚˊㄌㄨˊ 찻물을 끓이는 솥.
[茶滷(子·兒)] ch'álǔ(tzǔ·rh) ㄔㄚˊㄌㄨˇ(ㄗ·ㄦ) 진하게 끓인 차. 「茶.
[茶末] ch'ámò ㄔㄚˊㄇㄛˋ 가루 차. =碎
[茶農] ch'ánúng ㄔㄚˊㄋㄨㄥˊ 차 재배를 주로 하는 농민.
[茶甌] ch'áōu ㄔㄚˊㄡ. 찻잔.
[茶盤] ch'áp'án ㄔㄚˊㄆㄢˊ 찻쟁반.
[茶杯] ch'ápēi ㄔㄚˊㄅㄟ 작은 차종. 컵 모양의 차종.
[茶棚] ch'áp'ēng ㄔㄚˊㄆㄥˊ 바자 따위로 둘러친 허술한 찻집. 차를 파는 노점.
[茶餅] ch'ápǐng ㄔㄚˊㄅㄧㄥˇ ①차를 쪄서 벽돌 모양으로 다져 놓은 것.

[茶食] ch'áshíh ㄔㄚˊㄕˊ 과자 따위의 간식물(間食物).
[茶室] ch'áshìh ㄔㄚˊㄕˋ ＝茶館. ‹南›
[茶水] ch'áshuǐ ㄔㄚˊㄕㄨㄟˇ 음료로서의 차.
[茶肆] ch'ássŭ ㄔㄚˊㄙˋ 차의 원료를 파는 가게.
[茶湯] ch'át'āng ㄔㄚˊㄊㄤ 녹말·얼레짓가루를 물에 풀어 설탕을 넣고 끓인 죽.
[茶攤兒] ch'át'ānrh ㄔㄚˊㄊㄢㄦ 거리에서 임시로 차를 파는 가게.
[茶點] ch'átiĕn ㄔㄚˊㄉㄧㄢˇ ①차와 과자. ②간식물.
[茶底(兒)] ch'átì(rh) ㄔㄚˊㄉㄧˇ(ㄦ) 차잔에 마시다 남은 차.
[茶托兒(一子)] ch'át'ōrh(—tzŭ) ㄔㄚˊㄊㄨㄛㄦ(—ㄗ) 차잔을 받치는 그릇.
[茶座] ch'átsò ㄔㄚˊㄗㄨㄛˋ ①다방의 좌석. ②다방의 손님.
[茶子餅] ch'átzŭpǐng ㄔㄚˊㄗㄅㄧㄥˇ차의 열매로 기름을 짜낸 찌꺼기.
[茶碗] ch'áwǎn ㄔㄚˊㄨㄢˇ 차 마시는 차잔. 차종.
[茶舞] ch'áwŭ ㄔㄚˊㄨˇ 차를 마시며 노는 댄스 파아티.
[茶葉] ch'áyeh ㄔㄚˊㄧㄝ 차의 잎.
[茶油] ch'áyú ㄔㄚˊㄧㄡˊ 동백 기름. 또는 차의 열매를 짜서 낸 기름.
[茶餘飯後] ch'áyū fànhòu ㄔㄚˊㄩˊ ㄈㄢˋ ㄏㄡˋ 차나 식후의 여가 시간.

〔槎〕(茬) ch'á ㄔㄚˊ ①나무를 비스듬히 베다. ②농작물을 거두어 들이다. ③「一兒; 농작물을 거두어 들인 뒤에 그루터기. ④농작물을 옮겨 심다.

〔楂〕 ch'á ㄔㄚˊ ①농작물을 심은 회수를 세는 양사(量詞).「頭一; 첫 그루」② 벼·옥수수 따위의 그루터기. ③깎다 남은 수염이나 머리털. ④일이나 사건의 하다 남은 부분. ⑤회수를 세는 말. ⑥뗏목. ＝槎. ⑦ ⇨ chā ㄓㄚ

〔叉〕 ch'á ㄔㄚˊ ①막히다. 메다.「一塊骨頭一嗓子裡; 가시가 목구멍에 걸리다」②얽히어 풀리지 않다. ③저해(阻害)하다. 받침대를 대다. ⇨ ch'ā ㄔㄚ, ch'ǎ ㄔㄚˇ.
[叉車] ch'ách'ê ㄔㄚˊㄔㄜ 차(車)가 밀려서 뒷차가 앞으로 갈 수 없다.

〔搽〕 ch'á ㄔㄚˊ (고약이나 분 따위를) 바르다.
[搽粉] ch'áfĕn ㄔㄚˊㄈㄣˇ 분을 바르다.
[搽藥] ch'áyào ㄔㄚˊㄧㄠˋ 약을 바르다.
[搽油] ch'á yú ㄔㄚˊㄧㄡˊ 기름을 바르다.

〔察〕 ch'á ㄔㄚˊ 조사하다.자세히 검토하다.
[察訪] ch'áfǎng ㄔㄚˊㄈㄤˇ 상세히 조사하다.
[察核] ch'áhó ㄔㄚˊㄏㄜˊ 자세히 조사하여 결정하다.
[察勘] ch'ák'ān ㄔㄚˊㄎㄢ 현장 조사하다.

〔碴〕 ch'á ㄔㄚˊ ①(유리 조각 따위로) 다치다. ②결렬(決裂)되다.
[碴兒] ch'árh ㄔㄚˊㄦ①일.「他把那一給忘了!; 그가 그 일을 잊어버리다니」②감정상의 충돌. 겸연쩍은 일.「他們倆過去就有一; 그 두 사람은 과거에 다툰 일이 있었다」③작은 부스러기.「氷一; 얼음 조각」④요체(要諦). ⑤태도. 모양. ⑥이유. ＝緣故.「你不答應是怎麼個一; 네가 허락하지 않는 것은 무슨 이유냐?」 ⑦남긴 물건.「頭髮一; 머리를 깎다 남은 털」⑧결점.「他淨找我的一; 그는 나의 결점만 살핀다」⑨형세.「聽聽他的話一; 그의 이야기하는 것을 들어본다」

〔餷〕 ch'á ㄔㄚˊ 여러 가지를 섞어서 돼지나 개의 먹이를 끓이다. 돼지죽을 쑤다.

〔叉〕 ch'ǎ ㄔㄚˇ 열다. 넓히다.「一腿; 다리 가랑이를 벌리다」 ⇨ ch'ā, ch'á.
[叉門] ch'ǎmĕn ㄔㄚˇㄇㄣˊ 문안에 버티고 서서 두팔을 벌리고 출입을 방해하다. 문을 가로 막다.
[叉劈] ch'ǎp i ㄔㄚˇㄆㄧ 길이 엇갈리다.「走一 ; 길이 엇갈렸다」

〔蹅〕 ch'ǎ ㄔㄚˇ 진흙 가운데를 걷다.진탕을 밟다.

〔岔〕 ch'à ㄔㄚˋ ①갈림길.분기점.②화제를 돌리다. ③말을 바꾸다. ④방향을 전환하다. 빗나가다. ⑤얼버무리다. ⑥교란시키다. ⑦목소리가 변하다. ⑧엇갈리다.
[岔氣] ch'àch'ì ㄔㄚˋㄑㄧˋ 갑자기 옆구리가 쑤시고 아픈 병.
[岔曲(兒)] ch'àch'ŭ(rh) ㄔㄚˋㄑㄩˇ(ㄦ)잡곡(雜曲)의 하나. 흔히 계절의 경치를 읊은 것.
[岔換] ch'àhuan ㄔㄚˋㄏㄨㄢ 기분 전환을 하다. 마음을 돌리다.「把心中的煩悶一一; 심중의 괴로움을 풀다」
[岔和] ch'àhō ㄔㄚˋㄏㄜˋ 기분을 돌리다.
[岔開] ch'àk'ai ㄔㄚˋㄎㄞ ①다른 방향으로 옮기다. 「把話一了; 이야기를 빗나가게 하다」②놓치다.「一機會; 기회를 놓치다」
[岔口(兒)] ch'àk'ǒu(rh) ㄔㄚˋㄎㄡˇ(ㄦ)① 말투. 말솜씨. ②요긴한 때나 장소.
[岔路] ch'àlû ㄔㄚˋㄌㄨˋ 옆길. 곁길.「想倒一上去了; 생각이 옆길로 빗나가다」
[岔批] ch'àp'i ㄔㄚˋㄆㄧ (말·행동 · 의견 따위가)엇갈리다.「走一; 도중에서 엇갈리다」
[岔道] ch'àtào ㄔㄚˋㄉㄠˋ ①갈림길. ②철도의 십자로.
[岔子] ch'àtzŭ ㄔㄚˋㄗ ①말썽.사고(事故).「出一; 사고가 나다」②잘못. 착오.
[岔眼] ch'àyĕn ㄔㄚˋㄧㄢˇ ①얼결에 잘못 보다. ②무엇에 놀라다. 「那匹馬一了; 저 말은 무엇에 놀랐다」

〔杈〕 ch'à ㄔㄚˋ「一子·一兒; 나무의 가지」 ⇨ ch'ā
[杈子] ch'àtzŭ ㄔㄚˋㄗ ①나무가장귀. ②포오크.

〔刹〕 ch'à ㄔㄚˋ ①토지. 전답. ②절.
[刹那] ch'ànà ㄔㄚˋㄋㄚˋ 찰나. 순간.

〔衩〕 ch'à ㄔㄚˋ 중국옷 따위의 옷자락을 터놓은 곳.

〔侘〕 ch'à ㄔㄚˋ 넋을 잃은 모양.
[侘傺] ch'àch'ìh ㄔㄚˋㄔˋ 실망(失望)한 모양.

〔姹〕 ch'à ㄔㄚˋ

[姹紫嫣紅] ch'àtzŭ-yēnhúng ㄔㄚˋㄗˇ|ㄢ ㄏㄨㄥˊ 꽃이 아름답게 피어 있는 모양.

〔差〕 ch'à ㄔㄚˋ ①틀리다. 잘못하다. 「說一了；잘못 말하다」②맞지 않다. 차이가 생기다.「一得遠；아주 사이가 뜨다」③부족하다. 차지 않다. 「還一一個人；아직 한 사람 부족하다」④못하다. 떨어지다. ⑤ ⇨ ch'ā, ch'āi.

[差之毫厘，失之千里] ch'àchīhháolí, shīhchīhch'iēnlĭ ㄔㄚˋㄓㄏㄠˊㄌ|ˊ, ㄕㄓㄑ|ㄢㄌ|ˇ 조그마한 착오가 뒤에는 큰 실패로 변한다. 개미 구멍으로 공든 탑 무너진다. «成»

[差勁(兒)] ch'àchìn(rh) ㄔㄚˋㄐ|ㄣˋ(ㄦ) 뒤떨어지다. 못하다.「不比誰一；누구에게도 뒤떨어지지 않는다」 「多.

[差不離] ch'àpulí ㄔㄚˋㄅㄨㄌ|ˊ ＝差不

[差不多] ch'àputō ㄔㄚˋㄅㄨㄉㄨㄛ ①대략. 대충.「一有三年了；대략 삼년이 됐다」②비슷비슷하다.「跟你的一； 너의 것과 비슷비슷하다」

[差不多少] ch'àputōshăo ㄔㄚˋㄅㄨㄉㄨㄛㄕㄠˇ 엇비슷. 비슷비슷.

[差不遠] ch'àpuyüăn ㄔㄚˋㄅㄨㄩㄢˇ크게 다르지 않다. 별 차이가 없다.

[差事] ch'àshìh ㄔㄚˋㄕˋ ①이상한 일. 특이한 일. ②표준에 도달하지 않다. ⇨ ch'āi-shih.

[差得多] ch'àtêtō ㄔㄚˋㄉㄜㄉㄨㄛ 대단히 다르다. ＝差得遠.

[差錯] ch'àts'ò ㄔㄚˋㄘㄨㄛˋ 착오(錯誤).

[差(一)點(兒)] ch'à(i)tiĕn(rh) ㄔㄚˋ(|)ㄉ|ㄢˇ(ㄦ) ①조금 다르다. 조금 뒤떨어지다. ②위험하게. 하마터면.「一沒上了他的當；하마터면 그의 간계에 빠질 뻔했다」

〔跢〕 ch'à ㄔㄚˋ 밟다.「舉步一進門裡；발을 들어 문 안으로 들어 서다」

〔詫〕 ch'à ㄔㄚˋ 이상하게 생각하다.

[詫異] ch'à i ㄔㄚˋ|ˋ 수상하게 여기다. 이상하게 생각하다.

CHAI ㄓㄞ

〔齋〕(斋) chāi ㄓㄞ ①서재(書齋). ②학교의 기숙사. ③채식(菜食).「吃一；채식하다. 정진(精進)하다」④제계(齋戒).

[齋匾] chāipiĕn ㄓㄞㄅ|ㄢˇ 실내에 거는 편액.

[齋壇] chāit'án ㄓㄞㄊㄢˊ ①하느님을 제사지내는 제단. ②중이나 도사가 경을 읽는 단.

[齋菜] chāits'ài ㄓㄞㄘㄞˋ 정진 요리(精進料理). 육류(肉類)를 넣지 않은 채식 요리.

〔摘〕 chāi ㄓㄞ 〈文〉 ché ㄓㄜˊ ①(꽃·과일을)따다. 뜯다.「一瓜；오이를 따다」②벗다. 떼다. 끄르다. ③빌다.「一幾個錢用；용돈을 조금 빌다」 ④(일부분을)가려 내다. 고르다.

[摘借] chāichièh ㄓㄞㄐ|ㄝˋ 돈을 꾸다.

[摘下來] chāihsialai ㄓㄞㄒ|ㄚㄌㄞ 채취(採取)하다. 뜯다. 「가 꺾이다.

[摘心] chāihsīn ㄓㄞㄒ|ㄣ 낙심하여 기

[摘根] chāikēn ㄓㄞㄍㄣ 뿌리를 뽑아 버리다. 근절하다. 「다.

[摘錄] chāilù ㄓㄞㄌㄨˋ 요점을 기록하

[摘帽子] chāi màotzŭ ㄓㄞ ㄇㄠˋㄗˇ①악명(惡名)을 벗다. ②모자를 벗다.

[摘由(兒)] chāiyú(rh) ㄓㄞ|ㄡˊ(ㄦ) 공문서의 요점을 간추려 적다.

〔宅〕 chái ㄓㄞˊ 〈文〉 chê ㄓㄜˋ 주택. 집. 거처.

[宅眷] cháichüàn ㄓㄞˊㄐㄩㄢˋ가족(家族).

[宅門子] cháiméntzŭ ㄓㄞˊㄇㄣˊㄗ ①큰 집에 사는 사람. ②관리(官吏).

[宅上] cháisang ㄓㄞˊㄙㄤ 당신의 집. 귀댁(貴宅). 「당.

[宅院] cháiyüàn ㄓㄞˊㄩㄢˋ(저택의) 안마

〔擇〕 chái ㄓㄞˊ 고르다. 가리다. ⇨ tsê

[擇席] cháihsí ㄓㄞˊㄒ|ˊ잠자리를 가림. 장소가 바뀌면 잠을 이루지 못하는 일.

[擇日子] chái jìhtzŭ ㄓㄞˊㄖˋㄗ 길일(吉日)을 가리다. 택일하다.

[擇乾淨兒] cháikānchingrh ㄓㄞˊㄍㄢㄐ|ㄥㄦ 책임을 다하다.

[擇毛兒] cháimáorh ㄓㄞˊㄇㄠˊㄦ 지나치게 남의 흠을 들추어 내다.

[擇不開] cháipuk'ai ㄓㄞˊㄅㄨㄎㄞ ①나눌 수가 없다. 떼지 못하다.「一的 對兒；뗄 수 없는 한 쌍」②(시간·신체 등의)짬을 낼 수가 없다. 「먹다.

[擇食] chá ishíh ㄓㄞˊㄕˊ 음식을 가려

[擇手貨] cháishouhuò ㄓㄞˊㄕㄡㄏㄨㄛˋ 가려 내고 남은 물건. 고르고 난 찌꺼기 물건.

[擇菜] cháits'ài ㄓㄞˊㄘㄞˋ 채소를 가리다.

[擇刺] cháitz'ŭ ㄓㄞˊㄘˋ 생선의 가시를 골라 내다.

〔翟〕 chái ㄓㄞˊ 성(姓)의 하나.

〔鈌〕 chăi ㄓㄞˇ「一兒；기물·과실 등의 흠.

〔窄〕 chăi ㄓㄞˇ〈文〉 tsê ㄗㄜˊ①좁다. ↔寬.「路太一；길이 너무 좁다」②가난하다. 여유가 없다.「以前的日子很一；전에는 몹시 가난하였다」

〔債〕 chài ㄓㄞˋ 빚. 채무(債務).「還一；빌은 돈을 돌려 주다」「討一； 빚을 재촉하다」 「主.

[債家] chàichiā ㄓㄞˋㄐ|ㄚ 채권자. ＝債

[債主] chàichŭ ㄓㄞˋㄓㄨˇ 채권자.

[債戶] chàihù ㄓㄞˋㄏㄨˋ 채무자. ＝債人.

[債目] chàimù ㄓㄞˋㄇㄨˋ 부채액.「一尾數；채무의 미불금」

[債票] chàip'iào ㄓㄞˋㄆ|ㄠˋ 채권(債券).

[債臺] chàit'ái ㄓㄞˋㄊㄞˊ많은 부채. 빚더미.「一高築；빚더미가 되다. 많은 부채로 꼼짝달싹 못하는 모양」

〔寨〕(砦) chài ㄓㄞˋ ①성채(城寨).「鹿一；뾰족하게 깎은 대나무나 나무로 만들어 적을 막기 위한 장애물」 ②산 위에 있는 부락(部落).「堡一；산 위에

있는 부락」③「一子；"雲南" 지방의 소수 민족이 사는 마을」

〔搋〕 chài ㄓㄞˋ (의복이나 책 등을)실로 꿰매어 붙이다.「一紐襻兒；(중국식의)단추 고리를 꿰매어 달다」

CH'AI ㄔㄞ

〔拆〕 ch'āi ㄔㄞ (맞붙이거나 조립된 것 하나하나를) 갈라 내다. 떼다. 가르다.「一信；편지를 개봉하다」

[拆穿] ch'āich'uān ㄔㄞㄔㄨㄢ ① 파헤치다. 폭로하다.「一花招；가면을 벗기다」②조립된 것을 분해하다.「一西洋景;요지경을 벗기다. 내막을 폭로하다」

[拆封] ch'āifēng ㄔㄞㄈㄥ 개봉하다. 봉한 것을 뜯다. 「계산하다.

[拆息] ch'āihsī ㄔㄞㄒㄧ 이자를 매일매일

[拆洗] ch'āihsǐ ㄔㄞㄒㄧˇ 풀거나 뜯어서 빨다「一衣服；옷을 뜯어서 빨다」>拆拆洗洗. 「하다.

[拆卸] ch'āihsièh ㄔㄞㄒㄧㄝˋ 부숴서 분해

[拆綫] ch'āihsièn ㄔㄞㄒㄧㄢˋ ①수술한 자리의 실을 뽑다. ②(비밀의)관련을 끊다.

[拆開] ch'āik'ai ㄔㄞㄎㄞ ①열다. 개봉하다. ②분해하다. 사이를 끊어 놓다.

[拆爛汚] ch'āilànwū ㄔㄞㄌㄢˋㄨ 무책임한 짓을 하여 남에게 폐를 끼치다.〈上〉

[拆料] ch'āiliào ㄔㄞㄌㄧㄠˋ 헐어낸 낡은 재료.

[拆賣] ch'āimài ㄔㄞㄇㄞˋ (기계・집 따위를) 해체하여 팔다.

[拆白黨] ch'āipáitǎng ㄔㄞㄅㄞˊㄉㄤˇ 부녀 유괴・재물 편취를 상습으로 하는 무리. 「을 뜯다.

[拆被褥] ch'āipèijù ㄔㄞㄅㄟˋㄖㄨˋ 이불

[拆散] ch'āisàn ㄔㄞㄙㄢˋ 산산조각으로 내다. ＝拆開.

[拆臺] ch'āit'ái ㄔㄞㄊㄞˊ ①창피를 주다. 실패하게 하다.「拆我的臺；나에게 창피를 주다」②비밀이나 사생활을 들추어 내다. 「치다.

[拆字] ch'āitzû ㄔㄞㄗˋ 글자를 보고 점을

[拆兌] ch'āitui ㄔㄞㄉㄨㄟ ①융통하다.「一些錢給你墊上；얼마 안되는 돈을 융통해서 너에게 주다」②여러 가지 방법을 생각하여 잘 하다.

〔差〕 ch'āi ㄔㄞ ①파견하다. ②일자리에 보내다. ③파견된 사람. 사자(使者). ④공무(公務). 파견되어 하는 일.

[差遣] ch'āich'iěn ㄔㄞㄑㄧㄢˇ ＝差使①.

[差害] ch'āihài ㄔㄞㄏㄞˋ 가혹한 세금을 징수하다.

[差人] ch'āijên ㄔㄞㄖㄣˊ ①옛날 하급 관리의 하나. ②사람을 보내다.

[差巴] ch'āipā ㄔㄞㄅㄚ 농노(農奴). (티베트어의 음역어).

[差派] ch'āip'ài ㄔㄞㄆㄞˋ ＝差使①.

[差撥] ch'āipō ㄔㄞㄅㄛ ①파견하다. ②하급 관리.

[差事] ch'āishih ㄔㄞㄕ ①공용. ②공무. ③미결수(未決囚). ④ ⇨ ch'àshih.

[差使] ch'āishǐh ㄔㄞㄕˇ ①(공무로 사람을)파견하다. ② ch'āishih ＝差事.

[差委] ch'āiwěi ㄔㄞㄨㄟˇ 파견하다.

[差務] ch'āiwù ㄔㄞㄨˋ 근무. 역할.

〔釵〕 ch'āi ㄔㄞ ①비녀. ②옛날에 관(冠)이 떨어지지 않도록 꽂았던 부속품.

[釵釧] ch'āich'uàn ㄔㄞㄔㄨㄢˋ ①비녀와 팔찌. ②여성을 나타내는 말.

〔豺〕 ch'ái ㄔㄞˊ 승냥이.

[豺虎] ch'áihǔ ㄔㄞˊㄏㄨˇ ①승냥이와 호랑이. ②잔인 무도한 사람의 비유.

[豺狼] ch'áiláng ㄔㄞˊㄌㄤˊ ①승냥이와 이리 ②잔인 무도한 사람의 비유.

[豺狼成性] ch'áiláng ch'ênghsìng ㄔㄞˊㄌㄤˊㄔㄥˊㄒㄧㄥˋ 성격이 시랑(豺狼)과 같이 포악 잔혹하다.

[豺狼當道] ch'áiláng tāngtào ㄔㄞˊㄌㄤˊㄉㄤㄉㄠˋ 악한 사람이 권력을 장악한다는 비유.

〔柴〕 ch'ái ㄔㄞˊ ①땔나무. ②채소의 속이 빈 것.

[柴鷄] ch'áichi ㄔㄞˊㄐㄧ 수탉은 다리에 털이 없고, 암탉은 광택이 없는 알을 낳는 닭. "油鷄"에 대한 말.

[柴房] ch'áifáng ㄔㄞˊㄈㄤˊ 나뭇간. 나무를 쌓아 두는 곳.

[柴扉] ch'áifēi ㄔㄞˊㄈㄟ ＝柴門.

[柴禾] ch'áiho ㄔㄞˊㄏㄜ 땔나무. 장작.

[柴心(兒)] ch'áihsīn(rh) ㄔㄞˊㄒㄧㄣ(ㄦ) 뿌리나 줄기의 속이 비어 있는 것.「一蘿蔔；속이 텅 빈 무우」 「의 하나.

[柴胡] ch'áihú ㄔㄞˊㄏㄨˊ 〈植〉시호. 약초

[柴火] ch'áihuo ㄔㄞˊㄏㄨㄛ 땔나무. 잡목(雜木)과 장작.

[柴火垛] ch'áihuotò ㄔㄞˊㄏㄨㄛㄉㄨㄛˋ 땔나무를 쌓아 올린 것. 나무더미.

[柴門] ch'áimên ㄔㄞˊㄇㄣˊ 싸리문을 단 보잘것 없는 집.

[柴米] ch'áimǐ ㄔㄞˊㄇㄧˇ ①장작과 쌀. ②생활 필수품. 「유.

[柴油] ch'áiyú ㄔㄞˊㄧㄡˊ 중유(重油). 연료

[柴油機] ch'áiyúchī ㄔㄞˊㄧㄡˊㄐㄧ 디이젤 기관.

[柴油引擎] ch'áiyú yǐnch'íng ㄔㄞˊㄧㄡˊㄧㄣˇㄑㄧㄥˊ 디이젤 엔진.

〔茈〕 ch'ái ㄔㄞˊ「一胡一；시호(柴胡)」

〔儕〕 ch'ái ㄔㄞˊ 무리들. 한패. 「하다.

[儕居] ch'áichū ㄔㄞˊㄐㄩ 동거하다. 동숙

[儕輩] ch'áipèi ㄔㄞˊㄅㄟˋ 동배(同輩). 같은 한패.

〔蠆〕 ch'ài ㄔㄞˋ 전갈의 일종.「一尾；사람을 해치는 놈. (전갈 꼬리에 독이 있으므로 이름)」

CHAN ㄓㄢ

〔占〕 chān ㄓㄢ 점치다. ⇨ chàn.

[占課] chānk'ò ㄓㄢㄎㄜˋ 점치다.

[占卦] chānkuà ㄓㄢㄍㄨㄚˋ 점치다.

[占卜] chānpǔ ㄓㄢㄅㄨˇ 점치다.

[占斷] chāntuàn ㄓㄢㄉㄨㄢˋ ①점(占). ②점을 쳐 길흉을 판단하다.

[占驗] chānyèn ㄓㄢㄧㄢˋ 예언이나 예상이 들어맞다. ＝占應.

〔霑〕(沾) chān ㄓㄢ ①가볍게 스치다. 조금 닿다. 약간 관계하다.「這花一一手就壞了；이 꽃은 조금만 스쳐도 못쓰게 된다」「朋友們都不敢一他；친구들은 모두 그와 상관하려 들지 않는다」②젖다. 적시다. 더럽히다.「一水；물에 젖다」「一泥；진흙에 더럽히다」③(사상·기풍 따위에) 물들다.「一了惡德；악덕에 물들다」④몫을 얻다. (남의 덕택으로)얻어 걸리다. ⑤능력이 있다는 뜻을 나타내는 말. 좋아. 됐어. 돼야. «北» ＝行. 成. 好.「這個人很一；이 사람은 참 좋은 사람이야」

[霑沾自喜] chānchān tzǔhsǐ ㄓㄢㄓㄢ ㄗˋ ㄒㄧˇ 자랑스럽고 만족한 모양. 의기양양(意氣揚揚)한.

[霑滯] chānchìh ㄓㄢㄓˋ 구애(拘碍)하다.

[霑親帶故] chānch'īn-tàikù ㄓㄢㄑㄧㄣ ㄉㄞˋㄍㄨˋ 친구와의 관계. 친한 친구 사이.

[霑唇] chānch'ún ㄓㄢㄔㄨㄣˊ 입술을 축이다. 마시다.

[霑弦兒] chānhsiénrh ㄓㄢㄒㄧㄢˊㄦ 관련을 맺다.

[霑染] chānjǎn ㄓㄢㄖㄢˇ (외계로부터)영향을 받다. 물들다.

[霑潤] chānjùn ㄓㄢㄖㄨㄣˋ 배당을 받다. 한 몫을 받다.

[霑光] chānkuāng ㄓㄢㄍㄨㄤ ①은혜를 입다. ②영광을 얻다.

[霑邊兒] chānpiēnrh ㄓㄢㄅㄧㄢㄦ 관계를 맺다. 다리를 놓아 주다.

[霑病] chānpìng ㄓㄢㄅㄧㄥˋ 병에 걸리다.

[霑便宜] chān p'iéni ㄓㄢㄆㄧㄢˊㄧ 단물을 빨다. 자기 잇속을 차리다. ＝占便宜.

[霑上] chānshang ㄓㄢㄕㄤ 악(惡)에 물들다.「一了壞習慣；나쁜 습관에 젖다」

[霑濕] chānshīh ㄓㄢㄕ 습기 차다. 축축해지다.

[霑手] chānshǒu ㄓㄢㄕㄡˇ ①손으로 만지다. 손을 대다. ②참여(參與)하다. 관계하다.

[霑受] chānshòu ㄓㄢㄕㄡˋ (남의)영향을 받다.「一名譽上的損失；명예를 훼손(毁損) 당하다」

[霑逮] chāntài ㄓㄢㄉㄞˋ 혜택을 입다. 신세지다.

〔粘〕 chān ㄓㄢ (풀로) 붙이다.「把桌子腿兒用鰾膠一上；책상 다리를 아교풀로 붙이다」 ⇨ nién.

[粘件] chānchièn ㄓㄢㄐㄧㄢˋ 첨부(添附)된 서류.

[粘封] chānfēng ㄓㄢㄈㄥ 봉함하다. 봉하다.

[粘附] chānfù ㄓㄢㄈㄨˋ 덧붙이다. 붙여서 첨부하다.

[粘貼] chānt'iēh ㄓㄢㄊㄧㄝ 붙이다. 바르다.

〔覘〕 chān ㄓㄢ 엿보다. 살피다.「一候；들여다 보다」

〔氈〕(毡) chān ㄓㄢ「一子；양탄자. 모포(毛布). 펠트(felt)」「炕一；온돌방에 까는 양탄자」

[氈房] chānfáng ㄓㄢㄈㄤˊ 몽고인이 사는 천막. 파오: ＝包.

[氈靴] chānhsüēh ㄓㄢㄒㄩㄝ 털로 만든 방한용의 장화.

[氈帽兒] chānmàorh ㄓㄢㄇㄠˋㄦ 모직으로 된 테 없는 모자.

[氈呢] chānni ㄓㄢㄋㄧ 펠트(felt).

[氈毯] chānt'ǎn ㄓㄢㄊㄢˇ 양탄자.

[氈條] chānt'iáo ㄓㄢㄊㄧㄠˊ 융단(絨氈).

〔瞻〕 chān ㄓㄢ 우러러보다.「一前顧後；조심스럽게 보다. 두리번거리며 둘러보다」

[瞻徇] chānhsǘn ㄓㄢㄒㄩㄣˊ 구애되다.「一情面；정실에 구애되다」

[瞻覩] chānshìh ㄓㄢㄕˋ ①눈매. 눈초리. ②보다.

[瞻望] chānwàng ㄓㄢㄨㄤˋ 우러러보다.

[瞻仰] chānyǎng ㄓㄢㄧㄤˇ 우러러보다.

〔譫〕 chān ㄓㄢ 헛소리.「一語；헛소리. 농담」

〔鱣〕 chān ㄓㄢ「一魚；철갑상어」

〔展〕 chǎn ㄓㄢˇ ①펴다. 넓히다. 벌리다.「一翅；날개를 펴다」「一眼舒眉；기뻐서 얼굴의 주름살을 펴다」②연기(延期)하다.

[展期] chǎnchī ㄓㄢˇㄐㄧ 기한(期限)을 연기하다.

[展技] chǎnchì ㄓㄢˇㄐㄧˋ 기능(技能)을 발휘하다.

[展其所長] chǎnch'í sǒch'áng ㄓㄢˇㄑㄧˊ ㄙㄨㄛˇㄔㄤˊ 장점(長点)이나 자랑될 만한 일을 북돋다. 재주를 발휘하다.

[展出] chǎnch'ū ㄓㄢˇㄔㄨ (전시회에) 출품하다.

[展卷] chǎnchüàn ㄓㄢˇㄐㄩㄢˋ 책을 펴다.

[展轉] chǎnchuǎn ㄓㄢˇㄓㄨㄢˇ 배반하고 돌아서다. 이리저리 전전하다. ＝輾轉. ＞展展轉轉.

[展謝] chǎnhsièh ㄓㄢˇㄒㄧㄝˋ 용서를 빌다. 사과하다.

[展限] chǎnhsièn ㄓㄢˇㄒㄧㄢˋ 기한을 연기하다.

[展現] chǎnhsièn ㄓㄢˇㄒㄧㄢˋ (눈앞에) 전개하다.

[展緩] chǎnhuǎn ㄓㄢˇㄏㄨㄢˇ 연기하다. 밀다.

[展開] chǎnk'āi ㄓㄢˇㄎㄞ 전개하다. 펴지다. (항상 자동사이며, 타동사일 때는 "開展"이 됨).

[展覽] chǎnlǎn ㄓㄢˇㄌㄢˇ 전람·전시하다. 공개하다.「一廳；전람회장」

[展眉] chǎnméi ㄓㄢˇㄇㄟˊ 기뻐서 눈살을 펴다.

[展布] chǎnpù ㄓㄢˇㄅㄨˋ ①생각하고 있는 바를 진술하다. ②넓히다. 떨치다. 펴다.

[展樣] chǎnyàng ㄓㄢˇㄧㄤˋ 대범하고 도량이 넓다.

[展延] chǎnyén ㄓㄢˇㄧㄢˊ 기한을 연기하다. ＞展展延延.

〔斬〕 chǎn ㄓㄢˇ ①자르다. 베다. ②목을 베다: 옛적의 사형의 일종(一種).

[斬決] chǎnchüéh ㄓㄢˇㄐㄩㄝˊ 참수형(斬首刑)에 처(處)하다.

[斬釘截鐵] chǎntīng-chiéht'iěh ㄓㄢˇㄉㄧㄥ ㄐㄧㄝˊㄊㄧㄝˇ 확고부동한 모양. 칼로 자른 듯이 분명하고 애매하지 않은 모양. «成»「他一地回答了; 그는 분명하게 회답을 하였다」

[斬草除根] chánts'ǎo ch'úkěn ㄓㄢˊㄘㄠˇㄔㄨˊㄍㄣ 근원을 철저히 없애 버리다. 뿌리째 뽑아 버리다.《成》
[斬斷] chǎntuàn ㄓㄢˇㄉㄨㄢˋ 끊다.절단하다.「一關係；관계를 끊다」

〔盞〕 chǎn ㄓㄢˇ ①잔.「酒一；술잔」「茶一；차잔」②등불을 셀 때의 조수사.「一一燈；하나의 등불」

〔搌〕 chǎn ㄓㄢˇ (종이·헝겊·해면 따위로) 살짝 눌러 닦아 내다. 가볍게 어루만지다.「用藥棉花一一一；탈지면 (脫脂綿)으로 살짝 닦다」
[搌布] chǎnpù ㄓㄢˇㄅㄨˋ 걸레.

〔颭〕 chǎn ㄓㄢˇ 바람이 불어 움직이게 하다.「清風一水；청풍이 수면에 물결을 일게 하다」

〔嶄〕 chǎn ㄓㄢˇ 높고 험악하다.「一然；산이나 건물이 높이 솟아 있는 모양. 우뚝」「一新；가장 새로운. 참신한」

〔輾〕 chǎn ㄓㄢˇ 몸을 뒤치락거리다. 이리저리 굴러다니다. 전전하다.「一轉反側；전전반측. 누워서 이리저리 뒤치락거리며 잠을 못 이룸」
[輾轉騰挪] chánchuǎn-t'éngnó ㄓㄢˊㄓㄨㄢˇㄊㄥˊㄋㄨㄛˊ (돈이나 시간을) 이리저리 둘러 맞추다.

〔黵〕 chǎn ㄓㄢˇ 얼룩지다. 더럽히다.「墨水把卷子一；먹물로 답안지가 더러워지다」

〔佔〕(占) chàn ㄓㄢˋ 차지하다. 점령하다.「一百分之九十以上；90% 이상을 차지하다」
[佔先] chànhsiēn ㄓㄢˋㄒㄧㄢ 선수(先手)를 쓰다. 앞지르다.
[佔許] chànhsǜ ㄓㄢˋㄒㄩˇ 대개. 아마.
[佔路] chànlǜ ㄓㄢˋㄌㄨˋ 횡령(橫領)하다.
[佔股] chànkǔ ㄓㄢˋㄍㄨˇ 가지고 있는 주(株). 주를 가지다.
[佔便宜] chàn p'iéni ㄓㄢˋ ㄆㄧㄢˊㄧ 실속을 차리다. 단물을 빨다. ＝沾便宜.
[佔三從二] chànsān ts'úngěrh ㄓㄢˋㄙㄢㄘㄨㄥˊㄦˋ 다수(多數)를 따르다.
[佔上風] chàn shàngfēng ㄓㄢˋㄕㄤˋㄈㄥ 우세한 지위를 차지함. 우위 점거(優位占據).
[佔地步] chàn tìpu ㄓㄢˋㄉㄧˋㄅㄨ (진퇴를 생각하고) 어떤 자리를 차지하다. ＝占脚步兒.
[佔奪] chàntó ㄓㄢˋㄉㄨㄛˊ 탈취하다.「一市場；시장을 빼앗다」
[佔位] chànwèi ㄓㄢˋㄨㄟˋ 자리를 차지하다.

〔站〕 chàn ㄓㄢˋ ①(사람·동물이)서다. ②정류소. 정거장. 역. ③산업·경제상의 시설.「發電一；발전소」「保健一；보건소」
[站長] chànchǎng ㄓㄢˋㄓㄤˇ 역장(驛長).
[站街] chànchiēh ㄓㄢˋㄐㄧㄝ 가두(街頭)에 서다.
[站直] chànchíh ㄓㄢˋㄓˊ 단정하게 서다. 똑바로 서다.
[站起來] chànch'ilai ㄓㄢˋㄑㄧˇㄌㄞ 일어서다. 일어나다.
[站住] chànchu ㄓㄢˋㄓㄨ 멈추다.멈추어 서다.
[站住脚] chànchuchiǎo ㄓㄢˋㄓㄨㄐㄧㄠˇ ①(발이 흔들리지 않도록)단단히 서다. ②(이론 따위의)논리가 정연하다. ③(기초 따위가)흔들리지 않고 단단하다.「這句話可以一;이 이야기는 확고한 말이다」
[站崗] chànkǎng ㄓㄢˋㄍㄤˇ 보초를 서다. 파수 보다.
[站高崗兒] chànkāokǎngrh ㄓㄢˋㄍㄠㄍㄤˇㄦ 서서 구경을 하다.
[站立] chànlì ㄓㄢˋㄌㄧˋ 일어서다.
[站排] chànp'ái ㄓㄢˋㄆㄞˊ 바르게 줄지어 서다. 정렬하다.
[站班] chànpān ㄓㄢˋㄅㄢ 서서 지키다. 입초를 서다.
[站標] chànpiāo ㄓㄢˋㄅㄧㄠ 역명 표시판(驛名標示板).
[站票] chànp'iào ㄓㄢˋㄆㄧㄠˋ 입석 관람표.
[站不住] chànpuchù ㄓㄢˋㄅㄨㄓㄨˋ ① 서 있지 못하다. ②가만히 있을 수 없다③안정되지 않다. 지탱할 수 없다. ↔站得住.
[站不住脚] chànpuchùchiǎo ㄓㄢˋㄅㄨㄓㄨˋㄐㄧㄠˇ ①똑바로 설 수가 없다. ②안정되지 않다. 흔들거리다.「他的說法是完全一的;그의 설법은 전혀 종잡을 수가 없다」
[站臺] chànt'ái ㄓㄢˋㄊㄞˊ 플랫포옴.
[站定] chàntìng ㄓㄢˋㄉㄧㄥˋ 멈추어 서다.
[站頭] chànt'ou ㄓㄢˋㄊㄡ 역(驛). 정류소.
[站頭兒] chànt'óurh ㄓㄢˋㄊㄡˊㄦ (옛날의) 역(驛). 주막.
[站隊] chàntuì ㄓㄢˋㄉㄨㄟˋ (종렬·횡렬 따위로)줄지어 바르게 서다. 정렬하다.
[站穩] chànwěn ㄓㄢˋㄨㄣˇ 확고히 서다.
[站員] chànyüán ㄓㄢˋㄩㄢˊ 역원(驛員).

〔湛〕 chàn ㄓㄢˋ ①깊다.「一深；연구나 공부가 충분하다」②맑다.「一湛；맑고 맑은 모양」

〔棧〕 chàn ㄓㄢˋ ①창고(倉庫). 창고업을 겸한 여인숙.「糧一；곡물 창고. 곡물 도매상」「客一；여인숙.여관」②(가축을 기르는)나무로 만든 울.「馬一；마굿간(울로 둘러싼)」
[棧房] chànfáng ㄓㄢˋㄈㄤˊ ①창고. ②여인숙.
[棧費] chànfèi ㄓㄢˋㄈㄟˋ 창고료.
[棧夥] chànhuǒ ㄓㄢˋㄏㄨㄛˇ 점원(店員).
[棧貨] chànhuò ㄓㄢˋㄏㄨㄛˋ 재고품.
[棧單] chàntān ㄓㄢˋㄊㄢ 창고증권(倉庫證券).
[棧存] chànts'ún ㄓㄢˋㄘㄨㄣˊ 재고(在庫).

〔綻〕 chàn ㄓㄢˋ ①해지다. 떨어지다. 아가리가 벌다.「鞋一了；구두가 해졌다」「皮開肉一；허물이 벗겨져서 피가 나오다」②해져서 구멍이 난 곳을 세는 조수사.「衣裳劃破了一一;옷이 걸켜서 한 군데 구멍이 났다」
[綻綫] chànhsièn ㄓㄢˋㄒㄧㄢˋ 의복의 솔기가 풀리다.
[綻開] chànk'āi ㄓㄢˋㄎㄞ 벌어지다.「花蕾一；꽃봉오리가 벌어지다」
[綻裂] chànlièh ㄓㄢˋㄌㄧㄝˋ 찢어지다.

〔戰〕(战) chàn ㄓㄢˋ ①싸움. 싸우

다.「宣一；전쟁을 선포하다」② 두려워하다. 떨다.「打冷一；벌벌 떨다. 무서워하다」
[戰戰兢兢] chànchànchīngchīng ㄓㄢˋㄓㄢˋㄐㄧㄥㄐㄧㄥ ①전전긍긍. 무서워서 벌벌 떠는 모양. ②조심성 있는 모양.
[戰爭販子] chànchēng fàntzǔ ㄓㄢˋㄓㄥ ㄈㄢˋㄗ ①전쟁 도발자. ②전쟁으로 인한 벼락부자. 「地勤務).
[戰勤] chànch'ín ㄓㄢˋㄑㄧㄣˊ 전지근무(戰
[戰情] chànch'íng ㄓㄢˋㄑㄧㄥˊ 전황(戰況).
[戰船] chànch'uán ㄓㄢˋㄔㄨㄢˊ 전함(戰艦). 군함.
[戰販] chànfàn ㄓㄢˋㄈㄢˋ ＝戰爭販子.
[戰氛] chànfēn ㄓㄢˋㄈㄣ 전쟁 기분. 전쟁 상태.
[戰俘] chànfú ㄓㄢˋㄈㄨˊ 전쟁 포로.
[戰壕] chànháo ㄓㄢˋㄏㄠˊ 참호(塹壕).
[戰慄] chànlì ㄓㄢˋㄌㄧˋ 부들부들 떨다.
[戰列艦] chànlièhchièn ㄓㄢˋㄌㄧㄝˋㄐㄧㄢˋ 주력함(主力艦).
[戰勝] chànshèng ㄓㄢˋㄕㄥˋ 이기다. 승리하다.「一一切敵人；모든 적을 이겨내다」
[戰事] chànshìh ㄓㄢˋㄕˋ 전황. 전쟁.
[戰書] chànshū ㄓㄢˋㄕㄨ 선전 포고서.
[戰速] chànsù ㄓㄢˋㄙㄨˋ 군함 따위의 전투 속력.
[戰抖] chàntǒu ㄓㄢˋㄉㄡˇ (무섭거나 추워서)부들부들 떨다. ＝戰慄. ＞戰戰抖抖.

〔顫〕 chàn ㄓㄢˋ ＝戰②. ⇨ch'àn.
[顫鬪] chàntǒu ㄓㄢˋㄉㄡˇ ＝戰抖.
[顫鬪鬪的] chàntǒutǒutê ㄓㄢˋㄉㄡˇㄉㄡˇㄉㄜ 벌벌 떠는 모양. 「顫動動.
[顫動] chàntùng ㄓㄢˋㄉㄨㄥˋ 떨다. ＞顫
[顫巍巍的] chànwéiwéitê ㄓㄢˋㄨㄟˊㄨㄟˊㄉㄜ ＝顫鬥鬥的.

〔蘸〕 chàn ㄓㄢˋ (액체에)잠시 담그다.「用葱一醬；파를 장에 담그다」「一上糖吃；설탕을 발라 먹다」
[蘸火] chànhuǒ ㄓㄢˋㄏㄨㄛˇ 담금질.

CH'AN ㄔㄢ

〔摻〕 ch'ān ㄔㄢ 섞어 넣다.
[摻雜] ch'āntsá ㄔㄢㄗㄚˊ 혼합하다. 섞다. ＞摻摻雜雜.
[摻用] ch'ānyùng ㄔㄢㄩㄥˋ 혼용하다. 섞어 쓰다.

〔攙〕(搀) ch'ān ㄔㄢ ①부축해 주다.「你一着那個老頭吧；너 저 노인을 도와 드려라」②섞다.「麵裡一糖；밀가루에 설탕을 섞다」
[攙假] ch'ānchiǎ ㄔㄢㄐㄧㄚˇ 가짜를 섞다.
[攙扶] ch'ānfúㄔㄢㄈㄨˊ 돕다. 손을 빌려 주다.「一老人下車；차에서 내리는 노인을 부축해 주다. ＞攙攙扶扶.
[攙合] ch'ānho ㄔㄢㄏㄜ ①뒤섞다. ②북적거리다. 혼잡을 이루다.
[攙和] ch'ānhuo ㄔㄢㄏㄨㄛ ＝攙合.
[攙話接舌] ch'ānhuà chiēhshé ㄔㄢㄏㄨㄚˋㄐㄧㄝㄕㄜˊ ①곁에서 무책임한 말을 하다. ②남의 참소(讒訴)를 하다.
[攙夥] ch'ānhuo ㄔㄢㄏㄨㄛ 구분할 수 없도록 섞다.「黑的白的不要一；검은 것과 흰 것을 섞으면 안된다」
[攙爐] ch'ānlú ㄔㄢㄌㄨˊ 중국 민간에서 사용되는 가장 간단한 제철 용광로.
[攙雜] ch'āntsá ㄔㄢㄗㄚˊ ＝攙合.

〔單〕 ch'án ㄔㄢˊ「一于；고대 흉노의 왕」⇨tan, shàn.
〔孱〕 ch'án ㄔㄢˊ 약소한. 유약한.
[孱軀] ch'ánch'ū ㄔㄢˊㄑㄩ 허약한 몸. 가냘픈 체격.
[孱種] ch'ángchǔng ㄔㄢˊㄓㄨㄥˇ ch'ànchǔng 비겁자. 돼먹지 않은 놈. 《罵》
[孱夫] ch'ánfū ㄔㄢˊㄈㄨ 나약한 사람.
[孱羸] ch'ánléi ㄔㄢˊㄌㄟˊ 여위어서 유약하다.
[孱頭] ch'ánt'ou ㄔㄢˊㄊㄡ ts'ànt'ou 비겁한 사람. 약골.
〔僝〕 ch'án ㄔㄢˊ「一僽；비방하다. 원망하다.
〔廛〕 ch'án ㄔㄢˊ 주택. 가게.「一市；거리」
〔嬋〕 ch'án ㄔㄢˊ「一娟；자태의 아름다운 모양」
〔潺〕 ch'án ㄔㄢˊ
[潺潺] ch'ánch'án ㄔㄢˊㄔㄢˊ 졸졸 주룩주룩 비나 물이 흐르는 소리.
[潺湲] ch'ányuán ㄔㄢˊㄩㄢˊ 물이 졸졸 흐르는 모양.

〔禪〕 ch'án ㄔㄢˊ ①선: 범어의 "禪那"의 약칭. ②불교에 관한 일의 일반적 호칭. ⇨shàn. 「방(僧房).
[禪房] ch'ánfáng ㄔㄢˊㄈㄤˊ 중의 거처. 승
[禪林] ch'ánlín ㄔㄢˊㄌㄧㄣˊ 절. 사원(寺院).

〔蟬〕 ch'án ㄔㄢˊ ①〈動〉매미. ②물건을 끌어 올리는 작은 도르래. 활차(滑車). ③연(連)하다. 「가볍고 엷은 형용.
[蟬翼] ch'ánì ㄔㄢˊㄧˋ 매미의 날개. 매우
[蟬聯] ch'ánlién ㄔㄢˊㄌㄧㄢˊ 잇달다. 연방 계속되다. 「각한 껍질.
[蟬蛻] ch'ánt'uì ㄔㄢˊㄊㄨㄟˋ 매미가 탈
[蟬紋] ch'ánwén ㄔㄢˊㄨㄣˊ (조각에서의) 매미 모양의 무늬.

〔巉〕 ch'án ㄔㄢˊ 산이 험준하여 깎아 세운 듯하다.
[巉岩峭壁] ch'ányén ch'iàopì ㄔㄢˊㄧㄢˊㄑㄧㄠˋㄅㄧˋ 산의 형세가 험준하다는 형용.

〔纏〕(缠) ch'án ㄔㄢˊ ① 둘둘감다.「頭上一着一塊布；머리에 베를 휘감다」②달라붙다. 귀찮게 치근덕거리다. ③(여우에)홀리다」
[纏夾] ch'ánchiá ㄔㄢˊㄐㄧㄚˊ ① 뒤얽히다. ②일이 순조롭게 안되다.
[纏脚] ch'ánchiǎo ㄔㄢˊㄐㄧㄠˇ (전족하기 위하여)발을 바짝 옭아 매다. 「을 떨다.
[纏擾] ch'ánjǎo ㄔㄢˊㄖㄠˇ 방해하다. 혼잡
[纏繞] ch'ánjǎo ㄔㄢˊㄖㄠˇ ①얽히다. ②거치적거리다. 훼방 놓다.
[纏綿] ch'ánmién ㄔㄢˊㄇㄧㄢˊ 귀찮게 달라붙어 떨어지지 않다. ＞纏纏綿綿.
[纏綿悱惻] ch'ánmién fěits'è ㄔㄢˊㄇㄧㄢˊㄈㄟˇㄘㄜˋ 시문(詩文) 따위에 애조(哀調)

가사람을 감동시키는 형용.
[纏磨] ch'ánmo ㄔㄢˊㄇㄛ 괴롭히다. 달라붙어 떨어지지 않다. >纏纏磨磨.
[纏足] ch'ántsú ㄔㄢˊㄗㄨˊ 전족. 중국 여자의 발을 옭아 매어 작게 하는 일.

〔讒〕(谗) ch'án ㄔㄢˊ ①거짓으로 남을 참소하다. ②비난하다. 험담하다. ③욕. 험담. 「하다.
[讒害] ch'ánhài ㄔㄢˊㄏㄞˋ 참언하여 모함
[讒人] ch'ánjĕn ㄔㄢˊㄖㄣˊ 참언을 하는 사람. 「남의 없는 허물을 말하다.
[讒口] ch'ánk'ǒu ㄔㄢˊㄎㄡˇ 참언하다.

〔饞〕(馋) ch'án ㄔㄢˊ ①입버릇이 사나운. ②심사가 나쁜. ③탐내다.
[饞蟲(子)] ch'ánch'úng(tzŭ) ㄔㄢˊㄔㄨㄥˊ(ㄗ) 입정사나운 사람. «罵»
[饞涎] ch'ánhsién ㄔㄢˊㄒㄧㄢˊ 먹고 싶어서 흘리는 군침. 「一欲滴; 먹고 싶어서 군침이 흐를 듯함」 「사람.
[饞嘴] ch'ántsŭi ㄔㄢˊㄗㄨㄟˇ 게걸들린

〔產〕(产) ch'ăn ㄔㄢˇ ①낳다. 「一子; 아이를 낳다」 ②생산하다. 산출하다. 「我國一稻·麥的地方很多; 우리 나라에는 벼·보리를 생산하는 곳이 퍽 많다」 ③생산물. 농산물. ④재산. 「휴가.
[產假] ch'ănchià ㄔㄢˇㄐㄧㄚˋ 산후(產後)의
[產値] ch'ănchíh ㄔㄢˇㄓˊ 생산품을 돈으로 환산한 금액. 「소유권.
[產權] ch'ănch'üán ㄔㄢˇㄑㄩㄢˊ 부동산
[產額] ch'ănê ㄔㄢˇㄜˊ 생산액(금액).
[產房] ch'ănfáng ㄔㄢˇㄈㄤˊ 산실(產室).
[產婦科] ch'ănfùk'ō ㄔㄢˇㄈㄨˋㄎㄜ 산부인과. ㄒㄧㄠˊ
[產銷] ch'ănhsiāo ㄔㄢˇㄒㄧㄠ 생산 판매.
[產量] ch'ănliàng ㄔㄢˇㄌㄧㄤˋ 생산고. 생산량.
[產娩] ch'ánmiĕn ㄔㄢˊㄇㄧㄢˇ ① 분만(分娩). 해산. ②아이를 낳다.
[產生] ch'ănshēng ㄔㄢˇㄕㄥ ①생산하다. ②출산하다. ③발생하다. ④(단체에서)추천해 내다.
[產業] ch'ănyèh ㄔㄢˇㄧㄝˋ ①산업. ②부동산. 「置買一; 부동산을 사다」
[產育節制] ch'ănyǔ chiéhchìh ㄔㄢˇㄩˋㄐㄧㄝˊㄓˋ 산아 제한.

〔諂〕 ch'ăn ㄔㄢˇ 아첨. 아첨하다.
[諂笑] ch'ănhsiào ㄔㄢˇㄒㄧㄠˋ 아첨하여 웃다. 덩달아 웃다. 「사를 부리다.
[諂媚] ch'ănmèi ㄔㄢˇㄇㄟˋ 아첨하다. 간
[諂上欺下] ch'ănshàng ch'īhsià ㄔㄢˇㄕㄤˋㄑㄧㄒㄧㄚˋ 웃사람에게 아첨하고 아랫사람을 못 살게 굴다. «成»
[諂諛] ch'ănyǘ ㄔㄢˇㄩˊ 아첨하다.

〔蕆〕 ch'ăn ㄔㄢˇ ①완료하다. 「一事; 일을 끝내다」②갖추다.

〔鏟〕(剷·刬) ch'ăn ㄔㄢˇ ①삽 따위. ②수저. ③괭이나 삽으로 땅을 고르다. ④깎다. 푸다.
[鏟除] ch'ănch'ú ㄔㄢˇㄔㄨˊ ①(삽 모양의 물건으로) 깎아 내다. ②(해가 되는 것을) 없애 버리다.
[鏟平] ch'ănp'íng ㄔㄢˇㄆㄧㄥˊ 삽 따위로 깎아서 고르다.
[鏟兒] ch'ănrh ㄔㄢˇㄦ 작은 삽.
[鏟趟] ch'ănt'àng ㄔㄢˇㄊㄤˋ 사이갈이하다. 중경(中耕)하다. 「르다.
[鏟地] ch'ăntì ㄔㄢˇㄉㄧˋ 땅을 깎아서 고
[鏟子] ch'ăntzŭ ㄔㄢˇㄗ ①삽. 부삽. ②요리를 저을 때 쓰는 삽 모양의 큰 주걱.
[鏟土] ch'ánt'ǔ ㄔㄢˊㄊㄨˇ (삽 따위로)땅을 깎다. 파다. 「저.
[鏟土機] ch'ánt'ŭchī ㄔㄢˊㄊㄨˇㄐㄧ 불도우

〔闡〕 ch'ăn ㄔㄢˇ 표명하다. 나타내다.
[闡發] ch'ănfā ㄔㄢˇㄈㄚ 사리를 깊이 설명하다.
[闡論] ch'ănlùn ㄔㄢˇㄌㄨㄣˋ ①상세히 명확하게 논하다. ②명백한 논(論).
[闡明] ch'ănmíng ㄔㄢˇㄇㄧㄥˊ 밝히다. 천명하다. 「다.
[闡述] ch'ănshù ㄔㄢˇㄕㄨˋ 명백히 말하
[闡揚] ch'ănyáng ㄔㄢˇㄧㄤˊ 명확히 주장하다. 명확히 나타내다.

〔懺〕(忏) ch'àn ㄔㄢˋ 범어 "懺摩"의 약칭. 불교 용어에서 사람을 용서해 달라는 뜻. 또는 불교나 도교에서 외는 경문의 한 종류.
[懺七] ch'ànch'ī ㄔㄢˋㄑㄧ 사람이 죽은 지 이레째 되는 날.
[懺悔] ch'ànhuì ㄔㄢˋㄏㄨㄟˋ 참회하다.

〔儳〕 ch'àn ㄔㄢˋ ①섞어 넣다. ②흐트러지다. ③가지런하지 못한. ④적당한. ⑤빠른. 「길.
[儳道] ch'àntào ㄔㄢˋㄉㄠˋ 가까운 길. 샛
[儳言] ch'ànyén ㄔㄢˋㄧㄢˊ 남의 이야기를 혼란시켜 버리다. 말을 뒤섞어 버리다.

〔羼〕 ch'àn ㄔㄢˋ 섞다. 섞이다.
[羼混] ch'ànhun ㄔㄢˋㄏㄨㄣ 섞다. >羼羼混混.
[羼入] ch'ànjù ㄔㄢˋㄖㄨˋ 섞어 넣다.
[羼亂] ch'ànluan ㄔㄢˋㄌㄨㄢ 섞여서 뒤범벅이 되다.
[羼水] ch'ànshŭi ㄔㄢˋㄕㄨㄟˇ 물을 타다.
[羼雜] ch'àntsá ㄔㄢˋㄗㄚˊ 뒤섞이다. 뒤죽박죽이 되다.

〔顫〕 ch'àn ㄔㄢˋ ①흔들리다. ②추위에 떨다. ③겁이 나서 떨다. ⇨ chàn.
[顫抖] ch'àntǒu ㄔㄢˋㄉㄡˇ 몸이 떨리다. >顫顫抖抖. 「>顫顫動動.
[顫動] ch'àntùng ㄔㄢˋㄉㄨㄥˋ 흔들리다.
[顫巍] ch'ànwei ㄔㄢˋㄨㄟ (중풍 환자처럼)흔들흔들하다. 벌벌 떨다. >顫顫巍巍.
[顫微微的] ch'ànwēiwēitê ㄔㄢˋㄨㄟㄨㄟㄉㄜ 벌벌 떠는 모양. 덜덜.
[顫悠] ch'ànyu ㄔㄢˋㄧㄡ 오들오들 떨다.

CHANG ㄓㄤ

〔章〕 chāng ㄓㄤ ①문장. 「文一; 문장」②장. 「第一一; 제 1 장」③조문(條

文). 규칙.「黨—; 당규약」④조리(條理). 질서.「雜亂無—; 난잡하여 질서가 없다」⑤인감(印鑑).「蓋—; 도장을 찍다」⑥휘장(徽章).「肩—; 견장」⑦복장(服裝).「穿—; 옷차림」

[章程] chāngch'êng ㄓㄤㄔㄥ ①규칙. 정관(定款). 규범(規範). 규정.「做事沒—不行; 일을 하는 데는 어떤 규정이 있어야만 한다」

[章節] chāngchiéh ㄓㄤㄐㄧㄝˊ 문장의 대단(大段)을 장(章), 소단(小段)을 절(節)이라 함. 장절. 「장과 절.

[章句] chāngchǜ ㄓㄤㄐㄩˋ 문장의 귀절.

[章回小說] chānghuí hsiǎohuō ㄓㄤㄏㄨㄟˊㄒㄧㄠˇㄏㄨㄛ 장(章) 또는 회(回)로 나누어 쓴 구체의 소설.

[章則] chāngtsê ㄓㄤㄗㄜˊ =章程.

〔張〕 chāng ㄓㄤ ①벌리다. 펴다. 넓히다.「—嘴; 입을 열다」「—目; 눈을 크게 뜨다」②방종한.「乖—; 도리에 어긋나다. 성질이 비틀어지다」③둘러보다. 보다.「東—西望; 두리번거리다」④상점(商店)의 영업.「開—; 새로 개점하다」「閉—; 폐점하다」⑤종이 따위를 세는 조수사.「兩—紙; 종이 두 장」「一—桌子; 탁자 한 대」

[張弛] chāngch'ìh ㄓㄤㄔˊ 당기는 일과 늦추는 일. 행(行)함과 그침.

[張風] chāngfêng ㄓㄤㄈㄥ ①남의 주의를 끌다. ②남의 소문에 오르다. 「다.

[張心] chānghsīn ㄓㄤㄒㄧㄣ 심로(心勞)하

[張皇] chānghuáng ㄓㄤㄏㄨㄤˊ 크게 확대(擴大)하다. ②당황하다.「—失措; 당황하여 어쩔 줄을 모르다」

[張開] chāngk'ai ㄓㄤㄎㄞ 벌리다. 열다.「—嘴; 입을 벌리다」

[張口結舌] chāngk'ǒu chiéhshé ㄓㄤㄎㄡˇㄐㄧㄝˊㄕㄜˊ 입을 벌린 채 말을 못하다. 멍하다.

[張冠李戴] chāngkuān lǐtài ㄓㄤㄍㄨㄢㄌㄧˇㄉㄞˋ 장가의 갓을 이가가 쓴다는 뜻으로 상대방이 뒤바뀌었음을 이르는 말. 《成》

[張狂] chāngk'uáng ㄓㄤㄎㄨㄤˊ 거만하다. 방자하고 오만하다.

[張羅] chānglo ㄓㄤㄌㄨㄛ ①시중들다. 뒷바라지하다. ②접대하다. ③준비하다. 갖추다. 마련하다.「把本錢—下; 밑천을 마련해 놓다」>張張羅羅.

[張本] chāngpěn ㄓㄤㄅㄣˇ 훗날을 위한 모범. 본.

[張三李四] chāngsān lǐssǔ ㄓㄤㄙㄢ ㄌㄧˇㄙˋ 여러 곳에서 모여든 어중이 떠중이. 장삼이사.

[張聲] chāngshēng ㄓㄤㄕㄥ ①입을 열다. 말을 하다. ②큰소리를 지르다.

[張數] chāngshù ㄓㄤㄕㄨˋ 매수(枚數). 장수. 「帳棚; 천막을 치다」

[張搭] chāngtā ㄓㄤㄉㄚ 펴다. 걸다.「—

[張大] chāngtà ㄓㄤㄉㄚˋ 넓히다. 크게 하다. 과장하다.「—其詞; 말을 과장하다」

[張叨] chāngtao ㄓㄤㄉㄠ 성가시게 참견을 하다. 잔소리를 하다. =張刀,張道.

[張嘴] chāngtsui ㄓㄤㄗㄨㄟˇ 입을 열다. 말을 하다.

[張網] chāngwǎng ㄓㄤㄨㄤˇ 그물을 치다.

[張望] chāngwàng ㄓㄤㄨㄤˋ 바라보다. >張張望望.

[張揚] chāngyáng ㄓㄤㄧㄤˊ 과장하다. 크게 소문을 내다.

[張牙舞爪] chāngyá-wǔchǎo ㄓㄤㄧㄚˊㄨˇㄓㄠˇ ①이빨을 드러내고 손톱을 내밀다. 금방 덤벼들 기세를 보이는 현상. ②위세를 보여 남을 놀라게 하다. 《成》

〔麞〕(獐) chāng ㄓㄤ 노루. =牙獐

[麞頭鼠目] chāngt'óu shǔmù ㄓㄤㄊㄡˊㄕㄨˇㄇㄨˋ 머리가 뾰쪽하고 작은 눈이 푹 패인 모양. 보기 싫은 사람이나 악인(惡人)을 형용하는 말.

〔彰〕 chāng ㄓㄤ ①뚜뚜한. 환한. 분명한. ②나타내다. 표창(表彰)하다.

[彰彰] chāngchāng ㄓㄤㄓㄤ 분명한 모양.「—在人耳目; 사람들 이목에 분명히 인식되다」 「타내다.

[彰顯] chānghsiěn ㄓㄤㄒㄧㄢˇ 뚜뚜히 나

[彰明] chāngmíng ㄓㄤㄇㄧㄥˊ 두드러지게 분명하다.

[彰炳] chāngpǐng ㄓㄤㄅㄧㄥˇ 분명하다.

[彰善闡惡] chāngshàn-ch'ǎnè ㄓㄤㄕㄢˋㄔㄢˇㄜˋ 착한 자를 칭찬하고 악한 자를 폭로시키다.

〔樟〕 chāng ㄓㄤ 〈植〉 녹나무.「—樹; 녹나무」 「목재.

[樟木] chāngmù ㄓㄤㄇㄨˋ 〈植〉녹나무의

〔蟑〕 chāng ㄓㄤ.

[蟑螂] chānglang ㄓㄤㄌㄤ 〈動〉 진드기.

〔長〕(长) chǎng ㄓㄤˇ ①발생하다. 생기다. 돋아 나오다.「—了毛了; 곰팡이가 생겼다」②성장하다. 성인이 되다.「—到老也學不了; 노년(老年)이 되어도 다 배울 수 없다」③(값이)오르다.=漲. ④능력이 증진(增進)하다.「—見識; 견식이 높아지다」⑤나이가 들다.「儞比我—兩歲; 그대는 나보다 나이가 두 살 위다」⑥우두머리. 두목. 추장.「站—; 역장」⑦(형제 순위의)첫째. 맏이.「—兄; 맏형」⇨ ch'áng

[長潮] chǎngch'áo ㄓㄤˇㄔㄠˊ 밀물(滿潮).

[長者] chǎngchě ㄓㄤˇㄓㄜˇ 웃사람. 귀인. 인격자.

[長成] chǎngch'éng ㄓㄤˇㄔㄥˊ 성장하다.

[長機] chǎngchī ㄓㄤˇㄐㄧ 편대 비행(編隊飛行)의 대장기(隊長機).

[長價] chǎngchià ㄓㄤˇㄐㄧㄚˋ 값을 올리다. ②시세가 오르다. ③=長行市②.

[長進] chǎngchìn ㄓㄤˇㄐㄧㄣˋ 향상(向上)하다.

[長勁(兒)] chǎngchìn(rh) ㄓㄤˇㄐㄧㄣˋ(ㄦ) 힘이 강하게 되다. 힘이 붙다.

[長就] chǎngchiù ㄓㄤˇㄐㄧㄡˋ 천성(天性)의. 타고 난.

[長房] chǎngfáng ㄓㄤˇㄈㄤˊ ①장남. ②분가(分家)한 장남의 집. =長子.

[長婦] chǎngfù ㄓㄤˇㄈㄨˋ 큰며느리.

[長行市] chǎng hángshih ㄓㄤˇㄏㄤˊㄕ ①값이 오르다. ②우쭐대고 뽐내다.

[長相] chǎnghsiàng ㄓㄤˇㄒㄧㄤˋ 용모(容貌). =長象兒.

[長心] chănghsīn ㄓㄤˇㄒㄧㄣ ①(어린이가 나이가 들어)어른다와지다. ②의심이 생기다.

[長心眼兒] chăng hsīnyènrh ㄓㄤˇ ㄒㄧㄣ ㄧㄢˋㄦ 지각이 생기다. 철이 나다.

[長習氣] chănghsích'i ㄓㄤˇㄒㄧˊㄑㄧ 나쁜 버릇이 더해지다. 뽐내고 교만하여지다.

[長兄] chănghsiūng ㄓㄤˇㄒㄩㄥ ①장남. ②당신. 형씨.

[長肉] chăngjòu ㄓㄤˇㄖㄡˋ 살이 붙다.

[長落] chănglò ㄓㄤˇㄌㄨㄛˋ ①밀물과 썰물. ②시세의 오름세와 내림세.

[長毛(兒)] chăng máo(rh) ㄓㄤˇ ㄇㄠˊ(ㄦ) ①털이 자라다. ②곰팡이가 생기다.

[長輩] chăngpèi ㄓㄤˇㄅㄟˋ 웃사람.

[長脾氣] chăng p'ích'i ㄓㄤˇ ㄆㄧˊㄑㄧ 우쭐해지다. 교만하게 뽐내다. 「자.

[長孫] chăngsūn ㄓㄤˇㄙㄨㄣ 장손. 맏손

[長大] chăngtà ㄓㄤˇㄉㄚˋ 크게 자라다. 성장하다.

[長摘] chăngtí ㄓㄤˇㄉㄧˊ 본처(本妻)가 낳은 장자.

[長調門子] chăng tiàoménntzŭ ㄓㄤˇ ㄉㄧㄠˋㄇㄣˊㄗ ①겉치장을 하다. 화려하게 꾸미다. ②거만해지다.

〔掌〕 chăng ㄓㄤˇ ①손바닥. 「鼓一; 손뼉을 치다」 ②발바닥. 「馬一; 말의 발바닥」「釘一; 편자를 박다」 ③구두의 밑바닥. 「前一; 구두의 앞창」 ④손바닥으로 때리다. ⑤손으로 쥐다. 「一舵; 배의 키를 잡다」 ⑥장악하다. 취급하다.

[掌頰] chăngchiá ㄓㄤˇㄐㄧㄚˊ 뺨을 얻어맞다. 「의 복판.

[掌心] chănghsīn ㄓㄤˇㄒㄧㄣ 장심. 손바닥

[掌故] chăngkù ㄓㄤˇㄍㄨˋ 고대(古代)의 인물·제도·법규 등에 대한 고사(故事). 국가의 옛 사실. 한 나라의 전장제도(典章制度). 「관리하다.

[掌管] chăngkuăn ㄓㄤˇㄍㄨㄢˇ 장악하다.

[掌柜(的)] chăngkueì(tê) ㄓㄤˇㄍㄨㄟˋ(ㄉㄜ) 지배인(支配人).

[掌上明珠] chăngshang míngchū ㄓㄤˇ ㄕㄤ ㄇㄧㄥˊㄓㄨ 장중(掌中)의 구슬. 총애(寵愛)하는 딸. 《成》 「요리인. 쿡.

[掌勺(兒)] chăngsháo(rh) ㄓㄤˇㄕㄠˊ(ㄦ)

[掌聲] chăngshēng ㄓㄤˇㄕㄥ 박수 소리. 「一雷動; 우뢰같은 박수 소리가 울려퍼지다」

[掌竈(兒)] chăngtsào(rh) ㄓㄤˇㄗㄠˋ(ㄦ) ①요리인. ②요리인 노릇을 하다.

[掌竈(的)] chăngtsào(tê) ㄓㄤˇㄗㄠˋ(ㄉㄜ) 요리인(料理人). 숙수.

[掌燈] chăngtēng ㄓㄤˇㄉㄥ 불을 켜다. 「一的時候兒; 불을 켤 무렵」=點燈. 上燈.

[掌嘴] chăngtsuĭ ㄓㄤˇㄗㄨㄟˇ 손바닥으로 얼굴을 때리다.

[掌子] chăngtzŭ ㄓㄤˇㄗ 광내 작업 현장(鑛內作業現場). 갱도(坑道)의 종점.

[掌握] chăngwò ㄓㄤˇㄨㄛˋ ①장악하다. ②배워 외다. ③숙달(熟達)하다. 「다.

[掌印] chăngyìn ㄓㄤˇㄧㄣˋ 사무를 취급하

〔漲〕 chăng ㄓㄤˇ ①물이 넘치다. 가득 차다. 「河里一水了; 강물이 넘쳐 흐르다」 ②(값이)오르다. 「米一了價兒了; 쌀값이 올랐다」 ⇨ chàng.

[漲潮] chăngch'áo ㄓㄤˇㄔㄠˊ 만조(滿潮)가 되다. 「가 오르다.

[漲錢] chăngch'ién ㄓㄤˇㄑㄧㄢˊ 물가(物價)

[漲落] chănglò ㄓㄤˇㄌㄨㄛˋ =漲跌.

[漲跌] chăngtiēh ㄓㄤˇㄉㄧㄝ ①밀물과 썰물. ②물가의 오르내림. ③물가가 오르내리다.

〔礃〕 chăng ㄓㄤˇ 갱도(坑道)의 종점.

〔丈〕 chàng ㄓㄤˋ ①10척(尺). ②토지를 측량하다. 「那塊地還沒一; 저 토지는 아직 측량하지 않았다」 ③노인에 대한 존칭.

[丈夫] chàngfu ㄓㄤˋㄈㄨ 남편.

[丈人] chàngjên ㄓㄤˋㄖㄣˊ ①장로(長老). 선배. ②노인에 대한 존칭. ③ chàngjên 장인. 악부(岳父).

[丈量] chàngliáng ㄓㄤˋㄌㄧㄤˊ 측량하다.

[丈母] chàngmŭ ㄓㄤˋㄇㄨˇ ①장모. =丈母娘. ②옛날 연장(年長)인 처(妻)에 대한 호칭.

[丈八] chàngpā ㄓㄤˋㄅㄚ 1장 8척. 「一燈臺照遠不照近; 등잔 밑이 어둡다」「一和尙摸不着頭腦; 갑작스런 일이라 무슨 일인지 알 수 없다」 "八"은 "二"로 쓰기도 함.

[丈單] chàngtān ㄓㄤˋㄉㄢ 토지에 대한 증서. 지권(地券).

[丈地] chàngtì ㄓㄤˋㄉㄧˋ 토지를 측량하다.

〔仗〕 chàng ㄓㄤˋ ①의장(儀仗). ②전쟁. 「打一; 싸우다」 ③의지하다. 「一着大家的力量; 여러 사람의 힘에 의지하다」 「쥐다.

[仗劍] chàngchièn ㄓㄤˋㄐㄧㄢˋ 칼을 손에

[仗義] chàngì ㄓㄤˋㄧˋ 정의를 좇아 행동하다.

[仗義執言] chàngì chíhyén ㄓㄤˋㄧˋㄓˊㄧㄢˊ 정의에 입각하여 바른 말을 하다.

[仗義疏財] chàngì shūts'ái ㄓㄤˋㄧˋ ㄕㄨ ㄘㄞˊ 정의를 위하여는 돈을 아끼지 않다.

[仗恃] chàngshìh ㄓㄤˋㄕˋ 의지하다. 「一槍杆子威脅人; 총으로 남을 위협하다」

[仗勢欺人] chàngshìh ch'ījên ㄓㄤˋㄕˋㄑㄧㄖㄣˊ 세력·권력을 빙자하여 남을 학대하다.

[仗膽兒] chàngtănrh ㄓㄤˋㄉㄢˇㄦ 마음 든든하게 하여 주다.

[仗腰子] chànyāotzŭ ㄓㄤˋㄧㄠㄗ 후원하다. 도와주다. 응원하다. =仗腰眼子.

〔杖〕 chàng ㄓㄤˋ ①지팡이. 막대기. 「手一; 지팡이」「擀麵一; 밀방망이」. ②오형(五刑)의 하나. 장형(杖刑).

[杖頭錢] chàngt'óuch'ién ㄓㄤˋㄊㄡˊㄑㄧㄢˊ 술을 살 돈.

〔帳〕 chàng ㄓㄤˋ ①「一子; 방에 치는 장막, 커어튼, 도기장」 ②대차(貸借)의 계정. 장부. 「流水一; 출납부」「算一; 계산하다, 결산하다」 ③천막. ④채무(債務). 「欠一; 빚을 지다」

[帳桌] chàngchō ㄓㄤˋㄓㄨㄛ 계산대. 카운터 테이블.

[帳房] chàngfáng ㄓㄤˋㄈㄤˊ ①천막(天幕).

②회계를 보는 곳. ③경리계.
[帳號] chànghào ㄓㄤˋㄏㄠˋ 은행에다 설정한 구좌 번호(口座番號).
[帳鉤(兒)] chàngkōu(rh) ㄓㄤˋㄍㄡ(ㄦ) 모기장·천막 등을 매어다는 끈.
[帳款] chàngk'uǎn ㄓㄤˋㄎㄨㄢˇ 계산.회계.
[帳目] chàngmù ㄓㄤˋㄇㄨˋ 장부상의 수자(數字). 계산.
[帳幕] chàngmù ㄓㄤˋㄇㄨˋ 천막. 텐트.
[帳篷] chàngp'êng ㄓㄤˋㄆㄥ 천막. 텐트.
[帳棚] chàngp'éng ㄓㄤˋㄆㄥˊ 천막을 둘러친 작고 허름한 집.
[帳頂] chàngtǐng ㄓㄤˋㄉㄧㄥˇ 침대용 모기장의 천정에 닿는 부분.
[帳册] chàngts'ê ㄓㄤˋㄘㄜˋ 장부(帳簿).
[帳子] chàngtzǔ ㄓㄤˋㄗ ①모기장. ②장사(葬事)지내는 집에 보내는 천막.

〔脹〕 chàng ㄓㄤˋ ①부풀다. 「皮球一打氣就一起來；공은 공기를 넣으면 부풀어진다」②피부가 붓다. 부어 올라 약간 불룩하다.「手指頭發一；손가락이 부었다」
[脹圈] chàngch'üān ㄓㄤˋㄑㄩㄢ 피스턴링(piston-ring).
[脹率] chànglǜ ㄓㄤˋㄌㄩˋ 〈物〉팽창율(膨脹率).

〔幛〕 chàng ㄓㄤˋ「一子；길흉(吉凶)사에 선물하는 휘장(揮帳).베와 비단 또는 나사지(羅紗地)에 경조(慶弔)에 관한 글자를 붙임」

〔障〕 chàng ㄓㄤˋ ①간을 막다.방해하다. ②병풍(屛風). 간막이. 「屛一；병풍」
[障碍] chàngài ㄓㄤˋㄞˋ ①장애. 지장(支障). ②방해하다.
[障泥] chàngní ㄓㄤˋㄋㄧˊ 〈植〉 말다래.
[障水] chàngshuǐ ㄓㄤˋㄕㄨㄟˇ 물을 막다.
[障子] chàngtzǔ ㄓㄤˋㄗ 울타리. 담.

〔漲〕 chàng ㄓㄤˋ ①부풀다. 확장하다. 증대하다. 고조되다.「走得脚一了；걸어서 다리가 부었다」「豆子泡一了；콩이 부풀어 크게 되었다」②전체로 퍼지다.「他氣得一紅了臉；그는 노하여 얼굴 전체가 새빨갛게 되었다」 ⇨chǎng
[漲溢] chàngì ㄓㄤˋㄧˋ 넘쳐 가득하게 되다.
[漲大] chàngtà ㄓㄤˋㄉㄚˋ 부풀어 크게 되다.
[漲天] chàngt'iēn ㄓㄤˋㄊㄧㄢ 하늘 전체에 퍼지다.

〔賬〕 chàng ㄓㄤˋ ⇨帳②④.
[賬期] chàngch'ī ㄓㄤˋㄑㄧ 결산기(決算期).
[賬主兒(一子)] chàngchurh(—tzǔ) ㄓㄤˋㄓㄨㄦ(—ㄗ) 채권자.
[賬房(兒)] chàngfáng(rh) ㄓㄤˋㄈㄤˊ(ㄦ) ①회계실(會計室). ②경리계.
[賬箱] chànghsiāng ㄓㄤˋㄒㄧㄤ 장부를 넣어 두는 상자.
[賬理] chànglǐ ㄓㄤˋㄌㄧˇ 기장(記帳) 방법.
[賬面] chàngmièn ㄓㄤˋㄇㄧㄢˋ 장부에 기재된 수자(數字). ＝帳目.
[賬本兒(一子)] chàngpěnrh(—tzǔ) ㄓㄤˋㄅㄣˇㄦ(—ㄗ) 장부. 회계 장부.
[賬篇兒] chàngp'iēnrh ㄓㄤˋㄆㄧㄢㄦ 장부(帳簿).
[賬臺] chàngt'ái ㄓㄤˋㄊㄞˊ 계산대(計算臺).
[賬單(兒)] chàngtān(rh) ㄓㄤˋㄉㄢ(ㄦ) 계산서.
[賬條] chàngt'iáo ㄓㄤˋㄊㄧㄠˊ 청구서. 계산서.
[賬尾] chàngwěi ㄓㄤˋㄨㄟˇ 기재된 장부의 잔고.

〔瘴〕 chàng ㄓㄤˋ
[瘴氣] chàngch'ì ㄓㄤˋㄑㄧˋ 중국 남부의 산림 지대에 자욱이 끼는 습한 열기.열병을 일으킨다고 전하여짐.
[瘴癘] chànglì ㄓㄤˋㄌㄧ 남방 습지대에 발생하는 병의 일종.

CH'ANG ㄔㄤ

〔昌〕 ch'āng ㄔㄤ ①왕성한. ②수려한. ③옳은. 정당한. ④무성히 자라다. ⑤번영하다. ⑥솔직히 말하다. ⑦성(姓)의 하나.
[昌明] ch'āngmíng ㄔㄤㄇㄧㄥˊ 옳고 분명한.
[昌盛] ch'āngshèng ㄔㄤㄕㄥˋ 성(盛)한. 왕성한.
[昌言] ch'āngyén ㄔㄤㄧㄢˊ ①올바른 언론. ②솔직히 말하다.

〔倀〕 ch'āng ㄔㄤ 악인의 앞잡이.「一一；어둠 속을 더듬어 가며 걷는 모양」

〔猖〕 ch'āng ㄔㄤ ①떠들다. ②어지러워지다. ③미치다.
[猖獗] ch'āngchüéh ㄔㄤㄐㄩㄝˊ ①성하게 일어나다. ②무성하게 퍼지다. 창궐하다.
[猖狂] ch'āngk'uáng ㄔㄤㄎㄨㄤˊ ①미친 듯이 격렬한. 난폭한. ②마구. 뒤죽박죽.

〔娼〕 ch'āng ㄔㄤ 창기(娼妓).「一女；창녀」

〔菖〕 ch'āng ㄔㄤ 창포.
[菖蘭] ch'ānglán ㄔㄤㄌㄢˊ 〈植〉 개사간. 붓꽃과에 속하는 다년초. ＝蝴蝶花.
[菖蒲棒兒] ch'āngp'ú pàngrh ㄔㄤㄆㄨˊㄅㄤˋㄦ 창포의 이삭.

〔閶〕 ch'āng ㄔㄤ「一闔；옛 신화에 나오는 하늘 위의 문(門)」

〔長〕 ch'áng ㄔㄤˊ ①길이 「這塊布有三尺一；이 천의 길이는 석 자다」②특징. 장점. ③길다.「這條路很一；이 길은 매우 길다」④(어떤 일에) 숙달해 있다. 뛰어나다.「他一于寫作；그는 문장을 매우 잘 쓴다」⇨chǎng.
[長假] ch'ángchià ㄔㄤˊㄐㄧㄚˋ 장기 휴가. 사직.「請一；장기 휴가를 원함. 퇴직을 원함」
[長支] ch'ángchīh ㄔㄤˊㄓ ①선채(先借). 가불금. ②대월(貸越). ③선채(先借)를 쓰다.
[長期以來] ch'ángch'īlái ㄔㄤˊㄑㄧㄧˇㄌㄞˊ 이제까지의 오랜 동안.
[長頸鹿] ch'ángchǐnglù ㄔㄤˊㄐㄧㄥˇㄌㄨˋ 〈動〉 기린.
[長久] ch'ángchiǔ ㄔㄤˊㄐㄧㄡˇ 장구하게. 길게. >長長久久.
[長桌] ch'ángchō ㄔㄤˊㄓㄨㄛ 긴 테이블. 긴 탁자.
[長處] ch'ángch'ù ㄔㄤˊㄔㄨˋ 장점(長點).

[長局] ch'ángchü̂ ㄔㄤˊㄐㄩˊ 장기간 계속 되는 국면·상태(常態).

[長串] ch'ángch'uàn ㄔㄤˊㄔㄨㄢˋ 긴 열(列). 「排着一 ; 긴 열을 짓다」. 「마리.

[長卷] ch'ángchüàn ㄔㄤˊㄐㄩㄢˋ 긴 두루

[長出氣] ch'ángch'ūch'ì ㄔㄤˊㄔㄨㄑㄧˋ ①(임종 때에) 숨을 몰아 쉬다. ②피곤하여 쉬다. ③(불평·우울할 때에) 긴 한숨을 짓다.

[長驅直入] ch'ángch'ū chíhjù ㄔㄤˊㄑㄩ ㄓˊㄖㄨˋ 순조롭게 적진을 점령하는 모양. ‹成› 「칭.

[長蟲] ch'ángch'ung ㄔㄤˊㄔㄨㄥ 뱀의 별

[長夏] ch'ánghsià ㄔㄤˊㄒㄧㄚˋ 유월(六月).

[長嘘] ch'ánghsū ㄔㄤˊㄒㄩ 장탄식(長歎息)하다.

[長嘘短嘆] ch'ánghsūtuǎnt'àn ㄔㄤˊㄒㄩㄉㄨㄢˇㄊㄢˋ 자꾸 한숨을 쉬다. 낙심을 하거나 곤란한 경우에 고민하는 모양.

[長活] ch'ánghuó ㄔㄤˊㄏㄨㄛˊ ①오랫동안 계속되는 일. ②장기 고용인. =長工.

[長日] ch'ángjìh ㄔㄤˊㄖˋ ①동지(冬至). ②여름 날. ③지루한 날.

[長跪] ch'ángkuei ㄔㄤˊㄍㄨㄟˋ 윗몸을 꼿꼿이 한 채로 무릎을 꿇다.

[長滾珠] ch'ángkǔnchū ㄔㄤˊㄍㄨㄣˇㄓㄨ 로울러 베어링.

[長工(兒)] ch'ángkūng(rh) ㄔㄤˊㄍㄨㄥ (ㄦ) 농가의 장기 계약 고용인.

[長果仁(兒)] ch'ángkuǒjénrh ㄔㄤˊㄍㄨㄛˇㄖㄣˊㄦ 땅콩알 ‹平› =花生米,花生仁(兒).

[長廊] ch'ánglláng ㄔㄤˊㄌㄤˊ 긴 골마루. 긴 복도.

[長毛(兒)] ch'ángmáorh ㄔㄤˊㄇㄠˊㄦ ①긴 머리. ②‹歷› 장발적(長髮賊)의 약칭.

[長眠] ch'ángmién ㄔㄤˊㄇㄧㄢˊ 죽다. 영면(永眠)하다.

[長命燈] ch'ángmìngtēng ㄔㄤˊㄇㄧㄥˋㄉㄥ ①밤 새도록 켜 놓는 불. ②죽은 사람의 머리맡에 켜놓는 불.

[長年累月] ch'ángnién-lěiyüèh ㄔㄤˊㄋㄧㄢˊㄌㄟˇㄩㄝˋ 오랜 세월.

[長袍] ch'ángp'áo ㄔㄤˊㄆㄠˊ 겹으로 된 긴 웃옷. 중국 고유의 의상.

[長跑] ch'ángp'ǎo ㄔㄤˊㄆㄠˇ 장거리 경주.

[長篇大論] ch'ángp'iēn tàlùn ㄔㄤˊㄆㄧㄢ ㄉㄚˋㄌㄨㄣˋ 청산유수같이 술술 나오는 대변론. 대개의 경우 비방하는 의미로 쓰여짐.

[長蛇陣] ch'ángshéchèn ㄔㄤˊㄕㄜˊㄓㄣˋ 장사진. 가로 늘어선 긴 줄.

[長生果] ch'ángshēngkuǒ ㄔㄤˊㄕㄥㄍㄨㄛˇ 땅콩의 별명.

[長生祿位] ch'ángshēng lùwèi ㄔㄤˊㄕㄥ ㄌㄨˋㄨㄟˋ 살아 있는 사람의 위패(位牌). 수명 장수하라고 빎.

[長生不老] ch'ángshēng-pùlǎo ㄔㄤˊㄕㄥ ㄅㄨˋㄌㄠˇ 장생불로하다.

[長趟] ch'ángt'àng ㄔㄤˊㄊㄤˋ ①먼 여행의 경로. ②먼 길의 이수(里數).

[長藤結瓜] ch'ángt'éng-chiéhkuā ㄔㄤˊㄊㄥˊㄐㄧㄝˊㄍㄨㄚ (물의 부족을 해결하기 위하여) 도랑을 파서 못과 연결하다.

[長笛] ch'ángtí ㄔㄤˊㄉㄧˊ 플루우트: 악기의 하나.

[長條兒] ch'ángt'iáo(rh) ㄔㄤˊㄊㄧㄠˊㄦ 가늘고 긴 것.

[長條子] ch'ángt'iáotzǔ ㄔㄤˊㄊㄧㄠˊㄗ 키가 큰. 키다리.

[長途] ch'ángt'ú ㄔㄤˊㄊㄨˊ 장거리. 먼 길. 「一巴司 ; 장거리 버스」

[長度] ch'ángtù ㄔㄤˊㄉㄨˋ 길이.

[長短] ch'ángtuǎn ㄔㄤˊㄉㄨㄢˇ ①길이. ②장점과 단점. ③변사(變事). ④선악(善惡). ⑤어쨌든 간에. 하였든. 「一不要 ; 어찌 됐든 필요 없다」

[長噸] ch'ángtūn ㄔㄤˊㄉㄨㄣ 영톤(英噸). 2,240파운드에 해당함.

[長筒(兒)] ch'ángt'ǔng(rh) ㄔㄤˊㄊㄨㄥˇ (ㄦ) ①신·양말 따위가 복사 뼈 위에 오는 것. ②긴 원통(圓筒) 모양의 물건.

[長此以往] ch'ángtz'ǔ-iwǎng ㄔㄤˊㄘˇㄧˇㄨㄤˇ 이 상태로 나간다면.

[長夜] ch'ángyèh ㄔㄤˊㄧㄝˋ 지루하고 쓸쓸한 길고 긴 밤: 적적하고 지루한 느낌을 주는 밤. 장야.

[長遠] ch'ángyüǎn ㄔㄤˊㄩㄢˇ (시간적으로) 길다. 영구(永久)하다. 「作一打算 ; 영구한 대책을 세우다」 >長長遠遠.

[長遠利益] ch'ángyüǎnlìì ㄔㄤˊㄩㄢˇㄌㄧˋㄧˋ 긴 안목으로 본 이익. 「원(楕圓).

[長圓(兒)] ch'ángyüánrh ㄔㄤˊㄩㄢˊㄦ 타

〔常〕 ch'áng ㄔㄤˊ ①변함 없이. 「冬夏一青 ; 일년 내내 푸름」 ②언제든지. 늘. 「一到車間去 ; 언제나 현장에 가다」 ③일반적인. 보통의.

[常常] ch'ángch'áng ㄔㄤˊㄔㄤˊ 언제나. 늘.

[常見] ch'ángchièn ㄔㄤˊㄐㄧㄢˋ ①늘 볼 수 있는. 신기하지 않은. ②자주 만나다.

[常川] ch'ángch'uān ㄔㄤˊㄔㄨㄢ ①노상. 늘. ②끊임 없이.

[常法] ch'ángfǎ ㄔㄤˊㄈㄚˇ 일정한 법칙.

[常服] ch'ángfú ㄔㄤˊㄈㄨˊ 평복(平服).

[常錫劇] ch'ánghsíchǜ ㄔㄤˊㄒㄧˊㄐㄩˋ "常州無錫"에서 행해지는 희곡.

[常會] ch'ánghuì ㄔㄤˊㄏㄨㄟˋ 정기 회의. 「股東一 ; 주주 정기 총회」

[常規] ch'ángkuei ㄔㄤˊㄍㄨㄟ ①보통의 규정. ②보통이다.

[常例] ch'ánglì ㄔㄤˊㄌㄧˋ 상례. 관례. 「복.

[常禮服] ch'ánglǐfú ㄔㄤˊㄌㄧˇㄈㄨˊ 보통 예

[常年] ch'ángnién ㄔㄤˊㄋㄧㄢˊ ①어느 때와 같은 해. ②일년 동안. 「一不斷的流水 ; 언제나 끊임 없이 흐르는 물」

[常步] ch'ángpù ㄔㄤˊㄅㄨˋ 보통 걸음: 체조·군대의 용어.

[常事] ch'ángshìh ㄔㄤˊㄕˋ 흔히 있는 일.

[常態] ch'ángt'ài ㄔㄤˊㄊㄞˋ 평상시의 상태.

[常談] ch'ángt'án ㄔㄤˊㄊㄢˊ 흔히 있는 평범한 이야기.

[常棣] ch'ángtì ㄔㄤˊㄉㄧˋ ‹植› 참옥매화: 앵도과에 속하는 낙엽 활엽 관목.

[常度] ch'ángtù ㄔㄤˊㄉㄨˋ 평상시의 태도.

[常業] ch'ángyèh ㄔㄤˊㄧㄝˋ 일상 업무.

[常言] ch'ángyén ㄔㄤˊㄧㄢˊ 속담. 흔히 하는 말. 「도. 평온(平溫).

[常溫] ch'ángwēn ㄔㄤˊㄨㄣ 평상시의 온

〔徜〕 ch'áng ㄔㄤˊ 「一徉 ; ㉮ 제약을 아니 받고 자유스러운 모양. ㉯여유 있게 다니다」

〔場〕(场) ch'áng ㄔㄤˊ ①평탄한

공지. 대체로 탈곡장(脫穀場)을 일컬음. ②조수사(助數詞). 비·병(病)·사건 따위를 셈함.「下了…一大雨; 큰비가 한바탕 내렸다」 「로울러.
[場滾] ch'ángkŭn ㄔㄤˊㄍㄨㄣˇ 탈곡용의
[場面] ch'ángmièn ㄔㄤˊㄇㄧㄢˋ ①장면. 광경. ②겉모양. 외관(外觀).「一好看; 겉모양은 훌륭하다」
[場院] ch'ángyüan ㄔㄤˊㄩㄢ 곡식을 떠 ⌊는 마당. ＝場,圃.

〔萇〕 ch'áng ㄔㄤˊ「一楚; 꽤기풀」

〔腸〕 ch'áng ㄔㄤˊ ①창자. ②마음.
[腸肥腦滿] ch'ángféi-náomăn ㄔㄤˊㄈㄟˊㄋㄠˊㄇㄢˇ 혈기는 왕성하나 지식이 적음을 비유한 말. 〈成〉
[腸衣] ch'áng ī ㄔㄤˊㄧ 순대용의 창자.
[腸(兒)] ch'áng(rh) ㄔㄤˊ(ㄦ) 식품으로서의 동물의 창자.
[腸套迭] ch'ángt'àotiéh ㄔㄤˊㄊㄠˋㄉㄧㄝˊ 〈醫〉 창자가 뒤틀리는 병. 「量).
[腸肚] ch'ángtŭ ㄔㄤˊㄉㄨˇ 배짱. 도량(度
[腸斷] ch'ángtuàn ㄔㄤˊㄉㄨㄢˋ 슬픈 일.
[腸子] ch'ángtzŭ ㄔㄤˊㄗ ①창자. ②마음. 「壞一; 썩어 빠진 근성」 「위장병.
[腸胃病] ch'ángwèipìng ㄔㄤˊㄨㄟˋㄆㄧㄥˋ

〔裳〕 ch'áng ㄔㄤˊ 치마: 옛날의 중국 남녀가 아랫도리에 입던 옷. 「衣裳」일 때는 shang으로 읽음.

〔嫦〕 ch'áng ㄔㄤˊ「一娥; 까달 속에 있다는 선녀. 나달(月)」

〔嘗〕(尝·嚐①) ch'áng ㄔㄤˊ① 맛보다. ②핥다. ③경험하다. 시험해 보다. ④일찌기. 이전에.
[嘗新] ch'ánghsīn ㄔㄤˊㄒㄧㄣ 첫물로 나온 식품을 시식(試食)하다. 「험해 보다.
[嘗試] ch'ángshìh ㄔㄤˊㄕˋ 실험하다. 시
[嘗膽] ch'ángtăn ㄔㄤˊㄉㄢˇ 원수를 갚기 위하여 고생하다. 「臥薪一; 와신상담」

〔償〕(偿) ch'áng ㄔㄤˊ ①변상하다. 보상하다. ②만족시키다. 채우다. 「一其宿願; 숙원을 이루다」 「다.
[償錢] ch'ángch'ién ㄔㄤˊㄑㄧㄢˊ 부채를 갚
[償淸] ch'ángch'īng ㄔㄤˊㄑㄧㄥ 채무를 청산하다. 「보답하다.
[償勞] ch'ángláo ㄔㄤˊㄌㄠˊ 노고(勞苦)에
[償還] ch'ánghuán ㄔㄤˊㄏㄨㄢˊ 반제(返濟)하다. 상환하다.

〔敞〕 ch'ăng ㄔㄤˇ ①넓고 거치적거리는 것이 없음. ②높고 평평한 땅. ③(장애물이 없도록) 터놓다. 「一着大門; 대문을 활짝 열어 놓다」
[敞車] ch'ăngch'ē ㄔㄤˇㄔㄜ ①무개 화차(無蓋貨車). ②무개 역마차. ③짐수레.
[敞笑] ch'ănghsiào ㄔㄤˇㄒㄧㄠˋ ①갑자기 웃음을 터뜨리다. ②크게 웃다. 대소(大笑)하다.
[敞胸露懷] ch'ănghsiūng-lùhuái ㄔㄤˇㄒㄩㄥ ㄌㄨˋㄏㄨㄞˊ 가슴을 풀어 헤치다.
[敞開] ch'ăngk'ai ㄔㄤˇㄎㄞ 열어젖히다. 넓히다.
[敞口車] ch'ăngk'ŏuch'ē ㄔㄤˇㄎㄡˇㄔㄜ 무개차(無蓋車). 「서 널따랗다.
[敞亮] ch'ăng liàng ㄔㄤˇㄌㄧㄤˋ 텅 비어
[敞篷車] chăngp'éngch'ē ㄔㄤˇㄆㄥˊㄔㄜ 휘장을 두른 차.
[敞地] ch'ăngtì ㄔㄤˇㄉㄧˋ 벌판. 너른 땅.
[敞廳(兒)] ch'ăngt'īng(rh) ㄔㄤˇㄊㄧㄥ(ㄦ) ①넓은 방. ②양 쪽이 서로 딴 방으로 통 ⌊하게 된 방.

〔場〕(场) ch'ăng ㄔㄤˇ ①「一子. 一兒; 장소. 많은 사람이 모이는 곳」 ②희곡의 장면. ⇨ ch'áng
[場地] ch'ăngtì ㄔㄤˇㄉㄧˋ (특정한 목적을 가진 장소. 지면(地面).
[場子] ch'ăngtzŭ ㄔㄤˇㄗ 장소. 광장.

〔廠〕(厂) ch'ăng ㄔㄤˇ ①공장.「工一; 공장」 ②넓은 장소가 딸린 가게.「木一; 재목점」 ③휘장을 두른 가옥(假屋).
[廠長] ch'ăngch'ăng ㄔㄤˇㄔㄤˇ 공장장.
[廠基] ch'ăngchī ㄔㄤˇㄐㄧ 공장의 부지(敷地). 「제조업자.
[廠家] ch'ăngchia ㄔㄤˇㄐㄧㄚ 제조 공장.
[廠際競賽] ch'ăngchì chìngsài ㄔㄤˇㄐㄧˋ ㄐㄧㄥˋㄙㄞˋ 공장간의 생산 경쟁.
[廠址] ch'ăngchĭh ㄔㄤˇㄓˇ ①공장 소재지. ②공장용 토지.
[廠房] ch'ăngfáng ㄔㄤˇㄈㄤˊ ①일 터. ②공장식으로 지은 허술한 집. ③휘장을 두른 가건물(假建物).
[廠齡] ch'ănglíng ㄔㄤˇㄌㄧㄥˊ 공장 근속년수(工場勤續年數). 「상표(商標).
[廠牌] ch'ăngp'ái ㄔㄤˇㄆㄞˊ 제조 공장의
[廠(兒)] ch'ăngrh ㄔㄤˇㄦ ①작업장. ②가게.
[廠商] ch'ăngshāng ㄔㄤˇㄕㄤ 제조 판매 ⌊회사.

〔氅〕 ch'ăng ㄔㄤˇ 오우버. 외투. 모피로 만든 겉옷.

〔倡〕 ch'àng ㄔㄤˋ 제창(提唱)하다. 제 「의하다.
[倡議] ch'àng ì ㄔㄤˋㄧˋ 맨 먼저 구체적인 의견을 내다. 제의하다.
[倡議書] ch'àng ìshū ㄔㄤˋㄧˋㄕㄨ 제안서. 발의서(發議書). 「다.
[倡導] ch'àngtăo ㄔㄤˋㄉㄠˇ 창도(唱導)하

〔悵〕 ch'àng ㄔㄤˋ ①실망하다. 개탄하다. ②분한. 서운한. ③실의한 모양.
[悵然] ch'àngján ㄔㄤˋㄖㄢˊ ①실망하는 모양. ②맥이나 마음이 풀리는 모양. ③괴로운 모양. 「한.
[悵惘] ch'àngwăng ㄔㄤˋㄨㄤˇ 서운한. 분

〔唱〕 ch'àng ㄔㄤˋ ①노래하다. 「一歌(兒); 노래를 부르다」 ②높은 소리로 떠들다. 「一名; 소리 높이 이름을 부르다」 ③노래. 「一兒; 가곡」
[唱唱咧咧] ch'àngch'ang liēhliēh ㄔㄤˋㄔㄤ ㄌㄧㄝ ㄌㄧㄝ 입 속으로 노래의 문구를 중얼거리다. 「늘.
[唱針] ch'àngchēn ㄔㄤˋㄓㄣ 유성기의 바
[唱機] ch'àngchī ㄔㄤˋㄐㄧ 축음기(蓄音機).
[唱酬] ch'àngch'óu ㄔㄤˋㄔㄡˊ ＝唱和.
[唱曲(兒)] ch'àngch'ŭrh ㄔㄤˋㄑㄩˇㄦ ①가곡. ②(민요나 잡곡을) 노래부르다.
[唱和] ch'ànghò ㄔㄤˋㄏㄜˋ 남의 시구에 응수하여 시를 짓는 일. ＝唱酬.
[唱戲] ch'ànghsì ㄔㄤˋㄒㄧˋ ①구극(舊劇)을

하다. ②구극의 노래를 부르다. 「一的 ; 구극 배우」
[唱喏] ch'àngjě ㄔㄤˋㄖㄜˇ ①인사하다.② 접대하다: 송원 소설(宋元小說) · 희곡 따위에 자주 나옴.
[唱高調] ch'àngkāotiào ㄔㄤˋㄍㄠㄉㄧㄠˋ 일부러 가락을 높이다. 새삼스레 큰소리를 치다.　　「부르다. 노래하다.
[唱歌(兒)] ch'àngkōrh ㄔㄤˋㄍㄜ ㄦ 노래
[唱工兒] ch'àngkūngrh ㄔㄤˋㄍㄨㄥㄦ 배우의 노래하는 기교.　　「악보.
[唱本(兒)] ch'àngpěn(rh) ㄔㄤˋㄅㄣˇ(ㄦ)
[唱遍] ch'àngpièn ㄔㄤˋㄅㄧㄢˋ 널리 불려지다.　　「코오드.
[唱片兒] ch'àngp'iēnrh ㄔㄤˋㄆㄧㄢㄦ 레
[唱詩臺] ch'àngshīht'ái ㄔㄤˋㄕㄊㄞˊ 성가대(聖歌隊)가 연주하는 연대(演台).
[唱手] ch'àngshǒu ㄔㄤˋㄕㄡˇ 가수(歌手).
[唱詞] ch'àngtz'ǔ ㄔㄤˋㄘˊ 가사(歌詞).

〔暢〕 ch'àng ㄔㄤˋ ①거침 없이. ②화창하게. ③기분 좋게. 유유히. 마음껏. ④성(姓)의 하나. ⑤상품이 잘 팔리다.
[暢洽] ch'àngch'ià ㄔㄤˋㄑㄧㄚˋ 골고루 보급되다. 충분히 미치다.
[暢銷] ch'ànghsiāo ㄔㄤˋㄒㄧㄠ(상품이) 잘 팔려 나가다.
[暢行無阻] ch'ànghsíng wútsǔ ㄔㄤˋㄒㄧㄥˊ ㄨˊㄗㄨˇ 아무런 지장도 없이 순조롭게 나아가다.　　「야기하다.
[暢敍] ch'ànghsù ㄔㄤˋㄒㄩˋ 털어놓고 이
[暢快] ch'àngk'uài ㄔㄤˋㄎㄨㄞˋ 즐거운. 유쾌한.
[暢利] ch'ànglì ㄔㄤˋㄌㄧˋ 술술 거침이 없다.
[暢茂] ch'àngmào ㄔㄤˋㄇㄠˋ 무성하여지다.
[暢所欲言] ch'àngsǒyǜyén ㄔㄤˋㄙㄨㄛˇ ㄩˋㄧㄢˊ 하고 싶은 말을 충분히 말하다.
[暢達] ch'àngtá ㄔㄤˋㄉㄚˊ 잘 통하다.
[暢談] ch'àngt'án ㄔㄤˋㄊㄢˊ 흉금을 털어놓고 이야기하다.　　「이 통하다.
[暢通] ch'àngt'ūng ㄔㄤˋㄊㄨㄥ 거침 없
[暢旺] ch'àngwàng ㄔㄤˋㄨㄤˋ 번영하는 모양. ＞暢暢旺旺.
[暢飮] ch'àngyǐn ㄔㄤˋㄧㄣˇ 유쾌하게 술을 마시다. 마음껏 마시다.

CHAO ㄓㄠ

〔招〕 chāo ㄓㄠ ①손짓하다. 「一手 ; 손짓으로 부르다」 ②…시키다. 받다. 초래하다. 「一人疑惑 ; 남의 의심을 받다」 「一急 ; 마음을 조급히 굴다」 ③ 모집하다. ④전염(傳染)하다. 「這病一人 ; 이 병은 전염한다」 ⑤자백하다. ⑥ 「一兒 ; 수단. 방법」
[招安] chāoān ㄓㄠㄢ 항복시키다.
[招災] chāochāi ㄓㄠㄓㄞ 재난(災難)을 초래하다.
[招展] chāochǎn ㄓㄠㄓㄢˇ 아름답게 펄럭거리다. 예쁘게 흔들리다. 「花枝一 ; 꽃가지가 아름답게 흔들리다. 여자가 아름답게 옷차림을 한 모양」 ＞招招展展.
[招承] chāoch'éng ㄓㄠㄔㄥˊ 자백하다. ＝招認.
[招急] chāochí ㄓㄠㄐㄧˊ 받다. 초래하다.
[招架] chāochià ㄓㄠㄐㄧㄚˋ ①쳐들어 오는 것을 막아내다. ②저항(抵抗)하다. ＞招招架架.
[招致] chāochìh ㄓㄠㄓˋ (결과를) 초래하다. 「一定會一這樣的後果 ; 반드시 이런 결과를 초래할 것이다」
[招青] chāoch'īng ㄓㄠㄑㄧㄥ 소작(小作)인을 구하다.　　「초(自招)하다.
[招咎] chāochiù ㄓㄠㄐㄧㄡˋ 죄(罪)를 자
[招贅] chāochuì ㄓㄠㄓㄨㄟˋ 양자(養子)를 하다. 데릴사위를 들이다.
[招翻] chāofān ㄓㄠㄈㄢ 노(怒)하게 하다. 반드시 "了"를 붙여서 사용함. 「別一了他 ; 그를 성나게 하지 마라」
[招風] chāofēng ㄓㄠㄈㄥˋ ①남의 주목을 끌다. ②문제를 일으키다.　　「다.
[招扶] chāofú ㄓㄠㄈㄨˊ 보살피다. 섬기
[招笑兒] chāohsiàorh ㄓㄠㄒㄧㄠˋㄦ 웃기다. 웃음거리가 되다. 웃음을 사다.
[招呼] chāohu ㄓㄠㄏㄨ ①부르다. 「有人一你 ; 누가 너를 부른다」 ②돌보아 주다. 인사하다. 응접하다. 「一老人 ; 노인을 돌보아 주다」 ③경계(警戒)하다. 조심하다. 「一毒藥 ; 독약을 조심하여」
[招火(兒)] chāohuǒ(rh) ㄓㄠㄏㄨㄛˇ(ㄦ) 벌컥 성을 나게 하다. 「一句話把他一了 ; 한 마디 말이 그를 노하게 하였다」
[招惹] chāojě ㄓㄠㄖㄜˇ 일으키다. 야기하다. 거역하다. 「一是非 ; 문제를 일으키다」 ＞招招惹惹.
[招認] chāojèn ㄓㄠㄖㄣˋ 자백(自白)하다.
[招考] chāok'ǎo ㄓㄠㄎㄠˇ 모집하여 시험보이다.　　「다.
[招股] chāokǔ ㄓㄠㄍㄨˇ 주(株)를 모집하
[招挂] chāokuà ㄓㄠㄍㄨㄚˋ 영향(影響)이 미치다.
[招供] chāokùng ㄓㄠㄍㄨㄥˋ 자백하다.
[招徠] chāolài ㄓㄠㄌㄞˋ 초대하다. 조치하다.
[招攬] chāolǎn ㄓㄠㄌㄢˇ 초대하다. 부르다. 「一主顧 ; 단골손님을 초대하다」
[招領] chāolǐng ㄓㄠㄌㄧㄥˇ ①공시(公示)하여 불하(佛下)하다. ②인수자(引受者)를 구하다.　　「을 불러 일으키다.
[招麻煩] chāo máfan ㄓㄠㄇㄚˊㄈㄢ 분쟁
[招猫兒遞狗兒] chāomāorh-tìkǒurh ㄓㄠㄇㄠㄦ ㄉㄧˋㄍㄡˇㄦ 덜렁거리고 경박한 모양.
[招募] chāomù ㄓㄠㄇㄨˋ 모집하다.
[招牌] chāop'ai ㄓㄠㄆㄞ 간판(看板).
[招盤] chāop'án ㄓㄠㄆㄢˊ 점포를 양도하다.　　「모집하다.
[招標] chāopiāo ㄓㄠㄅㄧㄠ 입찰(入札)을
[招兵買馬] chāopīng máimǎ ㄓㄠㄅㄧㄥ ㄇㄞˊㄇㄚˇ 병마(兵馬)를 징집하다. 인원을 모아 힘을 강화하다. «成»　　「하다.
[招生] chāoshēng ㄓㄠㄕㄥ 학생을 모집
[招事] chāoshìh ㄓㄠㄕˋ 사건을 일으키다.
[招是惹非] chāoshìh-jěfēi ㄓㄠㄕˋ ㄖㄜˇ ㄈㄟ 분쟁을 일으키다.
[招收] chāoshōu ㄓㄠㄕㄡ 모집하다. 「一新生 ; 신입생을 모집하다」 「의 한 수.
[招數] chāoshu ㄓㄠㄕㄨ ①수단. ②무술
[招術] chāoshù ㄓㄠㄕㄨˋ 수단. 방법: 「壞一 ; 악독한 수단」

[招待] chāotài ㄓㄠㄉㄞˋ ①접대하다. ②사환(使換).「一所；접대소(接待所)」

[招得] chāotê ㄓㄠㄉㄜ …으로 되다. …한 결과를 가져 오다.「一媽媽說出這樣的話來了；어머니께서 이런 말씀을 하시는 결과가 되고 말았다」 「을 받다.

[招瞪] chāotêng ㄓㄠㄉㄥˋ 남에게 미움

[招貼] chāot'iēh ㄓㄠㄊㄧㄝ ①포스터(poster). ②게시판(揭示板).

[招頂] chāotìng ㄓㄠㄉㄧㄥˇ (집·점포 등의)권리를 살 사람을 구하다.

[招逗] chāotòu ㄓㄠㄉㄡˋ (자극을 주어 감정을) 일으키게 하다.

[招租] chāotsū ㄓㄠㄗㄨ 셋집(借家) 들 사람을 구하다.「吉房一；셋집 있음」

[招子] chāotzǔ ㄓㄠㄗ ①간판. 표지 광고. ②사형수(死刑囚)가 형장에 갈 때 등에 성명·죄상을 기입한 표적.

[招搖] chāoyáo ㄓㄠㄧㄠˊ 뽐내다. 거만하게 굴다.「一過市;허세를 부리며 거리를 걷다. 군중 앞에서 허세를 부려 사람의 주목을 끌다」

[招搖撞騙] chāoyáo chuàngp'ièn ㄓㄠㄧㄠˊㄓㄨㄤˋㄆㄧㄢˋ 버젓한 말을 퍼뜨려 사기(詐欺)를 하다. 「을 끌다.

[招眼] chāoyěn ㄓㄠㄧㄢˇ 남의 주목(注目)

[招引] chāoyǐn ㄓㄠㄧㄣˇ ①불러 들이다.「一顧客；손님을 불러 들이다」 ②일으키다. 야기하다. 「사다.

[招怨] chāoyüàn ㄓㄠㄩㄢˋ 원망(怨望)을 ⌊사다.

〔昭〕 chāo ㄓㄠ ①명백한. 환한. ②나타나다.「罪惡一彰；죄악이 명백하게 드러나다」

[昭著] chāochù ㄓㄠㄓㄨˋ 현저(顯著)하다.「成績一；성적이 현저하다」

[昭雪] chāohsüěh ㄓㄠㄒㄩㄝˇ (억울한 일이나 죄를)깨끗이 씻다.

[昭然若揭] chāojánjòchiēh ㄓㄠㄖㄢˊㄖㄨㄛˋㄐㄧㄝ 극히 명백한 모양.

〔着〕 chāo ㄓㄠ ①「一兒;계략(計略). 방법」「高一兒;매우 좋은 계략」②받다. 입다. 괴로와하다.「一涼；감기에 걸리다」③두다.넣다. 사용하다.「往日菜裡只一塩,現在也一油了；옛날에는 요리에 소금을 넣었으나,현재는 기름도 넣는다」④그렇습니다.「一！ 你說的眞對；그렇고 말고！ 그대 말이 정말 옳다」⇨cháo, chê, chó. 「다. 초조하다.

[着急] cháochí ㄓㄠˊㄐㄧˊ 마음이 조급하

[着重兒] chāochùngrh ㄓㄠ·ㄓㄨㄥˋㄦ ①책임이 중하다.②병세가 중하게 되다.

[着風] chāofēng ㄓㄠㄈㄥ 바람에 불리다. 바람을 쐬다. 「허둥대다.

[着慌] cháohuāng ㄓㄠˊㄏㄨㄤ 당황하다.

[着涼]cháoliáng ㄓㄠˊㄌㄧㄤˊ 감기에 걸리

[着忙] cháománg ㄓㄠˊㄇㄤˊ ＝着慌. ⌊다.

[着數] chāoshu ㄓㄠㄕㄨ ①장기의 행마법.②무술의 한 동작.

[着水] cháo shuǐ ㄓㄠˊㄕㄨㄟˇ 물에 젖다. 물에 잠기다.「這張紙一了;이 종이는 물에 젖었다」

[着道兒] chāotàorh ㄓㄠㄉㄠˋㄦ 계략에 걸리다.

[着雨] cháoyǔ ㄓㄠˊㄩˇ 비에 젖다. 비를 맞다.

〔朝〕 chāo ㄓㄠ ①아침.「一發夕至；아침에 출발하여 저녁에 도착하다」「一三暮四；술책(術策)을 써서 사람을 속여 우롱하는 일. 조삼모사」②「今一；오늘」「明一；내일」《吳》 ⇨ch'áo.

[朝晨] chāoch'ēn ㄓㄠㄔㄣˊ 새벽. ＝早晨.

[朝氣] chāoch'i ㄓㄠㄑㄧ ①아침의 신선한 공기. ②청신하고 진취적인 정신.「一蓬勃；청신하고 기운찬 모양」

[朝秦暮楚] chāoch'ín mùch'ǔ ㄓㄠㄑㄧㄣˊㄇㄨˋㄔㄨˇ 절조(節操)없이 그때그때의 형편에 따라 행동한다는 비유.《成》

[朝霞] chāohsiá ㄓㄠㄒㄧㄚˊ 아침 놀.

[朝令夕改] chāolìng hsīkǎi ㄓㄠㄌㄧㄥˋㄒㄧㄍㄞˇ 조령모개(朝令暮改). 정령(政令)이 자주 바뀐다는 비유.《成》 「早報.

[朝報] chāopào ㄓㄠㄅㄠˋ 조간 신문. ＝

[朝不謀夕] chāopùmóuhsī ㄓㄠㄅㄨˋㄇㄡˊㄒㄧ 아침에 저녁 일을 꾀하지 못하다. 오래 견디지 못한다는 비유.《成》

[朝不保夕] chāopùpǎohsī ㄓㄠㄅㄨˋㄅㄠˇㄒㄧ 아침에 저녁 일을 보장 못한다. 위험이 가깝다는 비유.《成》

[朝暾] chāot'ūn ㄓㄠㄊㄨㄣ 아침 햇빛.

〔着〕 cháo ㄓㄠˊ ①chó 붙다. 접촉하다.「上不一天,下不一地；(하늘에도 땅에도 닿지 않아)어중간한 모양」②사용하다. 움직이다.「別一手摸；손대지 말라」③……으로 시키다.「一個人來一趟；누구든 한번 와 보게 하다」④불타다. 불이 붙다.「火都一上來了；불이 붙기 시작하다」⑤잠들다.「剛躺下就一了；금방 눕자마자 곧 잠이 들었다」⑥(다른 동사와 복합하여 동작·행위의 결과를 나타내는 말). ㉮잘 …을 맞추다.「說一了；알아 맞혔다」「打一了；잘 들어 맞았다」㉯성취하다. 잘 … 하다.「睡一了；잠들어 버리다」「搜一了；찾아 내었다」「火燒一了；불이 붙었다」⇨chāo ㄓㄠ, chê ㄓㄜ, chó ㄓㄨㄛˊ.

[着着的] cháocháotê ㄓㄠˊㄓㄠˊㄉㄜ 충분히. 잘. 어지간히.「睡得一；충분히 잘 자다」

[着家] cháochiā ㄓㄠˊㄐㄧㄚ ①항상 집에 틀어박히다. ②집에 도착하다.

[着急敗打] cháochípàitǎ ㄓㄠˊㄐㄧˊㄅㄞˋㄉㄚˇ 마음이 조급하고 초조하다. "敗打"는 실제로는 별 뜻이 없음.

[着火] cháo huǒ ㄓㄠˊㄏㄨㄛˇ 불이 붙다. 화재가 나다.

[着一把手兒] cháo ìpáshǒurh ㄓㄠˊㄧˋㄅㄚˊㄕㄡˇㄦ 약간의 도움을 주는 일. 한팔 걷어붙임.

[着力] cháolì ㄓㄠˊㄌㄧˋ, chólì 힘쓰다. 힘을 들이다.

[着落(兒)] cháolo(rh) ㄓㄠˊㄌㄨㄛ(ㄦ), chólo(rh) 결말(結末).「有了一；낙착되다」

[着迷] cháomí ㄓㄠˊㄇㄧˊ 갈피를 못 잡다. 혼미해지다.

[着年紀] cháoniénchi ㄓㄠˊㄋㄧㄢˊㄐㄧ 나이를 먹다.

[着靶子] cháopǎtzǔ ㄓㄠˊㄅㄚˇㄗ 과녁을 쏘다.

[着三不着兩] cháosān pùcháoliǎng ㄓㄠˊ

ㄙㄢ ㄅㄨˋㄓㄠˊㄌㄧㄤˇ 생각하는 것이 고르지 못하다. 이랬다 저랬다 하다.

[着用(兒)] cháoyùng(rh) ㄓㄠˊㄩㄥˋ(ㄦ) 쓸모가 있다. 소용에 닿다.

〔爪〕 chǎ ㄓㄠˇ 손톱. 발톱. 「鷹一 ; 독수리의 발톱」 ⇨chuǎ ㄓㄨㄚˇ.

[爪甲] cháochiǎ ㄓㄠˊㄐㄧㄚˇ 손톱. 발톱.

[爪牙] chǎoyá ㄓㄠˇㄧㄚˊ 악인의 앞잡이.

〔找〕 chǎo ㄓㄠˇ ①찾다. 구하다. 「一地方避雨 ; 어떤 곳에 들어 비를 피하다」 ②부족(不足)을 보충함. 거스름돈을 냄. ③스스로 초래하다. 「自一苦吃 ; 스스로 고생을 사서 하다」 ④방문(訪問)하다. 「你一他去了嗎 ? ; 당신은 그 사람을 방문했읍니까 ?」

[找場] chǎoch'áng ㄓㄠˇㄔㄤˊ =找面子.

[找碴兒] chǎoch'árh ㄓㄠˇ ㄔㄚˊㄦ ①남의 결점을 찾다. ②트집을 잡다.

[找着] chǎocháo ㄓㄠˇㄓㄠˊ 찾아내다.

[找轍] chǎochě ㄓㄠˇㄓㄜˊ 재간 있게 이전의 실수를 얼버무려 버리다.

[找齊(兒)] chǎoch'í(rh) ㄓㄠˇㄑㄧˊ(ㄦ) ①정리하다. 간추리다. ②보충하다. 보완하다.

[找訛頭] chǎo ět'óu ㄓㄠˇ ㄜˊㄊㄡˊ 남의 비밀을 들추어 공갈을 치다.

[找縫子] chǎo fěngtzǔ ㄓㄠˇ ㄈㄥˋㄗ 트집 잡을 구실을 찾다.

[找後翻帳] chǎohòufānchàng ㄓㄠˇㄏㄡˋㄈㄢㄓㄤˋ ①사후(事後)에 트집을 잡다. ②도리어 책망하다. 되씌우다.

[找細兒] chǎohsìrh ㄓㄠˇㄒㄧˋㄦ 더욱 조심하도록 마음먹다. 「找尋尋.

[找尋] chǎohsǘn ㄓㄠˇㄒㄩㄣˊ 찾다. >找

[找還] chǎohuán ㄓㄠˇㄏㄨㄢˊ 거스름돈을 내다.

[找落兒] chǎo làorh ㄓㄠˇ ㄌㄠˋㄦ ①결말을 짓다. ②생활할 방법을 구하다.

[找臉] cháoliěn ㄓㄠˊㄌㄧㄢˇ 면목을 되찾으려 하다.

[找空子] chǎo k'ùngtzǔ ㄓㄠˇ ㄎㄨㄥˋㄗ 고의로 남의 결점을 찾다.

[找麻煩] chǎo máfan ㄓㄠˇ ㄇㄚˊㄈㄢ 스스로 시끄러운 일을 만들어 내다.

[找面子] chǎo mièntzǔ ㄓㄠˇ ㄇㄧㄢˋㄗ 명예(名譽)의 만회(挽回)를 꾀하다.

[找病] chǎopìng ㄓㄠˇㄅㄧㄥˋ 스스로 고민을 하다. 병을 사서 앓다.

[找婆家] chǎo p'óchia ㄓㄠˇ ㄆㄛˊㄐㄧㄚ 사위를 구하다.

[找補] cháopu ㄓㄠˊㄅㄨ ①보충하다. 채워 넣다. ②추가하다.

[找不順序] chǎo púshùnhsü ㄓㄠˇ ㄅㄨˊㄕㄨㄣˋㄒㄩ 스스로 불쾌하고 번거로운 일을 만들어 내다.

[找不自在] chǎopútzǔtsai ㄓㄠˇㄅㄨˋㄗˋㄗㄞ =找不順序.

[找臺階(兒)] chǎo t'áichiēh(rh) ㄓㄠˇ ㄊㄞˊㄐㄧㄝ(ㄦ) 물러갈 기회를 찾다.

[找頭] chǎot'ou ㄓㄠˇㄊㄡ 거스름돈.

[找對頭] chǎo tuìt'ou ㄓㄠˇ ㄉㄨㄟˋㄊㄡ ①원수를 찾아 승부를 겨루다. ② 적을 만들고 떠들어대다.

[找野食] chǎo yěhsíh ㄓㄠˇㄧㄝˇㄕˊ ①먹을 것을 찾아 다니다. ②부정한 돈을 조금 벌다. ③기혼자가 바람을 피다.

〔沼〕 chǎo ㄓㄠˇ 못(池). 늪(沼). 「一氣 ; 메탄 가스(methan gas).

〔召〕 chào ㄓㄠˋ 불러 들이다. 불러 내다. 「一集 ; 소집하다 : 이 경우에 "召"는 chāo로 발음함」 ⇨shào.

[召開] chàok'āi ㄓㄠˋㄎㄞ 소집(召集)하여 회의를 열다. "召開會議"의 준말.

[召盤] chàop'án ㄓㄠˋㄆㄢˊ 점포를 상품과 함께 양도하다.

〔兆〕 chào ㄓㄠˋ ①길흉의 징조. 「先一 ; 징조」 ②싹트다. 징조가 보이다. ③수(數)가 아주 많다는 비유. =萬億.

[兆朕] chàochěn ㄓㄠˋㄓㄣˋ 길흉의 징조.

[兆頭] chàot'ou ㄓㄠˋㄊㄡ 징조. 예고.

〔笊〕 chào ㄓㄠˋ

[笊籬] chàoli ㄓㄠˋㄌㄧ 튀김 건지개.

〔詔〕 chào ㄓㄠˋ ①가르쳐 지도하다. 「父一其子 ; 아버지가 아들을 훈육하다」 ②황제(皇帝)의 명령. 조서(詔書).

〔罩〕 chào ㄓㄠˋ ①「一子·一兒 ; 물건의 외부를 씌우는 것. 커버·셰이드(shade) 따위」「燈一子 ; (램프의)등피」「口一 ; 마스크」 ②(위에서)가리다. 덮다. 「把菜一起來 ; 음식을 (무엇으로) 덮으시오」「一一層油 ; 페인트로 덧칠하다」 ③(안개 따위가)자욱이 끼다. (빛을)가로막다. 「夜霧一下來 ; 밤안개가 자욱이 끼다. 어둠의 장막이 내리다」 ④(의복 위에)겹쳐 입다. 「衣服外面再一上一件 ; 의복 위에 한 겹 더 입다」

[罩衣] chàoī ㄓㄠˋㄧ 작업할 때 입는 덧옷. 에이프런(apron). 사무복 따위.

[罩衫] chàoshān ㄓㄠˋㄕㄢ 블라우스.

〔棹〕(櫂) chào ㄓㄠˋ 배의 삿대. ⌊=槳.

〔照〕 chào ㄓㄠˋ ①(해·달·등불 따위의 빛이)비치다. 비추다. 빛나다. (거울에)비추다. 「太陽一在床上 ; 햇빛이 침대에 비쳐 오다」「拿燈籠一一一 ; 등불로 비춰 보다」 ②(사진을)찍다. 「一象 ; 사진을 찍다」 ③사진. 「小一 ; 인물 사진」 ④…에 비추어. …와 같이. 「一收 ; 틀림없이 받았읍니다」「一常 ; 평시와 같이」 ⑤을 향하여. …을 목표로. 「拿起茶碗一臉就打 ; 차잔을 집어 얼굴을 향하여 때리다」 ⑥지켜 보다. ⑦면허장. 감찰(鑑札). 「護一 ; 여권(旅券)」 ⑧통고(通告)하다.

[照常] chàoch'áng ㄓㄠˋㄔㄤˊ 평상시와 같이. 여느 때처럼. 「一照做 ; 평상시와 같이 하다」

[照墻] chàoch'iáng ㄓㄠˋㄑㄧㄤˊ =照壁.

[照直] chàochíh ㄓㄠˋㄓˊ ①있는 그대로. 정직하게. 「一告訴你 ; 사실대로 너에게 말한다」 ②똑바르게. 곧장. 「一走 ; 곧장 가다」

[照舊] chàochiù ㄓㄠˋㄐㄧㄡˋ ①본시 그대로. 옛날대로. ②옛날 그대로다.

[照準] chàochǔn ㄓㄠˋㄓㄨㄣˇ 신청한 대

로 허가하다.

[照方兒抓葯] chào fāngrh chuā yào ㄓㄠˋㄈㄤㄦ ㄓㄨㄚ ㄧㄠˋ 원형(原型)대로 하다. 방식대로 하다. ‹成›

[照拂] chàofu ㄓㄠˋㄈㄨ ①돌보아 주다. ②애호하다.

[照相] chàohsiàng ㄓㄠˋㄒㄧㄤˋ 사진을 찍다. 「一館; 사진관」

[照會] chàohuì ㄓㄠˋㄏㄨㄟˋ ①조회하다. ②국제간에 오가는 공문서. 통첩

[照看] chàok'àn ㄓㄠˋㄎㄢˋ ①지켜보다. 파수보다. ②돌보아 주다.

[照顧] chàokù ㄓㄠˋㄍㄨˋ, chàoku ㄓㄠˋㄍㄨ ①돌보아 주다. 정신을 쏟다. 후원(後援)하다. 「一幹部的生活; 간부의 생활을 돌보아 주다」 ②고객(顧客)이 되다. 단골로 하다. 「一主兒; 고객. 단골」

[照管] chàokuǎn ㄓㄠˋㄍㄨㄢˇ 주의하다. 유의(留意)하다. 「時時一空中; 늘 하늘을 주의하다」 ＞照照管管.

[照理] chàolǐ ㄓㄠˋㄌㄧˇ 이치(理致)로서는. 도리로는. 「一應該聽聽他的意見; 우선 그의 의견을 듣는 것이 도리에 맞는다」

[照例] chàolì ㄓㄠˋㄌㄧˋ 전례나 기성(旣成) 관습대로. 「一放假; 정례(定例) 휴일로 하다」

[照亮] chàoliàng ㄓㄠˋㄌㄧㄤˋ 환하게 비치다.

[照量] chàoliang ㄓㄠˋㄌㄧㄤ 시험(試驗)해 보다. 다루어 보다.

[照料] chàoliào ㄓㄠˋㄌㄧㄠˋ 돌보아주다. 뒷바라지하다. 「家裡有病人需要一; 돌보아 주지 않으면 안될 환자(患者)가 집에 있다」

[照碼] chàomǎ ㄓㄠˋㄇㄚˇ 가격(價格)에 비추어. 「一九折; 정가(定價)의 9할. 즉 일할인(一割引)」

[照面] chàomièn ㄓㄠˋㄇㄧㄢˋ 얼굴을 마주 대하다. 「打一個一; 우연히 얼굴을 마주치다」

[照本宣科] chàopěn hsüānk'ō ㄓㄠˋㄅㄣˇ ㄒㄩㄢㄎㄜ 각본(脚本)대로 대사를 외다. 틀에 박은듯 본래의 정신을 살리지 못한다는 비유. ‹成›

[照壁] chàopì ㄓㄠˋㄅㄧˋ 밖에서 들여다 보이지 않게 가린 벽.

[照遍] chàopièn ㄓㄠˋㄅㄧㄢˋ 널리 비치다.

[照片(兒)] chàop'ièn(rh) ㄓㄠˋㄆㄧㄢˋ(ㄦ) 사진(寫眞).

[照實直錄] chàoshíh chíhlù ㄓㄠˋㄕˊ ㄓˊㄌㄨˋ 사실대로 기록하다.

[照樣] chàoyàng ㄓㄠˋㄧㄤˋ 견본(見本)대로. 원형(原型)대로. 있는 그대로. 「他一轉告了我們; 그는 그대로 우리들에게 전하였다」

[照耀] chàoyào ㄓㄠˋㄧㄠˋ 내려 비치다.

[照應] chàoying ㄓㄠˋㄧㄥ 돌보다. 보살펴 주다. 「請你一下; 잘 보살펴 주시기 바랍니다」

[照影子] chàoyǐngtzū ㄓㄠˋㄧㄥˇㄗ 의심을 품다.

〔趙〕(赵) chào ㄓㄠˋ ①전국시대(戰國時代)의 국명: 현재의 "河北省" 남부 및 "山西省"북부. ②성(姓)의 하나.

CH'AO ㄔㄠ

〔抄〕 ch'āo ㄔㄠ ①베끼다. 사본을 뜨다. 「一書; 글을 베끼다」 ② (수색하여) 몰수하다. 차압하다. 검거하다. 「一家; 가택 수색을 하다」 ③가까운 길을 긴다. 「一近路; 가까운 길로 질러가다」 ④(야채 따위를) 데치다. 「一菠菜; 시금치를 데치다」 ⑤재빨리 잡다. 「一起 根棍子; 막대기 하나를 잡아 쥐다」 ⑥종이를 만들다.

[抄集] ch'āochí ㄔㄠㄐㄧˊ 베껴 모으다.

[抄件] ch'āochièn ㄔㄠㄐㄧㄢˋ 문서의 사본. 등본.

[抄紙] ch'āochǐh ㄔㄠㄓˇ 종이를 뜨다.

[抄近] ch'āochìn ㄔㄠㄐㄧㄣˋ 질러가다. 지름길로 가다.

[抄出] ch'āoch'ū ㄔㄠㄔㄨ (범죄에 관계되는 것을) 수색해 내다. 「一贓物; 장물을 색출하여 내다」

[抄發] ch'āofā ㄔㄠㄈㄚ 문서의 사본을 발송하다.

[抄襲] ch'āohsí ㄔㄠㄒㄧˊ ①별안간 습격하다. ②표절하다.

[抄寫] ch'āohsiěh ㄔㄠㄒㄧㄝˇ 베껴 쓰다.

[抄寫紙] ch'āohsiěhchǐh ㄔㄠㄒㄧㄝˇㄓˇ 트레이싱페이퍼 투사지(透寫紙).

[抄錄] ch'āolù ㄔㄠㄌㄨˋ 베끼다.

[抄沒] ch'āomò ㄔㄠㄇㄛˋ 몰수하다.

[抄本] ch'āopěn ㄔㄠㄅㄣˇ 사본(寫本).

[抄平] ch'āop'íng ㄔㄠㄆㄧㄥˊ (건축물을 세울 땅을)고르고 정지(整地)하다.

[抄兒] ch'āorh ㄔㄠㄦ 한 술. 한 줌.

[抄手] ch'āoshǒu ㄔㄠㄕㄡˇ ①토시. ②착수하다. ③양손을 포개어 가슴 위에 얹다. ④팔짱을 끼다. 방관하다.

[抄書] ch'āoshū ㄔㄠㄕㄨ 책을 베끼다.

[抄道] ch'āotǎo ㄔㄠㄊㄠˇ ①지름길. ②지름길로 가다.

[抄走] chāotsǒu ㄔㄠㄗㄡˇ ①살짝 스쳐 가다. ②닥치는 대로 가져가다.

[抄總] chāotsǔng ㄔㄠㄗㄨㄥˇ 간추리다.

[抄賭] chāotǔ ㄔㄠㄉㄨˇ 도박장을 검색하다.

〔怊〕 ch'āo ㄔㄠ

[怊悵] ch'āoch'àng ㄔㄠㄔㄤˋ 실망한 모양.

〔耖〕 ch'āo ㄔㄠ ①써레: 밭의 흙덩이를 잘게 부수는 농구(農具) ②흙덩이를 잘게 부수다.

〔鈔〕 ch'āo ㄔㄠ ①지폐(紙幣). ②⇨抄①.

〔超〕 ch'āo ㄔㄠ ①초과하다. 뛰어넘다. 「一額; 일정한 수량을 돌파하다」 ②초월한. 뛰어난. 「一人; 초인」 ③범위 밖에 있어서 제한을 받지 않다. ④멀다. ⑤구제하다.

[超產] ch'āoch'ǎn ㄔㄠㄔㄢˇ ①기준 이상의 생산. ②기준 이상으로 생산하다.

[超產田] ch'āoch'ǎnt'ién ㄔㄠㄔㄢˇㄊㄧㄢˊ 예정 평균 생산량을 초과하여 수확량을 올리는 밭.

[超車] ch'āoch'ē ㄔㄠㄔㄜ 차를 추월하다.

[超塵拔俗] ch'āoch'ěn-pásū ㄔㄠㄔㄣˊ ㄅㄚˊㄙㄨˊ 보통 사람보다 뛰어나다: 오만한 사람을 비웃는 말. ‹成›

[超卓] ch'āochó ㄔㄠㄓㄨㄛˊ 탁월(卓越)한. 뛰어난.
[超絕] ch'āochüéh ㄔㄠㄐㄩㄝˊ 뛰어나다. 특출하다.
[超群絕倫] ch'āoch'ünchüéhlún ㄔㄠㄑㄩㄣˊㄐㄩㄝˊㄌㄨㄣˊ 많은 무리에서 뛰어나다. 천하 무적이다. ‹成›
[超額] ch'āoé ㄔㄠㄜˊ 일정한 목표액을 돌파하다. 표준을 넘다.
[超然物外] ch'āoján wùwài ㄔㄠㄖㄢˊㄨˋㄨㄞˋ 세속을 떠나 초연하게 있는 일.‹成›
[超拔] ch'āopá ㄔㄠㄅㄚˊ ①탁월하다. ②구제하다. 「하다.
[超升] ch'āoshēng ㄔㄠㄕㄥ 특별히 승진
[超聲波] ch'āoshēngpō ㄔㄠㄕㄥㄅㄛ 초음파(超音波). 「한 것.
[超等] ch'āotěng ㄔㄠㄉㄥˇ 최상급. 월등
[超音速飛機] ch'āoyīnsù fēichī ㄔㄠㄧㄣㄙㄨˋㄈㄟㄐㄧ 초음속 비행기.
[超越] ch'āoyüèh ㄔㄠㄩㄝˋ 뛰어나다. 초 ⌊월하다.

〔剿〕(勦) ch'āo ㄔㄠ 표절(剿竊)하다. ⇨ chiǎo.

〔晁〕 ch'áo ㄔㄠˊ 성(姓)의 하나.

〔巢〕 ch'áo ㄔㄠˊ ①새집. 보금자리. ②도둑의 소굴. ③성(姓)의 하나.
[巢居] ch'áochū ㄔㄠˊㄐㄩ 나무 위의 주거(住居).
[巢礎] ch'áoch'ǔ ㄔㄠˊㄔㄨˇ (빨리 집을 짓게 하기 위한) 밀로 만든 벌집의 모형.
[巢穴] ch'áohsüéh ㄔㄠˊㄒㄩㄝˊ ①도적의 숨는 장소. ②새나 짐승의 집.

〔朝〕 ch'áo ㄔㄠˊ ①…의 방향으로 향하다.「一前；앞을 향하다」②참배하다.「一聖地；성지를 참배하다」 ③군주를 뵙다. ④조정(朝廷). ⇨ chāo.
[朝見] ch'áochièn ㄔㄠˊㄐㄧㄢˋ 천자(天子)에게 배알하다. ‹舊› 「다.
[朝山] ch'áoshān ㄔㄠˊㄕㄢ 절에 참배하
[朝山進香] ch'áoshān chìnhsiāng ㄔㄠˊㄕㄢㄐㄧㄣˋㄒㄧㄤ 이름 난 절에 참배하여 소원을 빈다. 「양지 쪽.
[朝陽(兒)] ch'áoyáng(rh) ㄔㄠˊㄧㄤˊ(ㄦ)

〔䄻〕 ch'áo ㄔㄠˊ 「一秫；고량(高粱)」

〔潮〕 ch'áo ㄔㄠˊ ①조수. ②변동.추세. ③누지다. 축축하다.
[潮氣] ch'áoch'ì ㄔㄠˊㄑㄧˋ 습기(濕氣).
[潮解] ch'áochiěh ㄔㄠˊㄐㄧㄝˇ ‹化› 습기 때문에 형태나 결정(結晶)이 부서지다.
[潮金] ch'áochīn ㄔㄠˊㄐㄧㄣ 품질이 낮은 금. 「저녁의 조수.
[潮汐] ch'áohsì ㄔㄠˊㄒㄧˋ 아침의 조수와
[潮潤] ch'áojùn ㄔㄠˊㄖㄨㄣˋ ①싱싱하다.「年輕人的皮膚一；젊은 사람의 피부는 싱싱하다」②눅눅하다. >潮潮潤潤.
[潮腦] ch'áonǎo ㄔㄠˊㄋㄠˇ ‹化› 장뇌(樟腦): 장목(樟木)을 증류하여 만든 고체 성분.
[潮滲滲的] ch'áoshēnshēntê ㄔㄠˊㄕㄣㄕㄣㄉㄜ 축축하게 젖다.
[潮濕] ch'áoshīh ㄔㄠˊㄕ 질척하다.
[潮水] ch'áoshuǐ ㄔㄠˊㄕㄨㄟˇ 조수.
[潮烟] ch'áoyēn ㄔㄠˊㄧㄢ "廣東"에서 나는 담배 잎.
[潮銀] ch'áoyín ㄔㄠˊㄧㄣˊ 품질이 낮은 ⌊은.

〔嘲〕 ch'áo ㄔㄠˊ 비웃다.「冷一熱罵；무책임하게 놀리다」
[嘲諷] ch'áofěng ㄔㄨˊㄈㄥˇ ①농조로 남을 비방하다.②말로 놀리다.
[嘲惹] ch'áojě ㄔㄠˊㄖㄜˇ 비웃다. 지분거리다. 「해서 말하다.
[嘲罵] ch'áomà ㄔㄠˊㄇㄚˋ 비웃다. 비방
[嘲弄] ch'áonung ㄔㄠˊㄋㄨㄥ 조롱하다. 비방하다. >嘲嘲弄弄.

〔吵〕 ch'ǎo ㄔㄠˇ ①시끄럽다.「一得慌；대단히 시끄럽다」 ②시끄럽게 하다. 떠들다. 「把他一醒了；그를 시끄럽게 하여 눈을 뜨게 했다」③말다툼을 하다.「他倆一起來了；저 두 사람은 말다툼을 시작했다」
[吵仗] ch'ǎochàng ㄔㄠˇㄓㄤˋ 말다툼을 하다. ‹山› 「다. =打嘴架.
[吵架] ch'ǎochià ㄔㄠˇㄐㄧㄚˋ 말다툼을 하
[吵翻] ch'ǎofān ㄔㄠˇㄈㄢ 말다툼으로 시끄럽게 하다.
[吵醒] ch'ǎohsǐng ㄔㄠˇㄒㄧㄥˇ 시끄럽게 하여 잠을 깨우다.
[吵嚷] ch'ǎojǎng ㄔㄠˇㄖㄤˇ ①아우성치다. ②말다툼하다. >吵吵嚷嚷.
[吵鬧] ch'ǎonào ㄔㄠˇㄋㄠˋ 말다툼하고 떠들다. >吵吵鬧鬧.
[吵子] ch'ǎotzǔ ㄔㄠˇㄗ 싸움. 말다툼.
[吵嘴] ch'ǎotsuǐ ㄔㄠˇㄗㄨㄟˇ 말다툼하다.

〔炒〕 ch'ǎo ㄔㄠˇ 기름에 볶다. 「볶음.
[炒鷄蛋] ch'ǎochītàn ㄔㄠˇㄐㄧㄉㄢˋ 달걀
[炒飯] ch'ǎofàn ㄔㄠˇㄈㄢˋ ①볶음밥. ②ch'ǎo fàn 밥을 기름에 볶다.
[炒栗子] ch'ǎolìtzǔ ㄔㄠˇㄌㄧˋㄗ ①단밤. ②ch'ǎo lìtzǔ 감률(甘栗)를 만들다.
[炒米] ch'ǎomǐ ㄔㄠˇㄇㄧˇ ①몽고인이 상식하는 볶은 수수. ②볶은 쌀. ③쌀을 볶다. 「기거나 볶은 국수.
[炒麵] ch'ǎomièn ㄔㄠˇㄇㄧㄢˋ 기름에 튀
[炒勺] ch'ǎosháo ㄔㄠˇㄕㄠˊ 기름으로 볶을 때에 젓기 위해 쓰이는 주걱.
[炒菜] ch'ǎo ts'ài ㄔㄠˇㄘㄞˋ ①기름에 볶아서 요리를 만들다.②볶은 음식.

CHÊ ㄓㄜ

〔折〕 chē ㄓㄜ ①뒤집어 놓다. 뒤집히다.「一跟頭；물구나무 서다」②엎지르다. 「把湯一了；국물을 엎질렀다」 ③(뜨거운 물 따위를 다른 그릇에) 옮기어 식히다.「這碗茶太熱, 給孩子一一一；이 차는 너무 뜨거우니 아이에게 식혀서 주시오」 ⇨shé, ché, chě.
[折騰] chēt'êng ㄓㄜㄊㄥ ①되풀이해서 하다.②분별(分別) 없이 떠들어대다.③자면서 자주 몸을 뒤치다.굴러 다니다. ④낭⌊비(浪費)하다. >折折騰騰.

〔着〕 chē ㄓㄜ 흔히 경성(輕聲)으로 발

음함. ①(동작을 계속할 수 있는 동사에 붙어 계속 진행을 나타냄) … 하고 있다. … 하고 있는 중이다.「走—；걷고 있다」「等—；기다리고 있다」「開—會呢；회의중이다」②(동작이 순간에 끝나고 그 후는 정지 상태에 옮기는 동사에 붙어 상태의 지속(持續)을 나타냄.「桌上放——本書；책상 위에 책이 한 권 놓여 있다」「墻上挂——幅畫；벽에 한 폭의 그림이 걸려 있다」③(동사에 붙어서 상황(狀況)을 나타내는 데 쓰임)… 하면서, … 한 채로.「笑—說；웃으면서 말하다」「穿—大衣吃飯；외투를 입은 채 식사를 하다」④약간 숙어화(熟語化)한 경우.「說—玩；농담으로 말하다」「走—瞧；어디 두고 보자」⑤(가정적인 조건을 나타냄) … 하고 보니. … 하고 본즉.「看—好吃, 吃—不好吃；본즉 맛있게 보이나, 먹어 보니 맛이 없다」「說—容易, 作—難；말하기는 쉬우나 행하기는 어렵다」⑥(형용사를 동사화함).「大—膽子；담력을 크게 하다」⑦(형용사의 뒤에 붙어 상황을 설명하는 말로 만듦).「橫—寫；가로로 쓰다」「竪—擱；세로로 두다」⑧(비교하는 표현에 쓰임：생략하여도 무방함).「他比你高——尺多呢；그는 너보다 한 자 가량 크다」⑨("着呢"와 복합하여 형용사에 붙음) 아무래도. 여간해서는. 굉장히.「難—呢；굉장히 어렵다」「好—呢；굉장히 좋습니다」 ⇨chāo, cháo, chó.

〔遮〕 chē ㄓㄜ 가로 막다. 감싸서 숨기다.
[遮場面] chē ch'ǎngmien ㄓㄜ ㄔㄤˇㄇㄧㄢ ①임시 조처를 하다. 그 자리에서 미봉해 버리다. ②체면을 차리다.
[遮截] chēchiéh ㄓㄜㄐㄧㄝˊ 가로막다. > 遮遮截截.
[遮丑(兒)] chēch'ǒu(rh) ㄓㄜㄔㄡˇ(ㄦ) 추태를 숨기다. 수치를 감추다. =遮羞臉兒.
[遮羞(兒)] chēhsiū(rh) ㄓㄜㄒㄧㄡ(ㄦ) ①수치를 감추다. =遮羞臉兒. ②위자료(慰藉料).
[遮護] chēhu ㄓㄜㄏㄨ (실수·결점을) 감싸 주다.
[遮蓋] chēkài ㄓㄜㄍㄞˋ 덮어 감추다. > 遮遮蓋蓋.
[遮欄] chēlán ㄓㄜㄌㄢˊ 가로막아 방해하다. > 遮遮欄欄.
[遮溜子] chēliūtzǔ ㄓㄜㄌㄧㄡㄗ 다른 것을 이용하여 교묘히 피하다.
[遮瞞] chēmán ㄓㄜㄇㄢˊ 덮어서 속이다.
[遮擋] chētǎng ㄓㄜㄉㄤˇ 가로막다. 방해하다. > 遮遮擋擋.
[遮陽] chē yáng ㄓㄜ ㄧㄤˊ 태양을 가로막다.
[遮掩] chēyěn ㄓㄜㄧㄢˇ 감싸서 숨기다. > 遮遮掩掩.

〔螫〕 chē ㄓㄜ (벌레 따위가) 쏘다. 물다.「我的手叫馬蜂—了；내 손을 벌에게 쏘였다」

〔折〕 ché ㄓㄜˊ ①꺾다.「不可攀—花木；꽃이나 나무를 꺾지 마시오：게시판의 용어」②젊어서 죽다. 요절(夭折)하다.「夭—；요절하다」③밑지다. 잃다.「—了本錢；본전을 손해보다」「—將損兵；장병을 잃다」④굽다. 고부리다.「—節；마디를 구부리다」「—腰；허리를 굽히다」⑤반전(反轉)하다. 갔다가 되돌아 오다.「走到半路又—回來了；중간까지 갔다가 돌아왔다」⑥할인하다.「九—；9할」⑦감복(感服)하다. ⑧환산(換算)하다. 맞비기다.「一個牛工—兩人工；소 한 마리의 힘을 두 사람의 힘과 맞계산하다」「—變；물건을 팔아서 변상하다」⑨꺾이다. 좌절(挫折)하다. ⑩판단하다.「片言—獄；말 몇 마디로 사건을 심판하다」 ⇨shé, chē, chě.
[折帳] chéchàng ㄓㄜˊㄓㄤˋ 물건을 저당하여 빚과 상쇄(相殺)하다.
[折價] chéchià ㄓㄜˊㄐㄧㄚˋ ①할인 가격(割引價格). ②가격을 깎다.
[折衝] chéch'ūng ㄓㄜˊㄔㄨㄥ ①적(敵)에 대항하여 승리를 거두다. ②상대방과 교섭하다.
[折中] chéchūng ㄓㄜˊㄓㄨㄥ 절충(折衷)하다. 가감(加減)하다.
[折返] chéfǎn ㄓㄜˊㄈㄢˇ 되돌아오다. 되돌아가다.「中途—；도중에서 되돌아오다」=折回.
[折福] chéfú ㄓㄜˊㄈㄨˊ 행복을 소홀히 하다. 복을 차 버리다.
[折服] chéfú ㄓㄜˊㄈㄨˊ 굴복(屈服)하다.
[折耗] chéhào ㄓㄜˊㄏㄠˋ 결손(欠損).
[折合] chéhó ㄓㄜˊㄏㄜˊ 환산(換算)하다.
[折回] chéhuí ㄓㄜˊㄏㄨㄟˊ =折返.
[折辱] chéjǔ ㄓㄜˊㄖㄨˇ ①치욕(恥辱)을 받다. 창피당하다.
[折干(兒)] chékān(rh) ㄓㄜˊㄍㄢ(ㄦ) 물품 대신 돈을 증정하다.
[折扣] chék'ǒu ㄓㄜˊㄎㄡˋ ①할인(割引)하다. ②할인.「打—；할인하다」
[折光] chékuāng ㄓㄜˊㄍㄨㄤ 광선이 굴절(屈折)하다. ②편광(偏光).「—指數；편광 지수」
[折過兒] chékuòrh ㄓㄜˊㄍㄨㄛˋㄦ 뒤엎다.
[折溜子] chéliutzǔ ㄓㄜˊㄌㄧㄡㄗ =遮溜子.
[折賣] chémài ㄓㄜˊㄇㄞˋ 물건을 팔아 돈으로 바꾸다.
[折磨] chémo ㄓㄜˊㄇㄛ ①괴로움. 곤란(困難).「受盡了—；가진 고생을 다하였다」②학대하다. 괴롭히다.
[折本] chépěn ㄓㄜˊㄅㄣˇ 본전을 손해보다.
[折殺] chésha ㄓㄜˊㄕㄚ ①요사(夭死)하다. ②참으로 황송하다.「你親自迎接出來, 豈不—我了；당신이 직접 마중을 나오시다니 참으로 황송합니다」
[折實] chéshíh ㄓㄜˊㄕˊ 현물(現物)로 바꾸다.
[折受] chéshòu ㄓㄜˊㄕㄡˋ 행운을 쫓아버리다. 복에 넘치다.「你這樣優待我, 未免太—我了；이렇게 후대를 받아서는 너무나 복에 넘칩니다」
[折奪] chéto ㄓㄜˊㄉㄨㄛ 망가뜨리다. 바보짓을 하다.
[折頭] chétou ㄓㄜˊㄊㄡ 할인(割引).
[折罪] chétsuì ㄓㄜˊㄗㄨㄟˋ 죄값을 하다. 과오를 보상하다.
[折毒] chétú ㄓㄜˊㄉㄨˊ 학대하다. 못살게 굴다.
[折兌] chétuì ㄓㄜˊㄉㄨㄟˋ 태환(兌換)하다.

〔摺〕 ché ㄓㄜˊ ①접다. 접어 개키다.「—衣服；옷을 접어 개키다」②「—子·—兒；접게 된 책이나 통장」「存—；예금 통장」
[摺尺] chéch'ìh ㄓㄜˊㄔˇ 나무로 만든 접는 자. 접자.
[摺紙] chéchǐh ㄓㄜˊㄓˇ 종이로 접다. 접지하다.

[摺扇] chěshàn ㄓㄜˊㄕㄢˋ 접는 부채. 선자(扇子). 「판판한 것을 접다.

[摺迭] chětiéh ㄓㄜˊㄉㄧㄝˊ 접다. 개키다.

[摺子] chětzŭ ㄓㄜˊㄗ 병풍처럼 접게 된 책이나 예금 통장.

〔哲〕(喆) chě ㄓㄜˊ 명지(明知). 철인(哲人). 「先一; 선철. 옛 철인」 「리」

〔蜇〕(蛇) chě ㄓㄜˊ 「海一; 해파

〔磔〕 chě ㄓㄜˊ ①갈가리 찢어 죽이는 형벌(刑罰). ②서법(書法)에서의 파임. 즉 「ㄟ」. =捺

〔轍〕 chě ㄓㄜˊ ①수레바퀴 자국. ②차도(車道). ③가곡(歌曲) 중 운자(韻字)를 거치는 부분. 「合一; 운(韻)이 맞다」 ④「沒一兒; 어쩔 수 없다. 분간할 수 없다」

[轍迹] chěchì ㄓㄜˊㄐㄧˋ 수레바퀴 자국.

[轍口] chěk'ǒu ㄓㄜˊㄎㄡˇ 가곡(歌曲) 중의 운(韻)을 가진 부분(部分).

〔懾〕(慴) chě ㄓㄜˊ 두려워하다.

[懾于] chěyű ㄓㄜˊㄩˊ (…을) 워하다. 삼가하다. 「一世界公正 論; 세계의 공정한 여론을 두려워하다」

〔摺〕 chě ㄓㄜˇ 「一子·一兒; (의복의) 주름」 「百一裙子; 주름이 많은 치마. 주름치마」 「滿臉都是一子; 얼굴이 온통 주름 투성이다」 ⇨ shé,chě,chě.

[摺紋] chěwěn ㄓㄜˇㄨㄣˊ 주름.

〔者〕 chě ㄓㄜˇ ①자(者). =的「好學一; 학문을 즐기는 자」 「牽牛而過堂下一; 소를 끌고 집 아래를 지나간 자」 ②일정한 직업을 가진 사람을 표현하는 접미어(接尾語): 작자(作者). 기자(記者) 따위. ③수사(數詞)의 뒤에 붙어 사람이나 사물을 나타내는 말. 「二一不可兼得; 두가지 물건을 모두 가질 수는 없다」 ④정돈(停頓)을 수반하는 주어(主語)의 제시(提示)에 쓰임 「三光一,日,月,星; 삼광이란 해와 달과 별이다」 ⑤시간을 나타내는 말에 붙는 접미어(接尾語). 「古一; 옛적」 「近一; 최근」 ⑥이것. "這"의 옛적 표기(表記). ⑦명령을 나타내는 말. 《舊》「且慢一; 우선 멈춰라」

〔赭〕 chě ㄓㄜˇ 홍갈색(紅褐色). 「一石; 적철광석(赤鐵鑛石)」 「一黃色; 주황 「색」

〔褶〕 chě ㄓㄜˇ 「一子 一兒; 의복의 주름. 구김살」 「衣服上淨是一子; 옷이 구김살 투성이다」 「은 구김살.

[褶皺] chěchōu ㄓㄜˇㄓㄡˋ 치마 주름 같

[褶曲] chěch'ű ㄓㄜˊㄑㄩˇ 치마 주름같이 세로로 주름진 지층(地層).

[褶曲山] chěch'űshān ㄓㄜˊㄑㄩˇㄕㄢ 치마 주름같이 세로로 골창이 진 산.

〔柘〕 chě ㄓㄜˋ ①산뽕나무: 수피(樹皮)에서 황색 염료를 채취함. 「一蠶; 산뽕잎으로 기르는 누에」 ②황색.

〔浙〕 chě ㄓㄜˋ ①강(江)의 이름. 「一江」 ②"浙江省"의 약칭.

〔這〕(这) chě ㄓㄜˋ ①이. 이것. 저. 저것: 말하는 사람의 의식중 가까이 있는 사물·인물을 가리키며 반드시 공간적·시간적인 원근에 구애되지 않음. 주어 또는 한정어(限定語)에 쓰이며 객어(客語)에 쓰이는 경우는 드물다. 「一是什麼?; 이것은 무엇입니까?」 「一是誰?; 이 사람은 누구냐?」 「一人姓王; 이 사람의 성은 왕씨다」 「一事; 이 일」 ②동사나 형용사의 앞에 쓰이어 정도(程度)나 상황(狀況)이 심하다는 것을 감탄적(感歎的)으로 나타내는 말. 그…이란. 「你沒見當時一急呀?; 그 때의 나의 낭패하는 꼴을 보지 못했나?」 「再加上牛車走的一慢哪!; 게다가 달구지의 느린 꼴이란!」 ⇨ chèi.

[這陣兒] chěchěnrh ㄓㄜˋㄓㄣˋㄦ ①요즈음. ②지금. 현재. 「때. 그 때.

[這其間] chěch'íchiēn ㄓㄜˋㄑㄧˊㄐㄧㄢ 이

[這間兒] chěchiēnrh ㄓㄜˋㄐㄧㄢㄦ요즈음. 저간(這間). 「지금 곧.

[這就] chěchiù ㄓㄜˋㄐㄧㄡˋ 이제부터 곧.

[這就是說] chěchiùshihshuō ㄓㄜˋㄐㄧㄡˋㄕˋㄕㄨㄛ 즉. 말하자면. 결국(結局).

[這番] chěfān ㄓㄜˋㄈㄢ ①이번. 금번. ②이번에. 「=這邊.

[這廂] chěhsiāng ㄓㄜˋㄒㄧㄤ 여기. 이곳.

[這下子] chěhsiatzŭ ㄓㄜˋㄒㄧㄚㄗ 이번. 금번.

[這些] chěhsiēh ㄓㄜˋㄒㄧㄝ ①이것들. 그것들. ②이것들의. 그것들의.

[這會兒] chěhuìrh ㄓㄜˋㄏㄨㄟˋㄦ요즈음. 근래(近來). 「一不熱了; 요즈음은 덥지 않다」

[這一] chěī ㄓㄜˋㄧ 이 하나의. 조수사(助數詞)를 쓰지 않고 명사(名詞)를 수식(修飾)함. 「一事實; 이 한 사실」

[這個] chěko ㄓㄜˋㄍㄜ 이. 이것. 저. 저것.

[這裡] chěli ㄓㄜˋㄌㄧ 이 곳. 이 쪽.

[這溜兒] chěliùrh ㄓㄜˋㄌㄧㄡˋㄦ 이 근처. 이 근방.

[這麼些個] chěmēhsiēhkō ㄓㄜˋㄇㄜㄒㄧㄝㄍㄜˋ ①이 정도의 것. ②이렇게 많은 것. ③이렇게 많은.

[這麼] chěmo ㄓㄜˋㄇㄛ,ts'ěnmo ㄗㄣˋㄇㄛ ①(동사를 수식하여)이같이. 그같이. 「一辦就好了; 이와 같이 하면 좋다」 「一來; 그와같이 되면」 ②(형용사를 수식하여) 이렇게. 그렇게. 「一大; 이렇게 크다」 ③(수량사를 수식하여) 이만한. 저만한. 그만큼. 「一些年; 이 몇 해」 「一半天; 이 반나절」 ④(명사를 수식할 때는 명사의 앞에 조수사 또는 수사+조수사를 둠) 이런. 저런. 「一個人; 이런 사람」 「一事; 이런 일」 ⑤("着"을 붙여 단독으로 술어로 사용)이렇게 하다. 이러하다. 그렇게 하다. 그러하다. 「就一着吧; 그럼 이렇게 하자」 ⑥(아래 위의 글을 접속하여)이리하여. 그리하여. 「今天博物館沒開館, 一着我就回來了; 오늘은 박물관을 열지 않았다. 그래서 나는 돌아 왔다」

[這麼樣] chěmoyàng ㄓㄜˋㄇㄛㄧㄤˋ ①이와같이, 그와같이. ②이와같다. 그러하다.

[這般] chěpān ㄓㄜˋㄅㄢ 이와 같은. 이러한.

[這兒] chěrh ㄓㄜˋㄦ 이 곳. 저 곳. 이리. 저

[這時] chěshíh ㄓㄜˋㄕˊ 이 때. 그 때. 「리.

[這廝] chêssŭ ㄓㄜˋㄙ (남을 경멸하여) 이놈.
[這搭(兒)]chêta(rh) ㄓㄜˋㄉㄚ(ㄦ)이 곳.이쪽.
[這當(兒)] chêtang(rh) ㄓㄜˋㄉㄤ(ㄦ) 요즈음. 이번.
[這等] chêtêng ㄓㄜˋㄉㄥ =這樣.
[這才] chêts'ai ㄓㄜˋㄘㄞˊ겨우 지금. 거기서 간신히.
[這早晚兒] chêtsaowănrh ㄓㄜˋㄗㄠˇㄨㄢˇㄦ ①이때. 지금쯤. ②늦을 때 ; 대개 불만한 말투를 가짐. 「天都一了, 他還不回來 ; 이렇게 늦었는데 그는 아직도 돌아오지 않네.
[這遭兒] chêtsaorh ㄓㄜˋㄗㄠ ㄦ 이번.금번.
[這樣] chêyang ㄓㄜˋㄧㄤˋ =這麼樣「一一來 ; 이렇게 되면. 이렇게 하면: 자주 글 전체의 상황어(狀況語)로서 쓰임」

〔蔗〕 chê ㄓㄜˋ 사탕수수. =甘蔗「一農 ; 사탕수수 재배를 전업(專業)으로 하는 농가」「一田 ; 사탕수수 밭」

〔嗻〕 chê ㄓㄜˋ 네. 그렇습니다:옛날에 웃사람에게 하던 응답의 말.

〔鷓〕 chê ㄓㄜˋ
[鷓鴣] chêkŭ ㄓㄜˋㄍㄨ 〈動〉자고:꿩과에 속하는 새의 일종.

CH'Ê ㄔㄜ

〔車〕 ch'ê ㄔㄜ ①차량.「火一 ; 기차」 ②수레바퀴를 갖춘 기계·도구를 일컬음.「試一 ; 시운전하다」③회전하는 것을 일컬음. ④선반(旋盤)에 걸어서 파내다.「一圓 ; 둥글게 깎다」⑤수차(水車)로 물을 퍼올리다. ⇨chū.
[車站] ch'êchan ㄔㄜㄓㄢˋ 정류장.정거장.
[車廠子] ch'êch'ăngtzŭ ㄔㄜㄔㄤˇㄗ 인력거를 세놓는 집.
[車轍] ch'êchê ㄔㄜ ㄓㄜˊ ①찻길. 차도. ②수레바퀴의 자국.
[車脚錢] ch'êchiăoch'ien ㄔㄜㄐㄧㄠˇㄑㄧㄢ 운임. 찻삯.
[車架子] ch'êchiatzŭ ㄔㄜㄐㄧㄚˋㄗ차체(車體). 차의 뼈대.
[車錢] ch'êch'ien ㄔㄜㄑㄧㄢ 찻삯. 차비(車費).
[車間] ch'êchiēn ㄔㄜㄐㄧㄢ 공장이나 사무실의 직장의 단위. 현장. 조(組)·반(班)의 뜻.
[車前] ch'êch'ién ㄔㄜㄑㄧㄢˊ ①차의 앞. ②〈植〉차전초. 질경이.
[車捐] ch'êchüan ㄔㄜㄐㄩㄢ 차량세(車輛稅).
[車床] ch'êch'uáng ㄔㄜㄔㄨㄤˊ 선반(旋盤).
[車費] ch'êfêi ㄔㄜㄈㄟˋ 차비. 찻삯.
[車份(兒)] ch'êfên(rh)ㄔㄜㄈㄣˋ(ㄦ) 차를 빌리는 삯. 대차료(貸車料).
[車行] ch'êháng ㄔㄜㄏㄤˊ ①차 제조 판매점. ② 주차장.
[車廂] ch'êhsiāng ㄔㄜㄒㄧㄤ ①차체의 윗부분. =車箱. ②인력거 안장 밑의 궤.
[車箱] ch'êhsiāng ㄔㄜㄒㄧㄤ =車廂①.
[車禍] ch'êhuò ㄔㄜㄏㄨㄛˋ 윤화(輪禍). 차에 의한 교통 사고.
[車光] ch'êkuāng ㄔㄜㄍㄨㄤ 선반(旋盤)에 걸어서 갈다.
[車軌] ch'êkueĭ ㄔㄜㄍㄨㄟˇ ①레일. ②수레바퀴의 자국.
[車軲轆] ch'êkūlu ㄔㄜㄍㄨˊㄌㄨ 수레바퀴.
[車軲轆話] ch'êkūluhuà ㄔㄜㄍㄨˊㄌㄨㄏㄨㄚˋ같은 내용을 몇 번이고 되풀이하는 이야기.
[車工] ch'êkūng ㄔㄜㄍㄨㄥ 선반공(旋盤工).
[車鈴(兒)] ch'êlíng(rh) ㄔㄜㄌㄧㄥˊ(ㄦ) 자전거의 종.
[車輪戰] ch'êlúnchàn ㄔㄜㄌㄨㄣˊㄓㄢˋ많은 사람이 번갈아 한 사람에게 대항하는 일. 뭇매.
[車輪(子)] ch'êlún(tzŭ) ㄔㄜㄌㄨㄣˊ(ㄗ) 수레바퀴
[車馬] ch'êmă ㄔㄜㄇㄚˇ 거마(車馬).「車車馬馬 ; 많은 거마」
[車門] ch'êmên ㄔㄜㄇㄣˊ 차의 문.
[車把] ch'êpă ㄔㄜㄅㄚˇ 인력거나 일륜차(一輪車)의 채.
[車把式] ch'êpăshih ㄔㄜㄅㄚˇㄕ 마부.
[車篷子] ch'êp'êngtzŭ ㄔㄜㄆㄥˊㄗ 차의 포장. 차의 뚜껑.
[車皮] ch'êp'í ㄔㄜㄆㄧˊ ①차체(車體).②빈 화차.
[車票] ch'êp'iào ㄔㄜㄆㄧㄠˋ 기차·자동차·비행기 따위의 표. 승차권.
[車身] ch'êshên ㄔㄜㄕㄣ ①차의 중간 부분. ②차체.
[車水] ch'ê shuĭ ㄔㄜㄕㄨㄟˇ (풍차·수차 따위로) 물을 푸다.
[車水馬龍] ch'êshuĭ-mălúng ㄔㄜㄕㄨㄟˇㄇㄚˇㄌㄨㄥˊ 거마의 왕래가 번잡한 모양. 《成》
[車胎] ch'êt'ai ㄔㄜㄊㄞ 차의 타이어. =車帶.
[車刀] ch'êtāo ㄔㄜㄉㄠ 선반기(旋盤機)의 절삭기(切削器). 바이트.
[車鈿] ch'êt'ién ㄔㄜㄊㄧㄢˊ =車錢. 《吳》
[車頭] ch'êt'óu ㄔㄜㄊㄡˊ ①기관차. =火車頭. ②차의 앞 부분.
[車載斗量] ch'êtsài-tŏuliáng ㄔㄜㄗㄞˋㄉㄡˇㄌㄧㄤˊ차에 싣고 말로 된다는 뜻으로, 많은 것의 형용.
[車資] ch'êtzŭ ㄔㄜㄗ 차비. =車錢.
[車子化] ch'êtzŭhuà ㄔㄜㄗㄏㄨㄚˋ 나귀나 말이 짐수레를 끄는 일.
[車僮]ch'êt'úng ㄔㄜㄊㄨㄥˊ 열차의 보이.
[車帷] ch'êwêi ㄔㄜㄨㄟˊ 말이나 나귀가 끄는 수레의 사방을 둘러친 포장.
[車轅子(一兒)] ch'êyüántzŭ(—rh) ㄔㄜㄩㄢˊㄗ(—ㄦ) 우차·마차 앞에 길게 뻗친 막대기. 그 끝에 멍에가 달려 있음. 채.

〔硨〕 ch'ê ㄔㄜ
[硨磲] ch'êch'ú ㄔㄜㄑㄩˊ 거거. 큰 조개.

〔尺〕 ch'ê ㄔㄜˇ 중국 고래의 악보의 하나: 약보(略譜)의 "2"에 해당함. ⇨ch'ĭh.

〔扯〕 ch'ê ㄔㄜˇ ① 힘껏 잡아당기다. 「一住他不放 ; 그를 잡아 끌어 놓아주지 않는다」②펼치다.「一起白旗 ; 흰기를 펼치다」③이런 핑계 저런 핑계로 말을 끌다.「不要把問題一遠了 ; 문제를 딴 방향으로 돌리지 말라」④힘껏 잡아 찢다.「他把信一了 ; 그는 편지를 찢어 버렸다」
[扯着嗓子] ch'êchêsăngtzŭ ㄔㄜˇㄓㄜㄙㄤˇㄗ 목소리를 애써 내어 뽑다.
[扯旗] ch'êch'í ㄔㄜˇㄑㄧˊ 기를 달다.
[扯飢荒]ch'ê chīhuang ㄔㄜˇㄐㄧㄏㄨㄤ 돈을 빌다. 빚을 지다.
[扯筋打捶] ch'êchīn-tăch'uí ㄔㄜˇㄐㄧㄣㄉ

ㄚˇㄔㄨㄟˊ ①서로 치고 받고 하다. ②손발을 구르면서 떠들어대다.
[扯帆] ch'ěfān ㄔㄜˇㄈㄢ 돛을 펼치다.
[扯風] ch'ěfēng ㄔㄜˇㄈㄥ 주제넘게 나서다. 쓸 데 없이 참견하다. 「다.
[扯瘋] ch'ěfēng ㄔㄜˇㄈㄥ 미친 듯이 떠들
[扯閑盤(兒)] ch'ěhsiénp'án(rh) ㄔㄜˇㄒㄧㄢˊㄆㄢˊ(ㄦ)쓸 데 없는 이야기를 하다.한담(閑談)을 지껄이다.
[扯呼] ch'ěhū ㄔㄜˇㄏㄨ 코 고는 소리.
[扯壞] ch'ěhuài ㄔㄜˇㄏㄨㄞˋ ①부수다.찢다.「一新書；새 책을 찢다」②욕을 하다. 나쁜 짓을 하다. 「하다.
[扯謊] chěhuǎng ㄔㄜˇㄏㄨㄤˇ 거짓말을
[扯開] ch'ěk'ai ㄔㄜˇㄎㄞ ①힘껏 잡아 째다. ②힘껏 열어 젖뜨리다.
[扯拉] ch'ělā ㄔㄜˇㄌㄚ ①잡아 당기다.②견제하다. ③관계를 맺다.
[扯落] ch'ělo ㄔㄜˇㄌㄛ 복잡한 관계.관련.「那個女人結婚以前一很多呢；저 여자는 결혼 전에 묘한 관계가 많았어요」＝扯拉.
[扯白] ch'ěpái ㄔㄜˇㄅㄞˊ 거짓말을 하다.
[扯蓬] ch'ěp'ěng ㄔㄜˇㄅㄥˊ 돛을 달다.
[扯皮] ch'ěp'í ㄔㄜˇㄆㄧˊ ①분규를 일으키다. ②엉터리 같은 소리를 하다. ③꼬투리를 잡아 문제를 일으키다.
[扯票(兒)] ch'ěp'iào(rh) ㄔㄜˇㄆㄧㄠˋ(ㄦ)도둑의 무리가 인질(人質)을 살해하다.
[扯皮弄筋] ch'ěp'í-nùngchīn ㄔㄜˇㄆㄧˊㄋㄨㄥˋㄐㄧㄣ 남의 결점을 찾다. 남을 곤란하게 만들다.
[扯皮條(兒)] ch'ěpít'iáo(rh) ㄔㄜˇㄆㄧˊㄊㄧㄠˊ(ㄦ) 남녀 관계의 중매를 서다.뚜쟁이 짓을 하다.
[扯布] ch'ěpù ㄔㄜˇㄅㄨˋ ①피륙을 째다. ②피륙을 사다. ③피륙을 팔다.
[扯臊] ch'ěsào ㄔㄜˇㄙㄠˋ 겁도 없이 함부로 말하다. 「손잡이 가죽.②고삐
[扯手] ch'ěshou ㄔㄜˇㄕㄡ ①차 안에 있는
[扯談] ch'ět'án ㄔㄜˇㄊㄢˊ 횡설수설 이야기하다. 「②잡아 당겨 넘어뜨리다.
[扯倒] ch'ětǎo ㄔㄜˇㄉㄠˇ ①중지하다.〈南〉
[扯嘴巴] ch'ětsuì pa ㄔㄜˇㄗㄨㄟˇㄅㄚ 뺨을 때리다.
[扯腿] ch'ět'uǐ ㄔㄜˇㄊㄨㄟˇ ①급히 발을 들다: 살짝 도망을 갈 경우. ＝拔腿. ②발을 뽑다.
〔坼〕 ch'è ㄔㄜˋ 찢다.「一裂；찢어지다」
〔掣〕 ch'è ㄔㄜˋ ①당기다. 끌다.「一後腿；뒷다리를 잡아 땅기다. 배후에서 방해하다. ②끌어 내다. 당겨 내다. ③견제하다. 제어하다. 「＝掣籤.
[掣籤] ch'èch'iēn ㄔㄜˋㄑㄧㄢ 제비를 뽑다.
[掣肘] ch'èchǒu ㄔㄜˋㄓㄡˇ 견제하다. 누르다. 「짧은 시간.
[掣電] ch'ètièn ㄔㄜˋㄉㄧㄢˋ 번갯불과 같은
〔撤〕 ch'è ㄔㄜˋ ①제거하다. ②그만두다. 면직(免職)하다. ③줄이다.경감하다. ④치다. 때리다. ⑤훔치다.살짝 집어내다.
[撤差] ch'èch'āi ㄔㄜˋㄔㄞ 면직(免職)하다. ＝撤職.
[撤職] ch'èchíh ㄔㄜˋㄓˊ 해직(解職)하다.
[撤出] ch'èchū ㄔㄜˋㄔㄨ (어떤 지점으로부터) 철수하다.
[撤除] ch'èch'ú ㄔㄜˋㄔㄨˊ ①해직하다.②제거하다. 「철수하다.
[撤防] ch'èfáng ㄔㄜˋㄈㄤˊ 방위 진지에서
[撤下] ch'èhsia ㄔㄜˋㄒㄧㄚ 제거하다.취하하다. 「회하다.
[撤消] ch'èhsiāo ㄔㄜˋㄒㄧㄠ 취소하다. 철
[撤銷] ch'èhsiāo ㄔㄜˋㄒㄧㄠ ＝撤消.
[撤換] ch'èhuàn ㄔㄜˋㄏㄨㄢˋ 바꿔치다. 경질(更迭)하다. 「하다.
[撤任] ch'èjèn ㄔㄜˋㄖㄣˋ 해직하다. 면직
[撤離] ch'èlí ㄔㄜˋㄌㄧˊ 철수하다.
[撤保] ch'èpǎo ㄔㄜˋㄅㄠˇ 보증을 계속할 것을 거절하다.
[撤步] ch'èpù ㄔㄜˋㄅㄨˋ 물러서다.
[撤調] ch'ètiào ㄔㄜˋㄉㄧㄠˋ 전직·퇴직을 시키다.
[撤脫] ch'èt'ō ㄔㄜˋㄊㄨㄛ 그 시기에 이르러 모른 체하다. 철퇴하여 빠져나가다.
〔徹〕 ch'è ㄔㄜˋ ①관철하다. ②철저하다. ③벗겨내다. ④부수다. 무너뜨리다. 떼어 버리다.
[徹骨] ch'èkǔ ㄔㄜˋㄍㄨˇ 뼈에 사무치다. 「一貧；몹시 가난하다」
[徹上徹下] ch'èshàng-ch'èhsià ㄔㄜˋㄕㄤˋㄔㄜˋㄒㄧㄚˋ 철저하게 이해하다.
[徹頭徹尾] ch'èt'óu-ch'èwěi ㄔㄜˋㄊㄡˊㄔㄜˋㄨㄟˇ 철두철미.
〔澈〕 ch'è ㄔㄜˋ ①물이 맑은.②꿰뚫다.
〔轍〕 ch'è ㄔㄜˋ ⇨ ché.

CHÊN ㄓㄣ

〔肫〕(胗) chēn ㄓㄣ 〈動〉조류(鳥類)의 모래주머니(砂囊).「一肝；사낭과 간장」
〔貞〕 chēn ㄓㄣ ①자신의 지조(志操)를 지켜 나가다.「堅一不屈；정절을 견지하여 굽히지 않다」②부녀자가 절조를 지키는 일.「守一；절조를 지키다. 수절하다」
〔珍〕 chēn ㄓㄣ ①귀중한.진귀한.②보배(寶貝). 귀중한 것.「奇一異寶；진귀하고 귀중한 보물」③소중히 하다.「一愛；소중히 아끼다」 「별명.
[珍珠] chēnchū ㄓㄣㄓㄨ 〈植〉 옥수수의
[珍饈美味] chēnhsiū-měiwèi ㄓㄣㄒㄧㄡㄇㄟˇㄨㄟˋ 진귀하고 맛있는 음식물.진수성찬.
[珍貴] chēnkuèi ㄓㄣㄍㄨㄟˋ 귀중하다.소중하다.「一的經驗；귀중한 경험」
[珍攝] chēnshè ㄓㄣㄕㄜˋ 보양(保養)하다. 몸조리하다.
[珍惜] chēntzū ㄓㄣㄒ 소중히 하다.「一兩國人民間的友誼；양국 국민간의 우의를 소중히 하다」
〔砧〕(碪) chēn ㄓㄣ ①다듬잇돌. ②도마.「一凳；도마」③모루.철침(鐵砧). ④총의 격침(擊針). 「(臺木).
[砧木] chēnmù ㄓㄣㄇㄨˋ 접본(接本).대목

[砧橙] chēntêng ㄓㄣㄉㄥˋ 고기를 써는 도마.

〔眞〕 chēn ㄓㄣ ①진실. 참다움.「信以爲一；진실로 믿다」②진실하다. 진실이다.「這件古玩是一的；이 골동품은 진짜이다」③확실히. 명백하게.「字太小,看不一；글자가 너무 작아서 똑똑히 안 보인다」④있는 그대로. 실제의 모습.「逼一；사실 그대로이다」⑤진실로.참으로. 심히. 매우. 「這花兒一香；이 꽃은 참으로 향기가 좋다」⑥해서체(楷書体)의 글자.「一書；해서」

[眞章兒] chēnchāngrh ㄓㄣㄓㄤ(ㄦ)①(생각·목적·방법 등이)일정(一定)한 것.②결과(結果).

[眞正] chēnchēng ㄓㄣㄓㄥˋ ①진정한.②진실로. 정말로.

[眞迹] chēnchì ㄓㄣㄐㄧˋ 진필(眞筆).

[眞假] chēnchiǎ ㄓㄣㄐㄧㄚˇ 진실과 허위. 진위(眞僞).

[眞叫] chēnchiào ㄓㄣㄐㄧㄠˋ진실로.정말로. 참으로.「我們的活兒作得一地道；우리들의 작업은 참으로 잘되었다」

[眞教] chēnchiào ㄓㄣㄐㄧㄠˋ ＝眞叫.

[眞切] chēnch'ièh ㄓㄣㄐㄧㄝˋ①(형태 따위가)확연하다. 명백 하다.「看得一；형태가 확실히 보인다」②성실하다. 진실성이 있다. 틀림이 없다. ＞眞眞切切.

[眞知灼見] chēnchīh-chóchièn ㄓㄣㄓㄓㄨㄛˊㄐㄧㄢˋ 정확한 탁견(卓見).

[眞情] chēnch'íng ㄓㄣㄑㄧㄥˊ ①실정(實情).「一實事；㉮진정한 사실.㉯숨김 없는 사실」②본심(本心).

[眞金不怕火] chēnchīn pû p'à huǒ ㄓㄣㄐㄧㄣ ㄅㄨˊ ㄆㄚˋ ㄏㄨㄛˇ 자신(自信)만 있으면 겁날 것이 없다.《諺》

[眞除] chēnch'ú ㄓㄣㄔㄨˊ 대리직(代理職)에서 정식 직위에 취임시키다.

[眞詮] chēnch'üán ㄓㄣㄑㄩㄢˊ 참된 해석(解釋).

[眞確] chēnch'üèh ㄓㄣㄑㄩㄝˋ ①확실하다. ②확실히. 「＝眞相.

[眞象] chēnhsiàng ㄓㄣㄒㄧㄤˋ진상(眞相).

[眞相大白] chēnhsiàng tàpái ㄓㄣㄒㄧㄤˋㄉㄚˋㄅㄞˊ 진상이 모두 명백히 되다.

[眞心] chēnhsīn ㄓㄣㄒㄧㄣ ①진실한 마음. 진심. ②진심으로. 정말로.

[眞心話] chēnhsīnhuà ㄓㄣㄒㄧㄣㄏㄨㄚˋ 마음 속에서 우러나오는 이야기. 참되고 진실한 이야기.

[眞心實意] chēnhsīn-shíhì ㄓㄣㄒㄧㄣㄕˊㄧˋ 성실 그 자체.

[眞個] chēnko ㄓㄣㄍㄜ 정말로. 진정코.「一要做嗎？；정말 해볼 텐가？」

[眞格的] chēnkótê ㄓㄣㄍㄜˊㄉㄜ 정말로. 진실로. 「쾌하다.

[眞亮] chēnliang ㄓㄣㄌㄧㄤ 명백하다.상

[眞面目] chēnmiènmû ㄓㄣㄇㄧㄢˋㄇㄨˋ ①천성(天性). 참 모습.

[眞凭實據] chēnp'íngshíhchû ㄓㄣㄆㄧㄥˊㄕˊㄐㄩˋ 확실한 증거. 충분한 증거.

[眞是] chēnshìh ㄓㄣㄕˋ 참으로. 매우. (생각난 듯이) 참.「一, 小雞還沒喂呢；참! 아직 병아리에게 모이를 안 주었구나」

[眞率] chēnshuài ㄓㄣㄕㄨㄞˋ 솔직하고 담백하다.

[眞刀眞槍] chēntāo-chēnch'iāng ㄓㄣㄉㄠ ㄓㄣㄑㄧㄤ ①진검(眞劍)으로 싸우는 일. ②엉터리로 하지 않다. 참되다.「他們都一地干；그들은 진심으로 성심껏 하고 있다」

[眞地] chēntê ㄓㄣㄉㄜ정말로. ＝眞的.

[眞締] chēntì ㄓㄣㄉㄧˋ 최고의 원리(原理). 불교어(佛教語)에서 나온 말.

[眞贓] chēntsāng ㄓㄣㄗㄤ 실물(實物)의 장물(贓物).「一事犯；범죄의 확증(確證)」

[眞字] chēntzû ㄓㄣㄗˋ 해서(楷書).

〔針〕(鍼) chēn ㄓㄣ ①(바느질하는)바늘. ②바늘과 닮은 물건. 「別一；안전핀. 지침(止針)」「松一；송엽(松葉)」③침. ④주사(注射).「打一；주사를 놓다」「防疫一；예방주사」⑤바늘을 뜨는 수나 솔기의 수, 또는 주사의 회수를 세는 조수사.「打一一；주사를 한 대 놓다」「縫幾一；몇 바늘 꿰매다」

[針劑] chēnchì ㄓㄣㄐㄧˋ주사약(注射藥).

[針脚] chēnchiǎo ㄓㄣㄐㄧㄠˇ ①솔기. (실의)땀.「一很細密；바느질 솜씨가 매우 꼼꼼하다」②바늘의 끝.「一大小；바늘 끝만하다」 「끝.

[針尖兒] chēnchiēnrh ㄓㄣㄐㄧㄢ(ㄦ) 바늘

[針織] chēnchīh ㄓㄣㄓ 메리야스.

[針黹] chēnchǐh ㄓㄣㄓˇ 바느질.

[針鋒相對] chēnfēng-hsiāngtui ㄓㄣㄈㄥ ㄒㄧㄤㄉㄨㄟˋ ①날카롭게 대립하다. ②서로 의견을 고집하다.

[針綫] chēnhsièn ㄓㄣㄒㄧㄢˋ ①재봉실. ②바느질.「一笸籮；반짇고리」

[針箍兒] chēnkūrh ㄓㄣㄍㄨㄦ 골무.

[針芒] chēnmáng ㄓㄣㄇㄤˊ 바늘끝 만큼의 작기.

[針鼻兒] chēnpírh ㄓㄣㄅㄧˊㄦ 바늘귀.

[針砭] chēnpiēn ㄓㄣㄅㄧㄢ ①석침(石針)으로 치료하다. ②남의 과실을 지적하여 시정하도록 권고하다.

[針頭(兒)綫腦(兒)] chēntou(rh)-hsiènnǎo(rh) ㄓㄣㄉㄡ(ㄦ) ㄒㄧㄢˋ ㄋㄠˇ(ㄦ)바늘이나 실 따위의 재봉 용구.

[針對] chēntuì ㄓㄣㄉㄨㄟˋ ①빈틈 없이 합치(合致)하다. 꼭 들어맞다. ②급소를 찌르다. ③정면으로 대립하다. 정면으로 대들다.

[針刺] chēntz'û ㄓㄣㄗˋ자수(刺繡).

[針眼] chēnyěn ㄓㄣㄧㄢˇ ①바늘로 찌른 구멍. ②chēnyen 다래끼. 안검염(眼瞼炎).

〔偵〕 chēn ㄓㄣ 살피다. 뒤지다.

[偵査] chēnch'á ㄓㄣㄔㄚˊ 조사하다.수사하다「一案件；사건을 조사하다」 「다.

[偵緝] chēnchī ㄓㄣㄐㄧ 탐색하여 체포하

[偵訊] chēnhsûn ㄓㄣㄒㄩㄣˋ 수소문하여 찾다.

[偵探] chēnt'àn ㄓㄣㄊㄢˋ ①탐정하다.② 탐정. 스파이.

〔斟〕 chēn ㄓㄣ (술잔이나 차잔에 술이나 차 따위를) 따르다. 붓다. "倒" 보다 고상한 말씨.「一上一杯酒；술을 한 잔 따르다」

[斟酌] chēncho ㄓㄣㄓㄨㄛ 고려(考慮)하다. 참작하다.「欠一；생각이 모자라다」＝酌量. ＞斟斟酌酌.

〔甄〕 chēn ㄓㄣ (자격이 있고 없음을)

분별하다. 골라 내다. 심사하다. 「다.
[甄選] chěnhsüān ㄓㄣㄒㄩㄢ 선발(選拔)하
[甄拔] chěnpá ㄓㄣㄅㄚˊ 선발하다.
[甄別] chěnpiéh ㄓㄣㄅㄧㄝˊ 골라 내다. 심사하여 선발하다.

〔榛〕 chěn ㄓㄣ ①「一樹；개암나무」 ②「一一榛；초목이 무성한 모양」
[榛仁] chěnjén ㄓㄣㄖㄣˊ〈植〉 껍질을 벗긴 개암나무. 「하다.
[榛莽] chěnmǎng ㄓㄣㄇㄤˇ 초목이 무성
[榛子] chěntzǔ ㄓㄣㄗ〈植〉개암나무 열매.

〔箴〕 chěn ㄓㄣ ①훈계(訓戒). ②훈계하다. 「一規；훈계하여 바로잡다」 「一言；훈계하는 말」

〔臻〕 chěn ㄓㄣ 도달하다. 미치다. 모이다. 「日一完善；나날이 완전하여지다」

〔枕〕 chěn ㄓㄣˇ ①「一頭；베개」 ②베개삼다. 「一着胳膊睡着了；팔을 베개삼아 잠들고 말았다」 ③접근하다. 「北一大江；북쪽은 장강과 접근하고 있다」
[枕借] chěnchiěh ㄓㄣˇㄐㄧㄝˋ 많은 사람이 포개어 옆으로 엎드리다. 「一而死；함께 나란히 죽다」
[枕戈待旦] chěn'kō tàitàn ㄓㄣˇㄍㄜ ㄉㄞˋㄉㄢˋ 무기를 베개삼아 밤 새기를 기다리다. 언제든지 적을 맞이하여 싸울 용의(用意)가 있다. 《成》
[枕邊言] chěnpiēnyén ㄓㄣˇㄅㄧㄢㄧㄢˊ 베개밑공사. 「커버.
[枕套] chěnt'ào ㄓㄣˇㄊㄠˋ 베갯잇. 베개의

〔畛〕 chěn ㄓㄣˇ ①「一道；논두렁길」 ②「一界·一域；경계(境界)」

〔疹〕 chěn ㄓㄣˇ 발진(發疹). 「소름.
[疹粟] chěnsū ㄓㄣˇㄙㄨˋ 피부에 생기는
[疹子] chěntzǔ ㄓㄣˇㄗ 〈醫〉 홍진(紅疹). 홍역. =麻疹.

〔診〕 chěn ㄓㄣˇ (병을)진찰하다. 「請醫生來給你一診；의사를 오시게 하여 너를 진찰해야 되겠다」 「하다.
[診治] chěnchìh ㄓㄣˇㄓˋ 진찰하여 치료
[診費] chěnfèi ㄓㄣˇㄈㄟˋ 진찰료(診察料).
[診脈] chěnmài ㄓㄣˇㄇㄞˋ 진찰하다. 진맥하다. 「하다.
[診病] chěnpìng ㄓㄣˇㄅㄧㄥˋ 병을 진찰
[診視] chěnshìh ㄓㄣˇㄕˋ 진찰하다.
[診所] chěnsǒ ㄓㄣˇㄙㄨㄛˇ 진료소(診療所).

〔縝〕 chěn ㄓㄣˇ 잘다.
[縝密] chěnmì ㄓㄣˇㄇㄧˋ 면밀하다. 치밀하다. 「一的思考；치밀한 생각」

〔朕〕 chěn ㄓㄣˋ ①제왕(帝王)의 자칭. ②징조(徵兆).

〔陣〕 chěn ㄓㄣˋ ①군대(軍隊)의 열(列). 전투의 형태(形態). 「長蛇一；장사진. 가로 길게 뻗친 진형(陣形)」 ②전쟁. 전쟁터. 「上過一的人；전쟁을 경험해 본 사람. 경험을 쌓은 사람」 ③진지(陣地). 「排了一個一；진지(陣地)를 한 군데 만들었다」 ④한바탕. 한차례. 「一一風；한 차례의 바람」 =陣子. ⑤(한 구분의) 시간. 한 동안. 「這一一；요즈음」 =陣子.
[陣仗兒] chěnchangrh ㄓㄣˋㄓㄤㄦ =陣勢. 「없이.
[陣陣] chěnchěn ㄓㄣˋㄓㄣˋ 빈번히. 끊임
[陣脚] chěnchiǎo ㄓㄣˋㄐㄧㄠˇ (군대·단체의)보조(步調). 「一零亂；보조가 하나도 맞지 않다」
[陣綫] chěnhsièn ㄓㄣˋㄒㄧㄢˋ 전선(戰線).
[陣勢] chěnshìh ㄓㄣˋㄕˋ 전체의 정세·규모. 「耍一；겉치장을 하다」
[陣式] chěnshìh ㄓㄣˋㄕˋ 군세(軍勢)의 정비·배치. 「다.
[陣亡] chěnwáng ㄓㄣˋㄨㄤˊ 전사(戰死)하

〔振〕 chěn ㄓㄣˋ ①흔들다. 휘두르다. 「一筆直書；붓을 휘둘러 단숨에 쓰다」 ② 분기하다. 분기시키다. 「衰靡不一；쇠미(衰微)하여 떨치지 못하다」 「精神一一；기운이 나다」 ③=鎭④.
[振振有詞] chěnchěn yǔtz'ǔ ㄓㄣˋㄓㄣˋㄧㄡˇㄘˊ 도리(道理)에 입각하여 당당히 말하는 모양.
[振濟] chěnchì ㄓㄣˋㄐㄧˋ 금품(金品)을 주어 도우다. =賑濟.
[振奮] chěnfěn ㄓㄣˋㄈㄣˋ 분기(奮起)하다. 「一人心；인심을 분기시키다」
[振臂] chěnpì ㄓㄣˋㄅㄧˋ 분발(奮發)하다.
[振刷] chěnshuā ㄓㄣˋㄕㄨㄚ 고무(鼓舞)하다. 「들다.
[振蕩] chěntàng ㄓㄣˋㄉㄤˋ (액체를) 뒤흔
[振災] chěntsāi ㄓㄣˋㄗㄞ 이재민을 구제하다.
[振作] chěntsǒ ㄓㄣˋㄗㄨㄛˋ 분발시키다.

〔酖〕 chěn ㄓㄣˋ ①"鴆"의 날개를 담근 독주(毒酒)의 한 가지. 「飮一止渴；독주를 마시고 한 때의 기갈을 면하다. 목전의 이익만을 알고 나중의 결과를 생각지 않는다는 비유」 ②독살(毒殺)하다.

〔賑〕 chěn ㄓㄣˋ 재물로 이재민을 구제하다.
[賑濟] chěnchì ㄓㄣˋㄐㄧˋ 구휼(救恤)하다.
[賑款] chěnk'uǎn ㄓㄣˋㄎㄨㄢˇ 구휼금. 의연금(義捐金). 「다.
[賑災] chěntsāi ㄓㄣˋㄗㄞ 재해를 구휼하

〔鴆〕 chěn ㄓㄣˋ 전설상의 독조(毒鳥): 이 새의 날개를 술에다 담그면 독약이 된다고 함. ⇨酖.

〔震〕 chěn ㄓㄣˋ ①갑자기 진동(震動)하다. 「一得直動；줄곧 진동하다」 ②우르렁거리다. 벼락치다. 「打大雷一得慌；큰 우뢰소리가 울리다」 ③감정이 격동(激動)하다. ④팔괘(八卦)의 하나. 즉, ☳
[震顫] chěnch'àn ㄓㄣˋㄔㄢˋ 진동(震動)하다.
[震驚] chěnchīng ㄓㄣˋㄐㄧㄥ 몹시 놀라게 하다. 심히 놀라다.
[震耳] chěn'ěrh ㄓㄣˋㄦˇ 귀가 멍하도록 놀래주다. 귀청이 떨어지도록 놀라다. 「一欲聾；귀청이 떨어지도록 소리가 크다」
[震心] chěnhsīn ㄓㄣˋㄒㄧㄣ ①정신이 산란해지다. ②감동(感動)하다.

[震乎] chěnhu ㄓㄣˋㄏㄨ 몹시 위협하다.
[震慄] chěnlì ㄓㄣˋㄌㄧˋ 분노하여 몸을 떨다.
[震怒] chěnnù ㄓㄣˋㄋㄨˋ(갑자기 발생한 중대사에 대하여) 크게 노하다.
[震蕩] chěntàng ㄓㄣˋㄉㄤˋ 진탕하다. 뒤흔들리다.
[震悼] chěntiào ㄓㄣˋㄉㄧㄠˋ 사망 통지에 접하여 놀라 슬퍼하다.
[震天動地] chěnt'iēn-tùngtì ㄓㄣˋㄊㄧㄢㄉㄨㄥˋㄉㄧˋ 천지를 진동시키다.
[震天價] chěnt'iēnchia ㄓㄣˋㄊㄧㄢㄐㄧㄚ 하늘까지 울릴 정도로.「一響 ; 하늘에 닿도록 울려 퍼지다」
[震痛] chěnt'ùng ㄓㄣˋㄊㄨㄥˋ몹시 쑤시다. 격통(激痛)하다.
[震搖] chěnyáo ㄓㄣˋㄧㄠˊ 흔들려 떨리다.

〔鎭〕 chěn ㄓㄣˋ ①진정(鎭定) 시키다. 누르다.「一住人 ; 사람들을 진정시키다」②안정(安定)하다. ③성벽(城壁)이 없는 시내(市內), 또는 지방의 소도시(小都市). ④음식물을 얼음에 채다.「把汽水拿氷一上 ; 사이다를 얼음에 채다」=振. ⑤언제나. 항상.「七年一相隨 ; 칠년 동안 항상 곁에 따라 다녔다」
[鎭尺] chěnch'ǐh ㄓㄣˋㄔˇ 가늘고 긴 서진「(書鎭).
[鎭紙] chěnchǐh ㄓㄣˋㄓˇ 서진(書鎭).
[鎭靜] chěnchìng ㄓㄣˋㄐㄧㄥˋ ①침착하다. 조용하다. ②마음을 가라앉히다.
[鎭住] chěnchu ㄓㄣˋㄓㄨ ①누르다.②안정시키다. 「하다.
[鎭反] chěnfǎn ㄓㄣˋㄈㄢˇ 반란을 진압
[鎭嚇] chěnhsia ㄓㄣˋㄒㄧㄚ 위협하다.
[鎭號] chěnhǔ ㄓㄣˋㄏㄨˇ 억누르다.
[鎭日(家)] chěnjìh(chia) ㄓㄣˋㄖˋ(ㄐㄧㄚ) 하루 종일. 진종일.
[鎭市] chěnshìh ㄓㄣˋㄕ 주막거리. 거리.
[鎭店] chěntièn ㄓㄣˋㄉㄧㄢˋ 성벽이 없는 시내. 또는 지방의 소도시.
[鎭定] chěntìng ㄓㄣˋㄉㄧㄥˋ 안정되다.「心不一 ; 마음이 안정되지 않다」
[鎭壓] chěnyā ㄓㄣˋㄧㄚ ①탄압하다. ②(씨앗이 날지 않고, 수분이 증발하지 않도록)밭의 흙을 다지다.

CH'ÊN ㄔㄣ

〔抻〕(抻) ch'ēn ㄔㄣ ①손으로 잡아 늘이다. ②팽팽하게 잡아 당기다. ③반죽한 밀가루를 잡아 늘여 국수를 만들다. ④시간을 끌다.
[抻下] ch'ēnhsia ㄔㄣㄒㄧㄚ 밑으로 끌어 내리다. =拉下.
[抻麵] ch'ēnmièn ㄔㄣㄇㄧㄢˋ ①손으로 뽑은 국수. ②반죽한 밀가루를 잡아 늘이다.

〔嗔〕 ch'ēn ㄔㄣ 성을 내다.
[嗔着] ch'ēnchê ㄔㄣㄓㄜ 타박 주다. 꾸짖다.「他一我說話聲音大 ; 저 사람은 나의 이야기 소리가 크다고 타박을 준다」
[嗔怪] ch'ēnkuài ㄔㄣㄍㄨㄞˋ 성내다. 화를 내다」
[嗔怒] ch'ēnnù ㄔㄣㄋㄨˋ 왈칵 성을 내다. 노발대발하다.

〔瞋〕 ch'ēn ㄔㄣ 눈을 흘겨보다.「一目 ; 성을 내어 눈을 부릅뜨다」

〔沈〕 ch'ěn ㄔㄣˊ ①⇨沉. ②ch'ěn ㄔㄣˇ 성(姓)의 하나.

〔沉〕 ch'ěn ㄔㄣˊ ①가라 앉다. 침몰하다. 흘러내리다.「船一了 ; 배가 침몰하다」②무겁다.「鐵比木頭一 ; 쇠는 나무보다 무겁다」③(정도가)깊다. 무겁다.「一醉 ; 도를 넘치게 취하다」④잠깐 쉬다. ⑤주저하다.
[沉沉] ch'ěnch'ěn ㄔㄣˊㄔㄣˊ ①깊숙하다. ②탐스럽게 무성하다. ③잠이 깊다.④취기(醉氣)가 심하다. ⑤무겁다. ⑥정도가 매우 깊은 모양. 중압감이 있는 형용.
[沉寂] ch'ěnchì ㄔㄣˊㄐㄧˋ ①조용하게 되다. ②움직임이 없다.「近來國際間很一 ; 요사이 국제간의 변동이 없다」>沉沉寂寂. 「함.
[沉摯] ch'ěnchìh ㄔㄣˊㄓˋ 진지하고 착실
[沉浸] ch'ěnchìn ㄔㄣˊㄐㄧㄣˋ 깊이 잠기다.
[沉靜] ch'ěnchìng ㄔㄣˊㄐㄧㄥˋ ①죽은 듯이 고요하다. ②(사람의 성격 따위가) 매우 조용하다.「他性情很一 ; 그는 매우 조용한 성질이다」③침묵하고 있다. >沉沉靜靜. 「>沉沉着着.
[沉着] ch'ěnchó ㄔㄣˊㄓㄨㄛˊ 침착하다.
[沉住氣] ch'ěnchuch'ì ㄔㄣˊㄓㄨㄑㄧˋ ①마음을 가라앉히다. ②노기(怒氣)를 참고 견디다.
[沉重] ch'ěnchùng ㄔㄣˊㄓㄨㄥˋ ①중량이 무겁다. 묵직하다. ②심각하다.>沉沉重重.
[沉重(兒)] ch'ěnchung(rh) ㄔㄣˊㄓㄨㄥ(ㄦ) 무거운 책임.
[沉痼] ch'ěnkù ㄔㄣˊㄍㄨˋ ①오랜 지병(持病). ②쉽게 고칠 수 없는 악습(惡習).
[沉淪] ch'ěnlún ㄔㄣˊㄌㄨㄣˊ ①타락하다. ②실패하다. 「沉沉悶悶.
[沉悶] ch'ěnměn ㄔㄣˊㄇㄣ 침울하다.>
[沉迷] ch'ěnmí ㄔㄣˊㄇㄧˊ 몹시 망설이다. 미궁에 빠지다. >沉沉迷迷.
[沉綿] ch'ěnmién ㄔㄣˊㄇㄧㄢˊ 병이 잘 낫지 않는다.
[沉湎] ch'ěnmiěn ㄔㄣˊㄇㄧㄢˇ (술 따위에) 빠지다. 탐닉(耽溺)하다.
[沉溺] ch'ěnnì ㄔㄣˊㄋㄧˋ ①탐닉하다. 빠지다. ②침몰하다.
[沉不住氣] ch'ěnpuchùch'ì ㄔㄣˊㄅㄨㄓㄨㄑㄧˋ 감정을 억제하지 못하다. 화기를 누르지 못하다. 「일종.
[沉速] ch'ěnsù ㄔㄣˊㄙㄨˋ 향료(香料)의
[沉睡] ch'ěnshuì ㄔㄣˊㄕㄨㄟˋ 깊은 잠이 들다.
[沉底(兒)] ch'ěntǐ(rh) ㄔㄣˊㄉㄧˇ(ㄦ) ①밑바닥에 가라앉다. ②못 쓰게 되다.
[沉澱] ch'ěntièn ㄔㄣˊㄉㄧㄢˋ①가라앉다. 침전(沈澱)하다. ②침전물(沈澱物).
[沉顚顚的] ch'ěntiēntiēntê ㄔㄣˊㄉㄧㄢㄉㄧㄢㄉㄜ =沉甸甸的.
[沉甸甸的] ch'ěntièntièntê ㄔㄣˊㄉㄧㄢˋㄉㄧㄢˋㄉㄜ 물건이 무거운 모양.
[沉鈿鈿的] ch'ěntièntièntê ㄔㄣˊㄉㄧㄢˋ

ㄉㄧㄢˋㄉㄜ˙ ＝沉甸甸的. 「취하다.
[沉醉] ch'êntsuì ㄔㄣˊㄗㄨㄟˋ 정신 없이
[沉痛] ch'ênt'ùng ㄔㄣˊㄊㄨㄥˋ 심각하게 근심하다. >沉沉痛痛.
[沉穩] ch'ênwěn ㄔㄣˊㄨㄣˇ 침착하다.
[沉陰] ch'ênyīn ㄔㄣˊㄧㄣ 날씨가 어둠침침하게 흐리다.
[沉吟] ch'ênyín ㄔㄣˊㄧㄣˊ ①깊이 생각하다. ②망설이고 결단을 못내리다. >沉沉吟吟. 「매우 걱정하다.
[沉優] ch'ênyū ㄔㄣˊㄧㄡ 몹시 우려하다.
[沉郁] ch'ênyù ㄔㄣˊㄩˋ 기분이 침체하고 갑갑하다. 기가 막히다.
[沉冤] ch'ênyüān ㄔㄣˊㄩㄢ 오랫동안 가시지 않는 원한.
[沉冤莫白] ch'ênyüān mòpái ㄔㄣˊㄩㄢ ㄇㄛˋㄅㄞˊ 오래된 억울한 죄를 씻을 수가 없다.
[沉魚落雁] ch'ênyú-lòyèn ㄔㄣˊㄩˊ ㄌㄨㄛˋㄧㄢˋ 침어낙안. 아름다운 여인의 얼굴 모습을 형용한 말. 《成》
[沉勇] ch'ênyǔng ㄔㄣˊㄩㄥˇ 침착하고 용감하다.

〔忱〕 ch'ên ㄔㄣˊ 진심. 성의.

〔臣〕 ch'ên ㄔㄣˊ ①(군주에 대한) 신하. ②군주에 대한 신하의 자칭.

〔辰〕 ch'ên ㄔㄣˊ ①진. 십이지(十二支)의 다섯째. ②진시. 오전 7시부터 9시까지. ③날·시각·시절. ④동남의 방각(方角).
[辰砂] ch'ênshā ㄔㄣˊㄕㄚ 품질이 좋은 주사(朱砂). "湖南省 辰州"

〔宸〕 ch'ên ㄔㄣˊ ①제왕의 궁전. ②깊숙한 곳에 있는 방. ③제왕에 관한 말에 붙이는 접두어.「一級 ; 천자(天子)의 지위」

〔晨〕 ch'ên ㄔㄣˊ ①새벽. ②별 이름. ③날이 밝을 무렵. 닭이 홰를 치고 시각을 알리는 일. 「다.
[晨起] ch'ênch'ǐ ㄔㄣˊㄑㄧˇ 새벽에 일어나
[晨曦] ch'ênhsī ㄔㄣˊㄒㄧ 아침 햇살.
[晨星] ch'ênhsīng ㄔㄣˊㄒㄧㄥ ①새벽녘의 별. 샛별. ②물건이 적다는 비유.「寥如一 ; 새벽녘의 별만큼이나 적다」
[晨昏] ch'ênhūn ㄔㄣˊㄏㄨㄣ 조조(早朝)와 황혼.
[晨夜] ch'ênyèh ㄔㄣˊㄧㄝˋ 아침 일찍부터 밤 늦게까지.

〔陳〕 ch'ên ㄔㄣˊ ①늘어놓다. 가지런히 놓다. ②진술하다. ③오래된. 묵은.「一酒 ; 묵은 술」 심한. ④성(姓)의 하나. ⑤옛 나라 이름. 「진부한.
[陳陳] ch'ênch'ên ㄔㄣˊㄔㄣˊ 케케묵은.
[陳陳相因] ch'ênch'ênhsiāngyīn ㄔㄣˊㄔㄣˊㄒㄧㄤㄧㄣ 모두가 진부한 방법이어서 아무런 개량도 없다.
[陳迹] ch'ênchī ㄔㄣˊㄐㄧ 옛자취. 옛일.
[陳請] ch'ênch'ǐng ㄔㄣˊㄑㄧㄥˇ ①사정을 말하여 청원하다. ②자수하여 처분을 바라다. 「케묵은.
[陳舊] ch'ênchiù ㄔㄣˊㄐㄧㄡˋ 오래된. 케
[陳話] ch'ênhuà ㄔㄣˊㄏㄨㄚˋ 오래된 이야기. 묵은 이야기. 「건.
[陳貨] ch'ênhuò ㄔㄣˊㄏㄨㄛˋ 오래된 물
[陳人] ch'ênjên ㄔㄣˊㄖㄣˊ ①전부터 사귀어 온 사람. ②진부하여 쓸모없는 인간.
[陳穀] ch'ênkǔ ㄔㄣˊㄍㄨˇ 묵은 곡식.
[陳規] ch'ênkuei ㄔㄣˊㄍㄨㄟ ①케케묵은 규칙. ②낡은 척도(尺度).
[陳穀子爛芝麻] ch'ênkǔtzǔ-lànchīhma ㄔㄣˊㄍㄨˇㄗ ㄌㄢˋㄓ ㄇㄚ 오래된 좁쌀과 썩은 참깨란 뜻으로, 낡은 사물을 이르는 말. 「진열대(陳列臺). 진열장.
[陳列櫃] ch'ênlièhkueì ㄔㄣˊㄌㄧㄝˋㄍㄨㄟˋ
[陳媽媽] ch'ênmāma ㄔㄣˊㄇㄚㄇㄚ 월경대(月經帶). ＝陳姥姥.
[陳米] ch'ênmǐ ㄔㄣˊㄇㄧˇ 묵은 쌀.
[陳年] ch'ênnién ㄔㄣˊㄋㄧㄢˊ 여러 해 묵은.
[陳皮] ch'ênp'í ㄔㄣˊㄆㄧˊ ①말린 귤 껍질. 약에 쓰임. ②케케묵은.「一舊眼 ; 묵은 빛」
[陳病(兒)] ch'ênpìng(rh) ㄔㄣˊㄅㄧㄥˋ(ㄦ) 지병(持病). 숙환(宿患).
[陳紹] ch'ênshào ㄔㄣˊㄕㄠˋ 오래 저장한 소흥주(紹興酒)
[陳設] ch'ênshê ㄔㄣˊㄕㄜˋ ①진열하다. 장치하다. ②ch'ênshê 장식품.
[陳食] ch'ênshíh ㄔㄣˊㄕˊ ①식상(食傷). ②체하여 소화되지 않고 있는 음식물.
[陳訴] ch'ênsù ㄔㄣˊㄙㄨˋ 호소하다.「一委曲 ; 곡절을 호소하다」
[陳詞濫調] ch'êntz'ú-làntiào ㄔㄣˊㄘˊ ㄌㄢˋㄉㄧㄠˋ 케케묵어 내용이 결핍한 논조.

〔塵〕 ch'ên ㄔㄣˊ ①속세(俗世). ②티끌. 먼지. ③흔적. ④더러움. 때묻음.
[塵埃] ch'ên āi ㄔㄣˊ ㄞ 먼지. 티끌. ＝塵土.
[塵封] ch'ênfêng ㄔㄣˊㄈㄥ 온통 먼지투성이가 되다. 먼지로 꽉 차다. 「이승.
[塵寰] ch'ênhuán ㄔㄣˊㄏㄨㄢˊ 속세(俗世).
[塵垢] ch'ênkòu ㄔㄣˊㄍㄡˋ 먼지와 때.「臉上滿是一 ; 얼굴이 온통 때와 먼지 투성이다」
[塵勞] ch'ênláo ㄔㄣˊㄌㄠˊ 번뇌(煩惱).
[塵表] ch'ênpiǎo ㄔㄣˊㄅㄧㄠˇ ①세상 밖. 속세를 떠난 곳. ②인격(人格)이 뛰어나다.
[塵世] ch'ênshih ㄔㄣˊㄕˋ 진세. 인간 사회.

〔踸〕 ch'ên ㄔㄣˇ
[踸踔] ch'ênchó ㄔㄣˇㄓㄨㄛˊ 깡충깡충 뛰면서 걷다.

〔磣〕(碜) ch'ên ㄔㄣˇ ①모래가 섞이다. ②보기 흉한. 볼품 없는.「一様兒 ; 비참한 꼴」

〔趁〕 chên ㄔㄣˋ (…의 기회를) 이용해서. (…의 기회를) 틈타서. ①「一亮走吧 ; 밝은 동안에 가자」 ②(말 따위에) 재빨리 올라 타다. ③뒤쫓다. ④찾다. 구하다.
[趁常] ch'ênch'áng ㄔㄣˋㄔㄤˊ 평소에 늘.
[趁車] ch'ênch'ē ㄔㄣˋㄔㄜ 차에 오르다. 차를 타다. 「기회를 틈타서.
[趁機] ch'ênchī ㄔㄣˋㄐㄧ 기회를 이용해서.
[趁錢] ch'ênch'ién ㄔㄣˋㄑㄧㄢˊ ①돈을 가지고 있다. ②돈을 벌다. 「다.
[趁船] ch'ênch'uán ㄔㄣˋㄔㄨㄢˊ 배를 타

[趁風] ch'ènfēng ㄔㄣˋㄈㄥ ①바람을 타다. ②때를 이용하다.
[趁心] ch'ènhsīn ㄔㄣˋㄒㄧㄣ 생각대로 되다. 마음에 맞다. ＝稱心.
[趁火打劫] ch'ènhuǒ tǎchiéh ㄔㄣˋㄏㄨㄛˇ ㄉㄚˇㄐㄧㄝˊ 남의 곤경을 이용하여 한몫을 보다. 불난 집에서 도둑질을 하다.《成》
[趁熱] ch'ènjè ㄔㄣˋㄖㄜˋ 뜨거울 동안에.
[趁空] ch'ènk'ūng ㄔㄣˋㄎㄨㄥ 틈을 타다. 여가를 내다.
[趁勢] ch'ènshih ㄔㄣˋㄕˋ ①그 바람에. 기회를 타서. ②여세(餘勢)를 이용하다.
[趁早] ch'èntsǎo ㄔㄣˋㄗㄠˇ 이 기회에. 서둘러서. 속히.

〔稱〕 ch'èn ㄔㄣˋ 들어맞다. 적합하다. ⇨ ch'ēng ㄔㄥ
[稱心] ch'ènhsīn ㄔㄣˋㄒㄧㄣ 마음에 맞다.
[稱心如意] ch'ènhsīn-ju ì ㄔㄣˋㄒㄧㄣ ㄖㄨˊㄧˋ 마음에 맞다. 생각대로 되다.
[稱意] ch'ènì ㄔㄣˋㄧˋ 마음에 들다.
[稱身] ch'ènshēn ㄔㄣˋㄕㄣ (옷 따위가) 몸에 맞다.
[稱體裁衣] ch'ènt'ǐ ts'áiī ㄔㄣˋㄊㄧˇ ㄘㄞˊㄧ 몸에 맞게끔 재단(裁斷)하다. 실제의 상황에 준하여 활동하다.

〔齔〕 ch'èn ㄔㄣˋ ①어린애의 이(齒)가 새로 나는 것. ②어린 것. 「童一; 어린이」

〔襯〕(衬) ch'èn ㄔㄣˋ ①밑에 한 장 더 깔다. 「一上一張紙; 종이를 밑에 한장 깔다」 ②밑에 한 장 더 대다. 「一上一件衣裳; 옷을 하나 속에 더 껴입다」 ③중이나 도사에게 보시(布施)를 하다. ④(딴 것과 조화되어) 한결 눈에 띄다. 「這朶花一着綠葉, 眞好看; 이 꽃은 푸른 잎과 조화되어 참으로 곱다」
[襯砌] ch'ènch'ì ㄔㄣˋㄑㄧˋ (시멘트 따위로) 새거나 스며드는 것을 막기 위해 덧바르다.
[襯裙] ch'ènch'ún ㄔㄣˋㄑㄩㄣˊ 시미이즈. 부인 양장의 속옷의 한 가지.
[襯袖] ch'ènhsiu ㄔㄣˋㄒㄧㄡˋ 커프스 와이샤쓰의 소매 부리.
[襯尿布] ch'ènniàopù ㄔㄣˋㄋㄧㄠˋㄅㄨˋ 기저귀.
[襯衫] ch'ènshān ㄔㄣˋㄕㄢ 샤쓰. 속옷. ＝襯衣.
[襯套] ch'ènt'ào ㄔㄣˋㄊㄠˋ 파이프 구멍의 내부에 끼우는 둥근 쇠. 투관(套管). 부싱(bushing).
[襯托] ch'ènt'ō ㄔㄣˋㄊㄨㄛ ①(딴 물건에 의하여) 두드러지게 하다. ＝陪襯烘托 ②물건을 깔다. 사이에 물건을 끼워 넣다. ＝墊襯.

〔讖〕 ch'èn ㄔㄣˋ 예언(豫言). 「一語; 사람을 현혹시키는 예언」

CHÊNG ㄓㄥ

〔正〕 chēng ㄓㄥ 음력(陰曆) 정월(正月) ＝正月, 新正. 「一旦; 설날. 원단(元旦)」 ⇨ chèng.

〔怔〕 chēng ㄓㄥ 무서워하는 모양.
[怔忡] chēngch'ūng ㄓㄥㄔㄨㄥ 〈醫〉한방(漢方)에서 말하는 일종의 노이로제(Neurose).

〔征〕 chēng ㄓㄥ ①먼길을 가다. 「長一; 장도에 오르다」 ②토벌하다. 정벌하다.
[征帆] chēngfān ㄓㄥㄈㄢ 원양(遠洋)을 항해하는 배.
[征斂] chēngliěn ㄓㄥㄌㄧㄢˋ 세금을 징수하다.
[征派] chēngp'ài ㄓㄥㄆㄞˋ 세금을 징수하다.
[征山服水] chēngshān-fushuǐ ㄓㄥㄕㄢ ㄈㄨˊㄕㄨㄟˇ 산천을 정복하다. 자연을 정복하다.《成》
[征屬] chēngshǔ ㄓㄥㄕㄨˇ 출정자(出征者)의 가족.
[征討] chēngt'ǎo ㄓㄥㄊㄠˇ 출병(出兵)하여 무찌르다.
[征途] chēngt'ú ㄓㄥㄊㄨˊ 긴 여행. 오랜 여정(旅程). 「踏上一; 긴 여정에 오르다」

〔爭〕 chēng ㄓㄥ ① (획득·실현하려고) 다투다. 경쟁하다. 「一長競短; 장단(長短)을 다투다」 ②앞을 다투다. 「一着去參軍; 앞을 다투어 군대에 입대하다」 ③어찌하여. 「一不知?; 어찌하여 모른단 말인가?」
[爭長論短] chēngch'áng-lùntuǎn ㄓㄥㄔㄤˊ ㄌㄨㄣˋㄉㄨㄢˇ 이것저것 장단시비를 논쟁하다. ＝爭長爭短.
[爭吵] chēngch'ǎo ㄓㄥㄔㄠˇ 말다툼하다. ＝爭嘴. ＞爭爭吵吵.
[爭強] chēngch'iáng ㄓㄥㄑㄧㄤˊ ① 향상을 희구하다. ②강하게 되려고 힘쓰다.
[爭搶] chēngch'iǎng ㄓㄥㄑㄧㄤˇ 서로 빼앗다.
[爭持] chēngch'í ㄓㄥㄔˊ 항쟁(抗爭)하다. 「一不下; 항쟁하여 물러서지 않다」
[爭執] chēngchih ㄓㄥㄓ (의견이 맞지 않아) 다투다. 논쟁하다. ＞爭爭執執.
[爭取] chēngch'ǔ ㄓㄥㄑㄩˇ ①쟁취하다. ②노력하여 목적을 달성하다. ③다투어 채용(採用)하다.
[爭風吃醋] chēngfēng-chīhts'ù ㄓㄥㄈㄥ ㄔㄘㄨˋ 질투를 하다.《成》
[爭先] chēnghsiēn ㄓㄥㄒㄧㄢ ①앞을 다투어. ②앞을 다투다. 「一恐後; 늦을세라 앞을 다투다」
[爭閑氣] chēnghsiénch'ì ㄓㄥㄒㄧㄢˊㄑㄧˋ 쓸데 없는 고집을 부리다.
[爭雄] chēnghsiúng ㄓㄥㄒㄩㄥˊ ＝爭強.
[爭議] chēngì ㄓㄥㄧˋ 말다툼하다. 언쟁하다.
[爭口氣] chēngk'ǒuchì ㄓㄥㄎㄡˇㄑㄧˋ 자기 체면을 세우려 고집을 부리다.
[爭鳴] chēngmíng ㄓㄥㄇㄧㄥˊ 많은 사람이 다투어 의견을 발표하다.
[爭奈] chēngnài ㄓㄥㄋㄞˋ 어찌할소냐! 어쩐단 말인가?
[爭辯] chēngpièn ㄓㄥㄅㄧㄢˋ 논쟁(論爭)하다. ＞爭爭辯辯.
[爭賽] chēngsài ㄓㄥㄙㄞˋ 경쟁(競爭)하다.
[爭勝] chēngshēng ㄓㄥㄕㄥˋ ＝爭強.
[爭鬪] chēngtòu ㄓㄥㄉㄡˋ 쟁투. 싸움.
[爭端] chēngtuān ㄓㄥㄉㄨㄢ 시비(是非)의 실마리

〔癥〕(症) chēng ㄓㄥ 뱃속에 정(疔)이 생기는 병. ⇨chèng.

〔掙〕 chēng ㄓㄥ ⇨chèng ㄓㄥˋ.
[掙扎] chēngcha ㄓㄥㄓㄚ ①참고 노력하다. 견디어 내다.「他病了, 還一着工作; 그는 병을 무릅쓰고 일을 한다」②결사적으로 다투다. 저항(抵抗)하다. 몸부림치다.「敵人作垂死一; 적은 최후의 몸부림을 친다」「雞還拍着翅膀一; 닭은 아직도 날개를 허위적거리며 몸부림친다」
[掙揣] chēngchuài ㄓㄥㄓㄨㄞˋ =掙扎.
〔猙〕 chēng ㄓㄥ
[猙獰] chēngníng ㄓㄥㄋㄧㄥˊ 흉악하고 난폭하다.「面目一; 생김생김이 흉악하다」
〔鉦〕 chēng ㄓㄥ 옛날 행군(行軍)할 때 치던 구리로 만든 징.
〔睜〕 chēng ㄓㄥ 눈을 뜨다.「困得眼睛一不開; 졸려서 눈을 뜰 수가 없다」「一一眼閉一眼; 보지 않은 체하다. 모른 체하다」「뜬 장님. 문맹.
[睜眼瞎] chēngyĕnhsiā ㄓㄥㄧㄢˇㄒㄧㄚ 눈
〔蒸〕 chēng ㄓㄥ ①수증기(水蒸氣)가 오르다. 김이 오르다.「水汽都一上來了; 수증기가 완전히 올랐다」②찌다. 증기를 통하다.「一饅頭; 만두를 찌다」「病人的棉衣一一一就可以消毒; 병자의 솜옷은 증기에 찌면 소독이 된다」
[蒸蒸] chēngchēng ㄓㄥㄓㄥ 씩씩하게 오르는 모양.「一日上; 날로 향상 발전하다」「는 남비.
[蒸鍋] chēngkuō ㄓㄥㄍㄨㄛ 음식물을 찌
[蒸籠] chēnglung ㄓㄥㄌㄨㄥ 시루.
[蒸食] chēngshíh ㄓㄥㄕˊ (고기만두 따위의)찐 음식물. 「상승하다.
[蒸騰] chēngt'éng ㄓㄥㄊㄥˊ 열기(熱氣)가 「나. 쟁.
〔箏〕 chēng ㄓㄥ 옛적 악기(樂器)의 하 「하다.
〔諍〕 chēng ㄓㄥ 충고(忠告)하다. 간(諫)
〔錚〕 chēng ㄓㄥ
[錚錚] chēngchēng ㄓㄥㄓㄥ ①금속 기구(金屬器具)가 부딪치는 소리. ②우수(優秀)한 것.「此人爲本廠工人之中一者; 이 사람은 본 공장내에서 우수한 사람이다」
[錚鏦] chēngts'ūng ㄓㄥㄘㄨㄥ 금속기구가 서로 부딪치는 소리.
〔徵〕 chēng ㄓㄥ ①(강제로) 징집하다. 소집하다. (세금 따위를)거둬 들이다.「一兵; 징병(徵兵)」「一稅; 세금을 거둬 들이다」②모집하다. 구(求)하다. 「一房; 집을 구하다」③현상. 징조. ④증명하다.「足一其僞; 거짓이라는 것이 충분히 증명되다」
[徵比] chēngpǐ ㄓㄥㄅㄧˇ ①징발(徵發)과 검열. ②조세를 징수하여 그 다과(多寡)를 비교하는 일.
[徵召] chēngchào ㄓㄥㄓㄠˋ 소집하다.「一兵員; 군인을 소집하다」
[徵免] chēngmiĕn ㄓㄥㄇㄧㄢˇ 면세하다.
[徵庸] chēngyūng ㄓㄥㄩㄥ 불러 내어 쓰 「다.
[徵象] chēnghsiàng ㄓㄥㄒㄧㄤˋ 상징.
[徵糧] chēngliáng ㄓㄥㄌㄧㄤˊ 지세를 징수하다.
[徵兆] chēngchào ㄓㄥㄓㄠˋ 징조(徵兆).
[徵求] chēngch'iú ㄓㄥㄑㄧㄡˊ 구하다. 모집하다.「一意見; 의견을 널리 구하다」
[徵發] chēngfā ㄓㄥㄈㄚ 민간의 인력(人力)이나 물자를 징집하다. 징발하다.
[徵詢] chēnghsún ㄓㄥㄒㄩㄣˊ 각 방면으로 널리 수소문하다. 「하다.
[徵稿] chēngkăo ㄓㄥㄍㄠˇ 원고를 모집
[徵購] chēngkòu ㄓㄥㄍㄡˋ 징집하여 구입하다. 징발하여 돈을 지불하다.
[徵募] chēngmù ㄓㄥㄇㄨˋ 널리 모집하다.
[徵派] chēngp'ài ㄓㄥㄆㄞˋ 세금을 징수하다. 「다.
[徵聘] chēngp'ìn ㄓㄥㄆㄧㄣˋ 찾아 초빙하
[徵文] chēngwén ㄓㄥㄨㄣˊ 원고를 모집하다.
[徵驗] chēngyèn ㄓㄥㄧㄢˋ 효과. 효험.
[徵引] chēngyǐn ㄓㄥㄧㄣˇ 인용하다.「一故事; 고사를 인용하다」
〔拯〕 chěng ㄓㄥˇ 구제하다. =拯救.
〔整〕 chěng ㄓㄥˇ ①잘 정리된. 질서 있는. ②완전한. 갖춘. 온통.「這套碗不一; 이 사기그릇은 짝이 갖추어져 있지 않다」「一套的書; 전부 갖춰진 책」③정리·정돈하다.「把衣裳一一一; 옷을 정돈하다」④꼭 맞게. 만(滿).「一十年; 만십년」⑤영수증 따위의 금액 밑에 쓰는 글자.「千元一; 천원정」⑥하다. 만들다. 잡다. 수리하다. 입수하다. ‹東›‹北›‹西›「一到三只狐狸; 여우를 세 마리 잡다」「在火上一了些飯菜; 불에다 밥과 찬을 만들었다」「桌子壞了一一; 책상이 부숴졌기에 수리하다」
[整張(兒)] chěngchāng(rh) ㄓㄥˇㄓㄤ(ㄦ) 온 한 장. 전지.「一的專刊; 전지(全紙)로 된 특집(特輯)」「어 있다.
[整齊] chěngch'í ㄓㄥˇㄑㄧˊ 말쑥이 정리되어 있다. >整整齊齊.
[整潔] chěngchiéh ㄓㄥˇㄐㄧㄝˊ 잘 정리되어 있다.「屋子布置得很一; 방안이 잘 정리되어 있다」>整整潔潔.
[整治] chěngchìh ㄓㄥˇㄓ ①혼을 내다. 따끔한 맛을 보이다. ②(주식을) 준비하다. ③의복 따위를 수선하다. ④처리(處理)하다.
[整飭] chěngch'ìh ㄓㄥˇㄔˋ 정돈하다. 엄격히 하다.「一規律; 규율을 엄격히 하다」
[整舊如新] chěngchiùjúhsīn ㄓㄥˇㄐㄧㄡˋㄖㄨˊㄒㄧㄣ 낡은 것을 새것같이 하다. 옛것을 현대에 맞도록 하다. 「어 있다.
[整莊] chěngchuāng ㄓㄥˇㄓㄨㄤ 정리되
[整裝] chěngchuāng ㄓㄥˇㄓㄨㄤ ①복장을 갖추다. ②준비를 갖추다.
[整重] chěngchung ㄓㄥˇㄓㄨㄥ 끝맺음이 좋다. 어중간하지 않다. 「(整形外科).
[整形] chěnghsíng ㄓㄥˇㄒㄧㄥˊ 정형 외과
[整修] chěnghsiū ㄓㄥˇㄒㄧㄡ 정비하다.「一街道; 가로를 정비하다」 「새도록.
[整宿兒] chěnghsiŭrh ㄓㄥˇㄒㄧㄡˇㄦ 밤
[整訓] chěnghsùn ㄓㄥˇㄒㄩㄣˋ (군대를) 정비하고 훈련하다.
[整話] chěnghuà ㄓㄥˇㄏㄨㄚˋ 두서 있는 말. 앞뒤가 분명한 말. 「(全體). 전부
[整夥兒] chěnghuŏrh ㄓㄥˇㄏㄨㄛˇㄦ 전체
[整人] chěngjén ㄓㄥˇㄖㄣˊ 고의로 학대

하다. 남을 괴롭히다.

[整日(價)] chěngjìh (chia) ㄓㄥˇㄖˋ(ㄐㄧㄚ) 온 종일. 하루 종일.

[整容] chěngjúng ㄓㄥˇㄖㄨㄥˊ ①용모를 단정히 하다. ②이발하다.

[整個(兒)] chěngkò(rh) ㄓㄥˇㄍㄜˋ(ㄦ)① 전부 갖추어져 빠지거나 예외가 없고 한 덩어리가 되어 있다. ②흡사. 마치.

[整料] chěngliào ㄓㄥˇㄌㄧㄠˋ 정리되어 있는 원료.

[整臉子] chěngliěntzū ㄓㄥˊㄌㄧㄢˇㄗ ① 통명스럽게 하다. ②첫인상이 나쁜 사람.

[整年(價)] chěngnién (chia) ㄓㄥˇㄋㄧㄢˊ (ㄐㄧㄚ) 일년 동안. 일년 내내.

[整本大套] chěngpěn tàt'ào ㄓㄥˊㄅㄣˇㄉㄚˋㄊㄠˋ ①한 벌이 다 갖춰진 물건 ②완전히. 전면적으로.

[整編] chěngpiēn ㄓㄥˇㄅㄧㄢ (군대·단체 등을) 정리 개편하다.

[整兒] chěngrh ㄓㄥˇㄦ 적잖은 액수(額數).

[整壽] chěngshòu ㄓㄥˇㄕㄡˋ 30세·40세 따위와 같이 우수리가 붙지 않은 나이의 생일.

[整肅] chěngsù ㄓㄥˇㄙㄨˋ 갖추어 단속하다.

[整天(價)] chěngt'iēn(chia)ㄓㄥˇㄊㄧㄢ(ㄐㄧㄚ) ＝整日(價).

[整隊] chěngtuì ㄓㄥˇㄉㄨㄟˋ 대오(隊伍)를 정비하다.

[整吞] chěngt'ūn ㄓㄥˇㄊㄨㄣ 통째로 삼키다.

[整夜] chěngyèh ㄓㄥˇㄧㄝˋ 온 밤. 밤새도록.

〔正〕 chěng ㄓㄥˋ ①바르다. 곧다. (거죽이)위로 되다. 「畫像掛得很一;화상이 바로 걸려 있다」 ②정식이다. 정통이다. 「一路 ; 정당한 길」 ③마침. 꼭. 「一好 ; 꼭 알맞다」 ④마침 …하고 있다. 「現在一開着會 ; 지금 막 개회중이다」 ⑤틀린 것을 정정(訂正)하다. 「給他一音 ; 그의 발음을 교정하여 주다」 ⑥빛깔이나 맛이 섞이지 않은. 「顏色不一 ; 색깔이 투명치 않다」 ⑦정식(正式)인. 주요(主要)한. ⑧("副"에 대한)정(正). ↔負. ⇨ chēng.

[正常年景] chěngch'áng niénching ㄓㄥˋㄔㄤˊㄋㄧㄢˊㄐㄧㄥˇ 평년작(平年作).

[正張兒] chěngchāngrh ㄓㄥˋㄓㄤㄦ 신문의 주요 기사를 게재하는 면. 대체로 제 1 면.

[正轍] chěngchě ㄓㄥˋㄓㄜˊ 사리(事理)에 들어맞다.

[正氣] chěngch'ì ㄓㄥˋㄑㄧˋ 바른 기질(氣質).

[正巧] chěngch'iǎo ㄓㄥˋㄑㄧㄠ 때마침. 「到了車站, 一火車沒開 ; 정거장에 갔더니 때마침 기차는 아직 떠나지 않았었다」

[正直] chěngchíh ㄓㄥˋㄓˊ 공정하고 강직하다.

[正値] chěngchíh ㄓㄥˋㄓˊ ＝正當.

[正經] chěngching ㄓㄥˋㄐㄧㄥ 성실하다. 정당하다. 「一話 ; 정당한 말」 ＞正正經經.

[正淨] chěngchìng ㄓㄥˋㄐㄧㄥˋ 연극에서 원로·대신·재상 따위로 분장하는 역(役). ＝大花臉.

[正襟危坐] chěngchīn-wēitsò ㄓㄥˋㄐㄧㄣㄨㄟㄗㄨㄛˋ 단좌(端座)하다. 엄숙히 하다.

[正取] chěngch'ǚ ㄓㄥˋㄑㄩˇ 정식으로 합격·채용하다.

[正轉] chěngchuǎn ㄓㄥˋㄓㄨㄢˇ 오른쪽으로 도는 회전.

[正裝] chěngchuāng ㄓㄥˋㄓㄨㄤ ①가짜가 아니다. ②정식 복장(服裝).

[正角活兒] chěngchüéhhuórh ㄓㄥˋㄐㄩㄝˊㄏㄨㄛˊㄦ ①주연(主演). 주역(主役). ② 중요한 일.

[正中] chěngchūng ㄓㄥˋㄓㄨㄥ 한복판. 한가운데.

[正中下懷] chěngchūng hsiàhuái ㄓㄥˋㄓㄨㄥ ㄒㄧㄚˋㄏㄨㄞˊ 마침 생각하는 대로 적중하다. 예상하는 대로 들어맞다.

[正二八擺] chěngěrhpāpǎi ㄓㄥˋㄦˋㄅㄚㄅㄞˇ ①참되고 거짓 없는 진짜. ②공명정대하다.

[正法] chěngfǎ ㄓㄥˋㄈㄚˇ ①정당한 규칙. ②법에 의거하여 처형(處刑)하다.

[正方] chěngfāng ㄓㄥˋㄈㄤ 정방형(正方形).

[正房] chěngfáng ㄓㄥˋㄈㄤˊ 남향인 정면의 본채.

[正分] chěngfēn ㄓㄥˋㄈㄣ ①앞가리마를 타다. ②앞가리마를 탄 머리 모양.

[正好] chěnghǎo ㄓㄥˋㄏㄠˇ 하기에 꼭 알맞다. 「有這個機會一試試, 마침 좋은 기회다. 한 번 시험해 보다」

[正號] chěnghào ㄓㄥˋㄏㄠˋ 덧셈의 기호 「"＋"」.

[正行] chěnghsíng ㄓㄥˋㄒㄧㄥˊ 정당한 행동. 바른 행실.

[正凶] chěnghsiūng ㄓㄥˋㄒㄩㄥ 하수인(下手人).

[正話] chěnghuà ㄓㄥˋㄏㄨㄚˋ 정당한 이야기.

[正楷] chěngk'ǎi ㄓㄥˋㄎㄞˇ 정자(正字).

[正幹] chěngkàn ㄓㄥˋㄍㄢˋ ①(일하는 데 있어) 성실하다. 「他又老實又一 ; 그는 온후하기도 하고 일하는 것도 성실하다」 ② 정도에 어긋남이 없이 하다.

[正軌] chěngkuei ㄓㄥˋㄍㄨㄟ 정규(正規)의. 올바른.

[正臉兒] chěngliěnrh ㄓㄥˋㄌㄧㄢˇㄦ 정면으로 향한 얼굴.

[正路] chěnglù ㄓㄥˋㄌㄨˋ ①정도(正道). ②정당한 물건. ③진짜.

[正南巴北] chěngnán-pāpěi ㄓㄥˋㄋㄢˊㄅㄚㄅㄟˇ 정통(正統). 진짜. 완전하다. 거짓이 없다. «成» ＝正南八北, 正裝巴北.

[正派] chěngp'ài ㄓㄥˋㄆㄞˋ ①정당한 방법. 「一人 ; 정당한 방법을 쓰는 사람」 ②품행이 방정하다. ＞正正派派.

[正本] chěngpěn ㄓㄥˋㄅㄣˇ ①근본(根本). ②부본(副本)에 대한 정본.

[正本清源] chěngpěn-ch'īngyüán ㄓㄥˋㄅㄣˇㄑㄧㄥㄩㄢˊ 근본부터 뜯어고치다. «成»

[正步] chěngpù ㄓㄥˋㄅㄨˋ 올바른 보조(步調).

[正色] chěngsè ㄓㄥˋㄙㄜˋ 청·적·백·황·흑의 5색.

[正身] chěngshēn ㄓㄥˋㄕㄣ 진짜 본인(本人). 장본인.

[正事] chěngshìh ㄓㄥˋㄕˋ ①정업(正業). ②직책상 당연히 해야 할 일.

[正是] chěngshìh ㄓㄥˋㄕ ①마침 …이다. 「現在一時候 ; 지금이 마침 그 시기이다」 ②틀림 없이. 바로.

[正似] chěngssǔ ㄓㄥˋㄙˋ 꼭 닮다. …와 똑 같다. ＝正如.

[正旦] chěngtàn ㄓㄥˋㄉㄢˋ 연극에서 절·

부(節婦)·열녀(烈女)를 맡는 역(役).
[正當] chěngtāng ㄓㄥˋㄉㄤ 마침 …하고 있을 무렵.「一他罵着孩子的時候, 她進屋子裡來了; 그가 마침 아이를 야단치고 있을 때 그녀가 방에 들어왔다」
[正當正派] chěngtang-chěngp'ài ㄓㄥˋㄉㄤ ㄓㄥˋㄆㄞˋ 정정당당하고 성실한 모양.「這筆錢, 我一地承受過來; 이 돈은 내가 정당하게 물려받은 돈이다」
[正題] chěngt'í ㄓㄥˋㄊㄧˊ 본제(本題). 원줄거리.
[正體] chěngt'ǐ ㄓㄥˋㄊㄧˇ 해서(楷書).
[正在] chěngtsài ㄓㄥˋㄗㄞˋ …하고 있는 중이다.「他一說話; 마침 그는 이야기하고 있는 중이다」 「본문(本文).
[正文(兒)] chěngwén(rh) ㄓㄥˋㄨㄣˊ(ㄦ)
[正眼] chěngyěn ㄓㄥˋㄧㄢˇ 정면(正面)으로.「一看; 정면으로 보다」
[正顏勵色] chěngyén-lìsê ㄓㄥˋㄧㄢˊ ㄌㄧˋ ㄙㄜˋ 안색을 변하여 정색을 하다.
[正音] chěngyīn ㄓㄥˋㄧㄣ ①한자(漢字)의 바른 음. ②표준음(標準音).
[正因爲] chěngyīnwei ㄓㄥˋㄧㄣㄨㄟ 그러므로 인하여. …가 때문에.「一顏色是白的, 反使荷花顯得淸潔些; 빛깔이 희기 때문에 도리어 연꽃이 정결하게 느껴지는 것이다」

〔政〕 chěng ㄓㄥˋ ①정치. 「專一; 독재(獨裁)」② 집단 따위의 관리 사무.「校一; 학교 행정」
[政潮] chěngch'áo ㄓㄥˋㄔㄠˊ 정변(政變).
[政治覺悟] chěngchìh chüéhwû ㄓㄥˋㄓˋ ㄐㄩㄝˊㄨˋ 정치에 대한 자각적인 인식.
[政治水平] chěngchìh shuǐp'íng ㄓㄥˋㄓˋ ㄕㄨㄟˇㄆㄧㄥˊ 정치 의식(政治意識)의 발전 정도.
[政法] chěngfǎ ㄓㄥˋㄈㄚˇ 정치와 법률.
[政躬] chěngkūng ㄓㄥˋㄍㄨㄥ 존체(尊體). (관리나 위정자에 대한 말).
[政柄] chěngpíng ㄓㄥˋㄅㄧㄥˇ 정권(政權).
[政聲] chěngshěng ㄓㄥˋㄕㄥ 선정(善政)에 대한 칭찬. 「방법.
[政道] chěngtào ㄓㄥˋㄉㄠˋ 시정(施政)의

〔症〕 chěng ㄓㄥˋ 병의 징조. 질환(疾患)의 성질. ⇨ chēng.
[症候] chěnghou ㄓㄥˋㄏㄡ ①병의 상태(狀態). ②위험(危險). ③악명(惡名).

〔掙〕 chěng ㄓㄥˋ ①필사적으로 빠져나가다. 뿌리치고 도망가다. ②돈을 벌다. ⇨ chēng.
[掙回來] chěnghuilai ㄓㄥˋㄏㄨㄟㄌㄞ 벌어서 (본전 따위를) 되찾다. 「아나다.
[掙開] chěngk'āi ㄓㄥˋㄎㄞ 뿌리치고 달
[掙命] chěngmìng ㄓㄥˋㄇㄧㄥˋ 결사적으로 몸부림치다. 「아나다.
[掙脫] chěngt'ō ㄓㄥˋㄊㄨㄛ 몸부림쳐 달

〔幀〕 chěng ㄓㄥˋ ①그림의 폭수를 세는 단위.「一一水彩畫; 한 장의 수채화」②장정(裝幀).

〔鄭〕(郑) chěng ㄓㄥˋ ①주대(周代)의 국명. 현재의 "河南省"과 "新鄭縣" 일대. ②성(姓)의 하나.
[鄭重] chěngchùng ㄓㄥˋㄓㄨㄥˋ ①정중하다. 엄숙하다. ②신중하다. 허술히 하지 않다. >鄭鄭重重.

〔證〕(証) chěng ㄓㄥˋ ①증명하다. 증거를 세우다.「一幾何題; 기하의 문제를 증명하다」②증거.「作一; 증거로 삼다」
[證章] chěngchāng ㄓㄥˋㄓㄤ 휘장(徽章).
[證件] chěngchièn ㄓㄥˋㄐㄧㄢˋ 증거물(證據物).
[證見] chěngchièn ㄓㄥˋㄐㄧㄢˋ 증거.
[證婚人] chěnghūnjěn ㄓㄥˋㄏㄨㄣㄖㄣˊ 결혼 입회인. 「증명서.
[證明單] chěngmíngtān ㄓㄥˋㄇㄧㄥˊㄉㄢ
[證實] chěngshíh ㄓㄥˋㄕˊ 실증(實證)하다.
[證物] chěngwû ㄓㄥˋㄨˋ 증거물.

CH'ÊNG ㄔㄥ

〔琤〕 ch'ēng ㄔㄥ
[琤琤] ch'ēngch'ēng ㄔㄥㄔㄥ ①거문고의 소리. ②구슬 따위를 두드리는 소리.
[琤瑽] ch'ēngts'ūng ㄔㄥㄘㄨㄥ 허리띠의 장식이 닿아서 나는 소리.

〔稱〕(称) ch'ēng ㄔㄥ ①저울로 무게를 달다.「把這包米一一; 이 자루의 쌀을 되어 보아라」②…라고 불려지다. …라고 말하다.「一得起聖人; 성인이라고 말할 수 있다」③말하다. 진술하다. ④거사(擧事)하다. 「一兵; 거병(擧兵)하다」⑤칭호. ⑥성(姓)의 하나.
[稱慶] ch'ēngch'ìng ㄔㄥㄑㄧㄥˋ 축복하다.
[稱謝] ch'ēnghsièh ㄔㄥㄒㄧㄝˋ 사례를 하다. 치사하다.
[稱兄道弟] ch'ēnghsiūng-tàotì ㄔㄥㄒㄩㄥ ㄉㄠˋㄉㄧˋ 형제와 같이 의가 좋은 모양. 형이야 아우야 하다.
[稱雄] ch'ēnghsiúng ㄔㄥㄒㄩㄥˊ 영웅으로 자처하다. 뽐내다.
[稱許] ch'ēnghsǔ ㄔㄥㄒㄩˇ 칭찬하다.
[稱呼] ch'ēnghu ㄔㄥㄏㄨ ①부르다. 일컫다. ②칭호. 명칭.
[稱快] ch'ēngk'uài ㄔㄥㄎㄨㄞˋ 좋다고 부르짖다. 쾌재(快哉)를 부르다.
[稱孤道寡] ch'ēngkū tào kuǎ ㄔㄥㄍㄨ ㄉㄠˋㄍㄨㄚˇ 스스로 왕이라고 일컫다. 젠체하다. ‹成› 「하다.
[稱美] ch'ēngměi ㄔㄥㄇㄟˇ 좋다고 칭찬
[稱霸] ch'ēngpà ㄔㄥㄅㄚˋ 패권을 부르짖다. 제패하다.
[稱便] ch'ēngpièn ㄔㄥㄅㄧㄢˋ 편리하게 여기다.「旅客一; 여객이 편리해 하다」
[稱病] ch'ēngpìng ㄔㄥㄅㄧㄥˋ 병을 구실로 삼다. 꾀병을 앓다. 「하다.
[稱頌] ch'ēngsùng ㄔㄥㄙㄨㄥˋ 몹시 칭찬
[稱道] ch'ēngtào ㄔㄥㄉㄠˋ 칭찬하여 말하다.
[稱得起] ch'ēngtêch'ǐ ㄔㄥㄉㄜㄑㄧˇ 말할 만한 가치가 있다.
[稱王道霸] ch'ēngwáng-tàopà ㄔㄥㄨㄤˊ ㄉㄠˋㄅㄚˋ 권세를 부리다. 방자하다. ‹成›
[稱爲] ch'ēngwéi ㄔㄥㄨㄟˊ …라고 일컫다.

[稱謂] ch'ēngwèi ㄔㄥㄨㄟˋ 부르는 칭호.
[稱揚] ch'ēngyáng ㄔㄥㄧㄤˊ 칭찬하다.
[稱譽] ch'ēngyǜ ㄔㄥㄩˋ 몹시 칭찬하다.

〔撐〕(撑) ch'ēng ㄔㄥ ①지탱하다. 「一個人一滿臺 ; 독무대(獨舞臺)」 ②상앗대로 배를 밀다. ③배불리 먹어 배가 탱탱하다. 「他今天晚飯吃得一滿了肚皮 ; 저 사람은 오늘 저녁 밥을 배가 탱탱하도록 먹었다」 ④(가득히 차서) 탱탱하다.
[撐場面] ch'ēngch'ángmièn ㄔㄥㄔㄤˊㄇㄧㄢˋ 외관상으로만 그럭저럭 꾸며대다. 겉치레만 해놓다.
[撐持] ch'ēngch'íh ㄔㄥㄔˊ 유지하다. 지탱하다. >撐撐持持. 「一局面 ; 국면을 유지하다」
[撐開] ch'ēngk'ai ㄔㄥㄎㄞ (우산 따위를) 받쳐서 열다. 펴다.
[撐竿跳] ch'ēngkānt'iào ㄔㄥㄍㄢㄊㄧㄠˋ 장대높이뛰기.
[撐滿臺] ch'ēngmănt'ái ㄔㄥㄇㄢˇㄊㄞˊ ①일을 단독으로 처리하다. ②독무대(獨舞臺).
[撐門面] ch'ēngmēnmièn ㄔㄥㄇㄣˊㄇㄧㄢˋ =撐場面.
[撐破] ch'ēngp'ò ㄔㄥㄆㄛˋ 너무 많이 넣어서 찢어지다. 「口袋一了 ; 너무 많이 넣어서 호주머니가 찢어지다」
[撐不住] ch'ēngpuchù ㄔㄥㄅㄨ ㄓㄨˋ 유지하지 못하다. 지탱하지 못하다.
[撐傘] ch'ēngsăn ㄔㄥㄙㄢˇ 우산을 받쳐서 펴다.
[撐身] ch'ēngshēn ㄔㄥㄕㄣ ①몸을 똑바로 세우다. ②몸을 지탱하다.
[撐得慌] ch'ēngtêhuang ㄔㄥㄉㄜㄏㄨㄤ 배가 불러서 견딜 수 없다」 「«江»
[撐牙] ch'ēngyá ㄔㄥㄧㄚˊ 둥근 기계 톱.
[撐腰] ch'ēngyāo ㄔㄥㄧㄠ ①지지(支持)하다. ②후원자가 되다. 뒤를 밀어 주다.
[撐渡] ch'ēngtù ㄔㄥㄉㄨˋ 나룻배로 건너다.

〔瞠〕 ch'ēng ㄔㄥ 눈을 크게 뜨다. 「一目相視 ; 눈을 크게 뜨고서로 노려보다」
[瞠乎後矣] ch'ēnghūhòu i ㄔㄥㄏㄨㄏㄡˋㄧˇ 지지 않으려고 해도 가망이 없다. 도저히 따를 수 없다.
[瞠目不語] ch'ēngmù pùyǚ ㄔㄥㄇㄨˋㄅㄨˋㄩˇ 눈을 부릅뜬 채 말이 나오지 않다.
[瞠目結舌] ch'ēngmù-chiéhshé ㄔㄥㄇㄨˋㄐㄧㄝˊㄕㄜˊ 눈을 부릅뜨고 말을 못하다. 놀라거나 당황하여 멍하다.

〔赬〕 ch'ēng ㄔㄥ 붉은 색. 「一面 ; 불그레한 얼굴」

〔檉〕 ch'ēng ㄔㄥ 「一柳 ; 갯버들」

〔蟶〕 ch'ēng ㄔㄥ 〈動〉 맛과에 속하는 조개. 긴맛.
[蟶埕] ch'ēngch'éng ㄔㄥㄔㄥˊ =蟶田.
[蟶乾] ch'ēngkān ㄔㄥㄍㄢ 말린 긴맛.
[蟶田] ch'ēngt'ién ㄔㄥㄊㄧㄢˊ 긴맛의 양식장(養殖場).
[蟶子] ch'ēngtzǔ ㄔㄥㄗ 긴맛.

〔鐺〕 ch'ēng ㄔㄥ 적이나 음식을 볶을 때 쓰이는 밑이 편평한 남비. ⇨ tāng

〔成〕 ch'éng ㄔㄥˊ ①성취하다. 「一事 ; 일을 이루다」 ②성숙하다. ③어떤 상태가 되다. ④지장이 없다. 상관 없다. ⑤(사람의 능력이)굉장하다. ⑥충분하다. 일정한 수량에 달하다. ⑦기정(旣定)의. 완성된. 「一案 ; 판례(判例). 구례(舊例)」 ⑧1할(割). 10분의 1. 10퍼센트. ⑨계단(階段).
[成器] ch'éngch'ì ㄔㄥˊㄑㄧˋ ①좋은 그릇. ②훌륭한 사람이 되다.
[成績] ch'éngchi ㄔㄥˊㄐㄧ 성적. 「一單 ; 성적표」
[成家] ch'éngchiā ㄔㄥˊㄐㄧㄚ 한 세대(世帶)를 갖다. 한 집안을 이루다.
[成交] ch'éngchiāo ㄔㄥˊㄐㄧㄠ 매매가 성립되다. 거래가 끝나다. 「견(定見).
[成見] ch'éngchièn ㄔㄥˊㄐㄧㄢˋ 선입관. 정
[成千成百] ch'éngch'iēn-ch'éngpăi ㄔㄥˊㄑㄧㄢ ㄔㄥˊㄅㄞˇ 몇천 몇백이라는. =成千累萬. 成千上萬.
[成氣候] ch'éngch'ìhòu ㄔㄥˊㄑㄧˋㄏㄡˋ 대성하다. 근사한 물건이 되다.
[成親] ch'éngch'īn ㄔㄥˊㄑㄧㄣ 결혼하다. 인연을 맺다.
[成就] ch'éngchiù ㄔㄥˊㄐㄧㄡˋ 노력해서 얻은 성적·성과·도달한 정도. "成績"보다 범위가 넓고 내용이 풍부한 경우에 쓰임. 「가 되다.
[成仇] ch'éngch'ōu ㄔㄥˊㄔㄡ 서로 원수
[成局] ch'éngch'ǘ ㄔㄥˊㄑㄩˊ 기성(旣成)의 국면.
[成全] ch'éngch'üan ㄔㄥˊㄑㄩㄢ ①완성하다. 성숙하다. ②끝까지 돌보아 주다. ③체면을 세우다.
[成群結隊] ch'éngch'ǘn-chiéhtuì ㄔㄥˊㄑㄩㄣˊㄐㄧㄝˊㄉㄨㄟˋ 떼를 지어 대오(隊伍)를 이루다. «成»
[成竹] ch'éngchú ㄔㄥˊㄓㄨˊ 성산(成算).
[成法] ch'éngfă ㄔㄥˊㄈㄚˇ ①기존한 법률. ②습관이 된 관례.
[成方(兒)] ch'éngfāng(rh) ㄔㄥˊㄈㄤ(ㄦ) 기존(旣存)한 처방(處方).
[成行] ch'éngháng ㄔㄥˊㄏㄤˊ 열을 짓다. 줄을 이루다. 「과.
[成效] ch'énghsiào ㄔㄥˊㄒㄧㄠˋ 성적. 성
[成心] ch'énghsīn ㄔㄥˊㄒㄧㄣ 고의로. 일부러.
[成行] ch'énghsíng ㄔㄥˊㄒㄧㄥˊ 출발하다.
[成宿(兒)] ch'énghsiǔ(rh) ㄔㄥˊㄒㄧㄡˇ(ㄦ) 밤새도록. 밤새.
[成衣] ch'éngī ㄔㄥˊㄧ 기성복(旣成服).
[成議] ch'éngì ㄔㄥˊㄧˋ 이미 결정된 결의(決議). 의논.
[成衣匠] ch'éngīchiàng ㄔㄥˊㄧㄐㄧㄤˋ 재봉사(裁縫師).
[成仁] ch'éngjén ㄔㄥˊㄖㄣˊ 정의를 위하여 일신을 희생하는 것을 일컫는 말.
[成人] ch'éngjén ㄔㄥˊㄖㄣˊ ①성인. 완전한 인간. ③어른이 되다. ④멋 있는 사람이 되다.
[成人之美] ch'éngjén chīhměi ㄔㄥˊㄖㄣˊ ㄓㄇㄟˇ 남의 미거(美擧)를 도와 성공시키다.
[成日] ch'éngjìh ㄔㄥˊㄖˋ 종일(終日).
[成日家] ch'éngjìhchia ㄔㄥˊㄖˋㄐㄧㄚ ⇨ 成日.

[成規] ch'ĕngkueī ㄔㄥˊㄍㄨㄟ ①정해진 규범. ②이루어진 규칙. ③정해져 있는 관례.
[成例] ch'ĕnglì ㄔㄥˊㄌㄧˋ 관례.
[成龍] ch'ĕnglúng ㄔㄥˊㄌㄨㄥˊ ①월등하게 상위(上位)가 되다. ②오만하다.③용(龍)이 되다.
[成寐] ch'ĕngmèi ㄔㄥˊㄇㄟˋ 잠들다.
[成名] ch'ĕngmíng ㄔㄥˊㄇㄧㄥˊ 유명하게 되다.
[成年] ch'ĕngnién ㄔㄥˊㄋㄧㄢˊ ①일년내. ②성년. ③몇년이고. 해를 거듭하도록.
[成年家] ch'ĕngniénchia ㄔㄥˊㄋㄧㄢˊㄐㄧㄚ 일년 중. 일년 내내. =成年價.
[成百] ch'ĕngpăi ㄔㄥˊㄅㄞˇ 백까지 되다. 백이나 되다.
[成敗] ch'ĕngpài ㄔㄥˊㄅㄞˋ 성부(成否). 성패(成敗). 순조(順調)로움과 곤란함.
[成本] ch'ĕngpĕn ㄔㄥˊㄅㄣˇ 원가. 생산가격. 「품.
[成品] ch'ĕngp'ĭn ㄔㄥˊㄆㄧㄣˇ 제품. 완성
[成三破二] ch'ĕngsānp'òrh ㄔㄥˊㄙㄢ ㄆㄛˋㄦ 수수료의 작정: 중개인에게 사는 사람은 3, 파는 사람은 2의비율로 사례금을 내는 일.
[成色] ch'ĕngsê ㄔㄥˊㄙㄜˋ ①금·은화폐 가운데 함유된 순금·은의 분량.금·은의 품질. ②체면. 품성(品性).
[成事] ch'ĕngshìh ㄔㄥˊㄕˋ ①지나간 일. ②일이 완성되다. 성사하다.
[成事不足, 敗事有餘] ch'ĕngshìhpùtsú, pàishìhyŭyǘ ㄔㄥˊㄕˋㄅㄨˋㄗㄨˊ, ㄅㄞˋㄕˋㄧㄡˇㄩˊ 일을 성공시키지 못하고 도리어 실패하고 말다. ‹成›
[成熟] ch'ĕngshú ㄔㄥˊㄕㄨˊ ①과실·곡식이 익다. ②(시기가)되다.③숙달하다. 원숙하다.
[成數] ch'ĕngshù ㄔㄥˊㄕㄨˋ ①우수리가 없는 수(數). ②백분율(百分率). 비율.
[成套] ch'ĕngt'ào ㄔㄥˊㄊㄠˋ ①한 벌.②하나로 뭉치다. 「②매일.
[成天] ch'ĕngt'iēn ㄔㄥˊㄊㄧㄢ ①온종일.
[成天際] ch'ĕngt'iēnchi ㄔㄥˊㄊㄧㄢㄐㄧ=成天. 「년이 되다.
[成丁] ch'ĕngtīng ㄔㄥˊㄉㄧㄥ 남자가 성
[成材] ch'ĕngts'ái ㄔㄥˊㄘㄞˊ ①어엿한 인물이 되다. ②장래 희망이 있는 사람.
[成總(兒)] ch'ĕngtsŭng(rh) ㄔㄥˊㄗㄨㄥˇ(ㄦ) ①전부. 일체. ②한데 합쳐서.
[成對成雙] ch'ĕngtuì-ch'ĕngshuāng ㄔㄥˊㄉㄨㄟˋ ㄔㄥˊㄕㄨㄤ 둘씩 짝이 되어 있는 모양. 「약.
[成藥] ch'ĕngyào ㄔㄥˊㄧㄠˋ 조제해 놓은
[成約] ch'ĕngyüēh ㄔㄥˊㄩㄝ ①이미 정한 계약. ②계약이 성립되다.

〔丞〕 ch'ĕng ㄔㄥˊ ①보좌(補佐)하다.② 보좌관.

〔呈〕 ch'ĕng ㄔㄥˊ ①(상태를) 나타내다.「一白色; 흰 색으로 되다」 ②신청하다. 올리다. ③하급 관리가 상사에게 제출하는 공문서.
[呈請] ch'ĕngch'ĭng ㄔㄥˊㄑㄧㄥˇ신청하다.
[呈現] ch'ĕnghsièn ㄔㄥˊㄒㄧㄢˋ나타나다. 나타내다.
[呈露] ch'ĕnglù ㄔㄥˊㄌㄨˋ 나타내다. 「一喜色; 희색을 나타내다」.
[呈報] ch'ĕngpào ㄔㄥˊㄅㄠˋ 하급 관청·민간이 상급 관청에 제출하는 보고.
[呈遞] ch'ĕngtì ㄔㄥˊㄉㄧˋ 건네주다. 공손히 드리다.
[呈詞] ch'ĕngtz'ŭ ㄔㄥˊㄘˊ소장(訴狀).‹舊›

〔承〕 ch'ĕng ㄔㄥˊ ①받다. 얻다. ②인수하다. 담당하다. 「一辦; 책임을 지고 처리하다」 ③(사람의 호의를)받다. 입다. ④계속하다. 계속되다.
[承塵] ch'ĕngch'ĕn ㄔㄥˊㄔㄣˊ ①천자(天子)가 나들이 할 적에 옥좌에 베풀어 둔 작은 막(幕).‹舊› ②상가 받다.
[承繼] ch'ĕngchì ㄔㄥˊㄐㄧˋ 계승하다.
[承情] ch'ĕngch'ing ㄔㄥˊㄑㄧㄥˊ 남의 동정을 받다. 「作)시키다.
[承種] ch'ĕngchùng ㄔㄥˊㄓㄨㄥˋ 소작(小
[承襲] ch'ĕnghsí ㄔㄥˊㄒㄧˊ 이어 받다. 이전 것을 이어 받아 그대로 하다.
[承先啓后] ch'ĕnghsiēn ch'ĭhòu ㄔㄥˊㄒㄧㄢ ㄑㄧˇㄏㄡˋ 선인(先人)의 뒤를 이어,새로운 것을 창조하다. ‹成›
[承歡] ch'ĕnghuān ㄔㄥˊㄏㄨㄢ 부모에 대하여 흥(興)이 깨지지 않토록 분위기를 맞추다. 「다. 청부(請負)를 맡다.
[承攬] ch'ĕnglăn ㄔㄥˊㄌㄢˇ 단독으로 맡
[承辦] ch'ĕngpàn ㄔㄥˊㄅㄢˋ 담당하다.인수하다.
[承平] ch'ĕngp'íng ㄔㄥˊㄆㄧㄥˊ 태평하다.
[承上啓下] ch'ĕngshàngch'ĭhsià ㄔㄥˊㄕㄤˋ ㄑㄧˇㄒㄧㄚˋ 인계하다. 계속하다.
[承受] ch'ĕngshòu ㄔㄥˊㄕㄡˋ ①부담하다. ②받다. ③인계하다. 「담하다.
[承擔] ch'ĕngtān ㄔㄥˊㄉㄢ 담당하다. 부
[承當] ch'ĕngtāng ㄔㄥˊㄉㄤ ①받아 들이다. 책임을 지다. ②승락하다. =擔承
[承頭] ch'ĕngt'óu ㄔㄥˊㄊㄡˊ 선두에 서다. 리이드하다. =帶頭. 爭先. 「들다.
[承做] ch'ĕngtsò ㄔㄥˊㄗㄨㄛˋ 맡아 만

〔城〕 ch'ĕng ㄔㄥˊ ①성벽. ②도시.
[城鎭] ch'ĕngchĕn ㄔㄥˊㄓㄣˋ 소도시. 시(市)와 시가.
[城墻] ch'ĕnhch'iáng ㄔㄥˊㄑㄧㄤˊ 성벽.
[城圈(兒)] ch'ĕngch'üan(rh) ㄔㄥˊㄑㄩㄢ(ㄦ) 주위를 둘러 싼 성벽.
[城府] ch'ĕngfŭ ㄔㄥˊㄈㄨˇ ①도시의 관청. ②(가슴에 품은) 어림. 계획. 「有一; 계획을 가슴에 품다」
[城下之盟] ch'ĕnghsiàchīhmĕng ㄔㄥˊㄒㄧㄚˋㄓㄇㄥˊ 적에게 굴복하여 화해를 맺다. ‹成› 「시골.
[城鄕] ch'ĕnghsiāng ㄔㄥˊㄒㄧㄤ 도회와
[城根] ch'ĕngkĕn ㄔㄥˊㄍㄣ 성벽의 부근.
[城裡] ch'ĕnglĭ ㄔㄥˊㄌㄧˇ 성내. 도회.
[城樓] ch'ĕnglóu ㄔㄥˊㄌㄡˊ 성문 위의 누각·망대(望臺).
[城門臉(兒)] ch'ĕngmĕnliĕn(rh) ㄔㄥˊㄇㄣˊㄌㄧㄢˇ(ㄦ) 성문 앞의 일대.
[城門失火, 殃及池魚] ch'ĕngmĕnshīhhuŏ yāngchích'íhyǘ ㄔㄥˊㄇㄣˊ ㄕㄏㄨㄛˇㄧㄤ ㄐㄧˊㄔˊㄩˊ 성문에 불이 나면, 못의 물을 쓰게 되어 고기가 화를 입는다는 뜻으로, 아무런 관계가 없는 것이 재화를 입는다는 말. ‹諺›
[城門洞(兒)] ch'ĕngmĕntùng(rh) ㄔㄥˊㄇ

ㄣˋㄉㄨㄥˊㄚ(儿)터널처럼 되어 있는 성문.
[城市] ch'ěngshìh ㄔㄥˊㄕˋ 도시(都市).
[城市規劃] ch'ěngshìhkuīhuà ㄔㄥˊㄕˋㄍㄨㄟㄏㄨㄚˋ 도시 계획.
[城垛] ch'ěngtǒ ㄔㄥˊㄉㄨㄛˇ =城垛口.
[城垛口] ch'ěngtǒk'ou ㄔㄥˊㄉㄨㄛˇㄎㄡ ①성벽 상단(上端)에 돌출되어 있는 부분. ②성벽 위의 낮은 담장.
[城頭] ch'ěngt'ǒu ㄔㄥˊㄊㄡˊ 성벽꼭대기.

〔乘〕 ch'ěng ㄔㄥˊ ①(말이나 차를) 타다. ②…을 편승하다. …을 이용하다. ③(수학용어) 곱하다.「五一二等于十 ; 5에 2를 곱하면 10이 된다」⇨ shěng
[乘機] ch'ěngchī ㄔㄥˊㄐㄧ ①비행기를 타다. ②기회를 타다. 편승하다. 「다.
[乘間] ch'ěngchièn ㄔㄥˊㄐㄧㄢˋ 틈을 타
[乘方] ch'ěngfāng ㄔㄥˊㄈㄤ 〈數〉 승멱(乘冪).
[乘風轉舵] ch'ěngfēngchuǎntò ㄔㄥˊㄈㄥㄓㄨㄢˇㄉㄨㄛˋ 기회를 보거나 남의 눈치를 살펴서 행동함. ‹成›
[乘風破浪] ch'ěngfēng-p'òlàng ㄔㄥˊㄈㄥㄆㄛˋㄌㄤˋ ①비바람을 무릅쓰고 배가 나아가는 모양. ②큰 어려움을 무릅쓰고 용약 전진하다. ‹成›
[乘號] ch'ěnghào ㄔㄥˊㄏㄠˋ 〈數〉 곱셈의 부호. 즉 "×"
[乘隙] ch'ěnghsì ㄔㄥˊㄒㄧˋ =乘間
[乘興] ch'ěnghsìng ㄔㄥˊㄒㄧㄥˋ 흥취에 이끌리다. 흥에 겨웁다. 「다.
[乘虛] ch'ěnghsū ㄔㄥˊㄒㄩ 헛점을 노리
[乘火之危] ch'ěnghuǒchīhwēi ㄔㄥˊㄏㄨㄛˇㄓㄨㄟ 남의 궁지(窮地)를 이용하여 공격하다. ‹成›
[乘火打劫] ch'ěnghuǒtǎchiéh ㄔㄥˊㄏㄨㄛˇㄉㄚˇㄐㄧㄝˊ 혼란을 이용하여 약탈하다. 불난 집에서 도둑질하다. =趁火打劫.
[乘涼] ch'ěngliáng ㄔㄥˊㄌㄧㄤˊ 더위를 피하여 서늘한 바람을 쏘이다.
[乘冪] ch'ěngmì ㄔㄥˊㄇㄧˋ 〈數〉 동일수의 상승적(相乘積). 어떤 수나 식을 여러번 곱한 것.
[乘便] ch'ěngpièn ㄔㄥˊㄅㄧㄢˋ 편승하다.
[乘時] ch'ěngshíh ㄔㄥˊㄕˊ =乘機.
[乘勢] ch'ěngshìh ㄔㄥˊㄕˋ 세력을 타다. 여세(餘勢)를 이용하다.

〔盛〕 ch'ěng ㄔㄥˊ ①(물건을) 담다. 「一飯 ; 밥을 퍼서 담다」②(물건을) 넣다. 거두다. ⇨ shěng

〔棖〕 ch'ěng ㄔㄥˊ 물건으로 건드리다. 물건으로 뒤흔들다.
[棖觸] ch'ěngch'ù ㄔㄥˊㄔㄨˋ ①건드리다. 감정을 상하게 하다. ②감개(感慨).

〔程〕 ch'ěng ㄔㄥˊ ①길. 길의 이수(里數).「起一 ; 출발하다」 ②조수사(助數詞). 길의 한 구간.「送他一一 ; 그를 잠시 전송하다」③정도. 한도. 「日一 ; 일정」④방식.「規一 ; 규정」 「한계.
[程限] ch'ěnghsièn ㄔㄥˊㄒㄧㄢˋ 정도의
[程序] ch'ěnghsü ㄔㄥˊㄒㄩˋ 순서. 수속.
[程式] ch'ěngshìh ㄔㄥˊㄕˋ 방식(方式).
[程子] ch'ěngtzǔ ㄔㄥˊㄗ 때(時). 쯤(頃).
[程度不同地] ch'ěngtu pùt'úngtě ㄔㄥˊㄉㄨˋㄅㄨˋㄊㄨㄥˊㄉㄜ˙ 정도의 차이가 있어서.

〔誠〕 ch'ěng ㄔㄥˊ ①진심. ②실제로. 확실히.「一有此事 ; 확실히 이러한 일이 있다」 「지하다. >誠誠摯摯
[誠摯] ch'ěngchìh ㄔㄥˊㄓˋ 착실하다. 진
[誠心] ch'ěnghsīn ㄔㄥˊㄒㄧㄣ ①진심. ②공손하다. 정중하다. ③주의 깊다. ④고의로. 일부러.
[誠意] ch'ěngì ㄔㄥˊㄧˋ ①진심.②성의껏.
[誠然] ch'ěngján ㄔㄥˊㄖㄢˊ ①그러면 그렇지. 과연. ②당연하다.
[誠懇] ch'ěngk'ěn ㄔㄥˊㄎㄣˇ 진심으로 친절하다. 성실하다. > 誠誠懇懇.

〔塍〕 ch'ěng ㄔㄥˊ 논두렁.

〔澄〕 ch'ěng ㄔㄥˊ 물이 푸르고 맑다. ⇨ těng
[澄澈] ch'ěngch'è ㄔㄥˊㄔㄜˋ 맑아지다.
[澄清] ch'ěngch'īng ㄔㄥˊㄑㄧㄥ ①액체를 맑게하다. ②(사상·언어 따위를) 분명히 하다. 정리하다. 「이다.
[澄明] ch'ěngmíng ㄔㄥˊㄇㄧㄥˊ 맑게 개

〔橙〕 ch'ěng ㄔㄥˊ 광귤나무.
[橙黃色] ch'ěnghuángsè ㄔㄥˊㄏㄨㄤˊㄙㄜˋ 오렌지색. 귤색. 「네이블.
[橙子] ch'ěngtzǔ ㄔㄥˊㄗ ① 광귤나무. ②

〔懲〕(徵) ch'ěng ㄔㄥˊ ①훈계하다. ②징계하다. 벌을 주다.
[懲前毖後] ch'ěngch'ién pìhǒu ㄔㄥˊㄑㄧㄢˊㄅㄧˋㄏㄡˋ 과거의 잘못을 교훈삼아, 장래의 잘못이 되풀이되지 않게 하다. ‹成›
[懲治] ch'ěngchìh ㄔㄥˊㄓˋ 징계하다. 징계하여 고치게 하다. 「분하다.
[懲處] ch'ěngch'ǔ ㄔㄥˊㄔㄨˇ 징계하여 처
[懲勸] chěngch'üàn ㄔㄥˊㄑㄩㄢˋ 착한 것을 권하고 악한 것을 징계하다. 「하다.
[懲創] ch'ěngch'uàng ㄔㄥˊㄔㄨㄤˋ 징계
[懲一警百] ch'ěngī chǐngpǎi ㄔㄥˊㄧㄐㄧㄥˇㄅㄞˇ 한 사람을 징계하여 딴 사람들에게 본보기로 하다. ‹成› 일벌백계(一罰百戒).
[懲辦] ch'ěngpàn ㄔㄥˊㄅㄢˋ 처벌하다. 「依法一 ; 법에 의하여 처벌하다」
[懲辦主義] ch'ěngpànchǔì ㄔㄥˊㄅㄢˋㄓㄨˇㄧˋ 응보주의(應報主義).

〔逞〕 ch'ěng ㄔㄥˇ ①(남에게 보이고) 자랑하다. 과시하다.「別一能 ; 자랑하지 말라」②발휘하다. 하고 싶은 대로 하다. ③씩씩하다.
[逞着勁(兒)] ch'ěngchêchìn(rh) ㄔㄥˇㄓㄜ˙ㄐㄧㄣˋㄚ(儿) 곤란하거나 아프거나 한 것을 얼굴에 나타내지 않도록 하다.
[逞強] ch'ěngch'iáng ㄔㄥˇㄑㄧㄤˊ 위세를 부리다. 「로 나쁜 짓을 하다.
[逞惡] ch'ěng è ㄔㄥˇㄜˋ 마음 내키는 대
[逞性妄爲] ch'ěnghsìng wàngwéi ㄔㄥˇㄒㄧㄥˋㄨㄤˋㄨㄟˊ 제 마음대로 행동하다. ‹成› 「행동을 하다.
[逞凶] ch'ěnghsiūng ㄔㄥˇㄒㄩㄥ 흉악한
[逞凶稱霸] ch'ěnghsiūng ch'ěngpà ㄔㄥˇㄒㄩㄥ ㄔㄥㄅㄚˋ 폭력을 제 마음대로 휘둘러서 제패(制覇)하다. ‹成›

[逞意] ch'ĕngì ㄔㄥˇㄧˋ 제 마음대로 하다.
[逞能] ch'ĕngnĕng ㄔㄥˇㄋㄥˊ ①노력을 하여 능력을 나타내다. 애써 유능하다는 티를 보이다. ②마음껏 재주를 부리다.

〔騁〕 ch'ĕng ㄔㄥˇ ①달리다. ②활짝 열다. 하고 싶은 대로 하게 하다.
[騁馳] ch'ĕngch'ih ㄔㄥˇㄔˊ 힘껏 뛰다.
[騁懷] ch'ĕnghuái ㄔㄥˇㄏㄨㄞˊ 가슴속 의 것을 모두 털어 놓다.
[騁目] ch'ĕngmù ㄔㄥˇㄇㄨˋ 볼 수 있는 데까지 보려고 눈을 크게 뜨다.

〔稱〕(秤) ch'èng ㄔㄥˋ 대저울.
[稱桿(兒)] ch'ĕngkăn(rh) ㄔㄥˋㄍㄢˇ(ㄦ) 대저울의 대.
[稱鉤子(一兒)] ch'ĕngkōutzŭ(—rh) ㄔㄥˋㄍㄡˋㄗ(—ㄦ) 대저울에 붙어 있는 갈고랑이.
[稱鈕] ch'ĕngniŭ ㄔㄥˊㄋㄧㄡˇ 대저울의 끈.
[稱平斗滿] ch'ĕngp'íng-tŏumăn ㄔㄥˋㄆㄧㄥˊㄉㄡˊㄇㄢˇ 무게나 분량이 넉넉하다. «成»
[稱坨] ch'ĕngt'ó ㄔㄥˋㄊㄨㄛˊ ＝稱錘.

CHI ㄐㄧ

〔肌〕 chī ㄐㄧ ①피부. 살결. 「一理；살결」 ②피부와 근육의 총칭. 근육(筋肉).
[肌肉] chījòu ㄐㄧㄖㄡˋ 피부와 근육.
[肌膚] chīfū ㄐㄧㄈㄨ 피부.
[肌巴] chīpa ㄐㄧㄅㄚ 음경(陰莖). ＝鷄巴.

〔乩〕 chī ㄐㄧ ①「扶一；점(占)의 한 가지」 ②점치다.
[乩壇] chītán ㄐㄧㄊㄢˊ 점치는 상.

〔咭〕 chī ㄐㄧ ①찍찍하는 소리. ②웃음.
[咭咕咭咕] chīkū chīkū ㄐㄧㄍㄨ ㄐㄧㄍㄨ 깜작 깜작. 눈을 깜박이는 모양.
[咭噔咭噔] chītēng chītēng ㄐㄧㄉㄥ ㄐㄧㄉㄥ 덜컹덜컹. 물건이 뒤흔들리는 소리.

〔奇〕 chī ㄐㄧ ①「一數；기수」②우수리. 나머지. 「五十有一；50 얼마」 ⇨ch'í
[奇日] chījìh ㄐㄧㄖˋ 기수일(奇數日).
[奇零] chīlíng ㄐㄧㄌㄧㄥˊ 나머지. 우수리.
[奇偶] chī ŏu ㄐㄧㄡˇ 기수와 우수(偶數). 홀수와 짝수.

〔屐〕 chī ㄐㄧ ①나막신. ②신의 총칭.

〔姬〕 chī ㄐㄧ ①여자의 미칭(美稱). ②첩.

〔疾〕 chī ㄐㄧ ①병(病). 「目一；안질(眼疾)」 ②괴로움. 어려움. 「一苦；괴로움」 ③미워하다. 「一惡；미워하다」 ④빠르다. 재다. 「一走；빠르다」 ⑤걱정하다. 괴로와하다. 고민하다. 「痛心一首；근심하여 머리를 썩히다」
[疾惡如仇] chī'ĕjúch'óu ㄐㄧㄜˋㄖㄨˊㄔㄡˊ 원수와 같이 미워하다. «成»
[疾風勁草] chīfēng chìngts'ăo ㄐㄧㄈㄥ ㄐㄧㄥˋㄘㄠˇ 강풍이 불어야 강한 풀을 가려낼 수 있다는 말로, 곤란한 경우에 부닥쳐야 그 사람의 진가(眞價)를 알 수 있다는 말. «成»
[疾風掃落葉] chīfēng săo lòyèh ㄐㄧㄈㄥ ㄙㄠˇ ㄌㄨㄛˋㄧㄝˋ 질풍이 낙엽을 휩쓸어 가다 : 몹시 빠르다는 형용. «成»
[疾苦] chīk'ŭ ㄐㄧㄎㄨˇ 고통. 괴로움.
[疾雷] chīléi ㄐㄧㄌㄟˊ 눈 깜박할 사이에 일이 일어난다는 비유. 번개.
[疾首] chīshŏu ㄐㄧㄕㄡˇ 화가 치밀어 골머리가 아프다.
[疾言厲色] chīyén-lìsè ㄐㄧㄧㄢˊ ㄌㄧˋㄙㄜˋ 화가 나서 말이 거칠고 얼굴이 험상궂게 되다. 언행이 거칠다는 말. «成»
[疾言遽色] chīyén-chùsè ㄐㄧㄧㄢˊ ㄐㄩˋㄙㄜˋ 말이나 표정이 침착성을 잃은 모양. «成»

〔基〕 chī ㄐㄧ ①토대. 주춧돌. 「房一；집의 기초」 ②근거. 기본. 지주(支柱). ③화학상의 기(基). ④의거하다. 연유하다. 「一于上述的理由；상술한 이유에 의거하여」
[基建] chīchièn ㄐㄧㄐㄧㄢˋ 기본부터 세우다. 「一正規程序；정규의 규칙·순서를 기본부터 만들다」
[基礎] chīch'ŭ ㄐㄧㄔㄨˇ (건축물의)기초. 토대. 「在…一上；…의 기초 위에」
[基肥] chīféi ㄐㄧㄈㄟˊ 밑거름. 기비.
[基本車間] chīpĕn ch'ēchiēn ㄐㄧㄅㄣˇㄔㄜㄐㄧㄢ 공장에서 생산 진행상 핵심이 되는 직장.
[基本建設] chīpĕn chiènshè ㄐㄧㄅㄣˇㄐㄧㄢˋㄕㄜˋ 생산을 발전시키는데 있어 주되는 건설.
[基本上] chīpĕnshang ㄐㄧㄅㄣˇㄕㄤ 주로. 대체로. 「我的病一好了；나의 병은 대체로 호전했다」
[基數] chīshù ㄐㄧㄕㄨˋ ①기수. ②기초가 되는 수량.
[基地] chītì ㄐㄧㄉㄧˋ ①군사상의 기지. ②식량이나 솜을 대량으로 생산하는 지구.
[基層] chīts'ĕng ㄐㄧㄘㄥˊ 기초가 되는 층(層). 하부. 「一組織；하부 조직」
[基圍] chīwéi ㄐㄧㄨㄟˊ 제방을 쌓아 침수를 방어한 전답(田畓).
[基業] chīyèh ㄐㄧㄧㄝˋ ①조상으로부터 전해 오는 부동산. ②사업의 밑바탕.
[基于] chīyū ㄐㄧㄩˊ 근거하다. …를 근거로. 「一這種要求；이러한 요구에 의거하여」

〔跡〕(迹·蹟) chī ㄐㄧ ①발자취. 「踪一；발자취」 ②(사물이 있었던)흔적. 「痕一·一象；흔적」 ③사적(事蹟). 지금도 남아 있는 과거의 업적·건축물·물품. 「古一；고적」
[跡象] chīhsiàng ㄐㄧㄒㄧㄤˋ ①상징(象徵). 징조(徵兆). ②뒤에 남은 표적. 형적(形迹).
[跡地] chītì ㄐㄧㄉㄧˋ 벌채나 화재로 수목이 없어진 임야지(林野地).
[跡印] chīyìn ㄐㄧㄧㄣˋ 사적(事蹟). 흔적.

〔箕〕 chī ㄐㄧ ①「簸一；키」 ②무늬가 흐른 형태의 지문. 무늬가 둥글게 고리를 이룬 것을 "斗"라고 함. ③두 다리를 뻗은 형용. 「一座；두 다리를 뻗고 앉다」
[箕張] chīchāng ㄐㄧㄓㄤ 양쪽을 키처럼 팽팽하게 하다.
[箕踞] chīchù ㄐㄧㄐㄩˋ 다리를 뻗고 앉다.
[箕斗] chītŏ ㄐㄧㄉㄨㄛˇ ①(무늬가 둥글

게 된)지문(指紋). ②스킵(skip). 광석을 운반하는 그릇.

〔笄〕 chī ㄐㄧ 머리에 꽂는 비녀 모양의 장식물.

〔期〕(朞) chī ㄐㄧ 일주년. 「一年 ; 1주년」「一月 ; 1개월」 ⇨ch'ī

[期服] chīfú ㄐㄧㄈㄨˊ 1년간의 상(喪).

〔唧〕 chī ㄐㄧ ①(펌프 따위로)물을 끼얹다. 「一地一身水 ; 고에게 물을 끼얹어 흠뻑 젖게 하다」 ②새나 벌레의 우는 소리. ＝嘰. ⇨chí.

[唧喳] chīcha ㄐㄧㄓㄚ 왁자지껄하게 떠들어대다.

[唧唧呱呱] chīchīkuākuā ㄐㄧㄐㄧㄍㄨㄚㄍㄨㄚ 시끄럽게 지껄이는 소리. 재잘재잘하는 소리.

[唧咕] chīku ㄐㄧㄍㄨ 소곤소곤 속삭이다. 중얼거리다. ＞唧唧咕咕. ＝磯咕.

[唧拉喳拉] chīlachālā ㄐㄧㄌㄚㄓㄚㄌㄚ 떠들썩하게 지껄이는 소리. 왁자지껄. ＝唧里唧拉, 唧里札喇.

[唧溜] chīliu ㄐㄧㄌㄧㄡ 민첩하다.

[唧噥] chīnung ㄐㄧㄋㄨㄥ, chínung 소곤거리다. ＞唧唧噥噥.

[唧筒] chīt'ung ㄐㄧㄊㄨㄥ 펌프. ＝碧. 「排氣一 ; 공기 펌프」

[唧咕咕咕] chītūngkūtūng ㄐㄧㄊㄨㄥㄍㄨㄊㄨㄥ 덜커덩덜커덩. 기차 가는 소리.

〔几〕(幾②) ①「一兒 ; 작고 나지막한 탁자」「茶一 ; 차탁」 ②거의. 하마터면. ⇨chǐ. 「微.

[幾兆] chīchào ㄐㄧㄓㄠˋ 징조(徵兆). ＝幾

[幾希] chīhsī ㄐㄧㄒㄧ 차이(差異)가 많지 않다.

[幾乎] chīhu ㄐㄧㄏㄨ 거의. 하마터면. ＝幾幾. 幾幾乎.

[幾那] chīnā ㄐㄧㄋㄚˋ 키니네(quinine). 《譯》 ＝金雞納霜.

[幾殆] chītài ㄐㄧㄉㄞˋ 매우 위태롭다.

〔犄〕 chī ㄐㄧ 구석. 모퉁이. ⇨犄角.

[犄角(兒)] chīchiao(rh) ㄐㄧㄐㄧㄠ(ㄦ) ①(가구 따위의)모서리. ＝棱角. ② 구석. 모퉁이. ＝角落. ③chīchiāo 뿔. 「鹿一 ; 사슴뿔」

〔畸〕 chī ㄐㄧ ①불구(不具). 병신. ②고르지 않다. 「一形發展 ; 기형적인 발전」 ③나머지. 우수리. 「一數 ; 우수리. 나머지」

[畸重畸輕] chīchùngchīch'ing ㄐㄧㄓㄨㄥˋㄐㄧㄑㄧㄥ (너무 가볍거나 너무 무겁거나 해서)치우치다.

〔齎〕(賫) chī ㄐㄧ ①마음에 간직하다. 「一志而沒 ; 소원을 이루지 못하고 죽다」「一恨 ; 원한을 품다」 ②가져오다. 초래하다.

〔緝〕 chī ㄐㄧ 포박하다. 체포하다. 「通一 ; 지명 수배하다」 ⇨ch'ī.

[緝拿] chīná ㄐㄧㄋㄚˊ 체포하다.

[緝私] chīssū ㄐㄧㄙ 밀매업자(密賣業者)를 붙잡다.

〔嘰〕 chī ㄐㄧ ①새나 벌레 따위의 우는 소리. ②중얼거리는 모양.

[嘰嘰嘎嘎] chīchī kaka ㄐㄧㄐㄧㄍㄚㄍㄚ 킬킬대고 웃으면서 말하는 소리.

[嘰嘰咕咕] chīchī kūkū ㄐㄧㄐㄧㄍㄨㄍㄨ 소곤소곤 이야기하다.

[嘰咕] chīkū ㄐㄧㄍㄨ ①낮은 소리로 원망하다. ②도발(挑發)하다.

[嘰哩咕嚕] chīli kūlū ㄐㄧㄌㄧㄍㄨㄌㄨ ①알 수 없는 말을 재잘거리다. ②빙글빙글 잘 돌거나 굴러 가는 모양.

[嘰里旮旯兒] chīli kālárh ㄐㄧㄌㄧㄍㄚㄌㄚˊㄦ 이곳 저곳. 도처(到處). 어디든지.

〔畿〕 chī ㄐㄧ ①서울을 중심으로한 가까운 주위 일대의 땅. 「京一 ; 서울과그 주변」 ②문(門)안.

〔稽〕 chī ㄐㄧ ①머무르다. 만류하다. 「一留 ; 묵다」「一遲 ; 잡아 늘이다」 ②고려하다. 검사하다. 「無一之談 ; 허왕된 이야기」 ③거역하다. 논의하다. 「反脣相一 ; 불유쾌한 표정으로 대들다」 「다.

[稽查] chīch'á ㄐㄧㄔㄚˊ 검사하다. 심사하

[稽徵] chīchēng ㄐㄧㄓㄥ 검사하여 징수하다.

[稽核] chīhó ㄐㄧㄏㄜˊ ①심사하다. ②조사하여 대조하다. 「一員 ; 검사원」

[稽緩] chīhuǎn ㄐㄧㄏㄨㄢˇ 지체되다. 사무가 연체되다.

[稽古] chīkǔ ㄐㄧㄍㄨˇ 옛일을 생각하다.

[稽留] chīliú ㄐㄧㄌㄧㄡˊ 머무르다. 묵다.

[稽延] chīyén ㄐㄧㄧㄢˊ (기일을)연장하다. 「一時日 ; 시일을 끌다」 ＞稽稽延延.

〔積〕(积) chī ㄐㄧ ①쌓다. 겹쳐 쌓다. 괴다. 괴게 하다. 점점 많아지다. 「一土成山 ; 一少成多 ; 티끌도 쌓이면 산이 된다」「日一月累 ; 날이 지나고 달이 지나다」 ②오래된 . 다년간의. 원래의. ③적(積). 곱해서 얻은 수.

[積塵] chīch'ěn ㄐㄧㄔㄣˊ 쌓이고 쌓인 먼지나 티끌.

[積漸] chīchièn ㄐㄧㄐㄧㄢˋ 차차. 점차.

[積欠] chīch'ièn ㄐㄧㄑㄧㄢˋ 쌓인 빚. 많은 빚.

[積儲] chīch'ǔ ㄐㄧㄔㄨˇ 저축(貯蓄).

[積聚] chīchǜ ㄐㄧㄐㄩˋ ①조금씩 쌓아 모으다. 「一電量 ; 축전지(蓄電池)」 ②가슴이나 배에 경련을 일으키는 병의 한 가지.

[積重難返] chīchùng nánfǎn ㄐㄧㄓㄨㄥˋㄋㄢˊㄈㄢˇ 오래 된 습관은 고치기 어렵다. 세 살 적 버릇이 여든까지 간다. 《諺》

[積分] chīfěn ㄐㄧㄈㄣ ①적분(積分). ②누계(累計)한 점수(點數).

[積肥] chīféi ㄐㄧㄈㄟˊ 퇴비(堆肥).

[積習] chīhsí ㄐㄧㄒㄧˊ 쌓이고 쌓인 습관. 고질이 된 습성.

[積貨] chīhuò ㄐㄧㄏㄨㄛˋ 체화(滯貨). 팔다 남은 재고품(在庫品).

[積蓄] chīhsǜ ㄐㄧㄒㄩˋ 조금씩 저축하다.

[積雪] chīh hsüěh ㄐㄧㄒㄩㄝˇ ①눈이 쌓이다. ② chīhhsüěh 쌓인 눈. ③만년설(萬年雪).

[積勞] chīláo ㄐㄧㄌㄠˊ 노고(勞苦)가 겹치다. 고생을 계속하다. 「一病故 ; 고생한 끝에 병사하다」

[積累] chīlěi ㄐㄧㄌㄟˇ (조금씩)쌓이다. 늘다. 모이다. 축적되다. 「一經驗 ; 경험을

축적하다」
[積年累月] chīnién-lěiyüèh ㄐㄧ ㄋㄧㄢˊ ㄌㄟˇㄩㄝˋ 긴 세월이 흐르고 흐르다. 오랜 세월을 보내다. 《成》
[積沙成塔] chīshāch'ěngt'ǎ ㄐㄧ ㄕㄚ ㄔㄥˊ ㄊㄚˇ 모래도 쌓이면 탑을 이룬다. 진합태산(塵合泰山). 《成》
[積水] chīshuǐ ㄐㄧ ㄕㄨㄟˇ ①고인 물. ②chī shuǐ 물이 괴다. 「은혜를 베풀다.
[積德] chītě ㄐㄧ ㄉㄜˊ ①덕행을 쌓다. ②
[積攢] chītsǎn ㄐㄧ ㄗㄢˇ 조금씩 저축하다. =積攢. 「다. =積攢
[積存] chīts'ún ㄐㄧ ㄘㄨㄣˊ 조금씩 저축하
[積土成山] chīt'ǔ ch'ěngshān ㄐㄧ ㄊㄨˇ ㄔㄥˊ ㄕㄢ =積沙成塔
[積郁] chīyǜ ㄐㄧ ㄩˋ 쌓이고 쌓인 우울증.
[積怨] chīyüàn ㄐㄧ ㄩㄢˋ 쌓이고 쌓인 원한.

〔羈〕 chī ㄐㄧ ①말의 고삐. 재갈끈. ②잡아 매다. 속박하다. 검속(檢束)하다.
[羈留] chīliú ㄐㄧ ㄌㄧㄡˊ 구류(拘留)하다.
[羈旅] chīlǚ ㄐㄧ ㄌㄩˇ ①나그네. 여행자. ②여행중 묵고 있는 숙소. 나그네살이. ③여행을 하다.
[羈縻] chīmí ㄐㄧ ㄇㄧˊ 견제하다. 농락하다.
[羈絆] chīpàn ㄐㄧ ㄅㄢˋ ①매어 두는 밧줄. ②속박하다.
[羈押] chīyā ㄐㄧ ㄧㄚ 검속하다. 구류하다.

〔激〕 chī ㄐㄧ ①(물이 세차게)부딪치다. 세게 때리다. 「一起浪花; 부딪쳐서 물보라가 일다」 ②자극하다. 분발(奮發)시키다. 들끓게 하다. ③맹렬하다. 심하다. 「一戰; 격전」
[激起] chīch'ǐ ㄐㄧ ㄑㄧˇ ①(사물이 충격을 받아)변동하다. 발생하다. 「水面一了浪花; 수면에 물보라가 일다」 ②(사상이나 감정이 충격을 받아)변화하여 무엇인가를 발생시키다.
[激將] chīchiàng ㄐㄧ ㄐㄧㄤˋ 반대적인 말로 상대방을 자극시켜 분발시키다. 뒤꽁무니를 후려 갈기다.
[激發] chīfā ㄐㄧ ㄈㄚ ①격려하여 분발시키다. ②기분을 격분시켜 어떤 방향으로 끌고 가다. 격발시키다.
[激人] chījěn ㄐㄧ ㄖㄣˊ 남에게 충격을 주다. 남의 분통을 터뜨리다.
[激蕩] chītàng ㄐㄧ ㄉㄤˋ 세게 뒤흔들다.
[激黨] chītǎng ㄐㄧ ㄉㄤˇ 과격파(過激派).
[激刺] chīts'ǜ ㄐㄧ ㄘㄨˋ ①자극(刺戟). ②자극하다.
[激動] chītùng ㄐㄧ ㄉㄨㄥˋ ①급격히 움직이다. 세게 파동치다. ②심한 충격을 주다. 「感情一了; 감정이 심한 충격을 받다.

〔機〕(机) chī ㄐㄧ ①순간. 사물의 실마리. 계기. ②기밀(機密). 「軍一; 군의 기밀」 ③시기. 기회. 「隨一應變; 임기 응변」 「勿失良一; 좋은 기회를 놓치지 마라」 ④민활한. 기민한. 「一智; 기지」 ⑤기계. 「織布一; 직조기」 ⑥비행기의 생략. 「客一; 여객기」
[機場] chīch'ǎng ㄐㄧ ㄔㄤˇ 비행장.
[機車] chīch'ē ㄐㄧ ㄔㄜ 기관차. 「蒸氣一; 증기 기관차」 「부분품.
[機件兒] chīchiènrh ㄐㄧ ㄐㄧㄢˋㄦ 기계의
[機器] chīch'ì ㄐㄧ ㄑㄧˋ 기계. 기기. (개별적인 표현).
[機器脚踏車] chīch'ì chiǎot'àch'ē ㄐㄧ ㄑㄧˋ ㄐㄧㄠˇ ㄊㄚˋ ㄔㄜ 오토바이(autobike). 자동 자전거. =脚踏汽車
[機架] chīchià ㄐㄧ ㄐㄧㄚˋ ①기계의 틀. 기계의 받침. ②기계(機械). 「工.
[機匠] chīchiàng ㄐㄧ ㄐㄧㄤˋ 기계공(機械
[機槍] chīch'iāng ㄐㄧ ㄑㄧㄤ 기관총. 「一手; 기관총 사수」
[機警] chīchǐng ㄐㄧ ㄐㄧㄥˇ 재빠르다. 빈 틈 없다. 눈치빠르다. 「푸게 된 우물.
[機井] chīchǐng ㄐㄧ ㄐㄧㄥˇ 펌프(pump)로
[機巧] chīch'iǎo ㄐㄧ ㄑㄧㄠˇ 요령(要領)이 좋다. 민활하다.
[機器人] chīch'ìjěn ㄐㄧ ㄑㄧˋ ㄖㄣˊ 로봇(robot). 인조 인간. 허수아비.
[機杼] chīchù ㄐㄧ ㄓㄨˋ ①(베틀의) 바디. ②문장의 구조.
[機床] chīch'uáng ㄐㄧ ㄔㄨㄤˊ 공장내에 설치된 기계의 총칭. 「一廠; 기계 공장」
[機械] chīhsièh ㄐㄧ ㄒㄧㄝˋ ①(대형의)기계. 「一能; 기계의 에네트기」 「一師; 기계화(機械化) 사단」 ②규칙적으로 하다. 획일적(劃一的)으로 하다. 「把生活一一下; 생활을 규칙적으로 하다」 ③변화가 없다. 기계적이다. 「一的工作; 기계적인 작업」 「은 마음.
[機心] chīhsīn ㄐㄧ ㄒㄧㄣ 나쁜 계략을 품
[機修] chīhsiū ㄐㄧ ㄒㄧㄡ 기계의 수리. 「一廠; 기계 수리 공장」
[機會主義] chīhuì chǔ ì ㄐㄧ ㄏㄨㄟˋ ㄓㄨˇ ㄧˋ 기회주의. 「(送話口).
[機口] chīk'ǒu ㄐㄧ ㄎㄡˇ (전화의) 송화구
[機灌] chīkuàn ㄐㄧ ㄍㄨㄢˋ 펌프로 논·밭에 물을 대다.
[機關] chīkuān ㄐㄧ ㄍㄨㄢ ①장치. 설비. ②(열을 동력으로 바꾸는)기관. ③(정치상의 사무를 처리하는) 조직. 기관. 관공서. 「一報; 기관지」 「기관총.
[機關槍] chīkuānch'iāng ㄐㄧ ㄍㄨㄢ ㄑㄧㄤ
[機工] chīkūng ㄐㄧ ㄍㄨㄥ ①기계 공작. ②기계 노동자. ③직물 공장의 노동자.
[機伶] chīlìng ㄐㄧ ㄌㄧㄥ ①재빠르다. 약삭빠르다. >機機伶伶. ②깜짝 놀라다. 문득 정신이 나다. 「他心理一一, 回身就跑了; 그는 마음 속에 선뜩 느끼는 바가 있어 몸을 획 돌려 도망쳤다」 「다.
[機密] chīmì ㄐㄧ ㄇㄧˋ ①기밀. ②비밀로 하
[機米] chīmǐ ㄐㄧ ㄇㄧˇ 기계로 찧은 백미(白米).
[機謀] chīmóu ㄐㄧ ㄇㄡˊ 중요한 책략.
[機變] chīpièn ㄐㄧ ㄅㄧㄢˋ 임기 응변(臨機應變)으로 하다.
[機身] chīshēn ㄐㄧ ㄕㄣ 기체(機體).
[機事] chīshìh ㄐㄧ ㄕˋ 비밀. 음모
[機引犁] chīyǐnlí ㄐㄧ ㄧㄣˇ ㄌㄧˊ 경운기(耕耘機). 「一泵; 오일 펌프」
[機油] chī yú ㄐㄧ ㄧㄡˊ 기계유(機械油). 「
[機動] chītùng ㄐㄧ ㄉㄨㄥˋ ①기민한 행동. 적당한 행동. 「一處理; 적당히 처리하다」 ②임기 응변으로 함. 「一作戰; 기동작전」
[機位] chīwèi ㄐㄧ ㄨㄟˋ 비행기의 좌석.
[機務] chīwù ㄐㄧ ㄨˋ ①중요한 일. ②기계에 관한 일.
[機悟] chīwù ㄐㄧ ㄨˋ (그 시기에 이르러) 깨닫다. 문득 깨닫다.

〔擊〕(击) chī ㅂㅣ ①두드리다. 때리다.「一鼓；북을 두드리다」②공격하다. 치다.「痛一；맹격(猛擊)하다」③맞다. 부딪치다.「撞一；부딪치다」④닿다. 저촉하다.
[擊掌] chīchǎng ㅂㅣㄓㄤˇ 박수(拍手)치다.
[擊毁] chīhuǐ ㅂㅣㄏㄨㄟˇ 격파하다.「一坦克；탱크를 격파하다」
[擊落] chīlò ㅂㅣㄌㄨㄛˋ 격추하다.「一敵機；적기를 격추하다」
[擊斃] chīpì ㅂㅣㄅㄧˋ 총알에 맞아서 죽다.
[擊傷] chīshāng ㅂㅣㄕㄤ 사격으로 부상시키다.
[擊打] chītǎ ㅂㅣㄉㄚˇ 때리다. 치다.
[擊柝] chīt'ò ㅂㅣㄊㄨㄛˋ 딱다기를 치다.

〔磯〕 chī ㅂㅣ 물가. 바닷가.

〔齏〕 chī ㅂㅣ ①빻다. ②다지다.「化爲一粉；가루가 되게 하다」

〔譏〕 chī ㅂㅣ 비방하다. 헐뜯다. 비웃다. 비꼬다.「冷一熱嘲；여러 가지로 빈정대고 헐뜯다」
[譏誚] chich'iaò ㅂㅣㄑㄧㄠˋ 비방하며 놀리다.
[譏諷] chīfěng ㅂㅣㄈㄥˇ =譏刺.
> 譏譏諷諷.
[譏笑] chīhsiào ㅂㅣㄒㄧㄠˋ ①시시덕거리다. ②비웃다.
[譏刺] chītz'ǔ ㅂㅣㄘˋ ①멀리 돌려서 비방하다. ②풍자하다. 비꼬다.

〔饑〕 chī ㅂㅣ ①굶주리다. 시장하다. ②기근(饑饉).
[饑歉] chīch'ièn ㅂㅣㄑㄧㄢˋ 기근. 흉작.
[饑饉] chīchǐn ㅂㅣㅂㅣㄣˇ 기근. 흉작.
[饑寒交迫] chīhān chiāop'ò ㅂㅣㄏㄢˊ ㅂㅣㄠㄆㄛˋ 굶주림과 추위가 한꺼번에 몰려오다. ‹成›
[饑荒] chīhuang ㅂㅣㄏㄨㄤ ①곤란. ②채무.「拉一；빚을 지다」③흉작(凶作).「鬧一；흉작을 만나다」④사변(事變). 소란.「惹一；소동을 일으키다」
[饑火] chīhuǒ ㅂㅣㄏㄨㄛˇ 극도의 시장기.「一上升；시장기가 치밀어 오다」
[饑一頓飽一頓] chī ítùn pǎo ítùn ㅂㅣㄧˊㄉㄨㄣˋ ㄅㄠˇㄧˊㄉㄨㄣˋ 가난하여 먹다가 굶다가 하다.
[饑渴] chīk'ǒ ㅂㅣㄎㄜˇ 시장기와 갈증. 기갈.
[饑困] chīk'ùn ㅂㅣㄎㄨㄣˋ 가난과 굶주림으로 고생하다.
[饑飽勞碌] chīpǎo-láolù ㅂㅣㄅㄠˇ ㄌㄠˊㄌㄨˋ 생활고(生活苦). 생활상의 고난. =飢飽勞役.
[饑不擇食] chīpùtsěshíh ㅂㅣㄅㄨˋㄗㄜˊㄕˊ ①배고플 때는 무엇이나 맛이 있다. 배고픈 놈이 찬밥 더운밥 가리랴. ②다급할 때는 이것 저것 가릴 여유가 없다. ③울며 겨자 먹기.

〔鷄〕(鸡·雞) chī ㅂㅣ 닭.「公一；수탉」「母一；암탉」「小一；병아리」
[鷄場] chīch'ǎng ㅂㅣㄔㄤˇ 양계장.
[鷄肫肝兒] chīchěn' kānrh ㅂㅣㄓㄣ ㄍㄢㄦ 닭의 내장.
[鷄架] chīchiā ㅂㅣㅂㅣㄚˋ 닭장. 계사(雞舍).
[鷄叫] chīchiào ㅂㅣㅂㅣㄠˋ 닭이 때를 고하다. =雞鳴.「一時；새벽녘」
[鷄雛] chīch'ú ㅂㅣㄔㄨˊ 병아리.
[鷄犬不驚] chīch'üǎn pùchīng ㅂㅣㄑㄩㄢˇ ㄅㄨˋㅂㅣㄥ ①군대가 이동할 때 군기가 엄정하다는 형용. ②평화롭고 불안스럽지 않은 모양. ‹成›
[鷄犬不留] chīch'üǎn pùliú ㅂㅣㄑㄩㄢˇㄅㄨˋㄌㄧㄡˊ ①(약탈 따위로)아무것도 남기지 않다. ‹成› ②(대량 살인으로)한 사람도 남지 않다.「殺了個一；한 사람도 남기지 않고 다 죽이다」
[鷄犬不寧] chīch'üǎn pùníng ㅂㅣㄑㄩㄢˇ ㄅㄨˋㄋㄧㄥˊ 닭이나 개도 편안치 않다. 치안(治安)이 극히 문란하다는 형용. ‹成›
[鷄蟲得失] chīch'úng těshīh ㅂㅣㄔㄨㄥˊ ㄉㄜˊㄕ 닭이 벌레를 쪼고 그 닭을 사람이 잡는다. 어느 것이나 모두 다 극히 사소한 득실(得失)이라는 뜻. ‹成›
[鷄胸脯兒] chīhsiūngp'úrh ㅂㅣㄒㄩㄥ ㄆㄨˊㄦ ①닭의 가슴. ②새가슴. =雞胸.
[鷄口牛後] chīk'ǒu-niúhòu ㅂㅣㄎㄡˇㄋㄧㄡˊㄏㄡˋ 쇠꼬리 보다 닭머리가 되라. 계두(鷄頭)가 될지언정 우미(牛尾)는 되지 마라. ‹成›
[鷄冠子] chīkuāntzǔ ㅂㅣㄍㄨㄢㄗ 닭의 볏. 계관(鷄冠).
[鷄公] chīkūng ㅂㅣㄍㄨㄥ =公鷄. 수탉.
[鷄肋] chīlě ㅂㅣㄌㄜˋ, chīlèi ①닭의 늑골. ②쓸모는 없으나 버리기 아까운 것.
[鷄零狗碎] chīlíng-kǒusuì ㅂㅣㄌㄧㄥˊ ㄍㄡˇㄙㄨㄟˋ 보잘 것 없이 자질구레한 것. ‹成›
[鷄盲] chīmáng ㅂㅣㄇㄤˊ 야맹증(夜盲症). 밤소경.
[鷄毛球] chīmáoch'iú ㅂㅣㄇㄠˊㄑㄧㄡˊ 배드민턴(badminton). 경기의 하나. =羽毛球.
[鷄毛信] chīmáohsìn ㅂㅣㄇㄠˊㄒㄧㄣˋ 지급편(至急便). 붉은 닭깃을 붙여서 지급(至急)임을 표시함.
[鷄毛蒜皮兒] chīmáo suànp'írh ㅂㅣㄇㄠˊ ㄙㄨㄢˋㄆㄧˊㄦ 사소한. 보잘 것 없는.「一的小事；극히 보잘 것 없는 사소한 일」
[鷄毛撢子] chīmáo tǎntzǔ ㅂㅣㄇㄠˊㄉㄢˇㄗ 닭털로 만들어진 먼지떨이. =鷄毛帚.
[鷄毛菜] chīmáots'ào ㅂㅣㄇㄠˊㄘㄠˋ 늦은 봄에 새로 나는 야채.
[鷄鳴狗盜] chīmíng-kǒutào ㅂㅣㄇㄧㄥˊㄍㄡˇㄉㄠˋ 닭소리를 내거나 개의 흉내를 내어 도둑질을 한다는 뜻으로 보잘것 없는 재능이나 극히 사소한 재능을 이르는 말. ‹成›
[鷄巴] chīpa ㅂㅣㄅㄚ 음경(陰莖).
[鷄棚] chīp'ěng ㅂㅣㄆㄥˊ 닭장. 닭집.
[鷄皮] chīp'í ㅂㅣㄆㄧˊ 노인의 까칠한 피부.
[鷄皮鶴發] chīp'íhòfà ㅂㅣㄆㄧˊㄏㄜˋㄈㄚˋ 꺼칠한 피부와 백발이란 뜻으로, 쇠약한 노인의 형용. ‹成›
[鷄皮紙] chīp'íchīh ㅂㅣㄆㄧˊㄓˇ 하도롱지(紙).
[鷄脯兒] chīp'úrh ㅂㅣㄆㄨˊㄦ 비둘기 가슴. 볼록하게 튀어나온 가슴.
[鷄虱] chīshīh ㅂㅣㄕ 닭의 이.
[鷄絲] chīssū ㅂㅣㄙ 닭고기를 가늘게 썬 것.
[鷄司晨] chīssūch'ěn ㅂㅣㄙㄔㄣˊ 닭이 새벽 시각을 알리다. 또는 그 시각. ‹成›
[鷄松] chīsūng ㅂㅣㄙㄨㄥ 닭고기조림.
[鷄蛋] chītàn ㅂㅣㄉㄢˋ 계란.「一黃兒；계란의 노른자위」
[鷄湯] chīt'āng ㅂㅣㄊㄤ 닭고기국.

[鷄頭魚刺] chītʻóu yútzʻǔ ㄐㄧㄊㄡˊㄩˊㄘˇ 보잘 것 없는 사물의 비유. ‹成›

[鷄同鴨講] chītʻúng yāchiǎng ㄐㄧㄊㄨㄥˊㄧㄚㄐㄧㄤˇ ①언어(言語)가 통하지 않다. ②횡설수설.

[鷄子兒] chītzǔrh ㄐㄧㄗˇㄦ 달걀. 계란.

[鷄尾酒] chīwéichiǔ ㄐㄧㄨㄟˊㄐㄧㄡˇ 칵테일. 「一會；칵테일 파아티」

[鷄窩] chīwō ㄐㄧㄨㄛ 닭장. 계사.

[鷄眼] chīyěn ㄐㄧㄧㄢˇ ①작은 눈의 비유. ②chīyen 티눈.

〔及〕 chí ㄐㄧˊ ①미치다. 뒤쫓다. 「我不一他；나는 그를 따르지 못한다」「柳木不一松木堅固；버드나무는 소나무보다 강하지 못하다」②미치다. …에 이르다. …까지. 「由表一裡；겉에서 속까지」「已一入學年齡；이미 학령(學齡)에 도달하다」③"得及·不及"으로 동사 뒤에 붙어 그 동사가 나타내는 뜻에 시간적인 가능성의 여부를 덧붙이는 말. 「來得一；대오다」「趕不一；기차 시간 따위에 대가지 못하다」

[及期] chíchʻí ㄐㄧˊㄑㄧˊ 기일이 되다. 약속한 날짜가 되다.

[及笄] chíchī ㄐㄧˊㄐㄧ 여자가 15세 되는 일.

[及至] chíchìh ㄐㄧˊㄓˋ …에 이르면. …이 됨에 이르러. 「一第三年, 又有了更大的進步；제 3년에 이르러 더욱 현저하게 진보하였다」

[及格] chíkó ㄐㄧˊㄍㄜˊ 급제하다. 합격하다.

[及不到] chíputào ㄐㄧˊㄅㄨㄉㄠˋ 미치지 못하다.

[及身] chíshēn ㄐㄧˊㄕㄣ ①자기 몸에 영향을 미치다. ②진심으로. 충심으로.

[及時] chíshíh ㄐㄧˊㄕˊ ①때를 얻다. 「這次會議開得非常一；이번 회의는 퍽이나 시기에 알맞게 열렸다」②알맞은 때에. 적당한 시기에. 「一地完了生產；적당한 시기에 생산을 끝냈다」③그때그때의 시기를 놓치지 않고. 「有問題就一地聯係；문제가 있으면 그때그때에 시기를 놓치지 말고 연락하다」

[及早] chítsǎo ㄐㄧˊㄗㄠˇ 일찍. 빠른 시간내에.

〔吉〕 chí ㄐㄧˊ ①행운. 요행. ②경사스럽다. 좋다.

[吉期] chíchʻí ㄐㄧˊㄑㄧˊ ①좋은 시기. 길일(吉日). ②결혼날.

[吉慶] chíchʻìng ㄐㄧˊㄑㄧㄥˋ 경사스럽다.

[吉房] chífáng ㄐㄧˊㄈㄤˊ 재수 있는 집. 대가 광고(貸家廣告)에 쓰이는 말. 「一招租；집을 세놓습니다」

[吉祥] chíhsiang ㄐㄧˊㄒㄧㄤ 상서롭다. 경사스럽다. 「一話；경사스러운 말」

[吉人] chíjěn ㄐㄧˊㄖㄣˊ 좋은 사람. 착한 사람. 「一天相；착한 사람은 하늘이 도와 준다」‹諺›

[吉日] chíjìh ㄐㄧˊㄖˋ ①초하루. ②좋은 날.

[吉利] chílì ㄐㄧˊㄌㄧˋ, chílìrh ㄐㄧˊㄌㄧˋㄦ ①재수가 좋다. 경사스럽다. ＞吉吉利利. ②재수 좋은 일. 경사스러운 일. 「一話；축하의 말」

[吉了兒] chíliǎorh ㄐㄧˊㄌㄧㄠˇㄦ 매미. ＝鷯了兒, 吉鳥兒.

[吉便] chípièn ㄐㄧˊㄅㄧㄢˋ 좋은 인편.

[吉普車] chípʻǔchʻē ㄐㄧˊㄆㄨˇㄔㄜ 지이프(jeep). 소형 자동차. ＝吉卜車. 「一桶；드럼통」

[吉普女郎] chípʻǔ nǚláng ㄐㄧˊㄆㄨˇㄋㄩˇㄌㄤˊ 외국인을 상대하는 화류계의 여자.

[吉事] chíshìh ㄐㄧˊㄕˋ ①제사(祭祀). ②길사(吉事).

[吉他] chítʻā ㄐㄧˊㄊㄚ 기타아(guitar). 현악기의 하나. ‹譯›

[吉豆] chítòu ㄐㄧˊㄉㄡˋ 푸른 팥.

[吉言] chíyěn ㄐㄧˊㄧㄢˇ 경사스러운 말. 「借您的一吧！；당신 말씀대로 되었으면 좋겠읍니다」

〔汲〕 chí ㄐㄧˊ (우물에서 물을)푸다.

[汲汲] chíchí ㄐㄧˊㄐㄧˊ 급급하다. 마음에 쉴 사이가 없다.

[汲汲忙忙] chíchímángmáng ㄐㄧˊㄐㄧˊㄇㄤˊㄇㄤˊ 몹시 급한 모양.

[汲綆] chíkěng ㄐㄧˊㄍㄥˇ 물을 풀 때에 쓰는 밧줄.

[汲引] chíyǐn ㄐㄧˊㄧㄣ 발탁하다. 등용하다.

〔岌〕 chí ㄐㄧˊ

[岌岌] chíchí ㄐㄧˊㄐㄧˊ ①산이 높은 모양. 키가 큰 모양. 절박한 모양. 「一可危；풍전 등화(風前燈火)」

〔芨〕 chí ㄐㄧˊ 「一芨草；다왕풀」

〔即〕 chí ㄐㄧˊ ①즉. 바꿔 말하면 …이다. 「知識一力量；지식은 힘이다」②곧. 즉시. 그 자리에서. 「成功在一；완성은 눈앞에 있다」「一時；즉시」 ③바로. 즉시로. 「勝利一在眼前；승리는 바로 눈앞에 있다」④ …하면. 한다면…. 「能來一佳；와 주시면 고맙겠읍니다」⑤가까이하다. 다가 가다. 「不一不離；가까이 하지도 멀리 하지도 않다」⑥설마 …하더라도. 「一不幸而死, 亦無所恨；설사 불행하게 죽는다 하더라도 미련은 없다」

[即將] chíchiāng ㄐㄧˊㄐㄧㄤ 곧 …하게 될 것이다. 「世界平和一到來；세계 평화는 곧 오게 될 것이다」

[即景生情] chíchǐng shēngchʻíng ㄐㄧˊㄐㄧㄥˇㄕㄥㄑㄧㄥˊ ①눈앞의 정경에 따라 정취가 솟다. ②생각이 난 듯이 하다. 「他一地罵起來了；그는 무슨 생각이나 한 듯이 욕설을 시작했다」‹成›

[即如] chíjú ㄐㄧˊㄖㄨˊ ①예를 들면 …와 같다. ②즉 …과 같다.

[即行] chíhsíng ㄐㄧˊㄒㄧㄥˊ 곧 …하다. 즉시 행하다. 「一函達；곧 편지를 내다」「一通知；곧 통지하다」

[即或] chíhuò ㄐㄧˊㄏㄨㄛˋ 가령. 설사. 「一有點小小不然的, 倒也沒多大關係；약간 그렇지 못한 점이 있더라도 그다지 큰 문제될 것은 없다」

[即刻] chíkʻò ㄐㄧˊㄎㄜˋ 곧. 즉시. 즉각.

[即令] chílìng ㄐㄧˊㄌㄧㄥˋ ＝即使.

[即便] chípièn ㄐㄧˊㄅㄧㄢˋ ＝即或.

[即使] chíshǐh ㄐㄧˊㄕˇ 설사 …하더라도. "也""亦"과 호응(呼應)하여 쓰임. 「一他不來, 我也要去找他；설사 그가 오지 않더라도 나는 그를 찾아간다」 ＝假使.

[即是] chíshìh ㄐㄧˊㄕˋ 즉 그대로다. 바로 그와 같다.

[即早兒] chítsǎorh ㄐㄧˊㄗㄠˇㄦ 일찌감치. ＝趁早兒.

〔亟〕 chí ㄐㄧˊ 빠르게. 급히. 「需款甚一；현금이 시급히 필요하다」

[亟須] chíhsū ㄐㄧˊㄒㄩ 빨리 …하지 않으면 안 된다.

[亟速] chísù ㄐㄧˊㄙㄨˋ 급속(急速). 신속. ＝趕快.

[亟應] chíyīng ㄐㄧˊㄧㄥ 시급히 …할 것.

〔急〕 chí ㄐㄧˊ ①안달하다. 안절부절하다. 조급해지다.「起一 ; 설레다」②노하다. 상기(上氣)하다.「沒想到他一了 ; 그가 성낼 줄은 생각지도 않았다」③서두르다. 재촉하다. 황급하다.「一着要走 ; 급히 나가려고 서두르다」④빠르다. 과격하다.「水流得一 ; 물살이 빠르다」⑤중요한. 다급한. 위험한.「一事 ; 절박한 사건」「不一之務 ; 급하지 않은 일」⑥의협심이 있는. 남을 돕다. 남을 위하여 일하다.「一難 ; 재해 구조」

[急碴兒] chích'árh ㄐㄧˊㄔㄚˊㄦ ①급한 일. ②조급한 사람. ③위급한 경우를 모면해 주는 것. 「급한 병.

[急症] chíchêng ㄐㄧˊㄓㄥˋ 급병(急病). 위

[急扯白臉] chích'êpáiliěn ㄐㄧˊㄔㄜˇㄅㄞˊㄌㄧㄢˇ 초조한 모양. 조급한 모양. =急赤白臉. 急叉白臉.

[急起直追] chích'i chíhchuī ㄐㄧˊㄑㄧˇㄓˊㄓㄨㄟ 급히 일어나서 곧장 쫓아 가다.《成》

[急脾氣] chí p'ích'i ㄐㄧˊㄆㄧˊㄑㄧ 파르르하는 급한 성질.

[急切] chích'ièh ㄐㄧˊㄑㄧㄝˋ 다급하다. 절박하다. >急急切切.

[急切裡] chích'ièhli ㄐㄧˊㄑㄧㄝˋㄌㄧ 다급하게. 당장에.

[急煎煎的] chíchiēnchiēntê ㄐㄧˊㄐㄧㄢㄐㄧㄢㄉㄜ 안절부절 못하는 모양. 걱정스럽고 초조한 모양.

[急進] chíchìn ㄐㄧˊㄐㄧㄣˋ 뚫고 나가다.

[急智] chíchih ㄐㄧˊㄓ 재치. 꾀.

[急驚風] chíchingfêng ㄐㄧˊㄐㄧㄥㄈㄥ 경풍(驚風).

[急就] chíchiû ㄐㄧˊㄐㄧㄡˋ(문장 따위의)속성(速成).「一篇 ; 속성편」

[急抓] chíchuā ㄐㄧˊㄓㄨㄚ 다급한 경우에 대봉치다. 임시 봉창하다.

[急中生智] chíchūngshêngchih ㄐㄧˊㄓㄨㄥㄕㄥㄓˋ 다급하면 좋은 지혜가 떠오른다.《成》

[急汗] chíhàn ㄐㄧˊㄏㄢˋ 초조해서 나는 땀.

[急性人] chíhsìngjên ㄐㄧˊㄒㄧㄥˋㄖㄣˊ 성미가 급한 사람.

[急性子(兒)] chíhsìngtzŭ(rh) ㄐㄧˊㄒㄧㄥˋㄗ(ㄦ) 조급한 성질.

[急需] chíhsū ㄐㄧˊㄒㄩ ①당장에 필요하다. ②급한 소용물. 당장 필요한 것.

[急壞] chíhuài ㄐㄧˊㄏㄨㄞˋ 몹시 당황하다. 몹시 조바심하다.

[急慌] chíhuāng ㄐㄧˊㄏㄨㄤ 조바심하다. 당황하다.

[急乎乎的] chíhūhūtê ㄐㄧˊㄏㄨㄏㄨㄉㄜ 침착하지 못한 모양. 안절부절 못하는 모양.

[急如星火] chíjúhsīnghuǒ ㄐㄧˊㄖㄨˊㄒㄧㄥㄏㄨㄛˇ 유성(流星)의 광선처럼 빠르다. 번갯불 같다.《成》

[急口] chík'ǒu ㄐㄧˊㄎㄡˇ (말을)당황해서. 빠른 말로.「一喝道 ; 당황하여 큰소리로 외치다」

[急口令] chík'ǒulìng ㄐㄧˊㄎㄡˇㄌㄧㄥˋ 빨리하는 말. =繞口令.

[急苦] chík'ǔ ㄐㄧˊㄎㄨˇ ①초조하여 괴로와하다. ②몹시 조바심하다.

[急快] chíkuài ㄐㄧˊㄍㄨㄞˋ 재빠르다.

[急攻近利] chíkūng-chìnlì ㄐㄧˊㄍㄨㄥㄐㄧㄣˋㄌㄧˋ 목전의 공리에만 급급하다.《成》

[急里蹦跳] chílipêngtiào ㄐㄧˊㄌㄧㄅㄥˋㄊㄧㄠˋ 당황하여 떠들고 돌아 다니다.

[急流勇退] chíliû yǔngt'uì ㄐㄧˊㄌㄧㄡˊㄩㄥˇㄊㄨㄟˋ 한창 인기가 있을 때에 적당한 기회를 얻어 재빨리 직장을 물러나다.《成》

[急忙] chímáng ㄐㄧˊㄇㄤˊ 매우 당황하다.

[急忙忙的] chímángmángtê ㄐㄧˊㄇㄤˊㄇㄤˊㄉㄜ 매우 당황하는 모양.

[急巴巴的] chípāpātê ㄐㄧˊㄅㄚㄅㄚㄉㄜ 다급한 모양. 「《北》

[急屁兒] chíp'ìrh ㄐㄧˊㄆㄧˋㄦ 성급한 사람.

[急不及待] chípû chítài ㄐㄧˊㄅㄨˋㄐㄧˊㄉㄞˋ 한시도 지체할 수 없는. 잠시도 여유가 없는.

[急不如快] chípû júk'uài ㄐㄧˊㄅㄨˋㄖㄨˊㄎㄨㄞˋ 안달복달하는 것보다는 차라리 재빨리 처리하는 것이 낫다.

[急不容緩] chípû júnghuǎn ㄐㄧˊㄅㄨˋㄖㄨㄥˊㄏㄨㄢˇ =急不及時.

[急不能待] chípûnêngtài ㄐㄧˊㄅㄨˋㄋㄥˊㄉㄞˋ 급해서 기다릴 수 없다. 잠시도 지체할 수 없다.

[急不的惱不的] chípûtê nǎopûtê ㄐㄧˊㄅㄨˋㄉㄜ ㄋㄠˇㄅㄨˋㄉㄜ 조칠 수도 없고 속을 썩일 수도 없다. 이럴 수도 저럴 수도 없다. =啼笑皆非.

[急三槍] chísānch'iāng ㄐㄧˊㄙㄢㄑㄧㄤ 성질이 급하여 덤비는 사람.

[急色鬼] chísêkuei ㄐㄧˊㄙㄜˋㄍㄨㄟˇ 색광(色狂). 색골. =急色兒.

[急死] chíssŭ ㄐㄧˊㄙ ①몹시 조바심하다. ②심히 초조한 나머지 죽다.

[急待] chítài ㄐㄧˊㄉㄞˋ 급히 하려고 하다. 급히 하지 않으면 안된다. =急等.

[急顛顛的] chítiēntiēntê ㄐㄧˊㄉㄧㄢㄉㄧㄢㄉㄜ 당황하여 마음이 불안정한 모양.

[急躁] chítsào ㄐㄧˊㄗㄠˋ 조바심하다. 침착치 못하다. >急急躁躁.

[急促] chíts'ù ㄐㄧˊㄘㄨˋ (시간이)절박하다. 촉박하다.

[急匆匆的] chíts'ūngts'ūngtê ㄐㄧˊㄘㄨㄥㄘㄨㄥㄉㄜ 서두르는 모양.

[急圖] chít'ú ㄐㄧˊㄊㄨˊ ①급한 일. ②급하게 계획하다.

[急眼] chíyěn ㄐㄧˊㄧㄢˇ 몹시 성내다. 크게 눈을 부릅뜨다.「你別跟他一 ; 그를 상대로 성내지 말라」

[急于] chíyû ㄐㄧˊㄩˊ …에 초조하다.「他們一締結同盟 ; 그들은 동맹을 체결하기에 초초해 하고 있다」

[急雨] chíyǔ ㄐㄧˊㄩˇ 소나기. 「하다.

[急於] chíyü ㄐㄧˊㄩ ①서두르다. ②조바심

〔級〕 chí ㄐㄧˊ ①계단. 층계.「那臺階有十多一 ; 그 층계는 10단 이상 있다」②등급(等級).「高一 ; 고급」③학년.「同一不同班 ; 학년은 같으나 반이 다르다」

[級會] chíhuì ㄐㄧˊㄏㄨㄟˋ 학급회.

[級任] chíjên ㄐㄧˊㄖㄣˋ ①학급 주임. ②학급을 담임한.

[級別] chípiéh ㄐㄧˊㄅㄧㄝˊ ①학급. 클라스(class). ②등급. 순위.

〔笈〕 chí ㄐㄧˊ 책을 넣는 상자. 서적.

「負一從師；책을 지고 선생에게 배우러 가다」

〔脊〕 chí ㄐㄧˊ ⇨ chǐ

[脊梁蓋兒] chíliangkàirh ㄐㄧˊㄌㄧㄤ˙ㄍㄞˋㄦ 등.

〔喞〕 chí ㄐㄧˊ ⇨ chī

[喞喞] chíchí ㄐㄧˊㄐㄧˊ ①벌레 우는 소리. ②탄식하는 소리. ③작은 목소리.

[喞噥] chínung, ㄐㄧˊㄋㄨㄥ, chīnung ㄐㄧㄋㄨㄥ 작은 소리로 투덜거리다.중얼중얼하다.

〔棘〕 chí ㄐㄧˊ ①작은 대추.가지에 가시가 있음. ②가시.「一皮動物；성게 따위의 동물」

[棘手] chíshǒu ㄐㄧˊㄕㄡˇ ①손에 가시가 박히다. 곤란하다. ②애먹다. 혼이 나다.

〔殛〕 chí ㄐㄧˊ 처벌하다. 사형하다.

〔集〕 chí ㄐㄧˊ ①모이다. 모으다. 모여들다.「一會；집회」②시가나 문장을 모은 책.「詩一；시집」③장. 시장. 「趕一；장에 가다」

[集鎭] chíchěn ㄐㄧˊㄓㄣˋ ①장이 서는 시가지. ②시가지. 거리.

[集結] chíchiéh ㄐㄧˊㄐㄧㄝˊ 결집(結集)하다.

[集聚] chíchǜ ㄐㄧˊㄐㄩˋ 모이다. 모으다.

[集中] chíchūng ㄐㄧˊㄓㄨㄥ ①집중하다. 한때에 모이다.

[集中營] chíchūngyíng ㄐㄧˊㄓㄨㄥㄧㄥˊ 피난민·포로 따위의 수용소. 「호.

[集合號] chíhóhào ㄐㄧˊㄏㄜˊㄏㄠˋ 집합 신

[集日] chíjìh ㄐㄧˊㄖˋ 장이 서는 날. 장날.

[集股] chíkǔ ㄐㄧˊㄍㄨˇ 주(株)를 모집하다.

[集攏] chílǔng ㄐㄧˊㄌㄨㄥˇ 모으다.

[集納] chínà ㄐㄧˊㄋㄚˋ (각 방면에서 의견 따위를) 모아서 채택하다.

[集市] chíshìh ㄐㄧˊㄕˋ 시장(市場).

[集市貿易] chíshìh màoì ㄐㄧˊㄕˋ ㄇㄠˋㄧˋ 시장(市場)에서의 거래.

[集思廣益] chíssū kuàngì ㄐㄧˊㄙ ㄍㄨㄤˋㄧˋ 여러 사람의 의견을 모아 그 이익을 널리 받아 들이다. 《成》

[集體] chít'ǐ ㄐㄧˊㄊㄧˇ 집단(集團). 「一利益；집단 이익」「一農場·一農莊;집단 농장. 콜호즈」

[集攢] chítsǎn ㄐㄧˊㄗㄢˇ 저축하다.

[集子] chítzǔ ㄐㄧˊㄗ 문집(文集).

[集腋成裘] chíyèh ch'ěngch'iú ㄐㄧˊㄧㄝˋ ㄔㄥˊㄑㄧㄡˊ 여우의 겨드랑 밑의 털도 모으면 털옷이 된다. 여러 사람이 협력하면 큰 일도 이룰 수 있다는 비유. 《成》

[集郵] chíyú ㄐㄧˊㄧㄡˊ 우표를 모으다.

〔極〕(极) chí ㄐㄧˊ ①끝. 절정(絕頂). (물리·지리)극.「南一；남극」「登峰造一；산에 올라 정상(頂上)에 이르다. 높은 성과를 올리다」②극히. 도저히. 매우 : 대개는"一了"로 되어 형용사의 뒤에 붙음. 「大一了；매우 크다」「一好；훌륭하다」③극점에 이르다.다하다. 「高興已一；흥취가 이미 극에 달했다」

[極其] chích'í ㄐㄧˊㄑㄧˊ 극히. 매우. 「一熱鬧；매우 번거롭다」

[極量] chíliàng ㄐㄧˊㄌㄧㄤˋ ①치사량(致死量). ②최대 허용량(最大許容量).

[極口] chík'ǒu ㄐㄧˊㄎㄡˇ 극구. 할 말을 다하여.「一否認；극구 부인하다」

[極光] chíkuāng ㄐㄧˊㄍㄨㄤ 오오로라(aurora). 극광.

[極目] chímù ㄐㄧˊㄇㄨˋ (시력을 최대한으로 써서)둘러 보다. 「一四望；눈을 크게 뜨고 사방을 보다」

[極品] chíp'ǐn ㄐㄧˊㄆㄧㄣˇ 최상품(最上品). 극상품.

[極頂] chítǐng ㄐㄧˊㄉㄧㄥˇ 최고정(最高頂). 최고조(最高潮).

[極爲] chíwéi ㄐㄧˊㄨㄟˊ 극히.매우. 「一深遠；극히 심원한」

〔輯〕 chí ㄐㄧˊ ①모으다. 책의 재료를 모으다. 「收一遺文；흩어진 옛글을 수록하다」②재료를 모아서 만든 책.「叢書第一一；총서 제일집」

〔楫〕(檝) chí ㄐㄧˊ (배의)노.

〔戢〕 chí ㄐㄧˊ ①거두다.넣어 두다.「一翼；날개를 접다」「載一干戈;여기에 병기를 넣어 두다」②그만두다. 「一兵；전쟁을 중지하다」

〔蒺〕 chí ㄐㄧˊ

[蒺藜] chíli ㄐㄧˊㄌㄧ ①〈植〉 납가새풀. ②마름쇠.

〔嫉〕 chí ㄐㄧˊ ①질투하다.시기하다.「一才；남의 재능을 시기하다」②미워하다.「一惡如仇；악을 원수처럼 미워하다」

[嫉忌] chíchì ㄐㄧˊㄐㄧˋ 질투하다.시새우다.

[嫉妒] chítù ㄐㄧˊㄉㄨˋ 질투하다. ＞嫉嫉妒妒.

〔瘠〕 chí ㄐㄧˊ ①(몸이)마르다. 수척하다. ②(토지가)메마르다.「一土；메마른 땅」③손실.

[瘠薄] chípó ㄐㄧˊㄅㄛˊ (땅이)토박해지다.

[瘠瘦] chíshòu ㄐㄧˊㄕㄡˋ(몸이)말라서 가냘프다.「面黃一；안색이 누렇고 몸이 가냘프다」

〔籍〕 chí ㄐㄧˊ ①문서. 서적.「書一；서적」②적.「戶一；호적」「學一；학적」

[籍貫] chíkuàn ㄐㄧˊㄍㄨㄢˋ 원적(原籍).본관(本貫).

〔鶺〕 chí ㄐㄧˊ

[鶺鴒] chílíng ㄐㄧˊㄌㄧㄥ〈動〉할미새.

〔己〕 chǐ ㄐㄧˇ ①자기. 자신.「捨一爲人；자기를 희생하고 남을 위하여 진력하다」「一所不欲, 勿施於人；자기가 싫은 것은 남에게도 하지 말라」②십간(十干)의 여섯째.

[己見] chǐchièn ㄐㄧˇㄐㄧㄢˋ 자기의 의견.

[己意] chǐì ㄐㄧˇㄧˋ 자기의 생각.자기 의견.

[己身] chǐshēn ㄐㄧˇㄕㄣ 자기 자신.

〔庋〕 chǐ ㄐㄧˇ, kuei ㄍㄨㄟˇ ①물건을 얹는 선반. ②넣어 두다. 간직하다. 「一

藏；간직하다」 ⇨ kuì.

〔脊〕 chǐ ㄐㄧˇ ①등. 등뼈.「一髓；척골」②용마루.「屋一；용마루」③산마루.
[脊梁] chǐliáng ㄐㄧˇㄌㄧㄤˊ ①등골뼈. ②등. 등뒤. 「光着一；웃통을 벗고」
[脊心] chǐhsīn ㄐㄧˇㄒㄧㄣ 등의 중앙.
[脊標] chǐlǐn ㄐㄧˇㄌㄧㄣˇ 〈建〉 대들보.

〔戟〕 chǐ ㄐㄧˇ 미늘창(槍).

〔給〕 chǐ ㄐㄧˇ ①주다. 공급하다.「自一自足；자급 자족」「補一；보급」②족하다. 충분하다.「家一人足；집집마다 넉넉하다」 ⇨ kěi.
[給養] chǐyǎng ㄐㄧˇㄧㄤˇ ①물자를 보급하다. ②급양 물자.
[給予] chǐyǔ ㄐㄧˇㄩˇ 주다.「一巨大的影響；거대한 영향을 주다」

〔幾〕(几) chǐ ㄐㄧˇ ①몇. 얼마. 얼마큼.「一共一個人？；전부 몇 사람입니까」②(열 이내의 부정수를 나타내는)너더댓. 대여섯. 여닐곱.「他才十一歲；그는 아직 열 너더댓살이다」「一十；수십」「所剩無一；남은 것은 얼마 안된다」 ⇨ chī.
[幾號] chǐhaò ㄐㄧˇㄏㄠˋ 며칠. 어느날.「今天一；오늘은 며칠이냐」
[幾何] chǐhó ㄐㄧˇㄏㄜˊ ①얼마큼. 얼마나. ②겨우. 약간의. ③기하(幾何).
[幾許] chǐhsǔ ㄐㄧˇㄒㄩˇ 얼마큼. 얼마쯤. ＝多少.
[幾兒] chǐrh ㄐㄧˇㄦ ①며칠. ＝幾號. ②언제
[幾時] chǐshíh ㄐㄧˇㄕˊ 언제 ＝什麼時候.
[幾天] chǐt'iēn ㄐㄧˇㄊㄧㄢ ①며칠. 며칠간. ②수일간.
[幾點鐘] chǐtiěnchūng ㄐㄧˇㄉㄧㄢˇㄓㄨㄥ ①몇 시. ②몇 시간. ③수시간.

〔麂〕 chǐ ㄐㄧˇ「一子；노루」
[麂麑] chǐp'í ㄐㄧˇㄆㄧˊ 노루 가죽.

〔濟〕(济) chǐ ㄐㄧˇ ⇨ chì.
[濟濟] chǐchǐ ㄐㄧˇㄐㄧˇ 사람이 많은 모양.「人材一；인재가 수두룩하다」「一一堂；우수한 인물이 가득하다」

〔擠〕(挤) chǐ ㄐㄧˇ ①서로 밀다. 짜다.「一牛乳；우유를 짜다」「一牙膏；치약을 짜다」②밀치락거리다. 빈틈 없이 차다.「一着坐；꽉 차게 앉다」「一得難受；밀치락 달치락하여 괴롭다」③사람 사이로 뚫고 들어 가다. 혼잡한 속을 헤치고 가다.「一進會場；회장으로 사람을 헤치고 들어 가다」④압력(壓力)을 가하다. 배척하다. 학대하다.「排一；배척하다」⑤거북하다. 꼼짝 할 수 없다.「一間小屋子住十來個人, 太一了；작은 방에 10여명이 있어서 몸을 움직일 수 없었다」
[擠脚] chǐchiǎo ㄐㄧˇㄐㄧㄠˇ (신발이 맞지 않아)발이 죄다.
[擠擠插插] chǐchich'ach'a ㄐㄧˇㄐㄧㄔㄚㄔㄚ 밀고 밀리고 하는 모양. 밀치락달치락. ＝挪挪擠擠.
[擠進] chǐchìn ㄐㄧˇㄐㄧㄣˋ(틈새로)밀고 들어 가다. 억지로 들어 가다.
[擠出來] chǐch'ulaí ㄐㄧˇㄔㄨㄌㄞ ①짜내다. ②억지로 내어 놓다. 「一的意見；억지로 짜 낸 의견」
[擠話] chǐhuà ㄐㄧˇㄏㄨㄚˋ 말을 짜내다.「拿話一；말로서 상대편에게 억지로 입을 열게 하다. 억지로 말을 하게 하다.
[擠垮] chǐk'uǎ ㄐㄧˇㄎㄨㄚˇ 끝까지 몰아세워 해치우다. 「好好的鋪子被一了；모처럼 벌인 가게가 경쟁으로 망하고 말았다」
[擠咕眼(兒)] chǐkuyěn(rh) ㄐㄧˇㄍㄨㄧㄢˇ(ㄦ) 눈짓하다. 눈짓으로 신호하다.
[擠滿] chǐmǎn ㄐㄧˇㄇㄢˇ 꽉 차다. 「碼頭上一着人和行李；부두는 사람과 화물로 꽉 차다」
[擠眉弄眼兒] chǐméi-nùngyěnrh ㄐㄧˇㄇㄟˊㄋㄨㄥˋㄧㄢˇㄦ ＝擠鼻子弄眼兒.
[擠奶] chǐnǎi ㄐㄧˇㄋㄞˇ 젖을 짜다.「一器；기름틀」
[擠鼻子弄眼兒] chǐ pítzǔ-nùng yěnrh ㄐㄧˇㄅㄧˊㄗ ㄋㄨㄥˋㄧㄢˇㄦ ①보기 싫은 얼굴을 하다. ②야비한 추파를 던지다. ③잇달아 눈짓을 하다. ＝擠鼻子弄眼睛.
[擠不上] chǐpushàng ㄐㄧˇㄅㄨㄕㄤˋ 뚫고 들어갈 수 없다.
[擠不動] chǐputùng ㄐㄧˇㄅㄨㄉㄨㄥˋ 혼잡하여 꼼짝도 할 수가 없다. ＝擠不開·擠不來.
[擠死] chǐssǔ ㄐㄧˇㄙˇ 사람이 붐비는 통에 휩쓸려 죽다. 밟혀 죽다.
[擠兌] chǐtuì ㄐㄧˇㄉㄨㄟˋ 신용을 잃은 은행의 예금 환불(還拂)청구 소동.
[擠軋] chǐyà ㄐㄧˇㄧㄚˋ 배척하다. ＞擠擠軋「軋.
[擠眼兒] chǐyěnrh ㄐㄧˇㄧㄢˇㄦ ①눈짓하다. ②(경멸하여)눈을 깜박이다.

〔蟣〕 chǐ ㄐㄧˇ「一子；서캐」

〔伎〕 chì ㄐㄧˋ 재능. 솜씨.
[伎倆] chìliǎng ㄐㄧˋㄌㄧㄤˇ 수단. 솜씨. 재주. (나쁜 의미로만 쓰임).

〔妓〕 chì ㄐㄧˋ 창녀. 기생.「一女；기녀」
[妓院] chìyüàn ㄐㄧˋㄩㄢˋ 갈보집. 기생집.

〔芰〕 chì ㄐㄧˋ 마름. ＝菱.

〔技〕 chì ㄐㄧˋ 솜씨. 기능. 전문적인 기술.「絕一；탁월한 기능」「一一之長；한가지 재주에 뛰어나다」
[技巧] chìch'iǎo ㄐㄧˋㄑㄧㄠˇ 기술. 기교.
[技藝] chìì ㄐㄧˋㄧˋ 기술. 기능.
[技工] chìkūng ㄐㄧˋㄍㄨㄥ 기술자. 기능공.
[技師] chìshih ㄐㄧˋㄕ 기사(技士). ＝技士.
[技術] chìshù ㄐㄧˋㄕㄨˋ 기술. 전문적인 기능.
[技癢] chìyǎng ㄐㄧˋㄧㄤˇ 자기의 기술을 뽐내고 싶어 견딜 수 없다」

〔忌〕 chì ㄐㄧˋ ①시기하다. 원망하다.「猜一；시기하다」「一才；재능을 시기하다」②두려워하다. 기피하다. 근심하다. ③끊다. 그만두다.「一酒；금주하다」「一食生冷；날 것, 찬 것을 먹지 않다」④꺼리다. 싫어하다. 남의 감정을 해치다.「犯了他的一；그의 감정을 해치다」

[忌辰] chìch'ên ㄐㄧˋㄔㄣˊ =忌日.
[忌較] chìchiao ㄐㄧˋㄐㄧㄠ 꺼리다.꺼림칙하게 생각하다.
[忌吃] chìch'ih ㄐㄧˋㄔ 어떤 음식을 싫어하다.「一生冷；날 것.찬 것을 꺼리다」
[忌酒] chìchiŭ ㄐㄧˋㄐㄧㄡˇ ①금주. ②술을 끊다.
[忌恨] chìhên ㄐㄧˋㄏㄣˋ 원망하다.
[忌諱] chìhui ㄐㄧˋㄏㄨㄟ ①기피하다. 싫어하다. >忌忌諱諱. ②초(酢). ③꺼리어 기피하는 것. 터부우(taboo). =禁忌.
[忌日] chìjìh ㄐㄧˋㄖˋ 기일. 죽은 사람의 명일(命日).
[忌口] chìk'ŏu ㄐㄧˋㄎㄡˇ (병중이나 산후에) 몸에 좋지 않은 음식물을 끊다.음식물을 가려 먹다.
[忌食] chìshìh ㄐㄧˋㄕˋ=忌口.
[忌嘴] chìtsuĭ ㄐㄧˋㄗㄨㄟˇ =忌口.
[忌妒] chìtu ㄐㄧˋㄉㄨ 시기하다. 질투하다. =妒忌. >忌忌妒妒.
[忌烟] chìyēn ㄐㄧˋㄧㄢ 금연(禁煙)하다.

〔季〕 chì ㄐㄧˋ ①(형제의) 맨 아래.「一弟；막내 동생」②끝. 「一世；말세(末世)」③1년 중의 3개월.「秋一；가을」④「一子·一兒；시기. 계절. 제철」「瓜一兒；오이가 한창인 때」「這一一子很忙；이즈음은 퍽 바쁘다」.
[季秋] chìch'iū ㄐㄧˋㄑㄧㄡ 늦가을. 음력 9월.
[季春] chìch'ūn ㄐㄧˋㄔㄨㄣ 늦봄. 음력 3월.
[季軍] chìchūn ㄐㄧˋㄐㄩㄣ 제삼위(第三位). 「삼등(三等).
[季風] chìfēng ㄐㄧˋㄈㄥ =季候風.
[季父] chìfû ㄐㄧˋㄈㄨˋ 숙부(叔父). =小叔
[季候風] chìhòufēng ㄐㄧˋㄏㄡˋㄈㄥ 계절풍(季節風).
[季夏] chìhsià ㄐㄧˋㄒㄧㄚˋ 늦여름. 음력 9월.
[季考] chìk'ăo ㄐㄧˋㄎㄠˇ 학기 말 시험.
[季母] chìmŭ ㄐㄧˋㄇㄨˇ 숙모(叔母).
[季兒] chìrh ㄐㄧˋㄦ 계절. 시절.
[季度] chìtû ㄐㄧˋㄉㄨˋ 사분기(四分期)의 하나.「第二一；제 2 사분기」
[季冬] chìtūng ㄐㄧˋㄉㄨㄥ 늦겨울. 음력 12월.
[季子] chìtzŭ ㄐㄧˋㄗˇ막내 아들.「一愁；가난한 것」

〔計〕 chì ㄐㄧˋ ①계산하다.셈하다.「估一；견적. 견적하다」「因公未到的,不必以缺勤一；공무로 인한 결근은 결근이라고 할 수 없다」②계량 기구. 계기(計器).「體溫一；체온계」③계획.책략.「妙一；묘책(妙策)」
[計較] chìchiăo ㄐㄧˋㄐㄧㄠ ①협의하다. 상의하다. ②다투다.「他又倔又硬,你別一他；그는 고집이 세고 콧대가 세니까 그와 싸우지 말라」③따지다. 문제 삼다. 「我不一你；나는 너를 문제 삼지 않는다」④방법.
[計件] chìchièn ㄐㄧˋㄐㄧㄢˋ 생산고로 계산하다.「一工資；생산고로 계산하는 품삯」
[計分] chìfēn ㄐㄧˋㄈㄣ 취득한 점수를 계산하다.
[計核] chìhó ㄐㄧˋㄏㄜˊ ①계산하다. ②생각하다. =核計.
[計劃] chìhua ㄐㄧˋㄏㄨㄚ ①계획. ②계획하다. >計計劃劃.
[計議] chìì ㄐㄧˋㄧˋ 계획하다. 생각하다.
[計開] chìkāi ㄐㄧˋㄎㄞ ①조목에 따라 기록하다. 축조 기록하다. ②기(記).다음. "다음과 같음"이란 뜻.
[計共] chìkùng ㄐㄧˋㄍㄨㄥˋ 합계하다.
[計謀] chìmóu ㄐㄧˋㄇㄡˊ 계략. 책략.
[計簿] chìpû ㄐㄧˋㄅㄨˋ 회계 부기.
[計算] chìsuàn ㄐㄧˋㄙㄨㄢˋ ①계산하다. ②숙고(熟考)하다. ③chìsuan ㄐㄧˋㄙㄨㄢ ㈎남을 모함하다. ㈏(물건을 손에 넣으려고) 책략을 꾸미다. 노리다.
[計時] chìshíh ㄐㄧˋㄕˊ 시간을 계산하다. 「一工資；시간급(時間給) 노임」
[計單] chìtān ㄐㄧˋㄉㄢ 계산서.
[計策] chìts'ê ㄐㄧˋㄘㄜˋ 계책. 계략.

〔紀〕 chì ㄐㄧˋ ①표하다. 기록으로 남기다. ②연월(年月). 옛적에 12 년간을 1 "紀"로 했음.「世一；세기」③규칙. 규율.「軍一；군기」
[紀限儀] chìhsièní ㄐㄧˋㄒㄧㄢˋㄧˊ 육분의(六分儀). 항해나 측량에 쓰는 기계.
[紀序] chìhsû ㄐㄧˋㄒㄩˋ 순서. 차례.
[紀錄片] chìlùp'ièn ㄐㄧˋㄌㄨˋㄆㄧㄢˋ 기록 영화.
[紀念] chìnièn ㄐㄧˋㄋㄧㄢˋ ①기념하다. ②기념 ③기념품.「一章；기념 배지(badge)」
[紀事] chìshìh ㄐㄧˋㄕˋ 사실의 경과를 쓴 글. 기사(記事).

〔記〕 chì ㄐㄧˋ ①기억하다. 「好一；기억하기 쉽다」②적다. 기록하다. 「我沒一；나는 기록하지 않았다」 ③기록한 것. 문장. 기행문. 기사문. 「日一；일기」「筆一；필기」④표. 기호. 인장.「以黃色爲一；황색으로써 표를 하다」
[記差] chìch'â ㄐㄧˋㄔㄚˋ 잘못 기억하다.
[記帳] chìchàng ㄐㄧˋㄓㄤˋ ①기장하다. 장부에 적다. ②외상으로 팔다.
[記起] chìch'ĭ ㄐㄧˋㄑㄧˇ 생각하여 내다.《吳》
[記仇(兒)] chìch'óu(rh) ㄐㄧˋㄔㄡˊ(ㄦ) 집념(執念)이 강하다. 앙심을 품다.
[記住] chìchu ㄐㄧˋㄓㄨ 단단히 기억하다. 「一不住；확실히 기억하지 못하다」
[記分兒] chì fēnrh ㄐㄧˋㄈㄣㄦ 점수를 기입하다.
[記分簿] chìfēnpû ㄐㄧˋㄈㄣㄅㄨˋ 점수를 기록하는 노우트. 교사의 기록부 교무수첩.
[記恨] chìhên ㄐㄧˋㄏㄣˋ①원한을 품다.②집념이 강하다. >記記恨恨.
[記下來] chìhsialai ㄐㄧˋㄒㄧㄚㄌㄞ 기록하다. 써넣다.
[記性(兒)] chìhsing(rh) ㄐㄧˋㄒㄧㄥ(ㄦ) 기억력. 「一好；기억력이 좋다」「一壞了；기억력이 나빠졌다」.
[記認] chìjên ㄐㄧˋㄖㄣˋ 표적.
[記掛] chìkuà ㄐㄧˋㄍㄨㄚˋ 꺼림칙하게 생각하다. 마음에 걸리다.
[記功] chìkūng ㄐㄧˋㄍㄨㄥ ①공로를 기록하다. ②공을 세우다. 「一一大功；큰 공을 세우다」
[記過] chìkuò ㄐㄧˋㄍㄨㄛˋ ①잘못을 저지른 것을 기록하다. ②과오를 범하다.
[記牢] chìláo ㄐㄧˋㄌㄠˊ 명심하다.
[記里表] chìlĭpiăo ㄐㄧˋㄌㄧˇㄅㄧㄠˇ (자동차 따위의) 오토미터. 주행계(走行計).
[記錄片(兒)] chìlùp'ièn(rh) ㄐㄧˋㄌㄨˋㄆㄧㄢˋ(ㄦ) 뉴우스 영화. 기록 영화.

[記名] chì míng ㄐㄧˋㄇㄧㄥˊ 성명을 기록하다.「一借用；차용 예정자로서 이름을 기록하여 두다」
[記不淸] chìpuch'īng ㄐㄧˋㄅㄨˋㄑㄧㄥ 분명히는 기억하고 있지 않다.
[記書] chìshìh ㄐㄧˋㄕˋ ①기사. ②메모.「一本；수첩」「一紙；메모」「一簿；노우트」. 「세상 물정을 알다.
[記事兒] chìshìhrh ㄐㄧˋㄕˋㄦ 철이 나다.
[記誦] chìsùng ㄐㄧˋㄙㄨㄥˋ 외다. 암송(暗誦)하다. 「②잊혀지지도 않는…
[記得] chìtê ㄐㄧˋㄉㄜ ①기억하고 있다.
[記載] chìtsǎi ㄐㄧˋㄗㄞˋ 기재하다. 싣다.
[記錯] chìts'ò ㄐㄧˋㄘㄨㄛˋ ①잘못 기억하다. ②기억 착오.

〔偈〕 chì ㄐㄧˋ ①가타(伽陀). ②송(頌). 부처의 공덕을 기리는 시(詩). ③발이 재다. 발이 빠르다.

〔寂〕 chì ㄐㄧˋ 쓸쓸하다. 고요하다.
[寂然] chìchán ㄐㄧˋㄓㄢˊ ①근심스러운. 슬퍼 보이는. ②마음 편한.
[寂靜] chìchìng ㄐㄧˋㄐㄧㄥˋ 고요하다. 적막하다. ＞寂寂靜靜. 「없다.
[寂苦] chìk'ǔ ㄐㄧˋㄎㄨˇ 쓸쓸하여 견딜 수
[寂寞] chìmò ㄐㄧˋㄇㄛˋ ①쓸쓸하다. 적적하다. ②기분을 풀 길이 없다. 안타깝다.

〔祭〕 chì ㄐㄧˋ 제사지내다. 조상하다. 슬퍼하다.「家一；집의 제사」「弔一；죽음을 조상하다」
[祭帳] chìchàng ㄐㄧˋㄓㄤˋ 장사집에 보내는 만장(輓章). ＝祭軸. 祭幛.
[祭禮] chìlǐ ㄐㄧˋㄌㄧˇ 장례식.
[祭孔] chìk'ung ㄐㄧˋㄎㄨㄥ ①공자제(孔子祭). ②공자제를 지내다.
[祭賽] chìsài ㄐㄧˋㄙㄞˋ 제사.
[祭奠] chìtièn ㄐㄧˋㄉㄧㄢˊ 제물을 차려 놓고 제사하다.
[祭斗] chìtǒu ㄐㄧˋㄉㄡˇ 칠석제(七夕祭).
[祭竈] chìtsào ㄐㄧˋㄗㄠˋ 부엌신을 제사하는 일: 음력 12월 23일에 지냄.

〔旣〕 chì ㄐㄧˋ ①이미. 벌써.「霜露一降；서리가 이미 나리다」「保持一有的榮譽；기득(旣得)한 영예를 지키다. ②…한 바에는. …한 이상은. …한다면. 흔히 "就 · 則"과 호응함.「一說了就作；말한 이상은 한다」「你一知道,就該告訴他；알고 있다면 그에게 말하여야 한다」③…이며 그 외에… "且 · 又"와 호응함.「一高且大；높고 그리고 크다」「一快又好；빠르고도 좋다」④그 뒤. 그 후에.「初以爲不可, 一又允許；처음에는 안 되리라고 생각했는데 그 후에 허가되었다」⑤다하다. 끝나다.「月食食一；월식이 개식(皆食) 상태로 되다」
[旣而] chìérh ㄐㄧˋㄦˊ 그 후. 이윽고. 얼마 안 가서.「起初以爲困難很多, 一看出這些困難是可以克服的；처음에는 많은 곤란이 있으리라고 생각했지만 이 곤란은 얼마 안 가서 극복할 수가 있었다」
[旣已] chìǐ ㄐㄧˋㄧˇ 이미. 기왕에.
[旣然] chìján ㄐㄧˋㄖㄢˊ …한 바에는.「一如此；그렇다면. 이렇게 된 바에는」
[旣是] chìshìh ㄐㄧˋㄕˋ ＝旣然.
[旣往] chìwǎng ㄐㄧˋㄨㄤˇ 이전. 그전.「一不咎；지나간 일은 문제 삼지 않는다」
[旣又] chìyù ㄐㄧˋㄧㄡˋ 더구나 또. 게다가. 뿐만 아니라.

「리다.
〔悸〕 chì ㄐㄧˋ 놀라서 마음이 두근거
[悸慄] chìlì ㄐㄧˋㄌㄧˋ (놀라서)섬뜩해지다.
[悸動] chìtùng ㄐㄧˋㄉㄨㄥˋ 두근거리다.

〔寄〕 chì ㄐㄧˋ ①맡기다. 위탁하다.「暫時把衣包一在你這裡吧；잠시 옷보따리를 너한테 맡겨 두자」②의뢰하다. 기대다. 신세를 지다.「一食；기식」③전하다. 전달하다.「一語；말을 전하다」④우송(郵送)하다.「一包裹；소포를 보내다」
[寄籍] chìchí ㄐㄧˋㄐㄧˊ ①기류(寄留)하다. ②기류지.「我原籍是山東, 一是上海；나는 본적이 "山東"이고 기류지는 "上海"입니다」
[寄錢] chìch'ién ㄐㄧˋㄑㄧㄢˊ 송금하다.
[寄件人] chìchiènjén ㄐㄧˋㄐㄧㄢˋㄖㄣˊ 발송인. 발신인. 「람이나 동식물.
[寄主] chìchǔ ㄐㄧˋㄓㄨˇ 기생충을 가진 사
[寄居] chìchū ㄐㄧˋㄐㄩ ①체재하다. 기류하다. ②기류지. 묵고 있는 집.
[寄住] chìchù ㄐㄧˋㄓㄨˋ ①기류하다. ②가주거(假住居).
[寄放] chìfàng ㄐㄧˋㄈㄤˋ 잠시 맡기다.
[寄費] chìfèi ㄐㄧˋㄈㄟˋ 우송료. 우편 요금.
[寄奉] chìfèng ㄐㄧˋㄈㄥˋ 삼가 바치다. 봉정(奉呈)하다. ＝寄上.
[寄銷] chìhsiāo ㄐㄧˋㄒㄧㄠ ＝寄賣.
[寄信] chì hsìn ㄐㄧˋ ㄒㄧㄣˋ 편지를 내다. ＝發信. 「반송하다. ＝寄還.
[寄回] chìhuí ㄐㄧˋㄏㄨㄟˊ 되돌려 보내다.
[寄賣] chìmài ㄐㄧˋㄇㄞˋ ①위탁 판매. ②판매를 위탁하다.
[寄名] chìmíng ㄐㄧˋㄇㄧㄥˊ ①남을 의부모(義父母)로 삼다. ②재가(在家)하면서 여승(女僧)을 스승으로 삼다.
[寄上] chìshang ㄐㄧˋㄕㄤ ＝寄奉.
[寄售] chìshòu ㄐㄧˋㄕㄡˋ ＝寄賣.
[寄宿] chìsù ㄐㄧˋㄙㄨˋ ①가주거(假住居)하다. 기류하다. ②몸담아 살다.
[寄遞] chìtì ㄐㄧˋㄉㄧˋ 발송하다. 우송하다.
[寄存] chìts'ún ㄐㄧˋㄘㄨㄣˊ 맡기다.「一證；예치증(預置證). 보관증」
[寄樣] chìyàng ㄐㄧˋㄧㄤˋ 견본을 송부하다.
[寄養] chìyǎng ㄐㄧˋㄧㄤˇ 양육시키기 위하여 남의 집에 맡기다.「我一在別人家；나는 남의 집에서 양육되었다」

〔際〕(际) chì ㄐㄧˋ ①끝. 경계점.「林一；숲의 곁」「水一；물가」「春夏之一；봄과 여름의 사이」②(사물과 사물의) 사이. 갈림길.「國一；국제. 나라와 나라의 사이」「廠一競賽；공장 대항 경기」③…할 때. 시기.「當祖國再建之一；조국을 재건함에 제하여」④…에 즈음하여.「一此盛會；이 성대한 모임에 즈음하여」⑤도달하다. 이르다.「高不可一；높아서 닿지 않다」⑥교차하다. 뜻밖에 만나다.「遭一；조우하다」

〔稷〕 chì ㄐㄧˋ ①「一子；기장」②오곡(五穀)의 신(神).

〔劑〕(剂) chì ㄐㄧˋ ①조제한 약.「淸凉一；청량제」②가루약이나 첩

약 등의 포장한 수를 세는 말. 봉지「一劑藥 ; 한 제의 약」③조제하다. 배합(配合)하다.「調一 ; 조제하다」 「분량.
[劑量] chìliàng ㄐㄧˋㄌㄧㄤˋ(조제한) 약의

〔冀〕 chì ㄐㄧˋ ①원하다. 바라다.「一其成功 ; 성공을 빕니다」②"河北省"의 별칭. ③성(姓)의 하나.

〔髻〕 chì ㄐㄧˋ 상투.

〔暨〕 chì ㄐㄧˋ ①…과. 및. ②성(姓)의 「하나.

〔薊〕 chì ㄐㄧˋ〈植〉 삽주 : 엉겅퀴에 속하는 식물의 총칭.

〔薺〕 chì ㄐㄧˋ〈植〉 냉이.

〔濟〕(济) chì ㄐㄧˋ ①구제하다. 돕다. ②쓸모가 있다.「無一于事 ; 쓸모가 없다」③건너다.「一河 ; 내를 건너다」⇨chí 「하다.
[濟急] chìchí ㄐㄧˋㄐㄧˊ 위급한 처지를 구
[濟弱扶傾] chìjò-fúch'īng ㄐㄧˋㄖㄨㄛˋㄈㄨˊㄑㄧㄥ 약한 자·곤궁에 빠진 자를 돕다. ‹成› 「용에 닿다. ②성사하다.
[濟事] chìshìh ㄐㄧˋㄕˋ ①쓸모가 있다. 소
[濟困扶危] chìk'ùn-fúwēi ㄐㄧˋㄎㄨㄣˋㄈㄨˊㄨㄟ 남의 위급한 재난을 구제하다. ‹成›
[濟弊] chìpì ㄐㄧˋㄅㄧˋ 폐해를 바로 잡다.
[濟世活人] chìshìh-huójén ㄐㄧˋㄕˋㄏㄨㄛˊㄖㄣˊ 세상 사람을 구제하다.
[濟用] chìyùng ㄐㄧˋㄩㄥˋ 수요(需要)를 채 「워 주다.

〔績〕 chì ㄐㄧˋ ①실을 자아 만들다.「紡一 ; 방적」「一麻 ; 삼에서 실을 뽑다」②공훈. 공적. 성과.「成一 ; 성적」「戰一 ; 「전적」

〔穄〕 chì ㄐㄧˋ「一子 ; 기장의 한 가지」 「=糜子.

〔覬〕 chì ㄐㄧˋ
[覬覦] chìyú ㄐㄧˋㄩˊ ①분에 넘치는 소망. 「야망. ②야망을 품다.

〔鯽〕 chì ㄐㄧˋ〈動〉 붕어.「一魚 ; 붕어」

〔繫〕 chì ㄐㄧˋ 매다. 묶다.「一上帶兒 ; 띠를 매다」「一扣兒 ; 매듭을 짓다」「用繩子一上 ; 줄로 묶다」⇨hsì.

〔騎〕 chì ㄐㄧˋ ①승마. 말.「坐一 ; 말을 타다」「車一 ; 거마」②기병(騎兵). ⇨chí.

〔繼〕(继) chì ㄐㄧˋ 계속하다. 잇다.「前僕後一 ; 시체를 넘고 넘어 그 뒤를 따르다」 「승하다.
[繼承] chìch'éng ㄐㄧˋㄔㄥˊ 상속하다. 계
[繼而] chìérh ㄐㄧˋㄦˊ 계속하여.「續續.
[繼續] chìhsǜ ㄐㄧˋㄒㄩˋ 계속하다. >繼繼
[繼以] chìiǐ ㄐㄧˋㄧˇ 계속해서.
[繼任] chìjěn ㄐㄧˋㄖㄣˋ ①책임을 이어 맡다. ②후임(後任).
[繼室] chìshìh ㄐㄧˋㄕˋ 후처(後妻). 후실.
[繼嗣] chìssǔ ㄐㄧˋㄙˋ ①상속하다. ②상속자.
[繼子] chìtzǔ ㄐㄧˋㄗˇ 양자(養子).
[繼往開來] chìwǎng k'āilái ㄐㄧˋㄨㄤˇㄎㄞㄌㄞˊ 선인(先人)의 사업을 계승하여 더욱 장래를 개척하다. ‹成›

〔霽〕 chì ㄐㄧˋ ①비나 눈이 그치고 개이다. ②노여움이 풀리다.「色一 ; 얼굴빛이 온화하다」

〔驥〕 chì ㄐㄧˋ 양마(良馬). 준마(駿馬).

CH'I ㄑㄧ

〔七〕 ch'ī ㄑㄧ 일곱 : 뒤에 제사성(第四聲)이 계속되면 제이성(第二聲)이 됨.
[七長八短] ch'īch'áng-pātuǎn ㄑㄧㄔㄤˊㄅㄚㄉㄨㄢˇ ①길고 짧은 것이 뒤섞여 고르지 않은 모양. ②얼기설기 뒤얽혀 수습이 되지 않는 모양. ‹成›
[七折八扣] ch'īchě-pāk'òu ㄑㄧㄓㄜˊㄅㄚˊㄎㄡˋ ①지불할 돈이 부족하다. ②할인한 위에 또 할인하다. ‹成›
[七竅] ch'īch'iào ㄑㄧㄑㄧㄠˋ 칠규. 사람 얼굴에 있는 일곱 구멍.「一生烟 ; 몹시 노한 모양」
[七巧板(兒)] ch'īch'iaopǎn(rh) ㄑㄧㄑㄧㄠˊㄅㄢˇ(ㄦ) 일곱 장의 작은 널빤지로 여러 가지의 형태를 만들며 노는 장난감.
[七件事] ch'īchienshih ㄑㄧㄐㄧㄢˋㄕˋ 생활 필수품. 즉, 쌀·연탄·기름·소금·된장·초·차(茶)의 일곱 가지.
[七嘴八舌] ch'ītsuǐ-pāshé ㄑㄧㄗㄨㄟˇㄅㄚㄕㄜˊ =七言八語.
[七情六欲] ch'īch'íng liùyù ㄑㄧㄑㄧㄥˊㄌㄧㄡˋㄩˋ 칠정(七情)과 인간의 육욕(六欲). 모든 감정과 욕망.
[七開八得] ch'īk'āi-pāté ㄑㄧㄎㄞ ㄅㄚˊㄉㄜˊ 몇 번이고 되풀이하는 모양. ‹成›
[七孔八洞] ch'īk'ǔng-pātùng ㄑㄧㄎㄨㄥˇㄅㄚˊㄉㄨㄥˋ 구멍 투성이. 많은 구멍이 뚫어져 있다. ‹成› 「70, 80세의 고령.
[七老八十] ch'īlǎopāshíh ㄑㄧㄌㄠˇㄅㄚㄕˊ
[七楞八瓣] ch'īlěng-pāpàn ㄑㄧㄌㄥˊㄅㄚˊㄅㄢˋ ①길고 짧고 높고 낮고 하여 고르지 못한 모양. ②우툴두툴하여 평평하지 못한 모양. ‹成›
[七零八落] ch'īlíng-pāluò ㄑㄧㄌㄧㄥˊㄅㄚˊㄌㄨㄛˋ ①이리저리 흩어진 모양. ②극도로 영락한 모양. ‹成›
[七亂八糟] ch'īluàn-pātsāo ㄑㄧㄌㄨㄢˋㄅㄚㄗㄠ 몹시 난잡한 모양. ‹成›=亂七八糟.
[七扭八歪] ch'īniǔ-pāwāi ㄑㄧㄋㄧㄡˇㄅㄚㄨㄞ 구불구불 구불어진 모양. ‹成›
[七拼八湊] ch'īp'īn-pāts'òu ㄑㄧㄆㄧㄣ ㄅㄚˊㄘㄡˋ 여기저기서 긁어 모으다. 억지로 여기저기서 돈을 만들다. ‹成›
[七上八下] ch'īshàng-pāhsià ㄑㄧㄕㄤˋㄅㄚˊㄒㄧㄚˋ ①마음이 몹시 산란한 모양. ②불안하여 마음이 두근거리는 모양. ‹成›
[七十二行] ch'īshíh èrhháng ㄑㄧㄕˊㄦˋㄏㄤˊ 농(農)·공(工)·상(商) 따위의 직업의 총칭.
[七十八老] ch'īshíh-pālǎo ㄑㄧㄕˊㄅㄚㄌㄠˇ 70세나 80의 노쇠한 상태. =七老八十.
[七大八小] ch'ītà-pāhsiǎo ㄑㄧㄉㄚˋㄅㄚㄒㄧㄠˇ 대소(大小)가 갖추어져 있지 않고 막 흩어져 있는 모양. ‹成›

[七手八脚] ch'īshǒu-pāhuǒ ㄑㄧㄕㄡˇㄅㄚ ㄏㄨㄛˊ 몹시 바빠서 어쩔 줄을 모르는 모양. 《成》
[七坐八爬] ch'ītsò-pāp'á ㄑㄧㄗㄨㄛˋㄅㄚ ㄆㄚˊ 아기는 7개월에는 앉고 8개월에는 긴다. 《成》
[七斷八續] ch'ītuàn-páhsǜ ㄑㄧㄉㄨㄢˋ ㄅㄚˊㄒㄩˋ 띄엄띄엄 이어지는 모양. 《成》
[七顚八倒] ch'ītiēn-pātǎo ㄑㄧㄉㄧㄢ ㄅㄚㄉㄠˇ 일이 뒤얽힘. 《成》
[七養] ch'īyǎngㄑㄧㄧㄤˇ 돼지·닭·양·누에·토끼·물고기·벌 따위를 사육함.
[七言八語] ch'īyén-pāyǚ ㄑㄧㄧㄢˊ ㄅㄚㄩˇ 여러 사람이 모여 이러쿵저러쿵 말썽을 부리는 모양. 《成》

〔沏〕 ch'ī ㄑㄧ 더운 물에 차를 넣다. 「一茶；차를 넣다(만들다)」
[沏開] ch'ik'ai ㄑㄧㄎㄞ (더운 물을 부어 차를) 풀다. 「用開水一糖；더운 물에 설탕을 타다」

〔妻〕 ch'ī ㄑㄧ 「一子；처」
[妻離子散] ch'īli-tzǔsàn ㄑㄧㄌㄧ ㄗㄙㄢˋ 한 가족이 사방으로 흩어지다. 「식.
[妻孥] ch'īnǔ ㄑㄧㄋㄩˊ 처자(妻子). 처와자
[妻黨] ch'ītǎng ㄑㄧㄉㄤˇ 처의 일족(一族). 처족. 「(妻).
[妻子] ch'ītzǔ ㄑㄧㄗˇ ①처자. ②ch'ītzǔ처

〔柒〕 ch'ī ㄑㄧ "七"과 같음. 증서(證書) 따위에 쓰이는 문자. 「一拾；七十」

〔凄〕(淒·悽) ch'ī ㄑㄧ ①차갑다. 「風一月冷；바람은 설렁대고 달빛은 싸늘하다」 ②처참하다. 참혹하다.
[凄切] ch'ich'ièh ㄑㄧㄑㄧㄝˋ ①처절하다. 비참한 생각이 가슴에 사무치다. ②처량하다. > 凄凄切切. 「凄清清.
[凄清] ch'ich'ing ㄑㄧㄑㄧㄥ 쓸쓸하다. > 凄
[凄楚] ch'ich'ǔ ㄑㄧㄔㄨˇ ＝凄慘.
[凄風苦雨] ch'īfēng-k'ǔyǔ ㄑㄧㄈㄥ ㄎㄨˊㄩˇ ①사람에게 쓸쓸한 마음을 일게하는 비바람. ②비참한 상태를 형용하는 말. 《成》 「받쳐 부들부들 떨다.
[凄惶] ch'īhuáng ㄑㄧㄏㄨㄤˊ 설움에 복
[凄愴] ch'ich'uàng ㄑㄧㄔㄨㄤˋ 애통하게 여기다.
[凄心] ch'īhsīn ㄑㄧㄒㄧㄣ ①매워서 눈물이 나올 듯하다. ②뱃속이 거북하다. 속이 메시껍다.
[凄然] ch'īján ㄑㄧㄖㄢˊ 처량한 모양.
[凄厲] ch'īlì ㄑㄧㄌㄧˋ 처참하다.
[凄凉] ch'īliáng ㄑㄧㄌㄧㄤˊ ①처량하다. ②쓸쓸하다. ③(가슴이) 섬뜩하다.
[凄慘] ch'īts'ǎn ㄑㄧㄘㄢˇ 처량하다. 슬프고 외로와서 마음이 울적하다. > 凄凄慘慘.
[凄惻] ch'īts'ê ㄑㄧㄘㄜˋ 통탄하다.

〔期〕 ch'ī ㄑㄧ ①일정한 시간. 시기. 「定一擧行；시일을 정하여 거행하다」 ②희망하다. 원하다. 「不一而然 원하지 않았는데 그렇게 되다」 ③간행물(刊行物)의 호수. ⇨chī.
[期賬] ch'īchàng ㄑㄧㄓㄤˋ 단오절. 중추절(中秋節). 연말에 결산하는 회계. 대목 계산. 「을 더듬는 모양. 더듬더듬.
[期期艾艾] ch'īch'īàiài ㄑㄧㄑㄧㄞˋㄞˋ 말
[期結] ch'īchiéh ㄑㄧㄐㄧㄝˊ 총결산. 단오절·중추절·연말의 결산.
[期會] ch'īhuì ㄑㄧㄏㄨㄟˋ 정기 회의.
[期貨] ch'īhuòㄑㄧㄏㄨㄛˋ 정기 거래하는 물품.
[期刊] ch'īkān ㄑㄧㄍㄢ 정기 간행물.
[期滿] ch'īmǎn ㄑㄧㄇㄢˇ 만기가 되다. 기한이 차다.
[期票] ch'īp'iào ㄑㄧㄆㄧㄠˋ 약속 어음.
[期望] ch'īwàng ㄑㄧㄨㄤˋ 기대하다.

〔欺〕 ch'ī ㄑㄧ ①속이다. 거짓말하다. 「自一一人；스스로 자기를 속이고 남을 속이다」 ②무시하다. 깔보다. 「仗勢一人；힘을 믿고 남을 괴롭히다」 「다.
[欺詐] ch'īchà ㄑㄧㄓㄚˋ 사기하다. 속여 먹
[欺負] ch'īfu ㄑㄧㄈㄨ ①속이다. 얕보다. ②배반하다. 어기다. ③괴롭히다. 못살게 굴다.
[欺心] ch'īhsīn ㄑㄧㄒㄧㄣ 스스로를 속이다. 양심을 속이다. 「하다.
[欺哄] ch'īhung ㄑㄧㄏㄨㄥ 속이다. 기만
[欺人] ch'ījênㄑㄧㄖㄣˊ ①남을 속이다. ②남을 깔보다.
[欺陵] ch'īlíng ㄑㄧㄌㄧㄥˊ (세력을 믿고) 남을 모욕(侮辱)하다. 학대하다. 무시하다. ＝欺凌.
[欺瞞] ch'īmán ㄑㄧㄇㄢˊ ＝欺騙.
[欺蒙] ch'īméng ㄑㄧㄇㄥˊ 속임수를 써서 기만하다.
[欺軟怕硬] ch'ījuǎn-p'àiyìng ㄑㄧㄖㄨㄢˇ ㄆㄞˋㄧㄥˋ 약한 자를 학대하고 강한 자에게는 꽁무니를 뺌. 《成》
[欺生] ch'īshēng ㄑㄧㄕㄥ 사정을 모르는 사람이나 새로 온 사람을 속이다.
[欺世盜名] ch'īshìh-tàomíng ㄑㄧㄕˋ ㄉㄠˋㄇㄧㄥˊ 세상 사람을 속이고 명예를 도용함. 《成》
[欺死瞞生] ch'īssǔ-mànshēng ㄑㄧㄙ ㄇㄢˊㄕㄥ 누구에게나 가리지 않고 속이다. 중국에서는 죽은 사람에게는 속이지 않는다는 도덕이 있음.
[欺侮] ch'īwu ㄑㄧㄨ 거짓말로 모욕하다. 사람 취급을 하지 않다.
[欺壓] ch'īyā ㄑㄧㄧㄚ 위협하다. 협박하다.

〔棲〕(栖) ch'ī ㄑㄧ ①새가 나무에 앉다. ②살다. 서식하다. 「一身之處；몸붙일 곳」 ③다가서다. 가까이 가다. 「一在他身旁坐下；그의 곁으로 가서 가만히 앉다」 「다. 살다.
[棲息] ch'īhsī ㄑㄧㄒㄧ (새 따위가) 서식하
[棲遑] ch'īhuáng ㄑㄧㄏㄨㄤˊ 무서워서 안절부절 못하다. 「一不安；불안스러워서 안절부절 못하다」 > 棲棲遑遑.
[棲身] ch'īshēn ㄑㄧㄕㄣ 거주하다. 몸붙여 살다.

〔攲〕 ch'ī ㄑㄧ 기울다. 「一傾；기울다」

〔漆〕 ch'ī ㄑㄧ ①옻칠. ②옻칠이나 페인트를 칠하다. 「把卓子一一一；탁자에 옻칠을 하시오」
[漆青] ch'īch'īng ㄑㄧㄑㄧㄥ 짙은 녹색.
[漆黑] ch'īhēi ㄑㄧㄏㄟ ①시꺼멓다. ②캄캄하다.
[漆黑黑的] ch'īhēihēitê ㄑㄧㄏㄟㄏㄟㄉ

ㄜ. ch'ūhēihēitê ㄔㄨㄏㄟㄏㄟㄉㄜ ①먹물을 쏟은 듯이 시커먼 모양. ② 코를 꼬집혀도 모를 정도의 어둠.
[漆象] ch'īhsiàng ㄑㄧㄒㄧㄤˋ 옻칠을 해서 만든 상(像). 「工).
[漆工] ch'īkūng ㄑㄧㄍㄨㄥ 칠기공(漆器
[漆包綫] ch'īpāohsièn ㄑㄧㄅㄠㄒㄧㄢˋ 에나멜을 입힌 전선(電線).
[漆皮] ch'īp'í ㄑㄧㄆㄧˊ ①칠피. 옻을 입힌 가죽. 이것으로 가방이나 구두를 지음. ②에나멜을 입힌 가죽.
[漆皮兒] ch'īp'írh ㄑㄧㄆㄧˊㄦ ①칠기(漆器)의 겉을 입힌 것. ②건성(乾性) 니스.
[漆布] ch'īpù ㄑㄧㄅㄨˋ ①기름 먹인 천. 유포(油布). 상 위를 까는 데 쓰임. ②리놀륨. ③인공 피혁.
[漆水] ch'īshuǐ ㄑㄧㄕㄨㄟˇ 에나멜이나 니스 따위. 흔히 칠한 뒤의 마르지 않은 것을 가리킴. 「這輛車一新 ;이 차는 방금 새로 칠했다.

〔嘁〕 ch'ī ㄑㄧ 「一一 ; 재잘거리는 소리」「一一礑礑地在那裡說話 ; 저쪽에서 재잘거리며 떠들어대고 있다」

〔緝〕 ch'ī ㄑㄧ 바느질의 일종으로서. 곱게 감치는 일.

〔蹊〕 ch'ī ㄑㄧ
[蹊蹺] ch'īch'iāo ㄑㄧㄑㄧㄠ 이상하다. 신기하고 괴상하다. «方»

〔曝〕 ch'ī ㄑㄧ ①꾸덕꾸덕해지다. 젖은 것이 마르기 시작하다. ②(모래 따위를 뿌려서) 수분을 흡수하다.

〔其〕 ch'í ㄑㄧˊ ①그. 그들. 그의. 그들의. 「耕者有一田 ; 경작하는 사람은 그들의 밭을 갖다」 ②그것. 그것의. 「一中有個原因 ; 그 중에 원인이 있다」 ③추측을 표시하는 말. 아마도. 혹은. 「知我者一天乎 ; 나를 알아 줄 사람은 아마도 하늘뿐일 것이다」 ④반어적(反語的)으로 쓰이어, 얼마나. 왜… 「不一大哉 ; 이 얼마나 큰 것인가!」 ⑤명령을 표시하는 말. 「子一勉之 ; 모쪼록 노력하시오」 ⑥…하려고 하다. =將要. 「將一如何? ; 어떻게 하려고 하느냐?」 ⑦도대체. 「一奈我乎 ; 도대체 나를 어떻게 할 작정인가?」 ⑧부사에 붙는 접미어. 「極一 ; 극히」「無一 ; 특히. 더우기」「更一 ; 다시. 더 한층」
[其實] ch'íshíh ㄑㄧˊㄕˊ 그러나 사실은. 기실은. 「他故意說不懂, 一他懂得 ; 그는 모른다고 하지만 실제는 알고 있다」

〔歧〕 ch'í ㄑㄧˊ ①갈림길. 샛길. ②같지 않음. 갈라짐. 「意見分一 ; 의견이 갈리다」
[歧出] ch'ích'ū ㄑㄧˊㄔㄨ 일치되지 않다.
[歧黃] ch'íhuáng ㄑㄧˊㄏㄨㄤˊ 기백(歧伯)과 황제(黃帝): 의술(醫術)의 창시자.
[歧异] ch'íì ㄑㄧˊㄧˋ 맞지 않다. 같지 않다.
[歧路] ch'ílù ㄑㄧˊㄌㄨˋ ①갈림길. ②잘못된 길.
[歧念] ch'ínièn ㄑㄧˊㄋㄧㄢˋ 올바르지 못한 헛된 생각. =邪念.
[歧視] ch'íshìh ㄑㄧˊㄕˋ 차별 대우를 하다. 다른 눈으로 보다. 「一黑種人 ; 흑인을 차별대우하다」
[歧途] ch'ít'ú ㄑㄧˊㄊㄨˊ =歧路.

〔奇〕 ch'í ㄑㄧˊ ①진기하다. 「一事 ; 진기한 일」 ②놀라다. 괴이(怪異)하게 여기다. 「不足一 ; 놀랄 것이 못되다」 ⇨ chī 시
[奇珍] ch'ích'ēn ㄑㄧˊㄔㄣ 진기한 보물. 「一异寶 ; 진기한 보물」
[奇迹] ch'íchi ㄑㄧˊㄐㄧ 기적.
[奇技] ch'íchì ㄑㄧˊㄐㄧˋ 보통이 아닌 기능. 기발한 기능.
[奇巧] ch'ích'iǎo ㄑㄧˊㄑㄧㄠˇ ①교묘하다. ②알맞게. 교묘하게. >奇奇巧巧.
[奇窘] ch'íchiǔng ㄑㄧˊㄐㄩㄥˇ 난처한 입장.
[奇耻] ch'ích'ǐh ㄑㄧˊㄔˇ 중대한 치욕. 「一大辱 ; 중대한 치욕」
[奇形怪狀] ch'íhsíng-kuàichuàng ㄑㄧˊㄒㄧㄥˊㄍㄨㄞˋㄓㄨㄤˋ 괴상망측한 형상(形狀). 괴이한 형태.
[奇貨可居] ch'íhuò-k'ǒchū ㄑㄧˊㄏㄨㄛˋㄎㄜˇㄐㄩ 진기한 물건을 팔기 아까와하는 일. «成»
[奇怪] ch'íkuài ㄑㄧˊㄍㄨㄞˋ ①괴이하다. 이상하다. >奇奇怪怪. ②터무니 없다. 「大得一 ; 터무니 없이 크다」 ③의아스럽게 여기다. 수상하게 생각하다.
[奇功] ch'íkūng ㄑㄧˊㄍㄨㄥ 특별한 공적(功績). 「는 군대.
[奇兵] ch'ípīng ㄑㄧˊㄅㄧㄥ 적을 기습하
[奇特] ch'ít'è ㄑㄧˊㄊㄜˋ 특이한. 기이한 느낌이 드는.

〔祈〕 ch'í ㄑㄧˊ ①빌다. 기도(祈禱)하다. ②원하다. 부탁하다. 「敬一指導 ; 잘 지도하여 주십시오」
[祈請] ch'ích'ing ㄑㄧˊㄑㄧㄥˇ 부탁하다.

〔祇〕 ch'í ㄑㄧˊ 지신(地神). 「天神地一 ; 천신 지신」

〔耆〕 ch'í ㄑㄧˊ 늙은. 「一宿 ; 나이가 많고 덕이 높은 사람」

〔琪〕 ch'í ㄑㄧˊ ①구슬의 한 가지. ②진기한 물건. 「一花 ; 진기한 꽃」

〔畦〕 ch'í ㄑㄧˊ 밭두둑. 규반(畦畔).

〔棋〕(碁) ch'í ㄑㄧˊ 오락 도구의 이름. 장기나 바둑 따위를 말함.
[棋逢敵手] ch'ífêngtíshǒu ㄑㄧˊㄈㄥˊㄉㄧˊㄕㄡˇ 호적수(好敵手)를 만나다.
[棋盤] ch'íp'án ㄑㄧˊㄆㄢˊ 바둑판.
[棋布] ch'ípù ㄑㄧˊㄅㄨˋ 촘촘히 늘어놓다. 「一星羅 ; 빈틈 없이 늘어 놓은 모양」
[棋賽] ch'ísài ㄑㄧˊㄙㄞˋ 바둑이나 장기의 시합.
[棋子(兒)] ch'ítzǔ(rh) ㄑㄧˊㄗˇ(ㄦ) ①바둑돌. ②형태가 작은 찐빵의 한 가지. ③점쟁이의 산대.

〔崎〕 ch'í ㄑㄧˊ
[崎嶇] ch'ích'ū ㄑㄧˊㄑㄩ ①길이 두툴두툴한 모양. ②곤란한 모양. >崎崎嶇嶇.

〔齊〕(斉) ch'í ㄑㄧˊ ①가지런하다. 「莊稼長得很一; 작물은 모두 한결같이 자라고 있다」②도달하다. 닿다. 「河水一腰深; 강물이 허리까지 닿다」③하나로 만들다. 합치다. 「一聲; 소리를 맞추다」④모두. 전부. 「一全; 모두 가지런하다」⑤주대(周代)의 나라 이름. 「되다.
[齊岸] ch'í'an ㄑㄧˊㄢ 언덕과 같은 높이로
[齊整] ch'íchěng ㄑㄧˊㄓㄥˇ ①가지런히 정돈하다. ②잘 정돈되어 있다.
[齊巧] ch'ích'iǎo ㄑㄧˊㄑㄧㄠˇ ①꼭 알맞게. 마침. ②공교롭게도.
[齊截] ch'ích'ieh ㄑㄧˊㄑㄧㄝ ①가지런하다. 잘 정돈되어 있다. 「字寫得一; 글씨가 깨끗하게 잘 쓰여져 있다」②모두 갖추어져 있다. 「東西都預備一了; 물건은 모두 다 갖추어져 있다」=齊結.>齊齊截截.
[齊驅] ch'íchü ㄑㄧˊㄐㄩ 재능이나 역량(力量)이 같다.
[齊心] ch'íhsīn ㄑㄧˊㄒㄧㄣ 마음을 합치다. 마음이 일치되다. 「一合力; 일심 합력(一心合力)하다」 「다.
[齊稿] ch'íkǎo ㄑㄧˊㄍㄠˇ 원고가 갖추어지
[齊理] ch'íli ㄑㄧˊㄌㄧ 정리하다.
[齊眉穗兒] ch'íméisuìrh ㄑㄧˊㄇㄟˊㄙㄨㄟˋㄦ 이마로 늘어뜨린 머리. 눈썹까지 내려오게 가지런히 자른 앞머리.
[齊名] ch'íming ㄑㄧˊㄇㄧㄥˊ 명성(名聲)이 어상반하다.
[齊備] ch'ípèi ㄑㄧˊㄅㄟˋ ①모두 갖추어져 있다 ②완전히 준비되어 있다.>齊齊備備. 「조를 맞추다.
[齊步] ch'ípù ㄑㄧˊㄅㄨˋ 발을 맞추다. 보
[齊打夥兒] ch'ítáhuǒrh ㄑㄧˊㄉㄚˊㄏㄨㄛˇㄦ 함께. 같이. 「제히. ②갖추다.
[齊頭(兒)] ch'ít'óu(rh) ㄑㄧˊㄊㄡˊ(ㄦ)①일
[齊隊] ch'ítuì ㄑㄧˊㄉㄨㄟˋ 정렬(整列)하다.
[齊東野語] ch'ítūng-yéhyǚ ㄑㄧˊㄉㄨㄥ ㄧㄝˊㄩˇ 믿을 수 없는 말.

〔祺〕 ch'í ㄑㄧˊ 행복. 행운.

〔頎〕 ch'í ㄑㄧˊ 신장(身長)이 크다.

〔旗〕(旂) ch'í ㄑㄧˊ ①「一子; 기」②청대(清代)에 있어서 창업(創業) 당초부터 청조(清朝)에 속해 있던 자들로 편성된 군대. "漢軍八旗·滿軍八旗·蒙軍八旗"로 이루어져 기의 색깔로 구별되어 있었음. 이 말이 나중에는 만주인(滿洲人)을 뜻하게 됨. 「一人; 만주인」「의 표시.
[旗幟] ch'íchìh ㄑㄧˊㄓˋ 기치. 깃발. 깃발
[旗號] ch'íhao ㄑㄧˊㄏㄠ ①수기 신호(手旗信號). ②기. ③명목. 기표(旗票).
[旗鼓相當] ch'íkǔhsiāngtāng ㄑㄧˊㄍㄨˇㄒㄧㄤㄉㄤ 양쪽의 힘이나 규모·세력이 대체로 비등한 상태.
[旗開得勝] ch'ík'āi-téshèng ㄑㄧˊㄎㄞ ㄉㄜˊㄕㄥˋ 싸움이 붙자마자 이기다. 일이 시작하자마자 금방 이루어 놓다. ‹成›
[旗鼓] ch'íkǔ ㄑㄧˊㄍㄨˇ 깃발과 북. 군의 진용(陣容).
[旗杆] ch'íkān ㄑㄧˊㄍㄢ 깃대.
[旗袍(兒)] ch'íp'áo(rh) ㄑㄧˊㄆㄠˊ(ㄦ) 중국 여자들이 입는 원피이스식의 의복.
[旗頭] ch'ít'óu ㄑㄧˊㄊㄡˊ ①기수(旗手). ②옛 만주사람이 틀어 올리던 머리 모양.
[旗子] ch'ítzǔ ㄑㄧˊㄗ 기. 깃발.
[旗語] ch'íyǚ ㄑㄧˊㄩˇ =旗號①.

〔綦〕 ch'í ㄑㄧˊ ①대단히. 몹시. 심히. 「一難; 대단히 어렵다」②거무죽죽한 빛깔.

〔麒〕 ch'í ㄑㄧˊ 「기린.
[麒麟] ch'ílín ㄑㄧˊㄌㄧㄣˊ 전설상의 동물.

〔臍〕 ch'í ㄑㄧˊ ①배꼽. 「肚一; 배꼽」②게의 아랫배의 딱지. 「尖一; 수케의 배에 붙은 딱지」「團一; 암케의 배」
[臍屎] ch'íshǐh ㄑㄧˊㄕˇ 배내똥. 태변(胎便).
[臍帶(兒)] ch'ítài(rh) ㄑㄧˊㄉㄞˋ(ㄦ) 탯줄.

〔騎〕 ch'í ㄑㄧˊ ①걸터 타다. 「一馬; 말을 타다」「一自行車; 자전거를 타다」②양편에 걸쳐 있는 모양.
[騎牆] ch'ích'iáng ㄑㄧˊㄑㄧㄤˊ 두길마보다. 형세를 관망하다. 「一主義; 기회주의」
[騎縫] ch'ífèng ㄑㄧˊㄈㄥˋ 두 장으로 연결된 영수증 따위의 이음매. 「蓋一章; 계인(契印)을 찍다」
[騎虎難下] ch'íhǔ-nánhsià ㄑㄧˊㄏㄨˇ ㄋㄢˊㄒㄧㄚˋ 달리는 범을 타고 있으니 내릴 수가 없다는 말로, 한번 시작한 일은 중도에서 그만둘 수가 없다는 말. ‹成› 「있다.
[騎擱] ch'íkō ㄑㄧˊㄍㄜ 해결이 되지 않고
[騎樓] ch'ílóu ㄑㄧˊㄌㄡˊ 보도(步道) 위로 내 지은 이층.
[騎驢] ch'ílǘ ㄑㄧˊㄌㄩˊ 남의 장사에 끼어들어 중간 이익을 취하다. 개평을 떼다. 구문을 먹다.
[騎驢覓驢] ch'ílǘ-mìlǘ ㄑㄧˊㄌㄩˊ ㄇㄧˋㄌㄩˊ 말을 타고 있으면서 또 말을 구하다. 자기 주변에 있는 것을 쓰지 않고 다른 것을 찾다. ‹成›
[騎門兩不絕] ch'íměn liǎngpùchüéh ㄑㄧˊㄇㄣˊㄌㄧㄤˇ ㄅㄨˋㄐㄩㄝˊ 두길마보다. 양 다리를 걸치다. ‹成›

〔蠐〕 ch'í ㄑㄧˊ 「一螬; 제조. 굼벵이」

〔鰭〕 ch'í ㄑㄧˊ 물고기의 지느러미 「脊一; 등지느러미」

〔乞〕 ch'ǐ ㄑㄧˇ 빌다. 구걸(求乞)하다. 「一恕; 용서를 빌다」「一兒; 걸인」
[乞巧] ch'ích'iǎo ㄑㄧˊㄑㄧㄠˇ 칠석제(七夕祭)를 지내다.
[乞求] ch'ích'iú ㄑㄧˇㄑㄧㄡˊ 청원하다.
[乞求于] ch'ích'iúyǘ ㄑㄧˇㄑㄧㄡˊㄩˊ …에게 청원하다. …에게 도움을 바라다.
[乞丐] ch'íkài ㄑㄧˇㄍㄞˋ 걸인(乞人).
[乞憐] ch'ílién ㄑㄧˇㄌㄧㄢˊ 불쌍히 여겨 주기를 바라다. 동정을 구하다.>乞乞憐憐.

〔企〕 ch'ǐ ㄑㄧˇ ①발돋움하여 보다. ②간절히 바라다. 고대하다. 「一候回音; 답장해 주시기를 바랍니다」
[企鵝] ch'í'ě ㄑㄧˇㄜˊ ‹動›펭귄(penguin): 해조(海鳥)의 한 가지.
[企扈] ch'íhu ㄑㄧˇㄏㄨ 다가가다. 접근하다. 「往前一; 앞으로 다가가다」
[企盼] ch'íp'àn ㄑㄧˇㄆㄢˋ 간절히 바라다.

고대하다. =企望.
[企待] ch'ìtài ㄑㄧˋㄉㄞˋ 기대하다.
[企圖] ch'ìt'ú ㄑㄧˋㄊㄨˊ ①기도하다. 의도하다. ②계획하다. 계획을 세우다.

〔杞〕 ch'ĭ ㄑㄧˇ ①구기자. ②냇버들.「一柳 ; 냇버들」③주대(周代)에 있던 나라 이름.

〔啓〕(启) ch'ĭ ㄑㄧˇ ①열다. 뜯다. 펼치다.「一封 ; 봉함을 뜯다」②진술하다. 서술하다. ③편지.「謝一 ; 감사장(感謝狀)
[啓行] ch'ĭhsíng ㄑㄧˇㄒㄧㄥˊ 출발하다.
[啓示] ch'ĭshìh ㄑㄧˇㄕˋ 계시함. 남에게 지적해서 알려 줌. 도리를 명시해서 이해시킴」「關于這一點他曾經一了我 ; 이 점에 대하여는 일찌기 그가 나에게 지적해 준 바가 있다」
[啓事] ch'ĭshìh ㄑㄧˇㄕˋ (신문 따위에 내는) 계시(啓示). 공고(公告).
[啓迪] ch'ĭtí ㄑㄧˇㄉㄧˊ 계발하여 지도하다.
[啓運] ch'ĭyǜn ㄑㄧˇㄩㄣˋ 수송(輸送)을 개시하다. 운반하기 시작하다.
[啓用] ch'ĭyùng ㄑㄧˇㄩㄥˋ 사용하기 시작하다. 쓰이기 시작하다.

〔起〕 ch'ĭ ㄑㄧˇ ①일어나다. 기상(起床)하다.「早睡早一 ; 일찍 취침하고 일찍 일어나기」②본래의 장소를 떠남.「一身 ; 출발하다」「一運 ; 발송하다」 ③위로 오르다.「飛機一到半空 ; 비행기가 공중으로 떠오르다」「這個風箏不愛一 ; 이 연은 조금도 뜨지 않는다」④발생하다. 생기다.「身上一了個小疙瘩 ; 몸에 조그만 부스럼이 생겼다」⑤꺼내다. 빼내다. 「一釘子 ; 못을 빼다」⑥…에서. …로부터 …에서 시작하다. 「從這裡一 ; 여기서부터」「一這裡剪開 ; 여기서부터 잘라 내다」⑦시작하다. ⑧(건물 따위를) 짓다. 「一樓房 ; 2층 이상의 건물을 짓다」⑨동사(動詞)의 뒤에 붙어 동작이 위를 향하거나 시작됨을 나타내는 말. 「拿一 ; 집어 올리다」「說一來話就長 ; 이야기를 시작하면 길어진다」⑩동사의 뒤에 붙어. "不"이나 "得"과 연용되어 그 동작에 견딜 수 있는가 없는가 하는 뜻을 지닌 말. 「瞧得一 ; 충분히 볼 수 있다. 확실하다」「買不一 ; 살 수 없다」 ⑪한 떼거리나 뭉치를 세는 조수사.「一一人走了 ; 한 떼의 사람들이 갔다」
[起岸] ch'ĭ'àn ㄑㄧˇㄢˋ 강의 언덕에 올려놓다. 양육(揚陸)하다.
[起椗] ch'ĭch'éng ㄑㄧˇㄔㄥˊ 출발하다.
[起急] ch'ĭchí ㄑㄧˇㄐㄧˊ 조바심하다. 안절부절 하다.
[起訖] ch'ĭch'ì ㄑㄧˇㄑㄧˋ 시작과 끝.
[起家] ch'ĭchiā ㄑㄧˇㄐㄧㄚ 가운(家運)을 번영하게 하다. 집안을 번성하게 하다.
[起解] ch'ĭchièh ㄑㄧˇㄐㄧㄝˋ 호송하여 출발하다.
[起見] ch'ĭchièn ㄑㄧˇㄐㄧㄢˋ 생각하다. 목표를 세우다. 대개 "爲"와 함께 사용됨. 「爲達到目的一采取特別的手段 ; 목적을 달성하기 위하여 특별한 수단을 쓰다」
[起錢] ch'ĭch'ién ㄑㄧˇㄑㄧㄢˊ 돈을 거두다.
[起勁(兒)] ch'ĭchìn(rh) ㄑㄧˇㄐㄧㄣˋ(ㄦ) ①원기를 내다. 한창 신이 나다.「怎麼這麼不一呢 ? ; 왜 이렇게 기가 죽어 있느냐 ?」「正談得一 ; 마치 이야기가 최고조에 달하는 찰나」 ②노력하다.
[起敬] ch'ĭchìng ㄑㄧˇㄐㄧㄥˋ 존경하는 마음을 일으키다. 공경할 마음이 생기다.
[起金花兒] ch'ĭchīnhuārh ㄑㄧˇㄐㄧㄣㄏㄨㄚㄦ (눈이) 아물거리다.
[起初] ch'ĭch'ū ㄑㄧˇㄔㄨ 처음. 시초(始初).
[起床號] ch'ĭch'uánghào ㄑㄧˇㄔㄨㄤˊㄏㄠˋ 기상 나팔.
[起反] ch'ĭfǎn ㄑㄧˇㄈㄢˇ 모반하다. 정부를 배반하여 난을 일으키다.
[起飛] ch'ĭfēi ㄑㄧˇㄈㄟ ①(비행기가) 출발하다. ②비행기로 출발하다.
[起旱] ch'ĭhàn ㄑㄧˇㄏㄢˋ 여행에서 육로를 취하다. 「一走 ; 육로(陸路)로 가다」
[起寒劑] ch'ĭhánchì ㄑㄧˇㄏㄢˊㄐㄧˋ〈物〉한제(寒劑).
[起下來] ch'ĭhsialai ㄑㄧˇㄒㄧㄚㄌㄞ 벗기다. 떼어 내다. 「把墻上貼的畫一 ; 벽에 붙어 있는 그림을 떼어 내다」 「터.
[起小] ch'ĭhsiǎo ㄑㄧˇㄒㄧㄠˇ 어린 시절부
[起先] ch'ĭhsiēn ㄑㄧˇㄒㄧㄢ =起頭兒.
[起卸] ch'ĭhsièh ㄑㄧˇㄒㄧㄝˋ 짐을 내리다. 짐을 부리다. 「분쟁이 일어나다.
[起釁] ch'ĭhsìn ㄑㄧˇㄒㄧㄣˋ 충돌이 생기다.
[起興] ch'ĭhsīng ㄑㄧˇㄒㄧㄥ ①번성해지다. ②ch'ĭhsìng 흥미가 나다.
[起行] ch'ĭhsíng ㄑㄧˇㄒㄧㄥˊ 출발하다.
[起花] ch'ĭhua ㄑㄧˇㄏㄨㄚ 유성(流星)처럼 흐르는 불꽃 놀이의 한 가지. =起火.
[起哄] ch'ĭhùng ㄑㄧˇㄏㄨㄥˋ 떠들다. 소란을 피우다.
[起火] ch'ĭhuǒ ㄑㄧˇㄏㄨㄛˇ ①화재가 일어나다. ②ch'ĭhuǒrh ㄑㄧˇㄏㄨㄛˇㄦ 안절부절 못하다. 조바심하다. ③=起花.
[起夥] ch'ĭhuǒ ㄑㄧˇㄏㄨㄛˇ 식사 준비를 하다. 「家裡吃比食堂裡一經濟 ; 집에서 먹는 것이 식당에서 먹는 것보다 경제적이다」
[起火店] ch'ĭhuǒtièn ㄑㄧˇㄏㄨㄛˇㄉㄧㄢˋ 시골 하숙(여인숙).
[起義] ch'ĭì ㄑㄧˇㄧˋ 의병을 일으키다.
[起意] ch'ĭì ㄑㄧˇㄧˋ ①생각이 떠오르다. ②마음이 흔들리다. 그럴 생각이 들다.
[起開] ch'ĭk'ai ㄑㄧˇㄎㄞ 사라지다. 떠나다. (흔히 사람을 쫓을 경우에 쓰임).「你一這裡 ; 여기서 사라져라. 저리 가거라」
[起課] ch'ĭk'ò ㄑㄧˇㄎㄜˋ (산가지 따위를 이용해서) 점괘를 내다.
[起卦] ch'ĭkuà ㄑㄧˇㄍㄨㄚˋ 점을 치다.
[起來] ch'ĭlai ㄑㄧˇㄌㄞ 일어나다. 기상(起床)하다.
[起利] ch'ĭlì ㄑㄧˇㄌㄧˋ 이자가 붙기 시작하다. 이자를 계산하기 시작하다.
[起亮] ch'ĭliàng ㄑㄧˇㄌㄧㄤˋ 광택이 나다.
[起靈] ch'ĭlíng ㄑㄧˇㄌㄧㄥˊ 장례식(葬禮式)이 시작되다.
[起落不定] ch'ĭlòpútìng ㄑㄧˇㄌㄨㄛˋㄅㄨˋㄉㄧㄥˋ 올라갔다 내려갔다 하는 모양.
[起毛] ch'ĭmáo ㄑㄧˇㄇㄠˊ 두려워하다.
[起錨] ch'ĭmáo ㄑㄧˇㄇㄠˊ 닻을 올리다. 출범(出帆)하다.
[起毛(兒)] ch'ĭmáo(rh) ㄑㄧˇㄇㄠˊ(ㄦ) ①보풀이 일다. ②머리가 흩어져 헝클어지다.
[起碼(兒)] ch'ĭmǎo(rh) ㄑㄧˇㄇㄠˇ(ㄦ) 최

소 한도로. 적어도.「一貨；최저품」「這樣的人每處一也有一兩個；이런 사람은 어딜 가나 한두 사람은 있다」

[起麵] ch'ĭmièn ㄑㄧˇㄇㄧㄢˋ 밀가루를 발효시키다.

[起名兒(一子)] ch'ĭmíngrh(一tzŭ) ㄑㄧˇㄇㄧㄥˊㄦ(一ㄗˇ) 이름을 붙이다.

[起膩] ch'ĭnì ㄑㄧˇㄋㄧˋ 트집을 잡다. 깐죽깐죽하고 성가시게 굴다.

[起泡] ch'ĭp'ào ㄑㄧˇㄆㄠˋ ①거품이 일다. ②작게 부어 오르다.

[起皮] ch'ĭp'í ㄑㄧˇㄆㄧˊ 짜증을 내다. 신경질을 내다.

[起票] ch'ĭp'iào ㄑㄧˇㄆㄧㄠˋ 표를 사다.「一行李票；수화물의 표를 사다」

[起不來] ch'ĭpulái ㄑㄧˇㄅㄨㄌㄞˊ ①자리에서 일어나지 못하다. ②일어서지 못하다. 출세하지 못하다. ↔起得來.

[起色] ch'ĭsè ㄑㄧˇㄙㄜˋ 진보. 향상. 호전. 기운(氣運).「日子漸有一；생활이 점차 향상되다」 「頃).

[起晌] ch'íshăng ㄑㄧˊㄕㄤˇ 정오경(正午

[起身] ch'ĭshēn ㄑㄧˇㄕㄣ 여행길을 떠나다. 출발하다. 「시.

[起始] ch'íshĭh ㄑㄧˊㄕˇ ①개시하다. ②개

[起誓] ch'ĭshìh ㄑㄧˇㄕˋ 신불에 맹세하다.

[起事] ch'ĭshìh ㄑㄧˇㄕˋ 군사를 일으키다. 거병하다. 「端).

[起首] ch'íshŏu ㄑㄧˊㄕㄡˇ 시작. 발단(發

[起手(兒)] ch'íshŏu(rh) ㄑㄧˊㄕㄡˇ(ㄦ) ①착수하다. =動手. 下手. ②시작. =頭初.

[起頭兒] ch'ĭt'óu(rh) ㄑㄧˇㄊㄡˊ(ㄦ) ①처음. =起始. ②원래. =原先.

[起贓] ch'ĭtsāng ㄑㄧˇㄗㄤ 장물(贓物)을 찾아 내다.

[起早] ch'ítsăo ㄑㄧˊㄗㄠˇ 일찍 일어나다.

[起早挂晚] ch'ítsăo-kuàwăn ㄑㄧˊㄗㄠˇㄍㄨㄚˋㄨㄢˇ 일찍 일어나고 늦게 자다.

[起坐兒] ch'ĭtsòrh ㄑㄧˇㄗㄨㄛˋㄦ ①일어서다. ②위치나 지위를 양도하다.

[起作用] ch'ĭ tsòyung ㄑㄧˇㄗㄨㄛˋㄩㄥ 작용을 하다. 소용에 닿는 일을 하다. 힘을 미치게 하다.

[起皴] ch'ĭts'ūn ㄑㄧˇㄘㄨㄣ 피부가 트다.「脚後跟一；발꿈치가 트다」

[起端] ch'ĭtuān ㄑㄧˇㄉㄨㄢ 발단(發端).

[起子] ch'ĭtzŭ ㄑㄧˇㄗ ①베이킹파우더(bakingpowder). =小蘇打. ②마개뽑이.

[起夜] ch'ĭyèh ㄑㄧˇㄧㄝˋ 자다가 변소에 가다. 「띄다. 볼품이 있게 되다.

[起眼兒] ch'íyĕnrh ㄑㄧˊㄧㄢˇㄦ 눈에 번쩍

[起油] ch'ĭyú ㄑㄧˇㄧㄡˊ 의복 따위의 얼룩이나 더러움을 제거하다.「這件衣裳得一；이 의복은 얼룩을 빼야만 되겠다」

[起用] ch'ĭyùng ㄑㄧˇㄩㄥˋ 전에 그만둔 사람을 다시. 채용하다.

〔豈〕(岂) ch'ĭ ㄑㄧˇ 반문(反問)하는 뜻을 나타내는 조사(助詞): 왜. 어찌하여「一有此理？；이런 법이 어디 있단 말이냐. 당치도 않다」

[豈止] ch'íchĭh ㄑㄧˊㄓˇ ①어찌 …에 그칠소냐. …뿐이 아니다. ② =豈只. 「웬걸.

[豈只] ch'íchĭh ㄑㄧˊㄓˇ 다만 …뿐만아니라. =不僅. 不但.「一沒生氣, 還着実心疼他；화를 내기는커녕 간곡히 그를 위로해 주었다」

[豈敢] ch'íkăn ㄑㄧˊㄍㄢˇ ①죄송합니다. 황송합니다. ②어찌 …할 만한 용기가 있을소냐？

[豈可] ch'ík'ŏ ㄑㄧˊㄎㄜˇ 감히 어떻게 …할소냐？ 어찌 …해도 좋단 말인가.「一相比？；어찌 비교가 될 건가？」

[豈能] ch'ĭnéng ㄑㄧˇㄋㄥˊ 어찌 …할 수 있을소냐？「一不管？；어찌 모르는 체할소냐？」

[豈但] ch'ĭtàn ㄑㄧˇㄉㄢˋ =豈只.

〔脅〕 ch'ĭ ㄑㄧˇ 비장(脾腸). 장딴지.

〔綺〕 ch'ĭ ㄑㄧˇ ①무늬가 있는 직물(織物). ②아름다움.「一麗；아름답다」

〔汽〕 ch'ì ㄑㄧˋ 기체(氣體), 혹은 증기.

[汽車] ch'ìch'ē ㄑㄧˋㄔㄜ 자동차.「一司機；자동차 운전수」「一站；택시나 버스의 정류장」 「(車庫).

[汽車庫] ch'ìch'ēk'ù ㄑㄧˋㄔㄜㄎㄨˋ 차고

[汽機] ch'ìchī ㄑㄧˋㄐㄧ 증기 기관.

[汽船] ch'ìch'uán ㄑㄧˋㄔㄨㄢˊ ①기선. ②발동기선(發動機船).

[汽鎚] ch'ìch'uí ㄑㄧˋㄔㄨㄟˊ 증기 망치. 증기로 움직이는 망치.

[汽缸] ch'ìkāng ㄑㄧˋㄍㄤ ①실린더(cylinder).「一油；실린더유」「一餅子；피스톤(piston). 기통」 ②증기 솥.

[汽管子] ch'ìkuăntzŭ ㄑㄧˋㄍㄨㄢˇㄗ 스티임 파이프. 「기관(汽罐).

[汽鍋] ch'ìkuō ㄑㄧˋㄍㄨㄛ 보일러(boiler).

[汽輪] ch'ìlún ㄑㄧˋㄌㄨㄣˊ 증기 터어빈. =汽輪機.「一機廠；터어빈 공장」

[汽路] ch'ìlù ㄑㄧˋㄌㄨˋ 자동차가 왕래하는 통로. 「(瓣). 진공관.

[汽門] ch'ìmén ㄑㄧˋㄇㄣˊ 밸브(valve). 판

[汽輾子] ch'ìniĕntzŭ ㄑㄧˋㄋㄧㄢˇㄗ 스팀로울러.

[汽表] ch'ìpiăo ㄑㄧˋㄅㄧㄠˇ 증기 압력계

[汽水(兒)] ch'ìshuĭ(rh) ㄑㄧˋㄕㄨㄟˇ(ㄦ) 사이다. 라무네 따위.

[汽燈] ch'ìtēng ㄑㄧˋㄉㄥ 가스등(gas燈).

[汽笛] ch'ìtí ㄑㄧˋㄉㄧˊ 사이렌(siren).

[汽汀] ch'ìt'īng ㄑㄧˋㄊㄧㄥ 난방용 스티임.

[汽油] ch'ìyú ㄑㄧˋㄧㄡˊ 가솔린. 휘발유.「一燈；아세틸렌(acetylene) 가스 등」「一引擎；가솔린 엔진(gasoline engine)」

〔迄〕 ch'ì ㄑㄧˋ ①이르다. …가 되다.「一今未至；지금에 이르러도 아직 오지 않다. 지금까지 아직 안 오다」 ②결과. 끝내.「一無答復；끝내 회답이 없었다」

[迄未] ch'ìwèi ㄑㄧˋㄨㄟˋ 아직까지 …하지 않다.「一完成；아직까지 완성되치 않았다」

〔泣〕 ch'ì ㄑㄧˋ ①흐느껴 울다.「一不成聲；소리를 내지 않고 울다」 ②눈물.「一下如雨；눈물을 왈칵 쏟다」

〔亟〕 ch'ì ㄑㄧˋ 때때로. 자주.「一來問訊；몇 번이나 와서 찾았다」⇨chí.

〔契〕 ch'ì ㄑㄧˋ ①계약. 특히 부동산 따위의 증서(證書)를 말함.「地一；토지증서」 ②의기가 상통하다. 굳게 맺어지다.「一友；굳게 맺은 친구」⇨hsièh.

[契紙] ch'ìchǐh ㄑㄧˋㄓˇ 증서. 계약서.
[契據] ch'ìchǜ ㄑㄧˋㄐㄩˋ 계약의 증서.
[契合] ch'ìhó ㄑㄧˋㄏㄜˊ ①꼭 맞다. ②의기 상통하다.
[契兄弟] ch'ìhsiūngtì ㄑㄧˋㄒㄩㄥㄉㄧˋ 의형제(義兄弟).
[契闊] ch'ìk'uò ㄑㄧˋㄎㄨㄛˋ 소식을 전하지 않다. 「서.
[契約] ch'ìyüēh ㄑㄧˋㄩㄝ ①계약. ②계약

〔砌〕 ch'ì ㄑㄧˋ ①벽돌을 쌓다. 「一炕 ; 구들을 놓다」②벽돌 따위를 쌓아서 만든 계단.
[砌竈] ch'ì tsào ㄑㄧˋㄗㄠˋ 부뚜막을 쌓다.

〔氣〕(气) ch'ì ㄑㄧˋ ①기체(氣體): 특히 공기를 가리키기도 함. 「打一 ; 공기를 넣다」 ②숨. 호흡(呼吸). 「沒一了 ; 숨이 끊어졌다」 ③기후. 천기(天氣). 「天一 ; 천기」 ④냄새. 「臭一 ; 취기」 ⑤사람의 정신이나 태도. 「勇一 ; 용기」 ⑥노여움. 노기(怒氣). 「生一 ; 성을 내다」 ⑦성나게 하다. 「一人 ; 남을 성나게 하다」 ⑧한방(漢方)에서 쓰이는 말. 병명이나 증상에 붙임.
[氣昂昂的] ch'ì'áng'ángtê ㄑㄧˋㄤˊㄤˊㄉㄜ ①기세가 당당한 모양. 「雄糾糾一 ; 기세가 당당한 모양. ② ＝氣衝衝的.
[氣枕頭] ch'ìchěnt'ou ㄑㄧˋㄓㄣˇㄊㄡ 풍침(風枕). 공기를 넣은 베개.
[氣槍] ch'ìch'iāng ㄑㄧˋㄑㄧㄤ 공기총(空氣銃). 새총.
[氣結] ch'ìch'iéh ㄑㄧˋㄑㄧㄝˊ ①침울해지다. 우울해지다. ②맥(脈)이 멎다.
[氣節] ch'ìchiéh ㄑㄧˋㄐㄧㄝˊ 기개(氣概). 절조(節操).
[氣截胸] ch'ìchíhhsiūng ㄑㄧˋㄓˊㄒㄩㄥ 가슴이 답답하고 숨이 막히는 병.
[氣盡] ch'ìchìn ㄑㄧˋㄐㄧㄣˋ 생기가 없다. 풀이 죽다.
[氣急敗壞] ch'ìchípàihuài ㄑㄧˋㄐㄧˊㄅㄞˋㄏㄨㄞˋ 노여움과 조바심으로 허둥대는 모양.
[氣球] ch'ìch'iú ㄑㄧˋㄑㄧㄡˊ 기구(氣球). 풍선. ＝氣球兒.
[氣急眼] ch'ìchíyěn ㄑㄧˋㄐㄧˊㄧㄢˇ 화가 나서 눈에 불이 나다.
[氣喘] ch'ìch'uǎn ㄑㄧˋㄔㄨㄢˇ 헐떡이다.
[氣壯] ch'ìchuàng ㄑㄧˋㄓㄨㄤˋ 기세(氣勢)가 등등하다.
[氣喘喘的] ch'ìch'uǎnch'uǎntê ㄑㄧˋㄔㄨㄢˇㄔㄨㄢˇㄉㄜ 숨이 가빠서 헐떡거리는 모양.
[氣喘吁吁] ch'ìch'uǎn hsūhsū ㄑㄧˋㄔㄨㄢˇㄒㄩㄒㄩ 숨이 가빠서 식식거리는 모양.
[氣衝衝的] ch'ìch'ūngch'ūngtê ㄑㄧˋㄔㄨㄥㄔㄨㄥㄉㄜ 화가 머리끝까지 치밀어 어쩔 줄 모르는 모양 : 동작이 수반됨.
[氣衝鬪牛] ch'ìch'ūng tǒu niú ㄑㄧˋㄔㄨㄥㄉㄡˇㄋㄧㄡˊ 화가 치밀어 심히 성을 내는 모양. «成»
[氣氛] ch'ìfěn ㄑㄧˋㄈㄣ (눈에 보이지 않는 주위의) 정황(情況). 기분. 정서. 분위기.
[氣憤] ch'ìfěn ㄑㄧˋㄈㄣ ①성내다. 노하다. ②노여움. 노기. ＝氣忿.
[氣憤憤的] ch'ìfěnfěntê ㄑㄧˋㄈㄣㄈㄣˋㄉㄜ (마음을 진정시키지 못하고) 성이나서 식식거리는 모양.
[氣瘋] ch'ìfēng ㄑㄧˋㄈㄥ ① 화가 나서 미치다. ②미칠듯이 화가 나다. 「스 용접.
[氣杆接] ch'ìhànchiēh ㄑㄧˋㄏㄢˋㄐㄧㄝ 가
[氣恨] ch'ìhên ㄑㄧˋㄏㄣ 미워하고 원망하다.
[氣哼哼的] ch'ìhēnghēngtê ㄑㄧˋㄏㄥㄏㄥㄉㄜ 불끈 화를 내고 식식거리는 모양.
[氣象] ch'ìhsiàng ㄑㄧˋㄒㄧㄤˋ ①기상. ②사람의 태도나 거동. ③사물(事物)의 외부에 나타난 모습.
[氣悻悻的] ch'ìhsìnghsìngtê ㄑㄧˋㄒㄧㄥˋㄒㄧㄥˋㄉㄜ 화가 나서 투덜거리는 모양.
[氣象萬千] ch'ìhsiàng wànch'iēn ㄑㄧˋㄒㄧㄤˋㄨㄢˋㄑㄧㄢ 풍경(경치) 따위가 변화가 많아서 장엄하고 화려함.
[氣息] ch'ìhsi ㄑㄧˋㄒㄧ ①숨. ②(부근의)공기나 분위기 또는 풍조. 「時髦的一 ; 현대적인 풍조」
[氣候] ch'ìhou ㄑㄧˋㄏㄡ ①기후. ②때. 시절. ③포진(布陣). 국면(局面). 구성면(構成面). ④경기. ⑤성취(成就).
[氣虛] ch'ìhsū ㄑㄧˋㄒㄩ 몸이 약하다. 기가 허하다.
[氣話] ch'ìhuà ㄑㄧˋㄏㄨㄚˋ ①기분 나쁜 말. 화나는 소리. ②화가 나서 한 말.
[氣壞] ch'ìhuài ㄑㄧˋㄏㄨㄞˋ 대단히 노하다. 몹시 성내다. 「這句話把他一了 ; 이 말은 그를 몹시 성나게 했다」
[氣呼呼的] ch'ìhūhūtê ㄑㄧˋㄏㄨㄏㄨㄉㄜ 화가 나서 식식거리는 모양.
[氣火] ch'ìhuǒ ㄑㄧˋㄏㄨㄛˇ 벌컥 화를 내다.
[氣糊塗] ch'ìhút'u ㄑㄧˋㄏㄨˊㄊㄨ 화가 나서 전후를 분간치 못하게 되다.
[氣概] ch'ìkài ㄑㄧˋㄍㄞˋ 태도. 거동.
[氣功] ch'ìkūng ㄑㄧˋㄍㄨㄥ ①기합(氣合). ②무술사(武術師)가 기(氣)를 연마하는 수행(修行).
[氣臌] ch'ìkǔ ㄑㄧˋㄍㄨˇ 〈醫〉배가 부어 오르는 병 : 장만(腸滿).
[氣累脖兒] ch'ìlěipórh ㄑㄧˋㄌㄟˇㄅㄛˊㄦ 〈醫〉 바아제도우씨 병(Basedow's disease) : 갑상선의 작용이 높아져서 생기는 병. 눈알이 튀어 나옴.
[氣量] ch'ìliàng ㄑㄧˋㄌㄧㄤˋ 도량(度量). 포용력(包容力). 「막힘.
[氣悶] ch'ìmên ㄑㄧˋㄇㄣ 갑갑하여 숨이
[氣門] ch'ìmên ㄑㄧˋㄇㄣˊ ①곤충의 호흡기의 일부. 몸의 양편에 있음. ②털구멍.
[氣囊囊的] ch'ìnāngnāngtê ㄑㄧˋㄋㄤㄋㄤㄉㄜ 성이 나서 뿌루퉁하다.
[氣惱] ch'ìnǎo ㄑㄧˋㄋㄠˇ ＝氣憤.
[氣餒] ch'ìněi ㄑㄧˋㄋㄟˇ 기력이 없어지다. 기가 죽다.
[氣逆] ch'ìnì ㄑㄧˋㄋㄧˋ ①상기(上氣)하다. ②상기. 흥분.
[氣派] ch'ìp'ai ㄑㄧˋㄆㄞ ①기개(氣概). ②풍채. ③태도가 당당하다. 사나이답다. ＞氣氣派派.
[氣膨] ch'ìp'éng ㄑㄧˋㄆㄥˊ ＝氣臌.
[氣平] ch'ìp'íng ㄑㄧˋㄆㄧㄥˊ 노여움이 가라앉다. 노기가 풀리다.
[氣不出] ch'ìpuch'ū ㄑㄧˋㄅㄨㄔㄨ ①화

가 가슴 속에 뭉쳐 말이 나오지 않다. ②성내다.
[氣不忿兒] ch'ìpūfènrh ㄑㄧˋㄅㄨˋㄈㄣˋㄦ ①성내다. =氣忿. ②=氣不平.
[氣不平] ch'ìpūpíng ㄑㄧˋㄅㄨˋㄆㄧㄥˊ ①불만스러워 화가 나다. ②화가 치솟다.
[氣布袋] ch'ìpūtai ㄑㄧˋㄅㄨˋㄉㄞ 남의 노여움만 받고 있는 사람.「花了錢倒買了個一; 돈을 쓰고서 도리어 심한 욕만 얻어 먹었다」
[氣嗓] ch'ìsǎng ㄑㄧˋㄙㄤˇ 기관(氣管).
[氣色] ch'ìsè ㄑㄧˋㄙㄜˋ 기색. 안색.「一不正; 안색이 보통과 다르다」
[氣勢洶洶] ch'ìshìh hsiūnghsiūng ㄑㄧˋㄕˋ ㄒㄩㄥㄒㄩㄥ 노기가 등등하다.
[氣勢磅礴] ch'ìshìh p'ángpó ㄑㄧˋㄕˋㄆㄤˊㄅㄛˊ 기세가 대단하다. 화가 머리끝까지 치밀다. =大氣磅礴.
[氣數] ch'ìshù ㄑㄧˋㄕㄨˋ 운명.
[氣死] ch'ìssǔ ㄑㄧˋㄙˇ ①분사(憤死)하다. ②화가 나다. 울화증이 치밀다.
[氣死風] ch'ìssǔfēng ㄑㄧˋㄙˇㄈㄥ ①허리케인 등(燈). =風燈. ②ch'ìssǔfēng 관청이나 군영(軍營)의 문전에 걸어 놓던 원형(圓型)의 초롱.《舊》
[氣死猫] ch'ìssǔmāo ㄑㄧˋㄙˇㄇㄠ 쥐가 못 들어 가게 하는 음식을 넣는 기구.「석.
[氣墊子] ch'ìtièntzǔ ㄑㄧˋㄉㄧㄢˋㄗ 공기 방
[氣頭兒上] ch'ìt'óurhshang ㄑㄧˋㄊㄡˊㄦㄕㄤ 노여움.「觸在一; 노여움을 사다. 비위를 건드리다」
[氣粗] ch'ìts'ū ㄑㄧˋㄘㄨ ①성질이 거칠다. ②목소리가 크다. ③침착성이 없다. ④성을 잘 내다.
[氣度] ch'ìtù ㄑㄧˋㄉㄨˋ 기개(氣槪). 배포.
[氣短] ch'ìtuǎn ㄑㄧˋㄉㄨㄢˇ ①실망해서 사기가 죽다. ②숨이 막히다.
[氣肚臍兒] ch'ìtùch'írh ㄑㄧˋㄉㄨˋㄑㄧˊㄦ 튀어 나온 배꼽.
[氣呑山河] ch'ìt'ūn shānhó ㄑㄧˋㄊㄨㄣ ㄕㄢㄏㄜˊ 산이라도 집어삼킬 듯한 기개: 배포가 크다는 비유.《成》 「기 펌프.
[氣筒(子)] ch'ìt'ǔng(tzǔ)ㄑㄧˋㄊㄨㄥˇ(ㄗ) 공
[氣萎] ch'ìwēi ㄑㄧˋㄨㄟ 기가 죽다.
[氣味] ch'ìwèi ㄑㄧˋㄨㄟˋ ①냄새.「一兒; 냄새」「一好聞; 냄새가 좋다」②감각. 성질. 흥미.「一相投; 의기가 투합하다」
[氣眼] ch'ìyěn ㄑㄧˋㄧㄢˇ 기공. 통풍 구멍.
[氣油] ch'ìyú ㄑㄧˋㄧㄡˊ 디이젤·휘발유 따위.
[氣鬱] ch'ìyǜ ㄑㄧˋㄩˋ 기분이 울적하다.
[氣運] ch'ìyùn ㄑㄧˋㄩㄣˋ =氣數.

〔訖〕 ch'ì ㄑㄧˋ 끝나다. 종료(終了)되다.「收一; 인수필(引受畢)」

〔戚〕(慼②) ch'ī ㄑㄧ ①혼인에 의하여 맺어진 친척. 모계(母系)·처계(妻系)의 친척을 말함. ②근심. 걱정. 슬픔. 「다.

〔棄〕(弃) ch'ì ㄑㄧˋ 버리다. 포기하
[棄暗投明] ch'ì' àn-t'óumíng ㄑㄧˋㄢˋ ㄊㄡˊㄇㄧㄥˊ 나쁜 소굴에서 벗어나 광명을 찾다.《成》
[棄甲曳兵] ch'ìchiǎ-yèhpīng ㄑㄧˋㄐㄧㄚˇ ㄧㄝˋㄅㄧㄥ 패주(敗走)하는 모양. 「다.
[棄置] ch'ìchìh ㄑㄧˋㄓˋ 방치하다. 버려 두
[棄之不顧] ch'ìchīhpūkú ㄑㄧˋㄓㄅㄨˋㄍㄨˋ 버리고 돌보지 않음.《成》=棄置不顧.
[棄取] ch'ìch'ǚ ㄑㄧˋㄑㄩˇ 좋은 것은 취(取)하고 나쁜 것은 버리다. 「처(妻).
[棄婦] ch'ìfù ㄑㄧˋㄈㄨˋ 남편에게 버림받은
[棄邪歸正] ch'ìhsiéh-kueīchěng ㄑㄧˋㄒㄧㄝˊ ㄍㄨㄟㄓㄥˋ 악을 버리고 바른길로 돌아오다.《成》=改邪歸正. 「행하다.
[棄市] ch'ìshìh ㄑㄧˋㄕˋ 거리에서 사형을 집
[棄世] ch'ìshìh ㄑㄧˋㄕˋ 사람이 죽는 일 속세(俗世)를 초월(超越)하다.
[棄短取長] ch'ìtuǎn ch'ǚch'áng ㄑㄧˋㄉㄨㄢˇ ㄑㄩˇㄔㄤˊ 나쁜 점을 버리고 좋은 점을 취하다.《成》
[棄物] ch'ìwù ㄑㄧˋㄨˋ 폐물(廢物).
[棄業變產] ch'ìyèh piènch'ǎn ㄑㄧˋㄧㄝˋㄅㄧㄢˋㄔㄢˇ 재산을 처분하다.

〔葺〕 ch'ì ㄑㄧˋ 이엉을 잇다. 지붕 위를 덮다.「修一房屋; hsiūch'ìfángwū ㄒㄧㄡ ㄑㄧˋㄈㄤˊㄨ 지붕을 수선하다」

〔憩〕 ch'ì ㄑㄧˋ 휴계하다. 휴식하다.

〔磧〕 ch'ì ㄑㄧˋ 사지(砂地).「沙一; 사막」

〔器〕 ch'ì ㄑㄧˋ ①기구나 용구의 총칭.「武一; 무기」「容一; 용기」 ②생물의 기관.「呼吸一; 호흡기」③사람의 도량이나 재능. ④중히 여기다. 정중히 취급하다.「一任; 중용(重用)하다」
[器重] ch'ìchùng ㄑㄧˋㄓㄨㄥˋ (재능이나 식견을) 중히 여기다. 존경하다.
[器械] ch'ìhsièh ㄑㄧˋㄒㄧㄝˋ 용구(用具).「一操; 기계 체조」
[器量] ch'ìliàng ㄑㄧˋㄌㄧㄤˋ 도량.「這人一不大; 이 사람은 도량이 크지 못하다」
[器皿] ch'ìmǐn ㄑㄧˋㄇㄧㄣˇ 식기. 그릇.
[器識] ch'ìshíh ㄑㄧˋㄕˊ 재능과 식견.
[器使] ch'ìshǐh ㄑㄧˋㄕˇ 재능에 따라 쓰다. 적재적소(適材適所)로 임용(任用)하다.

CHIA ㄐㄧㄚ

〔加〕 chiā ㄐㄧㄚ ①보태다. 더하다. 합치다.「三個數相一; 세 가지 수를 합치다」「喜上一喜; 기쁨에 기쁨이 겹치다」「湯裡一點鹽; 국에 소금을 조금 치다」②(어떤 동작을) 베풀다. 가하다.「特一注意; 특별히 주의하다」「一以保護; 보호하여 주다」③억지로 갖다 붙이다.(책임이나 죄를) 남에게 뒤집어 씌우다. ④(형용사 앞에 씌여) …으로 하다. …게 하다.「一大; 크게 하다」
[加着] chiāchê ㄐㄧㄚㄓㄜ 그 외에 게다가.
[加級] chiāchí ㄐㄧㄚㄐㄧˊ 승급하다. 승격시키다.
[加急] chiāchí ㄐㄧㄚㄐㄧˊ 서두르다. 빨리하다.「一電報; 지급 전보」
[加強] ch'iāch'iáng ㄐㄧㄚㄑㄧㄤˊ 강화하다.「一團結; 단결을 강화하다」 「리다.
[加價] chiāchià ㄐㄧㄚㄐㄧㄚˋ 값을 올
[加緊] chiāch'ǐn ㄐㄧㄚㄑㄧㄣˇ ①급하게. 화급히. ②마음을 긴장시키다. 마음을 가다듬다. ③정력을 쏟다. 급히 서두르다.

[加勤] chiāch'ín ㄐㄧㄚㄑㄧㄣˊ ①충실성·성실성을 더하다. 「一練習; 더욱 연습에 열중하다」 ②과격하다. 심하다.

[加勁兒] chiāchìnrh ㄐㄧㄚㄐㄧㄣˋㄦ 힘을 들이다. 정력을 쏟다. 버티다.「再加點兒勁兒, 大概差不多了; 조금만 더 노력하면 대체로 윤곽이 잡힌다」

[加劇] chiāchǜ ㄐㄧㄚㄐㄩˋ 격화되다.심해지다.「一國際緊張; 국제 긴장을 격화시키다」 「하다.

[加捐] chiāchüān ㄐㄧㄚㄐㄩㄢ 증세(增稅)

[加重] chiāchùng ㄐㄧㄚㄓㄨㄥˋ무겁게 되다. 무겁게 하다. 가중하다.「一負擔; 부담이 무겁게 되다」 「즉 "+".

[加號] chiāhào ㄐㄧㄚㄏㄠˋ플러스의 부호.

[加分兒] chiāfēnrh ㄐㄧㄚㄈㄣㄦ ①(스포츠에서) 점(點)을 따다. 점수를 더 올리다. ②자기 몫이나 노임을 높이다.

[加洗] chiāhsǐ ㄐㄧㄚㄒㄧˇ (사진의) 인화(印畫)를 더하다. 또는 그 사진.

[加細] chiāhsì ㄐㄧㄚㄒㄧˋ 잘게 하다.

[加戲] chiāhsì ㄐㄧㄚㄒㄧˋ ①연극의 레퍼터리를 많게 하다. ②연극의 내용을 충실하게 하기 위하여 삽입(揷入) 부분을 더 늘이다.

[加楔兒] chiāhsiēhrh ㄐㄧㄚㄒㄧㄝㄦ ①쐐기를 박다. ②(행렬 따위에)끼어 들게 하다.

[加小心] chiā hsiǎohsin ㄐㄧㄚ ㄒㄧㄠˇㄒㄧㄣ 명심해서 주의하다.특히 조심조심하다. 「이다.

[加薪] chiāhsīn ㄐㄧㄚㄒㄧㄣ 급료를 더 늘

[加楦] chiāhsüàn ㄐㄧㄚㄒㄩㄢˋ (구두 모양이 망가지지 않도록) 신문지 따위를 넣다. 속을 박다.

[加以] chiāǐ ㄐㄧㄚ ㄧˇ ①보태다. 더하다: 뒤에 두 음절 이상의 숙어가 따름.「一批判; 비판을 가하다」 ②게다가. 그 외에.「一身體不適; 게다가 신체도 좋지 않다」

[加意] chiāì ㄐㄧㄚㄧˋ 특별히 주의하다.

[加固] chiākù ㄐㄧㄚㄍㄨˋ 단단하게 하다. 굳게 하다.「一決心; 결심을 굳게 하다」

[加快] chiāk'uài ㄐㄧㄚㄎㄨㄞˋ 빠르게 하다.「一步調; 보조를 빠르게 하다」

[加寬] chiāk'uān ㄐㄧㄚㄎㄨㄢ 넓게 하다. 폭을 넓히다. 「一範圍;범위를 넓히다」

[加工] chiākūng ㄐㄧㄚㄍㄨㄥ ①정력을 쏟다. 일을 빨리 서두르다.②=加班.③가공하다. 「一定貨; 가공 주문」

[加里] chiālǐ ㄐㄧㄚㄌㄧˇ카레이(curry).「一飯; 카레이 라이스」 「一粉; 카레이 가루」 《譯》

[加料] chiāliào ㄐㄧㄚㄌㄧㄠˋ ①특별한 재료를 사용하다. ②특별히 음미(吟味)하다.

[加倫] chiālun ㄐㄧㄚㄌㄨㄣ 갈론(gallon): 용적 단위. 《譯》 「촘촘하게 하다.

[加密] chiāmì ㄐㄧㄚㄇㄧˋ 면밀하게 하다.

[加冕] chiāmiěn ㄐㄧㄚㄇㄧㄢˇ 왕관을 쓰다.「一禮; 대관식(戴冠式)」

[加派] chiāp'ài ㄐㄧㄚㄆㄞˋ 다시 파견하다.

[加班] chiāpān ㄐㄧㄚㄅㄢ ①잔업(殘業)하다. ②(시간을) 초과 근무하다.

[加板紙] chiāpánchǐh ㄐㄧㄚㄅㄢˊㄓˇ 조잡한 종이의 한 가지.

[加倍] chiāpèi ㄐㄧㄚㄅㄟˋ ①곱하다. ②곱하여. 곱의.「一努力; 노력을 배가하다」

[加塞兒] chiāsàirh ㄐㄧㄚㄙㄞˋㄦ (행렬 따위에) 뚫고 들어 가다.

[加曬] chiāshài ㄐㄧㄚㄕㄞˋ 사진의 인화(印畫)를 더 추가하다.

[加上] chiāshang ㄐㄧㄚㄕㄤ ①더하다. ②그 외에. 게다가.

[加深] chiāshēn ㄐㄧㄚㄕㄣ 깊게 하다.「一認識; 인식을 깊이하다」

[加速] chiāsù ㄐㄧㄚㄙㄨˋ 빠르게 하다.「一商品流通; 상품의 유통을 원할하게 하다」 「速度; 속도를 높이다」

[加大] chiātà ㄐㄧㄚㄉㄚˋ 크게 하다. 「一

[加點] chiātiěn ㄐㄧㄚㄉㄧㄢˇ ①문장을 첨삭(添削)하다. ②초과 근무하다. 잔업을 하다. 「붙이다.

[加添] chiāt'iēn ㄐㄧㄚㄊㄧㄢ 첨가하다. 덧

[加粗] chiāts'ū ㄐㄧㄚㄘㄨ 굵게 하다.「一送風管; 송풍기의 파이프를 굵게 하다」

[加多] chiātō ㄐㄧㄚㄉㄨㄛ 많아지다. 증가시키다.

[加言] chiāyén ㄐㄧㄚㄧㄢˊ ①조언하다.「從房一; 옆에서 조언하다」 ②쓸 데 없는 말을 하다

[加油兒] chiāyúrh ㄐㄧㄚㄧㄡˊㄦ 피치를 올리다. 정력을 쏟다.「給人一; 더욱 노력하도록 격려하다」

[加油加醋] chiāyú-chiāts'ù ㄐㄧㄚㄧㄡˊ ㄐㄧㄚㄘㄨˋ ①말을 과장하다. ②말을 재미있게 각색하다. 말을 보태다. 《成》

〔夾〕(夹) chiā ㄐㄧㄚ

①끼우다. (도구로)집다. 「一菜; 요리를 젓가락으로 집다」 「一出煤來; 석탄을 집어 내다」 「書裡一着一張紙; 책에 종이가 한 장 끼어 있다」 ②양쪽에서 끼우듯이 다그다. 「兩山一一水; 두 산이 한줄기의 내를 에워 싸고 있다」 ③앞뒤에서 박두하다. 「一擊; 협격하다」 ④「一子·一兒; 물건을 끼워 두는 도구: 서류집게·명함케이스·지갑 따위」 「皮一子; 가죽 지갑」 ⑤섞다. 섞이다. =chiá. 「붙다.

[夾纏] chiāch'án ㄐㄧㄚㄔㄢˊ 귀찮게 따라

[夾擊] chiāchī ㄐㄧㄚㄐㄧ 협공하다.협격하다. 「하다.

[夾擠] chiāchǐ ㄐㄧㄚㄐㄧˇ 양편에서 압박

[夾七夾八] chiāch'ī-chiāpā ㄐㄧㄚㄑㄧ ㄐㄧㄚㄅㄚ 이것 저것 한데 섞이어 뒤죽박죽인 모양.

[夾剪] chiāchiěn ㄐㄧㄚㄐㄧㄢˇ 집게.

[夾間兒] chiāchièn rh ㄐㄧㄚㄐㄧㄢˋㄦ 사이에 끼워 넣다. 「집는 기구.

[夾具] chiāchǜ ㄐㄧㄚㄐㄩˋ 물건을 끼워서

[夾住] chiāchu ㄐㄧㄚㄓㄨ 단단히 끼워서 집다.

[夾注] chiāchù ㄐㄧㄚㄓㄨˋ ①기입한 주석(註釋). ②주석을 기입해 넣다.

[夾餡兒] chiāhsiènrh ㄐㄧㄚㄒㄧㄢˋㄦ. ①속에 넣는 고물. ②속에 불순물을 넣다. =夾心兒. 「간에 써서 삽입하다.

[夾寫] chiāhsiěh ㄐㄧㄚㄒㄧㄝˇ 써넣다. 중

[夾肝] chiākān ㄐㄧㄚㄍㄢ 동물의 간장.

[夾棍] chiākùn ㄐㄧㄚㄍㄨㄣˋ 주릿대: 형구(刑具)의 하나.

[夾攻] chiākūng ㄐㄧㄚㄍㄨㄥ ①양면 공격. 협공. ②협공하다.

[夾板] chiāpǎn ㄐㄧㄚㄅㄢˇ ①(외과용의) 받침대. ②합판(合板). 베니어판.

[夾壁墻] chiāpìch'iáng ㄐㄧㄚㄅㄧˋㄑㄧㄤˊ 이중벽(二重壁). 겹으로 된 벽.

[夾生] chiāshēng ㄐㄧㄚㄕㄥ ①반숙(半熟). 「煮一; 반숙으로 익히다」 ②날것이 섞여 있다. 「這碗飯有點兒一; 이 밥은 덜 익어서 설컹설컹한다」

[夾帶] chiātài ㄐㄧㄚㄉㄞˋ ① 하는 김에 =藏掖. ②밀수하다. ③커닝(cunning).

[夾帶藏掖] chiātài-ts'ángyēh ㄐㄧㄚㄉㄞˋㄘㄤˊㄧㄝ 몰래 가지고 들어 가다.

[夾當兒] chiātāngrh ㄐㄧㄚㄉㄤㄦ ①사이. 틈. 한가한 시간. ②때.

[夾道兒] chiātàorh ㄐㄧㄚㄉㄠˋㄦ 건물 사이에 있는 좁은 골목길.

[夾雜] chiātsá ㄐㄧㄚㄗㄚˊ 섞이다. 「難免一別的東西; 아무래도 다른 물건이 섞여 들어간다」

「는 물건. 집게.

[夾子] chiātzǔ ㄐㄧㄚㄗ 사이에 끼워서 집

〔佳〕 chiā ㄐㄧㄚ 좋은. 착한. 훌륭한. 「甚一; 훌륭하다. 퍽 아름답다」

[佳期] chiāch'ī ㄐㄧㄚㄑㄧ 결혼 날짜.

[佳境] chiā chìng ㄐㄧㄚ ㄐㄧㄥˋ 재미나는 곳. 가경. 「漸入一; 점점 재미 있는 경지로 들어 가다」

「點).

[佳處] chiāch'ù ㄐㄧㄚㄔㄨˋ 장점. 미점(美

[佳構] chiākòu ㄐㄧㄚㄍㄡˋ (문장의) 좋은 구상. 재미 있는 구성. 「가주(佳酒).

[佳釀] chiāniàng ㄐㄧㄚㄋㄧㄤˋ 맛있는 술.

[佳偶] chiā ǒu ㄐㄧㄚ ㄡˇ 결혼의 좋은 상대. 좋은 배필.

[佳兵] chiāping ㄐㄧㄚㄅㄧㄥ ①예리한 무기. ②용병술(用兵術)이 탁월한.

[佳肴] chiāyáo ㄐㄧㄚㄧㄠˊ 좋은 생선이나 육류로 만든 요리.

「길보(吉報).

[佳音] chiāyīn ㄐㄧㄚㄧㄣ 소식. 좋은 소식.

〔迦〕 chiā ㄐㄧㄚ 역음(譯音)에 쓰는 글자: 범어(梵語)의 "가" 음(音) 따위. 「釋一; 석가」

「우는) 칼.

〔枷〕 chiā ㄐㄧㄚ 형구(刑具). (목에 씌

[枷鎖] chiāsǒ ㄐㄧㄚㄙㄨㄛˇ ①(형구의) 칼과 쇠사슬. ②속박.

〔家〕 chiā ㄐㄧㄚ ①집. 주거. 가정. 「我一住在城裡; 우리집은 성 안에 있다」「老一; 고향」 ②자기집 사람으로서 자기보다 손윗사람을 남에게 말할 때 쓰는 낮춤말. 「一父; 아버지」 ③가족. 일족(一族). 「一門; 한 가족」 ④전문 지식·기능을 갖춘 사람. 「專一; 전문가」 ⑤가게나 가정을 세는 말. 「只此一, 幷無分號; 이 가게는 하나뿐이고 분점은 없다」 ⑥접미어로서 사람의 연령이나 성별을 유별할 때는 경성(輕聲)이 됨. 「姑娘一; 처녀(들)」「孩子一; 어린이」 ⑦성(姓)의 하나.

[家常] chiāch'áng ㄐㄧㄚㄔㄤˊ ①평소의 집안 일. ②평소의. 일상의. 「一便飯; 보통 식사. 평범하고 다름 없는. 「一話; 일상 쓰는 말」「一事; 평소의 일」

[家長] chiāchǎng ㄐㄧㄚㄓㄤˇ 가장(家長). 「一會; 부형회(父兄會)」

[家長理短] chiācháng-lǐtuǎn ㄐㄧㄚㄓㄤˊㄌㄧˇㄉㄨㄢˇ 집안의 자질구레한 일. =家常理短.

[家計] chiāchì ㄐㄧㄚㄐㄧˋ 가정 경제.

[家祭] chiāchì ㄐㄧㄚㄐㄧˋ 집안 제사.

[家雀兒] chiāch'iǎorh ㄐㄧㄚㄑㄧㄠˇㄦ 〈動〉 참새. =家賓, 「一過海; 참새가 바다를 건너다. 머무를 데가 없다. 살아 나아갈 방도가 막연하다」

[家家戶戶] chiāchiāhùhù ㄐㄧㄚㄐㄧㄚㄏㄨˋㄏㄨˋ 가가호호. 집집마다. 「一電燈亮; 집집마다 전등이 밝다」 =家家兒.

[家教] chiāchiào ㄐㄧㄚㄐㄧㄠˋ 가정의 가르침. 가훈(家訓).

「는 형편.

[家景] chiāchǐng ㄐㄧㄚㄐㄧㄥˇ 살림살이. 사

[家境] chiāchìng ㄐㄧㄚㄐㄧㄥˋ =家景.

[家給人足] chiāchǐ-jěntzǔ ㄐㄧㄚㄐㄧˇㄖㄣˊㄗㄨˊ ①집집마다 살림살이가 넉넉하다. ②산물이 풍부하여 생활이 넉넉하다. 《成》

[家制] chiāchìh ㄐㄧㄚㄓˋ ①집에서 만든. 자가제(自家製)의. ②집의 규율. 가훈(家訓).

[家住] chiāchù ㄐㄧㄚㄓㄨˋ 거주(居住)하다. 「一臺北; 타이페이에 살다」

[家具] chiāchǜ ㄐㄧㄚㄐㄩˋ 가구. 세간.

[家婆] chiāchüan ㄐㄧㄚㄐㄩㄢ 가족. 가솔.

[家主婆] chiāchǔp'ó ㄐㄧㄚㄓㄨˇㄆㄛˊ 아내. 《吳》

「생활비.

[家費] chiāfèi ㄐㄧㄚㄈㄟˋ 살림살이 비용.

[家父] chiāfù ㄐㄧㄚㄈㄨˋ 남에게 아버지를 일컫는 말. 가친.

「대한 비칭.

[家小] chiāhsǎo ㄐㄧㄚㄒㄧㄠˇ 자기 처자에

[家下] chiāhsià ㄐㄧㄚㄒㄧㄚˋ ①아내의 낮은말. 우처(愚妻). ②집안. 「一人; 하인. 하녀」

[家鄕] chiāhsiāng ㄐㄧㄚㄒㄧㄤ 고향.

[家號] chiāhào ㄐㄧㄚㄏㄠˋ 옥호(屋號).

[家信] chiāhsìn ㄐㄧㄚㄒㄧㄣˋ ①집에서 온 편지. ②집으로 보내는 편지. 가신.

[家兄] chiāhsiūng ㄐㄧㄚㄒㄩㄥ 가형. 사형(舍兄).

[家夥] chiāhuo ㄐㄧㄚㄏㄨㄛ ①가구. 집기(什器). ②무기. 연장. ③(경멸할 때) 놈. 자.

「안 식구. ②하인.

[家人] chiājěn ㄐㄧㄚㄖㄣˊ ①집안 사람. 집

[家館] chiākuǎn ㄐㄧㄚㄍㄨㄢˇ ①사숙(私塾). ②가정 교사.

[家鴿] chiākō ㄐㄧㄚㄍㄜ 〈動〉 집비둘기.

[家口] chiāk'ǒu ㄐㄧㄚㄎㄡˇ ①가족수. ②가족. 「一得全; 가족들은 안전하였다」

[家過兒老] chiākuorhlǎo ㄐㄧㄚㄍㄨㄛㄦㄌㄠˇ 노처녀. 오울드 미스.

「헌(家憲).

[家規] chiākuei ㄐㄧㄚㄍㄨㄟ 집안 규율. 가

[家鬼] chjākueǐ ㄐㄧㄚㄍㄨㄟˇ 집안을 망치는 사람.

「가정의 번뇌.

[家累] chiālèi ㄐㄧㄚㄌㄟˋ 가정적인 부담.

[家裡] chiāli ㄐㄧㄚㄌㄧ ①집. 가정. ②마누라.

[家裡的] chiālitê ㄐㄧㄚㄌㄧㄉㄜ ①아내. 마누라. ②자기 집의 딸자식.

[家門] chiāmên ㄐㄧㄚㄇㄣˊ 가족 · 가정 따위의 뜻.

「겸칭.

[家母] chiāmǔ ㄐㄧㄚㄇㄨˇ 자기 어머니의

[家破人亡] chiāp'ò-jěnwáng ㄐㄧㄚㄆㄛˋㄖㄣˊㄨㄤˊ (재난으로) 집과 부모 형제를 잃다. 《成》

[家生] chiāshēng ㄐㄧㄚㄕㄥ 가구(家具). 식기구(食器具). 「西洋一; 양가구」 《吳》

[家世] chiāshìh ㄐㄧㄚㄕˋ 가문(家門). 문벌(門閥).

[家什] chiāshih ㄐㄧㄚㄕ 가재 도구. 가구.

[家史] chiāshǐh ㄐㄧㄚㄕˇ 집의 역사.

[家書] chiāshū ㄐㄧㄚㄕㄨ =家信
[家屬] chiāshǔ ㄐㄧㄚㄕㄨˇ 가족. 가솔.
[家數] chiāshu ㄐㄧㄚㄕㄨ ①유파(流派). 종파(宗派). ②방법.「那個人的一可多了;그 사람은 참으로 꾀가 많다」
[家數兒] chiāshùrh ㄐㄧㄚㄕㄨˋㄦ 호수(戶數). 집 수효.
[家私] chiāssū ㄐㄧㄚㄙ ①가구(家具). ②가재(家財). 가산(家產). ③지독하다. 심하다. ④인색하다. ⑤(몸집이)크다. ⑥능력이 있다. =家司.
[家當(兒)] chiātang(rh) ㄐㄧㄚㄉㄤ(ㄦ) ①가재(家財). ② chiātàngrh 때. 기회. 경우.
[家道] chiātào ㄐㄧㄚㄉㄠˋ 살림살이. =家景.
[家倒累家] chiātǎo lèichiā ㄐㄧㄚㄉㄠˇㄌㄟˋㄐㄧㄚ 가정을 유지하기 어렵게 되어 가족들이 고생되다. «成»
[家底子] chiātǐtzǔ ㄐㄧㄚㄉㄧˇㄗ ①집안의 전재산. ②가문(家門). 문벌.
[家頭] chiāt'óu ㄐㄧㄚㄊㄡˊ 사람 수효를 세는 단위.「一一; 한 사람」「兩一; 두 사람」
[家蠶] chiāts'án ㄐㄧㄚㄘㄢˊ 집에서 치는 누에. 가잠: "野蠶"에 대한 말. =桑蠶.
[家兎兒] chiāt'ùrh ㄐㄧㄚㄊㄨˋㄦ 〈動〉집토끼: 산토끼에 대한 말.
[家徒四壁] chiāt'ússūpì ㄐㄧㄚㄊㄨˊㄙˋㄅㄧˋ 집은 사방의 벽만이 남았을 뿐이란 뜻으로 가난하여 아무 것도 없다는 말. «成»
[家慈] chiātz'ú ㄐㄧㄚㄘˊ 어머니. 자친. 자기 모친에 대한 겸칭.
[家務] chiāwù ㄐㄧㄚㄨˋ 가사(家事). 「一勞動; 가사 노동」
[家鴨] chiāyā ㄐㄧㄚㄧㄚ 〈動〉 집오리.
[家業] chiāyèh ㄐㄧㄚㄧㄝˋ 집의 재산. 가업.
[家用] chiāyùng ㄐㄧㄚㄩㄥˋ ①가정용. ②집의 모든 비용.
[家園] chiāyüán ㄐㄧㄚㄩㄢˊ ①정원. ②가정.「重建一; 가정을 재건하다.」
[家喩戶曉] chiāyǜ-hùhsiǎo ㄐㄧㄚㄩˋㄏㄨˋㄒㄧㄠˇ 어느 집이나 알고 있다. 집집마다 주지시키다. «成»

〔浹〕 chiā ㄐㄧㄚ 흠뻑 젖어서 깊이 배어 들다.「汗流一背; 땀이 흘러서 등에 배다」

〔痂〕 chiā ㄐㄧㄚ 부스럼 딱지. =嘎渣.

〔袈〕 chiā ㄐㄧㄚ
[袈裟] chiāshā ㄐㄧㄚㄕㄚ 중의 옷. 가사.

〔葭〕 chiā ㄐㄧㄚ 어린 갈대.「一莩; 갈대 속의 얇은 꺼풀: 먼 친적의 비유」

〔嘉〕 chiā ㄐㄧㄚ ①아름답다. 기쁘다. 좋다. ②칭찬하다. 찬양하다. 「精神可一; 그 정신이 훌륭하다」
[嘉奬] chiāchiǎng ㄐㄧㄚㄐㄧㄤˇ ①칭찬.「受了一; 칭찬하심을 받다」②칭찬하다.
[嘉禾] chiāhó ㄐㄧㄚㄏㄜˊ (곡식의) 잘 익은 이삭.
[嘉許] chiāhsǔ ㄐㄧㄚㄒㄩˇ =嘉奬.
[嘉惠] chiāhuì ㄐㄧㄚㄏㄨㄟˋ 은혜를 베푸시다. «敬»
[嘉禮] chiālǐ ㄐㄧㄚㄌㄧˇ 결혼식.
[嘉耦] chiāǒu ㄐㄧㄚㄡˇ 사이 좋은 부부. 화목(和睦)한 부부. 「륭한 사람들. «成»
[嘉賓] chiāpīn ㄐㄧㄚㄅㄧㄣ 내빈(來賓). 훌

〔夾〕(夹·裌·袷) chiá ㄐㄧㄚˊ 이중(二重)의. ⇨chiā. 「옷옷.
[夾襖] chiáǎo ㄐㄧㄚˊㄠˇ 겹옷으로 된 긴
[夾氣傷寒] chiách'ì shānghán ㄐㄧㄚˊㄑㄧˋㄕㄤㄏㄢˊ 호된 장질부사. 분노에 의해 발병한다고 함.
[夾衣] chiá ī ㄐㄧㄚˊㄧ 겹옷. 「지. 겹바지.
[夾褲] chi'ák'ù ㄐㄧㄚˊㄎㄨˋ 겹으로 된 바
[夾袍(子)] chiáp'áo(tzǔ) ㄐㄧㄚˊㄆㄠˊ(ㄗ) 겹옷.
[夾被] chiápèi ㄐㄧㄚˊㄅㄟˋ 겹 이불.
[夾衫] chiáshān ㄐㄧㄚˊㄕㄢ 겹저고리. 겹으로 된 옷옷. 「우트.
[夾大衣] chiáta ī ㄐㄧㄚˊㄉㄚˋㄧ 스프링 코

〔恝〕 chiá ㄐㄧㄚˊ 마음 편한. 소홀한.「一置; 조금도 걱정하게 않다」

〔戞〕(戛) chiá ㄐㄧㄚˊ ①두드리다. 치다. ②쇠·돌이 부딪치는 소리.「一然而止; 딱하고 그치다」
[戞戞] chiáchiá ㄐㄧㄚˊㄐㄧㄚˊ 어긋나는 모양. 곤란한 모양.「一乎其難哉; 어허, 참 그거 어려운 일인데」

〔莢〕 chiá ㄐㄧㄚˊ 깍지.「豆一; 깍지가 붙은 콩」

〔蛺〕 chiá ㄐㄧㄚˊ 나비의 한 가지.
[蛺蝶] ch'iátiéh ㄐㄧㄚˊㄉㄧㄝˊ 호랑나비.

〔頰〕 chiá ㄐㄧㄚˊ 빰. =腮子.「兩一緋紅; 새빨간 양쪽 볼」
[頰輔] chiáfǔ ㄐㄧㄚˊㄈㄨˇ 광대뼈에서 아랫입 언저리 부분. 볼.
[頰骨] chiákǔ ㄐㄧㄚˊㄍㄨˇ 턱뼈.
[頰上添毫] chiáshàng t'iēnháo ㄐㄧㄚˊㄕㄤˋㄊㄧㄢㄏㄠˊ 빰에 털을 그렸다는 뜻으로, 생생하게 묘사했다는 비유. «成»

〔鋏〕 chiá ㄐㄧㄚˊ ①(대장간에서 쓰는) 집게. ②대검(大劍)의 자루.

〔賈〕 chiǎ ㄐㄧㄚˇ ⇨kǔ.

〔甲〕 chiǎ ㄐㄧㄚˇ ①십간(十干)의 첫째. ②제일의. …에 으뜸이다.「桂林山水一于天下; 계림의 자연은 천하 제일이다」③갑옷.「戰一; 갑옷」④(거북 따위의)등딱지.「龜一; 귀갑」⑤보호 장비.「裝一汽車; 장갑차」 ⑥옛 호구(戶口) 제도. ⑦임시로 이름 대용으로 쓰는 말.「從一地到乙地; 갑지에서 을지로 (가다)」
[甲殼] chiǎch'iào ㄐㄧㄚˇㄑㄧㄠˋ (거북 따위의) 껍데기. 등딱지.
[甲鉗] chiǎch'ién ㄐㄧㄚˇㄑㄧㄢˊ 손톱깎이
[甲醇] chiǎch'ún ㄐㄧㄚˇㄔㄨㄣˊ 메틸알코올(methyl-alcohol).
[甲蟲] chiǎch'úng ㄐㄧㄚˇㄔㄨㄥˊ 〈動〉 딱정 벌레. 또는 그런 종류.
[甲酚] chiǎfēn ㄐㄧㄚˇㄈㄣ 크레졸(cresol).
[甲骨文] chiǎkǔwén ㄐㄧㄚˇㄍㄨˇㄨㄣˊ 귀갑(龜甲)이나 짐승뼈에 새긴 중국 고대의 문자. 갑골 문자.

[甲兵] chiǎpīng ㄐㄧㄚˇㄅㄧㄥ 무장병.
[甲械] chiǎhsièh ㄐㄧㄚˇㄒㄧㄝˋ 무기(武器)
[甲子] chiátzǔ ㄐㄧㄚˊㄗˇ ①십간(十干)과 십이지(十二支). ②갑자년(甲子年). ③chià tzǔ ㄐㄧㄚˋㄗˇ 연세. 춘추.「貴一; 연세는 얼마십니까」
[甲魚] chiǎyǘ ㄐㄧㄚˇㄩˊ chiàyǘ〈動〉자라.

〔岬〕 chiǎ ㄐㄧㄚˇ ①산과 산의 사이. 골짜기. ②갑(鉀). 곶.
[岬角] chiáchiǎo ㄐㄧㄚˊㄐㄧㄠˇ 갑(鉀).곶.

〔胛〕 chiǎ ㄐㄧㄚˇ 갑골(胛骨).견갑(肩胛).
[胛骨] chiákǔ ㄐㄧㄚˊㄍㄨˇ 견갑골(肩胛骨).

〔假〕 chiǎ ㄐㄧㄚˇ ①거짓의. 임시 변통의. 가짜의.「一脚; 의족(義足)」②빌다. 차용하다.「久一不歸;꾼 것을 돌려 주지 않고 있다」⇨chià.
[假賬] chiǎchàng ㄐㄧㄚˇㄓㄤˋ 가짜 장부.
[假正經] chiǎchèngching ㄐㄧㄚˇㄓㄥˋㄐㄧㄥ 알고도 모르는 체하다. 시치미를 떼다.
[假漆] chiǎch'ī ㄐㄧㄚˇㄑㄧ 와니스(varnish).
[假脚] chiáchiǎo ㄐㄧㄚˊㄐㄧㄠˇ 의족(義足).
[假借] chiǎchièh ㄐㄧㄚˇㄐㄧㄝˋ (이름 따위를)빌다. 핑계하다. 임시 변통하다.
[假借字] chiǎchièhtzǔ ㄐㄧㄚˇㄐㄧㄝˋㄗˋ 음을 이용하여 다른 뜻으로 전용한 글자.
[假痴假呆] chiǎch'īh-chiǎtāi ㄐㄧㄚˇㄔ ㄐㄧㄚˇㄉㄞ 모르는 체하고 시치미를 떼다.
[假裝] chiǎchuāng ㄐㄧㄚˇㄓㄨㄤ ①가장(假裝). ②가장하다. =假做.
[假充] chiǎch'ūng ㄐㄧㄚˇㄔㄨㄥ 속이다. 가짜를 진짜로 속이다. =冒充.
[假髮] chiǎfà ㄐㄧㄚˇㄈㄚˋ 가발(假髮).
[假想] chiáhsiǎng ㄐㄧㄚˊㄒㄧㄤˇ 없는 것을 있는 것으로 하다. 가상하다.
[假象牙] chiǎhsiàngyá ㄐㄧㄚˇㄒㄧㄤˋㄧㄚˊ 셀룰로이드(celluloid).
[假笑] chiǎhsiào ㄐㄧㄚˇㄒㄧㄠˋ 거짓으로 웃다. 헛웃음치다.
[假惺惺] chiǎhsīnghsīng ㄐㄧㄚˇㄒㄧㄥㄒㄧㄥ 거드름 피우다. 거만을 떨다.
[假花] chiǎhuā ㄐㄧㄚˇㄏㄨㄚ 조화(造花).
[假話] chiǎhuà ㄐㄧㄚˇㄏㄨㄚˋ 거짓.허언.
[假貨] chiǎhuò ㄐㄧㄚˇㄏㄨㄛˋ 가짜.
[假意] chiǎì ㄐㄧㄚˇㄧˋ ①거짓 마음.속이는 마음. ②성실한 체하다.
[假人情] chiǎjěnch'ing ㄐㄧㄚˇㄖㄣˊㄑㄧㄥ 가면을 쓴 인정. 거짓 인정.
[假哭] chiǎk'ū ㄐㄧㄚˇㄎㄨ 거짓으로 울다. 우는 소리만 내다.
[假如] chiǎjú ㄐㄧㄚˇㄖㄨˊ =假使.
[假公濟私] chiǎkūng-chìssū ㄐㄧㄚˇㄍㄨㄥ ㄐㄧˋㄙ 공사(公事)를 핑계로 사복(私腹)을 채우다. 《成》
[假令] chiǎlìng ㄐㄧㄚˇㄌㄧㄥˋ =假使.
[假冒] chiǎmào ㄐㄧㄚˇㄇㄠˋ 남의 상표나 이름을 사칭하다.
[假面具] chiǎmiènchǜ ㄐㄧㄚˇㄇㄧㄢˋㄐㄩˋ 가면(假面).
[假眉三道] chiǎméisāntào ㄐㄧㄚˇㄇㄟˊㄙㄢㄉㄠˋ 성실치 않다. 부정(不正)하다.
[假模假式] chiǎmó-chiǎshìh ㄐㄧㄚˇㄇㄛˊ ㄐㄧㄚˇㄕˋ ①겉만을 미끈하게 꾸미는 모양. ②겉만을 꾸미다.
[假扮] chiǎpàn ㄐㄧㄚˇㄅㄢˋ 변장(變裝)하다.
[假鼻子] chiǎpítzǔ ㄐㄧㄚˇㄅㄧˊㄗ 가짜코.
[假嗓兒(子)] chiásǎngrh (tzǔ) ㄐㄧㄚˊㄙㄤˇㄦ(ㄗ) 자기의 보통 목소리보다 일부러 높거나 낮게 내는 소리. =假聲兒.
[假山] chiǎshān ㄐㄧㄚˇㄕㄢ 정원 등에 만들어 놓은 작은 동산.
[假設] chiǎshè ㄐㄧㄚˇㄕㄜˋ ①=假使. ②가정(假定). ③가정하다.
[假使] chiáshǐh ㄐㄧㄚˊㄕˇ 만일 …하다면.「一大家都反對,就暫作罷論吧; 만일 여럿이 반대한다면 잠시 그만두기로 합시다」
[假釋] chiǎshìh ㄐㄧㄚˇㄕˋ 가석방하다.
[假手] chiáshǒu ㄐㄧㄚˊㄕㄡˇ 손을 빌다. 남의 도움을 받다.
[假的] chiǎtê ㄐㄧㄚˇㄉㄜ 거짓. 가짜.「是眞的是一; ㉮정말인가 거짓말인가. ㉯진짜냐 가짜냐」
[假托] chiǎt'ō ㄐㄧㄚˇㄊㄨㄛ 핑계삼다. 핑계하다.
[假頭髮] chiǎt'óufa ㄐㄧㄚˇㄊㄡˊㄈㄚ (연극에서의)가발(假髮).
[假造] chiǎtsào ㄐㄧㄚˇㄗㄠˋ 위조하다.
[假做] chiǎtsò ㄐㄧㄚˇㄗㄨㄛˋ 하는체하다. 꾸미다.「一看報的樣子; 신문을 보는 체하다」
[假牙] chiǎyá ㄐㄧㄚˇㄧㄚˊ 의치(義齒).
[假樣] chiǎyàng ㄐㄧㄚˇㄧㄤˋ ①거짓 자세. 가짜 견본(見本).
[假眼] chiáyěn ㄐㄧㄚˊㄧㄢˇ 의안(義眼).

〔架〕 chià ㄐㄧㄚˋ ①「一子·一兒; 선반·받침대 따위.」「書一兒; 서가(書架)」「房一子; 집의 뼈대」②짜 맞추다. 짜서 만들다.「一橋; 다리를 놓다」③지탱하다. 유지하다.「怕一不住; 견디어 내지 못하다」④손을 빌려 주다. 돕다.「他受傷了, 一着他走; 그가 부상했으니 좀 거들어 주게」⑤다투다. 싸우다. 서로 때리다.「打了一一; 싸움을 한 번 했다」「勸一; 싸움의 중재를 하다」⑥교사하다. 치켜 세우다.「一訟; 남을 교사하여 소송을 일으키게 하다」⑦받침대나 선반 따위를 세는 말.「五一飛機; 비행기 5대」
[架槍] chiàch'iāng ㄐㄧㄚˋㄑㄧㄤ 총을 맞걸쳐 세우다.
[架去] chiàch'ǜ ㄐㄧㄚˋㄑㄩˋ 납치(拉致)하다.
[架火] chiàhuǒ ㄐㄧㄚˋㄏㄨㄛˇ 노여움이 겉으로 나타나다.
[架工] chiàkūng ㄐㄧㄚˋㄍㄨㄥ 조립 공사(組立工事).
[架弄] chiànung ㄐㄧㄚˋㄋㄨㄥ ①치켜 세우다. 선동하다. ②고의로 남을 조롱하다.
[架把] chiàpǎ ㄐㄧㄚˋㄅㄚˇ 부축하다.
[架不住] chiàpúchù ㄐㄧㄚˋㄅㄨˊㄓㄨˋ ①견딜 수 없다.「梁木怕一屋頂; 들보가 아마 지붕을 받쳐 내지 못할 걸세」②참을 수 없다.「一他左說右說; 그가 이러쿵저러쿵 시끄럽게 구는 데는 참을 수가 없다」
[架事] chiàshìh ㄐㄧㄚˋㄕˋ 일을 저지르게 하다.「捧場一; 선동하여 일을 저지르게 하다」
[架式] chiàshih ㄐㄧㄚˋㄕ ①모양. 자세. 태세. ②겉치장. 외양. =架勢.
[架几案] chiàchiàn ㄐㄧㄚˋㄐㄧㄢˋ 객실 장식용의 7자(尺) 가량의 긴 테이블.
[架人] chiàjěn ㄐㄧㄚˋㄖㄣˊ 사람을 포로로 잡다. 사람을 사로 잡다.
[架得住] chiàtêchù ㄐㄧㄚˋㄉㄜㄓㄨˋ 지탱하다. 버티다. 지지하다.

[架訟] chiàsùng ㄐㄧㄚˋㄙㄨㄥˋ 남을 교사하여 소송을 일으키다.
[架體] chiàt'ǐ ㄐㄧㄚˋㄊㄧˇ 기계 따위의 뼈대.
[架走] chiàtsǒu ㄐㄧㄚˋㄗㄡˇ 손으로 양쪽에서 껴안듯이 데리고 가다.
[架次] chiàtz'ǔ ㄐㄧㄚˋㄘˋ 비행기 한 대가 한 번 비행하는 것을 세는 말.「敵機出動了二百多一 ; 적기는 연 200 대 출동했다」
[架子] chiàtzǔ ㄐㄧㄚˋㄗ ①뽐내는 태도.「沒有多大的一 ; 별로 뽐내고 있지 않다」「擺一 ; 뽐내다」②선반. ③(건축 공사용) 발판.
[架子車] chiàtzǔch'ē ㄐㄧㄚˋㄗㄔㄜ 인력(人力)으로 끄는 이륜차(二輪車)의 한 가지.

〔假〕 chià ㄐㄧㄚˋ 휴가.「寒一 ; 겨울 휴가. 겨울 방학」「請一 ; 휴가를 얻다」 ⇨ chiǎ.
[假期] chiàch'ī ㄐㄧㄚˋㄑㄧ ①휴가 기한.②휴일.휴가.
[假日] chiàjìh ㄐㄧㄚˋㄖˋ 휴일(休日).
[假滿] chiàmǎn ㄐㄧㄚˋㄇㄢˇ 휴가가 끝나다.
[假條] chiàt'iáo ㄐㄧㄚˋㄊㄧㄠˊ 결근계. 결석계.

〔嫁〕 chià ㄐㄧㄚˋ ①시집 가다.시집 보내다.「出一 ; 시집가다」②(죄를)뒤집어 씌우다. 전가(轉嫁)하다.「一禍于人 ; 화를 남에게 뒤집어 씌우다」
[嫁鷄隨鷄] chiàchī suíchī ㄐㄧㄚˋㄐㄧ ㄙㄨㄟˊㄐㄧ 출가해서는 남편을 따르라. 《諺》 =嫁狗隨狗.
[嫁接] chiàchiēh ㄐㄧㄚˋㄐㄧㄝ 접목(接木)하다.
[嫁娶] chiàch'ǚ ㄐㄧㄚˋㄑㄩˇ 시집가다. 장가 들다.
[嫁妝] chiàchuāng ㄐㄧㄚˋㄓㄨㄤ 시집갈 때 가지고 가는 세간. =嫁奩.
[嫁禍] chiàhuò ㄐㄧㄚˋㄏㄨㄛˋ 화(禍)를 남에게 전가시키다.
[嫁人] chiàjěn ㄐㄧㄚˋㄖㄣˊ 시집 가다.
[嫁給] chiàkei ㄐㄧㄚˋㄍㄟ 시집을 보내다.
[嫁賴] chiàlài ㄐㄧㄚˋㄌㄞˋ 남에게 전가시키다. 남에게 뒤집어 씌우다.
[嫁禮] chiàlǐ ㄐㄧㄚˋㄌㄧˇ 결혼식 전에 예물을 주고 받는 일. 납채(納采).
[嫁奩] chiàlién ㄐㄧㄚˋㄌㄧㄢˊ =嫁妝.
[嫁資] chiàtzū ㄐㄧㄚˋㄗ 시집 갈 때 쓰는 돈. (여자의)결혼비.
[嫁怨] chiàyüàn ㄐㄧㄚˋㄩㄢˋ 원한을 전가하다.

〔價〕(价) chià ㄐㄧㄚˋ ①값.「物一穩定 ; 물가 안정」「減一 ; 값을 내리다」②원자가(原子價)의 가(價). ③접미어로서 경성(輕聲)이 되는 말.「震天一響 ; 하늘을 찌를 듯이 울리다」「成天一鬧 ; 진종일 떠들다」 ⇨ chièh ㄐㄧㄝˋ
[價錢] chiàch'ién ㄐㄧㄚˋㄑㄧㄢˊ 가격. 값.「一大 ; 값이 비싸다」
[價值連城] chiàchíh liénch'éng ㄐㄧㄚˋㄓˊ ㄌㄧㄢˊㄔㄥˊ 굉장히 귀중한 물건. 《成》
[價廉物美] chiàlién-wùměi ㄐㄧㄚˋㄌㄧㄢˊ ㄨˋㄇㄟˇ 값에 싸고 물건이 좋다.
[價碼兒] chiàmǎrh ㄐㄧㄚˋㄇㄚˇㄦ 정가(定價). 가격.
[價目] chiàmù ㄐㄧㄚˋㄇㄨˋ 가격.「一單 ; 가격표」
[價本兒] chiàpěnrh ㄐㄧㄚˋㄅㄣˇㄦ 원가(原價). 본전.
[價兒] chiàrh ㄐㄧㄚˋㄦ 값. 가격.
[價實貨眞] chiàshíh hùochēn ㄐㄧㄚˋㄕˊ ㄏㄨㄛˋㄓㄣ 값에 에누리가 없고 물건은 확실하다.
[價單] chiàtān ㄐㄧㄚˋㄉㄢ 가격표.
[價底(兒)] chiàtǐ(rh) ㄐㄧㄚˋㄉㄧˇ(ㄦ) 원가(原價).
[價鈿] chiàt'ién ㄐㄧㄚˋㄊㄧㄢˊ ⇨價錢.

〔稼〕 chià ㄐㄧㄚˋ 심다.
[稼穡] chiàsè ㄐㄧㄚˋㄙㄜˋ 경작.모내기.거둬 들임. 농사.

〔駕〕 chià ㄐㄧㄚˋ ①(수레에 말을)매다. 달다.「這輛車用兩匹馬一着 ; 이 마차에는 말이 두 필 달려 있다」②탈것.거마(車馬).「乘一出遊 ; 수레를 타고 놀이에 나가다」③상대방의 행차를 높여서 이르는 말.「大一 ; 내림(來臨)」「勞一 ; 오시느라고 수고하셨읍니다」
[駕輕就熟] chiàch'īng chiùshú ㄐㄧㄚˋㄑㄧㄥ ㄐㄧㄡˋㄕㄨˊ 손에 익은 일이라 술술 되다. 숙련된 일을 맡기다.《成》 =輕車熟路.
[駕臨] chiàlín ㄐㄧㄚˋㄌㄧㄣˊ 왕림(往臨).
[駕弄] chiànung ㄐㄧㄚˋㄋㄨㄥ ①남을 치켜 세우다.②고의로 남을 우롱하다.
[駕崩] chiàpēng ㄐㄧㄚˋㄅㄥ 천자(天子)의 붕어(崩御).
[駕駛] chiàshǐh ㄐㄧㄚˋㄕˇ 조종하다. 운전하다.「一飛機 ; 비행기를 조종하다.「一盤 ; 조종대. 운전대」「一員 ; 조종사. 항해사(航海士). 운전수」「一座 ; (자동차 따위의) 운전석」「一執照 ; 운전 면허증」
[駕御] chiàyǜ ㄐㄧㄚˋㄩˋ 감독 지휘하다. 제어(制御)하다.「沒有人能够一得他 ; 그를 제어할 사람은 아무도 없다」
[駕馭] chiàyǜ ㄐㄧㄚˋㄩˋ ①(말 따위를) 몰다. ②(자동차를) 운전하다. ③사람을 부리다. ④제어(制御)하다.「一自然 ; 자연을 다스리다」
[駕轅] chiàyüán ㄐㄧㄚˋㄩㄢˊ ①수레의 채. ②(말을 수레에) 매다.

CH'IA ㄑㄧㄚ

〔掐〕 ch'iā ㄑㄧㄚ ①손가락으로 꼭 집다. 손톱 끝으로 꼬집다. 따다.「緊一脖了 ; 목을 꽉 조르다」「一花兒 ; 꽃을 따다」②자르다. 끊다. 꺾다.「一電綫 ; 전선을 (꼭 집어서) 끊다」③「一子·一兒 ; 손으로 한 번 집는 수량의 단위.줌」「一小一韭菜 ; 한 줌의 부추」
[掐尖兒] ch'iāchiēnrh ㄑㄧㄚㄐㄧㄢㄦ (나무나 꽃의) 곁눈이나 곁가지를 따다. ②중간에서 이득을 보다.
[掐指一算] ch'iāchǐh í suàn ㄑㄧㄚㄓˇ ㄧˊ ㄙㄨㄢˋ ①손가락을 꼽아 세면.②추측하건대. 짐작에.
[掐訣] ch'iāchüéh ㄑㄧㄚㄐㄩㄝˊ 손가락으로 법술(法術)을 쓰다.
[掐算] ch'iāsuàn ㄑㄧㄚㄙㄨㄢˋ 손꼽아 세다.
[掐把] ch'iāpa ㄑㄧㄚㄅㄚ ①꽉 쥐다. ②학대하다.
[掐頭去尾] ch'iāt'óu-ch'ǜwěi ㄑㄧㄚㄊㄡˊ

ㄑㄩˋㄨㄟˇ 필요 없는 부분을 제거하다. 거두 절미(去頭截尾)하다.

〔卡〕 ch'iǎ ㄑㄧㄚˇ ①「關一；검문소」②사이에 끼이다. 채워 넣다.「嗓子裡一了魚刺；목구멍에 가시가 걸리다」⇨k'ǎ.

[卡鉗] ch'iǎch'ién ㄑㄧㄚˇㄑㄧㄢˊ 철사 끊는 도구. 뻰찌.

[卡住] ch'iǎchu ㄑㄧㄚˇㄓㄨ ①걸려서 움직이지 않다. ②(떨어지지 않게) 정지시켜 놓다. ③꽉 누르다. ④상하좌우 어느 쪽으로도 움직이지 않다.

[卡活] ch'iǎhuó ㄑㄧㄚˇㄏㄨㄛˊ ①주문 맡은 일. ② ch'iǎhuó 일을 주문 맡다.「那家小工廠, 上月一的活倒不少；저 작은 공장이 먼젓달에 주문 받은 일거리는 적었다」③일을 완성하다.「那個老工人到底是會一；저 늙은 노동자는 예상대로 일을 완성해 낸다」

[卡盤] ch'iǎp'án ㄑㄧㄚˇㄆㄢˊ 선반(旋盤)의 척(chuck).

[卡子] ch'iǎtzǔ ㄑㄧㄚˇㄗ ①종이 집게. ②머리핀. 클립(clip). ③징세소(徵稅所). ④보초(步哨)의 정위치.

〔洽〕 ch'ià ㄑㄧㄚˋ ①풀리다. 융합하다.「融一；마음이 풀리다」「賓主歡一；주인과 손님이 서로 융화되어 즐기다」②쌍방이 함께 의견 따위를 교환하다.「商一；교섭이나 상담(商談)을 하다」③보편적으로. 널리. 많이.「博學一聞；박학다문(博學多聞)」

[洽照] ch'iàchào ㄑㄧㄚˋㄓㄠˋ 양해. 납득.「希一爲荷；이해하여 주시기를 바랍니다」

[洽合] ch'iàhó ㄑㄧㄚˋㄏㄜˊ 적합하다. 꼭 알맞다.

[洽銷] ch'iàhsiāo ㄑㄧㄚˋㄒㄧㄠ 상담(商談)하다.

[洽購] ch'iàkòu ㄑㄧㄚˋㄍㄡˋ 구입(購入)을 상담(相談)하다.

[洽商] ch'iàshāng ㄑㄧㄚˋㄕㄤ (쌍방이 모여서) 이야기를 하다. 상담(相談)을 하다.

[洽談] ch'iàt'án ㄑㄧㄚˋㄊㄢˊ (직접) 교섭하다. 절충하다. 상담하다.

〔恰〕 ch'ià ㄑㄧㄚˋ ①마치. 겨우. 알맞게.「一到好處；마침 적당한 곳이나 알맞는 장소, 또는 재미있는 장면이 되다」②적당한. 타당한.「用得不一；쓰는 방법이 적당치 않다」

[恰巧] ch'iàch'iǎo ㄑㄧㄚˋㄑㄧㄠˇ ①때마침. 운이 좋게. =碰巧. ②마침 형편이 좋다.

[恰恰] ch'iàch'ià ㄑㄧㄚˋㄑㄧㄚˋ =恰好.

[恰中下懷] ch'iàchūng-hsiàhuái ㄑㄧㄚˋㄓㄨㄥ ㄒㄧㄚˋㄏㄨㄞˊ 꼭 내가 생각한 바와 같다. =正中下懷.

[恰好] ch'iàhǎo ㄑㄧㄚˋㄏㄠˇ ①꼭 마침. 마치 잘.「一在路上遇着地；때마침 도중에서 그 사람을 만났다」②적당하다.「你做得一；자네가 하는 방법은 적당하다」

[恰象] ch'iàhsiàng ㄑㄧㄚˋㄒㄧㄤˋ 마치 …와 같은.

[恰如] ch'iàjú ㄑㄧㄚˋㄖㄨˊ 마치…와 같다.「我看到的一你所說的；내가 본 것은 자네가 말한 것과 꼭 같은 것이다」

[恰當] ch'iàtang ㄑㄧㄚˋㄉㄤ ①마치 잘 되었다. 꼭 알맞다. ②적당하다.

[恰才] ch'iàts'ái ㄑㄧㄚˋㄘㄞˊ ①막 …하고 난 길이다.「工作一做完；일을 막 끝낸 판이다」②방금.「一他出去了；방금 그가 나갔다」

CHIANG ㄐㄧㄤ

〔江〕 chiāng ㄐㄧㄤ ①강의 통칭. ②「長一；"揚子江"」③성(姓)의 하나.

[江橋] chiāngch'iáo ㄐㄧㄤㄑㄧㄠˊ 강에 놓은 다리.

[江河日下] chiānghó jìhhsià ㄐㄧㄤㄏㄜˊ ㄖˋㄒㄧㄚˋ 강물은 날마다 밑으로 흐른다. 정황이 날로 악화하다. ‹成›

[江西臘] chiānghsīlà ㄐㄧㄤㄒㄧㄌㄚˋ ‹植› 과꽃. 엉거시과에 속하는 일년초.

[江心] chiānghsīn ㄐㄧㄤㄒㄧㄣ 강심. 강물의 중심부.「一補漏；소 잃고 외양간 고치기. ‹諺›

[江湖] chiānghu ㄐㄧㄤㄏㄨ ①이 세상. 넓은 사회. ②속세를 떠난 사람의 사회. ③=江湖氣.

[江湖氣] chiānghúch'ì ㄐㄧㄤㄏㄨˊㄑㄧˋ ①남을 속이려는 기질. 사기꾼의 태도. ②세상 물정에 밝은 체하는 얄미운 태도. ③호탕하고 분방한 기질.

[江干] chiāngkān ㄐㄧㄤㄍㄢ 강가. 강의 언저리.

[江輪] chiānglún ㄐㄧㄤㄌㄨㄣˊ "揚子江"을 항행하는 기선.

[江米] chiāngmǐ ㄐㄧㄤㄇㄧˇ 찹쌀.「一麵；찹쌀 가루」

[江米人] chiāngmǐjén ㄐㄧㄤㄇㄧˇㄖㄣˊ 찹쌀 가루로 만든 인형. =江米麵人兒.

[江山] chiāngshān ㄐㄧㄤㄕㄢ ①강산. 산하(山河).「一易改, 本性難移；사람의 성격을 고치기란 산천의 모습을 고치기보다 어렵다. ‹諺›」②국토. 국가.

[江豚] chiāngt'ún ㄐㄧㄤㄊㄨㄣˊ 양자강에서 나는 돌고래.

[江灣] chiāngwān ㄐㄧㄤㄨㄢ 하구(河口).

[江瑤] chiāngyáo ㄐㄧㄤㄧㄠˊ ‹動› 가리비. 해선(海扇): 바다조개의 한 가지.

〔姜〕 chiāng ㄐㄧㄤ 성(姓)의 하나.

〔豇〕 chiāng ㄐㄧㄤ 「一豆；광저기: 콩의 한 종류」

〔將〕(将) chiāng ㄐㄧㄤ ①바야흐로…하려 하다.「天一明；하늘이 밝아지려 한다」②방금.「他一下貨車；그는 지금 막 기차에서 내렸다」③거의. 어떻게든. 겨우.「人數一够；인원은 그럭저럭 넉넉하다」④…을. =把.「一電鈕一按；스위치를 꾹 누르다」⑤가지다. 손에 쥐다.「一酒來；술을 가지고 오다」「一着一份公文；공문을 한 통 쥐고 있다」⑥몸조리하다.「一息；양생(養生)하다」⑦돕다.「扶一；도와 주다」⑧인솔하다.「一幼弟而歸；어린 동생을 데리고 돌아가다」⑨마중하다.「百輛一之；100대의 마차로 맞이하다」⑩받들다. 받다.「一命；명령을 받다」⑪행하다. 하다.「愼重一事；일을 신중히 하다」⑫나아가다.「日就月一；일취 월장. 일진 월보(日進月步)」⑬그렇지 않으면. 혹은.「言乎？一不言乎？；말할 건가, 그렇지 않으면 말하지 않을 건가？」⑭…하고 또 …하다. …하면

서 한편으로는 …하다.「一信一;한편으로는 믿고 또 한편으로는 의심하다. 반신반의하다」⑮(동사와 방향 동사 사이에 쓰이어)…하기 시작하다.「走一出來;나오기 시작하다：구소설에 흔히 나오는 말임」⑯장(將)이야!장기에서 적의 장수를 잡게 될 때 외치는 말.⇨chiàng.

[將將] chiāngchiāng ㄐㄧㄤㄐㄧㄤ ①겨우. 간신히. ②방금. 이제 막. =剛剛兒.

[將計就計] chiāngchì chiùchì ㄐㄧㄤㄐㄧˋㄐㄧㄡˋㄐㄧˋ 상대방의 계략으로 상대편을 치다. 계략을 역 이용하다.《成》

[將近] chiāngchìn ㄐㄧㄤㄐㄧㄣˋ ①오래지 않아. 곧.「一調任;곧 전임한다」②거의. 대략.

[將就] chiāngchiu ㄐㄧㄤㄐㄧㄡ 아쉰 대로 참고 견디다. 그럭저럭 참고 이용하다.「一着用;아쉰 대로 쓰다」>將將就就.

[將軍] chiāngchün ㄐㄧㄤㄓㄩㄣ ①장군. ②chiāngchün (장기에서 쓰는) 장군!

[將罰折罪] chiāngfá chétsuì ㄐㄧㄤㄈㄚˊㄔㄜˊㄗㄨㄟˋ 벌금으로 죄를 대신하다.《成》

[將息] chiānghsī ㄐㄧㄤㄒㄧ 휴양하다.

[將信將疑] chiānghsìn-chiāngí ㄐㄧㄤㄒㄧㄣˋㄐㄧㄤㄧˊ 반신반의(半信半疑)하다.

[將後] chiānghòu ㄐㄧㄤㄏㄡˋ 금후(今後).

[將功折罪] chiāngkūng chétsuì ㄐㄧㄤㄍㄨㄥ ㄔㄜˊㄗㄨㄟˋ 공으로 죄를 대신하다. 공을 세워 죄를 씻다.《成》

[將比] chiāngpǐ ㄐㄧㄤㄆㄧˇ 예를 들면.「一說;예를 들어 말하다」

[將是] chiāngshìh ㄐㄧㄤㄕˋ 대충 …이다. 대략 …에 가깝다.

[將才] chiāngts'ái ㄐㄧㄤㄘㄞˊ 방금. =剛才.

[將養] chiāngyǎng ㄐㄧㄤㄧㄤˇ ①보양(保養)하다. ②휴양하다.

[將要] chiāngyào ㄐㄧㄤㄧㄠˋ …하려고 하다.「我們一過更幸福的生活;우리들은 더욱 행복한 생활을 보내려고 한다」

〔漿〕(浆) chiāng ㄐㄧㄤ ①끈적거리는 액체. ②반죽한 석회(石灰) 또는 석회와 벽토를 혼합한 것. ③(의복에) 풀을 먹이다.「一衣裳;의복에 풀을 먹이다」

[漿糨] chiāngchiàng ㄐㄧㄤㄐㄧㄤˋ (의복.따위에) 풀을 먹이다.

[漿汁] chiāngchīh ㄐㄧㄤㄓ 국물.「豆子的一;콩국」

[漿洗] chiānghsǐ ㄐㄧㄤㄒㄧˇ 빨아서 재양치다.

[漿洗房] chiānghsǐfáng ㄐㄧㄤㄒㄧˇㄈㄤˊ 세탁소.

[漿糊] chiānghú ㄐㄧㄤㄏㄨˊ ①묽은 풀.풀물. ②풀처럼 걸쭉한 물건.

[漿果] chiāngkuǒ ㄐㄧㄤㄍㄨㄛˇ 수분(水分)이 많은 과일.

[漿泡] chiāngp'ào ㄐㄧㄤㄆㄠˋ 수종(水腫). 물집.

[漿子] chiāngtzǔ ㄐㄧㄤㄗ 풀.

〔僵〕 chiāng ㄐㄧㄤ ①굳어진. 경화(硬化)된.「手凍一了;손이 얼어서 굳어졌다」②서로 노려보거나 물러설 수 없게 된 상태.「鬧一了;서로 노리다.경화(硬化)되다」「說話一了;이야기가 막혀 버리다」③선동하다. 싸움을 붙이다.「只要拿話一一, 他就會干;조금만 격려해 주면 그는 꼭 할 수 있다」

[僵持] chiāngch'íh ㄐㄧㄤㄔˊ 서로 노려보다. 서로 버티고 양보하지 않다.「一下去;서로 버티고 노려보다」=僵僵持持.

[僵局] chiāngch'ǘ ㄐㄧㄤㄔㄨˊ 교착된 국면(局面). 타개할 수 없는 막바지.「打破一;교착 상태를 타개하다」

[僵事] chiāngshìh ㄐㄧㄤㄕˋ 제삼자가 당사자들을 선동하여 일을 시끄럽게 만들다.

〔薑〕(姜) chiāng ㄐㄧㄤ ①생강. ②성(姓)의 하나.

[薑性] chiānghsìng ㄐㄧㄤㄒㄧㄥˋ 매서운 성질. 강한 성품.

[薑黃] chiānghuáng ㄐㄧㄤㄏㄨㄤˊ ①〈植〉강황. 생강과의 다년생 풀. ②울금색(鬱金色). 등색(橙色).

[薑湯] chiāngt'āng ㄐㄧㄤㄊㄤ 생강을 끓인 음료. 생강탕.

〔殭〕 chiāng ㄐㄧㄤ ①송장. ②굳어지다. ③쓰러지다. 시들다.

[殭直] chiāngchíh ㄐㄧㄤㄓˊ 아주 굳어지다. 빳빳해지다.

[殭屍] chiāngshīh ㄐㄧㄤㄕ 굳어진 송장.

[殭蠶] chiāngts'án ㄐㄧㄤㄘㄢˊ 죽은 누에.

[殭硬] chiāngyìng ㄐㄧㄤㄧㄥˋ 굳어지다. 꼿꼿해지다.

〔疆〕 chiāng ㄐㄧㄤ ①경계. 국경.「邊一;변강. 변경(邊境)」②한계.「萬壽無一;만수무강. 만만세」

[疆場] chiāngch'ǎng ㄐㄧㄤㄔㄤˇ 싸움터. 전장(戰場).

[疆界] chiāngchièh ㄐㄧㄤㄐㄧㄝˋ 국경.

[疆土] chiāngt'ǔ ㄐㄧㄤㄊㄨˇ 강토. 영토.

[疆域] chiāngyǜ ㄐㄧㄤㄩˋ 국경.국경 지대.

〔韁〕(缰) chiāng ㄐㄧㄤ 말고삐.

[韁繩] chiāngshêng ㄐㄧㄤㄕㄥ 말고삐.「放長一;말고삐를 늦추다. 조건을 늦추다」

〔趼〕 chiǎng ㄐㄧㄤˇ 「一子;(손발에 생기는) 못」

〔膙〕 chiǎng ㄐㄧㄤˇ ⇨趼.

〔獎〕 chiǎng ㄐㄧㄤˇ ①격려하다. ②칭찬하다. ③상금. 상품(賞品).「頭一;一등상. 장원상」「發一;상을 주다」

[獎章] chiǎngchāng ㄐㄧㄤˇㄓㄤ 장려하는 휘장. 포장(褒章).

[獎懲] chiǎngch'éng ㄐㄧㄤˇㄔㄥˊ 상벌(賞罰).

[獎旗] chiǎngch'í ㄐㄧㄤˇㄑㄧˊ ①우승기. ②표창기.

[獎金] chiǎngchīn ㄐㄧㄤˇㄐㄧㄣ ①상금. ②장학금.

[獎勸] chiǎngch'üàn ㄐㄧㄤˇㄑㄩㄢˋ 장려하다. 권장하다.

[獎狀] chiǎngchuàng ㄐㄧㄤˇㄓㄨㄤˋ 상장(賞狀).

[獎許] chiǎnghsǚ ㄐㄧㄤˇㄒㄩˇ 찬양하다. =稱許.

[獎牌] chiǎngp'ái ㄐㄧㄤˇㄆㄞˊ 상패(賞牌).

[獎杯] chiǎngpēi ㄐㄧㄤˇㄅㄟ 상배(賞杯).

[獎品] chiǎngp'ǐn ㄐㄧㄤˇㄆㄧㄣˇ 상품(賞品).

[獎賞] chiǎngshǎng ㄐㄧㄤˇㄕㄤˇ 돈이나 물건을 상으로 주다.

[獎飾] chiǎngshìh ㄐㄧㄤˇㄕˋ 칭찬하여 추어 주다.

[獎掖] chiǎngyèh ㄐㄧㄤˇㄧㄝˋ 장려하고 발탁하다.

〔耩〕 chiǎng ㄐㄧㄤˇ 파종기(播種機)로 습지(濕地)에 씨를 뿌리다.

〔槳〕(桨) chiǎng ㄐㄧㄤˇ 노(櫓).

[槳船] chiǎngch'uán ㄐㄧㄤˇㄔㄨㄢˊ 물건을 운반하는 배.

〔講〕(讲) chiǎng ㄐㄧㄤˇ ①이야기하다.「他對你一了沒有？; 그가 너에게 말하던가?」②설명하다. 해석하다.「這話沒一; 이 말은 설명하지 않았다」③중시(重視)하다. 조심하다. 주의하다.「一衛生; 위생에 주의하다」④의논하다. 교섭하다.「一好價兒; 가격을 교섭해서 결정하다」⑤주장하다. 우겨대다.

[講價] chiǎngchià ㄐㄧㄤˇㄐㄧㄚˋ 값을 교섭하다.

[講解] chiǎngchiěh ㄐㄧㄤˊㄐㄧㄝˇ 설명하다. 해설하다.「一員; 안내자. 해설원:박물관 따위의」

[講情] chiǎngch'íng ㄐㄧㄤˇㄑㄧㄥˊ 중재(仲裁)하다. 화해시키다.

[講求] chiǎngch'iú ㄐㄧㄤˇㄑㄧㄡˊ ①연구하다. ②조심하다. 주의하다.

[講究] chiǎngchiu ㄐㄧㄤˇㄐㄧㄡ ①골몰하다. 중시(重視)하다. 공을 들이다.「這房子蓋的眞一; 이 집은 정말 공을 들여 진 집이다」「他一應酬; 그 사람은 교제를 중요시한다」>講講究究. ②이러니 저러니하고 말하다. 논(論)하다. 헐뜯다.「你們不用一我, 我早知道了; 자네들이 나를 이러니 저러니하고 비평할 것 없네, 나는 벌써 알고 있으니까」③연구하다.

[講究兒] chiǎngchiurh ㄐㄧㄤˇㄐㄧㄡㄦ ①도리(道理). 까닭. ②버릇. 특이한 습관.「他吃飯的一可多了; 그는 밥 먹을 때 여러 가지 버릇이 있다」

[講和] chiǎnghó ㄐㄧㄤˇㄏㄜˊ ①강화하다. ②화해하다.

[講習] chiǎnghsí ㄐㄧㄤˇㄒㄧˊ ①서로 학문을 연구하다. ②강습하다.「一會; 강습회」

[講學] chiǎnghsüéh ㄐㄧㄤˇㄒㄩㄝˊ (학생에게)강의하다.

[講話] chiǎng huà ㄐㄧㄤˇㄏㄨㄚˋ ①이야기를 하다. ②강연하다.

[講桌] chiǎngchō ㄐㄧㄤˇㄓㄨㄛ 교탁(敎卓).

[講義] chiǎngì ㄐㄧㄤˇㄧˋ ①강의. ②강의하기 위한 노우트. 프린트. ③경의(經意)의 해석을 이르는 말.

[講稿] chiǎngkǎo ㄐㄧㄤˊㄍㄠˇ 강연 원고.

[講課] chiǎngkò ㄐㄧㄤˊㄍㄜˋ (학생에게) 강의하다.

[講古] chiǎngkǔ ㄐㄧㄤˊㄍㄨˇ 고담(古談)을 하다.

[講禮] chiǎnglǐ ㄐㄧㄤˊㄌㄧˇ 예의를 알다.「不一的人; 예의를 모르는 사람」

[講理] chiǎnglǐ ㄐㄧㄤˊㄌㄧˇ ①선악을 가리다. 이치를 따지다. ②도리에 맞지 않는 이론을 캐다. ③합리적(合理的)이다. 이치에 맞다.

[講論] chiǎnglùn ㄐㄧㄤˇㄌㄨㄣˋ 논의하다. 논란(論難)하다.

[講面子] chiǎng mièntzǔ ㄐㄧㄤˇㄇㄧㄢˋㄗ ①체면을 중시하다. ②체면을 세우다.

[講明] chiǎngmíng ㄐㄧㄤˇㄇㄧㄥˊ 명확하게 말을 하다. 분명히 말하다.

[講兒] chiǎngrh ㄐㄧㄤˇㄦ ①의미. 뜻. ②도리. 사리.

[講授] chiǎngshoù ㄐㄧㄤˇㄕㄡˋ 강의하다.

[講書] chiǎngshū ㄐㄧㄤˇㄕㄨ ①경전(經典)을 해석하다. ②강의하다.

[講說] chiǎngshuō ㄐㄧㄤˇㄕㄨㄛˋ 이야기하다. 설명하다.

[講臺] chiǎngt'ái ㄐㄧㄤˇㄊㄞˊ 교단(敎壇).

[講堂] chiǎngt'áng ㄐㄧㄤˇㄊㄤˊ 강당.

[講倒] chiǎngtǎo ㄐㄧㄤˊㄉㄠˇ 설복시키다.「有理一人; 도리가 맞으면 사람을 설복시킬 수 있다」

[講題] chiǎngt'í ㄐㄧㄤˇㄊㄧˊ 강연 제목.

[講定] chiǎngtìng ㄐㄧㄤˇㄉㄧㄥˋ ①의논하여 결정하다. ②확실히 말하다. ③흔담을 성립시키다.

〔匠〕 chiàng ㄐㄧㄤˋ ①장인(匠人).「木一; 목수」「鐵一; 대장장이」②뛰어난 사람.「文學巨一; 문학의 거장」③고안(考案). 착상(着想).「意一; 의장」

[匠氣] chiàngch'ì ㄐㄧㄤˋㄑㄧˋ (예술 작품 따위에서)창조력이 없고 타성에 흐르는 경향이나 기교.

[匠心] chiànghsīn ㄐㄧㄤˋㄒㄧㄣ 교묘한 생각.「獨具一; 독특한 연구가 갖추어져 있다」

[匠人] chiàngjén ㄐㄧㄤˋㄖㄣˊ 장인(匠人). 직공.

〔虹〕 chiàng ㄐㄧㄤˋ 무지개. ⇨húng.

[虹霓] chiàngní ㄐㄧㄤˋㄋㄧˊ ①무지개. ②네온 사인.

〔降〕 chiàng ㄐㄧㄤˋ ①내리다. 떨어지다.「一雨; 비가 오다」「溫度下一; 온도가 내리다」②낮추다. 떨어뜨리다.「一低物價; 물가를 낮추다」⇨hsiáng.

[降級] chiàngchí ㄐㄧㄤˋㄐㄧˊ ①계급을 낮추다. ②봉급의 호봉(號俸)을 낮추다. ③낙제하다.

[降格] chiàngkó ㄐㄧㄤˋㄍㄜˊ ①규격을 낮추다. ②품질을 낮추다.「一以求; 표준을 낮추어 요구하다」

[降落] chiànglò ㄐㄧㄤˋㄌㄨㄛˋ 떨어지다. 내리다.「一傘; 낙하산(落下傘)」

[降班] chiàngpān ㄐㄧㄤˋㄅㄢ 낙제하다. 진급하지 못하다.

[降生] chiàngshēng ㄐㄧㄤˋㄕㄥ 강생하다. 강탄(降誕)하다. =降世.

[降低] chiàngtī ㄐㄧㄤˋㄉㄧ 내리다. 낮추다.「一成本; 가격을 낮추다」

〔弶〕 chiàng ㄐㄧㄤˋ (작은 새를 잡는) 올가미.

〔將〕 chiàng ㄐㄧㄤˋ ①장군(將軍). "少將·中將·上將·大將" 등. ②거느리다. 지휘하다.「一兵; 병사를 지휘하다」

[將指] chiàngchǐh ㄐㄧㄤˋㄓˇ ①가운뎃손가락. ②엄지발가락.

[將領] chiànglǐng ㄐㄧㄤˋㄌㄧㄥˇ 고급 장교. 장수(將帥).

[將帥] chiàngshuài ㄐㄧㄤˋㄕㄨㄞˋ 사령관.

[將才] chiàngts'ái ㄐㄧㄤˋㄘㄞˊ 장군으로서의 틀이나 재능. =將材.

〔强〕(強·彊) chiàng ㄐㄧㄤˋ

고집하다. 거역하다. 「他脾氣太一; 저 사람은 아무래도 고집이 몹시 세다」 「你別一嘴; 자네 그만 고집하게」 ⇨ ch'iáng. ㄑㄧㄤˊ, ch'iǎng ㄑㄧㄤˇ
[强勁兒] chiàngchìnrh ㄐㄧㄤˋㄐㄧㄣˋㄦ ①고집. ②고집하다. 떼쓰다.
[强上] chiàngshang ㄐㄧㄤˋㄕㄤ 고집하다.

〔絳〕 chiàng ㄐㄧㄤˋ 진홍색(眞紅色).

〔犟〕 chiàng ㄐㄧㄤˋ 외고집을 부리다. 「一筋; 고집장이다」

〔醬〕 chiàng ㄐㄧㄤˋ ①된장. 「黃一; 황장. 붉은 된장」 「甜麵一; 보리 가루로 만든 달콤한 된장」 ②된장이나 지게미로 담그다. 「一瓜兒; 오이의 된장절임」 ③간장으로 졸이다. 「一小鷄兒; 영계의 간장조림」 ④된장 비슷한 식품·잼(jam) 따위. 「蝦一; 새우젓」 ⑤결쩍하다. 진하다. 《方》 「닭고기.
[醬鷄] chiàngchī ㄐㄧㄤˋㄐㄧ 간장에 조린
[醬房] chiàngfáng ㄐㄧㄤˋㄈㄤˊ =醬園.
[醬肉] chiàngjòu ㄐㄧㄤˋㄖㄡˋ 간장에 조린 돼지 고기. 「인 오이.
[醬瓜] chiàngkuā ㄐㄧㄤˋㄍㄨㄚ 된장에 절
[醬蘿蔔] chiànglópo ㄐㄧㄤˋㄌㄨㄛˊㄅㄛ 된장에 절인 무우.
[醬豆腐] chiàngtòufu ㄐㄧㄤˋㄉㄡˋㄈㄨ 두부를 소금에 절여 말렸다가 술에 담가 양념을 넣고 항아리에 재어 한두달 밀봉한 식품. 「인 야채.
[醬菜] chiàngts'ài ㄐㄧㄤˋㄘㄞˋ 된장에 절
[醬園] chiàngyüán ㄐㄧㄤˋㄩㄢˊ 된장이나 간장의 양조장. =醬房. 醬坊.

〔糨〕(糡) chiàng ㄐㄧㄤˋ ①「一子; 풀」 ②(죽이나 풀 따위가)되다. 「粥太一了; 죽이 너무 되다」
[糨糊] chiànghu ㄐㄧㄤˋㄏㄨ 풀. 된풀.

CH'IANG ㄑㄧㄤ

〔羌〕 ch'iāng ㄑㄧㄤ ①강족(羌族):중국의 소수 민족의 하나. ②중국 고대 서방 민족의 하나.
[羌活] ch'iānghuó ㄑㄧㄤㄏㄨㄛˊ 〈植〉 땅두릅:두릅나무과에 속하는 다년초.
[羌桃] ch'iāngt'áo ㄑㄧㄤㄊㄠˊ 〈植〉 호도. ㄴ=胡桃.

〔腔〕 ch'iāng ㄑㄧㄤ ①「一子; 동물의 신체에 비어 있는 부분」 「口一; 구강」 ②「一子·一兒; 기물(器物)로서 비어 있는 부분」 「鍋臺一子; 아궁이. 부뚜막의 내부」 ③「一兒; 음악의 멜로디」 「高一; 높은 가락」 ④말의 소리나 뜻. 「開一; 말을 하다. 입을 열다」
[腔口] ch'iāngk'ǒu ㄑㄧㄤㄎㄡˇ 어조(語調).
[腔兒] ch'iāngrh ㄑㄧㄤㄦ ①동물이나 기물의 비어 있는 부분. ②노래의 가락.
[腔調(兒)] ch'iāngt'iào(rh) ㄑㄧㄤㄊㄧㄠˋ(ㄦ) 말의 어조(語調).
[腔子] ch'iāngtzǔ ㄑㄧㄤㄗ ①동물이나 기물(器物)의 비어 있는 부분. ②가슴이나 배의 내부. ③목이 없는 시체.

〔搶〕 ch'iāng ㄑㄧㄤ ①반대의. 방향이 거꾸로 된. 「一風; 역풍(逆風)」 ②거꾸로. 거역하여. 「若是一削, 肉皮子就皴了; 만약 거꾸로 깎으면 피부가 거칠어 진다」 「吃順不吃一; 순순히 말하면 말을 잘 듣지만 완력으로 하면 듣지 않는다. "搶"은 "强"으로 쓰는 일이 많음)」 ③의견이 충돌하다. 「倆人說一了; 두 사람의 의견이 결렬(決裂)되었다」 ⇨ch'ǎng

〔嗆〕 ch'iāng ㄑㄧㄤ 음식이 목구멍을 자극하여 사레들리다. 「吃飯吃一了; 밥을 먹다 사레들리다.」 ⇨ch'iàng.

〔蜣〕 ch'iāng ㄑㄧㄤ
[蜣螂] ch'iānglang ㄑㄧㄤㄌㄤ 〈動〉 쇠똥구리. =屎蚵螂.

〔槍〕(枪·鎗) ch'iāng ㄑㄧㄤ ①창. ②총. 「手一; 권총」
[槍支] ch'iāngchīh ㄑㄧㄤㄓ 총포류의 총칭. =槍枝. 「방아쇠.
[槍機子] ch'iāngchītzǔ ㄑㄧㄤㄐㄧㄗ 총의
[槍鑽] ch'iāngchuàn ㄑㄧㄤㄓㄨㄢˋ 창자루의 장식. 「하다.
[槍決] ch'iāngchüéh ㄑㄧㄤㄐㄩㄝˊ 총살
[槍械] ch'iānghsièh ㄑㄧㄤㄒㄧㄝˋ 총기.
[槍杆(子·兒)] ch'iāngkan (tzǔ·rh) ㄑㄧㄤㄍㄢ(ㄗ·ㄦ) ①개머리. ②총. 무기.
[槍林彈雨] ch'iānglín-tànyǚ ㄑㄧㄤㄌㄧㄣˊㄉㄢˋㄩˇ 탄환이 비오듯 쏟아지는 모양. 맹렬히 전투하는 모양. 「槍柄.
[槍把] ch'iāngpǎ ㄑㄧㄤㄅㄚˇ 총자루. =
[槍靶] ch'iāngpǎ ㄑㄧㄤㄅㄚˇ 총의 과녁(標的). 「砲).
[槍炮] ch'iāngp'ào ㄑㄧㄤㄆㄠˋ 총포(銃
[槍崩] ch'iāngpēng ㄑㄧㄤㄅㄥ 총살하다.
[槍斃] ch'iāngpì ㄑㄧㄤㄅㄧ 총살하다.
[槍殺] ch'iāngshā ㄑㄧㄤㄕㄚ 총살하다.
[槍手] ch'iāngshǒu ㄑㄧㄤㄕㄡˇ ①총을 가지고 있는 병사. ②대리로 시험을 치르는 사람. 「노리쇠.
[槍栓] ch'iāngshuān ㄑㄧㄤㄕㄨㄢ 총의
[槍彈] ch'iāngtàn ㄑㄧㄤㄉㄢˋ 총알. 총탄.
[槍膛兒] ch'iāngt'áng(rh) ㄑㄧㄤㄊㄤˊ(ㄦ) 총개머리.
[槍替] ch'āngt'ì ㄑㄧㄤㄊㄧ 대리로 시험을 치르다.
[槍托兒(一子)] ch'iāngt'ōrh(一tzǔ) ㄑㄧㄤㄊㄨㄛㄦ(一ㄗ) 총개머리판.
[槍頭兒(一子)] ch'iāngt'óurh(一tzǔ) ㄑㄧㄤㄊㄡˊㄦ(一ㄗ) 창의 끝.
[槍洞] ch'iāngtùng ㄑㄧㄤㄉㄨㄥˋ 총알이 뚫고 나간 구멍.
[槍筒子(一兒)] ch'iāngt'ǔngtzǔ(一rh) ㄑㄧㄤㄊㄨㄥˇㄗ(一ㄦ) 총신.
[槍刺(子)] ch'iāngtz'ǔ(tzǔ) ㄑㄧㄤㄘ(ㄗ) 총검(銃劍). 「총알.
[槍子兒] eh'iāngtzǔrh ㄑㄧㄤㄗˇㄦ 총탄.
[槍眼] ch'iāngyěn ㄑㄧㄤㄧㄢˇ 총안(銃眼). 보루나 성벽의 총을 내 놓고 쏠 수 있 ㄴ는 구멍.

〔鏘〕 ch'iāng ㄑㄧㄤ 쇠붙이가 부딪치 ㄴ는 소리.

〔鏹〕 ch'iāng ㄑㄧㄤ

[鏹水] ch'iāngshuǐ ㄑㄧㄤㄕㄨㄟˇ 유산(硫酸)의 속칭. =强酸.

〔戕〕 ch'iáng ㄑㄧㄤˊ, ch'iāng ㄑㄧㄤ 살해하다. 죽이다.「自一; 자살하다」

[戕害] ch'iánghài ㄑㄧㄤˊㄏㄞˋ ①살해하다. ②해치다.

[戕殺] ch'iángshā ㄑㄧㄤˊㄕㄚ 살해하다.

[戕賊] ch'iángtséi ㄑㄧㄤˊㄗㄟˊ 해치다.

〔强〕(強·彊) ch'iáng ㄑㄧㄤˊ ①강하다. 힘이 세다.「身一力壯; 신체가 강하고 힘이 세다」②우수하다. 좋다.「內容並不一; 내용은 별로 좋을 것이 없다」「你比他一; 자네는 그 사람보다 우수하다」③…이상. …을 넘다.「三倍一; 세 곱 이상」⇨chiàng.

[强記] ch'iángchì ㄑㄧㄤˊㄐㄧˋ, ch'iǎngchì ㄑㄧㄤˇㄐㄧˋ 기억력이 우수하다.

[强制] ch'iángchìh ㄑㄧㄤˊㄓˋ 강제하다.

[强取豪奪] ch'iángch'ǚ-háotó ㄑㄧㄤˊㄑㄩˇㄏㄠˊㄉㄨㄛˊ 용사 없이 끄집어 내다. 강제적으로 징수하다.

[强悍] ch'iánghàn ㄑㄧㄤˊㄏㄢˋ 사납다. 용맹스럽다.

[强橫] ch'iánghèng ㄑㄧㄤˊㄏㄥˋ 횡포(橫暴)하다.

[强項] ch'iánghsiàng ㄑㄧㄤˊㄒㄧㄤˋ 강직한. 고집이 센.

[强心針] ch'iánghsīnchēn ㄑㄧㄤˊㄒㄧㄣㄓㄣ 캠퍼(camphor) 주사. 강심제 주사.

[强人] ch'iángjén ㄑㄧㄤˊㄖㄣˊ ①능력이 뛰어난 사람. ②강도. 도적.

[强如] ch'iángjú ㄑㄧㄤˊㄖㄨˊ …보다 더 우수하다.

[强干] ch'iángkàn ㄑㄧㄤˊㄍㄢˋ 혈기 왕성하고 유능하다.

[强梗] ch'iángkěng ㄑㄧㄤˊㄍㄥˇ 강경하다.

[强梁] ch'iángliang ㄑㄧㄤˊㄌㄧㄤ 횡포하다.「一霸道; 난폭하게 굴다」

[强弩之末] ch'iángnǔchīhmò ㄑㄧㄤˊㄋㄨˇㄓㄇㄛˋ 힘이 다 빠져 없어지는 모양. 기진맥진한.《成》

[强半] ch'iángpàn ㄑㄧㄤˊㄅㄢˋ 절반 이상.

[强似] ch'iángssû ㄑㄧㄤˊㄙˋ 더 낫다. 더 좋다.

[强有力] ch'iángyǔlì ㄑㄧㄤˊㄧㄡˇㄌㄧˋ ①힘이 있다. 힘이 세다. ②권세가 있다.

〔墻〕(牆·墙) ch'iáng ㄑㄧㄤˊ 울타리. 벽.「磚一; 벽돌담. 벽」

[墻基] chi'iángchī ㄑㄧㄤˊㄐㄧ 담의 토대.

[墻脚] ch'iángchiǎo ㄑㄧㄤˊㄐㄧㄠˇ 담의 토대.

[墻角(兒)] ch'iángchiǎo(rh) ㄑㄧㄤˊㄐㄧㄠˇ(ㄦ) 담모퉁이.

[墻櫥] ch'iángch'u ㄑㄧㄤˊㄔㄨ 벽장. 다락.

[墻孔] ch'iángk'ǔng ㄑㄧㄤˊㄎㄨㄥˇ 담구멍. 벽구멍.

[墻根(兒)] ch'iángkēn(rh) ㄑㄧㄤˊㄍㄣ(ㄦ) 담기슭. 담밑.

[墻報] ch'iángpào ㄑㄧㄤˊㄅㄠˋ 벽보. =壁報.

[墻壁] ch'iángpì ㄑㄧㄤˊㄅㄧˋ ①돌로 쌓은 담. ②벽.

[墻兒] ch'iángrh ㄑㄧㄤˊㄦ 은(銀)의 단면(斷面).

[墻山] ch'iángshān ㄑㄧㄤˊㄕㄢ 집의 측면(側面)의 벽.

[墻倒衆人推] ch'iáng tǎo tsùngjén t'uī ㄑㄧㄤˊㄉㄠˇㄗㄨㄥˋㄖㄣˊㄊㄨㄟ 남의 지탄(指彈)을 받으면 모두 그 사람을 공격한다. ②권세가 떨어지면 모두가 그를 깔본다.《諺》

[墻倒屋塌] ch'iángtǎo-wūt'ū ㄑㄧㄤˊㄉㄠˇㄨㄊㄨ 담은 무너지고 집은 부숴지다. 형편 없이 된 집모양을 가리키는 말.《成》

[墻頭] ch'iángt'óu ㄑㄧㄤˊㄊㄡˊ 벽(壁). 담.

[墻頭(兒)] ch'iángt'óu(rh) ㄑㄧㄤˊㄊㄡˊ(ㄦ) 담의 윗부분.「一草; 줏대 없이 이리저리 뒤흔들리는 사람. 정견(定見)이 없는 사람」

[墻土] ch'iángt'ǔ ㄑㄧㄤˊㄊㄨˇ 벽토(壁土). (낡은 벽토는 기비(基肥)나 추비(追肥)에 적합함).

[墻院] ch'iángyüàn ㄑㄧㄤˊㄩㄢˋ 흙담으로 둘러 싸인 안마당.

[墻有縫] ch'iáng yǔ fèng ㄑㄧㄤˊㄧㄡˇㄈㄥˋ 벽에는 귀가 있고 문에는 눈이 있다. 낮말은 새가 듣고 밤말은 쥐가 듣는다.

〔薔〕(蔷) ch'iáng ㄑㄧㄤˊ

[薔薇] ch'iángwéi ㄑㄧㄤˊㄨㄟˊ 장미. 장미꽃.

〔檣〕 ch'iáng ㄑㄧㄤˊ 돛대. 마스트(mast).

〔强〕(強·彊) ch'iǎng ㄑㄧㄤˇ 강제하다. 무리하게 굴다.「一人所難; 어려운 일을 남에게 강요하다」⇨chiàng, ch'iáng.

[强記] ch'iǎngchì ㄑㄧㄤˇㄐㄧˋ 애써 기억하다. ⇨ch'iángchì ㄑㄧㄤˊㄐㄧˋ

[强奸] ch'iǎngchiēn ㄑㄧㄤˇㄐㄧㄢ 강간하다.

[强求] ch'iǎngch'iú ㄑㄧㄤˇㄑㄧㄡˊ 억지로 구하다.

[强努兒] ch'iángnǔrh ㄑㄧㄤˊㄋㄨˇㄦ 억지 노력하다. 강행(強行)하다.

[强派] ch'iǎngp'ài ㄑㄧㄤˇㄆㄞˋ ①강요하다.「一工作; 일을 억지로 떠맡기다」②억지로 물건을 떠맡기다」「一報紙; 신문을 강매(強賣)하다」

[强逼] ch'iǎngpī ㄑㄧㄤˇㄅㄧ 강박하다. 위협하다.

[强辯] ch'iǎngpièn ㄑㄧㄤˇㄅㄧㄢˋ 고집을 세우다. 억지로 떼를 쓰다.

[强迫] ch'iǎngp'ò ㄑㄧㄤˇㄆㄛˋ 강박하다. =強逼.

[强使] ch'iángshǐh ㄑㄧㄤˊㄕˇ 억지로 …시키다.「一服從; 억지로 복종시키다」

[强順不吃] ch'iǎngshùnpùch'īh ㄑㄧㄤˇㄕㄨㄣˋㄅㄨˋㄔ 세게 나가거나 순하게 나가거나 말을 듣지 않는다.

[强死賴活] ch'iángssǔ-làihuó ㄑㄧㄤˊㄙˇㄌㄞˋㄏㄨㄛˊ 싫다고 하지 않고 무리하게 일을 하다.

[强作] ch'iǎngtsò ㄑㄧㄤˇㄗㄨㄛˋ 억지로 …인 체하다.「一鎭靜; 억지로 태연한 체하다.「一解人; 억지로 아는 체하다」

[强自] ch'iǎngtz'û ㄑㄧㄤˇㄗˋ 억지로. 무리하게. 구태여.

[强詞奪理] ch'iǎngtsó-tólǐ ㄑㄧㄤˇㄗㄨㄛˊㄉㄨㄛˊㄌㄧˇ 되지도 않는 말을 가지고 억지로 떼를 쓰다.《成》

[强爲] ch'iǎngwéi ㄑㄧㄤˇㄨㄟˊ 억지로. 무리하게.「一歡笑; 억지로 즐거운 듯이 웃다」

[强顏爲笑] ch'iǎngyén wéihsiào ㄑㄧㄤˇㄧㄢˊㄨㄟˊㄒㄧㄠˋ 억지로 웃는 얼굴을 짓다.《成》

〔搶〕 ch'iǎng ㄑㄧㄤˇ ①탈취(奪取)하다. 빼앗다.「一奪; 탈취하다」②급히. 앞을 다

투어.「一着把活做完了；앞을 다투어 일을 끝마쳤다」③마찰하여 껍질을 벗기다. (줄 따위로)쓸다. 깎다.「跌下來, 一了臉；고꾸라져서 얼굴이 벗겨졌다」⇨ch'iāng
[搶案] ch'iăng'àn ㄑㄧㄤˇㄢˋ 약탈 사건(略奪事件). 「다. 빼앗다.
[搶劫] ch'iăngchiéh ㄑㄧㄤˇㄐㄧㄝˊ 강탈하
[搶前] ch'iăngchién ㄑㄧㄤˇㄑㄧㄢˊ 갑자기 앞으로 나서다.「一一步；한걸음 갑자기 나서다」 「조(應急救助)하다.
[搶救] ch'iăngchiù ㄑㄧㄤˇㄐㄧㄡˋ 응급 구
[搶種] ch'iăngchùng ㄑㄧㄤˇㄓㄨㄥˋ 서둘러 파종하다. 「盜犯).
[搶犯] ch'iăngfàn ㄑㄧㄤˇㄈㄢˋ 강도범(強
[搶先(兒)] ch'iănghsiēn(rh) ㄑㄧㄤˇㄒㄧㄢ(ㄦ) 앞을 다투다. 선수(先手)를 쓰다.「一說了一句；앞질러서 한마디했다」
[搶險] ch'iánghsiĕn ㄑㄧㄤˊㄒㄧㄢˇ 급한일에 정식 수속 없이 착수하다. 응급 조치(應急措置)를 하다. 위험을 무릅쓰고 응급 수리를 하다.
[搶修] ch'iănghsiū ㄑㄧㄤˇㄒㄧㄡ ①급히 수리하다. ②(건조물이나 길을)급히 만들다.
[搶干] ch'iăngkàn ㄑㄧㄤˇㄍㄢˋ ①서둘러서 하다.「一農活；농사를 서둘러서 하다」②응급적으로 하다. 「어 사다.
[搶購] ch'iăngkòu ㄑㄧㄤˇㄍㄡˋ 앞을 다투
[搶光] ch'iăngkuāng ㄑㄧㄤˇㄍㄨㄤ 깨끗이 빼앗다. 「다투어 일에 열중하다.
[搶工] ch'iăngkūng ㄑㄧㄤˇㄍㄨㄥ 앞을
[搶白] ch'iăngpó ㄑㄧㄤˇㄅㄛˊ 비난하다. 타박하다. 「지 않고)급히 앞으로 나가다.
[搶步] ch'iăngpù ㄑㄧㄤˇㄅㄨˋ (사이를 두
[搶墒] ch'iăngshāng ㄑㄧㄤˇㄕㄤ 땅에 습기가 있을 때에 서둘러서 씨앗을 뿌리다.
[搶時間] ch'iăng shíhchiēn ㄑㄧㄤˇㄕˊㄐㄧㄢ 시간을 아껴 쓰다. 일초(一秒)라도 서두르다. 「수확(收穫)하다.
[搶收] ch'iăngshōu ㄑㄧㄤˇㄕㄡ 서둘러서
[搶倒頭裡] ch'iăngtào tóuli ㄑㄧㄤˇㄉㄠˋㄊㄡˊㄌㄧ 늦을세라 선두로 나서다.
[搶掉] ch'iăngtiào ㄑㄧㄤˇㄉㄧㄠˋ 껍질이 벗겨지다.「一了一塊皮；피부가 벗겨졌다」
[搶奪] ch'iăngtó ㄑㄧㄤˇㄉㄨㄛˊ 탈취하다.
[搶做] ch'iăngtsò ㄑㄧㄤˇㄗㄨㄛˋ ①솔선(率先)하다. ②서두르다.
[搶走] ch'iángtsŏu ㄑㄧㄤˊㄗㄡˇ 강탈(強奪)하여 달아나다.
[搶嘴] ch'iángtsuĭ ①ㄑㄧㄤˊㄗㄨㄟˇ 앞을 다투어 발언(發言)하다. ②(사람이 말하는 도중에 가로 질러서)불쑥 말을 가로 채다.

〔羥〕 ch'iăng ㄑㄧㄤˇ「一基；ch'iăngchī ㄑㄧㄤˇㄐㄧ 수산기(水酸基). 수소와 산소가 한 원자량으로 된 원자단」

〔襁〕 ch'iăng ㄑㄧㄤˇ
[襁褓] ch'iángpăo ㄑㄧㄤˊㄅㄠˇ ①업을 띠. 기저귀. ②포대기.

〔嗆〕 ch'iàng ㄑㄧㄤˋ (코를)찌르다. 숨이 막히다.「烟一嗓子；연기로 숨이 막히다」⇨ch'iāng.

〔熗〕 ch'iàng ㄑㄧㄤˋ 요리법의 하나. 양념을 섞은 데다가 야채, 조갯살 따위를 넣어서 무치는 방법.

〔戧〕 ch'iàng ㄑㄧㄤˋ (쓰러지려는 것을 막대 따위로)받치다.「墻要倒, 拿杠子一住；담이 무너질 것 같아서 막대로 받치다」 「주(支柱).
[戧柱] ch'iàngchù ㄑㄧㄤˋㄓㄨˋ 버팀목. 지
[戧上] ch'iàngshang ㄑㄧㄤˋㄕㄤ 받치다. ＝支柱.

CHIAO ㄐㄧㄠ

〔交〕 chiāo ㄐㄧㄠ ①수교(手交)하다. 맡기다. 건네 주다.「這事一給我辦；이 일은 내게 맡긴 것이다」「貨已經一齊了；물건은 이미 인도(引渡)했음」②교차하다. 엇갈리다. 섞이다「兩綫一；두 선(線)이 교차되다」③환절. 바뀔 때.「春夏之一；봄과 여름의 환절기」④교제하다. 사귀다.「一朋友；친구와 교제하다」⑤친구. 교우.「至一친구」「絕一；절교하다」⑥거래(去來).「成一；거래가 성립되다」⑦일제히. 동시에.「風雨加一；비바람이 함께 불어 닥치다」「飢寒一迫；추위와 굶주림이 밀어닥치다」⑧서로서로. 교대로. 번갈아.「一流；교류하다」
[交差] chiāoch'āi ㄐㄧㄠㄔㄞ 용무를 마치고 보고하다. 직무를 다하다.
[交賬] chiāochāng ㄐㄧㄠㄓㄤ 지불하다.
[交加] chiāochiā ㄐㄧㄠㄐㄧㄚ 서로 보태다. 가중(加重)하다.「貧病一；가난과 병이 차례로 닥치다」
[交槍] chiāo ch'iāng ㄐㄧㄠㄑㄧㄤ 무기(武器)를 내놓다. 무장을 해제하다.
[交接] chiāochiēh ㄐㄧㄠㄐㄧㄝ ①서로 접촉하다. ②교제하다. ＞交交接接. ③서로 교체하다.
[交界] chiāochièh ㄐㄧㄠㄐㄧㄝˋ ①경계. ②경계를 접하다.
[交睫] chiāochiéh ㄐㄧㄠㄐㄧㄝˊ 잠들다.
[交結] chiāochiéh ㄐㄧㄠㄐㄧㄝˊ ①교제하다. ②맺다.
[交淺言深] chiāoch'iĕn yénshĕn ㄐㄧㄠㄑㄧㄢˇㄧㄢˊㄕㄣ 사귄 지 얼마 안되는 사람이 중대한 이야기를 하다. 《成》
[交織] chiāochīh ㄐㄧㄠㄓ ①섞어서 짜다. ②감정이 엇갈리다.「喜悲一；기쁨과 슬픔이 엇갈리다」
[交際花] chiāochìhuā ㄐㄧㄠㄐㄧˋㄏㄨㄚ 교제가 넓은 여자:경멸하는 뜻으로 쓰이는 말. 「深；교제가 깊다」
[交情] chiāoch'ing ㄐㄧㄠㄑㄧㄥ 교제.「一
[交際舞] chiāochìwŭ ㄐㄧㄠㄐㄧˋㄨˇ 사교댄스. 「내다.
[交捐] chiāochüān ㄐㄧㄠㄐㄩㄢ 세금을
[交卷兒] chiāo chüànrh ㄐㄧㄠㄐㄩㄢˋㄦ 답안(答案)을 제출하다. 「다.
[交鋒] chiāofēng ㄐㄧㄠㄈㄥ 다투다. 싸우
[交好] chiāohăo ㄐㄧㄠㄏㄠˇ ①친구로서 교제하다. ②깨끗이 전하 주다.
[交卸] chiāohsièh ㄐㄧㄠㄒㄧㄝˋ 후임자에게 사무를 인계하다.
[交心] chiāohsīn ㄐㄧㄠㄒㄧㄣ 마음 속을 털어 놓다. 친밀하게 사귀다.

[交互] chiāohù ㄐㄧㄠㄏㄨˋ 서로. 교대로.
[交還] chiāohuán ㄐㄧㄠㄏㄨㄢˊ돌려 주다.
[交回] chiāohuí ㄐㄧㄠㄏㄨㄟˊ (직접)돌려
주다. 「다.
[交稅] chiāoshuì ㄐㄧㄠㄕㄨㄟˋ세금을 내
[交活] chiāohuó ㄐㄧㄠㄏㄨㄛˊ 제품을 인
도(引渡)하다.「一日期 ; 제품을 인도하는
기일」 「도하다.
[交貨] chiāohuò ㄐㄧㄠㄏㄨㄛˋ 물품을 인
[交貨貿易] chiāohuò màoì ㄐㄧㄠㄏㄨㄛˋ
ㄇㄠˋㄧˋ 물물교환 무역. 바아터 무역「자.
[交椅] chiāoǐ ㄐㄧㄠㄧˇ 등을 기대게 된 의
[交易] chiāoì ㄐㄧㄠㄧˋ 무역. 거래. 「一會
; 견본 전시회」
[交誼] chiāoì ㄐㄧㄠㄧˋ 친분. 교의.
[交給] chiāokěi ㄐㄧㄠㄍㄟˇ 바치다. 지급
하다「把全身一了祖國;몸을 조국에 바쳤다」
[交割] chiāokō ㄐㄧㄠㄍㄜ ①인도하다.
「一定貨;주문품을 인도하다」② 수불(受
拂)하다.「一清楚 ; 수불을 완료하다」
[交口] chiāok'ǒu ㄐㄧㄠㄎㄡˇ ①말을 주고
받다. ②제각기.「 一稱贊 ; 제각기 칭찬하
다」 「하다.
[交媾] chiāokòu ㄐㄧㄠㄍㄡˋ 성교(性交)
[交關] chiāokuān ㄐㄧㄠㄍㄨㄢ 대단히 급
박하다. 많다. 보통이 아니다. 지나치다.
「性命一 ; 생명이 위급하다」
[交款] chiāo k'uǎn ㄐㄧㄠㄍㄨㄢˇ 돈을 건
네 주다.
[交工] chiāokūng ㄐㄧㄠㄍㄨㄥ 공사가 끝
나 완공된 것을 인도하다.
[交糧] chiāoliáng ㄐㄧㄠㄌㄧㄤˊ ①연공(年
貢)을 바치다. ②농업세를 납부하다.
[交派] chiāop'ai ㄐㄧㄠㄆㄞ ① 명령하다.
＞交交派派. ＝吩咐. ②지시하다. ＝指派.
③(웃사람이 아랫사람에게)위임하다. ④
배치하다. ＝支配.
[交白卷兒] chiāo páichüanrh ㄐㄧㄠ ㄅ
ㄞˊㄐㄩㄢㄦ 시험에서 백지(白紙)를 내다.
백지 답안(白紙答案)을 내다.
[交班] chiāopān ㄐㄧㄠㄅㄢ 일이 끝나서
교대하다. 「交鋒.
[交兵] chiāopīng ㄐㄧㄠㄅㄧㄥ 싸우다. ＝
[交臂失之] chiāopìshīhchīh ㄐㄧㄠㄅㄧˋㄕ
ㄓ 뻔히 알면서 기회를 놓치다.《成》
[交不起] chiāopuch'ǐ ㄐㄧㄠㄅㄨㄑㄧˇ (경
제력이 없거나 비싸서)납입하지 못하다.
[交不了] chiāopuliǎo ㄐㄧㄠㄅㄨㄌㄧㄠˇ①
수교할 수 없다. 수교(手交)하는 일은
없다. ②해후하지 못하다. 만날 수 없다.
「一好運 ; 좋은 운을 타지 못하다」
[交涉] chiāoshê ㄐㄧㄠㄕㄜ ① 관련하다.
②교섭하다.
[交深不言淺] chiāoshēn pù yénch'iěn ㄐ
ㄧㄠㄕㄣㄅㄨˋㄧㄢˊㄑㄧㄢˇ ①친한 사이니
까 무엇이든지 말한다. ③서로가 친분을
빙자해서 거리낌 없이 말한다. 《成》
[交手] chiāoshǒu ㄐㄧㄠㄕㄡˇ ①손을 맞
잡다. ②싸우다. ③(승부 따위로)서로 맞
서다. 상대하다. 「하다.
[交綏] chiāosuí ㄐㄧㄠㄙㄨㄟˊ 교전(交戰)
[交代] chiāotài ㄐㄧㄠㄉㄞˋ ①교대하다.
사무를 인계하다. ②chiāotai ㄐㄧㄠㄉㄞ
(대중에게)명확히 말하다.「一政策 ; 정
책을 천명하다」③책임을 다하다. 결말
이 나다. ④명령하다. 분부하다. ⑤연루
(連累)되다. 상관하다. 대개는 부정(否定)
하는 경우에 쓰임.「我不一你 ; 나는 너
를 상대하지 않는다」
[交談] chiāot'án ㄐㄧㄠㄊㄢˊ말을 주고 받
다. 서로 이야기하다.
[交道] chiāotao ㄐㄧㄠㄉㄠ ①교제하는
정리.「打一 ; 교제하다」②거래상(去來
上)의 정리(情理). 「어 놓다.
[交底] chiāotǐ ㄐㄧㄠㄉㄧˇ 비결(秘訣)을 털
[交訂] chiāotìng ㄐㄧㄠㄉㄧㄥˋ (결혼 따위
의) 약속을 하다.
[交頭接耳] chiāot'óu chiēhěrh ㄐㄧㄠㄊㄡˊ
ㄐㄧㄝㄦˇ 소곤소곤 귀엣말을 하다. 《成》.
[交租] chiāotsū ㄐㄧㄠㄗㄨ (집세 따위를)
지불하다.
[交通] chiāot'ūng ㄐㄧㄠㄊㄨㄥ ①교통.
「一警 ; 교통 순경」②정보 연락원.
[交往] chiāowǎng ㄐㄧㄠㄨㄤˇ 교제하다.
왕래하다. ＞交交往往.
[交惡] chiāowù ㄐㄧㄠㄨˋ 서로 미워하다.
[交午] chiāowǔ ㄐㄧㄠㄨˇ ①가로세로 뒤
섞이다. ②정오(正午)가 되다. 「하다.
[交友] chiāoyǔ ㄐㄧㄠㄧㄡˇ ①친구. ②교제
[交運] chiāoyǜn ㄐㄧㄠㄩㄣˋ 좋은 운을
만나다. 운이 트이다.「交好運 ; 좋은 운
〔茭〕 ㄴ을 만나다」
chiāo ㄐㄧㄠ 줄의 싹. 고미(菰米)
의 싹. 「미(菰米).
[茭米] chiāomǐ ㄐㄧㄠㄇㄧˇ 줄의 열매. 고
[茭白] chiāopái ㄐㄧㄠㄅㄞˊ 줄의 싹. ＝茭
兒菜.

〔郊〕 chiāo ㄐㄧㄠ ①교외. 성밖.「西一
; 서쪽 교외」②옛적에 천지(天地)를 받
들던 제사. 「지구.
[郊區] chiāoch'ū ㄐㄧㄠㄑㄩ 도시의 교외
[郊野] chiāoyěh ㄐㄧㄠㄧㄝˇ 교외의 들.
[郊遊] chiāoyú ㄐㄧㄠㄧㄡˊ소풍. 야유(野遊).

〔教〕 chiāo ㄐㄧㄠ 가르치다.「一歷史 ;
역사를 가르치다」「我一給你 ; 내가 가
르쳐 주마」 ⇨chiào. 「授)하다.
[教學] chiāohsüéh ㄐㄧㄠㄒㄩㄝˊ 교수 (教
[教壞] chiāohuài ㄐㄧㄠㄏㄨㄞˋ 충동하여
나쁜 짓을 시키다.
[教會] chiāohuì ㄐㄧㄠㄏㄨㄟˋ①가르쳐서
할 수 있게 하다. 배워서 할 수 있게 되
다. ②교회. 종교인의 단체.
[教給] chiāokei ㄐㄧㄠㄍㄟ …를 가르치
다. 가르쳐 주다. 「다.
[教課] chiāokò ㄐㄧㄠㄍㄜˋ 수업(授業)하
[教館] chiāokuǎn ㄐㄧㄠㄍㄨㄢˇ 가정 교
사를 하다.
[教書] chiāoshū ㄐㄧㄠㄕㄨ ①공부를 가
르치다. ②교사(教師)를 하다.「一的 ; 교
사(教師)」
[教書匠] chiāoshūchiàng ㄐㄧㄠㄕㄨㄐㄧ
ㄤˋ 교사(教師): 비꼬는 어세로 쓰임.

〔蛟〕 chiāo ㄐㄧㄠ「一龍 ; 교룡(蛟龍):
홍수를 일으킨다는 전설상의 동물」

〔椒〕 chiāo ㄐㄧㄠ 산초·후추·고추
따위의 향신 식물(香辛植物).
[椒面兒] chiāomiènrh ㄐㄧㄠㄇㄧㄢˋㄦ 산
초(山椒) 가루.
[椒末兒] chiāomòrh ㄐㄧㄠㄇㄛˋㄦ ＝椒面
兒.

〔焦〕 chiāo ㄐㄧㄠ ①눋다. 눌리다. 타다. 「飯燒一了 ; 밥이 눌어 붙었다」②조바심하다. 초조해지다. 「等得心一 ; 초조하게 기다리다」③(굽거나 튀기어) 바삭바삭하게 되다. ④몹시 마르다. ⑤「一子·一炭 ; 코우크스. 해탄(骸炭)」「난 덩어리.

[焦砟] chiāochǎ ㄐㄧㄠㄓㄚˇ 석탄이 타고

[焦急] chiāochí ㄐㄧㄠㄐㄧˊ 초조해 하다. 안달하다.

[焦灼] chiāochó ㄐㄧㄠㄓㄨㄛˊ ①조바심하다. ②화상(火傷)을 입다.

[焦黑] chiāohēi ㄐㄧㄠㄏㄟ 거멓게 눌리다.

[焦心] chiāohsīn ㄐㄧㄠㄒㄧㄣ 초조해 하다.

[焦黃] chiāohuáng ㄐㄧㄠㄏㄨㄤˊ ①타서 누렇게 되다. ②옅은 갈색.＞焦焦急急.

[焦干] chiāokān ㄐㄧㄠㄍㄢ 눋거나 타서 바삭바삭하게 되다.

[焦渴] chiāok'ǒ ㄐㄧㄠㄎㄜˇ ①목이 타는 듯이 마르다. ②초조하게 기다리다.

[焦煤] chiāoméi ㄐㄧㄠㄇㄟˊ 해탄(骸炭). 코우크스.

[焦思] chiāossū ㄐㄧㄠㄙ 조바심하다. 「탄.

[焦炭] chiāot'àn ㄐㄧㄠㄊㄢˋ 코우크스. 해

[焦棗兒] chiāotsǎorh ㄐㄧㄠㄗㄠˇㄦ 구운 대추. 「하여 입에 맞다.

[焦脆] chiāots'uì ㄐㄧㄠㄘㄨㄟˋ 바삭바삭

[焦味兒] chiāowèirh ㄐㄧㄠㄨㄟˋㄦ 눋는 냄새. 누린내. 「tar).

[焦油] chiāoyú ㄐㄧㄠㄧㄡˊ 코울타르 (coal

〔踋〕 chiāo ㄐㄧㄠ 거꾸로 박히다.「跌了一一 ; 실족하여 거꾸로 박히다」「摔一 ; 씨름」

〔膠〕 chiāo ㄐㄧㄠ ①아교. 「鹿角一 ; 사슴뿔로 곤 아교」「鰾一 ; 물고기 부레를 고아 만든 아교」②수지(樹脂). 진. 「桃一 ; 복숭아 진」③고무. 「橡一 ; 고무」④합성 수지(合成樹脂). 플라스틱(plastic). 「一碗 ; 플라스틱 공기」 ⑤찐득거리는. 끈기가 있는. 「一泥 ; 오지그릇을 만드는 진흙」⑥아교로 붙이다.

[膠漆] chiāoch'ī ㄐㄧㄠㄑㄧ 우정(友情)이 두텁다는 비유. 찰떡 같음.

[膠卷兒] chiāochüǎnrh ㄐㄧㄠㄐㄩㄢˇㄦ 감은 필름(film).

[膠柱鼓瑟] chiāochù kǔsè ㄐㄧㄠㄓㄨˋ ㄍㄨˇㄙㄜˋ 한 가지 일에만 구애되어 융통성이 없다. 요지부동. 융통성이 없다는 비유. ‹成›.

[膠附] chiāofù ㄐㄧㄠㄈㄨˋ 아교로 붙이다.

[膠鞋] chiāohsiéh ㄐㄧㄠㄒㄧㄝˊ 고무신. ＝膠皮鞋. 「니어판. 합판(合板).

[膠合板] chiāohópǎn ㄐㄧㄠㄏㄜˊㄅㄢˇ 베

[膠固] chiāokù ㄐㄧㄠㄍㄨˋ ①굳세고 튼튼하다. ②완고하다.

[膠輪] chiāolún ㄐㄧㄠㄌㄨㄣˊ 고무고리. 둥글게 자른 고무줄. 「(bakelite).

[膠木] chiāomù ㄐㄧㄠㄇㄨˋ 베이클라이트

[膠囊] chiāonáng ㄐㄧㄠㄋㄤˊ 캅셀(kapsel). 교갑. 「②플라스틱판(板).

[膠板] chiāopǎn ㄐㄧㄠㄅㄢˇ ①고무판(板).

[膠版] chiāopǎn ㄐㄧㄠㄅㄢˇ 타블로이드판(tabloid 版).

[膠皮] chiāop'í ㄐㄧㄠㄆㄧˊ 고무. 「一鞋 ; 고무신」「一活 ; 고무 제품」「一靴 ; 고무 장화」

[膠片] chiāop'ièn ㄐㄧㄠㄆㄧㄢˋ ＝膠卷兒.

[膠布] chiāopù ㄐㄧㄠㄅㄨˋ ①반창고. ②절연(絕緣) 테이프(tape). ③고무를 접착한 천. 「무풀.

[膠水兒] chiāoshuǐrh ㄐㄧㄠㄕㄨㄟˇㄦ 고

[膠胎] chiāot'āi ㄐㄧㄠㄊㄞ (차바퀴에 끼는) 튜우브(tube). 「東白菜).

[膠菜] chiāotsài ㄐㄧㄠㄗㄞˋ 산뚱배추(山

〔澆〕 chiāo ㄐㄧㄠ ①뿌리다. 관수(灌水)하다. 물을 주다. 「一了一身水 ; 몸 전체에 물을 뿌렸다」②(거푸집 따위에) 부어 넣다. 「一鉛字 ; 활자 모형에 납을 붓다」 ③박정한. 경박한.

[澆制] chiāochìh ㄐㄧㄠㄓˋ 부어서 만들다.

[澆愁] chiāoch'óu ㄐㄧㄠㄔㄡˊ 시름을 풀다. 근심·걱정을 돌리다. 「다.

[澆鑄] chiāochù ㄐㄧㄠㄓㄨˋ 거푸집에 붓

[澆肥] chiāoféi ㄐㄧㄠㄈㄟˊ 액체로 된 거름을 주다. 「을 주다.

[澆花] chiāo huā ㄐㄧㄠ ㄏㄨㄚ 꽃에 물

[澆口] chiāok'ǒu ㄐㄧㄠㄎㄡˇ (주전자 따위의) 부리. 「에 물을 주다.

[澆灌] chiāokuàn ㄐㄧㄠㄍㄨㄢˋ 농작물

[澆灕] chiāolí ㄐㄧㄠㄌㄧˊ ＝澆薄.

[澆版] chiāopǎn ㄐㄧㄠㄅㄢˇ 지형(紙型)에 납을 붓다.

[澆薄] chiāopó ㄐㄧㄠㄅㄛˊ ①경박하다. ②박정하다. 인간미(人間味)가 없다.

[澆地] chiāotì ㄐㄧㄠㄉㄧˋ 관수(灌水)하다. 밭에 물을 대다. 「을 대다.

[澆園] chiāoyüán ㄐㄧㄠㄩㄢˊ 야채밭에 물

〔蕉〕 chiāo ㄐㄧㄠ ①「香一 ; 바나나」 ②「芭一 ; 파초」「만든 부채. 파초선.

[蕉扇] chiāoshàn ㄐㄧㄠㄕㄢˋ 파초 잎으로

〔嬌〕 chiāo ㄐㄧㄠ ①아리땁다. 귀엽다. 「一女 ; 아리따운 여인」 ②응석하다. 「小孩別太一了 ; 어린애의 응석을 너무 받아 주어서는 안 된다」

[嬌愛] chiāoài ㄐㄧㄠㄞˋ 응석받이로 만들다. 오냐오냐하다. 「뽀로퉁하다.

[嬌嗔] chiāoch'ēn ㄐㄧㄠㄔㄣ 화를 내다.

[嬌氣] chiāoch'ì ㄐㄧㄠㄑㄧ ①튼튼치 못하다. 망그러지기 쉽다. ②줏대없다. 기질이 무르다.＞嬌嬌氣氣. ③어려운 일을 싫어하는 기질. 약한 기질. 「수줍어하다.

[嬌憨] chiāohān ㄐㄧㄠㄏㄢ (계집 아이가)

[嬌小] chiāohsiǎo ㄐㄧㄠㄒㄧㄠˇ 요염하다. ＞嬌嬌小小.

[嬌羞] chiāohsiū ㄐㄧㄠㄒㄧㄡ (여성이) 애교를 부리며 수줍어하다. 「다.

[嬌弱] chiāojò ㄐㄧㄠㄖㄨㄛˋ 응의 주도하

[嬌哥兒] chiāokōrh ㄐㄧㄠㄍㄜㄦ 맹목적으로 귀엽게만 기른 자식.

[嬌貴] chiāokueì ㄐㄧㄠㄍㄨㄟˋ ①(여성이) 고상하다. ②귀하게 자라 고생을 모르다.

[嬌閨女] chiāokueīnu ㄐㄧㄠㄍㄨㄟㄋㄨ 응석받이로 자란 아가씨.

[嬌美] chiāoměi ㄐㄧㄠㄇㄟˇ 아리땁다. 귀엽고 아름답다. 「쁘고 아름답다.

[嬌媚] chiāomèi ㄐㄧㄠㄇㄟˋ 우아하다. 예

[嬌嫩] chiāonun ㄐㄧㄠㄋㄨㄣ ①연약하다. 가냘프다. ②귀엽게 길러 고생을 견디어 내지 못하다.

[嬌生慣養] chiāoshēng-kuànyǎng ㄐㄧㄠ ㄕㄥ ㄍㄨㄢˋㄧㄤˇ버릇 없이 기르다. 귀엽게 길러서 나쁜 버릇이 들다. 《成》.

[嬌滴滴的] chiāotītītê ㄐㄧㄠㄉㄧㄉㄧㄉㄜ 아리땁고 귀염성이 있는 모양. 아기자기한.

[嬌縱] chiāotsùng ㄐㄧㄠㄗㄨㄥˋ ①응석을 받아 주다.「一慣了；버릇 없이 되고 말다」②우쭐한 기분이 되다. 「인.

[嬌娃] chiāowá ㄐㄧㄠㄨㄚˊ 미녀(美女).미

[嬌養] chiāoyǎng ㄐㄧㄠㄧㄤˇ 응석을 받아주다. 버릇 없이 기르다.「一的；㉮귀염둥이；아이를 사랑스럽게 부르는 말. ㉯응석받이」

〔鮫〕 chiāo ㄐㄧㄠ 상어. =沙魚.

〔礁〕 chiāo ㄐㄧㄠ 암초(暗礁).

〔驕〕 chiāo ㄐㄧㄠ ①교만을 떨다. 제가 젠체하다.「戒一；교만심(驕慢心)을 경계하다」②뻐기다. 자기 자랑을 하다. ③얕보다. 멸시하다.「一敵；적을 넘보다」④격렬하다.「一陽；따가운 햇살」

[驕傲] chiāoào ㄐㄧㄠㄠˋ ①남을 얕보다. 거만 떨다.「一自滿是一定要失敗的；자부하는 자기 만족은 반드시 실패한다」>驕驕傲傲. ②자신(自信)을 갖다. 긍지를 갖다.「這種傳統是值得我們一的；이러한 전통은 우리들의 자랑거리로 삼을 수 있는 것이다」

[驕氣] chiāoch'ì ㄐㄧㄠㄑㄧˋ ①건방지다. 제가 젠체하다. >驕驕氣氣. ②건방진 태도.

[驕橫] chiāohèng ㄐㄧㄠㄏㄥˋ 고자세(高姿勢)로 횡포하다. (남의 입장을 무시하고) 제멋대로 놀다. >驕驕橫橫.

[驕縱] chiāotsùng ㄐㄧㄠㄗㄨㄥˋ 안하무인(眼下無人)으로 행동하다. 제가 젠체하고 거만을 떨다.

[驕子] chiāotzǔ ㄐㄧㄠㄗˇ 총아(寵兒).

〔嚼〕 chiáo ㄐㄧㄠˊ〈文〉chüéh ㄐㄩㄝˊ ①씹다. ②(문장 따위를) 음미(吟味)하다.

[嚼爭] chiáochēng ㄐㄧㄠˊㄓㄥ 짓궂게 말다툼을 하다.「一理兒；짓궂게 이론을 늘어 놓다」

[嚼情] chiáoch'íng ㄐㄧㄠˊㄑㄧㄥ ①도리(道理)를 분별하지 않다. ②교만을 떨다. ③투덜대다.

[嚼蛆] chiáoch'ū ㄐㄧㄠˊㄔㄨ ①된말 안된 말을 함부로 늘어 놓다. ②수다스런 사람을 욕하는 말. 「씹다.

[嚼細] chiáohsì ㄐㄧㄠˊㄒㄧˋ 잘 씹다. 잘게

[嚼谷] chiáoku ㄐㄧㄠˊㄍㄨ 식비(食費). 생활비.

[嚼裹兒] chiáokuorh ㄐㄧㄠˊㄍㄨㄛㄦ 먹고 입는 비용. 생활비. =嚼過兒

[嚼爛] chiáolàn ㄐㄧㄠˊㄌㄢˋ 가루가 되도록 잘게 씹다.

[嚼不爛] chiáopulàn ㄐㄧㄠˊㄅㄨㄌㄢˋ 충분히 씹을 수 없다.「貪多一；한꺼번에 많이 먹으면 목이 메인다」

[嚼舌] chiáoshé ㄐㄧㄠˊㄕㄜˊ ①쓸 데 없는 말을 지껄여 시끄러운 사태를 일으키다. ②이러쿵저러쿵 지껄이다. =嚼舌頭.

[嚼舌根] chiáoshékēn ㄐㄧㄠˊㄕㄜˊㄍㄣ =嚼舌. 「깨다.

[嚼碎] chiáosuì ㄐㄧㄠˊㄙㄨㄟˋ 잘게 씹어

[嚼得動] chiáotêtùng ㄐㄧㄠˊㄉㄜㄉㄨㄥˋ 깨물어 깰 수 있다. 씹을 수 있다.

[嚼動] chiáotùng ㄐㄧㄠˊㄉㄨㄥˋ(씹는 데) 입을 놀리다.

[嚼子] chiáotzǔ ㄐㄧㄠˊㄗ 말의 재갈.

[嚼用] chiáoyùng ㄐㄧㄠˊㄩㄥˋ 식비. 생활비.

〔角〕 chiǎo ㄐㄧㄠˇ ①뿔.「牛一；쇠뿔」②뿔과 같은 모양의 것.「菱一兒；마름씨」③각(角).「直一；직각」④「一兒；모퉁이. 구석.「桌子一兒；탁자의 모서리」「墻一；벽의 구석」⑤㉮보조 화폐의 단위로 "元"의 $\frac{1}{10}$, "分"의 10배. ㉯4분의 1.「一一毛綫；털실 $\frac{1}{4}$파운드」㉰덩어리에서 떼어 낸 모가 진 것을 세는 말.「一一餅；한 조각의 군 과자」㉱옛적에 서류(書類)를 세던 단위.「一一公文；서류 한 통」⑥방위(方位).「東北一上起了火光；동북 방향에서 불길이 올랐다」⑦경쟁하다. 겨루다.「口一；말다툼하다」옛적의 오음(五音)의 하나. ⑨옛적의 술그릇.

[角鋼] chiǎokāng ㄐㄧㄠˇㄍㄤ 강재(鋼材).

[角落] chiǎolò ㄐㄧㄠˇㄌㄨㄛˋ 구석. 모퉁이.

[角樓(兒·子)] chiǎolóu(rh·tzǔ) ㄐㄧㄠˇㄌㄡˊ(ㄦ·ㄗ) 성(城)의 감시대. 성의 망루(望樓).

[角門] chiǎomén ㄐㄧㄠˇㄇㄣˊ 정문(正門) 옆의 작은 문.

[角票] chiǎop'iào ㄐㄧㄠˇㄆㄧㄠˋ "10錢, 20錢, 50錢"의 지폐. 경화(硬貨)는 "毛錢" =毛票.

[角兒] chiǎorh ㄐㄧㄠˇㄦ ①방향.「東北一；동북방」②구석. ③모퉁이.「拐一；모퉁이를 돌다」④chüéhrh 배우.

[角色] chiǎosè ㄐㄧㄠˇㄙㄜˋ ①연기자. 배우. ②배역(配役). ③어떤 일의 담당역할.

[角鬪] chiǎotòu ㄐㄧㄠˇㄉㄡˋ 힘을 겨루다. 힘으로 승부를 가리다.

[角嘴] chiáotsuǐ ㄐㄧㄠˊㄗㄨㄟˇ 말다툼하다. 논쟁하다.

〔狡〕 chiǎo ㄐㄧㄠˇ 교활하다. 「활하다.

[狡詐] chiǎochà ㄐㄧㄠˇㄓㄚˋ 간사하다. 교

[狡展] chiǎochǎn ㄐㄧㄠˇㄓㄢˇ =狡賴. >狡狡展展. 「앙큼하다.

[狡黠] chiǎohsiá ㄐㄧㄠˇㄒㄧㄚˊ 교활하다.

[狡獪] chiǎokuài ㄐㄧㄠˇㄍㄨㄞˋ 간사한 꾀가 많다.

[狡賴] chiǎolài ㄐㄧㄠˇㄌㄞˋ 간사한 꾀로 이리저리 핑계하다.

[狡辯] chiǎopièn ㄐㄧㄠˇㄅㄧㄢˋ 궤변을 부리다. 간사하게 변명하다. >狡狡辯辯.

[狡童] chiǎotúng ㄐㄧㄠˇㄉㄨㄥˊ 경박한 소년. 까부는 아이.

[狡兎三窟] chiǎot'ù sānk'ū ㄐㄧㄠˇㄊㄨˋㄙㄢㄎㄨ 교활한 토끼는 굴이 세 개나 있다. 몸을 숨기는 방법이 교묘하다 : 악인의 계획은 빈틈이 없다는 비유. 《諺》

〔皎〕 chiǎo ㄐㄧㄠˇ 새하얗다. 희게 번쩍이다.「一一白駒；흰 말」

[皎潔] chiǎochiéh ㄐㄧㄠˇㄐㄧㄝˊ ①희고 아름답다. 교교(皎皎)하다.「一的月亮；

교교한 달」②광명정대(光明正大)하다.

〔脚〕(腳) chiǎo ㄐㄧㄠˇ ①발. 발목에서부터 아랫부분. ②다리. 발 전체. ③물건의 아랫도리.「山一 ; 산기슭」「墻一 ; 담밑」 「발바닥.
[脚掌子] chiǎoch'ǎngtzū ㄐㄧㄠˇㄔㄤˇㄗ
[脚架] chiǎochià ㄐㄧㄠˇㄐㄧㄚˋ 발판.
[脚價] chiǎochià ㄐㄧㄠˇㄐㄧㄚˋ (사람이나 우마에 의한) 운임(運賃).
[脚車] chiǎoch'ē ㄐㄧㄠˇㄔㄜ 사람을 태우는 일륜차(一輪車).
[脚氣] chiǎoch'ì ㄐㄧㄠˇㄑㄧˋ①(발에 생기는)무좀. ②각기병(脚氣病).
[脚繭] chiǎochiěn ㄐㄧㄠˇㄐㄧㄢˇ 발에 생기는 못. 「끝.
[脚尖兒] chiǎochiēnrh ㄐㄧㄠˇㄐㄧㄢ ㄦ발
[脚指] chiǎochǐh ㄐㄧㄠˇㄓˇ 발가락.
[脚趾] chiǎochǐh ㄐㄧㄠˇㄓˇ 발가락.
[脚鐲] chiǎochó ㄐㄧㄠˇㄓㄨㄛˊ 금속제의 발고리로 해산(解産)한 때에 선물로 보냄.
[脚踵] chiǎochǔng ㄐㄧㄠˇㄓㄨㄥˇ발꿈치.
[脚風濕] chiǎofēngshīh ㄐㄧㄠˇㄈㄥㄕ 발의 류우머티즘(rheumatism). 발의 풍병(風病).
[脚夫] chiǎofū ㄐㄧㄠˇㄈㄨ운반부(運搬夫).
[脚行] chiǎoháng ㄐㄧㄠˇㄏㄤˊ 운송점(運送店).
[脚後脚地] chiǎohòuchiǎotê ㄐㄧㄠˇㄏㄡˋㄐㄧㄠˇㄉㄜ 차례차례로 잇닿는 모양. 잇달아. 연달아. ＝脚跟脚地.
[脚心] chiǎohsīn ㄐㄧㄠˇㄒㄧㄣ 발바닥의 오목한 부분. 장심(掌心).
[脚下] chiǎohsià ㄐㄧㄠˇㄒㄧㄚˋ①현재. 목하(目下). ②발의 밑.
[脚杆] chiǎokān ㄐㄧㄠˇㄍㄢ ①발의 뒤축에서 웃 부분. ②발에 의한 노동력(勞動力).
[脚跟] chiǎokēn ㄐㄧㄠˇㄍㄣ 발꿈치.
[脚鐐] chiǎoliào ㄐㄧㄠˇㄌㄧㄠˋ 옛 형구(刑具)의 하나. 차꼬.「上一 ; 차꼬를 채우다」
[脚力] chiǎolì ㄐㄧㄠˇㄌㄧˋ ①운임(運賃).②심부름값. ③예전에 급한 용무로 보내던 심부름군. ④세력. ⑤발의 힘. 다릿심.
[脚饅頭] chiǎománt'ou ㄐㄧㄠˇㄇㄢˊㄊㄡ 무릎. 《吳》
[脚面] chiǎomièn ㄐㄧㄠˇㄇㄧㄢˋ 발등.
[脚囊] chiǎonángㄐㄧㄠˇㄋㄤˊ 장딴지 : 종아리 뒤쪽의 살이 불룩한 부분. 「발판.
[脚板] chiǎopǎn ㄐㄧㄠˇㄅㄢˇ ①발바닥.②
[脚巴丫兒] chiǎopayārh ㄐㄧㄠˇㄅㄚㄧㄚㄦ 발가락 사이.
[脚背] chiǎopèi ㄐㄧㄠˇㄅㄟˋ 발등.
[脚脖子] chiǎopótzū ㄐㄧㄠˇㄅㄛˊㄗ 발목. ＝脚腕子.
[脚步兒] chiǎopùrh ㄐㄧㄠˇㄅㄨˋㄦ①걸음의 폭(幅). ②선인(先人)이 보인 모범.
[脚步聲兒] chiǎopùshēngrh ㄐㄧㄠˇㄅㄨˋㄕㄥㄦ 발소리. 걸음 걷는 소리.
[脚步鴨(兒·子)] chiǎopùyā(rh·tzū) ㄐㄧㄠˇㄅㄨˋㄧㄚ(ㄦ·ㄗ) 발가락.
[脚色] chiǎosê ㄐㄧㄠˇㄙㄜˋ ①작품의 등장 인물. ②배우. ③능숙한 사람. 능수(能手). ④아주 적합한 사람. 안성마춤의 인물. 「架. ②일손. 일할 사람.
[脚手] chiǎoshou ㄐㄧㄠˇㄕㄡ ① ＝脚手
[脚手架] chiǎoshouchià ㄐㄧㄠˇㄕㄡㄐㄧㄚˋ (고층 건축을 위한)발판.
[脚手板] chiǎoshǒupǎn ㄐㄧㄠˇㄕㄡˇㄅㄢˇ 발판. 발판을 깐 통로(通路).
[脚踏子] chiǎot'àtzū ㄐㄧㄠˇㄊㄚˋㄗ 발판.
[脚踏汽車] chiǎot'àch'ìch'ē ㄐㄧㄠˇㄊㄚˋㄑㄧˋㄔㄜ 오오토바이. 「전거.
[脚踏車] chiǎot'àch'ē ㄐㄧㄠˇㄊㄚˋㄔㄜ 자
[脚踏實地] chiǎot'àshíhtì ㄐㄧㄠˇㄊㄚˋㄕˊㄉㄧˋ 발이 땅에 붙어 있는 일. 사실에 입각하여 착실하게 실행함.
[脚燈] chiǎotēng ㄐㄧㄠˇㄉㄥ 푸트라이트(foot light). 조명등(照明燈)·각광(脚光).
[脚登子] chiǎotēngtzū ㄐㄧㄠˇㄉㄥㄗ ①의자에 앉아서 다리를 걸치는 발판. ②자전거·풍금 따위의 발판. 페달.
[脚底] chiǎotǐ ㄐㄧㄠˇㄉㄧˇ 발바닥.
[脚底下] chiǎotǐhsia ㄐㄧㄠˇㄉㄧˇㄒㄧㄚ ①걸음걸이.「一很快 ; 걸음걸이가 빠르다」②발 밑.
[脚墊] chiǎotièn ㄐㄧㄠˇㄉㄧㄢˋ 인력거(人力車)의 발판. 「검돌.
[脚踩石] chiǎots'ǎishíh ㄐㄧㄠˇㄘㄞˇㄕˊ징
[脚蹤兒] chiǎotsūngrh ㄐㄧㄠˇㄗㄨㄥˇㄦ 발자국. 「脚脖子.
[脚腕子] chiǎowàntzū ㄐㄧㄠˇㄨㄢˋㄗ ＝
[脚丫巴] chiǎoyāpa ㄐㄧㄠˇㄧㄚㄅㄚ ①발목에서 발끝까지의 부분. ＝脚鴨兒. ②발가락 사이. ＝脚丫縫.
[脚印] chiǎoyìn ㄐㄧㄠˇㄧㄣˋ 발자국.

〔絞〕 chiǎo ㄐㄧㄠˇ ①죄어 짜다. 비틀다. 꼬다. ②(목을)조르다. 교수형으로 처하다. 「首臺).
[絞架] chiǎochià ㄐㄧㄠˇㄐㄧㄚˋ 교수대(絞
[絞腸痧] chiǎoch'ángshā ㄐㄧㄠˇㄔㄤˊㄕㄚ ① 간헐적 복통. 산통. ②급성 장염(腸炎). ③콜레라. 「자아틀.
[絞車] chiǎoch'ē ㄐㄧㄠˇㄔㄜ 윈치(winch).
[絞盡] chiǎochìn ㄐㄧㄠˇㄐㄧㄣˋ 완전히 죄어 짜다. 「을 집행하다.
[絞決] chiǎochüéh ㄐㄧㄠˇㄐㄩㄝˊ 교수형
[絞綫] chiǎohsièn ㄐㄧㄠˇㄒㄧㄢˋ①실이 엉클어지다. ②두 가지 방법이 뒤섞이다.
[絞心] chiǎohsīn ㄐㄧㄠˇㄒㄧㄣ 고심하다. 애쓰다.
[絞刑] chiǎohsíng ㄐㄧㄠˇㄒㄧㄥˊ 교수형.
[絞面] chiǎomièn ㄐㄧㄠˇㄇㄧㄢˋ 명주실을 꼬아서 얼굴의 털을 뽑다.
[絞盤] chiǎop'án ㄐㄧㄠˇㄆㄢˊ (물건을) 감아 올리는 기계. 윈치(winch).
[絞水] chiǎoshuǐ ㄐㄧㄠˇㄕㄨㄟˇ 두레박으로 물을 긷다. 「매다.
[絞索] chiǎosǒ ㄐㄧㄠˇㄙㄨㄛˇ 죄어 옭아
[絞死] chiǎossǔ ㄐㄧㄠˇㄙ 교살(絞殺)하다.
[絞刀] chiǎotāo ㄐㄧㄠˇㄉㄠ 쇠붙이의 구멍을 넓히는 날카로운 연장.
[絞臺] chiǎot'ái ㄐㄧㄠˇㄊㄞˊ①윈치(winch) 따위의 발판. ②교수대(絞首臺).

〔剿〕(勦) chiǎo ㄐㄧㄠˇ ①쳐서 멸망시키다. 토벌하다.「圍一 ; 포위 섬멸」②내 것으로 만들다.「一說 ; 표절(剽竊)설」 ⇨ ch'āo. 「다.
[剿絶] chiiǎochüéh ㄐㄧㄠˇㄐㄩㄝˊ몰살하
[剿盡殺絶] chiǎochìn-shāchüéh ㄐㄧㄠˇㄐㄧㄣˋㄕㄚㄐㄩㄝˊ 완전히 퇴치(退治)해 버

리다. 「하다.
[勦匪] chiáofěi ㄐㄧㄠˊㄈㄟˇ 비적을 토벌
[勦蝗] chiǎohuáng ㄐㄧㄠˇㄏㄨㄤˊ 농작물에 해를 입히는 메뚜기를 잡아 없애다. 메뚜기를 퇴치하다. 「다.
[勦滅] chiǎomièh ㄐㄧㄠˇㄇㄧㄝˋ 멸망시키

〔餃〕 chiǎo ㄐㄧㄠˇ 「一子·一兒；만두」「包一；만두를 만들다」

〔鉸〕 chiǎo ㄐㄧㄠˇ ①가위로 자르다.＝剪. ②선반(旋盤)으로 자르거나 구멍을 뚫다. 「絞架.
[鉸架] chiǎochià ㄐㄧㄠˇㄐㄧㄚˋ 교수대.＝
[鉸剪] chiǎochiěn ㄐㄧㄠˊㄐㄧㄢˇ 가위.
[鉸臉] chiáo liěn ㄐㄧㄠˊㄌㄧㄢˇ ＝絞面.
[鉸票] chiǎop'iào ㄐㄧㄠˇㄆㄧㄠˋ 차표를 가위로 찍다. 「자르다.
[鉸斷] chiǎotuàn ㄐㄧㄠˇㄉㄨㄢˋ 가위로

〔僥〕 chiǎo ㄐㄧㄠˇ
[僥倖] chiǎohsìng ㄐㄧㄠˇㄒㄧㄥˋ ①부당한 이익을 기대하다. ②뜻하지 않은 행운을 잡다.

〔矯〕 chiǎo ㄐㄧㄠˇ ①바로 잡다. 광정(匡正)하다.「痛一前非；지나간 잘못을 근본부터 시정하다」②속이다. 핑계 삼다. ③용감하다. 굳세다. 강하다. ④들어올리다. 들다.「一首而望；머리를 쳐들고 바라보다」
[矯矯] chiáochiǎo ㄐㄧㄠˊㄐㄧㄠˇ ①용감하다. ②뛰어나다.「一不群；일반 수준을 훨씬 능가하다」③높이 들다.
[矯健] chiǎochièn ㄐㄧㄠˇㄐㄧㄢˋ ①건장하다. ②용감하다.
[矯情] chiǎoch'íng ㄐㄧㄠˇㄑㄧㄥˊ 남다른 일을 하여 자기의 존재를 나타내다. ② chiǎoch'ing, chiáoch'ing 강력히 주장하다. 떼쓰다.
[矯揉造作] chiǎojóu-tsàotsò ㄐㄧㄠˇㄖㄡˊㄗㄠˋㄗㄨㄛˋ 일부러 꾸민 것 같아 부자연스럽다.
[矯飾] chiǎoshìh ㄐㄧㄠˇㄕˋ 부자연스럽게 뽐내거나 꾸미다.
[矯託] chiǎot'ō ㄐㄧㄠˇㄊㄨㄛ 거짓으로 핑계 삼다. 가탁(假託)하다.

〔繳〕 chiǎo ㄐㄧㄠˇ ①납부하다. 불입(拂込)하다. 인도(引渡)하다.「一公糧；농업세를 바치다」「一槍不殺；총을 버리면 죽이지 않는다：적에게 항복할 것을 권할 때 쓰는 말」②빼앗다. 무장을 해제하다.「一械；무장을 해제하다」
[繳槍] chiǎo ch'iāng ㄐㄧㄠˇ ㄑㄧㄤ 총을 내주다. 무장을 해제하다.
[繳捐] chiǎo chüān ㄐㄧㄠˇ ㄐㄩㄢ 세금을 바치다.
[繳卷兒] chiǎo chüànrh ㄐㄧㄠˇ ㄐㄩㄢˋㄦ 답안을 내다. ＝交卷兒.
[繳付] chiǎofù ㄐㄧㄠˇㄈㄨˋ 납부하다.
[繳獲] chiǎohuō ㄐㄧㄠˇㄏㄨㄛˋ 노획(鹵獲)하다.「一一門大砲；대포를 1문 노획하다」」
[繳款] chiáok'uǎn ㄐㄧㄠˊㄎㄨㄢˇ ①납부금(納付金). ② 돈을 납부하다.
[繳糧] chiǎoliáng ㄐㄧㄠˇㄌㄧㄤˊ ①곡물을 납부하다. ②(세금을)물건으로 납부하다.
[繳納] chiǎonà ㄐㄧㄠˇㄋㄚˋ 납입하다. 납부하다. 「다.
[繳稅] chiǎoshuì ㄐㄧㄠˇㄕㄨㄟˋ 세금을 내

〔攪〕 chiǎo ㄐㄧㄠˇ ①방해하다. 훼젓다.「他睡着了，不要一他；잠들었으니 떠들지 말라」·②저어서 고루 섞다.「把鍋一一一；남비를 한 번 흔들어 젓다」③뒤섞다.「不能讓好的壞的一在一起；좋은 것과 나쁜 것을 한데 뒤섞으면 곤란하다」⇨kǎo.
[攪局] chiǎochǘ ㄐㄧㄠˇㄐㄩˊ 어지럽히다. 소란스럽게 만들다.
[攪和] chiǎohuo ㄐㄧㄠˇㄏㄨㄛ ①섞이다. 사귀다.「和壞孩子一在一起；나쁜 아이와 한데 어울리다.＝混雜. 摻和. ②젓다. 섞다.「這碗麵，你一一再吃；이 국수를 잘 저어서 먹어라」
[攪混] chiǎohun ㄐㄧㄠˇㄏㄨㄣ ①혼란시키다. ②＝攪和.
[攪擾] chiáojǎo ㄐㄧㄠˊㄖㄠˇ 소란을 떨다. 방해하다.
[攪鬧] chiǎonào ㄐㄧㄠˇㄋㄠˋ 이러니 저러니 하고 떠들어대다. ＞攪攪鬧鬧.
[攪絲兒] chiǎossǔrh ㄐㄧㄠˇㄙㄦ 한자(漢字)의 "실사변" 즉 "糸"
[攪勻] chiǎoyǘn ㄐㄧㄠˇㄩㄣˊ 고루 섞이도록 휘젓다.

〔叫〕 chiào ㄐㄧㄠˋ ①외치다. 큰소리를 지르다.「大一一聲；큰소리를 버럭 지르다」②울다. 울리다.「鷄一；닭이 울다」「汽笛一；기적이 울리다」③…라고 부르다. …라고 말하다. 이름을 …라고 하다.「他一什麼名字？；그 사람의 이름은 무엇이라고 합니까？」④부르다.「請你把他一來；그 사람을 좀 불러 다오」「家裡把他一回來；양친이 그를 불러 들였다」⑤…시키다. …게 하다.「這件事應該一他知道；이 사건은 응당 그에게 알려야 한다」⑥(…에게) …당하다.「敵人一我們打得落花流水；적은 아군(我軍)에게 여지 없이 분쇄당하고 말았다」
[叫陣] chiàochèn ㄐㄧㄠˋㄓㄣˋ 상대방을 찾아내어 서로 대결(對決)하다.
[叫眞兒] chiàochēnrh ㄐㄧㄠˋㄓㄣㄦ 진정(眞正)으로 받아 들이다. 본정신으로 해 나가다. 착실한. 진정한. ＝較眞兒.
[叫勁兒] chiàochìnrh ㄐㄧㄠˋㄐㄧㄣˋㄦ ①거역하다. 반항하다.「別再跟他；다시는 그에게 반항하지 말라」＝別扭. ②더욱 힘을 내다. 더욱 정력을 쏟다. ＝加油兒. 加勁兒. 「만을 호소하다.
[叫屈] chiàoch'ū ㄐㄧㄠˋㄑㄩ 불평이나 불
[叫局] chiàochǘ ㄐㄧㄠˋㄐㄩˊ 연회석에 기생을 부르다. 「①.
[叫絶] chiàochüéh ㄐㄧㄠˋㄐㄩㄝˊ＝叫好.
[叫飯] chiào fàn ㄐㄧㄠˋㄈㄢˋ 요리를 주문하다. 「치다. ＞叫叫喊喊.
[叫喊] chiàohǎn ㄐㄧㄠˋㄏㄢˊ 큰소리로 외
[叫行] chiàohang ㄐㄧㄠˋㄏㄤ 경매를 하는 가게. 「성치다. 울부짖다.
[叫號] chiàoháo ㄐㄧㄠˋㄏㄠˊ 울며 아우
[叫橫] chiàohèng ㄐㄧㄠˋㄏㄥˋ ①고집을 부리다. 억센 체하다. ②언성을 높이다.
[叫好] chiàohǎo ㄐㄧㄠˋㄏㄠˇ ①(연극 따

위에서 연기자를 칭찬하여) 잘한다고 박수를 치거나 소리를 지르다. ②좋다. 잘한다.「眞一; 참 좋다」 「갈채하다.
[叫好兒] chiàohǎorh ㄐㄧㄠˋㄏㄠˇㄦ 박수
[叫吼] chiàohǒu ㄐㄧㄠˋㄏㄡˇ (짐승 따위가)짖다.
[叫囂] chiàohsiāo ㄐㄧㄠˋㄒㄧㄠ ①마구 큰소리를 지르다. ②떠들어대며 선전하다.
[叫喚] chiàohuan ㄐㄧㄠˋㄏㄨㄢ ①외치다. ②비명을 울리다. ＞叫叫喚喚. ③(새 따위가) 울다.
[叫花子] chiàohuātzǔ ㄐㄧㄠˋㄏㄨㄚㄗ 거지. 걸인. ＝叫化子.
[叫魂(兒)] chiàohún(rh) ㄐㄧㄠˋㄏㄨㄣˊ(ㄦ) ①죽은 사람의 혼을 불러 들이다. 초혼(招魂)하다. ②잇달아 큰소리로 외치다.
[叫嚷] chiàojǎng ㄐㄧㄠˋㄖㄤˇ 큰소리를 지르다. 큰소리를 질러 사람을 부르다. ＝嚷叫. 「서를 빌다.
[叫饒] chiàojáo ㄐㄧㄠˋㄖㄠˊ 소리내어 용
[叫哥哥] chiàokōko ㄐㄧㄠˋㄍㄜㄍㄜ 〈動〉 철써기: 여치과에 속하는 곤충.
[叫苦] chiàok'ǔ ㄐㄧㄠˋㄎㄨˇ ①비명을 울리다. ②탄식하다.
[叫苦連天] chiàok'ǔ lién't'iēn ㄐㄧㄠˋㄎㄨˇㄌㄧㄢˊㄊㄧㄢ ①매일같이 도탄(塗炭)의 괴로움을 겪다. ②고생을 견딜 수 없어 분노를 터트리다. 「소란스럽다.
[叫聒] chiàokuā ㄐㄧㄠˋㄍㄨㄚ 목소리가
[叫量] chiàoliàng ㄐㄧㄠˋㄌㄧㄤˋ 집적거리다. 도발(挑發)하다.
[叫驢] chiàolü ㄐㄧㄠˋㄌㄩ ①당나귀의 수놈: 시끄럽게 울어대기 때문에 이르는 말. ②마구 떠들어대는 사람. 《罵》
[叫罵] chiàomà ㄐㄧㄠˋㄇㄚˋ 아우성치다. ＞叫叫罵罵. 「물건을 팔다.
[叫賣] chiàomài ㄐㄧㄠˋㄇㄞˋ 떠들어대며
[叫門] chiàomén ㄐㄧㄠˋㄇㄣˊ 안내를 부탁하다: "打門"보다는 가볍게 문을 두드리는 의미로 쓰임.
[叫名頭] chiàomíngt'óu ㄐㄧㄠˋㄇㄧㄥˊㄊㄡˊ 남의 이름을 사칭하는 일. 사칭(詐稱).
[叫天子] chiàot'iēntzǔ ㄐㄧㄠˋㄊㄧㄢㄗ 〈動〉 종달새. 「문하다.
[叫菜] chiào t'sào ㄐㄧㄠˋㄘㄠˋ 요리를 주
[叫做] chiàotsò ㄐㄧㄠˋㄗㄨㄛˋ …라고 하다. …라고 불리다. 「這樣的字一漢字; 이런 글자는 한자(漢字)라고 한다」
[叫座] chiàotsò ㄐㄧㄠˋㄗㄨㄛˋ 만원(滿員).
[叫子] chiàotzǔ ㄐㄧㄠˋㄗ 호루루기. ＝哨子.
[叫字號] chiàotzǔhao ㄐㄧㄠˋㄗˋㄏㄠ ①가게 이름이 널리 알려지다. ②면목을 세우다.

〔校〕 chiào ㄐㄧㄠˋ ①비교하다. ②바로잡다. 교정(校正)하다. 「一稿子; 원고를 교정하다」 ⇨ hsiào.
[校正] chiàochěng ㄐㄧㄠˋㄓㄥˋ ①교정(校正)하다. ②(기계 따위의 상태를) 점검하고 조정하다. 「하다.
[校仇] chiàoch'óu ㄐㄧㄠˋㄔㄡˊ 교정(校正)
[校改] chiàokǎi ㄐㄧㄠˋㄍㄞˇ 조사하여 고치다.
[校勘] chiàok'ān ㄐㄧㄠˋㄎㄢ ①교정(校正). ②교정하다. 「這本書一不精; 이 책은 교정이 불충분하다」
[校量] chiàoliǎng ㄐㄧㄠˋㄌㄧㄤˇ ①비교하다. ②상대하다. ＝較量.
[校書] chiàoshū ㄐㄧㄠˋㄕㄨ ①책을 교정하다. ②기생(妓生). 《舊》 「대조하다.
[校對] chiàotuì ㄐㄧㄠˋㄉㄨㄟˋ 교정하다. 대조하다. 「把稿子一一遍; 원고를 교정하다」 「刷).게라.
[校樣] chiàoyàng ㄐㄧㄠˋㄧㄤˋ 교정쇄(校正

〔教〕 chiào ㄐㄧㄠˋ ①가르침. 훈계. 지도. 「施一; 가르치다. 지도하다」 「受一; 가르침을 받다」 ②…시키다. 「我一他去買東西; 그에게 물건을 사오라고 시키다」 ＝叫 ⑤. ③…당하다. 「小心一蚊子咬了; 모기에 물리지 않도록 조심하라」 ＝叫⑥. ④종교. 「一堂; 교회당」 ⇨chiāo.
[教法] chiàofǎ ㄐㄧㄠˋㄈㄚˇ ①가르치는 방법. 교수법. ②종교의 법도.
[教席] chiàohsí ㄐㄧㄠˋㄒㄧˊ 교원의 직위.
[教訓] chiàohsün ㄐㄧㄠˋㄒㄩㄣ ①훈계하다. 꾸짖다. ②종교의 가르침. ③교훈.
[教學半] chiàohsüéhpàn ㄐㄧㄠˋㄒㄩㄝˊㄅㄢˋ 남을 가르친다는 것은 반은 자기의 공부가 되는 것이다. 「타이르다.
[教誨] chiàohuì ㄐㄧㄠˋㄏㄨㄟˋ 가르치고
[教管] chiàokuǎn ㄐㄧㄠˋㄍㄨㄢˇ ①길을 들이다. 훈육하다. ②따끔한 맛을 보이다. 버릇을 고치다. 「율(戒律).
[教規] chiàokueī ㄐㄧㄠˋㄍㄨㄟ 종교의 계
[教練] chiàolièn ㄐㄧㄠˋㄌㄧㄢˋ ①훈련하다. ②〈體〉코오치(coach).
[教練機] chiàolièncht ㄐㄧㄠˋㄌㄧㄢˋㄐㄧ 연습기(練習機). 「속 연수(勤續年數).
[教齡] chiàolíng ㄐㄧㄠˋㄌㄧㄥˊ 교직의 근
[教門兒] chiàoménrh ㄐㄧㄠˋㄇㄣˊㄦ ①회교도(回教徒). ②종교 「(text).
[教本] chiàopěn ㄐㄧㄠˋㄅㄣˇ 교본. 텍스트
[教士] chiàoshìh ㄐㄧㄠˋㄕˋ 선교사(宣教師).
[教態] chiàot'ài ㄐㄧㄠˋㄊㄞˋ 가르칠 때의 교사의 태도. 「會堂).
[教堂] chiàot'áng ㄐㄧㄠˋㄊㄤˊ 교회당(教
[教條] chiàot'iáo ㄐㄧㄠˋㄊㄧㄠˊ 실제와는 유리된 공허한 도리나 이론. 「一主義; 교조주의. 공식주의」
[教徒] chiàot'ú ㄐㄧㄠˋㄊㄨˊ 신자(信者).
[教務長] chiàowùchǎng ㄐㄧㄠˋㄨˋㄓㄤˇ 교무 주임.
[教養] chiàoyǎng ㄐㄧㄠˋㄧㄤˇ 지식·기능·도덕 성품 따위의 정도의 표현. ①도덕적 성품을 배양하다. ②인간성을 훌륭하게 형성하다. 「교의)연구실.
[教研室] chiàoyénshìh ㄐㄧㄠˋㄧㄢˊㄕˋ (학
[教研組] chiàoyéntsǔ ㄐㄧㄠˋㄧㄢˊㄗㄨˇ (학교 내외에서의) 연구 서어클(circle).
[教友] chiàoyǔ ㄐㄧㄠˋㄧㄡˇ ①신자(信者)의 동료. ②같은 신자들 끼리. 교도(教徒)들.
[教育部] chiàoyǜpù ㄐㄧㄠˋㄩˋㄅㄨˋ 교육부. 문교부(文教部)에 해당함.

〔窖〕 chiào ㄐㄧㄠˋ ①지하실. 굴. 움. 「白菜一; 배추 구덩이」 ②채워 싸다. 움속에 넣다. 「一果子; 과일을 움속에 넣다」 ③생매장하다. 「움에 저장하다.
[窖冰] chiào pīng ㄐㄧㄠˋㄅㄧㄥ 얼음을
[窖菜] chiào ts'ài ㄐㄧㄠˋㄘㄞˋ 야채를 움에다 저장하다.
[窖藏] chiàots'áng ㄐㄧㄠˋㄘㄤˊ 물건을 움

이나 굴 속에 저장하다.

〔較〕 chiào ㄐㄧㄠˋ ①비교하다. 「——勁；힘을 겨루다」 ②다소. 약간. 조금. 「面積一少；면적이 약간 적다」 ③뚜렷이. 현저하게. ④대략. 대충. 「大一；대략」 ⑤차(差). 「九與五的一是四；9와 5의 차는 4다」

[較眞兒] chiàochēnrh ㄐㄧㄠˋㄓㄣㄦ ①착실하게 하다. ②착실하다.

[較勁兒] chiàochìnrh ㄐㄧㄠˋㄐㄧㄣˋㄦ ①심하다. 엄하다. 힘들다. ②힘을 겨루다. 경쟁하다. ③대립하다. 대항하다. 맞서다.

[較准] chiàochǔn ㄐㄧㄠˋㄓㄨㄣˇ (초점 따위를) 맞추다.

[較著] chiàochù ㄐㄧㄠˋㄓㄨˋ 현저하다. 뚜렷하다.

[較然] chiàoján ㄐㄧㄠˋㄖㄢˊ 분명히. 확연하게. 「兩者一不同；양자는 분명히 다르다」

[較量] chiàoliàng ㄐㄧㄠˋㄌㄧㄤˋ ①비교하다. ②저항하다. ③맞서서 승부를 가리다.

[較比] chiàopǐ ㄐㄧㄠˋㄅㄧˇ ①비교하다. ②비교적. 비교해서.

〔酵〕 chiào ㄐㄧㄠˋ 「發一；발효하다」 ⇨hsiào.

〔藠〕 chiào ㄐㄧㄠˋ 「一子·一頭；염교」

〔噍〕 chiào ㄐㄧㄠˋ ①깨물다. 씹다. ②「一類；생존자」 ③「啁一；주착 없이 떠들다」

〔轎〕 chiào ㄐㄧㄠˋ 「一子；가마」 「一花；꽃가마 :시집갈 때 타는 가마」

[轎車] chiàoch'ē ㄐㄧㄠˋㄔㄜ ①나귀가 끄는 가마처럼 생긴 이륜차(二輪車). =箱馬車. ②궤짝처럼 차체가 네모진 자동차. =轎式汽車.

[轎夫] chiàofū ㄐㄧㄠˋㄈㄨ 가마를 메는 사람.

[轎子] chiàotzǔ ㄐㄧㄠˋㄗ 가마.

〔醮〕 chiào ㄐㄧㄠˋ ①(여자가)재혼하다. ②기도(祈禱)하다. ③옛날의 혼례 의식. ④단을 만들어 신(神)을 모시다. ⇨chüéh ㄐㄩㄝˊ

〔蘸〕 chiào ㄐㄧㄠˋ 물건을 물에 담그는 것. ⇨chàn ㄓㄢˋ

[蘸鋼] chiàokāng ㄐㄧㄠˋㄍㄤ 담금질을 하다.

CH'IAO ㄑㄧㄠ

〔悄〕 ch'iāo ㄑㄧㄠ 「——兒的；살금살금. 조용조용히」 「——話；속삭이는 말」 「——事；소곤대는 일」

〔雀〕 ch'iāo 「一子；주근깨」 ⇨ch'iǎo, ch'üèh.

〔敲〕 ch'iāo ㄑㄧㄠ ①(작은 막대나 손가락으로 단단한 것을 가볍게 연속적으로) 똑똑 두드리다. 「一門；문을 똑똑 두드리다. 노크하다」 ②가축을 거세(去勢)하다. 「一豬；돼지를 거세하다」 ③속이다. 속여서 빼앗다. 「一人；남을 속여서 빼앗다」

[敲詐] ch'iāochà ㄑㄧㄠㄓㄚˋ 트집을 잡아 남의 재물을 강요하다. 남의 재물을 사기 공갈하여 빼앗다. =敲詐勒索.

[敲竹杠] ch'iāochúkàng ㄑㄧㄠㄓㄨˊㄍㄤˋ ①감언 이설로 남의 재물을 우려먹다. ②트집을 잡아 남의 재물을 빼앗다.

[敲肋骨] ch'iāo lèikǔ ㄑㄧㄠㄌㄟˋㄍㄨˇ (환자의) 가슴을 타진(打診)하다. 진찰하다.

[敲門磚] ch'iāoménchuān ㄑㄧㄠㄇㄣˊㄓㄨㄢ ①학문으로 명성을 떨친 후에는 학문을 헌신짝같이 버린다는 비유. ②이용을 해서 목적을 달성한 후에는 돌보지도 않는 물건.

[敲邊鼓] chi'āopiēnkǔ ㄑㄧㄠㄅㄧㄢㄍㄨˇ ①남을 놀리다. ②=敲邊鼓兒.

[敲邊鼓兒] ch'iāopiēnkǔrh ㄑㄧㄠㄅㄧㄢㄍㄨㄦˇ 옆에서 부채질을 하다. 선동하다.

[敲打] ch'iāota ㄑㄧㄠㄉㄚ ①두드리다. 치다. ②징을 두드리고 북을 치다. =敲鑼打鼓.

〔劁〕 ch'iāo ㄑㄧㄠ 가축을 거세(去勢)하다.

〔橇〕 ch'iāo ㄑㄧㄠ ①고대의 진흙길 위를 달리게 하던 썰매. ②썰매. =雪橇.

〔磽〕 ch'iāo ㄑㄧㄠ 땅이 단단하고 메마르다. 「地有肥一；토지에는 걸찬 데와 메마른 데가 있다」

[磽瘠] ch'iāochí ㄑㄧㄠㄐㄧˊ 메마른 땅. 박전(薄田).

[磽薄] ch'iāopó ㄑㄧㄠㄅㄛˊ 땅이 메마르다.

〔鍬〕 chi'āo ㄑㄧㄠ 삽. 셔블(shovel).

〔繑〕 ch'iāo ㄑㄧㄠ 의복의 끈이나 띠 따위를 바느질할 때 바늘자리를 안 보이게 하는 바느질법의 일종. 공그르다.

〔蹺〕(蹻) ch'iāo ㄑㄧㄠ 발을 들다. 발돋움하다. 「一脚；발돋움하다」

[蹺脚] ch'iāoch'iǎo ㄑㄧㄠㄑㄧㄠˇ ①절름발이. ②발돋움하다.

[蹺蹺板] ch'iāoch'iāopǎn ㄑㄧㄠㄑㄧㄠㄅㄢˇ 시이소(seesaw). 널.

[蹺蹊] ch'iāohsī ㄑㄧㄠㄒㄧ, ch'iāoch'i ㄑㄧㄠㄑㄧ ①이상하다. ②연유·사연·까닭을 모르는 일. 「裡頭有一；무슨 속내용이 있다」 =蹊蹺.

[蹺腿] ch'iāot'uǐ ㄑㄧㄠㄊㄨㄟˇ 발을 들다. =抬脚, 抬腿.

〔繰〕(幧) ch'iāo ㄑㄧㄠ 실 밥이 안 보이게 꿰매다. 공그르다.

〔喬〕(乔) ch'iáo ㄑㄧㄠˊ ①높다. 「一嶽；높은 산」 ②속이다. 위장(僞裝)하다.

[喬迁] ch'iáoch'iēn ㄑㄧㄠˊㄑㄧㄢ 영전(榮轉), 또는 이사(移徙). 남의 이사(移徙)나 전임(轉任)을 축하하여 이르는 말.

[喬裝] ch'iáochuāng ㄑㄧㄠˊㄓㄨㄤ 변장하다. …체하다. =喬妝. 「一改扮；변장하다」

[喬文假醋] ch'iáowén-chiǎts'ù ㄑㄧㄠˊㄨㄣˊㄐㄧㄚˇㄘㄨˋ 학자인 체하다.

〔僑〕(侨) ch'iáo ㄑㄧㄠˊ ①고국이나 고향을 떠나서 사는 일. 「一居；객지

에서 살다」②국외에 살고 있는 사람. 「韓一 ; 한교」 「華一 ; 화교」
[僑民] ch'iáomín ㄑㄧㄠˊㄇㄧㄣˊ 교민. 해외의 거류민(居留民). 「사는 동포.
[僑胞] ch'iáopāo ㄑㄧㄠˊㄅㄠ 교포. 외국에
[僑生] ch'iáoshēng ㄑㄧㄠˊㄕㄥ 귀국(歸國)한 화교 학생.
[僑務] ch'iáowù ㄑㄧㄠˊㄨˋ 해외 거류민 관리 사무. 교포에 관한 업무.

〔蕎〕 ch'iáo ㄑㄧㄠˊ 메밀.「一麥 ; 메밀」
[蕎麥] ch'iáomài ㄑㄧㄠˊㄇㄞˋ 〈植〉 메밀. 「一麵 ; 메밀 가루」「一皮 ; 메밀 껍질」

〔橋〕(桥) ch'iáo ㄑㄧㄠˊ ①다리. 「一座一 ; 한 개의 다리」②판자 따위가 뒤틀리는 일. =翹. 「這塊木板一了 ; 이 널빤지는 뒤틀렸다」
[橋架] ch'iáochià ㄑㄧㄠˊㄐㄧㄚˋ 교각(橋脚) 사이를 가로지른 나무.
[橋梁] ch'iáoliáng ㄑㄧㄠˊㄌㄧㄤˊ ①다리.②다리를 놓는 역할. 중개(仲介).「起一作用 ; 중개하는 역할을 하다」「의 한 가지.
[橋牌] ch'iáop'ái ㄑㄧㄠˊㄆㄞˊ 트럼프놀이
[橋頭] ch'iáot'óu ㄑㄧㄠˊㄊㄡˊ 다릿가. 다리의 어구.
[橋塊] ch'iáot'u ㄑㄧㄠˊㄊㄨˋ 다리의 어구.
[橋墩(兒)] ch'iáotūn(rh) ㄑㄧㄠˊㄉㄨㄣ(ㄦ) 교각(橋脚)을 받치는 기초대(基礎臺).
[橋洞兒] ch'iáotùngrh ㄑㄧㄠˊㄉㄨㄥˋㄦ 다리와 수면(水面) 사이의 공간. ㄴ=橋空兒.

〔樵〕 ch'iáo ㄑㄧㄠˊ 땔나무를 하다.
[樵歌] ch'iáokō ㄑㄧㄠˊㄍㄜ 나뭇군이 부르는 노래. 초가. 「夫.
[樵戶] ch'iáohù ㄑㄧㄠˊㄏㄨˋ 나뭇군. =樵

〔憔〕(顦) ch'iáo ㄑㄧㄠˊ
[憔悴] ch'iáots'uì ㄑㄧㄠˊㄘㄨㄟˋ 여위다. 초라하다. 여위어 안색이 좋지 않다. = ㄴ憔顇.

〔瞧〕 ch'iáo ㄑㄧㄠˊ 보다. =看.
[瞧見] ch'iáochien ㄑㄧㄠˊㄐㄧㄢ 눈에 보이다. 눈에 뜨이다. =看見.
[瞧哈哈(笑)兒] ch'iáohāha(hsiào)rh ㄑㄧㄠˊㄏㄚㄏㄚ(ㄒㄧㄠˋ)ㄦ 남이 곤경에 빠져 있는 것을 보고 재미 있어 하다.
[瞧哈哈兒笑] ch'iáohāharhsiào ㄑㄧㄠˊㄏㄚㄏㄚㄦㄒㄧㄠ 남이 하는 것을 웃으며 방관하다. =瞧樂子.
[瞧熱鬧兒] ch'iáojè'naorh ㄑㄧㄠˊㄖㄜˋㄋㄠㄦ 구경하다. 번화한 곳을 구경하다. 야유를 하며 구경하다.
[瞧看] ch'iáok'àn ㄑㄧㄠˊㄎㄢˋ 보다.
[瞧來] ch'iáolai ㄑㄧㄠˊㄌㄞ 보건대. 보기에 =看來.
[瞧門] ch'iáomén ㄑㄧㄠˊㄇㄣˊ 노크하는 소리를 듣고 문이나 창문가로 가다.
[瞧病] ch'iáopìng ㄑㄧㄠˊㄅㄧㄥˋ ①(환자를) 진찰하다. ②(의사의) 진찰을 받다. ③문병하다.
[瞧不眞] ch'iáopuchēn ㄑㄧㄠˊㄅㄨㄓㄣ 또렷이 보이지 않다. 확실히 안 보이다.
[瞧不起] ch'iáopuch'ǐ ㄑㄧㄠˊㄅㄨㄑㄧˇ 깔보다. 멸시하다. =看不起. ↔瞧得起.
[瞧不見] ch'iáopuchièn ㄑㄧㄠˊㄅㄨㄐㄧㄢˋ 안 보이다. 보이지 않다. ↔ 瞧得見.
[瞧不出來] ch'iáopuch'ūlái ㄑㄧㄠˊㄅㄨㄔㄨㄌㄞˊ 분별이 안 되다. 보아도 구분할 수가 없다. ↔瞧得出來.
[瞧不過] ch'iáopukuò ㄑㄧㄠˊㄅㄨㄍㄨㄛˋ 보고 그냥 둘 수가 없다. 못 본 체할 수 없다.
[瞧不上] ch'iáopushàng ㄑㄧㄠˊㄅㄨㄕㄤˋ ①깔보다. 멸시하다. 「一眼 ; 멸시하다. 깔보다」 ②보고 마음에 들지 않다. 눈에 차지 않다. ↔瞧得上.
[瞧不得] ch'iáoputê ㄑㄧㄠˊㄅㄨㄉㄜ ① 보아서는 안된다. ②…으로 생각하면 안된다. 보기엔…하지만.「一我們這兒不熱鬧, 鄉間也有鄉間的味兒 ; 저희들이 살고 있는 곳은 번화하지는 못하지만, 시골에는 시골맛이 있읍니다」
[瞧上] ch'iáoshang ㄑㄧㄠˊㄕㄤ 첫눈에 반하다. 눈에 들다. ②눈독을 들이다. 「小綹一他的金表 ; 소매치기가 그의 금시계에 눈독을 들였다」
[瞧得過兒] ch'iáotêkuorh ㄑㄧㄠˊㄉㄜㄍㄨㄛˋㄦ 볼 만한 가치(價值)가 있다. 볼만하다. =瞧不過兒.
[瞧透] ch'iáot'òu ㄑㄧㄠˊㄊㄡˋ 간파하다.
[瞧頭兒] ch'iáot'ourh ㄑㄧㄠˊㄊㄡㄦ 볼품. 볼 만한 가치. 「這有什麼一? ; 여기 무엇이 볼 게 있읍니까?」

〔翹〕 ch'iáo ㄑㄧㄠˊ ①일으키다. 세우다. ②편편한 것이 비틀어지다.⇨ch'iào.
[翹楚] ch'iáoch'ǔ ㄑㄧㄠˊㄔㄨˇ 가장 뛰어난 물건.
[翹棱] ch'iáolêng ㄑㄧㄠˊㄌㄥ 판자 같은 평평한 물건이 비틀리다.
[翹首] ch'iáoshǒu ㄑㄧㄠˊㄕㄡˇ 머리를 쳐들다. 고대(苦待)하다.

〔巧〕 ch'iǎo ㄑㄧㄠˇ ①교묘하다. 손재주가 있다. 「手一 ; 손재주가 있다」 ②때마침 교묘하게 어떤 기회에 부닥치는 일. ㉮재수 좋게. 때마침. 「槍打的很一, 正中了敵人 ; 총알이 때마침 적에 명중했다. ㉯운수가 나쁘게. 공교롭게. 「出門就遇着路劫的, 哪有這種一事 ; 문을 나서자마자 노상 강도를 만나다니 이런 공교로운 일이 또 어디 있단 말인가」 ③기교(技巧). 기술. 「을 속이다.
[巧詐] ch'iǎochà ㄑㄧㄠˇㄓㄚˋ 교묘하게 남
[巧機] ch'iǎochī ㄑㄧㄠˇㄐㄧ 호기(好機). 좋은 기회. 「치 있는 아내.
[巧妻] ch'iǎoch'ī ㄑㄧㄠˇㄑㄧ 현처(賢妻). 재
[巧計] ch'iǎochì ㄑㄧㄠˇㄐㄧˋ 교묘한 꾀. 묘한 계략.
[巧勁兒] ch'iǎochìnrh ㄑㄧㄠˇㄐㄧㄣˋㄦ ① 교묘함. 교묘한 정도. ②훌륭한. 뛰어난 (솜씨). 「他做活, 有點一 ; 그는 일하는 솜씨가 훌륭하다」 ③기회가 매우 좋음. 「我剛到, 他就來了, 眞是一 ; 내가 도착하자마자 그가 와서 참 재수가 좋았다」
[巧腔兒] ch'iǎoch'iāngrh ㄑㄧㄠˇㄑㄧㄤㄦ 교묘한 가락. 묘한 곡조.
[巧囀] ch'iǎochuǎn ㄑㄧㄠˇㄓㄨㄢˇ (새가) 잘 지저귀다.
[巧取豪奪] ch'iǎoch'ǔ-háotó ㄑㄧㄠˇㄑㄩˇㄏㄠˊㄉㄨㄛˊ 권력을 배경으로 교묘한 수단을 써서 착취하다. 〈成〉 「인
[巧婦] ch'iǎofù ㄑㄧㄠˇㄈㄨˋ 재치 있는 부

[巧合] ch'iǎohó ㄑㄧㄠˇㄏㄜˊ 딱 들어맞다. 교묘하게 합치되다.
[巧活] ch'iǎohuó ㄑㄧㄠˇㄏㄨㄛˊ ①잔손이 많이 가는 공예품(工藝品)·수예품(手藝品). ②벌이가 되는 일. 돈이 벌리는 일.
[巧人精] chiǎojénchīng ㄑㄧㄠˇㄖㄣˊㄐㄧㄥ 말재주와 손재주를 겸비한 사람.
[巧日] ch'iǎojìh ㄑㄧㄠˇㄖˋ 칠석(七夕).
[巧干] ch'iǎokàn ㄑㄧㄠˇㄍㄢˋ 능숙하게 하다. ②창의적인 연구를 하여 가면서 하다.
[巧克力糖] ch'iǎok'òlit'áng ㄑㄧㄠˇㄎㄜˋㄌㄧˋㄊㄤˊ 초콜렛. 《譯》 =朱古力. 巧格力.
[巧妙活] ch'iàomiàohuó ㄑㄧㄠˋㄇㄧㄠˋㄏㄨㄛˊ 손이 많이 간 세공품. 교묘하게 만든 세공품. 멋진 물건.
[巧上加巧] ch'iǎoshang chiāch'iǎo ㄑㄧㄠˇㄕㄤ ㄐㄧㄚㄑㄧㄠˇ ①잘 만든 것을 더욱 잘 다듬다. ②연구에 연구를 거듭해서 만들다. ③매우 기회가 좋은 일.
[巧舌如簧] ch'iǎoshé júhuáng ㄑㄧㄠˇㄕㄜˊㄖㄨˊㄏㄨㄤˊ 말솜씨가 좋아 사실같이 거짓말을 하다.
[巧奪天工] ch'iǎotót'iēnkūng ㄑㄧㄠˇㄉㄛˊㄊㄧㄢㄍㄨㄥ ①인공적인 것이 자연적인 것보다 더 묘하다. ②기술이 놀랄 만한 일.
[巧嘴] ch'iáotsuǐ ㄑㄧㄠˊㄗㄨㄟˇ 구변이 좋다. =巧舌.
[巧宗兒] ch'iǎotsūngrh ㄑㄧㄠˇㄗㄨㄥㄦ ①좀처럼 없는 드문 일. ②돈 벌 수 있는 드문 자리.
[巧語] ch'iáoyǔ ㄑㄧㄠˊㄩˇ 교묘한 말. 미사 여구(美辭麗句). 「花言一; 교묘하게 남을 속이는 말」
[巧遇] ch'iǎoyù ㄑㄧㄠˇㄩˋ ①좋은 기회. ②우연한 기회. ③우연히 만나는 일.
[巧言] ch'iǎoyén ㄑㄧㄠˇㄧㄢˊ 달콤한 말. 감언(甘言).

〔悄〕 ch'iǎo ㄑㄧㄠˇ ①우울한. 침울한. ②조용하다. 고요하다. 「屋裡靜一一的; 방안은 잠잠하다」
[悄靜] ch'iǎochìng ㄑㄧㄠˇㄐㄧㄥˋ 잠잠하다. 고요하다. 「一無聲; 죽은 듯이 조용하다」
[悄默聲兒的] ch'iǎomoshēngrhtê ㄑㄧㄠˇㄇㄛㄕㄥㄦㄉㄜ =悄不聲兒的.
[悄不聲兒的] ch'iǎopushēngrhtê ㄑㄧㄠˇㄅㄨㄕㄥㄦㄉㄜ 작은 소리로 이야기하는 모양. 소근소근. 아무런 소리도 나지 않는 모양. =悄默聲兒的. 悄悄(兒)的.
[悄聲悄語] ch'iǎoshēng-ch'iáoyǔ ㄑㄧㄠˇㄕㄥㄑㄧㄠˊㄩˇ ①소근대는 소리. 속삭임. ②소근대는 모양. 소근소근.

〔雀〕 ch'iǎo ㄑㄧㄠˇ, ch'üèh ㄑㄩㄝˋ 참새. =麻雀. 家雀.
[雀盲] ch'iǎománg ㄑㄧㄠˇㄇㄤˊ 야맹증(夜盲症). =雀蒙眼. 「야맹증.
[雀盲眼] ch'iǎomangyěn ㄑㄧㄠˇㄇㄤㄧㄢˇ
[雀迷眼] ch'iǎomiyěn ㄑㄧㄠˇㄇㄧㄧㄢˇ 근시안.
[雀子] ch'iǎotzǔ ㄑㄧㄠˇㄗ 주근깨. =雀班. ② ch'iǎotzǔ 남자의 생식기.

〔愀〕 ch'iǎo ㄑㄧㄠˇ
[愀然] ch'iǎoján ㄑㄧㄠˇㄖㄢˊ 슬픔이나 무서움으로 안색이 변하는 모양.

〔俏〕 ch'iào ㄑㄧㄠˋ ①(자태가) 아름답다. 곱다. 「打粉得眞一; 멋을 내어 참으로 예쁘다」 ②상품이 잘 팔리는 일. 「一貨; 잘 팔리는 물건」
[俏貨] ch'iàohuò ㄑㄧㄠˋㄏㄨㄛˋ ①염매품(賺賣品). ②잘 팔리는 물건. ①잘 팔려서 구하기 힘든 물건. 「다.
[俏麗] ch'iàolì ㄑㄧㄠˋㄌㄧˋ (자색이)아름답
[俏媚] ch'iàomèi ㄑㄧㄠˋㄇㄟˋ 아리따운. 아기자기하게 예쁜.
[俏擺春風] ch'iàopǎi ch'ūnfēng ㄑㄧㄠˋㄅㄞˇㄘㄨㄣㄈㄥ 세련되고 매력 있게 걸어가는 모양. 하느작하느작.
[俏皮] ch'iàop'i ㄑㄧㄠˋㄆㄧ ①경박(輕薄)하다. 경솔하다. ②수단이 매우 가혹하다. 신랄하다. ③비꼬다. 비웃다. ④멋지다. >俏俏皮皮.
[俏皮話(兒)] ch'iàop'ihuà(rh) ㄑㄧㄠˋㄆㄧㄏㄨㄚˋ(ㄦ) ①경박한 말씨. ②재미있는 말. 멋있는 말. ④가혹한 말. 빈정대는 말.
[俏步兒] ch'iàopùrh ㄑㄧㄠˋㄅㄨˋㄦ 멋있게 사뿐사뿐 걸어 가는 걸음걸이. 세련되고 매력 있게 걷는 걸음걸이.
[俏生意] ch'iàoshēng ì ㄑㄧㄠˋㄕㄥㄧˋ 이익이 많은 장사. 「아름답다.
[俏式] ch'iàoshìh ㄑㄧㄠˋㄕˋ 자태(姿態)가
[俏事] ch'iàoshìh ㄑㄧㄠˋㄕˋ 호박이 덩굴채 굴러오는 일. 재물이 생기거나 남을 속여먹거나 생각지도 않은 이성(異性)과 사귀게 되는 일 따위.
[俏頭] ch'iàot'óu ㄑㄧㄠˋㄊㄡˊ 멋진 생각.

〔峭〕 ch'iào ㄑㄧㄠˋ ①산이 높고 험하다. ②엄숙하다. 엄하다.
[峭拔] ch'iàopá ㄑㄧㄠˋㄅㄚˊ 높고 험하다.
[峭壁] ch'iàopì ㄑㄧㄠˋㄅㄧˋ ①산이 깎아 세운 듯이 험준하다. ②절벽. 벼랑.

〔誚〕 ch'iào ㄑㄧㄠˋ 「譏一; 책망하다. 비난하다」

〔鞘〕 ch'iào ㄑㄧㄠˋ 칼집. 「刀一; 칼집」

〔撬〕 ch'iào ㄑㄧㄠˋ ①(작대기로 지래질을 하여)비틀다. 비틀어서 열다. 「把門一開; 문을 억지로 열다」 ②야채를 곁들이다. 「一上一點靑菜; 야채를 조금 곁들여 놓다」
[撬行] ch'iàoháng ㄑㄧㄠˋㄏㄤˊ 남의 장사를 가로채다.
[撬開] ch'iàok'ai ㄑㄧㄠˋㄎㄞ (문이나 창문에 채워져 있는 열쇠를) 비틀어 열다.
[撬棍] ch'iàokùn ㄑㄧㄠˋㄍㄨㄣˋ 쇠 지렛대. 지렛대.

〔翹〕 ch'iào ㄑㄧㄠˋ 비틀리다. 한쪽이 윗쪽으로 비틀려지다. 「板凳一起來了; 상이 비틀리기 시작했다」
[翹辮子] ch'iàopièntzǔ ㄑㄧㄠˋㄅㄧㄢˋㄗ 죽음. 사(死).

〔竅〕(窍) ch'iào ㄑㄧㄠˋ ①구멍. 굴. 「七一; 칠규: 귀·눈·입·코의 일곱 구멍」 ②일의 가장 중요한 부분. 「訣一兒

；비결(秘訣)]
[竅門(兒)] ch'iàomĕn(rh) ㄑㄧㄠˋㄇㄣˊ(ㄦ) 요소(要所). 비결(秘訣). 요점(要點). 요령(要領).「找那個一；그 비결을 찾다」「挖一；연구해서 핵심을 규명하다」

CHIEH ㄐㄧㄝ

〔皆〕 chiēh ㄐㄧㄝ 모두. 전부.「人人一知；모두 다 안다」
[皆因] chiēhīn ㄐㄧㄝㄧㄣ 전혀 …때문에. 모두 …으로 인하여.

〔接〕 chiēh ㄐㄧㄝ ①잇다.이어 맞추다.「一電綫；전선을 잇다」②잇닿다. 잇따르다.「後力不一；뒤가 계속되지 못하다」③닿다. 접근하다. ④받다. 접하다.「一到一封信；한 통의 편지를 받다」⑤받아 들다.「箱子掉下來,赶快用雙手一住；상자가 떨어진다, 빨리 두 손으로 받아라」⑥인계하다. 이어 받다.「我去一他的班；내가 그의 반을 인계 받는다」⑦맞이하다. 출영(出迎)하다.「到車站一朋友；정거장으로 친구를 마중 나간다」
[接站] chiēhchàn ㄐㄧㄝㄓㄢˋ(정거장에서의)영접(迎接).
[接碴兒] chiēhch'árh ㄐㄧㄝㄔㄚˊㄦ 말참견하다.
[接着] chiēhchê ㄐㄧㄝㄓㄜ 계속해서. 연이어. 잇달아.
[接承] chiēhch'ĕng ㄐㄧㄝㄔㄥˊ 받아 들이다.
[接濟] chiēhchì ㄐㄧㄝㄐㄧˋ 도와 주다. 구제하다.
[接氣] chiēhch'ì ㄐㄧㄝㄑㄧˋ 숨을 쉬다.「接不上氣兒；숨이 가쁘다」
[接洽] chiēhch'ià ㄐㄧㄝㄑㄧㄚˋ(쌍방이 맞대면하여) 상의하다. 의견을 교환하다. ＝商洽.
[接家] chiēhchiā ㄐㄧㄝㄐㄧㄚ 가족을 영접하다.
[接腔] chiēhch'iāng ㄐㄧㄝㄑㄧㄤ (남의 이야기에) 말대꾸하다.
[接界] chiēhchièh ㄐㄧㄝㄐㄧㄝˋ ①경계. 인접지대. ②경계를 접하다. 서로 경계가 맞닿다.
[接親] chiēhch'īn ㄐㄧㄝㄑㄧㄣ ①장가. ②장가 들다.
[接進] chiēhchìn ㄐㄧㄝㄐㄧㄣˋ 받아 넣다.
[接境] chiēhchìng ㄐㄧㄝㄐㄧㄥˋ＝接界.
[接住] chiēhchu ㄐㄧㄝㄓㄨ ①받아들다.「用雙手一；두 손으로 받다」②매다. 잇다.「一綫頭；실 끝을 잇다」
[接踵] chiēhchŭng ㄐㄧㄝㄓㄨㄥˇ 잇따르다. 잇따라 사람이 오다.「一而來；잇따라 끊임 없이 오다」
[接二連三] chiēhêrh-liénsān ㄐㄧㄝㄦˋㄌㄧㄢˊㄙㄢ 연달아 잇닿는 일. 연속부절(連續不絕).
[接防] chiēhfáng ㄐㄧㄝㄈㄤˊ 수비(守備)를 교체하다.
[接風] chiēhfēng ㄐㄧㄝㄈㄥ 먼 곳에서 온 손님을 대접하다.「一酒；먼 데서 온 손님을 접대하는 술」
[接縫] chiēhfêng ㄐㄧㄝㄈㄥˋ ①잇대어 꿰매다. ②잇어 맞추다. ③조인트.
[接綫] chiēh hsièn ㄐㄧㄝ ㄒㄧㄢˋ ①선(線)을 잇다. 줄을 잇다. ②교환수가 전화를 연결하다.
[接續] chiēhhsù ㄐㄧㄝㄒㄩˋ 접속하다. 잇다.「一香煙；가독(家督)을 상속하다」
[接話] chiēhhuà ㄐㄧㄝㄏㄨㄚˋ ①대답하다. ②말을 잇다. 이야기를 계속하다.
[接活] chiēhhuó ㄐㄧㄝㄏㄨㄛˊ 일거리를 맡다. 일거리를 얻다.
[接一連二] chiēhī-liénêrh ㄐㄧㄝㄧㄌㄧㄢˊㄦˋ 계속해서. 연줄연줄. 차례차례. ＝連續不斷.
[接壤] chiēhjăng ㄐㄧㄝㄖㄤˇ ①경계를 접하다. ②경계(境界)
[接任] chiēh jên ㄐㄧㄝ ㄖㄣˋ 사무나 임무를 인계 받다. 취임(就任)하다.
[接口] chiēhk'ŏu ㄐㄧㄝㄎㄡˇ 이은 곳. 이음매.
[接管] chiēhkuăn ㄐㄧㄝㄍㄨㄢˇ 접수하여 관리하다.
[接骨眼兒] chiēhkuyĕnrh ㄐㄧㄝㄍㄨㄧㄢˇㄦ ①적당한 기회. ②그 순간. 마침 그 때.
[接力] chiēhlì ㄐㄧㄝㄌㄧˋ 릴레이(relay) 하다.「一賽跑；릴레이 경주」
[接連] chiēhlién ㄐㄧㄝㄌㄧㄢˊ 계속되다. 잇달다. ＞接接連連 ②계속해서.잇달아.「那些隻船一被炸了；그 배들은 계속해서 폭격되었다」
[接木] chiēhmù ㄐㄧㄝㄇㄨˋ 나무를 접(接)붙이다. ＝接樹.
[接納] chiēhnà ㄐㄧㄝㄋㄚˋ 넣어두다. 수용(收容)하다.
[接辦] chiēhpàn ㄐㄧㄝㄅㄢˋ 인계(引繼)받아 하다.
[接不上] chiēhpushàng ㄐㄧㄝㄅㄨㄕㄤˋ ①연결되지 않다.「電話打了半天,可老一；전화를 한참 동안이나 걸었으나 연결되지 않는다」②소용에 닿지 않다.「材料一了；재료가 소용에 닿지 않는다」③계속되지 않다. 끊어지다.「一氣兒；호흡이 계속되지 않다」↔接得上.
[接三] chiēhsān ㄐㄧㄝㄙㄢ 사람이 죽은 뒤 3일 만에 지내는 불공(佛供).
[接生] chiēhshēng ㄐㄧㄝㄕㄥ (해산하는) 아기를 받다.「一婆；산파」「一員；조산원」
[接事] chiēhsìh ㄐㄧㄝㄕˋ ①일을 인계받다. ＝接任.
[接手] chiēhshŏu ㄐㄧㄝㄕㄡˇ ①인수자(引受者). ②캐처(catcher). 포수(捕手). ③chiēhshou 물건을 놓는 탁자 따위. ④옆에서 접대하는 사람.
[接受] chiēhshòu ㄐㄧㄝㄕㄡˋ ①받다.「一勳章；훈장을 받다」②인수하다.「一任務；임무를 인수하다」③인정하다.받아들이다.
[接收] chiēhshōu ㄐㄧㄝㄕㄡ ①(물건을)받아 놓다. ②접수하다. ③(라디오를)듣다.
[接穗] chiēhsuì ㄐㄧㄝㄙㄨㄟˋ 접(接)붙이는 데 쓰는 묘목.
[接送] chiēhsùng ㄐㄧㄝㄙㄨㄥˋ 송영(送迎)하다.「用汽車一；자동차로 송영하다」＞接接送送.
[接榫] chiēhsŭn ㄐㄧㄝㄙㄨㄣˇ (돌쩌귀 따위의)수쇠를 암쇠에 끼워 넣다. ＝接笋.
[接待室] chiēhtàishìh ㄐㄧㄝㄉㄞˋㄕˋ 응접실. 접대실.
[接待] [illegible] 「하다.
[接談] chiēht'án ㄐㄧㄝㄊㄢˊ 직접 이야기하다.
[接到] chiēhtao ㄐㄧㄝㄉㄠ 받다. 입수(入手)하다.

[接替] chiēht'ì ㄐㄧㄝㄊㄧˋ 교체하다. 교대하다.
[接電] chiēhtièn ㄐㄧㄝㄉㄧㄢˋ ①전보를 받다. ②전기를 연결하다.
[接頭] chiēht'óu ㄐㄧㄝㄊㄡˊ ①상의하다. 절충하다. ②사정을 잘 알다.「那件事我一點兒也不一；그 일을 나는 전혀 알지 못한다」③연락하다.「跟先到的人接上了頭；먼저 도착한 사람과 연락이 닿았다」
[接頭人] chiēht'óujén ㄐㄧㄝㄊㄡˊㄖㄣˊ 상의하거나 교섭할 상대편. 연락할 상대.
[接頭兒] chiēht'óurh ㄐㄧㄝㄊㄡˊㄦ 끊어진 데서부터.「接着頭兒再說吧；끊어진 데서 이야기를 다시 계속하시오」②이음매. 이은 곳.
[接尾令兒] chiēhwěilìngrh ㄐㄧㄝㄨㄟˇㄌㄧㄥˋㄦ 말잇기 놀이.
[接應] chiēhyìng ㄐㄧㄝㄧㄥˋ ①응원하다. ②옆에서 응대(應對)하다.「一不上；계속하여 공급할 수 없다. 수요에 따르지 못하다」

〔街〕 chiēh ㄐㄧㄝ 큰길. 가로(街路).
[街坊] chiēhfang ㄐㄧㄝㄈㄤ 이웃 사람. 근처 사람.
[街巷] chiēhhsiàng ㄐㄧㄝㄒㄧㄤˋ 큰길과 골목.
[街心] chiēhhsīn ㄐㄧㄝㄒㄧㄣ 도로의 중앙.
[街混子] chiēhhùntzǔ ㄐㄧㄝㄏㄨㄣˋㄗ 불량배. 건달. ‹西›
[街里街坊] chiēhli-chiēhfang ㄐㄧㄝㄌㄧ ㄐㄧㄝㄈㄤ 이웃 사람과의 정리. 이웃 사촌.
[街隣] chiēhlín ㄐㄧㄝㄌㄧㄣˊ 이웃, 또는 이웃 사람.
[街門] chiēhmén ㄐㄧㄝㄇㄣˊ 길가로 난 대문.
[街門口兒] chiēhménk'ǒurh ㄐㄧㄝㄇㄣˊㄎㄡˇㄦ 대문간. "街門"의 부근.
[街面] chiēhmièn ㄐㄧㄝㄇㄧㄢˋ ①세간. 사회. 시정(市井).「他是久在一上混的人；그는 오랫동안 세파를 겪어 온 사람이다」②길가로 향한 쪽.「一房；길갓집」
[街上] chiēhshang ㄐㄧㄝㄕㄤ 대로(大路). 가로.
[街市] chiēhshìh ㄐㄧㄝㄕˋ 상점이 즐비한 거리.
[街談巷議] chiēht'án-hsiàngì ㄐㄧㄝㄊㄢˊ ㄒㄧㄤˋㄧˋ 가담항의. 거리에 떠도는 소문. 풍문(風聞).
[街道(兒)] chiēhtao(rh) ㄐㄧㄝㄉㄠ(ㄦ)① 대로(大路)로 통하는 길. ②거리. ③읍내(邑內). 한 지구(地區).「一工業；영세 공업」「一居民；일반 시민」「一樹；가로수」
[街頭] chiēht'óu ㄐㄧㄝㄊㄡˊ 가두. 길거리.「一巷尾；거리의 이곳 저곳. 시정(市井)」

〔結〕 chiēh ㄐㄧㄝ ①열매를 맺다. 열다.「樹上一了許多苹果；많은 사과가 나무에 열다」②말을 더듬거리다.「一巴；말을 더듬거리다」⇨chiéh.
[結果] chiēhkuǒ ㄐㄧㄝㄍㄨㄛˇ 열매를 맺다.
[結巴頦子] chiēhpak'ótzǔ ㄐㄧㄝㄅㄚㄎㄜ ㄗ 말더듬이.
[結實] chiēhshíh ㄐㄧㄝㄕˊ 결실하다. 열매를 맺다.「開花一；꽃이 피고 열매가 맺어지다」② chiēhshih ③단단하다. 견고하다.「這雙鞋很一；이 구두는 아주 튼튼하다」④건강하다. 튼튼하다.「他的身體很一；그의 몸은 아주 튼튼하다」⑤(말 따위가)착실하다. 실수가 없다. >結結實實.
[結子(兒)] chiēhtzǔ(rh) ㄐㄧㄝㄗˇ(ㄦ) 열매를 맺다.

〔揭〕 chiēh ㄐㄧㄝ ①벗기다. 젖히다.「把這張膏藥一下來；이 고약을 떼어 내라」②열다. 제거하다. (뚜껑을) 젖히다.「一鍋蓋；남비 뚜껑을 열다」③폭로하다. 공개하다.「一他的短；그의 단점을 들추어 내다」④높이 들다. 게양하다.
[揭穿] chiēhch'uān ㄐㄧㄝㄔㄨㄢ 들추어 내다. 폭로하다.「一秘密；비밀을 폭로하다」
[揭發] chiēhfā ㄐㄧㄝㄈㄚ 적발(摘發)하다.
[揭下來] chiēhhsialai ㄐㄧㄝㄒㄧㄚㄌㄞ 벗기다. 젖히다.
[揭曉] chiēhhsiǎo ㄐㄧㄝ ㄒㄧㄠˇ 공개 발표하다.
[揭開] chiēhk'ai ㄐㄧㄝㄎㄞ ①(붙어 있는 것을) 떼다. 벗기다. ②젖히다. 걷어 올리다.「一序幕；서막을 올리다」
[揭蓋兒] chiēh kàirh ㄐㄧㄝ ㄍㄞˋㄦ ①뚜껑을 열다. ②비밀을 폭로하다. 궁금증을 풀어 주다.
[揭蓋子] chiēhkàitzǔ ㄐㄧㄝㄍㄞˋㄗ 뚜껑을 젖히다. ②비밀이나 과거의 일을 들추어 내다.
[揭根子] chiēhkēntzǔ ㄐㄧㄝㄍㄣㄗ ①준 것을 돌려 받다. ② =揭蓋子.
[揭竿而起] chiēhkān' érhch'ǐ ㄐㄧㄝㄍㄢ ㄦˊㄑㄧˇ ①모반(謀反)을 일으키다. ②정의의 반기를 들다. ‹成›
[揭鍋] chiēhkuō ㄐㄧㄝㄍㄨㄛ ①공개하다. ②해결하다. ③밥이 얻어 걸리다.「三天沒一；사흘 동안 끼니를 굶다」
[揭露] chiēhlù ㄐㄧㄝㄌㄨˋ, chiēhlòu ㄐㄧㄝㄌㄡˋ 들추어 내다. 폭로하다. 간파(看破)하다. 문장에 흔히 쓰이는 말.「一敵人的醜惡面貌；적의 악랄한 모습을 폭로하다」
[揭幕] chiēhmù ㄐㄧㄝㄇㄨˋ ①막을 열다. 제막(除幕)하다. ②개회하다. 개막(開幕)하다.
[揭牌] chiēhp'ái ㄐㄧㄝㄆㄞˊ 게시판.
[揭疤兒] chiēhpārh ㄐㄧㄝㄅㄚㄦ 결점이나 약점을 들추다. ‹西›
[揭裱] chiēhpiǎo ㄐㄧㄝㄅㄧㄠˇ 표장(表裝)을 다시 새롭게 하다.
[揭破] chiēhp'ò ㄐㄧㄝㄆㄛˋ =揭穿.
[揭不開鍋] chiēhpuk'āikuō ㄐㄧㄝㄅㄨㄎㄞㄍㄨㄛ 남비의 뚜껑이 열리지 않다. 집에 먹을 것이 없다는 말.
[揭底] chiēhtǐ ㄐㄧㄝㄉㄧˇ ①숨기고 있는 일을 들추어 내다. ②과거의 경력을 폭로하다.
[揭短] chiēhtuǎn ㄐㄧㄝㄉㄨㄢˇ 남의 결점이나 단점을 들추어 내다.
[揭禿瘡疙渣兒] chiēht 'ūch'uāngkōcharh ㄐㄧㄝㄊㄨㄔㄨㄤㄍㄜㄓㄚㄦ①=揭疤兒. ②고통스럽고 힘드는 일.

〔階〕(堦) chiēh ㄐㄧㄝ 계단. 층계.
[階悌] chiēht'ī ㄐㄧㄝㄊㄧ 계단. 층계. 층층대. ②일의 순서. ③초보(初步). 입문.
[階次] chiēhtz'ù ㄐㄧㄝㄘˋ 벼슬의 품계.

[階段] chiēhtuàn ㄐㄧㄝㄉㄨㄢˋ ①단계. ②진행의 단계.

〔喈〕 chiēh ㄐㄧㄝ 목소리가 아름답다.

[喈喈] chiēhchiēh ㄐㄧㄝㄐㄧㄝ 소리가 아름답고 은은하다는 형용.

〔稭〕(秸) chiēh ㄐㄧㄝ 볏짚. 새꽤기. 줄기.「麥一; 밀짚. 보릿짚」

〔癤〕(疖) chiēh ㄐㄧㄝ. chiéh「一子; 종기. 피부에 생기는 부스럼 따위」

〔孑〕 chiéh ㄐㄧㄝˊ ①독신(獨身). 외로움.「一立; 외로이 서다」②장구벌레.

[孑孓] chiéhchüéh ㄐㄧㄝˊㄐㄩㄝˊ 장구벌레.

[孑然] chiéhján ㄐㄧㄝˊㄖㄢˊ 외롭다. 고독하다.「一一身; 홀로 있는 몸. 혈혈단신」

〔劫〕(刦·刼) chiéh ㄐㄧㄝˊ ①빼앗다. 약탈하다.「搶一·打一; 강탈하다」②위협하다. 협박하다. ③재난(災難).「遭一; 재난을 만나다」

[劫案] chiéhàn ㄐㄧㄝˊㄢˋ 강탈 사건.

[劫搶] chiéhch'iǎng ㄐㄧㄝˊㄑㄧㄤˇ 강탈하다. 위협하여 빼앗다.

[劫持] chiéhch'íh ㄐㄧㄝˊㄔˊ 협박(脅迫)하다. 위협하다.

[劫制] chiéhchìh ㄐㄧㄝˊㄓˋ 힘으로 누르다.

[劫富濟貧] chiéhfù chìp'ín ㄐㄧㄝˊㄈㄨˋㄐㄧˋㄆㄧㄣˊ 부호의 재물을 빼앗아 빈민을 구제하다. ‹成›

[劫灰] chiéhhuī ㄐㄧㄝˊㄏㄨㄟ 큰 재난이 있은 뒤의 여파.

[劫路] chiéhlù ㄐㄧㄝˊㄌㄨˋ ① 노상에서 금품을 빼앗다. ②노상 강도.

[劫掠] chiéhlüèh ㄐㄧㄝˊㄌㄩㄝˋ 강탈하다. 겁탈하다.

[劫難] chiéhnàn ㄐㄧㄝˊㄋㄢˋ 피할 수 없는 재난.

[劫收] chiéhshōu ㄐㄧㄝˊㄕㄡ 무리하게 징수하다.

[劫數] chiéhshù ㄐㄧㄝˊㄕㄨˋ (불교에서의)피할 수 없는 운명.

[劫道] chiéhtào ㄐㄧㄝˊㄉㄠˋ 길에서 약탈하다.

[劫奪] chiéhtó ㄐㄧㄝˊㄉㄨㄛˊ (재물을)강탈하다.

[劫餘] chiéhyû ㄐㄧㄝˊㄩˊ 재난의 여파.

〔拮〕 chiéh ㄐㄧㄝˊ

[拮據] chiéhchü ㄐㄧㄝˊㄐㄩ ①손에 생기는 병. ②곤란한 일을 당하여 허덕이다. 고생하다. ③궁핍하다. 주머니 사정이 여의치 않다.「財政一; 재정 곤란」

〔訐〕 chiéh ㄐㄧㄝˊ 남의 약점을 들추어 내다.「攻一; (약점을)폭로하다」

〔桔〕 chiéh ㄐㄧㄝˊ ⇨chû.

[桔槔] chiéhkāo ㄐㄧㄝˊㄍㄠ 돌을 매달아 그 무게로 물을 긷게 된 두레박.

〔捷〕 chiéh ㄐㄧㄝˊ ①승리하다. 싸움에 이기다. ②날래다. 빠르다. 기민한. 민첩한.

[捷給] chiéhchǐ ㄐㄧㄝˊㄐㄧˇ 대답을 술술 하다.

[捷報] chiéhpào ㄐㄧㄝˊㄅㄠˋ 싸움에 이기거나 시험에 합격했다는 소식.

[捷便] chiéhpièn ㄐㄧㄝˊㄅㄧㄢˋ 간편하다. 손쉽다.

[捷足先得] chiéhtsú hsiāntê ㄐㄧㄝˊㄗㄨˊㄒㄧㄢㄉㄜˊ 뛰어가서 먼저 손에 넣다. 빠른 놈이 이긴다. ‹成› ＝捷足先登.

[捷泳] chiéhyǔng ㄐㄧㄝˊㄩㄥˇ 발로 물을 차고 두 손으로 물을 헤치며 나아가는 수영법.

〔結〕 chiéh ㄐㄧㄝˊ ①매다. 묶다. 엮다.「一網; 그물을 짜다」②매듭. 이음매. ③엉기다. 얼다.「一冰; 얼음이 얼다」④약속하다. 결성(結成)하다.「一婚; 결혼」「一團體; 단체를 만들다」⑤맺다. 형성되다.「一深仇; 깊은 원한을 맺다」⑥끝을 맺다. 끝나다.「一論; 결론을 맺다」⑦증명서. 증서.「保一; 신원 증명서」「具一; 보증서를 만들다. 보증하다」⇨chiēh.

[結案] chiéhàn ㄐㄧㄝˊㄢˋ 재판이 끝나다. 결심(結審)되다.

[結賬] chiéhchàng ㄐㄧㄝˊㄓㄤˋ 장부를 총정리하다. 수지를 결산(決算)하다.

[結契] chiéhch'ì ㄐㄧㄝˊㄑㄧˋ 서로 연결을 갖다. 서로 교제하여 친하게 지내다.

[結記] chiéhchì ㄐㄧㄝˊㄐㄧˋ ①기억에 남기다. ②마음에 두고 걱정하다. 염려하다.

[結交] chiéhchiāo ㄐㄧㄝˊㄐㄧㄠ 사귀다. 교제하다.

[結缺] chiéhch'ièn ㄐㄧㄝˊㄑㄧㄢˋ 결산(決算)한 부족금(不足金). 결손금(缺損金).

[結親] chiéhch'īn ㄐㄧㄝˊㄑㄧㄣ 결혼하다.

[結清] chiéhch'īng ㄐㄧㄝˊㄑㄧㄥ 청산(清算)하다.

[結仇] chiéhch'óu ㄐㄧㄝˊㄔㄡˊ 원한을 품다. 원수로 삼다.

[結局] chiéhchû ㄐㄧㄝˊㄐㄩˊ 최후의 정황(情況).

[結髮] chiéhfà ㄐㄧㄝˊㄈㄚˋ ①머리를 땋다. 머리를 틀어 올리다. ②초혼(初婚)의. 귓머리를 풀은.「一夫婦; 초혼 부부. 귓머리를 맞푼 내외」

[結合] chiéhhó ㄐㄧㄝˊㄏㄜˊ 결합하다.

[結嫌] chiéhhsién ㄐㄧㄝˊㄒㄧㄢˊ 서로 악감(惡感)을 품다. 감정상의 응결이 생기다.

[結婚] chiéhhūn ㄐㄧㄝˊㄏㄨㄣ 결혼.「一禮; 결혼식」

[結構] chiéhk'òu ㄐㄧㄝˊㄍㄡˋ ①(문장의) 구성.「句子的一; 글의 구성」②(건축의) 골격. 구조.「鋼筋混凝土一; 철근 콘크리이트 기초」③흙 속의 입자(粒子)의 배열 상황.

[結果] chiéhkuo ㄐㄧㄝˊㄍㄨㄛ ①결실(結實)하다.「開花一; 꽃이 피고 열매를 맺다」②죽이다.「一了一個兵; 한 사람의 병정을 죽이다」③결과. ④결국에는. 끝내는.「一是兩敗俱傷; 끝내는 양쪽이 서로 넘어진다」

[結了] chiéhlê ㄐㄧㄝˊㄌㄜ 끝나다. 마치다.

[結盟] chiéhméng ㄐㄧㄝˊㄇㄥˊ ①의형제를 맺다. 결의 형제가 되다. ＝拜把子. ②동맹하다.

[結納] chiéhnà ㄐㄧㄝˊㄋㄚˋ 결탁하다.

[結拜] chiéhpài ㄐㄧㄝˊㄅㄞˋ 의형제·의자매를 맺다.

[結伴] chiéhpàn ㄐㄧㄝˊㄅㄢˋ 한 패거리가 되다.

[結舌] chiéhshê ㄐㄧㄝˊㄕㄜˊ 혀가 굳어지다. 말이 갈피를 못 잡게 되다. 말이 막히다.「問得他張口一; 끝까지 캐 묻자 횡설수설하게 되다」

[結社] chiéhshè ㄐㄧㄝˊㄕㄜˋ ①단체를 조직하다. ②결사(結社).

[結繩] chiéhshéng ㄐㄧㄝˊㄕㄥˊ 새끼를 잇다.

[結識] chiéhshíh ㄐㄧㄝˊㄕˊ 아는 사이가 되다.「很想一她；그 여자와 친한 사이가 되고 싶다」

[結束] chiéhshù ㄐㄧㄝˊㄕㄨˋ 종결되다. 끝내다.「會議一了；회의는 끝났다」

[結算] chiéhsuàn ㄐㄧㄝˊㄙㄨㄢˋ 결산(決算)하다. 청산하다.

[結扎] chiéhtsā ㄐㄧㄝˊㄗㄚ 매다. 묶다.

[結綵] chiéhts'ǎi ㄐㄧㄝˊㄘㄞˇ 경사스러운 때에 각색 테이프나 비단으로 입구나 실내를 장식하다.

[結草銜環] chiéhts'ǎo-hsiénhuán ㄐㄧㄝˊㄘㄠˇㄒㄧㄢˊㄏㄨㄢˊ 은혜를 보답하다. 결초 보은(結草報恩)하다.

[結存] chiéhts'ún ㄐㄧㄝˊㄘㄨㄣˊ 청산한 뒤의 잔액(殘額).

[結隊] chiéhtuì ㄐㄧㄝˊㄉㄨㄟˋ ①대(隊)를 편성하다. ②패거리를 만들다.

[結凍] chiéhtùng ㄐㄧㄝˊㄉㄨㄥˋ (얼음이) 얼다.

[結子] chiéhtzǔ ㄐㄧㄝˊㄗ 매듭. 이음매.

[結尾] chiéhwěi ㄐㄧㄝˊㄨㄟˇ 결말. 종말(終末).

[結寃] chiéhyüān ㄐㄧㄝˊㄩㄢ 원수가 되다.

[結怨] chiéhyüàn ㄐㄧㄝˊㄩㄢˋ 원한을 품다.

[結緣] chiéhyüán ㄐㄧㄝˊㄩㄢˊ ①불교(佛敎)에 귀의(歸依)하다. ②인연을 맺다.

[結業] chiéhyèh ㄐㄧㄝˊㄧㄝˋ (강습이나 훈련 따위를) 수업(修業)하다.

[結約] chiéhyüēh ㄐㄧㄝˊㄩㄝ 조약을 체결하다.

[結餘] chiéhyǘ ㄐㄧㄝˊㄩˊ ①결산상의 흑자(黑字). ↔結缺.「年終略有一；연말에 약간의 흑자가 있었다」 ②이월금(移越金).

〔詰〕 chiéh ㄐㄧㄝˊ 문책하다. 따지다.「反一；캐묻다」②내일. 익일(翌日).「一朝；내일 아침」

[詰屈] chiéhch'ü ㄐㄧㄝˊㄑㄩ 구불구불한. 우툴두툴한. 답답한. 이해하기 어려운.「一聱牙；조잡하여 읽기 힘들다」 =佶屈.

〔傑〕(杰) chiéh ㄐㄧㄝˊ ①큰 인물(人物). 걸물.「豪一；호걸」②뛰어난. 우수한.「一作；걸작」

[傑構] chiéhkòu ㄐㄧㄝˊㄍㄡˋ ①가작(佳作). ②뛰어난 구성(構成).

〔睫〕 chiéh ㄐㄧㄝˊ「一毛；속눈썹」

〔節〕(节) chiéh ㄐㄧㄝˊ ①식물의 마디.「竹一；대의 마디」②「一兒；물건의 이어진 부분. 관절」「骨一；뼈마디. 골절(骨節)」③단락(段落). 구획.「季一；계절」「第五一；제 5 절」④축제일. 기념일.「中秋一；중추절」 ⑤음력의 24절기. ⑥사물의 규범. 절도(節度).「禮一；예절」「行動中一；행동이 규칙적이다」⑦음악의 템포. 곡조. 박자. ⑧절약하다. 제한하다.「開源一流；들어 오는 것을 짐작해서 나가는 것을 제약하다. 수입을 감안하여 지출을 억제하다」⑨발췌하다. 요약하다.「一錄；요약하다」⑩수업 시간의 단위를 세는 조수사. ⑪절개. 품행. 신의(信義).「變一；변절하다」⑫옛날에 외국으로 가는 사신이 갖던 징표.「使一；사절」

[節儉] chiéhchiěn ㄐㄧㄝˊㄐㄧㄢˇ 절약하다. 검약하다.

[節氣] chiéhch'ì ㄐㄧㄝˊㄑㄧˋ 절기：1년은 24절기로 나뉨.

[節制] chiéhchìh ㄐㄧㄝˊㄓˋ ①통제하다. 지배하다. 관리하다.「歸人一；남의 지배 밑에 들다」②절제하다. 정도가 넘지 않도록 조심하다. ③규칙적이다.

[節情] chiéhch'íng ㄐㄧㄝˊㄑㄧㄥˊ ①(영화나 소설 따위의) 줄거리. 개요(概要). =情節. ②심상치 않은 사정. 곡절.

[節下] chiéhhsia ㄐㄧㄝˊㄒㄧㄚ 명절：흔히 "端陽節"과 "中秋節" 즉 단오와 추석을 가리킴.

[節譯] chiéhì ㄐㄧㄝˊㄧˋ 초역(抄譯)하다.

[節衣縮食] chiéhī-sōshíh ㄐㄧㄝˊㄧㄙㄨㄛㄕˊ 의식을 절약하다. 생활비를 절감하다.

[節日] chiéhjìh ㄐㄧㄝˊㄖˋ 축제일. 기념일.

[節股兒] chiéhkurh ㄐㄧㄝˊㄍㄨㄦ 단락(段落).

[節骨眼(兒)] chiéhkuyěn(rh) ㄐㄧㄝˊㄍㄨㄧㄢˇ(ㄦ) 기회. 중대한 시기. 막바지. =節骨口.

[節禮] chiéhlǐ ㄐㄧㄝˊㄌㄧˇ 단오나 추석 또는 연말에 보내는 예물.

[節流] chiéhliú ㄐㄧㄝˊㄌㄧㄡˊ 경비를 절약하다.

[節錄] chiéhlù ㄐㄧㄝˊㄌㄨˋ 요점(要點)을 기록하다. 초록(抄錄)하다.

[節略] chiéhlüèh ㄐㄧㄝˊㄌㄩㄝˋ 중요한 요점(要點). 요강(要綱).

[節目] chiéhmù ㄐㄧㄝˊㄇㄨˋ ①(연주회나 연극 따위의)프로그램. 레퍼터리. ②프로그램 가운데의 한 행사. ③매우 중요한 시기.「大關一；아주 긴박한 대목」

[節省] chiéhshěng ㄐㄧㄝˊㄕㄥˇ 절감하다. 절약하다.

[節奏] chiéhtsòu ㄐㄧㄝˊㄗㄡˋ ①규정(規定). 순서(順序). ②음악의 템포(tempo).

[節外生枝] chiéhwài shēngchīh ㄐㄧㄝˊㄨㄞˋㄕㄥㄓ 한 가지 일에서 다른 문제가 파생하다.

[節餘] chiéhyǘ ㄐㄧㄝˊㄩˊ 절약하다.「一勞動力；노동력을 절약하다」

[節育] chiéhyǜ ㄐㄧㄝˊㄩˋ 산아(産兒)제한하다.

[節用] chiéhyùng ㄐㄧㄝˊㄩㄥˋ (경비나 재료 따위를) 절약하다.

〔截〕 chiéh ㄐㄧㄝˊ ①(일정한 길이로) 끊다. 절단하다.「把木頭一成兩段；재목을 두 동강으로 내다」②「一子·一兒；긴 것의 한 부분. 토막. 반분(半分)」「一一兒木頭；한 토막의 나무」 ③ 차단하다. 멈추게 하다. 가로 막다.「把跑了的馬一住；달아난 말을 잡다」

[截長補短] chiéhch'áng-pǔtuǎn ㄐㄧㄝˊㄔㄤˊㄅㄨˇㄉㄨㄢˇ ①장점으로 단점(短點)을 보충하다. ②긴 데를 잘라서 짧은 데다 잇다. «成»

[截擊] chiéhchī ㄐㄧㄝˊㄐㄧ 적의 진로를 차단하고 공격하다.

[截止] chiéhchǐh ㄐㄧㄝˊㄓˇ 마감하다.「一報名；신청(申請) 마감」「到月底一；월말까지로 마감함」

[截至] chiéhchìh ㄐㄧㄝˊㄓˋ …까지 이르다. …까지로 하다. 대개는 뒤에 "止"나 "爲止"를 수반함.「一二月底的統計；2

월말까지의 통계」「一今年一月；금년1월까지로 함」

[截住] chiéhchu ㄐㄧㄝˊㄓㄨ 가로막다. 저지하다.

[截取] chiéhch'ǔ ㄐㄧㄝˊㄑㄩˇ (중간에서) 잘라 내다.

[截然] chiéhján ㄐㄧㄝˊㄖㄢˊ 명백하게. 분명히.「一不同；확연히 다르다」

[截開] chiéhk'ai ㄐㄧㄝˊㄎㄞ 끊다. 끊어 나누다. 둘로 나누다.「一這根木料；이 재목을 둘로 끊다」

[截攔] chiéhlán ㄐㄧㄝˊㄌㄢˊ (도중에서)가로 막다. 저지하다.

[截流] chiéhliú ㄐㄧㄝˊㄌㄧㄡˊ 흐르는 물을 막다.

[截留] chiéhliú ㄐㄧㄝˊㄌㄧㄡˊ ①차압(差押)하다. ②막아 멈추게 하다.

[截門] chiéhmĕn ㄐㄧㄝˊㄇㄣˊ 펄프(pulp).

[截面] chiéhmièn ㄐㄧㄝˊㄇㄧㄢˋ 절단면(切斷面).

[截水門] chiéhshuǐmĕn ㄐㄧㄝˊㄕㄨㄟˇㄇㄣˊ 수문(水門).

[截鐵斬釘] chiéht'iĕh-chăntīng ㄐㄧㄝˊㄊㄧㄝˇ ㄓㄢˇㄉㄧㄥ 분명히 하다. 칼로 베어낸 듯이 명확하다. 조금도 애매한 데가 없다. ‹成› =斬釘截鐵.

[截斷] chiéhtuàn ㄐㄧㄝˊㄉㄨㄢˋ ①끊어 내다. 잘라 버리다. ②떼어 놓다. 격리시키다.

〔竭〕 chiéh ㄐㄧㄝˊ ①다하다. 없어지다.「力一聲嘶；힘은 지치고 목소리는 쉬다」②힘쓰다. 진력하다.「一力；진력(盡力)하다」

[竭誠] chiéhch'ĕng ㄐㄧㄝˊㄔㄥˊ 성의를 다하다.

[竭澤而漁] chiéhtsĕ ĕrhyǘ ㄐㄧㄝˊㄗㄜˊㄦˊㄩˊ ①연못의 물을 말리고 고기를 잡다. ②남김 없이 착취한다는 뜻으로 비유해서 쓰이는 말. ‹成›

〔碣〕 chiéh ㄐㄧㄝˊ 「石」.

[碣石] chiéhshíh ㄐㄧㄝˊㄕˊ 둥근 비석(碑石).

〔潔〕 chiéh ㄐㄧㄝˊ ①밝음. 깨끗함.「性好一；깨끗함을 좋아함」②양심에 거리낌이 없음. 청렴(淸廉)함.「一身自好；청렴한 생활을 스스로 즐기다」

[潔己奉公] chiéhchǐ-fĕngkūng ㄐㄧㄝˊㄐㄧˇㄈㄥˋㄍㄨㄥ 청빈하면서 공무(公務)에 충실하다.

[潔淨] chiéhchìng ㄐㄧㄝˊㄐㄧㄥˋ 청렴 결백하다. ＞潔潔淨淨.

〔櫛〕 chiéh ㄐㄧㄝˊ ①빗질하다. ②빗.「一髮；머리를 빗다」

[櫛風沐雨] chiéhfĕng-mùyǚ ㄐㄧㄝˊㄈㄥ ㄇㄨˋㄩˇ 바람으로 머리를 빗질하고 내리는 비로 머리를 씻다. 고생을 무릅쓰고 이리저리 뛰어다니다. ‹成›

[櫛比] chiéhpì ㄐㄧㄝˊㄅㄧˋ(가옥 따위가) 즐비하다.

〔姐〕 chiěh ㄐㄧㄝˇ ①누이. ②누님. 자기보다 손위의 여성을 부를 때 쓰는 말.

[姐丈] chiěhchàng ㄐㄧㄝˇㄓㄤˋ =姐夫.

[姐姐] chiěhchieh ㄐㄧㄝˇㄐㄧㄝ 누님.

[姐夫] chiěhfu ㄐㄧㄝˇㄈㄨ 누나의 남편. 매부.

[姐們兒] chiěhmenrh ㄐㄧㄝˇㄇㄣㄦ ①자매(姉妹)들. ②형제의 처(妻)끼리. 동서간(同婿間).

[姐妹] chiěhmei ㄐㄧㄝˇㄇㄟ 자매(姉妹).

[姐兒] chiěhrh ㄐㄧㄝˇㄦ ①자매. ②귀여운 딸. ③친한 여자 친구.

[姐兒倆] chiěhrhliǎ ㄐㄧㄝˇㄦㄌㄧㄚˇ ①언니와 여동생의 두 사람. ②누이와 남동생의 두 사람.

[姐兒們] chiěhrhmên ㄐㄧㄝˇㄦㄇㄣ ①자매. ②계집애들끼리 서로 부르는 말.

〔解〕 chiěh ㄐㄧㄝˇ ①산산조각을 내다. 떼어 내다.「一剖；해부하다」「瓦一；와해되다」②풀다. 벗다.「一衣服；의복을 벗다」「一帶子；허리띠를 풀다」③화해하다. 오해를 풀다. 원한을 풀다. ④그만두게 하다. 중지하다.「一約；해약하다」「一職；면직시키다」⑤설명하다. 알아듣게 하다.「一說；해설하다」⑥양해하다. 수긍(首肯)이 가다.「令人不一；이해가 가지 않는다」「易一；알기 쉽다」⑦대소변.「大一；대변」「小一；소변」⑧해소시키다. 제거하다.「一渴；갈증을 풀다」⇨chièh, hsièh.

[解饞] chiěhch'án ㄐㄧㄝˇㄔㄢˊ ①식욕(食慾)을 채우다. ②몹시 갖고 싶은 욕망을 만족시키다.

[解嘲] chiěhch'áo ㄐㄧㄝˇㄔㄠˊ 남의 조소를 모면하기 위해 제멋대로 해석해서 얼버무려 버리다.

[解氣] chiěhch'ì ㄐㄧㄝˇㄑㄧˋ ①원한을 풀다. ②노여움을 거두다.

[解甲歸田] chiéhchiǎ kueīt'ién ㄐㄧㄝˊㄐㄧㄚˇㄍㄨㄟㄊㄧㄢˊ 무장을 풀고 평화로운 생활로 돌아가다.

[解除] chiěhch'ú ㄐㄧㄝˇㄔㄨˊ ①면제하다. 해제하다. ②해제하여 이전 상태로 복구하다.

[解餓] chiěhè ㄐㄧㄝˇㄜˋ 공복(空腹)을 채우다. 기갈을 면하다.

[解決] chiěhchüéh ㄐㄧㄝˇㄐㄩㄝˊ ①해결하다. ②(죽인다는 뜻으로)없애 버리다.「一員三十幾個敵人；삼십 여명의 적을 처치하다」

[解勸] chiěhch'uàn ㄐㄧㄝˇㄔㄨㄢˋ 중재(中裁)하다. 무마하다.

[解乏] chiěhfá ㄐㄧㄝˇㄈㄚˊ 피로를 풀다.

[解法兒] chiéhfărh ㄐㄧㄝˇㄈㄚˇㄦ 푸는 법.

[解紛] chiěhfĕn ㄐㄧㄝˇㄈㄣ 분쟁을 해결하다.

[解恨] chiěhhèn ㄐㄧㄝˇㄏㄣˋ 원한을 풀다.

[解和] chiěhhó ㄐㄧㄝˇㄏㄜˊ 분쟁을 조정하고 해결하다.

[解析] chiěhhsī ㄐㄧㄝˇㄒㄧ ①분석하다. ②(수학의)해석(解析).

[解下來] chiěhhsialai ㄐㄧㄝˇㄒㄧㄚㄌㄞ 풀다. 떼어 내다.

[解消] chiěhhsiāo ㄐㄧㄝˇㄒㄧㄠ ①(약속 따위를)취소하다. ②(곤란이)해결되다.

[解綫] chiěhhsièn ㄐㄧㄝˇㄒㄧㄢˋ ①실이나 끈을 풀다. ②(옷을)벗다.

[解衣] chiěhī ㄐㄧㄝˇㄧ 의복을 벗다. =脫衣.「一推食;특별히 친절하게 대접하다」

[解頤] chiěhí ㄐㄧㄝˇㄧˊ 웃어대다. 웃음보를 터뜨리다.

[解開] chiěhk'ai ㄐㄧㄝˇㄎㄞ ①벗다. 떼어 내다. ②풀다. 확실히 알다. ③화해하다.

[解扣兒] chiěh kòurh ㄐㄧㄝˇㄎㄡˋㄦ 옭매

듭을 풀다.
[解構] chiěhkòu ㄐㄧㄝˇㄍㄡˋ 이간(離間) 붙이다. 참언(讒言)하다. 거짓으로 참소하다.
[解鈴系鈴] chiěhlíng hsilíng ㄐㄧㄝˇㄌㄧㄥˊㄒㄧˋㄌㄧㄥˊ 방울은 건 놈이 떼어 내야 한다. 처음 시작한 사람이 끝을 맺어야 한다. 제가 한 일은 제가 책임져야 한다. 〈諺〉 ＝解鈴還待系鈴人.
[解悶氣] chiěhmènch'i ㄐㄧㄝˇㄇㄣˋㄑㄧˋ 고민을 풀다. 시름을 덜다. 「悶氣.
[解悶兒] chiěhmènrh ㄐㄧㄝˇㄇㄣˋㄦ ＝解
[解聘] chiěhp'in ㄐㄧㄝˇㄆㄧㄣˋ (초빙한 사람을) 해임하다.
[解手兒] chiéhshǒurh ㄐㄧㄝˊㄕㄡˇㄦ 뒤보러 가다. 변소(便所)에 가다. 용변하다.
[解手刀] chiéhshǒutāo ㄐㄧㄝˊㄕㄡˇㄉㄠ 주머니칼. 나이프.
[解樹] chiěhshù ㄐㄧㄝˇㄕㄨˋ 나무를 잘라 널을 만들다.
[解松] chiěhsūng ㄐㄧㄝˇㄙㄨㄥ (묶였던 것을)느슨하게 하다.
[解說] chiěhshuō ㄐㄧㄝˇㄕㄨㄛ ①설명하여 주다. 해설하다. ②달래다. 타이르다.
[解疼] chiěht'ěng ㄐㄧㄝˇㄊㄥˊ 아픔을 멈추게 하다. 통증을 해소시키다.
[解凍] chiěhtùng ㄐㄧㄝˇㄉㄨㄥˋ 얼음이 녹다. 「冷戰一了; 냉전이 누그러져 풀리다」
[解圍] chiěhwéi ㄐㄧㄝˇㄨㄟˊ ①포위망을 풀다. ② 싸움을 중재(仲裁)하다. ③ 곤란을 극복하다.
[解嚴] chiěhyén ㄐㄧㄝˇㄧㄢˊ 계엄(戒嚴)을 해제하다. 경계를 풀다.

〔介〕 chièh ㄐㄧㄝˋ ①사이에 끼다. 중간에 개재하다. 「一乎兩者之間; 양자 사이에 끼다」 ②중계(仲繼)하다. 소개하다. 「一紹; 소개하다」 ③걱정하다. 마음에 두다. ④강직(剛直)한. 완고한. ⑤갑옷. ⑥갑각(甲殼). ⑦한 사람. 「一一書生; 일개의 서생」 ⑧짓. 「打一; 때리는 짓」 「飲酒一; 술 마시는 태도」
[介介] chièhchièh ㄐㄧㄝˋㄐㄧㄝˋ 마음에 잊혀지지 않는 모양.
[介冑之士] chièhchòuchīhshìh ㄐㄧㄝˋㄓㄡˋㄓㄕˋ 전사(戰士). 전쟁에 참가하는 병사.
[介蟲] chièhch'úng ㄐㄧㄝˋㄔㄨㄥˊ 갑충(甲蟲): 새우·게 따위.
[介意] chièhì ㄐㄧㄝˋㄧˋ 마음에 꺼리다. 꺼림칙하게 생각하다.
[介然] chièhján ㄐㄧㄝˋㄖㄢˊ ①의지가 굳은 모양. ②고고(孤高)한 모양.
[介紹] chièhshao ㄐㄧㄝˋㄕㄠ 소개하다. 「一所; 소개소」 「一信; 소개장(紹介狀)」
[介詞] chièhtz'ú ㄐㄧㄝˋㄘˊ 품사의 하나: 명사나 대명사 앞에 놓이어 방향이나 대상을 나타내어 동사와 형용사에 관계를 미치게 하는 역할을 함. 인구어(印歐語)의 전치사(前置詞)와 비슷함: "把·對于" 따위.

〔价〕 chièh ㄐㄧㄝˋ 심부름군. 「去一; 하인. ⇨chià.

〔芥〕 chièh ㄐㄧㄝˋ 겨자. 갓.
[芥末] chièhmo ㄐㄧㄝˋㄇㄛ 겨자가루. ＝芥粉.
[芥蒂] chièhtì ㄐㄧㄝˋㄉㄧˋ 원망. 불만. 확집(確執). 「心存一 마음 속에 불만이 있다」
[芥菜] chièhts'ai ㄐㄧㄝˋㄘㄞ 개채. 갓. 「一頭; 갓의 뿌리」
[芥子] chièhtzǔ ㄐㄧㄝˋㄗˇ ①갓씨. ②극히 미소한 사물의 비유.

〔戒〕 chièh ㄐㄧㄝˋ ①경계하다. 조심하다. 「一備森嚴; 경계가 삼엄하다」 ②주의를 주다. 타이르다. ③끊다. 중지하다. 「一酒; 술을 끊다」 ④불교의 계율(戒律). 「五一; 불교에서의 다섯 가지 계율. ⑤반지. 「鑽一; 다이아몬드 반지」
[戒尺] chièhch'ǐh ㄐㄧㄝˋㄔˇ 선생이 제자를 벌할 때 쓰던 목판(木板).
[戒指(兒)] chièhchih(rh) ㄐㄧㄝˋㄓ(ㄦ) 반지. 「結婚一; 결혼 반지」
[戒除] chièhch'ú ㄐㄧㄝˋㄔㄨˊ ①조사하여 제거하다. ②(술이나 담배 따위를)끊다.
[戒方] chièhfāng ㄐㄧㄝˋㄈㄤ ＝戒尺.
[戒箍兒] chièhkūrh ㄐㄧㄝˋㄍㄨㄦ 골무.
[戒備] chièhpèi ㄐㄧㄝˋㄅㄟˋ ①경계(警戒). ②경계하다. 「심하다.
[戒愼] chièhshěn ㄐㄧㄝˋㄕㄣˇ 삼가다. 조
[戒心] chièhhsīn ㄐㄧㄝˋㄒㄧㄣ ①주의하다. ②경계심(警戒心). 「存着一; 경계심을 품다」 「끊다.
[戒賭] chièhtǔ ㄐㄧㄝˋㄉㄨˇ 도박(賭博)을
[戒子] chièhtzǔ ㄐㄧㄝˋㄗ 반지. ＝戒指.
[戒煙] chièhyēn ㄐㄧㄝˋㄧㄢ ①담배를 끊다. ②아편(阿片)을 끊다. 「다.
[戒嚴] chièhyén ㄐㄧㄝˋㄧㄢˊ 계엄령을 펴

〔疥〕 chièh ㄐㄧㄝˋ 옴.
[疥瘡] chièhch'uāng ㄐㄧㄝˋㄔㄨㄤ 옴: 피부병의 한가지. 「하나.
[疥癘] chièhlì ㄐㄧㄝˋㄌㄧˋ 옴: 피부병의

〔屆〕(届) chièh ㄐㄧㄝˋ ①이르다. 다다르다. 「一時務請出席; 당일은 소만 왕림(掃萬旺臨)하시기 바랍니다」 ②조수사의 하나: 회(回). 기(期). 「第一一大會; 제1회 대회」 「上一; 전회(前回). 전기(前期)」
[屆期] chièhch'ī ㄐㄧㄝˋㄑㄧ ①기일이 되다. ②(기일인)당일(當日)에. 그 때에.
[屆滿] chièhmǎn ㄐㄧㄝˋㄇㄢˇ 만기(滿期)가 되다.
[屆時] chièhshíh ㄐㄧㄝˋㄕˊ (계약하거나·정한) 그 때가 되다. ②당일에. 기일(期日)에.

〔界〕 chièh ㄐㄧㄝˋ ①경계(境界). 「邊一; 경계. 구획(區劃)」 「國一; 국경」 ②경내(境內). 범위. 「眼一; 안계」 「管一; 관할 범위」 ③사회(社會). 분야(分野). 「教育一; 교육계」 ④구분짓다. 구획하다. 「版面一爲三樣; 지면을 3 단으로 나누다」
[界尺] chièhch'ǐ ㄐㄧㄝˋㄑㄧˇ 직선(直線)자.
[界墻] chièhch'iáng ㄐㄧㄝˋㄑㄧㄤˊ 경계의 울타리.
[界限] chièhhsièn ㄐㄧㄝˋㄒㄧㄢˋ ①한계(限界). ②경계(境界). ③세력 범위. 세력권(勢力圈). 「單位的一; 각부(各部)의 세

려권(범위).

[界綫] chièhhsièn ㄐㄧㄝˋㄒㄧㄢˋ 경계선(境界線).

[界乎] chièhhū ㄐㄧㄝˋㄏㄨ …에 접하다. …의 중간에 끼다.

[界碑] chièhpēi ㄐㄧㄝˋㄅㄟ 경계를 표시하는 비석.

[界說] chièhshuō ㄐㄧㄝˋㄕㄨㄛ 정의(定義). ＝定義.

〔借〕 chièh ㄐㄧㄝˋ ①빌다. 꾸다.「一錢；돈을 꾸다. 빚을 얻다」「一車；차를 빌다」②빌려 주다.「一錢不帶道；돈은 빌려 주지만 돈을 버는 법은 일러주지 않는다」「一給你錢；너에게 돈을 빌려 주마」

[借債] chièhchài ㄐㄧㄝˋㄓㄞˋ 돈을 꾸다. 빚을 얻다.

[借鏡] chièhchìng ㄐㄧㄝˋㄐㄧㄥˋ ＝借鑒.

[借住] chièhchù ㄐㄧㄝˋㄓㄨˋ 잠시 동안 숙박하다. 임시로 거처하다.

[借據] chièhchǜ ㄐㄧㄝˋㄐㄩˋ 증서. 차용증(借用證).

[借券] chièhch'üàn ㄐㄧㄝˋㄑㄩㄢˋ＝借據.

[借重] chièhchùng ㄐㄧㄝˋㄓㄨㄥˋ 신세를 지다. 원조를 받다.‹敬›「我還得一你；저는 아직도 댁의 신세를 져야 되겠읍니다」

[借主兒] chièhchǔrh ㄐㄧㄝˋㄓㄨˇㄦ 금품을 빌려 준 사람.

[借風駛船] chièhfēngshǐhch'uán ㄐㄧㄝˋㄈㄥㄕˇㄔㄨㄢˊ 바람만 믿고 배를 몰다. 당신만 믿고 일을 하다. 모든 것을 일임(一任)하다. ‹成›

[借餉] chièhhsiǎng ㄐㄧㄝˋㄒㄧㄤˇ 돈이나 양식을 꾸다.

[借戶(兒)] chièhhù(rh) ㄐㄧㄝˋㄏㄨˋ(ㄦ) (어떤 시설을) 빈 사람：차가인(借家人), 차지인(借地人) 따위.

[借花獻佛] chièhhuā hsiènfó ㄐㄧㄝˋㄏㄨㄚ ㄒㄧㄢˋㄈㄛˊ 남의 꽃으로 불공드리다. 남의 떡으로 제사 지내다.‹成›

[借火(兒)] chièh huǒ(rh) ㄐㄧㄝˋ ㄏㄨㄛˇ(ㄦ)담뱃불을 빌다.

[借給] chièhkěi ㄐㄧㄝˋㄍㄟˇ…에게 빌려 주다. "給" 다음에는 반드시 빌려 주는 상대방이 뒤따름.「一他錢；그에게 돈을 빌려 준다」

[借光] chièhkuāng ㄐㄧㄝˋㄍㄨㄤ ①(무엇을 문의할 때) 잠깐 묻겠읍니다.②(배려·노력에 대하여) 수고하셨읍니다. 고맙습니다.‹人› ＝勞駕. ③(장소를 빌 때)잠깐 실례합니다. 잠깐 방해가 되겠읍니다. ④남에게 의지하다. 남의 덕(德)을 입다.

[借宿] chièhsù ㄐㄧㄝˋㄙㄨˋ 남의 집에서 「묵다.

[借貸] chièhtài ㄐㄧㄝˋㄉㄞˋ 차용(借用)하다.

[借刀殺人] chièhtāo shā'jén ㄐㄧㄝˋㄉㄠ ㄕㄚㄖㄣˊ 남의 힘을 이용하여 처치하다. 남의 힘을 빌어 타인을 함정에 빠뜨리다. ‹成›

[借題發揮] chièht'í fāhuī ㄐㄧㄝˋㄊㄧˊ ㄈㄚㄏㄨㄟ ①어떤 기회를 틈타 이거 마침 잘 됐구나 하고 자기가 하고 싶은 말을 다 늘어 놓다. ②어떤 문제에 편승하여 자기의 주장을 내 세우다. ‹成›

[借帖] chièht'iěh ㄐㄧㄝˋㄊㄧㄝˇ 차용 증서(借用證書).

[借字兒] chièhtzǜrh ㄐㄧㄝˋㄗˋㄦ 차용 증서. ＝借據.

[借問] chièhwěn ㄐㄧㄝˋㄨㄣˋ 잠깐 말씀 좀 여쭙겠읍니다. ‹人›

〔解〕 chièh ㄐㄧㄝˋ 호송(護送)하다.「一到上海；상하이로 호송하다」⇨ chiěh, hsièh. 「호송하다.

[解款] chièh kuǎn ㄐㄧㄝˋ ㄍㄨㄢˇ 돈을

[解糧] chièhliáng ㄐㄧㄝˋㄌㄧㄤˊ 식량을 호송하다.

[解往] chièhwǎng ㄐㄧㄝˋㄨㄤˇ…로 호송하다.「一原地；원래의 장소에 호송하다」

〔誡〕 chièh ㄐㄧㄝˋ ①경고(警告). 계고(戒告). ②타이르다. 훈계하다.「規一；타이르다」

〔褯〕 chièh ㄐㄧㄝˋ「一子；기저귀」＝「尿布.

〔藉〕 chièh ㄐㄧㄝˋ ①구실로 삼다. 핑계삼다. 빙자하다. ②의지하다. ③짓밟다.

[藉口] chièhk'ǒu ㄐㄧㄝˋㄎㄡˇ 빙자하다. 구실 삼다.

[藉故] chièhkù ㄐㄧㄝˋㄍㄨˋ＝借端.

[藉以] chièh ǐ ㄐㄧㄝˋㄧˇ 거기에 의거해서 …하다.

[藉端] chièhtuān ㄐㄧㄝˋㄉㄨㄢ 어떤 일을 핑계로 삼다. ＝藉故. 「계.

[藉詞] chièhtz'ǔ ㄐㄧㄝˋㄘˊ 구실(口實). 핑

CH'IEH ㄑㄧㄝ

〔切〕 ch'iēh ㄑㄧㄝ ①(칼이나 도끼 따위로) 끊다. 자르다.「一成片；잘게 끊다」②만나다. 접하다：기하학 용어의 하나.「兩圓相一；두 원이 서로 접하다」⇨ch'ièh.

[切削] ch'iēhhsiāo ㄑㄧㄝㄒㄧㄠ 커팅(cutting)하다.「一油；커팅 오일(cutting oil)」「快速一法；쾌속 커팅법」 「다.

[切削] ch'iēhhsiāo ㄑㄧㄝㄒㄧㄠ 커팅하

[切糕] ch'iēhkāo ㄑㄧㄝㄍㄠ ①찹쌀이나 기장 가루에 대추나 팥을 넣어 찐 떡: 끊어서 팔음. ②멥쌀 따위의 가루에 팥소를 넣은 음식물.

[切麵] ch'iēhmien ㄑㄧㄝㄇㄧㄢ기계에서 갓 빼어낸 밀국수.「一鋪；기계로 빼어낸 국수를 파는 집」

[切刀] ch'iēhtāo ㄑㄧㄝㄉㄠ 떡을 써는 폭이 넓은 식칼.

[切磋] ch'iēhts'ō ㄑㄧㄝㄘㄨㄛ 상호간에 서로 토론하고 연구하다. >切切磋磋. 切磋琢磨.

〔伽〕 ch'iéh ㄑㄧㄝˊ 불경역음자

[伽藍] chiéhlán ㄑㄧㄝˊ ㄌㄢˊ 중들이 거처하는 집. 후에 변하여 불사(佛寺)를 말하게 됨.

〔茄〕 ch'iéh ㄑㄧㄝˊ「一子；가지」「臉上氣得象個茄子；얼굴이 노여움으로 가지색이 되었다」

〔且〕 chiěh ㄑㄧㄝˇ ①다시금. 게다가. 그 위에.「旣高一大；높고도 크다」 ②…하면서.「一說一笑；이야기도 하고 웃기도 하며」「一歌一舞；노래하며 춤도 추다」③잠시. 우선 잠시…하다."姑·暫"과 복합될 때가 많음.「你(姑)一聽着；우선 잠깐 들으시오」④비교적 긴 시간. 상당히. 언제까지나.「這雙鞋一穿呢；이 신은 쭉 계속하여 신고 있어요」「他一說不完呢；그는 조금도 이야기를 그치려고 하지 않다」⑤…하려고 하고 있다. 곧 …하다.「日一入；해가 곧 지려고 하고 있다」⑥대개. 대부분. 대체로.「來者一千人；온 사람은 대체로 천명 쯤이다」

[且先] ch'iěhhsiēn ㄑㄧㄝˇㄒㄧㄢ 일단. 우선. 잠깐.「這件事一不說；이 일은 일단 말하지 않기로 한다」

[且慢] ch'iěhmàn ㄑㄧㄝˇㄇㄢˋ 잠깐! 좀 가만히 계시오.

[且不] ch'iěhpû ㄑㄧㄝˇㄅㄨˋ 좀처럼 …하지 않다. 오랫동안 …하지 않다.「他一來一走呢；그는 한번 오면 좀처럼 가지 않습니다」

[且說]ch'iěhshuō ㄑㄧㄝˇㄕㄨㄛ 구소설에서 이야기가 시작되는 대목에 쓰이는 말. 각설(却說).

〔切〕 ch'ièh ㄑㄧㄝˋ ①딱 들어 맞다. 밀접(密接)하다.「不一實際；실정과 맞지 않다」②박두하다. 긴급한.「迫一需要；당장 필요하다」③절실히. 결단코. 아무래도.「一不可放松警惕；결코 경계심을 늦추지 말라」④반절(反切)을 말함:예컨대 "東"의 음을 "德·紅"(dong＝de＋hong)으로 표시하는 따위. "德紅反" 또는 "德紅切"이라 함과 같음. ⇨ch'iēh.

[切己] ch'ièhchǐ ㄑㄧㄝˋㄐㄧˇ ＝切身.

[切忌] ch'ièhchì ㄑㄧㄝˋㄐㄧˋ 되도록 피하다.

[切記] ch'ièhchì ㄑㄧㄝˋㄐㄧˋ 단단히 기억하다. 확실히 기억하다.

[切切] ch'ièhch'ièh ㄑㄧㄝˋㄑㄧㄝˋ ①매우 간절한 모양. ②간곡하게 훈계하는 모양. ③적정하는 모양. ④슬퍼하는 모양.

[切齒] ch'ièhch'ǐh ㄑㄧㄝˋㄑㄧˇ 몹시 분해하다. 이를 갈며 분해하다.「一痛恨；이를 갈며 분개하다」

[切近] ch'ièhchìn ㄑㄧㄝˋㄐㄧㄣˋ 바로 곁에. 아주 가깝게. ＝貼近.

[切中] chi'èhchûng ㄑㄧㄝˋㄓㄨㄥˋ ①적절(適切)하다. ②꼭 맞다. 적중하다.

[切膚] ch'ièhfū ㄑㄧㄝˋㄈㄨ 자기와 밀접한 관계가 있는.「一之痛；직접적이고 절실한 고통」

[切合] ch'ièhhó ㄑㄧㄝˋㄏㄜˊ ＝切當.

[切口] ch'ièhk'ǒu ㄑㄧㄝˋㄎㄡˇ(비밀 결사 또는 직업 중의) 은어(隱語). ＝切字口.

[切骨] ch'ièhkǔ ㄑㄧㄝˋㄍㄨˇ ①분함이나 원한이 몹시 사무치는 일. ②(추위 따위가) 뼈에 스미도록 대단히 추운 일.

[切鄰] ch'ièhlín ㄑㄧㄝˋㄌㄧㄣˊ 근처. ＝近鄰.

[切脈] ch'ièhmài ㄑㄧㄝˋㄇㄞˋ 맥을 집다. 진맥을 하다.

[切盼] ch'ièhpàn ㄑㄧㄝˋㄅㄢˋ 간절히 바라다.

[切身] ch'ièhshēn ㄑㄧㄝˋㄕㄣ 절실한. 직접적인.「一的利益；직접적인 이익」

[切實] ch'ièhshih ㄑㄧㄝˋㄕˊ ①확실하다. ②적절하다. ③정성스럽다.「一地慰勞；진심으로 위로하다」④통절하다. ＞切切實實.

[切當] ch'ièhtàng ㄑㄧㄝˋㄉㄤˋ 적절하다. 꼭 들어 맞다.

[切題] ch'ièht'í ㄑㄧㄝˋㄊㄧˊ 제목에 꼭 들어맞다.

[切責] ch'ièhtsê ㄑㄧㄝˋㄗㄜˊ 호되게 책하다. 몹시 꾸짖다.

[切要] ch'ièhyào ㄑㄧㄝˋㄧㄠˋ ①대단히 귀중하다. ②꼭 필요하다. 부디 …하고 싶다.

〔妾〕 ch'ièh ㄑㄧㄝˋ ①첩. ②이전에 부인이 스스로를 겸칭하던 말.

〔怯〕 ch'ièh ㄑㄧㄝˋ ①촌스럽다. ②담력이 작다. 겁장이다. ＝怯懦.

[怯場] ch'ièhch'ǎng ㄑㄧㄝˋㄔㄤˇ 남의 앞에서 겁에 질려 조심조심하다. 그 곳에 익숙하지 못하다.

[怯弱] ch'ièhjô ㄑㄧㄝˋㄖㄨㄛˋ ①담력이 작고 겁이 많아 벌벌 떨다. ②신체가 약하다.

[怯愣兒] ch'ièhlěngrh ㄑㄧㄝˋㄌㄥˋㄦ 시골뜨기. 세상 물정을 모르는 사람.

[怯八邑] ch'ièhpāi ㄑㄧㄝˋㄅㄚ ㄧˋ①어수룩하다. 촌스럽다. ②무엇을 하여도 서투르다.

[怯勺] ch'ièhsháo ㄑㄧㄝˋㄕㄠˊ 촌뜨기. 시골뜨기.

[怯生生的] ch'ièhshēngshēngtê ㄑㄧㄝˋㄕㄥㄕㄥㄉㄜ ①부끄러워서 또는 겁이 나 침착성을 잃은 모양. ②몸이 약한 모양.

[怯頭怯腦] ch'ièht'óu-ch'ièhnǎo ㄑㄧㄝˋㄊㄡˊ ㄑㄧㄝˋㄋㄠˇ ①촌스러운 모양. ②겁을 먹고 주저주저하는 모양.

[怯外] ch'ièhwài ㄑㄧㄝˋㄨㄞˋ 남 앞에서 겁에 질려 침착치 못하다.

〔挈〕 ch'ièh ㄑㄧㄝˋ ①손에 들다. 휴대하다. 들다.「提綱一領；요점을 집어 내다」②가지다. 인솔하다.「一眷；가족을 동반하다」

〔愜〕 ch'ièh ㄑㄧㄝˋ 만족하다. 즐겁다.

[愜情] ch'ièhch'íng ㄑㄧㄝˋㄑㄧㄥˊ 만족하다. 로 만족하다.

[愜心] ch'ièhhsīn ㄑㄧㄝˋㄒㄧㄣ 마음 속으로 만족하다. ＝愜意. 愜懷.

[愜意] ch'ièhì ㄑㄧㄝˋㄧˋ ＝愜心.

[愜當] ch'ièhtàng ㄑㄧㄝˋㄉㄤˋ 신분에 알맞다.

〔趄〕 ch'ièh ㄑㄧㄝˋ 경사(傾斜)지다.「一坡子；경사진 고개」「一着身子；몸을 비스듬히하다」

〔篋〕 ch'ièh ㄑㄧㄝˋ 작은 상자(箱子). 상자류에 속하는 물건.

〔竊〕(窃) ch'ièh ㄑㄧㄝˋ ①훔치다. 도둑질하다.「一案；절도 사건」②살짝. 남몰래. 이면에서.「一笑；뒤에서 욕하며 웃다」 ③스스로를 말하는 겸칭(謙稱).「一以…；우고(愚考)하는 바…」

[竊竊] ch'ièhch'ièh ㄑㄧㄝˋㄑㄧㄝˋ 살짝. 남몰래.「一私語；남몰래 속삭거리다」「一私議；남몰래 밀의(密議)하다」

[竊取] ch'ièhch'ǚ ㄑㄧㄝˋㄑㄩˇ 훔치다. 도둑질하다.

[竊害] ch'ièhhài ㄑㄧㄝˋㄏㄞˋ 남몰래 사람을 해치다.
[竊看] ch'ièhk'àn ㄑㄧㄝˋㄎㄢˋ 몰래 엿보다.「一機密文件；비밀 서류를 몰래 엿보다」
[竊聽] ch'ièht'īng ㄑㄧㄝˋㄊㄧㄥ 몰래 듣다. 엿듣다.「一消息；소식을 몰래 살피다」
[竊賊] ch'ièhtséi ㄑㄧㄝˋㄗㄟˊ 도둑. 도적.
[竊位] ch'ièhwèi ㄑㄧㄝˋㄨㄟˋ 재능이 없으면서 지위를 차지하다.
[竊玉偸香] ch'ièhyǜ-t'ōuhsiāng ㄑㄧㄝˋㄩˋㄊㄡㄒㄧㄤ 남몰래 여성을 유혹하다.‹成›

CHIEN ㄐㄧㄢ

〔尖〕 chiēn ㄐㄧㄢ ①「一兒；끝. 첨단(尖端). 꼭대기」「筆一兒；붓끝. 펜촉」「刀一兒；칼끝」②뾰족하다. 가늘고 날카롭다.「把鉛筆削一了；연필을 뾰족하게 깎다」「一聲一氣；목소리가 날카로운 모양」③예민하다. 날카롭다. 「眼一；눈치 빠르다」「這個男人頭腦很一；이 남자는 두뇌가 몹시 예민하다」④뛰어나다. 선두(先頭)를 가다.「這群人裡他是個一兒；이 많은 사람 중에서 그가 제일이다」
[尖臍] chiēnch'í ㄐㄧㄢㄑㄧˊ〈動〉수케. 배딱지가 뾰족한 수케. 암케는 "團臍".
[尖叫] chiēnchiào ㄐㄧㄢㄐㄧㄠˋ 날카로운 소리를 외치다. 날카롭게 부르짖다.
[尖銳] chiēnjuì ㄐㄧㄢㄖㄨㄟˋ 날카롭다. 가랑가랑한.「一的聲音；날카로운 목소리. 쇳소리」②날카롭다. 예이는 듯한.「一的批評；날카로운 비판」③격심하다. 엄격하다.
[尖刻] chiēnk'ǒ ㄐㄧㄢㄎㄜˋ ①신랄하다.「說話一；말투가 신랄하다」②(하는 짓이) 가혹하다. ＞尖尖刻刻.
[尖利] chiēnlì ㄐㄧㄢㄌㄧˋ 예리하다. 날카롭다. ＝銳利.
[尖薄] chiēnpó ㄐㄧㄢㄅㄛˊ 가혹하다.
[尖嗓兒] chiēnsǎngrh ㄐㄧㄢㄙㄤˇㄦ 날카로운 목소리.
[尖酸] chiēnsuān ㄐㄧㄢㄙㄨㄢ ①지독하다. 무자비하다. 참혹하다. ②(말이) 매섭다. 가시가 돋친 듯하다. 「기.
[尖頂] chiēntǐng ㄐㄧㄢㄉㄧㄥˇ 첨단. 꼭대
[尖嘴巴] chiēntsuìpa ㄐㄧㄢㄗㄨㄟˇㄅㄚ 뾰족한 주둥이. 앞으로 툭 튀어나온 듯한 입.
[尖嘴薄舌] chiēntsuì-póshě ㄐㄧㄢㄗㄨㄟˇㄅㄛˊㄕㄜˊ 말이 쌀쌀하고 매정스러움.
[尖團] chiēnt'uán ㄐㄧㄢㄊㄨㄢˊ 수케와 암케.
[尖子] chiēntzǔ ㄐㄧㄢㄗ 뾰족한 끝.
[尖牙] chiēnyá ㄐㄧㄢㄧㄚˊ 송곳니.

〔奸〕(姦) chiēn ㄐㄧㄢ ①간사하다. 교활하다.「這個人很一；그는 퍽 간사하다」②이기심(利己心). 「藏一；거만을 떨다」③적과 내통하는 사람.「漢一；한간」「鋤一；스파이를 제거하다」④불륜(不倫). 옳지 못한 남녀 관계. 「通一；화간(和姦)하다」
[奸詐] chiēnchà ㄐㄧㄢㄓㄚˋ ①간사한 사람. ②간사하다. 교활하다.
[奸狡] chiēnchiǎo ㄐㄧㄢㄐㄧㄠˇ 교활하다.
[奸巧] chiēnch'iǎo ㄐㄧㄢㄑㄧㄠˇ 교활하게 놀아 꼬리를 잡히지 않다.
[奸情] chiēnch'íng ㄐㄧㄢㄑㄧㄥˊ 간통 사건.
[奸細] chiēnhsi ㄐㄧㄢㄒㄧ 간첩(間諜).
[奸笑] chiēnhsiào ㄐㄧㄢㄒㄧㄠˋ 히죽히죽 웃다. 「음충맞다.
[奸險] chiēnhsiěn ㄐㄧㄢㄒㄧㄢˇ 음흉하다.
[奸雄] chiēnhsiúng ㄐㄧㄢㄒㄩㄥˊ 간웅. 음충맞은 사람.
[奸猾] chiēnhuá ㄐㄧㄢㄏㄨㄚˊ 교활하다.
[奸宄] chiēnkueiㄐㄧㄢㄍㄨㄟˇ 악당(惡黨).
[奸佞] chiēnnìng ㄐㄧㄢㄋㄧㄥˋ ①음흉하다. ②음흉한 사람. 「간상배.
[奸商] chiēnshāng ㄐㄧㄢㄕㄤ 악덕 상인.
[奸刁] chiēntiāo ㄐㄧㄢㄉㄧㄠ 교활하다. 간악하다.
[奸頭] chiēnt'óu ㄐㄧㄢㄊㄡˊ 음흉한 사람.
[奸汚] chiēnwū ㄐㄧㄢㄨ 음란하다. 추저분하다.
[奸淫] chiēnyín ㄐㄧㄢㄧㄣˊ 음란하다.

〔戔〕 chiēn ㄐㄧㄢ「一戔；적은 모양. 미미한 것」

〔肩〕 chiēn ㄐㄧㄢ ①어깨. 「一膀；어깨」②짊어지다. 부담하다.「身一大任；중대한 임무를 맡다」
[肩并着肩] chiēnpìngchêchiēn ㄐㄧㄢㄅㄧㄥˋㄓㄜㄐㄧㄢ 어깨를 나란히 하고. 어깨를 맞붙이고. 어깨 동무하고. 「肩膀.
[肩膊] chiēnpo ㄐㄧㄢㄅㄛ 어깨.‹方› ＝
[肩兒] chiēnrh ㄐㄧㄢㄦ 책임. 부담.「請把一給我摘開吧；저에게 책임을 면하도록 해 주시오」 「다.
[肩挑] chiēnt'iāo ㄐㄧㄢㄊㄧㄠ 어깨에 메
[肩頂兒] chiēntǐngrh ㄐㄧㄢㄉㄧㄥˇㄦ ＝肩頭. 「지.
[肩頭] chiēnt'óu ㄐㄧㄢㄊㄡˊ 어깨. 어깻죽

〔兼〕 chiēn ㄐㄧㄢ ①배(倍)의. 곱의. ②겸하다. 동시에 하다. 둘을 함께 가지다. 본직(本職) 외에 다른 일을 하다. 「一職不一薪；일은 겸임했으나 급료는 한 쪽뿐이다」
[兼程] chiēnch'ěng ㄐㄧㄢㄔㄥˊ 행정(行程)을 배로 늘리고 서두르다. 급행하다.
[兼程而進] chiēnch'ěng'ěrhchìn ㄐㄧㄢㄔㄥˊㄦˊㄐㄧㄣˋ 배의 속력으로 진행하다.
[兼之] chiēnchīh ㄐㄧㄢㄓ 게다가. 겸하여.
[兼充] chiēnch'ūng ㄐㄧㄢㄔㄨㄥ 겸임(兼任)하다. 「20일.
[兼旬] chiēnhsǘn ㄐㄧㄢㄒㄩㄣˊ 이순(二旬).
[兼以] chiēnǐ ㄐㄧㄢㄧˇ ＝兼之.
[兼人] chiēnjěn ㄐㄧㄢㄖㄣˊ 이인분(二人分).「一之量；두 사람 몫. 이인분의 분량」
[兼容并包] chiēnjúng-pìngpāo ㄐㄧㄢㄖㄨㄥˊㄅㄧㄥˋㄅㄠ 모든 것을 일괄하여 흡수하다. ＝兼收并蓄. 「하다.
[兼課] chiēnk'ǒ ㄐㄧㄢㄎㄜˋ (교사가) 겸임
[兼顧] chiēnkǜ ㄐㄧㄢㄍㄨˋ 양쪽을 다 고려하다. 양쪽이 다 좋도록 하다.
[兼管] chiēnkuǎn ㄐㄧㄢㄍㄨㄢˇ ①양쪽을

함께 관리하다. ②양쪽에 마음을 쓰다.

[兼辦] chiēnpàn ㄐㄧㄢㄅㄢˋ 겸무하다. 겸업(兼業)하다.

[兼并] chiēnpìng ㄐㄧㄢㄅㄧㄥˋ ①합병하다. 합치다. ②병탄(併呑)하다. ＞兼兼并并.

[兼收] chiēnshōu ㄐㄧㄢㄕㄡ 양쪽을 모두 받아 들이다.

〔堅〕(坚) chiēn ㄐㄧㄢ ①단단하다. 「一如鐵石；철석같이 탄탄하다」②굳다. 동요하지 않다. 「信心甚一；신념(信念)이 몹시 굳다」③굳히다. 견고하게 하다. ④적의 방위진. 「攻一；적의 방위선을 공격하다」

[堅強] chiēnch'iáng ㄐㄧㄢㄑㄧㄤˊ ①견고하다. 흔들리지 않다. ＝結實. ②(성질에) 줏대 있다. (의지가) 굳다. ③(실패 따위에)굽히지 않다. 굳세다. 「一不屈；의지가 강하여 굴하지 않다」

[堅巧] chiēnch'iǎo ㄐㄧㄢㄑㄧㄠˇ 제품의 질이 좋고 정교(精巧)하다.

[堅結] chiēnchiéh ㄐㄧㄢㄐㄧㄝˊ 팽팽하게 죄어진. 단단한. 「一的肌肉；포동포동한 살결」

[堅貞不屈] chiēnchēnpùch'ū ㄐㄧㄢㄓㄣㄅㄨˋㄔㄨ 의지가 굳어 굴하지 않다.

[堅執] chiēnch'íh ㄐㄧㄢㄔˊ 고집하다.

[堅持] chiēnch'íh ㄐㄧㄢㄔˊ ①(자기의 주장 따위를)견지하다. 끝까지 버티다. 「一自己不坐船；자기는 배를 타지 않겠다고 굳이 버티다」②변하지 않고 계속하다. 「一不渝；최후까지 버티어 태도를 바꾸지 않다」

[堅壯] chiēnchuàng ㄐㄧㄢㄓㄨㄤˋ 튼튼하다. 건장하다.

[堅決] chiēnchüéh ㄐㄧㄢㄐㄩㄝˊ 철저한. 초지(初志)를 굽히지 않는. 강경하다. 확고하다. 「一拒絕；강력히 거절하다」「一的態度；확고한 태도」

[堅信] chiēnhsìn ㄐㄧㄢㄒㄧㄣˋ 굳게 믿다.

[堅毅] chiēnì ㄐㄧㄢㄧˋ 태도가 굳고 엄하다. 의연(毅然)하다.

[堅韌] chiēnjěn ㄐㄧㄢㄖㄣˋ ①쉽사리 꺾이지 않다. ②강인하다. 「一不拔；의지가 강하여 뜻을 굽히지 않다」

[堅忍] chiēnjěn ㄐㄧㄢㄖㄣˇ 참고 견디다. 끝까지 버티다.

[堅固] chiēnkù ㄐㄧㄢㄍㄨˋ 굳다. 견고하다. ②견고하게 하다.

[堅苦] chiēnk'ǔ ㄐㄧㄢㄎㄨˇ 괴로움을 꾹 참다.

[堅壁] chiēnpì ㄐㄧㄢㄅㄧˋ 빼앗기지 않도록 파묻어 감추다. 「把糧食都一起來；식량을 모두 파묻어 감추다」

[堅不可破] chiēnpùk'ǒp'ǒ ㄐㄧㄢㄅㄨˋㄎㄜˇㄆㄛˋ 견고하여 깨어지지 않다.

[堅實] chiēnshíh ㄐㄧㄢㄕˊ 튼튼하다.

[堅守] chiēnshǒu ㄐㄧㄢㄕㄡˇ 굳게 지키다.

[堅定] chiēntìng ㄐㄧㄢㄉㄧㄥˋ ①(결심 따위가)흔들리지 않다. 「立場一；입장이 분명하고 단단하다」②(의지 따위를) 굳게 먹다. 흔들리지 않게 하다. 「一不移；(의지·지조가)견고하고 흔들거리지 않다」

〔間〕 chiēn ㄐㄧㄢ ①사이. 「中蘇之一；중·소 양국간」②가운데. 「文字一有要修改的；글 가운데 정정하여야 할 데가 있다」③일정한 장소를 가리키는 말. 「鄉一시골」④일정한 시간을 가리키는 말. 「正說話一；마침 이야기하고 있을 때에」「晚一；저녁 때」⑤방의 간살을 세는 말. 기둥과 기둥의 사이가 8척 가량의 크기를 "1間"이라고 함. 「三一房；삼간방」⑥방. 「寫字一；사무실」《吳》 ⇨chièn.

[間架] chiēnchià ㄐㄧㄢㄐㄧㄚˋ ①조립. 구조. ②사이에 걸다. 「河上一上了一座橋；강 위에 다리를 놓다」

[間息] chiēnhsī ㄐㄧㄢㄒㄧ 중간 휴식.

[間隙] chiēnhsī ㄐㄧㄢㄒㄧ 사이. 틈.

[間細] chiēnhsì ㄐㄧㄢㄒㄧˋ 간첩(間諜).

[間或] chiēnhuò ㄐㄧㄢㄏㄨㄛˋ 이따금. 간혹. 가끔.

[間量(兒)] chiēnliang(rh) ㄐㄧㄢㄌㄧㄤ(ㄦ) 방의 크기. 간살.

[間壁] chiēnpì ㄐㄧㄢㄅㄧˋ 이웃. 이웃집. 옆집.

〔搛〕 chiēn ㄐㄧㄢ 끼우다. 집다. 「用筷子一菜；젓가락으로 요리를 집다」

〔煎〕 chiēn ㄐㄧㄢ ①달이다. 「一藥；약을 달이다」②지지다. 볶다. 「一魚；생선을 지지다」

[煎熬] chiēn'áo ㄐㄧㄢㄠˊ ①바짝 조리는 일과 오래 삶는 일. ②초조(焦燥)와 고통. ③조리다. ④초조해서 고민하다. ④고통을 받다.

[煎炒] chiēnch'ǎo ㄐㄧㄢㄔㄠˇ 처음에는 기름을 조금 넣고 볶다가 나중에 기름을 많이 넣고 재료를 저으며 볶다.

[煎餃子] chiēnchiǎotzǔ ㄐㄧㄢㄐㄧㄠˇㄗ 군만두. 볶은 만두.

[煎酒] chiēnchiǔ ㄐㄧㄢㄐㄧㄡˇ ①(중국산) 진(gin). 술의 한 가지. ②chiēn chiǔ 술을 데우다.

[煎心] chiēnhsīn ㄐㄧㄢㄒㄧㄣ 마음을 졸이다. 안달하다.

[煎餅] chiēnpīng ㄐㄧㄢㄅㄧㄥ 수수가루로 만든 떡의 한 가지.

[煎迫] chiēnp'ǒ ㄐㄧㄢㄆㄛˋ 절박하다.

〔漸〕 chiēn ㄐㄧㄢ 적시다. 물에 담그다. 「一染；감화되다」⇨chièn.

〔箋〕(牋) chiēn ㄐㄧㄢ ①주(註). 주(註)를 달다. 「一注；주를 달다」②폭이 좁은 종이. 「信一；편지지」③편지. 「華一；편지」

[箋紙] chiēnchǐh ㄐㄧㄢㄓˇ 편지지.

〔緘〕 chiēn ㄐㄧㄢ 닫다. 봉(封)하다.

[緘口] chiēnk'ǒu ㄐㄧㄢㄎㄡˇ 입을 다물다. 아무 말도 않다. 「一不言；입을 다물고 아무 말도 않다」

[緘默] chiēnmò ㄐㄧㄢㄇㄛˋ 입을 다물고 아무 말도 않다.

〔監〕(监) chiēn ㄐㄧㄢ ①감독하다. ②감옥. 「收一；감옥에 넣다」「坐一；교도소에 들어 가다」⇨chièn.

[監察] chiēnch'á ㄐㄧㄢㄔㄚˊ 감찰. 검사. 점검(點檢).

[監場] chiēnch'ǎng ㄐㄧㄢㄔㄤˇ 시험장의 감독을 하다. ②시험장 감독자.

[監制] chiēnchìh ㄐㄧㄢㄓˋ 감독하여 제조하다. 「一人；프로듀우서(producer). 생산자」

[監禁] chiēnchìn ㄐㄧㄢㄐㄧㄣˋ 감옥에 넣다. 감금하다.
[監犯] chiēnfàn ㄐㄧㄢㄈㄢˋ 수감된 범인.
[監護] chiēnhù ㄐㄧㄢㄏㄨˋ 보좌하다.「一人; 후견인(後見人). 보좌인」
[監考] chiēnk'ǎo ㄐㄧㄢㄎㄠˇ ①시험의 감독을 하다. ②시험 감독.
[監管] chiēnkuǎn ㄐㄧㄢㄍㄨㄢˇ 감독하다. 관리하다.
[監工] chiēnkūng ㄐㄧㄢㄍㄨㄥ ①공사를 감독하다. ②현장 감독.
[監牢] chiēnláo ㄐㄧㄢㄌㄠˊ 감옥. 교도소.
[監試] chiēnshìh ㄐㄧㄢㄕˋ 시험장의 감독을 하다.
[監守自盜] chiēnshǒu tzǔtào ㄐㄧㄢㄕㄡˇ ㄗˋㄉㄠˋ 자기가 관리하는 물건을 훔치다.

〔艱〕(艰) chiēn ㄐㄧㄢ 어렵다. 「文字一深; 문장이 깊고 난해하다」
[艱巨] chiēnchǜ ㄐㄧㄢㄐㄩˋ ①사무가 곤란하고 복잡함. 복잡하고 어려운 사무. ②곤란하고 거창스럽다.
[艱險] chiēnhsiěn ㄐㄧㄢㄒㄧㄢˇ 곤란하고 위험하다.
[艱辛] chiēnhsīn ㄐㄧㄢㄒㄧㄣ ①고민하여 괴로와하다. ②괴롭다. 고생스럽다. >艱艱辛辛.
[艱苦] chiēnk'ǔ ㄐㄧㄢㄎㄨˇ ①괴롭다. 고생스럽다. ②괴로움. 고초(苦楚). 「一備嘗; 온갖 고생을 다하다. 여러 가지 고초를 겪다」
[艱澁] chiēnsè ㄐㄧㄢㄙㄜˋ ①문장이 이해하기 어렵다. ②길이 막히다.
[艱深] chiēnshēn ㄐㄧㄢㄕㄣ (문장이)어렵다.

〔鰜〕 chiēn ㄐㄧㄢ 넙치: 바닷물고기의 하나.

〔櫼〕 chiēn ㄐㄧㄢ 쐐기: 흔히 "尖" 자를 씀. =楔子.

〔殲〕(歼) chiēn ㄐㄧㄢ 몰살시키다. 「一敵無算; 적의 대군을 섬멸시키다」

〔鰹〕 chiēn ㄐㄧㄢ 가다랭이: 고등어과의 바닷물고기. 「一魚; 가다랭이」

〔韉〕 chiēn ㄐㄧㄢ 안장의 깔개.

〔剪〕(翦) chiěn ㄐㄧㄢˇ ① 「一子; 가위」 ②집는 연장. 「夾一; 집게」「火一; 불집게. 헤어 아이롱」 ③가위로 자르다. 「一髮; 머리칼을 자르다」 ④제거하다. 멸망시키다. 끊다. 「一鋤惡霸; 깡패 두목을 모조리 일소하다」
[剪接] chiěnchiēh ㄐㄧㄢˇㄐㄧㄝ ①영화의 편집. ②가위로 끊고 연결하다. >剪剪接接.
[剪輯] chiěnchí ㄐㄧㄢˇㄐㄧˊ (녹음 테이프 따위를) 편집하다.
[剪紙] chiénchǐh ㄐㄧㄢˊㄓˇ ①종이 오리기. ②chién chǐh 종이를 가위로 오리다.
[剪徑] chiěnchìng ㄐㄧㄢˇㄐㄧㄥˋ 통행인을 위협하여 금품을 강탈하다. 노상(路上) 강도질을 하다.
[剪除] chiěnch'ú ㄐㄧㄢˇㄔㄨˊ 제거하다. 일소(一掃)하다.
[剪鋤] chiěnch'ú ㄐㄧㄢˇㄔㄨˊ 제거하다. 일소하다.
[剪髮] chiěn fà ㄐㄧㄢˇ ㄈㄚˋ ①머리를 자르다. ②chiěnfà 단발(斷髮).
[剪開] chiěnk'ai ㄐㄧㄢˇㄎㄞ 가위로 (두 조각으로) 자르다.
[剪綹] chiénliǔ ㄐㄧㄢˊㄌㄧㄡˇ 소매치기. =小綹兒.
[剪滅] chiěnmièh ㄐㄧㄢˇㄇㄧㄝˋ 뿌리째 없애다. 일소(一掃)하다.
[剪報] chiěn pào ㄐㄧㄢˇ ㄅㄠˋ ①신문을 오려내다. ②chiěnpào 신문을 오려낸 것.
[剪票] chiěnp'iào ㄐㄧㄢˇㄆㄧㄠˋ 개찰(改札)하다. 표를 찍다. 「一口; 개찰구」=査票.
[剪刀] chiěntāo ㄐㄧㄢˇㄉㄠ ①가위. ②금속을 절단하는 기계.
[剪刀差] chiěntāoch'ā ㄐㄧㄢˇㄉㄠㄔㄚ 협상 가격차(鋏狀價格差). 세에레(Schere).
[剪貼簿] chiěnt'iēhpù ㄐㄧㄢˇㄊㄧㄝㄅㄨˋ 스크랩북(scrapbook).
[剪頭] chiěnt'óu ㄐㄧㄢˇㄊㄡˊ 머리를 깎다. 이발하다.
[剪草除根] chiénts'ǎo-ch'úkēn ㄐㄧㄢˊㄘㄠˇㄔㄨˊㄍㄣ 박멸하다. 뿌리째 뽑다.
[剪彩] chiénts'ǎi ㄐㄧㄢˊㄘㄞˇ (축전 따위의)테이프를 끊다.
[剪裁] chiěnts'ái ㄐㄧㄢˇㄘㄞˊ ①(천을) 재단(裁斷)하다. ②(글 따위를)생략·삭제하다.
[剪斷] chiěntuàn ㄐㄧㄢˇㄉㄨㄢˋ 가위로 자르다.
[剪斷截說] chiěntuànchiéhshuō ㄐㄧㄢˇㄉㄨㄢˋㄐㄧㄝˊㄕㄨㄛ 확실히 말하다. 잘라 말하다.

〔減〕(减) chiěn ㄐㄧㄢˇ ①빼다. 감하다. 「三一二是一; 3 빼기 2는 1」 ②쇠퇴하다. 떨어지다. 줄다. 「有增無一; 늘지언정 줄지는 않는다」
[減節] chiěnchiéh ㄐㄧㄢˇㄐㄧㄝˊ 늘지언정 줄지는 않는다. 절약하다.
[減輕] chiěnch'ing ㄐㄧㄢˇㄑㄧㄥ 경감하다.
[減去] chiěnch'ǜ ㄐㄧㄢˇㄑㄩˋ ①빼다. ②줄여 없애다.
[減除] chiěnch'ú ㄐㄧㄢˇㄔㄨˊ 줄이다. 감소시키다.
[減號] chiěnhào ㄐㄧㄢˇㄏㄠˋ 마이너스(minus)의 부호. 즉 "一"
[減息] chiěnhsī ㄐㄧㄢˇㄒㄧ 이자를 감하다. 이자를 낮추다.
[減弱] chiěnjò ㄐㄧㄢˇㄖㄨㄛˋ (힘을)약화(弱化)시키다. 감소시키다.
[減工] chiěnkūng ㄐㄧㄢˇㄍㄨㄥ 노동 시간을 감축하다.
[減色] chiěnsè ㄐㄧㄢˇㄙㄜˋ ①(사물의 외관이)볼품 없이 되다. ②(명성이) 떨어지게 되다. ③(장사가)부진(不振)하게 되다.
[減省] chiénshěng ㄐㄧㄢˊㄕㄥˇ 절약하다. (지출을)억제하다. 줄다.
[減損] chiénsǔn ㄐㄧㄢˊㄙㄨㄣˇ 소모하여
[減低] chiěntī ㄐㄧㄢˇㄉㄧ 낮추다. 인하하다. 「一成本; 원가를 낮추다」

〔揀〕(拣) chiěn ㄐㄧㄢˇ ①선택하다. 「一好的; 좋은 것을 가리다」 ②=撿.
[揀選] chiénhsüǎn ㄐㄧㄢˊㄒㄩㄢˇ 선택하다. 간선하다. =挑選. >揀揀選選.
[揀來揀去] chiěnlái chiěnch'ǜ ㄐㄧㄢˇㄌㄞˊㄐㄧㄢˇㄑㄩˋ (같은 범위 속에서) 이것 저것 가리다. 집었다 놓았다 하다.

[揀糧] chiěnliáng ㄐㄧㄢˇㄌㄧㄤˊ떨어진 이삭 따위를 줍다.
[揀漏兒] chiěnlòurh ㄐㄧㄢˇㄌㄡˋㄦ 남이 생각지 않은 좋은 기회를 잡다. 어수룩한 기회를 포착하다.
[揀命] chiěnmìng ㄐㄧㄢˇㄇㄧㄥˋ간신히 목숨을 건지다. 죽을 고비를 면하다.
[揀剩貨] chiěn shěnghuò ㄐㄧㄢˇㄕㄥˋ ㄏㄨㄛˋ팔고 난 나머지에서 골라 내다.
[揀擇] chiěntsê ㄐㄧㄢˇㄗㄜˊ 고르다. 간택하다. =挑選. >揀揀擇擇.

〔戩〕 chiěn ㄐㄧㄢˇ ①제거하다. ②복(福).

〔筧〕 chiěn ㄐㄧㄢˇ (지상에 걸쳐 놓은) 홈통.

〔趼〕 chiěn ㄐㄧㄢˇ (손·발에 생기는) 못. "繭"라고도 씀. 「一子; 못」 =茧.

〔儉〕 chiěn ㄐㄧㄢˇ 절약하다. 「省吃一用; 생활비를 절약하다」
[儉朴] chiénp'ǔ ㄐㄧㄢˊㄆㄨˇ (생활이)검박하다. >儉儉朴朴.
[儉省] chiénshěng ㄐㄧㄢˊㄕㄥˇ 절약하다. 검약하다.
[儉用] chiěnyùng ㄐㄧㄢˇㄩㄥˋ검약하다.

〔撿〕 chiěn ㄐㄧㄢˇ 줍다. 손에 쥐다. 「一柴; 땔나무를 줍다」
[撿字] chiěntzû ㄐㄧㄢˇㄗˋ활자(活字)를 줍다. 채자(採字)하다.

〔檢〕 chiěn ㄐㄧㄢˇ ①점검하다. 조사하다. 「一查; 검사하다」 ②취체하다. 「一擧; 검거하다. 고발하다」 ③봉인(封印)하다.
[檢察] chiěnch'á ㄐㄧㄢˇㄔㄚˊ 검사(檢事).
[檢察長] chiěnch'áchăng ㄐㄧㄢˇㄔㄚˊㄓㄤˇ 검사장(檢事長).
[檢場的] chiěnch'ángtê ㄐㄧㄢˇㄔㄤˊㄉㄜ 극장의 무대 뒤.
[檢察院] chiěnch'áyüàn ㄐㄧㄢˇㄔㄚˊㄩㄢˋ 검찰청.
[檢校] chiěnchiào ㄐㄧㄢˇㄐㄧㄠˋ조사하다.
[檢擧] chiénchǔ ㄐㄧㄢˊㄐㄩˇ①검거하다. ②적발·고발하다. ②(권한을 가지고)조사하다. ③관리가 스스로 한 일 또는 추천한 사람에게 과오가 있을 때 자수(自首)하다.
[檢修] chiěnhsiū ㄐㄧㄢˇㄒㄧㄡ 검사 및 수리. 「車輛一規定; 차량의 검사와 수리에 관한 규정」
[檢疫站] chiěnìchàn ㄐㄧㄢˇㄧˋㄓㄢˋ검역소(檢疫所).
[檢票處] chiěnp'iàoch'ù ㄐㄧㄢˇㄆㄧㄠˋㄔㄨˋ 개찰구(改札口).
[檢討] chiént'ǎo ㄐㄧㄢˊㄊㄠˇ①검토하다. ②반성하다. ③반성의 구체적 사항을 쓴 것. =檢討書.
[檢點] chiéntiěn ㄐㄧㄢˊㄉㄧㄢˇ점검하다.
[檢對] chiěntuì ㄐㄧㄢˇㄉㄨㄟˋ 대조하여 조사하다.
[檢字] chiěntzû ㄐㄧㄢˇㄗˋ문자. 색인(索引).
[檢驗] chiěnyèn ㄐㄧㄢˇㄧㄢˋ검사하다. >檢檢驗驗.

〔蹇〕 chiěn ㄐㄧㄢˇ ①절름발이. 「跛一; 절름발이」 ②막히다. 순조롭지 않다. 「幼時遭遇多一; 어릴 때는 많은 불행을 겪었다」 ③뽐내다. 자랑하다. ④성(姓)의 하나.
[蹇滯] chiěnchìh ㄐㄧㄢˇㄓˋ 일이 순조롭게 진행되지 않다. 일이 잘 막히다.
[蹇澁] chiěnsê ㄐㄧㄢˇㄙㄜˋ (일이)술술 진행되지 않다.

〔瞼〕 chiěn ㄐㄧㄢˇ 눈까풀. =眼皮.眼瞼.

〔謭〕 chiěn ㄐㄧㄢˇ 천박하다. 「學識一陋; 학식이 부족하다」

〔簡〕 chiěn ㄐㄧㄢˇ ①죽간(竹簡): 옛적에 문자를 적는 데 썼음. ②편지. 「書一; 서한」 ③손쉬운. 간단한. 생략된. 「內容過一; 내용이 너무 간단하다」 「言一意賅; 말은 간단하나 뜻은 깊다」 ④선택하다. 고르다. ⑤옛적에 임금의 특명으로 임관(任官)하는 일. ⑥성(姓)의 하나.
[簡章] chiěnchāng ㄐㄧㄢˇㄓㄤ 간략한 규칙. 약칙(略則).
[簡稱] chiěnch'ēng ㄐㄧㄢˇㄔㄥ약칭(略稱).
[簡捷] chiěnchiéh ㄐㄧㄢˇㄐㄧㄝˊ시원스럽게. 간단 명료하게. 「一地說; 시원스럽게 말하다」
[簡直] chiěnchíh ㄐㄧㄢˇㄓˊ전연. 모두. 「我一想不起來了; 나는 전혀 생각을 못했었다」
[簡寫] chiénhsiěh ㄐㄧㄢˊㄒㄧㄝˇ ①약자(略字). ②약자로 쓰다. ③간략하게 쓰다. 요약해서 쓰다.
[簡化] chiěnhuà ㄐㄧㄢˇㄏㄨㄚˋ간략화(簡略化)하다.
[簡易] chiěnì ㄐㄧㄢˇㄧˋ 간단·용이하다. 간이하다.
[簡括] chiěnk'uò ㄐㄧㄢˇㄎㄨㄛˋ간단히 결말을 짓다. 간단히 매듭짓다.
[簡斂] chiěnlièn ㄐㄧㄢˇㄌㄧㄢˋ 간결하게 하다.
[簡練] chiěnlièn ㄐㄧㄢˇㄌㄧㄢˋ 요점을 간추리다. 요약(要約)하다.
[簡陋] chiěnlòu ㄐㄧㄢˇㄌㄡˋ ①조잡하다. 빈약하다. 「設備一; 설비가 빈약하다」 ②누추하다. 지저분하다.
[簡慢] chiěnmàn ㄐㄧㄢˇㄇㄢˋ①태만하다. ②소홀하다. 「一得很; 충분치 못하여 미안스럽습니다. 실례했읍니다」
[簡拔] chiěnpá ㄐㄧㄢˇㄅㄚˊ 선발하여 등용(登用)하다.
[簡編] chiěnpiēn ㄐㄧㄢˇㄅㄧㄢ ①서적. ②간략하게 편찬한 책.
[簡便] chiěnpièn ㄐㄧㄢˇㄅㄧㄢˋ간편하다.
[簡筆字] chiénpǐtzû ㄐㄧㄢˊㄅㄧˇㄗˋ획수를 간단하게 한 글자. 약자(略字). =簡體字.
[簡朴] chiénp'ǔ ㄐㄧㄢˊㄆㄨˇ간소하다. 질박하다.
[簡譜] chiénp'ǔ ㄐㄧㄢˊㄆㄨˇ(음악의)약보(略譜): 5선 대신에 수자를 씀.
[簡單] chiěntān ㄐㄧㄢˇㄉㄢ ①간단하다. ②용이하다. 「一再生產; 단순(單純) 재생산」
[簡冊] chiěnts'ê ㄐㄧㄢˇㄘㄜˋ서적. 책.
[簡短] chiéntuǎn ㄐㄧㄢˊㄉㄨㄢˇ간단하고 짧다.
[簡斷截說] chiěntuànchiéhshuō ㄐㄧㄢˇㄉㄨㄢˋㄐㄧㄝˊㄕㄨㄛ 요약해서 말하다. =剪斷截說.

[簡字] chiěntzû ㄐㄧㄢˇ ㄗˋ 간체 문자(簡體文字) ＝簡體字.
[簡要] chiěnyào ㄐㄧㄢˇㄧㄠˋ간단하고 요령이 있다. 간요하다. 「말.
[簡語] chiényû ㄐㄧㄢˊ ㄩˇ 약어(略語).준
〔繭〕(茧) chiěn ㄐㄧㄢˇ「一子 ; 一 「見 ; 누에 고치」
[繭廠] chiěnch'ǎng ㄐㄧㄢˇㄔㄤˇ 생사(生絲)공장. 「치의 실로 짠 명주.
[繭綢] chiěnch'ǒu ㄐㄧㄢˇ ㄔㄡˊ 멧누에고
[繭巴] chiěnpa ㄐㄧㄢˇㄅㄚ손에 생기는 못.
[繭子] chiěntzû ㄐㄧㄢˇ ㄗ 누에 고치.
〔瀽〕 chiěn ㄐㄧㄢˇ(물을)뿌리다. 쏟다.
〔鹼〕(碱·堿) chiěn ㄐㄧㄢˇ ①소오다(soda). 알칼리(alkali). ②염기(鹽基). ③염분에 침식되다. 유약이 벗겨지거나 흰 반점이 생기다. 「好好的罐子,怎麼一了;좋은 항아리가 왜 칠이 벗겨졌을까」「那堵墻全一了 ; 저 벽은 온통 허옇게 벗겨지고 말았다」 「아수(水).
[鹼精] chiěnchīng ㄐㄧㄢˇ ㄐㄧㄥ 암모니
[鹼性] chiěnhsìng ㄐㄧㄢˇ ㄒㄧㄥˋ 알칼리성(性). 「다 용액(溶液). 더러운 물.
[鹼水] chiénshuǐ ㄐㄧㄢˊ ㄕㄨㄟˇ 소오
[鹼大] chiěntà ㄐㄧㄢˇ ㄉㄚˋ 알칼리성 과대(過大). 「(土壤).
[鹼地] chiěntì ㄐㄧㄢˇ ㄉㄧˋ알칼리성 토양
[鹼土] chiént'ǔ ㄐㄧㄢˊ ㄊㄨˇ ＝鹼地.
〔件〕 chièn ㄐㄧㄢˋ ①건수(件數)를 세는 말. 가용건이나 사건을 셀 때. 「一一事 ; 한 사건」「一一活 ; 한 건의 일.한 가지 용건」나의복을 셀 때. 「兩一衣服 ; 두 점(點)의 옷」다서류를 셀 때. 「一一文書 ; 한 건의 문서. 일건 서류. 한 통의 서류」②「一兒 ; 하나하나 셀 수 있는 물건」「零一兒 ; 부속품」「文一 ; 문서」「來一 ; 내신(來信)」③공업 생산물의 계산 단위. 「計一工資 ; 생산고에 의한 공임」
[件數] chiènshu ㄐㄧㄢˋ ㄕㄨ 개수(個數). 건수(件數).
〔見〕(见) chièn ㄐㄧㄢˋ ①보다. 「我一過拖拉機 ; 트랙터를 본 적이 있다」 ②닿다. 부딪다. 「這種藥怕一光 ; 이런 종류의 약은 광선에 약하다」③징조가 보이다. 나타나다. …이 되다. 「一瘦 ; 두드러지게 마르다」「挖坑一了水 ; 구멍을 파니까 물이 나오다」④만나다. 면회하다. 「一客 ; 손님을 만나다」⑤견해. 생각. 의견. 「固執己一 ; 자기 의견을 고집하다」 ⑥…당하다. …생각되다. 「一笑于人 ; 남에게 조롱을 받다」「請勿一怪 ; 이상하게 생각하지 마십시오」⑦…마다. ＝每. 「一様兒 ; 한 가지마다」⑧chien "看·聽·聞" 따위의 동사 뒤에 붙어 무의식적인 지각을 나타냄. 「看一 ; 눈에 띄다」「聽一 ; 귀에 들려오다」⇨hsièn.
[見長] chiènch'áng ㄐㄧㄢˋ ㄔㄤˊ 자랑스럽다. 뛰어나다」 「가 되다.《北》
[見磣] chiènch'ěn ㄐㄧㄢˋ ㄔㄣˇ 웃음거리
[見證] chièncheng ㄐㄧㄢˋ ㄓㄥˋ ①증인. ②현장 증인. ③증거.
[見錢眼紅] chiènch'ién yěnhúng ㄐㄧㄢˋㄑㄧㄢˊㄧㄢˇㄏㄨㄥˊ 돈을 보고 눈이 벌개지다. 돈을 보고 탐이 나다. ＝見錢眼開.
[見教] chiènchiào ㄐㄧㄢˋ ㄐㄧㄠˋ 가르침을 받다. 가르쳐 주시다. 《敬》
[見機而做] chiènchīértsuò ㄐㄧㄢˋ ㄐㄧ ㄦˊㄗㄨㄛˋ기회를 보아서 하다.
[見輕] chiènch'īng ㄐㄧㄢˋㄑㄧㄥ (병이)좀 덜해지다. 「…을 보게 되다.
[見出] chiènch'ū ㄐㄧㄢˋ ㄔㄨ …을 알다.
[見方] chiènfāng ㄐㄧㄢˋ ㄈㄤ 평방(平方). 「一公尺一 ; 1미터 평방」
[見風轉舵] chiènfēng chuǎntò ㄐㄧㄢˋ ㄈㄥ ㄓㄨㄢˇ ㄉㄨㄛˋ 바람을 보고 노를 젓다. 상황을 보아 일을 처리하다. 누울 자리를 보고 다리를 뻗다. 《成》
[見分曉] chiènfēnhsiǎo ㄐㄧㄢˋ ㄈㄣ ㄒㄧㄠˇ 결과가 뚜렷해지다. 「호전하다.
[見好] chiènhǎo ㄐㄧㄢˋ ㄏㄠˇ 좋아지다.
[見好兒] chiènhǎorh ㄐㄧㄢˋ ㄏㄠˇㄦ 기회를 맞추다. 기회를 타다.
[見新] chiènhsīn ㄐㄧㄢˋ ㄒㄧㄣ (수리나 장식을 하여) 새롭게 하다. 「나타나다.
[見効] chiènhsiào ㄐㄧㄢˋ ㄒㄧㄠˋ 효과가
[見笑] chiènhsiào ㄐㄧㄢˋ ㄒㄧㄠˋ ①웃음거리가 되다. ②부끄럽다. 「一一 ; 부끄러운 일입니다」 「다. 작아지다.
[見小] chiènhsiǎo ㄐㄧㄢˋ ㄒㄧㄠˇ 작게 되
[見習] chiènhsí ㄐㄧㄢˋ ㄒㄧˊ ①견습. 실습(實習). ②견습을 하다. 「一技術員 ; 기술원 견습」 「대하여) 대답을 하다.
[見話] chiènhuà ㄐㄧㄢˋ ㄏㄨㄚˋ (물음에
[見人] chiènjén ㄐㄧㄢˋ ㄖㄣˊ 상면(相面)하다. 대면하다.
[見異思遷] chiènì ssūch'iēn ㄐㄧㄢˋㄧˋㄙ ㄑㄧㄢ 별다른 방법을 보면 거기에 마음이 끌리다. 절에 가면 중노릇하고 싶다. 《成》
[見義勇爲] chiènì yǔngwéi ㄐㄧㄢˋㄧˋㄩㄥˇ ㄨㄟˊ 정의를 위하여 용감히 싸우다.《成》
[見仁見智] chièn jén-chiènchìh ㄐㄧㄢˋㄖㄣˊ ㄐㄧㄢˋㄓˋ 사물은 크는 사람에 따라 각기 다르다. 《成》 「루다.
[見高低] chiènkāotī ㄐㄧㄢˋ ㄍㄠㄉㄧ 겨
[見官兒] chiènkuānrh ㄐㄧㄢˋ ㄍㄨㄢㄦ ①정정당당한 대결. ②공공연히 표면에 나서다. 「님에게 선을 보이다.
[見客] chiènk'ò ㄐㄧㄢˋ ㄎㄜˋ 기생이 손
[見寬] chiènk'uān ㄐㄧㄢˋ ㄎㄨㄢˋ 폭(幅).
[見光] chiènkuāng ㄐㄧㄢˋ ㄍㄨㄤ 갈아서 빛을 내다. ②빛이 노이다. ③빛을 받다. 빛을 쬐다. 「다. 좋지 않게 생각하다.
[見怪] chiènkuài ㄐㄧㄢˋ ㄍㄨㄞˋ 타박하
[見鬼] chiènkuěi ㄐㄧㄢˋ ㄍㄨㄟˇ ①도깨비를 보다. ②기괴하다. 이상스럽다. 「하다.
[見禮] chiènlǐ ㄐㄧㄢˋ ㄌㄧˇ 만나서 절을
[見利忘義] chiènlì wàng ㄐㄧㄢˋ ㄌㄧˋㄨㄤˋㄧˋ 이익을 위하여 의리를 저버리다. 《成》 「러 주십시오.《人》
[見諒] chiènliàng ㄐㄧㄢˋ ㄌㄧㄤˋ 양해하
[見獵心喜] chiènlièh hsīnhsǐ ㄐㄧㄢˋ ㄌㄧㄝˋ ㄒㄧㄣ ㄒㄧˇ 과거의 단맛을 못잊어 같은 경우를 당했을 때 또다시 하고 싶어지다. 참새가 방앗간을 그냥 지나가지 못하다. 《成》
[見面] chiènmièn ㄐㄧㄢˋ ㄇㄧㄢˋ 상면(相面)하다. 「一禮兒 ; 초면일 때 인사 대신으로 보내는 선물」

[見不起] chiènpuch'ĭ ㄐㄧㄢˋ ㄅㄨ ㄑㄧˇ ①얼굴을 대할 용기가 없다. 감히 대면할 수 없다. =不敢見. ②얼굴을 대할 도리가 없다. =不能見.
[見不到] chiènputào ㄐㄧㄢˋ ㄅㄨ ㄉㄠˋ ①볼 수 없다. ②눈에 뜨지 않다.
[見少] chiènshăo ㄐㄧㄢˋ ㄕㄠˇ 적게 되다. 적어지다.
[見識] chiènshih ㄐㄧㄢˋ ㄕ ①식견(識見). ②지식을 넓히기 위하여 보아 두다.
[見到] chièntao ㄐㄧㄢˋ ㄉㄠ 목격하다.
[見天家] chièntʻiēnchia ㄐㄧㄢˋ ㄊㄧㄢ ㄐㄧㄚ 나날. 매일. =見天價.
[見天見] chièntʻiēnchièn ㄐㄧㄢˋ ㄊㄧㄢ ㄐㄧㄢˋ 매일매일. 매일같이. 날마다 빠짐 없이. 「매일. =每天.
[見天兒] chièntʻiēnrh ㄐㄧㄢˋ ㄊㄧㄢ ㄦ
[見得] chièntê ㄐㄧㄢˋ ㄉㄜ ①느끼다. ②알다. 「怎麼一呢?; 어떻게 아는가?」
[見財其意] chièntsʻái chʻĭì ㄐㄧㄢˋ ㄘㄞˊ ㄑㄧˇㄧˋ 재물을 보고 나쁜 마음을 일으키다. 견이생심(見而生心).《成》
[見猜于人] chièntsʻāiyǘjĕn ㄐㄧㄢˋ ㄘㄞ ㄩˊ ㄖㄣˊ 남에게 의심 받다. 남의 의심을 사다.
[見責] chièntsê ㄐㄧㄢˋ ㄗㄜˊ ①견책 당하다. 꾸지람을 듣다. ②책임을 지게 되다. 책임을 짊어지다. 「다. 견책 당하다.
[見罪] chièntsuì ㄐㄧㄢˋ ㄗㄨㄟˋ 타박을 받
[見多識廣] chièntō-shíhkuăng ㄐㄧㄢˋ ㄉㄨㄛ ㄕˊㄍㄨㄤˇ 견문이 많고 지식이 넓다.
[見外] chiènwài ㄐㄧㄢˋ ㄨㄞˋ ①냉정하게 대하다. 쌀쌀하게 보다. ②외면하다. 모른 체하다. 남처럼 대하다.
[見原] chiènyüán ㄐㄧㄢˋㄩㄢˊ 양해하십시오.《人》
[見油] chiènyú ㄐㄧㄢˋㄧㄡˊ 기름을 바르다. 기름칠하다. 광택을 내다.

〔牮〕 chièn ㄐㄧㄢˋ ①지주(支柱). 받침대. 「打一撥正; 받침대를 써서 기울어진 집을 일으키다」 ②둑을 만들다.

〔建〕 chièn ㄐㄧㄢˋ ①(집을) 세우다. 짓다. 「新一樓房; 새로 이층집을 세우다」 ②건립(建立)하다. 세우다. 일으키다. 「一國; 건국하다」③큰 달·작은 달의 구별. 「大一; 큰 달」「小一; 작은 달」④"福建省"의 준말. 「설하다.
[建廠] chiènchʻăng ㄐㄧㄢˋㄔㄤˇ 공장을 건
[建成] chiènchʻéng ㄐㄧㄢˋㄔㄥˊ ①낙성(落成)하다. ② 조성(造成)하다. 만들어 내다.
[建漆] chiènchʻī ㄐㄧㄢˋㄑㄧ "福建省"에서 나는 옻칠. 「를 맺다.
[建交] chiènchiāo ㄐㄧㄢˋㄐㄧㄠ 국교(國交)
[建制] chiènchìh ㄐㄧㄢˋㄓˋ(군대 따위의) 편성 제도. 「②건축물.
[建築] chiènchû ㄐㄧㄢˋㄓㄨˋ ①건축하다.
[建議] chiènì ㄐㄧㄢˋㄧˋ ①(구체적인) 의견을 내다. 건의하다. ②건의.
[建立] chiènlì ㄐㄧㄢˋㄌㄧˋ ①설립하다. ②수립하다. 건립하다.
[建樹] chiènshû ㄐㄧㄢˋㄕㄨˋ ①수립하다. 건립하다. ②자기가 쌓은 실적(實績). 「毫無一; 조금도 실적이 없다」

〔健〕 chièn ㄐㄧㄢˋ ①건강함. 튼튼함. 「強一; 건강하다」②…에 뛰어나다. …를 잘하다. 「一忘; 잊기를 잘하다」 「者)
[健將] chiènchiàng ㄐㄧㄢˋㄐㄧㄤˋ 강자(強
[健强] chiènchʻiàng ㄐㄧㄢˋㄑㄧㄤˋ 건강하다.
[健全] chiènchʻüán ㄐㄧㄢˋㄑㄩㄢˊ ①건강하고 원기 왕성하다. ②완비되어 있다. ③정비하다. 「一組織; 조직을 정비하다」
[健壯] chiènchuàng ㄐㄧㄢˋㄓㄨㄤˋ 건장하다. >健健壯壯. 「한 남자.
[健兒] chiènérh ㄐㄧㄢˋㄦˊ 장사. 혈기 왕성
[健飯] chiènfàn ㄐㄧㄢˋㄈㄢˋ 위(胃)가 튼튼하다. 잘 먹다.
[健美] chiènměi ㄐㄧㄢˋㄇㄟˇ ①건강미. ②건강하고 아름답다.
[健步] chiènpû ㄐㄧㄢˋㄅㄨˋ ①건각(健脚). ②걸음을 잘 걷다. 「입심이 세다.
[健談] chièntʻán ㄐㄧㄢˋㄊㄢˊ 입담이 있다.
[健旺] chiènwàng ㄐㄧㄢˋㄨㄤˋ (몸이)건강하다.
[健忘] chiènwàng ㄐㄧㄢˋㄨㄤˋ 잊기를 잘하다. 건망증이 있다.

〔間〕 chièn ㄐㄧㄢˋ ①「一兒; 사이. 틈」②사이를 두다. 「中一; 중간. 사이를 둠」「黑白相一; 흑과 백이 층이 지다」③이간질하다. 비난하다. 「反一計; 이간질」④병이 조금 나아지다. 「疾稍一; 병이 좀 나아지다」⑤요즈음. 근간. ⑥남몰래. 살그머니. 「使人一告之; 남에게 살짝 알리다」⑦솎다. 「一苗; 모를 솎아 내다」⇨chiēn. 「다.
[間接] chiènchiēh ㄐㄧㄢˋㄐㄧㄝ 간접적이
[間距] chiènchǜ ㄐㄧㄢˋㄐㄩˋ 간격(間隔).
[間歇] chiènhsiēh ㄐㄧㄢˋㄒㄧㄝ 간헐적(間歇的)으로. 이따금씩. 「하다.
[間續] chiènhsû ㄐㄧㄢˋㄒㄩˋ 단속(斷續)
[間隔] chièn'kŏ ㄐㄧㄢˋㄍㄜˊ 사이를 두다.
[間苗] chiènmiáo ㄐㄧㄢˋㄇㄧㄠˊ 모를 솎다.
[間道] chièntào ㄐㄧㄢˋㄉㄠˋ 샛길.
[間諜] chièntiéh ㄐㄧㄢˋㄉㄧㄝˊ 간첩. 스파이(spy). 밀정. 「다.
[間菜] chièntsʻài ㄐㄧㄢˋㄘㄞˋ 채소를 솎
[間作] chièntsŭ ㄐㄧㄢˋㄗㄨㄛˇ 간작.
[間阻] chièntsú ㄐㄧㄢˋㄗㄨˊ 중간에서 가로 막다. 「끊어지다.
[間斷] chièntuàn ㄐㄧㄢˋㄉㄨㄢˋ 사이가

〔毽〕 chièn ㄐㄧㄢˋ 「一子·一兒; 제기 :발로 차고 노는 장난감의 하나」

〔腱〕 chièn ㄐㄧㄢˋ 심줄. 건.

〔漸〕 chièn ㄐㄧㄢˋ 차차. 서서히. 점점. 「逐一; 차차」「一入佳境; 점차 가경으로 들어 가다」⇨chiēn. 「점.
[漸漸] chiènchièn ㄐㄧㄢˋㄐㄧㄢˋ 차차. 점
[漸進] chiènchìn ㄐㄧㄢˋㄐㄧㄣˋ 점진하다. 점차로 진보하다.
[漸趨] chiènchʻū ㄐㄧㄢˋㄑㄩ 점점 …이 되다. 「一平靜; 차츰 평온하게 되다」
[漸變] chiènpièn ㄐㄧㄢˋㄅㄧㄢˋ ①완만한 변화. ②완만하게 변화하다.
[漸次] chièntzʻû ㄐㄧㄢˋㄘˋ 조금씩. 점차.

〔箭〕 chièn ㄐㄧㄢˋ 화살.
[箭豬] chiènchū ㄐㄧㄢˋㄓㄨ 〈動〉호저. 산

짐승의 하나. 「의)과녁.
[箭靶子] chiènpǎtzū ㄐㄧㄢˋㄅㄚˇㄗ (화살
[箭步] chiènpù ㄐㄧㄢˋㄅㄨˋ 걸음이 몹시 빠름. 「一個一跳上墻去; 단번에 담 위로 뛰어오르다」
[箭頭形] chièntʻóuhsíng ㄐㄧㄢˋㄊㄡˊㄒㄧㄥˊ 화살표. "→".
[箭頭兒(子)] chièntʻóurh(tzǔ) ㄐㄧㄢˋㄊㄡˊㄦ(ㄗ) ①화살촉. ②화살.
[箭在弦上] chièn tsʻài hsiánshang ㄐㄧㄢˋㄗㄞˋ ㄒㄧㄢˊㄕㄤ 화살은 줄 위에 있다는 뜻으로, 위세(威勢)를 막을 수는 없다는 말. «成»
[箭鏃] chièntsʻù ㄐㄧㄢˋㄘㄨˋ 화살촉.
[箭垜子] chièntǒtzū ㄐㄧㄢˋㄉㄨㄛˇㄗ 살받이 터. 활의 과녁으로 쌓아 놓은 흙담. =箭靶子.

〔賤〕 chièn ㄐㄧㄢˋ ①싸다. 헐하다. 「這布眞一;이 천은 참으로 싸다」②비천한. 신분이 얕은. ③"나의"의 낮은 말.「一姓; 저의 성」④경멸하다. 「人皆一之; 사람마다 경멸하다」 「천한 모양.
[賤勁兒] chiènchìnrh ㄐㄧㄢˋㄐㄧㄣˋㄦ 비
[賤種] chiènchǔng ㄐㄧㄢˋㄓㄨㄥˇ 비천한 놈. 상놈. «罵»
[賤貨] chiènhuò ㄐㄧㄢˋㄏㄨㄛˋ ①값싼 물건. ②시시한 놈. «罵»
[賤人] chiènjén ㄐㄧㄢˋㄖㄣˊ 보잘 것 없는 사람. 말괄량이: 주로 여자에 대하여 쓰임. 「개자식.«罵»
[賤狗] chiènkǒu ㄐㄧㄢˋㄍㄡˇ 짐승 같은 놈.
[賤骨頭] chiènkʻútʻou ㄐㄧㄢˋㄍㄨˊㄊㄡ 상놈. 몰상식한 사람.
[賤賣] chiènmài ㄐㄧㄢˋㄇㄞˋ 싸게 팔다.
[賤內] chiènnèi ㄐㄧㄢˋㄋㄟˋ 자기 아내를 낮추어 이르는 말. 「서부터의) 상놈.
[賤坯子] chiènpʻītzǔ ㄐㄧㄢˋㄆㄧㄗ (나면
[賤蹄子] chièntʻítzǔ ㄐㄧㄢˋㄊㄧˇㄗ (여성에 대하여) 욕하는 말. 쌍년.

〔踐〕 chièn ㄐㄧㄢˋ ①밟다. 짓밟다. ②지키다. 실행하다. 「實一; 실천하다」③발을 딛다. 이르다. 「重一其地; 다시 그 곳을 방문하다」
[踐踏] chièntʻà ㄐㄧㄢˋㄊㄚˋ ①마구 짓밟다. 함부로 딛다. ②(폭력으로) 짓밟다. 유린하다. 「平等的人權被一了; 평등한 인권이 유린되다」 「실행하다.
[踐言] chiènyén ㄐㄧㄢˋㄧㄢˊ 말한 것을
[踐約] chiènyüēh ㄐㄧㄢˋㄩㄝ 약속을 실행하다.

〔澗〕 chièn ㄐㄧㄢˋ 계곡(溪谷). 골짜기.
[澗溪] chiènhsī ㄐㄧㄢˋㄒㄧ 계곡.
[澗水] chiènshuǐ ㄐㄧㄢˋㄕㄨㄟˇ 시냇물.

〔監〕(监) chièn ㄐㄧㄢˋ ①옛 관명. 「國子一; 국자감」②「太一; 환관(宦官)」⇨chiēn.

〔諫〕 chièn ㄐㄧㄢˋ 간하다. 임금이나 웃사람에게 잘못을 고치도록 말하다.

〔劒〕(劍) chièn ㄐㄧㄢˋ 칼. 검. 양쪽에 날이 있는 칼. 「寶一; 보검」
[劒拔弩張] chiènpá-nǔchāng ㄐㄧㄢˋㄅㄚˊㄋㄨˇㄓㄤ ①일촉 즉발(一觸卽發)의 상태. ②남에게 날카로운 기백으로 달려들다. «成»

〔薦〕(荐) chièn ㄐㄧㄢˋ ①추천하다. 「擧一; 천거하다」②권하다. 올리다. 「一酒; 술을 권하다③깔다. 「一以茅草; 초석을 깔고 앉다」④짚방석. 깔개.
[薦擧] chiènchǚ ㄐㄧㄢˋㄐㄩˇ 천거하다. 추천하다.
[薦人] chiènjén ㄐㄧㄢˋㄖㄣˊ 사람을 추천하다. 사람을 소개하다. 「하다.
[薦拔] chiènpá ㄐㄧㄢˋㄅㄚˊ 천거하여 발탁
[薦頭] chièntʻóu ㄐㄧㄢˋㄊㄡˊ 직업 소개소의 주인: 여자가 많음. 「一店; 직업 소개소」
[薦頭行] chièntʻóuháng ㄐㄧㄢˋㄊㄡˊㄏㄤˊ 직업 소개소. 「개하다.
[薦引] chiènyǐn ㄐㄧㄢˋㄧㄣˇ 웃사람에게 소

〔鍵〕 chièn ㄐㄧㄢˋ ①수레바퀴의 비녀장. ②빗장. ③(피아노나 풍금 따위의) 건반.

〔餞〕 chièn ㄐㄧㄢˋ 송별연을 베풀다.
[餞行] chiènhsíng ㄐㄧㄢˋㄒㄧㄥˊ 송별(送別)하다. 송별연을 베풀다. 「과일.
[餞果] chiènkuǒ ㄐㄧㄢˋㄍㄨㄛˇ 꿀에 담근
[餞別] chiènpiéh ㄐㄧㄢˋㄅㄧㄝˊ 잔치를 베풀어 송별하다.

〔濺〕 chièn ㄐㄧㄢˋ (흙이) 튀어 오르다. 물방울이 튀다. 「一了一臉水; 물이 튀어 얼굴이 흠뻑 젖다」
[濺着] chiènchāo ㄐㄧㄢˋㄓㄠˊ (불 따위가) 튀다. 맞다.
[濺朱] chiènchū ㄐㄧㄢˋㄓㄨ 주홍이 되다: 화가 나서 얼굴을 갑자기 붉히다.

〔僭〕 chièn ㄐㄧㄢˋ 분수에 넘치는 짓을 하다. 신분에 맞지 않는 일을 하다. 주제넘은 짓을 하다. 「一越; 주제넘은 짓을 하다」
[僭座] chièntsò ㄐㄧㄢˋㄗㄨㄛˋ 실례합니다: 남보다 웃자리에 앉을 때에 쓰는 말.

〔檻〕 chièn ㄐㄧㄢˋ ①난간. ②(짐승의) 우리. ⇨kʻǎn 「로 둘러친 수레.
[檻車] chiènchʻē ㄐㄧㄢˋㄔㄜ 둘레를 판자

〔艦〕(舰) chièn ㄐㄧㄢˋ 군함. 병선(兵船). 「巡洋一; 순양함」

〔鑑〕(鑒·鑾) chièn ㄐㄧㄢˋ ①거울. 「波平如一; 바다는 거울과 같이 잔잔하다」②모범. 본보기. 계율. 「前車之覆, 後車之一; 앞차의 전복은 뒷차의 본보기」③비추다. 「水淸可一; 물이 밝아 얼굴이 비칠 정도이다. ④감별하다. 분별하다. ⑤편지에서 쓰는 말. 「台一; 원고람(願高覽)」
[鑑戒] chiènchièh ㄐㄧㄢˋㄐㄧㄝˋ (남을) 거울 삼아 자신을 경계하다.
[鑑諒] chiènliàng ㄐㄧㄢˋㄌㄧㄤˋ 고량(高諒). 혜량(惠諒). 「至希一; 모쪼록 혜량하옵시기를 빕니다」
[鑑別] chiènpiéh ㄐㄧㄢˋㄅㄧㄝˊ 감별하다.
[鑑定] chièntìng ㄐㄧㄢˋㄉㄧㄥˋ ①일의 진위·선악(眞僞·善惡)을 정하다. 감정하다. ②사상·학습상에서 우열(優劣)을 평

가하여 정하다.

[鑑往知來] chiènwǎng chīhlái ㄐㄧㄢˋㄨㄤˇ ㄓㄌㄞˊ 과거를 돌이켜 보고 장차 할 일을 깨닫다. «成»

[鑑于] chiènyǘ ㄐㄧㄢˋㄩˊ …에 비추어 보다. …에 감하여.

CH'IEN ㄑㄧㄢ

〔千〕 ch'iēn ㄑㄧㄢ ①천(千). ②수가 많거나 정도가 심한 것 따위를 나타내는 말.

[千章] ch'iēnchang ㄑㄧㄢㄓㄤ 두부를 얇게 압축한 것.

[千章兒] ch'iēnchāngrh ㄑㄧㄢㄓㄤㄦ 노란 종이를 사다리꼴로 자른 것.

[千針底] ch'iēnchēnti ㄑㄧㄢㄓㄣㄉㄧˇ 빈틈 없이 누빈 신창: 중국식 신발의 창은 삼실로 누빔.

[千眞萬確] ch'iēnchēn-wànch'üèh ㄐㄧㄢ ㄓㄣ ㄨㄢˋㄑㄩㄝˋ 극히 확실하다. 조금도 틀림이 없다. «成»

[千千萬萬] ch'iēnch'iēn wànwàn ㄑㄧㄢ ㄑㄧㄢㄨㄢˋㄨㄢˋ 많은. 무수한.

[千斤] ch'iēnchīn ㄑㄧㄢㄐㄧㄣ ①천근:대단히 무거운 것을 형용(形容)하는 말.「一頂; 기중기의 한가지. 잭. ②호금(胡琴)의 부속품의 하나. 「주파의 단위.

[千周] ch'iēnchōu ㄊㄧㄢㄓㄡ 킬로사이클.

[千秋] ch'iēnch'iū ㄐㄧㄢㄑㄧㄡ 천년(千年): 남의 생일을 축하하여 하는 말.

[千錘百煉] ch'iēnch'uí-pǎiliēn ㄑㄧㄢㄔㄨㄟˊㄅㄞˇㄌㄧㄢˋ 단련(鍛鍊)에 단련을 거듭한다는 형용. «成» =千錘萬錘.

[千鈞一發] ch'iēnchūn ífā ㄑㄧㄢㄓㄨㄣ ㄧˊㄈㄚˋ 지극히 위험한 경우를 형용하는 말. 위기 일발(危機一髮).

[千軍萬馬] ch'iēnchūn wànmǎ ㄑㄧㄢㄐㄩㄣ ㄨㄢˋㄇㄚˇ ①전투가 치열한 모양. ②사기가 충천한 모양. «成» 「正以一之勢, 勇猛前進; 질풍같이 용맹하게 전진하다」

[千恩萬謝] ch'iēn'ēn-wànhsièh ㄑㄧㄢ ㄣㄨㄢˋㄒㄧㄝˋ 몇 번이나 거듭 치사(致謝)하다.

[千夫所指] ch'iēnfū sóchǐh ㄑㄧㄢㄈㄨ ㄙㄨㄛˇㄓˇ 많은 사람들의 지탄의 대상. =千夫指.

[千好萬好] ch'iēnhǎo-wànhǎo ㄊㄧㄢㄏㄠˇ ㄨㄢˋㄏㄠˇ 더할 나위 없이 좋다. 「一也不如自己的好; 제아무리 좋다 하여도 내 것만 같지 못하다」

[千人糕] ch'iēn'jěnkāo ㄑㄧㄢㄖㄣˊㄍㄠ 대추가 든 떡의 한 가지.

[千卡] ch'iēnk'ǎ ㄑㄧㄢㄎㄚˇ 킬로칼로리.

[千不該萬不該] ch'iēnpùkāi -wànpùkāi ㄑㄧㄢㄅㄨˋㄍㄞㄨㄢˋㄅㄨˋㄍㄞ 절대로 안된다. 천부당 만부당하다.

[千克] ch'iēnk'ò ㄑㄧㄢㄎㄜˋ 킬로그램.

[千古] ch'iēnkǔ ㄑㄧㄢㄍㄨˇ ①천고. 유구한 세월. ②사후(死後)에 그의 명성과 사업이 영원히 후세 사람들 마음에 남는 일. 「망원경(望遠鏡).

[千里鏡] ch'iēnlǐchìng ㄑㄧㄢㄌㄧˇㄐㄧㄥˋ

[千里鵝毛] ch'iēnlǐémáo ㄑㄧㄢㄌㄧˇㄜˊㄇㄠˊ 선물(膳物)은 변변치 않아도 정성은 들어 있다. =千里送鵝毛.

[千里馬] ch'iēnlímǎ ㄑㄧㄢㄌㄧˇㄇㄚˇ ①하루에 천리를 달리는 말. 준마(駿馬). ②일의 진척이 빠르다는 비유. 천리마.

[千里眼] ch'iēnlǐyén ㄑㄧㄢㄌㄧˇㄧㄢˇ 망원경의 속칭(俗稱).

[千慮一失] ch'iēnlǜ ìshīh ㄑㄧㄢㄌㄩˋㄧˋㄕ 여러 가지로 생각해도 생각이 미치지 못한 데가 있다. «成»

[千慮一得] ch'iēnlǜ ìtê ㄑㄧㄢㄌㄩˋㄧˋㄉㄜˊ 여러모로 생각하면 묘안을 얻게 된다. «成»

[千門萬戶] ch'iēnmên-wànhû ㄑㄧㄢㄇㄣˊ ㄨㄢˋㄏㄨˋ ①인구가 조밀(稠密)한 모양. ②궁전(宮殿)의 규모가 큰 모양. «成»

[千補萬衲] ch'iēnpǔ-wànnà ㄑㄧㄢㄅㄨˇㄨㄢˋㄋㄚˋ 누덕누덕 기운 모양.

[千兒八百] ch'iēnrh pāpǎi ㄑㄧㄢㄦㄅㄚㄅㄞˇ 천 가량. 약 천(千).

[千山萬水] ch'iēnshān-wànshuǐ ㄑㄧㄢㄕㄢㄨㄢˋㄕㄨㄟˇ ①산(山)넘어 산, 강(江) 건너 또 강. ②길이 멀고 험하다는 비유. «成»

[千說萬說] ch'iēnshuō-wànshuō ㄑㄧㄢㄕㄨㄛㄨㄢˋㄕㄨㄛ 자꾸만 되풀이해서 말하다. «成» 「一還是多了幾個算事; 뭐니뭐니해도 다소 많은 편이 낫다」

[千絲萬縷] ch'iēnssū-wànlǚ ㄑㄧㄢㄙㄨㄢˋㄌㄩˇ 서로 여러 가지 복잡한 관련이 뒤얽혀 있는 모양. 천 갈래 만 갈래. «成»

[千算萬算] ch'iēnsuàn-wànsuàn ㄑㄧㄢㄙㄨㄢˋㄨㄢˋㄙㄨㄢˋ 이것 저것 여러 가지로 방책(方策)을 생각하다. «成»

[千刀萬剮] ch'iēntāo wànkuǎ ㄑㄧㄢㄉㄠ ㄨㄢˋㄍㄨㄚˇ ①갈래갈래 자르다. ②갈가리 찢어도 시원치 않다.

[千頭萬緒] ch'iēnt'óu-wànhsǜ ㄑㄧㄢㄊㄡˊ ㄨㄢˋㄒㄩˋ 일이 복잡하고 말썽이 많은 모양. «成»

[千載難逢] ch'iēntsǎi nánféng ㄑㄧㄢㄗㄞˇㄋㄢˊㄈㄥˊ 천재일우(千載一遇).

[千層底兒] ch'iēnts'éngtǐrh ㄑㄧㄢㄘㄥˊㄉㄧˇㄦ 여러 겹으로 된 형겁 신창.

[千萬] ch'iēnwàn ㄑㄧㄢㄨㄢˋ 결코. 세발. 모쪼록. 「一別客氣; 어서 사양치 마시고」

〔仟〕 ch'iēn ㄑㄧㄢ "千"의 갖은자. 금액을 적을 때 쓰임.

〔扦〕 ch'iēn ㄑㄧㄢ ①一子·一兒; 금속(金屬)이나 나무·대(竹)로 만든 끝이 뾰족한 도구·물체를 찔러서 내용을 조사하는 데 쓰임. ②(가느다란 막대기 같은 것을)찔러 넣다. 「一花; 꽃꽂이」 ③새가 주둥이로 쪼아 먹다.

[扦門] ch'iēnmên ㄑㄧㄢㄇㄣˊ (문에) 빗장을 끼다.

〔阡〕 ch'iēn ㄑㄧㄢ ①논길. ②묘지(墓地)로 가는 길.

〔釺〕 ch'iēn ㄑㄧㄢ

[釺頭] ch'iēnt'ou ㄑㄧㄢㄊㄡ 착암기(鑿岩機)의 송곳끝.

[釺子] ch'iēntzǔ ㄑㄧㄢㄗ 끝이 뾰족한 쇠몽치. 착암기.

〔牽〕(牵) ch'iēn ㄑㄧㄢ ①잡아 당기다. 끌다. 인솔하다.「一牛;소를 끌다」「手一着手;손에 손을 잡다」②증거로 써 인용하다. 연좌(連坐)시키다. ③대충 꿰매다.

[牽腸挂肚] ch'iēnch'ángkuàtū ㄑㄧㄢㄔㄤˊㄍㄨㄚˋㄉㄨˋ 걱정이 되어 못견디다: 흔히 부모가 자식에 대하여

[牽扯] ch'iēnch'ě ㄑㄧㄢㄔㄜˇ ①걸려 들게 되다. 누(累)를 끼치다. 시끄럽게 되다. =牽牽扯扯. ②연좌(連坐)시키다.「不要一別的問題;딴 문제를 연결시켜서는 안된다」

[牽掣] ch'iēnch'è ㄑㄧㄢㄔㄜˋ ①잡아 끌다. ②부자유스럽게 하다. 견제하다.

[牽記] ch'iēnchì ㄑㄧㄢㄐㄧˋ 걱정하다. 염려하다. «吳»

[牽强] ch'iēnch'iǎng ㄑㄧㄢㄑㄧㄤˇ 억지로 이론을 붙이다.

[牽就] ch'iēnchiù ㄑㄧㄢㄐㄧㄡˋ ①참고 견디다. 무리를 하다. ②서로 가까히 다가서다. 양보하다.「夫婦要彼此一才能在一塊兒生活;부부는 서로 양보함으로써만이 함께 생활할 수 있다」

[牽合] ch'iēnhó ㄑㄧㄢㄏㄜˊ 억지로 부합시키다. 무리하게 적합(適合)시키다.

[牽一發而動全身] ch'iēn ífā ěrh tùngch üánshēn ㄑㄧㄢ ㄧˊㄈㄚˋ ㄦˊ ㄉㄨㄥˋ ㄑㄩㄢˊㄕㄣ 사소(些少)한 일이 전체에 영향(影響)을 끼치다.

[牽挂] ch'iēnkuà ㄑㄧㄢㄍㄨㄚˋ 마음에 걸리다. >牽牽挂挂.

[牽關兒] ch'iēnkuanrh ㄑㄧㄢㄍㄨㄢㄦ 문을 잠글 때 가로 지르는 작은 나무 빗장.

[牽累] ch'iēnlěi ㄑㄧㄢㄌㄟˇ 불똥이 튀다. 누(累)가 미치다.「受一;(어떤 재난에) 휘말리다」

[牽連] ch'iēnlién ㄑㄧㄢㄌㄧㄢˊ 연좌시키다. 폐를 끼치다. >牽牽連連.

[牽念] ch'iēnnièn ㄑㄧㄢㄋㄧㄢˋ 마음에 걸리다. 근심이 되다. >牽牽念念.

[牽牛花] ch'iēnniúhuā ㄑㄧㄢㄋㄧㄡˊㄏㄨㄚ 〈植〉 나팔꽃.

[牽涉] ch'iēnshè ㄑㄧㄢㄕㄜˋ ①관련(關連)하다. ②영향이 미치다. >牽牽涉涉.

[牽動] ch'iēnt'ùng ㄑㄧㄢㄉㄨㄥˋ 일단(一端)의 움직임이 점차 딴 곳에 미치다.「一大局;전체에 영향이 미치다」

〔僉〕(佥) ch'iēn ㄑㄧㄢ 모두. 다.

〔簽〕(签) ch'iēn ㄑㄧㄢ ①서명(署名)하다.「一個名;서명하다」②몇 자 적어 넣다.「一註意見;의견을 첨서(添書)하다」

[簽證] ch'iēnchèng ㄑㄧㄢㄓㄥˋ 사증하다.

[簽註] ch'iēnchū ㄑㄧㄢㄓㄨ 간단히 몇 자 써 넣다.

[簽發] ch'iēnfā ㄑㄧㄢㄈㄚ 서명하여 발행하다.

[簽封] ch'iēnfēng ㄑㄧㄢㄈㄥ 날인하여 봉함하다.

[簽名] ch'iēnmíng ㄑㄧㄢ ㄇㄧㄥˊ 서명(署名)하다.

[簽署] ch'iēnshǔ ㄑㄧㄢㄕㄨˇ =簽名.

[簽到] ch'iēntào ㄑㄧㄢㄉㄠˋ ①출근부. ②출근부에 서명하다.

[簽訂] ch'iēntìng ㄑㄧㄢㄉㄧㄥˋ 조인(調印)하다.「一合同;계약서에 조인하다」

[簽字] ch'iēntzǔ ㄑ ㄢㄗ =簽名.

[簽押] ch'iēnyā ㄑㄧㄢㄧㄚ 서명하다. 화압(花押)하다.

〔籤〕 ch'iēn ㄑㄧㄢ ①「一子·一兒;나무나 대 또는 종이 따위로 만든 가늘고 긴 것」「竹一兒;대조각. 댓쪽」②책의 이름을 써서 겉장에 바르는 종이조각.

[籤兒] ch'iēnrh ㄑㄧㄢㄦ =扦子.

[籤子] ch'iēntzǔ ㄑㄧㄢㄗ ①아편을 빨 때 쓰이는 꼬챙이. ②=扦子. ③도박 용구의 이름. ④제비.「抽一;제비를 뽑다」

[籤押] chiēnyá ㄑㄧㄢㄧㄚˊ =簽押.

〔鉛〕 ch'iēn ㄑㄧㄢ ①납.「一字;활자(活字)」②흑연(黑鉛).「一筆;연필」⇨ yén

[鉛球] ch'iēnch'iú ㄑㄧㄢㄑㄧㄡˊ 포환(砲丸): 운동 용구의 하나. =鐵球.

[鉛皮] ch'iēnp'í ㄑㄧㄢㄆㄧˊ 함석: 아연(亞鉛)을 도금한 철판.

[鉛筆尖兒] ch'iēnpich'iēnrh ㄑㄧㄢㄅㄧˇㄑㄧㄢㄦ 연필의 끝.

[鉛片] ch'iēnp'ièn ㄑㄧㄢㄆㄧㄢˋ 연판(鉛板).

[鉛筆心兒] ch'iēnpīhsīnrh ㄑㄧㄢㄅㄧˇㄒㄧㄣㄦ 샤아프 펜슬의 심.

[鉛筆刨] ch'iēnpípào ㄑㄧㄢㄅㄧˇㄅㄠˋ 연필깎기.

[鉛紗] ch'iēnshā ㄑㄧㄢㄕㄚ 아연(亞鉛)을 도금(鍍金)한 철망(鐵網).

[鉛絲(兒)] ch'iēnssǔ(rh) ㄑㄧㄢㄙ(ㄦ) 아연을 도금한 철사(鐵絲).「一盒;퓨우즈 복스. 두꺼비집」

[鉛條] ch'iēnt'iáo ㄑㄧㄢㄊㄧㄠˊ ①연필의 심. ②용접용으로 쓰이는 길쭉하게 뽑은 납. ③약간 굵게 만든 철사.

[鉛鐵] ch'iēntiěh ㄑㄧㄢㄉㄧㄝˇ ①아연(亞鉛). ②아연을 올린 철판.

[鉛字] ch'iēntzù ㄑㄧㄢㄗ 활자.

[鉛印] ch'iēnyìn ㄑㄧㄢㄧㄣˋ 활판으로 인쇄하다.

〔愆〕 ch'iēn ㄑㄧㄢ ①과실(過失). 잘못. ②잘못하다. 실수하다.「一期;기일을 어기다」

〔遷〕(迁) ch'iēn ㄑㄧㄢ ①옮기다. 이전(移轉)하다.「一居;이사하다」②변천(變遷)하다. 변하다.

[遷就] ch'iēnchiù ㄑㄧㄢㄐㄧㄡˋ ①타협하다. 양보하다. ②편의(便宜)를 생각하여 행동하다. 순응하다.

[遷換] chi'ēnhan ㄑㄧㄢ ㄏㄨㄢ 교환하다. 바꾸다.

[遷徙] ch'iēnhsǐ ㄑㄧㄢㄒㄧˇ 이사하다. 전거(轉居)하다.

[遷化] ch'iēnhuà ㄑㄧㄢㄏㄨㄚˋ ①사망하다 : 불교 용어(佛敎用語). ②변화(變化)하다.

[遷移] ch'iēní ㄑㄧㄢㄧˊ 옮기다. 바꾸다.「一戶口;주거를 옮기다」

[遷染] ch'iēnjǎn ㄑㄧㄢㄖㄢˇ 관습(慣習)에 물들다.

[遷怒] ch'iēnnù ㄑㄧㄢㄋㄨˋ 화풀이하다.

[遷調] ch'iēntiào ㄑㄧㄢㄉㄧㄠˋ 전임(轉任)하다. 갈려가다.

[遷葬] ch'iēntsàng ㄑㄧㄢㄗㄤˋ 개장(改葬)하다.

〔慳〕 ch'iēn ㄑㄧㄢ 인색한.「過分一吝

；지나치게 인색하다.」

〔鋟〕 ch'iēn ㄑㄧㄢ 조각(彫刻)하다. 새 「기다.

〔謙〕 ch'iēn ㄑㄧㄢ 겸허한. 교만(驕慢)하지 않은.「一讓；겸양하다」

[謙藹] ch'iēnǎi ㄑㄧㄢㄞˇ 겸허하다.

[謙和] ch'iēnhó ㄑㄧㄢㄏㄜˊ 조심성이 있어 남과 융화가 잘 되다. >謙謙和和.

[謙讓] ch'iēnjàng ㄑㄧㄢㄖㄤˋ ①겸허하다. ②사양심이 많다. 「사양하다.

[謙退] ch'iēnt'ui ㄑㄧㄢㄊㄨㄟˋ 겸손하게

〔鵮〕 ch'iēn ㄑㄧㄢ 새가 주둥이로 쪼아 먹다.「烏鴉把瓜一了；까마귀가 오이를 쪼아 먹다」

〔前〕 ch'ién ㄑㄧㄢˊ ①앞.「向一走；앞으로 걷다」②이전(以前). (시간적인) 앞.「五年一；5 년 전」③앞으로 나아가다. 전진하다.

[前案] ch'ién-àn ㄑㄧㄢˊㄢˋ 전과(前科).

[前站] ch'iénchàn ㄑㄧㄢˊㄓㄢˋ 군대의 설영(設營)을 위한 선발대(先發隊).

[前場] ch'iénch'ǎng ㄑㄧㄢˊㄔㄤˇ 이전(以前). 전회(前回). 먼젓번.「一多承您關照；이전엔 당신에게 신세를 많이 졌읍니다」 「창. 구두의 앞 부분.

[前掌] ch'iénchǎng ㄑㄧㄢˊㄓㄤˇ 신의 앞

[前者] ch'iénchě ㄑㄧㄢˊㄓㄜˇ ①후자(後者)에 대한 전자. ②앞서. 이전에. 먼저.

[前車之鑒] ch'iénch'ēchīhchièn ㄑㄧㄢˊㄔㄜㄓㄐㄧㄢˋch'iénchǔchīhchièn 교훈(敎訓) 삼을 만한 먼젓사람의 과오(過誤). 선철(前轍).

[前程] ch'énch'ěng ㄑㄧㄢˊㄔㄥˊ ①전도(前途). ②성공의 가망. ③관직(官職).

[前景] ch'iénching ㄑㄧㄢˊㄐㄧㄥˇ ①회화의 전경(前景). ②미래(未來)의 정황(情況).

[前情] ch'iénch'íng ㄑㄧㄢˊㄑㄧㄥˊ ①사건의 원인. 경위(經緯). ②구사(舊事). 옛일. ③구정(舊情). 옛정. 「앞으로 가다.

[前去] ch'iénch'ü ㄑㄧㄢˊㄑㄩˋ 나아가다.

[前倨後恭] ch'iénchǜ hòukūng ㄑㄧㄢˊㄐㄩˋㄏㄡˋㄍㄨㄥ 처음엔 거만하지만 나중엔 공손하게 되다. «成»↔前恭後倨.

[前方] ch'iénfāng ㄑㄧㄢˊㄈㄤ ①앞. ②전선(前線). 전방. 「선봉(先鋒).

[前鋒] ch'iénfēng ㄑㄧㄢˊㄈㄥ 선두(先頭).

[前晌] ch'iénshǎng ㄑㄧㄢˊㄕㄤˇ 오전(午前).

[前後] ch'iénhòu ㄑㄧㄢˊㄏㄡˋ 전후. 먼저와 나중(先後). >前前後後.

[前後脚兒] ch'iénhòuchiǎorh ㄑㄧㄢˊㄏㄡˋㄐㄧㄠˇㄦ 서로 앞서거니 뒤서거니하여. 곧 이어.「他們倆一到的；그들 두 사람은 서로 앞서거니 뒤서거니 해서 도착했다」

[前嫌] ch'iénhsién ㄑㄧㄢˊㄒㄧㄢˊ 과거의 개운하지 않았던 감정. 꼬부장한 마음.

[前人] ch'iénjěn ㄑㄧㄢˊㄖㄣˊ 이전(以前) 사람. ②먼저 말한 바 있는 사람: 문장중에 쓰이는 말. 「任者).

[前任] ch'iénjěn ㄑㄧㄢˊㄖㄣˋ 전임자 (前

[前日] ch'iénjih ㄑㄧㄢˊㄖˋ ①전일. 전날. ②그저께.

[前功盡棄] ch'iénkūng chìnch'i ㄑㄧㄢˊㄍㄨㄥㄐㄧㄣˋㄑㄧˋ 이전의 공적(功績)이 일체 허사가 되고 말다. «成»

[前來] ch'iénlái ㄑㄧㄢˊㄌㄞˊ 앞서 오다. 다가오다.「一上海；상하이로 오다」

[前臉] ch'iénliěn ㄑㄧㄢˊㄌㄧㄢˇ 앞서 오다. 다가오다. 건물의 정면(正面).

[前門(兒)] ch'iénmēn(rh) ㄑㄧㄢˊㄇㄣˊ(ㄦ) 바깥문. 앞문. ②ch'iénmēn "北平"의 "正陽門"의 약칭(略稱).

[前面(兒)] ch'iénmien(rh) ㄑㄧㄢˊㄇㄧㄢ(ㄦ) 앞. 전면(前面).

[前排] ch'iénp'ái ㄑㄧㄢˊㄆㄞˊ ①전열(前列). 앞줄. ②극장 일층 정면의 앞 좌석

[前怕狼後怕虎] ch'ién p'à láng hòu p'à hǔ ㄑㄧㄢˊㄆㄚˋㄌㄤˊㄏㄡˋㄆㄚˋㄏㄨˇ 일에 임(臨)할 때마다 겁을 내다. 따지기만 하고 행동을 하지 않다. «成»

[前半天(兒)] ch'iénpànt'iēn(rh) ㄑㄧㄢˊㄅㄢˋㄊㄧㄢ(ㄦ) 오전(午前). =上午.

[前半夜(兒)] ch'iénpànyèh(rh) ㄑㄧㄢˊㄅㄢˋㄧㄝˋ(ㄦ) 야반 이전(夜半以前). 초저녁부터 밤중까지의 사이.

[前輩] ch'iénpèi ㄑㄧㄢˊㄅㄟˋ 선배(先輩).

[前邊(兒)] ch'iénpien(rh) ㄑㄧㄢˊㄅㄧㄢ(ㄦ) 앞. 전방(前方).

[前不大] ch'iénpútà ㄑㄧㄢˊㄅㄨˊㄉㄚˋ 약간 먼저. 조금 전. =前不會兒

[前僕後繼] ch'iénp'ū hòuchì ㄑㄧㄢˊㄆㄨㄏㄡˋㄐㄧˋ 앞사람이 넘어지면 뒷사람이 계속하다. 계속 새 세력이 이어지다. «成»

[前兒] ch'iénrh ㄑㄧㄢˊㄦ =前天②

[前失] ch'iénshih ㄑㄧㄢˊㄕ ①「打一；말이 앞발을 굽히다」②ch'iénshīn 지나간 과오(過誤).

[前事不忘, 後事之師] ch'iénshìh púwàng, hòushihchīhshīh ㄑㄧㄢˊㄕˋㄅㄨˋㄨㄤˋ, ㄏㄡˋㄕˋㄓㄕ 과거의 경험을 잊지 않고 뒷일의 교훈(敎訓)으로 삼다. «成»

[前世冤家] ch'iénshìh yüānchia ㄑㄧㄢˊㄕˋㄩㄢㄐㄧㄚ ①전생의 원수. ②(부부간의) 헤어질래야 헤어질 수 없는 인연.

[前手] ch'iénshǒu ㄑㄧㄢˊㄕㄡˇ ①전임자(前任者). ②어음 지참인(持參人).

[前所未聞] ch'iénsǒwèiwěn ㄑㄧㄢˊㄙㄨㄛˇㄨㄟˋㄨㄣˊ 전대미문(前代未聞).

[前導] ch'iéntǎo ㄑㄧㄢˊㄉㄠˇ ①선도(先導)하다. ②길 안내자(案內者).

[前臺] ch'ién t'ái ㄑㄧㄢˊㄊㄞˊ 무대(舞台). "後台"가 무대 뒤의 화장실 따위를 뜻하는데 대한 말.

[前敵] ch'iéntí ㄑㄧㄢˊㄉㄧˊ ①선봉(先鋒). ②교전중(交戰中)의 전장(戰場).

[前天] ch'ién t'ien ㄑㄧㄢˊㄊㄧㄢ ①전일(前日). ②그저께.

[前頭] ch'iént'ou ㄑㄧㄢˊㄊㄡ ①(장소를 뜻하는) 앞. ②(시간적인) 전번. 전(前).

[前栽] ch'iéntsāi ㄑㄧㄢˊㄗㄞ 고꾸라지다. 앞으로 넘어지다.

[前途] ch'ién t'ú ㄑㄧㄢˊㄊㄨˊ ①전도. ②장래의 희망.「能有一嗎？；장래의 희망이 있을까？」③상대방.

[前總] ch'iéntsǔng ㄑㄧㄢˊㄗㄨㄥˇ 전선 총사령부 (戰線總司令府)

[前此] ch'iéntz'ǔ ㄑㄧㄢˊㄘˇ 이전(以前).

[前次] chi'éntz'ǔ ㄑㄧㄢˊㄘˋ 전회(前回). 먼젓번.

[前晚] ch'iénwǎn ㄑㄧㄢˊㄨㄢˇ 그저께 밤.

[前往] ch'iénwǎng ㄑㄧㄢˊㄨㄤˇ 향하여 가다. …로 가다.「一車站歡送 ; 역으로 환송하러 가다」
[前無古人] ch'iénwúkǔjén ㄑㄧㄢˊㄨˊㄍㄨˇㄖㄣˊ 아직까지 아무도 하지 않은 말을 하다. «成»
[前仰後翻] ch'iényǎng-hòufān ㄑㄧㄢˊㄧㄤˇㄏㄡˋㄈㄢ ①(몸을) 크게 앞뒤로 뒤흔들다.「笑得一 ; 몸을 앞뒤로 흔들며 웃다」 ②앞뒤로 흔들거리다. ＝前仰後合.
[前言不搭後語] ch'iényén pūtā hòuyǔ ㄑㄧㄢˊㄧㄢˊ ㄅㄨˋㄉㄚ ㄏㄡˋㄩˇ 말이 앞뒤의 조리가 맞지 않다. 「②전야.
[前夜] ch'iényèh ㄑㄧㄢˊㄧㄝˋ ①그저께 밤.
[前因後果] ch'iényīn hòukuǒ ㄑㄧㄢˊㄧㄣ ㄏㄡˋㄍㄨㄛˇ 원인과 결과. 일의 경위와 전말(顚末).
[前有車, 後有轍] ch'ién yǔ ch'ē hòu yu chē ㄑㄧㄢˊㄧㄡˇㄔㄜ,ㄏㄡˋㄧㄡˋㄓㄜˊ 앞뒤엔 표준이 있게 마련이다. «成»

〔虔〕 ch'ién ㄑㄧㄢˊ 경건하다.
[虔誠] ch'iénch'éng ㄑㄧㄢˊㄔㄥˊ ①경건(敬虔)하다. 태도가 공손하고 성의가 있다. ②사당에 참배(參拜)하는 사람이 서로 인사하는 말. 신앙심이 대단하십니다.
[虔守] ch'iénshǒu ㄑㄧㄢˊㄕㄡˇ 삼가 지키다. 「마음을 갖다.
[虔心] ch'iénhsīn ㄑㄧㄢˊㄒㄧㄣ 경건한

〔掮〕 ch'ién ㄑㄧㄢˊ (어깨에) 메다.「一起包裹來 ; 보따리를 메어 올리다」
[掮客] ch'iénk'ǒ ㄑㄧㄢˊㄎㄜˋ 중매인(仲買人). 브로우커.
[掮木梢] ch'iénmùshāo ㄑㄧㄢˊㄇㄨˋㄕㄠ 사기(詐欺)당하다. 속아 넘어가다.

〔乾〕 ch'ién ㄑㄧㄢˊ 팔괘(八卦)의 하나. └즉, "☰". ⇨干

〔鈐〕 ch'ién ㄑㄧㄢˊ 도장을 찍다. 「一印 · 一章 ; 도장을 찍다」

〔鉗〕(箝) ch'ién ㄑㄧㄢˊ ①「一子 ; 뻰찌. 집게」「老虎一 ; 바이스」
[鉗制] ch'iénchìh ㄑㄧㄢˊㄓˋ 남을 억압(抑壓)하다. 「립공(機械組立工).
[鉗工] ch'iénkūng ㄑㄧㄢˊㄍㄨㄥ 기계 조
[鉗口] ch'iénk'ǒu ㄑㄧㄢˊㄎㄡˇ 입을 다물고 침묵(沈默)하다.「一不言 ; 입을 다물고 말을 하지 않다」
[鉗子] ch'iéntzǔ ㄑㄧㄢˊㄗ ①물건을 집는 도구. 집게. 바이스 따위. ②핀셋. ③귀고리(耳環).
[鉗子米] ch'iéntzǔmǐ ㄑㄧㄢˊㄗㄇㄧˇ 껍질을 벗겨 말린 약간 큰 새우.

「②흑색

〔黔〕 ch'ién ㄑㄧㄢˊ ①"貴州省"의 별칭
[黔驢技窮] ch'iénlú chìch'iúng ㄑㄧㄢˊㄌㄩˊ ㄐㄧˋㄑㄩㄥˊ 제대로 기능이나 수완이 없는 솜씨는 언젠가는 탄로되고 만다는 └비유. «成»

〔錢〕 ch'ién ㄑㄧㄢˊ ①돈. 화폐(貨幣). 銅一 ; 동전」 ②비용(費用). 「車一 ; 차삯」 ③무게의 단위(單位). 1량(兩)의 10분의 1.
[錢串(兒)] ch'iénch'àn(rh) ㄑㄧㄢˊㄔㄢˋ(ㄦ) 돈꿰미. 엽전을 꿰는 끈.
[錢莊] ch'iénchuāng ㄑㄧㄢˊㄓㄨㄤ 금융(金融)이나 환전(換錢)을 업(業)으로 하는 구식 토착 은행(土着銀行). «舊»
[錢荷包] ch'iénhópao ㄑㄧㄢˊㄏㄜˊㄅㄠ 전대(錢袋). 돈보따리. 「족(通貨不足).
[錢荒] ch'iénhuāng ㄑㄧㄢˊㄏㄨㄤ 통화 부
[錢可使鬼] ch'ién k'ǒ shíh kueǐ ㄑㄧㄢˊ ㄎㄜˇㄕˇ ㄍㄨㄟˇ 돈만 있으면 귀신도 부릴 수 있다. 황금 만능(黃金萬能)이란 뜻. «諺» 「고(金庫).
[錢櫃] ch'iénkueì ㄑㄧㄢˊㄍㄨㄟˋ 돈궤. 금
[錢款] ch'iénk'uǎn ㄑㄧㄢˊㄎㄨㄢˇ 쇠. 돈을 일컫는 말.
[錢糧] ch'iénliang ㄑㄧㄢˊㄌㄧㄤ ①봉급(俸給). ＝薪餉 ②지세(地稅). ＝田賦. ③돈과 식량. «舊»
[錢龍] ch'iénlúng ㄑㄧㄢˊㄌㄨㄥˊ 그리마: 다족류(多足類)에 속하는 벌레의 하나.
[錢幣] ch'iénpì ㄑㄧㄢˊㄅㄧˋ 화폐(貨幣).
[錢癖] ch'iénp'ǐ ㄑㄧㄢˊㄆㄧˇ 수전노(守錢奴)적인 성벽(性癖).
[錢票(兒)] ch'iénp'iào(rh) ㄑㄧㄢˊㄆㄧㄠˋ(ㄦ) ①지폐(紙幣). ②"錢舖 · 錢莊"에서 발행하는 어음. «舊»
[錢舖(兒)] ch'iénp'ù(rh) ㄑㄧㄢˊㄆㄨˋ(ㄦ) 환전상(換錢商). 「〈醫〉돈버짐.
[錢兒癬] ch'iénrhhsüǎn ㄑㄧㄢˊㄦㄒㄩㄢˇ
[錢褡褳(兒)] ch'iéntālien(rh) ㄑㄧㄢˊㄉㄚ ㄌㄧㄢ(ㄦ) 허리띠에 다는 돈주머니.
[錢褡子] ch'iéntātzǔ ㄑㄧㄢˊㄉㄚㄗ 커다란 돈 넣는 주머니. 「(財貨).
[錢財] ch'iénts'ái ㄑㄧㄢˊㄘㄞˊ 금전. 재화

〔潛〕(潜) ch'ién ㄑㄧㄢˊ ①잠수하다. ②숨다.「一伏 ; 잠복하다」③남몰래. 은밀한.「一逃 ; 남몰래 도망하다」
[潛心] ch'iénhsīn ㄑㄧㄢˊㄒㄧㄣ 조용한 마음으로 전념(專念)하다.「一研究 ; 조용히 연구에 몰두하다」
[潛移默化] ch'ién'í-mòhuà ㄑㄧㄢˊㄧˊ ㄇㄛˋㄏㄨㄚˋ 자연(自然)히 감화(感化)되다. «成»
[潛意識] ch'iénìshíh ㄑㄧㄢˊㄧˋㄕˊ 잠재 의식(潛在意識).
[潛力] ch'iénlì ㄑㄧㄢˊㄌㄧˋ 잠재력(潛在力).
[潛能] ch'iénnéng ㄑㄧㄢˊㄋㄥˊ ①잠재한 에네르기. ②가능성(可能性).
[潛滋暗長] ch'iéntzū-ànchǎng ㄑㄧㄢˊㄗ ㄢˋㄓㄤˇ 부지불식(不知不識)간에 싹트다. 모르는 사이에 저절로 커지다. «成»

〔淺〕 ch'iěn ㄑㄧㄢˇ ①얕다.「這條河很一 ; 이 강(江)은 대단히 얕다」 ②시일(時日)이 별로 경과되지 않다. 「年代一 ; 연조가 얕다」 ③다만 형식적(形式的)인.「交情一 ; 교제 한 지 얼마 안되다」④색(色)이 엷다.「一綠 ; 엷은 녹색(綠色)」
[淺見] ch'iěnchièn ㄑㄧㄢˇㄐㄧㄢˋ 천박한 생각. 얕은 소견.
[淺近] ch'iěnchìn ㄑㄧㄢˇㄐㄧㄣˋ ①천박(淺薄)하다. 깊이가 없다. ②안이(安易)하다.
[淺住] ch'iěnchu ㄑㄧㄢˇㄐㄩ ①(배(船) 가) 얕은 여울에 얹히다. ②움직일 수 없게 되다.
[淺析] ch'iěnhsī ㄑㄧㄢˇㄒㄧ ①간단히 분석(分析)하다. ②평이(平易)한 분석.
[淺笑] ch'iěnhsiào ㄑㄧㄢˇㄒㄧㄠˋ ①미소(微笑). ②미소 짓다.

[淺顯] ch'iếnhsiến ㄑㄧㄢˊㄒㄧㄢˇ 간명(簡明)하다. ＞淺淺顯顯.
[淺紅] ch'iếnhúng ㄑㄧㄢˇㄏㄨㄥˊ ①분홍색. ②분홍색이다.
[淺口] ch'iếnk'ǒu ㄑㄧㄢˊㄎㄡˇ (그릇 따위「가) 얕다.
[淺陋] ch'iěnlòu ㄑㄧㄢˇㄌㄡˋ 미숙(未熟)하다. 얕고 좁다.「見識一；견식이 좁다」
[淺明] ch'iěnmíng ㄑㄧㄢˇㄇㄧㄥˊ 간명(簡明)하다. 「쉽다.
[淺易] ch'iěnì ㄑㄧㄢˇㄧˋ 평이(平易)하다.
[淺釋] ch'iěnshih ㄑㄧㄢˇㄕˋ 조잡한 해석. 개량적인 해석.
[淺說] ch'iěnshuō ㄑㄧㄢˇㄕㄨㄛ 평이하고 상식적인 설명(說明). 알기 쉬운 설명.
[淺子] ch'iěntzǔ ㄑㄧㄢˇㄗ 버드나무 가지로 엮은 얕은 바구니. 「좁은 견문.
[淺聞] ch'iěnwến ㄑㄧㄢˊㄨㄣˊ 과문(寡聞).

〔嗛〕 ch'iěn ㄑㄧㄢˇ 〈生〉 원숭이가 먹은 것을 양 볼의 안쪽에 일시 저장해 두「는 곳.

〔遣〕 ch'iěn ㄑㄧㄢˇ ①파견하다.「特一；특별히 파견(派遣)하다」②풀다. 흩다.「一悶；근심을 풀다」 「군을 보내다.
[遣介] ch'iěnchièh ㄑㄧㄢˇㄐㄧㄝˋ 심부름
[遣俘] ch'iěnfú ㄑㄧㄢˇㄈㄨˊ 포로(捕虜)를 돌려 보내다.
[遣興] ch'iěnhsìng ㄑㄧㄢˇㄒㄧㄥˋ 흥겨워하다 : 흔히 시(詩)의 제목으로 쓰임. "흥이 나서 이로써 시름을 푼다"는 뜻.
[遣意] ch'iěnì ㄑㄧㄢˇㄧˋ ＝遣興.
[遣開] ch'iěnk'āi ㄑㄧㄢˇㄎㄞ ①파견하다. ②풀다. 흩다. ②멀리 떨어지게 하다. 「一了別人，才跟他說起話來了；사람들을 물리치고 겨우 그와 얘기를 시작했다」
[遣悶兒] ch'iěnmễnrh ㄑㄧㄢˇㄇㄣˋㄦ 풀다. 흩뜨리다.
[遣散] ch'iěnsàn ㄑㄧㄢˇㄙㄢˋ ①해산(解散)하다. ②해고(解雇)하다.
[遣使] ch'iěnshǐh ㄑㄧㄢˊㄕˇ 사람을 보내다. 파견하다.
[遣送] ch'iěnsùng ㄑㄧㄢˇㄙㄨㄥˋ ①(사람을) 되돌려 보내다.「一他回國；그를 그의 나라로 되돌려 보내다」

〔繾〕 ch'iěn ㄑㄧㄢˇ
[繾綣] ch'iěnch'üǎn ㄑㄧㄢˊㄑㄩㄢˇ 서로 사이가 좋아서 떨어질 수가 없다.

〔譴〕 ch'iěn ㄑㄧㄢˇ 꾸짖다. 책망하다.「一責；견책하다」

〔欠〕 ch'ièn ㄑㄧㄢˋ ①꾼 채 갚지 않고 있다.「我一他十塊錢；저는 그에게서 10원을 꾸고 갚지 못했다」 ②결여(缺如)되다. 부족하다.「一努力；노력이 부족하다」「八點一五分；여덟시 5 분전」③당연(當然)히 …해야 할 것이다.《罵》「這個東西一打；이 자식 맞고 싶으냐. 때려 버릴 테다」④「一脚；발돋음하다. 발끝으로 서다」⑤하품.「打呵一；하품하다」
[欠債] ch'iènchài ㄑㄧㄢˋㄓㄞˋ ①부채(負債). ②차금하다. 빚을 얻다.
[欠賬] ch'iènchàng ＝欠債.
[欠佳] ch'iènchiā ㄑㄧㄢˋㄐㄧㄚ 좋지 않다.「品質一；품질이 좋지 않다」
[欠脚(兒)] ch'iènchiǎo(rh) ㄑㄧㄢˋㄐㄧㄠˇ(ㄦ) 발돋움하다.
[欠情(兒)] ch'iènch'íng(rh) ㄑㄧㄢˋㄑㄧㄥˊ(ㄦ)의리(義理)에 어긋나다. 신세를 갚지 못하다.
[欠主] ch'iènchǔ ㄑㄧㄢˋㄓㄨˇ＝欠戶.
[欠缺] ch'iènch'üēh ㄑㄧㄢˋㄑㄩㄝ 부족하다. 결여되다. ＝缺少. 「부족.
[欠費] ch'iènfèi ㄑㄧㄢˋㄈㄟˋ 요금(料金)
[欠好] ch'iènhǎo ㄑㄧㄢˋㄏㄠˇ불량(不良)하다. 좋지 못하다.
[欠餉] ch'iènhsiǎng ㄑㄧㄢˋㄒㄧㄤˇ ①급료(給料)를 늦게 주다. ②미불 봉급(未拂俸給). 「晳. ②빚.
[欠項] ch'iènhsiàng ㄑㄧㄢˋㄒㄧㄤˋ ①꾸어
[欠薪] ch'iènhsīn ㄑㄧㄢˋㄒㄧㄣ 급료 미불(給料未拂). 「晳).
[欠戶] ch'iènhù ㄑㄧㄢˋㄏㄨˋ 채무자(債務
[欠火] ch'iènhuǒ ㄑㄧㄢˋㄏㄨㄛˇ설다.덜 익다.「這一稚饅頭一；이 시루의 만두는 설었다」
[欠款] ch'iènk'uǎn ㄑㄧㄢˋㄎㄨㄢˇ차금(借金). 빚.
[欠不] ch'iènpū ㄑㄧㄢˋㄅㄨˋ 조금만 더 하면. 거의.「他一花了兩千塊錢了；그는 하마터면 그 천원을 써 버릴 뻔했다」
[欠身兒] ch'iènshễnrh ㄑㄧㄢˋㄕㄣㄦ ①일어나서 인사하다. ②몸을 펴다. ③일어나려고 몸을 굽히다. 「數).
[欠數] ch'iènshū ㄑㄧㄢˋㄕㄨˋ빚진 액수(額
[欠單] ch'ièntān ㄑㄧㄢˋㄉㄢ 금전 차용 증서(金錢借用證書).
[欠資] ch'ièntzū ㄑㄧㄢˋㄗ 요금 부족(料金不足).「一郵件；요금 부족의 우편물」
[欠通] ch'ièntūng ㄑㄧㄢˋㄊㄨㄥ 문맥(文脈)이 통하지 않다.
[欠妥] ch'ièntuǒ ㄑㄧㄢˋㄊㄨㄛˇ타당성(妥當性)이 결여되다.

〔芡〕 ch'ièn ㄑㄧㄢˋ①〈植〉 가시연(蓮). "鷄頭"라고도 일컬음. ②녹말. 전분.「勾一；녹말을 수우프에 넣다」
[芡粉] ch'iènfễn ㄑㄧㄢˋㄈㄣˇ ①가시연의 가루. ②감자의 녹말을 일반적으로 일컫는 말.
[芡實] ch'iènshíh ㄑㄧㄢˋㄕˊ 가시연의 열매. ＝鷄頭米.「一米；가시연의 열매를 찧은 것」

〔茜〕 ch'ièn ㄑㄧㄢˋ「一草；꼭두서니: 뿌리는 붉은 색 물감으로 쓰임」

〔倩〕 ch'ièn ㄑㄧㄢˋ ①아름답다. 수려(秀麗)하다.「一妝；아름다운 화장」 ②남에게 부탁해서 하다.「一人代筆；남에게 대필시키다」③사위.

〔嵌〕 ch'ièn ㄑㄧㄢˋ 끼워 넣다. 채워 넣다.「匣子上一着象牙做的花； 상자에는 상아로 꽃무늬가 박혀 있다」
[嵌金] ch'iènchīn ㄑㄧㄢˋㄐㄧㄣ ①금테.② ch'ièn chīn 금을 박아 넣다.

〔歉〕 ch'ièn ㄑㄧㄢˋ ① 미안하게 생각하다. 아쉬워하다.「深致一意；깊이 유감의 뜻을 표하다」②흉작(凶作).「一年；흉년」

[歉收] ch'iènshōu ㄑㄧㄢˋㄕㄡ 흉작(凶作). 감수(減收).
[歉歲] ch'iènsuì ㄑㄧㄢˋㄙㄨㄟˋ흉년(凶年).

〔塹〕 ch'ièn ㄑㄧㄢˋ참호(塹壕).도랑.「長江是天一；장강(揚子江)은 천연(天然)의 참호(塹壕)다」

〔槧〕 ch'ièn ㄑㄧㄢˋ서적의 판본(版本).「宋一；송판(宋版):송대(宋代)에 새긴 판본」

〔縴〕(繂) ch'ièn ㄑㄧㄢˋ 배를 끌어 당기는 밧줄. ⇨ hsiēn.
[縴繩] ch'iènshéng ㄑㄧㄢˋㄕㄥˊ 끌어 당기는 밧줄.
[縴手] ch'iènshǒu ㄑㄧㄢˋㄕㄡˇ(부동산의) 중개인(仲介人). 브로우커.

CHIH ㄓ

〔之〕 chīh ㄓ ①…의. ＝的. ㉮명사를 수식할 때.「世界一和平；세계의 평화」㉯분수(分數)를 나타낼 때.「三分一一；삼분의 일」㉰주어와 술어 사이에 쓰이어 이를 명사화할 때.「如水一就下；물이 낮은 곳으로 흐름과 같다」②이것.저것. 그것:목적어 또는 겸어(兼語)로서 쓰임.「我愛一重一；우리들은 그를 사랑하고 소중히 여긴다」「使一聞一；그에게 그것을 들려 주다」「置一不理；이것을 불문에 붙이다」③이.「一人；이 사람」④…로 가다.「先生將何一；당신은 어디로 가시렵니까?」 「… 이전.
[之前] chīhch'ién ㄓㄑㄧㄢˊ…하기 전에.
[之後] chīhhòu ㄓㄏㄡˋ …한 후에.「演講一；연설 후에」
[之下] chīhhsià ㄓㄒㄧㄚˋ …의 아래.「在總統領導一;총통 영도하에」
[之乎者也] chīhhūchěyěh ㄓㄏㄨㄓㄜˇㄧㄝˇ①문어인용에서"…라 하느니라"의 뜻으로 쓰이는 대표적인 조사의 하나. ②옛 문자를 써 가며 이야기하는 사람을 조롱으로 일컫는 말.
[之所以] chīhsǒi ㄓㄙㄨㄛˇㄧˇ …한 까닭으로. …한 이유는.「是因爲·在于」등으로 받아서 이유를 설명한다.

〔支〕 chīh ㄓ ①지탱하다.의지하다.(천막 따위를) 치다.「用一根棍子一起來；막대기 하나로 지탱하다」「把帳蓬一起來；천막을 치다」②참고 견디다.「樂不可一；좋아서 어쩔 줄을 모른다」③지급(支給)하다. 받다.「他已經一了工資；그는 이미 품삯을 받았다」④연기하다. 드티다.「一日子；날짜를 연기하다」⑤(말로 얼버무려) 그 자리를 떠나게 하다.「好不容易才把他一走了；겨우 그를 말로 달래서 내쫓았다」⑥나무 가지와 같이 갈라진 것.「一流；지류」⑦조수사(助數詞)의 하나. ㉮군대의 일부를 셀 때.「一一軍隊；한 부대」㉯막대 모양의 것을 셀 때.「一一蠟；초 한 자루」㉰광도(光度)나 섬유의 굵기를 말할 때.「二十一光；20 촉」「三十七一；37 수」⑧간지(干支)의 지지(地支). ⑨마구 흩뜨리다.「一着髮；머리를 산발(散髮)을 하다」
[支杈] chīhch'a ㄓㄔㄚ 똑바로 서다.「頭髮根一着；머리카락이 꼿꼿이 서다」
[支差] chīhch'āi ㄓㄔㄞ 일을 시키다.
[支招兒] chīhchāorh ㄓㄓㄠㄦ ①원조의 손길을 뻗치다. ②남에게 조언하여 도와주다. 「어 내다.
[支撐] chīhch'ēng ㄓㄔㄥ 지탱하다. 견디
[支架] chīhchià ㄓㄐㄧㄚˋ ①대처(對處)하다. ②유지(維持)하다.
[支前] chīhch'ién ㄓㄑㄧㄢ 전선(前線)을 지원하다.
[支支] chīhchīh ㄓㄓ ①쓸쓸하게. ②빳빳하게.「袖兒一着；소매가 빳빳하다」③문풍지에 바람이 불어닥쳐서 나는 소리.
[支持] chīhch'íh ㄓㄔˊ ①넘어지지 않게 버티다. ②유지하다. 지탱하다. ③지지하다. 후원하다. 「관지(氣管支).
[支氣管] chīhch'ìkuǎn ㄓㄑㄧˋㄍㄨㄢˇ 기
[支絀] chīhch'ù ㄓㄔㄨˋ (경비가) 부족하다. 「하다.
[支取] chīhch'ǔ ㄓㄑㄩˇ돈을 출납(出納)
[支樁] chīhchuāng ㄓㄓㄨㄤ 연기시켜 속이다.
[支付] chīhfù ㄓㄈㄨˋ지불하다.「一戰爭賠償；전쟁 배상금을 지불하다」
[支號] chīhhào ㄓㄏㄠˋ지점(支店).「하다.
[支開] chīhk'āi ㄓㄎㄞ 옆에서 떨어지게
[支給] chīhkei ㄓㄍㄟ 지불하다.「把工資一他；공임(工賃)을 지불하다」
[支款] chīhk'uǎn ㄓㄎㄨㄢˇ①돈을 받다. ②돈을 지불하다.
[支楞] chīhlēng ㄓㄌㄥ 바로 세우다.꼿꼿이 서다.「一耳朶;귀를 기울이다」
[支離] chīhlí ㄓㄌㄧˊ 산산이 흩어지다.「一破碎；지리멸렬이 되다」
[支爐] chīhlú ㄓㄌㄨˊ밑바닥에 체와 같은 잔 구멍이 있는 토기(土器): "烙餅"을 굽는 데 쓰임.
[支路] chīhlù ㄓㄌㄨˋ갈림길. 기로(岐路).
[支配] chīhp'èi ㄓㄆㄟˋ①지배하다. ②배당(配當)하다.「時間不夠一；시간 배당의 여지가 없다」③재량하다.「一切由你一；일체를 자네 재량에 맡기네」>支支配配.
[支票] chīhp'iào ㄓㄆㄧㄠˋ 수표(手票).
[支撥] chīhpō ㄓㄅㄛ 돈을 지출하다.
[支部] chīhpù ㄓㄅㄨˋ단체의 말단 조직.
[支鋪] chīhp'ù ㄓㄆㄨˋ 급조식(急造式)으로 침대를 만들다.
[支使] chīhshǐh ㄓㄕˇ ①파견하다. ②지배하다. ③사용하게 하다. ④…하도록 이끌다.「一人做好事；좋은 일을 하도록 이끌다」
[支搭] chīhta ㄓㄉㄚ 조립(組立)하다
[支單] chīhtān ㄓㄉㄢ 수표(手票).
[支嘴兒] chīhtsuǐrh ㄓㄗㄨㄟㄦ 자기는 하지 않고 남을 입으로만 부려먹다.
[支隊] chīhtuì ㄓㄉㄨㄟˋ지대. 대대(大隊)에서 나누어 진 소대(小隊).
[支吾] chīhwu ㄓㄨ ①말의 조리가 맞지 않다. 말을 적당히 얼버무려 속이다.「言語一很可疑；말의 조리가 맞지 않아 심히 의심스럽다」「用話一着地； 말로만 적당히 얼버무려 속여 먹는다」②억지를 쓰다.「一其詞；여러 말로 억지 변명을

하다」＞支支吾吾.
[支應] chīhying ㄓㄧㄥ ①금전 출납을 관리하다. ②응대(應待)하다.. ③명령이나 지시를 기다리다.
[支援] chīhyüán ㄓㄩㄢˊ(큰 일을) 원조하다.「一前綫 ; 전선의 군대를 지원하다」
〔汁〕 chīh ㄓ 「一兒 ; 국물. 즙액(汁液)」
〔芝〕 chīh ㄓ 영지(靈芝):고목에 나는 애완용(愛玩用) 버섯의 일종.
[芝蘭] chīhlán ㄓㄌㄢˊ 재주와 덕행(德行)이 뛰어남.
[芝麻] chīhma ㄓㄇㄚ 〈植〉 참깨. 「一餅 ; 깻묵」「一大 ; 깨알만한 크기 : 아주 작다는 비유」「一醬 ; 참깨를 볶아서 섞은 된장」
〔枝〕 chīh ㄓ ①「一子·一兒 ; 가지」「樹一 ; 나뭇가지」「節外生一 ; 필요 없는 문제를 꺼내다. 일이 점점 까다롭게 되다」 ②길쭉한 물건을 세는 단위.「一一槍 ; 한 자루의 총포나 창」
[枝節] chīhchiéh ㄓㄐㄧㄝˊ ①자질구레한 사물.「一問題 ; 지엽 문제」②귀찮은 일.「這事又有了一了 ; 이 일로 인하여 또 귀찮은 일이 생겼다」
[枝枝] chīhchīh ㄓㄓ 나뭇가지. 가지.《方》
[枝枝節節] chīhchīh chiéhchiéh ㄓㄓㄐㄧㄝˊㄐㄧㄝˊ 자질구레한 모양.
[枝干] chīhkàn ㄓㄍㄢˋ 십간 십이지(十干十二支).
[枝條] chīht'iáo ㄓㄊㄧㄠˊ 가지.
[枝頭] chīht'óu ㄓㄊㄡˊ 가지 끝.
[枝蔓] chīhwàn ㄓㄨㄢˋ ＝枝節.
[枝丫] chīhyā ㄓㄧㄚ 나뭇가지의 살.
〔肢〕 chīh ㄓ 수족(手足). 팔다리.「四一無力 ; 팔다리가 모두 힘이 없다」
〔知〕 chīh ㄓ ①알다. 깨닫다.「明一故犯 ; 분명히 알고 있으면서 고의로 죄를 범하다」「一人一面不一心 ; 남과 친해서 얼굴은 알게 되지만 그 마음은 알 수가 없다」 ②지식. 학문.「求一 ; 지식을 탐구하다」 ③사귀다. 친히 지내다. 「相一 ; 벗. 지기(知己)」 ④알리다. ⑤관리하다.⇨chìh.
[知照] chīhchào ㄓㄓㄠˋ ①알리다. ②통첩하다.
[知己知彼] chīhchǐ chīhpǐ ㄓㄐㄧˇㄓㄅㄧˇ 지기지피. 자기 자신을 알고 상대방을 알다.《成》 「내정(內情)을 알다.
[知情] chīhch'íng ㄓㄑㄧㄥˊ 사정을 알다.
[知盡能索] chīhchìn néngsǒ ㄓㄐㄧㄣˋㄋㄥˊㄙㄨㄛˇ 있는 지력(知力)을 다하다.
[知趣] chīhch'ǜ ㄓㄑㄩˋ ①정취(情趣)를 이해하다. ②선악의 구별을 할 줄 알다.
[知悉] chīhhsī ㄓㄒㄧ 알다. 알고 있다.
[知曉] chīhhsiǎo ㄓㄒㄧㄠˇ 알다. 이해하다.
[知縣] chīhhsièn ㄓㄒㄧㄢˋ 현(縣)의 장관: 현지사(縣知事).
[知心] chīhhsīn ㄓㄒㄧㄣ 남의 마음을 적절히 추측하다. 기분을 잘 알다.「一話 ; 남의 심정을 잘 이해한 말·동정심이 있는 말」
[知會] chīhhui ㄓㄏㄨㄟˋ 알리다. 통지하다.
[知根] chīhkēn ㄓㄍㄣ 근본을 알고 있다. 상세히 알고 있다.
[知客] chīhk'ò ㄓㄎㄜˋ ①접대(接待) 책임자. ②접대승(接待僧)의 책임자.
[知了] chīhliǎo ㄓㄌㄧㄠˇ〈動〉 매미. ＝蟬.
[知名不具] chīhmíngpúchǜ ㄓㄇㄧㄥˊㄅㄨˊㄐㄩˋ 발신인(發信人)의 이름을 생략할 때 쓰이는 말 : "아시는 사람으로부터"에 해당함.
[知母] chīhmǔ ㄓㄇㄨˇ〈植〉 지모과에 속하는 다년초의 총칭 : 뿌리는 한약에 쓰임.
[知識] chīhshih ㄓㄕ ①인식(認識)하다. ②지식. 「층(知識層).
[知識界] chīhshíhchièh ㄓㄕˊㄐㄧㄝˋ 지식
[知他] chīht'a ㄓㄊㄚ 알게 무어야! : 내가 무슨 상관이 있느냐는 기분으로 쓰이는 말.「一貴不貴 ; 비싼지 싼지 알게 무어야!」
[知單] chīhtān ㄓㄉㄢ 통지서(通知書).
[知道] chīhtao ㄓㄉㄠ 알고 있다. 알다.
[知疼着熱] chīht'ĕng-cháojĕ ㄓㄊㄥˊㄓㄠˊㄖㄜˋ 인정이 많다는 비유.《成》
[知底] chīhtǐ ㄓㄉㄧˇ 속까지 환히 들여다 보다. 속까지 환이 알다.
[知音] chīhyīn ㄓㄧㄣ ①음률(音律)을 연구한 사람. ②친한 벗. 친우(親友).
〔隻〕(只) chīh ㄓ 물건이나 동물을 세는 수사. ①「一一雞 ; 한 마리의 닭」「一一船 ; 한 척의 배」 ②물건이나 동물 중에서 특히 한 쌍의 한쪽을 말할 때 쓰이는 수사.「一一手 ; 한쪽 손」「一一鞋 ; 한 짝의 신」 ③단독의. 약간의「一身 ; 단신」「片紙一字 ; 종이 쪽지에 쓴 약간의 글귀」 ⇨chǐh.
[隻字不提] chīhtzǔ pùt'í ㄓㄗˋㄅㄨˋㄊㄧˊ 한마디 말도 입 밖에 내지 않다.
[隻眼] chīhyěn ㄓㄧㄢˇ ①애꾸눈. ②독자적인 견해(見解).「獨具一 ; 홀로 남다른 의견을 갖다」
〔脂〕 chīh ㄓ ①지방(脂肪). ②연지(臙「脂).
[脂膏] chīhkāo ㄓㄍㄠ ①지방(脂肪). ②풍족한 지위(地位). ③피와 땀. 고혈.
[脂麻] chīhma ㄓㄇㄚ 〈植〉 참깨.
[脂油] chīhyú ㄓㄧㄡˊ 돼지 기름. 라아드.
〔祗〕 chīh ㄓ 삼가하다.「一候光臨 ; 삼가 왕림하여 주심을 기다리겠읍니다」
〔梔〕 chīh ㄓ 치자나무. 「매.
[梔子] chīhtzǔ ㄓㄗ 〈植〉 치자나무의 열
〔搘〕 chīh ㄓ ＝支①.
〔蜘〕 chīh ㄓ
[蜘蛛] chīhchū ㄓㄓㄨ 〈動〉 거미.「一絲 ; 거미줄」
[蜘網] chīhwǎng ㄓㄨㄤˇ 거미집. 거미줄.
〔織〕(织) chīh ㄓ (옷감을)짜다.「這塊布一得很細 ; 이 옷감의 짜임새는 퍽 섬세하다」
[織染] chīhjǎn ㄓㄖㄢˇ 염직(染織).
[織品] chīhp'ǐn ㄓㄆㄧㄣˇ 직물(織物).
[織補] chīhpǔ ㄓㄅㄨˇ 누덕누덕 깁다.

[織布機] chīhpùchī ㄓㄅㄨˋㄐㄧ 직포기. 직조 기계. 「귀뚜라미.
[織布娘] chīhpùniáng ㄓㄅㄨˋㄋㄧㄤˊ〈動〉

〔直〕 chíh ㄓˊ 똑 바르게. 곧장. 「一棍子; 곧은 막대기」 ②꼿꼿이 펴다. 곧게 뻗치다. 「一起腰來; 허리를 펴다」 ③바르다. 솔직하다. 주저하지 않다. 「理一氣壯; 도리에 어긋남이 없으므로 겁날 것이 없다」 「一說; 솔직하게 말하다」 ④단단하다. 굳어진. 「凍一了; 얼어서 빳빳해졌다」 ⑤줄곧. 연해. 「一哭; 줄곧 울다」 ⑥전혀. 정말로. 「脾氣一象小孩子一樣: 성질이 정말 어린 아이와 똑같다」 ⑦세로. "橫"에 대한 말. ⑧한자 필형(筆形)의 하나. 뚫을곤변. 즉 "丨".
[直腸漢] chíhch'ánghàn ㄓˊㄔㄤˊㄏㄢˋ ①정열적인 사나이. ②소탈한 사람.
[直腸子] chíhch'ángtzŭ ㄓˊㄔㄤˊㄗ ①솔직한 사람. ②대식가(大食家). 「하다」
[直捷] chíhchiéh ㄓˊㄐㄧㄝˊ 민첩하고 활발
[直截了當] chíhchiéh-liǎotāng ㄓˊㄐㄧㄝˊㄌㄧㄠˇㄉㄤ 단도직입적(短刀直入的)이다. 행동이 시원시원하다.
[直直腰兒] chíhchihyāorh ㄓˊㄓㄧㄠㄦ 잠간 누워서 허리를 펴고 휴식하다.
[直去直來] chíhchǜ chíhlái ㄓˊㄐㄩˋㄓˊㄌㄞˊ 줄곧 왔다 갔다 하다.
[直杵杵的] chíhch'ǔch'ǔtê ㄓˊㄔㄨˇㄔㄨˇㄉㄜ ①무뚝뚝한 모양. ②말을 직통으로 쏘는 모양.
[直橛] chíhchüéh ㄓˊㄐㄩㄝˊ ①똑바로 세운 말뚝. ②팽팽하다. ③(성질이) 외곬이다.
[直蹶蹶的] chíhchuéhchüéhtê ㄓˊㄐㄩㄝˊㄐㄩㄝˊㄉㄜ 빳빳하게 굳어서 곧은 모양.
[直行] chíhháng ㄓˊㄏㄤˊ 세로의 행(行). 세로로 된 줄. 「종서하다.
[直寫] chíhsiěh ㄓˊㄒㄧㄝˇ 세로로 쓰다.
[直心人] chíhhsīnjén ㄓˊㄒㄧㄣㄖㄣˊ 숨김없이 바른 말을 하는 사람.
[直性子(一兒)] chíhhsìngtzǔ(—rh) ㄓˊㄒㄧㄥˋㄗ(—ㄦ) 소탈한 성질 또는 그런 사람.
[直心眼兒] chíhhsīnyěnrh ㄓˊㄒㄧㄣㄧㄢˇㄦ 충실하고 정직한 사람. 고지식한 사람.
[直話] chíhhuà ㄓˊㄏㄨㄚˋ 진실한 이야기.
[直入公堂] chíhjù kūngt'áng ㄓˊㄖㄨˋㄍㄨㄥㄊㄤˊ 무엇이든지 제 마음대로 한다는 비유. «成»
[直格子] chíhkǒtzǔ ㄓˊㄍㄜˇㄗ 종선 괘지(縱線罫紙).
[直勾勾的] chíhkōu kōutê ㄓˊㄍㄡㄍㄡㄉㄜ ①눈도 깜빡이지 않는 모양. 「你干嗎一看着那個人哪?; 너는 왜 눈도 깜빡이지 않고 저 사람을 보고 있느냐?」 ②똑바른. 똑바른 모양.
[直棍兒] chíhkùnrh ㄓˊㄍㄨㄣˋㄦ 외곬으로만 생각하는 사람.
[直愣愣的] chíhlěnglěngtê ㄓˊㄌㄥˋㄌㄥˋㄉㄜ ①눈도 깜빡이지 않고 똑바로 보는 모양. =直瞪瞪的. ②벼랑 등이 깎은 듯이 선 모양.
[直立立的] chíhlìlìtê ㄓˊㄌㄧˋㄌㄧˋㄉㄜ 세로로 쭉 곧은 모양.
[直溜] chíhliu ㄓˊㄌㄧㄡ 똑바르다. 꼿꼿하다. 「這根棍兒眞一; 이 막대기는 정말 꼿꼿하다」 >直直溜溜.
[直眉瞪眼] chíhméi-tèngyěn ㄓˊㄇㄟˊㄉㄥˋㄧㄢˇ ①눈을 부릅뜨고 성내는 모양. ②멍하고 있는 모양.
[直苗苗的] chíhmiáomiáotê ㄓˊㄇㄧㄠˊㄇㄧㄠˊㄉㄜ 똑바로 굳어진 모양.
[直逼] chíhpī ㄓˊㄅㄧ ①육박(肉薄)하다. ②점점 다가오다. 「裏)가 없는 사람.
[直脾氣] chíhp'ích'i ㄓˊㄆㄧˊㄑㄧˋ 표리(表
[直昇] chíhshēng ㄓˊㄕㄥ 곧장 오르다. 「一飛機; 헬리콥터」
[直受兒] chíhshòurh ㄓˊㄕㄡˋㄦ ①받기만 하고 답례하지 않다. ②책망을 당해도 조금도 반항하지 않다.
[直竪] chíhshù ㄓˊㄕㄨˋ ①똑바로 서다. ②곤두서다. 「汗毛一; 털이 일어서다」
[直率] chíhshuài ㄓˊㄕㄨㄞˋ 솔직하다.
[直爽] chíhshuang ㄓˊㄕㄨㄤ (성질이) 정직하고 소탈하다. >直直爽爽.
[直說] chíhshuō ㄓˊㄕㄨㄛ ①솔직히 말하다. ②자꾸 말을 하다.
[直打直] chíhtǎchíh ㄓˊㄉㄚˇㄓˊ ①곧장 치닫는 모양. 「一去; 곧장 가다」 ②노골적으로 말하다」
[直到] chíhtào ㄓˊㄉㄠˋ ①직행하다. 바로 가다. ②…가 될 때까지 줄곧 …하다. 「一他來, 我才走; 그가 올 때까지는 나는 움직이지 않는다. 그가 와야만 내가 간다」
[直瞪直瞪] chíhtěngchítěng ㄓˊㄉㄥˋㄓˊㄉㄥˋ 멍청하게 한곳만 바라다 보고 있는 모양.
[直瞪瞪的] chíhtěngtěngtê ㄓˊㄉㄥˋㄉㄥˋㄉㄜ «副» =直勾勾的①.
[直點兒] chíhtiènrh ㄓˊㄉㄧㄢˋㄦ 연해. 줄곧. 「一喊; 연해 외치다」
[直挺挺的] chíht'íngt'ǐngtê ㄓˊㄊㄧㄥˊㄊㄧㄥˇㄉㄜ 빳빳하고 똑바른 모양. 우뚝 서 있는 모양. 높고 가파른 모양.
[直端] chíhtuān ㄓˊㄉㄨㄢ 일직선으로. 앞만 바라보고.
[直言快語] chíhyén-k'uàiyǚ ㄓˊㄧㄢˊㄎㄨㄞˋㄩˇ 서슴지 않고 직통으로 말하다. 뒤를 두지 않고 탁 털어 놓고 이야기하다.
[直言賈禍] chíhyén kǔhuò ㄓˊㄧㄢˊㄍㄨˇㄏㄨㄛˋ 입바른 말을 하여 화(禍)를 자초하다.

〔姪〕(侄) chíh ㄓˊ ①조카. 조카딸. ②친구나 친척의 자녀를 서로 호칭하는 말. 「小一; 저의 자식놈. 또는 아버지 친구에 대한 자칭(自稱)」
[姪媳婦兒] chíhhsífurh ㄓˊㄒㄧˊㄈㄨㄦ 질부(姪婦). 조카 며느리. 「딸.
[姪女(兒)] chíhnǚ(rh) ㄓˊㄋㄩˇ(ㄦ) 조카
[姪兒(一子)] chíhrh(—tzu) ㄓˊㄦ(—ㄗ) 조카. 「孫).
[姪孫] chíhsūn ㄓˊㄙㄨㄣ 질손. 종손(從

〔值〕 chíh ㄓˊ ①값어치. 값. ②가치가 있다. 「一一百元; 백"元"의 가치가 있다」 「不一一見; 일견할 가치도 없다」 ③수치(數值). 계산하여 얻은 수. ④…에 해당하다. …를 만나다. 「國慶日恰一星期日; 국경일은 마침 일요일이다」 ⑤순번대로 일을 담당하다. 「다.
[值錢] chíhch'ién ㄓˊㄑㄧㄢˊ 값어치가 있
[值勤] chíhch'ín ㄓˊㄑㄧㄣˊ 일직(日直)하다.

[値星] chíhhsīng ㄓˊㄑㄧㄥ 주번(週番). 「一班長 ; 주번 하사관」 「당직하다.
[値日] chíhjih ㄓˊㄖˋ ①당번일. 당직일. ②
[値日生] chíhjihshēng ㄓˊㄖˋㄕㄥ 당번 학생.
[値更] chíhkēng ㄓˊㄍㄥ 당직하다. 「다.
[値班] chíhpān ㄓˊㄅㄢ ①당번. ②숙직하
[値事兒] chíhshihrh ㄓˊㄕˋㄦ 소용에 닿다. 쓸모가 있다.
[値當] chíhtang ㄓˊㄉㄤ ＝値得.
[値得] chíhtê ㄓˊㄉㄜ 가치가 있다.「不一討論 ; 토론할 가치가 없다」「一不得說 ; 말할 가치가 없다」
[値月] chíhyüèh ㄓˊㄩㄝˋ ①월당번(月當番). ②당번이 된 달.

〔執〕(执) chíh ㄓˊ ①가지다. 잡다. 집다. 「一筆 ; 붓을 잡다」 ②주장하다. 고집하다. 「各一一辭 ; 각기 자기 주장을 고집하다」 ③붙잡다. 꽉 쥐다. 「一罪犯一人 ; 범인을 한 사람 붙잡다」
[執掌] chíhchăng ㄓˊㄓㄤˇ 관장(管掌)하다. 관리(管理)하다.
[執照] chíhchao ㄓˊㄓㄠ ①기관에서 발행하는 증명서. ②일반 증명서. 인수증(引受證) 따위. 「권당. 여당(與黨).
[執政黨] chíhchêngtăng ㄓˊㄓㄥˋㄉㄤˇ 집
[執幡] chíhfān ㄓˊㄈㄢ 장례식에서 조기(弔旗)를 들다.
[執意] chíhi ㄓˊㄧˋ 자기 의견을 고집하다. 「一肯不 ; 고집을 세우고 수긍하지 않다」
[執迷] chíhmí ㄓˊㄇㄧˊ 완미(頑迷)하여 깨닫지 못하다. ＝執迷不悟.
[執扭] chíhniŭ ㄓˊㄋㄧㄡˋ ①치근치근하다. 끈덕지다. 「他一着說了 ; 그는 치근치근하게 말하였다」 ②성질이 심술궂다. ＞執執扭扭.
[執牛耳] chíhniúĕrh ㄓˊㄋㄧㄡˊㄦˇ ①주재(主宰)하다. ②맹주(盟主)가 되다.
[執事] chíhshih ㄓˊㄕˋ ①의장(儀仗). ②집무(執務)하는 사람. 집무하다.

〔植〕 chíh ㄓˊ ①심다. 「一樹 ; 나무를 심다」 ②세우다. 세워 걸치다.

〔殖〕 chíh ㄓˊ ①생겨나다. 번식하다. 「繁一 ; 번식하다」 ②늘리다. 「一產 ; 재산을 늘리다」

〔摭〕 chíh ㄓˊ 「一拾 ; 떨어진 것을 줍다」

〔蹠〕(跖) chíh ㄓˊ 발바닥. ＝脚掌.

〔擲〕 chīh ㄓ. chih ㄓˋ ①던지다. 버리다. 「一骰子 ; 주사위를 던지다」 ②(상대편에서) 물건을 보내 오다. 「請趕緊一下 ; 아무쪼록 속히 보내 주시오」
[擲標槍] chìhpiāoch'iāng ㄓˋㄅㄧㄠㄑㄧㄤ 〈體〉 투창(投槍).
[擲瓶] chìhp'íng ㄓˋㄆㄧㄥˊ 기공식이나 진수식(進水式) 등에서 행하는 한 의식(儀式). 「〈體〉 투포환(投砲丸).
[擲鐵球] chìht'iěhch'iú ㄓˋㄊㄧㄝˇㄑㄧㄡˊ
[擲鐵餅] chìht'iěhpĭng ㄓˋㄊㄧㄝˇㄅㄧㄥˇ 〈體〉 투원반(投圓盤).

〔職〕(职) chíh ㄓˊ ①직무. 「盡一 ; 직무를 다하다」 ②직무상의 지위. 「調一 ; 전근시키다」 ③취급하다. 관장(管掌)하다.
[職分] ch'íhfên ㄓˊㄈㄣ 직분. 직무.
[職銜] chíhhsién ㄓˊㄒㄧㄢˊ 직무의 성질.
[職工] chíhkūng ㄓˊㄍㄨㄥ 종업원(사무계와 기술 계통).
[職守] chíhshŏu ㄓˊㄕㄡˇ 직무. 직장(職掌).
[職位] chíhwei ㄓˊㄨㄟ 직위. 직무상의 지위. 「회사원·점원 등.
[職員] chíhyüán ㄓˊㄩㄢˊ 직업인 : 공무원.

〔躑〕 chíh ㄓˊ
[躑躅] chíhchú ㄓˊㄓㄨˊ ①주저하여 결정을 못 짓다. ＞躑躑躅躅. ②〈植〉 철쭉꽃.

〔止〕 chĭh ㄓˇ ①멈추다. 그치다. 말리다. 중지하다. 「血流不一 ; 피가 그치지 않고 흐르다」 ②(고통·병 따위를) 누르다. 완화시키다. ③겨우 : …만. ＝只. 「到釜山一七點兒 ; 부산까지 단 일곱 시간 걸린다」
[止境] chĭhching ㄓˇㄐㄧㄥˋ 그치는 곳. 끝장. 「學無一 ; 학문에 끝장은 없다」「無一地增加 ; 무한정(無限定) 증가하다」
[止遏] chĭhê ㄓˇㄜˋ 방지(防止)하다. 막아내다.
[止息] chĭhhsī ㄓˇㄒㄧ 숨을 멈추다.
[止渴] chĭhk'ŏ ㄓˇㄎㄜˇ 해갈(解渴)하다. 갈증을 면하다.
[止戈爲武] chĭhkōwéiwŭ ㄓˇㄍㄜㄨㄟˊㄨˇ 전쟁을 멈추게 하는 것이 무(武)라고 할 수 있다 : "武"자는 "止"와 "戈"로 이루어진 데서 유래한 말. 《成》
[止步] chĭhpū ㄓˇㄅㄨˋ 통행 금지. 「閑人一 ; 무용자 출입 금지」 걸음을 범추다.
[止是] chĭhshih ㄓˇㄕ ①겨우. 다만. ②그러나. ＝只是.
[止嗽] chĭhsŏu ㄓˇㄙㄡˋ 기침을 그치다.
[止得] chĭhtê ㄓˇㄉㄜ 부득이. 마지못하여. ＝只得.

〔只〕(祇) chĭh ㄓˇ 겨우. 단지. …만. 「別人都到. 一他沒來 ; 다른 사람은 모두 왔는데 그만이 오지 않다」 ⇨chīh.
[只見] chĭhchièn ㄓˇㄐㄧㄢˋ ①오직 …만이 보이다. ②문득 보니. 「一前邊來了一個人 ; 문득 보니 앞쪽에서 한 사람이 걸어 왔다」
[只好] chĭhhăo ㄓˇㄏㄠˇ ＝只得.
[只消] chĭhhsiāo ㄓˇㄒㄧㄠ ＝只要.
[只顧] chĭhkŭ ㄓˇㄍㄨˋ 오직 …에만 정신이 팔리다.
[只管] chĭhkuăn ㄓˇㄍㄨㄢˇ 오로지. 염려하지 말고. 충분히. 「有話, 你一說 ; 할 말이 있으면 얼마든지 말 하시오」
[只能] chĭhnêng ㄓˇㄋㄥˊ …밖에 안된다. 다만 …할 뿐. 「一做到一半兒 ; 겨우 중간까지 밖에 못한다」
[只是] chĭhsih ㄓˇㄕ ①다만 …하는데 불과하다. 「一如此 ; 오직 이렇게 될 뿐이다」 ②…하지만 그러나. 「我很想看戲. 一沒時間不能去 ; 나는 연극이 퍽 보고 싶으나 시간이 없어서 못 간다」
[只當] chĭhtàng ㄓˇㄉㄤˋ ①틀림 없이 …라고 생각하다. ②전혀 …한 결과가 되다. 「一白干了 ; 정말 헛수고가 되고 말

았다」.
[只得] chǐhtê ㄓˇㄉㄜ ···할 도리밖에 없다. 다만 ···할 뿐이다. 「一走一趟; 한바탕 뛸 수밖에 없다」
[只圖] chǐht'ú ㄓˇㄊㄨˊ 오직 ···만을 꾀하다. 「一吃口好的; 입에 맞는 것만 먹으려고 하다」
[只要] chǐhyào ㄓˇㄧㄠˋ 오직··· 하기만 하면. 「一努力一定成功; 노력을 하기만 하면 반드시 성공한다」
[只有] chǐhyǔ ㄓˇㄧㄡˇ ①오직 ···만 있다. 「這兒一幾所房子; 여기에는 단 몇 집밖에 없다」 ②오직 ···만 가지다. 「我們一這個方法; 우리들에게는 오직 이 방법만이 있다」 ③···함으로써만. ···만이. 흔히 "才"자와 호응함. =唯有. 獨有.

〔旨〕 chǐh ㄓˇ ①뜻. 의지(意志). 「一趣; 취지」 ②천자(天子)의 명령이나 의사. =聖旨. ③좋은 맛. 「一酒; 맛이 좋은 술」

〔址〕(阯) chǐh ㄓˇ ①(건축물 따위의) 기초(基礎). =遺址. ②거주지. 소재지. 「住一; 주소」

〔芷〕 chǐh ㄓˇ 白一; 구리때의 뿌리」

〔扺〕 chǐh ㄓˇ 치다. 「一掌; 손뼉을 치다」

〔祉〕 chǐh ㄓˇ 행복(幸福). 「福一; 복지」

〔枳〕 chǐh ㄓˇ 〈植〉 탱자나무.
[枳棘] chǐhchí ㄓˇㄐㄧ ①〈植〉탱자나무의 가시. ②탱자나무와 가시나무. ③방해자(妨害者).
[枳殼] chǐhk'ó ㄓˇㄎㄜˊ 〈植〉 탱자.

〔咫〕 chǐh ㄓˇ 주대(周代)에 쓰던 8"寸": 현재의 치수로는 6치 4푼 8리.
[咫尺] ch'ǐhch'ǐh ㄓˊㄔˇ 지척. 아주 가까운 거리. 「近在一; 아주 가까이 있다」 「一山河; 가까우면서도 접근할 수 없다」

〔指〕 chǐh ㄓˇ ①손가락. 「大拇一; 엄지손가락」 「食一; 집게손가락」 「中一; 가운데손가락」 「無名一; 약손가락」 「小拇一; 새끼손가락」 ②가손가락 하나의 굵기. 中중지 끝에서 첫 관절까지의 길이. 다손가락 하나의 넓이나 길이 또는 굵기 따위를 잴 때 쓰이는 말. 「五一寬; 손가락 다섯 개 정도의 폭(幅)」 ③가리키다. 지적(指摘)하다. 「用手一一; 손으로 지적하여 가리키다」 「時針一着十點; 시계의 단침(短針)이 10 시를 가리키고 있다」 「把目標一給我們看看; 우리들에게 목표를 가리켜 주시오」 ④의지하다. 믿다. 「一着別人生活; 남을 의지하여 생활하다」 ⑤희망하다. 「賣一你們能出個好主意; 여러분께서 무슨 좋은 의견을 내 주시기를 희망합니다」 ⑥똑바로 서다. 「令人髮一; 머리털을 곤두세우다. 대단히 노하다」
[指戰員] chǐhchànyüán ㄓˇㄓㄢˋㄩㄢˊ ①전투 지휘자. ②지휘자와 전투원.
[指正] chǐhchêng ㄓˇㄓㄥˋ ①시정(是正)하다. ②꾸짖어 바로잡다.
[指甲] chǐhchia ㄓˇㄐㄧㄚ 손톱. 「一蓋兒; 손톱의 등 부분」 一心兒; 손톱과 살이 붙은 부분. 손톱길」
[指教] chǐhchiào ㄓˇㄐㄧㄠˋ 지도(指導). 「一一; 지도하여 주셔서 감사합니다」
[指節] chǐhchiéh ㄓˇㄐㄧㄝˊ 손가락 마디.
[指斥] chǐhch'ìh ㄓˇㄔˋ 지탄(指彈)하다.
[指鷄罵狗] chǐhchī màkǒu ㄓˇㄐㄧㄇㄚˋㄍㄡˇ =指桑罵槐.
[指穿] chǐhch'uān ㄓˇㄔㄨㄢ (속임수. 비밀 따위를) 폭로하다.
[指縫(兒)] chǐhfèng(-h) ㄓˇㄈㄥˋ(ㄦ) 손가락 사이.
[指畫] chǐhhuà ㄓˇㄏㄨㄚˋ 손가락으로 허공에 그리다.
[指環] chǐhhuán ㄓˇㄏㄨㄢˊ 가락지.
[指日] chǐhjìh ㄓˇㄖˋ 멀지 않아. 불원간. 「一可待; 가까운 장래에 기대되다」
[指靠] chǐhkào ㄓˇㄍㄠˋ 의존(依存)하다.
[指控] chǐhk'ùng ㄓˇㄎㄨㄥˋ ①지명(指名)하여 고소하다. ②죄상을 열거하여 고소하다.
[指路] chǐhlù ㄓˇㄌㄨˋ 길을 가리키다. 一標; 이정표. 도표(道標)」
[指路牌] chǐhlùp'ái ㄓˇㄌㄨˋㄆㄞˊ 도표(道標).
[指鹿爲馬] chǐhlùwéimǎ ㄓˇㄌㄨˋㄨㄟˊㄇㄚˇ 사슴을 말이라고 얼버무리다. 시비(是非)를 뒤엎는다는 비유. 《成》
[指迷] chǐhmí ㄓˇㄇㄧˊ 미로(迷路)에서 지시하다.
[指明] chǐhmíng ㄓˇㄇㄧㄥˊ 명확히 지시하다.
[指模] chǐhmó ㄓˇㄇㄛˊ 모인(拇印).
[指目] chǐhmù ㄓˇㄇㄨˋ 지목하다.
[指南] chǐhnán ㄓˇㄋㄢˊ ①지도하다. ②입문서(入門書).
[指南針] chǐhnánchēn ㄓˇㄋㄢˊㄓㄣ 자석(磁石)의 바늘. 나침반의 바늘.
[指派] chǐhp'ài ㄓˇㄆㄞˋ 지시(指示)하다. 지명하여 파견하다. >指指派派.
[指北針] chǐpěichēn ㄓˇㄅㄟˇㄓㄣ 자석의 바늘.
[指標] chǐhpiāo ㄓˇㄅㄧㄠ ①그래프의 눈금. ②생산 목표.
[指撥] chǐhpo ㄓˇㄅㄛ 지시하다. 교도(教導)하다.
[指破] chǐhp'ò ㄓˇㄆㄛˋ 지적하다. 적발하다.
[指不勝擧] chǐhpùshēngchǔ ㄓˇㄅㄨˋㄕㄥㄐㄩˇ 일일이 헤아릴 수 없다. 부지기수(不知其數)다. 《成》 =指不勝屈.
[指桑罵槐] chǐhsāng màhuái ㄓˇㄙㄤ ㄇㄚˋㄏㄨㄞˊ 비꼬아 말하다. 들어 보라고 빗대어 말하다. 《成》
[指使] chǐhshǐh ㄓˇㄕˇ 지시하여 부려먹다.
[指示圖表] chǐhshìh t'úpiǎo ㄓˇㄕˋㄊㄨˊㄅㄧㄠˇ 도표에 부호 따위를 기입하여 설명한 것.
[指手畫脚] chǐhshǒu-huàchiǎo ㄓˇㄕㄡˇㄏㄨㄚˋㄐㄧㄠˇ ①국외(局外)에서 함부로 평(評)하다. ② =指天劃地.
[指點] chǐhtiěn ㄓˇㄉㄧㄢˇ 지휘하다. 인도(引導)하다. >指指點點
[指天劃地] chǐht'iēn-huàtì ㄓˇㄊㄧㄢㄏㄨㄚˋㄉㄧˋ 손짓 발짓을 하면서 함부로 떠들어대다. 《成》
[指天誓日] chǐht'iēn-shìhjìh ㄓˇㄊㄧㄢㄕˋㄖˋ 천지에 맹세하다.
[指東話西] chǐhtūng huàhsī ㄓˇㄉㄨㄥㄏㄨㄚˋㄒㄧ =指桑罵槐. 《成》
[指頭] chǐht'ou ㄓˇㄊㄡ 손가락.
[指責] chǐhtsê ㄓˇㄗㄜˊ 지적하여 비난하다.

[指望] chǐhwang ㄓˇㄨㄤ 기대하다. 一兒；기대. 가망(可望)」
[指引] chíhyǐn ㄓˊㄧㄣˇ 지도하다. 지시하다. >指指引引.

〔紙〕(帋) chǐh ㄓˇ ①종이.「一張一；한 장의 종이」②문서(文書)를 셀 때의 조수사.「一一公文；한 통의 공문서」
[紙張] chǐhchāng ㄓˇㄓㄤ 종이. 지류(紙類).
[紙夾(兒)] chǐhchiā(rh) ㄓˇㄐㄧㄚ(ㄦ) 종이집게.
[紙簽兒] chǐhch'iēnrh ㄓˇㄑㄧㄢㄦ 서표(書標). 부전(付箋).
[紙錢(兒)] chǐhch'ién(rh) ㄓˇㄑㄧㄢˊ(ㄦ) 종이로 만든 돈: 죽은이를 제사 지낼 때 태움. 「개.
[紙吹] chǐhch'uī ㄓˇㄔㄨㄟ 종이 불쏘시
[紙荒] chǐhhuāng ㄓˇㄏㄨㄤ 종이 부족.
[紙花兒] chǐhhuārh ㄓˇㄏㄨㄚㄦ ①조화(造花). ②연극 등에서 눈가루 대신 사용되는 종잇 조각. ③인조피(人造皮). 의혁(擬革).
[紙人(兒)] chǐhjén(rh) ㄓˇㄖㄣˊ(ㄦ) 죽은이의 명복을 빌기 위하여 태우는 종이로 만든 인형.
[紙老虎] chǐhláohu ㄓˇㄌㄠˊㄏㄨ ①종이 호랑이. ②겉보기만 사나운 것같고 실속은 없다는 비유. =外強中乾. 紙糊老虎.
[紙簾兒] chǐhliénrh ㄓˇㄌㄧㄢˊㄦ 방풍(防風) 발을 친 창문 안쪽에 드리운 종이.
[紙裡包不住火] chǐhli pāopuchu huǒ ㄓˇㄌㄧ ㄅㄠㄅㄨㄓㄨ ㄏㄨㄛˇ 종이로 불을 쌀 수는 없다. 비밀은 끝까지 싸고 감출 수는 없다. «諺»
[紙簍] chǐhlǒu ㄓˊㄌㄡˇ 휴지통. 「吹.
[紙媒(兒)] chǐhméi(rh) ㄓˇㄇㄟˊ(ㄦ) =紙
[紙捻(兒)] chǐhniěn(rh) ㄓˊㄋㄧㄢˇ(ㄦ) 종이로 가늘게 꼬은 끈. 지승.
[紙牌] chǐhp'ái ㄓˇㄆㄞˊ 화투. 놀이딱지.
[紙版] chǐhpǎn ㄓˊㄅㄢˇ 인쇄의 지형(紙型). 「(紙).
[紙板(兒)] chǐhpǎn(rh) ㄓˊㄅㄢˇ(ㄦ) 판지
[紙背] chǐhpèi(rh) ㄓˊㄅㄟˋ(ㄦ) 종이의 뒷면. 「천정.
[紙棚] chǐhp'ěng ㄓˇㄆㄥˊ 종이를 바른
[紙本兒] chǐhpěnrh ㄓˊㄅㄣˇㄦ 국민교생이 쓰는 공책.
[紙票] chǐhp'iào ㄓˇㄆㄧㄠˋ 지폐(紙幣).
[紙上談兵] chǐhshàng t'ánpīng ㄓˇㄕㄤˋ ㄊㄢˊㄅㄧㄥ 탁상공론(卓上空論). «成»
[紙繩] chǐhshéng ㄓˇㄕㄥˊ 종이 끈. 지승.
[紙帶] chǐhtài ㄓˇㄉㄞˋ 종이 테이프.
[紙燈] chǐhtēng ㄓˇㄉㄥ 초롱.
[紙條(子·兒)] chǐht'iáo(tzǔ·rh) ㄓˇㄊㄧㄠˊ(ㄗ·ㄦ) ①종잇 조각. ②기록한 문서.
[紙錠] chǐhtìng ㄓˇㄉㄧㄥˋ 장례 때 사용하는 종이 돈.
[紙頭兒] chǐht'óurh ㄓˇㄊㄡˊㄦ 종잇 조각.
[紙醉金迷] chǐhtsuì-chīnmí ㄓˇㄗㄨㄟˋ ㄐㄧㄣㄇㄧˊ 돈에 눈이 황홀해짐. 돈에 눈이 어두워짐.
[紙團兒] chǐht'uánrh ㄓˇㄊㄨㄢˊㄦ 작고 둥글게 뭉친 종이.「捻一；종이를 돌돌 뭉치다」
[紙煙] chǐhyēn ㄓˇㄧㄢ 권련(卷煙).
[紙鳶] chǐhyüān ㄓˇㄩㄢ 연(鳶).

〔趾〕 chǐh ㄓˇ ①발. ②발가락.
[趾高氣揚] chǐhkāo-ch'iyáng ㄓˇㄍㄠ ㄑㄧˋㄧㄤˊ 발소리도 드높이 의기양양한 모양. «成»

〔黹〕 chǐh ㄓˇ「針一；바느질: 재봉·자수」

〔徵〕 chǐh ㄓˇ 중국 고대의 5음인 궁(宮)·상(商)·각(角)·징(徵)·우(羽) 중의 하나.

〔至〕 chìh ㄓˋ ①이르다. 도달하다.「由南一北；남에서 북까지」②지극히. 대단히.「一公；지극히 공평하다」③궁극(窮極).「熱烈之一；대단히 열렬하다」
[至交] chìhchiāo ㄓˋㄐㄧㄠ 친구. 친밀한 사이.
[至親] chìhch'īn ㄓˋㄑㄧㄣ ①극히 가까운 친척. ②극히 친하다. 「지(夏至)날.
[至日] chìhjìh ㄓˋㄖˋ 동지(冬至), 또는 하
[至如] chìhjú ㄓˋㄖㄨˊ …에 이르러서는.
[至靠] chìhk'ào ㄓˋㄎㄠˋ 신뢰(信賴)할 수 있는 친구.
[至高無上] chìhkāo wúshàng ㄓˋㄍㄠ ㄨˊㄕㄤˋ 지상(至上). 최고(最高).
[至不濟] chìhpúchì ㄓˋㄅㄨˊㄐㄧˋ 최저(最低)한. 줄잡아도.「一也够維持生活；최저이긴 하지만 생활은 유지된다」
[至少] chìhshǎo ㄓˋㄕㄠˇ 적어도. 최소한(最少限).「一也有一百個；적어도 백 개는 될 것이다」
[至多] chìhtō ㄓˋㄉㄨㄛ 많아도. 많이 보아도.「一也只有幾個；많게 보아도 몇 개에 지나지 않는다」
[至于] chìhyü ㄓˋㄩ ①…에 이르러서는.「一種地的事, 他也會；농사 일로 말하면야 그도 잘하고말고」②…까지 되다. …할 정도이다.「這點兒也一着慌嗎？；이만한 일로 그가 당황할 정도는 아니겠지요？」「他不一不知道；그가 이걸 모를 리야 없겠지요？」

〔志〕 chìh ㄓˋ ①뜻. 의지(意志).「有一者事竟成；뜻있는 자는 마침내는 성공한다」 「(氣概).
[志氣] chìhch'i ㄓˋㄑㄧ 용기(勇氣). 기개
[志趣] chìhch'ǜ ㄓˋㄑㄩˋ =志向.
[志向] chìhhsiāng ㄓˋㄒㄧㄤ 의향. 목표.
[志行] chìhhsìng ㄓˋㄒㄧㄥˋ 의지(意志)와 품행.
[志同道合] chìht'úng-tàohó ㄓˋㄊㄨㄥ ㄉㄠˋㄏㄜˊ 뜻과 신념(信念)을 같이하다. «成»
[志願軍] chìhyüànchǖn ㄓˋㄩㄢˋㄐㄩㄣ 지원병. 의용병.

〔誌〕 chìh ㄓˋ ①기억하다. 마음에 새기다.「永一不忘；오래 기억하고 잊지 않다」②기록. 글.「雜一；잡지」「三國一；삼국지」 「픔을 표(表)하다.
[誌哀] chìhāi ㄓˋㄞ 슬픔을 기록하다. 슬
[誌悼] chìhtāo ㄓˋㄉㄠˋ 애도(哀悼)의 뜻을 표하다.

〔豸〕 chìh ㄓˋ 발이 없는 벌레.「蟲一；(옛날의) 벌레의 총칭」

〔幟〕(帜) chìh ㄓˋ 기. 깃발.「旗一；기치(旗幟). 깃발」

〔制〕 chìh ㄓˋ ①정하다. 제정하다. ②제한하다. 제약하다.「限一；제한하다」③제도(制度). ④(표준물로) 계량하다.「拿尺一一長短；자로 길이를 재다」「拿碗一一；(분량을) 공기로 되다」
[制氣] chìhch'ì ㄓˋㄑㄧˋ 심술을 부리다. 화를 내다.
[制錢] chìhch'ién ㄓˋㄑㄧㄢˊ 옛 통화(通貨)의 한 가지; 가운데에 네모진 구멍이 있어 "孔子兄"이라고 통칭했음. 《舊》
[制伏] chìhfú ㄓˋㄈㄨˊ 제압하다.
[制勝] chìhshêng ㄓˋㄕㄥˋ 승리를 거두다. 압승하다.
〔製〕 chìh ㄓˋ ①만들다. 제조하다. ②(날을) 짓다.
[製肥] chìhféi ㄓˋㄈㄟˊ 비료를 제조하다.
[製板] chìhpǎn ㄓˋㄅㄢˇ 제판(製版)하다.
[製片廠] chìhp'iènch'ǎng ㄓˋㄆㄧㄢˋㄔㄤˇ 촬영장 스튜디오.
〔知〕 chìh ㄓˋ ＝智. ⇨chīh.
〔帙〕 chìh ㄓˋ 책을 싸는 덮개. 여러 권으로 된 책의 한 벌. 질.
〔炙〕 chìh ㄓˋ ①(고기 따위를)굽다. ②②구은.
[炙手可熱] chìhshǒu k'ǒjê ㄓˋㄕㄡˇㄎㄜˇㄖㄜˋ 나르는 새도 떨어뜨릴 듯한 세력. 《成》
〔治〕 chìh ㄓˋ ①통치하다. 처리하다.「一淮；"淮河"의 치수 공사를 하다」②치료하다. 퇴치(退治)하다. 처벌하다.「他那個毛病一不了；그의 저 버릇은 고쳐지지 않는다」③지방 관청(官廳)의 소재지.「省一；성청 소재지」「縣一；현청 소재지」
[治酒] chìhchiǔ ㄓˋㄐㄧㄡˇ 술을 준비하다.
[治裝] chìhchuāng ㄓˋㄓㄨㄤ 여장(旅裝)을 갖추다.
[治服] chìhfú ㄓˋㄈㄨˊ 누르다. 억압하다.「他治不服自己的老婆；그는 자기 처를 억누르지 못한다」
[治黃] chìhhuáng ㄓˋㄏㄨㄤˊ "黃河"의 치수(治水)하다.
[治理] chìhli ㄓˋㄌㄧ 다스리다.「一國事；국사를 다스리다」
[治本] chìhpěn ㄓˋㄅㄣˇ 근본적으로 해결하다.
[治標] chìhpiāo ㄓˋㄅㄧㄠ 일시적인 해결을 하다.
[治病] chìhpìng ㄓˋㄅㄧㄥˋ 치료하다.「一救人；㉮병을 고쳐 사람을 구제하다. ㉯선의의 비평으로 남의 잘못이나 결점을 고치다」
[治喪] chìhsāng ㄓˋㄙㄤ 장사(葬事)를 지내다.
[治絲益棼] chìhssū ifên ㄓˋㄙ ㄧˋㄈㄣˊ 실을 풀려고 하다가 도리어 엉키게 하다. 순서가 틀려 일을 시끄럽게 만들다. 《成》
[治罪] chìhtsuì ㄓˋㄗㄨㄟˋ 죄상대로 처벌하다.
〔峙〕 chìh ㄓˋ 치솟다.「一立；치솟다」
〔桎〕 chìh ㄓˋ 차꼬. 형구(刑具)의 일종.
[桎梏] chìhkù ㄓˋㄍㄨˋ 수갑(手匣)과 차꼬. 질곡. 속박.「擺脫一；질곡에서 벗어나다」
〔致〕 chìh ㄓˋ ①보내다. 주다.「一函；편지를 내다」②(…한 뜻을) 표하다. 진술하다. ③실현하다. 달성하다. 부르다. 초래하다.「病是多累所一；병은 과로(過勞)에서 오는 것이다」④취지(趣旨).「興一；흥미」
[致哀] chìhāi ㄓˋㄞ 애도(哀悼)의 뜻을 전하다.
[致敬] chìhchìng ㄓˋㄐㄧㄥˋ 경의(敬意)를 표하다.
[致賀] chìhhò ㄓˋㄏㄜˋ 치하하다. 축하하다.
[致謝] chìhhsièh ㄓˋㄒㄧㄝˋ 감사의 뜻을 표하다.
[致意] chìhì ㄓˋㄧˋ 뜻을 전하다. 인사의 말을 전하다.「替我一他吧；나 대신 그에게 잘 말씀해 주시오」
[致果] chìhkuǒ ㄓˋㄍㄨㄛˇ ①목적을 달성하다. ②효과가 나타나다. ③승리하다.
[致力] chìhlì ㄓˋㄌㄧˋ 힘을 다하다. 노력하다.「一于世界平和；세계 평화에 진력하다」
[致命] chìhmìng ㄓˋㄇㄧㄥˋ ①목숨이 다할 때까지 진력하다. ②생명을 잃다.「一傷；치명상」
[致詞] chìhtz'ǔ ㄓˋㄘˊ 인사말을 하다. ＝致辭.
[致用] chìhyùng ㄓˋㄩㄥˋ 실용(實用)에 알맞다.
〔緻〕 chìh ㄓˋ 치밀하다.「細一；정밀하다」
〔秩〕 chìh ㄓˋ ①순서 질서를 세우다. ②십년(十年).「七一壽長；칠순(七旬) 생신」
[秩序] chìhhsü ㄓˋㄒㄩ 질서.
〔痔〕 chìh ㄓˋ 치질. ＝痔瘡.
〔窒〕 chìh ㄓˋ 막히다. 막다.
[窒礙] chìhài ㄓˋㄞˋ ①장해(障害). ②방해가 되다. 「로 답답하다.
[窒悶] chìhmên ㄓˋㄇㄣˋ 숨이 막힐 정도
〔痣〕 chìh ㄓˋ 모반(母斑). 점.
〔蛭〕 chìh ㄓˋ〈動〉거머리. ＝水蛭.
〔智〕 chìh ㄓˋ ①총명하다. 슬기롭다.「一者千慮, 必有一失；총명한 자가 아무리 세밀하게 하여도 역시 실수는 있다」②지혜. 계책.「不經一事不長一一；실제로 경험을 쌓지 않고는 슬기로와질 수 없다」
[智巧] chìhch'iǎo ㄓˋㄑㄧㄠˇ 슬기롭고 민첩하다.
[智慧] chìhhui ㄓˋㄏㄨㄟ 슬기롭다. 총명하다.
[智囊團] chìhnángt'uán ㄓˋㄋㄤˊㄊㄨㄢˊ 전문위원회(專門委員會). 고문단(顧問團).
[智多星] chìhtōhsīng ㄓˋㄉㄨㄛㄒㄧㄥ 지혜로운 사람.
〔置〕 chìh ㄓˋ ①놓다. 내버려 두다.「一于桌上；책상 위에 두다」「一之不理；상관하지 않고 내버려 두다」②준비하다. 설치하다.「一酒；주연(酒宴)을 마련하다」③(곧 소비 또는 소모되지 않는 부동산 따위를) 사다. 구입하다.「一了一些家具；가구를 약간 샀다」「一了一身衣服；의복을 한 벌 샀다」④기회를 보아 이야기를 꺼내다.「不能一一辭；이야기를 꺼내기가 거북하다」
[置產] chìhch'ǎn ㄓˋㄔㄢˇ 부동산(不動產)을 사다.
[置家] chìhchiā ㄓˋㄐㄧㄚˊ 살림살이를 마

련하다. 한 가정을 가지다.
[置之腦後] chìhchīhnǎohòu ㄓˋㄓㄋㄠˇㄏㄡˋ 까맣게 잊어 버리다. 전연 문제시하지 않다. ‹成›
[置之度外] chìhchīhtùwài ㄓˋㄓㄉㄨˋㄨㄞˋ 전연 고려하지 않다. 도외시(度外視)하다. ‹成›
[置諸高閣] chìhchūkāokó ㄓˋㄓㄨㄍㄠㄍㄜˊ ①내버려 두고 사용치 않다. ②보류(保留)해 두다. ‹成›
[置若罔聞] chìjòwǎngwén ㄓˋㄖㄨㄛˋㄨㄤˇㄨㄣˊ 못들은 체하고 상관치 않다. ‹成›
[置買] chìhmǎi ㄓˋㄇㄞˇ 사서 두다.
[置辦] chìhpan ㄓˋㄅㄢ 주선하다. 마련하다.
[置備] chìhpei ㄓˋㄅㄟ ＝置辦.
[置辯] chìhpièn ㄓˋㄅㄧㄢˋ 항변(抗辯)하다.
[置業] chìhyèh ㄓˋㄧㄝˋ ＝置產.
「鷄".
〔雉〕 chìh ㄓˋ 꿩. 구어(口語)로는 "野
[雉牆] chìhch'iáng ㄓˋㄑㄧㄤˊ 성곽(城郭) 위의 단장(短牆).
〔滯〕(滞) chìh ㄓˋ 침체하다. 막히다. 「水溝一住了; 수채가 막혔다」
[滯氣] chìhch'i ㄓˋㄑㄧ 결단성이 없고 흐지부지하는 성격.
[滯銷] chìhhsiāo ㄓˋㄒㄧㄠ 상품이 팔리지 않아 저장되다. 매상부진(賣上不振).
[滯留] chìhliú ㄓˋㄌㄧㄡˊ 정체(停滯)되다.
[滯泥] chìhnì ㄓˋㄋㄧˋ 꽁한 기분이 있다. 사근사근하지 않다. ＞滯滯泥泥.
〔摯〕 chìh ㄓˋ 성실(誠實)한. 친밀(親密)한. 「一友; 성실한 친구」
「부. 질.
〔膣〕 chìh ㄓˋ 〈醫〉 여자 생식기의 일
〔質〕(质) chìh ㄓˋ ①물체(物体)의 본질. 본성(本性). ②검소(儉素). 소박(素朴). ③묻다. 캐묻다. ④직물 등의 천의 질. ⑤전당(典當)잡히다. ⑥저당물(抵當物). 저당품.
[質詢] chìhhsún ㄓˋㄒㄩㄣˊ 질문하다.
[質量] chìhliàng ㄓˋㄌㄧㄤˋ ①품질. 「提高一; 품질을 높이다」 ②(물리학상의) 질량. ③인격. 품성(品性). ④내용. 「這本書一很高; 이 책의 내용은 퍽 우수하다」
[質量併重] chìhliàng pìngchùng ㄓˋㄌㄧㄤˋㄅㄧㄥˋㄓㄨㄥˋ 질과 양을 함께 중히 여기다.
[質料] chìhliào ㄓˋㄌㄧㄠˋ 원료(原料).
[質難] chìhnàn ㄓˋㄋㄢˋ 문책(問責)하다.
[質變] chìhpièn ㄓˋㄅㄧㄢˋ 질적 변화(質的變化).
[質數] chìhshù ㄓˋㄕㄨˋ 소수(素數).
[質地] chìhtì ㄓˋㄉㄧˋ ①소질. 자질(資質). ②바탕. ③재질(材質).
「다.
[質責] chìhtsé ㄓˋㄗㄜˊ 책망하여 바로잡
[質對] chìhtuì ㄓˋㄉㄨㄟˋ 따져 대조하다.
[質言] chìhyén ㄓˋㄧㄢˊ 사실을 말하다. 「一之; 실토를 한다면, 사실인즉」
〔贄〕 chìh ㄓˋ 초면(初面) 인사에 보내는 선물. 「一見; 선물을 가지고 면회를 요청하다」

〔識〕 chìh ㄓˋ ①씀 : 서문(序文) 끝에 쓰이는 말. ②표지(標識). 표적. ⇨shíh.
〔鷙〕 chìh ㄓˋ 〈動〉 독수리나 매 따위의 맹금(猛禽). ＝鷙鳥.
〔鑕〕 chìh ㄓˋ 옛적에 사용한 형구(刑具)의 일종 : 도끼로 쳐 죽일 때 쓰이던 철침(鐵砧) 모양으로 된 것.

CH'IH ㄔ

〔吃〕(喫) ch'īh ㄔ ①먹다. 「一飯; 밥을 먹다」 ②(술·담배·차·약 따위를)마시다. ③흡수하다. 빨아 들이다. 「一墨; 먹을 흡수하다」 ④(싫은 것을) 느끼다. 받다. 「一驚; 깜짝 놀라다」 ⑤인수하다. 책임지다. ⑥…당하다. 「一他斷騙了; 그에게 속았다」
[吃齋] ch'īhchāi ㄔㄓㄞ 정진 결재(精進潔齋)하다. 소식(素食)하다. ＝吃素.
[吃傢夥] ch'īhchiāhuo ㄔㄐㄧㄚㄏㄨㄛ 두들겨 맞다. ＝挨打.
[吃氣] ch'īhch'i ㄔㄑㄧ 꾸지람을 듣다. 바보 취급을 당하다.
[吃嗆] ch'īhch'iāng ㄔㄑㄧㄤ (음식을 급히 먹어) 사레 들리다.
[吃吃喝喝] ch'īhch'ih-hōho ㄔㄔㄏㄜㄏㄜ 먹기도 하고 마시기도 하며. 먹고 마시고.
[吃吃睡睡] ch'īhch'ih-shuìshui ㄔㄔㄕㄨㄟㄕㄨㄟ 먹기도 하고 자기도 하며.
「하다.
[吃緊] ch'īhchǐn ㄔㄐㄧㄣˇ 긴급하다. 절박
[吃勁] ch'īhchìn ㄔㄐㄧㄣˋ ①견딜 힘이 있다. ②힘이 들다.
[吃驚] ch'īhchīng ㄔㄐㄧㄥ 깜짝 놀라다.
[吃酒] ch'īh chiǔ ㄔㄐㄧㄡˇ 술을 마시다.
[吃著不盡] ch'īhchó pùchìn ㄔㄓㄨㄛˊㄅㄨˊㄐㄧㄣˋ 먹고 입을 것이 끊이지 않다. 의식(衣食)이 충분하다.
「누르다.
[吃住] ch'īhchu ㄔㄓㄨ ①참다. 견디다. ②
[吃重] ch'īhchùng ㄔㄓㄨㄥˋ ①중요하다. ②중책을 맡다. ②괴롭다. 고달프다.
[吃乏] ch'īhfá ㄔㄈㄚˊ 먹고 싶은 생각이 없다. (기분적으로) 맛이 없다.
[吃飯] ch'īh fàn ㄔㄈㄢˋ ①밥을 먹다. ②생활을 유지하다. ③식사(食事).
[吃害] ch'īhhài ㄔㄏㄞˋ 해(害)를 입다.
[吃黑棗(兒)] ch'īh hēitsǎo(rh) ㄔㄏㄟㄗㄠˇ(儿) 총알에 맞다.
[吃喝(兒)] ch'īhho(rh) ㄔㄏㄜ(儿) 음식. 먹고 마시기.
[吃香] ch'īhhsiāng ㄔㄒㄧㄤ ①환영받다. ②약간의 세력을 얻다. ＝正得勢. ③인기가 있다.
[吃喜酒] ch'īh hsichiǔ ㄔㄒㄧㄐㄧㄡˇ 축하주를 마시다. 경사가 있다.
[吃現成(兒)飯] ch'īhhsiènch'éng(rh)fàn ㄔㄒㄧㄢˋㄔㄥˊ(儿)ㄈㄢˋ 수고하지 않고 구문을 먹다. 불로 소득하다.
[吃心] ch'īhhsīn ㄔㄒㄧㄣ ①정성을 다하다. ②성내다. 노하다.
「탈이 나다.
[吃壞] ch'īhhuài ㄔㄏㄨㄞˋ 먹어서 몸에

[吃葷] ch'īhhūn ㄔㄏㄨㄣ 냄새 나는 부추·마늘 따위를 먹다.
[吃人] ch'īhjến ㄔㄖㄣˊ ①남의 것을 착복하다. ②남에게 의뢰하여 생활하다. 남의 것을 얻어 먹기만하다.
[吃人的嘴短,拿人的手短] ch'īhjếntêts-uítuǎn, nájếntêshǒutuǎn ㄔㄖㄣˊㄉㄜㄗㄨㄟˇㄉㄨㄢˇ ㄋㄚˊㄖㄣˊㄉㄜㄕㄡˇㄉㄨㄢˇ 함부로 남에게서 선물을 받으면 나중에 괴로운 입장에 서게 된다. <諺>
[吃一塹長一智] ch'īhích'ièn chǎngíchìh ㄔㄧˊㄑㄧㄢˋㄓㄤˇㄧˊㄓˋ 한 번 경험하면 그 만큼 현명하여진다. <諺>
[吃糠嚥菜] ch'īhk'āng-yènts'ài ㄔㄎㄤㄧㄢˋㄘㄞˋ ①맛이 없는 것을 먹다. 악식(惡食)하다. <成>
[吃犒勞] ch'īh k'àolao ㄔㄎㄠˋㄌㄠ 좋은 음식을 먹다. 「고생하다.
[吃苦] ch'īhk'ǔ ㄔㄎㄨˇ 괴로움을 맛보다.
[吃掛落(兒)] ch'īhkuàlào(rh) ㄔㄍㄨㄚˋㄌㄠˋ(ㄦ) 남의 일로 화(禍)를 입다.
[吃館子] ch'īhkuǎntzǔ ㄔㄍㄨㄢˇㄗ 음식점에서 음식을 먹다.
[吃空] ch'īhk'ūng ㄔㄎㄨㄥ ①완전히 써 버리다.「把存錢都一了; 예금을 모두 써 버렸다」②먹어서 속이 비다. 파먹다.
[吃虧] ch'īhk'ueī ㄔㄎㄨㄟ ①손해보다.② 애석하게도. 아깝게도.
[吃力] ch'īhlì ㄔㄌㄧˋ 힘이 들다. 고생하다.
[吃裡爬外] ch'īhlǐ-p'áwài ㄔㄌㄧˇㄆㄚˊㄨㄞˋ 이쪽의 밥을 먹고 있으면서 저쪽 입장에 서다. <成>
[吃悶棍] ch'īh mềnkùn ㄔㄇㄣˋㄍㄨㄣˋ 매를 맞아 혼이 나도 소리를 내지 않는다.
[吃蜜] ch'īhmì ㄔㄇㄧˋ 맛있는 즙(汁)을 빨아 들이다. 단물을 빨다.
[吃墨紙] ch'īhmòchǐh ㄔㄇㄛˋㄓˇ 흡묵지. 압지. 「먹다.
[吃奶] ch'īh nǎi ㄔㄋㄞˇ 젖을 빨다. 젖을
[吃飽穿暖] ch'īhpǎo-ch'uānnuǎn ㄔㄅㄠˇㄔㄨㄢㄋㄨㄢˇ 배불리 먹고 따스한 옷을 입다. 의식(衣食)의 부족함이 없다. <成>
[吃炮藥] ch'īh p'àoyào ㄔㄆㄠˋㄧㄠˋ 포격(砲擊)당하다.
[吃不住] ch'īhpuchù ㄔㄅㄨㄓㄨˋ ①참을 수 없다. ②억누를 수 없다. ③살아갈 수 없다.
[吃不準] ch'īhpuchǔn ㄔㄅㄨㄓㄨㄣˇ 잘 알 수 없다. 확실하지 않다.
[吃不服] ch'īhpufú ㄔㄅㄨㄈㄨˊ ①(음식이)식성에 맞지 않다. ②＝吃不住②.
[吃不消] ch'īhpuhsiāo ㄔㄅㄨㄒㄧㄠ 참을 수 없다. 못견디겠다.
[吃不開] ch'īhpuk'āi ㄔㄅㄨㄎㄞ ①환영을 받지 못하다. ②뜻대로 되지 않다. ③위세가 없다. ④먹고 살 수가 없다.
[吃不够] ch'īhpukòu ㄔㄅㄨㄍㄡˋ 충분히 먹을 수 없다. 먹기에 부족하다.
[吃不了兜着走] ch'īhpuliǎo tōuchêtsǒu ㄔㄅㄨㄌㄧㄠˇ ㄉㄡㄓㄜㄗㄡˇ 참을 수 없을 정도로 심한 꼴을 당하다.
[吃不飽] ch'īhpupǎo ㄔㄅㄨㄅㄠˇ 배불리 먹을 수 없다. ↔吃得飽.
[吃不上] ch'īhpushàng ㄔㄅㄨㄕㄤˋ (경제상·능력의 이유로)먹을 수가 없다.
[吃不得] ch'īhputê ㄔㄅㄨㄉㄜ ①먹을 수 없다. ②먹어서는 안된다. ③참을 수 없다.
[吃(兒)] ch'īh(rh) ㄔ(ㄦ) 음식 먹을 것.
[吃軟不吃硬] ch'īhjuǎnpùch'īhyìng ㄔㄖㄨㄢˇㄅㄨˋㄔㄧㄥˋ 부드럽게 설득하면 말을 듣지만, 강제로 하려면 말을 듣지 않는다.
[吃上] ch'īhshang ㄔㄕㄤ ①먹어서 습관이 되다. ②입에 넣다.
[吃傷了] ch'īhshānglê ㄔㄕㄤㄌㄜ 너무 먹어서 싫증이 나다.
[吃生活] ch'īh shēnghuó ㄔㄕㄥㄏㄨㄛˊ 매 맞다. <吳>
[吃食] ch'īhshih ㄔㄕ 음식. 먹을 것.
[吃食堂] ch'īh shíht'áng ㄔㄕˊㄊㄤˊ 식당에서 식사를 하다.
[吃水] ch'īhshuǐ ㄔㄕㄨㄟˇ ①음료수. ②흘수: 배가 물에 잠기는 깊이. ③수분을 흡수하다.
[吃水(兒)] ch'īhshuǐ(rh) ㄔㄕㄨㄟˇ(ㄦ) 수분을 흡수하는 일.
[吃順不吃戧] ch'īhshùn pùch'īhch'iāng ㄔㄕㄨㄣˋㄅㄨˋㄔㄑㄧㄤ 남의 기분에 맞도록 하는 것은 좋지만, 거슬리게 해서는 안된다. 「착취를 하다.
[吃私] ch'īhssǔ ㄔㄙ 사복을 채우다. 중간
[吃素] ch'īhsù ㄔㄙㄨˋ 소식(素食). 소반. 소밥. 소밥을 먹다.
[吃大戶] ch'īhtàhù ㄔㄉㄚˋㄏㄨˋ 흉년 같은 때에 농민들이 지주를 습격하며 식량을 약탈하다.
[吃打口子] ch'īhtak'ǒutzǔ ㄔㄉㄚㄎㄡˇㄗ 약간 무엇을 먹다. 입가심하다 : 부녀자의 용어.
[吃湯團] ch'īh t'āngt'uán ㄔㄊㄤㄊㄨㄢˊ 댄서 따위에게 손님이 들지 않는 일. <吳>
[吃鐵吐火] ch'īht'iěh t'ǔhuǒ ㄔㄊㄧㄝˇㄊㄨˇㄏㄨㄛˇ 쇠를 먹고 불을 토한다는 뜻으로, 두려울 것이 없음을 일컫는 말.
[吃豆腐] ch'īhtòufu ㄔㄉㄡˋㄈㄨ ①희롱하다. 야유하다. ②여자를 농락하다.
[吃頭子] ch'īh t'óutzǔ ㄔㄊㄡˊㄗ 꾸중 듣다. 어려운 일을 당하다.
[吃材] ch'īhts'ai ㄔㄘㄞ 밥만 먹고 일을 못하는 사람. 밥벌레. ＝飯桶.
[吃醋] ch'īhts'ù ㄔㄘㄨˋ 질투하다. 강짜부리다.
[吃罪] ch'īhtsuì ㄔㄗㄨㄟˋ 벌을 받다.
[吃獨食] ch'īhtúshíh ㄔㄉㄨˊㄕˊ ①음식이나 이익을 독차지하다. ②탐욕.
[吃瓦片(兒)] ch'īh wǎp'ièn(rh) ㄔㄨㄚˇㄆㄧㄢˋ(ㄦ) 집세 따위로 생활을 하다.
[吃洋教] ch'īh yángchiào ㄔㄧㄤˊㄐㄧㄠˋ ①기독교에 의존하여 생활하다. ②기독교를 미끼로 하여 돈을 벌다.
[吃洋飯] ch'īh yángfàn ㄔㄧㄤˊㄈㄢˋ 외국관계의 업무로 생활하다. 「하다.
[吃藥] ch'īh yào ㄔㄧㄠˋ 약을 마시다. 복약
[吃硬不吃軟] ch'īh yìngpùch'īhjuǎn ㄔㄧㄥˋㄅㄨˋㄔㄖㄨㄢˇ 강하게 나가면 말을 듣지만 부드럽게 하는 말은 듣지 않는 ⌊다.

〔蚩〕 ch'īh ㄔ 무지(無知). 몽매(蒙昧).
[蚩尤] ch'īhyú ㄔㄧㄡˊ 전설 시대의 제후(諸侯)의 한 사람으로, 싸움을 즐겨 황제(黃帝)에게 멸망 당함.

〔眵〕 ch'īh ㄔ 눈꼽.
[眵目糊] ch'īhmuhú ㄔㄇㄨㄏㄨˊ 눈꼽.

〔笞〕 ch'ĭh ㄔ 매질하다.
[笞箠] ch'ĭhch'uí ㄔㄔㄨㄟˊ 대쪽으로 사람을 때리다.

〔嗤〕 ch'ĭh ㄔ 조소하다. 비웃다.
[嗤之以鼻] ch'ĭhchĭhĭpí ㄔㄓ丨ˇㄅ丨ˊ코웃음 치다. 대수롭지 않게 여기다.
[嗤笑] ch'ĭhhsiào ㄔㄒ丨ㄠˋ 조소하다.

〔螭〕 ch'ĭh ㄔ 전설에 나오는 뿔이 없는 용: 고대의 건축물이나 공예품의 장식으로 많이 나와 있음.

〔鴟〕 ch'ĭh ㄔ 매과에 속하는 새: 새매.
[鴟鴞] ch'ĭhhsiāo ㄔㄒ丨ㄠ 〈動〉 올빼미: 옛적에는 굴뚝새를 일컬었음.
[鴟梟] ch'ĭhhsiāo ㄔㄒ丨ㄠ ＝鴟鴞.
[鴟鵂] ch'ĭhhsiū ㄔㄒ丨ㄡ ＝鴟梟.
[鴟尾] ch'ĭhwěi ㄔㄨㄟˇ 용마루에 얹는 기와로 짐승 모양으로 만든 장식물. 잡상.
[鴟吻] ch'ĭhwěn ㄔㄨㄣˇ 궁전의 지붕 모서리의 장식물.

〔癡〕(痴) ch'ĭh ㄔ, ch'ĭh 우둔한. 「못난.
[癡騃] ch'ĭhái ㄔㄞˊ ①멍청한. 바보 같은. ②미친(狂). ＞癡癡騃騃.
[癡癡] ch'ĭhch'ĭh ㄔㄔ 멍청한 모양. 「一的想; 멍하니 생각에 잠기다」
[癡想] ch'ĭhhsiǎng ㄔㄒ丨ㄤˇ ① 바보같은 생각. ②바보 같은 생각을 하다.
[癡笑] ch'ĭhhsiào ㄔㄒ丨ㄠˋ ①멍청하게 웃다. ②무의식중에 웃다.
[癡人說夢] ch'ĭhjén shuōmèng ㄔㄖㄣˊㄕㄨㄛㄇㄥˋ 바보의 넋두리. 멍청한 헛소리.
[癡迷] ch'ĭhmí ㄔㄇ丨ˊ 혼미해져서 깨닫지 못하다. ＞癡癡迷迷.
[癡傻] ch'ĭhshǎ ㄔㄕㄚˇ 바보다. 못나다.
[癡心] ch'ĭhshīn ㄔㄒ丨ㄣ ①치정(痴情). ②망상. 공상.
[癡呆] ch'ĭhtāi ㄔㄉㄞ ＝癡騃.
[癡子] ch'ĭhtzŭ ㄔㄗ 바보. 미치광이.

〔池〕 ch'ĭh ㄔˊ ①못. 웅덩이. ②푸울. 목욕탕. ③주위보다 얕게 패어 들어간 곳. ④성(姓)의 하나.
[池沼] ch'ĭhchǎo ㄔˊㄓㄠˇ 못과 웅덩이.
[池座] ch'ĭhtsò ㄔˊㄗㄨㄛˋ 극장 아랫층의 중앙 관람석.
[池子] ch'ĭhtzŭ ㄔˊㄗ 못. 연못.
[池堂] ch'ĭht'ang ㄔˊㄊㄤ 혼욕(混浴)목욕탕.
[池塘] ch'ĭht'áng ㄔˊㄊㄤˊ ①못. ②＝池堂.
[池鹽] ch'ĭhyén ㄔˊ丨ㄢˊ 호수의 물로써 제조한 소금.

〔弛〕 ch'ĭh ㄔˊ 늦추다. 풀다. 떼다.

〔持〕 ch'ĭh ㄔˊ ①쥐다. 가지다. 「一筆; 붓을 잡다」 ②지탱하다. 유지하다. 「堅一眞理; 진리를 견지하다」 ③관리하다. 다스리다. 「把一; 주재(主宰)하다」
[持正] ch'ĭhchěng ㄔˊㄓㄥˋ ①정도(正道)를 지키다. ②持平.
[持家] ch'ĭhchiā ㄔˊㄐ丨ㄚ ①가업(家業)을 유지하다. ②집안 일을 처리하다.
[持久] ch'ĭhchiŭ ㄔˊㄐ丨ㄡˇ 오래도록 지니다.
[持之有故] ch'íhchīh yŭkù ㄔˊㄓ丨ㄡˇㄍㄨˋ (학설이나 논의에) 일정한 근거가 있다.
[持重] ch'íhchùng ㄔˊㄓㄨㄥˋ ①자중하다. 침착하다. 「老成一; 온건(穩健)하다」 ＞持持重重. ②정도(正道)를 지키다.
[持兩端] ch'íhliǎngtuān ㄔˊㄌ丨ㄤˇㄉㄨㄢ 양다리 걸치다. 두 가지 마음을 먹다.
[持平] ch'íhp'íng ㄔˊㄆ丨ㄥˊ 공평하게 하다. 공평하다. 「一之論; 공정한 이론」
[持身] ch'íhshēn ㄔˊㄕㄣ 몸가짐을 조심하다.
[持有] ch'íhyŭ ㄔˊ丨ㄡˇ 가지고 있다. 가지다.

〔匙〕 ch'íh ㄔˊ 숟가락. ＝調羹.

〔馳〕 ch'íh ㄔˊ ①거마(車馬)를 몰다. 질주하다. 「一馬; 말을 몰다」 ②(마음이)내키다. 「一念; 그리워하다. 마음이 쏠리다」 ③전해지다. 떨치다. 「一名; 이름을 떨치다」
[馳騁] ch'íhch'ěng ㄔˊㄔㄥˇ ①말을 타고 왔다갔다 하며 질주하다. ②들판에서 사냥하다. ③활약하다.
[馳驅] ch'íhch'ū ㄔˊㄑㄩ 빨리 달리다.
[馳驟] ch'íhtsòu ㄔˊㄗㄡˋ 질주하다. 뛰다.

〔踟〕 ch'íh ㄔˊ
[踟躕] ch'íhch'ú ㄔˊㄔㄨˊ ①돌아 다니다. ②우물쭈물하고 결정을 못하다. ＞踟踟躕躕.

〔遲〕(迟) ch'íh ㄔˊ ①느린. 「行動一緩; 행동이 느리다」 ②(시간이)늦다. ③약삭빠르지 못하다. 「心一眼鈍; 느리고 약삭빠르지 못하다」
[遲緩] ch'íhhuǎn ㄔˊㄏㄨㄢˇ 느리다. 완만하다.
[遲疑] ch'íhí ㄔˊ丨ˊ 주저하다. 주저하여 결정을 못하다.
[遲慢] ch'íhmàn ㄔˊㄇㄢˋ 느리다. 더디다.
[遲暮] ch'íhmù ㄔˊㄇㄨˋ ①연말(年末). ②만년(晩年).
[遲笨] ch'íhpèn ㄔˊㄅㄣˋ 느릿느릿 늑장을 부리다.
[遲宕] ch'íhtàng ㄔˊㄉㄤˋ 망설이다. 주저하다.
[遲到] ch'íhtào ㄔˊㄉㄠˋ 늦게 도착하다. 지각하다.
[遲點] ch'íhtiěn ㄔˊㄉ丨ㄢˇ 지각하다. ＝晩點.
[遲早] ch'íhtsǎo ㄔˊㄗㄠˇ 조만간(早晩間). 결국.
[遲鈍] ch'íhtùn ㄔˊㄉㄨㄣˋ 느리다. 둔하다.
[遲頓] ch'íhtùn ㄔˊㄉㄨㄣˋ 주저하다. 망설이다.
[遲誤] ch'íhwù ㄔˊㄨˋ 늦어서 일을 그르치다. ＞遲遲延延.
[遲延] ch'íhyén ㄔˊ丨ㄢˊ 질질 끌다. 지연시키다.

〔尺〕 ch'ĭh ㄔˇ ①자. ②길이의 단위: 척(尺). ③자 모양의 물건. ⇨ch'ě.
[尺蠖] ch'ĭhhuò ㄔˇㄏㄨㄛˋ 〈動〉①자벌레. ②일단 움츠렸다가 뻗어나가는 일의 비유.
[尺碼] ch'ĭhmǎ ㄔˇㄇㄚˇ 척도(尺度). 치수.
[尺頭] ch'ĭht'ou ㄔˇㄊㄡ (본견) 피륙.
[尺頭(兒)] ch'ĭht'óu(rh) ㄔˇㄊㄡˊ(ㄦ) 척도. 길이.
[尺子] ch'ĭhtzŭ ㄔˇㄗ 자.
[尺寸] ch'ĭhts'un ㄔˇㄘㄨㄣ ①절도(節度).

준칙. ②치수. 「書信).
[尺牘] ch'ǐhtú ㄔˇㄉㄨˊ (문어체의) 서신(
[尺度] ch'ǐhtù ㄔˇㄉㄨˋ ch'ihtu ①물건의 길이. ②표준.
[尺短寸長] ch'ǐhtuǎn-ts'ùnch'áng ㄔˊㄉㄨㄢˇ ㄘㄨㄣˋ ㄔㄤˊ 물건마다 장점과 단점이 있어서 서로 취할 점이 있다.《成》

〔呎〕 ch'ǐh ㄔˇ 피이트: 길이의 단위.

〔侈〕 ch'ǐh ㄔˇ ①사치스러운 ②과장한. ③많은. 과분한.
[侈談] ch'ǐht'án ㄔˇㄊㄢˊ ①내용이 없는 장담. ②과대한 말. ③ 방담(放談)하다. ＝侈論. 「談).
[侈言] ch'ǐhyén ㄔˇㄧㄢˊ 호언장담(豪言壯

〔豉〕ch'ǐhㄔˇ「豆—; 된장·청국장 따위」

〔恥〕(耻) ch'ǐh ㄔˇ ①부끄러워하다. 부끄럽다. ②수치. 「웃다.
[恥笑] ch'ǐhhsiào ㄔˇㄒㄧㄠˋ 조소하다. 비

〔褫〕 ch'ǐh ㄔˇ 약탈하다. 빼앗다.
[褫職] ch'ǐhchíh ㄔˇㄓˊ 직위를 빼앗다.
[褫奪] ch'ǐhtó ㄔˇㄉㄨㄛˊ 공민권 따위를 박탈하다.

〔齒〕(齿) ch'ǐh ㄔˇ ①이. 치아. ②「—(兒); 이 모양의 물건」③연령. 「—稚; 나이가 어리다」
[齒冷] ch'ǐhlěng ㄔˇㄌㄥˇ ①비웃다. 조소하다. ②우스워서 참을 수가 없다.
[齒輪(兒)] ch'ǐhlún(rh) ㄔˇㄌㄨㄣˊ(ㄦ)톱니바퀴. 기어(gear).
[齒數] ch'ǐhshǔ ㄔˊㄕㄨˇ 축에 들다.
[齒德] ch'ǐhté ㄔˇㄉㄜˊ 연령과 덕망.
[齒望] ch'ǐhwàng ㄔˇㄨㄤˋ 연령과 명망.

〔彳〕 ch'ìh ㄔˋ「—亍(ch'ù); 조금 걷다가 잠시 멈추는 모양. "彳"는 왼발의 걸음, "亍"는 오른발의 걸음을 말함」

〔斥〕 ch'ìh ㄔˋ ①견책하다. 비난하다. 「痛—荒謬的論調; 엉터리 논조를 통렬히 비난하다」②물리치다. 떼어 놓다. 「—退左右; 좌우의 사람을 물리치다」③개척하다. 「다.
[斥革] ch'ìhkó ㄔˋㄍㄜˊ 직원을 사직시키
[斥鹵] ch'ìhlǔ ㄔˋㄌㄨˇ ① 불모(不毛)의 알칼리성 토지. ②경작이 불가능한 토지. 「다.
[斥罵] ch'ìhmà ㄔˋㄇㄚˋ 질책하다. 꾸짖
[斥打] ch'ìhtǎ ㄔˋㄉㄚˇ 꾸짖다. 「다.
[斥責] ch'ìhtsé ㄔˋㄗㄜˊ 꾸짖다. 나무라
[斥退] ch'ìht'uì ㄔˋㄊㄨㄟˋ ①파면시키다. ② 꾸짖어 물리치다.

〔叱〕 ch'ìh ㄔˋ 큰소리로 꾸짖다.
[叱咤] ch'ìhchà ㄔˋㄓㄚˋ ①큰소리로 꾸짖는 일. ②성을 내어 혀를 차는 일.
[叱咤風雲] ch'ìhchà fēngyún ㄔˋㄓㄚˋㄈㄥㄩㄣˊ 한번 큰소리로 꾸짖어서 바람과 구름을 일으키다: 세력이나 힘이 커지는 형용.《成》
[叱呼] ch'ìhhū ㄔˋㄏㄨ 고함 치며 꾸짖다.
[叱罵] ch'ìhmà ㄔˋㄇㄚˋ 큰소리로 꾸짖
[叱名] ch'ìhmíng ㄔˋㄇㄧㄥˊ 이름을 함부로 부르다.

〔赤〕 ch'ìh ㄔˋ ①붉은 색. ②빈. 아무것도 없는. 「—手空拳; 빈손」③벗은. 「—身; 알몸. 맨몸」
[赤脚] ch'ìhchiǎo ㄔˋㄐㄧㄠˇ 맨발. ＝赤足.
[赤金] ch'ìhchīn ㄔˋㄐㄧㄣ ①순금. ②불그스름한 금. ③동(銅). 「붉은 팥.
[赤小豆] ch'ìhhsiǎotòu ㄔˋㄒㄧㄠˇㄉㄡˋ팥.
[赤心] ch'ìhhsīn ㄔˋㄒㄧㄣ 진심. 충성심.
[赤日] ch'ìhjìh ㄔˋㄖˋ 격렬한 태양. 뜨거운 햇빛.
[赤佬] ch'ìhlǎo ㄔˋㄌㄠˇ 무서운 놈. 보기 싫은 놈. ＝鬼.《吳》《罵》
[赤背] ch'ìhpèi ㄔˋㄅㄟˋ 등을 내놓다.
[赤膊] ch'ìhpó ㄔˋㄅㄛˊ ①드러낸 팔. 벗은 상반신. ②웃통을 벗다.
[赤身] ch'ìhshēn ㄔˋㄕㄣ ①알몸. ②알몸이 되다. 「출혈.
[赤帶] ch'ìhtài ㄔˋㄉㄞˋ 대하증으로 인한
[赤膽忠心] ch'ìhtǎn-chūnghsīng ㄔˋㄉㄢˇ ㄓㄨㄥㄒㄧㄣ 충성스러운 진심.
[赤地] ch'ìhtì ㄔˋㄉㄧˋ (농작물 따위)아무것도 없는 토지.
[赤條精光] ch'ìht'iáochīngkuāng ㄔˋㄊㄧㄠˊㄐㄧㄥㄍㄨㄤ 발가벗은 모양. ＝赤條條的.
[赤豆] ch'ìhtòu ㄔˋㄉㄡˋ 팥. ＝赤小豆.
[赤篤子] ch'ìhtǔtzǔ ㄔˋㄉㄨˇㄗ 하반신(下半身)을 벗은 몸
[赤子之心] ch'ìhtzǔchīhhsīn ㄔˋㄗˇㄓㄒㄧㄣ 순진한 마음. 동심(童心).

〔勅〕(敕) ch'ìh ㄔˋ 칙어(勅語).

〔翅〕 ch'ìh ㄔˋ ①(새나 곤충 따위의) 날개. ②(물고기의)지느러미.
[翅席] ch'ìhhsí ㄔˋㄒㄧˊ 상어의 지느러미로 만든 요리가 나오는 좌석이란 뜻으로, 최고의 주석(酒席)을 일컬음. 「개.
[翅膀(兒)] ch'ìhp'ǎng(rh) ㄔˋㄆㄤˇ(ㄦ) 날
[翅(兒)] ch'ìh(rh) ㄔˋ(ㄦ) ①곤충의 날개. ②날개 모양의 물건. 「翅.
[翅子] ch'ìhtzǔ ㄔˋㄗ ①＝翅(兒). ② ＝魚

〔啻〕 ch'ìh ㄔˋ ⇨tì.

〔飭〕 ch'ìh ㄔˋ ①정돈하다. 정리하다. 「整—紀律; 규율을 바르게 하다」 ②명령하다. ③훈계하다. ④상급 관청에서 하급 관청에 일을 위임할 때에 쓰이는 공문. 「—文; 하달 공문서」

〔熾〕 ch'ìh ㄔˋ 치열한 불길이 센 모양.
[熾燃] ch'ìhján ㄔˋㄖㄢˊ 세차게 불이 타오르다.
[熾熱] ch'ìhjè ㄔˋㄖㄜˋ 열렬한. 성한.
[熾盛] ch'ìhshèng ㄔˋㄕㄥˋ ①번식이 성하다. ②무성하다.

CHIN ㄐㄧㄣ

〔巾〕 chīn ㄐㄧㄣ ①행주. ②두건(頭巾).

手一；수건」
[巾幗] chīnkuó ㄐㄧㄣㄍㄨㄛˊ ①옛적에 여성이 쓰던 두건. ②여성(女性)을 나타내는 말.「一英雄；여장부(女丈夫)」

〔今〕 chīn ㄐㄧㄣ 지금. 현재.「從一以後；지금부터 이후. 금후(今後)」
[今朝] chīnchāo ㄐㄧㄣㄓㄠ ＝今天.
[今非替比] chīnfēihsípǐ ㄐㄧㄣㄈㄟㄒㄧˊㄅㄧˇ 지금은 옛날과 비교가 안된다. 지금은 옛날과 다르다. 《成》
[今(兒)個] chīn(rh)ko ㄐㄧㄣ(ㄦ)ㄍㄜ 오늘. 금일.「一晚上；오늘 저녁」
[今輩子] chīnpèitzǔ ㄐㄧㄣㄅㄟˋㄗ 일생(一生). 이 생애(生涯).
[今兒] chīnrh ㄐㄧㄣㄦ ＝今天.
[今是昨非] chīnshih tsófēi ㄐㄧㄣㄕˋㄗㄨㄛˊㄈㄟ 오늘날 것이 옳고 옛 것은 옳지 않다. 《成》 「(今日).
[今天] chīnt'ien ㄐㄧㄣㄊㄧㄢ 오늘. 금일
[今早] chīntsǎo ㄐㄧㄣㄗㄠˇ ①오늘 아침. ②금일. 오늘. 《吳》

〔斤〕 chīn ㄐㄧㄣ ①중량의 단위: 1"斤"은 16량(兩). 596.816그램. ②도끼.「斧一；도끼」③"斤"으로 셀 수 있는 물건에 붙는 말.「煤一；석탄」「鹽一；소금」
[斤斤較量] chīnchīn chiàoliang ㄐㄧㄣㄐㄧㄣ ㄐㄧㄠˋㄌㄧㄤ ＝斤斤計較.
[斤斤計較] chīnchīn chìchiao ㄐㄧㄣㄐㄧㄣ ㄐㄧˋㄐㄧㄠ 자세하게 대조하여 맞추다. 세세한 데까지 잔소리하다. 사소한 데까지 간섭하다.
[斤斤兩兩] chīnchīn liángliǎng ㄐㄧㄣㄐㄧㄣㄌㄧㄤˊㄌㄧㄤˇ 대수롭지 않은 사소한 일. ②우물쭈물하며 결단을 못 짓는 모양.「別老一的, 快走吧；언제까지 우물쭈물하지 말고 빨리 가거라」
[斤兩] chīnliang ㄐㄧㄣㄌㄧㄤ ①근량(斤量). 무게. ②(문장이나 사람의 태도 따위의) 무게.「這篇文章又扼要又有一；이 글은 내용이 요령있게 되어 있지만 무게도 있다」
[斤餅] chīnpǐng ㄐㄧㄣㄅㄧㄥˇ 마른 과자. 건과자(乾菓子).

〔金〕 chīn ㄐㄧㄣ ①금. 황금.「一子；금」②금속(金屬). 금·은·동 따위. ③돈. 화폐.「現一；현금」
[金蟬脫殼] chīnch'án t'ōch'iào ㄐㄧㄣㄔㄢˊㄊㄨㄛㄑㄧㄠˋ 집만 남겨 놓고 살짝 빠져 도망치다. 감쪽같이 도망했다는 비유. 《成》
[金酒] chīnchiǔ ㄐㄧㄣㄐㄧㄡˇ 양주의 한 가지. 진(gin).
[金桔] chīnchǘ ㄐㄧㄣㄐㄩˊ 〈植〉대추만한 밀감의 한 가지: 금감.
[金瘡] chīnch'uāng ㄐㄧㄣㄔㄨㄤ ①칼에 다친 상처. ②창이나 칼 따위로 입은 부상.
[金黃] chīnhuáng ㄐㄧㄣㄏㄨㄤˊ ①분홍과 황색의 중간 색. 주황색. 또는 그런 물감. ＝金黃色. ②주황색의 그림 물감.
[金貨] chīnhuō ㄐㄧㄣㄏㄨㄛˋ 금으로 만든 제품. 금제품(金製品). 「기의 속칭.
[金剛] chīn'kāng ㄐㄧㄣㄍㄤ 번데기. 번데
[金剛石] chīnkāngshíh ㄐㄧㄣㄍㄤㄕˊ 금강석.
[金剛鑽兒] chīnkāngtsuànrh ㄐㄧㄣㄍㄤㄗㄨㄢˋㄦ ①금강석(金剛石)의 부스러기. ②다이아몬드.
[金殼(兒)表] chīnk'ó(rh)piǎo ㄐㄧㄣㄎㄜˊ(ㄦ)ㄅㄧㄠˇ 금시계(金時計). ＝金表.
[金口玉牙] chīnk'ǒu-yǜyá ㄐㄧㄣㄎㄡˇㄩˋㄧㄚˊ 한 번 말하면 변치 않는 일.
[金光菜] chīnkuāngts'ài ㄐㄧㄣㄍㄨㄤㄘㄞˋ 〈植〉개자리: 비료로 쓰임. ＝金花菜.
[金工] chīnkūng ㄐㄧㄣㄍㄨㄥ 금속 가공 작업(加工作業). 「지.
[金鎦子] chīnliùtzǔ ㄐㄧㄣㄌㄧㄡˋㄗ 금반
[金黴素] chīnméisù ㄐㄧㄣㄇㄟˊㄙㄨˋ〈醫〉오오레오마이신.
[金面] chīnmièn ㄐㄧㄣㄇㄧㄢˋ 널리 알려진 얼굴. 훌륭하고 유명한 얼굴.
[金筆] chīnpǐ ㄐㄧㄣㄅㄧˇ 만년필(萬年筆).
[金碧輝煌] chīnpì huīhuáng ㄐㄧㄣㄅㄧˋㄏㄨㄟㄏㄨㄤˊ 아름다운 장식(裝飾). 건축물이 아름답다는 비유.
[金表] chīnpiǎo ㄐㄧㄣㄅㄧㄠˇ 금시계(金時計).「一鏈；금시계의 줄」
[金匾] chīnpiěn ㄐㄧㄣㄅㄧㄢˇ 금문자(金文字)를 넣은 가로로 된 편액.
[金絲雀] chīnssūch'uèh ㄐㄧㄣㄙㄑㄩㄝˋ 〈動〉카나리아.
[金條] chīnt'iáo ㄐㄧㄣㄊㄧㄠˊ ①금을 길게 늘인 것. 지금(地金). ②금줄.
[金字塔] chīntzǜt'ǎ ㄐㄧㄣㄗˋㄊㄚˇ 금자탑. 피라밋.
[金牙] chīnyá ㄐㄧㄣㄧㄚˊ 금니. 금으로 만든 의치(義齒). 「박(金箔).
[金葉(子)] chīnyèh(tzǔ) ㄐㄧㄣㄧㄝˋ(ㄗ) 금
[金銀花] chīnyínhuā ㄐㄧㄣㄧㄣˊㄏㄨㄚ 〈植〉인동덩굴의 꽃. ＝忍冬花.
[金圓] chīnyüán ㄐㄧㄣㄩㄢˊ ①금화(金貨). ②달러(dollar): 미국의 화폐 단위. ＝金元.
[金玉之言] chīnyǜchīhyén ㄐㄧㄣㄩˋㄓㄧㄢˊ 극히 귀중한 말.

〔矜〕 chīn ㄐㄧㄣ ①불쌍히 여기다. 딱하고 가엾게 여기다. ②자랑하다. 뽐내다.「自一功勞；공로를 자랑하다」③진지하다. 엄격하다.
[矜持] chīnch'íh ㄐㄧㄣㄔˊ 엄격해지다. 진지해지다. ＞矜矜持持.
[矜重] chīnchùng ㄐㄧㄣㄓㄨㄥˋ 숙연하여 무게가 있다. ＞矜矜重重.
[矜惜] chīnhsī ㄐㄧㄣㄒㄧ 불쌍히 여기다.
[矜誇] chīnk'uā ㄐㄧㄣㄎㄨㄚ 거만을 부리다. 교만을 떨다. 「다.
[矜憐] chīnlién ㄐㄧㄣㄌㄧㄢˊ 가엾게 여기

〔觔〕 chīn ㄐㄧㄣ ① ＝筋. ②"斤" ①의 다른 글자.
[觔斗] chīntǒu ㄐㄧㄣㄉㄡˇ 공중 회전(空中迴轉). 물구나무서기.「打一；공중 회전을 하다」＝跟斗.

〔津〕 chīn ㄐㄧㄣ ①도선장(渡船場). 나루터.「一渡；도선장」「問一；나루터를 묻다. 학문이나 기술 따위를 습득하려고 하다」②침. 타액.「一液；타액」③땀. ④축이다. ⑤"天津"의 준말.
[津津樂道] chīnchīnlètào ㄐㄧㄣㄐㄧㄣㄌㄜˋㄉㄠˋ 재미있는 듯이 즐겁게 이야기

하다.
[津津有味] chīnchīnyǔwèi ㄐㄧㄣㄐㄧㄣㄧㄡˇㄨㄟˋ 흥미 진진하다.
[津梁] chīnliáng ㄐㄧㄣㄌㄧㄤˊ ①다리. 교량. ②다리를 놓는 역할. 「韓語一; 한국어 첩경(捷徑)」
[津貼] chīnt'iēh ㄐㄧㄣㄊㄧㄝ 보조금(補助金). 수당(手當). (금전으로) 도와 주다.
[津要] chīnyào ㄐㄧㄣㄧㄠˋ ①중요한 곳. 중요 지점(地點). ②중요한 지위.

〔衿〕 chīn ㄐㄧㄣ ①옷깃. 동정. =襟① ②작은 허리띠. 옷고름.

〔筋〕 chīn ㄐㄧㄣ ①근육(筋肉). ②정맥(靜脈). 「青一暴露; 핏대를 올리다」 ③건축물의 철근(鐵筋). ④(근육 따위의) 심줄. 「茺藍有一, 嚼不動; 순무에 심어 들어서 씹을 수가 없다」
[筋節兒] chīnchiehrh ㄐㄧㄣㄐㄧㄝㄦ ①적당한 시기. ②가장 알맞는 정도(程度). ③요점(要點).
[筋骨眼] chīnkuyĕn ㄐㄧㄣㄍㄨㄧㄢˇ 중요한 점. 포인트(point). 문제의 핵심.
[筋絡] chīnlò ㄐㄧㄣㄌㄨㄛˋ 뼈마디에 연결된 근육.
[筋脈] chīnmài ㄐㄧㄣㄇㄞˋ ①뼈마디에 연결된 근육. =筋絡. ②요소. 급소(急所).
[筋疲力盡] chīnp'í-lìchìn ㄐㄧㄣㄆㄧˊㄌㄧˋㄐㄧㄣˋ 전신의 힘이 빠질대로 빠지다. 기진역진(氣盡力盡)하다. 《成》
[筋條] chīnt'iáo ①ㄐㄧㄣㄊㄧㄠˊ(신체의) 심줄. ② chīnt'iao (신체가) 건장하다.
[筋頭兒] chīnt'óurh ㄐㄧㄣㄊㄡˊㄦ심줄이 많이 섞인 고기.

〔禁〕 chīn ㄐㄧㄣ ①견디다. 지탱하다. 「一得起考驗; 시련을 견디어 내다」「一穿; 오래도록 입다」 ②참다. 억제하다. 「他不一笑起來; 그는 참다 못해 웃어 버렸다」 ⇨ chìn.
[禁黷] chīnchǎn ㄐㄧㄣㄓㄢˇ 더러워진 곳이 눈에 띄지 않다. 더러움을 타지 않다.
[禁花] chīnhuā ㄐㄧㄣㄏㄨㄚ (돈을) 함부로 쓰는 버릇이 있다.
[禁不住] chīnpuchū ㄐㄧㄣㄅㄨㄓㄨˋ 견디지 못하다. 참지 못하다. 「一考驗; 시련을 감당 못하다」「一風吹雨打; 세상의 고초를 견디어 내지 못하다」
[禁用] chīnyùng ㄐㄧㄣㄩㄥˋ 내구력(耐久力)이 있다.

〔襟〕 chīn ㄐㄧㄣ ①옷깃. 동정. 「大一; 섭」 ②마음. 생각. 「胸一; 마음 속. 가슴 속」 ③동서(同壻). 「一兄; 맏동서」
[襟懷] chīnhuái ㄐㄧㄣㄏㄨㄞˊ ①가슴 속. 심중(心中). ②의견. 생각. 의지(意志). 의기.
[襟抱] chīnpào ㄐㄧㄣㄅㄠˋ의견. 생각.

〔堇〕 chǐn ㄐㄧㄣˇ ①〈植〉 제비꽃. ②〈植〉 바곳. =烏頭. 附子.

〔僅〕(仅) chǐn ㄐㄧㄣˇ 겨우. 근근히. 「這些意見一供參考; 이런 의견은 참고로 제공할 뿐이다」「他不一識字, 還能寫文章了; 그는 글을 읽을 뿐 아니라 문장을 쓸 줄 알게 되었다」
[僅只] chǐnchǐh ㄐㄧㄣˊㄓˇ 겨우. 간신히. 오직. 「一剩他一個人了; 겨우 그 사람만이 남아 있을 뿐이었다」
[僅僅] chǐnchǐn ㄐㄧㄣˊㄐㄧㄣˇ 근근히. 겨우.
[僅是] chǐnshìh ㄐㄧㄣˇㄕˋ ①단지 …뿐이다. ②chǐnshih 근근히. 겨우. 오직.
[僅有絕無] chínyǔ chüéhwú ㄐㄧㄣˊㄧㄡˇㄐㄩㄝˊㄨˊ 좀처럼 없다. 어쩌다가 있을 뿐이다.

〔槿〕 chǐn ㄐㄧㄣˇ 〈植〉 목근(木槿). 무궁화(無窮花). 근화(槿花).

〔瑾〕 chǐn ㄐㄧㄣˇ 아름다운 옥(玉).

〔緊〕 chǐn ㄐㄧㄣˇ ①꽉 죄어지다. 갑갑하다. 답답하다. 「捆一; 단단히 묶다」「瓶塞兒塞得很一; 병마개는 단단히 끼웠다」「這雙鞋太一; 이 신은 몹시 낀다」 ②곧. 간격을 두지 않고. 딱 붙어서. 「一靠着; 딱 붙어서」 ③힘껏 당기다. 꽉 졸라 매다. 「一一腰帶; 허리띠를 꽉 졸라 매다」 ④괴롭다. 숨 돌릴 사이도 없다. 「功課很一; 공부하기에 몹시 분주하다」「抓一時間; 시간을 헛되이 보내지 않도록 하다」 ⑤빨리. 조급하다. 쉴 새 없이. 항시. 「一走; 급히 걷다」「雨下得正一; 비가 종일토록 온다」 ⑥절박하다. 박두하다. 위태롭다. 「情況很一; 정세가 몹시 절박하다」 ⑦핍박하다. 생활이 어렵다. 「日子很一; 생활이 그생스럽다」 ⑧엄하다. 「管制得很一; 엄격하게 관리하다」 ⑨몹시. 대단히. 퍽. 《方》「可笑得一; 몹시 우습다」
[緊張] chǐnchāng ㄐㄧㄣˇㄓㄤ ①절박하다. 긴장되다. 「工作一; 일이 바쁘다」「緩和國際一局勢; 국제간의 긴장된 국면이 완화되다」 >緊緊張張. ②진지하다. 「態度一; 태도가 진지하다」 ③물품이 부족하다. 「一情況; 품귀 상태 品貴狀態)」
[緊着] chǐnchê ㄐㄧㄣˇㄓㄜ 사이를 두지 않고. 딱 붙어서.
[緊襯] chǐnch'ên ㄐㄧㄣˇㄔㄣ 꼭 맞다. 딱 들어 맞다. >緊緊襯襯.
[緊緊巴巴] chǐnchinpāpā ㄐㄧㄣˇㄐㄧㄣㄅㄚㄅㄚ ①(돈이 없어) 안달하고 있다. ②비좁은 모양. 「這間屋子住着一; 이 집은 살기에 너무 착박하다」
[緊緊地] chǐnchǐntê ㄐㄧㄣˊㄐㄧㄣˇㄉㄜ ①긴장한 모양. 단단히 죄어진 모양. 몹시 비좁은 모양. ②긴밀한 모양. 꼭 달라붙은 모양. ③빈틈 없이 분명한 모양.
[緊抓] chǐnchuā ㄐㄧㄣˇㄓㄨㄚ ①꽉 쥐다. ②(어떤 점을) 중점적(重點的)으로 확실히 다루다.
[緊趕] chín'kǎn ㄐㄧㄣˊㄍㄢˇ ①급하게 하다. ②곧 쫓다. ③급히 앞으로 나가다. 「一幾步; 급히 앞으로 몇 발짝 나가다」
[緊趕慢趕] chínkǎn-mànkǎn ㄐㄧㄣˊㄍㄢˇㄇㄢˋㄍㄢˇ 부지런히 일하는 모양.
[緊靠] chǐnk'ào ㄐㄧㄣˇㄎㄠˋ 곧 옆으로 다가오다. 「속하여. 이어.
[緊跟着] chǐn'kēnchê ㄐㄧㄣˇㄍㄣㄓㄜ 계.
[緊箍] chǐnkū ㄐㄧㄣˇㄍㄨ (전체적으로 중심을 향해) 단단히 죄다. 「衣服瘦了一在身上; 옷이 작아져서 몸에 바짝 낀다」
[緊鄰] chǐnlín ㄐㄧㄣˇㄌㄧㄣˊ 바로 옆.
[緊慢遲急兒] chǐnmànch'íhchírh ㄐㄧㄣˇ

ㄇㄢˋㄔˊㄐㄧˊㄦ 사물의 긴박한 경우. 뒤로 물릴 수 없는 긴급한 일. 「無論是誰, 也都有個一的事；누구를 막론하고 뒤로 물릴 수 없는 긴박한 일이 있는 법이다」

[緊繃繃的] chǐnpēngpēngtê ㄐㄧㄣˇㄅㄥㄅㄥㄉㄜ ①꽉 차 있는 모양. ②팽팽하게 죄어진 모양.

[緊閉] chǐnpì ㄐㄧㄣˇㄅㄧˋ 영창(營倉).

[緊逼] chǐnpī ㄐㄧㄣˇㄅㄧ 엄중히 재촉하다.

[緊身兒] chǐnshênrh ㄐㄧㄣˇㄕㄣㄦ ①속옷. 내의(內衣). ②(의복 따위가) 몸에 꼭 맞는다.

[緊守] chínshǒu ㄐㄧㄣˊㄕㄡˇ ①엄중히 수비(守備)하다. ②엄격하게 지키다. 「一信用；신용을 단단히 지키다」

[緊湊] chǐnts'òu ㄐㄧㄣˇㄘㄡˋ ①바로 옆에까지 다가와 있다. ②빈틈 없이 정리되어 있다. 「文章結構一；문장 구조에 빈틈이 없다」>緊緊湊湊.

[緊走] chíntsǒu ㄐㄧㄣˊㄗㄡˇ 종종걸음으로 걷다.

[緊促] chǐnts'ù ㄐㄧㄣˇㄘㄨˋ 급박(急迫)하다. 절박하다.

[緊蹙] chǐnts'ù ㄐㄧㄣˇㄘㄨˋ 꽉 조르다. 「一眉頭；눈쌀을 찌푸리다」

[緊催] chǐnts'uī ㄐㄧㄣˇㄘㄨㄟ 연해 재촉하다.

[緊自] chǐntzǔ ㄐㄧㄣˇㄗ 한결같이. 외곬으로. 「別一那麼想；언제까지나 그렇게 외곬으로 생각하지 말게」

[緊握] chǐnwò ㄐㄧㄣˇㄨㄛˋ 단단히 쥐다. 「一手；굳게 악수(握手)하다」

〔錦〕 chǐn ㄐㄧㄣˇ ①비단. ②화려한. 눈이 부신.

[錦旗] chǐnch'í ㄐㄧㄣˇㄑㄧˊ 우승기.

[錦綉] chǐnhsiù ㄐㄧㄣˇㄒㄧㄡˋ 비단 모양을 한. 화려하다는 비유. 「一江山；금수(錦繡) 강산」

[錦綉前程] chǐnhsiù ch'iénch'éng ㄐㄧㄣˇㄒㄧㄡˋㄑㄧㄢˊㄔㄥˊ 화려한 전도(前途).

[錦標] chǐnpiāo ㄐㄧㄣˇㄅㄧㄠ 우승기. 우승했다는 표적. 「一賽；우승전(優勝戰)」 「一主義；개인영웅(個人英雄) 주의」

[錦上添花] chǐnshàngt'iēnhuā ㄐㄧㄣˇㄕㄤˋㄊㄧㄢㄏㄨㄚ 금상첨화. 아름다운 위에 더욱 아름다움을 더함. «成»

[錦緞] chǐntuàn ㄐㄧㄣˇㄉㄨㄢˋ 비단.

〔儘〕(尽) chǐn ㄐㄧㄣˇ ①가장. 「一底下；제일 아래」 「一東頭兒；동쪽 끝」 ②다하여. 「一着力氣做；힘을 다하여 일하다」 ③제일 먼저. 맨처음. 「先一着舊衣服穿；제일 먼저 헌옷부터 입다」 ⇨chìn ㄐㄧㄣˋ

[儘着] chǐnchê ㄐㄧㄣˇㄓㄜ ①충분히. 전체에 걸쳐. =可着. 「一個月你一一萬塊錢花；한 달 동안에 너는 1만원을 전부 쓴다」 ②언제나. 늘. 언제까지나. =老是. 「你一在看什麼？；너는 언제까지나 무엇을 보고 있는가？」 ③일체를 일임하다. 마음대로 하게 하다. 「一你吃；먹고 싶은 대로 먹다」 「一他先用；그가 먼저 써도 아무 상관 없다」 ④최대한으로. 되도록. 「一各人的能力做事；각자의 최대 능력으로써 말하다」 ⑤…을 먼저. 「先一舊衣服穿；먼저 헌옷부터 입다」

[儘教] chǐnchiào ㄐㄧㄣˇㄐㄧㄠˋ 설사 …라 하더라도.

[儘前] chǐnch'ién ㄐㄧㄣˇㄑㄧㄢˊ 맨 앞에. 「一坐；맨 앞에 앉다」

[儘尖兒] chǐnchiēnrh ㄐㄧㄣˇㄐㄧㄢㄦ 꼭대기. 정상(頂上).

[儘合理地] chǐnhólitê ㄐㄧㄣˇㄏㄜˊㄌㄧˇㄉㄜ 되도록이면 합리적(合理的)으로. 「一利用財力；되도록 합리적으로 재력을 이용하다」

[儘先] chǐnhsiēn ㄐㄧㄣˇㄒㄧㄢ 제일 먼저. 가장 빨리. 「一錄用；제일 먼저 채용하다」

[儘讓] chǐnjàng ㄐㄧㄣˇㄖㄤˋ ①제일 먼저 양보하다. 「哥哥一弟弟；형이 제일 먼저 아우에게 양보하다」 ②겸손한 태도. 사양. 「有個一；사양심이 있다」

[儘可能地] chínk'ǒnéngtê ㄐㄧㄣˊㄎㄜˇㄋㄥˊㄉㄜ 되도록이면. 최대한(最大限)으로. 「一利用人力；최대한으로 인력(人力)을 이용하다」

[儘彀] chǐnkòu ㄐㄧㄣˇㄍㄡˋ 충분히 자라다. 넉넉하다.

[儘快] chǐnk'uài ㄐㄧㄣˇㄎㄨㄞˋ 되도록 빨리. 「一實現這個計劃；되도록 빨리 이 계획을 실현하다」

[儘管] chínkuǎn ㄐㄧㄣˊㄍㄨㄢˇ ①…하나 그러나. 연이나. "可·而·但" 따위와 호응함. 「一分量已經够多, 但他叫了雙份；분량은 이미 넉넉한데 그는 2인분을 주문하였다」 ②비록 …하여도. ③사양하지 말고. 구애할 것 없이. 「有話一話吧；할 말이 있으면 서슴지 말고 이야기하시오」

[儘量兒] chǐnliàngrh ㄐㄧㄣˇㄌㄧㄤˋㄦ 힘을 다하여. 되도록 충분히. 마음껏. 「一帮忙；힘을 다하여 도와 주다」 「一吃；마음껏 먹다」

[儘數] chǐnshù ㄐㄧㄣˇㄕㄨˋ 완전히. 모두.

[儘速] chǐnsù ㄐㄧㄣˇㄙㄨˋ 되도록 빨리. 「一裝船；되도록 빨리 선적(船積)하다」

[儘自] chǐntzǔ ㄐㄧㄣˇㄗ 한결같이. 외곬으로. =緊自.

〔謹〕 chǐn ㄐㄧㄣˇ ①삼가다. 조심하다. 주의깊다. ②삼가. 공손히.

[謹記勿忽] chǐnchì wùhū ㄐㄧㄣˇㄐㄧˋㄨˋㄏㄨ 모쪼록 버리지 마시고. 잊지 말고 기억해 두시기를.

[謹飭] chǐnch'ìh ㄐㄧㄣˇㄔˋ 조심성이 있고 행동이 올바르다.

[謹防] chǐnfáng ㄐㄧㄣˇㄈㄤˊ 조심하여 피하다. 「一假冒；가짜에 주의」

[謹小愼微] chínhsiǎo·shěnwēi ㄐㄧㄣˊㄒㄧㄠˇㄕㄣˇㄨㄟ 특별히 신중하게 주의하다. «成»

[謹領] chǐnlǐng ㄐㄧㄣˊㄌㄧㄥˇ 삼가 받다.

[謹愼] chǐnshěn ㄐㄧㄣˇㄕㄣˋ 신중하다. 주의깊다. >謹謹愼愼.

[謹守] chínshǒu ㄐㄧㄣˊㄕㄡˇ 조심성 있게 지키다. 「一規程；규칙을 엄수하다」

[謹言愼行] chǐnyén-shěnhsíng ㄐㄧㄣˇㄧㄢˊㄕㄣˋㄒㄧㄥˊ 언행(言行)을 특별히 조심하다.

〔饉〕 chǐn ㄐㄧㄣˇ, chìn ㄐㄧㄣˋ 흉작(凶作): 특히 채소의 흉작을 말함. 「飢饉；기근」

〔近〕 chìn ㄐㄧㄣˋ ①(거리가) 가깝다. 「路很一；바로 저기다」 ②(시간이) 가깝다. 요사이. 「一幾天；요 며칠」 ③친하다. 가깝다. 「交得很一；가깝게 지내다」 ④닮다. 「相一서로 닮다」 ⑤가까와지다. 접근하다. 「一朱子赤；악(惡)을 가까이

하면 악에 물든다」

[近前] chìnch'ién ㄐㄧㄣˋㄑㄧㄢˊ 접근하다.

[近親] chìnch'īn ㄐㄧㄣˋㄑㄧㄣ 가까운 친척.

[近情近理] chìnch'íng-chìnlǐ ㄐㄧㄣˋㄑㄧㄥˊㄐㄧㄣˋㄌㄧˇ 정리(情理)에 맞다. 인정에도 의리에도 맞다.

[近乎] chìnhū ㄐㄧㄣˋㄏㄨ ①=近于. ②chìnhu 사귀어 친하게 되다. 가까와지다.

[近理] chìnlǐ ㄐㄧㄣˋㄌㄧˇ 이치에 맞다.

[近便] chìnpien ㄐㄧㄣˋㄅㄧㄢ 가까와서 편리하다.

[近似] chìnssǔ ㄐㄧㄣˋㄙˋ …에 가깝다. …와 비슷하다.

[近代] chìntài ㄐㄧㄣˋㄉㄞˋ ①근대. ②현대(現代).

[近于] chìnyǘ ㄐㄧㄣˋㄩˊ ①…에 가깝다: 대개는 추상적(抽象的)인 일에 쓰임.「一人情; 인정에 부합된다」②거의. 대다수가.「這種戲一失傳; 이런 종류의 연극은 거의 전해지지 않고 있다」

〔勁〕 chìn ㄐㄧㄣˋ ①힘.「有多大一使多大一; 힘을 있는 대로 다 쓰다」②의기(意氣). 기운. 보람. 흥미.「干活兒起一; 일하는데 재미가 난다」「日子過得沒一; 그날그날을 보내는 데 있어 보람을 안 느낀다」③「一兒; (형용사에 붙어 정도를 나타내는)… 함. … 기」「鹹一兒; 짜기. 맛의 짠 정도」「香一兒; 향기롭기. 향기로운 정도」「你瞧這塊布這個白一兒; 자네 이 헝겊의 이 희기란 어때!」⇨chìng.

[勁氣] chìnch'ì ㄐㄧㄣˋㄑㄧˋ 힘. 기운.

[勁峭] chìnch'iào ㄐㄧㄣˋㄑㄧㄠˋ 심하다. 거칠다.「山風多麼一呀; 산바람이 참 심하기도 하구나」

[勁節] chìnchiéh ㄐㄧㄣˋㄐㄧㄝˊ 꺾이지 않는 의기.

[勁上加勁] chìnshàng chiāchìn ㄐㄧㄣˋㄕㄤˋㄐㄧㄚㄐㄧㄣˋ ①노력(努力)에 노력을 더하다. ②힘찬 사람에게 더욱 힘있는 사람이 협력하다.

[勁道] chìntao ㄐㄧㄣˋㄉㄠ ①보람.「這個工作很有一; 이 일은 참으로 보람이 있다」②(사람이나 물건의) 내력(來歷). 성질.「他是個什麼一我不知道; 그가 어떤 성품인지 나는 모른다」

[勁頭兒] chìnt'óurh ㄐㄧㄣˋㄊㄡˊㄦ ①(일할 때에 내는) 힘.「拿出一來; 힘껏 노력하다」②기세 의기.「一股子一; 매우 열심히. 부지런히」「一十分; 활기가 넘치다. 기세가 대단하다」

〔晉〕(晋) chìn ㄐㄧㄣˋ ①나아가다.「一見; 나아가 뵙다」「一級; 진급(進級)하다」②진나라 주(周) 왕조 때의 국명. ③"山西省"의 별명.

〔浸〕 chìn ㄐㄧㄣˋ ①담그다. 적시다.「把種子放在水裡一一一; 씨를 물에 넣어 담그다」②점점. 서서히.「一漸; 점점. 서서히」

[浸染] chìnjǎn ㄐㄧㄣˋㄖㄢˇ 서서히 전염되다.

[浸入] chìnjù ㄐㄧㄣˋㄖㄨˋ 스며 들다.

[浸漬] chìntzǔ ㄐㄧㄣˋㄗˋ 배어 들다.

〔進〕(进) chìn ㄐㄧㄣˋ ①나아가다. 전진.「更一一層; 더욱 한 걸음 나아가서」②들어가다.「一工廠; 공장에 들어가다」「一學校; 학교에 들다」③수입(收入). 돈이 들어오다. ④ 사들이다. 사입(仕入)하다. ⑤뜰을 사이에 두고 따로 지은 건물을 세는 단위. 동(棟).「第三一房子是會議室; 제3동의 건물이 회의실이다」

[進展] chìnchǎn ㄐㄧㄣˋㄓㄢˇ 진전. 진보(進步)되다. 진전하다.

[進程] chìnch'ěng ㄐㄧㄣˋㄔㄥˊ 진행 정도. 과정(過程).

[進錢] chìnch'ién ㄐㄧㄣˋㄑㄧㄢˊ ①수입. ②매상고(賣上高). ③이익이 있다. 돈이 벌리다.

[進見] chìnchièn ㄐㄧㄣˋㄐㄧㄢˋ 웃사람을 만나 뵙다.

[進止] chìnchǐh ㄐㄧㄣˋㄓˇ 진퇴(進退).

[進出] chìnch'ū ㄐㄧㄣˋㄔㄨ 출입하다. > 進進出出.

[進去] chìnchü ㄐㄧㄣˋㄑㄩ ①들다. 들어가다. ②(동사의 뒤에 붙어) 밖에서 안으로 들어 가는 뜻을 첨가하는 말: 분리(分離)하지 않고 쓰일 경우에는 경성(輕聲)으로 됨.「推一; 밀고 들어 가다」「一屋子裡去; 방으로 들어 가다」

[進而] chìn'ěrh ㄐㄧㄣˋㄦˊ 더욱 나아가. 진일보(進一步)하여.

[進香] chìnhsiāng ㄐㄧㄣˋㄒㄧㄤ 절에 참배하다.

[進項] chìnhsiàng ㄐㄧㄣˋㄒㄧㄤˋ 수입금. 입금(入金).

[進修] chìnhsiū ㄐㄧㄣˋㄒㄧㄡ ①더욱 깊이 파고 들어 공부하다. ②상당한 기초가 있는 위에 더 계속하여 학습하다.

[進貨] chìnhuò ㄐㄧㄣˋㄏㄨㄛˋ ①사입(仕入)하다. ②사입. 매입(買入). ③사입품(仕入品).

[進入] chìnjù ㄐㄧㄣˋㄖㄨˋ ①들다. 들어가다. ②(어떤 단계에) 이르다. 도달하다.

[進益] chìnì ㄐㄧㄣˋㄧˋ 진보와 이익.「一決賽階段; 결승(決勝)단계에 들어 가다」

[進港] chìn'kǎng ㄐㄧㄣˋㄍㄤˇ 입항(入港)하다.

[進口] chìnk'ǒu ㄐㄧㄣˋㄎㄡˇ ①수입(輸入)하다.「從國外一的材料; 국외에서 수입한 재료」②수입(輸入).

[進款] chìnk'uǎn ㄐㄧㄣˋㄎㄨㄢˇ 수입금(收入金).

[進來] chìnlai ㄐㄧㄣˋㄌㄞ ①들어 오다. ②(동사의 뒤에 붙어) 밖에서 안으로 들어가는 뜻을 첨가하는 말: 분리(分離)하지 않고 쓸 때는 경성(輕聲)이 됨.「搬一; 운반하여 넣다」「走進書房裡來了; 서재에 들어 오다」

[進逼] chìnpī ㄐㄧㄣˋㄅㄧ 진공(進攻)하여 육박하다.

[進深] chìnshēn ㄐㄧㄣˋㄕㄣ ①(집 따위에) 앞쪽에서 뒤까지의 거리. ②엄밀(嚴密)하다.

[進位] chìnwèi ㄐㄧㄣˋㄨㄟˋ (계산에서) 우수리를 윗자리에 1로 계산하여 넣다.

[進退失據] chìnt'uì shīhchǜ ㄐㄧㄣˋㄊㄨㄟˋㄕㄐㄩˋ 진퇴할 근거를 잃고 안타까와하다 《成》

〔禁〕 chìn ㄐㄧㄣˋ ①금지하다. …해서는 안된다.「嚴一吸煙; 흡연을 엄금한다」②금령(禁令). 법률.「犯一; 법을 어기다」③안에 가두다. 구속하다.「監一; 감금하다」④임금의 거처. 대궐. 궁중(宮中).「一中; 궁중」⇨chīn.

[禁忌] chìnchì ㄐㄧㄣˋㄐㄧˋ 꺼리다. 금기하다.
[禁戒] chìnchièh ㄐㄧㄣˋㄐㄧㄝˋ (하지 않도록) 타이르다.
[禁閉] chìnpì ㄐㄧㄣˋㄅㄧˋ 유폐(幽閉)하다. 연금(軟禁)하다.
[禁地] chìntì ㄐㄧㄣˋㄉㄧˋ 금제 구역(禁制區域). 금엽구(禁獵區).
[禁衛隊] chìnwèituì ㄐㄧㄣˋㄨㄟˋㄉㄨㄟˋ근위병(近衛兵).
[禁運] chìnyǜn ㄐㄧㄣˋㄩㄣˋ금수(禁輸). 수송 금지. 수출입 금지.

〔盡〕(尽) chìn ㄐㄧㄣˋ ①마치다.「用一; 다 써버리다」「吃一了苦; 온갖 괴로움을 다 맛보다」②전부 내다. 다하다.「一職; 직무에 진력(盡力)하다」「一了責任; 책임을 다하다」③전부. 다. 남김 없이. ④충분히.「一有; 얼마든지 있다」 ⇨chǐn.
[盡七] chìnch'ī ㄐㄧㄣˋㄑㄧ 49일 : 사람이 죽어서 7주(七週)째.
[盡致] chìnchìh ㄐㄧㄣˋㄓˋ 최대한(最大限)으로. 충분히.
[盡情盡理] chìnch'íng-chìnlǐ ㄐㄧㄣˋㄑㄧㄥˊ ㄐㄧㄣˋㄌㄧˇ 정리(情理)를 다하다.
[盡付東流] chìnfùtūngliú ㄐㄧㄣˋㄈㄨˋㄉㄨㄥㄌㄧㄡˊ ①모든 것을 되는 대로 맡기다. ②모든 것을 잃고 빈털터리가 되다. «成»
[盡心] chìnhsīn ㄐㄧㄣˋㄒㄧㄣ 전력(全力)을 다하다. 진력(盡力)하다.「一竭力; 힘과 정성을 다하다」
[盡興] chìnhsìng ㄐㄧㄣˋㄒㄧㄥˋ 마음껏. 유쾌하게.「一地游覽了一天; 유쾌하게 하루를 유람했다」
[盡處] chìnch'ùㄐㄧㄣˋㄔㄨˋ (길 따위가 끊어진) 막바지.
[盡人情] chìnjénch'íng ㄐㄧㄣˋㄖㄣˊㄑㄧㄥˊ ①의리(義理)를 다하다. ②정리(情理)를 다하다.
[盡到] chìntào ㄐㄧㄣˋㄉㄠ 충분히 다하다.「一責任; 책임을 충분히 이룩하다」
[盡頭] chìnt'óu ㄐㄧㄣˋㄊㄡˊ 절정(絶頂). 끝. 극점(極點). 막바지.
[盡在于斯] chìntsàiyǘssū ㄐㄧㄣˋㄗㄞˋㄩˊㄙ 전부 여기에 있다.
[盡端] chìntuān ㄐㄧㄣˋㄉㄨㄢ 가장자리. 극단(極端).

〔噤〕 chìn ㄐㄧㄣˋ 입을 다물다. 말하지 않다.
[噤若寒蟬] chìnjòhánch'án ㄐㄧㄣˋㄖㄨㄛˋㄏㄢˊㄔㄢˊ 입을 다물고 소리를 내지 않음을 비유. «成»
[噤呻] chìnshēn ㄐㄧㄣˋㄕㄣ 놀라서 부들부들 떨다.

〔藎〕 chìn ㄐㄧㄣˋ ①〈植〉 조개풀. ②충(忠).「一臣; 충신」

〔燼〕(烬) chìn ㄐㄧㄣˋ ①타고 남은 찌끼.「化爲灰一; 전소(全燒)하여 재가 되다」 ②나머지.

〔贐〕 chìn ㄐㄧㄣˋ 전별(餞別). 전별할 때 선사하는 물품이나 시가(詩歌) 따위.

CH'IN ㄑㄧㄣ

〔侵〕 ch'īn ㄑㄧㄣ ①침범하다.「一害; 침해하다」 ②서서히 어떤 상태로 향하다. …에 가깝다.「一曉; 날이 새기 전」
[侵占] ch'īnchàn ㄑㄧㄣㄓㄢˋ (남의 것을 힘으로써) 횡령하다.
[侵晨] ch'īnch'én ㄑㄧㄣㄔㄣˊ 날이 새기 전. 새벽녘.
[侵肌砭骨] ch'īnchī-piēnkǔ ㄑㄧㄣㄐㄧㄅㄧㄢㄍㄨˇ 찬바람이 몸에 스미다. «成»
[侵襲] ch'īnhsí ㄑㄧㄣㄒㄧˊ 서서히 침입하다.
[侵削] ch'īnhsüēh ㄑㄧㄣㄒㄩㄝ(영토 따위를) 침범하여 빼앗다.
[侵擾] ch'īnjǎo ㄑㄧㄣㄖㄠˇ 침입하여 소란을 떨다.
[侵陵] ch'īnlíng ㄑㄧㄣㄌㄧㄥˊ (남의 물건이나 토지 따위를) 속여서 빼앗다.
[侵蝕] ch'īnshíh ㄑㄧㄣㄕˊ ①서서히 남의 재물을 탈취하다. 잠식(蠶食)하다. ②침식(侵蝕)하다.
[侵吞] ch'īnt'ūn ㄑㄧㄣㄊㄨㄣ (재물을) 횡령하다.
[侵奪] ch'īntó ㄑㄧㄣㄉㄨㄛˊ 남의 물건을 빼앗다. 횡령하다.

〔衾〕 ch'īn ㄑㄧㄣ 이불. 침구(寢具).「一枕; 침구. 이불과 베개」「一裯; 이불과 잠옷. 침구」
[衾單] ch'īntān ㄑㄧㄣㄉㄢ 홑옷.

〔欽〕 ch'īn ㄑㄧㄣ ①존경하다. 공경하다.「一佩; 존경하여 복종하다」 ②황제(皇帝)의 행동을 일컫는 말.
[欽差] ch'īnch'āi ㄑㄧㄣㄔㄞ 칙명(勅命)에 의하여 파견하다. «舊»「一大臣; 청말(淸末)의 특명전권 공사의 호칭」
[欽敬] ch'īnchìng ㄑㄧㄣㄐㄧㄥˋ 진심으로 승복하여 존경하다.
[欽仰] ch'īnyǎng ㄑㄧㄣㄧㄤˇ 흠앙하다. 진심으로 경복(敬服)하다.

〔親〕(亲) ch'īn ㄑㄧㄣ ①친척의. 실제의.「一兄弟; 친형제」 ②부모(父母).「雙一; 양친」 ③친척. 혼인 관계.「結一; 인척 관계를 맺다」 ④친히. 자기 자신이. 스스로.「一眼看的; 이 눈으로 직접 본 것」 ⑤친하다.「兄弟相一; 형제간의 사이가 좋다」 ⑥키스하다. 입맞추다.「他一了一自己的孩子; 그는 자기 아이에게 키스하였다」 ⑦"親家"의 경우, ch'ìng으로 발음됨.
[親戚] ch'īnch'i ㄑㄧㄣㄑㄧ 고종이나 이종과 같이 성(姓)이 다른 친척.
[親洽] ch'īnch'ià ㄑㄧㄣㄑㄧㄚˋ 친하고 화합하다.
[親家] ch'ìngchia ㄑㄧㄥˋㄐㄧㄚ ①인척(姻戚). ②남녀 양 혼가의 상호칭(相互稱). ③혼인 관계를 맺은 집끼리 서로 부르는 호칭. 사돈댁.「一公·一爹·一老爺; 바깥사돈. 배우자의 아버지를 양쪽 집에서 부르는 말」「一母·一娘·一媽·一太太; 안사돈. 배우자의 어머니를 양쪽 집에서 서로 부르는 말」

[親切] ch'īnch'ièh ㄑㄧㄣㄑㄧㄝˋ ①친절하다. 은근하다. 「一地接見了我們；은근히 우리들을 접견했다」 ②(그 장소나 그 때에) 꼭 맞는. 자상하게 구석구석까지 미친. >親親切切.

[親炙] ch'īnchìh ㄑㄧㄣㄓˋ 친히 훈도(薰陶)를 받다.

[親近] ch'īnchìn ㄑㄧㄣㄐㄧㄣˋ 친하게 하다. 사이 좋게 지내다.

[親親] ch'īnch'īn ㄑㄧㄣㄑㄧㄣ 귀여운 아가, 착한 아가 따위와 같이 애정을 담아 부르는 말.

[親舊] ch'īnchiù ㄑㄧㄣㄐㄧㄡˋ 친척이나 오래 사귄 벗.

[親眷] ch'īnchüàn ㄑㄧㄣㄐㄩㄢˋ 친척.

[親耳] ch'īněrh ㄑㄧㄣㄦˇ 친히 자기 귀로. 「一聽；친히 자기 귀로 듣다」

[親信] ch'īnhsìn ㄑㄧㄣㄒㄧㄣˋ 친근하고 믿을 만한 사람. 측근자.

[親熱] ch'īnjê ㄑㄧㄣㄖㄜˋ 친밀하다. 사이가 정답다. >親親熱熱.

[親人] ch'īnjén ㄑㄧㄣㄖㄣˊ 부모·처자·형제·자매 따위의 육친.

[親任] ch'īnjèn ㄑㄧㄣㄖㄣˋ 신임(信任)하다. 진심으로 신용하다.

[親看] ch'īnk'àn ㄑㄧㄣㄎㄢˋ 직접 보다. 눈으로 확실히 보다.

[親口] ch'īnk'ǒu ㄑㄧㄣㄎㄡˇ (말할 때에) 친히. 스스로. 자기 입으로. 「一告訴他；자기 스스로 그에게 알리다」

[親密] ch'īnmì ㄑㄧㄣㄇㄧˋ ①친하다. 「一無間；아주 친하다」 >親親密密. ②친밀히 하다. 「一關係；관계를 친밀히 하다」

[親昵] ch'īnnì ㄑㄧㄣㄋㄧˋ 친하고 매우 정답다. >親親昵昵. =親暱.

[親娘] ch'īnniáng ㄑㄧㄣㄋㄧㄤˊ ①친어머니. ②ch'ìngniáng 매형이나 매제의 어머니. 매부의 어머니.

[親娘舅] ch'īnniángchiù ㄑㄧㄣㄋㄧㄤˊㄐㄧㄡˋ 외삼촌(外三寸). 백부. 숙부.

[親女兒] ch'īnnǚérh ㄑㄧㄣㄋㄩˇㄦˊ 친딸.

[親朋] ch'īnp'éng ㄑㄧㄣㄆㄥˊ 친척과 친구.

[親筆] ch'īnpǐ ㄑㄧㄣㄅㄧˇ 친필. 직필(直筆). 「一信；자기 자신이 직접 쓴 편지」

[親上加親] ch'īnshang chiāch'īn ㄑㄧㄣㄕㄤㄐㄧㄚㄑㄧㄣ 인척끼리 결혼하다.

[親身] ch'īnshēn ㄑㄧㄣㄕㄣ 친히. 스스로. 「一經驗過；스스로 경험한 일이 있다」

[親生] ch'īnshēng ㄑㄧㄣㄕㄥ 자기가 낳은. 「一女兒；친딸」

[親事] ch'īnshìh ㄑㄧㄣㄕˋ 혼담(婚談). 혼사(婚事).

[親手(兒)] ch'īnshǒu(rh) ㄑㄧㄣㄕㄡˇ(ㄦ) ①(손으로 동작할 때) 스스로. 자기 자신이. 친히. 「一做；친히 만들다」 ②손에 입맞추다.

[親屬] ch'īnshǔ ㄑㄧㄣㄕㄨˇ ①친척. ②부부. ③사촌(四寸) 이내의 종친. ④외삼촌까지의 외척. ⑤이촌(二寸)까지의 처족(妻族).

[親大] ch'īntà ㄑㄧㄣㄉㄚˋ ①친아버지. ②숙부(叔父).

[親太太] ch'īnt'àit'ai ㄑㄧㄣˋㄊㄞˋㄊㄞ 혼가(婚家)의 배우자의 어머니에 대한 호칭. =親家太太.

[親的熱的] ch'īntê'jêtê ㄑㄧㄣㄉㄜㄖㄜˋㄉㄜ 극히 친한 친척.

[親爹] ch'īntiēh ㄑㄧㄣㄉㄧㄝ ①친아버지. ②ch'ìngtiēh 매형이나 매제의 아버지.

[親族] ch'īntsú ㄑㄧㄣㄗㄨˊ 같은 종족내에서 삼등친 이상의 친척.

[親嘴兒] ch'īntsuǐrh ㄑㄧㄣㄗㄨㄟˇㄦ 입맞추다. 키스하다.

[親自] ch'īntzû ㄑㄧㄣㄗˋ 손수. 자기 스스로. 본인이. 「叫他一來！；그 사람 자신을 보내라」

[親養的] ch'īnyǎngtê ㄑㄧㄣㄧㄤˇㄉㄜ 친자식.

[親眼] ch'īnyěn ㄑㄧㄣㄧㄢˇ (볼 때) 자기자신이. 이 눈으로. 「一看那情形；이 눈으로 직접 그 광경을 보다」

[親友] ch'īnyǔ ㄑㄧㄣㄧㄡˇ 친척과 친우(親友).

〔駸〕 ch'īn ㄑㄧㄣ 「一一；㉮말이 빨리 달리는 모양. ㉯진행 또는 진보가 빠른 모양」

〔芹〕 ch'ín ㄑㄧㄣˊ 〈植〉미나리. =芹菜.

〔秦〕 ch'ín ㄑㄧㄣˊ ①진나라: BC 221～207에 있던 중국 고대의 국명. "陝西省"의 별칭.

[秦腔] ch'ínch'iāng ㄑㄧㄣˊㄑㄧㄤ "陝西劇"의 노래의 곡조. =梆子調.

[秦椒] ch'ínchiāo ㄑㄧㄣˊㄐㄧㄠ 〈植〉 ①산초. 고추. =花椒. ②ch'īnchiāo 고추. =辣椒. 秦椒. «京»

[秦吉了] ch'ínchíliǎo ㄑㄧㄣˊㄐㄧˊㄌㄧㄠˇ 〈動〉 구관조(九官鳥). =吉了鳥. 八哥.

[秦劇] ch'ínchû ㄑㄧㄣˊㄐㄩˋ "陝西"지방의 연극.

〔琴〕 ch'ín ㄑㄧㄣˊ 〈樂〉 당악(唐樂): 현악기의 하나. 줄이 일곱이며 거문고와 비슷함. 「胡一；호궁(胡弓)」 「口一；하아모니카」

[琴鍵] ch'ínchièn ㄑㄧㄣˊㄐㄧㄢˋ 〈樂〉피아노의 건반.

[琴柱] ch'ínchù ㄑㄧㄣˊㄓㄨˋ 기러기발. 현악기의 줄을 고르는 기구.

[琴鐘] ch'ínchūng ㄑㄧㄣˊㄓㄨㄥ 오르골(orgel)시계. 자명종.

[琴鋼絲] ch'ínkāngssǔ ㄑㄧㄣˊㄍㄤㄙ 피아노의 선. 줄.

[琴瑟] ch'ínsê ㄑㄧㄣˊㄙㄜˋ 금실. 부부 사이가 화목한 비유.

[琴師] ch'ínshīh ㄑㄧㄣˊㄕ 연극에서 현악기 반주자.

〔禽〕 ch'ín ㄑㄧㄣˊ 조류(鳥類)의 총칭.

〔勤〕 ch'ín ㄑㄧㄣˊ ①열심히 하다. 「一學；공부를 열심히 하다」 ②근무. 「內一；내근」 ③몇 번이고. 언제나. 「一提意見；몇 번이고 자기 의견을 말하다」 「雨下得一；자주 비가 오다」

[勤儉] ch'ínchiěn ㄑㄧㄣˊㄐㄧㄢˇ 부지런하고 검소하다. 「一建國；부지런히 일하고 절약하여 나라를 세우다」

[勤謹] ch'ínchǐn ㄑㄧㄣˊㄐㄧㄣˇ 근면(勤勉)하다. >勤勤謹謹.

[勤洗勤換] ch'ínhsi-ch'ínhuàn ㄐㄧㄣˊㄒㄧˇㄑㄧㄣˊㄏㄨㄢˋ 자주 세탁하여 자주 갈아 입다. «成»

[勤學] ch'ínhsuéh ㄑㄧㄣˊㄒㄩㄝˊ 열심히

공부하다.「一苦練 ; 열심히 배우고 애써 연습하다」
[勤懇] ch'ínk'ěn ㄑㄧㄣˊㄎㄣˇ ①성실(誠實)하다. ②근면(勤勉)하다. >勤勤懇懇.
[勤苦] ch'ínk'ǔ ㄑㄧㄣˊㄎㄨˇ 몹시 애쓰며 스스로 힘쓰다.「一個人只要一地工作, 就會成功 ; 사람은 꾸준히 일하고 노력하기만 하면 성공한다」
[勤快] ch'ínk'uai ㄑㄧㄣˊㄎㄨㄞ 근면하다. >勤勤快快.
[勤工儉學] ch'ínkūng chiěnhsüéh ㄑㄧㄣˊㄍㄨㄥ ㄐㄧㄢˇㄒㄩㄝˊ 일하면서 배우다.
[勤娘子] ch'ínniángtzǔ ㄑㄧㄣˊㄋㄧㄤˊㄗˇ 〈植〉 나팔꽃. =牽牛花.
[勤雜] ch'íntsá ㄑㄧㄣˊㄗㄚˊ 잡역(雜役).
[勤務] ch'ínwù ㄑㄧㄣˊㄨˋ ①근무.「做一 ; 근무하다」 ②전시(戰時)에 있어서 전투 이외의 일.
[勤務員] ch'ínwùyüán ㄑㄧㄣˊㄨˋㄩㄢˊ 부대(部隊) 및 기관의 잡무(雜務)에 종사하는 사람.「他是國民的好一; 그는 국민의 좋은 공복(公僕)이다」

〔噙〕 ch'ín ㄑㄧㄣˊ 입에 머금다.「眼裡一着眼淚 ; 눈에 눈물이 글성거리고 있다」「嘴裡一了一口水 ; 입 가득히 물을 머금다」

〔擒〕 ch'ín ㄑㄧㄣˊ 잡다. 붙잡다.
[擒拿] ch'ínná ㄑㄧㄣˊㄋㄚˊ 붙잡다. 포로로 하다. 사로잡다.
[擒賊先擒王] ch'ín tséihsiēn ch'ín wáng ㄑㄧㄣˊ ㄗㄟˊ ㄒㄧㄢ ㄑㄧㄣˊ ㄨㄤˊ 도적을 잡으려면 먼저 두목부터 잡아라. 일을 하려면 가장 중요한 것부터 골라서 하라. «諺» =擒賊擒王.

〔寢〕 ch'ǐn ㄑㄧㄣˇ ①잠자다.「廢一忘食 ; 침식을 잊다」 ②침실(寢室). ③쉬다. 휴식하다. 「車.
[寢車] ch'ǐnch'ē ㄑㄧㄣˇㄔㄜ 침대차. =臥
[寢食不安] ch'ǐnshíhpùān ㄑㄧㄣˇㄕˊㄅㄨˋㄢ 마음이 동요되어 생활이 안정되지 않다」«成»

〔吣〕(唚) ch'ìn ㄑㄧㄣˋ ①개나 고양이가 토하다.「猫吃完食就一了 ; 고양이가 먹자마자 곧 토하였다」 ②(턱없는 일을)말하다. 지껄이다. «罵»「別聽他亂一 ; 저 자식의 턱없이 지껄이는 말을 듣자 말라」

〔沁〕 ch'ìn ㄑㄧㄣˋ 스미다. 침투하다.
[沁人心脾] ch'ìnjénhsīnp'í ㄑㄧㄣˋㄖㄣˊㄒㄧㄣㄆㄧˊ 남의 마음에 명심케 하다. «成»

〔揿〕 ch'ìn ㄑㄧㄣˋ ①꽉 누르다.움직이지 못하게 손으로 누르다. ②내려다 보다. 아래로 늘어뜨리다.「一着頭 ; 머리를 숙이다」「一電鈴 ; 벨을 누르다」
[揿住] ch'ìnchu ㄑㄧㄣˋㄓㄨ 단단히 누르다.「一隻手一了敵人的脖子 ; 한 쪽 손으로 적의 목을 단단히 눌렀다」

CHING ㄐㄧㄥ

〔巠〕(圣) chīng ㄐㄧㄥ 수로(水路). 수맥(水脈).

〔京〕 chīng ㄐㄧㄥ 왕궁(王宮)이 있는 곳. 도읍. 수도(首都). ②수(數)의 단위: "兆"의 1만 배(倍). ③중국의 소수 민족의 하나 : "京族". 「수도.
[京城] chīngch'éng ㄐㄧㄥㄔㄥˊ국도(國都).
[京腔] chīngch'iāng ㄐㄧㄥㄑㄧㄤ ① "北京"에서 행하여지는 연극의 가락. "皮黃戲"를 가리킴. ②"北京"의 말투.「一口的一 ; 뚜렷한 "北京" 말투」
[京戲] chīnghsì ㄐㄧㄥㄒㄧˋ "北京" 지방의 극(劇).
[京話] chīnghuà ㄐㄧㄥㄏㄨㄚˋ "北京語".
[京白] chīngpái ㄐㄧㄥㄅㄞˊ ①"北京"의 구어(口語).②"京劇"에 있어서의 "北京" 말투에 의한 대사(臺詞).
[京音] chīngyīn ㄐㄧㄥㄧㄣ ①"北京"의 음(音). ②"北京" 말의 강약(強弱).
[京調兒] chīngtiàorh ㄐㄧㄥㄉㄧㄠˋㄦ ① "北京"에서 행하여지는 연극 ; 잡곡(雜曲). ②"北京" 말의 악센트.

〔荊〕 chīng ㄐㄧㄥ 〈植〉 가시가 있는 관목(灌木)의 총칭.
[荊釵布裙] chīngch'āi-pùch'ún ㄐㄧㄥㄔㄞㄅㄨˋㄔㄨㄣˊ부인의 의복 장식품의 검소함을 비유한 말.
[荊棘] chīngchí ㄐㄧㄥㄐㄧˊ ①가시나무. ②곤란한 상태의 비유.
[荊川紙] chīngch'uānchǐh ㄐㄧㄥㄔㄨㄢㄓˇ 대의 섬유로 만든 얇은 투명지(透明紙).
[荊條] chīngt'iáo ㄐㄧㄥㄊㄧㄠˊ관목(灌木)의 덩굴. 「목.
[荊子] chīngtzǔ ㄐㄧㄥㄗ 가시가 있는 관

〔耕〕 chīng ㄐㄧㄥ ⇨kēng.

〔涇〕 chīng ㄐㄧㄥ ①강으로 가는 길. 물길. ②강의 이름.「一水 ; "涇水·關中八川"의 하나로 "渭水"로 흘러 들어가는 강」 ③지명 : "安徽省"에 있음.
[涇淸渭濁] chīngch'īng-wèichó ㄐㄧㄥㄑㄧㄥㄨㄟˋㄓㄨㄛˊ 선악(善惡)에는 뚜렷한 구분이 있다는 비유. «成»
[涇渭不分] chīngwèi pùfēn ㄐㄧㄥㄨㄟˋㄅㄨˋㄈㄣ 선악의 구별이 확실치 않다는 비유. «成»

〔莖〕 chīng ㄐㄧㄥ ①줄기. ②길고 가는 것을 세는 단위의 하나.「數一白髮 ; 몇 개의 흰 머리」
[莖杆] chīngkǎn ㄐㄧㄥㄍㄢˇ (벼·보리 따위의) 줄기.

〔菁〕 chīng ㄐㄧㄥ초목이 무성한 모양.
[菁華] chīnghuá ㄐㄧㄥㄏㄨㄚˊ정수(精髓). 가장 좋은 것을 골라낸 부분.

〔旌〕 chīng ㄐㄧㄥ ①기(旗):깃대 위에 쇠꼬리를 달고 깃털로 장식한 옛 기.② 표창하다.
[旌旗] chīngch'í ㄐㄧㄥㄑㄧˊ 기(旗).
[旌奬] chīngchiǎng ㄐㄧㄥㄐㄧㄤˇ표창하다.

[旌表] chīngpiǎo ㄐㄧㄥㄅㄧㄠˇ 선행(善行)을 표창하다.

〔睛〕 chīng ㄐㄧㄥ 눈알. 눈의 검은 자위. 「定一一看；자세히 보면」「目不轉一；눈을 깜박이지 않고 응시하다」「眼一；눈」

〔痙〕 chīng ㄐㄧㄥ

[痙攣] chīngluán ㄐㄧㄥㄌㄨㄢˊ 경련.

〔晶〕 chīng ㄐㄧㄥ ①밝다. 반짝이다. 「風和日一；바람은 부드럽고 해는 반짝인다」②수정(水晶). 「墨一；흑수정」

[晶群] chīngch'ǘn ㄐㄧㄥㄑㄩㄣˊ 결정군(結晶群).

[晶化] chīnghuà ㄐㄧㄥㄏㄨㄚˋ 결정(結晶)하다.

[晶光] chīngkuāng ㄐㄧㄥㄍㄨㄤ 반짝반짝 빛나다.

[晶亮] chīngliàng ㄐㄧㄥㄌㄧㄤˋ 반짝반짝 빛을 내다. >晶晶亮亮.

[晶瑩] chīngyíng ㄐㄧㄥㄧㄥˊ 반짝이며 투명하다.

〔粳〕(秔·稉) chīng ㄐㄧㄥ 멥쌀. 「一稻；메벼」

〔經〕 chīng ㄐㄧㄥ ①(직물의) 날실. ②지도·지구의(地球儀)의 경선(經線). 「東一；동경」③영구 불변(永久不變). 「天一地義；영원히 변치 않는 길」④경전(經典). 책. 「聖一；성경」「可蘭一；코오란. 회교(回教)의 성전」⑤다스리다. 관리하다. 경영하다. 「一商；장사하다」⑥경과하다. 지나가다. 「道一上海；도중에 상하이(上海)를 지나다」⑦체험(體驗)하다. 「身一百戰；실전(實戰)의 경험이 충분하다」⑧ 사람의 손·처리·가공(加工) 따위를 거쳐서. …에 의하여. 「一人指點，恍然大悟；남에게 지적을 받고야 과연 옳구나 하고 깨달았다」「這件事一我手辦理；이 일은 내 손으로 처리한다」⑨견디다. ⑩월경(月經). ⑪혈관(血管).

[經紀] chīngchì ㄐㄧㄥㄐㄧˋ 중개인(仲介人).

[經濟] chīngchì ㄐㄧㄥㄐㄧˋ ①나라를 다스리다. 「一之才；경국 제민(經國濟民)의 재능」②비용이 들지 않다. 경제적이다. 「這樣做不一；이런 방법은 불경제이다」③경제. 「商品一；상품 경제」「一核算制；독립 채산제(獨立採算制)」

[經久] chīngchiǔ ㄐㄧㄥㄐㄧㄡˇ ①오랜 시간이 지나가다. ②오래 쓰다. 오래 견디다.

[經心] chīnghsīn ㄐㄧㄥㄒㄧㄣ 주의하다. 마음에 두다. >經經心心.

[經管] chīngkuǎn ㄐㄧㄥㄍㄨㄢˇ 관리하다. 취급하다.

[經理] chīnglǐ ㄐㄧㄥㄌㄧˇ ①경영하다. ②사장. 경영자. 지배인. ③회사의 각 부의 부장.

[經歷] chīnglì ㄐㄧㄥㄌㄧˋ ①신상(身上). 경위. 역사(歷史). ②지내다. 겪다. 「一了一場痛苦；고통을 한 차례 겪다」

[經絡] chīnglò ㄐㄧㄥㄌㄨㄛˋ 모세혈관(毛細血管).

[經綸] chīnglún ㄐㄧㄥㄌㄨㄣˊ 정책(政策).

[經脈] chīngmài ㄐㄧㄥㄇㄞˋ 월경(月經).

[經辦] chīngpàn ㄐㄧㄥㄅㄢˋ 취급하다. 처리하다.

[經邦濟世] chīngpāng-chìshìh ㄐㄧㄥㄅㄤㄐㄧˋㄕˋ 나라를 다스리다.

[經不起] chīngpuch'ǐ ㄐㄧㄥㄅㄨˋㄑㄧˇ 참을 수 없다. 「一批駁；비판과 반박을 견딜 수 없다」

[經紗] chīngshā ㄐㄧㄥㄕㄚ (직물의) 날실.

[經師] chīngshīh ㄐㄧㄥㄕ ①스승한테 배우다. ②chīngshih 경전을 베끼는 것을 직업으로 삼는 사람.

[經手] chīngshǒu ㄐㄧㄥㄕㄡˇ 직접 취급하다. 「一人；취급자」

[經受] chīngshòu ㄐㄧㄥㄕㄡˋ (오랜 세월을 걸쳐) 받다. 경험하다. 「一一番鍛鍊；하나의 단련을 겪다」

[經售] chīngshòu ㄐㄧㄥㄕㄡˋ 대리 판매(代理販賣)하다.

[經傳] chīngchuàn ㄐㄧㄥㄓㄨㄢˋ 고전(古典).

[經緯] chīngwěi ㄐㄧㄥㄨㄟˇ ①경도(經度)와 위도(緯度). ②경위. 사정.

[經意] chīngyì ㄐㄧㄥㄧˋ ＝經心. >經經意意.

[經營] chīngyíng ㄐㄧㄥㄧㄥˊ ①경영하다. 장사하다. ②사물을 계획하고 실시하다. ③건축(建築)하다.

[經院哲學] chīngyüàn chéhsüéh ㄐㄧㄥㄩㄢˋㄓㄜˊㄒㄩㄝˊ 스콜라(Schola) 철학. 번쇄철학(煩瑣哲學).

〔精〕 chīng ㄐㄧㄥ ①잘게. 치밀하게. 정교(精巧)한. 「一打細算；면밀하게 계획하다」②우수한. 보다 뛰어난. 「兵一糧足；군병은 우수하고 군량은 충분하다」③불순물(不純物)이 없는. 순수한. 「一金；순금」④정수(精髓). 「酒一；알코홀(alcohol)」⑤정액(精液). 에키스. ⑥소상하다. 우수하다. 「博以不一；해박하나 깊이가 없다」「一于手術；수술이 우수하다」⑦현명하다. 빈틈이 없다. ⑧매우. 비상히. 완전히. 「一瘦；매우 여위다」⑨영괴(靈怪). 신령(神靈). 「妖一；요정. 도깨비. 요괴(妖怪)」

[精湛] chīngchàn ㄐㄧㄥㄓㄢˋ 깊이 통달하다. 잘 알다.

[精簡] chīngchiěn ㄐㄧㄥㄐㄧㄢˇ ①인원을 조정하고 기구를 간소화하여 일의 능률을 올리다. ②골라 뽑다. 「一人員；인원을 정리하다」③간결하다. 허술한 데가 없다.

[精致] chīngchìh ㄐㄧㄥㄓˋ ①잘다. 면밀하다. ②작고 정교(精巧)하다.

[精金美玉] chīngchīn-méiyǜ ㄐㄧㄥㄐㄧㄣㄇㄟˇㄩˋ ①됨됨이가 선량하고 온순하다. ②완벽(完璧)하다. «成»

[精氣神(兒)] chīngch'ishén(rh) ㄐㄧㄥㄑㄧˋㄕㄣˊ(ㄦ) 마음에 두고 정신을 쓰는 일. 전신(全身)의 주의력. 「貫一；온 신경을 쓰다」

[精裝] chīngchuāng ㄐㄧㄥㄓㄨㄤ 책의 특제품.

[精確] chīngch'üèh ㄐㄧㄥㄑㄩㄝˋ 지극히 확실하다. >精精確確.

[精肥] chīngféi ㄐㄧㄥㄈㄟˊ 성분이 순수한 비료.

[精核] chīnghó ㄐㄧㄥㄏㄜˊ 상세히 조사하다.

[精心] chīnghsīn ㄐㄧㄥㄒㄧㄣ 용의 주도(用意周到)하다. 정성이 깃들다.

[精益求精] chīngìch'iúchīng ㄐㄧㄥㄧˋㄑㄧㄡˊㄐㄧㄥ 이미 훌륭한데도 더욱 향상하기를 바라다. «成»

[精幹] chīngkàn ㄐㄧㄥㄍㄢˋ 똑똑하다. 수완이 있다. 「雖然年輕却很一；나이는 얼마 되지 않았으나 여간 똑똑하지 않다」

[精光] chīngkuāng ㄐㄧㄥㄍㄨㄤ ①머리날

박박 깎은 모양. 「滿頭剃得一；머리를 박박 깎다」②빈털터리가 된 모양.「犧牲個一；완전히 희생되다」③원기가 왕성하다.

[精料] chīngliào ㄐㄧㄥㄌㄧㄠˋ 영양 가치가 높은 좋은 사료(飼料).

[精靈] chīnglíng ㄐㄧㄥㄌㄧㄥˊ 현명한. 빈틈 없는.

[精白] chīngpái ㄐㄧㄥㄅㄞˊ 아주 희다. 새하얗다.

[精品] chīngpǐn ㄐㄧㄥㄆㄧㄣˇ 우수한 작품. 걸작.

[精兵簡政] chīngpīng-chiěnchěng ㄐㄧㄥㄅㄧㄥㄐㄧㄢˇㄓㄥˋ 군대는 정예분자를 남기고 정치는 간소화한다.

[精審] chīngshěn ㄐㄧㄥㄕㄣˇ 아주 상세하다.

[精神] chīngshên ㄐㄧㄥㄕㄣ ①기력 활기. 원기. 「一疲倦；전신이 몹시 지치다」「做事有一；정력적으로 일을 하다」②정신.「一頭；정신력」「一食糧；정신적 양식」③사상. 태도.

[精收細打] chīngshōu-hsìtǎ ㄐㄧㄥㄕㄡㄒㄧˋㄉㄚˇ 정성껏 거둬 들여 탈곡하다.

[精淡] chīngtàn ㄐㄧㄥㄉㄢˋ 맛이 몹시 싱겁다. 담백(淡白)하다.

[精到] chīngtào ㄐㄧㄥㄉㄠˋ 면밀 주도(綿密周到)하다.

[精采] chīngts'ǎi ㄐㄧㄥㄘㄞˇ 뛰어나게 우수하다.

[精粹] chīngts'uì ㄐㄧㄥㄘㄨㄟˋ ①(문장 따위가) 정선되어 군말이 없다. ②정수(精粹).

[精短] chīngtuǎn ㄐㄧㄥㄉㄨㄢˇ 몹시 짧다.

[精子] chīngtzǔ ㄐㄧㄥㄗˇ 정충(精蟲).

[精研] chīngyén ㄐㄧㄥㄧㄢˊ 면밀히 조사하다.

〔兢〕 chīng ㄐㄧㄥ ①벌벌 떨다. ②신중한 모양.

[兢兢] chīngchīng ㄐㄧㄥㄐㄧㄥ ①겁에 질린 모양.「一業業；주의에 주의를 거듭하는 모양」「戰戰一；전전긍긍하다」

〔鯨〕 chīng ㄐㄧㄥ 고래.「一魚；고래」

[鯨吞] chīngt'ūn ㄐㄧㄥㄊㄨㄣ (타국을) 병탄(併呑)하다.

〔驚〕(惊) chīng ㄐㄧㄥ ①말이 놀라서 달음질치다. ②놀라다. 「受一；깜짝 놀라다」③경련.「一風；경풍」

[驚懊] chīng'ào ㄐㄧㄥㄠˋ 깜짝 놀라며 괴로와하다.

[驚蟄] chīngchě ㄐㄧㄥㄓㄜˊ 경칩: 24절기의 하나.

[驚奇] chīngch'í ㄐㄧㄥㄑㄧˊ ①기괴(奇怪)함에 놀라다. ②기괴한 일.

[驚悸] chīngchì ㄐㄧㄥㄐㄧˋ 놀라 가슴이 섬뜩해지다.

[驚駭] chīnghài ㄐㄧㄥㄏㄞˋ 놀라다.

[驚嚇] chīnghsià ㄐㄧㄥㄒㄧㄚˋ 놀라다. 놀래 주다.

[驚險] chīnghsiěn ㄐㄧㄥㄒㄧㄢˇ ①위험한 돌발 사건. ②위험을 느끼고 놀라다. ③드릴(thrill)이 있다.

[驚心弔膽] chīnghsīn-tiàotǎn ㄐㄧㄥㄒㄧㄣㄉㄧㄠˋㄉㄢˇ ①무서워서 벌벌 떠는 모양. ②남의 가슴을 놀라게 하다. «成» ＝驚心動魄.

[驚慌] chīnghuāng ㄐㄧㄥㄏㄨㄤ 놀래어 당황하다. >驚驚慌慌.

[驚魂] chīnghún ㄐㄧㄥㄏㄨㄣˊ 얼빠진 정신. 혼이 나간 상태.「一未定；깜짝 놀라 아직 제 정신이 들지 않다」

[驚異] chīngì ㄐㄧㄥㄧˋ 깜짝 놀라며 의심스러워하다.

[驚疑] chīngí ㄐㄧㄥㄧˊ 두려워하며 의심하다. >驚驚疑疑.

[驚擾] chīngjǎo ㄐㄧㄥㄖㄠˇ 시끄럽게 굴다. 폐를 끼치다.「飽受一；싫증이 나도록 괴로움을 받다」

[驚人] chīngjěn ㄐㄧㄥㄖㄣˊ ①남을 놀라게 하다.「一之筆；괄목(刮目)할 만한 서예(書藝)」②대단치 않은 일로 남을 떠들썩하게 만들다.

[驚恐] chīngkǔng ㄐㄧㄥㄎㄨㄥˇ 놀라다. 두려워하다. >驚驚恐恐.

[驚弓之鳥] chīngkūngchīhniǎo ㄐㄧㄥㄍㄨㄥㄓㄋㄧㄠˇ 화살에 상처를 입은 새. 한번 놀란 사람은 조그만 일에도 놀란다. 자라 보고 놀란 놈이 솥뚜껑 보고 놀란다. «成»

[驚浪] chīnglàng ㄐㄧㄥㄌㄤˋ 큰 파도.

[驚怕] chīngp'à ㄐㄧㄥㄆㄚˋ 놀라다.

[驚呆] chīngtāi ㄐㄧㄥㄉㄞ 놀라서 어리둥절하게 되다.

[驚嘆號] chīngt'ànhào ㄐㄧㄥㄊㄢˋㄏㄠˋ 감탄부(感嘆符). "！". 느낌표.

[驚濤駭浪] chīngt'āo-hàilàng ㄐㄧㄥㄊㄠㄏㄞˋㄌㄤˋ 놀랄 만한 큰 소동. 위험스러운 경지.

[驚動] chīngtùng ㄐㄧㄥㄉㄨㄥˋ ①시끄럽게 하다. 놀라게 하다. ②방해하다.

〔井〕 chǐng ㄐㄧㄥˇ ①우물.「水一；우물」②우물처럼 움푹 파인 것.「煤一；탄갱(炭坑)」「竪一；세로로 된 갱도(坑道)」「表一；수도(水道)의 미터 복스(meter box)」③정연(整然)한.「一一有條；질서 정연하다. 논리 정연하다」

[井架] chǐngchià ㄐㄧㄥˇㄐㄧㄚˋ 유정(油井)의 발판을 짠 틀.

[井然] chǐngján ㄐㄧㄥˇㄖㄢˊ 정연한.「秩序一；질서 정연(整然)하다」

[井灌] chǐngkuàn ㄐㄧㄥˇㄍㄨㄢˋ 우물물에 의한 관개(灌漑).

[井繩] chǐngshěng ㄐㄧㄥˇㄕㄥˊ 두레박줄

[井臺兒] chǐngt'áirh ㄐㄧㄥˇㄊㄞˊㄦ 우물가의 조금 높게 만든 부분. 우물의 디딤돌. 흔히 돌을 깔았음.

[井筒] chǐngt'ǔng ㄐㄧㄥˇㄊㄨㄥˇ ①우물 안의 벽이 되는 부분. ②펌프의 파이프.

[井蛙] chǐngwā ㄐㄧㄥˇㄨㄚ 우물 안 개구리: 식견(識見)이 좁다는 비유. ＝井底之蛙.

[井鹽] chǐngyén ㄐㄧㄥˇㄧㄢˊ 염분이 녹아 지하수로 된 우물물을 퍼 올려 채취한 소금.

〔阱〕 chǐng ㄐㄧㄥˇ 함정(陷穽).

〔景〕 chǐng ㄐㄧㄥˇ ①경치. 운치.「雪一；설경」②모양. 상태. 상황. 「盛一；성황(盛況)」③그리워하다. 존경하다.「一慕；존경하고 사모하다」④큰. 위대한.

[景象] chǐnghsiàng ㄐㄧㄥˇㄒㄧㄤˋ (눈에 보이는) 풍경. 현상(現象).

[景況] chǐngk'uàng ㄐㄧㄥˇㄎㄨㄤˋ 형편. 정상(情狀): 특히 생활과 관련된 일에 많이 쓰임.

[景泰藍] chǐngt'àilán ㄐㄧㄥˇㄊㄞˋㄌㄢˊ 구리로 만든 에나멜(enamel) 질(質)의 미술품(美術品). "北京"지방에서 산출됨.

〔儆〕 chǐng ㄐㄧㄥˇ 타이르다. 훈계하

다.「一戒；훈계하다」「懲一一百；일벌 백계(一罰百戒)」
[儆誡] chǐngchièh ㄐㄧㄥˇㄐㄧㄝˋ ①타일러 주의시키다. ②스스로 경계심(警戒心)을 갖다.
〔憬〕 chǐng ㄐㄧㄣˇ 깨닫다. 자각(自覺)하다.
〔頸〕 chǐng ㄐㄧㄥˇ 목. =脖子.
[頸項] chǐnghsiàng ㄐㄧㄥˇㄒㄧㄤˋ 목. 목덜미:목의 앞을 "頸", 뒤를 "項"이라 함.
[頸鏈] chǐngliēn ㄐㄧㄥˇㄌㄧㄢˋ 목걸이.
[頸脖子] chǐngpŏtzŭ ㄐㄧㄥˇㄅㄛˊㄗ 목의 앞 부분.
〔警〕 chǐng ㄐㄧㄥˇ 훈계하다.주의하다.「示一；경고(警告)하다」②경찰관.「路一；교통 순경」③비상(非常) 사태.「告一；(사태가) 위급함을 알리다」④민감한.예민한.「一醒；(무슨 소리에) 잠을 깨다」
[警車] chǐngchē ㄐㄧㄥˇㄔㄜ 경찰차. 백차(白車).
[警戒] chǐngchièh ㄐㄧㄥˇㄐㄧㄝˋ 경계하다. 훈계하다.
[警棍] chǐngkùn ㄐㄧㄥˇㄍㄨㄣˋ 경찰봉(警察棒).
[警鈴] chǐnglíng ㄐㄧㄥˇㄌㄧㄥˊ 비상(非常) 벨(bell).
[警惕] chǐngt'ì ㄐㄧㄥˇㄊㄧˋ 경계하다. 조심하다.「一性；경계심」
[警動] chǐngtùng ㄐㄧㄥˇㄉㄨㄥˋ (보통이 아닌 짓을 하여) 남의 기분을 움직이다. 남을 놀라게 하다.
[警衛] chǐngwèi ㄐㄧㄥˇㄨㄟˋ 경비하다.「一班；경호반」「一員；경비원」
[警悟] chǐngwu ㄐㄧㄥˇㄨ 문득 깨닫고 정신 차리다.
〔勁〕 chìng ㄐㄧㄥˋ 강하다. 힘이 세다.「一敵；강적」「疾風知一草；역경에 놓였을 때 비로소 사람의 가치를 알 수 있다」⇨chìn.
[勁旅] chìnglŭ ㄐㄧㄥˋㄌㄨˇ 전투력(戰鬪力)이 있는 부대.
〔徑〕(径·逕) chìng ㄐㄧㄥˋ ① 좁은 길.「山一；산길」②지름. 직경(直徑).「口一；구경」③갑자기.곧.「言畢一去；말이 끝나자마자 곧 가버렸다」
[徑啓者] chìngch'ichě ㄐㄧㄥˋㄑㄧˇㄓㄜˇ 전략(前略).
[徑直] chìngchíh ㄐㄧㄥˋㄓˊ ①꼿꼿한. ②곧장. 직접으로.
[徑情] chìngch'íng ㄐㄧㄥˋㄑㄧㄥˊ 제멋대로 다.
[徑復者] chìngfùchě ㄐㄧㄥˋㄈㄨˋㄓㄜˇ 배복(拜復).
[徑行辦理] chìnghsíng pànlǐ ㄐㄧㄥˋㄒㄧㄥˊㄅㄢˋㄌㄧˇ 즉시 처리하다. 공문에 쓰이는 말.
[徑流] chìngliú ㄐㄧㄥˋㄌㄧㄡˊ 벼란간 쏟아진 비가 땅에 스며들지 않고 지면에 흘러가는 물.
[徑賽] chìngsài ㄐㄧㄥˋㄙㄞˋ 육상 경기의 경주로(競走路).
[徑庭] chìngt'íng ㄐㄧㄥˋㄊㄧㄥˊ 큰 차이. 대차(大差).「大相一；굉장히 큰 차이(差異)이다」
[徑自] chìngtzŭ ㄐㄧㄥˋㄗˋ 전혀. 오로지.「一不改；전연(全然) 고치지 않다」
〔淨〕(凈) chìng ㄐㄧㄥˋ ①깨끗한.「臉要洗一；얼굴은 깨끗이 씻어야 한다」②깨끗이 하다. 씻다.「一面；(물로) 세수하다. (수건 따위로) 얼굴을 닦다」③깨끗이 없어지다. 빈털터리.「錢用一了；돈을 전부 써버렸다」④순수한. 불순물이 없는.「純一；순수하다」「一利；순이익」⑤겨우 …뿐. 오로지.「一剩下一元了；겨우 1"元" 남았다」⑥모두. 완전히.「滿地一是樹葉；온통 땅이 낙엽투성이다」 ⑦(구극의) 악역(惡役).
[淨產值] chìngch'ănchíh ㄐㄧㄥˋㄔㄢˇㄓˊ 순생산액(純生產額)의 비율(比率).
[淨價] chìngchià ㄐㄧㄥˋㄐㄧㄚˋ 실제의 가격. =淨值.
[淨街] chìngchiēh ㄐㄧㄥˋㄐㄧㄝ 통행을 금지시키다.
[淨重] chìng chŭng ㄐㄧㄥˋㄓㄨㄥˇ 포장(包裝)을 뺀 무게. 정미(正味)의 중량.
[淨貨] chìnghuò ㄐㄧㄥˋㄏㄨㄛˋ (물건의) 정량(正量).
[淨光] chìngkuāng ㄐㄧㄥˋㄍㄨㄤ ①(하나도 남지 않아) 빈털터리이다. ②반짝반짝 빛나다.
[淨量] chìngliàng ㄐㄧㄥˋㄌㄧㄤˋ 정미(正味)의 분량.
[淨面兒] chìngmiènrh ㄐㄧㄥˋㄇㄧㄢˋㄦ 표면에 무늬가 없는 것. 밋밋한 거죽.
[淨本兒] chìngpěnrh ㄐㄧㄥˋㄅㄣˇㄦ (생산자의) 원가(原價).
[淨便] chìngpièn ㄐㄧㄥˋㄅㄧㄢˋ 조용하다. 안온(安穩)하다.
[淨利] chìnglì — 「순이익(純利益).
[淨剩(兒)] chìngshěng(rh) ㄐㄧㄥˋㄕㄥˋ(ㄦ)
[淨剩了] chìngshènglê ㄐㄧㄥˋㄕㄥˋㄌㄜ …할 뿐이다.「一哭；울 뿐이다」=只剩了.
[淨手] cnìngshǒu ㄐㄧㄥˋㄕㄡˇ 뒤보러 가다. 변소에 가다.
[淨存] chìngts'ún ㄐㄧㄥˋㄘㄨㄣˊ 잉여금(剩餘金).
[淨桶] chìngt'ŭng ㄐㄧㄥˋㄊㄨㄥˇ 변기(便器). 똥통.
[淨碗] chìngwăn ㄐㄧㄥˋㄨㄢˇ 신불(神佛)에 물을 올릴 때 쓰는 사기 그릇.
〔竟〕 chìng ㄐㄧㄥˋ ①끝내다. 완수하다.「讀一；다 읽다」②마침내. 결국. 드디어.「有志者事一成；의지(意志)가 굳으면 무슨 일이든지 결국은 성공한다」③처음부터 끝까지. 전부.「一日；진종일」④뜻밖에. 필경. 드디어.「三年工作任務一在一年內完成；3년 걸릴 일을 뜻밖에 단 1년에 완성했다」
[竟敢] chìngkăn ㄐㄧㄥˋㄍㄢˇ 뻔뻔스럽게. 멋대로. 함부로.「他一欺負人；그는 태연스럽게 남을 잘 속인다」
[竟管] chìngkuǎn ㄐㄧㄥˋㄍㄨㄢˇ 오로지. 한결같이.
[竟自] chìngtzŭ ㄐㄧㄥˋㄗˋ ①뜻밖에. 의외(意外)에도. 예상 외로. ②전후 분별없이. 함부로.
[竟夜] chìngyèh ㄐㄧㄥˋㄧㄝˋ 온 밤. 밤새도록. =整夜.
〔脛〕 chìng ㄐㄧㄥˋ 정강이. 구어(口語)로는 "小腿".
〔敬〕 chìng ㄐㄧㄥˋ ①존경하다.「一而遠之；경원(敬遠)하다」②삼가다.③올리다. 받들다.「一你一盃；한 잔 올리겠읍니다」④선물.「喜一；축의(祝儀)」⑤공손하게.
[敬啓者] chìngch'ichě ㄐㄧㄥˋㄑㄧˇㄓㄜˇ 근계(謹啓).
[敬重] chìngchùng ㄐㄧㄥˋㄓㄨㄥˋ ① 존경

하다. ②공손하다. 정중하다. ＞敬敬重重.
[敬悉] chìnghsī ㄐㄧㄥˋㄒㄧ (명령을 받들겠다는 뜻으로) 알았읍니다. «敬»
[敬謝] chìnghsièh ㄐㄧㄥˋㄒㄧㄝˋ ①감사합니다. ②사과드립니다. «人» 「一不敏；무례함을 사과드립니다.
[敬客] chìngk'ò ㄐㄧㄥˋㄎㄜˋ 손님을 접대하다. 「겠읍니다. «敬»
[敬領] chìnglǐng ㄐㄧㄥˋㄌㄧㄥˇ 감사히 받
[敬陪] chìngp'éi ㄐㄧㄥˋㄆㄟˊ (초대를 받았을 때) 함께 배석하겠읍니다. 출석하겠읍니다.
[敬佩] chìngp'èi ㄐㄧㄥˋㄆㄟˋ 충심으로 존경하다. «敬» ＝欽佩. 「다.
[敬煙] chìng yēn ㄐㄧㄥˋ ㄧㄢ 담배를 권하

〔靖〕 chìng ㄐㄧㄥˋ ①편안하다. 조용하다. ②평온하게 하다. 평정하다. 「一邊；변경(邊境)-지대를 진압하다」
[靖亂] chìngluàn ㄐㄧㄥˋㄌㄨㄢˋ 난(亂)을 평정하다.

〔境〕 chìng ㄐㄧㄥˋ ①경계(境界). 「國一；국경」「入一；입국(入國)」②장소(場所). 고장. 「佳一；가경」 ③(학문이나 품행의) 정도. 「學有進一；연구가 상당히 진척되다」 ④형편. 지위(地位). 「家一；집안 형편」「處一；처지. 경우」
[境界] chìngchièh ㄐㄧㄥˋㄐㄧㄝˋ ①경계. ②장소.
[境況] chìngk'uàng ㄐㄧㄥˋㄎㄨㄤˋ 환경. 현재의 입장. 형편.
[境地] chìngtì ㄐㄧㄥˋㄉㄧˋ ①땅의 경계. ②입장. ③형편. ④정도.

〔靜〕 chìng ㄐㄧㄥˋ 움직이지 않음. 조용함. 「讓我一一地想一想；내게 좀 곰곰히 생각하도록 해 주게」②조용한. 소란스럽지 않은. 「場內一下去了；장내는 아주 조용해졌다」
[靜悄悄的] chìngch'iáoch'iǎotê ㄐㄧㄥˋㄑㄧㄠˊㄑㄧㄠˇㄉㄜ 아주 조용한 모양. 아주 잠잠한 모양.
[靜默] chìngmò ㄐㄧㄥˋㄇㄛˋ 아무 소리도 나지 않고 조용하다. 「쓸쓸하다.
[靜僻] chìngp'ì ㄐㄧㄥˋㄆㄧˋ (장소 따위가)
[靜便] chìngpièn ㄐㄧㄥˋㄅㄧㄢˋ 조용하다. ＞靜靜便便.
[靜點] chìngtiěn ㄐㄧㄥˋㄉㄧㄢˇ 〈工〉 사점(死點): 기계 용어. 「온하다.
[靜恬] chìngtién ㄐㄧㄥˋㄉㄧㄢˊ 마음이 평
[靜定] chìngtìng ㄐㄧㄥˋㄉㄧㄥˋ 죽은 듯이 조용해지다.
[靜座罷工] chìngtsò pàkūng ㄐㄧㄥˋㄗㄨㄛˋㄅㄚˋㄍㄨㄥ 연좌 파업(連座罷業). 연좌 데모.

〔鏡〕 chìng ㄐㄧㄥˋ ①「一子；거울」②렌즈(lens). 「凸透一；볼록렌즈」
[鏡匣] chìnghsiá ㄐㄧㄥˋㄒㄧㄚˊ 화장 도구를 넣는 상자.
[鏡箱] chìnghsiāng ㄐㄧㄥˋㄒㄧㄤ ＝鏡匣.
[鏡花水月] chìnghuā-shuǐyuèh ㄐㄧㄥˋㄏㄨㄚㄕㄨㄟˇㄩㄝˋ 거울 속의 산수(山水). 화중지병(畵中之餠): 허황되다는 비유. «成»
[鏡框(兒)] chìngk'uàng(rh) ㄐㄧㄥˋㄎㄨㄤˋ(ㄦ) 유리를 낀 사진틀 따위.
[鏡奩] chìnglién ㄐㄧㄥˋㄌㄧㄢˊ ＝鏡匣.
[鏡面兒平] chìngmièn rh p'íng ㄐㄧㄥˋㄇㄧㄢˋㄦ ㄆㄧㄥˊ 거울과 같이 평평함.
[鏡片] chìngp'ièn ㄐㄧㄥˋㄆㄧㄢˋ (안경의) 렌즈.
[鏡臺] chìngt'ái ㄐㄧㄥˋㄊㄞˊ 경대. 화장대(化粧臺). ＝梳粧臺.
[鏡頭] chìngt'óu ㄐㄧㄥˋㄊㄡˊ ①사진기의 렌즈. ②영화의 화면(畵面). 「拍一；한 장면을 촬영하다」

〔競〕 chìng ㄐㄧㄥˋ 겨루다. 다투다. 「一走；경주」
[競技] chìngchì ㄐㄧㄥˋㄐㄧˋ 기술이나 재주를 겨루다. 「아가다.
[競進] chìngchìn ㄐㄧㄥˋㄐㄧㄣˋ 맞서서 나
[競選] chìnghsuǎn ㄐㄧㄥˋㄒㄩㄢˇ 당선(當選)을 겨루다. 입후보(立候補)하다.
[競賽] chìngsài ㄐㄧㄥˋㄙㄞˋ 경기. 시합. 경쟁. 「一會；㉮품평회(品評會). ㉯경연회(競演會). ㉰경기회(競技會)」「生產一；생산 경쟁」
[競渡] chìngtù ㄐㄧㄥˋㄉㄨˋ 단오절(端午節)에 행하는 보우트레이스.

CH'ING ㄑㄧㄥ

〔青〕 ch'īng ㄑㄧㄥ ①녹색(綠色). 「一草；청초. 파란 풀」 ②남색(藍色). ③흑색(黑色). 「一布；검은 천」 ④녹색을 지닌 것: 일반적으로 익기 전의 농작물을 말함. 「看一；농작물을 지키다」 ⑤나이가 젊다는 뜻으로 쓰이는 말. 「一年；청년」
[青睜眼] ch'īngchēngyěn ㄑㄧㄥㄓㄥㄧㄢˇ ①청맹과니. 눈뜬 장님. ②〈醫〉 흑내장(黑內障).
[青椒] ch'īngchiāo ㄑㄧㄥㄐㄧㄠ 〈植〉 고추. ＝辣椒.
[青筋] ch'īngchīn ㄑㄧㄥㄐㄧㄣ 핏대. 「額頭上兩根一突暴起來；이마에 두 줄기 핏대가 불끈 솟다」
[青青的] ch'īngch'īngtê ㄑㄧㄥㄑㄧㄥㄉㄜ ①푸릇푸릇하다. ②청청하다. 나이가 젊다. 「年紀一；나이가 젊다」
[青春] ch'īngch'ūn ㄑㄧㄥㄔㄨㄣ ①청춘. ②새파랗게 젊다.
[青腫] ch'īngch'ǔng ㄑㄧㄥㄔㄨㄥˇ 퍼렇게 붓다. 「摔得一了；넘어져서 시퍼렇게 부었다」
[青出于藍] ch'īngch'ūyǘlán ㄑㄧㄥㄔㄨㄩˊㄌㄢˊ 남색은 청색에서 나왔으나 청색보다 진하다: 스승보다 제자가 뛰어났다는 비유. «成»
[青蝦] ch'īnghsiā ㄑㄧㄥㄒㄧㄚ ①신선(新鮮)한 새우. ②작은 새우. 새끼 새우.
[青小豆] ch'īnghsiǎotòu ㄑㄧㄥㄒㄧㄠˇㄉㄡˋ 〈植〉 완두콩.
[青鞋] ch'īnghsiéh ㄑㄧㄥㄒㄧㄝˊ (중국식의) 검은 신.
[青黃] ch'īnghuáng ㄑㄧㄥㄏㄨㄤˊ 햇곡과 묵은 곡식. 「一不接；㉮단경기(端境期): 묵은 곡식과 햇곡이 계속되지는 않는다는 뜻. ㉯모든 일이 순조롭게만 진행되지는 않는다는 말」 「고등어.
[青花魚] ch'īnghuāyǘ ㄑㄧㄥㄏㄨㄚㄩˊ 〈動〉

[靑灰] ch'īnghuī ㄑㄧㄥㄏㄨㄟ ①청색의 석회(石灰). ②검뿌연 빛깔.
[靑紅皂白] ch'īnghúngtsàopái ㄑㄧㄥㄏㄨㄥˊㄗㄠˋㄅㄞˊ ①여러 가지 빛깔. ②일의 내용. 사건의 진상.「不問一；진상을 불문에 붙이다」③시비 선악(是非善惡). «成»
[靑衣] ch'īngī ㄑㄧㄑㄧ ①검은 옷. ②"京劇"에서 단역의 여자로 분장하는 남자 배우. ③계집종.
[靑稞(子)] ch'īngk'ō(tzǔ) ㄑㄧㄥㄎㄜ(ㄗ)서남 지방 일대에서 산출되는 나맥(裸麥): 티베트인이 주식으로 함. 쌀보리.
[靑稞子] ch'īngk'ōtzǔ ㄑㄧㄥㄎㄜㄗˇ ①나맥의 낟알. ②논밭에 난 곡식의 총칭.
[靑工] ch'īngkūng ㄑㄧㄥㄍㄨㄥ 젊은 노동자.
[靑果] ch'īngkuǒ ㄑㄧㄥㄍㄨㄛˇ 〈植〉 감람(橄欖).
[靑梨] ch'īnglí ㄑㄧㄥㄌㄧˊ 〈植〉 중국에서 가장 많이 생산되는 배의 일반적인 통칭.
[靑綠] ch'īnglǜ ㄑㄧㄥㄌㄩˋ 짙은 초록.
[靑盲] ch'īngmáng ㄑㄧㄥㄇㄤˊ ①청색을 분별 못하는 색맹(色盲). ②청맹과니.
[靑黴素] ch'īngméisù ㄑㄧㄥㄇㄟˊㄙㄨˋ 페니실린. ＝盤尼西林.
[靑苗] ch'īngmiáo ㄑㄧㄥㄇㄧㄠˊ 아직 이삭이 패지 않은 논밭의 농작물.
[靑面獠牙] ch'īngmièn liáoyá ㄑㄧㄥㄇㄧㄢˋㄌㄧㄠˊㄧㄚˊ 시퍼런 얼굴로 이를 드러내다. 처칠고 사나운 얼굴의 형용. «成»
[靑目] ch'īngmù ㄑㄧㄥㄇㄨˋ 남으로부터 호의로 대접을 받는 일. 청안(靑眼).「一看待；호의에 넘친 대접을 받다」
[靑呢(子)] ch'īngnī(tzǔ) ㄑㄧㄥㄋㄧ(ㄗ) 검은 나사(羅紗).
[靑皮] ch'īngp'í ㄑㄧㄥㄆㄧˊ ①푸른 살갗. ②푸른 귤의 껍질: 약에 쓰임. ③무뢰한(無賴漢). ④성질이 비뚤어진 놈. 건방진 자식.
[靑餅子] ch'īngpǐngtzǔ ㄑㄧㄥㄅㄧㄥˇㄗ＝靑皮 ③④.
[靑兒] ch'īngrh ㄑㄧㄥㄦ ①들판.「逛一；들판에서 놀다」②파란 풀.「放一；방목하다」③농작물.「看一；농작물을 지키다」④흰자위.
[靑紗帳] ch'īngshāchàng ㄑㄧㄥㄕㄚㄓㄤˋ 여름과 가을에 수수나 옥수수가 무성하여 숨기에 안성마춤인 곳. ＝靑紗障.
[靑山] ch'īngshān ㄑㄧㄥㄕㄢ ①나무가 무성한 산. ②묘지(墓地).
[靑傷] ch'īngshāng ㄑㄧㄥㄕㄤ 푸른 반점. 멍.
[靑史] ch'īngshǐh ㄑㄧㄥㄕˇ 사서(史書).「名垂一；이름을 청사에 남기다」
[靑瘦] ch'īngshòu ㄑㄧㄥㄕㄡˋ 야위고 얼굴빛이 창백한 사람.
[靑絲] ch'īngssū ㄑㄧㄥㄙ 두발(頭髮). 머리털.
[靑蒜] ch'īngsuàn ㄑㄧㄥㄙㄨㄢˋ 뿌리가 아직 크기 전에 식용(食用)으로 하는 마늘잎.
[靑黛] ch'īngtài ㄑㄧㄥㄉㄞˋ ①눈썹 그리는 검은 먹. ②감청색(紺靑色).
[靑天] ch'īngt'iēn ㄑㄧㄥㄊㄧㄢ ①푸른 하늘: 청렴한 관리를 비유하는 말. ②일을 잘 간파하다.
[靑天白日] ch'īngt'iēn-páijìh ㄑㄧㄥㄊㄧㄢㄅㄞˊㄖˋ ①광명을 비유한 말. ②청천백일.「一旗；청천백일기. 중국 국민당의 당기」「一滿地紅；중화민국 국기」
[靑天霹靂] ch'īngt'iēn p'īlì ㄑㄧㄥㄊㄧㄢㄆㄧㄌㄧˋ ①맑은 하늘에 울리는 천둥소리. ②청천벽력. 예상하지 않던 큰 타격.
[靑田石] ch'īngt'iénshíh ㄑㄧㄥㄊㄧㄢˊㄕˊ 인장(印章)의 재료로 쓰이는 "浙江省靑田"에서 산출되는 납석(臘石). 곱돌.
[靑天大老爺] ch'īngtiēn tàlǎoyeh ㄑㄧㄥㄉㄧㄢㄉㄚˋㄌㄠˇㄧㄝ 결백하고 공정한 재판관. 또는 관리. «舊»
[靑豆] ch'īngtòu ㄑㄧㄥㄉㄡˋ 〈植〉청대콩: 푸른 빛의 콩의 한 가지.
[靑虛虛的] ch'īnghsūhsūtê ㄑㄧㄥㄒㄩㄒㄩㄉㄜ 회색(灰色)이 약간 낀 푸른 빛을 띤 모양.
[靑蛙] ch'īngwā ㄑㄧㄥㄨㄚ 〈動〉 청개구리.
[靑眼] ch'īngyěn ㄑㄧㄥㄧㄢˇ ＝靑目.
[靑蠅] ch'īngyíng ㄑㄧㄥㄧㄥˊ 금파리.
[靑魚] ch'īngyǘ ㄑㄧㄥㄩˊ ＝靑花魚.
[靑雲] ch'īngyǘn ㄑㄧㄥㄩㄣˊ ①명망(名望)이 높은 형용. ②고위(高位)의 형용. ③은둔자(隱遁者)의 경지(境地).
[靑雲直上] ch'īngyǘn chíhshàng ㄑㄧㄥㄩㄣˊㄓˊㄕㄤˋ 입신 출세를 하다. «成»

〔淸〕 ch'īng ㄑㄧㄥ ①깨끗한. 아주 맑은.「一水；맑은 물」②분명하게 하다.「分一；분명하게 나누다」③완전히. 모두. 뒤에 하나도 남지 않게.「還一；모두 돌려 주다」④공정한. 청렴한.「一官；청렴한 관리」⑤꾸미지 않은 본시대로의.「一唱；연극에서 분장을 하지 않고 노래를 부르다」⑥고요한.「一夜；고요한 밤」⑦청조(淸朝): (1644 ～ 1911의) 중국 최후의 왕조명(王朝名).
[淸査] ch'īngch'á ㄑㄧㄥㄔㄚˊ 자세히 검사하다.
[淸茶] ch'īngch'á ㄑㄧㄥㄔㄚˊ ①녹차(綠茶). ②차(茶)만 준비하다.「一候教； 아무런 준비도 없읍니다만 기다리고 있겠읍니다: 편지에 쓰임」
[淸債] ch'īngchài ㄑㄧㄥㄓㄞˋ 부채(負債)를 청산하다.
[淸湛] ch'īngchàn ㄑㄧㄥㄓㄢˋ ①맑고 깨끗하다. ②깨끗하게 맑아지다.
[淸丈] ch'īngchàng ㄑㄧㄥㄓㄤˋ 토지를 정밀하게 재다.
[淸賬] ch'īngchàng ㄑㄧㄥㄓㄤˋ ①장부를 끝내다. ②＝淸債.
[淸償] ch'īngch'áng ㄑㄧㄥㄔㄤˊ (채무를) 상환하다.
[淸場] ch'īngch'áng ㄑㄧㄥㄔㄤˊ ①타작할 마당을 청소하다. ② ch'īngch'ǎng 강연장 따위에서 청중의 소란을 진정시키다.
[淸澈] ch'īngch'ê ㄑㄧㄥㄔㄜˋ ①맑게 개어 있다. ②철저(徹底)하다.
[淸眞] ch'īngchēn ㄑㄧㄥㄓㄣ ①순결(純潔)한. ②회교(回教). ＝淸眞教.
[淸晨] ch'īngch'én ㄑㄧㄥㄔㄣˊ 이른 아침. 조조(早朝).
[淸蒸] ch'īngchēng ㄑㄧㄥㄓㄥ (간을 맞추어) 찌다.
[淸眞館兒] ch'īngchēnkuǎnrh ㄑㄧㄥㄓㄣㄍㄨㄢˇㄦ 회교도(回教徒)가 경영하는 요리집.
[淸漆] ch'īngch'ī ㄑㄧㄥㄑㄧ 와니스(varnish).
[淸氣] ch'īngch'ì ㄑㄧㄥㄑㄧˋ 깔끔하다.「朴實一；소박하고 깔끔하다」

[清醬] ch'īngchiàng ㄑㄧㄥ ㄐㄧㄤˋ 간장.

[清欠] ch'īngch'ièn ㄑㄧㄥㄑㄧㄢˋ 빚을 깨끗이 청산하다.

[清淨] ch'īngchìng ㄑㄧㄥㄐㄧㄥˋ ①거리낄 것이 없어 기분이 시원하다. ②후가분하다. >清清淨淨.

[清除] ch'īngch'ú ㄑㄧㄥㄔㄨˊ 제거하다. 청소하다.

[清楚] ch'īngch'u ㄑㄧㄥㄔㄨ 분명하다. 명료하다. >清清楚楚.

[清癯] ch'īngch'ǘ ㄑㄧㄥㄑㄩˊ 날씬하게 여위다.「面貌一; 얼굴이 미끈하다」

[清出去] ch'īngch'uch'ü ㄑㄧㄥㄔㄨㄑㄩ ①제거하다.「把壞分子一; 파괴 분자를 제거하다」②말끔히 내놓다.「把存貨一; 재고품을 일소(一掃)하다」

[清俊] ch'īngchǜn ㄑㄧㄥㄐㄩㄣˋ 몸가짐이 단정하고 말쑥하다.

[清寒] ch'īnghán ㄑㄧㄥㄏㄢˊ ①청빈(清貧)하다. ②날씨는 맑으나 춥다.「月色一; 달빛이 차갑다」

[清晰] ch'īnghsī ㄑㄧㄥㄒㄧ 똑똑하다. 뚜렷하다.「砲聲一; 포성이 똑똑하게 들리다」

[清洗] ch'īnghsi ㄑㄧㄥㄒㄧˇ ①(나쁜 것을) 깨끗이 제거하다. ②(오명이나 굴욕을) 씻다. 벗다.

[清閑] ch'īnghsién ㄑㄧㄥㄒㄧㄢˊ ①조용하고 한적하다. ②(바쁜 일이 있은 후에) 한가하다.「他們一有用處, 咱們可就一點了; 그들이 쓸모있게 되면 우리들은 약간 한가해진다」>清清閑閑.

[清鄉] ch'īnghsiāng ㄑㄧㄥㄒㄧㄤ 향촌(鄉村)의 도적 떼나 침입자를 일소하다.

[清香] ch'īnghsiāng ㄑㄧㄥㄒㄧㄤ ①상쾌한 향기. ②상쾌하게 좋은 냄새를 풍기다.

[清醒] ch'īnghsǐng ㄑㄧㄥㄒㄧㄥˇ ①각성(覺醒)하다. ②(머릿속이) 맑고 깨끗하다. >清清醒醒.

[清秀] ch'īnghsiù ㄑㄧㄥㄒㄧㄡˋ 맑고 아름답다. 미끈하다.「眉目一; 미목이 수려하다」>清清秀秀.

[清一色] ch'īngisè ㄑㄧㄥㄧˋㄙㄜˋ 마작(麻雀) 용어에서 전용(轉用)된 말로, 혼합(混合)됨이 없이 전부가 순수한 일종(一種)이라는 뜻. 청일색.

[清高] ch'īngkāo ㄑㄧㄥㄍㄠ 고상하고 고결(高潔)하다.

[清倌] ch'īngkuān ㄑㄧㄥㄍㄨㄢ 동기(童妓). «舊»

[清苦] ch'īngk'ǔ ㄑㄧㄥㄎㄨˇ 청빈(清貧)하다. >清清苦苦.

[清規戒律] ch'īngkueī-chièhlǜ ㄑㄧㄥㄍㄨㄟㄐㄧㄝˋㄌㄩˋ ①석가모니의 규율. ②엄(嚴)한 규칙. ③번잡하고 이치에 맞지 않는 규칙. «成»

[清鍋兒冷竈兒] ch'īngkuōrh-lěngtsàorh ㄑㄧㄥㄍㄨㄛㄦ ㄌㄥˇㄗㄠˋㄦ ①영락하여 생활이 몹시 곤란하다는 형용. ②세력을 잃은 사람. «成»

[清冷] ch'īnglěng ㄑㄧㄥㄌㄥˇ ①쓸쓸하다. ②시원치 않다. 인기가 없다. =冷清.

[清理] ch'īnglǐ ㄑㄧㄥㄌㄧˇ 청산하다. 정리하다.「一債務; 부채를 청산하다」「一存貨; 재고품을 정리하다」

[清利] ch'īnglì ㄑㄧㄥㄌㄧˋ 시원스럽다. 순조롭다.

[清亮] ch'īngliang ㄑㄧㄥㄌㄧㄤ ①잘 보이다. ②아주 맑다. >清清亮亮. ③소리가 맑고 말에 조리가 서 있다.

[清明] ch'īngmíng ㄑㄧㄥㄇㄧㄥˊ ①청명절(清明節). ②청결하고 명랑하다.「政治一; 정치가 깨끗하고 명랑하다」

[清白] ch'īngpó ㄑㄧㄥㄅㄛˊ 결백하다. >清清白白.

[清兒] ch'īngrh ㄑㄧㄥㄦ ①맑은 국. ②흰자위. =青兒. 蛋青兒.

[清瘦] ch'īngshòu ㄑㄧㄥㄕㄡˋ 날씬하게 야위다.

[清爽] ch'īngshuǎng ㄑㄧㄥㄕㄨㄤˇ ①(심신이) 상쾌하다. >清清爽爽. ②명백하다.

[清水] ch'īngshuǐ ㄑㄧㄥㄕㄨㄟˇ ①맑은 물. ②냉수(冷水). ③콧물. ④군침. ⑤순수한.

[清水貨] ch'īngshuǐhuò ㄑㄧㄥㄕㄨㄟˇㄏㄨㄛˋ 불순물이 없는 순수한 물품.

[清水臉兒] ch'īngshuǐliěnrh ㄑㄧㄥㄕㄨㄟˇㄌㄧㄢˇㄦ (부녀의) 화장하지 않은 본디의 얼굴.

[清素] ch'īngsù ㄑㄧㄥㄙㄨˋ 담백하다. 산뜻하다.

[清談] ch'īngt'án ㄑㄧㄥㄊㄢˊ ①청담. ②견식이 높은 학설이나 견해.

[清淡] ch'īngtàn ㄑㄧㄥㄉㄢˋ ①맛이 담백한. 맛이 산뜻한. ②불경기이다. >清清淡淡.

[清湯] ch'īngt'āng ㄑㄧㄥㄊㄤ ①맑은 국물. 수우프의 콩소메(consommé). ②콧물.

[清單兒] ch'īngtānrh ㄑㄧㄥㄉㄢㄦ (한 장으로 된) 명세서. 청산서.

[清道] ch'īngtào ㄑㄧㄥㄉㄠˋ 도로를 청소하다.「一夫; 도로 청소부」

[清點] ch'īngtiěn ㄑㄧㄥㄉㄧㄢˇ 모조리 조사하다.「一鋪子裡的貨品; 상점의 재고품을 조사하다」

[清頭] ch'īngt'óu ㄑㄧㄥㄊㄡˊ ①잘 알다. 알고 있다. ②명백하게 하다. 결론을 내다.

[清早(兒)] ch'īngtsǎo(rh) ㄑㄧㄥㄗㄠˇ(ㄦ) 조조(早朝).「一飯; 조반」=清早晨.

[清脆] ch'īngts'uì ㄑㄧㄥㄘㄨㄟˋ (음성이) 잘 통하다. (말투가) 똑똑하다. >清清脆脆.

[清野] ch'īngyěh ㄑㄧㄥㄧㄝˇ 전시(戰時)에 곡물 따위를 감추어 적에게 이용 당하지 않도록 하다.

[清夜] ch'īngyèh ㄑㄧㄥㄧㄝˋ 조용한 밤.

[清幽] ch'īngyū ㄑㄧㄥㄧㄡ 맑고 고요하며 그윽하고 깊숙하다. 속세를 떠난 경지.

〔氫〕 ch'īng ㄑㄧㄥ 수소(水素).

[氫氣] ch'īngch'ì ㄑㄧㄥㄑㄧˋ 〈化〉 수소 가스(gas).

[氫彈] ch'īngtàn ㄑㄧㄥㄉㄢˋ 수소 폭탄.

[氫武器] ch'īngwǔch'ì ㄑㄧㄥㄨˇㄑㄧˋ 수소 병기(兵器). 핵무기.

〔傾〕 ch'īng ㄑㄧㄥ ①기울다. 경사지다.「身體稍前一; 몸이 약간 앞으로 기울어지다」②경향(傾向). 편벽되다.「左一; 좌경」③뒤집히다. 부서지다.「大廈將一; 큰 집이 무너지려고 하다」④그릇이 뒤집혀 내부의 물건이 나오는 일.「一盆大雨; 물그릇을 뒤집어 놓은 것 같은 비란 뜻으로 억수같이 내리는 비」

[傾巢出犯] ch'īngch'áo ch'ūfàn ㄑㄧㄥㄔㄠˊㄔㄨㄈㄢˋ 적(敵)이 병력을 총동원해

서 침범하는 일. «成»
[傾家] ch'īngchiā ㄑㄧㄥㄐㄧㄚ ①전재산을 투자하다. ②가산(家產)을 탕진하다. 「一蕩產；가산을 탕진하다」
[傾覆] ch'īngfù ㄑㄧㄥㄈㄨˋ ①뒤집히다. 전복되다. ②위난(危難)을 당하여 멸망하다.
[傾銷] ch'īnghsiāo ㄑㄧㄥㄒㄧㄠ 이익을 생각하지 않고 물건을 외국으로 투매하다.
[傾泄] ch'īnghsièh ㄑㄧㄥㄒㄧㄝˋ (속의 것을) 털어 놓다. 쏟다. 「一胸中的怒氣；가슴 속의 노기를 털어 놓다」
[傾心] ch'īnghsīn ㄑㄧㄥㄒㄧㄣ ①마음에 꼭 들다. ②마음 속의 생각을 모조리 털어 놓다.
[傾筐倒篋] ch'īngk'uāng tàochièh ㄑㄧㄥㄎㄨㄤ ㄉㄠˋㄐㄧㄝˋ (물건을 찾는 경우에) 깡그리 털어 내놓다. «成» ＝傾篋倒筐.
[傾國] ch'īngkuó ㄑㄧㄥㄍㄨㄛˊ 전국(全國). 「傾城一；경국지색(傾國之色). 절세의 미인」 「하다. 감탄하다.
[傾佩] ch'īngp'èi ㄑㄧㄥㄆㄟˋ 감복(感服)
[傾圮] ch'īngp'ǐ ㄑㄧㄥㄆㄧˇ 헐어져 무너지다.
[傾訴] ch'īngsù ㄑㄧㄥㄙㄨˋ 속이 후련할 때까지 이야기하다. 이것 저것 죄다 말하다.
[傾倒] ch'īngtǎo ㄑㄧㄥㄉㄠˇ ①발이 걸려 넘어지다. ②경복(敬服)하다. ③ch'īngtào 쏟다. 「一髒水；더러운 물을 쏟다」
[傾吐] ch'īngt'ǔ ㄑㄧㄥㄊㄨˇ 토로(吐露)하다. 마음껏 말하다. ＝傾心吐膽.
[傾頹] ch'īngt'uí ㄑㄧㄥㄊㄨㄟˊ 기울어져 무너지다. 「하다.
[傾軋] ch'īngyà ㄑㄧㄥㄧㄚˋ 밀어내다. 배척

〔卿〕 ch'īng ㄑㄧㄥ ①고관(高官). 대관. ②임금이 신하를, 남편이 아내를, 아내가 남편을 부르던 옛 호칭. «舊»

〔蜻〕 ch'īng ㄑㄧㄥ 「잠자리.
[蜻蛉] ch'īnglíng ㄑㄧㄥㄌㄧㄥˊ 〈動〉 작은
[蜻蜓] ch'īngt'ing ㄑㄧㄥㄊㄧㄥ 〈動〉 잠자 └리.

〔輕〕 ch'īng ㄑㄧㄥ ①가볍다. 「木頭比鐵一；나무는 쇠보다 가볍다」 ②가만히. 힘을 주지 않고. 「一一推一下；가만히 밀다」 ③중대하지 않다. 대단치 않다. 「他的病很一；그의 병은 대단치 않다」 ④＝青⑤.
[輕氣] ch'īngch'ì ㄑㄧㄥㄑㄧˋ 수소(水素). 「一球；수소를 넣은 고무 풍선」＝氫氣球.
[輕巧] ch'īngch'iǎo ㄑㄧㄥㄑㄧㄠˇ 경쾌하다. 재빠르다. ＞輕輕巧巧.
[輕佾] ch'īngch'iào ㄑㄧㄥㄑㄧㄠˋ 언동이 경망하고 비천하다.
[輕巧錢] ch'īngch'iǎoch'ién ㄑㄧㄥㄑㄧㄠˇㄑㄧㄢˊ 불로 소득(不勞所得). 생각지도 않은 수입. 폭리(暴利). 「賺個一；손쉽게 큰 이익을 얻다」 「경기관총.
[輕機槍] ch'īngchīch'iāng ㄑㄧㄥㄐㄧㄑㄧㄤ
[輕成] ch'īngch'éng ㄑㄧㄥㄔㄥˊ (일이) 수월하다.
[輕捷] ch'īngchiéh ㄑㄧㄥㄐㄧㄝˊ 경쾌하다. 민첩하다. 「走路很一；걸음걸이가 아주 경쾌하다」 「하고 건강하다.
[輕健] ch'īngchièn ㄑㄧㄥㄐㄧㄢˋ 몸이 경쾌
[輕賤] ch'īngchièn ㄑㄧㄥㄐㄧㄢˋ 경망하고 천하다. 「위가) 산뜻하다.
[輕清] ch'īngch'īng ㄑㄧㄥㄑㄧㄥ (색채 따
[輕輕(兒)的] ch'īngch'īng(rh)tê ㄑㄧㄥㄑㄧㄥ(ㄦ)ㄉㄜ ①경쾌한 모양. ②(말소리가) 조용한 모양. 「一說話；조용히 말하다」 ③(동작을) 가만히 하는 모양. 「一放下書包；조용히 책보를 놓다」
[輕重] ch'īngchùng ㄑㄧㄥㄓㄨㄥˋ ①무게. ②일의 경중이나 정도 및 도리(道理). 「沒個一；적당하지 않다」 「不知一；일의 도리를 분별하지 못하다」 「一倒置；일의 경중을 잘못 이해하다」
[輕車熟路] ch'īngchū-shúlù ㄑㄧㄥㄐㄩㄕㄨˊㄌㄨˋ 그 방면에 경험이 있고 익숙하다. «成»
[輕而易擧] ch'īng'érhìchǚ ㄑㄧㄥㄦˊㄧˋㄐㄩˇ 별로 노력하지 않아도 실행할 수 있다. 극히 손쉬운 일이다. «成» 「다.
[輕放] ch'īngfàng ㄑㄧㄥㄈㄤˋ 가만이 놓
[輕浮] ch'īngfú ㄑㄧㄥㄈㄨˊ 경박하다. 경솔하다. 「으실으실 춥다.
[輕寒] ch'īnghán ㄑㄧㄥㄏㄢˊ 으스스하다.
[輕閑] ch'īnghsién ㄑㄧㄥㄒㄧㄢˊ 일거리가 뜨음하여 대단히 한가롭다.
[輕忽] ch'īnghū ㄑㄧㄥㄏㄨ 경솔히 하다. 경시(輕視)하다. 「쉬운 일.
[輕活兒] ch'īnghuórh ㄑㄧㄥㄏㄨㄛˊㄦ 손
[輕易] ch'īngì ㄑㄧㄥㄧˋ 간단하고 하기 쉽다. 「一勞動；경노동」 함부로. 매우 경솔하게. 좀처럼: 대개 부정사가 따름. 「他一不下論斷；그는 경솔하게 결론을 내리지 않는다」 「他不一來；그는 좀처럼 오지 않는다」 ＞輕輕易易. 「러운. 가뿐한.
[輕柔] ch'īngjóu ㄑㄧㄥㄖㄡˊ 가볍고 부드
[輕容易] ch'īngjúngì ㄑㄧㄥㄖㄨㄥˊㄧˋ 좀처럼. 경솔하게. 「하다. 깔보다.
[輕看] ch'īngk'àn ㄑㄧㄥㄎㄢˋ 경시(輕視)
[輕歌曼舞] ch'īngkō-mànwǔ ㄑㄧㄥㄍㄜㄇㄢˋㄨˇ 노래나 춤이 경쾌하고 원활하여 사람의 마음을 끌다. «成»
[輕口薄舌] ch'īngk'ǒu-póshé ㄑㄧㄥㄎㄡˇㄅㄛˊㄕㄜˊ 입이 가볍고 말이 경박한 모양. «成»
[輕快] ch'īngk'uai ㄑㄧㄥㄎㄨㄞ ①다루기 쉽다. 노력이 들지 않다. ②무거운 부담을 벗어 기분이 상쾌하다.
[輕狂] ch'īngk'uáng ㄑㄧㄥㄎㄨㄤˊ 경솔하다. 사람이 가볍고 무게가 없다.
[輕工] ch'īngkūng ㄑㄧㄥㄍㄨㄥ 경공업(輕工業).
[輕骨頭] ch'īngkút'ou ㄑㄧㄥㄍㄨˊㄊㄡ ①비굴한 자식. «罵» ②값싼 보수로 아무렇게나 남의 일을 하는 사람. ③노예 근성이 있는 사람. ④교만하게 굴다. «方»
[輕利] ch'īnglì ㄑㄧㄥㄌㄧˋ 돈을 소중하게 여기지 않다. 「보다. ＞輕輕慢慢.
[輕慢] ch'īngmàn ㄑㄧㄥㄇㄢˋ 얕보다. 깔
[輕描淡寫] ch'īngmiáo-tànhsiěh ㄑㄧㄥㄇㄧㄠˊㄉㄢˋㄒㄧㄝˇ 대강 데상(dessin)하다. 곤란한 일을 피하여 임시 변통으로 일을 해 나가다. «成» 「年.
[輕年] ch'īngnién ㄑㄧㄥㄋㄧㄢˊ 청년. ＝青
[輕諾寡信] ch'īngnò-kuǎhsìn ㄑㄧㄥㄋㄨㄛˋㄍㄨㄚˇㄒㄧㄣˋ 매우 경솔하게 책임을 맡아 가지고 좀처럼 신용을 지키지 않다. «成».

[輕飄] ch'ingp'iāo ㄑㄧㄥㄆㄧㄠ 가분가분하다. 가뜬하다. >輕輕飄飄.
[輕飄飄的] ch'ingp'iāop'iāotê ㄑㄧㄥㄆㄧㄠㄆㄧㄠㄉㄜ 가분가분한 모양. 가뜬한 모양. 「리하다.>輕輕便便.
[輕便] ch'ingpièn ㄑㄧㄥㄅㄧㄢˋ 손쉽고 편
[輕薄] ch'ingpó ㄑㄧㄥㄅㄛˊ ①경박하다. ②존중하지 않다. ③(여성을) 모욕하다. 놀리다. 욕을 뵈다. 「被人一了一頓 ; 남에게 창피를 당하였다」
[輕薄子] ch'ingpótzǔ ㄑㄧㄥㄅㄛˊㄗˇ 경박한 소년. 까부는 아이. =輕薄兒.
[輕身] ch'ingshēn ㄑㄧㄥㄕㄣ ①자기 생명을 소홀히 하다. ②단독(單獨). 혼자 몸. 단신(單身).
[輕聲] ch'ingshēng ㄑㄧㄥㄕㄥ 음평(陰平)·양평(陽平)·상성(上聲)·거성(去聲) 따위와는 달리 성조(聲調)의 구별이 없는 약한 악센트(accent): 성조란 일정한 소리의 높이가 없는 음.
[輕生] ch'ingshēng ㄑㄧㄥㄕㄥ 생명을 소홀히 하다. 자살하다.
[輕聲兒] ch'ingshēngrh ㄑㄧㄥㄕㄥㄦ 작고 가는 목소리. 「멸하다.
[輕視] ch'ingshìh ㄑㄧㄥㄕˋ 경시하다. 경
[輕手輕脚] ch'ingshǒu-ch'ingchiǎo ㄑㄧㄥㄕㄡˇㄑㄧㄥㄐㄧㄠˇ 동작이 가분가분한 모양. «成»
[輕手躡脚] ch'ingshǒu-nièhchiǎo ㄑㄧㄥㄕㄡˇ ㄋㄧㄝˋㄐㄧㄠˇ =輕手輕脚.
[輕舒] ch'ingshū ㄑㄧㄥㄕㄨ ①(뜬 구름같이) 부드럽고 가볍다. ②(기분이)태평스럽고 한가하다. 「松. >輕輕爽爽.
[輕爽] ch'ingshuǎng ㄑㄧㄥㄕㄨㄤˇ =輕
[輕松] ch'ingsūng ㄑㄧㄥㄙㄨㄥ ①(물건 따위가) 가분가분하다. ②(일 따위가) 홀가분하다. 부담이 되지 않다. ③(기분이) 경쾌하다. 산뜻하다. >輕輕松松.
[輕敵] ch'ingtí ㄑㄧㄥㄉㄧˊ 적을 깔보다.
[輕佻] ch'ingt'iāo ㄑㄧㄥㄊㄧㄠ 경솔하다. 소홀하다.
[輕財好義] ch'ingts'ái hàoì ㄑㄧㄥㄘㄞˊㄏㄠˋㄧˋ 재물을 아낄 줄 모르고 의리(義理)만을 중요시하다. «成»
[輕噸] ch'ingtūn ㄑㄧㄥㄉㄨㄣ 쇼오트 톤(short ton). 미톤(美噸): 1쇼오트 톤은 2000 파운드.
[輕盈] ch'ingyíng ㄑㄧㄥㄧㄥˊ 자태가 경쾌해 보이고 아름답다. >輕輕盈盈.
[輕于鴻毛] ch'ingyǘ húngmáo ㄑㄧㄥㄩˊㄏㄨㄥˊㄇㄠˊ 가치 없이 죽는 일. 개죽음을 「하는 일. «成»

〔鯖〕 ch'ing ㄑㄧㄥ 고등어. =鯖魚.

〔情〕 ch'íng ㄑㄧㄥˊ ①감정. 정서(情緖). ②남녀의 애정. 「一人 ; 연인(戀人)」③상황. 상태. 「實一 ; 실정」 ④ 호의(好意). 은혜.
[情場] ch'íngch'ǎng ㄑㄧㄥˊㄔㄤˇ 연애하는 현장. 사랑을 속삭이는 장면.
[情急] ch'íngchí ㄑㄧㄥˊㄐㄧˊ (놀랜 나머지) 감정이 엇갈리어 초조해 하다. 「一智生 ; 위급한 판에 갑자기 좋은 꾀가 생기다」
[情節] ch'íngchiéh ㄑㄧㄥˊㄐㄧㄝˊ 사건의 내용과 경위. 소설(小說)이나 연극 따위의 개요(槪要).
[情知] ch'íngchīh ㄑㄧㄥˊㄓ 확실하게 알다. 「一要發生變化 ; 변화가 생길 것이라는 것을 확실히 알다」
[情致] ch'íngchìh ㄑㄧㄥˊㄓˋ =情趣.
[情至義盡] ch'íngchìh-ìchìn ㄑㄧㄥˊㄓˋㄧˋㄐㄧㄣˋ 온갖 정의를 다하다. «成»=仁至義盡. 「나 감정의 실제 상태.
[情境] ch'íngchìng ㄑㄧㄥˊㄐㄧㄥˋ 기분이
[情趣] ch'íngch'ǜ ㄑㄧㄥˊㄑㄩˋ 정취
[情狀] ch'íngchuàng ㄑㄧㄥˊㄓㄨㄤˋ 사실의 내용과 외관(外觀). 사실이 있는 그대로의 상태.
[情分] ch'íngfên ㄑㄧㄥˊㄈㄣ 정분. 정리(情理). 「骨肉的一 ; 육친의 정」
[情海] ch'ínghǎi ㄑㄧㄥˊㄏㄞˇ 애정의 세계.
[情形] ch'ínghsíng ㄑㄧㄥˊㄒㄧㄥ 사실의 상황이나 형세. 정황(情況). 「根據實際一逐步解決 ; 실제 상태에 준거하여 점진적으로 해결하다」
[情緖] ch'ínghsü ㄑㄧㄥˊㄒㄩ ①희비애락(喜悲愛樂)의 복잡한 감정. 「鬧一 ; 감정을 해치다」「他說得很帶一 ; 그의 말투는 대단히 감정적이다」「一很好 ; 기분이 대단히 좋다」②숨겨진 불순한 동기(動機)나 의도(意圖).
[情話] ch'ínghuà ㄑㄧㄥˊㄏㄨㄚˋ ①진심에서 우러나온 말. ②남녀간의 다정한 말. 정담(情談). 「中). 감흥(感興).
[情懷] ch'ínghuái ㄑㄧㄥˊㄏㄨㄞˊ 심중(心
[情義] ch'íngì ㄑㄧㄥˊㄧˋ 정의(情誼). 정리(情理).
[情意] ch'íngì ㄑㄧㄥˊㄧˋ ①의리(義理). ②남녀간에 사랑하는 마음. 애정.
[情人兒] ch'íngjénrh ㄑㄧㄥˊㄖㄣˊㄦ 사랑하는 사람. 연인.
[情人眼裡出西施] ch'íngjén yěnli ch'ū-hsīshīh ㄑㄧㄥˊㄖㄣˊㄧㄢˇㄌㄧㄔㄨㄒㄧㄕ 정든 사람의 눈에는 상대방이 아무리 박색이라도 "西施"로 보인다는 말: "西施"는 춘추 시대의 미인의 이름. 〈諺〉
[情甘] ch'íngkān ㄑㄧㄥˊㄍㄢ 마음속으로 원하다. 달게 받다. 「一吃一點虧 ; 약간의 손해는 달게 받다」
[情感] ch'íngkǎn ㄑㄧㄥˊㄍㄢˇ 감정.
[情哥] ch'íngkō ㄑㄧㄥˊㄍㄜ 서로 사랑하는 사이에서 여자가 남자를 부르는 말.
[情況] ch'íngk'uàng ㄑㄧㄥˊㄎㄨㄤˋ 실제의 상황. =情形. 「남자.(남자의) 연인.
[情郞] ch'ínglâng ㄑㄧㄥˊㄌㄤˊ 사랑하는
[情理] ch'íngli ㄑㄧㄥˊㄌㄧ ①천리(天理)와 인정. ②도리. 사리(事理). 「인.
[情侶] ch'ínglǚ ㄑㄧㄥˊㄌㄩˇ 애인간. 애
[情面] ch'íngmien ㄑㄧㄥˊㄇㄧㄢ ①정실(情實). ②(추천자 따위의) 안면(顏面). 「看着他的一 ; 그 사람의 체면을 보아서」③상대자의 입장이나 체면. 「不講一 ; 상대방의 입장을 생각하지 않다」
[情不自禁] ch'íngputzǔchìn ㄑㄧㄥˊㄅㄨˋㄗˋㄐㄧㄣˋ 정리상 어쩔 수 없다. 인정상 부득이해서 하다. 무의식중에 하다.
[情兒] ch'íngrh ㄑㄧㄥˊㄦ 인정. 사정(私情). 「托一 ; 정에 호소하여 부탁하다」
[情實] ch'íngshíh ㄑㄧㄥˊㄕˊ ①실제의 상황. ②죄상(罪狀)이 확실하다.
[情事] ch'íngshìh ㄑㄧㄥˊㄕˋ 사실. 정세(情勢). 「문(戀文).
[情書] ch'íngshū ㄑㄧㄥˊㄕㄨ 연애편지. 연

[情素] ch'íngsù ㄑㄧㄥˊㄙㄨˋ 본 마음. 진정. =情愫.
[情隨事遷] ch'íngsuíshìhch'iēn ㄑㄧㄥˊㄙㄨㄟˊㄕˋㄑㄧㄢ 일의 변화에 따라 감정도 변하다. «成»
[情態] ch'íngt'ài ㄑㄧㄥˊㄊㄞˋ 마음가짐. 「기분.
[情敵] ch'íngtí ㄑㄧㄥˊㄉㄧˊ 연적(戀敵).
[情調] ch'íngtiào ㄑㄧㄥˊㄉㄧㄠˋ 정서. 분위기. 기분. 「破壞一; 정서를 깨뜨리다」
[情竇] ch'íngtòu ㄑㄧㄥˊㄉㄡˋ 정욕의 실마리. 「一初開;성적 매력이 나타나기 시작하다」
[情投意合] ch'íngt'óu-ìhó ㄑㄧㄥˊㄊㄡˊㄧˋㄏㄜˊ 의기가 서로 맞아 들어가다. «成»
[情由] ch'íngyú ㄑㄧㄥˊㄧㄡˊ 사건의 내용과 원인. 사정(事情).
[情願] ch'íngyüàn ㄑㄧㄥˊㄩㄢˋ 진심으로 원하다. 달게 받다. 「원하다.
[情有可原] ch'íngyǔk'ǒyüán ㄑㄧㄥˊㄧㄡˇㄎㄜˇㄩㄢˊ 정상에 용서할 점이 있다. «成»

〔晴〕 ch'íng ㄑㄧㄥˊ ①활짝 개여 있다. ②밝게 개이다. 天一了; 하늘이 맑게 개였다」 「게 개이고 온화하다.
[晴和] ch'ínghó ㄑㄧㄥˊㄏㄜˊ (날씨가) 맑
[晴明] ch'íngmíng ㄑㄧㄥˊㄇㄧㄥˊ 밝고 명랑하다. =晴朗. 「인 하늘.
[晴空] ch'íngk'ūng ㄑㄧㄥˊㄎㄨㄥ 밝게 개
[晴天] ch'íngt'iēn ㄑㄧㄥˊㄊㄧㄢ 밝게 개인 하늘. 「一兒; 하늘이 개다」
[晴天霹靂] ch'íngt'iēn p'īlì ㄑㄧㄥˊㄊㄧㄢ ㄆㄧㄌㄧˋ 청천벽력. 뜻밖에 일어난 사변이나 소식. «成» 「청우계(晴雨計).
[晴雨表] ch'íngyǔpiǎo ㄑㄧㄥˊㄩˇㄅㄧㄠˇ

〔氰〕 ch'íng ㄑㄧㄥˊ 청산(青酸). 「一化鉀; 청산가리」

〔擎〕 ch'íng ㄑㄧㄥˊ 들어 올리다. 늘다. 받들다. 「衆一易擧; 여러 사람이 들면 들어 올리기 쉽다」
[擎着] ch'íngchê ㄑㄧㄥˊㄓㄜ 참다. 받다. 가만이 하는 대로 두고 보다. 「人家打他, 他寧可一; 남들이 구타해도 그는 상대하기 보다는 가만히 있고자 한다」 「一跟我享福吧; 내가 잘 해줄 터이니 참고 있거라」
[擎手] ch'íngshǒu ㄑㄧㄥˊㄕㄡˇ 손을 들다: 그만둔다는 뜻으로도 쓰임.
[擎受] ch'ínghsòu ㄑㄧㄥˊㄕㄡˋ ①받아 들이다. =接受. ②(유산 따위를) 상속 받다. =承受.
[擎天柱] ch'íngt'iēnchù ㄑㄧㄥˊㄊㄧㄢ ㄓㄨˋ ①하늘을 버티고 있다는 여덟 개의 기둥. ②천하의 중책을 짊어진 사람. 가장 중요한 직위나 위치.

〔黥〕 ch'íng ㄑㄧㄥˊ 얼굴에 문신(文身)을 하던 옛 형벌.

〔頃〕 ch'ǐng ㄑㄧㄥˇ ①요즈음. 근래. 아까. 금방. ②밭 100이랑을 세는 면적의 단위. 「萬一蒼波; 만경창파」
[頃者] ch'íng chě ㄑㄧㄥˊㄓㄜˇ ①근자(近者). 요즈음. ②금방. 지금 막.
[頃間] ch'ǐng'chiēn ㄑㄧㄥˇㄐㄧㄢ =頃者.

〔請〕 ch'ǐng ㄑㄧㄥˇ ①구하다. 청구하다. 「一暇; 청가하다」②…해 주시오. 부탁합니다: 남에게 부탁하거나 의뢰하는 말. 「一進來; 어서 들어오십시오」「一坐; 앉으시오」③청하다. 와 달라고 하다. 「一醫生; 의사를 맞아들이다」④한턱하다. 「你一我吧; 자네 한턱하게」=請客. ⑤(신불에 관한 것을) 사다. 「一香; 향을 사다」 「문안하다.
[請安] ch'ǐng-ān ㄑㄧㄥˇㄢ 안부를 묻다.
[請茶] ch'ǐngch'á ㄑㄧㄥˇㄔㄚˊ 차(茶)를 권하다. 차를 드십시오. «人»
[請假] ch'ǐngchià ㄑㄧㄥˇㄐㄧㄚˋ 휴가를 얻다. 「一單; 결근계」
[請教] ch'ǐngchiào ㄑㄧㄥˇㄐㄧㄠˋ ①지도를 바라다. 가르침을 원하다. ②가르쳐 주셔서 고맙습니다. «人»
[請柬] ch'ǐngchiěn ㄑㄧㄥˇㄐㄧㄢˇ =請帖.
[請見] ch'ǐngchièn ㄑㄧㄥˇㄐㄧㄢˋ 면회를 청하다.
[請酒] ch'ǐngchiǔ ㄑㄧㄥˇㄐㄧㄡˇ ①술을 권하다. ②손님을 초대하다.
[請君入甕] ch'ǐngchūn-jùwèng ㄑㄧㄥˇㄐㄩㄣㄖㄨˋㄨㄥˋ 어서 항아리 속에 드십시오라는 말로, 고사(故事)에서 인용된 자업자득(自業自得)이란 뜻. «成»
[請降] ch'ǐnghsiáng ㄑㄧㄥˇㄒㄧㄤˊ 항복하기를 청하여 오다.
[請客] ch'ǐngk'ò ㄑㄧㄥˇㄎㄜˋ ①손님을 초대하다. ②한턱하다. ③초대. 「一片(兒); 초대장」
[請購單] ch'ǐngkòutān ㄑㄧㄥˇㄍㄡˋㄉㄢ 구입 청구 일람표. 주문서.
[請便] ch'ǐngpièn ㄑㄧㄥˇㄅㄧㄢˋ 좋으실 대로 하십시오. «人»
[請不起] ch'ǐngpuch'ǐ ㄑㄧㄥˇㄅㄨㄑㄧˇ 초대나 초빙할 만한 자력(資力)이 없다. 초대할 처지가 못되다. ↔請得起.
[請不動] ch'ǐngputùng ㄑㄧㄥˇㄅㄨㄉㄨㄥˋ 초대하거나 또는 권유하여도 응하지 않다. ↔請得動.
[請兒] ch'ǐngrh ㄑㄧㄥˇㄦ 초대. 「今天吃飯聽戲都是我的一; 오늘의 식사와 관극(觀劇)은 나의 초대입니다」
[請神] ch'ǐng shén ㄑㄧㄥˇㄕㄣˊ 신(神)이 내리도록 하다. 강신(降神)하다.
[請示] ch'ǐngshìh ㄑㄧㄥˇㄕˋ 여쭈어 보다.
[請大夫] ch'ǐng tàifu ㄑㄧㄥˇㄉㄞˋㄈㄨ 의사를 부르다.
[請帖] ch'ǐngt'iěh ㄑㄧㄥˊㄊㄧㄝˇ 청첩장.
[請坐] ch'ǐngtsò ㄑㄧㄥˇㄗㄨㄛˋ 어서 앉으십시오. «人»
[請罪] ch'ǐngtsuì ㄑㄧㄥˇㄗㄨㄟˋ ①용서를 빌다. ②자수(自首)하다.
[請問] ch'ǐngwèn ㄑㄧㄥˇㄨㄣˋ ①물어 보다. ②잠깐 여쭙겠읍니다. «人»

〔磬〕 ch'ìng ㄑㄧㄥˋ ①옥(玉) 또는 돌로 만든 고대(古代) 악기의 하나. 경쇠. ②중이 쓰는 바리때 모양의 종(鍾).

〔慶〕(庆) ch'ìng ㄑㄧㄥˋ ①축하하다. 「一祝; 경축하다」②경사스러운 일. 「國一; 국경일」
[慶久] ch'ìngchiǔ ㄑㄧㄥˋㄐㄧㄡˇ 59세, 69세, 79세의 생일 잔치. "九"와 "久"

는 음이 같음

[慶幸] ch'ìnghsìng ㄑㄧㄥˋㄒㄧㄥˋ ①경사스럽다. ②기뻐하다. 축복하다. ③다행히게도. 기쁘게도. 「=慶祝會.

[慶會] ch'ìnghuì ㄑㄧㄥˋㄏㄨㄟˋ 축하회.

[慶功] ch'ìngkūng ㄑㄧㄥˋㄍㄨㄥ 축하하다. 성공을 축하하다.

[慶壽] ch'ìngshòu ㄑㄧㄥˋㄕㄡˋ 고령자(高齡者)의 생일 축하.

〔罄〕 ch'ìng ㄑㄧㄥˋ 모두 사용하다. 다하다. 「售一; 매진(賣盡)되다」

[罄竭] ch'ìngchiéh ㄑㄧㄥˋㄐㄧㄝˊ 다 써버리다. 다 떨어지다. 탕진되다.

[罄盡] ch'ìngchìn ㄑㄧㄥˋㄐㄧㄣˋ =罄竭.

[罄淨] ch'ìngchìng ㄑㄧㄥˋㄐㄧㄥˋ =罄竭.

[罄其所有] ch'ìngch'ísóyǔ ㄑㄧㄥˋㄑㄧˊㄙㄨㄛˊㄧㄡˇ 갖고 있는 것을 다 써버리다.

[罄竹難書] ch'ìngchú nánshū ㄑㄧㄥˋㄓㄨˊㄋㄢˊㄕㄨ ①필설(筆舌)로 다 표현하지 못하다. ②죄악이 열거(列擧)할 수 없을 만큼 많다. ‹成› =罄竹難宣. 罄竹難盡.

CHIU ㄐㄧㄡ

〔究〕 chiū ㄐㄧㄡ ①추구(追求)하다. 다하다. 深一; 철저히 조사하다」②도대체. 결국. =究竟①.

[究眞兒] chiūchēnrh ㄐㄧㄡㄓㄣㄦ 꼬치꼬치 캐묻다. 철저히 규명하다.

[究詰] chiūchiéh ㄐㄧㄡㄐㄧㄝˊ 철저히 힐문(詰問)하다.

[究竟] chiūchìng ㄐㄧㄡㄐㄧㄥˋ ①도대체. 결국. 말하자면. 「一是怎麼回事?; 도대체 무슨 일이냐?」②결말(結末). 일의 귀착. 大家都想知道個一; 모두들 일의 결말을 알려고 한다」

[究追] chiūchuī ㄐㄧㄡㄓㄨㄟ ①철저히 몰아세다. ②철저히 추구하다.

[究出根兒來] chiūch'u kēnrh lai ㄐㄧㄡㄔㄨ ㄍㄣㄦ ㄌㄞ 근원을 찾다. 근본을 조사해 내다. 「규명하다.

[究細兒] chiūhsìrh ㄐㄧㄡㄒㄧㄦ 상세히

[究辦] chiūpàn ㄐㄧㄡㄅㄢˋ 취조하여 처벌하다. 「하면서 캐묻다.

[究審] chiūshěn ㄐㄧㄡㄕㄣˇ 일일이 확인

[究屬] chiūshǔ ㄐㄧㄡㄕㄨˇ 결국에는. 따지고 보면. 那種人一不能成功; 이런 종류의 사람은 결국 성공하지 못한다」

[究問] chiūwèn ㄐㄧㄡㄨㄣˋ 따져 묻다.

[究應] chiūyīng ㄐㄧㄡㄧㄥ 결국에는 … 할 것이다. 一如何處理; 결국은 어떻게 처리한단 말인가」

〔糾〕 chiū ㄐㄧㄡ ①휘감기다. 매달리다. ②바로 잡다. 조사하다. 「一明; 규명하다」③모으다. 「一合; 규합하다」

[糾察] chiūch'á ㄐㄧㄡㄔㄚˊ ①감찰(監察)하다. 조사 연구하다. ②군중의 질서를 유지하다.

[糾纏] chiūch'án ㄐㄧㄡㄔㄢˊ ①서로 뒤얽히다. ②귀찮은 일에 휘말리다. ③혼란하다. 분잡하다. 「一不清一; 뒤숭숭해서 분간이 안되다」>糾糾纏纏.

[糾正] chiūchěng ㄐㄧㄡㄓㄥˋ 잘못을 바로 잡다. 다시 고치다. 「합하다.

[糾集] chiūchí ㄐㄧㄡㄐㄧˊ 불러 모으다. 규

[糾結] chiūchiéh ㄐㄧㄡㄐㄧㄝˊ 연결(連結)하다.

[糾紛] chiūfēn ㄐㄧㄡㄈㄣ ①분규(紛糾). ②일이 얽히다.

[糾擾] chiūjǎo ㄐㄧㄡㄖㄠˇ 귀찮게 덤벼들다. 시끄럽게 굴다. >糾糾擾擾.

[糾葛] chiūkó ㄐㄧㄡㄍㄜˊ ①소동. 다툼. ②시끄러운 일에 휘말리다.

[糾偏] chiūpiēn ㄐㄧㄡㄅㄧㄢ 편향(偏向)을 바로 잡다. 지나침을 시정(是正)하다.

〔赳〕 chiū ㄐㄧㄡ 용감한 모양.

[赳赳] chiūchiū ㄐㄧㄡㄐㄧㄡ 용감한 모양. 「雄一; 위풍(威風)이 당당(堂堂)함」

〔揪〕 chiū ㄐㄧㄡ (손으로 힘껏 당기듯이) 잡아 채다. 끌어 당기다. 붙잡다. 「赶快一住地; 급히 그를 만류하다」

[揪起來] chiūch'ilai ㄐㄧㄡㄑㄧㄌㄞ ①서로 드잡이하며 싸우다. ②집어 올리다.

[揪出來] chiūch'ulai ㄐㄧㄡㄔㄨㄌㄞ 집어내다. 「把他們一; 그들을 밖으로 끄집어내다」

[揪心] chiūhsīn ㄐㄧㄡㄒㄧㄣ 몹시 마음에 걸리다. 염려하다. 애를 쓰다. 「一錢; ㉮ 애써서 번 돈. 벌벌 떨면서 얻은 돈. ㉯ 돈이 염려되어 견딜 수 없다」

[揪扭] chiūniǔ ㄐㄧㄡㄋㄧㄡˇ ①꼬집다. ②잡아 끌다. ③잡아 쥐다.

〔啾〕 chiū ㄐㄧㄡ 동물의 가냘픈 울음소리. 「一一; 찍찍. 짹짹」

〔鳩〕 chiū ㄐㄧㄡ ①비둘기. ②모으다. 집합(集合)하다.

[鳩集] chiūchí ㄐㄧㄡㄐㄧ 집합하다. 떼지어 모이다.

[鳩形鵠面] chiūhsíng-húmièn ㄐㄧㄡㄒㄧㄥˊㄏㄨˊㄇㄧㄢˋ 굶어서 뼈와 가죽만 남은 형용. ‹成›

[鳩口] chiūk'ǒu ㄐㄧㄡ ㄎㄡˇ 치골(恥骨).

[鳩工] chiūkūng ㄐㄧㄡㄍㄨㄥ 노무자를 모으다.

〔髹〕 chiū ㄐㄧㄡ 상투.

〔鬮〕 chiū ㄐㄧㄡ 「一兒; 제비. 추첨」 「抓一兒; 제비를 뽑다」

〔九〕 chiǔ ㄐㄧㄡˇ ①아홉. ②많은 수를 가리키는 말.

[九城] chiǔch'éng ㄐㄧㄡˇㄔㄥˊ 뻬이핑 전체 아홉 개의 문이 있으므로 일컫는 말. 「一聞名; ㉮ "北平" 전시(全市)에 널리 알려져 있다. ㉯ 거리마다 어디 가든지 유명하다」

[九成九] chiǔch'éngchiǔ ㄐㄧㄡˇㄔㄥˊㄐㄧㄡˇ 9할 9부. 「這事一是確定了; 이건 9할 9부까지 확정된 일이다」

[九竅] chiǔch'iào ㄐㄧㄡˇㄑㄧㄠˋ 구규. 구혈(九穴). 인체의 아홉 개의 구멍. =九穴.

[九九] chiúchiǔ ㄐㄧㄡˊㄐㄧㄡˇ ①동지(冬至)로부터 81일째 되는 날. ②셈법의 구구. 구구법.

[九州] chiǔchōu ㄐㄧㄡˇㄓㄡ 천하(天下). 우

공(禹貢)이 천하를 아홉 주(州)로 나누었음으로 일컬어진 말.

[九重天] chiǔch'úngtiēn ㄐㄧㄡˇㄔㄨㄥˊㄊㄧㄢ 높디 높은 하늘.

[九霄] chiǔhsiāo ㄐㄧㄡˇㄒㄧㄠ 하늘 제일 높은 곳.

[九花兒] chiǔhuārh ㄐㄧㄡˇㄏㄨㄚㄦ 국화(菊花): 9월에 피는 꽃을 의미함. ‹北›

[九歸] chiǔkueī ㄐㄧㄡˇㄍㄨㄟ 주산(珠算)에서 9이내의 제법(除法). 구귀법(九歸法).

[九連環] chiǔliénhuán ㄐㄧㄡˇㄌㄧㄢˊㄏㄨㄢˊ 지혜(智惠)의 고리. 아홉 개의 고리로 된 장난감.

[九牛二虎] chiǔniú-èrhhǔ ㄐㄧㄡˇㄋㄧㄡˊㄦˋㄏㄨˇ 굉장히 센 힘. 극히 많은 인력(人力). ‹成›

[九牛一毛] chiǔniú ìmáo ㄐㄧㄡˇㄋㄧㄡˊㄧˋㄇㄠˊ 극히 많은 가운데의 일부분. 구우일모. ‹成›

[九天四海] chiǔt'iēn-ssǔhǎi ㄐㄧㄡˇㄊㄧㄢㄙˋㄏㄞˇ 하늘과 땅. 구천의 높이와 사방의 바다.

[九族] chiǔtsú ㄐㄧㄡˇㄗㄨˊ 일족 전체(一族全體). 고조(高祖)에서 현손(玄孫)까지.

〔久〕 chiǔ ㄐㄧㄡˇ ①오랫동안.「很一沒有見面了！; 오랫동안 뵙지 못했읍니다」 ②옛날의. 낡은. 묵은.

[久假不歸] chiúchiǎ pùkueī ㄐㄧㄡˊㄐㄧㄚˇㄅㄨˋㄍㄨㄟ 빌린 것을 돌려 주지 않음.

[久而久之] chiǔěrhchiǔchīh ㄐㄧㄡˇㄦˊㄐㄧㄡˇㄓ 오랜 시간이 지나다. 오랫동안 같은 상태를 지속하다. 「기간.

[久已] chiú ǐ ㄐㄧㄡˊㄧˇ 오랫동안. 장구한

[久別重逢] chiǔpiéh ch'éngféng ㄐㄧㄡˇㄅㄧㄝˊㄔㄥˊㄈㄥˊ 오랫동안 헤어져 있다가 오랜만에 다시 만나다. 「다리다.

[久等] chiúděng ㄐㄧㄡˊㄉㄥˇ 오랫동안 기

[久違] chiǔwéi ㄐㄧㄡˇㄨㄟˊ 오랫동안 만나 보지 못하다. 「——; 오랫동안 격조했읍니다」

[久仰] chiúyǎng ㄐㄧㄡˊㄧㄤˇ 벌써부터 성함은 듣고 있었읍니다: 초면(初面)의 인사. ‹人›「——; 존함은 알고 있었읍니다」

「뜸질」

〔灸〕 chiǔ ㄐㄧㄡˇ 뜸. 뜸질.「針一; 뜸.

〔韭〕(韮) chiǔ ㄐㄧㄡˇ 부추.「一菜; 부추」

[韭黃] chiǔhuáng ㄐㄧㄡˇㄏㄨㄤˊ 부추의 씨로 싹낸 나물.

[韭菜花兒] chiǔts'àihuārh ㄐㄧㄡˇㄘㄞˋㄏㄨㄚㄦ ①부추의 꽃. ②부추의 꽃을 절인 것.

[韭菜苗兒] chiǔts'àimiáorh ㄐㄧㄡˇㄘㄞˋㄇㄧㄠˊㄦ 부추의 꽃대.

〔酒〕 chiǔ ㄐㄧㄡˇ 술. 「술집.

[酒家] chiǔchiā ㄐㄧㄡˇㄐㄧㄚ ①요리점. ②

[酒錢] chiǔch'ien ㄐㄧㄡˇㄑㄧㄢ ①청구한 금액 외에 더 주는 돈. 팁(tip). ②술값. 주대(酒代).

[酒瘋(兒)] chiǔfēng(rh) ㄐㄧㄡˇㄈㄥ(ㄦ) 주정(酒酊). 주광(酒狂).「發一; 주정을 하다」

[酒酣耳熱] chiǔhān-ěrhjè ㄐㄧㄡˇㄏㄢㄦˊㄖㄜˋ 술에 약간 취한 모양. 술을 마시어 상기된 모양. ‹成›

[酒後見眞情] chiǔhòu chièn chēnch'íng ㄐㄧㄡˇㄏㄡˋㄐㄧㄢˋㄓㄣㄑㄧㄥˊ 취중에 진담 나온다. ‹諺›

[酒壺] chiǔhú ㄐㄧㄡˇㄏㄨˊ 술병.

[酒荒] chiǔhuāng ㄐㄧㄡˇㄏㄨㄤ ①술에 빠지다. ②술 부족. 술의 결핍.

[酒鬼] chiúkueǐ ㄐㄧㄡˊㄍㄨㄟˇ 술보. 대주가(大酒家).

[酒簾(兒)] chiǔlién(rh) ㄐㄧㄡˇㄌㄧㄢˊ(ㄦ) (술집의 간판으로) 내세우는 기(旗). =酒旗.

[酒令] chiǔlìng ㄐㄧㄡˇㄌㄧㄥˋ 술좌석의 놀이.

[酒米] chiúmǐ ㄐㄧㄡˊㄇㄧˇ 찹쌀. ‹泗›

[酒吧] chiǔpā ㄐㄧㄡˇㄅㄚ 바아(bar): 서양식 술집. ‹譯›

[酒包] chiǔpāo ㄐㄧㄡˇㄅㄠ 술보. =酒虎子.

[酒拔子] chiǔpátzǔ ㄐㄧㄡˇㄅㄚˊㄗ 마개뽑이. 「누룩.

[酒餅] chiúpǐng ㄐㄧㄡˊㄅㄧㄥˇ 술에 쓰이는

[酒不及亂] chiǔpùchíluàn ㄐㄧㄡˇㄅㄨˋㄐㄧˊㄌㄨㄢˋ 술을 마셔도 정체(正體)를 잃지 않는다.

[酒色財氣] chiǔsèts'áich'ì ㄐㄧㄡˇㄙㄜˋㄘㄞˊㄑㄧˋ 술·색·금전·노기. 사람을 실수하게 하는 네 가지.

[酒罈] chiǔt'án ㄐㄧㄡˇㄊㄢˊ 술독.

[酒德] chiǔté ㄐㄧㄡˇㄉㄜˊ 술 마실 때의 태도.「一不雅; 술 마신 뒤가 문란하다」

[酒店] chiǔtièn ㄐㄧㄡˇㄉㄧㄢˋ ①술집. =酒鋪兒. ②호텔(hotel). ‹廣› 「술안주.

[酒菜(兒)] chiǔts'ài(rh) ㄐㄧㄡˇㄘㄞˋ(ㄦ)

[酒糟] chiǔtsāo ㄐㄧㄡˇㄗㄠ 술지게미.

[酒足飯飽] chiǔtsú-fànpǎo ㄐㄧㄡˇㄗㄨˊㄈㄢˋㄅㄠˇ 배불리 먹고 마시고 하다. 포식포음. ‹成›

[酒醉] chiǔtsuì ㄐㄧㄡˇㄗㄨㄟˋ ①술에 취하다. ②술에 담근 음식.「一螃蟹; 술에 담근 게」

[酒刺] chiǔtz'ù ㄐㄧㄡˇㄘˋ 여드름. =面皰.

〔舊〕(旧) chiù ㄐㄧㄡˋ ①오래된. 옛날의.「一方法; 낡은 방법」 ②낡아지다. 헐다.「衣服一了; 옷이 낡아 버리다」 ③옛 친구. 아는 사람.「故一; 옛 친구. 구우(舊友)」「有一; 이전부터 교제가 있다」

[舊案] chiùàn ㄐㄧㄡˋㄢˋ ①오래된 기록. 이미 지나간 사건.

[舊賬] chiùchàng ㄐㄧㄡˋㄓㄤˋ ①옛 빚. 묵은 셈. ②과거에 행한 선악(善惡).

[舊交(兒)] chiùchiāo(rh) ㄐㄧㄡˋㄐㄧㄠ(ㄦ) 오래부터의 우정(友情)·친구. =舊雨.

[舊址] chiùchǐh ㄐㄧㄡˋㄓˇ ①옛 주소. ②고적(古跡).

[舊情] chiùch'íng ㄐㄧㄡˋㄑㄧㄥˊ ①옛 정. ②옛 모양.

[舊貨] chiùhuò ㄐㄧㄡˋㄏㄨㄛˋ 고물(古物).

[舊年] chiùnién ㄐㄧㄡˋㄋㄧㄢˊ ①작년. 구년. ②음력의 신년(新年).

[舊瓶裝新酒] chiùp'íng chuāng hsīnchiǔ ㄐㄧㄡˋㄆㄧㄥˊㄓㄨㄤ ㄒㄧㄣㄐㄧㄡˇ 낡은 병에 새 술을 넣다. 낡은 형식을 잘 살려서 새로운 내용으로 표현하다. ‹成›

[舊事重提] chiùshìh ch'úngt'í ㄐㄧㄡˋㄕˋㄔㄨㄥˊㄊㄧˊ 옛 이야기를 다시 꺼내다. 옛

일을 되풀이하다.《成》
[舊態復萌] chiùt'ài fùméng ㄐㄧㄡˋㄊㄞˋㄈㄨˋㄇㄥˊ 옛 모습이 다시 살아 나다.본디의 상태로 되돌아 가다.《成》=故態復萌.
[舊地] chiùtì ㄐㄧㄡˋㄉㄧˋ 옛날에 살았거나 또는 찾아갔던 곳.
[舊調重彈] chiùtiào ch'úngt'án ㄐㄧㄡˋㄉㄧㄠˋㄔㄨㄥˊㄊㄢˊ 똑같은 말을 되풀이하다. 지나간 일을 다시 문제 삼다.
[舊有] chiùyǔ ㄐㄧㄡˋㄧㄡˇ 옛적에 가지고 있었다. 옛날에 있었다.

〔臼〕 chiù ㄐㄧㄡˋ ①절구. ②절구 비슷한 것.「一齒；어금니」

〔疚〕 chiù ㄐㄧㄡˋ ①오랜 병. 오랫동안 앓다. ②꺼림칙하다. 마음이 언짢다.「這使我心一;이렇게 하면 내가 미안하다」
[疚心] chiùhsīn ㄐㄧㄡˋㄒㄧㄣ 마음에 꺼림칙하다. 열등감(劣等感)을 느끼다.

〔咎〕 chiù ㄐㄧㄡˋ ①잘못. 과오.「一由自取；자기가 뿌린 씨를 스스로 거두다」 자업자득(自業自得)」②타박하다.꾸짖고 나무라다.「旣往不一；과거의 죄는 묻지 않겠다」③흉사(凶事). 재난.「休一；길흉(吉凶)」
[咎戾] chiùlì ㄐㄧㄡˋㄌㄧˋ 과실(過失). 죄. 죄과(罪過).
[咎有應得] chiùyǔyīngtê ㄐㄧㄡˋㄧㄡˇㄧㄥ ㄉㄜˊ 모든 재화(災禍)는 당연한 결과로 초래된 것이다.《成》

〔柩〕 chiù ㄐㄧㄡˋ 관(棺).
[柩車] chiùch'ê ㄐㄧㄡˋㄔㄜ 영구차(靈柩車).

〔桕〕 chiù ㄐㄧㄡˋ 오구목(烏臼木):대극과에 속하는 낙엽 교목.

〔救〕 chiù ㄐㄧㄡˋ 구제하다.도와주다.
[救急包] cniùchípāo ㄐㄧㄡˋㄐㄧˊㄅㄠ 구명대(救命袋).
[救星] chiùhsing ㄐㄧㄡˋㄒㄧㄥ 구원의 신(神). 구해 준 사람. =救命星.
[救護車] chiùhùch'ê ㄐㄧㄡˋㄏㄨˋㄔㄜ 구급차(救急車).
[救回] chiùhuí ㄐㄧㄡˋㄏㄨㄟˊ 죽게된 지경에서 구해 내다.
[救活] chiùhuó ㄐㄧㄡˋㄏㄨㄛˊ (생명을)구제하다. 목숨을 살리다.
[救火] chiùhuǒ ㄐㄧㄡˋㄏㄨㄛˇ 불을 끄다. 소화(消火)하다.
[救火車] chiùhuǒch'ê ㄐㄧㄡˋㄏㄨㄛˇㄔㄜ 소방차(消防車).
[救苦救難] chiùk'ǔ-chiùnàn ㄐㄧㄡˋㄎㄨˇㄐㄧㄡˋㄋㄢˋ 고난(苦難)에서 구제하다.
[救傷床] chiùshāngch'uáng ㄐㄧㄡˋㄕㄤㄔㄨㄤˊ 부상자·환자를 실어 나르는 들것. 담가(擔架).
[救生] chiùshêng ㄐㄧㄡˋㄕㄥ 생명을 구하다.「一圈；구명대(救命袋)」
[救死扶傷] chiùssǔ-fúshāng ㄐㄧㄡˋㄙˇㄈㄨˊㄕㄤ 죽어가는 사람을 구하거나 부상자를 치료하다.
[救災] chiùtsāi ㄐㄧㄡˋㄗㄞ 남을 재난에서 구해 주다.
[救亡] chiùwáng ㄐㄧㄡˋㄨㄤˊ 나라가 망하는 것을 구하다.
[救藥] chiùyào ㄐㄧㄡˋㄧㄠˋ 구제하다.「不可一；구제할 수 없다」

〔就〕 chiù ㄐㄧㄡˋ ①접근하다. 가까이 가다.「一着燈光看書；불 가까이에서 책을 읽다」②종사(從事)하다. 시작하다.「一學；취학」「一業；취업」 ③그대로 …에 따라.「一事論事；주관이나 사정(私情)에 치우치지 않고 사실에 의거하여 논의하다」④(주된 음식에) 첨가하다.「吃飯就什麼菜呀？；식사에 반찬은 무엇으로 할까요？」⑤이루다. 끝나다. 다되다.「功成業一；공을 세우고 이름을 날리다」「人已經事一了；벌써 죽어 버렸다」⑥다름이 아니라. 바꿔 말하면. 전혀. …야말로.「我說的一是他；내가 말하는 것은 다름 아닌 그 사람이다」 ⑦(시간적으로) 곧. 빨리. 당장에. ㈎(단문에 쓰이어) 곧.「他一要結婚了;그는 곧 결혼한다」㈏("一"과 호응하여)…하면 곧.…할 때마다.「他一來, 我一去；그가 오면 나는 곧 간다」㈐("才·剛"과 호응하여)…하자마자 …했는가 하면 곧.「才來一走；오자마자 곧 가버린다」⑧원래. 이제까지.「本一；본래」「村子裡一沒有醫生；마을에는 원래부터 의사가 없다」⑨이미. 벌써. 대개는 "還…就…"와 호응함.「這一命題, 還是在第一次試題時一出了的; 이 명제는 제일차 시험때 이미 나왔던 것이다」「早一；벌써」⑩바로. 거리상으로 가까운 것.「車站一在前邊兒；정거장은 바로 앞에 있다」⑪예(例)를 아주 가깝게 드는 기분. ㈎"다른 것은 몰라도 적어도 이것만은"이란 뜻으로 쓰일 때.「你這個人一不是好貨；네가 첫째는 나쁜 놈이야」「一別抱怨啦；무어 그렇게 원망할 것은 없네」「水滸傳我家裏一有；수호지(水滸誌)라면 우리집에도 있다」㈏다른 것은 말할 것도 없이. 우선. 무엇보다도.「一拿南京說吧；우선 "南京"을 예로 들어 이야기하자」⑫가정(假定)을 나타내는 복문(複文)의 뒤에 쓰일 때, ㈎앞에"若" 따위가 있는 것.「若不快走, 一趕不上了；만일 빨리 가지 않으면 늦어진다」㈏앞에 가정(假定)을 나타내는 접속사가 없는 것.「你想去, 你一去吧；가고 싶거든 가거라」「有錢一有朋友；돈이 있으면 친구가 생긴다」⑬복문(複文)의 뒷부분에 쓰이어 동작·상태 따위의 시간적인 전후 관계를 나타낼 때: …하자. 거기서.「自從他得了這個病, 身體一漸漸地衰弱起來了；그는 이 병에 걸리면서부터 몸이 (거기서) 점점 쇠약해졌다」 ⑭복문(複文)의 뒷부분에 쓰이어 거꾸로 접속되는 때: 그러나. 다만.「心裡明白, 一是說不出來;마음 속으로 이해는 하고 있으나, 다만 표현이 잘 되지 않습니다」 ⑮복문(複文)의 앞부분에 쓰일 때:가령 …하더라도. 설사 …일지라도.「你一生氣, 也是無益的；네가 화를 내더라도 이로울 것은 하나도 없다」⑯오직. 단지. …뿐.「他一愛看書；그의 취미는 독서뿐이다」「怎麼一是我不能去？； 왜 나만 못 가게 됩니까？」

[就着] chiùchê ㄐㄧㄡˋㄓㄜ ①…할 기회에.「一這個機會；이 기회에」②…에 대해서. …에 의하여. …의 속에서.「一現有的人先成立小組；지금 있는 사람으로 먼저 소조를 만들다」「一現有的人挑選；지금 있는 사람 중에서 뽑다」 「하다.
[就枕] chiùchěn ㄐㄧㄡˋㄓㄣˇ 취침(就寢)
[就正] chiùchěng ㄐㄧㄡˋㄓㄥˋ 지도(指導)를 바라다.
[就近] chiùchìn ㄐㄧㄡˋㄐㄧㄣˋ 근처에서. 손쉬운 곳에서. 우선. 「一辦手續；가까운 곳에서 수속을 하다」
[就酒(兒)] chiùchiǔ(rh) ㄐㄧㄡˋㄐㄧㄡˇ(ㄦ) 술안주로 하다. 「우기. 취중.
[就中] chiùchūng ㄐㄧㄡˋㄓㄨㄥ 특히. 더
[就緖] chiùhsû ㄐㄧㄡˋㄒㄩˋ 일이 진전되기 시작하다. 「죽다.
[就義] chiùì ㄐㄧㄡˋㄧˋ 의(義)를 위하여
[就快] chiùk'uài ㄐㄧㄡˋㄎㄨㄞˋ 곧. 당장.
[就裡] chiùlǐ ㄐㄧㄡˋㄌㄧˇ 내정(內情). 원인.
[就那麼] chiùnàmê ㄐㄧㄡˋㄋㄚˋㄇㄜ 그대로.「一吃；그대로 먹다」
[就便] chiùpièn ㄐㄧㄡˋㄅㄧㄢˋ 하는 김에. 겸하여.「這次一我也到了香港；나도 이번에 내친 김에 홍콩까지 갔다」
[就時] chiùshíh ㄐㄧㄡˋㄕˊ 그 때에. 바로 즉시. 「다. ②취임하다.
[就事] chiùshìh ㄐㄧㄡˋㄕˋ ①일에 종사하
[就勢] chiùshìh ㄐㄧㄡˋㄕˋ ①힘을 입어. 여세를 타고. ②하는 김에.「一把門帶上；하는 김에 문을 닫다」
[就是] chiùshìh ㄐㄧㄡˋㄕˋ ①곧 …이다. 바야흐로 …이다.「這一天數；이것이야 말로 천명(天命)이라는 것이다」 ②「不是…就是…」 ㉮…이 아니면 …이다.「不是你, 一他；네가 아니면 그 사람이다」 ㉯…이 아니라 …이다.「不是別人, 一王先生；다른 사람이 아니라 왕선생이다」 ③설사 …이라도. "也"로 호응함.「一下雨我也去；설사 비가 오더라도 나는 간다」 =就事. 就令. 就算. ④…까지도. …조차도.「一這麼容易的事, 他也不能做；이렇게 쉬운 일조차 그는 못한다」 ⑤오직 …만: 조수사(助數詞)를 갖는 말 앞에 올 때가 많음.「一我一個人做；오직 나 혼자서 한다」「大家都贊成, 一他們三個人不贊成；모두 찬성했으나 그들 세 사람만이 불찬성이다」 ⑥chiùshìh ㉮단지 …일 따름이다. "不過·僅" 따위와 호응하여 쓰이며 문장 끝에 놓이어 "了"를 동반할 경우가 많음.「不過知道一兩個事一了；하나나 둘쯤 알고 있을 정도이다」 ㉯(…하면) 그것으로 족하다. "只要" 따위와 호응하여 문장 끝에 놓이어 "了"를 동반할 경우가 많음.「只要努力做一了；노력해서 하기만 하면 그것으로 족하다」 ㉰바로 그렇다. 그것이 그렇다.「那所是他住的房子嗎？一；저것이 그가 살고 있는 집인가? 그렇습니다」
[就手(兒)] chiùshǒu(rh) ㄐㄧㄡˋㄕㄡˇ(ㄦ) 하는 김에. 그 계제에.
[就道] chiùtào ㄐㄧㄡˋㄉㄠˋ 출발하다.
[就地(兒)] chiùtì(rh) ㄐㄧㄡˋㄉㄧˋ(ㄦ) 그 장소에서. 현장(現場)에서. 「一正法；그 자리에서 사형(死刑)하다」「農具壞了一修；농구가 고장나면 현장에서 수리한다」
[就座] chiùtsò ㄐㄧㄡˋㄗㄨㄛˋ 자리에 앉다.
[就此] chiùtz'ǔ ㄐㄧㄡˋㄘˇ ①여기에서. 이것으로.「一不提了；이것으로써 얘기를 그만 둔다」②그대로. 이대로.「一罷休；그대로 손을 떼다」③이것으로. 그것으로. 그리고. 「앉다.
[就位] chiùwèi ㄐㄧㄡˋㄨㄟˋ 직위(職位)에
[就要] chiùyào ㄐㄧㄡˋㄧㄠˋ 멀지 않아 …하다.「民族運動的高潮一到來；민족 운동의 높은 물결이 곧 다가 온다」

〔舅〕 chiù ㄐㄧㄡˋ ①외삼촌(外三寸). ②「一子；처남(妻男)」「妻一；처남」「小一子；손 아래 처남」 ③옛적에는 시아버지를 일컬었음. 「寸).
[舅舅] chiùchiu ㄐㄧㄡˋㄐㄧㄡ 외삼촌(外三
[舅父] chiùfù ㄐㄧㄡˋㄈㄨˋ =舅舅.
[舅兄] chiùhsiūng ㄐㄧㄡˋㄒㄩㄥ 손위 처남. 「母). =舅母.
[舅媽] chiùmā ㄐㄧㄡˋㄇㄚ 외숙모(外叔
[舅嫂] chiùsǎo ㄐㄧㄡㄙㄠˇ 처남의 아내.
[舅子] chiùtzǔ ㄐㄧㄡˋㄗ ①처남. ②남성을 욕하는 말.

〔厩〕(廐) chiù ㄐㄧㄡˋ 마굿간.
[厩肥] chiùféi ㄐㄧㄡˋㄈㄟˊ 퇴비(堆肥).

〔僦〕 chiù ㄐㄧㄡˋ 빌다.「一家；셋집. 대가(貸家)」
「로는 "老雕".
〔鷲〕 chiù ㄐㄧㄡˋ 독수리. 구어(口語)

CH'IU ㄑㄧㄡ

〔丘〕(坵) ch'iū ㄑㄧㄡ ①언덕.「一陵；구릉」②묘.「一墓；구묘. 무덤」③논밭을 세는 조수사(助數詞).「一一五畝大的稻田；33아아르(a) 정도 넓이의 한 논배미」 ④벽돌로 관(棺)을 밀봉(密封)하는 일. 「미.
[丘垤] ch'iūtiéh ㄑㄧㄡㄉㄧㄝˊ 조그만 흙더
[丘八] ch'iūpā ㄑㄧㄡㄅㄚ 병사(兵士)의 별칭.

〔秋〕 ch'iū ㄑㄧㄡ ①가을. ②농작물이 익을 때.「麥一；보리가 익을 때」③해. 연(年).「千一萬歲；천추만세. 천년 만년」④때. 시기.「多事之一；다사한 시기」
[秋節] ch'iūchiéh ㄑㄧㄡㄐㄧㄝˊ 중추절. 추석.
[秋風過耳] ch'iūfēng kuòěrh ㄑㄧㄡㄈㄥㄍㄨㄛˋㄦˇ 쇠귀에 경읽기. 전혀 무관심한 모양. 《成》 =漠不關心.
[秋風掃落葉] ch'iūfēng sǎo lòyèh ㄑㄧㄡㄈㄥㄙㄠˇㄌㄨㄛˋㄧㄝˋ 가을 바람이 낙엽을 마구 쓸어 날리다. 간단히 구축 일소한다는 비유. 《成》
[秋毫] ch'iūháo ㄑㄧㄡㄏㄠˊ 추호. 극히 미세하다는 비유.「一不犯；티끌 하나 건드리지 않다」「一之末；아주 적은 일」
[秋老虎] ch'iūlǎohu ㄑㄧㄡㄌㄠˇㄏㄨ 계절은 가을인데도 여름처럼 무더운 더위를 말함. 「선한 가을.
[秋涼兒] ch'iūliángrh ㄑㄧㄡㄌㄧㄤˊㄦ 선
[秋收] chi'ūshōu ㄑㄧㄡㄕㄡ 추수.

[秋天] ch'iūt'ien ㄑㄧㄡㄊㄧㄢ 가을. 가을 하늘.
[秋頭兒] ch'iūt'ourh ㄑㄧㄡㄊㄡㄦ 초가을.
[秋汛] ch'iūhsǜn ㄑㄧㄡㄒㄩㄣˋ 입추에서 상강(霜降)까지의 사이에 강물이 증수(增水)되는 일.

〔蚯〕 ch'iū ㄑㄧㄡ
[蚯蚓] ch'iūyin ㄑㄧㄡㄧㄣˇ 〈動〉 지렁이.

〔萩〕 ch'iū ㄑㄧㄡ 〈植〉 쑥. 다북쑥의 종류. ②싸리.

〔楸〕 ch'iū ㄑㄧㄡ 〈植〉 예덕나무：재질이 단단하여 기구를 만드는 데 많이 씀.

〔鞦〕 ch'iū ㄑㄧㄡ 그네.「一韆；추천. 「그네」

〔鰍〕(鰌) ch'iū ㄑㄧㄡ 「泥一；미꾸라지」

〔仇〕 ch'iú ㄑㄧㄡˊ 성(姓)의 하나. ⇨ ch'óu.

〔犰〕 ch'iú ㄑㄧㄡˊ
[犰狳] ch'iúyǘ ㄑㄧㄡˊㄩˊ 〈動〉 천산갑(穿山甲)：밤에 나와 개미를 잡아 먹음.

〔囚〕 ch'iú ㄑㄧㄡˊ ①붙잡다. 구금하다. ②잡혀 있는 사람. 죄수(罪囚).
[囚禁] ch'iúchìn ㄑㄧㄡˊㄐㄧㄣˋ 죄수를 가두다. 수감하다.
[囚犯] ch'iúfàn ㄑㄧㄡˊㄈㄢˋ 감금중의 범인. 수인(囚人).
[囚牢] ch'iúláo ㄑㄧㄡˊㄌㄠˊ 감옥. 교도소. 「옥사(獄舍).
[囚籠] ch'iúlúng ㄑㄧㄡˊㄌㄨㄥˊ ①죄수 호송차에 설치된 목제의 우리. ②감옥. 교도소. =牢櫳.

〔虬〕 ch'iú ㄑㄧㄡ
[虬角] ch'iúchiǎo ㄑㄧㄡˊㄐㄧㄠˇ 해상(海象)의 송곳니：공예품의 재료로 쓰임.

〔求〕 ch'iú ㄑㄧㄡˊ ①구하다. 찾다.「不一利；이익을 구하지 않다」②간청(懇請)하다. 부탁하다.「一教；가르침을 간청하다」
[求乞] ch'iúch'ǐ ㄑㄧㄡˊㄑㄧˇ 구걸하다. 남에게 돈이나 곡식 등을 거저 달라고 청하다.
[求駕] ch'iúchià ㄑㄧㄡˊㄐㄧㄚˋ 삼가 바랍니다. 부탁합니다.「求求你的駕；당신에게 부탁합니다」 「간청하다.
[求教] ch'iúchiào ㄑㄧㄡˊㄐㄧㄠˋ 가르침을
[求見] ch'iúchièn ㄑㄧㄡˊㄐㄧㄢˋ 회견(會見)을 요청하다.
[求之不得] ch'iúchīhpûtě ㄑㄧㄡˊㄓㄅㄨˋㄉㄜˊ 구하여도 얻지 못하다. 원하여도 없다. ‹成›
[求知欲] ch'iúchīhyǜ ㄑㄧㄡˊㄓㄩˋ 지식을 추구하려는 욕망. 알려는 욕망.
[求親] ch'iúch'īn ㄑㄧㄡˊㄑㄧㄣ 여자에게 결혼을 신청하다.
[求情] ch'iúch'íng ㄑㄧㄡˊㄑㄧㄥˊ 간절히 원하다. 용서나 도움을 바라다.
[求親告友] ch'iúch'īn-kàoyǔ ㄑㄧㄡˊㄑㄧㄣㄍㄠˋㄧㄡˇ 친척이나 친구에게 의뢰하다.
[求取] ch'iúch'ǚ ㄑㄧㄡˊㄑㄩˇ 구(求)하다. 원하다.「一功名；공을 세워 이름이 날리기를 원하다」
[求全] ch'iúch'üán ㄑㄧㄡˊㄑㄩㄢˊ ①여러 가지로 손을 써서 완전하기를 원하다. ②생명을 다하다.
[求學] ch'iúhsüéh ㄑㄧㄡˊㄒㄩㄝˊ 학문을 연구하다.
[求人情] ch'iú jěnch'íng ㄑㄧㄡˊㄖㄣˊㄑㄧㄥˊ 인정에 매달리다.
[求過于供] ch'iú kuòyǘ kūng ㄑㄧㄡˊㄍㄨㄛˋㄩˊㄍㄨㄥ 수요(需要)가 공급(供給)을 상회(上回)하다.
[求門子] ch'iúměntzǔ ㄑㄧㄡˊㄇㄣˊㄗ 연줄에 의지하다. 「원하다.
[求天] ch'iút'iēn ㄑㄧㄡˊㄊㄧㄢ 하늘에 기
[求同存異] ch'iút'úng ts'ǔni ㄑㄧㄡˊㄊㄨㄥˊㄘㄨㄣˊㄧˋ 쌍방이 일치하는 점은 될 수 있는대로 보조를 맞추고 의견이 틀리는 점은 그대로 두다. ‹成›
[求姸更媸] ch'iúyén kēngch'īh ㄑㄧㄡˊㄧㄢˊㄍㄥㄑㄧ 미인을 구하다가 도리어 추부(醜婦)를 만나다. ‹成›
[求雨] ch'iúyǚ ㄑㄧㄡˊㄩˇ 비 오기를 빌다. =祈雨.

〔泅〕 ch'iú ㄑㄧㄡˊ 헤엄치다. =浮水.「一游路綫；물고기가 떼를 지어 이동하는 루우트」

〔酋〕 ch'iú ㄑㄧㄡˊ 추장(酋長). 부락의 「우두머리.

〔逑〕 ch'iú ㄑㄧㄡˊ 배우자(配偶者).

〔球〕 ch'iú ㄑㄧㄡˊ ①공.「皮一；고무공」②불알. 고환. ③고약한. 시시하다. ‹罵›
[球杖] ch'iúchàng ㄑㄧㄡˊㄓㄤˋ 당구의 큐우(cue). 골프의 막대기.
[球場] ch'iúch'ǎng ㄑㄧㄡˊㄔㄤˇ ①스타디움(stadium). ②당구장.
[球架] ch'iúchià ㄑㄧㄡˊㄐㄧㄚˋ 보올베어링(ball bearing).
[球尖筆] ch'iúchiēnpǐ ㄑㄧㄡˊㄐㄧㄢㄅㄧˇ 보올펜(ball pen). =原子筆.
[球(兒)房] ch'iú(rh)fáng ㄑㄧㄡˊ(ㄦ)ㄈㄤˊ 빌리어어드(billiards). 당구.
[球鞋] ch'iúhsiéh ㄑㄧㄡˊㄒㄧㄝˊ 운동화.
[球綫] ch'iúhsièn ㄑㄧㄡˊㄒㄧㄢˋ 구기(球技)하는 장소에 긋는 라인.
[球瓤子] ch'iújángtzǔ ㄑㄧㄡˊㄖㄤˊㄗ 공의 튜우브(tube).
[球門] ch'iúmén ㄑㄧㄡˊㄇㄣˊ 축구 등의 고울(goal).
[球拍] ch'iúp'āi ㄑㄧㄡˊㄆㄞ 라켓(racket).
[球板] ch'iúpǎn ㄑㄧㄡˊㄅㄢˇ 탁구(卓球)의 라켓. 「배트(bat).
[球棒] ch'iúpàng ㄑㄧㄡˊㄅㄤˋ 야구의 타봉.
[球皮] ch'iúp'í ㄑㄧㄡˊㄆㄧˊ 공의 외면을 싸서 덮은 가죽. 공의 겉가죽.
[球賽] ch'iúsài ㄑㄧㄡˊㄙㄞˋ 구기의 시합.
[球衫] ch'iúshān ㄑㄧㄡˊㄕㄢ 운동 샤쓰.
[球事] ch'iúshìh ㄑㄧㄡˊㄕˋ 시시한 일. 쓸모없는 일.
[球膽] ch'iútǎn ㄑㄧㄡˊㄉㄢˇ (가죽공의 안쪽) 튜우브로 된 고무 보올.
[球子] ch'iútzǔ ㄑㄧㄡˊㄗ 불량배. 무뢰한.
[球網] ch'iúwǎng ㄑㄧㄡˊㄨㄤˇ 정구나 탁

구 따위의 네트(net).

〔裘〕 ch'iú ㄑㄧㄡˊ 모피로 만든 옷.「一皮羊；털옷의 재료로 쓸 수 있는 산양이나 양」

〔遒〕 ch'iú ㄑㄧㄡˊ 건강한. 힘이 있는.「一健；건강하고 씩씩하다」

[遒勁] ch'iúchìng ㄑㄧㄡˊㄐㄧㄥˋ 붓을 다루는 솜씨가 노련(老練)하다.

〔巯〕(巰) ch'iú ㄑㄧㄡˊ 〈化〉 지방성 유황 화합물(脂肪性硫黃化合物).

〔糗〕 ch'iǔ ㄑㄧㄡˇ 건조한 식량. 쌀가루나 밀가루를 튀긴 것.

[糗磨] ch'iǔmo ㄑㄧㄡˇㄇㄛ (외부에서 압박을 받아) 기분이 몹시 울적하다.

CHIUNG ㄐㄩㄥ

〔扃〕 chiūng ㄐㄩㄥ, chiǔng ①빗장. ②안팎으로 열리는 문짝. 문(門).「重一；엄중한 문」③빗장을 지르다. 문을 닫다.「一戶；문을 닫다」

〔炯〕 chiǔng ㄐㄩㄥˇ 분명한. 밝은.「日光一一；날카로운 눈초리」

[炯炯有神] chiǔngchiǔng yǔshén ㄐㄩㄥˇㄐㄩㄥˇㄧㄡˇㄕㄣˊ 눈이 번쩍이고 기백이 넘치다.

〔迥〕 chiǔng ㄐㄩㄥˇ 멀다. 아득하다.「山高路一；산은 높고 길은 멀다」

[迥乎] chiǔnghū ㄐㄩㄥˇㄏㄨ 훨씬. 아득히.「一不同；몹시 차이가 지다. 훨씬 틀리다」

[迥殊] chiǔngshū ㄐㄩㄥˇㄕㄨ 아주 다르다.

〔窘〕 chiǔng ㄐㄩㄥˇ ①궁핍하다. 곤궁하다.「生活很一；생활이 매우 궁색하다」②입장이 곤궁에 빠지다.「你一言, 我一語, 一得他滿臉通紅；여기저기서 한 마디씩 하니까 그는 그만 얼굴이 홍당무가 되고 말았다」

[窘急] chiǔngchí ㄐㄩㄥˇㄐㄧˊ 궁지(窮地)에 몰려서 초조하게 되다. 다급히 되다.

[窘迫] chiǔngp'ò ㄐㄩㄥˇㄆㄛˋ ①가난하다.「過一的日子；가난한 생활을 하다」 ②입장이 곤란하게 되다.「我一得一句話也說不出來；나는 몹시 난처하게 되어 한마디도 말을 할 수 없었다」

CH'IUNG ㄑㄩㄥ

〔芎〕 ch'iūng ㄑㄩㄥ

[芎藭] ch'iūngch'iúng ㄑㄩㄥㄑㄩㄥˊ 천궁(川芎). 한방에 쓰이는 약초의 하나. ＝川芎.

〔穹〕 ch'iūng ㄑㄩㄥ, ch'iúng ①천공(天空). 허공.「蒼一；맑고 푸른 하늘. 창공」②아아치형의 문. ③크다. ④깊다. ⑤성(姓)의 하나.

〔窮〕(穷) ch'iúng ㄑㄩㄥˊ ①궁하다. 가난하다.「他很一；그는 몹시 가난하다」②극(極)하다. 극점(極點)에 도달하다. ③다하다. 없어지다. 막히다.「日暮途一；날이 저물어 앞길이 막연하게 되다」④괴로와하다. 곤경에 빠지다. ⑤어디까지나. 끝까지. ⑥하잘 것 없는. 시시한. 보잘 것 없는.「他有一精神；㉮그는 보잘 것 없는 놈이다. ㉯그는 속심이 단단한 놈이다」「一事情；시시한 일」 ⑦헛되게. 공연한. 「一跑了一天；헛되이 하루를 보내다」

[窮賬] ch'iúngchàng ㄑㄩㄥˊㄓㄤˋ 액수의 다과(多寡)를 빤히 알 수 있는 회계. 얼마 되지 않는 셈. «罵»

[窮氣] ch'iúngch'ì ㄑㄩㄥˊㄑㄧ 가난한 모양. 궁상.

[窮嚼] ch'iúngchiáo ㄑㄩㄥˊㄐㄧㄠˊ＝窮說.

[窮講究] ch'iúngchiǎngchiu ㄑㄩㄥˊㄐㄧㄤˇㄐㄧㄡ ①시시한 소리를 지루하게 늘어 놓다. ②여유가 없으면서 방탕을 하다.

[窮盡] ch'iúngchìn ㄑㄩㄥˊㄐㄧㄣˋ 모두 다 써버리다. 탕진되다.

[窮究] ch'iúngchiū ㄑㄩㄥˊㄐㄧㄡ 끝까지 추구(追究)하다.

[窮而後工] ch'iúngérhhòukūng ㄑㄩㄥˊㄦˊㄏㄡˋㄍㄨㄥ 예술가는 궁한 경지를 겪어야만 좋은 작품이 나온다. «成»

[窮兒暴富] ch'iúngérhpàofù ㄑㄩㄥˊㄦˊㄅㄠˋㄈㄨˋ 벼락부자. 궁했던 사람이 벼란간 부자가 되다. «成»

[窮乏] ch'iúngfá ㄑㄩㄥˊㄈㄚˊ 가난하다. 궁핍하다.

[窮漢] ch'iúnghàn ㄑㄩㄥˊㄏㄢˋ＝窮人. 窮小子.

[窮相] ch'iúnghsiàng ㄑㄩㄥˊㄒㄧㄤˋ ①궁상. 가난한 상(貧相). ②비참한 모습. 불쌍한 모습.

[窮巷] ch'iúnghsiàng ㄑㄩㄥˊㄒㄧㄤˋ 뒷거리. 뒷골목.

[窮鄉僻壤] ch'iúnghsiāng-p'ìjǎng ㄑㄩㄥˊㄒㄧㄤㄆㄧˋㄖㄤˇ 궁벽한 벽촌.

[窮小子] ch'iúnghsiǎotzǔ ㄑㄩㄥˊㄒㄧㄠˇㄗ 가난한 자식.

[窮戶] ch'iúnghù ㄑㄩㄥˊㄏㄨˋ 가난한 사람.

[窮歡樂] ch'iúnghuānlè ㄑㄩㄥˊㄏㄨㄢㄌㄜˋ＝窮開心.

[窮花了眼] ch'iúnghuālēyěn ㄑㄩㄥˊㄏㄨㄚㄌㄜㄧㄢˇ 가난에 쪼들려 눈이 뒤집히다. 매우 가난하여 분별 없는 짓을 하게 되다. «成»

[窮混] ch'iúnghùn ㄑㄩㄥˊㄏㄨㄣˋ 가난에 쪼들리면서 생활하다.

[窮人] ch'iúngjén ㄑㄩㄥˊㄖㄣˊ 빈한한 사람.

[窮日子] ch'iúngjìhtzǔ ㄑㄩㄥˊㄖˋㄗ 가난한 생활.「過一；가난한 생활을 하다」

[窮開心] ch'iúngk'āihsīn ㄑㄩㄥˊㄎㄞㄒㄧㄣ 궁한 가운데에서 활개를 펴고 놀다. 가난한 중에도 낙이 있다.

[窮干苦干] ch'iúngkàn-k'ǔkàn ㄑㄩㄥˊㄍㄢˋㄎㄨˇㄍㄢˋ＝窮掰苦干.

[窮根(子)] ch'iúngkēn(tzǔ) ㄑㄩㄥˊㄍㄣ(ㄗ) 가난한 원인. 가난의 뿌리.

[窮坑難滿] ch'iúngk'ēng-nánmǎn ㄑㄩㄥˊㄎㄥㄋㄢˊㄇㄢˇ 욕심에는 한이 없다. «成»

[窮苦] ch'iúngk'ǔ ㄑㄩㄥˊㄎㄨˇ 곤궁하다. 빈곤하다.
[窮逛] ch'iúngkuàng ㄑㄩㄥˊㄍㄨㄤˋ 빈둥빈둥 놀고 다니다. 빈둥거리다. 「一百貨大樓；백화점을 돌아 다니다」
[窮光蛋] ch'iúngkuāngtàn ㄑㄩㄥˊㄍㄨㄤㄉㄢˋ 빈털터리. 몹시 가난한 사람.
[窮鬼] ch'iúngkueǐ ㄑㄩㄥˊㄍㄨㄟˇ ①가난하게 만든다는 신. ②가난뱅이. ‹罵›
[窮困] ch'iúngk'ùn ㄑㄩㄥˊㄎㄨㄣˋ＝窮苦.
[窮國] ch'iúngkuó ㄑㄩㄥˊㄍㄨㄛˊ 가난한 나라.
[窮忙] ch'iúngmáng ㄑㄩㄥˊㄇㄤˊ 쓸데 없이 바쁘다.
[窮命] ch'iúngmìng ㄑㄩㄥˊㄇㄧㄥˋ ①가난한 운명. ②궁상을 떠는 성질. 「放着福不享, 一！；복을 싫다고 차버리다니 이 궁상맞은 놈아！」‹罵›
[窮目] ch'iúngmù ㄑㄩㄥˊㄇㄨˋ 눈이 닿는 데까지.
[窮年累世] ch'iúngnién-lěishìh ㄑㄩㄥˊㄋㄧㄢˊㄌㄟˇㄕˋ 몇 년이 든 몇 세대이든 영구히 계속되는 모양. ‹成›
[窮年累月] ch'iúngnién-lěiyüèh ㄑㄩㄥˊㄋㄧㄢˊㄌㄟˇㄩㄝˋ 몇 년이든 몇 개월이든 계속되다. ‹成› ＝經年累月.
[窮棒子骨] ch'iúngpàngtzǔkǔ ㄑㄩㄥˊㄅㄤˋㄗㄍㄨˇ ①＝窮鬼.. 窮骨頭. ‹罵› ②가난하지만 더욱 건장한 사람.
[窮棒子精神] ch'iúngpàngtzǔ chīngshên ㄑㄩㄥˊㄅㄤˋㄗ ㄐㄧㄥㄕㄣ 가난뱅이 근성.
[窮辦苦干] ch'iúngpàn-k'ǔkàn ㄑㄩㄥˊㄅㄢˋㄎㄨˇㄍㄢˋ 곤란한 중에도 한결같이 일을 하다. ‹成›
[窮兵黷武] ch'iúngpīng-túwǔ ㄑㄩㄥˊㄅㄧㄥㄉㄨˊㄨˇ 호전적(好戰的)이며 병력과 무력을 남용하다. ‹成›
[窮迫] ch'iúngp'ò ㄑㄩㄥˊㄆㄛˋ 끝까지 몰아 세우다. 철저하게 달라붙다.
[窮煞] ch'iúngsha ㄑㄩㄥˊㄕㄚ 극도로 가난하다.
[窮山] ch'iúngshān ㄑㄩㄥˊㄕㄢ 심산(深山). 깊은 산.
[窮山惡水] ch'iúngshān-èshuǐ ㄑㄩㄥˊㄕㄢㄜˋㄕㄨㄟˇ ①자연의 조건이 나쁘다. ②불모(不毛)의 땅. ③황량한 경치. ‹成›
[窮燒] ch'iúngshāo ㄑㄩㄥˊㄕㄠ 가난뱅이가 돈이 있는 체하다. ＝窮燒包.
[窮奢极欲] ch'iúngshē-chíyǜ ㄑㄩㄥˊㄕㄜㄐㄧˊㄩˋ 사치를 극하고 욕심을 마음껏 부리다. ‹成›
[窮事] ch'iúngshìh ㄑㄩㄥˊㄕˋ ①궁상스러운 일. ② 시시한 일.
[窮說] ch'iúngshuō ㄑㄩㄥˊㄕㄨㄛ 쓸모 없는 수다를 떨다.
[窮酸] ch'iúngsuān ㄑㄩㄥˊㄙㄨㄢ 궁상스럽고 밉살스럽다：흔히 문필가가 가난하면서 외면을 꾸미거나 진지한 체하는 것을 말함.
[窮大手] ch'iúngtàshǒu ㄑㄩㄥˊㄉㄚˋㄕㄡˇ 돈의 곤란을 받는 주제에 돈을 헤프게 쓰다. 또는 그런 사람.
[窮大院(兒)] ch'iúngtàyüàn(rh) ㄑㄩㄥˊㄉㄚˋㄩㄢˋ(ㄦ) 빈민 주택.
[窮則思變] ch'iúngtsêssūpièn ㄑㄩㄥˊㄗㄜˊㄙㄅㄧㄢˋ 막다른 곳에 다다르면 누구든지 어떤 꾀를 생각해 낸다. ‹成›
[窮措大] ch'iúngts'òtà ㄑㄩㄥˊㄘㄨㄛˋㄉㄚˋ 가난한 서생(書生).
[窮催] ch'iúngts'uī ㄑㄩㄥˊㄘㄨㄟ (발등에 불이 떨어진 것같이) 재촉하다.
[窮途] ch'iúngt'ú ㄑㄩㄥˊㄊㄨˊ ①궁하게 된 경지(境地). 꼼짝달싹 못하는 처지. 「一末路；막다른 경지」 ②방도가 없어지다.
[窮途人] ch'iúngt'újén ㄑㄩㄥˊㄊㄨˊㄖㄣˊ 실망한 사람.
[窮窩子] ch'iúngwōtzǔ ㄑㄩㄥˊㄨㄛㄗ 가난한 사람. 역경에서 헤어나지 못하는 사람.
[窮原竟委] ch'iúngyüán-chìngwěi ㄑㄩㄥˊㄩㄢˊㄐㄧㄥˋㄨㄟˇ 근본 원인을 구명하다. ‹成›

〔瓊〕(琼) ch'iúng ㄑㄩㄥˊ ①아름다운 구슬. 또는 보석. ②아름다운. 훌륭한.
[瓊漿] ch'iúngchiāng ㄑㄩㄥˊㄐㄧㄤ 맛이 아주 좋은 술.
[瓊花] ch'iúnghuā ㄑㄩㄥˊㄏㄨㄚ 진귀한 꽃.
[瓊樓玉宇] ch'iúnglóu-yǜyǔ ㄑㄩㄥˊㄌㄡˊㄩˋㄩˇ ①월궁(月宮). ②호화롭고 사치스러운 궁전.

CHO ㄓㄨㄛ

〔拙〕 chō ㄓㄨㄛ 서투르다. 어리석다. 둔하다. 「恕我眼一；알아뵙지 못하여 죄송합니다」「弄巧成一；꾀를 부리다가 좋지 못한 결과가 되다」「藏一；결점을 드러내지 않다」
[拙見] chōchièn ㄓㄨㄛㄐㄧㄢˋ 우견(愚見). 저의 견해.
[拙工] chōkūng ㄓㄨㄛㄍㄨㄥ ①서투른 목수(木手). ②서투른 솜씨.
[拙笨] chōpèn ㄓㄨㄛㄅㄣˋ ①서투르다. 솜씨가 없다. ② 성질이 어리석다. 둔하다. ＝笨拙.
[拙實] chōshih ㄓㄨㄛㄕ 건장하다. 튼튼하다.
[拙嘴] chōtsuǐ ㄓㄨㄛㄗㄨㄟˇ 말이 서투르다. 입담이 없다. ＝拙嘴笨舌. 掘嘴笨腮.
[拙眼] chōyěn ㄓㄨㄛㄧㄢˇ ①감식력(鑑識力)이 없다. ②알아뵙지 못했읍니다. ‹人›

〔桌〕 chō ㄓㄨㄛ ①「一子·一兒；탁자. 책상. 테이블」「八仙一；여덟 사람이 앉을 수 있는 식탁」 ②요리의 수를 세는 말. 「一一菜；한 상의 요리」
[桌案] chōàn ㄓㄨㄛㄢˋ 큰 책상：그림을 그리거나 일을 할 때 쓰임.
[桌鐘] chōchūng ㄓㄨㄛㄓㄨㄥ 탁상 시계(桌上時計).
[桌椅] chōǐ ㄓㄨㄛㄧˇ 책상과 걸상. 테이블과 의자.
[桌衣子] chōītzǔ ㄓㄨㄛㄧㄗ 테이블보.
[桌面] chōmièn ㄓㄨㄛㄇㄧㄢˋ ①테이블의 표면. 테이블의 크기. ②공공연한. 널리 알려진. 「一上的人物；널리 알려진 사람」「拿到一上來談；공개적으로 말하다」
[桌布] chōpù ㄓㄨㄛㄅㄨˋ 테이블 클로오드. ＝桌單.
[桌單] chōtān ㄓㄨㄛㄉㄢ ＝桌布.
[桌毯] chōt'ǎn ㄓㄨㄛㄊㄢˇ 두꺼운 테이블 클로오드.

[桌帷子] chōwéitzū ㄓㄨㄛㄨㄟˊㄗ (테이블 앞을 가리는) 테이블커버: 의식(儀式) 때 쓰임. 「귀퉁이에 새긴 조각.
[桌牙子] chōyátzū ㄓㄨㄛㄧㄚˊㄗ 탁자 네

〔捉〕 chō ㄓㄨㄛ 잡다. 붙잡다. 「一蝎蚱; 메뚜기를 잡다」
[捉襟見肘] chōchīn hsièn chǒu ㄓㄨㄛㄐㄧㄣㄓㄡˇㄒㄧㄢˋ ①옷이 몸을 충분히 가리지 못하다. ②배려(配慮)가 불충분하다. ③(금전적으로) 융통이 되지 않아 여기저기 파탄이 생기다. «成» ＝捉襟見肘.
[捉俘] chōfú ㄓㄨㄛㄈㄨˊ 사로잡다.
[捉老瞎] chōlǎohsiā ㄓㄨㄛㄌㄠˇㄒㄧㄚ 술래잡기를 하다. 숨바꼭질을 하다.
[捉迷藏] chōmíts'áng ㄓㄨㄛㄇㄧˊㄘㄤˊ 눈을 가리고 하는 술래잡기.
[捉摸] chōmo ㄓㄨㄛㄇㄛ 더듬듯이 곰곰히 생각하다. 사색(思索)하다. >捉捉摸摸.
[捉拿] chōná ㄓㄨㄛㄋㄚˊ 꽉 붙잡다.
[捉弄] chōnung ㄓㄨㄛㄋㄨㄥ 놀려 주다. 조롱하다. 「하지 않다. 코웃음치다.
[捉鼻] chōpí ㄓㄨㄛㄅㄧˊ 멸시하여 상대
[捉刀] chōtāo ㄓㄨㄛㄉㄠ 문장을 대작(代作)하다. 「봉으로 삼다.
[捉大頭] chōtàt'óu ㄓㄨㄛㄉㄚˋㄊㄡˊ 좋은

〔卓〕 chō ㄓㄨㄛ 높다. 우수하다. 「超一; 뛰어나게 우수하다. 탁월하다」
[卓著] chōchù ㄓㄨㄛㄓㄨˋ 두드러지게 나타나다.
[卓爾不群] chōěrh pùch'ún ㄓㄨㄛㄦˇㄅㄨˋㄑㄩㄣˊ 매우 뛰어나 뭇사람과 구별되다. 군계 일학(群鷄一鶴). «成» 「서다.
[卓立] chōlì ㄓㄨㄛㄌㄧˋ 두드러지게 높이
[卓識] chōshíh ㄓㄨㄛㄕˊ 뛰어난 견식.
[卓特] chōt'è ㄓㄨㄛㄊㄜˋ 홀로 뛰어나 「다.

〔灼〕 chó ㄓㄨㄛˊ ①굽다. 타다. 「一傷; 화상」「心如火一; (노여움 등으로) 심중이 불이 붙는 것 같다」 ②명백한. 올바른. 「一見; 올바른 견해」

〔茁〕 chó ㄓㄨㄛˊ 식물이 생장(生長)하다. 싹이 트다.
[茁壯] chóchuàng ㄓㄨㄛˊㄓㄨㄤˋ ①(아이들이) 살쪄 오동통하고 튼튼하다. ②(식물 따위의) 성장이 빠르다. ③건장하다. ④무성하다. 「위가) 트다.
[茁發] chófā ㄓㄨㄛˊㄈㄚ (힘차게 싹 따
[茁然] chóján ㄓㄨㄛˊㄖㄢˊ 무럭무럭 자라나는 모양. 「튼튼하다.
[茁實] chóshíh ㄓㄨㄛˊㄕˊ (기물 따위가) 「자르다.

〔斫〕(斲) chó ㄓㄨㄛˊ 끊다. 깎다.
[斫伐] chófá ㄓㄨㄛˊㄈㄚˊ 벌채(伐採)하다.
[斫輪老手] chólún láoshǒu ㄓㄨㄛˊㄌㄨㄣˊㄌㄠˇㄕㄡˇ 어떤 일에 장기간 종사하여 경험이 풍부한 사람.
[斫喪] chósàng ㄓㄨㄛˊㄙㄤˋ 몸을 다치다. 「不要一身體; 몸을 다치지 않도록」

〔酌〕 chó ㄓㄨㄛˊ ①술을 따르다. 「自一自飲; 자작으로 술을 마시다」 ②주식(酒食). 요리. 연회. 「便一; 필요한 대로 즉석에서 주문하여 먹고 마시는 일」 ③「斟一·參一; 참작하다」
[酌情] chóch'íng ㄓㄨㄛˊㄑㄧㄥˊ 사정을 참작하다. 「一給以幫助; 사정을 참작하여 원조해 주다」
[酌量] chóliang ㄓㄨㄛˊㄌㄧㄤ 참작하다.
[酌辦] chópàn ㄓㄨㄛˊㄅㄢˋ 참작한 후에 실행하다.
[酌定] chótìng ㄓㄨㄛˊㄉㄧㄥˋ 정상(情狀)을 참작하여 결정하다. ＝酌奪.

〔著〕 chó ㄓㄨㄛˊ ＝着(chó). ⇨chù.

〔啄〕 chó ㄓㄨㄛˊ 쪼다. 쪼아 먹다. 「鷄一米; 닭이 쌀을 쪼아 먹다」
[啄啄] chóchó ㄓㄨㄛˊㄓㄨㄛˊ 문을 두드 「리는 소리. 똑똑.

〔着〕 chó ㄓㄨㄛˊ ①(옷을) 입다. 몸에 걸치다. 「一制服; 제복을 입다」 ②바둑을 두다. 장기를 두다. ③힘이나 정신을 쓰다. ⇨chāo, cháo, chě.
[着重] chóchùng ㄓㄨㄛˊㄓㄨㄥˋ 중점을 두다. 「一號; 문장의 요점에 붙이는 부호」 「선수를 치다.
[着先鞭] chóhsiēnpiēn ㄓㄨㄛˊㄒㄧㄢㄅㄧㄢ
[着意] chóì ㄓㄨㄛˊㄧˋ 주의하다. 유의하다.
[着衣鏡] chóīchìng ㄓㄨㄛˊㄧㄐㄧㄥˋ 체경(體鏡). 「힘쓰다.
[着力] chólì ㄓㄨㄛˊㄌㄧˋ 진력(盡力)하다.
[着落] chólo ㄓㄨㄛˊㄌㄨㄛ 결말(結末). 낙착(落着). 「有了一; 결말이 났다」
[着實] chóshíh ㄓㄨㄛˊㄕˊ ①진실로. 참으로. 「一奇怪; 실로 괴상하다」 ②충분히. ③침착하다. 성실하다. ④내용과 형식이 구비되어 있다.
[着手成春] chóshǒu ch'ěngch'ūn ㄓㄨㄛˊㄕㄡˇㄔㄥˊㄔㄨㄣ 의술의 묘방(妙方). «成» ＝着手回春.

〔琢〕 chó ㄓㄨㄛˊ ①옥기(玉器)를 조각하다. ②시문(詩文)을 연마하다. 수련을 쌓다. 「닦다.
[琢句] chóchù ㄓㄨㄛˊㄐㄩˋ 글귀를 갈고
[琢磨] chómo ㄓㄨㄛˊㄇㄛ ①상세하게 연구하다. 숙고(熟考)하다. ②좋은 것을 보다 더 좋게 하다. ③(옥이나 돌을) 갈 「고 닦다.

〔踔〕 chó ㄓㄨㄛˊ 「훨씬 뛰어나다.
[踔絕] chóchüéh ㄓㄨㄛˊㄐㄩㄝˊ 남보다
[踔厲風發] chólì fēngfā ㄓㄨㄛˊㄌㄧˋㄈㄥㄈㄚ ①원기 왕성하여 모든 것을 압도할 만하다. ②담론(談論)이 활발히 일어나다. «成»

〔濁〕(浊) chó ㄓㄨㄛˊ 흐린. 더러워진. 「渾一; 혼탁하다」「兩條河一清一一; 두 갈래 강이 한 쪽은 맑고 한 쪽은 흐리다」
[濁富] chófù ㄓㄨㄛˊㄈㄨˋ 부정한 행위로 부귀하게 되는 일. 「一不如清貧; 부정한 부귀보다 청빈한 편이 좋다」
[濁人] chójên ㄓㄨㄛˊㄖㄣ 아둔패기. 어리석은 사람.
[濁聲濁氣] chóshěng-chóch'ì ㄓㄨㄛˊㄕㄥㄓㄨㄛˊㄑㄧˋ (말소리가) 몹시 거칠다. 「說話一的; 말투가 몹시 거칠다」
[濁世] chóshìh ㄓㄨㄛˊㄕˋ 난세(亂世). 「발을 씻다」

〔濯〕 chó ㄓㄨㄛˊ 씻다. 빨다. 「一足;

〔擢〕 chó ㄓㄨㄛˊ 발탁(拔擢)하다.「一升；발탁하다」「一用；발탁하여 기용하다」

〔鐲〕 chó ㄓㄨㄛˊ「一子；팔찌」

[鐲頭] chót'ou ㄓㄨㄛˊㄊㄡ 팔찌. ＝鐲子.

CH'O ㄔㄨㄛ

〔戳〕 ch'ō ㄔㄨㄛ ①뾰족한 것으로 쿡 찌르다. ②꼿꼿이 세우다. ③도장. 인감.「一子；도장」④도장을 찍다. 날인하다. ⑤스탬프.

[戳記] ch'ōchì ㄔㄨㄛㄐㄧˋ 도장의 총칭.

[戳穿] ch'ōch'uān ㄔㄨㄛㄔㄨㄢ ①(뾰족한 것으로) 찔러 꿰다. ②폭로하다.「一了他的詭計；그의 간계(奸計)를 폭로했다」

[戳紗] ch'ōshā ㄔㄨㄛㄕㄚ ①수놓은 비단. ②비단에 수를 놓다.

[戳死] ch'ōssǔ ㄔㄨㄛㄙ 찔러 죽이다.

〔絀〕 ch'ò ㄔㄨㄛˋ 부족하다. 결핍하다.「經費支一；경비가 부족하다」

〔綽〕 ch'ò ㄔㄨㄛˋ ①유연(悠然)한. 여유있는. ②넓다. ③얌전한. 정숙한.

[綽綽有餘] ch'òch'òyǔyǘ ㄔㄨㄛˋㄔㄨㄛˋㄧㄡˇㄩˊ 충분히 여유가 있다.

[綽號(兒)] ch'òhào(rh) ㄔㄨㄛˋㄏㄠˋ(ㄦ) 별명. 애칭. 니크네임.

[綽約] ch'òyüēh ㄔㄨㄛˋㄩㄝ 가냘프고 하늘거리는 모양:여자의 자태를 형용한 말.

〔啜〕 ch'ò ㄔㄨㄛˋ ①빨아들이다. 마시다.「一粥；죽을 마시다」②흐느껴 울다.

[啜泣] ch'òch'ì ㄔㄨㄛˋㄑㄧˋ 흐느껴 울다. >啜啜泣泣.

[啜茗] ch'òmíng ㄔㄨㄛˋㄇㄧㄥˊ 차(茶)를 마시다.

〔輟〕 ch'ò ㄔㄨㄛˋ 중지하다. 그만두다.「豈能中一?；어찌 중도에서 그만둘 수 있는가?」

[輟學] ch'òhsüéh ㄔㄨㄛˋㄒㄩㄝˊ 중도에서 학문을 그만두다. 학업을 중단하다.

[輟業] ch'òyèh ㄔㄨㄛˋㄧㄝˋ 폐업(廢業)하다.

CHOU ㄓㄡ

〔州〕 chōu ㄓㄡ ①옛날의 행정(行政)구획 명칭: 주.

〔舟〕 chōu ㄓㄡ 배

[舟楫] chōuchí ㄓㄡㄐㄧˊ ①배. 배와 키. ②나라를 다스리는 양신(良臣). 〈舊〉

[舟子] chōutzǔ ㄓㄡㄗˇ 뱃사공. 뱃사람.

〔周〕 chōu ㄓㄡ ①둘레. 주위.「圓一；원주」②널리. 일반적으로. 전부.「一知；주지」③주년(周年).「三十一年；30 주년」④둘레를 도는 회수(回數)를 세는 말: 바퀴.「還繞地球一一；지구를 일주하다」⑤고루 미치다.「耳目難一；견문(見聞)이 고루 미치지 못하다」⑥옛 왕조의 이름: 주(周)나라.

[周折] chōuchě ㄓㄡㄓㄜˊ ①손이 많이 가는 일. 수고.「費了很大的一；많은 수고가 들다. 애를 많이 쓰다」②우회(迂迴)하다. >周周折折.

[周正] chōuchěng ㄓㄡㄓㄥˋ 단정(端正)하다. 얌전하다. >周周正正.

[周急] chōuchí ㄓㄡㄐㄧˊ 급한 경우를 도와 주다. 어려운 사람을 긴급 구제하다.

[周濟] chōuchì ㄓㄡㄐㄧˋ 남에게 물질적으로 도와 주다.

[周至] chōuchìh ㄓㄡㄓˋ ＝周到.

[周轉] chōuchuǎn ㄓㄡㄓㄨㄢˇ (자금 따위를)융통하다. 변통하다. 회전하다.「一不開；융통이 안되다」「一資金；㉮운용자금. ㉯자금을 융통하다」

[周全] chōuch'üán ㄓㄡㄑㄩㄢˊ 주선해서 책임을 다하게 하다. 완수(完遂)시키다.

[周詳] chōuhsiáng ㄓㄡㄒㄧㄤˊ 자상하여 실수가 없다.

[周旋] chōuhsüán ㄓㄡㄒㄩㄢˊ ①몸을 옆으로 움직이다.「無一的餘地；(복잡하여) 몸을 움직일 여지가 없다」②응대하다.「他正跟來客一；그는 손님과 응대하고 있다」③(싸움이나 전투에서) 상대방의 추격을 살짝 피하다. >周周旋旋.

[周率] chōulǜ ㄓㄡㄌㄩ 주파수(周波數).

[周年] chōunién ㄓㄡㄋㄧㄢˊ ①주년. 돌이 되는 해.「快到兩一了；머지 않아 2 주년이 되려고 한다」②주기(周忌).

[周遍] chōupièn ㄓㄡㄅㄧㄢˋ ①둘레. 한 바퀴의 전체. ②주도(周到)하다. 자상하다.

[周身] chōushēn ㄓㄡㄕㄣ 전신(全身). 온몸.

[周歲] chōusui ㄓㄡㄙㄨㄟˋ 생후(生後) 만 일년. 낳아 1 년이 되는 돐.

[周到] chōutao ㄓㄡㄉㄠ 충분하다. 고루 손에 미치어 부족한 데가 없다.「招待一；서어비스가 충분하다」>周周到到.

[周匝] chōutsā ㄓㄡㄗㄚ 둘레. 주위.

[周遭兒] chōutsāorh ㄓㄡㄗㄠㄦ (빙 돌은) 한 바퀴.「走了一一；한 바퀴 돌다」

〔週〕 chōu ㄓㄡ 주간(週間). 일주(一週).「上一；전주(前週)」「宣傳一；선전 주간」

[週薪] chōuhsīn ㄓㄡㄒㄧㄣ 주급(週給): 일 주일을 단위로 계산하는 급료(給料).

[週報] chōupào ㄓㄡㄅㄠˋ 주간 신문(週刊新聞).

〔洲〕 chōu ㄓㄡ ①하천(河川)이나 바다의 어귀 또는 중간에 생긴 섬 모양의 사주(砂州). ②대륙.「亞一；아시아 주」

〔粥〕 chōu ㄓㄡ 곡물(穀物)로 쑨 죽.

[粥水] chōushuǐ ㄓㄡㄕㄨㄟˇ 미음.

[粥湯] chōut'āng ㄓㄡㄊㄤ 죽.

〔妯〕 chóu ㄓㄡˊ

[妯娌] chóuli ㄓㄡˊㄌㄧ 며느리끼리 서로 부르는 호칭: 동서.

〔軸〕 chóu ㄓㄡˊ, chú ㄓㄨˊ ①차의 굴대. 샤프트(shaft). ②두루마리. 족자(簇子). ③「一兒；서화 등의 두루마리를 세는 말」「古畫二一兒；고화 두 폭」

[軸架] chóuchiā　ㄓㄡˊㄐㄧㄚˋ　베어링 (bearing).　「「一國；추축국」
[軸心] chóuhsīn ㄓㄡˊㄒㄧㄣ 추축(樞軸).
[軸孔] chóuk'ŭng ㄓㄡˊㄎㄨㄥˇ 차축(車軸)의 구멍.
[軸脾氣] chóup'ích'i ㄓㄡˊㄆㄧˊㄑㄧ 고집장이.「犯一；고집을 부리다」　「대.축.
[軸胎] chóut'āi ㄓㄡˊㄊㄞ (선반 등의) 굴
[軸臺] chóut'ái.ㄓㄡˊㄊㄞˊ 하프 :' 차륜(車輪)의 중심부.　「래쪽 축(軸).
[軸頭] chóut'óu ㄓㄡˊㄊㄡˊ 족자(簇子) 아
[軸子] chóutzŭ ㄓㄡˊㄗ ①차축(車軸). ②두루마리. ③완고한 사람.
「꿈치」
〔肘〕 chŏu ㄓㄡˇ 팔꿈치.「胳膊一；팔
[肘腋] chŏuì ㄓㄡˇㄧˋ 가장 가깝다는 비유.
[肘子(一兒)] chŏutzŭ(—rh) ㄓㄡˇㄗ(ㄦ) ①돼지의 넓적다리 고기. ②팔꿈치.

〔箒〕(帚) chŏu ㄓㄡˇ ①쓸다. ②비.「苕一；비」

〔宙〕 chòu ㄓㄡˋ 시간 : 과거(過去)로부터 미래(未來)까지 일체의 시간.

〔呪〕(咒) chòu ㄓㄡˋ ①주문(呪文).「念一；주문을 외다」②저주(咀呪)하다.「一他死；그놈이 죽으라고 저주하다」
[呪罵] chòumā ㄓㄡˋㄇㄚˋ ①나쁘게 되라고 저주하다. 남몰래 악담을 하다. ②(원한을 품고) 나쁘게 말하다.>呪呪罵罵.
[呪死] chòussŭ ㄓㄡˋㄙ 저주하여 죽이다.
[呪詛] chòutsŭ ㄓㄡˋㄗㄨˇ 저주하다. >呪呪詛詛.
[呪語] chòuyŭ ㄓㄡˋㄩˇ 저주하는 말. 욕설.
「폭군.
〔紂〕 chòu ㄓㄡˋ 주왕:은(殷)나라 최후의
[紂棍(子)] chòukùn(tzŭ) ㄓㄡˋㄍㄨㄣˋ(ㄗ) 당나귀의 밀치끈을 매는 가로대.

〔胄〕 chòu ㄓㄡˋ 투구.

〔酎〕 chòu ㄓㄡˋ 독한 술. 진한 술.

〔晝〕(昼) chòu ㄓㄡˋ 낮.「一夜不停；밤낮을 쉬지 않다」

〔皺〕 chòu ㄓㄡˋ ①주름지다.「一的衣裳；주름이 진 옷」②주름을 잡다.「一眉頭；눈쌀을 찌프리고 얼굴을 찡그리다」
[皺摺(兒)] chòuchê(rh) ㄓㄡˋㄓㄜ(ㄦ) 주름. 구김살.
[皺皺] chòuchou ㄓㄡˋㄓㄡ 주름투성이.「一着；주름투성이다」
[皺皺巴巴的] chòuchoupāpātê ㄓㄡˋㄓㄡㄅㄚㄅㄚㄉㄜ 주름투성이가 된 모양.
[皺痕] chòuhĕn ㄓㄡˋㄏㄣˊ 주름의 흔적.
[皺紋] chòuwĕn ㄓㄡˋㄨㄣˊ (얼굴·종이·옷 등의) 주름.

〔縐〕 chòu ㄓㄡˋ 크레이프(crepe):견직물의 일종.
[縐綢] chòuch'óu ㄓㄡˋㄔㄡˊ 크레이프. 견직물의 한 가지.　「크레이프.
[縐布] chòupù ㄓㄡˋㄅㄨˋ 지지미. 면(綿)
[縐紗] chòushā ㄓㄡˋㄕㄚ 견직(絹織)크레이프.

〔籀〕 chòu ㄓㄡˋ 대전(大篆). 소전(小篆) 이전에 만들어진 한자 서체(漢字書體)의 일종. ＝大篆, 籀文.

〔驟〕 chòu ㄓㄡˋ ①달리다. 뛰다. ②갑자기. 급한.「暴風一雨；폭풍우」
[驟然] chòuján ㄓㄡˋㄖㄢˊ 갑자기. 돌연.
[驟變] chòupièn ㄓㄡˋㄅㄧㄢˋ 급변(急變)하다.

CH'OU　ㄔㄡ

〔抽〕 ch'ōu ㄔㄡ ①(전체에서 일부를) 빼내다. 끌어 내다. ②(가는 관을 통하여) 빨다.빨아 들이다.「一水；펌프로 물을 푸다」③오그라들다. 감(減)하다.「一了一寸；한 치가 줄다」④치다.「用鞭子一牲口；채찍으로 가축을 후려 치다」
[抽査] ch'ōuch'á ㄔㄡㄔㄚˊ 추출(抽出)하여 검사를 하다.
[抽泣] ch'ōuch'ì ㄔㄡㄑㄧˋ 숨을 들이쉬며 슬프게 울다.
[抽氣] ch'ōuch'ì ㄔㄡㄑㄧˋ ①허덕이다. ②공기를 빼다.「一機；배기(排氣) 펌프」
[抽籤(兒)] ch'ōuch'iēn(rh) ㄔㄡㄑㄧㄢ(ㄦ) 추첨하다. 제비 뽑다.
[抽枝] ch'ōuchīh ㄔㄡㄓ (나무·농작물의) 옆 가지를 따다.
[抽制] ch'ōuchìh ㄔㄡㄓˋ (금속의 선·파이프 따위를) 뽑아내다.
[抽緊] ch'ōuchĭn ㄔㄡㄐㄧㄣˇ 힘껏 당겨 조르다. 긴장시키다.
[抽筋(兒)] ch'ōuchīn(rh) ㄔㄡㄐㄧㄣ(ㄦ) 쥐가 나다. 경련을 일으키다.
[抽球] ch'ōuch'iú ㄔㄡㄑㄧㄡˊ(테니스·탁구 따위에서) 라켓을 어깨까지 높이 올려 힘껏 옆으로 치다.
[抽抽] ch'ōuch'ou ㄔㄡㄔㄡ 오므라들다. 줄어들다.
[抽搐] ch'ōuch'ù ㄔㄡㄔㄨˋ 수축(收縮)시키다. 매우 줄다.>抽抽搐搐.
[抽肥補瘦] ch'ōuféi-pŭshòu ㄔㄡㄈㄟˊㄅㄨˇㄕㄡˋ ①큰 것을 줄여서 작은 것에 보충하다. ②변통하다. «成»
[抽風] ch'ōufēng ㄔㄡㄈㄥ ＝抽瘋.
[抽瘋] ch'ōufĕng ㄔㄡㄈㄥˊ ①온 몸에 경련을 일으키는 일종의 병. ②경련을 일으키다.
[抽吸] ch'ōuhsī ㄔㄡㄒㄧ 빨아 들이다.
[抽匣] ch'ōuhsiá ㄔㄡㄒㄧㄚˊ (책상 따위의)서랍. ＝抽屜.
[抽閑(兒)] ch'ōuhsién(rh) ㄔㄡㄒㄧㄢˊ(ㄦ) ＝抽工夫(兒).
[抽象] ch'ōuhsiàng ㄔㄡㄒㄧㄤˋ ①추상(抽象)하다. ②내용이 없다. 개략적이다.
[抽薪止沸] ch'ōuhsīnchĭhfèi ㄔㄡㄒㄧㄣㄓˇㄈㄟˋ 근본부터 해결하다. «成» ＝釜底抽薪.
[抽繹] ch'ōuì ㄔㄡㄧˋ 뽑아내어 정리하다.
[抽工夫(兒)] ch'ōukūngfu(rh) ㄔㄡㄍㄨㄥㄈㄨㄦ 시간을 내다.
[抽考] ch'ōuk'ăo ㄔㄡㄎㄠˇ ①일부의 사람을 뽑아서 시험 치르다. ②예고 없이 시험을 치르다.

[抽空(兒)] ch'ōu k'ùng(rh) ㄔㄡㄎㄨㄥˋ(ㄦ) 여가를 얻다. 틈을 타다.

[抽冷子] ch'ōulěngtzǔ ㄔㄡㄌㄥˇㄗ 불의에. 갑자기. 별안간.

[抽凉氣] ch'ōuliángch'ì ㄔㄡㄌㄧㄤˊㄑㄧˋ 깜짝 놀라 숨을 멈추다.

[抽鼻(兒)] ch'ōupí(rh) ㄔㄡㄅㄧˊ(ㄦ) 콧물을 훌쩍 들이 마시다.

[抽身] ch'ōushēn ㄔㄡㄕㄣ ①몸을 빼다. 손을 빼다. ②둥지다.

[抽水機] ch'ōushuǐchī ㄔㄡㄕㄨㄟˇㄐㄧ 물 따위를 빨아 올리는 펌프. 양수기.

[抽水馬桶] ch'ōushuǐ mǎt'ǔng ㄔㄡㄕㄨㄟˇㄇㄚˇㄊㄨㄥˇ 수세요괘식(水洗腰掛式)변소.

[抽絲] ch'ōussū ㄔㄡㄙ 고치에서 실을 뽑다.

[抽穗(兒)] ch'ōusuì(rh) ㄔㄡㄙㄨㄟˋ(ㄦ) 이삭이 나오다.

[抽打] ch'ōutǎ ㄔㄡㄉㄚˇ (위에서 밑으로 안쪽을 향하여) 후려 치다.

[抽嗒] ch'ōuta ㄔㄡㄉㄚ 흐느껴 울다.

[抽薹] ch'ōut'ái ㄔㄡㄊㄞˊ (배추 따위에) 장다리가 생기다.

[抽屜] ch'ōut'i ㄔㄡㄊㄧ(책상 따위의)서랍. 「=抽斗.

[抽掉] ch'ōutiào ㄔㄡㄉㄧㄠˋ 뽑다. 뽑아내다.

[抽調] ch'ōutiào ㄔㄡㄉㄧㄠˋ ①골라 내어 이동시키다.②일부를 배치(配置)전환하다.

[抽頭(兒)] ch'ōut'óu(rh) ㄔㄡㄊㄡˊ(ㄦ) ①남에게 돌아 가는 이익의 일부를 떼어 먹다. ② 개평 떼다. 「을 치다.

[抽嘴巴] ch'ōu tsuǐpa ㄔㄡㄗㄨㄟˇㄅㄚ 빰

[抽芽] ch'ōuyá ㄔㄡㄧㄚˊ 싹이 돋아 나다. 움이 트다.

[抽烟] ch'ōuyēn ㄔㄡㄧㄢ 담배를 피우다.

[抽咽] ch'ōuyèh ㄔㄡㄧㄝˋ 목메어 울다. 흐느껴 울다.

[抽油機] ch'ōuyúchī ㄔㄡㄧㄡˊㄐㄧ 석유를 빨아 올리는 기계.

〔仇〕(讎·讐) ch'óu ㄔㄡˊ ① 원수. 적. ②상대. 짝. ③원망하다. = ch'iú.

[仇氣] ch'óuchì ㄔㄡˊㄐㄧˋ=仇恨.

[仇家] ch'óuchiā ㄔㄡˊㄐㄧㄚ①원수. 적. =仇人. ②미워하다. 비위에 거슬리다.

[仇隙] ch'óuhsì ㄔㄡˊㄒㄧˋ 원한으로 사이가 벌어지다.

[仇人] ch'óujén ㄔㄡˊㄖㄣˊ 원수. 적.

[仇視] ch'óushìh ㄔㄡˊㄕˋ 적대시하다. 원수같이 보다.

〔惆〕 ch'óu ㄔㄡˊ 실의(失意). 「一悵; 슬퍼 애통하다」

〔酬〕(酧) ch'óu ㄔㄡˊ①재물로 갚다. 사례를 하다. ②술을 권하다.

[酬謝] ch'óuhsièh ㄔㄡˊㄒㄧㄝˋ 사례하다.

[酬勞] ch'óuláo ㄔㄡˊㄌㄠˊ 수고에 보답하다.

[酬報] ch'óupào ㄔㄡˊㄅㄠˋ ①갚다. 보답하다. ②보답.

[酬答] ch'óutá ㄔㄡˊㄉㄚˊ 보답하다.

[酬酢] ch'óutsò ㄔㄡˊㄗㄨㄛˋ ①응대하다. ②(술잔을 주고 받으며) 벗과 교제하다.

[酬應] ch'óuyìng ㄔㄡˊㄧㄥˋ①교제하다. ②응대하다. =應酬.

[酬庸] ch'óuyūng ㄔㄡˊㄩㄥ 노고(勞苦)에 보답하다.

〔愁〕 ch'óu ㄔㄡˊ 근심하다. 걱정하다. 「不一吃不一穿;의식(衣食)에 곤란을 느끼지 않다」 「인 환경.

[愁城] ch'óuch'éng ㄔㄡˊㄔㄥˊ 근심에 쌓

[愁楚] ch'óuch'ǔ ㄔㄡˊㄔㄨˇ 슬픈 근심.

[愁窮嘆苦] ch'óuch'iúng-tànk'ǔ ㄔㄡˊㄑㄩㄥˊㄊㄢˋㄎㄨˇ 가난의 괴로움을 한탄하다. 「심.

[愁緒] ch'óuhsǜ ㄔㄡˊㄒㄩˋ 슬픈 마음. 수

[愁容] ch'óujúng ㄔㄡˊㄖㄨㄥˊ 슬픈 얼굴. 근심스러운 얼굴.

[愁淚冷冷] ch'óulèi léngléng ㄔㄡˊㄌㄟˋㄌㄥˊㄌㄥˇ 훌쩍훌쩍 우는 모양.

[愁眉] ch'óuméi ㄔㄡˊㄇㄟˊ ①초생달 모양의 눈썹. ②걱정스런 표정. 수미.

[愁眉苦臉] ch'óuméi-k'ǔliěn ㄔㄡˊㄇㄟˊㄎㄨˇㄌㄧㄢˇ 수심으로 얼굴을 찌푸리다. 얼굴에 근심이 가득 차다. 《成》

[愁眉鎖眼] ch'óuméi-sǒyěn ㄔㄡˊㄇㄟˊㄙㄨㄛˇㄧㄢˇ 눈살을 찌푸리며 눈을 감은 근심스러운 모양. 《成》

[愁事] ch'óushìh ㄔㄡˊㄕˋ 근심. 걱정.

〔稠〕 ch'óu ㄔㄡˊ ①밀도가 높은. 「棉花棵很一; 목화 포기가 촘촘히 무성하다」 ②농후한. 짙은. 「這粥太一; 이 죽은 몹시 걸다」

[稠粥] ch'óuchōu ㄔㄡˊㄔㄡ 걸쭉한 죽.

[稠飯] ch'óufàn ㄔㄡˊㄈㄢˋ 약간걸쭉한 죽.

[稠糊(兒)] ch'óuhu(rh) ㄔㄡˊㄏㄨ(ㄦ) 진득진득한. >稠稠糊糊.

[稠人廣座] ch'óujén kuǎngtsò ㄔㄡˊㄖㄣˊㄍㄨㄤˇㄗㄨㄛˋ 많은 사람이 촘촘히 늘어서다.

〔綢〕(紬) ch'óu ㄔㄡˊ ①얇은 견직물. ②주단. ③촘촘한. 주밀한.

[綢莊] ch'óuchuāng ㄔㄡˊㄓㄨㄤ 포목점

[綢裙] ch'óuch'ún ㄔㄡˊㄑㄩㄣˊ 본견 스커어트.

[綢繆] ch'óumóu ㄔㄡˊㄇㄡˊ ①합쳐서 튼튼하게 하다. ②사전에 준비하다.

[綢子] ch'óutzǔ ㄔㄡˊㄗ 견직물.

[綢緞] ch'óutuàn ㄔㄡˊㄉㄨㄢˋ 비단 옷감.

[綢舞] ch'óuwǔ ㄔㄡˊㄨˇ 긴 비단 헝겊을 흔들면서 추는 춤의 한 가지.

〔儔〕 ch'óu ㄔㄡˊ 동배(同輩)의 사람. 「一類; 동아리. 친구」

〔疇〕 ch'óu ㄔㄡˊ ①논밭. ②밭의 고랑. ③유(類). 동류(同類).

〔籌〕(筭) ch'óu ㄔㄡˊ ①수를 세는 산가지. ②계획하다. 「一一莫展; 한 가지 계획도 진전이 없다」 ③융통하다.

[籌安] ch'óuān ㄔㄡˊㄢ 경영상(經營上)의 안전.

[籌策] ch'óuts'è ㄔㄡˊㄘㄜˋ ①계획. ②계책을 세우다.

[籌借] ch'óuchièh ㄔㄡˊㄐㄧㄝˋ 모든 수단을 다해서 빌다.

[籌劃] ch'óuhuà ㄔㄡˊㄏㄨㄚˋ 계획하다. 획책하다. >籌籌劃劃.

[籌款] ch'ǒuk'uǎn ㄔㄡˊㄎㄨㄢˇ 돈을 마련하다.
[籌慮] ch'ǒulǜ ㄔㄡˊㄌㄩˋ이리저리 잘 생각하며 배려(配慮)하다.
[籌碼(兒)] ch'ǒumǎ(rh) ㄔㄡˊㄇㄚˇ(ㄦ) ①수를 세는 산가지. ②도박의 도구.
[籌辦] ch'ǒupàn ㄔㄡˊㄅㄢˋ ①계획하여 실행하다. ②사들이다.
[籌備] ch'ǒupèi ㄔㄡˊㄅㄟˋ ①계획 준비하다. ②조달하다. ③변통하다.
[籌商] ch'ǒushāng ㄔㄡˊㄕㄤ 상의(商議)하다. 계획 상담하다.
[籌思] ch'ǒussū ㄔㄡˊㄙ 이모저모로 깊이 생각하다.
[籌算] ch'ǒusuàn ㄔㄡˊㄙㄨㄢˋ ①수를 세는 산가지를 사용하여 계산하다. ②전반적으로 계산하다. ③예산을 세우다.
[籌墊] ch'ǒutièn ㄔㄡˊㄉㄧㄢˋ마련하여 대봉치다. 입체(立替)하기 위하여 변통하다.

〔躊〕 ch'ǒu ㄔㄡˊ 주저하다.
[躊躇] ch'ǒuch'ú ㄔㄡˊㄔㄨˊ ①주저하다. ②제가 젠체하는 모양.
[躊佇] ch'ǒuchù ㄔㄡˊㄓㄨˋ 주저하여 나아가지 않다.

〔丑〕 ch'ǒu ㄔㄡˇ ①십이지(十二支) 의 두 번째. ②축시(丑時). 밤 1시부터 3시까지. ③백축(白丑). 흰 나팔꽃씨. ④어릿광대. 코메디언. ⑤성(姓)의 하나.
[丑角(兒)] ch'ǒuchüéh(rh) ㄔㄡˇㄐㄩㄝˊ(ㄦ) 어릿광대. 코메디언.
[丑旦] ch'ǒutàn ㄔㄡˇㄉㄢˋ여자로 분장한 코메디언. 연극에서 주로 어릿광대역을 하는 여자. ＝丑兒.

〔醜〕 ch'ǒu ㄔㄡˇ ①(용모 따위가) 밉다. 추하다.「他長得一; 그는 얼굴이 추하다」②미워하다. 증오하다. ③부끄러워하다. 싫어하다.「出一; 추태(醜態)를 부리다」
[醜行] ch'ǒuhsìng ㄔㄡˇㄒㄧㄥˋ추행. 좋지 못한 행동. 「추하다.
[醜陋] ch'ǒulòu ㄔㄡˇㄌㄡˋ(용모 따위가)
[醜名(兒)] ch'ǒumíng ㄔㄡˇㄇㄧㄥˊ 좋지 못한 명성(名聲). 추명.
[醜巴怪] ch'ǒupakuài ㄔㄡˇㄅㄚㄍㄨㄞˋ ①추녀(醜女). ②추악하고 괴상한 얼굴을 한 사람. ＝醜八怪.
[醜聲四溢] ch'ǒushēng ssǔì ㄔㄡˇㄕㄥㄙˋㄧˋ 악명(惡名)이 사해(四海)에 넘치다. «成»
[醜態百出] ch'ǒut'ài pǒch'ū ㄔㄡˇㄊㄞˋㄅㄛˊㄔㄨ 많은 추태(醜態)를 부리다.
[醜詆] ch'ǒutǐ ㄔㄡˇㄉㄧˇ ①나쁜 욕. ②나쁘게 욕하다.
[醜賊生] ch'ǒutséishēng ㄔㄡˇㄗㄟˊㄕㄥ 날강도 같은 놈아. «罵» ＝醜生.

〔瞅〕(䁫) ch'ǒu ㄔㄡˇ 보다. 흘겨 「보다. 노려보다.
[瞅見] ch'ǒuchien ㄔㄡˇㄐㄧㄢ 보다. 목격하다.
[瞅空(兒)] ch'ǒuk'ùng(rh) ㄔㄡˇㄎㄨㄥˋ(ㄦ) 기회를 포착하다. 틈을 타다.
[瞅冷子] ch'ǒulěngtzǔ ㄔㄡˇㄌㄥˇㄗ ①가끔. 때때로. ②불의(不意)에.

〔臭〕 ch'òu ㄔㄡˋ 냄새. 썩은 냄새.「這塊肉一了; 이 고기는 썩은 냄새가 난다」②추잡하다. 보잘 것 없다. 구리다.「一名; 악명(惡名)」⇨hsiù.
[臭橙] ch'òuchěng ㄔㄡˋㄓㄥˊ 〈植〉 광귤 「나무.
[臭錢] ch'òuch'ién ㄔㄡˋㄑㄧㄢˊ 부정탄 돈. 더러운 돈.
[臭街爛巷] ch'òuchiēh-lànhsiàng ㄔㄡˋㄐㄧㄝㄌㄢˋㄒㄧㄤˋ 물건이 거리에 넘쳐 흐르는 모양. 「나무.
[臭椿] ch'òuch'un ㄔㄡˋㄔㄨㄣ 〈植〉 가죽
[臭蟲] ch'òuch'ung ㄔㄡˋㄔㄨㄥ 〈動〉 빈대.
[臭烘烘的] ch'òuhūnghūngtê ㄔㄡˋㄏㄨㄥㄏㄨㄥㄉㄜ 썩은 냄새가 코를 찌르는 모양.
[臭根子] ch'òukēntzǔ ㄔㄡˋㄍㄣㄗ ①나쁜 버릇. ②과거의 좋지 못한 경력.
[臭溝] ch'òukōu ㄔㄡˋㄍㄡ 더러운 물이 흐르는 시궁창. 「하다.
[臭罵] ch'òumà ㄔㄡˋㄇㄚˋ매우 나쁘게 말
[臭美] ch'òuměi ㄔㄡˋㄇㄟˇ 자부심이 강하여 보기에 아니꼽다. 「악명.
[臭名] ch'òumíng ㄔㄡˋㄇㄧㄥˊ 나쁜 평판.
[臭事] ch'òushìh ㄔㄡˋㄕˋ ①추한 일. ②말이 안되는 일. ③젠장. 지랄한다. «罵»
[臭水坑] ch'òushuik'ēng ㄔㄡˋㄕㄨㄟˇㄎㄥ 썩은 물이 고인 시궁창.
[臭大姐] ch'òutàchiěh ㄔㄡˋㄉㄚˋㄐㄧㄝˇ 〈植〉 분꽃의 속칭. ＝草茉莉.
[臭豆腐] ch'òutòufu ㄔㄡˋㄉㄡˋㄈㄨ 소금에 절인 두부를 발효시켜서 석회 속에 넣어 보존한 식품.
[臭味] ch'òuwèi ㄔㄡˋㄨㄟˋ 악취(惡臭). 더러운 냄새.
[臭厭] ch'òuyèn ㄔㄡˋㄧㄢˋ 싫다. 귀찮다.
[臭氧] ch'òuyǎng ㄔㄡˋㄧㄤˇ 〈化〉 오존.
[臭油] ch'òuyú ㄔㄡˋㄧㄡˊ 코울타르. ＝柏油.

CHU ㄓㄨ

〔朱〕 chū ㄓㄨ 빨강. 붉은 색.「一色; 붉은 색」 「홍색.
[朱紅] chūhúng ㄓㄨㄏㄨㄥˊ 붉은 색. 주
[朱古力糖] chūkǔlit'áng ㄓㄨㄍㄨˇㄌㄧˋㄊㄤˊ 초콜렛. «譯»
[朱欒] chūluán ㄓㄨㄌㄨㄢˊ 〈植〉 왕귤나무
[朱門] chūmén ㄓㄨㄇㄣˊ 부자집.

〔硃〕 chū ㄓㄨ「一砂; 주사. 광석의 한 가지」

〔侏〕 chū ㄓㄨ
[侏儒] chūjú ㄓㄨㄖㄨˊ ①난장이. ②들보 위의 짧은 기둥.

〔茱〕 chū ㄓㄨ
[茱萸] chūyǘ ㄓㄨㄩˊ 〈植〉 산수유나무.

〔珠〕 chū ㄓㄨ ①「一子; 진주」②「一兒; 둥근 작은 물체」「眼一兒; 눈알」「水一兒; 물방울」 「목걸이.
[珠花] chūhuā ㄓㄨㄏㄨㄚ 구슬이 달린
[珠聯璧合] chūlién-pìhǒ ㄓㄨㄌㄧㄢˊㄅㄧˋㄏㄜˊ 걸맞는 한쌍의 남녀가 인연을 맺는 일. «成»
[珠母] chūmǔ ㄓㄨㄇㄨˇ 〈動〉 진주조개.

[珠寶] chūpǎo ㄓㄨㄅㄠˇ 진주 따위의 보석.
[珠圓玉潤] chūyüán-yǜjùn ㄓㄨㄩㄢˊㄩˋㄖㄨㄣˋ 구슬같이 둥글고 옥같이 매끄러움: 노랫소리가 매끄럽고 아름답다는 형용. «成»

〔株〕 chū ㄓㄨ ①그루터기. ②그루: 나무를 세는 단위. 「一一桃樹; 한 그루의 복숭아나무」
[株距] chūchǜ ㄓㄨㄐㄩˋ 농작물이나 식수(植樹)의 그루 사이. 포기의 간격.
[株連] chūlién ㄓㄨㄌㄧㄢˊ 연좌(連座)하다.
[株守] chūshǒu ㄓㄨㄕㄡˇ 구투(舊套)를 굳게 지키다.

〔猪〕(豬) chū ㄓㄨ 돼지. 「公一; 수돼지」「母一; 암돼지」「一場; 양돈장」
[猪圈] chūchüàn ㄓㄨㄑㄩㄢˋ 돼지우리
[猪血] chūhsiěh ㄓㄨㄒㄧㄝˇ 돼지 선지.
[猪革] chūkó ㄓㄨㄍㄜˊ 돼지 가죽.
[猪倌] chūkuān ㄓㄨㄍㄨㄢ 돼지를 치는 사람. 「«罵»＝猪奴.
[猪玀] chūló ㄓㄨㄌㄨㄛˊ 돼지 같은 놈.
[猪扒] chūp'á ㄓㄨㄆㄚˊ 구운 돼지고기. 포오크 스테이크(pork steak). 「圈.
[猪棚] chūp'éng ㄓㄨㄆㄥˊ 돼지 우리. ＝猪
[猪食] chūshíh ㄓㄨㄕˊ 돼지의 먹이.
[猪蹄子] chūt'ítzǔ ㄓㄨㄊㄧˊㄗ 돼지발. 돼지족.
[猪仔] chūtsǎi ㄓㄨㄗㄞˇ 돼지 새끼.
[猪崽兒] chūtsǎirh ㄓㄨㄗㄞˇㄦ ①새끼돼지. ②유괴당하여 외국에서 중노동을 하고 있는 사람.
[猪鬃] chūtsūng ㄓㄨㄗㄨㄥ 돼지의 목에 난 털. 「끼.
[猪娃子] chūwátzǔ ㄓㄨㄨㄚˊㄗ 돼지 새

〔蛛〕 chū ㄓㄨ 거미. ＝蜘蛛. 蛛蛛.
[蛛絲馬迹] chūssū-mǎchì ㄓㄨㄙㄇㄚˇㄐㄧˋ 거미줄에 말굽 자리. 단서(端緖)가 잡혔다는 비유. «諺» 「집.
[蛛網] chūwǎng ㄓㄨㄨㄤˇ 거미줄. 거미

〔誅〕 chū ㄓㄨ ①죄지은 사람을 죽이다. 「罪不容一; 죄가 많아서 죽음을 당하여도 용서될 수 없다. 죽여도 시원치 않다」 ②꾸짖다. 책망하다. 「口一筆伐; 언론이나 문장으로 비난하다」
[誅求] chūch'iú ㄓㄨㄑㄧㄡˊ 주구하다. (세금 따위를)혹독하게 받아 들이다.
[誅除] chūch'ú ㄓㄨㄔㄨˊ ＝誅滅.
[誅鋤] chūch'ú ㄓㄨㄔㄨˊ 죽여 없애다. 「一漢奸; 매국노를 죽여 없애다」
[誅心] chūhsīn ㄓㄨㄒㄧㄣ 남의 의도(意圖)를 비난하다. 「一之論; 남의 의도를 비난하는 심각한 논의」 「다.
[誅戮] chūlù ㄓㄨㄌㄨˋ 죄지은 자를 죽이
[誅滅] chūmièh ㄓㄨㄇㄧㄝˋ 멸망시켜 없애다. 벌주어 제거하다.

〔銖〕 chū ㄓㄨ 옛날의 중량 단위. 1"兩"의 24분의 1.
[銖積寸累] chūchī-ts'ùnlěi ㄓㄨㄐㄧㄘㄨㄣˋㄌㄟˇ 아주 조금씩 축적(蓄積)하다. 티끌 모아 태산되다. «成»

〔諸〕 chū ㄓㄨ ①온갖. 많은. 「一親好友; 많은 친척과 친구」 ②이것을 …에. 「反求一己; 반대로 이것을 자기 마음에 반성하여 구하다」
[諸如] chūjú ㄓㄨㄖㄨˊ ①예컨대 …따위. 이를테면 …것: 복수(複數)의 사물을 예거(例擧)할 때 쓰임. 「一, 需要什麼; 예컨대 무엇이 필요한가」「一, 怎樣準備; 이를테면 어떻게 준비할 것인가」 ②모두 …와 같다. 「一此類; 모두 이 종류와 같다」 「ㄟˋ 부녀자들.
[諸姑姉妹] chūkūtzǔmèi ㄓㄨㄍㄨㄗˇㄇ
[諸多] chūtō ㄓㄨㄉㄨㄛ 모든. 많은.
[諸子百家] chūtzǔ póchiā ㄓㄨㄗˇ ㄅㄛˊㄐㄧㄚ 춘추전국시대(春秋戰國時代)에 배출(輩出)된 여러 학자, 또는 그들의 저작(著作).
[諸位] chūwèi ㄓㄨㄨㄟˋ 여러분. 제군.

〔櫧〕 chū ㄓㄨ 〈植〉 돌가시나무.

〔竹〕 chú ㄓㄨˊ 대나무. 대.
[竹漿] chúchiāng ㄓㄨˊㄐㄧㄤ 대나무 펄프(pulp). 「대의 마디.
[竹節(兒)] chúchiéh(rh) ㄓㄨˊㄐㄧㄝˊ(ㄦ)
[竹簽兒] chúch'iēnrh ㄓㄨˊㄑㄧㄢㄦ 대조각. 「가 낮은 대 바구니.
[竹淺兒] chúch'iěnrh ㄓㄨˊㄑㄧㄢˇㄦ 운두
[竹筋] chúchīn ㄓㄨˊㄐㄧㄣ 대의 줄기.
[竹杠] chúkàng ㄓㄨˊㄍㄤˋ 대나무로 된 멜대. 「나무 장대.
[竹竿(子)] chúkān(tzǔ) ㄓㄨˊㄍㄢ(ㄗ) 대
[竹篙] chúkāo ㄓㄨˊㄍㄠ 대막대기.
[竹根青] chúkēnch'īng ㄓㄨˊㄍㄣㄑㄧㄥ 은회색면 청색. 「젓가락.
[竹筷子] chúk'uàitzǔ ㄓㄨˊㄎㄨㄞˋㄗ 대
[竹管兒] chúkuǎnrh ㄓㄨˊㄍㄨㄢˇㄦ 긴 대통. 「工).
[竹工] chúkūng ㄓㄨˊㄍㄨㄥ 죽세공(竹細
[竹籃] chúlán ㄓㄨˊㄌㄢˊ 대바구니. 「一打水; 대바구니로 물을 긷다」
[竹瀝] chúlì ㄓㄨˊㄌㄧˋ 〈藥〉 푸른 대나무를 불에 구워서 받은 진액: 한방에서 쓰임.
[竹簾] chúlián ㄓㄨˊㄌㄧㄢˊ 대로 만든 발.
[竹簍] chúlǒu ㄓㄨˊㄌㄡˇ 작은 대바구니.
[竹排] chúp'ái ㄓㄨˊㄆㄞˊ 대로 엮은 뗏목.
[竹匾] chúpiěn ㄓㄨˊㄅㄧㄢˇ 키(箕).
[竹批兒] chúp'īrh ㄓㄨˊㄆㄧㄦ 대나무를 가늘고 길게 자른 댓개비. 대오리.
[竹布] chúpù ㄓㄨˊㄅㄨˋ 면포(綿布)의 일종: 결이 곱고 색깔은 흔히 엷은 옥색임.
[竹筒兒] chút'ǔngrh ㄓㄨˊㄊㄨㄥˇㄦ ①대통. ②머리가 텅 빈 사람.
[竹頭] chút'ou ㄓㄨˊㄊㄡ 대나무. «方»
[竹葉青] chúyèhch'īng ㄓㄨˊㄧㄝˋㄑㄧㄥ 중국 8대 명주(名酒)의 하나.

〔逐〕 chú ㄓㄨˊ ①쫓아 버리다. ②순서에 따라. 하나하나. 「一字講解; 글자를 하나하나 해석하다」 「차차.
[逐漸] chúchièn ㄓㄨˊㄐㄧㄢˋ 점차(漸次).
[逐日] chújìh ㄓㄨˊㄖˋ 하루하루. 나날이.
[逐鹿] chúlù ㄓㄨˊㄌㄨˋ ①정권(政權)을 다투다. ②목적물을 쟁취(爭取)하다.
[逐步] chúpù ㄓㄨˊㄅㄨˋ 점점. 차차. 한걸음 한걸음.
[逐電] chútièn ㄓㄨˊㄉㄧㄢˋ 번개 같은. 몹시 빠르다는 형용.

〔舳〕 chú ㄓㄨˊ 배의 뒷머리. 고물.
[舳艫] chúlú ㄓㄨˊㄌㄨˊ ①함선(艦船).《舊》 ②배의 고물과 이물.

〔筑〕 chú ㄓㄨˊ ①옛 악기의 하나. 13현으로 거문고 비슷하며 대나무 채로 퉁겨서 소리를 냄. ②"貴陽市"의 별칭. ⇨ ⌊chù.

〔燭〕(烛) chú ㄓㄨˊ ①초. 양초. ＝蠟燭. ②촉광(燭光). 「四十一的電燈泡；40촉의 전구」 ③빛을 비추다. 분명히 알다. 간파하다.
[燭照] chúchào ㄓㄨˊㄓㄠˋ 등불로 환하게 비추다. 「一其奸；그 간계(奸計)를 폭로하다」
[燭照數計] chúchào shùchì ㄓㄨˊㄓㄠˋ ㄕㄨˋㄐㄧˋ 등불로 밝게 비추고 주판으로 셈하다. 예측한 일이 정확하여 틀림이 없다는 비유. 《成》
[燭淚] chúlèi ㄓㄨˊㄌㄟˋ 촉루. 촛물.
[燭苗兒] chúmiáorh ㄓㄨˊㄇㄧㄠˊㄦ 초의 불꽃.
[燭碟] chútiéh ㄓㄨˊㄉㄧㄝˊ 촛대.

〔主〕 chǔ ㄓㄨˇ ①(손님에 대한) 주인. ②「一子；옛적에 신하가 황제를, 하인이 주인을 호칭하던 말」 ③「一兒；소유자. 임자」「這東西沒一兒；이 물건은 주인이 없다」 ④사건의 중요 관계자. 「事一；형사 사건의 피해자」「失一；분실자」 ⑤분별을 하다. 책임을 지다. 「作一；자기의 책임하에 일을 하다」 ⑥중요한 것 주되는 것. 「以學習爲一；학습을 위주로 하다」 ⑦신주(神主). 위패. 「다.
[主戰] chǔchàn ㄓㄨˇㄓㄢˋ 전쟁을 주장하
[主機] chǔchī ㄓㄨˇㄐㄧ (보조 기계에 대한) 주된 기계.
[主家] chǔchiā ㄓㄨˇㄐㄧㄚ 주인(主人).
[主角(兒)] chǔchüéh(rh) ㄓㄨˇㄐㄩㄝˊ(ㄦ) 주역(主役). 「一演；주연자」
[主講] chúchiǎng ㄓㄨˊㄐㄧㄤˇ 강연자(講演者).
[主見] chǔchièn ㄓㄨˇㄐㄧㄢˋ 자기의 주관적인 의견. 정견(定見).
[主持] chǔch'íh ㄓㄨˇㄔˊ ①책임자로 일하다. ②집행하다. 관리하다. 「一家務；가사를 돌보다」「一會議；회의의 사회를 하다」 「의하다.
[主和] chǔhó ㄓㄨˇㄏㄜˊ 화의(和議)를 제
[主席] chǔhsí ㄓㄨˇㄒㄧˊ ①회의의 의장. 「一團；의장단」 ②위원제 행정 기구의 최고 책임자. ③연회시의 주인석. ④사회(司會)하다.
[主心骨兒] chǔhsīnkǔrh ㄓㄨˇㄒㄧㄣㄍㄨˇㄦ 마음의 의지처. 마음으로 믿는 곳.
[主意] chǔì ㄓㄨˇㄧˋ ①생각. 의견. ②정견. 일정한 생각. 「拿不準一；분별할 수 없다」
[主稿] chúkǎo ㄓㄨˊㄍㄠˇ 혼자서 또는 어떤 기관이나 단체에서 책임을 지고 원고를 작성하다. 「시의 시험관《淸》
[主考] chúkǎo ㄓㄨˊㄎㄠˇ 주사(主査)：향
[主顧] chǔku ㄓㄨˇㄍㄨ 단골. 고객.
[主觀願望] chǔkuān yüànwàng ㄓㄨˇㄍㄨㄢ ㄩㄢˋㄨㄤˋ 희망적(希望的) 관측(觀測).

[主攻] chǔkūng ㄓㄨˇㄍㄨㄥ ①전공(專攻)하다. ②주된 목표로 삼다. 「배일.
[主麻] chǔmá ㄓㄨˇㄇㄚˊ 이슬람교의 예
[主辦] chǔpàn ㄓㄨˇㄅㄢˋ 주최(主催)하다.
[主編] chǔpiēn ㄓㄨˇㄅㄧㄢ ①주(主)가 되어 편집하다. ②주된 편집자.
[主使] chúshǐh ㄓㄨˊㄕˇ ①지시하여 시키다. 지휘하다. ＝指派. ②교사(敎唆)하다. 「他們暴動, 必有一的人；그들의 폭동에는 틀림 없이 교사한 사람이 있을 것이다」
[主事兒] chǔshìhrh ㄓㄨˇㄕˋㄦ 일에 책임을 지다. 업무를 관리하다.
[主導思想] chútǎo ssǔhsiǎng ㄓㄨˊㄉㄠˇ ㄙㄒㄧㄤˇ 지배적인 사상.
[主點] chútiěn ㄓㄨˊㄉㄧㄢˇ 요점(要点).
[主子] chǔtzǔ ㄓㄨˇㄗ (나쁜 뜻에서의) 주인. 두목.
[主位] chǔwèi ㄓㄨˇㄨㄟˋ 주인석(主人席).

〔拄〕 chǔ ㄓㄨˇ (지팡이 등으로) 몸을 지탱하다. 「一拐棍兒；지팡이를 짚다」

〔渚〕 chǔ ㄓㄨˇ 하천 가운데의 사주(砂 ⌊洲).

〔煮〕 chǔ ㄓㄨˇ 삶다. 데치다. 「一飯；밥을 짓다」「一熟了的鴨子飛了；푹 삶은 오리가 날아가 버렸다：당연히 입수될 것이 되지 않았다는 비유」
[煮餃子] chǔchiǎotzǔ ㄓㄨˇㄐㄧㄠˇㄗ ①물만두. ②chǔ chiǎotzǔ 물만두를 만들다.
[煮青] chǔch'īng ㄓㄨˇㄑㄧㄥ 물감의 한 가지.
[煮鷄蛋] chǔchītàn ㄓㄨˇㄐㄧㄉㄢˋ ①삶은 계란. ②chǔ chītàn 계란을 삶다. 「다.
[煮開] chǔk'āi ㄓㄨˇㄎㄞ 끓어 오르다. 끓
[煮滾] chúkǔn ㄓㄨˊㄍㄨㄣˇ 마구 끓다. 펄펄 끓다.
[煮豆燃萁] chǔtòu jánch'í ㄓㄨˇㄉㄡˋ ㄖㄢˊㄑㄧˊ 콩을 삶는데 콩깍지를 때다. 친척이나 동지끼리 서로 살상한다는 비유. ⌊《成》

〔屬〕(属) chǔ ㄓㄨˇ ①접속(接續)하다. 잇달다. 「前後相一；전 후 상접(相接)하다」 ②(문장 등을) 짓다. 저술하다. 「一文；글을 짓다」 ⇨shǔ. 「다.
[屬耳目] chǔěrhmù ㄓㄨˇㄦˇㄇㄨˋ 주의하
[屬意] chǔì ㄓㄨˇㄧˋ ①조심하다. ②마음에 두고 생각하다.
[屬望] chǔwàng ㄓㄨˇㄨㄤˋ 희망을 걸다.

〔囑〕(嘱) chǔ ㄓㄨˇ 부탁하다. 명령하다.
[囑咐] chǔfu ㄓㄨˇㄈㄨ 부탁하다. 분부하다. 타이르다. 「母親一他好好學習；모친께서 그에게 공부 잘 하라고 타이르다」 ＞囑囑咐咐. 「하다.
[囑告] chǔkào ㄓㄨˇㄍㄠˋ 분부하다. 명령

〔矚〕 chǔ ㄓㄨˇ 주시(注視)하다. 「一目 ⌊；주시하다」

〔助〕 chù ㄓㄨˋ 도와 주다. 「幫一；돕다」 「산원(助産員).
[助產士] chùch'ǎnshìh ㄓㄨˋㄔㄢˇㄕˋ 조
[助教] chùchiào ㄓㄨˋㄐㄧㄠˋ 조교.
[助紂爲虐] chùchòuwéinüèh ㄓㄨˋㄓㄡˋㄨㄟˊㄋㄩㄝˋ 악인을 도와 나쁜 일을 조장(助長)시키다. 《成》

[助興] chùhsìng ㄓㄨˋㄒㄧㄥˋ 흥을 돕다.
[助學金] chùhsüèhchīn ㄓㄨˋㄒㄩㄝˊㄐㄧㄣ 장학금. 「；보조 의사」
[助理] chùlǐ ㄓㄨˋㄌㄧˇ 보조하다.「一醫生
[助膽兒] chùtǎnrh ㄓㄨˋㄉㄢˇㄦ 가세(加勢)하여 힘을 북돋우다.
[助聽器] chùt'īngch'ì ㄓㄨˋㄊㄧㄥㄑㄧˋ 보청기(補聽器). 「돋아 주다.
[助威] chùwēi ㄓㄨˋㄨㄟ 위세(威勢)를 북 「=佇立.

〔佇〕(竚) chù ㄓㄨˋ 멈추어 서다.
[佇候] chùhòu ㄓㄨˋㄏㄡˋ 선 채 기다리다. 초조하게 기다리다.

〔住〕 chù ㄓㄨˋ ①살다. 머물다. 묵다. 정박(停泊)하다.「他在哪兒一？；그는 어디 살고 있읍니까？」「一了一夜；일박(一泊)하였다」「現在有五隻船一着；현재 배 5척이 정박중이다」②정지(停止)하다. 그치다.「雨一了；비가 그쳤다」③다른 동사와 결합하여 동작의 안정이나 고정을 나타내는 말.「記一；기억하다」「捉一；붙잡다」
[住長工] chùch'ángkūng ㄓㄨˋㄔㄤˊㄍㄨㄥ 정식 고용인이 되어 고용주의 집에서 숙식하다.
[住家] chùchiā ㄓㄨˋㄐㄧㄚ 주거. 집.
[住家主兒] chùchiāchǔrh ㄓㄨˋㄐㄧㄚㄓㄨˇㄦ (상인이나 관리 등이 아닌) 일반 주민. =住家兒的.
[住脚兒] chùchiǎorh ㄓㄨˋㄐㄧㄠˇㄦ ①정지하다. 그치다.「這雨下得不一;이 비는 그치지 않고 온다」②주거하다. 살다. ③주소(住所).
[住街坊] chùchiēhfang ㄓㄨˋㄐㄧㄝㄈㄤ 이웃에 살다.
[住址] chùchǐh ㄓㄨˋㄓˇ 주소(住所).
[住處] chùch'ù ㄓㄨˋㄔㄨˋ 거처(居處). 집.
[住房] chùfáng ㄓㄨˋㄈㄤˊ 주택(住宅).
[住戶] chùhù ㄓㄨˋㄏㄨˋ ①주택. ②거주인.
[住口] chùk'ǒu ㄓㄨˋㄎㄡˇ 입을 다물다. 침묵하다. =住嘴.
[住娘家] chùniángchia ㄓㄨˋㄋㄧㄤˊㄐㄧㄚ 신부가 친정에 가서 잠시 머물다. 「다.
[住手] chùshǒu ㄓㄨˋㄕㄡˇ 일을 중지하
[住宿] chùsù ㄓㄨˋㄙㄨˋ 숙박(宿泊)하다.
[住夜] chùyèh ㄓㄨˋㄧㄝˋ 유숙하다. 하룻밤 머물다.

〔苧〕 chù ㄓㄨˋ 모시풀. 모시.

〔注〕(註③~⑤) chù ㄓㄨˋ ①물을 쏟다. 붓다.「大雨如一；큰 비가 억수같이 쏟아지다」②집중하다.「精神貫一；정신을 한군데로 집중하다」③주석(註釋)하다. 주해(註解)하다.「一了小一;소주(小註)를 달다」④주석(註釋). 주(註).「下邊有一；아래에 주해가 있다」⑤기재(記載)하다. 등기(登記)하다. ⑥노름에 거는 금품.「下一；도박에 금품을 걸다」
[注脚] chùchiǎo ㄓㄨˋㄐㄧㄠˇ 주해(註解).
[注重] chùchùng ㄓㄨˋㄓㄨㄥˋ 중점을 두다.
[注銷] chùhsiāo ㄓㄨˋㄒㄧㄠ 취소(取消)하다. 무효로 하다. =注消.
[注兒] chùrh ㄓㄨˋㄦ 주석(註釋)의 글자.
[注失] chùshīh ㄓㄨˋㄕ 분실계(紛失届)를 관계 기관에 제출하다.
[注疏] chùshū ㄓㄨˋㄕㄨ 뜻을 해석한 것을 소(疏)라고 함.
[注定] chùtìng ㄓㄨˋㄉㄧㄥˋ ①운명적으로 정해져 있다. ②반드시.「他們的陰謀是一要失敗的;그들의 음모는 반드시 실패하고야 말 것이다」
[注册] chùts'è ㄓㄨˋㄘㄜˋ ①장부에 기입하다. ②등록하다.
[注子] chùtzǔ ㄓㄨˋㄗ 술병.
[注音] chùyīn ㄓㄨˋㄧㄣ 발음 기호를 달다.

〔杼〕 chù ㄓㄨˋ 직조 기계의 북.

〔炷〕 chù ㄓㄨˋ ①등심. 심지. ②선향(線香) 따위를 세는 단위.「一一香；한 개의 선향」③(향을) 지피다.「一香；향을 피우다」

〔柱〕 chù ㄓㄨˋ ①「一子·一兒;기둥」②기둥과 비슷한 것.「琴一；기러기발」«樂»
[柱脚石] chùchiǎoshíh ㄓㄨˋㄐㄧㄠˇㄕˊ 초석(礎石). 「壯)하다.
[柱壯] chùchuàng ㄓㄨˋㄓㄨㄤˋ 건장(健

〔祝〕 chù ㄓㄨˋ 축복하다.축하하다. 빌다.「一你健康；당신의 건강을 빕니다」
[祝髮] chùfà ㄓㄨˋㄈㄚˋ 머리털을 자르다. 단발하다.
[祝福] chùfú ㄓㄨˋㄈㄨˊ ①행복을 신에게 기도하다. ②행복을 빌며 축하하다.「다.
[祝壽] chùshòu ㄓㄨˋㄕㄡˋ 탄신을 축하하
[祝頌] chùsùng ㄓㄨˋㄙㄨㄥˋ 축하하다.
[祝願] chùyüàn ㄓㄨˋㄩㄢˋ 축원하다.어떤 소원을 걸고 빌다.

〔蛀〕 chù ㄓㄨˋ ①반대좀 : 나무나 의복을 좀먹는 곤충. =蛀蟲. ②벌레에 물리다. 벌레가 붙다.「木板一了一個窟窿；널빤지에 벌레가 좀먹어 구멍이 한군데 생겼다」 「吃牙.
[蛀齒] chùch'ǐh ㄓㄨˋㄔˇ 충치(蟲齒). =蟲 「=貯存.

〔貯〕 chù ㄓㄨˋ 저축하다. 모아 두다.

〔著〕 chù ㄓㄨˋ ①나타나다. 나타내다. ②분명한. 현저한.「昭一；명백하다」③저서(著書). ④저술하다. ⇨chuó. 「子.

〔箸〕(筯) chù ㄓㄨˋ 젓가락. =筷

〔駐〕 chù ㄓㄨˋ 머무르다. 멎게 하다. 주재(駐在)하다.「一守;주재하여 지키다」「一扎；주둔하다」「一了好些兵；많은 군인이 주재하였다」 「(防衛)하다.
[駐防] chùfáng ㄓㄨˋㄈㄤˊ 주재하여 방위

〔築〕(筑) chù ㄓㄨˋ 쌓아 올리다. 건축하다.「一堤；제방을 쌓다」
[築室道謀] chùshìh tàomóu ㄓㄨˋㄕˋㄉㄠˋㄇㄡˊ 집을 짓는데 길가는 사람에게 의논하다 : 일을 하는 데 망설여 소용 없는 사람과 의논하다. «成»

〔鑄〕 chù ㄓㄨˋ 주조하다.「一鐵鍋；쇠남비를 주조하다」
[鑄成大錯] chùch'éng tàts'ò ㄓㄨˋㄔㄥˊㄉ

ㄚˋㄘㄨㄛˋ 큰 실패를 저지르다.
[鑄件活] chùchiènhuó ㄓㄨˋㄐㄧㄢˋㄏㄨㄛˊ 주물 작업(作業).　「주조물.
[鑄件(兒)] chùchièn(rh) ㄓㄨˋㄐㄧㄢˋ(ㄦ)
[鑄工] chùkūng ㄓㄨˋㄍㄨㄥ 주물공(鑄物工).　「하다.
[鑄字] chùtzù ㄓㄨˋㄗˋ 자형(字型)을 주조

CHÜ　ㄐㄩ

〔車〕 〈文〉chü ㄐㄩ ⇨ch'ē.

〔狙〕 chü ㄐㄩ ①원숭이. 긴팔원숭이. ②겨누다. 남의 허점(虛點)을 노리다.「一擊；저격하다」

〔居〕 chü ㄐㄩ ①살다. 거주하다.「分一；따로따로 살다」②주거(住居). 사는집.「故一；전에 살던 집」③있다. 처(處)하다. 차지하다.「以前輩自一；선배를 자처하다」④두다. 놓다.「是何一心？；대체 어떻게 생각하고 있는가?」⑤저축하다. 쌓다.「奇貨可一；귀한 물건은 모아두다：상인이 파는 것을 꺼리는 일」
[居積] chüchī ㄐㄩㄐㄧ(재물을) 저축하다.
[居奇] chüch'í ㄐㄩㄑㄧˊ 매석(賣惜)하다.
[居家] chüchiā ㄐㄩㄐㄧㄚ 가정에서의 일상 생활.「一過日字；살림살이. 살아가는 형편.
[居間] chüchiēn ㄐㄩㄐㄧㄢ 거간하다. 중간에서 소개하거나 조정하다.「一人；소개인. 중개인」
[居心] chühsīn ㄐㄩㄒㄧㄣ 의도. 속마음.「一叵測；속마음을 헤아릴 수 없다」
[居然] chüján ㄐㄩㄖㄢˊ (놀랍거나 경멸하는 기분으로 말할 때의) 뜻하지도 않았는데. 돌연히. 우연히. 의외로.「他一來了；뜻밖에 그가 찾아왔다」「你一想嫁給我. 你還配；네가 나하고 결혼하려들다니 참! 그럴 자격이 있느냐말이야」
[居高臨下] chükāo línhsià ㄐㄩㄍㄠㄌㄧㄣˊㄒㄧㄚˋ 높은 곳에 앉아 밑을 내려다보다.
[居民] chümín ㄐㄩㄇㄧㄣˊ 주민(住民).「一點；집단 주택지」　「고 자부하다.
[居功] chükūng ㄐㄩㄍㄨㄥ 공로가 있다
[居首] chüshǒu ㄐㄩㄕㄡˇ 제일위(第一位)를 차지하다. 수위(首位)를 차지하다.
[居多] chütō ㄐㄩㄉㄨㄛ 다수(多數)를 차지하다.
[居于] chüyǘ ㄐㄩㄩˊ …에 위치(位置)하다.「一有利地位；유리한 지위에 앉다」

〔拘〕 chü ㄐㄩ ①구류하다.「把人都一到一塊兒；사람을 전부 한 곳으로 끌고 가다」②…에 구애되다. …에 사로잡히다.「不一多少；다소를 불구하고」③고집하다. 완고하다.「別太一；너무 고집하지 말라」　「제하다.
[拘牽] chüch'iēn ㄐㄩㄑㄧㄢ 속박하다. 견
[拘謹] chüchǐn ㄐㄩㄐㄧㄣˇ 고지식하여 융통성이 없다. ＞拘拘謹謹.
[拘住] chüchu ㄐㄩㄓㄨ ①붙잡다. ②너무 사양하여 태도가 딱딱해지다.　「박하다.
[拘管] chükuǎn ㄐㄩㄍㄨㄢˇ 취체하다. 속
[拘留] chüliú ㄐㄩㄌㄧㄡˊ ①만류하다. ②구류하다.
[拘攣] chüluán ㄐㄩㄌㄨㄢˊ ①경련(痙攣)하다. ②추위로 손이 곱아지다.
[拘籠] chülúng ㄐㄩㄌㄨㄥˊ·(기분상) 거북하다. 불편하다.
[拘拿] chüna ㄐㄩㄋㄚ 체포하다.
[拘泥] chü'ni ㄐㄩㄋㄧ ①구애하다. ②고집하다. ③사양하다. ＞拘拘泥泥.
[拘票] chüp'iào ㄐㄩㄆㄧㄠˋ 구속 영장(拘束令狀).
[拘捕] chüpǔ ㄐㄩㄅㄨˇ 체포하다.
[拘縮] chüsō ㄐㄩㄙㄨㄛ 오그라들다. 무서워서 움츠리다.　「하다.
[拘守] chüshǒu ㄐㄩㄕㄡˇ 구애되다. 구애
[拘提] chüt'í ㄐㄩㄊㄧˊ 구속(拘束)하다.
[拘押] chüyā ㄐㄩㄧㄚ 구류하다. 구금하다.

〔苴〕 chü ㄐㄩ 씨가 있는 삼. 삼씨.「一布；마포(麻布)」「一麻；대마(大麻)의 암 ⌊나무 그루」

〔疽〕 chü ㄐㄩ 악성 종기.

〔裾〕 chü ㄐㄩ ①(옷의) 앞섶. ②옷자락

〔駒〕 chü ㄐㄩ ①말.「千里一；천리마(千里馬)」②「一子；망아지」　「《西》
[駒驪] chülí ㄐㄩㄌㄧˊ 산양(山羊)의 별칭.

〔鋸〕 chü ㄐㄩ 꺾쇠로 쪼개진 옹기그릇을 이어 맞추다.「一碗；차잔을 꺾쇠(쇠붙이)로 이어 맞추다」⇨chǜ.
[鋸子] chützǔ ㄐㄩㄗ 깨진 그릇을 이어 맞추는 작은 꺾쇠.

〔鋦〕 chü ㄐㄩ ⇨鋸.

〔局〕 chú ㄐㄩˊ ①일부분(一部分).「一部痲醉；국부 마취」②(관공서나 단체의) 국(局). 부(部).「教育一；교육국」③상점의 호칭으로 부르는 말.「書一；서점(書店)」「鮮果一；과일 가게. 과일점」④장기나 바둑의 판, 또는 그 승부의 회수.「一一；한 판」⑤승부의 형세. 사건의 형세나 정황.「時一；시국」
[局限] chúhsièn ㄐㄩˊㄒㄧㄢˋ 국한하다. 한정하다.「一性；국한성. 한정성」
[局面] chúmièn ㄐㄩˊㄇㄧㄢˋ ①국면. 형세. ②사물의 구성. ③가게의 차림새. ④chú mien 체면. 명예.
[局勢] chúshih ㄐㄩˊㄕ ①세상 형편. ②구조. ③정세. ④세력.
[局促] chúts'ù ㄐㄩˊㄘㄨˋ ①좁다. 갑갑하다.「屋子太一；방이 퍽 협소하다」②부들부들 떨다. 조마조마해 하다.「一不安；겁에 질려 불안해 하고 있다」
[局子] chútzu ㄐㄩˊㄗ ①관공서. 관청. ②구조가 없는 큰 상점. ③상점에 부설된 재고품을 두는 곳, 또는 제조소.

〔侷〕 chú ㄐㄩˊ ①속박하다. 견제하다.「拿話一他；말로써 그를 견제하다」
[侷籠] chúlúng ㄐㄩˊㄌㄨㄥˊ ＝拘籠.
[侷束] chúshù ㄐㄩˊㄕㄨˋ 속박하다.

〔桔〕(橘) chú ㄐㄩˊ 귤. 오렌지. 밀감 따위의 총칭.「一樹；귤나무」⇨chiéh.

[桔黃] chǘhuáng ㄐㄩˊㄏㄨㄤˊ 오렌지색. 귤빛.
[桔紅] chǘhúng ㄐㄩˊㄏㄨㄥˊ ①귤껍질을 말린 것. 한약에 쓰임. ②귤빛. =桔紅色.
[桔絡] chǘlò ㄐㄩˊㄌㄨㄛˋ 귤의 속껍질에 붙은 섬유질의 심줄. 한약재로 쓰임.
[桔瓣(兒)] chǘpàn(rh) ㄐㄩˊㄅㄢˋ(ㄦ) 귤의 속 알맹이. 귤쪽.
[桔餅] chǘpǐng ㄐㄩˊㄅㄧㄥˇ 귤을 설탕이나 꿀에 담근 것.
[桔子] chǘtzǔ ㄐㄩˊㄗ 귤·오렌지·밀감 따위의 총칭. 흔히 알이 작은 밀감을 가리킴. 「—汁 ; 오렌지 쥬우스」

〔掬〕 chǘ ㄐㄩˊ 두 손으로 움켜 뜨다. 「以手—水 ; 손으로 물을 뜨다」「笑容可— ; 애교가 뚝뚝 떨어지는 웃음」

〔菊〕 chǘ ㄐㄩˊ 국화. 「—花 ; 국화」

〔跼〕 chǘ ㄐㄩˊ 굽어지다. 오그라들다. 「曲— ; 오그라들다」
[跼蹐] chǘchí ㄐㄩˊㄐㄧˊ 굽어진. 빳빳하지 않은.
[跼天蹐地] chǘt'iēn chítì ㄐㄩˊㄊㄧㄢㄐㄧˊㄉㄧˋ 구불텅구불텅하다.
[跼促] chǘts'ù ㄐㄩˊㄘㄨˋ =局促.

〔鞠〕 chǘ ㄐㄩˊ ①기르다. 양육하다. ②(발로 차는) 공. 「蹴— ; 축구공. 발로 차고 노는 공」
[鞠躬] chǘkūng ㄐㄩˊㄍㄨㄥ 절하다. 몸을 굽히다. 「—盡瘁 ; 헌신적으로 전력(全力)을 다하다」

〔沮〕 chǚ ㄐㄩˇ ①저지하다. 막다. 「—止 ; 저지하다」 ②그치다. ③소실(消失)하다. ④못쓰게 되다. ⑤기가 꺾이다. ⑥성(姓)의 하나.
[沮誹] chǚfěi ㄐㄩˇㄈㄟˇ 비방하다. 헐뜯다.
[沮格] chǚkǒ ㄐㄩˇㄍㄜˊ 저지하다. =沮止.
[沮喪] chǚsàng ㄐㄩˇㄙㄤˋ 실망하다. 낙담하다.

〔咀〕 chǚ ㄐㄩˇ 씹다. 맛보다.
[咀嚼] chǚchüéh ㄐㄩˇㄐㄩㄝˊ ①씹어 깨물다. ②알기 쉽게 설명하다. ③맛보다. 감상(鑑賞)하다. 「—文義 ; 문장의 뜻을 감상하다」

〔柜〕 chǚ ㄐㄩˇ 「—柳 ; 느티나무」 = 杞柳. 欅柳. ⇨ kueì.

〔枸〕 chǚ ㄐㄩˇ 구기자(枸杞子). ⇨kōu, kǒu.
[枸櫞] chǚyüán ㄐㄩˇㄩㄢˊ 〈植〉 구기자(枸杞子).

〔矩〕 chǚ ㄐㄩˇ ①자. 곡척(曲尺). ②규정. 법칙(法則). 「循規蹈— ; 규칙을 지키다」
[矩尺] chǚch'ǐh ㄐㄩˇㄔˇ "L · T" 자(字) 모양의 자.
[矩形] chǚhsíng ㄐㄩˇㄒㄧㄥˊ 장방형(長方形).

〔蒟〕 chǚ ㄐㄩˇ 「—蒻 ; 〈植〉구약나물」

〔踽〕 chǚ ㄐㄩˇ 「—— ; 혼자 걸어가는 모양. 설렁설렁」

〔擧〕(挙) chǚ ㄐㄩˇ ①올리다. 들다. 처들다. 「—手 ; 손을 들다」「把旗子—起來 ; 기를 들어 올리다」 ②꺼내다. 들다. 말하다. 「—例說明 ; 예(例)를 들어 설명하다」 ③가려 뽑다. 추천하다. 「大家—他做代表 ; 사람들은 그를 뽑아서 대표로 삼았다」 ④모두. 빠짐 없이. 일제히. 「—國 ; 거국적으로」 ⑤동작. 행동. 「——動 ; 일거 일동」 ⑥기도(企圖)하다. 일으키다. 「—兵 ; 군병을 동원하다」 ⑦「—人 ; 명(明) · 청(淸) 시대에 "향시(鄕試)"에 합격한 사람」「中— ; "擧人"에 합격하다」
[擧薦] chǚchièn ㄐㄩˇㄐㄧㄢˋ 추천하다. 천거하다.
[擧止] chǚchǐh ㄐㄩˊㄓˇ 행동. 동작.
[擧棋不定] chǚch'í pútìng ㄐㄩˇㄑㄧˊ ㄅㄨˊㄉㄧㄥˋ ①태도를 결정하기 어렵다. ②일을 하는데 있어 순서가 정해져 있지 않다. «成»
[擧架] chǚchià ㄐㄩˇㄐㄧㄚˋ 방의 높이. «方»
[擧踵] chǚchǔng ㄐㄩˊㄓㄨㄥˇ 발꿈치를 들다. 「—而觀 ; 발꿈치를 들고 보다」
[擧發] chǚfā ㄐㄩˇㄈㄚ 적발하다.
[擧凡] chǚfán ㄐㄩˇㄈㄢˊ 무릇. 모두.
[擧火] chǚhuǒ ㄐㄩˊㄏㄨㄛˇ ①불을 피워 밥을 짓다. ②살림살이를 꾸려 나가다.
[擧義] chǚì ㄐㄩˇㄧˋ 의병(義兵)을 일으키다. 반란(反亂)을 일으키다.
[擧一反三] chǚī fǎnsān ㄐㄩˇㄧ ㄈㄢˇㄙㄢ 한 가지 일로 다른 여러 가지 일을 짐작하다. «成»
[擧目無親] chǚmù wúch'īn ㄐㄩˇㄇㄨˋㄨˊㄑㄧㄣ 주위에 친한 사람이 하나도 없다. 객지에서 아는 사람이 하나도 없다. 사고무친(四顧無親)하다. «成»
[擧辦] chǚpàn ㄐㄩˇㄅㄢˋ 창설하다. 일으키다. 개설하다.
[擧步] chǚpù ㄐㄩˇㄅㄨˋ 걷기 시작하다. 발족(發足)하다.
[擧不勝擧] chǚpùshēngchǚ ㄐㄩˇㄅㄨˋㄕㄥㄐㄩˇ 하나하나 들 수 없다. 매거(枚擧)하기 어렵다.
[擧世] chǚshìh ㄐㄩˇㄕˋ 온 세상. 「—無雙 ; 이 세상에는 둘도 없다」 =蓋世無雙.
[擧足輕重] chǚtsú chīngchùng ㄐㄩˇㄗㄨˊ ㄐㄧㄥㄓㄨㄥˋ 한 사람 또는 한 집단의 일거 일동이 전국 면에 영향을 주다: 지위의 중요성을 비유한 말. «成»

〔齟〕 chǚ ㄐㄩˇ
[齟齬] chǚyǚ ㄐㄩˊㄩˇ ①이가 맞지 않다. ②의견이 엇갈리다. 마음대로 되지 않다.

〔欅〕 chǚ ㄐㄩˇ 〈植〉 느티나무.

〔巨〕(鉅) chǜ ㄐㄩˋ 크다. 「損失甚— ; 손실이 심히 크다」
[巨奸] chǜchiēn ㄐㄩˋㄐㄧㄢ 큰 악당. 큰 악한.
[巨幅] chǜfú ㄐㄩˋㄈㄨˊ ①그림 따위의 큰 형(型). ②그림 따위의 걸작(傑作).
[巨細] chǜhsì ㄐㄩˋㄒㄧˋ 대소(大小). 「事無— ; 일의 대소를 묻지 않다」
[巨款] chǜk'uǎn ㄐㄩˋㄎㄨㄢˇ 큰 돈. 많은 액수(額數).
[巨輪] chǜlún ㄐㄩˋㄌㄨㄣˊ ①호화선(豪華船). 대형선(大型船). ②큰 바퀴.
[巨擘] chǜpò ㄐㄩˋㄅㄛˋ ①엄지손가락. ②걸물(傑物). 거물. ③두목. 수령.
[巨子] chǜtzǔ ㄐㄩˋㄗˇ 거물 거두. 큰 인물. 「商界— ; 상업계의 거물」 =巨頭

〔句〕 chǜ ㄐㄩˋ 「—子 ; 글. 구(句)」 ⇨ kōu.

[句號] chǜhào ㄐㄩˋㄏㄠˋ 문장이 끊어지는 곳에 찍는 점. 구두점.
[句型] chǜhsíng ㄐㄩˋㄒㄧㄥˊ 글의 표현 형식(表現形式)에서 일정하고 보편적(普遍的)인 것.
[句法] chǜfǎ ㄐㄩˋㄈㄚˇ ①문법(文法). 어법(語法). ②글의 구조(構造).
[句點] chǜtiěn ㄐㄩˋㄉㄧㄢˇ 구두점(句讀點). 종지부.

〔具〕 chǜ ㄐㄩˋ ①도구. 기구(器具).「臥一; 침구」「家一; 가구」②세간이나 연장·시체 따위를 세는 조수사.「尸體一一; 시체 하나」「木箱 一; 나무 상자 한 개」③갖추다. 가지다.「略一規模; 대체로 모습을 갖추다」「獨一隻眼; 독특한 견식을 갖고 있다」④준비하다. 비치하다.「謹一薄禮; 삼가 변변치 않은 물건을 준비했읍니다」
[具結] chǜchiéh ㄐㄩˋㄐㄧㄝˊ ①서류에 잘못이 없음을 확인하고 서명(署名)하다. ②관공서에 내는 보증서(保證書).
[具見] chǜchièn ㄐㄩˋㄐㄧㄢˋ 충분히 알다.「一事先準備不足; 사전에 준비가 부족하였음을 충분히 알다」 「서명하다.
[具名] chǜmíng ㄐㄩˋㄇㄧㄥˊ 이름을 대다.
[具保] chǜpǎo ㄐㄩˋㄅㄠˇ 보증인을 세우다.「一辦手續; 보증인을 세워 보석(保釋)을 신청하다」
[具體] chǜt'ǐ ㄐㄩˋㄊㄧˇ ①구체. 자세한 내용. ②구체적이다. ③실제에 부응(副應)하다.「一而微; 대개 갖추어져 있으나 조금 미비한 데가 있다」
[具足] chǜtsú ㄐㄩˋㄗㄨˊ 충분히 갖추어져 있다.「條件一; 조건은 충분히 갖추어져 있다」
[具文] chǜwěn ㄐㄩˋㄨㄣˊ ①문서를 작성하다. ②내용이 공허한 문장(文章).
[具有] chǜyǔ ㄐㄩˋㄧㄡˇ 가지고 있다. 갖추고 있다.「一高度理論水平; 수준이 높은 이론을 가지고 있다」

〔拒〕 chǜ ㄐㄩˋ ①막다. ②거절하다.「來者不一; 누구든지 오는 사람은 거절하지 않는다」
[拒諫飾非] chǜchièn shìhfēi ㄐㄩˋㄐㄧㄢˋ ㄕˋㄈㄟ 충고를 거절하고 잘못을 감추다. 《成》 「절하다. =拒兌.
[拒付] chǜfù ㄐㄩˋㄈㄨˋ 지불(支拂)을 거
[拒抗] chǜk'àng ㄐㄩˋㄎㄤˋ 저항하다. 항거하다. =抗拒.
[拒捕] chǜpǔ ㄐㄩˋㄅㄨˇ 체포에 저항하다.
[拒不] chǜpù ㄐㄩˋㄅㄨˋ 거절하여 …하지 않다. …할 것을 거절하다.「一坦白; 자백하기를 거절하다」「一受賄; 뇌물을 받지 않다」
[拒敵] chǜtí ㄐㄩˋㄉㄧˊ 적대(敵對)하다.

〔炬〕 chǜ ㄐㄩˋ 등화용 횃불.「火一; 횃불」

〔俱〕 chǜ ㄐㄩˋ chǖ, 모두. 어느 것이나. 전부.「父母一有; 양친이 함께 살아 계시다」 「추어지다.
[俱全] chǜch'üán ㄐㄩˋㄑㄩㄢˊ 완전히 갖
[俱樂部] chǜlèpù ㄐㄩˋㄌㄜˋㄅㄨˋ 클럽(club) 《譯》 「皆.
[俱都] chǜtōu ㄐㄩˋㄉㄡ 모두. 전부. =俱

〔倨〕 chǜ ㄐㄩˋ 거만을 떨다. 뽐내다.「前一後恭; 퉁명스럽던 태도가 갑자기 공손해지다」
[倨傲] chǜào ㄐㄩˋㄠˋ 오만하고 무례하다.

〔犋〕 chǜ ㄐㄩˋ 소나 말의 한 마리 또는 두세 마리로써 쟁기나 써레를 끄는 일.「今天兩一牲口耕地; 오늘은 두 마리를 내세워 밭을 갈다」

〔詎〕 chǜ ㄐㄩˋ ①어째서 …겠는가.「一能; 어떻게 … 할 수 있는가」②뜻밖에도.
[詎料] chǜliào ㄐㄩˋㄌㄧㄠˋ 뜻밖에도. =詎知.

〔距〕 chǜ ㄐㄩˋ ①떨어지다. 멀어지다.「相一數里; 몇 리 떨어져 있다」②간격. 거리.「株一; 포기의 사이」③(닭 따위의)며느리발톱.
[距離] chǜlí ㄐㄩˋㄌㄧˊ ①거리. ②멀리 사이를 두다. ③…에서. …때가 되어.「一開幕期近; 개막기가 임박하다」

〔蒟〕 chǜ ㄐㄩˋ 「나물.
[蒟醬] chǜchiàng ㄐㄩˋㄐㄧㄤˋ 곤약. 구약
[蒟蒻] chǜjò ㄐㄩˋㄖㄨㄛˋ 곤약.

〔聚〕 chǜ ㄐㄩˋ 모이다. 모으다.「一在一起; 함께 모이다」「一少成多; 진합 태산(塵合泰山)」
[聚集] chǜchí ㄐㄩˋㄐㄧˊ ①집합(集合)하다 ②모으다. =聚合.
[聚齊] chǜch'í ㄐㄩˋㄑㄧˊ 함께 모이다.
[聚精會神] chǜchīng-huìshěn ㄐㄩˋㄐㄧㄥ ㄏㄨㄟˋㄕㄣˊ 정신을 집중(集中)하다. 《成》
[聚居] chǜchū ㄐㄩˋㄐㄩ 모여서 살다.
[聚會] chǜhuì ㄐㄩˋㄏㄨㄟˋ ①집합하다. ② chǜhui 집합(集合). 모임.
[聚斂] chǜlièn ㄐㄩˋㄌㄧㄢˋ 중세(重稅)로 국민을 착취하다.
[聚攏] chǜlung ㄐㄩˋㄌㄨㄥ ①한 곳으로 집합하다. >聚聚攏攏. ②chǜlǔng 밀집(密集)하다. 빽빽하게 들어서다.
[聚首] chǜshǒu ㄐㄩˋㄕㄡˇ ①한데 합치다. 동거(同居)하다. ②회합(會合)하다. 면회(面會)하다.
[聚訟紛紜] chǜsùng fēnyún ㄐㄩˋㄙㄨㄥˋ ㄈㄣㄩㄣˊ 많은 사람이 한 문제에 대하여 각각 다른 의견을 내다.
[聚頭] chǜt'óu ㄐㄩˋㄊㄡˊ 만나다. 상면(相面)하다.
[聚餐] chǜts'ān ㄐㄩˋㄘㄢ ①회식(會食)하다. ②회식(會食).

〔劇〕(剧) chǜ ㄐㄩˋ ①과격하다. 심하다.「病一; 병이 심하다」②연극.
[劇照] chǜchào ㄐㄩˋㄓㄠˋ 연극의 한 장면(場面)을 찍은 사진(寫眞). 스틸.
[劇情] chǜch'íng ㄐㄩˋㄑㄧㄥˊ 극의 줄거리. 극의 내용.
[劇種] chǜchǔng ㄐㄩˋㄓㄨㄥˇ 극의 종류.
[劇目] chǜmù ㄐㄩˋㄇㄨˋ 연극의 예제(藝題).
[劇本] chǜpěn ㄐㄩˋㄅㄣˇ 각본(脚本).
[劇談] chǜt'án ㄐㄩˋㄊㄢˊ ①연극에 관한 이야기. ②유쾌하게 이야기하다.
[劇院] chǜyüàn ㄐㄩˋㄩㄢˋ 극장.

〔踞〕 chû ㄐㄩˋ 웅크리고 앉다. 허리를 구부리고 앉다.「蹲一; 웅크리고 앉다」

〔據〕(据) chû ㄐㄩˋ ①연유하다. 기대다. 의뢰하다. 원인하다.「一理力爭; 이치를 따지며 크게 다투다」「一他說是這樣; 그가 말하는 바로는 이렇다」 ②방안에 틀어 박히다. 점유(占有)하다.「一爲己有; 남의 것을 점유하다」③근거. 증거. 증서.「無憑無一; 아무런 증거도 없이」「收一; 수령(受領)」「字一; 증서」

[據悉] chûhsī ㄐㄩˋㄒㄧ 내가 아는 바로는. 들리는 바에 의하면.「一因風災受害的有數萬人; 내가 아는 바로는 풍해(風害)로 피해를 입은 사람이 수만 명이라고 한다」

[據傳] chûchuán ㄐㄩˋㄓㄨㄢˊ 전(傳)하는 바로는.

[據實] chûshíh ㄐㄩˋㄕˊ 사실대로.「一報告; 사실대로 보고하다」

[據守] chûshǒu ㄐㄩˋㄕㄡˇ 근거로 하여 지키다. 준수하다.

[據說] chûshuō ㄐㄩˋㄕㄨㄛ 말하는 바에 의하면. 이야기로는. =聽說.「一他早已動身; 그는 벌써 떠났다고 한다」「다.

[據有] chûyǔ ㄐㄩˋㄧㄡˇ 점유(占有)하고 있

〔鋸〕 chû ㄐㄩˋ ①「一子; 톱」「拉一; 톱질하다」②톱으로 켜다. 자르다.「一木頭; 나무를 톱으로 자르다」 ⇨chü.

[鋸齒形] chûch'ǐhhsíng ㄐㄩˋㄔˇㄒㄧㄥˊ 갈지(之)자 모양. 지그자그.

[鋸齒兒] chûch'ǐhrh ㄐㄩˋㄔˇㄦ 톱니.

[鋸梁子] chûliángtzǔ ㄐㄩˋㄌㄧㄤˊㄗ 구식 톱의 틀에 댄 가로 지른 나무.

[鋸末(子)] chûmò(tzǔ) ㄐㄩˋㄇㄛˋㄗ 톱밥.

[鋸磨] chûmo ㄐㄩˋㄇㄛ 학대하다. 괴롭게 굴다.

[鋸木] chû mù ㄐㄩˋ ㄇㄨˋ 톱으로 나무를 켜다.「一廠; 제재소」 「자르다.

[鋸斷] chûtuàn ㄐㄩˋㄉㄨㄢˋ 톱으로 끊어

〔颶〕 chû ㄐㄩˋ 회오리 바람.「一風; 선풍」

〔遽〕 chû ㄐㄩˋ ①황급하게. 갑자기.「不能一下結論; 지금 당장에는 결론이 나지 않는다」②당황하다.「一色; 당황한 얼굴빛」③빨리 달리는 말.

〔惧〕(懼) chû ㄐㄩˋ 두려워하다. 「겁내다.

[惧內] chûnèi ㄐㄩˋㄋㄟˋ 공처(恐妻).「一的; 공처가」

[惧意] chûì ㄐㄩˋㄧˋ 무서워하는 기분.

[惧怕] chûp'à ㄐㄩˋㄆㄚˋ 무서워하다. 두려워하다.

CH'U ㄔㄨ

〔出〕 ch'ū ㄔㄨ ①나가다.「從屋裡一來; 방안에서 나오다」②내다.「一主意; 의견을 내다」③빗나가다. 떨어지다.「一軌; 탈선하다」④산출되다.「這裡一米; 여기서는 쌀이 난다」⑤발생하다.「一問題了; 문제가 생겼다」⑥나타내다.「一名; 이름을 나타내다」⑦뛰어나게 우수하다.「一衆; 여러 사람 가운데서 뛰어나다」⑧동사 뒤에 놓여 동작이 "안에서 밖으로 나오다·식별하다·나타나다" 따위의 뜻을 나타내는 말. ⑨각본의 단절(段節)·극의 막수(幕數)·가곡의 절수(節數) 따위를 세는 말.

[出岔子] ch'ū ch'àtzǔ ㄔㄨㄔㄚˋㄗ ①의외의 지장이 생기다. ②말썽이 생기다.

[出差] ch'ūch'āi ㄔㄨㄔㄞ (공무로) 출장하다. 「②산출되다.

[出產] ch'ūch'ǎn ㄔㄨㄔㄢˇ ①산물(產物).

[出展] ch'ūchan ㄔㄨㄓㄢ 마음이 후련해지다.

[出圈(兒)] ch'ūch'üān(rh) ㄔㄨㄑㄩㄢ(ㄦ) ①어떤 범위를 벗어나다. ②정도에 넘치다. 「하다.

[出賬] ch'ūchàng ㄔㄨㄓㄤˋ 장부상 지출

[出蟄] ch'ūchě ㄔㄨㄓㄜˊ 동면 또는 하면(夏眠)을 한 동물이 지상에 나와서 활동을 개시하는 일.

[出診] ch'ūchěn ㄔㄨㄓㄣˇ 왕진(往診)하다.

[出疹子] ch'ūchěntzǔ ㄔㄨㄓㄣˇㄗ 〈醫〉 발진(發疹)하다.

[出妻] ch'ūch'ī ㄔㄨㄑㄧ ①처와 이혼하다. ②이혼한 처.

[出奇] ch'ūch'í ㄔㄨㄑㄧˊ ①희귀하다. 보통과 다르다. ②기략(機略)을 쓰다.

[出氣] ch'ūch'ì ㄔㄨㄑㄧˋ ①성내다. 울분을 터뜨리다. ②앙갚음하다. 분풀이를 하다.

[出繼] ch'ūchì ㄔㄨㄐㄧˋ 사자(嗣子)가 되다. 대를 이을 자식이 되다.

[出嫁] ch'ūchià ㄔㄨㄐㄧㄚˋ 시집가다.

[出價] ch'ūchià ㄔㄨㄐㄧㄚˋ 값을 정하다.

[出奇制勝] ch'ūchí chìhshěng ㄔㄨㄐㄧˊ ㄓˋㄕㄥˋ 예상을 깨고 승리를 거두다.

[出借] ch'ūchièh ㄔㄨㄐㄧㄝˋ 빌려 주다.

[出界] ch'ūchièh ㄔㄨㄐㄧㄝˋ (운동경기에서의) 아우트.

[出尖(兒)] ch'ūchiēn(rh) ㄔㄨㄐㄧㄢ(ㄦ) ①출중하다. 뛰어나다. ②매우. 대단히.

[出驚] ch'ūchīng ㄔㄨㄐㄧㄥ (아이들이 앓을 때) 겁을 내다. 벌벌 떨다.

[出境] ch'ūchìng ㄔㄨㄐㄧㄥˋ 국외·성외(省外)로 나가다. 행정상의 경계에서 벗어나다.

[出勁(兒)] ch'ūchìn(rh) ㄔㄨㄐㄧㄣˋ(ㄦ) 더욱 힘쓰다. 부지런히 일하다.

[出其不意] ch'ūch'ípûì ㄔㄨㄑㄧˊㄅㄨˋㄧˋ 예상을 깨뜨리다.

[出氣洞] ch'ūch'ìtûng ㄔㄨㄑㄧˋㄉㄨㄥˋ 분풀이의 상대.

[出九] ch'ūchiǔ ㄔㄨㄐㄧㄡˇ 해동(解凍). 동지에서 81 일째 되는 날 이후.

[出醜] ch'ūch'ǒu ㄔㄨㄔㄡˇ 추태를 부리다.

[出主意] ch'ūchǔi ㄔㄨㄓㄨˇㄧ, ch'ūchúi ①생각을 짜내다. ②계획하다.

[(동사)出去] ch'uch'ü ㄔㄨㄑㄩ (안에서 밖으로) 나가다.

[出具] ch'ūchü ㄔㄨㄐㄩ (관청에서) 서류를 작성하다.

[出缺] ch'ūch'üēh ㄔㄨㄑㄩㄝ 결원(缺員)이 생기다.

[出贅] ch'ūchuì ㄔㄨㄓㄨㄟˋ 데릴사위로 들어가다.

[出來] ch'ūlai ㄔㄨㄌㄞ ①안에서 밖으로 나온다는 뜻을 갖는 말.「跑一 ; 뛰어 나오다」②동작의 결과 어떤 일이 나타난다는 뜻을 갖는 말.「想一 ; 생각해 내다」③사물의 발견·식별을 나타내는 말.「是非還沒査一 ; 시비는 아직 가려 내지 못하고 있다」

[出衆] ch'ūchūng ㄔㄨㄓㄨㄥˋ 출중하다. 남보다 뛰어나다.

[出爾反爾] ch'ūěrh fǎněrh ㄔㄨㄦˇㄈㄢˊㄦˇ ①앞뒤가 모순되다. ②신용이 없다. 자기 잘못으로 닥치는 화근. ‹成›

[出粉] ch'ūfěn ㄔㄨㄈㄣˇ (밀 따위에서) 가루가 나오는 분량(分量).

[出份子] ch'ū fèntzǔ ㄔㄨㄈㄣˋㄗ ① 경조(慶弔)의 의리를 지키다. ②축의(祝儀)·향전(香奠)을 내다.

[出風頭] ch'ū fēngt'ou ㄔㄨㄈㄥㄊㄡˊ①운이 트이다. 움이 트다. ②주제넘게 나서다.

[出號] ch'ūhào ㄔㄨㄏㄠˋ ①특대(特大). ②상점에서 점원이 물러나는 일. 퇴점(退店). 「하다.

[出荷] ch'ūhó ㄔㄨㄏㄜˊ 강제적으로 징수

[出息] ch'ūhsi ㄔㄨㄒㄧ ①유망한. 장래성이 있는.「沒一的 ; 장래성이 없는 인간」②출세하다. 승진하다. ③이익.「那件事一很大 ; 그 일은 이익이 다대하다」④사춘기의 남녀의 얼굴이 예뻐지는 일. 「一得漂亮了 ; 한창 나이가 되어 예뻐졌다」

[出險] ch'ūhsiěn ㄔㄨㄒㄧㄢˇ ①위험을 벗어나다. ②위험이 발생하다.

[出項] ch'ūhsiàng ㄔㄨㄒㄧㄤˋ ①지출. 지출액. ②생산고(生産高).

[出行] ch'ūhsíng ㄔㄨㄒㄧㄥˊ ①먼 길을 떠나다. ②멀리 피하다.

[出血] ch'ūhsüèh ㄔㄨㄒㄩㄝˋ ①출혈. ②ch'ū hsuěh' 피가 나다.

[出乎] ch'ūhu ㄔㄨㄏㄨ …로부터 나오다.

[出花(兒)] ch'ūhuā(rh) ㄔㄨㄏㄨㄚ(ㄦ) 천연두에 걸리다.

[出活] ch'ūhuó ㄔㄨㄏㄨㄛˊ ①제품. ②제품을 완성하다. 제품을 내어 주다. 「按期一 ; 납기(納期)에 제품을 인도하다」③생산량이 많다.

[出火] ch'ūhuǒ ㄔㄨㄏㄨㄛˇ ①성내다. ②욕정(慾情)을 내다. ③불을 내다.

[出活(兒)] ch'ūhuó(rh) ㄔㄨㄏㄨㄛˊ(ㄦ) 일의 능률이 좋고 생산량이 오르다.

[出一把汗] ch'ū ìpǎ hàn ㄔㄨㄧˋㄅㄚˇㄏㄢˋ 손에 땀을 쥐다. 식은 땀을 흘리다.

[出讓] ch'ūjàng ㄔㄨㄖㄤˋ 양도하다. 팔려고 내놓다.

[出人命] ch'ūjěnmìng ㄔㄨㄖㄣˊㄇㄧㄥˋ 사상자(死傷者)가 생기다.

[出人頭地] ch'ūjěnt'óutì ㄔㄨㄖㄣˊㄊㄡˊㄉㄧˋ 남보다 뛰어나다.

[出入] ch'ūjù ㄔㄨㄖㄨˋ ①출입. ②수출입. ③상위. 착오. ④들락날락하다.

[出閣] ch'ūkó ㄔㄨㄍㄜˊ 시집가다. 「다.

[出格] ch'ūkó ㄔㄨㄍㄜˊ 특별나다. 특수하

[出個(兒)] ch'ūkò(rh) ㄔㄨㄍㄜˋ(ㄦ) =出號①.

[出口] ch'ūk'ǒu ㄔㄨㄎㄡˇ ①수출하다. ②이야기하다. ③출구.

[出口成章] ch'ūk'ǒu ch'éngchāng ㄔㄨㄎㄡˇㄔㄥˊㄓㄤ 말이 그대로 문장이 되다. 말솜씨가 능란하다. ‹成› 「수출세.

[出口稅] ch'ūk'ǒushuì ㄔㄨㄎㄡˇㄕㄨㄟˋ

[出乖露醜] ch'ūkuāi-lùch'ǒu ㄔㄨㄍㄨㄞㄌㄨˋㄔㄡˇ 추태를 부리다. 「하다.

[出款] ch'ūk'uǎn ㄔㄨㄎㄨㄢˇ 출금(出金)

[出軌] ch'ūkueǐ ㄔㄨㄍㄨㄟˇ ①탈선하다. ②상도(常道)를 벗어나다.

[出恭] ch'ūkūng ㄔㄨㄍㄨㄥ 대변을 누다.

[出類拔萃] ch'ūlèi-páts'uìㄔㄨㄌㄟˋㄅㄚˊㄘㄨㄟˋ 무리에서 뛰어나다. ‹成›

[出力] ch'ūlì ㄔㄨㄌㄧˋ 힘을 쓰다. 진력하다. =盡力.

[出蓼] ch'ūliǎo ㄔㄨㄌㄧㄠˇ 옥수수의 이삭이 나오다.

[出賃] ch'ūlìn ㄔㄨㄌㄧㄣˋ 빌려 주다. 대출(貸出)하다.

[出賃汽車] ch'ūlìn ch'ìch'ē ㄔㄨㄌㄧㄣˋㄑㄧˋㄔㄜ 택시. =的士.

[出溜(兒)] ch'ūliu(rh) ㄔㄨㄌㄧㄡ(ㄦ) 거침없이 미끄러져 나가다.「一條蛇在地上一 ; 한 마리의 뱀이 땅 위를 스르르 기어 가다」>出出溜溜.

[出落] ch'ūlo ㄔㄌㄨㄛ 성장하여 아름답게 되다. =出挑.

[出樓子] ch'ūlóutzǔ ㄔㄨㄌㄡˊㄗ 문제가 일어나다. 소동이 일어나다.

[出漏子] ch'ūlòutzǔ ㄔㄨㄌㄡˋㄗ 소동이 벌어지다. 문제가 생기다. =出亂子.

[出路] ch'ūlù ㄔㄨㄌㄨˋ ①출구. ②진로·활로.「沒有一 ; 활로가 막히다」③출세의 길. ④판로. 「漏子.

(出亂子] ch'ūluàntzǔ ㄔㄨㄌㄨㄢˋㄗ =出

[出露鋒芒] ch'ūlù fēngmáng ㄔㄨㄌㄨˋㄈㄥㄇㄤˊ 재능이나 역량을 나타내다. 처음으로 수완을 보이다. ‹成›

[出馬] ch'ūmǎ ㄔㄨㄇㄚˇ ①출정(出征)하다. ②출마하다. ③의사가 왕진하다.

[出賣] ch'ūmài ㄔㄨㄇㄞˋ ①매출하다. ②팔아 넘기다.

[出梅] ch'ūméi ㄔㄨㄇㄟˊ 장마 그침: 7월 15일 전후.

[出門] ch'ūmén ㄔㄨㄇㄣˊ ①외출하다. ②여행을 떠나다.

[出門子] ch'ūméntzǔ ㄔㄨㄇㄣˊㄗ =出閣.

[出面] ch'ūmièn ㄔㄨㄇㄧㄢˋ ①스스로 나가서 일을 맡다. ②표면화하다. ③얼굴을 내놓다.

[出名(兒)] cn'ūmíng(rh) ㄔㄨㄇㄧㄥˊ(ㄦ) 유명하다. 이름을 내다.

[出蘑菇] ch'ūmóku ㄔㄨㄇㄛˊㄍㄨ 귀찮은 일이 생기다.

[出沒無定] ch'umòwúting ㄔㄨㄇㄛˋㄨˊㄉㄧㄥˋ 출몰(出沒)이 무상(無常)하다.

[出榜] ch'ūpǎng ㄔㄨㄅㄤˇ ①합격자의 명단을 게시하다. ②고시(告示)하다.

[出報] ch'ū pào ㄔㄨㄅㄠˋ 신문을 내다.

[出品] ch'ūp'in ㄔㄨㄆㄧㄣˇ ①제품. 상품. ②전시장에의 출품.

[出殯] ch'ūpìn ㄔㄨㄅㄧㄣˋ 집에서 관(棺)을 묘지로 운반하다. 출관하다.

[出不來氣(兒)] ch'ūpuláich'ì(rh) ㄔㄨㄅㄨˋㄌㄞˊㄑㄧˋ(ㄦ) ①호흡이 곤란하다. 숨이 막히다. ②(정신적 부담으로) 매우 가슴이 답답하다.

[出色] ch'ūsè ㄔㄨㄙㄜˋ ①빛깔이 두드러지다. 뛰어나다. ②애써 능력을 과시하다.

[出山] ch'ūshān ㄔㄨㄕㄢ 벼슬길에 나아

·가다.
[出身] ch'ūshēn ㄔㄨㄕㄣ 경력·출신·신원.
[出神] ch'ūshén ㄔㄨㄕㄣˊ ①얼이 빠지다. 멍청하다. ②넋을 잃다. 황홀해지다.
[出神入化] ch'ūshén-jùhuà ㄔㄨㄕㄣˊㄖㄨˋㄏㄨㄚˋ 신의 경지에 도달하다. 《成》
[出聲] ch'ūshēng ㄔㄨㄕㄥ 소리를 내다. 말하다.
[出生入死] ch'ūshēng-jùssǔ ㄔㄨㄕㄥ ㄖㄨˋㄙˇ 생사의 경지를 헤매다. 《成》
[出師] ch'ūshī ㄔㄨㄕ ①출병하여 적을 치다. ②제자가 연기(年期)를 마치고 스승에게서 독립하다. 「로써 나가다.
[出使] ch'ūshǐ ㄔㄨㄕˇ 외국에 사절(使節)
[出世] ch'ūshìh ㄔㄨㄕˋ ①세상에 태어나다. ②속세를 떠나다. ③부처가 이 세상에 나타나다.
[出事] ch'ūshìh ㄔㄨㄕˋ 사고가 발생하다.
[出手] ch'ūshǒu ㄔㄨㄕㄡˇ ①개시. 처음. ②옷의 기장. ③방매하다. ④일이 끝나다. ⑤손을 내놓다. 「매하다.
[出售] ch'ūshòu ㄔㄨㄕㄡˋ 내어 팔다. 방
[出書] ch'ūshū ㄔㄨㄕㄨ 책이 출판되다.
[出倒] ch'ūtǎo ㄔㄨㄉㄠˇ (점포 따위를) 양도하다. 「기에 아름답게 변하는 일
[出挑] ch'ūt'iao ㄔㄨㄊㄧㄠ 남녀가 사춘
[出鐵] ch'ū t'iěh ㄔㄨㄊㄧㄝˇ 철을 산출하다. 「리를 양도하다.
[出頂] ch'ūtǐng ㄔㄨㄉㄧㄥˇ 부동산의 권
[出脫] ch'ūt'ō ㄔㄨㄊㄨㄛ ①죄명(罪名)을 없애다. ②팔다. ③이탈하다.
[出頭] ch'ūt'óu ㄔㄨㄊㄡˊ ①얼굴을 내놓다. ②세상에 나오다. ③어떤 정도를 약간 넘었다는 말. 남짓. 「三十歲一; 서른 살 남짓」
[出痘] ch'ūt'òu ㄔㄨㄊㄡˋ 천연두. 마마.
[出頭露面] ch'ūt'óu-lùmièn ㄔㄨㄊㄡˊ ㄌㄨˋㄇㄧㄢˋ 얼굴을 내놓다. ②주제넘게 나서다. 「출세하는 날.
[出頭之日] ch'ūtóuchīhjìh ㄔㄨㄊㄡˊㄓㄖˋ
[出彩] ch'ūts'ǎi ㄔㄨㄘㄞˇ ①연극의 살인하는 장면에서 붉게 물드린 것으로 피를 나타내다. ②창피를 당하다. 면목을 잃다.
[出租] ch'ūtsū ㄔㄨㄗㄨ 물건을 세주다.
[出組] ch'ūtsǔ ㄔㄨㄗㄩˇ 조직에서 빠지다.
[出土] ch'ūt'ǔ ㄔㄨㄊㄨˇ ①땅 속에서 고물 따위를 파내다. ②식물의 싹이 땅에서 나오다. ③(사람이) 출생하다.
[出外] ch'ūwài ㄔㄨㄨㄞˋ 집을 나와 길을 떠나다.
[出亡] ch'ūwáng ㄔㄨㄨㄤˊ 도망하다.
[出洋] ch'ūyáng ㄔㄨㄧㄤˊ 외국에 가다.
[出洋相] ch'ūyánghsiàng ㄔㄨㄧㄤˊㄒㄧㄤˋ 창피를 당하다. 《成》 《方》
[出言不遜] ch'ūyén pùhsùn ㄔㄨㄧㄢˊ ㄅㄨˋㄒㄩㄣˋ 말솜씨가 불손하다.
[出言無狀] ch'ūyén wúchuàng ㄔㄨㄧㄢˊ ㄨˊㄓㄨㄤˋ 솜씨가 거칠다.
[出於] ch'ūyǘ ㄔㄨㄩ …에서 나오다. 「我也是一好意; 나도 호의에서 하는 말입니다」
[出院] ch'ūyüàn ㄔㄨㄩㄢˋ 퇴원하다.
[出月(兒)] ch'ūyüèh(rh) ㄔㄨㄩㄝˋ(ㄦ) 내월(來月).

〔初〕 ch'ū ㄔㄨ ①처음. 최초. ②초급. 초등. ③음력의 1일부터 10일까지. 초·④처음으로. 최초로. ⑤원래. 본디. ⑥성(姓)의 하나.
[初級中學] ch'ūchí chūnghsüéh ㄔㄨㄐㄧˊ ㄓㄨㄥㄒㄩㄝˊ 초급 중학: 중학교에 해당하며 삼년제임.
[初級小學] ch'ūchí hsiǎohsüéh ㄔㄨㄐㄧˊ ㄒㄧㄠˇㄒㄩㄝˊ 4년제의 초급 소학: 국민학교 저학년에 해당함.
[初製品] ch'ūchìhp'ǐn ㄔㄨㄓˋㄆㄧㄣˇ 미가공품(未加工品).
[初級市場] ch'ūchí shìhch'ǎng ㄔㄨㄐㄧˊㄕˋ ㄔㄤˇ 말단 시장. 일반 소매 시장.
[初出茅廬] ch'ūch'ūmáolú ㄔㄨㄔㄨㄇㄠˊ ㄌㄨˊ 시작한지 얼마 안된. 풋나기. 초출. 「의 준말.
[初中] ch'ūchūng ㄔㄨㄓㄨㄥ "初級中學"
[初衷] ch'ūchūng ㄔㄨㄓㄨㄥ 처음에 먹은 생각. 초일념(初一念).
[初伏] ch'ūfú ㄔㄨㄈㄨˊ 초복. =頭伏.
[初小] ch'ūhsiǎo ㄔㄨㄒㄧㄠˇ "初級小學"의 준말. 「초의 마음.
[初心] ch'ūhsīn ㄔㄨㄒㄧㄣ 처음 생각. 애
[初選] ch'ūhsüǎn ㄔㄨㄒㄩㄢˇ ①예선. ②제일차 예선. ③제일회 선출: 재선(再選)에 대한 말.
[初會] ch'ūhuì ㄔㄨㄏㄨㄟˋ ①처음 만나다. 처음 뵙습니다. 《人》 「적인.
[初步] ch'ūpù ㄔㄨㄅㄨˋ ①초보. ②초보
[初生] ch'ūshēng ㄔㄨㄕㄥ ①갓난. 처음 태어난. ②처음으로 태어나다.
[初始] ch'ūshǐ ㄔㄨㄕˇ 처음. 시초.
[初登舞台] ch'ūtēng wǔt'ái ㄔㄨㄉㄥ ㄨˇㄊㄞˊ 처음으로 무대에 오르다. 첫무대를 밟다.
[初頭(兒)] ch'ūt'óu(rh) ㄔㄨㄊㄡˊ(ㄦ) 처음. 시초. 「九月一; 구월 초승」 「회.
[初次] ch'ūtz'ǔ ㄔㄨㄘˋ 초회(初回). 제일
[初夜] ch'ūyèh ㄔㄨㄧㄝˋ ①오후 8시부터 10시까지. ②신혼의 첫날밤.
[初願] ch'ūyüàn ㄔㄨㄩㄢˋ 초지(初志).

〔除〕 ch'ú ㄔㄨˊ ①제거하다. 떼어 내다. 「一害; 해되는 사물을 제거하다」 ②…을. 제하고. 「一了這個人, 我都認識; 이 사람 이외는 내가 잘 알고 있다」 ③제법(除法). 나눔. 「用二一四得二; 2로 4를 나누면 2가 된다」 ④계단.
[除盡] ch'úchìn ㄔㄨˊㄐㄧㄣˋ 완전히 제거하다. 싹 없애 버리다.
[除舊布新] ch'úchiùpùhsīn ㄔㄨˊㄐㄧㄡˋㄅㄨˋㄒㄧㄣ 낡은 것을 없애고 새 것으로 바꾸다. 《成》 「②=除非.
[除去] ch'úch'ǜ ㄔㄨˊㄑㄩˋ ①제거하다.
[除却] ch'úch'üèh ㄔㄨˊㄑㄩㄝˋ 제거하다.
[除非] ch'úfēi ㄔㄨˊㄈㄟ ①…인 이외는 …가 아니라면: 뒤에 부정적인 말이 올 경우가 많음. 「一有病, 他不請假; 병이 아니라면 그는 쉬지 않는다」 ②다만 …함으로써만이 비로소. 「一你去請他, 否則他不會來; 꼭 자네가 가서 청해야만 되네, 그렇지 않으면 그는 올 리가 없네」
[除號] ch'úhào ㄔㄨˊㄏㄠˋ 나눗셈의 부호: "÷"
[除夕] ch'úhsī ㄔㄨˊㄒㄧ 섣달 그믐밤. 제석.
[除日] ch'újìh ㄔㄨˊㄖˋ 섣달 그믐.
[除開] ch'úk'ai ㄔㄨˊㄎㄞ ①제거하다. ②〈數〉 나누어지다. 나머지가 없이 나눗셈

이 되다. ③＝除非.

[除了] ch'úlê ㄔㄨˊㄌㄜ ···을 제하고. ···이외에: 흔히 뒤에 "以外"가 따른다. 「一她以外, 這班裡還有五個女生 ; 그 여자 이외에 이 반에는 아직도 5명의 여학생이 있다」

[除滅] ch'úmièh ㄔㄨˊㄇㄧㄝˋ 제거하여 멸망시키다. 박멸하다.

[除暴安良] ch'úpào ānliáng ㄔㄨˊㄅㄠˋㄢㄌㄧㄤˊ 악인을 제거하고 양민을 편하게 하다. ‹成› ＝鋤暴安良.

[除沙] ch'úshā ㄔㄨˊㄕㄚ (양잠에서) 누에의 똥·먹다 남은 뽕 따위의 불결한 것을 제거하다.

[除是] ch'ú shìh ㄔㄨˊㄕˋ ＝除非.

[除受] ch'úshōu ㄔㄨˊㄕㄡ 이미 받은 액수를 제하다.

[除四害] ch'ússŭhài ㄔㄨㄙˇㄏㄞˋ 쥐·참새·파리·모기를 일제히 잡아 없애다.

[除此以外] ch'útz'ŭ ĭwài ㄔㄨˊㄘˇㄧˇㄨㄞˋ 이것 이외. 이것을 제(除)하고는.

〔芻〕(刍) ch'ú ㄔㄨˊ ①꼴. ②풀을 베다. ③짚. ④소·말 따위의 초식 동물.

[芻議] ch'úì ㄔㄨˊㄧˋ 자기의 주장이나 의론. ‹謙›

[芻蕘] ch'újáo ㄔㄨˊㄖㄠˊ ①나뭇군. ②꼴 베는 사람.

[芻糧] ch'úliáng ㄔㄨˊㄌㄧㄤˊ 사료와 식량.

[芻秣] ch'úmò ㄔㄨˊㄇㄛˋ 사료로 쓰이는 말린 풀.

〔厨〕(廚) ch'ú ㄔㄨˊ 부엌. 주방.

[厨房] ch'úfang ㄔㄨˊㄈㄤ 주방. 부엌.

[厨夫] ch'úfū ㄔㄨˊㄈㄨ ＝厨子.

[厨下] ch'úhsià ㄔㄨˊㄒㄧㄚˋ 부엌. 부엌 안.

[厨工] ch'úkūng ㄔㄨˊㄍㄨㄥ ＝厨子.

[厨師傅] ch'ú shīh fu ㄔㄨˊㄕㄈㄨ ＝厨子.

[厨司務] ch'ússūwù ㄔㄨˊㄙㄨˋ 요리장. 주방장(厨房長).

[厨子] ch'útzŭ ㄔㄨˊㄗ 요리인. 조리사.

〔鋤〕(鉏·耡) ch'ú ㄔㄨˊ ①삽. 가래. ②가래질하다. 제초(除草)하다. 「一田 ; 전답을 갈다」 ③제거하다. 갈아 엎다.

[鋤強扶弱] ch'úch'iáng-fújò ㄔㄨˊㄑㄧㄤˊㄈㄨˊㄖㄨㄛˋ 강한 자를 무찌르고 약한 자를 돕다.

[鋤刨] ch'úp'áo ㄔㄨˊㄆㄠˊ 전답을 갈다. 「>鋤鋤刨刨.

[鋤暴安良] ch'úpào-ānliáng ㄔㄨˊㄅㄠˋㄢㄌㄧㄤˊ 악한 자를 무찌르고 양민을 편안케 하다. ‹成› ＝除暴安良.

[鋤松] ch'úsūng ㄔㄨˊㄙㄨㄥ 쟁기로 갈아 흙을 부드럽게 하다.

[鋤地] ch'ú tì ㄔㄨˊㄉㄧˋ 논밭을 갈다.

[鋤頭] ch'út'óu ㄔㄨˊㄊㄡˊ 쟁기.

[鋤草] ch'ú ts'ăo ㄔㄨˊㄘㄠˇ 밭을 갈아 풀을 뽑다.

〔櫥〕 ch'ú ㄔㄨˊ 궤짝. 장롱. 「碗一兒 ; 찬장」

[櫥窗] ch'úch'uāng ㄔㄨˊㄔㄨㄤ 진열장.

[櫥隔] ch'úkó ㄔㄨˊㄍㄜˊ (시렁·진열장 따위의) 선반.

[櫥門] ch'úmĕn ㄔㄨˊㄇㄣˊ 장롱 따위의 문. 장문.

〔雛〕 ch'ú ㄔㄨˊ 병아리. 날짐승의 새끼.

[雛(兒)] ch'ú(rh) ㄔㄨˊ(ㄦ) ①소녀. ②애송이. ③어린 기생.

[雛鷄] ch'úchī ㄔㄨˊㄐㄧ 병아리.

〔杵〕 ch'ŭ ㄔㄨˇ ①절굿공이. ②빨래 방망이. ③(가늘고 긴 것으로) 찌르다.

[杵臼] ch'ŭchiù ㄔㄨˇㄐㄧㄡˋ 절굿공이와 절구. 「一交 ; 귀천의 구별이 없는 교제」

[杵子] ch'ŭtzŭ ㄔㄨˇㄗ 주먹.

〔處〕(処) ch'ŭ ㄔㄨˇ ①거주하다. 「穴居野一 ; 굴과 들에서 거처하다」 ②몸을 두다. 위치하다. 「一在任何環境, 他都有辦法 ; 어떠한 환경에 처해 있어도, 그에게는 수단이 있다」 ③처리하다. 처분하다. ④살다. 지내다. 「他們相一得很好 ; 그들은 의좋게 살고 있다」 ⇨ch'ù.

[處治] ch'ŭchìh ㄔㄨˇㄓˋ 처벌하다.

[處之泰然] ch'ŭchīht'àiján ㄔㄨˇㄓㄊㄞˋㄖㄢˊ 일을 함에 있어 서둘지 않고 당황하지 않다. ‹成›

[處境] ch'ŭchìng ㄔㄨˇㄐㄧㄥˋ (놓여져 있는) 경지. 입장.

[處決] ch'ŭchüéh ㄔㄨˇㄐㄩㄝˊ ①처결하다. ②사형에 처하다.

[處心積慮] ch'ŭhsīn-chīlǜ ㄔㄨˇㄒㄧㄣㄐㄧㄌㄩˋ 오랫동안 마음에 간직하다: 대개는 악심을 품은 뜻으로 쓰임. ‹成›

[處女] ch'ŭnǚ ㄔㄨˇㄋㄩˇ 처녀.

[處事] ch'ŭshì ㄔㄨˇㄕˋ 일을 처리하다.

[處暑] ch'ŭshŭ ㄔㄨˇㄕㄨˇ 처서: 절기의 하나.

[處子] ch'ŭtzŭ ㄔㄨˇㄗˇ ①벼슬하지 않은 사람. ②처녀.

[處窩子] ch'ŭwōtzŭ ㄔㄨˇㄨㄛㄗ 결단성이 없는 사람. 꽁생원.

[處于] ch'ŭyú ㄔㄨˇㄩˊ ···에 두다. ···에 위치하다. 「使自己一更孤立的地位 ; 스스로를 다시 고립된 입장에 두다」

〔楮〕 ch'ŭ ㄔㄨˇ ①닥나무: 종이 원료. ②종이. ③지전(紙錢)의 속칭. ④성(姓)의 하나.

[楮毫] ch'ŭháo ㄔㄨˇㄏㄠˊ 종이와 붓.

[楮墨] ch'ŭmò ㄔㄨˇㄇㄛˋ 종이와 먹.

〔楚〕 ch'ŭ ㄔㄨˇ ①가시나무. ②옛 주대(周代)의 나라 이름: 지금의 "湖南·湖北" 일대.

[楚楚可憐] ch'úch'ŭk'ŏlién ㄔㄨˊㄔㄨˇㄎㄜˇㄌㄧㄢˊ 부녀의 청초하고 가냘픈 모양. ‹成›

[楚歌] ch'ŭkō ㄔㄨˇㄍㄜ 초가. 적에게 포위되어 고립되어 있다는 뜻.

[楚材晉用] ch'ŭts'ái chìnyùng ㄔㄨˇㄘㄞˊㄐㄧㄣˋㄩㄥˋ (초나라의 인재를 진나라에서 등용한다는 뜻으로) 남의 나라 인재를 기용하다. ‹成›

[楚腰] ch'ŭyāo ㄔㄨˇㄧㄠ 여자의 날씬한 허리.

〔儲〕 ch'ŭ ㄔㄨˇ 저장하다. 저축하다.

[儲金] ch'ŭchīn ㄔㄨˇㄐㄧㄣ 저금하다.

[儲備] ch'ŭpèi ㄔㄨˇㄅㄟˋ 비축(備蓄)하다.

[儲藏] ch'ŭts'áng ㄔㄨˇㄘㄤˊ 저장하다.

〔礎〕(础) ch'ŭ ㄔㄨˇ 초석(礎石). 주춧돌.

〔怵〕 ch'ù ㄔㄨˋ ①무서워하다. ②주저주저하다.

[怵場] ch'ùch'áng ㄔㄨˋㄔㄤˊ 어떤 장소에 나타나기를 두려워하다.

[怵怵忐忐] ch'ùch'ut'ant'an ㄔㄨˋㄔㄨㄊㄢ

ㄢㄊㄢ 겁을 먹고 부들부들 떠는 모양.

[怵頭] ch'ùt'ǒu ㄔㄨˋㄊㄡˇ 겁내다. 무서워하다.

〔畜〕 ch'ù ㄔㄨˋ ①짐승. ②가축. ⇨hsù.

[畜圈] ch'ùchüàn ㄔㄨˋㄐㄩㄢˋ 외양간.

[畜種] ch'ùchǔng ㄔㄨˋㄓㄨㄥˇ =畜類②.

[畜類] ch'ùlei ㄔㄨˋㄌㄟ ①짐승. 금수. ②짐승 같은 놈. «罵»

〔處〕 ch'ù ㄔㄨˋ ①장소. 곳.「全國各一; 전국 각지」②개소(個所). 점(點).「長一; 장점」③단체나 어떤 기관의 사무의 한 부문.「辦事一; 사무소. 출장소」⇨ch'ǔ.

[處處(兒)] ch'ùch'ù(rh) ㄔㄨˋㄔㄨˋ(ㄦ) 도처에. 어디든지.

[處所] ch'ùsǒ ㄔㄨˋㄙㄨㄛˇ 장소. 처소. 곳.

〔搐〕 ch'ù ㄔㄨˋ 근육에 경련이 일어나다. 쥐가 나다.「抽一; 쥐가 나다」

〔黜〕 ch'ù ㄔㄨˋ ①파면하다. 강등(降等)하다. ②쫓아내다. 물리치다.「一職; 면직하다」

[黜斥] ch'ùch'ìh ㄔㄨˋㄔˋ 물리치다.

[黜陟] ch'ùchìh ㄔㄨˋㄓˋ 강등(降等)과 승진(昇進).

[黜免] ch'ùmiěn ㄔㄨˋㄇㄧㄢˇ (관직을)파면하다.

[黜革] ch'ùkó ㄔㄨˋㄍㄜˊ 해직시키다. 면직하다.

[黜退] ch'ùt'uì ㄔㄨˋㄊㄨㄟˋ 파면하다.

〔觸〕(触) ch'ù ㄔㄨˋ ①부딪치다. ②저촉하다. ③감동하다.

[觸機] ch'ùchī ㄔㄨˋㄐㄧ 남의 비위를 건드리다.

[觸礁] ch'ùchiāo ㄔㄨˋㄐㄧㄠ 좌초하다.

[觸景生情] ch'ùching shēngch'íng ㄔㄨˋㄐㄧㄥˇㄕㄥㄑㄧㄥˊ 어떤 정경을 접하여 어떤 감개를 느끼다. «成»

[觸發] ch'ùfā ㄔㄨˋㄈㄚ 어떤 감정이 움직이다. 어떤 감정을 유발하다.

[觸犯] ch'ùfàn ㄔㄨˋㄈㄢˋ 법규나 관습에 저촉되다.

[觸類旁通] ch'ùlèi p'ángtūng ㄔㄨˋㄌㄟˋㄆㄤˊㄊㄨㄥ 한 가지 일로 열 가지를 추측하다. 하나를 보고 열을 알다. «成»

[觸目皆是] ch'ùmù chiēhshì ㄔㄨˋㄇㄨˋㄐㄧㄝㄕˋ 눈에 띄는 것은 모두 그렇다. 오나가나 매일반이다. «成»

[觸目驚心] ch'ùmù chīnghsīn ㄔㄨˋㄇㄨˋㄐㄧㄥㄒㄧㄣ 눈으로 보고 놀라다.

[觸怒] ch'ùnù ㄔㄨˋㄋㄨˋ 노여움을 사다.

[觸眼] ch'ùyěn ㄔㄨˋㄧㄢˇ 남의 눈에 띄다. 남의 눈을 끌다.

〔矗〕 ch'ù ㄔㄨˋ 높이 솟다. 우뚝 서다.

[矗立] ch'ùlì ㄔㄨˋㄌㄧˋ ①똑바로 서다. ②우뚝 솟다.

CH'Ü ㄑㄩ

〔曲〕 ch'ü ㄑㄩ ①굽다. 구부러지다.「一綫; 곡선(曲線)」②궁벽한 곳.「鄉一; 벽촌」

[曲折] ch'üché ㄑㄩㄓㄜˊ ①구불구불 구부러지다.「一生動; 변화가 많고 생생하다」②일의 내정(內情). 곡절. >曲曲折折.

[曲尺] ch'üch'ìh ㄑㄩㄔˇ 곱자. 기역자 자.

[曲謹] ch'üchǐn ㄑㄩㄐㄧㄣˇ ①자질구레한 일까지 신경을 쓰다. ②잔달다. 안달을 부리다.

[曲軸] ch'üchóu ㄑㄩㄓㄡˊ 크랭크샤아프트(crankshaft).

[曲局] ch'üchú ㄑㄩㄐㄩˊ 펴지지 않는 모양.

[曲曲彎彎] ch'üch'üwānwān ㄑㄩㄑㄩㄨㄢㄨㄢ 구불구불 구부러져 있는 모양.

[曲徇] ch'ühsün ㄑㄩㄒㄩㄣˋ 정실(情實)에 구애되다.

[曲拐] ch'ükuǎi ㄑㄩㄍㄨㄞˇ 크랭크(crank). =曲柄「一大軸; 크랭크샤아프트」

[曲棍球] ch'ükùnch'iú ㄑㄩㄍㄨㄣˋㄑㄧㄡˊ 〈體〉 하키(hockey).

[曲裡拐彎兒] ch'ülikuǎiwānrh ㄑㄩㄌㄧㄍㄨㄞˇㄨㄢㄦ 활 모양으로 굽은 모양. 뒤얽힌 복잡한 사정이 있다.

[曲背] ch'üpèi ㄑㄩㄅㄟˋ 고양이처럼 굽은 등.

[曲庇] ch'üpì ㄑㄩㄅㄧˋ 일방적으로 감싸주다. 한쪽만을 비호하다.

[曲辮子] ch'üpièntzǔ ㄑㄩㄅㄧㄢˋㄗ 세상 물정을 잘 모르는 순박한 사람.

[曲柄] ch'üpǐng ㄑㄩㄅㄧㄥˊ 크랭크.「一銷; 크랭크핀(crankpin)」

[曲蟮] ch'üshan ㄑㄩㄕㄢ 〈動〉 지렁이. =蚯蚓.

[曲從] ch'üts'úng ㄑㄩㄘㄨㄥˊ 뜻을 굽혀 상대방에게 복종하다.

[曲突徙薪] ch'üt'ū-hsǐhsīn ㄑㄩㄊㄨㄒㄧˇㄒㄧㄣ 재화(災禍)를 예방하다. «成»

[曲原] ch'üyüán ㄑㄩㄩㄢˊ 억지로 승낙하다.

〔屈〕 ch'ü ㄑㄩ ①굽히다. 꺾다. 구부리다.「一指可數; 손꼽아 셀 수 있다」②굴복하다.「寧死不一; 죽어도 굴복치 않다」③학대하다. 불유쾌한 느낌을 주다.「受一; 몹시 학대당하다. 고통을 받다. 무고한 죄를 쓰다」

[屈招] ch'üchāo ㄑㄩㄓㄠ 고통에 못이겨 허위 자백을 하다.

[屈情] ch'üch'íng ㄑㄩㄑㄧㄥˊ 사실 무근한 일. 억울한 일.

[屈就] ch'üchiù ㄑㄩㄐㄧㄡˋ 남에게 취임(就任)을 의뢰하는 말로서, 신분을 굽히어 직위에 앉다.

[屈居] ch'üchü ㄑㄩㄐㄩ 현재의 지위에 참고 견디다.

[屈曲] ch'üch'ü ㄑㄩㄑㄩ 구불구불한.

[屈戌(兒)] ch'üch'ü(rh) ㄑㄩㄑㄩ(ㄦ) 문이 걸려서 잠기게 된 장식의 암쇠.

[屈膝] ch'ühsī ㄑㄩㄒㄧ ①경첩. ②꿇어앉다.

[屈心] ch'ühsīn ㄑㄩㄒㄧㄣ 양심에 가책을 받다. =虧心.

[屈尊] ch'ütsūn ㄑㄩㄗㄨㄣ ①신분을 굽히다.「他一地做了買賣人; 신분을 낮추어 장사아치가 되었다」②참고 견디다.「若是找不着房子, 在這兒一幾天住; 적당한 집을 구할 수 없으면 당분간 여기서 참고 견디시오」

[屈賴] ch'ülài ㄑㄩㄌㄞˋ 트집을 잡다. 구실로 삼다.

[屈量(兒)] ch'üliàng(rh) ㄑㄩㄌㄧㄤˋ(ㄦ) 주량(酒量)을 삼가하다.

[屈身] ch'üshēn ㄑㄩㄕㄣ 몸을 굽히다. 자기를 낮추다.「一下氣; 남에게 굽실굽실하는 모양」

[屈死] ch'üssŭ ㄑㄩㄙˇ 무고한 죄로 죽다. 원한을 품고 횡사하다.「一鬼 ; 원한을 품고 횡사한 사람」
[屈打] ch'ütă ㄑㄩㄉㄚˇ 무고함에도 불구하고 때리다.「一成招 ; 무고한 죄임에도 불구하고 고문을 하여 자백시키다」
[屈才] ch'üts'ái ㄑㄩㄘㄞˊ 재능을 굽히다: 남에게 취직을 부탁할 때 쓰이는 말.
[屈材] ch'üts'ái ㄑㄩㄘㄞˊ 유능한 사람을 시시한 일에 쓰다.
[屈坐] ch'ütsŏ ㄑㄩㄗㄨㄛˋ 실례이지만 아랫자리에 앉게 하다.
[屈枉] ch'üwang ㄑㄩㄨㄤ ①무고죄. ②보람이 없다. 쓸 데가 없다.

〔祛〕 ch'ü ㄑㄩ 제거하다.뿌리치다. 떼어 버리다.「一疑 ; 의심을 제거하다」

〔袪〕 ch'ü ㄑㄩ 소맷부리.

〔區〕(区) ch'ü ㄑㄩ ①구역. 한정된 지역.「工業一 ; 공업 지대」 ②행정상의 구분. ③틀리다. 차이. 「一别 ; 구별하다」 ④「一一;작은. 사소한」⇨ōu.
[區長] ch'üchăng ㄑㄩㄓㄤˇ ①구청장. ②경찰서장. 「區處.
[區理] ch'ülǐ ㄑㄩㄌㄧˇ 각각 처리하다. =
[區里] ch'üli ㄑㄩㄌㄧ 구당국(區當局).「把一的指示告訴大家 ; 구 당국의 지시를 일동에게 알리다」
[區上] ch'üshang ㄑㄩㄕㄤ 구청(區廳). 구청의 공무원.
[區署] ch'üshŭ ㄑㄩㄕㄨˇ 경찰서. 「다.
[區爲] ch'üwéi ㄑㄩㄨㄟˊ 나누다. 구분하

〔蛆〕 ch'ü ㄑㄩ 「一蟲; 구더기」

〔焌〕 ch'ü ㄑㄩ ①불타고 있는 것을 물속에 넣어 끄다. ②(불꽃이 나지 않는 불로) 태우다.③달군 남비에 기름을 부어 먼저 조미료를 넣고 뒤에 재료를 넣는 조리법(調理法).

〔粬〕 ch'ü ㄑㄩ ⇨麯.

〔詘〕 ch'ü ㄑㄩ ①굽어지다. ②굴복하 ⌊다.

〔蛐〕 ch'ü ㄑㄩ 「뚜라미.
[蛐蛐兒] ch'üch'ürh ㄑㄩㄑㄩㄦ 〈動〉 귀
[蛐蟮] ch'üshan ㄑㄩㄕㄢ 〈動〉 지렁이.

〔麯〕(麴) ch'ü ㄑㄩ 누룩.
[麯子] ch'ützŭ ㄑㄩㄗ 누룩. 곡자. =酒母. 酒麯.

〔趨〕(趋) ch'ü ㄑㄩ ①급히 가다. 총총걸음으로 걷다. ②추세. 대세(大勢)가 어떤 방향으로 쏠리는 일.「意見一于一致 ; 의견이 일치되는 방향으로 기울어지다」 「아첨하다.
[趨承] ch'üch'êng ㄑㄩㄔㄥˊ 알랑거리며
[趨之若鶩] ch'üchīhjòwû ㄑㄩㄓㄖㄨㄛˋㄨˋ 어떤 곳에 사람이 잇달아 모여드는 일. «成»
[趨進] ch'üchìn ㄑㄩㄐㄧㄣˋ 가까와지다.
[趨就] ch'üchiù ㄑㄩㄐㄧㄡˋ 접근하여 가다.
[趨奉] ch'üfêng ㄑㄩㄈㄥˋ 아첨하여 알랑거리다. 영합(迎合)하다. 「리다.
[趨附] ch'üfù ㄑㄩㄈㄨˋ 접근하여 알랑거
[趨赴] ch'üfù ㄑㄩㄈㄨˋ 급히 향하여 가다.
[趨向] ch'ühsiàng ㄑㄩㄒㄧㄤˋ 추세. 경향.
[趨蹓] ch'üliu ㄑㄩㄌㄧㄡ 바쁜 걸음으로 걷다. 빠른 걸음으로 가다.
[趨炎附勢] ch'üyén-fùshìh ㄑㄩㄧㄢˊㄈㄨˋㄕˋ 권세가 있는 쪽으로 붙다.«成» = 趨炎附熱.
[趨于] ch'üyû ㄑㄩㄩˊ ①…으로 향하다 : 장소를 표시하는 명사가 뒤에 붙음. ②…으로 기울어지다:추상 명사가 따름.

〔軀〕 ch'ü ㄑㄩ 신체. =身軀.
[軀幹] ch'ükàn ㄑㄩㄍㄢˋ 목 아래서부터 둔부까지의 부분. ②동체. 「체
[軀殼] ch'ük'ó ㄑㄩㄎㄜˊ (정신에 대한) 육
[軀體] ch'üt'ǐ ㄑㄩㄊㄧˇ 신체. 육체.

〔驅〕(敺) ch'ü ㄑㄩ ①가축을 쫓다.「一馬前進 ; 말을 쫓다」②쫓아 버리다. =驅逐. ③빨리 달리다. =先驅.
[驅遣] ch'üch'iĕn ㄑㄩㄑㄧㄢˇ ①멀리 쫓아 버리다. ②파견하다.
[驅馳] ch'üch'íh ㄑㄩㄔˊ 남을 위하여 뛰어 다니다.
[驅出] ch'üch'ū ㄑㄩㄔㄨ 쫓아 내다.축출하다.「一國外 ; 국외로 추방하다」
[驅赶] ch'ükăn ㄑㄩㄍㄢˇ 내몰다.쫓아 버리다. 「하다.
[驅散] ch'üsàn ㄑㄩㄙㄢˋ 쫓아 흩어지게
[驅使] ch'üshǐh ㄑㄩㄕˇ 몰아 세우다.억지로 가게 하다. 보내다.
[驅策] ch'üts'ê ㄑㄩㄘㄜˋ =驅使.

〔劬〕 ch'ú ㄑㄩˊ 보통이 아닌 고생.
[劬勞] ch'úlâo ㄑㄩˊㄌㄠˊ 고생:주로 자식을 키우는 어버이의 노고를 말함.

〔渠〕 ch'ú ㄑㄩˊ ①인공 수로(水路).「灌溉一 ; 관개 수로」 ②그 사람. 그이. 저 사람.「不知一爲何人 ; 저 사람이 누군지 모른다」 ③큰.「一魁 ; 도적의 괴수」
[渠灌] ch'úkuàn ㄑㄩˊㄍㄨㄢˋ 크리이크(creek)를 이용한 관개.
[渠水] ch'úshuǐ ㄑㄩˊㄕㄨㄟˇ 용수(用水). 소수(疏水).
[渠道] ch'útào ㄑㄩˊㄉㄠˋ 관개를 위한 인공 관개수의 도랑.

〔鴝〕 ch'ú ㄑㄩˊ 「哥.
[鴝鵒] ch'úyù ㄑㄩˊㄩˋ 〈動〉 앵무새. =八

〔瞿〕 ch'ú ㄑㄩˊ 성(姓)의 하나.
[瞿麥] ch'úmài ㄑㄩˊㄇㄞˋ 〈植〉 귀리.

〔氍〕 ch'ú ㄑㄩˊ
[氍毹] ch'úshū ㄑㄩˊㄕㄨ ①털로 짠 융단 ②무대(舞臺)를 일컫는 말.

〔衢〕 ch'ú ㄑㄩˊ 큰 길. 큰 거리. 주요 ⌊도로.

〔蠼〕 ch'ú ㄑㄩˊ
[蠼螋] ch'úsōu ㄑㄩˊㄙㄡ 〈動〉 집게벌레.

〔曲〕 ch'ŭ ㄑㄩˇ ①노래. 가사(歌詞).

唱一兒；노래를 부르다」＝歌曲. ②음악의 곡조(曲調). 가락.「這支歌是他作的一；이 노래는 그 사람이 작곡한것입니다」⇨ch'ū.

[曲盡其妙] ch'ǔchìnch'ímiào ㄑㄩˇㄐㄧㄣˋㄑㄧˊㄇㄧㄠˋ 곡조가 꺾여 넘어가는 곳을 묘하게 표현하다.《成》

[曲藝] ch'ǔì ㄑㄩˇㄧˋ ①희곡을 노래하는 연예(演藝). ②곡예(曲藝).

[曲意逢迎] ch'ǔì-fěngyìng ㄑㄩˇㄧˋㄈㄥˊㄧㄥˋ 자기의 뜻을 굽히고 남에게 잘 보이려고 아첨하다.《成》

[曲高和寡] ch'ǔkāo hòkuǎ ㄑㄩˇㄍㄠㄏㄜˋㄍㄨㄚˇ너무나 지나치게 고상하여 이해되는 것이 적다. 재능을 가지면서도 남에게 알려지지 않다.《成》

[曲牌(子)] ch'ǔp'ái(tzǔ) ㄑㄩˇㄆㄞˊ(ㄗ)곡조(曲調)의 명칭.

[曲本兒] ch'ǔpěnrh ㄑㄩˊㄅㄣˇㄦ 노래 책. 가곡집(歌曲集).

[曲子] ch'ǔtzǔ ㄑㄩˇㄗ ①곡. 가곡(歌曲). ②옛적에는 사(詞)를 이렇게 일컬었음.

〔苣〕 ch'ǔ ㄑㄩˇ

[苣蕒菜] ch'ǔmaits'ài ㄑㄩˇㄇㄞㄘㄞˋ〈植〉 머위의 일종.

〔取〕 ch'ǔ ㄑㄩˇ ①취하다. 받다.「一書；책을 받아 들이다」②골라 잡다. 채용하다. 빼어 내다.「學校一了五百名學生；학교에서는 500명의 학생을 받아 들였다」③받다. 받아 넣다.「吸一；흡수하다」④일정(一定)한 방식에 의거하여 행하다.「一決；결정하다」

[取償] ch'ǔch'áng ㄑㄩˇㄔㄤˊ (대금 따위를) 받아 들이다.「一于我；나에게서 받아가다」

[取長補短] ch'ǔch'áng pǔtuǎn ㄑㄩˇㄔㄤˊㄅㄨˇㄉㄨㄢˇ 장점을 따서 단점을 보충하다.《成》

[取齊(兒)] ch'ǔch'í(rh) ㄑㄩˇㄑㄧˊ(ㄦ)①가지런히 모으다. ②표준으로 삼다.「長短兒照樣一；길이는 본시 있던 것으로 표준삼다」

[取巧] ch'ǔch'iǎo ㄑㄩˊㄑㄧㄠˇ 요령 있게 하다. 실속을 차리다.「投機一；요령 있게 하여 실속을 차리다」

[取之不盡] ch'ǔchīhpǔchìn ㄑㄩˇㄓㄅㄨˊㄐㄧㄣˋ아무리 잡아도 다 잡지 못하다. 대단히 풍부하다.《成》「一, 用之不竭；가져가도 끝이 없고, 사용하여도 떨어지지 않다」

[取吉利兒] ch'ǔ chílìrh ㄑㄩˇㄐㄧˊㄌㄧˋㄦ 좋은 일의 전조(前兆)로 삼다.

[取經] ch'ǔchīng ㄑㄩˇㄐㄧㄥ 남의 경험을 흡수하다.「一學藝；남의 우수한 경험이나 독창력(獨創力)을 흡수하여 기술을 배우다」

[取決] ch'ǔchüéh ㄑㄩˇㄐㄩㄝˊ ①결정하다.「最終命運一于大選；마지막 운명을 총선거로 결정하다」②수를 써서 꼼짝 못하게 하다.

[取寵] ch'ǔch'ǔng ㄑㄩˊㄔㄨㄥˇ상대의 기분을 맞추다. 알랑거리다.

[取中] ch'ǔchùng ㄑㄩˇㄓㄨㄥˋ (시험에) 합격하다. 급제하다. ＝考中.

[取法] ch'ǔfǎ ㄑㄩˊㄈㄚˇ 남을 본뜨다. 본보기로 하다.

[取合兒] ch'ǔhórh ㄑㄩˇㄏㄜˊㄦ 화해(和解)하다.

[取笑(兒)] ch'ǔhsiào(rh) ㄑㄩˇㄒㄧㄠˋ(ㄦ) 조롱하다. 희롱하다.「他們一她穿媽媽的衣裳；그들은 그녀가 어머니 옷을 입고 있는 것을 희롱하다」

[取現] ch'ǔhsièn ㄑㄩˇㄒㄧㄢˋ 예금을 찾아내다.

[取回] ch'ǔhuí ㄑㄩˇㄏㄨㄟˊ 되찾다.

[取貨單] ch'ǔhuòtān ㄑㄩˇㄏㄨㄛˋㄉㄢ 상품 인도증(引渡證).

[取義] ch'ǔì ㄑㄩˇㄧˋ ①의미. 뜻. ②의리(義理)를 택하다.「捨生一；목숨을 버리고 의리에 살다」

[取擾] ch'ǔjǎo ㄑㄩˊㄖㄠˇ 소란하게 하다. 소란을 떨다.

[取快一時] ch'ǔk'uài ìshíh ㄑㄩˇㄎㄨㄞˋㄧˋㄕˊ 일시적인 낙(樂)을 취하다.《成》

[取光] ch'ǔkuāng ㄑㄩˇㄍㄨㄤ 채광(採光).

[取樂(兒)] ch'ǔlè(rh) ㄑㄩˇㄌㄜˋ(ㄦ) ①즐기다. ②(어떤 것을 가지고)놀다. ③위안물로 삼다.

[取錄] ch'ǔlù ㄑㄩˇㄌㄨˋ 채용하다. ＝錄取.

[取鬧] ch'ǔnào ㄑㄩˇㄋㄠˋ (일부러)소란을 피우다.「無理一；마구 떠들어대다」

[取保] ch'ǔpǎo ㄑㄩˊㄅㄠˇ 보증하여 줄 것을 부탁하다.

[取票] ch'ǔp'iào ㄑㄩˇㄆㄧㄠˋ 인환증(引換證).

[取不上] ch'ǔpushàng ㄑㄩˇㄅㄨㄕㄤˋ 낙제(落第)하다. ↔取得上.

[取上] ch'ǔshang ㄑㄩˇㄕㄤ (시험에)합격하다.

[取勝] ch'ǔshèng ㄑㄩˇㄕㄥˋ 승리하다.

[取道] ch'ǔtào ㄑㄩˇㄉㄠˋ 어떤 길을 정해 그 길로 나아가다.

[取燈兒] ch'ǔtēngrh ㄑㄩˇㄉㄥㄦ 성냥.

[取材] ch'ǔts'ái ㄑㄩˇㄘㄞˊ 재료를 골라서 얻다.

[取自] ch'ǔtzǔ ㄑㄩˇㄗˋ …에서 잡다. …에 서 얻다.

[取悅] ch'ǔyüèh ㄑㄩˇㄩㄝˋ 남의 눈치를 살피어 기분을 맞추다. ＝取悅于人.

〔娶〕 ch'ǔ ㄑㄩˇ 아내로 맞이하다.

[娶親] ch'ǔch'īn ㄑㄩˇㄑㄧㄣ ①며느리를 얻다. ②결혼하다.

[娶媳婦兒] ch'ǔhsífurh ㄑㄩˇㄒㄧˊㄈㄨㄦ 아내를 얻다.

〔齲〕 ch'ǔ ㄑㄩˇ 충치(蟲齒). ＝蟲牙. 蟲蝕牙.

[齲齒] ch'ǔch'ǐh ㄑㄩˊㄔˇ충치. 벌렛니.

〔去〕 ch'ù ㄑㄩˋ ①출발하다.「馬上就一；곧 간다」「我一上海；나는 상하이로 간다」②떠나다. 떨어지다.「一世；세상을 떠나다」「一職；직장을 떠나다」③보내다. 파견하다.「給他一信；그에게 편지를 보내다」「一幾個人；몇 사람을 파견하다」④사이가 떨어져 있다.「相一不遠；멀리 떨어져 있지 않다」⑤과거의. 지나간.「一日苦多；지나간 그날은 고생도 많았다」⑥제거하다. 감하다.「一皮；껍질을 벗기다」「再一一尺吧；한 자 더 짧게 하시오」⑦연극에서 어떤 역(役)을 맡다.「王羽一劍客;"王羽"가 검객의 역을 맡다」⑧동작의 방향을 나타내는 말. ㉮동사의 앞에 있을 경우.「你一開會;이 사람아, 곧 모임에 나오게」

나동사의 뒤에 있을 경우. 「進一; 들어 가다」 ⑨동사의 뒤에 붙여 동작의 지속을 나타내는 말. 「讓他說一; 그 사람에게 말하도록 놔 두시오」
[去程] ch'ǜch'êng ㄑㄩˋㄔㄥˊ (왕복에서의)왕로(往路).
[去職] ch'ǜchíh ㄑㄩˋㄓˊ 면직(免職)하다.
[去舊布新] ch'ǜchiù pùhsīn ㄑㄩˋㄐㄧㄡˋㄅㄨˋㄒㄧㄣ 낡은 것을 제거하고 새로운 것과 바꾸다. «成»
[去處] ch'ǜch'u ㄑㄩˋㄔㄨ ①장소. 곳. ②지정하는 부분. 점(點). 부면(部面).「沒有得罪人的一; 남의 기분을 상하게 할 만한 점은 없다」 ③행선지. 행방.「不知一; 행방을 알 수 없다」
[去取] ch'ǜch'ǚ ㄑㄩˋㄑㄩˇ 취사 선택한다.
[去惡務盡] ch'ǜê wùchìn ㄑㄩˋㄜˋㄨˋㄐㄧㄣˋ 악인이나 나쁜 일을 철저히 제거토록 하다. «成» =除惡務盡.
[去向] ch'ǜhsiàng ㄑㄩˋㄒㄧㄤˋ 행선지.「不知一; 행방 불명」
[去項(兒)] ch'ǜhsiang(rh) ㄑㄩˋㄒㄧㄤ(ㄦ) 지불금. 지불액.
[去信] ch'ǜ hsìn ㄑㄩˋㄒㄧㄣˋ 편지를 보내다.「我給他去了一封信; 나는 그에게 한 통의 편지를 보냈다」
[去火] ch'ǜhuǒ ㄑㄩˋㄏㄨㄛˇ 상기(上氣)된 기분을 식히다.
[去了] ch'ǜlê ㄑㄩˋㄌㄜ 앞에 "형용사 + 了"를 붙여 대단한 정도임을 나타내는 말.「這條路可遠了一; 이 길은 대단히 멀다」「瞧熱鬧的人可多了一; 떠들어대는 사람이 아주 많다」
[去留] ch'ǜliú ㄑㄩˋㄌㄧㄡˊ 떠나느냐 머무느냐 망설이는 일. 거취(去就).
[去路] ch'ǜlù ㄑㄩˋㄌㄨˋ 행선지. 지금부터 갈 길.
[去你的] ch'ǜnitê ㄑㄩˋㄋㄧˇㄉㄜ ①마음대로 하라. 상관하지 않는다. ②저리 가거라.
[去不起] ch'ǜpuch'i ㄑㄩˋㄅㄨㄑㄧˇ (경제적 이유로)갈 수 없다. ↔去得起.
[去不得] ch'ǜputê ㄑㄩˋㄅㄨㄉㄜ ①가서는 안된다. 갈 수 없다. ②제거하여서는 안된다. 제거할 수 없다.
[去聲] ch'ǜshêng ㄑㄩˋㄕㄥ 사성(四聲)의 하나.
[去暑] ch'ǜshǔ ㄑㄩˋㄕㄨˇ 더위를 물리치다. 피서하다.
[去他的] ch'ǜt'atê ㄑㄩˋㄊㄚㄉㄜ 가게 내버려 둬라. 염려 없다 시켜라. 좋을 때로 하라.
[去得] ch'ǜtê ㄑㄩˋㄉㄜ ①가도 좋다.②상당히 훌륭하다.「寫文章也一; 문장을 쓰는 솜씨도 상당하다」
[去得過兒] ch'ǜtêkuǒrh ㄑㄩˋㄉㄜㄍㄨㄛˋㄦ 우선 좋아. 그저 그렇고 그렇다.「模樣兒還一; 얼굴 생김새는 그저 보통이다」
[去掉] ch'ǜtiao ㄑㄩˋㄉㄧㄠ 깨끗이 제거하다.「一私心; 사사로운 마음을 깨끗이 없애다」
[去題萬里] ch'ǜt'i wànlǐ ㄑㄩˋㄊㄧˊㄨㄢˋㄌㄧˇ 본래의 문제와는 거리가 멀다. 전혀 동떨어지다. «成» =離題萬里.
[去汚] ch'ǜwū ㄑㄩˋㄨ 더러운 것을 제거하다.
[去蕪存菁] ch'ǜwú-ts'únchīng ㄑㄩˋㄨˊㄘㄨㄣˊㄐㄧㄥ 불순(不純)한 것을 제거하고 순수하고 좋은 것을 남기다. «成»

〔趣〕 ch'ǜ ㄑㄩˋ ①향하다. 가다. ②흥미. 재미 있다.「有一; 재미 있다. 흥미 있다」
[趣話] ch'ǜhuà ㄑㄩˋㄏㄨㄚˋ 재미 있는 이야기.
[趣兒] ch'ǜrh ㄑㄩˋㄦ 흥미. 재미. 의미.
[趣事] ch'ǜshìh ㄑㄩˋㄕˋ 재미있는 일. 흥미거리. 에피소우드(episode).
[趣味] ch'ǜwèi ㄑㄩˋㄨㄟˋ 취미. 재미스러운 멋.
[趣聞] ch'ǜwén ㄑㄩˋㄨㄣˊ 재미있는 뉴우스.
[趣語] ch'ǜyǚ ㄑㄩˋㄩˇ =趣話.

〔闃〕 ch'ǜ ㄑㄩˋ 아주 잠잠하고 고요하다.「一無一人; 잠잠하고 고요하며 사람의 그림자 하나 보이지 않다」

〔覰〕 ch'ǜ ㄑㄩˋ 몰래 엿보다. 찾다. 살피다.「面面相一; 얼굴들을 서로 살펴보다」
[覰合] ch'ǜho ㄑㄩˋㄏㄜ 눈을 가느다랗게 하여 보다. 실눈을 뜨고 보다.
[覰糊] ch'ǜhu ㄑㄩˋㄏㄨ, ch'ūhu 가깝게 끌어 당기다. 「一着眼睛看個不休; 눈을 가느다랗게 뜨고 쉴 새 없이 줄곧 보고 있다」

〔黢〕 ch'ǜ ㄑㄩˋ 암흑(暗黑)을 강조하는 말. "漆"의 변음.「一黑的頭髮; 새까만 머리카락」

CHUA ㄓㄨㄚ

〔抓〕 chuā ㄓㄨㄚ ①(발톱으로)할퀴다. 긁다.「一痒痒; 가려워서 긁다」「貓一了手了; 고양이가 손을 할켰다」③(손이나 발톱으로)채다. 덮치다.「老鷹一小鷄兒; 독수리가 병아리를 약탈해 가다」「一一把米; 쌀을 한 움큼 쥐다」③붙잡다.「一特務; 간첩을 잡다」④다투어 행하다. 「幾天裡就把工作一完了; 며칠 동안에 일을 완료하였다」「亂一; 분별없이 이것저것 손을 대다」⑤꼭 달라붙다.「蟲子用爪兒在牆上一得很結實; 벌레가 발톱으로 벽에 꼭 달라붙다」 ⑥(중요한 시기·곳·인심 따위를)단단히 잡다.「一住要點; 요점을 단단히 파악하다」
[抓碴兒] chuāch'árh ㄓㄨㄚㄔㄚˊㄦ 구실을 삼다. 트집을 잡다. 「一打架; 트집을 잡아 싸움을 하다」
[抓尖兒] chuāchiēnrh ㄓㄨㄚㄐㄧㄢㄦ 좋은 것만 먼저 골라 잡다.
[抓籤兒] chuā ch'iēnrh ㄓㄨㄚㄐㄧㄢㄦ 대로 만든 제비를 뽑다.
[抓尖兒賣快] chuāchiēnrh màik'uài ㄓㄨㄚㄐㄧㄢㄦ ㄇㄞˋㄎㄨㄞˋ 남의 앞에서만 친절하거나 민첩하다는 것을 알리기 위하여 바쁜 듯이 일하다.
[抓緊] chuāchǐn ㄓㄨㄚㄐㄧㄣˇ 단단히 잡다. 확실히 장악하다.

[抓鬮兒] chuāchiūrh ㄓㄨㄚㄐㄧㄡㄦ 제비 뽑다.

[抓周] chuāchōu ㄓㄨㄚㄓㄡ 돌잔치 때에 여러 물건을 아이 앞에 놓아 고르게 하여 그 아이의 장래를 점치는 일. 돌잡힘. =試兒. 試周.

[抓局] chuāchű ㄓㄨㄚㄐㄩˊ 도박장을 급습하다. 도박의 현장을 덮치다.

[抓耳撓腮] chuāĕrh-náosāi ㄓㄨㄚㄦˇㄋㄠˊㄙㄞ 귀를 잡아뜯고 볼을 긁다. 애태우며 고민하는 모양.《成》 =抓腮挖耳.

[抓糞] chuāfên ㄓㄨㄚㄈㄣˋ 잘 섞은 거름을 논밭에 나르다.

[抓伕] chuāfū ㄓㄨㄚㄈㄨ 청·장년을 군에 쓰기 위하여 강제 징발 또는 납치하다.

[抓瞎] chuāhsiā ㄓㄨㄚㄒㄧㄚ 어찌해야 좋을지 모르다.「他當時就一了 ; 그는 당장 어찌해야 좋을지 모르게 되었다」

[抓哏] chuākên ㄓㄨㄚㄍㄣˊ 연기자(演技者)가 관중이나 공연자의 동작을 웃음거리로 만들려는 일.

[抓工夫(兒)] chuā kūngfu(rh) ㄓㄨㄚ ㄍㄨㄥㄈㄨ(ㄦ) 여가(餘暇)를 찾다. 시간을 내다.

[抓空兒] chuā kùngrh ㄓㄨㄚㄎㄨㄥˋㄦ 여가를 찾다. 틈을 타다.

[抓乖] chuākuāi ㄓㄨㄚㄍㄨㄞ 선수를 쓰다.

[抓理] chuālĭ ㄓㄨㄚㄌㄧˇ 원리(原理)를 파악하다.

[抓迷糊] chuāmíhu ㄓㄨㄚㄇㄧˊㄏㄨ 속여먹다. 속임수를 쓰다.

[抓撓] chuānao ㄓㄨㄚㄋㄠ ①(가려운 곳을) 긁다. ②함부로 잡아 쥐다. ③드잡이를 하고 싸우다. ④만들다.「一飯 ; 밥을 짓다」⑤수단을 가리지 않고 손에 넣다.「一錢 ; 수단을 가리지 않고 돈을 벌다」 >抓抓撓撓.

[抓撓兒] chuānaorh ㄓㄨㄚㄋㄠㄦ (애기가 손으로) 죄암죄암하다.

[抓弄] chuānung ㄓㄨㄚㄋㄨㄥ ①손장난하다. 주물럭거리다. ②二抓撓.

[抓扒] chuap'á ㄓㄨㄚㄆㄚˊ 할퀴다.

[抓膘] chuāpiāo ㄓㄨㄚㄅㄧㄠ 풀이 무성한 시기에 가축을 방목하여 살찌게 하다.

[抓兵] chuāpīng ㄓㄨㄚㄅㄧㄥ 일반 사람을 잡아 군인으로 만들다.

[抓破臉(兒)] chuāp'òliĕn(rh) ㄓㄨㄚㄆㄛˋㄌㄧㄢˇ(ㄦ) ①감정적으로 대들다. ②꽃의 흰 부분에 붉은 점이 있는 것.

[抓蛋兒] chuātànrh ㄓㄨㄚㄉㄢˋㄦ 종이를 돌돌 뭉쳐 만들어 제비를 뽑다. =抓紙蛋.

[抓大頭] chuā tàt'óu ㄓㄨㄚㄉㄚˋㄊㄡˊ 공집기를 하다.

[抓丁] chuā tīng ㄓㄨㄚㄉㄧㄥ 장정(壯丁)을 납치하다.

[抓頭] chuāt'óu ㄓㄨㄚㄊㄡˊ 머리를 긁다.

[抓彩] chuāts'ăi ㄓㄨㄚㄘㄞˇ 복첨(福籤)을 뽑다.

[抓早兒] chuātsăorh ㄓㄨㄚㄗㄠˇㄦ ①일찌감치. ②되도록 빨리.

[抓走] chuātsŏu ㄓㄨㄚㄗㄡˇ 잡아가다. 끌고 가다.「叫法院一了 ; 법원으로 잡혀 갔다」

[抓子兒] chuātzŭrh ㄓㄨㄚㄗˇㄦ 공기. 아이들이 가지고 노는 장난감.

[抓藥] chuā yào ㄓㄨㄚㄧㄠˋ ①(새끼손가락 외의 네 손가락으로) 약(藥)을 집다. ②약을 사다. ③약을 팔다 : 이상은 모두 한방약에 한함.

〔撾〕 chuā ㄓㄨㄚ 치다. 두들기다.「一鼓 ; 장고를 치다. 북을 치다」 ⇨kuō.

〔髽〕 chuā ㄓㄨㄚ

[髽髻] chuāchi ㄓㄨㄚㄐㄧ 계집아이 머리 양쪽에 틀어 올린 쪽.

〔爪〕 chuă ㄓㄨㄚˇ ①「一子·一兒 ; (금수의) 발톱. 발톱이 있는 다리」「雞一子 ; 닭의 발톱」②「一兒 ; 기구의 짧은 다리」 ⇨chăo.

CH'UA ㄔㄨㄚ

〔欻〕 ch'uā ㄔㄨㄚ 지글지글 끓는 기름에 무엇을 넣을 때의 소리.「一一地響 ; 지그르르하고 소리를 내다」

[欻拉] ch'uālā ㄔㄨㄚㄌㄚ 기름 따위의 끓는 소리.

CH'UAI ㄔㄨㄞ

〔搋〕 ch'uāi ㄔㄨㄞ ①주먹으로 눌러 비비다. 반죽하다.「一麵 ; 밀가루를 반죽하다」②품속에 감추다.

[搋起來] ch'uāich'ilai ㄔㄨㄞㄑㄧ ㄌㄞ 품속에 감춰 버리다.

[搋和] ch'uāihó, ㄔㄨㄞㄏㄜˊ, ch'uāihuó 반죽하다.

[搋手] ch'uāishŏu ㄔㄨㄞㄕㄡˇ 소매 속에 손을 넣어 팔짱을 끼다.

〔揣〕 ch'uăi ㄔㄨㄞˇ 미루어 헤아리다. 추량하다.「不一淺陋 ; 비재(非才)를 무릅쓰고」

[揣摩] ch'uăimo ㄔㄨㄞˇㄇㄛ ①남의 속셈을 추측하다. ②심리나 도리를 살피다. ③면밀히 연구하다. >揣揣摩摩.

[揣度] ch'uăitŏ ㄔㄨㄞˇㄉㄨㄛˋ 추측하다. 짐작하다.

[揣測] ch'uăits'ê ㄔㄨㄞˇㄘㄜˋ 추측하다. 추량하다.

〔踹〕 ch'uài ㄔㄨㄞˋ 짓밟다. (발바닥으로) 박차다. 누르다. 파괴하다.「一脚把敵人一倒 ; 세차게 적을 때려 눕히다」

[踹脚] ch'uàichiăo ㄔㄨㄞˋㄐㄧㄠˇ 짓밟다.

CHUAI ㄓㄨㄞ

〔拽〕 chuāi ㄓㄨㄞ ①힘껏 던지다. 내던지다.「把球一過來 ; 공을 던져 주다」②팔을 다쳐서 움직일 수 없다.「右胳膊一了; 오른팔을 못 쓰게 되었다」⇨chuài.

〔跩〕 chuăi ㄓㄨㄞˇ 비틀거리다.「鴨子一一一地走着 ; 집오리가 아장아장 걷고 있다」

〔拽〕 chuài ㄓㄨㄞˋ (힘주어 거칠게) 잡아 당기다.「把門一開;문을 잡아 당겨 열다」 ⇨chuāi. 「잡아 끌어 내다.
[拽出去] chuàich'uch'ü ㄓㄨㄞˋㄔㄨㄑㄩ
[拽開] chuàik'ai ㄓㄨㄞˋㄎㄞ 끌어 떼어 놓다. 「아 당기는 줄.
[拽手] chuàishǒu ㄓㄨㄞˋㄕㄡˇ 손잡이. 잡

CHUAN ㄓㄨㄢ

〔專〕(耑) chuān ㄓㄨㄢ ①전문의. 전문으로 하다.「一修;전공하다」 ②전념(專念)하다.「學習不一;학습에 전념치 않다」 ③독점(獨占). 제 멋대로.「不能自一;제멋대로는 되지 않는다」 ④오로지. 한결같이.「一愛開玩笑;한결같이 농담만 하려고 하다」
[專長] chuānch'áng ㄓㄨㄢㄔㄤˊ 뛰어나다. 특기가 있다.「他一唱歌;그는 노래의 특기가 있다」 「車).
[專車] chuānch'ē ㄓㄨㄢㄔㄜ 전용차(專用
[專政] chuānchèng ㄓㄨㄢㄓㄥˋ 전제 정치(專制政治). 「가지고. 특별히.
[專誠] chuānch'éng ㄓㄨㄢㄔㄥˊ 성의를
[專機] chuānchī ㄓㄨㄢㄐㄧ 특별기. 전용기.
[專家] chuānchiā ㄓㄨㄢㄐㄧㄚ ①전문가. ②전문적이다.「比我更一;나보다 전문적이다」
[專職] chuānchíh ㄓㄨㄢㄓˊ 전임(專任).「一教師;전임 교사」 「念)하다.
[專精] chuānchīng ㄓㄨㄢㄐㄧㄥ 전념(專
[專注] chuānchù ㄓㄨㄢㄓㄨˋ ①한 가지 일에 힘을 집중하다. ②(목표에 대해) 온 정신을 쏟다.
[專區] chuānch'ū ㄓㄨㄢㄑㄩ 성(省) 밑의 조그만 행정 구역(行政區域). 「일부러.
[專專] chuānchuān ㄓㄨㄢㄓㄨㄢ 특별히.
[專權] chuānch'uán ㄓㄨㄢㄑㄩㄢˊ 대권(大權)을 혼자 장악(掌握)하다. 「席).
[專席] chuānhsí ㄓㄨㄢㄒㄧˊ 특별석(特別
[專心致志] chuānhsīn-chìhchìh ㄓㄨㄢㄒㄧㄣㄓˋ ㄓˋ 일의전심(一意專心). 일심전력(一心專力). 「을 보내다.
[專人] chuānjén ㄓㄨㄢㄖㄣˊ 특별히 사람
[專刊] chuānk'ān ㄓㄨㄢㄎㄢ (신문이나 잡지 등의) 특집. 특집호.
[專科] chuānk'ō ㄓㄨㄢㄎㄜ ①특설(特設)한 전문 과목. ②대학과 고등학교 중간의 전문 학교.
[專款] chuānk'uǎn ㄓㄨㄢㄎㄨㄢˇ 특별한 목적으로 사용하는 돈. 「전문란.
[專欄] chuānlán ㄓㄨㄢㄌㄢˊ 신문(등의)
[專利] chuānlì ㄓㄨㄢㄌㄧˋ ①이익을 독점하다. ②전매 특허.
[專名] chuānmíng ㄓㄨㄢㄇㄧㄥˊ 고유 명사(固有名詞).「一號;고유 명사의 기호」
[專配] chuānp'èi ㄓㄨㄢㄆㄟˋ 한결같이 보충(補充)하다.「一零件;보충용 부분품」
[專使] chuānshǐh ㄓㄨㄢㄕˇ 특사(特使). 특명 전권 대사(特命全權大使).
[專書] chuānshū ㄓㄨㄢㄕㄨ 전문 서적.
[專題] chuānt'í ㄓㄨㄢㄊㄧˊ ①특별 기고(特別寄稿). ②특별한 제목.
[專才] chuānts'ái ㄓㄨㄢㄘㄞˊ 전문적인 인재(人材).
[專責制] chuāntséchìh ㄓㄨㄢㄗㄜˊㄓˋ 일정한 직무에 대하여 책임을 지게 하는 제도.
[專文] chuānwén ㄓㄨㄢㄨㄣˊ ①특히 어떤 문제에 대하여 쓴 논문. ②특별히 어떤 일을 통지하는 공문서. 「(專攻).
[專業] chuānyèh ㄓㄨㄢㄧㄝˋ 전문. 전공
[專員] chuānyüán ㄓㄨㄢㄩㄢˊ ①특별한 임무로 파견된 관리. ②전문가.

〔磚〕(甎) chuān ㄓㄨㄢ ①봉당 또는 정원에 까는 평평한 기와. 벽돌. ②벽돌 모양의 물건.「茶一;전차(磚茶):홍차나 녹차 가루를 쪄서 벽돌 모양으로 압축한 중국 차」 「된 담.
[磚牆] chuānch'iáng ㄓㄨㄢㄑㄧㄤˊ 벽돌로
[磚坯] chuānp'ī ㄓㄨㄢㄆㄧ 날기와. 굽지 않은 기와.
[磚頭] chuānt'ou ㄓㄨㄢㄊㄡ 벽돌 조각.
[磚瓦] chāunwǎ ㄓㄨㄢㄨㄚˇ 벽돌과 기와.
[磚窰] chuānyáo ㄓㄨㄢㄧㄠˊ 벽돌이나 기와를 굽는 가마.

〔轉〕 chuǎn ㄓㄨㄢˇ ①(방향·위치·형세 등을)바꾸다. 변하다.「一過臉來;얼굴을 이쪽으로 돌리다」「向後一;뒤로 돌아:호령」 ②중간에서 전하다. (우편물·전갈·상품 등을)송달하다.「一一封信;편지를 한 통 중간에서 전달하다」 ③돌아오다. ⇨chuàn.
[轉賬] chuǎnchàng ㄓㄨㄢˇㄓㄤˋ 계정(計定) 과목을 바꾸다.
[轉折] chuǎnché ㄓㄨㄢˇㄓㄜˊ ①복잡한 일. 귀찮음.「一太大;너무나 귀찮다」 ②음모(陰謀). 가슴에 간직하는 일.「心裡有一;마음 속에 어떤 음모를 가지다」 ③전기(轉機). 돌다.「一點;길모퉁이」
[轉折親] chuǎnchéch'īn ㄓㄨㄢˇㄓㄜˊㄑㄧㄣ 친척(親戚)의 친척. ‹方›
[轉正] chuǎnchèng ㄓㄨㄢˇㄓㄥˋ ①바꾸어 바르게 하다. 방향을 고치다. ②정상화하다. 「다.
[轉乘] chuǎnch'éng ㄓㄨㄢˇㄔㄥˊ 갈아 타
[轉機] chuǎnchī ㄓㄨㄢˇㄐㄧ 시운(時運)이 일변하다. 「다.
[轉寄] chuǎnchì ㄓㄨㄢˇㄐㄧˋ 전송(轉送)하
[轉洽] chuǎnch'ià ㄓㄨㄢˇㄑㄧㄚˋ 중간에서 상의하다.
[轉交] chuǎnchiāo ㄓㄨㄢˇㄐㄧㄠ ①전교하다. 남을 통하여 건네주다. ③…방(方). 전교. 「길모퉁이.
[轉角兒] chuánchiǎorh ㄓㄨㄢˊㄐㄧㄠˇㄦ
[轉接] chuǎnchiēh ㄓㄨㄢˇㄐㄧㄝ 중계(中繼)하다. 중개(仲介)하다.
[轉借] chuǎnchièh ㄓㄨㄢˇㄐㄧㄝˋ ①남의 것을 다시 빌다. ②빌은 것을 남에게 또 빌려 주다.
[轉致] chuǎnchìh ㄓㄨㄢˇㄓˋ =轉交.
[轉去] chuǎnch'ǜ ㄓㄨㄢˇㄑㄩˋ ①돌아 가다. ‹吳·廣·西› ②남을 통하여 건네주다.
[轉船] chuǎnch'uán ㄓㄨㄢˇㄔㄨㄢˊ 선박의 짐을 다른 배로 옮겨 싣다. 「되다.
[轉好] chuánhǎo ㄓㄨㄢˊㄏㄠˇ 호전(好轉)
[轉徙] chuánhsǐ ㄓㄨㄢˊㄒㄧˇ 먼 데로 이

사하다.

[轉想] chuánhsiǎng ㄓㄨㄢˊㄒㄧㄤˇ 다시 생각하다. 생각을 고치다.

[轉向架] chuǎnhsiàngchià ㄓㄨㄢˇㄒㄧㄤˋㄐㄧㄚˋ 보기 차(bogie車). 「변하다.

[轉心] chuǎnhsīn ㄓㄨㄢˇㄒㄧㄣ 마음이

[轉戶] chuǎnhû ㄓㄨㄢˇㄏㄨˋ 양도(讓渡)하다.

[轉圜] chuǎnhuán ㄓㄨㄢˇㄏㄨㄢˊ 만회(挽回)하다.「事情還有一的餘地;사정은 아직 만회할 여지가 있다」＞轉轉圜圜.

[轉花兒] chuǎnhuārh ㄓㄨㄢˇㄏㄨㄚㄦ 사태(事態)가 전환되다.

[轉移] chuǎní ㄓㄨㄢˊㄧˊ ①이전(移轉)하다. 전환하다. 「게 양도하다.

[轉讓] chuǎnjàng ㄓㄨㄢˇㄖㄤˋ 제삼자에

[轉告] chuǎnkào ㄓㄨㄢˇㄍㄠˋ 전언(傳言)하다.

[轉冷] chuánlěng ㄓㄨㄢˊㄌㄥˇ 추워지다.

[轉捩點] chuǎnlièhtiěn ㄓㄨㄢˇㄌㄧㄝˋㄉㄧㄢˇ 전환점(轉換點). ＝轉向點. 「돌리다.

[轉臉] chuánliěn ㄓㄨㄢˊㄌㄧㄢˇ 얼굴을

[轉面子] chuǎnmièntzǔ ㄓㄨㄢˇㄇㄧㄢˋㄗ 명예를 만회하다.

[轉念頭] chuǎnnièntʻou ㄓㄨㄢˇㄋㄧㄢˋㄊㄡ ①생각을 고치다. 마음을 돌리다. ②배려(配慮)하다. 「지다.

[轉暖] chuánnuǎn ㄓㄨㄢˊㄋㄨㄢˇ 따뜻해

[轉包] chuǎnpāo ㄓㄨㄢˇㄅㄠ 하청(下請)받다.

[轉變] chuǎnpièn ㄓㄨㄢˇㄅㄧㄢˋ ①변천하다. ②방향을 바꾸다. ③전향하다. 생각을 고치다. 「달라지다.

[轉病] chuǎnpìng ㄓㄨㄢˇㄅㄧㄥˋ 병세가

[轉播] chuǎnpō ㄓㄨㄢˇㄅㄛ 중계 방송하다. 「을 바꾸다.

[轉身] chuǎnshěn ㄓㄨㄢˇㄕㄣ 몸의 방향

[轉手] chuánshǒu ㄓㄨㄢˊㄕㄡˇ ①손쉽다는 비유. ②손을 거치다. ③남에게 건네주다.

[轉瞬] chuánshǔn ㄓㄨㄢˊㄕㄨㄣˇ 깜빡이다.「一之間 ; 순식간」

[轉說] chuǎnshuō ㄓㄨㄢˇㄕㄨㄛ 중간에서 말을 전하다. 「轉速度).

[轉速] chuǎnsû ㄓㄨㄢˇㄙㄨˋ 회전속도(回

[轉達] chuǎntá ㄓㄨㄢˇㄉㄚˊ 전갈을 부탁하다. 전언하다. 「접 전하다.

[轉遞] chuǎntì ㄓㄨㄢˇㄉㄧˋ 중간에서 직

[轉調] chuǎntiào ㄓㄨㄢˇㄉㄧㄠˋ 전근(轉勤)하다. 「부탁하다.

[轉托] chuǎntʻō ㄓㄨㄢˇㄊㄨㄛ 남을 통해

[轉動] chuǎntùng ㄓㄨㄢˇㄉㄨㄥˋ ①빙글빙글 돌다. ②몸을 움직여 활동하다. ③(기계 등을) 운전하다. 회전하다.

[轉動子] chuǎntùngtzǔ ㄓㄨㄢˇㄉㄨㄥˋㄗ 모우터(motor). 전동기. ＝轉子.

[轉租] chuǎntzǔ ㄓㄨㄢˇㄗ ＝轉借.

[轉彎抹角] chuǎnwān-mòchiǎo ㄓㄨㄢˇㄨㄢㄇㄛˋㄐㄧㄠˇ ①길 모퉁이를 돌다. ②복잡한 순서를 따르다.「一算起來 ; 이것저것 정리하면서 계산하다」

[轉彎兒] chuǎnwānrh ㄓㄨㄢˇㄨㄢㄦ ①방향을 바꾸다. ②길모퉁이를 돌다. ⇨chuànwānrh.

[轉彎子] chuǎnwāntzǔ ㄓㄨㄢˇㄨㄢㄗ 완곡(婉曲)하게 하는 일.「一罵人 ; 빗대 놓고 남을 욕하다」

[轉爲] chuǎhwéi ㄓㄨㄢˇㄨㄟˊ 변하여…가 되다. …으로 변하다.

[轉文] chuǎnwén ㄓㄨㄢˇㄨㄣˊ 문어(文語)나 성어(成語) 따위를 즐겨 쓰다.「他愛一說語 ; 그는 문자를 쓰기 좋아한다」

[轉眼] chuányěn ㄓㄨㄢˊㄧㄢˇ 눈을 돌리다.「一之間 ; 순간」

[轉影壁] chuányǐngpì ㄓㄨㄢˊㄧㄥˇㄅㄧˋ 몸을 감추다. (동행자를) 따돌리다.

[轉運] chuǎnyûn ㄓㄨㄢˇㄩㄣˋ ①전송(轉送)하다. ②계속 운전하다. ③운이 좋아지다.

〔囀〕 chuǎn ㄓㄨㄢˇ ①어조(語調). ②(새가)지저귀다. 재잘거리다.

〔傳〕 chuàn ㄓㄨㄢˋ ①경서(經書)를 해석한 것. "春秋左氏傳" 따위. ②전기(傳記).「自一 ; 자전」⇨chʻuán.

「하다.

〔撰〕 chuàn ㄓㄨㄢˋ 문장을 짓다. 편찬

[撰著] chuànchû ㄓㄨㄢˋㄓㄨˋ 저작(著作).

[撰稿] chuàn'kǎo ㄓㄨㄢˋㄍㄠˇ 원고를 쓰다.

[撰述] chuànshû ㄓㄨㄢˋㄕㄨˋ 저술(著述).

〔篆〕 chuàn ㄓㄨㄢˋ 전서(篆書) : 한자 글씨체의 하나로 대전(大篆)·소전으로 구분됨.

[篆刻] chuànkʻò ㄓㄨㄢˋㄎㄜˋ 전자를 도장에 새기다. 수식이 많고 내용이 충실치 못한 문장.

〔賺〕 chuàn ㄓㄨㄢˋ ①(장사하여) 벌다. 이익을 보다.「一錢 ; 돈을 벌다」 ②이익(利益). 벌이.「沒什麼一兒 ; 아무런 이익도 없다」⇨tsuan. 「이. 이익.

[賺頭兒] chuàntʻourh ㄓㄨㄢˋㄊㄡㄦ 벌

〔轉〕 chuàn ㄓㄨㄢˋ 빙글빙글 돌다. 돌리다.「輪子一得快;차바퀴가 빨리 돌다」「打一兒 ; 빙글빙글 돌다」

[轉筋] chuànchīn ㄓㄨㄢˋㄐㄧㄣ ①근육이 경련(痙攣)하다. ②결단력이 둔하다.

[轉圈兒] chuànchüānrh ㄓㄨㄢˋㄑㄩㄢㄦ 빙글빙글 돌다.

[轉向(兒)] chuànhsiàng(rh) ㄓㄨㄢˋㄒㄧㄤˋ(ㄦ) ①방향(方向)을 잃다. ②(사상적으로)전향하다.

[轉晃] chuànhuang ㄓㄨㄢˋㄏㄨㄤ 어슬렁어슬렁 걸어 다니다.

[轉歡兒] chuàn huanrh ㄓㄨㄢˋㄏㄨㄢㄦ 마음이 들떠 떠들며 돌아 다니다.

[轉來轉去] chuànlái-chuànchû ㄓㄨㄢˋㄌㄞˊㄓㄨㄢˋㄑㄩˋ 이리저리 왔다갔다하다.

[轉椅] chuànǐ ㄓㄨㄢˋㄧˇ 회전 의자(回轉椅子).

[轉磨] chuànmò ㄓㄨㄢˋㄇㄛˋ ① 어려운 일을 당하여 처리에 궁한 일. ②공전(空轉)하다.「急得直一 ; 초조하여 정신을 잃고 우왕좌왕하다」

[轉磨磨(兒)] chuànmòmo(rh) ㄓㄨㄢˋㄇㄛˋㄇㄛ(ㄦ) ①빙글빙글 돌다. ②몹시 바빠 허둥지둥하다. ③우물우물하며 해결을 못짓다. 「리를 쓰다.

[轉腦子] chuànnǎotzǔ ㄓㄨㄢˋㄋㄠˇㄗ 머

[轉盤] chuànpʻán ㄓㄨㄢˋㄆㄢˊ 회전반(回

轉盤).
[轉動] chuàntùng ㄓㄨㄢˋㄉㄨㄥˋ 돌리다.
[轉遭] chuàntsāo ㄓㄨㄢˋㄗㄠ 사방(四方). 주위.
[轉彎兒] chuànwānrh ㄓㄨㄢˋㄨㄢㄦ빙글빙글 돌다.
[轉游] chuànyu ㄓㄨㄢˋㄧㄡ ①빙빙 돌아다니다. ②이리저리 생각해 보다. ＝轉悠. >轉轉游游.

〔饌〕 chuàn ㄓㄨㄢˋ 먹고 마시다.「用一;먹고 마시다」

CH'UAN ㄔㄨㄢ

〔川〕 ch'uān ㄔㄨㄢ ①내. ②"四川省". ③⇨氽①.
[川椒] ch'uānchiāo ㄔㄨㄢㄐㄧㄠ "四川省"에서 생산되는 산초(山椒).
[川綢] ch'uānch'óu ㄔㄨㄢㄔㄡˊ "四川省"에서 나는 견직물.
[川劇] ch'uānchǜ ㄔㄨㄢㄐㄩˋ "四川"지방의 전통극.
[川芎] ch'uānhsiung ㄔㄨㄢㄒㄩㄥ 〈植〉 "四川省"에서 생산되는 천궁: 한약 재료로 씀.
[川肉片] ch'uānjóp'ièn ㄔㄨㄢㄖㄨㄛˊㄆㄧㄢˋ얇게 썰은 고기를 넣은 국.
[川流不息] ch'uānliú pùhsī ㄔㄨㄢㄌㄧㄡˊㄅㄨˋㄒㄧ 냇물처럼 쉬지 않고 흐르다: 인마(人馬)가 부절하고, 왕래가 빈번하다는 형용.
[川湯] ch'uānt'āng ㄔㄨㄢㄊㄤ 끓는 물에 재료를 넣어 만든 국 : 요리법의 하나.
[川資] ch'uāntzū ㄔㄨㄢㄗ 여비(旅費).
[川丸子] ch'uānwántzǔ ㄔㄨㄢㄨㄢˊㄗ 고기 경단을 넣은 수우프.

〔穿〕 ch'uān ㄔㄨㄢ ①구멍을 뚫다. 꿰뚫다.「用錐子一一個洞;송곳으로 구멍 하나를 뚫다」②동사 뒤에 놓여 그 동작에 "파 헤치다·뚫다"의 뜻을 더하는 말.「看一;간파(看破)하다」③(구멍이나 좁은 공간으로) 꿰다. 빠져 나가다.「一針;바늘에 실을 꿰다」④(의복을) 입다.「一衣服;옷을 입다」⑤(신·양말 따위를) 신다.「一鞋;신을 신다」
[穿插] ch'uānch'ā ㄔㄨㄢㄔㄚ ①중간에서 중재(仲裁)하다. ②소설·회곡에서 내용의 원활을 기하기 위하여 뒤에 세세한 부분을 삽입하다. >穿穿插插.
[穿章(兒)] ch'uānchang(rh) ㄔㄨㄢㄓㄤ(ㄦ) 복장(服裝). 몸차림.
[穿章打扮] ch'uānchang-tǎpan ㄓㄨㄢㄓㄤㄉㄚˇㄅㄢ 복장과 화장. 옷차림새.
[穿針] ch'uānchēn ㄔㄨㄢㄓㄣ 바늘에 실을 꿰다.
[穿夾] ch'uānchiá ㄔㄨㄢㄐㄧㄚˊ 겹옷을 입다.
[穿串(兒)] ch'uānch'uàn(rh) ㄔㄨㄢㄔㄨㄢˋ(ㄦ) ①맞대어 잇다. ②꼬챙이에 꿰다.
[穿孝] ch'uānhsiào ㄔㄨㄢㄒㄧㄠˋ 상복(喪服)을 입다.
[穿換] ch'uānhuan ㄔㄨㄢㄏㄨㄢ 교환하다. 거래(去來)하다.
[穿衣] ch'uānī ㄔㄨㄢㄧ 옷을 입다.
[穿衣鏡] ch'uānīchìng ㄔㄨㄢㄧㄐㄧㄥˋ 체경(體鏡).
[穿廊] ch'uānláng ㄔㄨㄢㄌㄤˊ 안대문 양쪽에 있는 복도.
[穿白] ch'uānpái ㄔㄨㄢㄅㄞˊ ①흰옷을 입다. ②상복을 입다.
[穿梭] ch'uānsō ㄔㄨㄢㄙㄨㄛ 베틀의 북과 같이 왔다 갔다 하다. 왕래가 빈번하다.「燕子一;제비가 드나들다」
[穿素] ch'uānsù ㄔㄨㄢㄙㄨˋ ①검소한 무늬 없는 옷을 입다. ②상복(喪服)을 벗고 (당분간) 검소한 옷을 입다.
[穿戴] ch'uāntài ㄔㄨㄢㄉㄞˋ ①의관(衣冠). ②복장. ③입다. 쓰다. 걸치다.
[穿堂門(兒)] ch'uānt'ángmén(rh) ㄔㄨㄢㄊㄤˊㄇㄣˊ(ㄦ) 두 골목을 연결하는 좁은 길 어귀의 문.
[穿通] ch'uānt'ūng ㄔㄨㄢㄊㄨㄥ 꿰뚫고 빠져 나가다. 통과하다.
[穿鑿] ch'uāntsó ㄔㄨㄢㄗㄨㄛˊ ①억지로 이유를 갖다 붙이다. 떼를 쓰다.「一附會;억지로 합리화시키려고 하다」②뚫고 나가다. 꿰뚫다.「一隧道;터널을 뚫다」
[穿窬之盜] ch'uānyúchīhtào ㄔㄨㄢㄩˊㄓㄉㄠˋ 담의 구멍으로 들어 가는 도둑. 몰래 적진(敵陣)으로 들어 가는 기술.
[穿越] ch'uānyüèh ㄔㄨㄢㄩㄝˋ(산 따위를) 통과하다. 넘다.
[穿用] ch'uānyùng ㄔㄨㄢㄩㄥˋ착용(着用)하다.
[穿雲裂石] ch'uānyún lièhshíh ㄔㄨㄢㄩㄣˊㄌㄧㄝˋㄕˊ 노랫소리가 분명하고 드높은 형용. 쨍쨍하게 울림. 《成》

〔船〕 ch'uán ㄔㄨㄢˊ 배. 선박.
[船閘] ch'uánchá ㄔㄨㄢˊㄔㄚˊ 배가 지나가는 수문(水門).
[船廠] ch'uánch'ǎng ㄔㄨㄢˊㄔㄤˇ 조선장(造船場). 배 만드는 공장.
[船期] ch'uánch'ī ㄔㄨㄢˊㄐㄧ 선적기(船積期). 선박의 출항일(出航日).
[船家] ch'uánchiā ㄔㄨㄢˊㄐㄧㄚ ＝船戶.
[船隻] ch'uánchīh ㄔㄨㄢˊㄓ 선박. 배.
[船帆] ch'uánfān ㄔㄨㄢˊㄈㄢ 배의 돛.
[船夫] ch'uánfū ㄔㄨㄢˊㄈㄨ 수부(水夫). 뱃사공.
[船舷] ch'uánhsién ㄔㄨㄢˊㄒㄧㄢˊ 뱃전.
[船戶] ch'uánhù ㄔㄨㄢˊㄏㄨˋ ①선박업자. 뱃사공.
[船殼保險] ch'uánk'ópǎohsiěn ㄔㄨㄢˊㄎㄜˊㄅㄠˇㄒㄧㄢˇ 선박보험.
[船工] ch'uánkūng ㄔㄨㄢˊㄍㄨㄥ 조선공(造船工).
[船老大] ch'uánlǎotà ㄔㄨㄢˊㄌㄠˇㄉㄚˋ 개인 배의 소유주. 뱃주인. 《方》
[船面] ch'uánmièn ㄔㄨㄢˊㄇㄧㄢˋ＝船板.
[船板] ch'uánpǎn ㄔㄨㄢˊㄅㄢˇ갑판(甲板).
[船幫] ch'uánpāng ㄔㄨㄢˊㄅㄤ 뱃전. 배의 가장자리.
[船篷] ch'uánp'éng ㄔㄨㄢˊㄆㄥˊ ①대로 엮은 배의 덮개. 주로 지붕을 덮음. ②배의 돛.
[船票] ch'uánp'iào ㄔㄨㄢˊㄆㄧㄠˋ 승선권(乘船券). 배표.
[船埠] ch'uánpù ㄔㄨㄢˊㄅㄨˋ 항구. 부두(埠頭).
[船梢] ch'uánshāo ㄔㄨㄢˊㄕㄠ 뱃머리. 이물.

[船身] ch'uánshēn ㄔㄨㄢˊㄕㄣ 선체(船體).
[船索] ch'uánsŏ ㄔㄨㄢˊㄙㄨㄛˇ 배의 로우프. 닻줄. 「이물. =船梢.
[船頭] ch'uánt'óu ㄔㄨㄢˊㄊㄡˊ 선수(船首).
[船倉] ch'uánts'āng ㄔㄨㄢˊㄘㄤ ①선실(船室). ②배의 짐 싣는 곳.
[船尾] ch'uánwĕi ㄔㄨㄢˊㄨㄟˇ 선미. 고물.
[船塢] ch'uánwŭ ㄔㄨㄢˊㄨˋ 배를 만들거나 수리하는 시설: 선거(船渠). 독(dock).

〔遄〕 ch'uán ㄔㄨㄢˊ ①왕래가 빈번하다. ②신속하다. 「가다.
[遄返] ch'uánfăn ㄔㄨㄢˊㄈㄢˇ 급히 돌아

〔傳〕 ch'uán ㄔㄨㄢˊ ①전하다. 전달하다. 「把球挨個兒一下去；공을 한 사람씩 차례로 걸쳐 가게 하다」 ②널리 알리다. 퍼지다. 「消息一遍了全國；뉴우스는 전국으로 널리 퍼졌다」 ③사람을 불러대다. 「一人；사람을 불러내다」 ④⇨chuàn.
[傳召] ch'uánchāo ㄔㄨㄢˊㄓㄠ 불러 모으다. 모이도록 전갈하다.
[傳眞] ch'uánchēn ㄔㄨㄢˊㄓㄣ ①사진 전송(電送)하다. (뉴우스 · 사진 따위의) 전송(電送). ②초상화를 그리다.
[傳奇] ch'uánch'í ㄔㄨㄢˊㄐㄧˊ ①당(唐) 나라 시대에 시작된 문어체(文語體)의 단편 소설. ②희곡: 흔히 남방계의 장편을 말함. ③소설 따위에 엮어진 공상적 · 환상적인 사건. ④로만스. 연애 소설. 「一主義；로만티즘」
[傳家寶] ch'uánchiāpăo ㄔㄨㄢˊㄐㄧㄚㄅㄠˇ 선조 전래의 보물.
[傳教] ch'uánchiào ㄔㄨㄢˊㄐㄧㄠˋ 가르침을 널리 전하다. 「一士；선교사」
[傳見] ch'uánchièn ㄔㄨㄢˊㄐㄧㄢˋ 불러내어 만나다.
[傳疑] ch'uání ㄔㄨㄢˊㄧˊ 의심하고 있는 것을 남에게도 전하다.
[傳種] ch'uánchŭng ㄔㄨㄢˊㄓㄨㄥˇ 자손의 대가 끊어지지 않게 하다.
[傳信] ch'uánhsìn ㄔㄨㄢˊㄒㄧㄣˋ ①믿고 있는 바를 남에게 전하다. ②편지를 전하다. ③소식을 알리다.
[傳訊] ch'uánhsǜn ㄔㄨㄢˊㄒㄩㄣˋ 소환하여 심문하다.
[傳喚] ch'uánhuàn ㄔㄨㄢˊㄏㄨㄢˋ 소환하다. 호출하다.
[傳話筒] ch'uánhuàt'ŭng ㄔㄨㄢˊㄏㄨㄚˋㄊㄨㄥˇ 메가폰. 입에 대고 말하는 기구 송화통.
[傳呼電話] ch'uánhū tiènhuà ㄔㄨㄢˊㄏㄨ ㄉㄧㄢˋㄏㄨㄚˋ 호출 전화(呼出電話).
[傳開] ch'uánk'āi ㄔㄨㄢˊㄎㄞ 널리 전해지다.
[傳觀] ch'uánkuān ㄔㄨㄢˊㄍㄨㄢ (사진 · 그림 따위를) 서로 돌려 보다. 차례차례 보다. 「지다.
[傳遍] ch'uánpièn ㄔㄨㄢˊㄅㄧㄢˋ 널리 퍼
[傳票] ch'uánpiào ㄔㄨㄢˊㄅㄧㄠˋ ①영장(令狀). 소환장. ②전표.
[傳播] ch'uánpō ㄔㄨㄢˊㄅㄛ ①선전하다. 퍼뜨리다. ②전하다.
[傳布] ch'uánpù ㄔㄨㄢˊㄅㄨˋ 널리 선하다. 유포하다.
[傳神] ch'uánshén ㄔㄨㄢˊㄕㄣˊ 사물의 진수(眞髓)를 전하다. 박진력(迫眞力)이 있다. 「他的文章寫得很一；그의 문장은 박진력이 있게 쓰여 있다」
[傳審] ch'uánshĕn ㄔㄨㄢˊㄕㄣˇ =傳訊.
[傳聲筒] ch'uánshēngtŭng ㄓㄨㄢˊㄕㄥㄉㄨㄥˇ 송화기(送話機).
[傳說] ch'uánshuō ㄔㄨㄢˊㄕㄨㄛ ①전설. ②말을 전함. ③풍설. 소문.
[傳誦] ch'uánsùng ㄔㄨㄢˊㄙㄨㄥˋ 자자하게 칭찬이 나돌다. 훌륭하다고 칭송하다.
[傳達] ch'uántá ㄔㄨㄢˊㄉㄚˊ ①전하다. ②(위의 명령을 아래로) 전달하다. 중간에서 전하다. 「하다.
[傳代] ch'uántài ㄔㄨㄢˊㄉㄞˋ 대대로 전
[傳單] ch'uántān ㄔㄨㄢˊㄉㄢ 전단. 선전이나 광고의 삐라.
[傳達室] ch'uántáshìh ㄔㄨㄢˊㄉㄚˊㄕˋ 접수처(接受處). =傳達處.
[傳遞] ch'uántì ㄔㄨㄢˊㄉㄧˋ ①차례차례 전달하다. ②(물건이나 정보 따위를) 전달하다. 「통하다.
[傳電] ch'uántièn ㄔㄨㄢˊㄉㄧㄢˋ 전기가
[傳問] ch'uánwèn ㄔㄨㄢˊㄨㄣˋ 소환하여 심문하다.
[傳揚] ch'uányáng ㄔㄨㄢˊㄧㄤˊ 전하여 퍼지다. >傳傳揚揚.
[傳言] ch'uányén ㄔㄨㄢˊㄧㄢˊ ①소문. 뒷공론. ②말을 전하다.
[傳閱] ch'uányüèh ㄔㄨㄢˊㄩㄝˋ (글로 쓴 것을) 순차적으로 돌려서 읽다.

〔椽〕 ch'uán ㄔㄨㄢˊ ①서까래. 「一子；서까래」 ②전하다. ③사다리.
[椽筆] ch'uánpĭ ㄔㄨㄢˊㄅㄧˇ ①대문장(大文章). ②다른 사람의 글을 칭찬하다.

〔舛〕 ch'uăn ㄔㄨㄢˇ ①어그러지다. 그르치다. ②배반하다. ③운이 나쁘다. ④문란하다.
[舛逆] ch'uănnì ㄔㄨㄢˇㄋㄧˋ ①순서가 바뀌다. ②거역하다.
[舛錯] ch'uănts'ò ㄔㄨㄢˇㄘㄨㄛˋ ①고르지 못함. 불균(不均). ②착오.
[舛誤] ch'uănwù ㄔㄨㄢˇㄨˋ 착오.

〔喘〕 ch'uăn ㄔㄨㄢˇ ①숨이 차다. 헐떡거리다. 「累得直一；피로하여 헐떡거리다」 ②천식. ③호흡.
[喘氣] ch'uănch'ì ㄔㄨㄢˇㄑㄧˋ 가쁘게 숨을 쉬다. 헐떡거리다.
[喘息] ch'uănhsī ㄔㄨㄢˇㄒㄧ 잠시 숨을 돌리다. 잠시 쉬다. 「他有一的機會；그는 한숨 돌릴 기회가 있다」
[喘息未定] ch'uănhsī wèitìng ㄔㄨㄢˇㄒㄧㄨㄟˋㄉㄧㄥˋ 가쁜 숨이 아직 멈추지 않다. 소모한 힘이 아직 회복되지 않았다는 말.
[喘吁吁的] ch'uănhsǖhsǖtê ㄔㄨㄢˇㄒㄩㄒㄩㄉㄜ 매우 숨을 헐떡이는 모양: 헐레벌떡.
[喘噓噓的] ch'uănhsǖhsǖtê ㄔㄨㄢˇㄒㄩㄒㄩㄉㄜ =喘吁吁的.

〔串〕 ch'uàn ㄔㄨㄢˋ ①한 패가 되어 결탁하다. 「一騙；한 패가 되어 속이다」 ②들락날락하다. 돌아 다니다. 「東一西一

；이리저리 쏘다니다」③연극 따위를 하다. 소인극(素人劇)을 하다. ④염주처럼 꿰어진 것을 세는 말.「一一柿餅；곶감 한 꼬치」⑤꿰뚫다. 꿰다. ⑥열(列). 줄.

[串親] ch'uànch'īn ㄔㄨㄢˋㄑㄧㄣ 친척 집을 돌아 다니면서 인사를 하다.

[串井] ch'uànchǐng ㄔㄨㄢˋㄐㄧㄥˇ지하수에 여러 개의 우물을 파서 그 사이를 토관(土管)으로 연결하여 지상으로 뽑게 된 우물.

[串房檐] ch'uànfángyén ㄔㄨㄢˋㄈㄤˊㄧㄢˊ ①(거지나 동냥하는 중이) 남의 집 처마 밑을 돌아 다니다. ②이곳저곳으로 셋집살이를 하며 전전하다. =串房沿兒.

[串戲] ch'uànhsì ㄔㄨㄢˋㄒㄧˋ풋나기가 연극에 참여하다.

[串供] ch'uànkùng ㄔㄨㄢˋㄍㄨㄥˋ 공술(供述)할 말을 서로 미리 짜다.

[串來串去] ch'uànlái ch'uànch'ǜ ㄔㄨㄢˋㄌㄞˊㄔㄨㄢˋㄑㄩˋ 이리저리 쏘다니다. 여기저기를 들르다.

[串連] ch'uànlién ㄔㄨㄢˋㄌㄧㄢˊ ①한 패가 되다. ②연결하여 잇대다. 이어 맞추다.

[串門子(兒)] ch'uànmĕntzŭ(rh) ㄔㄨㄢˋㄇㄣˊㄗ(ㄦ) 이웃집을 쏘다니며 수다를 떨다. 마실을 다니다.

[串鼻子] ch'uànpítzŭ ㄔㄨㄢˋㄅㄧˊㄗ 한 패가 되다. 패거리가 되다.

[串地] ch'uàntì ㄔㄨㄢˋㄉㄧˋ 농작물의 뿌리를 파내어 땅을 고르게 하다.

[串電] ch'uàntièn ㄔㄨㄢˋㄉㄧㄢˋ (전화나 라디오 따위가) 혼선하다.

[串通] ch'uànt'ūng ㄔㄨㄢˋㄊㄨㄥ 의사가 상통하다. 한 패가 되다.

[串演] ch'uànyĕn ㄔㄨㄢˋㄧㄢˇ ①이제까지의 배역(配役)을 바꾸다. ②풋나기가 연극을 하다.

[串烟] ch'uànyēn ㄔㄨㄢˋㄧㄢ 연기 내가 나다. 맵다.

[串悠] ch'uànyu ㄔㄨㄢˋㄧㄡ (목적 없이) 왔다 갔다 하다.

〔釧〕 ch'uàn ㄔㄨㄢˋ 팔찌.「一子;팔찌」

CHUAN ㄐㄩㄢ

〔涓〕 chüān ㄐㄩㄢ 가는 물줄기. 물방울.

[涓涓] chüānchüān ㄐㄩㄢㄐㄩㄢ 가는 물줄기가 서서히 흐르는 모양. 졸졸.

[涓滴] chüāntī ㄐㄩㄢㄉㄧ ①물방울. ②새발의 피만큼의. 눈곱만한 : 극히 적다는 형용.

〔捐〕 chüān ㄐㄩㄢ ①기부(寄附)하다. 의연금을 내다.「一一月工資；한 달분의 월급을 기부하다」② (임시적·지방성을 띤) 세금. 할당금.「房一;가옥세(家屋稅)」③내버리다. 희생(犧牲)하다.「爲國一軀；나라를 위하여 한 몸을 바치다」

[捐棄] chüānch'ì ㄐㄩㄢㄑㄧˋ 내버리다. 내던지다.「一成見；가지고 있던 의견을 버리다」

[捐錢] chüānch'iến ㄐㄩㄢㄑㄧㄢˊ ①의연금을 내다. 돈을 내다. 기부금. ③chüān ch'ien (임시적인) 세금. 할당금.

[捐助] chüānchû ㄐㄩㄢㄓㄨˋ 재물을 내어 도와 주다.

[捐獻] chüānhsièn ㄐㄩㄢㄒㄧㄢˋ ①헌납(獻納)하다. ② (몸을) 바치다.

[捐款] chüānk'uăn ㄐㄩㄢㄎㄨㄢˇ ①기부금. ② ch'üān k'uăn 돈을 기부하다. 헌금(獻金)하다.

[捐生] chüānshĕng ㄐㄩㄢㄕㄥ 생명을 내던지다.

[捐稅] chüānshuì ㄐㄩㄢㄕㄨㄟˋ ①기부금과 세금. ②세금을 내다.

[捐册] chüānts'ê ㄐㄩㄢㄘㄜˋ 기부 방명록(寄付芳名錄).

[捐贈] chüāntsêng ㄐㄩㄢㄗㄥˋ 기증(寄贈)하다.

[捐資] chüāntzū ㄐㄩㄢㄗ 재물(財物)을 기부하다.

〔娟〕 chüān ㄐㄩㄢ 아리땁다.

[娟秀] chüānhsiù ㄐㄩㄢㄒㄧㄡˋ 자색(姿色)이 아리땁다.

〔圈〕 chüān ㄐㄩㄢ ①안에 가두다.「把小鷄一起來；병아리를 우리에 넣다」②자욱하다.「一暑氣;더운 기가 자욱하다. ⇨ chüàn, ch'üán.

[圈性子] chüānhsìngtzŭ ㄐㄩㄢㄒㄧㄥㄗ 성질을 누르다. 성질을 고치다.

〔鎸〕 chüān ㄐㄩㄢ 새겨 파다. 조각(彫刻)하다.「一碑；비를 새기다」

[鎸刻] chüānk'ò ㄐㄩㄢㄎㄜˋ 조각하다. 파다.「一圖章；도장을 파다」

〔蠲〕 chüān ㄐㄩㄢ ①제외(除外)하다. 면제(免除)하다.「一租；면세(免稅)하다」②깨끗하다. 청결(淸潔).「一潔；청결」

[蠲除] chüānch'ú ㄐㄩㄢㄔㄨˊ 제외하다. 면제하다.

[蠲免] chüānmiĕn ㄐㄩㄢㄇㄧㄢˇ 면제(免除)하다.

〔卷〕(捲) chüăn ㄐㄩㄢˇ ①말다. 감다.「一簾子；발을 말아 올리다」②(힘을 넣어) 말아 들이다. 말려 들게 하다.「北風一地；세찬 북풍이 땅을 휩쓸며 불다」③「一兒；말아 접은 것」「煙一兒；종이로 만 담배. 궐련」「紙一兒；(돌돌)감은 종이」⇨chüàn.

[卷紙] chüánchĭh ㄐㄩㄢˊㄓˇ 시험 답안용지(試驗答案用紙).

[卷綫] chüăn hsièn ㄐㄩㄢˇㄒㄧㄢˋ 실을 감다.

[卷心菜] chüănhsīnts'ài ㄐㄩㄢˇㄒㄧㄣㄘㄞˋ 양배추. 캐비지.

[卷鬚] chüănhsū ㄐㄩㄢˇㄒㄩ 권수. 덩굴손.

[卷入旋渦] chüănjù hsüánwō ㄐㄩㄢ ㄖㄨˋㄒㄩㄢˊㄨㄛ 소용돌이 속에 휘말려 들어 가다.

[卷口] chüánk'ŏu ㄐㄩㄢˊㄎㄡˇ 칼날이 말려서 들지 않게 되다.「刀卷了口;칼날이 들지 않게 되다」

[卷罵] chüănmà ㄐㄩㄢˇㄇㄚˋ 욕을 하다. 꾸짖다.

[卷巴] chüănpa ㄐㄩㄢˇㄅㄚ (급하게 아무렇게나) 말다. 감다.

[卷地皮] chüăntìp'í ㄐㄩㄢˇㄉㄧˋㄆㄧˊ 관리

(官吏)가 국민을 착취하다.

[卷鋪蓋] chüăn p'ūkai ㄐㄩㄢˇㄆㄨㄍㄞ ①이불을 말다 : 중국인은 이불을 개지 않고 말음. ②집을 나가다. 또는 나가거라 : 꾸짖는 말. ③밤중에 몰래 도망치다. 혼이 나서 도망치다.

[卷逃] chüănt'áo ㄐㄩㄢˇㄊㄠˊ 남의 것을 가지고 도망치다.

[卷騰] chüănt'ếng ㄐㄩㄢˇㄊㄥˊ (연기나 불꽃이) 하늘로 치솟아 오르다.

[卷宗] chüăntsūng ㄐㄩㄢˇㄗㄨㄥ (관공서의 보존용) 서류(書類).

[卷筒紙] chüănt'úngchīh ㄐㄩㄢˇㄊㄨㄥˊㄓˇ 신문 인쇄에 쓰이는 크게 만 종이.

〔鬈〕 chüăn ㄐㄩㄢˇ 고수머리. 「一兒 ; 곱슬곱슬한 머리털. 머리털을 곱슬곱슬하게 함」 ⇨ch'üán.

〔卷〕 chüàn ㄐㄩㄢˋ ①「一兒 ; 두루마리」 「書一 ; 책」 「長一 ; 긴 두루마리」 ②서적의 책수나 장수(章數)를 세는 말. 「第一一 ; 제일권」 「上一 ; 상권」 ③「一子·一兒 ; 답안(答案). 시험 용지」 「交一 ; 답안을 내다」 ④문서. 조서(調書). 서류철(書類綴). ⇨chüăn. 「분류한 서류.

[卷宗] chüàntsūng ㄐㄩㄢˋㄗㄨㄥ 관청의

〔狷〕 chüàn ㄐㄩㄢˋ ①성미가 급함. 성급(性急). ②외고집의. 정의감(正義感)이 센. 융통성이 없는.

〔眷〕 chüàn ㄐㄩㄢˋ ①되돌아 보다. 그리워하다. 「蒙承殊一 ; 각별한 사랑을 받자와」 ②가족. 「家一 ; 가권. 가솔」

[眷注] chüànchù ㄐㄩㄢˋㄓㄨˋ 특히 돌보아 주다.

[眷口] chüànk'ǒu ㄐㄩㄢˋㄎㄡˇ 가족(家族).

[眷戀] chüànliên ㄐㄩㄢˋㄌㄧㄢˋ 연모하다. 사모하다. 「一過去 ; 옛일을 그리워하다. >眷眷戀戀. 「다. 마음에 두다.

[眷念] chüànniên ㄐㄩㄢˋㄋㄧㄢˋ 염려하

[眷屬] chüànshǔ ㄐㄩㄢˋㄕㄨˇ 자기가 부양하는 가족. 권솔.

〔倦〕 chüàn ㄐㄩㄢˋ 싫증나다. 피로하다. 「誨不一 ; 열심히 가르치다」 「壓一 ; 싫증나다. 싫어지다」 「一怠 ; 권태」

[倦餳餳的] chüànhsínghsíngtê ㄐㄩㄢˋㄒㄧㄥˊㄒㄧㄥˊㄉㄜ 피로해서 눈이 흐리멍덩한 모양. 「揉着一眼 ; 몽롱한 눈을 비비면서」

〔圈〕 chüàn ㄐㄩㄢˋ 가축의 우리. 축사(畜舍). 「猪一 ; 돼지 우리」 「羊一 ; 양의 우리」 ⇨chüān, ch'üān.

〔絹〕 chüàn ㄐㄩㄢˋ 비단. 명주.

[絹綢] chüànch'óu ㄐㄩㄢˋㄔㄡˊ 견사(絹絲)로 짠 견직물. 주단(綢緞). 「(絹篩).

[絹羅] chüànló ㄐㄩㄢˋㄌㄨㄛˋ 깁체. 견사

[絹子] chüàntzǔ ㄐㄩㄢˋㄗ ①얇은 목도리. ②손수건. ＝絹頭.《吳》

CH'UAN ㄑㄩㄢ

〔圈〕 ch'üān ㄑㄩㄢ ①「一子·一兒 ; 원. 동그라미. 고리」 「畫一個一兒 ; 원을 하나 그리다」 ②범위 : 일정한 지역(地域)을 말함. 「這話說得出一兒了 ; 이 이야기는 본 줄거리를 벗어나고 있다」 ③원이나 고리 따위를 그리는 일. 「一個紅一作記號 ; 붉은 원을 그려서 표로 삼다」 ④둘러싸다. 「打一道牆把這塊地一起來 ; 담을 쌓아 이 땅을 둘러막다」 ⇨chüān, chüàn.

[圈起來] ch'üānch'ilai ㄑㄩㄢㄑㄧㄌㄞ (울타리 따위로) 둘러 싸다. 「구금하다.

[圈禁] ch'üānchìn ㄑㄩㄢㄐㄧㄣˋ 가두다.

[圈圈兒] ch'üān ch'üanrh ㄑㄩㄢ ㄑㄩㄢ ㄦ 원을 그리다. ch'üānch'üanrh 고리.

[圈肥] ch'üānféi ㄑㄩㄢㄈㄟˊ 퇴비. 유기비료의 일종.

[圈選] ch'üānhsüăn ㄑㄩㄢㄒㄩㄢˇ 동그라미 표를 붙여 고르다. 「둥근 의자.

[圈椅] ch'üāni ㄑㄨㄢㄧˇ 팔걸이가 붙은

[圈口(兒)] ch'üānk'ou(rh) ㄑㄩㄢㄎㄡ(ㄦ) (팔찌나 반지 따위의) 환상으로 된 고리의 크기. 「리를 만들어) 말을 잡다.

[圈馬] ch'üānmă ㄑㄩㄢㄇㄚˇ (새끼로 고

[圈門] ch'üānmến ㄑㄩㄢㄇㄣˊ 아아치형 건축물의 입구. ＝𡈼門. 拱門.

[圈弄] ch'üānnung ㄑㄩㄢㄋㄨㄥ (계략으로) 속이다. 유혹하다. 모함하다.

[圈套(兒)] ch'üānt'ào(rh) ㄑㄩㄢㄊㄠˋ(ㄦ) 계략. 함정.

[圈子(一兒)] ch'üāntzǔ(—rh) ㄑㄩㄢㄗ(一ㄦ) ①둥글고 속이 빈 것. ②고리 모양으로 된 것. ③일주(一周). 한 바퀴. ④계략. 함정. ⑤범위(範圍).

〔全〕 ch'üán ㄑㄩㄢˊ ①완전한. 전면적이다. 「百貨公司的貨很一 ; 백화점에는 물건이 완전히 갖추어져 있다」 ②전부. 모두. ③죄다. 함께. 「農民一入農協了 ; 농민은 죄다 농협에 가입하였다」 ④완성하다. 다하다. 「苟一性命 ; 구차하게 생명을 보전하다」

[全程票] ch'üánch'ếngp'iào ㄑㄩㄢˊㄔㄥˊㄆㄧㄠˋ 기차 따위의 승차권.

[全家福] ch'üánchiāfú ㄑㄩㄢˊㄐㄧㄚㄈㄨˊ ①요리의 일종. ②가족 전체의 기념 사진.

[全殲] ch'üánchiēn ㄑㄩㄢˊㄐㄧㄢ 전멸당하다. 「장면 또는 광경.

[全景] ch'üánchǐng ㄑㄩㄢˊㄐㄧㄥˇ 전체의

[全球] ch'üánch'iú ㄑㄩㄢˊㄑㄧㄡˊ 전세계. 전지구. 「(滿點).

[全分兒] ch'üánfễnrh ㄑㄩㄢˊㄈㄣㄦ 만점

[全份兒] ch'üánfềnrh ㄑㄩㄢˊㄈㄣˋㄦ 전부(全部).

[全副] ch'üánfù ㄑㄩㄢˊㄈㄨˋ 한 벌의 한 쌍의. 「一桌椅 ; 책상과 의자 한 벌」

[全席] ch'üánhsí ㄑㄩㄢˊㄒㄧˊ 테이블에 차린 요리. 「會).

[全會] ch'üánhuì ㄑㄩㄢˊㄏㄨㄟˋ 총회(總

[全活] ch'üánhuó ㄑㄩㄢˊㄏㄨㄛˊ ①생활할 수 있도록 하여 주다. ②일체의 작업 : 예컨대 이발관에서 조발·세발·면도·기름 바르기 등의 일체의 일 따위.

[全靠人] ch'üánk'aojên ㄑㄩㄢˊㄎㄠㄖㄣ 처자(妻子)를 거느린 사람.

[全功盡棄] ch'üánkūng chìnch'ì ㄑㄩㄢˊㄍㄨㄥ ㄐㄧㄣˋㄑㄧˋ 모든 공이나 노력이

수포로 돌아 가다.
[全國一盤棋] ch'üánkuó ip'ánch'í ㄑㄩㄢˊㄍㄨㄛˊㄧˋㄆㄢˊㄑㄧˊ 온 나라는 한 판의 장기와 같다는 뜻으로, 한 수가 전체에 영향하며, 개인이나 일부분이 나라 전체와 긴밀하게 연결돼 있다는 비유. «諺»
[全苗] ch'üánmiáo ㄑㄩㄢˊㄇㄧㄠˊ 싹이 모두 가지런히 나다.
[全面] ch'üánmièn ㄑㄩㄢˊㄇㄧㄢˋ 남은 부분이 없다. 전면적이다. 「一安排；전국 각 방면의 온갖 일을 전반적으로 잘 알고 고려하여 처리하는 일」「一地反映了當時社會的面貌；빠짐 없이 그 당시의 사회의 양상을 반영시켰다」
[全民皆兵] ch'üánmín chiēhpīng ㄑㄩㄢˊㄇㄧㄣˊㄐㄧㄝㄅㄧㄥ 국민 개병.
[全能運動] ch'üánnéng yǜntùng ㄑㄩㄢˊㄋㄥˊㄩㄣˋㄉㄨㄥˋ 계주(繼走), 오 종목(五種目), 십 종목 경기를 말함.
[全盤(兒)] ch'üánp'ánrh ㄑㄩㄢˊㄆㄢˊㄦ 일의 전부. 「一托出；일의 전부를 노출시키다」
[全本兒] ch'üánpěnrh ㄑㄩㄢˊㄅㄣˇㄦ (연극의) 전편(全篇). 처음부터 끝까지의 전편 공연.
[全神貫注] ch'üánshén kuànchù ㄑㄩㄢˊㄕㄣˊㄍㄨㄢˋㄓㄨˋ 모든 주의력을 집중하다. «成»
[全勝] ch'üánshèng ㄑㄩㄢˊㄕㄥˋ 완전 승리. 「大獲一；완전히 승리하다」
[全是] ch'üánshìh ㄑㄩㄢˊㄕ ①모두 …이다. ②죄다. 실로. 전혀.
[全始全終] ch'üánshǐh-ch'üánchūng ㄑㄩㄢˊㄕˇ ㄑㄩㄢˊㄓㄨㄥ 시종 일관(一貫)하다. «成»
[全套] ch'üánt'ào ㄑㄩㄢˊㄊㄠˋ 한 벌: 모두 갖추어진 것. 「一衣服；일습의 의복」
[全材] ch'üánts'ái ㄑㄩㄢˊㄘㄞˊ 모든 면에 뛰어난 사람. 「든 잘하는 재능.
[全才] ch'üánts'ái ㄑㄩㄢˊㄘㄞˊ 무슨 일이
[全都] ch'üántū ㄑㄩㄢˊㄉㄨ 모두. 죄다.
[全無心肝] ch'üánwú hsīn'kān ㄑㄩㄢˊㄨˊㄒㄧㄣㄍㄢ ①정신 빠진 사람처럼 멍청하다. ②박정(薄情)하다. ③관심이 없다. «成» 「다.
[全愈] ch'üányǜ ㄑㄩㄢˊㄩˋ 병이 완쾌하
〔泉〕 ch'üán ㄑㄩㄢˊ ①샘. 샘물. ②옛 화폐의 명칭. 「sis).
[泉地] ch'üántì ㄑㄩㄢˊㄉㄧˋ 오아시스(oa-
[泉眼] ch'üányěn ㄑㄩㄢˊㄧㄢˇ 샘물이 솟는 구멍. 「泉).
[泉源] ch'üányüán ㄑㄩㄢˊㄩㄢˊ 원천(源
〔拳〕 ch'üán ㄑㄩㄢˊ ①주먹. 「握一；주먹을 불끈 쥐다」「打一；주먹으로 치다」②구부리다. 굽히다. 「一着身子；신체를 새우처럼 구부리다」
[拳擊] ch'üánchī ㄑㄩㄢˊㄐㄧ ①주먹으로 치다. ②권투. 「一家；권투가」 「(武術).
[拳脚] ch'üánchiǎo ㄑㄩㄢˊㄐㄧㄠˇ 무술
[拳曲] ch'üánch'ü ㄑㄩㄢˊㄑㄩ ①구부러진. 굴곡된. >拳拳曲曲. ②주먹처럼 굽히다.
[拳不離手,曲不離口]ch'üánpulíshǒu,ch'ǚpulík'ǒuㄑㄩㄢˊㄅㄨㄌㄧˊㄕㄡˇ,ㄑㄩˇㄅㄨ·ㄌㄧˊㄎㄡˇ 쉴 새 없이 수련(修練)하여, 숙달되도록 노력하다. «成» 「手).
[拳術] ch'üánshù ㄑㄩㄢˊㄕㄨˋ 당수(唐
[拳打脚踢] ch'üántǎ-chiǎot'ī ㄑㄩㄢˊㄉㄚˇㄐㄧㄠˇㄊㄧ 때리고 차며 난폭한 짓을 하다. «成»
[拳頭] ch'üánt'ou ㄑㄩㄢˊㄊㄡ 주먹.
〔痊〕 ch'üán ㄑㄩㄢˊ 병이 회복되다.
[痊可] ch'üánk'ǒ ㄑㄩㄢˊㄎㄜˇ 병이 낫다.
[痊愈] ch'üányǜ ㄑㄩㄢˊㄩˋ 병이 완쾌되 「다.
〔詮〕 ch'üán ㄑㄩㄢˊ ①해석하다. 설명하다. =詮釋. ②사물의 이치. 「眞一；진 「리」
〔銓〕 ch'üán ㄑㄩㄢˊ ①경중(輕重)을 계량하다. 「一衡；전형하다. 사람의 재능 따위를 평가하다」②재능을 고려하여 관리 등을 선발하는 일. 「一選；자격과 경력에 의하여 선출하다」
〔蜷〕 ch'üán ㄑㄩㄢˊ 벌레 따위가 길 때 몸뚱이가 활 모양으로 휘어지는 것.
[蜷曲] ch'üánch'ü ㄑㄩㄢˊㄑㄩ 몸이 오그라들다. 「다.
[蜷伏] ch'üánfú ㄑㄩㄢˊㄈㄨˊ 웅크리고 앉
[蜷縮] ch'üánsō ㄑㄩㄢˊㄙㄨㄛ 몸이 오그라들다. >蜷蜷縮縮.
〔踡〕 ch'üán ㄑㄩㄢˊ 「一局；웅크리고 있다. 펴지지 않다. 구부러지다」
〔鬈〕 ch'üán ㄑㄩㄢˊ ①머리칼이 아름다움. ②두발이 곱슬곱슬함.
〔權〕(权) ch'üán ㄑㄩㄢˊ ①권력. 지배력. 「有一處理這件事；이 사건을 처리할 권력을 갖음」②권리. ③임시(臨時)의. 「一宜；적당히. 임의로」④얼마 동안. 잠시. ⑤계량하다. 「一其輕重；그 경중을 계량하다」⑥저울의 추. 분동(分銅).
[權且] ch'üánch'iěh ㄑㄩㄢˊㄐㄧㄝˇ 우선. 일단. 「一由他去做；우선 그에게 시켜 보다」
[權衡] ch'üánhéng ㄑㄩㄢˊㄏㄥˊ 저울에 달다. 「一輕重；경중을 달다」
[權謀] ch'üánmóu ㄑㄩㄢˊㄇㄡˊ 권모. 때에 따라 꾀하는 계략.
[權變] ch'üánpièn ㄑㄩㄢˊㄅㄧㄢˋ 임기 응변(臨機應變). 「능. 힘.
[權柄] ch'üánpǐng ㄑㄩㄢˊㄅㄧㄥˇ 권력. 권
[權時] ch'üánshíh ㄑㄩㄢˊㄕˊ 잠시. 잠깐 동안. 「(權謀術數).
[權術] ch'üánshù ㄑㄩㄢˊㄕㄨˋ 권모 술수
〔顴〕 ch'üán ㄑㄩㄢˊ 광대뼈. 관골.
〔犬〕 ch'üǎn ㄑㄩㄢˇ 개.
[犬子] ch'üǎntzǔ ㄑㄩㄢˇㄗˇ 우식(愚息). 자기 자식을 낮추어 일컫는 말.
[犬牙交錯] ch'üǎnyá chiāots'ò ㄑㄩㄢˇㄧㄚˊㄐㄧㄠㄘㄨㄛˋ 해안선(海岸線)의 드나듦이 복잡한 모양. 토지의 경계선의 드나듦이 많은 모양. 뒤섞여 있는 모양. «成»
[犬猶兒] ch'üǎnyúrh ㄑㄩㄢˇㄧㄡˊㄦ 변의 한 가지. 개사슴록변(犭).
〔甽〕 ch'üǎn ㄑㄩㄢˇ ①논의 도랑. ②산

골짜기에 흐르는 작은 개울. 「이.
[畎畝] ch'üánmǔ ㄑㄩㄣˊㄇㄨˇ 논과 논 사
〔券〕 ch'üàn ㄑㄩㄢˋ 승차권. 표. 증서.
〔碹〕 ch'üàn ㄑㄩㄢˋ 석탄을 채굴하기 위한 갱도.
〔勸〕(劝) ch'üàn ㄑㄩㄢˋ ① 충고하다. 권고하다. 설득하다. 화해(和解)시키다. 「一他不要喝酒 ; 그에게 금주하도록 권고하다」②달래다. 위로하다. ③격려(激勵)하다. 「중재하다.
[勸架] ch'üànchià ㄑㄩㄢˋㄐㄧㄚˋ 싸움을
[勸駕] ch'üànchià ㄑㄩㄢˋㄐㄧㄚˋ 출마를 권하다. 「하다. 중재하다.
[勸解] ch'üànchiěh ㄑㄩㄢˋㄐㄧㄝˇ 화해
[勸戒] ch'üànchièh ㄑㄩㄢˋㄐㄧㄝˋ 경계하도록 주의시키다.
[勸和] ch'üànhó ㄑㄩㄢˋㄏㄜˊ =勸解.
[勸開] ch'üànk'ai ㄑㄩㄢˋㄎㄞ 싸움을 중재하여 중지시키다.
[勸說] ch'üànshuō ㄑㄩㄢˋㄕㄨㄛ 말로 누차 설득하다. 충고하다. 「지도하다.
[勸導] ch'üàntǎo ㄑㄩㄢˋㄉㄠˇ 권고하고
[勸阻] ch'üàntsǔ ㄑㄩㄢˋㄗㄨˇ 충고하여 저지하다. 「달래다.
[勸慰] ch'üànwèi ㄑㄩㄢˋㄨㄟˋ 위로하다.
[勸誘] ch'üànyù ㄑㄩㄢˋㄧㄡˋ 권유하다. 권하여 인도하다.

CHUANG ㄓㄨㄤ

〔妝〕(妆) chuāng ㄓㄨㄤ 화장하다. 「梳一臺; 화장대」 「복. 침구.
[妝新] chuānghsīn ㄓㄨㄤㄒㄧㄣ 신혼 의
[妝奩] chuānglién ㄓㄨㄤㄌㄧㄢˊ ①시집갈 때 필요한 도구. ③화장품 상자.
[妝扮] chuāngpàn ㄓㄨㄤㄅㄢˋ 분장하다. 장식하다.
[妝臺] chuāngt'ái ㄓㄨㄤㄊㄞˊ 화장대.
[妝點] chuāngtiěn ㄓㄨㄤㄉㄧㄢˇ =妝扮.
〔莊〕(庄) chuāng ㄓㄨㄤ ① 「一兒·一子; 마을. 촌」②큰 거래를 하는 상점. 도매상. ③엄숙한. 왕성한.
[莊家] chuāngchiaㄓㄨㄤㄐㄧㄚ ①촌. 농가. ②노름판의 물주.
[莊稼] chuāngchia ㄓㄨㄤㄐㄧㄚ 농작물. 「種一; 농사를 짓다」「一地; 논밭」「一漢; 농부」「一活; 농사」「一人; 농부」
[莊稼鬧兒] chuāngchia'nàorh ㄓㄨㄤㄐㄧㄚㄋㄠˋㄦ 농촌 사람들의 먹고 마시는 일.
[莊戶] chuānghu ㄓㄨㄤㄏㄨ 농가(農家).
[莊客] chuāngk'ò ㄓㄨㄤㄎㄜˋ 소작인(小作人).
[莊佃] chuāngtièn ㄓㄨㄤㄉㄧㄢˋ 소작인.
[莊頭] chuāngt'ou ㄓㄨㄤㄊㄡ 소작인의 우두머리. 마름. 「골집. ③요리점.
[莊子] chuāngtzǔ ㄓㄨㄤㄗ ①촌락. ②시
[莊嚴] chuāngyén ㄓㄨㄤㄧㄢˊ 장엄하다.
[莊園] chuāngyüán ㄓㄨㄤㄩㄢˊ ①장원 ②촌락의 논밭.
〔裝〕(装) chuāng ㄓㄨㄤ ①복장. 의복. 옷. ②옷을 갖추어 입다. 성장(盛裝)하다. 분장(扮裝)하다. 「一一個外國人 ; 한 사람의 외국인으로 분장하다」③…체하다. 가장하다. 「一聽不見 ; 못 들은 체하다」④물품을 넣다. 채워 넣다. 챙겨 넣다. 「一在箱子裡 ; 상자에 넣다」⑤화물을 쌓다. 싣다. 「那隻船一多少噸 ?; 저 배는 몇 톤 실을 수 있읍니까 ?」⑥장치하다. 달다. 「一電燈 ; 전등을 달다」⑦장식(裝飾)하다. 「平一 ; 보통 장정(裝幀)」
[裝假] chuāngchiǎ ㄓㄨㄤㄐㄧㄚˇ ①알고도 모르는 체하다. 시치미를 떼다. ②사양하다.
[裝弶] chuāngchiàng ㄓㄨㄤㄐㄧㄤˋ (새따위의) 덫을 장치하다.
[裝腔作勢] chuāngch'iāng-tsòshìh ㄓㄨㄤㄑㄧㄤㄗㄨㄛˋㄕˋ ①겉만 훌륭하게 꾸며 보이다. ②=裝模作樣. ③(말이나 문장 등을) 너무 꾸며서 부자연하게 하다.
[裝窮] chuāngch'iúng ㄓㄨㄤㄑㄩㄥˊ 가난한 체하다. 궁한 체하다.
[裝船] chuāngch'uán ㄓㄨㄤㄔㄨㄢˊ 배에 싣다. 「一期 ; 선적기(船積期)」
[裝瘋賣傻] chuāngfēng-màishǎ ㄓㄨㄤㄈㄥㄇㄞˋㄕㄚˇ 바보인 체하다. 바보 흉내를 내다. 「裝傻.
[裝憨兒] chuānghānrh ㄓㄨㄤㄏㄢㄦ =
[裝相] chuānghsiāng ㄓㄨㄤㄒㄧㄤ ①(몸짓과 표정으로) 흉내를 내 보이다. ②모양을 가다듬다. 모습을 만들다. =裝象.
[裝箱單] chuānghsiāngtān ㄓㄨㄤㄒㄧㄤㄉㄢ 포장(包裝) 명세서.
[裝卸] chuānghsièh ㄓㄨㄤㄒㄧㄝˋ 짐을 부리고 싣고 하는 일.
[裝修] chuānghsiū ㄓㄨㄤㄒㄧㄡ ①가옥이나 상점 따위를 장식하다. ②집의 문이나 유리창·간막이 따위의 부속 시설.
[裝熊] chuānghsiúng ㄓㄨㄤㄒㄩㄥˊ 빙충맞거나 어색한 태도를 취하다.
[裝潢] chuānghuáng ㄓㄨㄤㄏㄨㄤˊ ①표장(表裝)하다. 표구하다. ②포장. 겉포장.
[裝幌子] chuānghuǎngtzǔ ㄓㄨㄤㄏㄨㄤˇㄗ 표면을 꾸미다. 「시치미를 떼다.
[裝胡羊] chuānghúyáng ㄓㄨㄤㄏㄨˊㄧㄤˊ
[裝殮] chuāngliàn ㄓㄨㄤㄌㄧㄢˋ 입관(入棺)하다.
[裝聾作啞] chuānglúng-tsòyǎ ㄓㄨㄤㄌㄨㄥˊㄗㄨㄛˋㄧㄚˇ 귀머거리나 벙어리의 흉내를 내다.
[裝門面] chuāng mēnmien ㄓㄨㄤㄇㄣˊㄇㄧㄢ 표면을 꾸미다.
[裝模作樣] chuāngmú-tsòyàng ㄓㄨㄤㄇㄨˊㄗㄨㄛˋㄧㄤˋ ①허세를 부리다. ②제가 젠체하다. =裝眉作樣. 「수식하다.
[裝扮] chuāngpàn ㄓㄨㄤㄅㄢˋ 분장하다.
[裝飽] chuāngpǎo ㄓㄨㄤㄅㄠˇ 가득 채워 넣다. 「조립하다.
[裝配] chuāngp'èi ㄓㄨㄤㄆㄟˋ 장치하다.
[裝裱] chuāngpiǎo ㄓㄨㄤㄅㄧㄠˇ 장황(裝潢)하다. =裝潢.
[裝傻] chuāngshǎ ㄓㄨㄤㄕㄚˇ 바보 흉내를 내다. 「一充愣 ; 시치미를 떼고 바보인 체하다」 「하다.
[裝設] chuāngshè ㄓㄨㄤㄕㄜˋ 가설(架設)
[裝束] chuāngshù ㄓㄨㄤㄕㄨˋ ①몸단장을 하다. ②여장(旅裝)을 꾸리다.
[裝蒜] chuāngsuàn ㄓㄨㄤㄙㄨㄢˋ ①모르

는 체하다. 시치미를 떼다. 거드름을 피우다. 허세를 부리다.
[裝孫子] chuāngsūntzŭ ㄓㄨㄤㄙㄨㄣㄗ ①가련한 표정을 하다. ②시치미를 떼다.
[裝點] chuāngtiěn ㄓㄨㄤㄉㄧㄢˇ 장식하다. 꾸미다. >裝裝點點. 「쌓다.
[裝載] chuāngtsài ㄓㄨㄤㄗㄞˋ 쌓아 넣다.
[裝佯] chuāngyáng ㄓㄨㄤㄧㄤˊ 시치미를 떼다.
[裝運] chuāngyǜn ㄓㄨㄤㄩㄣˋ 적재(積載)하여 운송(運送)하다. 실어 보내다.

〔樁〕(桩) chuāng ㄓㄨㄤ ①「一子; 말뚝. 말목」「牲口一子; 가축을 매는 말뚝」②사건이나 일의 건수를 세는 말. 「一一事; 한 사건」 「뚝 박는 쇠망치.
[樁錘] chuāngch'uí ㄓㄨㄤㄔㄨㄟˊ 말
[樁橛] chuāngchüéh ㄓㄨㄤㄑㄩㄝˊ ①말목과 쐐기. ②박아 넣는 물건. 메.

〔奘〕 chuǎng ㄓㄨㄤˇ 굵다. 「這棵樹很一; 이 나무는 대단히 굵다」⇨tsàng.

〔壯〕 chuàng ㄓㄨㄤˋ ①왕성하다. 크다. 튼튼하다. 「莊稼長得很一; 농작물이 대단히 잘 자랐다」②(용기나 힘을) 증대시키다. 「一一膽子; 담력을 크게 하다」
[壯志凌雲] chuàngchih língyǜn ㄓㄨㄤˋㄓˋㄌㄧㄥˊㄩㄣˊ 하늘을 찌를 듯한 큰 뜻. «成»
[壯志未酬] chuàngchìh wèich'óu ㄓㄨㄤˋㄓˋㄨㄟˋㄔㄡˊ 위대한 포부가 아직 달성되지 않다. 「자.
[壯漢] chuànghàn ㄓㄨㄤˋㄏㄢˋ 장년의 남
[壯工] chuàngkūng ㄓㄨㄤˋㄍㄨㄥ 일을 잘할 수 있는 직공.
[壯闊] chuàngk'uò ㄓㄨㄤ ㄎㄨㄛˋ 넓디넓다. 광활하다.
[壯美] chuàngměi ㄓㄨㄤˋㄇㄟˇ 장대(壯大)하고 아름답다.
[壯班兒] chuàngpānrh ㄓㄨㄤˋㄅㄢㄦ 포리(捕吏). «舊»
[壯實] chuàngshih ㄓㄨㄤ ㄕ 건장하다. 튼튼하다. 「훌륭하다.
[壯大] chuàngtà ㄓㄨㄤˋㄉㄚˋ 장대하다.
[壯膽] chuàngtǎn ㄓㄨㄤˋㄉㄢˇ ①용기를 내다. 대담하게 굴다. ②대담(大膽).

〔狀〕 chuàng ㄓㄨㄤˋ ①상태. 모양. ②상황. 형편. 「罪一; 죄상」 ③일이 되어가는 형편을 기록한 글. 「行一; 생전의 행적을 쓴 글」 ④증서(證書). 「獎一; 상장」 ⑤옛날에 백성들이 정부에 제출하던 문서. 「訴一; 소송장」 ⑥고소(告訴)의 회수를 셀 때 쓰이는 말. 「告了一一; 한 번 고소하였다」
[狀貌] chuàngmào ㄓㄨㄤˋㄇㄠˋ 용모. 양상(樣相).
[狀詞] chuàngtz'ǘ ㄓㄨㄤˋㄘˊ 옛날에 백성들로부터 행정 관청에 제출하던 문서 상소장(上訴狀).

〔撞〕 chuàng ㄓㄨㄤˋ ①(종 따위를) 치다. 「一鐘; 종을 치다」 ②ch'uàng 탁 부딪치다. 충돌하다. 「別讓汽車一了; 자동차에 부딪치지 말라」 ③돌진(突進)하다. 「從門外一進一個人來; 밖에서 한 사나이가 뛰어들다」 ④속이다. 사칭하다. 「他一了我三百元; 그는 나에게서 삼백원을 사기해 갔다」
[撞針] chuàngchēn ㄓㄨㄤˋㄓㄣ 방아쇠.
[撞擊] chuàngchī ㄓㄨㄤˋㄐㄧ 충돌하다. 부딪치다.
[撞見] chuàngchien ㄓㄨㄤˋㄐㄧㄢ (뜻밖에)만나게 되다. 마주치다.
[撞勁兒] chuàngchìnrh ㄓㄨㄤˋㄐㄧㄣˋㄦ 부딪쳐 해결짓자는 기분.
[撞客] chuàngk'o ㄓㄨㄤˋㄎㄜ 여우나 도깨비에게 정신을 홀리다.
[撞碼頭] chuàng mǎt'ou ㄓㄨㄤˋㄇㄚˇㄊㄡ 도시로 나가 쏘다니다.
[撞門] chuàngmén ㄓㄨㄤˋㄇㄣˊ ①맹렬히 문을 두드리다. ②불쑥 찾아 들다.
[撞木鐘] chuàngmùchūng ㄓㄨㄤˋㄇㄨˋㄓㄨㄥ 재물을 속여서 빼앗다. «方»
[撞騙] chuàngp'ièn ㄓㄨㄤˋㄆㄧㄢˋ 속여 빼앗다. 사취하다. >撞撞騙騙.
[撞喪] chuàngsāng ㄓㄨㄤˋㄙㄤ ①싸질러 다니다. ②허둥지둥 뛰어다니다. «罵»
[撞事] chuàngshih ㄓㄨㄤˋㄕˋ 일이 어긋나다. 「다.
[撞死] chuàngssǔ ㄓㄨㄤˋㄙˇ 충돌하여 죽
[撞倒] chuàngtǎo ㄓㄨㄤˋㄉㄠˇ 쳐서 넘어뜨리다.
[撞對] chuàngtuì ㄓㄨㄤˋㄉㄨㄟˋ 우연히 횡재하다. 「他這一下一了; 이번에 그는 우연히 좋은 기회를 만났다」
[撞運氣] chuàngyǜnch'i ㄓㄨㄤˋㄩㄣˋㄑㄧ 재수를 시험해 보다.

〔戇〕 chuàng ㄓㄨㄤˋ 어리석고 고지식한. 우직(愚直)한. 「一直; 우직하다. 고지식하다」 「집장이.
[戇眼子] chuàngyěntzǔ ㄓㄨㄤˋㄧㄢˇㄗ 고

CH'UANG ㄔㄨㄤ

〔窓〕(窗) ch'uāng ㄔㄨㄤ 창. 창문.
[窓戶] ch'uānghu ㄔㄨㄤㄏㄨ ①창(窓). 「一紙; ①창호지. ②안색이 창백한 모양」 ③아주 가까운 거리의 형용. 「巴着一看; 창구멍으로 들여다 보다」
[窓口(兒)] ch'uāngk'ǒu(rh) ㄔㄨㄤㄎㄡˋ(ㄦ) 창구(窓口). 「一工作; 창구 사무」
[窓簾(兒)] ch'uānglién(rh) ㄔㄨㄤㄌㄧㄢˊ(ㄦ) 문장(門帳). 커어튼.
[窓欞(子)] ch'uānglíng(tzǔ) ㄔㄨㄤㄌㄧㄥˊ(ㄗ) 창살.
[窓幔] ch'uāngmàn ㄔㄨㄤㄇㄢˋ 커어튼.
[窓門] ch'uāngmén ㄔㄨㄤㄇㄣˊ 창문. =窓戶. «吳»
[窓明機淨] ch'uāngmíng-chīchìng ㄔㄨㄤㄇㄧㄥˊㄐㄧ ㄐㄧㄥˋ 방이 깨끗하고 밝다.
[窓板] ch'uāngpǎn ㄔㄨㄤㄅㄢˇ 창의 덧문.
[窓紗] ch'uāngshā ㄔㄨㄤㄕㄚ 창에 바르는 비단.
[窓飾] ch'uāngshìh ㄔㄨㄤㄕˋ 창문의 장식.
[窓臺(兒)] ch'uāngt'ái(rh) ㄔㄨㄤㄊㄞˊ(ㄦ) 문 밑에 있는 선반 : 중국식 건물은 벽이 두꺼워서 창문 안팎에 물건을 놓을 수 있는 선반을 달 수가 있음.

[窓屜(子·兒)] ch'uāngt'i(tzū·rh) ㄔㄨㄤㄊㄧ(ㄗ·ㄦ) 창의 안쪽에 장치하는 가는 나무나 대로 만든 테 : 여기에 종이나 비단을 바름. 「ㄥˋ(ㄦ) 창구멍.
[窓洞(兒)] ch'uāngtùng(rh) ㄔㄨㄤㄉㄨ
[窓子] ch'uāngtzū ㄔㄨㄤㄗ 창. =窓兒.
[窓帷] ch'uāngwéi ㄔㄨㄤㄨㄟˊ 커어튼.

〔創〕(刱) ch'uāng ㄔㄨㄤ 상처. ⇨ch'uàng.
[創巨痛深] ch'uāngchǜ-t'ūngshēn ㄔㄨㄤㄐㄩˋㄊㄨㄥㄕㄣ (신체나 경제상의) 중대한 타격.
[創痕] ch'uānghén ㄔㄨㄤㄏㄣˊ 상처(傷處). 흠.
[創傷] ch'uāngshāng ㄔㄨㄤㄕㄤ 상처.

〔瘡〕(疮) ch'uāng ㄔㄨㄤ ①부스럼. 종기. ②외상(外傷). 「종기.
[瘡癤] ch'uāngchiéh ㄔㄨㄤㄐㄧㄝˊ 부스럼.
[瘡疥] ch'uāngchièh ㄔㄨㄤㄐㄧㄝˋ 부스럼과 옴.
[瘡痍] ch'uāngí ㄔㄨㄤㄧˊ ①찢어진 상처. ②백성의 고통. 「一滿目 ; 만신창이 (滿身瘡痍)」
[瘡口] ch'uāngk'ǒu ㄔㄨㄤㄎㄡˇ 종기 따위의 터진 구멍.
[瘡疤] ch'uāngpā ㄔㄨㄤㄅㄚ 종기를 치료한 흔적.

〔床〕(牀) ch'uáng ㄔㄨㄤˊ ①침대. ②대(臺). 받침대. 「의 다리.
[床脚] ch'uángchiǎo ㄔㄨㄤˊㄐㄧㄠˇ 침대
[床褥] ch'uángjù ㄔㄨㄤˊㄖㄨˋ 침구. 이부자리.
[床邊] ch'uángpiēn ㄔㄨㄤˊㄅㄧㄢ 침상 주변. 머리맡. 드.
[床鋪] ch'uángp'ù ㄔㄨㄤˊㄆㄨˋ 침상. 베
[床上安床] ch'uángshàng ānch'uáng ㄔㄨㄤˊㄕㄤˋㄢㄔㄨㄤˊ 침대 위에 침상을 겹치다. 중복되다. 《成》 =床上迭床. 屋上架屋. 《成》
[床蝨] ch'uángshih ㄔㄨㄤˊㄕ 〈動〉 빈대.
[床毯] ch'uángt'ǎn ㄔㄨㄤ ㄊㄢˊ 침상용(寢床用) 모포.
[床單(兒)] ch'uángtān(rh) ㄔㄨㄤˊㄉㄢ(ㄦ) 침대의 시이트. =褥單. 襯單.
[床墊] ch'uángtièn ㄔㄨㄤˊㄉㄧㄢˋ 침대 밑에 까는 두꺼운 깔개.
[床頭] ch'uángt'óu ㄔㄨㄤˊㄊㄡˊ 침대의 머리맡. 베갯머리.
[床子] ch'uángtzū ㄔㄨㄤˊㄗ ①좌판 위에 상품을 진열하여 파는 상점. 「魚一 ; 생선 가게」 ②기계 공장 안에 설비한 모든 공구와 기계의 총칭. 《北》
[床帷] ch'uángwéi ㄔㄨㄤˊㄨㄟˊ 침대의 커어튼.
[床位] ch'uángwèi ㄔㄨㄤˊㄨㄟˋ ①(기차·기선의) 침대. 「一票 ; 침대권」 ②(기계의) 베드. 설비 대수(臺數).
[床沿(兒)] ch'uángyén(rh) ㄔㄨㄤˊㄧㄢˊ(ㄦ) 침대의 가장자리.

〔噇〕 ch'uáng ㄔㄨㄤˊ 먹다. 마시다. 폭음 폭식하다.

〔幢〕 ch'uáng ㄔㄨㄤˊ ①의식에 쓰던 고대의 기(旗). 「一幡 ; 불당(佛堂)에 장식하는 기」 ②이층 이상의 건물을 세는 조수사. 「三一房 ; 세 채의 이층집」
[幢幢] ch'uángch'uáng ㄔㄨㄤˊㄔㄨㄤˊ 흔들흔들 흔들리는 모양.

〔闖〕 ch'uǎng ㄔㄨㄤˇ ①돌입하다. 틈입(闖入)하다. 불의에 뛰어 들다. 「往裡一 ; 안으로 별안간 뛰어 들다」 ②경험을 쌓다. 경험하고 단련하다. 「(闘將).
[闖將] ch'uǎngchiàng ㄔㄨㄤˇㄐㄧㄤˋ 투장
[闖江湖] ch'uǎng chiānghú ㄔㄨㄤˇㄐㄧㄤㄏㄨˊ 이 세상을 두루 돌아 다니며 경험하다. 세상을 떠돌며 먹을 것을 구하다.
[闖進] ch'uǎngchìn ㄔㄨㄤˇㄐㄧㄣˋ 뛰어들다. 틈입하다.
[闖禍] ch'uǎnghuò ㄔㄨㄤˇㄏㄨㄛˋ, ch'uǎnghuò ①화를 일으키다. 화를 자초하다. =惹禍. ②혼란을 야기하다. 사고를 일으키다. =招亂子.
[闖光棍] ch'uǎngkuānkun ㄔㄨㄤˇㄍㄨㄢㄍㄨㄣ 떠돌아 다니는 부랑자.
[闖過去] ch'uǎngkuoch'ü ㄔㄨㄤˇㄍㄨㄛㄑㄩ 위험을 무릅쓰고 가다. 돌입해 들어가다.
[闖練] ch'uǎnglien ㄔㄨㄤˇㄌㄧㄢ ①세상 물정을 잘 알다. ②실생활에서 단련하다. >闖闖練練.
[闖喪] ch'uǎngsāng ㄔㄨㄤˇㄙㄤ 방황하다. 한가하여 쏘다니다. =奔喪.
[闖上] ch'uǎngshang ㄔㄨㄤˇㄕㄤ (쏘다니다가) 맞부딪치다. 생각지도 않다가 당 ⌊하다.

〔創〕(刱) ch'uàng ㄔㄨㄤˊ 시작하다. 창조하다. 처음으로 하다. ⇨ch'uāng.
[創製] ch'uàngchìh ㄔㄨㄤˋㄓˋ 창조하다.
[創見] ch'uàngchièn ㄔㄨㄤˋㄐㄧㄢˋ ①여지껏 없었던 일. ②독창적인 생각.
[創擧] ch'uàngchǚ ㄔㄨㄤˋㄐㄩˇ 처음 하는 시도(試圖).
[創新記錄] ch'uàng hsīnchìlù ㄔㄨㄤˋㄒㄧㄣㄐㄧˋㄌㄩˋ 새 기록을 세우다.
[創獲] ch'uànghuò ㄔㄨㄤˋㄏㄨㄛˋ 여지껏 없었던 수확·발견.
[創辦] ch'uàngpàn ㄔㄨㄤˋㄅㄢˋ 창설하다. 창업하다.
[創辟] ch'uàngp'ì ㄔㄨㄤˋㄆㄧˋ 처음으로 열다. 새로 개척하다.
[創始] ch'uàgshǐh ㄔㄨㄤˋㄕˇ 창시하다.
[創造性地] ch'uàngtsàohsìngtê ㄔㄨㄤˋㄗㄠˋㄒㄧㄥˋㄉㄜ 창조적으로, 창조적인.
[創造人] ch'uàngtsàojén ㄔㄨㄤˋㄗㄠˋㄖㄣˊ 창제자(創製者).

〔愴〕 ch'uàng ㄔㄨㄤˋ 슬퍼하고 애통하다. 「一然 ; 창연히. 슬퍼하는 모양」

CHÜEH ㄐㄩㄝ

〔撅〕 chüēh ㄐㄩㄝ ①감아 올리다. 돌돌 말다. 「一尾巴 ; 꼬리를 감다」 ②치다. 잡다.
[撅撒] chüēhsā ㄐㄩㄝㄙㄚ 일이 깨지다. 일이 결렬되다.

〔撧〕 chüēh ㄐㄩㄝ ①꺾다.「把竿子一斷了;장대를 휘어 꺾다」②기절한 사람을 인공 호흡 따위로 소생시키다.「還能一過來;아직 되살아 날 수 있다」③면목이 깎이다. 체면을 잃다.「這不是故意一人麼;이건 고의로 남의 체면을 손상시키는 것이 아닌가?」

[撧開] chüēhk'ai ㄐㄩㄝㄎㄞ 끊다. 절단하다. 꺾다.

[撧巴] chüēhpa ㄐㄩㄝㄅㄚ ①숨을 쉬도록 응급 조치를 하다. ②남을 괴롭히다.

〔噘〕 chüēh ㄐㄩㄝ ①(입을) 뾰족하게 내밀다. (신경을) 곤두세우다.「胡子都一起了;수염이 모두 뾰족하게 일어서다. :화를 낸다는 형용」②훌닦다. 욕을 퍼붓다.

[噘嘴] chüēhtsuǐ ㄐㄩㄝㄗㄨㄟˇ 입을 뾰로통하게 내밀다:화를 내고 있다는 형용. =努嘴.「一騾子;㉮노새. 말과 당나귀와의 혼혈. ㉯언제나 뾰로통한 입을 내밀고 있는 사람을 욕하는 말」

〔決〕(决) chüéh ㄐㄩㄝˊ ①(둑이) 터지다. 무너지다.「河一了口了;강의 제방이 터졌다」②결심하다. 결정하다.「遲疑不一;우물쭈물하고 결정을 못 짓다」③판정(判定)하다. 옳고 그름을 판단하다.「判一;판결」「一言而一;한마디로 결론을 내리다」④승부(勝負)를 결정하다.「一戰;결전」⑤결코. 꿈에도 절대로.「他一不會失敗;그는 절대로 실패할 리 없다」⑥사형(死刑)하다.「槍一;총살하다」⑦해결(解決)하다.

[決計] chüéhchì ㄐㄩㄝˊㄐㄧˋ ①결정하다. ②계략(計略)을 정하다. 반드시. 꼭.「一是他來;반드시 그는 오다」

[決絕] chüéhchüéh ㄐㄩㄝˊㄐㄩㄝˊ 단연코. 망설이지 않고. 일언지하(一言之下)에:거절하는 경우에 쓰이는 말.

[決疑] chüéhí ㄐㄩㄝˊㄧˊ 의혹을 해결하다.

[決一死戰] chüéhìssǔchàn ㄐㄩㄝˊㄧˋㄙˇㄓㄢˋ 있는 힘을 다하여 승패(勝敗)를 겨루다. 〈成〉

[決口] chüéhk'ǒu ㄐㄩㄝˊㄎㄡˇ ①(제방 따위의)터진 곳.「堵塞一;터진 곳을 막다」② chüéh k'ǒu 터지다.

[決別] chüéhpiéh ㄐㄩㄝˊㄅㄧㄝˊ (사퇴하고) 헤어지다. 결별(訣別)하다.

[決堤] chüéhtī ㄐㄩㄝˊㄉㄧ 제방이 터지다.

[決定] chüéhtìng ㄐㄩㄝˊㄉㄧㄥˋ ① 결정하다. ②결정적(決定的)이다.「起一作用;결정적인 작용(作用)을 하다. ③반드시. 틀림 없이.

[決策] chüéhts'è ㄐㄩㄝˊㄘㄜˋ 계책을 마련하다.

〔角〕 chüéh ㄐㄩㄝˊ ①다투다. ②배우. ⇨chiǎo.

[角兒] chüéhrh ㄐㄩㄝˊㄦ ①배우. ②(제구실하는) 사람. ③극중 인물(劇中人物).

[角力] chüéhlì ㄐㄩㄝˊㄌㄧˋ 힘을 겨루다.

[角鬪] chüéhtòu ㄐㄩㄝˊㄉㄡˋ 힘으로 다투다.

[角嘴] chüéhtsuǐ ㄐㄩㄝˊㄗㄨㄟˇ 말다툼하다. 언쟁을 하다.

〔抉〕 chüéh ㄐㄩㄝˊ 파 헤치다. 후벼내다.

[抉摘] chüéhchē ㄐㄩㄝˊㄓㄜˊ 요점(要點)을 골라 내다.

[抉擇] chüéhtsē ㄐㄩㄝˊㄗㄜˊ 선택(選擇)하다.

〔倔〕 chüéh ㄐㄩㄝˊ ⇨chüèh.

[倔強] chüéhch'iàng ㄐㄩㄝˊㄑㄧㄤˋ ①고집이 세다. 솔직하지 않다. ②끈기가 있다. 견딜심이 있다.

[倔傲] chüéhào ㄐㄩㄝˊㄏㄠˋ 완고하여 사람을 사람같이 생각지 않다.

〔訣〕 chüéh ㄐㄩㄝˊ ①비결(秘訣). 비법(秘法). 묘수(妙手).「妙一;묘한 비결」②음조(音調)가 좋고 외기 쉽게 된 전설(傳說).「口一;구전. 말로 전하여진 전설」③작별. 고별(告別).「永一;영결. 영별(永別)」

[訣竅] chüéhch'iào ㄐㄩㄝˊㄑㄧㄠˋ 비술(秘術). 비법. =訣要.

[訣策] chüéhts'è ㄐㄩㄝˊㄗㄜˋ 비책(秘策).

〔掘〕 chüéh ㄐㄩㄝˊ 파다.「一地;땅을 파다」「一井;우물을 파다」

[掘墓者] chüéhmùchě ㄐㄩㄝˊㄇㄨˋㄓㄜˇ 스스로 묘혈(墓穴)을 파는 자.

[掘土機] chüéht'ǔchī ㄐㄩㄝˊㄊㄨˇㄐㄧ 불도우저(bulldozer).

〔崛〕 chüéh ㄐㄩㄝˊ 우뚝 솟다.「一起;㉮돌기(突起)하다. ㉯돌연히 생기다. ㉰우뚝 솟다」

[崛興] chüéhhsīng ㄐㄩㄝˊㄒㄧㄥ ①돌발(突發)하다. ②돌연히 왕성해지다.

[崛然而起] chüéhjánérhch'ǐ ㄐㄩㄝˊㄖㄢˊㄦˊㄑㄧˇ 별안간 벌떡 일어서다.

〔厥〕 chüéh ㄐㄩㄝˊ ①숨이 막히다. 목이 막히다. 졸도(卒倒)하다.「痰一;담으로 목이 막히다」「暈一;졸도하다」②그. 그의. 저.「一父;그의 아버지」「一後;그 뒤」

〔絕〕 chüéh ㄐㄩㄝˊ ①끊다. 그만두다.「一望;절망」「音信久一;소식이 오랫동안 두절되다」②끊어지다. 다하다. 극(極)하다.「法子都想一了;방법은 다 생각해 냈다」「斬盡殺一;㉮몰살하다. ㉯철저히 추격하다」「氣一;기절하다」③극히. 가장.「一早;극히 빠르다」④둘도 없는. 비할 데 없는.「一技;둘도 없는 훌륭한 재주」⑤막다른 곳에 다다르다.「一地;㉮절체절명(絕體絕命)의 경지(境地). ㉯험한 곳」⑥절대로. 결코.「他一不再來了;그는 절대로 오지 않는다」

[絕症] chüéhchèng ㄐㄩㄝˊㄓㄥˋ 죽을 병.

[絕跡] chüéhchī ㄐㄩㄝˊㄐㄧ 대(代)가 끊어지다. 뒤가 끊기다.

[絕境] chüéhchìng ㄐㄩㄝˊㄐㄧㄥˋ ①속세(俗世)와 떨어진 곳. ②위험한 곳. ③절망적인 상태.

[絕處] chüéhch'ù ㄐㄩㄝˊㄔㄨˋ 막다른 골목. 막바지. 사경(死境). =絕地.

[絕群] chüéhch'ǘn ㄐㄩㄝˊㄑㄩㄣˊ 비할 데 없다. =絕等.

[絕種] chüéhchǔng ㄐㄩㄝˊㄓㄨㄥˇ 절종

되다. 종자가 끊어져 없어지다.②성질이 비뚤어진 사람. 괴팍한 사람. 「어지다.
[絕後] chüéhhòu ㄐㄩㄝˊㄏㄡˋ대(代)가 끊
[絕戶] chüéhhu ㄐㄩㄝˊㄏㄨ 대(代)를 이을 사람이 없는 집. 자식이 없는 집.
[絕心眼子] chüéhhsīnyěntzŭ ㄐㄩㄝˊㄒㄧㄣㄧㄢˇㄗ 악랄한 생각. 「藝).
[絕藝] chüéh ì ㄐㄩㄝˊㄧˋ 훌륭한 기예(技
[絕路] chüéhlù ㄐㄩㄝˊㄌㄨˋ 길이 막히다. 막바지에 이르다.
[絕路逢生] chüéhlù féngshēng ㄐㄩㄝˊㄌㄨˋㄈㄥˊㄕㄥ 곤경에서 다시 살길을 찾게 되다. ‹成›
[絕不了] chüéhpuliǎo ㄐㄩㄝˊㄅㄨˋㄌㄧㄠˇ 끊어지는 일은 없다. 절대로 없어지지는 않는다. ↔ 絕得了.
[絕食罷工] chüéhshíh pàkūng ㄐㄩㄝˊㄕˊㄅㄚˋㄍㄨㄥ 단식 파업(斷食罷業).
[絕無僅有] chüéhwú-chǐnyǔ ㄐㄩㄝˊㄨˊㄐㄧㄣˇㄧㄡˇ 하나뿐이다. 유일무이(唯一無二)하다.

〔蕨〕 chüéh ㄐㄩㄝˊ ‹植› 고사리.

〔橛〕 chüéh ㄐㄩㄝˊ 「一子·一兒; 짧은 말뚝」

〔噱〕 chüéh ㄐㄩㄝˊ 웃다. 폭소(爆笑)하다. 「令人發一; 폭소(爆笑)시키다. 크게 웃기다」
[噱頭] chüéht'ou ㄐㄩㄝˊㄊㄡ 연극 따위에서 웃기는 대목.

〔爵〕 chüéh ㄐㄩㄝˊ ①고대(古代)의 술 그릇. ②작위(爵位). ⇨chiáo.
[爵士樂] chüéhshìhyüèh ㄐㄩㄝˊㄕˋㄩㄝˋ 재즈 음악(jazz音樂). ‹譯› =爵士音樂.

〔蹶〕 chüéh ㄐㄩㄝˊ ①넘어지다. 좌절(挫折)되다. ②거꾸러뜨리다. 실각(失脚)시키다. ③실패하다. 차질(蹉跌)이 생기다. 「一一不振; 실패하여 다시 일어나지 못하다」
[蹶然] chüéhján ㄐㄩㄝˊㄖㄢˊ 갑자기 벌떡 일어나는 모양.

〔譎〕 chüéh ㄐㄩㄝˊ 속이다. 꾀하다. 음모하다. 「一而不正; 속이 검다」
[譎詐] chüéhchà ㄐㄩㄝˊㄓㄚˋ 남을 교묘하게 속이다. 교활하다. 「性情一; 성격이 교활하다」
[譎詭] chüéhkueǐ ㄐㄩㄝˊㄍㄨㄟˇ (나쁜 뜻으로)변화가 무쌍하다. 「手段一; 수법(手法)이 교묘하다」②거짓. 거짓말.

〔覺〕(觉) chüéh ㄐㄩㄝˊ ①느끼다. 「我一着冷; 나는 어쩐지 춥다」「他一得這本書很好; 그는 이 책이 퍽 좋은 줄 아는 모양이다」②감각능력(感覺能力). 「視一; 시각」③깨닫다. 자각하다. 「先知先一; 선각자(先覺者)」④눈을 뜨다. 일어나다. 깨다. 「如夢初一; 꿈에서 깨어난 듯한 기분」⑤나타나다. 발각되다. 「事一; 일이 탄로되다」⇨chiào.
[覺察] chüéhch'á ㄐㄩㄝˊㄔㄚˊ ①발각하다. ②살펴서 알다. 눈치채다.
[覺乎着] chüéhuchê ㄐㄩㄝˊㄏㄨㄓㄜ 느끼다. …와 같이 생각되다. =覺着.
[覺得] chüéhtê ㄐㄩㄝˊㄉㄜ 느끼다. 깨닫다. …인 듯하다.
[覺悟] chüéhwù ㄐㄩㄝˊㄨˋ ①깨닫다. 알다. ②의식(意識). 「提高民族一; 민족 의식을 드높이다」

〔鐝〕 chüéh ㄐㄩㄝˊ 「一頭; 곡괭이」
[鐝把] chüéhpa ㄐㄩㄝˊㄅㄚ ①곡괭이. ②chüéhpǎ 곡괭이 자루.

〔矍〕 chüéh ㄐㄩㄝˊ 「一鑠; 늙어도 원기 왕성하다」

〔嚼〕 chüéh ㄐㄩㄝˊ ⇨chiáo.

〔攫〕 chüéh ㄐㄩㄝˊ 움켜 잡다. 약탈하다. 「一爲己有; 약탈하여 제 것으로 만들다」
[攫取] chüéhch'ǔ ㄐㄩㄝˊㄑㄩˇ 움켜 잡다.
[攫奪] chüéhtó ㄐㄩㄝˊㄉㄨㄛˊ 수탈(收奪)하다. 강탈하다. 「一殖民地的原料; 식민지의 원료를 수탈하다」

〔钁〕 chüéh ㄐㄩㄝˊ 「一頭; 괭이. 곡괭이」 =鐝頭.

〔倔〕 chüèh ㄐㄩㄝˋ 무뚝뚝하다. 거만하다. 「那老頭子眞一; 그 노인은 참으로 무뚝뚝하다」 ⇨chüéh.

CH'ÜEH ㄑㄩㄝ

〔缺〕 ch'üeh ㄑㄩㄝ ①모자라다. 부족하다. 「不一了; 부족한 것이 없다」②(기물의 일부가) 파손되다. 망그러지다. 「殘一不全; 파손되어 온전치 못하다」③관직의 결원·공석(空席). 「出了一個一; 한 사람 결원이 생겼다」④"缺德"의 준말. 「那個人眞一; 그 놈은 정말로 괘씸하다」 「하다. ②부족. 결함.
[缺欠] ch'üehch'ièn ㄑㄩㄝㄑㄧㄢˋ ①부족
[缺吃缺穿] ch'üehch'īh-ch'üehch'uān ㄑㄩㄝㄔ ㄑㄩㄝㄔㄨㄢ 의식(衣食)이 몹시 부족한 모양. ‹成› 「口兒.
[缺齒兒] ch'üehch'ǐhrh ㄑㄩㄝㄔˇㄦ =缺
[缺穿缺戴] ch'üehch'uān-ch'üehtài ㄑㄩㄝㄔㄨㄢ ㄑㄩㄝㄉㄞˋ (부인의) 의복이 매우 조잡한 모양. 입을 것이 몹시 부족한 모양. ‹成› 「=豁子嘴.
[缺唇] ch'üehch'ún ㄑㄩㄝㄔㄨㄣˊ 언청이.
[缺憾] ch'üehhàn ㄑㄩㄝㄏㄢˋ 결점. 결함(缺陷). 「②정액보다 부족하다.
[缺額] ch'üehé ㄑㄩㄝㄜˊ ①부족(不足).
[缺心眼兒] ch'üehhsīnyěnrh ㄑㄩㄝㄒㄧㄣㄧㄢˇㄦ 생각이 돌지 않다. 분별을 못하다. ‹成›
[缺貨] ch'üehhuò ㄑㄩㄝㄏㄨㄛˋ ①품절(品切). ②물건이 모자라다.
[缺刻] ch'üehk'ò ㄑㄩㄝㄎㄜˋ (잎 가의) 톱니 모양의 부분.
[缺口(兒)] ch'üehk'ǒu(rh) ㄑㄩㄝㄎㄡˇ(ㄦ) ①파손된 부분. 빈 틈. 깨어진 틈. ②(둑·

방축 따위의) 터진 구멍. ③먹을 것이 부족하다. 배가 고프다. 「缺了口, 身子股兒就吃虧 ; 배가 고프면 기운이 나지 않는다」 「결핍되다.

[缺糧] ch'üēhliáng ㄑㄩㄝㄌㄧㄤˊ 식량이

[缺不了] ch'üēhpuliǎo ㄑㄩㄝㄅㄨㄌㄧㄠˇ ①없어서는 아니된다. 「米是一天也一的 ; 쌀은 하루라도 없어서는 안된다」 ② 부족할 리는 없다. 「모자라다.

[缺少] ch'üēhshǎo ㄑㄩㄝㄕㄠˇ 부족하다.

[缺食] ch'üēhshíh ㄑㄩㄝㄕˊ (가축 따위의) 먹이가 충분치 못하다.

[缺市] ch'üēhshìh ㄑㄩㄝㄕˋ (시장에서) 물건이 품절되다. 「자라다

[缺手] ch'üēhshǒu ㄑㄩㄝㄕㄡˇ 일손이 모

[缺德] ch'üēhtế ㄑㄩㄝㄉㄜˊ ①괘씸한 놈. 사람 같잖은 놈. ②몰인정하다. 부덕(不德)하다. «罵»

[缺點] ch'üēhtiěn ㄑㄩㄝㄉㄧㄢˇ 결점. 부족한 점. 유감스러운 일. 「號稱中國天堂的蘇杭二州還未曾到過, 實在是個大一 ; 중국의 극락이라 불리는 "蘇州"나 "杭州"에 아직 가보지 못하였다는 것은 참으로 유감스러운 일이다」

[缺嘴] chüēhtsuǐ ㄑㄩㄝㄗㄨㄟˇ ①먹을 것이 없다. 배를 곯다. ② 언청이.

[缺位] ch'üēhwèi ㄑㄩㄝㄨㄟˋ 비어 있는 직위.

[缺牙] ch'üēhyá ㄑㄩㄝㄧㄚˊ 빠진 이(齒).

[缺芽(兒)] ch'üēhyá(rh) ㄑㄩㄝㄧㄚˊ(ㄦ) 싹이 고르게 나지 않다.

〔闕〕 ch'üēh ㄑㄩㄝ ①=缺. ②과오. 잘못. 실수. ⇨ch'üèh.

〔瘸〕 ch'üéh ㄑㄩㄝˊ ①절름발이. ②절름거리다. 「一一一拐 ; 절룩절룩하다」

[瘸腿] ch'üéht'uǐ ㄑㄩㄝˊㄊㄨㄟˇ 절름발이.

[瘸子] ch'üéhtzù ㄑㄩㄝˊㄗ 절름발이.

〔卻〕(却) ch'üèh ㄑㄩㄝˋ ①물러서다. 후퇴하다. ②사양하다. 물리치다. 받지 않다. 「一之不恭 ; 사양하는 것은 실례이다」 ③도리어. 그러나. 「這是他自己的事, 他一來問我 ; 이것은 그 자신의 일인데도 그는 도리어 나에게 묻는다」「這個道理大家都明白, 他一不知道 ; 이 이치는 모두가 다 알지만, 그러나 그는 알지 못한다」 ④…하고 말다 : 동사의 뒤에 붙여 씀. 「失一力量 ; 힘을 잃고 말다」

[卻好] ch'üèhhǎo ㄑㄩㄝˋㄏㄠˇ 때마침. 공교롭게도. 「보다. 뒤돌아 보다.

[卻顧] ch'üèhkù ㄑㄩㄝˋㄍㄨˋ 뒤를 돌아

[卻來] ch'üèhlái ㄑㄩㄝˋㄌㄞˊ 그 실상은. 근본을 밝히면. 「서다.

[卻步] ch'üèhpù ㄑㄩㄝˋㄅㄨˋ 뒤로 물러

[卻不道] ch'üèhputào ㄑㄩㄝˋㄅㄨㄉㄠˋ 뜻밖에. 진실로. 「러나.

[卻是] ch'üèhshìh ㄑㄩㄝˋㄕˋ 도리어. 그

[卻才] ch'üèhts'ái ㄑㄩㄝˋㄘㄞˊ 방금. 지 「금 막.

〔雀〕 ch'üèh ㄑㄩㄝˋ ⇨chiāo, chiǎo.

[雀盲症] ch'üèhmángchêng ㄑㄩㄝˋㄇㄤˊㄓㄥˋ 야맹증(夜盲症).

[雀斑] ch'üèhpān ㄑㄩㄝˋㄅㄢ 주근깨.

〔搉〕 ch'üèh ㄑㄩㄝˋ ①두들기다. ②검토(檢討)하다. 상의하다. 묻다. =商搉.

〔確〕(确) ch'üèh ㄑㄩㄝˋ ①진실하다. 확실하다. 「千眞萬一 ; 확실히 틀림 없다」 ②확고히. 확실히. ③단단한 돌 ④메마른 토지.

[確切] ch'üèhchièh ㄑㄩㄝˋㄐㄧㄝˋ 확실하고 적절하다. >確確切切. 「녹색.

[確青] ch'üèhch'īng ㄑㄩㄝˋㄑㄧㄥ 짙은

[確據] ch'üèhchǜ ㄑㄩㄝˋㄐㄩˋ 확실한 증거.

[確乎] ch'üèhhu ㄑㄩㄝˋㄏㄨ 확실히. 「一如此 ; 확실히 이렇다」 >確確乎乎.

[確論] ch'üèhlǜn ㄑㄩㄝˋㄌㄨㄣˋ 올바른 언론(言論). 「세. 또는 시가(時價).

[確盤] ch'üèhp'án ㄑㄩㄝˋㄆㄢˊ 확실한 시

[確是] ch'üèhshìh ㄑㄩㄝˋㄕ =確乎.

[確當] ch'üèhtàng ㄑㄩㄝˋㄉㄤˋ 확실하고 타당하다. >確確當當.

[確鑿] ch'üèhtsó ㄑㄩㄝ ㄗㄨㄛˊ 확실하다. 「一可據 ; 확실하여 신뢰할 만하다」「一不移 ; 확실하여 움직일 수 없다. 의심할 「여지가 없다」

〔闋〕 ch'üèh ㄑㄩㄝˋ ①(음악 따위가) 끝나다. ②사곡(詞曲)을 세는 단위.

〔闕〕 ch'üèh ㄑㄩㄝˋ ①왕궁(王宮)의 문전의 건물. ②대궐. ③묘 앞의 문. 「치」

〔鵲〕 ch'üèh ㄑㄩㄝˋ 까치. 「喜一 ; 까

[鵲巢鳩占] ch'üèhch'áo chiūchān ㄑㄩㄝˋㄔㄠˊ ㄐㄧㄡㄓㄢˋ 남의 자리를 강제로 빼앗는다는 비유. «成»

CHUI ㄓㄨㄟ

〔追〕 chuī ㄓㄨㄟ ①쫓다. 뒤따르다. 「我一不上他 ; 나는 그를 뒤따를 수 없다」 ②(돈이나 도난품 등을) 되찾다. 「把原臟一回來了 ; 도둑맞은 물건을 되찾았다」 ③소급(遡及)하다. ④추구(追求)하다. 「這件事不必再一了 ; 이 사건은 이젠 추구할 필요가 없다」

[追查] chuīch'á ㄓㄨㄟㄔㄚˊ 추구(追究)하다. >追追查查. 「독촉하다.

[追賬] chuīchāng ㄓㄨㄟㄓㄤ 외상값을

[追價] chuīchià ㄓㄨㄟㄐㄧㄚˋ 값을 추가(追加)하다. 「②추징(追徵)하다.

[追繳] chuīchiǎo ㄓㄨㄟㄐㄧㄠˇ ①되찾다.

[追荐] chuīchièn ㄓㄨㄟㄐㄧㄢˋ 공양(供養)하다.

[追逐] chuīchú ㄓㄨㄟㄓㄨˊ 뒤를 쫓다. 쫓아 다니며 부려먹다. >追追逐逐.

[追還] chuīhuán ㄓㄨㄟㄏㄨㄢˊ ① 반제(返濟)하기를 강요하다. ②추징(追徵)하다.

[追悔] chuīhuǐ ㄓㄨㄟㄏㄨㄟˇ 후회하다.

[追趕] chuīkǎn ㄓㄨㄟㄍㄢˇ 쫓아 가다. 뒤쫓다. 「하다.

[追科] chuīk'ō ㄓㄨㄟㄎㄜ 세금을 독촉

[追根] chuīkēn ㄓㄨㄟㄍㄣ 꼬치꼬치 추궁하다. 「一究底 ; 미주알고주알 캐묻다」

[追過] chuīkuò ㄓㄨㄟㄍㄨㄛˋ 앞지르다. 추월하다.

[追命鬼] chuīmìngkueǐ ㄓㄨㄟ ㄇㄧㄥˋ ㄍㄨㄟˇ 죽음의 신(神). 사자.

[追陪] chuīp'éi ㄓㄨㄟ ㄆㄟˊ 상반(相伴)하다. 함께 뒤따르다.

[追本窮源] chuīpěn-ch'iúngyüán ㄓㄨㄟ ㄅㄣˇ ㄑㄩㄥˊ ㄩㄢˊ 근원(根源)을 추구하다. 문제 발생의 원인을 구명하다. «成»

[追逼] chuīpī ㄓㄨㄟ ㄅㄧ 끈덕지게 육박하다. 「一他認罪；그에게 죄를 인정하라고 끈덕지게 강요하다」

[追不上] chuīpushàng ㄓㄨㄟ ㄅㄨ ㄕㄤˋ 뒤따를 수 없다. ↔追得上.

[追溯] chuīsù ㄓㄨㄟ ㄙㄨˋ 소급하다.

[追討] chuīt'ǎo ㄓㄨㄟ ㄊㄠˇ 빚을 갚으라고 성화를 대다.

[追贓] chuītsāng ㄓㄨㄟ ㄗㄤ ①장물(贓物)을 되찾다. ②도난품을 돌려 주게 하다.

[追尋] chuīhsún ㄓㄨㄟ ㄒㄩㄣˊ 어디까지나 따져 묻다. 「一理由；이유를 따져 묻다」 「다.

[追詢] chuīhsún ㄓㄨㄟ ㄒㄩㄣˊ 연달아 묻

[追踪] chuītsūng ㄓㄨㄟ ㄗㄨㄥ 남의 뒤를 미행하다.

[追亡逐北] chuīwáng-chúpěi ㄓㄨㄟ ㄨㄤˊ ㄓㄨˊ ㄅㄟˇ 패(敗)한 적을 추격하다. «成»

[追味] chuīwèi ㄓㄨㄟ ㄨㄟˋ 이별을 서러워하다. 「다.

[追問] chuīwěn ㄓㄨㄟ ㄨㄣˇ 치근치근 묻

〔椎〕 chuī ㄓㄨㄟ, ch'uí ①「一子·一兒；망치. 발목(撥木)」「鼓一；북채」 ②망치로 두드리다. ③척추(脊椎) 뼈. ⇨ch'uí.

〔錐〕 chuī ㄓㄨㄟ ①「一子；송곳」「無立一之地；입추의 여지가 없다」 ②(송곳 따위로) 찌르다. ③「一子·一兒；끝이 송곳같이 뾰족한 것」「氷一；고드름」「毛一子；붓」

[錐處囊中] chuīch'ǔnángchūng ㄓㄨㄟ ㄔㄨˇ ㄋㄤˊ ㄓㄨㄥ 재능이 있는 자는 곧 두각(頭角)을 나타낸다는 비유. «成»

[錐眼兒] chuī yěnrh ㄓㄨㄟ ㄧㄢˇㄦ 송곳 등으로 찔러 구멍을 내다.

〔惴〕 chuì ㄓㄨㄟˋ 걱정하다. 두려워하다. 「一一不安；겁이 나서 벌벌 떨다」

〔綴〕 chuì ㄓㄨㄟˋ ①얽어 매다. 철하다. 「把這個扣子一上；이 단추를 달다」 ②(문장을) 짓다. 각색(脚色)하다. 「點一；꾸미다」

[綴輯] chuìchí ㄓㄨㄟˋ ㄐㄧˊ 편집하다.

[綴合] chuìhó ㄓㄨㄟˋ ㄏㄜˊ 한데 꿰매다.

〔墜〕 chuì ㄓㄨㄟˋ ①떨어지다. 「一馬；말에서 떨어지다」 ②가라앉다. 처지다. 「船錨往下一；배의 닻을 내리다」 ③매달다. 「掛鐘下面一着一個屘；벽시계의 추가 한 개 달려 있다」 ④「一兒；매달려 있는 것」「耳一兒；늘어뜨리는 귀걸이」

[墜樓] chuìlóu ㄓㄨㄟˋ ㄌㄡˊ 고층 건물에서 뛰어 내리다.

[墜飾] chuìshìh ㄓㄨㄟˋ ㄕˋ 매어다는 장식물. 「扇子一；부채에 다는 술」

[墜胎] chuìt'āi ㄓㄨㄟˋ ㄊㄞ 유산(流產)시키다. 낙태하다. 「쇠약해지다.

[墜地] chuìtì ㄓㄨㄟˋ ㄉㄧˋ 땅에 떨어지다.

[墜肚] chuìtù ㄓㄨㄟˋ ㄉㄨˋ 복통(腹痛)으로 설사가 나다.

[墜腿兒] chuìt'uǐrh ㄓㄨㄟˋ ㄊㄨㄟˇㄦ (비유적으로) 다리를 잡아 당기는 것.

[墜子] chuìtzǔ ㄓㄨㄟˋ ㄗ ①귀걸이. ②흔들이. 진자(振子). ③"河南·山東"지방에서 불리는 민요의 한 가지.

〔縋〕 chuì ㄓㄨㄟˋ 새끼에 걸어 밑으로 내리다. 「工人們從樓頂上把空桶一下來；일군들이 지붕에서 빈 통을 새끼에 걸어서 밑으로 내리다」

〔贅〕 chuì ㄓㄨㄟˋ 쓸 데 없는 것. 군것.

[贅婿] chuìhsù ㄓㄨㄟˋ ㄒㄩˋ 데릴사위.

[贅瘤] chuìliú ㄓㄨㄟˋ ㄌㄧㄡˊ ①혹. ②쓸 데 없는 것. 군것. 「말. 군말.

[贅述] chuìshù ㄓㄨㄟˋ ㄕㄨˋ 쓸 데 없는

[贅芽] chuìyá ㄓㄨㄟˋ ㄧㄚˊ 과일 나무의 잎눈.

[贅疣] chuìyú ㄓㄨㄟˋ ㄧㄡˊ ①사마귀. ②쓸 데 없는 것. 군것.

CH'UI ㄔㄨㄟ

〔吹〕 ch'uī ㄔㄨㄟ ①불다. 「一燈；남포 불을 불어서 끄다」 ②각적(角笛)을 불다. ③수포로 돌아가다. 못 쓰게 되다. 「這件事要一了；이 일은 헛탕이 될 것 같다」

[吹氣] ch'uīch'ì ㄔㄨㄟ ㄑㄧˋ ①기적을 울리다. ②붕붕 소리를 내다. 「버릇.

[吹勁] ch'uīchìn ㄔㄨㄟ ㄐㄧㄣˋ 허풍치는

[吹風] ch'uīfēng ㄔㄨㄟ ㄈㄥ ①바람이 불다. ②말을 퍼뜨리다. ③바람을 쏘이다.

[吹風兒] ch'uīfēngrh ㄔㄨㄟ ㄈㄥㄦ 귀에 들어가라고 간접적으로 이야기하다. 슬쩍 지나가는 말로 하다.

[吹號] ch'uīhào ㄔㄨㄟ ㄏㄠˋ 나팔을 불다.

[吹噓] ch'uīhsū ㄔㄨㄟ ㄒㄩ ①추켜 올리다. 칭찬하다. ②남의 말을 좋게 이야기하다.

[吹唬] ch'uīhu ㄔㄨㄟ ㄏㄨ 큰 소리로 꾸짖다. =吹呼.

[吹灰] ch'uīhuī ㄔㄨㄟ ㄏㄨㄟ 손쉬운. 용이한. 「一之力；사소한 노력」

[吹胡子瞪眼睛] ch'uīhútzǔ tèngyěnching ㄔㄨㄟ ㄏㄨˊ ㄗ ㄉㄥˋ ㄧㄢˇ ㄐㄧㄥ ①연극에서 배우가 성을 낼 적에 험상궂게 눈을 부릅뜨는 짓. ②남을 놀라게 하거나 남의 잘못을 꾸짖을 때의 험상궂은 모습.

[吹口哨(兒)] ch'uīk'ǒushào(rh) ㄔㄨㄟ ㄎㄡˇ ㄕㄠˋ(ㄦ) 휘파람을 불다.

[吹鼓手] ch'uīkúshǒu ㄔㄨㄟ ㄍㄨˊ ㄕㄡˇ 혼례·장례 때의 악사(樂士).

[吹爐] ch'uīlú ㄔㄨㄟ ㄌㄨˊ 전로(轉爐). 녹힌 쇠를 냉각시키는 장치.

[吹毛求疵] ch'uīmáo ch'iútz'ū ㄔㄨㄟ ㄇㄠˊ ㄑㄧㄡˊ ㄘ 털을 불고 상처를 찾아 낸다는 뜻으로 고의로 남의 결점을 찾다. «成»

[吹滅] ch'uīmièh ㄔㄨㄟ ㄇㄧㄝˋ (입으로) 불어서 끄다.

[吹牛] ch'uīniú ㄔㄨㄟ ㄋㄧㄡˊ 허풍을 떨다.

「一大王；거짓말 대장」 不要一；허풍 떨지 마라」
[吹嗙] ch'uīpǎng ㄔㄨㄟㄅㄤˇ 으시대다. 되지 않은 말을 떠벌리다. >吹吹嗙嗙.
[吹崩] ch'uīpēng ㄔㄨㄟㄅㄥ 불어서 터뜨리다.
[吹哨(兒)] ch'uīshào(rh) ㄔㄨㄟㄕㄠˋ(ㄦ) (신호를 보내기 위해) 휘파람을 불다.
[吹打] ch'uīta ㄔㄨㄟㄉㄚ 악기를 불거나 두드려서 소리를 내다. >吹吹打打.
[吹大氣] ch'uītàch'ì ㄔㄨㄟㄉㄚˋㄑㄧˋ 큰소리 치다. =說大話.
[吹臺] ch'uīt'ái ㄔㄨㄟㄊㄞˊ ①완전히 실패로 돌아 가다.
[吹彈歌唱] ch'uītán kōch'àng ㄔㄨㄟㄉㄢˊ ㄍㄜㄔㄤˋ 모든 음악에 관한 일. 기악과 성악.
[吹騰] ch'uīt'êng ㄔㄨㄟㄊㄥ 큰소리 치다. 떠벌리다.

〔炊〕 ch'uī ㄔㄨㄟ ①취사(炊事). ②밥을 짓다.
[炊帚] ch'uīchou ㄔㄨㄟㄓㄡ 솥이나 밥통 따위를 씻는 가는 대를 쪼개어 만든 솔.
[炊事員] ch'uīshìhyüán ㄔㄨㄟㄕˋㄩㄢˊ 취사원. 취사 담당원.
[炊烟] ch'uīyēn ㄔㄨㄟㄧㄢ ①밥 짓는 연기. ②사람 사는 곳.

〔垂〕 ch'uí ㄔㄨㄟˊ ①(물건의 끝이) 늘어지다. 늘어뜨리다.「一釣；낚시 바늘을 드리우다」②후세에 전하다.「名一千古；영원히 이름을 남기다」③다가가다. 거의 …이 되다.
[垂愛] ch'uí ài ㄔㄨㄟˊㄞˋ 후의(厚意)를 받다. 애호를 반자와. «書»
[垂青] ch'uích'īng ㄔㄨㄟˊㄑㄧㄥ 특별히 애호하다. 특별히 돌봐 주다.
[垂發] ch'uífà ㄔㄨㄟˊㄈㄚˋ =垂髫.
[垂涎三尺] ch'uíhsiénsānch'ǐh ㄔㄨㄟˊㄒㄧㄢˊㄙㄢㄔˇ 침을 석 자나 흘린다는 뜻으로, 몹시 탐을 낸다는 형용. «成»
[垂涎欲滴] ch'uíhsiényǜtī ㄔㄨㄟˊㄒㄧㄢˊㄩˋㄉㄧ 침을 흘릴 듯이 탐을 내다. «成»
[垂花門] ch'uíhuāmên ㄔㄨㄟˊㄏㄨㄚㄇㄣˊ 구식 저택의 "二門"위를 아아치형으로 만들어 조각이나 채화(彩畫)로 장식한 문.
[垂詢] ch'uíhsǘn ㄔㄨㄟˊㄒㄩㄣˊ 귀인의 방문을 맞이하다. 왕림하시다.
[垂老] ch'uílǎo ㄔㄨㄟˊㄌㄠˇ 노경에 들다. 노경에 가까와지다.
[垂柳] ch'uíliǔ ㄔㄨㄟˊㄌㄧㄡˇ 〈植〉수양버들.
[垂綸] ch'uílún ㄔㄨㄟˊㄌㄨㄣˊ =垂釣.
[垂死] ch'uíssǔ ㄔㄨㄟˊㄙˇ ①죽음에 다다르다. ②파멸·파탄 상태에 이르다.「一掙扎；죽음의 몸부림」
[垂涕] ch'uítì ㄔㄨㄟˊㄉㄧˋ 울다. 눈물을 흘리다.
[垂釣] ch'uítiào ㄔㄨㄟˊㄉㄧㄠˋ 낚시질하다.
[垂髫] ch'uít'iáo ㄔㄨㄟˊㄊㄧㄠˊ 동자(童子).
[垂頭喪氣] ch'uít'óu sàngch'ì ㄔㄨㄟˊㄊㄡˊㄙㄤˋㄑㄧˋ 풀이 죽어 힘이 없는 상태. 맥없는. 풀이 죽은.
[垂危] ch'uíwēi ㄔㄨㄟˊㄨㄟ ①위기에 봉착하다. ②병이나 부상으로 사경(死境)에 이르다.「病勢一；병세가 막바지에 이르다」
[垂楊柳] ch'uíyángliǔ ㄔㄨㄟˊㄧㄤˊㄌㄧㄡˇ 〈植〉=垂柳.

〔捶〕(搥) ch'uí ㄔㄨㄟˊ ①두드리다. 망치 따위로 치다.「一衣裳；옷을 방망이질해 빨다」②채찍질하다. ③찧다. 때리다.
[捶胸跺脚] ch'uíhsiūng-tòchiǎo ㄔㄨㄟˊㄒㄩㄥㄉㄨㄛˋㄐㄧㄠˇ 가슴을 치며 발버둥치다. 몹시 원통해 하다.
[捶背] ch'uípei ㄔㄨㄟˊㄅㄟ 등을 두드리다. 안마하다.
[捶布] ch'uípù ㄔㄨㄟˊㄅㄨˋ 다듬이질하다.「一石；빨랫돌. 다듬잇돌」
[捶死] ch'uíssǔ ㄔㄨㄟˊㄙ 때려 죽이다.
[捶打] ch'uíta ㄔㄨㄟˊㄉㄚ (주먹으로) 치다. >捶捶打打.

〔椎〕 ch'uí ㄔㄨㄟˊ ⇨chuī.

〔槌〕 ch'uí ㄔㄨㄟˊ ①나무 망치. ②치다.

〔錘〕(鎚②③) ch'uí ㄔㄨㄟˊ ①저울의 분동(分銅). ②「一子·一兒；쇠망치」③쇠망치로 치다.「千一百煉；단련에 단련을 거듭하다」
[錘煉] ch'uílièn ㄔㄨㄟˊㄌㄧㄢˋ ①단련하다. ②야금(冶金)하다.
[錘子] ch'uítzǔ ㄔㄨㄟˊㄗ 장도리. 쇠망치.

CHUN ㄓㄨㄣ

〔諄〕 chūn ㄓㄨㄣ
[諄諄] chūnchūn ㄓㄨㄣㄓㄨㄣ 간절히. 공손하게. 차근차근이.

〔隼〕 chǔn ㄓㄨㄣˇ 매. =鶽.

〔准〕(準③~⑦) chǔn ㄓㄨㄣˇ ①허가하다.「不一他來；그가 오는 것을 허락치 않다」②본보기로 삼다. 의거하다.「一此計劃進行；이 계획에 준하여 진행하다」③표준. 기준.「以此爲一；이것을 표준으로 삼다」④목표. 표적. 확실한 일.「瞄一(兒)；겨누다」⑤정해진. 일정(一定)한.「一日子；일정한 날」⑥정확하다. 옳다.「鐘走得眞一；시계가 가는 것이 아주 정확하다」⑦정하다. 결정하다.「我和他說一了；나는 그와 이야기해서 결정하였읍니다」⑧반드시. 꼭.「我一來；나는 꼭 옵니다」 ⑨코.「隆一；높은 코」
[准折] chǔnchê ㄓㄨㄣˇㄓㄜˊ 할인(割引)하다.
[准切] chǔnch'ièh ㄓㄨㄣˇㄑㄧㄝˋ 확실하다.
[准斤] chǔnchīn ㄓㄨㄣˇㄐㄧㄣ 속임수 없는 근량(斤量). 근량이 충분한 것.
[准確] chǔnch'üèh ㄓㄨㄣˇㄑㄩㄝˋ (계획·측량·사격 따위가) 정확하다. >准准確確.
[准信(兒)] chǔnsìn(rh) ㄓㄨㄣˇㄒㄧㄣˋ(ㄦ) 정확한 소식. 정확한 이야기
[准星] chǔnhsīng ㄓㄨㄣˇㄒㄧㄥ 총의 가늠쇠.
[准性情] chǔnhsìngch'íng ㄓㄨㄣˇㄒㄧㄥˋㄑㄧㄥ 변덕이 없는 성질. 꾸준한 성질.
[准性子] chǔnhsìngtzǔ ㄓㄨㄣˇㄒㄧㄥˋㄗ

변치 않는 성질. 꾸준한 성질.

[准許] chúnhsǔ ㄓㄨㄣˊㄒㄩˇ 용서하다.

[准話] chǔnhuà ㄓㄨㄣˇㄏㄨㄚˋ 확실한 이야기. 진실한 이야기. 「된 사람.

[准人] chǔnjěn ㄓㄨㄣˇㄖㄣˊ 특별히 지정

[准稿子] chúnkǎotzū ㄓㄨㄣˊㄍㄠˇㄗ 복안(腹案). 「准則.

[准規] chǔnkueī ㄓㄨㄣˇㄍㄨㄟ 규칙. =

[准落兒] chǔnlàorh ㄓㄨㄣˇㄌㄠˋㄦ 안정된 생활.

[准保] chúnpǎo ㄓㄨㄣˊㄅㄠˇ 반드시. 틀림없이. 「一叫你滿意；반드시 당신을 만족시킬 것이다」 「性情.

[准脾氣] chǔnp'ích'i ㄓㄨㄣˇㄆㄧˊㄑㄧ =准

[准譜兒] chúnp'ǔrh ㄓㄨㄣˊㄆㄨˇㄦ 일정한 순서와 방식.

[准兒] chǔnrh ㄓㄨㄣˇㄦ 준칙(準則). 표준. 확실한 일. 「心裡有一；심중에 확신이 서 있다」「沒一要下雨；아마 비가 올지도 모른다」

[准繩] chǔnshěng ㄓㄨㄣˇㄕㄥˊ ①표준. 규칙. ②수평반(水平盤). ③먹줄.

[准舌頭] chǔnshět'ou ㄓㄨㄣˇㄕㄜˊㄊㄡ 나중에 취소하지 않을 확실한 이야기. 「他說話沒一；그의 말은 믿을 수가 없다」

[准時] chǔn shíh ㄓㄨㄣˇㄕˊ ①정해진 시간. ②시간대로. 「一到達會場；시간대로 회장에 도착하다」

[准是] chǔnshìh ㄓㄨㄣˇㄕˋ 반드시. 꼭. 「一廠裡出了事；반드시 공장에 일이 일어났다」 「입 면허장. 허가장.

[准單] chǔntān ㄓㄨㄣˇㄉㄢ 세관의 수출

[准的] chǔntì ㄓㄨㄣˇㄉㄧˋ 표준.

[准定] chǔntìng ㄓㄨㄣˇㄉㄧㄥˋ 반드시. 꼭.

[准頭] chǔnt'ou ㄓㄨㄣˇㄊㄡ ①코의 끝. ②목표. 표준.

[准此] chúntz'ǔ ㄓㄨㄣˊㄘˇ 모두 잘 알았읍니다:동급 관청간의 공문서에 사용되는 말.

[准豫] chúnyǔ ㄓㄨㄣˊㄩˇ (관청에서) 허가하여 주다. 「一通行；통행을 허가해 주다」

CH'UN　ㄔㄨㄣ

〔春〕 ch'ūn ㄔㄨㄣ ①봄. 춘계(春季). ②색정(色情). 연애의 정. 「봄 방학.

[春假] ch'ūnchià ㄔㄨㄣㄐㄧㄚˋ 춘계 휴가.

[春淺] ch'ūnch'iěn ㄔㄨㄣㄑㄧㄢˇ 봄이 아직 이르다.

[春節] ch'ūnchiéh ㄔㄨㄣㄐㄧㄝˊ ①입춘(立春). ②음력 정월 원단(元旦).

[春情] ch'ūnch'íng ㄔㄨㄣㄑㄧㄥˊ ①봄의 정서. ②남녀가 서로 사랑하는 정. 춘정.

[春秋] ch'ūnch'iū ㄔㄨㄣㄑㄧㄡ ①세월(歲月). ②연령(年齡). ③중국 고대의 사서(史書). ④춘추 시대: B.C. 722~481.

[春酒] ch'ūnchiǔ ㄔㄨㄣㄐㄧㄡˇ 새해의 축하주.

[春捲(兒)] ch'ūnchüǎn(rh) ㄔㄨㄣㄐㄩㄢˇ(ㄦ) 밀가루 반죽을 얇게 밀어 그 속에 고기·채소 따위를 뚤뚤 말아서 찌거나 기름에 튀긴 음식.

[春風滿面] ch'ūnfēngmǎnmièn ㄔㄨㄣㄈㄥㄇㄢˇㄇㄧㄢˋ 자신 만만한 얼굴. 득의만면(得意滿面)한 모양.

[春汛] ch'ūnhsǜn ㄔㄨㄣㄒㄩㄣˋ 해빙기(解氷期)에 하천이 범람하는 일. =桃花汛.

[春華秋實] ch'ūnhuā-ch'iūshíh ㄔㄨㄣㄏㄨㄚㄑㄧㄡㄕˊ ①봄의 꽃과 가을의 열매. ②화려함과 소박함. «成»

[春化處理] ch'ūnhuàch'ǔlǐ ㄔㄨㄣㄏㄨㄚˋㄔㄨˊㄌㄧˇ 싹이 난 밀의 겨울철 저온 처리(低溫處理).

[春衣] ch'ūnī ㄔㄨㄣㄧ 봄옷.

[春耕] ch'ūnkēng ㄔㄨㄣㄍㄥ 봄의 경작.

[春宮(兒)] ch'ūnkūng(rh) ㄔㄨㄣㄍㄨㄥ(ㄦ) ①태자궁(太子宮). ②춘화(春畫).

[春光] ch'ūnkuāng ㄔㄨㄣㄍㄨㄤ 봄의 경치.

[春困秋乏] ch'ūnk'ùn-ch'iūfá ㄔㄨㄣㄎㄨㄣˋㄑㄧㄡㄈㄚˊ 봄에는 졸리고 가을에는 피곤하다.

[春聯(兒)] ch'ūnlién(rh) ㄔㄨㄣㄌㄧㄢˊ(ㄦ) 새해에 문(門)에 붙이는 붉은 종이에 쓴 대구(對句):입춘방의 한 가지.

[春毛] ch'ūnmáo ㄔㄨㄣㄇㄠˊ 봄에 깎는 양의 털.

[春夢] ch'ūnměng ㄔㄨㄣㄇㄥˋ 덧없는 꿈. 「一場一；일장춘몽」

[春冰] ch'ūnpīng ㄔㄨㄣㄅㄧㄥ 위험한 사물의 비유. 살얼음판.

[春不老] ch'ūnpùlǎo ㄔㄨㄣㄅㄨˋㄌㄠˇ 〈植〉 갓. =雪裡蕻.

[春色] ch'ūnsè ㄔㄨㄣㄙㄜˋ ①춘경(春景). ②기쁜 얼굴.

[春筍] ch'ūnsǔn ㄔㄨㄣㄙㄨㄣˇ 봄철의 죽순. =春笋.

[春天] ch'ūnt'ien ㄔㄨㄣㄊㄧㄢ 봄. 봄철.

[春瘟] ch'ūnwēn ㄔㄨㄣㄨㄣ 봄에 유행하는 열병.

[春油菜] ch'ūnyúts'ài ㄔㄨㄣㄧㄡˊㄘㄞˋ 일년작 유채(油菜).

〔椿〕 ch'ūn ㄔㄨㄣ 「香一；동백나무」「臭一；가죽나무」

[椿象] ch'ūnhsiàng ㄔㄨㄣㄒㄧㄤˋ 〈動〉 노린재. 농작물의 해충.

〔純〕 ch'ún ㄔㄨㄣˊ 순수한. 「一潔；순결하다」

[純熟] ch'únshú ㄔㄨㄣˊㄕㄨˊ 숙달하다. 익숙해지다. 「用不一的普通官話說；익숙하지 못한 표준어로 말하다」

〔唇〕(脣) ch'ún ㄔㄨㄣˊ 입술.

[唇齒] ch'únch'ìh ㄔㄨㄣˊㄔˇ ①입술과 이. ②관계가 밀접하다.

[唇脂] ch'únchīh ㄔㄨㄣˊㄓ 입술 연지. 립스틱(lipstick).

[唇槍舌劍] ch'únch'iāng-shéchièn ㄔㄨㄣˊㄑㄧㄤㄕㄜˊㄐㄧㄢˋ 말이 격렬하고 날카롭다. 치열한 설전(舌戰)을 형용하는 말.

[唇齒相依] ch'únch'ǐhhsiāngī ㄔㄨㄣˊㄔˇㄒㄧㄤㄧ 상부상조(相扶相助). «成»

[唇舌] ch'únshé ㄔㄨㄣˊㄕㄜˊ 말. 구설. 말다툼. 「一不清；말이 분명치 않다」「費一；말이 많다」

[唇亡齒寒] ch'únwáng-ch'ǐhhán ㄔㄨㄣˊㄨㄤˊㄔˇㄏㄢˊ 순망치한. 서로 의존하고 도와서 이해 관계가 밀접함. «成»

〔淳〕 ch'ún ㄔㄨㄣˊ 순수함. 순박함. 「風俗一美 ; 풍속이 순박하다」
[淳厚] ch'únhòu ㄔㄨㄣˊㄏㄡˋ 순박하고 성실하다. >淳淳厚厚. 「淳淳朴朴.
[淳朴] ch'únpǔ ㄔㄨㄣˊㄆㄨˇ순박하다. >

〔蒓〕(蓴) ch'ún ㄔㄨㄣˊ순채(蒓菜).

〔醇〕 ch'ún ㄔㄨㄣˊ ①진한 술. ②순수하다. =淳. ③주정(酒精). 「코올.
[醇精] ch'únchīng ㄔㄨㄣˊㄐㄧㄥ 주정. 알
[醇酒] ch'únchiǔ ㄔㄨㄣˊㄐㄧㄡˇ순수한 술.

〔鶉〕 ch'ún ㄔㄨㄣˊ〈動〉 메추리.「一衣 ; 남루한 옷」

〔蠢〕 ch'ǔn ㄔㄨㄣˇ ①어리석다. 어수룩하다. ②(벌레가) 꿈틀거리다. 기다.
[蠢蠢] ch'únch'ǔn ㄔㄨㄣˊㄔㄨㄣˇ 난동하는 모양.
[蠢孩子] ch'ǔnháitzǔ ㄔㄨㄣˇㄏㄞˊㄗ 바보 같은 아이.
[蠢貨] ch'ǔnhuò ㄔㄨㄣˇㄏㄨㄛˋ 바보 같은 놈. 얼간이. 《罵》
[蠢笨] ch'ǔnpèn ㄔㄨㄣˇㄅㄣˋ ①바보. ②몸이 뚱뚱하고 미련한 사람.
[蠢才] ch'ǔnts'ái ㄔㄨㄣˇㄘㄞˊ 둔재(鈍才).
[蠢材] ch'ǔnts'ái ㄔㄨㄣˇㄘㄞˊ 바보.

CHÜN ㄐㄩㄣ

〔均〕 chūn ㄐㄩㄣ ①고르다. 평등하게 하다.「有多有少, 不如一一一吧! ; 많았다 적었다 하는 것보다 인원수에 따라 평등하게 할당하는 것이 좋을 것이요」 ②어울리다. 균형이 잡히다. 평등한. 「勢一力敵 ; 세력이 비슷하다」 ③모두. 다. 전체로.「老小一安 ; 노소(老少)가 다 건강합니다 : 편지에 쓰이는 말」
[均扯] chūnch'ê ㄐㄩㄣㄔㄜ 평균하다. 고르게 하다. 「량.
[均重] chūnchùng ㄐㄩㄣㄓㄨㄥˋ평균 중
[均可] chūnk'ǒ ㄐㄩㄣㄎㄜˇ 어느 것이나 다 좋다.「現賣賒賣一 ; 현금이든 외상이든 다 좋다」
[均平] chūnp'íng ㄐㄩㄣㄆㄧㄥˊ ①고르게 하다. ②균형이 잡히다.
[均勢] chūnshìh ㄐㄩㄣㄕˋ세력 균형(均衡).
[均攤] chūnt'ān ㄐㄩㄣㄊㄢ 고르게 할당하다.
[均勻] chūnyún ㄐㄩㄣㄩㄣˊ고르게 하다. 평균하게 하다. >均均勻勻.

〔君〕 chūn ㄐㄩㄣ ①군주(君主). 임금. 국왕(國王). ②아버님.《敬》「先一 ; 선친(先親)」「家一 ; 아버님」 ③남의 이름 아래 붙이는 …씨. …군.「張一 ; 장군」 ④귀하(貴下). 당신.「一能來此否? ; 당신은 여기에 오시겠읍니까?」
[君子協定] chūntzǔ hsiéhtìng ㄐㄩㄣㄗˇㄒㄧㄝˊㄉㄧㄥˋ 신사 협정(紳士協定).

〔軍〕 chūn ㄐㄩㄣ ①군대. ②군단(軍團).
[軍長] chūnchǎng ㄐㄩㄣㄓㄤˇ군지휘관.
[軍機] chūnchī ㄐㄩㄣㄐㄧ ①군기. 군의 기밀(機密). ②군의 중대한 일. ③군용 비행기.
[軍法處] chūnfǎch'ù ㄐㄩㄣㄈㄚˇㄔㄨˋ 군법 회의. 군사 재판소.
[軍號] chūnhào ㄐㄩㄣㄏㄠˋ ①군대용 나팔. ②트럼펫(trumpet).
[軍餉] chūnhsiǎng ㄐㄩㄣㄒㄧㄤˇ ①군비(軍費). ②군량(軍糧).
[軍械] chūnhsièh ㄐㄩㄣㄒㄧㄝˋ병기(兵器).
[軍銜] chūnhsién ㄐㄩㄣㄒㄧㄢˊ 군인의 계급.
[軍火] chūnhuǒ ㄐㄩㄣㄏㄨㄛˇ 병기와 탄약의 총칭.
[軍官] chūnkuān ㄐㄩㄣㄍㄨㄢ 장교. 사관(士官).
[軍樂] chūnyüèh ㄐㄩㄣㄩㄝˋ ①군악. ②군대용 악기(樂器).

〔鈞〕 chūn ㄐㄩㄣ ①고대(古代)의 중량 단위(重量單位): 30근(斤)에 해당함. 「千一一發 ; 위기 일발(危機一發)」 ②질그릇을 만드는 데 쓰이는 고패. ③편지에서의 높임말.「一命 ; 하명(下命)」
[鈞安] chūn'ān ㄐㄩㄣㄢ 안녕(安寧). 태평(泰平).「順請一 ; 내내 안녕하옵시기를 비옵니다」《書》 「啓).《書》
[鈞鑒] chūnchièn ㄐㄩㄣㄐㄧㄢˋ 근계(謹

〔菌〕 chūn ㄐㄩㄣ 세균(細菌).「病一 ; 병균」 ⇨chǜn.
[菌漿針] chūnchiāngchēn ㄐㄩㄣㄐㄧㄤㄓㄣ 왁찐 주사(Vakzin 注射).

〔皸〕 chūn ㄐㄩㄣ (추위로) 손발이 틈. 추위에 살갗이 터지는 것. =龜.
[皸裂] chūnlièh ㄐㄩㄣㄌㄧㄝˋ 추위에 살갗이 얼어 터지다.

〔麇〕 chūn ㄐㄩㄣ 노루. ⇨ch'ún.

〔龜〕(龟) chūn ㄐㄩㄣ =皸. ⇨kueī.

〔俊〕 chǜn ㄐㄩㄣˋ ①재주가 뛰어난. 머리가 좋은.「一士 ; 재치 있는 사나이」 ②아름답다. 남의 눈에 뛰어나 보이다. 「那個小姑娘眞一 ; 그 아가씨는 참으로 아름답다」 「우수하다.
[俊秀] chǜnhsiù ㄐㄩㄣˋㄒㄧㄡˋ뛰어나다.

〔浚〕(濬) chǜn ㄐㄩㄣˋ 긁어 파내다. 쳐내다. 준설(浚渫)하다. 「一河 ; 내를 쳐내다. 준설(浚渫)하다」 ⇨hsǜn.

〔峻〕 chǜn ㄐㄩㄣˋ ①높다. 험하다.「高山一嶺 ; 높은 산과 험한 고개」 ②가혹한. 준엄한.「嚴刑一法 ; 준엄한 형벌」
[峻峭] chǜnch'iào ㄐㄩㄣˋㄑㄧㄠˋ ①(산이) 높고 험악하다. ②가혹한. >峻峻峭峭.
[峻急] chǜnchí ㄐㄩㄣˋㄐㄧˊ ①성질이 급하다. ②물살이 세다.

〔郡〕 chǜn ㄐㄩㄣˋ 군(郡): 고대(古代)의 행정 구역: "秦" 이후 현(縣)보다 큼.

〔捃〕 chǜn ㄐㄩㄣˋ 채취(採取)하다.「一

庶；채집(採集)하다.

〔菌〕 chǜn ㄐㄩㄣˋ ①버섯. 포자 식물(胞子植物). ②chūn 세균(細菌). 미생물(微生物).「球一；둥근 모양으로 된 세균의 한 떼」

〔睃〕 chǜn ㄐㄩㄣˋ 힐끗 보다.「一一眼；힐끗 한번 보다」

〔竣〕 chǜn ㄐㄩㄣˋ 끝나다.「一工；공사가 끝나다. 준공하다」

[竣事] chǜnshìh ㄐㄩㄣˋㄕˋ 일이 끝나다. 공사가 끝나다.

〔雋〕(隽) chun ㄐㄩㄣˋ ①용모(容貌)가 아리땁다. ②재지(才智)가 뛰어난.

〔駿〕 chǜn ㄐㄩㄣˋ 좋은 말.「一馬；준마」

CH'ÜN　ㄑㄩㄣ

〔逡〕 ch'ün ㄑㄩㄣ 물러서다. 후퇴하다. 주저하다.「一巡；멈칫거리다. 우물쭈물하다」

〔群〕(羣) ch'ǘn ㄑㄩㄣˊ ①떼. 패거리. 무리. ②동문(同門)의 친구. ③모이다. 떼를 이루다. ④모으다. ⑤무리를 이룬 것을 세는 말.「一一人；한 떼의 사람들」

[群青] ch'ǘn ch'īng ㄑㄩㄣˊㄑㄧㄥ 청색도료(塗料).

[群情] ch'ǘnch'íng ㄑㄩㄣˊㄑㄧㄥˊ 대중의 감정. 군중의 심리.

[群衆] ch'ǘnchùng ㄑㄩㄣˊㄓㄨㄥˋ ①많이 모인 사람의 떼. 군중. ②사회의 일반 대중.「一性；대중성」

[群芳] ch'ǘnfāng ㄑㄩㄣˊㄈㄤ ＝群花.

[群房] ch'ǘnfáng ㄑㄩㄣˊㄈㄤ 몸채 이외의 건물: 바깥채·뒷채·사랑채 따위.

[群分類聚] ch'ǘnfēn-lèichǜ ㄑㄩㄣˊㄈㄣ ㄌㄟˋㄐㄩˋ 다른 것끼리는 갈리고, 같은 것끼리는 한데 모인다. «成»

[群小] ch'ǘnhsiǎo ㄑㄩㄣˊㄒㄧㄠˇ 보잘 것 없는 것들.

[群性] ch'ǘnhsìng ㄑㄩㄣˊㄒㄧㄥˋ 군성. 「사회성.

[群花] ch'ǘnhuā ㄑㄩㄣˊㄏㄨㄚ ①여러 가지 꽃. ②많은 미인들. ＝群芳.

[群體] ch'ǘnt'ǐ ㄑㄩㄣˊㄊㄧˇ 단체(團體).

〔裙〕 ch'ǘn ㄑㄩㄣˊ ①치마. ②스커어트.

[裙釵] ch'ǘnch'āi ㄑㄩㄣˊㄔㄞ 부녀자(婦女子).

[裙屐少年] ch'ǘnchī shàonién ㄑㄩㄣˊㄐㄧ ㄕㄠˋㄋㄧㄢˊ 멋장이 소년.

[裙帶關係] ch'ǘntài kuānhsi ㄑㄩㄣˊ ㄉㄞˋ ㄍㄨㄢㄒㄧ 여성의 배경이 되는 특별한 관계.

[裙帶豆] ch'ǘntàitòu ㄑㄩㄣˊㄉㄞˋㄉㄡˋ 「〈植〉작두콩.

[裙帶菜] ch'ǘntàits'ài ㄑㄩㄣˊㄉㄞˋㄘㄞˋ 〈植〉미역: 해초의 하나.

〔麇〕(麏) ch'ǘn ㄑㄩㄣˊ 떼를 짓다. ⇨chǖn.

[麇集] ch'ǘnchí ㄑㄩㄣˊㄐㄧˊ (많은 사람이나 인물이) 떼지어 모이다.

CHUNG　ㄓㄨㄥ

〔中〕 chūng ㄓㄨㄥ ①가운데. 중심.「居一；쌍방의 중간에서 중개하다. 거중조정(居中調停)하다」②중간 정도의. 중등의.「一材；평범한 인재. 중간치기」③…하는 중. …하는 판.「在研究一；연구중이다」④적당한. 알맞는.「做一了；마치 잘 만들다」「這個法子不一；이 방법은 적당치 않다」⑤…하기에 적합하다. 꼭 알맞다：동사 앞에 놓여서 쓰임.「一用；소용에 닿다」⑥"中國"의 준말.⇨chùng.

[中常] chūngch'áng ㄓㄨㄥㄔㄤˊ 보통(普通). 중등(中等).

[中間(兒)] chūngchièn(rh) ㄓㄨㄥㄐㄧㄢˋ(儿) 중간. 한가운데.「一人；중개인. 중재인」

[中間路綫] chūngchiēn lùhsièn ㄓㄨㄥㄐㄧㄢㄌㄨˋㄒㄧㄢˋ 중간. 중간 노선. 자본주의와 사회주의의 중간.

[中吃] chūngch'īh ㄓㄨㄥㄔ 맛있다.

[中直] chūngchíh ㄓㄨㄥㄓˊ 중앙직속.

[中秋節] chūngch'iūchiéh ㄓㄨㄥㄑㄧㄡㄐㄧㄝˊ 한가위. 추석.

[中輟] chūngch'ò ㄓㄨㄥㄔㄨㄛˋ 중지(中止)하다.

[中州] chūngchōu ㄓㄨㄥㄓㄡ "河南省"의 별칭.

[中中兒的] chūngchūngrhtê ㄓㄨㄥㄓㄨㄥㄦㄉㄜ 보통 정도다.

[中飯] chūngfàn ㄓㄨㄥㄈㄢˋ 점심.

[中費] chūngfèi ㄓㄨㄥㄈㄟˋ 영업상의 수수료.

[中分] chūngfēn ㄓㄨㄥㄈㄣ 머리를 한가운데서 가르다.

[中鋒] chūngfēng ㄓㄨㄥㄈㄥ 구기(球技)에 있어서 센터(center).

[中伏] chūngfú ㄓㄨㄥㄈㄨˊ 중복. 여름철의 가장 무더운 시기.

[中和] chūnghó ㄓㄨㄥㄏㄜˊ ①공평하고도 온화한. ②〈化〉(화학에서의) 중화.

[中西] chūnghsī ㄓㄨㄥㄒㄧ 중국과 서양.「一合璧；중국식과 서양식의 절충」

[中校] chūnghsiào ㄓㄨㄥㄒㄧㄠˋ 〈軍〉중령(中領).

[中心環節] chūnghsīn huánchiéh ㄓㄨㄥㄒㄧㄣ ㄏㄨㄢˊㄐㄧㄝˊ 가장 핵심이 되는 중요한 부분.

[中修] chūnghsiū ㄓㄨㄥㄒㄧㄡ ①중간 정도의 수리(修理). ②중간 정도의 수리를 하다.

[中悔] chūnghuǐ ㄓㄨㄥㄏㄨㄟˇ 중도에서 후회하다.

[中醫] chūngī ㄓㄨㄥㄧ 한방의(漢方醫).

[中衣兒] chūngīrh ㄓㄨㄥㄧㄦ 바지. 중의(中衣).

[中人] chūngjén ㄓㄨㄥㄖㄣˊ ①소개인. ②보통의 인재(人材). ③환관(宦官).

[中看] chūngk'àn ㄓㄨㄥㄎㄢˋ 아름답다. 볼 만하다.

[中國文聯] chūngkuó wénlién ㄓㄨㄥ ㄍㄨㄛˊㄨㄣˊㄌㄧㄢˊ 중국 문학 예술계 연합회의 약칭：1949년 7월에 성립.

[中溜兒] chūngliūrh ㄓㄨㄥㄌㄧㄡㄦ 중간 정도(中間程度).

[中流砥柱] chūngliú tǐchù ㄓㄨㄥㄌㄧㄡˊ ㄉㄧˇㄓㄨˋ "砥柱"가 격류(激流) 속에서 꼼짝도 않다. 단호(斷乎)하게 견디어 나가는 모양. «成»
[中落] chūnglò ㄓㄨㄥㄌㄨㄛˋ 중도에서 쇠락(衰落)하다. 「家境一; 집안 형편이 중도에서 가난해지다」
[中路兒] chūnglùrh ㄓㄨㄥㄌㄨˋㄦ (상품 따위의) 중급(中級)의. 보통의. 보통 중류.
[中保] chūngpǎo ㄓㄨㄥㄅㄠˇ 매매 또는 임대할 경우의 증인. 「一人; 보증인」
[中飽] chūngpǎo ㄓㄨㄥㄅㄠˇ 중간에서 구전(口錢)을 먹다. 중간 착취를 하다.
[中表] chūngpiǎo ㄓㄨㄥㄅㄧㄠˇ ①이종 관계(姨從關係). ②외종 관계(外從關係).
[中變] chūngpièn ㄓㄨㄥㄅㄧㄢˋ 중도에서 고장이 생기다. 「部).
[中部] chūngpù ㄓㄨㄥㄅㄨˋ 중앙부(中央
[中山裝] chūngshānchuāng ㄓㄨㄥㄕㄢㄓㄨㄤ 국민당(國民黨)의 제복: 손 문(孫文)이 착용하였기 때문에 명명(命名)한 것임. 손 문의 호는 "中山". 「午).
[中晌] chūngshǎng ㄓㄨㄥㄕㄤˇ 정오 (正
[中式] chūngshìh ㄓㄨㄥㄕˋ 중국식 (中國式). 「間速度).
[中速] chūngsù ㄓㄨㄥㄙㄨˋ 중간 속도(中
[中堂(兒)] chūngt'áng(rh) ㄓㄨㄥㄊㄤˊ(ㄦ) ①폭이 넓고 긴 족자(簇子). ②본당(本堂).
[中提琴] chūngt'ích'ín ㄓㄨㄥㄊㄧˊㄑㄧㄣˊ 〈樂〉 비올라(viola). 「들을 만하다.
[中聽] chūngt'īng ㄓㄨㄥㄊㄧㄥ 듣기좋다.
[中餐] chūngts'ān ㄓㄨㄥㄘㄢ 중국 음식. 중국 요리. 「원(中原).
[中土] chūngt'ǔ ㄓㄨㄥㄊㄨˇ ①중국. ②중
[中統] chūngt'ǔng ㄓㄨㄥㄊㄨㄥˇ 국민당 중앙 상무 위원회 조사통계국의 약칭.
[中姿] chūngtzū ㄓㄨㄥㄗ 보통 용모.
[中子] chūngtzǔ ㄓㄨㄥㄗˇ 뉴우트론 (neutron). 중성자(中性子). 「국문.
[中文] chūngwén ㄓㄨㄥㄨㄣˊ 중국어. 중
[中午] chūngwǔ ㄓㄨㄥㄨˇ 정오(正午).
[中央] chūngyāng ㄓㄨㄥㄧㄤ ①중앙. ②정부의 최고 기관(最高機關).
[中腰] chūngyāo ㄓㄨㄥㄧㄠ 사물(事物)의 중간. 「這篇小說從故事的一開頭兒; 이 소설은 이야기의 중간에서 시작된다」
[中藥] chūngyào ㄓㄨㄥㄧㄠˋ 한약(漢藥).
[中游] chūngyú ㄓㄨㄥㄧㄡˊ ①중류(中流). ②낙오(落伍)도 진보(進步)도 없는 상태. 「甘居一; 보통 정도로 만족하다」
[中用] chūngyùng ㄓㄨㄥㄩㄥˋ 소용에 닿다. 쓸모가 있다.
[中庸之道] chūngyūngchīhtào ㄓㄨㄥㄩㄥ ㄓㄉㄠˋ ①중용지도. 마땅하고 떳떳한 중용의 도리. ②불편 부당한 소극적 태도.
[中游思想] chūngyú ssūhsiǎng ㄓㄨㄥㄧㄡˊㄙㄒㄧㄤˇ 중간적 존재나 의식으로 만족한다는 사고 방식.

〔忠〕 chūng ㄓㄨㄥ 성실하고 사심이 없다. 충성(忠誠)되다.
[忠厚] chūnghòu ㄓㄨㄥㄏㄡˋ ①정직하고 믿음성이 있다. ②친절하다. ③선량(善良)하다」
[忠心] chūnghsīn ㄓㄨㄥㄒㄧㄣ 충성스런 마음. 「一耿耿; 충성심에 불타고 있다」
[忠言逆耳] chūngyén nièrh ㄓㄨㄥㄧㄢˊ ㄋㄧˋㄦˇ 충언은 귀에 거슬린다. 좋은 약은 입에 쓰다. «諺»
[忠于] chūngyǘ ㄓㄨㄥㄩˊ 충성스럽다. 「진심.

〔衷〕 chūng ㄓㄨㄥ 마음. 내심(內心).
[衷腸] chūngch'áng ㄓㄨㄥㄔㄤˊ =衷曲.
[衷曲] chūngch'ü ㄓㄨㄥㄑㄩˇ 마음속. 「一之言; 진심에서 나온 말」

〔盅〕 chūng ㄓㄨㄥ 「一兒; 작은 술잔」

〔終〕 chūng ㄓㄨㄥ ①끝. 끝나다. 「年一總結; 연말 총결산」「告一; 종말을 고하다」 ②결국. 마침내. 「一不能完; 결국은 끝내지 못하다」 ③죽음. 「臨一; 임종」
[終場] chūngch'ǎng ㄓㄨㄥㄔㄤˇ ①최후의 경우. 마지막 판. ②종막(終幕). ③(연극 따위가) 끝나다. 파하다.
[終究] chūngchiū ㄓㄨㄥㄐㄧㄡ 결국(結局). 드디어.
[終席] chūnghsí ㄓㄨㄥㄒㄧˊ ①(회합이나 연회 따위의) 끝장. 폐회(閉會). ②최후까지 자리에 머무르다. 「他開會也不一; 그는 회합에 출석해도 끝까지 있지 않는다」
[終歸] chūngkueī ㄓㄨㄥㄍㄨㄟ ①…로 귀결되다. 귀결되는 바 …이다. ②결국. 드디어. 「일년 내내.
[終年] chūngnián ㄓㄨㄥㄋㄧㄢˊ 일년중.
[終身] chūngshēn ㄓㄨㄥㄕㄣ 종신. 한평생. 「一大事; 일생의 대사. 혼인을 의미하는 말」
[終于] chūngyǘ ㄓㄨㄥㄩˊ 마침내. 「一失敗了; 마침내 실패하고 말다」

〔螽〕 chūng ㄓㄨㄥ 메뚜기·여치 따위. 「=螽斯.

〔鍾〕 chūng ㄓㄨㄥ ①술을 넣는 그릇. ② 옛적 용량의 단위: 6"斛" 4"斗"에 해당함. ③모으다. 「하다.
[鍾愛] chūng'ài ㄓㄨㄥˇㄞˋ 몹시 귀여워
[鍾情] chūngch'íng ㄓㄨㄥㄑㄧㄥˊ 총애(寵愛)하다.

〔鐘〕 chūng ㄓㄨㄥ ①종. ②벽시계. 탁상 시계. 「座一; 탁상 시계」 ③시간. 시각. 「五分一; 5분. 5분간」 「(鍾).
[鐘擺] chūngpǎi ㄓㄨㄥㄅㄞˇ 시계의 추
[鐘表] chūngpiǎo ㄓㄨㄥㄅㄧㄠˇ 시계의 총칭. 「一鋪; 시계점」
[鐘兒] chūngrh ㄓㄨㄥㄦ (팔목시계 · 회중시계가 아닌) 소형 시계(小型時計).
[鐘點兒] chūngtiěnrh ㄓㄨㄥㄉㄧㄢˇㄦ 정해진 시간. 「不誤一; 시간을 어기지 않다」
[鐘鼎文] chūngtǐngwén ㄓㄨㄥㄉㄧㄥˇㄨㄣˊ 종·정(鼎) 따위의 고동기(古銅器)에 새긴 문자. 「一; 8시간」
[鐘頭] chūngt'óu ㄓㄨㄥㄊㄡˊ 시간. 「八個

〔塚〕(冢) chǔng ㄓㄨㄥˇ 묘(墓). 총. 「義一; 공동 묘지. 연고자 없는 묘지」「衣冠一; 죽은 사람의 의관을 묻은 곳」

〔腫〕(肿) chǔng ㄓㄨㄥˇ 붓다. 「他的手凍一了; 그의 손은 동상으로 부었다」

[腫脹] chŭngchàng ㄓㄨㄥˇㄓㄤˋ 부어서 탱탱해지다. 「粉刺.
[腫疱] chŭngp'ào ㄓㄨㄥˇㄆㄠˋ 여드름. =

〔種〕(种) chŭng ㄓㄨㄥˇ ①「一子·一兒；씨. 종자」「選一；종자를 가려 내다」②혈통(血統).「絕一；혈통이 끊어지다」③인종(人種).「黃一； 황색 인종」④종류(種類). ⇨ch'úng, chùng.
[種畜] chŭngch'ù ㄓㄨㄥˇㄔㄨˋ 씨받이하는 가축. 종축.
[種子] chŭngtzŭ ㄓㄨㄥˇㄗ 종자. 씨. 「一地;종자 채취를 목적으로 한 밭이나 논」

〔踵〕 chŭng ㄓㄨㄥˇ ①뒤꿈치. 발꿈치. 「繼一而至；잇달아 오다」②향하여 가다.
[踵至] chŭngchìh ㄓㄨㄥˇㄓˋ 잇달아 오다.
[踵謝] chŭnghsièh ㄓㄨㄥˇㄒㄧㄝˋ 스스로 가서 감사의 인사를 하다.
[踵門] chŭngmén ㄓㄨㄥˇㄇㄣˊ 방문하다. 「一而謝；심방하여 감사를 표하다」

〔中〕 chùng ㄓㄨㄥˋ ①(어떤 곳에) 마침 도달하다.「打一了靶子；과녁에 맞았다」②(육체상 해를) 받다. 「一暑；더위를 먹다」③(동사에 붙어) 맞다. 확실하다.「說一了；알아 맞췄다」④어떤 범위 안에 들다.「考一了；합격하였다」⇨chūng. 「다.
[中計] chùngchì ㄓㄨㄥˋㄐㄧˋ 계략에 걸리
[中獎] chùngchiăng ㄓㄨㄥˋㄐㄧㄤˇ 상(賞)이나 제비에 뽑히다. 「다.
[中籤] chùngch'iēn ㄓㄨㄥˋㄑㄧㄢ 당첨되
[中邪] chùnghsiéh ㄓㄨㄥˋㄒㄧㄝˊ 여우에 홀리다. 「(選拔)되다. 입선되다.
[中選] chùnghsüăn ㄓㄨㄥˋㄒㄩㄢˇ 선발
[中意] chùngì ㄓㄨㄥˋㄧˋ 마음에 들다.「不一她；저 여자는 마음에 들지 않는다」
[中肯] chùngk'ĕn ㄓㄨㄥˋㄎㄣˇ 요점(要点)을 알아내다. 요점을 잘 파악하다.
[中迷] chùngmí ㄓㄨㄥˋㄇㄧˊ 현혹되어 버릇이 되다. 병이 되다. 「신이 홀리다.
[中魔] chùngmó ㄓㄨㄥˋㄇㄛˊ 마귀에 정
[中標] chùngpiāo ㄓㄨㄥˋㄅㄧㄠ 낙찰(落札)되다. 「리다.
[中病] chùngpìng ㄓㄨㄥˋㄅㄧㄥˋ 병에 걸
[中彈] chùngtàn ㄓㄨㄥˋㄉㄢˋ 총알에 맞다.
[中的] chùngtì ㄓㄨㄥˋㄉㄧˋ 과녁에 맞다.
[中彩] chùngts'ăi ㄓㄨㄥˋㄘㄞˇ 복첨(福籤)에 당첨되다. 「원한을 사다.
[中毒兒] chùngtúrh ㄓㄨㄥˋㄉㄨˊㄦ 남의

〔仲〕 chùng ㄓㄨㄥˋ ①사이. 중간.「一秋；가을의 중간. 중추」②(형제의) 둘째. 「一弟；둘째 동생」
[仲春] chùngch'ūn ㄓㄨㄥˋㄔㄨㄣ ①봄의 중간. ② 음력 2월 전후.
[仲夏] chùnghsià ㄓㄨㄥˋㄒㄧㄚˋ①여름의 중간. ② 음력 5월 전후. 「형.
[仲兄] chùnghsiūng ㄓㄨㄥˋㄒㄩㄥ 둘째

〔重〕 chùng ㄓㄨㄥˋ ①무겁다. 무게가 있다.「鐵很一；쇠는 아주 무겁다」②무게.「有多一？；무게는 얼마쯤인가？」③(빛깔·맛 따위가) 짙다.(모양 따위가) 크다.(일 따위가) 많다.(음성 따위가) 거세다.(정이) 깊다.「口味一；맛이 진하다」「毛髮一；모발이 짙다」「工作很一；일이 대단히 많다」④(가격이) 비싸다. 「底價太一；원가가 너무 비싸다」 ⑤지독하다. 심하다. 과격하다.「一打；몹시 때리다」「他的病一了；그의 병은 중하게 되었다」「批評很一；비평이 과격하다」⑥중요한. ⑦존중하다. 중요시하다.「一男輕女；남존 여비」⑧임신. 「身子一；몸이 무겁다. 임신중이다」 「징벌하다.
[重懲] chùngch'ĕng ㄓㄨㄥˋㄔㄥˊ 엄중히
[重價] chùngchià ㄓㄨㄥˋㄐㄧㄚˋ 고가(高價). 비싼 값. 「ㄤ 중기관총(重機關銃).
[重機槍] chùngchīch'iāng ㄓㄨㄥˋㄐㄧㄑㄧ
[重創] chùngch'uāng ㄓㄨㄥˋㄔㄨㄤ ①중상. ②중상을 입다. ③따끔한 맛을 보이다.「一敵人；적에게 심한 타격을 주다」
[重重的] chùngchùngtê ㄓㄨㄥˋㄓㄨㄥˋㄉㄜ ①대단히 무겁다. ②몹시. 심히.「一打；몹시 때리다」 「무(責務).
[重負] chùngfù ㄓㄨㄥˋㄈㄨˋ 큰 부담·책
[重孝] chùnghsiào ㄓㄨㄥˋㄒㄧㄠˋ 직계 존속이 돌아갔을 때 입는 상복.「帶一；거상을 입다」
[重型] chùnghsíng ㄓㄨㄥˋㄒㄧㄥˊ 대형의. 대규모의.「一坦克；중전차(重戰車)」
[重花] chùnghuā ㄓㄨㄥˋㄏㄨㄚ 중상(重傷).「掛一；중상을 입다」
[重話] chùnghuà ㄓㄨㄥˋㄏㄨㄚˋ 지독한 말. 자극적인 말씨. 비난투의 말씨.
[重活兒] chùnghuórh ㄓㄨㄥˋㄏㄨㄛˊㄦ 힘이 드는 일. 중노동.
[重看] chùngk'àn ㄓㄨㄥˋㄎㄢˋ 중요시하다.「我十分一你；나는 너를 높이 평가하고 있다」
[重利盤剝] chùnglì p'ánpō ㄓㄨㄥˋㄌㄧˋㄆㄢˊㄅㄛ 비싼 이자로 돈을 우려내다. 비싼 이자로 벗겨 먹다. 「짙은 눈썹.
[重眉毛] chùngméimao ㄓㄨㄥˋㄇㄟˊㄇㄠ
[重辦] chùngpàn ㄓㄨㄥˋㄅㄢˋ 엄중히 처단하다. 「정.
[重兵] chùngpīng ㄓㄨㄥˋㄅㄧㄥ 많은 병
[重地] chùngtì ㄓㄨㄥˋㄉㄧˋ 요지(要地). 중요한 땅.
[重甸甸的] chùngtiēntiēnte ㄓㄨㄥˋㄉㄧㄢㄉㄧㄢㄉㄜ 묵직한 모양.
[重聽] chùngt'īng ㄓㄨㄥˋㄊㄧㄥ (귀가 먹어) 알아 듣기 힘들다.
[重載] chùngtsài ㄓㄨㄥˋㄗㄞˋ 무거운 물건을 싣다.「一貨車； 중량물(重量物)을 실은 화차」 「(병사 등의) 중상자.
[重彩號] chùngts'ăihào ㄓㄨㄥˋㄘㄞˇㄏㄠˋ
[重噸] chùngtūn ㄓㄨㄥˋㄉㄨㄣ 롱톤(long ton): 미국톤(美國噸). 2240 파운드가 1중톤(重噸). 「cent).
[重音] chùngyīn ㄓㄨㄥˋㄧㄣ 악센트 (ac-

〔衆〕(众) chùng ㄓㄨㄥˋ ①많다. 많은.「一志成城；많은 사람이 마음을 합치면 공고한 성벽도 이룰 수 있다」②많은 사람.
[衆擎易擧] chùngch'íng ìchŭ ㄓㄨㄥˋㄑㄧㄥˊㄧˋㄐㄩˇ 단결하여 행하면 성공한다. 《成》
[衆人拾柴火焰高] chùngjén shíh ch'ái huŏyèn kāo ㄓㄨㄥˋㄖㄣˊㄕˊㄔㄞˊㄏㄨㄛˇㄧㄢˋㄍㄠ 많은 사람이 힘을 합치면

그만큼 힘은 강대하게 된다.《諺》

[衆口難調] chùngk'ǒu nánt'iáo ㄓㄨㄥˋㄎㄡˇ ㄋㄢˊㄊㄧㄠˊ ①모든 사람들의 취미·기호(嗜好)에 조화(調和)시키기는 어렵다. ②여러 의견이 일치하기는 어렵다.

[衆口鑠金] chùngk'ǒu shuòchīn ㄓㄨㄥˋㄎㄡˇ ㄕㄨㄛˋㄐㄧㄣ 근거 없는 일도 여러 사람이 말하면 사실같이 된다.《成》

[衆寡懸殊] chùngkuǎ hsüánshū ㄓㄨㄥˋㄍㄨㄚˇ ㄒㄩㄢˊㄕㄨ 인원수(人員數)의 수자의 차가 너무 심하다.

[衆目昭彰] chùngmù chāochāng ㄓㄨㄥˋㄇㄨˋ ㄓㄠㄓㄤ 여러 사람의 눈에 분명하다.

[衆怒難犯] chùngnù nánfàn ㄓㄨㄥˋㄋㄨˋ ㄋㄢˊㄈㄢˋ 많은 사람의 노여움을 사는 것은 두려운 일이다.《成》

[衆矢之的] chùngshǐhchīhtì ㄓㄨㄥˋㄕˇㄓ ㄉㄧˋ 많은 사람들의 비난의 대상.

[衆所周知] chùngsǒchōuchīh ㄓㄨㄥˋㄙㄨㄛˇㄓㄡㄓ 사람들이 널리 알고 있는 일.《成》

[衆多] chùngtuō ㄓㄨㄥˋㄉㄨㄛ 많다.「人數一；인원수가 많다」

[衆位] chùngwèi ㄓㄨㄥˋㄨㄟˋ 여러분. 제군(諸君).

〔種〕(种) chùng ㄓㄨㄥˋ 씨를 뿌리다. 심다. 경작(耕作)하다. 재배하다.「一莊稼；농작물을 심다」「一瓜得瓜，一豆得豆；오이씨 심은 데서 오이 나고，콩 심은 데서 콩 난다：인과응보(因果應報)」⇨chǔng, ch'úng.

[種植] chùngchíh ㄓㄨㄥˋㄓˊ 심다.「一五穀；오곡을 심다」

[種莊稼] chùng chuāngchia ㄓㄨㄥˋㄓㄨㄤㄐㄧㄚ ①농업에 종사하다. ②농작물을 재배하다.

[種肥] chùngféi ㄓㄨㄥˋㄈㄟˊ 파종(播種) 또는 이식시(移植時)에 주는 거름.

[種花(兒)] chùnghuā(rh) ㄓㄨㄥˋㄏㄨㄚ(ㄦ) ①원예(園藝)를 하다. ②우두(牛痘)를 놓다.

[種田] chùngt'ién ㄓㄨㄥˋㄊㄧㄢˊ 경작(耕作)하다. =種地.

[種菜] chùngts'ài ㄓㄨㄥˋㄘㄞˋ 채소를 심다.

CH'UNG ㄔㄨㄥ

〔充〕 ch'ūng ㄔㄨㄥ ①가득 차다. 충족하다.「一滿；충만하다」②막다.「一耳不聞；귀를 막고 듣지 않다」③담당하다. 그 직을 맡다.「曾一校長；일찌기 교장을 지낸 적이 있다」④가장(假裝)하다. …처럼 보이게 하다.「一行家；전문가인 체하다」

[充暢] ch'ūngch'àng ㄔㄨㄥㄔㄤˋ ①충족한. 만족한.「只求感情發揮得一；다만 감정이 충분히 표현되도록 바랄 뿐이다」②충분하고 원활하다.「供應一；공급이 충분하고 원활하다」＞充充暢暢.

[充飢] ch'ūngchī ㄔㄨㄥㄐㄧ 요기하다. 기갈을 면하다.

[充斥] ch'ūngch'ìh ㄔㄨㄥㄔˋ 가득 차다. 충만하다.

[充其量] ch'ūngch'íliàng ㄔㄨㄥㄑㄧˊㄌㄧㄤˋ 기껏해야. 많이 잡도야……

[充軍] ch'ūngchūn ㄔㄨㄥㄐㄩㄣ 유형(流刑) 당하여 노역(勞役)에 종사하게 하다.

[充牣] ch'ūngjèn ㄔㄨㄥㄖㄣˋ 충만하다. 가득 차다.

[充公] ch'ūngkūng ㄔㄨㄥㄍㄨㄥ 몰수하다.

[充滿] ch'ūngmǎn ㄔㄨㄥㄇㄢˇ (일정한 범위를)꽉 차서 넘치다. 충만하다.「一信心；확신(確信)으로 꽉 차다」

[充胖子] ch'ūng p'àntzǔ ㄔㄨㄥㄆㄢˋㄗ 잘난 체하다. 거만을 떨다.

[充沛] ch'ūngp'èi ㄔㄨㄥㄆㄟˋ 넘쳐 흐르다.「活力一；활력이 넘쳐 흐르다」

[充塞] ch'ūngsè ㄔㄨㄥㄙㄜˋ 충만하다.

[充數(兒)] ch'ūngshù(rh) ㄔㄨㄥㄕㄨˋ(ㄦ) 인원수를 채우다. 그 수에 채워 넣다.

[充當] ch'ūngtāng ㄔㄨㄥㄉㄤ ①충당하다. 채워 넣다. ②(일시적으로)그 일을 맡다. 그 지위에 앉다.「一代表；대표 자리에 앉다」

[充足] ch'ūngtsú ㄔㄨㄥㄗㄨˊ 충분하다. 넉넉히 자라다.

[充懂] ch'ūngtǔng ㄔㄨㄥㄉㄨㄥˇ 알고 있는 체하다. =裝懂.

[充溢] ch'ūngì ㄔㄨㄥㄧˋ 넘쳐 흐르다.

[充盈] ch'ūngyíng ㄔㄨㄥㄧㄥˊ 풍부하다. 충분하여 남아 돌아 가다.

[充裕] ch'ūngyù ㄔㄨㄥㄩˋ 충분하다. 풍부하다.「時間一；시간이 충분히 있다」＞充充裕裕.

〔沖〕(冲) ch'ūng ㄔㄨㄥ ①붓다. 흐르게 하다.「一淡；물을 부어 묽게 하다」②(위로) 치솟다.「一飛一天；한 번 날아 하늘을 찌르다」

[沖茶] ch'ūngch'á ㄔㄨㄥㄔㄚˊ 더운 물로 차를 만들다. 차에 더운 물을 붓다.

[沖賬] ch'ūngchàng ㄔㄨㄥㄓㄤˋ 서로 계산을 상쇄하다.

[沖撞] ch'ūngchuàng ㄔㄨㄥㄓㄨㄤˋ ①부딪다. ②남의 감정을 손상시켜 화나게 하다.

[沖出來] ch'ūngch'ulai ㄔㄨㄥㄔㄨㄌㄞ 세차게 충격적으로 나오다. 힘차게 흘러나오다.

[沖犯] ch'ūngfàn ㄔㄨㄥㄈㄢˋ 저촉되어 침범하다.

[沖服] ch'ūngfú ㄔㄨㄥㄈㄨˊ (약 따위를) 물에 풀어서 복용하다.

[沖喜] ch'ūnghsǐ ㄔㄨㄥㄒㄧˇ(결혼식을 올리거나 수의를 입혀서) 병자의 액막이를 하다：이렇게 하면 병이 낳는다는 미신이 있음.

[沖霄] ch'ūnghsiāo ㄔㄨㄥㄒㄧㄠ =沖天.

[沖毀] ch'ūnghuǐ ㄔㄨㄥㄏㄨㄟˇ 손상시키다.「一他的人氣；그의 양심을 손상시키다」

[沖垮] ch'ūngk'uǎ ㄔㄨㄥㄎㄨㄚˇ 눌러서 넘어뜨리다. 으깨어 부수다.

[沖過關] ch'ūngkuòkuān ㄔㄨㄥㄍㄨㄛˋ ㄍㄨㄢ 관문을 뚫고 나가다.

[沖涼] ch'ūngliáng ㄔㄨㄥㄌㄧㄤˊ ①미역을 감다. 샤우어를 하다. =沖水澡. ②목욕하다.

[沖齡] ch'ūnglíng ㄔㄨㄥㄌㄧㄥˊ 유년(幼年).

[沖年] ch'ūngnién ㄔㄨㄥㄋㄧㄢˊ =沖齡.

[沖破] ch'ūngpò ㄔㄨㄥㄅㄛˋ (세찬 힘으로) 쳐부수다.

[沖刷] ch'ūngshuā ㄔㄨㄥㄕㄨㄚ (세찬 힘으로) 떠 내려가게 하다. 씻어 내려가다.「一廁所；변소를 수세(水洗)하다」＞沖沖刷刷.

[沖淡] ch'ūngtàn ㄔㄨㄥㄉㄢˋ ①붓다. 따르다. 흘리다. ②겸허하고 담백하다. ③긴박감을 늦추다.

[沖天] ch'ūngt'iēn ㄔㄨㄥㄊㄧㄢ ①하늘로 치솟다. ②(세력이) 힘차다. 충천하다. 「一干勁；왕성한 실천력」

[沖眼] ch'ūngyěn ㄔㄨㄥㄧㄢˇ①강철에 구멍을 뚫다. ②눈에 띄다. 「放在一的地方；눈에 띄는 곳에 두다」

〔衝〕 ch'ūng ㄔㄨㄥ ①요로(要路). 큰길. 대로(大路). ②곧장 뛰어 나가다. 뚫고 나가다. 「一入敵陣；적진으로 돌진하다」

[衝擊] ch'ūngchī ㄔㄨㄥㄐㄧ 돌격하다.

[衝決] ch'ūngchüéh ㄔㄨㄥㄐㄩㄝˊ ①(포위망을)돌파하다. ②(물이 제방을)무너뜨리다. 뚫고 흘러 내려가다.

[衝鋒] ch'ūngfēng ㄔㄨㄥㄈㄥ 돌격하다. 「一號；돌격의 나팔」「一陷陣；돌격하여 적진을 함락시키다」

[衝服] ch'ūngfú ㄔㄨㄥㄈㄨˊ (약 따위를) 물에 타서 복용하다.

[衝陷] ch'ūnghsièn ㄔㄨㄥㄒㄧㄢˋ 돌격하여 적진을 함락시키다. ＝衝鋒陷陣.

[衝昏] ch'ūnghūn ㄔㄨㄥㄏㄨㄣ 충격을 받아 정신이 혼미해지다.

[衝口而出] ch'ūngk'ǒuěrhch'ū ㄔㄨㄥㄎㄡˇㄦˊㄔㄨ 말이 연달아 술술 나오다.

[衝突] ch'ūngt'u ㄔㄨㄥㄊㄨ 충돌하다. (의견 따위가) 대립되다.

[衝動] ch'ūngtùng ㄔㄨㄥㄉㄨㄥˋ①(감정이) 격해지다. 흥분되다. 「容易一的人；격하기 쉬운 사람」②(동작을 억누를 수 없어) 폭발적으로 되다. 충동을 느끼다. ＞衝衝動動.

[衝要] ch'ūngyào ㄔㄨㄥㄧㄠˋ 요충지(要衝地). 요소.

〔忡〕 ch'ūng ㄔㄨㄥ 걱정이 있어 불안스럽다.

[忡忡] ch'ūngch'ūng ㄔㄨㄥㄔㄨㄥ 걱정으로 우울한 모양. 「憂心一；근심으로 우울하다」

〔茺〕 ch'ūng ㄔㄨㄥ 「一蔚；익모초(益母草)」

〔舂〕 ch'ūng ㄔㄨㄥ 곡식을 찧다. 「一米；쌀을 찧다」

〔憧〕 ch'ūng ㄔㄨㄥ 마음이 안정되지 않다.

[憧憬] ch'ūngchǐngㄔㄨㄥㄐㄧㄥˇ 동경하다.

〔蟲〕(虫) ch'úng ㄔㄨㄥˊ 「一子·一兒；곤충. 벌레」

[蟲漆] ch'úngch'ī ㄔㄨㄥˊㄑㄧ 백랍(白蠟)으로 원료를 만든 니스:도료의. 일종.

[蟲豸] ch'úngchìhㄔㄨㄥˊㄓˋ 벌레. 같은 놈. ‹罵›

[蟲吃牙] ch'úngch'īhyá ㄔㄨㄥˊㄔㄧㄚˊ 충치(蟲齒).

[蟲蛀] ch'úngchù ㄔㄨㄥˊㄓㄨˋ 벌레에 물리다.

[蟲痢] ch'únglì ㄔㄨㄥˊㄌㄧˋ 아메에바 이질:전연병의 한 가지.

[蟲白蠟] ch'úngpáilà ㄔㄨㄥˊㄅㄞˊㄌㄚˋ 백납벌레가 내는 납질(蠟質).

[蟲蝕] ch'úngshíh ㄔㄨㄥˊㄕˊ (목기 따위가)벌레에 침식 당하다.

[蟲災] ch'úngtsāi ㄔㄨㄥˊㄗㄞ 충해(蟲害).

[蟲字旁(兒)] ch'úngtzùp'áng(rh) ㄔㄨㄥˊㄗˋㄆㄤˊ(ㄦ) 벌레충 변. 즉 "虫" 자 변.

[蟲眼] ch'úngyěn ㄔㄨㄥˊㄧㄢˇ 과실에 벌레가 뚫은 구멍.

〔种〕 ch'úng ㄔㄨㄥˊ 성(姓)의 하나. ⇨chǔng, chùng.

〔重〕 ch'úng ㄔㄨㄥˊ ①겹치다. 중복되다. 「書買一了；같은 책을 두 번 샀다」②재차. 다시금. 중복해서. 「一來一次；가다시 한 번 하다. 나다시 한 번 오다」③중복된. 겹쳐진. 「突破一圍；중위(重圍)를 돌파하다」④겹쳐진 것을 세는 단위. 층. 겹. 「七一；일곱 겹」⇨ch'ùng.

[重茬] ch'úngch'á ㄔㄨㄥˊㄔㄚˊ 농작물을 연작(連作)하다.

[重張] ch'úngchāng ㄔㄨㄥˊㄓㄤ 구조를 바꾸어 가게를 다시 열다.

[重整] ch'úngchěng ㄔㄨㄥˊㄓㄥˇ 뜯어 고치다. 재정비하다.

[重起爐竈] ch'úngch'ǐlútsào ㄔㄨㄥˊㄑㄧˇㄌㄨˊㄗㄠˋ 재출발하다. 일을 다시 시작하다. ‹成› ＝另起爐竈.

[重見天日] ch'úngchièn t'iēnjìh ㄔㄨㄥˊㄐㄧㄢˋㄊㄧㄢㄖˋ 햇빛을 다시 보게 되다. 다시금 희망이 생기다. ‹成›

[重九] ch'úngchiǔ ㄔㄨㄥˊㄐㄧㄡˇ 중양절(重陽節): 음력 9월 9일.

[重重] ch'úngch'úng ㄔㄨㄥˊㄔㄨㄥˊ 겹쳐진 모양. 거듭된 모양.

[重重落落] ch'úngch'únglòlò ㄔㄨㄥˊㄔㄨㄥˊㄌㄨㄛˋㄌㄨㄛˋ 겹쳐져 있는 모양.

[重逢] ch'úngféng ㄔㄨㄥˊㄈㄥˊ 재회(再會)하다. 다시 만나게 되다.

[重復] ch'úngfù ㄔㄨㄥˊㄈㄨˋ①중복되다. ②재차. 다시금.

[重新] ch'únghsīn ㄔㄨㄥˊㄒㄧㄣ 새로이. 처음부터 다시.

[重行] ch'únghsíng ㄔㄨㄥˊㄒㄧㄥˊ 또다시 두 번째로: 뒤에는 흔히 두 음절의 동사가 계속됨.

[重修] ch'únghsiū ㄔㄨㄥˊㄒㄧㄡ ①재건하다. ②재이수(再履修)하다.

[重回(兒)] ch'únghuí(rh) ㄔㄨㄥˊㄏㄨㄟˊ(ㄦ) 다시 한 번.

[重落] ch'únglo ㄔㄨㄥˊㄌㄨㄛ 병이 다시 악화하다.

[重說] ch'úngshuō ㄔㄨㄥˊㄕㄨㄛ 한 번 더 말하다.

[重孫女(兒)] ch'úngsūnnǚ(rh) ㄔㄨㄥˊㄙㄨㄣㄋㄩˇ(ㄦ) 증손녀(曾孫女).

[重孫(子)] ch'úngsūn(tzū) ㄔㄨㄥˊㄙㄨㄣ(ㄗ) 증손자.

[重沓] ch'úngt'àㄔㄨㄥˊㄊㄚˋ 중복되다.

[重蹈復轍] ch'úngtǎofùché ㄔㄨㄥˊㄉㄠˇㄈㄨˋㄓㄜˊ 전철(前轍)을 되풀이하다. ‹成›

[重迭] ch'úngtiéh ㄔㄨㄥˊㄉㄧㄝˊ 중복되다. 겹치다. ＞重重迭迭.

[重做] ch'úngtsò ㄔㄨㄥˊㄗㄨㄛˋ 다시 한 번 하다. 거듭해서 하다.

[重吐芳華] ch'úngtǔfānghuá ㄔㄨㄥˊㄊㄨˇㄈㄤㄏㄨㄚˊ 다시금 향기로운 꽃이 피다. 재흥(再興)하다. ‹成›

[重溫舊夢] ch'úngwēn chiùmèng ㄔㄨㄥˊㄨㄣㄐㄧㄡˋㄇㄥˋ 다시 한 번 옛꿈을 꾸다. 꿈이여 다시 한 번 있으렴 하고 생각하다.

[重洋] ch'úngyáng ㄔㄨㄥˊㄧㄤˊ 먼 바다.

원양(遠洋).「遠涉一; 멀리 해외로 가다」
[重陽] ch'úngyáng ㄔㄨㄥˊㄧㄤˊ＝重九.
[重演] ch'úngyěn ㄔㄨㄥˊㄧㄢˇ 재연(再演)하다. 되풀이하다. 「차.
[重又] ch'úngyù ㄔㄨㄥˊㄧㄡˋ 다시금. 재

〔崇〕 ch'úng ㄔㄨㄥˊ ①높은.「一山峻嶺; 높은 산과 험한 봉우리」②존경하다. 우러르다.「一拜; 숭배하다」③고귀한. 존엄한. ④성(姓)의 하나.
[崇奉] ch'úngfěng ㄔㄨㄥˊㄈㄥˋ우러러 받들다.「一伊斯蘭教; 이슬람교를 신봉하다」
[崇樓杰閣] ch'únglóu-chiéhkó ㄔㄨㄥˊㄌㄡˊㄐㄧㄝˊㄍㄜˊ 높고 훌륭한 건물. 고루거각(高樓巨閣).
[崇論宏議] ch'únglùn-húngì ㄔㄨㄥˊㄌㄨㄣˋㄏㄨㄥˊㄧˋ 뛰어난 논의. 탁월한 토론: 다소 희롱하는 기분이 있음.
[崇尚] ch'úngshàng ㄔㄨㄥˊㄕㄤˋ ①숭배하다. ②(사회의 일반적이며 좋은 의미로서의) 풍조. 추향(趨向). 「다.

〔寵〕 ch'ǔng ㄔㄨㄥˇ ①총애. ②총애하
[寵招] ch'ǔngchāo ㄔㄨㄥˇㄓㄠ 초대(招待).
[寵信] ch'ǔnghsìn ㄔㄨㄥˇㄒㄧㄣˋ 총애하여 신용하다.
[寵壞] ch'ǔnghuài ㄔㄨㄥˇㄏㄨㄞˋ 지나치게 사랑하여 오히려 못쓰게 만들다.
[寵辱不驚] ch'ǔngjǔpùchīng ㄔㄨㄥˇㄖㄨˇㄅㄨˋㄐㄧㄥ 이해 득실(利害得失)을 도외시하다. 《成》
[寵慣] ch'ǔngkuàn ㄔㄨㄥˇㄍㄨㄢˋ 응석을 받아 주어 버릇이 되게 하다. 어리광을 부리게 하다. 「주다.
[寵遇] ch'ǔngyǜ ㄔㄨㄥˇㄩˋ 특별히 보아

〔衝〕(冲) ch'ùng ㄔㄨㄥˋ ①(…쪽을 똑바로) 향하다. 대하다.「一着這樹看; 그 나무 쪽으로 똑바로 향하다」②격렬하다. 심하다. ⇨ch'ūng.
[衝勁兒] ch'ùngchìn(rh) ㄔㄨㄥˋㄐㄧㄣˋ(ㄦ) ①격렬한 성격. ②성격이 과격한. ③굳센 모양.
[衝盹(兒)] ch'ùngtǔn(rh) ㄔㄨㄥˋㄉㄨㄣˇ(ㄦ) 선잠을 자다.

〔銃〕 ch'ùng ㄔㄨㄥˋ 총포(銃砲). 「一子; 천공기(穿孔器)」
[銃床] ch'ùngch'uáng ㄔㄨㄥˋㄔㄨㄤˊ 압착기(壓搾機).
[銃頭] ch'ùngt'ou ㄔㄨㄥˋㄊㄡ 압착. 펀치.

Ê ㄜ

〔阿〕 ē ㄜ ①아첨하다. 한쪽으로 치우치다.「一諛; 아첨하다」⇨ā, à.
[阿膠] ēchiáo ㄜㄐㄧㄠ 당나귀나 소의 가죽을 삶아서 만든 아교. "山東省東阿縣"에서 산출됨.
[阿其所好] ēch'ísǒhào ㄜㄑㄧˊㄙㄨㄛˇㄏㄠˋ 상대방 취미에 맞추다. 상대방의 비위를 맞추다.
[阿附] ēfù ㄜㄈㄨˋ 아부하다. 아첨하다.
[阿私] ēssū ㄜㄙ 한쪽만 두둔하다. 사사로운 사정에 치우치다.
[阿諛逢迎] ēyǘ-féngyíng ㄜㄩˊㄈㄥˊㄧㄥˊ 아첨하여 영합하다.

〔屙〕 ē ㄜ 대소변을 배설하다.《江》《廣》
[屙尿] ēniào ㄜㄋㄧㄠˋ 소변 보다. 오줌을 누다.《江》《廣》 「《江》《廣》
[屙屎] ēshih ㄜㄕˇ 대변 보다. 똥을 누다.

〔婀〕 ē ㄜ
[婀娜] ēnó ㄜㄋㄨㄛˊ 아름답게 하늘거리는 모양.「楊柳一; 수양버들이 하늘거려 아름답다」＞婀婀娜娜. 「리땁다.

〔娥〕 ê ㄜˊ 여성의 자태가 아름답다. 아
[娥眉] éméi ㄜˊㄇㄟˊ 예쁜 눈썹. 아름다운 눈매.

〔訛〕(譌①) ê ㄜˊ ①잘못. 틀림.「以一傳一; 잘못이 그대로 전해지다」②등쳐 먹다. 알겨 먹다. 빼앗다.「一人; 남을 등쳐 먹다」
[訛詐] échà ㄜˊㄓㄚˋ 트집을 잡아 남의 재물을 등쳐 먹다.
[訛傳] éch'uán ㄜˊㄔㄨㄢˊ 와전되다. 잘못 전해지다. 「못. 과오.
[訛舛] éch'uǎn ㄜˊㄔㄨㄢˇ 오류(誤謬). 잘
[訛奪] étó ㄜˊㄉㄨㄛˊ 오자(誤字)나 활자 따위의 탈락(脫落).

〔俄〕 ê ㄜˊ ①별안간. 순식간.「一頃; 순간(瞬間)」②러시아. 아라사(俄羅斯)의 준말.《譯》
[俄頃] éch'ing ㄜˊㄑㄧㄥˇ 순간(瞬間).「一之間; 눈 깜짝할 사이」
[俄國] ékuó ㄜˊㄍㄨㄛˊ,èkuo 러시아. 아라사.《譯》
[俄羅斯] élóssū ㄜˊㄌㄨㄛˊㄙ,élóssū 아라사. 러시아.《譯》
[俄而] éérh ㄜˊㄦˊ 곧. 머지 않아.
[俄文] éwén ㄜˊㄨㄣˊ 러시아의 글.
[俄延] éyén ㄜˊㄧㄢˊ 늦어지다. 지연되다. 시간이 걸리다. ＞俄俄延延.

〔蛾〕 ê ㄜˊ「一子·一兒; 나방」

〔鵝〕(鵞) ê ㄜˊ 거위.「一鳥; 아조」
[鵝黃] éhuáng ㄜˊㄏㄨㄤˊ 울금색(鬱金色).
[鵝口瘡] ék'ǒuch'uāng ㄜˊㄎㄡˇㄔㄨㄤ 〈醫〉 아구창. 아감창(牙疳瘡).
[鵝卵石] éluǎnshíh ㄜˊㄌㄨㄢˇㄕˊ 둥글고 매끈매끈한 돌: 뜰에 깔음.
[鵝毛大雪] émáo tàhsüěh ㄜˊㄇㄠˊㄉㄚˋㄒㄩㄝˇ 거위의 털 같은 눈송이. 눈이 거위 털 같다는 말.
[鵝絨] éjúng ㄜˊㄖㄨㄥ ①거위의 목 부분의 털. ②빌로오도. 우단.

〔額〕 ê ㄜˊ ①이마. 구어로는 "腦門子"라고 함. ②규정된 액수.「越一; 규정된 액수를 초과하다」
[額角] échiǎo ㄜˊㄐㄧㄠˇ 〈生〉 관자놀이.
[額手相慶] éshǒuhsiāngch'ìng ㄜˊㄕㄡˇㄒㄧㄤㄑㄧㄥˋ 두 손을 맞잡고 머리까지 올려 경축의 뜻을 표하다.《成》
[額數(兒)] éshu(rh) ㄜˊㄕㄨ(ㄦ) ①정수(定數). ②정액(定額).

[額頭] ět'óu ㄜˊㄊㄡˊ 이마.
[額外] ěwài ㄜˊㄨㄞˋ 일정한 수나 액면 또는 정원 이외. 가외.

〔莪〕 é ㄜˊ 〈植〉 미나리.

〔厄〕 è ㄜˋ 액 재난.
[厄運] èyǜn ㄜˋㄩㄣˋ 액운. 괴로운 신수.

〔扼〕 è ㄜˋ 잡아채다. 억누르다. 잡아쥐다. 「力能一虎; 힘은 능히 호랑이라도 잡을 수가 있다」
[扼住咽喉] èchu yēnhóu ㄜˋㄓㄨㄧㄢㄏㄡˊ ①손으로 목을 누르다. ②급소(急所)를 찌르다. 목을 잡다.
[扼關] èkuān ㄜˋㄍㄨㄢ 관문(關門)을 누르다. 관문을 장악하다. 「고 수비하다.
[扼守] èshǒu ㄜˋㄕㄡˇ 요지(要地)를 점거하
[扼阻] ètsǔ ㄜˋㄗㄨˇ 지켜 막다. 「一要塞; 요새를 지키고 적을 막다」
[扼腕] èwàn ㄜˋㄨㄢˋ 손목을 누르다. 실망하거나 분노·흥분한 모양.
[扼要] èyào ㄜˋㄧㄠˋ 요점(要點)을 잡다. 요약(要約)하다. 「一地說; 요점을 들어서 말하다」 >扼扼要要.

〔呃〕 è ㄜˋ 트림을 하다.
[呃呃] èè ㄜˋㄜˋ 딸꾹질하는 소리. 딸꾹딸꾹.
[呃逆] ènì ㄜˋㄋㄧˋ 딸꾹질.

〔阸〕 è ㄜˋ ①막히다. 가로막히다. ②험준한 곳.

〔啞〕(哑) è ㄜˋ ⇨yǎ.
[啞然失笑] èján shīhhsiào ㄜˋㄖㄢˊㄕㄒㄧㄠˋ 아연 실소하다. 더럭 웃음을 터뜨리다.

〔堊〕 è ㄜˋ ①건축물에 장식하는 흰 흙. 백토(白土). ②백토를 바르다.

〔惡〕(恶) è ㄜˋ ①나쁜. 악한. 「一習; 악습」 ②흉악한. 몹쓸. 「一狗; 사나운 개」 ③악(惡). 나쁜 행위. 「作一多端; 가진 몹쓸 짓을 다하다」 "惡心"은 ě로 발음함. ⇨wù.
[惡氣] èch'ì ㄜㄑㄧˋ ①흉악한 모양. 「一狠狠; 처참한 형상(形相)」 ②참을 수 없는 노여움. 「出一; 노발대발하다」
[惡濁] èchó ㄜˋㄓㄨㄛˊ 지저분하게 흐려져 있다. 더럽고 탁하다.
[惡惡實實] èèshíhshíh ㄜˋㄜˋㄕˊㄕˊ 지독한 모양. 극심한 모양. 「再一地熱幾天, 大莊稼也就熟了; 앞으로 며칠만 날씨가 쨍쨍하면 곡식이 익는다」
[惡瘡] èch'uāng ㄜˋㄔㄨㄤ 지독한 부스럼. 악성 종기.
[惡耗] èhào ㄜˋㄏㄠˋ 불길한 소식. 나쁜 전갈.
[惡狠狠的] èhěnhěntê ㄜˋㄏㄣˇㄏㄣˇㄉㄜ 밉살머리스러운 모양. 「一一拳打來了; 험상궂게 주먹을 휘두르고 덤벼 들다」
[惡心] ěhsīn ㄜˇㄒㄧㄣ ①구역질이 나다. ②참을 수가 없을 정도로 추잡하다.
[惡化] èhuà ㄜˋㄏㄨㄚˋ ①악화하다. ②거지나 도사(道士)·중이 억지로 금품을 청하다.
[惡狗] èkǒu ㄜˋㄍㄡˇ 사나운 개. 맹견(猛犬).
[惡棍] èkùn ㄜˋㄍㄨㄣˋ 악당(惡黨). 나쁜 놈. 산전수전 다 겪은 놈.
[惡果] èkuǒ ㄜˋㄍㄨㄛˇ 나쁜 결과. 좋지 못한 성과.
[惡霸] èpà ㄜˋㄅㄚˋ 악한(惡漢). 깡패두목.
[惡巴巴的] èpāpātê ㄜˋㄅㄚㄅㄚㄉㄜ 몹시 악독한 모양. 「倆人一爭吵起來; 두 사람은 극성맞게 싸움을 시작했다」
[惡聲] èshēng ㄜˋㄕㄥ 욕. 욕서. 악담(惡談).
[惡毒] ètú ㄜˋㄉㄨˊ 격심하다. 악독하다. 독살스럽다. 악랄하다. >惡惡毒毒.
[惡作劇] ètsòchǜ ㄜˋㄗㄨㄛˋㄐㄩˋ 지나친 나쁜 장난. 남을 괴롭게 하는 농담. 「做一; 지나친 장난을 하다」

〔軛〕 è ㄜˋ 멍에.

〔愕〕 è ㄜˋ 놀라 당황하다. 「驚一; 깜짝 놀라다.

〔萼〕 è ㄜˋ 꽃받침. 악(萼).

〔鄂〕 è ㄜˋ "湖北省"의 별칭.

〔腭〕(顎) è ㄜˋ 구개(口蓋). 입천장.

〔遏〕 è ㄜˋ 가로 막다. 멈추다. 「怒不可一; 노여움을 참지 못하다」
[遏止] èchìh ㄜˋㄓˇ 강한 힘으로 억누르다. 강력히 제지하다. 「一不住; 걷잡을 수 없다」
[遏制] èchìh ㄜˋㄓˋ (강한 힘으로) 단번에 억제하다. 「憤怒的情緒無法一; 분노한 기분을 억제할 도리가 없다」
[遏勒] èlê ㄜˋㄌㄜ 누르다. 억제하다. 「一住怒火; 노여움을 참아 내다」
[遏阻] ètsǔ ㄜㄗㄨˇ 저지하다. 막다.
[遏抑] èì ㄜˋㄧˋ 억압하다. 강제로 억누르다.

〔噩〕 è ㄜˋ 남을 놀라게 함. 「一夢; 악몽(惡夢)」

〔諤〕 è ㄜˋ 「一一; 두려워하지 않고 곧은 말을 하는 모양. 악악」

〔鰐〕(鱷) è ㄜˋ 「一魚; 악어」 「揚子一; "揚子江"에서 나는 악어」

〔鶚〕 è ㄜˋ 〈動〉 물수리. 수악(水鶚). 징경이: 구어(口語)로는 "魚鷹子"라고 함.

EH ㄝ

〔誒〕 ēh ㄝ 승낙하거나 동의(同意) 한다는 기분을 나타내는 감탄사: 응. 그래. 네. 「一是的; 네, 그렇소」 ⇨éh, ěh, èh.

〔誒〕 éh ㄝˊ ①상대방의 의견을 요구할 경우의 감탄사. 「一! 你看他怎麼樣; 야! 넌 그를 어떻게 생각하니?」 ②의아한 기분을 나타내는 감탄사. 「一! 這是什麼; 아니! 이게 뭘까?」 ⇨ēh, ěh, èh.

〔誒〕 ěh ㄝˇ ①찬성한다는 뜻의 감탄사. 「一! 你這個法子好; 응! 자네 방법이 좋군」 ②동의(同意)하지 않는다는 기분의 감탄사. 「一! 你這話不對; 아니야! 자네 말이 틀렸어」 ⇨ēh, éh, èh.

〔誒〕 èh ㄝˋ 불찬성에서 찬성하는 기분으로 전환한다는 뜻의 감탄사. 「一! 這樣才對 ; 그렇지! 그래야만 하고말고」 ⇨ēh, éh, ěh.

EI ㄟ

〔欸〕 ěi ㄟˇ 승낙하고 동의한다는 기분을 나타내는 감탄사. 「一! 那可以 ; 네! 그러면 됐어요」⇨āi, ǎi, èi.

〔欸〕 èi ㄟˋ 부정하거나 불찬성의 기분을 나타내는 감탄사. 「一! 你這話說得可不對 ; 으응! 그건 자네 말이 맞지 않는 소리야」 ⇨āi, ǎi, ěi.

ÊN ㄣ

〔恩〕 ēn ㄣ 은혜. 혜택. 「一情 : 은정」

[恩愛] ēn'ài ㄣㄞˋ ①부부간의 애정. ②화목하게 지내다. 서로 사랑하다. 「一夫妻 ; 의좋은 부부」 >恩恩愛愛.

[恩將仇報] ēnchiāngch'óupào ㄣㄐㄧㄤㄔㄡˊㄅㄠˋ 은혜를 원수로 갚다. 배은망덕(背恩忘德)하다. 「게 대우하다.

[恩待] ēntài ㄣㄉㄞˋ 후대(厚待)하다. 후하

[恩德] ēntě ㄣㄉㄜˊ 은덕. 은혜. 혜택.

[恩怨] ēnyüàn ㄣㄩㄢˋ 은혜와 원한. >恩恩怨怨.

〔摁〕 ènㄣˋ ①(손바닥이나 손가락으로) 누르다. 밀다. 「一電鈴 ; 벨을 누르다」②(누르듯이)치다. 타다. 「一風琴 ; 풍금을 치다」

ÊNG ㄥ

〔鞥〕 ēng ㄥ 말고삐.

ÊRH ㄦ

〔而〕 ērh ㄦˊ ①같은 품사의 말이나,글을 접속시키는 말. ㉮같은 말을 병렬(並列)할 경우 : 그리고. 또. …하고. …이며. 「聰明一勇敢 ; 총명하고 용감하다」 ㉯반전(反轉)의 뜻으로 쓰일 경우 : 그러나 …지만. 「有其名一無其實 ; 이름은 났으나 실속은 없다」㉰("不是…而是…"의 형으로)…가 아니라 …이다. 「不是十九歲的青年, 而是一個大人了 ; 열 아홉 살 먹은 청년이 아니라 하나의 어엿한 어른이다」 ②시간이나 상황을 나타내는 말을 동사나 문장 앞에 첨가하여 쓰이는 말. 「俄一客至 ; 별안간 손님이 들이닥쳤다」 ③(…에서)…까지 : "從"이나 "自"와 호응하는 경우가 많음. 「從上一下 ; 위에서 아래까지」 「自小學一中學 ; 소학에서부터 중학까지」④그대. =汝.

[而且] ērhch'ièh ㄦˊㄑㄧㄝˇ ①그리고. 또. …하고. 「他的主張公正一有根據 ;그의 주장은 공정하고, 또 근거가 있다」 ②게다가. 또한. 다시금. 누가(累加)되는 관계를 나타냄. "不但"등과 호응하는 경우가 많음. 「不但經驗多, 一學問大 ; 경험이 풍부한 데다가 학문도 대단하다」 「지금.

[而今] ērhchīn ㄦˊㄐㄧㄣ 현재. 목하(目下).

[而後] ērhhòu ㄦˊㄏㄡˋ 그리고. 그리하여. 그 다음에는「先自我反省, 一案件的收拾 ; 먼저 자기를 반성하고, 그리고 사건을 수습하라」 「가 또. 더우기나.

[而況] ērhk'uàng ㄦˊㄎㄨㄤˋ 하물며. 게다

[而已] ērhi ㄦˊㄧˇ …에 불과하다. …만으로 그치다. 「那不過是嘗試一 ; 그것은 시험해 본 것에 지나지 않는다」

〔兒〕(儿) ērh ㄦˊ ①아이. 아동. 「一戲 ; 아이의 장난」 ②아들. 사내아이. 「一一一女 ; 일남 일녀(一男一女)」 ③수컷의. 「一牛 ; 수소」 ④접미어의 하나. ㉮작거나 귀여움을 나타내는 경우. 「小狗一 ; 강아지」 ㉯동사나 형용사를 명사화(名詞化)시키는 경우. 「沒救一 ; 무구제(無救濟)」「擋着亮一 ; 광선 차단」 ㉰특정한 지시사(指示詞)나 시간사(時間詞)에 첨가되는 경우. 「明一 ; 명일(明日). 내일」

[兒氣] ērhch'ì ㄦˊㄑㄧˋ 어린이다움. 어린 마음.

[兒婦] ērhfù ㄦˊㄈㄨˋ 자부(子婦). 며느리.

[兒戲] ērhhsìh ㄦˊㄒㄧˋ =兒童戲.

[兒媳婦兒] ērhhsíhfurh ㄦˊㄒㄧˊㄈㄨㄦ 며느리. 자부. =兒媳.

[兒女] ērhnǚ ㄦˊㄋㄩˇ ①아들과 딸. 자녀(子女). 「生一養女 ; 아들딸을 낳아 기르다」

[兒女態] ērhnǚt'ài ㄦˊㄋㄩˇㄊㄞˋ 연약하고 무기력한 태도. 나이 어린 계집아이 같은 태도.

[兒輩] ērhpèi ㄦˊㄅㄟˋ 아들의 대(代).

[兒童戲] ērht'únghsìh ㄦˊㄊㄨㄥˊㄒㄧˋ ①어린이놀이. 어린이의 장난. ②농담. 「不能把工作當做一 ; 일하는 것을 장난으로 생각해서는 아니된다」

[兒童專場] ērht'úngchuānch'ǎng ㄦˊㄊㄨㄥˊㄓㄨㄢㄔㄤˇ (영화관의) 어린이 관람 시간.

〔鴯〕 ērh ㄦˊ

[鴯鶓] ērhmiáo ㄦˊㄇㄧㄠˊ 제비와 비슷한 새의 일종 : 오스트레일리아에서 서식함.

〔耳〕 ěrh ㄦˇ ①귀. ②귀처럼 생긴 물건. ㉮귀와 같은 형태를 나타낼 경우. 「木一 ; 목이버섯」 ㉯양쪽 끝에 위치하고 있을 경우. 「一房 ; 안채 양쪽에 있는 곁채」 ㉰기물의 손잡이. 「鍋一 ; 남비의 손잡이」 ③…만. …뿐. 「前言戲之一 ; 이제(앞서) 한 말은 농담에 불과하다.

[耳喳] ěrhch'ā ㄦˇㄔㄚ 귓속말. 귀에다 대고 속삭이는 말.

[耳沉] ěrhch'ēn ㄦˇㄔㄣˊ =耳背.

[耳機(子)] ěrhchī(tzǔ) ㄦˇㄐㄧ(ㄗ) 수화기.

[兒尖] ěrhchien ㄦˇㄐㄧㄢ 귀가 밝다. 귀가 예민하다. 「밥. 귓불.

[耳垂(兒)] ěrhch'uí(rh) ㄦˇㄔㄨㄟˊ(ㄦ) 귓

[耳墜子] ěrhchuìtzǔ ㄦˇㄓㄨㄟㄗ 귀걸이. 귀에 다는 장식물.

[耳房] ěrhfáng ㄦˇㄈㄤˊ =耳②㉯.

[耳鬚厮磨] ĕrhhsūssūmó ㄦˇㄒㄩㄙㄇㄛˊ
=耳鬢厮磨.
[耳濡目染] ĕrhjú-mùjăn ㄦˇㄖㄨˊㄇㄨˋㄖ
ㄢˇ ①귀에 젖고 눈에 익어 모르는 사이
에 영향을 받다. ②항상 듣고 보고 하여
익숙해졌다는 비유. ‹成›
[耳軟心活] ĕrhjuăn-hsīnhuó ㄦˊㄖㄨㄢˇㄒ
ㄧㄣㄏㄨㄛˊ 귀가 여리고 마음이 약하다.
남의 말을 잘 듣고 주견이 없다. ‹成›
[耳根] ĕrhkēn ㄦˇㄍㄣ ①귀가 달린 밑
부분. 「一軟 ; 귀가 여리다」 ②〈佛〉 육근
(六根)의 하나. 「비물.
[耳垢] ĕrhk'òu ㄦˇㄎㄡˋ 귀에지. 귀의 분
[耳鼓] ĕrhkŭ ㄦˊㄍㄨˇ 고막(鼓膜). 귀청.
[耳快] ĕrhk'uài ㄦˇㄎㄨㄞˋ =耳尖.
[耳光子] ĕrhkuāngtzŭ ㄦˇㄍㄨㄤㄗ =耳
聒子.
[耳聒子] ĕrhkuātzŭ ㄦˇㄍㄨㄚㄗ ①귀의
뒷부분. 귀뒤. ②「打一 ; 귓쌈을 후려
갈기다」 =耳瓜子. 「의 둘레.
[耳輪] ĕrhlún ㄦˇㄌㄨㄣˊ ①귀. ②귓전. 귀
[耳聾] ĕrhlúng ㄦˇㄌㄨㄥˊ 귀먹다. 귀가
들리지 않다. 「작은 문.
[耳門] ĕrhmén ㄦˇㄇㄣˊ 옆문. 옆에 달린
[耳報神] ĕrhpàoshén ㄦˇㄅㄠˋㄕㄣˊ 귀가
밝은 사람. 세상 소식을 재빨리 듣는 사람.
[耳巴子] ĕrhpātzŭ ㄦˇㄅㄚㄗ 귀의 뒤. 귀
가 있는 언저리.
[耳背] ĕrhpèi ㄦˇㄅㄟˋ 귀먹다. 아무 소리
도 잘 들리지 않다.
[耳邊] ĕrhpiēn ㄦˇㄅㄧㄢ 귓전. 「一風 ; 어
떤 일에 흥미나 관심을 갖지 않는다는
비유」 「當做一 ; 귓전으로 듣다」
[耳鬢厮磨] ĕrhpìn ssūmó ㄦˇㄅㄧㄣˋㄙㄇ
ㄛˊ 극히 친밀하다는 비유.
[耳塞] ĕrhsāi ㄦˇㄙㄞ =耳垢.
[耳生] ĕrhshēng ㄦˇㄕㄥ 귀에 설다. 귀에
익숙하지 않다.
[耳屎] érhshĭh ㄦˊㄕˇ =耳垢.
[耳熟] ĕrhshú ㄦˇㄕㄨˊ 귀에 익다. 자주
들어서 익숙하다. 「의 "阝·卩".
[耳刀兒] ĕrhtāorh ㄦˇㄉㄠㄦ 부방변:한자
[耳朶] ĕrhtuo ㄦˇㄉㄨㄛ 귀. 「一邊兒 ; 귓
전」 「一眼兒 ; 귓구멍」
[耳提面命] ĕrht'í-miènmìng ㄦˇㄊㄧˊ ㄇㄧ
ㄢˋㄇㄧㄥˋ 귀를 잡아 당겨 얼굴을 맞대
고 지적하다. 즉 친절히 지도한다는 말.
[耳聽] ĕrht'īng ㄦˇㄊㄧㄥ 귀로 듣다. 「一
六路, 眼觀八方 ; 눈과 귀를 사방팔방으
로 돌려 정신을 모으다」
[耳聞] ĕrhwén ㄦˇㄨㄣˊ 귀로 듣다. ㅅ
에 듣다. 「一不如目見 ; 백문이 불여 일
견이라」 「하다.
[耳語] érhyŭ ㄦˊㄩˇ 속삭이다. 귓속말을

〔爾〕(尔) ĕrh ㄦˇ ①그대. 그대의.
「一輩 ; 그대들」 ②이 같은. 이러한. 「不過
一一 ; 이러한 곳이다. 이런 데에 불과하
다」 ③이것. 그것 : 시간을 가리킴. 「一時
; 이 때. 그 때」 ④⇨耳③. ⑤접미어로
쓰일 때의 "地 · 然"과 같이 상태를 나
타내는 말. 「率一 ; 돌연(突然)히」
[爾汝] érhjŭ ㄦˊㄖㄨˇ 너와 나. 너나. 당신
과 나 : 자기와 상대방의 관계가 친밀하
다는 뜻으로 쓰임.
[爾個] ĕrhkò ㄦˇㄍㄜˋ 요즈음. 요사이. ‹西›
[爾時] ĕrhshíh ㄦˇㄕˊ 그 때. 이 때.
[爾虞我詐] ĕrhyú-wŏchà ㄦˇㄧㄡˊ ㄨㄛˇㄓ
ㄚˋ 서로 속이다. 속고 속이고 하다. ‹成›

〔餌〕 ĕrh ㄦˇ ①식물(食物)의 총칭. ②
낚싯밥. ③낚다. 유인하다. 「以此一敵 ; 이
로써 적을 유인함」 ④먹다. 식용(食用)하
다. 「복용하다.
[餌藥] ĕrhyào ㄦˇㄧㄠˋ 약을 마시다. 약을

〔邇〕 ĕrh ㄦˇ 가깝다. 「遐一 ; 원근(遠
近)」

〔二〕 èrh ㄦˋ ①둘. "二" : 다음에 일반
적인 조수사(助數詞)가 따를 경우, "十"
이하인 때는 "兩"을 쓰고 "二"는 쓰지
않음. 「兩個 ; 두 개」 또 "十" 이상인 때
는 "二"는 어떠한 경우에도 쓰이지만
"兩"은 "百 · 千 · 萬"의 앞에서만 쓸
수가 있다. 또한 조수사가 도량형을 나타
내는 경우에는 "二 · 兩" 두 가지가 쓰
임. 「十一個 ; 열두 개」 「兩尺一寸 ; 두
자 두 치」 ②제이(第二). 다음. 「一哥 ;
둘째 형」 ③두 가지의. 「一心 ; 두 마음」
[二茬] èrhch'á ㄦˋㄔㄚˊ 일년 동안에 두
번째로 거두는 수확. =二碴.
[二閘] èrhchá ㄦˋㄓㄚˊ 제이(第二) 기어.
둘째 번의 톱니바퀴.
[二姐] èrhchiĕh ㄦˋㄐㄧㄝˇ 둘째 누나.
[二房] èrhfáng ㄦˋㄈㄤˊ 첩. 작은 마누라.
[二性子] èrhhsìngtzŭ ㄦˋㄒㄧㄥˋㄗ 중간치
기. 이쪽도 저쪽도 아닌 성질의 것.
[二胡] èrhhú ㄦˋㄏㄨˊ 악기의 한 가지. 깡
깡이 종류 : 해금(奚琴).
[二乎] èrhhu ㄦˋㄏㄨ 의혹(疑惑). 주저. 「發
一 ; 의혹을 품다. 주저하다」 =二忽. >
二二乎乎.
[二花臉] èrhhuāliĕn ㄦˋㄏㄨㄚㄌㄧㄢˇ 연
극에서 악한이나 도적 따위로 분장하는
역할. =副淨. 「한 여자.
[二婚頭] èrhhūnt'óu ㄦˋㄏㄨㄣㄊㄡˊ 재혼
[二混子] èrhhùntzŭ ㄦˋㄏㄨㄣˋㄗ ①얼간
이. 얼치기. 이롭지도 해롭지도 않은 놈.
‹罵› ②꼬마.
[二拉八當] èrhlapátàng ㄦˋㄌㄚㄅㄚˊㄉㄤˋ
시작한 일이 도중에서 결심이 흔들리는
모양. 「(鐵紫色).
[二藍] èrhlán ㄦˋㄌㄢˊ 엷은 남색. 철자색
[二愣] èrhlĕng ㄦˋㄌㄥˋ ①결단성이 없고
희미한 사람. ②èrhlêng 깜짝 놀라다. ③
=二愣子. 「사람.
[二愣子] èrhlĕngtzŭ ㄦˋㄌㄥˋㄗ 난폭한
[二流子] èrhliútzŭ ㄦˋㄌㄧㄡˊㄗ 건달. 놀
고 먹는 사람. 「품(二等品).
[二路貨] èrhlùhuò ㄦˋㄌㄨˋㄏㄨㄛˋ 이등
[二路脚兒] èrhlùchiăorh ㄦˋㄌㄨˋㄐㄧㄠˇㄦ
연극에서 주연 다음으로 중요한 역할을
맡은 사람. 「달 전후의 양의 모피.
[二毛皮] èrhmáop'í ㄦˋㄇㄠˊㄆㄧˊ 생후 한
[二門] èrhmén ㄦˋㄇㄣˊ 둘째문. 안문.
[二米飯] èrhmĭfàn ㄦˋㄇㄧˇㄈㄢˋ 쌀과 조
를 섞어서 지은 밥.
[二把刀] èrhpătāo ㄦˋㄅㄚˇㄉㄠ 얼치기.
기술이나 학문이 미숙함. 또는 그런 사람.
[二百二十] èrhpăiérhshíh ㄦˋㄅㄞˇㄦˊㄕˊ
①220. ②머어큐러크롬.
[二百五] èrhpáiwŭ ㄦˋㄅㄞˊㄨˇ 바보. 멍
텅구리.
[二十四開] èrhshihssūk'ai ㄦˋㄕㄙˋㄎㄞ①

순금. 24금. ②24분의 1.

[二水兒] ěrhshuǐrh ㄦˋㄕㄨㄟˇㄦ 한번사용하였던 물건 : 약간 부피가 큰 것을 말함.「一皮箱 ; 중고(中古) 트렁크」

[二五眼] ěrhwuyen ㄦˋㄨˇㄧㄢ 어중간하다. 얼치기이다.

〔貳〕(弍) ěrh ㄦˋ "二"와 같은 자 : 증서 따위에 쓰임.

FA ㄈㄚ

〔發〕(发) fā ㄈㄚ ①교부하다. 발송하다.「信已經一了 ; 편지는 이미 발송하였다」②표명하다. 말하기 시작하다.「一問 ; 질문을 하다」③방사하다. 발사하다.「一砲 ; 대포를 쏘다」④탄환을 세는 조수사.「五十一子彈 ; 오십 발의 탄환」⑤발산하다. 방산(放散)하다.「一汗 ; 발한하다」⑥전개하다. 확대하다. 왕성하게 하다.「一家 ; 가산(家產)을 늘리다」⑦발효(發酵)하다.「麵一了 ; 밀가루가 발효하였다」⑧폭로하다.「揭一陰謀 ; 음모를 폭로하다」⑨(감각이 표면에) 나타나다.「臉上一黃 ; 얼굴이 노랗게 되다」「一燒 ; 열이 나다」⑩(물체가) 생겨나다.「一芽 ; 싹이 나다」⑪동작을 시작하다. 출발하다.「朝一夕至 ; 아침에 출발하여 저녁 때에 도착하다」⇨fà.

[發柴] fāch'ái ㄈㄚㄔㄞˊ 매말라지다. 바싹 말라 버리다.「肉一了 ; 살이 바싹 말라 버렸다」

[發顫] fāch'àn ㄈㄚㄔㄢˋ 떨다. 떨기 시작하다.

[發戰] fāchàn ㄈㄚㄓㄢˋ 떨다.

[發漲] fāchàng ㄈㄚㄓㄤˋ 피가 오르다.

[發潮] fāch'áo ㄈㄚㄔㄠˊ 습기 차다.

[發照] fāchào ㄈㄚㄓㄠˋ (허가증 따위를) 발행하다.

[發沈] fāch'én ㄈㄚㄔㄣˊ 무겁게 느끼다.

[發賑] fāchèn ㄈㄚㄓㄣˋ 재해 구제에 식량이나 금전을 내다.

[發怔] fāchěng ㄈㄚㄓㄥ (놀라서) 멍청해지다. ＝發愣.

[發疹子] fā chěntzū ㄈㄚㄓㄣˇㄗ 열병으로 작은 종기가 생기다.

[發急] fāchí ㄈㄚㄐㄧˊ 초조해지다. 초조히 서두르다. 마음을 조급히 가지다.

[發迹] fāchì ㄈㄚㄐㄧˋ ①뜻을 얻다. 출세하다. ②(사업 따위가) 발전하고 성대해지다.

[發氣] fāch'ì ㄈㄚㄑㄧˋ 노하다. 성내다.

[發家] fāchiā ㄈㄚㄐㄧㄚ 가산을 크게 일으키다.

[發價] fāchià ㄈㄚㄐㄧㄚˋ (무역 용어로) 오퍼(offer)하다.

[發僵] fāchiāng ㄈㄚㄐㄧㄤ ①굳어지다. 딱딱해지다. ②딱딱하게 느껴지다.

[發焦] fāchiāo ㄈㄚㄐㄧㄠ ①짙은 갈색이 되다. ②마음속으로 초조해 하다. ③바싹 말라 버리다.

[發嬌] fāchiāo ㄈㄚㄐㄧㄠ 응석부리는 버릇을 내다.

[發急症] fāchíchěng ㄈㄚㄐㄧˊㄓㄥˋ ①급한 병이 생기다. ②급병에 걸리다.

[發怯] fāch'ièh ㄈㄚㄑㄧㄝˋ 겁을 내다.

[發遣] fāch'iěn ㄈㄚㄑㄧㄢˇ 파견하다.

[發直] fāchíh ㄈㄚㄓˊ (눈의) 초점을 잃고 멍청히 한 곳만 바라 보다.

[發滯] fāchìh ㄈㄚㄓˋ 눈이 흐리멍덩해지다.

[發痴] fāch'īh ㄈㄚㄔ 멍청해지다.

[發緊] fāchǐn ㄈㄚㄐㄧㄣˇ 긴장하다.

[發青] fāch'īng ㄈㄚㄑㄧㄥ ①푸른 기가 있다. ②(안색이) 창백해지다.

[發球] fāch'iú ㄈㄚㄑㄧㄡˊ ①공을 던지다. ②보올을 서어브하다.

[發酒瘋] fā chiǔfēng ㄈㄚㄐㄧㄡˇㄈㄥ 주광이 발작하다.

[發愁] fāch'óu ㄈㄚㄔㄡˊ 근심하다. 걱정하다.「一沒飯吃 ; 밥을 먹지 못하는 것을 걱정하다」

[發臭] fāch'òu ㄈㄚㄔㄡˋ 나쁜 냄새를 내다.

[發拘] fāchū ㄈㄚㄐㄩ 남에게 양보하여 자기 기분을 억제하다.

[發怵] fāch'ù ㄈㄚㄔㄨˋ ①기가 죽다. ②부끄러워하다. 조심조심하다. ③(아이들이) 낯가림하다.

[發喘] fāch'uǎn ㄈㄚㄔㄨㄢˇ 숨이 차다.

[發莊] fāchuāng ㄈㄚㄓㄨㄤ 도매상(都賣商).

[發覺] fāchüéh ㄈㄚㄐㄩㄝˊ ①발견하다. ②발각하다.

[發噱] fāchüéh ㄈㄚㄐㄩㄝˊ 웃음이 치밀어 오르다.

[發腫] fāchǔng ㄈㄚㄓㄨㄥˇ 붓다. 부풀다.

[發凡] fāfán ㄈㄚㄈㄢˊ ①요지를 말하다. ②대의(大意)를 말하다. ③요지. 대의.

[發煩] fāfán ㄈㄚㄈㄢˊ 귀찮아서 안달이 나다.

[發放] fāfàng ㄈㄚㄈㄤˋ ①지불하다. 급료를 주다. ②처리하다.

[發瘋] fāfēng ㄈㄚㄈㄥ 미쳐 버리다.

[發憤圖强] fāfèn t'úch'iáng ㄈㄚㄈㄣˋㄊㄨˊㄑㄧㄤˊ 분발하여 향상하려고 노력하다.

[發憤亡食] fāfèn wàngshíh ㄈㄚㄈㄣˋㄨㄤˋㄕˊ 분발하여 열중한 끝에 식사를 잊다.

[發福] fāfú ㄈㄚㄈㄨˊ 살찐 사람을 공손히 말하는 말.「您一了 ; 몸집이 매우 좋습니다. 매우 복스러워 보입니다」

[發行] fāháng ㄈㄚㄏㄤˊ ①도매하다. ②매출하다. ③도매상. ④fāhsíng 발행하다. ⑤(수표 따위를) 발행하다.

[發號施令] fāhào-shīhlìng ㄈㄚㄏㄠˋㄕㄌㄧㄥˋ 지시나 명령 또는 정령(政令)을 발하다.

[發黑] fāhēi ㄈㄚㄏㄟ ①어두워지다. ②눈이 캄캄해지다. 눈이 돌다.

[發狠] fāhěn ㄈㄚㄏㄣˇ ①노력하다. 분발하다. ②성내다. 노하다. ③결심하다. 마음 먹다.

[發恨] fāhěn ㄈㄚㄏㄣˋ 원망하다.

[發橫] fāhèng ㄈㄚㄏㄥˋ ①횡포한 행동을 하다. ②강경한 태도를 보이다. 덤벼들다.

[發息] fāhsī ㄈㄚㄒㄧ 이식(利息)을 지불하다.

[發餉] fāhsiǎng ㄈㄚㄒㄧㄤˇ 봉급을 지불하다.

[發笑] fāhsiào ㄈㄚㄒㄧㄠˋ 웃다. 웃기다.

[發泄] fāhsièh ㄈㄚㄒㄧㄝˋ (가슴 속에 있는 것을) 한꺼번에 모두 털어 놓다. 또는 발산하다.「感情已經一淨盡 ; 감정을 이미 깨끗이 털어 놓았다」

[發現] fāhsièn ㄈㄚㄒㄧㄢˋ ①발견하다. ②출현하다.

[發薪] fāhsīn ㄈㄚㄒㄧㄣ 급료를 지불하다.
[發凶] fāhsiūng ㄈㄚㄒㄩㄥ ①심하게 되다. 지독해지다. 「我這個病近來越一了; 나의 이 병은 근래 점점 심하여졌다」 ②난폭하다. 「다.
[發虛] fāhsū ㄈㄚㄒㄩ 겁내다. 무섭게 되
[發花] fāhuā ㄈㄚㄏㄨㄚ (눈이) 흐리다. 얼른거리다. 「다.
[發話] fāhuà ㄈㄚㄏㄨㄚˋ 분발하여 말하
[發還] fāhuán ㄈㄚㄏㄨㄢˊ ①돌려 보내다. ②돌려 받다. ③각하(却下)하다.
[發慌] fāhuāng ㄈㄚㄏㄨㄤ 당황하다. 마음이 동요하다.
[發黃] fāhuáng ㄈㄚㄏㄨㄤˊ 노랗게 되다.
[發揮] fāhuī ㄈㄚㄏㄨㄟ ①말이나 글자로 최대한으로 발표하다. ②가슴 속에 간직한 것이나 불만을 말하다. ③마음껏 자기의 의견을 발표하다.
[發回] fāhuí ㄈㄚㄏㄨㄟˊ ①반환하다. ②돌려 보내다.
[發昏] fāhūn ㄈㄚㄏㄨㄣ ①정신이 혼미해지다. 정신을 잃다. ②미치다.
[發渾] fāhún ㄈㄚㄏㄨㄣˊ 탁하다. 흐리다.
[發紅] fāhúng ㄈㄚㄏㄨㄥˊ 빨갛게 되다. 붉히다.
[發火] fāhuǒ ㄈㄚㄏㄨㄛˇ ①불이 나다. ②발끈 성을 내다.
[發貨] fāhuò ㄈㄚㄏㄨㄛˋ 물건을 발송하다. 「一票·一單; 송장(送狀). 운송장」
[發貨人] fāhuòjén ㄈㄚㄏㄨㄛˋㄖㄣˊ 발송인. 하주(貨主).
[發胡塗] fāhútu ㄈㄚㄏㄨˊㄉㄨ 희미해지다. 퇴색하다.
[發軔] fājèn ㄈㄚㄖㄣˋ 사업이 시작되다.
[發人深省] fājénshēnhsǐng ㄈㄚㄖㄣˊㄕㄣㄒㄧㄥˇ 깊이 반성시키다. 「他這句話可以一; 그의 말은 남을 깊이 반성하게 하다」
[發軟] fājuǎn ㄈㄚㄖㄨㄢˇ ①연하게 되다. ②힘이 빠지다. 「하다.
[發乾] fākān ㄈㄚㄍㄢ 건조시키다. 건조
[發糕] fākāo ㄈㄚㄍㄠ 일종의 찐 빵. 《方》
[發給] fākěi ㄈㄚㄍㄟˇ 지급하다.
[發渴] fāk'ǒ ㄈㄚㄎㄜˇ 목이 마르다. 갈증이 나다. 「작하다.
[發客] fāk'ò ㄈㄚㄎㄜˋ 판매하다. 팔기 시
[發光] fākuāng ㄈㄚㄍㄨㄤ 빛을 내다. 빛나다.
[發愧] fāk'ueì ㄈㄚㄎㄨㄟˋ 부끄럽다. 부끄러워하다.
[發聵] fāk'ueì ㄈㄚㄎㄨㄟˋ 귀가 들리지 않게 되다. 귀가 먹다. 「음이 오다.
[發困] fāk'ùn ㄈㄚㄎㄨㄣˋ 잠이 오다. 졸
[發辣] fālà ㄈㄚㄌㄚˋ ①스미다. 따끔따끔하다. ②분하다. 「거리다.
[發賴] fālài ㄈㄚㄌㄞˋ 직업이 없이 빈둥
[發懶] fālǎn ㄈㄚㄌㄢˇ 노곤해지다. 힘이 빠지다. 「중얼거리다.
[發牢騷] fā láosao ㄈㄚㄌㄠˊㄙㄠ 불만을
[發冷] fālěng ㄈㄚㄌㄥˇ 오한이 나다. 「渾身一; 전신에 한기가 돌다」
[發愣] fālèng ㄈㄚㄌㄥˋ 멍청하다. 얼빠져 멍청해지다.
[發涼] fāliáng ㄈㄚㄌㄧㄤˊ 차가와지다. 「手脚一; 수족이 시리다. 「다.
[發亮] fāliàng ㄈㄚㄌㄧㄤˋ 번쩍번쩍 빛나
[發利市] fālishìh ㄈㄚㄌㄧˋㄕˋ 장사를 하여 이익을 얻다.
[發落] fālò ㄈㄚㄌㄨㄛˋ ①처리 또는 처치하다. ②처벌이나 처분을 하다. 「從輕一; 가볍게 처벌하다」
[發亂] fāluǎn ㄈㄚㄌㄨㄢˇ 어지러워지다. 어지럽게 되다.
[發痲] fāmá ㄈㄚㄇㄚˊ 저리다. 마비되다.
[發蠻] fāmán ㄈㄚㄇㄢˊ 난폭하게 하다.
[發忙] fāmáng ㄈㄚㄇㄤˊ 절박한 기분이 되다.
[發毛] fāmáo ㄈㄚㄇㄠˊ ①겁을 내다. 놀래어 당황하다. ②곰팡이가 생기다.
[發毛咕] fā máoku ㄈㄚㄇㄠˊㄍㄨ 무서워서 오싹 소름이 끼치다. (무섭고 이상하여) 기분이 나쁘다. 「다.
[發黴] fāméi ㄈㄚㄇㄟˊ 곰팡이가 발생하
[發悶] fāmèn ㄈㄚㄇㄣ ①(날씨가) 음울하다. ②fāmèn 이상히 여기다. 「다.
[發蒙] fāměng ㄈㄚㄇㄥ 머리가 멍청해지
[發懵] fāměng ㄈㄚㄇㄥˊ 머리가 멍청해지다.
[發迷] fāmí ㄈㄚㄇㄧˊ 헷갈려 갈피를 못 잡다. 「心裏一; 마음의 갈피를 잡지 못하다」
[發麵] fāmièn ㄈㄚㄇㄧㄢˋ ①소맥분을 발효시키다. ②fāmien 발효시킨 소맥분.
[發迷糊] fāmíhu ㄈㄚㄇㄧˊㄏㄨ ①(머리가) 멍청해지다. ②애매하게 되다.
[發木] fāmù ㄈㄚㄇㄨˋ ①동작이 활발하지 못하게 되다. 마비되다. ②=發痲.
[發難] fā'nàn ㄈㄚㄋㄢˋ 솔선하여 일을 일으키다.
[發齉] fā'nàng ㄈㄚㄋㄤˋ 코가 막히다.
[發惱] fānǎo ㄈㄚㄋㄠˇ 성내다. 노하다.
[發涅] fāniēh ㄈㄚㄋㄧㄝ 눈이 멍청히 되다. =發茶.
[發黏] fānién ㄈㄚㄋㄧㄢˊ 끈덕지다. 끈기있게 견디어 버티다. 「다.
[發濘] fā'nìng ㄈㄚㄋㄧㄥˋ (길이) 질퍽거리
[發牛勁] fā niúchìn ㄈㄚㄋㄧㄡˊㄐㄧㄣˋ 고집스러운 또는 완고한 태도를 취하다. =犯牛勁.
[發怒] fānù ㄈㄚㄋㄨˋ 노하기 시작하다. 성을 내기 시작하다.
[發嘔] fāōu ㄈㄚㄡ 구역질이 나다.
[發呆] fāái ㄈㄚㄞˊ ①느릿느릿하다. 우둔한 모양을 하다. ②fātāi 멍청히 하다.
[發白] fāpái ㄈㄚㄅㄞˊ ①희게 되다. 「面孔一; 얼굴에 핏기가 없어지다」 ②밝아지다. 「天剛一; 하늘이 이제 막 밝아지다」 「다.
[發排] fāp'ái ㄈㄚㄆㄞˊ 식자 인쇄에 돌리
[發盤] fāp'án ㄈㄚㄆㄢˊ 오파를 발송하다.
[發榜] fāpǎng ㄈㄚㄅㄤˇ 시험의 결과를 발표하다. 「나다.
[發胖] fāp'àng ㄈㄚㄆㄤˋ 살이 찌다. 늘어
[發配] fāp'èi ㄈㄚㄆㄟˋ 죄인을 귀양 보내다. 정배 보내다.
[發飄] fāp'iāo ㄈㄚㄆㄧㄠˋ (기분이) 안절부절 못하다. 들떠 있다.
[發票] fāp'iào ㄈㄚㄆㄧㄠˋ ①(상품 발송의) 송장. ②증명 서류를 발행하다.
[發標勁] fāpiāochìn ㄈㄚㄅㄧㄠㄐㄧㄣˋ 바보 같은 짓을 하다.
[發票人] fāp'iàojén ㄈㄚㄆㄧㄠˋㄖㄣˊ (수표나 어음 따위의) 발행인.

[發脾氣] fāp'ích'i ㄈㄚ ㄆㄧˊㄑㄧ 벌컥 성을 내다. =發皮氣.

[發憋] fāpiēh ㄈㄚ ㄅㄧㄝ (가슴이나 목이) 막히다.「我感冒了,嗓子裏一 ; 나는 감기에 걸려 목이 막히다」

[發殯] fāpìn ㄈㄚ ㄅㄧㄣˋ 출관(出棺)하다.

[發喪] fāsāng ㄈㄚ ㄙㄤ 사망통지를 내다.

[發澁] fāsè ㄈㄚ ㄙㄜˋ 미끄럽지가 않다.미끄러운 기가 없어지다.

[發痧] fāshā ㄈㄚ ㄕㄚ ①(호열자나 이질같은) 여름철의 전염병의 하나. ②곽란이 되다. ③설사병에 걸리다. 「열.

[發燒] fāshāo ㄈㄚ ㄕㄠ ①발열하다. ②발

[發身] fāshēn ㄈㄚ ㄕㄣ 사춘기에 접어 들어 신체에 변화가 생기다.

[發生] fāshēng ㄈㄚ ㄕㄥ ①발생하다. ②동물의 알이 부화하다. ③형편을 알 수 없다. ④겁에 질려 조심조심하다. ⑤fāshēng 번영하다. «北»

[發濕] fāshīh ㄈㄚ ㄕ 젖다.「眼圈一 ; 눈시울이 젖다」 「시작하다.

[發市] fāshìh ㄈㄚ ㄕˋ ①개점하다. ②팔기

[發誓] fāshìh ㄈㄚ ㄕˋ 맹세를 하다.

[發售] fāshòu ㄈㄚ ㄕㄡˋ 팔기 시작하다.

[發水] fāshuǐ ㄈㄚ ㄕㄨㄟˇ 큰물이 나다.홍수가 나다.

[發酸] fāsuān ㄈㄚ ㄙㄨㄢ ①시큼하게 되다.「味兒一了 ; 맛이 시큼해졌다」 ②신체가 피곤하여 나른해지다. ③어쩐지 슬퍼지다.

[發送] fāsùng ㄈㄚ ㄙㄨㄥˋ ①보내다. ②=發喪. ③fāsung 장례 때에 죽은 사람을 위한 공양을 하다.

[發達] fātá ㄈㄚ ㄉㄚˊ ①발달하다. ②왕성하게 되다. ③진보하다. ④입신 출세하다.

[發獃] fātāi ㄈㄚ ㄉㄞ 바보 같은 짓을 하다. 턱없는 짓을 하다.

[發單] fātān ㄈㄚ ㄉㄢ 송장(送狀).

[發燙] fāt'àng ㄈㄚ ㄊㄤˋ 뜨겁게 되다.「面孔一 ; 얼굴이 뜨겁게 되다」

[發疼] fāt'éng ㄈㄚ ㄊㄥˊ 아픔을 느끼다.

[發條] fāt'iáo ㄈㄚ ㄊㄧㄠˊ 용수철. 태엽.「上一 ; (시계 따위의) 태엽을 감다」

[發甜] fāt'ién ㄈㄚ ㄊㄧㄢˊ 단맛이 나기 시작하다.

[發電站] fātiènchàn ㄈㄚ ㄉㄧㄢˋㄓㄢˋ 발전소.「水力一 ; 수력 발전소」「火力一 ; 화력 발전소」「原子力一 ; 원자력 발전소」 「전소.

[發電廠] fātiènch'ǎng ㄈㄚ ㄉㄧㄢˋㄔㄤˇ 발

[發敵喖] fātíku ㄈㄚ ㄉㄧˊㄍㄨ 벌벌 떨며 불안해 하다. 「다.

[發抖] fātǒu ㄈㄚ ㄉㄡˇ (추위나 공포로) 떨

[發財] fāts'ái ㄈㄚ ㄘㄞˊ 재산을 만들다. 돈을 벌다.

[發躁] fātsào ㄈㄚ ㄗㄠˋ ①초조해 하다. 안절부절 못하다. ②기분이 조급해지다.

[發燥] fātsào ㄈㄚ ㄗㄠˋ 뜨거워 바싹 마른 느낌이 있다.

[發作] fātsò ㄈㄚ ㄗㄨㄛˋ ①(언동에) 노기를 나타내다. ②(병의) 발작이 일어나다. >發發作作.「神經病一了 ; 신경병이 발작하였다」 ③농작을 시작하다. ④노하다. 성내다. 「다.

[發愁] fāts'ù ㄈㄚ ㄘㄨˋ 주저하다. 고민하

[發堵] fātǔ ㄈㄚ ㄉㄨˇ 가슴이 메이는 것 같이 느끼다.

[發禿] fāt'ū ㄈㄚ ㄊㄨ ①머리가 벗어지다. ②(붓끝이) 닳아 빠지다. ③좌흥이 깨어지다. ④어쩐지 불만스럽다.

[發端] fātuān ㄈㄚ ㄉㄨㄢ ①발단. ②원인이 되다.

[發動] fātùng ㄈㄚ ㄉㄨㄥˋ ①동작을 시작하다. ②(남을 대하여) 격려하여 행동시키다. ③(물체에 대하여) 움직이게 하다. 운전을 시작하게 하다.「一機器 ; 기계를 시동하다」 機器一了; 기계가 시동하였다」 ④(추상적인 것에 대하여) 발휘하다.「一積極性 ; 적극성을 발휘하다」 「하다.

[發痛] fāt'ùng ㄈㄚ ㄊㄨㄥˋ 아프기 시작

[發紫] fātzǔ ㄈㄚ ㄗˇ (노여움이나 부끄러움으로) 아주 빨갛게 되다.

[發旺] fāwàng ㄈㄚ ㄨㄤˋ 왕성하여지다.

[發威] fāwēi ㄈㄚ ㄨㄟ ①(표정이나 몸짓에 노여움을 나타내다. 노하다. ②뽐내다.

[發啞] fāyǎ ㄈㄚ ㄧㄚˇ 목소리가 쉬다.

[發揚] fāyáng ㄈㄚ ㄧㄤˊ (이미 있는 기초위에 다시) 확대하고 강화하다.「一成果 ; 성과를 보다 좋은 것으로 만들다」「一火力 ; 화력을 보다 강화하다」「把中國文化加以一光大 ; 중국 문화로 하여 지금보다 더 정화(精華)를 발양하게 하다」

[發痒] fāyǎng ㄈㄚ ㄧㄤˇ ①가렵게 되다.「渾身一 ; 전신이 가려워지다」 ②(기분상으로) 근질근질하다. ③(싸움의 상대자에게) 맞고 싶은가. 「리다.

[發瘧子] fāyàotzǔ ㄈㄚ ㄧㄠˋㄗ 학질에 걸

[發炎] fāyén ㄈㄚ ㄧㄢˊ 염증을 일으키다.

[發言人] fāyénjén ㄈㄚ ㄧㄢˊㄖㄣˊ 대변인.

[發淫] fāyín ㄈㄚ ㄧㄣˊ 암내 내다.

[發引] fāyǐn ㄈㄚ ㄧㄣˇ 영구가 출발하다.

[發蔭] fāyìn ㄈㄚ ㄧㄣˋ 기분이 우울해지다.

[發源地] fāyüántì ㄈㄚ ㄩㄢˊㄉㄧˋ ①발원지. ②수원지.

[發暈] fāyùn ㄈㄚ ㄩㄣˋ 현기증이 나다. 정신이 아찔아찔하다.

〔乏〕 fá ㄈㄚˊ ①부족하다. ②피로(疲勞)하다.「身上有點一 ; 몸이 약간 피로하다」 ③무능한. 무용한.「一人 ; 무능한 사람」

[乏紙] fáchǐh ㄈㄚˊㄓˇ 조잡한 종이.

[乏趣] fách'ǜ ㄈㄚˊㄑㄩˋ 재미가 없다. 흥취가 없다.

[乏種] fáchǔng ㄈㄚˊㄓㄨㄥˇ =乏貨.

[乏話] fáhuà ㄈㄚˊㄏㄨㄚˋ 시시한 이야기.

[乏貨] fáhuò ㄈㄚˊㄏㄨㄛˋ 쓸모 없는 사람. 무능한 자식. «罵»

[乏困] fák'ùn ㄈㄚˊㄎㄨㄣˋ ①피로하다. ②지쳐서 잠이 오다.

[乏兒] fárh ㄈㄚˊㄦ 피로(疲勞). 「다.

[乏頓] fátùn ㄈㄚˊㄉㄨㄣˋ 지치다. 피로하

[乏桶] fát'ǔng ㄈㄚˊㄊㄨㄥˇ =乏貨.

[乏味] fáwèi ㄈㄚˊㄨㄟˋ 재미 없다. 따분 하다.

〔伐〕 fá ㄈㄚˊ ①베다. 벌채하다. ②반역자를 정벌하다. ③스스로 자랑하다. 스스로 뽐내다.「自一其功 ; 공을 스스로 자랑하다」

[伐樹] fáshù ㄈㄚˊㄕㄨˋ 나무를 벌채하다. 「地.

〔垡〕 fá ㄈㄚˊ 논이나 밭을 갈다. =垡

〔砝〕 fǎ ㄈㄚˇ (다음 단어 참조)

[砝碼] fámǎ ㄈㄚˊㄇㄚˇ 천평칭(天平秤)의 분동(分銅).

〔筏〕 fá ㄈㄚˊ 뗏목. =筏子.

〔閥〕 fá ㄈㄚˊ ①가문. 문벌.「一閥之家；훌륭한 가문의 집」②재벌. ③밸브:기계 용구의 하나.《譯》

[閥門] fámên ㄈㄚˊㄇㄣˊ 밸브.《譯》

〔罰〕 fá ㄈㄚˊ ①벌.「他受一了；그는 벌을 받았다」②벌하다. 벌금을 받다.「一他十塊錢；그로부터 벌금 십 원을 받다」

[罰站] fáchàn ㄈㄚˊㄓㄢˋ(학교에서) 벌로서 서 있게 하다.

[罰錢] fách'ién ㄈㄚˊㄑㄧㄢˊ ①벌금. ②fá ch'ién 벌금을 받다.

[罰球] fách'iú ㄈㄚˊㄑㄧㄡˊ 프리이킥.

[罰款] fák'uǎn ㄈㄚˊㄎㄨㄢˇ ①벌금.「交一；벌금을 바치다」②fá k'uǎn 벌금을 받다.

[罰跪] fákueì ㄈㄚˊㄍㄨㄟˋ 벌로서 무릎을 「꿇게 하다.

〔法〕 fǎ ㄈㄚˇ ①법률.「犯一；법을 어기다」②「一子·一兒；방법. 수단」「沒一子；방법이 없다」③보고 배우다. 견습하다. ④모범.「取一；모범으로 삼다」⑤불교의 도리.「說一；법을 설명하다」⑥도교의 법술.「作起一來；법술을 하기 시작하다」

[法場] fǎch'áng ㄈㄚˇㄔㄤˊ, fàchǎng ㄈㄚˋㄓㄤˇ 처형장.

[法器] fǎch'ì ㄈㄚˇㄑㄧˋ 절에서 사용하는 「기구.

[法警] fǎchǐng ㄈㄚˊㄐㄧㄥˇ 사법 경찰.

[法像] fǎhsiàng ㄈㄚˇㄒㄧㄤˋ 불상(佛像).

[法效] fǎhisào ㄈㄚˇㄒㄧㄠˋ 흉내 내다. 모방하다.

[法西斯] fǎhsīssǔ ㄈㄚˇㄒㄧㄙ 파쇼.《譯》

[法國] fǎkuó ㄈㄚˇㄍㄨㄛˊ 프랑스.

[法藍] fǎlán ㄈㄚˇㄌㄢˊ 법랑(琺瑯).에나멜.

[法郎] fǎláng ㄈㄚˇㄌㄤˊ 프랑 : 프랑스의 화폐 단위.

[法朗] fálǎng ㄈㄚˊㄌㄤˇ =法郎.《譯》

[法蘭絨] fǎlánjúng ㄈㄚˇㄌㄢˊㄖㄨㄥˊ 모직물의 하나. 플란넬.

[法力] fǎlì ㄈㄚˇㄌㄧˋ 신통력(神通力).

[法馬] fámǎ ㄈㄚˊㄇㄚˇ 천평칭의 분동. =砝碼. 琺馬.

[法辦] fǎpàn ㄈㄚˇㄅㄢˋ 법률에 의하여 처 「벌하다.

[法寶] fápǎo ㄈㄚˊㄅㄠˇ ①불교의 삼보의 하나. ②스님이 가지는 의발 석장(衣鉢錫杖). ③신통력을 가지고 있는 진귀한 보물. ④신변에서 일상 사용하는 물건 ⑤특히 유효한 용구나 혹은 좋은 방법.

[法幣] fǎpì ㄈㄚˇㄅㄧˋ 국민 정부에서 발행한 화폐명.

[法術] fǎshù ㄈㄚˇㄕㄨˋ 신선(神仙)의 술 「법.

[法廳] fǎt'īng ㄈㄚˇㄊㄧㄥ 법정(法廷).

[法度] fǎtù ㄈㄚˇㄉㄨˋ 법률로 결정된 일.

[法文] fǎwên ㄈㄚˇㄨㄣˊ 프랑스말.

[法眼] fǎyěn ㄈㄚˊㄧㄢˇ 중생을 구제하고 불도를 깨닫게 하는 보살의 눈.

[法院] fǎyuàn ㄈㄚˇㄩㄢˋ 재판소.

〔琺〕(珐) fà ㄈㄚˋ 「法藍.

[琺琅] fàláng ㄈㄚˋㄌㄤˊ 법랑. 에나멜. =

〔髮〕(发) fà ㄈㄚˋ머리칼.「理一；이발하다」⇨fā.

[髮針] fàchên ㄈㄚˋㄓㄣ 머리 핀.

[髮妻] fàch'ī ㄈㄚˋㄑㄧ 본처.

[髮髻] fàchì ㄈㄚˋㄐㄧˋ상투.

[髮夾] fàchiā ㄈㄚˋㄐㄧㄚ 종이 집게.

[髮指] fàchǐh ㄈㄚˋㄓˇ 열화(烈火)와 같이 노하다.

[髮蠟] fàlà ㄈㄚˋㄌㄚˋ 머리 기름의 일종.

[髮辮] fàpièn ㄈㄚˋㄅㄧㄢˋ 편발.

[髮帶(兒)] fàtài(rh) ㄈㄚˋㄉㄞˋ(ㄦ) 리본(ribbon).

[髮網] fàwǎng ㄈㄚˋㄨㄤˇ머리에 쓰는 망 : 헤어네트.

FAN ㄈㄢ

〔帆〕 fān ㄈㄢ 돛.「一船；돛단배」

[帆桁] fānhêng ㄈㄢㄏㄥˊ 활대.

[帆篷] fānp'êng ㄈㄢㄆㄥˊ 돛.

[帆布] fānp'ù ㄈㄢㄆㄨˋ 삼이나 무명으로 짠 천.「一靴；베신」

〔番〕 fān ㄈㄢ ①행위나 지각 따위의 회수를 나타내는 조수사.「解說一一；대충 한 번 해설을 하다」②외국의 이민족(異民族)의.「一茄；토마토」⇨p'ān.

[番椒] fānchiāo ㄈㄢㄐㄧㄠ 고추. =辣椒.

[番號] fānhào ㄈㄢㄏㄠˋ군대의 부대명.

[番狗] fānkǒu ㄈㄢㄍㄡˇ 양견(洋犬).

[番鬼] fānkueì ㄈㄢㄍㄨㄟˇ 서양사람을 천하게 일컫는 말.《廣》=番鬼佬.

[番菜] fānts'ài ㄈㄢㄘㄞˋ 서양 요리.

〔幡〕(旛) fān ㄈㄢ 기. 깃발.

[幡杆] fān'kān ㄈㄢㄍㄢ 깃대.

〔翻〕(繙) fān ㄈㄢ①(상하나 안팎의 위치를)뒤집다. 뒤집어 놓다. 뒤집혀지다.「車一了；차가 뒤집혀졌다」「一地；땅을 파서 뒤집다」②(주장이나 심의 또는 상태 따위가) 반대로 되다. 변하다. 변하게 하다.「一供；자백을 뒤집다」「一臉；안색이 달라지다」③번역하다. 통역하다. ④(이쪽 저쪽을 뒤집어 샅샅이) 찾다. 조사하다.「一大家的身上；전체의 신체 검사를 하다」⑤산을 넘다.「一雪山；설산을 넘다」

[翻案] fān'àn ㄈㄢㄢˋ ①범죄 사건을 뒤집어 놓다. ②번안하다.

[翻茬] fānch'á ㄈㄢㄔㄚˊ 얕게 땅을 갈아 작물의 그루터기를 파서 뒤집다.《方》

[翻照] fānchào ㄈㄢㄓㄠˋ (사진을)복사하다.

[翻岔子] fānch'àtzǔ ㄈㄢㄔㄚˋㄗ 차가 갈림길에서 되돌아 오는 일.

[翻車] fān ch'ê ㄈㄢ ㄔㄜ ①차가 전복하다. ②fānchē 불끈 화를 내어 큰소리를 치다. ③농사용 수차(水車). ④새를 잡는 도구.

[翻腔] fānch'iāng ㄈㄢㄑㄧㄤ =翻臉.

[翻江倒海] fānchiāng-táohǎi ㄈㄢㄐㄧㄤ ㄉㄠˊㄏㄞˇ ①수습할 수 없을 정도로 어

지러운 모양. ②힘이나 세력이 대단히 왕성한 모양. 「인용하다.
[翻檢] fānchiěn ㄈㄢㄐㄧㄢˇ(사전 따위를)
[翻轉] fānchuǎn ㄈㄢㄓㄨㄢˇ ①굴러가다. ②자면서 몸을 뒤치다.
[翻番] fānfān ㄈㄢ ㄈㄢ 배(倍)가 되다.
[翻箱倒柜] fānhsiāng-tàokueiㄈㄢㄒㄧㄤㄉㄠˋㄍㄨㄟˋ트렁크 따위나 의류상자를 뒤집어 놓다. 이것 저것 마구 뒤섞어 놓다: 많은 것은 찾을 경우. ＝翻箱倒篋.
[翻新] fānhsīn ㄈㄢㄒㄧㄣ ①새롭게 하다. ②새로운 맛을 내다.
[翻修] fānhsiūㄈㄢㄒㄧㄡ①(건물 따위를) 부숴 헐어 버리고 개조하다. ②(기계 따위를) 분해하여 수리하다.
[翻花] fānhuā ㄈㄢㄏㄨㄚ 펄펄 끓다.
[翻話] fān huàㄈㄢ ㄏㄨㄚˋ 통역하다.
[翻悔] fānhuiㄈㄢㄏㄨㄟˇ 후회하여 전에 일을 취소하다.
[翻譯] fāni ㄈㄢㄧ ①번역하다. ②통역하다. ③번역자. ④통역.
[翻開] fānk'ai ㄈㄢㄎㄞ 젖혀 열다.「把書一 ; 책을 젖히어 열다」「把領子一 ; 옷깃을 열어 젖히다」「把嘴唇一;입술을 열어 젖히다」
[翻蓋] fān'kài ㄈㄢㄍㄞˋ 집을 개축하다.
[翻跟頭] fān kēnt'ouㄈㄢ ㄍㄣㄊㄡ ①공중 회전하다. ②급한 변화에 비유하는 말.「物價一天翻十八個跟頭 ; 물가는 하루 중에도 고양이의 눈과 같이 자주 변한다」＝翻斛頭.
[翻個兒] fānkòrh ㄈㄢㄍㄜˋㄦ ①뒤집다. ②몸을 휘 돌리다. ③배로 늘어나다.「物價一天一個一 ; 물가는 하루에 배로 뛰어오르다」④알아차리다. ⑤완전히 개변(改變) 또는 변화하다.
[翻滾] fānkǔn ㄈㄢㄍㄨㄣˇ①데구루루 굴러 가다. ②(파도가) 용솟음치다.③(물이) 펄펄 끓다. ＞翻翻滾滾.
[翻工] fānkūng ㄈㄢㄍㄨㄥ ①공사를 처음부터 다시 시작하다. ②제품을 다시 만들다.
[翻鍋] fān kuōㄈㄢ ㄍㄨㄛ ①남비를 뒤집어 놓다. ②fānkuō (산 따위를) 넘다. 일을 거칠게 만들다. 「다.
[翻過] fānkuòㄈㄢㄍㄨㄛˋ (산 따위를) 넘
[翻過來, 掉過去] fānkuolai,tiàokuoch'ü ㄈㄢㄍㄨㄛㄌㄞ,ㄉㄧㄠˋㄍㄨㄛㄑㄩ 몇번이고 반복하다. 「一還是那些話 ; 몇번이고 되풀이하여도 결국 그 말이 그 말이다」
[翻過兒] fānkuòrh ㄈㄢㄍㄨㄛˋㄦ 위와 아래를 뒤집어 놓다. ②신체의 방향을 바꾸다.
[翻來覆去] fānlái fùch'ǖ ㄈㄢㄌㄞˊㄈㄨˋㄑㄩˋ ①몇번이고 자면서 몸을 뒤치다.「不知道爲什麼, 總是一睡不着 ; 어쩐 일인지 몸부림만 치며 잠을 이루지 못하다」②몇번이고 되풀이하다.「一地講明白道理 ; 몇번이나 되풀이하여 도리를 명백히 말하다」
[翻臉] fānliěn ㄈㄢㄌㄧㄢˇ ①외면하다. 불쾌한 얼굴을 하다.「一不認人 ; 외면하면서 상대를 하지 않다」②갑자기 성을 내기 시작하다. 성내어 거절하다.
[翻領兒] fānlǐngrh ㄈㄢㄌㄧㄥˇㄦ 칼라의 개금형(開襟型).
[翻蠻] fānmánㄈㄢㄇㄢˊ 난폭한 짓을 하다.
[翻弄] fānnung ㄈㄢㄋㄨㄥ ①빙글 돌려서 뒤집어 놓다. ②(잘 정리되어 있는 것을) 휘젓다. ③(옛 일을) 들고 나와 소란을 피우다. ＞翻翻弄弄.
[翻把] fānpǎ ㄈㄢㄅㄚˇ ①세력을 회복하다. ②혁명 세력에 의하여 소작농에 굴복하였던 지주가 기회를 보아 다시 소작농을 억누르다. ③(약속이나 승낙한 일을) 뒤집다. 「다.
[翻牌] fān p'áiㄈㄢ ㄆㄞˊ 카아드를 넘기
[翻白眼] fān páiyěn ㄈㄢㄅㄞˊㄧㄢˇ 난처한 일이나 고통 또는 불쾌한 경우의 표정. 눈의 흰자위를 까 뒤집다.
[翻版] fānpǎnㄈㄢㄅㄢˇ①복제판(複製版). ②복제하다.
[翻板] fānpǎn ㄈㄢㄅㄢˇ 함정.
[翻本兒] fānpěnrh ㄈㄢㄅㄣˇㄦ ①내기에 잃었던 돈을 도로 찾다. ②장부를 펴서 읽다. 「면서 잠들지 않다.
[翻餅] fānpǐng ㄈㄢㄅㄧㄥˇ 몸부림만 치
[翻波打滾] fānpō-tákǔn ㄈㄢㄅㄛㄉㄚˊㄍㄨㄣˇ 대굴대굴 구르면서 날뛰다.
[翻兒] fānrh ㄈㄢㄦ ①노여움. 거절.
[翻色] fānsè ㄈㄢㄙㄜˋ 의복을 뒤집어 놓다. 「型) 제작.「一場 ; 주형 공장」
[翻砂] fānshāㄈㄢㄕㄚ모래로 된 주형(鑄
[翻山倒海] fānshān-tǎohǎi ㄈㄢㄕㄢㄉㄠˊㄏㄞˇ ＝翻江倒海. ‹成›
[翻山越嶺] fānshān-yüèhlǐng ㄈㄢㄕㄢㄩㄝˋㄌㄧㄥˇ 산에 올라 산마루를 넘다. 산악 지대를 여행하다.
[翻梢] fānshāo ㄈㄢㄕㄠ ①뒤집어지다. ②거꾸로 되다. 반대로 되다.
[翻身] fānshēn ㄈㄢㄕㄣ ①신체의 방향을 바꾸다. ②몸을 옆으로 비키다. 몸을 피하다. ③피압박자가 압박을 제거하여 인간으로서의 생활을 할 수 있게 되다. 해방되어 일어서다.「一戶 ; 해방된 사람」
[翻手] fān shǒuㄈㄢ ㄕㄡˇ ①손바닥을 뒤집다. 손바닥을 밖으로 뒤집다. ②두 배로 할 경우의 신호(信號).
[翻書] fān shūㄈㄢ ㄕㄨ ①책장을 넘기다. ②책을 번역하다.
[翻倒] fāntǎo ㄈㄢㄉㄠˇ 뒤집혀지다.
[翻騰] fānt'ēng ㄈㄢㄊㄥˊ ①끓어 오르다. 미친 듯이 날뛰다.「波浪一着 ; 파도는 미친 듯이 용솟음 치다」②fānt'êng 뒤집어 헤치다.「一個人在屋裏,一什麼? ; 혼자서 방안을 뒤집어 놓고 어쩐 일인가?」③사태를 혼란케 하다. 휘저어 섞다. ④되풀이하여 말하다. ⑤묵은 일을 끄집어 내다. 「一舊事兒 ; 지난날의 불평만 말하다」⑥굴러 돌아 가다. ⑦마음이 어지러울 대로 어지럽다. ⑧헐어서 수리하다. ＞翻翻騰騰.
[翻天覆地] fānt'iēn-fùtìㄈㄢㄊㄧㄢ ㄈㄨˋㄉㄧˋ①천지가 뒤집힐 정도의 대변화의 형용. ‹成›「一的大變化 ; 천지가 뒤집힐 정도의 대변화」②천지가 뒤집힐 정도의 큰 소동의 형용.「孩子們吵得一一般 ; 아이들의 왁자지껄한 큰 소동이다」＝天翻地覆. 「ㄚˇㄔㄜ 덤프카아.
[翻鬪卡車] fāntǒu k'ǎch'ē ㄈㄢㄉㄡˇ ㄎ
[翻造] fāntsào ㄈㄢㄗㄠˋ (분해하여) 다시 만들다.

[翻讀] fāntú ㄈㄢㄉㄨˊ 빨리 책장을 넘기면서 읽다. 「다.
[翻土] fān t'ǔ ㄈㄢ ㄊㄨˇ 토지를 갈아 엎
[翻胃] fānwèi ㄈㄢㄨㄟˋ 위가 음식물을 받지 않다. 「러 외국어를 쓰다.
[翻洋文] fān yángwén ㄈㄢ ㄧㄤˊㄨㄣˊ 일부
[翻眼] fānyěn ㄈㄢㄧㄢˇ ①눈을 부라리다. 노려 보다. ②눈을 치켜 떠 보다. ③＝翻臉. 「떠 보다.
[翻眼兒] fānyěnrh ㄈㄢㄧㄢˇㄦ 눈을 치켜
[翻印] fānyìn ㄈㄢㄧㄣˋ ①번각(翻刻)하다. ②남의 인감을 위조하다.
[翻㥯] fānyüān ㄈㄢㄩㄢ ①완전히 어지럽게 되다. ②펄럭펄럭 춤추다. ③장(張)을 넘기면서 조사하다.
[翻閱] fānyüèh ㄈㄢㄩㄝˋ 문서나 서적을 조사하여 보다. 장을 넘기어 조사하다.
[翻雲覆雨] fānyǘn-fùyǚ ㄈㄢㄩㄣˊ ㄈㄨˋ ㄩˇ ①인심은 변하기 쉽다는 비유. ②온갖 속임수를 다하여 사건을 일으키는 일. 「《成》

〔凡〕(卂) fán ㄈㄢˊ ①평범한. 보통인. 「一人 ; 평범한 사람」 ②통틀어. 모든. 「一事 ; 모든 일」 ③대략. 대요. ④옛적에 사용하던 음부(音符)의 하나 : 약보(略譜)의 "4"에 해당됨.
[凡爾] fáněrh ㄈㄢˊㄦˇ 밸브.
[凡是] fánshih ㄈㄢˊㄕ 대개. 대체로. 「一人應該自食其力 ; 대체로 사람은 자력으로 생활하여야 한다」
[凡士林] fánshìhlín ㄈㄢˊㄕˋㄌㄧㄣˊ 와셀 「링. 《譯》

〔煩〕 fán ㄈㄢˊ ①고민하다. 걱정하다. 「心裏有點一 ; 마음 속이 약간 초조해 지다. ②걱정을 끼치다 : 남에게 어떤 일을 부탁할 경우 쓰이는 말. 「一你給我辦一下吧 ; 귀찮겠지만 해 주십시오」 ③귀찮은. 괴로운. 「要言不一 ; 말에 요령이 있어 귀찮치 않다」
[煩攪] fánchiǎo ㄈㄢˊㄐㄧㄠˇ 귀찮게 하다. 마음을 시끄럽게 하다. 「別在這兒一 ; 여기서 시끄럽게 하지 말라」 ＞煩煩攪攪.
[煩請] fánch'ing ㄈㄢˊㄑㄧㄥˇ 귀찮겠지만 부탁을 드리다.
[煩細] fánhsì ㄈㄢˊㄒㄧˋ 귀찮다.
[煩絮] fánhsǜ ㄈㄢˊㄒㄩˋ 귀찮게 끈덕지게 말하다.
[煩擾] fánjǎo ㄈㄢˊㄖㄠˇ 염려를 끼치다. 「一你給我找個住房兒 ; 귀찮겠지만 나에게 집을 찾아 주시오」 「쁘다.
[煩冗] fánjǔng ㄈㄢˊㄖㄨㄥˇ 번거롭고 바
[煩勞] fánláo ㄈㄢˊㄌㄠˊ 염려를 끼치다. 괴롭히다. 「럽게 되다. ＞煩煩亂亂.
[煩亂] fánluàn ㄈㄢˊㄌㄨㄢˋ 마음이 어지
[煩悶] fánmèn ㄈㄢˊㄇㄣˋ ①마음이 갑갑하다. ②번민하다.
[煩難] fánnán ㄈㄢˊㄋㄢˊ ＝繁難.
[煩惱] fánnǎo ㄈㄢˊㄋㄠˇ 고민하다. 마음 속으로 번민하다. ＞煩煩惱惱. 「다.
[煩瑣] fánsǒ ㄈㄢˊㄙㄨㄛˇ 귀찮다. 복잡하
[煩透] fánt'òu ㄈㄢˊㄊㄡˋ 귀찮아서 견딜 수가 없다.
[煩躁] fántsào ㄈㄢˊㄗㄠˋ 몸부림 치며 초조해 하다. 불안과 고민 속에 마음이 조급하다. ＞煩煩躁躁.
[煩文] fánwén ㄈㄢˊㄨㄣˊ ①번잡한 문장. ②뜻이 없는 허례(虛禮).
[煩言] fányén ㄈㄢˊㄧㄢˊ ①다투는 말. ②귀찮은 말. 「다. 싫다.
[煩厭] fányèn ㄈㄢˊㄧㄢˋ 시끄럽다. 번거롭

〔蕃〕 fán ㄈㄢˊ ①무성하다. 번무(繁茂)하다. ＝蕃盛. ②번식하다. 「子孫一衍 ; 자손이 번식하다」
[蕃茄] fánch'iéh ㄈㄢˊㄑㄧㄝˊ 토마토. 「一醬 ; 토마토 케첩」
[蕃息] fánhsī ㄈㄢˊㄒㄧ 번식하다.
[蕃茂] fánmào ㄈㄢˊㄇㄠˋ 번무하다. 번성(繁盛)하다.

〔樊〕 fán ㄈㄢˊ 잡목으로 만든 울타리.
[樊籬] fánlí ㄈㄢˊㄌㄧˊ 부자유한 입장.

〔璠〕 fán ㄈㄢˊ 아름다운 구슬.

〔繁〕(緐) fán ㄈㄢˊ ①뒤섞이어 귀찮다. ②많다. 왕성한. 「一殖 ; 붇고 늘어서 많이 퍼지다」
[繁重] fánchùng ㄈㄢˊㄓㄨㄥˋ ①(일이) 많다. ②(책임이) 무겁다. ③(부담이) 크다. ＞繁繁重重.
[繁複] fánfù ㄈㄢˊㄈㄨˋ 번잡하다.
[繁富] fánfù ㄈㄢˊㄈㄨˋ 많다. 넓다. 「交際一 ; 교제가 넓다」
[繁細] fánhsì ㄈㄢˊㄒㄧˋ 귀찮다. 「찬 별.
[繁星] fánhsīng ㄈㄢˊㄒㄧㄥ 하늘에 가득
[繁榮] fánjúng ㄈㄢˊㄖㄨㄥˊ ①번영하다. ②번영시키다.
[繁冗] fánjǔng ㄈㄢˊㄖㄨㄥˇ 매우 바쁘다. 「事務一 ; 사무가 매우 바쁘다」
[繁難] fánnán ㄈㄢˊㄋㄢˊ 번잡하여 일하기 까다롭다.
[繁鬧] fánnào ㄈㄢˊㄋㄠˋ 번화하다.
[繁盛] fánshèng ㄈㄢˊㄕㄥˋ ①번영하다. ②번화하다.
[繁體字] fánt'ìtzû ㄈㄢˊㄊㄧˇㄗˋ 간체자(簡體字)나 신체자(新體字)에 대하여 구체자(舊體字)를 말함.
[繁多] fántō ㄈㄢˊㄉㄨㄛ 잡다(雜多)하다.
[繁文縟節] fánwén-jùchiéh ㄈㄢˊㄨㄣˊ ㄖㄨˋㄐㄧㄝˊ 복잡하고 불필요한 의식이나 예의. 복잡하고 귀찮기만한 불필요한 일. 《成》 「(繁茂)하다.
[繁衍] fányěn ㄈㄢˊㄧㄢˇ 번식하다. 번무

〔藩〕 fán ㄈㄢˊ ①잡목으로 된 울타리. ②호위하는 속국(屬國)이나 속령.

〔礬〕(矾) fán ㄈㄢˊ 명반(明礬).

〔反〕 fǎn ㄈㄢˇ ①반대로 하다. 거꾸로 되다. 뒤집어 놓다. 「一敗爲勝 ; 도리어 열세에서 우세로 되다」 ②반대이다. 거꾸로 되어 있다. 뒤집혀져 있다. 「放一了 ; 거꾸로 두었다」 「圖章上刻的字是一的 ; 도장에 새겨진 글자가 거꾸로다」 ③반대로. 거꾸로. 도리어. 「我一勸, 他一而更生氣了 ; 내가 충고를 하니까 그는 도리어 점점 성내기 시작하였다」 ④반대하다. 거역하다. 「一革命 ; 혁명에 반대하다」 ⑤돌아 오다. 되돌아 오다. 「「一省 ; 반성하다」 「태도나 형편과 반대되다.
[反常] fǎnch'áng ㄈㄢˇㄔㄤˊ 보통 때의
[反掌] fǎnchǎng ㄈㄢˇㄓㄤˇ 일이 쉽다는

말의 비유.「易如一；손바닥을 뒤집는 것과 같이 쉽다」 「것이 다시 젖다.

[反潮] fǎnch'áo ㄈㄢˇㄔㄠˊ 한 번 말랐던

[反照] fǎnchào ㄈㄢˇㄓㄠˋ 광선이 반사하다.

[反正] fǎnchêng ㄈㄢˇㄓㄥˋ ①(혼란한 시국을 원상대로) 회복하다. ②(압정자에 대하여) 봉기하다. ③(봉기에 임하여) 일이 성공하는 측에 붙다. ④(전쟁에 임하여) 자기편을 배반하고 적군에 가담하다. ⑤ fǎnchêng 어차피.「一你得跟我走；어차피 너는 나와 같이 가지 않으면 안된다」＝總是. 橫豎.

[反教] fǎnchiào ㄈㄢˇㄐㄧㄠˋ ①신봉하는 종교에 위반하다. ②종교에 반대하다. ③회교도가 돼지고기를 먹다.

[反詰] fǎnchiéh ㄈㄢˇㄐㄧㄝˊ ①끝까지 따져 묻다. ②(법정에서) 대질하다.대결하다.

[反切] fǎnch'ièh ㄈㄢˇㄑㄧㄝˋ 한자의 음을 나타내는 데 두 글자를 붙여 그 발음으로 읽게 하는 방법:예로서 "東"은"德紅切"로서 음운을 표시하는 따위.

[反間] fǎnchièn ㄈㄢˇㄐㄧㄢˋ 간첩을 역이용하다.

[反之] fǎnchīh ㄈㄢˇㄓ 그런데. 그러나.

[反勁兒] fǎnchìnrh ㄈㄢˇㄐㄧㄣˋㄦ (아이들의) 떠드는 모양. 「사하다.

[反景] fǎnchǐng ㄈㄢˇㄐㄧㄥˇ 석양 빛이 반

[反穿] fǎnch'uān ㄈㄢˇㄔㄨㄢ (옷을) 뒤집어서 입다.

[反串(兒)] fǎnch'uàn(rh) ㄈㄢˇㄔㄨㄢˋ(ㄦ) 연극에서 항상 맡던 역과 다른 역을 임시적으로 맡아 보다.

[反犬旁] fánch'uǎnp'áng ㄈㄢˊㄔㄨㄢˇㄆㄤˊ 개사슴록 변:"犭".

[反脣] fǎnch'ún ㄈㄢˇㄔㄨㄣˊ 만족하지 않는 모양.「一相譏；남의 비평을 겸허하게 받아 들이지 않고 도리어 욕설을 하다」＝反脣相稽.

[反而] fǎněrh ㄈㄢˇㄦˊ ①반대로. 거꾸로. ②(의외의 뜻을 품고) 그런데. 그래서.

[反封鎖] fǎnfēngsǒ ㄈㄢˇㄈㄥㄙㄨㄛˇ ①역봉쇄(逆封鎖). ②역봉쇄하다.

[反復] fǎnfùㄈㄢˇㄈㄨˋ ①몇 번이고 반복하다. ②배반하다.

[反想] fánhsiǎng ㄈㄢˊㄒㄧㄤˇ ①잘못 생각하다. 착각하다. ②반대의 입장에서 생각하다. 「②반대되는 이야기.

[反話] fǎnhuà ㄈㄢˇㄏㄨㄚˋ ①반어(反語).

[反悔] fánhuǐ ㄈㄢˊㄏㄨㄟˇ 후회하여 이미 결정된 일을 취소하다. ＝翻悔.

[反扣] fǎnk'òu ㄈㄢˇㄎㄡˋ ①밖에서 열리지 않게 빗장을 보통과 달리 걸다. ②나선(螺旋)의 방향이 왼쪽으로 감게 되어 있는 것. «北»

[反古] fánkǔ ㄈㄢˊㄍㄨˇ 복고(復古)하다.

[反顧] fǎnkù ㄈㄢˇㄍㄨˋ 회고(回顧)하다.

[反光] fǎnkuāng ㄈㄢˇㄍㄨㄤ ①반사광(反射光). ②반사하다.「一鏡；반사경」

[反工] fǎnkūng ㄈㄢˇㄍㄨㄥ 일의 부족한 점을 뒷손질하다. 일을 다시 처음부터 시작하다. ＝返工.

[反躬自問] fǎnkūng tzǔwěn ㄈㄢˇㄍㄨㄥ ㄗˋㄨㄣˋ 자기 입장으로 돌려 스스로 묻다. «成»

[反過來] fǎnkuolai ㄈㄢˇㄍㄨㄛㄌㄞ 바뀌다. 뒤집히다. 원상대로 돌리다.「一想；돌이켜서 생각하다」

[反老還童] fánlǎo huánt'úng ㄈㄢˊㄌㄠˇ ㄏㄨㄢˊㄊㄨㄥˊ 노인이 갱소년한 것처럼 원기가 왕성한 일. «成» ＝返老還童.

[反面(兒)] fǎnmièn(rh) ㄈㄢˇㄇㄧㄢˋ(ㄦ) (물체)의 반면. 뒤쪽.

[反面教師] fǎnmièn chiàoshīh ㄈㄢˇㄇㄧㄢˋㄐㄧㄠˋㄕ 역교사(逆教師)：인민을 압박하려고 하는 사람은 반대로 인민의 각성을 촉구하게 된다. 이와 같은 경우 이것을 인민의 "反面教師"라고 한다.「다.

[反命] fǎnmìng ㄈㄢˇㄇㄧㄥˋ 복명(復命)하

[反巴掌] fǎnpāchang ㄈㄢˇㄅㄚㄓㄤ 손바닥으로 치는 일.「打一一；손바닥으로 때리다」

[反派] fǎnp'ài ㄈㄢˇㄆㄞˋ (연극이나 영화에서의) 악역(惡役).

[反派角色] fǎnp'ài chüéhsê ㄈㄢˇㄆㄞˋㄐㄩㄝˊㄙㄜˋ 악인역(惡人役).

[反叛] fǎnp'àn ㄈㄢˇㄆㄢˋ ①배반하다. 모반(謀叛)하다. ② fǎnp'an 비적(匪賊). 횡포하고 의리가 없는 악인. 「«方»

[反邊] fǎnpiēn ㄈㄢˇㄅㄧㄢ 왼쪽. 좌측.

[反片(兒)] fǎnpièn(rh) ㄈㄢˇㄆㄧㄢˋ(ㄦ)장수장변:"爿".

[反撲] fǎnp'ū ㄈㄢˇㄆㄨ 반격하다. 반공(反攻)하다.

[反噬] fǎnshìh ㄈㄢˇㄕˋ ①은인을 모함하다. ②고발한 사람을 범인이 공범이라 무고(誣告)하다.

[反手] fánshǒu ㄈㄢˊㄕㄡˇ 손바닥을 뒤집다. 왼손. ＝翻手.

[反水] fánshuǐ ㄈㄢˊㄕㄨㄟˇ 반항하여 소동을 일으키다.

[反擔克雷] fánt'ǎnk'òléi ㄈㄢˊㄊㄢˇㄎㄜˋㄌㄟˊ 전차 폭파 지뢰(戰車爆破地雷).

[反倒] fǎntào ㄈㄢˇㄉㄠˋ (예기에 반하여) 도리어. 반대로.「吃不這藥, 一更疼了；이 약을 먹었더니, 도리어 더 아프게 되었다」

[反打瓦] fǎntáwǎ ㄈㄢˇㄉㄚˊㄨㄚˇ 자기의 과실이나 잘못은 고사하고 도리어 남을 타박 주다.

[反騰] fǎnt'êng ㄈㄢˇㄊㄥ 몸부림 치다. 허위적거리다.

[反帝] fǎntì ㄈㄢˇㄉㄧˋ 반제국주의. 제국주의 반대.

[反掉] fǎntiào ㄈㄢˇㄉㄧㄠˋ 반대하여 타격을 주어 소멸시키다. 흔들어 떨어뜨리다.「一官僚主義；관료주의에 타격을 주어 소멸시키다」

[反坐] fǎntsò ㄈㄢˇㄗㄨㄛˋ 무고자가 도리어 죄를 받다.

[反胃] fǎnwèi ㄈㄢˇㄨㄟˋ ①위가 음식물을 받지 않다. ＝翻胃. ②뒤에 가서 불평이나 불만을 느끼다.

[反文(兒)] fǎnwěn(rh) ㄈㄢˇㄨㄣˊ(ㄦ) 등글월문변:"攵".

[反咬] fányǎo ㄈㄢˊㄧㄠˇ 핀잔을 주다. 반박을 하다.「一你一口；너에게 반박을 하다」

[反映] fǎnyìng ㄈㄢˇㄧㄥˋ ①광선의 반사. 반사하다. ②이차적(二次的)인 현상.「文章是客觀事物的一；문장은 객관적 사물의 반영이다」③(의견 따위를) 공적으로 전하다. 보고하다.「一意見；의견을 공개적으로 전하다」④간접으로 전하다.

「向上級一群衆的意見；상부에 대중의 의견을 반영시키다」

[反應] fǎnying ㄈㄢˇㄧㄥ 반응하다.

〔返〕 fǎn ㄈㄢˇ 되돌아 가다. 다시 되돌아 오다.「一去不復一；간 후로 되돌아 오지 않다」

[返潮] fǎnch'ao ㄈㄢˇㄔㄠˊ (천기 관계로 물건에) 습기(濕氣)가 차다.

[返程] fǎnch'êng ㄈㄢˇㄔㄥˊ 돌아가는 길. 귀로(歸路).

[返青] fǎnch'ing ㄈㄢˇㄑㄧㄥ ①이식한 모종이 뿌리를 박아 성장하기 시작하다. ②월동한 보리가 이른봄에 새로운 초록색 잎이 나다.

[返防] fǎnfáng ㄈㄢˇㄈㄤˊ 수비 지점(守備地點)에 되돌아 가다.

[返回] fǎnhuí ㄈㄢˇㄏㄨㄟˊ 도중에서 되돌아 오다. 되돌아 가다.

[返魂] fǎnhún ㄈㄢˇㄏㄨㄣˊ 살아나다. 소생하다.

[返工] fǎnkung ㄈㄢˇㄍㄨㄥ 일의 불충분한 곳을 뒷손질하다. 일을 다시 시작하다. ＝翻工.

[返老還童] fǎnlǎo-huánt'úng ㄈㄢˇㄌㄠˇㄏㄨㄢˊㄊㄨㄥˊ 노인이 갱소년한 것처럼 원기가 왕성한 일. ＝反老還童.《成》

[返里] fǎnlǐ ㄈㄢˇㄌㄧˇ 고향에 돌아가다.

[返韶] fǎnsháo ㄈㄢˇㄕㄠˊ 호전(好轉)하다.

〔泛〕(汎①④·氾④⑤) fàn ㄈㄢˋ ① 뜨다. 띄우다.「一舟；배를 띄우다」 ②(얼굴에)띠다.「臉上一紅；얼굴에 홍조를 띠다」 ③실속이 없는. 외관뿐인.「文章作得浮一；문장을 짓는데 내용이 없다」 ④일반적인.「一稱；일반적 호칭. 총괄하여 부름」 ⑤범람(氾濫)하다.

[泛常] fànch'áng ㄈㄢˋㄔㄤˊ ①천박(淺薄)하다. 외관뿐이다. ②항상. ＝常常.

[泛潮] fànch'ao ㄈㄢˋㄔㄠˊ ①습기차다. 습기가 밖으로 스며 나오다. ＝潮濕.

[泛起] fànch'i ㄈㄢˋㄑㄧˇ 솟아 오르다. 감돌다. 떠돌다.「一春氣；봄의 기운이 솟아 나다」「一惡心來了；가슴이 메슥거려 토할 것 같은 기분이 일어나기 시작하였다」

[泛指] fànchǐh ㄈㄢˋㄓˇ 총괄하여 가리키다.

[泛泛] fànfàn ㄈㄢˋㄈㄢˋ ①떠올라 이리저리 떠도는 모양. ②천박(淺薄)한 모양.「一之交；진정으로 사귀지 않고 외관뿐인 교제」

[泛開] fànk'ai ㄈㄢˋㄎㄞ 솟아 퍼지다. 감돌아 퍼지다.「火紅的雲彩正在一；진홍(眞紅)빛 구름이 마침 떠서 감돌고 있다」

[泛問] fànwěn ㄈㄢˋㄨㄣˋ (범위나 대상을 한정하지 않고) 널리 질문하다.

〔犯〕 fàn ㄈㄢˋ ①(죄를)범하다. (법률이나 규칙 따위를) 위반하다. 저촉하다. ②범죄자.「戰一；선쟁 범죄자」 ③침해하다.「一我邊境；우리 나라의 변경을 침해하다」 ④(병이나 좋지 못한 기분이) 생기다. 일어나기 시작하다.「一脾氣；울화통이 터지다」⑤(잘못을) 저지르다. (실수나 과오를) 범하다.「一了官僚主義；관료주의적 과오를 저질렀다」

[犯案] fàn'àn ㄈㄢˋㄢˋ 형사 사건을 일으키다.

[犯饞] fànch'án ㄈㄢˋㄔㄢˊ 식욕이 일어나다.

[犯濕] fànch'ao ㄈㄢˋㄔㄠˊ 습기가 나다. ＝返潮. 反潮.

[犯忌] fànchì ㄈㄢˋㄐㄧˋ 비위에 거슬리다.「犯他的一；그의 비위를 거슬리다」

[犯節氣] fàn chiéhch'i ㄈㄢˋ ㄐㄧㄝˊㄑㄧ 환절기에 병에 걸리다.

[犯禁] fànchìn ㄈㄢˋㄐㄧㄣˋ 금지령(禁止令)을 범하다.

[犯愁] fànch'óu ㄈㄢˋㄔㄡˊ 염려하다. 걱정하다.

[犯紂] fànchòu ㄈㄢˋㄓㄡˋ 성질이 비뚤어지다.

[犯怵] fànch'ù ㄈㄢˋㄔㄨˋ 무서운 생각이 들다. 귀찮게 생각하다.

[犯喘] fànch'uǎn ㄈㄢˋㄔㄨㄢˇ 숨이 차다.

[犯法] fànfǎ ㄈㄢˋㄈㄚˇ 법률에 위반하다.

[犯瘋] fànfêng ㄈㄢˋㄈㄥ 정신이 돌다. 미치다.

[犯下] fànhsia ㄈㄢˋㄒㄧㄚ 저지르다. 범하다.「一了罪孽；죄업(罪業)을 범하였다」

[犯心] fànhsīn ㄈㄢˋㄒㄧㄣ 납득(納得)할 수가 없다.

[犯壞] fànhuài ㄈㄢˋㄏㄨㄞˋ 나쁜 짓을 하다.

[犯壞主意] fàn huàichǔi ㄈㄢˋ ㄏㄨㄞˋㄓㄨˇㄧ 나쁜 생각을 일으키다.

[犯渾] fànhún ㄈㄢˋㄏㄨㄣˊ 무분별(無分別)하게 되다. 어리석은 짓을 하다.「你別生氣,我一時一；성내지 마시오, 내가 무의식중에 분별 없는 짓을 하였으니」

[犯疑] fàní ㄈㄢˋㄧˊ 의심을 품다. ＝犯疑心. 犯疑影.

[犯尅] fànk'ò ㄈㄢˋㄎㄜˋ 운수상(運數上)으로 보아 상극이 서로 만나다.

[犯規] fànkueī ㄈㄢˋㄍㄨㄟ 규칙을 위반하다. 규칙을 범하다.

[犯蠻] fànmán ㄈㄢˋㄇㄢˊ 흉악하고 난폭한 행동을 하다.

[犯難] fànnàn ㄈㄢˋㄋㄢˋ ①모험을 하다. 위험한 짓을 하다. ②처리하기가 곤란하다.

[犯牛勁(兒)] fàn niúchìn(rh) ㄈㄢˋㄋㄧㄡˊㄐㄧㄣˋ(ㄦ) ＝犯牛脖子.

[犯牛脖子] fàn niúpótzǔ ㄈㄢˋㄋㄧㄡˊㄅㄛˊㄗ 고집을 부리다. 끝내 고집하다.

[犯脾氣] fàn p'ích'i ㄈㄢˋㄆㄧˊㄑㄧ 울화가 치밀어 오르다. 울화통이 터지다.

[犯病] fàn pìng ㄈㄢˋㄅㄧㄥˋ 고질병이 재발하다.

[犯不着] fànpucháo ㄈㄢˋㄅㄨㄓㄠˊ ＝犯不上. ↔ 犯得着.

[犯不上] fànpushàng ㄈㄢˋㄅㄨㄕㄤˋ 할 만한 가치가 없다. …할 것까지는 없다.「一冒這個險；이런 모험까지 할 필요는 없다」

[犯上] fànshàng ㄈㄢˋㄕㄤˋ 윗사람에게 도리를 어기다.

[犯私] fànssū ㄈㄢˋㄙ 금지한 것을 범하다. 위반하다.

[犯死鑿兒] fàn ssǔtsáorh ㄈㄢˋ ㄙˇㄗㄠˊㄦ 완고하게 하다. 고집을 부리다.

[犯得上] fàntêshàng ㄈㄢˋㄉㄜˊㄕㄤˋ 할만한 가치가 있다. ＝犯得着.

[犯刀] fàntiao ㄈㄢˋㄉㄧㄠ 조리에 맞지 않는 것을 끝까지 우겨대다.

[犯嘀咕] fàntíku ㄈㄢˋㄉㄧˊㄍㄨ 심중으로 겁을 내고 벌벌 떨다.

[犯頂] fànting ㄈㄢˋㄉㄧㄥˇ (감정적으로)

대들다. 다투다. 거역하다. =頂撞.
[犯猜] fànts'āi ㄈㄢˋㄘㄞ 의심을 하다.
[犯錯兒] fànts'òrh ㄈㄢˋㄘㄨㄛˋㄦ 과오를 범하다.
[犯罪] fàntsuì ㄈㄢˋㄗㄨㄟˋ 죄를 범하다.
[犯土禁] fàn t'ǔchìn ㄈㄢˋㄊㄨˇㄐㄧㄣˋ(공사 따위를 하여) 토지 신의 비위를 거슬리다.
[犯刺兒] fàntz'ùrh ㄈㄢˋㄗˋㄦ 일부러 남에게 덤벼들다. 고의로 남에게 시비를 걸다. 「를 위반하다.
[犯夜] fànyèh ㄈㄢˋㄧㄝˋ 야간 통행 금지
[犯癮] fànyǐn ㄈㄢˋㄧㄣˇ (아편 따위에) 중독되어 그것을 요구하다.
[犯由] fànyúㄈㄢˋㄧㄡˊ범죄의 사유(事由). 또는 동기.
[犯有] fànyǔ ㄈㄢˋㄧㄡˇ 범하고 있다. 「行動上一錯誤; 행동상 과오를 범한다」
[犯月] fànyüèhㄈㄢˋㄩㄝˋ운수가 나쁜 달.

〔范〕 fàn ㄈㄢˋ 성(姓)의 하나.

〔販〕 fàn ㄈㄢˋ ①구입(購入)하여 판매하다. 구입하다. 판매하다. 「一貨; 물품을 구입하여 판매하다」 ②「一子; 행상인」 「攤一; 노점 상인」
[販夫] fànfū ㄈㄢˋㄈㄨ 행상인(行商人).
[販賣] fànmài ㄈㄢˋㄇㄞˋ 구입하여 팔다.
[販子] fàntzǔ ㄈㄢˋㄗ 행상인. 장사아치. 「戰爭一; 전쟁 브로우커 죽음의 상인」
[販運] fànyǜn ㄈㄢˋㄩㄣˋ 구입하여 운반하다.

〔梵〕 fàn ㄈㄢˋ 밝고 깨끗한: 범어의 "梵摩"의 준말. 주로 불교에 관하여 많이 쓰임. 「一刹; 부처님을 모신 절」
[梵啞鈴] fànyǎlíng ㄈㄢˋㄧㄚˇㄌㄧㄥˊ 바이올린. «樂»

〔飯〕 fàn ㄈㄢˋ ①곡식류를 끓여서 만든 식품. 주로 쌀밥을 말함. ②매일 먹는 식사. 「三頓一; 세 번의 식사. 세 끼」
[飯鏟] fànch'ǎn ㄈㄢˋㄔㄢˇ 밥주걱.
[飯車] fànch'ē ㄈㄢˋㄔㄜ 식당차. =餐車.
[飯前] fànchién ㄈㄢˋㄐㄧㄢˊ 식전. 一服: 식전 복용(服用)」
[飯錢] fànchien ㄈㄢˋㄐㄧㄢ 식비. 밥값.
[飯局] fànchǘ ㄈㄢˋㄐㄩˊ 연회(宴會).
[飯莊(子)] fànchuāng(tzū)ㄈㄢˋㄓㄨㄤ(ㄗ) 큰 요리집.
[飯桌] fànchō ㄈㄢˋㄓㄨㄛ 식탁.
[飯盒(兒)] fànhó(rh) ㄈㄢˋㄏㄜˊ(ㄦ) 도시락. 반합.
[飯後] fànhòu ㄈㄢˋㄏㄡˋ 식후. 「一服: 식후 복용」 「지.
[飯嘎渣] fàn'kācha ㄈㄢˋㄍㄚㄓㄚ 누룽
[飯客] fànk'ò ㄈㄢˋㄎㄜˋ 요리집에 온 손님. 「누룽지.
[飯嘎巴兒] fànkōparh ㄈㄢˋㄍㄜㄅㄚㄦ
[飯口] fànk'ǒu ㄈㄢˋㄎㄡˇ 식사 시간.
[飯館(子·兒)] fànkuǎn(tzū·rh) ㄈㄢˋㄍㄨㄢˇ(ㄗ·ㄦ) 요리집. 음식점.
[飯罐子] fànkuàntzūㄈㄢˋㄍㄨㄢˋㄗ 도시락 상자. 도시락을 넣는 관(罐).
[飯鍋] fànkuō ㄈㄢˋㄍㄨㄛ ①밥 짓는 솥. ②생활의 근거.
[飯來開口] fànlái k'āik'ǒu ㄈㄢˋㄌㄞˊㄎㄞㄎㄡˇ 무위 도식하다. 하는 일 없이 먹기만하다. «成» 「거.
[飯落兒] fànlàorh ㄈㄢˋㄌㄠˋㄦ생활의 근
[飯量] fànliang ㄈㄢˋㄌㄧㄤ 먹는 밥의 양(量). 「구니.
[飯籮] fànló ㄈㄢˋㄌㄨㄛˊ 밥을 담는 바
[飯米粒兒] fànmilìrh ㄈㄢˋㄇㄧˇㄌㄧˋㄦ = 飯巴粒兒. 「粒兒.
[飯粘兒] fànniénrh ㄈㄢˋㄋㄧㄢˊㄦ =飯巴
[飯巴粒兒] fànpalìrh ㄈㄢˋㄅㄚㄌㄧˋㄦ 밥알. 「(食券).
[飯票兒] fànp'iàorh ㄈㄢˋㄆㄧㄠˋㄦ 식권
[飯鋪兒] fànp'ùrh ㄈㄢˋㄆㄨˋㄦ 식당
[飯勺(兒·子)] fànsháo(rh·tzū) ㄈㄢˋㄕㄠˊ(ㄦ·ㄗ) 밥 주걱.
[飯食] fànshíh ㄈㄢˋㄕˊ 식사(食事).
[飯堂] fànt'áng ㄈㄢˋㄊㄤˊ 식당.
[飯攤兒] fànt'ānrhㄈㄢˋㄊㄢㄦ길가 한데에 벌여 놓고 밥을 파는 집. 노점 밥집.
[飯店] fàntièn ㄈㄢˋㄉㄧㄢˋ ①여관. 호텔. ②큰 요리집.
[飯廳] fànt'īng ㄈㄢˋㄊㄧㄥ 식당.
[飯菜] fànts'ài ㄈㄢˋㄘㄞˋ ①식사. ②반찬.
[飯座] fàntsòㄈㄢˋㄗㄨㄛˋ 요리집의 손님 좌석. 「에 온 손님.
[飯座兒] fàntsòrh ㄈㄢˋㄗㄨㄛˋㄦ 요리집
[飯桶] fànt'ǔng ㄈㄢˋㄊㄨㄥˇ ①밥통. ②쓸모 없는 것. 밥통. 밥벌레. «罵»
[飯碗(兒)] fànwǎn(rh) ㄈㄢˋㄨㄢˇ(ㄦ) ①밥을 담는 공기. ②생활의 근거. 「一問題; 생활 문제」 「丢了一: 생활의 근거를 잃어 버렸다」 「打破他的一; 그의 생활 근거를 빼앗나」 「兒.
[飯碗子] fànwǎntzū ㄈㄢˋㄨㄢˇㄗ =飯碗

〔範〕 fàn ㄈㄢˋ ①모범. 본보기. 「示一; 모범을 보이다」 ②형(型).
[範本(兒)] fànpěn(rh) ㄈㄢˋㄅㄣˇ(ㄦ) (습자 따위의)글씨본. 본보기. 본.

FANG ㄈㄤ

〔方〕 fāng ㄈㄤ ①정방형의. 「長一形; 구형」 ②승멱(乘羃). 「平一; 평방」③품행이 단정하다. ④방면(方面). 「前一; 앞 쪽 방면」 ⑤(어떤)구역의. 지대(地帶)의. ⑥방법. 수단. 「教導有一; 교도하는데 방법이 있다」 ⑦「一子 一兒; 약의 처방」 「開一子; 약방문을 쓰다」 ⑧지금 곧.… 하여 처음으로. 「書到用時一恨少; 책을 사용할 때가 되어 비로소 적은 것이 한이 된다」 ⑨땅을 세는 조수사로 1"方"은 1"丈"평방의 넓이에 높이 1"尺"을 곱한 체적. 또"石"은 1입방 "尺"을 말함. ⑩건축 따위 공사의 용어로서 흙이나 기와 또는 돌의 1m³를 세는 조수사. 「挖一: 토석의 파내는 단위량」 「塌一: 토석(土石)의 붕괴 단위량」
[方丈] fāngchàng ㄈㄤㄓㄤˋ ①도량형제의 면적의 단위. "方引"의 100분의 1. "方尺"의 100배. 1변이 도량형제1"丈"의 정방형의 면적에 상당함. 평방"丈"은 약 11㎡. ②fāngchang 화상(和尙).
[方正] fāngchěng ㄈㄤㄓㄥˋ 정직하다.

[方劑] fāngchì ㄈㄤㄐㄧˋ 처방전. 약방문. =藥方. 「수학한 사람.

[方家] fāngchiā ㄈㄤㄐㄧㄚ 학문을 깊이

[方尺] fāngch'ǐh ㄈㄤㄔˇ (도량형제)면적의 단위. "方丈"의 100분의 1. "方寸"의 100배. 1"尺" 4방의 면적. 약 0.11 m². 약 6000"方尺"이 1"畝"에 상당함: (도량형제) 1"畝"는 6.667 a.

[方趾圓顱] fāngchǐh-yüánlú ㄈㄤㄓˇㄩㄢˊㄌㄨˊ 발이 네모나고 머리는 둥글다라는 뜻으로 인류(人類)를 가리키는 말.

[方磚] fāngchuān ㄈㄤㄓㄨㄢ 네모난 벽돌.

[方桌(子)] fāngchuō(tzǔ) ㄈㄤㄓㄨㄛ(ㄗ) 네모난 테이블.

[方分] fāngfēn ㄈㄤㄈㄣ (도량형제)면적 단위. "方寸"의 100분의 1. 약 0.1 cm². "方厘"의 100배. 1"分"사방의 면적.

[方毫] fānghāo ㄈㄤㄏㄠˊ(도량형제)면적의 최소 단위. "方厘"의 100분의 1. 1"毫"사방의 면적. 0.11 mm².

[方毫米] fānghāomǐ ㄈㄤㄏㄠˊㄇㄧˇ 면적의 단위 평방밀리미터(mm²).

[方向] fānghsiàng ㄈㄤㄒㄧㄤˋ ①방향. ②가리키는 목표. ③fānghsiang 정세.「看一做事;정세를 보아 일을 하다」

[方向手] fānghsiàngshǒu ㄈㄤㄒㄧㄤˋㄕㄡˇ (사격할 때의)조준(照準)을 맡은 사람.

[方興未艾] fānghsīng wèiài ㄈㄤㄒㄧㄥ ㄨㄟˋㄞˋ 바야흐로 발전중에 있다.《成》

[方枘圓鑿] fāngjuì-yüántsó ㄈㄤㄖㄨㄟˋ ㄩㄢˊㄗㄨㄛˊ =方底圓蓋兒.

[方鋼] fāngkāng ㄈㄤㄍㄤ 네모난 강철재

[方根] fāngkēn ㄈㄤㄍㄣ 루우트. 근(根): 기호는"√"

[方格兒布] fāngkórhpù ㄈㄤㄍㄜˊㄦㄅㄨˋ 격자(格子) 모양의 옷감.

[方格子(一兒)] fāngkótzǔ(—rh) ㄈㄤㄍㄜˊㄗ(—ㄦ) ①네모난 격자. ②되처럼 정사각형으로 된 모양.「一紙;그래프 용지. 방안지(方眼紙)」

[方塊兒] fāngk'uàirh ㄈㄤㄎㄨㄞˋㄦ 작은 네모난 덩어리.「一糖;각설탕」「一字;네모난 글자라는 뜻으로 한자의 별칭」

[方框] fāngk'uàng ㄈㄤㄎㄨㄤˋ 네모난 문골. 또는 미닫이의 틀.

[方公里] fāngkūnglǐ ㄈㄤㄍㄨㄥㄌㄧˇ면적의 단위: 평방킬로미터(km²).

[方棱棱的] fānglēnglēngtê ㄈㄤㄌㄥˊㄌㄥˊㄉㄜ 네모난 모양.

[方厘] fānglí ㄈㄤㄌㄧˊ 도량 형제의 면적 단위. "方分"의 100분의 1."方毫"의 100배.

[方里] fānglǐ ㄈㄤㄌㄧˇ도량형제의 면적 단위: "方引"의 225배. 일변이 도량형제 1 "里"의 정방형의 면적. 0.25km².

[方厘米] fānglímǐ ㄈㄤㄌㄧˊㄇㄧˇ 평방센티미터(cm²). 「난 얼굴.

[方臉兒] fāngliěnrh ㄈㄤㄌㄧㄢˇㄦ 네모

[方略] fānglüèh ㄈㄤㄌㄩㄝˋ 계략. 정책.

[方帽] fāngmào ㄈㄤㄇㄠˋ 사각 모자.

[方米] fāngmǐ ㄈㄤㄇㄧˇ 평방미터(m²).

[方面] fāngmien ㄈㄤㄇㄧㄢ ①방면. ②분야(分野). ③측면. 쪽. ④fāngmièn 네모난 얼굴. 「내(國內).

[方內] fāngnèi ㄈㄤㄋㄟˋ 사방의 안쪽. 국

[方便] fāngpien ㄈㄤㄅㄧㄢ ①편리하다. ②남에게 이익이 있다. ③금전에 여유가 있다.「手底下不一;수중에 금전의 여유가 없다. 수중이 여의치 못하다」④형편에 알맞다.「你來了,多麼一!;자네가 오다니 이거 참으로 잘 되었네 그려!」>方方便便. ⑤편리하게 하다.「一讀者;독자의 편리를 꾀하다」

[方步(兒)] fāngpù(rh) ㄈㄤㄅㄨˋ(ㄦ) 팔자(八字)걸음으로 걷는 모양.「邁一;팔자걸음으로 걷다. 거드럭거리고 뽐내며 걷다」

[方勝] fāngshèng ㄈㄤㄕㄥˋ 마름모꼴로 만든 여자의 머리 장식물의 하나.

[方始] fāngshǐh ㄈㄤㄕˇ ①처음으로.「如此一有効;이리하여 비로소 효과가 있다」②개시(開始)한.「建設一;건설을 막 개시한」

[方士] fāngshìh ㄈㄤㄕˋ 마술사(魔術士).

[方式] fāngshìh ㄈㄤㄕˋ 방식. 양식. 스타일.

[方糖] fāngt'áng ㄈㄤㄊㄤˊ 각설탕.

[方凳] fāngtèng ㄈㄤㄉㄥˋ 네모진 의자.

[方釘] fāngtīng ㄈㄤㄉㄧㄥ 모난 못.

[方底圓蓋兒] fāngtǐ-yüánkàirh ㄈㄤㄉㄧˇㄩㄢˊㄍㄞˋㄦ ①물건이 서로 맞지 않은 비유. ②(사상이나 감정 따위가) 서로 용납되지 않다.

[方頭兒] fāngt'óurh ㄈㄤㄊㄡˊㄦ ①네모난 쪽의 끝. ②끝이 네모진 것.

[方頭兒皮鞋] fāngt'óurh p'íhsiéh ㄈㄤㄊㄡˊㄦ ㄆㄧˊㄒㄧㄝˊ 앞 끝이 모가 난 가죽신. 또는 구두. 「활자체. =黑體字.

[方頭字] fāngt'óutzù ㄈㄤㄊㄡˊㄗˋ 고딕

[方才] fāngts'ái ㄈㄤㄘㄞˊ 방금 겨우. 이제 막.「一吃了飯,你又餓了?;이제 막 식사를 하고 또 배가 고프다고 하는가?」=剛才.

[方銼] fāngts'ò ㄈㄤㄘㄨㄛˋ 네모난 줄.

[方寸] fāngts'ùn ㄈㄤㄘㄨㄣˋ ①(도량형제) 면적 단위. "方尺"의 100분의 1."方分"의 100배. 1"寸" 사방의 면적: 약 11cm². ②마음.「一已亂;마음은 이미 어지럽게 되었다」 「사투리.

[方音] fāngyīn ㄈㄤㄧㄣ 방언음(方言音).

[方引] fāngyǐn ㄈㄤㄧㄣˇ (도량형제)면적 단위:"方里"의 225분의 1. "方丈"의 100배. 일변이 1"引"의 정방형의 면적: 약 11a.

[方圓] fāngyüán ㄈㄤㄩㄢˊ ①사각과 원. ②근처. 부근. 주위. ③주위의 크기.「一幾里;주위 몇 "里"」

〔坊〕 fāng ㄈㄤ ①마을. 고을. 동(洞). ②동네 거리. ③수공업의 작업장.「染一;염직 공장」 ④옛적의 공덕을 표창한다든지 기념하기 위하여 건립한 건축물.

〔芳〕 fāng ㄈㄤ ①(화초의) 향기. ②덕행(德行). 명성.「流一百世;명성이 언제까지나 전해지다」

[芳菲] fāngfēi ㄈㄤㄈㄟ ①화초(花草)가 향기롭고 아름답다. ②꽃과 풀. 화초.

[芳華] fānghuá ㄈㄤㄏㄨㄚˊ 왕성한 때.

〔妨〕 fáng ㄈㄤˊ 방해하다. 지장이 생기다.「這樣做倒無一;이렇게 하더라도 지장은 없다」

[妨碍] fáng'ài ㄈㄤˊㄞˋ ①방해하다. ②지장.「沒什麼一；아무런 지장이 없다」
[妨主] fángchǔ ㄈㄤˊㄓㄨˇ 주인에게 불리하거나 해를 주다.

〔防〕 fáng ㄈㄤˊ ①지키다.방비하다.경계하다.「一疫；전염병의 예방을 하다」②둑. 제방. 수해 방지를 위한 시설.
[防柵] fángchà ㄈㄤˊㄓㄚˋ 바리케이드.
[防治] fángchìh ㄈㄤˊㄓˋ 예방과 치료를 하다.「一所；예방 치료를 하는 기관」
[防范] fángfàn ㄈㄤˊㄈㄢˋ ①어느 일정한 한도(限度)로 지키다. ②경비하다. >防防范范.
[防旱] fánghàn ㄈㄤˊㄏㄢˋ 한발을 막다.「=抗旱.
[防綫] fánghsièn ㄈㄤˊㄒㄧㄢˋ 방어선.
[防銹] fánghsiù ㄈㄤˊㄒㄧㄡˋ 녹쓰는 것을 막다. 녹쓸지 않도록 하다.
[防汛] fánghsûn ㄈㄤˊㄒㄩㄣˋ (정기적인) 홍수를 막다.
[防荒] fánghuāng ㄈㄤˊㄏㄨㄤ 기근(飢饉)을 막다.
[防患未然] fánghuànwèiján ㄈㄤˊㄏㄨㄢˋㄨㄟˋㄖㄢˊ 미연에 재해를 방지하다.
[防護罩] fánghùchào ㄈㄤˊㄏㄨˋㄓㄠˋ 공장이나 탄광에서 사용하는 안전 마스크.
[防洪] fánghúng ㄈㄤˊㄏㄨㄥˊ 홍수를 막다.
[防空洞] fángk'ūngtùng ㄈㄤˊㄎㄨㄥㄉㄨㄥˋ 방공호.
[防癆] fángláo ㄈㄤˊㄌㄠˊ 폐결핵을 예방하다.
[防老] fánglǎo ㄈㄤˊㄌㄠˇ 노후(老後)의 준비를 하다.「養兒一；자식을 키워서 노후의 준비를 하다」
[防澇] fánglào ㄈㄤˊㄌㄠˋ 수해 방지에 대비하다.
[防備] fángpei· ㄈㄤˊㄅㄟ ①지키다. 준비하다. ②방비.
[防不勝防] fángpùshēngfáng ㄈㄤˊㄅㄨˋㄕㄥㄈㄤˊ 지켜 내지 못하다. 방어할 수 없다.
[防哨] fángshào ㄈㄤˊㄕㄠˋ 경계 보초.
[防守] fángshǒu ㄈㄤˊㄕㄡˇ 방비하다.
[防彈背心] fángtàn pèihsīn ㄈㄤˊㄉㄢˋㄅㄟˋㄒㄧㄣ 방탄 조끼.
[防特] fángt'è ㄈㄤˊㄊㄜˋ 간첩을 방지하다.
[防衛] fángwèi ㄈㄤˊㄨㄟˋ ①지키다.방위하다. ②방위.
[防微杜漸] fángwēi tùchièn ㄈㄤˊㄨㄟㄉㄨˋㄐㄧㄢˋ (좋지 못한 일이) 발생하면 확대되기 전에 곧 방법을 강구하여 그 확대되는 것을 방지한다. «成»
[防務] fángwù ㄈㄤˊㄨˋ ①국방에 관한 사무. ②예방에 관한 사무.

〔肪〕 fángㄈㄤˊ①동물이나 식물의 기름. 지방. ②동물의 허리 부분에 있는 질은 지방.

〔房〕 fáng ㄈㄤˊ ①「一子；집.가옥.건물」「瓦一；기와집」「庫一；온갖 물건을 넣어 두는 방」②방. «方» ③내부가 몇 개의 방 모양으로 나누어져 있는 것.「蜂一；벌집」④분가(分家):대가족의 자식이 결혼하여 따로 방을 갖는 경우의 가족.「長一；장남.장남의 가족」
[房產] fángch'ǎn ㄈㄤˊㄔㄢˇ (재산으로서의) 집과 대지.「固定一稅；고정 재산세」
[房折] fángchě ㄈㄤˊㄓㄜˇ 집세 통장(通帳).
[房基] fángchī ㄈㄤˊㄐㄧ 건물의 기초. 토대. 초석:중국에서는 주로 돌을 많이 씀.
[房脊] fāngchǐ ㄈㄤˊㄐㄧˇ 지붕의 용마루.
[房契] fángch'ì ㄈㄤˊㄑㄧˋ 가옥 증서.
[房架] fángchià ㄈㄤˊㄐㄧㄚˋ 집의 뼈대.집의 구성체.
[房間] fángchiēn ㄈㄤˊㄐㄧㄢ 실내. 방.
[房錢] fángch'ien ㄈㄤˊㄑㄧㄢ =房租.
[房主] fángchǔ ㄈㄤˊㄓㄨˇ =房東.
[房捐] fángchüān ㄈㄤˊㄐㄩㄢ 가옥세.
[房飛子] fángfēitzū ㄈㄤˊㄈㄟㄗ 세방(貰房)이 있다고 써 붙인 광고.
[房荒] fánghuāng ㄈㄤˊㄏㄨㄤ 주택 부족.「鬧一；주택 부족이 생기다」
[房戶兒] fánghùrh ㄈㄤˊㄏㄨˋㄦ 차가인「(借家人).
[房蓋兒] fángkàirh ㄈㄤˊㄍㄞˋㄦ 지붕.
[房客(兒)] fángk'ò(rh) ㄈㄤˊㄎㄜˋ(ㄦ) 집을 빌어 든 사람. 차가인(借家人).
[房管所] fángkuǎnsǒ ㄈㄤˊㄍㄨㄢˇㄙㄨㄛˇ 주택 관리소.
[房梁] fángliáng ㄈㄤˊㄌㄧㄤˊ 들보.
[房門] fángmén ㄈㄤˊㄇㄣˊ 대문.현관.방문.
[房坡] fángp'ō ㄈㄤˊㄆㄛ "人"자 형으로 된 지붕의 양쪽 경사진 면.
[房山] fángshān ㄈㄤˊㄕㄢ 집의 측면 박공(膊栱)의 모든 부분.
[房頂] fángtǐng ㄈㄤˊㄉㄧㄥˇ 지붕.
[房柁] fángt'ó ㄈㄤˊㄊㄨㄛˊ 집의 앞뒤 두 개의 기둥을 가로 질러 놓은 나무.
[房租] fángtsū ㄈㄤˊㄗㄨ 집세. 「임자.
[房東] fángtūng ㄈㄤˊㄉㄨㄥ 집 주인. 집
[房子] fángtzū ㄈㄤˊㄗ 가옥(家屋). 「지.
[房子地] fángtzūtì ㄈㄤˊㄗㄉㄧˋ 가옥과 대
[房屋] fángwū ㄈㄤˊㄨ 집. 건물.
[房檐(兒)] fángyén(rh) ㄈㄤˊㄧㄢˊ(ㄦ) 처마. 처마끝.

〔倣〕(仿) fǎng ㄈㄤˇ ①모방하다. 닮도록 하다.「一造；모조하다」②글씨본대로 쓴 글자.「寫了一張一；글씨본에 있는 글씨를 그대로 모방하여 한장 썼다」
[倣照] fǎngchào ㄈㄤˇㄓㄠˋ (원형대로) 모방하다. 본디대로 하다.「一范本寫；글씨본을 흉내내어 쓰다」
[倣紙] fǎngchǐh ㄈㄤˇㄓˇ ①습자용의 종이. ②복사지(複寫紙).
[倣制] fǎngchìh ㄈㄤˇㄓˋ 모조(模造)하다.
[倣圈] fǎngch'üān ㄈㄤˇㄑㄩㄢ 아이들의 습자용 서진(書鎭). 문진.
[倣佛] fǎngfu ㄈㄤˇㄈㄨ ①희미하게.아련하게.「一看得見；희미하게 보이다」②어쩐지.「一是見過似的；어쩐지 만나 본 듯하다」③흡사. 마치.「一是初生的犢兒似的；흡사 갓난 송아지 같다」
[倣效] fǎnghsiào ㄈㄤˇㄒㄧㄠˋ 모방하다.흉내 내다.
[倣上倣下] fǎngshàng-fǎnghsià ㄈㄤˇㄕㄤˋㄈㄤˇㄒㄧㄚˋ 비슷비슷한 모양.
[倣宋字] fǎngsùngtzū ㄈㄤˇㄙㄨㄥˋㄗˋ 송나라 때의 간행본 각자를 모방한 서체의 글자.
[倣影] fǎngyǐng ㄈㄤˇㄧㄥˇ 옛 습자의 글씨본.

〔舫〕 fǎng ㄈㄤˇ 배.「畫一；아름답게 칠한 배」

〔紡〕 fǎng ㄈㄤˇ ①(솜이나 삼・고치따위를) 실을 뽑다.「一棉花；무명실을 자아 실을 뽑다」②"一綢"의 준말로 중

국 비단을 말함.「杭一；"浙江省杭縣" 지방에서 생산하는 견직물」 「레.
[紡車(子)] fǎngch'ē(tzǔ) ㄈㄤˇㄔㄜ(ㄗ)물
[紡織] fǎngchīh ㄈㄤˇㄓ ①방적. 직포.「一廠 방직 공장」②실을 뽑아 피륙을 짜다. 「(織物).
[紡織品] fǎngchīhp'ǐn ㄈㄤˇㄓㄆㄧㄣˇ직물
[紡綢] fǎngchōu ㄈㄤˇㄓㄡˋ 품질이 매우 좋은 견직물의 일종.
[紡綫] fǎng hsièn ㄈㄤˇㄒㄧㄢˋ 실을 뽑다. ＝紡紗.
[紡花車] fǎnghuāch'ē ㄈㄤˇㄏㄨㄚㄔㄜ 무명실을 뽑는 물레.
[紡紗] fǎng shā ㄈㄤˇㄕㄚ 실을 자아 만들다.「一機；방적기」「一錠管； 방적용 물레」
[紡紗娘] fǎngshāniáng ㄈㄤˇㄕㄚㄋㄧㄤˊ〈動〉 철써기. ＝紡織娘.
[紡錠] fǎngtìng ㄈㄤˇㄉㄧㄥˋ물레의 가락. 방추(紡錘). 북.

〔訪〕 fǎng ㄈㄤˇ ①탐방하다.「一査；탐방하다」②방문하다.「一友；친구를 방문하다」
[訪案] fǎng'àn ㄈㄤˇㄢˋ 사건을 수사하다.
[訪査] fǎngch'á ㄈㄤˇㄔㄚˊ 현장에 가서 조사하다. 「어 잡다.
[訪拿] fǎngná ㄉㄤˇㄋㄚˊ(범인을) 찾아내
[訪問] fǎngwèn ㄈㄤˇㄨㄣˋ ①방문하다.「一演出；순회 공연(公演)하다」②실지로 가서 조사하다.
[訪延] fǎngyén ㄈㄤˇㄧㄢˊ 초빙(招聘)하다.
[訪員] fǎngyüán ㄈㄤˇㄩㄢˊ 탐방 기자.

〔放〕 fàng ㄈㄤˋ ①(잡은 것을) 놓아주다. 풀어 주다. 자유스럽게 하다.「把籠子裏的鳥一了；새장 속의 새를 놓아주었다」②방목(放牧)하다.「一牛；소를 놓아 기르다」③(학교나 직장에서) 퇴근하다. 휴가가 나다.「一學；방학하다」④좋아하는 대로 하다. 제멋대로 하다.「一言；말을 제멋대로 하다」⑤(총알이나 빛,소리 또는 향기 따위를) 쏘다. 퍼뜨리다.「一槍；총을 쏘다」⑥(금전을) 빌려내다. 빌려 주다. ⑦넓히다. 크게 하다. 늦추다.「把領子一出半寸來；칼라를 반 치 정도 늦추다」⑧꽃이 피다. 「百花齊一；많고 많은 꽃들이 일제히 피다」 ⑨두다. 내리다.「一下手；손을 아래로 내리다」「把書一在桌子上；책을 책상 위에 두다」⑩(사람을 먼 곳에) 추방하다.「屈原旣一；굴원은 이미 추방되었다」
[放債] fàngchài ㄈㄤˋㄓㄞˋ돈을 대부하다.
[放賬] fàngchàng ㄈㄤˋㄓㄤˋ ＝放債.
[放長] fàngch'áng ㄈㄤˋㄔㄤˊ 길게 하다. 늘이다.「一韁繩；말고삐를 늘이다」
[放唱片] fàng ch'àngp'ièn ㄈㄤˋㄔㄤˋㄆㄧㄢˋ 레코오드를 틀다.
[放着] fàngchê ㄈㄤˋㄓㄜ ①놓아 두다. ②내버려 두다.「一你的；이놈 두고 보자」
[放着河水不洗船] fàngchê hóshuǐ pùhsǐ ch'uán ㄈㄤˋㄓㄜ ㄏㄜˊㄕㄨㄟˇㄅㄨˋㄒㄧˇㄔㄨㄢˊ 눈앞에 편리한 것이 있는데도 이용하지 않는다는 비유.《諺》
[放賑] fàngchěn ㄈㄤˋㄓㄣˇ 구제(救濟)하기 위하여 물자를 방출하다.
[放沉] fàngch'ěn ㄈㄤˋㄔㄣˊ (안색 따위를)어둡게 하다.「一臉色；안색을 어둡게 하다」 「리다.
[放汽] fàngch'ì ㄈㄤˋㄑㄧˋ기적(汽笛)을 울
[放假] fàngchiá ㄈㄤˋㄐㄧㄚˊ휴가가 되다. 방학이 되다. 「다.
[放槍] fàng ch'iāng ㄈㄤˋ ㄑㄧㄤ 총을 쏘
[放青] fàngch'īng ㄈㄤˋㄑㄧㄥ 푸른 풀을 먹이기 위해 가축을 풀어 놓다.
[放晴(兒)] fàngch'íng(rh) ㄈㄤˋㄑㄧㄥˋ(ㄦ) (하늘이)맑게 개이다.
[放輕] fàngch'íng ㄈㄤˋㄑㄧㄥˋ 가만히 두다. 가볍게 하다.
[放晴娘兒] fàngch'íngniángrh ㄈㄤˋㄑㄧㄥˊㄋㄧㄤˊㄦ 날씨가 개이라고 기원할 때 추녀끝 등에 매다는 종이 인형.
[放主兒] fàngchǔrh ㄈㄤˋㄓㄨˇㄦ 대주(貸主). 금품을 빌려 준 사람. 채권자.
[放風] fàngfēng ㄈㄤˋㄈㄥ ①옥중 생활하는 죄수를 감방 밖으로 나오게 하여 운동시키다. ②소문을 퍼뜨리다. ＝放空氣. ③(나쁜 일을 할 때) 밖에서 망을 보다. ④죄인을 산보시키다.
[放風箏] fàng fēngchēng ㄈㄤˋ ㄈㄥㄓㄥ 연을 올리다.
[放盒子] fàng hótzǔ ㄈㄤˋㄏㄜˊㄗ 장치한 불꽃을 올리다.
[放下] fànghsia ㄈㄤˋㄒㄧㄚ ①아래로 내리다. 두다. 놓다.「把筷子一；젓가락을 놓다」②포기하다.「把工作一不管；일을 포기하다」「一屠刀, 立地成佛； 나쁜 일을 회개하면 곧 살아날 수 있다. ③임명(任命)하다. 「불하다.
[放餉] fànghsiǎng ㄈㄤˋㄒㄧㄤˇ봉급을 지
[放像] fànghsiàng ㄈㄤˋㄒㄧㄤˋ 사진을 확대하다.
[放心] fànghsīn ㄈㄤˋㄒㄧㄣ 안심하다.
[放行] fànghsíng ㄈㄤˋㄒㄧㄥˊ ①자유롭게 가게 하다. ②통행이나 통과하는 것을 허가하다.「一單；통행·통과·출항 허가증」
[放心大膽] fànghsīn-tàtǎn ㄈㄤˋㄒㄧㄣㄉㄚˋㄉㄢˇ겁내지 않고 대담한 모양.
[放花] fàng huā ㄈㄤˋㄏㄨㄚ 불꽃을 올리다.「放禮花；축제(祝祭)의 불꽃을 올리다」
[放話] fànghuà ㄈㄤˋㄏㄨㄚˋ ①큰소리를 치다. ②함부로 말하다.
[放懷] fànghuái ㄈㄤˋㄏㄨㄞˊ ①안심하다. 마음을 크게 갖다. ②생각대로 하다.
[放荒] fànghuāng ㄈㄤˋㄏㄨㄤ 황무지를 불하(拂下)하다.
[放虎歸山] fànghǔ kueīshān ㄈㄤˋㄏㄨˇㄍㄨㄟㄕㄢ 호랑이를 놓아 산으로 되돌아가게 한다는 뜻으로 장차 해가 될 것을 묵인한다는 비유.《成》
[放開] fàngk'ai ㄈㄤˋㄎㄞ ①열리다. ②크게 하다.「一膽子；마음을 크게 먹다」③(접은 것을) 펴다. 벌리다. 확대하다. ④떼다. 떨어지게 하다. 방면(放免)하다.
[放任自流] fàngjèn tzǔliú ㄈㄤˋㄖㄣˋㄗˋㄌㄧㄡˊ (나쁜 방향으로) 흐르는 대로 내버려 두다.
[放肉] fàngjòu ㄈㄤˋㄖㄡˋ(운동 부족으로) 살이 찌다. 살이 느슨해지다.
[放給] fàngkěi ㄈㄤˋㄍㄟˇ(급료 따위를) 지급하다.
[放寬] fàngk'uān ㄈㄤˋㄎㄨㄢ ①폭을 넓

게 하다.「一眼界 ; 시야를 넓히다」「一尺度 ; 치수를 넓게 하다」②(마음을) 여유있게 가지다.「一心 ; 마음을 침착하고 여유있게 하다」③(법령 따위를) 늦추다.「一條件; 조건을 늦추다」④알맞게 하다. 조절을 하다.
[放款] fàng k'uǎn ㄈㄤˋㄎㄨㄢˇ 금품을 빌려 내다. 대출하다.
[放光] fàngkuāng ㄈㄤˋㄍㄨㄤ 빛나다.
[放工] fàngkūng ㄈㄤˋㄍㄨㄥ ①작업을 쉬게 되다. ②일을 마치다.
[放空] fàngk'ūng ㄈㄤˋㄎㄨㄥ ① 비우다.「汽車一回來了 ; 자동차가 빈차로 돌아 왔다」②거짓말을 하다.
[放空炮] fàng k'ūngp'ào ㄈㄤˋㄎㄨㄥㄆㄠˋ 무책임한 말을 퍼뜨리다. 또는 하다.
[放過] fàngkuō ㄈㄤˋㄍㄨㄛˋ ①(그대로) 전송하다. 보고도 놓아 주다.②용서해 주다.
[放賴] fànglài ㄈㄤˋㄌㄞˋ 일정한 직업이 없이 빈둥거리다.
[放浪] fànglàng ㄈㄤˋㄌㄤˋ ①방랑하다. ②생활에 정한 곳이 없다.
[放冷箭] fàng lěngchièn ㄈㄤˋㄌㄥˇㄑㄧㄢˋ 알지 못한 탓으로 남을 중상케 하다. 배후(背後)에서 남을 중상하다.
[放冷炮] fàng lěngp'ào ㄈㄤˋ ㄌㄥˇㄆㄠˋ 불의(不意)에 놀라게 하다.
[放利] fànglì ㄈㄤˋㄌㄧˋ 투자(投資)하다.
[放量] fàngliàng ㄈㄤˋㄌㄧㄤˋ (보통 술을 마실 때 쓰이는 말로) 마음껏. 충분히.「一喝酒; 마음껏 술을 마시다」
[放慢] fàngmàn ㄈㄤˋㄇㄢˋ (걸음거리를) 천천히 하다. 느리게 하다.「步步一;한 걸음 한걸음 천천히 걷다」
[放忙假] fàng mángchià ㄈㄤˋㄇㄤˊㄐㄧㄚˋ 학교에서 농번기에 휴가를 주다.
[放明白] fàngmíngpai ㄈㄤˋㄇㄧㄥˊㄅㄞ 명백하게 하다.
[放跑] fàngp'ǎo ㄈㄤˋㄆㄠˇ 놓치다.
[放炮] fàngp'ào ㄈㄤˋㄆㄠˋ ①발포하다. ②파열하다.「車帶一 ; 타이어가 파열하다」「燈泡一; 전구가 터지다」「西瓜一 ; 수박이 갈라지다」③남을 놀라게 하는 의론을 토하다. 매섭게 공격하다.
[放爆竹] fàng pàochú ㄈㄤˋㄅㄠˋㄓㄨˊ 폭죽을 터트리다.
[放屁] fàngp'ì ㄈㄤˋㄆㄧˋ ①방귀를 뀌다.②쓸 데 없는 말을! 턱없는 소리! 「放什麼屁! 무슨 턱없는 말을 하고 있는가」③쓸 데 없는 짓을 하다.
[放漂亮] fàng p'iàoliang ㄈㄤˋㄆㄧㄠˋㄌㄧㄤ (일을) 깔끔히 하다. 침착하게 하다.
[放屁崩坑兒] fàngp'ìpěngk'ěngrh ㄈㄤˋㄆㄧˋㄅㄥˇㄎㄥˇㄦ 자빠져도 그냥은 일어나지 않다. 빈틈이 없다.
[放散] fàngsǎn ㄈㄤˋㄙㄢˇ 발산(發散)하다.
[放哨] fàngshào ㄈㄤˋㄕㄠˋ 보초를 두다. 파수군을 세우다.
[放聲] fàngshēng ㄈㄤˋㄕㄥ 소리를 지르다.「一大哭 ; 큰소리로 울다」
[放聲氣] fàng shēngch'ì ㄈㄤˋㄕㄥㄑㄧˋ 이곳 저곳에 말을 전하다. 공공연하게 말하다.
[放手] fàngshǒu ㄈㄤˋㄕㄡˇ ①손을 대다. ②손을 떼어 놓아 자유롭게 하다.「別一他 ; 그를 놓치지 말라」③긴장을 풀다. 손을 늦추다.「只要不一就行 ;긴장을 풀지 않으면 된다」④광범위하다.「一收買 ; 광범위하게 사다」⑤(비밀 따위를) 숨기지 않다. ⑥방치하다.「那件事他做了一半兒就一了 ; 저 일은 그가 반만 하고 내버려 두었다」⑦마음껏. 대담하게.「一去做自己願意做的事 ; 자유롭게 자기가 원하는 대로 하다」 「대로다.>放放肆肆.
[放肆] fàngssǔ ㄈㄤˋㄙˋ 방자하다. 제멋
[放松] fàngsūng ㄈㄤˋㄙㄨㄥ ①늦추다.②소홀히 하다. 업신여기다.「一個錢也不一 ; 일 전이라도 소홀히 하지 않다」③관대하게 보다. ④손을 떼다. 노골적으로 하다.
[放大] fàngtà ㄈㄤˋㄉㄚˋ ①크게 하다.「一膽子 ; 담력을 크게 갖다」②(사진을) 확대하다. 「확대경
[放大鏡] fàngtàchìng ㄈㄤˋㄉㄚˋㄐㄧㄥˋ
[放膽] fàngtǎn ㄈㄤˋㄉㄢˇ 담력을 크게 가지다. 용기를 더 내다.「一着膽試一試 ; 용기를 내어 한번 시험해 보다」
[放蕩] fàngtàng ㄈㄤˋㄉㄤˋ 단정치가 않다.
[放蕩不羈] fàngtàng pùchī ㄈㄤˋㄉㄤˋㄅㄨˋㄐㄧ 제 멋대로 하여 구속을 받지 않다. 자유 분방하다.《成》
[放倒頭] fàngtǎot'óu ㄈㄤˋㄉㄠˇㄊㄡˊ 옆으로 눕다.「一就睡;옆으로 누워 잠자다」
[放低] fàngtī ㄈㄤˋㄉㄧ 낮게 하다.낮추다.「一聲音 ; 소리를 낮추다」
[放刁] fàngtiāo ㄈㄤˋㄉㄧㄠ 두려워함이 없이 함부로 남을 학대하다. 「던지다.
[放掉] fàngtiào ㄈㄤˋㄉㄧㄠˋ 던져 버리다.
[放電] fàngtièn ㄈㄤˋㄉㄧㄢˋ 방전하다.송전하다.
[放定] fàngtìng ㄈㄤˋㄉㄧㄥˋ ①약혼 예물을 보내다. 첫번째 보내는 것을 "放小定"이라 함. ②깔끔히 두다.
[放在腦後] fàngtsai nǎohòu ㄈㄤˋㄗㄞㄋㄠˇㄏㄡˋ 완전히 잊어 버리다. 전연 마음에 두지 않다.「他把過去的苦楚都一了; 그는 과거의 괴로움을 완전히 잊어 버리고 말았다」
[放走] fàngtsǒu ㄈㄤˋㄗㄡˇ ①자유로이 보내다. ②놓아 주다. 놓치다.
[放賭] fàngtǔ ㄈㄤˋㄉㄨˇ 내기하다. 내기에 돈을 걸다.
[放毒氣] fàng túch'ì ㄈㄤˋㄉㄨˊㄑㄧˋ ①독가스를 퍼뜨리다. ②남을 해치는 언동을 하다.
[放禿尾巴鷹] fàng t'uwěipa yīng ㄈㄤˋㄊㄨㄨㄟˇㄅㄚㄧㄥ ①한 번 가서는 다시 돌아 오지 않는 비유 ②다시 찾을 가망이 없다는 비유.《成》 「로 출항하다.
[放洋] fàngyáng ㄈㄤˋㄧㄤˊ 배가 외국으
[放養] fàngyǎng ㄈㄤˋㄧㄤˇ 물고기를 놓아 기르다. 「없게 행동하다.
[放野] fàngyěh ㄈㄤˋㄧㄝˇ 거칠고 품위가
[放燄火] fàngyènhuo ㄈㄤˋㄧㄢˋㄏㄨㄛ 죽은 뒤 보통 3일만의 밤에 중이 독경하여 망령을 제도(濟度)하다.
[放焰口] fàng yènk'ou ㄈㄤˋㄧㄢˋㄎㄡ 연고 없는 망령을 위하는 공양(供養).
[放煙幕] fàngyēnmù ㄈㄤˋㄧㄢㄇㄨˋ 연막을 치다. 비유적으로도 쓰임.「他在一, 不要輕信他 ; 그는 남의 눈을 잘 속이기 때문에 경솔히 신용하지 말라」
[放閻王債] fàng yénwangchài ㄈㄤˋㄧㄢˊㄨㄤㄓㄞˋ 매일 이자를 지불하여 계약의

변경 체납을 일체 허용하지 않는 조건으로 고리금(高利金)을 빌리다.
[放鷹] fàngyīng ㄈㄤˋㄧㄥ 유부녀가 남편과 짠 후 다른 남자에게 몸을 바치고 그 것을 구실로 그 남편이 금전을 갈취하다.
[放映] fàngyìng ㄈㄤˋㄧㄥˋ 상영하다.
[放影機] fàngyǐngchī ㄈㄤˋㄧㄥˇㄐㄧ 영사기(映寫機). 「금을 하다.
[放印子] fàngyìntzū ㄈㄤˋㄧㄣˋㄗ 고리 대
[放淤] fàngyū ㄈㄤˋㄩ 강물을 논밭에 끌어 넣어 강물이 운반한 토사로 땅을 비옥하게 하다.
[放遠] fàngyüǎn ㄈㄤˋㄩㄢˇ 멀리하다.

FEI ㄈㄟ

〔妃〕 fēi ㄈㄟ ①황후에 버금가는 부인. ②태자・제후의 아내. ③배우자.
[妃色] fēisè ㄈㄟㄙㄜˋ 분홍빛. 담홍색.

〔非〕 fēi ㄈㄟ ①…이 아니다.「已一原狀 ; 이미 원상은 아니다」②옳지 않다.「明辨是一 ; 시비를 밝히다」③"不"을 붙여서) 어떤 일이 있더라도 …하지 않으면 안된다. 끝까지 …하고자 하다 : 필요성을 강하게 나타내는 말. "不" 이 생략되는 경우도 있음.「你一去不可 ; 당신은 가지 않으면 안된다」「不讓他去他一去 ; 그는 시키지 않았는데도 끝내 가려고 한다」④옳지 않게 여기다.「一一 ; 옳지 않음을 옳지 않다고 하다」
[非戰] fēichàn ㄈㄟㄓㄢˋ 전쟁 반대.
[非正式] fēichèngshìh ㄈㄟㄓㄥˋㄕˋ ①비공식. ②비공식인.
[非叫] fēichiào ㄈㄟㄐㄧㄠˋ 반드시 …시키다. …하지 않고는 못 견디다.「我一你跟他去 ; 나는 당신을 그와 함께 보내지 않고는 못 견딘다」
[非法] fēifǎ ㄈㄟㄈㄚˇ 불합리하다. 위법이다.「一地強行議決 ; 불법으로 의결을 강행하다」
[非分] fēifěn ㄈㄟㄈㄣˇ 분수에 맞지 않다.
[非笑] fēihsiào ㄈㄟㄒㄧㄠˋ 비웃다. 조소하다. 「가혹한 형벌.
[非刑] fēihsíng ㄈㄟㄒㄧㄥˊ 법에 어긋나는
[非驢非馬] fēilǘ-fēimǎ ㄈㄟㄌㄩˊㄈㄟㄇㄚˇ 이것도 저것도 아닌 것. 중도 아니고 속한도 아님. =不倫不類.
[非但] fēitàn ㄈㄟㄉㄢˋ 비단 …뿐만 아니라.「一中國人, 而且是全世界的人所不會容許的 ; 중국 사람뿐만 아니라 전세계 사람들도 허용하지 않으리라」=不但.
[非導體] fēitǎot'ǐ ㄈㄟㄉㄠˇㄊㄧˇ 부도체(不導體).
[非得] fēitěi ㄈㄟㄉㄟˇ 아무래도 …하지 않으면 안된다. 보통 뒤에 "不可 不成"이 붙는다.「我一去・我一去 不可 ; 나는 꼭 가지 않으면 안된다」
[非獨] fēitú ㄈㄟㄉㄨˊ =非但.
[非同小可] fēitúnghsiǎokǒ ㄈㄟㄊㄨㄥˊㄒㄧㄠˇㄎㄜˇ 예사로운 일이 아니다. 사소한 일과 같이 보아서는 안된다.
[非要] fēiyào ㄈㄟㄧㄠˋ =非得.

〔飛〕(飞) fēi ㄈㄟ ①날다.「飛機向東一 ; 비행기가 동쪽으로 날다」②(물건이 하늘에서) 춤추다. 떠돌다.「雪花兒一 ; 눈송이가 날리다」③(나는 듯이) 빠르게. 빠르다.「一跑 ; 나는 듯이 달리다」④두드러지게. 뛰어나게. 특별히.「一快 ; (칼 따위가) 특별히 잘 들다」 ⑤밑도 끝도 없다.「一語 ; 근거가 없는 소문」
[飛漲] fēichǎng ㄈㄟㄓㄤˇ 폭등하다.「行情一 ; 시세가 폭등하다」
[飛針走綫] fēichēn-tsǒuhsièn ㄈㄟㄓㄣㄗㄡˇㄒㄧㄢˋ ①바느질이 빠른 모양. ②부지런히 바느질을 하다.
[飛機] fēichī ㄈㄟㄐㄧ 비행기. 「장.
[飛機場] fēichīch'ǎng ㄈㄟㄐㄧㄔㄤˇ 비행
[飛籤(兒)] fēich'iēn(rh) ㄈㄟㄑㄧㄢ(ㄦ) 부전(付箋).
[飛馳] fēich'íh ㄈㄟㄔˊ =飛跑.
[飛機庫] fēichīk'ù ㄈㄟㄐㄧㄎㄨˋ 비행기나 비행선을 넣어 두는 창고. 격납고(格納庫). 「의 엔진 부분
[飛機頭] fēichīt'óu ㄈㄟㄐㄧㄊㄡˊ 비행기
[飛禽] fēich'ín ㄈㄟㄑㄧㄣˊ 날짐승.
[飛泉] fēich'üán ㄈㄟㄑㄩㄢˊ 분수(噴水).
[飛蟲] fēich'úng ㄈㄟㄔㄨㄥˊ ①나는 벌레 : 풍뎅이・파리 따위. ②날짐승. 새.
[飛行集會] fēihsíng chíhuì ㄈㄟㄒㄧㄥˊㄐㄧˊㄏㄨㄟˋ 경비의 틈을 타서 재빨리 모이다. 또는 그 집회. 「항공사(航空士).
[飛行員] fēihsíngyüán ㄈㄟㄒㄧㄥˊㄩㄢˊ
[飛旋] fēihsüán ㄈㄟㄒㄩㄢˊ 공중에서 선회하다.
[飛花] fēihuā ㄈㄟㄏㄨㄚ 솜 부스러기.
[飛蝗] fēihuáng ㄈㄟㄏㄨㄤˊ 〈動〉메뚜기.
[飛黃騰達] fēihuáng-t'ěngtá ㄈㄟㄏㄨㄤˊㄊㄥˊㄉㄚˊ ①순조롭게 빨리 출세하다. ②우물쭈물하는 사이에 올라가 버리다. 《成》
[飛禍] fēihuò ㄈㄟㄏㄨㄛˋ 뜻밖의 화.
[飛來風] fēiláifēng ㄈㄟㄌㄞˊㄈㄥ ①뜻밖의 행운. ②뜻하지 않은 복이 굴러들어 오다.
[飛快] fēik'uài ㄈㄟㄎㄨㄞˋ ①나는 듯이 빠르다. ②(칼 따위가) 유달리 잘 들다.
[飛來橫禍] fēilái hènghuò ㄈㄟㄌㄞˊㄏㄥˋㄏㄨㄛˋ ①뜻하지 않은 횡액. ②생각지도 않은 화가 닥쳐 오다.
[飛利] fēilì ㄈㄟㄌㄧˋ 비싼 이자.「吃一 ; 비싼 이자를 받아서 생활하다」
[飛輪] fēilún ㄈㄟㄌㄨㄣˊ 프로펠러.
[飛毛腿] fēimáot'uǐ ㄈㄟㄇㄠˊㄊㄨㄟˇ 걸음이 몹시 빠른 사람.
[飛螞蟻] fēimǎi ㄈㄟㄇㄚˇㄧˇ 우의(羽蟻). 날개 돋힌 개미.
[飛報] fēipào ㄈㄟㄅㄠˋ ①속보. ②빨리 보고하다. ③지급 전보를 치다.
[飛跑] fēip'ǎo ㄈㄟㄆㄠˇ 나는 듯이 뛰다. 나는 듯이 도망치다.
[飛奔] fēipēn ㄈㄟㄅㄣ 급히 가다. 「은 표.
[飛票] fēip'iào ㄈㄟㄆㄧㄠˋ 프리미엄이 붙
[飛變] fēipièn ㄈㄟㄅㄧㄢˋ ①급변(急變). ②급변하다. 「음.
[飛步] fēipù ㄈㄟㄅㄨˋ 나는 듯이 빠른 걸
[飛散] fēisàn ㄈㄟㄙㄢˋ 흩어지다.
[飛沙] fēishā ㄈㄟㄕㄚ 날고 있는 모래.
[飛砂走石] fēishā-tsǒushíh ㄈㄟㄕㄚㄗㄡˇㄕˊ 바람이 세차게 불어 모래나 돌을 날리는 모양. 《成》
[飛熟] fēishú ㄈㄟㄕㄨˊ 잘 익숙해져 있다.

숙련되어 있다.「用工具用得一; 도구를 쓰는데 익숙하다.
[飛絲] fēissū ㄈㄟㄙ 아지랭이.
[飛速] fēisù ㄈㄟㄙㄨˋ 날 듯이 빠르다.
[飛彈] fēitàn ㄈㄟㄉㄢˋ 빗나간 총알. 유탄(流彈).
[飛騰] fēit'ěng ㄈㄟㄊㄥˊ ①뛰어 오르다. =飛黃騰達. ②물가가 폭등하다.
[飛抵] fēitǐ ㄈㄟㄉㄧˇ 비행기로 도착하다.
[飛碟] fēitiéh ㄈㄟㄉㄧㄝˊ 공중을 나는 원반(圓盤). 「사.
[飛天] fēit'iēn ㄈㄟㄊㄧㄢ 하늘을 나는 천
[飛艇] fēit'ǐng ㄈㄟㄊㄧㄥˇ 비행정.
[飛災] fēitsāi ㄈㄟㄗㄞ 뜻밖의 재난.
[飛賊] fēitséi ㄈㄟㄗㄟˊ 지붕이나 울타리를 넘어 오는 도둑.
[飛短流長] fēituǎn-liúch'áng ㄈㄟㄉㄨㄢˇㄌㄧㄡˊㄔㄤˊ 여러 가지 낭설을 퍼뜨리다.
[飛往] fēiwǎng ㄈㄟㄨㄤˇ 비행하다.
[飛吻] fēiwěn ㄈㄟㄨㄣˇ 자기 입술에 손을 대었다가 상대편에게 던지는 시늉을 하는 키스. 「싱하고 활발하다.
[飛舞] fēiwǔ ㄈㄟㄨˇ ①날아 다니다. ②싱
[飛揚] fēiyáng ㄈㄟㄧㄤˊ 높이 오르다.「神采一; 풍채가 좋다」
[飛揚浮躁] fēiyáng-fútsào ㄈㄟㄧㄤˊㄈㄨˊㄗㄠˋ 침착하지 못하여 무게가 없다.《成》
[飛揚跋扈] fēiyáng-páhū ㄈㄟㄧㄤˊㄅㄚˊㄏㄨˋ 제 멋대로 난폭한 행위를 하다.《成》
[飛檐] fēiyén ㄈㄟㄧㄢˊ 높은 추녀.
[飛眼(兒)] fēiyěn(rh) ㄈㄟㄧㄢˇ(ㄦ) 추파를 던지다. 윙크하다.
[飛檐走壁] fēiyén tsǒupì ㄈㄟㄧㄢˊ ㄗㄡˇㄅㄧˋ 추녀 위를 날으고 벽을 기어 오른다는 뜻으로, 몹시 날쌔거나 도둑이 신출귀몰한다는 비유.《成》
[飛魚] fēiyǘ ㄈㄟㄩˊ ①〈動〉 날치: 날치과의 바닷물고기. ②망아: 지붕의 용마루 양쪽에 올린 것. 「비어」
[飛語] fēiyǚ ㄈㄟㄩˇ 낭설.「一流言; 유언「다. ⇨fěi.

〔菲〕 fēi ㄈㄟ ①꽃이 만발하여 향기롭

〔扉〕 fēi ㄈㄟ 문짝.「柴一; 싸리문」

〔蜚〕 fēi ㄈㄟ
[蜚語] fēiyǚ ㄈㄟㄩˇ 낭설. 데마. =飛語.

〔緋〕 fēi ㄈㄟ 빨강.「一紅; 진홍」

〔霏〕 fēi ㄈㄟ「一一; 진눈깨비가 계속 오는 모양: 펄펄, 주룩주룩」

〔肥〕 féi ㄈㄟˊ ①(고깃덩어리의) 기름진.「一肉; 기름진 고기」②뚱뚱하게 살이 찐 사람을 경멸해서 일컫는 말.「一賊; 뚱뚱보」③(직무상의) 수입이 좋다.「一缺; 수입이 좋은 직위」④땅이 비옥하다. 걸다. ⑤비료.「上一; 비료를 주다」⑥토지를 걸게 하다. 비옥하게 하다.「用草灰一田; 짚재로 논을 비옥하게 하다」⑦(의복이나 버선 따위가) 헐렁헐렁한. 볼이 넓은.「袖子太一了; 소매가 너무 넓다」 「다. 사리 사욕을 취하다.
[肥己] féichǐ ㄈㄟˊㄐㄧˇ 자기 실속을 차리
[肥猪拱門] féichū kǔngměn ㄈㄟˊㄓㄨㄍㄨㄥˇㄇㄣˊ 뜻밖에 행운이 온다는 뜻《諺》
[肥壯] féichuàng ㄈㄟˊㄓㄨㄤˋ 살이 쪄서 늠름하게 보이다. >肥肥壯壯.
[肥效] féihsiào ㄈㄟˊㄒㄧㄠˋ 비료의 효과.
[肥猪粉] féichūfěn ㄈㄟˊㄓㄨㄈㄣˇ 돼지의 촉비(促肥) 사료.
[肥厚] féihòu ㄈㄟˊㄏㄡˋ 두껍다. 두툼하다.
[肥鮮] féihsiēn ㄈㄟˊㄒㄧㄢ (고기나 생선이) 기름져서 맛있다.
[肥肉] féijòu ㄈㄟˊㄖㄡˋ 기름진 고기.
[肥闊] féik'uò ㄈㄟˊㄎㄨㄛˋ (옷이) 헐렁하다. 큼직하다.「袖兒一; 소매가 널찍하다」
[肥美] féiměi ㄈㄟˊㄇㄟˇ ①기름기가 있어서 맛있다. ②땅이 기름지다.
[肥膩] féinì ㄈㄟˊㄋㄧˋ (고기가) 기름기가 많아서 느끼하다.
[肥胖] féip'àng ㄈㄟˊㄆㄤˋ 뚱뚱하다.「一病; 비만증(肥滿症)」> 肥肥胖胖.
[肥胖胖的] féip'àngp'àngtê ㄈㄟˊㄆㄤˋㄆㄤˋㄉㄜ 뚱뚱한. 우둥퉁한.
[肥大] féità ㄈㄟˊㄉㄚˋ ①(몸이나 옷 따위가) 크다. > 肥肥大大. ②뚱뚱하다.
[肥地] féitì ㄈㄟˊㄉㄧˋ 기름진 땅.
[肥田] féit'ién ㄈㄟˊㄊㄧㄢˊ ①기름진 논밭. ②논밭에 거름을 주다. ③논밭을 기름지게 하다.「一粉; 황산 암모니아」
[肥頭大耳朵] féit'óu tàěrhto ㄈㄟˊㄊㄡˊㄉㄚˋㄦˇㄉㄨㄛ 얼굴이 오동통한 모양.
[肥皂] féitsào ㄈㄟˊㄗㄠˋ ①비누. ②세탁비누.「一粉; 가루 비누」「一盒; 비눗갑」
[肥實] féishih ㄈㄟˊㄕ 단단하게 살이 찌다. 실팍지다. > 肥肥實實.
[肥瘦兒] féishòurh ㄈㄟˊㄕㄡˋㄦ ①(옷 따위의) 크기. ②기름기와 살코기.
[肥碩] féishuò ㄈㄟˊㄕㄨㄛˋ 통통하고 크다.「一的果子; 둥글둥글한 큰 과실」
[肥源] féiyüán ㄈㄟˊㄩㄢˊ ①거름이 되는 것. ②비료의 공급원(供給源).

〔腓〕 féi ㄈㄟˊ ①종아리. 장딴지. ②병들다. 앓다. ③피하다.

〔匪〕 fěi ㄈㄟˇ ①도둑. 비적. ②…이 아니다.「一夷所思; 상인(常人)이 생각해 낼 수 있는 일이 아니다」 「소굴.
[匪巢] fěich'áo ㄈㄟˇㄔㄠˊ 비적(匪賊)의
[匪氣] fěich'ì ㄈㄟˇㄑㄧˋ 상식에서 벗어난 행동이다. 「범인.
[匪犯] fěifàn ㄈㄟˇㄈㄢˋ 강도. 강도질한
[匪人] fěijén ㄈㄟˇㄖㄣˊ 옳지 않은 사람.
[匪類] fěilèi ㄈㄟˇㄌㄟˋ ①강도. ②악인. 불량배. ③폭도(暴徒). 「적(敵)의 집단.
[匪幫] fěipāng ㄈㄟˇㄅㄤ ①비적의 떼. ②
[匪兵] fěipīng ㄈㄟˇㄅㄧㄥ 적의 군대. 적병.
[匪首] fěishǒu ㄈㄟˇㄕㄡˇ ①비적의 우두머리. ②악당의 괴수.
[匪特] fěit'è ㄈㄟˇㄊㄜˋ ①적의 스파이. ②…할 뿐 아니라. =不特.
[匪徒] fěit'ú ㄈㄟˇㄊㄨˊ ①도둑. ②(지방 사람을 해치는) 무뢰한.

〔菲〕 fěi ㄈㄟˇ ①근소한. 조잡한. 보잘 것 없는: 흔히 겸손의 뜻으로 쓰임.「一才; 재능이 없는 사람. 어리석은 자」②천박하다. 얇다. ③순무와 같은 야채. ⇨fēi.
[菲敬] fěichìng ㄈㄟˇㄐㄧㄥˋ 사소한 선물. 조품(粗品). 선물 포장에 쓰이는 글자.
[菲薄] fěip'ó ㄈㄟˇㄆㄛˊ ①힘이 약하다.

②(대우가) 박하다. ③(재력이) 약하다.
[菲儀] fěií ㄈㄟˇㄧˊ =菲敬.

〔悱〕 fěi ㄈㄟˇ 하고 싶은 말이 잘 표현 되지 않다.

〔斐〕 fěi ㄈㄟˇ 무늬가 있어 아름답다. 뛰어나다.「成績一然 ; 성적이 우수하다」

〔榧〕 fěi ㄈㄟˇ 비자나무.「一子 ; 비자나무의 열매」

〔蜚〕 fěi ㄈㄟˇ ①바퀴. 메뚜기목에 속하는 벌레의 하나. ②일종의 괴수(怪獸)의 이름. ⇨fēi.
[蜚蠊] fěilién ㄈㄟˇㄌㄧㄢˊ 〈動〉 바퀴. =蟑螂.
[蜚聲] fěishēng ㄈㄟˇㄕㄥ ①명성을 떨치다. ②큰 명성.
[蜚短流長] féituǎn liúch'áng ㄈㄟˊㄉㄨㄢˇㄌㄧㄡˊㄓㄤˊ =飛短流長.

〔翡〕 fěi ㄈㄟˇ ①물총새. ②구슬의 한 가지.「一翠 ; 비취」
[翡玉] fěiyǜ ㄈㄟˇㄩˋ 비취. =翡翠.

〔誹〕 fěi ㄈㄟˇ 비방하다. 욕하다.「一語 ; 욕」

〔吠〕 fèi ㄈㄟˋ (개가) 짖다.
[吠堯桀犬] fèiyáo chiéhchüǎn ㄈㄟˋㄧㄠˊㄐㄧㄝˊㄐㄩㄢˇ 나쁜 사람 밑에 있는 개가 좋은 사람에게 짖는다는 뜻으로, 나쁜 사람 밑에서 일하는 사람이 좋은 사람을 괴롭힌다는 말. ‹成›
[吠影吠聲] fèiyǐng fèishēng ㄈㄟˋㄧㄥˇㄈㄟˋㄕㄥ 사물의 옳고 그름을 판단하지 않고 남의 말을 무조건 찬성하여 함께 행동함. ‹成›

〔沸〕 fèi ㄈㄟˋ 끓다. 끓이다.
[沸水] fèishuǐ ㄈㄟˋㄕㄨㄟˇ 끓는 물. 더운 물.
[沸騰] fèit'éng ㄈㄟˋㄊㄥˊ ①(액체가) 끓어 오르다. ②(물가가) 갑자기 뛰다. 오르다. ③시끄럽다.「物議一 ; 세상 소문이 시끄럽다」

〔芾〕 fèi ㄈㄟˋ 작은 나무의 줄기나 잎.

〔狒〕 fèi ㄈㄟˋ「一一 ; 성성이:짐승의 하나」

〔肺〕 fèi ㄈㄟˋ 폐. 허파.
[肺腸] fèich'áng ㄈㄟˋㄔㄤˊ 마음. 기분.「不知是何一 ; 어떠한 기분인지 알 수가 없다」
[肺腑] fèifǔ ㄈㄟˋㄈㄨˇ ①폐부. ②심복(心腹). 믿는 사람.
[肺癆] fèiláo ㄈㄟˋㄌㄠˊ 폐결핵. 폐병.

〔費〕 fèi ㄈㄟˋ ①(노력·신경·시간·금전·물건 따위를) 소비하다. 소모하다. 사용하다.「一工夫 ; 시간을 소비하다」「這孩子穿鞋太一 ; 이 아이는 신발을 잘 해뜨린다」②비용.「學一 ; 학비」
[費解] fèichiěh ㄈㄟˋㄐㄧㄝˇ 알기 어렵다. 풀기 어렵다.
[費錢] fèi ch'ién ㄈㄟˋㄑㄧㄢˊ ①돈을 쓰다. ②돈이 들다.
[費勁] fèichìn ㄈㄟˋㄐㄧㄣˋ ①힘을 들이다. 애쓰다. ②힘이 들다.
[費盡] fèichìn ㄈㄟˋㄐㄧㄣˋ 다 써 버리다.「一心機 ; 머리를 짜내다. 모든 역량을 다 기울이다」
[費周折] fèi chōuché ㄈㄟˋㄓㄡㄓㄜˊ 손이 많이 가다. 시간·수고가 소비되다.
[費唇舌] fèi ch'únshé ㄈㄟˋㄔㄨㄣˊㄕㄜˊ ①갖은 소리를 다하다. ②(설명·해석·충고 등을) 입이 아프도록 말하다.
[費厄潑賴] fèièp'ōlài ㄈㄟˋㄜˋㄆㄛㄌㄞˋ 정정 당당한 승부. 페어플레이. ‹譯›
[費心] fèihsīn ㄈㄟˋㄒㄧㄣ 걱정하다. 근심하다.「叫您一 ; 걱정을 끼쳐 드렸읍니다」 ‹人›
[費項] fèihsiàng ㄈㄟˋㄒㄧㄤˋ 지출(支出).
[費工] fèikūng ㄈㄟˋㄍㄨㄥ (일에) 시간이나 노력이 걸리다.
[費工夫] fèi kūngfu ㄈㄟˋㄍㄨㄥㄈㄨ ①시간이 걸리다. ②시간을 소비하다. 시간을 보내다. ③공을 들이다. 잔손이 많이 가다.
[費力] fèilì ㄈㄟˋㄌㄧˋ ①힘을 들이다. 애쓰다.「一不討好 ; 애쓴 보람이 없다」=吃力不討好. ②일이 까다롭다.
[費難] fèinán ㄈㄟˋㄋㄢˊ 귀찮다. 손이 가다.
[費商量] fèishāngliang ㄈㄟˋㄕㄤㄌㄧㄤ 의논하기에 힘이 들다. 의논이 잘 이루어지지 않다.
[費神] fèishěn ㄈㄟˋㄕㄣˊ 노심(勞心)하다. 근심하다.
[費事] fèishìh ㄈㄟˋㄕˋ 귀찮다. 시간이 걸리다. 「=費事.
[費手脚] fèishǒuchiǎo ㄈㄟˋㄕㄡˇㄐㄧㄠˇ
[費電] fèitièn ㄈㄟˋㄉㄧㄢˋ ①전력을 쓰다. ②전력이 소비되다.
[費吐沫] fèit'ùmo ㄈㄟˋㄊㄨˋㄇㄛ ①이것저것 말하다. ②말로 해결하는 데 힘이 들다.
[費眼] fèiyěn ㄈㄟˋㄧㄢˇ 눈을 쓰다. 눈이 피로해지다.「文字太小,很一 ; 글자가 너무 작아서 매우 눈이 피로해지다」
[費用] fèiyùng ㄈㄟˋㄩㄥˋ ①비용 ②쓰다. 사용하다.

〔痱〕(疿) fèi ㄈㄟˋ「一子 ; 땀띠」

〔廢〕 fèi ㄈㄟˋ ①폐지하다. ②그만두다.「半途而一 ; 중도에서 그만두다」③소용이 없는. 쓸모 없는.「一人 ; 폐인」④효력이 없어진. ⑤피폐하다. 낡다. ⑥불구(不具)의.
[廢弛] fèich'íh ㄈㄟˋㄔˊ 스러지고 말다. 시행되지 않다.「政令一 ; 정령이 휘지비지해지다」
[廢紙] fèichǐh ㄈㄟˋㄓˇ 파지(破紙). 폐지.
[廢寢忘食] fèich'in·wàngshíh ㄈㄟˋㄑㄧㄣˇㄨㄤˋㄕˊ 침식을 잊고 노력을 하다. ‹成›
[廢除] fèich'ú ㄈㄟˋㄔㄨˊ 폐기하다. 「一軍事同盟;군사 동맹을 폐기하다」
[廢話] fèihua ㄈㄟˋㄏㄨㄚ 쓸모 없는 말. 소용에 닿지 않는 말.
[廢活] fèihuó ㄈㄟˋㄏㄨㄛˊ 실패한 제품. 재료. ②병신. ‹罵›
[廢貨] fèihuò ㄈㄟˋㄏㄨㄛˋ 병신. 맹꽁이. ‹罵›
[廢料] fèiliào ㄈㄟˋㄌㄧㄠˋ ①쓰지 못할
[廢棉] fèimién ㄈㄟˋㄇㄧㄢˊ 솜 부스러기.
[廢礦] fèilúng ㄈㄟˋㄌㄨㄥˊ 폐기된 광산이나 탄갱(炭坑).
[廢票] fèip'iào ㄈㄟˋㄆㄧㄠˋ 무효가 된 차표·수표·어음.
[廢片] fèip'ièn ㄈㄟˋㄆㄧㄢˋ N. G. 쓰지 못하게 된 필름. =廢影片.
[廢掉] fèitiào ㄈㄟˋㄉㄧㄠˋ 무효로 하다. 파기(破棄)하다.
[廢鐵] fèit'iěh ㄈㄟˋㄊㄧㄝˇ 파쇠. 고철.
[廢地還湖] fèitì huánhú ㄈㄟˋㄉㄧˋㄏㄨㄢˊ

ㄏㄨˊ 이용도가 없는 땅을 관개용의 못이나 늪으로 만들다.
[廢材] fèits'ái ㄈㄟˋㄘㄞˊ =廢料.
[廢物] fèiwu ㄈㄟˋㄨ ①폐물. ②쓸모 없는 놈. 병신 ‹罵›
[廢原棉] fèiyüánmién ㄈㄟˋㄩㄢˊㄇㄧㄢˊ 미숙면(未熟棉). 여물지 않은 면화.

FÊN ㄈㄣ

〔分〕 fēn ㄈㄣ ①나누다. 구별하다.「一兩班；두 반으로 나누다」 ②분배하다. ③나누어진.「一會；분회」④ 식별하다. 분간하다.「一清彼我；피아를 구분하다」 ⑤(일정한 수에 의해 구별된) 부분.「三一之一；삼분의 일」 ⑥㉮길이의 단위: "寸"의 십분의 일. ㉯면적 단위의 하나. ㉰중량 단위의 하나. ㉱화폐 단위의 하나. ㉲시간 단위의 하나. ㉳각도(角度) 단위의 하나. ㉴점. 득점을 세는 말.「考試得了五一；시험에서 5점 얻었다」 ㉵이율(利率)의 단위: 중국에서의 월리(月利)의 1"分"은 백분의 일. 연리(年利)의 1"分"은 십분의 일로 계산함. ⇨fèn.
[分賬] fēnchàng ㄈㄣㄓㄤˋ 이익을 나누다. 같이 번 돈을 분배하다.
[分成] fēnch'êng ㄈㄣㄔㄥ 나누다.「一兩半；반씩 나누다」
[分爭] fēnchēng ㄈㄣㄓㄥ 자기의 의견을 내세워 싸우다. 분쟁(紛爭)하다.
[分盛] fēnch'ěng ㄈㄣㄔㄥˊ 나누어 담다.
[分歧] fēnch'í ㄈㄣㄑㄧˊ ①나누어지다.「意見一；의견이 갈라지다」 ②의견·사상의 불일치.
[分機] fēnchī ㄈㄣㄐㄧ 전화의 내선(內線).
[分期] fēnch'ī ㄈㄣㄑㄧ ①시대 구분을 하다. ②기일을 나누다.「一付款；분할(分割) 지불하다」
[分家] fēnchiā ㄈㄣㄐㄧㄚ 별거하다.
[分解] fēnchiěh ㄈㄣㄐㄧㄝˇ ①분해하다. ②설명하다.「且聽下回一；그리고 다음 번 해설을 들으시라: 구소설에 쓰이는 말」
[分界] fēnchièh ㄈㄣㄐㄧㄝˋ 경계(境界).
[分節號] fēnchiéhhào ㄈㄣㄐㄧㄝˊㄏㄠˋ 수자의 단위를 표시하기 위하여 천(千) 단위로 적는 부호: " , "
[分清] fēnch'īng ㄈㄣㄑㄧㄥ 분명히 구별「하다.
[分斤掰兩] fēnchīn pāiliǎng ㄈㄣㄐㄧㄣ ㄅㄞㄌㄧㄤˇ 단작스럽다. 인색하다.
[分居] fēnchū ㄈㄣㄓㄨ 따로따로 살다. 별거하다.
[分裝] fēnchuàng ㄈㄣㄓㄨㄤˋ ①분할 적립(分割積立). ②분할해서 적립하다.
[分莊] fēnchuāng ㄈㄣㄓㄨㄤ 지점(支店). =分庄.
[分發] fēnfā ㄈㄣㄈㄚ ①각기 파견하다. 각 기관에 나누어 소속시키다. ②각기 나누어 주다.
[分肥] fēnféi ㄈㄣㄈㄟˊ (부정한 수단으로 번) 이익을 나누어 갖다.
[分付] fēnfu ㄈㄣㄈㄨ ①분부하다. 명령하다. ② fēnfù 몇 번에 나누어 갚다. 분할 지불하다.
[分行] fēnháng ㄈㄣㄏㄤˊ ①지점. ②은행의 지점.
[分毫] fēnháo ㄈㄣㄏㄠˊ 극히 적은 분량. 극소량(極少量).
[分號] fēnhào ㄈㄣㄏㄠˋ ①지점(支店). 「②세미콜론: " ; "
[分析] fēnhsī ㄈㄣㄒㄧ ①분석. ②분석하다.
[分銷] fēnhsiāo ㄈㄣㄒㄧㄠ 나누어 팔다. 소매로 팔다.
[分曉] fēnhsiǎo ㄈㄣㄒㄧㄠˇ ①명백하다. 뚜렷하다. ②(일의) 경위. 결과. ③도리.「沒一；도리에 맞지 않다」
[分心] fēnhsīn ㄈㄣㄒㄧㄣ ①배려(配慮)하다. 마음에 두다.「您多一吧；잘 부탁합니다」=勞神. ②정신이 헷갈리다.「做事不可一；일하는 데 정신을 팔면 안된다」
[分化] fēnhuà ㄈㄣㄏㄨㄚˋ ①분화하다. ②분열시키다.「一敵人；적을 분열시키다」
[分還] fēnhuán ㄈㄣㄏㄨㄢˊ 빚을 찔끔찔「끔 갚다.
[分洪] fēnhúng ㄈㄣㄏㄨㄥˊ 수문을 열고 물을 나누어 보내다.
[分紅] fēnhúng ㄈㄣㄏㄨㄥˊ 이익을 할당「하다.
[分潤] fēnjùn ㄈㄣㄖㄨㄣˋ 이익을 나누다.
[分開] fēnk'ai ㄈㄣㄎㄞ ①나누다.「把兩件事一着說明；두 가지 일을 나누어서 설명하다」 ②분리하다.
[分給] fēnkěi ㄈㄣㄍㄟˇ 나누어 주다.
[分甘共苦] fēn'kān-kùngk'ǔ ㄈㄣㄍㄢㄍㄨㄥˋㄎㄨˇ 고락을 같이 하다. ‹成›
[分工] fēnkūng ㄈㄣㄍㄨㄥ 분업(分業)을 하다.
[分光鏡] fēnkuāngchìng ㄈㄣㄍㄨㄤㄐㄧㄥˋ 분광기(分光器).
[分類賬] fēnlèichàng ㄈㄣㄌㄟˋㄓㄤˋ 분개장(分介帳).
[分厘毫絲] fēnlíháossū ㄈㄣㄌㄧˊㄏㄠˊㄙ 극히 적어 보잘것 없다는 비유.
[分袂] fēnmèi ㄈㄣㄇㄟˋ 이별하다.
[分門別類] fēnmén-piéhlèi ㄈㄣㄇㄣˊㄅㄧㄝˊㄌㄟˋ 부문(部門)을 나누다.
[分泌] fēnmì ㄈㄣㄇㄧˋ 분비하다.
[分秒必爭] fēnmiǎo pìchēng ㄈㄣㄇㄧㄠˇ ㄅㄧˋㄓㄥ 일분 일초를 소홀히 하지 않다.
[分明] fēnmíng ㄈㄣㄇㄧㄥˊ 분명하다. 명백하다. >分分明明.
[分派] fēnp'ài ㄈㄣㄆㄞˋ ①각각 파견하다. ②할당(割當)하다. ③나누어 배치하다. ④ fēnp'ai 나쁘게 말하다.
[分班] fēnpān ㄈㄣㄅㄢ 반(班)으로 나누다. 반을 나누다.
[分崩離析] fēnpēng-líhsī ㄈㄣㄅㄥㄌㄧˊㄒㄧ 지리멸렬(支離滅裂)하다. 분열하여 산산조각이 되다. ‹成›
[分配] fēnp'èi ㄈㄣㄆㄟˋ ①분배하다. ②배급하다. ③할당하다.「一工作；일을 할당하다」 ④배치하다.
[分批] fēnp'ī ㄈㄣㄆㄧ ①몫을 지어 나누다. ②반별(班別)로. 일부분마다.
[分辯] fēnpièn ㄈㄣㄅㄧㄢˋ 변명하다.
[分辨] fēnpièn ㄈㄣㄅㄧㄢˋ 구별하다.
[分撥] fēnpō ㄈㄣㄅㄛ ①분배하다. ②나눠 지출하다. ③각각 나누어 배치하다.
[分不清] fēnpuch'īng ㄈㄣㄅㄨㄑㄧㄥ 확실히 분간하지 못하다.
[分不開] fēnpuk'āi ㄈㄣㄅㄨㄎㄞ 떼어 버릴 수 없다. ↔分得開.
[分散] fēnsàn ㄈㄣㄙㄢˋ ①분산하다. ②각기 나누어 주다.

[分三別兩] fēnsān-piéhliǎng ㄈㄣㄙㄢㄅㄧㄝˊㄌㄧㄤˇ 뚜렷이 구별하다.
[分社] fēnshè ㄈㄣㄕㄜˋ 지사(支社).
[分身] fēnshēn ㄈㄣㄕㄣ (어떤 장소나 일에서) 떠나다. 손을 떼다.「忙得不能一; 바빠서 그 일을 손 뗄 수 없다」「=費心.
[分神] fēnshén ㄈㄣㄕㄣˊ 근심을 끼치다.
[分手] fēnsh'ǒu ㄈㄣㄕㄡˇ 헤어지다. 이별하다. 「량을조절하는 수문.
[分水閘] fēnshuìchá ㄈㄣㄕㄨㄟˇㄓㄚˊ 수
[分說] fēnshuō ㄈㄣㄕㄨㄛ 주장하다. 변명하다.「不容一; 불문곡직(不問曲直)하다. 변명을 허용하지 않다」
[分數兒] fēnshùrh ㄈㄣㄕㄨˋㄦ 점수(點數).「記一; 점수를 매기다」
[分訴] fēnsù ㄈㄣㄙㄨˋ 변명하다. 「다.
[分送] fēnsùng ㄈㄣㄙㄨㄥˋ 나누어 보내
[分攤] fēnt'ān ㄈㄣㄊㄢ ①골고루 배당하다. ②(비용을) 제각기 물기로 하다. ③나누어 늘어 놓다.
[分道揚鑣] fēntào yángpiāo ㄈㄣㄉㄠˋㄧㄤˊㄅㄧㄠ 길을 달리하여 말방울 소리를 높인다는 뜻으로, 다른 목표를 가지고 저마다의 길을 걸어 나간다는 말.《成》
[分地] fēntì ㄈㄣˋㄉㄧˋ 토지를 분배하다. 땅을 나누다.
[分田] fēnt'ién ㄈㄣㄊㄧㄢˊ 논밭을 나누다.
[分店] fēntièn ㄈㄣㄉㄧㄢˋ 분점. 지점. 지사(支社).
[分庭抗禮] fēnt'ing-k'ànglǐ ㄈㄣㄊㄧㄥˊㄎㄤˋㄌㄧˇ 상호간에 대등한 지위나 예의로써 대하다.《成》
[分頭] fēnt'óu ㄈㄣㄊㄡˊ ①분업(分業)하다. 일을 나누어 하다. ②머리를 가르다.「留一; 머리를 길러서 가르다」 ③제각기. 각각.
[分財] fēnts'ái ㄈㄣㄘㄞˊ 재산을 나누다.
[分贓] fēntsāng ㄈㄣㄗㄤ 훔친 물건을 눈대중으로 나누어 가지다. 「⇨fēntsǔ.
[分子] fēntzǔ ㄈㄣㄗˇ 분수(分數)의 분자.
[分爨] fēnts'uàn ㄈㄣㄘㄨㄢˋ 형제가 분가하다.
[分寸] fēnts'un ㄈㄣㄘㄨㄣ ①분수. 신분.「自不知一; 분수를 모르다」 ②적당한 정도.「說話也很有一; 이야기도 매우 온당하다. ③매우 세밀한 점. ④조금. 약간.「一也不差; 조금도 틀리지 않다」「걷다.
[分途] fēnt'ú ㄈㄣㄊㄨˊ 서로 다른 길을
[分度] fēntù ㄈㄣㄉㄨˋ 눈금을 만들다.「一尺; 분도기」
[分文] fēnwěn ㄈㄣㄨㄣˊ 약간의 돈. 푼돈.「一不取; 한 푼도 받지 않는다. 완전 무료」 「節號.
[分位號] fēnwèihào ㄈㄣㄨㄟˋㄏㄠˋ =分
[分秧] fēn yāng ㄈㄣㄧㄤ 모(苗)를 가르다.
[分陰] fēnyīn ㄈㄣㄧㄣ 짧은 시간. 촌음(寸陰).「一惜; 촌음을 아끼다」

〔芬〕 fēn ㄈㄣ 풀이나 꽃의 향기.
[芬芳] fēnfāng ㄈㄣㄈㄤ ①향기. ②향기롭다. >芬芬芳芳. 「롭고 아름답다.
[芬菲] fēnfēi ㄈㄣㄈㄟ 풀이나 꽃이 향기
[芬芬] fēnfēn ㄈㄣㄈㄣ ①향기롭다. ②흩어져 있는 모양. 「다.
[芬郁] fēnyǜ ㄈㄣㄩˋ 향기가 높다. 향기롭

〔吩〕 fēn ㄈㄣ 명령하다.
[吩咐] fēnfu ㄈㄣㄈㄨ 명령하다. 분부하다. >吩吩咐咐.

〔氛〕 fēn ㄈㄣ 기분. 모양. 정세.
[氛圍] fēnwéi ㄈㄣㄨㄟˊ 분위기.

〔紛〕 fēn ㄈㄣ ①흩어진. ②뒤섞이다. ③왕성한.
[紛歧] fēnch'í ㄈㄣㄑㄧˊ ①한결같지 않다. 가지런하지 않다. ②혼란(混亂).
[紛至沓來] fēnchìh t'àlái ㄈㄣㄓˋㄊㄚˋㄌㄞˊ 차례차례로 그치지 않고 계속되다.《成》
[紛紛] fēnfēn ㄈㄣㄈㄣ ①산산이.「一的散開了; 산산이 흩어졌다」 ②혼란하여.
[紛紛揚揚] fēnfēnyángyáng ㄈㄣㄈㄣㄧㄤˊㄧㄤˊ ①많아서 혼잡한 모양. ②왕성한 모양.
[紛擾] fēnjǎo ㄈㄣㄖㄠˇ 시끄럽게 분쟁이 일어나다. >紛紛擾擾.
[紛亂] fēnluàn ㄈㄣㄌㄨㄢˋ 난잡하다. 혼란스럽다. >紛紛亂亂.
[紛披] fēnpī ㄈㄣㄆㄧ (머리카락 따위가) 더부룩하다. 산발이 되어 있다.
[紛散] fēnsàn ㄈㄣㄙㄢˋ ①여기저기 흩어지다. ②산산이 흩어지다.
[紛雜] fēntsá ㄈㄣㄗㄚˊ =紛紜. 「다.
[紛紜] fēnyún ㄈㄣㄩㄣˊ 난잡하고 시끄럽

〔棻〕 fēn ㄈㄣ 향기나는 목재. 그윽한 나무 냄새.

〔汾〕 fén ㄈㄣˊ ①"山西省"에 있는 강의 이름. ②"山西省汾陽縣"일대를 일컫는 말.「一酒; "山西省汾河"일대에서 산출되는 술」

〔焚〕 fén ㄈㄣˊ 타다. 태우다.
[焚香] fénhsiāng ㄈㄣˊㄒㄧㄤ 향을 피우다.
[焚化] fénhuà ㄈㄣˊㄏㄨㄚˋ 태워서 재로 만들다.
[焚毁] fénhuǐ ㄈㄣˊㄏㄨㄟˇ 태워서 파괴하다.
[焚掠] fénlüèh ㄈㄣˊㄌㄩㄝˋ 불을 지르고 약탈하다.
[焚燒] fénshāo ㄈㄣˊㄕㄠ 태우다.

〔墳〕(坟) fén ㄈㄣˊ 무덤. 묘.
[墳場] fénch'ǎng ㄈㄣˊㄔㄤˇ 묘지(墓地).
[墳圈子] fénch'üāntzǔ ㄈㄣˊㄑㄩㄢㄗ 울타리로 둘러 싸인 묘지.
[墳墓] fénmù ㄈㄣˊㄇㄨˋ 묘지. 분묘.
[墳山] fénshān ㄈㄣˊㄕㄢ ①묘(墓). ②묘 뒤의 담.
[墳地] féntì ㄈㄣˊㄉㄧˋ 묘지. =墳場.
[墳丁] féntīng ㄈㄣˊㄉㄧㄥ 묘지기.
[墳頭兒] fént'óurh ㄈㄣˊㄊㄡˊㄦ 분상(墳上). 무덤의 도도록 솟은 부분.
[墳塋] fényíng ㄈㄣˊㄧㄥˊ 묘지. =墳地.

〔鼢〕 fén ㄈㄣˊ「一鼠; 두더지」

〔粉〕 fěn ㄈㄣˇ ①가루. 분말.「牙一; 가루 치약」 ②분.「抹一; 분을 바르다」 ③(벽이나 담을 회게) 칠하다. ④가루로 만들다.「一身碎骨; 분골 쇄신(粉骨碎身)」 ⑤연분홍. 핑크색.「這朵花是一的; 이 꽃

은 연분홍이다」 ⑥외설적(猥褻的)인. 에로틱한. 음탕한.「一話 ; 외설담」 ⑦콩가루 따위로 만든 식품.「凉一;갈분(葛粉) 따위로 만든 떡」 「루풀.
[粉漿] fěnchiāng ㄈㄣˇㄐㄧㄤ 세탁용의 가
[粉墻] fěnch'iáng ㄈㄣˇㄑㄧㄤˊ ①=粉壁. ② fěn ch'iáng 벽을 하얗게 칠하다.
[粉紙] fěnchǐh ㄈㄣˊㄓˇ ①아아트지(art 紙). ②화장지.
[粉針] fěnchěn ㄈㄣˇㄓㄣ 증류수에 풀어서 쓰는 분말 주사제.「打一; 분말 주사약으로 주사를 놓다」
[粉坊] fěnfáng ㄈㄣˇㄈㄤˊ 제분 공장. 특히 녹두 가루를 만드는 공장.
[粉粉兒碎] fénfěnrhhsuì ㄈㄣˊㄈㄣˇㄦㄙㄨㄟˋ 산산이 흩어져 가루가 된 모양. 박살이 난 모양. 「트.
[粉盒兒] fěnhórh ㄈㄣˇㄏㄜˊㄦ 분첩. 콤팩
[粉戲] fěnhsì ㄈㄣˇㄒㄧˋ 연애극. 외설적인 연극. =粉曲.
[粉匣] fěnhsiá ㄈㄣˇㄒㄧㄚˊ ①분갑. ②치분갑(齒粉匣).
[粉綫] fěnhsièn ㄈㄣˇㄒㄧㄢˋ 재단사가 쓰는 백묵(白墨). 분필.
[粉話] fěnhuà ㄈㄣˇㄏㄨㄚˋ 음탕한 이야기. 외설.
[粉紅] fěnhúng ㄈㄣˇㄏㄨㄥˊ ①분홍빛. 핑크빛. ②분홍빛이다.
[粉膏] fěn'kāo ㄈㄣˇㄍㄠ (되직하게 만든) 물분의 한 가지.
[粉棍] fěnkùn ㄈㄣˇㄍㄨㄣˋ 범인을 고문하는 데 쓰이는 흰 몽둥이. =白虎棍.
[粉連紙] fěnliénchǐh ㄈㄣˇㄌㄧㄢˊㄓˇ 하얀 도배지(塗褙紙).
[粉墨] fěnmò ㄈㄣˇㄇㄛˋ ①무대 화장. 메이크업. ②부인의 화장.
[粉墨登場] fěnmò tēngch'ǎng ㄈㄣˇㄇㄛˋㄉㄥㄔㄤˇ 화장하고 무대에 등장한다는 뜻으로, 가장(假裝)을 하고 사회에서 활동한다는 말. ‹成›
[粉拍] fěnp'āi ㄈㄣˇㄆㄞ =粉撲兒.
[粉白] fěnpái ㄈㄣˇㄅㄞˊ 연분홍.
[粉白黛黑] fěnpái-tàihēi ㄈㄣˇㄅㄞˊㄉㄞˋㄏㄟ 미인의 단장한 모양. 미인의 화장. ‹成›
[粉本] fénpěn ㄈㄣˊㄅㄣˇ 초벌 그림. 그림의 초(草).
[粉皮] fěnp'í ㄈㄣˇㄆㄧˊ ①당면. =粉條. ② 털을 제거한 양피(羊皮).
[粉筆] fénpǐ ㄈㄣˊㄅㄧˇ 백묵. 분필.
[粉壁] fěnpì ㄈㄣˇㄅㄧˋ ①흰 벽. ②fěn pì 벽을 하얗게 칠하다. 「프(puff).
[粉撲兒] fěnp'ūrh ㄈㄣˇㄆㄨㄦ ①분첩. 퍼
[粉色] fěnsè ㄈㄣˇㄙㄜˋ 도색(桃色). 분홍빛. 「다.
[粉飾] fěnshìh ㄈㄣˇㄕˋ 장식하다. 분장하
[粉刷] fěnshuā ㄈㄣˇㄕㄨㄚ 석회수(石灰水)를 바르다.
[粉刷兒] fěnshuārh ㄈㄣˇㄕㄨㄚㄦ 석회수를 바르는 솔.
[粉絲] fěnssū ㄈㄣˇㄙ 녹두로 만든 당면.
[粉碎] fěnsuì ㄈㄣˇㄙㄨㄟˋ 잘게 부수다. 분쇄하다.
[粉湯] fěnt'āng ㄈㄣˇㄊㄤ 당면에 가늘게 썬 돼지고기를 넣고 끓인 국. =多粉湯.
[粉條(兒)] fěnt'iáo(rh) ㄈㄣˇㄊㄧㄠˊ(ㄦ) =粉絲.
[粉團] fěnt'uán ㄈㄣˇㄊㄨㄢˊ 참쌀 가루 반죽에 깨를 묻혀 기름에 튀긴 음식.
[粉刺] fěntz'ŭ ㄈㄣˇㄘˋ 여드름.

〔分〕 fěn ㄈㄣˋ ①분수. 신분. 직책.「一所當然 ; 본분으로서 당연한 일이다」 ② =份 ①. ⇨fēn.
[分量] fěnliang ㄈㄣˋㄌㄧㄤ ①무게. 「不够一 ; 중량 부족」 ②배당. 몫.
[分兒] fěnrh ㄈㄣˋㄦ ①지위. ②몫. 차지. 「沒有我的一 ; 나의 몫이 없다」 ③정도. 「到這一上, 他還不覺悟 ; 이렇게까지 되었건만 그는 아직도 깨닫지 않는다」
[分內] fěnnèi ㄈㄣˋㄋㄟˋ 신분이나 분수의 범위내. 본분(本分)에 속하는 일. 「一的事 ; 본분에 속하는 일」
[分子] fěntzŭ ㄈㄣˋㄗ ①경조금(慶弔金). 「送一 ; 경조금을 보내다」「湊一 ; 경조금을 모으다」 ②fēntzŭ ㉮구성 분자. ㉯화학의 분자. ⇨fēntsŭ.

〔份〕 fěn ㄈㄣˋ ①전체 중의 일부분을 세는 단위. 「分成三一 ; 셋으로 나누다」 ②한 벌이나 한 죽으로 된 것을 세는 단위. 「一一禮物 ; 한 쌍의 선물」 ③신문의 종류를 세는 단위. 「一一報 ; 한 가지 신문」
[份兒] fěnrh ㄈㄣˋㄦ ①지위. 상태. 「混到而今, 落到這個一上 ; 오늘까지 해 왔는데도 이 모양이다」 ②차지. 배당된 자기의 몫. 「這是你的一, 你快拿去吧 ! ; 이것은 네 몫이니까 빨리 가져가라」 ③신분. 「你不够學生的一 ; 너는 학생의 신분으로서 부족한 점이 있다」 ④ 어리석은. 어처구니 없는. 「別做那一夢 ; 그런 어처구니 없는 꿈은 꾸지 말라」
[份兒飯] fěnrhfàn ㄈㄣˋㄦㄈㄢˋ ①정식(定食). ②각자의 식사.
[份兒封] fěnrhfēng ㄈㄣˋㄦㄈㄥ 부의금이나 축하금을 넣는 봉투.
[份子] fěntzŭ ㄈㄣˋㄗ ①부의·축하의 금품. ②주(株). =分子.

〔忿〕 fěn ㄈㄣˋ ①원망하다. 「一不欲生 ; 죽기를 각오하고 분통을 터뜨리다」
[忿爭] fěnchēng ㄈㄣˋㄓㄥ ①성내어 다투다. ②성내어 논쟁하다.
[忿氣] fěnch'ì ㄈㄣˋㄑㄧˋ 분노.
[忿忿] fěnfěn ㄈㄣˋㄈㄣˋ 성이 나서 마음이 평온치 않은 모양. 불끈. 「다.
[忿恨] fěnhěn ㄈㄣˋㄏㄣˋ 원망하다. 노하
[忿火] fěnhuǒ ㄈㄣˋㄏㄨㄛˇ 분노의 불길. 원망하는 감정. 분통. 「내다.
[忿怒] fěnnù ㄈㄣˋㄋㄨˋ 분노하다. 화를 「②원망하다.

〔憤〕 fěn ㄈㄣˋ ①분개하다. 격분하다.
[憤切] fěnch'ièh ㄈㄣˋㄑㄧㄝˋ 이를 갈며 격분하다. 「하다.
[憤恨] fěnhěn ㄈㄣˋㄏㄣˋ 원망하고 분노
[憤怒] fěnnù ㄈㄣˋㄋㄨˋ ①분노. ②분노하다.

〔奮〕(奋) fěn ㄈㄣˋ ①활개를 치다. ②기운을 내다. ③분투 노력하다. ④뿌리치다. 「一袂 ; 소매를 뿌리치다. 이별하다」 「분투 노력하다.
[奮戰] fěnchàn ㄈㄣˋㄓㄢˋ ①분전하다. ②
[奮志] fěnchìh ㄈㄣˋㄓˋ 분발하여 뜻을 세

우다. 「내다.
[奮發] fěnfā ㄈㄣˋㄈㄚ 분발하다. 기운을
[奮力] fěnlì ㄈㄣˋㄌㄧˋ 힘을 내다. 분투하다. 「양.힘찬 모양.
[奮臂] fěnpì ㄈㄣˋㄅㄧˋ 용감하게 덤비는 모
[奮不顧身] fěnpúkùshēn ㄈㄣˋㄅㄨˊㄍㄨˋㄕㄣ 분기하여 일신의 위험을 돌보지 않다. 「용맹을 떨치다.
[奮勇] fěnyǔng ㄈㄣˋㄩㄥˇ 용기를 내다.
[奮勇直前] fěnyǔng chíhch'ién ㄈㄣˋㄩㄥˇㄓˊㄑㄧㄢˊ 분기하여 곧장 추격하다.

〔糞〕(粪) fěn ㄈㄣˋ ①똥. ②(논밭에) 거름을 주다.「一地 ; 밭에 거름을 주다」③제거하다. 청소하다.「一除 ; 쓸어 버리다. 제거하다」④서툰. 미숙한.「一棋 ; 서툰 바둑」
[糞車] fěnchē ㄈㄣˋㄔㄜ 청소차.쓰레기차.
[糞箕] fěnchī ㄈㄣˋㄐㄧ 쓰레받기. 「缸.
[糞池] fěnch'í ㄈㄣˋㄔˊ 똥통. =糞坑. 糞
[糞紙] fěnch'ǐ ㄈㄣˋㄑㄧˇ 변소에서 쓰는 휴지.
[糞箕子] fěnchītzǔ ㄈㄣˋㄐㄧㄗ 거름 삼태기. 똥이나 거름을 운반하는 삼태기.
[糞肥] fěnféi ㄈㄣˋㄈㄟˊ ①밑거름. ②분뇨(糞尿)로 된 거름.
[糞坑] fěnk'ēng ㄈㄣˋㄎㄥ =糞池.
[糞筐] fěnk'uāng ㄈㄣˋㄎㄨㄤ 인분을 담는 삼태기. 「구멍.
[糞門] fěnmén ㄈㄣˋㄇㄣˊ 항문(肛門). 똥
[糞土] fěnt'ǔ ㄈㄣˋㄊㄨˇ ①더러운 흙. 불결한 토지. ②더러운 것. 보잘 것 없는 인간.
[糞堆] fěntuī ㄈㄣˋㄉㄨㄟ ①퇴비(堆肥). ②쓰레기 더미.
[糞桶] fěnt'ǔng ㄈㄣˋㄊㄨㄥˇ 똥통.거름통.
[糞汚] fěnwū ㄈㄣˋㄨ ①오물(汚物). ②더러운 것. 보잘 것 없는 물건.

FÊNG ㄈㄥ

〔封〕 fēng ㄈㄥ ①봉하다. 밀폐하다. 「一瓶口; 병의 아가리를 꽉 봉하다」②왕후(王候)로 봉하다. ③편지를 세는 말.「一一信 ; 한 통의 편지」
[封緘] fēngchiēn ㄈㄥㄐㄧㄢ ①봉인(封印). 시일(seal). ②봉함했다는 표적으로 붙이는 종이. 봉함.
[封建] fēngchièn ㄈㄥㄐㄧㄢˋ ①봉건. ②보수적이다.「那太一了 ; 그것은 너무도 봉건적이다」
[封就] fēngchiù ㄈㄥㄐㄧㄡˋ 봉해 버리다.
[封貯] fēngchǔ ㄈㄥㄓㄨˋ 저장하다.
[封河] fēng hó ㄈㄥㄏㄜˊ ①하천이 얼어 붙다. ②하천이 얼어서 배가 다니지 못하다.
[封箱] fēnghsiāng ㄈㄥㄒㄧㄤ =封臺.
[封火] fēng huǒ ㄈㄥㄏㄨㄛˇ ①불을 묻다. 숯불 따위에 재를 덮어서 묻다. ②음식점이 시간이 되어 문을 닫다. 「다.
[封港] fēngkǎng ㄈㄥㄍㄤˇ 항구를 봉쇄하
[封口(兒)] fēngkǒu(rh) ㄈㄥㄎㄡˇ(ㄦ) ①밀봉할. 물건의 아가리를 봉하다. 「把信封兒一了 ; 편지를 봉하다」②(상처・부스럼의) 구멍이 막히다. 「폐쇄하다.
[封關] fēngkuān ㄈㄥㄍㄨㄢ 봉쇄하다.
[封官許願] fēngkuān hsǔyüàn ㄈㄥㄍㄨㄢㄒㄩˇㄩㄢˋ 이권(利權)으로 상대방을 자기 편에 끌다. ‹成› 「닫다.
[封靈] fēnglíng ㄈㄥㄌㄧㄥˊ 관의 뚜껑을
[封爐] fēnglú ㄈㄥㄌㄨˊ 진흙으로 구멍을 막아 버린 스토우브.
[封門] fēngmén ㄈㄥㄇㄣˊ (명령으로) 가게를 폐쇄하다.
[封面] fēngmièn ㄈㄥㄇㄧㄢˋ 봉투・신문・잡지・책 따위의 표면. 표지(表紙).
[封皮] fēngp'í ㄈㄥㄆㄧˊ ①봉투. ②봉인(封印)하는 종이. 「다. 폐쇄하다.
[封閉] fēngpì ㄈㄥㄅㄧˋ ①봉인(封印)을 하
[封山育林] fēngshān yǜlín ㄈㄥㄕㄢㄩˋㄌㄧㄣˊ 나무를 베지 못하게 하여 산림(山林)을 기르다. ‹成› 「문을 닫고 쉬다.
[封臺] fēngt'ái ㄈㄥㄊㄞˊ 연말에 극장이
[封帶] fēngtài ㄈㄥㄉㄞˋ 잡지 따위의 우편물을 폭이 좁은 종이띠(帶紙)로 봉하는 것.
[封套兒] fēngt'àorh ㄈㄥㄊㄠˋㄦ 봉투.
[封條] fēngtiao ㄈㄥㄉㄧㄠ 봉인(封印)하는 종이. 「②말을 하지 못하게 하다.
[封嘴] fēngtsui ㄈㄥㄗㄨㄟˇ ①입을 막다.
[封存] fēngts'ún ㄈㄥㄘㄨㄣˊ 봉해 두다.
[封印] fēngyìn ㄈㄥㄧㄣˋ 봉인. 시일(seal).

〔風〕 fēng ㄈㄥ ①바람.「刮一 ; 바람이 불다」②소문.「走一 ; 소문이 퍼지다」③확실한 근거가 없는.「一聞 ; 풍문」④경치.「一景 ; 풍경」⑤태도. 방법.「作一 ; 작풍」⑥풍속. 습관.「世一 ; 세속(世俗)」⑦병의 한 가지.「中一 ; 중풍」「抽一 ; 경기(驚氣)를 일으키다」 「바람막이.
[風障] fēngchàng ㄈㄥㄓㄤˋ (밭 따위의)
[風潮] fēngch'áo ㄈㄥㄔㄠˊ ①바람의 방향과 조수의 흐름. ②시대의 경향. 풍조. ③소동. 스트라이크.
[風車] fēngch'ē ㄈㄥㄔㄜ ①풍구. =唐槭. 唐扇車. ②(동력을 얻는) 풍차. ③팔랑개비. =風車兒.
[風針] fēngchēn ㄈㄥㄓㄣ 풍향계(風向計).
[風塵] fēngchén ㄈㄥㄓㄣˊ ①풍진.속세간(俗世間). ②나그네의 괴로움.「一僕僕 ; 가진 경난을 다하다」③난리. 병란(兵亂).
[風疹] fēngchěn ㄈㄥㄓㄣˇ 〈醫〉풍병.
[風箏] fēngchēng ㄈㄥㄓㄥ 연.「放一 ; 연을 날리다」
[風箏琴] fēngchēngch'ín ㄈㄥㄓㄥㄑㄧㄣˊ 연에 달아 바람에 울리게 하는 물건.
[風鷄] fēngchī ㄈㄥㄐㄧ 닭의 내장을 꺼내고 소금을 뿌려 말린 것. 말린 닭고기.
[風起雲湧] fēngch'i-yǔnyǔn ㄈㄥㄑㄧˇㄩㄣˊㄩㄥˇ 바람이 일고 구름이 인다는 뜻으로, 새로운 일이 잇달아 생긴다는 말. ‹成›
[風氣] fēngch'ì ㄈㄥㄑㄧˋ ①세속(世俗). 유행. 습관. 풍속. ②공기. ③풍채. ④문화.
[風馳電掣] fēngch'ih-tiènch'è ㄈㄥㄔˊㄉㄧㄢˋㄔㄜˋ 번갯불처럼 빠르다는 형용. 전광석화(電光石火). ‹成›
[風琴] fēngch'ín ㄈㄥㄑㄧㄣˊ ①오르간. 풍금. ②아코디언. 「안경.
[風鏡] fēngchìng ㄈㄥㄐㄧㄥˋ 먼지를 막는
[風燭] fēngchú ㄈㄥㄓㄨˊ 풍전등화 (風

前燈火).「一殘年；늙어서 여생이 얼마 남지 않다」＝風中燭.
[風趣] fēngch'ǜ ㄈㄥㄑㄩˋ 흥취. 재미.
[風圈] fēngch'üān ㄈㄥㄑㄩㄢ 풍력권(風力圈).
[風傳] fēngch'uán ㄈㄥㄔㄨㄢ ①소문. 풍문. ②풍문에 나돌다. 소문으로 전해지다.
[風卷殘雲] fēngch'uán ts'ányün ㄈㄥㄑㄩㄢˊㄘㄢˊㄩㄣ 열풍이 구름을 불아 버리다. 단숨에 일을 처리하다.《成》
[風吹雨打] fēngchu'ī-yǚtǎ ㄈㄥㄔㄨㄟㄩˊㄉㄚˇ ①비바람을 맞다. ②온갖 풍상을 다 겪다.《成》
[風吹草動] fēngch'uī-ts'ǎotùng ㄈㄥㄔㄨㄟㄘㄠˇㄉㄨㄥˋ ①대단치 않은 변고.「有什麼一一定的你干的；조금이라도 무슨 일이 생겼다면 네가 한 일이 틀림 없을 것이다」②불안하여 겁을 내는 모양.《成》
[風船] fēngch'uán ㄈㄥㄔㄨㄢˊ 범선(帆船). ＝風帆船.
[風發] fēngfā ㄈㄥㄈㄚ 사기(士氣)가 오르다.
[風風波波] fēngfēngpopo ㄈㄥㄈㄥㄅㄛㄅㄛ 일이 악화되어 예사롭지 않은 형태·모양.
[風風雨雨] fēngfēngyǘyǚ ㄈㄥㄈㄥㄩˊㄩˇ ①바람이 불면서 비가 오다. ②좋아지다 나빠지다 하다.②정세가 어지러운 모양. 뒤죽박죽.「此戶一再得不到確切的後息；그후로는 정세가 험악하여 다시는 정확한 소식을 얻을 수 없었다」④혼란하여 분명치 않다.⑤간난신고(艱難辛苦).
[風寒] fēnghán ㄈㄥㄏㄢˊ ①바람이 불어서 춥다. ②냉기(冷氣).「受了一；(몸이) 얼었다」
[風和日暖] fēnghó-jihnuǎn ㄈㄥㄏㄜˊㄖˋㄋㄨㄢˇ 부드러운 바람과 따뜻한 햇살. 온화한 날씨.
[風匣] fēnghsiá ㄈㄥㄒㄧㄚˊ ＝風箱.
[風險] fēnghsiěn ㄈㄥㄒㄧㄢˇ 위험.
[風箱] fēnghsiang ㄈㄥㄒㄧㄤ 풀무.「拉一；풀무질하다」
[風信] fēnghsin ㄈㄥㄒㄧㄣˋ 바람이 부는 시기·방향.「一旗；바람의 방향을 알기 위하여 !! 천을 늘어뜨린 것」
[風行] fènghsing ㄈㄥㄒㄧㄥˊ 대번에 널리 퍼지다. 성행(盛行)하다.「一一時；한때 !! 휩쓸다」　「하다. 풍화하다.
[風化] fènghuà ㄈㄥㄏㄨㄚˋ 감화(感化)
[風話] fēnghuà ㄈㄥㄏㄨㄚˋ ①난잡한 얘기. ②소문. 풍설(風說).
[風火墻] fēnghuǒch'iáng ㄈㄥㄏㄨㄛˇㄑㄧㄤˊ 집의 담장.　「조급한 성질.
[風火性] fēnghuǒhsing ㄈㄥㄏㄨㄛˇㄒㄧㄥˋ
[風火事兒] fēnghuǒshihrh ㄈㄥㄏㄨㄛˇㄕˋㄦ 화급한 일.　「몸이 붓는 병.
[風火牙] fènghuǒyá ㄈㄥㄏㄨㄛˇㄧㄚˊ 잇
[風人] fēngjén ㄈㄥㄖㄣˊ ①미치광이. ②시인　「늘에 말린 돼지 고기.
[風肉] fēngjòu ㄈㄥㄖㄡˋ 소금에 절여 그
[風慨] fēngkǎi ㄈㄥㄍㄞˋ 태도. 기개.
[風乾] fēngkān ㄈㄥㄍㄢ 바람에 말리다. 실내의 그늘에서 말리다.　「度鋼).
[風鋼] fēngkāng ㄈㄥㄍㄤ 고속도강(高速
[風鎬] fēngkǎo ㄈㄥㄍㄠˇ 압축 공기로 작용하는 착암기(鑿岩機).
[風口] fēngkǒu ㄈㄥㄎㄡˇ 바람이 통하는 곳. 바람맞이.　「빠르다.
[風快] fēngk'uài ㄈㄥㄎㄨㄞˋ 바람처럼
[風光] fēngkuāng ㄈㄥㄍㄨㄤ ①풍경. ②훌륭하다. 화려하다. ③영광스럽다.
[風浪] fēnglàng ㄈㄥㄌㄤˋ ①바람과 파도. ②소동. 갑자기 일어난 일. ③위험.
[風涼] fēngliáng ㄈㄥㄌㄧㄤˊ ①서늘하다. ＞風風涼涼. ②fēngliang 시원한 바람을 쐬다.
[風涼話] fēngliáng huà ㄈㄥㄌㄧㄤˊㄏㄨㄚˋ ①놀리는 무책임한 말. ②무뚝뚝한 말. ③상대방을 괴롭히는 무정한 말.
[風裡來, 風裡去] fēnglilái-fēnglich'ǜ ㄈㄥㄌㄧㄌㄞˊㄈㄥㄌㄧㄑㄩˋ 모진 시련을 겪음.《成》
[風流] fēngliu ㄈㄥㄌㄧㄡ ①풍류. ②태도. 모습. ③풍격. 품격. ④화려한. 찬란한. ⑤에로틱한. 색정(色情)이 넘쳐 흐르는. 요염한.「一債；연애병. 상사병」「一公案；연애 소송 사건」
[風流雲散] fēngliú-yúnsàn ㄈㄥㄌㄧㄡˊㄩㄣˊㄙㄢˋ 산산이 흩어지다.
[風爐]fēnglú ㄈㄥㄌㄨˊ 풍로.
[風輪] fēnglún ㄈㄥㄌㄨㄣˊ 풍차(風車).
[風馬牛不相及] fēngmǎniú pùhsiāngchí ㄈㄥㄇㄚˇㄋㄧㄡˊㄅㄨˋㄒㄧㄤㄐㄧˊ 서로 조금도 관계가 없다.《成》「에 다는 모피.
[風毛] fēngmáo ㄈㄥㄇㄠˊ 방한용으로 깃
[風帽] fēngmào ㄈㄥㄇㄠˋ 방한모(防寒帽).
[風鉚錘] fēngmǎoch'uí ㄈㄥㄇㄠˇㄔㄨㄟˊ 리벳 총(rivet gun).
[風門子(兒)] fēngméntzǔ (rh) ㄈㄥㄇㄣˊㄗ(ㄦ) 겨울철에 출입구 바깥 쪽에 다는 방한용의 덧문.
[風魔] fēngmó ㄈㄥㄇㄛˊ ①현혹시키다. ②마음이 혼란해지다. ＞風風魔魔.
[風鞴] fēngpài ㄈㄥㄅㄞˋ 풀무.
[風暴] fēngpào ㄈㄥㄅㄠˋ 폭풍. 폭풍우.
[風篷] fēngp'éng ㄈㄥㄆㄥˊ 배의 돛.
[風泵] fēngpèng ㄈㄥㄅㄥˋ 공기 압축기. 에어·컴프레서.　「計).
[風表] fēngpiǎo ㄈㄥㄅㄧㄠˇ 풍력계(風力
[風便] fēngpièn ㄈㄥㄅㄧㄢˋ 뜬소문. 풍편.
[風平浪靜] fēngp'íng-làngching ㄈㄥㄆㄧㄥˊㄌㄤˋㄐㄧㄥˋ ①바다 위에 바람이 자고 물결이 잔잔하다. ②아무것도 없이 조용하다. 무사 태평하다.《成》
[風波] fēngpō ㄈㄥㄅㄛ ①바람과 파도. ②변스러운 일. 변고. ③풍파. 자그만 소동.「平地起一；평지에 풍파가 일다」
[風騷] fēngsāo ㄈㄥㄙㄠ ①(여성의 태도나 모습이) 요염하다. 아리땁다. ②신중하지 않다. ＞風風騷騷.
[風色] fēngsè ㄈㄥㄙㄜˋ ①일기. ②안색. 기색. ③경치. 풍경. ④모양. 형편.「看一；형편을 살피다」⑤바람부는 방향.
[風沙] fēngshā ㄈㄥㄕㄚ 열풍이 불어 일으키는 모래.
[風扇] fēngshàn ㄈㄥㄕㄢˋ 천장에 매달아 놓고 끈으로 잡아당겨 시원한 바람을 내게 하는 천으로 된 부채.
[風尚] fēngshàng ㄈㄥㄕㄤˋ ①풍속 ②사회에 나타난 훌륭한 기풍.
[風神] fēngshén ㄈㄥㄕㄣˊ ①바람의 신(神). ②풍채. 풍신.
[風聲] fēngshēng ㄈㄥㄕㄥ ①바람 소리.「一鶴唳；자그만 소리에도 놀란다는 비유」

②소문.
[風濕] fēngshīh ㄈㄥㄕ 〈醫〉류우머티즘.
[風勢] fēngshìh ㄈㄥㄕˋ ①바람의 힘. ②형세(形勢).
[風霜] fēngshuāng ㄈㄥㄕㄨㄤ ①바람과 서리. ②고생.「飽歷一; 온갖 고생을 겪다」③연륜(年輪). 세월의 흐름.
[風水] fēngshui ㄈㄥㄕㄨㄟ ①집이나 무덤의 방위가 좋고 나쁨을 가리는 일.「着一; 방위를 감정하다」「一先生; 방위를 감정하는 사람. 풍수」 ②풍수로 말미암은 운·불운.「有一; 복을 받다」
[風絲兒] fēngssūrh ㄈㄥㄙㄦ 미풍(微風).
[風俗] fēngsu ㄈㄥㄙㄨ 풍속. 습관.
[風癱] fēngt'ān ㄈㄥㄊㄢ 류우머티즘으로 말미암아 보행이 부자유스러워지는 병.
[風擋玻璃] fēngtǎng pōli ㄈㄥㄉㄤˇ ㄅㄛ ㄌㄧ 방풍용 유리.
[風燈] fēngtēng ㄈㄥㄉㄥ ①허리케인 램프. ②풍전등화(風前燈火).
[風調雨順] fēngt'iáo-yüshùn ㄈㄥㄊㄧㄠˊ ㄩㄕㄨㄣˋ 비바람이 순조롭다. 풍작의 징조가 있다는 말. 〈成〉
[風頭] fēngt'óu ㄈㄥㄊㄡˊ ①바람의 방향. ②정세.「看一; 정세를 보다」「一不順; 형세가 불리하다」③fēngt'ou「出一; ㉮주제넘게 나서다. ㉯두각을 나타내다」 ④최첨단을 걷는 일.「一十足; 모든 것이 최첨단을 걷고 있다」
[風頭主義] fēngt'óu chǔyì ㄈㄥㄊㄡˊ ㄓㄨˇㄧˋ 자기의 존재를 남에게 안정시키려는 사상이나 행위.　「통풍구(通風口).
[風鬪兒] fēngtǒurh ㄈㄥㄉㄡˇㄦ 창문의
[風災] fēngtsāi ㄈㄥㄗㄞ 바람의 해. 풍해.
[風餐露宿] fēngts'ān-lùsù ㄈㄥㄘㄢ ㄌㄨˋ ㄙㄨˋ 풍찬노숙하다. 객지에서 온갖 고생을 겪다. 〈成〉　「돼지의 넓적다리.
[風腿] fēngt'uǐ ㄈㄥㄊㄨㄟˇ 절여서 말린
[風味] fēngwèi ㄈㄥㄨㄟˋ ①풍채. 태도. ②맛.　「다.
[風聞] fēngwén ㄈㄥㄨㄣˊ 소문으로 듣
[風言風語] fēngyén-fēngyǚ ㄈㄥㄧㄢˊ ㄈㄥㄩˇ ①풍설(風說). 뜬소문.「他一聽別人說過; 그는 남들이 한 이야기를 소문으로 들었다」②근거 없는 이야기. 낭설.
[風衣] fēngī ㄈㄥㄧ 스프링코우트.
[風魚] fēngyǘ ㄈㄥㄩˊ 소금에 절여 말린 생선.　「안정한 국면. ③재난.
[風雨] fēngyǚ ㄈㄥㄩˇ ①바람과 비. ②불
[風雨交加] fēngyǚ chiāochiā ㄈㄥㄩˇ ㄐㄧㄠ ㄐㄧㄚ ①비바람이 번갈아 몰아치다. ②재난이 그치지 않고 다가 오다. 〈成〉
[風月] fēngyüèh ㄈㄥㄩㄝˋ ①남녀간의 정사(情事). ②풍류.
[風韵] fēngyǜn ㄈㄥㄩㄣˋ ①풍격. 모양새. ②풍취. ③조성되는 분위기.
[風雨表] fēngyǚpiǎo ㄈㄥㄩˇㄅㄧㄠˇ 청우계(晴雨計).
[風雨飄搖] fēngyǚ p'iāoyáo ㄈㄥㄩˇㄆㄧㄠㄧㄠˊ 정세가 매우 불안정하다.
[風雲變色] fēngyǘn pièn sè ㄈㄥㄩㄣˊㄅㄧㄢˋㄙㄜˋ 변전(變轉)이 무쌍한 모양. 〈成〉
[風雨無阻] fēngyǚ wútsǔ ㄈㄥㄩˇ ㄨˊㄗㄨˇ 청우(晴雨) 불구하고 결행함. 〈成〉

〔峰〕(峯) fēng ㄈㄥ ①봉우리. ②낙타의 혹.「双一; 낙타 등의 두 혹」③깎아세운 듯이 날카로운　「봉우리.
[峰巒] fēngluán ㄈㄥㄌㄨㄢˊ 날카로운 산

〔烽〕 fēng ㄈㄥ 봉화.
[烽候] fēnghòu ㄈㄥㄏㄡˋ 적이 있는 곳을 정찰하기 위하여 설치한 봉화.
[烽火] fēng huǒ ㄈㄥ ㄏㄨㄛˇ 봉화.
[烽燧] fēngsuì ㄈㄥㄙㄨㄟˋ 외적이 오면 밤에는 불을 올리고 낮에는 연기를 피우는 일.
[烽烟] fēngyēn ㄈㄥㄧㄢ 봉화의 연기.

〔渢〕 fēng ㄈㄥ 물 소리.

〔蜂〕(蠭) fēng ㄈㄥ ①벌. ②모이다.「一取; 떼지어 모이다」　「場).
[蜂場] fēngch'ǎng ㄈㄥㄔㄤˇ 양봉장(養蜂
[蜂房] fēngfáng ㄈㄥㄈㄤˊ 벌집.
[蜂糕] fēngkāo ㄈㄥㄍㄠ 과자의 한 가지: 발효로 말미암아 거죽이 벌집처럼 구멍이 숭숭 뚫려 있어서 일컫는 말.
[蜂鉤子] fēngkōutzǔ ㄈㄥㄎㄡㄗ =蜂刺.
[蜂蠟] fēnglà ㄈㄥㄌㄚˋ 밀. 밀랍(蜜蠟).
[蜂上來] fēngshanglai ㄈㄥㄕㄤㄌㄞ 떼를 지어 모이다.　「니에 있는 독침.
[蜂刺] fēngtz'ǔ ㄈㄥㄘˋ 벌의 살. 벌 꽁무
[蜂王] fēngwáng ㄈㄥㄨㄤˊ 여왕벌. 왕벌.
[蜂窩] fēngwō ㄈㄥㄨㄛ ①=蜂房. ②말썽거리. ③fēngwōrh 벌집처럼 구멍이 숭숭 뚫린 물건. "蠔蟆" 따위.
[蜂擁] fēngyūng ㄈㄥㄩㄥ 사람들이 붐비어 밀치락달치락하는 모양.「一而來; 떼지어 모여 들다」>蜂蜂擁擁.

〔楓〕 fēng ㄈㄥ 단풍나무.
[楓葉] fēngyèh ㄈㄥㄧㄝˋ 단풍나무의 잎.

〔瘋〕 fēng ㄈㄥ ①정신 이상이 된. 미친.「他一了; 그는 미쳤다」②농작물이 줄기와 잎만 커지고 열매가 열지 않다.「棉花長一了; 목화는 달리지 않고 키만 자랐다」
[瘋杈] fēngch'à ㄈㄥㄔㄚˋ 곁가지. 결가지.
[瘋枝] fēngchīh ㄈㄥㄓ =瘋杈.
[瘋勁兒] fēngchìnrh ㄈㄥㄐㄧㄣˋㄦ ①정신에 이상이 생기다. ②정신이 올바르지 못한 모양. 횡설수설.
[瘋瘋朝世] fēngfēngch'áoshih ㄈㄥㄈㄥㄔㄠˊㄕˋ 상도(常道)를 벗어난 모양. 신중하지 못한 모양.
[瘋瘋魔魔] fēngfēngmómó ㄈㄥㄈㄥㄇㄛˊㄇㄛˊ 미친 것 같은. =瘋瘋顚顚.
[瘋話] fēnghuà ㄈㄥㄏㄨㄚˋ 주착 없는 말. 망언(妄言).　「광이.
[瘋人] fēngjén ㄈㄥㄖㄣˊ 미친 사람. 미치
[瘋人院] fēngjényüàn ㄈㄥㄖㄣˊㄩㄢˋ 정신 병원.　「(狂犬).
[瘋狗] fēngkǒu ㄈㄥㄍㄡˇ 미친 개. 광견
[瘋狂] fēngk'uáng ㄈㄥㄎㄨㄤˊ ①미쳐 있다. ②미친 것 같다. >瘋瘋狂狂.
[瘋病] fēngpìng ㄈㄥㄅㄧㄥˋ 언어 착란이나 감정의 격발(激發)이 심한 병. 광병(狂病). 정신병.
[瘋勢] fēngshìh ㄈㄥㄕˋ ①미친 듯이 격렬한 모양. ②자유자재(自由自在)다. 〈重〉
[瘋癱] fēngt'ān ㄈㄥㄊㄢ 류우머티즘을 앓은 후에 보행이 부자유스러워지는 병

＝風癱.
[瘋癲] fēngtiēn ㄈㄥㄉㄧㄢ ①미친 것 같다. ②말이나 행동이 상식을 벗어나 있다. ＝瘋瘋癲癲.
[瘋子] fēngtzū ㄈㄥㄗ 미치광이. ＝瘋人.
[瘋秧] fēngyāng ㄈㄥㄧㄤ 솎아 내는 모. 나쁜 모. 「다니는 일.
[瘋野] fēngyěh ㄈㄥㄧㄝˇ (여자가) 잘 쏘

〔鋒〕 fēng ㄈㄥ ①창끝. 칼끝. 「交一；싸우다」 ②기물의 끝. 「筆一；필봉」 ③대오의 선두를 서는 사람. 「先一；선봉」
[鋒快] fēngk'uāi ㄈㄥㄎㄨㄞˋ (칼이) 잘 들다. 「＞鋒鋒利利.
[鋒利] fēnglì ㄈㄥㄌㄧˋ 예리한. 날카롭다.
[鋒芒] fēngmáng ㄈㄥㄇㄤˊ ①칼날의 끝. ②예기(銳氣). ③사소한 일. 대수롭지 않은 일. 「젊고 아름답다.
[鋒頭健] fēngt'óu chièn ㄈㄥㄊㄡˊㄐㄧㄢˋ
[鋒穎] fēngyīng ㄈㄥㄧㄥˇ ＝鋒芒.

〔豐〕(丰②) fēng ㄈㄥ ①풍부한. 많은. 왕성한. 「一衣足食；의식(衣食)이 풍족하다」 ②용모. 태도. 풍채. ③여물다.
[豐產] fēngch'ǎn ㄈㄥㄔㄢˇ 풍작(豐作).
[豐富] fēngfù ㄈㄥㄈㄨˋ ①풍부하다. 「一多采；풍부하고 다양하다」 ②풍부하게 하다. 「一經驗；경험을 풍부하게 하다」
[豐厚] fēnghōu ㄈㄥㄏㄡˋ 두텁다. 「友情一；우정이 두텁다」 ＞豐豐厚厚.
[豐饒] fēngjáo ㄈㄥㄖㄠˊ 풍요하다.
[豐功偉績] fēngkūng wěichì ㄈㄥㄍㄨㄥㄨㄟˇㄐㄧˋ 위대한 공적.
[豐上銳下] fēngshàng-juìhsià ㄈㄥㄕㄤˋㄖㄨㄟˋㄒㄧㄚˋ 얼굴 모양이 위는 넓고 아래는 뾰족한 모양. 「豐采.
[豐神] fēngshén ㄈㄥㄕㄣˊ 풍채. 풍신. ＝
[豐盛] fēngshèng ㄈㄥㄕㄥˋ 성대하다. 「受了一的款待；성대한 대접을 받았다」 「宴席很一；연회는 매우 성대했다」 ＞豐豐盛盛. 「이다.
[豐收] fēngshōu ㄈㄥㄕㄡ ①풍작. ②풍작
[豐登] fēngtēng ㄈㄥㄉㄥ 풍작. 「五穀一；오곡이 풍작이다」
[豐彩] fēngts'ǎi ㄈㄥㄘㄞˇ 풍채. ＝豐神.
[豐姿] fēngtzū ㄈㄥㄗ 용모와 자태. 용자(容姿). «敬»
[豐度] fēngtù ㄈㄥㄉㄨˋ 풍격. 타이프.
[豐衣] fēngī ㄈㄥㄧ 입을 것이 충분하다.
[豐腴] fēngyú ㄈㄥㄩˊ ①우둥퉁하게 살이 찌다. ②땅이 걸다.
[豐裕] fēngyù ㄈㄥㄩˋ 여유가 있다.
[豐韻] fēngyùn ㄈㄥㄩㄣˋ 풍취(風趣).

〔逢〕 féng ㄈㄥˊ ①만나다. 「一人便說；사람을 만날 때마다 이야기하다」 ②("每"자 뒤에 붙여서) …할 때마다. …하는 족족. 「每一星期三開會；수요일마다 회를 열다」 ③큰. ④p'áng 성(姓)의하나.
[逢場做戲] féngch'ǎng tsòhsì ㄈㄥˊㄔㄤˇㄗㄨㄛˋㄒㄧˋ ①그 자리만을 얼버무려 버리다. ②그 환경에 적응하다. 때에 임하여 응하다. ③심심풀이로 하다. ④ 장난으로 하다. 「一不當眞；그 자리에서 심심풀이로 했을 뿐 진심으로 한 일은 아니다」
[逢處] féngch'ù ㄈㄥˊㄔㄨˋ 도처에. 가는 곳마다.
[逢君] féng chūn ㄈㄥˊㄐㄩㄣ 웃사람에게 영합(迎合)하다. 웃사람의 비위를 맞추다.
[逢凶化吉] fénghsiūng huàchí ㄈㄥˊㄒㄩㄥ ㄏㄨㄚˋㄐㄧˊ 전화위복(轉禍爲福). «成»
[逢人說項] féngjén shuōhsiàng ㄈㄥˊㄖㄣˊㄕㄨㄛㄒㄧㄤˋ 사람을 만날 때마다 칭찬하다.
[逢年按節] féngnién ànchiéh ㄈㄥˊㄋㄧㄢˊㄢˋㄐㄧㄝˊ ①설이나 단오가 올 때마다. ②설이나 단오 명절을 쇠다.
[逢年過節] féngnién kuòchiéh ㄈㄥˊㄋㄧㄢˊㄍㄨㄛˋㄐㄧㄝˊ 설이나 단오 명절을 쇠다. ＝逢年按節.
[逢生] féngshēng ㄈㄥˊㄕㄥ 위기를 모면하다. 「絕處一；구사 일생으로 살아나다」
[逢是] féngshìh ㄈㄥˊㄕˋ ①무릇. 모두. 「一來這兒的人, 都不疼錢；무릇 여기에 온 사람은 다 돈을 아끼지 않는다」 ＝凡是. ②…하기만 한다면. ＝只要是.
[逢迎] féngyíng ㄈㄥˊㄧㄥˊ ①영합하다. 아첨하다. ②상대방의 비위를 건드리지 않도록 접대하다. ＞逢逢迎迎.

〔馮〕 féng ㄈㄥˊ ①성(姓)의 하나. ②p'íng ㄆㄧㄥˊ 말이 빨리 달리는 모양.
[馮河] p'ínghó ㄆㄧㄥˊㄏㄜˊ 눈앞만 보는 모양. 근시안적인 모양. ＝凭河.

〔縫〕 féng ㄈㄥˊ 바느질하다. 꿰매다. 「一衣裳；옷을 꿰매다」 ⇨fèng.
[縫綻] féngchàn ㄈㄥˊㄓㄢˋ 터지거나 해진 데를 깁다.
[縫窮] féngch'iúng ㄈㄥˊㄑㄩㄥˊ 남의 옷을 수선하며 생계를 유지하는 일. 바느질 품팔이. 「봉틀.
[縫衣機器] féngīchīch'ì ㄈㄥˊㄧㄐㄧㄑㄧˋ 자
[縫紉] féngjèn ㄈㄥˊㄖㄣˋ 꿰매다. 재봉하다. 「一機；자봉틀」
[縫工] féngkūng ㄈㄥˊㄍㄨㄥ 재봉사.
[縫連] fénglién ㄈㄥˊㄌㄧㄢˊ ①바느질. ②합쳐 꿰매다. ＞縫縫連連. 「一補綻；가께매어 수선하다. 나일은 수습하다」
[縫攏] fénglǔng ㄈㄥˊㄌㄨㄥˇ 바느질하다. 잇대어 꿰매다. 「선을 하다.
[縫補] féngpǔ ㄈㄥˊㄅㄨˇ 바느질이나 수
[縫衣匠] féng īchiàng ㄈㄥˊㄧㄐㄧㄤˋ 재봉사.

〔唪〕 fěng ㄈㄥˇ 불경을 읽다.
[唪經] fěngchīng ㄈㄥˇㄐㄧㄥ 중이 경을 읽다.

〔諷〕 fěng ㄈㄥˇ ①암송하다. 외다. ②빈정대다. 빗대어 타이르다.
[諷經] fěngchīng ㄈㄥˇㄐㄧㄥ 경문을 읽다.
[諷刺話] fěngtz'ùhuà ㄈㄥˇㄘˋㄏㄨㄚˋ 빗대 놓고 하는 말.

〔奉〕 fèng ㄈㄥˋ ①(웃사람에게) 바치다. 「雙手一上；두 손으로 바치다」 ②웃사람에게서 하사받다. 받다. 「一命；상사의 명령이나 지시를 받다」 ③섬기다. 「一養；부모를 섬기다」 ④존중하다. 준수하다. 「一公守法；법률을 지키다」 ⑤웃사람에게 존칭으로 쓰이는 말. 「一送；보내 드리다」 ⑥성(姓)의 하나.
[奉承] fèngch'êng ㄈㄥˋㄔㄥ 남에게 좋은 말로 아첨하다. 알랑거리다. ＝逢迎. ＞奉

奉承承.
[奉教] fèngchiào ㄈㄥˋㄐㄧㄠˋ 가르침을 받다.「改日到府上一；다른 날 교시(教示)를 받으러 댁으로 가 뵙겠읍니다」
[奉求] fèngch'iú ㄈㄥˋㄑㄧㄡˊ부탁드리다. «敬» 「권유하다.«敬»
[奉勸] fèngch'üàn ㄈㄥˋㄑㄩㄢˋ충고하다.
[奉行] fènghsíng ㄈㄥˋㄒㄧㄥˊ 명령을 받들어 시행하다.
[奉詢] fènghsǘn ㄈㄥˋㄒㄩㄣˊ 방문하다. 찾아 뵙다.«敬»
[奉還] fènghuán ㄈㄥˋㄏㄨㄢˊ 빌어 쓴 물건을 돌려 보내다.«敬»
[奉擾] fèngjǎo ㄈㄥˋㄖㄠˇ ①분주하게 해드리다. ②대접을 잘 받다.«敬»
[奉告] fèngkào ㄈㄥˋㄍㄠˋ말씀드리다. 알려 드리다. 「을 받다.
[奉令] fènglìng ㄈㄥˋㄌㄧㄥˋ 상사의 명령
[奉命] fèngmìng ㄈㄥˋㄇㄧㄥˋ =奉令.
[奉陪] fèngp'éi ㄈㄥˋㄆㄟˊ 수행(隨行)하다.«敬» 「하다.«敬»
[奉上] fèngshàng ㄈㄥˋㄕㄤˋ아뢰다. 계출
[奉托] fèngt'ōㄈㄥˋㄊㄨㄛ 부탁드리다.
[奉贈] fèngtsèngㄈㄥˋㄗㄥˋ보내 드리다. «敬» 「다.
[奉養] fèngyǎng ㄈㄥˋㄧㄤˇ섬기다. 봉양하

〔俸〕 fèng ㄈㄥˋ 봉급.「住一；봉급 주는 것을 정지하다」「領一;봉급을 받다」
[俸次] fèngtz'ǔ ㄈㄥˋㄘˋ 근무 연한의 다소에 따른 순차.
[俸金] fèngchīn ㄈㄥˋㄐㄧㄣ 봉급.=俸薪. 薪金. 薪水.

〔鳳〕(凤) fèng ㄈㄥˋ
[鳳凰] fènghuang ㄈㄥˋㄏㄨㄤ 전설에 나오는 새의 왕:수컷을 "鳳", 암컷을 "凰"이라고 함.
[鳳梨] fènglí ㄈㄥˋㄌㄧˊ 파인애플.
[鳳毛麟角] fèngmáo-línchiǎo ㄈㄥˋㄇㄠˊㄌㄧㄣˊㄐㄧㄠˇ봉의 털과 기린의 뿔이란 뜻으로, 매우 구하기 어렵고 귀중하다는 말.«成»
[鳳蝶] fèngtiéh ㄈㄥˋㄉㄧㄝˊ 호랑나비.
[鳳眼] fèngyěn ㄈㄥˋㄧㄢˇ 눈초리가 찢어진 듯이 가늘고 긴 눈. 뱁새눈.

〔縫〕 fèng ㄈㄥˋ ①「一子·一兒；틈. 갈라진 자리」「裂了一道一；한 군데가 찢어졌다」②「一兒；솔기. 꿰맨 줄」「這道縫兒不直；이 꿰맨 자리가 바르지 못하다」⇨féng.
[縫焊接] fènghànchiēh ㄈㄥˋㄏㄢˋㄐㄧㄝ 이을 곳의 용접.
[縫隙] fènghsì ㄈㄥˋㄒㄧˋ 틈.

FIAO ㄈㄧㄠ

〔覅〕 fiào ㄈㄧㄠˋ =不要.«吳» ⇨別.

FO ㄈㄛ

〔佛〕 fó ㄈㄛˊ 범어 "佛陀"의 준말로서 불교도가 불도를 터득한 자를 이르는 말. 또한 특히 석가를 가리켜서 이르는 말이기도 함.
[佛甲草] fóchiáts'ǎoㄈㄛˊㄐㄧㄚˊㄘㄠˇ〈植〉 불갑초. 돌나물.
[佛龕兒] fók'ānrh ㄈㄛˊㄎㄢㄦ 불상을 모시는 장.
[佛口蛇心] fók'ǒu shéhsīn ㄈㄛˊㄎㄡˇㄕㄜˊㄒㄧㄣ 겉은 보살 같으나 속은 악귀 같다. 겉은 번지르르하지만 내심은 엉큼하다.
[佛老] fólǎo ㄈㄛˊㄌㄠˇ ①부처와 노자(老子). ②불교와 도교(道教).
[佛手] fóshǒu ㄈㄛˊㄕㄡˇ〈植〉불수감나무.
[佛堂] fót'áng ㄈㄛˊㄊㄤˊ 불당. 불상이나 위패를 모신 방.
[佛豆] fótòu ㄈㄛˊㄉㄡˋ 〈植〉 누에콩.
[佛頭青] fót'óuch'īng ㄈㄛˊㄊㄡˊㄑㄧㄥ 선명한 광물성 청색 안료(顏料).
[佛眼相看] fóyěn hsiāngk'àn ㄈㄛˊㄧㄢˇㄒㄧㄤㄎㄢˋ자비심을가지고 대하다. 너그럽게 봐주다.
[佛爺] fóyéh ㄈㄛˊㄧㄝˊ 부처님.「我的一老子!;아이구, 깜짝이야. 큰일 났다. 살려 다오!」
[佛心] fóhsīn ㄈㄛˊㄒㄧㄣ 부처님의 마음. 불심.「小兒的心似一；어린이의 마음은 부처님과 같다」
[佛因] fóyīn ㄈㄛˊㄧㄣ 불과(佛果)의 원인이 되는 일체의 선근 공덕(善根功德)을 말
[佛刹] fóch'à ㄈㄛˊㄔㄚˋ 절(寺). 사찰. 「함.
[佛郎] fóláng ㄈㄛˊㄌㄤˊ 프랑스 화폐의 이름:프랑.
[佛號] fóhào ㄈㄛˊㄏㄠˋ 부처님의 이름.
[佛生日] fóshēngjìh ㄈㄛˊㄕㄥㄖˋ 석가모니(釋迦牟尼) 탄생일:음력 4월 초파일.
[佛郎機] fólángchī ㄈㄛˊㄌㄤˊㄐㄧ ①프랑크(Frank):명·청(明·清)시대에 있어서 포르투갈·이스파니아 사람에 대한 호칭. ②총포(銃砲).「一礮；명나라 말엽에서 청나라 때에 포르투갈 사람이 가지고 들어온 총포」

FOU ㄈㄡ

〔否〕 fǒu ㄈㄡˇ ①아니다. 부정하는 뜻을 나타내는 말.「一,此非吾意;아니야, 그것은 내 뜻이 아니야」② …인지 아닌지:의문의 뜻을 나타내는 말.「能否?；될는지 안될는지」⇨p'ǐ.
[否決] fǒuchüéh ㄈㄡˇㄐㄩㄝˊ 부결하다.「一權；거부권」
[否認] fǒujèn ㄈㄡˇㄖㄣˋ 부인하다. 부정(否定)하다. 「하다.
[否定] fǒutìng ㄈㄡˇㄉㄧㄥˋ 부정하다.반대
[否則] fǒutsé ㄈㄡˇㄗㄜˊ 그렇지 않으면.「現在就得去,一要誤事；지금 곧 가지 않으면 안된다. 그렇지 않으면 일이 어그러진다」

〔缶〕 fǒu ㄈㄡˇ 아가리가 좁고 밑이 넓은 질그릇.

FU ㄈㄨ

〔夫〕 fū ㄈㄨ ①남편.「一妻；부부」②성년 남자의 통칭. ③육체 노동에 종사하는 남자.「車一；차부」「漁一；어부」④인부. ⇨fú.

[夫婦花] fūfùhuā ㄈㄨㄈㄨˋㄏㄨㄚ 난초와 수선화(水仙花).

[夫婿] fūhsù ㄈㄨㄒㄩˋ 아내가 남편을 부르거나 일컫는 말.

[夫士紙] fūshìhchǐh ㄈㄨㄕˋㄓˇ 푸울스캡: 13×8 인치의 대판 양지(大判洋紙).

[夫黨] fūtǎng ㄈㄨㄉㄤˇ 남편의 친척.

[夫子] fūtzǔ ㄈㄨㄗ ①선생. 스승. ②연장자에 대한 호칭. ③아내가 남편을 보고 부르는 말.

〔伕〕 fū ㄈㄨ ⇨夫④.

[伕役] fūì ㄈㄨㄧˋ 공무에 징용되는 일. 부역(賦役).

[伕子] fūtzǔ ㄈㄨㄗ 인부.

〔趺〕 fū ㄈㄨ 발등.「一骨；부골」

〔稃〕 fū ㄈㄨ ⇨麩.

〔孵〕 fū ㄈㄨ 알을 까다. 부화하다.「一小鷄；병아리를 까다」

〔敷〕 fū ㄈㄨ ①칠하다. 바르다.「一粉；분을 바르다」②깔다.「一設；부설하다」③족하다.「入不一出；수입이 지출에 부족하다」

[敷麵] fūmièn ㄈㄨㄇㄧㄢˋ ①가루를 묻히다. ②떡에 묻히는 가루:콩가루·밀가루 따위.

[敷衍] fūyen ㄈㄨㄧㄢ ①(일을 함에 있어) 착실하지 않다. 아무렇게나 처리하다.「一塞責；적당히 하여 책임을 모면하다」②그럭저럭 견디다. 어떻게든 대처하다.「一三日五日；사오일 동안 그럭저럭 넘기다」③(남을 대할 때) 겉으로 호응하다. 비위만을 맞추다.「大家一了幾句；모두 겉으로만 몇 마디씩 말했다」>敷敷衍衍.

[敷衍了事] fūyen liǎoshìh ㄈㄨㄧㄢㄌㄧㄠˇㄕˋ 적당히 일을 끝내다. 그 장소만을 얼버무려 버리고 시치미를 떼다.

[敷藥] fūyào ㄈㄨㄧㄠˋ 약을 바르다. =塗藥.

[敷用] fūyùng ㄈㄨㄩㄥˋ 사용하기에 충분하다.

〔麩〕(麸) fū ㄈㄨ「一子；밀기울」

[麩料] fūliào ㄈㄨㄌㄧㄠˋ 밀기울에 검은 콩을 섞은 사료(飼料).

[麩皮] fūp'í ㄈㄨㄆㄧˊ 밀기울.

〔膚〕(肤) fū ㄈㄨ ①살갗. 피부. ②천박한. 깊이가 없는.

[膚淺] fūch'iěn ㄈㄨㄑㄧㄢˇ (지식이나 이론에)깊이가 없다. 극히 상식적이다. >膚膚淺淺.

[膚泛] fūfàn ㄈㄨㄈㄢˋ 깊이가 없다.>膚膚泛泛.

[膚皮] fūp'i ㄈㄨㄆㄧ 비듬.

〔夫〕 fú ㄈㄨˊ ①말을 시작할 때 쓰는 말:무릇. 대체.「一天下者；무릇 천하라는 것은」②감탄하는 뜻을 나타내는 말.「莫我知也一；나를 알아주는 사람은 정말 없을 거야」③의문의 뜻을 나타내는 말.「吾去，可一？；나는 가겠는데 괜찮겠니？」④이것. 저것. 그것.「一人；그 사람」⑤그이. ⇨fū.

〔弗〕 fú ㄈㄨˊ ①제거하다. 떨어 버리다. ②…가 아니다. =不. ③…지 말라. …면 안된다. ④달러를 뜻하는 기호. ⑤볼트(volt)의 음역. 《譯》=弗特.

[弗打] fútǎ ㄈㄨˊㄉㄚˇ 〈物〉볼트(volt).

[弗計] fúchì ㄈㄨˊㄐㄧˋ 볼트 미터. 전압계(電壓計).

〔伏〕 fú ㄈㄨˊ ①엎드리다.「一在地上；땅 위에 엎드리다」②복죄(服罪)하다.「一罪；복죄하다」③숨다.「一兵；복병」④복:삼복(三伏)의 절기. ⑤성(姓)의 하나.

[伏安] fúān ㄈㄨˊㄢ 〈物〉 볼트 암페어(volt ampere).

[伏案] fúàn ㄈㄨˊㄢˋ 책상 앞에 앉다:독서나 집필할 경우를 말함.

[伏擊] fúchī ㄈㄨˊㄐㄧ 잠복하여 공격하다.

[伏氣(兒)] fúch'ì(rh) ㄈㄨˊㄑㄧˋ(ㄦ) 심복(心服)하다.

[伏假] fúchià ㄈㄨˊㄐㄧㄚˋ 여름 방학.

[伏礁] fúchiāo ㄈㄨˊㄐㄧㄠ 암초(暗礁).

[伏法] fúfǎ ㄈㄨˊㄈㄚˇ 사형 집행을 받다.

[伏汛] fúhsùn ㄈㄨˊㄒㄩㄣˋ 여름에 강물이 붇다.

[伏日] fújìh ㄈㄨˊㄖˋ =伏天.

[伏老] fúlǎo ㄈㄨˊㄌㄠˇ 노인임을 인정하다.

[伏涼兒] fúliangrh ㄈㄨˊㄌㄧㄤㄦ〈動〉매미.

[伏流] fúliú ㄈㄨˊㄌㄧㄡˊ ①저류(底流). ②지하수.

[伏筆] fúpǐ ㄈㄨˊㄅㄧˇ 소설 따위의 복선(伏線).

[伏辨] fúpièn ㄈㄨˊㄅㄧㄢˋ ①사과문(謝過文). ②실수·죄·잘못을 인정하다.

[伏侍] fúshih ㄈㄨˊㄕ 시중을 들다. 모시다. >伏伏侍侍.

[伏手] fúshǒu ㄈㄨˊㄕㄡˇ 순조롭다.

[伏首貼耳] fúshǒu-t'iēhěrh ㄈㄨˊㄕㄡˇㄊㄧㄝㄦˇ 얌전히 순종하는 모양. 고분고분. 《成》

[伏地] fútì ㄈㄨˊㄉㄧˋ ①그 지방의 산물. ②그 지방에 전해 오는 방법으로 만든 것. 《方》

[伏貼] fút'ieh ㄈㄨˊㄊㄧㄝ ①기분이 평온하다. ②고분고분하다. >伏伏貼貼.

[伏天] fút'iēn ㄈㄨˊㄊㄧㄢ 초복에서 말복까지의 사이. 삼복.

[伏藏] fúts'áng ㄈㄨˊㄘㄤˊ 감추다. 넣어 두다.

[伏罪] fútsuì ㄈㄨˊㄗㄨㄟˋ ①죄를 인정하다. ②사형을 집행하다. ③여죄(餘罪)를 감추다. ④복죄(服罪)하다.

[伏窩] fúwō ㄈㄨˊㄨㄛ 방 속에 틀어 박히다.

〔扶〕 fú ㄈㄨˊ ①(넘어지지 않도록) 부축하다.「把他一起來；그를 부축해서 일으키다」②부조하다. 원조하다.「一危濟困；위기를 도아 곤경을 구제하다」③기대다. 물건을 붙들어 몸을 의지하다.「一欄杆；난간에 기대다」

[扶櫬] fúch'ěn ㄈㄨˊㄔㄣˋ 영구(靈柩)를 따라 가다.

[扶亂] fúchí ㄈㄨˊㄐㄧ 영혼을 불러 모래

에 글자를 써서 점치는 일종의 영매술(靈媒術).

[扶墻摸壁] fúch'iáng-mōpì ㄈㄨˊㄑㄧㄤˊ ㄇㄛㄅㄧˋ 걸음걸이가 제대로 안 되어 벽이나 담을 잡고 걷는 모양. «成»

[扶持] fúch'íh ㄈㄨˊㄔˊ ①몸을 부축해 주다. ②보호해 주다.

[扶植] fúchíh ㄈㄨˊㄓˊ 자립하도록 돕다.

[扶住] fúchu ㄈㄨˊㄓㄨ 손으로 받쳐주다.

[扶助] fúchū ㄈㄨˊㄓㄨˋ 돕다. 부조하다.

[扶弱抑強] fújò ìch'iáng ㄈㄨˊㄖㄨㄛˋㄧˋ ㄑㄧㄤˊ 약자를 돕고 강자를 누르다. «成»

[扶老携幼] fúlǎo-hsiéhyū ㄈㄨˊㄌㄠˇㄒㄧㄝˊㄧㄡˋ 늙은이의 손을 잡고 어린이를 거느리다.

[扶病] fúpìng ㄈㄨˊㄅㄧㄥˋ 병을 무릅쓰고 「일어나다.

[扶手] fúshou ㄈㄨˊㄕㄡ ①난간. ②몸을 의지하기 위하여 붙드는 물건.

[扶梯] fút'ī ㄈㄨˊㄊㄧ 난간이 있는 층계.

[扶搖] fúyáo ㄈㄨˊㄧㄠˊ ①위로 몰아치는 폭풍. ②벼슬이 쑥쑥 오르다.

[扶掖] fúyèh ㄈㄨˊㄧㄝˋ 돕다. 부조하다. 부액하다.

〔芙〕 fú ㄈㄨˊ 연(蓮)의 별칭.

[芙蕖] fúch'ü ㄈㄨˊㄑㄩˊ ①연(蓮). ②활짝 핀 연꽃.

[芙蓉] fújúng ㄈㄨˊㄖㄨㄥˊ 〈植〉 ①부용. ②연꽃의 별칭.

〔孚〕 fú ㄈㄨˊ 믿음직하고 착실함.

〔服〕 fú ㄈㄨˊ ①의복.「制一 ; 제복」 ②옷을 입다. ③(임무에) 종사하다.「一兵役 ; 병역에 복무하다」 ④믿고 복종하다. 거역하지 않고 따르다.「心裡不一 ; 속마음으로는 마땅치 않게 여기다」 ⑤(습관·풍토에) 익숙해지다.「不一水土 ; 지방 풍토에 적응되지 않다」 ⇨fù.

[服氣] fúch'ì ㄈㄨˊㄑㄧˋ ①패배를 인정하다. 자기를 굽히고 따르다.「不一 ; 지지 않으려는 생각이다」 ②응낙하여 좇다.

[服勁] fúchìn ㄈㄨˊㄐㄧㄣˋ 진 것을 인정하다. 자기를 굽히다.

[服法] fúfǎ ㄈㄨˊㄈㄚˇ ①법에 복종하다. ②복용법(服用法).

[服孝] fúhsiào ㄈㄨˊㄒㄧㄠˋ 장사(葬事)지「내다.

[服軟(兒)] fújuǎn(rh) ㄈㄨˊㄖㄨㄢˇ(ㄦ) ①양보하다. 순순히 지다. ②잘못을 인정하다. 실패를 인정하다. ③약점을 보이다.

[服老] fúlǎo ㄈㄨˊㄌㄠˇ 늙은이임을 인정「하다. ＝伏老.

[服滿] fúmǎn ㄈㄨˊㄇㄢˇ 거상을 벗다.

[服辯] fúpièn ㄈㄨˊㄅㄧㄢˋ ①사과(謝過)하는 증서. 시말서. ②판결에 따른다는 것을 적은 서류.

[服事] fúshìh ㄈㄨˊㄕˋ ①온 힘을 기울이다. ②남을 돌보아 주다.

[服侍] fúshih ㄈㄨˊㄕ 섬기다. 모시다. ＝伺候. ＞服服侍侍.

[服輸] fúshū ㄈㄨˊㄕㄨ 항복하다.

[服水土] fúshuǐt'ǔ ㄈㄨˊㄕㄨㄟˇㄊㄨˇ ①기후와 풍토에 익숙해지다. ②식물이나 동물이 기후나 토양에 적응하여 번식하다.

[服帖] fút'ieh ㄈㄨˊㄊㄧㄝ 유순하다. ＞服「服帖帖.

[服罪] fútsuì ㄈㄨˊㄗㄨㄟˋ ①죄를 인정하다. ②사형을 집행하다. 남은 죄를 감추「지하다. 다. ＝伏罪.

[服務] fúwù ㄈㄨˊㄨˋ ①근무하다. ②이바

[服藥] fúyào ㄈㄨˊㄧㄠˋ 약을 먹다.

[服用] fúyùng ㄈㄨˊㄩㄥˋ (약을) 복용하「다.

〔怫〕 fú ㄈㄨˊ 몹시 성을 내는 모양. 「一然作色 ; 화를 내어 안색이 변하다」

〔拂〕 fú ㄈㄨˊ ①털다. ②거역하다. 배반하다. ③치다. 때리다. ④고치다. ⑤스쳐 지나가다.

[拂塵] fúch'ên ㄈㄨˊㄔㄣˊ ①먼지떨이. 총채. ②불자(佛子). 도사(道士)가 쓰는 불구(佛具)의 한 가지. ③환영하는 연회를 베풀다. ④먼지를 떨다.

[拂晨] fúch'ên ㄈㄨˊㄔㄣˊ 새벽녘.

[拂耳] fúěrh ㄈㄨˊㄦˇ 귀에 거슬리다.

[拂袖] fúhsiù ㄈㄨˊㄒㄧㄡˋ 골내어 뿌리치다.「一而去 ; 뿌리치고 사라지다」

[拂逆] fúnì ㄈㄨˊㄋㄧˋ 거역하다.

〔罘〕 fú ㄈㄨˊ 토끼나 사슴을 잡는 그「물.

[罘罳] fússū ㄈㄨˊㄙ ①널빤지의 구멍 뚫린 조각으로 된 병풍. ②대나 나무로 그물처럼 만든 울타리. ③사냥에 쓰는「그물.

〔俘〕 fú ㄈㄨˊ ①포로.「戰一 ; 포로」 ②포로로 삼다. ＝俘獲.

[俘虜] fúlǔ ㄈㄨˊㄌㄨˇ ①포로로 잡다. ②「포로.

〔茯〕 fú ㄈㄨˊ

[茯苓] fúlíng ㄈㄨˊㄌㄧㄥˊ 복령 : 한약재의「하나.

〔祓〕 fú ㄈㄨˊ ①(몸과 마음을 정결히 하고) 액막이를 하다. 정성드리다. ②복(福).

[祓除] fúch'ú ㄈㄨˊㄔㄨˊ (악귀를) 물리치다. 귀신을 쫓다.

〔浮〕 fú ㄈㄨˊ ①뜨다. 띄우다. 떠돌다. 「一在水面上 ; 물 위에 뜨다」 ②표면의. 표면에 뜬.「一皮 ; ㉮까풀. ㉯비듬」 ③일시. 잠시.「一支 ; 임시 지출」 ④헤엄치다. ＝鳧.「一水 ; 헤엄치다」 ⑤들뜬. 침착하지 않다.「心粗氣一 ; 성질이 거칠고 침착하지 않다」 ⑥여분(餘分)의. 뜬. 남는.「一額 ; 남는 액수. 초과액」

[浮摘] fúchāi ㄈㄨˊㄓㄞ 잠시 돈을 융통하다.

[浮秤] fúch'êng ㄈㄨˊㄔㄥ 비중계(比重「計).

[浮塵子] fúch'êntzǔ ㄈㄨˊㄔㄣˊㄗˇ 〈動〉 멸구 : 벼의 해충의 하나.

[浮記] fúchì ㄈㄨˊㄐㄧˋ 계산을 일시적으로 칠판 같은 데에 써 놓다.

[浮橋] fúch'iáo ㄈㄨˊㄑㄧㄠˊ ①배나 뗏목을 띄워 임시로 놓은 다리 : 배다리. 부교. ②임시로 놓은 다리.

[浮借] fúchièh ㄈㄨˊㄐㄧㄝˋ 잠시 돈을 빌「다.

[浮淺] fúch'iěn ㄈㄨˊㄑㄧㄢˇ 천박하다. 경박하다.

[浮欠] fúch'ièn ㄈㄨˊㄑㄧㄢˋ 〈經〉 당좌대「부(當座貸付).

[浮簽兒] fúch'iēnrh ㄈㄨˊㄑㄧㄢㄦ 부전(付箋). 서류 따위에 붙인 작은 쪽지.

[浮支冒領] fúchīh màolǐng ㄈㄨˊㄓ ㄇㄠˋㄌㄧㄥˇ 장부의 지출액을 실제보다 많이 기입하여 횡령하다.

[浮居] fúchū ㄈㄨˊㄐㄩ 임시로 살다. 뜨내기로 살다.
[浮額] fúé ㄈㄨˊㄜˊ 초과액.《平》⇨fūé.
[浮泛] fúfàn ㄈㄨˊㄈㄢˋ ①배를 타고 놀다. ②실제적이 아니다. 확실하지 않다. >浮浮泛泛.
[浮費] fúfèi ㄈㄨˊㄈㄟˋ ①소비. 낭비. ②명목을 바꾸어 염출한 돈.
[浮現] fúhsièn ㄈㄨˊㄒㄧㄢˋ (무의식 중에 일시적으로) 나타나다. 떠오르다.「一在腦海裡 ; 머리에 문득 떠오르다」「臉上一着怒色 ; 얼굴에 분노가 나타나다」=呈現. >浮浮現現.
[浮花] fúhuā ㄈㄨˊㄏㄨㄚ ①부각(浮刻). 무늬. ②낭비하다.
[浮華] fúhuá ㄈㄨˊㄏㄨㄚˊ ①현란하다. ②사치스럽다.「生活一 ; 생활이 사치하다」>浮浮華華.
[浮猾] fúhuá ㄈㄨˊㄏㄨㄚˊ 경박하면서 교활하다.
[浮誇] fúk'uā ㄈㄨˊㄎㄨㄚ 과장하다.
[浮款] fúk'uǎn ㄈㄨˊㄎㄨㄢˇ 놀고 있는 돈. 유휴 자금(遊休資金).
[浮光掠影] fúkuāng-lüèhyǐng ㄈㄨˊㄍㄨㄤㄌㄩㄝˋㄧㄥˇ 수면(水面)의 빛과 어렴풋한 그림자 : 인상(印象)이 희미하다는 비유.《成》
[浮浪] fúlàng ㄈㄨˊㄌㄤˋ 경박하다.「《方》
[浮禮兒] fúlǐrh ㄈㄨˊㄌㄧˇㄦ 허례(虛禮).
[浮埋] fúmái ㄈㄨˊㄇㄞˊ 가매장(假埋藏)하다. =浮厝.
[浮冒] fúmào ㄈㄨˊㄇㄠˋ 지출을 실제보다 많이 기입하여 그 차액을 횡령하다. =浮支冒領.
[浮面皮兒] fúmiènp'írh ㄈㄨˊㄇㄧㄢˋㄆㄧˊㄦ 겉. 표면.
[浮面兒] fúmiènrh ㄈㄨˊㄇㄧㄢˋㄦ 표면. 겉.「一上的話 ; 겉치레의 말. 입에 바른 말. 형식적인 말」「성(名聲).
[浮名] fúmíng ㄈㄨˊㄇㄧㄥˊ 실속 없는 명
[浮漚] fúōu ㄈㄨˊㄡ 물 위의 거품.
[浮報] fúpào ㄈㄨˊㄅㄠˋ 실제보다 보태서 보고 하다 : 공금을 횡령하기 위한 경우 따위.
[浮標] fúpiāo ㄈㄨˊㄅㄧㄠ 부표. 낚시찌.
[浮表] fúpiǎo ㄈㄨˊㄅㄧㄠˇ =浮秤.
[浮萍] fúp'íng ㄈㄨˊㄆㄧㄥˊ 〈植〉개구리밥 : 수면에 떠 있는 풀의 한 가지.
[浮皮兒] fúp'írh ㄈㄨˊㄆㄧˊㄦ ①몸의 겉가죽. ②보올 따위의 표면 가죽. ③겉. 표면.
[浮色] fúsè ㄈㄨˊㄙㄜˋ 초벽. 애벌 칠.「刷了一層一再上油 ; 한 번 애벌 칠을 하고 다시 페인트를 칠하다」
[浮傷] fúshāng ㄈㄨˊㄕㄤ 가벼운 상처.
[浮上水] fúshàngshuǐ ㄈㄨˊㄕㄤˋㄕㄨㄟˇ 웃사람에게 아첨하는 일.「포석(水泡石).
[浮石] fúshíh ㄈㄨˊㄕˊ 〈鑛〉속돌. 부석. 수
[浮收] fúshōu ㄈㄨˊㄕㄡ ①임시 수입. ②실제보다 많이 징수하다.
[浮水] fúshuǐ ㄈㄨˊㄕㄨㄟˇ 수영하다. 헤엄치다.
[浮睡] fúshuì ㄈㄨˊㄕㄨㄟˋ =浮射
[浮攤] fút'ān ㄈㄨˊㄊㄢ 노점(露店).
[浮蕩] fútàng ㄈㄨˊㄉㄤˋ 공중에 떠서 흔들흔들하다. >浮浮蕩蕩. 「자다.
[浮躺] fút'ǎng ㄈㄨˊㄊㄤˇ ①선잠. ②선잠
[浮雕] fútiāo ㄈㄨˊㄉㄧㄠ 돋을새김. 부조(浮彫). 양각(陽刻). 「윗부분. 웃물.
[浮頭兒] fút'óurh ㄈㄨˊㄊㄡˊㄦ 액체의
[浮財] fúts'ái ㄈㄨˊㄘㄞˊ ①보기에만 많은 재산. 이용되지 않고 있는 재산. ②토지 이외의 재산 : 가축·현금·가구 따위 명목상의 재산. ③여벌 재산.
[浮葬] fútsàng ㄈㄨˊㄗㄤˋ =浮厝.
[浮躁] fútsào ㄈㄨˊㄗㄠˋ 침착하지 않다.
[浮厝] fúts'ò ㄈㄨˊㄘㄨㄛˋ 가매장(假埋藏)하다.
[浮子] fútzǔ ㄈㄨˊㄗ 낚시찌. 「기다.
[浮存] fúts'ún ㄈㄨˊㄘㄨㄣˊ 돈을 잠시 맡
[浮屠] fút'ú ㄈㄨˊㄊㄨˊ ①불교 신자. ②탑.
[浮土] fút'ǔ ㄈㄨˊㄊㄨˇ ①(물건에 하얗게 쌓인) 먼지. ②겉에 덮은 흙. 「뜬소리.
[浮詞] fútz'ú ㄈㄨˊㄘˊ 확실성이 없는 말.
[浮文] fúwén ㄈㄨˊㄨㄣˊ ①공허하고 형식적인 글. ②표면만 꾸민.「來些一客套 ; 속이 들여다 보이는 말을 하다」
[浮物] fúwù ㄈㄨˊㄨˋ 가재(家財) 도구. 세간살이.
[浮塢] fúwù ㄈㄨˊㄨˋ 선체(船体)를 싣고 물 위에서 작업할 수 있게 한 선거(船渠).
[浮言] fúyén ㄈㄨˊㄧㄢˊ ①근거 없는 말. ②피상적인 말.「一客套 ; 형식적인 인사말」
[浮悠] fúyu ㄈㄨˊㄧㄡ ①흔들리다. 떠돌다. =漂搖. ②착실하지 않다. ③흔들흔들. 천천히. >浮浮悠悠.
[浮於] fúyű ㄈㄨˊㄩˊ …하는데도 남다. …보다 많다.「人一事 ; 사람이 일거리보다 많다」 「의.
[浮餘] fúyű ㄈㄨˊㄩˊ ①여분. 잉여. ②여분
[浮雲] fúyűn ㄈㄨˊㄩㄣˊ ①조각구름. 뜬구름. ②소인(小人).

〔莩〕 fú ㄈㄨˊ 갈대 줄기 속의 얇은 막. 속껍질. ⇨p'iaǒ.

〔桴〕 fú ㄈㄨˊ ①작은 뗏목. ②북을 치다.
[桴鼓相應] fúkǔ hsiāngyìng ㄈㄨˊㄍㄨˇㄒㄧㄤㄧㄥˋ 서로 호응하는 모양. 맞장구 치는 모양.《成》

〔袱〕 fú ㄈㄨˊ「一子 ; 보자기」

〔菔〕 fú ㄈㄨˊ 무우.「萊一 ; 무우」

〔符〕 fú ㄈㄨˊ ①부절(符節). 돌·나무·구슬·구리 따위로 만든 부신(符信). ②부호. 기호. 음부(音符). ③부합되다. 합치하다.「與事實不一 ; 사실과 부합되지 않는다」④(도교의) 부적. 귀신을 쫓는다는 부적(符籙). ⑤표적. ⑥증거. ⑦성(姓)의 하나. 「(呪文).
[符呪] fúchòu ㄈㄨˊㄓㄡˋ ①부적. ②주문
[符號] fúhào ㄈㄨˊㄏㄠˋ ①부호. ②휘장(徽章) : 군인이나 공무원들이 몸에 지니는 표적. 「하다. …와 부합되다.
[符合于] fúhóyű ㄈㄨˊㄏㄜˊㄩˊ …에 일치
[符祥] fúhsáng ㄈㄨˊㄒㄧㄤˊ 좋은 징조. 길조.
[符板] fúpǎn ㄈㄨˊㄅㄢˇ ①계인(契印). 할인(割印). ②부절(符節).
[符子] fútzǔ ㄈㄨˊㄗ 계인(契印)

〔幅〕 fú ㄈㄨˊ「一兒 ; (옷감이나 종이의)폭.「這種布是雙一的 ; 이 따위를 세는

단위.「一一畫兒 ; 한 폭의 그림」

[幅面] fúmièn ㄈㄨˊㄇㄧㄢˋ 폭. 넓이.

[幅度] fútù ㄈㄨˊㄉㄨˋ 폭.「大一的提高 ; 대폭적인 향상」 「영토.

[幅員] fúyüán ㄈㄨˊㄩㄢˊ ①폭의 넓이. ②

〔蜉〕 fú ㄈㄨˊ

[蜉蝣] fúyú ㄈㄨˊㄧㄡˊ 〈動〉하루살이. 부유.

〔鳧〕(鳬) fú ㄈㄨˊ ①오리. 구어로는 "野鴨" ②fù 헤엄치다.

〔福〕 fú ㄈㄨˊ ①행복. 복.「有一 ; 행복하다」②복된. 행복한. ③제사에 차려 놓는 고기. ④"福建省"의 준말. ⑤성(姓)의 하나.

[福氣] fúch'i ㄈㄨˊㄑㄧ ①행복하다. ②행복.「我沒這個一 ; 나에게는 그런 좋은 행운이 없다」

[福至心靈] fúchìh hsīnlíng ㄈㄨˊㄓˋㄒㄧㄣ ㄌㄧㄥˊ 운이 트이면 생각도 영검해진다.

[福分] fúfên ㄈㄨˊㄈㄣ 태어나면서부터 지닌 복. 「②목성(木星).

[福星] fúhsīng ㄈㄨˊㄒㄧㄥ ①복의 신(神).

[福過災生] fúkuò tsāishēng ㄈㄨˊㄍㄨㄛˋ ㄗㄞㄕㄥ 행운 뒤에는 불운이 온다. 즐거움이 있으면 괴로움이 있다. «諺»

[福利] fúlì ㄈㄨˊㄌㄧˋ 복지(福祉).「一金 ; 복지 기금」 「록.

[福祿] fúlù ㄈㄨˊㄌㄨˋ 이 세상의 행복. 복

[福色] fúsè ㄈㄨˊㄙㄜˋ 짙은 자줏빛. 적갈색(赤褐色). 「의 신.

[福神] fúshén ㄈㄨˊㄕㄣˊ 마스코트. 행운

[福地] fútì ㄈㄨˊㄉㄧˋ ①안락한 땅. 낙천지. 지상 천국. ②신선이 사는 땅.

[福無雙至] fúwúshuāngchìh ㄈㄨˊㄨˊㄕㄨㄤㄓˋ 행복은 계속하여 오지 않다. 장마다 꼴뚜기는 나지 않는다. «諺»

〔輻〕 fú ㄈㄨˊ 바퀴살 수레바퀴의 중심으로 모인 살.

[輻條] fút'iáo ㄈㄨˊㄊㄧㄠˊ 바퀴살.

〔父〕 fǔ ㄈㄨˇ ①늙은이 「漁一 ; 늙은 어부」②남자 이름 아래 붙이는 경칭. ⇨ fù.

〔甫〕 fǔ ㄈㄨˇ ①옛날에 남자 이름 아래에 붙이던 미칭(美稱). =父. ②겨우. 아제야.「一十歲 ; 겨우 열 살이다」 「명.

[甫號] fǔhào ㄈㄨˇㄏㄠˋ 호(號) : 남자의 별

[甫畢] fǔpì ㄈㄨˇㄅㄧˋ 겨우 끝나다.

〔斧〕 fǔ ㄈㄨˇ 큰 도끼. 옛날 무기의 하나.「一子·一頭 ; 도끼」

[斧正] fǔchêng ㄈㄨˇㄓㄥˋ 첨삭(添削) : 남에게 문장의 첨삭을 부탁할 때 쓰는 말.

〔府〕 fǔ ㄈㄨˇ ①문서나 재물을 넣어 두는 곳. ②관청. ③고관(高官)이나 귀족의 저택. ④이전의 행정 구역의 하나. "省"과 "縣"의 중간. ⑤대·공사관·영사관. ⑥남의 집의 존칭. 「동산. =府地.

[府產] fǔch'ǎn ㄈㄨˇㄔㄢˇ 귀족 소유의 부

[府綢] fǔch'óu ㄈㄨˇㄔㄡˊ ①스테이플파이버(staple fibre). ②"山東省"에서 나는 견직물의 한 가지. 포플린의 일종.

[府上] fǔshang ㄈㄨˇㄕㄤ ①(상대방이나 제삼자의) 댁(宅). ②댁의 가족.「一都好啊? ; 댁내 다 안녕하십니까?」

[府第] fǔtì ㄈㄨˇㄉㄧˋ 저택.

〔拊〕 fǔ ㄈㄨˇ 손뼉을 치다. =撫.「一掌大笑 ; 박장대소(拍掌大笑)를 하다」

〔釜〕 fǔ ㄈㄨˇ ①남비처럼 생긴 옛날 솥. ②옛 용량의 단위.

[釜底抽薪] fǔtǐ ch'ōuhsīn ㄈㄨˇㄉㄧˇㄔㄡ ㄒㄧㄣ 근본적으로 문제를 해결하다. «成»

[釜底游魚] fǔtǐ yǔyǔ ㄈㄨˇㄉㄧˇㄧㄡˊㄩˊ 솥안에서 헤엄치고 있는 물고기 : 곧 죽을 운명이라는 비유. «成»

〔俯〕 fǔ ㄈㄨˇ 내려다 보다. 숙이다.「一首 ; 고개를 떨구다」

[俯就] fǔchiù ㄈㄨˇㄐㄧㄡˋ 지위가 내리는 것을 싫어하지 않고 취임하거나 일에 종사하다 : 남의 취임을 부탁할 때 쓰이는 말. «敬»

[俯沖] fǔch'ūng ㄈㄨˇㄔㄨㄥ 갑자기 내려가다. 급강하(急降下)하다.

[俯伏] fǔfú ㄈㄨˇㄈㄨˊ 엎드리다.

[俯焊] fǔhàn ㄈㄨˇㄏㄢˋ 평면 용접(平面熔接).

[俯拾即是] fǔshíhchíshìh ㄈㄨˇㄕˊㄐㄧˊㄕˋ 엎드리면 집을 수 있다. 곧 입수(入手)할 수 있다는 비유. «成»

[俯首帖耳] fǔshǒu-t'iēěrh ㄈㄨˇㄕㄡˇㄊㄧㄝㄦˇ ①순순히 복종하는 모양. ②비굴하게 남의 말을 순순히 듣다. «成» =伏首帖耳.

[俯仰] fǔyǎng ㄈㄨˇㄧㄤˇ ①부앙. 쳐다 봄과 내려다 봄. ②순간. 깜짝할 사이.

[俯允] fǔyǔn ㄈㄨˇㄩㄣˇ 승낙 : 남의 승낙을 요청할 때 쓰이는 말. «敬»

[俯泳] fǔyǔng ㄈㄨˇㄩㄥˇ ①평영(平泳). ②평영으로 헤엄치다.

〔脯〕 fǔ ㄈㄨˇ ①말린 고기.「魚一 ; 어포」「鹿一 ; 말린 사슴고기」 ②말린 과일.「桃一 ; 설탕에 절여서 말린 복숭아」 ⇨p'ú. 「(授業料).

[脯修] fǔhsīu ㄈㄨˇㄒㄧㄡ 교납금. 수업료

[脯資] fǔtzǔ ㄈㄨˇㄗ ①여비. ②식량. 양식.

[脯子] fǔtzǔ ㄈㄨˇㄗ 가슴.「挺一 ; 가슴을 내밀다」

〔腑〕 fǔ ㄈㄨˇ ①창자. 내장.「一臟 ; 오장 육부」 ②마음 속. 심중.

〔輔〕 fǔ ㄈㄨˇ ①보좌하다. 돕다.「相一而行 ; 서로 도와서 행해지다」②광대뼈. ③장관(長官). ④부(副). ⑤성(姓)의 하나.

[輔幣] fǔpì ㄈㄨˇㄅㄧˋ 보조 화폐.

[輔導] fǔtǎo ㄈㄨˇㄉㄠˇ 도우며 지도하다.「一員 ; 학습을 지도하는 사람」

[輔音] fǔyīn ㄈㄨˇㄧㄣ 자음(子音). 닿소리.

〔腐〕 fǔ ㄈㄨˇ ①썩다.「流水不一 ; 흐르는 물은 썩지 않는다」②부패한. 타락한. ③낡은. 오래된. ④남자를 거세(去勢)하는 형벌. ⑤두부. 「한.

[腐舊] fǔchiù ㄈㄨˇㄐㄧㄡˋ 케케묵다. 진부

[腐竹] fǔchú ㄈㄨˇㄓㄨˊ 끓인 콩국을 식혀 표면에 생긴 꺼풀을 말린 것.

[腐朽] fǔhsiǔ ㄈㄨˇㄒㄧㄡˇ (추상적인 뜻

으로) 썩다. 「타락하다.
[腐化] fǔhuà ㄈㄨˇㄏㄨㄚˋ ①부패하다. ②
[腐儒] fǔjú ㄈㄨˇㄖㄨˊ 케케묵어 쓸모 없는 학자.
[腐乳] fújǔ ㄈㄨˊㄖㄨˇ 두부를 소금에 절여서 된장을 발라 말린 것: "醬豆腐·糟豆腐" 따위. 「뒤떨어진.
[腐敗] fǔpài ㄈㄨˇㄅㄞˋ ①썩다. ②시대에
[腐蝕] fǔshíh ㄈㄨˇㄕˊ ①부식하다. ②썩 ∟이다.

〔撫〕 fǔ ㄈㄨˇ ①위로하다. 위문하다. 「一慰; 위무하다」 ②사랑하다. 귀여워하다. 「一育; 귀엽게 기르다」 ③쓰다듬다. 「以手一之; 손으로 쓰다듬다」 ④=拊.
[撫掌] fúchǎng ㄈㄨˊㄓㄤˇ (좋아서) 박수하다.
[撫琴] fǔch'ín ㄈㄨˇㄑㄧㄣˊ 현악기를 타다.
[撫恤] fǔhsǜ ㄈㄨˇㄒㄩˋ 죽은 사람의 가족을 위로하다. 「一金; 조위금」
[撫躬自問] fǔkūng tzǜwěn ㄈㄨˇㄍㄨㄥ ㄗˋㄨㄣˋ 냉정히 반성하다. «成»
[撫摩] fǔmó ㄈㄨˇㄇㄛˊ 쓰다듬다. 문지르다. =撫摸. >撫撫摩摩. 「어루만지다.
[撫弄] fǔnúng ㄈㄨˇㄋㄨㄥˊ (애석해서)
[撫髀自嘆] fǔpì tzǜt'àn ㄈㄨˇㄅㄧˋ ㄗˋㄊㄢˋ 힘을 발휘할 기회가 없어 한탄하다. «成» 「撫. ②달래다. 위로하다.
[撫慰] fǔwèi ㄈㄨˇㄨㄟˋ ①위문하다. =安
[撫養] fúyǎng ㄈㄨˊㄧㄤˇ (어린이를) 정성들여 기르다.
[撫育] fúyǜ ㄈㄨˊㄩˋ 공을 들여 기르다.

〔父〕 fù ㄈㄨˋ ①아버지. ②친척 가운데서 나이 많은 남자에 대한 호칭. 「伯一; 큰아버지」 ③늙은이에 대한 존칭. 「一老; 노인장」 ⇨fǔ. 「사랑.
[父愛] fùài ㄈㄨˋㄞˋ 부성애. 아버지의
[父債子還] fùchài tzǔhuán ㄈㄨˋㄓㄞˋㄗˇ ㄏㄨㄢˊ 아버지의 인과(因果)가 자식에 미치다. «諺» 「아버지에 대한 존칭.
[父親] fùch'in ㄈㄨˋㄑㄧㄣ 아버님: 자기
[父老(兒)] fùlǎo(rh) ㄈㄨˋㄌㄠˇ(ㄦ) 노인네들.
[父馬] fùmǎ ㄈㄨˋㄇㄚˇ 수말. 말의 수놈.
[父女] fùnǚ ㄈㄨˋㄋㄩˇ 아버지와 딸. 부녀
[父黨] fùtǎng ㄈㄨˋㄉㄤˇ 아버지 쪽의 친
[父族] fùtsú ㄈㄨˋㄗㄨˊ =父黨. ∟척.
[父業] fùyèh ㄈㄨˋㄧㄝˋ 가업(家業).

〔付〕 fù ㄈㄨˋ 교부하다. 주다. 「一款; 돈을 지불하다」 「하다.
[付賬] fùchàng ㄈㄨˋㄓㄤˋ 외상값을 지불
[付訖] fùch'ì ㄈㄨˋㄑㄧˋ 지불필(支拂畢). 지불 완료. 「다.
[付價] fùchià ㄈㄨˋㄐㄧㄚˋ 대금을 지불하
[付錢] fùch'ién ㄈㄨˋㄑㄧㄢˊ 돈을 주다.
[付之東流] fùchīhtūngliú ㄈㄨˋㄓ ㄉㄨㄥㄌㄧㄡˊ ①놓아 두다. 방치하다. ②허비하다. 헛되게 하다. ③희망이 없어지다. «成» =付諸東流.
[付之一炬] fùchīhíchǜ ㄈㄨˋㄓ ㄧˊㄐㄩˋ 재로 만들다. 물건을 태우다.
[付之一笑] fùchīhíhsiào ㄈㄨˋㄓ ㄧˊㄒㄧㄠˋ 일소(一笑)에 붙이다. 웃어 넘기다.
[付清] fùch'īng ㄈㄨˋㄑㄧㄥ 남김 없이 지불하다. 청산하다. 「다.
[付出] fùch'ū ㄈㄨˋㄔㄨ 지불하다. 교부하
[付還] fùhuán ㄈㄨˋㄏㄨㄢˊ 한번 받은 돈을 돌려 주거나 돌려 받다. 환불(還拂)하다. 「하다.
[付刊] fùk'ān ㄈㄨˋㄎㄢ 출판물을 인쇄
[付給] fùkěi ㄈㄨˋㄍㄟˇ 주다. 급여(給與)하다. 「②지출하다.
[付款] fùkuǎn ㄈㄨˋㄎㄨㄢˇ ①교부하다.
[付以] fùǐ ㄈㄨˋㄧˇ …을 주다. 「一全權; 모든 권리를 주다」
[付款處] fùk'uǎnch'ù ㄈㄨˋㄎㄨㄢˇㄔㄨˋ 돈을 지불하는 곳. 지불처. 「付息.
[付利] fùlì ㄈㄨˋㄌㄧˋ 이자를 지불하다. =
[付丙] fùpǐng ㄈㄨˋㄅㄧㄥˇ 태우다. 불에 넣다.
[付梓] fùtzǔ ㄈㄨˋㄗˇ ①인쇄하다. ②원고를 제판공(製版工)에게 넘기다.
[付印] fùyìn ㄈㄨˋㄧㄣˋ 인쇄하다.
[付郵] fùyú ㄈㄨˋㄧㄡˊ 우편으로 보내다.
[付運] fùyǜn ㄈㄨˋㄩㄣˋ 물건을 내 싣다.

〔附〕(坿) fù ㄈㄨˋ ①덧붙이다. 「一錄; 부록」 ②다가붙다. 「一耳細語; 귓전에서 속삭이다」
[附加] fùchiā ㄈㄨˋㄐㄧㄚ ①덧붙이다. 부가하다. ②부가세(付加稅).
[附件(兒)] fùchièn(rh) ㄈㄨˋㄐㄧㄢˋ(ㄦ) ①부속 문서. ②부속품.
[附贅懸疣] fùchuì-hsüányú ㄈㄨˋㄓㄨㄟˋ ㄒㄩㄢˊㄧㄡˊ 남아서 쓸 데가 없는 물건. 무용지장물(無用之長物). «成» 「의 준말.
[附中] fùchūng ㄈㄨˋㄓㄨㄥ 부속 중학교
[附耳交談] fùěrh chiāot'án ㄈㄨˋㄦˇ ㄐㄧㄠㄊㄢˊ 귀에 대고 말하다. =附耳細言.
[附和] fùhó ㄈㄨˋㄏㄜˊ (맹목적으로) 따르다. 동조하다. 남의 의견에 따르다.
[附小] fùhsiǎo ㄈㄨˋㄒㄧㄠˇ 부속 소학교의 준말. 「이다.
[附會] fùhuì ㄈㄨˋㄏㄨㄟˋ 억지로 갖다 붙
[附議] fùì ㄈㄨˋㄧˋ ①찬성 의견. ②제안(提案)에 찬성하다.
[附屬] fùshǔ ㄈㄨˋㄕㄨˇ 부속물. 부속하다.
[附帶] fùtài ㄈㄨˋㄉㄞˋ 부대하다. 덧붙다. 「一着; 덧붙여서. 하는 김에」
[附條] fùt'iáo ㄈㄨˋㄊㄧㄠˊ 단서(但書).
[附貼] fùt'iēh ㄈㄨˋㄊㄧㄝ (풀 같은 것으로) 붙이다. 「에 속하는 다년초.
[附子] fùtzǔ ㄈㄨˋㄗˇ 〈植〉 바꽃: 성탄꽃과
[附言] fùyén ㄈㄨˋㄧㄢˊ 단서(但書).
[附庸] fùyūng ㄈㄨˋㄩㄥ 종속되어 있는 작은 나라. 「一國家; 종속국(從屬國)」

〔阜〕 fù ㄈㄨˋ ①흙더미. 언덕. ②많은. 성한. 「物一民豐; 물건은 많고 백성의 ∟생활은 풍요하다」

〔服〕 fù ㄈㄨˋ ①(약이나 독 따위를) 마시다. 「一藥; 복약하다」 ②약의 복용을 세는 말. 「一一藥; 한번 먹을 약」 ∟⇨fú.

〔訃〕 fù ㄈㄨˋ 부고. 사망 통지. =赴. 「報一; 부고(訃告)를 내다」 「내다.
[訃告] fùkào ㄈㄨˋㄍㄠˋ ①부고. ②부고를
[訃聞] fùwěn ㄈㄨˋㄨㄣˊ 부고(訃告).

〔赴〕 fù ㄈㄨˋ ①가다. 나서다. ②부임(赴任)하다. ③참가하다. 「一會; 회의에 나가다」 「=赴試.
[赴考] fùk'ǎo ㄈㄨˋㄎㄠˇ 시험 치러 가다.

[赴難] fùnàn ㄈㄨˋㄋㄢˋ 국난을 구원하려 고 나아가다.
[赴湯蹈火] fùt'āng-tǎohuǒ ㄈㄨˋㄊㄤˉ ㄉㄠˇㄏㄨㄛˇ 물불을 두려워하지 않다.《成》
[赴敵] fùtí ㄈㄨˋㄉㄧˊ 전선(前線)으로 나아가다. 「=赴席.
[赴宴] fùyèn ㄈㄨˋㄧㄢˋ 연회에 참석하다.
[赴約] fùyüēh ㄈㄨˋㄩㄝ ①초대에 응하여 나가다. ②약속한 장소로 가다.

〔負〕 fù ㄈㄨˋ ①(물건을) 지다. 「一薪 ; 장작을 짊어지다」 ②책임을 지다. 「一責 ; 소임을 맡다」 ③의거하다. 「自一 ; 자부하다」 ④만나다. 받다. 「一傷 ; 부상하다」 ⑤가지다. 짊어지다. 「素一盛名 ; 일찍부터 이름이 유명하다」 ⑥(빚을) 지다. 「一債 ; 부채·빚을 지다」 ⑦위배하다. 어긋나다. 「一約 ; 위약하다」 ⑧(승부에) 지다. ⑨마이너스. 「一號 ; 마이너스 부호」 「다. =負賬.
[負債] fùchài ㄈㄨˋㄓㄞˋ ①빚. ②빚을 지
[負氣] fùch'ì ㄈㄨˋㄑㄧˋ ①버럭 화를 내다. ②화나서 타협하지 않다. ③힘을 믿다.
[負荊請罪] fùchīng ch'ǐngtsuì ㄈㄨˋㄐㄧㄥ ㄑㄧㄥˇㄗㄨㄟˋ 잘못을 인정하여 정중히 사과하다.《諺》 「받다. 불안을 느끼다.
[負疚] fùchiù ㄈㄨˋㄐㄧㄡˋ 양심의 가책을
[負屈] fùch'ū ㄈㄨˋㄑㄩ ①억울한 생각을 하다. ②엉뚱한 죄를 뒤집어 쓰다.
[負重] fùchùng ㄈㄨˋㄓㄨㄥˋ 책임을 지다. 「一致遠 ; 목적을 이루기 위해 끊임없이 노력하다. 노력하면 성공한다」
[負號(兒)] fùhào(rh) ㄈㄨˋㄏㄠˋ(ㄦ) 마이너스 부호. 즉 "—".
[負荷] fùhǒ ㄈㄨˋㄏㄜˋ ①부담하다. 책임지다. 담당하다. ②하전(荷電)하다. ③마이너스 전하(電荷). 「틀어 박히다.
[負險] fùhsiěn ㄈㄨˋㄒㄧㄢˇ 요새(要塞)에
[負心] fùhsīn ㄈㄨˋㄒㄧㄣ ①은혜를 저버리다. ②양심을 어기다.
[負薪救火] fùhsīn chiùhuǒ ㄈㄨˋㄒㄧㄣ ㄐㄧㄡˋㄏㄨㄛˇ 섶을 지고 불 속에 뛰어들다.《成》 「망덕(背恩忘德)하는 사람.
[負心賊] fùhsīntséi ㄈㄨˋㄒㄧㄣㄗㄟˊ 배은
[負累] fùlěi ㄈㄨˋㄌㄟˇ 연루(連累) 시키다. 폐를 끼치다. 「다.
[負盟] fùměng ㄈㄨˋㄇㄥˊ 동맹을 깨뜨리
[負命] fùmìng ㄈㄨˋㄇㄧㄥˋ 명령을 어기다.
[負手] fùshǒu ㄈㄨˋㄕㄡˇ 뒷짐을 지다.
[負擔] fùtān ㄈㄨˋㄉㄢ 부담:동사로서"부담하다"라는 뜻에서는 "擔負"가 됨.
[負電] fùtièn ㄈㄨˋㄉㄧㄢˋ 음전기(陰電氣).
[負責] fùtsě ㄈㄨˋㄗㄜˊ 책임을 지다. 「一人 ; 책임자」
[負責制] fùtsěchìh ㄈㄨˋㄗㄜˊㄓˋ 책임제.
[負有] fùyǔ ㄈㄨˋㄧㄡˇ (책임 따위를) 지고 있다. 「一主要責任 ; 주요한 책임을 지고 있다」 「一名望 ; 명망을 지니고 있다」
[負約] fùyüēh ㄈㄨˋㄩㄝ 약속을 어기다.
[負隅頑抗] fùyǘ wánk'àng ㄈㄨˋㄩˊㄨㄢˊ ㄎㄤˋ 한쪽 책임을 지고 완강히 저항하 「다.

〔副〕 fù ㄈㄨˋ ①제2의. 부차의. 「一教授 ; 부교수」 ②부대적인. 종속된. 「一業 ; 부업」 ③적합하다. 합치하다. 「名不一實 ; 이름이 실제와 같지 않다」 ④쌍으로 된 물건을 세는 단위: 벌. 쌍. 「一一酒盅 ; 한 벌의 술잔」 ⑤표정을 가리키는 조수사. 「一一笑容 ; 얼굴에 가득찬 미소」
[副張] fùchāng ㄈㄨˋㄓㄤ 신문의 주요 기사가 실리는 페이지 이외의 페이지.
[副產品] fùch'ǎnp'ǐn ㄈㄨˋㄔㄢˇㄆㄧㄣˇ 부산물.
[副啓] fùch'ì ㄈㄨˋㄑㄧˋ 추신(追伸).
[副教授] fùchiàoshòu ㄈㄨˋㄐㄧㄠˋㄕㄡˋ 부교수. 「지 않은 조연자(助演者).
[副淨] fùchìng ㄈㄨˋㄐㄧㄥˋ 그리 중요하
[副刊] fùkān ㄈㄨˋㄍㄢ 신문 잡지의 부록: 흔히 책 모양으로 되어 있는 것을 가리킴. 「本).
[副稿] fùkǎo ㄈㄨˋㄍㄠˇ 원고의 부본(副
[副末] fùmò ㄈㄨˋㄇㄛˋ 연극에서의 시녀(侍女) 따위의 역.
[副手] fùshǒu ㄈㄨˋㄕㄡˇ 조수(助手).
[副册] fùts'è ㄈㄨˋㄘㄜˋ ①부록 팜플렛. ②부본. 「린 것. 카아드 따위.
[副葉] fùyèh ㄈㄨˋㄧㄝˋ 책이나 잡지에 딸
[副頁] fùyèh ㄈㄨˋㄧㄝˋ =副張.

〔婦〕(妇) fù ㄈㄨˋ ①부인. 「一科 ; 부인과」 ②아내. 「夫一 ; 부부」 ③며느리. 「長一 ; 장남의 아내」
[婦產醫院] fùch'ǎn iyüàn ㄈㄨˋㄔㄢˇㄧ ㄩㄢˋ 산부인과 병원. 「원(產院).
[婦產院] fùch'ǎnyüàn ㄈㄨˋㄔㄢˇㄩㄢˋ 산
[婦孺] fùjú ㄈㄨˋㄖㄨˊ 부녀자.
[婦科] fùk'ō ㄈㄨˋㄎㄜ 부인과. 「一大夫 ; 부인과 의사」 「병」
[婦女] fùnǚ ㄈㄨˋㄋㄩˇ 여성. 「一病 ; 부인
[婦道人家] fùtao jénchia ㄈㄨˋㄉㄠㄖㄣˊ ㄐㄧㄚ 부인: 일반 부인을 가리킴.
[婦道] fùtao ㄈㄨˋㄉㄠ =婦道人家.
[婦幼] fùyù ㄈㄨˋㄧㄡˋ =婦孺.

〔傅〕 fù ㄈㄨˋ ①보좌하다. 이끌어 지도하다. ②칠하다. 붙이다. 「一粉 ; 분을 바르다」 「이다.
[傅會] fùhuì ㄈㄨˋㄏㄨㄟˋ 억지로 갖다 붙

〔富〕 fù ㄈㄨˋ ①재산이 많은. 넉넉한. 「一家 ; 부자」 ②풍부한. 충분한. 「出產很一 ; 산물이 매우 많다」 「자. =富翁.
[富家翁] fùchiāwēng ㄈㄨˋㄐㄧㄚㄨㄥ 부
[富戶] fùhù ㄈㄨˋㄏㄨˋ 부자집. =富家.
[富戶兒] fùhùrh ㄈㄨˋㄏㄨˋㄦ 부자.
[富饒] fùjáo ㄈㄨˋㄖㄠˊ 풍부하다. 풍요하다. 「物產一 ; 산물이 풍부하다」
[富人] fùjén ㄈㄨˋㄖㄣˊ 부자.
[富骨] fùkǔ ㄈㄨˋㄍㄨˇ 부골. 부자의 골상(骨相). 「하다.
[富貴] fùkuei ㄈㄨˋㄍㄨㄟˋ ①부귀. ②부귀
[富貴花] fùkueihuā ㄈㄨˋㄍㄨㄟˋㄏㄨㄚ 모란꽃의 별칭.
[富貴衣] fùkueiī ㄈㄨˋㄍㄨㄟˋㄧ 연극에서 가난뱅이가 입는 옷.
[富國] fùkuó ㄈㄨˋㄍㄨㄛˊ ①나라를 부하게 하다. ②부유한 나라.
[富麗] fùlì ㄈㄨˋㄌㄧˋ 화려하다. 「陳設一, 耀人眼目 ; 진열한 물건이 화려하여 사람의 눈을 끌다」 「一堂皇 ; (건물이나 실내가) 화려하고 훌륭하다」 「(巨商).
[富商] fùshāng ㄈㄨˋㄕㄤ 호상(豪商). 거상

[富庶] fùshù ㄈㄨˋㄕㄨˋ 풍부하다. 풍요하다. 「다. >富富態態.
[富態] fùt'ai ㄈㄨˋㄊㄞ 뚱뚱하다. 살이 찌
[富胎] fùt'ai ㄈㄨˋㄊㄞ 부자될 상:남에게 대한 말.
[富泰] fùt'ài ㄈㄨˋㄊㄞˋ 복스럽다.
[富足] fùtsú ㄈㄨˋㄗㄨˊ 재물이 풍족하다.
[富有] fùyǔ ㄈㄨˋㄧㄡˇ ①풍부하다.「他家裏是一的；그의 가정은 풍족하다」「一財產；재산이 많다」②…이 풍부한. 「一傳染性；전염성이 풍부한」
[富於] fùyú ㄈㄨˋㄩˊ …이 풍부하다. 「一創造性；창조성이 풍부하다」「아가다.
[富餘] fùyü ㄈㄨˋㄩ ①나머지. ②남아 돌
[富裕] fùyü ㄈㄨˋㄩ 부유하다.
[富源] fùyüán ㄈㄨˋㄩㄢˊ 재산의 근본.

〔復〕 fù ㄈㄨˋ ①돌아 가다.「往一；왕복」②회답을 보내다.「一他信；그에게 회신을 보내다」③보답하다.「一仇；원수를 갚다」④되돌아 가다.「一原；먼저대로 되다」⑤다시. 또.「一診；다시 진찰하다」 「다. ②재진(再診).
[復診] fùchěn ㄈㄨˋㄓㄣˇ ①다시 진찰하
[復漆] fùch'ī ㄈㄨˇㄑㄧ(페인트 따위의) 두번 칠을 하다.
[復仇] fùch'óu ㄈㄨˋㄔㄡˊ 재수출(再輸出).
[復返] fùfǎn ㄈㄨˋㄈㄢˇ 되돌아 가다.
[復函] fùhán ㄈㄨˋㄏㄢˊ 회신(回信). 답장. =復書. 「벌이다.
[復工] fùkūng ㄈㄨˋㄍㄨㄥ ①일을 다시
[復辟] fùpì ㄈㄨˋㄅㄧˋ 퇴위(退位)했던 임금이 다시 왕위에 오르다.
[復生] fùshēng ㄈㄨˋㄕㄥ 되살아나다.
[復收] fùshōu ㄈㄨˋㄕㄡ 수확한 후에 떨어진 나락 따위를 거두어 들이다.
[復蘇] fùsū ㄈㄨˋㄙㄨ 부활하다.
[復電] fùtièn ㄈㄨˋㄉㄧㄢˋ ①답전(答電). ②답전을 치다. 「검사하다.
[復驗] fùyèn ㄈㄨˋㄧㄢˋ ①재검사. ②다시
[復音] fùyīn ㄈㄨˋㄧㄣ 회신(回信).=復函.
[復原] fùyüán ㄈㄨˋㄩㄢˊ ①복원하다. 복귀하다. ②병이 나아 건강이 회복되다. =復元.

〔腹〕 fù ㄈㄨˋ 배.
[腹稿] fùkǎo ㄈㄨˋㄍㄠˇ 복안(腹案).
[腹背受敵] fùpèi shòutí ㄈㄨˋㄅㄟˋㄕㄡˋㄉㄧˊ 앞뒤로 협공(挾攻) 당하다. «成»
[腹部] fùpù ㄈㄨˋㄅㄨˋ 복부.
[腹地] fùtì ㄈㄨˋㄉㄧˋ 변방(邊方)에 대한 내륙이나 중앙의 복방.

〔複〕 fù ㄈㄨˋ ①복잡한. 많은.「一雜；복잡하다」②중복되다.「一寫；복사하다」
[複姓] fùhsìng ㄈㄨˋㄒㄧㄥˋ 복성:두 글자 이상을 가진 성 "歐陽·司馬" 따위. 「리.
[複代理] fùtàilǐ ㄈㄨˋㄉㄞˋㄌㄧˇ 대리의 대
[複雜化] fùtsáhuà ㄈㄨˋㄗㄚˊㄏㄨㄚˋ 복잡하게 되다.
[複詞] fùtz'ǔ ㄈㄨˋㄘˊ 복합어(複合語). 두자 이상으로 구성되는 말. =複合詞.

〔賦〕 fù ㄈㄨˋ ①농지세(農地稅). ②중국 고대의 문체(文體)의 하나. ③시를 짓다. 「一詩；시를 짓다」④주다.「一給；급여하다」
[賦閑] fùhsién ㄈㄨˋㄒㄧㄢˊ 실직을 하여 빈둥빈둥 놀고 있다. 「고난 성품.
[賦性] fùhsìng ㄈㄨˋㄒㄧㄥˋ 천성(天性). 타
[賦給] fùkěi ㄈㄨˋㄍㄟˇ 주다. 급여하다.
[賦有] fùyǔ ㄈㄨˋㄧㄡˇ 선천적으로 갖고 있다.
[賦予] fùyǔ ㄈㄨˋㄩˇ 주다.

〔駙〕 fù ㄈㄨˋ ①여러 마리의 말이 끄는 마차의 부마(副馬). ②빠르다.
[駙馬] fùmǎ ㄈㄨˋㄇㄚˇ 임금의 사위.
「사. 무사」
〔蝮〕 fù ㄈㄨˋ 〈動〉 살무사.「一蛇；복
〔縛〕 fù ㄈㄨˋ 묶다.「手無一鷄之力；손으로 닭을 잡을 힘도 없다」
〔賻〕 fù ㄈㄨˋ 돈이나 물건을 보내어 장례를 돕다. 「錢. 賻金.
[賻儀] fùí ㄈㄨˋㄧˊ 부의금. 조의금. =賻

〔覆〕 fù ㄈㄨˋ ①다시. 또. ②덮다.「以巾一面；헝겊으로 얼굴을 가리다」③전복되다.「一車；전복된 차」
[覆巢無完卵] fùch'áo wú wánluàn ㄈㄨˋㄔㄠˊㄨˊㄨㄢˊㄌㄨㄢˋ 전체가 난관에 부딪치면 개인도 헤어나지 못한다. «成»
[覆轍] fùch'ê ㄈㄨˋㄔㄜˊ 전철(前轍). 지나간 실패나 잘못.「重踏一；같은 실패를 되풀이하다」
[覆車之戒] fùch'ēchīhchièh ㄈㄨˋㄔㄜ ㄓ ㄐㄧㄝˋ 다른 사람의 실패를 거울삼다. «成»
[覆核] fùhó ㄈㄨˋㄏㄜˊ 재심(再審)하다.
[覆信] fùhsìn ㄈㄨˋㄒㄧㄣˋ ①답장. ②답장을 보내다.
[覆選] fùhsüǎn ㄈㄨˊㄒㄩㄢˇ 재선하다.
[覆議] fùì ㄈㄨˋㄧˋ 다시 의논하다. 「다.
[覆染] fùjǎn ㄈㄨˋㄖㄢˇ 두번 염색을 하
[覆蓋] fùkài ㄈㄨˋㄍㄞˋ (틈이 없도록) 씌우다. 덮다.「雪一了山頂；눈이 산정을 덮었다」
[覆沒] fùmò ㄈㄨˋㄇㄛˋ ①침몰하다. ②(군대 따위가) 전멸하다. ③(세력 따위를) 뒤집어 엎다.
[覆敗] fùpài ㄈㄨˋㄅㄞˋ 다시금 패배하다.
[覆盆] fùp'ên ㄈㄨˋㄆㄣˊ ①억수같이 쏟아지는 비의 비유.「一大雨；억수 같은 비」=傾盆. ②억울한 누명을 벗을 수 없다는 비유.
[覆審] fùshěn ㄈㄨˋㄕㄣˇ 재심(再審)하다.
[覆試] fùshìh ㄈㄨˋㄕˋ 재시험(再試驗).
[覆水難收] fùshuǐnánshōu ㄈㄨˋㄕㄨㄟˇㄋㄢˊㄕㄡ 엎지른 물은 다시 주워 담을 수 없다. 후회막급(後悔莫及). «成»
[覆算] fùsuàn ㄈㄨˋㄙㄨㄢˋ 다시 한번 계산하다.
[覆土] fùt'ǔ ㄈㄨˋㄊㄨˇ ①(관 따위에) 흙을 덮다. ②실지(失地)를 회복하다.
[覆文] fùwěn ㄈㄨˋㄨㄣˊ 답장.
[覆雨翻雲] fùyǔ-fānyún ㄈㄨˋㄩˇㄈㄢㄩㄣˊ ①세상 인심은 믿을 수가 없다는 말. 인정 무상(人情無常). ②온갖 술책을 다하여 일을 꾸미다.

〔馥〕 fù ㄈㄨˋ 향기가 짙은.
[馥郁] fùyù ㄈㄨˋㄩˋ 향기가 짙다.

〔鰒〕 fù ㄈㄨˋ 전복. 一魚 ; 전복」

FUNG ㄈㄨㄥ

〔甮〕 fùng ㄈㄨㄥˋ …할 필요 없다.

HA ㄏㄚ

〔哈〕 hā ㄏㄚ ①웃는 소리:하하하…. ②호 하고 입김을 불다. 「用嘴裡的暖氣一着手 ; 더운 입김으로 손을 녹이다」③ ⇨hă, hà.

[哈代] hātài ㄏㄚㄉㄞˋ 하아디(Hardy, T: 영국의 시인·소설가로 1840년에서 1928년까지의 사람).

[哈佛] hāfó ㄏㄚㄈㄛˊ 하아버어드. 「一大學 ; 하아버어드 대학」

[哈拉] hālā ㄏㄚㄌㄚ 옛 만주어로서 성(姓)을 의미함.

[哈洋] hāyáng ㄏㄚㄧㄤˊ "哈爾賓"을 중심으로 하여 북만주 일대에 유통한 "大洋錢"본위의 불환 지폐로 "哈洋一元二角五分"은 중국 화폐"一元"에 해당함.

[哈息] hāhsi ㄏㄚㄒㄧ 하품. 一打 ; 하품을 하다」

[哈閃] hāshăn ㄏㄚㄕㄢˇ 하품.

[哈凍] hātùng ㄏㄚㄉㄨㄥˋ 입김을 불어 따뜻하게 하다. 「리.

[哈囉] hālō ㄏㄚㄌㄛ 핼로우 : 부르는 소

[哈大洋] hātàyáng ㄏㄚㄉㄚˋㄧㄤˊ =哈洋. "哈爾賓大洋票"의 약칭.

[哈巴特] hāpāt'ê ㄏㄚㄅㄚㄊㄜˋ다스마니아섬의 수읍(首邑) : 하아버어트(Habart).

[哈瓦那] hāwănà ㄏㄚㄨㄚˇㄋㄚˋ 아바나(Havana) : 서인도 쿠바의 수도.

[哈吧狗] hăpakŏu ㄏㄚˇㄅㄚㄍㄡˇ 찡(狆) ; 발발이 종류로 털이 긴 일본 개. 「一掀簾子嘴兒挑着 ; 찡이 입으로 발(簾)을 쳐드는 것처럼 입만 가지고 거짓말을 한다는 비유」 「으로 구부러진 안짱다리.

[哈吧腿] hăpat'uĭ ㄏㄚˇㄅㄚㄊㄨㄟˇ 안쪽

[哈利發] hālìfā ㄏㄚˋㄌㄧˋㄈㄚ 인슬람교의 교주의 존칭.

[哈拉子] hālātzŭ ㄏㄚㄌㄚㄗ =含拉子.군침.입밖으로 흘리는 침. 「流一 ; 침을 흘리다」

[哈喇呢] hālaní ㄏㄚㄌㄚㄋㄧˊ 러시아 산의 고급 나사(羅紗).

[哈薩克] hāsàk'ò ㄏㄚㄙㄚˋㄎㄜˋ 카자흐(kazak).「一族 ; 카자흐 민족. 몽고 지방에 사는 소수민족」

[哈瓦斯社] hāwăssūshê ㄏㄚㄨㄚˇㄙㄕㄜˋ 하바스(Havas) 신사.

[哈欠] hāch'ien ㄏㄚㄑㄧㄢ 하품. 「打一; 하품을 하다」

[哈哈] hāhā ㄏㄚㄏㄚ ①크게 웃는 소리. ②기쁘거나 노함을 나타내는 감탄사. 「一一! 你竟罵我! 허허! 네가 감히 나를 욕해!」

[哈哈兒] hāhārh ㄏㄚㄏㄚㄦ 우스운 일. 「這可眞是個一;이 일은 정말 우스운 일이다」=哈哈兒笑.

[哈喇] hāla ㄏㄚㄌㄚ ①기름기 있는 음식의 썩은 맛.②단 칼로 베어· 죽이다. 죽이다.

[哈密瓜] hāmìkuā ㄏㄚㄇㄧˋㄍㄨㄚ "新疆省 哈密"에서 생산되는 수박.

[哈尼] hāni ㄏㄚㄋㄧ "雲南省"에 사는 종족명.

[哈士蟆] hāshihmá ㄏㄚㄕˋㄇㄚˊ"吉林"특산의 개구리 : 식용 개구리. =哈什螞.

[哈腰] hāyāo ㄏㄚㄧㄠ ①허리를 굽히다. ②허리를 굽혀 예(禮)를 표하다. =鞠躬.

〔哈〕 há ㄏㄚˊ ⇨kó.

[哈蟆] háma ㄏㄚˊㄇㄚ ①두꺼비. ②개구리. ⇨蝦蟆.

〔蝦〕 há ㄏㄚˊ

[蝦蟆] háma ㄏㄚˊㄇㄚ 두꺼비 : 개구리의 종류.

〔哈〕 hă ㄏㄚˇ 성(姓). ⇨hā, hà.

[哈呼] hăhu ㄏㄚˇㄏㄨ 고함치다.

[哈喇叭] hălapā ㄏㄚˇㄌㄚㄅㄚ 어깨뼈.

[哈達] hătá ㄏㄚˇㄉㄚˊ 희고 붉고 누런 색의 얇은 비단으로 "西藏·蒙古" 에서는 경불(敬佛)이나 선물의 진품(珍品)으로 여기는 비단.

[哈達門] hătamĕn ㄏㄚˇㄉㄚㄇㄣˊ "北京" 성문(城門)의 이름. "崇文門"이라고도 함.

[哈叭哈叭] hăpahăpa ㄏㄚˇㄅㄚㄏㄚˇㄅㄚ (무릎을 구부리고) 깡충깡충 뛰는 모양. 안짱다리로 걸어가는 모양. =哈裏哈叭.

[哈巴腿兒] hăpat'uĭrh ㄏㄚˇㄅㄚㄊㄨㄟˇㄦ 안짱다리.

〔哈〕 hà ㄏㄚˋ ⇨hā, hă.

[哈什螞] hàshihmă ㄏㄚˋㄕㄇㄚˇ 만주 지방에서 나는 식용 개구리.

HAI ㄏㄞ

〔咳〕 hāi ㄏㄞ ①한숨.「一聲嘆氣 ; 한숨을 쉬고 탄식만 하다」 ②감탄사로 쓰이는 말. ㉮슬픈 기분을 나타낼 때. 「一! 我爲什麼這麼糊塗 ; 아! 왜 이렇게 내가 아둔할까」 ㉯(거리낌 없이 남을 마구 부를 때) : 야! 어이! 「一! 到這裡來 ; 야! 이리 와」 ㉰(깜짝 놀랐을 때) : 아! 아,참! 어머나! 「一! 我身上忘了帶錢;돈을 가지고 올 걸 잊었구나」

〔嗨〕 hāi ㄏㄞ =嗐. [hài]

〔孩〕 자녀. 아이. 「一子·一兒 ; 어린 아이」

[孩氣] háich'ì ㄏㄞˊㄑㄧˋ ①어린 마음 ②어린이답다.

[孩虎] háihŭ ㄏㄞˊㄏㄨˇ 작은 호랑이. 호랑이 새끼.

[孩乳] háijŭ ㄏㄞˊㄖㄨˇ ①유아(乳兒). 젖먹이. ②젖먹을 때. 젖먹이 적.

[孩抱] háipào ㄏㄞˊㄅㄠˋ 안긴 아이.어린 아이.

[孩兒] háirh ㄏㄞˊㄦ 갓난 아이.
[孩兒參] háirhshēn ㄏㄞˊㄦㄕㄣ 인삼.
[孩童] háitʻúng ㄏㄞˊㄊㄨㄥˊ 아이. 아동.
[孩子氣] háitzǔchʻì ㄏㄞˊㄗㄑㄧˋ 어린 아이 같은 기분의 어른.「대장.=孩子頭兒.
[孩子王] háitzǔwáng ㄏㄞˊㄗㄨㄤˊ 골목

〔骸〕 hái ㄏㄞˊ ①뼈.「一骨 ; 해골」「屍一 ; 시체」②몸. 시체.「病一 ; 병든 몸」
[骸炭] háitʻàn ㄏㄞˊㄊㄢˋ 코우크스. 해탄.

〔還〕(还) hái ㄏㄞˊ ①아직. 또. 또한.「另外一有一件要做 ; 또 하나 따로 해야 할 일이 있다」②더욱. 보다 더.「今天比昨天一熱 ; 오늘은 어제보다 더욱 덥다」③상태가 지속됨을 나타내는 말:아직도.「吃完了一有呢 ; 다 먹으면 또 있다」「一多的很呢 ; 아직도 많이 있다」④동작의 지속을 나타내는 말:아직도. 의연히. 여전히.「天都黑了,你一看呢 ; 날이 어두었는데도 아직 보고 있느냐」「他一堅持不改 ; 그는 아직도 고집을 고치려고 하지 않는다」「你一是那様 ; 자넨 아직도 여전하군」⑤아직은 그럭저럭 견딜 수 있다. 그다지 심하지 않다.「我的身體一好 ; 내 몸은 아직 괜찮아. 나의 건강은 아직 좋은 편이야」「今天一算暖和 ; 오늘은 그래도 따뜻한 편일세」⑥…조차. …마저. =尙且.「他那麼大年紀一這麼干, 咱們更應加油干了 ; 저렇게 나이가 많은 저이조차 이렇게 일을 하고 있으니, 우리들은 더욱 일을 해야 되지 않겠나」⑦역시. 과연. =到底. 畢意.「一是機器的效力大 ; 역시 기계의 능률이 크구나」⑧…인가, 또는. =或.「是你去呢, 一是他來 ; 자네가 가는 건가, 그가 오는 건가」⑨…가 아닌가. …할소냐:반어(反語)적으로 쓰이는 말. =豈, 哪裡.「一不是因爲他愛說怪話, 才惹惱了老張 ; 그가 있는 소리 없는 소리 마구 떠벌리니까, 장군(張君)이 화가 난 것이 아닌가」⇨huán.
[還不止此] háipùchǐhtzʻǔ ㄏㄞˊㄅㄨˋㄓˇㄘˇ 아직도 이에 그치지 않다. 이것만으로 그친 것이 아니라 아직도 계속되고 있다. 이것으로 국한(局限)하지 않는다.
[還是] háishìh ㄏㄞˊㄕˋ ⇨還 ④⑥⑦⑧.
[還有] háiyǔ ㄏㄞˊㄧㄡˇ …와. …과. 또:접속사로 쓰임.「他很關心那些鷄, 一三口猪 ; 그는 그 닭들과 또 세 마리의 돼지에게도 관심을 가졌다」

〔海〕 hǎi ㄏㄞˇ ①바다. ②모인 수가 많다.「人山人一 ; 인산 인해를 이루다」③용기(容器)가 크다. 들이가 많다.「墨一 ; 벼루」④큰. 큼직한.「一碗 ; 큰 차잔」⑤큰 소리로 떠벌리다. 큰소리치다.「誇下一口 ; 큰 소리로 떠벌리다」「해협(海峽).
[海岔] hǎichʻà ㄏㄞˇㄔㄚˋ (폭이 넓은) 큰
[海潮] hǎichʻáo ㄏㄞˇㄔㄠˊ 조수(潮水).
[海蜇] hǎichě ㄏㄞˇㄓㄜˊ 〈動〉 해파리. 수모(水母). =水母. 「(里程).
[海程] hǎichʻěng ㄏㄞˇㄔㄥˊ 바다의 이정
[海鯽魚] hǎichìyǘ ㄏㄞˇㄐㄧˋㄩˊ 〈動〉도미. 도미과 생선의 총칭. =大頭魚.
[海角天涯] háichiǎo tʻiēnyá ㄏㄞˊㄐㄧㄠˇ ㄊㄧㄢㄧㄚˊ 멀리 떨어진 곳. 아득한 저편. =天涯海角.
[海船] hǎichʻuán ㄏㄞˇㄔㄨㄢˊ 기선. 선박.
[海肥] hǎiféi ㄏㄞˇㄈㄟˊ 해초류를 이용한 비료.
[海涵] hǎihán ㄏㄞˇㄏㄢˊ 도량이 크다.
[海嘯] hǎihsiào ㄏㄞˇㄒㄧㄠˋ 해소.
[海星] hǎihsīng ㄏㄞˇㄒㄧㄥ 극피동물(棘皮動物)의 총칭. 불가사리.
[海行] hǎihsíng ㄏㄞˇㄒㄧㄥˊ ①널리 행하여지다. 일반적으로 통용되다. ②항해하다.
[海客] hǎikʻò ㄏㄞˇㄎㄜˋ ①항해자. ②선객.
[海狗] háikǒu ㄏㄞˊㄍㄡˇ 해구. 물개.
[海口] háikʻǒu ㄏㄞˊㄎㄡˇ ①강물이 바다로 들어 가는 곳. 해구. ②항구. ③호언 장담.
[海股] háikǔ ㄏㄞˊㄍㄨˇ 내해(內海).
[海枯石爛] hǎikū-shíhlàn ㄏㄞˇㄍㄨㄕˊㄌㄢˋ 바닷물이 마르고 돌이 썩는다는 뜻. 마음이 영원히 변치 않는다는 뜻. «成»
[海關] hǎikuān ㄏㄞˇㄍㄨㄢ 세관(稅關).
[海闊天空] hǎikʻuò-tʻiēnkʻūng ㄏㄞˇㄎㄨㄛˋ ㄊㄧㄢㄎㄨㄥ 끝없이 멀고 넓다.
[海里] háilǐ ㄏㄞˊㄌㄧˇ 해리. 1해리는 1노트. 「ㄛ 남몰래 탐지하다. «成»
[海里摸鍋] hǎili mōkuō ㄏㄞˇㄌㄧㄇㄛㄍㄨ
[海立雲垂] hǎilìyǘnchʻúi ㄏㄞˇㄌㄧˋㄩㄣˊㄔㄨㄟˊ 문장(文章)이 웅장함을 형용하는 말.
[海量] hǎiliàng ㄏㄞˇㄌㄧㄤˋ ①=海涵. ②주량(酒量)이 크다. 「총칭.
[海螺] hǎilǒ ㄏㄞˇㄌㄨㄛˊ 〈動〉 소라의
[海馬] háimǎ ㄏㄞˊㄇㄚˇ ①〈動〉 해마:실고기과에 속하는 바닷물고기. ②〈動〉 해상(海象):바다표범과에 속하는 바다 짐승. ③해상선(海上船).
[海罵] háimà ㄏㄞˊㄇㄚˋ (누구라고 지정하지는 않고) 함부로 욕을 퍼붓다.
[海米] háimǐ ㄏㄞˊㄇㄧˇ 겁질을 까서 말린 새우. 「내.
[海內] hǎinèi ㄏㄞˇㄋㄟˋ 온 세상. 천하. 국
[海難] hǎinàn ㄏㄞˇㄋㄢˋ 해난. 바다에 일어난 각종 사고.
[海漚] hǎiōu ㄏㄞˇㄡ 해면에 생기는 거품.
[海報] hǎipào ㄏㄞˇㄅㄠˋ 영화 포스터.
[海豹] hǎipào ㄏㄞˇㄅㄠˋ 〈動〉 바다표범.
[海表] háipiǎo ㄏㄞˊㄅㄧㄠˇ 바다 건너 있는 땅. 외지(外地).
[海沙] hǎishā ㄏㄞˇㄕㄚ 소금. «方»
[海深山高] hǎishēn-shān'kāo ㄏㄞˇㄕㄣㄕㄢㄍㄠ 바다는 깊고 산은 높다. «成»「一的友誼 ; 바다같이 깊고 산같이 높은 우의」
[海澨] hǎishìh ㄏㄞˇㄕˋ 해변. =海濱.
[海市蜃樓] hǎishìh-chʻěnlóu ㄏㄞˇㄕˋㄔㄣˊㄌㄡˊ ①신기루(蜃氣樓). =海市. ②허무하고 믿을 수 없는 일.
[海誓山盟] hǎishìhshānměng ㄏㄞˇㄕˋㄕㄢㄇㄥˊ 애정이 언제까지나 변하지 말자고 맹세하다. 바다와 산을 두고 맹세하다.
[海水不可斗量] háishuǐ pùkʻǒ tǒuliáng ㄏㄞˇㄕㄨㄟˇ ㄅㄨˋㄎㄜˇ ㄉㄡˇㄌㄧㄤˊ 큰 인물은외모로만 평가할 수 없다. «成»
[海說] hǎishuō ㄏㄞˇㄕㄨㄛ ①허무한 말. ②허무한 이야기를 하다.
[海損] háisǔn ㄏㄞˊㄙㄨㄣˇ 항해중 발생한 선박이나 화물의 손해.
[海苔] hǎitʻái ㄏㄞˇㄊㄞˊ 해태. 건태. 김.
[海帶] hǎitài ㄏㄞˇㄉㄞˋ 다시마. =海帶菜.
[海塘] hǎitʻáng ㄏㄞˇㄊㄤˊ 방파제.

[海道] hǎitào ㄏㄞˇㄉㄠˋ 해로(海路).
[海島] háitǎo ㄏㄞˊㄉㄠˇ 섬.
[海燈] hǎitēng ㄏㄞˇㄉㄥ 부처님 앞에 놓은 유리로 만든 등. 「가지.
[海笛兒] hǎitírh ㄏㄞˇㄉㄧˊㄦ 악기의 한
[海底撈針] háitǐ lāochēn ㄏㄞˊㄉㄧˇ ㄌㄠ ㄓㄣ 바다 밑에서 바늘을 건진다는 뜻으로, 불가능한 일을 형용하는 말.
[海澡] háitsǎo ㄏㄞˊㄗㄠˇ 해수욕. =海水浴.
[海產] háits'ǎn ㄏㄞˊㄔㄢˇ 해산물. =海貨. 海錯. 「沼). «方»
[海子] hǎitzǔ ㄏㄞˇㄗ 호수. «方» 호소(湖
[海灣] hǎiwān ㄏㄞˇㄨㄢ 만(灣). 「식품.
[海味] hǎiwèi ㄏㄞˇㄨㄟˋ 바다에서 나는
[海物] hǎiwù ㄏㄞˇㄨˋ 해산물. 해물. =海產.
[海腰] hǎiyāo ㄏㄞˇㄧㄠ 해협(海峽).
[海員] hǎiyüán ㄏㄞˇㄩㄢˊ 선원(船員).

〔醢〕 hǎi ㄏㄞˇ ①말린 고기를 다져서 누룩·소금·술 따위에 담근 것. =肉醬. ②잘게 썰다. 다지다. 난도질하다.

〔亥〕 hài ㄏㄞˋ ①십이지(十二支)의 마지막. ②밤 아홉 시부터 열 한 시까지. ③ 「성(姓)의 하나.

〔害〕 hài ㄏㄞˋ ①손상. 재난. 「除一; 재난을 없애다」 ②해로운. 「一虫; 해충」 ③손상시키다. 상하게 하다. 「危一國家; 국가에 해를 끼치다」 ④병들다. 아프다. 「一病; 병들다」 ⑤불안한 기분이 되다. 「一羞; 부끄러워하다」 ⑥무서워하다. 「一怕; 무서워하다」 ⑦방해하다. 훼방을 놓다. 「我絕一不着你; 나는 절대로 너를 방해하지 않겠다」 ⑧시기하다. 기분에 거슬리다. 「心一其能; 마음 속으로 상대방의 재능을 시기하다」 「다.
[害氣] hàich'ì ㄏㄞˋㄑㄧˋ 성내다. 화를 내
[害處] hàich'u ㄏㄞˋㄔㄨ ①결점(缺點). 해로운 점. ②폐단. ③손해.
[害群之馬] hàich'ǘnchīhmǎ ㄏㄞˋㄑㄩㄣˊㄓㄇㄚˇ 전체에 해독을 끼치는 불순한 사람. 「②입덧이 나다.
[害孩子] hàiháitzǔ ㄏㄞˋㄏㄞˊㄗ ①입덧.
[害羞] hàihsiū ㄏㄞˋㄒㄧㄡ 부끄러워하다. =害臊.
[害人] hàijěn ㄏㄞˋㄖㄣˊ 사람을 해치다.
[害人不淺] hàijěnpùch'ién ㄏㄞˋㄖㄣˊㄅㄨˋㄑㄧㄢˊ 남에게 심하게 해를 입히다. «成»
[害口] hàik'ǒu ㄏㄞˋㄎㄡˇ 입덧으로 신맛 따위를 즐기다.
[害苦] hàik'ǔ ㄏㄞˋㄎㄨˇ 괴롭히다.
[害命] hàimìng ㄏㄞˋㄇㄧㄥˋ 죽이다. 살해하다.
[害怕] hàip'à ㄏㄞˋㄆㄚˋ ①무서워하다. ②근심하다. ③겁을 집어 먹다.
[害病] hài pìng ㄏㄞˋ ㄅㄧㄥˋ 병들다.
[害不着] hàipucháo ㄏㄞˋㄅㄨㄓㄠˊ 방해되지 않다. 이기지 못하다.
[害事] hàishìh ㄏㄞˋㄕˋ 일을 그르치다. 일을 망치다. 「괴롭히다.
[害死] hàissǔ ㄏㄞˋㄙ ①죽이다. ②몹시
[害眼] hàiyěn ㄏㄞˋㄧㄢˇ 눈병을 앓다. 눈 「에 거슬리다.

〔嗐〕 hài ㄏㄞˋ 탄식할 때 내는 감탄사. 「一! 想不到他病得這樣重; 흐흥! 그의 병이 이렇게 중한 줄은 생각지도 못했다」

〔駭〕 hài ㄏㄞˋ ①깜짝 놀라다. ②말(馬)이 놀라다. ③어지럽고 소란하다. ④흩어지다. 「양.
[駭然] hàiján ㄏㄞˋㄖㄢˊ 깜짝 놀라는 모
[駭人] hàijěn ㄏㄞˋㄖㄣˊ ①사람을 놀라게 하다. ②놀란 만한. 「一聽聞; 듣는 사람을 놀라게 하다」
[駭怪] hàikuài ㄏㄞˋㄍㄨㄞˋ 해괴하게 생각하다. 놀라 이상하게 여기다.
[駭浪] hàilàng ㄏㄞˋㄌㄤˋ 사람을 놀라게 하는 파도. 「내다.
[駭怕] hàip'à ㄏㄞˋㄆㄚˋ 무서워하다. 겁

HAN ㄏㄢ

〔蚶〕 hān ㄏㄢ 「一子; 살조개」

〔酣〕 hān ㄏㄢ ①취하다. 술을 마시고 기분 좋게 되다. 「酒一耳熱; 술이 거나하여 얼굴이 화끈거리다」 ②한창. 왕성(旺盛). 「興趣正一; 흥취가 지금 한창이다」 「하다. 치열하게 싸우다.
[酣戰] hānchàn ㄏㄢㄓㄢˋ 열전(熱戰)을
[酣暢] hānch'àng ㄏㄢㄔㄤˋ 최고에 이르다. 한창이다.
[酣然入夢] hānján jùmèng ㄏㄢㄖㄢˊㄖㄨˋㄇㄥˋ 기분 좋게 잠들다.
[酣夢] hānmèng ㄏㄢㄇㄥˋ 즐거운 꿈. 재미 있는 꿈. 「푹 자다.
[酣睡] hānshuì ㄏㄢㄕㄨㄟˋ 깊이 잠들다.
[酣醉] hāntsuì ㄏㄢㄗㄨㄟˋ 술을 마시고 크게 취하다. 「시다.
[酣飲] hānyǐn ㄏㄢㄧㄣˇ 즐겁게 술을 마
[酣飫] hānyǜ ㄏㄢㄩˋ 술도 취하고 배도 「부르다.

〔憨〕 hān ㄏㄢ ①어리석다. 멍청하다. ②굵다. 「這個太一, 那個太細; 이것은 너무 굵고 저것은 너무 가늘다」 ③성(姓)의 하나. 「다.
[憨癡] hānch'īh ㄏㄢㄔ 어리석다. 아둔하
[憨厚] hānhòu ㄏㄢㄏㄡˋ 고지식하다. 어리석도록 강직하다. 「다.
[憨笑] hānhsiào ㄏㄢㄒㄧㄠˋ 멍청하게 웃
[憨包] hānpāo ㄏㄢㄅㄠ 바보. 멍텅구리. =憨蛋.
[憨不稜登] hānpulěngtēng ㄏㄢㄅㄨㄌㄥˊㄉㄥ ①멍청하고 느린 모양. ②어리석은. 「一的貨; 천치 같은 놈」
[憨聲] hānshēng ㄏㄢㄕㄥ 굵은 목소리.
[憨實] hānshìh ㄏㄢㄕ (작대기나 기둥 따위의) 굵고 튼튼한.
[憨態] hānt'ài ㄏㄢㄊㄞˋ ①바보 같은 태도. ②어린애 같은 태도.
[憨頭倔腦] hānt'ǒu-chüéhnǎo ㄏㄢㄊㄡˊㄐㄩㄝˊㄋㄠˇ ①태도가 거칠고 고집이 센 모양. ②우직하고 융통성이 없는 모양.
[憨頭憨腦] hānt'ǒu-hānnǎo ㄏㄢㄊㄡˊㄏㄢㄋㄠˇ ①우둔한 모양. 분별력이 없는 어리석은 모양.
[憨子] hāntzǔ ㄏㄢㄗ 바보. 우둔한 사람. 「리.

〔鼾〕 hān ㄏㄢ 코의 숨소리. 코 고는 소
[鼾聲] hānshēng ㄏㄢㄕㄥ 코 고는 소리.

[鼾睡] hānshuì ㄏㄢㄕㄨㄟˋ 푹 자다. 충분히 수면하다.

〔含〕 hán ㄏㄢˊ ①머금다.「一一口水; 물 한 모금을 머금다」②글썽거리다. 띄우다.「一着淚; 눈물을 글썽거리다. 눈물을 머금다」③마음에 품다. 「一怨; 원한을 품다」④함유하다.

[含氣之倫] hánch'ìchīhlún ㄏㄢˊㄑㄧˋㄓㄌㄨㄣˊ 생명이 있는 모든 생물.《成》

[含磣] hánch'ĕn ㄏㄢˊㄔㄣ =寒磣.

[含毫] hánháo ㄏㄢˊㄏㄠˊ 글을 지을 때 붓을 들고서 생각하는 태도.=含毫握管.

[含恨] hánhĕn ㄏㄢˊㄏㄣˋ 원한을 품다.

[含笑] hánhsiào ㄏㄢˊㄒㄧㄠˋ ①웃음을 머금다. 품다. ②꽃이 처음 필 때를 표현한 말.

[含笑九泉] hánhsiàochiŭch'üán ㄏㄢˊㄒㄧㄠˋㄐㄧㄡˇㄑㄩㄢˊ (죽은 사람의 뜻을 받들었을 때) 죽은 사람도 웃음을 머금다. 지하에서도 기뻐하다.《成》=含笑地下.

[含辛茹苦] hánhsīn-júk'ŭ ㄏㄢˊㄒㄧㄣㄖㄨˊㄎㄨˇ 고생을 참고 견디다.

[含羞] hánhsiū ㄏㄢˊㄒㄧㄡ 부끄러워하다. 수줍어하다.「一草; 함수초」

[含羞帶笑] hánhsiūtàihsiào ㄏㄢˊㄒㄧㄡㄉㄞˋㄒㄧㄠˋ (여자가) 부끄러워하면서도 즐거워하다.《成》

[含胡不明] hánhúpùmíng ㄏㄢˊㄏㄨˊㄅㄨˋㄇㄧㄥˊ 모호하여 분명치 않다.

[含血噴人] hánhsüèh p'ĕnjĕnㄏㄢˊㄒㄩㄝˋㄆㄣㄖㄣˊ 사실을 날조하여 다른 사람에게 허물을 씌우다.《成》

[含胡] hánhu ㄏㄢˊㄏㄨ =含忽.

[含忽] hánhu ㄏㄢˊㄏㄨ ①말이 똑똑하지 않다. ②애매하다. 분명치 않다. ③무서워하다. 겁을 내다: 언제나 "不"를 붙여서 씀.「我自食其力, 不一; 나 혼자 힘으로 생활하니 무서울 것이 없다」=含糊. 含混.

[含糊其辭] hánhuch'ítz'ŭㄏㄢˊㄏㄨㄑㄧˊㄘˊ 말을 애매하게 하다.

[含囈] hánì ㄏㄢˊㄧˋ 잠꼬대. =囈語.

[含意未伸] hánìwèishēn ㄏㄢˊㄧˋㄨㄟˋㄕㄣ 마음 속의 의사를 말할 수 없다.

[含垢] hánkòu ㄏㄢˊㄍㄡˋ 부끄러움을 참고 견디다. =含垢忍辱.

[含怒] hánnù ㄏㄢˊㄋㄨˋ ①노여움을 참다. ②뿌르퉁하다. 화를 내다.

[含苞] hánpāo ㄏㄢˊㄅㄠ 아직 피지 않은 꽃봉오리. =含葩.

[含悲忍泪] hánpēi-jĕnlèiㄏㄢˊㄅㄟㄖㄣˇㄌㄟˋ 슬퍼하면서도 눈물을 감추다.

[含沙射影] hánshā shèyĭngㄏㄢˊㄕㄚㄕㄜˋㄧㄥˇ 남몰래 사람을 해치다.《成》

[含英咀華] hányīngchŭhuà ㄏㄢˊㄧㄥㄐㄩˇㄏㄨㄚˋ 문장(文章)의 우아함을 형용하는 말.《成》

[含寃] hányüān ㄏㄢˊㄩㄢ ①무고하게 죄를 뒤집어 쓰다. ②억울하게 당하다.

〔邯〕 hán ㄏㄢˊ

[邯鄲學步] hántān hsüéhpù ㄏㄢˊㄉㄢㄒㄩㄝˊㄅㄨˋ 남이 하는 일을 흉내 내다가 이루지 못하고, 자기의 소유마저 없앤다는 비유.《成》

〔函〕(凾) hán ㄏㄢˊ ①상자.「石一; 돌로 만든 상자」②책의 질(帙).「全書共四一; 책이 모두 4질(帙)이다」 ②편지.「來一; 내신(來信)」④봉투. ⑤갑(匣).「劍一; 칼집」

[函件] hánchièn ㄏㄢˊㄐㄧㄢˋ ①문서. ②우편물. 편지.

[函復] hánfù ㄏㄢˊㄈㄨˋ 답장을 내다.

[函號] hánhào ㄏㄢˊㄏㄠˋ ①문서의 번호. ②편지의 발송 번호.

[函商] hánshāngㄏㄢˊㄕㄤ 서신으로 의논하다.

[函告] hánkào ㄏㄢˊㄍㄠˋ 편지로 알리다.

[函購] hánkòu ㄏㄢˋㄍㄡˋ 서신 주문으로 사다. 통신망을 통하여 사들이다.

[函授] hánshòu ㄏㄢˊㄕㄡˋ ①통신 강의. ②통신으로 가르치다.

[函售] hánshòu ㄏㄢˊㄕㄡˋ 통신 판매.「一店; 통선 판매소」

[函索即寄] hánsŏ chíchì ㄏㄢˊㄙㄨㄛˇㄐㄧˊㄐㄧˋ 연락하시면 곧 발송하겠읍니다. :상업 용어.

[函達] hántá ㄏㄢˊㄉㄚˊ =函告.

[函洞] hántùng ㄏㄢˊㄉㄨㄥˋ ①터널. ②(철로 밑의) 배수로. =涵洞.

〔寒〕 hán ㄏㄢˊ ①추운. 차가운.「天一; 춥다」「受一; 차다」②가난하다. 빈한하다.「貧一; 빈한하다」③(몸이) 떨리다. ④성(姓)의 하나.

[寒戰] hánchàn ㄏㄢˊㄓㄢˋ 떨리다.=寒噤.

[寒潮] hánch'áo ㄏㄢˊㄔㄠˊ 한류(寒流).

[寒磣] hánch'ĕn ㄏㄢˊㄔㄣ ①초라한. ②어색한. 보기 흉한. ③체면을 깎다. 모욕하다.

[寒氣] hánch'ì ㄏㄢˊㄑㄧˋ ①한기. ②으스스한 기분.

[寒家] hánchiā ㄏㄢˊㄐㄧㄚ 가난한 집.

[寒假] hánchià ㄏㄢˊㄐㄧㄚˋ 겨울 방학.

[寒賤] hánchièn ㄏㄢˊㄐㄧㄢˋ (집안이) 비천한. 천한.

[寒荆] hánchīng ㄏㄢˊㄐㄧㄥ 처. 아내.《謙》

[寒蠢] hánch'un ㄏㄢˊㄔㄨㄣ ①빈약한. 보잘것 없는. 부끄러워하는. =羞辱.>寒寒蠢蠢. ②욕보이다. 창피를 주다.

[寒號蟲] hánháoch'úng ㄏㄢˊㄏㄠˊㄔㄨㄥˊ ①큰 박쥐. ②추위에 떠는 사람.

[寒暄] hánhsüān ㄏㄢˊㄒㄩㄢ 계절 인사 :만났을 때 기후의 상태를 주고 받는 말.

[寒心] hánhsīn ㄏㄢˊㄒㄧㄣ ①무서워하다. ②낙심하다. ③마음을 조리다. 상심(傷心)하다. ④한심하다. 쓸쓸하다.

[寒冱] hánhù ㄏㄢˊㄏㄨˋ 몹시 추워 얼음이 얼다.

[寒灰] hánhuī ㄏㄢˊㄏㄨㄟ 불이 꺼진 차가운 재.

[寒衣] hánī ㄏㄢˊㄧ ①동복. 겨울 옷. ②방한복. ③10월 1일 조상의 묘에서 태우는 종이로 만든 의복.

[寒熱] hánjè ㄏㄢˊㄖㄜˋ ①한서(寒暑). 추위와 더위. ②신열(身熱). 환자의 몸에 한기(寒氣)가 들어 열이 나는 일.

[寒苦] hánk'ŭ ㄏㄢˊㄎㄨˇ 가난하다. 빈한하다.

[寒冷] hánlĕng ㄏㄢˊㄌㄥˇ 추운. 차가운.「天氣一날씨가 춥다」

[寒臉] hánliĕn ㄏㄢˊㄌㄧㄢˇ ①차가운 표정을 짓다.

[寒露] hánlù ㄏㄢˊㄌㄨˋ 한로: 절기의 하나.

[寒毛] hánmáo ㄏㄢˊㄇㄠˊ 몸의 털. 솜털.「你的一根一比我的腰還要壯呢; 나의 허

리가 너의 솜털만큼이나 하겠느냐. 저는 당신의 발뒤꿈치도 못 따라 갑니다: 상대방의 위대함을 뜻하는 말.
[寒門] hánmên ㄏㄢˊㄇㄣˊ ①가난하고 비천한 집. ②자신의 집을 낮추어서 이르는 말. 「집.
[寒舍] hánshê ㄏㄢˊㄕㄜˋ (겸손하게) 저의
[寒士] hánshìh ㄏㄢˊㄕˋ 가난한 선비.
[寒暑表] hánshúpiǎo ㄏㄢˊㄕㄨˊㄅㄧㄠˇ 한란계. 온도계.
[寒素] hánsù ㄏㄢˊㄙㄨˋ ①가난하고 검소하다. 청빈하다. ②청빈한 사람.
[寒酸] hánsuān ㄏㄢˊㄙㄨㄢ ①궁상스럽다. ②가난한 선비를 형용하는 말.
[寒透] hánt'òu ㄏㄢˊㄊㄡˋ ①열의(熱意)가 식다. ②열의가 식어 버리다.
[寒冬] hántūng ㄏㄢˊㄉㄨㄥ 엄동(嚴冬). 추운 겨울.

〔涵〕 hán ㄏㄢˊ ①포함하다. 내포하다. 「此詞一有二義 ; 이 단어는 두 가지 뜻을 포함하고 있다」 ②포용(包容)하다. ③(물에) 적시다. 추기다.
[涵閘] hánchá ㄏㄢˊㄓㄚˊ 수문(水門). 가동언(可動堰). 「意.
[涵義] hánì ㄏㄢˊㄧˋ 숨겨져 있는 뜻. =涵
[涵容] hánjúng ㄏㄢˊㄖㄨㄥˊ 관용(寬容)하다. 허용하다.
[涵管] hánkuǎn ㄏㄢˊㄍㄨㄢˇ 배수관.
[涵洞] hántùng ㄏㄢˊㄉㄨㄥˋ =涵洞.
[涵養] hányǎng ㄏㄢˊㄧㄤˇ 수양하다. 수양을 쌓다.

〔韓〕 hán ㄏㄢˊ ①주대(周代)의 나라 이름. 한나라. ②우물 위에 장치한 "井" 자 모양의 나무틀. ③성(姓)의 하나.

〔罕〕 hǎn ㄏㄢˇ ①드문. 희소한. ②새그물. ③중국의 소수 민족의 하나. ④성(姓)의 하나.
[罕覯] hǎnkòu ㄏㄢˇㄍㄡˋ 자주 볼 수 없는. 귀한. =罕見. 「일.
[罕事] hǎnshìh ㄏㄢˇㄕˋ 드문 일. 희귀한
[罕聞] hǎnwên ㄏㄢˇㄨㄣˊ ①진귀한 뉴우스. ②별로 들을 수 없는 소식. 「물건.
[罕物] hǎnwù ㄏㄢˇㄨˋ 희귀한 물건. 귀한
[罕有] hányǔ ㄏㄢˊㄧㄡˇ 드문. 귀한. 희소 「한.

〔喊〕 hǎn ㄏㄢˇ ①큰소리로 외치다. 고함을 치다. 「一口號 ; 구호를 외치다」 ②(사람)을 부르다. =叫.
[喊叫] hǎnchiào ㄏㄢˇㄐㄧㄠˋ ①큰 소리로 외치다. 큰소리로 부르다. ②아우성치다.
[喊救] hǎnchiù ㄏㄢˇㄐㄧㄡˋ 큰 소리로 사람 살리라고 외치다.
[喊住] hǎnchu ㄏㄢˇㄓㄨ 큰 목소리로 불러 세우다.
[喊號兒] hǎnhàorh ㄏㄢˇㄏㄠˋㄦ ①응원을 하다. ②큰 소리로 갈채를 보내다.
[喊呼] hǎnhū ㄏㄢˇㄏㄨ =呼喊.
[喊話] hǎnhuà ㄏㄢˇㄏㄨㄚˋ 큰 소리로 적에게 항복하라고 외치다.
[喊話筒] hǎnhuàtǔng ㄏㄢˇㄏㄨㄚˋㄉㄨㄥˇ 메가폰.
[喊魂] hǎnhún ㄏㄢˇㄏㄨㄣˊ 죽은 사람의 혼을 불러 들이다. 초혼(招魂)하다.
[喊嗓子] hán sǎngtzǔ ㄏㄢˊ ㄙㄤˇㄗ 배우가 목청 연습을 하다.
[喊打] hántǎ ㄏㄢˊㄉㄚˇ ①시합이나 싸움에서 함성을 지르다. ②기운을 돋구다.
[喊冤] hǎnyüān ㄏㄢˇㄩㄢ 억울함을 호소 「하다.

〔闞〕 hǎn ㄏㄢˇ 호랑이 우는 소리.

〔汗〕 hàn ㄏㄢˋ 땀. 「出一 ; 땀이 나다」
[汗脚] hànchiǎo ㄏㄢˋㄐㄧㄠˇ 항상 땀이 나는 발. 땀난 발.
[汗巾(兒)] hànchīn(rh) ㄏㄢˋㄐㄧㄣ(ㄦ) 허리끈. 허리 띠.
[汗疹] hànchên ㄏㄢˋㄓㄣˇ 땀띠.
[汗珠兒] hànchūrh ㄏㄢˋㄓㄨㄦ 땀방울. =汗珠子.
[汗下] hànhsià ㄏㄢˋㄒㄧㄚˋ ①땀이 나다. ②(마음 속으로) 부끄러워하다. 「냄새.
[汗腥氣] hànhsīngch'ì ㄏㄢˋㄒㄧㄥㄑㄧˋ 땀
[汗血] hànhsüēh ㄏㄢˋㄒㄩㄝ 노력해서 얻은 재물. 피와 땀.
[汗褲] hànk'ù ㄏㄢˋㄎㄨˋ 땀받이.
[汗流浹背] hànliúchiāpèi ㄏㄢˋㄌㄧㄡˊㄐㄧㄚㄅㄟˋ 몹시 놀래서 온 몸에 땀이 나다.
[汗流滿面] hàn liú mǎnmiènㄏㄢˋ ㄌㄧㄡˊ ㄇㄢˇㄇㄧㄢˋ 얼굴에 온통 땀이 나다.
[汗毛] hànmáo ㄏㄢˋㄇㄠˊ 솜털. 성긴 털.
[汗毛孔] hànmáok'ǔng ㄏㄢˋㄇㄠˊㄎㄨㄥˇ 털 구멍. 모공(毛孔).
[汗馬功勞] hànmǎ-kūngláo ㄏㄢˋㄇㄚˇㄍㄨㄥㄌㄠˊ ①전쟁에서 세운 공. ②매우 큰 공적.
[汗泥] hànní ㄏㄢˋㄋㄧˊ ①땀과 때. ②때.
[汗牛充棟] hànniú-ts'ūngtùngㄏㄢˋㄋㄧㄡˊㄘㄨㄥㄉㄨㄥˋ 책을 수레에 싣고 가니 소가 땀을 흘리고, 쌓아 올리니 마룻보에 닿는다는 뜻으로, 책을 많이 가지고 있는 것을 형용하는 말.
[汗斑] hànpān ㄏㄢˋㄅㄢ (햇빛의 자극으로) 피부에 생긴 검은 반점. =汗癍.
[汗包] hànpāo ㄏㄢˋㄅㄠ 땀투성이가 된 몸. 땀에 젖은 몸.
[汗衫] hànshān ㄏㄢˋㄕㄢ 러닝샤쓰. 내의(內衣). =汗褟. 兒汗褂兒. 汗衣.
[汗手] hànshoǔ ㄏㄢˋㄕㄡˇ 땀이 묻은 손. 땀손.
[汗水] hànshuǐ ㄏㄢˋㄕㄨㄟˇ 땀. =汗液.
[汗涔涔的] hànts'ênt'sêntê ㄏㄢˋㄘㄣˊㄘㄣˊㄉㄜ 땀을 많이 흘리는 모양.
[汗顏] hànyén ㄏㄢˋㄧㄢˊ 부끄러워서 진땀이 나다.

〔旱〕 hàn ㄏㄢˋ ①한발. 가뭄. ②육지(陸地). 「一路 ; 육로(陸路)」
[旱寨] hànchài ㄏㄢˋㄓㄞˋ 육군의 근거지.
[旱芹] hànch'ín ㄏㄢˋㄑㄧㄣˊ 제비꽃. ↔水芹.
[旱情] hànch'íng ㄏㄢˋㄑㄧㄥˊ 가뭄의 상태. =旱象. 「비한 우물.
[旱井] hànchǐng ㄏㄢˋㄐㄧㄥˇ 가뭄에 대
[旱荒] hànhuāng ㄏㄢˋㄏㄨㄤ 한발. 가뭄. =旱災. 「旱甜瓜.
[旱瓜] hànkuā ㄏㄢˋㄍㄨㄚ 〈植〉 참외. =
[旱潦] hànlào ㄏㄢˋㄌㄠˋ 가뭄과 장마. 한재와 수재.
[旱年] hànnién ㄏㄢˋㄋㄧㄢˊ 가물음. 한발.
[旱傘] hànsǎn ㄏㄢˋㄙㄢˇ 양산. 파라솔.

[旱獺] hànt'ǎ ㄏㄢˋㄊㄚˇ 〈動〉 타르바간 (tarbagan).
[旱稻] hàntào ㄏㄢˋㄉㄠˋ 밭벼. 육도.
[旱地] hàntì ㄏㄢˋㄉㄧˋ ①육지. ②육로(陸路).
「배.
[旱烟] hànyēn ㄏㄢˋㄧㄢ 살담배. 썬 잎담

〔悍〕 hàn ㄏㄢˋ ①용감한. 용맹스런. ②흉악한. 「凶一; 흉악하다」
[悍婦] hànfù ㄏㄢˋㄈㄨˋ 횡포한 부인.
[悍然] hànján ㄏㄢˋㄖㄢˊ 용감하게. 겁내지 않고.
[悍然不顧] hànjánpúkù ㄏㄢˋㄖㄢˊㄅㄨˊㄍㄨˋ 남의 말을 듣지 않고 독단적으로 행하다. 「해서 복종하지 않다.
[悍梗] hàn'kěng ㄏㄢˋㄍㄥˇ 강하고 용감
[悍實] hànshih ㄏㄢˋㄕ 성실하여 신용이 되다.
[悍室] hànshìh ㄏㄢˋㄕˋ 횡포한 아내.
[悍藥] hànyào ㄏㄢˋㄧㄠˋ 극약.

「다.
〔捍〕(扞) hàn ㄏㄢˋ ①막다. 지키
[捍拒] hànchǜ ㄏㄢˋㄐㄩˋ 저항하다. 항거하다. 「제(防波堤).
[捍海堰] hànhaiyèn ㄏㄢˋㄏㄞˇㄧㄢˋ 방파
[捍堢] hàn'kǒ ㄏㄢˋㄍㄜˊ 격에 맞지 않는. 어울리지 않는.
[捍衛] hànwèi ㄏㄢˋㄨㄟˋ 방위하다.「一祖國; 조국을 지키다」
[捍御] hànyǜ ㄏㄢˋㄩˋ 지키다. 방어하다.

〔菡〕 hàn ㄏㄢˋ
[菡萏] hàntàn ㄏㄢˋㄉㄢˋ 연꽃의 별칭.

〔漢〕(汉) hàn ㄏㄢˋ ①중국 민족의 하나. 한족(漢族). ②강 이름. 「一水; 한수」 ③남자. 「一子; 남자」
[漢奸] hànchiēn ㄏㄢˋㄐㄧㄢ ①외국인과 내통해서 모국인을 배신하는 자. ②스파이. 「전통적인 극. =漢調.
[漢劇] hànchǜ ㄏㄢˋㄐㄩˋ "湖北" 지방의
[漢俄] hàn'é ㄏㄢˋㄜˊ 중국과 소련.
[漢人] hànjěn ㄏㄢˋㄖㄣˊ 중국인. 한인.
[漢白玉] hànpáiyǜ ㄏㄢˋㄅㄞˊㄩˋ 대리석.
[漢文] hànwěn ㄏㄢˋㄨㄣˊ 중국어. 중국문
ㄴ자. =漢語.

〔銲〕(焊) hàn ㄏㄞˋ ①땜질하다. ②납땜하다. 「電一; 전기 용접」
[銲劑] hànchì ㄏㄢˋㄐㄧˋ (용접에 사용하는) 용제(溶劑).
[銲接] hànchiēh ㄏㄢˋㄐㄧㄝ 용접하다.
[銲活] hànhuó ㄏㄢˋㄏㄨㄛˊ ①납땜질. ②용접하여 만든 물건. 「의 이은 자리.
[銲口] hànk'ǒu ㄏㄢˋㄎㄡˇ 동철기(銅鐵器)
[銲管] hànkuǎn ㄏㄢˋㄍㄨㄢˇ 이은 자리가 있는 철관(鐵管). 「이는 납.
[銲鑞] hànlà ㄏㄢˋㄌㄚˋ 땜납. 땜질에 쓰
[銲料] hànliào ㄏㄢˋㄌㄧㄠˋ 땜납. 「一桿; 용접봉」 「棒).
[銲條] hànt'iáo ㄏㄢˋㄊㄧㄠˊ 용접봉(溶接
[銲藥] hànyào ㄏㄢˋㄧㄠˋ 용접에 사용하는 재료.

〔憾〕 hàn ㄏㄢˋ 원한. 원망하다.
[憾事] hànshìh ㄏㄢˋㄕˋ 한(恨)스러운 일.
ㄴ유감된 일.

〔撼〕 hàn ㄏㄢˋ ①흔들리다. 동요하다. ②감동하다. ③흔들어서 움직이다. 「震一天地; 천지를 요동시키다」
[撼山之力] hànshānchīhlì ㄏㄢˋㄕㄢㄓㄌㄧˋ 산이라도 움직일 듯한 힘.

「다.
〔頷〕 hàn ㄏㄢˋ ①턱. ②머리를 끄덕이

〔翰〕 hàn ㄏㄢˋ ①길고 단단한 새의 깃. ②붓. ③편지. ④백색(白色). ⑤문사(文辭).
[翰札] hànchá ㄏㄢˋㄓㄚˊ 편지. 「서.
[翰墨] hànmò ㄏㄢˋㄇㄛˋ ①붓과 먹. ②문
「편한 모양.

〔瀚〕 hàn ㄏㄢˋ ①광대한 모양. ②질
[瀚海] hànhai ㄏㄢˋㄏㄞˇ ①사막. ②고비사막.

HANG ㄏㄤ

〔夯〕 hāng ㄏㄤ ①집터를 다지는 데 쓰이는 달구:중국에서는 굵은 나무 토막을 사용함. ②땅을 다지다. ③무겁다. 「一貨; 무거운 짐」
[夯漢] hānghàn ㄏㄤㄏㄢˋ ①억센 사나이. 무뚝뚝하고 거센 사나이. ②막일을 하는 사나이. 육체 노동을 하는 사나이.
[夯貨] hānghuò ㄏㄤㄏㄨㄛˋ ①무거운 짐. 중화(重貨). ②힘은 있으나 쓸모 없는 사람. 「르는 노래.
[夯歌] hāngkō ㄏㄤㄍㄜ 달구질할 때 부

〔行〕 háng ㄏㄤˊ ①(세로의) 행렬. 줄. 「雙一; 두 줄」 ②직업. 「同一; 동업자(同業者)」 ③상점. 「電料一; 전기 재료상」 ④형제의 순서. 「排一; (형제의) 항렬」 「你一幾? 我一三; 당신은 형제 중에 몇째요? 세째올시다」 ⇨hsíng, hsìng.
[行棧] hángchàn ㄏㄤˊㄓㄢˋ ① 상품을 넣는 창고. ②도매상. 도가(都家). ③운송점.
[行紀] hángchì ㄏㄤˊㄐㄧˋ 브로우커. 중개업자. 「도매상.
[行家] hángchia ㄏㄤˊㄐㄧㄚ ①전문가. ②
[行間] hángchien ㄏㄤˊㄐㄧㄢ ①군대내(軍隊內). ②글귀 가운데. 문중(文中).
[行情] hángch'ing ㄏㄤˊㄑㄧㄥˊ 시세(時勢). =行市.
[行距] hángchǜ ㄏㄤˊㄐㄩˋ 밭에 심은 농작물의 간격. 포기의 사이 「(行商人).
[行販兒] hángfànrh ㄏㄤˊㄈㄢˋㄦ 행상인
[行行出狀元] hángháng ch'ū chuàngyüán ㄏㄤˊㄏㄤˊㄔㄨㄓㄨㄤˋㄩㄢˊ 모든 직업에는 저마다의 뛰어난 소질이 있게 마련이다.
[行話] hánghuà ㄏㄤˊㄏㄨㄚˋ 동업자간의 전문 용어. 은어(隱語).
[行會] hánghuì ㄏㄤˊㄏㄨㄟˋ 수공업 업자의 조합. 길드(guild).
[行貨] hánghuò ㄏㄤˊㄏㄨㄛˋ ①열등품(劣等品). 불합격품. ②여러 가지 상품. 각종 상품. 「의 체재(體裁)
[行款] hángk'uǎn ㄏㄤˊㄎㄨㄢˇ 서법(書法)
[行規] hángkueī ㄏㄤˊㄍㄨㄟ 동업 조합이 마련한 자체의 규정이나 관례.
[行輩] hángpèi ㄏㄤˊㄅㄟˋ (가정이나 친척간의) 항렬. 서열.
[行首] hángshǒu ㄏㄤˊㄕㄡˇ 기녀(妓女).

[行當(兒)] hángtang(rh)ㄏㄤˊㄉㄤ(ㄦ) 생업(生業). 직업. 「正經一 ; 정당한 직업」
[行道] hángtao ㄏㄤˊㄉㄠ 직업. =行業.
[行東] hángtūng ㄏㄤˊㄉㄨㄥ 상점 주인. =行主.
[行子] hángtzŭ ㄏㄤˊㄗ (사람이나 물건을 경멸할 때의) 놈. 물건.
[行伍] hángwŭ ㄏㄤˊㄨˇ 군대. 「一出身 ; 군대 출신」
[行員] hángyüán ㄏㄤˊㄩㄢˊ 상점이나 은행의 직원. 점원.

〔吭〕 háng ㄏㄤˊ 목구멍 소리. 「引一高歌 ; 큰 소리로 노래를 부르다」

〔杭〕 háng ㄏㄤˊ ①"杭州" 지방을 일컫는 말. ②성(姓)의 하나.
[杭綢] hángch'ŏu ㄏㄤˊㄔㄡˊ "杭州" 에서 생산되는 견직물.
[杭育杭育] hángyŭ hángyŭ ㄏㄤˊㄩˇㄏㄤˊㄩˋ 무거운 짐을 운반할 때 내는 소리: 영차영차. ‹擬›

〔航〕 háng ㄏㄤˊ ①배. ②항행하다.
[航期] hángch'ī ㄏㄤˊㄑㄧ 항행 기일.
[航船] hángch'uán ㄏㄤˊㄔㄨㄢˊ 운하를 정기적으로 항행하는 배.
[航海曆] hánghăilì ㄏㄤˊㄏㄞˇㄌㄧˋ 항해력.
[航海信號] hánghăi hsìnhào ㄏㄤˊㄏㄞˇㄒㄧㄣˋㄏㄠˋ 항로 신호.
[航線] hánghsièn ㄏㄤˊㄒㄧㄢˋ 항로(航路).
[航標] hángp'iāo ㄏㄤˊㄆㄧㄠ 항로 표지. 「一燈 ; 항로 표시등」
[航務] hángwù ㄏㄤˊㄨˋ 항해 업무.
[航業] hángyèh ㄏㄤˊㄧㄝˋ 선박 운수업.
[航郵] hángyú ㄏㄤˊㄧㄡˊ 항공 우편. =航空信.
[航運] hángyǜn ㄏㄤˊㄩㄣˋ 해상 운수.

〔桁〕 háng ㄏㄤˊ ①옛날 형구(刑具)의 하나. ②부교(浮橋).

〔絎〕 háng ㄏㄤˊ ①솜을 두다. ②공그르다. 「一針 ; 공그름 바늘」

〔沆〕 hàng ㄏㄤˋ ①큰 물. 「一瀣 ; 이슬을 머금은 공기」
[沆瀣一氣] hànghsièhích'ì ㄏㄤˋㄒㄧㄝˋㄧˊㄑㄧˋ 두 사람의 뜻이 합치다. ‹成›

HAO ㄏㄠ

〔蒿〕 hāo ㄏㄠ ①황해쑥: 한약 재료로 씀. ②없어지다. 소모하다. ③김이 오르는 모양.
[蒿裡] hāolǐ ㄏㄠㄌㄧˇ ①옛날의 만가(挽歌). ②태산(泰山) 남쪽에 있는 지명(地名).
[蒿目] hāomù ㄏㄠㄇㄨˋ 멀리 보다.
[蒿子] hāotzŭ ㄏㄠㄗ 쑥갓. 「一桿兒 ; 쑥갓의 줄기」

〔嚆〕 hāo ㄏㄠ ①큰 소리로 외치다. ②선수(先手)를 쓰다. ③일의 시작.
[嚆矢] hāoshĭh ㄏㄠㄕˇ ①소리나는 화살. ②일의 시작. ③선수(先手)를 쓰다.

〔薅〕 hāo ㄏㄠ ①(풀 따위를) 뽑다. 잡아 뽑다. ②(머리털 따위를) 끌어 당기다. 「把他一來 ; 그를 잡아 끌고 오다」
[薅下來] hāohsialai ㄏㄠㄒㄧㄚㄌㄞ ①잡아 뽑다. ②무리하게 뽑아 내다.
[薅草] hāots'ăo ㄏㄠㄘㄠˇ 풀을 뽑다.
[薅秧耙] hāoyāngp'á ㄏㄠㄧㄤㄆㄚˊ 모를 뽑는 호미.

〔毫〕 háo ㄏㄠˊ ①가늘고 뾰족한 털. 「狼一筆 ; 늑대털로 만든 붓」 ②붓. ③아주 적은. 「一無誠意 ; 조금도 성의가 없다」 ④화폐의 단위: 1"元"의 10분의 1. =角. 毛. ‹廣› ⑤길이의 단위: 1"寸"의 1000분의 1. ⑥무게의 단위: 1"錢"의 1000분의 1. ⑦넓이의 단위: 1"畝"의 1 000분의 1. ⑧저울 손잡이. ⑨성(姓).
[毫發不爽] háo fā pùshuăng ㄏㄠˊㄈㄚˋㄅㄨˋㄕㄨㄤˇ ①틀림 없다. ②조금도 차(差)가 없다. =毫無不爽.
[毫克] háok'ò ㄏㄠˊㄎㄜˋ 밀리그램.
[毫釐] háolí ㄏㄠˊㄌㄧˊ 아주 작은, 미세(微細)한.
[毫釐千里] háolí ch'iēnlǐ ㄏㄠˊㄌㄧˊㄑㄧㄢㄌㄧˇ 처음에 조그만 차이가 나중에는 큰 차가 생긴다. ‹成›
[毫毛] háomáo ㄏㄠˊㄇㄠˊ 솜털.
[毫不相關] háopùhsiāngkuān ㄏㄠˊㄅㄨˋㄒㄧㄤㄍㄨㄢ 조금도 관계 없다. 아무 상관 없다.
[毫不在意] háopùtsàiì ㄏㄠˊㄅㄨˋㄗㄞˋㄧˋ 조금도 주의하지 않는다.
[毫無] háowú ㄏㄠˊㄨˊ 조금도 …이 없다. 「一懼色 ; 전혀 무서운 기색이 없다」 「一疑問 ; 의심할 것 없이: 글 전체의 수식어로써 문장의 앞에 쓰인다」 「一疑義 ; 조금도 의심할 여지가 없다」

〔貉〕 háo ㄏㄠˊ ①〈動〉 담비. ②너구리. ③오소리. ⇨hó.
[貉絨] háojúng ㄏㄠˊㄖㄨㄥˊ 담비의 모피.
[貉子] háotzŭ ㄏㄠˊㄗ ①담비. ②쓸모 없는 사람. 시시한 놈.

〔號〕(号) háo ㄏㄠˊ ①큰소리로 부르다. ②큰소리로 울다. ③울부짖다. ⇨hào.
[號叫] háochiào ㄏㄠˊㄐㄧㄠˋ 큰 소리를 지르다. 외치다.
[號呼] háohū ㄏㄠˊㄏㄨ 큰 소리로 부르다.
[號喪] háosāng ㄏㄠˊㄙㄤ 장례식에서 상주 대신 곡하는 사람에게 곡을 시키다. 울다. 「=號啕.
[號咷] háot'áo ㄏㄠˊㄊㄠˊ 큰 소리로 울다.
[號天號地] háot'iēn-háotì ㄏㄠˊㄊㄧㄢㄏㄠˊㄉㄧˋ 울부짖다. =號天搶地.

〔豪〕 háo ㄏㄠˊ ①재능이 뛰어난 사람. 「文一 ; 문호」 ②호걸(一傑). ③괴수(魁首). ④사나이다운. 의협적인. 「一舉 ; 의협적인 행동」 ⑤횡포한. 난폭한. ⑥=毫.
[豪豬] háochū ㄏㄠˊㄓㄨ 고슴도치 비슷하나 몸에 부드러운 털과 가시털이 밀생하여 있음. 호저.
[豪富] háofù ㄏㄠˊㄈㄨˋ 재력(財力)과 세력이 있는.
[豪橫] háohēng ㄏㄠˊㄏㄥˋ ①기개가 있다. 「他很一, 窮死也不肯受人周濟 ; 그는 참을성이 많아 궁지에서도 남의 도움을 받으려 하지 않는다」 ②세력을 믿고서 행패를 부리다.

[豪俠好意] háohsiáhǎoì ㄏㄠˊㄒㄧㄚˊㄏㄠˇ ㄧˋ 호담(豪膽)하여 의리를 중히 여기다. ‹成› 「화스런.

[豪華] háohuá ㄏㄠˊㄏㄨㄚˊ 사치스런. 호

[豪客] háok'ǒ ㄏㄠˊㄎㄜˋ 강도. 도둑.

[豪邁] háomài ㄏㄠˊㄇㄞˋ 원대(遠大)하다. 호방하다. 「一的計劃 ; 원대한 계획」

[豪門] háomến ㄏㄠˊㄇㄣˊ 돈도 있고 세력도 있는 집안. ＝豪家.

[豪奴] háonú ㄏㄠˊㄋㄨˊ 주인의 세력을 믿고 마구 날뛰는 하인. 「장의 유력자.

[豪紳] háoshēn ㄏㄠˊㄕㄣ 지주(地主). 고

[豪爽] háoshuǎng ㄏㄠˊㄕㄨㄤˇ 호방(豪放)하고 시원스럽다. 배짱이 대단하다. 「性情一 ; 호방하고 쾌활한 성질」

[豪言壯語] háoyén-chuàngyǚ ㄏㄠˊㄧㄢˊㄓㄨㄤˋㄩˇ 호언 장담을 하다.

〔濠〕 háo ㄏㄠˊ 해자(垓字) : 성을 보호하기 위하여 성 둘레에 파놓은 강이나 연 └못.

〔壕〕 háo ㄏㄠˊ ①해자(垓字). ②참호. 도랑. 「戰一 ; 참호」

[壕溝] háokōu ㄏㄠˊㄍㄡ 참호.

〔嚎〕 háo ㄏㄠˊ 울부짖다.

[嚎咷] háot'áo ㄏㄠˊㄊㄠˊ 큰소리로 울다.

〔嗥〕(嘷) háo ㄏㄠˊ ①야수(野獸)의 울부짖음. ②울다. 소리치다.

[嗥叫] háochiào ㄏㄠˊㄐㄧㄠˋ 울부짖다. 으 └르렁거리다.

〔蠔〕(蚝) háo ㄏㄠˊ 굴. 「一乾 ; 말린 굴」 「로 사용함.

[蠔油] háoyú ㄏㄠˊㄧㄡˊ 굴 기름 : 조미료

〔鶴〕 háo ㄏㄠˊ ①학. 두루미. ⇨hò.

[鶴嘴鎬] háotsuǐkǎo ㄏㄠˊㄗㄨㄟˇㄍㄠˇ └곡괭이.

〔好〕 hǎo ㄏㄠˇ ①좋다. 훌륭하다. 선량하다. 「一人 ; 좋은 사람. 호인」「一東西 ; 훌륭한 물건」 ②살림살이가 좋아지다. 몸이 건강하다. 병세가 좋아지다. 「他的病一了 ; 그의 병이 나았다」「你一呀! 안녕하십니까!」 ③친밀하다. 「我跟他一 ; 나와 그는 친하다」 ④…하기 쉽다. 간단한. … 하기 편한. 「這件事情一辦 ; 이 일은 하기가 쉽다」 ⑤(동사 뒤에 붙어서) …을 끝내다. …을 해내다. …을 해 버리다. 「我穿一了衣服就去 ; 나는 옷을 입고 곧 간다」 ⑥아유! : 감탄을 표시할 때 쓰이는 말. 「一冷 ; 아유! 춥다」 ⑦동작을 형용하고 때를 강조할 때 쓰는 말. 「一稱揚了他一番 ; 그를 퍽 칭찬했다」 ⑧좋다! : 허락이나 칭찬에 쓰이는 말. 「一, 就這麼辦吧! 좋다! 그렇게 하자」 ⑨좋아! : 제지(制止)할 때 쓰이는 말. 「一! 不要吵啦 ; 좋아! 이젠 그만 집어치워라」 ⑩웬걸! : 당치도 않거나 놀랐을 때 쓰이는 말. 「你吃了這藥, 一, 反倒壞了 ; 네가 이 약을 먹었다니 원, 오히려 나빠졌단말야」 ⑪아주. 대단히. 심하게. 「一久沒見了 ; 오래간만입니다. 오랫동안 뵙지 못했읍니다」「一多 ; 아주 많다」

[好家夥] hǎochiāhuo ㄏㄠˇㄐㄧㄚㄏㄨㄛ ①이 자식 : 놀람에 노여움을 깃들여서 욕으로 쓰는 말. ②자식. 이놈 : 경멸하거나 친할 때 쓰는 말.

[好幾(個)] hǎochǐ(ko) ㄏㄠˇㄐㄧˇ(ㄍㄜ) 많은. 「一人 ; 많은 사람」

[好吃] hǎoch'īh ㄏㄠˇㄔ 맛이 있다. 「雞蛋糕 一 ; 카스텔라는 맛이 있다」

[好吃懶做] hǎoch'īhlǎntsò ㄏㄠˇㄔㄌㄢˇㄗㄨㄛˋ 먹는 것만 알고 일은 하지 않으려는 사람을 욕하는 말. ‹成›

[好氣兒] hǎoch'ìrh ㄏㄠˇㄑㄧˋㄦ (동작이나 언어가) 부드러움. 「沒一 ; 험악하다」

[好景] hǎochǐng ㄏㄠˇㄐㄧㄥˇ 좋은 경기. 호경기.

[好景不常] hǎochǐngpùch'áng ㄏㄠˇㄐㄧㄥˇㄅㄨˋㄔㄤˊ 아름답고 좋은 일은 오랫동안 계속되는 것이 아니다. ‹成›

[好球] hǎoch'iú ㄏㄠˇㄑㄧㄡˊ 나이스 보올 (nice ball).

[好久] hǎochiǔ ㄏㄠˇㄐㄧㄡˇ 오랫동안. 아주 오랫동안. 「一沒見他 ; 오랫동안 그를 만나지 못했다」 「③호의.

[好處] hǎoch'u ㄏㄠˇㄔㄨ ①장점. ②이익.

[好法兒] hǎofǎrh ㄏㄠˇㄈㄚˇㄦ 좋은 정도. 좋기.

[好好先生] hǎohǎohsiēnshēng ㄏㄠˇㄏㄠˇㄒㄧㄢㄕㄥ 주견(主見)도 없고 남과 다툼도 없는 사람. ‹成›

[好像] hǎohsiàng ㄏㄠˇㄒㄧㄤˋ 마치 … 와 같다. …을 닮았다. 「一不知道的樣子 ; 전혀 모르는 것 같다」 ＝好似.

[好笑] hǎohsiào ㄏㄠˇㄒㄧㄠˋ 우습다. 우스꽝스런.

[好小子] hǎohsiǎotzǔ ㄏㄠˇㄒㄧㄠˇㄗ ①착한 아이. ②착한 놈. ③이 녀석. ‹罵›

[好些] hǎohsiēh ㄏㄠˇㄒㄧㄝ 많은. 「一日子 ; 오랫동안」

[好心] hǎohsīn ㄏㄠˇㄒㄧㄣ 호의. 선의. 「一沒好意 ; 선의가 악으로 해석되다」

[好心眼(兒)] hǎohsīnyěn(rh) ㄏㄠˇㄒㄧㄣㄧㄢˇ(ㄦ) 친절한 마음. 「把一掛在鼻子上 ; 남의 친절을 이용하여 자기의 이익을 꾀하다」 「가) 맛있다. ②마시기 쉽다.

[好喝] hǎohō ㄏㄠˇㄏㄜˊ ①(음료수 따위

[好話] hǎohuà ㄏㄠˇㄏㄨㄚˋ ①착한 말. ②친절한 말. ③잘하는 말. ④공정한 말. ⑤묘한 말.

[好壞] hǎohuài ㄏㄠˇㄏㄨㄞˋ ① 선과 악. 시비(是非). ② 어쨌든지. 좌우간. 하여간.

[好學不倦] hǎohsüéhpùchüàn ㄏㄠˇㄒㄩㄝˊㄅㄨˋㄐㄩㄢˋ 배우기를 게을리하지 않다. ‹成›

[好活兒] hǎohuórh ㄏㄠˇㄏㄨㄛˊㄦ ①좋은 일. ②잘 만들어진 물건.

[好意] hǎoì ㄏㄠˇㄧˋ 선의. 호의.

[好意思] hǎoìssū ㄏㄠˇㄧˋㄙ ①좋은 생각. 좋은 기분. 「不一 ; 가엾다. ②태연하다」 「쉽다.

[好惹] hǎojě ㄏㄠˇㄖㄜˇ 한데 어울리기

[好容易] hǎojúngi ㄏㄠˇㄖㄨㄥˊㄧ 겨우. 가까스로. ↔好不容易.

[好人家(兒)] hǎojěnchia(rh) ㄏㄠˇㄖㄣˊㄐㄧㄚ(ㄦ) 훌륭한 가정.

[好看] hǎok'àn ㄏㄠˇㄎㄢˋ ①아름다운. ②예쁜. ③보기 좋은. 「要一 ; 보기 좋게 하려 하다」

[好箇] hǎoko ㄏㄠˇㄍㄜ 찬미, 찬사.

[好況] hǎok'uàng ㄏㄠˇㄎㄨㄤˋ 호경기(好

景氣).
[好過] hǎokuò ㄏㄠˇㄍㄨㄛˋ ①(생활이) 지내기 쉬운. ②기분이 좋은. ③풍족한. 「近來他的日子一多了；요사이 그의 생활은 풍족하다」
[好賴] hǎolài ㄏㄠˇㄌㄞˋ ①선과 악. ＝好歹. ②＝好歹②. ③＝好歹③.
[好萊塢] hǎoláiwū ㄏㄠˇㄌㄞˊㄨˋ 헐리우드. «譯»
[好了疤瘌忘了疼] hǎolê pāla wànglêt'ê-ng ㄏㄠˇㄌㄜ ㄅㄚㄌㄚ ㄨㄤˋ ㄌㄜㄊㄥˊ 종기가 나으면 아픔을 잊어 버린다는 뜻으로, 똥 누러 갈 때 다르고 똥 누고 나서 다르다는 뜻. «諺»
[好料] hǎoliào ㄏㄠˇㄌㄧㄠˋ 좋은 재료.
[好男不跟女鬪] hǎonán pù kēn nǚ tòu ㄏㄠˇㄋㄢˊㄅㄨˋㄍㄣㄋㄩˇㄉㄡˋ 훌륭한 남자는 여자와 싸우지 않는다. «成»
[好辦] hǎopàn ㄏㄠˇㄅㄢˋ ①일하기가 쉽다. ②일하기가 편하다.
[好半天] hǎopànt'iēn ㄏㄠˇㄅㄢˋㄊㄧㄢ ①한나절. ②한참 동안. 「我了一；한참 찾았다」 「이 능숙한 사람. ②숙련공.
[好把式] háopǎshīh ㄏㄠˊㄅㄚˇㄕ ①기술
[好比] háopǐ ㄏㄠˊㄅㄧˇ ①흡사…와 같다. ②예를 들면. 「人生一航海一般；인생은 흡사 항해하는 것과 같다」
[好不] hǎopù ㄏㄠˇㄅㄨˋ 대단히. 매우 : 어세(語勢)가 비교적 강하다. 「一可笑；대단히 우습다」「一有趣；매우 재미있다」
[好兒] hǎorh ㄏㄠˇㄦ ①은혜. ②호의. 경의(敬意). 「人家對咱們有過一；남들이 우리들에게 호의를 가지고 있다」
[好兒歹的] háorhtǎitê ㄏㄠˊㄦㄉㄞˇㄉㄜ ①좋은 일과 나쁜 일. ②행복과 불행.
[好色不淫] hǎosêpùyín ㄏㄠˇㄙㄜˋㄅㄨˋㄧㄣˊ 여색(女色)을 좋아하지만 음란하지 않다. «成»
[好生] hǎoshêng ㄏㄠˇㄕㄥ ①충분히. 「他們沒有一睡覺；그들은 충분한 잠을 자지 못했다」②매우. 심히. 「一不痛快；매우 불쾌하다」 ③주의를 환기시킬 때 쓰는 말. 「一坐着！；똑바로 앉아라！」
[好生惡死] hǎoshêngwùssǔ ㄏㄠˇㄕㄥㄨˋㄙˇ 살려고만 하고 죽기는 싫어한다. «成» 「쓰기가 쉽다.
[好使] háoshīh ㄏㄠˊㄕˇ 사용에 편하다.
[好事] hǎoshìh ㄏㄠˇㄕˋ ①좋은 일. ②자선(慈善). ③중생을 구제하는 불사(佛事).
[好事不出門, 惡事傳千里] hǎoshìhpùch'ūmēn êshìhch'üànch'iēnlǐ ㄏㄠˇㄕˋㄅㄨˋㄔㄨㄇㄣˊ ㄜˋㄕˋㄔㄨㄢˊㄑㄧㄢㄌㄧˇ 좋은 일은 세상에 잘 알려지지 않고 나쁜 일은 잘 알려진다는 뜻으로, 나쁜 일을 하면 세상 사람이 모두 안다는 뜻. «成»
[好事多魔] hǎoshìhtōmó ㄏㄠˇㄕˋㄉㄨㄛ ㄇㄛˊ 좋은 일에는 장애가 따르기 쉽다.
[好說] hǎoshuō ㄏㄠˇㄕㄨㄛ ①말하기가 쉽다. ②의논하기 쉽다. 천만의 말씀. 뭘요! : 사양을 표시하는 말.
[好手(兒)] háoshǒu(rh) ㄏㄠˊㄕㄡˇ(ㄦ) ①솜씨 있는 사람. ②명수.
[好受] hǎoshòu ㄏㄠˇㄕㄡˋ ①상쾌하고 즐겁다. ②편안하다.
[好說歹說] hǎoshōu-tǎishuō ㄏㄠˇㄕㄨㄛ ㄉㄞˇㄕㄨㄛ ①이것 저것 아니라고 말하다. ②이러쿵저러쿵하다.

[好死] háossǔ ㄏㄠˊㄙˇ 천수를 다하고 편안히 죽다. 「不是一的；횡사하다」
[好似] hǎossǔ ㄏㄠˇㄙˋ ＝好象.
[好死不如賴活着] háossǔ pūjú làihuó-chê ㄏㄠˊㄙˇ ㄅㄨˋㄖㄨˊㄌㄞˋㄏㄨㄛˊㄓㄜ 고생하며 살더라도 편히 죽는 것보다는 낫다. «諺»
[好大] hǎotà ㄏㄠˇㄉㄚˋ 대단히 큰. 굉장히 큰. 「一臉！；어쩌면 저렇게 체면이 없을까！」
[好歹] háotǎi ㄏㄠˊㄉㄞˇ ①선악. ②뜻밖의 일. ③어쨌든지. 하여간. ④되는 대로.
[好得] hǎotê ㄏㄠˇㄉㄜ 다행히도.
[好調貨] hǎot'iáohuò ㄏㄠˇㄊㄧㄠˊㄏㄨㄛˋ ①좋은 사람. ②좋은 것. ＝好東西.
[好天兒] hǎot'iēnrh ㄏㄠˇㄊㄧㄢㄦ 좋은 날씨. 맑은 날씨.
[好聽] hǎot'īng ㄏㄠˇㄊㄧㄥ ①듣기 좋다. ②듣기에 재미있다. 「一音樂；듣기 좋은 음악」
[好在] hǎotsài ㄏㄠˇㄗㄞˋ 다행히도. 「一天氣還好；다행히 오늘은 날씨가 좋다」
[好端端的] hǎotüantüantê ㄏㄠˇㄉㄨㄢㄉㄨㄢㄉㄜ ①성질이 좋은. ②단정한 모양. 질서 정연한. ③까닭 없이.
[好多] hǎotuō ㄏㄠˇㄉㄨㄛ ①매우 많다. ②훨씬 좋다. 「다.
[好玩] hǎowán ㄏㄠˇㄨㄢˊ 놀기가 재미있
[好聞] hǎowēn ㄏㄠˇㄨㄣˊ 냄새가 좋다. 냄새가 좋은.
[好樣兒] hǎoyàngrh ㄏㄠˇㄧㄤˋㄦ· 좋은 사람. 훌륭한 사람 : 칭찬하는 경우에.
[好養] háoyǎng ㄏㄠˊㄧㄤˇ 잘 키우다. 키우기 쉽다.
[好音] hǎoyīn ㄏㄠˇㄧㄣ 좋은 소식.
[好用] hǎoyùng ㄏㄠˇㄩㄥˋ 쓰기에 편리하다.
[好語似珠] hǎoyǘssǜchū ㄏㄠˇㄩˊㄙˋㄓㄨ 문장 가운데에 아름답고 묘한 단어가 많다. «成»

〔好〕 hào ㄏㄠˋ ①좋아하다. 사랑하다. 기뻐하다. 「一學；공부를 좋아하다」 ② …할 것 같은.
[好吃] hàoch'īh ㄏㄠˋㄔ 먹기를 좋아하다.
[好喜] hàohsi ㄏㄠˋㄒㄧ ①애호하다. ②즐기다. 「좋아하다.
[好花] hàohua ㄏㄠˋㄏㄨㄚ 낭비(浪費)를
[好逸惡勞] hào-iwùláo ㄏㄠˋㄧˋㄨˋㄌㄠˊ 편안하기를 즐기고 일하기는 싫어한다. «成»
[好高騖遠] hàokāo-wùyüǎn ㄏㄠˋㄍㄠ ㄨˋㄩㄢˇ ①이상(理想)만 높고 실제는 무시하는 태도. «成» ②착실하지 못한 태도.
[好辯] hàopièn ㄏㄠˋㄅㄧㄢˋ 말하기를 좋아하다.
[好尙] hàoshàng ㄏㄠˋㄕㄤˋ 욕망. 소망. 「雖一不同, 實踐的方法是一樣；비록 욕망은 다르지만 실천 방법은 같다」
[好勝] hàoshēng ㄏㄠˋㄕㄥˋ 지기를 싫어하다. 독립심이 있다. ＝好强.
[好事] hàoshìh ㄏㄠˋㄕˋ ①사건이 터지기를 좋아하다. ②호기심을 가지다.
[好大] hàotà ㄏㄠˋㄉㄚˋ 과장하다.
[好大喜功] hàotà-hsǐkūng ㄏㄠˋㄉㄚˋㄒㄧˇㄍㄨㄥ ①일은 착실히 안하면서 큰 공만 세우려 한다. «成»
[好爲人師] hàowéi jênshīh ㄏㄠˋㄨㄟˊㄖ

ㄣㄕ제 잘난 체하며 남 가르치기를 좋아하다. ‹成›

〔昊〕 hào ㄏㄠˋ
[昊天] haot'iēn ㄏㄠˋㄊㄧㄢ ①부모의 크나큰 은혜. ②넓은 하늘.

〔耗〕 hào ㄏㄠˋ ①줄다. 줄이다. 소비하다. 「別一燈油了; 등유를 헤프게 쓰지말라」 ②시간을 낭비하다. 우물쭈물하다. 꾸물거리다. 「別一着了, 快去吧! ; 꾸물거리지 말고 빨리 가라!」 ③소식. 기별. 「聞一震驚; 소식을 듣고 놀라다」「噩一; 부고」.
[耗着] hàochê ㄏㄠˋㄓㄜ(시간을) 질질 끌다.
[耗汽率] hàoch'ìlû ㄏㄠˋㄑㄧˋㄌㄩˋ 휘발유 소모율.
[耗費] hàofèi ㄏㄠˋㄈㄟˋ 소비하다.
[耗耗] hàohào ㄏㄠˋㄏㄠˋ 쥐. ‹方›
[耗人] hàojên ㄏㄠˋㄖㄣˊ ①귀찮게 굴다. ②손이 많이 가다. 「這孩子眞一; 이 아이에게는 정말 손이 많이 간다」
[耗工夫] hào kūngfu ㄏㄠˋㄍㄨㄥㄈㄨ ①시간을 보내다. ②시간을 끌다.
[耗量] hàoliàng ㄏㄠˋㄌㄧㄤˋ 소비량.
[耗磨] hàomó ㄏㄠˋㄇㄛˊ 닳아 없어지다.
[耗損] hàosǔn ㄏㄠˋㄙㄨㄣˇ 닳아 없어지다.
[耗財] hàots'ái ㄏㄠˋㄘㄞˊ 돈을 없애다.
[耗子] hàotzǔ ㄏㄠˋㄗ 쥐. 「一過街; 쥐가 길을 건너다」「一人人喊打; 아우성치다」

〔浩〕 hào ㄏㄠˋ ①크다. ②넓다. ③많다.
[浩劫] hàochiéh ㄏㄠˋㄐㄧㄝˊ ①큰 재난. ②오랜 시간.
[浩繁] hàofán ㄏㄠˋㄈㄢˊ ①크고 많다. 「用度一; 용도가 많다」 ②잡다(雜多)하다.
[浩瀚] hàohàn ㄏㄠˋㄏㄢˋ 광대하고 많은 모양.
[浩浩蕩蕩] hàohàotàngtàng ㄏㄠˋㄏㄠˋㄉㄤˋㄉㄤˋ ①강 물이 팽배하고 파도가 웅장함을 형용하는 말. ②대군(大軍)이 행진하는 위세가 웅장함을 형용하는 말. ‹成›
[浩然] hàoján ㄏㄠˋㄖㄢˊ 크게 유행하는 모양.
[浩茫無邊] hàománg wúpiēn ㄏㄠˋㄇㄤˊㄨˊㄅㄧㄢ 끝없이 넓다.
[浩渺] hàomiǎo ㄏㄠˋㄇㄧㄠˇ 넓고 아득하다.
[浩大] hàotà ㄏㄠˋㄉㄚˋ ①매우 크다. 매우 성대하다. 「聲勢一; 위세가 대단하다」 ②막대하다. 「費用一; 비용이 막대하다」

〔晧〕 hào ㄏㄠˋ 해 뜨는 모양. =皓.

〔皓〕(皜) hào ㄏㄠˋ 새하얀. 순백색.
[皓齒] hàoch'ǐh ㄏㄠˋㄔˇ 하얀 이. 흰 치아.
[皓魄] hàop'ò ㄏㄠˋㄆㄛˋ 밝은 달. 명월. =皓月.
[皓首] hàoshǒu ㄏㄠˋㄕㄡˇ ①흰 머리. ②노인.

〔皞〕(皥) hào ㄏㄠˋ 밝다.

〔號〕(号) hào ㄏㄠˋ ①명칭. 「牌一; 상표」 ② 호. ③상점. 「本一; 폐점」「分一; 지점」 ④기호. 표지. 「暗一; 암호」 ⑤번호. 「第一一; 일번」 ⑥번호를 붙이다. 「把這件東西一上; 이 물건에 번호를 붙이다」 ⑦명령. 「發一施令; 명령을 내리다」 ⑧나팔. 나팔에 의한 명령. 「吹一; 나팔을 불다」 ⑨㉮가족이 아닌 사람을 세다. 「店夥一共有十一人; 점원이 모두 10사람이다」 ㉯「這一事; 이와 같은 일」 ⑩(번호를 붙여 놓은) 사람을 가리키는 말. 「病一; 입원환자」 ⑪날짜. 일. 「十月十一; 10월 10일」
[號召] hàochào ㄏㄠˋㄓㄠˋ ①규합하다. ②호령하다. 「一團結; 단결을 부르짖다」
[號稱] hàoch'ēng ㄏㄠˋㄔㄥ ①…이라고 부르다. ②대략을 짐작하다.
[號旗] hàoch'í ㄏㄠˋㄑㄧˊ 신호기.
[號角] hàochiǎo ㄏㄠˋㄐㄧㄠˇ 나팔.
[號房(兒)] hàofáng(rh) ㄏㄠˋㄈㄤˊ(ㄦ) ①수위(守衛). ②접수처.
[號衣] hàoi ㄏㄠˋㄧ 군복. 「一律貼; 군의 피복·수당」
[號坎兒] hàok'ǎrh ㄏㄠˋㄎㄚˇㄦ ①가슴에 둥근 마아크가 붙은 조끼. ②러닝샤쓰.
[號碼(兒)] hàomǎ(rh) ㄏㄠˋㄇㄚˇ(ㄦ) ①수자. ②번호. (numbering).
[號碼機] hàomǎchī ㄏㄠˋㄇㄚˇㄐㄧ 넘버링
[號脈] hàomài ㄏㄠˋㄇㄞˋ 진맥(診脈)하다.
[號牌] hàop'ái ㄏㄠˋㄆㄞˊ 번호표. =號單.
[號兒] hàorh ㄏㄠˋㄦ 번호.
[號上] hàoshang ㄏㄠˋㄕㄤ ①번호를 붙이다. ②표기(表記)하다. 「在藥包外頭一藥名; 약 봉투에 약명을 표기하다」
[號燈] hàotēng ㄏㄠˋㄉㄥ 신호등.
[號頭] hàot'óu ㄏㄠˋㄊㄡˊ 달. 「半個一; 반달」 ‹吳›
[號頭兒] hàot'óurh ㄏㄠˋㄊㄡˊㄦ ①번호. ②기호. ③노동자의 머리.
[號東] hàotūng ㄏㄠˋㄉㄨㄥ 상점의 전주(錢主). 상점에 돈을 출자한 사람. =財主. 財東.
[號筒] hàot'ǔng ㄏㄠˋㄊㄨㄥˇ ①메가폰. ②나팔.
[號子] hàotzǔ ㄏㄠˋㄗ ①감옥. ②화물 따위를 세는 조수사. ③많은 사람들의 함성.
[號外] hàowài ㄏㄠˋㄨㄞˋ 호외.

〔顥〕 hào ㄏㄠˋ 하얀 빛. 밝은 빛.

〔灝〕 hào ㄏㄠˋ 물의 힘이 세다. 물살이 세다.

HEI ㄏㄟ

〔黑〕 hēi ㄏㄟ ①검다. 검은. 「一頭髮; 검은 머리칼」 ②어둡다. 「那間屋子太一; 그 방은 몹시 어둡다」 ③비밀의. 「一話; 은어(隱語)」 ④감추다. 「他把錢都一起來了; 그는 돈을 모두 감추었다」 ⑤밤(夜). 「一天到一; 아침부터 저녁까지」 ⑥나쁜. 「一心; 나쁜 마음」「一白; 선악」
[黑暗] hēiàn ㄏㄟㄢˋ ①암흑(暗黑). ②어둡다. 컴컴하다.
[黑暗世界] hēiànshìhchièh ㄏㄟㄢˋㄕˋㄐㄧㄝˋ 악인(惡人) 만이 판치는 암흑 세계. ‹成›
[黑賬] hēichàng ㄏㄟㄓㄤˋ ①공개하지 않은 장부. 비밀 장부. ②남 모르는 빚.
[黑早(兒)] hēichǎo(rh) ㄏㄟㄓㄠˇ(ㄦ) 새벽
[黑棗兒] hēichǎorh ㄏㄟㄓㄠˇㄦ ①말린 검은 대추. ②총알. 탄알. 「吃一; 총알

을 맞다」
[黑記] hēichì ㄏㄟㄐㄧˋ ①점(點).②사마귀.
[黑紫] hēichǐ ㄏㄟㄐㄧˇ 검은 자색.
[黑漆漆的] hēich'īch'ītê ㄏㄟㄑㄧㄑㄧㄉㄜ 먹같이 까만. 새까만. 「兩扇一大門；두 개의 새까맣게 칠한 대문」
[黑家白日] hēichiapáijìh ㄏㄟㄐㄧㄚㄅㄞˊㄖˋ ①밤이나 낮이나. ②온종일. =黑天白日. 「他一都不在家；그는 밤낮 집에 없다」 「②밤.
[黑間] hēichiēn ㄏㄟㄐㄧㄢ ①야간(夜間).
[黑鉛] hēich'iēn ㄏㄟㄑㄧㄢ ①흑연. ②석묵(石墨).
[黑錢] hēich'ién ㄏㄟㄑㄧㄢˊ ①밤도둑. ②부정한 수단으로 손에 취득한 돈. ③악전(惡錢).
[黑沈沈的] hēich'ēnch'ēntê ㄏㄟㄔㄣˊㄔㄣˊㄉㄜ 캄캄한. 「天陰得一，伸手不見五指；하늘이 캄캄하게 흐려서 앞이 조금도 안 보인다」
[黑浸浸的] hēichìnchìntê ㄏㄟㄐㄧㄣˋㄐㄧㄣˋㄉㄜ검고 축축한. 「一肥料堆；검고 축축한 비료」
[黑更半夜]hēichīng-pànyèh ㄏㄟㄐㄧㄥㄅㄢˋㄧㄝˋ 심야(深夜). 한밤중. ‹成›
[黑秋秋的] hēich'iūch'iūtê ㄏㄟㄑㄧㄡㄑㄧㄡㄉㄜ (전체적으로) 까만. 「一老鴰；까만 까마귀」 「물을 받다」
[黑杵] hēich'ǔ ㄏㄟㄔㄨˇ 뇌물. 「拿一；뇌
[黑種] hēichǔng ㄏㄟㄓㄨㄥˇ 흑인종.
[黑飯] hēifàn ㄏㄟㄈㄢˋ 저녁밥. ‹方›
[黑房子] hēifángtzǔ ㄏㄟㄈㄤˊㄗ 감옥.
[黑非洲] hēifēichōu ㄏㄟㄈㄟㄓㄡ 흑인이 사는 아프리카.
[黑下] hēihsia ㄏㄟㄒㄧㄚ 밤(夜). 「칭.
[黑瞎子] hēihsiātzǔ ㄏㄟㄒㄧㄚㄗ 곰의 별
[黑心] hēihsīn ㄏㄟㄒㄧㄣ 나쁜 마음. 「起一；나쁜 마음을 가지다」
[黑心肝] hēihsīnkān ㄏㄟㄒㄧㄣㄍㄢ 은혜와 신의를 저버린 사람.
[黑魆魆的] hēihsūhsūtê ㄏㄟㄒㄩㄒㄩㄉㄜ 음산하고 어두운. 「前面有一個一影子在動；앞에 음산한 그림자 하나가 움직이고 있다」
[黑忽忽的] hēihūhūtê ㄏㄟㄏㄨㄏㄨㄉㄜ (국부적. 평면적으로) 검은. 어두운. 「夜空裡，陰上來一片一濃雲；온 밤하늘에 새까만 짙은 구름이 뒤덮여 있다」
[黑糊糊的] hēihúhūtê ㄏㄟㄏㄨˊㄏㄨˊㄉㄜ 새까만. 「鍋底上一，看着也不舒服；솥밑이 새까맣게 되어서 보기가 좋지 않다」
[黑話] hēihuà ㄏㄟㄏㄨㄚˋ 은어(隱語).
[黑昏昏的] hēihūnhūntê ㄏㄟㄏㄨㄣㄏㄨㄣㄉㄜ 어두컴컴한. 「微明時，東方還是一；새벽녘에 동쪽은 아직 어두컴컴했다」
[黑貨] hēihuò ㄏㄟㄏㄨㄛˋ ①부정(不正)한 상품. 장물(贓物). 밀수품 따위. ②아편의 별칭.
[黑人] hēijén ㄏㄟㄖㄣˊ ①죄를 짓고 숨어 있는 사람. 「他因爲那件事，作了三年一；그는 그 사건 때문에 3년이나 몸을 숨겼다」②흑인.
[黑熱病] hēijèpìng ㄏㄟㄖㄜˋㄅㄧㄥˋ 만성비장 비대증(慢性脾臟肥大症).
[黑格隆冬]hēikolūngtūng ㄏㄟㄍㄜㄌㄨㄥㄉㄨㄥ 아주 캄캄하다. 「停電後，屋子裡一的，有些怕人；정전후 방안이 캄캄해서 좀 무섭다」 「경. ‹罵›
[黑狗] hēikǒu ㄏㄟㄍㄡˇ ①검은 개. ②순
[黑光光的] hēikuāngkuāngtê ㄏㄟㄍㄨㄤㄍㄨㄤㄉㄜ 검고 윤택 있는. 「一頭髮；검고 윤이 나는 머리칼」
[黑咕隆咚] hēikulūngtūng ㄏㄟㄍㄨㄌㄨㄥˊㄉㄨㄥ =黑格隆冬.
[黑鍋] hēikuō ㄏㄟㄍㄨㄛ 무고(無辜). 「背一；억울하게 죄를 뒤집어 쓰다」
[黑拉拉的] hēilālātê ㄏㄟㄌㄚㄌㄚㄉㄜ ①검은 빛이 감도는. ②검은 빛을 띤.
[黑良心] hēi liánghsīn ㄏㄟㄌㄧㄤˊㄒㄧㄣ 나쁜 마음을 먹다.
[黑亮亮的] hēiliàngliàngtê ㄏㄟㄌㄧㄤˋㄌㄧㄤˋㄉㄜ 검고 윤나는. 「一臉；검고 윤나는 얼굴」
[黑臉] hēiliěn ㄏㄟㄌㄧㄢˇ ①검은 얼굴. ②악인(惡人)의 얼굴.
[黑麥] hēimài ㄏㄟㄇㄞˋ 〈植〉 호밀.
[黑茫茫的] hēimángmángtê ㄏㄟㄇㄤˊㄇㄤˊㄉㄜ 캄캄한. 「一大海裡，哪兒有一隻船影；캄캄한 바다에 배의 그림자 들어디 있겠읍니까?」
[黑煤] hēiméi ㄏㄟㄇㄟˊ 유연탄(有煙炭).
[黑眉烏嘴]hēimēiwūtsuǐ ㄏㄟㄇㄟㄨㄗㄨㄟˇ 사람의 얼굴이 검고 누렇다. ‹成›
[黑麵] hēimièn ㄏㄟㄇㄧㄢˋ 거친 밀가루.
[黑麵兒] hēimiènrh ㄏㄟㄇㄧㄢˋㄦ 비밀사회. 범죄자의 사회.
[黑名單] hēimíngtān ㄏㄟㄇㄧㄥˊㄉㄢ 요시찰인(要視察人) 명부. 블랙리스트(black list). 「③내정(內情).
[黑幕] hēimù ㄏㄟㄇㄨˋ ①내막. ②비밀.
[黑白分明]hēipái fēnmíng ㄏㄟㄅㄞˊㄈㄣㄇㄧㄥˊ 옳고 그름이 분명하다. ‹成›
[黑白混淆] hēipáihúnyǎo ㄏㄟㄅㄞˊㄏㄨㄣˊㄧㄠˇ 시비(是非)가 분명치 않다. ‹成›
[黑榜] hēipǎng ㄏㄟㄅㄤˇ ①부정 입학(不正入學). ②정실 입사(情實入社). ③=黑名單. 「=牆報. 大字報.
[黑板報] hēipǎnpào ㄏㄟㄅㄢˇㄅㄠˋ 벽보.
[黑不溜秋] hēipuliūch'iū ㄏㄟㄅㄨㄌㄧㄡㄑㄧㄡ 새까만.
[黑色] hēisè ㄏㄟㄙㄜˋ ①검정. ②무정부주의(無政府主義)의 상징. ③천주교 단체 및 활동의 상징. ④공포 상태.
[黑上] hēishāng ㄏㄟㄕㄤ ①몹시 가지고 싶어하다. ‹北› ②밤(夜). 「你一來吧；밤에 오너라」
[黑商] hēishāng ㄏㄟㄕㄤ 암상인(闇商人).
[黑市] hēishìh ㄏㄟㄕˋ 암시장(闇市場).
[黑瘦] hēishòu ㄏㄟㄕㄡˋ 가무잡잡하고 여위다. >黑黑瘦瘦. 「트.
[黑死病] hēissǔpìng ㄏㄟㄙˇㄅㄧㄥˋ 페스
[黑蛋] hēitàn ㄏㄟㄉㄢˋ 검둥이.
[黑道日] hēitàojìh ㄏㄟㄉㄠˋㄖˋ 불길한 날. 운이 나쁜 날.
[黑道(兒)] hēitào(rh) ㄏㄟㄉㄠˋ(ㄦ) ①밤길. ②검은 선(線) 모양의 것.
[黑燈下火的] hēitēng-hsiàhuǒtê ㄏㄟㄉㄥㄒㄧㄚˋㄏㄨㄛˇㄉㄜ 밤이 깊어서 캄캄한 모양. 「一怎麼走啊？；어두워서 어떻게 가니?」
[黑燈影兒裡] hēitēngyǐngrhli ㄏㄟㄊㄥㄧㄥˇㄦㄌㄧ 캄캄한 밤중. 「(銑鐵).
[黑鐵皮] hēit'iěhp'í ㄏㄟㄊㄧㄝˇㄆㄧˊ 선철
[黑甜之鄉] hēit'iénchīhhsiāng ㄏㄟㄊㄧ

ㄢˊㄓㄒㄧㄤ 깊이 잠들다. ＝黑甜鄉.《成》
[黑點兒] hēitiĕnrh ㄏㄟㄉㄧㄢˇㄦ ①흑점. ②흑반병(黑斑病). 「得到一個一；흑반병에 걸리다」
[黑頭] hēit'óu ㄏㄟㄊㄡˊ 연극에서의 악역(惡役)의 분장.
[黑豆] hēitòu ㄏㄟㄉㄡˋ 검은 콩.
[黑黲黲(兒)的] hēits'ánts'ăn(rh)tê ㄏㄟㄘㄢˊㄘㄢˇ(ㄦ)ㄉㄜ 담흑색(淡黑色). ＝黑黲黲(兒)的.
[黑洞洞的] hēitùngtùngtê ㄏㄟㄉㄨㄥˋㄉㄨㄥˋㄉㄜ 아주 어두운. 아주 캄캄한.「一屋子；아주 캄캄한 방」
[黑子] hēitzŭ ㄏㄟㄗˇ ①검은 점(點). ②바둑의 검은 돌.
[黑子兒] hēitzŭrh ㄏㄟㄗˇㄦ ＝黑子②.
[黑壓壓的] hēiyāyātê ㄏㄟㄧㄚㄧㄚㄉㄜ ①우굴우굴한 : 사람이나 물건이 많이 있는 모양. ②빽빽한.
[黑夜] hēiyèh ㄏㄟㄧㄝˋ ①한밤중. ②어두운 밤.
[黑影(兒)] hēiyĭng(rh) ㄏㄟㄧㄥˇ(ㄦ) ①그림자. ②모색(暮色).「一下來了；어둠이 내리다」
「黑鍋烟子.
[黑烟子] hēiyēntzŭ ㄏㄟㄧㄢㄗ 그을음. ＝

〔嘿〕 hēi ㄏㄟ ①감탄사 : 놀람이나 찬탄함을 나타내는 말.「一！這個眞好；허！이것 정말 좋군」②야！: 부르는 소리.「一, 你這邊兒來！；야！이봐」
[嘿嘿] hēihēi ㄏㄟㄏㄟ 〈擬〉 흥흥 : 냉소(冷笑)를 나타낸다.

HÊN ㄏㄣ

〔哏〕 hĕn ㄏㄣ ⇨kĕn. 「짖다.
[哏哆] hĕntō ㄏㄣㄉㄨㄛ 나쁜 소리로 꾸
〔痕〕 hén ㄏㄣˊ 흔적. 자취.「水一；물 묻은 자국」「泪一；눈물 자국」
[痕跡] hénchì ㄏㄣˊㄐㄧˋ 상처. 자취. 자국.
〔很〕 hĕn ㄏㄣˇ ①매우. 대단히.「今天一熱；오늘은 몹시 덥다」「冷得一；몹시 춥다」② ＝狠.
[很顯然] hĕn hsiĕnján ㄏㄣˇㄒㄧㄢˇㄖㄢˊ ①매우 뚜렷하다. ②매우 뚜렷한 일이지만 : 문장 전체의 수식어로 문장 앞에서 쓰인다.
〔狠〕 hĕn ㄏㄣˇ ①참혹하다. 잔인하다. 흉악하다.「心一；마음이 차다」②매우. 심히. 극히.「一罵；심하게 욕하다」③괴로운 마음을 참다.「一着心把泪止住；이를 악물고 눈물을 삼키다」
[狠勁兒] hĕnchìnrh ㄏㄣˇㄐㄧㄣˋㄦ ①박정한. 인정 없는. ③악랄하고 잔인한.
[狠抓] hĕnchuā ㄏㄣˇㄓㄨㄚ 대담하게 …을 중점적으로 취하다.
[狠狠地] hĕnhĕntê ㄏㄣˇㄏㄣˇㄉㄜ ①단연히. 결연히. 충분히. ②매우 심히.
[狠心] hĕnhsīn ㄏㄣˇㄒㄧㄣ 잔인한 마음. 잔인하다.
[狠一下子] hĕn íhsiàtzŭ ㄏㄣˇㄧˊㄒㄧㄚˋㄗ 결연히. 괴로운 마음을 참고.「一和他分別了；괴로운 마음을 참고 그와 이별했다」
[狠命] hĕnmìng ㄏㄣˇㄇㄧㄥˋ ①힘껏. ②죽을 힘을 다해.「一地跑；죽을 힘을 다해 뛰다」
[狠手] hĕnshŏu ㄏㄣˇㄕㄡˇ 잔인한 방법.
[狠毒] hĕntú ㄏㄣˇㄉㄨˊ 험악한. 흉악한. 잔악한.

〔恨〕 hèn ㄏㄣˋ ①원망하다. 적대시(敵對視)하다.「把他一透了；그를 원망했다」②원한. 원망.「解一；한(恨)을 풀다」③후회하다. 아쉬워하다. 「스럽게.
[恨恨地] hènhèntê ㄏㄣˋㄏㄣˋㄉㄜ 밉살
[恨入骨髓] hènjùkúsuí ㄏㄢˋㄖㄨˋㄍㄨˊㄙㄨㄟˇ 한(恨)이 골수에 맺치다.《成》
[恨不得] hènputê ㄏㄣˋㄅㄨㄉㄜ ①…하지 못함을 한스러워하다. ②…하고 싶은 마음은 간절하다.「一長出兩張嘴來；입을 두 개 갖지 못한 것을 한스러워한다」＝恨不能.
[恨鐵不成鋼] hèn t'iĕh pùchéng kāng ㄏㄣˋ ㄊㄧㄝˇ ㄅㄨˋㄔㄥˊ ㄍㄤ 훌륭한 사람이 되지 못함을 아쉬워하다 : 부모가 자식에 대한 경우.

HÊNG ㄏㄥ

〔亨〕 hēng ㄏㄥ 잘 통하다. 순조롭다.
[亨司] hēngssū ㄏㄥㄙ 온스 : 무게의 단위.
[亨通] hēngt'ūng ㄏㄥㄊㄨㄥ ①순조롭다. ②거침 없다.「把她一接來便萬事一；그 여자를 데려오면 모든 일이 순조롭다」
〔哼〕 hēng ㄏㄥ ①헝 : 코로 내는소리.「他疼得直一一；그는 아파서 계속 끙끙거리다」②콧노래를 부르다.「一着民歌；민요를 흥얼거리다」③흥！: 멸시·의심을 나타내는 말.「一！這可不行；흥！이건 안돼」
[哼唱] hēngch'àng ㄏㄥㄔㄤˋ (노래 따위를) 중얼거리다.
[哼唧] hēngchi ㄏㄥㄐㄧ ①콧소리를 내다. ②콧노래를 부르다.「一歌兒；흥얼거리다」③소곤소곤 말하다. >哼哼唧唧.
[哼哧] hēngch'īh ㄏㄥㄔ 숨을 헐떡이며 말하다.
[哼氣兒] hēngch'ìrh ㄏㄥㄑㄧˋㄦ ①소리를 내다. ②말하다 : 흔히「不一」을 붙여서 도무지 대꾸가 없다란 뜻으로 쓰인다.
[哼兒哈兒的] hēngrhhārhtê ㄏㄥㄦㄏㄚㄦㄉㄜ 어물어물. 그럭저럭.
〔恒〕(恆) héng ㄏㄥˊ ①늘. 항상. 영구히. ②보통의. 예의. 종래의.
[恒齒] héngch'ĭh ㄏㄥˊㄔˇ 영구 치아(永久齒牙).
[恒情] héngch'íng ㄏㄥˊㄑㄧㄥˊ ①인간의 정(情). ②항상 변치 않는 마음. 「음.
[恒心] hénghsīn ㄏㄥˊㄒㄧㄣ 변치 않는 마
[恒沙] héngshā ㄏㄥˊㄕㄚ 헤아릴 수 없이 많은 수(數).「恒河沙數」의 준말.
[恒態] héngt'ài ㄏㄥˊㄊㄞˋ 늘 변치 않는

태도.
[恒言] hĕngyén ㄏㄥˊㄧㄢˊ 늘 하는 말.

〔桁〕 hĕng ㄏㄥˊ 도리. 「까래.
[桁桷] hĕngchüéh ㄏㄥˊㄐㄩㄝˊ 도리와 서

〔横〕 hĕng ㄏㄥˊ ①가로.「一着寫；가로 쓰다」②가로 눕다. 가로 눕히다.「誰把木料一在了地上？; 누가 나무를 땅에 가로 놓았느냐？」③한자(漢字)를 쓰는 모양.「王字是三一一竪; "王" 자는 가로가 3이고 세로가 1이다」 「兒).
[横産] hĕngch'ăn ㄏㄥˊㄔㄢˇ 도산아(倒產
[横着來] hĕngchêlái ㄏㄥˊㄓㄜㄌㄞˊ ①반대로 …을 하다. ②보편적이 아닌 방법을 취하다.
[横征暴歛] hĕngchĕng-pàoliĕn ㄏㄥˊㄓㄥㄅㄠˋㄌㄧㄢˇ ①폭력으로 가혹하게 세금을 수탈하다. ②가렴주구(苛斂誅求)하다. ‹成› =横徵暴歛.
[横加阻攔] hĕngchiāt sŭlán ㄏㄥˊㄐㄧㄚㄗㄨˇㄌㄢˊ ①옆에서 참견하다. ②마구 방해하다. =横攔竪遮.
[横起來] hĕngch'ilai ㄏㄥˊㄑㄧㄌㄞ ①(물건을) 가로 놓다. ②책임지다.「好在這件事有他一了，我們不必再管；다행히 이 일은 그가 책임을 졌으니 우리는 다시 상관할 필요가 없다」
[横七竪八] hĕngch'ī-shùpā ㄏㄥˊㄑㄧㄕㄨˋㄅㄚ 뒤죽박죽 뒤섞이다. ‹成› =横三竪四.
[横穿] hĕngch'uān ㄏㄥˊㄔㄨㄢ ①옆으로 꿰뚫다. ②횡단(横斷)하다.
[横冲直撞] hĕngch'ūng-chíhchuàng ㄏㄥˊㄔㄨㄥㄓˊㄓㄨㄤˋ (마차 따위가) 이리저리 조심성 없이 마구 달리다. ‹成›
[横行(兒)] hĕngháng(rh) ㄏㄥˊㄏㄤˊ(ㄦ) ①가로 줄. ②가로 쓰기. 「쪽. 측면.
[横下裡] hĕnghsiàli ㄏㄥˊㄒㄧㄚˋㄌㄧ 옆
[横行] hĕnghsíng ㄏㄥˊㄒㄧㄥˊ ①정도(正道)에 어긋나게 행동하다. ②모로 걷다. 옆으로 걷다.
[横行介士] hĕnghsíngchièhshìh ㄏㄥˊㄒㄧㄥˊㄐㄧㄝˋㄕˋ 〈動〉 게의 별칭. ‹成›
[横行覇道] hĕnghsíng pàtào ㄏㄥˊㄒㄧㄥˊㄅㄚˋㄉㄠˋ 마구 행동하여 도리에 어긋나다. ‹成›
[横許] hĕnghsŭ ㄏㄥˊㄒㄩˇ ①어차피. ②그럴 바에는. =横許是.
[横刃] hĕngjĕn ㄏㄥˊㄖㄣˋ 철판 따위를 뚫는 끝의 날. 「②도리.
[横格] hĕngkọ ㄏㄥˊㄍㄜˊ ①가로 무늬.
[横肉] hĕngjòu ㄏㄥˊㄖㄡˋ 흉악한 얼굴. 「一臉一；보기에 흉악한 인상」
[横寬] hĕngk'uān ㄏㄥˊㄎㄨㄢ 옆으로 퍼지다.「長得一；몸이 옆으로 퍼져 있다」
[横棍] hĕngkùn ㄏㄥˊㄍㄨㄣˋ 새장 속의 새가 앉는 홰.
[横了心] hĕnglêhsīn ㄏㄥˊㄌㄜㄒㄧㄣ ①급하고 화가 나서 모든 것을 돌보지 않다. ②전후 좌우를 볼 겨를이 없다.
[横流] hĕngliú ㄏㄥˊㄌㄧㄡˊ 물이 넘쳐서 옆으로 흐른다.
[横眉立目] hĕngméi lìmù ㄏㄥˊㄇㄟˊㄌㄧˋㄇㄨˋ 얼굴이 흉악하다. ‹成› =横眉瞪眼. 横眉怒目. 横眉竪目.
[横楣子] hĕngméitzŭ ㄏㄥˊㄇㄟˊㄗ 창문 윗부분에 댄 창살.
[横扒摟] hĕngpālōu ㄏㄥˊㄅㄚㄌㄡ ①복잡하다. ②분주하다. ③어수선하다.
[横排] hĕngp'ái ㄏㄥˊㄆㄞˊ 옆으로 나란히 줄을 짓다. 가로 짜기.
[横披] hĕngp'ī ㄏㄥˊㄆㄧ (벽에) 가로 걸린 서화(書畫):축(軸)이 양쪽 끝에 있다. =横匾.
[横波斜視] hĕngpōhsiéhshìh ㄏㄥˊㄅㄛㄒㄧㄝˊㄕˋ 여자가 남을 곁눈질하다. ‹成›
[横捎] hĕngshào ㄏㄥˊㄕㄠˋ (비가) 들이치다. 한쪽 방향으로 휘몰아치다.
[横生] hĕngshĕng ㄏㄥˊㄕㄥ 흘러서 사방으로 넘치다. (사람을 제외한) 만물.
[横生枝節] hĕngshĕngchīhchiéh ㄏㄥˊㄕㄥㄓㄐㄧㄝˊ ①시끄러운 문제를 일으키다. ②이유 없이 문제를 일으키다.
[横是] hĕngshìh ㄏㄥˊㄕ ①확실하게.「一不錯；확실히 괜찮다」②…해야 한다면. …인지도 모르다.「一要去，早些去吧；가야 한다면 빨리 가는 것이 좋다」「先登上極峰的一他吧！；제일 먼저 상봉에 오른 사람은 아마 그 사람일 것이다」③…만으로는.「一爲了錢，別吵了；돈 문제니 싸우지 말라」=横竪.
[横說竪說] hĕngshuō-shùshuō ㄏㄥˊㄕㄨㄛㄕㄨˋㄕㄨㄛ 횡설수설하다. ‹成›
[横躺竪臥] hĕngt'ăng shùwò ㄏㄥˊㄊㄤˇㄕㄨˋㄨㄛˋ 많은 사람이 가로 세로 누어 있는 모양. ‹成›
[横打鼻梁兒] hĕngtă píliángrh ㄏㄥˊㄉㄚˇㄅㄧˊㄌㄧㄤˊㄦ 기꺼이 책임을 지겠다는 뜻.「他一都擔起來了；그는 기꺼이 모두 책임을 졌다」
[横渡] hĕngtù ㄏㄥˊㄉㄨˋ 강을 건너다. 「一長江；양자강을 건너다.」

〔衡〕 hĕng ㄏㄥˊ ①저울. ②무게를 달다.「一其輕重；무게를 달다」②평편한. 동등한.
[衡量] hĕngliang ㄏㄥˊㄌㄧㄤˊ ①무게를 달다. ②판단하다. ③평가하다. 사정(査定)하다.「一成績；성적을 사정하다」＞衡量量.

〔横〕 hèng ㄏㄥˋ ①세력을 믿고 난폭하다. 횡포하다.「說話很一；얼토당토 않은 말을 하다」②의외로. 생각치도 않은.
[横反] hèngfăn ㄏㄥˋㄈㄢˇ (어린이들이) 몹시 떠들다. 「심하다.
[横心] hèngshīn ㄏㄥˋㄒㄧㄣ 각오하다. 결
[横話] hènghuà ㄏㄥˋㄏㄨㄚˋ ①불길한 말. ②강경한 말.
[横禍] hènghuò ㄏㄥˋㄏㄨㄛˋ 생각치 않은 재난.「飛來一；예기치 않는 재난이 오다」
[横人] hèngjén ㄏㄥˋㄖㄣˊ 난폭자.
[横人肉] hèngjénjòu ㄏㄥˋㄖㄣˊㄖㄡˋ 무자비(無慈悲)한 인간이 되는 것.
[横蠻] hèngmán ㄏㄥˋㄇㄢˊ 난폭하다. 횡포하다. 「난.
[横事] hèngshìh ㄏㄥˋㄕˋ 흉사(凶事). 재
[横死] hèngssŭ ㄏㄥˋㄙˇ 비명(非命)에죽다.

HM ㄏㄇ

〔噷〕 hm ㄏㄇ 흥! : 불만(不滿) 금지

(禁止)를 나타내는 감탄사.「一! 你還鬧哇; 홍! 너 또 떠드니!」「一! 你騙得了我!; 너는 나를 속였지!: 너한테는 또 안 속는다는 반어적(反語的)인 표현」

HNG ㄏㄫ

〔哼〕 hng ㄏㄫ 홍!; 불만(不滿)·의혹(疑惑)을 나타내는 감탄사.「一! 你信他的; 홍! 너 그의 말을 믿다니」⇨hēng.

HO ㄏㄜ

〔呵〕 hō ㄏㄜ ①꾸짖다. 큰 소리로 꾸짖다」②숨을 내리쉬다. ③아!: 놀람을 나타내는 말.「一! 眞不得了; 아! 정말 큰일이다」

[呵叱] hōch'ìh ㄏㄜㄔˋ ①꾸짖다. ②책망하다.「受老師的一; 선생님께 꾸중을 듣다」

[呵斥] hōch'ìh ㄏㄜㄔˋ 큰 소리로 꾸짖다.

[呵禁] hōchìn ㄏㄜㄐㄧㄣˋ 큰 소리로 제지하다.

[呵欠] hōch'ian ㄏㄜㄑㄧㄢ 하품.「打一; 하품을 하다」=哈息. 哈欠.「一連天; 하루 종일 하품만 하다」

[呵呵] hōhō ㄏㄜㄏㄜ 하하: 웃는 소리.「他笑一地走來; 그는 하하 웃으며 걸어왔다」

[呵喝] hōhò ㄏㄜㄏㄜˋ 소리치다. 소리 높여 꾸짖다. 「김을 불어 녹이다.

[呵凍] hōtùng ㄏㄜㄉㄨㄥˋ 호! 하고 입

〔喝〕 hō ㄏㄜ ①마시다.「一水; 물을 마시다」②호흡하다. ③허!: 가벼운 놀람을 표시하는 말.「一! 你來了; 허! 네가 왔구나」

[喝嗆] hōch'iāng ㄏㄜㄑㄧㄤ 급히 마시다가 사래 들리다.「一喝水; 물을 마시다 사래 들다」 「하다.

[喝風] hōfēng ㄏㄜㄈㄥ 배가 고파서 안달

[喝西風] hōhsīfēng ㄏㄜㄒㄧㄈㄥ =喝風.

[喝乾] hōkān ㄏㄜㄍㄢ 남김 없이 마시다.

[喝六呼麼] hòliùhūyāo ㄏㄜˋㄌㄧㄡˋㄏㄨㄧㄠ 도박을 하다.

[喝邊兒] hōpiēnrh ㄏㄜㄅㄧㄢㄦ ①모여들다. 늘어 붙다. ②(술집 따위에서) 거저 얻어 먹고 놀다. 「서) 마실 수 없다.

[喝不着] hōpùcháo ㄏㄜㄅㄨˋㄓㄠˊ (없어

[喝不起] hōpùch'ǐ ㄏㄜㄅㄨˋㄑㄧˇ (값이 비싸서) 마실 수 없다.

[喝不出來] hōpuch'ūlái ㄏㄜㄅㄨㄔㄨㄌㄞˊ 마셔서 맛을 알 수 없다.

[喝不來] hōpulái ㄏㄜㄅㄨㄌㄞˊ 마셔 보지 않아 마시지 못하다.

[喝不了] hōpuliǎo ㄏㄜㄅㄨㄌㄧㄠˇ (많아서) 마실 수 없다.

[喝不得] hōputê ㄏㄜㄅㄨㄉㄜ ①(맛이 없어) 마실 수 없다. ②마셔선 안된다. 「다.

[喝醉] hōtsuì ㄏㄜㄗㄨㄟˋ 술을 마셔 취하

[喝東瓜湯] hōtūngkuat'āng ㄏㄜㄉㄨㄥㄍㄨㄚㄊㄤ 중개하다. 거만하다.

[喝啞吧酒] hōyǎpachiǔ ㄏㄜㄧㄚˇㄅㄚㄐㄧㄡˇ 한마디 말도 없이 묵묵히 술만 마신다.

[喝暈] hōyūn ㄏㄜㄩㄣ 술이 취해 정신을 잃다.

〔䶮〕 hō ㄏㄜ ⇨huō.

〔禾〕 hó ㄏㄜˊ ①(겁질을 안 벗긴) 곡물. ②벼. ③성(姓). 「場).

[禾場] hóch'áng ㄏㄜˊㄔㄤˊ 탈곡장(說穀

[禾稿] hókǎo ㄏㄜˊㄍㄠˇ 아직 베지 않은 곡물. 「모.

[禾苗] hómiáo ㄏㄜˊㄇㄧㄠˊ 모종(苗種). 볏

[禾木旁兒] hómùp'ángrh ㄏㄜˊㄇㄨˋㄆㄤˊㄦ 벼화변: 한자의 획수를 찾을 때 사용한다.「禾」

[禾把] hópǎ ㄏㄜˊㄅㄚˇ 볏단.

[禾菽] hóshǔ ㄏㄜˊㄕㄨˇ 벼와 콩.

〔合〕 hó ㄏㄜˊ ①합치다. 닫다. 「把門一上; 문을 잠그다」「一眼; 눈을 감다」②하나가 되다. 모이다.「一奏; 합창」③합하다. 합치다.「一格; 합격」④마땅히 …해야 한다.「理一聲明; 마땅히 성명을 발표해라」⑤해당하다. …에 상당하다.「這件衣服做成了一多少錢?; 이 옷을 마추는 데 얼마냐?」⑥전부의. 전체의.「一家大小; 온 집안 식구」⑦배합하다. ⑧성(姓). ⇨kǒ.

[合着] hóchê ㄏㄜˊㄓㄜ ①본디. ②결국. =核着.「我們挣的錢, 一給他花光了; 우리가 번 돈은 결국 그가 다 써 버렸다」「她一是你的太太!; 그 여자는 너의 아내였구나」

[合成] hóch'êng ㄏㄜˊㄔㄥ 합성.

[合城] hóchêng ㄏㄜˊㄔㄥˊ 전 도시.

[合計] hóchi ㄏㄜˊㄐㄧ ①합계. ②합계하다. 계산하다.

[合家] hóchiā ㄏㄜˊㄐㄧㄚ 전 가족.

[合起來] hóch'ilai ㄏㄜˊㄑㄧㄌㄞ ①합치다. ②덮다. 닫다.「把書一; 책을 덮다」

[合鏡] hóchìng ㄏㄜˊㄐㄧㄥˋ 이혼(離婚)했던 부부가 다시 함께 살다.

[合主] hóchǔ ㄏㄜˊㄓㄨˇ 공동으로 하다. 자금, 노동력을 공동 출자하다.「一打一眼井; 공동으로 한 우물을 파다」

[合住] hóchu ㄏㄜˊㄓㄨ ①합치다. ②쥐다.「一刀子; 칼을 쥐다」③hóchù 함께 살다. 「로 돕다.

[合群] hóch'ún ㄏㄜˊㄑㄩㄣˊ 단결하여 서

[合群兒] hóch'únrh ㄏㄜˊㄑㄩㄣˊㄦ 여러 사람이 융합하다. 「잡종.

[合種] hóch'ǔng ㄏㄜˊㄓㄨㄥˇ ①혼혈. ②

[合衆社] hóchùngshê ㄏㄜˊㄓㄨㄥˋㄕㄜˋ UP 통신사.

[合銷] hóhsiāo ㄏㄜˊㄒㄧㄠ ①판매에 적당하다. ②양 끝이 다 뾰족한 못.

[合稀泥] hóhsīní ㄏㄜˊㄒㄧㄋㄧˊ ①(어떤 장면을) 얼버무리다. ②말끝을 흐리다. ③속여 넘기다.

[合乎] hóhu ㄏㄜˊㄏㄨ (…와) 만나다. 합치하다.「一章程; 규칙과 합치하다」

[合昏] hóhūn ㄏㄜˊㄏㄨㄣ ①황혼(黃昏). ②〈植〉자귀나무. =合歡.

[合婚] hóhūn ㄏㄜˊㄏㄨㄣ 약혼 전에 서로 교환하는 사주(四柱). 결혼 전 사주를 보다.

[合夥] hóhuǒ ㄏㄜˊㄏㄨㄛˇ ①공동 경영. ②동업하다. 한패가 되다. 「다.

[合宜] hóí ㄏㄜˊㄧˊ ①적당하다. ②때에 맞

[合意] hóì ㄏㄜˊㄧˋ ①마음에 들다.「一我

的意；내 마음에 들다」②의견이 일치하다.

[合該] hókāi ㄏㄜˊㄍㄞ ①마땅히…할 것이다.「那日一有事；그 날 일이 있을 것이다」②마땅하다.「他死了,一；죽어 마땅하다」

[合口] hók'ǒu ㄏㄜˊㄎㄡˇ ①입에 맞다. 맛이 있다. ②말다툼하다.「你又和誰一；너는 또 누구와 말다툼을 하니」

[合股兒] hókǔrh ㄏㄜˊㄍㄨˇㄦ 두 사람 이상 공동 출자하여 상업을 경영하는 일. ＝合股子. 「격.③사이.

[合拉兒] hólarh ㄏㄜˊㄌㄚㄦ ①틈. ②간

[合理] hólǐ ㄏㄜˊㄌㄧˇ 도리에 맞다. 합리적이다.

[合力] hólì ㄏㄜˊㄌㄧˋ 힘을 합치다.「同心一；마음과 힘을 합치다」

[合漏] hólou ㄏㄜˊㄌㄡ 기계 국수. 분틀국수.

[合龍] hólúng ㄏㄜˊㄌㄨㄥˊ ①무너진 둑을 수리하다.②(장부 따위의) 잔고를 맞추다.③제방 수리.

[合攏] hólǔng ㄏㄜˊㄌㄨㄥˇ ①합치다. 하나로 하다. 정리하다. ②모여 들다.

[合謀] hómóu ㄏㄜˊㄇㄡˊ 공모(共謀)하다.

[合把] hópǎi ㄏㄜˊㄅㄚˇ 협력하다.

[合拍] hóp'āi ㄏㄜˊㄆㄞ ①컨디션이 좋다. ②손발이 맞다. 「아름.

[合抱] hópào ㄏㄜˊㄅㄠˋ ①껴안다. ②한

[合辦] hópàn ㄏㄜˊㄅㄢˋ 공동으로 경영하다.

[合不着] hópucháo ㄏㄜˊㄅㄨㄓㄠˊ ①수지가 맞지 않다.②손해 보다.「一來就遲到,才一呢;올 때마다 늦어서 되겠는가」③의리가 없는. ↔合得着.

[合浦珠還] hópǔchūhuán ㄏㄜˊㄅㄨˇㄓㄨㄏㄨㄢˊ 잃어 버린 물건을 다시 찾다.《成》

[合不來] hópulái ㄏㄜˊㄅㄨㄌㄞˊ ①손발이 맞지 않다.「跟他一；그와는 손발이 안 맞는다」②합치지 못하다.③손해보다.

[合不攏] hópulung ㄏㄜˊㄅㄨㄌㄨㄥ ①서로 합치되지 않다. 「說話總一;그와는 손발이 안 맞는다」 ②합치지 못하다. ③손해 보다. 「다는 장식.

[合扇] hóshàn ㄏㄜˊㄕㄢˋ ①경첩. ②문에

[合上] hóshang ㄏㄜˊㄕㄤ 닫다.「一眼；㉮눈을 감다.㉯성불(成佛)하다」

[合十] hóshíh ㄏㄜˊㄕˊ 합장하다. ＝合掌.

[合時] hóshíh ㄏㄜˊㄕˊ 시대의 요구에 맞다. 시기에 맞다. 「춤이다.

[合式] hóshìh ㄏㄜˊㄕˋ 적당하다. 안성마

[合手] hóshǒu ㄏㄜˊㄕㄡˇ 협력하다.

[合算] hósuàn ㄏㄜˊㄙㄨㄢˋ ①계산이 맞다. ②계산하다. ③종합적으로 생각하다.

[合訂] hóting ㄏㄜˊㄉㄧㄥˋ 합본(合本)하다.

[合槽] hóts'áo ㄏㄜˊㄘㄠˊ 여러 가축을 갈 키우다.

[合作] hóts'ò ㄏㄜˊㄗㄨㄛˋ ①힘을 합해 일하다.②협력해서 작업하다.

[合作社] hótsòshè ㄏㄜˊㄗㄨㄛˋㄕㄜˋ 생산·소비·공급의 입장에서 평등과 공동 이익을 위해 활동하는 단체. 「네.

[合村] hóts'ūn ㄏㄜˊㄘㄨㄣ 온 마을. 온 동

[合同] hótūng ㄏㄜˊㄊㄨㄥ 계약하다.

[合資公司] hótzūkūngssū ㄏㄜˊㄗㄍㄨㄥㄙ 합자 회사.

[合圍] hówéi ㄏㄜˊㄨㄟˊ ①포위하다. ②한 아름.

[合營] hóyíng ㄏㄜˊㄧㄥˊ 공동 경영.

[合約] hóyüēh ㄏㄜˊㄩㄝ 계약서.

[合用] hóyùng ㄏㄜˊㄩㄥˋ 쓸모 있다.

〔何〕 hó ㄏㄜˊ ①무엇. 어떤. 누구.「一不試試？；왜 시험하지 않느냐?」②어디. 어느 곳.「欲一往？；어디 가고 싶은가?」③어찌 …하지 않으랴.「拔劍而起一壯也；칼을 뽑고 일어서니 어찌 장하지 않으리」④성(姓).

[何嘗] hóch'áng ㄏㄜˊㄔㄤˊ ①어찌 …하지 않으랴.②어찌 …하겠는가.「一不好呢？；어찌 나쁘겠느냐?」「一不是呢？;지당한 말씀입니다」＝何們. 未們.

[何期] hóch'í ㄏㄜˊㄑㄧˊ ①어쩌면 그렇게도.「一快樂！；어쩌면 이렇게도 즐거울까!」②왜, 어째서.「一不說？；왜 말하지 않느냐?」

[何止] hóchǐh ㄏㄜˊㄓˇ …에만 국한하랴. 어찌 …에만 그치랴.…뿐만 아니라.「一人類,連一切生物不能生存；인류뿐만 아니라 모든 생물은 생존할 수 없다」

[何至於] hóchìhyǘ ㄏㄜˊㄓˋㄩˊ 어찌 …이 되겠느냐. 어찌 …이 되랴.「一這樣？；어떻게 해서 이 꼴이 되었느냐?」「에.

[何處] hóch'ù ㄏㄜˊㄔㄨˋ 어디에. 어느 곳

[何去何從] hóch'ǜ hots'úng ㄏㄜˊㄑㄩˋㄏㄜˊㄘㄨㄥˊ 어디로 가느냐는 뜻으로 사람이 주견 없이 방황한다는 뜻이다.《成》

[何妨] hófāng ㄏㄜˊㄈㄤ ①…해도 괜찮다.②어찌 방해가 있으랴.

[何許] hóhsǚ ㄏㄜˊㄒㄩˇ ①어떠한. ②어디.「一這樣人？;어떠한 사람이냐?」

[何以] hó i ㄏㄜˊㄧˇ 왜. 어째서. 「一這樣做？；왜 이렇게 하느냐?」

[何如] hójú ㄏㄜˊㄖㄨˊ 어떠한. 어떻게 생각하느냐. 「가 있으랴.

[何干] hókān ㄏㄜˊㄍㄢ 어찌 …과 관계

[何堪] hók'ān ㄏㄜˊㄎㄢ ①어찌 …을 감당하랴.②어찌 …하지 않으랴.

[何敢] hókǎn ㄏㄜˊㄍㄢˇ 어찌 감히 …하랴. 어찌 …하겠는가?.「一如此!；어찌 이와 같은가!」「小國一侵犯大國？；작은 나라가 어찌 큰 나라를 침범할 수 있을까?」

[何苦] hók'ǔ ㄏㄜˊㄎㄨˇ ①왜 고생을 하느냐.②어찌 고생을 하랴.「一這麼趕緊地去？；이렇게 빨리 가지 않아도 될 텐데」＝何苦來.

[何況] hók'uàng ㄏㄜˊㄎㄨㄤˋ ①더욱. ②하물며. ③항차.「他都不行,一是我？;그마저 안되는 일을 하물며 내가 어찌?」

[何樂不爲] hólèpùwéi ㄏㄜˊㄌㄜˋㄅㄨˋㄨㄟˊ 어찌 즐겁지 않을소냐.《成》

[何能] hónéng ㄏㄜˊㄋㄥˊ 어찌…할 수 있을까.「一容許獨裁？；어찌 독재를 허용하랴?」 「까. ＝何須.

[何必] hópì ㄏㄜˊㄅㄧˋ …할 필요가 있을

[何不] hópù ㄏㄜˊㄅㄨˋ …치 않으랴.…하지 않겠느냐.「一先去一趟呢？；먼저 한번 가보지 않겠느냐?」 「박 뿌리.

[何首烏] hóshǒuwū ㄏㄜˊㄕㄡˇㄨ 〈植〉 새

[何等] hótěng ㄏㄜˊㄉㄥˇ 어떤.「一人;어떤 사람」①어떻게.②얼마나.「一貴重;얼마나 귀중하냐」＝何等樣兒.

[何足掛齒] hőtsúkuàch'ǐh ㄏㄜˊㄗㄨˊㄍㄨㄚˋㄔˇ 사람이나 일에 대해서 칭찬할 만한 가치가 없다.《成》
[何爲] hőwéi ㄏㄜˊㄨㄟˊ ①무엇 때문에. 왜. ②무엇을. ③무엇이. 「一五大洲?; 무엇이 오대주냐?」
[何謂] hőwèi ㄏㄜˊㄨㄟˋ 어째서인지. 어떤 뜻인지. 어찌 …이라 이르지 않으랴.
[何用] hőyùng ㄏㄜˊㄩㄥˋ 어찌 …이 필요하겠느냐. 「一多說?; 어찌 많은 말이 필요하겠느냐」

〔河〕 hő ㄏㄜˊ ①강. 하천. 「運一; 운하」 ②"黃河"의 약칭. 「一南; ㉮황하의 남쪽. ㉯"河南省"」 「流).
[河岔子] hőch'àtzŭ ㄏㄜˊㄔㄚˋㄗ 지류(支
[河淸海晏] hőch'īng-hǎiyèn ㄏㄜˊㄑㄧㄥㄏㄞˇㄧㄢˋ 온 천하가 평화스러워 백성이 편히 살다.《成》
[河洲] hőchou ㄏㄜˊㄓㄡ 섬(島).
[河渠] hőch'ű ㄏㄜˊㄑㄩˊ ①크리이크(creek). ②수로(水路). 운하. 「(河底).
[河牀] hőch'uáng ㄏㄜˊㄔㄨㄤˊ 강 바닥
[河肥] hőféi ㄏㄜˊㄈㄟˊ 강 바닥에 가라앉은 개흙을 원료로 한 비료.
[河漢] hőhàn ㄏㄜˊㄏㄢˋ ①은하수. ②실속 없는 빈 말. 「心).
[河心] hőhsīn ㄏㄜˊㄒㄧㄣ 강의 중심(中
[河溝兒] hőkōurh ㄏㄜˊㄍㄡㄦ 개울. 개천. 내(川).
[河工] hőkūng ㄏㄜˊㄍㄨㄥ 하천 공사.
[河梁] hőliáng ㄏㄜˊㄌㄧㄤˊ ①다리. ②교량. 「수로(水路).
[河流] hőliű ㄏㄜˊㄌㄧㄡˊ ①강의 흐름. ②
[河柳] hőliŭ ㄏㄜˊㄌㄧㄡˇ ①〈植〉 성류(檉柳). ②갯버들.
[河壩] hőpà ㄏㄜˊㄅㄚˋ 강 둑.
[河漂子] hőp'iāotzŭ ㄏㄜˊㄆㄧㄠㄗ 익사자(溺死者). ＝河漂人.
[河北] hőpěi ㄏㄜˊㄅㄟˇ ①"黃河"의 북쪽. ②"河北省".
[河邊兒] hőpiēnrh ㄏㄜˊㄅㄧㄢㄦ ①강가. ②강변. ＝河濱. 河畔.
[河坡子] hőp'ōtzŭ ㄏㄜˊㄆㄛㄗ 강 언덕.
[河埠] hőpù ㄏㄜˊㄅㄨˋ 강의 항구.
[河水] hőshuǐ ㄏㄜˊㄕㄨㄟˇ 강물. 「一不犯井水; 서로가 남의 영역(領域)을 침범하지 않는다」 「부분.
[河槽] hőts'áo ㄏㄜˊㄘㄠˊ 강물이 흐르는
[河魚] hőyű ㄏㄜˊㄩˊ 민물고기. 강물고기.

〔和〕(龢) hő ㄏㄜˊ ①친하다. 의가 좋다. 「兩國不一; 두 나라의 관계가 좋지 않다」 ②평온하다. 「風一日暖; 바람은 잔잔하고 날씨는 따뜻하다」 ③화해하다. 「一解; 화해」 ④합계. 「二跟三的一是五; 2와 3의 합은 5다」 ⑤…한 채로. …한 그대로. 「一衣而臥; 옷 입은 채로 자다」 ⑥…과. …와: 둘 사이의 사물을 잇는다. 「我一他意見相同; 나와 그는 의견이 같다」 ⑦…과 함께. 「我一他們去打球; 나는 그들과 공치기 하러 간다」 ⑧…에게. …을 향해서. 「一他打聽; 그에게 묻다」 ⑨…에서. …따라서. 「我一定要一你學; 나는 꼭 너에게 배우겠다」 ⑩성(姓). ⇨hò, huò.
[和藹] hőǎi ㄏㄜˊㄞˇ 상냥하다.
[和藹可親] hőǎik'och'in ㄏㄜˊㄞˇㄎㄜㄑㄧㄣ 상냥하고 친절하다.《成》
[和暢] hőch'àng ㄏㄜˊㄔㄤˋ ①한가롭다. ②편안하다.
[和氣] hőch'i ㄏㄜˊㄑㄧ (태도 따위가) 온화하다. 「他說話眞一; 그는 정말 온화하게 말한다」 「되어 있다.
[和洽] hőch'ià ㄏㄜˊㄑㄧㄚˋ 화목해서 융합
[和氣生財] hőch'ìshēngts'ái ㄏㄜˊㄑㄧˋㄕㄥㄘㄞˊ 장사하는 태도가 상냥하여 많은 돈을 벌다.《成》
[和局] hőchű ㄏㄜˊㄐㄩˊ 평화스런 국면(局面). 승부(勝負) 없이 끝나다.
[和衷共濟] hőchūng kùngchì ㄏㄜˊㄓㄨㄥㄍㄨㄥˋㄐㄧˋ 합심 협력하여 사업의 성공을 도모하다.《成》
[和風] hőfēng ㄏㄜˊㄈㄥ 온화한 바람. 잔잔한 바람. 「一麗日; 바람은 잔잔하고 날씨는 따뜻하다」 「다. ②사이가 좋다.
[和好] hőhǎo ㄏㄜˊㄏㄠˇ ①화목하게 하
[和祥] hőhsiáng ㄏㄜˊㄒㄧㄤˊ 평온하다. 편안하다. ＞和和祥祥.
[和諧] hőhsiéh ㄏㄜˊㄒㄧㄝˊ 조화(調和)가 되다. ＝調諧. 「을 맞추다.
[和弦] hőhsién ㄏㄜˊㄒㄧㄢˊ 현(弦)의 음률
[和煦] hőhsǜ ㄏㄜˊㄒㄩˋ ①따뜻하다. 「春風一; 봄바람이 따뜻하다」 ②온화하다.
[和互] hőhù ㄏㄜˊㄏㄨˋ "平和相互"의 준말. 「一不侵犯條約; 평화상호 불가침 조약」
[和緩] hőhuǎn ㄏㄜˊㄏㄨㄢˇ ①완화(緩和)하다. ②긴장이 풀리다.
[和光同塵] hőkuāngt'úngch'ến ㄏㄜˊㄍㄨㄤㄊㄨㄥˊㄔㄣˊ 자신의 지덕(智德)과 재기(才氣)를 감추고 세속을 따름.《成》
[和美] hőměi ㄏㄜˊㄇㄟˇ ①화목하다. ②온화하고 아름답다. ＞和和美美.
[和密] hőmì ㄏㄜˊㄇㄧˋ 친밀하다.
[和南] hőnán ㄏㄜˊㄋㄢˊ 합장하다.
[和鬧] hőnào ㄏㄜˊㄋㄠˋ 함께 떠들다.
[和暖] hőnuǎn ㄏㄜˊㄋㄨㄢˇ (날씨가) 따뜻하다.
[和盤托出] hőp'an tōch'ū ㄏㄜˊㄆㄢㄊㄨㄛㄔㄨ 조금도 숨김 없이 모두 털어 놓다.《成》
[和平] hőp'íng ㄏㄜˊㄆㄧㄥˊ 평화. 「我們要保衛世界一; 우리는 세계 평화를 지키자」 ①평화스럽다. ②평온하다. 「一公約; 평화 조약」
[和而不流] hőěrhpùliű ㄏㄜˊㄦˊㄅㄨˋㄌㄧㄡˊ 남과 동조는 하지만 자신의 입장은 잃지 않는다.《成》 「다.
[和善] hőshàn ㄏㄜˊㄕㄢˋ 온화하고 착하
[和尙] hőshang ㄏㄜˊㄕㄤ 중. 승려.
[和尙頭] hőshangt'őu ㄏㄜˊㄕㄤㄊㄡˊ 중대가리. 「모니.
[和聲] hőshēng ㄏㄜˊㄕㄥ ①화성. ②하아
[和事] hőshìh ㄏㄜˊㄕˋ 화해하다. 「一老; 중개인」
[和順] hőshùn ㄏㄜˊㄕㄨㄣˋ ①착하다. ②순하다. 「性情一; 성질이 착하다」 ＞和和順順.
[和說] hőshuo ㄏㄜˊㄕㄨㄛ 화해시키다.
[和大] hőtà ㄏㄜˊㄉㄚˋ "世界平和大會"의 준말.
[和道] hőtao ㄏㄜˊㄉㄠ (성질이) 온화하다.
[和得來] hőtêlái ㄏㄜˊㄉㄜㄌㄞˊ ①서로 마음이 맞다. ②의사가 상통하다.

[和總] hǒtsǔng ㄏㄜˊㄗㄨㄥˇ 모두.
[和味] hǒwèi ㄏㄜˊㄨㄟˋ 간을 맞추다.
[和顏悅色] hǒyényüèhsè ㄏㄜˊㄧㄢˊㄩㄝˋㄙㄜˋ 매우 즐거운 얼굴 모양.《成》
[和約] hǒyüēh ㄏㄜˊㄩㄝ 평화 조약.

〔曷〕 hǒ ㄏㄜˊ ①어째서. 왜. ②어째서…하지 않느냐. 「何故.
[曷故] hǒkù ㄏㄜˊㄍㄨˋ ①어째서. ②왜. =
[曷若] hǒjò. ㄏㄜˊㄖㄨㄛˋ 어떠냐.? 어떻게 생각하느냐?

〔劾〕 hǒ ㄏㄜˊ ①남의 죄를 들추어 공박하다. ②탄핵하다.
[劾奏] hǒtsoù ㄏㄜˊㄗㄡˋ 상주(上奏)하여 그 죄를 탄핵하다.

〔荷〕 hǒ ㄏㄜˊ 연(蓮)꽃. 연(蓮).
[荷花箭] hǒhuāchièn ㄏㄜˊㄏㄨㄚㄐㄧㄢˋ 연꽃 망울. ⇨hò.
[荷花大少] hǒhuātàshaò ㄏㄜˊㄏㄨㄚㄉㄚˋㄕㄠˋ 여름에 의관을 갖추고 주색(酒色)에 빠진 탕아(蕩兒)는 겨울엔 입을 옷이 없다.《成》
[荷花(兒)] hǒhuā(rh) ㄏㄜˊㄏㄨㄚ(ㄦ) 연꽃.
[荷花塘] hǒhuāt'áng ㄏㄜˊㄏㄨㄚㄊㄤˊ 연못. =荷塘.
[荷梗] hǒkěng ㄏㄜˊㄍㄥˇ 연꽃 줄기.
[荷蘭水] hǒlánshuǐ ㄏㄜˊㄌㄢˊㄕㄨㄟˇ 사이다: 청량 음료. =汽水(兒).
[荷馬] hǒmǎ ㄏㄜˊㄇㄚˇ 호우머(Homer).
[荷包兒] hǒpaorh ㄏㄜˊㄅㄠㄦ 염낭주머니. 「=荷蒙.
[荷爾蒙] hǒěrhměng ㄏㄜˊㄦˇㄇㄥˊ 호르몬.
[荷葉] hǒyèh ㄏㄜˊㄧㄝˋ 연잎. 「칭.
[荷月] hǒyüèh ㄏㄜˊㄩㄝˋ 음력 6월의 별

〔核〕(覈③) hǒ ㄏㄜˊ ①(과일의) 씨. 「桃一兒; 복숭아 씨」 ②세포. ③덩어리. 망울. ④원자(原子)의 중심에 있는 것. 「原子一; 원자핵」 ⑤밝히다. 조사하다. 대조하다.
[核着] hǒchê ㄏㄜˊㄓㄜ =合着. 原來.
[核計] hǒchì ㄏㄜˊㄐㄧˋ ①자세히 계산하다. ②사정(査定)하다. ③의논하다. =合計.
[核准] hǒchǔn ㄏㄜˊㄓㄨㄣˇ 심사(審査)하여 허가하다.
[核反應堆] hǒfǎnyìngtuī ㄏㄜˊㄈㄢˇㄧㄥˋㄉㄨㄟ 원자로(原子爐). 「다.
[核覆] hǒfù ㄏㄜˊㄈㄨˋ 조사해서 회답하
[核力] hǒlì ㄏㄜˊㄌㄧˋ 핵 에너지.
[核辦] hǒpàn ㄏㄜˊㄅㄢˋ ①생각하여 처리하다. ②조사하여 처리하다. 「탄.
[核爆炸] hǒpàochà ㄏㄜˊㄅㄠˋㄓㄚˋ 핵폭
[核兒] hǒrh ㄏㄜˊㄦ 과일 씨.
[核實] hǒshíh ㄏㄜˊㄕˊ 사실을 조사하다. 실태(實態)를 조사하다. 실정을 조사하다.
[核算] hǒshàn ㄏㄜˊㄙㄨㄢˋ =核計.
[核桃] hǒt'ao ㄏㄜˊㄊㄠ 호도. =胡桃.
[核定] hǒtìng ㄏㄜˊㄉㄧㄥˋ 조사하여 결정하다. 「一資金; 자금을 사정(査定)하다」
[核對] hǒtuì ㄏㄜˊㄉㄨㄟˋ ①자세히 대조하다. ②장부를 자세히 대조하다.
[核子] hǒtzǔ ㄏㄜˊㄗˇ 원자 핵. 「一武器; 핵무기」
[核子瘟] hǒtzǔwēn ㄏㄜˊㄗˇㄨㄣ 페스트. 흑사병.

〔涸〕 hǒ ㄏㄜˊ 마르다. 「乾一; 물이 마르다」
[涸鮒] hǒfù ㄏㄜˊㄈㄨˋ (생활이) 곤란하다.
[涸乾] hǒkān ㄏㄜˊㄍㄢ 물이 마르다.

〔盒〕 hǒ ㄏㄜˊ ①뚜껑 있는 그릇. ②찬합. 「一子; 뚜껑」 「一墨一兒; 벼룻집」
[盒飯] hǒfàn ㄏㄜˊㄈㄢˋ 합에 넣은 밥. 도시락.
[盒蓋兒] hǒkàirh ㄏㄜˊㄍㄞˋㄦ 뚜껑.
[盒子槍] hǒtzǔch'iāng ㄏㄜˊㄗˇㄑㄧㄤ 권총의 일종.

〔蓋〕 hǒ ㄏㄜˊ ⇨kài, kǒ.

〔貉〕 hǒ ㄏㄜˊ ⇨háo.

〔閡〕 hǒ ㄏㄜˊ ①닫다. ②막다.

〔餄〕 hǒ ㄏㄜˊ
[餄餎] hǒlê ㄏㄜˊㄌㄜ 틀국수. =合漏.

〔翮〕 hǒ ㄏㄜˊ 날갯죽지.

〔闔〕(閤) hǒ ㄏㄜˊ ①문. ②닫다. 「③모두.

〔覈〕 hǒ ㄏㄜˊ ①시험. 고사. ②심각하다. ③=核.
[覈實] hǒshíh ㄏㄜˊㄕˊ 사실을 조사하다.

〔龢〕 hǒ ㄏㄜˊ 「和」의 옛 글자.

〔和〕 hò ㄏㄜˋ ①화합하다. ②답하다. 호응하다. 「一唱百一; 한 사람의 부름에 여러 사람이 호응하다」
[和詩] hòshīh ㄏㄜˋㄕ 다른 사람의 운(韻)과 뜻을 합해서 시를 짓다. =和韵.

〔荷〕 hò ㄏㄜˋ ①책임지다. 「能一重任; 무거운 책임을 지다」 ②은혜를 받아 감사하다. 「感一; 고맙기 그지없다」
[荷承] hòch'éng ㄏㄜˋㄔㄥˊ …을 받다. 「一指導; 지도를 받다」 「을 지다.
[荷重] hòchùng ㄏㄜˋㄓㄨㄥˋ 중대한 책임
[荷負] hòfù ㄏㄜˋㄈㄨˋ ①인수하다. ②짐을 등에 지다. =荷擔.

〔賀〕 hò ㄏㄜˋ ①축하하다. ②예물을 보내 축하하다. ③성(姓). 「하하다.
[賀節] hòchiéh ㄏㄜˋㄐㄧㄝˊ 축제일을 축
[賀房] hòfáng ㄏㄜˋㄈㄤˊ 이사나 건축 낙성(落成)을 축하하다.
[賀喜] hòhsi ㄏㄜˋㄒㄧˇ 축하하다.
[賀函] hòhán ㄏㄜˋㄏㄢˊ 축하 편지.
[賀功] hòkūng ㄏㄜˋㄍㄨㄥ 공적을 축하하다.
[賀客] hòk'ǒ ㄏㄜˋㄎㄜˋ 축하객.
[賀禮] hòlǐ ㄏㄜˋㄌㄧˇ 축하 선물.
[賀年] hònién ㄏㄜˋㄋㄧㄢˊ 신년(新年)을 축하하다. 「ㄢˊㄦ 연하장.
[賀年片兒] hòniénp'iénrh ㄏㄜˋㄋㄧㄢˊㄆㄧ
[賀壽] hòshòu ㄏㄜˋㄕㄡˋ 생일을 축하하다.
[賀電] hòtièn ㄏㄜˋㄉㄧㄢˋ 축전(祝電).

〔喝〕 hò ㄏㄜˋ ① 큰소리치다. ② 큰소리로 꾸짖다.

[喝斥] hòch'ih ㄏㄜˋㄔˋ 호통치다. ＝喝止.
[喝呼] hòhu ㄏㄜˋㄏㄨ 큰소리치다.
[喝令] hòlìng ㄏㄜˋㄌㄧㄥˋ ①큰소리로 명령하다. ②큰 소리로 꾸짖다.
[喝道] hòtào ㄏㄜˋㄉㄠˋ ①큰소리로 말하다. ②선불(先拂)하다.
[喝采] hòts'ăi ㄏㄜˋㄘㄞˇ 갈채하다.

〔赫〕 hò ㄏㄜˋ ①빛나는. ②훌륭한. ③성난. 「聲名——; 빛나는 명성(名聲)」
[赫咤] hòchā ㄏㄜˋㄓㄚˋ ①성내다. ②분노(憤怒). 「하다. ②몹시 가물음.
[赫赫] hòhò ㄏㄜˋㄏㄜˋ ①혁혁하다. 대단
[赫煊] hòhsüān ㄏㄜˋㄒㄩㄢ 힘찬 모양.
[赫奕] hò ì ㄏㄜˋㄧˋ 훌륭하게 아름답다.
[赫然] hòján ㄏㄜˋㄖㄢˊ ①버럭 성내는 모양. ②남을 놀라게 하는 모양.

〔褐〕 hò ㄏㄜˋ ①거친 털로 짠 옷. ②갈색(褐色).
[褐煤] hòméi ㄏㄜˋㄇㄟˊ 갈탄(褐炭).
[褐色炸藥] hòsè chàyào ㄏㄜˋㄙㄜˋㄓㄚˋㄧㄠˋ T.N.T. 화약.

〔壑〕 hò ㄏㄜˋ 골짜기.

〔嚇〕(吓) hò ㄏㄜˋ ①놀라다. ②⇨「hsià.
[嚇咤] hòchā ㄏㄜˋㄓㄚˋ ＝赫咤.
[嚇詐] hòchā ㄏㄜˋㄓㄚˋ 공갈하여 사취(詐取)하다.
[嚇嚇] hòhò ㄏㄜˋㄏㄜˋ "하하" 웃는 소리.
[嚇殺] hòsha ㄏㄜˋㄕㄚ ①깜짝 놀라게 하다. ②매우 놀라게 하다.

〔鶴〕 hò ㄏㄜˋ ①두루미. 학. ②⇨hǎo.
[鶴氅] hòch'ăng ㄏㄜˋㄔㄤˇ 새털로 만든 가죽 옷.
[鶴企] hòch'ì ㄏㄜˋㄑㄧˋ 학이 서다.
[鶴警] hòchǐng ㄏㄜˋㄐㄧㄥˇ 경보(警報).
[鶴髮] hòfā ㄏㄜˋㄈㄚˇ 백발(白髮). 「급.
[鶴俸] hòfěng ㄏㄜˋㄈㄥˇ 옛날 관리의 봉
[鶴立] hòlì ㄏㄜˋㄌㄧˋ …을 간절히 바라다. 원하다. 「울음.
[鶴唳] hòlì ㄏㄜˋㄌㄧˋ ①학이 울다. ②학의
[鶴立雞群] hòlìchīch'ǘn ㄏㄜˋㄌㄧˋㄐㄧㄑㄩㄣˊ 닭들 가운데 학이 서 있다는 뜻으로, 많은 사람 가운데의 특출한 사람을 일컬음. ‹故› 「쓴 문서.
[鶴板] hòpăn ㄏㄜˋㄅㄢˇ 임금의 명령을
[鶴壽] hòshoù ㄏㄜˋㄕㄡˋ 장수(長壽)를 축하하여 일컫는 말.

HOU ㄏㄡ

〔齁〕 hōu ㄏㄡ ①콧김. 코로 쉬는 숨. ②매우 : 대단히. 불만이나 불쾌함을 나타내는 말. 「리.
[齁齁] hōuhōu ㄏㄡㄏㄡ 코로 쉬는 숨소
[齁鹹] hōuhsién ㄏㄡㄒㄧㄢˊ 매우 짜다.
[齁苦] hōuk'ǔ ㄏㄡㄎㄨˇ 매우 쓰다.
[齁冷] hōulěng ㄏㄡㄌㄥˇ 매우 춥다.

〔侯〕 hóu ㄏㄡˊ ①봉건제도 5등작(五等爵)의 두 번째. 「封—; 후작으로 봉하다」 ②과녁. ③아름답다. ④어째서. ⑤성(姓).
[侯門如海] hóuménjúhăi ㄏㄡˊㄇㄣˊㄖㄨˊㄏㄞˇ 귀족의 집은 경계가 심해 출입이 극히 힘들다. ‹成›

〔喉〕 hóu ㄏㄡˊ 인후(咽喉). ＝嗓子. 喉嚨.
[喉急] hóuchí ㄏㄡˊㄐㄧˊ 조급하다. 급하다.
[喉衿] hóuchīn ㄏㄡˊㄐㄧㄣ 중요한 요점.
[喉核] hóuhó ㄏㄡˊㄏㄜˊ 결후(結喉). ＝喉頭. 喉結.
[喉科] hóuk'ō ㄏㄡˊㄎㄜ 인후과(咽喉科).
[喉嚨] hóulung ㄏㄡˊㄌㄨㄥ 인후(咽喉). 「—眼子; 기관(氣管). 나급소(急所)」
[喉痧] hóushā ㄏㄡˊㄕㄚ 디프테리아. ＝白喉.
[喉舌] hóushé ㄏㄡˊㄕㄜˊ 대변자(代辯者).

〔猴〕 hóu ㄏㄡˊ ①원숭이. ②영리하다. 교활하다. 「這孩子多麼—啊; 이 어린이는 얼마나 영리하냐」 ③(몸을) 비스듬히 기대다. 「내다.
[猴錢] hóuch'ién ㄏㄡˊㄑㄧㄢˊ 뇌물을 보
[猴戲] hóuhsì ㄏㄡˊㄒㄧˋ 원숭이로 분장한 연극. 「일종.
[猴帽] hóumào ㄏㄡˊㄇㄠˋ 겨울 모자의
[猴皮筋兒] hóup'íchīnrh ㄏㄡˊㄆㄧˊㄐㄧㄣㄦ 밴드. 고무 밴드.
[猴兒] hóurh ㄏㄡˊㄦ ①원숭이. ②(연극에서) 교활한 사람. ③돈(錢). ④생각. 「弄出一來; 생각해 내다」 「다.
[猴兒冷] hóurhlěng ㄏㄡˊㄦㄌㄥˇ 개우 춥
[猴猻] hóusūn ㄏㄡˊㄙㄨㄣ 원숭이.
[猴頭猴腦] hóut'óu-hóunăo ㄏㄡˊㄊㄡˊㄏㄡˊㄋㄠˇ ①지혜롭다. ②교활하다.
[猴棗] hóutsăo ㄏㄡˊㄗㄠˇ 〈植〉고욤: 감의 일종. 「이 새끼. ②새끼 원숭이. ‹罵›
[猴崽子] hóutsăitzǔ ㄏㄡˊㄗㄞˇㄗ ①원숭

〔瘊〕 hóu ㄏㄡˊ 피부에 생기는 작은 혹.
[瘊子] hóutzǔ ㄏㄡˊㄗ ①작은 혹. ②사마귀.

〔吼〕 hǒu ㄏㄡˇ ①맹수(猛獸)의 울음 소리. ②소 울음. ③큰소리를 내다. 「獅子—; 사자가 울다」
[吼叫] hǒuchiào ㄏㄡˇㄐㄧㄠˋ ①큰 소리로 외치다. ②으르렁거리다.
[吼聲] hǒushēng ㄏㄡˇㄕㄥ 큰소리. 「—如雷; 벼락 같은 소리를 치다」

〔厚〕 hòu ㄏㄡˋ ①두께. 「長寬—; 길이·폭·넓이」 ②두껍다. 「—棉襖; 두껍게 솜을 넣은 저고리」 ③다정하다. (우정이) 깊다. 「交情—; 교제가 깊다」
[厚誠] hòuchêng ㄏㄡˋㄔㄥ 온후(溫厚)하고 성실하다. ＞厚厚誠誠. 「운 종이.
[厚紙] hòuchǐh ㄏㄡˋㄓˇ ①마분지. ②두꺼
[厚紙工] hòuchǐhkūng ㄏㄡˋㄓˇㄍㄨㄥ 마분지 세공(細工). 「의(厚意). ‹敬›
[厚情] hòuch'íng ㄏㄡˋㄑㄧㄥˊ 친절. 후
[厚今薄古] hòuchīnpókǔ ㄏㄡˋㄐㄧㄣㄅㄛˊㄍㄨˇ 현재의 일이나 사물을 중시(重視)하고 옛것을 경시(輕視)하다. ↔厚古薄今.
[厚重] hòuchùng ㄏㄡˋㄓㄨㄥˋ (모든 언행이) 신중하다.
[厚誼] hòuì ㄏㄡˋㄧˋ 두터운 우의.
[厚禮] hòuli ㄏㄡˋㄌㄧˇ 정중한 선물: 상대방 선물을 높여 이르는 말.

[厚利] hòulì ㄏㄡˋㄌㄧˋ 큰 이익.
[厚臉皮] hòuliěnp'í ㄏㄡˋㄌㄧㄢˇㄆㄧˊ ①체면 없는 사람. ②철면피(鐵面皮). 얼굴 가죽이 두껍다.
[厚薄兒] hòupáorh ㄏㄡˋㄅㄠˊㄦ 두께.「這書一不過四寸 ; 이 책의 두께는 4치에 지나지 않는다」
[厚薄規] hòupáokueī ㄏㄡˋㄅㄠˊㄍㄨㄟ 필러:아주 작은 간격을 측정하는 계기(計器). 「은 말려 한약으로 쓴다.
[厚朴] hòup'ò ㄏㄡˋㄆㄛˋ 〈植〉후박 : 껍질
[厚實] hòushih ㄏㄡˋㄕ ①복스럽다. ②두껍다.「這塊木板很一 ; 이 널빤지는 매우 두껍다」 「하다.
[厚待] hòutài ㄏㄡˋㄉㄞˋ 후대하다. 우대
[厚道] hòutao ㄏㄡˋㄉㄠ 인정(人情)이 있다. 친절하다. >厚厚道道.
[厚度] hòutù ㄏㄡˋㄉㄨˋ =厚薄兒.
[厚墩墩的] hòutuntuntê ㄏㄡˋㄉㄨㄣㄉㄨㄣㄉㄜ 두툼하다.
[厚墩兒] hòutūnrh ㄏㄡˋㄉㄨㄣㄦ (물체가) 두껍고 높다.
[厚望] hòuwàng ㄏㄡˋㄨㄤˋ ①크게 바라다. ②원하는 바가 크다.
[厚味兒] hòuwèirh ㄏㄡˋㄨㄟˋㄦ ①짙은 맛. ②맛이 짙다.
[厚誣] hòuwū ㄏㄡˋㄨ 심한 모욕을 주다.
[厚顏] hòuyěn ㄏㄡˋㄧㄢˇ =厚面皮.

〔候〕 hòu ㄏㄡˋ ①기다리다.「你先在這兒一一一, 他就來 ; 여기서 잠깐 기다리시오, 곧 그가 오실 겁니다」 ②탐색하다.「斥一 ; 척후」 ③문안드리다. ④계절(季節).「氣一 ; 기후」 ⑤상태(狀態) : 사물이 변화하는 사이의 상태를 말한다. ⑥계산하다.「今天吃的飯賬我一了 ; 오늘 먹은 밥값은 내가 계산하지」
[候賬] hòu chàng ㄏㄡˋㄓㄤˋ (남을 대신하여) 지불(支拂)하다. 「(驛)의 대합실.
[候車房] hòuch'ēfáng ㄏㄡˋㄔㄜㄈㄤˊ 역
[候診室] hòuchěnshih ㄏㄡˋㄓㄣˇㄕˋ 병원 대합실. 「라다.
[候教] hòuchiào ㄏㄡˋㄐㄧㄠˋ 가르침을 바
[候機室] hòuchīshih ㄏㄡˋㄐㄧㄕˋ 비행장의 대합실. 「입후보자.
[候選人] hòuhsüǎnjěn ㄏㄡˋㄒㄩㄢˇㄖㄣˊ
[候客室] hòuk'òshih ㄏㄡˋㄎㄜˋㄕˋ 대합실.
[候脈] hòumài ㄏㄡˋㄇㄞˋ 진맥(診脈)하다.
[候命] hòumìng ㄏㄡˋㄇㄧㄥˋ 명령을 기다리다. 「기다리다.
[候審] hòushěn ㄏㄡˋㄕㄣˇ 조사(調査)를

〔後〕(后①②) hòu ㄏㄡˋ ①군주. 제후. ②황후. ③뒤.「一門 ; 뒷문」 ④장래. 앞으로.「先來一到 ; 전후 해서 오다」 ⑤후. 순번의 뒤.「一排 ; ㈎후열(後列). ㈏극장 아래층 정면의 뒷 좌석」 ⑥후손. 자손.「無一 ; 자손이 없다」 ⑦…한 후에. …하고 나서. ⑧뒤떨어지다. 늦다. ⑨성(姓). 「의) 뒤축.
[後掌兒] hòuchǎngrh ㄏㄡˋㄓㄤˇㄦ (구두
[後罩房] hòuchàofáng ㄏㄡˋㄓㄠˋㄈㄤˊ 正房 뒤에 있는 집채.
[後期] hòuch'ī ㄏㄡˋㄑㄧ ①후기. ↔前期. ②기한이 늦다. 기간이 지나다.
[後起之秀] hòuch'ǐ chīhhsiù ㄏㄡˋㄑㄧˇㄓ ㄒㄧㄡˋ 신진(新進)의 선비. 《成》
[後勤] hòuch'ín ㄏㄡˋㄑㄧㄣˊ 후방 근무.「一部 ; ㈎용도계(用度係). ㈏후방 근무 사령부 : 보급부」
[後勁] hòuchìn ㄏㄡˋㄐㄧㄣˋ ①사후의 상태. 효과.「這個酒一很大 ; 이 술은 매우 독하다」 ②최후의 노력.
[後繼無人] hòuchì wújěn ㄏㄡˋㄐㄧˋㄨˊㄖㄣˊ 후계자가 없다.
[後方] hòufāng ㄏㄡˋㄈㄤ 후방. ↔前方.
[後房] hòufāng ㄏㄡˋㄈㄤ 첩이 사는 집.
[後福] hòufú ㄏㄡˋㄈㄨˊ 장래의 행복.
[後項] hòuhsiàng ㄏㄡˋㄒㄧㄤˋ 후항. ↔前項. 「學). ②뒤 늦게 공부한 학자.
[後學] hòuhsüéh ㄏㄡˋㄒㄩㄝˊ ①만학(晩
[後悔無及] hòuhuǐ wúchí ㄏㄡˋㄏㄨㄟˇ ㄨˊㄐㄧˊ ①후회하여도 이미 늦다. ②후회하여도 소용 없다. 《成》
[後話] hòuhuà ㄏㄡˋㄏㄨㄚˋ 뒷말.
[後患] hòuhuàn ㄏㄡˋㄏㄨㄢˋ 장래의 화(禍).「一無窮 ; 장래를 걱정하면 끝이 없다」《成》 「=後婚頭.
[後婚] hòuhūn ㄏㄡˋㄏㄨㄣ 재혼한 부인.
[後裔] hòu ì ㄏㄡˋㄧˋ 자손(子孫). 후예.
[後人] hòujěn ㄏㄡˋㄖㄣˊ ①후세의 사람. ②자손. ③남에게 뒤떨어지다. 「날.
[後日] hòujih ㄏㄡˋㄖˋ ①모레. ②장래. 훗
[後跟兒] hòukēnrh ㄏㄡˋㄍㄣㄦ 뒤꿈치.「鞋一 ; 구두 뒤축」
[後鈎兒] hòukōurh ㄏㄡˋㄍㄡㄦ ①(아직 끝나지 않은) 나머지 일. ②여음(餘音).
[後昆] hòuk'ūn ㄏㄡˋㄎㄨㄣ 후손.
[後果] hòukuǒ ㄏㄡˋㄍㄨㄛˇ ①결과. ②이후에 생기는 결과. 「…한 후에.
[後來] hòulai ㄏㄡˋㄌㄞ ①그 후. ②…이후.
[後來居上] hòulái chūshàng ㄏㄡˋㄌㄞˊ ㄐㄩㄕㄤˋ 후손이 조상(祖上)보다 낫다. 《成》
[後浪推前浪] hòulàng t'uī ch'iénlàng ㄏㄡˋㄌㄤˋ ㄊㄨㄟ ㄑㄧㄢˊㄌㄤˋ 신진대사(新陳代謝)가 심한 모양.
[後力不接] hòulì pùchiēh ㄏㄡˋㄌㄧˋㄅㄨˋㄐㄧㄝ ①뒤가 계속되지 않다. ②힘이나 돈이 뒤따르지 못하다.
[後路] hòulù ㄏㄡˋㄌㄨˋ ①뒷길. ②행군 때 후방에 남아 있는 부대. ②여지(餘地). 피신할 길.「作事應留一 ; 일을 함에 있어서 피신할 수 있는 길을 남겨야 한다」
[後媽] hòumā ㄏㄡˋㄇㄚ 계모. =後娘. ↔後夫. 「面兒.
[後面] hòumien ㄏㄡˋㄇㄧㄢ 뒤쪽. 뒤. =後
[後腦杓(子)] hòunǎosháo(tzǔ) ㄏㄡˋㄋㄠˇㄕㄠˊ(ㄗ) 뒤통수. 후두부(後頭部).
[後年] hòunien ㄏㄡˋㄋㄧㄢ 내후년.
[後怕] hòup'à ㄏㄡˋㄆㄚˋ ①뒤가 무섭다. ②뒷일을 겁내다.
[後半年] hòupànnién ㄏㄡˋㄅㄢˋㄋㄧㄢˊ 일년을 둘로 나눈 후반쪽.
[後半晌兒] hòupànshǎngrh ㄏㄡˋㄅㄢˋㄕㄤˇㄦ 저녁 나절.
[後半天] hòupànt'iēn ㄏㄡˋㄅㄢˋㄊㄧㄢ 오후. =後半天兒. 「중 : 밤 12시 이후.
[後半夜] hòupànyèh ㄏㄡˋㄅㄢˋㄧㄝˋ 한밤
[後半月] hòupànyüèh ㄏㄡˋㄅㄢˋㄩㄝˋ 훗보름. 「다.
[後配] hòup'èi ㄏㄡˋㄆㄟˋ 뒤에서 보충하
[後輩] hòupèi ㄏㄡˋㄅㄟˋ 후배. =後輩兒.

↔ 前輩. 「비군. ＝後備兵.
[後備軍] hòupèichǖn ㄏㄡˋㄅㄟˋㄐㄩㄣ 예
[後邊兒] hòupienrh ㄏㄡˋㄅㄧㄢㄦ ＝後面.
[後厦] hòushà ㄏㄡˋㄕㄚˋ 뒤 툇마루.
[後身] hòushēn ㄏㄡˋㄕㄣ ①후세에 태어난 몸. ②의복의 뒷부분. ③뒷골목.
[後生] hòushēng ㄏㄡˋㄕㄥ ①소년. ②나이 어린 후배. ③젊다.
[後生可畏] hòushēng kǒwèi ㄏㄡˋㄕㄥㄎㄜˇㄨㄟˋ 후배가 무섭다는 뜻으로 후배의 재능이 선배보다 낫다.《成》 「뒤의 일.
[後事] hòushih ㄏㄡˋㄕˋ ①뒷일. ②죽은
[後首] hòushǒu ㄏㄡˋㄕㄡˇ ＝後來. 後首裡.
[後手兒] hòushǒurh ㄏㄡˋㄕㄡˇㄦ 여지(餘地).「作事須留一；일을 함에 있어 여지를 남겨야 한다」
[後膛槍] hòut'ángch'iāng ㄏㄡˋㄊㄤˊㄑㄧㄤ (대포 따위와 같이) 총신(銃身) 뒤에서 탄환을 장전하는 총. 「늙은 시절.
[後凋] hòutiāo ㄏㄡˋㄉㄧㄠ (사람에 있어)
[後爹] hòutiēh ㄏㄡˋㄉㄧㄝ 계부(繼父):자식이 볼 때의. 「犬. ②모레.
[後天] hòut'ien ㄏㄡˋㄊㄧㄢ ①후천적.↔先
[後頭] hòutou ㄏㄡˋㄊㄡ ①뒤. 후면. ②…한 후.「一的事；뒷일. 나머지 일」
[後圖] hòut'ú ㄏㄡˋㄊㄨˊ 앞날을 계획하다.
[後腿兒] hòut'uǐrh ㄏㄡˋㄊㄨㄟˇㄦ 뒷다리.
[後盾] hòutùn ㄏㄡˋㄉㄨㄣˋ ①후방의 원조력. ②전방에 대한 후방의 원조 체제(援助體制). 「마부(馬夫).
[後槽] hòuts'áo ㄏㄡˋㄘㄠˊ ①말 구유. ②
[後尾] hòuwěi ㄏㄡˋㄨㄟˇ ①말미(末尾). ②뒤.「在一跟着；뒤를 따라가다」③후방.
[後腰] hòuyāo ㄏㄡˋㄧㄠ 허리의 뒷부분.「撑一；뒤를 밀어주다. 후원하다」 「언.
[後言] hòuyén ㄏㄡˋㄧㄢˊ ①뒷공론. ②유
[後影兒] hòuyǐngrh ㄏㄡˋㄧㄥˇㄦ 뒷모양.「昨天我看見一個人, 一好像他；어제 내가 한 사람을 보았는데 뒷모양이 마치 그와 같았다」
[後院] hòuyüàn ㄏㄡˋㄩㄢˋ 뒷뜰. ↔ 前院.

HSI ㄒㄧ

〔夕〕 hsī ㄒㄧ ①저녁 때. 어젯밤.「除一；섣달 그믐날 밤」②밤.「前一；어젯밤」
[夕照] hsīchào ㄒㄧㄓㄠˋ 저녁놀. 석양(夕陽).
〔兮〕 hsī ㄒㄧ 고대 시가(詩歌)의 조사(助詞)로서 현대어의 "啊·呀"에 해당함.
〔西〕 hsī ㄒㄧ ①서쪽.「由一往東；서쪽에서 동쪽으로 가다」②서양의.「一服；양복」「一藥；서양의 약. 양약」
[西裝] hsīchuāng ㄒㄧㄓㄨㄤ 양복. ＝西服.
[西法] hsīfǎ ㄒㄧㄈㄚˇ ①서양식 방법. ②서양의 법률. 「다알리아.
[西番蓮] hsīfānlién ㄒㄧㄈㄢㄌㄧㄢˊ 〈植〉
[西方] hsīfāng ㄒㄧㄈㄤ ①서쪽. ②서양. ③자유주의 진영.
[西風] hsīfēng ㄒㄧㄈㄥ ①서풍. ②자유주의 진영의 세력.「一壓倒東風；자유주의 진영이 사회주의 진영을 압도하다」
[西葫蘆] hsīhúlu ㄒㄧㄏㄨˊㄌㄨ 〈植〉 박.
[西紅柿] hsīhúngshih ㄒㄧㄏㄨㄥˊㄕˋ 〈植〉 일년감. 토마토. 「(學術).
[西學] hsīhsüéh ㄒㄧㄒㄩㄝˊ 서양의 학술
[西醫] hsī·ī ㄒㄧㄧ 서양식 의술을 행하는 의사:중의(中醫)에 대하여 하는 말. 「人.
[西人] hsījén ㄒㄧㄖㄣˊ 유럽 사람. ＝西洋
[西瓜] hsīkua ㄒㄧㄍㄨㄚ 수박.
[西瓜子兒] hsīkuatzǔrh ㄒㄧㄍㄨㄚㄗˇㄦ 수박 씨앗. 「서쪽편.
[西面] hsīmièn ㄒㄧㄇㄧㄢˋ 서쪽. 서쪽면.
[西歐集團] hsīōu chí't'uán ㄒㄧㄡˇㄐㄧˊㄊㄨㄢˊ 서구 진영(西歐陣營).
[西皮] hsīp'í ㄒㄧㄆㄧˊ 연극 곡조의 하나.
[西邊(儿)] hsīpien(rh) ㄒㄧㄅㄧㄢ(ㄦ) 서쪽. 서방(西方).
[西式] hsīshih ㄒㄧㄕˋ 서양식. 양식(洋式).
[西點] hsītiěn ㄒㄧㄉㄧㄢˇ 양과자(洋菓子).
[西頭] hsīt'ou ㄒㄧㄊㄡ 서쪽 끝. 서쪽 가장자리.
[西崽] hsītsǎi ㄒㄧㄗㄞˇ ①외국 사람이 고용하고 있는 중국인을 욕하는 말.《罵》 ②외국인에게 붙어 사는 노예 근성적인 놈.「一文人；노예 근성인 타락한 문인(文人)」
[西餐] hsīts'ān ㄒㄧㄘㄢ 서양 요리.
[西字臉] hsītzūliěn ㄒㄧㄗㄌㄧㄢˇ 크고 네모진 얼굴.
[西屋] hsīwū ㄒㄧㄨ 서쪽편의 건물. 동쪽을 향하여 있는 건물.
[西洋景] hsīyángching ㄒㄧㄧㄤˊㄐㄧㄥˇ 들여다 보는 사진. 요지경(瑤池鏡).
〔汐〕 hsī ㄒㄧ 저녁 조수(潮水).「潮一；아침 조수와 저녁 조수」
〔吸〕 hsī ㄒㄧ ①호흡하다.「一氣；숨을 쉬다」②흡수(吸收)하다. 빨아 들이다.「容易一水；물은 흡수하기 쉽다」「一鐵石；자석(磁石)」
[吸氣] hsīch'ì ㄒㄧㄑㄧˋ 숨을 쉬다.「吸一口氣；놀라며 한숨을 쉬다. 한숨을 쉬며 근심하다」
[吸取] hsīch'ǔ ㄒㄧㄑㄩˇ ①흡수하다. 섭취하다.「一水分；수분을 흡수하다」②선정하다.「一優秀青年；우수한 청년을 선정하다」③ 떠맡다. 「一他進廠作工；그를 떠맡아 공장에서 일하게 하다」
[吸風飮露] hsīfēng yǐnlù ㄒㄧㄈㄥㄧㄣˇㄌㄨˋ 나그네의 설움(고생)을 맛보는 일의 비유. ＝餐風飮露.《成》
[吸哈] hsīha ㄒㄧㄏㄚ ①맛을 보다. ②칭찬하다. ③그 자리를 얼버무려 넘기다.
[吸血鬼] hsīhsüèhkueǐ ㄒㄧㄒㄩㄝˋㄍㄨㄟˇ ①흡혈귀. ②무자비한 놈.
[吸力] hsīlì ㄒㄧㄌㄧˋ 흡수하는 힘.
[吸溜] hsīliu ㄒㄧㄌㄧㄡ 춥거나 매울 때 숨을 입으로 들이 쉬거나 내어 쉬는 소리. 「(磁石).
[吸鐵石] hsīt'iěhshíh ㄒㄧㄊㄧㄝˇㄕˊ 자석
[吸烟] hsīyēn ㄒㄧㄧㄢ 담배를 피우다.
[吸引] hsīyǐn ㄒㄧㄧㄣˇ 빨아 당기다.「一力；빨아 당기는 힘. 력」
〔希〕 hsī ㄒㄧ ①희소하다. 적다.「一有之物；진기한 물건」②원하다. 바라다.「即一出席；부디 출석하여 주십시오」

[希奇] hsīch'í ㄒㄧ ㄑㄧˊ 진기한.
[希冀] hsīchì ㄒㄧㄐㄧˋ 희망.
[希罕] hsīhan ㄒㄧㄏㄢ ①진귀하다. >希希罕罕. ②진귀하게 여기다.
[希希罕兒] hsīhsīhǎnrh ㄒㄧㄒㄧㄏㄢˇㄦ ①진귀한 물건. ②구경거리.
[希哩呼嚕] hsīlihūlū ㄒㄧㄌㄧㄏㄨㄌㄨ ①뒤죽박죽이 된 모양. ②많은 모양.
[希世] hsīshih ㄒㄧㄕˋ 세상에서 귀하다.
[希圖] hsīt'ú ㄒㄧㄊㄨˊ 희망대로의 그 일을 달성하기 위하여 방도(方途)를 강구하다.

〔析〕 hsī ㄒㄧ ①나누다. 갈라지다. 「一居；별거하다」 ②풀다. 「一疑；의문을 풀다」 ③흩어지다. 「分崩離一；사방에 흩어지다」
[析義] hsīì ㄒㄧㄧˋ 의의를 자세히 설명하다.

〔奚〕 hsī ㄒㄧ ①중국 고대의 노예. ②왜? 「一不速行?；왜 속히 걷지 않느냐?」 ③왜?: 반어로. 「一足以知之?；어떻게 그것을 알 수가 있겠읍니까?」 ④어디. 「一自?；어디에서 왔느냐?」
[奚落] hsīlo ㄒㄧㄌㄨㄛ 정면(正面)으로 맞대고 비웃다.

〔唏〕 hsī ㄒㄧ 탄식하는 소리.
[唏里嘩啦] hsīlihuālā ㄒㄧㄌㄧㄏㄨㄚㄌㄚ 쟁그랑쟁그랑 차잔 따위가 부딪치는 소리. 마작의 패를 뒤섞는 소리 따위.

〔息〕 hsī ㄒㄧ ①숨. 「鼻一；코로 쉬는 숨(호흡)」 ②그만두다. 쉬다. 「一怒；노여움을 그치다」「少一!；쉬어!: 호령」 ③자기 아들. 「子一；자식」 ④이자. 「年一；연리」 ⑤소식. 뉴우스. 「信一；소식」 ⑥「一縣；"河南省"」
[息借] hsīchièh ㄒㄧㄐㄧㄝˋ 이잣돈을 차용하다.
[息肩] hsīchiēn ㄒㄧㄐㄧㄢ 어깨의 짐을 내려 놓다.
[息金] hsīchīn ㄒㄧㄐㄧㄣ 이자. 이식(利息). ＝息錢.
[息合] hsīhó ㄒㄧㄏㄜˊ 조정(調停)하다.
[息息相關] hsīhsīh siāngkuānㄒㄧㄒㄧㄒㄧㄤㄍㄨㄢ 서로 밀접한 관계에 있다.
[息心] hsīhsīn ㄒㄧㄒㄧㄣ 안심하다.
[息火] hsīhuǒ ㄒㄧㄏㄨㄛˇ ①노여움이 풀리다. ②전기·등불·난로의 불 따위가 꺼지다.
[息款] hsīk'uǎn ㄒㄧㄎㄨㄢˇ 예금의 이자.
[息怒] hsīnù ㄒㄧㄋㄨˋ 노기를 참다.
[息票] hsīp'iào ㄒㄧㄆㄧㄠˋ 이자를 지불한다는 증거로 채권에 붙이는 조그마한 증서.
[息兵] hsīpīng ㄒㄧㄅㄧㄥ 전투를 멈추다.
[息事] hsīhsih ㄒㄧㄕˋ 일이 낙착되다. 「一寧人；분쟁을 진압하여 모두 편안하게 하다」
[息燈] hsītēng ㄒㄧㄉㄥ 등불을 끄다. 등불이 꺼지다.

〔惜〕 hsī ㄒㄧ ①소중히 여기다. 「一陽；시간을 소중히 여기다」 ②애석히 생각하다. 「一指失掌；작은 일로 큰 일을 놓치다」 ③슬퍼하다. 애석하게 여기다. 「一別；이별을 애석히 여기다」
[惜飯有飯吃] hsīfàn yǔ fàn ch'īh ㄒㄧㄈㄢˋㄧㄡˇㄈㄢˋㄔ 밥을 소중히 여기므로 밥을 먹게 되다: "惜衣有衣穿"가 따름.
[惜玉怜香] hsīyù-liénhsiāng ㄒㄧㄩˋㄌㄧㄢˊㄒㄧㄤ 여성에게 애석감을 갖는 일. 〈成〉

〔悉〕 hsī ㄒㄧ ①알다. 「得一一切；자세히 알았다」 ②모두. 「一力；전력을 다하다」
[悉心] hsīhsīn ㄒㄧㄒㄧㄣ 마음을 쏟아서. 한마음으로. 「一硏究；열심히 연구하다」
[悉數] hsīshù ㄒㄧㄕㄨˋ 전부. 전액. 전수량. 「一交出；전부 내주다」

〔烯〕 hsī ㄒㄧ 〈化〉에틸렌(Athylen)계의 탄화수소.

〔欷〕 hsī ㄒㄧ
[欷歔] hsīhsū ㄒㄧㄒㄩ 흐느껴 울다.

〔淅〕 hsī ㄒㄧ ①〈擬〉(바람이나 비가) 솔솔, 주룩주룩. 「微風一一；산들 바람이 솔솔 불다」 ②(쌀 따위를) 씻다. ③「一水；"河南省"에 있는 강 이름」
[淅瀝] hsīlì ㄒㄧㄌㄧˋ 비나 눈이나 또한 낙엽 소리.
[淅淅零零] hsīhsīlingling ㄒㄧㄒㄧㄌㄧㄥㄌㄧㄥ ①흩어져 있는 모양. ②비나 눈 따위가 부딪치는 소리.

〔晰〕(晳) hsī ㄒㄧ 확실히. 뚜렷이. 「清一；명확하게」

〔稀〕 hsī ㄒㄧ ①(간격이) 조잡하다. 드문드문하다. 「種得太一了；씨앗을 뿌리는 방법이 조잡하다」 ②묽다. 수분을 많이 포함하다. 「一飯；죽」「一釋；물을 타서 묽게 하다」 ③적다. 희소하다. 「一少；희소하다」 ④대단히. 몹시. 「煮得一爛；흐물흐물하게 삶다」
[稀奇] hsīch'í ㄒㄧㄑㄧˊ 진기하다. ＝希奇.
[稀粥] hsīchōu ㄒㄧㄓㄡ 마음.
[稀飯] hsīfàn ㄒㄧㄈㄢˋ 죽.
[稀罕] hsīhan ㄒㄧㄏㄢ 진기하다. >稀罕罕.
[稀客] hsīk'ò ㄒㄧㄎㄜˋ 진객(珍客).
[稀拉] hsīla ㄒㄧㄌㄚ 드문드문하다.
[稀爛] hsīlàn ㄒㄧㄌㄢˋ (원형을 찾을 수 없을 정도로) 형편 없이 된 것. 「打得一；엉망진창이 될 때까지 치다」
[稀裏糊塗] hsīlihút'u ㄒㄧㄌㄧㄏㄨˊㄊㄨ 무엇이 무언지 모르다. 뜻을 모르다.
[稀落] hsīlo ㄒㄧㄌㄨㄛ 드문드문하다. >稀稀落落.
[稀亂八糟] hsīluànpātsāo ㄒㄧㄌㄨㄢˋㄅㄚㄗㄠ 극히 난잡한 모양.
[稀泥] hsīní ㄒㄧㄋㄧˊ 흙투성이. 「陷進一裏起不來；흙구덩이에 빠져 일어날 수가 없다」
[稀破] hsīp'ò ㄒㄧㄆㄜˋ 옷 따위가 다 해어진 모양.
[稀疏] hsīshū ㄒㄧㄕㄨ 드문드문 나다. 「禾苗出得一；작물의 모종이 드문드문 나다」
[稀松] hsīsūng ㄒㄧㄙㄨㄥ ①힘이 빠지다. ②중요하지 않다. 취할 바가 못 된다.
[稀糟] hsītsāo ㄒㄧㄗㄠ 되어 먹지 않다. 몹시. 「這麼一的活, 是怎麼能交出去的?；이 지독한 물건을 어떻게 바치겠읍니까?」

〔犀〕 hsī ㄒㄧ ①무소. 「一牛；코뿔소」 ②단단하다. 날카롭다.
[犀利] hsīlì ㄒㄧㄌㄧˋ 단단하고 예리하다. 「刀鋒一；칼끝이 날카롭다」

〔溪〕(谿) hsī ㄒㄧ 시냇물.「一水；시냇물」 「베트어의 음역(音譯).
[溪卡] hsīch'iǎ ㄒㄧㄑㄧㄚˇ 장원(莊園) 티
[溪澗] hsīchièn ㄒㄧㄐㄧㄢˋ 시냇물.

〔熙〕 hsī ㄒㄧ ①빛나다. 성한.「一來攘往；사람이 분주히 왕래하다」「一一攘攘；분주히 왕래하다」②기뻐하다. 온화하여지다.「衆人一一；많은 사람이 기뻐하다」

〔蜥〕 hsī ㄒㄧ
[蜥蜴] hsīì ㄒㄧㄧˋ〈動〉도마뱀.

〔熄〕 hsī ㄒㄧ 불을 끄다. 불이 꺼지다.「一滅；꺼지다. 끄다」
[熄燈] hsītēng ㄒㄧㄉㄥ 소등(消燈)하다.「吹一號；소등 나팔을 불다」

〔嘻〕 hsī ㄒㄧ 기뻐서 웃는 모양. 또는 그러한 소리.「笑一一；벙글벙글 웃다」
[嘻和(兒)] hsīho(rh) ㄒㄧㄏㄜ(ㄦ) ①웃는 얼굴.「遞一；얼굴에 웃음을 띠다」②귀엽게 굴다. =嬉和. 「웃음.
[嘻笑] hsīhsiào ㄒㄧㄒㄧㄠˋ 부자연스러운
[嘻嘻哈哈] hsīhsīhāhā ㄒㄧㄒㄧㄏㄚㄏㄚ ①담소(談笑)하는 소리. ②농담하는 모양.
[嘻皮笑臉] hsīp'i-hsiàoliěn ㄒㄧㄆㄧˊ ㄒㄧㄠˋㄌㄧㄢˇ 짓궂게 구는 얼굴 빛.

〔嬉〕 hsī ㄒㄧ 놀다. 희롱하다.「一戲；장난하다」「水一；물놀이」「一笑；농담삼아 웃다」
[嬉和] hsīho ㄒㄧㄏㄜ ①웃음을 띤 얼굴. ②귀엽게 굴다. =嘻和(兒).

〔膝〕 hsī ㄒㄧ 무릎.
[膝蓋] hsīkài ㄒㄧㄍㄞˋ 무릎. =膝頭.
[膝痒搔背] hsīyǎngsāopèi ㄒㄧㄧㄤˇㄙㄠㄅㄟˋ 요령 없는 일. 예상 착오.《成》

〔熹〕 hsī ㄒㄧ 태양빛.
[熹微] hsīwei ㄒㄧㄨㄟ 광선이 약하다.

〔螅〕 hsī ㄒㄧ「水一；히드라(hydra)」

〔樨〕 hsī ㄒㄧ「木一；목서. 물푸레나무」=桂花.「木一湯；알을 풀어 끓인 국」

〔禧〕 hsī ㄒㄧ hsǐ 복(福). 기쁨.「年一；신년의 기쁨」「新一；신년 축하 인사」

〔錫〕 hsī ㄒㄧ ①주석. ②하사하다.「一予；하사하다」 「하는 사람. 땜장이.
[錫匠] hsīchiàng ㄒㄧㄐㄧㄤˋ 주석 세공을
[錫焊] hsīhàn ㄒㄧㄏㄢˋ 땜질. 「납땜.
[錫鑞] hsīla ㄒㄧㄌㄚ 주석과 납의 합금.

〔蟋〕 hsī ㄒㄧ
[蟋蟀] hsīshuài ㄒㄧㄕㄨㄞˋ〈動〉귀뚜라미. =蛐蛐兒.

〔犧〕(牺) hsī ㄒㄧ 옛날 제사에 바치던 희생물. 제사에 산 채로 바치는 제물.
[犧牲] hsīshēng ㄒㄧㄕㄥ 희생되다. 희생하다.「爲國一；국가를 위하여 희생되다」

〔昔〕 hsí ㄒㄧˊ 옛날.「一者·一日·一時；옛날」

〔席〕(蓆) hsí ㄒㄧˊ ①「一子·一兒；자리. 거적. 암페라(amparo) 따위. ②좌석.「入一；연회석에 앉다. 착석하다」「軟一；일등석」③연회석.「兩桌一；두 줄의 탁자를 놓은 주석(酒席)」④직무.「主一；주석. 의장. 사회자」 「바구니.
[席簍] hsílǒu ㄒㄧˊㄌㄡˇ 수수깡으로 엮은
[席篾兒] hsímièhrh ㄒㄧˊㄇㄧㄝˋㄦ =葦眉子. 「②연회석.
[席面] hsímièn ㄒㄧˊㄇㄧㄢˋ ①석상(席上).
[席巴] hsípa ㄒㄧˊㄅㄚ 거적. 자리. 암페라.
[席棚] hsíp'ěng ㄒㄧˊㄆㄥˊ 암페라. 거적. 갈대로 만든 발을 둘러친 집이나 갈대로 만든 차양.
[席片] hsíp ièn ㄒㄧˊㄆㄧㄢˋ 거적자리.
[席不暇暖] hsípùhsiánuǎn ㄒㄧˊㄅㄨˋㄒㄧㄚˊㄋㄨㄢˇ 자리에 앉아 있을 사이도 없다.《成》
[席地] hsítì ㄒㄧˊㄉㄧˋ 땅 위에(지상에) 앉다.「一而坐；지면에 거적을 깔고 앉다」
[席位] hsíwèi ㄒㄧˊㄨㄟˋ 좌석(座席).

〔習〕(习) hsí ㄒㄧˊ ①습관화되다. 연습하다.「一題；연습 문제」②자세하다.「一兵；군사에 관하여 습득하다」③익숙하다.「一見；늘 보아 익숙해지다」「一聞；늘 듣다」④습관.
[習氣] hsích'i ㄒㄧˊㄑㄧ (나쁜) 버릇. 습관.「鏟除不良一；나쁜 습관을 제거하다」
[習以爲常] hsíiwéich'áng ㄒㄧˊㄧˇㄨㄟˊㄔㄤˊ 습관이 되다.
[習染] hsíjǎn ㄒㄧˊㄖㄢˇ (딴 데서부터 영향이) 미치다. 감염하다. 감화하다. =感染.
[習慣] hsíkuàn ㄒㄧˊㄍㄨㄢˋ ①습관. ②익숙해지다. 「ㄦ 세미나아(seminar).
[習明納爾] hsímíngnàěrh ㄒㄧˊㄇㄧㄥˊㄋㄚˋ
[習題] hsít'i ㄒㄧˊㄊㄧˊ 연습하다.

〔媳〕 hsí ㄒㄧˊ 며느리.「婆一和睦；시어머니와 며느리 사이가 화목하다」
[媳婦(兒)] hsífu(rh) ㄒㄧˊㄈㄨ(ㄦ) ①며느리.「兒一；며느리」②처(妻).「娶一；장가 들다」③젊은 기혼 여성.

〔檄〕 hsí ㄒㄧˊ 격문(檄文).

〔襲〕 hsí ㄒㄧˊ ①습격하다.「夜一；야습」「空一；공습」②관습대로 하다. 계승하다.「沿一；관습대로 하다」「世一；세습」③의복(衣服) 따위의 한 벌, 두 벌 세는 수사(數詞). ④부정으로 손에 넣다.「抄一；남의 문장을 표절하다」「一取；덮쳐 빼앗다」

〔洗〕 hsǐ ㄒㄧˇ ①씻다.「一臉；얼굴을 씻다」②물장난하다. 헹구다.「一澡；목욕하다」「一海澡；해수욕하다」③숙청하다.「清一壞分子；악질 분자를 숙청하다」④죄를 깨끗이 씻다.「一冤」⑤살해하여 버리다.「敵人把整個村子一了；적은 부락 안에 있는 사람을 모두 죽였다」⑥가루다나 마작 따위의 패를 섞는 소리.「一牌」⇨hsiěn.
[洗塵] hsích'én ㄒㄧˇㄔㄣˊ 먼 곳에서 오는 사람을 자리를 마련하여 환영하다.

[洗城] hsǐch'ěng ㄒㄧˇㄔㄥˊ 성 안의 사람
을 모두 죽이다. 「약탈하다.
[洗劫] hsǐchiéh ㄒㄧˇㄐㄧㄝˊ 모두 죽이고
[洗淨] hsǐchìng ㄒㄧˇㄐㄧㄥˋ 깨끗이 씻다.
씻어내다.
[洗清] hsǐch'īng ㄒㄧˇㄑㄧㄥ 깨끗이 씻다.
「一汚濁；더러움을 씻어 없애다」
[洗耳恭聽] hsǐěrh kūngt'īng ㄒㄧˊㄦˇㄍㄨ
ㄥㄊㄧㄥ ①성심껏 가르침을 받는다. ②
공손히 경청하다.
[洗心革面] hsǐhsīn-kómièn ㄒㄧˇㄒㄧㄣ ㄎ
ㄜˊㄇㄧㄢˋ 마음을 고쳐 참다운 사람이
되다. 「라 내다.
[洗選] hsísüǎn ㄒㄧˊㄒㄩㄢˇ 물로 씻어 골
[洗雪] hsǐhsüěh ㄒㄧˊㄒㄩㄝˇ 원한이나 수
치를 씻다. ＝洗削.
[洗鍋水] hsǐkuoshuǐ ㄒㄧˇㄍㄨㄛ ㄕㄨㄟˇ
남비를 쓴 뒤 남은 열로 데운 물.
[洗臉盆] hsíliěnp'ěn ㄒㄧˊㄌㄧㄢˇㄆㄣˊ 세
수 대야.
[洗三] hsǐsan ㄒㄧˇㄙㄢ 아기를 난지 3일
만에 손님을 청하여 축하연을 열고아기
를 더운물로 씻어 주다.
[洗刷] hsǐshuā ㄒㄧˇㄕㄨㄚ ①(식기 따위
를) 닦다. ＞洗洗刷刷. ②(원한을) 풀다.
[洗盪] hsǐtàng ㄒㄧˇㄉㄤˋ 더러움을 씻다.
[洗澡] hsítsǎo ㄒㄧˊㄗㄠˇ 물장난. 「一房；
목욕탕」 「어 버리다.
[洗寃] hsǐyüān ㄒㄧˇㄩㄢ 무고한 죄를 씻

〔喜〕 hsǐ ㄒㄧˇ ①기뻐하다 즐기다. 좋
아하다.「一讀書；독서를 좋아하다」②기
쁜 일.「賀一；축하하다」③임신. 경사(慶
事).「她有一了；그 여자의 경사였다」
「一病；입덧」
[喜愛] hsǐài ㄒㄧˇㄞˋ ①애호하다.「一游泳
；수영을 좋아하다」②귀여워하다.
[喜帳] hsǐchàng ㄒㄧˇㄓㄤˋ 결혼식에 보내는
비단 : 그 위에 "祝"자를 써서 붙여
보낸다. ＝喜幛.
[喜敬] hsǐchìng ㄒㄧˇㄐㄧㄥˋ 결혼 선물.
[喜酒] hsíchiǔ ㄒㄧˊㄐㄧㄡˇ 결혼을 축하
하는 술.
[喜氣洋洋] hsǐch'ì yángyáng ㄒㄧˇㄑㄧˋㄧㄤˊ
ㄧㄤˊ 기쁨이 넘쳐 흐르는 모양.
[喜蛛] hsǐchū ㄒㄧˇㄓㄨ 다리가 길고, 작
은 거미.
[喜鵲] hsǐch'üeh ㄒㄧˇㄑㄩㄝ 까치.
[喜出望外] hsǐch'ūwàngwài ㄒㄧˇㄔ ㄨ ㄨ
ㄤˋㄨㄞˋ 뜻밖의 기쁨.
[喜房] hsǐfáng ㄒㄧˇㄈㄤˊ ①신부 방. ②
신방(新房).
[喜好] hsǐhào ㄒㄧˇㄏㄠˋ 애호하다.
[喜笑顏開] hsǐhsiào yénk'āi ㄒㄧˇㄒㄧㄠˋㄧ
ㄢˊㄎㄞ 희색이 만면하다. «成»
[喜信] hsǐhsìn ㄒㄧˇㄒㄧㄣˋ 희소식. 기쁜
소식.
[喜形于色] hsǐhsíngyúsè ㄒㄧˇㄒㄧㄥˊㄩˊㄙ
ㄜˋ 기쁨이 얼굴에 나타나다. «成»
[喜歡] hsǐhuan ㄒㄧˇㄏㄨㄢ 환희. ＞喜喜歡歡.
[喜儀] hsǐ í ㄒㄧˇㄧˊ 결혼 선물.
[喜人] hsǐjén ㄒㄧˇㄖㄣˊ 남을 기쁘게 하다.
귀여워하다. 「의 즐거운 날.
[喜日] hsǐjìh ㄒㄧˇㄖˋ 결혼이나 생일 따위.
[喜容(兒)] hsǐjúng(rh) ㄒㄧˇㄖㄨㄥˊ(ㄦ) ①
생존중의 초상화 : 죽으면 제거한다. ②기
쁜 표정.
[喜功] hsǐkūng ㄒㄧˇㄍㄨㄥ 공명심이 크다.
[喜果] hsíkuǒ ㄒㄧˊㄍㄨㄛˇ 빨갛게 물들인
삶은 달걀 : 축하용. 「는 대련(對聯).
[喜聯] hsǐlién ㄒㄧˇㄌㄧㄢˊ 결혼식장에 붙이
[喜溜] hsǐliu ㄒㄧˇㄌㄧㄡ ①온화하고 대인
관계가 좋다. ②남이 따르다.
[喜咪咪的] hsǐmīmītê ㄒㄧˇㄇㄧㄇㄧㄉㄜ ＝
笑嘻嘻的. 「소식.
[喜報] hsǐpào ㄒㄧˇㄅㄠˋ 희보(喜報). 기쁜
[喜事] hsǐshìh ㄒㄧˇㄕˋ 경사.「辦一；대사
를 치르다」
[喜堂] hsǐt'áng ㄒㄧˇㄊㄤˊ 결혼식장.
[喜糖] hsǐt'áng ㄒㄧˇㄊㄤˊ 경사일 때 남에
게 나누어 주는 눈깔사탕.
[喜帖] hsít'iěh ㄒㄧˊㄊㄧㄝˇ 결혼식의 초대
장 : 청첩장.
[喜子] hsǐtzǔ ㄒㄧˇㄗ ＝喜蛛.
[喜字兒] hsǐtzùrh ㄒㄧˇㄗˋㄦ 종이에"喜·
囍·鴻喜"따위의 글자를 써 놓은 것.
[喜孜孜的] hsǐtzūtzūtê ㄒㄧˇㄗㄗㄉㄜ 기
쁜 모양. ＝喜恣恣的.
[喜洋洋的] hsǐyángyángtê ㄒㄧˇㄧㄤˊㄧㄤˊ
ㄉㄜ 몹시 기쁜 모양.
[喜盈盈的] hsǐyíngyíngtê ㄒㄧˇㄧㄥˊㄧㄥˊㄉ
ㄜ 기쁨이 넘쳐 있는 모양.
[喜筵] hsǐyén ㄒㄧˇㄧㄢˊ 혼례(婚禮)의 축
연(祝宴).
[喜聞樂見] hsǐwén-lèchièn ㄒㄧˇㄨㄣˊ ㄌ
ㄜˋㄐㄧㄢˋ 기쁘게 듣고 기쁘게 보다. 반
가이 받아 들이다.
[喜雨] hsíyǔ ㄒㄧˊㄩˇ 단비. 곡우.

〔銑〕 hsǐ ㄒㄧˇ 프레이즈(fraise)반(盤)
으로 금속을 깎다. 프레이즈반에 넣다.「一
床；프레이즈반」「一刀；커터(cutter)
날」「一工；프레이즈로 깎다」⇨hsiěn.
[銑切] hsǐch'ièh ㄒㄧˇㄑㄧㄝˋ 프레이즈반
└에 넣어 끊다.

〔蟢〕 hsǐ ㄒㄧˇ 다리가 길고 작은 거미.
「一子；다리가 길고 작은 거미」

〔系〕(係 ③⑥ · 繫 ③④⑤)
hsì ㄒㄧˋ ①계통.「一一列的事實；동일
관계에 있는 사실」「世一；대대의 혈통」
②대학의 분과.「化學一；화학과」③관
련하다.「干一；관계. 관계를 갖다」④잇
다. 매다.「一馬；말을 매다」⑤ 연줄이
있다.「聯一；연줄을 갖다. 연락을 취하
다」⑥…이다. ＝是.「確一實情；참으로
실정대로다」 「하다. ＝系懷.
[系戀] hsìlièn ㄒㄧˋㄌㄧㄢˋ 섭섭하게 생각
[系念] hsìnièn ㄒㄧˋㄋㄧㄢˋ 근심하다. 마음
에 두다. 「체계적이다.
[系統] hsìt'ǔng ㄒㄧˋㄊㄨㄥˇ ①계통. ②
[系外] hsìwài ㄒㄧˋㄨㄞˋ 친척이나 친지
└도 아니다.

〔矽〕 hsì ㄒㄧˋ
[矽酸] hsìsuān ㄒㄧˋㄙㄨㄢ 규산(硅酸). ＝
└汐酸.

〔細〕 hsì ㄒㄧˋ ①잘다. 작다.「一沙；잔
모래」②가늘다.「一鉛絲；가는 연(鉛)으
로 만든 철사」③정밀하다. 「這塊布眞
一；이 천은 참으로 고급품이다」④면
밀하게. 자세히.「一想；자세히 생각하
다」「膽大心一；대담하고 세심하다」⑤
좁다.「一水；협소한 흐름」 ⑥그다지
중요치 않다.

[細賬] hsìchang ㄒㄧˋㄓㄤ ①면밀한 감정. ②해결.「算一; 청산」「跟他算一; 그와 깨끗이 끝장을 내다 : 싸움 따위를」
[細針密縷] hsìchênmilǔ ㄒㄧˋㄓㄣㄇㄧˋㄌㄩˇ 하는 일이 알뜰한 모양. 「묘하다.
[細巧] hsìch'iǎo ㄒㄧˋㄑㄧㄠˇ 정밀하고 교
[細節] hsìchiéh ㄒㄧˋㄐㄧㄝˊ 세부. 자질구레한 일.
[細致] hsìchih ㄒㄧˋㄓ ①이쁘다 : 세밀한 것에 대하여.「眉眼一勻稱 ;눈썹이 아름답고 균형이 잡혀 있다」②성심.「必得一地作 ; 성의껏 하지 않으면 안된다」> 細細致致.
[細致致的] hsìchihchìhtê ㄒㄧˋㄓˋㄓˋㄉㄜ 꽉 차 있는 모양.
[細枝末節] hsìchīh-mòchiéhㄒㄧˋㄓㄇㄛˋㄐㄧㄝˊ 가지(枝) 끝 「다.
[細究] hsìchiū ㄒㄧˋㄐㄧㄡ 상세히 구명하
[細情] hsìch'íng ㄒㄧˋㄑㄧㄥˊ 자세한 사정.
[細發] hsìfa ㄒㄧˋㄈㄚ ①분말이 보드랍다. ②정밀(精密)하다. ③세심(細心)하다.
[細肥] hsìféi ㄒㄧˋㄈㄟˊ 질이 좋은 비료.
[細細]hsìhsì ㄒㄧˋㄒㄧˋ ①목소리가 가는 모양. ②가벼운 모양. ③극히 자잘하다.
[細小] hsìhsiǎo ㄒㄧˋㄒㄧㄠˇ 자세한. 작은.
[細心] hsìhsīn ㄒㄧˋㄒㄧㄣ ①세심하다. ② 세심하게 하다. 「細細③ ④.
[細細兒的] hsìhsìrhtê ㄒㄧˋㄒㄧˋㄦㄉㄜ =
[細花] hsìhuā ㄒㄧˋㄏㄨㄚ 조그마한 꽃 무늬.
[細活] hsìhuó ㄒㄧˋㄏㄨㄛˊ ①자잘한 일. 정성을 기울여야 하는 일. ②품을 많이 들인 제품.
[細弱] hsìjò ㄒㄧˋㄖㄨㄛˋ 연약하다.
[細軟] hsìjuǎn ㄒㄧˋㄖㄨㄢˇ 고급 의복이나 사치품. 「보드랍다.
[細潤] hsìjùn ㄒㄧˋㄖㄨㄣˋ (살·나무)결이
[細茸] hsìjǔng ㄒㄧˋㄖㄨㄥˇ 자잘하고 부드럽다. 「호리호리하다.
[細高] hsìkāo ㄒㄧˋㄍㄠ (물건이나 사람이)
[細高挑兒] hsìkāot'iǎorh ㄒㄧˋㄍㄠㄊㄧㄠˇㄦ 키다리.
[細故] hsìkù ㄒㄧˋㄍㄨˋ 자잘한 일.「拘泥于一 ; 사소한 일에 구애되다」
[細工] hsìkūng ㄒㄧˋㄍㄨㄥ 정교(精巧)한 일.「一活兒 ; 세공(細工) 일」
[細毛綫] hsìmáohsièn ㄒㄧˋㄇㄠˊㄒㄧㄢˋ가느다란 털실.
[細毛兒] hsìmáorh ㄒㄧˋㄇㄠˊㄦ 고급 털가죽 : 여우 털가죽 따위. 「를 말함.
[細糧] hsìliáng ㄒㄧˋㄌㄧㄤˊ 쌀·밀·깨 따위
[細篾兒] hsìmièhrh ㄒㄧˋㄇㄧㄝˋㄦ 자리를 엮기 위하여 갈대 따위를 길게 벗겨 놓은 것.
[細末(子)] hsìmò(tzǔ) ㄒㄧˋㄇㄛˋ(ㄗ)분말.
[細膩] hsìnì ㄒㄧˋㄋㄧˋ ①살결이 보드랍다. ② 연기(演技) 솜씨가 세밀하다. ③(생각 따위가) 빈틈 없다.
[細嫩] hsìnên ㄒㄧˋㄋㄣˋ ①부드럽다. ②살결이 보드랍다.
[細布] hsìpù ㄒㄧˋㄅㄨˋ 방직물(紡織物)의 눈결이 부드러운 면포 : 캘리코우나 포플린 따위. 「날카롭다.
[細嗓] hsìsǎng ㄒㄧˋㄙㄤˇ 목소리가 높고
[細沙] hsìshā ㄒㄧˋㄕㄚ 모래.
[細紗] hsìshā ㄒㄧˋㄕㄚ 가느다란 길삼용의 실.
[細瘦] hsìshòu ㄒㄧˋㄕㄡˋ 바짝 여위다.
[細水長流] hsìshuǐch'ángliú ㄒㄧˋㄕㄨㄟˇㄔㄤˊㄌㄧㄡˊ ①돈이나 물건을 아껴 쓰면 곤경에 빠지지 않는다. ②검소·절약하는 사람은 오래 지속할 수 있다. 「일.
[細碎] hsìsuì ㄒㄧˋㄙㄨㄟˋ 잘다. 잘게 써는
[細談] hsìt'án ㄒㄧˋㄊㄢˊ 자세히 말하다.
[細挑] hsìt'iao ㄒㄧˋㄊㄧㄠ 호리호리하다.「一身材 ; 후리후리한 체구」
[細條] hsìt'iáo ㄒㄧˋㄊㄧㄠˊ 호리하다. 날씬하다.「一身子 ; 날씬한 몸매」
[細條條的] hsìt'iáot'iáotê ㄒㄧˋㄊㄧㄠˊㄊㄧㄠˊㄉㄜ 날씬하고 미끈한 모양.
[細作] hsìtso ㄒㄧˋㄗㄨㄛ 군사 탐정(軍事探偵).
[細瓷] hsìtz'ǔ ㄒㄧˋㄘˊ고급 자기(高級磁器).
[細問] hsìwěn ㄒㄧˋㄨㄣˋ 자세히 물어 보다. =詳問.
[細腰蜂] hsìyaōfēng ㄒㄧˋㄧㄠㄈㄥ 땅벌 : 땅에 집을 짓고 사는 벌의 총칭.
[細勻] hsìyǘn ㄒㄧˋㄩㄣˊ 결이 보드랍다.

〔隙〕 hsì ㄒㄧˋ ①틈. 갈라진 곳.「門一 ; 창문이나 문 따위의 틈」②사이가 나쁜 일. 다투다.「有一 ; 사이가 나쁘다」③틈. 기회.「乘一 ; 틈을 타다」④비어 있는. 한가한.「一地 ; 공지」「農一 ; 농한기의 여가」
[隙罅] hsìhsià ㄒㄧˋㄒㄧㄚˋ 빈틈. 틈 사이.

〔戲〕(戏) hsì ㄒㄧˋ ①놀이.「當做兒一 ; 아이들 장난처럼 생각하다」②놀려대다. 장난하다.「一言 ; 농담」「一弄 ; 희롱하다」③연극.「看一 ; 연극을 보다. 대개 신극(新劇)인 경우를 말함」
[戲劇] hsìchǜ ㄒㄧˋㄐㄩˋ 연극. 「장.
[戲裝] hsìchuāng ㄒㄧˋㄓㄨㄤ 연극의 분
[戲中串戲] hsìchūng ch'uànhsì ㄒㄧˋㄓㄨㄥ ㄔㄨㄢˋㄒㄧˋ 연극중(演劇中)에서 연극을 하다. 「찍은 사진.
[戲照] hsìchào ㄒㄧˋㄓㄠˋ 연극 분장으로
[戲法兒] hsìfǎrh ㄒㄧˋㄈㄚˇㄦ 요술.
[戲謔]hsìhsüèh ㄒㄧˋㄒㄩㄝˋ 놀려 주다. 조롱하다. 「례 : 레퍼터리.
[戲碼兒] hsìmǎrh ㄒㄧˋㄇㄚˇㄦ 연극의 차
[戲迷] hsìmí ㄒㄧˋㄇㄧˊ 연극광(演劇狂).
[戲目] hsìmù ㄒㄧˋㄇㄨˋ 연극의 프로. 연극의 제목.
[戲班(兒)] hsìpān(rh) ㄒㄧˋㄅㄢ(ㄦ) 극단.
[戲報子] hsìpàotzǔ ㄒㄧˋㄅㄠˋㄗ 연극 광고. 「본.
[戲本(子)] hsìpěn(tzǔ) ㄒㄧˋㄅㄣˇ(ㄗ) 각
[戲評] hsìp'ingㄒㄧˋㄆㄧㄥ 연극이나 희곡의 비평. 「다.
[戲耍] hsìshuǎ ㄒㄧˋㄕㄨㄚˇ 놀리다. 희롱하
[戲臺] hsìt'ái ㄒㄧˋㄊㄞˊ 무대.
[戲單(兒)] hsìtān(rh) ㄒㄧˋㄉㄢ(ㄦ) 연극의 프로그램. 「함 됨.
[戲子] hsìtzǔ ㄒㄧˋㄗ 배우 : 경멸의 뜻이 포
[戲眼] hsìyěn ㄒㄧˋㄧㄢˇ 연극의 볼 만한 장면. 「장. =戲院.
[戲園(子)] hsìyüán(tzǔ)ㄒㄧˋㄩㄢˊ(ㄗ) 극

HSIA ㄒㄧㄚ

〔蝦〕(虾) hsiā ㄒㄧㄚ 새우.
[蝦醬] hsiāchiàng ㄒㄧㄚㄐㄧㄤˋ 새우젓.
[蝦虎] hsiāhǔ ㄒㄧㄚㄏㄨˇ 〈魚〉 모래무지. ＝鯊魚. 「벗긴 새우 살.
[蝦仁兒] hsiājénrh ㄒㄧㄚㄖㄣˊㄦ 껍질을
[蝦簍] hsiālǒu ㄒㄧㄚㄌㄡˇ 새우 잡는 참대통. 「린 것, 또는 새우 그 자체.
[蝦米] hsiāmi ㄒㄧㄚㄇㄧ 새우의 살을 말
[蝦皮] hsiāp'í ㄒㄧㄚㄆㄧˊ 새우 껍질.
[蝦兵蟹將] hsiāpīng-hsièhchìang ㄒㄧㄚㄅㄧㄥ ㄒㄧㄝˋㄐㄧㄤˋ 쓸모 없는 군대. 장병. 「종의 조미료. ＝鹵蝦油.
[蝦油] hsiāyú ㄒㄧㄚㄧㄡˊ 새우로 만든 일

〔瞎〕 hsiā ㄒㄧㄚ ①눈이 보이지 않다. 「眼一了; 눈이 멀었다」②무턱대고. 제 마음대로. 「一說八道; 허튼 소리를 하다」「一跑; 무턱대고 뛰다」 ③혼란하다. 「把線弄一了; 실을 헝클어뜨렸다」④ 땅이 거칠다. «東»「莊稼一了; 농작물이 흉작이 되었다」⑤나쁘다. «山. 西»「一好; 선악(善惡)」 「다. 떠들썩하다.
[瞎吵] hsiāch'ǎo ㄒㄧㄚㄔㄠˇ 왁자지껄하
[瞎扯] hsiāch'ě ㄒㄧㄚㄔㄜˇ 허튼 소리를 하다. 농담을 하다. ＝胡扯.
[瞎講一泡] hsiāchiǎng íp'āo ㄒㄧㄚㄐㄧㄤˇ ㄧˊㄆㄠ 허튼 소리를 하다. «吳»
[瞎七搭八] hsiāch'ī-tāpā ㄒㄧㄚㄑㄧ ㄉㄚ ㄅㄚ ＝胡說八道. «吳» ＝瞎三話四.
[瞎謅] hsiāchōu ㄒㄧㄚㄓㄡ ①말이 입에서 나오는 대로 떠들다. ②날조(捏造)하다.
[瞎抓] hsiāchuā ㄒㄧㄚㄓㄨㄚ 맹목적으로 착수하다.
[瞎踹子] hsiāch'ùaitzǔ ㄒㄧㄚㄔㄨㄞˋㄗ 뒤죽박죽으로 만들다. 엉망진창으로 하다.
[瞎闖] hsiāch'uǎng ㄒㄧㄚㄔㄨㄤˇ 맹목적으로 돌진하다.
[瞎撞] hsiāchuàng ㄒㄧㄚㄓㄨㄤˋ ①억측하다. ②우연이 맞히다.
[瞎喊] hsiāhǎn ㄒㄧㄚㄏㄢˇ 떠들어대다.
[瞎話] hsiāhuà ㄒㄧㄚㄏㄨㄚˋ 거짓말.
[瞎話三千] hsiāhuà sānch'iēn ㄒㄧㄚㄏㄨㄚˋ ㄙㄢㄑㄧㄢ 허튼 수작을 떠들어대다.
[瞎混] hsiāhùn ㄒㄧㄚㄏㄨㄣˋ 되어 가는 대로 살아 가다. 「一日子 . 아무렇게나 그날 그날을 보내다」
[瞎火兒] hsiāhuǒrh ㄒㄧㄚㄏㄨㄛˇㄦ 쓸모없는 것: 원래 불발(不發)의 폭죽(爆竹)을 말함. 「제멋대로 하다.
[瞎搞] hsiākǎo ㄒㄧㄚㄍㄠˇ 두서도 없이
[瞎聊] hsiāliáo ㄒㄧㄚㄌㄧㄠˊ ①무턱대고 떠들다. ②제멋대로 떠들다.
[瞎溜] hsiāliù ㄒㄧㄚㄌㄧㄡˋ 방황하다. 싸다니다. 「하다.
[瞎忙] hsiāmáng ㄒㄧㄚㄇㄤˊ 헛수고를
[瞎摸海] hsiāmohǎi ㄒㄧㄚㄇㄛㄏㄞˇ ①소경: 눈먼 사람. ＝瞎子. ②눈이 나쁜 사람. ③제멋대로 억측하다. ④만부당.
[瞎摸合眼] hsiāmo hóyěn ㄒㄧㄚㄇㄛ ㄏㄜˊㄧㄢˇ ①캄캄하여 아무 것도 안 보이는 모양. ②시력이 나쁜 것을 비유함.
[瞎摸亂闖] hsiāmō-luànch'uǎng ㄒㄧㄚㄇㄛ ㄌㄨㄢˋㄔㄨㄤˇ 함부로 돌진하다.
[瞎鬧] hsiānào ㄒㄧㄚㄋㄠˋ 시끄럽게 떠들다. 「②쓸모가 없다.
[瞎巴] hsiāpā ㄒㄧㄚㄅㄚ ①장님이 되다.
[瞎掰] hsiāpāi ㄒㄧㄚㄅㄞ ①함부로 말하다. ②헛수고를 하다. ＝徒勞無功.
[瞎白話] hsiāpáihuà ㄒㄧㄚㄅㄞˊㄏㄨㄚˋ 떠들어 대다. 마구 지껄여대다.
[瞎跑] hsiāp'ǎo ㄒㄧㄚㄆㄠˇ ①무턱대고 달리다. ②뛰어 다니다. 「능한 놈.
[瞎包兒] hsiāpāorh ㄒㄧㄚㄅㄠㄦ 무지 무
[瞎編] hsiāpiēn ㄒㄧㄚㄅㄧㄢ 마음대로 말하다. 「隨口一; 입에서 나오는 대로 말하다」 「어 가다. 요행히 …되다.
[瞎擘] hsiāpo ㄒㄧㄚㄅㄛ 우연히 맞아 들
[瞎說] hsiāshuō ㄒㄧㄚㄕㄨㄛ 허튼 소리를 하다.
[瞎道兒] hsiātàorh ㄒㄧㄚㄉㄠˋㄦ ①사람으로서 해서는 안 될 부정(不正)한 길. ②쓸 데 없는 행동.
[瞎走亂撞] hsiātsǒu-luànchuàng ㄒㄧㄚㄗㄡˇ ㄌㄨㄢˋㄓㄨㄤˋ 목적도 없이 무턱대고 싸돌아 다니다.
[瞎子] hsiātzǔ ㄒㄧㄚㄗ 소경. 장님.
[瞎眼] hsiāyěn ㄒㄧㄚㄧㄢˇ 눈이 멀다. 장님이 되다.

〔匣〕 hsiá ㄒㄧㄚˊ 「一子·一兒; 뚜껑이 있는 작은 상자나 갑」「行一; 화물 상자: 물건을 넣어서 우송할 수 있는」「話一子; 축음기. 떠버리」

〔狎〕 hsiá ㄒㄧㄚˊ ①놀리다. 「一弄; 희롱하다」②정답게 하다. 가까이 하다. 업신여기다. 「一昵; 정답다」「一習; 정다와지다」「一侮; 업신여기다」
[狎近] hsiáchìn ㄒㄧㄚˊㄐㄧㄣˋ 정답다.
[狎客] hsiák'ò ㄒㄧㄚˊㄎㄜˋ 정다운 사람. 정든 손님.

〔呷〕 hsiá ㄒㄧㄚˊ ①마시다. 「一茶; 차를 마시다」②「一一; 꽉꽉: 오리 우는 소리」

〔俠〕 hsiá ㄒㄧㄚˊ 의협(義俠). 「行一作義; 의협적인 행동을 함」

〔峽〕 hsiá ㄒㄧㄚˊ ①개울. 협곡(峽谷). 「巴東三一; "揚子江" 상류의 험한 요지」「地一; 협곡」②해협.

〔狹〕 hsiá ㄒㄧㄚˊ 좁다. 편협(偏狹)한. 「地方太一; 장소가 너무 좁다」「一隘; 편협」 「이 옹졸하다.
[狹隘] hsiáài ㄒㄧㄚˊㄞˋ ①좁다. ②성질
[狹窄] hsiáchǎi ㄒㄧㄚˊㄓㄞˇ 좁다. 협착.
[狹路相逢] hsiálù hsiāngfěng ㄒㄧㄚˊㄌㄨˋ ㄒㄧㄤㄈㄥˊ 원수가 외나무 다리에서 만나다.

〔遐〕 hsiá ㄒㄧㄚˊ ①멀다. 「一近; 원근(遠近)」②길다. 「一齡; 고령」
[遐邇] hsiáěrh ㄒㄧㄚˊㄦˇ 원근(遠近). 「馳名一; 멀리까지 이름이 알려지다」「一聞名; 널리 알려지다」
[遐想] hsiáhsiǎng ㄒㄧㄚˊㄒㄧㄤˇ ①먼 곳의 사람을 생각하다. ②회상하다.
[遐荒] hsiáhuāng ㄒㄧㄚˊㄏㄨㄤ 벽촌의 거친 땅.

〔瑕〕 hsiá ㄒㄧㄚˊ ①구슬 표면의 반점(班點). ②흠. 「一疵; 흠」
[瑕瑜互見] hsiáyǘ hùchièn ㄒㄧㄚˊㄩˊ ㄏㄨˋㄐㄧㄢˋ 장단점이 다 있다.

〔暇〕 hsiá ㄒㄧㄚˊ 여가. 「閑一; 여가」

「得一；여가가 생기다」

〔轄〕 hsiá ㄒㄧㄚˊ ①차의 굴대 끝에 박아 바퀴가 빠지지 않게 하는 쐐기.「車一；차의 굴대 끝에 박는 쐐기」 ②관리하다.「統一；통할」

[轄制] hsiáchìh ㄒㄧㄚˊㄓˋ ①구속하다. ②협박하다. 위협하다.

[轄境] hsiáchìng ㄒㄧㄚˊㄐㄧㄥˋ 관할 구역.

[轄區] hsiáchū ㄒㄧㄚˊㄑㄩ 관구(管區).

[轄管] hsiákuǎn ㄒㄧㄚˊㄎㄨㄢˇ 통치하다.

〔霞〕 hsiá ㄒㄧㄚˊ 먼 곳이 희미하게 보이는 현상. 아침놀.「朝一；아침놀」「彩一；아침놀이나 저녁놀」 「저녁놀.

[霞光] hsiákuāng ㄒㄧㄚˊㄍㄨㄤ 아침이나

〔黠〕 hsiá ㄒㄧㄚˊ 교활하다. 못 되게 약다.「外痴內一；외면으론 얼간이 같으나 속셈은 퍽 교활하다」

〔下〕 hsià ㄒㄧㄚˋ ①아래. 하부.「樓一；층계 아래」②순서에서 뒤의 것.「一篇；후편」「一月；내월」「一回； 차회(次回)」 ③등급이나 품질 따위가 떨어지는 것.「一級；하급. 하급기관」「一懷；나의 마음」 ④내려오다. 내리다.「一山；산에서 내려오다」「一樓；층계에서 내려오다」 ⑤들어가다. 떠나다. 끝나다.「一獄；하옥하다」「一班；일을 거두다」「一課；수업이 끝나다」 「一活；고용인이 여가를 얻다」 ⑥가다. 들어 가다.「一鄕；농촌으로 들어가다. 고향으로 가다」「一飯館子；요리집에 들어가다」 ⑦내리다. 제거하다.「一貨；짐을 부리다. (작은 배에서는)싣다」「一火；열을 식히다. 더위를 식히다」「一泥；흙탕을 털다」「把螺絲一了；나사를 빼다」 ⑧쓰이다.「一心；주의하다」 ⑨내리다.「一雨；비가 오다」「一雪；눈이 오다」 ⑩내 놓다. 보내다. 넘겨 주다.「一書；서신을 보내다」「一定；예물(禮物)을 보내다」 ⑪항복시키다.「連一數城；계속하여 수개의 성을 함락시키다」 ⑫후퇴하다. 양도하다.「各不相一；서로 양보하지 않다」 ⑬낳다.「一蛋；알을 낳다」⑭넣다. 뿌리다.「一種；종자를 뿌리다」「一毒藥；독약을 넣다」 ⑮(딴 것을 함께) 먹다. 마시다.「拿花生米一酒；땅콩을 안주로 술을 마시다」「一飯；반찬을 갖고 밥을 먹다」⑯때. 경.「年一；연말」「日一；지금」 ⑰(포함하고 있는 것을 가리켜) …중. …가운데.「言一；말씀 중에」「心一심중」 ⑱…밑에서.「指導之一；지도 밑에서」 ⑲잘 정돈하여 놓다. …하였다 : 동작의 완료를 표시함.「做一一件要緊的事；어떤 중대한 일을 해 놓다」 「打下基礎；기초를 만들어 놓다」 ⑳「一子·一兒；동작의 회수(回數)를 가리키는 조수사(助數詞).「說一一；한번 말하다」「打十一；열 번 때리다」 ㉑적다.「不一三百人；삼백 명 이하는 아니다」 ㉒방위(方位). 방면.「四一裏發出電光；번개가 사방에서 번쩍이다」 ㉓이미 …하다.「這些字識一也寫一了；이들 글자는 이미 알고 있으며 또한 쓸 수도 있다」

[下廠] hsiàch'ǎng ㄒㄧㄚˋㄔㄤˇ 지도적 입장에 있는 사람이 공장에 지도·연구 혹은 노동에 참가하기 위하여 출발하다.

[下場] hsiàch'ǎng ㄒㄧㄚˋㄔㄤˇ ①무대에서 퇴장하다. ②연극이 끝나다. ③(운동때에) 그 자리에 나가다 : 출전하다. ④ hsiàch'áng 결말 짓다. 결말. ⑤퇴직하다. 사직하다.

[下場門兒] hsiàch'ǎngménrh ㄒㄧㄚˋㄔㄤˇㄇㄣˊㄦ 무대와 통하는 통로.

[下場詩] hsiàch'ǎngshīh ㄒㄧㄚˋㄔㄤˇㄕ 연극이 끝나 퇴장할 때 부르는 네 구(四句), 또는 두 구의 시. 「결과. 결말.

[下場頭] hsiàch'angt'óu ㄒㄧㄚˋㄔㄤㄊㄡˊ

[下棋] hsià ch'í ㄒㄧㄚˋㄑㄧˊ 장기(將棋)를 두다.「一盤棋；한 판 장기를 두다」

[下氣] hsiàch'ì ㄒㄧㄚˋㄑㄧˋ 마음을 진정시키다.

[下脚料] hsiàchiǎoliào ㄒㄧㄚˋㄐㄧㄠˇㄌㄧㄠˋ 폐품 원료(廢品原料). 재생 자료.

[下脚兒] hsiàchiǎorh ㄒㄧㄚˋㄐㄧㄠˇㄦ 발을 내려 놓다.「滿地堆着東西, 沒處一；물건을 잔뜩 실어 놓아 발 디딜 곳도 없다」 「건을 팔러 가다.

[下街] hsiàchiēh ㄒㄧㄚˋㄐㄧㄝ 거리로 물

[下賤] hsiàchièn ㄒㄧㄚˋㄐㄧㄢˋ ①천한.「一貨；천한 계집 : 여성에 대하여」②비열한 인간. 「②미불(未拂).

[下欠] hsiàch'ièn ㄒㄧㄚˋㄑㄧㄢˋ ①잔액.

[下剪子] hsiàchiěntzǔ ㄒㄧㄚˋㄐㄧㄢˇㄗ 의복을 짓다.

[下勁(兒)] hsiàchìn(rh) ㄒㄧㄚˋㄐㄧㄣˋ(ㄦ) 힘을 기울이다. 노력하다.「他干得很一；그는 대단히 노력하고 있다」 「안주.

[下酒物] hsiàchiǔwù ㄒㄧㄚˋㄐㄧㄡˇㄨˋ 술

[(동사)下去] hsiàch'ü ㄒㄧㄚˋㄑㄩ 동작이 위에서부터 아래로 옮겨감을 나타내다.

[下注] hsiàchù ㄒㄧㄚˋㄓㄨˋ 도박에서 돈을 걸다. 「의상(衣裳)을 벗다.

[下裝] hsiàchuāng ㄒㄧㄚˋㄓㄨㄤ (배우가)

[下墜] hsiàchuì ㄒㄧㄚˋㄓㄨㄟˋ (권세·물건 따위가) 떨어지다.

[下中農] hsiàchūngnúng ㄒㄧㄚˋㄓㄨㄥㄋㄨㄥˊ 약간의 토지나 경축(耕畜), 농구(農具) 등 자기 노동력을 갖고 있는 농민층 : 중산 농가의 경제적 지위보다 한 계단 낮은 농민층.

[下凡] hsiàfán ㄒㄧㄚˋㄈㄢˊ (신선 따위가 하강하여) 인간으로 변하다.

[下房] hsiàfáng ㄒㄧㄚˋㄈㄤˊ 머슴이나 하녀의 방. 「반찬 삼아 먹다.

[下飯] hsiàfàn ㄒㄧㄚˋㄈㄢˋ ①밥반찬. ②

[下放] hsiàfàng ㄒㄧㄚˋㄈㄤˋ 국가 기관·기업 또는 민간 단체의 지도자들이 공장·농촌에 가서 노동을 통해 사상 향상을 도모하다.

[下風] hsiàfēng ㄒㄧㄚˋㄈㄥ ①남의 밑에 있게 됨을 겸손히 말하는 것.「甘拜一；기꺼이 귀하 밑에 있겠습니다」

[下海] hsiàhǎi ㄒㄧㄚˋㄏㄞˇ 반장난으로 시작한 것이 직업이 되다.

[下鄕] hsiàhsiāng ㄒㄧㄚˋㄒㄧㄤ ①시골로 가다. ②어떤 목적 때문에 도시에서 농촌으로 들어 가다. 「을 쳐놓다.

[下銷子] hsià hsiāotzǔ ㄒㄧㄚˋㄒㄧㄠㄗ 못

[下泄] hsiàhsièh ㄒㄧㄚˋㄒㄧㄝˋ ①설사하다. ＝下瀉. ②값이 내려가다. 「이다.

[下心] hsiàhsīn ㄒㄧㄚˋㄒㄧㄣ 마음을 기울

[下行] hsiàhsíng ㄒㄧㄚˋㄒㄧㄥˊ (기차 따위가) 기점(起點)에서 종점으로 가다.「一車 ; 하행 열차」

[下學期] hsiàhsüéhch'ī ㄒㄧㄚˋㄒㄩㄝˊㄑㄧ 다음 학기. 「다.

[下戶] hsiàhù ㄒㄧㄚˋㄏㄨˋ 정착(定着)하

[下閂] hsiàshuān ㄒㄧㄚˋㄕㄨㄢ 빗장을 벗기다.

[下回分解] hsiàhuí fēnchiěh ㄒㄧㄚˋㄏㄨㄟˊㄈㄣㄐㄧㄝˇ ①다음에 설명하겠읍니다 :옛 소설의 끝에 이런 문구를 많이 사용하였음. ②일의 진행 상태. 결과.「你先回去, 明天再聽我的一 ; 우선 가십시오, 내일 제가 형편을 말하여 드릴 터이니」

[下火線] hsiàhuǒhsièn ㄒㄧㄚˋㄏㄨㄛˇㄒㄧㄢˋ 화선(火線)에서 물러나다.

[下意識地] hsià ìshìhtê ㄒㄧㄚˋㄧˋㄕˊㄉㄜ 무의식적(無意識的)으로.「他一咂着舌頭 ;그는 무의식적으로 혀를 차고 있다」

[下人] hsiàjên ㄒㄧㄚˋㄖㄣˊ 하인. 노비

[下頦(兒)] hsiàk'ō(rh) ㄒㄧㄚˋㄎㄜ(ㄦ) 턱끝.

[下課] hsiàk'ò ㄒㄧㄚˋㄎㄜˋ ①수업이 끝나다. ②학교가 파하다.

[下苦功] hsià k'ǔkūng ㄒㄧㄚˋㄎㄨˇㄍㄨㄥ 괴로운 수련(修練)을 쌓다.

[下筷兒] hsià k'uàirh ㄒㄧㄚˋㄎㄨㄞˋㄦ 젓가락을 대다.

[下款(兒)] hsiàk'uǎn(rh) ㄒㄧㄚˋㄎㄨㄢˇ(ㄦ) 증여자(贈與者)의 서명. 「내다.

[下工] hsiàkūng ㄒㄧㄚˋㄍㄨㄥ ①일을 끝

[下功夫] hsià kūngfu ㄒㄧㄚˋㄍㄨㄥㄈㄨ ①연습을 거듭하다. 노력하다. ②시간이 걸리다.

[(동사)下來] hsiàlai ㄒㄧㄚˋㄌㄞ ①동작이 위에서 밑으로 향함을 나타냄.「滾一 ;굴러 떨어지다」「摘下帽子來 ; 모자를 잡다」②동작이 어떤 결과에 도달한 것을 나타냄.「我把他告一了 ; 나는 그를 고소했다」 「고 앉다.

[下跪] hsiàkuei ㄒㄧㄚˋㄍㄨㄟˋ 무릎을 꿇

[下澇] hsiàlào ㄒㄧㄚˋㄌㄠˋ 강우로 인하여 홍수가 되다.

[下力] hsiàlì ㄒㄧㄚˋㄌㄧˋ 수고하다.「肯一 ;수고를 아끼지 않다」「一的人 ; 노동하는 사람」

[下列] hsiàlièh ㄒㄧㄚˋㄌㄧㄝˋ 다음에 써넣다. 하기(下記)하다.「如一 ; 하기와 같이」 「구절」

[下聯] hsiàlién ㄒㄧㄚˋㄌㄧㄢˊ "對聯"의 뒷

[下流] hsiàliú ㄒㄧㄚˋㄌㄧㄡˊ ①하류. ②지위가 낮다. 「ㄣˊ 속곡(俗曲).

[下里巴人] hsiàlǐpājén ㄒㄧㄚˋㄌㄧˇㄅㄚㄖ

[下流種子] hsiàliu chǔngtzǔ ㄒㄧㄚˋㄌㄧㄡㄓㄨㄥˇㄗ 비열한 놈.《罵》=下作黃子.

[下落] hsiàlò ㄒㄧㄚˋㄌㄨㄛˋ ①결국. 마침내.「一是怎麼樣? ; 결국 어떠냐?」②소재(所在).「不知一 ; 행방을 알 수 없다」

[下馬看花] hsiàmǎ k'ànhuā ㄒㄧㄚˋㄇㄚˇㄎㄢˋㄏㄨㄚ 천천히 잘 보다."走馬看花"의 대구(對句).

[下忙] hsiàmáng ㄒㄧㄚˋㄇㄤˊ 하반기 : 구시대 전부(田賦)를 춘·추 두 기간으로 나눠 징수. 춘기를"上忙" 추기를"下忙".

[下馬威] hsiàmǎwēi ㄒㄧㄚˋㄇㄚˇㄨㄟ 부임 초부터 위엄(威嚴)을 보이다.「給人一 ;처음부터 벼락이 나다. 호통이 심하다」

[下米] hsiàmǐ ㄒㄧㄚˋㄇㄧˇ (밥을 짓기 위하여) 쌀을 솥에 안치다.

[下面] hsiàmien ㄒㄧㄚˋㄇㄧㄢ ①하부(下部). ②다음. 이하(以下).

[下麵] hsiàmièn ㄒㄧㄚˋㄇㄧㄢˋ 삶아 내기 위하여 국수를 솥에 넣다.

[下奶] hsiànǎi ㄒㄧㄚˋㄋㄞˇ 산부(產婦)에 약이나 음식물을 먹여 젖이 잘 나도록 하다. ②산부의 젖이 잘 나다.

[下腦袋] hsiànǎotai ㄒㄧㄚˋㄋㄠˇㄉㄞ 보증하다.

[下巴] hsiàpa ㄒㄧㄚˋㄅㄚ 아래턱.「掛下一來 ; (노하거나 기분이 언짢을 때) 입을 삐쭉하고 내미는 모양」

[下把] hsiàpǎ ㄒㄧㄚˋㄅㄚˇ 손을 펴다.「一去抓 ; 손을 펴서 잡다」 「底擺.

[下擺] hsiàpǎi ㄒㄧㄚˋㄅㄞˇ (옷의) 앞폭.=

[下巴頦兒] hsiàpak'ōrh ㄒㄧㄚˋㄅㄚㄎㄜㄦ 턱. 「교가 파하다.

[下班] hsiàpān ㄒㄧㄚˋㄅㄢ 퇴근하다. 학

[下半] hsiàpàn ㄒㄧㄚˋㄅㄢˋ 후반(後半). 하반분(下半分). 「다.

[下判] hsiàp'àn ㄒㄧㄚˋㄆㄢˋ 판결이 내리

[下半截兒] hsiàpànchiéh(rh) ㄒㄧㄚˋㄅㄢˋㄐㄧㄝˊ(ㄦ) 중간에서 아래 부분.

[下板兒] hsiàpǎnrh ㄒㄧㄚˋㄅㄢˇㄦ ①판자문을 내리다. ②상점문을 열다.

[下半晌(兒)] hsiàpànshǎng(rh) ㄒㄧㄚˋㄅㄢˋㄕㄤˇ(ㄦ) =下半天(兒). 「오후.

[下半天] hsiàpànt'iēn ㄒㄧㄚˋㄅㄢˋㄊㄧㄢ

[下絆子] hsià pàntzǔ ㄒㄧㄚˋㄅㄢˋㄗ (씨름이나 유도할 때와 같이) 낚시걸이를 걸다. 「12시 이후.

[下半夜] hsiàpànyèh ㄒㄧㄚˋㄅㄢˋㄧㄝˋ 밤

[下半月] hsiàpànyüèh ㄒㄧㄚˋㄅㄢˋㄩㄝˋ 매달 16일 이후. 「수하다.

[下保] hsiàpǎo ㄒㄧㄚˋㄅㄠˇ 보증하다. 인

[下輩] hsiàpèi ㄒㄧㄚˋㄅㄟˋ ①비열한 사람. ②=下輩兒.

[下輩兒] hsiàpěirh ㄒㄧㄚˋㄅㄟˇㄦ 다음대(代). 다음의 일대(一代).「下輩子;내세(來世)」 「내다.

[下本兒] hsiàpěnrh ㄒㄧㄚˋㄅㄣˇㄦ 자금을

[下筆] hsiàpǐ ㄒㄧㄚˋㄅㄧˇ 붓을 들고 글을 쓰거나 그림을 그리다.

[下邊(兒)] hsiàpien(rh) ㄒㄧㄚˋㄅㄧㄢ(ㄦ) ①아래. 아랫쪽. ②뒤. 뒤쪽. 「하치.

[下品] hsiàp'ǐn ㄒㄧㄚˋㄆㄧㄣˇ 하품(下品).

[下坡路] hsiàp'ōlù ㄒㄧㄚˋㄆㄛㄌㄨˋ ①내리막 길. ②쇠퇴하여 가는 모양

[下坡子出溜] hsiàp'ōtzǔ ch'ūliu ㄒㄧㄚˋㄆㄛㄗㄔㄨㄌㄧㄡ 향상할 생각은 없이 타락을 만족하게 여기다. =下波兒溜.

[下不去] hsiàpuchǜ ㄒㄧㄚˋㄅㄨㄑㄩˋ ①내려갈 수 없다. ②마음 그대로 견딜 수 없다.「怎麼想也一 ; 아무래도 마음이 시원하지 않다」「他今天又沒來, 實在一;그는 오늘도 역시 오지 않았다, 참으로 괘씸하다. ↔ 下得去.

[下不來] hsiàpulái ㄒㄧㄚˋㄅㄨㄌㄞˊ ①내려갈 수는 없다. ②불쾌하다.「臉上一 ; 마음이 개운찮다」

[下不來臺] hsiàpuláit'ái ㄒㄧㄚˋㄅㄨㄌㄞˊㄊㄞˊ 단에서 내려갈 수가 없다. 빠져나올 수가 없다. 면목이 서지 않는다.

[下不爲例] hsiàpūwéilì ㄒㄧㄚˋㄅㄨˋㄨㄟˊㄌㄧˋ ①앞으로는 이와 같은 짓을 안하

겠다. ②앞으로는 이렇게할 수 없다.
[下三爛] hsiàsānlān ㄒㄧㄚㄙㄢㄌㄢˋ ①최하층의 사람을 말하다. "修脚的"의 발을 손질해 주는 사람, "剃頭的"의 머리를 깎으며 면도하는 사람, "茶壺"의 협잡군 등의 세 가지를 말함. ②남을 몹시 욕하는 말. =下三. 下三流.
[下梢(子)] hsiàshāo(tzŭ) ㄒㄧㄚˋㄕㄠ(ㄗ) 결말. 결국.
[下身兒] hsiàshēnrh ㄒㄧㄚˋㄕㄣㄦ ①하반신(下半身). ②바지.
[下士] hsiàshìh ㄒㄧㄚˋㄕˋ 국인하사(下士).
[下世] hsiàshìh ㄒㄧㄚˋㄕˋ 이 세상을 떠나다. 죽다.
[下手] hsiàshŏu ㄒㄧㄚˋㄕㄡˇ ①시작하다. 손을 대다. 착수하다. ②조수(助手).
[下首] hsiàshŏu ㄒㄧㄚˋㄕㄡˇ 하좌(下座) 보통 우측(右側)이 하좌임.
[下手(兒)] hsiàshŏu(rh) ㄒㄧㄚˋㄕㄡˇ(ㄦ) =下手②. 「ㄨㄛˊㄦ 일의 뒷설겆이.
[下手活兒] hsiàshouhuórh ㄒㄧㄚˋㄕㄡㄏ
[下霜] hsià shuāng ㄒㄧㄚˋㄕㄨㄤ 서리가 내리다.
[下水] hsiàshuǐ ㄒㄧㄚˋㄕㄨㄟˇ ①물에 들어가다. ②배를 육지에서 수면으로 옮기다. 「一禮; 진수식(進水式)」 ③나쁜 길로 유인하다. ④의복을 물로 빨다. 「新一; 처음으로 씻다」 ⑤hsiàshui 가축의 내장. ⑥(회생을 무릅쓰고) 참가하다.
[下達] hsiàtá ㄒㄧㄚˋㄉㄚˊ 하달하다 : 하급기관 및 사람에게.
[下榻] hsiàt'à ㄒㄧㄚˋㄊㄚˋ ①(귀빈이) 숙박하다. ②가정 교사가 학생 집에서 거주하다.
[下臺] hsiàt'ái ㄒㄧㄚˋㄊㄞˊ 물러나다. 「下不了臺; 철회할 수 없다. =下場.
[下堂] hsiàt'áng ㄒㄧㄚˋㄊㄤˊ ①수업이 끝나서 교실에서 나오다. ②처와 이혼하다.
[下道] hsiàtao ㄒㄧㄚˋㄉㄠ 하급품(下級品).
[下得去] hsiàtêch'ü ㄒㄧㄚˋㄉㄜㄑㄩˋ ①우선 어지간하다. 그다지 나쁘지 않다. ②어떻게 되다. ③내려갈 수 있다.
[下等] hsiàtĕng ㄒㄧㄚˋㄉㄥˇ ①하등(下等). ②하급의. ③하품(下品).
[下體] hsiàt'ĭ ㄒㄧㄚˋㄊㄧˇ 하반신.
[下(個)底] hsià(ko)tĭ ㄒㄧㄚˋ(ㄍㄜ)ㄉㄧˇ 사전에 일의 내용이나 처리 방법을 표시하여 두다.
[下地] hsiàtì ㄒㄧㄚˋㄉㄧˋ ①들에 나가다. ②침대에서 마루 바닥에 내려서다.
[下跌] hsiàtiēh ㄒㄧㄚˋㄉㄧㄝ 값이 하락하다. 「다. 투숙하다.
[下店] hsiàtièn ㄒㄧㄚˋㄉㄧㄢˋ 여관에 들
[下定] hsiàting ㄒㄧㄚˋㄉㄧㄥˋ 예장을 교환하다. 「하다.
[下碇] hsiàtìng ㄒㄧㄚˋㄉㄧㄥˋ 정박(停泊)
[下頭] hsiàt'ou ㄒㄧㄚㄊㄡ ①=下邊(兒). ②고용인. 하인. 「②게걸든 놈.
[下材] hsiàts'ái ㄒㄧㄚˋㄘㄞˊ ①비열한 놈.
[下崽子] hsià tsăitzŭ ㄒㄧㄚˋㄗㄞˇㄗ 동물이 새끼를 낳다.
[下葬] hsiàtsàng ㄒㄧㄚˋㄗㄤˋ 매장하다.
[下操] hsiàtsāo ㄒㄧㄚˋㄗㄠ 훈련이나 체육 따위가 끝나거나 또는 하러 나가다.
[下作] hsiàtso ㄒㄧㄚˋㄗㄨㄛ 경박하고 조심성이 없다.
[下存] hsiàts'ún ㄒㄧㄚˋㄘㄨㄣˊ 잔고(殘高).
[下毒] hsià tú ㄒㄧㄚˋㄉㄨˊ 독약을 먹이다.
[下次] hsiàtz'ŭ ㄒㄧㄚˋㄘˋ 차회(次回). 다음 번. 「=下遭.
[下浣] hsiàwăn ㄒㄧㄚˋㄨㄢˇ 하순(下旬).
[下晚兒] hsiàwănrh ㄒㄧㄚˋㄨㄢˇㄦ 해질 무렵. 황혼이 짙어질 때.
[下文] hsiàwén ㄒㄧㄚˋㄨㄣˊ ①이하의 문장. 다음 문장. ②말의 계속. 「沒有一; 중동무이가 되다」
[下問] hsiàwèn ㄒㄧㄚˋㄨㄣˋ 자기보다 아랫사람에게 묻다. 「不恥一; 아랫사람에게 묻는 것을 수치로 생각하지 않다」
[下午] hsiàwŭ ㄒㄧㄚˋㄨˇ 오후. 하오.
[下藥] hsià yào ㄒㄧㄚˋㄧㄠˋ 의사가 약을 골라 쓰다. 「따위를.
[下咽] hsiàyèn ㄒㄧㄚˋㄧㄢˋ 삼키다 : 음료
[下音(兒)] hsiàyīn(rh) ㄒㄧㄚˋㄧㄣ(ㄦ) ①말의 끝. 「接着一說; 말을 끝마쳤는 데 또 잇달아 말을 걸다」
[下餘] hsiàyǘ ㄒㄧㄚˋㄩˊ 남다.
[下游] hsiàyú ㄒㄧㄚˋㄧㄡˊ ①하류. ②낙오되어 있는 상태. 「甘居一; 태평스럽게 낙오되어 있다」
[下院] hsiàyüàn ㄒㄧㄚˋㄩㄢˋ ①절의 분원(分院). ②의회의 하원(下院).
[下語兒] hsiàyǚrh ㄒㄧㄚˋㄩˇㄦ 받아 넘기는 말. 말대꾸.

〔夏〕 hsià ㄒㄧㄚˋ ①여름. ②중국의 고칭(古稱). 「中一; 中華」 ③중국 고대의 왕조명(王朝名). 「一曆; 음력 : "夏"나라 시대에 창시되었다고 함」 「여름철.
[夏令] hsiàlìng ㄒㄧㄚˋㄌㄧㄥˋ 하계(夏季).
[夏令營] hsiàlìngyíng ㄒㄧㄚˋㄌㄧㄥˋㄧㄥˊ 하계 집중 훈련.
[夏布] hsiàpù ㄒㄧㄚˋㄅㄨˋ 마포(麻布).
[夏收] hsiàshōu ㄒㄧㄚˋㄕㄡ 여름철의 수확(收穫).
[夏天] hsiàt'ien ㄒㄧㄚˋㄊㄧㄢ 여름.
[夏營地] hsiàyíngtì ㄒㄧㄚˋㄧㄥˊㄉㄧˋ 여름철에 가축을 방목하는 땅을 말함. =夏窩子.

〔厦〕 hsià ㄒㄧㄚˋ 가옥 후부에 돌출된 부분. 베란다. 「前廊後一; 앞은 포오치(porch), 뒤는 베란다」 ⇨shà.

〔諕〕 hsià ㄒㄧㄚˋ =嚇.

〔嚇〕(吓) hsià ㄒㄧㄚˋ 〈文〉hŏ ㄏㄜˋ 놀라다. 놀라게 하다. 무서워하다. 「一我一跳; 깜짝 놀라게 하다」 「眞一人!; 참으로 놀랐다」 ⇨hŏ.
[嚇着] hsiàcháo ㄒㄧㄚˋㄓㄠˊ (아기가) 놀라서 병이 나다. 「협하다. =嚇唬.
[嚇唬] hsiàhu ㄒㄧㄚˋㄏㄨ 혼을 내다. 위
[嚇壞] hsiàhuài ㄒㄧㄚˋㄏㄨㄞˋ 몹시 놀라다. 「잃다.
[嚇昏] hsiàhūn ㄒㄧㄚˋㄏㄨㄣ 놀라 정신을
[嚇人] hsiàjén ㄒㄧㄚˋㄖㄣˊ 사람을 놀라게 하다. 「라서 어찌할 줄 모르다.
[嚇毛了] hsiàmáolê ㄒㄧㄚˋㄇㄠˊㄌㄜ 놀
[嚇傻] hsiàshă ㄒㄧㄚˋㄕㄚˇ 놀라서 정신의 평형을 잃다. 「ㄜ 벌벌 떠는 모양
[嚇勢勢的] hsiàshihshihtê ㄒㄧㄚˋㄕˋㄕˋㄉ
[嚇呆] hsiàtāi ㄒㄧㄚˋㄉㄞ 놀라서 멍하다.
[嚇倒] hsiàtăo ㄒㄧㄚˋㄉㄠˇ 하늘을 우러

러 보다.

〔罅〕 hsià ㄒㄧㄚˋ 갈라진 금. 틈.

HSIANG ㄒㄧㄤ

〔香〕 hsiāng ㄒㄧㄤ ①향기롭다. ②맛있다.「酒一；술맛이 좋다」「飯一；밥맛이 좋다」③기분이 좋다.「睡得一;푹 자다」④대단히 칭찬하다. 환영받다.「這種貨物在農村一得很；이 품종의 물건은 농촌에서 대환영이다」⑤종자가 좋다.「他們倆有時候一,有時候臭；그 두 사람은 사이가 좋았다 나빴다 하다」⑥향료.「檀一；백단향」⑦선향(線香).「盤一；감아 말은 선향」 「아 두는 상.

[香案] hsiāng'àn ㄒㄧㄤㄢˋ 향(香)불을 놓

[香茶] hsiāngch'á ㄒㄧㄤㄔㄚˊ ①산뜻하고 향기로운 차. ②＝香片. 「(儿) 순대.

[香腸(兒)] hsiāngch'áng(rh) ㄒㄧㄤㄔㄤˊ

[香橙] hsiāngch'ếng ㄒㄧㄤㄔㄥˊ 〈植〉여름 귤(밀감)：초여름에 나며 몹시 시다.

[香蕉] hsiāngchiāo ㄒㄧㄤㄐㄧㄠ 바나나.

[香錢] hsiāngch'ien ㄒㄧㄤㄑㄧㄢ 향전.

[香精] hsiāngchīng ㄒㄧㄤㄐㄧㄥ 향료 에센스. 「취.

[香臭] hsiāngch'ồu ㄒㄧㄤㄔㄡˋ 향기와 악

[香椿] hsiāngch'un ㄒㄧㄤㄔㄨㄣ 〈植〉향춘(香椿). 참죽나무. 「고(버섯).

[香蕈] hsiāngchǜn ㄒㄧㄤㄐㄩㄣˋ 〈植〉표

[香燭店] hsiāngch'ǔtièn ㄒㄧㄤㄓㄨˊㄉㄧㄢˋ 선향(線香)이나 양초 따위를 파는 가게.

[香餌] hsiāng'ěrh ㄒㄧㄤ ㄦˇ ①좋은 냄새가 나는 먹이. ②새나 고기를 모으게 하는 먹이. 「화장용 비누.

[香肥皂] hsiāngféitsào ㄒㄧㄤㄈㄟˊㄗㄠˋ

[香蒿子] hsiānghāotzǔ ㄒㄧㄤㄏㄠㄗ 쑥갓의 일종.

[香消玉殞] hsiānghsiāo-yǜyǚn ㄒㄧㄤㄒㄧㄠㄩˋㄩㄣˇ ①부녀자(婦女子)의 죽음을 말함. ②미인의 죽음을 말하다.

[香花] hsiānghuā ㄒㄧㄤㄏㄨㄚ ①선향(線香)과 꽃. ②영전의 향과 꽃.

[香灰] hsiānghuī ㄒㄧㄤㄏㄨㄧ 향불이 타고 남은 재. 「향(線香).

[香火兒] hsiānghuǒrh ㄒㄧㄤㄏㄨㄛˇㄦ 선

[香會] hsiānghui ㄒㄧㄤㄏㄨㄟˋ 불당(佛堂)·종묘(宗廟) 따위의 참예(參詣)를 목적으로 하는 모임, 또는 연일(緣日).

[香儀] hsiāngí ㄒㄧㄤㄧˊ 향전(香奠).

[香客] hsiāngk'ồ ㄒㄧㄤㄎㄜˋ 절(寺)의 참배자. 「冬菇.

[香菇] hsiāngkū ㄒㄧㄤㄍㄨ 〈植〉표고. ＝

[香瓜(兒)] hsiāngkuā(rh) ㄒㄧㄤㄍㄨㄚ(ㄦ) 참외. 「의 방.

[香閨] hsiāngkueī ㄒㄧㄤㄍㄨㄟ 부인(婦人)

[香蠟紙馬] hsiānglà chǐhmǎ ㄒㄧㄤㄌㄚˋㄓˇㄇㄚˇ 신불(神佛)의 제(祭)를 지낼 때 사용하는 선향(線香)·초·종이로 만든 말.

[香蠟鋪] hsiānglàp'ù ㄒㄧㄤㄌㄚˋㄆㄨˋ 선향·초 따위를 파는 가게. ＝香蠟店.

[香奩] hsiāngliến ㄒㄧㄤㄌㄧㄢˊ 향품상자.

[香茗] hsiāngmíng ㄒㄧㄤㄇㄧㄥˊ 어린 싹으로 만든 차(茶).

[香膩] hsiāngnì ㄒㄧㄤㄋㄧˋ 기름기가 있어 맛이 좋다. 「詣人)의 휴식처.

[香棚] hsiāngp'ếng ㄒㄧㄤㄆㄥˊ 참예인(參

[香噴噴的] hsiāngp'ēnp'ēntê ㄒㄧㄤㄆㄣㄆㄣㄉㄜ 냄새가 물씬물씬 나다.

[香片] hsiāngp'ièn ㄒㄧㄤㄆㄧㄢˋ 재스민(jasmine)이나 혹은 옥란(玉蘭)의 향기를 입힌 차(茶).

[香賓] hsiāngpīn ㄒㄧㄤㄅㄧㄣ 샴페인(프 champagne). ＝香賓酒.

[香餑餑兒] hsiāngpōporh ㄒㄧㄤㄅㄛㄅㄛㄦ ①사랑하는 사람. ②모두가 좋아하는 사람.

[香市] hsiāngshih ㄒㄧㄤㄕˋ ①절간이나 종묘 따위에 참예인이 많은 일. ②참예인에게 선향(線香)을 파는 상점.

[香水精] hsiāngshuichīng ㄒㄧㄤㄕㄨㄟˇㄐㄧㄥ 향수 에센스(essence). 향료.

[香稻米] hsiāngtàomi ㄒㄧㄤㄉㄠˋㄇㄧˇ 구수한 냄새가 풍기는 쌀.

[香甜] hsiāngt'ien ㄒㄧㄤㄊㄧㄢ ①맛이 있다. ②기분이 좋다.「睡得一；푹 자다. ＞香香甜甜.

[香頭] hsiāngt'ốu ㄒㄧㄤㄊㄡˊ ①향기. ②좋은 냄새. ③hsiang t'ốu(ㄒㄧㄤ ㄊㄡˊ) "香會"의 우두머리.

[香頭兒] hsiāngt'ốurh ㄒㄧㄤㄊㄡˊㄦ ①선향(線香)의 불을 붙이는 장소. ②선향이 타다 꺼진 나머지. 「수나물.

[香菜] hsiāngs'ài ㄒㄧㄤㄘㄞˋ 〈植〉고

[香皀] hsiāngtsào ㄒㄧㄤㄗㄠˋ 화장 비누.

[香墩兒] hsiāngtūnrh ㄒㄧㄤㄉㄨㄣㄦ 선향(線香)을 피워 두는 용구.

[香資] hsiāngtzū ㄒㄧㄤㄗ 선향의 대금. 향료(香料). 「기.

[香味兒] hsiāngwèirh ㄒㄧㄤㄨㄟˋㄦ 향

[香位牌] hsiāngwèip'ái ㄒㄧㄤㄨㄟˋㄆㄞˊ 위패：신주를 모시는 나무 패.

[香烟] hsiāngyēn ㄒㄧㄤㄧㄢ 말은 담배. 궐련(卷煙).「一屁股；담배 꽁초」「一夾子；담뱃갑」「一莊；담배 판매점」

[香油] hsiāngyú ㄒㄧㄤㄧㄡˊ ①참기름. ＝麻油. ②냄새가 좋은 기름.

[香櫞] hsiāngyüán ㄒㄧㄤㄩㄢˊ 〈植〉불수감(佛手柑)：따뜻한 지방에서 나는 과수로 열매는 사람 손 모양이며 짙은 향키가 나며 여름에 흰 꽃이 피어서 열매를 맺음.

〔相〕 hsiāng ㄒㄧㄤ ①서로.「一親一愛；서로 위하고 서로 사랑하다」②일부 동사에 붙는 접두어로 쓰이는 말.「一信；믿다」「一煩；부탁하다. 괴롭히다」③비교한 결과를 표시하다.「一同；같다」「一反；반대」④보다.「左一右看；좌우를 두리번거리다」⑤성(姓). ⇨hsiàng.

[相安] hsiāng'ān ㄒㄧㄤㄢ 사이 좋게 함께 지내다. 「알맞다. 적합하다.

[相稱] hsiāngch'ền ㄒㄧㄤㄔㄣˋ 어울리다

[相交] hsiāngchiāo ㄒㄧㄤㄐㄧㄠ ①서로 사귀다. ②친구로 사귀다.

[相較] hsiāngchiāo ㄒㄧㄤㄐㄧㄠˋ ＝相比.

[相見] hsiāngchièn ㄒㄧㄤㄐㄧㄢˋ 만나다. 얼굴을 맞대다.

[相知] hsiāngchīh ㄒㄧㄤㄓ 친구. 친지.

[相持] hsiāngch'íh ㄒㄧㄤㄔˊ 서로 고집하다.

[相持不下] hsiāngch'íhpúhsià ㄒㄧㄤㄔˊㄅ

ㄨˊㄒㄧㄚˋ 다투며 서로 양보하지 않다.
[相近] hsiāngchìn ㄒㄧㄤㄐㄧㄣˋ 퍽 닮다. 비슷비슷하다.「他們倆的性情一；그 두 사람의 성질은 퍽 닮았다 : 비슷비슷하다」
[相敬如賓] hsiāngchìngjúpīn ㄒㄧㄤㄐㄧㄥˋㄖㄨˊㄅㄧㄣ 부부가 서로 존경해 주는 일.
[相處] hsiāngch'ǔ ㄒㄧㄤㄔㄨˇ (어떤 관계로) 함께 있다. 사업을 함께 하다.
[相仿] hsiāngfǎng ㄒㄧㄤㄈㄤˇ (두 개의 물건이) 대체로 비슷비슷하다.
[相反相成] hsiāngfǎn hsiāngch'éng ㄒㄧㄤㄈㄢˇㄒㄧㄤㄔㄥˊ 모순되고 상반되는 데서 동일성을 찾아내어 결부시키다.
[相符] hsiāngfú ㄒㄧㄤㄈㄨˊ 부합(符合) 되다. 일치하다.
[相輔而行] hsiāngfǔérhhsíng ㄒㄧㄤㄈㄨˇㄦˊㄒㄧㄥˊ 서로 도와서 효과를 올리다.
[相好] hsiānghǎo ㄒㄧㄤㄏㄠˇ 사이가 좋다.「一的；연인(戀人)」「我倆一；우리 두 사람은 사이가 좋다」
[相形見絀] hsiānghsíng chiènch'ò ㄒㄧㄤㄒㄧㄥˊㄐㄧㄢˋㄔㄨㄛˋ 비교하여 보면 한 쪽의 불충분한 점을 알게 된다. «成»
[相許] hsiānghsǔ ㄒㄧㄤㄒㄩˇ ＝也許 yéhhsǔ.
[相會] hsiānghuì ㄒㄧㄤㄏㄨㄟˋ 서로 만나다.
[相宜] hsiāngí ㄒㄧㄤㄧˊ 적당하다. 좋다.
[相議] hsiāngì ㄒㄧㄤㄧˋ 협의하다. 상의하다.
[相依爲命] hsiāngīwéimìng ㄒㄧㄤㄧㄨㄟˊㄇㄧㄥˋ 서로 굳게 의지하다. «成»
[相讓] hsiāngjàng ㄒㄧㄤㄖㄤˋ 양보하다. 사양하다.
[相擾] hsiāngjǎo ㄒㄧㄤㄖㄠˇ 괴로움을 끼치다.
[相若] hsiāngjò ㄒㄧㄤㄖㄨㄛˋ 서로 비슷비슷하다.「體重一；체중이 비슷하다」
[相看] hsiāngk'an ㄒㄧㄤㄎㄢ 인물을 평가하다. 선을 보다.
[相干] hsiāngkān ㄒㄧㄤㄍㄢ 서로 관계하다.
[相跟] hsiāngkēn ㄒㄧㄤㄍㄣ 함께 가다. 뒤를 따라 가다.
[相乖] hsiāngkuāi ㄒㄧㄤㄍㄨㄞ 위배되다. 맞지 않는다.
[相瞞] hsiāngmán ㄒㄧㄤㄇㄢˊ 속이다. 기만하다.
[相能] hsiāngnéng ㄒㄧㄤㄋㄥˊ 사이가 좋다.「積不一；원래 사이가 좋지 않다」
[相帮] hsiāngpāng ㄒㄧㄤㄅㄤ ① 서로 협조하다. ②도와 주다.
[相配] hsiāngp'èi ㄒㄧㄤㄆㄟˋ 서로 어울리다.
[相比] hsiāngpǐ ㄒㄧㄤㄅㄧˇ 비교하다.
[相伯仲] hsiāngpóchùng ㄒㄧㄤㄅㄛˊㄓㄨㄥˋ 역량이나 재능 따위의 차가 서로 비슷비슷하다.
[相識] hsiāngshíh ㄒㄧㄤㄕˊ ①서로 아는 사이다. ②아는 사람.
[相思] hsiāngssū ㄒㄧㄤㄙ 사모하다. 서로 그리워하다.「一病；상사병」
[相思豆(兒)] hsiāngssūtòu(rh) ㄒㄧㄤㄙㄉㄡˋ(ㄦ) 〈植〉남천촉(南天燭)의 열매 : 이것을 연인(戀人) 침대에 넣어두면 연애가 성취한다고 함.
[相當] hsiāngtāng ㄒㄧㄤㄉㄤ ①적당하다. ②상당하다. ③꽤. 상당히.「這首詩寫得一好；이 시(詩)는 꽤 잘 썼다」
[相抵] hsiāngtǐ ㄒㄧㄤㄉㄧˇ 셈을 서로 비김.
[相得] hsiāngté ㄒㄧㄤㄉㄜˊ 사이가 좋다.
[相提並論] hsiāngt'í pínglùn ㄒㄧㄤㄊㄧˊㄅㄧㄥˋㄌㄨㄣˋ 같은 성질의 사건을 동시에 논의하다.
[相左] hsiāngtsǒ ㄒㄧㄤㄗㄨㄛˇ 일치하지 않다.「意見一；의견이 엇갈리다」
[相應] hsiāngyìng ㄒㄧㄤㄧㄥˋ ①호응하다. ②hsiāngyīng ＝應該(공문 용어) : 대개 "一地"가 되어 그에 응하여, 그에 따라서 : 수반하여.
[相與] hsiāngyǚ ㄒㄧㄤㄩˇ ＝相好.

〔廂〕(厢) hsiāng ㄒㄧㄤ ①"正房"의 앞 양쪽에 있는 가옥. ②부근. 근처.「這一；이 곳」 ③성 부근.「城一；성 부근」 ④＝箱.
[廂房] hsiāngfáng ㄒㄧㄤㄈㄤˊ 안마당의 동서"正房"의 좌우에 세워진 행랑채. "東廂房, 西廂房"이라고 칭한다. ＝廂屋.

〔湘〕 hsiāng ㄒㄧㄤ ①「一水·一江；강의 이름으로 "廣西省"에서 근원하여 "湖南省"을 거쳐 "洞庭湖"로 들어 가는 강」 ②"湖南省"의 별칭.
[湘劇] hsiāngchǜ ㄒㄧㄤㄐㄩˋ 중국"湖南" 지방의 연극.
[湘妃竹] hsiāngfēichú ㄒㄧㄤㄈㄟㄓㄨˊ 얼룩대나무. 반죽(班竹). ＝湘竹.

〔鄉〕(乡) hsiāng ㄒㄧㄤ ①촌(마을). 시골.「他下一了；그는 시골로 떠났다」 ②고향.「還一；고향으로 돌아 가다」③ 행정 구획 : "縣"「一長；향장」
[鄉鎭] hsiāngchèn ㄒㄧㄤㄓㄣˋ 시골과 도회지
[鄉間] hsiāngchiēn ㄒㄧㄤㄐㄧㄢ 시골.
[鄉親] hsiāngch'īn ㄒㄧㄤㄑㄧㄣ ①시골 사람. 농민. 마을 사람들. ② 동향 사람들끼리 서로 부르는 말.
[鄉下] hsiāngsia ㄒㄧㄤㄒㄧㄚ 시골. 지방(地方).
[鄉下氣] hsiānghsiach'ì ㄒㄧㄤㄒㄧㄚㄑㄧˋ 시골티가 나다.
[鄉下話] hsiānghsiahuà ㄒㄧㄤㄒㄧㄚㄏㄨㄚˋ 방언.
[鄉下老兒] hsiānghsialǎorh ㄒㄧㄤㄒㄧㄚㄌㄠˇㄦ 시골뜨기.
[鄉下腦殼] hsiānghsia nǎok'ò ㄒㄧㄤㄒㄧㄚㄋㄠˇㄎㄜ 시골놈. 촌놈. 「下老兒.
[鄉老兒] hsiānglǎorh ㄒㄧㄤㄌㄠˇㄦ ＝鄉
[鄉里鄉氣] hsiānglihsiāngch'i ㄒㄧㄤㄌㄧㄒㄧㄤㄑㄧ 시골티. 촌스럽다.
[鄉鄰] hsiānglín ㄒㄧㄤㄌㄧㄣˊ 이웃 사람.
[鄉巴佬] hsiāngpalǎo ㄒㄧㄤㄅㄚㄌㄠˇ 시골 사람.
[鄉村] hsiāngts'ūn ㄒㄧㄤㄘㄨㄣ 농촌. 시골.
[鄉音] hsiāngyīn ㄒㄧㄤㄧㄣ 방언(方言). 지방 특유의 발음이나 말.
[鄉勇] hsiāngyǔng ㄒㄧㄤㄩㄥˇ 농촌의 자위 단원(自衛團員).

〔箱〕 hsiāng ㄒㄧㄤ ①「一子；상자. 트렁크. 가방」「皮一；가죽으로 만든 트렁크」「信一；사서함. 문전에 설치한 수신함. 전용 포스터(poster)」 ②차의 사람 타는 부분(동체).「車一；차의 동체(胴體). 차내(車內)」 ③옛날의 곡물 저장고(穀物貯藏庫). 넣는 농(籠).
[箱籠] hsiānglúng ㄒㄧㄤㄌㄨㄥˊ 의복을

[箱底兒] hsiāngtǐrh ㄒㄧㄤㄉㄧˇㄦ 극단에서 주연 외의 배역이나 그 밖의 여러 무리를 말함.

〔襄〕 hsiāng ㄒㄧㄤ 돕다.「一助；도와주다」「一辦；도와서 처리하다」「一理；조력하여 처리하다」

〔鑲〕 hsiāng ㄒㄧㄤ ①끼워 맞추다.②아로 새기다.③테를 두르다.「一一道紅邊；한줄기의 빨간 테를 두르다」

[鑲嵌] hsiāngch'ièn ㄒㄧㄤㄑㄧㄢˋ테를 두르고 넣다. 액자에 끼우다. 상감(象嵌)하다.

[鑲住了] hsiāngchùlê ㄒㄧㄤㄓㄨˋㄌㄜ 인정이나 체면으로 인하여 발을 뗄 수도 없는 입장에 있다.

[鑲邊(兒)] hsiāngpiēn(rh) ㄒㄧㄤㄅㄧㄢ(ㄦ) 테두리에 장식품을 박아 넣다. 테를 두르다.

〔降〕 hsiáng ㄒㄧㄤˊ ①항복하다. 복종하다.「投一；투항하다」②굴복시키다. 억누르다.「一得住；퇴치(退治)된다」⇨ chiàng.

[降龍伏虎] hsiánglúng-fúhǔ ㄒㄧㄤˊㄌㄨㄥˊㄈㄨˊㄏㄨˇ 어떠한 강자(強者)라 하더라도 무찌를 수 있는 힘이나 수완.《成》

〔祥〕 hsiáng ㄒㄧㄤˊ ①경사스러운 일. 행운이다.「吉一；운이 좋다」 ②길흉(吉凶)의 전조(前兆).「不一；불길(不吉)」

〔翔〕 hsiáng ㄒㄧㄤˊ(날개를 치지 않고) 서서히 날다.「飛一；천천히 날다」

〔詳〕 hsiáng ㄒㄧㄤˊ ①상세히.「一談；자세한 말」「一報；자세한 사정」②확실하다.「內容不一；내용이 확실치 않다」③설명하다. 해설하다.「一個夢；해몽하다」 ④하급자가 상급자에게 문서로 제출하는 일이나, 또는 문의하는 일.「這個辦法等一了上司才能決定；이 방법은 상관에게 문서로 문의를 하지 않고서는 결정할 수 없다」

[詳加] hsiángchiā ㄒㄧㄤˊㄐㄧㄚ(어떤 대상물에) 자세히…하다 : 뒤에 복음어가 따른다. 「一解釋；자세히 해석하다」

[詳知] hsiángchīh ㄒㄧㄤˊㄓ 자세히 알다.

[詳密] hsiángmì ㄒㄧㄤˊㄇㄧˋ 자상하다.

[詳實] hsiángshíh ㄒㄧㄤˊㄕˊ 소상하고 확실하다.

〔享〕 hsiǎng ㄒㄧㄤˇ 받다.「一樂； 향락하다. 즐기다」

[享清福] hsiǎng ch'īngfú ㄒㄧㄤˇㄑㄧㄥㄈㄨˊ 번민 없는 행복을 누리다.

[享福] hsiǎngfú ㄒㄧㄤˇㄈㄨˊ 복을 받다. 즐기다.「一人吃苦, 萬人一；한 사람의 수고의 덕분으로 여러 사람이 행복되다」

[享受] hsiǎngshòu ㄒㄧㄤˇㄕㄡˋ(행복이나 은혜를) 잘 받다. 향수(享受)하다.

[享用] hsiǎngyùng ㄒㄧㄤˇㄩㄥˋ (과람한 것이나 귀중한 것을) 사용하다. 받다. 먹다.「一了名果；이름 있는 과일을 먹을 수 있는 복을 누렸다. 특별한 과일을 먹어 볼 수 있었다」

〔想〕 hsiǎng ㄒㄧㄤˇ ①생각하다.「一出法子來了；방법이 생각났다」②추측하다. 상상하다. 생각하다.「我一他不來了；그 사람은 안 올 것으로 짐작된다」 ③바라다. 원하다. …하고 싶다.「要一學習好, 就得努力； 잘 배우려면 노력하지 않고서는 안된다」 ④근심하다. 걱정하다.「一着前方的戰士；전방 전사(戰士)들의 일을 근심하고 있다」

[想差] hsiǎngch'à ㄒㄧㄤˇㄔㄚˋ 잘못 생각하다. 착각하다. =想錯.

[想碴兒] hsiǎngch'árh ㄒㄧㄤˇㄔㄚˊㄦ ①가만히 생각하다. ②지나간 일을 가만히 회상해 보다.

[想着] hsiǎngchê ㄒㄧㄤˇㄓㄜ ①잊지 말고.「你一帶來吧；잊지 말고 갖고 오너라」②마음에 생각하고 있다.

[想見] hsiǎngchièn ㄒㄧㄤˇㄐㄧㄢˋ 생각하게 되다. 물어 보다.

[想錢兒] hsiǎngch'iénrh ㄒㄧㄤˇㄑㄧㄢˊㄦ 이득을 보려고 하다.

[想絕] hsiǎngchüéh ㄒㄧㄤˇㄐㄩㄝˊ 생각이 다하다. 생각한 나머지.「法子都一了；방법은 다 생각해 보았다」

[想盡] hsiǎngchìn ㄒㄧㄤˇㄐㄧㄣˋ 생각할 수 있는 한 생각하여 보다.

[想法] hsiǎngfǎ ㄒㄧㄤˊㄈㄚˇ ① 어떻게든지 방법을 생각하다. ②사고 방법.

[想入非非] hsiǎngjùfēifēi ㄒㄧㄤˇㄖㄨˋㄈㄟㄈㄟ 이것 저것 생각하다 보니 의미가 점점 애매해지다.

[想開了] hsiǎngk'āilê ㄒㄧㄤˇㄎㄞㄌㄜ 단념하다.

[想苦了] hsiǎngk'ǔlê ㄒㄧㄤˊㄎㄨˇㄌㄜ 끝까지 생각하다.「一她了；그 여자만 골똘히 생각하다」

[想來] hsiǎnglái ㄒㄧㄤˇㄌㄞˊ 생각하여 보다.「一勉強可以辦得到；생각하여 보니 어떻게든 될 것 같다」「마음에 두다.

[想念] hsiǎngnièn ㄒㄧㄤˇㄋㄧㄢˋ 생각하다.

[想必] hsiǎngpì ㄒㄧㄤˇㄅㄧˋ 꼭. 필히.「一他不反對 ; 꼭 그 사람은 반대 안할 것입니다」=想必是.

[想遍] hsiǎngpièn ㄒㄧㄤˇㄅㄧㄢˋ(모든 점을) 잘 생각하여 보다. 「로 생각하다.

[想偏] hsiǎngp'iēn ㄒㄧㄤˇㄆㄧㄢ 일방적으로 생각하다.

[想不起來] hsiǎngpuch'ilái ㄒㄧㄤˇㄅㄨㄑㄧˇㄌㄞˊ 생각나지 않다. ↔想得起來.

[想不出] hsiǎngpuch'ū ㄒㄧㄤˇㄅㄨㄔㄨ 생각이 안나다. ↔想得出.

[想不開] hsiǎngpuk'āi ㄒㄧㄤˇㄅㄨㄎㄞ 단념할 수가 없다. ↔想得開.

[想不到] hsiǎngputào ㄒㄧㄤˇㄅㄨㄉㄠˋ ①생각할 수 없다. 생각지도 못하다. ↔想得到. ② 뜻밖에.

[想到] hsiǎngtào ㄒㄧㄤˇㄉㄠˋ 생각이 미치다. 생각이 나다.

[想頭] hsiǎngt'ou ㄒㄧㄤˇㄊㄡ ①희망. ②생각. ③심산(心算). 계획. 「=盼望.

[想望] hsiǎngwàng ㄒㄧㄤˇㄨㄤˋ 바란다.

[想通] hsiǎngt'ūng ㄒㄧㄤˇㄊㄨㄥ 생각이 철저하다.

〔餉〕 hsiǎng ㄒㄧㄤˇ ①군대나 경찰 따위의 급여(給與).「領一；봉급을 수령하다」「關一；봉급을 받다」 ②남에게 음식을 먹이다. 식사를 대접하다. 「(給料).

[餉銀] hsiǎngyín ㄒㄧㄤˇㄧㄣˊ 군대의 급료

〔鮝〕(鯗) hsiǎng ㄒㄧㄤˇ 건어(乾魚). 말린 고기.「一魚 一yǘ ; 마른고기」

〔饗〕 hsiǎng ㄒㄧㄤˇ 주식(酒食)으로 손님을 대접하다.

〔響〕(响) hsiǎng ㄒㄧㄤˇ ①「一兒 ; 소리(聲·音)」「聽不見一兒了 ; 소리가 안 들렸다」 ②소리가 나다.「大炮一了 ; 대포 소리가 났다」 「一聲不一 ; 한 마디도 말하지 않다」 ③소리가 울려 오다. 소리가 크다. 소리가 잘 들리다.「這個鈴眞一 ; 이 벨은 소리가 잘 난다」 ④반응이 있다. 반향이 있다.「說什麼也不一 ; 무엇을 말해도 반응이 없다」

[響澈雲霄] hsiǎngch'è yǘnhsiāo ㄒㄧㄤˇㄔㄜˋㄩㄣˊㄒㄧㄠ 소리가 매우 깨끗이 잘 들리다.

[響箭] hsiǎngchièn ㄒㄧㄤˇㄐㄧㄢˋ 순무 모양의 살촉이 달린 화살 : 날아갈 때 소리가 요란함.

[響晴] hsiǎngch'íng ㄒㄧㄤˇㄑㄧㄥˊ 맑게 개다.

[響房] hsiǎngfáng ㄒㄧㄤˇㄈㄤˊ 장가 들러 가는 신랑의 가마가 떠나기전에 음악을 연주하다. 「「打一 ; 트림을 하다」

[響嗝兒] hsiǎngkǒrh ㄒㄧㄤˇㄍㄜˇㄦ 트림.

[響亮] hsiǎngliàng ㄒㄧㄤˇㄌㄧㄤˋ ①(소리가) 높다. 크다. 잘 통하다(들리다). ②(명성이) 알려지다. 떨치다. ③효과가 있다.

[響鈴兒] hsiǎnglíngrh ㄒㄧㄤˇㄌㄧㄥˊㄦ 방울. 초인종. 벨. 「향. 소리.

[響聲兒] hsiǎngshēngrh ㄒㄧㄤˇㄕㄥㄦ 음

[響導] hsiángtǎo ㄒㄧㄤˊㄉㄠˇ 길을 인도하다.

[響銅] hsiǎngt'úng ㄒㄧㄤˇㄊㄨㄥˊ 정밀히 제조한 동(銅): 악기의 자료로 쓴다.

[響動兒[hsiǎngtùngrh ㄒㄧㄤˇㄉㄨㄥˋㄦ 동작할 때 나는 소리.

[響尾蛇] hsiángwěishě ㄒㄧㄤˊㄨㄟˇㄕㄜˊ 〈動〉 방울뱀. 향미사(響尾蛇).

[響洋] hsiǎngyáng ㄒㄧㄤˇㄧㄤˊ 은화(銀貨).

[響應] hsiǎngyìng ㄒㄧㄤˇㄧㄥˋ 응하다. 호응하다. 「음성.

[響音兒] hsiǎngyīnrh ㄒㄧㄤˇㄧㄣㄦ 소리.

〔向〕(嚮①④) hsiàng ㄒㄧㄤˋ ① 향하다. …에 대하다.「一前看 ; 전방을 보다. 앞으로 나란히! : 호령」 「這間房子一東 ; 이 집은 동향(東向)이다」 ②「一兒 ; 방향. 목표」 「轉一 ; 방향이나 목적을 바꾸다」 ③기분. 의지.「志一」 「意一」 ④편파적으로 하다.「單一着自己人 ; 자기 측근자만을 편파적으로 쓰다」 ⑤이전.「一日 ; 전일」 「一者 ; 앞서」 ⑥현재까지. 이전부터 계속하여.「一來」「一一」 「풍향계.

[向風針] hsiàngfēngchěn ㄒㄧㄤˋㄈㄥㄓㄣ

[向心力] hsiànghsīnlì ㄒㄧㄤˋㄒㄧㄣㄌㄧˋ 구심력(求心力). 「다.

[向火] hsiànghuǒ ㄒㄧㄤˋㄏㄨㄛˇ 불을 쬐

[向日葵] hsiàngjìhk'ueí ㄒㄧㄤˋㄖˋㄎㄨㄟˊ 해바라기.

[向來] hsiànglái ㄒㄧㄤˋㄌㄞˊ 현재까지.

[向例] hsiànglì ㄒㄧㄤˋㄌㄧˋ 현재까지의 예로 보아. 관례상.「一禁止入場 ; 종래부터 입장이 금지되어 있다」

[向善] hsiàngshàn ㄒㄧㄤˋㄕㄢˋ 향상하다.

[向當兒] hsiàngtangrh ㄒㄧㄤˋㄉㄤㄦ (생계상에 있어서) 방법. 목표. 「도하다.

[向導] hsiàngtǎo ㄒㄧㄤˋㄉㄠˇ 길 앞내. 인

[向往] hsiàngwǎng ㄒㄧㄤˋㄨㄤˇ 마음을 쏟다. 사모하다. 「좋다.

[向陽] hsiàngyáng ㄒㄧㄤˋㄧㄤˊ 해 받이가

[向隅] hsiàngyǘ ㄒㄧㄤˋㄩˊ ①사이가 멀어지다. 외톨박이가 되다. ②사이가 멀어짐을 탄식하다. ③타와 동등하지 못한 불리한 경우나 조건 하에 있다.

[向右轉] hsiàng yū chuǎn ㄒㄧㄤˋㄧㄡˋㄓㄨㄢˇ 우향 우(右向右) : 호령.

〔相〕 hsiàng ㄒㄧㄤˋ ①「一兒 ; 용모. 모양」「凶一兒 ; 흉악한 인상」「照一 ; 사진을 찍다」 ②판단하다. 점치다.「一機行事 ; 기회를 보아 행하다」「人不可以貌一 ; 사람은 외모만 보아서는 안된다」 ③장관. 재상.「 首一 ; 수상」 ⇨hsiāng.「다.

[相親] hsiàngch'īn ㄒㄧㄤˋㄑㄧㄣ 선을 보

[相法] hsiàngfǎ ㄒㄧㄤˋㄈㄚˇ 관상법.

[相公] hsiàngkung ㄒㄧㄤˋㄍㄨㄥ ①젊은 신사나 주인. 도련님. ②남창(男娼). 남색(男色).

[相貌] hsiàngmao ㄒㄧㄤˋㄇㄠ 용모(容貌).

[相面的] hsiàngmièntê ㄒㄧㄤˋㄇㄧㄢˋㄉㄜ 관상장이. 「(儿) 사진.

[相片(兒)] hsiàngp'ièn(rh) ㄒㄧㄤˋㄆㄧㄢˋ

[相聲] hsiàngshêng ㄒㄧㄤˋㄕㄥ 만담.

〔巷〕 hsiàng ㄒㄧㄤˋ ①「一兒 ; 골목길. 갈림길. 기로(岐路)」「大街小一 ; 큰 길과 골목길」 ②갱도(坑道). 「街戰).

[巷戰] hsiàngchàn ㄒㄧㄤˋㄓㄢˋ 시가전(市

[巷議] hsiàngì ㄒㄧㄤˋㄧˋ 항간에서 떠도는 화제. 항담(巷談).

[巷口] hsiàngk'ǒu ㄒㄧㄤˋㄎㄡˇ 골목어귀.

[巷路] hsiànglù ㄒㄧㄤˋㄌㄨˋ =胡同.

[巷子] hsiàngtzǔ ㄒㄧㄤˋㄗ 뒷골목.

〔項〕 hsiàng ㄒㄧㄤˋ ①목덜미. 덜미. ②조목(條目). 항목(項目). ③금전. 경비(經費).「用一 ; 비용. 경비」

[項頸] hsiàngching ㄒㄧㄤˋㄐㄧㄥˇ=脖子.

[項圈(兒)] hsiàngch'üān(rh) ㄒㄧㄤˋㄑㄩㄢ(儿) 목걸이.「銀一 ; 은 목걸이」

[項鏈兒] hsiàngliènrh ㄒㄧㄤˋㄌㄧㄢˋㄦ 목걸이. =項鍊兒.

[項當兒] hsiàngtangrh ㄒㄧㄤˋㄉㄤㄦ(생계상의) 목표. 방법. = 向當兒.

〔象〕(像③~⑥) hsiàng ㄒㄧㄤˋ① 코끼리. ②형태. 모양.「景一 ; 경치. 현상」 ③도본을 쓰다. 닮다. …와 같다.「他很一他母親 ; 그는 모친 닮았다」 ④상(像). 「畫一 ; 화상」「佛一 ; 불상」 ⑤…와 같은.「一這件事是値得注意的 ; 이와 같은 것은 주목할 만하다」 ⑥어울리다. 적합하다.「你穿中國衣服很一 ; 너는 중국 의복을 입으면 잘 어울린다」

[象征] hsiàngchēng ㄒㄧㄤˋㄓㄥ ①상징. 상징하다.「這一着兩國的友誼 ; 이것은 양국의 우의를 상징하고 있다」

[象棋] hsiàngch'í ㄒㄧㄤˋㄑㄧˊ 장기(將棋).

[象形] hsiànghsíng ㄒㄧㄤˋㄒㄧㄥˊ 한자(漢字) 조자법의 하나 : 구체적인 것의 형

태를 그림식으로 상징된 문자로,"日·月·水" 따위.
[象話] hsiànghuà ㄒㄧㄤˋㄏㄨㄚˋ 도리에 맞다. 말의 이치가 통하다.「不一; 말이 되지 않다. 들을 수 있는 말이 못된다」
[象回事兒] hsiànghuíshìhrh ㄒㄧㄤˋㄏㄨㄟˊㄕˋㄦ 훌륭하다. 모양이 좋다. "回"는 조수사(助數詞).
[象貌] hsiàngmào ㄒㄧㄤˋㄇㄠˋ 용모.
[象模象樣(兒)] hsiàngmú-hsiàngyàng(rh) ㄒㄧㄤˋㄇㄨˊ ㄒㄧㄤˋㄧㄤˋ(ㄦ) 필요 이상으로 거만을 피우는 모양. 「다.
[象比] hsiàngpi ㄒㄧㄤˋㄅㄧˇ 마치 …와 같
[象皮紙] hsiàngp'íchìh ㄒㄧㄤˋㄆㄧˊㄓˇ 그림 용지.
[象鼻蟲] hsiàngpích'úng ㄒㄧㄤˋㄅㄧˊㄔㄨㄥˊ 곡상충(穀象蟲).
[象片(兒)] hsiàngp'ièn(rh) ㄒㄧㄤˋㄆㄧㄢ(ㄦ) 사진. =相片.
[象煞] hsiàngsha ㄒㄧㄤˋㄕㄚ=好像hǎo-hsiàng.「一有介事; 마치 있는 것처럼 하다. 흡사 도리에 맞는 것처럼」《吳》
[象生兒] hsiàngshêngrh ㄒㄧㄤˋㄕㄥㄦ 그런 체하는 태도.「做一; 그런 체하는 태도를 하다」
[象聲詞] hsiàngshēngtz'ǔ ㄒㄧㄤˋㄕㄥㄘˊ 의성(擬聲). 의음어(擬音語).
[象是] hsiàngshìh ㄒㄧㄤˋㄕˋ ①…에 비슷하다. ②여하간 …와 같다.「他一不願意去; 그는 아무리 해도 가고 싶어 하지 않는 것 같다」 「을 주제로 한 문장.
[象贊] hsiàngtsàn ㄒㄧㄤˋㄗㄢˋ 화상(畫像)
[象樣(兒)] hsiàngyàng(rh) ㄒㄧㄤˋㄧㄤˋ(ㄦ) ①모양이 잘 정돈되어 있다. ②면목을 손상시키지 않다. ③인상이 좋다. 보기가 좋다.
[象眼兒] hsiàngyěnrh ㄒㄧㄤˋㄧㄢˇㄦ 마름모꼴. = 斜象眼兒.

〔橡〕 hsiàng ㄒㄧㄤˋ ①〈植〉 상수리나무 떡갈나무. 칠엽수.「一斗; 도토리」②「一膠; 고무」「一皮; 고무. 지우개」
[橡膠] hsiàngchiāo ㄒㄧㄤˋㄐㄧㄠ 고무.
[橡筋] hsiàngchīn ㄒㄧㄤˋㄐㄧㄣ 포장용 고무줄.「動力一; 모형 비행기 따위의 동력에 사용하는 고무줄」
[橡皮] hsiàngp'í ㄒㄧㄤˋㄆㄧˊ 고무. 지우개.
[橡皮卷] hsiàngp'íchüǎn ㄒㄧㄤˋㄆㄧˊㄐㄩㄢˇ 포장용 고무줄. 「수(七葉樹)의 열매.
[橡子兒] hsiàngtzǔrh ㄒㄧㄤˋㄗˇㄦ 칠엽

HSIAO ㄒㄧㄠ

〔削〕 hsiāo ㄒㄧㄠ (홀로 쓰일 때는 이 음을) hsüēh ㄒㄩㄝ (복합어의 경우는 대개 이 음을 사용함) ①(가죽 따위를)깎다. 벗기다.「一鉛筆; 연필을 깎다」「把梨皮一掉; 배 껍질을 깎다」②떼어 버리다.「一髮; 머리를 깎다. 출가(出家)하다」「一職; 일자리를 빼앗다」③여위다.「一肩膀; 처진 어깨」 「다.
[削減] hsiüēhchièn ㄒㄩㄝㄐㄧㄢˇ 삭감하
[削球] hsiāoch'iú ㄒㄧㄠㄑㄧㄡˊ(정구나 탁구에서) 공을 꺾어 치다.
[削弱] hsiüēhjò ㄒㄩㄝㄖㄨㄛˋ (부분적으로) 약화시키다.「一敵人的抵抗力; 적의 저항력을 약화시키다」
[削足適履] hsüēhtsú shìhlǚ ㄒㄩㄝㄗㄨˊ ㄕˋㄌㄩˇ 발을 깎아서 신발에 맞추다. 불합리한 방법을 취하다. 무리하게 맞추다. 《成》
「있다.
〔枵〕 hsiāo ㄒㄧㄠ 비다. 속이 텅 비어
[枵腹] hsiāofù ㄒㄧㄠㄈㄨˋ 공복(空腹).「一從公; 공복을 참아가며 사무를 보다」

〔哮〕 hsiāo ㄒㄧㄠ ①(동물이) 울다. 으르렁거리다. ②식식하며 숨을 쉬는 모양.「一喘; 숨이 차다. 헐떡이다. 기관지에 질환이 생기어 기침이 심하며 호흡이 곤란한 병」

〔消〕 hsiāo ㄒㄧㄠ ①녹다. 없어 지다.「冰一; 얼음이 녹다」②떼어 버리다. 지우다.「一滅錯誤; 착오를 없애다」③소일하다.「一夏; 여름을 보내다」④필요로 하다. 사용하다.「不一說; 말할 필요도 없다」=不用說.「何一三天; 삼일(三日)도 걸리지 않다」
[消災] hsiāochāi ㄒㄧㄠㄓㄞ 화를 면하다.
[消差] hsiāoch'āi ㄒㄧㄠㄔㄞ 임무를 마치다. 임무를 다하다. =銷差.
[消氣] hsiāoch'ì ㄒㄧㄠㄑㄧˋ 화를 진정시키다. 마음을 안정시키다.
[消极情緒] hsiāochí ch'ínghsü ㄒㄧㄠㄐㄧˊ ㄑㄧㄥˊㄒㄩ 적극적으로 일을 하지 않으려는 정신 상태.
[消遣] hsiāoch'ien ㄒㄧㄠㄑㄧㄢ 근심을 풀다. 지루한 감을 전환시키다.
[消沈] hsiāoch'én ㄒㄧㄠㄔㄣˊ 약하게 하다. 세력을 제거하다.「一鬪志; 투지를 약화시키다」
[消愁遣悶] hsiāoch'óu ch'iěnmèn ㄒㄧㄠ ㄔㄡˊ ㄑㄧㄢˇㄇㄣˋ 근심·고민을 풀다.
[消除] hsiāoch'ú ㄒㄧㄠㄔㄨˊ 소멸(消滅)시키다. 제거(除去)하다.
[消費品] hsiāofèip'ǐn ㄒㄧㄠㄈㄟˋㄆㄧㄣˇ 소비물자. 소모품(消耗品). 소식.
[消耗兒] hsiāohàorh ㄒㄧㄠㄏㄠˋㄦ 편지.
[消息] hsiāohsi ㄒㄧㄠㄒㄧ 소식. 뉴우스.
[消息兒] hsiāohsirh ㄒㄧㄠㄒㄧㄦ ①비결. ②장치. ③(기계 따위의 부분품의) 작용이나 기능. 「여위다.
[消瘦] hsiāoshòu ㄒㄧㄠㄕㄡˋ 쇠약하다.
[消弭] hsiāomǐ ㄒㄧㄠㄇㄧˇ 소멸시키다. 그만두다. 「②소모하다.
[消磨] hsiāomó ㄒㄧㄠㄇㄛˊ ①소멸하다.
[消逝] hsiāoshìh ㄒㄧㄠㄕˋ 없어지다.
[消釋] hsiāoshìh ㄒㄧㄠㄕˋ ①(오해 따위가) 풀리다. ②소멸하다. 「소화시키다.
[消食兒] hsiāoshíhrh ㄒㄧㄠㄕˊㄦ 음식을
[消受] hsiāoshòu ㄒㄧㄠㄕㄡˋ 받다.「一不起; 견딜 수가 없다」 하다.
[消暑] hsiāoshǔ ㄒㄧㄠㄕㄨˇ 피서(避暑)
[消停] hsiāot'ing ㄒㄧㄠㄊㄧㄥ ①안온(安穩)하다. >消消停停. ②한가롭고 조용하다. ③침착하다. ④주의 깊다. ⑤기분이 평정(平靜)하다.
[消褪] hsiāot'ùn ㄒㄧㄠㄊㄨㄣˋ 퇴색하다. 빛깔이 바래다. 크 지우개.
[消字靈] hsiāotzùlíng ㄒㄧㄠㄗˋㄌㄧㄥˊ 잉

[消亡] hsiāowáng ㄒㄧㄠㄨㄤˊ 소멸하다.
[消炎片] hsiāoyénp'ièn ㄒㄧㄠㄧㄢˊㄆㄧㄢˋ 소염용(消炎用)의 알약.

〔宵〕 hsiāo ㄒㄧㄠ 밤.「通一 ; 철야. 밤을 새우다」「一小 ; 악한(惡漢)들」
[宵禁] hsiāochìn ㄒㄧㄠㄐㄧㄣˋ 야간 외출 금지(夜間外出禁止).
[宵夜] hsiāoyèh ㄒㄧㄠㄧㄝˋ 야식(夜食).

〔逍〕 hsiāo ㄒㄧㄠ
[逍遙] hsiāoyáo ㄒㄧㄠㄧㄠˊ 일 없이 돌아다니다. 유유히 마음대로 산책하다.「一法外 ; 법을 어긴 사람이 처벌을 벗어나 자유로운 생활을 보내다」「一自在 ; 자유자재한 모양. 어떤 일에도 구속 당하지 않는 모양」

〔梟〕 hsiāo ㄒㄧㄠ ①〈動〉올빼미. ②용맹(勇猛)한. 강하고 능청맞다. 「一雄」「一將」

〔硝〕 hsiāo ㄒㄧㄠ ①초석(硝石).「朴一 ; 유산(硫酸) 나트륨」 ②가죽을 무두질하다.
[硝鏹水] hsiāoch'iāngshuǐ ㄒㄧㄠㄐㄧㄤㄕㄨㄟˇ 초산(硝酸).

〔銷〕 hsiāo ㄒㄧㄠ ①(금속을) 녹이다.「一毀 ; 쇠붙이를 녹이다. 폐기하다. 소각하다」②취소하다. 제거하다.「一假 ; 휴가를 취소하다」「撤一;철회(徹回)하여 취소하다」 ③팔다. 「一貨 ; 물품을 팔다」「脫一; 팔아 치우다」 「④창문이나 대문 따위를 채우는 쇠 막대. 플럭(plug).「一子 ; 플럭」 「電燈插一 ; 전등의 플럭(plug) : 전기 용구」 ⑤(전기 용구 따위를) 끼우다. 채우다.
[銷差] hsiāoch'āi ㄒㄧㄠㄔㄞ 복명(復命)「하다.
[銷場] hsiāoch'ǎng ㄒㄧㄠㄔㄤˇ ①=銷路. ②판매 시장.
[銷假] hsiāochià ㄒㄧㄠㄐㄧㄚˋ 휴가를 마치고 출근함을 신고하다.
[銷清] hsiāoch'īng ㄒㄧㄠㄑㄧㄥ 매진(賣盡)하다.
[銷行] hsiāohsíng ㄒㄧㄠㄒㄧㄥˊ 널리 판매하다.
[銷毀] hsiāohuǐ ㄒㄧㄠㄏㄨㄟˇ 쇠붙이를 녹이다.「一各國擁有原子彈 ; 각국이 보유하고 있는 원자 폭탄을 폐기하다」
[銷魂] hsiāohún ㄒㄧㄠㄏㄨㄣˊ 혼을 빼기다. 멍해 있다.
[銷貨] hsiāohuò ㄒㄧㄠㄏㄨㄛˋ 상품을 팔「아 치우다.
[銷貨額] hsiāohuòé ㄒㄧㄠㄏㄨㄛˋㄜˊ 상품 매상고(商品賣上高).
[銷路] hsiāolù ㄒㄧㄠㄌㄨˋ 판로(販路).
[銷聲匿迹] hsiāoshēng-nìchì ㄒㄧㄠㄕㄥ ㄋㄧˋㄐㄧˋ 숨거나 표면에 얼굴을 내지 않도록 하다.
[銷售] hsiāoshòu ㄒㄧㄠㄕㄡˋ 판매하다.「一市場 ; 판매 시장」

〔霄〕 hsiāo ㄒㄧㄠ 하늘. 높은 하늘.「高入雲一 ; 하늘 높이 솟아 있다」
[霄漢] hsiāohàn ㄒㄧㄠㄏㄢˋ 하늘 끝.
[霄壤] hsiāojǎng ㄒㄧㄠㄖㄤˇ 매우 멀리 떨어져 있는 모양.「一之別 ; 멀리 떨어져 있다. 하늘과 땅의 차(差)」

〔嘵〕 hsiāo ㄒㄧㄠ 「一一 ; 무서워 큰 소리로 외치는 소리」

〔囂〕 hsiāo ㄒㄧㄠ 떠들썩하다. 시끄럽「다.
[囂張] hsiāochāng ㄒㄧㄠㄓㄤ 떠들어대「다.

〔蕭〕 hsiāo ㄒㄧㄠ ①성(姓).②초라하다. ③「一一 ; 말의 울음 소리나 바람 소리」④〈植〉 쑥.
[蕭薄] hsiāopáo ㄒㄧㄠㄅㄠˊ ①천박하다. ②경솔하다. ③매우 엷다.
[蕭灑] hsiāosǎ ㄒㄧㄠㄙㄚˇ 도량이 넓어 시원시원하다.
[蕭散] hsiāosǎn ㄒㄧㄠㄙㄢˇ 드문드문하다.
[蕭瑟] hsiāosè ㄒㄧㄠㄙㄜˋ 가을 바람이 몹시 쓸쓸한 모양. 「쓸쓸하다.
[蕭索] hsiāosǒ ㄒㄧㄠㄙㄨㄛˇ 웬지 모르게
[蕭條] hsiāot'iáo ㄒㄧㄠㄊㄧㄠˊ ①쓸쓸하다. ②불경기(不景氣)이다.「買賣一 ; 장사가 잘 안된다. 장사가 부진하다」

〔簫〕 hsiāo ㄒㄧㄠ 〈樂〉 관악기의 한 가지:여러 가지 길이의 대통을 "U"자 모양으로 배열하여 입으로 부는 악기. 생황(笙簧).「洞一 ; 퉁소」「排一 ; 여러 대의 관(管)으로 되어 있는 피리. 배소」

〔瀟〕 hsiāo ㄒㄧㄠ 강 이름.「一水 ; "湖南省"에 있는 강 이름」

〔蠨〕 hsiāo ㄒㄧㄠ 발 긴 거미. 갈거미.
[蠨蛸] hsiāoshāo ㄒㄧㄠㄕㄠ 〈動〉 갈거미. 「발긴 거미.

〔驍〕 hsiāo ㄒㄧㄠ 준마(駿馬).
[驍悍] hsiāohàn ㄒㄧㄠㄏㄢˋ 용감하다.

〔小〕 hsiǎo ㄒㄧㄠˇ ①작다. 좁다.「一山 ; 작은 산」「地方一 ; 장소가 좁다」②수가 적다.「數目一 ; 수가 적다」 ③정도가 낮다. 얕다.「學問一 ; 학문의 수준이 낮다」 ④목소리가 낮다.「聲音很一 ; 음성이 낮다」 ⑤연령(年齡)이 적다.「他比我一 ; 그는 나보다 나이가 어리다」 ⑥겸손한 말씀.「一弟 ; 저 : 자기를 가리킴」 ⑦천한 사람. 「一人 ; 소인(小人)」「一老婆 ; 첩(妾)」⑧잠시 동안. 잠깐.「一坐 ; 잠깐 앉다」 ⑨어린이. 「一家老一 ; 한 집안의 노인이나 아이들」
[小襖兒] hsiǎoǎorh ㄒㄧㄠˊㄠˇㄦ 짧은 솜옷이나 겹옷.
[小產] hsiǎoch'ǎn ㄒㄧㄠˊㄔㄢˇ ①유산(流產). ②유산하다.
[小賬] hsiǎochàng ㄒㄧㄠˇㄓㄤˋ 팁(tip).
[小抄兒] hsiǎoch'āorh ㄒㄧㄠˇㄔㄠㄦ 컨닝(cunning)하기 위하여 적어둔 종이. 부정행위를 하기 위하여 만든 종이.
[小車(子·兒)] hsiǎoch'ē(tzǔ·rh) ㄒㄧㄠˇㄔㄜ(ㄗ·ㄦ) 손으로 미는 일륜차(一輪車): 운반을 하거나, 사람을 태우고 밀고 가는 수레.
[小氣] hsiǎoch'i ㄒㄧㄠˇㄑㄧ 인색하다. 좀「스럽다.
[小吃(兒)] hsiǎoch'īh(rh) ㄒㄧㄠˇㄔ(ㄦ) ①간단한 식사. ②그릴에서 파는 것과 같은 일품 요리(一品料理).
[小雞(兒·子)] hsiǎochi(rh·tzǔ) ㄒㄧㄠˇㄐㄧ(ㄦ·ㄗ) ①닭. ②연약한 것의 비유. ③(어린이 말로) 자지.

[小汽車] hsiăoch'ìch'ē ㄒㄧㄠˇㄑㄧˋㄔㄜ 일반 승용차. 택시. 「ㄐㄧㄡˇㄦ 계획. 타산.
[小加九兒] hsiăochiāchiŭrh ㄒㄧㄠˇㄐㄧㄚ
[小巧] hsiáoch'iăo ㄒㄧㄠˊㄑㄧㄠˇ (세공품 따위가) 정밀하고 교묘하다. >小小巧巧.
[小瞧] hsiăoch'iáo ㄒㄧㄠˇㄑㄧㄠˊ =小看.
[小巧玲瓏] hsiáoch'iăolínglúng ㄒㄧㄠˊㄑㄧㄠˇㄌㄧㄥˊㄌㄨㄥˊ 정밀하고, 정교(精巧)하다. 「(儿) 전족(纏足).
[小脚(兒)] hsiăochiăo(rh) ㄒㄧㄠˊㄐㄧㄠˇ
[小脚色] hsiáochiăosê ㄒㄧㄠˊㄐㄧㄠˇㄙㄜ 단역(端役). 연극이나 영화의 대수롭지 않은 '역.
[小家子] hsiăochiātzŭ ㄒㄧㄠˇㄐㄧㄚㄗ 좀스럽고 자질구레한. 「一人家 ; 인색한 가정」「一氣 ; 태도가 좀스럽고 시원치 못하다」
[小姐] hsiăochieh ㄒㄧㄠˊㄐㄧㄝ 아가씨.
[小節] hsiăochiéh ㄒㄧㄠˇㄐㄧㄝˊ 작은 일. 자질구레한 행동.
[小結] hsiăochiéh ㄒㄧㄠˇㄐㄧㄝˊ ①조그마한 매듭. ②중간적인 매듭을 짓다. ③조그마한 단락. ④자그마한 얽힘.
[小解] hsiáochiĕh ㄒㄧㄠˊㄐㄧㄝˇ 소변(小便).
[小竊] hsiăoch'ièh ㄒㄧㄠˇㄑㄧㄝˋ 좀도둑.
[小姐們兒] hsiăochiĕhmênrh ㄒㄧㄠˊㄐㄧㄝˇㄇㄣˊㄦ 나이 젊은 동갑의 여자들.
[小姐兒倆] hsiăochiéhrhliă ㄒㄧㄠˇㄐㄧㄝˊㄦㄌㄧㄚˇ ①나이가 비교적 어린 두 자매(姉妹). ②나이가 어리고 가족 중에서 항렬이 아래인 두 자매(姉妹). ③나이가 젊고 가족 중에서 항렬이 거의 비슷한 부녀를 부르는 총칭.
[小趾] hsiăochĭh ㄒㄧㄠˊㄓˇ 새끼발가락.
[小鉗子] hsiăo ch'iéntzŭ ㄒㄧㄠˇㄑㄧㄢˊㄗ 핀셋(pincette). 물건을 집기 위해 금속이나 대로 만든 기구. 「小孩子. 《吳》
[小赤佬] hsiăoch'ìhlăo ㄒㄧㄠˇㄔˋㄌㄠˇ =
[小指頭] hsiăochĭht'ou ㄒㄧㄠˇㄓˊㄊㄡ 새끼손가락.
[小盡] hsiăochìn ㄒㄧㄠˇㄐㄧㄣˋ 작은 달. 음력으로 한 달이 29일을 말함. =小建.
[小金豆子] hsiăochīntòutzŭrh ㄒㄧㄠˇㄐㄧㄣㄉㄡˋㄗㄦ 씩씩하고 믿음직한 사람.
[小秋收] hsiăoch'iūshōu ㄒㄧㄠˇㄑㄧㄡㄕㄡ 부수적(付隨的)인 가을의 수확(收穫).
[小舅子] hsiăochiùtzŭ ㄒㄧㄠˇㄐㄧㄡˋㄗ ①손아래 처남. =內弟. ②이 바보 같은 놈. 《罵》「捧你個一!; 이 바보 같은 자식! 없애 버릴 테다」 「잔의 술. 한 잔.
[小酌] hsiăochó ㄒㄧㄠˇㄓㄨㄛˊ 간단한 한
[小丑(兒)] hsiăoch'ŏu(rh) ㄒㄧㄠˊㄔㄡˇ(ㄦ) 광대역(廣大役). 희극 배우.
[小覷] hsiăoch'ü ㄒㄧㄠˇㄑㄩˋ =小看.
[小注(兒)] hsiăochù(rh) ㄒㄧㄠˇㄑㄩˋ(ㄦ) 본문(本文) 외의 주해(註解).
[小傳] hsiăochuàn ㄒㄧㄠˇㄓㄨㄢˋ 사람의 일생을 기록한 전기(傳記). 약전(略傳).
[小春作物] hsiăoch'ūn tsòwù ㄒㄧㄠˇㄔㄨㄣ ㄗㄨㄛˋㄨˋ 가을에 씨앗을 뿌려서 이른봄에 수확하는 농작물: "揚子江" 연안에서 나는 보리·밀·완두나 잠두 따위.
[小曲兒] hsiăoch'ŭrh ㄒㄧㄠˊㄑㄩˇㄦ =小調.
[小雛兒] hsiăoch'úrh ㄒㄧㄠˇㄔㄨˊㄦ ①병아리. ②경험이 없는 사람. 신인(新人). 풋나기.
[小販] hsiăofàn ㄒㄧㄠˇㄈㄢˋ 행상(行商): 물건을 걸머지고 소리를 지르며 팔러 다니는 사람. 「팁(tip).
[小費] hsiăofèi ㄒㄧㄠˇㄈㄟˋ 촌지(寸志).
[小夫婦] hsiăofūfù ㄒㄧㄠˇㄈㄨㄈㄨˋ ①젊은 부부. ②몸집이 작은 부부.
[小孩(子·兒)] hsiăohái(tzŭ·rh) ㄒㄧㄠˇㄏㄞˊ(ㄗ·ㄦ) 어린이.
[小孩子家] hsiăohaítzŭchia ㄒㄧㄠˇㄏㄞˊㄗㄐㄧㄚ ①어린이들. ②어린이란 것.
[小寒豆] hsiăohántòu ㄒㄧㄠˇㄏㄢˊㄉㄡˋ 완두.
[小號] hsiăohaò ㄒㄧㄠˇㄏㄠˋ ①폐점(弊店). ②자기를 낮추어 부르는 것. ③트럼펫.
[小合適] hsiăohóshìh ㄒㄧㄠˇㄏㄜˊㄕˋ 잠깐의 기회(機會). ②불과 얼마 안되는 이익(利益).
[小猴子] hsiăohóutzŭ ㄒㄧㄠˇㄏㄡˊㄗ ①빼빼 여윈 사람. ②장난꾸러기. 개구장이.
[小喜] hsiăohsĭ(rh) ㄒㄧㄠˊㄒㄧˇ(ㄦ) 유산(流産). 조산(早産).
[小戲(兒)] hsiăohsì(rh) ㄒㄧㄠˇㄒㄧˋ(ㄦ) ①지방극: ②간단한 연극. ③싸게 볼 수 있는 연극. ④시시한 연극.
[小小不言的] hsiăohsiăopùyéntê ㄒㄧㄠˊㄒㄧㄠˇㄅㄨˋㄧㄢˊㄉㄜ 매우 작은. 손댈 수도 없을 만큼 작은. 극히 얼마 안되는.
[小寫] hsiăohsiĕh ㄒㄧㄠˊㄒㄧㄝˇ 작은 글자로 쓰다.
[小鞋兒] hsiăohsiéhrh ㄒㄧㄠˇㄒㄧㄝˊㄦ 지독하다. 학대. 천대. 「別給他一穿 ; 그를 학대하지 말라」
[小先生] hsiăohsiēnshêng ㄒㄧㄠˇㄒㄧㄢㄕㄥ 전달 강습을 담당하는 강사를 말함. 「一制 ; 전달 강습을 하는 제도(制度)」
[小媳婦(兒)] hsiăohsífu(rh) ㄒㄧㄠˇㄒㄧˊㄈㄨ(ㄦ) 젊은 아내.
[小心] hsiăohsin ㄒㄧㄠˇㄒㄧㄣ ①주의하다. 신중(愼重)히 하다. >小小心心. ②hsiăohsīn 마음이 좁다. 소심(小心)하다. 「一眼兒 ; 마음이 좁다」 「발끈하는 성질.
[小性兒] hsiăohsìngrh ㄒㄧㄠˇㄒㄧㄥˋㄦ
[小修] hsiăohsiū ㄒㄧㄠˇㄒㄧㄡ (기계에 대하여) 가벼운 수리(修理).
[小學生] hsiăohsüéhshēng ㄒㄧㄠˇㄒㄩㄝˊㄕㄥ ①소학생: 국민학교 학생. ②hsiăohsüéhshêng 학동(學童). 학교 다니는 어린이.
[小雪] hsiăohsüĕh ㄒㄧㄠˊㄒㄩㄝˇ ①소설. 절기(節氣)의 하나로, 양력 11월 22~23일경.
[小戶] hsiăohù ㄒㄧㄠˇㄏㄨˋ 돈도 가문도 보잘 것 없는 가정 =小戶人家兒.
[小花臉] hsiăohuāliĕn ㄒㄧㄠˇㄏㄨㄚㄌㄧㄢˇ ①중국 고전극(古典劇)의 연극 배우. ②익살장이.
[小話兒] hsiăohuàrh ㄒㄧㄠˇㄏㄨㄚˋㄦ 부탁하는 말. 「(恩惠).
[小惠] hsiăohuì ㄒㄧㄠˇㄏㄨㄟˋ 작은 은혜
[小夥計兒] hsiăohuŏchirh ㄒㄧㄠˊㄏㄨㄛˇㄐㄧㄦ 나이 어린 점원(店員).
[小夥子(一兒)] hsiăohuŏtzŭ(—rh) ㄒㄧㄠˊㄏㄨㄛˇㄗ(一ㄦ) 젊은 사람. 나이 어린 남자. 「에 조금 기른 수염.
[小胡兒] hsiăohúrh ㄒㄧㄠˇㄏㄨˊㄦ 코밑
[小姨(子·兒)] hsiăoí(tzŭ·rh) ㄒㄧㄠˇㄧˊ

(ㄗ·ㄦ) 처세, 의매(義妹).

[小衣兒] hsiǎoīrh ㄒㄧㄠˇㄧㄦ 팬츠(pants) 나 드로우어스(drawers) 따위.

[小衣裳兒] hsiǎo īshangrh ㄒㄧㄠˇㄧㄕㄤㄦ ①어린이 의복. ②팬츠나 드로우어스 따위와 짧은 상의(上衣).

[小意思] hsiǎoìssŭ ㄒㄧㄠˇㄧˋㄙ 선물이나 자기의 의견을 표할 때에 쓰는 겸손한 표시. 남에게 선물을 줄 때에 하는 말.《謙》

[小藝道] hsiǎoìtao ㄒㄧㄠˇㄧˋㄉㄠ 잔재주. 조그마한 세공(細工).

[小人] hsiǎojên ㄒㄧㄠˇㄖㄣ ①소인(小人). 인격이 낮은 사람. ②hsiǎojén ㄒㄧㄠˇㄖㄣˊ 전설이나 동화에 나오는 가상적인 극히 몸이 작은 사람. 어린이.

[小人兒書] hsiǎojénrhshū ㄒㄧㄠˇㄖㄣˊㄦㄕㄨ 연의(演義) 소설에 나오는 연속적인 삽화(挿畫).

[小日子(兒)] hsiǎojìhtzŭ(rh) ㄒㄧㄠˇㄖˋㄗ(ㄦ) ①알량한 생활. ②일상(日常)의 가정 생활. 「주인.《上》

[小開] hsiǎok'āi ㄒㄧㄠˇㄎㄞ 상점의 젊은

[小楷] hsiáok'ǎi ㄒㄧㄠˊㄎㄞˇ 가는 붓(초필)으로 쓰는 해서(楷書)의 작은 글자.

[小看] hsiǎok'àn ㄒㄧㄠˇㄎㄢˋ 남을 멸시하다. 깔보다.

[小可] hsiáok'ǒ ㄒㄧㄠˊㄎㄜˇ ①보통의「非同一; 평범하지 않다」 ②소생(小生).

[小歌劇] hsiǎokōchǜ ㄒㄧㄠˇㄍㄜㄐㄩˋ 오페레타. 희극적인 소가극.

[小可憐兒] hsiáok'ŏliénrh ㄒㄧㄠˊㄎㄜˇㄌㄧㄢˊㄦ 불쌍한 어린이.

[小哥們兒] hsiǎokōmênrh ㄒㄧㄠˇㄍㄜㄇㄣㄦ 동배(同輩)의 청년들. 「작은 사람.

[小個兒] hsiǎokòrh ㄒㄧㄠˇㄍㄜˋㄦ 몸집이

[小哥兒倆] hsiǎokōrhliǎ ㄒㄧㄠˇㄍㄜㄦㄌㄧㄚˇ ①나이 어린 두 형제 ②젊고 집안의 항렬이 비슷한 두 아들.

[小疙瘩戶] hsiǎokōtahù ㄒㄧㄠˇㄍㄜㄉㄚㄏㄨˋ ①가난한 집. ②문벌도 재산도 없는 가정. 「한 사람. 구두쇠.

[小摳兒] hsiǎok'ōurh ㄒㄧㄠˇㄎㄡㄦ 인색

[小狗子] hsiáokǒutzŭ ㄒㄧㄠˊㄎㄡˇㄗ 개새끼. 개자식.《罵》

[小姑(兒)] hsiǎokū(rh) ㄒㄧㄠˇㄍㄨ(ㄦ) 어린 고모(姑母)에 대한 호칭(呼稱). 아버지의 어린 누이 동생을 말함.

[小鼓] hsiáokŭ ㄒㄧㄠˊㄍㄨˇ 작은 북.

[小館兒] hsiáokuǎnrh ㄒㄧㄠˊㄍㄨㄢˇㄦ 작은 요리점(料理店).

[小廣播] hsiǎokuǎngpō ㄒㄧㄠˇㄍㄨㄤˇㄅㄛ 이곳 저곳에 소문을 퍼뜨리는 일.

[小褂兒] hsiǎokuàrh ㄒㄧㄠˇㄍㄨㄚˋㄦ 중국식 여름샤쓰.

[小鬼] hsiáokueǐ ㄒㄧㄠˊㄍㄨㄟˇ ①바보 같은 놈.《罵》 ②(어린이들에게 대하여 귀여워하며) 바보야. 개구장이. ③뒤에서 소란을 피우거나 사건(事件)을 일으키는 사람. 선동자. 「便).

[小恭] hsiǎokūng ㄒㄧㄠˇㄍㄨㄥ 소변(小

[小工(兒)] hsiǎokūng(rh) ㄒㄧㄠˇㄍㄨㄥ(ㄦ) ①자잘한 육체 노동. ②(목공이나 직공 따위의) 밑에서 일하는 인부(人夫). 잡부(雜夫). 「=小工(兒)②.

[小工子] hsiǎokūngtzŭ ㄒㄧㄠˇㄍㄨㄥㄗ

[小姑娘] hsiǎokūniang ㄒㄧㄠˇㄍㄨㄋㄧㄤ 소녀(少女).

[小過節兒] hsiǎokuòchiéhrh ㄒㄧㄠˇㄍㄨㄛˋㄐㄧㄝˊㄦ 사소한 일.

[小過門兒] hsiǎokuòmênrh ㄒㄧㄠˇㄍㄨㄛˋㄇㄣˊㄦ 연극의 "唱"의 마디(節)와 마디 사이. 이 틈에 음악이 들어가고 연기자(演技者)는 숨을 가다듬는다.

[小過年] hsiǎokuònién ㄒㄧㄠˇㄍㄨㄛˋㄋㄧㄢˊ 음력 12월 23일 부뚜막 신(神)에게 제사를 올리는 날.

[小姑兒] hsiǎokurh ㄒㄧㄠˇㄍㄨㄦ 남편의 누이 동생. 손아래 시 누이. =小姑子: 둘다 호칭으로 쓰이는 것은 아니다.

[小孤孀] hsiǎokūshuāng ㄒㄧㄠˇㄍㄨㄕㄨㄤ 젊은 과부.

[小鼓搗油兒] hsiáokŭtaoyúrh ㄒㄧㄠˊㄍㄨˇㄉㄠㄧㄡˊㄦ ①약간의 구전을 얻어 먹다. ②약간의 수지를 맞추다. ③잔재주를 부리다. ④소규모의 사업이나 상업.

[小老婆] hsiáolǎop'o ㄒㄧㄠˊㄌㄠˇㄆㄛ 첩(妾). 세컨드.

[小老婆子] hsiáolǎop'otzŭ ㄒㄧㄠˊㄌㄠˇㄆㄛㄗ ①부인을 욕하는 말. ②첩(妾): 경멸의 뜻을 내포하다.

[小類] hsiǎolèi ㄒㄧㄠˇㄌㄟˋ ①하위 분류(下位分類). ②세분류(細分類).

[小理] hsiáolǐ ㄒㄧㄠˊㄌㄧˇ 변명. 지는 것이 분해서 당치 않는 말을 자꾸 하는 일.

[小兩口兒] hsiǎoliángk'ǒu(rh) ㄒㄧㄠˇㄌㄧㄤˊㄎㄡˇ(ㄦ) 젊은 부부.

[小臉兒] hsiáoliěnrh ㄒㄧㄠˊㄌㄧㄢˇㄦ 어린 아이나 소녀의 얼굴.

[小菱角嘴兒] hsiǎolíngchiaotsuǐrh ㄒㄧㄠˇㄌㄧㄥˊㄐㄧㄠㄗㄨㄟˇㄦ 입술이 위로 쑥 내민 입.

[小零兒] hsiǎolíngrh ㄒㄧㄠˇㄌㄧㄥˊㄦ 어떤 단위 이하인 것, 또는 그 수. 우수리.

[小力笨兒] hsiǎolipênrh ㄒㄧㄠˇㄌㄧˋㄅㄣˋㄦ ("北京人" 특유의 욕으로 악의는 포함하지 않음) 풋나기. 바보.

[小蹓] hsiǎoliū ㄒㄧㄠˇㄌㄧㄡ 소매치기. 좀도둑.

[小賣] hsiǎomài ㄒㄧㄠˇㄇㄞˋ (점포 입구 따위에서 파는) 간소한 요리.

[小滿] hsiáomǎn ㄒㄧㄠˊㄇㄢˇ 24절기(節氣)의 하나로 5월 21일경. 소만.

[小忙] hsiǎománg ㄒㄧㄠˇㄇㄤˊ 농번기(農繁期) 이외의 바쁜 시기: "大忙"에 대하여 말함.

[小貓兒] hsiǎomāorh ㄒㄧㄠˇㄇㄠㄦ 〈動〉 고양이: 애칭의 뜻을 갖고 있다.

[小毛兒] hsiǎomáorh ㄒㄧㄠˇㄇㄠˊㄦ 고급 양모피(羊毛皮).

[小帽兒] hsiǎomàorh ㄒㄧㄠˇㄇㄠˋㄦ ①"瓜皮帽(빵떡모)"의 통칭. ②평시에 쓰는 모자.

[小貓子] hsiǎomāotzŭ ㄒㄧㄠˇㄇㄠㄗ〈動〉 고양이: 증오의 뜻이 포함된 말.

[小門小戶兒] hsiǎomên hsiǎohùrh ㄒㄧㄠˇㄇㄣˊ ㄒㄧㄠˇㄏㄨˋㄦ 돈도 권력도 없는 가정.

[小米(兒)] hsiáomǐ(rh) ㄒㄧㄠˊㄇㄧˇ(ㄦ) 좁쌀. 「一粥; 좁쌀 죽」

[小名(兒)] hsiǎomíng(rh) ㄒㄧㄠˇㄇㄧㄥˊ(ㄦ) 어린 시절에 부르던 이름.

[小名氣] hsiǎomíngch'ì ㄒㄧㄠˇㄇㄧㄥˊㄑㄧˋ 보잘 것 없는 명성(名聲).

[小末兒] hsiǎomòrh ㄒㄧㄠˇㄇㄛˋㄦ 차(茶)

잎의 부스러기(찌꺼기).

[小末因由兒] hsiǎomòyīnyúrh ㄒㄧㄠˇㄇㄛˋㄧㄣㄧㄡˊㄦ ①사소한 일이나 원인. ＝小末浸油兒. ②대수롭지 않은 일.

[小拇指頭] hsiǎomuchíht'ou ㄒㄧㄠˇㄇㄨㄓˊㄊㄡ 새끼손가락.

[小拇哥(兒)] hsiǎomukō(rh) ㄒㄧㄠˇㄇㄨㄍㄜ(ㄦ) 새끼손가락. ＝小拇指. 小拇指頭.

[小母拘眼] hsiǎomǔkouyěn ㄒㄧㄠˇㄇㄨˇㄍㄡㄧㄢˇ 자그마하고 동그란 눈.

[小男婦女] hsiǎonán-fùnǚ ㄒㄧㄠˇㄋㄢˊㄈㄨˋㄋㄩˇ ①청년 남녀. ②여자 아이.

[小囝帽] hsiǎonánmào ㄒㄧㄠˇㄋㄢˊㄇㄠˋ 아이들 모자.

[小娘們兒] hsiǎoniángmênrh ㄒㄧㄠˇㄋㄧㄤˊㄇㄣㄦ ①젊은 부인; 경멸의 뜻을 내포함. ②첩(妾).

[小鳥依人] hsiǎoniǎo ījěn ㄒㄧㄠˊㄋㄧㄠˇㄧㄖㄣˊ 여자 아이의 연약하고 귀여운 모양.

[小年] hsiǎonién ㄒㄧㄠˇㄋㄧㄢˊ ①음력12월 24일. ＝小年夜. ②흉작(凶作).

[小妮子] hsiǎonítzǔ ㄒㄧㄠˇㄋㄧˊㄗ ①어린 여자 아이. 나이가 차지 않은 하녀(下女).

[小妞兒] hsiǎoniūrh ㄒㄧㄠˇㄋㄧㄡㄦ 어린 여자 아이.

[小農經濟] hsiǎonúng chīngchì ㄒㄧㄠˇㄋㄨㄥˊㄐㄧㄥㄐㄧˋ 소규모적으로 경영하는 자유 농업 경제를 말함.

[小把戲] hsiǎopǎhsì ㄒㄧㄠˇㄅㄚˇㄒㄧˋ 어린이.《吳》

[小百貨] hsiǎopǎihuò ㄒㄧㄠˇㄅㄞˇㄏㄨㄛˋ (바늘·실·화장품 따위의) 부인의 자질구레한 물건.

[小白臉兒] hsiǎopáiliěnrh ㄒㄧㄠˇㄅㄞˊㄌㄧㄢˇㄦ 미소년(美少年).

[小半大兒] hsiǎopantàrh ㄒㄧㄠˇㄅㄢㄉㄚˋㄦ 어른도 아이도 아닌 자.

[小跑(兒)] hsiǎop'ǎo(rh) ㄒㄧㄠˇㄆㄠˇ(ㄦ) ①살살 뛰는 걸음으로 가다. ②종종걸음으로 뛰어 가는 일.

[小寶寶] hsiǎopǎopao ㄒㄧㄠˇㄅㄠˇㄅㄠ 갓난 아기.

[小輩] hsiǎopèi ㄒㄧㄠˇㄅㄟˋ ①가족 관계나 친구 관계의 서열(序列)이 낮은 사람. ②후진자(後進者). ③무능한 사람.

[小輩兒] hsiǎopèirh ㄒㄧㄠˇㄅㄟˋㄦ 아랫세대(世代)의 사람.

[小本經營] hsiǎopěnchīngyíng ㄒㄧㄠˇㄅㄣˇㄐㄧㄥㄧㄥˊ 자그마한 상업.

[小本子(一兒)] hsiǎopěntzǔ(-rh) ㄒㄧㄠˇㄅㄣˇㄗ(一ㄦ) 수첩. 몸에 지니고 다니며 수시로 여러 가지 일을 적어두는 작은 책.

[小朋友] hsiǎop'ěngyu ㄒㄧㄠˇㄆㄥˊㄧㄡ ①어린 친구들. ②아이들 친구. ③아가야. 꼬마야: 부를 때에 쓰임.

[小票兒] hsiǎop'iàorh ㄒㄧㄠˇㄆㄧㄠˋㄦ 소액 지폐(小額紙幣).

[小便宜兒] hsiǎop'iénirh ㄒㄧㄠˇㄆㄧㄢˊㄧㄦ 적은 이익.

[小品] hsiǎop'ǐn ㄒㄧㄠˇㄆㄧㄣˇ 소품문. 생활 주변에서 일어나는 일을 간단히 그려 낸 문장.

[小兵小將] hsiǎopīng-hsiǎochiàng ㄒㄧㄠˇㄅㄧㄥㄒㄧㄠˇㄐㄧㄤˋ 조무래기. 자질구레한 것의 집합체. 어중이 떠중이.

[小布] hsiǎopù ㄒㄧㄠˇㄅㄨˋ ①폭이 좁은 무명(면포). ②(중국산의) 좁은 폭의 무명.

[小布爾喬治] hsiǎopùěrch'iáochìh ㄒㄧㄠˇㄅㄨˋㄦˇㄑㄧㄠˊㄓˋ 소(小)부르조아지(프bourgeoisie). 프티부르(프petit bourgeois). 《談》 중산 계급.

[小不點兒] hsiǎoputiěnrh ㄒㄧㄠˇㄅㄨㄉㄧㄢˇㄦ ①약간. 불과 얼마 안되는. ②가장 어린 갓난 아기.

[小步兒] hsiǎopùrh ㄒㄧㄠˇㄅㄨˋㄦ 종종걸음. 「一走; 종종걸음으로 걷다」

[小衫兒] hsiǎoshānrh ㄒㄧㄠˇㄕㄢㄦ 블라우스.

[小生] hsiǎoshêng ㄒㄧㄠˇㄕㄥ 연극에서 청년역(青年役)을 맡아 하는 배역.

[小嬸兒] hsiǎoshěnrh ㄒㄧㄠˇㄕㄣˇㄦ ①계수: 동생의 부인. ②제일 아래 숙모: 형의 아이들이 부를 때에 쓰는 말. 작은 어머니.

[小食] hsiǎoshíh ㄒㄧㄠˇㄕˊ 요기(療飢)가 될 수 있는 간단한 음식: "點心" 따위.

[小時] hsiǎoshíh ㄒㄧㄠˇㄕˊ 시간. 「八一工作制; 8시간 노동제」「一一半; 1시간 반」

[小事由兒] hsiǎoshìhyúrh ㄒㄧㄠˇㄕˋㄧㄡˊㄦ 사소한 일.

[小試鋒芒] hsiǎoshìh fēngmáng ㄒㄧㄠˇㄕˋㄈㄥㄇㄤˊ 잠깐 솜씨를 시험해보다.

[小時候兒] hsiǎoshíhhourh ㄒㄧㄠˇㄕˊㄏㄡㄦ 어린 시절.

[小時表] hsiǎoshíhpiǎo ㄒㄧㄠˇㄕˊㄅㄧㄠˇ 소형 회중 시계(小型懷中時計).

[小書] hsiǎoshū ㄒㄧㄠˇㄕㄨ "三字經·百字經·千字文"을 말하는 것으로 다 함께 옛 시대의 식자용(識字用)교과서: 텍스트(text).

[小暑] hsiǎoshǔ ㄒㄧㄠˇㄕㄨˇ 여름 절기의 하나로 양력 7월 7일～8일. 소서.

[小叔子] hsiǎoshūtzǔ ㄒㄧㄠˇㄕㄨㄗ 시동생.

[小算盤] hsiǎosuànp'an ㄒㄧㄠˇㄙㄨㄢˋㄆㄢ 조그마한 이해 타산이나 계획. 「打一; 좀스럽게 이해 타산을 하다」

[小蘇打] hsiǎosutǎ ㄒㄧㄠˇㄙㄨㄉㄚˇ 중조(重曹). 산성 탄산 나트륨.

[小旦] hsiǎotàn ㄒㄧㄠˇㄉㄢˋ "京劇"에서 아가씨나 시녀(侍女)따위로 분장하는 남자 배역.

[小當家] hsiǎotāngchiā ㄒㄧㄠˇㄉㄤㄐㄧㄚ 젊은 주인 양반.

[小刀兒] hsiǎotāorh ㄒㄧㄠˇㄉㄠㄦ 나이프. 조그만 칼.

[小道] hsiǎotào ㄒㄧㄠˇㄉㄠˋ ①기예(技藝). ②도사(道士)의 자칭. ③hsiǎotaorh 작은 길. ④가까운 길. ⑤도둑질. 「一貨; 훔친 물건」

[小套几] hsiǎot'àochī ㄒㄧㄠˇㄊㄠˋㄐㄧ 테이블 밑에 놓는 테이블. 사이드 테이블.

[小打扮兒] hsiǎotǎpànrh ㄒㄧㄠˇㄉㄚˇㄅㄢˋㄦ ①짧은 의복. 가벼운 복장. ②육체 노동자.

[小的兒] hsiǎotērh ㄒㄧㄠˇㄉㄜㄦ 어린 남자 아이에 대하여 장난으로 부르는 말.

[小題大作] hsiǎot'í tàtsò ㄒㄧㄠˇㄊㄧˊㄉㄚˋㄗㄨㄛˋ 작은 일을 큰 일처럼 추켜 올리다. 《成》

[小調兒] hsiǎotiàorh ㄒㄧㄠˇㄉㄧㄠˋㄦ 샤미센(三味線)에 맞추어서 부르는 짧은 속요(俗謠).

[小提琴] hsiǎot'ích'ín ㄒㄧㄠˇㄊㄧˊㄑㄧㄣˊ 바이올린.

[小地主] hsiǎotìchǔ ㄒㄧㄠˇㄉㄧˋㄓㄨˇ 소지주(小地主).

[小店] hsiǎotièn ㄒㄧㄠˇㄉㄧㄢˋ ①폐점(弊

店). ②작은 가게. ③작은 여인숙. 하숙.
[小丁點兒] hsiǎotingtiěnrh ㄒㄧㄠˇㄉㄧㄥ ㄉㄧㄢˇㄦ 사소한.
[小弟弟] hsiǎotìti ㄒㄧㄠˇㄉㄧˋㄉㄧ 제일 끝 동생(弟). 작은 동생 또는 그 호칭.
[小蹄子] hsiǎot'ítzǔ ㄒㄧㄠˇㄊㄧˊㄗ 부녀(婦女)를 욕하는 말. 「좀도둑.
[小偷(兒)] hsiǎot'ōu(rh) ㄒㄧㄠˇㄊㄡ(ㄦ)
[小雜種] hsiǎotsáchǔng ㄒㄧㄠˇㄗㄚˊㄓㄨㄥˇ ①꼬마. ②어린이에 대한 욕 또는 애칭. 「《吳》
[小菜] hsiǎots'ài ㄒㄧㄠˇㄘㄞˋ 밥 반찬.
[小菜兒] hsiǎots'àirh ㄒㄧㄠˇㄘㄞˋㄦ ① 소금 따위에 절인 야채. ②보잘 것 없는 요리. 《謙》 ③남에게 놀림을 받는 사람. 남에게 천대 당하는 사람.
[小菜碟] hsiǎots'àitiéh ㄒㄧㄠˇㄘㄞˋㄉㄧㄝˊ 울분을 사게 만드는 대상물(對象物).
[小菜碟兒] hsiǎots'àitiéhrh ㄒㄧㄠˇㄘㄞˋ ㄉㄧㄝˊㄦ ①작은 접시. ②지위가 낮은 사람.
[小崽子] hsiǎotsǎitzǔ ㄒㄧㄠˊㄗㄞˇㄗ 자식. 풋나기: 아이들이나 젊은 사람에게 대하여 욕하는 말.
[小灶] hsiǎotsào ㄒㄧㄠˇㄗㄠˋ ①개인용의 식사. ②특별한 요리. ③자취(自炊).
[小矬個兒] hsiǎots'okòrh ㄒㄧㄠˇㄘㄨㄛ ㄍㄜˋㄦ 여위어서 키가 작은 몸집.
[小組] hsiǎotsǔ ㄒㄧㄠˇㄗㄨˇ 작은 그루우프. 소조(小組). 반(班).
[小聰明兒] hsiǎots'ūngmíngrh ㄒㄧㄠˇㄘ ㄨㄥㄇㄧㄥㄦ 약삭빠른 사람.
[小葱兒] hsiǎots'ūngrh ㄒㄧㄠˇㄘㄨㄥㄦ 여름에 나는 파. 「졸. 한 사병.
[小卒兒] hsiǎotsúrh ㄒㄧㄠˇㄗㄨˊㄦ 한 병
[小腿] hsiǎot'uǐ ㄒㄧㄠˇㄊㄨㄟˇ 정강이. 무릎에서 발목까지의 다리의 앞 부분.
[小腿肚子] hsiǎot'uǐtùtzǔ ㄒㄧㄠˊㄊㄨㄟˇ ㄉㄨˋㄗ 종아리.
[小東西] hsiǎotūnghsi ㄒㄧㄠˇㄉㄨㄥㄒㄧ ①시시한 것. ②흥미 없는 것.
[小冬日] hsiǎotūngjìh ㄒㄧㄠˇㄉㄨㄥㄖˋ 동지(冬至) 전날.
[小銅子兒] hsiǎot'úngtzǔrh ㄒㄧㄠˇㄊㄨ ㄥˊㄗˇㄦ 얼마 안되는 동전(銅錢).
[小兎崽子] hsiǎot'ùtsǎitzǔ ㄒㄧㄠˇㄊㄨˋ ㄗㄞˇㄗ ①꼬마. ②어른에게 대한 욕.
[小肚子] hsiǎotùtzǔ ㄒㄧㄠˇㄉㄨˋㄗ ①아랫배. ②작은 배.「一鷄腸 ; ㉮많이 못 먹는 사람. ㉯도량이 협소한 사람. ㉰거래액이 적은 거래처」
[小子] hsiǎotzǔ ㄒㄧㄠˇㄗ ①남자 아이. ②자식.「那一 ; 저 자식」
[小字] hsiǎotzǔ ㄒㄧㄠˇㄗˋ ①어린 시절의 이름. 아명. ②＝小楷.
[小資產階級] hsiǎotzǔchǎn chiēhchí ㄒㄧㄠˇㄗㄔㄢˇ ㄐㄧㄝㄐㄧˊ 프티부르조아(프 petit bourgeois). 중산 계급. 소시민.
[小玩藝兒] hsiǎowánirh ㄒㄧㄠˇㄨㄢˊㄧˋㄦ ①쓸모 없는 물건. 시시한 물건. ②원칙에서 벗어난 기예(技藝).
[小娃娃] hsiǎowáwa ㄒㄧㄠˇㄨㄚˊㄨㄚ 갓난 아기. 유아(幼兒).
[小巫見大巫] hsiǎowū chièn tàwū ㄒㄧㄠˇ ㄨ ㄐㄧㄢˋ ㄉㄚˋㄨ 더욱 능력 있는 사람을 만나다. 「＝小月子.
[小月] hsiǎoyüeh ㄒㄧㄠˇㄩㄝ 유산. 조산.
[小様] hsiǎoyàng ㄒㄧㄠˇㄧㄤˋ ①견본 : 일부분 혹은 소량의. ②모형(模型). ③「一兒 ; 협상궂은 모양」
[小洋群] hsiǎoyángch'ún ㄒㄧㄠˇㄧㄤˊㄑㄩ ㄣˊ 외국의 방식(方式)을 취하여 집중적(集中的)으로 만든 소형의 공장 설비.
[小葉兒] hsiǎoyèhrh ㄒㄧㄠˇㄧㄝˋㄦ 새로 돋아나는 어린 차(茶)의 잎으로 만든 차. ＝小葉兒茶.
[小鹽] hsiǎoyén ㄒㄧㄠˇㄧㄢˊ 돌소금. 암염(岩鹽) : "海鹽"에 대하여 하는 말.
[小引] hsiǎoyǐn ㄒㄧㄠˊㄧㄣˇ 시가(詩歌) 또는 저작물(著作物)의 서문. 프로올로그(prologue). 서시(序詩)·서언(序言)·서사(序詞). 「아첨의 말. 알랑거리다.
[小殷勤] hsiǎoyīnch'ín ㄒㄧㄠˇㄧㄣㄑㄧㄣˊ
[小影] hsiǎoyǐng ㄒㄧㄠˊㄧㄥˇ 자기 사진. 《謙》

〔曉〕 hsiǎo ㄒㄧㄠˇ ①새벽. ②이해하다. 알다.「一得 ; 이해하다」③명확히 알리다.「一以利害 ; 이해 관계를 명확히 알리다」 「파악하고 있는 사람.
[曉人] hsiǎojén ㄒㄧㄠˇㄖㄣˊ 사리를 잘
[曉示] hsiǎoshìh ㄒㄧㄠˇㄕˋ 명시하다.
[曉市] hsiǎoshìh ㄒㄧㄠˇㄕˋ 새벽 시장. 새벽 때에 열리는 시장.

〔孝〕 hsiào ㄒㄧㄠˋ ①효도. ②상복(喪服).「穿白帶一 ; 흰 의복을 입고 복상(服喪)하다」 「입고 있는 사람.
[孝家] hsiàochia ㄒㄧㄠˋㄐㄧㄚ 상(喪)을
[孝敬] hsiàoching ㄒㄧㄠˋㄐㄧㄥ ①연장자를 잘 섬기다. 효도하다. ②연장자에게 물건을 바치다.
[孝服] hsiàofú ㄒㄧㄠˋㄈㄨˊ 상복(喪服).
[孝衣] hsiàoī ㄒㄧㄠˋㄧ 상복(喪服).
[孝滿] hsiàomǎn ㄒㄧㄠˋㄇㄢˇ 상(喪)을 벗다.
[孝順] hsiàoshun ㄒㄧㄠˋㄕㄨㄣ 효도하다.
[孝帶] hsiàotài ㄒㄧㄠˋㄉㄞˋ 상복(喪服)의 띠.

〔肖〕 hsiào ㄒㄧㄠˋ 닮다. 본을 뜨다.「一像一 ; 화상」

〔笑〕 hsiào ㄒㄧㄠˋ ①웃다. ②비웃다. 「見一 ; 비웃음을 당하다」
[笑逐顏開] hsiàochúyénk'āi ㄒㄧㄠˋㄓㄨˊ ㄧㄢˊㄎㄞ 웃으며 표정을 바꾸다. 《成》
[笑哈哈的] hsiàohāhātê ㄒㄧㄠˋㄏㄚㄏㄚ ㄉㄜ 껄껄 웃는 모양.
[笑呵呵的] hsiàohōhōtê ㄒㄧㄠˋㄏㄜㄏㄜ ㄉㄜ 사람이 좋아서 벙글벙글 웃는 모양.
[笑嘻嘻的] hsiàohsīhsītê ㄒㄧㄠˋㄒㄧㄒㄧ ㄉㄜ 벙글벙글 웃고 있는 모양.
[笑話兒] hsiàohua(rh) ㄒㄧㄠˋㄏㄨㄚ(ㄦ) ①농담. ②웃는다. ③냉소(冷笑).
[笑意] hsiàoì ㄒㄧㄠˋㄧˋ 웃음이 나올 듯한 기분이나 표정.
[笑容] hsiàojúng ㄒㄧㄠˋㄖㄨㄥˊ 웃는 얼굴.「滿面一 ; 얼굴에 잔뜩 웃음을 띠고 있다」「一可掬 ; 얼굴에 잔뜩 웃음을 띠고 있다」
[笑容可掬] hsiàojúng k'ǒchū ㄒㄧㄠˋㄖㄨ ㄥˊ ㄎㄜˇㄐㄩ 만면에 넘칠 듯한 웃음을 띠고 있다.
[笑料] hsiàoliào ㄒㄧㄠˋㄌㄧㄠˋ 웃음거리.
[笑臉] hsiàoliěn ㄒㄧㄠˋㄌㄧㄢˇ 웃는 얼굴.
[笑裏藏刀] hsiàolǐ ts'ángtāo ㄒㄧㄠˋㄌㄧˇ

ㄘㄤˊㄉㄠ 겉으로는 웃는 얼굴을 보이면서 마음 속은 음험(陰險)하다.《成》
[笑罵] hsiàomà ㄒㄧㄠˋㄇㄚˋ 조소하다. 조롱하다.
[笑面虎兒] hsiàomiènhŭrh ㄒㄧㄠˋㄇㄧㄢˋㄏㄨˇㄦ ①겉과 속이 다른 사람. ②낯에 웃음을 띠고 있는 사람.
[笑瞇嘻兒的] hsiàomihsīrhtê ㄒㄧㄠˋㄇㄧㄒㄧㄦㄉㄜ =笑咪咪的.
[笑咪咪的] hsiàomīmītê ㄒㄧㄠˋㄇㄧㄇㄧㄉㄜ 눈을 가늘게 뜨고 미소 짓는 모양 :마음이 좋고 조용한 태도.
[笑柄] hsiàopĭng ㄒㄧㄠˋㄅㄧㄥˇ 우스운 이야기거리.
[笑不唧兒] hsiàopuchīrh ㄒㄧㄠˋㄅㄨㄐㄧㄦ 웃음을 띠고 웃는 듯 마는 듯한 모양. =笑不勁兒.
[笑談] hsiàot'án ㄒㄧㄠˋㄊㄢˊ 농담.
[笑疼] hsiàot'ĕng ㄒㄧㄠˋㄊㄥˊ 배꼽을 잡고 웃다.「肚子都一子; 요절하다. 몹시 웃다」
[笑掉大牙] hsiàotiào tàyá ㄒㄧㄠˋㄉㄧㄠˋㄉㄚˋㄧㄚˊ 크게 웃다. 우스꽝스러워 웃음이 그치지 않다.
[笑盈盈的] hsiàoyíngyíngtê ㄒㄧㄠˋㄧㄥˊㄧㄥˊㄉㄜ 흘러 넘칠 듯이 웃음을 담뿍 지니고 있다.
[笑吟吟的] hsiàoyínyíntê ㄒㄧㄠˋㄧㄣˊㄧㄣˊㄉㄜ 하하 하고 웃고 있는 모양.
[笑語] hsiàoyŭ ㄒㄧㄠˋㄩˇ ①웃고 이야기하다. ②우스운 이야기.

〔校〕 hsiào ㄒㄧㄠˋ ①학교.「到一上課; 학교에 가서 수업하다」 ②군인 계급 :영관급.「小·中·上·大」로 나눔. 「務).
[校政] hsiàochĕng ㄒㄧㄠˋㄓㄥˋ 교무(教
[校慶日] hsiàoch'ìngjìh ㄒㄧㄠˋㄑㄧㄥˋㄖˋ 학교의 축일(祝日)로 흔히 개교 기념일.
[校徽] hsiàohuī ㄒㄧㄠˋㄏㄨㄟ 교장(校章). 학교 마아크. 「사환.
[校役] hsiào ì ㄒㄧㄠˋㄧˋ 학교 청소부나
[校規] hsiàokuei ㄒㄧㄠˋㄍㄨㄟ 교칙(校則). 「이사(理事).
[校董] hsiàotŭng ㄒㄧㄠˋㄉㄨㄥˇ 학교의
[校園] hsiàoyüán ㄒㄧㄠˋㄩㄢˊ 교정(校庭).

〔效〕(倣① 効③) hsiào ㄒㄧㄠˋ ①견습(見習)하다. 모방하다. 「上行下一; 웃사람이 하면 아래 사람도 보고 배우다」 ②표시. 效과(効果). 성과(成果). 「見一; 效과가 있다」「無一; 效과가 없다」 ③(힘을) 다하다.「一勞; 진력하다」
[効忠] hsiàochūng ㄒㄧㄠˋㄓㄨㄥ 충성(忠誠)을 다하다.
[効法] hsiàofă ㄒㄧㄠˋㄈㄚˇ 모방하다.
[効勞] hsiàoláo ㄒㄧㄠˋㄌㄠˊ (보수를 받지 않고) 힘을 다하다. 일하다.
[効力] hsiàolì ㄒㄧㄠˋㄌㄧˋ ①효력. ②진력하다. 「용. ②일의 능률.
[効率] hsiàolǜ ㄒㄧㄠˋㄌㄩˋ ①실제의 효
[効命] hsiàomìng ㄒㄧㄠˋㄇㄧㄥˋ 목숨을 바치다.
[効顰] hsiàop'ín ㄒㄧㄠˋㄆㄧㄣˊ 추녀(醜女)가 "西施"의 주름진 눈썹을 모방했다는 고사(故事)에서 서투른 모방을 뜻함. 「하여 보답하다.
[効死] hsiàossŭ ㄒㄧㄠˋㄙˇ 죽을 힘을 다
[効驗] hsiàoyèn ㄒㄧㄠˋㄧㄢˋ ①효과. ②눈에 보이는 성과(成果). 「내 내다.
[効尤] hsiàoyú ㄒㄧㄠˋㄧㄡˊ 나쁜 일을 흉

〔酵〕 hsiào ㄒㄧㄠˋ 효모(酵母). ⇨chiào.

〔嘯〕 hsiào ㄒㄧㄠˋ ①큰소리치다. 짐승이 울다.「虎一; 범이 으르렁거리다」 ②휘파람을 불다.「長一一聲; 휘파람을 한번 길게 내불다」
[嘯聚] hsiàochǜ ㄒㄧㄠˋㄐㄩˋ 한패를 규합(糾合)하다. 불러 집합시키다.

HSIEH ㄒㄧㄝ

〔些〕 hsiēh ㄒㄧㄝ ①몇 개의. 조금.「看一書; 책을 조금 읽다」「說了一話; 조금 이야기했다」 ②"好·這·那"와 연결(連結)하여 많음을 나타내다.「好一; 많은」「這一; 이것들」「那一個; 저것들」 ③조금. 약간의 :형용사의 뒤에 사용하여 비교한 결과의 정도를 나타낸다.「病輕了一; 병은 조금 좋아졌다. 병은 좀 낫다」
[些須] hsiēhhsū ㄒㄧㄝㄒㄩ 조금. 「의.
[些微] hsiēhwēi ㄒㄧㄝㄨㄟ 조금의. 약간

〔楔〕 hsiēh ㄒㄧㄝ ①(쐐기 따위를) 박다. 끼우다. 죄다.「在墻上一釘子; 벽에 못을 박다」「把桌子一一一; 책상의 사개를 죄다」 ②남을 억누르다.「把那家夥一一下吧!; 저 놈을 혼내 주어라」

〔楔〕 hsiēh ㄒㄧㄝ「一子·一兒; 쐐기」「加個一兒吧; 쐐기라도 치자」
[楔子] hsiēhtzŭ ㄒㄧㄝㄗ ①쐐기. ②옛 소설을 쓰는 데 그 동기 따위를 말하는 서문(序文). 머리말. 희곡의 서막(序幕) 또는 ㄴ간막(間幕).

〔歇〕 hsiēh ㄒㄧㄝ ①휴식하다.「一一會兒; 잠깐 휴식하다」 ②그만두다. 휴업하다.「一工; 일을 쉬다」 「다.
[歇脚] hsiēhchiăo ㄒㄧㄝㄐㄧㄠˇ 다리를 쉬
[歇氣] hsiēhch'ì ㄒㄧㄝㄑㄧˋ 쉬다. 한대 피우다. 숨을 돌리다.《方》
[歇枝兒] hsiēhchīhrh ㄒㄧㄝㄓㄦ (과실 따위의) 안 열리는 해. 흉작의 해.
[歇息] hsiēhhsi ㄒㄧㄝㄒㄧ 휴식을 하다. >歇歇息息. 「하다.
[歇夏] hsiēhhsià ㄒㄧㄝㄒㄧㄚˋ 피서(避暑)
[歇後語] hsiēhhòuyŭ ㄒㄧㄝㄏㄡˋㄩˇ 윗구절을 말하여 놓고 아래 구절을 암시하는 재치 있는 말. 예:「狗拿耗子」"개가 쥐를 잡는 것"은「多管閑事」"필요 이상의 공연한 짓이다"와 같은 것을 의미한다.
[歇工] hsiēhkūng ㄒㄧㄝㄍㄨㄥ (공장 따위가) 휴업하다.
[歇涼(兒)] hsiēhliáng(rh) ㄒㄧㄝㄌㄧㄤˊ(ㄦ) 더위를 풀다. 납량(納涼)하다.「樹下常有人來一; 나무 밑에는 사람이 늘 더위를 피하여 쉬러 온다」
[歇班(兒)] hsiēhpān(rh) ㄒㄧㄝㄅㄢ(ㄦ) ①휴무(休務)가 되다. ②비번(非番).
[歇晌] hsiēhshăng ㄒㄧㄝㄕㄤˇ 점심 후에

쉬다. 점심 시간에 휴식하다.
[歇手] hsiēhshǒu ㄒㄧㄝㄕㄡˇ손을 멈추다.
[歇斯底裏] hsiēhssūtǐlǐ ㄒㄧㄝㄙㄉㄧˇㄌㄧˇ 히스테리(hysterie). 「다. 멍청하다.
[歇松] hsiēhsūng ㄒㄧㄝㄙㄨㄥ 맥이 풀리
[歇宿] hsiēhsù ㄒㄧㄝㄙㄨˋ 숙박(宿泊)하다. 「따위를 끝내다.
[歇臺] hsiēht'áiㄒㄧㄝㄊㄞˊ 연극이나 영화
[歇腿兒] hsieht'uirh ㄒㄧㄝㄊㄨㄟˇㄦ 휴식하다. 다리를 쉬다.
[歇午] hsiēhwǔ ㄒㄧㄝㄨˇ 낮잠 자다. 점심 시간에 휴식하다. 점심 때의 휴식.
[歇業] hsiēhyèh ㄒㄧㄝㄧㄝˋ ①휴업하다. 일을 쉬다. ②가계를 닫다. 상점 문을 닫다.

〔蝎〕 hsiēh ㄒㄧㄝ
[蝎虎] hsiēhhu ㄒㄧㄝㄏㄨ ①심(甚)하게. 지독히. 「打得一 ; 몹시 때리다」② 흉악하다. 참혹하다. 《方》 「갈호(蝎虎).
[蝎虎子] hsiēhhǔtzǔ ㄒㄧㄝㄏㄨˇㄗˇ 〈動〉

〔蠍〕(蝎) hsiēh ㄒㄧㄝ 「一子 ; 전갈(全蠍)」「一子鉤兒 ; 전갈의 침(針): 전갈은 돌 틈에 살며 꼬리 끝에 침이 있어 쏘이면 심한 독에 중독되어 치명적이라 함」

〔叶〕 hsiéh ㄒㄧㄝˊ 「協」의 고체자(古體字). 조화(調和)되다. 맞다. 「一韻 ; 어떤 운(韻)의 문자가 딴 운(韻)에 통용(通用)되다」 ⇨yèh.

〔協〕(协) hsiéh ㄒㄧㄝˊ 서로 힘을 합하다. 「一力 ; 협동하다. 협력하다」
[協助] hsiéhchù ㄒㄧㄝˊㄓㄨˋ 서로 돕다. 협조하다.
[協和] hsiéhhó ㄒㄧㄝˊㄏㄜˊ 협력하다.
[協商] hsiéhshāng ㄒㄧㄝˊㄕㄤ 의논하다. 협상하다.
[協調] hsiéht'iáo ㄒㄧㄝˊㄊㄧㄠˊ ①음성이 조화(調和)되다. ②의견·보조(步調)가 일치하다. 「행하다.
[協作] hsiéhtsó ㄒㄧㄝˊㄗㄨㄛˋ 협력하여
[協同] hsiéht'úng ㄒㄧㄝˊㄊㄨㄥˊ ①공동으로 하다. ②…와 함께.
[協韻] hsiéhyǜn ㄒㄧㄝˊㄩㄣˋ 고대의 시(詩)에 있어서 특별히 정한 운(韻)을 지켜 온 일.

〔邪〕 hsiéh ㄒㄧㄝˊ ①바르지 못한. 비뚤어진. 「一說 ; 비뚤어진 말」②이상한. 괴상한. 「一門兒 ; 이상한 운명」「一股一勁 ; 하나의 괴상한 모양」③한방(漢方)에서 말하는 병(病)의 원인. 「風一 ; 감기」 「瘟一 ; 유행병」④기괴하다는 감정의 감탄사. 「一! 今天會下雨! ; 뭐! 오늘 비가 와!」
[邪碴兒] hsiéhch'árh ㄒㄧㄝˊㄔㄚˊㄦ ①=邪門兒. ②트집. 까닭 없이 억지로 핑계를 붙여 말하는 것. 「我一 ; 트집을 잡다」
[邪氣] hsiéhch'ì ㄒㄧㄝˊㄑㄧˋ 바르지 못한 기풍. 「正氣上升, 一下降 ; 바른 기풍이 일어나고 바르지 못한 기풍이 사라지다」
[邪行] hsiéhhsing ㄒㄧㄝˊㄒㄧㄥ =邪興.
[邪興] hsiéhhsing ㄒㄧㄝˊㄒㄧㄥ ①몹시. 심히. ②기이(奇異)하다. ③안된다. 천만 부당한.
[邪乎] hsiéhhu ㄒㄧㄝˊㄏㄨ ①이상하다. ②대단하다. 「冷得一 ; 몹시 춥다」
[邪活] hsiéhhuo ㄒㄧㄝˊㄏㄨㄛ 정도가 지나치다. =邪火-huo.
[邪路] hsiéhlù ㄒㄧㄝˊㄌㄨˋ =邪道.
[邪門(兒)] hsiéhmén(rh) ㄒㄧㄝˊㄇㄣˊ(ㄦ) ①이상한 운명. 불가사의(不可思議). 이상한 일. 「看多麼一! ; 참 이상한 일이구나!」②바르지 못한 일. 부당한 일.
[邪魔歪道] hsiéhmó waitào ㄒㄧㄝˊㄇㄛˊㄨㄞㄉㄠˋ 나쁜 길. 비뚤어진 길.
[邪僻] hsiéhp'ì ㄒㄧㄝˊㄆㄧˋ 도리에 벗어나 편벽됨.
[邪道] hsiéhtao ㄒㄧㄝˊㄉㄠ 이상하다.
[邪道兒] hsiéhtàorh ㄒㄧㄝˊㄉㄠˋㄦ 계집질·투전·절도 따위의 부정한 행위.
[邪道味兒] hsiéhtàowèirh ㄒㄧㄝˊㄉㄠˋㄨㄟˋㄦ 나쁜 냄새.

〔挾〕 hsiéh ㄒㄧㄝˊ ①껴안다. ②감추어 갖다. 「一帶危險物品 ; 위험한 물품을 감추어 갖다」③세력을 믿고 남을 억압하다. 「要一 ; 강박(強迫)하다. 강요하다」「一制 ; 강요하다」 ④생각하다. 「一嫌 ; 불쾌하게 생각하다」「一恨 ; 원한을 품다」 「강요하다.
[挾制] hsiéhchìh ㄒㄧㄝˊㄓˋ (힘에 의하여)
[挾仇] hsiéhch'óu ㄒㄧㄝˊㄔㄡˊ 원한을 품다. "挾恨"보다 정도가 더 심함.
[挾帶] hsiéhtài ㄒㄧㄝˊㄉㄞˋ, hsiátài 감추어 갖다. 「생각하다. =挾嫌.
[挾怨] hsiéhyüàn ㄒㄧㄝˊㄩㄢˋ 불쾌하게

〔脅〕(胁) hsiéh ㄒㄧㄝˊ ①갈빗대. 옆구리. 「一下 ; 겨드랑」 ②겁을 주다. 「威一 ; 위협」③오므라지다. 「一肩諂笑 ; 어깨를 움추리고 아양을 떨며 웃다. 간드러지게 웃다」
[脅肩諂笑] hsiéhchiēn ch'ǎnhsiào ㄒㄧㄝˊㄐㄧㄢ ㄔㄢˇㄒㄧㄠˋ 간드러지게 웃다.
[脅制] hsiéhchìh ㄒㄧㄝˊㄓˋ (남의 잘못된 것을 미끼로 또는 권세에 의하여) 상대방을 억누르다. 위협하다.
[脅從] hsiéhtsùng ㄒㄧㄝˊㄗㄨㄥˋ 강압에 못 이겨 복종하다. 「一者不問 ; 협박에 의하여 죄를 범한 자에게는 그 죄를 묻지 않다」

〔斜〕 hsiéh ㄒㄧㄝˊ 기울다. 「紙裁一了 ; 종이를 비뚤어지게 잘랐다」
[斜籤着] hsiéhch'iēnchê ㄒㄧㄝˊㄑㄧㄢㄓㄜ 비스듬히. 비스듬히 앉다.
[斜方] hsiéhfāng ㄒㄧㄝˊㄈㄤ 평행 사변형(平行四邊形). 평행 네모꼴.
[斜乎] hsiéhhu ㄒㄧㄝˊㄏㄨ ①=邪乎. ②hsiēhhu흉악하다. 참혹하다. 불쌍하다.
[斜勾勾的] hsiéhkōukōutê ㄒㄧㄝˊㄍㄡㄍㄡㄉㄜ 몹시 꾸부러진 모양. 「팔뜨기.
[斜白眼] hsiéhpáiyěn ㄒㄧㄝˊㄅㄞˊㄧㄢˇ 사
[斜旁邊] hsiéhp'ángpiēn ㄒㄧㄝˊㄆㄤˊㄅㄧㄢ 삐침 : "ノ" 「눈질하다.
[斜視] hsiéhshìh ㄒㄧㄝˊㄕˋ 흘겨 보다. 곁
[斜打] hsiéhtǎ ㄒㄧㄝˊㄉㄚˇ (탁구·정구 따위의) 공을 캇트하다. 공을 깎어 치다.
[斜度] hsiéhtù ㄒㄧㄝˊㄉㄨˋ 경사도 (傾斜度).

[斜對過兒] hsiéhtuìkuòrh ㄒㄧㄝˊㄉㄨㄟˋㄍㄨㄛˋㄦ 비스듬히 마주 보는 곳.
[斜刺裏] hsiéhtz'ŭli ㄒㄧㄝˊㄘˋㄌㄧ 옆으로부터. 곁으로부터.
[斜紋布] hsiéhwĕnpù ㄒㄧㄝˊㄨㄣˊㄅㄨˋ 무늬를 넣어서 짠 직물(織物).
[斜眼] hsiéhyĕn ㄒㄧㄝˊㄧㄢˇ 곁눈질하다.
[斜玉旁] hsiéhyùp'áng ㄒㄧㄝˊㄩˋㄆㄤˊ 한자의 구슬옥 변:「王(玉)」.＝斜玉兒.

〔偕〕 hsiéh ㄒㄧㄝˊ 함께. 같이하다.「一老 ; 부부가 함께 백발(白髮)이 되다. 부부가 함께 늙다).「一行 ; 동행하다」「一同貴賓參觀 ; 귀빈과 같이 참관하다」
[偕同] hsiéht'úng ㄒㄧㄝˊㄊㄨㄥˊ ＝協同 hsiéht'úng.

〔携〕(攜·擕·擕) hsiéh ㄒㄧㄝˊ ①휴대하다. 갖다.「一眷 ; 가족을 거느리다」②손을 잡아당기다.「一手 ; 서로 손을 잡다」
[携家帶口] hsiéhchiā-tàik'ǒu ㄒㄧㄝˊㄐㄧㄚ ㄉㄞˋㄎㄡˇ 가족을 거느리다.
[携帶] hsiéhtài ㄒㄧㄝˊㄉㄞˋ ①휴대하다. ②북돋우다. 돌보아 주다.

〔鞋〕 hsiéh ㄒㄧㄝˊ 단화.「一子 ; 단화」
[鞋匠] hsiéhchiàng ㄒㄧㄝˊㄐㄧㄤˋ 양화점(洋靴店). 양화 직공.
[鞋楦頭(一子)] hsiéhhsüànt'ou(—tzŭ) ㄒㄧㄝˊㄒㄩㄢˋㄊㄡ(—ㄗ)신발의 골. ＝鞋楥
[鞋跟(兒)] hsiéhkēn(rh) ㄒㄧㄝˊㄍㄣ(ㄦ) 신의 뒤축.
[鞋臉(兒)] hsiéhliĕn(rh) ㄒㄧㄝˊㄌㄧㄢˇ(ㄦ) 신 잔등. 신의 코. 「(ㄦ)신 겉면.
[鞋面(兒)] hsiéhmièn(rh) ㄒㄧㄝˊㄇㄧㄢˋ
[鞋帮兒] hsiéhpāngrh ㄒㄧㄝˊㄅㄤㄦ 신이나 구두의 양쪽 볼. 「주걱.
[鞋拔子] hsiéhpátzŭ ㄒㄧㄝˊㄅㄚˊㄗ 구둣
[鞋刷(子·兒)] hsiéhshuā (tzŭ-rh) ㄒㄧㄝˊㄕㄨㄚ(ㄗ·ㄦ) 구둣솔. 「두끈.
[鞋帶(兒)] hsiéhtài(rh) ㄒㄧㄝˊㄉㄞˋ(ㄦ)구
[鞋墊兒] hsiéhtiènrh ㄒㄧㄝˊㄉㄧㄢˋㄦ 구두 깔개. 구두 바닥에 까는 물건.
[鞋釘兒(一子)] hsiéhtīngrh (-tzŭ) ㄒㄧㄝˊㄉㄧㄥㄦ(一ㄗ)구두의 징. 구두 바닥에 박는 징.
[鞋袜] hsiéhwà ㄒㄧㄝˊㄨㄚˋ 구두와 양말.
[鞋樣] hsiéhyàng ㄒㄧㄝˊㄧㄤˋ 단화의 골.
[鞋油] hsiéhyú ㄒㄧㄝˊㄧㄡˊ 구두약.

〔頡〕 hsiéh ㄒㄧㄝˊ
[頡頏] hsiéhháng ㄒㄧㄝˊㄏㄤˊ, chiéhháng ①새가 날아 오르내리는 일. ②세력이 서로 비슷비슷하여 우열(優劣)이 없는 모양.「一作用 ; 대항 작용」

〔諧〕 hsiéh ㄒㄧㄝˊ ①조화하다. ②농담을 하다. 장난하다.「一談 ; 농담. 유우머」
[諧和] hsiéhhó ㄒㄧㄝˊㄏㄜˊ 조화(調和)되다. 서로 마음을 풀고 친해지다.

〔擷〕 hsiéh ㄒㄧㄝˊ ①집어 내다. 손 끝으로 잡다. ②옷자락으로 물건을 싸다. 「단.

〔纈〕 hsiéh ㄒㄧㄝˊ 무늬를 넣어 짠 비

〔血〕 hsiĕh ㄒㄧㄝˇ 〈文〉hsüèh. ①피. 혈액. ②같은 조상(혈통)의.「一統 ; 혈통」「一族 ; 혈족」 「血事件).
[血案] hsüèhàn ㄒㄩㄝˋㄢˋ 유혈 사건(流
[血債] hsiĕhchài ㄒㄧㄝˇㄓㄞˋ, hsüèhchài ①자기의 육친(肉親)을 살해한 원수 : 피해자에 대하여 혈통의 채권(債權)을 갖고 있는 데서부터 이런 말이 나왔음. ②국민을 살해하는 반인도적인 행위. 「자국.
[血迹] hsiĕhchi ㄒㄧㄝˇㄐㄧ, hsüèhchi 핏
[血津兒] hsiĕhchīnrh ㄒㄧㄝˇㄐㄧㄣㄦ, hsüèhchīnrh 피부가 벗겨져 나오는 피. ＝血筋兒.
[血海] hsüèhhăi ㄒㄩㄝˋㄏㄞˇ 중대한 일을 형용하는 말.「擔着一的幹係 ; 중대한 관계를 갖다」
[血海深仇] hsüèhhăi-shēnch'óu ㄒㄩㄝˋㄏㄞˇ ㄕㄣㄔㄡˊ 깊고 깊은 원한.
[血汗] hsüèhhàn ㄒㄩㄝˋㄏㄢˋ 피땀.「一錢 ; 피와 땀으로 얻은 돈」
[血心] hsiĕhhsīn ㄒㄧㄝˇㄒㄧㄣ, hsüèhhsīn 진심(眞心). 「내.
[血腥] hsüèhhsīng ㄒㄩㄝˋㄒㄧㄥ 피비린
[血腥氣] hsiĕhhsīngch'ì ㄒㄩㄝˋㄒㄧㄥㄑㄧˋ 피나 고기의 날 비린내. 「(血液型).
[血型] hsüèhhsíng ㄒㄩㄝˋㄒㄧㄥˊ 혈액형
[血性] hsüèhhsìng ㄒㄩㄝˋㄒㄧㄥˋ 혈기(血氣). 「血症).
[血虛] hsüèhhsü ㄒㄩㄝˋㄒㄩ 빈혈증(貧
[血花(兒)] hsüèhhuā(rh) ㄒㄩㄝˋㄏㄨㄚ(ㄦ) 핏방울.
[血活] hsüèhhuo ㄒㄩㄝˋㄏㄨㄛ 정도가 지나치다. 너무 과장하다.
[血人兒] hsiĕhjénrh ㄒㄧㄝˇㄖㄣˊㄦ, hsüèhjénrh 피투성이의 사람.
[血肉相連] hsüèhjòu hsiānglién ㄒㄩㄝˋㄖㄡˋ ㄒㄧㄤㄌㄧㄢˊ 혈육이 통하다 : 매우 친한 것을 비유하는 말.
[血肉橫飛] hsüèhjòu héngfēi ㄒㄩㄝˋㄖㄡˋ ㄏㄥˊㄈㄟ 피나 살덩어리가 떨어져 나가다. 전투의 참상(慘狀)을 말하다.
[血口噴人] hsüèhk'ŏu p'ēnjén ㄒㄩㄝˋㄎㄡˇㄆㄣㄖㄣˊ 독설로 사실 무근(事實無根)한 말을 퍼부어 남의 명예를 손상시키다. 〈成〉
[血庫] hsüèhk'ù ㄒㄩㄝˋㄎㄨˋ 혈액 저장소(血液貯藏所)나 혈액 은행.
[血虧] hsüèhk'uēi ㄒㄩㄝˋㄎㄨㄟ 빈혈(貧血)을 일으키다.
[血料] hsiĕhliào ㄒㄧㄝˇㄌㄧㄠˋ, hsüèhliào 기물에 칠하는 진한 가축의 피.
[血淋淋的] hsiĕhlinlintê ㄒㄧㄝˇㄌㄧㄣㄌㄧㄣㄉㄜ, hsüèhlinlintê 핏방울이 떨어지고 있는 모양.
[血流成河] hsüèhliú ch'énghó ㄒㄩㄝˋㄌㄧㄡˊ ㄔㄥˊㄏㄜˊ 전쟁시의 대량 살육(大量殺戮)의 비참함을 말함. 〈成〉
[血流如注] hsüèhliújúchù ㄒㄩㄝˋㄌㄧㄡˊㄖㄨˊㄓㄨˋ 피가 줄줄 흘러 내리다.
[血輪] hsüèhlún ㄒㄩㄝˋㄌㄨㄣˊ 혈구.「紅一 ; 적혈구」
[血迷] hsiĕhmí ㄒㄧㄝˇㄇㄧˊ 여인이 분만할 때에 정신이 혼동되어 멍하여지는 병.
[血沫子] hsiĕhmòtzŭ ㄒㄧㄝˇㄇㄛˋㄗ, hsüèhmòtzŭ 피 거품. 「만든 자본금.
[血本] hsüèhpĕn ㄒㄩㄝˋㄅㄣˇ 고생하여

[血崩] hsüèhpēng ㄒㄩㄝˋㄅㄥ 자궁 출혈(子宮出血).
[血餅] hsüěhpǐng ㄒㄩㄝˇㄅㄧㄥˇ 핏덩어리.
[血泊] hsüěhpó ㄒㄩㄝˇㄅㄛˊ 피바다.
[血史] hsüěhshǐh ㄒㄩㄝˇㄕˇ 학살(虐殺)의 역사.
[血絲(兒)] hsiěhssū(rh) ㄒㄧㄝˇㄙ(ㄦ) 핏줄기.「帶一的眼；핏발이 서 있는 눈」=血絲絡子.
[血絲糊拉] hsiěhssūhulā ㄒㄧㄝˇㄙㄏㄨㄌㄚ ①놀랄 정도로 피가 흐르는 모양. ②지독히 빨간 모양. =血赤糊拉.
[血湯子] hsiěht'āngtzǔ ㄒㄧㄝˇㄊㄤㄗ 땅에 흘린 혈액(血液).
[血道子] hsiěhtàotzǔ ㄒㄧㄝˇㄉㄠˋㄗ, hsüěhtàotzǔ 피부 위에 생긴 조그마한 상처 자국.
[血汪汪的] hsüěhwāngwāngtê ㄒㄩㄝˋㄤㄨㄤㄉㄜ 피바다처럼 된 모양.
[血印(兒)] hsiěhyìn(rh) ㄒㄧㄝˇㄧㄣˋ(ㄦ), hsüěhyìn(rh) 피의 자국.
[血雨腥風] hsüěhyǔ-hsīngfēng ㄒㄩㄝˋㄩˇㄒㄧㄥㄈㄥ 전쟁터의 피비린내 나는 모양. «成»
[血暈] hsiěhyǜn ㄒㄧㄝˇㄩㄣˋ, hsüěhyǜn 내출혈(內出血)을 일으켜 빨갛게 되다.

〔寫〕(写) hsiěh ㄒㄧㄝˇ ①쓰다.「一字；글을 쓰다」②묘사하다.「一生；사생」「一實；사실」
[寫賬] hsiěhchàng ㄒㄧㄝˇㄓㄤˋ ①외상으로 사다. ②기장(記帳)하다.
[寫照] hsiěhchào ㄒㄧㄝˇㄓㄠˋ 화상(畫像).
[寫眞] hsiěhchēn ㄒㄧㄝˇㄓㄣ 감쪽 같이 그대로 쓰다.「一畫；사실화」
[寫意] hsiěh ì ㄒㄧㄝˇㄧˋ ①화법(畫法)의 일파(一派)로서 모양의 같은 형태에 구애되지 않고 대략 윤곽만 그림. ②(기분이) 상쾌하다. 마음이 태평스러운 것. «吳»
[寫稿] hsiěhkǎo ㄒㄧㄝˇㄍㄠˇ 원고를 쓰다.
[寫生簿] hsiěhshēngpù ㄒㄧㄝˇㄕㄥㄅㄨˋ 스케치북. 스케치하는 책.
[寫實] hsiěhshíh ㄒㄧㄝˇㄕˊ ①있는 그대로 쓰다. ②사실(寫實).
[寫作] hsiěhtsò ㄒㄧㄝˇㄗㄨㄛˋ 저작하다. (글을) 짓다.
[寫字間] hsiěhtzǔchiēn ㄒㄧㄝˇㄗˋㄐㄧㄢ 사무실(事務室). 오피스.
[寫字臺] hsiěhtzǔt'ái ㄒㄧㄝˇㄗˋㄊㄞˊ 사무용 탁자. 사무용 테이블.

〔炧〕(灺) hsièh ㄒㄧㄝˋ 양초가 타다 남은 것.

〔卸〕 hsièh ㄒㄧㄝˋ ①(짐 따위를) 내려 놓다. 풀다.「一貨；짐을 내리다」「一車；차(車)에서 짐을 내리다(풀다)」②해제(解除)하다.「一責；책임을 벗다. 회피하다」「一任；해임하다」
[卸肩] hsièhchiēn ㄒㄧㄝˋㄐㄧㄢ 책임을 벗다.
[卸船] hsièhch'uán ㄒㄧㄝˋㄔㄨㄢˊ 배의 짐을 풀다. 배의 짐을 내리다.
[卸妝] hsièhchuāng ㄒㄧㄝˋㄓㄨㄤ ①화장을 지워 없애다. ②칠을 벗기다.
[卸任] hsièhjěn ㄒㄧㄝˋㄖㄣˋ ①해임하다. ②임무를 다하다.
[卸開] hsièhk'āi ㄒㄧㄝˋㄎㄞ ①분해(分解)하다. 떼어 버리다. ②흩뜨리다.
[卸面子] hsièhmièntzǔ ㄒㄧㄝˋㄇㄧㄢˋㄗ =丢臉 tiū liěn. «吳»
[卸牲口] hsièhshēngk'ou ㄒㄧㄝˋㄕㄥㄎㄡ 노새나 말을 마차에서 떼어(풀어) 놓다.
[卸套] hsièht'ào ㄒㄧㄝˋㄊㄠˋ 밭갈이를 한 후에 농기구를 가축에서 풀어 놓다.
[卸脫] hsièht'ō ㄒㄧㄝˋㄊㄨㄛ (책임 따위를) 해제(解除)하다. 피하다.
[卸頭] hsièht'óu ㄒㄧㄝˋㄊㄡˊ 부녀(婦女)가 머리 장식을 떼어 놓다.
[卸責] hsièhtsê ㄒㄧㄝˋㄗㄜˊ 책임을 회피하다.
[卸印] hsièhyìn ㄒㄧㄝˋㄧㄣˋ 해임하다.

〔契〕 hsièh ㄒㄧㄝˋ 상조(商朝)의 선조의 이름："舜"의 신하로 전하여 옴. ⇨ch'ì.

〔洩〕(泄) hsièh ㄒㄧㄝˋ ①(힘차게) 흐르다. ②새게 하다. 누설하다.
[洩氣] hsièhch'ì ㄒㄧㄝˋㄑㄧˋ ①공기가 새다. ②화풀이를 하다. 노여움이나 원한을 풀다. ③기가 죽다.「一話；의지가 약하여 기가 죽은 소리」
[洩勁(兒)] hsièhchìn(rh) ㄒㄧㄝˋㄐㄧㄣˋ(ㄦ) 힘을 빼다. 실수하다. 낙심(낙담)하다.「別一；실수하지 말라. 힘을 내라」
[洩憤] hsièhfèn ㄒㄧㄝˋㄈㄣˋ 화를 풀다.
[洩恨] hsièhhèn ㄒㄧㄝˋㄏㄣˋ 원한을 풀다.
[洩漏] hsièhlòu ㄒㄧㄝˋㄌㄡˋ 새다.「一秘密；비밀을 누설시키다」
[洩露] hsièhlù ㄒㄧㄝˋㄌㄨˋ =洩漏.
[洩密] hsièhmì ㄒㄧㄝˋㄇㄧˋ 비밀을 누설시키다.
[洩怒] hsièhnù ㄒㄧㄝˋㄋㄨˋ 노여움을 숨기지 않고 털어 놓다.
[洩底] hsièhtǐ ㄒㄧㄝˋㄉㄧˇ ①상세한 경위(經緯)를 알리다. ②비밀리에 누설시키다.

〔屑〕 hsièh ㄒㄧㄝˋ ①찌꺼기. ②사소한.「瑣一；사소한 일」③깨끗하고 맑다. 결백하다.「不一；꺼림칙하게 여기다」
[屑意] hsièhì ㄒㄧㄝˋㄧˋ 개의(介意)하다.
[屑于] hsièhyü ㄒㄧㄝˋㄩ …을 결백하게 생각하다. 마음에 서리는 감정을 깨끗이 풀다.

〔渫〕 hsièh ㄒㄧㄝˋ ①없애다. ②물을 끼얹어 씻다.

〔械〕 hsièh ㄒㄧㄝˋ ①기물. 기계. ②무기.「繳一；무장 해제하다」③형구(刑具). 가쇄(枷鎖). 차꼬.
[械鬪] hsièhtòu ㄒㄧㄝˋㄉㄡˋ 무기나 흉기를 갖고 싸우다.

〔絏〕(紲) hsièh ㄒㄧㄝˋ ①줄. 새끼. 밧줄. ②매다. 묶다.

〔解〕 hsièh ㄒㄧㄝˋ 성(姓)의 하나. ⇨chiěh, chièh.

〔懈〕 hsièh ㄒㄧㄝˋ 태만하다. 게으르다.「始終不一；언제나 태만하지 않고 노력하다」
[懈弛] hsièhch'íh ㄒㄧㄝˋㄔˊ 소홀하게 되다. 등한하게 되다.
[懈勁兒] hsièhchìnrh ㄒㄧㄝˋㄐㄧㄣˋㄦ (기분이) 해이(解弛)되다. 활기가 없다.
[懈意] hsièhì ㄒㄧㄝˋㄧˋ 게으른 생각.
[懈松] hsièhsung ㄒㄧㄝˋㄙㄨㄥ ①해이되다. 견고(堅固)하지 못하다. ②=懈怠.
[懈怠] hsièhtai ㄒㄧㄝˋㄉㄞ ①게으름을 피우다. 태만하다. ②단정하지 못하다.「一

鬼兒；게으름뱅이. ＞懈懈怠怠.

〔薤〕 hsièh ㄒㄧㄝˋ 〈植〉백합과에 속하는 다년초로 가을에 자색의 작은 꽃이 핌. 염교.

〔褻〕(亵) hsièh ㄒㄧㄝˋ ①매우 정답게.「一玩；정답게 놀다」②속옷.내의.「一衣；내의」

〔謝〕 hsièh ㄒㄧㄝˋ ①인사말을 하다. 감사하다.「一一你！감사하다」②빌다. 사과하다.「一過；사과하다」 ③거절하다.「一絕；사절하다」④시들다. 쇠퇴하다.「花一了；꽃이 시들었다」

[謝忱] hsièch'ĕn ㄒㄧㄝˋㄔㄣˊ 진심으로 감사하는 일.

[謝孝] hsièhhsiào ㄒㄧㄝˋㄒㄧㄠˋ 회장(會葬)의 인사를 하다.

[謝儀] hsièhí ㄒㄧㄝˋㄧˊ ＝謝禮. 「하다.

[謝客] hsièhk'ò ㄒㄧㄝˋㄎㄜˋ 손님을 거절

[謝禮] hsièhlǐ ㄒㄧㄝˋㄌㄧˇ 답례로서의 물품이나 금전.

[謝幕] hsièmù ㄒㄧㄝˋㄇㄨˋ 폐막 후 출연자가 무대에 나와서 관중에게 인사하는 일. 「찾아가다.

[謝步] hsièhpù ㄒㄧㄝˋㄅㄨˋ 인사(답례)로

[謝神] hsièhshén ㄒㄧㄝˋㄕㄣˊ 신에게 제물(祭物)을 바치고 제사를 지내다：연극 따위를 동시에 행하는 수도 있음. 「다.

[謝世] hsièhshìh ㄒㄧㄝˋㄕˋ 서거(逝去)하

[謝帖] hsièht'iĕh ㄒㄧㄝˋㄊㄧㄝˇ 증여물(贈與物)에 대한 예장(禮狀).

[謝天謝地] hsièht'iēn-hsièhtì ㄒㄧㄝˋㄊㄧㄢ ㄒㄧㄝˋㄉㄧˋ 다만 감사할 뿐. 참으로 감사하다.

〔邂〕 hsièh ㄒㄧㄝˋ

[邂逅] hsièhhoù ㄒㄧㄝˋㄏㄡˋ, hsièhkòu 우연히 서로 만나다. 해후(邂逅)하다.「一相逢；해후하다」

〔瀉〕(泻) hsièh ㄒㄧㄝˋ ①(힘차게) 흐르다.「一一千里；힘이 세찬 일. 속도가 빠른 일」②설사하다.「一肚；설사하다」

[瀉土] hsièht'ǔ ㄒㄧㄝˋㄊㄨˇ 수분이 없어서 초목(草木)이 나지 않는 땅.

[瀉吐] hsièht'ù ㄒㄧㄝˋㄊㄨˋ 토하고 설사를 함.

[瀉鹽] hsièhyén ㄒㄧㄝˋㄧㄢˊ 유산(硫酸) 마그네슘: 설사약.

[瀉藥] hsièhyào ㄒㄧㄝˋㄧㄠˋ 설사약.하제.

〔蟹〕 hsièh ㄒㄧㄝˋ「螃一；게」

[蟹鉗] hsièhch'ién ㄒㄧㄝˋㄑㄧㄢˊ 게의 다리에 붙은 집게.

[蟹行] hsièhhsíng ㄒㄧㄝˋㄒㄧㄥˊ 옆걸음으로 가다. 게처럼 옆걸음질하다.「一文字；가로 쓴 글자. 횡서(橫書)로 된 글자나 문장」 「지.

[蟹匡] hsièhk'uāng ㄒㄧㄝˋㄎㄨㄤ 게의 딱

[蟹黃] hsièhhuáng ㄒㄧㄝˋㄏㄨㄤˊ 게의 뱃속에 들어 있는 난소(卵巢).

HSIEN ㄒㄧㄢ

〔仙〕 hsiēn ㄒㄧㄢ 신선.「一人；선인」「一神；신. 귀신. 신선」

[仙家] hsiēnchia ㄒㄧㄢㄐㄧㄚ ①신선. ②〈動〉쪽제비.

[仙娥] hsiēn'ĕ ㄒㄧㄢㄜˊ 선녀(仙女).

[仙風] hsiēnfēng ㄒㄧㄢㄈㄥ ①높은 산에서 불어 오는 시원한 바람. ②선인과 같은 풍격(風格).

[仙風道骨] hsiēnfēng-tàokŭ ㄒㄧㄢㄈㄥ ㄉㄠˋㄍㄨˇ 선인(仙人) 같은 풍채.

[仙鶴] hsiēnhò ㄒㄧㄢㄏㄜˋ 학. 두루미.「一腿；다리가 긴 사람」

[仙女(兒)] hsiēnnǚ(rh) ㄒㄧㄢㄋㄩˇ(ㄦ)① 선녀. ②아름다운 여자의 비유.

[仙游] hsiēnyú ㄒㄧㄢㄧㄡˊ 인간의 죽음을 말함. ＝仙逝.

〔先〕 hsiēn ㄒㄧㄢ ①먼저. 우선.「一做後說；먼저 행하고 뒤에 말하다」②앞서. 전에.「事一做準備；사전에 준비하다」「搶一兒；앞을 다투다」③선조. 옛날.「不辱其一；선조의 이름을 더럽히지 않다」「一民；옛 성인」「一農；농업의 시조신(始祖神). ④고인(故人).「一父；망부(亡父)」

[先斬後奏] hsiēnchăn hòutsòu ㄒㄧㄢㄓㄢˇ ㄏㄡˋㄗㄡˋ 먼저 하여 놓고 후에 알리다. 사후 승낙을 얻다.《成》

[先着] hsiēnchāo ㄒㄧㄢㄓㄠ 선수를 쓰다.

[先兆兒] hsiēnchàorh ㄒㄧㄢㄓㄠˋㄦ 전조(前兆). 징조. 「②방금.

[先前] hsiēnch'ién ㄒㄧㄢㄑㄧㄢˊ ①이전.

[先錢後酒] hsiēnch'ién hòuchiŭ ㄒㄧㄢㄑㄧㄢˊ ㄏㄡˋㄐㄧㄡˇ 먼저 돈을 주고 뒤에 물품을 받다.

[先期] hsiēnch'ī ㄒㄧㄢㄑㄧ 기한보다 앞서.「一送去；기한보다 먼저 제출하다」

[先知] hsiēnchīh ㄒㄧㄢㄓ 선각자(先覺者).

[先進] hsiēnchìn ㄒㄧㄢㄐㄧㄣˋ 솔선수범하는 일.「一經驗；사회에 적극적·모범적인 의미와 가치를 가지는 경험」「一生產者；적극적이고 모범적인 생산 노동자.

[先起頭] hsiēnch'it'óu ㄒㄧㄢㄑㄧˇㄊㄡˊ 처음. 당초.《吳》

[先發制人] hsiēnfā chìhjén ㄒㄧㄢㄈㄚ ㄓˋㄖㄣˊ 앞서면 남을 제압할 수 있다.

[先鋒主義] hsiēnfēng chŭì ㄒㄧㄢㄈㄥㄓㄨˇㄧˋ 정치상 급진적 주장을 갖고, 대중으로부터 멀리 떨어져 앞서 달리는 행동을 하는 잘못된 사고 방식.

[先鋒作物] hsiēnfēngt sòwùㄒㄧㄢㄈㄥㄗㄨㄛˋㄨˋ 품종 개량의 근원이 되는 품종의 작물.

[先鋒作用] hsiēnfēng tsòyùng ㄒㄧㄢㄈㄥ ㄗㄨㄛˋㄩㄥˋ 군중이 무산 계급의 선두에 서도록 지도 교육을 하는 활동으로 중공에서 많이 쓰이는 용어임.

[先鋒隊] hsiēnfēngtuì ㄒㄧㄢㄈㄥㄉㄨㄟˋ ①최전위의 부대. ②혁명적 의식이 높은 그루우프.

[先付] hsiēnfù ㄒㄧㄢㄈㄨˋ 선도(先渡)하다. 먼저 내어 주다. 「최초.

[先河] hsiēnhó ㄒㄧㄢㄏㄜˊ 일의 시작이나

[先後] hsiēnhòu ㄒㄧㄢㄏㄡˋ 전후(前後)하여.「他們一散了；그네들은 앞뒤를 다투어 흩어졌다」

[先後脚兒] hsiēnhòuchiǎorh ㄒㄧㄢㄏㄡˋㄐㄧㄠˇㄦ 전후하여.「這些鋪子全一關了門；이들 점포는 연이어 문을 닫았다」＝相繼地.
[先下手] hsiēn hsiàshǒu ㄒㄧㄢㄒㄧㄚˋㄕㄡˇ 선수(先手)를 치다.「一爲強；선수를 치면 남을 제압할 수 있다」
[先小人後君子] hsiēn hsiǎojén hòu chūntzǔ ㄒㄧㄢㄒㄧㄠˇㄖㄣˊㄏㄡˋㄐㄩㄣㄗˇ(상담 따위에서) 먼저 양보 없이 요구하고 결정된 후에는 충실히 약속을 지키다.《諺》
[先花後果] hsiēnhuā hòukuǒ ㄒㄧㄢㄏㄨㄚㄏㄡˋㄍㄨㄛˇ ①선녀후남(先女後男).②꽃이 피고야 열매를 맺는다. ＝先開花兒後結果兒.
[先考] hsiēnk'ǎo ㄒㄧㄢㄎㄠˇ 망부(亡父).
[先來後到] hsiēnlái hòutào ㄒㄧㄢㄌㄞˊㄏㄡˋㄉㄠˋ 일의 순서. 일의 전후.
[先禮後兵] hsiēnlǐ hòupīng ㄒㄧㄢㄌㄧˇㄏㄡˋㄅㄧㄥ 처음은 예의를 차리고 후에 실력을 행사하다.《成》
[先烈] hsiēnlièh ㄒㄧㄢㄌㄧㄝˋ 국가에 공을 세우고 돌아가신 사람. 선열. 「니.
[先母] hsiēnmǔ ㄒㄧㄢㄇㄨˇ 돌아가신 어머
[先妣] hsiēnpi ㄒㄧㄢㄅㄧˇ 돌아가신 어머니(亡母).
[先上馬, 後加鞭] hsiēn shàngmǎ, hòuchiāpiēn ㄒㄧㄢ ㄕㄤˋㄇㄚˇ, ㄏㄡˋㄐㄧㄚㄅㄧㄢ(어떤 일을 당할 때)먼저 현재의 조건 밑에서 가능한 범위에서 착수하고 뒤에 장애를 해결해 나간다.
[先生] hsiēnshêng ㄒㄧㄢㄕㄥ ①존칭.「李一」 ②교사·의사·점장이 따위의 호칭. ③처가 타인에게 대해 자기의 남편을 말함.
[先聲奪人] hsiēnshēng tójén ㄒㄧㄢㄕㄥ ㄉㄨㄛˊㄖㄣˊ 싸울 때에 먼저 큰소리로 상대방을 제압하다. 남에게 선수를 치다. ＝先聲制人.
[先識] hsiēnshíh ㄒㄧㄢㄕˊ 선견지명.
[先是] hsiēnshìh ㄒㄧㄢㄕˋ 먼저. 앞서.
[先天不足] hsiēnt'iēn pùtsú ㄒㄧㄢㄊㄧㄢ ㄅㄨˋㄗㄨˊ ①선천적으로 체질이 허약함. ②일의 기초가 부족하다.
[先甜後辣] hsiēnt'ién hòulà ㄒㄧㄢㄊㄧㄢˊㄏㄡˋㄌㄚˋ 처음은 좋다가 나중에는 혼이 나다.
[先頭] hsiēnt'óu ㄒㄧㄢㄊㄡˊ ①먼저. ②처음. ＝先頭裏. 先頭兒.
[先睹爲快] hsiēntǔ wéik'uài ㄒㄧㄢㄉㄨˇㄨㄟˊㄎㄨㄞˋ 대망(待望)의 긴 세월. 기다린 지 오래다.《成》

〔祆〕 hsiēn ㄒㄧㄢ「一教；배화교: 페르샤인 조로아스터가 그 시조로서 남북조시대에 중국에 전래했음」

〔籼〕(秈) hsiēn ㄒㄧㄢ 멥쌀.「一米；멥쌀」 「의 벼. ⇨찰벼.
[籼稻] hsiēntào ㄒㄧㄢㄉㄠˋ〈植〉 대륙종

〔掀〕 hsiēn ㄒㄧㄢ ①높이 쳐들다. 감아올리다.「一開鍋蓋；남비 뚜껑을 열다」 ②힘 있게 흔들어 올리다.「把個驢驢的 一了下來；나귀에 탄 놈을 흔들어 떨어 뜨렸다」③흔들흔들하다. 흔들거리다. 「一動；흔들다」
[掀起] hsiēnch'ǐ ㄒㄧㄢㄑㄧˇ ①매달아 올리다. ②용기를 북돋우다. 자극하다. 불러 일으키다.「一了群衆運動；군중 운동을 불러 일으켰다」
[掀開] hsiēnk'ai ㄒㄧㄢㄎㄞ 뚜껑 따위를 열다. 들어 올리다.
[掀毛] hsiēnmáo ㄒㄧㄢㄇㄠˊ 보풀이 일다.
[掀不開鍋] hsiēnpuk'āikuō ㄒㄧㄢㄅㄨㄎㄞㄍㄨㄛ 먹기가 바쁘다. 식생활이 곤란하다.
[掀騰] hsiēnt'éng ㄒㄧㄢㄊㄥˊ ① (파도나 물이) 용솟음치다. ②hsiēnt'ēng ＝掀開.
[掀動] hsiēntùng ㄒㄧㄢㄉㄨㄥˋ ①흔들다. ②(반응을 일으켜) 움직이게 하다.
「가래.
〔鍁〕 hsiēn ㄒㄧㄢ 철제로 된 삽이나
[鍁頭] hsiēntou ㄒㄧㄢㄊㄡ 가래나 삽.

〔鮮〕 hsiēn ㄒㄧㄢ ①신선한. 새로운. 생생한 날것.「一果；신선한 과실」②선명한. ③맛이나 향기가 좋다.「這湯眞一；이 국물은 퍽 맛이 있다」⇨hsiěn.
[鮮氣] hsiēnch'ì ㄒㄧㄢㄑㄧˋ 혈색이 싱싱하다(좋다). 「생화(生花).
[鮮花(兒)] hsiēnhuā(rh) ㄒㄧㄢㄏㄨㄚ(ㄦ)
[鮮紅] hsiēnhúng ㄒㄧㄢㄏㄨㄥˊ 진홍색(眞紅色)의. 새빨간. 「선하다.
[鮮活] hsiēnho ㄒㄧㄢㄏㄨㄛ 생생하다. 신
[鮮貨] hsiēnhuǒ ㄒㄧㄢㄏㄨㄛˋ 야채나 과실의 맏물. 「서 노출된 살.
[鮮肉兒] hsiēnjòurh ㄒㄧㄢㄖㄡˋㄦ 상처에
[鮮亮] hsiēnliàng ㄒㄧㄢㄌㄧㄤˋ 신선한.
[鮮美] hsiēnměi ㄒㄧㄢㄇㄟˇ 신선하고 아름답다. 「신선하고 연하다.
[鮮嫩] hsiēnnèn ㄒㄧㄢㄋㄣˋ(야채 따위가)
[鮮食] hsiēnshíh ㄒㄧㄢㄕˊ 신선한 식품.
[鮮味] hsiēnwèi ㄒㄧㄢㄨㄟˋ 맛이 좋다.
[鮮艷] hsiēnyèn ㄒㄧㄢㄧㄢˋ ①눈부시게 이쁘다. ②눈이 부실 정도로 아름답다.

〔纖〕(纤) hsiēn ㄒㄧㄢ ①잘다. 가늘다.「不差一毫；조금도 틀리지 않다」 ②섬유.「人工一維;화학 섬유」⇨ch'iàn.
[纖巧] hsiēnch'iǎo ㄒㄧㄢㄑㄧㄠˇ 섬세하고 정밀하다. 약하고 섬세한 것.
[纖芥] hsiēnchièh ㄒㄧㄢㄐㄧㄝˋ 아주 미
[纖小] hsiēnhsiǎo ㄒㄧㄢㄒㄧㄠˇ 극히 작다.
[纖弱] hsiēnjò ㄒㄧㄢㄖㄨㄛˋ 연약하다.
[纖瘦] hsiēnshòu ㄒㄧㄢㄕㄡˋ 가늘고 약하다. 「늘다.
[纖微] hsiēnwēi ㄒㄧㄢㄨㄟ 미약하고 가
[纖維板] hsiēnwéipǎn ㄒㄧㄢㄨㄟˊㄅㄢˇ 텍스(tex)의 종류. 「아름답다.
[纖妍] hsiēnyén ㄒㄧㄢㄧㄢˊ 가느다랗고

〔弦〕(絃) hsién ㄒㄧㄢˊ ① 활시위. ②달의 현(弦).「上一；상현」③직각 삼각형의 사변(斜邊). ④「一兒；악기의 줄」「三一；샤미센」⑤시계의 태엽.「表一；회중시계의 태엽」 「樂器).
[弦索] hsiénsǒ ㄒㄧㄢˊㄙㄨㄛˇ 현악기(絃
[弦外之音] hsiénwàichīhyīn ㄒㄧㄢˊㄨㄞˋㄓㄧㄣ 말 이외에 품은 뜻. 여운(餘韻).

〔涎〕 hsién ㄒㄧㄢˊ 입 밖으로 흘리는 침.「一株；；흘리는 군침」「垂一三尺；

탐내다. 못해 원망하다(군침을 삼키다)」

[涎臉] hsiénliěn ㄒㄧㄢˊㄌㄧㄢˇ 뻔뻔스럽다.

[涎皮賴臉] hsiénp'í-làiliěn ㄒㄧㄢˊㄆㄧˊㄌㄞˋㄌㄧㄢˇ 뻔뻔스럽고 험악하여 보이다.

[涎布] hsiénpù ㄒㄧㄢˊㄅㄨˊ 침받이.

〔舷〕 hsién ㄒㄧㄢˊ 배의 가장자리.

〔閑〕(間①~③) hsién ㄒㄧㄢˊ ①한가하다.「一工夫；한가한 시간」「總不得一；전혀 여가가 없다」②비어 있다. 놀려 두다.「一房；빈 방」「機器別一着；기계를 놀려서는 안된다」③관계 없는.「一人免進；일 없는 사람은 출입을 금합니다」④울타리. 성문. 통로. ⑤막다.「防一；막다」 「늘.

[閑常] hsiénch'áng ㄒㄧㄢˊㄔㄤˊ 평상시.

[閑扯] hsiénch'ě ㄒㄧㄢˊㄔㄜˇ 세상 돌아가는 이야기를 하다.

[閑氣] hsiénch'ì ㄒㄧㄢˊㄑㄧˋ 쓸 데 없는 노기(怒氣). 무의미한 노기(怒氣).「生一；대수롭지 않은 일로 노하다」

[閑錢] hsiénch'ién ㄒㄧㄢˊㄑㄧㄢˊ 놀고 있는 돈. 여유 있는 돈. 소지하고 있는 돈.

[閑情] hsiénch'íng ㄒㄧㄢˊㄑㄧㄥˊ 한가한 심정.「一逸致；한가로이 여가를 보내며 즐기다」

[閑住] hsiénchù ㄒㄧㄢˊㄓㄨˋ 일이 없어서 남의 집에서 기식(寄食)하다. 「는) 밥.

[閑飯] hsiénfàn ㄒㄧㄢˊㄈㄢˋ 필요 없는(남

[閑漢] hsiénhàn ㄒㄧㄢˊㄏㄢˋ ①불량배. 건달. ②남의 비위를 잘 맞추는 남자.

[閑暇] hsiénhsiá ㄒㄧㄢˊㄒㄧㄚˊ 여가.

[閑話] hsiénhuà ㄒㄧㄢˊㄏㄨㄚˋ ①한담. 쓸데없는 말.「說一；한담을 하다」②잡담.「一式討論；한담식 토론(free talking)」＝話. «吳» 「도 없이 싸 다니다.

[閑晃] hsiénhuàng ㄒㄧㄢˊㄏㄨㄤˋ 목적지

[閑話兒] hsiénhuàrh ㄒㄧㄢˊㄏㄨㄚˋㄦ ＝閑篇兒.

[閑人] hsiénjěn ㄒㄧㄢˊㄖㄣˊ ①일 없는 사람. 한가한 사람. ②놀고 있는 사람. ③무용자(無用者).「一莫入；무용자는 출입을 금함」

[閑磕牙(兒)] hsiénk'ōyá(rh) ㄒㄧㄢˊㄎㄜㄧㄚˊ(ㄦ) 필요 없는 말을 하다.

[閑逛] hsiénkuàng ㄒㄧㄢˊㄍㄨㄤˋ 빈둥빈둥 돌아 다니다.

[閑工夫] hsiénkūngfu ㄒㄧㄢˊㄍㄨㄥㄈㄨ 비어 있다. 놀려 두다. 「(儿) 여가.

[閑空(兒)] hsiénk'ùng(rh) ㄒㄧㄢˊㄎㄨㄥˋ

[閑懶] hsiénlǎn ㄒㄧㄢˊㄌㄢˇ ①아무 일도 안하고 빈둥거리다. ②게으름뱅이.

[閑聊] hsiénliáo ㄒㄧㄢˊㄌㄧㄠˊ 한담하다.「＝閑嘮. 閑談. 閑拉. 閑扯. 「(非番).

[閑班兒] hsiénpānrh ㄒㄧㄢˊㄅㄢㄦ 비번

[閑盤兒] hsiénp'ánrh ㄒㄧㄢˊㄆㄢˊㄦ ①쓸데 없는 일. 시시한 일. ②시시한 이야기.

[閑篇兒] hsiénp'iēnrh ㄒㄧㄢˊㄆㄧㄢㄦ ①별로 중요하지 않은 이야기. ②중요하지 않은 문장.

[閑不住] hsiénpuchù ㄒㄧㄢˊㄅㄨㄓㄨˋ 번둥번둥하고 있을 수는 없다. ↔閑得住.

[閑散] hsiénsǎn ㄒㄧㄢˊㄙㄢˇ ①번둥번둥 놀고 있다. ＞閑閑散散. ②아주 잠잠하다. ③한직(閑職)에 있다. 「＝閑人①③.

[閑散人] hsiénsanjěn ㄒㄧㄢˊㄙㄢㄖㄣˊ

[閑散地] hsién sǎntì ㄒㄧㄢˊ ㄙㄢˇㄉㄧˋ 공지. 불모지.

[閑事] hsiénshìh ㄒㄧㄢˊㄕˋ 자기와 관계가 없는 일.「多管一；관계 없는 참견을 하다」

[閑是閑非] hsiénshìh-hsiénfēi ㄒㄧㄢˊㄕˋ ㄒㄧㄢˊㄈㄟ 자기에게 관계 없는 남의 시비(是非). 「있다.

[閑適] hsiénshìh ㄒㄧㄢˊㄕˋ 침착하고 여유

[閑書] hsiénshū ㄒㄧㄢˊㄕㄨ ①심심풀이로 읽는 책. ②소설.

[閑耍] hsiénshuǎ ㄒㄧㄢˊㄕㄨㄚˇ 심심풀이를 하다. 기분 전환을 시키다.

[閑的兒] hsiéntêrh ㄒㄧㄢˊㄉㄜㄦ 실직자(失職者). 「무직자(無職者).

[閑丁兒] hsiéntīng(rh) ㄒㄧㄢˊㄉㄧㄥ(ㄦ)

[閑天兒] hsiént'iēnrh ㄒㄧㄢˊㄊㄧㄢㄦ 세상 이야기(소문).「談一；세상에 관한 이야기를 하다」＝聊閑天兒.

[閑雜人] hsiéntsájěn ㄒㄧㄢˊㄗㄚˊㄖㄣˊ 일과 관계 없는 사람.「一等；일과 관계 없는 사람」 「다. 한산하다.

[閑在] hsiéntsai ㄒㄧㄢˊㄗㄞ 한가로이 있

[閑坐] hsiéntsò ㄒㄧㄢˊㄗㄨㄛˋ 심심풀이로 친구를 찾아 잡담을 하다. 「耍.

[閑玩兒] hsiénwánrh ㄒㄧㄢˊㄨㄢˊㄦ 閑

[閑屋子] hsiénwūtzǔ ㄒㄧㄢˊㄨㄗ 빈 방. 공방(空房).

[閑言] hsiényén ㄒㄧㄢˊㄧㄢˊ 필요 없는 말.

[閑月兒] hsiényüèhrh ㄒㄧㄢˊㄩㄝˋㄦ 농한기(農閑期).

〔嫌〕 hsién ㄒㄧㄢˊ ①의심하다. 혐의.「一疑；혐오하다. 의혹」「避一；혐의를 피하다」②싫어하다.「討人一；남이 싫어하다」「一它太厚；그것이 너무 두터워 싫다」

[嫌忌] hsiénchì ㄒㄧㄢˊㄐㄧˋ ＝嫌恨.

[嫌棄] hsiénch'ì ㄒㄧㄢˊㄑㄧˋ ①(남을) 싫어하다.「別一我啊！；나를 싫어하지 말아요 네！」②(감정적으로) 거부하다.

[嫌恨] hsiénhěn ㄒㄧㄢˊㄏㄣˋ 남이 한 일에 대하여 불만을 갖다.

[嫌隙] hsiénhsì ㄒㄧㄢˊㄒㄧˋ (시기심에서) 감정이 좋지 않다. 「嫌嫌妥妥.

[嫌妥] hsiénhu ㄒㄧㄢˊㄏㄨ 싫어하다. ＞

[嫌疑] hsiéní ㄒㄧㄢˊㄧˊ 의심하다. 혐의.

[嫌累] hsiénlěi ㄒㄧㄢˊㄌㄟˇ 귀찮아 하다.

[嫌敗興] hsiénpàihsìng ㄒㄧㄢˊㄅㄞˋㄒㄧㄥˋ 흥이 나지 않다.「無論怎麼他也一死不贊成；아무리 말해도 그는 흥이 나지 않고 찬성하지 않는다」 「귀찮다.

[嫌頻] hsiénp'ín ㄒㄧㄢˊㄆㄧㄣˊ 거듭되어

[嫌猜] hsiénts'āi ㄒㄧㄢˊㄘㄞ 싫어하다. 혐오(嫌惡)하다. 「워하다.

[嫌厭] hsiényèn ㄒㄧㄢˊㄧㄢˋ 싫어하다. 미

〔銜〕 hsién ㄒㄧㄢˊ ①재갈.「馬一；말의 재갈」②입에 넣고 있다. 물다.「燕子一泥；제비가 진흙을 물고 있다. ③원한을 품다.「一恨；명(命)을 받들다」④받들다.「一命；임금의 명을 받다」⑤연결되다. ⑥지위(地位). 등급.「官一；관위(官位)」 「다. 맞물다

[銜接] hsiénchiēh ㄒㄧㄢˊㄐㄧㄝ 연결시키

[銜名] hsiénmíng ㄒㄧㄢˊㄇㄧㄥˊ 관직명.

[銜冤] hsiényüān ㄒㄧㄢˊㄩㄢ 심중에

원한이나 분함을 내포하고 있다

〔撏〕 hsién ㄒㄧㄢˊ 잡아 당기다. 뽑다. 「一鷄；닭털을 뽑다」

〔賢〕 hsién ㄒㄧㄢˊ ①현명하다. ②현명한 사람. 「選一；현명한 사람을 선택하다. ③아우나 손아래 남자에 대한 경칭. 「一弟；현제」

[賢慧] hsiénhuì ㄒㄧㄢˊㄏㄨㄟˋ 현명하여 사물의 판단을 잘하다 : 여자에 대하여 말함. 「능이 있는 사람.

[賢能] hsiénnéng ㄒㄧㄢˊㄋㄥˊ 어질고 재

[賢達] hsiéntá ㄒㄧㄢˊㄉㄚˊ 현명하다.

〔鹹〕(咸①) hsién ㄒㄧㄢˊ ①모두. 사사건건. 「一受其益；모두 그 이익을 얻다」 ②짜다. 「一魚；소금에 절인 고기」 「菜太一了；반찬이 너무 짜다」

[鹹津津兒的] hsiénchīnchinrhtê ㄒㄧㄢˊㄐㄧㄣㄐㄧㄣㄦㄉㄜ 좀 짭짤하다. 좀 소금기가 있다. 「맛.

[鹹勁兒] hsiénchìnrh ㄒㄧㄢˊㄐㄧㄣˋㄦ 간

[鹹鷄子兒] hsiénchītzǔrh ㄒㄧㄢˊㄐㄧㄗˇㄦ 소금을 넣어 간을 맞춘 달걀.

[鹹瓤兒] hsiénjángrh ㄒㄧㄢˊㄖㄢˊㄦ 기름·소금·향료 따위를 섞어서 만든 과자의 고물.

[鹹肉] hsiénjòu ㄒㄧㄢˊㄖㄡˋ 소금으로 간 맞춘 고기.

[鹹蘿蔔] hsiénlópo ㄒㄧㄢˊㄌㄨㄛˊㄅㄛ 소금에 절인 짠무우. 짭짤한 무우 말랭이.

[鹹餅干] hsiénpingkān ㄒㄧㄢˊㄅㄧㄥˇㄍㄢ 크랙커(cracker).

[鹹不唧兒] hsiénpuchīrh ㄒㄧㄢˊㄅㄨㄐㄧㄦ 좀 짜다. =齢不吱兒.

[鹹水] hsiénshuǐ ㄒㄧㄢˊㄕㄨㄟˇ 소금물.

[鹹蛋] hsiéntàn ㄒㄧㄢˊㄉㄢˋ 소금을 쳐서 절인 달걀. 「춤.

[鹹淡兒] hsiéntànrh ㄒㄧㄢˊㄉㄢˋㄦ 간 맞

[鹹菜] hsiénts'ài ㄒㄧㄢˊㄘㄞˋ 김치. 소금에 절인 야채. 무친 나물. 「나물 밥.

[鹹菜飯] hsiénts'àifàn ㄒㄧㄢˊㄘㄞˋㄈㄢˋ

[鹹鴨蛋] hsiényātàn ㄒㄧㄢˊㄧㄚㄉㄢˋ 소금에 절인 오리알.

〔嫻〕 hsién ㄒㄧㄢˊ ①숙련(熟練)되어 있다. 훌륭한. 「一熟；숙련되어 있다」②단아(端雅)한. 우아하다. 「談吐一雅；말투가 대범하고 침착하다」

〔癇〕 hsién ㄒㄧㄢˊ 지랄병. 간질. 「羊一風；지랄병」 =羊癲風. 羊魚風.

〔洗〕 hsiěn ㄒㄧㄢˇ 성(姓). ⇨hsi.

〔跣〕 hsiěn ㄒㄧㄢˇ 맨발.

〔蜆〕 hsiěn ㄒㄧㄢˇ 가막조개. =褊螺.

〔銑〕 hsiěn ㄒㄧㄢˇ 광택 있는 금속. 「一鐵；선철」⇨hsi.

〔險〕 hsiěn ㄒㄧㄢˇ ①위험하다. 「危一」 「脫離一境；위험한 곳을 탈출하다」 ②험하다. 「天一；자연의 요새(要塞)」 ③음험한. 교활한. 「陰一；음흉한」 ④위험하게. 위태롭게. 「一遭毒手；아슬아슬하게도 막 마수에 걸려 들 찰나였다」

[險詐] hsiěnchà ㄒㄧㄢˇㄓㄚˋ 약아빠졌다. 교활하다. 간사하다.

[險將] hsiěnchiāng ㄒㄧㄢˇㄐㄧㄤ =險些.

[險境] hsiěnchìng ㄒㄧㄢˇㄐㄧㄥˋ 험악한 장소. 위험한 곳. 「가) 험하다.

[險峻] hsiěnchùn ㄒㄧㄢˇㄓㄨㄣˋ (산 따위

[險阨] hsiěn'è ㄒㄧㄢˇㄜˋ 험악하다. 험하다.

[險些] hsiěnhsiēh ㄒㄧㄢˇㄒㄧㄝ 「在路上一沒遇炸；아슬아슬하게도 길에서 폭격을 당할 뻔했다」 =險一險兒.

[險乎] hsiěnhu ㄒㄧㄢˇㄏㄨ =險些.

[險地] hsiěntì ㄒㄧㄢˇㄉㄧˋ 험한 곳.

[險要] hsiěngyào ㄒㄧㄢˇㄧㄠˋ 험준한 요새지.

〔鮮〕(尠·尟) hsiěn ㄒㄧㄢˇ 적다. 「一見；그다지 눈에 띄지 않다」 「一有；희소하다」⇨hsiēn.

〔燹〕 hsiěn ㄒㄧㄢˇ 불. 야화(野火). 「兵一；병화(兵火). 전쟁. 전쟁에 의한 화재」

〔蘚〕 hsiěn ㄒㄧㄢˇ 이끼.

〔顯〕(显) hsiěn ㄒㄧㄢˇ ①현저하게. 뚜렷하게. 「一而易見；확실히 알다. 뚜렷이 보이다」「一然；명확하다」 ②나타나다. 나타내다. 「一示；명시(明示)하다」「一有高山,不一平地；높은산이 없으면 평지가 눈에 뜨이지 않는다」 ③명성이나 지위가 있다. 「一宦；고위 고관」 ④경칭 「一考；선조」 「알다.

[顯見] hsiěnchièn ㄒㄧㄢˇㄐㄧㄢˋ 명확히

[顯而易見] hsiěnérhìchièn ㄒㄧㄢˇㄦˊㄧˋㄐㄧㄢˋ 환하여 잘 보이다.

[顯赫] hsiěnhò ㄒㄧㄢˇㄏㄜˋ ①빛나다. ②기세가 대단하다. 유달리 나타나다. >顯顯赫赫. 「진상이 밝혀지다.

[顯形兒] hsiěnhsíngrh ㄒㄧㄢˇㄒㄧㄥˊㄦ

[顯灰] hsiěnhuī ㄒㄧㄢˇㄏㄨㄟ (의복 따위의) 빛이 빛이다. 「환하다.

[顯然] hsiěnján ㄒㄧㄢˇㄖㄢˊ 명확하다.

[顯靈] hsiěnlíng ㄒㄧㄢˇㄌㄧㄥˊ 효력이 나타나다. 영험(靈驗)을 나타내다.

[顯靈應兒] hsiěnlíngyìngrh ㄒㄧㄢˇㄌㄧㄥˊㄧㄥˋㄦ 영이나 신이 계시해 주다.

[顯露] hsiěnlù ㄒㄧㄢˇㄌㄨˋ ①나타나다. 「臉上一着激動的表明；얼굴에 강한 쇼크를 받은 표정이 나타나 있다」 ②(어떤 과정에 있어 구체적으로) 확실하다」「意義一, 一看就懂得；뜻이 명확하여 한눈에 곧 알아 차릴 수 있다」 「다.

[顯明] hsiěnmíng ㄒㄧㄢˇㄇㄧㄥˊ 현저하

[顯弄] hsiěnung ㄒㄧㄢˇㄋㄨㄥ =顯擺.

[顯擺] hsiěnpai ㄒㄧㄢˇㄅㄞ 자랑하다. >顯顯擺擺. 「남에게 보이다.

[顯排] hsiěnp'ai ㄒㄧㄢˇㄆㄞ 자랑스럽게

[顯鼻子顯眼] hsiěnpítzǔ-hsiényěn ㄒㄧㄢˇㄅㄧˊㄗ ㄒㄧㄢˇㄧㄢˇ 극히 확실하여 누구나 한눈에 알 수 있다.

[顯達門庭] hsiěntáméntíng ㄒㄧㄢˇㄉㄚˊㄇㄣˊㄊㄧㄥˊ 가문의 명예를 높이다. 집안을 번영하게 하다.

[顯得] hsiěntê ㄒㄧㄢˇㄉㄜ ①…보이다. 「一年輕；젊어 보이다」②뚜렷이. 「這樣一不好看；이렇게 하여서는 참으로 꼴불견이다」

[顯眼兒] hsiényěnrh ㄒㄧㄢˊㄧㄢˇㄦ ①한눈에 알아차리다. ②남의 주목을 끌다.③물건이 담뿍 있다.

〔見〕(见) hsièn ㄒㄧㄢˋ =現. ⇨ chièn.

〔羨〕 hsièn ㄒㄧㄢˋ ①부러워하다.②나머지. 잉여.「以一補不足 ; 나머지로 부족분을 보충하다」 「다.②부럽다.

[羨慕] hsiènmu ㄒㄧㄢˋㄇㄨ ① 부러워하

[羨妬] hsièntù ㄒㄧㄢˋㄉㄨˋ 새암하다. 부러워하다.

〔莧〕 hsièn ㄒㄧㄢˋ 「一菜 ; 비름:잎은 식용으로 함」

〔限〕 hsièn ㄒㄧㄢˋ ①제한. 한도. 기한. 「給你三大一 ; 너에게 3일의 기한을 줌」 ②한(限)하다. 「一三天完工 ; 3일 기한으로 작업을 완성하다」 「不一字數 ; 자수에 제한 없다」 ③문이나 출입구의 문지방. 「戶一 ; 문지방」

[限期] hsiènch'ī ㄒㄧㄢˋㄑㄧ 기한.

[限制] hsiènchìh ㄒㄧㄢˋㄓˋ ①한계. ②제한하다. ③속박하다. 「受盡了一 ; 싫증이 날 정도로 속박 당하였다」

[限額] hsièn'ě ㄒㄧㄢˋㄜˊ 한정량(限定量). 전액(全額).

[限量] hsiènliàng ㄒㄧㄢˋㄌㄧㄤˋ 한하다. 헤아리다. 「不可一 ; 헤아릴 수 없다. 추측하기 어렵다」

[限于] hsiènyû ㄒㄧㄢˋㄩˊ ①…에 한하다. 「一有下列資格者 ; 다음 자격을 가진 사람에 한하다」 ②…에 그치다. 기껏해서. 「這種句子職能一口號 ; 이와 같은 문구(文句)는 다만 슬로우건에 불과하다」

〔陷〕 hsièn ㄒㄧㄢˋ ①빠지다. 「一到泥裏去了 ; 진흙탕에 빠졌다」 「地一下去了 ; 지면이 빠져 내려 앉다」 ②남을 빠뜨리다. 「誣一 ; 무고한 죄를 씌우다」 ③함락시키다. 「一落 ; 함락」

[陷堅] hsiènchiēn ㄒㄧㄢˋㄐㄧㄢ 적의 중심 진지를 함락시키다.

[陷阱] hsiènching ㄒㄧㄢˋㄐㄧㄥˇ 함정.

[陷害] hsiènhài ㄒㄧㄢˋㄏㄞˋ 모함에 빠뜨리다.

[陷坑] hsiènk'ēng ㄒㄧㄢˋㄎㄥ =陷阱.

[陷溺] hsiènnì ㄒㄧㄢˋㄋㄧˋ (주색 따위에) 빠지다.

[陷于] hsiènyû ㄒㄧㄢˋㄩˊ 빠지다. 「一可恥的失敗 ; 수치스러운 실패에 돌아가다」

〔現〕 hsièn ㄒㄧㄢˋ ①나타내다. 나타나다. 「一了原形 ; 본성이 나타나다」 ②지금. 현재. 「一躉一賣 ; 그 자리에서 사서 그 자리에서 팔다」 ③그때그때에. 「一錢買一貨 ; 현금으로 현품을 사다」 ④(그 자리, 그 때에) 곧. 「到了拐彎的地方, 拉車的一問 ; 길 모퉁이에 이르자마자 차부(車夫)는 곧 물었다」 ⑤임시로. 뜻밖에. 「他是一起來的 ; 그는 잠깐 일어났을 뿐이다」

[現場] hsiènch'ǎng ㄒㄧㄢˋㄔㄤˇ 현장.

[現場會] hsiènch'ǎnghui ㄒㄧㄢˋㄔㄤˇㄏㄨㄟˋ 현장에 있어서의 직장 회의. =現場會議.

[現鈔] hsiènch'āo ㄒㄧㄢˋㄔㄠ 현금.

[現階段] hsiènchiēhtuàn ㄒㄧㄢˋㄐㄧㄝㄉㄨㄢˋ 현단계.

[現成(兒)] hsiènch'éng(rh) ㄒㄧㄢˋㄔㄥˊ(ㄦ) ①가까이 있다. 갖추어져 있다. 적합한. 기성(既成)의. 「一的 ; 적합한 것」 ②용이하다.

[現成(兒)飯] hsiènch'éng(rh)fàn ㄒㄧㄢˋㄔㄥˊ(ㄦ)ㄈㄢˋ ①지어 놓은 밥. ②힘 안 들이고 손에 넣을 수 있는 것. 쉬운 일.

[現成(兒)話] hsiènchěng(rh)huà ㄒㄧㄢˋㄔㄥˊ(ㄦ)ㄏㄨㄚˋ 무책임한 비평. =現成話兒.

[現錢] hsiènch'ién ㄒㄧㄢˋㄑㄧㄢˊ 현금. 캐시(cash).

[現而今] hsiènérhchīn ㄒㄧㄢˋㄦˊㄐㄧㄣ 현재. 지금. =現今. 現在.

[現形] hsiènhsíng ㄒㄧㄢˋㄒㄧㄥˊ ①현상. ②정체를 나타내다.

[現貨] hsiènhuò ㄒㄧㄢˋㄏㄨㄛˋ 현품.

[現任] hsiènjěn ㄒㄧㄢˋㄖㄣˋ 현직(現職)의.

[現款] hsiènk'uǎn ㄒㄧㄢˋㄎㄨㄢˇ 현금(現金).

[現買] hsiènmǎi ㄒㄧㄢˋㄇㄞˇ 현금으로 사다.

[現賣] hsiènmài ㄒㄧㄢˋㄇㄞˋ 현금으로 팔다.

[現報] hsiènpào ㄒㄧㄢˋㄅㄠˋ 이 세상에서 행한 선악의 보답을 이 세상에서 받는다.

[現批] hsiènp'ī ㄒㄧㄢˋㄆㄧ 현금을 통틀어 사다.

[現身說法] hsiènshēn shuofǎ ㄒㄧㄢˋㄕㄣ ㄕㄨㄛㄈㄚˇ 자기의 경험을 예로 들어 남을 훈계하다. «成»

[現時] hsiènshíh ㄒㄧㄢˋㄕˊ 지금. 현재.

[現實] hsiènshíh ㄒㄧㄢˋㄕˊ ①현실. ②현실적이다. 「那已經不一了 ; 그것은 현실적인 것이 못된다.

[現世現報] hsiènshìh-hsiènpào ㄒㄧㄢˋㄕˋ ㄒㄧㄢˋㄅㄠˋ 이 세상에서 저지른 악의 대가를 이 세상에서 치르다.

[現實性] hsiènshíhhsìng ㄒㄧㄢˋㄕˊㄒㄧㄥˋ ①현실적인. ②현실성.

[現世寶] hsiènshìhpǎo ㄒㄧㄢˋㄕˋㄅㄠˇ 망신. 수치를 드러내다.

[現擺着] hsiènpǎichê ㄒㄧㄢˋㄅㄞˇㄓㄜ 누구의 눈에도 명확히. 당장.

[現天] hsiènt'iēn ㄒㄧㄢˋㄊㄧㄢ (파묻혀 있던 것이) 표면에 나오다.

[現在] hsièntsài ㄒㄧㄢˋㄗㄞˋ ①현재:과거·미래에 대하여. ②지금. 눈앞에. ③지금부터. ④당장에. 「你說他不偷東西, 一昨天地偷了我的錢 ; 그는 물건을 훔치지 않는다고 너는 말하지만, 그는 바로 어제 나의 돈을 훔쳤다」

[現洋] hsiènyáng ㄒㄧㄢˋㄧㄤˊ 은화(銀貨).

[現眼] hsiènyěn ㄒㄧㄢˋㄧㄢˇ 낯을 더럽히다. 수치를 당하다. 사람들 앞에서 면목을 잃다. 「你給我現了眼! ; 너는 사람들 앞에서 나를 망신시켰지!」

〔腺〕 hsièn ㄒㄧㄢˋ 동물의 내분비선(內分泌腺). 「汗一 ; 한선」 「扁桃一 ; 편도선」

〔線〕(綫) hsièn ㄒㄧㄢˋ ①실. 「棉一 ; 무명실」 「毛一 ; 모사」 ②선. 「電一 ; 전선」 ③그린 선. 「直一 ; 직선」 ④단서. 실마리. 「一頭兒 ; 실마리」 ⑤조금. 「一一希望 ; 한 가닥의 희망」 ⑥가느다란 것. 「航一 ; 항로」 「戰一 ; 전선」

[線脚] hsiènchiǎo ㄒㄧㄢˋㄐㄧㄠˇ 꿰맨 자리. 솔기.
[線紬] hsiènchǒu ㄒㄧㄢˋㄓㄡˇ 명주·견직 「물(絹織物).
[線裝] hsiènchuāng ㄒㄧㄢˋㄓㄨㄤ (책 따위를) 꿰맴.「一本；꿰맨 책」
[線桄子] hsiènkuàngtzǔ ㄒㄧㄢˋㄍㄨㄤˋㄗ 실을 감는 도구. 「코일(coil).
[線圈兒] hsiènchüānrh ㄒㄧㄢˋㄑㄩㄢㄦ
[線規] hsiènkueī ㄒㄧㄢˋㄍㄨㄟ 줄자의 한 가지. 「되지 않는 삼실(麻糸).
[線麻] hsiènmá ㄒㄧㄢˋㄇㄚˊ 정제(精製)
[線板兒] hsiènpǎnrh ㄒㄧㄢˋㄅㄢˇㄦ 실패.
[線包] hsiènpāo ㄒㄧㄢˋㄅㄠ 발전기·전동기·변압기 따위의 내부에 있는 코일(coil). 「무명 실. ＝線拔子.
[線坯子] hsiènp'ītzǔ ㄒㄧㄢˋㄆㄧㄗ 거친
[線布] hsiènpù ㄒㄧㄢˋㄅㄨˋ 무명천. 면직물.
[線索] hsiènsǒ ㄒㄧㄢˋㄙㄨㄛˇ 실마리.「那件事情有一了；그 사건은 실마리가 잡혔다」
[線條] hsiènt'iáo ㄒㄧㄢˋㄊㄧㄠˊ ①선(線). 줄. 끈. ②끈이나 선(線) 모양의 것.
[線頭兒] hsiènt'óurh ㄒㄧㄢˋㄊㄡˊㄦ 실마리.

〔縣〕(县) hsièn ㄒㄧㄢˋ 현(縣). 성 아래의 행정 구획(行政區劃).
[縣長] hsiènchǎng ㄒㄧㄢˋㄓㄤˇ 현지사(縣知事). 현장. 「(洞). 현내의 동.
[縣鎭] hsiènchěn ㄒㄧㄢˋㄓㄣˋ 현과 동
[縣城] hsiènch'éng ㄒㄧㄢˋㄔㄥˊ 현정부 소재지(縣政府所在地).
[縣分(兒)] hsiènfên(rh) ㄒㄧㄢˋㄈㄣ(ㄦ) (지정하여 말할 때의) 현(縣).「黃縣是好一；"黃縣"은 좋은 현입니다」
[縣官(兒)] hsiènkuān(rh) ㄒㄧㄢˋㄍㄨㄢ(ㄦ) 현지사. «舊»
[縣裏] hsiènli ㄒㄧㄢˋㄌㄧ ①현내(縣內). ②현의 관청(官廳).

〔餡〕 hsièn ㄒㄧㄢˋ「一子·一兒；(떡의) 소」
[餡兒餅] hsiènrhpǐng ㄒㄧㄢˋㄦㄅㄧㄥˇ 야채를 섞어 소(餡)를 넣은 떡.

〔憲〕(宪) hsièn ㄒㄧㄢˋ 법령(法令).「一兵；헌병」「一法；헌법」「책력.
[憲書] hsiènshū ㄒㄧㄢˋㄕㄨ 달력. 월력.

〔霰〕 hsièn ㄒㄧㄢˋ 싸라기 눈. 진눈깨비.

〔獻〕(献) hsièn ㄒㄧㄢˋ ①바치다. 드리다. 올리다. 「一花；꽃을 바치다」②사회를 위하여 물건이나 힘을 바치다」「貢一；공헌. 이바지하다. 공물을 바치다」「捐一；헌납하다」③띠다. 나타내다.「一媚取寵；알랑대며 마음을 끌게 하다」「一技；재간을 나타내 보이다」「一殷勤；알랑대며 마음에 들게 충실히 일하다」 「내 보이다.
[獻技] hsiènchì ㄒㄧㄢˋㄐㄧˋ 재간을 나타
[獻經取寶] hsiènchīng ch'ǔpǎo ㄒㄧㄢˋㄐㄧㄥ ㄑㄩˇㄅㄠˇ 자기의 경험을 남에게 전하고, 남의 경험을 받아 들이다. 경험을 서로 나누다. 「씨를 보여 드리지요. «謙»
[獻拙] hsiènchō ㄒㄧㄢˋㄓㄨㄛ 서투른 솜
[獻丑] hsiènch'ǒu ㄒㄧㄢˋㄔㄡˇ 부끄러운 솜씨를 보여 드리겠읍니다. «謙»
[獻給] hsiènkěi ㄒㄧㄢˋㄍㄟˇ 바치다.「他們把一切都一了國家；그는 모든 것을 국가에 바쳤다」 「애교를 떨다.
[獻媚] hsiènmèi ㄒㄧㄢˋㄇㄟˋ 알랑거리다.
[獻殷勤(兒)] hsiènyīnch'ín(rh) ㄒㄧㄢˋㄧㄣㄑㄧㄣˊ(ㄦ) 아첨하여 마음에 들게 하기 위하여 열심히 일하다.

HSIN ㄒㄧㄣ

〔心〕 hsīn ㄒㄧㄣ ①심장. ②마음. 기분.「用一過度；지나치게 마음 쓰다」③마음으로부터. 진심으로.「一愛；마음으로 사랑하다. 진정으로 사랑하다」④중심.「江一；강의 한가운데」
[心安理得] hsīn'ān-lǐtê ㄒㄧㄣㄢㄌㄧˇㄉㄜˊ 만사 형통하여 유감이 없다. 도리에 벗어남이 없어 마음이 흡족하다.
[心窄] hsīnchǎi ㄒㄧㄣㄓㄞˇ ①마음이 유쾌하지 못하다. ②마음이 좁다.
[心腸] hsīnch'áng ㄒㄧㄣㄔㄤˊ ①속마음. ②기분. 마음씨.「好一；호의」
[心腸(兒)] hsīnch'ángrh ㄒㄧㄣㄔㄤˊㄦ ①속심. 의지.「本來沒有一抗戰；원래 항전할 의사는 없다」②근성 성질.「他一不壞；그는 근성이 좋은 사람이다」③hsīnch'ang(rh) ㄒㄧㄣㄔㄤ(ㄦ) 기분.「事情既是這樣, 我還有什麼一；일이 이같이 돼먹었는데 나라고 무슨 유쾌한 기분이 나겠는가」
[心照] hsīnchào ㄒㄧㄣㄓㄠˋ 마음 속으로 이해하다.「一不宣；마음 속으로는 알고 있으면서 말하지 않는다」
[心成] hsīnch'éng ㄒㄧㄣㄔㄥˊ ＝心程.
[心程] hsīnch'éng ㄒㄧㄣㄔㄥˊ 마음. 기분.
[心匠] hsīnchiàng ㄒㄧㄣㄐㄧㄤˋ 계획이나 제작 따위에 작용하는 마음의 움직임.
[心焦] hsīnchiāo ㄒㄧㄣㄐㄧㄠ 안달하다. 조마조마하다.「等得一；기다려서 마음이 초조하다」 「지혜안.
[心竅]hsīnch'iào ㄒㄧㄣㄑㄧㄠˋ 심안(心眼).
[心尖尖] hsīnchiēnchiēn ㄒㄧㄣㄐㄧㄢㄐㄧㄢ ①진심으로 사랑하고 있는 것. ②심장. «方»
[心尖子(一兒)] hsīnchiēntzǔ(一rh) ㄒㄧㄣㄐㄧㄢㄗ(ㄦ) ①애석하게 느껴지는 사람이나 물건. ②미련이 있어 놓기 싫은 물건.
[心機] hsīnchī ㄒㄧㄣㄐㄧ 마음의 작용.「富于一；마음의 작용이 풍부하다」
[心急] hsīnchí ㄒㄧㄣㄐㄧˊ 마음이 초조하다.「一火燎；조마조마하여 마음이 타다」
[心迹] hsīnchī ㄒㄧㄣㄐㄧ 속심. 의도. 생각.
[心齊] hsīnch'í ㄒㄧㄣㄑㄧˊ 마음이 고르다.
[心直口快] hsīnchíh-k'ǒuk'uài ㄒㄧㄣㄓˊㄎㄡˇㄎㄨㄞˋ 성격이 솔직하여 속셈을 터 놓고 말한다. 입바른.
[心計] hsīnchì ㄒㄧㄣㄐㄧˋ ①속심. ②책략. ③착상. 고안.
[心氣] hsīnch'ì ㄒㄧㄣㄑㄧˋ 기력. 활력.
[心智] hsīnchìh ㄒㄧㄣㄓˋ 마음의 작용. 마음의 기능.
[心情] hsīnch'ing ㄒㄧㄣㄑㄧㄥ 마음 속의 기분.「我沒有一看戲；나는 연극을 보고

싶은 생각이 없다」
[心經] hsīnchīng ㄒㄧㄣㄐㄧㄥ 사려. 생각. 「走一; 배려하다. 마음을 쓰다」
[心驚] hsīnchīng ㄒㄧㄣㄐㄧㄥ 깜짝 놀라다. 「一膽戰; 전전긍긍하다. 겁이나 벌벌 떨다」「一肉跳; 무서워서 부들부들 떨다」
[心靜] hsīnchìng ㄒㄧㄣㄐㄧㄥˋ 마음이 고요하다. 「一兒; 마음의 안정. 침착성」
[心勁(兒)] hsīnchìn(rh) ㄒㄧㄣㄐㄧㄣˋ(ㄦ) ①흥미. ②마음의 긴장. 원기.
[心記兒] hsīnchìrh ㄒㄧㄣㄐㄧˋㄦ 기억력.
[心氣兒] hsīnch'ìrh ㄒㄧㄣㄑㄧˋㄦ ①마음 속에 품은 생각. ②심정. ③기개(氣概).
[心曲] hsīnch'ū ㄒㄧㄣㄑㄩ 심중의 불만.
[心重] hsīnchùng ㄒㄧㄣㄓㄨㄥˋ 마음에 끼다. 사소한 일을 늘 걱정하다. 「小孩子人家, 何必這麼一呢?; 애들아, 너희들은 이런 잔걱정은 필요가 없다」
[心煩] hsīnfán ㄒㄧㄣㄈㄢˊ ①번민하다. ②지겨워하다. 귀찮아하다.
[心房] hsīnfáng ㄒㄧㄣㄈㄤˊ 심장.
[心煩意亂] hsīnfán-ìluān ㄒㄧㄣㄈㄢˊㄧˋㄌㄨㄢˋ 마음이 갈래갈래 흩어져 수습할 도리가 없다.
[心腹] hsīnfu ㄒㄧㄣㄈㄨ ①마음 속. 내심. 「一話; 마음속으로부터 우러나오는 말」「一事; 남에게 말할 수 없는 일」 ②측근자(側近者). ③내부에 숨어 있는. 「一之患; 내부에 숨어 있는 화근」
[心浮] hsīnfú ㄒㄧㄣㄈㄨˊ 마음이 들떠 있다. 「一氣躁; 침착성이 없다」
[心服口服] hsīnfú k'ǒufú ㄒㄧㄣㄈㄨˊㄎㄡˇㄈㄨˊ 전적으로 납득하다. 무조건 감복하다. 《成》
[心寒] hsīnhán ㄒㄧㄣㄏㄢˊ 무서워서 오싹 소름이 끼치다.
[心狠] hsīnhěn ㄒㄧㄣㄏㄣˇ ①마음이 흉악하다. 잔인하다. ②인색하다.
[心細] hsīnhsì ㄒㄧㄣㄒㄧˋ 세심하다. 마음이 꼼꼼하다.
[心想] hsīnhsiǎng ㄒㄧㄣㄒㄧㄤˇ 마음 속으로 생각하다.
[心弦] hsīnhsién ㄒㄧㄣㄒㄧㄢˊ 심금(心琴). 마음 속 깊이 간직한 감정
[心型] hsīnhsíng ㄒㄧㄣㄒㄧㄥˊ 핵심. 중심. 내부: 속. 주조 용어(鑄造用語).
[心性] hsīnhsìng ㄒㄧㄣㄒㄧㄥˋ (사람의) 성질.
[心心相印] hsīnhsīn hsiāngyìn ㄒㄧㄣㄒㄧㄣㄒㄧㄤㄧㄣˋ 마음으로 서로 깨치다. 마음과 마음이 통하다. 이심전심(以心傳心). 《成》
[心心念念] hsīnhsīn niènnièn ㄒㄧㄣㄒㄧㄣㄋㄧㄢˋㄋㄧㄢˋ 끊임 없이 마음 속에 먹고 있는 모양.
[心胸] hsīnhsiung ㄒㄧㄣㄒㄩㄥ 의기. 기상. 포부. 「他財大業大一大; 그는 재력도 있고, 사업도 크게 하고 포부도 크다」
[心緒] hsīnhsü ㄒㄧㄣㄒㄩ 기분. 마음의 상태. 「一淩亂; 마음이 천갈래 만갈래로 흩어지다」
[心虛] hsīnhsū ㄒㄧㄣㄒㄩ 양심의 가책으로 안절부절 못하다.
[心血來潮] hsīnhsüèh láich'áo ㄒㄧㄣㄒㄩㄝˋㄌㄞˊㄔㄠˊ 마음 속에 어떤 생각이 갑자기 떠오르다.
[心懷叵測] hsīnhuái p'ǒts'è ㄒㄧㄣㄏㄨㄞˊㄆㄛˇㄘㄜˋ 마음 속에 무엇을 꾀하고 있는지 헤아릴 수 없다.
[心慌] hsīnhuāng ㄒㄧㄣㄏㄨㄤ ①당황하여 쩔쩔 매다. 안절부절 못하다. ②가슴이 두근거리는 병.
[心荒意亂] hsīnhuāng-ìluàn ㄒㄧㄣㄏㄨㄤㄧˋㄌㄨㄢˋ 초조하여 마음을 잡을 수 없다.
[心花怒放] hsīnhuā nǔfàng ㄒㄧㄣㄏㄨㄚㄋㄨˋㄈㄤˋ 쾌활의 극치. 지극히 유쾌하다.
[心灰] hsīnhuī ㄒㄧㄣㄏㄨㄟ 완전히 원기를 잃다. 「一意懶; 낙심하여 의기 소침하다」
[心回意轉] hsīnhuí-ìchuǎn ㄒㄧㄣㄏㄨㄟˊㄧˋㄓㄨㄢˇ ①마음을 바꿔 먹다. ②개심하다. ③고집을 버리다.
[心火] hsīnhuǒ ㄒㄧㄣㄏㄨㄛˇ ①체내의 열. 마음 속의 초조. 노여움.
[心意] hsīnì ㄒㄧㄣㄧˋ 기분. 생각 마음 속에 생각하는 일.
[心軟] hsīnjuǎn ㄒㄧㄣㄖㄨㄢˇ ①마음씨가 따뜻하다. 자애롭다. ②마음이 약하다.
[心如刀割] hsīnjútāokō ㄒㄧㄣㄖㄨˊㄉㄠㄍㄜ 마음이 칼로 베는 듯이 아프다. 《成》
[心甘] hsīnkān ㄒㄧㄣㄍㄢ 진심으로 만족하다. 「一情願; 진심으로 만족하다」
[心肝] hsīnkān ㄒㄧㄣㄍㄢ ①충심(衷心). 성의. ②가장 사랑하는 것. 「一寶貝; 귀중한 물건. 예쁜 어린이·상대자」
[心感] hsīnkǎn ㄒㄧㄣㄍㄢˇ 감수성. 「一很靈敏; 감수성이 강하다」
[心坎兒] hsīnk'ǎnrh ㄒㄧㄣㄎㄢˇㄦ 마음. 마음 속. 마음씨.
[心肝(兒)肉] hsīnkān(rh)jòu ㄒㄧㄣㄍㄢㄦㄖㄡˋ 귀여운 사람. 그리운 사람.
[心高氣傲] hsīnkāo-ch'ìào ㄒㄧㄣㄍㄠㄑㄧˋㄠˋ 남에게 거만한 태도. 교만한 태도.
[心肯意肯] hsīnk'ěn-ìk'ěn ㄒㄧㄣㄎㄣˇㄧˋㄎㄣˇ 마음으로부터 승낙하다. 기꺼이 승낙하다.
[心寬] hsīnk'uān ㄒㄧㄣㄎㄨㄢ ①마음이 푸근하다. ②태연하고 여유 있는 모양.
[心口] hsīnk'ǒu ㄒㄧㄣㄎㄡˇ ①가슴. ②마음과 입. 「一如一; 언동에 표리가 없다」
[心口窩兒] hsīnk'ǒuwōrh ㄒㄧㄣㄎㄡˇㄨㄛㄦ 명치. 가슴뼈 아래의 중간에 우묵히 들어간 곳.
[心曠神怡] hsīnk'uàng-shěnî ㄒㄧㄣㄎㄨㄤˋㄕㄣˊㄧˊ 마음이 탁트여 유쾌한 모양.
[心廣體胖] hsīnkuǎng-t'ǐp'án ㄒㄧㄣㄍㄨㄤˇㄊㄧˇㄆㄢˊ 마음이 너그럽고 건강한 상태. 《成》
[心虧] hsīnk'uei ㄒㄧㄣㄎㄨㄟ 양심의 가책을 받다.
[心工兒] hsīnkūngrh ㄒㄧㄣㄍㄨㄥㄦ 속셈. 마음 속의 예정.
[心勞日拙] hsīnláo jìhchō ㄒㄧㄣㄌㄠˊㄖˋㄓㄨㄛ 애를 써도 날이 갈수록 일은 악화만 되어 가다.
[心裏] hsīnli ㄒㄧㄣㄌㄧ ①가슴 속. 「一發疼; 가슴이 아프다」 ②머릿속. 「把這句話放在一; 이 말을 머릿속에 새겨 두다」 ③심중. 「一不安; 심중이 불안하다」 ④지력(智力).
[心理] hsīnlǐ ㄒㄧㄣㄌㄧˇ ①심리. ②기분.
[心力] hsīnlì ㄒㄧㄣㄌㄧˋ ①사고력. ②사고(思考)하는 힘
[心裏勁兒] hsīnlichìnrh ㄒㄧㄣㄌㄧㄐㄧㄣˋㄦ

(내색은 하지 않으나) 마음이 불쾌한 상태. 「담. 마음에서 우러난 이야기.

[心裏話] hsīnlihuà ㄒㄧㄣㄌㄧㄏㄨㄚˋ 진

[心靈] hsīnlíng ㄒㄧㄣㄌㄧㄥˊ ①마음.정신. ②재치 있다.

[心領] hsīnlǐng ㄒㄧㄣㄌㄧㄥˇ ①마음 속으로 이해하다.「一神會 ; 마음으로 깨닫다」 ②남의 선물·초대 등을 사양하고 고마운 뜻만 받아 들인다는 뜻.

[心路] hsīnlu ㄒㄧㄣㄌㄨ 분별. 마음의 기능. 기지(機智).「憑一吃飯 ; 재치로써 밥을 먹다」 「란하다.

[心亂] hsīnluàn ㄒㄧㄣㄌㄨㄢˋ 마음이 산

[心滿意足] hsīnmǎn-itsú ㄒㄧㄣㄇㄢˇㄧˋㄗㄨˊ 아주 만족하다. 「걷잡을 수 없다.

[心迷] hsīnmí ㄒㄧㄣㄇㄧˊ 마음이 헛갈려

[心目] hsīnmù ㄒㄧㄣㄇㄨˋ 마음. 인상.「在全國廣大人們一中, 開出美麗的花朶 ; 온 나라의 모든 국민의 마음속에 아름다운 꽃을 피우다」 「치가 없다.

[心笨] hsīnpěn ㄒㄧㄣㄅㄣˋ 어리석다. 재

[心病] hsīnpìng ㄒㄧㄣㄅㄧㄥˋ ①말 못할 근심. 걱정. ②마음 속에 꺼림칙한 데. ③남에게 알리기 싫은 비밀.

[心平氣和] hsīnp'íng-ch'ìhó ㄒㄧㄣㄆㄧㄥˊㄑㄧˋㄏㄜˊ 온화한 기분.「一地說 ; 상냥하게 말하다」

[心不在焉] hsīnpútsàiyen ㄒㄧㄣㄅㄨˊㄗㄞˋㄧㄢ 염두에도 두지 않다. 마음이 지향 없다. 「심중이 유쾌하다.

[心兒裏美] hsīnrhli měi ㄒㄧㄣㄦㄌㄧㄇㄟˇ

[心上人] hsīnshangjén ㄒㄧㄣㄕㄤㄖㄣˊ 의중지인(意中之人). 마음 속에 지목한 사람. 애인.

[心神] hsīnshén ㄒㄧㄣㄕㄣˊ 마음. 기분. 「一不定, 一不安 ; 마음이 가라앉지 않다. 마음이 불안하다」

[心盛] hsīnshèng ㄒㄧㄣㄕㄥˋ 하고 싶은 마음이 간절하다.「抱孫子一 ; 손자를 얻고 싶은 마음이 간절하다」

[心有餘而力不足] hsīn yǔyúérh lìpùtsú ㄒㄧㄣ ㄧㄡˇㄩˊ ㄦˊ ㄌㄧˋㄅㄨˋㄗㄨˊ 하고 싶은 의욕만은 왕성하나 힘이 없다.

[心事] hsīnshih ㄒㄧㄣㄕ ①마음 속의 희망(소원). ②걱정거리. 걱정. ③생각. 마음.

[心手相應] hsīnshǒu hsiāngyìng ㄒㄧㄣㄕㄡˇ ㄒㄧㄤㄧㄥˋ ①마음 속에 계획이 서 있어 일이 원활하게 진척되다. ②뜻대로다.

[心術] hsīnshù ㄒㄧㄣㄕㄨˋ 마음. 사상.

[心說] hsīnshuō ㄒㄧㄣㄕㄨㄛ 마음 속에서 생각하다. 「하고 있다.

[心死] hsīnssǔ ㄒㄧㄣㄙˇ 체념하다. 절망

[心思] hsīnssū ㄒㄧㄣㄙ ①(개인의) 생각. 심리 상태. ②기분. 정취.「沒有一聽戲 ; 연극을 볼 기분이 안 난다」 ③ hsīnssǔ 지력.「費一去做 ; 머리를 써서 일하다」

[心酸] hsīnsuān ㄒㄧㄣㄙㄨㄢ 슬프다. (마음 속에)슬픔이 치밀어 오르다.

[心算] hsīnsuàn ㄒㄧㄣㄙㄨㄢˋ 마음의 준비. 속셈. 각오.

[心得] hsīnté ㄒㄧㄣㄉㄜˊ ①마음으로 이해하다. ②학습중 사상상(思想上)의 수확.

[心疼] hsīnt'êng ㄒㄧㄣㄊㄥ 애석하다. 슬퍼하고 아까와하다.

[心地] hsīntì ㄒㄧㄣㄉㄧˋ 성품. 성질. 기질.

[心跳] hsīnt'iào ㄒㄧㄣㄊㄧㄠˋ 가슴이 두근두근 뛰다.

[心田] hsīnt'ién ㄒㄧㄣㄊㄧㄢˊ 마음 속. 근성(根性).

[心多] hsīntō ㄒㄧㄣㄉㄨㄛ 여러 가지 그릇된 추측을 하다. 가슴속에 야심을 품고 여러 갈래로 마음을 달리다.

[心頭] hsīnt'óu ㄒㄧㄣㄊㄡˊ 마음. 생각.

[心頭起火] hsīnt'óu ch'íhuǒ ㄒㄧㄣㄊㄡˊ ㄑㄧˊㄏㄨㄛˇ 벌컥 화를 내다.

[心投意合] hsīnt'óu-ìhǒ ㄒㄧㄣㄊㄡˊㄧˋㄏㄜˇ 의기투합(意氣投合). 서로 마음이 맞다. 「회하는 일 : 주로 기술 공예상

[心裁] hsīntsái ㄒㄧㄣㄘㄞˊ 마음 속에 계

[心粗] hsīnts'ū ㄒㄧㄣㄘㄨ (성질이) 대범하다. 침착성이 없이 서두르다. 소홀하다.

[心土] hsīnt'ǔ ㄒㄧㄣㄊㄡˇ 땅 속의 토층(土層). 가경 지층(可耕地層)의 아래의 층.

[心對心] hsīntuìhsīn ㄒㄧㄣㄉㄨㄟˋㄒㄧㄣ 서로 성의를 가지고.「一地說 ; 서로 성심껏 이야기하다」

[心毒手辣] hsīntú-shǒulà ㄒㄧㄣㄉㄨˊ ㄕㄡˇㄌㄚˋ 마음이 독하고 하는 짓이 잔인하다.

[心窩子] hsīnwōtzǔ ㄒㄧㄣㄨㄛㄗ 마음 속. 「掏一的話 ; 진정에서 우러난 이야기」

[心癢] hsīnyǎng ㄒㄧㄣㄧㄤˇ (일이) 하고파 못 참는다. 뜻대로 되지 않아 초조하게 느껴지다. 근질근질하다.

[心眼(兒)] hsīnyěn(rh) ㄒㄧㄣㄧㄢˇ(ㄦ) ①생각.「沒一 ; 생각이 얕다」 ②기지(機智).「一活動着點兒 ; 조금 머리를 쓰다」 ③견디는 일. 참을성. ④도량.

[心眼兒多] hsīnyěnrhtō ㄒㄧㄣㄧㄢˇㄦㄉㄨㄛ 잘 보살피다. 의심이 깊다.

[心眼子] hsīnyěntzǔ ㄒㄧㄣㄧㄢˇㄗ 기지(機智). 재치.

[心硬] hsīnyìng ㄒㄧㄣㄧㄥˋ ①정(情)에 쏠리지 않는다. ②침착하다.

[心願] hsīnyüàn ㄒㄧㄣㄩㄢˋ ①염원. ②진정으로 원하다.

〔辛〕 hsīn ㄒㄧㄣ ①매운 맛. 맵다.「一辣 ; 매운」 ②괴로움. ③마음의 아픔. 슬픔.「一酸 ; 슬픔과 괴로움」 ④십간(十干)의 여덟째.「하다. 힘이 들다. >辛辛勤勤.

[辛勤] hsīnch'ín ㄒㄧㄣㄑㄧㄣˊ 고생. 고생

[辛苦] hsīnk'u ㄒㄧㄣㄎㄨ ①고생하다. ②괴롭다. >辛辛苦苦. ③수고하셨읍니다. «人»「一一 ; 수고하셨읍니다」

[辛苦甘苦] hsīnk'ǔ-kānk'ǔ ㄒㄧㄣㄎㄨˇㄍㄢㄎㄨˇ 겪어온 쓰라림과 즐거움.

[辛勞] hsīnláo ㄒㄧㄣㄌㄠˊ 고생하다.

[辛迪卡] hsīntík'ǎ ㄒㄧㄣㄉㄧˊㄎㄚˇ 신디케이트.

[辛烷值] hsīnwánchíh ㄒㄧㄣㄨㄢˊㄓˊ 옥탄가 : 연료의 내폭성(耐爆性)을 나타내는 수치(數値).

〔芯〕 hsīn ㄒㄧㄣ ①골풀의 속. 등심.

〔欣〕 hsīn ㄒㄧㄣ ①기뻐하다.「一喜 ; 기뻐하다」「一賞 ; 감상하다. 완상하다」 ②싱싱한. 팔팔한.「一一向榮 ; 활기차게 향상 진보하려 하다. 사업이 점점 번영하다」 「다. 부럽게 생각하다.

[欣羨] hsīnhsièn ㄒㄧㄣㄒㄧㄢˋ 부러워하

[欣忭] hsīnpièn ㄒㄧㄣㄅㄧㄢˋ 기뻐하다.

[欣賞] hsīnshǎng ㄒㄧㄣㄕㄤˇ 완상하다. 감상하다.

[欣慰] hsīnwèi ㄒㄧㄣㄨㄟˋ 기뻐하며 위

안을 느끼다. 기뻐하고 안심하다.
[欣悅] hsīnyüèh ㄒㄧㄣㄩㄝˋ 기뻐하다.

〔歆〕 hsīn ㄒㄧㄣ ①부러워하다.「一羨；부러워하다」「一慕；부러워하다」 ②신명이 제물을 받아 들이는 일.

〔新〕 hsīn ㄒㄧㄣ ①새로운.「一辦法；새로운 방법」「我是一來的；나는 새로 온 사람이다」「一房子；새 집」 ②신혼(新婚)의.「一郎；신랑」「一娘；신부」
[新張] hsīnchāng ㄒㄧㄣㄓㄤ 새로 가게를 벌이다. 「지 않은 사귐.
[新交兒] hsīnchiāorh ㄒㄧㄣㄐㄧㄠㄦ 오래
[新近] hsīnchìn ㄒㄧㄣㄐㄧㄣˋ 요즘. 근래.
[新晴] hsīnch'íng ㄒㄧㄣㄑㄧㄥˊ 갓 개인 날씨. 이제 막 든 날씨.
[新舊兒] hsīnchùrh ㄒㄧㄣㄐㄩˋㄦ 새로움과 낡음.「那件衣裳的一怎麼樣？; 그 옷은 얼마나 낡았는가？」
[新出手兒] hsīnch'ūshǒurh ㄒㄧㄣㄔㄨㄕㄡˇㄦ 지도자 밑에서 갓 떠나 온 사람. 풋나기.「一不如行家；풋나기가 전문가 같을 수는 없다」
[新出土兒] hsīnch'ūt'ǔrh ㄒㄧㄣㄔㄨㄊㄨˇㄦ ①(고구마 같은 것을) 갓 파낸. ②갓 파낸 옛 토기 따위.
[新房] hsīn fáng ㄒㄧㄣㄈㄤˊ ①신축한 주택. ②신방. 신혼 부부의 침실.
[新官上任三把火] hsīnkuān shàngjèn sānpáhuǒ ㄒㄧㄣㄍㄨㄢ ㄕㄤˋㄖㄣˋ ㄙㄢ ㄅㄚˊㄏㄨㄛˇ 새로 부임한 관리가 열의를 가지고 무어든 하려 한다. 새 비(箒)는 잘 쓸린다.《諺》
[新戲] hsīnhsì ㄒㄧㄣㄒㄧˋ ①화극(話劇). ②새로 만든 극：구극이라도 무방.
[新喜] hsīnhsǐ ㄒㄧㄣㄒㄧˇ 과세 안녕히 쇠셨읍니까.《人》
[新下案兒] hsīnhsiàànrh ㄒㄧㄣㄒㄧㄚˋㄢˋㄦ 갓 만든 새 의복을 입는 일. 새로 만든 옷.
[新下剪兒(一子)] hsīnhsiachiěnrh(—tzǔ) ㄒㄧㄣㄒㄧㄚˋㄐㄧㄢˇㄦ(—ㄗ) 방금 새로 만들어 놓은 의복.
[新下樹兒] hsīnhsiàshùrh ㄒㄧㄣㄒㄧㄚˋㄕㄨˋㄦ 갓 나온 과일. 햇과일.
[新鞋不踩臭狗屎] hsīnhsiěh pûtsǎi ch'òukǒushǐ ㄒㄧㄣㄒㄧㄝˋㄅㄨˋㄘㄞˇㄔㄡˋㄍㄡˇㄕˇ ①새 신발로 개똥을 밟지 말라. ② 바보라고 생각하고 상대하지 말라. ③ 다툴 필요가 없다.《諺》
[新鮮] hsīnhsien ㄒㄧㄣㄒㄧㄢ ①신선한. ②산뜻한.「一勁兒;새로운 것. 진기한 것. 새롭고 산뜻한 것」「一一過就倦壓了；신기한 맛이 지나치면 싫증이 난다」「一樣兒；새로운 형(型)」 ③신기하다. 희귀하다.「一事兒；희귀한 것」＞新新鮮鮮.
[新媳婦兒] hsīnhsífurh ㄒㄧㄣㄒㄧˊㄈㄨㄦ 신부:"新娘"보다는 싹싹하게 쓰는 말.
[新新兒的] hsīnhsīnrhtê ㄒㄧㄣㄒㄧㄣㄦㄉㄜ 아주 새로운.
[新學] hsīnhsüéh ㄒㄧㄣㄒㄩㄝˊ ①새로 생긴 학문. ②새 시대에 적응한 학문. ③갓 배운.
[新衣] hsīnī ㄒㄧㄣㄧ 새로 만든 의복.
[新穎] hsīnyǐng ㄒㄧㄣㄧㄥˇ 기발하다. 신기하다.「花樣一；형(型)이 기발하다」
[新人] hsīnjěn ㄒㄧㄣㄖㄣˊ ①신임자. ②새로 두각을 나타내기 시작한 자. 신인. ③ hsīnjên 신부. ④새신랑.
[新任] hsīnjěn ㄒㄧㄣㄖㄣˋ ①새로 부임한. ②새로 부임한 관리.
[新姑娘] hsīn'kūniang ㄒㄧㄣㄍㄨㄋㄧㄤ ①신부. ②첩을 일컬음.
[新姑斧] hsīn'kūyeh ㄒㄧㄣㄍㄨㄧㄝ 신랑: "新郎"보다는 싹싹한 표현.
[新來乍到] hsīnláichàtāo ㄒㄧㄣㄌㄞˊㄓㄚˋㄉㄠˋ 도착하자마자. 부임하자마자. 갓 부임한.
[新娘(子)] hsīnniáng(tzū) ㄒㄧㄣㄋㄧㄤˊ(ㄗ) 신부. 새색시. 새아씨.
[新生] hsīnshēng ㄒㄧㄣㄕㄥ 신입생.
[新詩] hsīnshīh ㄒㄧㄣㄕ 신체시(新體詩).
[新手兒] hsīnshǒurh ㄒㄧㄣㄕㄡˇㄦ 풋나기. 애송이. 신참자.
[新屜兒] hsīnt'ìrh ㄒㄧㄣㄊㄧˋㄦ 만두나 빵 등을 갓 쪄낸 것:"串屜兒"과는 다름.
[新聞] hsīnwěn ㄒㄧㄣㄨㄣˊ ①전해지고 있는 소식. 뉴우스.「一眼；신문 기자의 제육감(第六感)」 ②새로운 사건. ③전대미문의 진귀한 일.
[新聞工作者] hsīnwěn kūngtsòchě ㄒㄧㄣㄨㄣˊ ㄍㄨㄥㄗㄨㄛˋㄓㄜˇ 보도 관계자.
[新聞片兒] hsīnwěnp'iēnrh ㄒㄧㄣㄨㄣˊㄆㄧㄢㄦ 뉴우스 영화.
[新牙] hsīnyá ㄒㄧㄣㄧㄚˊ 새로난 이(齒).

〔鋅〕 hsīn ㄒㄧㄣ 아연(亞鉛).「一鉛；산화 아연(酸化亞鉛)」

〔薪〕 hsīn ㄒㄧㄣ ①땔나무. 장작. ②봉급「月一；월급」「發一；급료를 지불하다」
[薪金] hsīnchīn ㄒㄧㄣㄐㄧㄣ 봉급. 급료.
[薪俸] hsīnfěng ㄒㄧㄣㄈㄥˋ 급료. 급여.
[薪餉] hsīnhsiǎng ㄒㄧㄣㄒㄧㄤˇ (군대의) 급료.
[薪桂米珠] hsīnkuei-michū ㄒㄧㄣㄍㄨㄟˋㄇㄧˇㄓㄨ 물가고(物價高)로 생활이 어렵다는 비유. ＝米珠薪桂.《成》
[薪工] hsīnkūng ㄒㄧㄣㄍㄨㄥ 임금. 급료.
[薪水] hsīnshui ㄒㄧㄣㄕㄨㄟ 급료.

〔馨〕 hsīn ㄒㄧㄣ 향기. 멀리서 풍겨 오는 향기.「蘭一；난초의 향기」「一香；향기」

〔鑫〕 hsīn ㄒㄧㄣ 일어나다. 흥하다. 가게 이름(옥호)에 많이 쓰임」

〔囟〕 hsìn ㄒㄧㄣˋ, hsìng ㄒㄧㄥˋ 숨구멍. 숫구멍. 정수리. 두개(頭蓋). 정문(頂門).「一門・一腦門；숫구멍」

〔芯〕 hsìn ㄒㄧㄣˋ ①「一子；뱀의 혀」 ②기계의 부분품. ③암석・광물 등의 중심부분.「礦一」「巖一」⇨hsīn.

〔信〕 hsìn ㄒㄧㄣˋ ①신용. 성실.「失一；신용을 잃다」 ②신뢰하다. 믿다.「這話我不一；나는 이 말을 믿지 않는다」 ③「一兒；소식」「報一兒；통지와 소식」「喜一兒；기쁜 소식」 ④편지.「寫一；편지 쓰다」 ⑤…에 맡겨서.「一口開河；입에서 나오는 대로 거침 없이 시부렁거리

다」⑥증거.「一物；증거물」
[信札] hsìnchá ㄒㄧㄣˋㄓㄚˊ 서신.
[信差] hsìnch'āi ㄒㄧㄣˋㄔㄞ 우편 배달부. 우체부. 집배인. «舊»
[信件] hsìnchien ㄒㄧㄣˋㄐㄧㄢ ①편지.②문서.③편지·엽서·소포 따위.
[信箋] hsìnchiēn ㄒㄧㄣˋㄐㄧㄢ 편지지.
[信紙] hsìnchǐh ㄒㄧㄣˋㄓˇ 편지지. =信箋.
[信封(兒)] hsìnfēng(rh) ㄒㄧㄣˋㄈㄥ(ㄦ) 봉투.
[信服] hsìnfu ㄒㄧㄣˋㄈㄨ 믿고 복종하다.「신복하다.
[信函] hsìnhán ㄒㄧㄣˋㄏㄢˊ 편지.
[信息] hsìnhsī ㄒㄧㄣˋㄒㄧ 소식. 기별. 뉴우스.
[信箱] hsìnhsiāng ㄒㄧㄣˋㄒㄧㄤ① 수신함. ②우편국의 사서함. ③전용 우체통.
[信心] hsìnhsīn ㄒㄧㄣˋㄒㄧㄣ 자신. 신념.「滿懷一；자신이 만만하다」
[信行(兒)] hsìnhsíng(rh) ㄒㄧㄣˋ ㄒㄧㄥˊ(ㄦ)①신용 단보:주로 증권류.「立一；담보에 넣다」②담보물. 저당물.
[信意兒] hsìnìrh ㄒㄧㄣˋㄧˋㄦ 제 멋대로. 마음먹은 대로.
[信以爲眞] hsìnǐwéichēn ㄒㄧㄣˋㄧˇㄨㄟˊㄓㄣ 정말이라고 믿다.
[信瓤兒] hsìnjángrh ㄒㄧㄣˋㄖㄤˊㄦ 편지(봉서)의 알맹이.
[信人] hsìnjén ㄒㄧㄣˋㄖㄣˊ 성실한 사람.
[信靠] hsìnk'ào ㄒㄧㄣˋㄎㄠˋ 신뢰하다.
[信鴿] hsìnkō ㄒㄧㄣˋㄍㄜ 전서구(傳書鳩).
[信口] hsìnk'ǒu ㄒㄧㄣˋㄎㄡˇ 명치. 가슴뼈 아래의 중간에 우묵히 들어간 곳.
[信口胡編] hsìnk'ǒu húpiēn ㄒㄧㄣˋㄎㄡˇ ㄏㄨˊㄅㄧㄢ 입에서 나오는 대로 함부로 시부렁거리다.
[信口開河] hsìnk'ǒu k'āihó ㄒㄧㄣˋㄎㄡˇ ㄎㄞㄏㄜˊ 입에서 나오는 대로 거침 없이 시부렁거리다. =信口開合.
[信口雌黃] hsìnk'ǒu tzǔhuáng ㄒㄧㄣˋㄎㄡˇ ㄘˊㄏㄨㄤˊ 진상은 숨긴 채 입으로 함부로 말하다. «成»
[信馬由韁] hsìnmǎ yúchiāng ㄒㄧㄣˋㄇㄚˇ ㄧㄡˊㄐㄧㄤ①말을 타고 목적 없이 걷다.②구속하지 않고 놓아 먹이다. «成»
[信迷] hsìnmí ㄒㄧㄣˋㄇㄧˊ 신앙에 열중하「다.
[信命] hsìnmìng ㄒㄧㄣˋㄇㄧㄥˋ ①운명이라고 믿다. ②운명이라고 체념하다.
[信筆] hsìnpǐ ㄒㄧㄣˋㄅㄧˇ 붓 가는 대로. 붓 가는 대로 마구 써놓다.「一寫了一首詩；붓 가는 대로 시 한 수를 썼다」
[信片兒] hsìnp'ièrnh ㄒㄧㄣˋㄆㄧㄢˋㄦ 엽「서.
[信皮(兒)] hsìnp'í(rh) ㄒㄧㄣˋㄆㄧˊ(ㄦ) 봉투.
[信不及] hsìnpuchí ㄒㄧㄣˋㄅㄨㄐㄧˊ 미덥「지 않다. 신용할 수 없다.
[信不過] hsìnpukuò ㄒㄧㄣˋㄅㄨㄍㄨㄛˋ 신용할 수 없다. =信不來. 信不及. ↔信得過.
[信步兒] hsìnpùrh ㄒㄧㄣˋㄅㄨˋㄦ 발길 향하는 대로.「一走；발길 가는대로 걸어가다」
[信兒] hsìnrh ㄒㄧㄣˋㄦ ①통지. 연락.「聽了一再回來；연락이 있으면 곧 돌아온다」②소식. 소문.
[信實] hsìnshíh ㄒㄧㄣˋㄕˊ 신용하다. 곧이「듣다.
[信手(兒)] hsìnshǒu(rh) ㄒㄧㄣˋㄕㄡˇ(ㄦ) 손에 맡기다. 손 가는 대로. 닥치는 대로.「一寫；닥치는 대로 쓰다」「一拈來；㉮닥치는 대로 집어오다. ㉯문장을 쓰는 데 있어 자료를 잘 이용하는 것」
[信袋] hsìntài ㄒㄧㄣˋㄉㄞˋ (봉투 모양의) 편지 꽂이.
[信貸] hsìntài ㄒㄧㄣˋㄉㄞˋ 신용대부하다.
[信底(兒·子)] hsìntǐ(rh·tzu) ㄒㄧㄣˋㄉㄧˇ(ㄦ·ㄗ) 편지의 초고. 초잡은 편지.
[信托] hsìnt'ō ㄒㄧㄣˋㄊㄨㄛ 믿고 맡기다. 신용하여 일임하다. 신탁.
[信從] hsìnts'úng ㄒㄧㄣˋㄘㄨㄥˊ 신복하다. 믿고 복종하다.
[信筒(子)] hsìnt'ǔng (tzǔ)ㄒㄧㄣˋㄊㄨㄥˇ(ㄗ) 우체통. 포스트.
[信物] hsìnwû ㄒㄧㄣˋㄨˋ 증거. 증거물.
[信仰] hsìnyǎng ㄒㄧㄣˋㄧㄤˇ ①종교를 믿다. 신봉하다. ②신념을 갖다.

〔釁〕(衅) hsìn ㄒㄧㄣˋ ①피를 발라 신에게 제사 지내다.「一鐘；종에 피를 바르다」「一鼓；북에 피를 바르다 : 전쟁 때의 하나의 의식」②불화의 원인. 감정의 엇갈림.「挑一;불화의 원인을 만들다」「尋一；불화를 자아내다」「一端；불화의 발단」

HSING ㄒㄧㄥ

〔星〕hsīng ㄒㄧㄥ ①별.「流一」②「一子·一兒；극히 미세한 것」「火一兒；불꽃」「吐沫一子；침방울」
[星期] hsīngch'ī ㄒㄧㄥㄑㄧ ①주(週).「三個一；3주간」②요일.「一日；일요일」「一天；일요일」「一一；월요일」
[星際] hsīngchì ㄒㄧㄥㄐㄧˋ ①별과 별의 사이. ②혹성 사이.「一空間;우주 공간」「一旅行；우주 여행」
[星辰] hsīngchién ㄒㄧㄥㄔㄣˊ =星宿.
[星球] hsīngch'iú ㄒㄧㄥㄑㄧㄡˊ 별. 천체.
[星象] hsīnghsiàng ㄒㄧㄥㄒㄧㄤˋ별의상태.
[星星] hsīnghsing ㄒㄧㄥㄒㄧㄥ 별.
[星星點點] hsīnghsīngtiéntiěn ㄒㄧㄥㄒㄧㄥㄉㄧㄢˊㄉㄧㄢˇ ①극히 미세한. ②조그마한 것들이 드문드문 있는 모양.
[星宿] hsīnghsiû ㄒㄧㄥㄒㄧㄡˋ 성좌.
[星火] hsīnghuǒ ㄒㄧㄥㄏㄨㄛˇ①긴박(緊迫)하다.「急如一；매우 절박하다」②적은 불: 타다 남은 불 따위. =星星之火.
[星火燎原] hsīnghuǒ liáoyüán ㄒㄧㄥ ㄏㄨㄛˇㄌㄧㄠˊㄩㄢˊ 조그만 불도 넓은 들판을 태운다:사소한 힘도 큰 세력이 될 수 있다는 비유. «成»
[星移斗轉] hsīngí-tóuchuǎn ㄒㄧㄥㄧˊㄉㄡˊㄓㄨㄢˇ 시일이 옮겨 간다. «成»
[星羅棋布] hsīngló-ch'ípù ㄒㄧㄥㄌㄨㄛˊㄑㄧˊㄅㄨˋ 가득히 줄지어 있는 모양. 별이나 바둑과 같이 빽빽이 들어 차 있는 모양. «成»
[星散] hsīngsàn ㄒㄧㄥㄙㄢˋ 별과같이 사방으로 흩어져 있는 것.
[星斗] hsīngtǒu ㄒㄧㄥㄉㄡˇ 별.
[星子] hsīngtzǔ ㄒㄧㄥㄗ 극히 미세한 것.「吐沫一；침」
[星夜] hsīngyèh ㄒㄧㄥㄧㄝˋ (여행시의)「야간. 밤새.「명하다.

〔惺〕 hsīng ㄒㄧㄥ 깨닫다.「一一；현

[惺惺惜惺惺] hsīnghsīng hsī hsīnghsīng ㄒㄧㄥㄒㄧㄥ ㄒㄧ ㄒㄧㄥ ㄒㄧㄥ 끼리끼리 아끼다. 영웅이 영웅을 아끼다.《成》
[惺松] hsīngsūng ㄒㄧㄥㄙㄨㄥ ①동요(動搖)가 그치지 않는 모양. ②명확하다. 「이」

〔猩〕 hsīng ㄒㄧㄥ 성성이.「——;성성

〔腥〕 hsīng ㄒㄧㄥ ①비리다. 생선과 같은 비린 냄새. ②고기. 생선 따위의 비린 물건.「他不吃一;그는 비린 것은 먹지 않는다」. 「>腥腥氣氣.
[腥氣] hsīngch'i ㄒㄧㄥㄑㄧ ②비린내 나다.
[腥臭] hsīngch'òu ㄒㄧㄥㄔㄡˋ 비리다. 비린내 나다. >腥腥臭臭.
[腥臊] hsīngsāo ㄒㄧㄥㄙㄠ ①악취. 동물·사람 등에서 풍기는 악취. >腥腥臊臊. ②물건의 더러운 것의 비유. 「내 나다.
[腥羶] hsīnshān ㄒㄧㄥㄕㄢ 누리다. 누린
[腥賭] hsīngtǔ ㄒㄧㄥㄉㄨˇ 도박에서 속임수를 쓰는 자. 사기 도박.
[腥味(兒)] hsīngwèi(rh) ㄒㄧㄥㄨㄟˋ(ㄦ) 비린 냄새.「血一;피비린내」 「아드.
[腥油] hsīngyú ㄒㄧㄥㄧㄡˊ 돼지 기름. 라

〔興〕(兴) hsīng ㄒㄧㄥ ①일으키다.「一工;공사를 일으키다. 기공하다」「一利除弊;이로운 일을 일으키고 해로운 일은 제거하다」②일어나다.「夙一夜寐;아침 일찍 일어나고 밤 늦게 자다」③성한. 번영한.「一盛;성하다」「一旺;번영하다」④유명하다. 널리 행하여지다.「時一;유행하다」⑤허락하다.「他們不一我說話;그들은 나에게 말을 못하게 하다. 발언을 허용하지 않는다」⑥혹은. 어쩌면.「他一來, 一不來;그는 어쩌면 올지도, 안 올지도 몰라」⇨hsìng.
[興家立業] hsīngchiā-lìyèh ㄒㄧㄥㄐㄧㄚ ㄌㄧˋㄧㄝˋ 가정과 사업을 흥하게 하다. 안을 일으키다.
[興建] hsīngchièn ㄒㄧㄥㄐㄧㄢˋ 창립하다.「一大型工場;대규모의 공장을 건립하다」
[興出] hsīngch'u ㄒㄧㄥㄔㄨ 만들어 내다.
[興居] hsīngchū ㄒㄧㄥㄐㄩ 기거(起居).
[興奮] hsīngfèn ㄒㄧㄥㄈㄣˋ 흥분. 감동.
[興風作浪] hsīngfēng-tsòlàng ㄒㄧㄥㄈㄥ ㄗㄨㄛˋㄌㄤˋ 풍파를 일으키다.
[興修] hsīnghsiū ㄒㄧㄥㄒㄧㄡ 수리 공사(修理工事)를 시작하다.
[興許] hsīnghsǔ ㄒㄧㄥㄒㄩˇ …일지도 모른다.「今天他一不來了;오늘 그는 오지 못하게 될는지 알 수 없다」
[興開了] hsīngk'āirh ㄒㄧㄥㄎㄞㄦ 널리 행하여지다. 유행하다.
[興革] hsīngkó ㄒㄧㄥㄍㄜˊ 새 것을 일으키고 낡은 것을 배제하다.
[興辦] hsīngpàn ㄒㄧㄥㄅㄢˋ (사업을) 일으키다.「一各種服務事業;각종 서어비스업을 일으켰다」 「으켜 토벌하다.
[興兵] hsīngpīng ㄒㄧㄥㄅㄧㄥ 군대를 일
[興師動衆] hsīngshīh tùngchùng ㄒㄧㄥㄕ ㄉㄨㄥˋㄓㄨㄥˋ 군대를 일으키고 대중을 동원하다.
[興師問罪] hsīngshīh wèntsuì ㄒㄧㄥㄕ ㄨㄣˋㄗㄨㄟˋ 군대를 일으켜 죄를 다스리다. 공공연히 상대편의 잘못을 문책하다.
[興訟] hsīngsùng ㄒㄧㄥㄙㄨㄥˋ 소송을 제기하다. 「등이) 성하다. 번영하다.
[興旺] hsīngwàng ㄒㄧㄥㄨㄤˋ(가운·사업
[興揚兒] hsīngyángrh ㄒㄧㄥㄧㄤˊㄦ 성해지다. 한창이다.「現在烤羊肉正在一;현재 징기스칸 요리가 마침 한창때다」

〔行〕 hsíng ㄒㄧㄥˊ ①걷다. 가다. 여행하다.「步一;걷다」「日一千里;하루 천리를 가다」「一竈;이동식 부엌」②유통하다. 전하다. 「通一全國;널리 전국에 걸쳐 행해지다」「風一一時;일세를 풍미하다. 온 세상을 휩쓸다」③…하다. 행위.「一刑;형을 집행하다」「一禮;경례하다. 인사하다」「便宜一事;지시를 받지 않고 혼자 처리하다」④잘되다. 이제 됐다.「沒準備就開會可不一;준비도 없이 회의를 열어서는 못 쓴다」「一了, 車修好了;이제 됐어, 차 수리는 끝났어」⑤능력이 있다. 잘하다. 훌륭하다.「你眞一;너 참으로 훌륭하다」⑥머지않아. 곧.「一將畢業;곧 졸업하다」⑦행서(行書). 「속이다.
[行詐] hsíngchà ㄒㄧㄥˊㄓㄚˋ 사기하다.
[行車] hsíngch ê ㄒㄧㄥˊㄔㄜ ①차량을 통과시키다.「此處不準一;이곳 차량 통행금지」②주행(走行) 크레인.
[行期] hsíngch'ī ㄒㄧㄥˊㄑㄧ 출발 날짜.
[行止] hsíngchǐh ㄒㄧㄥˊㄓˇ ①거동. 행위. ②일의 전말. 순서.「定一;일의 순서를 정하다」
[行將] hsíngchiāng ㄒㄧㄥˊㄐㄧㄤ 머지 않아. 곧 …하려 한다.「一就木;곧 관 속에 들어 가려 한다. 죽음이 눈앞에 다가와 있다」
[行經] hsíngchīng ㄒㄧㄥˊㄐㄧㄥ ①여행 도중 어느 지점을 통과하다. ②월경(月經)의 내조(來潮). 「위.
[行徑] hsíngchìng ㄒㄧㄥˊㄐㄧㄥˋ 행동. 행
[行酒] hsíngchiǔ ㄒㄧㄥˊㄐㄧㄡˇ 손님에게 술을 권하다. 「휴대하는 물품.
[行具] hsíngchǜ ㄒㄧㄥˊㄐㄩˋ 여행할 때
[行船] hsíngch'uán ㄒㄧㄥˊㄔㄨㄢˊ 배를 띄우다. 출범시키다.
[行裝] hsíngchuāng ㄒㄧㄥˊㄓㄨㄤ 행장.
[行床] hsíngch'uáng ㄒㄧㄥˊㄔㄨㄤˊ 들것.
[行軍] hsíngchūn ㄒㄧㄥˊㄐㄩㄣ 행군.「一床;휴대용 베드」
[行販] hsíngfàn ㄒㄧㄥˊㄈㄢˋ 행상하다.
[行好] hsínghǎo ㄒㄧㄥˊㄏㄠˇ 자선(慈善)을 베풀다. 은혜를 입히다.
[行息] hsínghsī ㄒㄧㄥˊㄒㄧ 이식(利息)을 붙이다.「二分一;2푼의 이식을 붙이다」
[行銷] hsínghsiāo ㄒㄧㄥˊㄒㄧㄠ 상품을 팔다. 「성.
[行星] hsínghsīng ㄒㄧㄥˊㄒㄧㄥ 혹성. 유
[行刑] hsínghsíng ㄒㄧㄥˊㄒㄧㄥˊ 형을 집행하다. 「죽이다.
[行凶] hsínghsiūng ㄒㄧㄥˊㄒㄩㄥ 사람을
[行許] hsínghsǚ ㄒㄧㄥˊㄒㄩˇ =也許 yěhhsǚ. 「력. ②음식의 소화.
[行化] hsínghua ㄒㄧㄥˊㄏㄨㄚ ①약의 효
[行賄] hsínghuì ㄒㄧㄥˊㄏㄨㄟˋ 뇌물을 주다.
[行貨] hsínghuò ㄒㄧㄥˊㄏㄨㄛˋ ①상품을 사들이다. ②상품을 나르다.
[行醫] hsíngī ㄒㄧㄥˊㄧ 의사 노릇을 하다.

[行人] hsíngjên ㄒㄧㄥˊㄖㄣˊ 통행인.
[行人情] hsíngjênch'íng ㄒㄧㄥˊㄖㄣˊㄑㄧㄥˊ 길흉사(吉凶事)에 인사를 하러 가다.
[行客] hsíngk'ǒ ㄒㄧㄥˊㄎㄜˋ 나그네.
[行李] hsíngli ㄒㄧㄥˊㄌㄧ 여행짐. 행장.
[行禮] hsínglǐ ㄒㄧㄥˊㄌㄧˇ 경례하다. 인사하다. 「의 소화물 차.
[行李車] hsínglich'ê ㄒㄧㄥˊㄌㄧㄔㄜ 철도
[行李房] hsínglifáng ㄒㄧㄥˊㄌㄧㄈㄤˊ 수하물. 화물 취급소. 「여흥을 하다.
[行令] hsínglìng ㄒㄧㄥˊㄌㄧㄥˋ 주석에서
[行門戶] hsíng ménhu ㄒㄧㄥˊㄇㄣˊㄏㄨ 선물을 전달하다.
[行不去] hsíngpuch'ǜ ㄒㄧㄥˊㄅㄨㄑㄩˋ 갈 수가 없다. 통하지 않다.
[行不開] hsíngpuk'āi ㄒㄧㄥˊㄅㄨㄎㄞ (지장이 있어) 자유로 되지 않는다.
[行不得] hsíngputê ㄒㄧㄥˊㄅㄨㄉㄜ ①…하여서는 안된다. ②통행할 수 없다. 가서는 안된다.
[行不通] hsíngput'ūng ㄒㄧㄥˊㄅㄨㄊㄨㄥ ①통하지 않는다. ②갈 수 없다.
[行騙] hsíngp'ièn ㄒㄧㄥˊㄆㄧㄢˋ 사람을 속이다. 「(運航)하다.
[行駛] hsíngshǐh ㄒㄧㄥˊㄕˇ 달리다. 운항
[行事] hsíngshìh ㄒㄧㄥˊㄕˋ ①행위. ②(비밀리에) 일을 치다. ③사귀다. 교제하다. ④대처(對處)하다. 「他眞會一 ; 그는 일을 잘 처리한다」
[行尸走肉] hsíngshīh tsǒujòu ㄒㄧㄥˊㄕ ㄗㄡˇㄖㄡˋ 산 송장. «成» 「기관.
[行署] hsíngshǔ ㄒㄧㄥˊㄕㄨˇ 특별 행정
[行道樹] hsíngtàoshù ㄒㄧㄥˊㄉㄠˋㄕㄨˋ 가로수.
[行燈] hsíngtēnhg ㄒㄧㄥˊㄉㄥ 초롱.
[行頭] hsíngt'ou ㄒㄧㄥˊㄊㄡ 연극용 의상(衣裳). 「와 초서.
[行草] hsíngts'ǎo ㄒㄧㄥˊㄘㄠˇ 행서(行書)
[行走] hsíngtsǒu ㄒㄧㄥˊㄗㄡˇ ①걷다. ②왕래하다. ③겸임. 겸임하다.
[行踪] hsíngtsūng ㄒㄧㄥˊㄗㄨㄥ ①행방. 걸어간 자취.
[行通] hsíngt'ūng ㄒㄧㄥˊㄊㄨㄥ 통용(通用)하다. 「老規矩一不通了 ; 낡은 규칙은 통용하지 않게 되었다」
[行動] hsíngtùng ㄒㄧㄥˊㄉㄨㄥˋ ①행동. ②자칫하면. 왕왕. ③이동하다. 옮기다. 「一郵局 ; 대형 자동차를 이용한 이동 우체국」 「살(刺殺)하다.
[行刺] hsíngtz'ǜ ㄒㄧㄥˊㄘˋ 암살하다. 자
[行圍] hsíngwéi ㄒㄧㄥˊㄨㄟˊ 수렵하다. 사냥하다.
[行文] hsíngwén ㄒㄧㄥˊㄨㄣˊ ①문서를 보내다. 문서를 조회하다. ②문장을 만들다. ③문화적인 일을 하다.
[行遠自邇] hsíngyüǎn tzǔěrh ㄒㄧㄥˊㄩㄢˇ ㄗˋㄦˇ 천리 길도 한걸음 으로부터. «成»

〔刑〕 hsíng ㄒㄧㄥˊ ①형벌. 「徒一 ; 징역」 「緩一 ; 집행유예」 「一臺 ; 처형대」 ②형구. 「電一 ; 전기 고문」

〔形〕 hsíng ㄒㄧㄥˊ ①형. 형태. ②본체. 그 자체. 「一影不離 ; 그림자와 형체는 언제나 같이 따라 다닌다」 ③나타나다. 나타내다. 「喜怒不一于色 ; 감정을 얼굴에 나타내지 않는다」 ④비교하다. 「相一之下 ; 쌍방을 비교한다면. 현재의 정황으로 보아」
[形迹] hsíngchì ㄒㄧㄥˊㄐㄧˋ ①의례. 형식. 「不拘一 ; 형식에 구애하지 않다」 ②거동. 「一可疑 ; 거동이 의심스럽다」
[形景(兒)] hsíngchǐng(rh) ㄒㄧㄥˊㄐㄧㄥˇ(儿) 상황. 모습.
[形骸] hsínghái ㄒㄧㄥˊㄏㄞˊ 형해. 몸.
[形象] hsínghsiàng ㄒㄧㄥˊㄒㄧㄤˋ ①구상적(具象的)이다. 「很一的說法 ; 아주 구상적인 설법」 ②형상. 구상.
[形形色色] hsínghsíngsèsè ㄒㄧㄥˊㄒㄧㄥˊㄙㄜˋㄙㄜˋ 형형색색. 가지각색.
[形容] hsíngjúng ㄒㄧㄥˊㄖㄨㄥˊ ①형용하다. 꾸미다. 「一盡致 ; 묘사가 빈틈 없다」 ② hsíngjung 용모와 안색. 자태.
[形貌] hsíngmào ㄒㄧㄥˊㄇㄠˋ 형상(形相)
[形(兒)] hsíng(rh) ㄒㄧㄥˊ(儿) 형상(形狀). 형체.
[形聲] hsíngshēng ㄒㄧㄥˊㄕㄥ 한자(漢字) 구성법의 하나. 음부(音符)와 의부(意符)로 되어 있음 : "江·河" 따위.
[形勝] hsíngshèng ㄒㄧㄥˊㄕㄥˋ 좋은 형세. 지의 이(地之利)를 얻은 장소.
[形似] hsíngssǜ ㄒㄧㄥˊㄙˋ 모양이 닮았다.
[形單影隻] hsíngtān-yǐngchīh ㄒㄧㄥˊ ㄉㄢ ㄧㄥˇ ㄓ 고독한 모습. 고립해 있는 모양.
[形體] hsíngt'ǐ ㄒㄧㄥˊㄊㄧˇ ①형체. ②신체의 움직임. 「一訓練 ; 연기에 있어 신체의 움직임을 부드럽게 하는 훈련」
[形踪] hsíngtsūng ㄒㄧㄥˊㄗㄨㄥ ＝形迹②
[形影相隨] hsíngyǐng hsiāngsuí ㄒㄧㄥˊ ㄧㄥˇㄒㄧㄤㄙㄨㄟˊ 그림자가 형체를 따르듯이 항상 떨어지지 않는 것. «成»
[形影相弔] hsíngyǐng hsiāngtiào ㄒㄧㄥˊ ㄧㄥˇㄒㄧㄤㄉㄧㄠˋ 도와줄 사람이 없는 외로움. 그림자를 벗삼다. 고독한 모양. «成»

〔型〕 hsíng ㄒㄧㄥˊ ①모형. 주형(鑄型). ②양식. 본. 「新一 ; 새로운 형」 「典一 ; 전형」 「쓰는 쇠붙이 틀. 형철대.
[型砧] hsíngchēn ㄒㄧㄥˊㄓㄣ 대장간에서
[型工] hsíngkūng ㄒㄧㄥˊㄍㄨㄥ 주형제작.

〔餳〕 hsíng ㄒㄧㄥˊ ①물엿. 조청. ②눈이 가슴츠레해지다. 「眼睛發一 ; 졸리어 눈이 가슴츠레하다」
[餳澀] hsíngsè ㄒㄧㄥˊㄙㄜˋ 눈이 가슴츠레하며 눈꺼풀이 뜨이지 않는다.

〔省〕 hsǐng ㄒㄧㄥˇ ①반성하다. ②분별하다. 지각(知覺)이 있다. 「不一人事 ; 인사불성」 ③깨닫다. 각성하다. 「猛一前非 ; 기왕의 잘못을 맹성하다」 ④안부를 묻다. 「一親 ; 귀성하다. 고향에 돌아가 부모를 뵈옵다」
[省察] hsǐngch'á ㄒㄧㄥˇㄔㄚˊ ①상세하게 조사하다. ②반성하다.
[省親] hsǐngch'īn ㄒㄧㄥˇㄑㄧㄣ 부모를 뵙기 위해 고향으로 가다. 귀성하다.
[省事] hsǐngshìh ㄒㄧㄥˇㄕˋ 수고를 덜 수 있다. 남의 속심을 즉시 파악하여 잘 대처하다. 「다.
[省悟] hsǐngwù ㄒㄧㄥˇㄨˋ 깨닫다. 각성하

〔醒〕 hsǐng ㄒㄧㄥˇ ①잠에서 깨다. 「我

一了；나는 잠을 깼다」②미몽(迷夢) 에서 깨어나다.「淸一；또렷이 깨닫다」「驚一；잠에서 깨다」③취기가 깨다.「水果可以一酒；과일은 취기를 깨게 한다」
[醒腔] hsǐngch'iāng ㄒㄧㄥˇㄑㄧㄤ 퍼뜩 깨닫다. 이해하다.
[醒酒] hsǐngchiǔ ㄒㄧㄥˇㄐㄧㄡˇ 취기에서 깨다. 술에서 깨다.
[醒過來] hsǐngkuolai ㄒㄧㄥˇㄍㄨㄛ ㄌㄞ 각성하다. 정신이 들다.
[醒木] hsǐngmù ㄒㄧㄥˇㄇㄨˋ ①격타(擊柝). ②딱다기. ③ 방망이.
[醒目] hsǐngmù ㄒㄧㄥˇㄇㄨˋ 눈을 끌다. 눈에 뜨이다.「標題排得很一；표제가 눈에 뜨이게끔 배열돼 있다」
[醒脾] hsǐngp'í ㄒㄧㄥˇㄆㄧˊ ①사람의 마음을 매혹시키다. ②번민을 털어 버리다. ③놀리다.
[醒悟] hsǐngwù ㄒㄧㄥˇㄨˋ 각성하다. 깨닫다.
[醒眼] hsǐngyěn ㄒㄧㄥˇㄧㄢˇ ＝醒目.

〔擤〕(揗) hsǐng ㄒㄧㄥˇ 손으로 코를 풀다.「一鼻涕；손으로 코를 풀다」

〔行〕 hsíng ㄒㄧㄥˊ 행동. 행위.「德一；어질고 너그러운 행실」「罪一；범죄행위」⇨háng, hsíng.

〔杏〕 hsìng ㄒㄧㄥˋ 살구.「一仁；살구씨 속에 들어 있는 흰 알맹이」
[杏脯] hsìngfǔ ㄒㄧㄥˋㄈㄨˇ 살구를 설탕에 절인 것. 말린 살구.
[杏核兒] hsìnghórh ㄒㄧㄥˋㄏㄜˊㄦ,hsìnghúrh 살구씨.
[杏核兒眼] hsìnghórhyěn ㄒㄧㄥˋㄏㄜˊㄦㄧㄢˇ, hsìnghúrhyěn ㄒㄧㄥˋㄏㄨˊㄦㄧㄢˇ 여자의 둥글고 큰 눈.
[杏黃] hsìnghuáng ㄒㄧㄥˋㄏㄨㄤˊ 살구와 같은 노란 색. 살구처럼 노란.
[杏仁(兒)] hsìngjén(rh) ㄒㄧㄥˋㄖㄣˊ(ㄦ) 살구씨 속의 알맹이나 배자:식용 또는 기침·가래 등의 진정제.「一粉；살구씨를 가루로 만든 것」
[杏仁兒茶] hsìngjénrhch'á ㄒㄧㄥˋㄖㄣˊㄦㄔㄚˊ 찹쌀가루·설탕·살구씨 알맹이의 분말을 혼합하여 달인 음료.
[杏仁酥] hsìngjénsū ㄒㄧㄥˋㄖㄣˊㄙㄨ 살구씨 속의 알맹이로 만든 유과(乳菓).
[杏干] hsìngkān ㄒㄧㄥˋㄍㄢ 말린 살구.
[杏眼] hsìngyěn ㄒㄧㄥˋㄧㄢˇ 둥글고 큰 눈.

〔幸〕 hsìng ㄒㄧㄥˋ ①다행히도.덕택으로.「一免于難；다행히도 난을 면했다」②행복. 기쁨.「一福」「一運」③황제의 행차.
[幸而] hsìng'ěrh ㄒㄧㄥˋㄦˊ 다행히도.운좋게.「一他沒受傷；다행히도 그는 부상을 입지 않았다」
[幸好] hsìnghǎo ㄒㄧㄥˋㄏㄠˇ ＝幸而.
[幸喜] hsìnghsǐ ㄒㄧㄥˋㄒㄧˇ 다행히도. 기쁘게도.
[幸虧] hsìngk'ueī ㄒㄧㄥˋㄎㄨㄟ ＝幸而.
[幸免] hsìngmiěn ㄒㄧㄥˋㄇㄧㄢˇ 요행으로 면하다.
[幸災樂禍] hsìngtsāi-lèhuò ㄒㄧㄥˋㄗㄞ—ㄌㄜˋㄏㄨㄛˋ 남의 불행과 재난을 기뻐하다：평소의 원한을 품은 사람이 갖는 훼상(毁傷)의 기쁨. «成»

〔性〕 hsìng ㄒㄧㄥˋ ①성질. 특질.「鹹一；알칼리성(性)」「藥一；약의 효력」②성격. ③범위. 방식. 작용 : 대부분이 한정어(限定語)를 만드는 접미어로 쓰임.「全國一；전국적인」「文化一；문화적인」④남녀의 성.
[性情] hsìngch'ing ㄒㄧㄥˋㄑㄧㄥ ①감정. ②(개인 특유의)성질. 「서의 정.인간성.
[性靈] hsìnglíng ㄒㄧㄥˋㄌㄧㄥˊ 인간으로
[性命] hsìngmìng ㄒㄧㄥˋㄇㄧㄥˋ 생명. 목숨.
[性不長] hsìngpùch'áng ㄒㄧㄥˋㄅㄨˋㄔㄤˊ 「변덕스럽다.
[性兒] hsìngrh ㄒㄧㄥˋㄦ ①성질. 성격.②기분.「由着一鬧；제멋대로 떠들다」
[性體] hsìngt'ǐ ㄒㄧㄥˋㄊㄧˇ 성질.
[性子] hsìngtzŭ ㄒㄧㄥˋㄗ ①성질.「一急；성미가 급함」②노여움.

〔姓〕 hsìng ㄒㄧㄥˋ ①성. ②…을 성으로 하다.「我一張；나의 성은 장이라고 합니다」
[姓字名誰] hsìngtzŭ-míngshuí ㄒㄧㄥˋㄗ ㄇㄧㄥˊㄕㄨㄟˊ 성명. 성함.「問問我一；나에게 성함을 묻는다」
[姓氏名誰] hsìngshìh-míngshuí ㄒㄧㄥˋㄕˋ ㄇㄧㄥˊㄕㄨㄟˊ,＝姓字名誰. 姓什名誰.

〔悻〕 hsìng ㄒㄧㄥˋ
[悻悻] hsìnghsìng ㄒㄧㄥˋㄒㄧㄥˋ 성낸 모양.「一而歸；불끈 화를 내며 돌아가다」.

〔興〕(兴) hsìng ㄒㄧㄥˋ 흥미. 재미.「豪一；통쾌한 재미」
[興致] hsìngchìh ㄒㄧㄥˋㄓ ①흥미. 재미.「一勃勃；흥미 진진」「助一；흥미를 돋구다」②흥미를 가지고. 재미 있는 듯이. ＞興興致致.
[興趣] hsìngch'ǜ ㄒㄧㄥˋㄑㄩˋ 흥미. 관심. 구미(口味)가 당기는 것.
[興冲冲的] hsìngch'ūngchūngtê ㄒㄧㄥˋㄔㄨㄥㄔㄨㄥㄉㄜ 기뻐 날뛰는 모양. 들떠 헤매다.
[興會] hsìnghuì ㄒㄧㄥˋㄏㄨㄟˋ 흥이 나다.「一時一畫了這幅畫兒；한때의 흥에 겨워 이 그림을 그렸다」
[興高采烈] hsìngkāo-ts'ǎiliēh ㄒㄧㄥˋㄍㄠ ㄘㄞˇㄌㄧㄝˋ 기뻐 어찌할 바 모르다. «成»
[興頭] hsìngt'ou ㄒㄧㄥˋㄊㄡ 흥. 감흥. 득의 만만하다. 유쾌하다.
[興頭兒] hsìngt'óurh ㄒㄧㄥˋㄊㄡˊㄦ 흥이 절정에 달한 무렵.「他正在一上； 그는 지금 바야흐로 기쁨의 절정에 달했다」
[興匆匆的] hsìngts'ūngts'ūngtê ㄒㄧㄥˋㄘㄨㄥㄘㄨㄥㄉㄜ 기뻐서 안절부절 못하는 모양.

HSIU ㄒㄧㄡ

〔休〕 hsiū ㄒㄧㄡ ①쉬다.「一假；휴가」②정지하다.그만두다.「爭論不一；언쟁이 그치지 않는다」③끝나다. 실패하다.「吾命一矣！；내 목숨도 마지막이다！」④이혼하다.「一妻；아내와 이혼하다」

「一書；이혼장」⑤경사. 기쁨. 행복. 「一咎；길흉」
[休整] hsiūchěng ㄒㄧㄡㄓㄥˇ 휴식과 정비. 「隊伍進行短期一；부대는 단기간의 휴식·정비를 한다」
[休戚相關] hsiūch'īhsiāngkūan ㄒㄧㄡㄑㄧㄒㄧㄤㄍㄨㄢ 기쁨과 슬픔을 같이 하다. =休戚與共. 「하다.
[休息] hsiūhsi ㄒㄧㄡㄒㄧ ①쉬다. ②휴업
[休想] hsiūhsiǎng ㄒㄧㄡㄒㄧㄤˇ=別看①.
[休歇] hsiūhsiēh ㄒㄧㄡㄒㄧㄝ 휴식하다.
[休閑] hsiūhsién ㄒㄧㄡㄒㄧㄢˊ 유유자적(悠悠自適)하다.
[休克] hsiūk'ò ㄒㄧㄡㄎㄜˋ 가사(假死): 의학 용어.
[休養生息] hsiūyǎng shēnghsīㄒㄧㄡㄧㄤˇㄕㄥㄒㄧ 백성을 휴양시켜 인구 증가를 └꾀하다.《成》

〔修〕 hsiū ㄒㄧㄡ ①수리하다. 「一定要把淮河一好；기어코 나는"淮河"를 수축(修築)해 보일 테다」②건설하다. 축조(築造)하다. 「一鐵道；철도를 부설하다」「一橋；다리를 놓다」③쓰다. 편찬하다. 「一歷史；역사를 편찬하다」 ④익히다. 학습하다. 연수하다. 「一學；학문을 연구하다」⑤자라다. 생장(生長)하다.「一齡；장수(長壽)」 「길쭉한.
[修長] hsiūch'áng ㄒㄧㄡㄔㄤˊ 길다랗다.
[修成] hsiūch'éng ㄒㄧㄡㄔㄥˊ(공사 등을) 완성하다. 완공하다.
[修葺] hsiūch'ì ㄒㄧㄡㄑㄧˋ건물을 세우다.
[修脚] hsiūchiǎo ㄒㄧㄡㄐㄧㄠˇ 발에 생긴 못이나 발톱 따위를 깎아 내는 것.
[修剪] hsiūchiěn ㄒㄧㄡㄐㄧㄢˇ ①전지(剪枝)하다. ②머리를 가지런히 이발하다. >修修剪剪.
[修建] hsiūchièn ㄒㄧㄡㄐㄧㄢˋ 건립하다. 건축하다. 「一烈士紀念碑；열사의 기념비를 건립하다」「一道路；도로를 건설하다」
[修治] hsiūchìh ㄒㄧㄩㄓˋ 수리 정비하다.
[修持] hsiūch'íh ㄒㄧㄡㄔˊ 수양을 하여 자신(自身)을 확립하다.
[修築] hsiūchù ㄒㄧㄡㄓㄨˋ 건축하다.
[修浚] hsiūchǜn ㄒㄧㄡㄐㄩㄣˋ 도로와 하천을 정비하다.
[修佛] hsiūfó ㄒㄧㄡㄈㄛˊ 불사(佛事)에 종사하다. 부처님을 모시다.
[修復] hsiūfù ㄒㄧㄡㄈㄨˋ 편지 회답을 하다. 회답을 쓰다.
[修函] hsiūhán ㄒㄧㄡㄏㄢˊ 편지를 쓰다.
[修好(兒)] hsiūhǎo(rh) ㄒㄧㄡㄏㄠˇ(ㄦ) 은혜를 베풀다. 공덕을 쌓다.
[修容] hsiūjúng ㄒㄧㄡㄖㄨㄥˊ 화장하다.
[修改] hsiūkǎi ㄒㄧㄡㄍㄞˇ 수정하다. 개조하다.
[修蓋] hsiūkài ㄒㄧㄡㄍㄞˋ 건축하다.
[修溝] hsiūkōu ㄒㄧㄡㄍㄡ 하수도 또는 수로 따위를 만들다.
[修煉] hsiūlièn ㄒㄧㄡㄌㄧㄢˋ (불교·도교 등의) 수업(修業). 「다.
[修路] hsiūlù ㄒㄧㄡㄌㄨˋ 도로를 건설하
[修面] hsiūmièn ㄒㄧㄡㄇㄧㄢˋ 면도하다.
[修女] hsiūnǔ ㄒㄧㄡㄋㄨˇ 수도원의 여승. 수녀. 「一院；수도원」
[修配] hsiūp'èi ㄒㄧㄡㄆㄟˋ수리하여 조립하다.「一廠；조립 및 수리공장」「一組；수리 조립반」 「修補補.
[修補] hsiūpǔ ㄒㄧㄡㄅㄨˇ 수선하다. >修
[修士] hsīushìh ㄒㄧㄡㄕˋ 수도하는 사람. 도를 닦는 사람. 「하다. ②수선하다.
[修飾] hsiūshìh ㄒㄧㄡㄕˋ ①꾸미다. 장식
[修訂] hsiūtìng ㄒㄧㄡㄉㄧㄥˋ 수정하다. 개정하다. 「다.
[修造] hsiūtsào ㄒㄧㄡㄗㄠˋ 건조(建造)하
[修短] hsiūtuǎn ㄒㄧㄡㄉㄨㄢˇ ①장단(長短). ②깎아서 짧게 하다.

〔咻〕 hsiū ㄒㄧㄡ ①큰소리로 떠들어대다. ②허덕이며 신음하는 소리. 「一一；허덕이며 신음하는 소리」

〔羞〕 hsiū ㄒㄧㄡ ①치사스럽다. 「一與爲伍；함께 일하는 것이 치사하다」 ②난처하다. 부끄러워하다. 「一得臉通紅；부끄러워 얼굴이 빨개지다」「別一我；나를 치사하게 만들지 말라」③맛 있는 음식. 진미. 「珍一；진미」
[羞怯] hsiūch'ièh ㄒㄧㄡㄑㄧㄝˋ 부끄러워 주저주저하다.
[羞怯怯的] hsiūch'ièhch'ièht'ê ㄒㄧㄡㄑㄧㄝˋㄑㄧㄝˋㄉㄜ 무서워 주저주저하는 모양.
[羞恥] hsiūch'ǐh ㄒㄧㄡㄔˇ ①수치. ②부끄러워하다. 「지 노하다.
[羞憤] hsiūfèn ㄒㄧㄡㄈㄣˋ 부끄러운 나머
[羞辱] hsiūjǔ ㄒㄧㄡㄖㄨˇ 치욕.
[羞口] hsiūk'ǒu ㄒㄧㄡㄎㄡˇ 감히 말이 나오지 않는다. 「부끄러워하다.
[羞愧] hsiūkueìㄒㄧㄡㄎㄨㄟˋ 부끄럽다.
[羞剌剌的] hsiūlalatê ㄒㄧㄡㄌㄚㄌㄚㄉㄜ =羞答答的. 「얼굴.
[羞臉] hsiūliěn ㄒㄧㄡㄌㄧㄢˇ 수줍어하는
[羞惱成怒] hsiūnǎo chéngnù ㄒㄧㄡㄋㄠˇㄔㄥˊㄋㄨˋ 부끄러운 나머지 노하다.
[羞澀] hsiūsè ㄒㄧㄡㄙㄜˋ 부끄러워서 주저주저하다.
[羞手羞脚] hsiūshǒh-hsiūchiǎoㄒㄧㄡㄕㄡˇㄒㄧㄡㄐㄧㄠˇ 부끄러워 주저주저 망설이다.
[羞刀難入] hsiūtāo nánjù ㄒㄧㄡㄉㄠ ㄋㄢˊㄖㄨˋ 한번 저지른 일은 다시 돌이킬 수 없다.《成》 「부끄러워하는 모양.
[羞答答的] hsiūtātātê ㄒㄧㄡㄉㄚㄉㄚㄉㄜ
[羞慚] hsiūts'án ㄒㄧㄡㄘㄢˊ 치사스럽다. 부끄러워하다.

〔脩〕 hsiū ㄒㄧㄡ ①말린 고기. ②교사(敎師)에 대한 사례. =束脩.

〔饈〕 hsiū ㄒㄧㄡ 진미. 맛 있는 음식.

〔朽〕 hsiǔ ㄒㄧㄡˇ ①썩다. 부패하다. 「永垂不一；영원히 썩지 않다」 ②쇠퇴하다. 「老一；늙어 쇠해지다. 노후화(老朽化)하다」 「지다.
[朽爛] hsiǔlàn ㄒㄧㄡˇㄌㄢˋ 썩어 문드러
[朽邁] hsiǔmài ㄒㄧㄡˇㄇㄞˋ 나이를 먹어 쓸모가 없다.
[朽木糞土] hsiumù-fèntʻǔ ㄒㄧㄡˇㄇㄨˋㄈㄣˋㄊㄨˇ 쓸모 없는 인간의 비유.

〔宿〕 hsiǔ ㄒㄧㄡˇ 밤. 「住了一一；하룻└밤 묵었다」 ⇨sù, hsiù.

〔秀〕 hsiù ㄒㄧㄡˋ ①(농작물 등이)이삭

이 패다.「高粱一穗了；수수 이삭이 패었다」②뛰어나다. 빼어나다.「挺一；뛰어나게 우수하다」③아름답다.「一外慧中；현명함과 미(美)를 겸비하다」

[秀氣] hsiùch'i ㄒㄧㄡˋㄑㄧ ①우아한. ②용이주도한. 민첩한.「這個東西做得很一；이 물건은 아주 묘하게 만들어져 있다」③ 용모가 수려하고 단정하다. ④상쾌한 느낌이 든다. ＞秀秀氣氣. 「름답다.

[秀潤] hsiùjùn ㄒㄧㄡˋㄖㄨㄣˋ 싱싱하고 아

[秀才] hsiùts'ái ㄒㄧㄡˋㄘㄞˊ ①재능이 뛰어난 사람. ②송대(宋代)에서는 과거 응시자를 말하고 명·청(明·淸) 대에서는 부(府)·주(州)·현(縣)의 학교에 입학한 자. ③서생(書生)의 통칭.

[秀才遇到兵] hsiùts'ai yǜ tao pīng ㄒㄧㄡˋㄘㄞ ㄩˋㄉㄠˋㄅㄧㄥ 자기에게는 조리 정연하지만 남에게 밝혀말할 수는 없다:「有理說不淸」과의 대귀.

〔臭〕 hsiù ㄒㄧㄡˋ ①냄새.「無一的氣體；냄새 없는 기체」②=嗅. ⇨ch'ou.

[臭味相投] hsiùwèi hsiāngt'óu ㄒㄧㄡˋㄨㄟˋㄒㄧㄤㄊㄡˊ 뜻이 같은 악인끼리 의기투합하다. «成»

〔袖〕 hsiù ㄒㄧㄡˋ ①「一子；소매」「一兒；소매」②소매 속에 집어 넣다.「一着手；수수방관하다」 「포켓북.

[袖珍] hsiùchēn ㄒㄧㄡˋㄓㄣ 소형의 책.

[袖口兒] hsiùk'ǒurh ㄒㄧㄡˋㄎㄡˇㄦ 소맷부리.「一裏頭；비밀리에」 「스 단추.

[袖扣兒] hsiùk'òurh ㄒㄧㄡˋㄎㄡˋㄦ 커프

[袖裡呑金] hsiùli t'ūnchīn ㄒㄧㄡˋㄌㄧ ㄊㄨㄣㄐㄧㄣ ①소맷자락 속에 금을감추다. ②공개할 수 없는 일. 비밀.

[袖手] hsìushǒu ㄒㄧㄡˋㄕㄡˇ 소맷자락에 손을 끼다. 방관하다.「一傍觀；아무 것도 관여하지 않고 보고만 있다」«成»

[袖搭(兒·子)] hsiùtā(rh·tzǔ) ㄒㄧㄡˋㄉㄚ(ㄦ·ㄗ) 소맷자락의 솔기에 가까운 천. 소맷부리의 봉합(縫合)한 곳을 가리킴.

[袖頭兒] hsìut'óurh ㄒㄧㄡˋㄊㄡˊㄦ ①통소매의 평상복. ②소맷부리.

〔宿〕 hsiù ㄒㄧㄡˋ 성좌.「星一；성좌」 「⇨sù, hsiǔ.

〔溴〕 hsiù ㄒㄧㄡˋ 취소(臭素).

〔嗅〕 hsìu ㄒㄧㄡˋ 냄새를 맡다.

〔繡〕(綉) hsiù ㄒㄧㄡˋ 자수. 수놓기. 수를 놓다.「一花；꽃무늬를 수놓다」

[繡球] hsiùch'iú ㄒㄧㄡˋㄑㄧㄡˊ 자양화(紫陽花). 수국.

[繡房] hsiùfáng ㄒㄧㄡˋㄈㄤˊ 내실.

[繡象] hsiùhsiàng ㄒㄧㄡˋㄒㄧㄤˋ ①수놓은 초상. ②통속 소설의 삽화. ③아주 섬세하게 그린 상(像).

[繡鞋] hsiùhsiéh ㄒㄧㄡˋㄒㄧㄝˊ 수놓은 신.

[繡花(兒)] hsiùhuā(rh) ㄒㄧㄡˋㄏㄨㄚ(ㄦ) 꽃무늬를 수놓다.「一枕頭；겉만 화려하고 속이 빈 사람 또는 물건」 「繡貨.

[繡活] hsiùhuó ㄒㄧㄡˋㄏㄨㄛˊ 자수품. =

[繡工(兒)] hsiùkūng(rh) ㄒㄧㄡˋㄍㄨㄥ(ㄦ) 수놓는 일. 자수 작업.

[繡袍] hsiùp'áo ㄒㄧㄡˋㄆㄠˊ 수놓은 상의.

[繡被] hsiùpèi ㄒㄧㄡˋㄅㄟˋ 수놓은 이불.

[繡圍子] hsiùwéitzǔ ㄒㄧㄡˋㄨㄟˊㄗ 수놓은 책상보. 테이블클로오드.

〔鏽〕(銹) hsiù ㄒㄧㄡˋ ①녹.「鐵一；쇠에 쓴 녹」「這把刀子長一了；이 칼에는 녹이 쓸어 버렸다」②밀에 발생하는 병.「黑一病；흑수병(黑穗病). 깜부기」

HSIUNG ㄒㄩㄥ

〔凶〕(兇③~⑤) hsiūng ㄒㄩㄥ ①불행한. 불길한.「一事；상(喪). 장의」②흉작의.「一年；흉작의 해」③흉악하다. ④살상하다.「行一；사람을 살상하다」⑤흉악한. 심한.「鬧得太一了；떠드는 품이 너무 지나치다」「雨來得很一；비가 너무도 세차게 내린다」 「상.

[凶氣] hsiūngch'ì ㄒㄩㄥㄑㄧˋ 흉악한 형

[凶犯] hsiūngfàn ㄒㄩㄥㄈㄢˋ 살인범.

[凶悍] hsiūnghàn ㄒㄩㄥㄏㄢˋ 흉포하다. 흉악하고 난폭하다. 「통지.

[凶耗] hsiūnghào ㄒㄩㄥㄏㄠˋ 흉보. 사망

[凶横] hsiūnghěng ㄒㄩㄥㄏㄥˋ 흉포하다. 횡포하다.

[凶狠] hsiūnghěn ㄒㄩㄥㄏㄣˇ 흉악하다. 참혹하다. 잔인하다. ＞凶凶狠狠. 「험합.

[凶險] hsiūnghsiěn ㄒㄩㄥㄒㄧㄢˇ 심히 위

[凶信(兒)] hsiūnghsìn(rh) ㄒㄩㄥㄒㄧㄣˋ(ㄦ) 불길한 통지. 부음(訃音). 부고.

[凶眉惡目] hsiūngméi-èmù ㄒㄩㄥㄇㄟˊㄜˋㄇㄨˋ ①인상이 흉악한 모양. ②눈을 부라리고 겨노하고 있는 모습.

[凶猛] hsiūngměng ㄒㄩㄥㄇㄥˇ 흉포하다. 횡포하다. 「다.

[凶毆] hsiūngōu ㄒㄩㄥㄡ 심히 구타하

[凶殺] hsiūngshā ㄒㄩㄥㄕㄚ 학살하다. 흉기로써 살인하다. 「진 기운. 살.

[凶煞] hsiūngshà ㄒㄩㄥㄕㄚˋ 독하고 모

[凶神惡煞] hsiūngshěn-èshā ㄒㄩㄥㄕㄣˊㄜˋㄕㄚˋ 흉신 악신(凶神惡神).

[凶聲凶氣] hsiūngshēng-hsiūngch'ì ㄒㄩㄥㄕㄥ ㄒㄩㄥㄑㄧˋ 몹시 난폭하다. 사나운 모양. 「수인.

[凶手] hsiūngshǒu ㄒㄩㄥㄕㄡˇ 살인 하

[凶死] hsiūngssǔ ㄒㄩㄥㄙˇ 횡사: 뜻하지 않은 죽음.

[凶多吉少] hsiūngtō chíshǎo ㄒㄩㄥㄉㄨㄛ ㄐㄧˊㄕㄠˇ 아무래도 흉한 일이 많다. 흉한 일은 많고 길한 일은 적다.

[凶殘] hsiūngts'án ㄒㄩㄥㄘㄢˊ 흉포하다. 횡포하다.

[凶徒] hsiūngt'ú ㄒㄩㄥㄊㄨˊ =凶手.

[凶樣兒] hsiūngyàngrh ㄒㄩㄥㄧㄤˋㄦ 흉악한 모양. 처참한 상태. 「세.

[凶焰] hsiūngyèn ㄒㄩㄥㄧㄢˋ 흉악한 기

〔兄〕 hsiūng ㄒㄩㄥ ①형. =哥哥.「一嫂；형과 형수」②경칭.「老一；노형: 친한 연장자에 대한 호칭」

[兄長] hsiūngchǎng ㄒㄩㄥㄓㄤˇ 형.

[兄臺] hsiūngt'ái ㄒㄩㄥㄊㄞˊ 대형(大兄). 귀형.

[兄弟] hsiūngti ㄒㄩㄥㄉㄧ ①아우. ②hsiūngtì 형제. ③밀접한 관계의. 「一國家；형제와 같은 밀접한 국가」「一民族；평등·단결·우애·상조의 관계에 있는 민족 그루우프」 「형제의 서열.
[兄弟行] hsiūngtìháng ㄒㄩㄥㄉㄧˋㄏㄤˊ

〔匈〕 hsiūng ㄒㄩㄥ ①항가리. ②「一奴(一nú)；고대 중국의 북방 민족. 흉노」

〔洶〕 hsiūng ㄒㄩㄥ「一一；물 솟아 오르는 소리. 떠드는 소리」
[洶涌] hsiūngyǔng ㄒㄩㄥㄩㄥˇ ①물의 기세가 빠르고 세차다. ②(기세가) 오르다. ＞洶洶涌涌.
[洶涌澎湃] hsiūngyǔng p'ĕngp'ài ㄒㄩㄥㄩㄥˇ ㄆㄥˊㄆㄞˋ 팽배하게 용솟음치다.

〔胸〕 hsiūng ㄒㄩㄥ ①가슴. ②도량. 기우(氣宇). 「一襟；도량. 포부」
[胸章] hsiūngchāng ㄒㄩㄥㄓㄤ 흉장.
[胸腔] hsiūngch'iāng ㄒㄩㄥㄑㄧㄤ 흉곽.
[胸針] hsiūngchēn ㄒㄩㄥㄓㄣ ①브로우치. ②넥타이 핀.
[胸懷] hsiūnghuái ㄒㄩㄥㄏㄨㄞˊ 가슴에 품다. 「一大志；대지를 품다」
[胸口] hsiūngk'ǒu ㄒㄩㄥㄎㄡˇ 명치. 가슴뼈 아래의 중간에 우묵히 들어간 곳.
[胸脯(兒·子)] hsiūngp'ú(rh·tzŭ) ㄒㄩㄥㄆㄨˊ(ㄦ·ㄗ) 가슴. 「린 호주머니.
[胸袋] hsiūngtài ㄒㄩㄥㄉㄞˋ 가슴에 달
[胸膛] hsiūngt'ang ㄒㄩㄥㄊㄤ 가슴.
[胸頭] hsiūngt'ou ㄒㄩㄥㄊㄡ =胸脯(兒·子). 「속.
[胸次] hsiūngtz'ǔ ㄒㄩㄥㄘˋ 흉중. 가슴
[胸無點墨] hsiūngwútiĕnmò ㄒㄩㄥㄨˊㄉㄧㄢˇㄇㄛˋ 일자 무식. ‹成›
[胸有成竹] hsiūngyǔch'éngchú ㄒㄩㄥㄧㄡˇㄔㄥˊㄓㄨˊ 가슴 속에 성산(成算)이 서 「있다.

〔雄〕 hsiúng ㄒㄩㄥˊ ①수컷. 「一鷄；수탉」「一狗；수캐」 ②강한. 씩씩한. 「一師；강한 군대」「一赳赳的；용감하고 씩씩한 모양」
[雄糾糾的] hsiūngchiūchiūtē ㄒㄩㄥˊㄐㄧㄡㄐㄧㄡㄉㄜ 웅장하고 용감한 모양. 위풍당당한. =雄赳赳的. 「一氣昂昂；용감히 날뛰는 모양. 용약」
[雄厚] hsiúnghòu ㄒㄩㄥˊㄏㄡˋ (규모가) 크고 무게가 있다. 중후하다.
[雄性] hsiúnghsìng ㄒㄩㄥˊㄒㄧㄥˋ 수컷.
[雄心勃勃] hsiúnghsīn pópó ㄒㄩㄥˊㄒㄧㄣ ㄅㄛˊㄅㄛˊ 용감한 기상이 가득 차 있다.
[雄黃] hsiúnghuáng ㄒㄩㄥˊㄏㄨㄤˊ 천연산 황화비소(黃化砒素).
[雄兵] hsiúngpīng ㄒㄩㄥˊㄅㄧㄥ 강병.
[雄師] hsiúngshī ㄒㄩㄥˊㄕ 강한 군대.
[雄才大略] hsiúngts'ái-tàlüèh ㄒㄩㄥˊㄘㄞˊ ㄉㄚˋㄌㄩㄝˋ 훌륭한 재능·원대한 계략.
[雄偉] hsiúngwĕi ㄒㄩㄥˊㄨㄟˇ 웅장함.
[雄鷹] hsiúngyīng ㄒㄩㄥˊㄧㄥ 매.

〔熊〕 hsiúng ㄒㄩㄥˊ 〈動〉 곰.
[熊掌] hsiúngchǎng ㄒㄩㄥˊㄓㄤˇ 곰의 발바닥: 진귀품.
[熊心狗膽] hsiúnghsīn-kǒutǎn ㄒㄩㄥˊㄒㄧㄣ ㄍㄡˇㄉㄢˇ 담력이 세다는 비유. =熊心虎膽. 「갈게 불이 타는 형용.
[熊熊] hsiúnghsiúng ㄒㄩㄥˊㄒㄩㄥˊ 빨
[熊虎] hsiúnghǔ ㄒㄩㄥˊㄏㄨˇ 맹장(猛將)에 비유한 말.
[熊猫] hsiúngmāo ㄒㄩㄥˊㄇㄠ "四川省"의 곰의 일종: 보통 곰보다는 작고 죽순을 상식(常食)으로 한다. 「sŭngpāo.
[熊包] hsiúngpāo ㄒㄩㄥˊㄅㄠ =悚包
[熊樣兒] hsiúngyàngrh ㄒㄩㄥˊㄧㄤˋㄦ =悚樣兒 sŭngyàngrh.

HSÜ ㄒㄩ

〔吁〕 hsū ㄒㄩ ①탄식하다. 「長一短嘆；아아하고 탄식하는 것」 ②감탄사: 놀랍고 의심스러울 때 토하는 말. 에! 「一！是何言歟；에! 이게 무슨 소리지」 ⇨yǜ. 「다.
[吁氣] hsūch'i ㄒㄩㄑㄧ 허덕이다. 헐떡이

〔戌〕 hsū ㄒㄩ ①십이지(十二支)의 열한째. 개. 술. ②오후 7시부터 9시까지의 시각. ③서북(西北)쪽.

〔墟〕(圩) hsū ㄒㄩ 장터. 장(場)이 서는 곳. 「一場；장시(場市). 시장」

〔胥〕 hsū ㄒㄩ ①옛날의 하급 관리. 「一吏；서기」 ②모두. 죄다. 「民一然矣；백성은 죄다 그러하다」

〔虛〕 hsū ㄒㄩ ①텅빈. 헛된. 헛되이. 「彈不一発；탄환이 헛되이 나가지 않다. 반드시 표적을 맞히고 만다」 ②허위의. 거짓의. 「一名；헛된 이름」「一張聲勢；허세를 부리다」 ③무서워 벌벌 떨다. 「心一；마음이 불안하고 떨리다」 ④허약한. 「他身子太一了；그는 몸이 너무 허약하다」
[虛詐] hsūchà ㄒㄩㄓㄚˋ 허위. 거짓.
[虛敞] hsūch'ăng ㄒㄩㄔㄤˇ 휑하고 넓은.
[虛張聲勢] hsūchāng shēngshìh ㄒㄩㄓㄤ ㄕㄥㄕˋ 허세를 부리다.
[虛假] hsūchiă ㄒㄩㄐㄧㄚˇ 허위. 거짓.
[虛價] hsūchià ㄒㄩㄐㄧㄚˋ 실제 값보다 비싸게 매긴 값. 「장만 하는 사람.
[虛架子] hsūchiàtzŭ ㄒㄩㄐㄧㄚˋㄗ 겉치
[虛己以聽] hsūchiĭt'ing ㄒㄩㄐㄧˇㄧˇㄊㄧㄥ 겸허하게 의견을 듣다.
[虛驚] hsūchīng ㄒㄩㄐㄧㄥ 깜짝 놀람.
[虛情假意] hsūch'ing-chiăì ㄒㄩㄑㄧㄥ ㄐㄧㄚˇㄧˋ 건성으로. 진실하지 못함. 「別一地應付他的要求；그의 요구를 건성으로 다루어서는 안된다」
[虛腫] hsūchŭng ㄒㄩㄓㄨㄥˇ 부증(浮症).
[虛發] hsūfā ㄒㄩㄈㄚ 헛되이 쏘다. 맞지 않는 화살. 「一子彈；탄환을 헛되이 쏘다」
[虛浮] hsūfú ㄒㄩㄈㄨˊ ①착실하지 못하다. 들뜨다. ②겉만 번지르르하고 내용이 없다. ＞虛虛浮浮.
[虛汗] hsūhàn ㄒㄩㄏㄢˋ 허한. 식은 땀.
[虛耗] hsūhào ㄒㄩㄏㄠˋ =虛靡.

[虛綫] hsūhsièn ㄒㄩㄒㄧㄢˋ 점선(點線).
[虛心眼兒] hsūhsīnyěnrh ㄒㄩㄒㄧㄣㄧㄢˇㄦ (공포·놀람 따위로) 마음이 들뜨다.
[虛懸] hsūhsüán ㄒㄩㄒㄩㄢˊ ①어중간하게 하다. ②현안(懸案)으로 미루다.
[虛花] hsūhuā ㄒㄩㄏㄨㄚ (돈을) 낭비하다.
[虛話] hsūhuà ㄒㄩㄏㄨㄚˋ 허언. 거짓말.
[虛懷] hsūhuái ㄒㄩㄏㄨㄞˊ 허심 탄회. 「一若谷 ; 아주 겸허하다」
[虛火] hsūhuǒ ㄒㄩㄏㄨㄛˇ ①남의 위력을 믿고 뽐내는 허세. 「靠他的一欺負人 ; 그의 권세를 믿고 사람을 학대하다」 ②몸이 쇠약하여 초조하고 열이 나는 병. 「의 일종.
[虛糕] hsūkāo ㄒㄩㄍㄠ 경갱(輕羹) : 과자
[虛構] hsūkòu ㄒㄩㄍㄡˋ 픽션. 허구(虛構).
[虛誇] hsūk'uā ㄒㄩㄎㄨㄚ ①과장하다. 과대시하다. ②잘난 체하다.
[虛恭] hsūkūng ㄒㄩㄍㄨㄥ 방귀. 「出一 ; 방귀를 뀌다」
[虛靡] hsūmǐ ㄒㄩㄇㄧˇ 낭비하다.
[虛面子] hsūmièntzǔ ㄒㄩㄇㄧㄢˋㄗ 겉치레. 표면만의 보기 좋게 꾸민 치레.
[虛拋] hsūp'āo ㄒㄩㄆㄠ 방임하다. 허비하다. 「光陰不能一 ; 시간을 허비해서는 못쓴다」
[虛棚子] hsūp'éngtzǔ ㄒㄩㄆㄥˊㄗ 허영. 「撑一 ; 허영을 부리다」
[虛飄] hsūp'iāo ㄒㄩㄆㄧㄠ ①들떠 있는 모양. ②걷잡을 수 없다.
[虛設] hsūshè ㄒㄩㄕㄜˋ 가설(假設)하다. 가공(架空)으로 만들다. 「외의 벌이.
[虛數] hsūshù ㄒㄩㄕㄨˋ ①허수. ②예상
[虛頭巴腦] hsūt'óu-pānǎo ㄒㄩㄊㄡˊㄅㄚㄋㄠˇ 진실하지 못한 모양. 성의가 없는 모양.
[虛頭兒] hsūt'ourh ㄒㄩㄊㄡㄦ ①과장. 겉보기에만 많아 보이게 함. ②허위.
[虛造] hsūtsào ㄒㄩㄗㄠˋ 날조하다.
[虛度] hsūtù ㄒㄩㄉㄨˋ ①시일을 헛되이 보내다. ②자기 나이를 겸손해 하는 말. 「一五十歲 ; 제 나이 50입니다」
[虛子] hsūtzǔ ㄒㄩㄗ ①신사인 체하는 사람. 겉만 꾸미는 사람. ②건달.
[虛詞] hsūtz'ǘ ㄒㄩㄘˊ 실제상의 뜻은 없이 문장의 구조를 돕는 역할을 하는 품사 : 「介詞 · 連詞」 따위.
[虛字] hsūtzù ㄒㄩㄗˋ 명사 · 대명사 이외의 품사에 속하는 단어. 《舊》 명사 · 대명사 · 형용사 · 동사 · 수사 이외의 품사에 속하는 단어. =虛字眼兒.
[虛文] hsūwén ㄒㄩㄨㄣˊ 허영. 겉치레.
[虛掩] hsūyěn ㄒㄩㄧㄢˇ 빗장이나 자물쇠를 잠그지 않고 문만 닫다.
[虛譽] hsūyǜ ㄒㄩㄩˋ 허명(虛名).
[虛有其表] hsūyǔch'ípiǎo ㄒㄩㄧㄡˇㄑㄧˊㄅㄧㄠˇ 외관은 훌륭하지만 내용이 충실하지 못함. 겉만 번지르르하고 속은 비어 있는 것.
[虛與委蛇] hsūyǔwēií ㄒㄩㄩˇㄨㄟㄧˊ 성의가 없이 건성으로만 대하는 것. 《成》

〔須〕(鬚 ③④) hsū ㄒㄩ ①…하지 않으면 안된다. 「一親自動手 ; 스스로 하지 않으면 안된다」 ②기다리다. 「一我片刻 ; 잠깐 기다려!」 ③(턱 · 입 · 볼 따위의) 수염. ④수염 같은 것. 「觸一 ; 촉각」「花一 ; 꽃 순」「一根 ; 가는 뿌리」
[須知] hsūchīh ㄒㄩㄓ ①반드시 알고 있어야만 할 일. ②알아야만 한다.
[須兒] hsūrh ㄒㄩㄦ 가늘고 조그마한 수염 같이 생긴 것.
[須生] hsūshēng ㄒㄩㄕㄥ 연극에 있어서 명군·현상(賢相)· 열사·장로·학자 등의 역할.
[須得] hsūtě ㄒㄩㄉㄜˊ ①…하지 않으면 안된다. 「放映隊和演劇隊一同路 ; 영화반과 연극반은 같이 가야만 한다」 ②필요로 한다. 「긴 것.
[須子] hsūtzǔ ㄒㄩㄗ 수염 모양으로 생
[須要] hsūyào ㄒㄩㄧㄠˋ …하지 않으면 안된다. …이어야만 한다. 「一小心 ; 조심해야만 한다」

〔需〕 hsū ㄒㄩ ①필요하다. 갖고 싶다. 「一款 ; 필요한 돈. 돈이 필요하다」 ②필요한 재물. 「不時之一 ; 때 아닌 필요성」
[需求] hsūch'iú ㄒㄩㄑㄧㄡˊ 요구하다. 필요로 하다.
[需要] hsūyào ㄒㄩㄧㄠˋ ①수요. 필요. 「爲了工作一, 可以增加人力 ; 작업상의 필요로 인원을 증가해도 좋다」 ②필요로 한다. 하지 않으면 안된다. 「我們一維持自已的生活 ; 우리들은 자기의 생활을 유지해 나가야 한다」

〔墟〕 hsū ㄒㄩ ①폐허. 「殷一 ; 은대(殷代) 중기 이후의 도읍의 유적」 ②정기적으로 서는 장(場). 「趁一 ; 시장에 가다」 「一里·一落 ; 촌락」

〔嘘〕 hsū ㄒㄩ ①천천히 숨을 내쉬다. 「仰天而一 ; 하늘을 우러러 보고 훅 숨을 내 쉬다」 ②불 또는 증기가 열을 내뿜다. 「小心別一着手 ; 김에 손을 데지 않도록 조심」 ③남에게 사람을 마구 칭찬하다. 「吹一 ; 말을 널리 퍼뜨리다」
[嘘氣] hsūch'ì ㄒㄩㄑㄧˋ 천천히 숨을 내쉬다. 「凍得向兩手一 ; 추워서 두 손에 대고 호호 분다」
[嘘寒問暖] hsūhán-wènnuǎn ㄒㄩㄏㄢˊㄨㄣˋㄋㄨㄢˇ 남의 생활을 친절히 돌보다.

〔歔〕 hsū ㄒㄩ 코로 숨을 내 쉬다. 「一欷 ; 훌쩍훌쩍 울다」

〔徐〕 hsú ㄒㄩˊ 조용히. 서서히. 「一步 ; 천천히 걷다」「火車一一開動了 ; 기차가 서서히 움직이기 시작했다」

〔許〕 hsǔ ㄒㄩˇ ①허가하다. 인가하다. 「特一 ; 특별히 허가하다」「不一壞分子進來 ; 악질 분자가 들어 오는 것을 허용치 않는다」 ②칭찬하다. 「贊一 ; 칭찬하다」 「推一 ; 추거하다. 추천하다」 ③미리 약속하다. 위임하다. 「我一給他一本書 ; 그에게 책을 한 권 주려고 약속했다」 「以身一國 ; 몸을 국가에 내 맡기다」 ④…일지도 모른다. 「也一 ; 혹은 …일지도 모른다」「他下午一來 ; 그가 오후에 올지도 모른다」 ⑤장소. 「何一人 ; 어디 사람」 ⑥대략. …쯤. …가량. 「幾一 ; 어느 정도」 「年三十一 ; 나이는 서른 살쯤」 ⑦이와 같이. 「如一 ; 이와 같이」 ⑧대

단히. 심히.「一多; 대단히 많은」「一久; 오랫동안」 ⑨신불(神佛)에게 서원하다.「一了一個願; 하나의 서원을 하다」 ⑩ 약혼하다.「一配; 약혼하다」
[許着] hsǔchê ㄒㄩˇㄓㄜ ＝也許 yěhhsǔ.
[許嫁] hsǔchià ㄒㄩˇㄐㄧㄚˋ ＝許配.
[許久] hsǔchiǔ ㄒㄩˊㄐㄧㄡˇ 오랫동안.
[許可] hsǔk'ě ㄒㄩˊㄎㄜˇ ①승낙하다. ②허가하다. 「하다.
[許配] hsǔp'èi ㄒㄩˇㄆㄟˋ 약혼하다. 허혼
[許不許] hsǔpuhsǔ ㄒㄩˇㄅㄨㄒㄩˇ …일지도 알 수 없다: 많은 경우 문미(文尾)에 「呢」가 따른다.「一他就是劉委員呢; 그가 「劉委員」일지도 모른다」 「多.
[許多] hsǔtō ㄒㄩˇㄉㄨㄛ 많은. >許許多
[許字] hsǔtzû ㄒㄩˇㄗˋ ＝許配.
[許願] hsǔyüàn ㄒㄩˇㄩㄢˋ 신불에게 서원하다.

〔栩〕 hsǔ ㄒㄩˇ「一一; 생기가 있는 모양」「一一如生; 생기가 넘쳐 흐르는 모양」

〔旭〕 hsû ㄒㄩˋ 아침 해.
[旭日東升] hsǔjih tūngshēng ㄒㄩˇㄖˋㄉㄨㄥㄕㄥ 신생의 기운이 충만하다. «成»

〔序〕 hsû ㄒㄩˋ ①순서. 차례.「順一; 순서」「工一; 공정(工程)」 ②차례로 늘어 놓다.「一齒; 연령 순으로 자리를 정하다」 ③서문. ④옛날의 학교.「庠一; 중국 고대의 국민학교」

〔恤〕(卹·賉) hsû ㄒㄩˋ ①불쌍하게 여기다. 동정하다.「體一; 당사자의 입장에서 동정하다」 ②구제하다. 부조(扶助)하다.「一金; 구제금·유족에 대한 부조금」「撫一; 위로하여 구제하다」
[恤荒] hsûhuāng ㄒㄩˋㄏㄨㄤ 기근을 구제하다. 「제하다.
[恤民] hsûmín ㄒㄩˋㄇㄧㄣˊ 민생고를 구
[恤貧] hsûp'ín ㄒㄩˋㄆㄧㄣˊ 가난한 사람을 구제하다. 「하다.
[恤病] hsûpìng ㄒㄩˋㄅㄧㄥˋ 병자를 동정

〔畜〕 hsû ㄒㄩˋ ①(새·짐승 등을) 사육하다.「一牧事業; 목축업」 ②부양하다.「一養; 사육하다」 ⇨ch'û.
[畜牧] hsûmû ㄒㄩˋㄇㄨˋ 목축하다.
[畜養] hsûyǎng ㄒㄩˋㄧㄤˇ 사육하다.

〔叙〕(敘·敍) hsû ㄒㄩˋ ①말하다. 진술하다.「一一家常; 일상 생활의 하잘 것 없는 얘기를 하다」 ②＝序③.
[叙舊] hsûchiû ㄒㄩˋㄐㄧㄡˋ 옛날을 얘기하다.
[叙別] hsûpiéh ㄒㄩˋㄅㄧㄝˊ 작별하다.
[叙說] hsûshuō ㄒㄩˋㄕㄨㄛ 말하다. 진술하다.

〔勖〕(勗) hsû ㄒㄩˋ 노력하다.「一勉; 노력하다」

〔酗〕 hsû ㄒㄩˋ 주정하다.「一酒滋事; 주정하여 일을 저지르다」

〔婿〕 hsû ㄒㄩˋ ①남편: 옛날 아내가 남편을 부르던 말.「夫一; 남편」 ②여서. 사위.「女一; 사위」

〔絮〕 hsû ㄒㄩˋ ①솜.「被一; 이불솜」「棉一; 솜」 ②솜 비슷한 것. 식물 열매에 붙어 있는 잔털.「柳一; 버들개지」 ③솜을 넣다.「一被子; 이불에 솜을 넣다」 ④귀찮게 끈덕지게 말하다.「一聒」
[絮煩] hsûfan ㄒㄩˋㄈㄢ 귀찮다. 넌더리나다. >絮絮煩煩.
[絮道] hsûtao ㄒㄩˋㄉㄠ ＝絮叨.
[絮叨] hsûtao ㄒㄩˋㄉㄠ ①수다스럽다. >絮絮叨叨. ②수다 떨다.
[絮叨叨的] hsûtāotāotê ㄒㄩˋㄉㄠㄉㄠㄉㄜ「絮叨」의 상태. 수다스런.

〔蓄〕 hsû ㄒㄩˋ ①모으다. 여투다.「一財; 재물을 여투다」
[蓄志] hsûchìh ㄒㄩˋㄓˋ 오래 뜻을 품다.
[蓄恨] hsûhèn ㄒㄩˋㄏㄣˋ 묵은 원한.
[蓄洪] hsûhúng ㄒㄩˋㄏㄨㄥˊ 홍수 방지를 겸한 수리 설비.
[蓄意] hsûì ㄒㄩˋㄧˋ 마음 속에 어떤 뜻을 갖다. 저의(底意)를 품다.「他一壞首腦會議; 수뇌회담을 파괴할 저의를 갖다」
[蓄謀] hsûmóu ㄒㄩˋㄇㄡˊ 마음 속에 계략을 꾸미면서 내색하지 않다.
[蓄念] hsûnièn ㄒㄩˋㄋㄧㄢˋ ①오래 전부터 품고 온 생각. ②마음에 품다.
[蓄水] hsûshuǐ ㄒㄩˋㄕㄨㄟˇ 물을 저장하다.「一池; 저수지」

〔緒〕 hsû ㄒㄩˋ ①실마리. 실끝.「千頭萬一; 일이 극히 복잡한 상태」 ②첫머리. 발단.「一論; 서론」 ③일의 서두.「事已就一; 일은 이미 시작되었다」 ④나머지. 나머지의.「一餘; 나머지 사항」

〔續〕 hsû ㄒㄩˋ ①계속하다. 계속되다. 계속.「一假; 계속 휴가를 얻다」「一麻; 말잇기 놀이」 ②잇다. 보충하다.「把茶一上; 차를 더 넣어라」
[續娶] hsûch'ǚ ㄒㄩˋㄑㄩˇ 상처를 하고 후처를 맞아 들이다.
[續弦] hsûhsién ㄒㄩˋㄒㄧㄢˊ 후처를 맞다.
[續貂] hsûtiāo ㄒㄩˋㄉㄧㄠ ①작위(爵位)를 함부로 주다. ②남이 완성하지 못한 사업을 인계하면서 하는 겸손어. 나는 적임자가 아닌데 …하고.
[續訂] hsûtìng ㄒㄩˋㄉㄧㄥˋ ①추가 주문하다. ②계속 예약하다. ＝續定.

HSÜAN ㄒㄩㄢ

〔宣〕 hsüān ㄒㄩㄢ ①발표하다. 널리 일반에게 고하다. ②연한. 둥실둥실한.「一土; 연한 흙」「饅頭又大又一; 만두가 크고 둥실둥실하다」 「향해 강연하다.
[宣講] hsüānchiǎng ㄒㄩㄢㄐㄧㄤˇ 대중을
[宣教幹事] hsüānchiào kànshih ㄒㄩㄢㄐㄧㄠˋㄍㄢˋㄕ 선전 교육 책임자.
[宣紙] hsüānchǐh ㄒㄩㄢㄓˇ 화선지. "安徽省宣城縣"에서 나는 서화 용지.
[宣分] hsüānfên ㄒㄩㄢㄈㄣ 표면이 부풀어 오르다. 연하다.
[宣泄] hsüānhsièh ㄒㄩㄢㄒㄧㄝˋ ①일이 탄로 나다. ②물이 잘 흐르게 하다. 배수하다. 「리다.
[宣嚷] hsüānjǎng ㄒㄩㄢㄖㄤˇ 말을 퍼뜨

[宣告] hsüānkào ㄒㄩㄢㄍㄠˋ 정부나 관리가 국민에게 통고하다. 「고하다.
[宣判] hsüānp'àn ㄒㄩㄢㄆㄢˋ 판결을 선
[宣布] hsüānpù ㄒㄩㄢㄅㄨˋ ①법률에 따라 명령을 발하다. ②널리 고하다.「主席一開會；의장(주석)이 개회를 선포하다」
[宣示] hsüānshìh ㄒㄩㄢㄕˋ 포고(布告)하다. 「따위의 연한 것.
[宣騰] hsüānt'êng ㄒㄩㄢㄊㄥ 찐 음식물
[宣地] hsüāntì ㄒㄩㄢㄉㄧˋ 땅을 부드럽게 하다. 「앞에서) 낭독하다.
[宣讀] hsüāntú ㄒㄩㄢㄉㄨˊ (많은 사람
[宣土窩兒] hsüānt'ǔ wōrh ㄒㄩㄢㄊㄨˇㄨㄛㄦ 땅바닥이 부드럽고 들어간 곳.
[宣揚] hsüānyáng ㄒㄩㄢㄧㄤˊ 선전하다. 말을 퍼뜨리다.
[宣窰] hsüānyáo ㄒㄩㄢㄧㄠˊ "明의 宣德年間"에 궁중에서 구워낸 도기

〔軒〕 hsüān ㄒㄩㄢ ①포장을 둘러친 옛날의 수레의 일종. ②높이 치솟는 상태.「一昂；높이 치솟다. 분기하다」 ③창이 달린 복도 또는 방. 「小一；작은 방」 「고 밝다.
[軒敞] hsüānch'ǎng ㄒㄩㄢㄔㄤˇ 널찍하
[軒輊] hsüānchìh ㄒㄩㄢㄓˋ 수레의 높은 앞 부분을「軒」이라 하고, 낮은 뒷부분을「輊」라 하여, 사물을 비교하여 우열을 가려내는 것.
[軒然大波] hsüānján tàpō ㄒㄩㄢㄖㄢˊㄉㄚˋㄅㄛ 큰 알력 또는 사건.

〔揎〕 hsüān ㄒㄩㄢ 소매를 걷어 올리다.「一拳捋袖；팔을 걷어 올리다：싸울 태세를 취하다」

〔萱〕 hsüān ㄒㄩㄢ 물망초 ：「金針菜」「黃花菜」라고도 함.

〔喧〕 hsüān ㄒㄩㄢ 큰 소리로 말하다. 떠들썩하다. 시끄럽다.
[喧吵] hsüānch'ǎo ㄒㄩㄢㄔㄠˇ 시끄럽게 논쟁을 벌이다. 떠들다. 「소란스럽다.
[喧囂] hsüānhsiāo ㄒㄩㄢㄒㄧㄠ 시끄럽다.
[喧嘩] hsüānhuá ㄒㄩㄢㄏㄨㄚˊ 와글거리다. 「떠들어대다.
[喧嚷] hsüānjǎng ㄒㄩㄢㄖㄤˇ 큰 소리로
[喧擾] hsüānjǎo ㄒㄩㄢㄖㄠˇ 큰소리로 떠들다. 「와글와글하다.
[喧鬧] hsüānnào ㄒㄩㄢㄋㄠˋ 성가시다.
[喧賓奪主] hsüānpīn tóchǔ ㄒㄩㄢㄅㄧㄣㄉㄨㄛˊㄓㄨˇ 객(客)이 떠드는 소리가 주인을 짓누르다. 주객이 전도되다.《成》
[喧騰] hsüānt'ěng ㄒㄩㄢㄊㄥˊ 시끄럽다. 소란스럽다. 「끄러운 모양.
[喧天] hsüānt'ien ㄒㄩㄢㄊㄧㄢ 굉장히 시 「버리다.

〔諼〕 hsüān ㄒㄩㄢ ①속이다. ②잊어

〔玄〕 hsüán ㄒㄩㄢˊ ①심원한. 종잡기 어려운.「一理；심원한 도리」 ②엉터리다. 믿을 수 없다.「那話太一了,不能信；저 말은 엉터리이기 때문에 믿을 수 없다」 ③검은.「一狐；검은 여우」
[玄之又玄] hsüánchīhyùhsüán ㄒㄩㄢˊㄓㄧㄡˋㄒㄩㄢˊ 함축성이 깊어 헤아릴 수 없다. 「색
[玄青] hsüánch'īng ㄒㄩㄢˊㄑㄧㄥ 짙은 곤
[玄虛] hsüánhsü ㄒㄩㄢˊㄒㄩ ①공허(空虛).「鬧一；거짓말을 떠벌리다. 허영을 부리다」②교활한 수단.
[玄學] hsüánhsüéh ㄒㄩㄢˊㄒㄩㄝˊ ①노장(老莊)의 학. ②형이상학. ③비과학적인 유심론.「一鬼；관념론자」《罵》
[玄黃] hsüánhuáng ㄒㄩㄢˊㄏㄨㄤˊ 천지(天地). 「는 쥐.
[玄鼠] hsüánshǔ ㄒㄩㄢˊㄕㄨˇ 집안에 사

〔旋〕 hsüán ㄒㄩㄢˊ ①회전하다. ②돌아 가다.「一里；고향으로 돌아 가다」③이어서. 곧.「此病一發一愈；이 병은 걸렸는가 하면 곧 낫는다」 ⇨hsüàn.
[旋即] hsüánchí ㄒㄩㄢˊㄐㄧˊ 곧. 이내. 즉시.「一離去；곧 떠나 가다」
[旋乾轉坤] hsüánch'ién-chuǎnk'ūn ㄒㄩㄢˊㄑㄧㄢˊㄓㄨㄢˇㄎㄨㄣ 천지를 뒤집어 놓다. 사물 또는 자연을 변하게 하는 힘과 규모의 위대함을 말함.《成》
[旋轉] hsüánchuǎn ㄒㄩㄢˊㄓㄨㄢˇ 빙빙 돌다. 회전하다.
[旋鄉] hsüánhsiāng ㄒㄩㄢˊㄒㄧㄤ 고향으로 돌아 가다. =旋里.
[旋繞] hsüánjào ㄒㄩㄢˊㄖㄠˋ 회전하다.
[旋兒] hsüánrh ㄒㄩㄢˊㄦ 회전. 원을 그리면서 돌다.「打一；회전하다」 「이.

〔漩〕 hsüán ㄒㄩㄢˊ , hsüàn 소용돌
[漩渦] hsüánwō ㄒㄩㄢˊㄨㄛ 소용돌이.「旋進了一；소용돌이 속으로 들어 가다」

〔懸〕(悬) hsüán ㄒㄩㄢˊ ①걸다. 걸리다. 매달다.「一燈結彩；등을 달고 오색 피륙을 둘러치다：축제 때의 장식. ②미해결인. 미결정인.「那件事還一着呢；그 사건은 아직 해결을 못보고 있다」 ③멀리 떨어져 있다.「一如天壤；천양지차가 있다」 ④위험하다.
[懸欠] hsüánch'ièn ㄒㄩㄢˊㄑㄧㄢˋ 외상 판매. 외상 매입. 빚진 채로 있다.
[懸勁兒] hsüánchìnrh ㄒㄩㄢˊㄐㄧㄣˋㄦ 위험성. 위험한 상태.「瞧這個一；이건 위험한데」 「을 일컬음.
[懸河] hsüánhó ㄒㄩㄢˊㄏㄜˊ 뛰어난 웅변
[懸想] hsüánhsiǎng ㄒㄩㄢˊㄒㄧㄤˇ 억측(臆測). 공상하다. 추상(抽象)의.
[懸心] hsüánhsīn ㄒㄩㄢˊㄒㄧㄣ 걱정하다. 근심하다.
[懸虛] hsüánhsü ㄒㄩㄢˊㄒㄩ =懸乎.
[懸乎] hsüánhu ㄒㄩㄢˊㄏㄨ 말을 믿을 수 없다. 「지다. 큰 차가 있다.
[懸隔] hsüán'kó ㄒㄩㄢˊㄍㄜˊ 멀리 떨어
[懸挂] hsüánkuà ㄒㄩㄢˊㄍㄨㄚˋ 걸다. 매달다.
[懸空(兒)] hsüánk'ūng(rh) ㄒㄩㄢˊㄎㄨㄥ(ㄦ) 늘어뜨리다. 공중에 매달다.「一電車；로우프웨이. 케이블카아」
[懸念] hsüánniền ㄒㄩㄢˊㄋㄧㄢˋ 걱정하다. 마음에 걸리다. 「이.
[懸別] hsüánpiéh ㄒㄩㄢˊㄅㄧㄝˊ 격차. 차
[懸事兒] hsüánshìrh ㄒㄩㄢˊㄕˋㄦ 위험한 일. 위험한 것.
[懸殊] hsüánshū ㄒㄩㄢˊㄕㄨ 격차. 큰 차이가 있다.「力量一太大了；역량의 차가 너무 크다」
[懸吊] hsüántiào ㄒㄩㄢˊㄉㄧㄠˋ 매달다.

[懸望] hsüánwàng ㄒㄩㄢˊㄨㄤˋ 마음에 걸리다. =懸念.
[懸涯] hsüányá ㄒㄩㄢˊㄧㄚˊ 깎아 지른 듯한 벼랑.「一防壁 ; 단애 절벽(斷崖絕壁)」
[懸崖勒馬] hsüányá lèmǎ ㄒㄩㄢˊㄧㄚˊㄌㄜˋㄇㄚˇ 벼랑 끝에서 말을 멈추다. 위기 일발에서 벗어나다.

〔烜〕 hsüǎn ㄒㄩㄢˇ ①불이 한창 타는 모양. ②밝다.「一赫(—hò) ; 명성 · 위엄 따위를 날리다」

〔選〕(选) hsüǎn ㄒㄩㄢˇ ①뽑다. 고르다. ②선발. ③골라 모은 책.
[選種] hsüánchǔng ㄒㄩㄢˊㄓㄨㄥˇ 우량종을 고르다.
「어 골라 내다.
[選中] hsüǎnchùng ㄒㄩㄢˇㄓㄨㄥˋ 맞추
[選購] hsüǎnkòu ㄒㄩㄢˇㄍㄡˋ 선택 구입하다.
「다. 골라 집록(集錄)하다.
[選錄] hsüǎnlù ㄒㄩㄢˇㄌㄨˋ 뽑아 수록하
[選煤機] hsüǎnméichī ㄒㄩㄢˇㄇㄟˊㄐㄧ 선탄기(選炭機).
[選民] hsüǎnmín ㄒㄩㄢˇㄇㄧㄣˊ 선거권 · 피선거권이 있는 사람.
[選派] hsüǎnp'ài ㄒㄩㄢˇㄆㄞˋ 선발하여 파견하다. 골라 내어 임명하다.
[選配] hsüǎnp'èi ㄒㄩㄢˇㄆㄟˋ 우량종을 골라 내어 교배시키다.
「지.
[選票] hsüǎnp'iào ㄒㄩㄢˇㄆㄧㄠˋ 투표용
[選登] hsüǎntēng ㄒㄩㄢˇㄉㄥ 골라내어 게재하다.
[選粹] hsüǎnts'uì ㄒㄩㄢˇㄘㄨㄟˋ 정수를 골라내다. 고르고 고르다.
[選自] hsüǎntzù ㄒㄩㄢˇㄗˋ …에서 뽑다.
[選樣定型] hsüǎnyàng tìnghsíng ㄒㄩㄢˇㄧㄤˋㄉㄧㄥˋㄒㄧㄥˊ 견본에서 골라 내어 형(型)을 정하다.

〔癬〕 hsüǎn ㄒㄩㄢˇ 버짐. 이끼.
[癬疥] hsüǎnchièh ㄒㄩㄢˇㄐㄧㄝˋ 버짐.

〔泫〕 hsüàn ㄒㄩㄢˋ
[泫然] hsüànjǎn ㄒㄩㄢˋㄖㄢˇ 물방울이 뚝뚝 떨어지는 모양.

〔炫〕 hsüàn ㄒㄩㄢˋ ①빛나다.「一目 ; 눈이 부시다」 ②=衒.
[炫惑] hsüànhuò ㄒㄩㄢˋㄏㄨㄛˋ 뽐내어 상대방을 미혹하게 하다.
[炫耀] hsüànyào ㄒㄩㄢˋㄧㄠˋ 자랑하다. 과시하다.

〔眩〕 hsüàn ㄒㄩㄢˋ ①눈이 어질어질하다. ⇨hsüán.「頭暈目一 ; 머리가 어뜩하고 눈이 어지럽다」 ②현혹시키다. 갈피를 못 잡다.「一于名利 ; 명예 또는 이해 관계에 홀리다」
[眩晃] hsüànhuàng ㄒㄩㄢˋㄏㄨㄤˋ (빛에 부시어) 눈이 어지럽다. >眩眩晃晃.
[眩暈] hsüànyǜn ㄒㄩㄢˋㄩㄣˋ 눈이 어지럽다. 현기증.

〔旋〕(鏇③④) hsüàn ㄒㄩㄢˋ ①창이나 교량 등의 아아치형. ②선회(旋回)하다. 소용돌이치다.「一風 ; 회오리바람」 ③소용돌이. 가마.「他的頭髮有兩個一 ; 그의 머리에는 가마가 두 개 있다」 ④「一子 ; 술 데우는 기구」 ⑤(선반(旋盤) 또는 나이프로) 빙빙 돌려 깎아 내다.「用車床一零件 ; 선반(旋盤)으로 부속품을 만들다」「把梨皮一下去 ; 배 껍질을 벗기다」
「반.
[旋床] hsüànch'uáng ㄒㄩㄢˋㄔㄨㄤˊ 선
[旋工] hsüànkūng ㄒㄩㄢˋㄍㄨㄥ 선반공.
[旋渦] hsüànwō ㄒㄩㄢˋㄨㄛ =漩渦.

〔衒〕 hsüàn ㄒㄩㄢˋ 뻐기다. 자랑하다.
[衒耀] hsüànyào ㄒㄩㄢˋㄧㄠˋ 자랑하다. 자랑스럽게 남에게 보이다.

〔絢〕 hsüàn ㄒㄩㄢˋ 화려한.
[絢麗] hsüànlì ㄒㄩㄢˋㄌㄧˋ 화려하고 아름답다.

〔渲〕 hsüàn ㄒㄩㄢˋ 선염법(渲染法).
[渲染] hsüànjǎn ㄒㄩㄢˋㄖㄢˇ 염료(染料)로서 여러 가지 색채를 내다. ②과대 선전하다.

〔楦〕 hsüàn ㄒㄩㄢˋ ①「一子 · 一頭 ; 구두나 모자를 만들 때 쓰는 골」 ②구두에 골을 질러 늘이다. 틈새에 물건을 장여 넣다.「用一頭一一靴 ; 구두 속에 구두골을 넣다」「把瓷器箱一好 ; 도자기 상자에 물건을 꽉 채우다」

HSÜEH ㄒㄩㄝ

〔削〕 hsüēh ㄒㄩㄝ. ⇨hsiāo.
[削弱] hsüēhjò ㄒㄩㄝㄖㄨㄛˋ (부분적으로) 약화시키다.
「키다. 파면하다.
[削職] hsüēhchíh ㄒㄩㄝㄓˊ 면직(免職)시

〔靴〕 hsüēh ㄒㄩㄝ「一子 ; 장화. 편상화(編上靴)」

〔穴〕 hsüéh ㄒㄩㄝˊ 인체의 급소. 뜸자리.「一道 ; 뜸자리」「太陽一 ; 관자놀이」
⇨hsüèh.

〔茓〕 hsüéh ㄒㄩㄝˊ「一子 ; 수숫대나 삿자리로 둘러친 원통형의 식량 저장소」

〔踅〕 hsüéh ㄒㄩㄝˊ ①걸어 돌아 다니다. ②되돌아 오다.「一回來 ; 빙 돌아서 되돌아 오다」

〔學〕(学) hsüéh ㄒㄩㄝˊ ①배우다.「一文化 ; 문화를 배우다」교양을 쌓다. 공부하다.「一種地 ; 농업을 익히다」 ②학문. ③학교.「上一 ; 학교에 가다」「大一 ; 대학교」
[學潮] hsüéhch'áo ㄒㄩㄝˊㄔㄠˊ 동맹 휴학.
[學程] hsüéhch'éng ㄒㄩㄝˊㄔㄥˊ 학업의 코오스. 학업을 이수하는 단계.
[學額] hsüéhó ㄒㄩㄝˊㄜˊ 학생 정원.
[學房] hsüéhfáng ㄒㄩㄝˊㄈㄤˊ 학교. 학숙(學塾).
「(不良學生). 학원 깡패.
[學匪] hsüéhfěi ㄒㄩㄝˊㄈㄟˇ 불량 학생
[學分] hsüéhfēn ㄒㄩㄝˊㄈㄣ 학과의 단위 : 대학에서 수업 시간을 계산하는 단위.
「풍. 학습 태도.
[學風] hsüéhfēng ㄒㄩㄝˊㄈㄥ 학습의 기
[學好] hsüéhhǎo ㄒㄩㄝˊㄏㄠˇ ①깡그리 배워 버리다. ②행동을 올바르게 하다.
[學系] hsüéhhsì ㄒㄩㄝˊㄒㄧˋ 대학 학부(學部).
「하다. ②학회
[學會] hsüéhhuì ㄒㄩㄝˊㄏㄨㄟˋ ①습득
[學以致用] hsüéhichihyùng ㄒㄩㄝˊㄧˇㄓˋ

ㄩㄥˋ 배운 것을 실제로 활용하다. 「결.
[學乖] hsüéhkuāi ㄒㄩㄝˊㄍㄨㄞ 요령. 비
[學齡] hsüéhlíng ㄒㄩㄝˊㄌㄧㄥˊ 취학 연령.
[學名] hsüéhmíng ㄒㄩㄝˊㄇㄧㄥˊ 아동들이 취학할 무렵 정식으로 붙이는 이름 : 그 때까지의 이름은 "乳名"이라 함.
[學摸] hsüéhmo ㄒㄩㄝˊㄇㄛ 찾다. 알아보다. 「우(學友).
[學伴兒] hsüéhpànrh ㄒㄩㄝˊㄅㄢˋㄦ 학
[學本事] hsüéh pěnshih ㄒㄩㄝˊㄅㄣˇㄕ 기능(技能)을 배우다.
[學舌] hsüéhshě ㄒㄩㄝˊㄕㄜˊ, hsiáoshě ①남의 목소리를 흉내 내다. ②일러 바치다 : 악의적으로. ③소문을 퍼뜨리다.
[學生] hsüéhsêng ㄒㄩㄝˊㄕㄥ ①학생. 학도 : 아동을 포함. 「一裝 ; 학생복」 ②제자. ③사내 아이. ④소생(小生) : 연장자에 대해서. 「생.
[學生子] hsüéhsêngtzǔ ㄒㄩㄝˊㄕㄥㄗ 학
[學士] hsüéhshìh ㄒㄩㄝˊㄕˋ ①학자. ②학사. 「②hsiáoshuo. ＝學舌.
[學說] hsüéhshuō ㄒㄩㄝˊㄕㄨㄛ ①학설.
[學堂] hsüéht'áng ㄒㄩㄝˊㄊㄤˊ 학교. «舊»
[學店] hsüéhtièn ㄒㄩㄝˊㄉㄧㄢˋ 학교. «罵»
[學徒] hsüéht'ú ㄒㄩㄝˊㄊㄨˊ ①실제로 기술을 배우는 사람. ②견습생. 실습생. ③도제(徒弟).
[學徒工] hsüéht'úkūng ㄒㄩㄝˊㄊㄨˊㄍㄨㄥ 육체 노동의 견습생.
[學問] hsüéhwên ㄒㄩㄝˊㄨㄣ 학문.
[學樣兒] hsüéhyàngrh ㄒㄩㄝˊㄧㄤˋㄦ (남의 행동이나 방법 따위를) 모방하다. 「我跟他一 ; 나는 그를 모방한다」
[學員] hsüéhyüán ㄒㄩㄝˊㄩㄢˊ 정규 학생 이외의 학생. 강습생. 연구생. 청강생.
[學院] hsüéhyüàn ㄒㄩㄝˊㄩㄢˋ ①학부. 「法一 ; 법학부」 ②단과 대학 : 종합 대학은 「大學」
[學院派] hsüéhyüànp'ài ㄒㄩㄝˊㄩㄢˋㄆㄞˋ 학사원 회원. 예술원 회원.
[學油子] hsüéhyútzǔ ㄒㄩㄝˊㄧㄡˊㄗ 게으른 학생. 게으름뱅이 학생.

〔噱〕 hsüéh ㄒㄩㄝˊ 웃다. 「發一 ; 웃음을 터뜨리다」 ⇨chüéh.

〔雪〕 hsüěh ㄒㄩㄝˇ ①눈. 「下一 ; 눈이 내린다」 ②씻다. 닦아내다. 씻어 내리다. 「一恥 ; 치욕을 씻다」
[雪車] hsüěhch'ē ㄒㄩㄝˇㄔㄜ 썰매.
[雪茄] hsüěhchiā ㄒㄩㄝˇㄐㄧㄚ 잎담배. 「一烟 ; 잎담배」
[雪橇] hsüěhch'iāo ㄒㄩㄝˇㄑㄧㄠ 썰매.
[雪青] hsüěhch'īng ㄒㄩㄝˇㄑㄧㄥ 희읍스름한 광택이 낀 푸른색.
[雪中送炭] hsüěhchūng sùngt'àn ㄒㄩㄝˇㄓㄨㄥ ㄙㄨㄥˋㄊㄢˋ 어려울 때 구원의 손을 뻗치는 것. «成»
[雪恨] hsüěhhěn ㄒㄩㄝˇㄏㄣˋ 원한을 풀다. 「一報仇 ; 원수를 갚고 원한을 풀다」
[雪絮] hsüěhhsü ㄒㄩㄝˇㄒㄩˋ ＝雪片.
[雪花(兒)] hsüěhhuā(rh) ㄒㄩㄝˇㄏㄨㄚ(ㄦ) 눈송이. 「화장용 크리임.
[雪花膏] hsüěhhuākāo ㄒㄩㄝˇㄏㄨㄚㄍㄠ
[雪人] hsüěhjěn ㄒㄩㄝˇㄖㄣˊ ①눈사람. ②설인 : 히말라야 산맥 속에서 살고 있다는.
[雪亮] hsüěhliàng ㄒㄩㄝˇㄌㄧㄤˋ 반짝반짝 빛나다. 「一的刺刀 ; 반짝이는 총검」
[雪里蕻] hsüěhlihūng ㄒㄩㄝˇㄌㄧㄏㄨㄥˊ 소채의 일종 : 갓 비슷한 것으로 소금에 절여 먹음. 「흰. 순백.
[雪白] hsüěhpái ㄒㄩㄝˇㄅㄞˊ 눈과 같이
[雪片] hsüěhp'ièn ㄒㄩㄝˇㄆㄧㄢˋ 눈송이.
[雪上加霜] hsüěhshàng chiāshuāng ㄒㄩㄝˇㄕㄤˋ ㄐㄧㄚㄕㄨㄤ 잇달아 불행이 겹치는 것. 설상 가상. 「물.
[雪水] hsüéhshuǐ ㄒㄩㄝˊㄕㄨㄟˇ 눈 녹은
[雪地] hsüěhtì ㄒㄩㄝˇㄉㄧˋ 눈이 쌓인 곳.
[雪冤] hsüěhyüān ㄒㄩㄝˇㄩㄢ 원한을 풀다.

〔穴〕 hsüèh ㄒㄩㄝˋ 구멍. 동굴. 「不入虎一, 焉得虎子 ; 호랑이 굴에 들어 가지 않고서 어떻게 호랑이 새끼를 얻겠느냐」 ⇨hsüéh. 「생활을 하다.
[穴處] hsüèhch'ǔ ㄒㄩㄝˋㄔㄨˇ 혈거(穴居)

〔血〕 hsüèh ㄒㄩㄝˋ 복합어(複合語)의 경우는 이 음에 따른다. ⇨hsiěh.
[血汗] hsüèhhàn ㄒㄩㄝˋㄏㄢˋ ①피와 땀. ②피나는 노동. 「一工資·一錢 ; 피와 땀으로 모은 돈」 「사람의 피묻은 옷.
[血衣] hsüèhī ㄒㄩㄝˋㄧ 부상자 및 죽은
[血淚仇] hsüèhlèich'óu ㄒㄩㄝˋㄌㄟˋㄔㄡˊ 육친(부모 형제)을 죽인 원수.
[血水] hsüèhshuǐ ㄒㄩㄝˋㄕㄨㄟˇ ①혈액. ②피 섞인 물.

〔謔〕 hsüèh ㄒㄩㄝˋ 놀려 주다. 야유하다. 「一而不虐 ; 적당히 놀려 주다」

〔鱈〕 hsüèh ㄒㄩㄝˋ 대구. 대구과(大口科)에 딸린 바닷물고기.

HSÜN ㄒㄩㄣ

〔勳〕(勛) hsün ㄒㄩㄣ 공적. 공훈. 「一章 ; 훈장」 「屢建奇一 ; 자주 훌륭한 공훈을 세우다」 「一業 ; 공훈」
[勳勞] hsünlāo ㄒㄩㄣㄌㄠˊ 공로.
[勳章] hsünchāng ㄒㄩㄣㄓㄤ 훈장.

〔薰〕 hsün ㄒㄩㄣ ①향초(香草). ②화초 따위의 향기. ③「熏」의 이체자(異體字).
[薰染] hsünjǎn ㄒㄩㄣㄖㄢˇ (밖으로부터의 영향이) 배어 들다. 감화되다. 감염하다.

〔燻〕(熏) hsün ㄒㄩㄣ ①그슬리다. 불에 태우다. (냄새·향기 따위를) 배게 하다. 「一肉 ; 훈제(燻製)한 고기. 고기를 훈제로 만들다」 「一茶葉 ; 차에 향기를 배게하다 : "廣東"요리에서 차를 쓰는 것을 「熏」이라 하고, 톱밥을 쓰는 것을 「烟」이라 한다」 ②냄새가 코를 찌르다. 「臭氣一人 ; 악취가 코를 찌르다」 ③온화한. 「一風 ; 봄철의 온화한 바람」 ⇨hsǜn.
[燻心] hsünhsīn ㄒㄩㄣㄒㄧㄣ 마음을 어지럽게 하다. 「利欲一 ; 이욕은 마음을 어지럽게 한다」
[燻人] hsünjěn ㄒㄩㄣㄖㄣˊ 향기로써 자

극을 받다.「酒氣一；술 냄새를 마구 풍기다」 「지다.
[燻倒] hsūntǎo ㄒㄩㄣㄉㄠˇ 질식해 쓰러
[燻天] hsūnt'iēn ㄒㄩㄣㄊㄧㄢ 세력이 강대한 형용. 「훈제(燻製).
[燻魚兒] hsūnyúrh ㄒㄩㄣㄩˊㄦ 생선의

〔曛〕 hsūn ㄒㄩㄣ 해질 무렵의 여광(餘光).「一黃；황혼」.

〔醺〕 hsūn ㄒㄩㄣ 술에 취하다.「一一；취한 모양」「一一大醉;곤드레 만드레 └로 취하다」

〔旬〕 hsún ㄒㄩㄣˊ ①10일간. ②1개월을 10일 마다로 나눠 상순(上旬), 중순(中旬), 하순(下旬)이라 함. ③10년.「年過六一；나이가 예순을 넘다」

〔巡〕(廵) hsún ㄒㄩㄣˊ ①두루 돌아 다니다.「一夜；야경 돌다」「一哨；보초. ②순회.…주(周). 한 바퀴.「酒過三一；술이 세 순배 돌다」「순시하다.
[巡查] hsúnch'á ㄒㄩㄣˊㄔㄚˊ 순찰하다.
[巡長] hsúnchǎng ㄒㄩㄣˊㄓㄤˇ "巡警" 위의 경찰관 : "巡官"의 아래 직위.
[巡緝] hsúnchī ㄒㄩㄣˊㄐㄧ 돌아 다니며 체포하다.
[巡警] hsúnchǐng ㄒㄩㄣˊㄐㄧㄥˇ 하급 경관.「一閣子；파출소」
[巡行] hsúnhsíng ㄒㄩㄣˊㄒㄧㄥˊ 여러 곳을 순시하다.
[巡更] hsúnkēng ㄒㄩㄣˊㄍㄥ 야경 돌다.
[巡官] hsúnkuān ㄒㄩㄣˊㄍㄨㄢ 경관. 파출소 소장 "巡長"의 위의 직위.
[巡禮] hsúnlǐ ㄒㄩㄣˊㄌㄧˇ 여러 성지(聖地)를 두루 참배함. ②여러 지방을 관광·시찰하고 돌아 다니다. 「순찰하다.
[巡路] hsúnlù ㄒㄩㄣˊㄌㄨˋ 도로(道路)를
[巡捕] hsúnpǔ ㄒㄩㄣˊㄅㄨˇ 순경.《舊》
[巡哨] hsúnshào ㄒㄩㄣˊㄕㄠˋ (군대가) └순찰하다.

〔洵〕 hsún ㄒㄩㄣˊ 진실로.참으로.「一屬可敬；참으로 존경할 만하다」

〔徇〕 hsún ㄒㄩㄣˊ 따르다. 좇다. 굴복하다.「一私舞弊；사사로운 일로 마구 주위에 폐를 끼치다」「一情·一人情；인정에 끌리다」⇨hsùn.

〔循〕 hsún ㄒㄩㄣˊ (규칙·순서 따위에) 따르다. 좇다.「遵一;규칙을 따르다」
[循常] hsúnch'áng ㄒㄩㄣˊㄔㄤˊ 상규(常規)를 따르다.
[循分] hsúnfēn ㄒㄩㄣˊㄈㄣˋ 분수(分數)를 지키다. 불평 불만 없이 살아 가다.
[循序] hsúnhsù ㄒㄩㄣˊㄒㄩˋ 순서.
[循序漸進] hsúnhsù chiènchìn ㄒㄩㄣˊㄒㄩˋ ㄐㄧㄢˋㄐㄧㄣˋ 순서에 따라 한걸음 한걸음 나아가다.
[循環] hsúnhuán ㄒㄩㄣˊㄏㄨㄢˊ ①순환하다. ②반복하다.「一演出；반복 연출하다」
[循規蹈矩] hsúnkueī-tǎochǔ ㄒㄩㄣˊㄍㄨㄟ ㄉㄠˇㄐㄩˇ 규칙·표준에 따르다. 기준을 좇아 벗어나지 않다.《成》
[循理] hsúnlǐ ㄒㄩㄣˊㄌㄧˇ 이치에 따르다.
[循例] hsúnlì ㄒㄩㄣˊㄌㄧˋ 전례에 따르다.
[循名責實] hsúnmíng tsēshíh ㄒㄩㄣˊㄇㄧㄥˊ ㄗㄜˊㄕˊ 이름이 욕되지 않게 내용 충실에 힘 쓰다.
[循私情] hsúnssūch'íng ㄒㄩㄣˊㄙㄑㄧㄥˊ 사정(私情)에 얽매이다.

〔尋〕(寻) hsún ㄒㄩㄣˊ ①찾다. 탐색하다. 더듬다.「一人；사람을 찾다」②옛날의 척도(尺度) 이름 : 8척을 1심(尋)이라 함.
[尋常] hsúnch'áng ㄒㄩㄣˊㄔㄤˊ ①보통이다. 흔하다. ②평상(平常). 「尋找找.
[尋找] hsúnchǎo ㄒㄩㄣˊㄓㄠˇ 찾다. ＝尋
[尋趁] hsúnch'ēn ㄒㄩㄣˊㄔㄣˋ 돈 벌 연구를 하다.「一錢；수단을 강구하여 돈을 벌다」
[尋氣] hsúnch'ì ㄒㄩㄣˊㄑㄧˋ 일부러 사태를 악화시키다. 일부러 앵돌아져 사람을 괴롭히다. 「거지.
[尋錢的] hsúnch'iéntê ㄒㄩㄣˊㄑㄧㄢˊㄉㄜ
[尋親覓友] hsúnch'īn-mìyǔ ㄒㄩㄣˊㄑㄧㄣ ㄇㄧˋㄧㄡˇ (어려워서) 친척이나 │친구를 찾아 헤매다.
[尋究] hsúnchiū ㄒㄩㄣˊㄐㄧㄡ 탐구하다.
[尋求] hsúnch'iú ㄒㄩㄣˊㄑㄧㄡˊ 찾아내다. 탐구하다.「一眞理；진리를 탐구하다」
[尋訪] hsúnfǎng ㄒㄩㄣˊㄈㄤˇ 심방하다.
[尋隙] hsúnhsì ㄒㄩㄣˊㄒㄧˋ 남의 흠집을 찾아내다 : 괴롭히기 위해.
[尋釁] hsúnhsìn ㄒㄩㄣˊㄒㄧㄣˋ ＝尋隙.
[尋休兒] hsúnhsiūrh ㄒㄩㄣˊㄒㄧㄡㄦ 해가 저물어 친구의 집에 머물다. 숙소를 찾다.
[尋花問柳] hsúnhuā-wēnliǔ ㄒㄩㄣˊㄏㄨㄚ ㄨㄣˋㄌㄧㄡˇ ①봄 풍경을 찬양하다. ②기녀(妓女) 집에 출입하다.
[尋繹] hsúnì ㄒㄩㄣˊㄧˋ ①되풀이하여 음미하다. 소상히 연구하다.
[尋開心] hsúnk'āihsīn ㄒㄩㄣˊㄎㄞㄒㄧㄣ 남을 조롱 삼아 놀려대다.
[尋根問底] hsúnkēn-wēntǐ ㄒㄩㄣˊㄍㄣ ㄨㄣˋㄉㄧˇ 꼬치꼬치 캐묻다. ＝尋根究底.
[尋樂] hsúnlè ㄒㄩㄣˊㄌㄜˋ 쾌락을 구하
[尋覓] hsúnmì ㄒㄩㄣˊㄇㄧˋ 찾다. └다.
[尋寶] hsúnpǎo ㄒㄩㄣˊㄅㄠˇ ①광맥(鑛脈)을 찾다. ②필요한 쇠붙이를 찾다.「廢料堆裡一；폐물 더미 속에서 쓸 수 있는 쇠붙이를 찾아내다」
[尋事] hsúnshìh ㄒㄩㄣˊㄕˋ ＝尋隙.「一生非；일부러 흠집을 찾아내다. 일부러 사고를 내다」
[尋思] hsúnssū ㄒㄩㄣˊㄙ, hsínssū ①깊이 생각하다. 고려하다. ②이리 저리 생각하다. 「다.
[尋死] hsúnssǔ ㄒㄩㄣˊㄙˇ 자살(自殺)하
[尋死覓活] hsúnssǔ-mìhuó ㄒㄩㄣˊㄙˇ ㄇㄧˋㄏㄨㄛˊ 필사적으로. 어떤 일이 있더라도. 꼭. 「하다.
[尋討] hsúnt'ǎo ㄒㄩㄣˊㄊㄠˇ 찾다. 요구
[尋短見] hsúntǔanchièn ㄒㄩㄣˊㄉㄨㄢˇ ㄐㄧㄢˋ 자살을 기도하다.
[尋味] hsúnwèi ㄒㄩㄣˊㄨㄟˋ 탐색하다. └자세히 음미하다.

〔馴〕 hsún ㄒㄩㄣˊ ①온순한. 얌전한. ②「一馬；길러 길들이다. 순한 말」
[馴服] hsúnfú ㄒㄩㄣˊㄈㄨˊ ①순종하다. 거역하지 않다. ②온순하다. ＞馴馴服服.

[馴良] hsúnliáng ㄒㄩㄣˊㄌㄧㄤˊ 유순하다. 선량하다. 「전한. 말을 잘 듣다.
[馴順] hsúnshùn ㄒㄩㄣˊㄕㄨㄣˋ 유순. 얌
[馴養] hsúnyǎng ㄒㄩㄣˊㄧㄤˇ 길러 길들이다.「一野獸；야수를 길러서 길들이다」

〔詢〕 hsún ㄒㄩㄣˊ 묻다. 의견을 묻다. 「探一；캐 묻다. 탐방하다」「査一；조회하다」 「유가 증권(有價証券)
[詢價單] hsúnchiàtān ㄒㄩㄣˊㄐㄧㄚˋㄉㄢ
[詢盤] hsúnp'án ㄒㄩㄣˊㄆㄢˊ 시장 가격을 조회하다. =詢價.
[詢問] hsúnwèn ㄒㄩㄣˊㄨㄣˋ 문의하다.

〔蕁〕 hsún ㄒㄩㄣˊ 쐐기풀. 그 섬유로 ⌊실을 만든다

〔鱘〕(鱏) hsún ㄒㄩㄣˊ 철갑상어: "揚子江"에서 많이 산출됨.

〔迅〕 hsùn ㄒㄩㄣˋ 빠르다. 빠른.「一雷不及掩耳；사태가 급박하여 대처할 겨를이 없다는 비유」
[迅疾] hsùnchī ㄒㄩㄣˋㄐㄧ 신속하다.
[迅捷] hsùnchiéh ㄒㄩㄣˋㄐㄧㄝˊ. =迅疾.

〔汛〕 hsùn ㄒㄩㄣˋ (하천 따위의) 물이 정기적으로 붇다.「防一；홍수를 막다」「秋一；가을철 물이 붇는 것」「桃花一，春一；2월,3월경 얼음이 녹아 물이 붇는 것」「一期；물이 불어나는 시기」

〔訊〕 hsùn ㄒㄩㄣˋ ①캐어 묻다. 특히 법정에 있어서의 신문의 뜻.「審一；재판하다」「一辦；취조하여 형벌을 정하다」「一供；죄수의 진술을 조사하다」②「一兒；소식. 편지. 통지. 통신」「通一；통신. 통신하다」「塔斯社一；타스 통신발(發)」
[訊號] hsùnhào ㄒㄩㄣˋㄏㄠˋ 신호.
[訊究] hsùnchiū ㄒㄩㄣˊㄐㄧㄡ 사건을 취조하다.
[訊鞫] hsùnchǘ ㄒㄩㄣˋㄐㄩˊ =訊究.

〔徇〕 hsùn ㄒㄩㄣˋ =殉①. ⇨hsún.
[徇情] hsùnch'íng ㄒㄩㄣˋㄑㄧㄥˊ 인정에 끌리다. 「얽매이다.
[徇私] hsùnssū ㄒㄩㄣˋㄙ 사사로운 정에

〔訓〕 hsùn ㄒㄩㄣˋ ①가르치다. 타이르다.「一他一回就好啦；그에게는 한 번 타이르면 그것으로 족하다」 ②가르침. 교훈.「不足爲一；훈계로 삼기에는 부족하다」③해석. 읽기. 뜻.「一詁；고어(古語)를 해석하다」④해석하다. 「하다.
[訓斥] hsùnch'ìh ㄒㄩㄣˋㄔˋ 꾸짖다. 훈계
[訓導] hsùntǎo ㄒㄩㄣˋㄉㄠˇ ①깨치다. ②훈육계(訓育係). 「다. ②훈시. 훈화.
[訓話] hsùnhuà ㄒㄩㄣˋㄏㄨㄚˋ ①훈시하

〔殉〕 hsùn ㄒㄩㄣˋ ①자기 몸을 희생하다. 몸을 던지다.「一國；국난에 처해 생명을 바치다」②순사. 순사하다.「一葬；죽은 사람이 생전에 애호하던 물건을 관 속에 넣어 주는 것」
[殉財] hsùnts'ái ㄒㄩㄣˋㄘㄞˊ =殉利.
[殉利] hsùnlì ㄒㄩㄣˋㄌㄧˋ 이익을 위해 생명을 돌보지 않음.
[殉葬] hsùntsàng ㄒㄩㄣˋㄗㄤˋ 배장(陪葬) ⌊하다.

〔巽〕 hsùn ㄒㄩㄣˋ, sùn. ①팔괘(八卦)의 하나. ☴의 괘형(卦形). ②손 방(巽方). ⌊동남방.

〔遜〕(逊) hsùn ㄒㄩㄣˋ, sùn ①사양하다. ②겸손하다.「出言不一；말씨가 건방지다」③못하다. 떨어지다.「稍一一等；약간 떨어지다」
[遜讓] hsùnjàng ㄒㄩㄣˋㄖㄤˋ 겸손하게 양 ⌊보하다.

〔熏〕 hsùn ㄒㄩㄣˋ (가스로써) 마비시키다. 중독시키다.「爐子安上烟筒，就不至于一着；스토우브에 연통을 달면 중독되지 않는다」 ⇨hsūn.

〔噀〕 「는 물을) 내뿜다.
hsùn ㄒㄩㄣˋ(입 속에 머금고 있

〔蕈〕 「；송이」「香一；표고」
hsùn ㄒㄩㄣˋ 버섯.「松(sūng)一

〔濬〕(浚) hsùn ㄒㄩㄣˋ 濬縣"："河南省"에 있음.

HU ㄏㄨ

〔乎〕 hū ㄏㄨ ①의문을 나타내는 조사. ㉮의심스러운 일을 물을 때. …냐. …느냐.「傷人一?；사람이 다쳤느냐?」㉯추측을 나타낼 때. …까.「梁其壞一?；대들보가 못 쓰게 될까?」 ②감탄하는 뜻을 갖는 어기 조사. …시어!「天一；하느님이시어!」 ③사람을 부를 때에 쓰이는 조사. …야.「毋一! 兒去矣；어머니! 전 갈래요」④…에. …에게.「努力不努力在一個人；노력을 하고 안하고는 개인 자신에게 있다」⑤접미어(接尾語)로 쓰이는 말.「斷一不可；절대로 안된다.

〔呼〕 hū ㄏㄨ ①숨을 쉬다.「一吸；호흡」②큰 소리로 부르다. 소리내어 부르다.「高一萬歲；만세를 높이 부르다」③불러 모으다. 부르다. ④코를 골다. ⑤성(姓)의 하나.
[呼叱] hūch'ì ㄏㄨㄑㄧˋ ⇨呵叱.
[呼之即來,揮之即去] hūchīhchílái, hūichīhchích'ǜ ㄏㄨㄓㄐㄧˊㄌㄞˊㄏㄨㄟㄓㄐㄧˊㄑㄩˋ 부르면 오고 가라면 간다는 뜻으로, 명령대로 된다는 말.
[呼哧呼哧] hūch'īhūch'īh ㄏㄨㄔㄏㄨㄔ 헉헉.「跑得一地；헉헉거리며 뛰다」
[呼之欲出] hūchīhyǜch'ū ㄏㄨㄓㄩˋㄔㄨ 글이나 그림 따위의 묘사가 박진하여 오는 모양. 「을 청하다.
[呼救] hūchiù ㄏㄨㄐㄧㄡˋ 큰 소리로 도움
[呼風喚雨] hūfēng huànyǚ ㄏㄨㄈㄥㄏㄨㄢˋㄩˇ 비바람을 부를 수 있다는 뜻으로 마술(魔術)을 일컫는 말.《成》.
[呼喊] hūhǎn ㄏㄨㄏㄢˇ 큰소리로 부르다. >呼呼喊喊.
[呼號] hūháo ㄏㄨㄏㄠˊ ①큰 소리로 부르짖다. ②고래고래 소리치다. ③울며 애원하다. ④ hūhào 라디오 코올 사인.
[呼喝] hūhò ㄏㄨㄏㄜˋ 큰 소리를 지르다.
[呼嘯] hūhsiào ㄏㄨㄒㄧㄠˋ 고함을 치다.

[呼呼] hūhū ㄏㄨㄏㄨ ①바람소리. ②코 고는 소리. 「르다. =呼叫.
[呼喚] hūhuàn ㄏㄨㄏㄨㄢˋ 큰소리로 부
[呼拉爾] hūlāěrh ㄏㄨㄌㄚㄦˇ 대표 대회: 몽고어의 음역(音譯). 「람을 부르다.
[呼鈴] hūlíng ㄏㄨㄌㄧㄥˊ 벨을 울려 사
[呼嚕呼嚕] hūluhūlu ㄏㄨㄌㄨㄏㄨㄌㄨ ① 사람이 우굴거리다. ②숨소리. ③민첩하게. 순식간에. 「那小人一落在地上, 就一長起來 ; 그 난장이는 땅에 떨어지자마자 순식간에 커졌다」
[呼朋引類] hūp'ēng-yǐnlèi ㄏㄨㄆㄥˊㄧㄣˇㄌㄟˋ 동류(同類)를 끌어 들인다는 뜻으로 끼리끼리 모인다는 말. 《成》
[呼搧] hūshan ㄏㄨㄕㄢ ①(물건을 흔들어서) 바람을 일으키다. 「冬天睡覺,不要一被窩 ; 겨울에 잠잘 때에 이불을 들썩거리지 말라」 ②흔들리다. 「地板太薄走起來直一 ; 마루 바닥이 너무 얇아서 걸으면 흔들흔들한다」 「口哨兒.
[呼哨] hūshào ㄏㄨㄕㄠˋ 휘파람. =忽哨.
[呼聲] hūshēng ㄏㄨㄕㄥ ①큰소리. ②크게 부르는 소리.
[呼天搶地] hūt'iēnch'uǎngtì ㄏㄨㄊㄧㄢㄔㄨㄤˇㄉㄧˋ 하늘을 우러러 보며 땅을 치며 통곡한다는 뜻으로 몹시 비통(悲痛)함을 말한다. =呼天撞地. 呼天喊地.
[呼么喝六] hūyāo-hòliù ㄏㄨㄧㄠㄏㄜˋㄌㄧㄡˋ ①도박할 때 지르는 소리. ② 놀음을 하다. 「마음이 통하다.
[呼應] hūyìng ㄏㄨㄧㄥˋ 의기 상통하다.
[呼吁] hūyǜ ㄏㄨㄩˋ 원조를 청하다. 도움을 청하다.

〔忽〕 hū ㄏㄨ ①소홀히 하다. 부주의하다. 「疎一 ; 소홀히 하다」 ②급하게. 갑작스럽게. 「天氣一冷一熱 ; 날씨가 갑작스럽게 추웠다 더웠다 하다」 ③ 모르는 사이에. 눈 깜짝할 사이에. 「一 已三載 ; 눈 깜짝할 사이에 3년이 지났다」 ④중량(重量) : 1「釐」의 천분의 일. ⑤ 성(姓).
[忽眨] hūcha ㄏㄨㄓㄚ 눈을 깜박거리다.
[忽忽] hūhū ㄏㄨㄏㄨ ①실망하다. 낙심하다. ②우울하다. ③ 순식간에. 「一一個學期過去了 ; 순식간에 1학기가 지나갔다」
[忽如有所失] hūjúyǔsǒshih ㄏㄨㄖㄨˊㄧㄡˇㄙㄨㄛˇㄕ 정신이 흐리멍덩하여 마치 무엇을 잃은 것 같다. 《成》
[忽忽不樂] hūhū púlè ㄏㄨㄏㄨㄅㄨˋㄌㄜˋ 실망하여 즐겁지 못함을 뜻한다.
[忽然] hūján ㄏㄨㄖㄢˊ ①갑자기. ②돌연히. 「天一陰上來了 : 하늘이 갑자기 어두워졌다」
[忽啦] hūlā ㄏㄨㄌㄚ ①갑자기. ②급히.
[忽略] hūlüèh ㄏㄨㄌㄩㄝˋ ①소홀히 하다. ②등한히 하다.
[忽拉巴兒] hūlapārh ㄏㄨㄌㄚㄅㄚ ㄦ ①돌연. ②느닷없이.
[忽而] hūěrh ㄏㄨㄦˊ ①돌연. ② 갑자기.
[忽扇] hūshan ㄏㄨㄕㄢ ①흔들리다. ② 요동하다.
[忽哨] hūshào ㄏㄨㄕㄠˋ =呼哨.
[忽視] hūshìh ㄏㄨㄕˋ ①부주의하다. ② 무시하다.
[忽搭] hūta ㄏㄨㄉㄚ (종이나 헝겊 따위가) 펄펄 휘날리다. 「다.
[忽微] hūwēi ㄏㄨㄨㄟ 아주 미세(微細)하
[忽悠] hūyu ㄏㄨㄧㄡ 펄럭이다. 「一桿大旗, 風吹得直一 ; 큰 깃발이 바람에 펄럭이다」

〔淴〕 hū ㄏㄨ 물이 흐르는 모양.
[淴浴] hūyǜ ㄏㄨㄩˋ 목욕하다.

〔唿〕 hū ㄏㄨ
[唿喇] hūla ㄏㄨㄌㄚ ①돌연히. ②급히.
[唿喇喇] hūlālā ㄏㄨㄌㄚㄌㄚ ① 윙윙 : 강한 바람 소리. ②와와 : 들이 닥치는 세력이 강한 모양.
[唿哨] hūshào ㄏㄨㄕㄠˋ =忽哨. 呼哨.

〔囫〕 hú ㄏㄨˊ
[囫圇] húlún ㄏㄨˊㄌㄨㄣˊ ①완전한. ②고스란히. ③통째로. 「一睡 ; 옷 입은 채로 잠자다」「不要一說 ; 어물쩍 말하지 마라」
[囫圇吞下] húlúnt'unhsià ㄏㄨˊㄌㄨㄣˊㄊㄨㄣㄒㄧㄚˋ 통째로 삼키다.
[囫圇吞棗] húlúnt'untsǎo ㄏㄨˊㄌㄨㄣˊㄊㄨㄣㄗㄠˇ 흐리멍텅하게 일을 처리하다. 《成》

〔狐〕 hú ㄏㄨˊ ①여우. ②성(姓).
[狐假虎威] húchiǎ hǔwēi ㄏㄨˊㄐㄧㄚˇㄏㄨˇㄨㄟ 여우가 호랑이의 위력을 빌어 다른 짐승을 놀라게 한다는 뜻으로, 남의 권력을 빌어 위세를 부리는 소인(小人)을 일컫는 말. 《成》
[狐裘羔袖] húch'iú kāohsiù ㄏㄨˊㄑㄧㄡˊㄍㄠㄒㄧㄡˋ 전체적으로 좋으나 한두 군데 결점이 있다.
[狐臭] húch'òu ㄏㄨˊㄔㄡˋ 암내 ; 겨드랑에서 나는 악취. =狐騷. 狐臊.
[狐群狗黨] húch'ún koǔtǎng ㄏㄨˊㄑㄩㄣˊㄍㄡˇㄉㄤˇ 악인(惡人)들의 무리. 《成》 =狐群狗交. 「다.
[狐疑] húí ㄏㄨˊㄧˊ 의심이 많다. 의심하
[狐狸] húli ㄏㄨˊㄌㄧ 여우.
[狐狸精] húliching ㄏㄨˊㄌㄧㄐㄧㄥ ①여우 도깨비. ②음탕한 여인. 《舊》
[狐埋狐搰] húmáihúhú ㄏㄨˊㄇㄞˊㄏㄨˊㄏㄨˊ 여우는 의심이 많아 감추어 둔 것을 파 본다는 뜻으로 지나치게 의심하고 걱정하면 성공할 수 없다는 말. 《成》
[狐媚] húmèi ㄏㄨˊㄇㄟˋ ①알랑거리다. ②홀리다. 「롯(fox-trot).
[狐步舞] húpùwǔ ㄏㄨˊㄅㄨˋㄨˇ 폭스 트
[狐死兎泣] hússǔ t'ùch'ì ㄏㄨˊㄙˇㄊㄨˋㄑㄧˋ 여우의 죽음에 토끼가 운다는 뜻으로 동류(同類)의 불행을 슬퍼한다는 말. 《成》=狐死兎悲.

〔弧〕 hú ㄏㄨˊ ①나무로 만든 활. ②원둘레의 일부분. ③아아치형의. 「一形 : 아아치형」
[弧光燈] húkuāngtēng ㄏㄨˊㄍㄨㄤㄉㄥ 아아크 등

〔胡〕 hú ㄏㄨˊ ①야만인. 오랑캐. ②외국의. 외적의. ③마구. 무턱대고. 「說一話 ; 무턱대고 말하다」 ④어째서. 왜. 「一不歸 ? : 왜 돌아 가지 않니 ?」 ⑤턱밑에 늘어진 살. ⑥성(姓)의 하나.
[胡纏] húch'án ㄏㄨˊㄔㄢˊ ①얼키고 설키다. ②귀찮다. ③철없이 매달리다.
[胡椒] húchiāo ㄏㄨˊㄐㄧㄠ 후추. 「一麵兒 ; 후추가루」

[胡攪] húchiǎo ㄏㄨˊㄐㄧㄠˇ 이유나 목적 없이 마구 행동하다. =瞎鬧.
[胡吃海塞] húch'īh-haisāi ㄏㄨˊㄔㄏㄞˇㄙㄞ 마구 처먹다.
[胡吣] húch'ìn ㄏㄨˊㄑㄧㄣˋ 쓸 데 없는 말을 하다.「別聽他一 ; 그의 쓸 데 없는 말을 듣지 마라」 「궁 : 중국의 악기.
[胡琴(兒)] húch'in(rh) ㄏㄨˊㄑㄧㄣ(ㄦ) 호
[胡臭] húch'ōu ㄏㄨˊㄔㄡˋ =狐臭.
[胡吹] húch'ūi ㄏㄨˊㄔㄨㄟ 가락에 맞추지 않고 마구 불다. =胡吹亂打.
[胡蜂] húfēng ㄏㄨˊㄈㄥ 〈動〉 땅벌.
[胡寫] húhsiěh ㄏㄨˊㄒㄧㄝˇ 글을 마구 갈겨 쓰다.
[胡花] húhuā ㄏㄨˊㄏㄨㄚ (돈을) 낭비하다. 돈을 마구 쓰다.
[胡話] húhuà ㄏㄨˊㄏㄨㄚˋ ①함부로 말하다. ②터무니 없는 말.
[胡黃連] húhuánglién ㄏㄨˊㄏㄨㄤˊㄌㄧㄢˊ 〈植〉 호황련.「마구 소란을 피우다.
[胡混] húhùn ㄏㄨˊㄏㄨㄣˋ ① 무례한. ②
[胡搞] húkǎo ㄏㄨˊㄍㄠˇ 아무렇게나 하다.
[胡瓜] húkuā ㄏㄨˊㄍㄨㄚ 〈植〉 오이. =黃瓜.
[胡逛八扯] húkuàng-pāchě ㄏㄨˊㄍㄨㄤˋㄅㄚㄓㄜˇ 방탕(放蕩)하다.
[胡詭] húkuei ㄏㄨˊㄍㄨㄟˇ 만지작거리다.
[胡來] húlái ㄏㄨˊㄌㄞˊ ①함부로 하다. ② 소란을 피우다. 「말을 하다.
[胡聊] húliáo ㄏㄨˊㄌㄧㄠˊ 터무니 없는
[胡蘿蔔] húlópō ㄏㄨˊㄌㄨㄛˊㄅㄛ 홍당무.
[胡嚕] húlu ㄏㄨˊㄌㄨ ①쓰다듬다. 어루만지다.「他的頭碰疼了, 你給他胡嚕一 ; 그의 머리가 부딪쳐 아플터이니 너는 그를 쓰다듬어 주어라」 ②닦다. 훔치다. ③ 다방면으로 활동하다.
[胡亂] húluàn ㄏㄨˊㄌㄨㄢˋ ①마음대로 하다. ②멋대로 하다.
[胡麻] húmá ㄏㄨˊㄇㄚˊ 〈植〉 참깨.
[胡鬧] húnào ㄏㄨˊㄋㄠˋ 소란을 피우다. 법석을 떨다.
[胡弄] húnùng ㄏㄨˊㄋㄨㄥˋ ①(눈가림으로) 일하다. ②우롱(愚弄)하다.
[胡餅] húpǐng ㄏㄨˊㄅㄧㄥˇ 밀가루를 반죽하여 참깨를 뿌려 구운 과자의 일종.
[胡塞] húsāi ㄏㄨˊㄙㄞˋ (밥 따위를) 많이 먹다.
[胡是非] húshihfei ㄏㄨˊㄕˋㄈㄟ 장난으로 귀찮은 일을 일으키다.
[胡說] húshuō ㄏㄨˊㄕㄨㄛ ①터무니 없는 말을 하다.「只是信口一 ; 입에서 나오는 대로 터무니 없는 말을 지껄일 뿐이다」 ②허튼 소리.
[胡說八道] húshuō pātào ㄏㄨˊㄕㄨㄛ ㄅㄚˊㄉㄠˋ ①입에서 나오는 대로 지껄이다. =胡說. ②마음대로 지껄이다.
[胡思亂想] hússǔ-luànhsiǎng ㄏㄨˊㄙㄌㄨㄢˋㄒㄧㄤˇ ①이리 저리 쓸 데 없는 생각을 하다. ②망상(妄想).
[胡桃] hút'ao ㄏㄨˊㄊㄠ 호두.
[胡梯] hút'ī ㄏㄨˊㄊㄧ 계단. =扶攤.
[胡蝶] hútiéh ㄏㄨˊㄉㄧㄝˊ 나비. =蝴蝶.
[胡調] hút'iáo ㄏㄨˊㄊㄧㄠˊ (여자를) 희롱하다.
[胡天胡帝] hútiēn hútì ㄏㄨˊㄉㄧㄢ ㄏㄨˊㄉㄧˋ 그 연유를 알 수 없다.
[胡豆] hútòu ㄏㄨˊㄉㄡˋ 누에콩의 별칭.
[胡塗] hút'u ㄏㄨˊㄊㄨ ①어리석은. 멍청한. ②밀가루에 야채를 넣어 만든 음식.
[胡同] hút'ung ㄏㄨˊㄊㄨㄥ 골목. 단독 사용인 경우는 hút'ùng으로 발음.「말하다.
[胡謅] hútsōu ㄏㄨˊㄗㄡ 마음대로 마구
[胡做非爲] hútsò fēiwéi ㄏㄨˊㄗㄨㄛˋㄈㄟㄨㄟˊ 멋대로 행동하다. 마음대로 행동하다. 「ㄨㄢˋㄗㄨㄛ =胡謅.
[胡言亂說] húyén luànshuō ㄏㄨˊㄧㄢˊㄌ

〔斛〕 hú ㄏㄨˊ ①양(量)을 다는 기구. ②옛날은 열 말(斗) : 지금은 5말(斗)들이. ③성(姓).

〔湖〕 hú ㄏㄨˊ ①호수. ②"湖北省"과 "湖南省"의 약칭.「兩一 ; "湖北省"과 "湖南省"」 「산되는 견직물.
[湖縐] húchòu ㄏㄨˊㄓㄡˋ "湖州"에서 생
[湖海] húhai ㄏㄨˊㄏㄞˇ 호수와 바다.
[湖海氣] húhaich'ì ㄏㄨˊㄏㄞˇㄑㄧˋ 호탕한 성질.
[湖湘] húhsiang ㄏㄨˊㄒㄧㄤ "湖南".
[湖心亭] húhsīntíng ㄏㄨˊㄒㄧㄣㄊㄧㄥˊ 수정(水亭).
[湖廣] húkuǎng ㄏㄨˊㄍㄨㄤˇ "湖南 · 湖北 · 廣東 · 廣西省"의」의 약칭.
[湖畔] húp àn ㄏㄨˊㄆㄢˋ 호수가. 호반.
[湖筆] húpi ㄏㄨˊㄅㄧˇ "浙江省"의 "湖州"에서 생산되는 붓.
[湖泊] húpō ㄏㄨˊㄅㄛ 호수.
[湖色] húsè ㄏㄨˊㄙㄜˋ 물 빛깔.
[湖蕩] hútàng ㄏㄨˊㄉㄤˋ 호수가의 저습지(低濕地). 「개(灌漑)를 이용한 논.
[湖田] hút'ién ㄏㄨˊㄊㄧㄢˊ 호수가의 관
[湖澤] hútsè ㄏㄨˊㄗㄜˊ ①못. ②호수.

〔葫〕 hú ㄏㄨˊ 마늘.
[葫蘆] húlu ㄏㄨˊㄌㄨ 〈植〉 호리병박.
[葫蘆提] húlut'í ㄏㄨˊㄌㄨㄊㄧˊ ①실마리를 잡을 수 없는 복잡한 사건. ②미궁사건(迷宮事件).

〔猢〕 hú ㄏㄨˊ
[猢猻] húsūn ㄏㄨˊㄙㄨㄣ 원숭이. =猴子.

〔壺〕(壶) hú ㄏㄨˊ ①술병. 단지. ②주전자. ③성(姓).
[壺架] húchià ㄏㄨˊㄐㄧㄚˋ 삼발이 구실을 하는 것.
[壺蘆] húlu ㄏㄨˊㄌㄨ =葫蘆. 「손잡이.
[壺把兒] húpàrh ㄏㄨˊㄅㄚˋㄦ 주전자의
[壺嘴兒] hútsuǐrh ㄏㄨˊㄗㄨㄟˇㄦ 주전자꼭지.

〔蝴〕 hú ㄏㄨˊ 「나비 넥타이」
[蝴蝶] hútiéh ㄏㄨˊㄉㄧㄝˊ 나비.「一結 ;

〔糊〕 hú ㄏㄨˊ ①풀로 붙이다.「拿紙一窗戶 ; 종이로 창문을 붙이다」 ②눋다.「饅頭烤一了 ; 만두가 새까맣게 눋다」
[糊口] húk'ǒu ㄏㄨˊㄎㄡˇ =餬口.
[糊裡糊塗] húlǐ hút'u ㄏㄨˊㄌㄧˇ ㄏㄨˊㄊㄨ =糊塗.
[糊塗] hút'u ㄏㄨˊㄊㄨ ①멍청하다. ②우둔하다.「一蟲 ; 바보」 ③애매하다. ④엉터리다. =胡塗. >糊糊塗塗.

〔餬〕 hú ㄏㄨˊ ①죽. ②풀.
[餬口] húk'ǒu ㄏㄨˊㄎㄡˇ 겨우 생활하다.「只得借這手藝一 ; 손재주로 겨우 생활하다」

〔槲〕 hú ㄏㄨˊ 〈植〉 떡갈나무.

〔鬍〕 hú ㄏㄨˊ 수염.

[鬍匪] húfěi ㄏㄨˊㄈㄟˇ ①토비. ②도적.

[鬍子] hútzŭ ㄏㄨˊㄗ ①수염의 총칭. ② 수염난 사람. ③(연극에서의)명군(名君)·열사(烈士). ④마적. 토비 =鬍鬚.

[鬍子碴兒] hútzuchárh ㄏㄨˊㄗㄔㄚˊㄦ ⌊수염 투성이 얼굴. 털보.

〔虎〕 hŭ ㄏㄨˇ ①호랑이. 범. 「老一; 범」 ②용맹스럽다. 「一將; 용장(勇將)」

[虎倀] hŭch'āng ㄏㄨˇㄔㄤ 악인(惡人)의 앞잡이.

[虎帳] hŭchàng ㄏㄨˇㄓㄤˋ 영내(營內).

[虎帳談兵] hŭchàng t'ánpīng ㄏㄨˇㄓㄤˋ ㄊㄢˊㄅㄧㄥ 영내(營內)에서 병법(兵法)을 논의하다.

[虎鉗] hŭch'ién ㄏㄨˇㄑㄧㄢˊ 바이스(vise).

[虎踞龍蟠] hŭchü-lúngp'án ㄏㄨˇㄐㄩˋㄌㄨㄥˊ ㄆㄢˊ 지세(地勢)가 몹시 험한 것을 형용하는 말. 「동 기구의 일종.

[虎伏] hŭfú ㄏㄨˇㄈㄨˊ 후우프(hoop) : 운

[虎鬚] hŭhsü ㄏㄨˇㄒㄩ ①호랑이 수염. ② 〈植〉 더덕의 별칭. ③사삼(沙蔘). ④ 등심초(燈心草).

[虎穴] hŭhsüèh ㄏㄨˇㄒㄩㄝˋ ①호랑이 굴. ②위험한 곳. 「不入一, 不得虎子 ; 호랑이 굴에 들어 가지 않고는 호랑이를 잡지 못한다」

[虎口] hŭk'oŭ ㄏㄨˇㄎㄡˇ ①위험한 곳. ②범의 아가리. 「一餘生; 구사 일생(九死一生)을 하다」 ③엄지손가락과 집게손가락의 사이.

[虎掛佛珠] hŭkuà fúchū ㄏㄨˇㄍㄨㄚˋㄈㄨˊㄓㄨ 흉악한 사람이 겉으로는 인자한 척하다.

[虎骨酒] hŭkúchiŭ ㄏㄨˇㄍㄨˊㄐㄧㄡˇ 호랑이 뼈를 태운 재로 담근 술. 호골주.

[虎拉檳] hŭlāpīn ㄏㄨˇㄌㄚㄅㄧㄣ 사과의 변종(變種). =虎拉車. 拉車.

[虎列拉] hŭlièhlā ㄏㄨˇㄌㄧㄝˋㄌㄚ 콜레라. =霍亂.

[虎落平陽被犬欺] hŭlòp'íngyáng pèich'üănch'ī ㄏㄨˇㄌㄨㄛˋㄆㄧㄥˊㄧㄤˊ ㄅㄟˋㄑㄩㄢˇㄑㄧ 호랑이도 평지에서는 개에게 속는다는 뜻으로 권세가 떨어지면 모든 사람이 넘본다는 말. «成»

[虎背熊腰] hŭpèi-hsiúngyāo ㄏㄨˇㄅㄟˋ ㄒㄩㄥˊ 기골이 장대함을 형용하는 말.

[虎賁] hŭpēn ㄏㄨˇㄅㄣ 용사(勇士).

[虎不食子] hŭpushíhtzŭ ㄏㄨˇㄅㄨㄕˊㄗ 호랑이가 비록 무섭지만 그 새끼는 귀여워한다는 뜻으로 사람의 성질이 흉악하더라도 측은히 여기는 마음은 늘 가졌다는 말. «成»

[虎而冠者] hŭérh kuānchě ㄏㄨˇㄦˊ ㄍㄨㄢㄓㄜˇ 행위가 몹시 횡포한 사람.

[虎頭蛇尾] hŭt'óu-shéwěi ㄏㄨˇㄊㄡˊ ㄕㄜˊㄨㄟˇ 용두 사미(龍頭蛇尾). «成»

[虎尾春冰] húwěi ch'ūnpīng ㄏㄨˊㄨㄟˇㄔㄨㄣㄅㄧㄥ 호랑이 꼬리를 밟거나 봄의 얼음 위를 달리는 것과 같다는 뜻으로 매우 위험한 경우를 가리키는 말. «成»

[虎牙] hŭyá ㄏㄨˇㄧㄚˊ 송곳니.

〔唬〕 hŭ ㄏㄨˇ 놀래다. 「你別一人了 ; 사람을 놀라게 하지 말라」 「놀래다.

[唬事] hŭshìh ㄏㄨˇㄕˋ (허세로) 사람을

〔琥〕 hŭ ㄏㄨˇ 호랑이 형상으로 만든 구슬. 「일종.

[琥珀] hŭp'ò ㄏㄨˇㄆㄛˋ 호박 : 보석의 「돕다」

〔互〕 hù ㄏㄨˋ 서로. 「一相幫助 ; 서로

[互助] hùchù ㄏㄨˋㄓㄨˋ 서로 돕다.

[互撞] hùchuàng ㄏㄨˋㄓㄨㄤˋ 서로 부딪치다. 모순되다.

[互選] hùhsüăn ㄏㄨˋㄒㄩㄢˇ (같은 자격의 선거인이) 서로 투표하여 선거하다.

[互惠] hùhuì ㄏㄨˋㄏㄨㄟˋ 두 나라가 동등한 이익으로 서로 교환하다 : 통상조약에 사용하는 말로서 「互惠條約」의 약어.

[互易] hùì ㄏㄨˋㄧ 서로 교환하다.

[互保] hùpăo ㄏㄨˋㄅㄠˇ 서로 보증하다.

[互不侵犯] hùpùch'īnfàn ㄏㄨˋㄅㄨˋㄑㄧㄣㄈㄢˋ 서로 침범하지 않다. 「一條約 ; 상호 불가침 조약」 「하다.

[互市] hùshìh ㄏㄨˋㄕˋ 외국과 통상(通商)

[互定] hùtìng ㄏㄨˋㄉㄧㄥˋ 약정(約定)하다.

[互推] hùt'uī ㄏㄨˋㄊㄨㄟ 서로 추천하다.

〔戶〕 hù ㄏㄨˋ ①문짝 : 1장으로 된 문짝을 「戶」라 하고 2장으로 된 문짝을 「門」이라 함. ②집. 가옥. 「千家萬一 ; 집들」 ③성(姓).

[戶限] hùhsièn ㄏㄨˋㄒㄧㄢˋ 문지방.

[戶戶] hùhù ㄏㄨˋㄏㄨˋ 집집. 「家家一 ; 집집마다」

[戶口] hùk'ǒu ㄏㄨˋㄎㄡˇ ①호수(戶數)와 인구. ②세대(世帶). 「一簿 ; 호적부」

[戶名] hùmíng ㄏㄨˋㄇㄧㄥˊ ①상점이 은행과의 거래에서 사용하는 상호(商號). ②구좌(口座).

[戶樞不蠹] hùshūpùtù ㄏㄨˋㄕㄨㄅㄨˋㄉㄨˋ ①사용하는 문둔테는 벌레가 먹지 않는다. ②흐르는 물은 썩지 않는다. «成»

[戶頭] hùt'ou ㄏㄨˋㄊㄡ ①가장(家長). ② 거래처(去來處). ③구좌(口座).

[戶册] hùts'è ㄏㄨˋㄘㄜˋ 호적부(戶籍簿).

〔戽〕 hù ㄏㄨˋ ①논에 물을 대는 양수기. ②논밭에 "戽斗"로 물을 대다. 「대다.

[戽水] hùshuǐ ㄏㄨˋㄕㄨㄟˇ (논에) 물을

[戽斗] hùtǒu ㄏㄨˋㄉㄡˇ 발로 구르는 무자위 : 농가에서 사용하는 관개(灌漑) ⌊기구(器具).

〔怙〕 hù ㄏㄨˋ 믿고 의지하다. 「失一 ; 의지할 곳을 잃다. 부모를 잃다」

[怙惡不悛] hùèpùch'üān ㄏㄨˋㄜˋㄅㄨˋㄑㄩㄢ 나쁜 일을 하고도 회개(悔改)하려 하지 않다. «成» 「의지하다.

[怙恃] hùshìh ㄏㄨˋㄕˋ ①부모(父母). ②

[怙恃其衆] hùshihch'íchùng ㄏㄨˋㄕˋㄑㄧˊㄓㄨㄥˋ (떼거리 따위의) 수(數)를 ⌊믿다.

〔笏〕 hù ㄏㄨˋ 홀 : 옛날 벼슬아치가 조현(朝見) 때 손에 들던 상아나 나무로 된 패. 「찰(竹札).

[笏板] hùpăn ㄏㄨˋㄅㄢˇ ①홀. ②대쪽. 죽

〔瓠〕 hù ㄏㄨˋ ①박. =壺盧 瓠瓜. ②성(姓)의 하나.

[瓠犀] hùhsi ㄏㄨˋㄒㄧ 박씨 : 박의 속같이 희고 아름다운 미인의 치아(齒牙)를 비유하는 말. 「이.
[瓠果] hùkuǒ ㄏㄨˋㄍㄨㄛˇ ①참외. ②오
[瓠落] hùlò ㄏㄨˋㄌㄨㄛˋ 부서져 쓸모 없 ⌊다.

〔扈〕 hù ㄏㄨˋ ①군주(君主)를 따르다. 수행하다. ②횡포하다. 난폭하다. ③성(姓)의 하나. 「가마를 따르다. =扈蹕.
[扈駕] hùchià ㄏㄨˋㄐㄧㄚˋ 천자(天子)의
[扈扈] hùhù ㄏㄨˋㄏㄨˋ ①광대한 모양. ②선명한 모양.
[扈從] hùtsùng ㄏㄨˋㄗㄨㄥˋ ①천자(天子)가 시찰할 때 따르는 사람. ②수행원(隨行員). 「리사.
[扈養] hùyǎng ㄏㄨˋㄧㄤˇ 마부(馬夫)와 조

〔糊〕 hù ㄏㄨˋ ①풀. 「at).
[糊紙] hùchǐh ㄏㄨˋㄓˇ 오블라아트(obla-
[糊弄] hùnung ㄏㄨˋㄋㄨㄥ ①적당히 해 버리다. ②속여서 적당히 하다.
[糊刷] hùshuā ㄏㄨˋㄕㄨㄚ 귀얄 : 풀이나 옷 따위를 칠할 때 쓰이는 비. 풀비.

〔滬〕(沪) hù ㄏㄨˋ "上海"의 별칭. 「一劇; "上海" 일대의 지방극」

〔護〕(护) hù ㄏㄨˋ ①보호하다. ②돕다. 「你怎麼這樣一着他? ; 너는 왜 이렇게 그를 감싸 주느냐?」 ③성(姓)의 하나. 「②패스포오트.
[護照] hùchào ㄏㄨˋㄓㄠˋ ①여권(旅券).
[護己] hùchǐ ㄏㄨˋㄐㄧˇ 자신을 감싸다.
[護住] hùchu ㄏㄨˋㄓㄨ ①감싸다. ②중히 여기다. 「一面子 ; 체면을 중히 여기다」
[護封] hùfēng ㄏㄨˋㄈㄥ 봉투를 봉하고 「緘」 표를 하다.
[護膝] hùhsī ㄏㄨˋㄒㄧ ①무릎싸개 : 무릎을 대는 것.
[護胸] hùhsiūng ㄏㄨˋㄒㄩㄥ ①배두렁이: 배를 따뜻하게 하기 위해 배를 가리는 것. ②프로텍터.
[護理] hùlǐ ㄏㄨˋㄌㄧˇ ①간호하다. 「一病人 ; 환자를 돌보아 주다」 ②(웃사람이 결근했을 때) 아랫 사람이 대리 근무하다.
[護林] hùlín ㄏㄨˋㄌㄧㄣˊ ①방화(防火)·방사림(防砂林). ②산림을 보호하다.
[護路] hùlù ㄏㄨˋㄌㄨˋ 철도 수비(守備). 철도를 수비하다. 「하다.
[護苗] hùmiáo ㄏㄨˋㄇㄧㄠˊ 모(苗)를 보호
[護板] hùpǎn ㄏㄨˋㄅㄢˇ 창(窗) : 창문 밖에 덧댄 널판자.
[護庇] hùpi ㄏㄨˋㄅㄧ ①감싸다. ②가리다.
[護兵] hùpīng ㄏㄨˋㄅㄧㄥ 호위병.
[護坡] hùp'ō ㄏㄨˋㄆㄛ 제방(堤防)을 보호하다.
[護身符] hùshēnfú ㄏㄨˋㄕㄣㄈㄨˊ ①몸을 보호하는 부적. ②(나쁜 의미에서의) 후견자. 「「女一 ; 간호부」
[護士] hùshìh ㄏㄨˋㄕ 간호인(看護人).
[護手] hùshǒu ㄏㄨˋㄕㄡˇ 칼날과 칼자루 사이에 있는 쇠테.
[護書] hùshū ㄏㄨˋㄕㄨ 집게. 클립(clip). 호울더(holder). 「버(cover).
[護單] hùtān ㄏㄨˋㄉㄢ (가구 따위의) 커
[護短] hùtuǎn ㄏㄨˋㄉㄨㄢˇ ①과실(過失)을 숨기다. ②단점(短點)을 감추다.
[護犢子] hùtútzǔ ㄏㄨˋㄉㄨˊㄗ (자식을) 지나치게 사랑하다.
[護院] hùyüàn ㄏㄨˋㄩㄢˋ ①대지(垈地)를 보호하다. ②택지(宅地)를 보호하다.

HUA ㄏㄨㄚ

〔花〕 huā ㄏㄨㄚ ①꽃. 「一朵 ; 꽃」 ②관상용(觀賞用) 식물. 화초. 「這一棵大葉子的是什麼一 ; 이 큰 잎사귀가 달린 것은 무슨 나무냐」 ③모양이나 형태가 꽃을 닮은 것. ㉮솜. 면화(棉花). 「買二斤一 ; 면화 두 근을 사다」 ㉯(꽃 모양의) 조화(造花). 「光榮一 ; 표창을 받은 사람이 다는 조화(造花)」 ㉰화포(花砲). 「放一 ; 불꽃을 터뜨리다」 ㉱꽃에 견준 말. 「雪一 ; 눈꽃」 ㉲(물 따위의) 방울. 「水一 ; 물방울」 「血一(兒) ; 핏방울」 ㉳천연두. 「出一(兒) ; 천연두가 생기다」 ④모양. 무늬. ⑤섞이다. 「那隻猫是一的 ; 그 고양이는 삼색(三色)이다」 ⑥복잡한. 혼잡한. 「一招兒 ; 간계(奸計)」 ⑦흐리다. 어렴풋하다. 「眼一了 ; 눈이 흐리다」 ⑧사용하다. 낭비하다. 「一錢 ; 돈을 쓰다」 ⑨(옛날의) 창기(娼妓). ⑩성(姓)의 하나.
[花茶] huāch'á ㄏㄨㄚㄔㄚˊ (재스민 따위를 볶아서) 꽃의 향기를 넣은 차(茶).
[花敞] huāch'ǎng ㄏㄨㄚㄔㄤˇ 돈을 탕진하다. 「집.
[花廠] huāch'ǎng ㄏㄨㄚㄔㄤˇ 꽃가게. 꽃
[花賬] huāchàng ㄏㄨㄚㄓㄤˋ ①확실치 못한 회계. ②부실하게 회계하다.
[花障(兒)] huāchàng(rh) ㄏㄨㄚㄓㄤ(ㄦ) 꽃이나 풀이 얽혀 이루어진 울타리.
[花車] huāch'ē ㄏㄨㄚㄔㄜ ①꽃으로 꾸민 차. ②신부가 타는 차.
[花旗] huāch'í ㄏㄨㄚㄑㄧˊ 성조기(星條旗). 「一國 ; 미국」
[花甲] huāchiǎ ㄏㄨㄚㄐㄧㄚˇ ①환갑. 회갑. ②60 살 된 사람. =華甲.
[花槍] huāch'iāng ㄏㄨㄚㄑㄧㄤ 단창(短槍) : 옛날 무기의 일종. =花招兒.
[花腔(兒)] huāch'iāng(rh) ㄏㄨㄚㄑㄧㄤ(ㄦ) ①노래의 어떤 부분을 길게 꺾어서 부르는 부분. 가락. ②=花招兒.
[花墻子] huāch'iángtzǔ ㄏㄨㄚㄑㄧㄤˊㄗˇ 위에 무늬 모양의 구멍을 내어 쌓은 담.
[花椒] huāchiāo ㄏㄨㄚㄐㄧㄠ 〈植〉 산초나무. 「는 꽃가마.
[花轎] huāchiào ㄏㄨㄚㄐㄧㄠˋ 신부가 타
[花窖] huāchiào ㄏㄨㄚㄐㄧㄠˋ 온실(溫室).
[花前月下] huāch'ién yüèhhsià ㄏㄨㄚㄑㄧㄢˊㄩㄝˋㄒㄧㄚˋ 남녀가 사랑을 속삭이는 장소를 일컫는 말. 〈成〉
[花枝招展] huāchīh chāochǎn ㄏㄨㄚㄓㄓㄠㄓㄢˇ 성장(盛裝)한 부녀자들의 화려하고 아름다움을 형용하는 말. 〈成〉
[花池子] huāch'íhtzǔ ㄏㄨㄚㄔˊㄗ 화단(花壇). 「에 쓰는 안료(顔料)의 일종.
[花青] huāch'īng ㄏㄨㄚㄑㄧㄥ 그림 물감
[花鏡] huāchìng ㄏㄨㄚㄐㄧㄥˋ 돋보기 안경.
[花酒] huāchiǔ ㄏㄨㄚㄐㄧㄡˇ ①꽃으로 담

근 술. ②기생과 함께 술을 마시다. ③마시는 술이나 기생을 불러대는 연회.
[花鯽魚] huāchìyǘ ㄏㄨㄚㄐㄧˋㄩˊ 〈動〉 쥐노래미. 「늬가 있는 식탁보.
[花桌布] huāchōpù ㄏㄨㄚㄓㄨㄛㄅㄨˋ 무
[花燭] huāchú ㄏㄨㄚㄓㄨˊ 신혼(新婚).
[花柱] huāchù ㄏㄨㄚㄓㄨˋ 무늬가 조각되어 있는 기둥.
[花磚] huāchuān ㄏㄨㄚㄓㄨㄢ 무늬 타일.
[花圈] huāch'üan ㄏㄨㄚㄑㄩㄢ 화환(花環). 「ㄈㄨㄑㄧ 정식 부부(正式夫婦).
[花燭夫妻] huāchú fūch'i ㄏㄨㄚㄓㄨˊ
[花種兒] huāchŭngrh ㄏㄨㄚㄓㄨㄥˇㄦ 꽃씨. ㅣ
[花房] huāfáng ㄏㄨㄚㄈㄤˊ ①화초를 기르는 온실. ②신방(新房).
[花費] huāfèi ㄏㄨㄚㄈㄟˋ ①비용(費用). ②용돈. ③낭비하다. 돈을 쓰다. 「一無度 ; 절제 없이 낭비하다」
[花好月圓] huāhăo yüèhyüán ㄏㄨㄚㄏㄠˇ ㄩㄝˋㄩㄢˊ 꽃은 아름답고 달은 둥글다는 뜻으로, 원만(円滿)하여 결함이 없는 것을 비유한 말. «成»
[花盒] huāhó ㄏㄨㄚㄏㄜˊ ①불꽃. ②부인의 머리에 장식하는 꽃을 담는 갑.
[花貨] hūahuò ㄏㄨㄚㄏㄨㄛˋ 호색가(好色家). 「가게.
[花戶] huāhù ㄏㄨㄚㄏㄨˋ ①=戶口. ②꽃
[花和尙] huāhóshang ㄏㄨㄚㄏㄜˊㄕㄤ 육식(肉食)하는 중. 「도(用途).
[花項] huāhsiàng ㄏㄨㄚㄒㄧㄤˋ 돈의 용
[花消] huāhsiāo ㄏㄨㄚㄒㄧㄠ ①비용. ②수수료. ③커미션. =花銷.
[花綫] huāhsièn ㄏㄨㄚㄒㄧㄢˋ 실내(室內)에 쓰이는 전기줄.
[花心兒] huāhsīnrh ㄏㄨㄚㄒㄧㄣㄦ 꽃술.
[花鬚] huāhsū ㄏㄨㄚㄒㄩ 꽃술의 속칭.
[花絮] huāhsù ㄏㄨㄚㄒㄩˋ ①고십(gossip). ②만필(漫筆). ③시사만평(時事漫評).
[花花公子] hūahūa kūngtzŭ ㄏㄨㄚㄏㄨㄚ ㄍㄨㄥㄗˇ 팔난봉군. 방탕아.
[花花綠綠] huāhuā lùlù ㄏㄨㄚㄏㄨㄚㄌㄩˋㄌㄩˋ 빛깔이 밝고 아름답다.
[花花世界] huāhuā shìhchièh ㄏㄨㄚㄏㄨㄚㄕˋㄐㄧㄝˋ ①환락가(歡樂街). 유흥가. ②번화한 곳.
[花花搭搭] huāhuatātā ㄏㄨㄚㄏㄨㄚㄉㄚㄉㄚ ①복잡하고 변화가 많은 모양. ②가지각색인 모양. ③하다말다 하는 모양.
[花會] huāhuì ㄏㄨㄚㄏㄨㄟˋ 도박.
[花卉] huāhùi ㄏㄨㄚㄏㄨㄟˋ 화초(花草).
[花紅] huāhúng ㄏㄨㄚㄏㄨㄥˊ ①축하 금품. ②배당금(配當金). 보너스. ③사과의 일종.
[花紅柳綠] huāhúng-liŭlù ㄏㄨㄚㄏㄨㄥˊㄌㄧㄡˇㄌㄩˋ ①꽃나무가 무성(茂盛)하다. ②빛깔이 선명하고 아름답다. «成»
[花蝴蝶] huāhútiéh ㄏㄨㄚㄏㄨˊㄉㄧㄝˊ 배추흰나비.
[花開兩朶, 各表一枝] huāk'āiliángtŏ kŏ piăo ìchīh ㄏㄨㄚㄎㄞㄌㄧㄤˊㄉㄨㄛˇ ㄍㄜˋㄅㄧㄠˇㄧˋㄓ 이야기의 요점이 두 갈래이므로 따로따로 이야기하다.
[花桿] huākān ㄏㄨㄚㄍㄢ 측량대.
[花糕] huākāo ㄏㄨㄚㄍㄠ (쌀가루 따위로) 쪄서 만든 과자의 일종 : 음력 9월 9일에 먹음.
[花梗(兒)] huākĕng(rh) ㄏㄨㄚㄍㄥˇ(ㄦ) 꽃가지. 꽃대.
[花菇] huākū ㄏㄨㄚㄍㄨ 표고버섯.
[花鼓] huākŭ ㄏㄨㄚㄍㄨˇ ①탬버린. ②허리에 차고 치는 북. ③북춤.
[花冠] huākuān ㄏㄨㄚㄍㄨㄢ ① 꽃잎의 총칭. ②아름답게 장식한 모자.
[花光] huākuāng ㄏㄨㄚㄍㄨㄤ (돈 따위를) 전부 써버리다. 「把本月的薪水都一了 ; 이 달 월급을 몽땅 써버렸다」
[花鼓戲] huākŭhsì ㄏㄨㄚㄍㄨˇㄒㄧˋ 연극의 일종. 「(梅花).
[花魁] huāk'ueí ㄏㄨㄚㄎㄨㄟˊ 〈植〉 매화
[花供] huākùng ㄏㄨㄚㄍㄨㄥˋ 공화(供花).
[花狗] huākŏu ㄏㄨㄚㄍㄡˇ 바둑이 : 개의 종류나 이름. 「ㄜㄦ 꽃 봉오리. =花蕾.
[花咕朶兒] huākūtorh ㄏㄨㄚㄍㄨㄉㄨ
[花藍布] huālánpù ㄏㄨㄚㄌㄢˊㄅㄨˋ 무늬가 있는 남색(藍色) 비단.
[花臉兒] huāliĕnrh ㄏㄨㄚㄌㄧㄢˇㄦ ① 여러 가지 물감으로 줄을 그어 분장한 얼굴. ②앙괭이를 그리는 역(役).
[花臉猴] huāliĕnhóu ㄏㄨㄚㄌㄧㄢˇㄏㄡˊ ①원숭이의 일종. ② 얼굴을 더럽힌 어린이를 꾸짖는 말. 「화류(樺榴). =花櫚.
[花梨(木)] huālí(mù) ㄏㄨㄚㄌㄧˊ(ㄇㄨˋ)
[花露] huālù ㄏㄨㄚㄌㄨˋ ①꽃잎에 맺힌 이슬. ②(인동꽃이나 연꽃 따위를)증류시켜 만든 증류수:약으로 사용함.
[花露水] huālùshuĭ ㄏㄨㄚㄌㄨˋㄕㄨㄟˇ 향수(香水). 「양의 스웨터.
[花毛衣] huāmáoī ㄏㄨㄚㄇㄠˊㄧ 자루모
[花蜜] huāmì ㄏㄨㄚㄇㄧˋ 꽃 속에 있는 꿀.
[花面] huāmièn ㄏㄨㄚㄇㄧㄢˋ ①모양. ②=花臉兒. 「인명부(人名簿).
[花名冊] huāmíngts'è ㄏㄨㄚㄇㄧㄥˊㄘㄜˋ
[花木] huāmù ㄏㄨㄚㄇㄨˋ ①꽃과 나무. ②꽃나무. 「머리를 쓰다.
[花腦筋] huānăochin ㄏㄨㄚㄋㄠˇㄐㄧㄣ
[花白] huāpái ㄏㄨㄚㄅㄞˊ ① 반백(斑白). 「一頭髮 ; 반백 머리」 ②꾸짖다.
[花斑] huāpān ㄏㄨㄚㄅㄢ 얼룩무늬.
[花棒] huāpàng ㄏㄨㄚㄅㄤˋ 딸랑이 : 장난감의 하나.
[花苞] huāpāo ㄏㄨㄚㄅㄠ 〈植〉 포(苞).
[花炮] huāpào ㄏㄨㄚㄅㄠˋ 불꽃과 딱총.
[花瓣兒] huāpànrh ㄏㄨㄚㄅㄢˋㄦ 꽃잎.
[花把式] huāpăshih ㄏㄨㄚㄅㄚˇㄕ 화분 묘목을 파는 집.
[花邊兒] huāpiēnrh ㄏㄨㄚㄅㄧㄢㄦ ① 레이스. ②가장자리를 두른 무늬 장식.
[花圃] huāp'ŭ ㄏㄨㄚㄆㄨˇ 꽃밭. =花池子. 「ㄥˊㄉㄥ 무늬가 칙칙한 모양.
[花不稜登] huāpu lĕngtĕng ㄏㄨㄚㄅㄨㄌ
[花兒] huārh ㄏㄨㄚㄦ ①꽃. 「一洞子 ; 온실」 ②무늬. 「帶一的 ; 무늬가 있는」 ③천연두. 마마. 「種一 ; 우두를 놓다」
[花兒針] huārhchên ㄏㄨㄚㄦㄓㄣ 수바늘:자수에 씀. 「예사(園藝師)
[花兒匠] huārhchiàng ㄏㄨㄚㄦㄐㄧㄤˋ 원
[花色] huāsè ㄏㄨㄚㄙㄜˋ ①꽃색. ② 여러 종류. 「一齊全 ; 여러 종류를 다 갖추다」
[花紗布] huāshāpù ㄏㄨㄚㄕㄚㄅㄨˋ ①면방직(綿紡織). 「一公司 ; 방직 회사」 ②면화. 면사. 「미인역.
[花衫] huāshān ㄏㄨㄚㄕㄢ 연극에서의
[花稍] huāshao ㄏㄨㄚㄕㄠ ①곱게 장식

되어 있다. ②무늬가 많다. ③말이 번지르르하다. =花哨.
[花蛇] huāshé ㄏㄨㄚㄕㄜˊ〈動〉얼룩 뱀.
[花生] huāshēng ㄏㄨㄚㄕㄥ〈植〉낙화생.
[花生米] huāshēngmǐ ㄏㄨㄚㄕㄥㄇㄧˇ 땅콩. 낙화생. =花生仁兒. 花生米兒.
[花生油] huāshēngyú ㄏㄨㄚㄕㄥㄧㄡˊ 낙화생 기름.
[花舌子] huāshētzǔ ㄏㄨㄚㄕㄜㄗ ①입만 산 사람. ②나쁜 세력에 붙어서 궤변을 토하는 사람.
[花說柳說] huāshuō-liǔshuō ㄏㄨㄚㄕㄨㄛㄌㄧㄡˇㄕㄨㄛ 말을 능숙하게 하다.《成》
[花搭着] huātachê ㄏㄨㄚㄉㄚㄓㄜ ①섞어서. ②복잡하여 변화가 많다.
[花堂] huāt'áng ㄏㄨㄚㄊㄤˊ 결혼식장.
[花天酒地] huāt'iēn chiǔtì ㄏㄨㄚㄊㄧㄢㄐㄧㄡˇㄉㄧˋ ①술과 계집에 미친 방탕한 생활을 비유하는 말. 주지육림(酒池肉林). ②유흥가. 환락가.《成》　「客廳.
「花廳] huāt'ing ㄏㄨㄚㄊㄧㄥ 응접실. =
[花頭] huāt'ou ㄏㄨㄚㄊㄡ ①지출. ②무늬. ③여러 가지 수단. ④(돈을) 쓰다.
[花彩] huāts'ǎi ㄏㄨㄚㄘㄞˇ 색채(色彩).
[花團錦簇] huāt'uán-chǐnts'ù ㄏㄨㄚㄊㄨㄢˊㄐㄧㄣˇㄘㄨˋ 몹시 화려한 모양.
[花子] huātzǔ ㄏㄨㄚㄗ 거지. 걸인. =化子. 乞丐.
[花籽兒] huātzǔrh ㄏㄨㄚㄗˇㄦ 꽃씨.
[花紋] huāwén ㄏㄨㄚㄨㄣˊ ①무늬. ②의장(意匠). ③도안(圖案).　「사인.
[花押] huāyá ㄏㄨㄚㄧㄚˊ ①서명(署名). ②
[花樣] huāyàng ㄏㄨㄚㄧㄤˋ ①무늬. 도안. 의장(意匠). 「一翻新 ; 새로운 양식으로 만들다」②속임수. 계략. 「他一多 ; 그는 속임수가 많다」③피규어. 「一溜冰 ; 피규어 스케이트」
[花眼] huāyěn ㄏㄨㄚㄧㄢˇ 원시안(遠視眼).
[花言巧語] huāyén-ch'iǎoyǔ ㄏㄨㄚㄧㄢˊㄑㄧㄠˊㄩˇ 교묘한 말로 사람을 속이거나 감언이설로 유혹하는 말. 감언이설.
[花裀] huāyīn ㄏㄨㄚㄧㄣ 꽃방석.

〔華〕(华) huā ㄏㄨㄚ =花. 옛날에는 "花"와 같이 썼음. 「春一秋實 ; 봄엔 꽃이 피고 가을엔 열매가 맺는다」
　　　　└⇨ huá, huà.

〔嘩〕 huā ㄏㄨㄚ 착: 물이 쏟아지는 소리. 「把水一地一下子都潑下來了 ; 물을 착 단번에 뿌렸다」⇨huà.
[嘩嘩] huāhuā ㄏㄨㄚㄏㄨㄚ ①보슬보슬. 주룩주룩: 비 오는 소리. ②졸졸 물 흐르는 소리. ③부글부글 물 끓는 소리. ④와글와글 떠드는 소리.
[嘩喇] huālā ㄏㄨㄚㄌㄚ ①와르르: 물건이 무너지는 소리. ②(물건이) 깨지는 소리. ③깃발이 펄럭이는 소리. ④문이 세게 닫히는 소리. =嘩啦.
[嘩喇了] huālalê ㄏㄨㄚㄌㄚㄌㄜ ①(물건이) 무너지다. ②(단체가) 해산하다. ③(사업이) 실패하다.

〔划〕 huá ㄏㄨㄚˊ (배를) 젓다.
[划拳] huách'üán ㄏㄨㄚˊㄑㄩㄢˊ 손가락 싸움: 술 좌석의 놀이로 승부(勝負)를 가려 술을 권함. =豁拳.
[划子] huátzǔ ㄏㄨㄚˊㄗ 보우트.

〔華〕(华) huá ㄏㄨㄚˊ ①화려한. 빛나는. 「質朴無一 ; 화려하지 않고 검소하다」②성대하다. 번성하다. 「繁一 ; 번화하다」③존대하여 쓰이는 말. 「一誕 ; 생신. 탄신」④"中華"의 약칭. 중국의. 중국 민족의 : 외국인이 씀. 「一語 ; 중국어 : 중국 사람은 "漢語"라고 씀」
[華胄] huáchoù ㄏㄨㄚˊㄓㄡˋ 귀족의 후예(後裔).　「華顚.
[華髮] huáfǎ ㄏㄨㄚˊㄈㄚˇ 백발(白髮). =
[華函] huáhán ㄏㄨㄚˊㄏㄢˊ 귀신(貴信).《敬》
[華客] huák'ò ㄏㄨㄚˊㄎㄜˋ 고객(顧客).
[華貴] huákuei ㄏㄨㄚˊㄍㄨㄟˋ 아름답고 고상하다.　「청년.
[華年] huánién ㄏㄨㄚˊㄋㄧㄢˊ ①소년. ②
[華表] huápiǎo ㄏㄨㄚˊㄅㄧㄠˇ ①아름답게 조각한 돌기둥. 중국의 특유 건축물의 일종. ②무덤 앞에 세운 돌기둥.
[華而不實] huáěrhpùshíh ㄏㄨㄚˊㄦˊㄅㄨˋㄕˊ ①화려하지만 실속은 없다. ②겉만 번지르르하다.　「왈츠.《譯》
[華爾姿舞] huáěrh tzūwǔ ㄏㄨㄚˊㄦˇㄗㄨˇ
[華燈] huátēng ㄏㄨㄚˊㄉㄥ 찬란한 등(燈).　「국 민족.
[華族] huátsú ㄏㄨㄚˊㄗㄨˊ ①귀족. ②중

〔滑〕 huá ㄏㄨㄚˊ ①번들번들하다. 매끈매끈하다. 「下雨以後地很一 ; 비가 온 후로 땅이 몹시 미끄럽다」②미끄러지다. 「一了一跤 ; 쭉 미끄러지다」③교활하다. 엉큼하다. 「這個人很一 ; 이 사람은 매우 교활하다」
[滑稽] huáchi ㄏㄨㄚˊㄐㄧ 우스꽝스런.
[滑劑] huáchì ㄏㄨㄚˊㄐㄧˋ 윤활유. =滑潤油.　「틀. =滑板.
[滑橇] huách'iáo ㄏㄨㄚˊㄑㄧㄠˊ 미끄럼
[滑脂] huáchīh ㄏㄨㄚˊㄓ 그리스(grease).
[滑精] huáchīng ㄏㄨㄚˊㄐㄧㄥ ①유정(遺精). ②유정하다.
[滑翔] huáhsiáng ㄏㄨㄚˊㄒㄧㄤˊ 활공(滑空) 비행하다. 「一機 ; 글라이더」
[滑雪] huáhsüěh ㄏㄨㄚˊㄒㄩㄝˇ ①스키이. =滑雪杖. ②스키이를 타다.
[滑貨] huáhuò ㄏㄨㄚˊㄏㄨㄛˋ ①교활한 놈. ②엉터리.　「용의 작은 바구니.
[滑竿兒] huákānrh ㄏㄨㄚˊㄍㄢㄦ 등산
[滑溜溜的] huáliūliūtê ㄏㄨㄚˊㄌㄧㄡㄌㄧㄡㄉㄜ ①매끄러운. ②매끈매끈한.
[滑溜兒] huáliūrh ㄏㄨㄚˊㄌㄧㄡㄦ ①매끄럽다. ②반들반들하다. >滑滑溜溜.
[滑落] huálò ㄏㄨㄚˊㄌㄨㄛˋ 미끄러져 떨어지다.　「=滑車子.
[滑輪] huálún ㄏㄨㄚˊㄌㄨㄣˊ 활차(滑車).
[滑膩] huánì ㄏㄨㄚˊㄋㄧˋ 미끄럽다. 매끄럽다.　「②스케이트를 타다.
[滑冰] huápīng ㄏㄨㄚˊㄅㄧㄥ ①스케이트.
[滑撻] huátà ㄏㄨㄚˊㄉㄚˋ 미끄럽다.
[滑胎] huát'āi ㄏㄨㄚˊㄊㄞ 습관성 유산(習慣性流產).　「=滑東西.
[滑蛋] huátàn ㄏㄨㄚˊㄉㄢˋ 교활한 놈.
[滑趟] huát'ang ㄏㄨㄚˊㄊㄤ ①재빠르다. 민첩하다. >滑滑趟趟.
[滑倒] huátǎo ㄏㄨㄚˊㄉㄠˇ 미끄러져 넘어지다. =滑跌.
「滑梯] huát'ī ㄏㄨㄚˊㄊㄧ =滑橇.

[滑脫] huát'ō ㄏㄨㄚˊㄊㄨㄛ 와트(watt).
[滑頭] huát'óu ㄏㄨㄚˊㄊㄡˊ =滑蛋.
[滑頭滑腦] huát'óu-huá'nǎo ㄏㄨㄚˊㄊㄡˊㄏㄨㄚˊㄋㄠˇ 교활한 사람의 언동과 태도. «成»
〔猾〕 huá ㄏㄨㄚˊ ①소란하다. ②교활하다.
[猾吏] huálì ㄏㄨㄚˊㄌㄧˋ 간악한 관리.
[猾賊] huátsê ㄏㄨㄚˊㄗㄜˊ ①=滑頭. ②간악하고 교활하다.
〔嘩〕 huá ㄏㄨㄚˊ =譁.
〔劃〕 huá ㄏㄨㄚˊ ①(둘로) 자르다. ②쪼개다.「把這瓜用刀一開；참외를 과도로 쪼개다」③상처를 내다.「手上一了一個口子；손에 상처를 입다」④(줄을) 긋다.「一洋火；성냥을 긋다」
[劃清界限] huách'īng chièhhsièn ㄏㄨㄚˊㄑㄧㄥ ㄐㄧㄝˋㄒㄧㄢˋ 명백히 한계를 긋다. «成»
[劃拉] huálā ㄏㄨㄚˊㄌㄚ ①=胡嚕②③. ②갈겨 쓰다.
〔譁〕(嘩) huá ㄏㄨㄚˊ 시끄럽다.「全體大一；총궐기하다」
[譁衆取寵] huáchùng ch'ǔch'ǔng ㄏㄨㄚˊㄓㄨㄥˋ ㄑㄩˇㄔㄨㄥˇ 화려하게 꾸며서 대중의 마음에 들려고 하다.
[譁然] huáján ㄏㄨㄚˊㄖㄢˊ 시끄럽다. 소란하다.
[譁變] huápièn ㄏㄨㄚˊㄅㄧㄢˋ ①반란. ②쿠데타. =政變.
[譁噪] huátsào ㄏㄨㄚˊㄗㄠˋ ①귀찮게 떠들다. 수선을 떨다. ②침착성을 잃다.
〔鏵〕 huá ㄏㄨㄚˊ 보습.
〔驊〕 huá ㄏㄨㄚˊ
[驊騮] huáliú ㄏㄨㄚˊㄌㄧㄡˊ 준마(駿馬).
〔化〕 huà ㄏㄨㄚˋ ①사물의 성질이나 형태의 변화를 나타내는 말. ㉮변하다.「水受熱一成汽；물이 열을 받아 증기로 화하다」㉯녹다.「雪一了；눈이 녹았다」㉰삭이다. 소화하다.「吃的東西不一；먹은 음식이 소화되지 않다」②구걸하다. 동냥하다.「一錢；돈을 구걸하다」③(명사·형용사의 뒤에 붙어서) 어떤 성질로 바꾸다. 바뀌다.「惡一；악화하다」「工業一；공업화하다」
[化整爲零] huàchěngwéilíng ㄏㄨㄚˋㄓㄥˇㄨㄟˊㄌㄧㄥˊ 완전한 것을 여러 부분으로 나누어 쉽게 눈에 띄지 않게 한다는 뜻으로, 소대(小隊)를 분대로 분산시켜 적(敵)의 발견을 막고 정면 충돌을 피해 주력 부대의 손실을 감소시킨다는 유격(遊擊) 전술의 용어.
[化解] huàchiěh ㄏㄨㄚˋㄐㄧㄝˇ ①녹다. ②녹이다. ③명백해지다.
[化簡] huàchiěn ㄏㄨㄚˋㄐㄧㄢˇ 〈數〉약분(約分)하다.
[化除] huàch'ú ㄏㄨㄚˋㄔㄨˊ ①없애다. ②제거하다.
[化妝] huàchuāng ㄏㄨㄚˋㄓㄨㄤ ①화장하다. ②분장하다.
[化裝] huàchuāng ㄏㄨㄚˋㄓㄨㄤ ①변장하다. ②분장하다.
[化肥] huàféi ㄏㄨㄚˋㄈㄟˊ 화학 비료.「一廠；화학 비료 공장」
[化分] huàfēn ㄏㄨㄚˋㄈㄣ 화학 분석(化學分析).
[化腐朽爲神奇] huàfǔhsiǔ wéishénch'í ㄏㄚˋㄈㄨˊㄒㄧㄡˇ ㄨㄟˊㄕㄣˊㄑㄧˊ 더러운 것을 아름답게 한다는 뜻으로, 쓸모없는 물건을 유용(有用)하게 한다는 말. «成»
[化險爲夷] huàhsiěnwéií ㄏㄨㄚˋㄒㄧㄢˇㄨㄟˊㄧˊ 위험한 것을 안전하게 하다. «成»
[化學線] huàhsüéhhsièn ㄏㄨㄚˋㄒㄩㄝˊㄒㄧㄢˋ 화학 변화를 일으킨 방사선 자외선(紫外線).
[化學的] huàhsüéhtê ㄏㄨㄚˋㄒㄩㄝˊㄉㄜ 화학 제품.「一牙刷；플라스틱 칫솔」
[化工] huàkūng ㄏㄨㄚˋㄍㄨㄥ ①화학 공업.「一城；화학 공업 도시」②자연적으로 이루어지다.
[化名] huàmíng ㄏㄨㄚˋㄇㄧㄥˊ ①변명(變名). ②이름을 바꾸다.
[化冰] huàpīng ㄏㄨㄚˋㄅㄧㄥ 얼음이 녹다.
[化食丸] huàshíhwán ㄏㄨㄚˋㄕˊㄨㄢˊ 소화제(消化劑).
[化俗] huàsú ㄏㄨㄚˋㄙㄨˊ 풍습을 개량하다.
[化鐵爐] huàt'iěhlú ㄏㄨㄚˋㄊㄧㄝˇㄌㄨˊ 용광로.
[化子] huàtzǔ ㄏㄨㄚˋㄗ =花子.
[化外] huàwài ㄏㄨㄚˋㄨㄞˋ 벽촌. 산골. 문화가 미치지 못하는 곳.
[化外之民] huàwài chīhmín ㄏㄨㄚˋㄨㄞˋ ㄓㄇㄧㄣˊ 문화의 혜택을 입지 못한 야만인.
[化爲] huàwéi ㄏㄨㄚˋㄨㄟˊ ①…으로 바꾸다. ②…으로 바뀌다.「使這認識一實踐；인식을 실천으로 바꾸다」
[化驗] huàyèn ㄏㄨㄚˋㄧㄢˋ ①화학 실험. ②화학 실험하다. ③분석하다.「一室；화학 실험실」
[化雨] huàyǔ ㄏㄨㄚˋㄩˇ ①감화(感化). ②감화를 받다.
[化緣] huàyüán ㄏㄨㄚˋㄩㄢˊ ①(승려가) 시주를 구하다. 탁발(托鉢)하다. ②희사(喜捨)하다.
[化齋] huàchāi ㄏㄨㄚˋㄓㄞ ①탁발. ②탁발하다.
〔華〕 huà ㄏㄨㄚˋ ①"陝西省"에 있는 산 이름. ②성(姓)의 하나. ⇨huā, huá.
〔畫〕(画) huà ㄏㄨㄚˋ ①그림.「一兒；그림」②그림을 그리다. 글을 쓰다.「一一張平面圖；평면도 한 장을 그리다」③(공간에) 긋다.「一個圈；원을 그리다」「一十字；십자를 긋다」④(글자의) 획.「人字是兩一；"人"자는 두 획이다」
[畫展] huàchǎn ㄏㄨㄚˋㄓㄢˇ 미술 전람회.「繪畫展覽會」의 약칭.
[畫匠] huàchiàng ㄏㄨㄚˋㄐㄧㄤˋ 화공(畫工).
[畫架子] huàchiàtzǔ ㄏㄨㄚˋㄐㄧㄚˋㄗ 화가(畫架). 이이즐(easel).
[畫軸] huàchóu ㄏㄨㄚˋㄓㄡˊ 족자(簇子).
[畫舫] huàfǎng ㄏㄨㄚˋㄈㄤˇ 단장(丹裝)한 유람선.
[畫符] huàfú ㄏㄨㄚˋㄈㄨˊ ①부적(符籍). ②잘 쓰지 못한 글자.
[畫象] huàhsiàng ㄏㄨㄚˋㄒㄧㄤˋ ①초상화. ②초상화를 그리다. =畫像.
[畫行] huàhsíng ㄏㄨㄚˋㄒㄧㄥˊ 공문서에 서명(署名)하다.
[畫畫兒] huàhuàrh ㄏㄨㄚˋㄏㄨㄚˋㄦ 그림을 그리다.
[畫虎不成反類狗] huà hǔ pùch'éng fǎnlèi kǒu ㄏㄨㄚˋㄏㄨˇ ㄅㄨˋㄔㄥˊ ㄈㄢˇㄌㄟˋ ㄍㄡˇ 호랑이를 그리려다 개를 그렸다는 뜻으로, 훌륭한 것을 바란 것이

오히려 하잘 것 없는 것이 되었다는 말.
《成》 =畫虎類狗.
[畫意] huàì ㄏㄨㄚˋㄧˋ ①그림의 뜻.②그
림을 그리려는 마음. 「스케치.
[畫稿] huàkǎo ㄏㄨㄚˋㄍㄠˇ ①=畫行.②
[畫框兒] huàk'uàngrh ㄏㄨㄚˋㄎㄨㄤˋㄦ 액
자.그림틀. 「에)서명하다.
[畫供] huàkùng ㄏㄨㄚˋㄍㄨㄥˋ (진술서
[畫眉] huàméi ㄏㄨㄚˋㄇㄟˊ ①〈動〉멧새.
②(여자가)눈썹을 그리다.
[畫壁] huàpì ㄏㄨㄚˋㄅㄧˋ 벽화(壁畫).
[畫片兒] huàp'iènrh ㄏㄨㄚˋㄆㄧㄢˋㄦ ①
그림 카아드.②(영화의)필름.「린 병풍.
[畫屛] huàp'íng ㄏㄨㄚˋㄆㄧㄥˊ 그림을 그
[畫餅充饑] huàpǐng ch'ūngchī ㄏㄨㄚˋㄅ
ㄧㄥˇㄔㄨㄥㄐㄧ 그림의 떡으로 배고픔을
채운다는 뜻으로 헛된 것은 실리(實利)
를 얻을 수 없다는 말.《成》
[畫蛇添足] huàshé t'iēn tsú ㄏㄨㄚˋㄕㄜˊ
ㄊㄧㄢㄗㄨˊ뱀 그림에 다리를 그려 넣는
다는 뜻으로,쓸 데 없는 일을 한다는 비
유.《成》
[畫師] huàshīh ㄏㄨㄚˋㄕ 화가.=畫家.
[畫室] huàshìh ㄏㄨㄚˋㄕˋ 화실,아틀리
에(atelier). 「인(捺印)하다.
[畫到] huàtào ㄏㄨㄚˋㄉㄠˋ 출근부에 날
[畫地而趨] huàtì érhch'ū ㄏㄨㄚˋㄉㄧˋㄦˊㄑ
ㄩ 일을 하는데 조금도 융통성이 없다.
《成》 「②제도하다.
[畫圖] huàt'ú ㄏㄨㄚˋㄊㄨˊ ①제도(製圖).
[畫棟雕梁] huàtùng-tiāoliáng ㄏㄨㄚˋㄉ
ㄨㄥˋㄉㄧㄠㄌㄧㄤˊ 단청(丹靑)한 집이란
뜻으로,아름답고 화려한 집을 형용하는
말.《成》
[畫册] huàts'è ㄏㄨㄚˋㄘㄜˋ 그림책.
[畫策] huàts'è ㄏㄨㄚˋㄘㄜˋ 계획.획책.
[畫押] huàyā ㄏㄨㄚˋㄧㄚ 수결(手決)하다.
사인을 하다.=花押.
[畫頁] huàyèh ㄏㄨㄚˋㄧㄝˋ 스케치북.
[畫影圖形] huàyǐng t'úhsíng ㄏㄨㄚˋㄧㄥˇ
ㄊㄨˊㄒㄧㄥˊ (범인을 체포하는데 쓸) 몽
타아즈를 그리다.

〔話〕 huà ㄏㄨㄚˋ ①이야기. 「說一;
이야기하다」②말.「中國一;중국어」③
말하다.「一舊;회고담을 하다」
[話碴兒] huàch'árh ㄏㄨㄚˋㄔㄚˊㄦ ①뼈
있는 말.②언중 유골(言中有骨).
[話劇] huàchǜ ㄏㄨㄚˋㄐㄩˋ 연극.
[話句子] huàchǜtzǔ ㄏㄨㄚˋㄐㄩˋㄗ ①어
구(語句).②말.
[話匣子] huàhsiátzǔ ㄏㄨㄚˋㄒㄧㄚˊㄗ
축음기.유성기(留聲機).=溜聲機.
[話料兒] huàliàorh ㄏㄨㄚˋㄌㄧㄠˋㄦ 이
야깃거리.
[話裡套話] huàli t'ào huà ㄏㄨㄚˋㄌㄧㄊㄠˋ
ㄏㄨㄚˋ ①넘겨짚다. 마음을 떠보다.
②=話裡有話. 「ㄨㄚˋ =話碴兒.
[話裡有話] huàli yǔ huà ㄏㄨㄚˋㄌㄧㄡˇㄏ
[話把兒] huàpàrh ㄏㄨㄚˋㄅㄚˋㄦ 웃음거
리.=話柄.話靶. 「를 하다.
[話別] huàpiéh ㄏㄨㄚˋㄅㄧㄝˊ 작별 인사
[話不投機] huàpùt'óuchī ㄏㄨㄚˋㄅㄨˋㄊㄡˊ
ㄐㄧ 말할 때 서로의 의견이 맞지 않다.
《成》
[話兒] huàrh ㄏㄨㄚˋㄦ 말.이야기.
[話頭兒] huàt'óurh ㄏㄨㄚˋㄊㄡˊㄦ ①말
머리.「轉換一;말머리를 바꾸다」②말
의 실마리.③화제.
[話到口邊留半句] huà tào k'ǒupiēn liú
pànchǜ ㄏㄨㄚˋㄉㄠˋㄎㄡˇㄅㄧㄢㄌㄧㄡˊ
ㄅㄢˋㄐㄩˋ 말이 많으면 쓸 말이 적다.
《諺》 「화 교환수
[話務員] huàwùyüán ㄏㄨㄚˋㄨˋㄩㄢˊ 전
[話音兒] huàyīnrh ㄏㄨㄚˋㄧㄣㄦ ①말의
끝.「一未落,…;말이아직 끝나지도 않았
는데…」②(이야기 속에 내포된) 이야기
와 내용.③말투.어조(語調).
[話語] huàyǚ ㄏㄨㄚˋㄩˇ 말.언사.
[話有話在] huàyǔ huàtsài ㄏㄨㄚˋㄧㄡˇ
ㄏㄨㄚˋㄗㄞˋ 다음 기회에 이야기하자.

〔劃〕 huà ㄏㄨㄚˋ ①나누다.구획(區劃)
을 짓다.「一淸敵我界限;적(敵)과의 경
계를 뚜렷이 긋다」②계획을 하다.「計
一;계획」「拂)하다.②양도(讓渡)하다.
[劃交] huàchiāo ㄏㄨㄚˋㄐㄧㄠ ①지불(支
[劃界] huàchièh ㄏㄨㄚˋㄐㄧㄝˋ 경계(境界
를 정하다.
[劃淸] huàch'īng ㄏㄨㄚˋㄑㄧㄥ 명백히
구분하다. 「출하다.
[劃出] huàch'ū ㄏㄨㄚˋㄔㄨ 일부분을 지
[劃付] huàfù ㄏㄨㄚˋㄈㄨˋ지불(支拂)하다.
[劃入] huàjù ㄏㄨㄚˋㄖㄨˋ 편입하다.「這
筆收入,應一地方;이 수입은 지방 수입
으로 편입해야 한다」=劃歸.
[劃撥] huàpō ㄏㄨㄚˋㄅㄛ ①일부분을 지
출하다.②일부분을 양도하다.
[劃時代] huàshíhtài ㄏㄨㄚˋㄕˊㄉㄞˋ ①
획기적.「一地發展;획기적인 발전을 하
다」②시대를 구분하다. 「계획하다.
[劃算] huàsuàn ㄏㄨㄚˋㄙㄨㄢˋ 계산하다.
[劃定] huàtìng ㄏㄨㄚˋㄉㄧㄥˋ 획정하다.
「一限界;한계를 명확히 구분하다」

〔樺〕 huà ㄏㄨㄚˋ 〈植〉 자작나무.

〔踝〕 huà ㄏㄨㄚˋ ⇨huái.

HUAI ㄏㄨㄞ

〔淮〕 huái ㄏㄨㄞˊ「一河;강 이름.“河
南省”에서 “安徽省 · 江蘇省”을 경유
하여 바다로 흐르는 강」
[淮鹽] huáiyén ㄏㄨㄞˊㄧㄢˊ “淮河” 유역
에서 생산되는 소금. 「는 궂은비.
[淮雨] huáiyǚ ㄏㄨㄞˊㄩˇ 오래도록 내리

〔槐〕 huái ㄏㄨㄞˊ 〈植〉 회화나무.
[槐黃] huáihuáng ㄏㄨㄞˊㄏㄨㄤˊ 회화 빛.
[槐樹] huáishù ㄏㄨㄞˊㄕㄨˋ〈植〉회화나무.
[槐豆] huáitòu ㄏㄨㄞˊㄉㄡˋ 회화 열매.
[槐子水] huáitzǔshuǐ ㄏㄨㄞˊㄗㄕㄨㄟˇ회
화나무에서 뽑은 황색 염료(染料).

〔踝〕 huái ㄏㄨㄞˊ 복사뼈. ⇨huà. 「뼈.
[踝子骨] huáitzǔkǔ ㄏㄨㄞˊㄗㄍㄨˇ 복사

〔獲〕(获) huái ㄏㄨㄞˊ ⇨huò.

〔懷〕(怀) huái ㄏㄨㄞˊ ①생각하

다. ②(가슴에) 품다.「胸一壯志 ; 큰 희망을 가슴에 품다」③품. 가슴. 「把小孩抱在一裡 ; 어린애를 가슴에 안다」④생각. 기분. 「正中下一 ; 내 기분에 꼭 맞다」⑤성(姓)의 하나.

[懷鏡] huáichìng ㄏㄨㄞˊㄐㄧㄥˋ 손거울.

[懷春] huáich'un ㄏㄨㄞˊㄔㄨㄣ (여자가) 연정을 품다.

[懷恨] huáihên ㄏㄨㄞˊㄏㄣˋ 원한을 품다.

[懷想] huáihsiǎng ㄏㄨㄞˊㄒㄧㄤˇ ①생각하다. ②(마음 속에) 그리다.「一美麗的情人;아름다운 애인을 그리워하다」=懷念.

[懷鬼胎] huáikueit'āi ㄏㄨㄞˊㄍㄨㄟˇㄊㄞ (마음 속에) 말 못할 사정이 있다. 「앞.

[懷裡] huáili ㄏㄨㄞˊㄌㄧ ①가슴. ② 자기

[懷抱] huáipào ㄏㄨㄞˊㄅㄠˋ ①가슴에 품다. ②포부(抱負). ③사고 방식(思考方式). 「別有一 ; 다른 생각이 있다」

[懷表] huáipiǎo ㄏㄨㄞˊㄅㄧㄠˇ 회중 시계.

[懷藏] huáits'áng ㄏㄨㄞˊㄘㄤˊ ①(마음 속에 어떤 생각을) 품다. ②감추다.

[懷孕] huáiyǜn ㄏㄨㄞˊㄩㄣˋ 임신하다. =懷妊. 懷胎.

〔壞〕(坏) huài ㄏㄨㄞˋ ①나쁜. 나쁘다. 「天氣眞一 ; 날씨가 참으로 나쁘다」②교활하다. ③망그러지다. 망그뜨리다. 「自行車一了 ; 자전거가 고장났다」④썩다. 나빠지다. 「這碗菜一了, 不能吃了 ; 이 반찬은 썩어서 먹을 수가 없다」⑤(동사·형용사 뒤에 붙어서) 매우. 완전히. 「氣一了 ; 몹시 화가 났다」

[壞腸子] huàich'ángtzǔ ㄏㄨㄞˋㄔㄤˊㄗˇ 썩은 근성(根性). 「(奸計). =壞招兒.

[壞着兒] huàichāorh ㄏㄨㄞˋㄓㄠㄦ 간계

[壞角兒] huàichüéhrh ㄏㄨㄞˋㄐㄩㄝˊㄦ 악역(惡役). 「결점(缺點).

[壞處] huàich'u ㄏㄨㄞˋㄔㄨ 단점(短點).

[壞種] huàichǔng ㄏㄨㄞˋㄓㄨㄥˇ ①악종(惡種). ②쓸모 없는 놈.

[壞下水] huàihsiàshui ㄏㄨㄞˋㄒㄧㄚˋㄕㄨㄟ ① 썩은 내장(內臟). ②근성(根性)이 썩어 빠진 놈. «罵» 「나쁜 놈. «罵»

[壞小子] huàihsiǎotzǔ ㄏㄨㄞˋㄒㄧㄠˇㄗ

[壞心] huàihsīn ㄏㄨㄞˋㄒㄧㄣ 나쁜 마음.

[壞話] huàihua ㄏㄨㄞˋㄏㄨㄚ 욕. 「說一 ; 욕하다」 「(惡質).

[壞疙疙] huàikōko ㄏㄨㄞˋㄍㄜㄍㄜ 악질

[壞鬼] huàikuei ㄏㄨㄞˋㄍㄨㄟˇ 악당.

[壞骨頭] huàikút'óu ㄏㄨㄞˋㄍㄨˊㄊㄡˊ ①몹쓸 놈. ②악인. ③돼먹지 않은 놈. =壞蛋 壞胎子. 壞東西.

[壞良心] huàiliánghsīn ㄏㄨㄞˋㄌㄧㄤˊㄒㄧㄣ ①나쁜 마음. ②양심을 잃다.

[壞名] huàimíng ㄏㄨㄞˋㄇㄧㄥˊ ①악명(惡名). ②나쁜 평판(評判). 「壞種②.

[壞包] huàipāo ㄏㄨㄞˋㄅㄠ =壞骨頭②.

[壞病] huàipìng ㄏㄨㄞˋㄅㄧㄥˋ 난치(難治)의 병.

[壞事] huàishìh ㄏㄨㄞˋㄕˋ ①나쁜 일. ② huài shìh 파괴하다.「這話給他壞了事 ; 이 말은 그 사람으로 인해 그르쳤다」

[壞水] huàishuǐ ㄏㄨㄞˋㄕㄨㄟˇ ①(좋지않은)생각. 방법. 계획. 「一兒上來了 ; 나쁜 생각이 떠오르다」②황산(黃酸)의 속칭.

[壞道] huàitāo ㄏㄨㄞˋㄉㄠˋ 나쁜 길.

[壞蛋] huàitàn ㄏㄨㄞˋㄉㄢˋ =壞骨頭.

壞嘎嘎兒.

HUAN ㄏㄨㄢ

〔歡〕(欢) huān ㄏㄨㄢ ①기뻐하다. 좋아하다. 「不一而散 ; 꺼림칙한 채로 헤어지다」②열중하다.「幾個人唱得正一 ; 몇 사람이 노래에 열중하다」 ③활발하다. 가만히 있지 않다. 「孩子們眞一 ; 아이들은 참으로 활발하다」④성대한. 왕성한. 「爐子裡的火很一 ; 난로의 불이 활활 타고 있다」⑤좋아하다. 「別有所一 ; 따로 애인이 있다」

[歡暢] huānch'àng ㄏㄨㄢㄔㄤˋ ①즐겁다. 유쾌하다. ②융화하다.

[歡車歡馬] huānch'ē-huānmǎ ㄏㄨㄢㄔㄜㄏㄨㄢㄇㄚˇ 차와 말의 왕래가 많다. 거마의 왕래가 빈번하다. 「족하다.

[歡洽] huānch'ià ㄏㄨㄢㄑㄧㄚˋ 즐겁고 흡

[歡情] huānch'íng ㄏㄨㄢㄑㄧㄥˊ ①즐거운 감정 ②남녀가 화합(和合)한 감정.

[歡聚] huānchǜ ㄏㄨㄢㄐㄩˋ ①즐거운 모임. ②즐겁게 모이다. =歡會.

[歡喜] huānhsǐ ㄏㄨㄢㄒㄧˇ ①즐거워하다. 기뻐하다. >歡歡喜喜. ②좋아하다. 기꺼워하다. =喜歡. 「다. 좋아서 웃다.

[歡笑] huānhsiào ㄏㄨㄢㄒㄧㄠˋ 기뻐서 웃

[歡心] huānhsīn ㄏㄨㄢㄒㄧㄣ 환심. 좋아하는 마음.

[歡欣] huānhsīn ㄏㄨㄢㄒㄧㄣ 기뻐하다. 좋아하다. 「一雀躍 ; 기뻐 날뛰다. 펄쩍 뛰면서 좋아하다」

[歡欣鼓舞] huānhsīn kǔwǔ ㄏㄨㄢㄒㄧㄣ ㄍㄨˇㄨˇ 펄쩍 뛰면서 좋아하다.

[歡快] huānk'uài ㄏㄨㄢㄎㄨㄞ 유쾌하다.

[歡樂] huānlè ㄏㄨㄢㄌㄜˋ 즐겁다. 기분이 좋다.

[歡蹦亂跳] huānpèng luànt'iào ㄏㄨㄢㄅㄥˋㄌㄨㄢˋㄊㄧㄠˋ ①(아이들이) 즐겁게 쏘다니다. ②기뻐서 날뛰다. «成»

[歡忭] huānpièn ㄏㄨㄢㄅㄧㄢˋ ①기쁘다. ②좋아서 박수를 치다.

[歡聲雷動] huānshēng leítùng ㄏㄨㄢㄕㄥ ㄌㄟˊㄉㄨㄥˋ 많은 사람이 기뻐서 왁자거리고 웃다. 「게 날뛰다.

[歡勢] huānshīh ㄏㄨㄢㄕ 활발하고 즐겁

[歡天喜地] huānt'iēn hsǐtì ㄏㄨㄢㄊㄧㄢ ㄒㄧˇㄉㄧˋ 매우 기쁘고 즐거워서 날뛰는 모양.

[歡度] huāntù ㄏㄨㄢㄉㄨˋ 즐겁게 보내다. 「一日子 ; 날마다 즐겁게 지내다」

[歡舞] huānwǔ ㄏㄨㄢㄨˇ 기뻐서 춤을 추며 날뛰다.

[歡宴] huānyèn ㄏㄨㄢㄧㄢˋ ①환영 연회를 베풀다. ②환영 연회에 초대하다.「大總統一他們 ; 대통령이 그들을 환영 연회에 초대하다」

[歡迎] huānyíng ㄏㄨㄢㄧㄥˊ ①환영하다. ②즐겁게 받아 들이다. ③잘 오셨읍니다. 어서 오십시오. «人»

[歡悅] huānyüèh ㄏㄨㄢㄩㄝˋ 기뻐하다.

〔獾〕(貛) huān ㄏㄨㄢ 〈動〉①너구리. ②오소리.

[貆猪] huānchū ㄏㄨㄢㄓㄨ 〈動〉 오소리.
[貆狗] huānkǒu ㄏㄨㄢㄍㄡˇ 오소리를 잡는 사냥개.

〔環〕(环) huán ㄏㄨㄢˊ ①둥근 옥(玉). ②고리. 일체의 둥근 물건을 일컫는 말. ③돌다. 둘러 싸다. 「四面一山；사면이 산으로 둘러 싸이다」「一城馬路；환상(環狀) 도로」④귀걸이. ⑤성(姓)의 하나.
[環節] huánchiéh ㄏㄨㄢˊㄐㄧㄝˊ ①전체를 서로 연결하는 한 부분. 일환(一環). 어떤 기구의 한 포인트. 「전지구.
[環球] huánch'iú ㄏㄨㄢˊㄑㄧㄡˊ 온 세상.
[環海] huánhǎi ㄏㄨㄢˊㄏㄞˇ ①국내(國內). 전국(全國). ②바다로 둘러 싸이다.
[環行] huánhsíng ㄏㄨㄢˊㄒㄧㄥˊ (둘레를) 돌다. 「러 싸다. 둘러 막다.
[環繞] huánjǎo ㄏㄨㄢˊㄖㄠˇ (사면을)둘
[環顧] huánkù ㄏㄨㄢˊㄍㄨˋ(사면을)빙 둘러 보다. 「여 공격하다.
[環攻] huánkūng ㄏㄨㄢˊㄍㄨㄥ 포위하
[環佩] huánp'eì ㄏㄨㄢˊㄆㄟˋ (여자의) 액세서리. 패물.
[環兒] huánrh ㄏㄨㄢˊㄦ 고리. 일반적으로 둥근 물건을 일컬음.
[環視] huánshìh ㄏㄨㄢˊㄕˋ ①(사방을)둘러 보다. ②둘러 싸고 보다.
[環坐] huántsò ㄏㄨㄢˊㄗㄨㄛˋ (차 따위의 의자에) 앉다.
[環宇] huányǔ ㄏㄨㄢˊㄩˇ 세계(世界). 「下).

〔寰〕 huán ㄏㄨㄢˊ 넓은 지역. 천하(天
[寰球] huánch'iú ㄏㄨㄢˊㄑㄧㄡˊ ＝環球.
[寰區] huánch'ü ㄏㄨㄢˊㄑㄩ 전국(全國).
[寰海] huánhǎi ㄏㄨㄢˊㄏㄞˇ ＝環海.
[寰內] huánneì ㄏㄨㄢˊㄋㄟˋ ①국내. ②천하. ③수도를 중심으로 천리(千里) 안의 지역.
[寰宇] huányǔ ㄏㄨㄢˊㄩˇ ＝環宇.

〔圜〕 huán ㄏㄨㄢˊ ①돌다. ②둘러 싸다.

〔還〕(还) huán ㄏㄨㄢˊ ①돌아 오다. 「一家；집에 돌아 오다」②갚다. 보답하다. 「以眼一眼, 以牙一牙；주먹은 주먹으로 욕은 욕으로 보복하다」③상환하다. 돌려 주다. 「這本書借一星期就要一;이 책을 일 주일 동안 빌어 보고 돌려 주어야 한다」④성(姓)의 하나. ⇨hái.
[還債] huánchài ㄏㄨㄢˊㄓㄞˋ 빚을 갚다.
[還賬] huánchàng ㄏㄨㄢˊㄓㄤˋ ①＝還債. ②계정(計定)상의 부족을 채우다. 「다.
[還擊] huánchī ㄏㄨㄢˊㄐㄧ 반격(反擊)하
[還價兒] huánchiàrh ㄏㄨㄢˊㄐㄧㄚˋㄦ ①살 금을 부르다. ②(물건 값을) 깎다. 에누리하다. 「려 주다.
[還錢] huánch'ién ㄏㄨㄢˊㄑㄧㄢˊ 돈을 돌
[還欠] huánch'ièn ㄏㄨㄢˊㄑㄧㄢˋ ＝還債.
[還清] huánch'īng ㄏㄨㄢˊㄑㄧㄥ ①전액(全額)을 깨끗이 돌려 주다. ②청산(清算)하다. 「혜를 보답하다.
[還情兒] huánch'íngrh ㄏㄨㄢˊㄑㄧㄥˊㄦ 은
[還魂] huánhún ㄏㄨㄢˊㄏㄨㄣˊ ①부활(復活)하다. ②환생(還生)하다. 「주다.
[還給] huánkei ㄏㄨㄢˊㄍㄟ …에게 돌려
[還口] huánk'ǒu ㄏㄨㄢˊㄎㄡˇ 말대꾸하다. ＝還言.
[還工] huánkūng ㄏㄨㄢˊㄍㄨㄥ 노동량(勞動量)을 임금(賃金)으로 환산하다. 「다.
[還禮] huánlǐ ㄏㄨㄢˊㄌㄧˇ 답례(答禮)하다.
[還報] huánpào ㄏㄨㄢˊㄅㄠˋ ①보답(報答)하다. ②보답. 「되치다.
[還手] huánshǒu ㄏㄨㄢˊㄕㄡˇ 되받아 치
[還願] huányüàn ㄏㄨㄢˊㄩㄢˋ ①(소원대로) 되어 감사하다. ②(소원이 성취되어) 신(神)에게 제(祭)를 지내다.
[還原兒] huányüánrh ㄏㄨㄢˊㄩㄢˊㄦ ①환원하다. ②본디대로 되다. ③환원(還元): 화학 용어.

〔鐶〕 huán ㄏㄨㄢˊ 쇠로 만든 고리. 「계집 종.

〔鬟〕 huán ㄏㄨㄢˊ ①(머리) 쪽. 상투. ②

〔浣〕 huǎn ㄏㄨㄢˇ ①세탁하다. ②순(旬). 「下一;하순」
[浣雪] huǎnhsüéh ㄏㄨㄢˇㄒㄩㄝˇ ①죄를 씻다. ②속죄하다. 「씻어 버리다.
[浣滌] huǎntí ㄏㄨㄢˇㄉㄧˊ ①세탁하다. ②

〔緩〕 huǎn ㄏㄨㄢˇ ①느릿느릿하다. 완만하다. 「一步而行；천천히 걸어서 가다」②늦추다. 연기하다. 여유(餘裕)를 갖게 하다. 「一兩天再辦；이틀쯤 후에 다시 하다」「刻不容一；일각의 여유도 없다」③회복(回復)하다. 소생(蘇生)하다. 「下過雨, 花都一過來了; 비가 한 차례 오고서 꽃들이 모두 생기를 되찾았다」
[緩期] huǎnch'ī ㄏㄨㄢˇㄑㄧ 기한을 늦추다. 연기하다. ＝緩限. 「一執行；집행 유예」
[緩急] huǎnchí ㄏㄨㄢˇㄐㄧˊ ①완급. 늦음과 빠름. ②위급(危急)하다. 절박(切迫)하다.
[緩氣] huǎnch'ì ㄏㄨㄢˇㄑㄧˋ ①숨을 쉬다. ②숨을 돌리다. 안도의 숨을 쉬다.
[緩頰] huǎnchiá ㄏㄨㄢˇㄐㄧㄚˊ ①(남을 대신하여) 용서를 빌다. ②승락을 얻다.
[緩衝] huǎnch'ūng ㄏㄨㄢˇㄔㄨㄥ (충돌을)완화(緩和)하다. 조정(調停)하다. 「一地帶；완충 지대」
[緩和] huǎnhó ㄏㄨㄢˇㄏㄜˊ ①(충돌을 피하고) 평화적으로 처리하다. 완화하다. ↔緊張. 「하다. 「一藥；설사약」
[緩瀉] huǎnhsièh ㄏㄨㄢˇㄒㄧㄝˋ 통하게
[緩刑] huǎnhsíng ㄏㄨㄢˇㄒㄧㄥˊ ①집행유예. ②형(刑)의 집행(執行)을 늦추다.
[緩醒] huǎnhsing ㄏㄨㄢˇㄒㄧㄥ 제 정신이 돌아 오다. 숨을 돌이키다 「一過來；제 정신이 들다」
[緩緩] huánhuǎn ㄏㄨㄢˊㄏㄨㄢˇ 천천히. 느릿느릿.
[緩辦] huǎnpàn ㄏㄨㄢˇㄅㄢˋ ①(일을) 천천히 하다. ②일을 뒤로 미루다.
[緩兵之計] huǎnpīngchīhchì ㄏㄨㄢˇㄅㄧㄥㄓㄐㄧˋ 일시적으로 적(敵)의 공격을 막는 계략. 지연책. 《成》 「한 비탈.
[緩坡] huǎnp'ō ㄏㄨㄢˇㄆㄛ (경사가) 완만
[緩不濟急] huǎnpúchìchí ㄏㄨㄢˇㄅㄨˊㄐㄧˋㄐㄧˊ 느려서 급한 일에는 소용되지 않는다.
[緩步當車] huǎnpù tāngchē ㄏㄨㄢˇㄅㄨˋㄉㄤㄔㄜ 차를 타지 않고 천천히 걸어가다. 《成》

[緩動] huǎntùng ㄏㄨㄢˇㄉㄨㄥˋ 융통(融通)하다.
[緩手的工夫] huǎnshǒutê kūngfu ㄏㄨㄢˇㄕㄡˇㄉㄜ˙ㄍㄨㄥㄈㄨ 여유 있는 시간.

〔幻〕 huàn ㄏㄨㄢˋ ①환상(幻像). ②공허(空虛)한. 진실이 아닌. ③변(變)하다.
[幻境] huànchìng ㄏㄨㄢˋㄐㄧㄥˋ ①현실(現實)이 아닌 경지(境地). 꿈의 세계.
[幻象] huànhsiàng ㄏㄨㄢˋㄒㄧㄤˋ 환상(幻像). 「다. ②(사람이) 죽다.
[幻化] huànhuà ㄏㄨㄢˋㄏㄨㄚˋ ①변화하
[幻夢] huànmêng ㄏㄨㄢˋㄇㄥˋ 환몽. 환상적인 꿈.
[幻泡] huànp'ào ㄏㄨㄢˋㄆㄠˋ 세상의 모든 것이 무상(無常)하고 덧없다. =夢幻泡影.
[幻術] huànshù ㄏㄨㄢˋㄕㄨˋ 마술(魔術).

〔奐〕 huàn ㄏㄨㄢˋ ①성대한. 많은. ②찬란한. 화려한. ③성(姓)의 하나.

〔宦〕 huàn ㄏㄨㄢˋ ①관리. 「官一; 관리」 ②관계(官界). ③환시(宦侍). ④성(姓)의 하나. 「侍). =太監.
[宦官] huànkuān ㄏㄨㄢˋㄍㄨㄢ 환시(宦
[宦途] huànt'ú ㄏㄨㄢˋㄊㄨˊ 관계(官界). =宦海. 「一無定; 관계(官界)의 운명은 예측할 수 없다」

〔患〕 huàn ㄏㄨㄢˋ ①근심. 재난. 「有備無一; 모든 것이 갖추어 있으면 걱정이 없다」 ②걱정하다. 근심하다. 「不一寡而一不均; 부족함을 걱정하지 않고 고르지 못함을 걱정하다」 ③번민하다. 병이 생기다. 「一相思病; 상사병을 앓다」 ④성(姓)의 하나.
[患處] huànch'ù ㄏㄨㄢˋㄔㄨˋ 상처. 아픈 곳: 흔히 외상(外傷)을 말함.
[患難] huànnàn ㄏㄨㄢˋㄋㄢˋ ①환난. ②고통. 「一與共; 고생을 같이 하다」 =患難相從. 「다.
[患病] huànpìng ㄏㄨㄢˋㄅㄧㄥˋ 병에 걸리
[患得患失] huàntê-huànshīh ㄏㄨㄢˋㄉㄜˊ ㄏㄨㄢˋㄕ 이익이나 권리를 얻지 못함을 걱정하고 얻으면 잃어 버릴까 근심한다는 뜻으로, 근심 걱정이 그칠 사이가 없다는 말. «成»

〔換〕 huàn ㄏㄨㄢˋ ①교환하다. 인환(引換)하다. 「拿韓幣一臺金; 한국 지폐를 대만 화폐로 바꾸다」 ②바꾸다. 「一衣服; 의복을 바꿔 입다」 「입다.
[換裝] huànchāng ㄏㄨㄢˋㄓㄤ 옷을 갈아
[換場] huànch'ǎng ㄏㄨㄢˋㄔㄤˇ 체인지코오트(change court)자리를 바꾸다.
[換車] huànch'ê ㄏㄨㄢˋㄔㄜ 차(車)를 갈아 타다. 「어) 옷을 갈아 입다.
[換季] huànchì ㄏㄨㄢˋㄐㄧˋ (계절에 맞추
[換錢] huànch'ién ㄏㄨㄢˋㄑㄧㄢˊ ①환전. ②환전하다. ③(물건을) 돈으로 바꾸다.
[換茬] huànch'á ㄏㄨㄢˋㄔㄚˊ 윤작하다.
[換防] huànfáng ㄏㄨㄢˋㄈㄤˊ ①(군대가) 수비지를 바꾸다. ②교대하다. 「다.
[換肥] huànféi ㄏㄨㄢˋㄈㄟˊ 비료를 바꾸
[換洗] huánhsǐ ㄏㄨㄢˋㄒㄧˇ (옷을) 갈아입고 빨다. 「ㄩˋ 여러 번 옮기다.
[換來移去] huànlái-íchǜ ㄏㄨㄢˋㄌㄞˊㄧˊㄑ
[換班] huànpān ㄏㄨㄢˋㄅㄢ 교대(交代)하다. 「다.
[換手] huànshǒu ㄏㄨㄢˋㄕㄡˇ 바꾸어 들
[換湯不換藥] huàn t'āng pú huàn yào ㄏㄨㄢˋㄊㄤ ㄅㄨˋㄏㄨㄢˋㄧㄠˋ 형태는 바뀌었으나 내용은 마찬가지라는 뜻으로, 그 놈이 그 놈이란 말. «成» 「②대신하다.
[換替] huànt'ì ㄏㄨㄢˋㄊㄧˋ ①교체하다.
[換樣兒] huànyàngrh ㄏㄨㄢˋㄧㄤˋㄦ (형식·방법·모양 따위를) 바꾸다.

〔渙〕 huàn ㄏㄨㄢˋ ①흩어지다. ②물이 많은 모양. 「센 모양.
[渙渙] huànhuàn ㄏㄨㄢˋㄏㄨㄢˋ 물살이
[渙然] huànján ㄏㄨㄢˋㄖㄢˊ ①흩어지다. ②(얼음이) 녹다. 「一冰釋; 얼음이 녹아내리다」
[渙散] huànsàn ㄏㄨㄢˋㄙㄢˋ ①산만(散漫)하다. ②흩어지다. 「人心一; 민심이 흩어지다」 「ㄥˋ 산만성(散漫性).
[渙散性] huànsànhsìng ㄏㄨㄢˋㄙㄢˋㄒㄧ

〔喚〕 huàn ㄏㄨㄢˋ ①부르다. 외치다. 「一他來; 그를 불러 오너라」 ②소리치다.
[喚起] huànch'ǐ ㄏㄨㄢˋㄑㄧˇ ①환기시키다. ②일깨우다. 「우다.
[喚醒] huànhsǐng ㄏㄨㄢˋㄒㄧㄥˇ 불러 깨
[喚回] huànhuí ㄏㄨㄢˋㄏㄨㄟˊ (제자리로) 불러 들이다. 「르다.
[喚做] huàntsò ㄏㄨㄢˋㄗㄨㄛˋ …이라 부

〔豢〕 huàn ㄏㄨㄢˋ ①사육(飼育)하다. ②(개·돼지 따위의) 가축.
[豢養] huànyǎng ㄏㄨㄢˋㄧㄤˇ ①사육하다. ②(노예)를 부리다. ③감싸 주다. 「모양.

〔煥〕 huàn ㄏㄨㄢˋ ①빛나다. ②빛나는
[煥發] huànfā ㄏㄨㄢˋㄈㄚ ①빛이 밖으로 비치다. ②생생하다. 「精神一; 원기가 왕성하다」
[煥然一新] huànján ihsīn ㄏㄨㄢˋㄖㄢˊ ㄧˋㄒㄧㄣ 면목(面目)을 쇄신(刷新)하다.
[煥爛] huànlàn ㄏㄨㄢˋㄌㄢˋ ①찬란하다. ②빛나다.

〔擐〕 huàn ㄏㄨㄢˋ ①뚫다. ②입다. 옷을 입다.
[擐甲] huànchiǎ ㄏㄨㄢˋㄐㄧㄚˇ 갑옷을 입다. 「一執兵; 갑옷을 입고 무기를 들다」

HUANG ㄏㄨㄤ

〔肓〕 huāng ㄏㄨㄤ 심장(心臟) 아래와 횡격막(橫隔膜) 위의 부분. 「病入膏一; 병세(病勢)가 회복하기 어렵다」

〔荒〕 huāng ㄏㄨㄤ ①기근(饑饉). 흉작(凶作). 「防一; 기근을 막다」 ②부족하다. 「房一; 주택이 부족하다」 ③황폐하다. 「墾一; 개간(開墾)하다」 ④버리다. 팽개치다. 「地不能一着; 땅을 버려 둘 수는 없다」 ⑤…에서 떨어진. 쓸쓸한. 「一村; 가난하고 쓸쓸한 마을」 ⑥터무니 없는. 엉터리. 「一誕; 터무니 없는 엉터리다」 ⑦아직 정제(精製)되지 않은. ⑧=慌.

[荒郊] huāngchiāo ㄏㄨㄤㄐㄧㄠ 황폐한 광야(曠野). 「(凶作).
[荒歉] huāngch'ièn ㄏㄨㄤㄑㄧㄢˋ 흉작
[荒廢] huāngfèi ㄏㄨㄤㄈㄟˋ ①황폐하다. ②버려진 지 이미 오래되다. 「덤.
[荒墳] huāngfěn ㄏㄨㄤㄈㄣˇ 황폐한 무
[荒旱] huānghàn ㄏㄨㄤㄏㄢˋ ①흉년(凶年). ②한발(旱魃).
[荒信兒] huānghsìnrh ㄏㄨㄤㄒㄧㄣˋㄦ 믿을 수 없는 소식. 확실치 않은 소식.
[荒貨店] huānghuòtièn ㄏㄨㄤㄏㄨㄛˋㄉㄧㄢˋ 고물상(古物商).
[荒涼] huāngliáng ㄏㄨㄤㄌㄧㄤˊ 삭막하고 쓸쓸한.
[荒路] huānglù ㄏㄨㄤㄌㄨˋ 한적한 길.
[荒亂] huāngluàn ㄏㄨㄤㄌㄨㄢˋ ①(재난·군사 따위에서) 세상이 안정되어 있지 않다. ②기근(饑饉)으로 인한 소동(騷動).
[荒謬] huāngmiù ㄏㄨㄤㄇㄧㄡˋ 엉터리이다. 매듭을 지을 수 없는. 「年).
[荒年] huāngnién ㄏㄨㄤㄋㄧㄢˊ 흉년(凶
[荒僻] huāngp'ì ㄏㄨㄤㄆㄧˋ ①인적(人跡)이 드문 곳. ②외진 곳. 벽지(僻地).
[荒山] huāngshān ㄏㄨㄤㄕㄢ 황폐한 산.
[荒疏] huāngshū ㄏㄨㄤㄕㄨ ①미숙하다. ②거칠다. 「多時不寫作, 手筆一了 ; 오랫동안 글을 쓰지 않아 붓이 거칠어졌다」
[荒唐] huāngt'ang ㄏㄨㄤㄊㄤ ①터무니없는. 근거 없는. 「這話眞一 ; 이 말은 정말 터무니 없는 말이다」 ②방종하다. 버릇 없는. 「他不象從前那樣一了 ; 그는 옛날처럼 그렇게 버릇 없는 것 같지 않다」 ③무례(無禮)한. 「人島).
[荒島] huāngtǎo ㄏㄨㄤㄉㄠˇ 무인도(無
[荒草] huāngts'ǎo ㄏㄨㄤㄘㄠˇ 잡초(雜草).
[荒土] huāngt'ǔ ㄏㄨㄤㄊㄨˇ ①황무지. ②먼 지방.
[荒淫] huāngyín ㄏㄨㄤㄧㄣˊ 음란(淫亂). 주색(酒色)에 빠지다. 「一無恥 ; 부끄러움도 모르고 방탕한 생활을 하다」

〔慌〕 huāng ㄏㄨㄤ ①당황하다. 덤비다. 「他做事總這麼一 ; 그는 일을 할 때 언제나 이렇게 덤빈다」 ②놀라다. 두려워하다. 「驚一失措; 놀라서 어쩔 줄을 모르다」 ③(어떤 상태·동작에 있어 참을 수 없는 정도로) 매우. 심히. 「餓得一 ; 몹시 배가 고프다」
[慌張] huāngchang ㄏㄨㄤㄓㄤ ①당황하다. ②어쩔 줄 모르다. >慌慌張張. 慌裡慌張. 「ㄍㄨㄟˇㄦ 덤벙대는 사람.
[慌張鬼兒] huāngchangkueǐrh ㄏㄨㄤㄓㄤ
[慌急] huāngchí ㄏㄨㄤㄐㄧˊ 조급하다.
[慌惚] huānghū ㄏㄨㄤㄏㄨ 황홀하다. > 慌慌惚惚. 「비다.
[慌壞] huānghuài ㄏㄨㄤㄏㄨㄞˋ 몹시 덤
[慌了神兒] huānglê shěnrh ㄏㄨㄤㄌㄜ ㄕㄣˇㄦ 당황하여 떠들다.
[慌亂] huāngluàn ㄏㄨㄤㄌㄨㄢˋ 덤비다.
[慌忙] huāngmáng ㄏㄨㄤㄇㄤˊ 놀라서 어리둥절하다.
[慌手慌脚] huāngshǒu-huāngchiǎo ㄏㄨㄤㄕㄡˇㄏㄨㄤㄐㄧㄠˇ ①바빠서 어쩔 줄 모르다. ②몹시 당황하다.
[慌速] huāngsù ㄏㄨㄤㄙㄨˋ =慌忙.

〔塃〕 huāng ㄏㄨㄤ 갓 파낸 광석(鑛石).

〔皇〕 huáng ㄏㄨㄤˊ ①황제(皇帝). 군주. ②훌륭한. 위대한. 「一一巨著 ; 훌륭한 대작(大作)」 ③아름다운. 수려(秀麗)한. ④조상(祖上)에 대한 경칭(敬稱). 「一妣 ; 선비(先妣)」 ⑤성(姓)의 하나. 「城).
[皇城] huángch'éng ㄏㄨㄤˊㄔㄥˊ 궁성(宮
[皇儲] huángch'ú ㄏㄨㄤˊㄔㄨˊ 태자(太子).
[皇皇] huánghuáng ㄏㄨㄤˊㄏㄨㄤˊ ① 불안하다. ②아름답다.
[皇考] huángk'ǎo ㄏㄨㄤˊㄎㄠˇ 선친(先親).
[皇上] huángshāng ㄏㄨㄤˊㄕㄤ 황제(皇帝).
[皇天] huáhgt'iēn ㄏㄨㄤˊㄊㄧㄢ 하늘. 「물이 없는 못.

〔隍〕 huáng ㄏㄨㄤˊ ①해자(垓字). ②

〔惶〕 huáng ㄏㄨㄤˊ ①무서워하다. ②불안해 하다. 「人心一一 ; 민심(民心) 이 흉흉하다」 「다. =惶遽.
[惶懼] huángchǜ ㄏㄨㄤˊㄐㄩˋ 무서워하
[惶汗] huánghàn ㄏㄨㄤˊㄏㄢˋ (놀라고 무서워) 식은 땀이 흐르다. 「하다.
[惶惑] huánghuò ㄏㄨㄤˊㄏㄨㄛˋ 두려워
[惶恐] huángk'ǔng ㄏㄨㄤˊㄎㄨㄥˇ ①불안해 하다. 「一不安 ; 무서워 불안해 하다」 ②황송해 하다. ③황송합니다. 「하다.
[惶悚] huángsǔng ㄏㄨㄤˊㄙㄨㄥˇ 무서워

〔黃〕 huáng ㄏㄨㄤˊ ①황색(黃色). ②누렇다. 「一土 ; 황토」 ③황금색(黃金色). ④(장사·사업 따위가) 순조롭지 않다. 실패하다. 「這號買賣眼看要一 ; 이 장사는 실패할 것이다」 ⑤성(姓)의 하나.
[黃埃] huáng'āi ㄏㄨㄤˊㄞ 황진(黃塵).
[黃芪] huángch'í ㄏㄨㄤˊㄑㄧˊ 〈植〉 황기 : 약초(藥草). 「〈動〉 섬참새.
[黃雀兒] huángch'iǎorh ㄏㄨㄤˊㄑㄧㄠˇㄦ
[黃紙板] huángch'ihpǎn ㄏㄨㄤˊㄓˇㄅㄢˇ 보오드지(紙). 「서근풀.
[黃芩] huángch'ín ㄏㄨㄤˊㄑㄧㄣˊ 〈植〉 속
[黃金入櫃] huángch'īn jùkuei ㄏㄨㄤˊㄐㄧㄣㄖㄨˋㄍㄨㄟˋ ①명(明)의 전국통치 의지(意志). ②황금이 뒤주 속에 들었다는 뜻으로 사람의 죽은 후를 일컫는 말.
[黃金得從佛口出] huángchīn těi ts'úng fók'ǒu ch'ū ㄏㄨㄤˊㄐㄧㄣㄉㄟˇㄘㄨㄥˊㄈㄛˊㄎㄡˇㄔㄨ ①중대한 말은 신불(神佛)의 입에서 나온다. «諺» ②(자격·관계·능력이 있는 사람이) 일을 하면 문제 없이 해결한다. 「酒」의 별칭.
[黃酒] huángchiǔ ㄏㄨㄤˊㄐㄧㄡˇ 「紹興
[黃泉] huángch'uán ㄏㄨㄤˊㄔㄨㄢˊ 황천. =九泉. 「색 인종(黃色人種).
[黃種] huángchǔng ㄏㄨㄤˊㄓㄨㄥˇ 황
[黃髮] huángfǎ ㄏㄨㄤˊㄈㄚˇ ① 노인. ②기름기 없는 머리. 「를 날리는 바람.
[黃風] huángfēng ㄏㄨㄤˊㄈㄥ 누런 먼지
[黃河爲界] huánghó wéichièh ㄏㄨㄤˊㄏㄜˊㄨㄟˊㄐㄧㄝˋ "黃河"를 경계로 삼다. 뚜렷이 경계(境界)를 정하다.
[黃香] huánghsiāng ㄏㄨㄤˊㄒㄧㄤ 송진.
[黃血鹽] huánghsüèhyén ㄏㄨㄤˊㄒㄩㄝˋㄧㄢˊ 페로시안화칼륨(ferrocyan化 kalium). 「ㄨㄚㄍㄨㄟㄋㄩˇ 처녀.
[黃花閨女] huánghuā kueinǚ ㄏㄨㄤˊㄏ
[黃花女] huánghuānǚ ㄏㄨㄤˊㄏㄨㄚㄋㄩˇ

=黃花閨女.
[黃花兒] huánghuārh ㄏㄨㄤˊㄏㄨㄚㄦ 〈植〉 유채.평지.「ㄨㄚ(ㄦ)ㄩˊ 〈動〉조기.
[黃花(兒)魚] huánghuā(rh) yǘ ㄏㄨㄤˊㄏ
[黃口] huángk'ǒu ㄏㄨㄤˊㄎㄡˇ 풋나기. 병아리 새끼 같은 놈.
[黃狗] huángkǒu ㄏㄨㄤˊㄍㄡˇ ①누런 개. ②순경.
[黃瓜] huángkua ㄏㄨㄤˊㄍㄨㄚ 오이.
[黃瓜種] huángkuāchǔng ㄏㄨㄤˊㄍㄨㄚㄓㄨㄥˇ 크고 살이 많은 가을 오이.
[黃蠟] huánglà ㄏㄨㄤˊㄌㄚˋ 밀.「一布 ; 옐로우 왁스 클로드(yellow-waxcloth)
[黃臘臘的] huánglàlàtê ㄏㄨㄤˊㄌㄚˋㄌㄚˋㄌㄜ(병 따위로) 얼굴색이 누런.「一張一面孔 ; 누렇게 광택이 없는 얼굴」「제비.
[黃狼] huángláng ㄏㄨㄤˊㄌㄤˊ 〈動〉 족
[黃粱一夢] huángliáng ímêng ㄏㄨㄤˊㄌㄧㄤˊㄧˊㄇㄥˋ 허무한 일장 춘몽. 덧없는 한때의 꿈.
[黃連] huánglién ㄏㄨㄤˊㄌㄧㄢˊ 〈植〉 깽깽이풀의 뿌리.「啞巴吃一 ; 벙어리 냉가슴 앓다」
[黃楊厄閏] huángyáng èjùn ㄏㄨㄤˊㄧㄤˊㄜˋㄖㄨㄣˋ 시운(時運)이 나쁘다.
[黃梅] huángméi ㄏㄨㄤˊㄇㄟˊ ①매실(梅實) ②매실이 익을 무렵.「一天 ; 매우기(梅雨期)」
[黃梅天氣] huángméi t'iēnch'ì ㄏㄨㄤˊㄇㄟˊㄊㄧㄢㄑㄧˋ 양력 6월에서 7월 사이의 중국 남쪽의 기후로 장마철을 일컫는다.
[黃米] huángmǐ ㄏㄨㄤˊㄇㄧˇ 〈植〉 차조.「一麵 ; 차조 가루」
[黃面婆] huángmiènp'ó ㄏㄨㄤˊㄇㄧㄢˋㄆㄛˊ ①부엌데기. ②안사람: 자기 아내를 유우머러스하게 부르는 말.
[黃明膠] huángmíngchiāo ㄏㄨㄤˊㄇㄧㄥˊㄐㄧㄠ 아교(阿膠).「〈動〉꾀꼬리. =黃鸝.
[黃鳥兒] huángniǎorh ㄏㄨㄤˊㄋㄧㄠˇㄦ
[黃牛] huángniú ㄏㄨㄤˊㄧㄡˊ ①황우. ②암표상(闇票商).
[黃白] huángpái ㄏㄨㄤˊㄅㄞˊ ① 황색과 흰색. ②금과 은. ③얼굴에 핏기가 없다.
[黃柏] huángpǎi ㄏㄨㄤˊㄅㄞˇ 〈植〉 황벽나무. 환경피나무.
[黃胖兒] huángp'àngrh ㄏㄨㄤˊㄆㄤˋㄦ(얼굴 모양이) 평평하고 누런빛을 띤 살찐 얼굴을 형용하는 말. 「인력거(人力車).
[黃包車] huángpāoch'ē ㄏㄨㄤˊㄅㄠㄔㄜ
[黃表紙] huángpiǎochǐh ㄏㄨㄤˊㄅㄧㄠˇㄓˇ 신(神)에게 제사지낼 때 쓰는 누런 종이: 글을 써 태움. 「疸). =黃膽病.
[黃病] huángpìng ㄏㄨㄤˊㄅㄧㄥˋ 황달(黃
[黃色] huángsê ㄏㄨㄤˊㄙㄜˋ ①황색. ②통속(通俗).「一小說 ; 통속 소설」「一文學 ; 통속 문학」「一書刊 ; 선정적(煽情的) 출판물」
[黃砂] huángshā ㄏㄨㄤˊㄕㄚ 황토(黃土).
[黃瘦] huángshòu ㄏㄨㄤˊㄕㄡˋ(얼굴색이) 여위고 파리하다. >黃黃瘦瘦.
[黃熟] huángshú ㄏㄨㄤˊㄕㄨˊ (곡식 따위가)잘 여물다.
[黃鼠] huángshǔ ㄏㄨㄤˊㄕㄨˇ 〈動〉담비.
[黃鼠狼] huángshǔláng ㄏㄨㄤˊㄕㄨˇㄌㄤˊ 〈動〉 족제비. 「ㄟˇㄔㄨㄤ 무좀.
[黃水瘡] huángshuǐch'uāng ㄏㄨㄤˊㄕㄨ
[黃丹] huángtān ㄏㄨㄤˊㄉㄢ 일산화연(一酸化鉛).
[黃湯(子)] huángt'āng(tzǔ) ㄏㄨㄤˊㄊㄤ(ㄗ) 술의 별칭:나쁜 의미로 사용함.
[黃道黑道] huángtāo-hēitāo ㄏㄨㄤˊㄉㄠˋㄏㄟㄉㄠˋ 길일(吉日)과 흉일(凶日).
[黃道日(子)] huángtàojìh(tzǔ) ㄏㄨㄤˊㄉㄠˋㄖˋ(ㄗ) 길일(吉日). =黃道吉日.
[黃登登的] huángtēngtēngtê ㄏㄨㄤˊㄉㄥㄉㄥㄉㄜ 샛노란.「一金子 ; 샛노란 금화(金貨)」 「포름(Jodform).
[黃碘] huángtiěn ㄏㄨㄤˊㄉㄧㄢˇ 요오드
[黃豆] huángtòu ㄏㄨㄤˊㄉㄡˋ 콩. =大豆.
[黃銅] huángtúng ㄏㄨㄤˊㄉㄨㄥˊ 놋쇠.
[黃通通的] huángt'ūngt'ūngtê ㄏㄨㄤˊㄊㄨㄥㄊㄨㄥㄉㄜ =黃登登的.
[黃鶯] huángyīng ㄏㄨㄤˊㄧㄥ =黃鳥兒.
[黃魚] huángyǘ ㄏㄨㄤˊㄩˊ ①=黃花兒魚. ②무료 입장객(無料入場客).
[黃油] huángyú ㄏㄨㄤˊㄧㄡˊ ① 버터. =奶油. ② =滑脂.
[黃鼬] huángyù ㄏㄨㄤˊㄧㄡˊ =黃鼠狼.

〔煌〕 huáng ㄏㄨㄤˊ ①빛나다. ②반짝반짝하다.「星光一一 ; 별빛이 반짝반짝 빛나다」「燈光輝一 ; 전등빛이 휘황 찬란하다」
〔遑〕 huáng ㄏㄨㄤˊ ①틈. 짬. …할 겨를.「不一進食 ; 식사할 겨를이 없다」②어찌 …하랴.「此事尙不能行,一論其他呢 ! 이 일조차 할 수 없는데 어찌 다른 것을 말하랴 !」 ③덤비다.「一急 ; 무서워 덤비다」
〔蝗〕 huáng ㄏㄨㄤˊ 〈動〉 누리.
[蝗旱] huánghàn ㄏㄨㄤˊㄏㄢˋ 누리의 피해와 가뭄. 「벌레.
[蝗蝻] huángnán ㄏㄨㄤˊㄋㄢˊ 누리의 애
[蝗災] huángtsāi ㄏㄨㄤˊㄗㄞ 누리의 재해(災害).
〔潢〕 huáng ㄏㄨㄤˊ ①저수지. ②「裝一 : ㉮표구(表具)하다. ㉯상품의 포장」
[潢潢] huánghuáng ㄏㄨㄤˊㄏㄨㄤˊ 용맹스런 모양.
〔篁〕 huáng ㄏㄨㄤˊ ①대나무 숲. ②대나무.
〔蟥〕 huáng ㄏㄨㄤˊ 「螞一 ; 거머리」
〔癀〕 huáng ㄏㄨㄤˊ「一病 ; 가축의 탄저병(炭疽病)」
〔簧〕 huáng ㄏㄨㄤˊ ①(풍금·생황 따위) 취주(吹奏) 악기의 혀. 리이드(reed).「一樂器 ; 리이드를 가진 악기」②용수철.
[簧鼓] huángkǔ ㄏㄨㄤˊㄍㄨˇ (달콤한 말로) 현혹하다.
〔恍〕 huǎng ㄏㄨㄤˇ ①실의(失意)한 모양. ②경망(輕妄)스런 모양.
[恍惚] huǎnghu ㄏㄨㄤˇㄏㄨ ①황홀해지다. 「精神一了 ; 정신이 황홀해지다」. ②흐리멍덩하다. ③마치 …과 같다. 「一聽見你念書去了 ; 네가 글 읽는 소리를 들은 것 같다」>恍恍惚惚.
[恍然] huǎngján ㄏㄨㄤˇㄖㄢˊ 깜짝 놀라서 알아차리는 모습.「一大悟 ; 크게 깨닫다」 「=好似.
[恍若] huǎnjò ㄏㄨㄤˇㄖㄨㄛˋ =恍惚③.
[恍如] huǎngjú ㄏㄨㄤˇㄖㄨˊ =恍若.
〔晃〕 huǎng ㄏㄨㄤˇ ①빛나다. 반짝거

리다. 「明一一的刺刀 ; 반짝반짝 빛나는 총검」 ②눈부시다. ③(순간적으로) 번쩍이다. 「電光一一 ; 번개가 번쩍이다」 ④얼른. 잠깐. 「人影一一就不見了 ; 사람의 그림자가 잠깐 사이에 보이지 않는다」

[晃眼] huángyěn ㄏㄨㄤˊㄧㄢˇ 눈부시다.

〔幌〕 huǎng ㄏㄨㄤˇ ①(주점 따위의) 간판. ②막(幕).

[幌子] huǎngtzǎ ㄏㄨㄤˇㄗ ①술집 간판. ②상점의 간판:글로 쓰지 않고 물건 모양을 만들어서 걸어 놓는다. ③속이거나 현혹시키는 언어(言語)·행위 등을 나타내는 말. 「他拿這句話當一, 實在心懷叵測 ; 그는 이 말을 명분(名分)으로 삼지만 실은 그의 마음을 추측할 수 없다」

〔謊〕 huǎng ㄏㄨㄤˇ ①거짓말. 거짓. 「一言 ; 거짓말」 ②에누리. 「有一沒有? ; 에누리할 수 있소 없소?」

[謊價] huǎngchià ㄏㄨㄤˇㄐㄧㄚˋ 에누리. 「要一 ; 에누리하다」

[謊假] huǎngchià ㄏㄨㄤˇㄐㄧㄚˋ 거짓으로 핑계를 댄 휴가. 「告一 ; 거짓으로 휴가를 얻다」

[謊話] huǎnghuà ㄏㄨㄤˇㄏㄨㄚˋ 거짓말. 「說一 ; 거짓말하다」

[謊花(兒)] huǎnghuā(rh) ㄏㄨㄤˇㄏㄨㄚ(ㄦ) 수꽃. 웅화(雄花).

〔晃〕 huàng ㄏㄨㄤˋ ①흔들리다. 요동(搖動)하다. 「樹枝來回一 ; 나뭇가지가 흔들리다」 ②=huǎng.

[晃晃悠悠] huànghuang yuyu ㄏㄨㄤˋㄏㄨㄤ ㄧㄡㄧㄡ 흔들흔들하는 모양.

[晃來晃去] huànglái-huàngch'ǜ (일정한 범위내에서) 흔들거리다.

[晃搭] huàngta ㄏㄨㄤˋㄉㄚ 흔들흔들하다.

[晃蕩] huàngtāng ㄏㄨㄤˋㄉㄤ ①흔들거리다. ②흔들흔들하다. >晃晃蕩蕩.

[晃動] huàngtùng ㄏㄨㄤˋㄉㄨㄥˋ 흔들흔들 움직이다. >晃晃動動.

[晃搖] huàngyao ㄏㄨㄤˋㄧㄠ 흔들거리다.

[晃悠] huàngyu ㄏㄨㄤˋㄧㄡ ①흔들다. ②흔들흔들하다.

HUI ㄏㄨㄟ

〔灰〕 huī ㄏㄨㄟ ①재. 「烟一 ; 담뱃재」 ②석회(石灰). 「抹一 ; 석회를 바르다」 ③회색(灰色). 「銀一 ; 은회색」 ④먼지. 「滿處都是一 ; 온통 먼지투성이다」 ⑤낙심하다. 「心一 ; 낙심하다」

[灰塵] huīch'ên ㄏㄨㄟㄔㄣˊ 먼지.

[灰氣] huīch'i ㄏㄨㄟㄑㄧˋ ①기분이 울적하다. ②기운이 없다. 힘이 없다.

[灰漿] huīchiāng ㄏㄨㄟㄐㄧㄤ 시멘트 모르타르(cement-mortar).

[灰牆] huīch'iáng ㄏㄨㄟㄑㄧㄤˊ 석회를 바른 벽.

[灰燼] huīchìn ㄏㄨㄟㄐㄧㄣˋ 재. 회신.

[灰髮] huīfà ㄏㄨㄟㄈㄚˋ 희끗희끗한 머리. 반백의 머리털.

[灰房] huīfáng ㄏㄨㄟㄈㄤˊ (지붕을) 석회로 굳힌 집.

[灰心] huīhsīn ㄏㄨㄟㄒㄧㄣ 낙심하다. 실망하다. =灰念.

[灰黃] huīhuáng ㄏㄨㄟㄏㄨㄤˊ 노란색을 띤 회색.

[灰溜溜的] huīliūliūtê ㄏㄨㄟㄌㄧㄡㄌㄧㄡㄉㄜ ①(안색 따위가) 핏기가 없는 모양. 「嚇的他, 臉上一 ; 놀란 그의 얼굴은 새파랗게 질렸다」 ②맥이 없는. 맥없이.

[灰茫茫的] huīmángmángtê ㄏㄨㄟㄇㄤˊㄇㄤˊㄉㄜ (빛깔이) 뿌옇게. 「大風風得天地間變成了一一片 ; 큰 바람이 불어 하늘과 땅이 온통 뿌옇게 되다」

[灰滅] huīmièh ㄏㄨㄟㄇㄧㄝˋ 소멸.

[灰泥] huīní ㄏㄨㄟㄋㄧˊ 모르타르(mortar).

[灰白] huīpái ㄏㄨㄟㄅㄞˊ 회백색(灰白色).

[灰棚兒] huīp'êngrh ㄏㄨㄟㄆㄥˊㄦ =灰房.

[灰脾氣] huīp'ích'i ㄏㄨㄟㄆㄧˊㄑㄧ 나쁜 버릇.

[灰不拉的] huīpulātê ㄏㄨㄟㄅㄨㄌㄚㄉㄜ 암회색(暗灰色)의. =灰不溜的.

[灰色] huīsê ㄏㄨㄟㄙㄜˋ ①회색. ②(태도 따위가) 애매하다.

[灰事] huīshih ㄏㄨㄟㄕˋ 운이 나쁜 일. 흉사(凶事).

[灰鼠] huīshǔ ㄏㄨㄟㄕㄨˇ 〈動〉친칠라: 중국 동북 지방에 사는 다람쥐의 일종.

[灰淡] huītàn ㄏㄨㄟㄉㄢˋ 생기가 없다.

[灰碟兒] huītiérh ㄏㄨㄟㄉㄧㄝˊㄦ 재떨이.

[灰慘慘的] huīts'ánts'ǎntê ㄏㄨㄟㄘㄢˊㄘㄢˇㄉㄜ 음산하고 생기 없는. 음울한.

[灰土] huīt'ǔ ㄏㄨㄟㄊㄨˇ =灰塵.

〔恢〕 huī ㄏㄨㄟ ①크다. ②넓다. 「一一有餘 ; 넓직하고 여유가 있다」 ③갖추다. 준비하다. ④「一復 ; 회복하다. 되찾다」

[恢張] huīchāng ㄏㄨㄟㄓㄤ 넓히다. 확대하다.

[恢復] huīfù ㄏㄨㄟㄈㄨˋ 회복하다. 되찾다.

[恢宏] huīhúng ㄏㄨㄟㄏㄨㄥˊ 넓고 크다. =恢弘.

[恢恑] huīkuei ㄏㄨㄟㄍㄨㄟˇ 이상하다.

[恢誕] huītàn ㄏㄨㄟㄉㄢˋ 과장(誇張)하다. 허풍을 떨다.

〔揮〕 huī ㄏㄨㄟ ①휘두르다. 흔들다. 「一刀 ; 칼을 휘두르다」 ②뿌리다. 「一汗成雨 ; 비오듯 흐르는 땀」 ③뒤흔들다. 흔들리다. 「一扇 ; 부채질하다」 ④손을 흔들다. 손짓하다. 「招之即來, 一之即去 ; 부르면 오고 손을 저으면 간다. 명령대로 움직이다. ⑤명령을 내리다.

[揮金如土] huīchīnjút'ǔ ㄏㄨㄟㄐㄧㄣㄖㄨˊㄊㄨˇ 돈을 낭비하다. 돈을 흙을 뿌리듯 쓰다. 돈을 물쓰듯하다.

[揮拳] huīch'üán ㄏㄨㄟㄑㄩㄢˊ 주먹으로 때리다. 주먹을 휘두르다.

[揮霍] huīhuò ㄏㄨㄟㄏㄨㄛˋ (돈을) 낭비하다.

[揮霍無度] huīhuò wútu ㄏㄨㄟㄏㄨㄛˋㄨˊㄉㄨ 돈을 헤프게 쓰다.

[揮淚] huīlèi ㄏㄨㄟㄌㄟˋ 눈물을 흘리다.

[揮令] huīlìng ㄏㄨㄟㄌㄧㄥˋ 지휘하여 …시키다.

[揮灑] huīsǎ ㄏㄨㄟㄙㄚˇ (마음 내키는 대로) 글이나 그림을 그리다.

[揮散] huīsǎn ㄏㄨㄟㄙㄢˇ 휘발(揮發)하다. 날아가다.

[揮手] huīshǒu ㄏㄨㄟㄕㄡˇ ①손을 흔들다. 「一而別 ; 이별하다」 ②지시(指示)하다.

[揮動] huītùng ㄏㄨㄟㄉㄨㄥˋ 흔들어 움직이다. 「一指揮棒 ; 지휘봉을 흔들다」 >揮揮動動.

[揮舞] huīwǔ ㄏㄨㄟㄨˇ 휘두르다.

〔輝〕 huī ㄏㄨㄟ ①빛. 일광(日光). ②

빛나다.

[輝煌] huīhuáng ㄏㄨㄟㄏㄨㄤˊ ①⇨輝映. ②눈부시다. ③화려하다.

[輝映] huīyìng ㄏㄨㄟㄧㄥˋ ①반짝반짝 빛나다. 비치다. ②대응(對應)하다. 관련되다.「前後互相一; 앞뒤가 서로 관련을 가지다」

〔詼〕 huī ㄏㄨㄟ ①비웃다. ②우스운. ③회롱하다. ②웃기다.

[詼諧] huīhsiéh ㄏㄨㄟㄒㄧㄝˋ ①(말이) 재미 있다.

〔麾〕 huī ㄏㄨㄟ ①깃발. 기(旗). ②지휘하다.「一軍; 군대를 지휘하다」

[麾節] huīchiéh ㄏㄨㄟㄐㄧㄝˊ 깃발의 통칭(通稱).

[麾下] huīhsià ㄏㄨㄟㄒㄧㄚˋ ①장수(將帥)의 부하. 휘하. 장수의 경칭(敬稱).

〔徽〕 huī ㄏㄨㄟ ①아름다운. ②표지(標識). ③휘장(徽章).「國一; 국장(國章)」

[徽章] huīchāng ㄏㄨㄟㄓㄤ ①표장(表章). ②마아크.

[徽號] huīhào ㄏㄨㄟㄏㄠˋ ①휘장. ②표지(標識).

[徽墨] huīmò ㄏㄨㄟㄇㄛˋ 중국 "徽州"에서 생산되는 먹(墨).

〔回〕(囬·囘) huí ㄏㄨㄟˊ ①돌아 가다.「一家; 집에 돌아 가다. 귀향하다」②돌아 오다. ③(몸을) 돌리다. 돌아 보다.「一過身來; 이쪽을 돌아 보다」④돌다. ⑤「一話; 말씀드리다」⑥조수사(助數詞). ㉮일의 회수를 세는 말.「遇到他是第二一了; 그를 만난 것은 두 번째다」㉯동작·행위의 회수를 세는 말.「試一一; 한 번 시험하다」⑦장편 소설의 장(章).「紅樓夢一共有一百二十一; 홍루몽은 전부 120장이다」⑧종족명(種族名).「一族; 회족」⑨회교.「一教; 이슬람교」⑩성(姓)의 하나.

[回茬] huích'á ㄏㄨㄟˊㄔㄚˊ 이모작(二毛作).

[回腸九轉] huích'áng chiúchuǎn ㄏㄨㄟˊㄔㄤˊㄐㄧㄡˊㄓㄨㄢˇ 이것 저것 생각하며 괴로와하고 슬퍼함.

[回程] huích'éng ㄏㄨㄟˊㄔㄥˊ 귀로(歸路). 돌아 가는 길.

[回擊] huíchī ㄏㄨㄟˊㄐㄧ 반격(反擊). 반격하다.

[回講] huíchiǎng ㄏㄨㄟˊㄐㄧㄤˇ 강의한 것을 학생이 선생 앞에서 외는 일.

[回見] huíchièn ㄏㄨㄟˊㄐㄧㄢˋ ㉮다시 만납시다: 잠시 헤어질 때의 인사말. =再見.

[回執] huíchíh ㄏㄨㄟˊㄓˊ ①(간단한) 영수증. ②회답을 쓴 조그만 편지. ③회장(回狀). =回條兒.

[回請] huích'ing ㄏㄨㄟˊㄑㄧㄥˇ 답례(答禮)로서 초대하다.

[回敬] huíchìng ㄏㄨㄟˊㄐㄧㄥˋ ①답례하다. ②술잔을 돌리다.

[回去] huích'ü ㄏㄨㄟˊㄑㄩ ①돌아 가다. ②(동사의 뒤에 붙어서) 다시 본디의 장소로 돌아 가는 뜻을 덧붙이는 말.「拿一; 가지고 되돌아 가다」

[回轉椅] huíchuǎn ǐ ㄏㄨㄟˊㄓㄨㄢˇㄧˇ 회전 의자.

[回轉儀] huíchuǎn í ㄏㄨㄟˊㄓㄨㄢˇㄧˊ 자이로스코우프(gyroscope).

[回春] huích'ūn ㄏㄨㄟˊㄔㄨㄣ ①(겨울이 가고) 봄이 오다. ②생기를 되찾다. ③병이 회복되다.

[回飯] huífàn ㄏㄨㄟˊㄈㄢˋ 밥을 데우다.

[回復] huífù ㄏㄨㄟˊㄈㄨˋ ①회복하다. 되찾다. ②대답하다.

[回合] huíhó ㄏㄨㄟˊㄏㄜˊ ①시합·싸움 등의 회수.「打幾個一; 승부를 겨루기를 몇 차례」②돌다.

[回席] huíhsí ㄏㄨㄟˊㄒㄧˊ =回請.

[回鄉] huíhsiāng ㄏㄨㄟˊㄒㄧㄤ 귀향(歸鄉)하다.

[回翔] huíhsiáng ㄏㄨㄟˊㄒㄧㄤˊ 빙빙 돌며 날다.

[回響] huíhsiǎng ㄏㄨㄟˊㄒㄧㄤˇ 메아리.

[回信] huíhsìn ㄏㄨㄟˊㄒㄧㄣˋ ① 답신(答信). 답장. ②말로 하는 회답.

[回心轉意] huíhsīn chuǎn ì ㄏㄨㄟˊㄒㄧㄣㄓㄨㄢˇㄧˋ 번의(翻意)하다. 마음이 변하다.

[回敘] huíhsǜ ㄏㄨㄟˊㄒㄩˋ 과거를 회상하며 서술(敘述)하다.

[回旋] huíhsüán ㄏㄨㄟˊㄒㄩㄢˊ ①빙글빙글 돌다. ②회전하다.「一車床; 회전선반(回轉旋盤)」

[回楦] huíhsüàn ㄏㄨㄟˊㄒㄩㄢˋ ①본디의 형태로 되돌아 가다. ②타락(墮落)하다.

[回護] huíhù ㄏㄨㄟˊㄏㄨˋ 감싸 주다. 비호(庇護)하다.

[回話] huíhuà ㄏㄨㄟˊㄏㄨㄚˋ ①(웃사람에게) 말씀드리다. ②회답하다.「一兒; 사람을 통해 회답하다」

[回黃轉綠] huíhuáng chuǎnlǜ ㄏㄨㄟˊㄏㄨㄤˊㄓㄨㄢˇㄌㄩˋ 시절이 바뀌어 겨울이 가고 봄이 온다는 말.《成》

[回回] huíhui ㄏㄨㄟˊㄏㄨㄟ 회교도(回教徒). =回民.

[回火] huíhuǒ ㄏㄨㄟˊㄏㄨㄛˇ (철의 강도를 높이기 위해서) 담금질을 되풀이하다. 달구다. =回韌.

[回扣] huík'òu ㄏㄨㄟˊㄎㄡˋ 환불(還拂)하다.

[回光反照] huíkuāng fǎnchào ㄏㄨㄟˊㄍㄨㄤㄈㄢˇㄓㄠˋ ①사람이 죽을 때 잠시 원기(元氣)를 되찾다. ②죽음·멸망이 가까와지다.《成》 =回光返照.

[回鍋] huíkuō ㄏㄨㄟˊㄍㄨㄛ (남비·솥 따위에) 넣어서 다시 데우다.

[回國] huíkuó ㄏㄨㄟˊㄍㄨㄛˊ 귀국(歸國)하다.

[回過頭來] huíkuo t'óu lai ㄏㄨㄟˊㄍㄨㄛㄊㄡˊㄌㄞ ①되돌아 보다. ②처음으로 되돌아 가다. ③나쁜 일을 청산(清算)하다.

[回來] huílai ㄏㄨㄟˊㄌㄞ ①돌아 오다. ②(동사의 뒤에 붙어서) 다시 본디의 장소로 돌아 온다는 뜻을 덧붙이는 말.「退一; 되돌아 오다」

[回曆] huílì ㄏㄨㄟˊㄌㄧˋ 회교(回教)의 달력.

[回禮] huílǐ ㄏㄨㄟˊㄌㄧˇ 답례(答禮)하다.

[回祿] huílù ㄏㄨㄟˊㄌㄨˋ ①화신(火神). ②화재(火災).「遭一; 화재를 당하다」

[回籠] huílúng ㄏㄨㄟˊㄌㄨㄥˊ ①회수하다. ②발행한 지폐나 유가증권을 회수하다.

[回門] huímén ㄏㄨㄟˊㄇㄣˊ 근친(覲親)가다.

[回民] huímín ㄏㄨㄟˊㄇㄧㄣˊ 회교도(回教徒). =回回.

[回暖] huínuǎn ㄏㄨㄟˊㄋㄨㄢˇ 날씨가 따뜻해지다. 봄이 다시 오다.

[回拜] huípài ㄏㄨㄟˊㄅㄞˋ 답방(答訪)하다.

[回報] huípào ㄏㄨㄟˊㄅㄠˋ ①복명(復命)하다. ②원수를 갚다. ③은혜를 갚다.

[回避] huípì ㄏㄨㄟˊㄅㄧˋ 회피하다.

[回片兒] huíp'iènrh ㄏㄨㄟˊㄆㄧㄢˋㄦ 쪽지. 메모.

[回稟] huípǐng ㄏㄨㄟˊㄅㄧㄥˇ (아랫 사람

이 웃사람에게) 중간에서 말을 전하다.
[回不過脖兒來] huípukuò pórh lái ㄏㄨㄟˊㄅㄨ˙ㄍㄨㄛˋㄅㄛˊㄦˊㄌㄞˊ ①갈피를 잡을 수 없다. ②반발할 수 없다. ③손을 떼고 물러설 수가 없다.
[回生] huíshēng ㄏㄨㄟˊㄕㄥ ①소생(蘇生)하다. ②익힌 것이 다시 되설다. ③(훈련·연습을 한 것이) 다시 서툴어지다.
[回聲] huíshēng ㄏㄨㄟˊㄕㄥ ①＝回響. ②기적(汽笛). ③메아리치다. ④회답하다.
[回身兒] huíshēnrh ㄏㄨㄟˊㄕㄣㄦ 몸을 돌리다.
[回事] huíshìh ㄏㄨㄟˊㄕˋ (웃사람에게) 말을 전하다. 「一的人; 말을 전하는 사람」
[回手兒] huíshǒurh ㄏㄨㄟˊㄕㄡˇㄦ ①반항하다. ②내민 손을 다시 움추리다. ③움추린 손. 「ㄢˇ 도수관(導水管).
[回水管] huíshuǐkuǎn ㄏㄨㄟˊㄕㄨㄟˇㄍㄨ
[回答] huítá ㄏㄨㄟˊㄉㄚˊ ①대답하다. ②회답. ＝回覆.
[回單] huítān ㄏㄨㄟˊㄉㄢ 영수증. 「執.
[回條兒] huít'iáorh ㄏㄨㄟˊㄊㄧㄠˊㄦ ＝回
[回跌] huítiéh ㄏㄨㄟˊㄉㄧㄝˊ (올랐던 물가가) 떨어지다. ＝回落. 「답전하다.
[回電] huítièn ㄏㄨㄟˊㄉㄧㄢˋ 답전(答電).
[回天乏術] huít'iēn fáshù ㄏㄨㄟˊㄊㄧㄢ ㄈㄚˊㄕㄨˋ 이미 정하여진 국면(局面)을 만회(挽回)할 수는 없다. ＝回天無力.
[回頭] huít'óu ㄏㄨㄟˊㄊㄡˊ ①머리를 돌리다. 되돌아 보다. 「一一看; 되돌아 보다」 ②돌아 가다. 「一去不一; 무소식(無消息)」 ③거절하다. ④회답하다. ⑤(잘못을) 깨치다. 개심(改心)하다. ⑥한 뒤에. 잠시 후에. 나중에. 「你說的我還不明白, 一讓我再問一問他吧; 네 말을 내가 아직 못 알아들었으니 나중에 그에게 한 번 묻게 해다오」
[回頭路] huít'óulù ㄏㄨㄟˊㄊㄡˊㄌㄨˋ 먼저 오던 길. 「走一; 먼저 오던 길을 걷다」 「개심(改心)한 사람. ②소박데기.
[回頭人] huít'óujěn ㄏㄨㄟˊㄊㄡˊㄖㄣˊ ①
[回子] huítzǔ ㄏㄨㄟˊㄗ˙＝回回. «罵» 「徒族).
[回族] huítsú ㄏㄨㄟˊㄗㄨˊ 회교도족(回教
[回嘴] huítsuǐ ㄏㄨㄟˊㄗㄨㄟˇ 말대답하다.
[回味] huíwèi ㄏㄨㄟˊㄨㄟˋ ①식사나 일한 후의 뒷맛. ②회상(回想) 하다.
[回味兒] huíwèirh ㄏㄨㄟˊㄨㄟˋㄦ ＝回味②.
[回穩] huíwěn ㄏㄨㄟˊㄨㄣˇ 다시 안정(安定)되다. 「답을 기다리다」
[回音] huíyin ㄏㄨㄟˊㄧㄣ 회답. 「聽一; 회
[回佣] huíyùng ㄏㄨㄟˊㄩㄥˋ 커미션. 수 「수료

〔茴〕 huí ㄏㄨㄟˊ. 「향풀.
[茴香] huíhsiāng ㄏㄨㄟˊㄒㄧㄤ 〈植〉 회
[茴香菜] huíhsiāngts'ài ㄏㄨㄟˊㄒㄧㄤㄘㄞˋ 회향풀의 줄기와 잎: 식용(食用)함.

〔迴〕(廻) huí ㄏㄨㄟˊ ①돌다. 「一風; 회오리바람」 ②구부러지다.
[迴合] huíhó ㄏㄨㄟˊㄏㄜˊ ＝環繞.
[迴翔] huíhsiáng ㄏㄨㄟˊㄒㄧㄤˊ ＝回翔.
[迴旋] huíhsüán ㄏㄨㄟˊㄒㄩㄢˊ ① 돌다. ②회전하다. ＝回旋. 「하다.
[迴環] huíhuán ㄏㄨㄟˊㄏㄨㄢˊ 순환(循環)
[迴避] huípì ㄏㄨㄟˊㄅㄧˋ ＝回避.
[迴斡] huíwò ㄏㄨㄟˊㄨㄛˋ ＝迴旋. 回旋.

〔蛔〕 huí ㄏㄨㄟˊ.
[蛔蟲] huích'ūng ㄏㄨㄟˊㄔㄨㄥ 회충. 「一萬素; 산토닌」

〔虺〕 huǐ ㄏㄨㄟˇ 〈動〉 살무사.
[虺虺] huǐhuǐ ㄏㄨㄟˇㄏㄨㄟˇ 뇌성(雷聲).
[虺蜴] huǐì ㄏㄨㄟˇㄧˋ 독충(毒蟲).
[虺蜮] huǐyǜ ㄏㄨㄟˇㄩˋ ①＝虺蜴. ②도량이 좁고 간사한 사람.

〔悔〕 huǐ ㄏㄨㄟˇ ①후회(後悔)하다. 뉘우치다. 「一之已晚; 사후(事後)에 후회해도 이미 늦다」 ②중지하다. 「一親; 혼담(婚談)을 중지하다」
[悔恨] huǐhěn ㄏㄨㄟˇㄏㄣˋ 후회하다. 한스럽게 여기다. 「하는 마음.
[悔心] huǐhsīn ㄏㄨㄟˇㄒㄧㄣ 회개(悔改)
[悔意] huǐì ㄏㄨㄟˇㄧˋ 후회하는 마음.
[悔改] huǐkǎi ㄏㄨㄟˇㄍㄞˇ 회개하다.
[悔口] huǐk'ǒu ㄏㄨㄟˇㄎㄡˇ 먼저 한 말을 취소하다.
[悔過] huǐkuò ㄏㄨㄟˇㄍㄨㄛˋ 잘못을 인정하고 뉘우치다. 「一自新; 회개하여 거듭나다」 「①시말서(始末書). ②참회서.
[悔過書] huǐkuòshū ㄏㄨㄟˇㄍㄨㄛˋㄕㄨ
[悔不該] huǐpùkāi ㄏㄨㄟˇㄅㄨˋㄍㄞ …을 하지 말아야 했을 것을 하고 뉘우치다.
[悔不當初] huǐpùtāngch'ū ㄏㄨㄟˇㄅㄨˋㄉㄤㄔㄨ 처음의 잘못을 이제야 깨달았다고 후회하다. 처음이 후회되다. «成»

〔毀〕 huǐ ㄏㄨㄟˇ ①부수다. 망그러뜨리다. ②몸을 해치다. ③비방하다. 헐담하다. ④몹시 슬퍼하다. 「훼손하다.
[毀害] huǐhài ㄏㄨㄟˇㄏㄞˋ ①다치다. ②
[毀壞] huǐhuài ㄏㄨㄟˇㄏㄨㄞˋ ①부수다. 「一了無數的桌椅; 수많은 책상과 의자가 부서졌다」 ②모함하다. 헐뜯다.
[毀滅] huǐmièh ㄏㄨㄟˇㄇㄧㄝˋ 파멸하다. 「一性武器; 파괴적인 무기」
[毀謗] huǐpàng ㄏㄨㄟˇㄅㄤˋ 비방(誹謗)하다. 헐뜯다.
[毀傷] huǐshāng ㄏㄨㄟˇㄕㄤ ①다치다. ②해치다. 「過分的工作, 一了身體; 지나친 일로 몸을 해치다」
[毀損] huǐsǔn ㄏㄨㄟˇㄙㄨㄣˇ 훼손하다.
[毀詆] huǐtǐ ㄏㄨㄟˇㄉㄧˇ ＝毀謗.
[毀訾] huǐtzǔ ㄏㄨㄟˇㄗˇ 비난(非難).
[毀譽] huǐyǜ ㄏㄨㄟˇㄩˋ 칭찬과 비난.

〔燬〕 huǐ ㄏㄨㄟˇ ①열화(烈火). ②태우 「다.

〔卉〕 huì ㄏㄨㄟˋ ①풀의 총칭. 「花一; 화초」 ②많다.

〔彗〕(篲) huì ㄏㄨㄟˋ ①비. ②쓸다. ③별의 이름.
[彗星] huìhsīng ㄏㄨㄟˋㄒㄧㄥ 혜성.

〔晦〕 huì ㄏㄨㄟˋ ①그믐. ②밤. 「風雨如一; 비바람으로 밤처럼 캄캄하다」 ③어둡다. ④불길(不吉)하다. ⑤분명치 않다.
[晦暗] huìàn ㄏㄨㄟˋㄢˋ 어둡다. 「面色一; 안색이 어둡다」
[晦氣] huìch'ì ㄏㄨㄟˋㄑㄧˋ ①불운(不運). 「認一; 운이 나쁘다고 체념하다」 ②운(運)이 나쁘다. ③괘씸하다.

[晦盲] huìmáng ㄏㄨㄟˋㄇㄤˊ 어두워 보이지 않다.
[晦澀] huìsè ㄏㄨㄟˋㄙㄜˋ 뜻이 어렵고 「뚜렷하지 않다.
[晦朔] huìshùo ㄏㄨㄟˋㄕㄨㄛˋ 그믐과 [초승.

〔喙〕 huì ㄏㄨㄟˋ ①부리. ②(짐승의) 아가리.「無庸置一；말참견할 것 없다」

〔惠〕 huì ㄏㄨㄟˋ ①은혜. 은혜를 베풀다.「加一于人；남에게 은혜를 베풀다」②타인의 행위를 존경할 때 쓰는 말.「一贈；보내 주시다」③성(姓)의 하나.
[惠政] huìchěng ㄏㄨㄟˋㄓㄥˋ 선정(善政). 인정(仁政).
[惠風] huìfěng ㄏㄨㄟˋㄈㄥ 따뜻한 바람.
[惠然] huìján ㄏㄨㄟˋㄖㄢˊ (환영하는 뜻으로) 호의를 나타내는 모양.「一肯來；어서 오십시오」
[惠顧] huìkù ㄏㄨㄟˋㄍㄨˋ 신세를 지다.
[惠臨] huìlín ㄏㄨㄟˋㄌㄧㄣˊ 내가(來駕).
[惠而不費] huiěrhpúfèi ㄏㄨㄟˋㄦˊㄅㄨˊㄈㄟˋ 은혜를 베푼다고 자신에게 손해되는 일은 없다.《成》 「받겠읍니다.《敬》
[惠賜] huìts'ù ㄏㄨㄟˋㄘˋ (물건 따위를)
[惠存] huìts'ún ㄏㄨㄟˋㄘㄨㄣˊ 받아 주시기 바랍니다.《敬》
[惠音] huìyin ㄏㄨㄟˋㄧㄣ 혜서(惠書).《敬》

〔賄〕 huì ㄏㄨㄟˋ ①재화(財貨). 재산. ②뇌물.「行一；뇌물을 주다」「受一；뇌물을 받다」 「써서 당선을 꾀하다.
[賄選] huìhsüǎn ㄏㄨㄟˋㄒㄩㄢˇ 뇌물을
[賄賂] huìlù ㄏㄨㄟˋㄌㄨˋ ①뇌물을 쓰다. ②매수(買收)하다. ③뇌물.

〔會〕(会) huì ㄏㄨㄟˋ ①모이다.「一餐；회식(會食)」②만나다.「昨天沒有一着他；어제는 그를 만나지 못했다」③부닥치다. 만나다.「一大風起, 覆船；폭풍을 만나 배가 전복했다」④집합. 회합.「開個一；회의를 열다」⑤단체. 조합.「學生一；학생 단체. 학생회」⑥대도시(大都市): 보통 정치의 중심지를 가리킴.「省一：성(省)의 수도(首都). 성도」⑦돈을 지불하다. 회계하다.「今天飯錢我一過了；오늘 밥값은 내가 낸다」⑧깨닫다. 이해하다.「只可意一,不可言傳；이심전심으로 알 뿐, 말로써 전할 수는 없다」⑨할 줄 안다. 능력이 있다.「一讀一寫；읽을 줄도 알고 쓸 줄도 안다」⑩가능성이 있다.「一不一發生事故？；사고가 일어날 가능성이 있느냐?」⑪…을 잘 한다.「他能說一道；그는 말을 잘 한다」⑫때. 시기. 기회. ⑬잠깐. 잠시.「等一一兒；잠깐 기다려」 ⇨k'uài, kuèi.
[會賬] huìchàng ㄏㄨㄟˋㄓㄤˋ (식당 따위에서) 돈을 지불하다. 계산하다. 회계하다. ＝會鈔. 「다.
[會集] huìchí ㄏㄨㄟˋㄐㄧˊ 모이다. 집합하
[會合] huìhó ㄏㄨㄟˋㄏㄜˊ ①회합하다. ②합치다. 「②깨닫다.
[會心] huìhsīn ㄏㄨㄟˋㄒㄧㄣ ①이해하다.
[會意] huì ì ㄏㄨㄟˋㄧˋ ①깨닫다. ②알다. ③이해하다. 「다.「一室(廳)；응접실」
[會客] huìk'ò ㄏㄨㄟˋㄎㄜˋ 손님을 만나
[會館] huìkuǎn ㄏㄨㄟˋㄍㄨㄢˇ 회관. 동향인(同鄕人)이 외지(外地)에서 모이는 곳.
[會面] huìmièn ㄏㄨㄟˋㄇㄧㄢˋ 만나다. 회견하다.
[會兒] huìrh ㄏㄨㄟˋㄦ 잠깐. 잠시 : 비교적 짧은 시간을 말함.「等一一再來；잠깐만 기다리면 다시 온다」
[會商] huìshāng ㄏㄨㄟˋㄕㄤ (만나서) 의논하다. 면담하다.
[會審] huìshěn ㄏㄨㄟˋㄕㄣˇ (두 기관 이상이 한데 모여서) 심의하다. 심판하다.
[會食] huìshíh ㄏㄨㄟˋㄕˊ 회식.
[會事] huìshìh ㄏㄨㄟˋㄕˋ ①이치를 깨닫다. ②일할 줄 알다. 「줄 알다.
[會水] huìshǔi ㄏㄨㄟˋㄕㄨㄟˇ 헤엄을 칠
[會所] huìsǒ ㄏㄨㄟˋㄙㄨㄛˇ (단체 따위의) 사무소. 「당.
[會堂] huìt'áng ㄏㄨㄟˋㄊㄤˊ 집회실. 회
[會道門兒] huìtàoměnrh ㄏㄨㄟˋㄉㄠˋㄇㄣˊㄦ ①비결(秘訣)을 알다. ②깊은 뜻을 알다. 「을 할 줄 알다.
[會得] huìtê ㄏㄨㄟˋㄉㄜ …을 잘 하다.…
[會通] huìt'ūng ㄏㄨㄟˋㄊㄨㄥ 이해하다. 정통(精通)하다.
[會同] huìt'úng ㄏㄨㄟˋㄊㄨㄥˊ ①합동(合同)하다. ②회동하다. ③짜다. 한 패가 되다. ④(서류 따위를) 함께 붙이다.
[會子] huìtzǔ ㄏㄨㄟˋㄗ 잠깐. 잠시:"會兒" 보다는 약간 긴 시간을 말함.「還要等一；아직 좀 기다려야 한다」 「晤.
[會晤] huìwù ㄏㄨㄟˋㄨˋ 면회하다. ＝面
[會陰] huìyīn ㄏㄨㄟˋㄧㄣ 〈生〉 회음. 인체의 음부와 항문 사이.
[會飲] huìyìn ㄏㄨㄟˋㄧㄣˇ 함께 마시다. 「하다.

〔誨〕 huì ㄏㄨㄟˋ ①타이르다. ②교훈
[誨人不倦] huìjěn pùchüàn ㄏㄨㄟˋㄖㄣˊㄅㄨˋㄐㄩㄢˋ (감정적으로 하지 않고) 순리로 타이르다.
[誨淫 誨盜] huìyín-huìtào ㄏㄨㄟˋㄧㄣˊㄏㄨㄟˋㄉㄠˋ 방탕(放蕩)과 도둑질을 가르친다는 뜻으로, 화(禍)를 자초(自招)한다는 말. ＝誨盜誨淫.

〔匯〕(滙) huì ㄏㄨㄟˋ ①환(換).「外一；외환(外換)」②흐르는 물이 한 곳으로 모이다.「百川所一；모든 냇물이 모이는 곳」
[匯費] huìfèi ㄏㄨㄟˋㄈㄟˋ 환(換) 요금.
[匯付] huìfù ㄏㄨㄟˋㄈㄨˋ 환으로 지불하다.
[匯合] huìhó ㄏㄨㄟˋㄏㄜˊ ①모으다. ②합류하다.
[匯信] huìhsìn ㄏㄨㄟˋㄒㄧㄣˋ 송금 통지.
[匯劃] huìhuà ㄏㄨㄟˋㄏㄨㄚˋ 어음 교환.
[匯款] huìk'uǎn ㄏㄨㄟˋㄎㄨㄢˇ 환으로 송금하다.
[匯票] huìp'iào ㄏㄨㄟˋㄆㄧㄠˋ 환어음.
[匯水] huìshuǐ ㄏㄨㄟˋㄕㄨㄟˇ ＝匯費.
[匯兌] huìtuì ㄏㄨㄟˋㄉㄨㄟˋ ①환.「一單；환어음」②환으로 보내다.

〔彙〕(彚) huì ㄏㄨㄟˋ ①종류. ②「모이다. 간추리다.
[彙集] huìchí ㄏㄨㄟˋㄐㄧˊ ①모이다. 모으다. ②집합하다. 「②합류하다.
[彙合] huìhó ㄏㄨㄟˋㄏㄜˊ ①모아 합치다.
[彙報] huìpào ㄏㄨㄟˋㄅㄠˋ ①종합(綜合) 보고(報告). ②종합해서 보고하다. ③부하(部下) 직원을 모아 업무상의 보고나 의논을 하다

〔慧〕 huì ㄏㄨㄟˋ ①현명하다. 슬기롭다. 「早一 ; 올되다」 ②민첩한. 「貌若不一 ; 얼굴이 바보같이 보인다」
[慧給] huìchǐ ㄏㄨㄟˋㄐㄧˇ 총명하고 말재주가 있다. 「기롭다.
[慧黠] huìhsiá ㄏㄨㄟˋㄒㄧㄚˊ 민첩하고 슬
〔潰〕(殨) huì ㄏㄨㄟˋ (헌데가) 문드러 터지다.⇨k'uei
〔蕙〕 huì ㄏㄨㄟˋ 난초의 일종.
[蕙心] huìhsin ㄏㄨㄟˋㄒㄧㄣ 아름답고 깨끗한 마음.
[蕙蘭] huìlán ㄏㄨㄟˋㄌㄢˊ 〈植〉 혜란.
〔薈〕 huì ㄏㄨㄟˋ 초목(草木)이 무성한 「모양.
[薈萃] huìts'uì ㄏㄨㄟˋㄘㄨㄟˋ 흥성(興盛)하다. 모이다.「人才一 ; 우수한 인재가 모이다」 「한 모양.
[薈蔚] huìwèi ㄏㄨㄟˋㄨㄟˋ 초목이 빽빽
〔燴〕 huì ㄏㄨㄟˋ 삶거나 구워서 만드는 요리의 일종. 「雜一 ; 잡탕」
〔諱〕 huì ㄏㄨㄟˋ ①기피(忌避)하다. 꺼리다. ②감추다. 덮다. 「直言不一 ; 숨김 없이 시원스럽게 말하다」 ③지위가 높은 사람이 죽은 후에 붙이는 이름.
[諱疾忌醫] huìchī-chìi ㄏㄨㄟˋㄐㄧˊㄐㄧˋㄧ 병을 감추고 치료하기를 싫어한다는 뜻으로, 결점이 있어도 충고받기를 싫어한다는 말. «成»
[諱莫如深] huìmòjúshēn ㄏㄨㄟˋㄇㄛˋㄖㄨˊㄕㄣ 비밀을 감추고 남에게 알리려고 하지 않다. 「다.
[諱飾] huìshìh ㄏㄨㄟˋㄕˋ 은폐하다. 감추
[諱言] huìyén ㄏㄨㄟˋㄧㄢˊ 꺼리는 말.
〔蟪〕 huì ㄏㄨㄟˋ
[蟪蛄] huìkū ㄏㄨㄟˋㄍㄨ 〈動〉 쓰르라미.
〔繪〕 huì ㄏㄨㄟˋ 그리다. 「一畫 ; 그림을 그리다」
[繪制] huìchìh ㄏㄨㄟˋㄓˋ 제도(製圖)하다. 「一航空地圖 ; 항공 지도를 만들다」
[繪聲繪色] huìshēng-huìsè ㄏㄨㄟˋㄕㄥㄏㄨㄟˋㄙㄜˋ 묘사나 화법(畫法)이 생생하여 실물과 같다. ＝繪影繪聲.
[繪事] huìshìh ㄏㄨㄟˋㄕˋ 지도·도면·회화(繪畫)를 그리는 일. 그림 그리기.
〔穢〕 huì ㄏㄨㄟˋ ①더러운. 불결한. 「汚一 ; 불결하다」 ②추한. 음란한. 「一行 ; 추행(醜行)」
[穢土] huìt'ǔ ㄏㄨㄟˋㄊㄨˇ 불결한 땅.

HUN ㄏㄨㄣ

〔昏〕 hūn ㄏㄨㄣ ①황혼(黃昏). 해질 무렵. 「晨一 ; 아침과 저녁」 ②어둡다. ③머리가 둔하다. 정신을 잃다. 「發一 ; 혼미(昏迷)하다」 ④기절하다. 「他一過去了 ; 그는 기절했다」 ⑤성(姓)의 하나.
[昏暗] hūn'àn ㄏㄨㄣㄢˋ ①어둡다. 「一不明 ; 어두워서 분명치 않다」 ②저미(低迷)하다.
[昏沈] hūnch'én ㄏㄨㄣㄔㄣˊ ①마음이 흐리다. ②몽롱하다. 혼미(昏迷)하다. ＞昏昏沈沈.
[昏厥] hūnchüéh ㄏㄨㄣㄐㄩㄝˊ ①졸도(卒倒)하다. ②갑자기 졸도하여 죽다.
[昏黑] hūnhēi ㄏㄨㄣㄏㄟ 어두워서 약간 멍청하게 하고 있다. 「天色已經一了 ; 날이 벌써 저물었다」
[昏花] hūnhuā ㄏㄨㄣㄏㄨㄚ 눈이 밝게 보이지 않는 모양. 눈이 흐리다. 눈이 침침하다.
[昏黃] hūnhuáng ㄏㄨㄣㄏㄨㄤˊ ①(하늘이 모래 바람 따위로) 어둡다. ②황혼. ③어둠침침한 날씨.
[昏昏] hūnhūn ㄏㄨㄣㄏㄨㄣ ①분명치 않다. 몽롱한. 어두운 모양. ②정상(正常)이 아닌 모양. ③깊이 잠이 든 모양.
[昏聵] hūnk'uei ㄏㄨㄣㄎㄨㄟˋ ①멍청하다. ②어리석다. 우매하다.
[昏亂] hūnluàn ㄏㄨㄣㄌㄨㄢˋ ①혼미하여 어질어질하다. 「腦子也一了 ; 머리도 어질어질했다」 ②혼미하여 아무렇게나 하다. 「사불성이 되다.
[昏迷] hūnmí ㄏㄨㄣㄇㄧˊ 혼미해지다. 인
[昏暴] hūnpào ㄏㄨㄣㄅㄠˋ 이성(理性)이 없이 난폭하다.
[昏天黑地] hūnt'iēn-hēitì ㄏㄨㄣㄊㄧㄢㄏㄟㄉㄧˋ ①어두워서 사방(四方)을 분간할 수 없는 모양. ②생활이 문란한 모양. ③우둔하여 아무 것도 모르는 모양.
[昏頭昏腦] hūnt'óu-hūnnǎo ㄏㄨㄣㄊㄡˊㄏㄨㄣㄋㄠˇ 머리가 멍하여 무엇이 무엇인지 모르는 모양. «成» ＝昏頭打腦.
[昏惘] hūnwǎng ㄏㄨㄣㄨㄤˇ ①흐리멍텅한. ②제 정신이 아닌. ③감각이 둔한.
[昏暈] hūnyǜn ㄏㄨㄣㄩㄣˋ ①현기증이 나는. ②어질어질하다. ③감각이 둔하다.
〔婚〕 hūn ㄏㄨㄣ ①결혼하다. 시집가고 장가를 가다. ②결혼. 「已一 ; 기혼(既婚)」
[婚假] hūnchià ㄏㄨㄣㄐㄧㄚˋ 결혼 휴가.
[婚媾] hūnkòu ㄏㄨㄣㄍㄡˋ 결혼. 혼인.
[婚禮] hūnlǐ ㄏㄨㄣㄌㄧˇ 결혼식. 혼례.
[婚齡] hūnlíng ㄏㄨㄣㄌㄧㄥˊ 결혼 적령기.
[婚配] hūnp'èi ㄏㄨㄣㄆㄟˋ ①결혼하다. 「成一 ; 부부가 되다」 ②배필.
[婚書] hūnshū ㄏㄨㄣㄕㄨ 결혼 증서.
[婚約] hūnyüeh ㄏㄨㄣㄩㄝ 약혼.
〔葷〕 hūn ㄏㄨㄣ ①육식(肉食). 「不吃一 ; 육식을 하지 않다」 ②(파·마늘 따위의) 냄새 나는 채소.
[葷辛] hūnhsīn ㄏㄨㄣㄒㄧㄣ (파·마늘 따위의) 냄새가 심한 야채(野菜).
[葷腥(兒)] hūnhsīng(rh) ㄏㄨㄣㄒㄧㄥ(ㄦ) ①고기·생선 따위로 만든 식품. ②냄새 나는. 비린내 나는. 「는 요리. ②양념거리.
[葷菜] hūnts'ài ㄏㄨㄣㄘㄞˋ ①비린내 나
[葷油] hūnyú ㄏㄨㄣㄧㄡˊ ①돼지 기름. ②동물성 기름.
〔閽〕 hūn ㄏㄨㄣ ①궁문(宮門). ②파수(把守).
〔渾〕 hún ㄏㄨㄣˊ ①탁해지다. 혼탁하다. 흐리다. 「水一了 ; 물이 흐렸다」 ②사리를 가리지 못하다. 「一人 ; 멍청이」

③전부. 온통. 「一身是汗; 온통 몸에 땀이다」 ④대개. 아마. 「소설에 나오는 말.
[渾家] húnchiā ㄏㄨㄣˊㄐㄧㄚ 처(妻):고대
[渾勁兒] húnchìnrh ㄏㄨㄣˊㄐㄧㄣˋㄦ ①사리(事理)를 분간 못하는 모양. ②침착하지 못한 모양.
[渾濁] húnchó ㄏㄨㄣˊㄓㄨㄛˊ ①혼탁하다. 더럽다. ②(조리가) 분명치 않다. ③(머리가) 명석하지 못하다. 바보. 멍텅구리. «罵» =混濁.
[渾噩] hún'è ㄏㄨㄣˊㄜˋ ①무엇이 무엇인지 모르다. 멍청하다. ②천진난만하다. >渾渾噩噩.
[渾號] húnhào ㄏㄨㄣˊㄏㄠˋ 별명(別名).
[渾橫(兒)] húnhèng(rh) ㄏㄨㄣˊㄏㄥˋ(ㄦ) hùnhèngrh 난폭한 사람. 개구장이.
[渾然] húnján ㄏㄨㄣˊㄖㄢˊ 전연. 전혀.
[渾人] húnjén ㄏㄨㄣˊㄖㄣˊ 어리석은 사람. 바보.
[渾不比] húnpùpǐ ㄏㄨㄣˊㄅㄨˋㄅㄧˇ 전혀 「…와 같지 않다.
[渾實] húnshih ㄏㄨㄣˊㄕ 뚱뚱하고 튼튼하다.
[渾水] húnshuǐ ㄏㄨㄣˊㄕㄨㄟˇ ①더러운 「물. ②물을 더럽히다.
[渾說] húnshuō ㄏㄨㄣˊㄕㄨㄛ 엉터리를 말하다. 횡설수설하다.
[渾似] húnssǔ ㄏㄨㄣˊㄙˇ ①거의 …와 같다. ②꼭 …와 같다. =渾一似.
[渾蛋] húntàn ㄏㄨㄣˊㄉㄢˋ =混蛋.
[渾鐵] húnt'iěh ㄏㄨㄣˊㄊㄧㄝˇ 선철(銑鐵).
[渾頭渾腦] húnt'óu-húnnǎo ㄏㄨㄣˊㄊㄡˊㄏㄨㄣˊㄋㄠˇ 어리석은 모양.
[渾頭兒] húnt'óurh ㄏㄨㄣˊㄊㄡˊㄦ 첩 「(妾).
[渾圓] húnyüán ㄏㄨㄣˊㄩㄢˊ 동그랗다.

〔魂〕 hún ㄏㄨㄣˊ ①정신(精神). ②혼. 영혼. 「鬼一; 유령」
[魂轎] húnchiào ㄏㄨㄣˊㄐㄧㄠˋ 상여(喪 「輿).
[魂飛天外] húnfēit'iēnwài ㄏㄨㄣˊㄈㄟㄊㄧㄢㄨㄞˋ 혼비백산(魂飛魄散). «成» =魂飛膽裂. 「혼. 영혼. =魂魄.
[魂靈(兒)] húnlíng(rh) ㄏㄨㄣˊㄌㄧㄥˊ(ㄦ)
[魂不附體] húnpù fùt'ǐ ㄏㄨㄣˊㄅㄨˋㄈㄨˋㄊㄧˇ 몹시 놀라서 넋을 잃다. 혼이 빠지 「다.

〔餛〕 hún ㄏㄨㄣˊ
[餛飩] húnt'un ㄏㄨㄣˊㄊㄨㄣ 골무만두: 물만두의 일종으로 물만두보다 작고 얇 「음.

〔混〕 hùn ㄏㄨㄣˋ ①섞다. 섞이다. 「一爲一談; 뒤섞어 이야기하다」 ② 헛되이 보내다. 「不能再一日子了; 더 이상 허송 세월할 수 없다」 ③터무니 없는 말. 허튼 소리. 「誰允許你在這裡一說? ; 누가 너더러 여기서 허튼 소리하라고 했니?」 ④(옳지 못한 방법으로) 일을 하거나 물건을 얻다. 「一飯; 생활하다」
[混帳] hùnchàng ㄏㄨㄣˋㄓㄤˋ ①어리석은. 비열한. «名» 바보. 멍텅구리. 「一東西; 어리석은 놈」
[混充] hùnch'ūng ㄏㄨㄣˋㄔㄨㄥ 사칭(詐稱)하다. 「一公務員; 공무원을 사칭하다」
[混飯吃] hùnfànch'īh ㄏㄨㄣˋㄈㄢˋㄔ ①불로소득(不勞所得)하다. ②(생활을 위해) 하루하루의 벌이를 하다.
[混合水泥] hùnhó shuǐní ㄏㄨㄣˋㄏㄜˊㄕㄨㄟˇㄋㄧˊ 혼합 포오틀란드 시멘트(portland cement).
[混淆不清] hùn yáo pùch'īng ㄏㄨㄣˋㄧㄠˊㄅㄨˋㄑㄧㄥ 뒤섞여 분간할 수 없다.
[混淆視聽] hùnyiáo shiht'īng ㄏㄨㄣˋㄧㄠˊㄕˋㄊㄧㄥ ①남의 이목을 끌다. 현혹하다. ②유혹하다. 「돈을 마구 쓰다.
[混花] hùnhuā ㄏㄨㄣˋㄏㄨㄚ 낭비하다.
[混日子] hùnjìhtzǔ ㄏㄨㄣˋㄖˋㄗˇ 그럭저럭 세월을 보내다. 「을 회피하다.
[混賴] hùnlài ㄏㄨㄣˋㄌㄞˋ (속여서) 책임
[混凝土] hùnníngt'ǔ ㄏㄨㄣˋㄋㄧㄥˊㄊㄨˇ 콘크리이트. 「一攪拌機; 콘크리이트 믹서」
[混事] hùnshìh ㄏㄨㄣˋㄕˋ ①매음(賣淫)하다. ②생활 방도를 강구하다. ③생활하다. ④속이다. 아무렇게나 하다.
[混蛋] hùntàn ㄏㄨㄣˋㄉㄢˋ =渾蛋.
[混糖] hùnt'áng ㄏㄨㄣˋㄊㄤˊ 설탕을 섞다. 「一饅頭; 설탕을 넣고 찐 만두」
[混丟] hùntiū ㄏㄨㄣˋㄉㄧㄡ 마구 던져 버리다.
[混雜] hùntsá ㄏㄨㄣˋㄗㄚˊ 섞이다. 섞어서 합치다. 「一不清; 섞여서 분명치 않다」
[混子] hùntzǔ ㄏㄨㄣˋㄗ ①일을 마구 하는 사람. ②(트럼프의) 조우커(joker). ③무엇이든지 잘하는 사람. 재줏군.

〔溷〕 hùn ㄏㄨㄣˋ ①불결한. 더러운. ②무질서한. 어지러운. ③(동물의)우리. 「猪一; 돼지우리」 ④변소. 뒷간.

〔諢〕 hùn ㄏㄨㄣˋ ①농담(弄談). 「打一; 농담을 하다」 ②=混③. ③크다.

HUNG ㄏㄨㄥ

〔訇〕 hūng ㄏㄨㄥ ①큰 소리. ②성(姓)의 하나.
[訇出去] hūngch'ūch'ü ㄏㄨㄥㄔㄨㄑㄩ ①쫓아 버리다. ②꺼져라. 나가 없어져라. «罵»
[訇走] hūngtsǒu ㄏㄨㄥㄗㄡˇ 쫓아 버리다.

〔哄〕 hūng ㄏㄨㄥ 많은 사람이 동시에 소리를 내다. 「一堂大笑; 많은 사람이 크게 웃다」 「다.
[哄傳] hūngch'uán ㄏㄨㄥㄔㄨㄢˊ 선전하
[哄然] hūngján ㄏㄨㄥㄖㄢˊ 와아 : 크게 웃는 소리. 「一大笑; 와아 하고 크게 웃다」 「떠들다.
[哄鬧] hūngnào ㄏㄨㄥㄋㄠˋ 왁 큰소리로
[哄堂] hūngt'áng ㄏㄨㄥㄊㄤˊ 많은 사람이 동시에 웃다.
[哄動] hūngtùng ㄏㄨㄥㄉㄨㄥˋ ①많은 사람의 감동이나 주의를 끌다. ②뒤흔들다. =轟動.
[哄動一時] hūngtùng ìshíh ㄏㄨㄥㄉㄨㄥˋㄧˋㄕˊ 한때 세상을 시끄럽게 하다.

〔烘〕 hūng ㄏㄨㄥ ①(물건을) 불에 말리다. 「衣裳濕了一一一; 의복이 젖었으니 좀 말리자」 ②굽다. 태우다. ③불을 쬐다. ④윤곽을 그리다. 「게 나타내다.
[烘襯] hūngch'èn ㄏㄨㄥㄔㄣˋ 두드러지

[烘火] hūnghuŏ ㄏㄨㄥㄏㄨㄛˇ 불을 쬐다.
[烘乾] hūngkān ㄏㄨㄥㄍㄢ 불에 말리다.
「一機；건조기」
[烘烤] hūngk'ăo ㄏㄨㄥㄎㄠˇ 불에 굽다.
[烘山芋] hūngshānyǜ ㄏㄨㄥㄕㄢㄩˋ 군
고구마.＝烤白薯. «方» 「쬐다.
[烘手] hūngshŏu ㄏㄨㄥㄕㄡˇ (불에) 손을
[烘托] hūngt'ō ㄏㄨㄥㄊㄨㄛ ＝烘襯.
[烘雲托月] hūngyǘn t'ōyüèh ㄏㄨㄥㄩㄣˊ
ㄊㄨㄛㄩㄝˋ ①구름 부분에 색을 칠해
달을 두드러지게 하다. ②측면에서 여러
가지 말을 하여 주체를 두드러지게 하
⌊다. «成»

〔薨〕 hūng ㄏㄨㄥ ①제후(諸侯)의 죽
음. ②곤충의 무리가 내는 소리.＝薨薨.

〔輷〕 hūng ㄏㄨㄥ 차(車) 소리.

〔轟〕(轰) hūng ㄏㄨㄥ ①차 소
리. ②쾅 폭발하는 소리. ③와르릉 : 천
둥 소리. ④폭발하다. 폭파하다. ⑤쫓다.
쫓아내다. 「「一機；폭격기」
[轟炸] hūngchà ㄏㄨㄥㄓㄚˋ 폭격하다.
[轟沈] hūngch'ĕn ㄏㄨㄥㄔㄣˊ 격침(擊沈)
시키다. 「하다. 격파하다.
[轟擊] hūngchí ㄏㄨㄥㄐㄧˊ 포(砲)로 공격
[轟出去] hūngch'uch'ü ㄏㄨㄥㄔㄨㄑㄩ
＝訇出去. 「폭격하여 파괴하다.
[轟毀] hūnghuĭ ㄏㄨㄥㄏㄨㄟˇ 포(砲)로
[轟轟] hūnghūng ㄏㄨㄥㄏㄨㄥ 와자지껄
떠드는 소리.
[轟轟烈烈] hūnghūng-lièhlièh ㄏㄨㄥㄏㄨ
ㄥㄌㄧㄝˋㄌㄧㄝˋ 열렬하고 긴장된 모양.
성대한 모양. 「은 큰 소리.
[轟然] hūngján ㄏㄨㄥㄖㄢˊ 쾅 : 포성 같
[轟隆] hūnglung ㄏㄨㄥㄌㄨㄥ 우르릉 :
천둥이나 대포 소리.「쑥밭으로 만들다.
[轟平] hūngp'íng ㄏㄨㄥㄆㄧㄥˊ 폭격하여
[轟走] hūngtsŏu ㄏㄨㄥㄗㄡˇ ＝訇走.
[轟動] hūngtùng ㄏㄨㄥㄉㄨㄥˋ ＝暴動.
[轟飲] hūngyĭn ㄏㄨㄥㄧㄣˇ 폭음(暴飲)하
⌊다.

〔弘〕 húng ㄏㄨㄥˊ ①크다.「一濟時艱
；온 힘을 다하여 위태로움을 구하다」
「一誓大願；크게 바라다」 ②넓다. 광대
하다. ③성(姓)의 하나.
[弘量] húngliàng ㄏㄨㄥˊㄌㄧㄤˋ ①도량
(度量)이 크다. ②주량(酒量)이 많다.
[弘誓] húngshìh ㄏㄨㄥˊㄕˋ 크게 원하다.
바라다.
[弘願] húngyüán ㄏㄨㄥˊㄩㄢˊ ①크게 되
기를 빌다. ②발원(發願)하다.

〔宏〕 húng ㄏㄨㄥˊ 광대(廣大)하다.「規
模一大；규모가 광대하다」
[宏富] húngfù ㄏㄨㄥˊㄈㄨˋ 풍부하다.「經
驗一；경험이 풍부하다」
[宏亮] húngliàng ㄏㄨㄥˊㄌㄧㄤˋ ①음성
(音聲)이 크고 잘 들리다. ②음성이 크고
맑다.
[宏量] húngliàng ㄏㄨㄥˊㄌㄧㄤˋ ＝弘量.
[宏偉] húngwĕi ㄏㄨㄥˊㄨㄟˇ ①위대하다.
굉대(宏大)하다.「氣勢一； 기세가 등등
하다」 ②(경치가) 장엄하다. 「(大志).
[宏願] húngyüàn ㄏㄨㄥˊㄩㄢˋ 큰 뜻. 대지

〔泓〕 húng ㄏㄨㄥˊ ①(바다·강 따위가)
넓고 깊다. ②물이 맑은 모양.
[泓涵] húnghán ㄏㄨㄥˊㄏㄢˊ 물이 깊고
⌊넓은 모양.

〔訌〕 húug ㄏㄨㄥˊ ①분쟁이 일다. ②
패주(敗走)하다.「內一；집안 싸움」

〔虹〕 húng ㄏㄨㄥˊ ①무지개.「出了一
了；무지개 떴다」 ②긴 다리.
[虹吸管] húnghsīkuăn ㄏㄨㄥˊㄒㄧㄍㄨㄢˇ
사이폰(syphon). 「彩. 虹蜺.
[虹霓] húngní ㄏㄨㄥˊㄋㄧˊ 무지개. ＝虹

〔紅〕 húng ㄏㄨㄥˊ ①붉다.「笑得臉都
一了；우스워 얼굴까지 빨개졌다」 ②발
갛게 하다.「一了臉；얼굴을 붉혔다」 ③
경사스럽다.「一事；경사스런 일」 ④(사
업 기술에 성공하여) 유명해지다. 훌륭
하다. 인기가 있다.「他在藝術界裡很一:
그는 예술계에서 매우 인기가 있다」 ⑤
운(運)이 좋다.「一運；좋은 운」 ⑥상업
이 번성하다.「他的鋪子一開幕就一起來
了；그의 상점은 개점하자마자 곧 번성
하기 시작했다」 ⑦이윤(利潤).「分一
；이익 배당금」
[紅差] húngch'āi ㄏㄨㄥˊㄔㄞ 사형수.
[紅潮] húngch'áo ㄏㄨㄥˊㄔㄠˊ ①월경(月
經). ②부끄러워 얼굴이 붉어지다.「世).
[紅塵] húngch'ĕn ㄏㄨㄥˊㄔㄣˊ 속세(俗
[紅契] húngch'ì ㄏㄨㄥˊㄑㄧˋ ①토지 증서.
②부동산 계약서 : 관청의 도장을 받은
것. 「배우.
[紅角] húngchiăo ㄏㄨㄥˊㄐㄧㄠˇ 인기 있는
[紅情綠意] húngch'ínglǜi ㄏㄨㄥˊㄑㄧㄥˊ
ㄌㄨˋㄧ 남녀간의 정.「군. ②적군(赤軍).
[紅軍] húngchūn ㄏㄨㄥˊㄐㄩㄣ ①공산
[紅種] húngchŭng ㄏㄨㄥˊㄓㄨㄥˇ (남미·
캐나다 지방의)적색(赤色) 인종. 인디언.
[紅中透潤] húngchūng t'òujùn ㄏㄨㄥˊㄓ
ㄨㄥ ㄊㄡˋㄖㄨㄣˋ 빨가면서 윤택이 나다.
[紅礬] húngfán ㄏㄨㄥˊㄈㄢˊ 중크롬산칼
리.
[紅粉] húngfĕn ㄏㄨㄥˊㄈㄣˇ 부녀(婦女).
[紅粉佳人] húngfĕn chiajĕn ㄏㄨㄥˊㄈㄣˇ
ㄐㄧㄚㄖㄣˊ 아름다운 여인.
[紅粉青蛾] húngfĕn ch'īngĕ ㄏㄨㄥˊㄈㄣˇ
ㄑㄧㄥㄜˊ 여자의 얼굴이 깨끗하고 아름
답다.
[紅線] húnghsièn ㄏㄨㄥˊㄒㄧㄢˋ ①이미
정하여진 남녀의 혼인 관계로써 은연중
서로가 홍실이 매어져 있는 것을 말한
다. ②홍실. 「도. ②마적.
[紅鬍子] húnghútzŭ ㄏㄨㄥˊㄏㄨˊㄗ ①강
[紅花] húnghuā ㄏㄨㄥˊㄏㄨㄚ ①잇꽃.
②붉은 꽃. 「불꽃. ②원기 왕성하다.
[紅火] húnghuŏ ㄏㄨㄥˊㄏㄨㄛˇ ①붉은
[紅活圓實] húnghuóyüánshíh ㄏㄨㄥˊㄏ
ㄨㄛˊㄩㄢˊㄕˊ 빛깔이 좋고 오동통한 모양.
[紅椅子] húng ĭtzŭ ㄏㄨㄥˊ ㄧˇㄗ 시험 성
적 순위로써 최하위의 합격자.
[紅人兒] húngjĕnrh ㄏㄨㄥˊㄖㄣˊㄦ ①세
력을 얻은 사람. ②신임을 얻는 사람.
③인기 있는 사람. 「價株). ②권리주.
[紅股] húngkŭ ㄏㄨㄥˊㄍㄨˇ ①무상주(無
[紅果兒] húngkuŏrh ㄏㄨㄥˊㄍㄨㄛˇㄦ
〈植〉 아가위 열매.
[紅淚] hūnglèi ㄏㄨㄥㄌㄟˋ 피눈물. 혈류
(血淚).

[紅利] húnglì ㄏㄨㄥˊㄌㄧˋ ①순이익. ②이익 배당금.
[紅痢] húnglì ㄏㄨㄥˊㄌㄧˋ 이질.
[紅臉] húngliĕn ㄏㄨㄥˊㄌㄧㄢˇ ①얼굴이 빨개지다. ②다투다. ③성난 얼굴로 대하다.「哥兒倆沒有紅過臉 ; 두 형제는 다툰 일이 없다. 두 형제는 성난 얼굴로 대한 적이 없다」 「당무.
[紅蘿蔔] húnglópo ㄏㄨㄥˊㄌㄛˊㄅㄛ 홍
[紅樓] húnglóu ㄏㄨㄥˊㄌㄡˊ 여자가 사는 집. 「무연탄.
[紅煤] húngméi ㄏㄨㄥˊㄇㄟˊ 품질 좋은
[紅棉] húngmién ㄏㄨㄥˊㄇㄧㄢˊ 목화.
[紅名單] húngmíngtān ㄏㄨㄥˊㄇㄧㄥˊㄉㄢ 공개 수배(公開手配)된 자의 명단. ↔ 黑名單. 「붉은 잉크.
[紅墨水] húngmòshuĭ ㄏㄨㄥˊㄇㄛˋㄕㄨㄟˇ
[紅模子] húngmútzŭ ㄏㄨㄥˊㄇㄨˊㄗ 글씨본 : 어린이 습자(習字)용지로 붉은 글씨체가 인쇄되어 있다.
[紅男綠女] húngnán-lǜnǚ ㄏㄨㄥˊㄋㄢˊㄌㄩˋㄋㄩˇ ①호화롭게 차려 입은 남녀. ②선남선녀(善男善女). 「은 일과 궂은일.
[紅白事] húngpáishìh ㄏㄨㄥˊㄅㄞˊㄕˋ 좋
[紅榜] húngpăng ㄏㄨㄥˊㄅㄤˇ 합격자 명단을 적은 방(榜). 「비.
[紅寶石] húngpăoshíh ㄏㄨㄥˊㄅㄠˇㄕˊ 루
[紅噴噴的] húngp'ēnp'ēntê ㄏㄨㄥˊㄆㄣㄆㄣㄉㄜ 불그스름하다. 「매권.
[紅票] húngp'iào ㄏㄨㄥˊㄆㄧㄠˋ 연극 예
[紅痧] húngshā ㄏㄨㄥˊㄕㄚ 성홍열(猩紅熱). 「는 상처.
[紅傷] húngshāng ㄏㄨㄥˊㄕㄤ 피가 흐르
[紅繩繫足] húngshéng chìtsú ㄏㄨㄥˊㄕㄥˊㄐㄧˋㄗㄨˊ 홍실로 다리를 매었다는 뜻으로 남녀의 혼인이 이미 내정된 것을 의미한다. 《成》「ㄏㄨㄟˋ 적십자사.
[紅十字會] húngshíhtzǔhuì ㄏㄨㄥˊㄕˊㄗˋ
[紅薯] húngshŭ ㄏㄨㄥˊㄕㄨˇ 고구마.
[紅丹] húngtān ㄏㄨㄥˊㄉㄢ 사삼산화연(四三酸化鉛). 연단. 「ㄢㄉㄜ 새빨간.
[紅丹丹的] húngtāntāntê ㄏㄨㄥˊㄉㄢㄉ
[紅燈] húngtēng ㄏㄨㄥˊㄉㄥ ①붉은 신호(교통신호). ②붉은 등불. 「팥.
[紅豆] húngtoù ㄏㄨㄥˊㄉㄡˋ 〈植〉 붉은
[紅棗兒] húngtsăorh ㄏㄨㄥˊㄗㄠˇㄦ ①붉은 대추. ②마른 대추.
[紅外線] húngwàihsièn ㄏㄨㄥˊㄨㄞˋㄒㄧㄢˋ 적외선(赤外線). 「인(美人).
•[紅顏] húngyén ㄏㄨㄥˊㄧㄢˊ ①소년. ②미
[紅顏薄命] húngyén póming ㄏㄨㄥˊㄧㄢˊㄅㄛˊㄇㄧㄥˋ ①미인의 운명이 좋지 않다. ②미인박명(美人薄命). 《成》

〔洪〕 húng ㄏㄨㄥˊ ①크다. ② 홍수의 약칭. 「一水 : 홍수」 ③성(姓)의 하나.
[洪峯] húngfēng ㄏㄨㄥˊㄈㄥ 제방을 넘는 큰 파도.
[洪福] húngfú ㄏㄨㄥˊㄈㄨˊ 큰복. 큰 행복.
[洪荒] húnghuāng ㄏㄨㄥˊㄏㄨㄤ 태고적. 까마득한 옛날. 「크게 잘 들린다.
[洪亮] húngliàng ㄏㄨㄥˊㄌㄧㄤˋ 음성이
[洪量] húngliàng ㄏㄨㄥˊㄌㄧㄤˋ ①도량이 넓다. ②주량이 크다.
[洪流] húngliú ㄏㄨㄥˊㄌㄧㄡˊ 홍수.
[洪爐] húnglú ㄏㄨㄥˊㄌㄨˊ 큰 용광로.
[洪水猛獸] húngshuĭ mĕngshòu ㄏㄨㄥˊㄕㄨㄟˇㄇㄥˇㄕㄡˋ ①심한 재해(災害). ②백성을 괴롭히는 악정(惡政).
[洪濤] húngtāo ㄏㄨㄥˊㄉㄠ 큰 파도.

〔鴻〕 húng ㄏㄨㄥˊ ①크다. ②넓다. 「一儒 ; 대 학자」 ③〈動〉 큰기러기. ④성(姓)의 하나.
[鴻案相莊] húngàn hsiāngchuāng ㄏㄨㄥˊㄢˋㄒㄧㄤㄓㄨㄤ 부부(夫婦)의 감정이 융합하여 서로 공경하다. 「흔적.
[鴻爪] húngchăo ㄏㄨㄥˊㄓㄠˇ 지난 일의
[鴻基] húngchī ㄏㄨㄥˊㄐㄧ 큰 사업의 기초.
[鴻恩] húngēn ㄏㄨㄥˊㄣ 크나큰 은혜.
[鴻飛冥冥] húngfēi míngmíng ㄏㄨㄥˊㄈㄟㄇㄧㄥˊㄇㄧㄥˊ 자취도 없이 도망가다. 「ㄓㄓˋ 뜻이 원대(遠大)하다.
[鴻鵠之志] húnghú chīhchìh ㄏㄨㄥˊㄏㄨˊ
[鴻烈] húnglièh ㄏㄨㄥˊㄌㄧㄝˋ 위대한 공훈. 「(輕微)하다.
[鴻毛] húngmáo ㄏㄨㄥˊㄇㄠˊ 매우 경미
[鴻蒙] húngmĕng ㄏㄨㄥˊㄇㄥˊ 대자연의 기운(氣運). 「한 책.
[鴻寶] húngpăo ㄏㄨㄥˊㄅㄠˇ 비장(秘藏)
[鴻篇巨製] húngp'iēn chǜchìh ㄏㄨㄥˊㄆㄧㄢㄐㄩˋㄓˋ 남의 문장(文章)을 높여서 부르다. 「획. ②광대한 판도(版圖).
[鴻圖] húngt'ú ㄏㄨㄥˊㄊㄨˊ ①원대한 계
[鴻雁] húngyèn ㄏㄨㄥˊㄧㄢˋ 재난으로 유랑하는 백성.
[鴻雁哀鳴] húngyèn āimíng ㄏㄨㄥˊㄧㄢˋㄞㄇㄧㄥˊ 재난을 당한 사람의 참상.

〔哄〕 hŭng ㄏㄨㄥˇ ①속이다. 「不要一我 ; 나를 속이지 말라」 ②달래다. 얼리다. 「他很會一小孩兒 ; 그는 어린 아이를 잘 달랜다」 ③아첨하다. 「他會一人兒 ; 그는 아첨을 잘한다」
[哄人兒] hŭngjénrh ㄏㄨㄥˇㄖㄣˊㄦ (사람을) 즐겁게 하다.
[哄弄] hŭngnùng ㄏㄨㄥˇㄋㄨㄥˋ ①우롱하다. ②놀리다. >哄哄弄弄.
[哄騙] hŭngp'ièn ㄏㄨㄥˇㄆㄧㄢˋ 속이다.
[哄慫] hŭngsŭng ㄏㄨㄥˇㄙㄨㄥˋ 속임수를 쓰다.
[哄誘] hŭngyù ㄏㄨㄥˇㄧㄡˋ 유혹하다. 「; 소란을 피다」 ②함성.

〔鬨〕 hùng ㄏㄨㄥˋ ①소란하다. 「起一
[鬨堂] hùngt'áng ㄏㄨㄥˋㄊㄤˊ =哄堂.
[鬨堂大笑] hùngt'áng tàhsiào ㄏㄨㄥˋㄊㄤˊㄉㄚˋㄒㄧㄠˋ 여럿이 와 하고 웃다. 폭소하다.

〔蕻〕 hùng ㄏㄨㄥˋ ①무성하다. ②소채의 긴 줄기. 「薹一 ; 소채의 기다란 줄기나 대」

HUO ㄏㄨㄛ

〔耠〕 huō ㄏㄨㄛ, hō ①「一子 ; 쟁기의 일종」 ②파다. 갈다. 「一個二三寸深就够了 ; 두세 치의 깊이로 갈면 된다」

〔劐〕 huō ㄏㄨㄛ ①(괭이 따위로) 땅을 파 일구다. 「鏵是一地用的 ; 쟁기는 땅을 가는 데에 쓰인다」 ②(칼 따위로) 자르

다.「用剪刀一開；가위로 자르다」

〔豁〕 huō ㄏㄨㄛ ①째지다. 깨지다.「一了一個口子；금이 하나 갔다」②모든 것을 버리다. 희생하다.「一出性命；생명을 걸고 하다」③온 힘을 기울여 경쟁하다. ④⇨創①. 耗②.

[豁着] huōchê ㄏㄨㄛㄓㄜ ①…을 걸고 돌보지 않다.「一命幹；목숨을 걸고 하다」②차라리 …할지언정.「我一把筆錢便宜了外人,也不能給你；나는 이 돈을 다른 사람에게 줄지언정 너에게는 줄 수 없다」

[豁勁] huōchìn ㄏㄨㄛㄐㄧㄣˋ ①온 힘을 기울이다. 목숨을 걸다.

[豁出去] huōch'ūch'ü ㄏㄨㄛㄔㄨㄑㄩ (이해·생사를 가리지 않고) 희생적으로 하다. 「豁唇子.

[豁唇] huōch'ún ㄏㄨㄛㄔㄨㄣˊ 언청이. =

[豁口子] huōk'ŏutzŭ ㄏㄨㄛㄎㄡˇㄗ (그릇 따위의) 이 빠진 부분.

[豁命] huōmìng ㄏㄨㄛㄇㄧㄥˋ =豁勁.

[豁鼻子] huōpítzŭ ㄏㄨㄛㄅㄧˊㄗ 비밀을 들추다. 「게 하다.

[豁撒] huōsa ㄏㄨㄛㄙㄚ 산산이, 흩어지

[豁嘴] huōtsuǐ ㄏㄨㄛㄗㄨㄟˇ =豁唇.

[豁子] huōtzŭ ㄏㄨㄛㄗ ①=豁口子. ②성벽(城壁)을 뚫고 만든 통로. ③=豁唇.

牙] huōyá ㄏㄨㄛㄧㄚˊ 써렛발처럼 드문 ⌊드문 난 이(齒).

〔活〕 huó ㄏㄨㄛˊ ①살다. 자라다.「魚在水裡才能一;고기는 물에서만 살 수 있다」②생동(生動)하다. 싱싱하다. 「這一段描寫得很一；이 묘사는 매우 생생하다」③잘 움직이다.「腦筋一；머리가 잘 돌다」④자유로이 움직이다. 고정되지 않다.「一葉本；매지 않은 책」⑤살리다. 구조하다.「一人無數;헤아릴 수 없이 많은 사람을 구했다」⑥마치. 꼭.「一像；마치 …와 같다」⑦「一兒；일. 제품」「作一兒；일을 하다」⑧활발하다.

[活賬] huóchàng ㄏㄨㄛˊㄓㄤˋ 당좌예금(當座預金).「림살이. 생활. ③일한 솜씨.

[活計] huóchi ㄏㄨㄛˊㄐㄧ ①바느질. ②살

[活結] huóchieh ㄏㄨㄛˊㄐㄧㄝˊ 고를 지은 매듭. =結扣.

[活見鬼] huóchiènkueǐ ㄏㄨㄛˊㄐㄧㄢˋㄍㄨㄟˇ 괴기(怪奇)한 일. 참으로 이상하다. 이상한 일을 보다.

[活錢] huóch'ién ㄏㄨㄛˊㄑㄧㄢˊ ①뜻밖의 수입. 공돈. ②액수가 일정치 않은 돈.

[活期存款] huóch'its'únk'uăn ㄏㄨㄛˊㄑㄧㄘㄨㄣˊㄎㄨㄢˇ ①=活賬. ②보통예금.

[活像] huóhsiàng ㄏㄨㄛˊㄒㄧㄤˋ 꼭 닮다. …과 같다.「妹姊一姐姐；누이와 그 동생은 아주 똑같다」

[活現] huóhsièn ㄏㄨㄛˊㄒㄧㄢˋ ①생생한. 눈앞에 보는 듯한. ②창피하다. ③창피를 주다. 「다. 융통성이 있다.

[活化] huóhuà ㄏㄨㄛˊㄏㄨㄚˋ 융통이 되

[活話兒] huóhuàrh ㄏㄨㄛˊㄏㄨㄚˋㄦ 여유(餘有) 있는 말.

[活活兒] huóhuórh ㄏㄨㄛˊㄏㄨㄛˊㄦ 생생한. 마치. 꼭.「一是個半瘋子；꼭 반미치광이 같다」

[活人受罪] huójĕn shòutsuì ㄏㄨㄛˊㄖㄣˊㄕㄡˋㄗㄨㄟˋ (인습 때문에) 속박을 받다.

[活該] huókāi ㄏㄨㄛˊㄍㄞ ①당연히 …하여야 한다. ②운명상 그렇게 되어 있다. 팔자가 그렇다. ③극히 당연하다. ④깨소금 맛이다. 고소하다.《罵》 =合該.

[活寡] huókuǎ ㄏㄨㄛˊㄍㄨㄚˇ 소박데기. 생과부.「守一；생과부로 살다」

[活棺材] huókuāntsai ㄏㄨㄛˊㄍㄨㄢㄘㄞ 감옥의 별칭. 「신. ②산 송장.

[活鬼] huókueǐ ㄏㄨㄛˊㄍㄨㄟˇ ①산 귀

[活路] huólù ㄏㄨㄛˊㄌㄨˋ ①활로. 살아나갈 길.「斷一；활로를 끊다」②빠져나갈 수 있는 길. ③생계(生計)의 방도.

[活龍活現] huólúng huóhsièn ㄏㄨㄛˊㄌㄨㄥˊㄏㄨㄛˊㄒㄧㄢˋ 묘사·서술이 생생하게 표현되어 사실과 같다.《成》 =活靈活現. 「②피스톤.

[活門] huómĕn ㄏㄨㄛˊㄇㄣˊ ①=活路③.

[活拿] huóná ㄏㄨㄛˊㄋㄚˊ 생포(生捕)하다.

[活搬子] huópāntzŭ ㄏㄨㄛˊㄅㄢㄗ 멍키렌치 : 공구(工具)의 하나.

[活報紙] huópàotzŭ ㄏㄨㄛˊㄅㄠˋㄗ 눈치 빠른 사람. 귀밝은 사람.

[活便] huópièn ㄏㄨㄛˊㄅㄧㄢˋ ①융통성이 있어 편리하다. ②적합하다.「這件事這麼辦比較一得多；이 일은 이렇게 하는 것이 비교적 적합하다」

[活變] huópièn ㄏㄨㄛˊㄅㄧㄢˋ 임기응변으로 할 수 있다.

[活蹦亂跳] huópèng luànt'iào ㄏㄨㄛˊㄅㄥˋㄌㄨㄢˋㄊㄧㄠˋ 활발하고 기운찬 모양.

[活潑潑的] huóp'ōp'ōtê ㄏㄨㄛˊㄆㄛㄆㄛㄉㄜ 매우 활발한. 「；피스톤 핀」

[活塞] huósāi ㄏㄨㄛˊㄙㄞ 피스톤.「一銷

[活剝生呑] huópō shēngt'ūn ㄏㄨㄛˊㄅㄛㄕㄥㄊㄨㄣ ①남의 문장을 고대로 표절하다. ②융통성이 없다 ③통째로 삼키다. 맹목적으로 믿다.《成》

[活生生的] huóshēngshēngtê ㄏㄨㄛˊㄕㄥㄕㄥㄉㄜ ①활발한. ②생기 있는. ③신선한. 「고생을 하다.

[活受] huóshòu ㄏㄨㄛˊㄕㄡˋ 오래 살면서

[活水] huóshuǐ ㄏㄨㄛˊㄕㄨㄟˇ 흐르거나 솟아나는 물:"死水"에 대한 말.

[活說着] huóshuōchê ㄏㄨㄛˊㄕㄨㄛㄓㄜ 말에 여운을 남기다. 「다.

[活道] huótao ㄏㄨㄛˊㄉㄠ 융통성이 있

[活套] huót'ào ㄏㄨㄛˊㄊㄠˋ ①금방 풀리는 매듭. ②계략. 함정. =活局. ③huótao 잘 움직이다. 융통성이 있다.

[活套人] huót'aojĕn ㄏㄨㄛˊㄊㄠˋㄖㄣˊ ①두뇌·인품·언동이 훌륭한 사람. ②감각이 예민한 사람.

[活脫] huót'ō ㄏㄨㄛˊㄊㄨㄛ 닮다. 꼭 닮다.「他的臉一(兒)像他的父親；그의 얼굴은 아버지를 꼭 닮았다」

[活頭兒] huót'ourh ㄏㄨㄛˊㄊㄡˊㄦ 살 맛. 사는 보람.「那還有什麼一？；어디 살 맛이 있니？」

[活動] huótung ㄏㄨㄛˊㄉㄨㄥ ①움직이다. ②활동하다. ③(취직 따위의) 운동을 하다. ④흔들거리다.「這把椅子一了；이 의자는 흔들거린다」⑤융통성이 있다. ⑥(시장 따위가) 활기를 띠다. ⑦이동·분해를 할 수 있다.「一房屋；조립식 가옥」⑧(의견·태도 따위가) 뒤흔들리다.「聽他的口氣,倒有點一了；그의 말을 듣고 약간 동요되다」

[活動影戲] huótùng yǐnghsì ㄏㄨㄛˊㄉㄨ

ㄙˋㄧㄥˇㄒㄧˋ 영화. 활동사진.
[活葉] huóyèh ㄏㄨㄛˊㄧㄝˋ ①루우스 리이프(loose leaf). =活頁. ②매지 않고 따로따로 된 종이·인쇄물.
[活罨] huóyěn ㄏㄨㄛˊㄧㄢˇ 밸브(valve).
[活源] huóyüán ㄏㄨㄛˊㄩㄢˊ 일거리를 대주는 곳.
[活躍] huóyüèh ㄏㄨㄛˊㄩㄝˋ ①활동적이다.「他很一；그는 매우 활동적이다」②활발하다.「救災運動大一；구재(救災) 운동이 활발하다」

〔火〕 huǒ ㄏㄨㄛˇ ①불. 등화.「失一；불을 내다」②화력(火力)·증기로 움직이다.「一車；기차」③총. 대포. 화약.「軍一；병기(兵器)」「開一；발포하다」④(불같이) 격렬하게. 열심히.「一着心；열심히」⑤(불이 붙은 것같이) 다급한.「一急；급하다」⑥화를 내다. 노(怒)하다.「招一兒；화를 내다」⑦붉다.「一狐；불여우」⑧고대의 군대 조직:1"火"는 10명으로 조직되었음. ⑨병명(病名):소화불량·변비·염증 따위로 일어나는 모든 증세. ⑩태우다. 때다. ⑪성(姓)의 하나.
[火柴] huǒch'ái ㄏㄨㄛˇㄔㄞˊ 성냥.「一盒一；한 갑의 성냥」「擦一；성냥을 긋다」「一根一；한 개피의 성냥」=洋火.
[火場] huóch'ǎng ㄏㄨㄛˊㄔㄤˇ 화재 현장. 불난 곳.
[火車] huǒch'ê ㄏㄨㄛˇㄔㄜ 기차.「一軌道；기차 레일」「一站；정거장」「一頭；기관차」
「②타조의 옛말.
[火雞] huǒchī ㄏㄨㄛˇㄐㄧ 〈動〉①칠면조.
[火漆] huǒch'ī ㄏㄨㄛˇㄑㄧ 봉랍(封蠟).
[火氣] huǒch'ì ㄏㄨㄛˇㄑㄧˋ ①열(熱). ②노기(怒氣).「他把一發在孩子身上；그는 화난 얼굴로 어린 아이에게 대했다」
[火熾] huǒch'ì ㄏㄨㄛˇㄑㄧˋ ①(불 기운이) 좋다. ②매우 성대하다. ＞火火熾熾.
[火紙] huóchǐh ㄏㄨㄛˊㄓˇ ①초산(硝酸)을 발라 불이 잘 붙는 종이. ②담뱃불을 붙이는 데 쓰는 얇은 종이:얇은 종이를 길게 말아 만든 것.
[火剪] huóchiěn ㄏㄨㄛˊㄐㄧㄢˇ ①불집게. ②헤어 아이론.
[火礆] huóchiěn ㄏㄨㄛˊㄐㄧㄢˇ 양잿물.
[火箭] huǒchièn ㄏㄨㄛˇㄐㄧㄢˋ 로켓.「一砲；로켓포」「一營；로켓 대대」
[火警] huóchǐng ㄏㄨㄛˊㄐㄧㄥˇ 화재 경보.
[火鏡] huǒchìng ㄏㄨㄛˇㄐㄧㄥˋ 볼록렌즈. 화경.
「열(情熱). 열의(熱意).
[火勁兒] huǒchìngrh ㄏㄨㄛˇㄐㄧㄥˋㄦ 정
[火酒] huóchiǔ ㄏㄨㄛˊㄐㄧㄡˇ ①알코홀의 별칭. ②알코홀의 함유량이 높아 연료로도 사용하는 술. 화주.
[火炬] huǒchǜ ㄏㄨㄛˇㄐㄩˋ 횃불.
[火主] huóchǔ ㄏㄨㄛˊㄓㄨˇ ①화재 때 먼저 불을 낸 집. ②불 낸 사람.
[火磚] huǒchuān ㄏㄨㄛˇㄓㄨㄢ 내화(耐火) 벽돌.
「(引火物).
[火種] huóchǔng ㄏㄨㄛˊㄓㄨㄥˇ 인화물
[火蟲兒] huǒch'úngrh ㄏㄨㄛˇㄔㄨㄥˊㄦ 〈動〉반딧불.「時一；버럭 화를 내다」
[火發] huǒfā ㄏㄨㄛˇㄈㄚ 화를 내다.「一
[火房子] huǒfángtzǔ ㄏㄨㄛˇㄈㄤˊㄗ ①거지나 유민(游民)이 모여 사는 움막. ②값싼 여인숙.
[火侯(兒)] huǒhou(rh) ㄏㄨㄛˇㄏㄡ(ㄦ) ①(물건 따위를) 굽는 시간. ②학력(學力)의 정도. ③상황. 정세.
「의 약칭.
[火險] huǒhsiěn ㄏㄨㄛˊㄒㄧㄢˇ 화재 보험
[火綫] huǒhsièn ㄏㄨㄛˇㄒㄧㄢˋ ①최전선(最前線). ②양전기(陽電氣)가 통하는 전선(電線). ③도화선.
[火星子(兒)] huǒhsīngtzǔ(rh) ㄏㄨㄛˇㄒㄧㄥㄗ(ㄦ) ①불꽃. ②=火花.
[火熊熊的] huǒhsiúnghsiúngtê ㄏㄨㄛˇㄒㄩㄥˊㄒㄩㄥˊㄉㄜ 불이 활활 타는 모양.
[火性] huǒhsìng ㄏㄨㄛˇㄒㄧㄥˋ ①화를 잘 내는 성질. ②과격한 성품.
[火狐] huǒhú ㄏㄨㄛˇㄏㄨˊ 〈動〉불여우. 털이 빨간 여우.
「(spark). 불똥.
[火花] huǒhuā ㄏㄨㄛˇㄏㄨㄚ 스파아크
[火化] huǒhuà ㄏㄨㄛˇㄏㄨㄚˋ ①화장(火葬). ②태우다.
「화전(點火栓).
[火花塞] huǒhuāsāi ㄏㄨㄛˇㄏㄨㄚㄙㄞ 점
[火紅] huǒhúng ㄏㄨㄛˇㄏㄨㄥˊ 새빨갛다.
[火熱] huǒjê ㄏㄨㄛˇㄖㄜˋ ①뜨겁다.「水深一；물불의 고통」②열렬하다.「他跟她打得一；그와 그 여자는 열렬한 사이다」③한창이다.「仗打得正一；싸움은 바야흐로 최고조에 달했다」
[火肉] huǒjòu ㄏㄨㄛˇㄖㄡˋ 햄(ham).「껑.
[火蓋] huǒkài ㄏㄨㄛˇㄍㄞˋ 불덮개. 불뚜
[火炕] huǒk'àng ㄏㄨㄛˇㄎㄤˋ 온돌. 구들.
[火坑] huǒk'êng ㄏㄨㄛˇㄎㄥ ①고경(苦境). 괴로운 처지. ②나락(奈落):창녀의 세계를 비유한 말.「落一；구렁에 빠지다. 창녀가 되다」
「口).
[火口] huók'ǒu ㄏㄨㄛˊㄎㄡˇ 분화구(噴火
[火筷子] huǒk'uàitzǔ ㄏㄨㄛˇㄎㄨㄞˋㄗ 부젓가락.
[火光] huǒkuāng ㄏㄨㄛˇㄍㄨㄤ 불빛.
[火鍋子] huǒkuōtzǔ ㄏㄨㄛˇㄍㄨㄛㄗ 화로가 붙은 솥.
[火辣] huǒlà ㄏㄨㄛˇㄌㄚˋ ①기승스럽다.「一脾氣；기승스러운 성질」②신랄(辛辣)하다. 날카롭다. ③쓰라리다.
[火辣辣的] huǒlàlàtê ㄏㄨㄛˇㄌㄚˋㄌㄚˋㄉㄜ 타는 듯이 뜨겁다.「臉蛋兒一地燒；얼굴이 화끈거리다」
「機.
[火犁] huǒlí ㄏㄨㄛˇㄌㄧˊ 트랙터. =拖拉
[火力] huǒlì ㄏㄨㄛˇㄌㄧˋ ①화력.「一點；용해점」②무서운 힘. 굉장한 세력.
[火亮] huǒliàng ㄏㄨㄛˇㄌㄧㄤˋ 등(燈).
[火輪] huǒlún ㄏㄨㄛˇㄌㄨㄣˊ ①기선. ②태양.
[火爐子] huǒlútzǔ ㄏㄨㄛˇㄌㄨˊㄗ ①난로.「燃油一；석유 스토우브」②부뚜막.
[火棉] huǒmién ㄏㄨㄛˇㄇㄧㄢˊ 면화약(綿火藥). 솜화약.
「길. 화염(火焰).
[火苗兒] huǒmiáorh ㄏㄨㄛˇㄇㄧㄠˊㄦ 불
[火泥] huǒní ㄏㄨㄛˇㄋㄧˊ 내화 점토(耐火粘土).
[火把] huópǎ ㄏㄨㄛˊㄅㄚˇ 횃불. =火炬.
[火暴性子] huǒpàohsìngtzǔ ㄏㄨㄛˇㄅㄠˋㄒㄧㄥˋㄗ =火性①.
[火伴兒] huǒpànrh ㄏㄨㄛˇㄅㄢˋㄦ ①옛날의 병제(兵制):1"火"는 10명으로 구성됨. ②동료(同僚). =伙伴.
[火盆] huǒp'ên ㄏㄨㄛˇㄆㄣˊ 소지(燒紙)를 태우는 화로.
「의) 미터. 전력계.
[火表] huópiǎo ㄏㄨㄛˊㄅㄧㄠˇ (전력 따위
[火併] huǒpìng ㄏㄨㄛˇㄅㄧㄥˋ 동료가 서로 의가 상하여 다투다.

[火孛] huǒpo ㄏㄨㄛˇㄅㄛ ＝火爍.
[火迫] huǒp'ò ㄏㄨㄛˇㄆㄛˋ 아주 급한. 절박한. 대지급(大至急). ＞火火迫迫.
[火玻璃] huǒpōli ㄏㄨㄛˇㄅㄛㄌㄧ 내화(耐火) 유리.
[火上澆油] huǒshang chiāoyú ㄏㄨㄛˇㄕㄤ ㄐㄧㄠㄧㄡˊ 불난 데 기름을 뿌린다는 뜻으로, 불난 데 부채질한다는 말. «成» ＝火上加油. 「餅"에 깨가 묻지 않은 것.
[火燒] huǒshāo ㄏㄨㄛˇㄕㄠ 태우다. "燒
[火燒心] huǒshāohsīn ㄏㄨㄛˇㄕㄠㄒㄧㄣ ①매우 조급한 마음. 조바심. ②위통(胃痛). ③우쭐한 마음. 자만심.
[火燒眉毛] huǒshāo méimao ㄏㄨㄛˇㄕㄠ ㄇㄟˊㄇㄠ ①눈썹에 불이 붙었다는 뜻으로, 매우 급함을 뜻하는 말. 초미(焦眉). 발등에 불이 붙다. ②당장 급한 일만 처리함. «成» 「녀놀.
[火燒雲] huǒshāoyún ㄏㄨㄛˇㄕㄠㄩㄣˊ저
[火舌] huǒshé ㄏㄨㄛˇㄕㄜˊ ＝火苗兒.
[火石] huǒshíh ㄏㄨㄛˇㄕˊ 부싯돌. 「一車；그라인더」 「②huǒshih 음식물.
[火食] huǒshíh ㄏㄨㄛˇㄕˊ ①익힌 음식.
[火速] huǒsù ㄏㄨㄛˇㄙㄨˋ 지급(至急). 화급(火急): 흔히 "一地"가 되어 상황어(狀況語)가 됨. ＞火火速速. 「毒).
[火癉] huǒtān ㄏㄨㄛˇㄉㄢ 〈醫〉 단독(丹
[火燙燙的] huǒt'àngt'àngtê ㄏㄨㄛˇㄊㄤˋㄊㄤˋㄉㄜ 몹시 뜨거운. 「大陽仍是一；태양은 여전히 뜨겁다」
[火電] huǒtièn ㄏㄨㄛˇㄉㄧㄢˋ ①화력 발전. ②화력 전기. 「一站；화력 발전소」
[火頭] huǒt'ou ㄏㄨㄛˇㄊㄡ ①장작·땔나무. ②huǒt'ǒurh 불꽃. ③huǒt'óu 방(실) 화자. ④취사부.
[火斗] huótǒu ㄏㄨㄛˊㄉㄡˇ 인두. ＝熨斗.
[火土] huót'ǔ ㄏㄨㄛˊㄊㄨˇ ＝火泥.
[火堆] huǒtuī ㄏㄨㄛˇㄉㄨㄟ 불더미.
[火腿] huót'uǐ ㄏㄨㄛˊㄊㄨㄟˇ 햄: 돼지 허벅 다리로 만든 햄.
[火眼] huóyěn ㄏㄨㄛˊㄧㄢˇ ①트라코마(trachoma). ②부뚜막의 솥 거는 구멍.
[火眼金睛] huóyěn chīnchīng ㄏㄨㄛˊㄧㄢˇㄐㄧㄣㄐㄧㄥ ①두 눈이 붉게 충혈된 모양. ②얼굴이 흉악한 모양. 험상궂게 생긴 모양. «成» 「인.
[火印] huǒyìn ㄏㄨㄛˇㄧㄣˋ 소인(燒印). 화
[火油] huǒyú ㄏㄨㄛˇㄧㄡˊ ①석유. ②등유(燈油). 「江魚).
[火魚] huǒyǘ ㄏㄨㄛˇㄩˊ 〈動〉 달강어(達江魚).

〔夥〕(伙) huǒ ㄏㄨㄛˇ ①「一兒; 동료」②점원. ③많다. ④「一兒；조를 짜다」
[夥計] huǒchī ㄏㄨㄛˇㄐㄧ ①점원. ②동료.
[夥伴兒] huǒpànrh ㄏㄨㄛˇㄅㄢˋㄦ ①패거리. 동료. ②점원(店員). ③동반자(同伴者). 「를 차리다.
[夥食] huǒshih ㄏㄨㄛˇㄕ ①식사. ②식사
[夥辦] huǒpàn ㄏㄨㄛˇㄅㄢˋ ①동업(同業)하다. ②함께 처리하다.
[夥同一氣] huǒt'úng ích'ì ㄏㄨㄛˇㄊㄨㄥˊ ㄧˊㄑㄧˋ 한패가 되다.
[夥友] huó yǔ ㄏㄨㄛˊㄧㄡˇ ①＝夥伴②. ②＝伙計①.

〔和〕 huò ㄏㄨㄛˋ ①섞다. ②반죽하다. 「一泥；흙을 이기다」 ⇨hó, hò.
[和稀泥] huòhsīní ㄏㄨㄛˋㄒㄧㄋㄧˊ 무책임한 태도로 일하다. 「你不要一；아무렇게나 하지 말라」
[和攏] huòlung ㄏㄨㄛˋㄌㄨㄥ 뒤섞다. ＞和和攏攏. ＝和弄. 豁攏. 「반죽하다.
[和麵] huómien ㄏㄨㄛˊㄇㄧㄢ 밀가루를
[和拌] huòpàn ㄏㄨㄛˋㄅㄢˋ 섞다.
[和藥] huòyào ㄏㄨㄛˋㄧㄠˋ 약을 섞다.

〔或〕 huò ㄏㄨㄛˋ ①혹은. 또는. ②어쩌면 …인지도 모른다. 「他們一要提出一些問題;그들은 어쩌면 문제를 제출할 지도 모른다」 ③(동사·형용사·명사 뒤에 붙어서) …이거나 혹은 …이다. …아니면 …이다. 「一遠一近;멀거나 혹은 가깝거나」 ④어떤 사람. 「一告之曰；어떤 사람이 일러 말하기를」 ⑤있다. ＝有. 「飲酒過度, 未一不病；술을 과음하면 병에 걸리지 않을 수 없다」
[或者] huòchě ㄏㄨㄛˋㄓㄜˇ ①아마. 어쩌면. 혹은 …인지 모른다. 「一他已經走了；어쩌면 그는 갔을지도 모른다」 ②…이 아니면 …이다.
[或先或後] huòhsiēn huòhòu ㄏㄨㄛˋㄒㄧㄢ ㄏㄨㄛˋㄏㄡˋ 조만간에. 어차피.
[或許] huòhsǚ ㄏㄨㄛˋㄒㄩˇ 어쩌면. 혹은 …일지도 모른다. 「도 모른다.
[或然] huòján ㄏㄨㄛˋㄖㄢˊ 아마 …일지
[或人] huòjén ㄏㄨㄛˋㄖㄣˊ 어떤 사람.
[或明或暗] huòmíng huòàn ㄏㄨㄛˋㄇㄧㄥˊㄏㄨㄛˋㄢˋ 공공연하게 또는 비밀리에.
[或是] huòshìh ㄏㄨㄛˋㄕˋ ①"語·連語"에 이어…이거나 혹은 …이다. …아니면 …이다. 「他要的一這個一那個；그가 바라는 것은 이것이 아니면 저것이다」 ②(복문에 쓰이어) …이거나 …이거나. …이 …이다. 「一你去, 一他去, 都行；네가 가든지 그가 가든지 아무래도 좋다」 ③＝或許. 「말하기를.
[或謂] huòwèi ㄏㄨㄛˋㄨㄟˋ 어떤 사람이

〔貨〕 huò ㄏㄨㄛˋ ①상품. 화물(貨物). 「訂一；상품을 주문하다」 ②화폐. 재화(財貨). 「通一；통화」 ③뇌물. ④팔다. ⑤욕하는 말. 「他不是好一；그는 바보 같은 놈이다」
[貨價] huòchià ㄏㄨㄛˋㄐㄧㄚˋ 상품 가격.
[貨棧] huòchàn ㄏㄨㄛˋㄓㄢˋ 상품 창고.
[貨架子] huòchiàtzǔ ㄏㄨㄛˋㄐㄧㄚˋㄗ 상품 진열대.
[貨眞價實] huòchěn chiàshíh ㄏㄨㄛˋㄓㄣ ㄐㄧㄚˋㄕˊ ①물건도 좋고 값도 정당하다. ②조금도 거짓이 없다. «成»
[貨主兒] huòchǔrh ㄏㄨㄛˋㄓㄨˇㄦ 하주(荷主).
[貨滙] huòhuì ㄏㄨㄛˋㄏㄨㄟˋ 물표(物票).
[貨款] huòk'uǎn ㄏㄨㄛˋㄎㄨㄢˇ 상품 대금. 물건 값. 「장.
[貨櫃] huòk'ueìㄏㄨㄛˋㄎㄨㄟˋ 상품 진열
[貨輪] huòlún ㄏㄨㄛˋㄌㄨㄣˊ 화물선(貨物船). 「가치.
[貨碼兒] huòmǎrh ㄏㄨㄛˋㄇㄚˇㄦ 상품의
[貨品] huòp'ǐn ㄏㄨㄛˋㄆㄧㄣˇ 상품. 물품.
[貨駁] huòpó ㄏㄨㄛˋㄅㄛˊ 부두와 본선(本船)의 사이를 왕복하며 화물을 나르는 작은 배. 「과 종류. ②물품.
[貨色] huòsè ㄏㄨㄛˋㄙㄜˋ ①상품의 품질

[貨單] huòtān ㄏㄨㄛˋㄉㄢ ①물품 납부서. ②물품 명세서(物品明細書). 패킹 리스트(packing list).
[貨到付款] huòtào fùk'uǎn ㄏㄨㄛˋㄉㄠˋㄈㄨˋㄎㄨㄢˇ 화물(貨物) 도착 후 현금 지불. 착불(着拂). CUD.
[貨店] huòtièn ㄏㄨㄛˋㄉㄧㄢˋ 상점.
[貨底子] huòtǐtzǔ ㄏㄨㄛˋㄉㄧˇㄗ 재고품(在庫品). 잔품(殘品). 「실.
[貨倉] huòts'āng ㄏㄨㄛˋㄘㄤ ①배의 화물 ②화물 창고.
[貨物] huòwù ㄏㄨㄛˋㄨˋ ①화물. ②상품. 「大批一; 대량(大量)의 상품」.
[貨樣] huòyàng ㄏㄨㄛˋㄧㄤˋ 상품 견본.
[貨源] huòyüán ㄏㄨㄛˋㄩㄢˊ 상품의 공급원(供給源). 도매처(都賣處).
[貨運] huòyǜn ㄏㄨㄛˋㄩㄣˋ 화물 수송. 「一船隻: 화물선」
[貨運量] huòyǜnliàng ㄏㄨㄛˋㄩㄣˋㄌㄧㄤˋ 「화물 수송량.

〔惑〕 huò ㄏㄨㄛˋ ①망설이다. 갈피를 못잡다. ②의심하다. ③현혹시키다. 불안하게 하다. 「謠言一衆; 데마로 사람들을 불안하게 하다」
[惑志] huòchìh ㄏㄨㄛˋㄓˋ 의심.
[惑衆] huòchùng ㄏㄨㄛˋㄓㄨㄥˋ 대중(大衆)을 현혹시키다.
[惑亂] huòluàn ㄏㄨㄛˋㄌㄨㄢˋ 혼란케 하다. 혼란에 빠뜨리다. 「一人心; 인심을 혼란케 하다」
[惑溺] huònì ㄏㄨㄛˋㄋㄧˋ 홀리다. 현혹되어 정신을 못차리다.

〔禍〕 huò ㄏㄨㄛˋ ①불행. 재난. 재앙. 「大一臨頭; 큰 재난이 닥치다」 ②화를 가져 오다. 「一國民; 국민에게 화를 입히다」
[禍起蕭牆] huòch'ǐ hsiāoch'iáng ㄏㄨㄛˋㄑㄧˇㄒㄧㄠㄑㄧㄤˊ 재난(災難)은 가까운 곳에서 일어난다는 뜻으로, 우환(憂患)이 내부에서 일어나거나 가정에서 분란(紛亂)이 일어남을 뜻하는 말. 《成》
[禍害] huòhai ㄏㄨㄛˋㄏㄞ ①(물건을) 파손하다. 「小孩子常一花兒; 어린아이는 언제나 꽃을 잡아뜯는다」 ②(남에게) 해를 주다. 손해를 입히다. ③화근(禍根). 「孩子不打不罵將來就成爲一; 어린아이는 엄하게 기르지 않으면 장래의 화근이 된다」 「난. =禍害.
[禍患] huòhuàn ㄏㄨㄛˋㄏㄨㄢˋ 재앙. 재
[禍國殃民] huòkuó yāngmín ㄏㄨㄛˋㄍㄨㄛˊㄧㄤㄇㄧㄣˊ 국가와 국민에게 재앙(災殃)을 주다.
[禍不單行] huòpù tānhsíng ㄏㄨㄛˋㄅㄨˋㄉㄢㄒㄧㄥˊ 재앙은 홀로 오지 않는다는 뜻으로, 늘 재앙은 겹치게 마련이라는 말. 엎친데 덮친다. 설상가상(雪上加霜). 《成》
[禍始] huòshǐh ㄏㄨㄛˋㄕˇ 화근(禍根).
[禍首] huòshǒu ㄏㄨㄛˋㄕㄡˇ 재난을 일으킨 원흉(元凶).
[禍水] huòshuǐ ㄏㄨㄛˋㄕㄨㄟˇ ①해물(害物): 옛날에는 주로 여자에게 비유했음.
[禍祟] huòsuì ㄏㄨㄛˋㄙㄨㄟˋ 신불(神佛)이 주는 재앙. 앙갚음을 받는 것.
[禍胎] huòt'āi ㄏㄨㄛˋㄊㄞ =禍始. 禍頭.
[禍從口出] huòts'úng k'ǒuch'ū ㄏㄨㄛˋㄘㄨㄥˊㄎㄡˇㄔㄨ 화(禍)는 입에서 나온다는 뜻으로, 말이 진실치 못하면 화가 온다는 말. 《成》

[禍殃] huòyāng ㄏㄨㄛˋㄧㄤ 불행. 재난. 재앙.

〔霍〕 huò ㄏㄨㄛˋ ①헤프다. 「揮一; 낭비하다」 ②빠르다. 재빠르다. ③성(姓)의 하나.
[霍霍] huòhuò ㄏㄨㄛˋㄏㄨㄛˋ 번쩍번쩍하는 모양. 「磨刀一; 번쩍번쩍하게 칼을 갈다」
[霍然] huòján ㄏㄨㄛˋㄖㄢˊ 갑자기. 급히. 「一病愈; 병이 씻은 듯이 완쾌되다」
[霍亂症] huòluànchěng ㄏㄨㄛˋㄌㄨㄢˋㄓㄥˋ 〈醫〉 콜레라. =虎列拉. 霍亂.
[霍閃] huòshǎn ㄏㄨㄛˋㄕㄢˇ 전광(電光).
[霍地] huòti ㄏㄨㄛˋㄉㄧ 갑자기. 선뜻. 「他一站了起來; 그는 선뜻 일어났다」

〔獲〕(获) huò ㄏㄨㄛˋ ①얻다. 「一勝; 승리를 거두다」 ②…할 수 있다. 「不一晤面; 뵈올 수 없다」
[獲案] huòàn ㄏㄨㄛˋㄢˋ 범인(犯人)을 잡다.
[獲咎] huòchiù ㄏㄨㄛˋㄐㄧㄡˋ 죄를 짓다.
[獲救] huòchiù ㄏㄨㄛˋㄐㄧㄡˋ 구조(救助)를 받다.
[獲得] huòtě ㄏㄨㄛˋㄉㄜˊ 획득하다. 얻다.
[獲罪] huòtsùi ㄏㄨㄛˋㄗㄨㄟˋ ①=獲咎. ②실례했읍니다. 《人》 「眞一不少; 정말 실례했읍니다. 실례가 많았읍니다」

〔豁〕 huò ㄏㄨㄛˋ ①통하다. 개통(開通)하다. ②열어 놓다. 개방(開放)하다. ③면제(免除)하다. ⇨huō.
[豁然] huòján ㄏㄨㄛˋㄖㄢˊ 환하게 터진 모양. 활짝.
[豁亮] huòliàng ㄏㄨㄛˋㄌㄧㄤˋ ①훤하고 넓은. ②훤하고 밝은. 「這屋子眞一; 이 방은 정말 넓고 밝다」 >豁豁亮亮.
[豁免] huòmiěn ㄏㄨㄛˋㄇㄧㄢˇ ①면제(免除)하다. ②면제.
[豁達] huòtá ㄏㄨㄛˋㄉㄚˊ 훤히 트인. 활달한. 도량이 넓은. >豁豁達達.

〔濊〕 huò ㄏㄨㄛˋ 세탁하는 물을 갈아내는 회수를 세는 말. 「衣裳已經洗了兩一; 옷을 벌써 두 번이나 헹궜다」
[濊濊] huòhuò ㄏㄨㄛˋㄏㄨㄛˋ 그물에 물이 스며 드는 소리.

〔穫〕 huò ㄏㄨㄛˋ 수확하다. 거두어 들이다. 「秋一冬藏; 가을에 거두어 겨울에 저장하다」 ⇨hù.

〔蠖〕 huò ㄏㄨㄛˋ 자벌레. 「尺一; 척확. 자벌레」

〔鑊〕 huò ㄏㄨㄛˋ 옛날의 솥: 발이 없는 것.

ㄧ I

〔一〕 ī ㄧ (제 1, 2, 3 성 앞에서는 제4성, 제 4성 앞에서는 제 2 성, 동사의 중간에 있어서는 경성(輕聲)의 경우와 숨이 멎는 곳(呼氣段落), 또는 특별히 강조하는 경우에 한해서는 제1성으로 쓰인다. ①하나. 어떤. ②제 1의: 어떤 특정의 복합사(複合詞)에 한함. 「一號; 초하루」

「一等獎；일등상」「星期一；월요일」③…마다. 늘 …할 때마다.「用十輛卡車,一車坐五十人；10대의 트럭으로 1대 50사람씩 탄다」④하나하나.「一一說出；하나하나 이야기하다」「一個(一)個，一件(一)件；하나하나」⑤모두. 합계.「一共；모두」「一概；모두 다 같이」⑥동일의. 같은.「大小不一；크기가 같지 않다」「一模一樣；같다. 꼭 같다」⑦오로지.「一往一意；전심(專心). 마음을 기울이다」「一往直前；곧장 앞을 향해 돌진하다」⑧꽉. 전체. 죄다.「一屋子人；방을 꽉 메운 사람」「一夏；여름 내내. 한여름 동안」⑨동사 앞에 많이 쓰여지며, "就"와 호응하여 ㉮조금 …하면.「一看就明白；조금 보기만 하면 알 수 있다」㉯자칫 …하면.「平常不用功,一考就不行；평소에 공부를 아니하므로 시험만 있으면 쩔쩔 맨다」㉰하자마자. 했는가 하면.「他一來就走了；그는 왔는가 했더니 곧 돌아갔다」㉱할 때마다.「一聽見音樂就高興；음악은 들을 때마다 즐거워진다」⑩(중복된 동사의 중간에서) 한번. 조금.「看一看；한번 보시오」⑪(동사 앞에서 동작이 단시간에 끝나는 것을 표시) 돌연히. 거침 없이.「用手一走；손을 흔들어 보이고는 슬쩍 가버렸다」「把眼一瞪；눈을 번쩍 뜨다」⑫(동작의 회수를 나타내는 조수사(助數詞)와 더불어)「看他一眼；그를 힐끔 쳐다 보다」⑬("這"와 동사와의 중간에서) 그와 같이 …한다면.「他這一哭,哭得大家傷心了；그가 그와 같이 통곡하자, 모두 슬퍼졌다」⑭전부. 다. 전혀.「政事一決于大將軍；정치상의 문제는 죄다 대장군(大將軍)에 의해 결정된다」⑮어쩌면. ＝乃竟.「建設之速,一至此乎；건설의 속도가 어쩌면 이토록 빨라졌을까」⑯따로. 달리.「蕃茄一名西紅柿； 토마토는 일명 "西紅柿"라고도 한다」

[一杈] ìchǎ ㄧˋㄓㄚˇ 집게 손가락과 엄지 손가락을 벌린 사이의 나비.

[一扎脚兒] īchāchiǎorh ㄧㄓㄚㄐㄧㄠˇㄦ (어떤 장소에) 눌러 앉다. 살림을 차리다.

[一差二錯] īch'āèrhts'ò ㄧㄔㄚㄦˋㄘㄨㄛˋ 실패. 좌절.

[一剗] ích'àn ㄧˊㄔㄢˋ 모두. 깡그리.「一都是新傢夥；모두 새로운 가구뿐이다」

[一長兩短] ìch'áng liángtuǎn ㄧˋㄔㄤˊㄌㄧㄤˊㄉㄨㄢˇ 뜻밖의 재난.

[一唱百和] ích'àng pǎihò ㄧˊㄔㄤˋㄅㄞˇㄏㄜˋ 한 사람의 부름에 뭇사람이 호응하다.

[一朝叫蛇咬,三年怕井繩] ìchāo chiào shě yǎo, sānnién pà chíngshěng ㄧˋㄓㄠㄐㄧㄠˋㄕㄜˊㄧㄠˇㄙㄢㄋㄧㄢˊㄆㄚˋㄐㄧㄥˇㄕㄥˊ 한 번 호되게 놀랜 일에 대해서는 언제나 겁을 내기 마련이란 비유.

[一朝半日] ìchāo pànjìh ㄧˋㄓㄠㄅㄢˋㄖˋ 하루나 한 나절. 「깜짝할 사이. 순간.

[一眨眼兒] ìchǎyěnrh ㄧˋㄓㄚˇㄧㄢˇㄦ 눈

[一針見血] ìchēn chiènhsiěh ㄧˋㄓㄣㄐㄧㄢˋㄒㄧㄝˇ 추호의 가차도 없다. 조금도 용서함이 없다.「一地道破了這個眞相；조금의 사정도 없이 이 진상을 폭로했다」

[一整天] ìchěngt'iēn ㄧˋㄓㄥˇㄊㄧㄢ 하루 꼬박.

[一程子(一兒)] ìch'éngtzŭ(—rh) ㄧˋㄔㄥˊㄗ(一ㄦ) ①짧은 시간.「這一老沒工夫；요즘은 언제나 여가가 없다」②어느 구간(區間)의 거리.

[一塵不染] ìch'ĕnpùjǎn ㄧˋㄔㄣˊㄅㄨˋㄖㄢˇ 아주 청결하여 먼지 하나 없다.

[一陣子] ìchèntzŭ ㄧˊㄓㄣˋㄗ 잠시. 한참 동안.

[一直] ìchíh ㄧˋㄓˊ ①똑 바르게. 죽.「一走是大街；죽 걸어가면 큰 거리에 이른다」②곧장. 곧게.「一走到天亮；먼동이 틀 때까지 곧장 걸었다」

[一齊] ìch'í ㄧˋㄑㄧˊ ①같은 모양. **한결같다.**「萬物一；만물은 한결같다」②일제히. 동시에.

[一起] ìch'ĭ ㄧˋㄑㄧˇ ①한곳. 같은 곳.「住在一；한곳에 살다」②같이. 더불어.「跟他一走；그와 함께 외출하다」③일회.「今天又有一打群架的；오늘도 또 한 차례 편싸움이 있었다」

[一起兒] ìch'ĭrh ㄧˋㄑㄧˇㄦ 한 묶음. 한 뭉치.「一貨；한 뭉치의 물품」

[一氣(子·兒)] ìch'ì(tzŭ·rh) ㄧˋㄑㄧˋ(ㄗ·ㄦ) ①한숨에. 단숨에.「一呵成；단숨에 해치우다」②기맥이 통하다. 한패다.「你們是一的；너희들은 같은 패다」③잠시. 단시간.「罵了一；한바탕 욕지거리를 퍼부었다」

[一擲千金] ìchíhch'iēnchīn ㄧˋㄓˊㄑㄧㄢㄐㄧㄣ 많은 돈을 소비하다. 거액을 내놓다.

[一丘之貉] ìch'iūchīhhó ㄧˋㄑㄧㄡㄓㄏㄜˊ 똑같은 처지의 신세. 같은 무리. «成»

[一經] ìchīng ㄧˋㄐㄧㄥ ①…하면.「一稱說明,誤會就消釋；그대가 설명만 하면 곧 오해는 풀린다」②한 종류.

[一徑] íchìng ㄧˊㄐㄧㄥˋ 똑바로. 직접. 곧장.

[一景(兒)] ìchǐng(rh) ㄧˋㄐㄧㄥˇ(ㄦ) 과장하다. 우러러보다. 수선스러운.「你別拿吃飯當一；그대는 식사를 새삼스런 것으로 생각할 필요는 없다」

[一清二白] ìch'īng-èrhpái ㄧˋㄑㄧㄥㄦˋㄅㄞˊ 극히 결백한. 극히 명백한.「事情是一；사정은 지극히 명백하다」

[一清早兒] ìch'īngtsǎorh ㄧˋㄑㄧㄥㄗㄠˇㄦ ①이른 아침. ②이른 아침이 되면.

[一家夥] ìchiāhuo ㄧˋㄐㄧㄚㄏㄨㄛ 갑자기. 얼른. ＝一下子.「我沒地方躲啦, 一上便道啦；나는 숨을 장소가 없어 얼른 보도(步道)로 올라섰다」

[一角(兒)] ìchiǎo(rh) ㄧˋㄐㄧㄠˇ(ㄦ) ①분담(分擔)하고 있는 일의 분량. ②4분의 1. ③8분의 1. ④일의 한 부분. ＝一脚兒.

[一竅(兒)不通] ìch'iào(rh)pùt'ūng ㄧˋㄑㄧㄠˋ(ㄦ)ㄅㄨˋㄊㄨㄥ 사리(事理)에 어둡다. 어리석은 일의 비유.

[一家人] ìchiājěn ㄧˋㄐㄧㄚㄖㄣˊ ①가족의 한 사람. ②자기 편. 「가족.

[一家子] ìchiātzŭ ㄧˋㄐㄧㄚㄗ 한집안. 전

[一節] ìchiéh ㄧˋㄐㄧㄝˊ ①정월 초하루부터 단오절, 단오절부터 중추절, 중추절부터 연말까지의 각 기간. ②…일건(一件). …의 건(件). ③물건의 한 토막.

[一節子(一兒)] ìchiéhtzŭ(—rh) ㄧˋㄐㄧㄝˊㄗ(一ㄦ) ＝一節③.

[一箭之地] ìchiènchīhtì ㄧˋㄐㄧㄢˋㄓㄉㄧˋ 50척(尺) 정도의 거리：화살이 닿을 정도의 거리.

[一見如故] íchiènjúkù ㄧˊㄐㄧㄢˋㄖㄨˊㄍㄨˋ

첫 대면으로써 오랜 친구나 동지와 같이 친숙해지는 것. 「음을 내딛는 모양.
[一箭步] íchiènpû ㄧ´ㄐㄧㄢˋㄅㄨˋ 얼른 걸
[一箭雙雕] íchièn shuāngtiāo ㄧ´ㄐㄧㄢˋㄕㄨㄤㄉㄧㄠ 일석 이조(一石二鳥). 일거 양득.《成》
[一紙空文] ìchǐh k'ūngwén ㄧˋㄓˇㄎㄨㄥㄨㄣ´ 한 장의 공수표. 휴지화된 문서 조각.
[一機靈] ìchīling ㄧˋㄐㄧㄌㄧㄥ 깜짝 놀라다. 「嚇了一; 깜짝 놀라다」
[一勁兒] íchìnrh ㄧ´ㄐㄧㄣˋㄦ =一個勁兒.
[一窮二白] ìch'iúng-èrhpái ㄧˋㄑㄩㄥ´ㄦˋㄅㄞ´ 중국의 특질을 가리키는 말로서, 첫째는 경제적 낙후성이며 둘째는 문화적 후진성이라는 것.
[一就事兒] íchiûshìhrh ㄧ´ㄐㄧㄡˋㄕˋㄦ ① 하는 김에. 겸사겸사. ②겸해 하는 것. ③동일한 사물. =一就手兒.
[一周兒] ìchōurh ㄧˋㄓㄡㄦ ①일주일(一週日). ②한 바퀴. =一周遭(兒).
[一籌莫展] ìch'óu mòchǎn ㄧˋㄔㄡ´ㄇㄛˋㄓㄢˇ 아무런 방법도 없다. 어찌 해볼 도리가 없다.
[一圈] īch'üān ㄧㄑㄩㄢ 마작(麻雀) 놀이의 일회(一回): 네 사람이 각기 한 차례씩 패잡는 사람이 되는 것을 일회라 함.
[一圈兒] īch'üānrh ㄧㄑㄩㄢㄦ 한 바퀴(一回). 일주(一周). 「跑了一; 둘레를 한 바퀴 달리다」 「이. ②한 줄. 일렬.
[一串兒] ích'uànrh ㄧ´ㄔㄨㄢˋㄦ ①한 꽂
[一床多活] ìch'uángtōhuó ㄧˋㄔㄨㄤ´ㄉㄨㄛㄏㄨㄛ´ 하나의 기계 설비로써 많은 작업을 하다. 기계에 의한 생산의 증대를 부르짖는 슬로우건.
[一柱擎天] íchû ch'íngt'iēn ㄧ´ㄓㄨˋㄑㄧㄥ´ㄊㄧㄢ 홀로 천하의 중책을 떠맡다.《成》
[一去不復返] ích'ü púfùfǎn ㄧ´ㄑㄩˋㄅㄨ´ㄈㄨˋㄈㄢˇ ①한 번 떠나면 다시는 돌아오지 않다. ②과거지사(過去之事)가 되다. =一去不回. 一去不回頭.
[一絕] ìchüéh ㄧˋㄐㄩㄝ´ 절묘. 유일무이.
[一瘸一拐] ìch'üéh ìkuǎi ㄧˋㄑㄩㄝ´ㄧˋㄍㄨㄞˇ 절룩절룩 절뚝거리는 모양.
[一瘸一點] ìch'üéh ìtiěn ㄧˋㄑㄩㄝ´ㄧˋㄉㄧㄢˇ 절뚝거리며 걷는 모양 : 소아마비에 의한 절름발이.
[一蹶不振] ìchüéh púchěn ㄧˋㄐㄩㄝ´ㄅㄨˋㄓㄣˋ 한 번 실패한 후로는 일어나지 못하다.
[一準] ìchǔn ㄧˋㄓㄨㄣˇ =一定.
[一沖一撞] ìch'ūng íchuàng ㄧˋㄔㄨㄥ ㄧ´ㄓㄨㄤˋ 강인한 기세로써 사태에 부딪치다. 강건하게 사물에 대처하다.
[一銃子性(兒)] ích'ùngtzǔhsìng(rh) ㄧ´ㄔㄨㄥˋㄗㄒㄧㄥˋ(ㄦ) 한번 일을 시작하면 다 짜고짜로 해 치우는 성질. =一寵性兒.
[一處兒] ích'ùrh ㄧ´ㄔㄨˋㄦ ①함께. 더불어. 「一走; 함께 가다」 ②어느 곳. 「走到一; 어느 곳에 당도했다」 ③집 한 채 : 딸린 집채까지 합해서.
[一發] ìfā ㄧˋㄈㄚ ①점점. 더욱 더. ②일발(一發): 화살 또는 탄환을 쏘는 회수.
[一發千鈞] ìfāch'iēnchūn ㄧˋㄈㄚˋㄑㄧㄢㄐㄩㄣ 위기일발.
[一番] ìfān ㄧˋㄈㄢ ①(짧은 시간으로) 1회. 한 번. ②일종의. 「一滋味; 한갖 별미」
[一帆風順] ìfānfēngshùn ㄧˋㄈㄢㄈㄥㄕㄨㄣˋ 일이 순조롭게 진행되다.
[一黑早(兒)] ìhēitsǎo(rh) ㄧˋㄏㄟㄗㄠˇ(ㄦ) ①날샐녘. ②새벽이 되다. 「一就走了; 날이 밝아오자 떠났다」
[一些(兒)] ìhsiēh(rh) ㄧˋㄒㄧㄝ(ㄦ) (상대적으로) 조금. 약간 : 상당히 많다는 뜻도 됨. =一些個. 「히 적다.
[一些些] ìhsiēhhsiēh ㄧˋㄒㄧㄝㄒㄧㄝ 극
[一星半點兒] ìhsīngpàntiěnrh ㄧˋㄒㄧㄥㄅㄢˋㄉㄧㄢˇㄦ 아주 조금. 조금.
[一心一意] ìhsīn-íì ㄧˋㄒㄧㄣ ㄧ´ㄧˋ 전심(專心). 한 곳으로 마음을 기울이는 것.
[一宿(兒)] ìhsiǔ(rh) ㄧˋㄒㄧㄡˇ(ㄦ) 하룻밤. 「住一; 하룻밤 머물다」
[一號(兒)] íhào(rh) ㄧ´ㄏㄠˇ(ㄦ) ①양력 초하루. ②물건을 한 묶음으로 하여 수를 셀 때. ③번호를 매긴 물건의 하나. 또는 한 사람.
[一下(子)] íhsià(tzǔ) ㄧ´ㄒㄧㄚˋ(ㄗ) ① ㉮ 동작의 회수를 나타내는 조수사(助數詞): 1회. 한 번. 「打一; 한 번 치다」 ㉯ (무엇을 할 때) 조금. 「想一; 조금 생각해 보다」 ②곧. 이내. 「一雨更大了; 비는 곧 한층 심하게 퍼부었다」
[一向] íhsiàng ㄧ´ㄒㄧㄤˋ ①요즘. 근간. 「一少見; 근간 격조(隔阻)하였읍니다」 ②원래. 여태까지. 「一如此; 원래 이 모양입니다」
[一小兒] ìhsiǎorh ㄧˋㄒㄧㄠˇㄦ 어릴 적부터. 「他一就聰明; 그는 어릴 적부터 총명하다」
[一歇] ìhsiēh ㄧˋㄒㄧㄝ =一會子.
[一系列] íhsìlièh ㄧ´ㄒㄧˋㄌㄧㄝˋ 일련의. 「一政策; 일련의 정책」 「하게. =一意.
[一心] ìhsīn ㄧˋㄒㄧㄣ 필사적으로. 일심불란
[一星兒] ìhsīngrh ㄧˋㄒㄧㄥㄦ 조금. 약간. =一星星兒.
[一晃兒] ìhuǎngrh ㄧˋㄏㄨㄤˇㄦ ①눈앞을 번쩍 스쳐가다. 「在眼前一; 눈앞에 반짝 비치다」 ②얼른(흘끗) 보이다. 「人影一就不見了; 사람 그림자가 얼른 어른거리더니 사라져 버렸다」
[一還一報兒] ìhuánípàorh ㄧˋㄏㄨㄢ´ㄧ´ㄅㄠˋㄦ 인과응보(因果應報).
[一會兒] ìhuìrh ㄧˋㄏㄨㄟˇㄦ 잠시. 잠깐 동안. 「一我就回來; 잠깐 뒤에 나는 돌아 온다」
[一回生兩回熟] ìhuí shēng-liǎnghuíshóu ㄧˋㄏㄨㄟ´ㄕㄥ ㄌㄧㄤˇㄏㄨㄟ´ㄕㄡ´ 첫번은 생소하지만 두 번째는 익숙해진다. 회수를 거듭할수록 익숙해진다.
[一會子] ìhuìtzǔ ㄧˋㄏㄨㄟˇㄗ 잠시 동안. "會兒"보다는 약간 긴 시간.
[一哄而散] ìhùngérhsàn ㄧˋㄏㄨㄥˇㄦ´ㄙㄢˋ 와 소리를 지르면서 흩어지다.
[一夥(兒)] ìhuǒ(rh) ㄧˋㄏㄨㄛˇ(ㄦ) (10인 내외의) 한 조(組).
[一忽兒] ìhūrh ㄧˋㄏㄨㄦ =一會兒.
[一意孤行] íìkūhsíng ㄧ´ㄧˋㄍㄨㄒㄧㄥ´ 오로지 자기의 의견을 좇아 관철해 나가다.
[一攘兒] ìjǎngrh ㄧˋㄖㄤ´ㄦ 단번에 소비하는 액수 또는 양. 「二百塊錢是一就完的; 200원은 단번에 날아가 버린다」 "攘"은 "攘錢"으로 "돈을 뿌리다" "낭비하다"라는 뜻.
[一日千里] íjìhch'iēnlǐ ㄧ´ㄖˋㄑㄧㄢㄌㄧˇ 하루 천리를 달리는 말과 같이 진보 발전이 빠르다는 것.

[一概] īkài ㅣ`ㄍㄞ` 전부. 깡그리.
[一概而論] īkàiěrhlùn ㅣㄍㄞ`ㄦ´ㄌㄨㄣ` 통틀어 말하자면. 총괄적으로 말해서.
[一改故轍] īkǎikùchě ㅣ`ㄍㄞˇㄍㄨ`ㄓㄜ´ 지난날의 관습을 죄다 고치다.
[一干] īkān ㅣㄍㄢ (소송 따위에) 관계가 있는. 일련의.「一人證 ; 일련의 증인. 증·언」
[一乾二淨] īkān-èrhchìng ㅣㄍㄢㄦ`ㄐㄧㄥ` 죄다…해치우다. 모두. 깡그리.「把菜吃了個一 ; 음식을 깨끗이 먹어 치웠다」
[一杆子插到底] īkāntzū ch'ātàotī ㅣ`ㄍㄢㄗㄔㄚㄉㄠ`ㄉㄧˇ 어떤 일을 조직의 말단에까지 고루 미치게 하다. 말단에까지 취지를 철저화시키다.
[一刻] īk'ò ㅣ`ㄎㄜ` ①15분. ②잠시 동안.
[一個] īko ㅣ`ㄍㄜ ①하나. 어떤. ②같은.「一味兒 ; 같은 맛」③조금…하려고 하면.「一不留神,就掉在水裡 ; 조금만 방심하면 물 속에 빠져 버린다」
[一個整勁兒] īkochěngchìnrh ㅣ´ㄍㄜㄓㄥˇㄐㄧㄣ`ㄦ 전력. 있는 대로의 온 힘.
[一個勁兒] īkochìnrh ㅣ´ㄍㄜㄐㄧㄣ`ㄦ ①결사적으로. ②잇달아. 자꾸만.
[一個心眼兒] īkohsīnyěnrh ㅣ´ㄍㄜㄒㄧㄣㄧㄢˇㄦ 외곬으로만 생각함. 융통성이 없는.
[一個蘿蔔, 一個坑兒] īko lōpo, īkǒk'ēngrh ㅣ´ㄍㄜㄌㄨㄛ´ㄅㄛ ㅣ´ㄍㄜˇㄎㄥㄦ 성실하고 빈틈 없는 사람. 또는 방법을 가리킴.
[一個過兒] īkokuòrh ㅣ´ㄍㄜㄍㄨㄛ`ㄦ 대충. 한 차례.「把信看了一 ; 편지를 대충 읽어 보았다」②일을 한 차례 되풀이하거나, 물건을 한바퀴 옮겨 놓는 것.「翻一 ; 한 차례 뒤집다」
[一個半個兒] īkopànkorh ㅣ´ㄍㄜㄅㄢ`ㄍㄜㄦ 하나 아니면 둘. 하나나 둘.
[一口價兒] īkǒuchiàrh ㅣ`ㄎㄡˇㄐㄧㄚ`ㄦ 에누리 없는 가격.
[一口氣兒] īkǒuch'ìrh ㅣ`ㄎㄡˇㄑㄧ`ㄦ ①단숨에.「一跑到家裏 ; 단숨에 집으로 달려 갔다」②불화에서 생기는 원한. 노여움. ③숨. 호흡.「我有一在, 必不饒他 ; 내 숨이 붙어 있는 한 그를 용서하지 않는다」
[一口鐘] ik'ǒuchūng ㅣ`ㄎㄡˇㄓㄨㄥ 망토(불 manteau). 인경 모양의 망토.
[一口飯] ik'ǒufàn ㅣ`ㄎㄡˇㄈㄢ` ①한술의 밥. ②한 가지 일.
[一口(子·兒)] ik'oǔ(tzu·rh) ㅣ`ㄎㄡˇ(ㄗ·ㄦ) ①한 사람. ②이구동성(異口同聲). ③조수사(助數詞)로 씀.「一豬 ; 한 마리의 돼지」「一棺材 ; 하나의 관」「一飯 ; 한술의 밥」「一廣東語 ; 쓰는 말은 죄다 "廣東語"」
[一口咬定] ìk'ǒuyǎotìng ㅣ`ㄎㄡˇㄧㄠˇㄉㄧㄥ` 한마디로 해치우다. 끝내 주장하다.
[一塊兒] īkuàirh ㅣ´ㄎㄨㄞ`ㄦ ①함께.「一走 ; 함께 가다」②한 덩어리.「一土 ; 한 덩어리의 흙.「一石頭落了地 ; 안도의 숨을 내쉬다. 마음이 가라앉다」
[一塊堆兒] īkuàituīrh ㅣ´ㄎㄨㄞ`ㄉㄨㄟㄦ =一包堆.
[一官半職] īkuān pànchíh ㅣ`ㄍㄨㄢ ㄅㄢ`ㄓ´ 관리(官吏) 나부랑이. 말단 벼슬아치.
[一骨碌] ikūlu ㅣ`ㄍㄨˇㄌㄨ 느닷 없이. 갑자기.「一爬起來了 ; 엎드려 있다가 느닷없이 일어나다」
[一股攏總] ikǔlǔngtsǔng ㅣ`ㄍㄨˇㄌㄨㄥ´ㄗㄨㄥˇ 이거나 저거나 한데 뭉쳐. 잡동사니. 「 ; 합계 9인」
[一共] īkùng ㅣ`ㄍㄨㄥ` 합계.「一九口兒人
[一孔之見] ik'ǔngchīhchièn ㅣ`ㄎㄨㄥˇㄓㄐㄧㄢ` 아주 편협한 견해.
[一工兒] īkūngrh ㅣ`ㄍㄨㄥㄦ ① 뛰어난 기예(技藝). ②남의 추종을 허하지 않는 특기.
[一古腦兒] ìkūnǎorh ㅣ`ㄍㄨ´ㄋㄠˇㄦ ①한데 묶어서. 합하여. ②결국. 아뭏든.
[一鍋煮] ìkuōchǔ ㅣ`ㄍㄨㄛㄓㄨˇ 이것 저것 한데 묶어 처리하다.
[一鍋兒熬] ìkūorh'áo ㅣ`ㄍㄨㄛㄦㄠ´ 함께 고통을 받다. 「른·보다.
[一過眼兒] īkuòyěnrh ㅣ`ㄍㄨㄛ`ㄧㄢˇㄦ 얼
[一鼓作氣] ìkǔtsòch'ì ㅣ`ㄍㄨˇㄗㄨㄛ`ㄑㄧ` 단숨에. 최초의 여세를 몰아 단번에.「一地做完了 ; 단숨에 해 치웠다」
[一來] ìlái ㅣ`ㄌㄞ´ ①…와 같이 하여.「這麼一事情就麻煩了 ; 이러고 보면 사태는 까다로와진다」②(「一來…二來…」로써) 첫째로는… 둘째로는….「一天氣好, 二來是星期天, 去的人很多 ; 첫째는 날씨가 좋고 둘째로는 일요일이었으므로 간 사람은 아주 많았다」
[一來二去] ìláièrhch'ǜ ㅣ`ㄌㄞ´ㄦ`ㄑㄩ` ①점차. 점점. ②일의 차례·내력.
[一拉溜兒] ìlāliùrh ㅣ`ㄌㄚㄌㄧㄡ`ㄦ ①변두리. 일대(一帶). ②일렬. 줄지어 서 있다.「一的房子 ; 나란이 서 있는 집」
[一攬子] ìlǎntzū ㅣ`ㄌㄢˇㄗ 일괄. 혼합.
[一覽無餘] ìlǎnwǔyǘ ㅣ`ㄌㄢˇㄨ´ㄩ´ 단번에 죄다 보아 버리다.
[一勞永逸] ìláoyǔngì ㅣ`ㄌㄠ´ㄩㄥˇㄧ` 한번 고생을 겪은 뒤에 오래 덕을 본다는 뜻. «成»
[一愣兒] ìlèngrh ㅣ`ㄌㄥ`ㄦ 깜짝 놀라다.
[一理] ìlǐ ㅣ`ㄌㄧˇ ①하나의 도리(道理). ②같은 이치.
[一力] ìlì ㅣ`ㄌㄧ` 전력을 다하여.「一成全 ; 전력을 다하여 완수하다」
[一了百了] ìliǎopǎiliǎo ㅣ`ㄌㄧㄠˇㄅㄞˇㄌㄧㄠˇ ①만사형통하다. ②하나의 사건이 수습되자 다음 사건도 따라 해결되는 것.
[一連] ìlién ㅣ`ㄌㄧㄢ´ 잇달아. 계속하여.「這兩一下了三天 ; 이 비는 계속 사흘이나 내렸다」 「달아. 단숨에.
[一連氣兒] ìliénch'ìrh ㅣ`ㄌㄧㄢ´ㄑㄧ`ㄦ 잇
[一連串] ìliénch'uàn ㅣ`ㄌㄧㄢ´ㄔㄨㄢ` 계속. 일련.「一的問話 ; 일련의 질문」
[一臉橫肉] ìliěn hèngjòu ㅣ`ㄌㄧㄢˇ ㄏㄥ´ㄖㄡ` 얼굴살이 처지고 주름이 잡혀 밉상스럽게 보이는 모양.
[一例看待] ìlìk'àntài ㅣ`ㄌㄧ` ㄎㄢ`ㄉㄞ` 같은 것으로 취급하다. 「소량.
[一零兒] ìlíngrh ㅣ`ㄌㄧㄥ´ㄦ 아주 조금. 극
[一鱗半爪] ìlínpànchǎo ㅣ` ㄌㄧㄣ´ㄅㄢ`ㄓㄠˇ ①흩어져 있는 자잘한 조각들. ②적은 양의 형용.
[一溜鞭光] ìliùpiēnkūang ㅣ`ㄌㄧㄡ`ㄅㄧㄢㄍㄨㄤ 차례로 거침 없이 해치우는 모양.「一做完了兩天份兒的事 ; 이틀 분의 작업을 계속 단숨에 해 치웠다」
[一溜歪斜] ìliùwāihsiéh ㅣ`ㄌㄧㄡ`ㄨㄞㄒㄧㄝ´ 비틀거리는 모양. 비틀 걸음.

[一溜烟(兒)] íliùyēn(rh) ㄧˊㄌㄧㄡˋㄧㄢ(ㄦ) 빨리 달리는 모양. 먼눈 팔지 않고.부리나케.

[一落千丈] ílòch'iēnchàng ㄧˊㄌㄨㄛˋㄑㄧㄢㄓㄤˋ ①단번에 떨어지다. ②(시세가)폭락하다.

[一簍油] ìlǒuyú ㄧˋㄌㄡˇㄧㄡˊ 뚱뚱보.

[一路] ílù ㄧˊㄌㄨˋ ①=一道兒 ②…의 도중에서. 도중에 내내. 「一平安；가시는 도중 무사하기를 빕니다」 ③같은 종류의.「一貨；같은 종류의 상품」

[一路兒] ílùrh ㄧˊㄌㄨˋㄦ 같은 종류를 말할 때.「你別跟他一；너는 저 사람 같아서는 못 쓴다」「류의 물품.②=一道貨.

[一路貨] ílùhuò ㄧˊㄌㄨˋㄏㄨㄛˋ ①같은 종

[一嗎新] ìmǎhsīn ㄧˋㄇㄚˇㄒㄧㄣ 아주 새로운.새로 나온.

[一脈的] ímàitê ㄧˊㄇㄞˋㄉㄜ 동료. 한패.

[一滿] ìmǎn ㄧˋㄇㄢˇ ①언제까지나. 항상. ②완전히. 전연. ③전체.

[一冒兒] ímàorh ㄧˊㄇㄠˋㄦ 황망히. 허둥지둥.…했는가 하면 곧.「他一就走了；그는 허둥지둥 떠나갔다」

[一毛(兒)不拔] ìmáo(rh)pùpá ㄧˋㄇㄠˊ(ㄦ)ㄅㄨˋㄅㄚˊ 인색한 사람. 노랑이.

[一馬平川] ìmǎp'íngch'uān ㄧˋㄇㄚˇㄆㄧㄥˊㄔㄨㄢ 바닥이 평평하다. 지면이 평탄하다.《成》

[一罵兒] ímàrh ㄧˊㄇㄚˋㄦ 아마. 십중팔구.

[一碼事] ìmǎshih ㄧˋㄇㄚˇㄕ 같은 종류의 것.「你說的跟他說的是一；네가 하는 말과 그의 말은 같다」

[一馬當先] ìmǎ tānghsiēn ㄧˋㄇㄚˇㄉㄤㄒㄧㄢ 한 마리의 말이 선두를 달리다. 남에게 앞서 모범이 되어 보이다.어떤 일을 하는데 있어 핵심이 되어 남을 지도하다. 「조수사(助數詞).

[一碼子] ìmǎtzǔ ㄧˋㄇㄚˇㄗ 수를 세는

[一門地] íměntê ㄧˊㄇㄣˊㄉㄜ 오로지. 단숨에. =一門里. 「닷 없이.

[一猛子] ìměngtzǔ ㄧˋㄇㄥˇㄗ 돌연히. 느

[一面] ímièn ㄧˊㄇㄧㄢˋ ①한쪽. 일방.②=一邊(兒)③.

[一面之詞] ímiènchīhtz'ǔ ㄧˊㄇㄧㄢˋㄓㄘˊ 한쪽편만의 이야기.한쪽만의 변명(핑계).

[一面之雅] ímiènchīhyǎ ㄧˊㄇㄧㄢˋㄓㄧㄚˇ 일면식. 한번 만나 아는 사이.

[一面兒黑] ímiènrhhēi ㄧˊㄇㄧㄢˋㄦㄏㄟ ① 한쪽을 편들다. ②사귀지 않는 사람.

[一面(兒)理(兒)] ímièn(rh)lǐ(rh) ㄧˊㄇㄧㄢˋ(ㄦ)ㄌㄧˇ(ㄦ) 한쪽편만의 변명(구실).

[一鳴驚人] ìmíng chīngjěn ㄧˋㄇㄧㄥˊ ㄐㄧㄥㄖㄣˊ 평범한 자가 갑자기 놀라운 일을 하다.《成》

[一明兩暗] ìmíng-liǎng'àn ㄧˋㄇㄧㄥˊ ㄌㄧㄤˇㄢˋ 삼간(三間) 집으로서 정면에 큰 객실이 있고, 그 좌우에 조그만 부속실이 달려 있는 식의 가옥.

[一皿子] ìmǐntzǔ ㄧˋㄇㄧㄣˇㄗ =一抿子.

[一抿子] ìmǐntzǔ ㄧˋㄇㄧㄣˇㄗ 수를 세는 조수사.「一事；한 가지 일」

[一命嗚呼] ímìng wūhū ㄧˊㄇㄧㄥˋㄨㄏㄨ 죽는 것:흔히 악인의 경우.

[一模活脫(兒)] ìmohuōt'ō(rh) ㄧˋㄇㄛㄏㄨㄛㄊㄨㄛ(ㄦ) 꼭 닮은 모양. 「那姐妹倆長得一；저 자매는 아주 닮았다」 =一模一樣.

[一畝三分地] ìmǔ sānfēntì ㄧˋㄇㄨˇㄙㄢㄈㄣㄉㄧˋ 좁은 지역의 비유. 자기가 제일 인줄 알고 뻐기는 것.

[一目十行] ímùshíhháng ㄧˊㄇㄨˋㄕˊㄏㄤˊ 독해력이 자못 빠르다는 비유.

[一奶同胞] ìnǎi t'úngpāo ㄧˋㄋㄞˇ ㄊㄨㄥˊㄅㄠ 한 배에서 태어난 형제.

[一男半女] ìnán-pànnǚ ㄧˋㄋㄢˊ ㄅㄢˋㄋㄩˇ 자녀가 극히 귀하다는 것. 소수의 자녀.

[一納頭] ínàt'óu ㄧˊㄋㄚˋㄊㄡˊ 단연코. 오로지. 체념하고. 「한 번 집은 분량.

[一捏捏兒] ìniēhniehrh ㄧˋㄋㄧㄝㄋㄧㄝㄦ

[一念之差] íniènchīhch'ā ㄧˊㄋㄧㄢˋㄓㄔㄚ 사소한 인식 착오. 대수롭지 않은 오해.

[一年半載] ìnién pàntsǎi ㄧˋㄋㄧㄢˊ ㄅㄢˋㄗㄞˇ 1년 또는 반년.

[一年到頭] ìnién tàot'óu ㄧˋㄋㄧㄢˊ ㄉㄠˋㄊㄡˊ 한 해 동안 줄곧. 연중. 「조금.

[一擰擰] ìníngníng ㄧˋㄋㄧㄥˊㄋㄧㄥ 약간.

[一扭一扭] ìniǔìniǔ ㄧˋㄋㄧㄡˇㄧˋㄋㄧㄡˇ ① 허리가 아파 걸을 때면 몸이 굽어지는 모양. ②서서히 걸어 가는 모양. ③일부러 몸을 뒤트는 모양.

[一覇] ípà ㄧˊㄅㄚˋ 한쪽편의 두목.

[一百百] ìpáipǎi ㄧˋㄅㄞˊㄅㄞˇ 완전 무결. 더 말할 나위 없는.

[一把抓] ìpǎchuā ㄧˋㄅㄚˇㄓㄨㄚ 독점하다.

[一派] íp'ài ㄧˊㄆㄞˋ ①그루우프.「進步的一；진보적 그루우프」②(풍경·기상 따위) 그 변두리 일대에 입체감을 띠고 있는 모습.「好一春景；그 일대(一帶)의 봄 풍경」「一樂聲；근처에서 들려 오는 음악 소리」 「백할(百割)의. 최고의.

[一百成的] ìpǎichéngtê ㄧˋㄅㄞˇㄔㄥˊㄉㄜ

[一拍即合] ìp'āichíhó ㄧˋㄆㄞㄐㄧˊㄏㄜˊ 이야기가 곧 성립되다. 곧 합의에 이르다.

[一百一] ìpǎiī ㄧˋㄅㄞˇㄧ ①보통이 아니다. 특별한. ②확실하다. ③110.

[一百個] ìpǎiko ㄧˋㄅㄞˇㄍㄜ ①1백 개. ②완전히. 절대로.「一辦不到；절대로 할 수 없다」「一答應；전적으로 승낙하다」

[一般] ìpān ㄧˋㄅㄢ ①일반.「一的人；일반 사람」②같다.「一無二；동일하다」「一見識；같은 식견」「跟偷人的東西一；남의 물건을 훔치는 것과 마찬가지다」③보통의. 통상의.「這個人確非一；이 사람은 보통이 아니다」

[一半] ípàn ㄧˊㄅㄢˋ ①[一兒] 반. 반 조각. ②(뒤에 양사(量詞)가 따를 때) 「一個；㉮한 배 반(一倍半). ㉯약간의」

[一板正經] ìpǎn chěngchīng ㄧˋㄅㄢˇㄓㄥˋㄐㄧㄥ =一本正經.

[一般見識] ìpānchiènshih ㄧˋㄅㄢㄐㄧㄢˋㄕ 같은 식견.같은 정도의 사고 방식.「你別跟他一；저런 멍텅구리와는 다투지 말라. 정면으로 상대할 필요가 없다」

[一旁] ìp'áng ㄧˋㄆㄤˊ 곁. 옆.

[一般一配] ìpān-íp'èi ㄧˋㄅㄢ ㄧˊㄆㄟˋ ①뒤지지 않은.「他跟專家一他做工作；그는 전문가 못지 않을 정도의 일을 해내다」②어울리는 부부.

[一板一眼] ìpǎn ìyěn ㄧˋㄅㄢˇ ㄧˋㄧㄢˇ 음악의 2박자. ②질서 정연한 것. ③(동작이) 침착하고 여유가 있다.

[一盤散沙] ìp'án sǎnshā ㄧˋㄆㄢˊ ㄙㄢˇㄕㄚ 산만하여 질서가 없는 것. 오합지중(烏合之衆).

[一板三眼] ìpǎn sānyěn ㄧˋㄅㄢˇㄙㄢㄧㄢˇ ①언동이 조리가 있고 단정하다. ②일은 열심히 하나 융통성이 모자라다.

[一半天] ìpànt'iēn ㄧˋㄅㄢˋㄊㄧㄢ 2,3일 동안. 짧은 기간. 근간.「我一就來；가까운 시일 내에 다시 가겠다」

[一包在內] ìpāo tsàinèi ㄧˋㄅㄠㄗㄞˋㄋㄟˋ 모두 그 속에 포함된다.

[一包堆] ìpāotuī ㄧˋㄅㄠㄉㄨㄟ 죄다 한데 뭉쳐.「把這些本書一送給你；이 책을 모두 당신께 드립니다」

[一把鼻涕一把泪] ìpǎ pít'ì ìpǎ lèi ㄧˋㄅㄚˇ ㄅㄧˊㄊㄧˋㄧˋㄅㄚˇ ㄌㄟˋ 애절한 눈물에 잠기다.

[一把兒] ìpǎrh ㄧˋㄅㄚˇㄦ ①한 묶음.「一韮菜；한 묶음의 부추」②=一把子②.

[一把手] ìpàshǒu ㄧˋㄅㄚˋㄕㄡˇ ①도박군의 한 사람. ②일을 잘하는 사람. 능소능대(能小能大)한 사람. ③한패가 되다.

[一把死拿兒] ìpássǔnárh ㄧˋㄅㄚˊㄙˇㄋㄚˊㄦ ①옛날의 풍속·습관을 굳게 지키며 융통성이 없다. ②독점하다. =一把牢死拿兒.

[一把子] ìpǎtzǔ ㄧˋㄅㄚˇㄗ ①한줌의.「一錢；한줌의 돈」②한 쌍의 의형제. ③(연령) 50~60세 이상:원래 턱수염이 한줌쯤 자란데서 유래함.「一年紀；상당한 연령」④낙타 10마리. ⑤떼지어 있는 여남은 사람.

[一把(子)年紀] īpǎ(tzǔ)niénchi ㄧㄅㄚˇ(ㄗ)ㄋㄧㄢˊㄐㄧ 상당히 먹은 나이. 대단한 연배.「你這麼一哪兒能走那麼遠的路？；당신은 노령(老齡)으로 어떻게 저 먼 길을 걷겠읍니까？」

[一輩] ípèi ㄧˊㄅㄟˋ ① ípèirh 동배. 같은 또래.「我和他是一；나는 그와 같은 또래이다」 「=一合計. 一算計.

[一背拉] ìpēila ㄧˋㄅㄟㄌㄚ 통틀어. 총계.

[一輩子] ípèitzǔ ㄧˊㄅㄟˋㄗ 한평생.

[一本正經] ìpěn tsēngching ㄧˋㄅㄣˇㄗㄥˋㄐㄧㄥ ①표정 하나 바꾸지 않는 진지한 모습. ②태도가 변함 없이 성실하다.

[一本萬利] ìpěn wànlì ㄧˋㄅㄣˇㄨㄢˋㄌㄧˋ 조그만 자본으로 큰 이득을 얻다.

[一壁] ípì ㄧˊㄅㄧˋ =一邊(兒)①③.

[一表] ìpiǎo ㄧˋㄅㄧㄠˇ 당당한. 훌륭한.「一人材；상당한 인물」

[一表而過] ìpiǎoěrhkuò ㄧˋㄅㄧㄠˇㄦˊㄍㄨㄛˋ 슬쩍 이야기해 버리고는 끝내다.

[一片] íp'ièn ㄧˊㄆㄧㄢˋ 조수사(助數詞)로서 ①넓다란 한 면의 : 평평하고 엷은 것을 셀 때.「一紙；한 조각의 종이」=一片子(兒). ②평면상의 한 부분 또는 전체.「一大水；온 천지가 홍수」③변두리 일대.「一哭喊；일대에 울려 퍼지는 울음 소리」④말의 전부.「一謊話；새빨간 거짓말」⑤마음의 전부.「一好心；진정에서 우러난 호의」

[一邊(兒)] ìpiēn(rh) ㄧˋㄅㄧㄢ(ㄦ) ①옆. 곁. ②같다.「一大；같은 정도로 크다」③…하면서 …하다.「一走着一唱；걸어가면서 노래하다」 「ㄢˋ 일방적 견해.

[一偏之見] ìp'iēnchīhchièn ㄧˋㄆㄧㄢㄓㄐㄧ

[一片嘴兩片舌] íp'ièn chuǐ liǎngp'ièn shě ㄧˊㄆㄧㄢˋ ㄓㄨㄟˇ ㄌㄧㄤˇㄆㄧㄢˋㄕㄜˊ ①전후 당착한 말을 하다. ②나오는 대로 시부렁대다.

[一邊倒] ìpiēntǎo ㄧˋㄅㄧㄢㄉㄠˇ 한 쪽으로만 기울어지다. 한 쪽만 편들다.

[一併] ípìng ㄧˊㄅㄧㄥˋ 합쳐서. 같이.

[一品鍋] ìp'ǐnkuō ㄧˋㄆㄧㄣˇㄍㄨㄛ 남비요리(鍋料理)의 일종.

[一貧如洗] ìp'ínjúhsǐ ㄧˋㄆㄧㄣˊㄖㄨˊㄒㄧˇ 적빈여세(赤貧如洗). 몹시 가난한 것.

[一筆勾消] ìpǐ kōuhsiāo ㄧˋㄅㄧˇ ㄍㄡㄒㄧㄠ 단번에 지워 버리다. 모든 것을 깨끗이 말소해 버리다. =一筆勾. 一筆抹煞.

[一屁股] íp'ìku ㄧˊㄆㄧˋㄍㄨ (앉을 때) 털썩.

[一鼻孔出氣] ìpík'ǔng ch'ūch'ì ㄧˋㄅㄧˊㄎㄨㄥˇ ㄔㄨㄑㄧˋ 서로 기맥을 통하고 있다. 기맥상통. 한 동아리가 돼 있다는 뜻.

[一撥子(一兒)] ìpōtzǔ(—rh) ㄧˋㄅㄛㄗ(一ㄦ) 한 조(組). 한 대(一隊). 한 묶음.「一人；한 무리의 사람」

[一波未平，一波又起] ìpōwèip'íng ìpōyùch'ǐ ㄧˋㄅㄛㄨㄟˋㄆㄧㄥˊ ㄧˋㄅㄛㄧㄡˋㄑㄧˇ 어려운 사건이 꼬리를 물고 일어나다.

[一步一個脚印兒] ípù íko chiǎoyìnrh ㄧˊㄅㄨˋ ㄧˊㄍㄜ ㄐㄧㄠˇㄧㄣˋㄦ 일보일보 착실히 일을 해 내는 것. 돌다리도 두드려 보고 건너는 신중한 태도.

[一不溜] ìpuliū ㄧˋㄅㄨㄌㄧㄡ 동작이 재빠른 모양. 얼른. 서둘러.

[一普面子] ìp'ǔmièntzǔ ㄧˋㄆㄨˇㄇㄧㄢˋㄗ 전면적으로. 온 천지에.

[一撲納心兒] ìp'ūnàhsīnrh ㄧˋㄆㄨㄋㄚˋㄒㄧㄣㄦ 자기 분에 만족하며 성실한 것.

[一不拗衆] īpúniùchùng ㄧㄅㄨˊㄋㄧㄡˋㄓㄨㄥˋ 중과부적:적은 수의 사람으로 많은 사람을 당하지 못함.

[一步兒] ípùrh ㄧˊㄅㄨˋㄦ ①한걸음. ②일의 한 매듭 또는 정도.

[一暴十寒] íp'ù shíhhán ㄧˊㄆㄨˋ ㄕˊㄏㄢˊ (학문을 닦는 데 있어) 하다가 말다가 하는 것. 일을 하는 데 있어 오래 계속 못함을 비유. 「리. 많이. 온통.

[一鋪攤] ìp'ūt'ān ㄧˋㄆㄨㄊㄢ 커다란 덩어

[一步登天] ípù tēngt'iēn ㄧˊㄅㄨˋ ㄉㄥㄊㄧㄢ 진급이 몹시 빠름을 비유함. 벼락출세.

[一不做，二不休] īpùtsò èrhpùhsiū 이미 타버린 배:일단 시작한 일은 쉽사리 손을 뗄 수 없다는 비유.

[一掃而光] ìsǎoěrhkuāng ㄧˋㄙㄠˇㄦˊㄍㄨㄤ 깨끗이 씻어 흔적도 없다.

[一色(兒)] ísè(rh) ㄧˊㄙㄜˋ(ㄦ) ①한 빛깔. ②전체가 그 빛뿐이다.「一紅；붉은 빛투성이」

[一晌] ìshǎng ㄧˋㄕㄤˇ 잠시. 잠깐 동안.

[一霎時] íshàshíh ㄧˊㄕㄚˋㄕˊ 순간.「一滿城都是火；눈 깜짝할 사이에 성 안이 불바다가 되었다」=一霎兒.

[一聲不响] ìshēng pùhsiǎng ㄧˋㄕㄥ ㄅㄨˋㄒㄧㄤˇ 한마디도 입을 열지 않는다. 말이 없음.

[一聲不吭兒] ìshēng pùk'ēngrh ㄧˋㄕㄥ ㄅㄨˋㄎㄥㄦ 말이 없다. 묵묵부답.

[一身一口兒] ìshēnik'ǒurh ㄧˋㄕㄣㄧˋㄎㄡˇㄦ 독신자. 혼자 생활하고 있는 모양.「一耗費無幾；독신자이므로 지출이 야 뻔한 거다」

[一時] ìshíh ㄧˋㄕˊ ①당분간.「一回不來；당분간 돌아올 수 없다」=一時半會兒. ②즉석에서. 곧.「不能一回答；즉석에서 곧 대답할 수는 없다」③한때의. 일시의.

「一僥倖；한때의 요행」
[一事] íshìh ㄧ´ㄕ` ①동업.「兩家商店是一；두 상점은 경영주가 같다. 동업이다」②하나의 작업.
[一世] íshìh ㄧ´ㄕ` ①한평생. ②당대의. 그 시대의.「一英雄；당대의 영웅」
[一世界] íshìhchièh ㄧ´ㄕ`ㄐㄧㄝ` 가는 곳마다. 도처(到處).
[一市八街] íshìhpāchiēh ㄧ´ㄕ`ㄅㄚㄐㄧㄝ 도처(到處). 가는 곳마다.「手上一的全是墨水；손은 온통 잉크투성이다」
[一手(兒)] ìshǒu(rh) ㄧ`ㄕㄡˇ(ㄦ) ①기예(技藝)를 가리키는 말.「學得一好拳法；권투법을 단단히 습득하다」②수단. 뛰어난 솜씨. ③한패가 되다.「他和那個人是一；그이는 저 사람과 한패가 되어 있다」
[一手遮天] ìshǒu chētʻiēn ㄧ`ㄕㄡˇ ㄓㄜㄊㄧㄢ 한쪽 손으로 하늘을 가로 막다. 넉살좋다. 독단·독행·독점하다. 《成》
[一手人] ìshǒujén ㄧ`ㄕㄡˇㄖㄣ´ ①혼자 힘으로 일을 해 내는 사람. ②한 사람 몫의 일을 할 수 있는 사람.
[一手包辦] ìshǒu pāopàn ㄧ`ㄕㄡˇ ㄅㄠㄅㄢ` 일괄하여 인수하다.
[一手托兩家] ìshǒu tʻō liǎngchiā ㄧ`ㄕㄡˇ ㄊㄨㄛ ㄌㄧㄤˇㄐㄧㄚ 쌍방이 다 좋도록 처리하다.
[一水兒] ìshuǐrh ㄧ`ㄕㄨㄟˇㄦ ①한 벌의. 같은 식의. ②일률적으로. 한결같이.
[一順兒] íshùnrh ㄧ´ㄕㄨㄣ`ㄦ ①같은 줄. 동렬(同列).「一三間屋子；한 줄로 늘어선 3개의 방」②(늘어서 있는 것이) 한결같이.「這一帶房子一向東歪；이 일대의 가옥들은 한결같이 동향(東向)이다」
[一說兒] ìshuōrh ㄧ`ㄕㄨㄛㄦ ①일설에는.「有好了疤剌忘了疼這麼一 ； 목구멍만 넘기면 뜨거운 것도 잊는다는 말이 있다」
[一梭子] ìsōtzǔ ㄧ`ㄙㄨㄛㄗ 잇달아. 계속.「匪兵開了一槍；비적들이 계속 총을 쏘았다」
[一絲] ìssū ㄧ`ㄙ 극히 적은.「露出一笑容；아련한 미소를 얼굴에 나타내다」「一不苟；조금도 소홀히 하지 않는다」
[一絲一毫] ìssūiháo ㄧ`ㄙㄧ`ㄏㄠ´ 털끝만큼. 추호(秋毫).
[一死兒地] ìssǔrhtê ㄧ`ㄙˇㄦㄉㄜ 끈덕지게. 외곬으로.「一追問；끈덕지게 심문하다」 「어느 한쪽. 편도(片道).
[一送兒] ísùngrh ㄧ´ㄙㄨㄥ`ㄦ 왕래길의
[一大些(兒)] ítàhsiēh(rh) ㄧ´ㄉㄚ`ㄒㄧㄝ(ㄦ) 상당한. 꽤 많은.「身量差不了一；신장에는 큰 차가 없다」
[一塌胡塗] ītʻāhútʻu ㄧㄊㄚㄏㄨ´ㄊㄨ 엉망진창.「工作被他搞得一了；그가 일을 엉망으로 만들어 버렸다」
[一大清早] ítàchʻīngtsǎo ㄧ´ㄉㄚ`ㄑㄧㄥㄗㄠˇ ①이른 아침. ②이른 아침이 되다.「一連個人影也不見了；이른 아침이 되자 사람의 그림자라고는 볼 수 없었다」
[一答一和兒] ìtáìhórh ㄧ`ㄉㄚ´ㄧ`ㄏㄜ´ㄦ 서로 문답하다.
[一袋烟] ítàiyēn ㄧ´ㄉㄞ`ㄧㄢ 담배 한 대.「一的工夫；담배 한 대 피울 시간」
[一塌括仔] itʻākʻuòtzǔ ㄧ`ㄊㄚㄎㄨㄛ`ㄗˇ 전부. 총계. 일괄하여.
[一打兩用] ìtǎliǎngyùng ㄧ`ㄉㄚˇㄌㄧㄤˇㄩ
ㄥ` 일거양득. 일석이조. =一搭兩用(兒).
[一趟八趟] ítʻàngpātʻàng ㄧ´ㄊㄤ`ㄅㄚ´ㄊㄤ` 몇 차례나. 몇 번이고.「一去頭東西；몇 번이고 시장엘 가다」
[一担一挑] ìtàn-ìtʻiāo ㄧ`ㄉㄢ` ㄧ`ㄊㄧㄠ 동서(同婿) 관계.
[一攤兒] itʻānrh ㄧ`ㄊㄢㄦ 평지에 괸 액체를 헤아리는 조수사(助數詞).「一黃油；끈적끈적 녹아 내린 버터」
[一担挑] ítàntʻiāo ㄧ´ㄉㄢ`ㄊㄧㄠ ①=一打兩用. ②혼자 모든 책임을 지다.
[一担挑兒] ítàntʻiāorh ㄧ´ㄉㄢ`ㄊㄧㄠㄦ 동서(同婿).
[一淘] itʻáo ㄧ`ㄊㄠ´ =一起.
[一道貨] ítàohuò ㄧ´ㄉㄠ`ㄏㄨㄛ` 같은 무리. 같은 처지에 있는 동류(同類).
[一道箍兒] ítàokūrh ㄧ´ㄉㄠ`ㄍㄨㄦ 주변머리 없고 둔한 인간.
[一道(兒)] ítāo (rh) ㄧ´ㄉㄠˇ(ㄦ) ①함께. 더불어.「跟群衆一前進；대중과 더불어 전진하다」
[一套(兒)] ítʻào(rh) ㄧ´ㄊㄠ`(ㄦ) ①(의복·연모·서적 따위의) 일식(一式).「一菜；정식(定食)」「一書；한 질의 책」②서로 얽혀 한 묶음이 돼 있는 것. 일련의.「說了一廢話；얼토당토 않는 소리를 길게 늘어 놓았다」
[一大半] ítàpàn ㄧ´ㄉㄚ`ㄅㄢ` 태반. 과반.
[一打蘯兒] ìtátǔnrh ㄧ`ㄉㄚ´ㄉㄨㄣˇㄦ 전부. 일괄하여.
[一得] itê ㄧ`ㄉㄜ´ 이따금 떠오르는 좋은 생각.「千慮一；바보는 실수하기 마련이지만 이따금 좋은 생각도 떠오른다」「一之愚；우견(愚見). 사견(私見)」
[一條心] itʻiáohsīn ㄧ`ㄊㄧㄠ´ㄒㄧㄣ 한마음. 일심.「大家一；모두가 한마음으로 뭉쳐 있다」
[一條龍] itʻiáolúng ㄧ`ㄊㄧㄠ´ㄌㄨㄥ´ 전 조직이 전력을 기울여 하나의 목표를 향해 효과적으로 집중하는 것.
[一條藤兒] itʻiáo tʻéngrh ㄧ`ㄊㄧㄠ´ㄊㄥ´ㄦ 기맥이 통하고 있다. 기맥이 상통하다. =一條綫兒.
[一條腿] itʻiáotʻuǐ ㄧ`ㄊㄧㄠ´ㄊㄨㄟˇ ①한쪽 다리. ②절름발이. ③중국 재래의 방법 내지 외국의 방법 중의 어느 한쪽.
[一天] itʻiēn ㄧ`ㄊㄧㄢ ①하루. ②어느날. ③하늘 가득히.
[一點(兒·子)] itiěn(rh·tzū) ㄧ`ㄉㄧㄢˇ(ㄦ··ㄗ) 조금.「一事情；사소한 일」「買一；조금 사다」「耳朶有一背； 가는귀가 먹다」 「루종일.
[一天家(價)] itʻiēnchia ㄧ`ㄊㄧㄢㄐㄧㄚ 하
[一天二世界] itʻiēn èrhshìhchieh ㄧ`ㄊㄧㄢㄦ`ㄕ`ㄐㄧㄝ 미치는 범위가 넓은 모양.「弄了一的粥；전원 다 먹을 수 있을 만큼 죽을 끓였다」
[一天一個現在] itʻiēn íko hsièntsài ㄧ`ㄊㄧㄢ ㄧ´ㄍㄜ ㄒㄧㄢ`ㄗㄞ` 그날그날의 불안정한 수입으로 생활하는 것.
[一天到晚] itʻiēn tàowǎn ㄧ`ㄊㄧㄢ ㄉㄠ`ㄨㄢˇ 하루 종일. 아침부터 밤까지.
[一點點(兒)] ìtiéntiěn(rh) ㄧ`ㄉㄧㄢ´ㄉㄧㄢˇ(ㄦ) 아주 조금. 극소량.
[一天雲霧散] itiēn yǔnwù sàn ㄧ`ㄊㄧㄢ ㄩㄣˇㄨ`ㄙㄢ` 불화(不和)를 씻고 화해하다.

[一遞一和兒] ítì ihórh ㄧˊㄉㄧˋ ㄧㄏㄜˊㄦ =一答一和兒. 「…도중. ②도처(到處).
[一地理] ítìli ㄧˊㄉㄧˋㄌㄧ ①길을 가면서.
[一點一滴] ítiěn-ìtī ㄧˊㄉㄧㄢˇ ㄧˋㄉㄧ 조금씩.
[一定] ítìng ㄧˊㄉㄧㄥˋ ①특정의. 일정의. 「一切文化都是屬于一的階級; 일체의 문화는 특정 계급에 속한다」②상당한. 제나름의. 「學習科學都需要一的語文基礎; 과학을 배우는 데는 언어에 관한 기초 지식이 필요하다」③어김 없이. 반드시. 「他一來; 그는 어김 없이 온다」
[一定之規] ítìngchīhkueī ㄧˊㄉㄧㄥˋㄓㄍㄨㄟ ①일정한 순서. ②일정한 규칙.
[一定準兒] ítìngchǔnrh ㄧˊㄉㄧㄥˋㄓㄨㄣˇㄦ ①꼭. 반드시. =一定. ②일정의 기준. 규칙.
[一釘星兒] ìtīnghsīngrh ㄧˋㄉㄧㄥㄒㄧㄥㄦ 약간의 분량. =一丢點兒.
[一丁點兒] ìtīngtiěnrh ㄧˋㄉㄧㄥㄉㄧㄢˇㄦ 극소량: "一點點(兒)" 보다 더 적다.
[一丢點兒] ìtiūtiěnrh ㄧˋㄉㄧㄡㄉㄧㄢˇㄦ= 一點點兒.
[一頭(兒)] ìt'óu(rh) ㄧˋㄊㄡˊㄦ ①(피고와 원고의 경우처럼) 대립하고 있는 것의 한 쪽. 「一沉; 한 쪽으로 기울어지다. 편중하다」②기다란 물체의 한 끝. ③같은 경우의 사람. 「再.
[一再] ítsài ㄧˊㄗㄞˋ 자주. 누차. >一一再
[一早] ìtsǎo ㄧˋㄗㄠˇ ①이른 아침. 조조. ②이른 아침에. =一早兒.
[一造] ítsào ㄧˊㄗㄠˋ 소송 당사자의 한 쪽.
[一槽兒爛] ìts'áorhlàn ㄧˋㄘㄠˊㄦㄌㄢˋ(사업 또는 우정이) 여지 없이 깨어지다.
[一則] ìtsé ㄧˋㄗㄜˊ ①첫째로는 …둘째로는…. 「一以喜, 一以惧; 한편은 기뻐하고 한편은 근심하다」②=一來②.
[一走(兒)] ìtsǒu(rh) ㄧˋㄗㄡˇ(ㄦ) 얼른 가버리다. 「단번에 이루다.
[一蹴而成] íts'ùérhch'éng ㄧˊㄘㄨˋㄦˊㄔㄥˊ
[一醉解千愁] ítsuì chiěh ch'iēnch'óu ㄧˊㄗㄨㄟˋㄐㄧㄝˇ ㄑㄧㄢㄔㄡˊ ①술에 취하면 온갖 걱정을 잊는다. ②인생에 대해 소극적인 것. 「②결국. 종내.
[一總兒] ìtsǔng(rh) ㄧˋㄗㄨㄥˇ(ㄦ) ①총계.
[一團] ìt'uán ㄧˋㄊㄨㄢˊ 전체에 걸쳐 어떤 상태에 놓여 있을 때 쓰는 말. 「一和氣; 화기애애한 분위기」「一亂麻; 전체가 문란한 상태」「一漆黑; 온 천지가 캄캄하다」「一糟; ㉮사태가 혼란하여 수습하기 어려운 상태. ㉯완전한 실책. 완전 파괴」
[一腿] ìt'uǐ ㄧˋㄊㄨㄟˇ ①한 다리. ②빠르다는 형용. 「他一進到屋裏來; 그는 얼른 방안으로 들어 왔다」
[一推兩搡兒] ìt'uīliángsǎngrh ㄧˋㄊㄨㄟ ㄌㄧㄤˇㄙㄤˇㄦ 요리조리 책임 회피를 하다. 「부.
[一對兒] íduìrh ㄧˊㄉㄨㄟˋㄦ ①한 쌍. ②부
[一同] ìt'úng ㄧˋㄊㄨㄥˊ 함께. 몰려서.
[一通連] ìt'ūnglién ㄧˋㄊㄨㄥㄌㄧㄢˊ 끊임 없이 계속되다.
[一通兒] ít'ùngrh ㄧˊㄊㄨㄥˋㄦ 한번. 일회. 「拌一嘴; 한번 말다툼하다」
[一動兒] ítùngrh ㄧˊㄉㄨㄥˋㄦ ①자칫하면. ②한 동작.
[一字一板] ítzû-ìpǎn ㄧˊㄗˋ ㄧˋㄅㄢˇ ①질서 정연하여 흩어짐이 없다. ②한마디 한마디가 뚜렷하다. 「把這份事一傳下去; 이 일을 그냥 그대로 전하고 갔다」
[一字兒] ítzûrh ㄧˊㄗˋㄦ "一" 자. 「一擺; "一"자 모양으로 늘어 놓다」
[一汪兒] iwāngrh ㄧˋㄨㄤㄦ 물 웅덩이 따위의 한군데를 말함.
[一汪(兒·子)] ìwāng(rh·tzǔ) ㄧㄨㄤ(ㄦ·ㄗ)액체 표면 전체를 말하는 조수사(助數詞). 「一水; 그곳에 가득 찬 물」「一血; 일대에 뿌려져 있는 핏자국」
[一味] íwèi ㄧˊㄨㄟˋ 외곬으로. 어디까지나. 「他一地支吾, 老不肯辦; 그는 어디까지나 속임수를 쓰면서 끝내 하려고 하지 않는다」 「무일푼. 한 푼도 없음.
[一文不文] ìwěnpùwěn ㄧˋㄨㄣˇㄅㄨˋㄨㄣˊ
[一問三不知] íwèn sānpùchīh ㄧˊㄨㄣˋㄙㄢ ㄅㄨˋㄓ 뭐라고 해도 모르는 체하다. 오불관언(吾不關焉).
[一窩蜂] ìwōfēng ㄧˋㄨㄛㄈㄥ ①한 통의 벌. ②부화뇌동(附和雷同). ③많은 사람이 떠드는 것.
[一窩兒] ìwōrh ㄧㄨㄛㄦ 강아지, 고양이 새끼 따위의 한배. 「這隻黑猫跟那隻花猫是一; 이 검정 고양이와 저 얼룩 고양이는 한 배다」
[一無] ìwú ㄧˋㄨˊ 하나도 없다. 전연 없다. 「一可取; 취할 만한 장점이 하나도 없다」「一是處; 올바른 데가 한곳도 없다」「一所長; 장점이라고는 하나도 없다」「一所有; 한 개도 없다」
[一五一十] ìwǔìshíh ㄧˋㄨˇㄧˋㄕˊ ①자초지종(처음부터 끝까지)을 명확하게. 「他把這件事一的都告訴我了; 그는 이 사건의 경위를 처음부터 끝까지 나에게 이야기했다」 ②하나 둘 하고 수를 세는 것. 「一數了一遍; 하나 둘 하고 대충 세어 보았다」
[一誤再誤] íwùtsàiwù ㄧˊㄨˋㄗㄞˋㄨˋ 잇달아 과오를 범하다」
[一様] íyàng ㄧˊㄧㄤˋ ①같다. 동일하다. 「這和那個一; 이것과 저것과는 같다」②일종의. 한갖. 「一菜; 요리의 한 가지」「他嘴是一, 心裡又是一; 그는 말과 속셈은 다르다」 「ㄢˋ일산화탄소.
[一氧化碳] ìyǎnghuàt'àn ㄧˋㄧㄤˇㄏㄨㄚˋㄊㄢˋ
[一搖一擺] ìyáo-ìpǎi ㄧˋㄧㄠˊ ㄧˋㄅㄞˇ 비틀거리다. 「鴨子走路一的樣子很蠢笨; 집오리의 걸음은 비틀걸음으로 실로 꼴불견이다」
[一葉知秋] íyèhchīhch'iū ㄧˊㄧㄝˋㄓㄑㄧㄡ ①오동잎 하나가 떨어지는 것을 보고 가을이 온 것을 느낀다. ②사소한 징조로써 대세를 알 수 있다는 것.
[一言抄百總] ìyén ch'āo pǎitsǔng ㄧˋㄧㄢˊ ㄔㄠㄅㄞˇㄗㄨㄥˇ 한말로 말하자면. 일언이폐지(一言以蔽之)하면. =一句話抄百總.
[一言既出, 駟馬難追] ìyén chì ch'ū, ssûmǎ nánchuī ㄧˋㄧㄢˊ ㄐㄧˋ ㄔㄨ, ㄙˋㄇㄚˇ ㄋㄢˊㄓㄨㄟ 한번 입 밖에 낸 말은 다시 거둬 들일 수는 없다. 《成》
[一言以蔽之] ìyénìpìchīh ㄧˋㄧㄢˊㄧˇㄅㄧˋㄓ 한마디로 말하자면. 일언이폐지하면:
[一眼眼] ìyényěn ㄧˋㄧㄢˊㄧㄢˇ =一點兒.
[一應] ìyīng ㄧˋㄧㄥ 일체. 전부. 「一俱全; 이것 저것 모두 갖추어져 있다」

〔衣〕 ī ㄧ ①의복. 옷. ②「一子；싸거나 씌우거나 하는 엷은 껍질.「糖一；당의」 ⇨ì.③과실의 껍질.
[衣架(兒)] īchià(rh) ㄧㄐㄧㄚˋ(ㄦ) ①옷걸이. 행거. ②쓸모 없는 인간.《罵》
[衣架飯囊] īchià-fànnáng ㄧㄐㄧㄚˋㄈㄢˋㄋㄤˊ 무능한 인간.《罵》
[衣角] īchiǎo ㄧㄐㄧㄠˇ 의복의 끝 가장자리.
[衣襟] īchīn ㄧㄐㄧㄣ 옷섶.
[衣鏡] īchìng ㄧㄐㄧㄥˋ 체경. =穿衣鏡.
[衣着] īchó ㄧㄓㄨㄛˊ 의관을 몸에 걸치는 것.
[衣櫥] īch'ú ㄧㄔㄨˊ 장롱. 옷장.
[衣縫] īfèng ㄧㄈㄥˋ 의복 따위의 가늘고 길게 실밥이 풀린 곳. 갈라진 곳.
[衣服] īfu ㄧㄈㄨ 의복.
[衣箱] īhsiāng ㄧㄒㄧㄤ 옷 넣는 상자. 트렁크.
[衣袖] īhsiù ㄧㄒㄧㄡˋ 소매.
[衣鉤兒] īkōurh ㄧㄍㄡㄦ =衣裳鉤兒.
[衣冠禽獸] īkuān ch'ínshòu ㄧㄍㄨㄢ ㄑㄧㄣˊㄕㄡˋ 사람의 옷차림을 한 짐승. 행동이 저열한 짐승 같은 사람.
[衣冠楚楚] īkuān ch'úch'ǔ ㄧㄍㄨㄢ ㄔㄨˊㄔㄨˇ 옷차림이 조촐하고 훌륭하다.
[衣料(子·兒)] īliào(tzǔ·rh) ㄧㄌㄧㄠˋ(ㄗ·ㄦ) 의료품. 옷감.
[衣包] īpāo ㄧㄅㄠ 여행용의 옷 보따리.
[衣補兒] īpǔrh ㄧㄅㄨˇㄦ (한자의) 옷의 변: "衤"변.
[衣袋(兒)] ītài(rh) ㄧㄉㄞˋ(ㄦ) 호주머니. 포켓. =衣兜.
[衣子] ītzǔ ㄧㄗ 싸거나 씌우거나 하는 엷은 껍질. 「糖一；당의」 「藥一；오블라아토」
[衣衫] īshān ㄧㄕㄢ 속에 입는 웃도리.
[衣裳] īshang ㄧㄕㄤ 의복. 「一鉤兒；의복을 거는 옷걸이」「一架(兒)」=衣架(兒). 「一裡兒；의복의 안감」 「一料子；옷감. 옷을 만들지 않은 옷감.
[衣魚] īyú ㄧㄩˊ 〈動〉 반대좀.

〔伊〕 ī ㄧ ①그. 그녀. ②이것. 그것.
[伊始] īshǐh ㄧㄕˇ …의 시초. 당초. 「新春一；신년초(新年初)」
[伊斯蘭教] īssūlánchiào ㄧㄙㄌㄢˊㄐㄧㄠˋ 이슬람교. 회교.
[伊于胡底] īyúhútǐ ㄧㄩˊㄏㄨˊㄉㄧˇ 어느 정도에서 그칠는지 알 수 없다: 흔히 일이 뒤틀리기만 할 때 쓰는 말.《成》

〔依〕 ī ㄧ ①…에 의하다. 의지하다. 「相一爲命；서로 의지하여 살아 가다」 ②좇다. 따르다. 그대로 하다. 「一樣畫葫蘆；모형 그대로 호리병박을 그리다. 모방할 뿐 창의성이 없는 것」 ③허락하다. ④순종하다.
[依仗] īchàng ㄧㄓㄤˋ 의뢰하다. 의지하다.
[依照] īchào ㄧㄓㄠˋ ①…을 좇아. …에 따라. 「一等級徵稅；등급에 따라 징세(徵稅)하다」 ②…에 따르면. 「一目前的情況；현재의 상황에 의하면」
[依舊] īchiù ㄧㄐㄧㄡˋ 이전과 다름없이. 여전히.
[依據] īchǜ ㄧㄐㄩˋ ①바탕. 근거. 증거. ②…에 의하면. 「一北京的通訊；베이징 통신에 의하면」
[依附] īfù ㄧㄈㄨˋ ①들어붙다. ②의지하다. 붙다. 「他現在一着反動派方面；그는 지금 반동파에 붙어 있다」 >依依附附.
[依稀] īhsī ㄧㄒㄧ 아련하다. 어렴풋하다. 방불하다. >依依稀稀.
[依怙] īhù ㄧㄏㄨˋ 의지하다. 기대다. 「無所一；의지할 곳이 없다」
[依依] īī ㄧㄧ ①서운하다. 「一不捨, 一難捨；서운하기 그지없다」 ②연약하다. 「楊柳一；버들이 하늘하늘 움직이다」 ③사모(思慕)하다.
[依然故我] īján kùwǒ ㄧㄖㄢˊ ㄍㄨˋㄨㄛˇ 변함 없는 옛날 그대로의 자기.
[依人籬下] ījénlíhsià ㄧㄖㄣˊㄌㄧˊㄒㄧㄚˋ ①남의 보호를 받다. ②식객 노릇을 하다.
[依靠] īk'ào ㄧㄎㄠˋ 기대다. 의뢰하다. 「一群衆；대중을 바탕으로 삼다」
[依戀] īliàn ㄧㄌㄧㄢˋ 연연하다. 그리워하다.
[依傍] īpàng ㄧㄅㄤˋ ① =依靠. ②남의 문장을 모방하다. ③가까이 다가 들다.
[依憑] īp'íng ㄧㄆㄧㄥˊ 의지(依持)로 삼다. 근거로 삼다.
[依實] īshíh ㄧㄕˊ 있는 그대로. 「一說；사실 그대로 말하다」 ②(사람의 됨됨이) 확실하다.
[依隨] īsuí ㄧㄙㄨㄟˊ (남의 말을) 따르다.
[依託] īt'ō ㄧㄊㄨㄛ 근거. 증거.
[依草附木] īts'ǎo-fùmù ㄧㄘㄠˇ ㄈㄨˋㄇㄨˋ 권세를 방패로 삼다. 권세에 달라붙다.
[依從] īts'úng ㄧㄘㄨㄥˊ 그대로하다. 「件件一；모든 것을 하라는 대로 하다」
[依次] ītz'ǔ ㄧㄘˋ 차례차례로. 「把工作一做完；일을 차례차례로 해치우다」
[依偎] īwēi =依傍③.
[依違兩可] īwéi liángk'ǒ ㄧㄨㄟˊㄌㄧㄤˊㄎㄜˇ (태도 따위가) 정견(定見)이 없이 우유부단(優柔不斷)한 것.
[依樣畫葫蘆] īyàng huà húlu ㄧㄧㄤˋㄏㄨㄚˋㄏㄨˊㄌㄨ 모방할 뿐 창의성이 없는 것」
[依允] īyǔn ㄧㄩㄣˇ 따르다. 승낙하다.

〔咿〕 ī ㄧ
[咿啞] īyǎ ㄧㄧㄚˇ ①어린애가 말을 배우기 시작할 때 내는 소리. ②비걱비걱: 노 젓는 소리. >咿咿啞啞.

〔壹〕 ī ㄧ "一"과 같은 자: 증서 따위 금액 기재에 많이 쓰임.

〔椅〕 ī ㄧ 의나무: 산유자나무과에 딸린 활엽 교목. ⇨ǐ.

〔揖〕 ī ㄧ 두 손을 모으고 올렸다 내리는 절. 「作一；읍하다」

〔醫〕(医) ī ㄧ ①병을 고치다. 치료하다. ②의술. 「行一；의료업을 하다」 ③의사. 「中一；한방의(漢方醫)」
[醫治] īchìh ㄧㄓˋ 치료하다.
[醫金] īchīn ㄧㄐㄧㄣ 진찰료.
[醫道] ītào ㄧㄉㄠˋ 의술.
[醫生] īshēng ㄧㄕㄥ 의사.
[醫士] īshìh ㄧㄕˋ =醫生.
[醫務人員] īwù jényüán ㄧㄨˋ ㄖㄣˊㄩㄢˊ 의술에 종사하는 사람.

〔夷〕 í ㄧˊ ①옛날 중국의 동부 지방에 살고 있던 부족. 후세에 와서 외족(外族), 외국인을 얕보아 일컫는 말. 오랑캐. ②평평하게 하다. 「一爲平地；땅을 깎아 평평하게 하다」 ③평온무사. 「化險爲一

；위기를 극복하여 평온무사하게 하다」④소멸시키다.「一三族；삼족을 멸하다」⑤기뻐하다.「一悅；기뻐하다」

〔宜〕 í ㄧˊ ①적당(적합)하다.좋다.「相一；적당한」②당연히 …하여야 한다.「不一如此；이와 같이 해서는 안된다」

〔怡〕 í ㄧˊ ①기뻐하다. 즐기다. 부드러워지다.「一然自得；기뻐하고 즐기는 모양」

〔姨〕 í ㄧˊ ①「一兒；어머니의 자매. 이모」「二一兒；둘째 이모」②아내의 자매. 처형제.「大一子；처형」「小一子；처제」③첩.「一太太·一娘；첩」

[姨姐] íchiĕh ㄧˊㄐㄧㄝˇ ①처형(妻兄). ②이모의 딸로서 자기보다 나이 많은 사람.

[姨姪女(兒)] íchíhnǚ(rh) ㄧˊㄓˊㄋㄩˇ(ㄦ) 이질녀：아내의 자매의 딸.

[姨父] ífu ㄧˊㄈㄨ 이모부. =姨夫. 姨丈.

[姨兄] íhsiūng ㄧˊㄒㄩㄥ **이종형(姨從兄). 이종사촌** 형.

[姨姨] íi ㄧˊㄧ ①"姨媽"에 대해 **아이들이** 부르는 말.

[姨媽] ímā ㄧˊㄇㄚ ①이모. ②아버지의 첩.

[姨妹] ímèi ㄧˊㄇㄟˋ 처제.

[姨娘] íniáng ㄧˊㄋㄧㄤˊ =姨媽.

[姨表] ípiăo ㄧˊㄅㄧㄠˇ 이종사촌："姑表"에 대해 하는 말.

[姨婆] íp'ó ㄧˊㄆㄛˊ 조모(祖母) 또는 외조모(外祖母)의 자매.

[姨兒] írh ㄧˊㄦ 이모：기혼 미혼을 불문.

[姨甥] íshēng ㄧˊㄕㄥ "姨父"에 대한 자칭.

[姨太太] ít'àit'ai ㄧˊㄊㄞˋㄊㄞ ①나이 많은 첩. ②벼슬아치의 첩.

[姨弟] ítì ㄧˊㄉㄧˋ 이종 동생(姨從弟).

[姨爹] ítiē ㄧˊㄉㄧㄝ =姨父.

〔咦〕 í ㄧˊ 놀람을 나타내는 감탄사：뭐. 아.「一, 這是怎麼回事？；야, 이게 도대체 어찌된 일이냐？」

〔胰〕 í ㄧˊ ①췌장(膵臟).「一臟；췌장」②「一子；비누」「一皂；비누」

〔移〕(迻) í ㄧˊ ①이동하다. 옮기다.「請把坐位一一一；자리를 옮겨 주시오」②변하다. 변경시키다.「立志不一；한 번 뜻을 세우고는 변경하지 않는다」

[移交] íchiāo ㄧˊㄐㄧㄠ (소유권 또는 사용권을) 인도하다.넘겨주다.사무 인계하다.

[移居] íchū ㄧˊㄐㄩ 거주지를 옮기다.

[移防] ífáng ㄧˊㄈㄤˊ 수비(守備)의 위치를 바꾸다.

[移風易俗] ífēng ìsú ㄧˊㄈㄥ ㄧˋㄙㄨˊ 사회의 낡은 기풍·습관 등을 개혁하다.《成》

[移花接木] íhuā chiēhmù ㄧˊㄏㄨㄚ ㄐㄧㄝㄇㄨˋ ①화훼의 재배. ②남모르게 교묘한 수단을 부리다.

[移禍] íhuò ㄧˊㄏㄨㄛˋ 화(禍)를 남에게 전가시키다.

[移易] íì ㄧˊㄧˋ 변경하다. 개혁하다.

[移山] íshān ㄧˊㄕㄢ ①힘이 세다는 비유.「一力；산마저 뽑아 옮길 수 있는 힘」②결심하고 달라붙으면 안되는 일이 없다는 비유. ⇨愚公移山.

[移山倒海] íshān-tăohăi ㄧˊㄕㄢ ㄉㄠˇㄏㄞˇ 산을 뽑아 옮기고 바다를 뒤집어 엎는다는 뜻으로 의기 충천하는 모양.《成》

[移山造海] íshān-tsàohăi ㄧˊㄕㄢ ㄘㄠˋㄏㄞˇ 산을 옮겨 바다를 만들다.대중의 힘의 강대함을 비유한 말.《成》

[移時] íshíh ㄧˊㄕˊ 잠시 동안. 이내.

[移東就西] ítūng chiùhsī ㄧˊㄉㄨㄥ ㄐㄧㄡˋㄒㄧ 여분으로 부족을 메우다. 융통하다.

〔痍〕 í ㄧˊ 상처. 베인 상처.「瘡一滿目；만신창이. 도처에 상처투성이」

〔貽〕 í ㄧˊ ①선사하다. 선물하다. ②남기다. 전하다.「一笑大方；남의 웃음거리가 되다」

[貽害] íhài ㄧˊㄏㄞˋ 해독을 남기다.

[貽人口實] íjĕnk'ŏushíh ㄧˊㄖㄣˊㄎㄡˇㄕˊ 남에게 핑계거리를 주다. 구실의 빌미를 주다.

[貽誤] íwù ㄧˊㄨˋ 오점(誤點)을 남기다. 과오를 범하다.「一于人；남의 오해를 받다」

〔疑〕 í ㄧˊ ①의심하다.의심을 품다.「一他偷東西；그가 물건을 훔치지 않나 의심하다」②의심스럽다.「一案；증거 불충분으로 쉽게 판결할 수 없는 사건」③의심. 혐의.「多一；의심이 많다」「存一；의심을 품다」

[疑忌] íchì ㄧˊㄐㄧˋ 새암하다. 시기하다. 질투하다.

[疑心] íhsīn ㄧˊㄒㄧㄣ ①의심하다.「你不必一；너는 의심할 필요가 없다」②의심하는 마음.「一太重；아주 의아심이 깊다」

[疑心病] íhsīnpìng ㄧˊㄒㄧㄣㄅㄧㄥˋ 신경과민. 신경질.

[疑惑] íhuo ㄧˊㄏㄨㄛ ①의혹. ②…이라 생각하다. …아닌가 의심하다.「我一天已經亮了；나는 벌써 밤이 샜다고 생각했다」

[疑慮] ílǜ ㄧˊㄌㄩˋ 의심스러운 생각. 의념.

[疑難] ínàn ㄧˊㄋㄢˋ ①진상을 파악할 수 없어 처리하기 곤란함.「一大症；진단할 수도 없는 난치(難治)의 중병」②미혹(迷惑). 당황하다.

[疑兵] ípīng ㄧˊㄅㄧㄥ 의병：적을 미혹케 하기 위해 거짓으로 꾸미는 군사.

[疑神疑鬼] íshén-íkuei ㄧˊㄕㄣˊ ㄧˊㄍㄨㄟˇ 의심 암귀：의심이 심해지면 없는 허깨비까지도 보이게 된다는 뜻.

[疑竇] ítòu ㄧˊㄉㄡˋ 의심스러운 곳.

[疑團] ít'uán ㄧˊㄊㄨㄢˊ 의념(疑念). 의심이 쌓이다.「解開一；의심을 풀다」「一頓釋；즉시에 의심이 풀리다」「一莫釋；의심이 풀리지 않다」

[疑問號] íwènhào ㄧˊㄨㄣˋㄏㄠˋ 의문 부호(？).

〔飴〕 í ㄧˊ 물엿. 조청. 맥아당(麥芽糖).「一糖；엿」

〔儀〕(仪) í ㄧˊ ①의식. ②선물.「賀一；축하 선물」③(과학용) 기구. 모형.「一器；실험 실습 기구의 일체」「渾天一；천구의(天球儀)의 일종」④사람의 용모·태도.「一表·一容；풍채·용모」⑤풍속(風俗). ⑥법칙. 표준.

[儀態] ít'ài ㄧˊㄊㄞˋ 용모. 태도.

〔遺〕 í ㄧˊ ①잃다. 분실하다.「一失；분실하다」②유실물.「路不拾一；길에 떨어진 유실물을 줍지 않는다. 태평성세를 일컬음」③새다. 누락하다.「補一；빠진

것을 보충함」④남기다. 후세에 전하다. 「一風 ; 선배나 조상을 닮은 전형」「一產 ; 사후에 남겨 놓은 재산」⑥모르는 사이에 배설하다. 「一尿 ; 야뇨(夜尿)」「一精 ; 성 행위 없이 사정함」⑦죽은 자가 남긴 것으로 유필(遺筆)이나 유표(遺表) 등을 말함. 「남기다. 또는 그 교훈.

[遺教] íchiào ㄧˊㄐㄧㄠˋ 임종시에 교훈을

[遺囑] íchǔ ㄧˊㄓㄨˇ 유언(遺言).

[遺臭] ích'òu ㄧˊㄔㄡˋ 악평을 남기다. 「一萬年 ; 후세 영원히 악평을 남기다」

[遺腹子] ífùtzǔ ㄧˊㄈㄨˋㄗ 아버지가 죽은 뒤에 난 그의 자식. 유복자. 「스럽다.

[遺恨] íhèn ㄧˊㄏㄣˋ 한을 남기다. 정말 한

[遺像] íhsiàng ㄧˊㄒㄧㄤˋ 죽은 사람의 초상화. 「(先帝)의 유신(遺臣).

[遺老] ílǎo ㄧˊㄌㄠˇ 전조(前朝) 또는 선제

[遺落] ílò ㄧˊㄌㄨㄛˋ ①흘리다. 유실하다. ②방치하다. 「기념물.

[遺念] ínièn ㄧˊㄋㄧㄢˋ 죽은 사람이 남긴

[遺書] íshū ㄧˊㄕㄨ ①유서. ②일서(逸書): 이름만 전해지고 내용은 전해지지 않는 책. ③써 놓고 간 쪽지.

[遺忘] íwàng ㄧˊㄨㄤˋ 잊다.

〔頤〕 í ㄧˊ ①아래 턱. ②기르다.

[頤指] íchǐh ㄧˊㄓˇ 턱으로 가리키다.

〔乙〕 ǐ ㄧˇ ①을. 십간(十干)의 둘째. ②배열 순서의 두 번째. ③상업계에서는 "一"에 대용함. 「發票一紙 ; 송장 1통」④물고기의 창자. ⑤성(性)의 하나.

[乙醇] ích'ún ㄧˇㄔㄨㄣˊ 에틸알코올.

[乙等] ítěng ㄧˇㄉㄥˇ ①2등. ②성적의 을 「(乙).

〔已〕 ǐ ㄧˇ ①이미. 「時間一過 ; 시간은 이미 지났다」②그것만으로도. 「一切設備都很簡陋, 一足傷心 ; 일체의 설비가 극히 허술한 것만으로도 자못 슬픈 일이다」③나중에. 조금 뒤에. 「一忽不見; 조금 뒤 갑자기 보이지 않았다」④마치다. 「鷄鳴不一 ; 닭이 울음을 그치지 않는다」⑤심히. 극히. 「不爲一甚 ; 극심한 짓은 하지 않는다」 「지수」

[已知] íchīh ㄧˇㄓ 이미 알려진. 「一數 ; 기

[已經] íching ㄧˇㄐㄧㄥ. ①이미. 벌써. 기왕에. …한 일이 있다. ②그것만으로도. …하므로. 「我的地位一够低的了, 不能再兼打雜兒 ; 나는 지위부터가 낮은데 소사 노릇까지 할 수는 없다」

[已就] íchiù ㄧˇㄐㄧㄡˋ ①이미 끝나다. ②기정(既定) 사실.

[已而] íěrh ㄧˇㄦˊ 그 뒤. 「先規定四項, 一刪去一項 ; 우선 4항목을 결정했다가 뒤에 1항목을 삭제했다」 「히.

[已然] íján ㄧˇㄖㄢˊ ①이미. 벌써. ②여전

[已甚] íshěn ㄧˇㄕㄣˋ 너무 심하다.

〔以〕 ǐ ㄧˇ ①…을 가지고. …으로. 「一身作則 ; 몸소 시범하다」②…에 따라. 「衆人一次就座 ; 많은 사람들이 차례로 참석했다」③…의 까닭에. …의 이유로. 「不一成功自滿 ; 성공했다고 뻐길 순 없다」④…일자(日字)로, …날짜에. 「一1949年10月1日宣告成立 ; 1949년 10월1일 그 성립을 선고하다」⑤(목적·결과를 제시하고) 여기에 따라. 이로써. 「遵守安全制度, 一免發生危險 ; 위험한 일이 발생하지 않도록 안전 제도를 지키다」⑥두 가지의 동작을 잇는 접속사. =而. 「循原路一歸 ; 오던 길을 거쳐 되돌아 갔다」⑦방향·지위·시간 따위의 기준을 제시. 「水平一上 ; 수준보다 위」「十天一後交貨 ; 10일 후 상품을 인도하다」⑧이유. 「良有一也 ; 그럴듯한 이유가 있다」⑨…라고 생각하다. 「自一將見太平盛世也; 곧 태평성세가 되리라 은근히 생각했다」

[以及] íchí ㄧˇㄐㄧˊ ①및. …와. …부터 …까지. ②그리고: 구(句)와 구(句)를 잇다. 「我已經忘了怎麼和他初次會面, 一他怎麼能到了北京 ; 내가 처음 그를 만났을 때 어떠했는지, 그리고 그가 어떻게 뻬이찡(北京)에 갈 수 있었는지 이제 벌써 기억에 없다」

[以前] ích'ién ㄧˇㄑㄧㄢˊ ①…이전. 「他來一, 你走了 ; 그가 오기 전에 너는 나가 버렸던 것이다」②지난날. 옛날.

[以至] íchìh ㄧˇㄓˋ 및. 그위에. 「城市與城市之間, 省與省之間, 一縣與縣之間組織大協作 ; 도시와 도시 사이, 성(省)과 성(省) 사이 및 현(縣)과 현(縣) 사이에 광범한 협력 태세를 조직한다」

[以致] íchìh ㄧˇㄓˋ (…의 원인으로) …이 되다. …의 결과가 되다. 「由于沒注意克服小缺點, 一犯了嚴重錯誤 ; 사소한 결점을 극복하는데 유의하지 않았기 때문에 중대한 과오를 범하는 결과가 되었다」

[以訛傳訛] íěch'uán'ě ㄧˇㄜˊㄔㄨㄢˊㄜˊ 잘못을 그대로 전하다. ‹成›

[以耳代目] íěrhtàimù ㄧˇㄦˇㄉㄞˋㄇㄨˋ 남의 말을 들을 뿐, 몸소 조사하여 이해하려 하지 않는다」

[以後] íhòu ㄧˇㄏㄡˋ ①…이후. 「他走了一; 그가 떠난 뒤」②그후. 이후. 「一怎麼樣了? ; 그뒤 어찌 되었는가?」

[以下] íhsià ㄧˇㄒㄧㄚˋ ①…이하. 「股長一都有津貼 ; 계장 이하는 수당이 있다」②이하. 「一的話 ; 이하의 말」③보다 못한 것. 「一的人, 更不足論了 ; 그 이하의 인간은 아예 문제가 안된다」

[以血還血] íhsüèhhuánhsüèh ㄧˇㄒㄩㄝˇㄏㄨㄢˊㄒㄩㄝˋ 피맺힌 원수는 피로써 갚는다」

[以虛帶實] íhsūtàishíh ㄧˇㄒㄩㄉㄞˋㄕˊ 방침·정책·사상·이론과 실제상의 일을 합치시키다.

[以還] íhuán ㄧˇㄏㄨㄢˊ =以來①.

[以貨換貨] íhuò huànhuò ㄧˇㄏㄨㄛˋㄏㄨㄢˋㄏㄨㄛˋ 물물교환하다.

[以一警百] íichǐngpǎi ㄧˇㄧㄐㄧㄥˊㄅㄞˇ 한 사람을 벌주어 만 사람에게 조심토록 하다. 일벌백계.

[以逸待勞] íitàiláo ㄧˇㄧˋㄉㄞˋㄌㄠˊ 일을 하기에 앞서 먼저 준비 태세를 갖추다. ‹成›

[以故] íkù ㄧˇㄍㄨˋ 그러므로. 그로 인해.

[以寡敵衆] íkuǎtíchùng ㄧˇㄍㄨㄚˇㄉㄧˊㄓㄨㄥˋ 작은 세력으로 큰 세력과 맞서다.

[以工代賑] íkūngtàichěn ㄧˇㄍㄨㄥㄉㄞˋㄓㄣˋ 구제하는 대신 일거리를 주다.

[以公爲公] íkūngwéikūng ㄧˇㄍㄨㄥㄨㄟˊㄍㄨㄥ 사정에 끌리지 않고 공평하게 처리하다.

[以來] ílái ㄧˇㄌㄞˊ ①…이래. 「十年一;

10년 이래」②이상.「三十歲一 ; 30세 이상」
[以裏] ǐlǐ ㄧˇㄌㄧˇ 이내.「在三丈一,還看得淸 ; 3장(약10미터) 이내에서는 아주 또렷이 보이다」 「管窺蠡測.
[以蠡測海] ǐlíts'èhǎi ㄧˇㄌㄧˊㄘㄜˋㄏㄞˇ=
[以卵擊石] ǐluǎnchīshíh ㄧˇㄌㄨㄢˇㄐㄧˊㄕˊ 달걀로 돌을 치다. 자기 힘에 맞지 않는 일을 하여 자멸하다. 《成》
[以毛作淨] ǐmáotsòchìng ㄧˇㄇㄠˊㄗㄨㄛˋㄐㄧㄥˋ 겉봉을 포함한 중량을 정미(正味) 중량으로 하다 : 무역 용어.
[以便] ǐpièn ㄧˇㄅㄧㄢˋ …하기에 편리하도록. …하기 위해.
[以偏概全] ǐp'iēnkàich'üán ㄧˇㄆㄧㄢㄍㄞˋㄑㄩㄢˊ 일부만을 보고 전부가 그러리라 생각하는 것. 《成》 「의 것.
[以上] ǐshàng ㄧˇㄕㄤˋ ①이상. ②여태까지
[以身試法] ǐshēnshìhfǎ ㄧˇㄕㄣㄕˋㄈㄚˇ 법을 두려워하지 않고 감히 죄를 범하다. 《成》 「몸소 시범하다. 《成》
[以身作則] ǐshēntsòtsé ㄧˇㄕㄣㄗㄨㄛˋㄗㄜˊ
[以德報怨] ǐtépàoyüàn ㄧˇㄉㄜˊㄅㄠˋㄩㄢˋ 원수를 은덕(恩德)으로 갚다.
[以點帶面] ǐtiěn tàimièn ㄧˇㄉㄧㄢˇ ㄉㄞˋㄇㄧㄢˋ 어느 특정 지역에서 얻은 경험 또는 성과를 전역에 걸쳐 넓히다.
[以毒攻毒] ǐtúkūngtú ㄧˇㄉㄨˊㄍㄨㄥㄉㄨˊ 독을 제압하는데 독으로써 하다. 악은 악으로 누르다. 《成》
[以此] ǐt'zǔ ㄧˇㄘˇ 이로써. 그래서. 그로 말미암아.
[以次] ǐt'zǔ ㄧˇㄘˋ 차례로. 순서에 따라.
[以往] ǐwǎng ㄧˇㄨㄤˇ ①옛적. 이전. ②여태까지. 앞으로.
[以爲] ǐwei ㄧˇㄨㄟ ①…이라 생각하다. …이라고 간주하다.「我一應該這樣做 ; 나는 이와 같이 해야만 한다고 생각한다」②…으로 안다. …이라고 인정하다.「原來是你, 我一是王先生呢 ; 원, 너였구나, 나는 왕선생인 줄 알았어」
[以怨報德] ǐyüànpàoté ㄧˇㄩㄢˋㄅㄠˋㄉㄜˊ 은혜를 원한으로 갚다.

〔尾〕 ǐ ㄧˇ ⇨wěi.
[尾兒] ǐrh ㄧˇㄦ 꼬리.「馬一 ; 말의 꼬리」「擺一 ; 꼬리를 흔들다」

〔矣〕 ǐ ㄧˇ 완료를 나타내는 조사. ①동작·상태의 완료를 표시.「苗則槁一 ; 모종은 말라 버렸다」②새로운 상태의 발생·결과의 필연성을 나타냄.「如此則事危一 ; 이대로 가다가는 만사휴이(끝나다)」③감탄의 뜻.「交友之道難一! ; 친구를 사귀는 길이란 어렵구나」④명령의 뜻.「往一, 毋多言! ; 가거라, 잔소리 「말고!」

〔迤〕(迆) ǐ ㄧˇ ①구부러져 있는 모양. ②비스듬히 기울이는 모양.「一東 ; 이동(以東)」「一西 ; 이서(以西)」
[迤邐] ǐlǐ ㄧˇㄌㄧˇ 구불구불 꼬부라져 있는 「모양. =迤迤邐邐.

〔倚〕 ǐ ㄧˇ ①기대다. 의지하다.「一着門框站着 ; 문설주에 기대 서다」②의뢰하다.「一勢欺人 ; 권세를 믿고 사람을 학대하다」
[倚仗] ǐchàng ㄧˇㄓㄤˋ 의뢰하다. 기대다.
[倚重] ǐchùng ㄧˇㄓㄨㄥˋ ①의지하다. ②의지하여 중용(重用)하다.
[倚瘋兒撒邪] ǐfēngrh sāhsiéh ㄧˇㄈㄥㄦ ㄙㄚㄒㄧㄝˊ (술에 취해 광태를 부리듯) 일시적인 변태로 난폭한 짓을 하다.
[倚靠] ǐk'ào ㄧˇㄎㄠˋ ①기대다.「全身一在板壁上 ; 전신을 판벽에 기대다」②의지하다. 의지할 사람 또는 물건.
[倚靠兒] ǐk'àorh ㄧˇㄎㄠˋㄦ =倚靠②.
[倚老賣老] ǐlǎo màilǎo ㄧˇㄌㄠˇ ㄇㄞˋㄌㄠˇ 나이 많음을 내세우고 우쭐거리다. 나이 많은 체하다.
[倚恃] ǐshìh ㄧˇㄕˋ 의뢰하다. 의지로 삼다.
[倚勢仗勢] ǐshìh-chàngshìh ㄧˇㄕˋ ㄓㄤˋㄕˋ 세력을 믿고 남을 학대하다.

〔椅〕 ǐ ㄧˇ「一子 ; 의자 : 등널이 붙어 있는 것」「藤一 ; 등의자」⇨ī.
[椅背] ǐpèi ㄧˇㄅㄟˋ 의자의 등.
[椅墊(子·兒)] ǐtièn(tzǔ·rh) ㄧˇㄉㄧㄢˋ (ㄗ·ㄦ) 의자에 까는 방석. 의자의 쿠션.
[椅腿] ǐt'uǐ ㄧˇㄊㄨㄟˇ 의자의 다리.

〔蟻〕(螘) ǐ ㄧˇ ①개미.「白一 ; 흰개미」「黃絲一 ; 불개미」
[蟻穴] ǐhsüèh ㄧˇㄒㄩㄝˋ ①개미집. ②큰 일을 유발하는 작은 일에 대한 비유.

〔艤〕 ǐ ㄧˇ 배를 물가 언덕에 대다.

〔弋〕 ì ㄧˋ ①주살. 주살을 쏘다. ②잡다.「一取·一獲 ; 잡다. 포획하다」③「一陽腔 ; 강남(江南)의 "弋陽"에서 발생한 남곡(南曲)의 일종 : "崑曲"보다 낡은 것이나 지금은 사라지고 없음」

〔刈〕 ì ㄧˋ ①베다 : 풀·곡물 따위.「一除雜草 ; 잡초를 베어 내다」②농기구.

〔衣〕 ì ㄧˋ 옷을 입다. 옷을 입히다.「一布一 ; 포의(布衣)를 입다. 평민이 되다」 「⇨ī.

〔亦〕 ì ㄧˋ ①구어(口語)의 "也"와 같음.「我一人也 ; 나 역시 인간이다」②특히. 「다만 …뿐. 단지.

〔屹〕 ì ㄧˋ ①높이 치솟은 모양. ②독립하여 있는 모양.「一立 ; 우뚝 솟아 있다」

〔邑〕 ì ㄧˋ ①도시. 읍. ②현(縣)의 별칭. 「③구역.

〔役〕 ì ㄧˋ ①노동. 부역.「勞一 ; 노역」「兵一 ; 병역」②사역하다.「一使 ; 사역하다」③사건. 전쟁. ④소사. 사환.「校一 「 ; 학교의 사환」

〔抑〕 ì ㄧˋ ①누르다. 억압하다.「一強扶弱 ; 강자를 누르고 약자를 돕다」②그렇지 않으면. 혹시.「求之歟, 一與之歟? ; 요구한 것인가, 아니면 주어진 것인가」③그러나. 다만. ④그렇다면. 즉. =那麼. 則. 「=況且.
[抑且] ìch'iěh ㄧˋㄑㄧㄝˇ 하물며. 더군다나.
[抑或] ìhuò ㄧˋㄏㄨㄛˋ 혹은 그렇지 않으면.
[抑揚] ìyáng ㄧˋㄧㄤˊ 음조(音調)의 높고 낮음. ②칭찬과 헐뜯음.
[抑郁] ìyǜ ㄧˋㄩˋ 기분이 우울하다.

〔佚〕 ì ㄧˋ =逸②③.

〔易〕 ì ㄧˋ ①쉬운. 용이한. 「輕而一舉；가벼워서 가지기에 수월하다. 사물의 용이함을 비유」 ②바꾸다. 고치다. 「一言之；바꿔 말하자면」 ③교환하다. 「以物一物；물물교환하다」
[易轍] ìchě ㄧˋㄓㄜˇ 일을 변경하다.
[易貨] ìhuò ㄧˋㄏㄨㄛˋ 바아터. 교환 무역.
[易人] ìjěn ㄧˋㄖㄣˊ 사람을 바꾸다.
[易如反掌] ìjúfánchǎng ㄧˋㄖㄨˊㄈㄢˊㄓㄤˇ 여반장：손 바닥을 뒤집듯이 매우 쉽다는 뜻.
[易碎] ìsuì ㄧˋㄙㄨㄟˋ 망그러지기 쉽다. 「一貨物；망그러지기 쉬운 물품」
[易于] ìyǘ ㄧˋㄩˊ …하기 쉽다. 「一接受新鮮事物；새로운 사물을 받아 들이는 데 용이하다」
〔疫〕 ì ㄧˋ 전염병. 「防一；전염병을 막다」 「鼠一；페스트」
[疫港] ìkǎng ㄧˋㄍㄤˇ 전염병 발생의 단서(端緒).
[疫苗] ìmiáo ㄧˋㄇㄧㄠˊ 왁찐.
〔益〕 ì ㄧˋ ①이익. 이익이 되다. 「得一很多；이익이 매우 크다」 ②증가하다. 증진하다. ③더욱. 일층. 「日一壯大；나날이 커가다」
[益處] ìch'ù ㄧˋㄔㄨˋ 이익. 「沒有一；이익되는 바 없다. 쓸모 없다」
[益發] ìfā ㄧˋㄈㄚ 더욱 더. 점점. 「聽到這個消息, 大家一高興；이 소식을 듣고 모두 점점 기뻐했다」
[益母草] ìmǔts'ǎo ㄧˋㄇㄨˇㄘㄠˇ 〈植〉 익모초.
〔挹〕 ì ㄧˋ ①(술을) 따르다. ②빼다. 「一注；여유 있는 데서 떼어 내 모자라는 곳을 보충하다」 ③금전 따위를 융통하다. 「一彼注茲；위와 같은 뜻」 ④물러나다. ⑤잡아 당기다.
〔悒〕 ì ㄧˋ 걱정하다. 불안정한. 「一一不樂；불안하여 마음이 즐겁지 않다」
〔異〕(异) ì ㄧˋ ①다른. 틀린. 「一口同聲；이구 동성」 「一議；이의」 ②딴. 남의. 「一鄉；타향」 「一日；타일」 ③특별한. 진기한. 훌륭한. 「一味；진미」 「一香 특수한 향기」 ④분리하다. 헤어지다. 「離一；따로 따로 떨어지다」 ⑤괴상하게 여기다. 「驚一；이상하게 생각하다」
[異己] ìchǐ ㄧˋㄐㄧˇ 자기와 반대임. 「一分子；이질 분자. 이단자」
[異軍突起] ìchǖn-t'ūch'ǐ ㄧˋㄐㄩㄣ ㄊㄨ ㄑㄧˇ 신인(新人)이 돌연 나타나다.
[異曲同工] ìch'ǚ t'úngkūng ㄧˋㄑㄩˇㄊㄨㄥˊㄍㄨㄥ 방법은 다르나 동일한 효과를 내다.
[異想天開] ìhsiǎng t'iēnk'āi ㄧˋㄒㄧㄤˇㄊㄧㄢㄎㄞ 기상 천외. 뜻하지 않던 기발한 생각이 떠오르다. 상상조차 할 수 없다.
[異乎] ìhū ㄧˋㄏㄨ 다르다. 「一尋常；보통과는 다르다」
[異稟] ìpǐng ㄧˋㄅㄧㄥˇ 선천적으로 타고난 비범한 재능.
[異地] ìtì ㄧˋㄉㄧˋ 타향. 낯설은 땅.
[異端邪說] ìtuān-hsiéhshuō ㄧˋㄉㄨㄢㄒㄧㄝˊㄕㄨㄛ 정통(正統)이 아닌 학파와 그릇된 학설.
[異聞] ìwěn ㄧˋㄨㄣˊ 희귀한 뉴우스.
[異樣] ìyàng ㄧˋㄧㄤˋ 다르다. 서로 틀리다.
[異域] ìyǜ ㄧˋㄩˋ 이역. 외국. 국외.
〔翌〕 ì ㄧˋ 밝다. 다음 날. 「一日；익일」
〔軼〕 ì ㄧˋ ①넘다. 뛰어나다. 「一材；비범한 사람」 ②흩어져 없어지다. 빠지다. 「一事；정사(正史)에서 빠져 버린 세세한 사실(史實)」
[軼倫] ìlún ㄧˋㄌㄨㄣˊ 동류나 동배보다 뛰어나게 우수하다. ＝軼群超倫.
[軼聞] ìwěn ㄧˋㄨㄣˊ 정식 기사에서 빠져 있는 사소한 뉴우스.
〔意〕 ì ㄧˋ ①생각. 마음. 「心慌一亂；마음이 조급해지고 생각이 흐트러지다」 ②의견. 견해. 「創一；새로운 견해」 ③의도. 계획. 「任一；생각나는 대로」 「有一；고의적으로」 ④예상. 상상. 「一外；뜻밖. 상상외」 ⑤뜻. 의미. 「一義；의의」
[意氣] ìch'ì ㄧˋㄑㄧˋ 기세. 기개. 감정. 「鬧一；서로 자기 주장을 버티다」 「一用事；감정으로 사물을 처리하다」
[意匠] ìchiàng ㄧˋㄐㄧㄤˋ ① 의장. ②고안. 「연구.
[意見] ìchien ㄧˋㄐㄧㄢ ①의견. 생각. ②불화. 「鬧一；사이가 벌어지다」
[意旨] ìchǐh ㄧˋㄓˇ 취지. 의지. 의향.
[意趣] ìch'ǜ ㄧˋㄑㄩˋ 정취.
[意中] ìchūng ㄧˋㄓㄨㄥ ①의중. ②성산(成算). 전망.
[意下] ìhsià ㄧˋㄒㄧㄚˋ ①심중. 「不放在一；마음에 두지 않다」 ②생각. 주장. 「你一如何？；너의 생각은 어떠냐？」 ③가슴 속. 「一頗爲不滿；가슴 속이 심히 불만스럽다」
[意想] ìhsiǎng ㄧˋㄒㄧㄤˇ 생각하다.
[意會] ìhuì ㄧˋㄏㄨㄟˋ 마음 속으로 잘 이해하다. 이심 전심.
[意意思思] ììssūssū ㄧˋㄧㄙㄙ ①망설이는 모양. ②불만스러운 모양.
[意懶心灰] ìlǎn-hsīnhuī ㄧˋㄌㄢˇㄒㄧㄣㄏㄨㄟ 맥이 풀려 일할 기분이 나지 않다.
[意料] ìliào ㄧˋㄌㄧㄠˋ 억측하다. 「出乎一之外；뜻밖의 결과를 가져 오다」
[意裡意思] ìliìssū ㄧˋㄌㄧㄧㄙ 망설이면서 명백하게 의사 표시를 하지 않는 것. 「他一的是要請你去一次；그의 생각으로는 아무래도 네가 한 번 가 주었으면 하는 듯하다」
[意馬] ìmǎ ㄧˋㄇㄚˇ 즉각. 즉시.
[意識] ìshíh ㄧˋㄕˊ 의식.
[意思] ìssū ㄧˋㄙ ①생각. ②의미. 「這個字的一怎麼講？；이 글자의 뜻은 무엇이냐？」 ③취미. 재미. 「這本書很有一；이 책은 매우 재미 있다」 ④이유. 사유. 「把這個一告訴他；이 사유를 그에게 이야기하라」 ⑤의사(意思). 뜻. 「這不過是小一；이것은 다만 촌지(寸志)에 지나지 않는다」 ⑥기분. 얼굴. 「不好一；공연히 부끄럽다. 미안하다」 「不好一說話；말하기 치사하다」
[意思(兒)] ìssū(rh) ㄧˋㄙ(ㄦ) ＝意思③⑤.
[意圖] ìt'ú ㄧˋㄊㄨˊ ①의도. ②꾀하다. 의도하다. 「예기치 않는 사고.
[意外] ìwài ㄧˋㄨㄞˋ ①의외. ②뜻밖의 일.
[意味] ìwèi ㄧˋㄨㄟˋ ①흥취. 재미. ②의미. ③뜻하다. 「這一着…；이것은 …을 뜻한다」
[意願] ìyüàn ㄧˋㄩㄢˋ 원망(願望).
〔義〕(义) ì ㄧˋ ① 올바른 도리. 정

의.「一不容辭 ; 의리상 사퇴할 수 없다」 ②정의에 합당한 행위.「起一 ; 의병(義兵)을 일으키다」 ③공익을 위한. 봉사적인.「一賣 ; 자선 판매. 바자」 ④의미. 의의.「定一 ; 정의」「字一 ; 문자의 뜻」 ⑤의리 관계.「一父 ; 의부」「結一 ; 의형제의 인연을 맺다」 ⑥인공(人工)의.「一齒 ; 의치」

[義正辭嚴] ìchěng tz'ŭyén ㄧˋㄓㄥˋㄘˊㄧㄢˊ 조리가 서 있고 말투가 엄하다.

[義氣] ìch'i ㄧˋㄑㄧ ①의협심. ②의협심이 있다.

[義旗] ìch'í ㄧˋㄑㄧˊ 의병을 일으킨 군대의 군기.

[義憤塡胸] ifěn t'iénhsiūng ㄧˋㄈㄣˋ ㄊㄧㄢˊㄒㄩㄥ 노기가 가슴을 메우다. 노기가 차 있다.

[義形于色] ìhsíngyŭsè ㄧˋㄒㄧㄥˊㄩˊㄙㄜˋ 정의(正義)의 빛을 얼굴에 나타내다.

[義賣] ìmài ㄧˋㄇㄞˋ 자선을 위한 판매.

[義兵] ìpīng ㄧˋㄅㄧㄥ ①의병. ②의용병.

[義師] ìshīh ㄧˋㄕ 정의의 군대. 의병.

[義地] ìtì ㄧˋㄉㄧˋ 공동 묘지.

[義務] ìwu ㄧˋㄨ ①의무. ②봉사적인. 봉사적으로.「一勞動 ; 봉사적 노동. 부역」「人家一看孩子 ; 남이 봉사적으로 아이들을 보살펴 주다」

[義無反顧] iwúfănkù ㄧˋㄨˊㄈㄢˇㄍㄨˋ 정의를 위해 뒤를 돌아 보지 않고 돌진하다.

[義演] ìyěn ㄧˋㄧㄢˇ 자선 사업을 위하여 하는 흥행. 의연 공연(義捐公演)을 하다.

〔逸〕 ì ㄧˋ ①달리다. 도주하다. ②흩어져 없어지다.「一書 ; 흩어져 없어진 서적」 ③한가로이 살다. 유유 자적하다.「一勞永一 ; 한번 애 쓴 보람으로 길이 이득을 보다」 ④안락(安樂). ⑤과실(過失).

〔詣〕 ì ㄧˋ ①뵈옵다.「一前請敎 ; 뵙고 가르침을 청하다」 ②학문 기예 등에 조예가 깊다.「造一 ; 조예」

〔溢〕 ì ㄧˋ ①물이 넘치다.「河水四一 ; 냇물이 사방으로 넘쳐 흐르다」 ②여분의. 과도의.「一美 ; 지나치게 칭찬하다」

[溢洪道] ìhúngtào ㄧˋㄏㄨㄥˊㄉㄠˋ 방수로(放水路).

〔肄〕 ì ㄧˋ ①배우다. 익히다.「一業 ; 수업하다. 학습하다」「一業證書 ; 수업 증서(修業證書)」

〔睪〕(圣) ì ㄧˋ 엿보다. 살짝 들여다보다.

〔勩〕 ì ㄧˋ ①고생. ②(연모 따위가) 닳아 모가 없어지다.「螺絲扣一了 ; 나사가 닳아 못쓰게 되었다」

〔億〕(亿) ì ㄧˋ ① 억. ②옛날은 10만(萬)을 "억"이라고 했음. ③추측하다. ④많은.

〔誼〕 ì ㄧˋ 우의. 정의.「一不可辭 ; 정의상 거절할 수 없다」

〔毅〕 ì ㄧˋ 과단성 있는. 강한.「剛一 ; 의지가 단단하여 꺾이지 않다」「一力 ; 기백」

〔憶〕(忆) ì ㄧˋ ①기억. ②(지나간 일을) 생각하다. ③동정하다.

〔縊〕 ì ㄧˋ 줄로 목을 매달다.「自一 ; 목을 매달아 죽다」

〔薏〕 ì ㄧˋ 연밥 알맹이.

[薏苡] ìi ㄧˋㄧˇ ①염주알. ②율무.

[薏米] ìmi ㄧˋㄇㄧˇ 율무쌀 : 식용 또는 약용

〔翼〕 ì ㄧˋ ①날개. ②돕다. 보좌하다. ③추천하다. ④삼가다.

〔臆〕(肊) ì ㄧˋ ①가슴. ②(주관적) 생각. 마음.「一說 ; 추측적 의견」

[臆度] ìtŏ ㄧˋㄉㄨㄛˋ 추측하다.

[臆造] ìtsào ㄧˋㄗㄠˋ 근거 없는 말을 지어내다.

〔藝〕(艺) ì ㄧˋ 재능. 기능. 기술.「工一 ; 공예」「手一 ; 수예」「曲一 ; 야담·고담·가요·만담 따위의 예능」「一人 ; 예능인」

[藝高膽大] ìkāo tăntà ㄧˋㄍㄠ ㄉㄢˇㄉㄚˋ 솜씨가 뛰어나 자신만만하다.《成》

[藝能] ìnéng ㄧˋㄋㄥˊ 기능. 솜씨. 기량.

[藝術片(兒)] ìshùp'ièn(rh) ㄧˋㄕㄨˋㄆㄧㄢˋ(ㄦ) 예술 영화.

[藝道] ìtao ㄧˋㄉㄠ 꾀. 속임수. 솜씨. 트릭(trick).

[藝業] ìyèh ㄧˋㄧㄝˋ 기술. 기교.

〔翳〕 ì ㄧˋ ①가리다. 감추다.「樹林蔭一 ; 수풀의 그늘. 녹음」 ②흑내장(黑內障) : 안질(眼疾)의 일종.

〔癔〕 ì ㄧˋ「一病 ; 히스테리. 속어(俗語)로 "歇斯底里(hsiēhssŭtǐlǐ)" 라고도 함」

〔繹〕 ì ㄧˋ(사물의 단서를) 캐어 내다. 뽑아 내다.

〔議〕 ì ㄧˋ ①언론. 의견.「建一 ; 의견을 제시하다」 ②협의하다. 토론하다.「會一 ; 회의」「一案 ; 의안」「程). 의사 차례.

[議程] ìch'éng ㄧˋㄔㄥˊ 의사 일정(議事日

[議價] ìchià ㄧˋㄐㄧㄚˋ (팔 사람과 살 사람이) 값을 정하다. =講價.

[議論] ìlùn ㄧˋㄌㄨㄣˋ ①의론. ②논의하다. 비평하다. 왈가왈부하다.「他們在那兒交頭接耳地一我 ; 그들은 저곳에서 이러쿵 저러쿵 내 말을 하고 있다」 >議議論論.

〔譯〕 ì ㄧˋ ①번역하다.「把俄文一成漢文 ; 러시아어를 중국어로 번역하다」 ②번역. 번역문.

[譯名] ìmíng ㄧˋㄇㄧㄥˊ 역음 : 외국 문자의 음을 빌어 자기 나라 말에 맞춘 것.

[譯音] ìyīn ㄧˋㄧㄣ 음역 : 한자(漢字)의 음을 빌어 외국어의 음을 표시한 것.

[譯語風] ìyŭfēng ㄧˋㄩˇㄈㄥ 동시 통역에 쓰이는 이어폰(earphone).

〔囈〕 ì ㄧˋ 잠꼬대.「夢一·一語 ; 잠꼬대」

[囈怔] ìchêng ㄧˋㄓㄥ 잠이 덜 깨어 어리둥절하다.

〔懿〕 ì ㄧˋ, ì ①아름답다. 좋은.「一行 ; 훌륭한 행동」「一德 ; 부인의 덕행」

〔驛〕 ì ㄧˋ 역참(驛站).

JAN ㄖㄢ

〔蚺〕 ján ㄖㄢˊ〈動〉이무기. 비단구렁이.

〔然〕 ján ㄖㄢˊ ①그대로다. 그렇다.「不以爲一；그렇다고는 생각지 않다」②이 같은. 그같은.「到處皆一；어느 곳이나 이와 같다」③상태(狀態) 따위를 가리키는 말의 접미어.「忽一；돌연」
[然而] jánẽrh ㄖㄢˊㄦˊ 그러나. 그런데.
[然否] jánfǒu ㄖㄢˊㄈㄡˇ 그런지 어떤지. 맞는지 안 맞는지.
[然後] jánhòu ㄖㄢˊㄏㄡˋ 그러한 뒤. 그리하여.「安排了材料一動筆；재료를 안배하여 그 후 붓을 움직이다」
[然則] jántsẽ ㄖㄢˊㄗㄜˊ 그렇다면.

〔髥〕 ján ㄖㄢˊ 구레나룻.「一口；배우의 윗입술에 붙이는 수염」

〔燃〕 ján ㄖㄢˊ ①불이 붙어 불꽃이 오르다. ②불붙이다. 등불을 켜다.
[燃氣柴油機] jánch'ì ch'áiyúchī ㄖㄢˊㄑㄧˋㄔㄞˊㄧㄡˊㄐㄧ 가스 디이젤 엔진 (gas-diesel engine).
[燃放] jánfàng ㄖㄢˊㄈㄤˋ 불을 질러 불꽃이 오르게 하다.「一焰火；불을 붙여 화포(花砲)를 쏴 올리다」
[燃眉] jánméi ㄖㄢˊㄇㄟˊ 일이 아주 급하게 된 모양.「一之急；사태가 몹시 절박하다」
[燃燒彈] jánshāotàn ㄖㄢˊㄕㄠㄉㄢˋ 소이탄(燒夷彈).
[燃點] jántiěn ㄖㄢˊㄉㄧㄢˇ 불을 붙이다. 켜다.「一燈火；등에 불을 붙이다」

〔冉〕 jǎn ㄖㄢˇ「一一；천천히. 차츰차츰」「國旗一一上昇；국기가 천천히 올라 간다」

〔苒〕 jǎn ㄖㄢˇ「一一；가볍고 부드러운 모양」
[苒荏] jánjěn ㄖㄢˊㄖㄣˇ 일이 태평스럽고 한가하게 되다.

〔染〕 jǎn ㄖㄢˇ ①물들이다. 염색하다.「一布；천을 염색하다」②(병에) 걸리다.「一病；병에 걸리다」「一上了惡習；나쁜 습관에 물들다」
[染匠] jǎnchiang ㄖㄢˇㄐㄧㄤ 염색소(染色所).
[染指] jǎnchǐh ㄖㄢˇㄓˇ ①관계하다. 다루어 보다. ②한패가 되어 톡톡히 실속을 차리다.
[染指草] jǎnchíhts'ǎo ㄖㄢˇㄓˊㄘㄠˇ〈植〉봉선화.
[染房] jǎnfang ㄖㄢˇㄈㄤ 염색소.
[染花兒] jǎnhuārh ㄖㄢˇㄏㄨㄚㄦ 가지각색으로 물들이다.
[染缸] jǎnkāng ㄖㄢˇㄍㄤ 염색하는 솥.
[染工] jǎnkūng ㄖㄢˇㄍㄨㄥ 염색공(染色工).

JANG ㄖㄤ

〔嚷〕 jāng ㄖㄤ「一一；시끄럽다. 떠들썩하다」「大家亂一一；여럿이 와글거려 떠들썩하다」

〔蘘〕 jáng ㄖㄤˊ「一荷；양하：생강과에 속하는 숙근초로 뿌리는 향미료에 쓰임」

〔攘〕 jáng ㄖㄤˊ ①빼앗다.「一奪；약탈하다」②배척하다. 제거하다. ③훔치다. 잡다. ④(작은 알맹이 모양의 것을 위쪽으로) 던져 흩뜨리다.「一烟兒；흙먼지를 날리다」「一錢；돈을 물쓰듯 쓰다」⇨jǎng.
[攘場] jángch'áng ㄖㄤˊㄔㄤˊ 곡물(穀物)을 공중에 흔들며 날려서 잡티를 가려내다.
[攘臂] jángpì ㄖㄤˊㄅㄧˋ 소매를 걷어 올리다.「一大呼；소매를 걷어 올리어 고함치다」

〔禳〕 jáng ㄖㄤˊ 재앙을 쫓는 기도. 액막이 기도.

〔穰〕 jáng ㄖㄤˊ ①곡물(穀物)의 줄기. ②풍부하다. 많다.

〔瓤〕 jáng ㄖㄤˊ ①「一子·一兒；오이·호박 따위의 씨를 둘러 싼 살」「西瓜一兒；수박의 과육 부분」 ②사물의 내부·내막.「信一兒；봉투의 내부」
[瓤口兒] jángk'ourh ㄖㄤˊㄎㄡㄦ 오이 따위의 맛.「這個西瓜一不錯；이 수박은 맛이 좋다」
[瓤兒] jángrh ㄖㄤˊㄦ ①오이 따위의 종자를 둘러 싼 과육 부분. ②내막(內幕).「一裏的事誰知道；내막을 누가 알고 있을까」
[瓤子] jángtzǔ ㄖㄤˊㄗ ①오이류의 식용부분. 과육. ②과장의 소. ③물건의 내부.

〔壤〕 jǎng ㄖㄤˇ ①부드러운 흙. ＝土壤. ②땅. 지면(地面).「天一之別；하늘과 땅의 차. 엄청난 차」

〔攘〕 jǎng ㄖㄤˇ「一一；어지러운 모양」「天下一一；천하가 대단히 어지럽다」⇨jáng.

〔嚷〕 jǎng ㄖㄤˇ 큰소리로 부르짖다.「你別一了，大家都睡覺了；고함지르지 말라, 모두 잠을 자고 있으니까」⇨jāng.
[嚷罵] jǎngmà ㄖㄤˇㄇㄚˋ 아우성치다. 「을 피우다. ＞嚷嚷罵罵.
[嚷鬧] jǎngnào ㄖㄤˇㄋㄠˋ 큰소리로 소란 ＞嚷嚷鬧鬧.

〔讓〕(让) jàng ㄖㄤˋ 양보하다.「你一他一步，也不算吃虧；너는 그에게 조금 양보해도 손해될 것은 없다」②자기 것을 남에게 주다.「我把電影票一給他了；나는 영화 관람표를 그에게 양도하여 주었다」③값을 깎다. ④길을 열다. 물러나다. 몸을 돌려 피하다.「往左一一；왼쪽으로 살짝 피하다」 ⑤(음식물이나 담배 따위를) 권하다.「你旣是吃了飯我就不一你了；당신이 식사를 하였다면 억지로 권하지 않겠읍니다」⑥초청하다. 안내하다.「把他一進屋裏來；그를 방 안으로 안내하다」⑦…에 …시키다. …에 …을 했다.「一他一個人負責嗎?；그에게만 책임을 지울 것인가?」「那個碗一他摔了；저 사기 그릇은 그가 깨뜨려 버렸다」⑧맡기다. 방임하다.「一他鬧去；그가 마음대로 떠들도록 맡기다」 ⑨瓤의 변음：속을 파내고 안에 고기 따위의 소를 넣어 찐 요리.「一冬瓜；고기 소를 넣어 찐 동아」
[讓賬] jàngchàng ㄖㄤˋㄓㄤˋ 남의 셈을 도맡다.
[讓價兒] jàng chiàrh ㄖㄤˋㄐㄧㄚˋㄦ ①값을 깎다. ②jàngchiàrh 값을 깎은 가격.

[讓分量] jàng fènliang ㄖㄤˋㄈㄣˋㄌㄧㄤ (상인이) 중량이나 수량을 덤으로 더 주다.
[讓份兒] jàngfènrh ㄖㄤˋㄈㄣˋㄦ 웃사람을 내세우다. 「양보하다.
[讓負] jàngfù ㄖㄤˋㄈㄨˋ 약점을 보이다.
[讓開] jàngk'ai ㄖㄤˋㄎㄞ 양보하여 피하다. 물러서다. 「一高山低頭, 叫河水一路 ; 대자연을 개조하는 일」《諺》
[讓過兒] jàngkuòrh ㄖㄤˋㄍㄨㄛˋㄦ 양보하다. 용서하다. 「倆人吵起來, 誰也不一 ; 두 사람이 말다툼을 시작하여 어느 쪽도 양보하지 않다」
[讓座(兒)] jàng tsò(rh) ㄖㄤˋㄗㄨㄛˋ(ㄦ) 자리를 양보하다. 자리를 권하다.

JAO ㄖㄠ

〔蟯〕 jáo ㄖㄠˊ, náo ㄋㄠˊ 기생충의 일종. 요충.
〔饒〕 jáo ㄖㄠˊ ①풍부하다. 많다. 「物產豐一 ; 물자가 풍부하다」 ②다시금 더하다. ㉮개수나 중량으로 덤을 더 주다. 「買一打一一個 ; 한 타를 사면 한 개를 덤으로 주다」 ㉯음식물을 권할 때 쓰이는 말 : 제발 조금만 더 드세요 따위. 「再一一個吧 ; 제발 하나 더 드세요」 ㉰ 「你早早招認吧, 免得一上許多刑具的苦楚 ; 고문의 괴로움을 면하려거든 지체하지 말고 죄상을 인정하라」 ③용서하다. 「一了他吧 ; 그 사람을 용서하여 주시오」 ④양보하다. 굴복하다. 「他說話不一人 ; 그 사람은 말을 할 때 남에게 양보하지 않다」 ⑤예컨대 …이라도. 「一這麼着, 還有人說閑話 ; 이렇게까지 하여 주어도 아직 이러쿵저러쿵 말하는 사람이 있읍니다」 ⑥연좌(連坐) 당하다. 남의 일에 말려 들어 몹시 고생하다. 「落在他手裡, 豈不是又一上一個嗎 ; 그 사람의 손에 걸렸다가는, 또다시 한 사람 말려 들어 몹시 고생하지 않을는지」 ⑦요설(饒舌)의 준말. 쓸 데 없는 말을 많이 하다. 「眞人面前, 一不得假話 ; 훌륭한 사람 앞에서 쓸 데 없는 거짓말은 필요 없다」
[饒富] jáofù ㄖㄠˊㄈㄨˋ 풍부하다. 넉넉하다.
[饒人] jáojěn ㄖㄠˊㄖㄣˊ ①남을 용서하다. ②양보하다. 「他的嘴不一 ; 그의 말은 용서가 없다」 「숨을 살려 주다.
[饒命] jáomìng ㄖㄠˊㄇㄧㄥˋ 살려 주다. 목
[饒上] jáoshang ㄖㄠˊㄕㄤ 더하다. 덧붙이다. =添上. 加上. 「하다.
[饒恕] jáoshù ㄖㄠˊㄕㄨˋ 용서하다. 관용
[饒頭] jáot'ou ㄖㄠˊㄊㄡ 덤. 경품(景品).
[饒裕] jáoyǜ ㄖㄠˊㄩˋ 넉넉하다. 풍부하다.
[饒有風趣] jáoyǔ fēngch'ǜ ㄖㄠˊㄧㄡˇ ㄈㄥㄑㄩˋ 취미가 풍부하다. 아주 흥취가 있다.
〔擾〕(扰) jǎo ㄖㄠˇ ①교란(攪亂)하다. 어지럽게 하다. 「一亂治安 ; 치안을 어지럽게 하다」 ②대접을 받다. 「一了他一頓飯 ; 그 사람은 밥을 대접 받았다」 「有一有一 ; 잘 먹었읍니다」
[擾害] jǎohài ㄖㄠˇㄏㄞˋ 어지르고 해치다.
[擾攘] jǎojang ㄖㄠˇㄖㄤ 시끄럽게 만들다. 문란하다. 「하다.
[擾亂] jǎoluàn ㄖㄠˇㄌㄨㄢˋ 교란(攪亂)
[擾動] jǎotùng ㄖㄠˇㄉㄨㄥˋ 뒤섞어 흩뜨리다.
〔繞〕(遶) jào ㄖㄠˋ ①휘감기다. 엉켜 붙다. 감아 붙이다. 「一綫 ; 실을 감다」 ②우회(迂回)하다. 길을 멀리 돌아서 가다. 「一到敵人後方 ; 적의 후방으로 우회하다」 ③돌다. 홱 돌다. 「鳥一着樹飛 ; 새가 나무의 둘레를 홱 돌아 날고 있다」 ④머리가 어지러워지다. 멍청히 되다. 무엇이 무언지 알 수 없게 되다. 「這句話一下子把他一住了 ; 이 말은 갑자기 그 사람을 어리둥절하게 만들었다」
[繞脚] jàochiǎo ㄖㄠˋㄐㄧㄠˇ 길을 돌아가게 되다. 「這條路一, 可是安全 ; 이 길은 좀 돌아 가는 길이지만 안전하다」
[繞住] jàochu ㄖㄠˋㄓㄨ ①감다. ②(머리가) 혼란하여지다. 뜻을 모르게 되다.
[繞圈子(一兒)] jào ch'üāntzǔ(—rh) ㄖㄠˋ ㄑㄩㄢㄗ(一ㄦ) 번거롭게 하다. 복잡하게 하다.
[繞出來] jàoch'ulai ㄖㄠˋㄔㄨㄌㄞ ①구불구불 돌아서 나오다. ②넘겨짚어서 조금씩 이야기를 캐어 묻다.
[繞開扣兒] jàok'ai k'ourh ㄖㄠˋㄎㄞ ㄎㄡㄦ 이치(理致) 따위를 자세히 이해하다.
[繞口令(兒)] jàok'ǒulìng(rh) ㄖㄠˋㄎㄡˇㄌㄧㄥˋ(ㄦ) ①빨리 하는 말. ②소리를 내면 혀가 굳어지는 말.
[繞脖子] jàopótzǔ ㄖㄠˋㄅㄛˊㄗ (말을) 간접적으로 빙 돌려서 하다. 「你怎麼繞着脖子罵我呢 ? ; 너는 어째서 빙 돌려서 간접적으로 나를 욕하느냐?」
[繞不開] jàopuk'āi ㄖㄠˋㄅㄨㄎㄞ 도리(道理)를 알지 못하다. 이해력이 부족하다.
[繞搭] jàota ㄖㄠˋㄉㄚ 돌아서 먼 길을 가다. 「一過來 ; 이해시키다. 깨닫게 하다」 「서 먼 길을 가다.
[繞道(兒)] jàotào(rh) ㄖㄠˋㄉㄠˋ(ㄦ) 돌아
[繞組] jàotsǔ ㄖㄠˋㄗㄨˇ 발전기나 전동기 따위의 코일(coil).
[繞嘴] jàotsuǐ ㄖㄠˋㄗㄨㄟˇ (말을 하면) 혀가 굳어지다. 어조(語調)가 부드럽지 못하다.
[繞腿兒] jàot'uǐrh ㄖㄠˋㄊㄨㄟˇㄦ 다리에 감기어 붙다. 옆에 있어 일이나 활동에 방해가 되다. 거치적거리다.
[繞彎兒] jàowānrh ㄖㄠˋㄨㄢㄦ ①길 모퉁이를 돌다. ②멀리 돌아서 가다. ③=繞圈子. ④안정되는 쪽으로 나아가다. 「心裏繞過點兒彎兒來了 ; 마음 속이 어느 정도 후련하여졌다」 ⑤산보(散步)하다.
[繞彎子] jàowāntzǔ ㄖㄠˋㄨㄢㄗ =繞圈子.
[繞遠(兒)] jàoyüǎn(rh) ㄖㄠˋㄩㄢˇ(ㄦ) ①빙 돌아 먼 길로 오다. ②말을 빙 돌려서 하다.

JÊ ㄖㄜ

〔喏〕 jě ㄖㄜˇ 인사를 받고 정중하게 답하는 소리. 「唱一 ; 읍을 하여 인사하다. 인사하다 : 옛 소설 따위에서 쓰이던 말」

〔惹〕 jě ㄖㄜˇ ①이야기하다.어떤 결과나 사태를 초래하다. 일으키다.「一人注意；남의 이목을 끌다」 ②반대하다. 참견하다. 기분을 상하게 하다. (기분을 상할 만한 일을) 말하다.「他不是好一的；그 사람은 무심히 상대할 수 없는 사람이다」

[惹急] jěchí ㄖㄜˇㄐㄧˊ ①상대의 기분을 초조하게 만들다. ②덤비어 성내게 하다.

[惹氣] jěch'ì ㄖㄜˇㄑㄧˋ 성내게 하다.

[惹翻] jěfān ㄖㄜˇㄈㄢ 노하게 하다. 기분을 상하게 하다.「工作沒做好，把他一了；작업을 착실하게 하지 않아 그를 노하게 하였다」

[惹禍] jěhuò ㄖㄜˇㄏㄨㄛˋ 화를 초래하다.

[惹火燒身] jěhuǒ-shāoshēn ㄖㄜˇㄏㄨㄛˇㄕㄠㄕㄣ 스스로 화를 자초하다. «成»

[惹樓子] jělóutzǔ ㄖㄜˇㄌㄡˊㄗˇ 소동을 일으키다. 화를 일으키다. 귀찮은 일을 일으키다.

[惹亂子(一兒)] jěluàntzǔ(—rh) ㄖㄜˇㄌㄨㄢˋㄗˇ(—ㄦ) 화를 불러 일으키다. 사건을 일으키다. 「정을 상하게 하다.

[惹惱] jěnǎo ㄖㄜˇㄋㄠˇ 노하게 하다. 감

[惹不起] jěpuch'ǐ ㄖㄜˇㄅㄨㄑㄧˇ (힘이 미치지 못하여) 덤빌 수가 없다. 상대로 할 수 없다. 보통 수단으로는 안된다. ↔惹得起. 「건을 일으키다.

[惹事] jěshìh ㄖㄜˇㄕˋ 일을 일으키다. 사

[惹是非] jě shìhfei ㄖㄜˇ ㄕˋㄈㄟ ①논쟁(論爭)을 불러 일으키다. ②귀찮은 일을 일으키다. ③화를 초래하다. =惹是招非，惹事生非.

[惹得] jětê ㄖㄜˇㄉㄜ 일으키다. 초래하다.「這句話一大家嘲笑；이 말은 여러 사람의 조소를 샀다」

[惹草拈花] jěts'ǎo-niénhuā ㄖㄜˇㄘㄠˇㄋㄧㄢˊㄏㄨㄚ 남자가 여자를 낚다. 여자가 남자의 마음을 끌다. =惹花拈草. «成»

[惹眼] jěyěn ㄖㄜˇㄧㄢˇ 주목을 끌다. 남의 눈에 띄다. 「싫증나다.

[惹厭] jěyèn ㄖㄜˇㄧㄢˋ 불쾌하고 싫다.

〔熱〕(热) jè ㄖㄜˋ ①뜨겁다. 따뜻하다.「天一；일기가 덥다」 ②뜨겁게 하다. 따뜻하게 하다.「把菜一一一；찬을 데우다」 ③(정의나 관심이) 높다. 맹렬하다. 친절한. ④열.「一力；열 에너지」 ⑤더운 기운.「受一；더위 먹다」

[熱戰] jèchàn ㄖㄜˋㄓㄢˋ ①열전. ②열렬히 싸우다.

[熱腸] jèch'áng ㄖㄜˋㄔㄤˊ 정의감이 강하다. 열정이 있다.「一人；정의감이 강한 사람」

[熱着] jèchao ㄖㄜˋㄓㄠ 더위를 먹다.

[熱潮] jèch'áo ㄖㄜˋㄔㄠˊ 힘차게 일어나는 기운.「掀起了民主主義的一；민주주의의 힘차게 일어나는 기운을 불러 일으키다」

[熱忱] jèch'ēn ㄖㄜˋㄔㄣˊ ①열의가 있다. ②참된 마음이 포함되어 있다.「他待人一；그 사람은 남에게 진심으로 대하다」

[熱機] jèchī ㄖㄜˋㄐㄧ 열 에네르기를 기계의 동력원으로 이용한 엔진의 총칭.

[熱氣] jèch'ì ㄖㄜˋㄑㄧˋ ①김. 수증기.「身上冒着一；몸에서 김이 나고 있다」 ②따뜻함. 온기.「身上還有一絲一；몸에 아직 온기가 있다」 ③정열.「那個人沒有一；저 사람은 정열이 없다」

[熱切] jèch'ièh ㄖㄜˋㄑㄧㄝˋ 열정이 가득차 있다. 「이다.

[熱情] jèch'íng ㄖㄜˋㄑㄧㄥˊ 정열. 정열적

[熱勁兒] jèchìnrh ㄖㄜˋㄐㄧㄣˋㄦ 뜨거움. 열중하고 있는 모양.「過了一再說吧；열이 식은 다음에 이야기하자」

[熱衷] jèchūng ㄖㄜˋㄓㄨㄥ ①열렬히 사랑하다. ②열의를 가지고 있다.

[熱心] jèhsīn ㄖㄜˋㄒㄧㄣ 정열이 있고 동정심이 풍부하다. 정의감이 강하다. 열심히 하다.

[熱心腸(兒)] jèhsīnch'áng (rh) ㄖㄜˋㄒㄧㄣㄔㄤˊ(ㄦ) =熱心.

[熱乎] jèhu ㄖㄜˋㄏㄨ =熱忽.

[熱忽] jèhu ㄖㄜˋㄏㄨ ①(물체)가 따뜻하다.「菜一正好吃；요리가 따뜻하여 마침 먹기에 알맞다」 ②사이가 좋다. >熱熱忽忽. 「달아 오르고 화끈거리다.

[熱乎辣辣] jèhulàlà ㄖㄜˋㄏㄨㄌㄚˋㄌㄚˋ

[熱忽忽的] jèhūhūtê ㄖㄜˋㄏㄨㄏㄨㄉㄜ (음식물이)기분좋을 정도로 따뜻한 모양. 알맞은 정도로 따뜻하다. =熱呼呼的.

[熱烘烘的] jèhūnghūngtê ㄖㄜˋㄏㄨㄥㄏㄨㄥㄉㄜ 따뜻한 모양. 차츰차츰 뜨거워지는 모양. 「품.

[熱貨] jèhuò ㄖㄜˋㄏㄨㄛˋ 잘 팔리는 상

[熱和] jèhuo ㄖㄜˋㄏㄨㄛ ①따뜻하다. ②부드럽고 화목한 태도. ③사이가 좋다.

[熱火] jèhuo ㄖㄜˋㄏㄨㄛ ①친하다. 사이가 정답다. ②jèhuǒ ㄖㄜˋㄏㄨㄛˇ 의기(意氣). 기합(氣合).

[熱火朝天] jèhuǒ ch'áot'iēn ㄖㄜˋㄏㄨㄛˇㄔㄠˊㄊㄧㄢ 의기가 왕성한 모양.「一地進行建設；왕성한 기세로 건설을 진척시키다」 «成»

[熱炕] jèk'àng ㄖㄜˋㄎㄤˋ 불을 때는 온돌.

[熱客] jèk'ò ㄖㄜˋㄎㄜˋ 단골 손님. 기생이 손님에게 홀딱 반하다.

[熱辣辣的] jèlàlàtê ㄖㄜˋㄌㄚˋㄌㄚˋㄉㄜ 따끔따끔하게 얼얼한 모양. 눈시울이 뜨거워 눈물이 날 듯한 상태. 마음속이 초조한 모양. =熱刺刺的.

[熱門(兒)] jèmên(rh) ㄖㄜˋㄇㄣˊ(ㄦ) ①인기나 장래성이 있는 것. ②우승 후보자 : 경마·자전차 경기 등에서.

[熱鬧] jènao ㄖㄜˋㄋㄠ 번화하다. >熱熱鬧鬧. =熱鬧兒.

[熱鬧口兒] jènaok'ǒurh ㄖㄜˋㄋㄠㄎㄡˇㄦ ①번화한 곳의 입구. 번화한 거리의 입구. ②한창 번화한 중.

[熱鬧兒] jènaorh ㄖㄜˋㄋㄠㄦ ① 번화한 일.「湊個一吧；한바탕 흥청거려 보세」 ②연극 따위의 오락. ③사건(事件).

[熱能] jènêng ㄖㄜˋㄋㄥˊ 열에네르기.

[熱巴] jèpā ㄖㄜˋㄅㄚ 티베트어의 음역(音譯)으로 유랑하는 연예인이란 말.

[熱水] jèshuǐ ㄖㄜˋㄕㄨㄟˇ 더운 물.

[熱水瓶] jèshuǐpíng ㄖㄜˋㄕㄨㄟˇㄆㄧㄥˊ 보온병.「一膽；보온병 안쪽의 유리병」

[熱湯兒麵] jèt'āngrhmièn ㄖㄜˋㄊㄤㄦㄇㄧㄢˋ 가락국수. 우동.

[熱騰騰的] jèt'ēngt'ēngtê ㄖㄜˋㄊㄥㄊㄥㄉㄜ (음식물이)김이 나고 뜨겁게 보이는 모양.

[熱天(兒)] jêt'ienrh) ㄖㄜˋㄊㄧㄢ(ㄦ) 무더운 날.
[熱店] jêtien ㄖㄜˋㄉㄧㄢˋ 식사를 할 수 있는 여관.
[熱電站] jêtienchan ㄖㄜˋㄉㄧㄢˋㄓㄢˋ 화력 발전소.
[熱頭] jêt'ou ㄖㄜˋㄊㄡˊ 태양. ‹方›
[熱透] jêt'ou ㄖㄜˋㄊㄡˋ 충분히 데워지다. 「菜一了 ; 반찬이 충분히 데워졌다」 「열에 약한 성질.
[熱脆性] jêts'uihsing ㄖㄜˋㄘㄨㄟˋㄒㄧㄥˋ
[熱度] jêtu ㄖㄜˋㄉㄨˋ ①체온. 열. ②온도. ③정열(情熱).
[熱通通的] jêt'ungt'ungtê ㄖㄜˋㄊㄨㄥㄊㄨㄥㄉㄜ 온통 뜨거운 모양.

JÊN ㄖㄣ

〔人〕 jên ㄖㄣˊ ①사람. ②남. 타인. 「做工作不讓一 ; 일을 하는 데는 남에게 지지 않다」 ③부하. 「他是誰的一? ; 그 사람은 누구의 부하입니까?」 ④사람된 품. 심정(心情). 「這位同志一不錯 ; 이 사람은 좋은 사람입니다」 ⑤체면. 「丟一 ; 체면을 손상하다」
[人證] jêncheng ㄖㄣˊㄓㄥˋ 증인.
[人迹] jênchi ㄖㄣˊㄐㄧ 사람의 발자국.
[人氣] jênch'i ㄖㄣˊㄑㄧˋ 사람다움. 인기.
[人家] jênchia ㄖㄣˊㄐㄧㄚ ①남. 타인. 「一的事 你不用管 ; 남의 일에 너는 상관하지 말라」 ②다른 분. 「一可不能象你那麼胡說 ; 다른 분들께서는 너같이 그런 엉터리는 말하지 않는다」 ③타인에 대하여 자신을 말함. 「只顧你心裏痛快, 不問一心裏怎麼樣難過 ; 자기만 좋아서 우쭐대며, 내가 얼마나 고생스러워도 조금도 걱정하지 않다」 ④(사람의 "姓" 앞에 붙여)저 … 이라는 분. 또는 저 … 님. 「一姜部長 ; 저 강 부장님」 ⑤(남을 표현하는 명사의 뒤에 붙여) … "들" 이라고 하는 것. 「小孩子一 ; 아이들이라는 것」 「姑娘一 ; 처녀들」
[人家兒] jênchiarh ㄖㄣˊㄐㄧㄚㄦ ①가문(家門). ②사위. 「已經有一了 ; 벌써 사위는 정해져 있다」 「회.
[人間] jênchien ㄖㄣˊㄐㄧㄢ 세상. 인간 사
[人尖子] jênchientzu ㄖㄣˊㄐㄧㄢㄗ 아주 뛰어난 사람.
[人情] jênch'ing ㄖㄣˊㄑㄧㄥˊ ①인정. 사정(私情). ②경조(慶吊)시의 축하물 또는 부의. 「行一 ; 축하하다. 위문하다」 ③jênch'ingrh 연줄. 정실. 「一貨 ; 유력자의 정실에 의하여 지위를 얻은 놈」 ‹罵›
[人敬人高] jênching jênkao ㄖㄣˊㄐㄧㄥˋ ㄖㄣˊㄍㄠ 남을 존경하면 자신도 남에게 존경을 받는다. ‹成›
[人窮志短] jênch'iung chihtuan ㄖㄣˊㄑㄩㄥˊ ㄓˋㄉㄨㄢˇ 빈궁하면 이성이 둔해진다. 사람이 빈곤하면 사기가 떨어지다.
[人畜兩旺] jênch'u liangwang ㄖㄣˊㄔㄨˋ ㄌㄧㄤˇㄨㄤˋ 사람도 가축도 다 같이 번영하다.
[人群] jênch'un ㄖㄣˊㄑㄩㄣˊ ①인류(人類). ②붐비는 사람의 무리. 잡답(雜沓).
[人中] jênchung ㄖㄣˊㄓㄨㄥ 코와 윗입술 사이의 홈진 부분. 인중.
[人衆] jênchung ㄖㄣˊㄓㄨㄥˋ 사람들. 군중.
[人群兒] jênch'unrh ㄖㄣˊㄑㄩㄣˊㄦ 붐비는 사람의 무리.
[人犯] jênfan ㄖㄣˊㄈㄢˋ ①범인(犯人). ②범인과 사건의 관계자.
[人浮於事] jênfuyushih ㄖㄣˊㄈㄨˊㄩˊㄕˋ 일군이 일거리보다 많다. 사람은 많고 일거리는 적다. ‹成›
[人象] jênhsiang ㄖㄣˊㄒㄧㄤˋ 인물화(人物畫). 인물 사진.
[人心] jênhsin ㄖㄣˊㄒㄧㄣ ①사람의 마음. ②감사의·뜻. 「改天我必有一份兒一 ; 다시 저는 꼭 의리(義理)를 다 하겠읍니다」
[人性] jênhsing ㄖㄣˊㄒㄧㄥˋ ①인간미(人間味). 「這個人不通一 ; 이 자식은 인간미가 없다」 ②jênhsing ㄖㄣˊㄒㄧㄥ 사람의 성격. 또는 기질. 「他一不好 ; 그 사람은 성질이 좋지 못하다」 「의 모습.
[人形兒] jênhsingrh ㄖㄣˊㄒㄧㄥˊㄦ 사람
[人行道] jênhsingtao ㄖㄣˊㄒㄧㄥˊㄉㄠˋ 인도(人道).
[人心隔肚皮] jênhsin kô tup'i ㄖㄣˊㄒㄧㄣ ㄍㄜˊ ㄉㄨˋㄆㄧˊ 사람의 마음 속은 알 수 없다는 비유. 「지방에 사는 큰 곰.
[人熊] jênhsiung ㄖㄣˊㄒㄩㄥˊ ‹動› 한대
[人話] jênhua ㄖㄣˊㄏㄨㄚˋ 사람다운 말.
[人口] jênk'ou ㄖㄣˊㄎㄡˇ ①인구. ②사람의 입. ③가족수(家族數). ④인신(人身). 「販賣一 ; 인신을 매매하다」 「(家族數).
[人口兒] jênk'ourh ㄖㄣˊㄎㄡˇㄦ 가족수
[人工] jênkung ㄖㄣˊㄍㄨㄥ 일손. 노동력. 수고. 「白費了一 ; 남의 수고만 헛되이 시켰다」
[人困馬乏] jênk'un-mafa ㄖㄣˊㄎㄨㄣˋㄇㄚˇㄈㄚˊ 사람과 말이 다같이 지칠 대로 지쳤다. ‹成›
[人馬] jênma ㄖㄣˊㄇㄚˇ ①많은 통행인. ②병마(兵馬). ③인원(人員). 간부와 부하. 「一十分齊備 ; 인원이 죄다 갖추어지다」
[人們] jênmên ㄖㄣˊㄇㄣ 여러 사람들.
[人面獸心] jênmien shouhsin ㄖㄣˊㄇㄧㄢˋㄕㄡˋㄒㄧㄣ 사람의 탈을 쓴 짐승이라는 뜻으로 비인간적인 사람을 가리키는 말. ‹成›
[人命] jênming ㄖㄣˊㄇㄧㄥˋ ① 사람의 목숨. ②사람의 생명에 관계되는 일. 「出了一了 ; 칼로 남을 다치게 하는 소동이 일어났다」 「一案 ; 살인 사건」 「一關天 ; ㉮ 인명은 가장 소중하다. ㉯천상이 가장 무거운 것을 말함 : 살인 사건」
[人模狗樣(兒)] jênmô-kouyang (rh) ㄖㄣˊㄇㄛˊㄍㄡˇㄧㄤˋ(ㄦ) 조숙한 표정을 짓는 모양. 신분에 맞지 않게 거드름을 피우는 모양. 「자격으로 보증하는 사람.
[人保] jênpao ㄖㄣˊㄅㄠˇ 보증인. 개인의
[人不知,鬼不覺] jênpuchih, kuei puchüeh ㄖㄣˊ ㄅㄨˋㄓ, ㄍㄨㄟˇ ㄅㄨˋㄐㄩㄝˊ 살짝 아무도 모르는 사이에. ‹成›
[人兒] jênrh ㄖㄣˊㄦ ①사람. ②첩(妾). ③사람의 모습. 「畫個一 ; 사람의 모습을 그리다」 ④태도. 품격(品格). 「一不錯 ; 훌륭한 풍채를 하고 있다」
[人山人海] jênshan-jênhai ㄖㄣˊㄕㄢ ㄖㄣˊㄏㄞˇ 사람의 물결. 아주 많이 모인 사람의 무리. 인산 인해. ‹成›
[人身] jênshên ㄖㄣˊㄕㄣ ①인체(人體).

「—保險；생명 또는 상해 보험」②불교 용어로 현세의 사람을 말함. ③인품(人品). 인격.

[人參] jénshēn ㄖㄣˊㄕㄣ 인삼(人蔘).

[人事] jénshìh ㄖㄣˊㄕˋ ①의리(義理)와 인정. ②인사(人事) 문제. ③선사품. 사례 ⌊품.

[人世] jénshìh ㄖㄣˊㄕˋ 인생(人生).

[人事不知] jénshìhpùchīh ㄖㄣˊㄕˋㄅㄨˋㄓ ①인사 불성(人事不省). ②세상사(世上事)를 알지 못하다. 「와 주는 사람.

[人手] jénshǒu ㄖㄣˊㄕㄡˇ 일손. 일을 도

[人手一册] jénshǒu ítsʻè ㄖㄣˊㄕㄡˇ ㄧˊㄘㄜˋ 사람마다 모두 한 권의 책을 가지다.

[人壽年豐] jénshòu-niénfēng ㄖㄣˊㄕㄡˋㄋㄧㄢˊㄈㄥ 사람은 장수하고 농작물은 풍작이다.《成》「ㄅㄠˊㄒㄧㄢˇ 생명 보험.

[人壽保險] jénshòu páohsiěn ㄖㄣˊㄕㄡˋ

[人死留名] jénssǔ liúmíng ㄖㄣˊㄙˇ ㄌㄧㄡˊㄇㄧㄥˊ 사람은 죽어서 그 이름을 남긴다.《成》

[人道] jéntào ㄖㄣˊㄉㄠˋ ①보도(步道). ②인도. ③성교(性交). ④불교 용어로서 인간 세계.

[人丁] jéntīng ㄖㄣˊㄉㄧㄥ ①성년(成年)이 된 사람. ②사람. ③인원수(人員數).

[人定勝天] jéntìng shèngtʻiēn ㄖㄣˊㄉㄧㄥˋㄕㄥˋㄊㄧㄢ ①사람이 서로 협력할 때 운명을 만회(挽回)할 수 있다. ②인력(人力)은 자연을 이겨낼 수 있다.《成》

[人多手雜] jéntō shǒutsá ㄖㄣˊㄉㄨㄛ ㄕㄡˇㄗㄚˊ ①사람이 많으면 의견도 가지각색이다. ②사람의 드나듦이 많으면 물건을 도적맞기 일쑤다.

[人多嘴雜] jéntō tsuǐtsá ㄖㄣˊㄉㄨㄛ ㄗㄨㄟˇㄗㄚˊ ①사람이 많으면 그 주장도 가지각색이다. ②많은 사람이 모이면 비밀도 누설되기 쉽다.《成》

[人頭] jéntʻóu ㄖㄣˊㄊㄡˊ 사람. 인간.

[人頭份兒] jéntʻóufènrh ㄖㄣˊㄊㄡˊㄈㄣˋㄦ 인원수대로 평등하게 할당하는 일.

[人才] jéntsʻai ㄖㄣˊㄘㄞ ①인재(人材). 「—輩出；인재가 계속하여 나타나다」②품위. 품격.

[人材] jéntsʻái ㄖㄣˊㄘㄞˊ ①인물. 인재. ②jéntsʻai 용모. 스타일(style).

[人在青山在] jéntsài chʻīngshan tsài ㄖㄣˊㄗㄞˋㄑㄧㄥㄕㄢ ㄗㄞˋ 우선 목숨이 있고 볼 일이다.《成》

[人財兩發] jéntsʻái liǎngfā ㄖㄣˊㄘㄞˊ ㄌㄧㄤˇㄈㄚ 자손과 재산이 다같이 많아지다. 가운(家運)이 번성하여지다.

[人財兩旺] jéntsʻái liǎngwàng ㄖㄣˊㄘㄞˊ ㄌㄧㄤˇㄨㄤˋ 자식운(子息運)과 재물운이 다같이 많다.《成》

[人造行星] jéntsào hsínghsīng ㄖㄣˊㄗㄠˋ ㄒㄧㄥˊㄒㄧㄥ 인조 혹성(惑星). 인공 위성.

[人造棉] jéntsàomién ㄖㄣˊㄗㄠˋㄇㄧㄢˊ 인조 섬유(纖維).

[人叢] jéntsʻúng ㄖㄣˊㄘㄨㄥˊ 잡답(雜沓). 사람이 많이 휩쓸려 번잡함.

[人堆(兒)] jéntuī(rh) ㄖㄣˊㄉㄨㄟ(ㄦ) 많은 사람이 붐비는 것. =人群兒.

[人次] jéntzʻû ㄖㄣˊㄘˋ 그때마다의 인원수를 총계(總計)할 때 사용하는 수사(數詞). 연인원(延人員).「參加運動的人, 將近八百萬—；운동에 참가한 사람은 연인원 8백만 명에 가까와지려한다」

[人字脚] jéntzǔchiǎo ㄖㄣˊㄗˋㄐㄧㄠˇ (걷는 모양의) 안짱다리.

[人字毛呢] jéntzǔ máoní ㄖㄣˊㄗˋㄇㄠˊㄋㄧˊ 모직물의 일종.

[人亡物在] jénwáng wùtsài ㄖㄣˊㄨㄤˊㄨˋㄗㄞˋ 사람은 죽어도 물건은 남아 있다는 말로 고인을 회고하는 말.《成》

[人味兒] jénwèirh ㄖㄣˊㄨㄟˋㄦ 인생의 맛. 사는 보람. 사람다운 일.

[人微言輕] jénwēi yénchʻīng ㄖㄣˊㄨㄟ ㄧㄢˊㄑㄧㄥ 지위(地位)가 낮으면 그 의견(意見)도 권위가 서지 않는다.《成》

[人物] jénwù ㄖㄣˊㄨˋ ①사람과 물건. ②jénwu 큰인물. 확실한 물건. 「他是個—；그 사람은 인물이다」③인물. 「—表；각본 따위에 등장하는 인물표」④jénwu (주로 남자의)외관이나 모양.

[人物頭兒] jénwutʻóurh ㄖㄣˊㄨㄊㄡˊㄦ 두목. 지도자. 위인.

[人樣兒] jényàngrh ㄖㄣˊㄧㄤˋㄦ 사람의 모습. 「不成—了；사람으로는 볼 수 없는 모양이 되고 말았다」 「猿).

[人猿] jényén ㄖㄣˊㄧㄢˊ 〈動〉유인원(類人

[人影兒] jényǐngrh ㄖㄣˊㄧㄥˇㄦ 사람의 그림자. 사람의 형적(形跡). 「沒—；한 사람도 없다」

[人緣(兒)] jényüán(rh) ㄖㄣˊㄩㄢˊ(ㄦ) 남에게 친밀감을 주는 일. 「—好；남에게 호감을 주다」「有—；호감을 받다」

[人有臉, 樹有皮] jényǔ liěn shù yǔ pʻí ㄖㄣˊㄧㄡˇ ㄌㄧㄢˇ ㄕㄨˋㄧㄡˇ ㄆㄧˊ 사람에게는 얼굴이 있고 나무에는 껍질이 있다는 말로, 사람에게는 모두 수치심이 있다는 비유.《諺》

[人云亦云] jényǘn ìyǘn ㄖㄣˊㄩㄣˊ ㄧˋㄩㄣˊ 남이 말하면 자기도 따라 한다: 정견(定見)이 없다는 비유.

〔壬〕 jén ㄖㄣˊ 십간(十干)의 아홉 번째.

〔仁〕 jén ㄖㄣˊ ①동정(同情)이나 우애(友愛) 따위에 협조하는 마음. ②인. 속씨. 「核桃—兒；추자의 속씨」「杏—；살구씨의 알맹이」 「어진 사랑. 자애(慈愛).

[仁愛] jén'ài ㄖㄣˊㄞˋ ①인정이 많다. ②

[仁者見仁, 智者見智] jénchě chièn jén, chìhcě chièn chìh ㄖㄣˊㄓㄜˇ ㄐㄧㄢˋ ㄖㄣˊ ㄓˋㄓㄜˇ ㄐㄧㄢˋㄓˋ 같은 문제일지라도 보는 사람에 따라 그 관점이 다르다는 비유.《諺》

[仁至義盡] jénchìh-ìchìn ㄖㄣˊㄓˋㄧˋㄐㄧㄣˋ 인의(仁義)를 최후까지 다하다. 최후까지 책임을 다하다.《成》 「다. 친절하다.

[仁厚] jénhòu ㄖㄣˊㄏㄡˋ (남에게) 정중하

[仁行] jénhsing ㄖㄣˊㄒㄧㄥ 인정이나 조리(條理)에 들어 맞다.

[仁慈] jéntzʻǔ ㄖㄣˊㄘˊ ①자비심(慈悲心)이 깊다. 동정심이 깊다. ②정(情).

〔任〕 jén ㄖㄣˊ 성(姓)의 하나. ⇨jèn.

〔忍〕 jěn ㄖㄣˇ ①참다. 견디다. 「—住—口氣；가슴에 치미는 화를 꾹 참다」②잔인하다. 지독하다. =殘忍. ③(책상 따위에 기대어) 잠깐 졸다. 「참다.

[忍氣] jěnchʻì ㄖㄣˇㄑㄧˋ 노기(怒氣)를 꾹

[忍氣吞聲] jěnchʻì-tʻūnshēng ㄖㄣˇㄑㄧˋ

ㄊㄨㄣㄕㄥ 노기를 꾹 참고 소리를 내지 않다.《成》
[忍俊不禁] jěnchûnpûchìn ㄖㄣˇㄐㄩㄣˋㄅㄨˊㄐㄧㄣˋ 참을 수가 없어 웃다. 웃는 것은 막을 수가 없다.
[忍笑] jěnhsiào ㄖㄣˇㄒㄧㄠˋ 웃음을 참다.
[忍心] jěnhsīn ㄖㄣˇㄒㄧㄣ ①견디어내다. 참다. ②감연히. 결심하고. ③잔인한 마음.「一害理；마음이 악독하고 잔인하여 인정과 도리상 용서할 수 없다」
[忍性] jěnhsìng ㄖㄣˇㄒㄧㄥˋ ①참고 견디는 마음. 인내성. ②(물체가) 압력에 견디는 성질.「這張桌子一很大；이 탁자는 여간한 일로는 짜부라지지 않는다」
[忍辱負重] jěnjǔ fùchùng ㄖㄣˊㄖㄨˇㄈㄨˋㄓㄨㄥˋ 수치를 무릅쓰고 중대한 책임을 맡다.《成》
[忍垢] jěnkǒu ㄖㄣˇㄍㄡˋ 치욕을 참아내다.「一貪生；치욕을 무릅쓰고 본의 아닌 삶을 영위하다」
[忍事] jěnshìh ㄖㄣˇㄕˋ 도리에 어긋나는 일을 참고 견디다.
[忍受] jěnshòu ㄖㄣˇㄕㄡˋ 참고 견디다.
[忍得] jěntê ㄖㄣˇㄉㄜ ①참을 수가 있다. ②태연하게 …하다.
[忍冬] jěntūng ㄖㄣˇㄉㄨㄥ ①〈植〉 인동덩굴. ＝金銀花. ②소엽맥문동.＝麥門冬.
[忍盹兒] jěntǔnrh ㄖㄣˊㄉㄨㄣㄦ 졸다. 잠깐 잠들다.
[忍無可忍] jěnwúk'ójěn ㄖㄣˇㄨˊㄎㄜˊㄖㄣˇ 참을래야 참을 수가 없다.《成》

〔荏〕 jěn ㄖㄣˇ ①들깨 : 일년생 초목식물로서 그 씨는 기름을 짬. ②연하다. 약하다.「色厲內一；겉으로 보기에는 강해 보이나 속마음은 약하다」「들깨.
[荏胡麻] jěnhúmá ㄖㄣˇㄏㄨˊㄇㄚˊ 〈植〉
[荏苒] jěnjǎn ㄖㄣˊㄖㄢˇ 시간이 자꾸 가는 모양.「光陰一；세월은 자꾸만 지나가다」「약하다.
[荏弱] jěnjò ㄖㄣˇㄖㄨㄛˋ 연약하다. 아주

〔稔〕 jěn ㄖㄣˇ ①농작물이 익다.「豐一之年；풍년」②연(年).「已曆十一；벌써 십년이 되었다」 ③잘 알고 있다. ＝稔知.

〔刃〕 jěn ㄖㄣˋ ①칼 따위의 날. ②칼.「利一；예리한 칼」「一具；자르고 깎는 공구」

〔仞〕 jěn ㄖㄣˋ 옛적에 사용하던 길이의 단위의 하나로 일인(一仞)은 칠척(七尺) 또는 팔척에 해당하였음.

〔任〕 jěn ㄖㄣˋ ①신임하다. 부탁하다. ＝信任. ②임명하다.「一爲廠長；공장장으로 임명하다」 ③담당하다. ④임무. ⑤맡기다. 그대로 두고 규제(規制)하지 않다.「不能一其自然發展；저절로 발전하는 대로 맡겨 둘 수는 없다」 ⑥…조차도.「一什麼都不懂；비록 무엇이라 할지라도 모르겠다」 ⇨jěn. 「기다.
[任氣] jěnch'ì ㄖㄣˋㄑㄧˋ 의기(意氣)에 맡
[任教] jěnchiào ㄖㄣˋㄐㄧㄠˋ 교육을 담당하다.
[任職] jěnchíh ㄖㄣˋㄓˊ 일을 시작하다.
[任情] jěnch'íng ㄖㄣˋㄑㄧㄥˊ 제 멋대로 하다. 감정에 맡기다.
[任何] jěnhó ㄖㄣˋㄏㄜˊ 어떠한. 어떤.「得不到一消息；어떠한 소식도 들을 수 없다」「겨 두다.
[任心] jěnhsīn ㄖㄣˋㄒㄧㄣ 제 멋대로 맡
[任性] jěnhsìng ㄖㄣˋㄒㄧㄥˋ 제 멋대로 하다. 마음 내키는 대로 하다.「任着性做事；사기 형편 좋을 대로 일을 하다」
[任人] jěnjěn ㄖㄣˋㄖㄣˊ 남의 자유에 맡기다.「一參觀；자유로이 참관시키다」
[任人皆知] jěnjěnchiēhchīh ㄖㄣˋㄖㄣˊㄐㄧㄝㄓ 누구나 모두 알고 있다.
[任可] jěnk'ǒ ㄖㄣˋㄎㄜˇ ＝認可(jěnk'ǒ).
[任管] jěnkuǎn ㄖㄣˋㄍㄨㄢˇ ①자유에 맡기다. ②＝任憑.
[任勞] jěnláo ㄖㄣˋㄌㄠˊ 고생을 겁내지 않다. 고생을 견디어 내다.「一任怨；노고를 견디며 원망스러운 말을 하지 않다」《成》 「다. 제 뜻대로 맡기다.
[任便] jěnpièn ㄖㄣˋㄅㄧㄢˋ 좋도록 맡기
[任憑] jěnp'íng ㄖㄣˋㄆㄧㄥˊ 맡기다. 구애되지 않다. 제 멋대로 하게 하다.「一你猜想；너의 추측에 맡기다」 가령 …일지라도의 뜻으로 대개 "也"로써 호응함.「一你有多大的才能,也是群衆所不需要的；가령 너에게 얼마만큼의 재능이 있다고 할지라도 군중은 그것을 필요로 하지 않는다」 「라도.
[任啥] jěnshà ㄖㄣˋㄕㄚˋ 무엇이라 할지
[任是] jěnshih ㄖㄣˋㄕ 가령 …일지라도.
[任所欲爲] jěnsǒyûwéi ㄖㄣˋㄙㄨㄛˇㄩˋㄨㄟˊ 제 멋대로 하게 내버려 두다.《成》
[任從] jěnts'úng ㄖㄣˋㄘㄨㄥˊ ①제 멋대로 하게 하다. ②가령 …일지라도.

〔妊〕(姙) jěn ㄖㄣˋ 임신하다. 잉태하다.

〔衽〕(袵) jěn ㄖㄣˋ ①옷의 섶. ②옛날에 사용하던 침구(寢具).「一席；침실」

〔紉〕(紝) jěn ㄖㄣˋ ①바늘에 실을 꿰다. ＝紉針. ②철(綴)하다. 심중으로 감복하다.「感一；마음으로 감사하다」「一佩；깊이 감복하다」
[紉頭] jěnt'ou ㄖㄣˋㄊㄡ 바늘에 꿰는 실의 끝머리.

〔恁〕 jěn ㄖㄣˋ, něn ㄋㄣˋ ①그렇게도. 저렇게도.「如何一大膽？；어찌하여 저렇게도 대담할까？」 ②그러한. 저런.「一時；그런 때」
[恁般] jěnpān ㄖㄣˋㄅㄢ 그런. 그렇게도.

〔飪〕 jěn ㄖㄣˋ 葚이다. 조리다. 삶다.

〔認〕(认) jěn ㄖㄣˋ ①눈으로 보고 기억하다.「一道兒；길을 기억하다」「一不出；분별할 수 없다」「我不一得他；나는 그 사람을 알지 못하다」 ②인정하다. 동의(同意)하다.「一罪；죄를 인정하다」 ③단념하다.「一吃虧；손해 본 것을 단념하다」 ④…이라고 생각하다.「我一爲這個是對的；나는 이것이 옳다고 생각하다」 ⑤의리(義理)로 친척 관계를 맺다.「一乾娘；수양 어머니로 삼다」 ⑥등자(鐙子)를 디디다. 다리를 걸치다. ＝認鐙.
[認帳] jěnchàng ㄖㄣˋㄓㄤˋ ①부채(負債)를 승인하다. ②잘못을 인정하다. ③승복

(承服)하다. 단념하다.
[認眞] jênchên ㄖㄣˋㄓㄣ 성실하다. 일을 소홀히 하지 않다. 진실로. 「集會的自由一剝奪了; 집회의 자유는 정말로 빼앗기고 말았다」
[認親] jênch'īn ㄖㄣˋㄑㄧㄣ 결혼하여 양가가 인척을 맺고 얼굴을 대하며 서로 알게 되다.
[認淸] jênch'īng ㄖㄣˋㄑㄧㄥ 확인하다.
[認捐] jênchüān ㄖㄣˋㄐㄩㄢ 기부(寄付)를 수락하다. 「一三千元; 삼천"元"의 기부를 수락하다」 「확하게 인정하다.
[認准] jênchǔn ㄖㄣˋㄓㄨㄣˇ 확인하다. 정
[認罰] jênfá ㄖㄣˋㄈㄚˊ 벌을 동의하다.
[認付] jênfû ㄖㄣˋㄈㄨˋ (어음 따위를) 사들이다. 매도하다.
[認可] jênk'ŏ ㄖㄣˋㄎㄜˇ ①용서하다. ②승낙하다. 인가하다. ③오히려 …하는 쪽이 낫다. 달게 … 하다. 「에 참가하다.
[認股] jênkǔ ㄖㄣˋㄍㄨˇ 한몫 들다. 주식
[認了] jênlê ㄖㄣˋㄌㄜ 단념하다.
[認領] jênlǐng ㄖㄣˋㄌㄧㄥˇ (그것에) 틀림없음을 확인하고 영수하다. 「정하다.
[認明] jênmíng ㄖㄣˋㄇㄧㄥˊ 명백하게 인
[認命] jênmìng ㄖㄣˋㄇㄧㄥˋ ①운명이라고 단념하다. ②운명으로 이미 정해져 있다. 「인정하다.
[認賠] jênp'éi ㄖㄣˋㄆㄟˊ 변상(辨償)을
[認背] jênpèi ㄖㄣˋㄅㄟˋ 운이 나쁘다고 단념하다. 「인정하다.
[認不是] jên púshih ㄖㄣˋ ㄅㄨˊㄕ 잘못을
[認生] jênshêng ㄖㄣˋㄕㄥ 어린애 따위가 낯을 가리다. 또는 겁을 내다.
[認識] jênshíh ㄖㄣˋㄕˊ ①인식하다. ②jênshih 전부터 알고 있다. 「정하다.
[認輸] jênshū ㄖㄣˋㄕㄨ 패배(敗北)를 인
[認死扣子(一兒)] jênssǔk'òutzǔ(—rh) ㄖㄣˋㄙˇㄎㄡˋㄗˇ(—ㄦ) 외곬으로 생각하여 고집 불통이다《成》
[認得] jêntê ㄖㄣˋㄉㄜ (물건이나 사람을) 보아 알고 있다. 전부터 알고 있다. 「一這個字; 이 글자를 알고 있다」「一那個人; 저 사람을 알고 있다」「에 걸치다.
[認鐙] jêntêng ㄖㄣˋㄉㄥ 발을 등자(鐙子)
[認定] jêntìng ㄖㄣˋㄉㄧㄥˋ 확실히 인정하다. 확인하다.
[認頭] jênt'óu ㄖㄣˋㄊㄡˊ ①마지못해 인정하다. ②체념하다. 싫으면서도. 마지못해서. 「只好一受苦; 싫지만 고생할 수 밖에 없다」「一苦曳; 체념하고 참으면서 해나가다」
[認賊作父] jêntséi tsòfû ㄖㄣˋㄗㄟˊㄗㄨㄛˋㄈㄨˋ 도적을 아버지처럼 의지하다. 악인에게 의지하는 일.《成》
[認錯] jênts'ò ㄖㄣˋㄘㄨㄛˋ ①오인(誤認)하다. ②(잘못 생각하고) 동의(同意)하다. 승인하다.
[認錯兒] jênts'òrh ㄖㄣˋㄘㄨㄛˋㄦ ①잘못을 인정하다. ②사죄(謝罪)하다.
[認字] jêntzû ㄖㄣˋㄗˋ 글자를 기억하다.
[認爲] jênwéi ㄖㄣˋㄨㄟˊ …라고 인정하다. …라고 생각하다.

JÊNG ㄖㄥ

〔扔〕 jēng ㄖㄥ ①던지다. 「一球; 공을 던지다」 ②버리다. 「一廢紙; 휴지를 버리다」 ③어린이가 죽는 일. 「那個小孩兒看着就活不長似的, 還是一了不是; 저 어린이는 볼 때 오래 살 수 없을 것 같더니, 역시 죽고 말았구나」 「버리다.
[扔棄] jēngch'ì ㄖㄥㄑㄧˋ 포기하다. 던져
[扔下] jēnghsia ㄖㄥㄒㄧㄚ ①버리다. 던지다. ②뒤에 남겨 두고 가 버리다. 「一我沒人管; 나를 혼자 두고 아무도 돌보아 주지 않다」 「못 쓰게 된 물건.
[扔貨] jēnghuò ㄖㄥㄏㄨㄛˋ 폐물(廢物).
[扔掉] jēngtiao ㄖㄥㄉㄧㄠ 던져 버리다. 버리다.
〔仍〕 jéng ㄖㄥˊ ①연유하다. … 와 같이 하다. ②역시. 더구나. 여전히. 「他雖然有病, 一不肯放下工作; 그는 병에 걸려 있으면서도 여전히 일을 단념하지 않다」
[仍舊] jéngchiù ㄖㄥˊㄐㄧㄡˋ 본시 있는 그대로이다. 역시. 본시대로. 「他一不改主張; 그 사람은 역시 주장을 변경하지 않는다」 「ㄢˋ 전과 같이 하다.
[仍舊貫] jéngchiùkuàn ㄖㄥˊㄐㄧㄡˋㄍㄨ
[仍然] jéngján ㄖㄥˊㄖㄢˊ 의연(依然)히. 변함 없이. 여전히.

JIH ㄖ

〔日〕 jìh ㄖˋ ①태양. ②낮. 「一班; 낮근무」 ③하루. ④시간. 시기. 「往一; 예전. 이전. 예전부터 지금까지」 ⑤일본(日本)의 약칭. ⑥성교(性交)하다.
[日場] jìhch'ǎng ㄖˋㄔㄤˇ (연극이나 영화 따위의) 주간 흥행. 마티네(matinée).
[日臻] jìhchēn ㄖˋㄓㄣ 나날이 …으로 되다. 「一完善; 나날이 완전하게 되다」
[日計] jìchhì ㄖˋㄐㄧˋ 날짜 계산하다.
[日期] jìhch'ī ㄖˋㄑㄧ 기일(期日).
[日脚] jìhchiǎo ㄖˋㄐㄧㄠˇ 날. 날짜.
[日記帳] jìhchìchàng ㄖˋㄐㄧˋㄓㄤˋ 당좌예금통장(當座預金通帳).
[日間] jìhchiēn ㄖˋㄐㄧㄢ 대낮. 백주(白晝).
[日支] jìhchīh ㄖˋㄓ 나날이 하는 지불.
[日淸日白] jìhch'īng-jìhpái ㄖˋㄑㄧㄥ ㄖˋㄅㄞˊ 대낮. 한낮. 「(儿) 일기장.
[日記本(兒)] jìhchìpěn(rh) ㄖˋㄐㄧˋㄅㄣˇ
[日久天長] jìhchiǔ-t'iēnch'áng ㄖˋㄐㄧㄡˇㄊㄧㄢㄔㄤˊ 오랜 세월이 지나다.《成》
[日就月將] jìhchiû-yüèhchiang ㄖˋㄐㄧㄡˋㄩㄝˋㄐㄧㄤ 나날이 진보 발전하다. 일진월보(日進月步).《成》
[日積月累] jìhchī-yüèhlěi ㄖˋㄐㄧ ㄩㄝˋㄌㄟˇ 날을 거듭하다. 세월이 쌓이다.《成》
[日趨] jìhch'ū ㄖˋㄑㄩ 나날이 …으로 되다. 「友好關係一親密; 우호 관계가 나날이 친밀하게 되다」 「②춘분(春分)날.
[日中] jìhchūng ㄖˋㄓㄨㄥ ①정오(正午).
[日後] jìhhòu ㄖˋㄏㄡˋ 후일. 장래(將來).
[日薪] jìhhsīn ㄖˋㄒㄧㄣ 일급(日給).
[日新月异] jìhhsīn-yüèhì ㄖˋㄒㄧㄣ ㄩㄝˋㄧˋ 나날이 새롭게 되다. 진보나 변화가 빠른 모양. 일진 월보.《成》
[日益] jìhì ㄖˋㄧˋ 나날이. 날마다. 「生產力

一萎縮；생산력이 날마다 감퇴하다」
[日以繼夜] jìhǐchìyèh ㄖˋㄧˇㄐㄧˋㄧㄝˋ 주야 겸행하다. 「광등.
[日光燈] jìhkuāngtēng ㄖˋㄍㄨㄤㄉㄥ 형
[日規] jìhkueī ㄖˋㄍㄨㄟ 해시계. ＝日晷.
[日晷儀] jìhkueií ㄖˋㄍㄨㄟˇㄧˊ 해시계.
[日工] jìhkūng ㄖˋㄍㄨㄥ ①날품팔이. ②주간 작업.
[日來] jìhlái ㄖˋㄌㄞˊ 요사이.
[日裏] jìhli ㄖˋㄌㄧ 주간(晝間). 낮 동안.
[日曆] jìhlì ㄖˋㄌㄧˋ 일력.
[日落西山] jìhlò hsīshān ㄖˋㄌㄨㄛˋㄒㄧㄕㄢ 일락서산.＝日薄西山.
[日暮途窮] jìhmù t'úch'iúng ㄖˋㄇㄨˋㄊㄨˊㄑㄩㄥˊ 궁지에 빠져 어찌할 방책이 없는 모양.《成》 ＝日暮窮途.
[日內] jìhnèi ㄖˋㄋㄟˋ 머지 않아. 가까운 며칠 사이.
[日斑] jìhpān ㄖˋㄅㄢ 태양의 흑점.
[日報] jìhpào ㄖˋㄅㄠˋ 일간 신문.
[日報表] jìhpàopiǎo ㄖˋㄅㄠˋㄅㄧㄠˇ 매일의 생산고와 그 외의 것을 기입하는 표.
[日薄西山] jìhpóhsīshān ㄖˋㄅㄛˊㄒㄧㄕㄢ ①해가 서산에 다가서다. ②죽을 때가 가까와지다. 멸망이 임박하다.《成》
[日不暇給] jìhpùhsiáchǐ ㄖˋㄅㄨˋㄒㄧㄚˊㄐㄧˇ 일이 매우 바빠서 시간이 부족하다.《成》 「광선.
[日色] jìhsè ㄖˋㄙㄜˋ 태양의 빛. 태양의
[日上三竿] jìhshàng sān'kān ㄖˋㄕㄤˋㄙㄢㄍㄢ 태양이 높이 오르다. 오전 8시에서 9시경.《成》 「활. 살림살이.
[日食] jìhshíh ㄖˋㄕˊ ①일식(日蝕). ②생
[日塌了] jìht'ālê ㄖˋㄊㄚㄌㄜ 실패하고 말았다.
[日頭] jìht'ou ㄖˋㄊㄡ 태양.
[日昨] jìhtsó ㄖˋㄗㄨㄛˊ 어제. 작일.
[日子] jìhtzǔ ㄖˋㄗ ①날짜. 「這些一；요즈음」「好一；좋은 날짜」 ②살림살이. 「過一；살아 나가다」
[日文] jìhwén ㄖˋㄨㄣˊ 일본글. 일본말.
[日月] jìhyüeh ㄖˋㄩㄝ ①날. ②생활. 살림살이. 「一不強沒吃少喝的；살림살이가 좋지 못하여 입에 풀칠하기도 어렵다」
[日月兒] jìhyüehrh ㄖˋㄩㄝㄦ 생활. 생계(生計).
[日暈] jìhyǜn ㄖˋㄩㄣˋ 햇무리.

JO ㄖㄨㄛ

〔挼〕 jǒ ㄖㄨㄛˊ 종이를 둥글게 비비다. 「一搓；종이를 비벼 둥그스름하게 만들다. ⇨ juá.
〔若〕 jò ㄖㄨㄛˋ ①만약 …한다면. 「一不學習就要落後；만약 공부를 안하면 낙후되고 말 것이다」 ②…와 같다. 「年相一；나이는 같은 정도」 ③너희. 「一輩；너희들」
[若卽若離] jòchí-jòlí ㄖㄨㄛˋㄐㄧˊ ㄖㄨㄛˋㄌㄧˊ 어느 쪽에도 가담하지 않고 있는 일. 중간에서 애매하게 취하고 있는 태도.《成》 「어떻게.
[若何] jòhó ㄖㄨㄛˋㄏㄜˊ ①왜. 어째서. ②
[若許] jòhsǔ ㄖㄨㄛˋㄒㄩˇ 많이. 허다한.
[若果] jòkuǒ ㄖㄨㄛˋㄍㄨㄛˇ ＝若是.
[若明若暗] jòmíng-jòàn ㄖㄨㄛˋㄇㄧㄥˊ ㄖㄨㄛˋㄢˋ 확실치 않고 애매한 모양.
[若不然] jòpuján ㄖㄨㄛˋㄅㄨㄖㄢˊ 만약 …이 아니면: "若不"이라고도 함.
[若使] jòshǐh ㄖㄨㄛˋㄕˇ ＝若是.
[若是] jòshìh ㄖㄨㄛˋㄕˋ 만약 …한다면.
[若無其事] jòwúch'íshìh ㄖㄨㄛˋㄨˊㄑㄧˊㄕˋ 아무 일도 없는 것처럼 시치미를 떼다. 무관심한 표정을 짓다.
[若有若無] jòyǔ-jòwú ㄖㄨㄛˋㄧㄡˇ ㄖㄨㄛˋㄨˊ 있는 것도 같고 없는 것도 같다. 미혹되다. 「ㄙ 어떤 생각에 잠긴 듯.
[若有所思] jòyúsǒssǔ ㄖㄨㄛˋㄧㄡˊㄙㄨㄛˇ
〔偌〕 jò ㄖㄨㄛˋ, nò 저와 같은. 저처럼. 저런. 「一大年紀；저런 나이」
〔弱〕 jò ㄖㄨㄛˋ ①약하다. 힘이 없다. 「身體一；신체가 약하다」 ②(수자 따위가) 모자라다. 부족하다. 약(弱). 「三分之二一；3분의 2 약(弱)」 ③젊다. 「老一；노약(老若)」 ④잃다. 죽다. 「又一了一個；또 한 사람 죽었다」
[弱不禁風] jòpùch'īnfēng ㄖㄨㄛˋㄅㄨˋㄑㄧㄣㄈㄥ 바람에 견딜 수 없을 정도로 연약하다.
[弱弟] jòtì ㄖㄨㄛˋㄉㄧˋ 어린 동생.
〔箬〕 jò ㄖㄨㄛˋ 대나무의 껍질.
[箬竹] jòchú ㄖㄨㄛˋㄓㄨˊ 얼룩조릿대. 동백죽: 대나무의 한 가지. 「로 엮은 삿갓.
[箬帽] jòmào ㄖㄨㄛˋㄇㄠˋ 대나 풀 따위
[箬不勝衣] jòpùshèngī ㄖㄨㄛˋㄅㄨˋㄕㄥˋㄧ 쇠약하여 의복의 무게에 견디지 못하다.

JOU ㄖㄡ

〔柔〕 jóu ㄖㄡˊ ①부드럽다. 「一枝嫩葉；새싹이 나온 지 얼마 안되는 연한 가지와 잎」 ②연약하다. 「性情溫一；성질이 부드럽고 온화하다」 ③온화하다. 심하지 않다. 부드러운. 「一風細雨；부드러운 바람과 명주실같이 곱게 내리는 비」
[柔情] jóuch'íng ㄖㄡˊㄑㄧㄥˊ 정답고 부드러운 마음씨.
[柔和] jóuho ㄖㄡˊㄏㄜ 조용하고 부드럽다. 「光綫一；광선이 부드럽다. ＞柔柔和和.
[柔韌] jóujèn ㄖㄡˊㄖㄣˋ 연하면서 질기다.
[柔嫩] jóunèn ㄖㄡˊㄋㄣˋ 부드럽다.
[柔膩] jóunì ㄖㄡˊㄋㄧˋ 부드럽고 매끄러운. 부드럽고 윤택이 있는.
[柔順] jóushùn ㄖㄡˊㄕㄨㄣˋ 순종하다.
[柔魚] jóuyǘ ㄖㄡˊㄩˊ 오징어.
〔揉〕 jóu ㄖㄡˊ (손으로 원을 그리는 것처럼) 비비다. 문지르다. 「一一一腿；발을 비비다」「一眼睛；눈을 비비다」
[揉腸] jóuch'áng ㄖㄡˊㄔㄤˊ ①장념전(腸捻轉). ②비통한 생각을 하는 일.
[揉和] jóuhó ㄖㄡˊㄏㄜˊ 반죽하다. 「一了麪做饅頭；밀가루 반죽하여 만두를 만

들다.

[揉磨] jóumo ㄖㄡˊㄇㄛ 비벼대다. 비비어 꾸기다. >揉揉磨磨.

[揉弄] jóunùng ㄖㄡˊㄋㄨㄥˋ 쭈굴쭈굴하게 주무르다.

[揉搓] jóuts'o ㄖㄡˊㄘㄨㄛ ①둥굴게 비비다. ②놀리다. 천대하다. 책망하다. 「我擱不住這麼一;이와 같이 천대를 받고서는 견딜 수가 없다」 >揉揉搓搓.

〔糅〕 jóu ㄖㄡˊ 섞이다. 섞다. 「眞僞雜一; 진짜 가짜가 뒤섞이다」

[糅合] jóuhó ㄖㄡˊㄏㄜˊ 혼합시키다. 섞다.

[糅雜] jóutsá ㄖㄡˊㄗㄚˊ 섞이다.

〔蹂〕 jóu ㄖㄡˊ 밟다.

[蹂踐] jóuchièn ㄖㄡˊㄐㄧㄢˋ 짓밟다.

[蹂躪] jóulìn ㄖㄡˊㄌㄧㄣˋ ①짓밟다. ②폭력을 써가며 혼을 내다.

〔鞣〕 jóu ㄖㄡˊ ①가죽을 무두질하다. 「一皮子; 가죽을 무두질하다」 ②무두질한 가죽. 유피(鞣皮).

[鞣劑] jóuchì ㄖㄡˊㄐㄧˋ 유피제(鞣皮劑): 가죽을 무두질하는 약품.

[鞣料] jóuliào ㄖㄡˊㄌㄧㄠˋ =鞣劑.

[鞣酸] jóusuān ㄖㄡˊㄙㄨㄢ 탄닌(네Tannin)산. 오배자(五倍子) 속에 있는 노란 가루로 맛이 떫고 잉크나 염료 등의 원료로 씀. =單宁酸.

〔肉〕 jòu ㄖㄡˋ ①「一兒; 고기(肉). 살」 「長了一了; 살이 붙어 있다」 ②식용 육류. ③과실 따위의 살. 과육(果肉). ④과실 따위의 깨무는 맛이 좋지 않거나 또는 씹는 맛이 없는 일. 「一瓤西瓜; 씹는 맛이 좋지 못한 수박」 ⑤행동이 완만(緩慢)하다. 성질이 느릿느릿하다. 「作事眞一; 일을 하는 품이 참으로 느리다」 ⑥「一兒; 가장 사랑하는 것」

[肉案子] jòuàntzǔ ㄖㄡˋㄢˋㄗ ①푸주. 정육점(精肉店). ②고기를 자르는 칼토막.

[肉折] jòuchě ㄖㄡˋㄓㄜˊ 살찐 사람의 살의 주름이 잡힌 것을 말함. 살주름.

[肉醬] jòuchiàng ㄖㄡˋㄐㄧㄤˋ ①잘게 다진 고기. ②파스타(pasta) 모양으로 다져이긴 것. =肉餅.

[肉脯] jòufǔ ㄖㄡˋㄈㄨˇ 육포(肉脯). 조리하여 말린 고기.

[肉刑] jòuhsíng ㄖㄡˋㄒㄧㄥˊ 체형(體刑).

[肉性] jòuhsìng ㄖㄡˋㄒㄧㄥˋ 꾸물거리며 시원치 않다. 「他是個一人; 그는 쓸모 없는 느리광이다」

[肉紅] jòuhúng ㄖㄡˋㄏㄨㄥˊ ①핑크색. ②약용으로 쓰이는 한 나무의 껍질. 육홍.

[肉核兒] jòuhúrh ㄖㄡˋㄏㄨˊㄦ 살코기. 껍질이나 뼈 또는 굳기름 따위를 제거한 정육(精肉).

[肉肉頭頭兒] jòujòut'ōut'ōurh ㄖㄡˋㄖㄡˋㄊㄡㄊㄡㄦ 살집이 좋고 부들부들한 모양.

[肉勒咕咭] jòulêkūchī ㄖㄡˋㄌㄜㄍㄨㄐㄧ ①느릿느릿하여 동작이 둔한 모양. ②살집이 뚱뚱한 모양.

[肉麻] jòumá ㄖㄡˋㄇㄚˊ ①마구 달라붙다. (미인 따위를 보고) 손짓을 하다. ②(싫은 것을 보고) 소름이 오싹 끼치다. 싫은.

[肉末兒] jòumòrh ㄖㄡˋㄇㄛˋㄦ 잘게 썬 고기. 잘게 다진 고기.

[肉泥爛醬] jòuní-lànchiàng ㄖㄡˋㄋㄧˊㄌㄢˋㄐㄧㄤˋ 원형을 찾아볼 수 없을 정도로 망그러지는 일.

[肉寶貝] jòupǎopei ㄖㄡˋㄅㄠˇㄅㄟ 발의 별명.

[肉包子(一兒)] jòupāotzǔ(—rh) ㄖㄡˋㄅㄠㄗ(一ㄦ) 고기 만두.

[肉票兒] jòup'iàorh ㄖㄡˋㄆㄧㄠˋㄦ 인질(人質).

[肉脾氣] jòup'ích'i ㄖㄡˋㄆㄧˊㄑㄧ 성질이 느릿느릿하다.

[肉片兒] jòup'iènrh ㄖㄡˋㄆㄧㄢˋㄦ 편육. 얇게 썬 고기. 「炒一; 편육을 기름에 볶은 요리」

[肉餅] jòupǐng ㄖㄡˋㄅㄧㄥˇ ①고기 든 호트케이크. 밀가루에 우유·버터·계란·설탕 등을 발라서 둥글게 만들어 구운 과자.

[肉鼻子] jòupítzǔ ㄖㄡˋㄅㄧˊㄗ 끝이 수수떡처럼 빨갛고 큰 코를 말함.

[肉搏] jòupó ㄖㄡˋㄅㄛˊ 육박(肉搏)하다. 서로 붙잡고 격투하다.

[肉身子] jòushēntzǔ ㄖㄡˋㄕㄣㄗ 육체.

[肉死] jòussǔ ㄖㄡˋㄙˇ (성질이) 좀 우둔하다.

[肉絲兒] jòussūrh ㄖㄡˋㄙㄦ 실처럼 잘게 썬 고기.

[肉松] jòusūng ㄖㄡˋㄙㄨㄥ 돼지고기를 썰어 조린 것.

[肉疼] jòut'ěng ㄖㄡˋㄊㄥˊ ①마음이 아프다. ②아끼다.

[肉丁] jòutīng ㄖㄡˋㄉㄧㄥ ①=肉釘兒. ②육종(肉腫).

[肉釘兒] jòutīngrh ㄖㄡˋㄉㄧㄥㄦ 꾸미로 쓰이는 것처럼 잘게 썬 고기. 「一炒醬; 꾸미처럼 잘게 썬 고기를 장과 기름에 볶은 것으로 가락 국수 위에 침」

[肉頭] jòut'ǒu ㄖㄡˋㄊㄡˊ ①토실토실하고 부드럽다. 「孩子的手很一; 아이들 손은 부드럽다」 ②jòut'ou 우물쭈물하는 사람.

[肉棗兒] jòutsǎorh ㄖㄡˋㄗㄠˇㄦ ①수육(獸肉) 중에 병균으로 인하여 생긴 딱딱한 부분. ②찌꺼기. 아둔패기.

[肉頭厚] jòut'óuhòu ㄖㄡˋㄊㄡˊㄏㄡˋ 부자. 돈이 많은 사람.

[肉痛] jòut'ùng ㄖㄡˋㄊㄨㄥˋ ①몸이 아프다. ②=肉疼.

[肉凍(兒)] jòutùng (rh) ㄖㄡˋㄉㄨㄥˋ(ㄦ) 고기 조린 국물이 엉겨 굳어진 것.

[肉刺] jòutz'ǔ ㄖㄡˋㄘˋ (피부의) 살 거스러미. 살이 터서 째어지는 것을 말함.

[肉孜節] jòutzūchiéh ㄖㄡˋㄗㄐㄧㄝˊ 이슬람교의 제일(祭日).

[肉丸子] jòuwántzǔ ㄖㄡˋㄨㄢˊㄗ 고기로 빚은 경단(瓊團).

[肉印] jòuyìn ㄖㄡˋㄧㄣˋ 뚱뚱한 사람의 살주름.

[肉蠅] jòuyíng ㄖㄡˋㄧㄥˊ 〈動〉 쉬파리. =大麻蠅.

[肉圓] jòuyüán ㄖㄡˋㄩㄢˊ 고기로 빚어 만든 경단. «方» =肉丸子.

[肉月兒] jòuyüèhrh ㄖㄡˋㄩㄝˋㄦ 한자(漢字)의 편방(偏旁)에 있어서 고기육변을 말함: 「肉·月」

JU ㄖㄨ

〔如〕 jú ㄖㄨˊ ①…와 같이. 「一期完成; 기한대로 완성하다」 ②…와 비슷하

다. …와 같다. 「堅強一鋼 ; 강철같이 견고하다」 ③우수하다. 「我不一他 ; 나는 그 사람에게는 당하지 못하다」 ④이르다. 가다. ⑤만약 …한다면. 「一不滿意, 可提意見 ; 만약 불만이 있으면 의견을 말하시오」 ⑥예를 들면. ⑦정황(情況) 따위를 나타내는 말의 접미어(接尾語). 「突一其來 ; 돌연히 닥쳐오다」

[如常] júch'áng ㄖㄨˊㄔㄤˊ ①언제나 다름 없이. ②평상(平常).

[如期] júchī ㄖㄨˊㄑㄧ 기일(期日)이나 기한대로. 「一完成 ; 기한 대로 완성하다」

[如其] júchí ㄖㄨˊㄑㄧˊ 만약. 「一不然 ; 만약 그렇지 않으면」 「一不成, 再想別法 ; 만약 안되면 새로 딴 방법을 강구한다」

[如箭在弦] júchièntsàihsién ㄖㄨˊㄐㄧㄢˋㄗㄞˋㄒㄧㄢˊ 정세가 긴박하여 중지할 수 없는 것을 비유하는 말.

[如之奈何] júchīhnàihó ㄖㄨˊㄓㄋㄞˋㄏㄜˊ 어떻게 하면 좋을는지.

[如今] júchīn ㄖㄨˊㄐㄧㄣ 현재. 지금.

[如今晚兒] júchīnwǎnrh ㄖㄨˊㄐㄧㄣㄨㄢˇㄦ 요사이. 요즈음.

[如飢似渴] júchī-ssŭk'ŏ ㄖㄨˊㄐㄧㄙˋㄎㄜˇ 갈망하는 모양. 《成》

[如舊] júchiù ㄖㄨˊㄐㄧㄡˋ ＝如故.

[如出一轍] júch'ūichě ㄖㄨˊㄔㄨㄧˋㄓㄜˊ 말과 행동이 꼭 일치(一致)하는 일. 언행일치(言行一致).

[如出一口] júch'ūik'ǒu ㄖㄨˊㄔㄨㄧˋㄎㄡˇ 대중의 말(言)이 일치되는 일.

[如法泡制] júfǎ p'àochìh ㄖㄨˊㄈㄚˇ ㄆㄠˋㄓˋ 원형대로 하다. 꼭 같이 본을 따다.

[如夫人] júfūjěn ㄖㄨˊㄈㄨㄖㄣˊ 첩(妾).

[如何] júhó ㄖㄨˊㄏㄜˊ ①어떠하냐? ②어떠한. 「一人 ; 어떤 사람」

[如響斯應] júhsiǎngssūyìng ㄖㄨˊㄒㄧㄤˇㄙㄧㄥˋ 치면 소리나듯이.

[如心] júhsīn ㄖㄨˊㄒㄧㄣ 생각대로 되다.

[如許] júhsǔ ㄖㄨˊㄒㄩˇ ①약간의. 많은. ②이와 같다. 「水清一 ; 물이 이처럼 맑다」

[如獲至寶] júhuòchìhpǎo ㄖㄨˊㄏㄨㄛˋㄓˋㄅㄠˇ 다시 없는 보물을 손에 넣은 것처럼. 《成》

[如火如荼] júhuǒ-jút'ú ㄖㄨˊㄏㄨㄛˇ ㄖㄨˊㄊㄨˊ ①몹시 열렬하고 성대한 모양. 맹렬한 모양. 「一地慶祝典禮 ; 굉장하고 성대히 축전(祝典)을 올리다」 ②군용(軍容)이 당당(堂堂)한 모양.

[如一] júī ㄖㄨˊㄧ 변치 않다. 일치되다. 「始終一 ; 언제나 변하지 않다. 시종여일하다」「心口一 ; 마음과 언행이 동일하다」

[如意(兒)] júì(rh) ㄖㄨˊㄧˋ(ㄦ) 여의(如意)하다. 마음과 같다.

[如意算盤] júìsuànp'an ㄖㄨˊㄧˋㄙㄨㄢˋㄆㄢ 마음대로 계산을 하다. 줄 사람은 생각지도 않는데 김치국부터 마신다는 뜻. 《成》

[如若] júјò ㄖㄨˊㄖㄨㄛˋ ＝如果.

[如故] júkù ㄖㄨˊㄍㄨˋ ①아는 사람처럼. ②처음처럼. 역시. 이전(以前).

[如果] júkuǒ ㄖㄨˊㄍㄨㄛˇ 만약 …가 된다면. 「一下雨緩兩三天也可以 ; 비가 온다면 2～3일 연기하여도 좋다」

[如狼似虎] júlàng-ssŭhǔ ㄖㄨˊㄌㄤˊㄙˋㄏㄨˇ 호랑이(虎狼)처럼 잔인하고 흉악하다.

[如雷貫耳] júléikuànĕrh ㄖㄨˊㄌㄟˊㄍㄨㄢˋㄦˇ 유명한 일.

[如履薄冰] júlǚpópīng ㄖㄨˊㄌㄩˇㄅㄛˊㄅㄧㄥ 엷은 얼음 위를 걷는 것처럼 위험한 상태. 신중히 하다. 두려워하는 모양. 《成》

[如夢初醒] júmĕngch'ūhsǐng ㄖㄨˊㄇㄥˋㄔㄨㄒㄧㄥˇ 겨우 꿈에서 깨어난 모양.

[如是] júshìh ㄖㄨˊㄕˋ ①이와 같이. 「一我聞 ; 이와 같이 나는 듣고 있다」 ②이대로다.

[如釋重負] júshìhchùngfù ㄖㄨˊㄕˋㄓㄨㄥˋㄈㄨˋ 어깨의 무거운 짐을 내려 놓는 것처럼 안도의 숨을 쉬다. 《成》

[如數] júshù ㄖㄨˊㄕㄨˋ 액수대로. 수를 맞추다. 「一歸還 ; 수를 맞추어 돌려주다」

[如數家珍] júshǔchiāchěn ㄖㄨˊㄕㄨˇㄐㄧㄚㄓㄣ ①여러 사유를 진술하는데 몹시 자세하다. ②물정에 밝다. 여러 가지 일을 잘 알고 있는 일. 《成》

[如梭] júsō ㄖㄨˊㄙㄨㄛ ①빠른 것을 형용하는 말. 「日月一 ; 세월의 흐름은 빠르기도 하다」 ②그치지 않은 것을 형용하는 말. 「行人一 ; 통행인(通行人)이 그치지 않다」

[如所周知] júsŏchōuchīh ㄖㄨˊㄙㄨㄛˇㄓㄡㄓ 주지(周知)하는 바와 같이.

[知坐針毯] jútsòchĕnt'ǎn ㄖㄨˊㄗㄨㄛˋㄓㄣㄊㄢˇ 바늘 방석에 앉는 것처럼. 이럴 수도 없고 저럴 수도 없는.

[如荼如火] jút'ú-júhuǒ ㄖㄨˊㄊㄨˊ ㄖㄨˊㄏㄨㄛˇ ＝如火如荼.

[如同] jút'úng ㄖㄨˊㄊㄨㄥˊ …와 같다. 꼭 …와 같다. 「一丢掉了寶貝一般 ; 보물을 잃은 것과 같다는 말로 낙담(落膽)하는 것의 비유」

[如此] jútz'ŭ ㄖㄨˊㄘˇ 이와 같다. 이와 같은.

[如影隨形] júyǐngsuíhsíng ㄖㄨˊㄧㄥˇㄙㄨㄟˊㄒㄧㄥˊ 그림자가 형체에 붙어 다니다. 늘 함께 있다. 《成》

[如願] júyüàn ㄖㄨˊㄩㄢˋ ①원하는 대로 되다. ②만족하다. 「一以償 ; 희망이 실현되다」

[如有所失] júyŏsŏshīh ㄖㄨˊㄧㄡˇㄙㄨㄛˇㄕ 무엇이 없어진 듯. 망연(茫然)한.

[如魚得水] júyútěshuǐ ㄖㄨˊㄩˊㄉㄜˊㄕㄨㄟˇ 고기가 물을 얻은 것과 같이, 마침 좋은 기회에 처해 있다는 말로 사람이 그와 같은 환경을 얻었다는 말.

〔茹〕

jú ㄖㄨˊ, jù ①먹다. ②인내(忍耐)하다. 「一痛 ; 고통을 참고 견디다」

[茹苦含辛] júk'ŭ-hánhsīn ㄖㄨˊㄎㄨˇ ㄏㄢˊㄒㄧㄣ 고심참담(苦心慘膽)한 생각을 하다. ＝含辛茹苦. 《成》

[茹毛飲血] júmáo-yǐnhsüèh ㄖㄨˊㄇㄠˊ ㄧㄣˇㄒㄩㄝˋ 털도 뽑지 않고 피도 씻지 않고 먹는다는 말로, 상고시대에 식생활 방법이 미비하여 짐승을 잡아 생식(生食)함을 일컫는 말. 《成》

〔儒〕

jú ㄖㄨˊ ①학자. 「大一 ; 대학자」 ②유생(儒生). 유교를 믿는 사람. 「一林 ; 유림. 유교의 도를 닦는 학자들」

〔濡〕

jú ㄖㄨˊ ①적시다. 「一筆 ; 붓에 먹을 찍다」 ②늦다. 「一滯 ; 정체(停滯)하다. 지체(遲滯)하다」

〔孺〕 jú ㄖㄨˊ 유아(幼兒). 어린이. 「婦一; 여자 어린이」「一人; 처(妻)」「一子; 어린이」

〔蠕〕(蝡) jú ㄖㄨˊ 지렁이가 느릿느릿 움직이는 모양. 「一動; 꿈틀거리다. 어슬렁거리다」

〔入〕 jŭ ㄖㄨˇ ①꼭 끼이다. 구멍 속에 빠지다. 「一脚一到泥裏頭了; 한쪽 발이 진탕 속에 푹 빠지다」 ②몰래 들어 가다. 살짝 밀어 넣다. ③(난폭하게) 놓다. 넘겨 주다. 「別把孩子一給我呀; 어린이를 그렇게 난폭하게 넘겨 주어서는 안된다」 ④(비용을) 많이 들이다. 부어 넣다. 「一錢; 돈을 들이다. 비용을 많이 들이다」 ⇨jù.

〔汝〕 jŭ ㄖㄨˇ 당신. 너. 「一等·一輩·一曹; 너희들」

〔辱〕 jŭ ㄖㄨˇ ①수치. 부끄러움. 「奇恥大一; 대단한 수치」 ②창피를 주다. 치욕을 당하게 하다. ③송구스럽게 하다. 과분하게 하다. …하여 주시기 바람. 「一承指教; 지도 편달을 바람」《謙》

[辱荷] jŭhò ㄖㄨˇㄏㄜˋ 감사히 …받다. 과분합니다. …을 받아서. …을 주셔서 송구스럽습니다. 「一隆情; 후의를 베풀어 주셔서 송구(감사)합니다」《書》 =辱承.

[辱卷] júchüăn ㄖㄨˊㄐㄩㄢˇ 형편 없는 욕을 하다. 덮어 놓고 나쁘다고 욕하다. =辱訣.

[辱臨] jŭlín ㄖㄨˇㄌㄧㄣˊ 송구스럽지만 왕림하여 주십시오. 《敬》

[辱罵] jŭmà ㄖㄨˇㄇㄚˋ 창피하게 욕을 하다.

[辱蒙] jŭméng ㄖㄨˇㄇㄥˊ 송구하게도 …을 받다. 「一指教; 교시(敎示)하여 주셔서 송구스럽게 생각합니다」《書》

[辱沒] jŭmò ㄖㄨˇㄇㄛˋ 창피를 주다.

〔乳〕 jŭ ㄖㄨˇ ①유방(乳房). ②젖(乳). ③유액(乳液) 모양의 물건. 「豆一」 ④유방 모양의 물건. 「鐘一; 종 표면에 돌기(突起)한 부분」 ⑤낳다. 「孳一; 점점 번식하여 많아지다」 ⑥갓나온. 어린. 「一鴨; 금방 까서 나온 오리 새끼」

[乳氣] jŭch'ì ㄖㄨˇㄑㄧˋ 젖내 나는. 유치한.

[乳臭未乾] jŭch'òu wèikān ㄖㄨˇㄔㄡˋ ㄨㄟˋㄍㄢ 아직 젖비린내 나는. 풋나기. 《成》 「=喉蛾.

[乳蛾] jŭ'é ㄖㄨˇㄜˊ 편도선염(扁桃腺炎).

[乳化油] jŭhuàyú ㄖㄨˇㄏㄨㄚˋㄧㄡˊ 유제(乳劑). 유탁액(乳濁液).

[乳酪] jŭlào ㄖㄨˇㄌㄠˋ 소나 양젖으로 만든 크리임(cream). 치이즈.

[乳名] jŭmíng ㄖㄨˇㄇㄧㄥˊ 어린 시절의 이름. 유명(幼名).

[乳娘] jŭniáng ㄖㄨˇㄋㄧㄤˊ 유모(乳母).

[乳品] júp'ĭn ㄖㄨˊㄆㄧㄣˇ 유제품(乳製品).

[乳頭] jŭt'óu ㄖㄨˇㄊㄡˊ ①젖꼭지. ②신체 조직 중의 돌기물(突起物).

[乳燕] jŭyèn ㄖㄨˇㄧㄢˋ 갓나온 제비 새끼. 알에서 금방 까서 나온 어린 제비.

〔擩〕 jŭ ㄖㄨˇ =入 jŭ.

〔入〕 jù ㄖㄨˋ ①들어 가다. ②수입(收入). 「一不抵出; 수지(收支)가 맞지 않다」 수입이 지출(支出)에 대하여 부족하다. ③합치(合致)되다. 「一情一理; 조리에 맞다」 ⇨jŭ.

[入賬] jùchàng ㄖㄨˋㄓㄤˋ 계산하여 장부에 기입하다.

[入蟄] jùchế ㄖㄨˋㄓㄜˊ 동물이 동면(冬眠)하다.

[入轍] jùchế ㄖㄨˋㄓㄜˊ (직업 따위) 그 길로 들어서다. 그 길을 걷다.

[入價] jùchià ㄖㄨˋㄐㄧㄚˋ 사들이는 가격.

[入境] jùchìng ㄖㄨˋㄐㄧㄥˋ 입국하다. 「一簽證; 입국사증(入國査證)」

[入情入理] jùch'íngjùlĭ ㄖㄨˋㄑㄧㄥˊㄖㄨˋㄌㄧˇ 조리에 맞다.

[入局] jùchű ㄖㄨˋㄐㄩˊ ①연회석에 들어가다. ②내기·도박에 가담하다.

[入殼(兒)] jùk'ó(rh) ㄖㄨˋㄎㄜˊ(ㄦ) 계략(計略)에 빠지다.

[入耳] jùĕrh ㄖㄨˋㄦˇ 말을 듣다. 「你的話, 他聽着一; 너의 말이라면 그는 듣는다」

[入伏] jùfú ㄖㄨˋㄈㄨˊ 복중(伏中)으로 접어 들다. 복(伏)이 되다.

[入席] jùhsí ㄖㄨˋㄒㄧˊ ①(집회 따위에서) 순서대로 착석하다. ②연회 따위에서 자리에 앉다. 「와 잘 맞다.

[入弦] jùhsián ㄖㄨˋㄒㄧㄢˊ 노래가 반주

[入項] jùhsiàng ㄖㄨˋㄒㄧㄤˋ 입금(入金).

[入夥(兒)] jùhuŏ(rh) ㄖㄨˋㄏㄨㄛˇ(ㄦ) 한패가 되다. 「입구(入口).

[入口] jùk'ŏu ㄖㄨˋㄎㄡˇ ①수입(輸入). ②

[入扣(兒)] jùk'òu(rh) ㄖㄨˋㄎㄡˋ(ㄦ) 한 일에 열중하여 자기를 잊다. 넋을 잃다. 「他看這本小說看得一; 그는 이 소설에 열중하여 정신이 없다」 「에 사무치다.

[入骨] jùkŭ ㄖㄨˋㄍㄨˇ 고통과 원한이 뼈

[入股(兒)] jùkŭ(rh) ㄖㄨˋㄍㄨˇ(ㄦ) 주식에 가입하다. 주권을 인수하다.

[入款] jùk'uăn ㄖㄨˋㄎㄨㄢˇ 수납금(收納金). 입금(入金). 「입관(入棺)하다.

[入殮] jùlièn ㄖㄨˋㄌㄧㄢˋ 납관(納棺)하다.

[入門(兒)] jùmén(rh) ㄖㄨˋㄇㄣˊ(ㄦ) 요령을 알다. 비결을 알다. 「몰두하다.

[入迷] jùmí ㄖㄨˋㄇㄧˊ 헤매다. 미혹되다.

[入魔] jùmó ㄖㄨˋㄇㄛˊ (취미 따위에) 홀리다. 반하다.

[入木三分] jùmù sānfĕn ㄖㄨˋㄇㄨˋ ㄙㄢ ㄈㄣ 필력(筆力)이 힘이 있어 훌륭한 것을 말함. 《成》

[入神] jùshén ㄖㄨˋㄕㄣˊ ①영묘(靈妙)하다. ②일에 열중하여 자기를 잊다. 「看入了神; 정신 없이 보다. 도취되어 보다」

[入聲] jùshēng ㄖㄨˋㄕㄥ "平上去入"의 사성(四聲)의 하나.

[入時] jùshíh ㄖㄨˋㄕˊ ①시기에 적합하다. ②유행에 적합하다.

[入手] jùshŏu ㄖㄨˋㄕㄡˇ ①착수(着手)하다. ②입수(入手)하다.

[入睡] jùshuì ㄖㄨˋㄕㄨㄟˋ 자다. 잠들다.

[入調] jùtiào ㄖㄨˋㄉㄧㄠˋ 음조(音調)가 맞다. 「넣다.

[入托] jùt'ō ㄖㄨˋㄊㄨㄛ 탁아소(託兒所)에

[入倉費] jùts'āngfèi ㄖㄨˋㄘㄤㄈㄟˋ 화물 보관료. 입고비(入庫費).

[入座] jùtsò ㄖㄨˋㄗㄨㄛˋ 착석하다. 자리에 앉다.

[入土] jùt'ŭ ㄖㄨˋㄊㄨˇ 매장하다. 「一爲安; 죽으면 안락(安樂)하다」

[入團] jùt'uán ㄖㄨˋㄊㄨㄢˊ ①입단하다. 단에 가입하다.

[入味(兒)] jùwèi(rh) ㄖㄨˋㄨㄟˋ(ㄦ) ①재미있다. ②흥이 나다. ③맛이 좋다. 구미에 맞다.
[入伍] jùwǔ ㄖㄨˋㄨˇ ①대열에 들어 가다. 참가하다. ②(신병 따위가) 입대하다.
[入眼] jùyěn ㄖㄨˋㄧㄢˇ 눈에 들다. 보고 마음에 들다.

〔溽〕 jù ㄖㄨˋ 축축하다. 「一暑; 무덥다」

〔蓐〕 jù ㄖㄨˋ 멍석. 자리: 때로는 산부(產婦)들의 이부자리를 가리킴. 「坐一ㄴ; 산전(產前)」

〔褥〕 jù ㄖㄨˋ 「一子; 요」「被一; 이불과 요. 이부자리」
[褥單子(一兒)] jùtāntzǔ(一rh) ㄖㄨˋㄉㄢㄗ(一ㄦ) 침대 시이트(sheet). 침대에 덮고 깔고 하는 흰 천. =床單. 襯單.
[褥墊] jùtièn ㄖㄨˋㄉㄧㄢˋ 요. 「불 커버.
[褥套] jùt'ào ㄖㄨˋㄊㄠˋ ①이불보. ②이

〔縟〕 jù ㄖㄨˋ 귀찮은. 번거롭고 시끄러운. 「一禮; 번잡한 예절」

JUA ㄖㄨㄚ

〔挼〕 juá ㄖㄨㄚˊ 〈文〉 nó ① 손으로 비비어 부드럽게 하다. 손에 갖고 놀다. 「把紙條一成團; 종이 조각을 둥글게 비비다」②꾸겨지다. 「那張紙一了; 저 종이는 꾸겨졌다」

JUAN ㄖㄨㄢ

〔軟〕(輭) juǎn ㄖㄨㄢˇ ① 부드럽다. 「綢子比布一; 견직물(비단)은 무명보다 부드럽다」②연약하다. 허약(虛弱)하다. 「欺一怕硬; 약한 사람은 학대하고 강한 사람은 두려워하다」③ 서투르게 나서다. ④힘이 빠지다. 힘이 없다. 「兩腿發一; 양쪽 다리가 맥이 풀리다. 두 다리의 힘이 빠지다」⑤좋지 않다. 떨어지다: 정도가 낮아지다. 「貨色一; 품질이 떨어지다」 「ㄥˋ 각기병(脚氣病).
[軟脚病] juánchiǎopìng ㄖㄨㄢˊㄐㄧㄠˇㄅㄧ
[軟求] juánch'iú ㄖㄨㄢˊㄑㄧㄡˊ 조용하게 슬그머니 요구하다. 「링식 침대.
[軟床] juǎnch'uáng ㄖㄨㄢˇㄔㄨㄤˊ 스프
[軟風] juǎnfēng ㄖㄨㄢˇㄈㄥ 미풍(微風). 솔솔 불어 오는 바람.
[軟和] juǎnho ㄖㄨㄢˇㄏㄨㄛ ①부드럽다. 「一話兒; 부드러운 말」②온화한 모양. > 軟軟和和.
[軟席] juǎnhsí ㄖㄨㄢˇㄒㄧˊ 폭신폭신하고 부드러운 좌석. 기차에서는 상등석.
[軟忽忽的] juǎnhūhūtê ㄖㄨㄢˇㄏㄨㄏㄨㄉㄜ 흐늘흐늘하게 연약하고 부드러운 모양. =軟乎乎的.
[軟古囊囊] juǎnkunāngnāng ㄖㄨㄢˇㄍㄨㄋㄤㄋㄤ ①(종이 따위가) 물에 젖어서 흐늘흐늘하게 연약하다. ②맥 없이 흐늘흐늘하게 연약하고 부드럽다.
[軟勒咕唧] juǎnlêkūchī ㄖㄨㄢˇㄌㄜㄍㄨㄐㄧ 부드럽고 연한 모양: 젤리처럼 졸깃졸깃하거나 혹은 쿠션처럼 폭신폭신한 모양.
[軟棉棉的] juǎnmiénmiéntê ㄖㄨㄢˇㄇㄧㄢˊㄇㄧㄢˊㄉㄜ 솜처럼 폭신폭신한 모양.
[軟米糕] juánmǐkāo ㄖㄨㄢˊㄇㄧˇㄍㄠ 좁쌀 가루나 옥수수 가루를 쪄서 만든 과자. 「하게) 요구하다.
[軟磨] juǎnmó ㄖㄨㄢˇㄇㄛˊ 점잖게(온순
[軟木] juǎnmù ㄖㄨㄢˇㄇㄨˋ ①코르크(cork). 코르크 나무. 「一塞(兒); 코르크 마개」②코르크용 목재.
[軟膿包] juǎnnúngpāo ㄖㄨㄢˇㄋㄨㄥˊㄅㄠ 나약한 사람. ‹罵›
[軟片] juǎnp'ièn ㄖㄨㄢˇㄆㄧㄢˋ ①필름. ②수를 놓은 탁자보나 커어튼(curtain).
[軟不吃, 硬不怕] juǎn pùch'ih, ying pùp'à ㄖㄨㄢˇ ㄅㄨˋㄔ, ㄧㄥˋ ㄅㄨˊㄆㄚˋ ①조용히 말해도 듣지 않고, 강력하게 나가도 두려워하지 않다. ②이렇게도 저렇게도 취급하기 곤란하다.
[軟說] juǎnshuō ㄖㄨㄢˇㄕㄨㄛ 조용히 이야기하다.
[軟癱] juǎnt'ān ㄖㄨㄢˇㄊㄢ 맥이 빠져 축 늘어지다. 힘이 빠져 녹초가 되다.
[軟蛋] juǎntàn ㄖㄨㄢˇㄉㄢˋ 무기력한 사람. 겁장이. =軟骨頭. 軟作.
[軟糖] juǎnt'áng ㄖㄨㄢˇㄊㄤˊ ①엿. ②엿처럼 된 캔디.
[軟搭搭的] juǎntātātê ㄖㄨㄢˇㄉㄚㄉㄚㄉㄜ 기력(氣力)이 없는 모양.
[軟刀子] juǎntāotzǔ ㄖㄨㄢˇㄉㄠㄗ 사람을 슬그머니 해치는 일. 몰래 살해하는 방법.
[軟梯] juǎnt'ī ㄖㄨㄢˇㄊㄧ 줄 사다리.
[軟硬并施] juǎnyìngpìngshīh ㄖㄨㄢˇㄧㄥˋㄅㄧㄥˋㄕ 강유 양책(剛柔兩策)을 쓰다.
[軟硬不吃] juǎnyìng pùch'īh ㄖㄨㄢˇㄧㄥˋ ㄅㄨˋㄔ 부드럽게 나가거나 강하게 나가거나 상대하지 않다.
[軟座車] juǎntsoch'ē ㄖㄨㄢˇㄗㄨㄛㄔㄜ 일등차: 좌석이 폭신폭신한 것.
[軟語] juányǔ ㄖㄨㄢˊㄩˇ 부드러운 언어. 온화한 말.

JUI ㄖㄨㄟ

〔蕊〕(蕋) juǐ ㄖㄨㄟˇ 「一兒; 꽃술」「雄一; 수술」「雌一; 암술」

〔枘〕 juì ㄖㄨㄟˋ 장부. 순자(筍子). 이쪽 끝을 저쪽 구멍에 맞추기 위하여 어느 정도 가늘게 만든 부분. 「一鑿; 장부와 장부 구멍」

〔蚋〕 juì ㄖㄨㄟˋ 〈動〉 파리매: 파리 비슷하게 생겼으며 작은 곤충을 잡아 먹음. 「(吉祥).

〔瑞〕 juì ㄖㄨㄟˋ 좋은 전조(前兆). 길상
[瑞香] juìhsiāng ㄖㄨㄟˋㄒㄧㄤ 〈植〉 침정향(沈丁香): 향나무의 한 가지. 서향나무: 정원에 심는 작은 상록수로서 봄철에

향긋한 향기를 풍기는 하얀 꽃이 핌.

[瑞雪] juìhsüěh ㄖㄨㄟˋㄒㄩㄝˇ ①풍년의 전조로 오는 눈. ②〈植〉 노란 쥐참외 뿌리의 별칭 : 약으로 씀.

〔銳〕 juì ㄖㄨㄟˋ ①날카로운. 예리한. ②예민한. 민감한. ③강하다. 생기(生氣) 있다.

[銳發] juìfà ㄖㄨㄟˋㄈㄚˋ 살쩍. 귀밑 털.

[銳不可當] juìpùk'ŏtāng ㄖㄨㄟˋㄅㄨˋㄎㄜˇㄉㄤ 맞설 수 없을 정도로 기세가 당당한 모양.《成》

〔叡〕(睿) juì ㄖㄨㄟˋ 투철(透徹)하다. 사물의 도리에 통달하고 명철한.「一智 ; 예지」

JUN ㄖㄨㄣ

〔閏〕 jùn ㄖㄨㄣˋ 역세(曆歲)와 지구 운행의 오차를 메우기 위하여 사이에 끼우는 달이나 날. 양력에서는 4년마다 하루를 2월에 첨가하고, 음력에서는 대개 3년마다 한 달씩 더하여 줌.「一日 ; 윤일」「一月 ; 윤달」

〔潤〕 jùn ㄖㄨㄣˋ ①습기를 머금고 있다. 축축하다. ②매끈매끈하고 윤이 나다. ③축축하게 하다. 축이다.「一喉了 ; 목을 적시다」 ④광택(윤)을 내다. 치장하다.「一色 ; 윤색」 ⑤이익.「一益 ; 이익」 ⑥(빛이나 질이) 고르다.

[潤腸] jùnch'áng ㄖㄨㄣˋㄔㄤˊ ① 위장에 영양분을 주다. ②위를 보강하다.

[潤美] jùnměi ㄖㄨㄣˋㄇㄟˇ 윤이 나고 아름다움. 「광택(光澤)을 내는 기름.

[潤面油] jùnmiènyú ㄖㄨㄣˋㄇㄧㄢˋㄧㄡˊ

[潤筆] jùnpǐ ㄖㄨㄣˋㄅㄧˇ ①시문(詩文)이나 서화(書畫)의 보수로 주는 돈. 윤필료(潤筆料). ②글씨를 쓰고 그림을 그리다. 윤필. 「시다. ② 윤습.

[潤濕] jùnshīh ㄖㄨㄣˋㄕ ①축축하게 적

[潤飾] jùnshìh ㄖㄨㄣˋㄕˋ ①광택을 내고 색칠하다. 윤택 나는 빛. ②윤색(潤色).

[潤澤] jùntsé ㄖㄨㄣˋㄗㄜˊ ①축축하게 하다. ②이윤(利潤). ③윤택. 아름답게 윤이 나는 빛.

JUNG ㄖㄨㄥ

〔戎〕 júng ㄖㄨㄥˊ ①군사(軍事). 군(軍).「從一 ; 종군(從軍)하다」 ②옛날 중국 서쪽에 있는 부족(部族)을 "戎"이라고 불렀다.「一狄 ; 서방(西方)의 부족과 북방의 부족」

[戎機] júngchī ㄖㄨㄥˊㄐㄧ 군사 기밀.

[戎裝] júngchuāng ㄖㄨㄥˊㄓㄨㄤ 무장(武裝). 군장(軍裝).

[戎行] júngháng ㄖㄨㄥˊㄏㄤˊ 군대(軍隊).

[戎馬] júngmǎ ㄖㄨㄥˊㄇㄚˇ ①군대. ②전쟁.

[戎首] júngshǒu ㄖㄨㄥˊㄕㄡˇ ①전쟁 주모자(主謀者). ②(싸움의) 도발자(挑發者).

〔容〕 júng ㄖㄨㄥˊ ①넣다. 거둬 들이다. (그릇에 수북하게) 담다.「屋子小, 一不下 ; 방이 작아서 다 들어갈 수가 없다」 ②관용(寬容)하다.「寬一 ; 관용」 ③인정하다. 용서하다.「決不能一他這樣做 ; 그가 이렇게 하는 것을 용서할 수 없다」 ④용모(容貌). ⑤어떤 물건의 모양이나 꼴.「軍一 ; 군용」 ⑥혹은 …일지도 모르겠다」「一或有之 ; 혹은 이런 일도 있을지 모르겠다」 ⑦후(後)에. … 하고 나서.「一面謝 ; 뵙고서 감사드리겠읍니다」《牘》

[容止] júngchǐh ㄖㄨㄥˊㄓˇ 태도. 거동.

[容許] júnghsǚ ㄖㄨㄥˊㄒㄩˇ 허용하다. 용인(容認)하다.

[容緩] júnghuǎn ㄖㄨㄥˊㄏㄨㄢˇ 늦추다. 연기하다. 유예하다. 「지도 모른다.

[容或] júnghuò ㄖㄨㄥˊㄏㄨㄛˋ 혹시 …일

[容易] júngì ㄖㄨㄥˊㄧˋ ①용이하다. ② …하기 쉽다.「一做事 ; 일을 하기 쉽다」 ③…할지도 모른다.「一得罪人 ; 남의 감정을 해치기 쉽다」 「인정하다.

[容讓] júngjàng ㄖㄨㄥˊㄖㄤˋ 양보하다.

[容人] júngjén ㄖㄨㄥˊㄖㄣˊ 사람을 받아들이다.「一之量 ; 사람을 받아 들일 도량(度量)」

[容忍] júngjěn ㄖㄨㄥˊㄖㄣˇ 너그럽게 생각하여 참다. 관용(寬容)하다.

[容日] júngjìh ㄖㄨㄥˊㄖˋ 타일(他日).「一再議 ; 다음 날에 다시 상의하자」

[容光] júngkuāng ㄖㄨㄥˊㄍㄨㄤ ① 풍채(風采). ②틈 사이로 스며드는 빛.

[容光煥發] júngkuāng huànfā ㄖㄨㄥˊㄍㄨㄤ ㄏㄨㄢˋㄈㄚ 얼굴빛이 윤이 나고 (반들반들하여) 혈색(血色)이 좋은 모양.

[容留] júngliú ㄖㄨㄥˊㄌㄧㄡˊ 수용(收容)하다.

[容納] júngnà ㄖㄨㄥˊㄋㄚˋ ①수용(收容)하다.「一輛車就一不下那麼多的人 ; 한 대의 차량으로는 그렇게 많은 사람을 수용할 수 없다」 ②받아 들이다. 용납하다.「一他的要求 ; 그 사람의 요구를 받아 들이다」

[容不下] júngpuhsià ㄖㄨㄥˊㄅㄨㄒㄧㄚˋ ①받아 들일 수 없다. ②수용할 수 없다. ↔ 容得下.

[容不得] júngputê ㄖㄨㄥˊㄅㄨㄉㄜ 넣을 수 없다. 수용(收容)할 수 없다.

[容身] júngshēn ㄖㄨㄥˊㄕㄣ 몸을 안정시키다. 몸을 진정시키다. 몸을 붙이다 : 몸을 두다. 「다. 넣다.

[容受] júngshòu ㄖㄨㄥˊㄕㄡˋ 받아 들이

[容恕] júngshù ㄖㄨㄥˊㄕㄨˋ 용서하다. 허용(許容)하다.

[容俟] júngssǔ ㄖㄨㄥˊㄙˋ 기다리다.

[容待] júngtài ㄖㄨㄥˊㄉㄞˋ 기다리다. ＝容等.

[容態] júngt'ài ㄖㄨㄥˊㄊㄞˋ 용모와 태도.

[容電器] júngtiènch'ì ㄖㄨㄥˊㄉㄧㄢˋㄑㄧˋ 콘덴서(condenser). 축전기(蓄電器).

[容足地] júngtsútì ㄖㄨㄥˊㄗㄨˊㄉㄧˋ 겨우 발을 붙일 만한 장소. 좁은 곳을 비유하는 말.

〔茸〕 júng ㄖㄨㄥˊ 풀 따위의 새싹이 돋아나는 연하고 부드러운 모양.「綠一一的草地 ; 연푸른 새싹이 돋아나는 초

원」「一兒 ; 동물의 알의 난황(卵黃) 따위에 있는 배아(胚芽). 배자(胚子)」「鹿一 ; 솜털이 붙은 갓나온 사슴 뿔. 녹용 : 약용(藥用)으로 씀」
[茸毛兒] jǔngmáorh ㄖㄨㄥˇㄇㄠˊㄦ 텁수룩한 가늘고 부드러운 털.
[茸闒] jǔngt'à ㄖㄨㄥˇㄊㄚˋ ①능력이 떨어지다. ②비천(卑賤)한.

〔溶〕 júng ㄖㄨㄥˊ 용해되다. 녹다.
[溶化] júnghuà ㄖㄨㄥˊㄏㄨㄚˋ 용해(溶解)되다.

〔絨〕(羢·毧) júng ㄖㄨㄥˊ ①부드럽고 가느다란 털. 「一毛 ; 부드럽고 가느다란 털」 ②표면에 잔털이 있는 면직(綿織)이나 모직물(毛織物).
[絨毬兒]júngch'iúrh ㄖㄨㄥˊㄑㄧㄡˊㄦ 여러 색실로 만든 공 모양의 물건으로 축하 때의 장식으로 사용함.
[絨和] júngho ㄖㄨㄥˊㄏㄜ 촉감이 부드럽다.
[絨綫] júnghsièn ㄖㄨㄥˊㄒㄧㄢˋ ①털실. ②자수사(刺繡糸)의 한 가지.
[絨花(兒)] júnghuā(rh) ㄖㄨㄥˊㄏㄨㄚ(ㄦ) 견사(絹糸) 따위로 만든 조화(造花).
[絨花布] júnghuāpù ㄖㄨㄥˊㄏㄨㄚㄅㄨˋ 무명의 일종: 부드럽고 조금 누런 빛을 띠고 있다.
[絨花樹] júnghuāshù ㄖㄨㄥˊㄏㄨㄚㄕㄨˋ 자귀나무과 낙엽 고목(落葉高木): 잎은 밤이 되면 손을 합친 것처럼 닫히고 6~7월경에 홍색(紅色)의 꽃이 핀다. 목재는 기구용에 쓰이고 수피(樹皮)는 약용(藥用)에 씀. 자귀나무(合歡木).
[絨衣] júngī ㄖㄨㄥˊㄧ 털실로 만든 의복.
[絨褲] júngk'ù ㄖㄨㄥˊㄎㄨˋ 즈봉(프 jupon). 양복 바지.
[絨毛] júngmáo ㄖㄨㄥˊㄇㄠˊ ①부드럽고 가느다란 털. ②장(腸) 내의 융모(絨毛). ③식물의 솜털.
[絨布] júngpù ㄖㄨㄥˊㄅㄨˋ 면(綿)플란넬 (flannel). 평직으로 짠 털이 보풀보풀한 부드러운 직물(織物).
[絨繩兒] júngshéngrh ㄖㄨㄥˊㄕㄥˊㄦ 털실(毛糸).
[絨毯(子)] júngt'ǎn(tzū) ㄖㄨㄥˊㄊㄢˇ(ㄗ) 융단(絨緞). 양탄자.

〔熔〕(鎔) júng ㄖㄨㄥˊ (열을 가하여 금속을) 녹이다.「一鐵 ; 쇠를 녹이다」
[熔焊接] júnghànchiēh ㄖㄨㄥˊㄏㄢˋㄐㄧㄝ 융접(融接): 용접(熔接)의 한 방법.
[熔化] júnghuā ㄖㄨㄥˊㄏㄨㄚˋ 가열(加熱)하여 용해하다.
[熔融] júngjúng ㄖㄨㄥˊㄖㄨㄥˊ 고체(固體)를 용해하다.
[熔煉] júnglièn ㄖㄨㄥˊㄌㄧㄢˋ 용해 정련(溶解精鍊)하다.
[熔點] júngtiěn ㄖㄨㄥˊㄉㄧㄢˇ 용해점(融解點).

〔榕〕 júng ㄖㄨㄥˊ 용나무(榕樹).

〔榮〕(荣) júng ㄖㄨㄥˊ ①초목 따위가 무성하다. 「欣欣向一 ; 생생하게 무성하고 번영하다. 바뀌어 일반적으로 성(盛)하게 되는 일」 ②영광(榮光). 명예. 「光一 ; 영광」
[榮軍] júngchūn ㄖㄨㄥˊㄐㄩㄣ 조국을 위하여 부상한 상이 군인.
[榮行] júnghsíng ㄖㄨㄥˊㄒㄧㄥˊ 출발(出發).«敬»
[榮幸] júnghsìng ㄖㄨㄥˊㄒㄧㄥˋ ①영광이다. ②영광(榮光)스럽게. 「一地通知閣下 ; 영광스럽게 귀하(貴下)에게 통지(通知)하다」
[榮辱] júngjǔ ㄖㄨㄥˊㄖㄨˇ 명예와 치욕(恥辱).
[榮升] júngshēng ㄖㄨㄥˊㄕㄥ 지위가 오르다. 승급하다.
[榮耀] júngyào ㄖㄨㄥˊㄧㄠˋ 영광에 빛나다.
[榮譽軍人] júngyü chūnjén ㄖㄨㄥˊㄩ ㄐㄩㄣㄖㄣˊ 상이 군인(傷痍軍人).
[榮譽感] júngyükǎn ㄖㄨㄥˊㄩㄍㄢˇ 명예심.
[榮譽] júngyü̂ ㄖㄨㄥˊㄩˋ 명예. 영예.

〔融〕 júng ㄖㄨㄥˊ ①녹다.「太陽一曬, 雪就一了 ; 해가 비치자마자 곧 눈은 녹아 버렸다」②부드럽게 되다. 감정 따위가 화합하다.「一會貫通 ; 기분이 화합하여 한마음이 되다」
[融洽] júngch'ià ㄖㄨㄥˊㄑㄧㄚˋ (감정이) 화합하다.
[融化] júnghuà ㄖㄨㄥˊㄏㄨㄚˋ 녹다. 용해되다.
[融會] júnghuì ㄖㄨㄥˊㄏㄨㄟˋ 융합하다. 「녹아서 한 덩어리로 되다.
[融會貫通] júnghuì-kuànt'ūng ㄖㄨㄥˊㄏㄨㄟˋㄍㄨㄢˋㄊㄨㄥ ①기분이 화합하여 한 마음이 되다.«成» ②여러 가지 지식이나 도리(道理)를 융합하여 철저히 파악하다. 융회관통(融會貫通).«成»
[融融] júngjúng ㄖㄨㄥˊㄖㄨㄥˊ 평화스럽고 안락하게 지내는 모양.

〔蠑〕 júng ㄖㄨㄥˊ
[蠑螈] júngyüán ㄖㄨㄥˊㄩㄢˊ 〈動〉 ①영원(蠑螈): 도마뱀 비슷하며 배가 빨갛고 검은 반점이 있음. ②도롱뇽류에 속하는 동물의 총칭으로 몸빛은 등쪽은 검고 날카로우며 복부는 선홍색의 불규칙한 검은 반점이 있고, 하천이나 연못 또는 무논 등에 삶.

〔氄〕 jǔng ㄖㄨㄥˇ 새나 짐승의 부드러운 털.

〔冗〕(宂) jǔng ㄖㄨㄥˇ ①장황함. 쓸 데 없이 길고 지리함.「一長 ; 쓸 데 없이 길고 지리함」 ②바쁘다.「撥一 ; 바쁜 일은 제쳐 놓고. 만사를 제쳐 놓고」«書»
[冗贅] jǔngchuì ㄖㄨㄥˇㄓㄨㄟˋ 문장이 쓸 데 없이 길고 지루하다.
[冗煩] jǔngfán ㄖㄨㄥˇㄈㄢˊ 쓸 데 없이 번거로운 일.
[冗條子] jǔngt'iáotzū ㄖㄨㄥˇㄊㄧㄠˊㄗ 「쓸 데 없는 가지.
[冗雜] jǔngtsá ㄖㄨㄥˇㄗㄚˊ 번잡(煩雜)하다.
[冗詞贅句] jǔngtz'ǔ-chuìchǜ ㄖㄨㄥˇㄘˊㄓㄨㄟˋㄐㄩˋ 필요 없는 말.

KA ㄍㄚ

〔旮〕 kā ㄍㄚ
[旮旯(兒·子)] kālá(rh·tzū) ㄍㄚㄌㄚˊ(ㄦ·ㄗ) 구석.「墻一 ; 담모퉁이」「山一 ; 산 속」「背一 ; 벽지(僻地)」

〔嘎〕 kā ㄍㄚ 웃는 소리·새소리.「一一

地笑；껄껄거리고 웃다」⇨kǎ, kǎ.
[嘎渣(兒)] kācha(rh) ㄍㄚㄓㄚ(ㄦ) ①부스럼딱지. ②「飯—；밥의 누룽지」
[嘎唧] kāchī ㄍㄚㄐㄧ (추울 때 입을) 딱딱거리는 소리. 「소리：쨍그렁.
[嘎吱] kāchih ㄍㄚㄓ 물건이 깨어지는
[嘎吱窩] kāchihwō ㄍㄚㄓㄨㄛ 겨드랑밑. =胳肢窩.
[嘎嘎渣渣] kakāchācha ㄍㄚㄍㄚㄓㄚㄓㄚ 물건의 찌꺼기. 너저분하고 자잘한 모양. 「路面的石子兒—地不好走；길에 돌멩이들이 너저분해서 걷기가 어렵다」
[嘎啦] kālā ㄍㄚㄌㄚ 천둥 소리：우르릉. 꽈르릉.
[嘎拉] kāla ㄍㄚㄌㄚ 두터운 모직물.
[嘎裏嘎巴] kālikāpā ㄍㄚㄌㄧㄍㄚㄅㄚ＝嘎巴流星.
[嘎叭] kāpā ㄍㄚㄅㄚ 물건이 부러지는 소리：뚝. 「—地—声樹枝折下來了；뚝 하는 소리를 내며 나뭇가지가 꺾어져 내려왔다」
[嘎巴] kāpa ㄍㄚㄅㄚ ① 착 붙다. ②물건이 부러지는 소리：뚝. ③kāparh 착 달라 붙어서 굳은 것.
[嘎巴流星] kāpaliúhsīng ㄍㄚㄅㄚㄌㄧㄡˊㄒㄧㄥ 말라 붙어 더러워 보이는 모양.
[嘎巴(兒)] kāpa(rh) ㄍㄚㄅㄚ(ㄦ)뻗다. 죽다. 「우 연하다. 말랑말랑하다.
[嘎迸脆] kāpèngts'uì ㄍㄚㄅㄥˋㄘㄨㄟˋ매
[嘎斯] kāssŭ ㄍㄚㄙ 가스. ‹譯›
[嘎打] kāta ㄍㄚㄉㄚ 흔들려 뒤뚱거리는 모양. 덜컥덜컥.
[嘎登嘎登] kātēngkātēng ㄍㄚㄉㄥ ㄍㄚㄉㄥ 뛰거나 걸을 때의 경쾌한 모양：자 ⌊박자박. 사뿐사뿐.

〔軋〕 ká ㄍㄚˊ …을 하다. ＝搞. ⇨yà.
[軋賬] káchàng ㄍㄚˊㄓㄤˋ 계산서를 장부와 맞대조해서 조사하다.
[軋苗頭] kà miáot'ou ㄍㄚˋㄇㄧㄠˊㄊㄡ 내막을 캐내다.
[軋鬧猛] kà nàoměng ㄍㄚˋㄋㄠˋㄇㄥˇ 모두 모여서 즐겁게 떠들다. ‹吳›
[軋朋友] ká p'éngyu ㄍㄚˊㄆㄥˊㄧㄡ 친구들과 교제하다. ‹貝› 「휘발유. ‹譯›
[軋司靈] kássūlíng ㄍㄚˊㄙㄌㄧㄥ 가솔린.
[軋頭寸] ká tóuts'un ㄍㄚˊㄊㄡˊㄘㄨㄣ 자금을 변통하다. 자본금을 차입하다.

〔嘎〕 ká ㄍㄚˊ ⇨kā, kǎ.
[嘎嘎兒] kákarh ㄍㄚˊㄍㄚㄦ ①양 끝이 뾰족하고 한가운데가 둥근 것. ②＝嘎兒. ③옥수수 가루로 만든 작고 둥근 음식. ④장난감의 하나.
[嘎嘎兒天] kákarht'iēn ㄍㄚˊㄍㄚㄦㄊㄧㄢ 아침 저녁은 서늘하고 낮은 더운 날씨.
[嘎嘎湯] kákat'āng ㄍㄚˊㄍㄚㄊㄤ 옥수수 가루로 만든 음식：수제비 종류.
[嘎嘎棗兒] kákatsǎorh ㄍㄚˊㄍㄚㄗㄠˇㄦ 양끝이 뾰족하고 가운데가 굵은 대추.
[嘎迸脆] kápěngts'uì ㄍㄚˊㄅㄥˋㄘㄨㄟˋ ①씹힐 맛이 없고 좀 무르다. ②말이 시원시원하다.
[嘎兒] kárh ㄍㄚㄦˊ 나무를 달걀 모양으로 깎아 막대기로 치며 노는 장난감.
[嘎達] káta ㄍㄚˊㄉㄚ 딱：하이힐을 신고 걷는 구둣소리. 물건이 부딪치는 소리. 덜컥덜컥. 똑딱똑딱. ＞嘎嘎達達.
[嘎點兒] kátiěnrh ㄍㄚˊㄉㄧㄢˇㄦ 내기를 하다. ⌊자기 높아지는 가락.
[嘎調] kátiào ㄍㄚˊㄉㄧㄠˋ 연극에서 갑

〔生〕 kǎ ㄍㄚˇ ①농담을 좋아하는. 장난이 심한. 「這人眞—；이 사람은 정말 망난이야」 ②단작스러운. 「奉天壞, 遼陽—；"奉天" 사람은 악하고 "遼陽" 사람은 단작스럽다」 「옳지 않다. 꼬마 깡패.
[生七馬八] kǎch'īmǎpā ㄍㄚˇㄑㄧㄇㄚˇㄅㄚ
[生古] kǎku ㄍㄚˇㄍㄨ ①남달리 까다로운 데가 있다. ②괴상한 버릇이 있다. ③약삭빠르다. 잔꾀가 있다. ＞生生古古.
[生雜子] kǎtsátzŭ ㄍㄚˇㄗㄚˊㄗˊ 성격이 비뚤어진 사람.
[生子] kǎtzŭ ㄍㄚˇㄗ ＝生雜子.

〔嘎〕 kǎ ㄍㄚˇ ＝生. ＝kā, ká.

〔尕〕 kǎ ㄍㄚˇ 귀여운. 조그만：티베트 "新疆"의 방언. 「—娃；아기」

K'A ㄎㄚ

〔咖〕 k'ā ㄎㄚ.
[咖啡] k'āfēi ㄎㄚㄈㄟ 코오피(네koffie). ‹譯› 「—茶；코오피」「—館；다방(茶房)」「—色；다갈색(茶褐色)」＝棕色. 「—糖；코오피 캐러멜」「—濾壺；퍼어콜레이터(percolator)：여과 장치(濾過裝置)를 한 코오피 끓이는 기구」「—精；카페인(kaffein)：코오피 따위에 포함된 성분으로 극약임」「—因；"咖啡精"」
[咖啡鹼] k'āfēichiěn ㄎㄚㄈㄟㄐㄧㄢˇ 카페인(caffein) ‹譯›

〔喀〕 k'ā ㄎㄚ 나무 따위가 부러지는 소리. 「—地—聲, 樹枝子折了；뚝 하고 나무 가지가 부러졌다」
[喀嗏] k'āch'ā ㄎㄚㄔㄚ 찻잔 따위가 깨지는 소리：쨍그렁. 「——只碗摔碎了；차잔이 쨍그렁하고 깨지다」
[喀哧] k'āch'īh ㄎㄚㄔ ①물건을 씹는 소리：질겅질겅. ②물건을 씻는 소리：썩썩.
[喀巴] k'āpā ㄎㄚㄅㄚ 나무 가지의 부러지는 소리：뚝.

〔卡〕 k'ǎ ㄎㄚˇ ①트럭(truck). 「—車；트럭」「十輪—；10륜 트럭」「大—車；중량(重量)트럭」 ②카아드(card). 「—片；카아드」「資料—；자료 카아드」 ③칼로리(kalorie). 「—路里；칼로리」
[卡介苗] k'ǎchièhmiáo ㄎㄚˇㄐㄧㄝˋㄇㄧㄠˊ 결핵 예방 왁찐(Vakzin).
[卡嘰布] k'ǎchīpù ㄎㄚˇㄐㄧㄅㄨˋ 카아키(khaki) 색(色)의 직물(織物).
[卡拉德] k'ǎlātě ㄎㄚˇㄌㄚㄉㄜˊ 캐럿(carat)：순금의 함유량을 나타내는 단위. 또는 보석 무게의 단위. ‹譯›
[卡賓槍] k'ǎpīngch'iāng ㄎㄚˇㄅㄧㄥㄑㄧㄤ 카아빈(carbine) 총(銃). ‹譯›
[卡跛] k'ǎpo ㄎㄚˇㄅㄛ "○" 자형(型)으

로 된 굽은 다리. 안쌍다리: 게발처럼 구부리고 걷다. 「텔(kartell) «譯»
[卡德爾] k'ǎtéěrh ㄎㄚˇㄉㄜˊㄦˇ〈經〉카르
[卡通] kǎt'ūng ㄎㄚˇㄊㄨㄥ ①만화 영화(漫畫映畫). ②풍자 만화(諷刺漫畫).

〔咯〕 k'ǎ ㄎㄚˇ (힘을 주어서) 뱉다. 캑! 하고 내뱉다. 「把魚刺一出來; 생선 뼈를 캑! 하고 내뱉다」「一痰; 담을 뱉다」⇨ ⌊kō, lō.

〔髂〕 k'à ㄎㄚˋ ①허리뼈. ②엉덩이 뼈와 불두덩뼈와 합쳐서 비골(髀骨)을 형성하는 뼈.

KAI ㄍㄞ

〔垓〕 kāi ㄍㄞ ①「一下; "安徽省" 의 지명: "項羽"가 죽은 곳」 ② 수(數)의 단위: "京"의 1만 배.

〔該〕 kāi ㄍㄞ①…하지 않으면 안된다. …하여야 마땅하다. 「一做的一定要做; 할일은 반드시 해야 한다」「這一次一我做報告了; 이번은 내가 보고할 차례다」 ②(공문서 용어) 그. 「一地; 그 지방」 ③빚을 지다. 「一他幾塊錢; 그에게 이삼원의 빚이 있다」 ④=賅.
[該賬] kāichàng ㄍㄞㄓㄤˋ 돈을 꾸다. 빚.
[該着] kāichê ㄍㄞㄓㄜ ①빚을 지고 있다. 「一他多少錢?; 그에게 얼마나 빚을 지고 있느냐?」 ②…차례가 되다. 「這次一你說了; 이번은 네가 말할 차례다」 ③kāícháo 당연히 그렇게 될 것이다. 「다.
[該欠] kāich'ièn ㄍㄞㄑㄧㄢˋ 빚을 지고 있
[該下] kāihsia ㄍㄞㄒㄧㄚ 빚을 지고 있다. 「一他‥筆款; 그에게 빚을 한 건 지고 있다」
[該管] kāikuǎn ㄍㄞㄍㄨㄢˇ ①해당(該當) 기관. ②kāi kuǎn 관리·보호해야 한다.
[該班(兒)] kāipān(rh) ㄍㄞㄅㄢ(ㄦ) 당번이 되다. 「다. 죽어라.
[該死] kāissǔ ㄍㄞㄙˇ 마땅히 죽어야 한
[該當] kāitāng ㄍㄞㄉㄤ ①하여야 한다. (하는 것이) 당연하다. 「一給你出力; 네가 힘써야 할 것은 당연하다」 ②마땅하다. 당연하다. 「你這次不能成功是一的; 네가 이번에 성공 못한 것은 당연하다」
[該應] kāiyīng ㄍㄞㄧㄥ 응당 하여야 한다. ⌊=應該.

〔改〕 kǎi ㄍㄞˇ①바꾸다. 바뀌다. 고치다. 「一文章; 문장을 고치다」 ②비꼬다. 비방하다. 「你別一我了; 나를 비꼬지 말라」 「바꾸다.
[改轍] kǎichě ㄍㄞˇㄓㄜˊ 종래의 방법을
[改正] kǎichěng ㄍㄞˇㄓㄥˋ 개정하다. 고치다.
[改朝換代] kǎich'áo-huàntài ㄍㄞˇㄔㄠˊㄏㄨㄢˋㄉㄞˋ 시대가 바뀌다. 세대가 달라지다. 「승차를 변경하다.
[改乘] kǎich'éng ㄍㄞˇㄔㄥˊ 지정 열차의
[改期] kǎich'ī ㄍㄞˇㄑㄧ 기일을 변경하다.
[改嫁] kǎichià ㄍㄞˇㄐㄧㄚˋ 개가하다. 다시 시집가다. 「다.
[改節] kǎichiéh ㄍㄞˇㄐㄧㄝˊ 변절(變節)하
[改制] kǎichìh ㄍㄞˇㄓˋ 개조하다.
[改舊翻新] kǎichiǔ-fānhsīn ㄍㄞˇㄐㄧㄡˋㄈㄢㄒㄧㄣ 헌것을 고쳐 새롭게 하다. «成»
[改裝] kǎichuāng ㄍㄞˇㄓㄨㄤ ①장치를 바꾸다. ②교환 비치하다. 시설을 개체하다. 「連夜把機械一成功了; 며칠 밤을 두고 기계를 교환 비치하는데 성공했다」 ③의복을 바꾸어 입다. 복장을 바꾸다.
[改錐] kǎichuī ㄍㄞˇㄓㄨㄟ 나사돌리개.
[改行] kǎiháng ㄍㄞˇㄏㄤˊ ①직업을 바꾸다. ②줄을 바꾸다. 「②바르게 하다.
[改好] káihǎo ㄍㄞˊㄏㄠˇ ①좋게 고치다.
[改戲] kǎihsì ㄍㄞˇㄒㄧˋ 희곡을 개편하다.
[改弦更張] kǎihsién-kēngchāng ㄍㄞˇㄒㄧㄢˊ ㄍㄥㄓㄤ ①헌것을 버리고 새로운 것으로 바꾸다. ②규칙을 새로 고치다. «成»
[改弦易轍] kǎihsién-ìchě ㄍㄢˇㄒㄧㄢˊ ㄧˋㄓㄜˊ 취지를 바꾸어 나아갈 방향을 고치다.
[改邪歸正] kǎihsiéh-kueīchěng ㄍㄞˇㄒㄧㄝˊ ㄍㄨㄟㄓㄥˋ 잘못을 고치고 옳은 길로 돌아 가다. «成»
[改姓] kǎihsìng ㄍㄢˇㄒㄧㄥˋ 성을 바꾸다. 어떤 잘못을 저지르면 큰 창피를 당한다는 뜻으로 쓰임. 「我要撒謊, 我一; 거짓말이라면 나의 성을 갈겠다」
[改換] kǎihuàn ㄍㄞˇㄏㄨㄢˋ 바꾸다. 바뀌다. 「一調門兒; ㉮말의 어조를 바꾸다. ㉯선전의 성격을 바꾸다」 「다.
[改悔] káihuǐ ㄍㄞˊㄏㄨㄟˇ 뉘우쳐 고치
[改日] kǎijìh ㄍㄞˇㄖˋ =改天.
[改口] káik'ǒu ㄍㄞˊㄎㄡˇ 말을 바꾸다. 말을 다시하다. 어조(語調)를 바꾸다.
[改觀] kǎikuān ㄍㄞˇㄍㄨㄢ 양상이 바뀌다. 「舊城市的面貌也在逐漸一; 옛 도시의 양상은 점차로 변하고 있다」
[改過] kǎikuǒ ㄍㄞˇㄍㄨㄛˇ 잘못을 고치다. 「一自新; 잘못을 뉘우치고 새 사람이 되다」
[改扮] kǎipàn ㄍㄞˇㄅㄢˋ 변장하다.
[改筆] káipǐ ㄍㄞˊㄅㄧˇ 논지(論旨)를 바꾸다. 「바뀌다.
[改脾氣] kǎi p'ích'i ㄍㄞˇㄆㄧˊㄑㄧ 성질이
[改編] kǎipiēn ㄍㄞˇㄅㄧㄢ ①각색(脚色)하다. ②다시 편집하다. ③편성(編成)을 바꾸다. 개편하다.
[改變] kǎipièn ㄍㄞˇㄅㄧㄢˋ ①바꾸다. 고치다. 바뀌다. 개량되다. ② 변경. 개정.
[改兒] kǎirh ㄍㄞˇㄦ 딴 날: "改日"의 변음어(變音語).
[改道] kǎitào ㄍㄞˇㄉㄠˋ 길을 바꾸다. 강물의 범람으로 강줄기가 바뀌는 일.
[改掉] kǎitiào ㄍㄞˇㄉㄧㄠˋ 깨끗이 고치다. 「一壞習慣; 나쁜 습관을 깨끗이 고치다」
[改天] kǎit'iēn ㄍㄞˇㄊㄧㄢ 날짜를 바꾸다. 「一再說吧; 다음 날 또 말하지요」
[改天換地] kǎitēn-huàntì ㄍㄞˇㄊㄧㄢ ㄏㄨㄢˋㄉㄧˋ ①하늘이 바뀌어 땅이 된다는 뜻으로, 세상이 바뀐다는 말. 권력을 교체하다. ②대범하게 버티다. «成»
[改頭換面] kǎit'óu-huànmièn ㄍㄞˇㄊㄡˊ ㄏㄨㄢˋㄇㄧㄢˋ 형식이나 외양만 바뀌고 내용은 그대로 임. «成» 「게 헐뜯다.
[改透了] kǎit'òulê ㄍㄞˇㄊㄡˋㄌㄜ 심하
[改造兒] kǎitsàorh ㄍㄞˇㄗㄠˋㄦ ①개조 개작한 것. ②전족(纏足)을 중도에서

그만둔 사람. 「②방법을 갈다.
[改塗] kǎit'ú ㄍㄞˇㄊㄨˊ ①길을 바꾸다.
[改嘴] kǎitsuǐ ㄍㄞˇㄗㄨㄟˇ =改口.
[改動] kǎitùng ㄍㄞˇㄉㄨㄥˋ 변경. 변동.
[改業] kǎiyèh ㄍㄞˇㄧㄝˋ (다른 업종으로) 직업을 바꾸다.
[改易] kǎiì ㄍㄞˇㄧˋ 바꾸다.

〔丐〕 kài ㄍㄞˋ ①구걸하다. ②「乞一 ; 거지」

〔蓋〕(盖) kài ㄍㄞˋ ①「一子.一兒 ; 뚜껑」「瓶一兒 ; 병마개」「鍋一兒 ; 남비 뚜껑」②덮개. 휘장. 우산.「華一 ; 고대의 마차에 씌운 우산과 같은 휘장」③덮다. 씌우다.「一上鍋 ; 남비에 뚜껑을 덮다」④떨치다.「一世 ; 세상에서 뛰어난」⑤(도장을) 찍다.「一印 ; 도장을 찍다」⑥세우다. 건축하다.「一房子 ; 집을 짓다」⑦「一兒 ; 껍데기」「螃蟹一兒 ; 게딱지」 ⑧겉에서 보이는 둥근 뼈.「膝一 ; 무릎 뼈」⑨말을 시작할 때 쓰이는 말 : 대관절·무릇·본래 따위.⇨kǒ.
[蓋章] kàichāng ㄍㄞˋㄓㄤ 도장을 찍다. =蓋圖章. 「이 달린 조그만 찻잔.
[蓋盅兒] kàichūngrh ㄍㄞˋㄓㄨㄥㄦ 뚜껑
[蓋戳子(一兒)] kài ch'uōtzǔ(—rh) ㄍㄞˋㄔㄨㄛㄗ(—ㄦ) 인장을 찍다. 스탬프를 찍다.
[蓋下去] kàihsiach'ü ㄍㄞˋㄒㄧㄚㄑㄩ 남을 압도하다.「他的武藝把別人都一了 ; 그의 무예는 다른 사람들을 압도했다」
[蓋火] kàihuǒ ㄍㄞˋㄏㄨㄛˇ ①풍로·난로 따위의 공기 구멍의 뚜껑. ② kàih huǒ 불 위에 두꺼비(불덮개) 따위를 올려 놓아 화력을 줄이다.
[蓋棺論定] kàikuān lùntìng ㄍㄞˋㄍㄨㄢ ㄌㄨㄣˋㄉㄧㄥˋ 죽은 뒤 비로소 그 사람의 진가가 결정되다.
[蓋面子(一兒)] kàimièntzǔ(rh) ㄍㄞˋㄇㄧㄢˋㄗ(—ㄦ) ①겉치레를 하다. 겉만 번지르르하게 하다. ②체면만을 세우다. ③(남의) 체면을 손상시키다.
[蓋被] kàipèi ㄍㄞˋㄅㄟˋ ①이불. ② kài pèi 이불을 덮다. 「고. 납작하고 큼.
[蓋柿] kàishìh ㄍㄞˋㄕˋ 감의 일종 : 둥글
[蓋世] kàishìh ㄍㄞˋㄕˋ 세상에서 뛰어난. 「一無双 ; 이 세상에 둘도 없다」
[蓋代] kàitài ㄍㄞˋㄉㄞˋ =蓋世.
[蓋頭紅] kàit'óuhúng ㄍㄞˋㄊㄡˊㄏㄨㄥˊ ①결혼식에서 신부가 쓰는 베일의 일종. ② kài t'óuhúng 위의 베일을 쓰다.
[蓋圖章] kài t'úchāng ㄍㄞˋ ㄊㄨˊㄓㄤ 인장을 찍다.
[蓋子] kàitzǔ ㄍㄞˋㄗ ①뚜껑. ②게딱지.
[蓋碗兒] kàiwǎnrh ㄍㄞˋㄨㄢˇㄦ 뚜껑이 달린 찻잔 : "蓋盅兒"보다 약간 큼.

〔戤〕 kài ㄍㄞˋ 상업상 남의 상품과 가게 이름을 사칭하다. 「용(盜用)하다.
[戤牌] kàip'ái ㄍㄞˋㄆㄞˊ 남의 상표를 도

〔漑〕 kài ㄍㄞˋ ①붓다. ②흘려 넣다. 「灌漑 ; 관개」

〔概〕 kài ㄍㄞˋ ①개략. 대요.「一說 ; 개설」②정상(情狀). 모양. 경치.「勝一 ; 훌륭한 경치」
[概不招待] kàipuchāotài ㄍㄞˋㄅㄨㄓㄠㄉㄞˋ 서어비스는 일절 하지 않습니다. : 상업 용어.
[概而不論] kàiérhpúlùn ㄍㄞˋㄦˊㄅㄨˊㄌㄨㄣˋ 전연 문제로 삼지 않는다.

K'AI ㄎㄞ

〔開〕 k'āi ㄎㄞ ①(닫힌것을) 열다.「一門 ; 문을 열다」②(봉오리진 것이) 벌어지다. 피다.「一花 ; 꽃이 피다」③(굳어진 것이) 풀리다. 녹다.「一河 ; 강의 얼음이 녹다」④(길을) 통하게 하다. 트다.「一路先鋒 ; 길을 터서 길잡이하는 것」 ⑤발굴(發掘)하다. 파내다.「一鑛 ; 광산을 발굴하다」⑥땅을 개간(開墾)하다.「一拓 ; 개척」⑦시작하다. 시작되다.「一業 ; 수업(授業)이 시작되다. 시업(始業)」「一了戲 ; 연극이 시작되다」⑧(군대·차·배 따위가) 출발하다. 떠나다.「火車要一了 ; 기차가 드디어 떠난다」「軍隊向北一 ; 군대는 북쪽으로 가다」⑨(총을) 발사하다. 쏘다.「一炮 ; 대포를 쏘다」⑩ 설립(設立)하다. 개업(開業)하다. 「一醫院 ; 병원을 개업하다」⑪운전(運轉)하다. ⑫열거하여 쓰다. 써내다.「一方子 ; 약방문을 쓰다」⑬지불을 하다.「一工錢 ; 급료를 지불하다」⑭끓어 오르다.「水一了 ; 물이 끓었다」⑮캐럿(carat)《譯》 =開拉特.「十四一金 ; 14금(金)」⑯늘어놓다. 내놓다.「飯一在那裏 ; 밥상을 어디로 내 놓으랍니까?」⑰자르다. 째다.「一 個西瓜 ; 수박을 자르다」「在醫院一疙瘩 ; 병원에서 종기를 째다」⑱재단한 종이의 크기.「一本 ; 절(折)」「四一 ; 4절(折)」 ⑲(동사의 뒤에 붙어서) "열다" "트다" "떨어지다" "따로따로 되다" "시작하다" "소통되다" "잘되어 가다" "속박되지 않는다" "넓어지다" 따위의 뜻을 덧붙임.「睜一眼 ; 눈을 딱 뜨다」「打一窓子 ; 창문을 열다」 「撕一 ; 찢다. 찢어 버리다」「把地上的土掃一 ; 마루의 먼지를 쓸어 내다」「行得一 ; 어떻게 하든 잘되어 가다」「想不一 ; 단념할 수 없다」「這馬放一了四歸, 飛跑下去 ; 말은 힘을 다하여 날 듯이 달려 갔다」「屋子小坐不一 ; 방이 작아서 앉을 수가 없다」 「다.
[開斬] k'āichǎn ㄎㄞㄓㄢˇ 참형(斬刑)하
[開展] k'āichǎn ㄎㄞㄓㄢˇ ①전개(展開)하다. 확대 발전시키다. ②발달하다. 번창하다. ③(마음이) 넓고 여유가 있다. 상쾌하다.
[開張] k'āichāng ㄎㄞㄓㄤ ① 개점(開店). 개업(開業)하다. ②일을 시작하다. 「다.
[開仗] k'āichàng ㄎㄞ ㄓㄤˋ 개전(開戰)하
[開賬] k'āichàng ㄎㄞㄓㄤˋ ① 계산서를 써내다. ②회계(會計)하다. 지불하다. ③지출(支出)하다.
[開場] k'āich'ǎng ㄎㄞㄔㄤˇ ① 개장하다. ②연극의 시작. ③사물(事物)의 시초.「一白 ; 연극 따위의 시작하기 전에 하는 인사말」 「하다. ②발차(發車)하다.
[開車] k'āi ch'ē ㄎㄞ ㄔㄜ ①차를 운전
[開誠布公] k'āich'ěng-pùkūng ㄎㄞㄔㄥˊ ㄅㄨˋㄍㄨㄥ 사람과의 접촉에 있어 성심

성의하고 공평하다. «成»
[開證] k'āichèng ㄎㄞㄓㄥˋ 신용장(信用狀)을 펴다. 「리하다. ②해결하다.
[開交] k'āichiāo ㄎㄞㄐㄧㄠ ①구분하다. 정
[開腔] k'āich'iāng ㄎㄞㄑㄧㄤ 입을 열다. 말을 시작하다.
[開竅兒] k'āich'iàorh ㄎㄞㄑㄧㄠˋㄦ ①갑자기 생각나다. ②이해력이 좋다. ③세상 물정을 알다.
[開解] k'āichiěh ㄎㄞㄐㄧㄝˇ ①(남의 근심을)풀다. 위로하다. ②화해(和解)시키다. ③k'āichièh 범인(犯人)의 호송(護送)에 나서다.
[開戒] k'āichièh ㄎㄞㄐㄧㄝˋ (술・담배 따위의) 끊었던 것을 다시 시작하다.
[開間] k'āichiēn ㄎㄞㄐㄧㄢ 방의 넓이.
[開支] k'āichīh ㄎㄞㄓ ①비용. ②지출하다.
[開球] k'āich'iú ㄎㄞㄑㄧㄡˊ 시구(始球). 「一式; 시구식(始球式)」
[開除] k'āich'ú ㄎㄞㄔㄨˊ ①제거(除去)하다. ②면직(免職)시키다.
[開船] k'āi ch'uán ㄎㄞㄔㄨㄢˊ 배가 항구를 떠나다. 출항(出港)하다.
[開卷有益] k'āichüàn yǔì ㄎㄞㄐㄩㄢˋㄧㄡˇㄧˋ 독서(讀書)는 유익하다. «成»
[開創] k'āich'uàng ㄎㄞㄔㄨㄤˋ 시작하다. 창설하다.
[開春(兒)] k'āich'ūn(rh) ㄎㄞㄔㄨㄣ(ㄦ) ①초봄. ②농사 짓는 이른 봄철. ③봄이 다.
[開發] k'āifā ㄎㄞㄈㄚ ①개척(開拓)하다. ②계몽(啓蒙)하다. ③(남이 못 보게 봉한 것을) 개봉(開封)하다. ④지불하다. 「一車代; 찻삯을 지불하다」
[開放] k'āifàng ㄎㄞㄈㄤˋ ①개방하다. ②석방하다. ③(기계 따위의) 운전을 시작하다. 가동(稼動)하다. ④(라디오 따위를) 틀다. ⑤(꽃이) 피다. ⑥일반인들을 입장(入場)시키다. 공개(公開)하다. 「博物館今天一了; 박물관은 오늘 개관(開館)했다」
[開付] k'āifù ㄎㄞㄈㄨˋ ①지불하다. ②시키다. 「我總算把他一走了; 나는 겨우 그를 돌려 보냈다」
[開合] k'āihó ㄎㄞㄏㄜˊ ①개폐(開閉). ②열었다 닫았다 하다. >開開合合. ③입에서 나오는 대로 요령 없이 지껄이다.
[開餉] k'āihsiǎng ㄎㄞㄒㄧㄤˇ 경비(經費)나 급료(給料)를 지출하다.
[開消] k'āihsiāo ㄎㄞㄒㄧㄠ 비용(費用). 해고(解雇)하다. 「把傭人都一了; 용원을 전부 해고하였다」
[開小差(兒)] k'āihsiǎoch'āi(rh) ㄎㄞㄒㄧㄠˇㄔㄞ(ㄦ) ①도망하다. ②학교를 쉬다.
[開綫] k'āihsièn ㄎㄞㄒㄧㄢˋ ①봉오리가 조금 벌어지다. ②실밥이 풀리다.
[開心] k'āihsīn ㄎㄞㄒㄧㄣ ①마음이 상쾌해지다. ②기분 전환하다. ③야유하다. 놀려 주다. ④성의를 피력(披瀝)하다.
[開隙(兒)] k'āihsì(rh) ㄎㄞㄒㄧˋㄦ (옷의 가장자리 따위의) 실밥이 풀리다.
[開戶] k'āihù ㄎㄞㄏㄨˋ ①구좌(口座)를 트다. ②문・입구(入口)를 열다.
[開花(兒)] k'āi huā(rh) ㄎㄞㄏㄨㄚ(ㄦ) ①꽃이 피다. ②k'āi huārh 유쾌한 표정이 되다. ③물건이 깨지거나 터져서 알맹이가 나오다. ④좋은 결과가 나오다.
[開化] k'āihuà ㄎㄞㄏㄨㄚˋ ①개화되다. ②강에 얼음이 녹다. =開化兒. ③k'āihua ㉮과일 따위가 잘 익다. ㉯마음이 시원하다.
[開花賬] k'āi huāchàng ㄎㄞㄏㄨㄚㄓㄤˋ 셈을 속여서 장부에 기입하다. 「하다.
[開荒] k'āihuāng ㄎㄞㄏㄨㄤ 개간(開墾)
[開懷兒] k'āihuáirh ㄎㄞㄏㄨㄞˊㄦ 아기를 낳다. 「음을 발행하다.
[開滙] k'āihuì ㄎㄞㄏㄨㄟˋ 환(換)이나 어
[開火] k'āihuǒ ㄎㄞㄏㄨㄛˇ ①개전(開戰)하다. =開火兒. ②분쟁을 벌이다. 충돌하다. =開火兒. ③밥을 짓다.
[開割] k'āikō ㄎㄞㄍㄜ (의사가) 수술(手術)하다.
[開革] k'āikó ㄎㄞㄍㄜˊ 면직(免職)하다.
[開口] k'āik'ǒu ㄎㄞㄎㄡˇ ①입을 열다. 말하다. 발언(發言)하다. ②칼을 갈아서 날을 세워 잘 들게 하다. ③제방(堤防)이 터지다. ④흠이 생기다. 실패하다.
[開口子] k'āi k'ǒu tzǔ ㄎㄞ ㄎㄡˇㄗ(제방 따위가)터지다.
[開快車] k'āi k'uàich'ē ㄎㄞ ㄎㄨㄞˋㄔㄜ ①급행 열차(急行列車)가 출발하다. ②급행 열차를 달리게 하다. ③차(車)의 속력(速力)을 내다. ④급하게 일을 하다.
[開關] k'āikuān ㄎㄞㄍㄨㄢ ①열고 닫음. 개폐(開閉). ②스위치 (switch). =電門. 「一盤; 배전반(配電盤)」 「시작하다.
[開工] k'āikūng ㄎㄞㄍㄨㄥ 공사나 일을
[開朗] k'āilǎng ㄎㄞㄌㄤˇ ①밝은. 퍽 넓은. ②도량(度量)이 크다. ③사리(事理)를 이해하고 있다.
[開例] k'āilì ㄎㄞㄌㄧˋ 예거하다.
[開列] k'āilièh ㄎㄞㄌㄧㄝˋ 쓰기 시작하다. 열거(列擧)하다. 「가다.
[開裂] k'āilièh ㄎㄞㄌㄧㄝˋ 터지다. 흠이
[開臉子] k'āiliěntzǔ ㄎㄞㄌㄧㄢˇㄗ ①화장하다. 분장(扮裝)하다. ②세수(洗手)하다.
[開鑼] k'āiló ㄎㄞㄌㄨㄛˊ ①연극이 시작되다. ②일을 시작하다. ③개점(開店)하다.
[開路] k'āilù ㄎㄞㄌㄨˋ ①길이 열리다. ②유령(幽靈)을 인도하다. ③출발하다.
[開麥拉] k'āimàilā ㄎㄞㄇㄞˋㄌㄚ 사진기(寫眞機). 카메라 (camera). «譯»
[開門見山] k'āimēn chiènshān ㄎㄞㄇㄣˋㄐㄧㄢˋㄕㄢ ①명확하여 애매한 데가 없다. ②명백히 말하다.
[開門七件事] k'āimén ch'ichiènshìh ㄎㄞㄇㄣˊㄑㄧㄐㄧㄢˋㄕˋ 땔 나무・쌀・기름・소금・된장・초・차의 일곱 가지 물건: 생활 필수품. 「者)를 교도(敎導)하다.
[開蒙] k'āiméng ㄎㄞㄇㄥˊ 초학자(初學
[開門紅] k'āiménhúng ㄎㄞㄇㄣˊㄏㄨㄥˊ ①개시(開始)하자 곧 여러 사람의 환영을 받다. ②처음부터 생산 의욕을 충분히 발휘하는 일.
[開幕] k'āimù ㄎㄞㄇㄨˋ ①(연극 따위가) 개막되다. ②가게 따위를 개점(開店)하다. ③개회(開會)하다. 「一詞; 개회사」 「一式; 개회식」 ④(일반적으로) 시작하다. 개시하다.
[開年] k'āinién ㄎㄞㄋㄧㄢˊ ①새해. 신년(新年). ②새해가 되다. 「곳을 떠나다.
[開拔] k'āipá ㄎㄞㄅㄚˊ 군대가 주둔하던
[開班] k'āipān ㄎㄞㄅㄢ ①새로이 반(班)을 만들다. ②시업(始業)하다.

[開辦] k'āipàn ㄎㄞㄅㄢˋ 시작하다. 개업(開業)하다. 「一費；창설비. 창립비」
[開榜] k'āipǎng ㄎㄞㄅㄤˇ 시험 결과를 발표하다. 시험 발표(試驗發表).
[開嗙] k'āip'ǎng ㄎㄞㄆㄤˇ 거짓말하다.
[開拍] k'āip'āi ㄎㄞㄆㄞ 거래(去來)를 시작하다.
[開牌] k'aip'ái ㄎㄞㄆㄞˊ 마작(麻雀)이나 트럼프(trump)를 시작하다. 「인 맹물.
[開白水] k'āipáishuǐ ㄎㄞㄅㄞˊㄕㄨㄟˇ 謊
[開闢] k'āip'ì ㄎㄞㄆㄧˋ (새로운 경지를) 개척하다.
[開票] k'āip'iào ㄎㄞㄆㄧㄠˋ ①개표(開票)하다. ②어음 따위를 발행하다.
[開瓢兒] k'āip'iáorh ㄎㄞㄆㄧㄠˊㄦ 머리를 깨다.
[開屛] k'āip'íng ㄎㄞㄆㄧㄥˊ ①병풍을 펴다. ②병풍형(型)으로 펴다. 「孔雀在一；공작이 병풍형(型)으로 날개를 펴다」
[開鋪] k'āip'ū ㄎㄞㄆㄨ 그 지역 일대(一帶)에 걸쳐 넓히다.「由點到面逐步一；점(點)에서 면(面)으로 일대에 걸쳐 한 걸음 한걸음 넓히다」
[開步] k'āip'ù ㄎㄞㄅㄨˋ 큰 걸음으로 가슴을 펴고. 「一走；앞으로 갓」
[開駛] k'āishǐh ㄎㄞㄕˇ (배(船)·차(車) 따위를) 운전하다. 운행(運行)하다.
[開市] k'āishìh ㄎㄞㄕˋ ①장이 서다. ②개업하다. ③거래를 시작하다.
[開釋] k'āishìh ㄎㄞㄕˋ ①석방하다. ②형기(刑期)를 마치고 출옥(出獄)하다.
[開收] k'āishōu ㄎㄞㄕㄡ ①(라디오 따위를) 틀다. ②징수(徵收)를 시작하다.
[開首] k'āishǒu ㄎㄞㄕㄡˇ 처음에. 최초(最初). ＝開手(兒).
[開鎖] k'āisǒ ㄎㄞㄙㄨㄛˇ 자물쇠를 열다.
[開膛] k'āit'áng ㄎㄞㄊㄤˊ 내장(內臟)을 해부하다.
[開單兒(一子)] k'āi tānrh(一tzǔ) ㄎㄞㄉㄢㄦ(一ㄗ) ①한 장의 종이에 쓰기 시작하다. ②계산서를 써내다.
[開臺] k'āit'ái ㄎㄞㄊㄞˊ 막(幕)이 열리다.
[開刀] k'āitāo ㄎㄞㄉㄠ ①수술(手術)하다. ②(칼로) 살상(殺傷)하다. ③희생(犧牲)하다. 「알게 하다. 지도(指導)하다.
[開導] k'āitǎo ㄎㄞㄉㄠˇ 지시·설명하여
[開倒車] k'āitàoch'ē ㄎㄞㄉㄠˋㄔㄜ ①차를 뒤로 가게 하다. ②(시대의 흐름에 대하여) 반대의 방향으로 나가다.
[開天闢地] k'āit'iēn-p'ìtì ㄎㄞㄊㄧㄢㄆㄧˋㄉㄧˋ 천지 개벽(天地開闢). 인류(人類)가 생긴 이래(以來).
[開脫] k'āit'o ㄎㄞㄊㄨㄛ ①책임에서 벗어나다. ②석방하다. ③관대하게 처분하다. 「一罪責；죄를 용서하다」
[開頭兒] k'āit'óurh ㄎㄞㄊㄡˊㄦ ①시초. 최초(最初). ②k'ā it'ourh 벌일 만한 가치(價値). 「那個會沒什麼一；그 모임은 조금도 열릴 만한 가치가 없다」
[開采] k'āits'ǎi ㄎㄞㄘㄞˇ (광산 따위를) 채굴(採掘)하다. 「一礦藏；개광(開鑛)하다」
[開彩] k'āits'ǎi ㄎㄞㄘㄞˇ ①일을 공개(公開)하다. ②상처를 입고 피가 나다. ③복권(福券)을 추첨하다.
[開走] k'āitsǒu ㄎㄞㄗㄡˇ ①(군대 따위가) 출발하다. ②차가 떠나다.
[開宗明義] k'āitsūng míngì ㄎㄞㄗㄨㄥ ㄇㄧㄥˊㄧˋ 서문(序文)에 내용의 개요(槪要)를 나타냄. 또는 그 말이나 문장(文章).
[開足馬力] k'āitsú mǎlì ㄎㄞㄗㄨˊ ㄇㄚˇㄌㄧˋ 충분히 마력(馬力)을 내다. 최대 마력(最大馬力)으로 걸다.
[開端] k'āituān ㄎㄞㄉㄨㄢ ①시초. 발단(發端). ②제일의(第一義). 가장 중요한 것. ③발단(發端)하다.
[開動] k'āitùng ㄎㄞㄉㄨㄥˋ ①(기계 따위를) 가동시키다. ②발차(發車)하다. ③…하기 시작하다. ④활동·작용(作用)시키다. 「一腦筋；머리를 쓰다」
[開通] k'āit'ūng ㄎㄞㄊㄨㄥ ①개통하다. ②이해력이 좋다. 완고(頑固)치 않다. ③머리가 잘 돌아가다.
[開挖] k'āiwā ㄎㄞㄨㄚ ①(괴이거나 막힌 것을) 파 없애다. ②파내다. 발굴(發掘)하다.
[開往] k'āiwǎng ㄎㄞㄨㄤˇ ①(차 따위로) 외출하다. 가다. ②…을 향하여 발차하다. 「一上海；"上海"로 향해 발차(發車)하다」
[開玩笑] k'āi wánhsiào ㄎㄞㄨㄢˊㄒㄧㄠˋ 희롱하다. 야유하다. 사람을 바보로 만들다.
[開外] k'āiwài ㄎㄞㄨㄞˋ 이상(以上). 「看起來至少也有五十一了；보기에 적어도 50세 이상은 된다」
[開胃] k'āiwèi ㄎㄞㄨㄟˋ ①식욕(食慾)이 나다. ②야유하다. ③흥미있게 느끼다.
[開筵] k'āiyén ㄎㄞㄧㄢˊ ①연회의 자리를 마련하다. ②연회(宴會)를 시작하다.
[開言透語] k'āiyén t'òuyǔ ㄎㄞㄧㄢˊ ㄊㄡˋㄩˇ (말을) 명확히 하다. 숨기는 데가 없다. 「有什麼事你就一地說把；무엇인가 있으면 숨김 없이 말하시오」
[開源節流] k'āiyüán-chiéhliú ㄎㄞㄩㄢˊㄐㄧㄝˊㄌㄧㄡˊ ①수입을 늘게 하고 지출을 절약하다. ②생산을 늘이고 소비를 억제하다.

〔剴〕 k'āi ㄎㄞ 땅에 닿을 정도로 풀을 베다. 「아주 적당한 모양. > 剴剴切切.
[剴切] k'āich'ièh ㄎㄞㄑㄧㄝˋ 적절(適切).

〔揩〕 k'āi ㄎㄞ 닦다. 문지르다. 「一鼻涕；콧물을 씻다」「一背；등 뒤를 문지르다」「레. 행주. ‹方› ＝抹布.
[揩桌布] k'āichōpù ㄎㄞㄓㄨㄛㄅㄨˋ 걸
[揩黃魚] k'āihuángyǘ ㄎㄞㄏㄨㄤˊㄩˊ ①무임 승차(無賃乘車)하다. ②운전수에게 돈을 집어 주고 규정된 운임 이하(以下)로 승차하다. 「揩揩抹抹.
[揩抹] k'āimo ㄎㄞㄇㄛ 씻다. 문지르다. >
[揩拭] k'āishìh ㄎㄞㄕˋ 닦다. 문지르다.
[揩油] k'āiyú ㄎㄞㄧㄡˊ 중간에서 웃돈을 떼어 내다. 실속 차리다. 돈 따위를 빼앗다.

〔凱〕 k'ǎi ㄎㄞˇ ①개가(凱歌). 전승(戰勝). 「奏一；전승(戰勝)하였을 때 음악을 연주하다」

〔慨〕(嘅②) k'ǎi ㄎㄞˇ ①분격하다. ②격정하다. 한탄하다. 슬퍼하다. ③돈 등을 잘 쓰다. 의협심이 강하다. 「慷一；도량(度量)이 크고 넓음」
[慨然] k'ǎiján ㄎㄞˇㄖㄢˊ 즉석에서 쾌히. 주저하지 않고. 「一允諾；얼른 승낙하다」 「승낙하다. 승낙(承諾). ＝慨允.
[慨諾] k'ǎinò ㄎㄞˇㄋㄨㄛˋ 주저하지 않고.

〔楷〕 k'ǎi ㄎㄞˇ ①모범. 본. 법식(法式). ②해서(楷書).「一字; 해서체(楷書體)의 글자」「正一; 해서」
[楷模] k'ǎimó ㄎㄞˇㄇㄛˊ 모범.법식(法式).
[楷體] k'ǎit'ǐ ㄎㄞˇㄊㄧˇ 해서체(楷書體).
[楷則] k'ǎitsê ㄎㄞˇㄗㄜˊ 의거할 법식(法式). 모범.

〔鎧〕 k'ǎi ㄎㄞˇ 갑옷.「一甲; 갑옷」

〔愾〕 k'ài ㄎㄞˋ 분노하다. 화내다.「敵一同仇·同仇敵一; 함께 화내고 함께 적에 대항하다」

KAN ㄍㄢ

〔干〕(乾⑦~⑪·乾) kān ㄍㄢ ①관계하다. 관여하다.「不相一; 관계가 없다」②저지르다. 범하다. 저촉하다.「有一禁令; 금지령에 저촉되다」③요구하다.「一祿; 봉급을 요구하다」④방패.「動一戈; 전쟁을 하다」 ⑤간지(干支)의 십간(十干). ⑥물가(岸).「河一; 강가」⑦마르다. 말리다.「一柴; 마른 장작」⑧「一兒; 건조한 식품」「蘿蔔一兒; 말린 무우」⑨없어지다. 텅 비다.「都用一了; 빈털터리가 되었다」 ⑩그저. 헛되이.「一着急; 헛되이 애쓸 뿐이다」⑪친족 관계 없이 그 관계를 맺다.「一弟兄; 의형제」 ⇨kàn.
[干支] kānchīh ㄍㄢㄓ 천간(天干)과 지지(地支). 즉, 甲·乙·丙·丁·戊·己·庚·辛·壬·癸와 子·丑·寅·卯·辰·巳·午·未·申·酉·戌·亥.
[干犯] kānfàn ㄍㄢㄈㄢˋ 저지르다. 범하다.「一國法; 국법을 어기다」
[干係] kānhsì ㄍㄢㄒㄧˋ 관계(關係).
[干休] kānhsiū ㄍㄢㄒㄧㄡ 중지하다. 그만두다.
[干戈] kānkō ㄍㄢㄍㄜ 방패와 창.「動一; 전쟁을 하다」
[干連] kānlién ㄍㄢㄌㄧㄢˊ 관련. 관계하다.
[干坡] kānp'ō ㄍㄢㄆㄛ 하천 하류의 둑의 경사면.
[干渣渣的] kānchāchātê ㄍㄢㄓㄚㄓㄚㄉㄜ 말라서 파삭파삭한 모양.
[干柴烈火] kānch'ái lièhhuǒ ㄍㄢㄔㄞˊㄌㄧㄝˋㄏㄨㄛˇ 마른 나무는 불이 잘 붙는다는 뜻으로, 젊은 남녀의 사이는 알 수 없다는 말.《成》
[干鏟兒] kānch'ǎnrh ㄍㄢㄔㄢˇㄦ 전연(全然).「一不回來; 전연 돌아오지 않다」=乾鏟着.
[干姐妹] kānchiěhmèi ㄍㄢㄐㄧㄝˇㄇㄟˋ 의자매(義姊妹).
[干親] kānch'īn ㄍㄢㄑㄧㄣ 의리로 맺은 친척 관계.
[干淨] kānchīng ㄍㄢㄐㄧㄥ ①깨끗하다. 말끔하다. ②완전히 소비하다. 빈털터리가 되다.「花了個一; 돈을 홀딱 써버리다」「一飯; 청렴한 생활. 옳게 벌어먹는 밥」
[干皺] kānchòu ㄍㄢㄓㄡˋ 윤기가 없고 주름살이 있다.
[干酒] kānchiǔ ㄍㄢㄐㄧㄡˇ 맛이 매콤한 술.
[干倔] kānchüèh ㄍㄢㄐㄩㄝˋ 무뚝뚝하고 완고하다.
[干兒] kānérh ㄍㄢㄦˊ 혈족처럼 굳게 맺은 자식.
[干飯] kānfàn ㄍㄢㄈㄢˋ (죽에 대한) 밥.「吃幾碗一; 굉장한 능력이 있다」
[干粉] kānfěn ㄍㄢㄈㄣˇ 녹두의 녹말로 만든 국수. 당면과 비슷함.
[干哈哈] kānhāha ㄍㄢㄏㄚㄏㄚ 억지 웃음. 조소(嘲笑).
[干旱] kānhàn ㄍㄢㄏㄢˋ 땅이 가물어서 마르다.「一風; 건조한 열풍(熱風)」
[干嚎] kānháo ㄍㄢㄏㄠˊ 우는 체하다. 거짓으로 울다.
[干涸] kānhó ㄍㄢㄏㄜˊ 물이 마르다.
[干洗] kānhsǐ ㄍㄢㄒㄧˇ 드라이 클리이닝.
[干笑] kānhsiào ㄍㄢㄒㄧㄠˋ 헛웃음치다. 마음에도 없는 웃음을 웃다.
[干鮮] kānhsiēn ㄍㄢㄒㄧㄢ 말린 것과 날것.
[干花] kānhuā ㄍㄢㄕㄨㄚ 책 갈피 따위에 넣어 눌러 말린 꽃.
[干血癆] kānhsüèhláo ㄍㄢㄒㄩㄝˋㄌㄠˊ ①건성 늑막염. ②월경이 없어서 생긴 결핵.
[干擾] kān jǎo ㄍㄢ ㄖㄠˇ 교란시키다.=攪亂. 攪擾.
[干熱] kānjê ㄍㄢㄖㄜˋ 건조하여서 뜨겁다.
[干渴] kānk'ǒ ㄍㄢㄎㄜˇ 매우 목이 마르다.
[干咳嗽] kānk'ósou ㄍㄢㄎㄜˊㄙㄡ 헛기침을 하다.
[干枯] kānk'ū ㄍㄢㄎㄨ ①마르다. 시들어지다.
[干果(兒)] kānkuǒ(rh) ㄍㄢㄍㄨㄛˇ(ㄦ)①건조한 열매. 땅콩·대추 따위. ②말려서 정제한 과일: 건포도 따위.
[干辣辣的] kānlàlàtê ㄍㄢㄌㄚˋㄌㄚˋㄉㄜ 얼얼하거나 쿡쿡 쑤셔서 아픈 모양.
[干酪] kānlào ㄍㄢㄌㄠˋ 치이즈.
[干落] kānlào ㄍㄢㄌㄠˋ ①간단히 손에 넣다. ②거저 얻다. ③순이익으로서 손에 넣다.
[干老兒] kānlǎorh ㄍㄢㄌㄠˇㄦ 의부(義父).
[干冷] kānlěng ㄍㄢㄌㄥˇ 공기가 건조하고 춥다.
[干禮(兒)] kānlǐ(rh) ㄍㄢㄌㄧˇ(ㄦ) 답례로 물건 대신 보내는 돈.
[干糧] kānliang ㄍㄢㄌㄧㄤ ①여행·행군 때에 휴대하는 건조 식품. ②배 고플 때 잠시 요기로 하는 음식.
[干裂] kānlièh ㄍㄢㄌㄧㄝˋ ①건조하여 금이 가다. ②(소리가) 쉬다.
[干媽] kānmā ㄍㄢㄇㄚ ①의모(義母). ②기생이 자기를 감독하는 기생어멈을 부를 때 쓰는 말.
[干麵(兒)] kānmièn(rh) ㄍㄢㄇㄧㄢˋ(ㄦ) 밀가루.
[干沒] kānmò ㄍㄢㄇㄛˋ 횡령하다.
[干拿] kānná ㄍㄢㄋㄚˊ 거저 받다.「一政府的補助; 정부의 보조를 거저 받다」
[干娘] kānniáng ㄍㄢㄋㄧㄤˊ 의모(義母). 양모(養母).
[干女兒] kānnǚérh ㄍㄢㄋㄩˇㄦˊ 양녀(養女). 수양 딸.
[干嘔] kān ǒu ㄍㄢㄡ 헛구역질을 하다.
[干巴] kānpa ㄍㄢㄅㄚ ①말라 버리다. 말라서 단단해지다 ② 여위다. ③무미 건조한. 재미라고는 없는.
[干巴巴的] kānpāpātê ㄍㄢㄅㄚㄅㄚㄉㄤ 말라서 굳어진 모양.
[干巴筋兒] kānpachīnrh ㄍㄢㄅㄚ ㄐㄧㄣ ㄦ 매우 여위어 홀쪽한 모양.
[干貝] kānpèi ㄍㄢㄅㄟˋ 말린 조개 관자. =江瑤柱.

[干绷] kānpěng ㄍㄢㄅㄥ 「一着臉；못마땅한 표정을 짓다」
[干蹦蹦兒的] kānpěngpěngrhtê ㄍㄢㄅㄥㄅㄥㄦㄉㄜ 바짝 말라 붙은 모양.
[干癟] kānpiěh ㄍㄢㄅㄧㄝˇ 말라서 비틀려지다. 눌려서 납작하다. > 乾乾癟癟.
[干片] kānp'ièn ㄍㄢㄅㄧㄢˋ 사진의 건판(乾板).
[干冰] kānpīng ㄍㄢㄅㄧㄥ 드라이 아이스.
[干屍] kānshīh ㄍㄢㄕ 미이라. 목내이(木乃伊).
[干屎橛子] kānshīhchǘéhtzū ㄍㄢㄕˇㄐㄩㄝˊㄗ 고집장이.
[干手淨脚] kānshǒu-chìngchiǎo ㄍㄢㄕㄡˇㄐㄧㄥˋㄐㄧㄠˇ 귀찮지 않고 홀가분하다. 「不如認個乾兒子倒是一；오히려 의붓자식으로 해 두는 것이 마음 편하다」
[干死] kānssǔ ㄍㄢㄙ 말라 죽다.
[干絲] kānssū ㄍㄢㄙ 말린 두부를 잘게 썬 것. 「바삭하다.
[干松] kānsung ㄍㄢㄙㄨㄥ 말라서 바삭
[干大] kāntà ㄍㄢㄉㄚˋ 의부(義父). 계부(繼父). «西»
[干掉] kāntiào ㄍㄢㄉㄧㄠˋ 모두 마셔 버리다. 「一酒杯；술잔의 술을 깨끗이 들이켜다」 ②바싹 마르다. 「許多的柿子都一了；많은 감이 말라 버렸다」
[干爹] kāntiēh ㄍㄢㄉㄧㄝ 의부(義父). 양부(養父). 「의부모(義父母).
[干爹娘] kāntiēhniáng ㄍㄢㄉㄧㄝㄋㄧㄤˊ
[干菜] kānts'ài ㄍㄢㄘㄞˋ 말린 식품. 말린 야채.
[干脆] kānts'uì ㄍㄢㄘㄨㄟˋ ①깨끗이. 거리낌 없이. 「得了, 一一句五百萬；좋아! 자, 오백만이다」 ② 손쉽다. ③전혀. 조금도. 사근사근하다. 「說的話也一有趣；말하는 품이 사근사근하고 재미있다」
[干預] kānyü ㄍㄢㄩ 관련을 가지다. 관계하다. 「=乾嘔.
[干噦] kānyüeh ㄍㄢㄩㄝ 구역질이 나다.

〔甘〕 kān ㄍㄢ ①달다. 맛있다. 「一泉；단물」 ②좋다. 행복. 「苦盡一來；고진감래. 고생 뒤에 즐거움이 온다」「一雨；달가운 비」 ③만족하다. 달갑게 받다. 「情一受處分；달갑게 처분을 받다」
[甘蔗] kānchê ㄍㄢㄓㄜ 〈植〉 사탕수수.
[甘蕉] kānchiāo ㄍㄢㄐㄧㄠ 바나나. =香蕉.
[甘結] kānchiéh ㄍㄢㄐㄧㄝˊ 관청에 대한 서약서. 「具一；서약서를 꾸미다」
[甘心] kānhsīn ㄍㄢㄒㄧㄣ 마음 속으로 바라다. 만족하다. 달갑게 받다. 「一情願；진정으로 바라다」
[甘休] kānhsiū ㄍㄢㄒㄧㄡ 기분 좋게 깨끗이 그만두다. 진심으로 승낙하다.
[甘認] kānjên ㄍㄢㄖㄣˋ 납득하다.
[甘苦] kānk'ǔ ㄍㄢㄎㄨˇ ①괴로움. ②고락(苦樂). 「同甘共苦；고락을 같이 하다」
[甘汞] kānkǔng ㄍㄢㄍㄨㄥˇ 염화 제일 수은(塩化第一水銀). 「=洋白菜.
[甘藍] kānlán ㄍㄢㄌㄢˊ 양배추. 캐비지.
[甘霖] kānlín ㄍㄢㄌㄧㄣˊ 자우(滋雨).
[甘露] kānlù ㄍㄢㄌㄨˋ 천하 태평시에 온다는 단 이슬. 은혜에 비유하여 일컫는 말.
[甘拜下風] kānpài hsiàfēng ㄍㄢㄅㄞˋㄒㄧㄚˋㄈㄥ 아랫사람 노릇을 달갑게 여기다. 패배한 것을 인정하고 복종하다. «成» 「다.
[甘甜] kānt'ién ㄍㄢㄊㄧㄢˊ 달다. 감미롭
[甘草] kānts'ǎo ㄍㄢㄘㄠˇ 감초: 한방약재의 하나.
[甘爲虎倀] kānwéi hǔchāng ㄍㄢㄨㄟˊㄏㄨˇㄓㄤ 즐겨 악인의 부하가 되다.
[甘油] kānyú ㄍㄢㄧㄡˊ 〈醫〉 글리세린(glycerine). 「를 감수하다.
[甘于] kānyǘ ㄍㄢㄩˊ …에 만족하다. …
[甘願] kānyüàn ㄍㄢㄩㄢˋ 진심으로 원하다. …를 각오하다. …은 이미 각오하고 있다. 「一吃苦；고생은 이미 각오한 바이다」

〔杆〕 kān ㄍㄢ 「一子·一兒；막대」「旗一；깃대」「電綫一子；전주(電柱)」⇨kǎn.

〔肝〕 kān ㄍㄢ 간장. 간.
[肝腸寸斷] kānch'áng ts'ùntuàn ㄍㄢㄔㄤˊㄘㄨㄣˋㄉㄨㄢˋ 단장(斷腸)의 슬픔을 느끼다. «成»
[肝氣] kānch'ì ㄍㄢㄑㄧˋ ①간기: 한방(漢方)의 의학 용어·술어. ②신경질. 「油).
[肝精] kānchīng ㄍㄢㄐㄧㄥ 약용 간유(肝
[肝花] kānhua ㄍㄢㄏㄨㄚ 식용으로서의 간. =肝兒. 「；신경질을 부리다」
[肝火] kānhuǒ ㄍㄢㄏㄨㄛˇ 신경질. 「動一
[肝腦塗地] kānnǎot'útì ㄍㄢㄋㄠˇㄊㄨˊㄉㄧˋ 생사를 돌보지 않고 남에게 이바지하다. «成»
[肝兒] kānrh ㄍㄢㄦ =肝花.
[肝膽] kāntǎn ㄍㄢㄉㄢˇ ①진심(眞心). 「一相照；의기가 투합(投合)하다」 ②용기. 혈기(血氣).

〔泔〕 kān ㄍㄢ ①쌀뜨물. ②더러운 물. 수채.
[泔水] kānshui ㄍㄢㄕㄨㄟ ①쌀뜨물. 「一桶；쌀뜨물을 받는 통」 ②부엌의 설것이물.

〔坩〕 kān ㄍㄢ 토기(土器).
[坩堝] kānkuō ㄍㄢㄍㄨㄛ 도가니. =銀碗兒. 傾銀罐.

〔矸〕 kān ㄍㄢ 「一子；석탄에 섞인 돌」

〔竿〕 kān ㄍㄢ 「一子·一兒；대로 만든 장대」

〔柑〕 kān ㄍㄢ 귤의 총칭. 「密一；밀감」「一子；금감(金柑)의 한 가지. 금귤」

〔疳〕 kān ㄍㄢ ①「一積；어린이의 신경질」 ②「馬牙一, 走馬一；잇몸이나 뺨의 급성 궤양」 ③「下一；하감. 음식창(陰蝕瘡)」

〔尷〕(尲) kān ㄍㄢ.
[尷尬] kānkà ㄍㄢㄍㄚˋ ①어쩔 도리가 없다. 진퇴 양난이다. ②예사롭지 않다. 정상이 아니다. 「看那人神色一, 怕有毛病；저 사람의 얼굴빛은 보통이 아니야, 아마 틀림없이 병일거야」 ③불쌍하다. ④거북스럽다. 자리가 불편하다. ⑤알맞지 않다. 입장이 곤란하다. 「在學生面前這樣批評教師, 是有些一的；학생들 앞에서 이렇게 선생을 비평하는 것은 좀 거북스러운 일이다」 ⑥사정이 복잡하여 처리하기 어렵다.

〔桿〕(杆) kǎn ㄍㄢˇ ①「一子·一

兒；짧은 막대기. 자루. 손잡이」「筆一兒；붓대」②길고 가는 물건을 세는 말.「一一槍；한 자루의 총」➪kān.

[桿秤] kǎnch'ěng ㄍㄢˇㄔㄥˋ 대저울.

[桿錐] kǎnctsuī ㄍㄢˇㄗㄨㄟ 드라이버.

[桿菌] kǎnchūn ㄍㄢˇㄐㄩㄣ 간상균(桿狀菌).

〔稈〕(秆) kǎn ㄍㄢˇ 「一子·一兒；볏짚. 줄기」「麥一；밀짚」

〔敢〕 kǎn ㄍㄢˇ ①감행하다. 단연코 …하다. 반드시 …하다.「一負責任；반드시 책임을 지다」②실례지만.「一問；실례지만 묻겠읍니다」③어쩌면. 아마. 혹은.

[敢請] kǎnch'ǐng ㄍㄢˊㄑㄧㄥˇ 죄송합니다만：남에게 무엇을 부탁할 때 쓰이는 말.

[敢情] kǎnch'ing ㄍㄢˇㄑㄧㄥ ①본디. 뜻밖에도.「一他是臺北人;그는 "臺北" 사람이었던가！」「一是你？；아, 너였었니？」②물론.「那一好了；그것은 물론 좋다」

[敢想] kǎnhsiǎng ㄍㄢˊㄒㄧㄤˇ 적극적으로 생각하다.

[敢幹] kǎn' kàn ㄍㄢˇㄍㄢˋ 용기를 가지고 일하다. 두려워하지 않고 일을 하다.

[敢怕] kǎnp'à ㄍㄢˇㄆㄚˋ …은 아닌가 하고 생각하다.「一他受不了；그는 참을 수 없는 것이 아닌가 하고 생각된다」

[敢是] kǎnshìh ㄍㄢˇㄕˋ 아마 그럴 것이다. 어쩌면 …이 아닐까.「老伯伯, 一砍柴回來？；큰아버지는 나무하러 갔다가 돌아온 것이 아닐까」

[敢死隊] kǎnssǔtuì ㄍㄢˊㄙˇㄉㄨㄟˋ 결사대.

[敢當] kǎntāng ㄍㄢˇㄉㄤ 대할 용기가 있다.「不一；천만의 말씀입니다. 황송합니다」

[敢則] kǎntsé ㄍㄢˇㄗㄜˊ ＝敢情.

[敢作敢當] kǎntsò · kǎntāng ㄍㄢˇㄗㄨㄛˋㄍㄢˇㄉㄤ ①어떤 일도 두려워하지 않다. ②적극적으로 일을 하다. ＝敢作敢爲.

[敢自] kǎntzǔ ㄍㄢˇㄗ ＝敢情.

[敢于] kǎnyú ㄍㄢˇㄩˊ …하는데 두려워하지 않다.「我是一得證的；나는 보증하는 것쯤 아무렇지도 않다」

〔感〕 kǎn ㄍㄢˇ ①느낌. 느끼다.「一到很溫暖；매우 따뜻하게 느끼다」②감동시키다.「一動；감동시키다. 감동하다」③감정. 정감(情感).「百一交集;오만가지 감정이 착잡하게 일어나다」④감사하다.「無任一荷;어떻게 감사해야 좋을지 모르겠다」

[感召] kǎnchào ㄍㄢˇㄓㄠˋ 진지함에 감동하여 불러 들이다.

[感激] kǎnchi ㄍㄢˇㄐㄧ 감격하여 감사하다.

[感情] kǎnch'íng ㄍㄢˇㄑㄧㄥˊ ①감정.「一用事；감정에 쏠려 일을 하다」②친근감.「我跟他發生了一；나는 그에게 친밀감이 생겼다」

[感激涕零] kǎnchī t'ìlíng ㄍㄢˇㄐㄧㄊㄧˋㄌㄧㄥˊ 감격해 마지않다.

[感觸] kǎnch'ù ㄍㄢˇㄔㄨˋ 감동하다. 감촉. 느낌.

[感覺] kǎnchuéh ㄍㄢˇㄐㄩㄝˊ ①느끼다. 눈치채다. ②감각. 센스.

[感恩] kǎn'ēn ㄍㄢˇㄣ 은혜에 감격하다.「一圖報；은혜에 감격하여 보답할 것을 생각하다」

[感荷] kǎnhò ㄍㄢˇㄏㄜˋ 감사하다.「無任一；감사해 마지않습니다」

[感染] kǎnjǎn ㄍㄢˇㄖㄢˇ ①감화(感化)를 받다. 깊이 느끼다.「一了愉快的情緒；유쾌한 기분에 잠겼다」③감염하다.「一風寒；감기에 걸리다」

[感人] kǎnjén ㄍㄢˇㄖㄣˊ 인상(印象)이나 감명이 깊다.

[感人肺腑] kǎnjénfèifǔ ㄍㄢˇㄖㄣˊㄈㄟˋㄈㄨˇ 사람의 폐부를 찌르다.

[感慨] kǎnk'ǎi ㄍㄢˇㄎㄞˇ 감개. 감개무량하다.

[感官] kǎnkuān ㄍㄢˇㄍㄨㄢ 감각 기관.

[感念] kǎnniền ㄍㄢˇㄋㄧㄢˋ 감사하여 마음속으로 그 사람을 생각하다.

[感佩] kǎnp'èi ㄍㄢˇㄆㄟˋ 감복(感服)하다.

[感受] kǎnshòu ㄍㄢˇㄕㄡˋ ①느끼다. 깨닫다.「一到家庭裡的溫暖；가정이 평온함을 느꼈다」②감득(感得)하다.

[感戴] kǎntài ㄍㄢˇㄉㄞˋ 남의 덕을 감격하여 존경하다.「一無旣；감사하여 마지않습니다」《書》

[感到] kǎntào ㄍㄢˇㄉㄠˋ 느끼다. 깨닫다.

[感嘆號] kǎnt'ànhào ㄍㄢˇㄊㄢˋㄏㄠˋ 감탄 부호.

[感同身受] kǎnt'úngshénshòu ㄍㄢˇㄊㄨㄥˊㄕㄣㄕㄡˋ 직접 받은 것이나 다름 없읍니다. 감사합니다. 흔히 상대방의 후의(厚意)를 간접으로 인편이나 서신으로 표현하는 말.《成》

[感應] kǎnyìng ㄍㄢˇㄧㄥˋ ①감각에 의하여 생기는 감정. 감응. ②신앙심이 두터워 신의 복을 받게 되다.

〔趕〕(赶) kǎn ㄍㄢˇ ①뒤쫓다. 대가다.「一不上；뒤쫓지 못하다」「一火車；기차 시간에 맞게 빨리 가다」② 쫓아버리다.「把他一出去；그를 쫓아 버리다」③몰다. 부리다.「一馬車；마차를 몰다」④가축을 몰다.「一羊；양을 방목(放牧)하다」⑤어떤 사태에 부딪치다.「正一上他沒在家；마침 그가 집에 없었을 때였다」⑥…이 되어.「一年下再回來；연말이 되면 또 돌아 온다」⑦서둘러서. 급히.「一寫；급하게 쓰다」

[趕場] kǎnch'ǎng ㄍㄢˊㄔㄤˇ ①배우들이 두 가지 이상의 출연을 맡고 돌아 다니다. ②상연 시간을 줄여 빨리 끝내다.

[趕車] kǎn ch'ē ㄍㄢˇㄔㄜ 차를 부리다. 차를 몰다.

[趕趁] kǎnch'èn ㄍㄢˇㄔㄣ ①때를 만난 장사로 돈을 많이 벌다. ②조건이 자꾸 겹치다.「這樣屢次來一, 弄得工也停住了；이렇게 자꾸 사건이 겹쳐 일도 중지되었다」

[趕出] ... 들어 내다.

[趕成] kǎnch'éng ㄍㄢˇㄔㄥˊ 서둘러서 만들다.

[趕集] kǎnchí ㄍㄢˇㄐㄧˊ 시장이나 구경터에 가다.

[趕製] kǎnchìh ㄍㄢˇㄓˋ 급히 만들다.

[趕脚] kǎnchiǎo ㄍㄢˊㄐㄧㄠˇ ①길을 빨리 가다. ②당나귀를 끌고 가다.

[趕巧] kǎnch'iǎo ㄍㄢˊㄑㄧㄠˇ ①바로 그때. 마침 그때. ②재수좋게. 공교롭게. 좋은 기회에 부닥치다.

[趕脚的] kǎnchiǎotě ㄍㄢˊㄐㄧㄠˇㄉㄜ 당나귀의 마부.

[趕節] kǎnchiéh ㄍㄢˇㄐㄧㄝˊ 계절에 따른 장사를 하러 가다.

[趕盡殺絕] kǎnchìn·shāchüéh ㄍㄢˇㄐㄧㄣˋㄕㄚㄐㄩㄝˊ ①모조리 없애 버리다.②

하는 짓이 너무 지나치다. 「你可別一呀；사람을 너무 무시하지 말라」
[趕出去] kǎnch'uch'ü ㄍㄢˇㄔㄨㄑㄩ 쫓아 내다. 내쫓다.
[趕錐] kǎnchuī ㄍㄢˇㄓㄨㄟ 나사돌리개. 스크루우 드라이버. =桿錐.
[趕份子] kǎn fèntzŭ ㄍㄢˇㄈㄣˋㄗ (필요하지도 않은) 축하금·조위금을 보내다.
[趕赴] kǎnfù ㄍㄢˇㄈㄨˋ 빨리 가다. 달려가다. 「一前綫；전선(前線)으로 달려 가다」 「가다.
[趕回] kǎnhuí ㄍㄢˇㄏㄨㄟˊ 급히 되돌아
[趕會] kǎnhuì ㄍㄢˇㄏㄨㄟˋ =趕集.
[趕回來] kǎnhuilai ㄍㄢˇㄏㄨㄟㄌㄞ ① 급히 돌아 가다. ②쫓아 버리다. ③kǎnhuílai 일단 돌아 가서.「一再說吧；돌아가서 다시 이야기하자」
[趕活(兒)] kǎnhuó(rh) ㄍㄢˇㄏㄨㄛˊ(ㄦ) 일을 서둘러서 하다. 일을 부지런히 하다.
[趕任務] kǎn jènwu ㄍㄢˇㄖㄣˋㄨ ①임무를 빨리 끝내다. ②임무를 서두르다.
[趕開] kǎnk'ai ㄍㄢˇㄎㄞ 쫓아 버리다.
[趕快] kǎnk'uài ㄍㄢˇㄎㄨㄞˋ 매우 빠르게. 화급히. ＞趕趕快快.
[趕過] kǎnkuò ㄍㄢˇㄍㄨㄛˋ 앞지르다.
[趕工] kǎnkūng ㄍㄢˇㄍㄨㄥ 일을 서두르다. 「길을 재촉하다.
[趕路] hǎnlù ㄍㄢˇㄌㄨˋ 길을 빨리 가다.
[趕磙] kǎnlu ㄍㄢˇㄌㄨ ①재촉하다. 「你別一我了, 我這就走；재촉하지 말라, 나는 곧 떠나겠다」 ②재촉하여 못 살게 굴다. 「不要把人一急了；재촉하여 남을 괴롭혀서는 안된다」 ＞趕趕磙磙.
[趕囉] kǎnlo ㄍㄢˇㄌㄨㄛ =趕磙.
[趕忙] kǎnmáng ㄍㄢˇㄇㄤˊ 빨리. 급히.
[趕麪] kǎnmièn ㄍㄢˇㄇㄧㄢˋ 밀 반죽을 국수로 만들기 위하여 치는 것. 「一杖子吹火；밀방망이로 불을 뿜는다는 뜻으로, 아무 것도 모르는 것을 일컫는 말. "一竅不通"이라고 계속됨」
[趕明兒] kǎnmíngrh ㄍㄢˇㄇㄧㄥˊㄦ 나중에. 뒤에. 근간(近間). 「有什麼話, 一再說；무슨 할 말이 있으면 나중에 이야기하자」 「리하다.
[趕辦] kǎnpàn ㄍㄢˇㄅㄢˋ 급히 일을 처
[趕不上] kǎnpushàng ㄍㄢˇㄅㄨㄕㄤˋ 뒤따르지 못하다. 시간에 대지 못하다. 「一火車；기차 시간에 대지 못하다」 ↔ 趕得上.
[趕上] kǎnshang ㄍㄢˇㄕㄤ ① 뒤따르다. ②같은 정도다. 비슷하다. ③(노상에서)만나다. ④(시간·기회에) 잘 맞추다. 「正一他也坐在那裡；공교롭게도 그도 그 자리에 있었다」 「오정 때쯤해서.
[趕晌] kánshǎng ㄍㄢˊㄕㄤˇ 정오 가깝게.
[趕市] kǎnshìh ㄍㄢˇㄕˋ ①시장에 가다. ②시장으로 달리다.
[趕死趕活] kánssŭ-kǎnhuó ㄍㄢˊㄙˇㄍㄢˇㄏㄨㄛˊ 매우 당황하여 쩔쩔매는 모양: 허둥지둥. 죽을둥살둥.
[趕趟兒] kǎnt'àngrh ㄍㄢˇㄊㄤˋㄦ ①앞을 다투어 가다. 먼저 가려고 하다. ③좋은 때를 만나다. ③알맞게 되다.
[趕檔子] kǎntàngtzŭ ㄍㄢˇㄉㄤˋㄗ ①번화한 곳에서 장사 등을 하여 돈을 벌다: 축제 때의 노점(露店)에서 돈을 버는 것. ②혼란한 기회를 타서 일을 하다.
[趕到] kǎntào ㄍㄢˇㄉㄠˋ ①급히 도착하다. ②…를 하고서. 「一天明他們一齊走了；밤이 새고 나자 그들은 일제히 나가 버렸다」 「에 떠나다.
[趕早兒] kántsǎorh ㄍㄢˊㄗㄠˇㄦ 첫새벽
[趕做] kǎntsò ㄍㄢˇㄗㄨㄛˋ 급히 만들다.
[趕走] kántsǒu ㄍㄢˊㄗㄡˇ 쫓아내다.
[趕完] kǎnwán ㄍㄢˇㄨㄢˊ 빨리 끝내다.
[趕鴨子上架] kǎn yāotzŭ shàngchià ㄍㄢˇㄧㄠㄗㄕㄤˋㄐㄧㄚˋ 할 수 없는 일을 남에게 강요하다. 남을 곤경에 빠뜨리다.
[趕印] kǎnyìn ㄍㄢˇㄧㄣˋ 인쇄를 서두르다. 「빨리 인쇄하다.

〔擀〕 kǎn ㄍㄢˇ 늘이다. 밀다. 「一麵條；밀가루 반죽을 쳐서 국수를 뽑다」
[擀毡] kǎnchān ㄍㄢˇㄓㄢ ①모포나 펠트 따위를 만들다. ②털이 뭉치다.
[擀澡兒] kánchǎorh ㄍㄢˊㄓㄠˇㄦ 수건을 감아 힘껏 때를 밀다.
[擀麪杖] kǎnmiènchàng ㄍㄢˇㄇㄧㄢˋㄓㄤˋ 「밀방망이.

〔橄〕 kǎn ㄍㄢˇ 「一欖；올리이브. 감람」「一欖球；럭비」

〔紺〕 kàn ㄍㄢˋ 감색. =紅青.

〔幹〕(干·榦 ①) kàn ㄍㄢˋ ①줄기. 「樹一；나무 줄기」 ②하다. 일하다. 일반적으로 남자들이 쓰는 말이며 "做" 보다는 적극적이고 거칠음. 「你在一什麼？；너는 무엇하고 있는 거야」 ③수완이 있는. 능란한. 「一員；유능한 공무원」
[幹仗] kànchàng ㄍㄢˋㄓㄤˋ 싸움. 말다툼.
[幹家] kànchia ㄍㄢˋㄐㄧㄚ 수완가. 능변가.
[幹勁(兒)] kànchìn(rh) ㄍㄢˋㄐㄧㄣˋ(ㄦ) ①일에 대한 마음가짐. 투지(鬪志). 「一十足；투지(鬪志)가 넘쳐 있다」「他做事一很大；그가 하는 일에는 매우 열의(熱意)가 있다」 「일을 하다.
[幹活(兒)] kànhuó(rh) ㄍㄢˋㄏㄨㄛˊ (ㄦ)
[幹了] kànlê ㄍㄢˋㄌㄜ ①실수했다. 못 쓰게 되었다. 아차！. ②죽었다.
[幹練] kànlièn ㄍㄢˋㄌㄧㄢˋ ① 유능하고 경험이 있다. 노련(老練)하다. ②민첩하다. 수완이 있다. 「도로.
[幹路] kànlù ㄍㄢˋㄌㄨˋ 간선 도로. 주요
[幹麼] kànmá ㄍㄢˋㄇㄚˊ ①왜. 「一不去？；왜 가지 않느냐？」 ②무엇하고 있는가. 「爸, 一呀？；아버지, 무엇하고 있어요？」 「체의 중심 인물.
[幹部] kànpù ㄍㄢˋㄅㄨˋ 간부. 기관·기업
[幹不過] kànpukuò ㄍㄢˋㄅㄨㄍㄨㄛˋ ① 비교가 되지 않다. ②(싸움에서) 상대가 안되다. ③(일에서)당해 내지를 못한다. ↔幹得過. 「②일을 보다.
[幹事] kànshih ㄍㄢˋㄕ ①간사. 책임자.
[幹屬] kànshǔ ㄍㄢˋㄕㄨˇ 간부의 가족.
[幹掉] kàntiào ㄍㄢˋㄉㄧㄠˋ 조져 버리다. 해치우다.
[幹頭兒] kànt'ourh ㄍㄢˋㄊㄡㄦ 일의 보람. 「這個工作沒什麼一；이 일은 아무런 보람이 없는 일이다」
[幹才] kànts'ái ㄍㄢˋㄘㄞˊ 유능한 인재.

K'AN ㄎㄢ

〔刊〕 k'ān ㄎㄢ ①새기다. 조각하다.「一石；돌에 새기다」「一印；도장을 파다」②출판하다.「停一；출판을 정지하다」③정기 간행물(定期刊行物).「周一；주간(週刊)」④깎다. 밀다. 삭제하다.「不一之論；트집·불평할 수 없는 의견」

[刊正] k'ānchěng ㄎㄢㄓㄥˋ 정정(訂正)하다.「一表；정오표(正誤表)」

[刊出] k'ānch'ū ㄎㄢㄔㄨ 간행(刊行)하다.

[刊發] k'ānfā ㄎㄢㄈㄚ 출판·발행(發行)하다.

[刊落] k'ānlò ㄎㄢㄌㄨㄛˋ ①틀린 것을 삭제하다.「此頁一一字；이 면은 잘못으로 한 자(一字) 삭제」②조판(組版)할 때에 탈자(脫字)하다.

[刊謬] k'ānmiù ㄎㄢㄇㄧㄡˋ 틀린 것을 삭제하다.

[刊版] k'ánpǎn ㄎㄢㄅㄢˇ ①판(版)을 만들고 인쇄 발행하다. ②판(版).

[刊布] k'ānpù ㄎㄢㄅㄨˋ 간행하여 배포하다.

[刊登] k'āntēng ㄎㄢㄉㄥ (신문·잡지 따위에) 게재하다. 싣다.

[刊載] k'āntsài ㄎㄢㄗㄞˋ 게재하다. 싣다.

[刊物] k'ānwù ㄎㄢㄨˋ 간행물(刊行物).

[刊誤] k'ānwù ㄎㄢㄨˋ 인쇄의 오자를 바로 잡다.「一表；정오표」

〔看〕 k'ān ㄎㄢ ①보다. 파수 보다. 보살피다.「病人得一着；환자는 곁에서 시중드는 사람이 필요하다」②떠맡다. 관리하다.「一個人一六臺機；한 사람이 6대의 기계를 떠맡다」③구금하다.「把匪特一起來；간첩을 구금하다」⇨k'àn.

[看家] k'ānchiā ㄎㄢㄐㄧㄚ 주인의 출타(出他)로 집을 지키는 일. 또는 그 사람.

[看靑兒] k'ānch'īngrh ㄎㄢㄑㄧㄥㄦ 농작물을 지키다.

[看墳的] k'ānfěntê ㄎㄢㄈㄣˊㄉㄜ 묘지기.

[看看] k'ānk'ān ㄎㄢㄎㄢ 얼마 안 가서…할것 같다. 곧…할것 같다.「一地莊稼要乾壞了;얼마 안 가서 농작물이 시들어 죽을 뻔했다」

[看管] k'ānkuǎn ㄎㄢㄍㄨㄢˇ ①감시하다. 지키다. ②관리(管理)하다.

[看門] k'ān mén ㄎㄢ ㄇㄣˊ 문지기를 하다. 출입하는 사람을 문에서 감시하다.「一的；수위(守衛). 문지기」

[看守] k'ānshǒu ㄎㄢㄕㄡˇ ①지키다. 감시하다.「一內閣；관리 내각(管理內閣)」②구속(拘束)하다.

[看財奴] k'ānts'áinú ㄎㄢㄘㄞˊㄋㄨˊ 수전노(守錢奴). 노랑이.

[看押] k'ānyā ㄎㄢㄧㄚ 구류(拘留)하다.

〔勘〕 k'ān ㄎㄢ ①대조하여 조사하다. 교정(校正)하다.「校一；교정(校正)하다」②조사하다. 측량(測量)하다. 실지로 조사하다.「推一；신문하다」

[勘察] k'ānch'á ㄎㄢㄔㄚˊ 실지로 조사하다.

[勘正] k'ānchěng ㄎㄢㄓㄥˋ 교정(校正)하다.

[勘探] k'ānt'àn ㄎㄢㄊㄢˋ (지하 자원 따위를) 실지로 탐색(探索)하다.

[勘測] k'ānts'è ㄎㄢㄘㄜˋ 실지로 측량하다.

[勘對] k'āntuì ㄎㄢㄉㄨㄟˋ 조사하여 바로잡다.

[勘誤] k'ānwù ㄎㄢㄨˋ 틀린 것을 고치다.「一表; 정오표(正誤表)」

[勘驗] k'ānyèn ㄎㄢㄧㄢˋ ①실지로 조사하다. ②검증(檢證)하다. ③검시(檢屍)하다.

〔堪〕 k'ān ㄎㄢ ①할 힘이 있다. 충분히 …할 수 있다. …함에 넉넉하다.「一以告慰; 충분히 만족할 수 있다」「一稱佳作; 가작이라고 할 수 있다」②견디다. 참다.「難一；참을 수 없다」

[堪堪] k'ānk'ān ㄎㄢㄎㄢ 당장. 머지 않아. 곧.「情況一好轉；정세는 머지 않아 호전(好轉)될 것이다」

〔戡〕 k'ān ㄎㄢ ①(반란을) 진압하다. 평정하다.「一亂；반란을 진압하다」②살해하다.

〔龕〕 k'ān ㄎㄢ 감실(龕室). 불단(佛壇).「佛一；불단」

〔坎〕 k'ǎn ㄎㄢˇ ①구멍. 움푹 파인 곳. ②역(易)의 괘(卦) 이름: ☵. ③문지방.

[坎肩兒] k'ǎnchiēnrh ㄎㄢˇㄐㄧㄢㄦ 조끼. 배자(褙子).

[坎井] k'ánchǐng ㄎㄢˊㄐㄧㄥˇ 어느 정도 깊은 우물.

[坎坷] k'ánk'ǒ ㄎㄢˊㄎㄜˇ ①오목하고 불룩한 모양. ②뜻을 이루지 못하다. ＞坎坎坷坷.

[坎兒] k'ǎnrh ㄎㄢˇㄦ ①길이 울퉁불퉁한 곳. ②은어(隱語).

〔侃〕 k'ǎn ㄎㄢˇ.

[侃侃而談] k'ánk'ǎnérht'án ㄎㄢˊㄎㄢˇㄦˊㄊㄢˊ 올바른 주장을 서두르지 않고 태연하게 말하다.

〔砍〕 k'ǎn ㄎㄢˇ ①(칼·도끼 따위로) 베어 떨어뜨리다. 쳐서 베다.「一木頭; 나무를 베다」②던지다. …향하여 던지다.「拿磚頭一狗；개를 향하여 벽돌을 던지다」

[砍柴] k'ǎn ch'ái ㄎㄢˇ ㄔㄞˊ 작은 나뭇가지를 베다.

[砍進] k'ǎnchìn ㄎㄢˇㄐㄧㄣˋ 적진으로 쳐들어 가다.

[砍伐] k'ǎnfá ㄎㄢˇㄈㄚˊ (연장이나 도끼로) 벌채(伐採)하다.

[砍掉] k'ǎntiào ㄎㄢˇㄉㄧㄠˋ 베어 떨어뜨리다. 쳐서 베다.

[砍頭] k'ǎn t'óu ㄎㄢˇㄊㄡˊ 목을 베다.

〔檻〕 k'ǎn ㄎㄢˇ 문지방.「門一；문지방」⇨chièn.

〔看〕 k'àn ㄎㄢˋ ①쳐다 보다. 보다. 소리를 내지 않고 읽다.「一書；책을 읽다」「一電影；영화를 보다」②(모양·성질 따위를 차분히) 보다. 관찰(觀察)하다.「一脈；맥을 짚다」「一一年再說吧、；우선 한 1년 형편을 본 뒤에 합시다」③진찰하다. 치료하다.「這位大夫把我的病一好了；이 의사 선생님께서 나의 병을 고쳐 주셨다」④방문하다. 문안하다.「一病人；환자를 문병하다」「一朋友；친구를 방문하다」⑤대접하다. 취급하다.「別眼相一；다르게 보다. 이상한 눈으로 보다. 어긋난 대접을 하다」⑥…이라고 판단하다. …이라고 생각하다.「我一應該這麼辦；나는 이렇게 하는 것이 옳다고 생각하오」⑦…하여 보다. 시험삼아 …하다：대개는 경성(輕聲)으로 됨.

「問一聲一；잠깐 물어 보아라」「做做一；우선 하여 봅시다」⑧주의하다.…하면 안되다.「別跑,一摔着；달리지 마라, 넘어진다」⑨…따르다.…나름이다.「那得一時候兒；그것은 시절 나름이다」⇨k'ān.
[看矮] k'àn'ǎi ㄎㄢˋㄞˇ 깔보다. 경멸하다.
[看長] k'ànch'áng ㄎㄢˋㄔㄤˊ ①길게 이어지다. ②k'ànchǎng 값이 오르다.
[看承] k'ànch'ếng ㄎㄢˋㄔㄥˊ ①응답(應答)하다. ②대우(待遇)하다.
[看成] k'ànch'êng ㄎㄢˋㄔㄥ …로 간주하다.「把要緊事一兒戲；중요한 일을 장난으로 간주하다」
[看着辦] k'ànchêpàn ㄎㄢˋㄓㄜㄅㄢˋ 형편을 보아서 하다. 짐작하여 하다.
[看齊] k'ànch'í ㄎㄢˋㄑㄧˊ ①보고 배우다. 본받다.「向孔子一；공자(孔子)를 본받다」②「向右一；우(右)로 나란히」「一綫；정돈선(整頓線)」
[看起] k'ànch'ǐ ㄎㄢˋㄑㄧˇ 중시(重視)하다.「平日不大一他；평소에는 그를 그다지 중요시하지 아니하다」＝看得起.
[看見] k'ànchien ㄎㄢˋㄐㄧㄢ 눈에 띄다.「沒一」「沒有一」의 경우에는 k'ànchièn 이라고도 읽음. 「다. 끝까지 모두 보다.
[看清] k'ànch'īng ㄎㄢˋㄑㄧㄥ 똑똑히 보
[看輕] k'ànch'īng ㄎㄢˋㄑㄧㄥ 경시(輕視)하다. 「②죽 보다.
[看去] k'ànch'ǜ ㄎㄢˋㄑㄩˋ ①보노라면.
[看穿] k'ànch'uān ㄎㄢˋㄔㄨㄢ 간파(看破)하다. ＝看破. 「視)하다.
[看重] k'ànchùng ㄎㄢˋㄓㄨㄥˋ 중시(重
[看中了] k'ànchùnglê ㄎㄢˋㄓㄨㄥˋㄌㄜ 보고 마음에 들다. 한눈에 반하다.
[看法(兒)] k'ànfa(rh) ㄎㄢˋㄈㄚ(ㄦ) 견해(見解). 보는 방법.
[看風使船] k'ànfêng shǐhch'uán ㄎㄢˋㄈㄥ ㄕˇㄔㄨㄢˊ ①임기 응변(臨機應變)하다. ②눈치를 보아서 일을 하다.《成》＝看風使舵.
[看風頭] k'ànfêngt'ou ㄎㄢˋㄈㄥㄊㄡ 형세를 관망(觀望)하다.
[看好] k'ànhǎo ㄎㄢˋㄏㄠˇ ①잘 된다고 예측하다. ②잘 보다. 끝까지 보다.
[看戲] k'àn hsì ㄎㄢˋ ㄒㄧˋ 연극을 보다. : 주로 신극(新劇)의 경우에 씀.
[看相] k'ànhsiàng ㄎㄢˋㄒㄧㄤˋ 관상(觀相)을 보다.
[看香頭的] k'ànhsiāngt'óutê ㄎㄢˋㄒㄧㄤㄊㄡˊㄉㄜ 무녀(巫女)가 향(香)을 피우며 주문(呪文)을 외고 신탁(神託)을 뇌면서 병(病)을 고침. 이 무녀(巫女)를 말함.
[看乎] k'ànhu ㄎㄢˋㄏㄨ 보고 있는 동안에. 금시. 하마터면. 「눈이 흐리다.
[看花] k'ànhuā ㄎㄢˋㄏㄨㄚ 너무 보아서
[看貨] k'ànhuò ㄎㄢˋㄏㄨㄛˋ 겉·표면(表面)만의 것. 보기만 하는 것.
[看人行事] k'ànjên hsíngshìh ㄎㄢˋㄖㄣˊ ㄒㄧㄥˊㄕˋ 사람에 따라 방법을 고치다.
[看熱鬧兒的] k'ànjênaorhtê ㄎㄢˋㄖㄜˋㄋㄠˋㄦㄉㄜ 구경군. 관람객(觀覽客).
[看高] k'ànkāo ㄎㄢˋㄍㄠ ①값이 오르다. ②값이 오르기를 기다리다. 「(觀客).
[看客] k'ànk'ò ㄎㄢˋㄎㄜˋ 구경군. 관객
[看顧] k'ànkù ㄎㄢˋㄍㄨˋ ①보살펴 주다. ②(장사에서) 단골이 되다. 「《舊》
[看官] k'ànkuān ㄎㄢˋㄍㄨㄢ 독자(讀者).
[看慣] k'ànkuàn ㄎㄢˋㄍㄨㄢˋ 익숙해지다. 낯익다.
[看來] k'ànlái ㄎㄢˋㄌㄞˊ 보니까.
[看臉子] k'ànliěntzǔ ㄎㄢˋㄌㄧㄢˇㄗ 냉정한 대우를 받다. ＝看碧眼. 看嘴臉.
[看面子] k'ànmièntzǔ ㄎㄢˋㄇㄧㄢˋㄗ 낯을 봐서 해주다. 정실(情實)에 따르다.
[看扁] k'ànpiěn ㄎㄢˋㄅㄧㄢˇ 아주 천하게 보다. 경멸하다.
[看病] k'ànpìng ㄎㄢˋㄅㄧㄥˋ ①진찰하다. ②진찰을 받다. ③문병(問病)하다.
[看不起] k'ànpuch'ǐ ㄎㄢˋㄅㄨㄑㄧˇ 경멸(輕蔑)하다. ↔看得起.
[看不見] k'ànpuchièn ㄎㄢˋㄅㄨㄐㄧㄢˋ 보이지 않다. 눈에 띄지 않다.
[看不淸] k'ànpuch'īng ㄎㄢˋㄅㄨㄑㄧㄥ 똑똑히 보이지 않다.
[看不下去] k'ànpuhsiàch'ǜ ㄎㄢˋㄅㄨㄒㄧㄚˋㄑㄩˋ ①보다 못해. 계속하여 더 볼 수 없다. ②참고 보고만 있을 수 없다. ③눈에 거슬리다. ↔看得下去.
[看不看的] k'ànpuk'àntê ㄎㄢˋㄅㄨㄎㄢˋㄉㄜ 보거나 말거나.
[看不慣] k'ànpukuàn ㄎㄢˋㄅㄨㄍㄨㄢˋ ①낯익지 않다. ②싫다.
[看不過] k'ànpukuò ㄎㄢˋㄅㄨㄍㄨㄛˋ 차마 보고 있을 수 없다. 못본 체할 수 없다. 「고 마음에 들지 않다. ＝看不上眼.
[看不上] k'ànpushàng ㄎㄢˋㄅㄨㄕㄤˋ 보
[看上了] k'ànshanglê ㄎㄢˋㄕㄤˋㄌㄜ ①보고 마음에 들다. 한눈에 반하다. ＝看中了. ②첫눈에 매혹되다.
[看事做事] k'ànshìh tsòshìh ㄎㄢˋㄕˋㄗㄨㄛˋㄕˋ 임기 응변(臨機應變)으로 일을 하다. 「하다.
[看待] k'àntài ㄎㄢˋㄉㄞˋ 대접하다. 취급
[看臺] k'ànt'ái ㄎㄢˋㄊㄞˊ 관람석(觀覽席). 스탠드(stand). 「②보고 알다.
[看到] k'àntao ㄎㄢˋㄉㄠ ①보고 고르다.
[看得過去] k'àntêkuòch'ǜ ㄎㄢˋㄉㄜㄍㄨㄛˋㄑㄩˋ 볼 만하다. 거슬리지 않다.
[看低] k'àntī ㄎㄢˋㄉㄧ 깔보다. 천하게 보다. 「들여다 보다. ＝看終了.
[看透] k'ànt'òu ㄎㄢˋㄊㄡˋ 간파하다. 빤히
[看頭兒] k'ànt'ourh ㄎㄢˋㄊㄡㄦ 볼 만한 가치. 볼 만한.「那個片子沒什麼一；저 영화는 조금도 볼 만한 가치가 없다」
[看做] k'àntsò ㄎㄢˋㄗㄨㄛˋ …으로 간주하다.「把他一賊；그를 도적으로 보다」
[看望] k'ànwàng ㄎㄢˋㄨㄤˋ ①방문하다. ②문안하다.

〔瞰〕 k'àn ㄎㄢˋ ①내려다 보다.
[瞰視] k'ànshìh ㄎㄢˋㄕˋ 내려다 보다.

KANG ㄍㄤ

〔扛〕 kāng ㄍㄤ ①두 손으로 받쳐 들다. ②두 사람이 쳐들다.
〔肛〕 kāng ㄍㄤ「一門；항문」
〔岡〕 kāng ㄍㄤ ①봉우리.「山一；산봉우리」②「一子·一兒；언덕」「土一兒；수북한 흙더미」

〔缸〕 kāng ㄍㄤ 독. 「水一 ; 물독」
[缸蓋] kāngkài ㄍㄤㄍㄞˋ 독의 뚜껑.
[缸兒(一子)] kāngrh(—tzŭ) ㄍㄤㄦ(一ㄗ) ①(정교하게 만든) 항아리. ②차잔.
[缸瓦] kāngwǎ ㄍㄤㄨㄚˇ 진흙과 모래를 섞어서 만든 값싼 질그릇.

〔剛〕 kāng ㄍㄤ ①굳다. 세다. 「性情太一 ; 성격이 지나치게 강하다」 ②간신히. 꼭. 「材料一够 ; 재료가 겨우 자랐다」 ③지금 막. 「一來就走 ; 이제 막 왔는가 했더니 금방 가버린다」
[剛正] kāngchěng ㄍㄤㄓㄥˋ 의지가 강하고 곧다. >剛剛正正.
[剛直] kāngchíh ㄍㄤㄓˊ 강직하다.
[剛強] kāngchiáng ㄍㄤㄑㄧㄤˊ 고집이 세다. 옹고집이다.
[剛巧] kāngchiǎo ㄍㄤㄑㄧㄠˇ =剛好②.
[剛勁] kāngchìng ㄍㄤㄐㄧㄥˋ 굳세다. 의지가 강하다.
[剛性] kānghsìng ㄍㄤㄒㄧㄥ =剛強.
[剛好] kānghǎo ㄍㄤㄏㄠˇ ①꼭 알맞다. 「大小兒一 ; 크기가 꼭 알맞다」 ② 꼭 알맞게. 「一他進屋子裡來了 ; 때마침 그가 방으로 들어 왔다」
[剛口] kāngk'ǒu ㄍㄤㄎㄡˇ 말이 유창하면서도 날카롭다. 「話이다.
[剛烈] kāngliěh ㄍㄤㄌㄧㄝˋ 강직하다. 외
[剛愎] kāngpì ㄍㄤㄅㄧˋ 고집을 피우다. 억지를 쓰다. 「一自用 ; 고집이 대단해서 남의 의견 따위는 거들떠 보지도 않다」
[剛頭兒] kāngtóurh ㄍㄤㄊㄡˊㄦ 방금. 조금 전에. «平» 「금방.
[剛才] kāngts'ái ㄍㄤㄘㄞˊ 지금 막. 이제
[剛要] kāngyào ㄍㄤㄧㄠˋ …하려고 하니까. 「一出門他來了 ; 외출하려고 하니까 그가 왔다」
[剛玉] kāngyǜ ㄍㄤㄩˋ 금강석. 금강사(金剛砂).

〔罡〕 kāng ㄍㄤ 북두칠성. 「一風 ; 높은 곳에서 부는 바람 : 도가(道家)의 말」

〔綱〕 kāng ㄍㄤ ①굵은 밧줄. ②주요한 부분. 「大一 ; 대강」 ③당나라 때에 시작된 대량 화물의 수송 방법 : 여러 번에 운반하는 같은 종류의 화물 1회분을 "綱"이라고 함.
[綱擧目張] kāngchǚ-mùchāng ㄍㄤㄐㄩˇㄇㄨˋㄓㄤ ①아랫사람이 웃사람에게, 작은 것이 큰 것에 따른다는 말. ②사물의 요점만 파악하면 그 밖의 것은 이에 따라 해결된다는 말. «成»
[綱領] kānglǐng ㄍㄤㄌㄧㄥˇ 강령. 국가나 당(黨)의 일정한 기간 중의 행동 목표.
[綱領性] kānglǐnghsìng ㄍㄤㄌㄧㄥˇㄒㄧㄥˋ 국가나 당의 일정한 기간 중의 행동 목표에 합치된.
[綱要] kāngyào ㄍㄤㄧㄠˋ 요점(要點).

〔鋼〕 kāng ㄍㄤ 강철. ⇨kàng.
[鋼叉] kāngch'ā ㄍㄤㄔㄚ 긴 막대기 끝에 U자 모양의 쇠를 꽂은 것 : 도둑을 붙잡는 데 썼음.
[鋼城] kāngch'ěng ㄍㄤㄔㄥˊ 큰 제철소(製鐵所)가 있는 도시.
[鋼針兒] kāngchěnrh ㄍㄤㄓㄣㄦ 축음기의 바늘. 「土 ; 철근 콘크리이트」
[鋼筋] kāngchīn ㄍㄤㄐㄧㄣ 철근. 「一混凝
[鋼琴] kāngch'ín ㄍㄤㄑㄧㄣˊ 피아노. 「一家 ; 피아니스트」 「一絲 ; 피아노 줄」
[鋼錐子] kāngchuitzŭ ㄍㄤㄓㄨㄟㄗ 강철로 된 송곳. 「속칭. 「一鍋 ; 알미늄 남비」
[鋼種] kāngchǔng ㄍㄤㄓㄨㄥˇ 알미늄의
[鋼口兒] kāngk'ǒurh ㄍㄤㄎㄡˇㄦ 강철로 만든 칼이나 도끼 따위.
[鋼骨] kāngkǔ ㄍㄤㄍㄨˇ 철근. 「一水泥 ; 철근 콘크리이트」
[鋼軌] kāngkueǐ ㄍㄤㄍㄨㄟˇ 레일.
[鋼盔] kāngk'ueī ㄍㄤㄎㄨㄟ 철모(鐵帽).
[鋼纜] kānglàn ㄍㄤㄌㄢˋ 와이어 로우프.
[鋼版] kāngpǎn ㄍㄤㄅㄢˇ 등사판의 원지를 긁을 때 밑에 받치는 철판. 줄판.
[鋼筆] kāngpǐ ㄍㄤㄅㄧˇ ①펜. 「一畫兒 ; 펜 그림」 「一頭兒 ; 펜촉」 「一杆兒 ; 펜대」 「一帽兒 ; 만년필의 뚜껑」 「一水 ; 잉크」 ②철필(鐵筆).
[鋼坯] kāngp'ī ㄍㄤㄆㄧ 쇳덩이. 쇳조각.
[鋼繩] kāngshěng ㄍㄤㄕㄥˊ =鋼絲繩.
[鋼水] kāngshuǐ ㄍㄤㄕㄨㄟˇ 녹인 강철. 강철의 용액(溶液).
[鋼絲] kāngssū ㄍㄤㄙ 철사. 「一鉗 ; 펜찌」 「一繩 ; 가는 철사로 만든 밧줄. 케이블」 「一索 ; 와이어 로우프. 스프링」 「一床 ; 스프링 베드」
[鋼鐵] kāngt'iěh ㄍㄤㄊㄧㄝˇ ①강철. ②굳다. 강하다. 「一意志 ; 강철 같은 의지」
[鋼錠] kāngtìng ㄍㄤㄉㄧㄥˋ 쇳덩어리.
[鋼鑽] kāngchuàn ㄍㄤㄓㄨㄢˋ 드릴 : 회전시켜 구멍을 뚫는 송곳.
[鋼印] kāngyìn ㄍㄤㄧㄣˋ 드라이 스탬프. 회전식 도장.
[鋼都] kāngtū ㄍㄤㄉㄨ =鋼城.

〔港〕 kǎng ㄍㄤˇ ①하천의 지류(支流). ②항구. ③"香港"의 준말. 「폐.
[港幣] kǎngpì ㄍㄤˇㄅㄧˋ 홍콩의 달러 지
[港口] kǎngk'ǒu ㄍㄤˊㄎㄡˇ ①항구. 항구의 입구. ②본류와 지류가 나뉘는 곳.

〔崗〕 kǎng ㄍㄤˇ ①파수 보는 곳. 「站一 ; 보초를 서다」 「布一 ; 경비원을 배치하다」 ②=岡. 「소(哨所).
[崗卡] kǎngch'iǎ ㄍㄤˊㄑㄧㄚˇ 보초막. 초
[崗警] kǎngchǐng ㄍㄤˊㄐㄧㄥˇ 파출소 같은 데서 보초를 서는 순경.
[崗樓] kǎnglóu ㄍㄤˇㄌㄡˊ 망대(望臺).
[崗兵] kǎngpīng ㄍㄤˇㄅㄧㄥ 보초병.
[崗哨] kǎngshào ㄍㄤˇㄕㄠˋ ①초소(哨所). =崗卡. ②보초.
[崗子(一兒)] kǎngtzŭ(—rh) ㄍㄤˇㄗ (一ㄦ) 군대나 경찰의 초소.
[崗位] kǎngwèi ㄍㄤˇㄨㄟˋ ①보초서는 위치. ②직업상의 지위. 직장. 부서(部署). 「一工作 ; 직책으로 맡은 일」

〔槓〕(杠) kàng ㄍㄤˋ ①「一子 ; 약간 굵은 막대기. 몽둥이」 「鐵一 ; 철봉」 =鋼(kàng). 「社).
[槓房] kàngfáng ㄍㄤˋㄈㄤˊ 장의사(葬儀
[槓桿(兒)] kàngkǎn(rh) ㄍㄤˋㄍㄢˇ(ㄦ) 지레 : 연장의 하나. 「布 ; 칼가는 헝겊」
[槓刀] kàngtāo ㄍㄤˋㄉㄠ 칼을 갈다. 「一

[槓頭] kàngt'óu ㄍㄤˋㄊㄡˊ ①논쟁을 좋아하는 사람. ②관(棺)을 메는 사람의 우두머리. 「②철봉 운동 기구의 하나.
[槓子] kàngtzǔ ㄍㄤˋㄗ ①굵은 막대기.
〔鋼〕 kàng ㄍㄤˋ 칼을 가죽이나 헝겊 따위로 갈다. 「這把刀鈍了要一一一；이 칼은 들지 않게 되었다. 갈아야 한다」 ⇨kāng.

K'ANG ㄎㄤ

〔康〕 k'āng ㄎㄤ ①편안한. 건강한. 「健一；건강」 ②(무우 따위에) 바람이 들어 속이 비다. 매말라서 까칠하게 되다. 「蘿蔔一了；무우가 바람이 들어 속이 비었다」 ③성(姓)의 하나.
[康衢] k'āngch'ǘ ㄎㄤㄑㄩˊ 큰길(大路).
[康莊] k'āngchuāng ㄎㄤㄓㄨㄤ 길이 사방으로 통하고 평탄하다. 「一大道；넓고 평평한 길」
[康樂] k'ānglè ㄎㄤㄌㄜˋ ①편안하다. 즐겁다. ②휴양. 오락. 기분 전환.
[康樂球] k'ānglèch'iú ㄎㄤㄌㄜˋㄑㄧㄡˊ 보울링(bowling) : 실내 경기의 하나.
[康寧] k'āngníng ㄎㄤㄋㄧㄥˊ 편안하다.
[康拜因機] k'āngpàiyīnchī ㄎㄤㄅㄞˋㄧㄣㄐㄧ 콤바인(combine). 《譯》 곡물 수확기(穀物收穫機).
〔慷〕〔忼〕 k'āng ㄎㄤ, k'ǎng
[慷慨] k'āngk'ǎi ㄎㄤㄎㄞˇ, k'ángk'ǎi ①아까와하지 않는다. 시원시원하다. 호기롭게 돈이나 물건을 잘 쓰다. 「一解囊；아낌 없이 돈을 내다」 ②손이 크다. : 금품을 후하게 쓰는 성질. 「他待人很一；그는 아주 선심 좋고 손이 큰 사나이다」 ③슬퍼하다. 원통해 하다.
〔糠〕 k'āng ㄎㄤ ①겨. 「米一；쌀겨」 ②속에 구멍이 뚫리다. 매말라서 까칠하다. =康②. 「這根木料發一；이 나무는 속이 텅 비었다」
[糠麩] k'āngfū ㄎㄤㄈㄨ 밀기울.
[糠秕] k'āngpǐ ㄎㄤㄅㄧˇ ①겨 ②시시한 것. 쓸모 없는 것.
〔扛〕 k'áng ㄎㄤˊ ①(어깨에) 메다. 메어 나르다. 「一糧食；양식을 메다」 ②(책임 따위를) 지다. 맡다. ⇨kāng.
[扛肩兒的] k'ángchiēnrhtê ㄎㄤˊㄐㄧㄢㄦ ㄉㄜ 하물 운반(荷物運搬)을 직업으로 하는 사람. 「인부(人夫).
[扛夫] k'ángfū ㄎㄤˊㄈㄨ 물건을 메는
[扛活] k'ánghuó ㄎㄤˊㄏㄨㄛˊ 머슴.
[扛頭] k'ángt'óu ㄎㄤˊㄊㄡˊ ①외면(外面) 하다. ②버릇 없이 굴다.
〔亢〕 k'àng ㄎㄤˋ ①고고하다. 거만하다. 자부(自負)하다. ②뻐기다. 「不卑不一；비굴하지도 않고 거만치도 않다」 ③극점에 이르다. 심하다. 「一旱；대한발(大旱魃). 심한 가뭄」
[亢燥] k'àngtsào ㄎㄤˋㄗㄠˋ 음성(音聲)이 흥분되어 있다.
〔伉〕 k'àng ㄎㄤˋ ①상대. ②같은 정도의 것. ③맞서다. ④강건(強健)한. ⑤거만하다.
[伉儷] k'ànglì ㄎㄤˋㄌㄧˋ 부부(夫婦).
〔抗〕 k'àng ㄎㄤˋ ①반항하다. 부딪치다. 방해하다. 「抵一；저항」 「一旱；가뭄과 대결하다. 가뭄을 막다」 ②거절하다. 거역하다. 「一命；명령을 거역하다」 ③서로 겨루다. 경쟁하다. 「分庭一禮；대등한 입장에서 서로 만나보다」 ④고상(高尙)한. 「다.
[抗擊] k'àngchī ㄎㄤˋㄐㄧ 대항하여 싸우
[抗老強身] k'ànglǎo ch'iángshēn ㄎㄤˋㄌㄠˇㄑㄧㄤˊㄕㄣ 늙음에 항거하여 신체를 건강하게 하다.
[抗拒] k'àngchǜ ㄎㄤˋㄐㄩˋ ①거역하다. 거부하다. ②기피(忌避)하다. >抗抗拒拒.
[抗捐] k'àngchuān ㄎㄤˋㄐㄩㄢ 징세(徵稅)에 반대하다. 납세반대. 세금 불납(稅金不納).
[抗衡] k'ànghéng ㄎㄤˋㄏㄥˊ ①대항하다. ②서로 노려 보다. 서로 양보하지 않다.
[抗澇] k'ànglào ㄎㄤˋㄌㄠˋ 홍수(洪水)와 대결하다. 수해를 막다.
[抗力] k'ànglì ㄎㄤˋㄌㄧˋ 저항력(抵抗力).
[抗糧] k'àngliáng ㄎㄤˋㄌㄧㄤˊ 지조(地租)의 납입을 거부하다.
[抗論] k'ànglùn ㄎㄤˋㄌㄨㄣˋ ①바른 말 잘 하며 남에게 아첨하지 않다. ②언론(言論)으로 저항하다. 「항생 물질.
[抗生素] k'àngshēngsù ㄎㄤˋㄕㄥㄙㄨˋ
[抗屬] k'àngshǔ ㄎㄤˋㄕㄨˇ 항일전(抗日戰)에 참가한 군인의 가족의 약칭.
[抗禦] k'àngyǜ ㄎㄤˋㄩˋ 저항하고 방어하다.
〔炕〕 k'àng ㄎㄤˋ ①온돌. ②건조(乾燥)하다.
[炕氈(子)] k'àngchān(tzǔ) ㄎㄤˋㄓㄢ (ㄗ) 온돌 위에 까는 모포(毛布).
[炕桌(兒)] k'àngchō(rh) ㄎㄤˋㄓㄨㄛ (ㄦ) 온돌 위에 놓는 작은 책상.
[炕席] k'ànghsí ㄎㄤˋㄒㄧˊ 온돌 위에 까는 돗자리 따위.
[炕上地下] k'àngshang tìhsia ㄎㄤˋㄕㄤ ㄉㄧˋㄒㄧㄚ 부녀(婦女)들의 자질구레한 일 : 바느질·청소·식사의 준비 따위.
[炕單子] k'àngtāntzǔ ㄎㄤˋㄉㄢㄗ 온돌 위에 까는 시이트.
[炕頭兒] k'àngt'óurh ㄎㄤˋㄊㄡˊㄦ 구들한 모퉁이. 구들 아궁이 한쪽 구석. 「一上；구들 아궁이의 한 모퉁이」
[炕頭子貨] k'àngt'óutzǔhuò ㄎㄤˋㄊㄡˊㄗㄏㄨㄛˋ 세상 일을 잘 모르는 부인을 욕하는 말. 「재:거름으로 씀.
[炕土] k'àngt'ǔ ㄎㄤˋㄊㄨˇ 방 구들의 흙
[炕洞] k'àngtùng ㄎㄤˋㄉㄨㄥˋ 온돌의 아궁이.

KAO ㄍㄠ

〔高〕 kāo ㄍㄠ ①(높이가) 높다. 「一樓大厦；높은 빌딩」 ②(등급이) 높다. 「一年級；고학년」 ③(품질·능력이) 높다. 좋다. 「本領一；수완이 좋다」 「貨色

一；품질이 좋다. ④(값이) 비싸다.「價錢太一；값이 너무 비싸다」⑤(소리가) 높다.「嗓門兒一；목소리가 높다」

[高矮(兒)] kāoǎi(rh) ㄍㄠㄞˇㄦ 높이. 고저(高低). 「=高亢.

[高昂] kāoáng ㄍㄠㄤˊ 물가가 오르다.

[高傲] kāoào ㄍㄠㄠˋ 거만을 떨다.

[高產] kāoch'ǎn ㄍㄠㄔㄢˇ 많은 수확. 높은 생산.「一作物；많이 거둘 수 있는 농작물」 「하다. 넓고 펀펀하다.

[高敞] kāoch'ǎng ㄍㄠㄔㄤˇ 광대(廣大)

[高漲] kāochǎng ㄍㄠㄓㄤˇ ①값이 오르다.「物價一；물가가 오르다」②kāochàng 증대하다. 확대하다.「情緖一；기운(氣運)이 높아지다」

[高唱入雲] kāoch'àng jùyǘn ㄍㄠㄔㄤˋ ㄖㄨˋㄩㄣˊ 노랫소리가 높고 맑음.

[高瞻遠矚] kāochān-yüánchǔ ㄍㄠㄓㄢ ㄩㄢˊㄓㄨˇ ①사물에 대한 통찰력이 있다. ②식견이 넓다. 「뛰어나다.

[高超] kāoch'āo ㄍㄠㄔㄠ 보통보다 한층

[高潮] kāoch'áo ㄍㄠㄔㄠˊ ①태풍이나 바다 속의 화산의 폭발 등으로 육상에까지 밀어 닥치는 높은 파도. ②어떤 움직임이 최고도로 달한 상태. 고조.

[高招兒] kāochāorh ㄍㄠㄓㄠㄦ 교묘한 방법. 계략(計略). =高著兒.

[高枕無憂] kāochěn wúyū ㄍㄠㄓㄣˇㄨˊㄧㄡ ①베개를 높이 하고 안심하고 자다. 너무나 낙관하다. ②마음이 편안하여 걱정이 없음.《成》 =高枕而臥.

[高腔] kāoch'iāng ㄍㄠㄑㄧㄤ "河北省高陽"에서 비롯된 가곡(歌曲). =弋腔.

[高強] kāoch'iáng ㄍㄠㄑㄧㄤˊ 훌륭하다.「本事一；수완이 훌륭하다」

[高蹺] kāoch'iāo ㄍㄠㄑㄧㄠ 죽마춤 : 긴 나무막대기에 두 다리를 각각 비끄러매고 뛰면서 춤추는 놀이. =高蹻·高橇·高翹·高脚. 「해. ②상대방의 의견.《敬》

[高見] kāochièn ㄍㄠㄐㄧㄢˋ ①뛰어난 견

[高情] kāoch'íng ㄍㄠㄑㄧㄥˊ 후의(厚意).《敬》

[高枝兒] kāochīrh ㄍㄠㄐㄧㄦ 지위가 높은 사람.「巴一；아첨하여 높은 지위를 구하다」

[高就] kāochiù ㄍㄠㄐㄧㄡˋ ①보다 좋은 일자리.「另覓一吧；달리 좋은 일자리를 구하시지요」②좋은 일자리를 얻다. 취직의 존대말.

[高樁兒] kāochuāngrh ㄍㄠㄓㄨㄤㄦ 도도록한 물건.「一饅頭；봉곳한 만두」

[高爾夫] kāoěrhfū ㄍㄠㄦˇㄈㄨ 골프.《譯》「一棒；골프채」「一球；㉮골프. ㉯골프의 보올」 「지은 집.

[高房] kāofáng ㄍㄠㄈㄤˊ 높은 집. 높이

[高風亮節] kāofēng liàngchiéh ㄍㄠㄈㄥ ㄌㄧㄤˋㄐㄧㄝˊ 인격이 높고 절개가 굳다.《成》

[高下] kāohsià ㄍㄠㄒㄧㄚˋ 상하(上下). 우열(優劣).「較量一；우열을 겨루다」

[高香] kāohsiāng ㄍㄠㄒㄧㄤ ①질이 좋은 선향(線香). ②긴 선향.

[高薪] kāohsīn ㄍㄠㄒㄧㄣ 많은 봉급.

[高興] kāohsìng ㄍㄠㄒㄧㄥˋ ①즐거워하다. 기뻐하다. ②…하는 것을 좋아하다.「你一做這路活？；너는 이런 일을 하기를 좋아하느냐?」③유쾌하다. 재미있다.

＞高高興興.

[高靴] kāohsüēh ㄍㄠㄒㄩㄝ 장화.

[高人] kāojén ㄍㄠㄖㄣˊ 명인(名人). 명수(名手).

[高亢] kāok'àng ㄍㄠㄎㄤˋ 노랫소리 따위가 명랑하게 높아지다.「嗓子一；목소리가 높다」

[高高手兒] kāokaoshǒurh ㄍㄠㄍㄠㄕㄡˇㄦ 제발 좀 너그럽게 보아 주십시오 : 용서를 빌 때의 상투어.

[高岡] kāokāng ㄍㄠㄍㄤ ①높은 언덕. ②높은 자리. 윗자리.

[高跟(兒)鞋] kāokēn(rh)hsiéh ㄍㄠㄍㄣ(ㄦ)ㄒㄧㄝˊ 하이힐.

[高歌] kāokō ㄍㄠㄍㄜ 소리 높여 노래하다.「一猛進；큰소리로 노래하며 매진하다」 「더미.

[高圪壈] kāokōlan ㄍㄠㄍㄜㄌㄢ 높은 흙

[高個子(一兒)] kāokòtzŭ(—rh) ㄍㄠㄍㄜˋㄗ(—ㄦ) 키가 큰 사람. 키다리.

[高估] kāokū ㄍㄠㄍㄨ 높이 평가하다.「一自己的力量；자기의 힘을 과대 평가하다」 「＞高高貴貴. ②값이 비싸다.

[高貴] kāokueì ㄍㄠㄍㄨㄟˋ ①고귀하다.

[高粱] kāoliang ㄍㄠㄌㄧㄤ 수수. 고량.「一梗；수수깡」「一米；수수쌀. 고량미」

[高麗紙] kāolichīh ㄍㄠㄌㄧㄓˇ 두껍고 질긴 창호지. 한지(韓紙). 「②빌딩.

[高樓] kāolóu ㄍㄠㄌㄡˊ ①훌륭한 누각.

[高爐] kāolú ㄍㄠㄌㄨˊ 용광로의 한 가지.

[高帽兒(一子)] kāomàorh(—tzŭ) ㄍㄠㄇㄠˋㄦ(—ㄗ) 높은 모자라는 뜻으로, 아첨 또는 남이 추어 주는 말.「戴一；(남이 추어 주는) 비행기를 타다」뽐내는 모양.「戴一遊街示衆；제가 젠체하고 활개를 젓고 거리를 쏘다니다」

[高門大戶] kāomén-tàhù ㄍㄠㄇㄣˊ ㄉㄚˋㄏㄨˋ ①훌륭한 가문. ②큰 집.

[高明] kāoming ㄍㄠㄇㄧㄥ 뛰어나다. 훌륭하다.「你的意見很一；너의 의견은 훌륭하다」 「은 가루차.

[高末兒] kāomòrh ㄍㄠㄇㄛˋㄦ 질이 좋

[高年] kāonién ㄍㄠㄋㄧㄢˊ 고령(高齡).

[高年級] kāoniénchí ㄍㄠㄋㄧㄢˊㄐㄧˊ 고학년(高學年).

[高攀] kāop'ān ㄍㄠㄆㄢ 윗사람과 교제하거나 인척 관계를 맺다.

[高不成, 低不就] kāopùchéng, tīpúchiù ㄍㄠㄅㄨˋㄔㄥˊ, ㄉㄧㄅㄨˊㄐㄧㄡˋ 어지빠르다. 적합치 못해 쓸모가 없다는 말.

[高山族] kāoshāntsú ㄍㄠㄕㄢㄗㄨˊ 대만(臺灣)에 사는 종족인 고산족.

[高深莫測] kāoshēn mòts'è ㄍㄠㄕㄣ ㄇㄛˋㄘㄜˋ 고원하고 심오하여 헤아릴 수 없다 : 흔히 풍자의 뜻으로 씀.《成》

[高昇] kāoshēng ㄍㄠㄕㄥ 지위가 높아지다. 승진하다.

[高視闊步] kāoshìh-k'uòpù ㄍㄠㄕˋ ㄎㄨㄛˋㄅㄨˋ ①사람의 기개가 비범하다. ②태도가 교만하다.《成》

[高瘦] kāoshòu ㄍㄠㄕㄡˋ 후리후리하다. 몸이 여위고 키가 크다.

[高壽] kāoshòu ㄍㄠㄕㄡˋ ①장수(長壽). ②연세가 어떻게 되십니까 : 늙은이에게 나이를 묻는 말.《敬》「您一？；춘추가 얼마나 되십니까?」

[高手(兒)] kāoshǒu(rh) ㄍㄠㄕㄡˇ(ㄦ) 기

술이 뛰어난 사람：주로 직업인에게 씀.

[高聳聳的] kāosúngsǔngtê ㄍㄠㄙㄨㄥˊㄙㄨㄥˇㄉㄜ 높이 솟아 있는 모양.

[高抬] kāot'ái ㄍㄠㄊㄞˊ ①높이 쳐들다.「一貴手；＝高高手兒」②신분을 높이다. ③존경하다.

[高待] kāotài ㄍㄠㄉㄞˋ 우대하다.

[高湯] kāot'āng ㄍㄠㄊㄤ 돼지나 닭 따위의 뼈대·대가리를 삶은 국.

[高談闊論] kāot'án-kuòlùn ㄍㄠㄊㄢˊㄍㄨㄛˋㄌㄨㄣˋ ①마음껏 논의하다. ②유쾌하게 담론하다.《成》

[高低] kāotī ㄍㄠㄉㄧ ①우열(優劣). 정도.「不識一；사물을 분간하지 못하다. 세상을 모르다」②어쨌든. 어차피.「一做好了；어쨌든 완성했다」

[高調(兒)] kāotiào(rh) ㄍㄠㄉㄧㄠˋ(ㄦ) ①높은 가락. ②(실행하기 어려운) 탁상론(卓上論). ③고조.

[高頭] kāot'óu ㄍㄠㄊㄡˊ ①높은 곳. 위.「放在柜子一；선반 위에 얹어 두다」②덩어리가 큰 것.

[高材生] kāots'áishēng ㄍㄠㄘㄞˊㄕㄥ 「재능 있는 학생.

[高燥] kāots'ào ㄍㄠㄘㄠˋ 지대가 높고 건조하다.

[高醋] kāots'ù ㄍㄠㄘㄨˋ 질이 좋은 식초.

[高祖] kāotsǔ ㄍㄠㄗㄨˇ ①할아버지의 할아버지. 고조부. ②조상. ③역대 왕조(王朝)의 시조(始祖).

[高足] kāotsú ㄍㄠㄗㄨˊ ①제자 가운데서 뛰어난 사람. 고제(高弟). ②귀하(당신)의 제자.

[高祖母] kāotsúmǔ ㄍㄠㄗㄨˊㄇㄨˇ 고조모. 「할아버지의 할머니.

[高座子] kāotsòtzǔ ㄍㄠㄗㄨㄛˋㄗ ①높은 좌석. 높은 자리. ②높은 받침대.「一煤油燈；받침대가 긴 등잔대」

[高筒氈靴] kāot'ǔng chānhsüēh ㄍㄠㄊㄨㄥˇ ㄓㄢㄒㄩㄝ 펠트로 만든 장화(長靴). 목이 긴 펠트 구두.

[高筒皮鞋] kāot'ǔng p'íhsiéh ㄍㄠㄊㄨㄥˇㄆㄧˊㄒㄧㄝˊ 목이 긴 가죽 구두. 가죽 장화.

[高眼] kāoyěn ㄍㄠㄧㄢˇ 식견이 높다.

[高揚臉兒] kāoyángliěnrh ㄍㄠㄧㄤˊㄌㄧㄢˇㄦ ①거만을 떠는 얼굴. ②시침을 떼고 모른 체하는 얼굴.

[高靿兒] kāoyàorh ㄍㄠㄧㄠˋㄦ (구두나 양말의) 목이 길고 깊숙한 것.「一襪子；긴 양말」

〔羔〕 kāo ㄍㄠ ①「一子·一兒；작은 양(羊)」②「一子·一兒；일반적으로 동물의 새끼를 말함」

[羔(兒)皮] kāo(rh)p'í ㄍㄠ(ㄦ)ㄆㄧˊ 새끼 「양의 털가죽.

[羔羊] kāoyáng ㄍㄠㄧㄤˊ 새끼양.

〔皐〕 kāo ㄍㄠ 물가(水邊)의 높은 땅. 「물가(水邊).

〔膏〕 kāo ㄍㄠ ①기름진. 살찐 고기. ②기름. 지방(脂肪).「民脂民一；백성의 땀과 기름」③유약(油藥).「牙一；치약」「藥一子；연고(軟膏)」 ⇨kào.

[膏牢] kāoláo ㄍㄠㄌㄠˊ 맛있는 것.

[膏粱] kāoliáng ㄍㄠㄌㄧㄤˊ 맛있는 음식. 기름진 고기와 쌀.「一子弟；부호(富豪)의 자제」

[膏子藥] kāotzǔyào ㄍㄠㄗㄧㄠˋ 연고(軟膏).

[膏藥] kāoyao ㄍㄠㄧㄠ 고약.

[膏腴] kāoyǘ ㄍㄠㄩˊ 땅이 기름지다. 옥토(沃土).

〔睾〕 kāo ㄍㄠ 고환(睾丸).

〔篙〕 kāo ㄍㄠ 대막대기. 상앗대.

[篙工] kāokūng ㄍㄠㄍㄨㄥ (삿대질하는) 뱃사공.

〔糕〕(餻) kāo ㄍㄠ 쌀가루나 밀가루에 다른 재료를 섞어서 찐 음식.「鷄蛋一；카스텔라」

[糕乾] kāokan ㄍㄠㄍㄢ 쌀가루에 설탕을 넣어 구운 길쭉한 떡의 한 가지.

[糕餅店] kāopǐngtièn ㄍㄠㄅㄧㄥˇㄉㄧㄢˋ 찐 것이나 구운 것을 파는 가게.

[糕點] kāotiěn ㄍㄠㄉㄧㄢˇ ①쪄서 만든 과자. 곡식의 가루를 주요 재료로 하여 만든 대용식(代用食) 과자. ②답례용의 과자 종류.

〔杲〕 kǎo ㄍㄠˇ「一一；햇빛이 밝은 모양」

〔搞〕 kǎo ㄍㄠˇ 하다. ＝弄. 做. 槁.

〔槁〕(稾) kǎo ㄍㄠˇ 시든.「一木；고목(枯木)」

〔稿〕(稾) kǎo ㄍㄠˇ ①볏짚. 짚. ②「一子·一兒；초고(草稿). 원고」「打一兒；초고를 작성하다」③「一子·一兒；예정. 계획」「做事沒有準一子就不成；일을 하려면 확고한 계획을 갖지 않으면 안된다」④비교하다. 겨루다.「一酒；술마시기의 내기를 하다」⑤교섭하다. 흥정하다.「一價兒；값을 흥정하다」

[稿件] kǎochièn ㄍㄠˇㄐㄧㄢˋ ①원고. ②초고와 문서.

[稿荐] kǎochièn ㄍㄠˇㄐㄧㄢˋ 도리어.

[稿酬] kǎoch'óu ㄍㄠˇㄔㄡˊ 원고료.

[稿費] kǎofèi ㄍㄠˇㄈㄟˋ ＝稿酬.

[稿兒(一子)] kǎorh(—tzǔ) ㄍㄠˇㄦ(—ㄗ) ①문장·그림의 초고. ②사본(寫本). ③예정. 계획.「打一；예정하다」 ④규칙.「這事哪有準一？；이 일에 규칙이 어디 있겠읍니까？」

[稿(兒)紙] káo(rh)chǐh ㄍㄠˊ(ㄦ)ㄓˇ 원고 「용지.

[稿底子(一兒)] káotǐtzǔ ㄍㄠˊㄉㄧˇㄗ 초고(草稿).

〔縞〕 kǎo ㄍㄠˇ 하얀 명주.「一素；상복(喪服)」「一衣；소복(素服)」

〔鎬〕 kǎo ㄍㄠˇ 괭이. 곡괭이.「十字一；곡괭이」 ⇨hào.

[鎬車] kǎoch'ē ㄍㄠˇㄔㄜ 권양기(捲揚機).

[鎬頭] kǎotou ㄍㄠˇㄊㄡ 곡괭이. ＝洋鎬. 十字鎬.

〔攪〕 kǎo ㄍㄠˇ ＝搞. ⇨chiǎo.

〔告〕 kào ㄍㄠˋ ①말하다. 알리다.「沒有不可一人的事；무엇이든 남에게 말하지 못할 것이 없다」②고발하다.「咱們一他去吧；저놈을 고발해야겠다」 ③구하다. 얻다.「一假；휴가를 얻다」④진술하다. 공개적으로 말하다.「自一奮勇；그 임무를 맡겠다고 스스로 나서서 말하다」⑤완성하다. …이 되다.「一一段落；일단락이 되다」

[告成] kàoch'éng ㄍㄠˋㄔㄥˊ 완성하다.

[告急] kàochí ㄍㄠˋㄐㄧˊ ①급보(急報)를 알리다. ②전쟁이나 재해를 당했을 때

구원을 청하다.
[告假] kàochià ㄍㄠˋㄐㄧㄚˋ 휴가를 얻다. 「一病假 ; 병으로 휴가를 얻다」
[告捷] kàochiéh ㄍㄠˋㄐㄧㄝˊ 승리를 알리다. 승리를 고하다.
[告借] kàochièh ㄍㄠˋㄐㄧㄝˋ =告貸.
[告誡] kàochièh ㄍㄠˋㄐㄧㄝˋ 훈계하다.
[告警] kàochǐng ㄍㄠˋㄐㄧㄥˇ 급보를 알리다. 「탕진하다.
[告罄] kàoch'ìng ㄍㄠˋㄑㄧㄥˋ 없어지다.
[告狀] kàochuàng ㄍㄠˋㄓㄨㄤˋ 고소하다. 고발하다.「告他的狀 ; 그를 고발하다」「一媽媽狀 ; (어린이가 싸우든지 하여) 어머니에게 일러 바치다」 「완성하다.
[告竣] kàochǜn ㄍㄠˋㄐㄩㄣˋ 준공하다.
[告終] kàochūng ㄍㄠˋㄓㄨㄥ 끝나다.
[告下來] kàohsialai ㄍㄠˋㄒㄧㄚㄌㄞ ①고소하다. ②고소가 수리되다. 「這一次可一下他來了 ; 이번엔 그에 대한 고소가 수리되었다」
[告學] kàohsiáo ㄍㄠˋㄒㄧㄠˊ ①하나하나 빠짐 없이 알리다. ②사람들 사이에 서서 고자질하다.
[告休] kàohsiū ㄍㄠˋㄒㄧㄡ 사직(辭職)하겠다고 말하다.
[告擾] kàojǎo ㄍㄠˋㄖㄠˇ 폐를 끼쳤읍니다 : 연회석상 같은 데서 대접 받고 하는 인사말. 「과하다. 용서를 빌다. =討饒.
[告饒(兒)] kàojáo(rh) ㄍㄠˋㄖㄠˊ(ㄦ) 사
[告老] kàolǎo ㄍㄠˋㄌㄠˇ 늙은 관계로 퇴직을 원하다.
[告密] kàomì ㄍㄠˋㄇㄧˋ 비밀을 들추다.
[告白] kàopái ㄍㄠˋㄅㄞˊ ①일반 사람에게 알리는 말. ②공고. 광고.
[告帮] kàopāng ㄍㄠˋㄅㄤ 금전상의 원조를 청하다. 「잠시 실례하다.
[告便(兒)] kàopièn(rh) ㄍㄠˋㄅㄧㄢˋ(ㄦ)
[告別] kàopiéh ㄍㄠˋㄅㄧㄝˊ 헤어지다. 작별하다. 「사직할 의사를 표하다.
[告病] kàopìng ㄍㄠˋㄅㄧㄥˋ 병으로 인해
[告示] kàoshih ㄍㄠˋㄕ ①포고. ②게시(揭示). ①포고하다. ②게시하다.「一牌 ; 팻말」
[告訴] kàosù ㄍㄠˋㄙㄨˋ ①법원에 고소하다. ②kàosu 말하다. 알리다.「你一我這是怎麼一回事 ; 대체 어떻게 된 일인지 말해 보아라」 「다. =告送.
[告誦] kàosung ㄍㄠˋㄙㄨㄥ 말하다. 알리
[告貸] kàotài ㄍㄠˋㄉㄞˋ 돈을 꾸어 달라고 말하다.「一無門 ; 돈을 꾸고 싶으나 꿀 데가 없다」
[告地狀] kàotìchuàng ㄍㄠˋㄉㄧˋㄓㄨㄤˋ 길가에서 구걸을 하다.《吳》
[告天子] kàotiēntzǔ ㄍㄠˋㄊㄧㄢㄗ 종달새. =叫天子. 雲雀.
[告辭] kàots'ǘ ㄍㄠˋㄘˊ ①고별 인사를 하다. ②사직(辭職)하다.
[告罪] kàotsuì ㄍㄠˋㄗㄨㄟˋ ①죄를 고백하다. ②실례하다.
[告退] kàot'uì ㄍㄠˋㄊㄨㄟˋ ①은퇴할 것을 청원하다. ②사퇴하다.
〔膏〕 kào ㄍㄠˋ 「一油 ; 기름을 기계 따위에 바르다」 ⇨kāo.
〔誥〕 kào ㄍㄠˋ (왕이 신하에게) 하명(下命)하다. 임명하다. 「一封 ; 사령(辭令)」

K'AO ㄎㄠ

〔尻〕 k'āo ㄎㄠ 엉덩이. 볼기. =屁股.
〔考〕(攷) k'ǎo ㄎㄠˇ ①시험하다. 시험(試驗). 「期一 ; 학기말 시험」「一語文 ; 국어 시험을 치다」 ②수험(受驗)하다. 「一大學 ; 대학 입학 시험을 치다」 ③조사하다. 검사하다. 「一査 ; 조사·검사하다」 ④연구하다. 고증(考證)하다.「一一一這個古磁瓶的年代 ; 이 옛 자기(古磁器)의 연대(年代)를 고증하여 보다」 ⑤나이를 먹다. 장수하다. 「壽一 ; 장수하다. 나이를 먹다」 ⑥망부(亡父). 「先一 ; 망부(亡父)」 「다.
[考察] k'ǎoch'á ㄎㄠˇㄔㄚˊ 시찰(視察)하
[考場] k'ǎoch'ǎng ㄎㄠˇㄔㄤˇ 시험장(試驗場). 「＞考考較較.
[考較] k'ǎochiào ㄎㄠˇㄐㄧㄠˋ 조사하다.
[考勤] k'ǎoch'ín ㄎㄠˇㄑㄧㄣˊ 근무(勤務) 성적을 평정(評定)하다. 「一簿 ; 출근부」
[考究] k'ǎochiū ㄎㄠˇㄐㄧㄡ ①고찰(考察)하다. ②연구하다. ③자세한 내용을 조사하다. ④k'ǎochiu 깊이 생각하다. 골몰하다. 「他對穿衣服, 很是一 ; 그는 옷차림에 신경을 기울이다」
[考據] k'ǎochǜ ㄎㄠˇㄐㄩˋ ①고증(考證)하다. ②구체적인 자료(資料)로서 증명·설명하다. ③증거. 근거.
[考取] k'ǎoch'ǚ ㄎㄠˇㄑㄩˇ ①시험을 쳐서 채용하다. ②시험에 합격하다.
[考卷(兒)] k'ǎochüàn(rh) ㄎㄠˇㄐㄩㄢˋ(ㄦ) 시험 답안(試驗答案). 「격하다.
[考中] k'ǎochùng ㄎㄠˇㄓㄨㄥˋ 시험에 합
[考核] k'ǎohó ㄎㄠˇㄏㄜˊ 검사하다. 상세히 조사하다. 「중히 생각하다.
[考慮] k'ǎolǜ ㄎㄠˇㄌㄩˋ 잘 생각하다. 신
[考妣] k'ǎopǐ ㄎㄠˇㄅㄧˇ 돌아가신 부모.
[考不上] k'ǎopushàng ㄎㄠˇㄅㄨㄕㄤˋ 시험에 떨어지다.
[考上] k'ǎoshang ㄎㄠˇㄕㄤ 시험에 합격되다. 「生).
[考生] k'ǎoshēng ㄎㄠˇㄕㄥ 수험생(受驗
[考題] k'ǎot'í ㄎㄠˇㄊㄧˊ 시험문제(試驗問題). 「하다.
[考訂] k'ǎotìng ㄎㄠˇㄉㄧㄥˋ 교정(校正)
[考問] k'ǎowěn ㄎㄠˇㄨㄣˋ ①시험 삼아 묻다. ②k'ǎowên 자세히 듣고 조사하여 확인하다.
[考驗] k'ǎoyèn ㄎㄠˇㄧㄢˋ ①(사상·정책 따위가 올바른가 어떤가를) 실제로 확인하다. 조사하다. 시험하다. ②시련(試練). 테스트(test).
[考語] k'ǎoyǚ ㄎㄠˇㄩˇ 평언(評言).
〔拷〕 k'ǎo ㄎㄠˇ 치다. 두드리다. 때리다. 「一打 ; 때리다」 「하다.
[拷訊] k'ǎohsǜn ㄎㄠˇㄒㄩㄣˋ 고문(拷問)
[拷花] k'ǎohuā ㄎㄠˇㄏㄨㄚ ①무늬를 눌러 찍는 틀. ②(놋그릇 따위에) 무늬를 눌러 찍다. 「때리다.
[拷掠] k'ǎolüèh ㄎㄠˇㄌㄩㄝˋ 회초리로
[拷貝] k'ǎopèi ㄎㄠˇㄅㄟˋ 코피(copy).

복사. 사본.《譯》
[拷打] k'áotǎ ㄎㄠˊㄉㄚˇ 고문하여 때리「다.

〔烤〕 k'ǎo ㄎㄠˇ ①굽다. 말리다.「一濕溫衣裳；젖은 의복을 불에 말리다」②따습게 하다. 쬐다.「一手；손을 쬐다」
[烤糊] k'ǎohú ㄎㄠˇㄏㄨˊ 새까맣게 눋게 하다.
[烤火] k'ǎohuǒ ㄎㄠˇㄏㄨㄛˇ 불에 쬐다.
[烤麪包] k'ǎomiènpāo ㄎㄠˇㄇㄧㄢˋㄅㄠ ① 토우스트. ② k'ǎo miènpāo 빵을 굽다.
[烤白薯] k'ǎopáishǔ ㄎㄠˇㄅㄞˊㄕㄨˇ ①군고구마. ②k'ǎo páishǔ 고구마를 굽다.
[烤手] k'áo shǒu ㄎㄠˊ ㄕㄡˇ 손을 말리다.
[烤電] k'ǎotiěn ㄎㄠˇㄉㄧㄢˋ 전기 치료「(電氣治療)를 하다.
[烤煙] k'ǎoyēn ㄎㄠˇㄧㄢ ①불로 말린 담배잎. ②아편(阿片)을 만들다.

〔栲〕 k'ǎo ㄎㄠˇ
[栲栳] k'áolǎo ㄎㄠˊㄌㄠˇ 버드나무 가지로 엮은 둥근 모양의 바구니.

〔犒〕 k'ào ㄎㄠˋ 노고를 따뜻하게 위로「하다.
[犒勞] k'àolao ㄎㄠˋㄌㄠ 노고를 위로하다. 위로로 대접하는 음식물. 「상을 주다.
[犒賞] k'àoshǎng ㄎㄠˋㄕㄤˇ 공로자에게
[犒師] k'àoshīh ㄎㄠˋㄕ 군대에게 음식물을 내다. 병사들을 위문하다.

〔銬〕 k'ào ㄎㄠˋ ①「一子；수갑」=手銬子. ②수갑을 채우다.「把犯人一起來；범인에게 수갑을 채우다」

〔靠〕 k'ào ㄎㄠˋ ①기대다. 의지하다.「一着墻站着；벽에 기대어 서다」②가까이 가다. 접근하다.「船一岸了;배가 물가에 다가 오다」③의뢰하다. 의지하다.「不要一別人；사람에게 의지하지 말아라」④신뢰하다. 믿고 의지하다.「可一的人；믿고 의지할 만한 사람」
[靠岸] k'àoàn ㄎㄠˋㄢˋ (배를) 물가에 대「다.
[靠常兒] k'àoch'ángrh ㄎㄠˋㄔㄤˊㄦ 오래도록 지속하다. 오래도록 가지다.
[靠近] k'àochìn ㄎㄠˋㄐㄧㄣˋ ①접근하다. ②친절하게 하다. =靠攏.
[靠準兒] k'àochǔnrh ㄎㄠˋㄓㄨㄣˇㄦ 신용할 수 있다. 확실하다.
[靠後] k'àohòu ㄎㄠˋㄏㄡˋ①뒤로 다가서다. ②뒤로 돌리다. 「…정도.
[靠摸] k'àomo ㄎㄠˋㄇㄛ 대략. 대개. 약.
[靠牌兒] k'àop'áirh ㄎㄠˋㄆㄞˊㄦ 신용할 수 있다. 확실하다.
[靠盤兒] k'àop'ánrh ㄎㄠˋㄆㄢˊㄦ 질서 정연하게 하다. 순서를 정하다.
[靠包] k'àopāo ㄎㄠˋㄅㄠ 쿠션(cushion): 푹신푹신한 방석. 「一國；완충국(緩衝國)」
[靠邊兒] k'àopiēnrh ㄎㄠˋㄅㄧㄢㄦ ①가장자리 쪽으로 비키다.「一走；가장자리 쪽을 걷다」②(이야기 따위에) 수긍할 만한 데가 있다.
[靠不住] k'àopuchù ㄎㄠˋㄅㄨㄓㄨˋ 신용할 수 없다. 의지할 수가 없다.
[靠山] k'àoshan ㄎㄠˋㄕㄢ ①의지할 수 있는 사람. ②뒷 방패. 백(back).
[靠天] k'àot'iēn ㄎㄠˋㄊㄧㄢ 운(運)에 맡기다.
[靠墊] k'àotièn ㄎㄠˋㄉㄧㄢˋ 쿠션.
[靠托] k'àot'ō ㄎㄠˋㄊㄨㄛ 의뢰하다. 의지하다. 믿다. 「하여 기대는 것. ②방패.
[靠頭兒] k'àot'ourh ㄎㄠˋㄊㄡㄦ ①의지

KEI ㄍㄟ

〔給〕 kěi ㄍㄟˇ ①주다. 증정하다.「一他一本書；그에게 책을 한 권 보내다」「是誰一你的？；누가 너에게 주었느냐？」②동작이나 태도를 상대편에게 나타내다.「一了他嚴勵的批評；가혹한 비판을 그에게 가했다」③…를 …시키다. …로 …시켜 주다.「一你吃；너에게 먹여 주다」「一你看看；너에게 보여 주다」④(…를 위하여·대신하여) …해 주다.「一我帮忙；나를 위하여 도와 주다」「一我打掃打掃；내 대신에 청소해다오」⑤…로 향하여. …에 대하여. …에게.「一大家道謝；여러 사람에게 사례하다」⑥…에게서. …에게. ⑦…에게: 문장적인 용법.「送一本書一你；너에게 책 한 권을 보내 주마」⑧구어(口語)로는 "送一你一本書""把(這)一本書送一你" 라고 함. ⑨(나쁜 일을) 저질렀다:증오·경멸의 뜻.「他一我吃了；그가 먹어 버렸다」 ⑩"被·讓" 따위와 함께 쓰임.「金魚被猫一吃了；금붕어는 고양이에게 먹혔다」 ⑪"被·讓" 따위를 생략함.「金魚一吃了；금붕어가 어떤 것에 잡아 먹혔다:이 "給"는 "被"로 대체할 수 있는 위치에 있으나 "被"와 같지는 않다」⑫"給"를 "被" 대신에 주동자(主動者) 앞에 놓음.《方》「金魚一猫吃了；금붕어는 고양이에게 먹혔다」⑬「一小孩子買點心吃；어린이에게 간식(間食)을 사 먹이다」⇨chǐ.
[給臉] kěiliěn ㄍㄟˇㄌㄧㄢˇ 체면을 세워 주다.「一不要臉！；체면을 세워 주려고 하는데 스스로 창피를 당하고서!」
[給不了] kěipuliǎo ㄍㄟˇㄅㄨㄌㄧㄠˇ 주지 못하다. 지불하지 못하다.「他看不起我，怕我一房租；내가 집세를 내지 못할까 봐 그는 나를 깔보고 있다」↔給得了.
[給以] kěiǐ ㄍㄟˇㄧˇ 주다:뒤에 두 음절 이상의 말이 옴.「對他一尖銳的批評；그에게 날카로운 비판을 하다」「一足够的關心;많은 관심을 기울이다」

KÊN ㄍㄣ

〔根〕 kēn ㄍㄣ ①초목의 뿌리.「樹一；나무의 뿌리」②「一兒；(물건의)밑둥」「墻一兒；담의 밑 부분」③ 물건의 근원. 기초.「禍一；화근」④전부. 몽땅.「一絕；근절」⑤가늘고 긴 것을 세는 말.「一一木料；한 그루의 재목」「兩一繩子；두 가닥의 새끼」⑥대수(代數) 의 루우트. 근(根). ⑦=基②.
[根扎] kēnchā ㄍㄣㄓㄚ 뿌리 박히다.
[根基] kēnchī ㄍㄣㄐㄧ ①근본. 기초. ② kēnchi 품행. 성품.
[根脚] kēnchiǎo ㄍㄣㄐㄧㄠˇ 토대. 기초.

[根莖] kēnchīng ㄍㄣㄐㄧㄥ 식물의 지하경(地下莖).

[根定] kēnchiū ㄍㄣㄐㄧㄡ 철저히 구명하다.

[根據] kēnchü ㄍㄣㄐㄩˋ ①근거. ②증거로 하다.「一什麼？；무엇을 증거로 하느냐？」③…에 의하면. …에 입각하여.「一我們的了解,他的學習態度很好；우리들이 알기에는 그의 학습 태도는 매우 좋다」

[根除] kēnch'ú ㄍㄣㄔㄨˊ 근절하다. 뿌리째 뽑다.

[根性] kēnhsìng ㄍㄣㄒㄧㄥˋ 근성. 본성(本性).

[根苗] kēnmiáo ㄍㄣㄇㄧㄠˊ 근원(根源).

[根本] kēnpěn ㄍㄣㄅㄣˇ ①근본. ②(부정사가 붙어서) 전혀.「他一不知道人情；그는 전혀 인정을 모르다」

[根本性] kēnpěnhsìng ㄍㄣㄅㄣˇㄒㄧㄥˋ 근본적. 본질적.

[根兒] kēnrh ㄍㄣㄦ ①식물의 뿌리. ②물건의 아랫 부분. 기초. ③근본. ④후원자. 배경. ⑤가늘고 긴 것을 세는 말.「一一繩子；한 가닥의 새끼」

[根深蒂固] kēnshēn-tìkù ㄍㄣㄕㄣㄉㄧˋㄍㄨˋ 기초가 단단하다.《成》「人的仇恨一,不是容易消滅的；사람의 원한이란 뿌리가 깊어서 쉽사리 사라지지 않다」

[根生土長] kēnshēng-t'úchǎng ㄍㄣㄕㄥㄊㄨˊㄓㄤˇ 거기서 나서 거기서 자라다. 본토박이이다.「他是個一的臺北人；그는 본토박이인 타이페이 사람이다」

[根代] kēntài ㄍㄣㄉㄞˋ 자손. 후예.

[根柢] kēntǐ ㄍㄣㄉㄧˇ ①식물의 뿌리. ②사물의 근본. 근저.

[根底(兒)] kēntǐ(rh) ㄍㄣㄉㄧˇ(ㄦ) ①사물의 근본. 근저. ②경위. ③재산.

[根子] kēntzǔ ㄍㄣㄗ ＝根兒①②③⑤.

[根由] kēnyú ㄍㄣㄧㄡˊ 내력(來歷). 원인.

〔跟〕 kēn ㄍㄣ ①「一兒；(발·구두·양말 따위의)뒤꿈치」「脚後一兒；발뒤꿈치」「襪後一兒；양말의 뒤꿈치」②좇다. 따라가다. 계속되다.「一隨他走；그와 함께 가다」③("着"가 붙어서) 계속하여. 그 뒤에서.「開完會一着就鷄尾酒會；회의가 끝나면 곧 칵테일 파아티에 들어간다」④뒤따르다. 미치다.「我的手藝可不一他；나의 역량은 도저히 그를 따르지 못한다」⑤…와. ＝和.「我一他在一起工作；나는 그와 함께 일을 하고 있다」⑥…에게. ＝對. 向.「已經一他說過了；이미 그에게 말했다」⑦있다.《北》「他正一家裡呢；그는 지금 집에 있읍니다」

[跟着] kēnchê ㄍㄣㄓㄜ ①함께 어울려서.「他也一笑了；그도 함께 어울려서 웃었다」②잇달아. 뒤에서.「一又來了一個人；잇달아 또한 사람이 왔다」

[跟前] kēnch'ien ㄍㄣㄑㄧㄢ ①앞. 옆. 매우 가까운 곳.「走到他一；그의 옆에까지 가다」②슬하.「父母一有兩個兒子；양친의 슬하에는 두 아들이 있다」

[跟脚(兒)] kēnchiǎorh ㄍㄣㄐㄧㄠˇㄦ 발에 꼭 맞다.

[跟勁兒] kēnchìnrh ㄍㄣㄐㄧㄣˋㄦ 어린아이가 어른에게 매달려 따라 붙는 모양.

[跟踵而來] kēnchǔngêrhlái ㄍㄣㄓㄨㄥˇㄦˊㄌㄞˊ 뒤꿈치를 따라 온다는 뜻으로, 남의 뒤를 따르거나 또는 사물이 잇달아 일어난다는 말.《成》

[跟夫] kēnfū ㄍㄣㄈㄨ (관의 네 모퉁이에 각각 붙어) 관(棺)을 메는 상여군.

[跟人] kēnjên ㄍㄣㄖㄣˊ 수행원. 시중드는 사람. 「ㄉㄜ ＝跟人.

[跟班(兒)的] kēnpān(rh)tê ㄍㄣㄅㄢ(ㄦ)

[跟包(的)] kēnpāo(tê) ㄍㄣㄅㄠ(ㄉㄜ) 배우(俳優)의 신변을 돌봐 주는 사람.

[跟不上] kēnpushàng ㄍㄣㄅㄨㄕㄤˋ ①따라 갈 수 없다. ＝跟不上趟. ②비교가 되지 않다. ↔跟得上.

[跟上] kēnshang ㄍㄣㄕㄤ 뒤따르다. 뒤쫓다.

[跟手(兒)] kēnshǒu(rh) ㄍㄣㄕㄡˇㄦ ①딴 일을 하는 김에. ＝隨手兒.「一就把門關了；딴 일을 하던 김에 문을 닫았다」②즉각. 즉시로.

[跟隨] kēnsuí ㄍㄣㄙㄨㄟˊ ①남의 뒤를 따르다. 수행하다. ②시중드는 사람.

[跟定] kēntìng ㄍㄣㄉㄧㄥˋ 바싹 뒤를 따르다.

[跟頭] kēnt'ou ㄍㄣㄊㄡ ①공중 회전(空中迴轉).「一個一折出十萬八千里；매우 빠르다는 형용」②물구나무서기.「摔了一個一；곤두박히다」「栽一；㉮곤두박질을 하다. ㉯좌절되어 실패하다」

[跟頭蟲(兒)] kēnt'ouch'úng(rh) ㄍㄣㄊㄡㄔㄨㄥˊ(ㄦ) 장구벌레.

[跟踪] kēntsūng ㄍㄣㄗㄨㄥ 남의 뒤를 따라가다.

〔哏〕 kěn ㄍㄣˊ 재미있다. 우습다.「逗一；웃기다」「說話有一；말투가 우습다」

[哏氣] kěnch'i ㄍㄣˊㄑㄧ 우습고 재미있다.

[哏勁兒] kénchìnrh ㄍㄣˊㄐㄧㄣˋㄦ 재미. 흥취.

[哏哏地] kěnkěntê ㄍㄣˊㄍㄣˊㄉㄜ ①재미있고 우습게. ②싱글벙글하며.

〔艮〕 kěn ㄍㄣˇ ①음식이 단단하다. 힘줄이 있다.「一蘿蔔不好吃；섬유질 무우는 맛이 없다」②외고집. 강직(剛直).「這個人眞一；이놈은 정말 완고하다」③감추지 않다. 노골적이다.「他說的話太一；그의 말은 너무나도 노골적이다」⇨kèn.

〔艮〕 kèn ㄍㄣˋ 역학(易學)의 괘(卦)의 이름:"☶". ⇨kěn.

〔亘〕(亙) kèn ㄍㄣˋ 걸치다. 이어지다. 긍하다.「綿一數十里；수십리에 걸쳐서 이어져 있다」「一古及今；예로부터 지금까지」

[亘古未有] kènkǔ wèiyǔ ㄍㄣˋㄍㄨˇㄨㄟˋㄧㄡˇ 예로부터 지금까지 한 번도 없었다. 미증유(未曾有)하다.

K'ÊN ㄎㄣ

〔肯〕 k'ěn ㄎㄣˇ ①기꺼이 …하다. 자진하여 …하다.「他不一來；그는 오는 것을 싫다고 한다」②승낙하다. 들어 주다.「首一；수긍하다. 납득하다」③뼈에 붙은 살. (사물의) 급소(急所). 요점(要點). 핵심.

[肯綮] k'ěnch'ìng ㄎㄣˇㄑㄧㄥˋ 뼈와 살이 결합된 곳. 사물(事物)의 급소(急所). 핵심

(核心).「中一；요점(要點)에 해당되다」
[肯確] k'ěnch'üèh ㄎㄣˇㄑㄩㄝˋ 확실히.
[肯定] k'ěntìng ㄎㄣˇㄉㄧㄥˋ ①긍정하다. 정면으로 인정하다.「一成績, 指出缺點；성적은 인정하고 결점을 지적하다」②확실하게. 확실하다. 틀림없다.「有了一的消息；확실한 통지가 있었다」

〔啃〕 k'ěn ㄎㄣˇ 깨물다. 물어 뜯다. 씹다.「狗一骨頭；개가 뼈를 깨물다」「一老玉米；옥수수를 씹다」
[啃住] k'ěnchu ㄎㄣˇㄓㄨ ①물어 뜯다.②확실히 잘라 말하다. 「착취하다.
[啃刻] k'ěnk'ǒ ㄎㄣˇㄎㄜˋ 학대(虐待)하다.
[啃不下] k'ěnpuhsià ㄎㄣˇㄅㄨㄒㄧㄚˋ ①먹을 수 없다.②이해할 수 없다.

〔墾〕(垦) k'ěn ㄎㄣˇ ①힘껏 갈다. ②개간하다.
[墾殖] k'ěnchíh ㄎㄣˇㄓˊ 개척(開拓)하다.「一場；개척 농장(開拓農場)」
[墾荒] k'ěnhuāng ㄎㄣˇㄏㄨㄤ 개간하다. 황무지(荒蕪地)를 개척하다.

〔懇〕(恳) k'ěn ㄎㄣˇ ①친절한. 성의(誠意)가 있는.「意誠辭一；친절하고 말이 공손하다」②간원(懇願)하다.「敬一；잘 부탁합니다」《書》
[懇切] k'ěnch'ièh ㄎㄣˇㄑㄧㄝˋ 정성(精誠)을 다하다. 간절하다. 성실하다.「言辭一；말에 진심이 차 있다. 말에 정성어리다. >懇懇切切. 「일에 친절한 모양.
[懇至] k'ěnchìh ㄎㄣˇㄓˋ 간절하고 모든
[懇摯] k'ěnchìh ㄎㄣˇㄓˋ 친절하고 성실하다. 「하다. =央求.
[懇求] k'ěnch'iú ㄎㄣˇㄑㄧㄡˊ 간절히 부탁
[懇托] k'ěnt'ō ㄎㄣˇㄊㄨㄛ 공손히 부탁하다. 부탁합니다.

〔掯〕 k'èn ㄎㄣˋ 압박하다. 성가시게 하다. 제한하다.「勒一；압박하다. 곤란케 하다」

〔裉〕(褃) k'èn ㄎㄣˋ 의복의 겨드랑밑의 솔기: 소매가 옷 몸에 붙는 부분.「殺一；소매를 달다」「抬一；어깨에서 겨드랑 밑까지의 넓이. 또는 소매통」

KÊNG ㄍㄥ

〔更〕 kēng ㄍㄥ ①바꾸다. 고치다.「一新；새로와지다」②경험하다.「少不一事；젊어서 경험이 적다」③chīng 밤을 7시부터 2시간씩 5등분한 시간의 하나.「三一；오후 11시에서 오전 1시까자의 사이. 삼경」「一深人靜；밤이 깊어져 주위가 고요해지다」「打一；야경을 하다」⇨kèng.
[更正] kēngchěng ㄍㄥㄓㄥˋ 잘못을 고치다. 정정(訂正)하다.「一錯誤；잘못을 고치다」
[更番] kēngfān ㄍㄥㄈㄢ 교대교대로.
[更夫] kēngfū ㄍㄥㄈㄨ, chīngfū 야경군.
[更衣] kēngī ㄍㄥㄧ ①옷을 갈아 입다. ②변소에 가다.
[更衣室] kēngīshìh ㄍㄥㄧㄕˋ ①옷을 갈아 입는 방. ②변소. 「>更更改改.
[更改] kēngkǎi ㄍㄥㄍㄞˇ 바꾸다. 고치다.
[更鼓] kēngkǔ ㄍㄥㄍㄨˇ, chīngkǔ ㄐㄧㄥㄍㄨˇ 경(更)을 알리는 북. 「치다.
[更名] kēngmíng ㄍㄥㄇㄧㄥˊ 이름을 고
[更梆] kēngpāng ㄍㄥㄅㄤ 밤 시간을 알리는 딱따기.
[更生] kēngshēng ㄍㄥㄕㄥ 갱생하다.
[更替] kēngt'ì ㄍㄥㄊㄧˋ 교체(交替)하다.
[更迭] kēngtiéh ㄍㄥㄉㄧㄝˊ 경질하다. 바꾸다. 「이동하다. ②변동하다.
[更動] kēngtùng ㄍㄥㄉㄨㄥˋ ①경질하다.

〔庚〕 kēng ㄍㄥ ①10간(干)의 일곱째 경(庚). ②일곱 번째. ③나이. 연령.「同一；같은 연배」「年一；연령」④성(姓)의 하나.

〔耕〕 kēng ㄍㄥ 〈文〉chīng 갈다.「深一；깊이 갈다」 「가축.
[耕畜] kēngch'ù ㄍㄥㄔㄨˋ 경작에 쓰는
[耕種] kēngchùng ㄍㄥㄓㄨㄥˋ 경작하여 파종(播種)하다.
[耕地] kēngtì ㄍㄥㄉㄧˋ 경작하다.
[耕田] kēngt'ién ㄍㄥㄊㄧㄢˊ =耕地.

〔賡〕 kēng ㄍㄥ 「하다.
[賡續] kēnghsǜ ㄍㄥㄒㄩˋ 계속하다. 연속 「만든 걸쭉한 국.

〔羹〕 kēng ㄍㄥ 고기나 야채 따위로
[羹匙] kēngch'íh ㄍㄥㄔˊ 국을 뜨는 숟가락. 작은 사기 숟가락. =湯匙.
[羹湯] kēngt'āng ㄍㄥㄊㄤ 국.

〔耿〕 kěng ㄍㄥˇ ①밝은 모양.「一一；환하게」②기개(氣槪)가 있다. 외곬으로 생각하다.「忠心一一；충성심에 불타다」③불안(不安).「一一不寐；불안하여 잠을 이룰 수 없다」
[耿直] kěngchíh ㄍㄥˇㄓˊ 기개가 굳고 강직하다. >耿耿直直.
[耿介] kěngchièh ㄍㄥˇㄐㄧㄝˋ 강직하다.
[耿耿] kěngkěng ㄍㄥˊㄍㄥˇ ①밝다.②기개가 있다. ③염려되다. 「(乾柿).
[耿餅] kěngpǐng ㄍㄥˊㄅㄧㄥˇ 곶감. 건시

〔埂〕 kěng ㄍㄥˇ ①「一子·一兒；논밭의 두렁」「地一子；밭두렁」②땅의 둔덕

〔哽〕 kěng ㄍㄥˇ 흐느끼다.
[哽咽] kěngyèh ㄍㄥˇㄧㄝˋ 흐느껴 울다.

〔梗〕 kěng ㄍㄥˇ ①「一子·一兒；식물의 줄기」「花一；꽃대」「荷一；연(蓮)의 줄기」②곧장. 똑바로 하다.「一着脖子；목을 똑바로 하고」③막히다. 막다. 방해하다.「從中作一；중간에서 방해하다」 「외곬이다. =梗直. 耿直.
[梗直] kěngchíh ㄍㄥˇㄓˊ 성격이 바르다.
[梗塞] kěngsè ㄍㄥˇㄙㄜˋ 막다. 막히다. 통하지 않다.「音信一；소식이 끊어지다」
[梗阻] kěngtsǔ ㄍㄥˊㄗㄨˇ =梗塞.
[梗咽] kěngyèh ㄍㄥˇㄧㄝˋ (슬픔이나 괴로움으로) 숨이 막혀 소리가 나오지 않다. 흐느껴 울다.

〔綆〕 kěng ㄍㄥˇ 두레박 줄.「一短汲深；짐이 지나치게 무겁다」

〔鯁〕(骾②) kěng ㄍㄥˇ ①생선의 뼈. ②물고기의 가시가 목에 걸리다.「骨一在喉; 가시가 목에 걸렸다」

〔更〕 kèng ㄍㄥˋ ①다시. 되풀이해서.「自力一生; 자력으로 갱생하다」「一上一層樓; 한층 더 위로 오르다」②더욱.「一好; 더욱 좋다」 ⇨kēng.

[更加] kèngchiā ㄍㄥˋㄐㄧㄚ 더욱 더. 한층.「生產要一發展; 생산은 더욱 더 발전시켜야 한다」 「다가.

[更兼] kèngchiēn ㄍㄥˋㄐㄧㄢ 그 위에. 게

[更生] kèngshēng ㄍㄥˋㄕㄥ 갱생하다. 되살아나다. =重生. 復活.

[更爲] kèngwéi ㄍㄥˋㄨㄟˊ 다시. 더 한층. 더욱.「老百姓的步伐一一致; 국민의 보조는 더욱 일치하다」

K'ÊNG ㄎㄥ

〔坑〕 k'ēng ㄎㄥ ①「一子·一兒; 구멍.「泥一兒; 흙탕물이 괸 곳」「水一子; 물이 괸 곳. 웅덩이」 ②구멍에 묻다. 생매장(生埋葬)하다.「焚書一儒; 책을 불태우고 유생(儒生)을 생매장하다」③속여 뺏다. 함정에 빠뜨리다.「一人; 사람을 함정에 빠뜨리다」

[坑氣] k'ēngch'ì ㄎㄥㄑㄧˋ 메탄 가스(Methan gas). =沼氣.

[坑井] k'ēngchǐng ㄎㄥㄐㄧㄥˇ 수갱(竪坑).

[坑渠] k'ēngch'ǘ ㄎㄥㄑㄩˊ 땅을 파 헤쳐서 만든 수로(水路). 소수(疏水).

[坑害] k'ēnghài ㄎㄥㄏㄞˋ 해치다. 빠뜨려 해치다.

[坑人] k'ēngjén ㄎㄥㄖㄣˊ ①남을 해치다. 남을 모함하다. ②생매장(生埋葬)하다. ③사람의 마음을 괴롭게 하여 분하게 하다. 약올리다.

[坑坑窪窪] k'ēngkēngwāwā ㄎㄥㄎㄥㄨㄚㄨㄚ 오목하고 볼록한 모양.

[坑苦] k'ēngk'u ㄎㄥㄎㄨ 남을 몹시 괴롭히다. 「=厕所.

[坑棚] k'ēngp'ēng ㄎㄥㄆㄥˊ 변소.《吳》

[坑騙] k'ēngp'ièn ㄎㄥㄆㄧㄢˋ 사람을 속이다.

[坑不了] k'ēngpuliǎo ㄎㄥㄅㄨㄌㄧㄠˇ 속일 수가 없다. 해치는 일은 없다.「他一你, 都有我呢!; 그는 너를 속일 수 없다. 내가 붙어 있으니까」

[坑兒] k'ēngrh ㄎㄥㄦ ①걸이 회미하게 오므라진 곳. ②구멍. ③똥통. ④빚.「平不了一; 빚을 갚을 수가 없다」

[坑兒坎兒(的)] k'ēngrhk'ǎnrh(tê) ㄎㄥㄦㄎㄢˇㄦ(ㄉㄜ) ①곡절(曲折). ②좌절(挫折). 곤란(困難).

[坑塘] k'ēngt'áng ㄎㄥㄊㄤˊ 웅덩이.

[坑道] k'ēngtào ㄎㄥㄉㄠˋ 지하도(地下道). 갱도(坑道).「一戰; 참호전(塹壕戰)」

[坑子] k'ēngtzǔ ㄎㄥㄗ ①구멍. ②똥통. 「다. ⇨háng.

〔吭〕 k'ēng ㄎㄥ 소리를 내다. 말을 하

[吭嗆] k'ēngch'iāng ㄎㄥㄑㄧㄤ (무엇을 급하게 한 입에 삼킬 때의) 꿀꺽 삼킴.「一就是一口; 꿀꺽 한입에 삼켜 버렸다」

[吭氣兒] k'ēngch'ìrh ㄎㄥㄑㄧˋㄦ 소리를 내다.「不一; 묵묵하다. 도무지 말 없다」

[吭吭] k'ēngk'ēng ㄎㄥㄎㄥ 콜록콜록.「一地咳; 콜록콜록 기침하다」

[吭聲兒] k'ēngshēngrh ㄎㄥㄕㄥㄦ 콧소리로 말하다.「一聲也不一; 도무지 말이 없다」

〔鏗〕 k'ēng ㄎㄥ 쇠붙이가 부딪치는 소리.「一的一聲響; 댕그랑하고 소리가 나다」

[鏗鏘] k'ēngch'iāng ㄎㄥㄑㄧㄤ 곱고 맑은 악기(樂器)의 소리. 또는 그런 노래의 형용(形容).「一悅耳; 곱고 맑은 훌륭한 음악」>鏗鏗鏘鏘.

KO ㄍㄜ

〔戈〕 kō ㄍㄜ ①창.「干一; 방패와 창. 전쟁」②성(姓)의 하나.

[戈比] kōpì ㄍㄜㄅㄧˋ 카페이카 : 소련의 화폐 이름.《譯》

[戈壁] kōpì ㄍㄜㄅㄧˋ 고비 사막.《譯》

〔圪〕 kō ㄍㄜ 「대추.

[圪針] kōchēn ㄍㄜㄓㄣ 〈植〉 산대추. 멧

[圪節] kōchiéh ㄍㄜㄐㄧㄝˊ 중요한 곳. 요점(要點).

[圪壈頭] kōlant'óu ㄍㄜㄌㄢㄊㄡˊ 흙더미.

[圪塄] kōláo ㄍㄜㄌㄠˊ 산모퉁이.《西》

[圪墶] kōta ㄍㄜㄉㄚ ①둥근 것. 덩어리.「土一; 흙덩이」②언덕. 구릉. ③곳.「這一; 이 근처」《東》

[圪擦] kōts'ā ㄍㄜㄘㄚ 얻어 맞다.《西》

[圪仰圪仰] kōyang kōyang ㄍㄜㄧㄤ ㄍㄜㄧㄤ ①깡충깡충 뛰는 모양. ②와글와글 떠드는 소리.《方》

〔疙〕 kō ㄍㄜ.

[疙渣兒] kōcharh ㄍㄜㄓㄚㄦ 부스럼의 딱지. 「의 마른 덩어리.

[疙脂] kōchíh ㄍㄜㄓˊ 끈기가 있는 물건

[疙疙瘩瘩] kōkotata ㄍㄜㄍㄜㄉㄚㄉㄚ ①울퉁불퉁하다. 삐죽삐죽하다. ②혼란하다. ③더듬거리다.

[疙裡疙瘩] kōlikota ㄍㄜㄌㄧㄍㄜㄉㄚ "疙疙瘩瘩"에 혐오감(嫌惡感)을 분명히 포함시킨 경우에 쓰는 말.

[疙膩] kōnì ㄍㄜㄋㄧˋ 싫어하며 미워하다.

[疙瘩針兒] kōtachēnrh ㄍㄜㄉㄚㄓㄣㄦ 대가리가 둥근 바늘의 하나.

[疙瘩嚕蘇] kōtalūsu ㄍㄜㄉㄚㄌㄨㄙㄨ ①상쾌하지 못하다. ②까다롭다.

[疙瘩(兒)] kōta(rh) ㄍㄜㄉㄚ(ㄦ) ①근심 고민. 고생의 원인.「心上的一早去掉了; 고생의 원인은 벌써 사라졌다」② 불쾌한 기분.「心裡繞着個大一; 마음 속에 불쾌한 기분이 사라지지 않고 있다」③ kōtarh 종기·여드름·물집·티눈·못 따위의 피부에 생기는 혐집.「蚊子呵了一口, 起了個一; 모기에 쏘여서 부었다」④둥글고 작은 것.

[疙瘩(兒)湯] kōta(rh)t'āng ㄍㄜㄉㄚ(ㄦ)ㄊㄤ 수제빗국: 밀가루 음식.

〔紇〕 kō ㄍㄜ.
[紇裡紇縫] kōlikōta ㄍㄜㄌㄧㄍㄜㄌㄚ ① 삐죽삐죽하다. 울퉁불퉁하다. ②혼란하다. 더듬거리다. =疙裡疙瘩.
[紇縫(兒)] kōta(rh) ㄍㄜㄌㄚ(ㄦ) 매듭. 실로 엮어 만든 단추.
〔咯〕 kō ㄍㄜ ⇨k'ǎ, lō.
[咯吱] kōchī ㄍㄜㄐㄧ 각작각작. 「老鼠一一地咬東西；쥐가 각작각작 물건을 갉다」「빨래 따위를 비비는 모양：썩썩.
[咯哧咯哧] kōch'ikōch'i ㄍㄜㄑㄧㄍㄜㄑㄧ
[咯咯] kōkō ㄍㄜㄍㄜ ①닭이 우는 소리：꼬꼬. ② 웃는 소리：호호호.
[咯咕] kōku ㄍㄜㄍㄨ 대굴대굴.
[咯喙咯喙] kōlukōlu ㄍㄜㄌㄨㄍㄜㄌㄨ 물건이 굴러가는 모양：대굴대굴.
[咯羅] kōlo ㄍㄜㄌㄨㄛ 재잘거리다.
[咯噠] kōta ㄍㄜㄌㄚ ①갓(芥子菜)의 뿌리. 「一纓兒；갓의 잎」 ②작고 둥근 물건. =疙瘩. 「土一；흙덩이」
[咯噔] kōtēng ㄍㄜㄌㄥ 계단 따위를 올라가는 소리：쿵쿵.
〔哥〕 kō ㄍㄜ ①형(兄). ②같은 항렬에서 나이가 많은 남자. 「表一；사촌 형」
[哥家] kōchia ㄍㄜㄐㄧㄚ 같은 나이의 남자끼리의 호칭.
[哥哥] kōko ㄍㄜㄍㄜ 형.
[哥倆兒] kōliǎrh ㄍㄜㄌㄧㄚˇㄦ 형제 또는 친구 두 사람.
[哥們兒] kōmênrh ㄍㄜㄇㄣㄦ ①형제들. ②형제의 총칭.
[哥兒] kōrh ㄍㄜㄦ ①형제 자매의 총칭. 「你們一幾個？；너의 형제 자매는 몇 사람이냐？」 ②도련님：부자집의 자제를 말할 때 흔히 쓰는 말. 「형제 자매、
[哥兒姐兒] kōrhchiěhrh ㄍㄜㄦㄐㄧㄝˇㄦ
[哥們兒] kōrhmên ㄍㄜㄦㄇㄣ ①형제들. ②형제의 총칭. 「자집 도련님.
[哥兒大爺] kōrhtàyéh ㄍㄜㄦㄉㄚˋㄧㄝˊ 부
[哥嫂] kōsǎo ㄍㄜㄙㄠˇ 형과 형수.
[哥兒倆] kōrhliǎ ㄍㄜㄦㄌㄧㄚˇ ①두 형제. 두 오누이. ②친한 친구의 합칭(合稱).
〔胳〕 kō ㄍㄜ.
[胳肩膊] kōchiēnpo ㄍㄜㄐㄧㄢㄅㄛ =胳膊.
[胳肢窩] kōchiwō ㄍㄜㄐㄧㄨㄛ 겨드랑밑. =膈肢窪. 「ㄦ 무릎.
[胳棱瓣兒] kōlēngpànrh ㄍㄜㄌㄥˊㄅㄢˋ
[胳臂] kōpei ㄍㄜㄅㄟ 팔. 「一粗；완력(腕力)이 세다. 세력이 있다」「一擰不過大腿去；㉮약한 자는 필경 강한 자를 이길 수 없다. ㉯지위가 낮은 사람은 지위가 높은 사람을 당해 낼 수 없다」「一腕兒；완장(腕章)」「一肘兒；팔꿈치」
[胳臂錢] kōpeich'ién ㄍㄜㄅㄟㄑㄧㄢˊ 완력으로 빼앗는 돈. 「ㄦ 사지(四肢).
[胳臂腿兒] kōpeit'uirh ㄍㄜㄅㄟㄊㄨㄟˇ
[胳膊] kōpo ㄍㄜㄅㄛ 팔. 「一根兒；팔죽지」「一腕子(一兒)；팔꿈치」
〔割〕 kō ㄍㄜ ①(낫 따위로) 베다. 자르다. 「一稻；벼를 베다」「一肉；고기를 자르다」 ②나누다. 「一地；토지를 나누다」「交一；수불(受拂)」 ③버리다. 떼어놓다. 「一捨；버리다. 단념하다」
[割治] kōchì ㄍㄜㄓˋ 절개(切開) 수술하여 치료하다.
[割膠] kōchiāo ㄍㄜㄐㄧㄠ 고무를 채취하기 위하여 고무나무에 흠집을 내다.
[割接法] kōchiēhfǎ ㄍㄜㄐㄧㄝㄈㄚˇ 접붙이기. 접목법.
[割鷄焉用牛刀] kō chī yēn yùng niútāo ㄍㄜㄐㄧㄧㄢㄩㄥˋㄋㄧㄡˊㄉㄠ 닭 잡는 데 소 잡는 칼을 쓴다는 말로, 작은 일로 크게 떠들 필요는 없다는 뜻.
[割禾器] kōhóchì ㄍㄜㄏㄜˊㄑㄧˋ 농작물을 베는 기계.
[割讓] kōjàng ㄍㄜㄖㄤˋ 일부를 양도하다.
[割肉] kōjòu ㄍㄜㄖㄡˋ ①고기를 베내다. 「一似地；살을 에이는 듯한 생각으로」 ②고기를 사다.
[割裂] kōlièh ㄍㄜㄌㄧㄝˋ 분열하다. 찢다.
[割煉機] kōliènchī ㄍㄜㄌㄧㄢˋㄐㄧ 연철절단기(鍊鐵切斷機). 「賣)를 하다.
[割賣] kōmài ㄍㄜㄇㄞˋ 분할 판매(分割販
[割煤] kōméi ㄍㄜㄇㄟˊ 석탄을 파내다. 「一機；채탄기(採炭機)」
[割術] kōshù ㄍㄜㄕㄨˋ 수술(手術).
[割刀] kōtāo ㄍㄜㄉㄠ 새김칼. 각도(刻刀).
[割稻] kōtào ㄍㄜㄉㄠˋ 벼를 베다.
[割草] kō ts'ǎo ㄍㄜㄘㄠˇ 풀을 베다. 「一地；풀을 베는 장소. 목초 재배지」「一機；벌초기(伐草機)」 「屍)하다.
[割驗] kōyèn ㄍㄜㄧㄢˋ 해부하여 검시(檢
〔歌〕 kō ㄍㄜ ①「一兒；노래」「唱一 노래를 부르다」 ②노래하다. 「高一；큰 소리로 노래하다」「家；가수(歌手)」
[歌唱] kōch'àng ㄍㄜㄔㄤˋ 노래하다. 「一
[歌訣] kōchüéh ㄍㄜㄐㄩㄝˊ 외기 쉽게 노래 형식으로 만든 글.
[歌功頌德] kōkūng-sùngtê ㄍㄜㄍㄨㄥㄙㄨㄥˋㄉㄜˊ 공적과 인덕을 노래로 하여 찬양하다. ‹成›
[歌女] kōnǚ ㄍㄜㄋㄩˇ 여자 가수. ‹舊›
[歌板] kōpǎn ㄍㄜㄅㄢˇ 〈樂〉 캐스터넷.
[歌譜] kōp'ǔ ㄍㄜㄆㄨˇ 악보. 「다.
[歌頌] kōsùng ㄍㄜㄙㄨㄥˋ 구가(謳歌)하
[歌子] kōtzǔ ㄍㄜㄗ 노래. 「뮤지컬」
[歌舞] kōwǔ ㄍㄜㄨˇ 노래와 춤. 「一劇；
[歌舞片] kōwǔp'ièn ㄍㄜㄨˇㄆㄧㄢˋ 음악무용 영화.
[歌舞昇平] kōwǔ shēngp'íng ㄍㄜㄨˇㄕㄥㄆㄧㄥˊ 노래하고 춤추며 태평을 구가하다. ‹成› 「단.
[歌舞團] kōwǔt'uán ㄍㄜㄨˇㄊㄨㄢˊ 무용
[歌咏] kōyǔng ㄍㄜㄩㄥˇ 노래를 부르다. 「一隊；합창단」
〔擱〕 kō ㄍㄜ ①놓다. 「桌子上一着飯碗；테이블 위에 밥그릇이 놓여 있다」 ②넣다. 걸다. 「塩一在水裡就化了；소금은 물에 들어가면 곧 녹는다」 ③수용하다. 「屋子裡一不下這麼些人；방에는 이 많은 사람이 들어가지 못한다」 ④ 버려두다. 방치하다. 「把這事一了一個多月；이 일을 1개월 이상 버려 두었다」「天熱了, 東西一不住了；더워졌으므로 물건을 놓아 둘 수 없다」
[擱車] kōch'ē ㄍㄜㄔㄜ 일이 생각대로 진행되지 않다. 일이 막히다.
[擱着] kōchê ㄍㄜㄓㄜ ①놓아 두다. 놓여 있다. ②내버려 두다. 「一你的；너 어디 두고 보자」 ③…으로 해보다. 「一誰也不痛快；그렇게 되면 누구든지 기분이 좋

지 않다」

[擱起] kōch'i ㄍㄜㄑㄧ 일을 그만 두다. 문제삼지 않다.「把那件事暫且一來再說；그 일은 잠깐 중지해 두고 다음에 하세」

[擱置] kōchìh ㄍㄜㄓˋ 내버려 두다.「一不理；상관하지 않다. 방임하다」

[擱錢] kōch'ién ㄍㄜㄑㄧㄢˊ ①예금하다. ②자본을 내다.

[擱淺] kōch'iěn ㄍㄜㄑㄧㄢˇ ①(배가) 좌초(坐礁)하다. ②일이 잘 진행되지 않다. ③어음이 부도가 나다.

[擱久] kōchiǔ ㄍㄜㄐㄧㄡˇ (쓰지 않고) 오랫동안 그대로 버려 두다.

[擱壞] kōhuài ㄍㄜㄏㄨㄞˋ 쓰지 않고 버려 두어 못 쓰게 되다.「把東西一了；물건을 내버려 두어 못 쓰게 만들었다」

[擱開] kōk'āi ㄍㄜㄎㄞ 옆으로 치우다.「把椅子一點兒吧；의자를 조금 비켜 주십시오」

[擱不住] kōpuchù ㄍㄜㄅㄨㄓㄨˋ ①오래 두지 못하다.「夏天肉是一的；여름에는 고기를 오래 놓아 둘 수 없다」②그대로 내버려 두지 못하다.「立刻就辦, 決一的；곧 하라, 아무래도 내버려 둘 수가 없다」③간직하지 못하다.「這個人心裡一事；이 사람은 어떤 일을 가슴속에 간직하지 못한다」④견디지 못하다.「這張紙一水；이 종이는 물에는 잠시도 견디지 못한다」↔擱得住.

[擱不下] kōpuhsià ㄍㄜㄅㄨㄒㄧㄚˋ ①놓지 못하다. 수용하지 못하다. ②그만두지 못하다. 중지되지는 않는다.

[擱沙] kōshā ㄍㄜㄕㄚ 배가 좌초되다.

[擱忘] kōwàng ㄍㄜㄨㄤˋ (놓아 둔 채) 잊다.

〔鴿〕 kō ㄍㄜ「一子；비둘기」「家一；집 비둘기」「傳信一；전서구(傳書鳩)」

〔革〕 kó ㄍㄜˊ ①가죽. 피혁.「一履；가죽 구두」②고치다. 바꾸다.「一新；혁신하다」③면직(免職)시키다. 제적하다.「一職；면직시키다」「被一；면직되다」④갑옷.「兵一；무기와 갑옷. 전란의 비유」

[革職] kóchíh ㄍㄜˊㄓˊ 면직시키다.

[革其舊染] kóch'íchiùjǎn ㄍㄜˊㄑㄧˊㄐㄧㄡˋㄖㄢˇ 옛 풍습을 개량하다.

[革除] kóch'ú ㄍㄜˊㄔㄨˊ ①없애다. 제거하다.「一惡弊；나쁜 폐습을 없애다」②면직시키다. 해고(解雇)하다.

[革蜂] kófēng ㄍㄜˊㄈㄥ 〈動〉 말벌.

[革故鼎新] kókù-tǐnghsīn ㄍㄜˊㄍㄨˋㄉㄧㄥˇㄒㄧㄣ 헌 것을 고쳐서 새 것으로 만들다.《成》

[革心] kóhsīn ㄍㄜˊㄒㄧㄣ 마음을 고치다.

[革面洗心] kómièn hsǐhsīn ㄍㄜˊㄇㄧㄢˋㄒㄧˇㄒㄧㄣ 깨끗이 회개(悔改)하다.《成》=洗心革面.

[革命] kómìng ㄍㄜˊㄇㄧㄥˋ ①혁명. ②혁명하다.「革一次命；한번 혁명하다」「一性；혁명적인」

[革皮] kóp'í ㄍㄜˊㄆㄧˊ 가죽. 피혁.

[革掉] kótiào ㄍㄜˊㄉㄧㄠˋ 깨끗이 회개하다.

[革退] kót'uì ㄍㄜˊㄊㄨㄟˋ 면직시키다.

〔格〕 kó ㄍㄜˊ ①「一子·一兒；격자. 격자 무늬의. 격자 모양의」「方一兒布；격자 무늬의 천」「打一兒；격자 모양으로 만들다」②규칙. 표준.「一言；격언」③사람의 성품(性品). 자격.「人一；인격」「品一；품격」④방해하다. ⑤치다. 싸우다.「一鬪；격투하다」⑥추궁하다. 추구하다.「一物致知；사물의 이치를 추구하여 지식을 얻다」

[格正] kóchêng ㄍㄜˊㄓㄥ 훌륭하다. 정당하다.

[格局] kóchǘ ㄍㄜˊㄐㄩˊ ①결구(結構)와 격식. ②(문장 따위의) 구성. ③(건물의) 장식과 구조.

[格窗] kóch'uāng ㄍㄜˊㄔㄨㄤ 격자창.

[格格不入] kókópùjù ㄍㄜˊㄍㄜˊㄅㄨˋㄖㄨˋ 전연 일치되지 않다. 전혀 융화되지 않다.

[格巴] kópa ㄍㄜˊㄅㄚ 입속말로 중얼거리다.

[格別] kópiéh ㄍㄜˊㄅㄧㄝˊ ①예사롭지 않다. ②각별히.

[格不住] kópuchù ㄍㄜˊㄅㄨㄓㄨˋ 참지 못하다.「一這樣的揉搓；이렇게 괴롭혀서는 참아낼 도리가 없다」↔格得住.

[格兒] kórh ㄍㄜˊㄦ ①원고지의 칸. ②체격.

[格殺] kóshā ㄍㄜˊㄕㄚ 때려 죽이다.「一不論·一勿論；때려 죽여도 무방하다」

[格式] kóshìh ㄍㄜˊㄕˋ 격식. 양식. 서식(書式).

[格頭] kót'óu ㄍㄜˊㄊㄡˊ 소의 멍에.

[格子(兒)紙] kótzǔ(rh)chǐh ㄍㄜˊㄗˇ(ㄦ)ㄓˇ ①원고지. ②줄이 그어져 있는 습자용지.

[格外] kówài ㄍㄜˊㄨㄞˋ 각별히. 특히.

[格厭] kóyèn ㄍㄜˊㄧㄢˋ 싫어하다.

〔隔〕 kó ㄍㄜˊ 사이를 두다.「一着一條河；강 하나를 사이에 두다」「一兩天再去；이틀을 걸러서 가다」

[隔岸觀火] kóàn kuānhuǒ ㄍㄜˊㄢˋㄍㄨㄢㄏㄨㄛˇ 건너편 강가의 화재를 본다는 뜻으로, 자기와는 아무런 관계가 없다는 말.《成》

[隔肢] kóchīh ㄍㄜˊㄓ ①간지럽게 하다. 빈정대다. ②은근히 사람을 골리다.

[隔墻有耳] kóch'iáng yǔěrh ㄍㄜˊㄑㄧㄤˊㄧㄡˇㄦˇ 벽에 귀가 있다는 뜻으로, 비밀이 있을 수 없다는 말.

[隔絕] kóchüéh ㄍㄜˊㄐㄩㄝˊ 멀리 떨어져서 소식이 끊어지다.

[隔行] kóháng ㄍㄜˊㄏㄤˊ 비동업(非同業). 직업이 다르다.「一如隔山；직업이 다르면 전혀 알 수가 없다」「一不隔理；직업은 달라도 그 이치는 다르지 않다」

[隔閡] kóhó ㄍㄜˊㄏㄜˊ ①감정이나 의견상의 엇갈림. ②엇갈리다.

[隔心] kóhsīn ㄍㄜˊㄒㄧㄣ 감정상 간격이 있다.

[隔靴搔癢] kóhsüēh sāoyǎng ㄍㄜˊㄒㄩㄝ ㄙㄠㄧㄤˇ 신발 위로 가려운 곳을 긁는다는 말로, 말이 통하지 않거나 일에 대한 요령을 얻을 수 없어 답답하다는 뜻.《成》

[隔熱] kójè ㄍㄜˊㄖㄜˋ 하루씩 걸러서 나는 열.

[隔日] kójìh ㄍㄜˊㄖˋ =隔天.

[隔離] kólí ㄍㄜˊㄌㄧˊ ①격리. 구별. ②(전염병 따위로) 격리하다.

[隔門兒] kóměnrh ㄍㄜˊㄇㄣˇㄦ ①아마튜어. 소인(素人). ②잘못 헤아림.

[隔膜] kómó ㄍㄜˊㄇㄛˊ ①(신체의) 격막. ②kómo 정통하지 못하다. 익숙하지

못하다.「對語言學實在一；언어학은 정말 생소하다」③의지나 감정의 소통이 되지 않다.「對于他很一 그와는 친밀하지 못하다」④간격. 좋지 못한 감정.「沒有一點兒一；좋지 못한 감정이 조금도 없다」
[隔年] kóníen ㄍㄜˊㄋㄧㄢˊ ①일년(一年) 전.「一舊曆本兒；시기(時機)가 지났다는 비유」②1년마다. 「이.
[隔板(兒)] kópǎn(rh) ㄍㄜˊㄅㄢˇ(ㄦ) 간막
[隔被] kōpei ㄍㄜㄅㄟ 몇 장의 헝겊을 겹쳐 붙인 것. 헝겊신을 만드는 재료.
[隔壁(兒)] kópì(rh) ㄍㄜˊㄅㄧˋ(ㄦ).〈平〉chièhpìrh 이웃집.
[隔不住] kópuchû ㄍㄜˊㄅㄨㄓㄨˋ 견디지 못하다. 참지 못하다.「地板一那麼大的重量；마루청이 그런 큰 중량을 견뎌낼 수는 없다」「他一生氣；그는 참지 못하고 성을 낸다」↔隔得住.
[隔三跳兩] kósān t'iàoliǎng ㄍㄜˊㄙㄢ ㄊㄧㄠˋㄌㄧㄤˇ 차근차근하지 않고 덤벙거리다. 하는 둥 마는 둥하다.《成》「念書不能一；공부는 하는 둥 마는 둥해서는 안된다」
[隔山] kóshān ㄍㄜˊㄕㄢ ①이복(異腹). 이복 형제 자매.②실정에 어둡다.「一買老牛；실정을 확인하지 않고 일을 하다」
[隔扇] kóshan ㄍㄜˊㄕㄢ 간막이 장지.
[隔宿] kósû ㄍㄜˊㄙㄨˋ 하룻 밤을 넘김.「一的飯；전날 지은 밥」=隔夜.
[隔天] kót'iēn ㄍㄜˊㄊㄧㄢ 격일(隔日).「一去一趟；하루 걸러 한 번 가다」
[隔子] kótzū ㄍㄜˊㄗ ①선반. =槅子. ②간살만 있는 문.
[隔斷] kótuan ㄍㄜˊㄉㄨㄢ ①방의 간막이 문.장지.②kótuàn 단절하다.차단하다.
[隔眼] kóyěn ㄍㄜˊㄧㄢˇ 별나다. 괴팍하다. =隔色(一sè).
[隔夜] kóyèh ㄍㄜˊㄧㄝˋ =隔宿.
[隔音] kóyīn ㄍㄜˊㄧㄣ 방음(防音).
[隔垣有耳] k'ōyüán yǔěrh ㄍㄜˊㄩㄢˊㄧㄡˇㄦˇ =隔墻有耳.

〔葛〕 kó ㄍㄜˊ 칡.「一布；갈포」⇨kǒ.
[葛夥] kóhuǒ ㄍㄜˊㄏㄨㄛˇ (사교나 일 따위로) 동료가 되다.
[葛絡] kóluǒ ㄍㄜˊㄌㄨㄛ ①연락하다.②연합하다. ③맥을 통하다.
[葛粑] kópā ㄍㄜˊㄅㄚ 칡의 녹말로 만든 떡의 한 가지. 「칡.
[葛藤] kót'ěng ㄍㄜˊㄊㄥˊ ①갈등.②〈植〉

〔蛤〕 kó ㄍㄜˊ「一蜊；대합」⇨há.
[蛤蚌] kópàng ㄍㄜˊㄅㄤˋ 대합：조개의 한 가지.

〔嗝〕 kó ㄍㄜˊ ①「一兒；트림」「打一兒；트림이 나오다」③「一兒；딸꾹질」「打一兒；딸꾹질을 하다」

〔閣〕(閤) kó ㄍㄜˊ ①전각. ②관공서. 내각의 준말.「內一；내각」③작은 문.
[閣下] kóhsiā ㄍㄜˊㄒㄧㄚˋ 각하. 귀하.
[閣樓] kólóu ㄍㄜˊㄌㄡˊ 2층 위에 붙여 지은 작은 방. 다락방.
[閣子] kótzū ㄍㄜˊㄗ ①작은 방. ②파출소의 작은 건물.

〔膈〕 kó ㄍㄜˊ「一膜；격막」
[膈肢] kóchih ㄍㄜˊㄓ ①간질이다. ②놀리다.「他竟那麼得意,我非一他不可；그는 저렇게 기분 좋아하니,놀려 주어야겠다」
[膈肢窪] kóchihwā ㄍㄜˊㄓㄨㄚ 겨드랑밑. =胳肢窩.

〔骼〕 kó ㄍㄜˊ 뼈.「骨一；골격」
[骼炭] kót'àn ㄍㄜˊㄊㄢˋ 코우크스. 골탄.

〔合〕 kǒ ㄍㄜˇ 도량형제의 한 단위.홉.

〔舸〕 kǒ ㄍㄜˇ 큰 배.

〔葛〕 kǒ ㄍㄜˇ 성(姓)의 하나. ⇨kó.

〔蓋〕(盖) kǒ ㄍㄜˇ 성(姓)의 하나. ⇨kai.

〔各〕 kò ㄍㄜˋ ①각기.「一人；각인」「一不相同；제각기 다르다」②여러 가지의.「一種職業；여러 가지 직업」
[各持己見] kòch'íhchǐchièn ㄍㄜˋㄔˊㄐㄧˇㄐㄧㄢˋ 각자 자기의 의견을 견지하다. 각인 각색(各人各色).
[各盡所能] kòchìnsǒněng ㄍㄜˋㄐㄧㄣˋㄙㄨㄛˇㄋㄥˊ 제 나름대로의 능력을 다하다.
[各行其是] kòhsíngch'íshìh ㄍㄜˋㄒㄧㄥˊㄑㄧˊㄕˋ 각자가 스스로 옳다고 생각하는 (믿는) 바를 행하다.《成》
[各人自掃門前雪,莫管他人瓦上霜] kòjěn tzǔsǎo měnch'íen hsüěh, mòkuǎn t'ājěn wǎshāng shuāng ㄍㄜˋㄖㄣˊㄗˋㄙㄠˇㄇㄣˊㄑㄧㄢˊㄒㄩㄝˇ,ㄇㄛˋㄍㄨㄢˇㄊㄚㄖㄣˊㄨㄚˇㄕㄤˋㄕㄨㄤ 사람마다 자기 집 문 앞의 눈은 쓸면서도 남의 집 지붕 위의 서리는 관계하지 않는다는 뜻으로, ㉮자기의 직분만을 지키고 남의 일은 개의치 않는다는 말. ㉯남의 일에는 관계하지 말라는 격언.
[各各] kòkò ㄍㄜˋㄍㄜˋ 각각.
[各個] kòko ㄍㄜˋㄍㄜ 각각.
[各哩各得] kòlikòtê ㄍㄜˋㄌㄧㄍㄜˋㄉㄜ ①제각기 흩어져 있는 모양. ②한 사람 한 사람. 하나하나.
[各路] kòlù ㄍㄜˋㄌㄨˋ ①각지(各地).「走遍一；여러 곳을 두루 다니다」②각종.「一貨；각종 물건」③다종 다양(多種多樣).
[各抱一角兒] kò pào ìchiǎorh ㄍㄜˋ ㄅㄠˋㄧˋㄐㄧㄠˇㄦ ①자기의 일만을 생각하다. ②각기 자기 분담을 지키다. ③각기 장점이나 취미를 가지다.
[各奔前程] kòpěnch'iénch'ěng ㄍㄜˋㄅㄣˋㄑㄧㄢˊㄔㄥˊ 각기 자기의 길을 가다.
[各別] kòpiéh ㄍㄜˋㄅㄧㄝˊ ①각기 다르다. ②(일반적·기초적인 것에 대하여) 예외적인. 특수한. 각기. 「②특별하다.
[各不相謀] kòpùhsiāngmóu ㄍㄜˋㄅㄨˋㄒㄧㄤㄇㄡˊ 자기 생각대로 하여 서로 관련을 갖지 않다.
[各色] kòsè ㄍㄜˋㄙㄜˋ ①여러 가지의.
[各色各樣] kòsè-kòyàng ㄍㄜˋㄙㄜˋㄍㄜˋㄧㄤˋ 각양 각색(各樣各色).
[各式各樣] kòshìhkòyàng ㄍㄜˋㄕˋㄍㄜˋㄧㄤˋ =各色各樣.
[各自] kòtzû ㄍㄜˋㄗˋ 각기. 저마다. 각자.「一走了；각기 떠났다」
[各位] kòwèi ㄍㄜˋㄨㄟˋ 여러분. 각위. 제

위(諸位). 각위. 제군.「一同學；동급생 제군」 「가지 물건이나 일.

[各樣(兒)] kŏyàng(rh) ㄍㄜˋㄧㄤˋ(ㄦ) 여러

[各有千秋] kŏyŭ ch'iēnch'iū ㄍㄜˋㄧㄡˇㄑㄧㄢㄑㄧㄡ 각기 후세까지 전할 것을 가지고 있다는 뜻으로, 각기 장점이 있다는 말. ‹成›

〔虼〕 kŏ ㄍㄜˋ

[虼蚤] kŏtsao ㄍㄜˋㄗㄠ 벼룩.

[虼蹦子] kŏpĕngtzŭ ㄍㄜˋㄅㄥˇㄗ ＝虼蚤.

〔跎〕 kŏ ㄍㄜˋ「一蹴·一蹬；한 쪽 다리로 뛰다」

〔個〕(个·箇). kŏ ㄍㄜˋ (⑤이하는 원칙적으로 경성임. 그러나 "個"앞의 "一·七·八"은 제이성(第二聲)으로 바뀜) ①「一兒；사물의 하나하나」「論一兒賣；낱개로 팔다」②「一子·一兒；사람·물건의 체적」「高一子；키가 큰 사람」「小一兒；작은 사람」「饅頭一兒；만두의 크기」③단독의.「一人」④이것：당송(唐宋)의 말.「一裡；여기」‹舊› ⑤일반적으로 하나 둘 하고 셀 수 있는 물건을 세어 보일 때 쓰는 말. 「三一月；3개월」「一一人；한 사람」「這一會；이 회」⑥동작·행위의 총괄적인 결과나 상태를 나타내는 말.「大雨下一不停；큰 비가 멎지 않다」⑦동작이나 행위의 회수를 가리키는 말.「洗了一澡；한바탕 목욕을 했다」 「行一禮；한 번 절을 하다」「這病怎麼沒一好啦；이 병은 어째서 조금도 낫지 않을까！」 ⑧대강의 수를 한데 합쳐 가리키는 말.「等一三年五載；4·5년 기다리다」 ⑨해(年)나 날의 접미어.「今兒一；오늘」

[個中] kŏchūng ㄍㄜˋㄓㄨㄥ 이 가운데.「一事；이 가운데의 일. 비밀의 일」「一人；관계자. 이 방면의 사람」

[個人包件] kŏjĕn pāochièn ㄍㄜˋㄖㄣˊ ㄅㄠㄐㄧㄢˋ 생산 공정(工程)에 의한 지불.

[個個(兒)] kŏkŏ(rh) ㄍㄜˋㄍㄜˋ(ㄦ) 한 사람 한 사람. 하나하나. 각기.

[個把] kŏpa ㄍㄜˋㄅㄚ 한두 개 가량. 그리 많지 않다.「一錢, 算不了什麼！；얼마 안되는 돈이다」

[個半月] kŏpànyüèh ㄍㄜˋㄅㄢˋㄩㄝˋ 1개월 반. 한 달 반.

[個別] kŏpiéh ㄍㄜˋㄅㄧㄝˊ ①개별적. ②부분적. 약간의. ③일반과 다르다.「那個人很一；저 사람은 특별하다」④각기 다르다.「意見一；의견이 구구하다」

[個別人] kŏpiéhjĕn ㄍㄜˋㄅㄧㄝˊㄖㄣˊ ①각개인. ②약간의 사람. ③보통 사람과 다른 사람.

[個兒] kŏrh ㄍㄜˋㄦ ① 물건이나 인체의 크기. ②「是一；굉장하다. 상당하다. 뒤떨어지지 않다」「不是一；안되겠다. 당할 수 없다」 ‹吳›

[個是] kŏshìh ㄍㄜˋㄕˋ 만일 그렇다면.

[個體] kŏt'ĭ ㄍㄜˋㄊㄧˇ ①개체. 개인.「一勞動；개인 노동」②전체를 구성하는 단위.

[個頂個] kŏtĭngkŏ ㄍㄜˋㄉㄧㄥˇㄍㄜˋ 한 사람 대 한 사람. 하나하나.「他們一的打起來了；그들은 1대 1로 싸움을 시작했다」 「크기.

[個頭兒] kŏt'óurh ㄍㄜˋㄊㄡˊㄦ 물건의

[個位] kŏwèi ㄍㄜˋㄨㄟˋ ①하나의 단위. ②단독의 단위.

〔硌〕 kŏ ㄍㄜˋ 뾰족 나온 단단한 것에 닿아 아픔이나 불쾌감을 느끼다.「脚讓石頭一破了；돌멩이를 밟아 발을 다쳤다」 「褥子沒鋪平, 躺在上面一得不好受；요가 반반하게 깔려 있지 않아 누우면 울퉁불퉁해서 불편하다」 ⇨luŏ.

K'O ㄎㄜ

〔坷〕 k'ō ㄎㄜ

[坷坷絆絆的] k'ōk'ōpànpàntê ㄎㄜㄎㄜㄅㄢˋㄅㄢˋㄉㄜ (발이 걸려서) 넘어질 듯하면서 걷는 모양.

[坷拉] k'ōla ㄎㄜㄌㄚ 흙덩이.

〔苛〕 k'ō ㄎㄜ ①심하다. 가혹하다. 용서 없다.「條件太一了；조건이 너무 가혹하다」②걱정하다. 무자비하다. 참혹하다.「一政；무자비한 정치」「他待人很一；그는 사람에게 무자비하다」

[苛求] k'ōch'iū ㄎㄜㄑㄧㄡˊ 가혹하게 징수하다.

[苛捐雜稅] k'ōchüān-tsáshuì ㄎㄜㄐㄩㄢ ㄗㄚˊㄕㄨㄟˋ 가혹한 중세(重稅).

[苛喪] k'ōsang ㄎㄜㄙㄤ ①냉정하게 대우하다. ②기분이 나쁜 얼굴.

[苛稅] k'ōshuì ㄎㄜㄕㄨㄟˋ 가혹한 세금.

[苛待] k'ōtài ㄎㄜㄉㄞˋ 참혹하게 취급을 하다. 「다.

[苛責] k'ōtsé ㄎㄜㄗㄜˊ 용서 없이 책망하

〔珂〕 k'ō ㄎㄜ

[珂羅版] k'ōlópăn ㄎㄜㄌㄨㄛˊㄅㄢˇ 콜로타이프(collotype)：사진 제판의 한 가지. ‹譯›

〔科〕 k'ō ㄎㄜ ①(동물·식물의 분류) 과(科). ②(주로 행정 기관의) 과(課).「文書一；문서과」③(학교의) 과, 학과.「文一；문과」④벌을 주다.「一以徒刑；징역에 처하다」⑤하는 짓. 배우의 몸짓.「做關門一；문을 닫는 시늉을 하다」

[科技] k'ōchì ㄎㄜㄐㄧˋ 과학 기술(科學技術). 「용 시험(官吏登用試驗).

[科舉] k'ōchü̆ ㄎㄜㄐㄩˇ 옛날의 관리 등

[科學] k'ōhsüéh ㄎㄜㄒㄩㄝˊ ①과학. ②과학적이다.「你的方法不一；내 방법은 과학적이 아니다」

[科諢] k'ōhùn ㄎㄜㄏㄨㄣˋ 연극에서 사람을 웃기는 동작이나 대사(臺詞).

[科白] k'ōpái ㄎㄜㄅㄞˊ 몸짓과 대사(臺詞).

[科斗] k'ōtŏu ㄎㄜㄉㄡˇ 올챙이.

[科員] k'ōyüán ㄎㄜㄩㄢˊ 과원(課員).「一長；과장」

〔柯〕 k'ō ㄎㄜ ①도끼 자루. ②나무의 줄기. 풀의 줄기.「槐一；회화나무의 줄기」

〔疴〕 k'ō ㄎㄜ 병.「沉一；중병(重病)」「染一；병들다」

〔砢〕 k'ō ㄎㄜ

[砢磣] k'ōch'ên ㄎㄜㄔㄣ 부끄럽다.「只有我落在後面多一哪；나만이 낙오자가 되어서 참으로 부끄럽다」

〔棵〕 k'ō ㄎㄜ 식물을 세는 단위인 조수사(助數詞).「一一樹；한 그루의 나무」
[棵兒] k'ōrh ㄎㄜㄦ 식물(植物)의 크기.「這一樹一兒很大；이 나무는 퍽 크다」

〔搕〕 k'ō ㄎㄜ 두드리다. 톡 치다.「一煙袋；담뱃대를 톡톡 치다」

〔稞〕 k'ō ㄎㄜ 쌀보리.「青一；쌀보리」

〔窠〕 k'ō ㄎㄜ ① 새집. ②동물이 사는 구멍.「做一；보금자리를 만들다」
[窠臼] k'ōchiù ㄎㄜㄐㄧㄡˋ 관례(慣例). 구례(舊例).「擇脫前人一； 관례에 따르지 않다. 관례를 벗어나다」

〔頦〕 k'ō ㄎㄜ「一兒；턱」「仰着一兒往上看；턱을 쳐들고 위를 보다」

〔磕〕 k'ō ㄎㄜ(쿵 하고) 맞부딪치다.「一破了頭；머리를 부딪쳐서 상처를 내다」
[磕嚓] k'ōch'ā ㄎㄜㄔㄚ 톡. 뚝. 쟁그랑. ：물건이 깨지는 소리.
[磕響頭] k'ōhsiǎngt'óu ㄎㄜㄒㄧㄤˇㄊㄡˊ ①머리를 쿵쿵 소리내며 부딪치다.②머리를 땅에 닿도록 굽실거리면서 자꾸 부탁하다.
[磕磕絆絆] k'ōk'ōpànpàn ㄎㄜㄎㄜㄅㄢˋㄅㄢˋ 길이 울퉁불퉁하여 걷기에 곤란한 모양.
[磕巴] k'ōpa ㄎㄜㄅㄚ 말더듬이.「打一；말을 더듬거리다」 말을 더듬거리다. ＞磕磕巴巴.
[磕碰] k'ōp'êng ㄎㄜㄆㄥ ①곤란(困難). 타격(打擊).「受一；타격을 받다」②고생하다. 단련하다.「我在外面一了多少年；나는 밖에서 몇 해를 고생하였다」③k'ō-p'êng 쿵 소리를 내며 부딪치다. ＞磕磕碰碰.
[磕打牙兒] k'ōtayárh ㄎㄜㄉㄚㄧㄚˊㄦ 서로 농담을 하면서 한가히 시간을 보내다.
[磕頭] k'ōt'óu ㄎㄜㄊㄡˊ ①무릎을 꿇고 이마를 땅에 대면서 하는 절：사죄를 할 경우에 씀.②최상(最上)의 예(禮)를 하다.
[磕頭蟲] k'ōt'óuch'úng ㄎㄜㄊㄡˊㄔㄨㄥˊ ①방아깨비.②굽실거리는 사람.
[磕頭磕腦] k'ōt'óu-k'ōnǎo ㄎㄜㄊㄡˊ ㄎㄜㄋㄠˇ 전부. 정말. 전연. 「一地不象個大人；전연 어른답지 않다」
[磕牙] k'ōyá ㄎㄜㄧㄚˊ ① 쓸 데 없는 이야기.「閑一；쓸데 없는 이야기를 하다」② 농담을 주고 받으면서 한가로이 시간을 보내다. ＝磕打牙兒.

〔蝌〕 k'ō ㄎㄜ
[蝌蚪] k'ōtǒu ㄎㄜㄉㄡˇ 올챙이. ＝科斗.

〔髁〕 k'ō ㄎㄜ ①대퇴골(大腿骨). ②종지뼈. 슬개골.

〔顆〕 k'ō ㄎㄜ 원형(圓形) 또는 작은 알맹이 모양의 것을 세는 단위의 조수사(助數詞).「一一珠子；한 알의 진주」「一一心；하나의 마음」
[顆粒] k'ōlì ㄎㄜㄌㄧˋ 알. 톨.「一還家；한 톨이라도 그 집에 반환하다. 티끌 하나도 남의 것을 빼앗지 않다」

〔咳〕 k'ó ㄎㄜˊ ⇨ hāi.
[咳嗽] k'ósou ㄎㄜˊㄙㄡ 기침을 하다. ＞咳咳嗽嗽.

〔殼〕 k'ó ㄎㄜˊ「一兒；껍질. 껍데기. 단단한 표피(表皮).」「核桃一兒；호두의 껍질」「鷄蛋一兒；달걀의 껍데기」

〔搿〕 k'ó ㄎㄜˊ ①손으로 쥐다.「手裡一着錢；손에 돈을 쥐고 있다」②물건이 막히어 움직이지 않다.「抽屜一住,拉不開了；서랍이 걸려서 열 수가 없다」③사람을 문책하다. 사람을 괴롭히다.「一人；사람을 문책하다. 사람을 괴롭히다」

〔可〕 k'ǒ ㄎㄜˇ ①듣다.들어 주다.승낙하다.「不加一否；가부(可否)를 말하지 않다」「許一；허가하다」 ②좋다. 그런 정도면 좋다. 어지간하다.「皆以爲一；모두들 그런 정도면 좋다고 여기다」③딱 들어 맞다. 마음에 들다.「正一人意；꼭 주문한 바와 같다」「不一心；마음에 들지 않다」④…하는 것이 좋다. …할 수 있다.「這次選擧一用擧手辦法；이번 선거는 거수(擧手)로 결정했으면 좋겠다」「不一說謊；거짓말을 하여서는 안된다」⑤…함에 충분하다. 충분히 …할 수 있다.「這出戲一看；이 연극은 볼 만하다」⑥(동사와 결합하여서) 형용사(形容詞)가 됨.「一笑；가소(可笑)롭다」「一靠；신용할 수 있다」⑦전부(全部). …중(中)의.「一村的人；온 마을 사람들」⑧진실로. 전혀. 확실히. 과연.「過年一熱鬧了；섣달 그믐날 밤은 정말로 성황하다」「他寫字一快；그는 글씨 쓰는 것이 참으로 빠르다」「你一回來了；너 돌아 와 주었구나」⑨의문・반문(反問)의 어세를 가리킴.「你一知道？；너는 알고 있었니？」 ⑩중문(重文)에 쓰여서 거꾸로 접속됨을 가리킴. 그러나.「下着大雪,天一不冷；굉장히 눈이 내리나 춥지는 않다」⑪(수사의 앞에 쓰여 대략의 수를 가리킴) …가량. 약(約). 「年一三十許；나이는 대개 30세 가량」
[可愛] k'ǒài ㄎㄜˇㄞˋ 귀엽다. 사랑스럽다.
[可着] k'ǒchê ㄎㄜˇㄓㄜ①모든.「一一屋子的人全笑了；방 안 사람이 전부 웃었다」②전부 쓰다. 충분히 쓰다.「一錢數兒買東西；있는 돈으로 전부 물건을 사다」꼭 맞추어서. 비교해서. 「一身子做衣服；몸에 맞추어서 옷을 만들다」「一房子的大門；집과 어울리는 대문」
[可氣] k'ǒch'ì ㄎㄜˇㄑㄧˋ 화가 나다. 속상하다.
[可脚] k'ǒchiǎo ㄎㄜˇㄐㄧㄠˇ (구두나 양말이) 발의 크기에 맞다.
[可巧] k'ǒch'iǎo ㄎㄜˇㄑㄧㄠˇ ①때마침.마침.「一遇見了他；때마침 그를 만났다」②공교롭게.
[可見] k'ǒchièn ㄎㄜˇㄐㄧㄢˋ …이라는 것을 알다. …임을 알다.「他不懂道理；그가 이치를 분별하고 있지 않음을 알다」
[可恥] k'ǒchǐh ㄎㄜˇㄓˇ 수치스러운. 부끄럽다.
[可知道] k'ǒchīhtào ㄎㄜˇㄓㄉㄠˋ①알 수 있다. ＝可知. ②심히. 몹시.「把我嚇了個一；나는 몹시 놀랐다」
[可欽] k'ǒch'īn ㄎㄜˇㄑㄧㄣ 존경할 만하다.
[可就] k'ǒchiù ㄎㄜˇㄐㄧㄡˋ (…하면. …이면) 그것이야말로. 실로.「照那樣辦, 一壞

了；그렇게 하면 그것이야말로 쓸모 없게 된다」「一是；과연. 정말. 틀림 없이 그대로다」

[可取] k'ǒch'ǚ ㄎㄜˊㄑㄩˇ ①잡을 수 있다. ②쓸 수 있다. ③칭찬할 만하다. ④배워 알아야 한다. 「미워하다.

[可煩] k'ǒfán ㄎㄜˇㄈㄢˊ 싫다. 싫어하다.

[可好] k'ǒhǎo ㄎㄜˊㄏㄠˇ ①꼭 좋게. ② k'ǒhǎo 좋습니까. 좋겠지요. 좋습지요.

[可想而知] k'ǒhsiǎng' ěrhchīhㄎㄜˊㄒㄧㄤˇㄦˊㄓ 상상하면 알 수 있다. 상상(想像)하기에 어렵지 않다.

[可心] k'ǒhsīn ㄎㄜˇㄒㄧㄣ ①마음에 들다. 「一我的心；내 마음에 들다」②마음 속 전부. 마음 가득히. 「他一裏都想着她；그의 가슴 속은 그녀의 일로 꽉 찼다」

[可以] k'ǒi ㄎㄜˊㄧ ①좋다. 「一, 你去吧！；좋다, 너는 가거라」②…하여도 좋다. …할 수 있다. 「現在一穿棉衣服嗎？；요즘에 솜옷을 입어서 좋겠읍니까？」「馬鈴薯一當天吃；감자는 당일로 먹을 수 있다」③심하다. 지독하다. 「幾天天冷得眞一；2·3일은 참으로 심한 추위다」④그저 그만하다. 어지간 하다. 「這篇文章還一；이 문장이라면 그저 그만하지」

[可意] k'ǒi ㄎㄜˇㄧˋ 마음에 들다.

[可議] k'ǒi ㄎㄜˇㄧˋ 문제로 삼을 점이 남아 있다. 의론(議論)할 여지가 있다.

[可人] k'ǒjěn ㄎㄜˇㄖㄣˊ ①마음 속에 점찍어 둔 사람. 의중(意中)의 사람: 보통 "可人兒"라고 함. ②좋은 사람. 쓸모 있는 사람. ③본받을 만한 사람. ④남의 마음에 맞다. 소원에 알맞다. ＝可人意.

[可靠] k'ǒk'ào ㄎㄜˇㄎㄠˋ ①신용할 수 있다. ②확실하다. 「《譯》 ＝可可茶.

[可可] k'ǒk'ǒ ㄎㄜˊㄎㄜˇ 코코아(cocoa).

[可歌可泣] k'ǒkō-k'ǒch'ì ㄎㄜˇㄍㄜㄎㄜˇㄑㄧˋ 감동(感動)·감격할 만하다.

[可口兒] k'ǒk'ǒurh ㄎㄜˊㄎㄡˇㄦ ① 입에 맞다. 맛있다. ②음식물(飮食物)이 더웁지도 차지도 않다.

[可觀] k'ǒkuān ㄎㄜˇㄍㄨㄢ ①훌륭하다. ② 수(數)가 많다. 「花的錢也就一了；쓴 돈도 보통은 아니었다」

[可蘭經] k'ǒlánchīng ㄎㄜˇㄌㄢˊㄐㄧㄥ 코오란(Koran)：회교(回教)의 성전(聖典).

[可了不得] k'ǒliǎoputê ㄎㄜˊㄌㄧㄠˇㄅㄨㄉㄜ (놀랐을 경우에) 큰 일이다.

[可憐蟲] k'ǒliénch'úng ㄎㄜˇㄌㄧㄢˊㄔㄨㄥˊ 불쌍한 자.

[可憐見] k'ǒliénchièn ㄎㄜˇㄌㄧㄢˊㄐㄧㄢˋ 불쌍하다. ＝可憐見兒的. 可憐不大見兒的.

[可憐兒] k'ǒliénrh ㄎㄜˇㄌㄧㄢˊㄦ 귀엽기도 하고 불쌍하기도 하다. 「하다.

[可腦] k'ǒnǎo ㄎㄜˊㄋㄠˇ 화가 나다. 속상

[可佩] k'ǒp'èi ㄎㄜˇㄆㄟˋ 칭찬할 만큼 훌륭하다.

[可悲] k'ǒpēi ㄎㄜˇㄅㄟ 슬프다. 「이다.

[可不] k'ǒpu ㄎㄜˇㄅㄨ 물론이다. 그대로

[可不是] k'ǒpushìh ㄎㄜˇㄅㄨㄕˋ 그대로입니다. 옳습니다. ＝可不是麼.

[可身兒] k'ǒshēnrh ㄎㄜˇㄕㄣㄦ. (옷 따위가) 몸에 맞다. ＝可體.

[可手] k'ǒshǒu ㄎㄜˊㄕㄡˇ ①손에 갖기에 알맞다. ②손에 가득히. 「一都拿着東西；손에 가득히 물건을 가지고 있다」

[可大可小] k'ǒtà k'ǒhsiǎo ㄎㄜˇㄉㄚˋㄎㄜˊㄒㄧㄠˇ 크게도 되고 작게도 되다.

[可聽] k'ǒt'īng ㄎㄜˇㄊㄧㄥ 들을 만하다.

[可桶兒] k'ǒt'ǔngrh ㄎㄜˊㄊㄨㄥˇㄦ ①통(桶)마다. 통(桶) 전부. ②깡그리. 모두.

[可望而不可即] k'ǒwàng ěrh pùk'ǒchí ㄎㄜˇㄨㄤˋㄦˊㄅㄨˋㄎㄜˇㄐㄧˊ 바라볼 수 있으나 가까이 갈 수 없다. 접근하기 어렵다.

[可惡] k'ǒwù ㄎㄜˇㄨˋ ①얄밉다. ②싫다.

[可厭] k'ǒyèn ㄎㄜˇㄧㄢˋ 싫다.

[可有可無] k'ǒyǔ k'ǒwú ㄎㄜˊㄧㄡˇㄎㄜˇㄨˊ 있든 없든 어쨌든 좋다.

〔渴〕

k'ǒ ㄎㄜˇ ①목이 마르다. 「我一了；나는 목이 마르다」②급하다. 절박(切迫)하다. 열심히. 「一望；갈망」

[渴念] k'ǒnièn ㄎㄜˇㄋㄧㄢˋ 간절히 생각하다. 갈망하다. 절실히 그리워하다. ＝渴想.

〔可〕

k'ǒ ㄎㄜˋ「一汗(一hán)；고대 서역(西域)·북방 각국의 군주(君主)」⇨k'ǒ.

〔克〕(剋⑤·尅)

k'ǒ ㄎㄜˋ①…할 힘이 있다. 능히 …할 수 있다. 「不一分身；떨어질 수 없다」《書》 ②이기다. 「戰必一；싸우면 반드시 이긴다」 ③공략(攻略)하다. 「連一數城；여러 성(城)을 계속해서 함락시키다」④제압하다. 극복하다. 「以柔一剛；"柔"로서 "剛"을 제압하다」⑤한정하다. 「一期送達；날짜를 한정해서 보내다」 ⑥운(運)이 상극(相剋)하여 한 쪽이 이김. ⑦역음(譯音). 「一蘭母；그램(gramme)」

[克己] k'ǒchǐ ㄎㄜˋㄐㄧˇ ①자기의 욕망을 극복하다. 자기를 이겨내다. 「一奉公；자기를 희생하여 가며 사회에 봉사하다」②에누리 없이 거래하다. 값을 싸게 하여 주다.

[克制] k'ǒchìh ㄎㄜˋㄓˋ 억제하다. 「一一時的感情；일시의 감정을 억누르다」

[克勤克儉] k'ǒch'ín-k'ǒchiěn ㄎㄜˋㄑㄧㄣˊㄎㄜˋㄐㄧㄢˇ 부지런히 일하고 절약(節約)하다. 《成》 「복하다.

[克復] k'ǒfù ㄎㄜˋㄈㄨˋ 실지(失地)를 회

[克限] k'ǒhsièn ㄎㄜˋㄒㄧㄢˋ 기한을 한정(限定)하다.

[克化] k'ǒhuà ㄎㄜˇㄏㄨㄚˋ ，k'ǒhua 소화(消化)시키다. 「一不開；소화시킬 수 없다. 소화가 안된다」

[克日] k'ǒjìh ㄎㄜˋㄖˋ 기일(期日)을 정하다. 기일을 한정하다. ＝刻日.

[克苦] k'ǒk'ǔ ㄎㄜˋㄎㄨˇ 학대(虐待)하다.

[克拉] k'ǒlā ㄎㄜˋㄌㄚ 캐럿(carat). 《譯》 보석의 중량 단위.

[克里姆林宮] k'ǒlímúlín'kūng ㄎㄜˋㄌㄧˊㄇㄨˇㄌㄧㄣˊㄍㄨㄥ 크레믈린(Kremlin)궁(宮). 《譯》

[克食] k'ǒshíh ㄎㄜˋㄕˊ 음식물을 소화시키다. 「檳榔最能一；빈랑은 소화를 가장 돕는다」

[克死] k'ǒssǔ ㄎㄜˋㄙ 한 쪽의 운(運)이 세어서 다른 쪽을 압도하여 죽음에 이르게 하다.

[克噸] k'ǒtūn ㄎㄜˋㄉㄨㄣ 톤(噸)：1000 킬로그램.

〔刻〕

k'ǒ ㄎㄜˋ ①새기다. 새겨 파다.

「一圖章；도장을 파다」②엄하다. 지독하다.「待人太一；사람에 대하여 더무 혹독하다」③시간. 때.「此一；현재」「傾一；잠깐. 오래간만」④15분(分)을 1"刻"이라 함.「르다.물건으로 구멍을 뚫다.
[刻查] k'əch'a ㄎㄜˋㄔㄚ 물건으로 문지
[刻舟求劍] k'əchōu ch'iúchièn ㄎㄜˋㄓㄡ ㄑㄧㄡˊㄐㄧㄢˋ 완고하여 융통이 되지 않는 일. ‹成›「글자를) 새기다.
[刻寫] k'əhsiěh ㄎㄜˋㄒㄧㄝˇ (비석 따위에
[刻下] k'əhsià ㄎㄜˋㄒㄧㄚˋ 현재. 목하(目下).「형상이 두드러지게 조각하다.
[刻畫] k'əhuà ㄎㄜˋㄏㄨㄚˋ 파서 새기다.
[刻花] k'əhuā ㄎㄜˋㄏㄨㄚ 무늬를 새기다.
[刻日] k'əjìh ㄎㄜˋㄖˋ 기일(期日)을 정하다. =克日.
[刻意] k'əì ㄎㄜˋㄧˋ ①고심(苦心). ②전심(專心). ③고심(苦心)하다.「하다.
[刻骨] k'əkǔ ㄎㄜˋㄍㄨˇ 깊이 명심(銘心)
[刻版] k'əpǎn ㄎㄜˋㄅㄢˇ ①목판에 글자를 파다. 책을 만들다. ②한결같이 변화가 없다. 완고(頑固)하다. 융통성이 없다. >刻刻版版.「인하다. >刻刻薄薄.
[刻薄] k'əpo ㄎㄜˋㄅㄛ 박정(薄情)하다. 잔
[刻不容緩] k'əpùjúnghuǎn ㄎㄜˋㄅㄨˋㄖㄨㄥˊㄏㄨㄢˇ 일각(一刻)의 유예(猶豫)도 주지 않다.
[刻石] k'əshíh ㄎㄜˋㄕˊ 돌에 글자나 그림을 새겨 파다. 조각(彫刻)한 석재(石材): 도장 따위를 말함.
[刻字] k'ətzû ㄎㄜˋㄗˋ ①조각한 글자. ②k'ə tzû 글자를 새기다.「다.
[刻毒] k'ətú ㄎㄜˋㄉㄨˊ 악랄하다. 잔인하

〔客〕 k'ə ㄎㄜˋ ①손님.「一人；손님」「來一了；손님이 오셨읍니다」②나그네.「旅一；나그네」③행상인(行商人).「綢緞一；비단 행상인」
[客棧] k'əchàn ㄎㄜˋㄓㄢˋ (작은) 여관(旅館). 옛날의 여인숙(旅人宿).
[客籍] k'əchí ㄎㄜˋㄐㄧˊ 기류(寄留).「一人；다른 고장에서 옮겨 온 사람」
[客氣] k'əch'i ㄎㄜˋㄑㄧ ①사양하다. ②손님으로 대우하다. ③공손하다. 예절 바르다. 딱딱하게 하다.
[客居] k'əchū ㄎㄜˋㄐㄩ 객지(客地) 생활을 하다.
[客串(兒)] k'əch'uàn(rh) ㄎㄜˋㄔㄨㄢˋ(儿) 풋나기 연기자. 전문적이 아닌 연기자. 아마튜어 연기자.
[客販] k'əfàn ㄎㄜˋㄈㄢˋ 장사 일로 객지에 가 있는 상인(商人).
[客飯] k'əfàn ㄎㄜˋㄈㄢˋ ①손님의 식사. ②(여관에서 내는) 정식(定食).
[客戶] k'əhû ㄎㄜˋㄏㄨˋ 고객(顧客). 거래처(去來處). ②본토박이에 대한 외래(外來) 사람.
[客水] k'əshuì ㄎㄜˋㄕㄨㄟˇ 농사용으로 내·강에서 끌어 들이는 물.
[客貨] k'əhuò ㄎㄜˋㄏㄨㄛˋ 손님과 짐.
[客人] k'əjên ㄎㄜˋㄖㄣ ①손님. ②k'əjěn 중국 서남 지방에 사는 "漢族"의 하나.
[客官] k'əkuān ㄎㄜˋㄍㄨㄢ 고객(顧客): 여관·음식점·극장 따위의 손님. ‹舊›
[客觀] k'əkuān ㄎㄜˋㄍㄨㄢ ①의식. 이외에 별개로 존재하는 사물(事物). 외계(外界). ②객관적이다.「他看問題很一；그의 문제 보는 방법은 아주 객관적이다」「一主義；문제의 분석·처리에 있어 너무 객관 조건을 중요시하고 주관적인 노력을 경시하는 방법」「다.
[客滿] k'əmǎn ㄎㄜˋㄇㄢˇ 만원(滿員)이 되
[客幇] k'əpāng ㄎㄜˋㄅㄤ 객지에서 장사하는 사람들의 동향(同鄕) 또는 동업(同業)단체.「장수.
[客商] k'əshāng ㄎㄜˋㄕㄤ 행상인. 도붓
[客堂] k'ət'áng ㄎㄜˋㄊㄤˊ 응접실(應接室). =客廳.
[客套] k'ət'ào ㄎㄜˋㄊㄠˋ ①형식적인 인사말. 사양하는 체하는 말. ②사양하는 듯이 말하다.「不必一；사양하지 마십시오」>客客套套.
[客店] k'ətièn ㄎㄜˋㄉㄧㄢˋ 여관. 여인숙.
[客艙] k'əts'āng ㄎㄜˋㄘㄤ 배의 객실(客室).
[客次] k'ətz'û ㄎㄜˋㄘˋ 여행 도중(途中).
[客位] k'əwèi ㄎㄜˋㄨㄟˋ ①고객의 좌석(座席). ②(주인의 자리에 대하여) 객석(客席).

〔恪〕 k'ə ㄎㄜˋ 삼가다. 공손하다.「一遵；소중하게 지키다」

〔喀〕 k'ə ㄎㄜˋ
[喀羅] k'əlo ㄎㄜˋㄨㄛ 시끄럽게 지껄이는 모양.

〔嗑〕 k'ə ㄎㄜˋ (앞니로) 깨물어 쪼개다. 깨물다.「一瓜子兒；수박·호박 따위의 씨를 깨물다」

〔課〕 k'ə ㄎㄜˋ ①과업(課業).「上一；수업을 받다. 수업에 나가다」②가르치다.「一讀；읽는 법을 가르치다」③세금을 할당하다.「一以重稅；중세(重稅)를 부과하다」④(주로 회사·단체의) 과(課).「會計一；회계과」
[課兆] k'əchào ㄎㄜˋㄓㄠˋ 점(占)친 결과.
[課桌] k'əchō ㄎㄜˋㄓㄨㄛ 교탁(敎卓).
[課卷] k'əchüàn ㄎㄜˋㄐㄩㄢˋ ①연습장(練習帳). ②과제(課題)의 답안.
[課後] k'əhòu ㄎㄜˋㄏㄡˋ 방과후(放課後).
[課本(兒)] k'əpěn(rh) ㄎㄜˋㄅㄣˇ(儿) 교과서. 텍스트(text).
[課表(兒)] k'əpiǎo (rh) ㄎㄜˋㄅㄧㄠˇ(儿) 수업 시간표.
[課室] k'əshìh ㄎㄜˋㄕˋ 교실.「다.
[課算] k'əsuàn ㄎㄜˋㄙㄨㄢˋ 점(占)을 치
[課堂] k'ət'áng ㄎㄜˋㄊㄤˊ ①교실. ②수업(授業).「一討論；세미나아(seminar): 연구회(研究會)」「과제.
[課題] k'ət'í ㄎㄜˋㄊㄧˊ 학습 과제. 연구
[課文(兒)] k'əwěn(rh) ㄎㄜˋㄨㄣˊ(儿) ①교과서의 문장. ②수업에 관한 문장.
[課業] k'əyèh ㄎㄜˋㄧㄝˋ 학과(學課).
[課餘] k'əyû ㄎㄜˋㄩˊ 학업의 여가(餘暇).

〔緙〕 k'ə ㄎㄜˋ「一絲；견직물(絹織物)의 한 가지: 자수한 것 같은 모양을 띰」

〔錁〕 k'ə ㄎㄜˋ「一子；옛 통화(通貨)였던 원보(元寶)와 같은 모양의 금은괴(金銀塊).

〔騍〕 k'ə ㄎㄜˋ 암말. 암노새.

KOU ㄍㄡ

〔勾〕 kōu ㄍㄡ ①없애다. 지우다. 발라서 지우다.「一了這筆帳；이 장부를 지워 버렸다」②윤곽을 그리다. 앙괭이를 그리다.「一臉；얼굴에 앙괭이를 그리다」③바르다. 틈새를 발라서 막다：특히 기와·벽돌의 틈새를 바르는 데에 쓰이는 말.「一墻縫；벽의 틈새를 발라서 메우다」④끓는 물에 가루를 넣어 걸쭉한 풀처럼 만들다.「弄點雜合麵來一一鍋粥；옥수수 가루를 얻어 죽을 쑤다」 ⑤야기(惹起)하다. 유발하다.「一引；유인(誘引)하다」「一情；욕정(欲情)을 불러일으키다」⑥한패가 되다. 결탁하다.「跟惡棍一着；깡패와 한패가 되다」⇨kòu.
[勾帳] kōuchàng ㄍㄡ ㄓㄤˋ 지워 없애다. 말소하다. ＝勾賬. 「맥을 통하다.
[勾結] kōuchiéh ㄍㄡㄐㄧㄝˊ 결탁하다. 기
[勾芡] kōuch'ièn ㄍㄡ ㄑㄧㄢˋ 녹말가루를 풀어 넣어 걸쭉하게 하다：요리법의 하나.
[勾除] kōuch'ú ㄍㄡㄔㄨˊ 제거하다.
[勾串] kōuch'uàn ㄍㄡㄔㄨㄢˋ 한패가 되다. 한 동아리가 되다.
[勾銷] kōuhsiāo ㄍㄡㄒㄧㄠ 지워 없애다. 취소하다. 깎아 버리다. ＝勾除.
[勾魂] kōuhún ㄍㄡㄏㄨㄣˊ 마음이 허전해지다. 마음을 걷잡지 못하다.「一鬼；사신(死神)」 「사각형(直四角形).
[勾股形] kōukǔhsíng ㄍㄡㄍㄨˇㄒㄧㄥˊ 직
[勾連搭] kōuliéntā ㄍㄡ ㄌㄧㄢˊㄉㄚ 한 지붕으로 앞뒤에서 서로 왕래할 수 있게 된 집. 겹집. 「체류하다.
[勾留] kōuliú ㄍㄡㄌㄧㄡˊ 머무르다. 묵다.
[勾輪廓] kōulúnk'uò ㄍㄡㄌㄨㄣˊㄎㄨㄛˋ 윤곽을 그리다. 「인장(拘引狀).
[勾票] kōup'iào ㄍㄡㄆㄧㄠˋ 구속 영장. 구
[勾搭] kōutā ㄍㄡㄉㄚ ①비밀리에 서로 연락하다. ②(남녀가) 밀통하다. 시시덕거리다. 사통(私通)하다.
[勾當] kòutāng ㄍㄡˋㄉㄤ ①처리하다. ＝辦理. ②일. 사항(事項). 사건：주로 좋지 못한 의미로 쓰임.
[勾通] kōut'ūng ㄍㄡㄊㄨㄥ ①결탁하다. ②사통(私通)하다. 내통하다.「一一氣；기맥을 통하다」 「첨하다」
[勾子] kōutzǔ ㄍㄡㄗ 궁둥이.「溜一；아
[勾引] kōuyǐn ㄍㄡㄧㄣˇ 유혹하다. 꾀다.

〔句〕 kōu ㄍㄡ 굽다. 구부러지다. 굽은. ⇨chü.

〔枸〕 kōu ㄍㄡ ⇨kǒu, chǔ.
[枸橘] kōuchǘ ㄍㄡㄓㄨˊ 〈植〉탱자나무.

〔鈎〕(鉤) kōu ㄍㄡ ①갈고리. 낚시 바늘과 같은 물건의 총칭.「秤一兒；저울의 갈고리」「一兒鼻子；매부리코」②구부러진. 굽은.「一兒心；꼬부장한 마음. 간계(奸計)」③삐침. 한자(漢字) 필체의 하나：ㄱ·ㄟ·ㄴ 따위. ④낚다. 걸어서 잡아 당기다.「把掉在水裡的東西一上來；물속에 빠진 물건을 낚아 올리다」⑤탐지하다. 캐내다. ⑥구명(究明)하다. ⑦체크하다. ⑧시치미를 떼다. 가봉(假縫)하다.
[鈎秤] kōuch'ěng ㄍㄡㄔㄥˋ 갈고리가 있는 저울. 대저울.
[鈎針兒] kōuchěnrh ㄍㄡㄓㄣㄦ (편물에 쓰이는) 귀바늘. 「하다.
[鈎稽] kōuchī ㄍㄡㄐㄧ 점검하다. 잘 조사
[鈎心斗角] kōuhsīn-tòuchiǎo ㄍㄡㄒㄧㄣㄉㄡˋㄐㄧㄠˇ ①궁실(宮室)이 빽빽하게 들어선 모양. ②애써 경영하다. ③서로 상대방의 속셈을 떠보다. 「를 꿰매다.
[鈎縫兒] kōufěngrh ㄍㄡㄈㄥˋㄦ 터진 데
[鈎竿子] kōukāntzǔ ㄍㄡㄍㄢㄗ 갈고리가 달린 막대.
[鈎勒法] kòulèfǎ ㄍㄡㄌㄜˋㄈㄚˇ 연필로 윤곽을 그리고 색칠을 하는 화법(畫法).
[鈎鐮鎗] kōuliénch'iāng ㄍㄡㄌㄧㄢˊㄑㄧㄤ 갈고리가 달린 창. 옛날 무기의 한 가지. 「고리단추.
[鈎鈕] kōuniǔ ㄍㄡㄋㄧㄡˇ 후크(hook).
[鈎上] kōushang ㄍㄡㄕㄤ 체크하다.

〔溝〕(沟) kōu ㄍㄡ ①도랑. 하수도.「掏一；도랑을 치다」②홈통. 골창이 진 물건. 「도.
[溝渠] kōuch'ǘ ㄍㄡㄑㄩˊ ①도랑. ②하수
[溝耗子] kōuhaòtzǔ ㄍㄡㄏㄠˋㄗ 〈動〉시궁쥐. 시궁창에 서식하는 쥐의 한 가지.
[溝壑] kōuhuò ㄍㄡㄏㄨㄛˋ 계곡(溪谷).
[溝溝] kōukōu ㄍㄡ ㄍㄡ ＝溝渠.《方》
[溝澮] kōūkuàn ㄍㄡㄍㄨㄢˋ 자연(自然) 관개 수로. 「은) 도랑의 측면.
[溝帮] kōupāng ㄍㄡㄅㄤ (돌 따위로 쌓
[溝瀆] kōutú ㄍㄡㄉㄨˊ 도랑. 시궁창 물이 흐르는 도랑. 「논밭의 고랑. 물고랑.
[溝洫] kōuhsǜ ㄍㄡㄒㄩˇ (물이 흐르는)
[溝通] kōut'ūng ㄍㄡㄊㄨㄥ 소통(疏通)시키다. 유통하다. 교류하다.「一文化；문화 교류」「수도. ②하수도의 토관(土管).
[溝筒子] kōut'ūngtzǔ ㄍㄡㄊㄨㄥㄗ ①하
[溝眼] kōuyěn ㄍㄡㄧㄢˇ 하수구. 수챗구멍.
[溝沿兒] kōuyènrh ㄍㄡㄧㄢˋㄦ 도랑의 둔덕.
[溝子] kōutzǔ ㄍㄡㄗ 도랑. 크리이크(creek).

〔篝〕 kōu ㄍㄡ ①횃불을 피우는 쇠로 만든 바구니. ②불어리. ③바구니.
[篝火] kōuhuǒ ㄍㄡㄏㄨㄛˇ ①횃불. ＝火把. ②모닥불.

〔鞲〕 kōu ㄍㄡ ①활을 쏠 때에 팔꿈치를 감싸는 가죽.
[鞲鞴] kōupèi ㄍㄡㄅㄟˋ 피스톤(piston).

〔苟〕 kǒu ㄍㄡˇ ①만약에. 적어도 …이라면. ＝假若. ②진실로. ③둘러대다. 미봉하다. ④소홀히 하다. ＝粗略.「不一；소홀히 하지 않다」⑤성(姓)의 하나.
[苟且] kǒuch'iěh ㄍㄡˊㄑㄧㄝˇ ①도리에 맞지 않다. ②임시로 둘러방치다. ③간통하다.
[苟簡] kǒuchiěn ㄍㄡˊㄐㄧㄢˇ ①임시 변통으로 간략하게 하다. 임시로 둘러방치다. ②불완전한.
[苟全] kǒuch'üán ㄍㄡˇㄑㄩㄢˊ 헛되이 보전(保全)하다.「一性命；헛된 인생을 살아가다」.＞苟苟全全.
[苟合] kǒuhó ㄍㄡˇㄏㄨㄛˊ ①간통하다. ②공연히 부화뇌동(附和雷同)하다.
[苟活] kǒuhuó ㄍㄡˇㄏㄨㄛˊ 아무렇게나 살아가다. 되는 대로 살다.
[苟免] kǒumiěn ㄍㄡˊㄇㄧㄢˇ 일시 모면하다.

[苟存] kǒuts'ún ㄍㄡˇㄘㄨㄣˊ ＝苟活.

[苟延殘喘] kǒuyén ts'ánch'uǎn ㄍㄡˇㄧㄢˊㄘㄢˊㄔㄨㄢˇ 죽음 직전의 생명을 잠시 연장시키다.

〔狗〕 kǒu ㄍㄡˇ ①개.「他是屬一的；그는 개띠다」「哈吧一；발바리」②아첨하다.「專會一着他；그에게 아첨을 잘 한다」③욕으로 쓰이는 말.

[狗仗人勢] kǒu chàngjénshìh ㄍㄡˇㄓㄤˋㄖㄣˊㄕˋ 악인이 강자의 세력을 믿고 약자를 괴롭히다.《成》

[狗急跳墻] kǒuchít'iàoch'iáng ㄍㄡˇㄐㄧˊㄊㄧㄠˋㄑㄧㄤˊ 위급하게 된 개는 담도 뛰어넘는다는 뜻으로, 악인이 곤경에 빠지면 무슨 짓을 할지 모른다는 말.《成》

[狗彘不如] kǒuchìhpùjú ㄍㄡˇㄓˋㄅㄨˋㄖㄨˊ 개나 돼지만도 못하다. 배은망덕(背恩忘德)하고 행실이 비열한 자를 일컫는 말.《成》《罵》 ＝狗彘不若.

[狗氣] kǒuch'i ㄍㄡˇㄑㄧ ①비굴한 태도. ②비굴한 태도를 욕하는 말.

[狗竊] kǒuch'ièh ㄍㄡˇㄑㄧㄝˋ 좀도둑. ＝狗盜.

[狗婦] kǒufù ㄍㄡˇㄈㄨ 잡년:여자를 욕하는 말.《罵》 ＝狗娘.

[狗熊] kǒuhsiúng ㄍㄡˇㄒㄩㄥˊ ①몸집 작은 곰.「一帶手表；새끼곰이 팔목 시계를 차다：걸치레만 한다는 뜻」②겁장이. 변변치 않은 놈.

[狗血噴頭] kǒuhsüèh p'ēnt'óu ㄍㄡˇㄒㄩㄝˋㄆㄣㄊㄡˊ 다짜고짜로 욕을 퍼붓다. 마구 욕지거리를 하다.《成》

[狗日的] kǒujìhtê ㄍㄡˇㄖˋㄉㄜ 개자식. 이놈.《罵》

[狗苟蠅營] kǒukǒuyíngyíng ㄍㄡˇㄍㄡˇㄧㄥˊㄧㄥˊ 부끄러워할 줄도 모르고 명리(名利)만을 추구하여 끝까지 늘어붙음.《成》

[狗命] kǒumìng ㄍㄡˇㄇㄧㄥˋ 천한 목숨. 보잘 것 없는 생명.

[狗拿耗子] kǒunáhàotzǔ ㄍㄡˇㄋㄚˊㄏㄠˋㄗ 개가 고양이를 잡다. "多管閒事"가 계속되어, 쓸 데 없는 참견을 한다는 말.

[狗男女] kǒunánnǔ ㄍㄡˇㄋㄢˊㄋㄩˇ 남자인지 여자인지 분간할 수 없는 인간. 파렴치한 인간.

[狗爬兒] kǒup'árh ㄍㄡˇㄆㄚˊㄦ 개헤엄: 수영법의 한 가지.

[狗屁] kǒup'ì ㄍㄡˇㄆㄧˋ 개소리: 남을 욕하는 말.《罵》「不通；무슨 소리를 지껄이는지 모르겠다」

[狗蛋] kǒutàn ㄍㄡˇㄉㄢˋ 개자식.《罵》

[狗頭] kǒut'óu ㄍㄡˇㄊㄡˊ 개자식. 개대가리.《罵》

[狗才] kǒuts'ái ㄍㄡˇㄘㄞˊ ①밥벌레. 멍텅구리. ②교활한 놈.《罵》

[狗頭猴] kǒut'óuhóu ㄍㄡˇㄊㄡˊㄏㄡˊ 비비(狒狒)의 별칭.

[狗豆子] kǒutóutzǔ ㄍㄡˇㄉㄡˋㄗ 개에 기생하는 진드기.

[狗腿子] kǒut'uǐtzǔ ㄍㄡˇㄊㄨㄟˇㄗ 악한의 앞잡이. 불한당의 부하.

[狗洞] kǒutùng ㄍㄡˇㄉㄨㄥˋ (담에 뚫은) 개구멍.

[狗尾續貂] kǒuwěihsùtiāo ㄍㄡˇㄨㄟˇㄒㄩˋㄉㄧㄠ 후계자가 선임자(先任者)보다 훨씬 뒤떨어진다는 말.《成》

[狗尾草] kǒuwéits'ǎo ㄍㄡˇㄨㄟˇㄘㄠˇ〈植〉 강아지풀. 개꼬리풀. 구미초: 포아풀과에 속하는 일년초.

[狗牙兒] kǒuyárh ㄍㄡˇㄧㄚˊㄦ ①송곳니. 견치(犬齒). ②(바느질의)감침질.

[狗咬破衣人] kǒuyǎop'òijén ㄍㄡˇㄧㄠˇㄆㄛˋㄧㄖㄣˊ 겉모양만 보고 사람의 가치를 판단하다.

[狗蠅] kǒuying ㄍㄡˇㄧㄥ 〈動〉 개파리.

[狗蠅鬍子] kǒuyinghútzǔ ㄍㄡˇㄧㄥㄏㄨˊㄗ 수염이 드문드문 난 사람을 놀리는 말.

〔枸〕 kǒu ㄍㄡˇ.

[枸杞] kǒuch'ǐ ㄍㄡˇㄑㄧˇ 〈植〉구기(枸杞). 구기자나무: 열매는 약제로 쓰임.

〔勾〕 kòu ㄍㄡˋ ⇨kōu.

〔垢〕 kòu ㄍㄡˋ ①때. 더러움.「油一；기름 때. 기름 찌끼」「藏汚納一；뇌물을 받아 들이다」②치욕(恥辱).「忍一偷生；치욕을 참고 살아가다」③먼지. 쓰레기.

[垢泥] kòuní ㄍㄡˋㄋㄧˊ (몸의) 때. ＝垢膩.

〔够〕 kòu ㄍㄡˋ ①(어느 일정한 수량에) 도달하다.「一十個人嗎？；열 명이 찼느냐？」②(적당한 정도에) 이르다. 족하다. 충분하다.「菜一鹹不一？；반찬의 간은 충분하던가？」「這出戲演得不一好；이 연극은 연기가 불충분하다」③ 고루 미치다. 손이 골고루 가다.

[够嗆] kòuch'iàng ㄍㄡˋㄑㄧㄤˋ ①극심하다. 극도에 달하다.「我現在的生活已經一了；나의 생활은 이미 극도에 도달했다」②심하다. 엄하다. 세다.「今年天熱得眞一；금년 날씨는 참으로 덥다」

[够交情] kòuchiāoch'íng ㄍㄡˋㄐㄧㄠㄑㄧㄥˊ ①우정이 매우 두텁다. ②친구로서 충분하다. ③의리에 충실하여 나무랄 데가 없다. ＝够朋友.

[够瞧的] kòuch'iáotê ㄍㄡˋㄑㄧㄠˊㄉㄜ 굉장히. 심하게. 사태가 꽤 험하게 된 상태.「被他駡了個一；그에게서 아주 말할 수 없이 욕을 얻어먹었다」

[够勁兒] kòuchìnrh ㄍㄡˋㄐㄧㄣˋㄦ ＝够受.

[够好] kòuhǎo ㄍㄡˋㄏㄠˇ ①매우 좋다.「不打就一！；매맞지 않은 것만도 감지덕지하게 여겨야 돼！」②대단히 훌륭하다. 합격하다.

[够格] kòukó ㄍㄡˋㄍㄜˊ 표준에 도달하다.

[够過兒] kòukuòrh ㄍㄡˋㄍㄨㄛˋㄦ 살림살이가 그저 그만하다.「家裡頭還一；집의 사는 형편은 그저 그만하지」

[够面兒] kòumiènrh ㄍㄡˋㄇㄧㄢˋㄦ 사람이 좋고 예의가 바른 사람.

[够本兒] kòupěnrh ㄍㄡˋㄅㄣˇㄦ 본전이 되다. 원가(原價)에 닿다.「不一；본전에도 모자라다. 원가도 되지 않다」

[够朋友] kòup'éngyǔ ㄍㄡˋㄆㄥˊㄧㄡˇ 친구의 도리를 다하다.

[够不上] kòupu shàng ㄍㄡˋㄅㄨㄕㄤˋ ① 그만큼 되지 못하다. ②그만한 자격이 없다.

[够受] kòushòu ㄍㄡˋㄕㄡˋ ①혼나다. 호되게 당하다. ②진절머리나게 몹시.

[够手兒] kòushǒurh ㄍㄡˋㄕㄡˇㄦ 일손이 충분하다.

[够數] kòushù ㄍㄡˋㄕㄨˋ 수가 충분하다.

[够歲數兒] kòusuìshùrh ㄍㄡˋㄙㄨㄟˋㄕㄨˋㄦ ①장수(長壽)하다. ②나이를 많이 먹다.

[够損] kòusǔn ㄍㄡˋㄙㄨㄣˇ ①매우 박정

(薄情)하다. ②대단히 악랄하다. 몹시 악하다.
[够得着] kòutêcháo ㄍㄡˋㄉㄜ˙ㄓㄠˊ ①미치다. 쫓아가다. ②손이 닿다. ↔够不着.
[够多麼] kòutōmê ㄍㄡˋㄉㄨㄛㄇㄜ 어쩌면! 아이구머니! 「一好看 ; 어쩌면 저렇게 아름다울까!」 「을 지경이다.
[够多] kòutō ㄍㄡˋㄉㄨㄛ 대단히 많다. 남
[够味兒] kòuwèirh ㄍㄡˋㄨㄟˋㄦ ① 흥취가 있다. ②맛이 좋다.
[够樣兒] kòuyàngrh ㄍㄡˋㄧㄤˋㄦ 모양이 좋다. 볼품이 있다. 차림새가 곱다.
[够用] kòuyùng ㄍㄡˋㄩㄥˋ 쓸모가 있다. ⌊소용에 닿다.

〔媾〕 kòu ㄍㄡˋ ①인척끼리 혼인하다. 「婚一 ; 인척간의 혼인」 ②교합하다. 성교하다. 「交一 ; 성교하다」 ③강화(講和)하다. 「一和 ; 구화」 「다. =构精.
[媾精] kòuchīng ㄍㄡˋㄐㄧㄥ 성교(性交)하
[媾和] kòuhó ㄍㄡˋㄏㄜˊ 구화하다. 서로 ⌊화해하다.

〔彀〕 kòu ㄍㄡˋ ①=够①. ②활을 당기다. 「一中 ; 도달할 수 있는 범위」

〔詬〕 kòu ㄍㄡˋ ①치욕(恥辱). 수치. 「含一忍辱 ; 치욕을 참고 견디다」 ②욕하다. 닦아세우다. 훌닦다. 「百般一詈 ; 못된 말로 훌닦아 세우다」 「방하다.
[詬罵] kòumà ㄍㄡˋㄇㄚˋ 닦아세우다. 비
[詬病] kòupìng ㄍㄡˋㄅㄧㄥˋ ① 치욕. 수치. ②욕하다. 창피를 주다. 「爲人所一 ; 남에 ⌊게 창피를 당하다.

〔遘〕 kòu ㄍㄡˋ 만나다. 조우(遭遇)하다.
[遘奔] kòupēn ㄍㄡˋㄅㄣ 급히 가다. 뛰어 ⌊들다. =奔向.

〔構〕(构) kòu ㄍㄡˋ ①세우다. 건립(建立)하다. 조립하다. 「一屋 ; 집을 짓다」 ②적대하다. 맺다. 버티다. 「一怨 ; 원한을 갖다」 ③작품. 「佳一 ; 훌륭한 작품」 ④꾀하다. 도모하다. ⑤남을 모함하다. 「형성하다. ② 구성.
[構成] kòuch'ếng ㄍㄡˋㄔㄥˊ ① 구성하다.
[構件兒] kòuchiènrh ㄍㄡˋㄐㄧㄢˋㄦ 건축물의 부분을 이루는 것. 건축재료.
[構精] kòuchīng ㄍㄡˋㄐㄧㄥ 성교하다. =媾精.
[構桁] kòuhắng ㄍㄡˋㄏㄤˊ 대들보를 받치는 가로지른 나무.
[構陷] koùhsièn ㄍㄡˋㄒㄧㄢˋ 모함하다.
[構亂] kòuluàn ㄍㄡˋㄌㄨㄢˋ 난리를 일으키려고 하다. 「을 꾸미다.
[構思] kòussǔ ㄍㄡˋㄙ 구상을 하다. 문장
[構造] kòutsào ㄍㄡˋㄗㄠˋ ①구조. ②사물의 조직.
[構屋] kòuwū ㄍㄡˋㄨ 집을 짓다. =蓋房.
[構怨] kòuyuàn ㄍㄡˋㄩㄢˋ 원한을 맺다. ⌊원한을 품다.

〔覯〕 kòu ㄍㄡˋ 만나다. 우연히 만나다. 「罕一 ; 별로 만나지 않는다」

〔購〕(购) kòu ㄍㄡˋ 사다. 「采一原料 ; 원료를 사들이다」 「입 가격.
[購價] kòuchià ㄍㄡˋㄐㄧㄚˋ 구매 가격. 매
[購置] kòuchìh ㄍㄡˋㄓˋ 구매하다. 사들이다.
[購進] koùchìn ㄍㄡˋㄐㄧㄣˋ 구매하다.
[購求] kòuch'íu ㄍㄡˋㄑㄧㄡˊ ① 현상금을 걸어 범인을 잡다. ②구매하다.
[購銷] koùhsiāo ㄍㄡˋㄒㄧㄠ 구입과 판매.
[購貨証] kòuhuòchềng ㄍㄡˋㄏㄨㄛˋㄓㄥˋ 물품 구입증. 「이다.
[購糧] kòuliáng ㄍㄡˋㄌㄧㄤˊ 식량을 사들
[購辦] kòupàn ㄍㄡˋㄅㄢˋ 사서 마련하다. 사입(仕入)하다. 「사서 두다.
[購備] kòupèi ㄍㄡˋㄅㄟˋ 미리 사들이다.
[購用] kòuyùng ㄍㄡˋㄩㄥˋ 구매하여 사용하다.

K'OU ㄎㄡ

〔摳〕 k'ōu ㄎㄡ ①후비다. 쑤시다. 비밀따위를 캐내다. 꺼내다. 「一了個小洞 ; 작은 구멍을 파다」 「把掉在磚縫裏的豆粒一出來 ; 벽돌 틈에 떨어진 콩알을 끄집어 내다」 ②파다. 조각하다. 「一出花兒來 ; 모양을 조각하다」 ③파고 들다. 추궁하다. 「不要死一字面兒 ; 문자에 대해서만 구애하지 말아라」 ④높이 쳐들다. 게양하다. 「一衣 ; 의복의 단을 걷어 올리다 : 자기를 낮추는 동작」 ⑤인색하다. 비겁하다. 「人眞一, 一張紙也捨不得 ; 그는 아주 인색하다, 종이 한 장 버리기를 아까와하니까」
[摳錢] k'ōuch'ién ㄎㄡㄑㄧㄢˊ ①돈을 강요하다. ②부당한 방법으로 돈을 벌다.
[摳住] k'ōuchu ㄎㄡㄓㄨ 손가락으로 꽉 잡다. 「비어 뚫다.
[摳開] k'ōuk'ai ㄎㄡㄎㄞ 손가락으로 후
[摳摟] k'ōulou ㄎㄡㄌㄡ ①돈을 긁어 넣다. ②눈이 움푹 들어 가다. 「眼睛一了 ; 눈이 움푹 들어 갔다」 =瞘瞜.
[摳門兒] k'ōumếnrh ㄎㄡㄇㄣˊㄦ 인색하다. 다랍다.
[摳搜] k'ōusou ㄎㄡㄙㄡ ①(비밀 등을) 캐내다. ② 아주 인색하다.

〔瞘〕 k'ōu ㄎㄡ. 「하다.
[瞘瞘着] k'ōuk'ouchê ㄎㄡㄎㄡㄓㄜ 우묵
[瞘瞜] k'ōulou ㄎㄡㄌㄡ(눈이) 움푹 들어가다. 「一眼兒 ; 움푹 들어 간 눈」

〔口〕 k'ǒu ㄎㄡˇ ①입. 「開一說話 ; 말하기 시작하다」 ②말하는 것. 언어(言語). 「一才 ; 구변(口辯). 말재주」 ③「一兒 ; 입. 출입구(出入口)」 「門一 ; 입구(入口)」 ④항구(港口). 「一岸 ; 항구」 「出一貨 ; 수출품(輸出品)」 ⑤만리 장성(萬里長城)에서 몽고(蒙古)방면으로 통하는 요지(要地). 「張家一·古北一 ; 만리장성에서 몽고로 통하는 요지의 이름」 ⑥몽고산(蒙古產)의. 「一馬 ; 몽고말」 ⑦「一兒·一子 ; 째진 자리. 갈라진 금」 ⑧맛. ⑨「一兒·一子 ; 말·노새의 나이 : 이빨을 보고 아는데서」 「這馬一還小 ; 이 말은 아직 젊다」 ⑩조수사(助數詞) : ㉮가족수(家族數)를 셈. 「一家六一人 ; 6식구(食口)」 ㉯ 가축(家畜)을 셈. 「一一猪 ; 1마리의 돼지」 ㉰ 기물(器物)을 셈. 「一一鍋 ; 1개의 남비」 「一一鐘 ; 1개의 종」
[口戰] k'ǒuchàn ㄎㄡˇㄓㄢˋ 말다툼.
[口罩(兒)] k'ǒuchào(rh) ㄎㄡˇㄓㄠˋ(ㄦ)마

스크(mask). 「하다. 짙다.
[口沉] k'ǒuch'ěn ㄎㄡˇㄔㄣˊ (맛이) 톱톱
[口技] k'ǒuchì ㄎㄡˇㄐㅣˋ 입내. 남의 소리나 말을 흉내냄. 성대 모사(聲帶模寫).
[口氣(兒)] k'ǒuch'i(rh) ㄎㄡˇㄑㅣ(ㄦ) 말투. 남의 말솜씨를 듣고 그 사람의 심중을 살피는 일.
[口講] k'ǒuchiǎng ㄎㄡˊㄐㅣㄤˇ 주창하다. 부르다. 입으로 말하다.
[口講指畫] k'ǒuchiǎng-chǐhhuà ㄎㄡˊㄐㅣㄤˇㄓˇㄏㄨㄚˋ 몸짓·손짓을 하며 말을 하다. 신이 나서 제스처를 써서 말하다.
[口吃] k'ǒuch'ih ㄎㄡˇㄔ ①말을 더듬거리다. ②말을 알아 듣기 어렵게 중얼거리다.
[口齒] k'ǒuch'ǐh ㄎㄡˊㄔˇ ①발음. ②말씨. 「一不淸; 발음이 명확치 않다」
[口直心快] k'ǒuchíh-hsīnk'uài ㄎㄡˇㄓˊㄒㅣㄣㄎㄨㄞˋ 생각한 대로 지껄이다.
[口琴] k'ǒuch'ín ㄎㄡˇㄑㅣㄣˊ 하아모니카(harmonica): 작은 관악기(管樂器)의 한 가지. 「뜻하다. 맛이 담백하다.
[口輕] k'ǒuch'ing ㄎㄡˇㄑㅣㄥ ①맛이 산
[口拙] k'ǒuchō ㄎㄡˇㄓㄨㄛ 말하는 것이 서투르다.
[口傳心授] k'ǒuch'uán hsīnshòu ㄎㄡˇㄔㄨㄢˊㄒㅣㄣㄕㄡˋ 말과 마음 속으로 전하여 가르침. «成» 「생기는 부스럼.
[口瘡] k'ǒuch'uāng ㄎㄡˇㄔㄨㄤ 입술에
[口角] k'ǒuchüéh ㄎㄡˇㄐㄩㄝˊ ①말다툼. ②입가. 「一生風; 말재주가 있고 풍취가 있다」 「의 비결.
[口訣] k'ǒuchüéh ㄎㄡˇㄐㄩㄝˊ 구전(口傳)
[口誅筆伐] k'ǒuchū-pǐfá ㄎㄡˇㄓㄨㄅㅣˇㄈㄚˊ 언론(言論)과 문장(文章)으로 공격하다. 말이나 글로써 남의 죄악을 폭로하는 것. «成»
[口耳相傳] k'ǒuěrh hsiāngch'uán ㄎㄡˇㄦˇㄒㅣㄤㄔㄨㄢˊ 친절하게 전수(傳授)하다.
[口風] k'ǒufēng ㄎㄡˇㄈㄥ ①남의 말투를 듣고 그 사람의 마음 속을 살피는 일. ②말속. 「探一; 남의 말속을 듣고 그 사람의 심중을 살피다」 「＝口頭福(兒).
[口福] k'ǒufú ㄎㄡˇㄈㄨˊ 먹을 복. 구복.
[口號] k'ǒuhào ㄎㄡˇㄏㄠˋ 말로 외치는 표어(標語). 구호.
[口香糖] k'ǒuhsiāngt'áng ㄎㄡˇㄒㅣㄤㄊㄤˊ 껌. 추우잉껌(chewing gum).
[口小] k'ǒuhsiǎo ㄎㄡˊㄒㅣㄠˇ (말·노새의) 나이가 어리다.
[口信(兒)] k'ǒuhsìn(rh) ㄎㄡˇㄒㅣㄣˋ(ㄦ) 전언(傳言). 전갈.
[口話(兒)] k'ǒuhua(rh) ㄎㄡˇㄏㄨㄚ (ㄦ) 말투. 말하는 태도.
[口惠] k'ǒuhuì ㄎㄡˇㄏㄨㄟˋ 말만의 달콤한 약속. 「一而實不至; 말로는 보살펴 준다고 하면서 실제로는 해주지 않다」
[口紅] k'ǒuhúng ㄎㄡˇㄏㄨㄥˊ 입술 연지.
[口譯] k'ǒu ì ㄎㄡˇㄧˋ 구두(口頭)로 번역하다. 통역(通譯)하다.
[口口聲聲] k'ǒuk'ǒu -shēngshēng ㄎㄡˊㄎㄡˇㄕㄥㄕㄥ 제각기. 따로따로. 「一地說; 제각기 말하다」
[口快] k'ǒuk'uài ㄎㄡˇㄎㄨㄞˋ ①말이 솔직하다. 「心直一; 마음이 정직하고 말이 솔직하다」 ②입이 빠르다. 입이 가볍다.
[口供] k'ǒukung ㄎㄡˇㄍㄨㄥ 진술(陳述). 공술(供述).
[口過] k'ǒukuò ㄎㄡˇㄍㄨㄛˋ 언어상(言語上)의 과오. 말의 잘못.
[口裡] k'ǒulǐ ㄎㄡˊㄌㅣˇ 만리 장성내(萬里長城內). 「一人; 장성 안의 사람」
[口糧] k'ǒuliáng ㄎㄡˊㄌㅣㄤˊ ①인원수에 따라 지급하는 식량. ②보유미(保有米). ③배급 식량(配給食糧). ＝口分.
[口令] k'ǒulìng ㄎㄡˇㄌㅣㄥˋ ①호령(號令). 「下一; 호령을 치다」 ②군사상(軍事上)의 암호(暗號).
[口溜子] k'ǒuliūtzǔ ㄎㄡˇㄌㅣㄡㄗ 휘파람.
[口蜜腹劍] kǒumì-fùchièn ㄎㄡˇㄇㅣˋㄈㄨˋㄐㅣㄢˋ 겉다르고 속다르다. «成»
[口碑] k'ǒupēi ㄎㄡˇㄅㄟ ①전언(傳言). 전갈. 전설(傳說). ②명예. 명성(名聲).
[口北] k'ǒupěi ㄎㄡˊㄅㄟˇ 만리 장성 이북(萬里長城以北).
[口兒] k'ǒurh ㄎㄡˇㄦ ①출입구. ②깨진 데. 갈라진 금. ③사람. 「小兩一; 젊은 부부(夫婦)」 「파람.
[口哨(兒)] k'ǒushào(rh) ㄎㄡˇㄕㄠˋ(ㄦ)휘
[口舌] k'ǒushé ㄎㄡˇㄕㄜˊ ①말하는 기교나 구변. ②풍설. 풍문 ③구실. 트집. ④k'ǒusho 말다툼질. 말다툼하다.
[口試] k'ǒushìh ㄎㄡˇㄕˋ 구두 시험
[口是心非] k'ǒushìh-hsīnfēi ㄎㄡˇㄕˋㄒㅣㄣㄈㄟ 말과 뱃속이 다르다. 겉과 속이 다르다. 「여 줌.
[口授] k'ǒushòu ㄎㄡˇㄕㄡˋ 말로써 전하
[口水] k'ǒushuǐ ㄎㄡˊㄕㄨㄟˇ 침. 입가에 흐르는 침. 「머니. 포켓(pocket).
[口袋(兒)] k'ǒutai(rh) ㄎㄡˇㄉㄞ(ㄦ) 주
[口道(兒)] k'ǒutao(rh) ㄎㄡˇㄉㄠ(ㄦ) 맛.
[口德] k'ǒuté ㄎㄡˇㄉㄜˊ ①말에 있어서의 덕스러움. ②(상대편의 입장을 고려한 뒤의) 말에 있어서의 조심·함축성(含蓄性). 구덕. 「② 「一兒; 맛(味)」
[口頭] k'ǒut'ou ㄎㄡˇㄊㄡ ①구두(口頭).
[口頭交(兒)] k'ǒut'ǒuchiāo(rh) ㄎㄡˇㄊㄡˊㄐㅣㄠ(ㄦ) 우의(友誼)가 두텁지 않은 친구.
[口頭語] k'ǒut'ǒuyǔ ㄎㄡˇㄊㄡˊㄩˇ 입버릇. 틀에 박힌 문구(文句).
[口子] k'ǒutzǔ ㄎㄡˇㄗ ①인간(人間). 사람: 대개는 부녀자(婦女子)에 씀. 「家裏有五一; 5인 가족(家族)이다」 ②요지(要地). 관문(關門). ③출입구. ④상처난 자리. ⑤갈라진 곳.
[口外] k'ǒuwài ㄎㄡˇㄨㄞˋ 만리 장성(萬里長城)의 북쪽 지방. 외곽 지방.
[口胃] k'ǒuwei ㄎㄡˇㄨㄟˋ ①식욕(食慾). ②취미(趣味). 기호(嗜好).
[口味(兒)] k'ǒuwèi (rh) ㄎㄡˇㄨㄟˋ(ㄦ) ①식욕(食慾): 미각에 있어서의 기호. 「正合我的一; 나의 구미에 꼭 맞다」 ②맛.
[口音] k'ǒuyīn ㄎㄡˇㄧㄣ ①각지(各地)의 어음(語音). ②발음(發音). 「約束).
[口約] k'ǒuyüēh ㄎㄡˇㄩㄝ 구두약속(口頭

〔叩〕 k'òu ㄎㄡˋ ①두드리다. 때리다. 「一門; 문을 두드리다. 방문하다」 ②머리를 땅에 대고 절하다. 「三跪九一; 여러번 고개를 숙여 절하다」 ③묻다. 찾다.
[叩謝] k'òuhsièh ㄎㄡˋㄒㅣㄝˋ 공손히 인사를 하다. 「대고 꾸벅거리다.
[叩首] k'òushǒu ㄎㄡˋㄕㄡˇ 머리를 땅에
[叩頭] k'òut'óu ㄎㄡˋㄊㄡˊ 머리를 땅에 대

고 결하다.「訪)하다.
[叩問] k'ǒuwěn ㄎㄡˋㄨㄣˋ 찾다. 심방(尋

〔扣〕(釦②) k'ǒu ㄎㄡˋ ①(걸쇠·단추 따위를) 걸다. 끼우다. 멈추게 하다. 「把門一上 ; 문의 고리를 걸다」「把鈕子一好 ; 단추를 꼭 끼다」 ②「一子·一兒 ; 단추. 보탕. 버튼. 맨 자리. 매듭」「衣一 ; 보탕. 단추」「活一兒 ; 나비 모양으로 끈을 매는 법」 ③뒤집어 엎다. 덮어 씌우다. 엎어 놓다. 「把碗一在桌上 ; 차잔을 책상 위에 엎어 놓다」「用盆把魚一上 ; 대접을 생선 위에 덮어 씌우다」 ④밀착(密着)하다. 꼭 들어 맞다. 일치(一致)하다. 「這句話一在題上了 ; 이 말은 화제(話題)에 꼭 적합(適合)하다」 ⑤구류(拘留)하다. 차압(差押)하다. 만류하다. 「把人一起來 ; 사람을 구류하다」 ⑥빼내다. 공제(控除)하다. 「一薪水 ; 급료에서 공제하다」 ⑦…할(割). ＝折. 「九一 ; 1할인」「八五一 ; 8할 5부 : 1할 5부 공제」
[扣賬] k'ǒuchàng ㄎㄡˋㄓㄤˋ 할인하여 셈하다.「(pin).
[扣針] k'ǒuchěn ㄎㄡˋㄓㄣ 안전(安全) 핀
[扣緊] k'ǒuchǐn ㄎㄡˋㄐㄧㄣˇ 꼭 맞게 하다. 밀착하다.「제(控除)하다.
[扣淨] k'ǒuchìng ㄎㄡˋㄐㄧㄥˋ 깨끗이 공
[扣淸] k'ǒuch'īng ㄎㄡˋㄑㄧㄥ 깨끗이 공제하여 계산하다.
[扣球] k'ǒuch'iú ㄎㄡˋㄑㄧㄡˊ (정구·탁구 따위에서) 쳐서 넣다.
[扣住] k'ǒuchu ㄎㄡˋㄓㄨ ①억압하여 자유롭게 하지 않다. ②단단히 덮다.
[扣除] k'ǒuch'ú ㄎㄡˋㄔㄨˊ 공제하다.
[扣下] k'ǒuhsià ㄎㄡˋㄒㄧㄚˋ ①몫을 떼어 내다. ②차압하다.「引額).
[扣項] k'ǒuhsiang ㄎㄡˋㄒㄧㄤ 할인액(割
[扣還] k'ǒuhuán ㄎㄡˋㄏㄨㄢˊ 한 번 받거나 준 것을 돌려 주거나 돌려 받다. 청산(淸算)하여 되돌려 주다.
[扣環] k'ǒuhuán ㄎㄡˋㄏㄨㄢˊ 서로 기분이 맞아서 떨어질 수 없다.
[扣人心弦] k'ǒujěnhsīnhsién ㄎㄡˋㄖㄣˊㄒㄧㄣㄒㄧㄢˊ 사람의 마음을 교란시키다. ‹成›「몫을 떼다.
[扣克] k'ǒuk'ǒ ㄎㄡˋㄎㄜˋ ①할인하다. ②
[扣扣] k'ǒuk'ou ㄎㄡˋㄎㄡ 덮어 씌워져 있다. 「眼一着 ; 눈꺼풀이 감기다. 졸리다」
[扣留] k'ǒuliú ㄎㄡˋㄌㄧㄡˊ ①구류하다. ②차압하다. 보관해 두다.「바구니.
[扣簍] k'ǒulǒu ㄎㄡˋㄌㄡˇ 덮개가 있는
[扣帽子] k'ǒu màotzǔ ㄎㄡˋㄇㄠˋㄗ ①모자를 씌우다. ② 악명을 씌우다.「다.
[扣鈕] k'ǒuniǔ ㄎㄡˋㄋㄧㄡˇ 단추를 채우
[扣兒] k'ǒurh ㄎㄡˋㄦ ①매듭. 맨 자리. ②단추. ③일의 뒤얽힘. 불화. ④요점(要點). 키이포인트(key point). ⑤마음의 갈등. 트러블(trouble).
[扣上] k'ǒushang ㄎㄡˋㄕㄤ ①뒤집어 엎다. 덮어 씌우다. 「一書背誦 ; 책을 덮고 외다」 ②열쇠·고리 모양의 것에 끼워 넣다. 「把鈕子一 ; 단추를 채우다」
[扣打] k'ǒutǎ ㄎㄡˋㄉㄚˇ (손가락이나 손바닥을 둥글게 하여) 두드리다. 「一門 ; 문을 두드리다」
[扣抵] k'ǒutǐ ㄎㄡˋㄉㄧˇ ①공제하다. ②압류(押留)하여 저당(抵當)에 넣다.
[扣底子] k'ǒutǐtzǔ ㄎㄡˋㄉㄧˇㄗ 웃돈을 남겨 먹다. (심부름군이 주인의 물건을 살 때에) 장사군 한테 구전(口錢)을 먹다.
[扣頭] k'ǒut'ou ㄎㄡˋㄊㄡ 차액(差額).
[扣子] k'ǒutzǔ ㄎㄡˋㄗ ①단추. ②사건의 얽힘. 갈등.「류하다.
[扣押] k'ǒuyā ㄎㄡˋㄧㄚ ①차압하다. ②구
[扣眼兒] k'ǒuyěnrh ㄎㄡˋㄧㄢˇㄦ 단추 구멍.
[扣用] k'ǒuyùng ㄎㄡˋㄩㄥˋ ①구전(口錢). ＝扣佣. ②구전(口錢)을 떼다. 「一三成 ; 3할만 구전을 떼다」

〔佝〕 k'ǒu ㄎㄡˋ
[佝僂] k'ǒulóu ㄎㄡˋㄌㄡˊ 꼽추.

〔寇〕 k'ǒu ㄎㄡˋ ①외적(外敵). 침략자. 강탈자. ②공격하여 들어 가다. 침략하다. 약탈하다. 「一邊 ; 국경 침범」
[寇讎] k'ǒuch'óu ㄎㄡˋㄔㄡˊ 원수.

〔蔻〕 k'ǒu ㄎㄡˋ 〈植〉 육두구.
[蔻仁] k'ǒujěn ㄎㄡˋㄖㄣˊ 육두구의 씨.
[蔻咯] k'ǒuk'ǒ ㄎㄡˋㄎㄜ 〈植〉 코카(coca). ‹譯› 「一菌 ; 코카인(도 kokain)」 ‹譯›
[蔻蔻] k'ǒuk'ǒu ㄎㄡˋㄎㄡ 코코아(cocoa) ‹譯›「cure) 기름.
[蔻丹] k'ǒután ㄎㄡˋㄉㄢ 매니큐어(mani-

KU ㄍㄨ

〔沽〕 kū ㄍㄨ ①팔다 「一酒 ; 술을 팔다. ②사다. 「一酒 ; 술을 사다」
[沽名釣譽] kūmíngtiàoyǜ ㄍㄨㄇㄧㄥˊㄉㄧㄠˋㄩˋ 명예를 구하다. ‹成›

〔咕〕 kū ㄍㄨ「이는 소리.
[咕唧] kūchi ㄍㄨㄐㄧ 중얼거리거나 속삭
[咕嘰] kūchi ㄍㄨㄐㄧ 중얼거리다. 투덜대다. ＞咕咕嘰嘰.「다.
[咕啾] kūch'iu ㄍㄨㄑㄧㄡ 웅크리다. 숙이
[咕容] kūjung ㄍㄨㄖㄨㄥ 꿈틀거리다. ＝咕動. 咕咕容容.
[咕咕] kūkū ㄍㄨㄍㄨ 닭이 우는 소리.
[咕隆] kūlung ㄍㄨㄌㄨㄥ 천둥 소리. 우르릉 하고 나는 천둥 소리.
[咕碌] kūlu ㄍㄨㄌㄨ ①(눈을 부릅뜨고) 눈동자를 굴리다. ②조그만 소리로 속삭이다.
[咕嚕] kūlu ㄍㄨㄌㄨ ①중얼거리다. ②(시장해서) 꾸르륵, 쪼르륵 하는 소리. ③차가는 소리.「은 소리.
[咕噥] kūnung ㄍㄨㄋㄨㄥ 분명치 않는 낮
[咕咚] kūtung ㄍㄨㄉㄨㄥ ①총·대포로 사격하는 소리. ②탕하고 떨어지는 소리.
[咕叨] kūtao ㄍㄨㄉㄠ ① 요령 없이 지껄이다. ② 끈질기게 설득시키다.
[咕搗] kūtǎo ㄍㄨㄉㄠˇ ①…하다(弄. 搞). ②일. 「怎麼一 ; ㉮어쩌된 셈이냐. ㉯어떻게 하느냐」「(＝骨朶兒). ②올챙이.
[咕朶兒] kūtǒrh ㄍㄨㄉㄨㄛˇㄦ ①봉오리

〔估〕 kū ㄍㄨ ①평가하다. ②추측하다. ③견적을 내다. 「低一 ; 과소 평가하다」「你一一一他能來不? ; 그가 올는지 한

번 맞춰 봐라」 「하다.
[估產] kūch'ǎn ㄍㄨㄔㄢˇ 생산량을 예측
[估計] kūchì ㄍㄨㄐㄧˋ ①견적(見積)하다. 「一單 ; 견적서」 ②평가하다. 「過低一; 과소 평가」
[估價] kūchià ㄍㄨㄐㄧㄚˋ ①값을 놓다. 견적을 넣다. 「一單 ; 견적서」 ②견적가격(見積價格). 예정 가격. 「을 내다.
[估劃] kūhua ㄍㄨㄏㄨㄚ 추측하다. 견적
[估衣鋪] kūīp'ù ㄍㄨㄧㄆㄨˋ 헌옷 파는 가게. 「을 파는 노점.
[估衣攤子] kūīt'antzū ㄍㄨㄧㄊㄢㄗ 헌옷
[估量] kūliang ㄍㄨㄌㄧㄤ ①계산하다. 헤아리다. 「一對手 ; 상대에 따라 조절하다」 ②=估計. 「작하다. 「大一 ; 대강 짐작」
[估摸] kūmo ㄍㄨㄇㄛ 추량(推量)하다. 짐
[估算] kūsàn ㄍㄨㄙㄢˋ =估計.
[估單] kūtān ㄍㄨㄉㄢ 견적서. 「다.
[估定] kūtìng ㄍㄨㄉㄧㄥˋ 평정(評定)하
[估堆兒] kūt'uīrh ㄍㄨㄊㄨㄟㄦ 모두 합쳐서 가격을 놓다.

〔姑〕 kū ㄍㄨ ①아버지의 자매. 「大一 ; 큰 고모」 ②시누이. 「小一子 ; 시누이 동생」 ③시어머니. ④미혼 여자의 통칭. ⑤잠시.
[姑丈] kūchàng ㄍㄨㄓㄤˋ 고모부. 「《古》
[姑嫜] kūchang ㄍㄨㄓㄤ 시부모(姑章).
[姑且] kūch'iěh ㄍㄨㄑㄧㄝˇ ①잠시(暫且). ②우선. 「형제 자매끼리의 결혼.
[姑舅親] kūchiùch'īn ㄍㄨㄐㄧㄡˋㄑㄧㄣ 종
[姑父] kūfù ㄍㄨㄈㄨˋ 고모부.
[姑息] kūhsí ㄍㄨㄒㄧˊ ①안일하게 살아가는 것. ②지나치게 관용을 베풀다.
[姑姑] kūku ㄍㄨㄍㄨ 고모.
[姑公] kūkung ㄍㄨㄍㄨㄥ ①시부모. ②고모부 : 아버지나 어머니의. ③시어머니를 "姑", 시아버지는 "公"이라 함.
[姑老爺] kūlaǒyeh ㄍㄨㄌㄠˇㄧㄝ ①사위의 존칭. ②어머니의 고모부.
[姑媽] kūmā ㄍㄨㄇㄚ 고모.
[姑母] kūmǔ ㄍㄨㄇㄨˇ (기혼의) 고모.
[姑奶奶] kūnaǐnai ㄍㄨㄋㄞˇㄋㄞ ①시집간 딸의 친가에서 불리우는 호칭. 「新一 ; 신부. 색시」 ②조부(祖父)의 자매. ③천주교의 수녀.
[姑念] kūnièn ㄍㄨㄋㄧㄢˋ 일단 고려하다. 「一他年輕就算了吧 ; 그가 젊다는 점을 고려해서 그대로 놓아 둔다」
[姑娘] kūniang ㄍㄨㄋㄧㄤ ①미혼녀. 딸. ②자기 및 남의 딸을 부를 때의 호칭. ③첩에 대한 호칭. ④기녀. ⑤같은 연배의 처녀를 부를때 그 이름 밑에 붙이는 애칭.
[姑表兄弟] kūpiǎohsiūngtì ㄍㄨㄅㄧㄠˇㄒㄩㄥㄉㄧˋ 고종형제. 「모.
[姑婆] kūp'ó ㄍㄨㄆㄛˊ ①시고모. ②왕고
[姑嫂] kūsǎo ㄍㄨㄙㄠˇ 시누이 올케.
[姑太太] kūt'àit'ai ㄍㄨㄊㄞˋㄊㄞ 출가한 딸에 대한 호칭.
[姑子] kūtzǔ ㄍㄨㄗ 여자 중. 여승.
[姑妄聽之] kūwàng t'īngchīh ㄍㄨㄨㄤˋㄊㄧㄥㄓ 우선 적당히 들어 둔다.
[姑妄言之] kūwàng yénchih ㄍㄨㄨㄤˋㄧㄢˊㄓ 우선 적당히 말해 둔다.
[姑爷] kūyeh ㄍㄨㄧㄝ 처가에서 사위를 부르는 말.

〔孤〕 kū ㄍㄨ ①아버지를 여읜 유아(幼兒). ②고아. 「一子 ; 과부 자식. 아비 없는 아이」 ③아비 없는 사람의 총칭. ④외톨. ⑤배신하다. ⑥툭 튀어나옴. ⑦왕후(王侯)의 자칭. 《舊》
[孤哀子] kūaitzǔ ㄍㄨㄞㄗˇ 부모를 모두 잃었을 경우에 자신을 일컫는 말.
[孤掌難鳴] kūchǎngnánmíng ㄍㄨㄓㄤˇㄋㄢˊㄇㄧㄥˊ 혼자 힘으로는 아무 것도 할 수 없다. 《成》
[孤寂] kūchì ㄍㄨㄐㄧˋ 고독하고 쓸쓸함.
[孤注] kūchù ㄍㄨㄓㄨˋ 잘되든 안되든 간에 운에 맡기고 승부를 걸고 해보는 돈이나 물건.
[孤注一擲] kūchùichīh ㄍㄨㄓㄨˋㄧㄓˊ 노름군이 가지고 있는 것을 모두 내 걸고 최후의 판가름을 하다. 《成》
[孤芳自賞] kūfāngtzǔshǎng ㄍㄨㄈㄤㄗˋㄕㄤˇ 스스로 청빈·고결하다고 자처하며 독선적이다. 《成》
[孤負] kūfù ㄍㄨㄈㄨˋ ①배반하다. ②호의를 무시하다.
[孤寒] kūhán ㄍㄨㄏㄢˊ 고독하고 가난함.
[孤行] kūhsíng ㄍㄨㄒㄧㄥˊ 단독으로 하다.
[孤高] kūkāo ㄍㄨㄍㄠ 고고(孤高)하다.
[孤苦] kūk'ǔ ㄍㄨㄎㄨˇ 외롭고 가난하다.
[孤苦伶仃] kūk'ǔ-língtīng ㄍㄨㄎㄨˇㄌㄧㄥˊㄉㄧㄥ 홀로 외로운 모양.
[孤拐(兒)] kūkuai(rh) ㄍㄨㄍㄨㄞ(ㄦ) ①광대뼈. 빰. ②발의 볼. 「零零.
[孤零] kūlíng ㄍㄨㄌㄧㄥˊ =孤另. ＞孤孤
[孤伶] kūlíng ㄍㄨㄌㄧㄥˊ 홀로.
[孤另] kūlìng ㄍㄨㄌㄧㄥˋ 외톨.
[孤立] kūlì ㄍㄨㄌㄧˋ 고립되다.
[孤陋] kūlòu ㄍㄨㄌㄡˋ ①견식이 좁다. ②학식이 많지 않다.
[孤陋寡聞] kūlòu-kuǎwěn ㄍㄨㄌㄡˋㄍㄨㄚˇㄨㄣˊ 친구가 없는 사람은 견문과 학식이 넓지 못하다. 「녀.
[孤女] kūnǚ ㄍㄨㄋㄩˇ 아버지를 잃은 처
[孤僻] kūp'ì ㄍㄨㄆㄧˋ 성질이 비뚤어져 괴팍함. 「과부. ②과부.
[孤孀] kūshuāng ㄍㄨㄕㄨㄤ ①고아와
[孤單] kūtān ㄍㄨㄉㄢ 외톨. =孤伶.
[孤膽英雄] kūtǎn yīnghsiūng ㄍㄨㄉㄢˇㄧㄥㄒㄩㄥˊ 아무 것도 두려워하지 않는 영웅.
[孤丁] kūting ㄍㄨㄉㄧㄥ ①돌출물(突出物). ②일이 갑자기 변화하거나 까다로와짐. ③도박에서 되든 안되든 운에 맡기고 내 거는 마지막 금품.
[孤丁丁的] kūtīngtīngtê ㄍㄨㄉㄧㄥㄉㄧㄥㄉㄜ 홀로. 외롭게.
[孤獨鰥寡] kūtú-kuānkuǎ ㄍㄨㄉㄨˊㄍㄨㄢㄍㄨㄚˇ (생활상) 의지할 곳 없고 외롭게 된 사람. =鰥寡孤獨.
[孤子] kūtzǔ ㄍㄨㄗ ①아버지가 없는 자식. ②아버지의 상을 입은 사람이 자기를 부르는 말.
[孤王] kūwáng ㄍㄨㄨㄤˊ 소설이나 희곡 가운데서 왕이 자신을 부르는 말.
[孤雁單飛] kūyèn tānfēi ㄍㄨㄧㄢˋㄉㄢㄈㄟ 친구가 없는 외로운 신세.
[孤影子然] kūyǐng chiéhján ㄍㄨㄧㄥˇㄐㄧㄝˊㄖㄢˊ 외롭고 어쩐지 쓸쓸하다.

〔骨〕 kū ㄍㄨ 「一朶兒 ; 꽃 봉오리」 ⇨ 「kǔ.

〔菰〕(菇) kū ㄍㄨ 버섯 종류의 「총칭.

「(姓).
〔辜〕 kū ㄍㄨ ①죄. ②배반하다. ③성
[辜負] kūfu ㄍㄨㄈㄨ ①배반하다.②헛되게 하다.「一了他的一番好意 ; 그의 호
└의를 저버리다」
〔觚〕 kū ㄍㄨ ①옛날의 술잔. ②옛날 사람들이 글 쓸 때 사용하는 패. ③방형(方形). 4각. ④규칙.
[觚稜] kūlēng ㄍㄨㄌㄥˊ 궁전 양식의 건물의 지붕 능선에 올린 기와.
〔箍〕 kū ㄍㄨ ①(대나무나 금속으로 만든) 통의 테.「鐵一 ; 쇠테」「紙一 ; 종이의 대지(帶紙).②테를 두르다. ③짜내다.「從老百姓身上一出不少的錢 ; 백성들로부터 많은 돈을 착취하다」
[箍節] kūchiéh ㄍㄨㄐㄧㄝˊ 단락(段落). 잘린 곳.
[箍出] kūch'ū ㄍㄨㄔㄨ 쥐어짜다. 「다.
[箍緊] kūchǐn ㄍㄨㄐㄧㄣˇ 꽉 죄다. 꽉 묶
[箍鐵] kūt'iěh ㄍㄨㄊㄧㄝˇ 벨트. 피대.
[箍桶] kū t'ǔng ㄍㄨㄊㄨㄥˇ 통의 테를 꽉
└죄어 매다.
〔軲〕 kú ㄍㄨˊ
[軲轆] kúlu ㄍㄨˊㄌㄨ ①차 바퀴. ②떼굴떼굴 구르다. 빙글빙글 돌다.
〔古〕 kǔ ㄍㄨˇ ①옛. 고대. ↔今. ②오랜. ③속세(俗世)에 물들지 않은. ④성(姓).
「옛날에 세운 절.
[古刹] kǔch'à ㄍㄨˇㄔㄚˋ 연대가 오랜 절.
[古裝] kǔchāng ㄍㄨˇㄓㄤ 옛날 복장.
[古裝戲] kǔchānghsì ㄍㄨˇㄓㄤㄒㄧˋ 시대극(時代劇).
[古迹] kǔchī ㄍㄨˇㄐㄧ 고적. 유적.
[古籍] kǔchí ㄍㄨˇㄐㄧˊ 고서(古書). 헌책.
[古氣] kǔch'ì ㄍㄨˇㄑㄧˋ 예스럽다. 낡은 것 같다.
「7현의 옛 거문고.
[古琴] kǔch'ín ㄍㄨˇㄑㄧㄣˊ 5현(絃) 내지
[古井無波] kúchǐngwúpo ㄍㄨˊㄐㄧㄥˇㄨˊㄅㄛ (대부분 부녀를 지칭하는 말로) 마음이 옛 우물과 같이 정(情)이 동하지 않는 것을 비유한 말. =古井不波.
[古風] kǔfēng ㄍㄨˇㄈㄥ 옛 풍습.
[古稀] kǔhsī ㄍㄨˇㄒㄧ 70세된 노인을 일
[古昔] kǔhsí ㄍㄨˇㄒㄧˊ 옛날. └컬음.
[古怪] kǔkuài ㄍㄨˇㄍㄨㄞˋ ①이상하다. ②시기에 맞지 않다.
[古國] kǔkuó ㄍㄨˇㄍㄨㄛˊ 오랜 역사를 가지고 있는 국가.
[古來] kǔlái ㄍㄨˇㄌㄞˊ 자고로. 옛부터.
[古蘭經] kǔlánchīng ㄍㄨˇㄌㄢˊㄐㄧㄥ ①이슬람교의 경전.②코오란(Koran).「랜.
[古老] kúlǎo ㄍㄨˊㄌㄠˇ 연대가 매우 오
[古老錢] kúlǎoch'ién ㄍㄨˊㄌㄠˇㄑㄧㄢˊ 옛날 돈. 고전(古錢).
[古鏤雕鈷] kǔloutiāoku ㄍㄨˇㄌㄡㄉㄧㄠㄍㄨ 기이(奇異)한 모양.
[古巴] kǔpā ㄍㄨˇㄅㄚ 쿠바(Cuba).
[古板] kúpǎn ㄍㄨˊㄅㄢˇ ①융통성이 없다. ②시대에 뒤떨어지다.
[古樸] kǔp'ú ㄍㄨˇㄆㄨˊ 소박하면서도 고풍(古風)이 있다.
[古色古香] kǔsèkǔhsiāng ㄍㄨˇㄙㄜˋㄍㄨˇㄒㄧㄤ (서적·서화·골동품 따위가) 오래되어 고색창연(古色蒼然)하다.
[古詩] kǔshīh ㄍㄨˇㄕ 고시(古詩).
[古代] kǔtài ㄍㄨˇㄉㄞˋ 고대(古代).
[古銅色] kǔt'úngsè ㄍㄨˇㄊㄨㄥˊㄙㄜˋ 고동색.
[古董(兒)] kútǔng(rh) ㄍㄨˊㄉㄨㄥˇ(ㄦ)①골동품.「一鋪子 ; 골동품 상점」 ②(생각이) 완고하다.
[古瓷] kǔtz'ú ㄍㄨˇㄘˊ 옛날 자기(磁器).
[古玩] kǔwán ㄍㄨˇㄨㄢˊ(감상할 만한) 골동품.
[古往今來] kúwǎng-chīnlái ㄍㄨˊㄨㄤˇㄐㄧㄣㄌㄞˊ 옛부터 지금까지.
[古爲今用] kǔwéichīnyùng ㄍㄨˇㄨㄟˊㄐㄧㄣㄩㄥˋ 낡은 것을 정리하여 장점은 취하고 새로운 앞날의 도움이 되게 하다.
[古文] kǔwén ㄍㄨˇㄨㄣˊ 고문(古文).
[古物] kǔwù ㄍㄨˇㄨˋ 옛 물건. 「오하다.
[古雅] kúyǎ ㄍㄨˊㄧㄚˇ ①우아하다. ②심
[古諺] kǔyèn ㄍㄨˇㄧㄢˋ 옛부터 전해 오는 속담. 옛 격언.
「랜.
[古遠] kúyuǎn ㄍㄨˊㄩㄢˇ 시대가 매우 오
〔汩〕 kǔ ㄍㄨˇ ①어지럽다. ②소멸하다.
「리. ② 파도 소리.
[汩汩] kúkǔ ㄍㄨˊㄍㄨˇ ①물 흐르는 소
[汩亂] kǔluàn ㄍㄨˇㄌㄨㄢˋ 혼탁하고 어지럽다.
「파도 소리.
[汩沒] kǔmò ㄍㄨˇㄇㄛˋ ①멸망하다. ②
〔谷〕 kǔ ㄍㄨˇ ①계곡. 골짜기. ②깊은 구멍. ③막다르다.「進退維一 ; 진퇴유곡」④성(姓).
[谷風] kǔfèng ㄍㄨˇㄈㄥˋ ①동풍(東風)의 별칭. ②깊은 계곡에서 산위로 부는 바람.
[谷蓼] kúliǎo ㄍㄨˊㄌㄧㄠˇ 〈植〉다년생 식물의 한 가지. 여뀌의 한 가지.
[谷深水急] kǔshēnshuǐchí ㄍㄨˇㄕㄣㄕㄨㄟˇㄐㄧˊ 험요(險要)한 산천(山川)을 형용
└하는 말.
〔股〕 kǔ ㄍㄨˇ ①넓적다리.「屁一 ; 궁둥이」②사물의 일부분. ㉮모인 자본의 일부.「集二萬一 ; 2만 주(株)를 모으다」㉯관청·단체의 일부분인 계. 반.「總務一 ; 총무계」「學習一 ; 학습반」④직각 삼각형의 아랫변. ④양사(量詞).「一一線 ; 한 가닥의 실」㉮냄새. 힘.「一一香氣 ; 일진(一陣)의 향기」㉯군대·조직.「一一敵軍 ; 일대(一隊)의 적군」
[股長] kúchǎng ㄍㄨˊㄓㄤˇ 계장(係長).
[股金] kǔchīn ㄍㄨˇㄐㄧㄣ 주식에 대한 출자금.
「고 있는 주. ③출자분.
[股份] kǔfèn ㄍㄨˇㄈㄣˋ ①주(株). ②가지
[股息] kǔhsī ㄍㄨˇㄒㄧ ①주에 대한 이자. ②배당.
[股骨] kúkǔ ㄍㄨˊㄍㄨˇ 대퇴골(大腿骨).
[股關節] kǔkuānchiéh ㄍㄨˇㄍㄨㄢㄐㄧㄝˊ 선장관절(仙腸關節).
「조하는 사람.
[股肱] kǔkūng ㄍㄨˇㄍㄨㄥ 좌우에서 협
[股栗] kǔlì ㄍㄨˇㄌㄧˋ 무릎이 떨리다. 무서워하다.
[股本] kúpěn ㄍㄨˊㄅㄣˇ 주식 자본.
[股票] kǔp'iào ㄍㄨˇㄆㄧㄠˋ 주권(株券).
[股兒] kǔrh ㄍㄨˇㄦ ①주(株). ②사물의 일부분.
「會議 ; 주주 총회」
[股東] kǔtūng ㄍㄨˇㄉㄨㄥ 주주(株主).「一
[股子] kǔtzǔ ㄍㄨˇㄗ ①주(株). ②양사(量詞).「一一煙 ; 한 가닥의 연기」
[股員] kǔyuán ㄍㄨˇㄩㄢˊ 계원(係員).

〔牯〕 kǔ ㄍㄨˇ ①암소.②불알을 깐 소.
└③황소. «方»

〔骨〕 kǔ ㄍㄨˇ ①뼈.②뼈대 구조. ③죽은 사람.④견실한.단단한.⑤기개.의기.
「침대.

[骨架] kǔchià ㄍㄨˇㄐㄧㄚˋ ①골격. ②받
[骨肢] kǔchiāo ㄍㄨˇㄐㄧㄠˋ 아교(阿膠).
[骨節] kǔchiéh ㄍㄨˇㄐㄧㄝˊ 관절. 「一炎; 관절염」
「골질.
[骨質] kǔchíh ㄍㄨˇㄓˊ 뼈의 구성 요소.
[骨肥] kǔféi ㄍㄨˇㄈㄟˊ 동물 뼈로 만든 비료.
[骨粉] kúfěn ㄍㄨˊㄈㄣˇ ＝骨肥.
[骨相] kǔhsiàng ㄍㄨˇㄒㄧㄤˋ 사람의 체격 및 모습.골상.
「족.
[骨血] kǔhsüèh ㄍㄨˇㄒㄩㄝˋ ①육친. 혈
[骨灰] kǔhui ㄍㄨˇㄏㄨㄟ ①유골.②＝骨肥.
[骨肉] kǔjòu ㄍㄨˇㄖㄡˋ ＝骨血.
[骨軟筋酥] kújuǎn chīnsū ㄍㄨˊㄖㄨㄢˇ ㄐㄧㄣㄙㄨ (놀라거나 무서울 때) 맥이 탁 풀리다. «成»
[骨幹] kǔkàn ㄍㄨˇㄍㄢˋ ①중견 간부.②대중 활동가.「一分子; 활동가」
[骨格] kǔkó ㄍㄨˇㄍㄜˊ ＝骨架.
[骨骼] kǔkó ㄍㄨˇㄍㄜˊ ＝骨格.
[骨力] kǔlì ㄍㄨˇㄌㄧˋ ①필력(筆力). ②튼튼한.③팽팽한.「這張紙眞一; 이 종이는 정말 빳빳하다」
[骨碌骨碌] kǔlukǔlu ㄍㄨˇㄌㄨㄍㄨˇㄌㄨ 데굴데굴 구르는 모양.「一滾了起來; 데굴데굴 구르다」
「한.②견고한.
[骨棒] kǔpang ㄍㄨˇㄅㄤ ①(몸이) 튼튼
[骨瘦如柴] kǔshòujúch'ái ㄍㄨˇㄕㄡˋㄖㄨˊㄔㄞˊ 몸이 몹시 마른 모양.
[骨頭] kút'ou ㄍㄨˊㄊㄡ ①뼈.②뼈다귀.③기골. ④병신. «罵»
[骨董] kútǔng ㄍㄨˊㄉㄨㄥˇ ①＝古董兒.②물건이 물에 떨어지는 소리.
[骨子] kǔtzǔ ㄍㄨˇㄗ ①부채의 살 따위.「扇一; 부채살」「傘一; 우산살」②이면(裏面).「一裏面; 내면」「這是他們一裏頭的事情,你不用管; 이것은 그들 내적 일이니 너는 상관 말라」

〔詁〕 kǔ ㄍㄨˇ ①현대 말로써 옛말을 해석하다.「訓一; 고대말 읽기와 해석」
└②해석.

〔鼓〕 kǔ ㄍㄨˇ ①북.②북을 치다. ③(상하로)움직이다. ④(악기)치다. 두들기다.⑤부풀리다.「一着腮帮子; 볼을 볼록하게 하다」⑥고취(鼓吹)시키다.⑦옛날 시간을 알리는 북.「更一」

[鼓掌] kúchǎng ㄍㄨˊㄓㄤˇ 박수를 치다.
[鼓脹] kúchǎng ㄍㄨˊㄓㄤˇ 〈醫〉장만 : 장내(腸內)에 생기는 병의 일종.
[鼓吹] kǔch'uī ㄍㄨˇㄔㄨㄟ ①타악기 관악기를 합주하다.②고취하다.
[鼓棰兒] kǔch'uírh ㄍㄨˇㄔㄨㄟˊㄦ 북채. 고봉(鼓棒).
「(送風機).
[鼓風機] kǔfēngchī ㄍㄨˇㄈㄥㄐㄧ 송풍기
[鼓風爐] kǔfēnglú ㄍㄨˇㄈㄥㄌㄨˊ 용광로.
[鼓惑] kǔhuò ㄍㄨˇㄏㄨㄛˋ 선동해서 혼미하게 하다.
[鼓鼓囊囊] kǔkunángnáng ㄍㄨˇㄍㄨㄋㄤˊㄋㄤˊ 속에 감춘 물건이 볼록하게 튀어 나온 모양.
[鼓勵] kǔlì ㄍㄨˇㄌㄧˋ 고무 격려하다.
[鼓樓] kǔlóu ㄍㄨˇㄌㄡˊ 큰 북을 걸어 놓고 울려서 시간을 알리던 누각. «舊»
[鼓帮] kǔpāng ㄍㄨˇㄅㄤ 북의 몸통 되는 큰 나무 통.
「중의 일종. ＝二鼓子詞.
[鼓兒詞] kǔrhtz'ǔ ㄍㄨˇㄦㄘˊ 잡곡(雜曲)
[鼓舌] kǔshé ㄍㄨˇㄕㄜˊ ①말이 많다. 수다스럽다..
[鼓倒] kǔtao ㄍㄨˇㄉㄠ 운반하다.
[鼓搗] kǔtao ㄍㄨˇㄉㄠ ①일을 혼란시키다.②사람을 선동하다.꾀다.③ 물건을 뒤섞다.
「로 치는 소리.②내력(來歷).
[鼓點兒] kútiěnrh ㄍㄨˊㄉㄧㄢˇㄦ ①북채
[鼓逗] kǔtou ㄍㄨˇㄉㄡ ＝鼓搗.
[鼓噪] kǔtsào ㄍㄨˇㄗㄠˋ 시끄럽게 떠들어대다. ＝鼓譟.
[鼓足] kǔtsú ㄍㄨˇㄗㄨˊ 몹시 분기시키다.
[鼓嘴] kútsuǐ ㄍㄨˊㄗㄨㄟˇ (화가 나서)입을 삐쭉 내밀다.
[鼓肚子] kǔtùtzǔ ㄍㄨˇㄉㄨˋㄗ ①배를 두드리다. ②배불리 먹다.
[鼓動] kǔtùng ㄍㄨˇㄉㄨㄥˋ ①격려하다.「一力; 격려하는 힘」②적극적으로 권하다.③일에 의욕을 북돋우다.④선동하다.
「튀어 나온 눈.
[鼓眼睛] kúyěnching ㄍㄨˊㄧㄢˇㄐㄧㄥ 툭
[鼓樂喧天] kǔyuèh süānt'iēn ㄍㄨˇㄩㄝˋㄒㄩㄢㄊㄧㄢ ①악기를 쳐서 울려 퍼지는 소리.②통탕거리는 소리.

〔賈〕 kǔ ㄍㄨˇ ①상인.②사들이다.③부르다.초래하다.「一禍; 화를 초래하다」
[賈人] kǔjén ㄍㄨˇㄖㄣˊ 상인.
「말 «舊».
[賈豎] kǔshù ㄍㄨˇㄕㄨˋ 상인을 욕하는
[賈怨] kǔyüàn ㄍㄨˇㄩㄢˋ 원한을 사다.

〔榾〕 kǔ ㄍㄨˇ
[榾柮] kǔtuò ㄍㄨˇㄉㄨㄛˋ 자른 나무 토막.

〔穀〕 kǔ ㄍㄨˇ ①곡물.곡식.「五一; 쌀·보리·조·콩·기장 등의 식량」②착하다.③행복.
「당.
[穀場] kǔch'áng ㄍㄨˇㄔㄤˊ 타작하는 마
[穀蛾] kǔé ㄍㄨˇㄜˊ 곡식을 해치는 벌레.
[穀米] kúmǐ ㄍㄨˊㄇㄧˇ 쌀.미곡.
[穀旦] kǔtàn ㄍㄨˇㄉㄢˋ 길일(吉日).
[穀盜] kǔtào ㄍㄨˇㄉㄠˋ ＝穀蛾.
[穀道] kǔtào ㄍㄨˇㄉㄠˋ 항문.
[穀子] kǔtzǔ ㄍㄨˇㄗ 조. ＝山米(兒).
[穀雨] kúyǔ ㄍㄨˊㄩˇ 곡우:절기 중 하나.

〔轂〕 kǔ ㄍㄨˇ ①바퀴통.②모으다.
[轂交踏摩] kǔchiāo t'ímó ㄍㄨˇㄐㄧㄠㄊㄧˊㄇㄛˊ 거마(車馬)의 왕래가 심하다.마차의 왕래가 빈번하다. «成»
[轂擊肩摩] kǔchichiēnmó ㄍㄨˇㄐㄧㄐㄧㄢㄇㄛˊ 지방(地方)이 번성하다.
[轂轆] kúlu ㄍㄨˊㄌㄨ, kūlo 데굴데굴 구
└르다.

〔臌〕 kǔ ㄍㄨˇ ①부풀어 오르다. ②팽창하다.③배가 붓는 병.④수종(水腫).
[臌脹] kǔchàng ㄍㄨˇㄓㄤˋ ①병의 일종 : 장(腸)에 가스가 차서 배가 북과 같이 통통해짐.②(수분·공기로) 불룩해지다.
「조(白鳥).

〔鵠〕 kǔ ㄍㄨˇ ①과녁.②목표.③백

[鵠的] kǔtì ㄍㄨˇㄉㄧˋ ①사격 목표. ②과녁.
[鵠子] kǔtzǔ ㄍㄨˇㄗ =鵠的.

〔餶〕 kǔ ㄍㄨˇ
[餶飿兒] kǔtòrh ㄍㄨˇㄉㄨㄛˋㄦ 만두 비슷한 음식으로 국에 띄워 먹는 것. =雲呑.

〔蠱〕 kǔ ㄍㄨˇ ①사람을 해치는 독충. ②그릇 속에 많은 독충을 넣고 서로 물게 하여 최후까지 남는 벌레 : 중국의 옛날 미신에서 사람을 독살한다는 벌레. ③사람의 마음을 흐리게 하다.「被一 ; 반하다」 「어지럽게 하다.
[蠱惑] kǔhuò ㄍㄨˇㄏㄨㄛˇ 사람 마음을
[蠱毒] kǔtú ㄍㄨˇㄉㄨˊ 독살(毒殺)하다.

〔固〕 kù ㄍㄨˋ ①튼튼한. 견고한. ②완고한. ③안정하다. ④억지로. ⑤본래. 원래. ⑥극력. ⑦항상. ⑧굳히다.
[固疾] kùchí ㄍㄨˋㄐㄧˊ 고질.
[固結] kùchiéh ㄍㄨˋㄐㄧㄝˊ 굳게 뭉침.
[固執] kùchíh ㄍㄨˋㄓˊ 고집.「一不通 ; 고집 불통」 「(請求)하다.
[固請] kùch'ǐng ㄍㄨˋㄑㄧㄥˇ 강력히 청구
[固然] kùján ㄍㄨˋㄖㄢˊ 과연. 물론.「你的話一不錯, 但是需要再考慮 ; 너의 말은 물론 옳지만 재고할 필요가 있다」
[固陋] kùlòu ㄍㄨˋㄌㄡˋ 견문이 좁다.
[固步自封] kùpùtzǔfēng ㄍㄨˋㄅㄨˋㄗˋㄈㄥ =故步自封. 「림(防沙林).
[固沙林] kùshālín ㄍㄨˋㄕㄚㄌㄧㄣˊ 방사
[固守] kùshoǔ ㄍㄨˋㄕㄡˇ 고수하다.
[固體] kùt'ǐ ㄍㄨˋㄊㄧˇ 고체. 「고정하다.
[固定] kùtìng ㄍㄨˋㄉㄧㄥˋ ①고집하다. ②
[固辭] kùtz'ǔ ㄍㄨˋㄘˊ 굳이 사양하다.
[固應] kùyìng ㄍㄨˋㄧㄥˋ 당연히 해야 한다.
[固有] kùyǔ ㄍㄨˋㄧㄡˇ 원래부터 있는 것. 고유.「一名詞 ; 고유 명사」

〔故〕 kù ㄍㄨˋ ①사건.「事一 ; 사고. 변고」②원인. 이유.「不知何一 ; 무슨 연고인지 모르겠다」③옛. 이전.「一書 ; 고서」④선례(先例). ⑤죽다. 죽은.「病一 ; 병사하다」⑥그러므로.「他有堅強的意志, 一能克服困難 ; 그는 강인한 의지를 가졌으므로 고난을 극복할 수 있다」⑦일부러. 고의로.「明知一犯 ; 잘 알면서도 죄를 범하다」⑧친한.「朋一 ; 벗. 친우」 「변함 없다.
[故常] kùch'áng ㄍㄨˋㄔㄤˊ 옛과 같다.
[故家] kùchiā ㄍㄨˋㄐㄧㄚ 대대로 벼슬을 한 집안. 「온 친구. 고우.
[故交] kùchiāo ㄍㄨˋㄐㄧㄠ 오래 사귀어
[故智] kùchìh ㄍㄨˋㄓˋ 이미 써서 알고 있는 방법.
[故舊] kùchiù ㄍㄨˋㄐㄧㄡˋ =故交.
[故居] kùchū ㄍㄨˋㄐㄩ 전에 살던 주소.
[故去] kùch'ǜ ㄍㄨˋㄑㄩˋ 서거(逝去)하다. 사망하다.
[故而] kùérh ㄍㄨˋㄦˊ 그러므로. =所以.
[故爾] kùérh ㄍㄨˋㄦˊ =故而. 「다.
[故犯] kùfàn ㄍㄨˋㄈㄢˋ 고의로 죄를 짓
[故夫] kùfu ㄍㄨˋㄈㄨ 전 남편.
[故宮] kùkūng ㄍㄨˋㄍㄨㄥ 옛 궁전.
[故意] kùì ㄍㄨˋㄧˋ 고의로. 일부러 함.
[故國] kùkuó ㄍㄨˋㄍㄨㄛˊ ①오랜 역사를 갖고 있는 나라. ②조국.
[故老] kùlǎo ㄍㄨˋㄌㄠˇ 나이가 많고 덕(德)이 있는 노인.
[故里] kùlǐ ㄍㄨˋㄌㄧˇ 고향.
[故步自封] kùpùtzǔfēng ㄍㄨˋㄅㄨˋㄗˋㄈㄥ 의욕(意慾)이 없음. 「죽이다.
[故殺] kùshā ㄍㄨˋㄕㄚ 고의로 사람을
[故事] kùshìh ㄍㄨˋㄕˋ ①선례. ②구례. 옛이야기. 「일의 거동.
[故態] kùt'ài ㄍㄨˋㄊㄞˋ 지난날이나 평
[故態復萌] kùt'ài fùméng ㄍㄨˋㄊㄞˋㄈㄨˋㄇㄥˊ 옛날 버릇이 또 나오다.《成》
[故道] kùtào ㄍㄨˋㄉㄠˋ ①옛 길. ②옛 법(古法).
[故典] kùtiěn ㄍㄨˋㄉㄧㄢˇ ①문제의 일. ②사건. ③이변(異變). 까닭. 이유.「他又出了一 ; 그는 또 문제를 일으켰다」
[故土難移] kùt'ǔnánì ㄍㄨˋㄊㄨˇㄋㄢˊㄧˊ 고향은 떠나기가 어렵다.《成》
[故此] kùtz'ǔ ㄍㄨˋㄘˇ ①이것 때문에. ②그러므로. =所以.

〔梏〕 kù ㄍㄨˋ ①고랑. 수갑. ②속박하다.「桎一 ; (자유를) 구속하다」

〔雇〕 kù ㄍㄨˋ ①고용하다. ②돈으로 노동력을 사다.「一一輛車 ; 차 한 대를 세내다」
[雇車] kùch'ē ㄍㄨˋㄔㄜ 세낸 차.
[雇主] kùchǔ ㄍㄨˋㄓㄨˇ 고용주. =東家.
[雇工] kùkūng ㄍㄨˋㄍㄨㄥ 고용인.
[雇農] kùnúng ㄍㄨˋㄋㄨㄥˊ ①농가의 고용인. ②머슴.「혹은 당나귀 등을 부리다.
[雇牲口] kù shēngk'ǒu ㄍㄨˋㄕㄥㄎㄡˇ 말
[雇傭] kùyúng ㄍㄨˋㄩㄥˊ 고용하다. =雇工.
[雇用觀點] kùyùng kuāntiěn ㄍㄨˋㄩㄥˋㄍㄨㄢㄉㄧㄢˇ 고용인의 근성.
[雇員] kùyüán ㄍㄨˋㄩㄢˊ 고원.

〔痼〕 kù ㄍㄨˋ ①오래된 병.「一疾 ; 고질」②악습(惡習).
[痼習] kùhsí ㄍㄨˋㄒㄧˊ 악습.
[痼癖] kùp'ǐ ㄍㄨˋㄆㄧˇ ①고질. 나쁜 버릇.

〔錮〕 kù ㄍㄨˋ ①쇠를 녹여 틈새를 막다. ②안에 가두다.「禁一 ; 금고」
[錮疾] kùchí ㄍㄨˋㄐㄧˊ 고질. =痼疾.

〔顧〕(頋) kù ㄍㄨˋ ①돌아 보다. 돌이켜 보다.「一視左右 ; 좌우를 돌아 보다」②마음에 새기다. 주의하다.「一面子 ; 의리를 존중하다」③성(姓).
[顧忌] kùchì ㄍㄨˋㄐㄧˋ ①남의 간섭이나 지탄(指彈)이 두려워 소신껏 행하지 못함. ②꺼리다. 「聽歌.
[顧曲] kùch'ǔ ㄍㄨˋㄑㄩˇ 노래를 듣다. =
[顧全] kùch'üán ㄍㄨˋㄑㄩㄢˊ 완전하게 되도록 돌보아 주다. 「히 하다.
[顧惜] kùhsí ㄍㄨˋㄒㄧˊ ①아끼다. ②소중
[顧綉] kùhsiù ㄍㄨˋㄒㄧㄡˋ 자수품(刺繡品)의 통칭.
[顧客] kùk'ò ㄍㄨˋㄎㄜˋ 고객.
[顧拉] kùla ㄍㄨˋㄌㄚ 돌보아 주다.
[顧臉] kùliěn ㄍㄨˋㄌㄧㄢˇ 체면을 중히 여기다. 「=顧臉.
[顧臉面] kùliěnmiēn ㄍㄨˋㄌㄧㄢˇㄇㄧㄢ
[顧面子] kùmièntzǔ ㄍㄨˋㄇㄧㄢˋㄗ ①=顧臉. ② 외모(外貌)를 염려하다.

[顧名思義] kùmíng-ssūi ㄍㄨˋㄇㄧㄥˊㄙㄧˋ 명칭만 보고 그 뜻이나 실정을 생각하다.
[顧念] kùnièn ㄍㄨˋㄋㄧㄢˋ 염두에 두다.
[顧盼] kùp'àn ㄍㄨˋㄆㄢˋ ①신이 나서 주위를 훑어 보다. ②돌보아 주다.
[顧盼自雄] kùp'àntzǜhsiúng ㄍㄨˋㄆㄢˋㄗˋㄒㄩㄥˊ 득의(得意)에 찬 모습. 신이 나 있는 모양.
[顧不過來] kùpukuòlái ㄍㄨˋㄅㄨㄍㄨㄛˋㄌㄞˊ 완전히 돌볼 수 없다. 「수 없다.
[顧不了] kùpuliǎo ㄍㄨˋㄅㄨㄌㄧㄠˇ 돌볼
[顧不得] kùputê ㄍㄨˋㄅㄨㄉㄜ =顧不了.
[顧此失彼] kùtz'ǔshīhpǐ ㄍㄨˋㄘˇㄕㄅㄧˇ 한 가지에 열중하여 다른 것을 소홀히 하다. 능력이 모자람을 뜻함.
[顧問] kùwên ㄍㄨˋㄨㄣˋ 고문.
[顧影自憐] kùyǐngtzǜlién ㄍㄨˋㄧㄥˇㄗˋㄌㄧㄢˊ ①자신의 처지를 한탄하다. ②고독을 슬퍼하다.

K'U ㄎㄨ

〔刳〕 k'ū ㄎㄨ 도려내다. 찌르다. 들추다. 파헤치다.

〔矻〕 k'ū ㄎㄨ 「一矻；부지런히 일하는 형용」

〔枯〕 k'ū ㄎㄨ ①시들다. 마르다. 「一樹；고목(枯木)」「一井；마른 우물」 ②활기가 없는. 조용한. 잠잠한. 「一人一坐；혼자서 동그마니 앉다」
[枯寂] k'ūchì ㄎㄨㄐㄧˋ (초조함과 더불어) 쓸쓸하다. 적막하다.
[枯窘] k'ūchiǔng ㄎㄨㄐㄩㄥˇ 몹시 가난하다. 궁핍(窮乏)하다.
[枯礬] k'ūfán ㄎㄨㄈㄢˊ 백반(白礬).
[枯榮] k'ūjúng ㄎㄨㄖㄨㄥˊ 성쇠(盛衰).
[枯乾] k'ūkān ㄎㄨㄍㄢ 시들고 마르다. 생기(生氣)가 없다.
[枯槁] k'ūkǎo ㄎㄨㄍㄠˇ ①시들어 마르다. ②여위다. 쓸쓸한. ③거슬거슬한. ④초조한. 「뼈.
[枯骨] k'ūkǔ ㄎㄨㄍㄨˇ 죽은 뒤 오래된
[枯餅] k'ūpǐng ㄎㄨㄅㄧㄥˇ (오동나무·차나무 따위의 열매로 짠) 깻묵.
[枯瘦] k'ūshòu ㄎㄨㄕㄡˋ 여위고 말라 생기가 없다.
[枯樹生花] k'ūshù shēnghuā ㄎㄨㄕㄨˋㄕㄥㄏㄨㄚ 고목에 꽃이 피다. 오랫동안 불운했던 사람에게 좋은 운이 트이다. =枯木逢春.
[枯燥] k'ūtsào ㄎㄨㄗㄠˋ ① 메마르다. 말라 빠지다. ②무미건조(無味乾燥)하다. 「這種遊戲太一；이 놀이는 조금도 재미가 없다」＞枯枯燥燥.

〔哭〕 k'ū ㄎㄨ 울다. 「痛一流涕；비분(悲憤)의 눈물을 흘리다」「一哭啼啼；울부짖다」
[哭泣] k'ūch'ì ㄎㄨㄑㄧˋ 울다.
[哭叫] k'ūchiào ㄎㄨㄐㄧㄠˋ 울부짖다.
[哭主] k'ūchǔ ㄎㄨㄓㄨˇ 피해자(被害者)의 유족. =哭主家. 苦主. 「꼴.
[哭狀] k'ūchuàng ㄎㄨㄓㄨㄤˋ 울상. 우는
[哭法] k'ūfǎ ㄎㄨㄈㄚˇ 우는 법. 곡법. 우는 태도.
[哭喊] k'ūhǎn ㄎㄨㄏㄢˇ 울부짖다.
[哭嚎] k'ūháo ㄎㄨㄏㄠˊ 통곡하다. 목놓아 울다. =哭號.
[哭笑不得] k'ūhsiàopùtê ㄎㄨㄒㄧㄠˋㄅㄨˋㄉㄜˊ 웃을 수도 울 수도 없다. 어찌할 바를 모르다. 「소리를 내어 우는 모양.
[哭咧咧] k'ūliēhliēh ㄎㄨㄌㄧㄝㄌㄧㄝ 큰
[哭臉] k'ūliěn ㄎㄨㄌㄧㄢˇ 우는 얼굴.
[哭鼻子] k'ūpítzǔ ㄎㄨㄅㄧˊㄗ 소리 내어 울다.
[哭喪臉] k'ūsangliěn ㄎㄨㄙㄤㄌㄧㄢˇ ①찡그린 얼굴. 울상. ②k'ūsang liěn 울상을 하다. 얼굴을 찡그리다.
[哭喪棒] k'ūsāngpàng ㄎㄨㄙㄤㄅㄤˋ 장례식 때에 상주(喪主)가 갖는 막대. 상장(喪杖). 「고 매달리다.
[哭訴] k'ūsù ㄎㄨㄙㄨˋ 울며 호소하다. 울
[哭啼] k'ūt'í ㄎㄨㄊㄧˊ 울다. ＞哭哭啼啼.
[哭天抹淚] k'ūt'iēn-mǒlèi ㄎㄨㄊㄧㄢㄇㄛˇㄌㄟˋ 울며 소란을 피우는 모양. 대성통곡(大聲痛哭).《成》

〔窟〕 k'ū ㄎㄨ 동굴. 「石一；석굴」
[窟窖] k'ūchiào ㄎㄨㄐㄧㄠˋ 지하실(地下室).
[窟窿(兒)] k'ūlung(rh) ㄎㄨㄌㄨㄥ(ㄦ) ①구멍. ②채무(債務). 「掏一；빚을 지다. 돈을 빌다」 「곤란하고 위험한 일.
[窟窿橋] k'ūlungchiáo ㄎㄨㄌㄨㄥㄐㄧㄠˇ
[窟窿眼兒] k'ūlungyěnrh ㄎㄨㄌㄨㄥㄧㄢˇㄦ 작은 구멍.

〔骷〕 k'ū ㄎㄨ
[骷髏] k'ūlóu ㄎㄨㄌㄡˊ 해골. 촉루(髑髏).

〔苦〕 k'ǔ ㄎㄨˇ ①쓰다. 「這黃瓜是一的；이 오이는 쓰다」「藥是一；약은 쓰다」 ②괴롭다. 구슬프다. 가난하다. 「一境；고경」「他的生活越來越一；그의 살림살이는 더욱 괴로와졌다」 ③「一子；고생. 괴로움」「吃一耐勞；괴로운 생활을 참고 힘드는 일을 견디어 내다」 ④쉬지 않고. 끊임 없이. 「一學；고학하다」「一戰；고전하다」
[苦撐待變] k'ǔch'ēng tàipièn ㄎㄨˇㄔㄥㄉㄞˋㄅㄧㄢˋ 곤경을 참지 못하여 무슨 변란이라도 생겼으면 하고 기다리다. 천지개벽(天地開闢)을 기다리다.
[苦汁] k'ǔchīh ㄎㄨˇㄓ 간수:소금에 습기가 차서 녹아 내리는 쓴 물.
[苦盡甘來] k'ǔchìn kānlái ㄎㄨˇㄐㄧㄣˋㄍㄢㄌㄞˊ 고생이 있으면 낙(樂)이 있다. 고진감래.《諺》 =苦盡甜來.
[苦筋拔力] k'ǔchīnpálì ㄎㄨˇㄐㄧㄣㄅㄚˊㄌㄧˋ 고생하면서 열심히 일하다.
[苦井水] k'ǔchǐngshuǐ ㄎㄨˇㄐㄧㄥˇㄕㄨㄟˇ 맛이 쓴 우물물. 「하다.
[苦求] k'ǔch'iú ㄎㄨˇㄑㄧㄡˊ 조르다. 간청
[苦楚] k'ǔch'ǔ ㄎㄨˇㄔㄨˇ 고통. 슬픔. 고초.
[苦處] k'ǔch'u ㄎㄨˇㄔㄨ 괴로움. 고통.
[苦主] k'ǔchǔ ㄎㄨˇㄓㄨˇ 피해자(被害者). 피해자의 가족(家族).
[苦勸] k'ǔch'üàn ㄎㄨˇㄑㄩㄢˋ 극력 권하다. 연해 충고(忠告)하다.
[苦中作樂] k'ǔchūng tsòlè ㄎㄨˇㄓㄨㄥㄗㄨㄛˋㄌㄜˋ 괴로움 속에서 기쁨을 찾다.《成》

[苦蟲] k'ǔch'úng ㄎㄨˇㄔㄨㄥˊ ①고생하기 위하여 태어난 것 같은 사람. 고생 주머니. ②고생하는 것이 당연한 사람.
[苦害] k'ǔhài ㄎㄨˇㄏㄞˋ 괴롭히다. 다치다. 해를 입히다.
[苦孩子] k'ǔháitzǔ ㄎㄨˇㄏㄞˊㄗ ①생활상으로 고생하는 어린이. ②사랑에 굶주린 어린이. 「(酷寒).
[苦寒] k'ǔhán ㄎㄨˇㄏㄢˊ 심한 추위. 혹한
[苦旱] k'ǔhàn ㄎㄨˇㄏㄢˋ 심한 가물음.
[苦夏] k'ǔhsià ㄎㄨˇㄒㄧㄚˋ 더위를 타는 일. 여름타다.
[苦相] k'ǔhsiàng ㄎㄨˇㄒㄧㄤˋ ①고생할 상(相). 운이 불길한 상. ②가엾은 얼굴. 불쌍한 얼굴 모습.
[苦心] k'ǔhsīn ㄎㄨˇㄒㄧㄣ 고심(苦心)하다. 걱정하다. 「一孤詣 ; ㉮고심해서 일을 하다. ㉯고심하여 연구한 결과 정통(精通)하다」 「혹형(酷刑).
[苦刑] k'ǔhsíng ㄎㄨˇㄒㄧㄥˊ 엄형(嚴刑).
[苦學苦鑽] k'ǔhsüéh‧k'ǔtsuān ㄎㄨˇㄒㄩㄝˊㄎㄨˇㄗㄨㄢ 힘써 배우고 연구하다.
[苦活(兒)] k'ǔhuó(rh) ㄎㄨˇㄏㄨㄛˊ(ㄦ) 힘드는 일. 고생스러운 일. 보답이 적은 일.
[苦人] k'ǔjén ㄎㄨˇㄖㄣˊ ①생활이 곤궁한 사람. ②불운(不運)한 사람.
[苦日子] k'ǔjìhtzǔ ㄎㄨˇㄖˋㄗ 곤궁한 생활. 불운(不運)한 생활. 「過一 ; 곤궁한 생활을 겪다」 「생하는 근원.
[苦根] k'ǔkēn ㄎㄨˇㄍㄣ 고생의 원인. 고
[苦幹] k'ǔkàn ㄎㄨˇㄍㄢˋ 열심히 쉬지 않고 일하다.
[苦口] k'ǔk'ǒu ㄎㄨˊㄎㄡˇ ①입에 쓰다. ②극력 충고하는 모양. 「一規勸 ; 극력 충고하다」
[苦苦] k'úk'ǔ ㄎㄨˊㄎㄨˇ ①귀찮아하지 않고 극력. 한결같이. 외곬으로. ②간절히. 충심으로 부터. 「一相勸 ; 간절히 충고하다」
[苦工] k'ǔkūng ㄎㄨˇㄍㄨㄥ 고역(苦役).
[苦功] k'ǔkūng ㄎㄨˇㄍㄨㄥ ①최대한의 노력. 열성적인 노력. 「下一 ; 한결같은 노력을 하다」 ②고생으로 단련하여 몸에 지닌 기능. 「쓴 경험.
[苦果] k'úkuǒ ㄎㄨˊㄍㄨㄛˇ 고생한 보람.
[苦過] k'ǔkuò ㄎㄨˇㄍㄨㄛˋ 고생스런 생활을 하다. =苦過日字.
[苦辣] k'ǔlà ㄎㄨˇㄌㄚˋ ①쓰고 매움. 쓴 맛과 매운 맛. ②이 세상의 괴로움. 「不知一 ; 노고(勞苦)를 모르다」
[苦累] k'ǔlèi ㄎㄨˇㄌㄟˋ ①(일 따위가) 괴롭다. 힘이 들다. 「一活兒 ; 괴로운 일」 ②(일에서) 고생스럽게 생각하다. 괴로와 하다.
[苦力] k'ǔlì ㄎㄨˇㄌㄧˋ ①육체 노동자. 쿠울리(cooly). ②고생스런 노동.
[苦練] k'ǔlièn ㄎㄨˇㄌㄧㄢˋ 한결같이 연습하다. 「他一出本事來了 ; 그는 끊임없이 연습하여 기술을 터득했다」
[苦買賣] k'úmǎimai ㄎㄨˊㄇㄞˇㄇㄞ 이익이 없는 장사.
[苦命] k'ǔmìng ㄎㄨˇㄇㄧㄥˋ 괴로운 운명(運命). 「一人 ; 불운(不運)한 사람. 운명에 우는 사람」
[苦巴苦挨] k'ǔpāk'ǔ'ái ㄎㄨˇㄅㄚㄎㄨˇㄞˊ 고생스런 생활을 참고 견디다.
[苦水] k'úshǔ ㄎㄨˊㄕㄨˇ ①(음료수로 쓰이지 않는) 경수(硬水). ②(이전에 겪은)괴로움. 고생. 「吐一 ; 옛날에 고생하던 이야기를 털어 놓다」 「一子 ; 탕약(湯藥). 물약」 「②괴로와하며 죽다.
[苦死] k'ússǔ ㄎㄨˊㄙ ① 죽도록 괴롭다.
[苦思苦想] k'ússū k'úhsiǎng ㄎㄨˇㄙㄎㄨˊㄒㄧㄤˇ 여러 가지로 궁리를 하다. 온갖 지혜를 다 짜면서 생각하고 생각하다.
[苦思力索] k'ússū lìsǒ ㄎㄨˇㄙㄌㄧˋㄙㄨㄛˇ 문제를 해결하기 위하여 여러 가지로 머리를 쓰다.
[苦膽] k'útǎn ㄎㄨˊㄉㄢˇ 담낭(膽囊).
[苦迭打] k'útiéhtǎ ㄎㄨˇㄉㄧㄝˊㄉㄚˇ 쿠데타. 폭력적인 정변(政變).
[苦頭] k'ǔt'ou ㄎㄨˇㄊㄡ 괴로움. 「吃過一 ; 괴로움을 맛보다」 「들빼기.
[苦菜] k'ǔts'ài ㄎㄨˇㄘㄞˋ 〈植〉 씀바귀. 고
[苦子] k'ǔtzǔ ㄎㄨˇㄗ ①괴로움. 고통. 「受一 ; 괴로움을 받다」 ②손해(損害).
[苦於] k'ǔyú ㄎㄨˇㄩˊ 괴로와하다. 고통을 느끼다.
[苦雨] k'úyǔ ㄎㄨˊㄩˇ ①귀찮은 비. ②장마. 장림(長霖).

〔庫〕 k'ù ㄎㄨˋ 창고. 곳간. 「入一 ; 입고」 「水一 ; 저수지(貯水地)」
[庫房] k'ùfáng ㄎㄨˋㄈㄤˊ ①금고실(金庫室). ②창고. 곳간. 「量).
[庫容] k'ùjúng ㄎㄨˋㄖㄨㄥˊ 저수량(貯水
[庫款] k'ùk'uǎn ㄎㄨˋㄎㄨㄢˇ ①국고금(國庫金). ②금고에 있는 돈.
[庫兵] k'ùpīng ㄎㄨˋㄅㄧㄥ ①창고를 지키는 병사(兵士). ②무기고 속의 병기(兵器). 「②k'ùtsáng 금고에 넣다.
[庫藏] k'ùtsàng ㄎㄨˋㄗㄤˋ ①창고. 금고.
[庫存] k'ùts'ún ㄎㄨˋㄘㄨㄣˊ ①재고품(在庫品). 「物價穩定, 一增加 ; 물가는 안정되고 재고품이 증가하다」 ②창고에 넣다.

〔酷〕 k'ù ㄎㄨˋ ①엄하다. 가혹하다. 무자비하다. 「一刑 ; 혹형」 ②심하다. 지독하다. 「一愛 ; 열렬히 사랑하다」
[酷肖] k'ùhsiào ㄎㄨˋㄒㄧㄠˋ 몹시 닮다.

〔褲〕(袴) k'ù ㄎㄨˋ 「一子 ; 바지. 중국복(中國服)의 바지. 속바지」
[褲衩兒] k'ùch'àrh ㄎㄨˋㄔㄚˋㄦ 반바지. 잠방이. 「ㄧㄠˇ(ㄦ‧ㄗ) 바지. 즈봉.
[褲脚(兒‧子)] k'ùchiǎo(rh‧tzǔ) ㄎㄨˋㄐ
[褲縫兒] k'ùfěngrh ㄎㄨˋㄈㄥˋㄦ 바지의 솔기. 「접은 줄.
[褲綫] k'ùhsièn ㄎㄨˋㄒㄧㄢˋ 양복바지의
[褲掛] k'ùkuà ㄎㄨˋㄍㄨㄚˋ 중국식의 바지와 저고리.
[褲管(兒)] k'ùkuǎn(rh) ㄎㄨˋㄍㄨㄢˇ(ㄦ). 바지의 통. 바지의 허리. =褲筒兒.
[褲兜兒(一子)] k'ùtōurh(一tzǔ) ㄎㄨㄉㄡㄦ(一ㄗ) 바지의 주머니. 바지의 포켓.
[褲襠] k'ùtāng ㄎㄨˋㄉㄤ 바지의 샅폭.
[褲袋兒] k'ùtàirh ㄎㄨˋㄉㄞˋㄦ =褲兜兒.
[褲腿兒(一子)] k'ùt'uǐrh(一tzǔ) ㄎㄨˋㄊㄨㄟˇㄦ(一ㄗ) =褲管兒.
[褲腰] k'ùyāo ㄎㄨˋㄧㄠ 바지의 허리통. 「一帶 ; 바지‧즈봉의 멜빵」

KUA ㄍㄨㄚ

〔瓜〕 kuā ㄍㄨㄚ 오이.「甜一；참외」
[瓜庵] kuāān ㄍㄨㄚㄢ 원두막. 「다.
[瓜分] kuāfēn ㄍㄨㄚㄈㄣ 분할하다. 쪼개
[瓜葛] kuākó ㄍㄨㄚㄍㄜˊ ① 오이와 덩굴. 덩굴이 있는 식물. ②친구·친척의 끊을 수 없는 관계. 결연(結緣). 혈연(血緣). ③관련(關聯). 관계. 연루(連累). 「實類).
[瓜果] kuākuǒ ㄍㄨㄚㄍㄨㄛˇ 과실류(果
[瓜蔞] kuālóu ㄍㄨㄚㄌㄡˊ 〈植〉하늘타리. 과루. 쥐참외. 「초록색.
[瓜皮色] kuāp'ísè ㄍㄨㄚㄆㄧˊㄙㄜˋ 연한
[瓜皮艇] kuāp'ít'ing ㄍㄨㄚㄆㄧˊㄊㄧㄥˇ 작은 배.
[瓜熟蒂落] kuāshú tìlò ㄍㄨㄚㄕㄨˊㄉㄧˋㄌㄨㄛˋ 오이가 익으면 꼭지가 떨어진다는 뜻으로, 때가 오면 자연히 성공할 수 있다는 비유. ‹成› 「을 하다.
[瓜搭] kuāta ㄍㄨㄚㄉㄚ 무뚝뚝한 표정
[瓜塔] kuāta ㄍㄨㄚㄉㄚ ＝瓜搭. 부채를 접었다 폈다 하는 소리.
[瓜代] kuātài ㄍㄨㄚㄉㄞˋ 만기가 된 사람을 교대시키다.
[瓜條] kuāt'iáo ㄍㄨㄚㄊㄧㄠˊ 동과(冬瓜)를 설탕에 절여 가늘게 썬 음식.
[瓜田李下] kuātiénlǐhsià ㄍㄨㄚㄊㄧㄢˊㄌㄧˇㄒㄧㄚˋ 과전불납리(瓜田不納履) 이하부정관(李下不整冠)에서 온 말로, 남의 의심을 살 만한 짓을 삼가라는 뜻. ‹成›
[瓜子(兒)] kuātzǔ(rh) ㄍㄨㄚㄗˇ(ㄦ) ①오이·수박·호박 따위의 씨. ②소금과 향료를 뿌려서 볶은 수박이나 호박씨. 흔히 손님의 접대로 쓰임.
[瓜子(兒)臉] kuātzǔ(rh)liěn ㄍㄨㄚㄗˇ(ㄦ)ㄌㄧㄢˇ 오이씨같이 갸름한 얼굴. 흔히 미인의 얼굴을 형용함.
[瓜蔓] kuāwàn ㄍㄨㄚㄨㄢˋ 오이 덩굴.
[瓜秧] kuāyāng ㄍㄨㄚㄧㄤ 오이 모종.

〔刮〕(颳③) kuā ㄍㄨㄚ ①깎다. 밀다.「一臉；면도하다」②깎아 내다. 저미다. ③(바람이) 불다. 「다. ②태풍.
[刮風] kuāfēng ㄍㄨㄚㄈㄥ ①바람이 불
[刮削] kuāhsiao ㄍㄨㄚㄒㄧㄠ 박탈하다.
[刮鬍子] kuāhútzǔ ㄍㄨㄚㄏㄨˊㄗ 수염을 깎다. 「대뼈가 나온 얼굴.
[刮骨臉] kuākúliěn ㄍㄨㄚㄍㄨˊㄌㄧㄢˇ 광
[刮刮叫] kuākuāchiào ㄍㄨㄚㄍㄨㄚㄐㄧㄠˋ 아주 훌륭한.
[刮拉] kuāla ㄍㄨㄚㄌㄚ ① 관련시키다. 잡아 끌다.「一之案件；관련된 사건」② 누(累)가 미치다.
[刮剌剌] kuālàlà ㄍㄨㄚㄌㄚˋㄌㄚˋ 와르르: 집 따위가 무너지는 소리.
[刮臉] kuāliěn ㄍㄨㄚㄌㄧㄢˇ 면도하다.「一刀；면도 칼」 「다. ②착취하다.
[刮皮] kuāp'í ㄍㄨㄚㄆㄧˊ ①껍질을 벗기
[刮打] kuāta ㄍㄨㄚㄉㄚ 두드리다. 치다.
[刮刀子] kuātāotzǔ ㄍㄨㄚㄉㄠㄗ 면도칼.
[刮地皮] kuātip'í ㄍㄨㄚㄉㄧˋㄆㄧˊ 지방 관리가 백성의 재물을 빼앗다. 착취하다.
[刮頭] kuāt'óu ㄍㄨㄚㄊㄡˊ ①머리를 깎다. ②머리 밑의 때를 벗겨 내다.
「은.

〔聒〕 kuā ㄍㄨㄚ ①시끄러운. ②귀찮
[聒耳] kuāěrh ㄍㄨㄚㄦˇ 시끄러워 귀찮다.
[聒絮] kuāhsǜ ㄍㄨㄚㄒㄩˋ 귀찮다. 시끄럽게 떠들다.
[聒聒叫] kuākuāchiào ㄍㄨㄚㄍㄨㄚㄐㄧㄠˋ 매우 좋다. 훌륭하다. 「떠들어대다.
[聒噪] kuātsào ㄍㄨㄚㄗㄠˋ (왁자지껄)

〔剮〕 kuǎ ㄍㄨㄚˇ ①할퀴다. 긁히다.「把手一破了；손을 할퀴어 상처가 나다」② 사형(死刑) 방법의 하나. 능지처참.

〔寡〕 kuǎ ㄍㄨㄚˇ ①적은. 결핍된.「一言；말이 적음. 입이 무거움」②미망인. 과부.「守一；수절하다」
[寡見少聞] kuǎchiènshǎowén ㄍㄨㄚˇㄐㄧㄢˋㄕㄠˇㄨㄣˊ 경험한 일이 적어 지식이 천박하다. 보고 들은 것이 없다. ‹成›
[寡情] kuǎch'íng ㄍㄨㄚˇㄑㄧㄥˊ 박정(薄情)하다. 「다.
[寡居] kuǎchū ㄍㄨㄚˇㄐㄩ 수절(守節)하
[寡婦] kuǎfu ㄍㄨㄚˇㄈㄨ 과부.
[寡合] kuǎhó ㄍㄨㄚˇㄏㄜˊ 남과 마음이 잘 안 맞다.
[寡廉鮮恥] kuǎliénhsiěnch'ǐ ㄍㄨㄚˇㄌㄧㄢˊㄒㄧㄢˇㄑㄧˇ 부끄러움을 모르다. 파렴치(破廉恥)하다. ‹成›
[寡不敵衆] kuǎpùtíchùng ㄍㄨㄚˇㄅㄨˋㄉㄧˊㄓㄨㄥˋ 중과부적. 소수는 다수를 당해낼 수 없다. ‹成› 「부족하다.
[寡斷] kuǎtuàn ㄍㄨㄚˇㄉㄨㄢˋ 결단력이 「(八卦).

〔卦〕 kuà ㄍㄨㄚˋ ①점치다. ②괘. 팔괘
[卦姑] kuàkū ㄍㄨㄚˋㄍㄨ 여자 점장이. 여복(女卜). 「사례금.
[卦禮] kuàlǐ ㄍㄨㄚˋㄌㄧˇ 복채(卜債). 점친
[卦攤兒] kuàt'ārh ㄍㄨㄚˋㄊㄚㄦ 점장이가 길가에 벌여 놓은 점판(占板).

〔掛〕(挂·罣) kuà ㄍㄨㄚˋ ①걸다. 걸리다. 걸치다.「懸一；걸치다. 걸다」②(거죽에) 묻다.「臉上一了一層灰土；얼굴에 먼지가 묻다」③꺼려하다. 마음에 걸리다.「心上一着這件事；이 일을 마음 속에 두고 꺼려하다」④등록하다.「一號；등기로 하다」⑤기항(寄港)하다. ⑥(저울로) 달다. ＝稱. ⑦구비하다. ＝帶. ⑧차량(車輛)이나 염주 따위를 세는 말.「一一珠子；염주 한 줄」
[掛礙] kuàài ㄍㄨㄚˋㄞˋ 마음에 꺼림칙하다.「心中沒有一；마음에 꺼림칙한 일은 아무 것도 없다」
[掛記] kuàchì ㄍㄨㄚˋㄐㄧˋ 마음에 걸리다.
[掛氣] kuàch'ì ㄍㄨㄚˋㄑㄧˋ ①성이 불끈나다. ②분개하다.
[掛僵] kuàchiāng ㄍㄨㄚˋㄐㄧㄤ 서로 양보하지 않다. 교착 상태로 들어 가다.
[掛錢] kuàch'ién ㄍㄨㄚˋㄑㄧㄢˊ 16절지 정도의 종이에다 돈 따위를 그려서 문이나 제단에 붙이는 것.
[掛欠] kuàch'ièn ㄍㄨㄚˋㄑㄧㄢˋ 외상금(外上金). 연체금(延滯金).
[掛齒] kuàch'ǐh ㄍㄨㄚˋㄔˇ 언급하다: 반드시 말 앞에 부정어(否定語)나 반어(反語)가 붙어 "개의(介意)하지 않다"란 뜻이 됨.「何足一；개의할 필요가 없다」
[掛椿] kuàchuang ㄍㄨㄚˋㄓㄨㄤ 수사관이 죄를 범했을 때 비밀리에 감시하다.
[掛鍾] kuàchūng ㄍㄨㄚˋㄓㄨㄥ 괘종. 벽시계.

[掛幅] kuàfú ㄍㄨㄚˋㄈㄨˊ 족자(簇子). 서화(書畫) 등 벽에 걸어 놓고 보는 것.
[掛號] kuàhào ㄍㄨㄚˋㄏㄠˋ ①등기로 하다.「一信；등기 우편」「一費；㉮우편의 등기 요금.㉯(병원의) 첫 진찰비」②신청하다. ③접수하다. ④번호를 등록하다.
[掛孝] kuàhsiào ㄍㄨㄚˋㄒㄧㄠˋ 거상을 알리다. 상복을 입다. 「마음에 두다.
[掛心] kuàhsīn ㄍㄨㄚˋㄒㄧㄣ 걱정하다.
[掛幌子] kuàhuǎngtzǔ ㄍㄨㄚˋㄏㄨㄤˇㄗ ①간판을 걸다. ② 바깥으로 나타나다.「臉上都一了；얼굴에 모두 나타났다」
[掛花] kuàhuā ㄍㄨㄚˋㄏㄨㄚ (병사가 전투에서) 명예의 부상을 입다.「一了兩次花；두 번이나 명예의 부상을 입었다」
[掛懷] kuàhuai ㄍㄨㄚˋㄏㄨㄞ ＝掛心.
[掛火(兒)] kuàhuǒ(rh) ㄍㄨㄚˋㄏㄨㄛˇ(ㄦ) ①성나다. 화가 벌컥 나다. ＝生氣. ②외곬으로 생각하다. 고지식하게 믿다.
[掛貨(兒)屋子] kuàhuo(rh)wutzǔ ㄍㄨㄚˋㄏㄨㄛ(ㄦ)ㄨㄗ 상점.
[掛客] kuàk'ǒ ㄍㄨㄚˋㄎㄜˋ 손님을 받다. 손님을 모시다.
[掛累兒] kuàlǎo(rh) ㄍㄨㄚˋㄌㄠˇ(ㄦ) 연루(連累). 불똥.「吃一；불똥이 튀다. (사건에) 말려 들다」
[掛零(兒)] kuàlíng(rh) ㄍㄨㄚˋㄌㄧㄥˊ(ㄦ) 개략적인 수자의 우수리. 남짓.「他已經五十一；그는 이미 50여세가 되었다」
[掛漏] kuàlòu ㄍㄨㄚˋㄌㄡˋ 유루(遺漏)하다. 면밀하지 못하여 실수하거나 빠뜨리다. ＝掛一萬漏.
[掛慮] kuà lǜ ㄍㄨㄚˋ ㄌㄩˋ ＝掛心.
[掛麵] kuàmièn ㄍㄨㄚˋㄇㄧㄢˋ 건면(乾麵). 마른 국수.
[掛名(兒)] kuàmíng(rh) ㄍㄨㄚˋㄇㄧㄥˊ(ㄦ) 이름을 올리다. 이름이 나붙다. 연명(連名)하다. 유명 무실한 직책.
[掛念] kuànièn ㄍㄨㄚˋㄋㄧㄢˋ 걱정하다.
[掛牌] kuàp'ái ㄍㄨㄚˋㄆㄞˊ 간판을 걸다. ＝掛幌子.
[掛屏兒] kuàp'íngrh ㄍㄨㄚˋㄆㄧㄥˊㄦ 실내의 벽에 거는 장식품 : 사진틀·족자 따위.
[掛不住] kuàpuchù ㄍㄨㄚˋㄅㄨㄓㄨˋ ①걸 수 없다. 걸리지 않는다. ②몹시 부끄러워 견딜 수 없다. ↔掛得住.
[掛不住勁兒] kuàpuchùchìnrh ㄍㄨㄚˋㄅㄨㄓㄨˋㄐㄧㄣˋㄦ 부끄러워 견딜 수 없다. 「다. 부상하다.
[掛傷] kuàshāng ㄍㄨㄚˋㄕㄤ 상처를 입
[掛帥] kuàshuài ㄍㄨㄚˋㄕㄨㄞˋ ①최고 책임자로서 진두 지휘하다. ②모든 것에 우선하다.「政治一；정치는 모든 것에 우선 한다」③지도적 입장에 서는 것을 말함. 「익이나 은혜를 구하다.
[掛算] kuàsuān ㄍㄨㄚˋㄙㄨㄢ 조그만 이
[掛單] kuàtān ㄍㄨㄚˋㄉㄢ 중이 절에서 기거하다. ＝掛搭.
[掛彩] kuàts'ǎi ㄍㄨㄚˋㄘㄞˇ ①경사로운 때 대문에 색색의 천을 걸어서 장식하는 일. ②병사가 전상(戰傷)을 입어서 출혈을 하다.
[掛羊頭賣狗肉] kuà yángt'óu mài kǒujòu ㄍㄨㄚˋ ㄧㄤˊㄊㄡˊ ㄇㄞˋ ㄍㄡˇㄖㄡˋ 양의 머리를 내걸고 개고기를 팔다. 표리(表裏)가 부동하다. 속과 겉이 다르다.《成》

〔褂〕 kuà ㄍㄨㄚˋ「一子·一兒；중국 옷의 저고리」「馬一兒；마고자」
[褂兒] kuàrh ㄍㄨㄚˋㄦ (중국식) 저고리.

K'UA ㄎㄨㄚ

〔誇〕(夸) k'uā ㄎㄨㄚ ①자랑하다. 자만하다. ②허풍을 떨다. 과장하다. ③칭찬하다.「人人都一他；사람마다 모두 그를 칭찬하다」④크다. 「하다.
[誇贊] k'uāts'àn ㄎㄨㄚㄘㄢˋ 몹시 칭찬
[誇張] k'uāchāng ㄎㄨㄚㄓㄤ 실제보다 크게 (또는 작게) 말하다. 과장해서 말하다.「往小里一；작게 말하다」
[誇獎] k'uāchiāng ㄎㄨㄚㄐㄧㄤ 칭찬하다. 추어 올리다.
[誇富] k'uāfù ㄎㄨㄚㄈㄨˋ 풍부함을 남에게 자랑하다. 있는 체하다.
[誇海口] k'uāhǎik'ǒu ㄎㄨㄚㄏㄞˇㄎㄡˇ 허풍 떨다. 「부러워하다.
[誇羨] k'uāhsièn ㄎㄨㄚㄒㄧㄢˋ 칭찬하고
[誇口] k'uāk'ǒu ㄎㄨㄚㄎㄡˇ 허풍을 떨다. 흰소리하다.
[誇誇其談] k'uāk'uāch'ít'án ㄎㄨㄚㄎㄨㄚㄑㄧˊㄊㄢˊ 제가 젠체하며 말하다. 허풍을 떨며 말하다.
[誇飾] k'uāshìh ㄎㄨㄚㄕˋ 과도하게 묘사(描寫)하다. 지나치게 장식하다. 호화롭게 장식하다. 「②거만을 피우다.
[誇大] k'uātà ㄎㄨㄚㄉㄚˋ ①풍을 떨다.
[誇嘴] k'uātsuǐ ㄎㄨㄚㄗㄨㄟˇ 허풍을 떨다.「誇大嘴；크게 허풍치다」
[誇耀] k'uāyào ㄎㄨㄚㄧㄠˋ ①뽐내다.「值得一；뽐낼 만하다」②자랑하다.

〔咵〕(侉) k'uǎ ㄎㄨㄚˇ ①부피가 많다. 크다.「這個箱子太一了；이 트렁크는 너무 크다」②사투리가 있다. 사투리.「他說話有點一；그의 말에는 사투리가 좀 있다」 「람.
[誇子] k'uǎtzǔ ㄎㄨㄚˇㄗ 견문이 좁은 사

〔垮〕 k'uǎ ㄎㄨㄚˇ ①쓰러지다. 넘어지다.「房子一了；집이 쓰러졌다」②실패하다. 못 쓰게 되다.「身體累一了；과로(過勞)로 인하여 몸이 못 쓰게 되었다」
[垮架] k'uǎchià ㄎㄨㄚˇㄐㄧㄚˋ 무너지다. 도괴(倒壞)하다. 붕괴하다. 일이 틀어지다.
[垮不了] k'uǎpuliǎo ㄎㄨㄚˇㄅㄨㄌㄧㄠˇ 실패할 리가 없다.「計劃性強, 事情就一；계획성이 충분하면 일은 실패할 리가 없다」
[垮臺] k'uǎt'ái ㄎㄨㄚˇㄊㄞˊ 실패하다. 와해(瓦解)되다. 붕괴하다. 틀어지다.

〔挎〕 k'uà ㄎㄨㄚˋ ①(팔에) 걸다.「他胳膊上一着籃子；그는 팔에 바구니를 걸고 있다」②(허리에) 차다. (어깨에) 메다. 걸치다.「一着槍；총을 어깨에 메고」③팔짱을 끼다. 팔을 끼다.「兩個人一着胳臂走；두 사람이 팔짱을 끼고 걷다」 「큰 북.
[挎鼓] k'uàkǔ ㄎㄨㄚˋㄍㄨˇ 어깨에 메는

[挎籃兒] k'uàlánrh ㄎㄨㄚˋㄌㄢˊㄦ 어깨에 메는 바구니.
[挎包兒] k'uàpāorh ㄎㄨㄚˋㄅㄠㄦ 어깨에 메는 가방 따위.
[挎袋] k'uàtài ㄎㄨㄚˋㄉㄞˋ 어깨에 메는 「자루.

〔胯〕 k'uà ㄎㄨㄚˋ 샅. 다리 가랑이.
[胯下] k'uàhsià ㄎㄨㄚˋㄒㄧㄚˋ 다리 가랑이. 고간(股間).
[胯骨] k'uàku ㄎㄨㄚˋㄍㄨ 무명골(無名「骨). ＝髀骨.
[胯股] k'uàkǔ ㄎㄨㄚˋㄍㄨˇ 샅.다리 가랑이.
[胯骨軸兒] k'uàkuchóurh ㄎㄨㄚˋㄍㄨㄓㄡˊㄦ ①엉덩이. 허리의 관절(關節).「扭一; 엉덩이를 흔들다」 ②소원(疎遠)한 것.「一的親戚 ; 먼 친척」

〔跨〕 k'uà ㄎㄨㄚˋ ①넘다.건너뛰다.큰 걸음으로 걷다. 「一步一過 ; 한걸음에 뛰어 넘다」「一過鴨綠江 ; 압록강을 건너다」 ②걸치다. 「一在馬上 ; 말 위에 걸터앉다」「小孩一着門坎 ; 아이가 문지방에 걸터앉아 있다」 ③ ＝挎①②③.
[跨車兒] k'uàch'ērh ㄎㄨㄚˋㄔㄜㄦ 바퀴가 하나인 손으로 미는 수레. 일륜차(一輪車).
[跨院兒] k'uàyüànrh ㄎㄨㄚˋㄩㄢˋㄦ 「마당. 옆
[跨越] k'uàyüèh ㄎㄨㄚˋㄩㄝ ①넘다.②일탈(逸脫)하다. 벗어나다. 「一常規 ; 상식을 벗어나다」 「드카아(sidecar).
[跨子車] k'uàtzǔch'ē ㄎㄨㄚˋㄗㄔㄜ 사이

KUAI ㄍㄨㄞ

〔乖〕 kuāi ㄍㄨㄞ ①어긋나다. 위배되다.「名實兩一 ; 명실 상부하지 않다」 ②영리하다:흔히 어린이에게 씀.「這孩子眞一;이 아이는 참 영리하다」③성질이 비뚤어진. 감당하기 어려운. 교활한.
[乖張] kuāichāng ㄍㄨㄞㄓㄤ ①＝乖戾. ②성질이 비꼬이다. 언행이 괴팍하다.
[乖巧] kuāich'iǎo ㄍㄨㄞㄑㄧㄠˇ ①깜찍한. 영리한. ②빈틈이 없는.
[乖覺] kuāichiào ㄍㄨㄞㄐㄧㄠˋ ①＝乖巧. ②kuāichüéh 나이에 비하여 조숙하다. ＝乖角. 「과 다르다. 괴팍하다.
[乖異] kuāiì ㄍㄨㄞㄧˋ (성질이) 특별히 남
[乖口] kuāik'oǔ ㄍㄨㄞㄎㄡˇ 말솜씨가 능란하다.「一說甜話 ; 능글맞게 말을 잘하다」
[乖乖] kuāikuai ㄍㄨㄞㄍㄨㄞ ①착한애기:아이를 어르는 말. ②입맞춤. 키스.「咬一 ; 뽀뽀하다」 ③교활하다. ④얌전한.
[乖乖(兒)的] kuāikuai(rh)tê ㄍㄨㄞㄍㄨㄞ(ㄦ)ㄉㄜ ①착하다. 얌전하다.「你給我一在這裡 ; 너 참 착하니까 여기 있어 다오」 ② 순순히. 얌전하게.「孩子一躺着 ; 어린 아이가 순하게 잠을 자다」
[乖戾] kuāilì ㄍㄨㄞㄌㄧˋ ①남과 마음이 맞지 않다. ②(행위가) 유다르다. 남다르다. 「이 틀리다. 엉터리다.
[乖謬] kuāimiù ㄍㄨㄞㄇㄧㄡˋ 터무니 없
[乖僻] kuāip'ì ㄍㄨㄞㄆㄧˋ 괴팍하다. 성질이 비뚤어지다. ＞乖乖僻僻.

[乖順] kuāishùn ㄍㄨㄞㄕㄨㄣˋ 얌전하다. 유순하다. 아이가 말을 잘 듣는다.
[乖違] kuāiwéi ㄍㄨㄞㄨㄟˊ ①어그러지다. 어기다. ②멀리 떨어져 나가다. 사 「이가 벌다.

〔拐〕 kuǎi ㄍㄨㄞˇ ①유괴하다. 날치기하다. 빼앗다. 「一去一筆款 ; 돈을 가지고 도망치다」 ②(모퉁이를) 돌다.「往西一就到 ; 서쪽으로 돌면 바로 거기입니다」 ③툭 치다. 부딪다. 「用胳膊肘一了他一下 ; 팔꿈치로 그를 툭 쳤다」 ④발을 절다. 「走路一瘸一一 ; 걸을 때 발을 절뚝절뚝하다」 ⑤성질이 비뚤어진. 괴팍한. ⑥굽은. 구부러진.
[拐角(兒)] kuǎichiǎo(rh) ㄍㄨㄞˊㄐㄧㄠˇ(ㄦ) ① 모퉁이를 돌다. ② 길모퉁이.
[拐綫] kuǎihsièn ㄍㄨㄞˇㄒㄧㄢˋ (두 손에 실타래를 꿰들고) 실을 감는 상대를 해주다. 실패에 실을 먹이다. 「하다.
[拐人] kuǎijěn ㄍㄨㄞˇㄖㄣˇ 사람을 유괴
[拐孤] kuǎikū ㄍㄨㄞˇㄍㄨ 완고한. 괴팍한. ＝乖異. 「건을) 꾀내어 팔다.
[拐賣] kuǎimài ㄍㄨㄞˇㄇㄞˋ (사람이나 물
[拐八角兒的親戚] kuǎipāchiǎorh tê ch'īnch'i ㄍㄨㄞˇㄅㄚㄐㄧㄠˇㄦ ㄉㄜ ㄑㄧㄣ ㄑㄧ 먼 친척. 사돈의 팔촌.
[拐棒(兒)] kuǎipàng(rh) ㄍㄨㄞˇㄅㄤˋ(ㄦ) 구부러진 몽둥이. 당목(撞木) 지팡이.
[拐棒骨] kuǎipàngkǔ ㄍㄨㄞˇㄅㄤˋㄍㄨ 〈生〉 복사뼈. 「하다. 속이다.
[拐騙] kuǎip'ièn ㄍㄨㄞˇㄆㄧㄢˋ 사칭(詐稱)
[拐帶] kuǎitài ㄍㄨㄞˇㄉㄞˋ 유괴하다.
[拐逃] kuǎit'iáo ㄍㄨㄞˇㄊㄧㄠˊ 날치기하다. 남의 물건을 가지고 도망치다.
[拐彎兒] kuǎiwānrh ㄍㄨㄞˇㄨㄢㄦ ＝拐角兒. (수효가)…이상이다. …을 초과하다. 「貴兩倍還要一 ; 2배 이상이나 비싸다」 「빼앗아 도망치다.
[拐走] kuǎitsoǔ ㄍㄨㄞˊㄗㄡˇ 날치기하다.

〔枴〕 kuǎi ㄍㄨㄞˇ ①지팡이. ②굽은. 구부러진. ③복사뼈.
[枴杖] kuǎichàng ㄍㄨㄞˇㄓㄤˋ 당목(撞木) 지팡이. 노인이 쓰는 지팡이 : 손잡이가 T 자형으로 된 것. 「ㄨㄣˋ(ㄦ·ㄗ)＝枴杖.
[枴棍(兒·子)] kuǎikùn(rh·tzǔ) ㄍㄨㄞˇㄍ
[枴棒] kuǎipàng ㄍㄨㄞˇㄅㄤˋ ＝枴杖.
[枴子] kuǎitzǔ ㄍㄨㄞˇㄗ 〈生〉 복사뼈.

〔怪〕 kuài ㄍㄨㄞˋ ①괴상하다. 이상하다. 괴이한. 「說一話 ; 괴상한 이야기를 하다」「眞一! 他怎麼又不走了 ; 참, 이상하다. 왜 그는 또 나가지 않는것일까」 ②놀라다. 의심하다. 「見一不一 ; 이상한 것을 보더라도 놀라지 않는다」 ③괴물. 도깨비. 요괴. ④원망하다. 책망하다. 「這不能一他 ; 이것으로 그를 책망할 수는 없다」「你別一我 ; 자네 나를 의심치 말게」 ⑤몹시. 퍽. 대단히 : 흔히 끝에 어기조사(語氣助詞) "的" 을 수반함. 「一冷的 ; 몹시 춥다」
[怪叫] kuàichiào ㄍㄨㄞˋㄐㄧㄠˋ ①괴상한 소리로 부르짖다. ②괴상한 부르짖음.
[怪勁] kuàichìn ㄍㄨㄞˋㄐㄧㄣˋ 대단한 힘. 얄궂은. 괴이한.
[怪笑] kuàihsiào ㄍㄨㄞˋㄒㄧㄠˋ 바보같이 웃는 웃음. 괴상한 웃음을 짓다.

[怪話] kuàihuà ㄍㄨㄞˋㄏㄨㄚˋ 괴상한 이야기. 이상스런 말.
[怪人] kuàijěn ㄍㄨㄞˋㄖㄣˊ ①이상한 놈. 징그러운 놈. ②책망하다.「밖에. 갑자기.
[怪愣的] kuàilěngtê ㄍㄨㄞˋㄖㄥˋㄉㄜ 뜻
[怪眉怪眼] kuàiméi kuàiyěn ㄍㄨㄞˋㄇㄟˊㄍㄨㄞˋㄧㄢˇ ①괴이하게 생긴 얼굴의 형용. ②우스꽝스러운 얼굴 모양의 형용.
[怪模様] kuàimúyang ㄍㄨㄞˋㄇㄨˊㄧㄤ 우스운 모양. 괴상한 차림새가 이상스런 형태. =怪模怪樣兒.
[怪僻] kuàip'ì ㄍㄨㄞˋㄆㄧˋ (성질이) 이상하고 편협하다. 괴팍스럽다.
[怪不得] kuàiputê ㄍㄨㄞˋㄅㄨㄉㄜ ①탓할 수 없다. 책망할 수 없다.「這事一你; 이 일은 당신을 탓할 일이 못된다」② 의심할 것이 못된다. 과연 …하는 것도 당연하다.「一他們做得又快又好; 그들의 일이 능률도 나고 또 질적으로도 좋아진 것은 당연하다」 「怪不得.
[怪不道] kuàiputào ㄍㄨㄞˋㄅㄨㄉㄠˋ =
[怪聲怪氣] kuàishēng-kuàich'ì ㄍㄨㄞˋㄕㄥㄍㄨㄞˋㄑㄧˋ ①이상야릇한 모양. ②무시무시한 모양. 「②이상한 일.
[怪事] kuàishìh ㄍㄨㄞˋㄕˋ ① 괴상한 일.
[怪罪] kuàitsuì ㄍㄨㄞˋㄗㄨㄟˋ 책망하다.
[怪物] kuàiwu ㄍㄨㄞˋㄨ ①괴이한 물건. ②(성질이) 괴팍한. 사람.
[怪樣兒] kuàiyàngrh ㄍㄨㄞˋㄧㄤˋㄦ 괴이한 모습. 우스꽝스러운 태도.

K'UAI ㄎㄨㄞ

〔擓〕 k'uǎi ㄎㄨㄞˇ ①긁다.「一癢癢: 가려운 데를 긁다」②팔에 걸치다.「一着籃子; 바구니를 팔에 걸치다」

〔快〕 k'uài ㄎㄨㄞˋ ①빠르다.「進步很一; 진보가 굉장히 빠르다」②쾌히. 급히.「一上學把!; 빨리 학교에 가거라」 ③곧. 바로. 머지 않아.「天一亮了; 머지 않아 날이 밝는다」「他一五十歲了; 그는 곧 50세다」④예리하다. 잘 든다.「刀不一了; 칼이 들지 않게 되었다」⑤상쾌하다. 즐겁다. 「차(急行列車).
[快車] k'uàich'ē ㄎㄨㄞˋㄔㄜ 급행 열
[快槍] k'uàich'iāng ㄎㄨㄞˋㄑㄧㄤ ① 잘 맞는 총. ②연발총(連發銃).
[快象] k'uàihsiàng ㄎㄨㄞˋㄒㄧㄤˋ 스냅(snap) 사진(寫眞).
[快信] k'uàihsìn ㄎㄨㄞˋㄒㄧㄣˋ 속달(速達).
[快性] k'uàihsìng ㄎㄨㄞˋㄒㄧㄥˋ (성품이) 소탈하다. 사근사근하다.
[快活] k'uàihuo ㄎㄨㄞˋㄏㄨㄛ 쾌활하다. 유쾌하다. > 快快活活. 「대로 되다.
[快意] k'uài ì ㄎㄨㄞˋㄧˋ 마음에 맞다. 뜻
[快人快語] k'uàijěn-k'uàiyǔ ㄎㄨㄞˋㄖㄣˊㄎㄨㄞˋㄩˇ ①시원시원한 사람은 말도 시원시원하게 한다. ②거리낌 없이 이야기하다. «成»
[快里馬撒] k'uàilimǎsā ㄎㄨㄞˋㄌㄧㄇㄚˇㄙㄚ (동작이) 몹시 재빠르다. =馬哩快.
[快溜] k'uàiliu ㄎㄨㄞˋㄌㄧㄡ 재빠르다. > 快快溜溜.
[快門] k'uàiměn ㄎㄨㄞˋㄇㄣˊ 셔터(shutter).
[快班兒] k'uàipānrh ㄎㄨㄞˋㄅㄢㄦ (수사·내정 탐지를 직업으로 하는) 하급 밀·정(下級密偵).
[快報] k'uàipào ㄎㄨㄞˋㄅㄠˋ 속보(速報).
[快票] k'uàip'iào ㄎㄨㄞˋㄆㄧㄠˋ 급행권(急行券).
[快步] k'uàipù ㄎㄨㄞˋㄅㄨˋ 빠른 걸음걸이.「一向前; 빠른 걸음으로 전진하다」
[快事] k'uàishìh ㄎㄨㄞˋㄕˋ 유쾌한 사건.
[快手] k'uài shǒu ㄎㄨㄞˋㄕㄡˇ ①일손이 빠른 사람. ②포리(捕吏). ③민활(敏活)하다. 재빠르다. 「적은 책.
[快書] k'uàishū ㄎㄨㄞˋㄕㄨ 옛이야기를
[快當] k'uàitang ㄎㄨㄞˋㄉㄤ 신속하다. 민첩하다. > 快快當當.
[快刀] k'uàitāo ㄎㄨㄞˋㄉㄠ 예리한 날이 있는 연장. 잘 드는 칼. 「速艇).
[快艇] k'uàit'ǐng ㄎㄨㄞˋㄊㄧㄥˇ 쾌속정(快
[快嘴] k'uàitsuǐ ㄎㄨㄞˋㄗㄨㄟˇ 입이 가볍다. 잘 지껄이다.

〔塊〕(块) k'uài ㄎㄨㄞˋ ①「一兒; 덩어리」「糖一兒; 설탕 덩어리」「石頭一兒; 돌멩이」②㉮한 덩이가 되어 있는 돌·비누·손수건 따위와 기름·천·토지·가옥 따위의 수를 세는 말.「一一肉; 한 덩이의 고기」「一一布; 한 조각의 천」「一一肥皂; 한 개의 비누」㉯화폐의 단위. =元. 圓.「一一錢; 1원」
[塊然] k'uàiján ㄎㄨㄞˋㄖㄢˊ 오직 홀로 있는 모양. 동그마니. 「된 것.
[塊料] k'uàiliào ㄎㄨㄞˋㄌㄧㄠˋ 덩어리로
[塊(兒)煤] k'uài(rh)méi ㄎㄨㄞˋ(ㄦ)ㄇㄟˊ 괴탄(塊炭). 덩어리로 된 석탄.
[塊兒] k'uàirh ㄎㄨㄞˋㄦ 덩어리. 뭉치.「一八毛; 약간의 돈. 1원 남짓」
[塊頭] k'uàit'ou ㄎㄨㄞˋㄊㄡ 물건이나 사람의 크기. 덩치.

〔筷〕 k'uài ㄎㄨㄞˋ 「一子; 젓가락」
[筷兒] k'uàirh ㄎㄨㄞˋㄦ 젓가락: 흔히 식사(食事)의 뜻으로 쓰이기도 함.「不動一; 젓가락을 대지 않다. 먹을 생각을 하지 않다.「不撂一; 젓가락을 놓지 않다. 계속 먹다」
[筷子] k'uàitzǔ ㄎㄨㄞˋㄗ 젓가락. 「火一; 부젓가락」

〔會〕 k'uài ㄎㄨㄞˋ 총계(總計).「一計; 회계. 회계계(會計係)」 ⇨hui.

〔儈〕 k'uài ㄎㄨㄞˋ 증권 거래소(證券去來所)에서 매매를 중개하고 구전을 먹는 일, 또는 그것을 직업으로 하는 사람. 중매인(仲買人).

〔噲〕 k'uài ㄎㄨㄞˋ 삼키다.

〔獪〕 k'uài ㄎㄨㄞˋ 교활한.「狡一; 교활하다」

〔檜〕 k'uài ㄎㄨㄞˋ ⇨ kuì.

〔膾〕 k'uài ㄎㄨㄞˋ 생선회. 잘게 썬 고기.
[膾炙人口] k'uàichìh jěnk'ǒu ㄎㄨㄞˋㄓˋㄖㄣˊㄎㄡˇ 누구나 입을 모아 칭찬하다. 널리 세상 사람에게 알려짐. «成»

KUAN ㄍㄨㄢ

〔官〕 kuān ㄍㄨㄢ ①관리. 공무원.「軍一；장교」②관청의. 조정의.「一費生；관비생」③상품이나 시설이 뛰어났다는 뜻으로 쓰이는 말.「一桂；극상 계피(極上桂皮)」④기관(器官).「五一；오관」⑤성(姓)의 하나.

[官差] kuānch'āi ㄍㄨㄢㄔㄞ①공적인 일. 관청에 관한 일. ②관직(官職). 벼슬아치.

[官場] kuānch'ǎng ㄍㄨㄢㄔㄤˇ①관계(官界). ②나라에서 설립한 시장. 국립 시장.

[官長] kuānchǎng ㄍㄨㄢㄓㄤˇ장관(長官)의 통칭. 「청. ②천자(天子).

[官家] kuānchiā ㄍㄨㄢㄐㄧㄚ ①관가. 관

[官氣] kuānch'ì ㄍㄨㄢㄑㄧˋ 관료적(官僚的)인 기질. 관리의 근성. 「지증권.

[官契] kuānch'ì ㄍㄨㄢㄑㄧˋ 납세필의 토

[官價] kuānchià ㄍㄨㄢㄐㄧㄚˋ①고시(告示) 가격. ②공정 매상 가격.

[官腔] kuānch'iāng ㄍㄨㄢㄑㄧㄤ 관료적인 말씨.「打一；관료적인 말투로 이야기하다」 「장·영화관의 임검석.

[官座兒] kuānchòrh ㄍㄨㄢㄓㄨㄛˋㄦ 극

[官中的] kuānchūngtê ㄍㄨㄢㄓㄨㄥㄉㄜ 공중(公衆)의 소유. 공공물(公共物).

[官方] kuānfāng ㄍㄨㄢㄈㄤ ①관기(官紀). 공무원의 도리. ②관청측. 관청의 입장. 「분(粉): 물에 녹여서 바름.

[官粉] kuānfěn ㄍㄨㄢㄈㄣˇ 덩어리로 된

[官俸] kuānfèng ㄍㄨㄢㄈㄥˋ관리의 봉급.

[官風] kuānfēng ㄍㄨㄢㄈㄥ 관료적인 기풍. 「관.

[官府] kuānfǔ ㄍㄨㄢㄈㄨˇ ①관청. ②장

[官餉] kuānhsiǎng ㄍㄨㄢㄒㄧㄤˇ 국가에서 받는 봉급. 국록(國祿).

[官銜] kuānhsién ㄍㄨㄢㄒㄧㄢˊ①관직.②관직·학위 따위의 직함(職銜).

[官話] kuānhuà ㄍㄨㄢㄏㄨㄚˋ ① 관계에서 쓰는 말. ②표준어. 「무원.

[官宦] kuānhuàn ㄍㄨㄢㄏㄨㄢˋ 관리. 공

[官儀] kuānì ㄍㄨㄢ ㄧˋ 관료적인 태도.

[官課] kuānk'ò ㄍㄨㄢㄎㄜˋ 나라에서 징수하는 세금. 「에 대한 말.

[官客] kuānk'ò ㄍㄨㄢㄎㄜˋ 남자:"堂客"

[官股] kuānkǔ ㄍㄨㄢㄍㄨˇ 정부 소유의 주(株).

[官官相護] kuānkuān hsiānghû ㄍㄨㄢㄍㄨㄢㄒㄧㄤㄏㄨˋ 관리끼리는 서로가 감싸준다. 관리는 관리편을 든다. «成»

[官款] kuānk'uǎn ㄍㄨㄢㄎㄨㄢˇ 국고금. 공금(公金).

[官老爺] kuānlǎoyeh ㄍㄨㄢㄌㄠˇㄧㄝ 공무원 나으리: 비꼬는 말투.

[官利] kuānlì ㄍㄨㄢㄌㄧˋ ①공정 배당금(公定配當金). ②법정 이자.

[官僚氣] kuānliáoch'ì ㄍㄨㄢㄌㄧㄠˊㄑㄧˋ ①관료 냄새. ②관료적이다. 「로(大路).

[官路] kuānlû ㄍㄨㄢㄌㄨˋ 국도(國道). 대

[官迷] kuānmí ㄍㄨㄢㄇㄧˊ 관리가 되고 싶어하는.

[官面上] kuānmiènshang ㄍㄨㄢㄇㄧㄢˋㄕㄤ ①관계(官界). ②관청.

[官名] kuānmíng ㄍㄨㄢㄇㄧㄥˊ 정식의 이름. 관명: 아명(兒名)에 대하여.

[官派] kuānp'ài ㄍㄨㄢㄆㄞˋ 관리의 태도. 관료풍(官僚風). 정부가 파견하다.

[官辦] kuānnpàn ㄍㄨㄢㄅㄢˋ 국영(國營). 관영(官營).「工廠都歸一；공장은 모두 국영으로 하다」

[官報私仇] kuānpào ssūch'óu ㄍㄨㄢㄅㄠˋㄙㄔㄡˊ 사사로운 울분을 공무에서 풀다. 개인적인 감정을 관권(官權)으로 복수하다. «成»

[官逼民反] kuānpīmínfǎn ㄍㄨㄢㄅㄧㄇㄧㄣˊㄈㄢˇ 관리의 횡포가 백성의 반발을 일으키게 하다. «成»

[官兵] kuānpīng ㄍㄨㄢㄅㄧㄥ ①장교와 사병. ②정부군(政府軍). 관군.

[官兒] kuānrh ㄍㄨㄢㄦ =官宦.

[官事官辦] kuānshìhkuānpàn ㄍㄨㄢㄕˋㄍㄨㄢㄅㄢˋ 공적인 일을 사심(私心) 없이 규칙대로 처리하다.

[官司] kuānssū ㄍㄨㄢㄙ ①관리의 직분. 관직. ②kuānssǔ 소송(訴訟).「打一；소송하다」 「로 된 욕실(俗室).

[官堂] kuānt'áng ㄍㄨㄢㄊㄤˊ 한 칸씩 따

[官地] kuāntì ㄍㄨㄢㄉㄧˋ 국유지(國有地).

[官廳水庫] kuānt'īngshuǐk'û ㄍㄨㄢㄊㄧㄥㄕㄨㄟˇㄎㄨˋ ①관청 댐: "河北省懷來縣"에 있음. ②꽉 차지 않은 것을 비유하는 말.

[官艙] kuānts'āng ㄍㄨㄢㄘㄤ 2등 선실.

[官次] kuāntzû ㄍㄨㄢㄘˋ 공무원의 계급.

[官衙] kuānyá ㄍㄨㄢㄧㄚˊ 관청.

[官鹽] kuānyén ㄍㄨㄢㄧㄢˊ 국가의 판매(販賣) 허가를 받은 소금.

[官燕] kuānyèn ㄍㄨㄢㄧㄢˋ 고급 "燕窩"를 사용한 요리의 일종.

[官運] kuānyǜn ㄍㄨㄢㄩㄣˋ ①공무원 승진의 운. 관운. ②관청에서 하는 운송(運送).

〔冠〕 kuān ㄍㄨㄢ ①관. 모자.「衣一整齊；의관을 갖추다」②「一子；닭의 볏」 ⇨kuàn.

[冠蓋相望] kuānkài hsiāngwàng ㄍㄨㄢㄍㄞˋㄒㄧㄤㄨㄤˋ 사절(使節)의 왕래가 빈번하다.

[冠冕] kuānmiěn ㄍㄨㄢㄇㄧㄢˇ ①훌륭한. 공명한. ②영수(領袖). ③관리. 「하나.

[冠弁] kuānpièn ㄍㄨㄢㄅㄧㄢˋ 옛 벼슬의

[冠子] kuāntzǔ ㄍㄨㄢㄗ ①여자가 머리에 쓰던 관. ②닭 따위의 볏. ③새의 깃.

〔倌〕 kuān ㄍㄨㄢ ①심부름군. 잡무에 종사하는 사람.「堂一；보이. 사환」②옛날 기생의 별칭.

〔棺〕 kuān ㄍㄨㄢ 관. 관구(棺柩). 널.

[棺木] kuānmû ㄍㄨㄢㄇㄨˋ 관. 널.

[棺材] kuānts'ai ㄍㄨㄢㄘㄞ 관. 널.「一板；관의 널」「一瓢子；살아 남다」

〔關〕(関·关) kuān ㄍㄨㄢ ①닫다. 닫다.「一門；문을 닫다」②가두다. 감금하다.「把特務一起來；스파이를 감금하다」③관문. ④세관. ⑤…에 관하여. …에 대하여. 「봐 주다」

[關愛] kuān'ài ㄍㄨㄢㄞˋ 관심을 갖고 돌

[關隘] kuān'ài ㄍㄨㄢㄞˋ 관문. 중요한 지점. 「가게를 닫다.

[關張] kuānchāng ㄍㄨㄢㄓㄤ 휴업하다.

[關照] kuānchào ㄍㄨㄢㄓㄠˋ ①돌보다. 보살피다.「往後請多多一；앞으로 잘 부탁드립니다」②통지하다.「先行一；우선 통지하다」③타이르다. 명령하다.

[關卡] kuānch'iǎ ㄍㄨㄢㄑㄧㄚˇ ①세관. ②검문소(檢問所).
[關竅] kuānch'iào ㄍㄨㄢㄑㄧㄠˋ (입·코 따위) 인체 기관의 구멍. ②중요한 포인트.
[關切] kuānch'ièh ㄍㄨㄢㄑㄧㄝˋ ①관심을 가지다. 특히 생각하다. ②친절히 하다. 돌보다. > 關關切切.
[關節] kuānchiéh ㄍㄨㄢㄐㄧㄝˊ ①관절(關節). ②시험관이 수험생과 결탁하여 그 답안에 표를 지르는 일. ③사물의 중요한 포인트. ④곡절(曲折). 내막. ⑤(비밀리에) 청탁(請託)하다. ①(교사하거나 공모하여) 죄악을 저지르다.
[關支] kuānchīh ㄍㄨㄢㄓ 영수하다.
[關津] kuānchīn ㄍㄨㄢㄐㄧㄣ ①관문(關門). ②나루터. 「점. 관건.
[關鍵] kuānchiēn ㄍㄨㄢㄐㄧㄢ 중요한 요
[關錢] kuānch'ién ㄍㄨㄢㄑㄧㄢˊ =關餉.
[關注] kuānchù ㄍㄨㄢㄓㄨˋ (아랫사람에게) 호의를 보이다. 친절히 대우하다. =關垂. 「소. ②세관. ③관인(官印).
[關防] kuānfáng ㄍㄨㄢㄈㄤˊ ①관문. 초
[關俸] kuānfěng ㄍㄨㄢㄈㄥˋ 봉급을 받다.
[關係] kuānhsi ㄍㄨㄢㄒㄧ ①관계. 관련. 연결. ②결연(結緣).「親戚一; 친척 관계」 ③영향. 파문.「這件事一太大; 이 사건은 영향이 지대하다」④관계하다.
[關熄] kuānhsī ㄍㄨㄢㄒㄧ (전등 따위를) 끄다. 「의 큰 거리.
[關廂] kuānhsiāng ㄍㄨㄢㄒㄧㄤ 성문 밖
[關餉] kuānhsiǎng ㄍㄨㄢㄒㄧㄤˇ ①봉급을 주다. ②양곡이나 군자금을 타다.
[關心] kuānhsīn ㄍㄨㄢㄒㄧㄣ ①걱정하다. ②관심을 가지다.
[關口] kuānk'ǒu ㄍㄨㄢㄎㄡˇ ①관문(關門). ②=關頭. ③세관. ④액년.
[關懷] kuānhuái ㄍㄨㄢㄏㄨㄞˊ =關心.
[關聯] kuānlién ㄍㄨㄢㄌㄧㄢˊ 관련하다.
[關牡] kuānmǔ ㄍㄨㄢㄇㄨˇ 문 열쇠.「張.
[關板兒] kuānpǎnrh ㄍㄨㄢㄅㄢˇㄦ =關
[關聘] kuānp'ìn ㄍㄨㄢㄆㄧㄣˋ 초빙 계약을 하고 초빙하다. 「사용하는 저울.
[關平] kuānp'íng ㄍㄨㄢㄆㄧㄥˊ 세관에서
[關山萬里] kuānshānwànlǐ ㄍㄨㄢㄕㄢㄨㄢˋㄌㄧˇ 교통이 매우 불편하다. 산이 첩첩으로 막히다.《成》
[關山迢遞] kuānshānt'iáotì ㄍㄨㄢㄕㄢㄊㄧㄠˊㄉㄧˋ 갈 길이 아주 멀다. 여정(旅程)이 아득하다. 「련을 갖다.
[關涉] kuānshè ㄍㄨㄢㄕㄜˋ 관계하다. 관
[關刀] kuāntāo ㄍㄨㄢㄉㄠ 환도(環刀).
[關頭] kuānt'óu ㄍㄨㄢㄊㄡˊ ①일의 중요한 부분이나 시기. ②고비. 관두.
[關於] kuānyú ㄍㄨㄢㄩˊ ①…에 관해서. …에 대해서.「一此事 我全不知; 이 일에 관해서는 나는 전연 모른다」②…에 관한.「一哲學的知識; 철학에 관한 지식」 =關于.
[關亡] kuānwáng ㄍㄨㄢㄨㄤˊ 죽은 사람의 혼을 부르는 무술(巫術).

〔鰥〕 kuān ㄍㄨㄢ ①홀아비. 환부(鰥夫). ②밤에도 잠을 자지 못한다는 전설상의 큰 물고기.
[鰥夫] kuānfū ㄍㄨㄢㄈㄨ 홀아비.
[鰥棍兒] kuānkùnrh ㄍㄨㄢㄍㄨㄣˋㄦ 홀아비. =光棍兒. 「과부.
[鰥寡] kuānkuǎ ㄍㄨㄢㄍㄨㄚˇ 홀아비와

〔觀〕(观) kuān ㄍㄨㄢ ①보다. 바라보다.「坐井一天; 우물안 개구리」②견해.「人生一; 인생관」③의식하다. ④조망(眺望). 경관(景觀). 「奇一; 볼만한 경치. 이상한 풍경」
[觀察員] kuānch'áyüán ㄍㄨㄢㄔㄚˊㄩㄢˊ ① 업저어버. ②구경군. 방관자.
[觀瞻] kuānchān ㄍㄨㄢㄓㄢ ①보다. ②외관(外觀). 꼴.「有碍一; 외관을 망그러뜨리다」 「리다. ②망을 보다.
[觀風] kuānfēng ㄍㄨㄢㄈㄥ ①기회를 노
[觀象] kuānhsiàng ㄍㄨㄢㄒㄧㄤˋ 천문(天文)을 관측하다.「一臺; 관상대. 천문대」
[觀感] kuānkǎn ㄍㄨㄢㄍㄢˇ 보고 난 느낌. 감상. 「로) 보다. 관찰하다.
[觀看] kuānk'àn ㄍㄨㄢㄎㄢˋ (구체적으
[觀禮] kuānlǐ ㄍㄨㄢㄌㄧˇ 의식(儀式)에 참가하다. 「름다움. 외관미(外觀美).
[觀美] kuānměi ㄍㄨㄢㄇㄟˇ 외관상의 아
[觀摩] kuānmó ㄍㄨㄢㄇㄛˊ 남의 장점을 관찰하여 모방하다.「一大會; 연구 공연(研究公演) 대회」
[觀臺] kuānt'ái ㄍㄨㄢㄊㄞˊ 망루(望樓).
[觀望] kuānwàng ㄍㄨㄢㄨㄤˋ ①바라보다. 먼 곳을 보다. ②방관하다. 형편을 살피다. > 觀觀望望.

〔管〕 kuǎn ㄍㄨㄢˇ ①피리의 일종. ②「一子·一兒; 파이프」「竹一兒; 대통」「鋼一; 금속 파이프」「輸油一; 송유관(送油管)」③책임지다. 떠맡다. 관장(管掌)하다.「我一三部機器; 기계를 세 대 책임지고 있다」④공급하다. 급여(給與)하다.「一吃不一住; 식사는 제공하고 주거의 준비는 없음」⑤관여(關與)하다. 참견하다.「不該一的事不一; 관계되지 않는 일에는 참견하지 않는다」⑥관계를 갖다. ⑦보증하다.「不好一換; 품질이 나쁘면 곧 바꾸어 드립니다」⑧고정(固定)시키다. 멈추게 하다.「螺絲帽松子, 一不住這個彈簧; 나사가 헐거워서 이 용수철이 고정되어 있지 않다」⑨…을. …에 대하여.「一它叫英雄; 그것을 영웅이라고 말한다」⑩길고 속이 빈 것을 세는 말.「一一筆; 한 자루의 붓」⑪성(姓)의 하나.
[管賬] kuǎnchāng ㄍㄨㄢˇㄓㄤ ①장부를 관리하다. 장부를 맡아서 처리하다. ②관련을 갖다. 상관하다. ③회계(會計)를 맡은 사람.
[管家] kuǎnchia ㄍㄨㄢˇㄐㄧㄚ ①가사를 관리하다. ②가사를 관리하는 사람. =管事. 동사의 경우는 kuǎnchiā.
[管家婆] kuǎnchiap'ó ㄍㄨㄢˇㄐㄧㄚㄆㄛˊ 집안의 잡일을 관리하는 여자 고용인. 가정부(家政婦).
[管教] kuǎnchiào ㄍㄨㄢˇㄐㄧㄠˋ ①(예의범절을) 가르치다. 버릇을 고쳐 주다. ②꼭 그렇게 …시키다. 「一他活不了; 그를 꼭 못살게 하고야 말겠다」 ③깡패 따위가 상대방을 위협하는 말.「我先一你; 너 맛을 좀 봐야겠다」
[管見] kuǎnchièn ㄍㄨㄢˇㄐㄧㄢˋ 좁은 소견.「一所及; 우견(愚見)의 소치(所致)올시다」

[管取] kuánch'ǚ ㄍㄨㄢˊㄑㄩˇ 책임지다.
[管主] kuánchǔ ㄍㄨㄢˊㄓㄨˇ 관리인(管理人).
[管飯] kuǎnfàn ㄍㄨㄢˇㄈㄢˋ 식사 제공.
[管轄] kuǎnhsiá ㄍㄨㄢˇㄒㄧㄚˊ 관할하다.
[管弦] kuǎnhsién ㄍㄨㄢˇㄒㄧㄢˊ 악기의 총칭. 관현.
[管閑事] kuǎnhsiénshìh ㄍㄨㄢˇㄒㄧㄢˊㄕˋ 상관 없는 일에 참견하다. 쓸 데 없는 짓을 하다.
[管夥食] kuánhuǒshih ㄍㄨㄢˊㄏㄨㄛˇㄕ 식사를 관리하다.
[管許] kuánhsǚ ㄍㄨㄢˊㄒㄩˇ 반드시. 꼭. 「一他今天不來; 반드시 그는 오늘 오지 않는다」 「하다.
[管領] kuánlǐng ㄍㄨㄢˊㄌㄧㄥˇ 관리. 관할
[管飽兒] kuánpǎorh ㄍㄨㄢˊㄅㄠˇㄦ 실컷 먹이다. 먹고 싶은 대로 먹이다.
[管保] kuánpǎo ㄍㄨㄢˊㄅㄠˇ 책임지다. 보증하다. 꼭. 기어코. 절대로. 「一沒有錯兒; 절대로 잘못이 없다」
[管不着] kuǎnpucháo ㄍㄨㄢˇㄅㄨㄓㄠˊ ①(거기까지) 손댈 수 없다. 관여할 도리가 없다. ②쓸 데 없는 간섭이다. ↔管得着.
[管不住] kuǎnpuchù ㄍㄨㄢˇㄅㄨㄓㄨˋ ①구속할 수 없다. ②고정(固定)시킬 수 없다. 「一釘子; 못을 곧게 박을 수 없다」
[管束] kuǎnshù ㄍㄨㄢˇㄕㄨˋ 속박하다. 단속하다. 구속하다.
[管他] kuǎnt'a ㄍㄨㄢˇㄊㄚ 마음대로 하라. 상관하지 않는다. 「一有什麼反對; 아무리 반대하더라도 상관 없다」
[管打來回] kuántǎláihuí ㄍㄨㄢˊㄉㄚˇㄌㄞˊㄏㄨㄟˊ =管換. 「중하다.
[管用] kuǎnyùng ㄍㄨㄢˇㄩㄥˋ 품질을 보

〔館〕(舘) kuǎn ㄍㄨㄢˇ ①여관. 여인숙. 「賓一; 영빈관(迎賓館)」 ②외국 사절의 건물. 「大使一; 대사관」 ③「一子·一兒; 접객업소(接客業所)」「飯一兒; 요리집」「照象一; 사진관」 ④문화적인 공공 건물. 「圖書一; 도서관」 ⑤옛날의 학교 건물. 「家一; 사숙(私塾)」
[館金] kuǎnchīn ㄍㄨㄢˇㄐㄧㄣ 가정 교사의 보수. 「(旅舍).
[館舍] kuǎnshè ㄍㄨㄢˇㄕㄜˋ 여관. 여사
[館子] kuǎntzǔ ㄍㄨㄢˇㄗ ①요리집. ②극장. 「吃一; 식당에서 먹다」 =飯館.

〔冠〕 kuàn ㄍㄨㄢˋ ①(관을) 쓰다. 「一貂皮帽; 담비의 털모자를 쓰다」 ②으뜸을 차지하다. 관절(冠絕)하다. 「勇一三軍; 용기가 전군(全軍)에서 뛰어나다」 ③성년이 되다. 성관(成冠)하다. 「年未一; 아직 스물 안짝」 ④성(姓)의 하나. ⇨ kuān. 「다. 관절하다.
[冠絕] kuànchüéh ㄍㄨㄢˋㄐㄩㄝˊ 뛰어나
[冠軍] kuànchün ㄍㄨㄢˋㄐㄩㄣ ①수석(首席). ②우승. 「一決賽; 우승전(優勝戰)」

〔貫〕 kuàn ㄍㄨㄢˋ ①꿰뚫다. 관통하다. 「箭一其頸; 화살이 목을 관통하다」 ②돈꾸러미. 옛날의 화폐의 단위로서 1,000 "文"은 1 "貫"이라 함. ③본관(本貫). 「籍一; 본적지」
[貫徹] kuànch'è ㄍㄨㄢˋㄔㄜˋ ①철저하게 하다. ②관통하다. ③완전히 실현시키다. 관철시키다.
[貫珠] kuànchū ㄍㄨㄢˋㄓㄨ ①줄에 꿴 구슬. ②목소리가 아름답다는 비유.
[貫注] kuànchù ㄍㄨㄢˋㄓㄨˋ 주의력을 집중하다. 조심조심하다.
[貫串] kuànch'uàn ㄍㄨㄢˋㄔㄨㄢˋ 꿰뚫다. 연속되다. 줄줄이 잇따르다. 일관되다.
[貫穿] kuànch'uān ㄍㄨㄢˋㄔㄨㄢ 꿰뚫다.
[貫盈] kuàn-yíng ㄍㄨㄢˋㄧㄥˊ 넘쳐 흐르다.
[貫通] kuànt'ūng ㄍㄨㄢˋㄊㄨㄥ ① 관통하다. ②철저히 하다.

〔慣〕 kuàn ㄍㄨㄢˋ ①습성. 습관. 「一騎馬一跌跤; 말을 잘 타는 자는 떨어지기도 잘한다」 ②응석을 받아주다. 어리광부리게 하다. 「不能一着孩子作賊呀; 어린 아이의 어리광을 받아준다고 해서 도둑놈을 만들 수는 없다」 ③언제나 …를 잘한다. 항시 …한다. 버릇이 되다」 「一說笑話; 우스운 소리를 곧잘 한다」 ④평시의. ⑤성(姓)의 하나. 「항시.
[慣常] kuànch'áng ㄍㄨㄢˋㄔㄤˊ 평상시.
[慣技] kuànchì ㄍㄨㄢˋㄐㄧˋ 늘 쓰는 수단.
[慣竊] kuànch'ièh ㄍㄨㄢˋㄑㄧㄝˋ ①항상 남의 물건을 훔치다. ②상습 절도. 상습적인 도둑. 「관습이 되다.
[慣習] kuànhsí ㄍㄨㄢˋㄒㄧˊ ①습성. ②
[慣會] kuànhuì ㄍㄨㄢˋㄏㄨㄟˋ …을 잘하다. …가 버릇이 되다. …에 뛰어나다. 「一說怪話; 항상 이상스런 소리를 잘하다」
[慣性] kuànhsìng ㄍㄨㄢˋㄒㄧㄥˋ 타성. 「一離力; 원심력」
[慣生慣養] kuànshēngkuànyàng ㄍㄨㄢˋㄕㄥㄍㄨㄢˋㄧㄤˋ 어린 아이의 어리광을 받아 주며 키우다. 「해지다.
[慣熟] kuànshú ㄍㄨㄢˋㄕㄨˊ 상당히 익숙
[慣縱] kuàntsùng ㄍㄨㄢˋㄗㄨㄥˋ 어리광을 피우다.
[慣于] kuànyǘ ㄍㄨㄢˋㄩˊ =慣會.

〔摜〕 kuàn ㄍㄨㄢˋ ①집어 던지다. 「往地下一一; 땅으로 내던지다」
[摜跤] kuànchiāo ㄍㄨㄢˋㄐㄧㄠ 씨름. =角力.

〔盥〕 kuàn ㄍㄨㄢˋ ①손을 씻다. ②대야.
[盥櫛] kuànchiéh ㄍㄨㄢˋㄐㄧㄝˊ ①머리 빗고 세수하다. ②화장하다.
[盥濯] kuànchó ㄍㄨㄢˋㄓㄨㄛˊ 세탁하다.
[盥洗室] kuànhsǐshìh ㄍㄨㄢˋㄒㄧˇㄕˋ 목욕실. 샤우어실.
[盥漱] kuànsòu ㄍㄨㄢˋㄙㄡˋ 손을 씻고 양치질을 하다.

〔灌〕 kuàn ㄍㄨㄢˋ ①(물을) 부어 넣다. 물을 대다. 「引水一田; 논에 물을 대다」 ②마시게 하다. 마시다. ③녹음(錄音)하다. ④성(姓)의 하나.
[灌腸] kuànch'áng ㄍㄨㄢˋㄔㄤˊ ①관장하다. ②kuànch'ang 소시지. 순대.
[灌唱片] kuàn ch'àngp'ièn ㄍㄨㄢˋㄔㄤˋㄆㄧㄢˋ 레코오드에 취입하다.
[灌漿] kuànchiāng ㄍㄨㄢˋㄐㄧㄤ 콘크리이트를 하다.
[灌漿兒] kuànchiāngrh ㄍㄨㄢˋㄐㄧㄤㄦ 천연두를 앓을 때 얼굴에 돋는 꽃.
[灌精兒] kuànchīngrh ㄍㄨㄢˋㄐㄧㄥㄦ 젖먹

이에게 젖을 먹이다.
[灌酒] kuànchiǔ ㄍㄨㄢˋㄐㄧㄡˇ 술을 무리하게 마시다. 술을 마구 먹이다.
[灌區] kuànch'ū ㄍㄨㄢˋㄑㄩ 관개 지구(灌漑地區). 「②쏟아 넣다.
[灌注] kuànchù ㄍㄨㄢˋㄓㄨˋ ①주입하다.
[灌漑] kuànkài ㄍㄨㄢˋㄍㄞˋ 논이나 밭에 물을 대다. 관개하다. 「자란 초목.
[灌莽] kuànmǎng ㄍㄨㄢˋㄇㄤˇ 무성하게
[灌米湯] kuànmǐt'āng ㄍㄨㄢˋㄇㄧˇㄊㄤ 달콤한 말로 남을 추어 주다. 엿을 먹이다.
[灌輸] kuànshū ㄍㄨㄢˋㄕㄨ =灌注.
[灌水] kuànshuǐ ㄍㄨㄢˋㄕㄨㄟˇ ①물을 붓다. ②물을 억지로 마시거나 마시게 하다. 「하다.
[灌電] kuàntièn ㄍㄨㄢˋㄉㄧㄢˋ 충전(充電)
[灌醉] kuàntsuì ㄍㄨㄢˋㄗㄨㄟˋ 강제로 술을 먹여 취하게 하다. 「먹거나 먹이다.
[灌藥] kuànyào ㄍㄨㄢˋㄧㄠˋ 억지로 약을
[灌音] kuànyīn ㄍㄨㄢˋㄧㄣ ①=灌唱片. ⌊②녹음하다.

〔鑵〕(鑵) kuàn ㄍㄨㄢˋ ①작은 항아리. 단지. ②두레박. ③통. 깡통.
[鑵籠] kuànlúng ㄍㄨㄢˋㄌㄨㄥˊ 탄광에서 사용하는 승강(昇降) 기구.
[鑵頭] kuànt'ou ㄍㄨㄢˋㄊㄡ 통조림.
[鑵子] kuantzǔ ㄍㄨㄢˋㄗ 단지.

K'UAN ㄎㄨㄢ

〔寬〕 k'uān ㄎㄨㄢ ①넓은. 여유 있는. 「馬路很一 ; 큰 길이 퍽 넓다」 ②넓히다. 완화시키다. 「一心 ; 안심하다」 ③상의를 벗고 몸을 편히 하다. 「把衣裳一一吧! ; 옷을 벗고 편히 쉬시오」 ④연기하다. 「一限 ; 기한을 늦추다」 ⑤완만한. 관대한. 「從一處理 ; 관대히 처리하다」 ⑥폭(幅). 「長十尺, 一三尺 ; 길이 열 자, 나비 석 자이다」
[寬窄] k'uānchǎi ㄎㄨㄢㄓㄞˇ (폭의) 넓이.
[寬展] k'uānchǎn ㄎㄨㄢㄓㄢˇ 연기하다. 늦추다. 「日期一五天 ; 기일을 5일 연기하다」 「＞寬寬敞敞.
[寬敞] k'uānch'ǎng ㄎㄨㄢㄔㄤˇ 넓디넓다.
[寬綽] k'uānch'ò ㄎㄨㄢㄔㄨㄛˋ ①(태도가) 너그럽다. 점잖다. ②k'uānch'o (방 따위가) 널찍하다. ③(수중이) 넉넉하다. 풍부하다. 「手底下很一 ; 주머니가 두둑하다」 ＞寬寬綽綽. 「②관대하다.
[寬和] k'uānhó ㄎㄨㄢㄏㄜˊ ①대범하다.
[寬想] k'uānhsǎng ㄎㄨㄢㄒㄧㄤˇ 단념하다.
[寬心] k'uānhsīn ㄎㄨㄢㄒㄧㄣ 마음을 편히 먹다. 「一丸 ; 위로하는 말」
[寬廣] k'uānkuǎng ㄎㄨㄢㄍㄨㄤˇ 넓다. 널찍하다. 「地域一 ; 지역이 광대하다」 ＞寬寬廣廣.
[寬宏大量] k'uānhúng-tàliàng ㄎㄨㄢㄏㄨㄥˊㄉㄚˋㄌㄧㄤˋ 도량(度量)이 넓고 큼. 〈成〉
[寬衣] k'uānī ㄎㄨㄢㄧ 옷을 벗고 몸을 편하게 하다. 「一解帶 ; 옷을 벗고 몸을 편히 하다」
[寬曠] k'uānk'uàng ㄎㄨㄢㄎㄨㄤˋ 넓디넓다. 「附近一片一的原野 ; 부근 일대는 광활한 들판이다」 「軌).
[寬軌] k'uānkueǐ ㄎㄨㄢㄍㄨㄟˇ 광궤 (廣
[寬闊] k'uānk'uò ㄎㄨㄢㄎㄨㄛˋ ① (사물의 치수 따위가) 넓다. 「床鋪很一 ; 침대가 넓다」 ②도량(度量)이 넓다.
[寬免] k'uānmiěn ㄎㄨㄢㄇㄧㄢˇ ①(세금을) 면제하다. ②(형을) 면제하다.
[寬松] k'uānsung ㄎㄨㄢㄙㄨㄥ ①완만하다. 평온하다. ＞寬寬松松. ②늦추다. 힘이 빠지다.
[寬大] k'uāntà ㄎㄨㄢㄉㄚˋ ① 너그럽다. 관대하다. 「得到了一的處置 ; 관대한 처치를 받다」 「一爲懷 ; 마음을 너그럽게 먹다」 ②(의복의 치수 따위가) 넉넉하다. 「衣服要做得一一點兒 ; 의복은 좀 헐겁게 만들어야 한다」 ＞寬寬大大.
[寬待] k'uāntài ㄎㄨㄢㄉㄞˋ 관대하게 대우하다. 「서하다. 마음이 넓다. =寬恕.
[寬貸] k'uāntài ㄎㄨㄢㄉㄞˋ (과실을) 용
[寬套] k'uānt'ao ㄎㄨㄢㄊㄠ 널찍하다.
[寬縱] k'uāntsùng ㄎㄨㄢㄗㄨㄥˋ 자유롭다. 구속(拘束)되지 않다. 하고 싶은 대로 맡기다. 「一孩子 ; 아이를 버릇 없이 키우다」
[寬度] k'uāntù ㄎㄨㄢㄉㄨˋ 나비. 폭(幅).
[寬慰] k'uānwèi ㄎㄨㄢㄨㄟˋ 위로하다.
[寬銀幕屏] k'uānyínmùp'íng ㄎㄨㄢㄧㄣˊㄇㄨˋㄆㄧㄥˊ 〈演〉 시네마스코우프(Cinemascope).

〔髖〕 k'uān ㄎㄨㄢ 엉덩이뼈. 골반을 이루는 큰 뼈 : 흔히 "胯骨" 이라고 함.

〔款〕(欵) k'uǎn ㄎㄨㄢˇ ①(법률 조문 따위의) 항(項). 조항(條項). 「第五條第九一 ; 제5조 제9항」 ②「一子 ; 돈. 금액. 경비. 자금(資金)」 「存一 ; 예금하다」 「公一 ; 공금(公金)」 ③금석(金石)에 글자를 새기다. 또는 그 새긴 오목한 글자. ④(글씨 · 그림 · 편지의 맨처음이나 맨 끝에 쓰는) 이름 · 서명 · 도장 · 낙관(落款) 따위. ⑤진심(眞心). 「悃一 ; 진심이 넘치는」 ⑥두드리다. 「一門 ; 문을 두드리다」 「서로 융화되다.
[款洽] k'uǎnch'ià ㄎㄨㄢˇㄑㄧㄚˋ 기분이
[款接] k'uǎnchiēh ㄎㄨㄢˇㄐㄧㄝ 환대(歡待)하다.
[款識] k'uǎnchìh ㄎㄨㄢˇㄓˋ 금석(金石)에 새긴 글자. 오목하게 패인 글자를 "款", 돋을새김으로 된 글자를 "識"라고 함. 명(銘).
[款額] k'uǎn'ê ㄎㄨㄢˇㄜˊ 금액(金額).
[款項] k'uǎnhsiàng ㄎㄨㄢˇㄒㄧㄤˋ ①조항(條項). ②금액. 경비(經費).
[款款] k'uánk'uǎn ㄎㄨㄢˊㄎㄨㄢˇ 느린 모양. 「一而行 ; 천천히 걷다」
[款留] k'uǎnliú ㄎㄨㄢˇㄌㄧㄡˊ 공손히 손님을 묵게 하다.
[款密] k'uǎnmì ㄎㄨㄢˇㄇㄧˋ 친밀하다.
[款步] k'uǎnpù ㄎㄨㄢˇㄅㄨˋ 걸음을 늦추다.
[款兒] k'uǎnrh ㄎㄨㄢˇㄦ ①=款識. ②모양. 태도. 「拿出小姐一來 ; 아가씨인 체하다」
[款式] k'uǎnshih ㄎㄨㄢˇㄕˋ ①양식. 형식. 형(型). ②k'uǎnshih 훌륭하다.
[款動] k'uǎntûng ㄎㄨㄢˇㄉㄨㄥˋ 가볍게 들어올리다. 「一脚 ; 다리를 가볍게 들다」

[款子] k'uǎntzǔ ㄎㄨㄢˇㄗ 돈. 금전(金錢).
[款語] k'uǎnyǔ ㄎㄨㄢˇㄩˇ 완곡(婉曲)한 말.

KUANG ㄍㄨㄤ

〔光〕 kuāng ㄍㄨㄤ ①빛. 광명. 「燈一; 전광」 ②영광. 명예. 영예. 「爲國增一; 조국을 위해 명예를 올리다」 ③ 렌즈의 도수(度數). ④경치. 「春一; 봄 경치」 ⑤전부. 아무 것도 남김 없이. 「錢都花一了; 한푼도 남김 없이 전부 써 버렸다」 ⑥드러내다. 노출하다. ⑦혜택. 「沾一; 덕을 입다」 ⑧성(姓).
[光着眼看] kuāngchêyěnk'àn ㄍㄨㄤㄓㄜㄧㄢˇㄎㄢˋ 눈을 크게 뜨고 보다.
[光脊梁] kuāngchíliāng ㄍㄨㄤㄐㄧˊㄌㄧㄤ 웃도리를 벗다. 「的; 비천한 사람」
[光脚] kuāngchiǎo ㄍㄨㄤㄐㄧㄠˇ 맨발. 「一
[光前裕後] kuāngch'iényǜhòu ㄍㄨㄤㄑㄧㄢˊㄩˋㄏㄡˋ 조상의 덕이 자손에 미치다. «成» 「광경. ②환경.
[光景] kuāngchǐng ㄍㄨㄤㄐㄧㄥˇ ①경치.
[光出溜兒] kuāngch'ūliūrh ㄍㄨㄤㄔㄨㄌㄧㄡㄦ ①번쩍번쩍 윤이 나다. ②반들반들하고 광택이 나다. 「총애.
[光寵] kuāngch'ǔng ㄍㄨㄤㄔㄨㄥˇ 은총.
[光風霽月] kuāngfēngchìyüèh ㄍㄨㄤㄈㄥㄐㄧˋㄩㄝˋ 사람의 인품이 맑고 명랑하다. «成» 「복. ②광복. 실지(失地) 회복.
[光復] kuāngfù ㄍㄨㄤㄈㄨˋ ①부흥. 회
[光華] kuānghuá ㄍㄨㄤㄏㄨㄚˊ ①광채. ②영광. 「번쩍번쩍하다.
[光滑] kuānghua ㄍㄨㄤㄏㄨㄚ 빛이 비쳐
[光輝] kuānghuī ㄍㄨㄤㄏㄨㄟ ①광명. ②밝고 빛나는. 「내다. ②화가 치솟다.
[光火] kuānghuǒ ㄍㄨㄤㄏㄨㄛˇ ①화를
[光榮] kuāngjúng ㄍㄨㄤㄖㄨㄥˊ 영광.
[光潤] kuāngjùn ㄍㄨㄤㄖㄨㄣˋ =光滑.
[光炕蓆兒] kuāngk'ànghsírh ㄍㄨㄤㄎㄤˋㄒㄧㄦ 아주 가난하다.
[光怪陸離] kuāngkuàilùlí ㄍㄨㄤㄍㄨㄞˋㄌㄨˋㄌㄧˊ ①기기괴괴(奇奇怪怪)한 모양. ②이상한 빛을 내는 모양.
[光顧] kuāngkù ㄍㄨㄤㄍㄨˋ ①(상인이 고객을 마지할 때 쓰는 경어)어서 오십시오. ②애고(愛顧).
[光棍] kuāngkùn ㄍㄨㄤㄍㄨㄣˋ ①무뢰한. ②남자다운 남자.
[光棍兒] kuāngkùnrh ㄍㄨㄤㄍㄨㄣˋㄦ ①빨가숭이. ②실직자. ③독신자. 홀아비. ④가난뱅이. ⇨光棍子③.
[光棍調] kuāng kun tiào ㄍㄨㄤㄍㄨㄣㄉㄧㄠˋ 호한(好漢)의 태도. 행위.
[光亮] kuāngliàng ㄍㄨㄤㄌㄧㄤˋ ①밝다. ②단백하다.
[光臨] kuānglín ㄍㄨㄤㄌㄧㄣˊ 왕림하시다.
[光芒] kuāngmáng ㄍㄨㄤㄇㄤˊ ①사방에 비치는 광선. ②빛이 찬란하게 비치다.
[光面] kuāngmièn ㄍㄨㄤㄇㄧㄢˋ 반들반들하고 광택이 나는 표면.
[光明磊落] kuāngmínglěilò ㄍㄨㄤㄇㄧㄥˊㄌㄟˇㄌㄨㄛˋ ①마음가짐이 바르고 솔직하다. ②행위가 정정당당하다.
[光膀子] kuāngpǎngtzǔ ㄍㄨㄤㄅㄤˇㄗ ①옷을 벗어 상반신을 드러내다. ②kuāngpǎngtzǔ 팔을 마구 드러내다.
[光屁股] kuāngp'ìku ㄍㄨㄤㄆㄧˋㄍㄨ ①알궁둥이. ②궁둥이를 드러내다. 「안경알.
[光兒] kuāngrh ㄍㄨㄤㄦ ①희미한 빛. ②
[光身人兒] kuāngshēnjénrh ㄍㄨㄤㄕㄣㄖㄣˊㄦ ①혈혈 단신. ②몸 이외는 아무 것도 없다. =單身人兒.
[光身子] kuāngshēntzǔ ㄍㄨㄤㄕㄣㄗ ①나체. ②독신자. ③가난뱅이.
[光是] kuāngshìh ㄍㄨㄤㄕˋ …뿐만. 단지. 겨우. 「不一金錢上, 連精神上也受到影響; 금전상뿐만 아니라 정신적으로도 영향을 받았다」 「하다.
[光大] kuāngtà ㄍㄨㄤㄉㄚˋ 빛나고 성대
[光打光] kuāngtǎkuāng ㄍㄨㄤㄉㄚˇㄍㄨㄤ 남자 혼자서 생활하다.
[光蛋] kuāngtàn ㄍㄨㄤㄉㄢˋ 아무 것도 가진 것이 없는 사람.
[光天化日] kuāngt'iēn-huàjìh ㄍㄨㄤㄊㄧㄢㄏㄨㄚˋㄖˋ ①대낮. ②명백한 장소의 비유. 「一之下, 不容許壞人的存在; 백일하에 악인의 존재는 허용할 수 없다」
[光頭] kuāngt'óu ㄍㄨㄤㄊㄡˊ ①까까머리. ②모자를 쓰지 않은 머리. 「②광채.
[光彩] kuāngts'ǎi ㄍㄨㄤㄘㄞˇ ①밝은 빛.
[光燦] kuāngts'an ㄍㄨㄤㄘㄢ ①빛나다. ②찬란한.
[光禿禿的] kuāngt'ūt'ūtê ㄍㄨㄤㄊㄨㄊㄨㄉㄜ 번들번들 빛나고 벗어진 모양. 벗어져 반짝반짝하는 모양. 「度數).
[光子] kuāngtzǔ ㄍㄨㄤㄗ 안경 도수(眼鏡
[光耀] kuāngyào ㄍㄨㄤㄧㄠˋ =光輝.
[光眼子] kuāngyěntzǔ ㄍㄨㄤㄧㄢˇㄗ =光身子①.
[光陰] kuāngyīn ㄍㄨㄤㄧㄣ 시간.
[光陰似箭] kuāngyīnssǜchièn ㄍㄨㄤㄧㄣㄙˋㄐㄧㄢˋ 시간이 화살같이 지나가다: 시간이 빨리 지남을 표현.

〔廣〕(广) kuǎng ㄍㄨㄤˇ ①폭 넓이. ②넓다. 크다. ③넓히다. 퍼지다. ④"廣東省"의 별칭. ⑤성(姓).
[廣招徠] kuǎngchāolái ㄍㄨㄤˇㄓㄠㄌㄞˊ ①광고를 내어 손님을 끌다. ②광고로 손님을 끄는 방법.
[廣錢通神] kuǎngch'iént'ūngshēn ㄍㄨㄤˇㄑㄧㄢˊㄊㄨㄥㄕㄣˊ 화폐의 용도가 무한히 넓다: 돈이면 모든 것이 해결된다는 극단적인 말. «成»
[廣種多收] kuǎngchùngtōshōu ㄍㄨㄤˇㄓㄨㄥˋㄉㄨㄛㄕㄡ 보다 넓은 땅에 많이 파종하여 보다 많은 수확을 올리다.
[廣泛] kuǎngfàn ㄍㄨㄤˇㄈㄢˋ ①보편적이다. ②널리 일반적이다. 「一宣傳; 널리 선전하다」 「意義一; 의의가 광범하다」
[廣貨] kuǎnghuò ㄍㄨㄤˇㄏㄨㄛˋ ①"廣東省"에서 나는 산물. ②"廣州" 일대에서 수입된 외래품.
[廣開言路] kuǎngk'āiyénlù ㄍㄨㄤˇㄎㄞㄧㄢˊㄌㄨˋ 널리널리 언론을 발표할 수 있는 기회를 주다. 「에서 나는 귤.
[廣柑] kuǎngkān ㄍㄨㄤˇㄍㄢ "廣東省"
[廣告] kuǎngkao ㄍㄨㄤˇㄍㄠ 광고.
[廣闊] kuǎngk'uò ㄍㄨㄤˇㄎㄨㄛˋ (일정한 범위에 있어서)넓고 크다. 「人緣一; 교제

가 넓다」＞廣廣闊闊.
[廣梨] kuǎnglí ㄍㄨㄤˇㄌㄧˊ 배(梨)의 일종. ＝鴨兒廣.
[廣亮大門] kuǎngliàngtàmén ㄍㄨㄤˇㄌㄧㄤˋㄉㄚˋㄇㄣˊ ①부자집 대문. ②넓고 굉장한 대문.
[廣袤] kuǎngmào ㄍㄨㄤˇㄇㄠˋ ①위도(緯度)를 "廣"이라 하고 경도(經度)를 "袤"라 한다. ②땅의 면적: (토지·면적의) 동서의 넓이를 "廣", 남북의 넓이를 "袤"라고 한다. ③넓이.
[廣播] kuǎngpō ㄍㄨㄤˇㄅㄛ ①방송하다.「一新聞; 뉴우스를 방송하다」「一電臺; 방송국」「一節目; 방송 프로그램」「一筒; 송화기」「一員; 아나운서」「一網; 방송망(網)」
[廣大] kuǎngtà ㄍㄨㄤˇㄉㄚˋ 크고 넓다.
[廣坐] kuǎngtsò ㄍㄨㄤˇㄗㄨㄛˋ 많은 사람이 열석(列席)하여 있는 곳.
[廣衍] kuǎngyěn ㄍㄨㄤˇㄧㄢˇ ①넓고 크다. ②만연(蔓延)하다. 번식하다.
[廣有] kuǎngyǔ ㄍㄨㄤˇㄧㄡˇ 가진 것이 많다.

〔逛〕 kuàng ㄍㄨㄤˋ ①놀다. 한가로이 거닐다. 산보하다.「一大街; 큰 길을 산보하다」「一街兒; 거리를 산보하다」

K'UANG ㄎㄨㄤ

〔匡〕 k'uāng ㄎㄨㄤ ①바로 잡다. 바르게 하다.「一正; 광정하다」 ②돕다. 보조하다.「一助他人; 남을 도와 주다」
[匡救] k'uāngchiù ㄎㄨㄤㄐㄧㄡˋ 광정(匡正)하다. 교정(矯正)하다.
[匡輔] k'uāngfǔ ㄎㄨㄤㄈㄨˇ 보좌(補佐)하다.
[匡謬] k'uāngmiù ㄎㄨㄤㄇㄧㄡˋ 잘못을 교정하다. 광정하다.

〔哐〕 k'uāng ㄎㄨㄤ 물건이 부딪치는 소리.「一啷; 댕그랑」

〔筐〕 k'uāng ㄎㄨㄤ「一子·一兒; 대·버들 따위로 엮은 바구니·광주리: 손잡이가 없음」「一一水果; 과일 한 바구니」

〔誆〕 k'uāng ㄎㄨㄤ 속이다. 편취하다.「拿假話一人; 거짓으로 남을 속이다」
[誆哄] k'uānghǔng ㄎㄨㄤㄏㄨㄥˇ 속이다. ＝誆騙.

〔狂〕 k'uáng ㄎㄨㄤˊ ①미치다. 정신 이상이 생기다.「一人; 미친 사람」 ② 미칠 듯한.「一歡; 미칠 듯이 기뻐하다. 광희(狂喜)하다」 ③맹렬한. 심한.「一風暴雨; 광풍 폭우」 ④잘난 체하다. 과대(誇大)하다.「說話太一; 말이 몹시 과장되다」
[狂叫] k'uángchiào ㄎㄨㄤˊㄐㄧㄠˋ 미칠 듯이 외치다.
[狂吠] k'uángfèi ㄎㄨㄤˊㄈㄟˋ 함부로 짖다. 멋대로 짖다.
[狂喊] k'uánghǎn ㄎㄨㄤˊㄏㄢˇ 미칠 듯이 고함을 치다. 아우성치다.
[狂號] k'uángháo ㄎㄨㄤˊㄏㄠˊ 아우성치다.
[狂相(兒)] k'uánghsiàng(rh) ㄎㄨㄤˊㄒㄧㄤˋ(ㄦ) 방자·오만·경박한 형상.
[狂笑] k'uánghsiào ㄎㄨㄤˊㄒㄧㄠˋ 크게 웃다. 큰소리로 함부로 웃다.
[狂呼] k'uánghū ㄎㄨㄤˊㄏㄨ 큰소리로 외치다.
[狂話] k'uánghuà ㄎㄨㄤˊㄏㄨㄚˋ ①거짓말. 허풍. ②기괴한 말.
[狂瀾] k'uánglán ㄎㄨㄤˊㄌㄢˊ ①심한 파도. 광도(狂濤). ②격심한 사태(事態).
[狂飈] k'uángpiāo ㄎㄨㄤˊㄅㄧㄠ 대폭우(大暴雨).
[狂蕩] k'uángtàng ㄎㄨㄤˊㄉㄤˋ 방탕하다. 분방하다.
[狂妄] k'uángwàng ㄎㄨㄤˊㄨㄤˋ 방자하고 오만하다. ＞狂狂妄妄.

〔誑〕 k'uáng ㄎㄨㄤˊ 속이다. 현혹시키다.
[誑哄] k'uánghǔng ㄎㄨㄤˊㄏㄨㄥˇ 속이다.
[誑人] k'uángjén ㄎㄨㄤˊㄖㄣˊ 남을 속이다. 사람을 현혹시키다.
[誑語] k'uángyǔ ㄎㄨㄤˊㄩˇ 거짓말. 허풍.

〔況〕(况) k'uàng ㄎㄨㄤˋ ①상태. 모양.「近一; 근황」 ②비교하다. 예로 들다. 비기다.「以古一今; 옛날을 오늘날에 비교하다」 ③하물며. 더군다나. 황차. ＝況且.
[況且] k'uàngch'iěh ㄎㄨㄤˋㄑㄧㄝˇ 하물며. 황차.「這本書不急用, 一內容也不好, 不要買吧!; 이 책은 급히 소용되는 것도 아니고 또한 내용도 좋지 않으니 사지 말라」
[況又] k'uàngyù ㄎㄨㄤˋㄧㄡˋ ＝況且.

〔框〕 k'uàng ㄎㄨㄤˋ ①문틀. 문얼굴. 문광(門框). ②「一子·一兒; 틀」「眼鏡一兒; 안경테」
[框子] k'uàngtzǔ ㄎㄨㄤˋㄗ ①틀. ②범위.

〔眶〕 k'uàng ㄎㄨㄤˋ「一子·一兒; 눈두덩. 눈꺼풀」「眼一子; 눈꺼풀」

〔貺〕 k'uàng ㄎㄨㄤˋ 보내다. 주다. 증정(贈呈)하다.

〔壙〕 k'uàng ㄎㄨㄤˋ ①묘혈(墓穴). ②광야(曠野).

〔曠〕 k'uàng ㄎㄨㄤˋ ①넓다. 넓디넓은.「地一人稀; 땅은 넓고 사람은 적다」 ②마음이 넓은.「心一神怡; 기분이 상쾌한」 ③헛되게 하다. 게으름 피우다.
[曠職] k'uànchíh ㄎㄨㄤˋㄓˊ 직무를 소홀히 하다.
[曠久] k'uàngchiǔ ㄎㄨㄤˋㄐㄧㄡˇ 오랫동안.
[曠額] k'uàng'é ㄎㄨㄤˋㄜˊ 결원(缺員).
[曠廢] k'uàngfèi ㄎㄨㄤˋㄈㄟˋ 소홀히 하다.
[曠費] k'uàngfèi ㄎㄨㄤˋㄈㄟˋ 낭비하다.
[曠夫] k'uàngfū ㄎㄨㄤˋㄈㄨ 마누라가 없는 남자. 홀아비.
[曠花] k'uànghuā ㄎㄨㄤˋㄏㄨㄚ 헛되이 쓰다.「一個錢也不一; 한 푼도 헛되게 쓰지 않는다」
[曠日持久] k'uàngjìh chíhchiǔ ㄎㄨㄤˋㄖˋㄓˊㄐㄧㄡˇ 헛되게 시일을 보내다. 허송세월하다.《成》
[曠日廢時] k'uàngjìh-fèishíh ㄎㄨㄤˋㄖˋㄈㄟˋㄕˊ ＝曠日持久.
[曠課] k'uàngk'ò ㄎㄨㄤˋㄎㄜˋ 학업을 게을리하다.
[曠古絕倫] k'uàngkǔ chüéhlún ㄎㄨㄤˋㄍㄨˇㄐㄩㄝˊㄌㄨㄣˊ 과거에 유례가 없다.

[曠工] k'uàngkūng ㄎㄨㄤˋㄍㄨㄥ ①일을 쉬다. ②일을 소홀히 하다. 태만을 부리다. 「기개와 도량이 크다.
[曠達] k'uàngtá ㄎㄨㄤˋㄉㄚˊ 대범하다.
[曠代] k'uàngtài ㄎㄨㄤˋㄉㄞˋ 당대(當代)에 겨룰 자가 없다. =曠世. 「하다.
[曠外] k'uàngwài ㄎㄨㄤˋㄨㄞˋ 돈을 낭비

〔礦〕(矿·鑛) k'uàng ㄎㄨㄤˋ ①광물. 광석. ②광산. 「煤一; 탄광」
[礦長] k'uàngchǎng ㄎㄨㄤˋㄓㄤˇ 광업소의 소장(所長). 「(竪坑).
[礦井] k'uàngchǐng ㄎㄨㄤˋㄐㄧㄥˇ 수갱
[礦坑] k'uàngk'ēng ㄎㄨㄤˋㄎㄥ 광산의 갱도(坑道). 「노동자. ②광공업(鑛工業).
[礦工] k'uàngkūng ㄎㄨㄤˋㄍㄨㄥ ①광산
[礦苗] k'uàngmiáo ㄎㄨㄤˋㄇㄧㄠˊ 지하의 광물이 지표(地表)에 노출된 부분.
[礦砂] k'uàngshā ㄎㄨㄤˋㄕㄚ 광석(鑛石).
[礦石機] k'uàngshíhchī ㄎㄨㄤˋㄕˊㄐㄧ 광석 라디오. 「프(lamp).
[礦燈] k'uàngtēng ㄎㄨㄤˋㄉㄥ 광산용 램
[礦點] k'uàngtiěn ㄎㄨㄤˋㄉㄧㄢˇ 광맥(鑛脈). 광구(鑛區). 「매장(埋藏).
[礦藏] k'uàngts'áng ㄎㄨㄤˋㄘㄤˊ 광물의

KUEI ㄍㄨㄟ

〔圭〕 kueī ㄍㄨㄟ ①옥(玉). 구슬: 위가 뾰족하고 아래는 네모난 구슬로서 옛날 천자 제후가 제사 때 사용하였다. ②해시계의 일종. ③옛날 도량형 단위: 1"升"의 10만분의 1.

〔皈〕 kueī ㄍㄨㄟ 「一依; 귀의하다」

〔規〕 kueī ㄍㄨㄟ ①법칙. ②콤파스. ③습관. ④전례. ⑤계책. 계획하다. ⑥모방하다. ⑦바로 잡다. ⑧충고하다.
[規諫] kueīchièn ㄍㄨㄟㄐㄧㄢˋ 충고하다. 간(諫)하다. 「품행이 단정하다.
[規矩] kueīchü ㄍㄨㄟㄐㄩ ①콤파스. ②
[規矩準繩] kueīchǚchǔnshéng ㄍㄨㄟㄐㄩˇㄓㄨㄣˇㄕㄥˊ 일정한 법도(法度).
[規勸] kueīch'üàn ㄍㄨㄟㄑㄩㄢˋ =規諫.
[規範] kueīfàn ㄍㄨㄟㄈㄢˋ 법식(法式). 규격. 규범. 「따라 징수하는 수수료.
[規費] kueīfèi ㄍㄨㄟㄈㄟˋ 일정한 규정에
[規復] kueīfù ㄍㄨㄟㄈㄨˋ 사태가 원점으로 되돌아 가다.
[規行矩步] kueīhsíngchǚpù ㄍㄨㄟㄒㄧㄥˊㄐㄩˇㄅㄨˋ ①질서 정연하게 걸어가다. ②거동이 질서 정연한 모양.
[規劃] kueīhuà ㄍㄨㄟㄏㄨㄚˋ 꾀하다. 계책을 세우다.
[規律] kueīlǜ ㄍㄨㄟㄌㄩˋ 일정한 법칙.
[規模] kueīmó ㄍㄨㄟㄇㄛˊ 일정한 제도와 서식. 「치고.
[規避] kueīpì ㄍㄨㄟㄅㄧˋ 완곡하게 물리
[規條] kueīt'iáo ㄍㄨㄟㄊㄧㄠˊ =條規.
[規定] kueītìng ㄍㄨㄟㄉㄧㄥˋ ①사전에 만든 규칙. ②미리 규칙을 정하다.

〔閨〕 kueī ㄍㄨㄟ ①조그만 문. 궁중의 작은 문. ②여자의 침실.
[閨器] kueīch'ì ㄍㄨㄟㄑㄧˋ 여자가 사용하는 변기(便器).
[閨範] kueīfàn ㄍㄨㄟㄈㄢˋ 부덕(婦德).
[閨房] kueīfáng ㄍㄨㄟㄈㄤˊ 여자의 침실. 내실. 「女). ②학예에 뛰어난 여자.
[閨秀] kueīhsiù ㄍㄨㄟㄒㄧㄡˋ ①부녀(婦
[閨閣] kueīkó ㄍㄨㄟㄍㄜˊ ①여자의 침실. ②궁중의 작은 문. ③이층의 여자 거실(居室). 「처하는 곳.
[閨閫] kueīk'ǔn ㄍㄨㄟㄎㄨㄣˇ 여자가 거
[閨門] kueīmén ㄍㄨㄟㄇㄣˊ ①내실의 문. ②궁중성(城)의 작은 문.
[閨女] kueīnǚ ㄍㄨㄟㄋㄩˇ ①처녀. ②딸: "北京"에서는 자기 딸. ③「大一; ㉮나이가 찬 딸. ㉯장녀」

〔瑰〕 kueī ㄍㄨㄟ 귀한. 진기한. 「一麗; 굉장히 아름답다」

〔歸〕(归) kueī ㄍㄨㄟ ①돌아오다. 「一國; 귀국」②돌려 주다. 「一本; 본전을 돌려 주다」③처치하다. 정리하다. 「行李都一着好了; 짐을 모두 가즈런히 정리하다」④귀순하다. 귀화하다. ⑤합치다. ⑥시집가다. ⑦나눗셈: 산법(算法)의 명칭. ⑧성(姓).
[歸案] kueīàn ㄍㄨㄟㄢˋ 범인을 사건 발생 관할 구역으로 압송하다.
[歸趙] kueīchào ㄍㄨㄟㄓㄠˋ 빌어온 물건을 주인에게 돌려 주다. 「올 날짜.
[歸期] kueīch'í ㄍㄨㄟㄑㄧˊ 집으로 돌아
[歸齊] kueīch'í ㄍㄨㄟㄑㄧˊ ①합계. 합해서. ②결국. 「說了一, 還是…; 결국 말하자면. 역시」 「과.
[歸結] kueīchiéh ㄍㄨㄟㄐㄧㄝˊ 결국. 결
[歸咎] kueīchiù ㄍㄨㄟㄐㄧㄡˋ 죄 또는 자기의 잘못을 남에게 뒤집어 씌우다.
[歸着] kueīchê ㄍㄨㄟㄓㄜ 물건을 제자리에 가즈런히 놓다.
[歸除] kueīch'ú ㄍㄨㄟㄔㄨˊ 주산의 두 자리 이상의 제법(除法).
[歸終] kueīchūng ㄍㄨㄟㄓㄨㄥ ①매듭을 짓다. 끝맺다. ②요컨대. 「一是我的錯誤; 요컨대 나의 잘못이다」 「하다.
[歸附] kueīfù ㄍㄨㄟㄈㄨˋ 귀순하여 항복
[歸西] kueīhsī ㄍㄨㄟㄒㄧ 죽다.
[歸心] kueīhsīn ㄍㄨㄟㄒㄧㄣ ①기꺼이 귀순하다. ②집에 돌아가고 싶은 생각.
[歸心似箭] kueīhsīnssǔchièn ㄍㄨㄟㄒㄧㄣㄙˋㄐㄧㄢˋ 집에 가고 싶은 마음이 간절하다. 몹시 집에 가고 싶은 마음의 비유. «成»
[歸省] kueīhsǐng ㄍㄨㄟㄒㄧㄥˇ 부모를 뵈러 고향에 가다. 귀성하다.
[歸休] kueīhsiū ㄍㄨㄟㄒㄧㄡ ①돌아 가서 휴식을 하다. ②죽다. =歸西.
[歸化] kueīhuà ㄍㄨㄟㄏㄨㄚˋ ①귀화하다. ②신복(臣服). 「돌아 오다.
[歸還] kueīhuán ㄍㄨㄟㄏㄨㄢˊ 돌려 주다.
[歸依] kueīī ㄍㄨㄟㄧ (종교를)신봉하다. 귀의하다.
[歸根兒] kueīkēnrh ㄍㄨㄟㄍㄣㄦ 결말.
[歸根到底] kueīkēn-tàotǐ ㄍㄨㄟㄍㄣㄉㄠˋㄉㄧˇ 결국. 결과. =歸根結蒂. 「다.
[歸骨] kueīkǔ ㄍㄨㄟㄍㄨˇ 장례를 치르
[歸功] kueīkung ㄍㄨㄟㄍㄨㄥ 공을 다른

사람에게 미루다. 「退職).
[歸老] kueīlǎo ㄍㄨㄟㄌㄠˇ 정년퇴직(停年
[歸了包堆] kueīlēpāotsuī ㄍㄨㄟㄌㄜㄅㄠ ㄗㄨㄟ ①전부.통틀어. ②결국.
[歸攏] kueīlǔng ㄍㄨㄟㄌㄨㄥˇ 한 곳에 모아 정리하여 놓다. >歸歸攏攏.
[歸納] kueīnà ㄍㄨㄟㄋㄚˋ ① 개개의 구체적 사실에서 일반 원리를 추리해 내는 방법. ②귀납하다.
[歸寧] kueīníng ㄍㄨㄟㄋㄧㄥˊ ①친정에 돌아 오다. ②=歸省. ③고향에 돌아와 부모의 안부를 묻다. 「주다.
[歸本] kueīpěn ㄍㄨㄟㄅㄣˇ 본전을 돌려
[歸併] kueīpìng ㄍㄨㄟㄅㄧㄥˋ 합병하다.
[歸順] kueīshùn ㄍㄨㄟㄕㄨㄣˋ 귀순하다.
[歸宿] kueīsù ㄍㄨㄟㄙㄨˋ 결국.
[歸天] kueīt'iēn ㄍㄨㄟㄊㄧㄢ 서거(逝去)하다. «敬»
[歸罪] hueītsuì ㄍㄨㄟㄗㄨㄟˋ =歸咎.
[歸隊] kueītui ㄍㄨㄟㄉㄨㄟ 귀대하다. 부 ∟대에 돌아 가다.

〔龜〕(龟) kueī ㄍㄨㄟ ①거북이. ②욕하는 말. 「발이 갈라지다.
[龜坼] kueīch'è ㄍㄨㄟㄔㄜˋ 가뭄으로 논
[龜鶴] kueīhō ㄍㄨㄟㄏㄜˊ 장수(長壽)하다. =龜齡. 「다. 갈라져 터짐.
[龜裂] kueīlièh ㄍㄨㄟㄌㄧㄝˋ 손이 터지
[龜板] kueīpǎn ㄍㄨㄟㄅㄢˇ 거북이 등의 껍데기 : 약으로 쓰임. =龜版.
[龜頭] kueīt'óu ㄍㄨㄟㄊㄡˊ 자지의 대가리. 귀두.
[龜紋] kueīwén ㄍㄨㄟㄨㄣˊ 무늬.

〔庋〕 kueǐ ㄍㄨㄟˇ ⇨chì. ①선반. ② ∟정리해 두다.

〔軌〕 kueǐ ㄍㄨㄟˇ ①수레바퀴 자국. ②궤도. 철도. ③규칙. 본보기. 도리. 「步入正一 ; 올바른 길로 들어 가다」「出一 ; 탈선」「單一 ; 단선」⑤성(姓).
[軌轍] kueǐchó ㄍㄨㄟˇㄓㄨㄛˊ ①차량이 지나간 흔적. ②지난 일.
[軌範] kueǐfàn ㄍㄨㄟˇㄈㄢˋ 법식(法式).
[軌道] kueǐtào ㄍㄨㄟˇㄉㄠˋ 궤도.
[軌條] kueǐt'iáo ㄍㄨㄟˇㄊㄧㄠˊ 레일. 철로.
[軌則] kueǐtsé ㄍㄨㄟˇㄗㄜˊ 법도(法度). =軌度.
[軌物] kueǐwù ㄍㄨㄟˇㄨˋ 법령이나 규칙.

〔姽〕 kueǐ ㄍㄨㄟˇ.
[姽嫿] kueǐhuà ㄍㄨㄟˇㄏㄨㄚˋ 부녀자의 ∟동작이 정숙한 모양.

〔癸〕 kueǐ ㄍㄨㄟˇ ①십간(十干)의 열째. ②북쪽의 방향. ③월경(月經)의 별칭.
[癸水] kueǐshuǐ ㄍㄨㄟˇㄕㄨㄟˇ 월경의 별 ∟칭.

〔鬼〕 kueǐ ㄍㄨㄟˇ ①유령. 망령. ②죽은 사람의 혼. ③도깨비. 「鬧一 ; 귀신이 나오다」④속임수. 수상한 것. 「裏面有一 ; 이면에는 속임수가 있다」⑤악마. 비인간. ⑥(술·아편 따위의) 중독자. 「酒一 ; 알코홀 중독자」⑦영리한. 마음 놓을 수 없는. 「這孩子可一呢 ; 이 아이에게는 마음을 놓을 수 없다」⑧사람을 욕하는 말. 「東洋一子 ; 왜놈」⑨교활한. 음험한. 「把房契一出去 ; 집 문서를 몰래 빼내 가다」
[鬼計] kueǐchì ㄍㄨㄟˇㄐㄧˋ 음흉한 계책.
[鬼機伶] kueǐchīlíng ㄍㄨㄟˇㄐㄧㄌㄧㄥˊ 약삭빠르다. 「도 모르다.
[鬼知道] kueǐchīhtao ㄍㄨㄟˇㄓㄉㄠ 아무
[鬼風疙瘩] kueǐfēngkōtā ㄍㄨㄟˇㄈㄥㄍㄜㄉㄚ 피풍(皮風) : 찬 바람으로 생기는 피부병으로 가려움증이 따른다. =鬼飲飲瘩瘩.
[鬼斧] kueǐfǔ ㄍㄨㄟˇㄈㄨˇ ①신기(神技). ②뛰어난 기능. 「모양.
[鬼象] kueǐhsiàng ㄍㄨㄟˇㄒㄧㄤˋ 이상한
[鬼話] kueǐhuà ㄍㄨㄟˇㄏㄨㄚˋ ①거짓말. ②기괴한 이야기. 「의 혼.
[鬼魂] kueǐhún ㄍㄨㄟˇㄏㄨㄣˊ 죽은 사람
[鬼混] kueǐhùn ㄍㄨㄟˇㄏㄨㄣˋ ①하는 일 없이 빈둥거리다. ②적당히 얼버무리다.
[鬼哭神嚎] kueǐk'ūshénháo ㄍㄨㄟˇㄎㄨ ㄕㄣˊㄏㄠˊ ①울부짖는 소리가 처참하기 그지 없다. ②공포에 질린 비참한 소리. =鬼哭神號. 「괴. ②하찮은 인간.
[鬼怪] kueǐkuài ㄍㄨㄟˇㄍㄨㄞˋ ①유령. 요
[鬼鬼啾啾] kueǐkueǐchiūchiū ㄍㄨㄟˊㄍㄨㄟˇㄐㄧㄡㄐㄧㄡ 비위에 거슬리는. 기분이 나쁜.
[鬼鬼祟祟] kueǐkueǐsuìsuì ㄍㄨㄟˊㄍㄨㄟˇㄙㄨㄟˋㄙㄨㄟˋ ①행동이 느리고 기분이 내키지 않는 모양. ②살금살금 사람을 피하는 모양. ③뒤가 켕기는. =鬼鬼溜溜. 鬼鬼隨隨.
[鬼臉(兒)] kueǐliěn(rh) ㄍㄨㄟˊㄌㄧㄢˇ(ㄦ) ①가면. ②보기 흉한 얼굴. ③찡그린 얼굴. 「戴一 ; 가면을 쓰다」
[鬼路道] kueǐlùtao ㄍㄨㄟˇㄌㄨˋㄉㄠ ① 사도(邪道). ②음험한 수단과 방법.
[鬼魅] kueǐmèi ㄍㄨㄟˇㄇㄟˋ =鬼怪.
[鬼門關] kueǐménkuān ㄍㄨㄟˇㄇㄣˊㄍㄨㄢ ①위험한 곳. ②귀신이 지키는 관문.
[鬼把戲] kueǐpǎhsì ㄍㄨㄟˊㄅㄚˇㄒㄧˋ ① 남을 속이는 수단. ②모략. 악계(惡計).
[鬼板眼] kueǐpǎnyěn ㄍㄨㄟˊㄅㄢˊㄧㄢˇ 사람을 모함하는 계책. 「리. 허위.
[鬼病] kueǐpìng ㄍㄨㄟˇㄅㄧㄥˋ 가짜. 엉터
[鬼使神差] kueǐshǐhshénch'āi ㄍㄨㄟˊㄕˇ ㄕㄣˊㄔㄞ 예기치 않은 일을 만나다. =神差鬼使.
[鬼算盤] kueǐsuànp'an ㄍㄨㄟˇㄙㄨㄢˋㄆㄢ ①빈틈 없는 타산. ②예상할 수 없는 계획.
[鬼打架] kueǐtǎchìa ㄍㄨㄟˊㄉㄚˇㄐㄧㄚ (언행이) 엉망인 모양.
[鬼胎] kueǐt'āi ㄍㄨㄟˇㄊㄞ (마음 속에 감춘 나쁜 생각으로) 사람에게 말할 수 없는 일. 「②모든 귀신.
[鬼道] kueǐtào ㄍㄨㄟˇㄉㄠˋ ①사술(邪術).
[鬼道馬場] kueǐtàomǎch'ǎng ㄍㄨㄟˇㄉㄠˋㄇㄚˊㄔㄤˇ 허튼 소리만 하다.
[鬼地方] kueǐtìfang ㄍㄨㄟˇㄉㄧˋㄈㄤ 괴상한 곳. 해괴한 곳. 야릇한 곳.
[鬼天氣] kueǐt'iēnch'ì ㄍㄨㄟˇㄊㄧㄢㄑㄧ 변화가 심한 날씨. 나쁜 날씨.
[鬼頭] kueǐt'ou ㄍㄨㄟˇㄊㄡ ①(아이나 물건에 대해서 쓰이는 말로) 몹시 귀엽다. 사랑스럽다. ②잔꾀가 많다. 교활하다.
[鬼頭鬼腦] kueǐt'óukueǐnǎo ㄍㄨㄟˇㄊㄡˊㄍㄨㄟˇㄋㄠˇ ①음험하고 교활한. 엉큼한 모양. ②명랑하지 못한 모양.
[鬼聰明] kueǐts'ūngmíng ㄍㄨㄟˇㄘㄨㄥ ㄇㄧㄥ =鬼機伶(兒).

[鬼子] kueǐtzǔ ㄍㄨㄟˇㄗ 사람을 욕하는 말.「洋一 ; 양놈」
[鬼蜮伎倆] kueǐyǜchìliǎng ㄍㄨㄟˇㄩˋㄐㄧˋㄌㄧㄤˇ 남 몰래 사람을 해치는 음흉하고 비겁한 행위.
〔軌〕 kueǐ ㄍㄨㄟˇ ①상자. ②갑(匣). ③함(函).「票一 ; 투표함」④걸치다.
〔晷〕 kueǐ ㄍㄨㄟˇ ①그늘. 응달. ②시간.「日無暇一 ; 틈이 있는 날은 하루도 없다」「日一 ; 해시계」
[晷刻] kueǐk'ò ㄍㄨㄟˇㄎㄜˋ 시각(時刻).
〔詭〕 kueǐ ㄍㄨㄟˇ ①속이다. 기만하다. ②책망하다. 나무라다. ③교활한. 간사한. ④비방하다. ⑤기이한. 이상한. ⑥맹종하다.
[詭詐] kueǐchà ㄍㄨㄟˇㄓㄚˋ ①허위. 거짓. ②속이다.
[詭計] kueǐchì ㄍㄨㄟˇㄐㄧˋ 사람을 속이는 계책.
[詭譎] kueǐchüéh ㄍㄨㄟˇㄐㄩㄝˊ ①변한 모양. ②엉터리다. 뒤죽박죽이다.
[詭特] kueǐt'è ㄍㄨㄟˇㄊㄜˋ 기이한. 이상한.
[詭秘] kueǐmì ㄍㄨㄟˇㄇㄧˋ 은밀하여 쉽게 알 수 없다.
[詭辯] kueǐpièn ㄍㄨㄟˇㄅㄧㄢˋ 궤변.
[詭病] kueǐpìng ㄍㄨㄟˇㄅㄧㄥˋ ①병폐. ②속임수.
[詭色] kueǐsè ㄍㄨㄟˇㄙㄜˋ 색다른. 다른 빛깔.
[詭隨] kueǐsuí ㄍㄨㄟˇㄙㄨㄟˊ 맹종(盲從)하다.
〔桂〕 kuèi ㄍㄨㄟˋ ①계수나무. 물푸레나무 따위의 총칭. ②육계(肉桂). ③"廣西省"의 별칭. =桂省. ④성(姓).
[桂枝] kueìchih ㄍㄨㄟˋㄓ 계수나무 가지 : 한약 재료.
[桂劇] kueìchǜ ㄍㄨㄟˋㄐㄩˋ "廣西省" 일대의 지방극.
[桂花] kueìhuā ㄍㄨㄟˋㄏㄨㄚ 물푸레나무의 꽃.
[桂花(兒)] kueìhuā(rh) ㄍㄨㄟˋㄏㄨㄚ(ㄦ) 물푸레나무.
[桂窟] kueìk'ū ㄍㄨㄟˋㄎㄨ 달(月).=桂輪.
[桂冠詩人] kueìkuānshīhjěn ㄍㄨㄟˋㄍㄨㄢㄕㄖㄣˊ①영국 왕실의 명예 관리. ②영국 왕실로부터 월계관을 받은 시인.
[桂皮] kueìp'í ㄍㄨㄟˋㄆㄧˊ 계수나무의 껍질. 계피.
[桂蠹] kueìtù ㄍㄨㄟˋㄉㄨˋ 계수나무에 서식하는 벌레.
[桂油] kueìyú ㄍㄨㄟˋㄧㄡˊ 육계유(肉桂油).
[桂圓] kueìyüán ㄍㄨㄟˋㄩㄢˊ 용안육(龍眼肉)의 씨를 뺀 것.
〔貴〕 kueì ㄍㄨㄟˋ ①귀한. ②비싼. ③얻기 어려운. ④값어치 있는. ⑤중히 여기다. ⑥신분이 높다.「一族 ; 귀족」⑦경어(敬語).
[貴戚] kueìch'ì ㄍㄨㄟˋㄑㄧ 왕의 내외 친족.
[貴甲子] kueìchiǎtzǔ ㄍㄨㄟˋㄐㄧㄚˇㄗ 사람의 나이를 묻는 말.《敬》
[貴賤] kueìchièn ㄍㄨㄟˋㄐㄧㄢˋ ① 귀천. ②값이 비싼 것과 싼 것.
[貴胄] kueìchoù ㄍㄨㄟˋㄓㄡˋ 귀족의 자제(子弟).
[貴處] kueìch'ù ㄍㄨㄟˋㄔㄨˋ 본적·출생지를 묻는 말.《敬》「您一是哪裡? ; 고향이 어디십니까?」
[貴婦] kueìfù ㄍㄨㄟˋㄈㄨˋ 귀부인.《敬》
[貴行] kueìháng ㄍㄨㄟˋㄏㄤˊ 귀점(貴店).
[貴人多忘] kueìjěntōwàng ㄍㄨㄟˋㄖㄣˊㄉㄨㄛㄨㄤˋ 높은 사람은 건망증이 심하다.
[貴庚] kueìkēng ㄍㄨㄟˋㄍㄥ =貴甲子.
[貴耳賤目] kueìěrhchiènmù ㄍㄨㄟˋㄦˇㄐㄧㄢˋㄇㄨˋ 귀로 듣는 것은 소중하게 여기고, 보는 것은 비천한 것으로 여긴다. 즉 가까운 것은 나쁘게 여기고 먼데 것은 좋게 생각함.《成》
[貴恙] kueìyàng ㄍㄨㄟˋㄧㄤˋ 병환.《敬》
〔跪〕 kueì ㄍㄨㄟˋ ①무릎을 꿇다. ②꿇어 앉다.
[跪下] kueìhsià ㄍㄨㄟˋㄒㄧㄚˋ 꿇어 앉다. 무릎을 꿇다.
[跪門] kueìmén ㄍㄨㄟˋㄇㄣˊ ①사죄하다. ②문 앞에 무릎을 꿇다. 문 앞에 엎드려 사죄의 뜻을 표하다.
[跪拜] kueìpài ㄍㄨㄟˋㄅㄞˋ 무릎을 꿇고 엎디어 절하다. =跪倒爬起.
[跪鎖] kueìsǒ ㄍㄨㄟˋㄙㄨㄛˇ 죄인을 고문하는 기구 : 쇠사슬로 만들고 그 위에 죄인을 앉히게 만든 형구.
[跪倒] kueìtǎo ㄍㄨㄟˋㄉㄠˇ =跪下.
〔劊〕 kueì ㄍㄨㄟˋ 자르다. 끊다.
[劊子手] kueìtzǔshǒu ㄍㄨㄟˋㄗㄕㄡˇ ①옛날의 사형 집행인. ②백성의 살해자.
〔檜〕 kueì ㄍㄨㄟˋ 노송나무.
〔櫃〕(柜) kueì ㄍㄨㄟˋ ①장농.「衣一 ; 옷장」②문 달린 시렁. ③카운터.「前一 ; 상점의 계산하는 곳」「保險一 ; 금고」④상점.
[櫃櫥(兒)] kueìch'ú(rh) ㄍㄨㄟˋㄔㄨˊ(ㄦ) 낮은 궤 : 문짝과 서랍이 앞에 달려 있고 책상으로 대용함.
[櫃房] kueìfáng ㄍㄨㄟˋㄈㄤˊ 상점의 카운터. 회계하는 곳.
[櫃箱鋪] kueìhsiāngpù ㄍㄨㄟˋㄒㄧㄤㄅㄨˋ 가구점.
[櫃面兒] kueìmiènrh ㄍㄨㄟˋㄇㄧㄢˋ(ㄦ) 상점내에 설치한 계산대 : 상인과 고객 사이에 있음. 카운터.
[櫃上] kueìshang ㄍㄨㄟˋㄕㄤ ①회계하는 곳. ②상점.「一忙罷 ; 영업이 바쁘시겠읍니다」
[櫃臺] kueìt'ái ㄍㄨㄟˋㄊㄞˊ =櫃面兒.
[櫃子] kueìtzǔ ㄍㄨㄟˋㄗ 장농. 농. =櫃兒.
〔鱖〕 kueì ㄍㄨㄟˋ 쏘가리 : 민물고기의 이름. =桂魚. 花鯽魚.

K'UEI ㄎㄨㄟ

〔盔〕 k'ueī ㄎㄨㄟ ①투구.「白一 ; 헬멧(helmet)」「一甲 ; 갑옷과 투구」②바리. 주발.「瓦一 ; 사발」
〔喹〕 k'ueī ㄎㄨㄟ「一啉 ; 키놀린(quinoline)」
〔窺〕 k'ueī ㄎㄨㄟ 엿보다. 살피다. 들여다 보다.
[窺見] k'ueīchièn ㄎㄨㄟㄐㄧㄢˋ 틈사이로 들여다 보다. 엿보다.「一眞相 ; 진상을 살펴 보다」
[窺豹一斑] k'ueīpào ìpān ㄎㄨㄟㄅㄠˋㄧˋㄅㄢ 하나를 보고 열을 알 수 있다. 하나

분을 보고 전체를 판단하다.
[窺伺] k'ueīssǔ ㄎㄨㄟㄙˋ 형편을 살피다.
[窺探] k'ueīt'àn ㄎㄨㄟㄊㄢˋ 엿보다. 살펴보다. 「하다.
[窺測] k'ueīts'ê ㄎㄨㄟㄘㄜˋ 살피어 추측
[窺望] k'ueīwàng ㄎㄨㄟㄨㄤˋ 살짝 엿보다. 들여다 보다.

〔虧〕(亏) k'ueī ㄎㄨㄟ ①(완전한 것이) 기울다. 줄다. 빠지다.「月有盈一 ; 달은 차기도 하고 기울기도 한다」②부족하다. 불충분하다.「理一 ; 이치에 맞지 않다. 이론이 서 있지 않다」③「一兒 ; 손해」「吃一 ; 손해를 보다」④(생각이나 기대에) 어긋나다. (호의에) 보답하지 않다.「你放心, 一不了你 ; 안심하시오, 당신을 실망시키지는 않을 것이니까요」⑤덕택으로 …. …한 덕분에.「一了你提醒我, 我才想起來 ; 자네가 나를 깨우쳐 준 덕분에 나는 겨우 생각해 냈네」⑥…인데도. 그럼에도 불구하고.「一你還學過算木, 連這麼簡單的帳都不會算 ; 너는 산수를 배웠는데도 이런 간단한 계산도 못하느냐」 「나다. 손해 보다.
[虧折] k'ueīchê ㄎㄨㄟㄓㄜˊ 결손(缺損)
[虧秤] k'ueīch'êng ㄎㄨㄟㄔㄥˋ 중량이 부족하다.
[虧欠] k'ueīch'ièn ㄎㄨㄟㄑㄧㄢˋ ①결손 보다. ②부족하다. 모자라다.
[虧負] k'ueīfu ㄎㄨㄟㄈㄨ (생각·기대·호의 따위에) 어긋나다.「一人的好意 ; 호의를 짓밟다」 「모(損耗)되다.
[虧耗] k'ueīhào ㄎㄨㄟㄏㄠˋ ①손실. ②손
[虧心] k'ueīhsīn ㄎㄨㄟㄒㄧㄣ 마음에 꺼림하다. 양심에 가책이 되다.「一事 ; 꺼림칙한 일」
[虧人] k'uīejên ㄎㄨㄟㄖㄣˊ ①남의 덕을 입다. ②남에게 폐를 끼치다. ③남을 속이다. 「하다.
[虧弱] ku'eījò ㄎㄨㄟㄖㄨㄛˋ 허약(虛弱)
[虧空] k'ueīk'ung ㄎㄨㄟㄎㄨㄥ ①손해를 보다. ②부채(負債). 「긋나다.
[虧理] k'ueīlǐ ㄎㄨㄟㄌㄧˇ 도리(道理)에 어
[虧賴] k'ueīlài ㄎㄨㄟㄌㄞˋ 다행하게도. 덕분에.
[虧累] k'ueīlěi ㄎㄨㄟㄌㄟˇ ①결손나다. ②(돈이) 모자라다. ③(돈을) 축내다.
[虧本] k'ueīpěn ㄎㄨㄟㄅㄣˇ 본전을 까먹다. 결손보다.
[虧蝕] k'ueīshíh ㄎㄨㄟㄕˊ ①손실(損失). ②손해를 보다. ③일식과 월식.
[虧損] k'ueīsǔn ㄎㄨㄟㄙㄨㄣˇ ①몸을 상하여 허약하게 되다. ②(자본금이 주는) 손실(損失). 「를 하지 않다.
[虧待] k'ueītài ㄎㄨㄟㄉㄞˋ 충분한 대우
[虧天] k'ueīt'iēn ㄎㄨㄟㄊㄧㄢ (면목이 없어서) 햇님에게 얼굴을 마주 대할 수 없다. 양심에 가책을 느끼다.
[虧頭] k'ueīt'ou ㄎㄨㄟㄊㄡ 손해. 손실. 결손.「吃一 ; 손해를 보다」
[虧短] k'ueītuǎn ㄎㄨㄟㄉㄨㄢˇ ①빠지다. 모자라다. ②빚을 지다.

〔夔〕 k'ueī ㄎㄨㄟ ①잘못 건드리면 동티가 난다는 망령(亡靈)이나 생령(生靈). ②종정(鐘鼎)의 무늬의 일종. ③근신하다.

〔奎〕 k'ueí ㄎㄨㄟˊ 성좌의 이름.「一星 ; 28수(宿)의 열 다섯째」
[奎寧丸] k'ueíníngwán ㄎㄨㄟˊㄋㄧㄥˊㄨㄢˊ 〈化〉키니네(quinine). «譯»

〔揆〕 k'ueí ㄎㄨㄟˊ ①헤아려 알다. 추측하다.「一情度理 ; 정상을 참작하다」②도리(道理). ③사무. 정무(政務).「百一 ; 각종의 정무」④재상. 총리(總理).「閣一 ; 재상(宰相). 총리」

〔葵〕 k'ueí ㄎㄨㄟˊ ①「向日一 ; 해바라기」②「蒲一 ; 빈랑(檳榔)」
[葵花] k'ueíhuā ㄎㄨㄟˊㄏㄨㄚ 해바라기.「一子 ; 해바라기 씨」
[葵扇] k'ueíshàn ㄎㄨㄟˊㄕㄢˋ 빈랑(檳榔)의 잎으로 만든 부채.

〔逵〕 k'ueí ㄎㄨㄟˊ 사방으로 통하는 도로.

〔暌〕 k'ueí ㄎㄨㄟˊ 어그러지다. 멀어지다. 사이가 나빠지다.「一離·一違 ; 어그러지다. 반목하다」

〔魁〕 k'ueí ㄎㄨㄟˊ ①두목. 수령. 장본인(張本人).「罪一 ; 원흉(元兇)」②크다. 웅대(雄大)한.「身一力壯 ; 몸이 크고 힘이 세다」③북두칠성의 첫째 별. 또는 첫째에서 네째까지의 별의 총칭. =魁星.
[魁蛤] k'ueíkǒ ㄎㄨㄟˊㄍㄜˊ 〈動〉살조개. 피안다미조개.
[魁首] k'ueíshǒu ㄎㄨㄟˊㄕㄡˇ 괴수. 수괴(首魁). 원흉(元兇). «舊»
[魁偉] k'ueíwei ㄎㄨㄟˊㄨㄟ (체격이) 남보다 뛰어나고 늠름하다.
[魁梧] k'ueíwǔ ㄎㄨㄟˊㄨˇ (체격이) 건장하고 늠름하다.

〔睽〕 k'ueí ㄎㄨㄟˊ ①배반하다. ②반목하다.

〔傀〕 k'ueì ㄎㄨㄟˇ
[傀儡] k'ueílěi ㄎㄨㄟˊㄌㄟˇ 괴뢰. 허수아비. 꼭두각시. 인형(人形).「一戲 ; 인형극(人形劇). 꼭두각시 놀음」

〔跬〕 k'ueì ㄎㄨㄟˇ 발을 한 발 내딛다.

〔喟〕 k'ueì ㄎㄨㄟˋ 한숨. 탄식.
[喟然] k'ueìján ㄎㄨㄟˋㄖㄢˊ 한숨쉬는 모양.「一長嘆 ; 긴 한숨을 쉬다. 한숨을 길게 쉬다」

〔愧〕 k'ueì ㄎㄨㄟˋ 부끄러워하다. 창피하다. 꺼림칙하다.「問心無一 ; 조금도 마음에 부끄러울 것이 없다」
[愧疚] k'ueìchiù ㄎㄨㄟˋㄐㄧㄡˋ 꺼림칙한 일.「心懷一 ; 마음에 거리끼는 바가 있다」 「땀을 흘리다.
[愧汗] k'ueìhàn ㄎㄨㄟˋㄏㄢˋ 창피하여
[愧恨] k'ueìhên ㄎㄨㄟˋㄏㄣˋ 너무나 수치스러워 앙심을 품다. 창피를 당하고 원한을 품다. 「책을 받다. 후회하다.
[愧悔] k'ueìhuǐ ㄎㄨㄟˋㄏㄨㄟˇ 양심에 가

〔潰〕 k'ueì ㄎㄨㄟˋ ①(둑이) 터지다. ②(패하여) 산산이 흩어지다. 퇴각하다.「敵人一下去 ; 적은 뿔뿔이 퇴각하다」③(몸의 일부가) 진무르다. 깨지다.

[潰決] k'ueìchüéh ㄎㄨㄟˋㄐㄩㄝˊ 장마로 제방이 터지다.
[潰爛] k'ueìlàn ㄎㄨㄟˋㄌㄢˋ 피부나 살점이 문드러지다.
[潰兵] k'ueìpīng ㄎㄨㄟˋㄅㄧㄥ 패잔병.
[潰不成軍] k'ueìpùch'ếngchūn ㄎㄨㄟˋㄅㄨˋㄔㄥˊㄐㄩㄣ (군대가) 패배하여 뿔뿔이 흩어지다. 참패(慘敗)하다.
[潰散] k'ueìsàn ㄎㄨㄟˋㄙㄢˋ (싸움에 패하여) 산산이 흩어지다. 「망치다.
[潰逃] k'ueìt'áo ㄎㄨㄟˋㄊㄠˊ 뿔뿔이 도
[潰退] k'ueìt'uì ㄎㄨㄟˋㄊㄨㄟˋ 참패하여 퇴각하다. 「고 나아가다.
[潰圍] k'ueìwéi ㄎㄨㄟˋㄨㄟˊ 포위를 뚫

〔憒〕 k'ueì ㄎㄨㄟˋ 어리석은.「昏一; 어리석은」
〔匱〕 k'ueì ㄎㄨㄟˋ 결핍하다. 탕진하다. 「民窮財一; 민중은 궁핍하고 재정조차 곤란하다」「一乏; 궁핍하다」
〔簣〕 k'ueì ㄎㄨㄟˋ 흙을 넣는 삼태기. 「功虧一一; 성공 직전에 조그만 실수로 일 전체를 망치다」
〔饋〕(餽) k'ueì ㄎㄨㄟˋ 선사하다. 선물을 보내다. 「다. =饋贈.
[饋送] k'ueìsùng ㄎㄨㄟˋㄙㄨㄥˋ 선물하

KUN ㄍㄨㄣ

〔袞〕 kǔn ㄍㄨㄣˇ ①군주의 예복. ②「一一; 많은 모양」
〔滾〕 kǔn ㄍㄨㄣˇ ①(바다 또는 시냇물이)용솟음치다.「白浪翻一; 파도가 용솟음치다」②구르다.딩굴다.「打個一兒;나동그라지다」③끓어 오르다. ④아주 뜨거움을 형용. ⑤썩 나가 버려라.《罵》 ⑥섞다.혼합하다.
[滾珠(兒)] kǔnchū(rh) ㄍㄨㄣˇㄓㄨ(ㄦ)① 둥그런 공. ②보올 베어링.
[滾出去] kǔnch'uch'ǜ ㄍㄨㄣˇㄔㄨㄑㄩˋ ①굴러 나오다. ②얼른 나가 버려라.
[滾壯] kǔnchuàng ㄍㄨㄣˇㄓㄨㄤˋ①뚱뚱하다. ② 굵다.《方》
[滾沸] kǔnfèi ㄍㄨㄣˇㄈㄟˋ 끓다. 들끓다.
[滾下去] kǔnhsia ch'ü ㄍㄨㄣˇㄒㄧㄚˇㄑㄩ ①굴러 떨어지다. ②줄곧 굴러가다.
[滾銑刀] kǔnhsiěntāo ㄍㄨㄣˇㄒㄧㄢˇㄉㄠ 날을 세우는 공구. =滾刀.
[滾熱] kǔnjè ㄍㄨㄣˇㄖㄜˋ 몹시 뜨겁다: 음식물이나 신체 등에 쓰이는 말. >滾滾熱熱. 「이월하다.
[滾入] kǔnjù ㄍㄨㄣˇㄖㄨˋ ①편입하다.②
[滾開] kǔnk'ai ㄍㄨㄣˇㄎㄞ ①(사람에게 욕을 하여) 썩 나가. ②물이 부글부글 끓어 오르다.
[滾瓜爛熟] kǔnkuālànshú ㄍㄨㄣˇㄍㄨㄚㄌㄢˋㄕㄨˊ 충분히 숙달하다.
[滾瓜流油] kǔnkuāliúyú ㄍㄨㄣˇㄍㄨㄚㄌㄧㄡˊㄧㄡˊ (가축 따위가) 살이 쪄서 털이 번들번들한 모양.
[滾滾] kǔnkǔn ㄍㄨㄣˇㄍㄨㄣˇ 물이 흐르는 모양. 「財源一; 재원이 풍부하다」「不盡長江一來; "揚子江"이 끊임 없이 도도히 흘러 가다」
[滾邊(兒)] kǔnpiēn(rh) ㄍㄨㄣˇㄅㄧㄢ(ㄦ) 의복 가장자리에 두른 천.
[滾兒] kǔnrh ㄍㄨㄣˇㄦ 딩굴다. 「那隻狗在地上打了一一;그 개가 땅에서 한 번 딩굴었다」 「다. 열탕(熱湯).
[滾水] kǔnshuǐ ㄍㄨㄣˇㄕㄨㄟˇ 물을 끓이
[滾算] kǔnsuàn ㄍㄨㄣˇㄙㄨㄢˋ 복리 계산하다. =滾利.
[滾蛋] kǔntàn ㄍㄨㄣˇㄉㄢˋ ①도망치다. ②꺼져라! ③(연극 중에) 서로 치고 받고 하다.
[滾刀] kǔntāo ㄍㄨㄣˇㄉㄠ =滾銑兒.
[滾燙] kǔnt'àng ㄍㄨㄣˇㄊㄤˋ =滾熱.
[滾子] kǔntzǔ ㄍㄨㄣˇㄗ 로울러(roller).
[滾存] kǔnts'ún ㄍㄨㄣˇㄘㄨㄣˊ 이월(移越)하다. 「一金; 이월금」
[滾動] kǔntùng ㄍㄨㄣˇㄉㄨㄥˋ 돌다. 빙글빙글 돌다. >滾滾動動.
[滾圓(兒)] kǔnyüán(rh) ㄍㄨㄣˇㄩㄢˊ(ㄦ) 매우 둥글다. 참 둥글다. >滾滾圓圓.

〔輥〕 kǔn ㄍㄨㄣˇ 기계의 로울러. 「一軸; 로울러의 축」
〔磙〕 kǔn ㄍㄨㄣˇ 「一子; 돌로 만든 로울러」
〔棍〕 kùn ㄍㄨㄣˋ ①막대기.몽둥이.「木一; 몽둥이」② 건달. 악당. 무뢰한.
[棍棒] kùnpàng ㄍㄨㄣˋㄅㄤˋ 지팡이와 막대기. 곤봉: 무기.
[棍徒] kùnt'ú ㄍㄨㄣˋㄊㄨˊ 무뢰한.

K'UN ㄎㄨㄣ

〔坤〕 k'ūn ㄎㄨㄣ ①주역의 괘(卦)의 하나. ②여성 혹은 여성에 관한 일에 쓰이는 말. 「一車; 부인용의 차: 마차·자전거 따위」 「여자의 집. 신부댁.
[坤宅] k'ūnchái ㄎㄨㄣㄓㄞˊ 결혼할 때의
[坤角] k'ūnchiǎo ㄎㄨㄣㄐㄧㄠˇ 여배우(女俳優). 「는 연극.
[坤戲] k'ūnhsìh ㄎㄨㄣㄒㄧˋ 여자들로만 하
[坤鞋] k'ūnhsiéh ㄎㄨㄣㄒㄧㄝˊ 부인용 신발. 여자 신. =女鞋. 「에서의) 여배우.
[坤伶] k'ūnlíng ㄎㄨㄣㄌㄧㄥˊ (중국 연극
[坤傘] k'ūnsǎn ㄎㄨㄣㄙㄢˇ 부인용 양산·우산.
〔昆〕 k'ūn ㄎㄨㄣ ①많다. 「一蟲; 수많은 벌레. 곤충」 ②형. 「一弟; 형제」③후사(後嗣). 자손. 「後一; 후손」
[昆腔] k'ūnch'iāng ㄎㄨㄣㄑㄧㄤ 〈演〉 연극의 이름: 가장 우아한 것으로서 본래는 "江南"에서 시작된 것.
[昆曲] k'ūnch'ǚ ㄎㄨㄣㄑㄩˇ =昆腔.
[昆仲] k'ūnchùng ㄎㄨㄣㄓㄨㄥˋ 형제.
〔崑〕(崐) k'ūn ㄎㄨㄣ ①「一崙; 쿤룬 산맥」「一山片玉; "崑崙山"의 보옥(寶玉). 귀중한 보물」 ② "江蘇省"의 "縣"의 하나.
〔悃〕 k'ǔn ㄎㄨㄣˇ 진심(眞心). 단심(丹心). 「謝一; 감사하는 마음」

〔捆〕(綑) k'ŭn ㄎㄨㄣˇ ①묶다. 다발짓다.「把行李一上；나들잇짐을 새끼로 묶다」②새끼 따위로 묶은 것을 세는 말.「一一兒柴火；한 다발의 장작」「一一兒竹竿；한 묶음의 대 장대」「一一子報紙；한 묶음의 신문지」「捆扎扎.
[捆扎] k'ŭnchā́ ㄎㄨㄣˇㄓㄚˊ 묶다. ＞捆
[捆綁] k'ŭnpăng ㄎㄨㄣˇㄅㄤˇ 묶어 다발을 짓다. 묶다.

〔閫〕 k'ŭn ㄎㄨㄣˇ 부녀자의 침실.

〔困〕 k'ùn ㄎㄨㄣˋ ①(환경·조건에 제약되어) 꼼짝할 수 없다. ②괴로와하다. 번민하다.「爲病所一；병으로 고생하다」③포위하다. 가두다.「把敵人一在城裏；적을 포위하여 성내로 몰아 넣다」
[困窘] k'ùnchiŭng ㄎㄨㄣˋㄐㄩㄥˇ 궁하다. 곤란하다. 곤궁하다.
[困住] k'ùnchu ㄎㄨㄣˋㄓㄨ ① 꼼짝달싹 못하다.「被瑣碎事務一；자질구레한 사무로 꼼짝도 할 수가 없다」②포위하다.「被敵人一了；적에게 포위되다」
[困倦] k'ùnchüàn ㄎㄨㄣˋㄐㄩㄢˋ 피로하여 노곤해지다. 싫증이 나서 피로해지다.
[困厄] k'ùn'ê ㄎㄨㄣˋㄜˋ 재난. 고통. 곤궁. ＝困窮.
[困難戶] k'ùnnanhù ㄎㄨㄣˋㄋㄢˋㄏㄨˋ 빈가(貧家). 가난한 가정.
[困獸] k'ùnshòu ㄎㄨㄣˋㄕㄡˋ 사람에게 쫓기는 짐승.「一猶鬪；아무리 약한 놈이라도 사경(死境)에 이르면 적에게 대항한다. 궁서설묘(窮鼠齧猫)」「지치다.
[困頓] k'ùntùn ㄎㄨㄣˋㄉㄨㄣˋ 피로하다.

〔睏〕 k'ùn ㄎㄨㄣˋ ①졸리다. 곤하다.「孩子一了, 該睡覺了; 아이가 고단하니까 재워야겠다」②자다. 졸다. «江»
[睏覺] k'ùnchiào ㄎㄨㄣˋㄐㄧㄠˋ 자다. 잠들다. «江» 「졸음. 잠.
[睏勁(兒)] k'ùnchìn(rh) ㄎㄨㄣˋㄐㄧㄣˋ(ㄦ)
[睏桶] k'ùnt'ŭng ㄎㄨㄣˋㄊㄨㄥˇ 길고 둥근 나무통으로, 아이를 재우는데 쓰이는 물건.

KUNG ㄍㄨㄥ

〔工〕 kūng ㄍㄨㄥ ①노동자. 직공.「木一；목수」「技一；기술 노동자」②일. 공사.「做一；일을 하다」「手一；수공업」「興一；기공(起工)하다」③노동자 한 사람이 하루에 하는 일. 연인원(延人員).「砌這道墻要五一活；이 담을 쌓는 데는 연인원 다섯 명이 들다」④세밀한. 정교한. ⑤솜씨가 있다. 좋다.「一書善畫；글씨와 그림의 솜씨가 좋다」⑥옛날부터 내려 오는 중국의 음계 부호(音階符號)의 하나.
[工廠] kūngch'ăng ㄍㄨㄥㄔㄤˇ 공장.「一史；공장의 역사」「一主；공장주(工場主)」
[工長] kūngchăng ㄍㄨㄥㄓㄤˇ 직공장(職工長).
[工賬] kūngchàng ㄍㄨㄥㄓㄤˋ ①공임 지불부. ②임금(賃金), 또는 그 계정(計定).
[工潮] kūngch'áo ㄍㄨㄥㄔㄠˊ 노동 쟁의.
[工尺] kūngch'ě ㄍㄨㄥㄔㄜˇ 예로부터 내려 오는 중국의 음계(音階)의 총칭. 合·四·乙·上·尺·工·凡·六·五·乙의 열 가지로서 솔·라·시·도·레·미·파·솔·라·시에 해당함.「一字(兒)；"工尺"의 부호」
[工程] kūngch'êng ㄍㄨㄥㄔㄥ 공사 (工事).「土木一；토목 공사」「水利一；수리 사업」②공사의 진척.「一車；수리용차(修理用車)」「一師；기사」
[工整] kūngchěng ㄍㄨㄥㄓㄥˇ 잘 정리되어 있다.「字寫得很一；글자는 매우 잘 씌어 있다」＞工工整整. 「다.
[工致] kūngchìh ㄍㄨㄥㄓˋ 정교(精巧)하
[工價] kūngchià ㄍㄨㄥㄐㄧㄚˋ 노동 임금.
[工巧] kūngch'iăo ㄍㄨㄥㄑㄧㄠˇ 정교하다.
[工界] kūngchièh ㄍㄨㄥㄐㄧㄝˋ 공업계.
[工錢] kūngch'ien ㄍㄨㄥㄑㄧㄢ 품삯. 공전.
[工匠] kūngchiàng ㄍㄨㄥㄐㄧㄤˋ 물품을 만드는 것을 업으로 삼는 사람. 공인(工人).
[工愁善慮] kūngchóu-shànlǜ ㄍㄨㄥㄔㄡˊㄕㄢˋㄌㄩˋ ①안달복달하는 성격. ②조그만 일에도 노심 초사하는 성격.
[工具] kūngchǜ ㄍㄨㄥㄐㄩˋ ①도구. 기구. ②수단.「交際一；교제하는 수단」
[工種] kūngchŭng ㄍㄨㄥㄓㄨㄥˇ 일의 종류.
[工分(兒)] kūngfěn(rh) ㄍㄨㄥㄈㄣˇ(ㄦ) ①임금(賃金).「拿一；임금을 받다」②임금 계산의 단위. 「동봉(動蜂).
[工蜂] kūngfēng ㄍㄨㄥㄈㄥ 〈動〉 일벌.
[工服] kūngfú ㄍㄨㄥㄈㄨˊ 노동복. 작업복.
[工夫(兒)] kūngfu(rh) ㄍㄨㄥㄈㄨ(ㄦ) ① 시간. 틈. 때.「今天抽不出一；오늘은 시간을 낼 수 없다」「正在說話的一；마침 이야기하고 있을 때」②숙련.「一深；잘 숙련되다」「老藝人有一；노련한 예술인에게는 오래 숙련된 솜씨가 있다」③노력.「下一；노력하다」＝功夫.
[工細] kūnghsì ㄍㄨㄥㄒㄧˋ 정밀하다.
[工效] kūnghsiào ㄍㄨㄥㄒㄧㄠˋ 기계의 능률.「一成倍翻；기계의 능률이 갑절이 되다」 「급료. 공임(工賃).
[工薪] kūnghsīn ㄍㄨㄥㄒㄧㄣ 노동자의
[工序] kūnghsǜ ㄍㄨㄥㄒㄩˋ 공정(工程). 공사의 순서. 「「一法；노동 조합법」
[工會] kūnghuì ㄍㄨㄥㄏㄨㄟˋ 노동 조합.
[工藝] kūngì ㄍㄨㄥㄧˋ ①공예. ②제조 기술. ③내부 설계. ④마지막 공정 (工程).
[工人] kūngjén ㄍㄨㄥㄖㄣˊ 노동자.「一黨；노동당」「一階級；노동 계급」「一裝；노동복」 「동복. ＝工人裝.
[工人服] kūngjénfú ㄍㄨㄥㄖㄣˊㄈㄨˊ 노
[工日] kūngjì ㄍㄨㄥㄖˋ 작업한 일수(日數).
[工力] kūnglì ㄍㄨㄥㄌㄧˋ ①노동력. ②수련(修練)과 역량. 「과 재료.
[工料] kūngliào ㄍㄨㄥㄌㄧㄠˋ 공임(工賃)
[工齡] kūnglíng ㄍㄨㄥㄌㄧㄥˊ 노동자의 근무 연수(年數). 경험 연수. 「농민.
[工農] kūngnóng ㄍㄨㄥㄋㄨㄥˊ 노동자와
[工本] kūngpěn ㄍㄨㄥㄅㄣˇ ①원료와 인건비를 포함한 비용. ②시간과 자본금.「不惜一；품삯을 아끼지 않다」

[工棚] kūngp'ĕng ㄍㄨㄥㄆㄥˊ 작업장.
[工筆] kūngpĭ ㄍㄨㄥㄅㄧˇ 밀화(密畫)의 화법:연필을 사용한.
[工票] kūngp'iào ㄍㄨㄥㄆㄧㄠˋ 노동 시간 기입표. 작업 카아드. 「다가 입은 상처.
[工傷] kūngshāng ㄍㄨㄥㄕㄤ 노동을 하
[工時] kūngshíh ㄍㄨㄥㄕˊ 작업 시간. 노동 시간.
[工事] kūngshìh ㄍㄨㄥㄕˋ ①토목 사업. 또는 그 사무. ②바리케이드. 「업 현장.
[工地] kūngtì ㄍㄨㄥㄉㄧˋ 공사 현장. 작
[工點] kūngtiĕn ㄍㄨㄥㄉㄧㄢˇ 공사를 하고 있는 지점. 「직공장(職工長).
[工頭(兒)] kūngt'óu(rh) ㄍㄨㄥㄊㄡˊ(ㄦ)
[工作] kūngtsò ㄍㄨㄥㄗㄨㄛˋ ①일. 근무. 작업. 「一量 ; 작업량」「一日 ; 노동한 날:노동 일수를 계산하는 단위」「一物 ; 작업에 쓰는 물건」「一大會 ; 직장 대회」「一服 ; 작업복」②공작. 「一母機 ; 공작 기계」 「우다. 고학.
[工讀] kūngtú ㄍㄨㄥㄉㄨˊ 일하면서 배
[工徒] kūngtú ㄍㄨㄥㄉㄨˊ 견습공. 도제.
[工資] kūngtzū ㄍㄨㄥㄗ 임금. 품삯.
[工字鋼] kūngtzūkāng ㄍㄨㄥㄗㄍㄤ I 형강(I型鋼). I 자(字) 모양의 강철.
[工字鐵] kūngtzūt'iĕh ㄍㄨㄥㄗㄊㄧㄝˇ I 형 철재(鐵材).
[工于] kūngyú ㄍㄨㄥㄩˊ …에 능숙하다. 「一繪畫 ; 그림에 능숙하다」

〔攻〕 kūng ㄍㄨㄥ ①공격하다. 「一城 ; 성을 공격하다」②책망하다. 「一人之短 ; 단점을 들어 꾸짖다」③ 연구하다. 「專一化學 ; 화학을 전공하다」
[攻訐] kūngchiéh ㄍㄨㄥㄐㄧㄝˊ 남의 과실을 들추어 공박하다. 「(ball).
[攻球] kūngch'iú ㄍㄨㄥㄑㄧㄡˊ 공격 보올
[攻其無備] kūngch'íwúpèi ㄍㄨㄥㄑㄧˊㄨˊㄅㄟˋ 적이 방어가 없는 틈을 타서 공격하다. 「(德)으로 적을 항복시키다.
[攻心] kūnghsīn ㄍㄨㄥㄒㄧㄣ 지(智)·덕
[攻克] kūngk'ò ㄍㄨㄥㄎㄜˋ 공격하여 이기다.
[攻關鍵] kūngkuānchièn ㄍㄨㄥㄍㄨㄢㄐㄧㄢˋ 중요한 점을 집중적으로 연구하여 해결하다. 「괴하다.
[攻破] kūngp'ò ㄍㄨㄥㄆㄛˋ 공격하여 파
[攻打] kūngtă ㄍㄨㄥㄉㄚˇ 적을 공격하다.
[攻讀] kūngtú ㄍㄨㄥㄉㄨˊ 힘껏 공부하다.

〔功〕 kūng ㄍㄨㄥ ①사업. ②성과. 효과. 「徒勞無一 ; 수고만 하고 효과를 얻지 못하다」③정교한. ④에네르기. 「신하.
[功臣] kūngch'ĕn ㄍㄨㄥㄔㄣˊ 공이 있는
[功夫] kūngfu ㄍㄨㄥㄈㄨ ①시간. 여가. ②오랫동안 수련하고 단련한 능력.
[功效] kūnghsiào ㄍㄨㄥㄒㄧㄠˋ 효과.
[功勛] kūnghsūn ㄍㄨㄥㄒㄩㄣ 공로.
[功課] kūngk'ò ㄍㄨㄥㄎㄜˋ 수업. 강의. 「一表 ; 수업 시간표」
[功虧一簣] kūngk'ueīīk'ueì ㄍㄨㄥㄎㄨㄟㄧˊㄎㄨㄟˋ 모처럼 고생하여 이룬 일이 조그만 실패로 일을 그르치다.《成》
[功不抵過] kūngpŭtĭkùo ㄍㄨㄥㄅㄨˋㄉㄧˇㄍㄨㄛˋ 공로보다 과실이 더 많다.
[功用] kūngyùng ㄍㄨㄥㄩㄥˋ 효용(效用).

〔供〕 kūng ㄍㄨㄥ ①(신불 따위에) 바치다. ②자백하다. ③웃어른을 모시다.
[供求] kūngch'íu ㄍㄨㄥㄑㄧㄡˊ 수요와 공급. 수급(需給).
[供銷] kūnghsiāo ㄍㄨㄥㄒㄧㄠ 구매와 판매. 「一合作社 ; 구매·판매 협동조합」
[供過于求] kūngkuòyúch'iú ㄍㄨㄥㄍㄨㄛˋㄩˊㄑㄧㄡˊ 공급이 수요보다 많다.
[供不應求] kūngpúyìngch'iú ㄍㄨㄥㄅㄨˊㄧㄥˋㄑㄧㄡˊ 공급이 수요를 따르지 못하다.
[供電] kūngtièn ㄍㄨㄥㄉㄧㄢˋ 전기를 공급하다. 「진술한 말. =供述.
[供詞] kūngtz'ú ㄍㄨㄥㄘˊ 피고(被告)가
[供養] kūngyăng ㄍㄨㄥㄧㄤˇ 늙으신 부모를 봉양하다.
[供應] kūngyìng ㄍㄨㄥㄧㄥˋ 보급하다. 공급하다. 「一處 ; 보급소」

〔恭〕 kūng ㄍㄨㄥ ①공손하다. ②받들다. ③대소변을 보다. 「小一 ; 소변을 보다」「結了一 ; 변비증에 걸리다」「出虛一 ; 방귀를 뀌다」
[恭敬] kūngchìng ㄍㄨㄥㄐㄧㄥˋ 정중한.
[恭候] kūnghoù ㄍㄨㄥㄏㄡˋ 기다리겠읍니다.《敬》
[恭喜] kūnghsĭ ㄍㄨㄥㄒㄧˇ 축하합니다《人》「您在哪裡一 ; 어디에 근무하십니까?」 「器)
[恭桶] kūngt'ŭng ㄍㄨㄥㄊㄨㄥˇ 변기(便
[恭維] kūngwei ㄍㄨㄥㄨㄟ ①존경하다 ②삼가 생각컨대. ③아첨하다. ＞恭恭維維.

〔觥〕 kūng ㄍㄨㄥ ①중국 고대의 술잔 : 무소 뿔로 만들었음. ②큰.
[觥籌交錯] kūngch'óu chiāots'ò ㄍㄨㄥㄔㄡˊㄐㄧㄠㄘㄨㄛˋ 술잔을 주고 받고 돌리면서 유쾌히 마시다.《成》

〔肱〕 kūng ㄍㄨㄥ 팔꿈치. 「一骨 ; 상박골.

〔公〕 kūng ㄍㄨㄥ ①공평하다. 「大一無私 ; 공평 무사하다」②공개적으로 하다. 「一然反對 ; 공공연하게 반대하다」③공동의. 공용의. ④국가의. 공무의. ⑤공무. 「因一出差 ; 공무로 출장하다」⑥수컷. 「一鷄 ; 수탉」⑦할아버지: 육친의. 고령자의. ⑧시아버지. ⑨옛날 공작(公爵). 또는 존칭. 「안전. ②공안
[公安] kūngān ㄍㄨㄥㄢ ①사회 전체의
[公案] kūngàn ㄍㄨㄥㄢˋ ①관공서의 사무용 책상. ②재판 사건. ③인사 교섭의 안건.
[公章] kūngchāng ㄍㄨㄥㄓㄤ ①함께 정한 규칙. ②의논.
[公丈] kūngchàng ㄍㄨㄥㄓㄤˋ (길이) 데카미터(decametre).
[公鷄] kūngchī ㄍㄨㄥㄐㄧ 수탉. ↔母鷄.
[公啓] kūngch'ĭ ㄍㄨㄥㄑㄧˇ ①공개 서한(書翰). ②공동 명의로 된 글.
[公教人員] kūngchiàojĕnyüán ㄍㄨㄥㄐㄧㄠˋㄖㄣˊㄩㄢˊ 공무원과 교원. 교육 공무원.
[公家] kūngchia ㄍㄨㄥㄐㄧㄚ ①국가. ②공중(公衆). 「一醫院 ; 국공립 병원」
[公制] kūngchìh ㄍㄨㄥㄓˋ 국제 공통 도량형 제도.
[公尺] kūngch'ĭh ㄍㄨㄥㄔˇ 미터.
[公錢] kūngch'ién ㄍㄨㄥㄑㄧㄢˊ (중량의

단위) : 데카그램.
[公斤] kūngchīn ㄍㄨㄥㄐㄧㄣ 킬로그램: 중국의 중량단위 "二市斤"과 같음.
[公頃] kūngch'ǐng ㄍㄨㄥㄑㄧㄥˇ 헥타아르(ha). 1만 평방미터. =100 畝.
[公主] kūngchǔ ㄍㄨㄥㄓㄨˇ 왕의 딸.
[公決] kūngchüéh ㄍㄨㄥㄑㄩㄝˊ 여럿이 결정하다.
[公諸同好] kūngchūt'úngħào ㄍㄨㄥㄓㄨㄊㄨㄥˊㄏㄠˋ 자기가 좋아하는 것을 공개해서 동조자와 함께 즐기다.
[公方] kūngfāng ㄍㄨㄥㄈㄤ 입방미터.
[公分] kūngfēn ㄍㄨㄥㄈㄣ ①길이의 단위인 센티미터. ②중량의 단위인 그램. ③같이 나누다.
[公份兒] kūngfènrh ㄍㄨㄥㄈㄣˋㄦ 여럿이 돈을 모아 보내는 선물이나 금전.
[公函] kūnghán ㄍㄨㄥㄏㄢˊ ①동등한 관청간에 편지 형식의 공문서. 연락문. ②많은 사람이 서명한 편지.
[公毫] kūngháo ㄍㄨㄥㄏㄠˊ 무게의 단위인 센티그램.
[公衡] kūnghéng ㄍㄨㄥㄏㄥˊ 중량의 단위인 10킬로그램.
[公項] kūnghsiàng ㄍㄨㄥㄒㄧㄤˋ ①공금. ②관금. =公款. 「게 행해지다.
[公行] kūnghsíng ㄍㄨㄥㄒㄧㄥˊ 공공연하
[公忽] kūnghū ㄍㄨㄥㄏㄨ 미크론(100만분의 1 m). 「「律師一 ; 변호사회」
[公會] kūnghuì ㄍㄨㄥㄏㄨㄟˋ 동업 조합.
[公議] kūngì ㄍㄨㄥㄧˋ ①대중의 의견. 국가의 일이나 공공 이익을 위하여 의논하다.
[公幹] kūngkàn ㄍㄨㄥㄍㄢˋ ①직무. ②공무. 공무를 처리하다.
[公開] kūngk'āi ㄍㄨㄥㄎㄞ 공개하다. 공공연히. 「一投標 ; 공개 입찰」
[公合] kūngkǒ ㄍㄨㄥㄍㄜˇ 용량의 단위: 데시리터. 100입방 센티미터.
[公款] kūngk'uǎn ㄍㄨㄥㄎㄨㄢˇ =公項.
[公館] kūngkuǎn ㄍㄨㄥㄍㄨㄢˇ ①상급 관리의 저택. ②관리의 집. ③타인의 주택을 높여 부를 때 쓰이는 말. ④공사관.
[公公] kūngkūng ㄍㄨㄥㄍㄨㄥ ①할아버지. ②시아버지. ③노인에 대한 존칭. ④환관(宦官).
[公共] kūngkùng ㄍㄨㄥㄍㄨㄥˋ ①공동. ②공공. 「一厠所 ; 공동 변소」
[公股兒] kūngkǔrh ㄍㄨㄥㄍㄨˇㄦ 정부가 소유한 주(株).
[公厘] kūnglí ㄍㄨㄥㄌㄧˊ ①길이의 단위 : 밀리미터. ②중량의 단위 : 데시그램. ③면적의 단위 : 평방미터. 「킬로미터.
[公里] kūnglǐ ㄍㄨㄥㄌㄧˇ 길이의 단위 :
[公曆] kūnglì ㄍㄨㄥㄌㄧˋ 서기. =西元. 公元. 「납세하는 농업세.
[公糧] kūngliáng ㄍㄨㄥㄌㄧㄤˊ 현물로
[公兩] kūngliǎng ㄍㄨㄥㄌㄧㄤˇ 중량의 단위 : 100그램(헥토그램).
[公路] kūnglù ㄍㄨㄥㄌㄨˋ ①대중이 자유로이 통행하는 도로. ②공공 도로.
[公論] kūnglùn ㄍㄨㄥㄌㄨㄣˋ ①공정한 평론(評論). ②세론(世論).
[公賣] kūngmài ㄍㄨㄥㄇㄞˋ ①정부 전매(政府專賣). ②정부가 전매하다.
[公母] kūngmǔ ㄍㄨㄥㄇㄨˇ ①수컷과 암컷. ②부부. ③한 쌍. 「一倆;부부 두 사람」
[公畝] kūngmǔ ㄍㄨㄥㄇㄨˇ 면적의 단위 : 아아르. 100평방미터.
[公墓] kūngmù ㄍㄨㄥㄇㄨˋ 공동 묘지. =墓地.
[公牛] kūngniú ㄍㄨㄥㄋㄧㄡˊ 수소. 황소.
[公報] kūngpào ㄍㄨㄥㄅㄠˋ ①성명(聲明). 「聯合一 ; 공동 성명」 ②관보(官報).
[公評] kūngp'íng ㄍㄨㄥㄆㄧㄥˊ ①공정한 비판. 「단위 : 킬로리터. 입방미터
[公秉] kūngpíng ㄍㄨㄥㄅㄧㄥˇ 용량의
[公婆] kūngp'ó ㄍㄨㄥㄆㄛˊ 시부모.
[公布] kūngpù ㄍㄨㄥㄅㄨˋ 공포하다.
[公而忘私] kūngêrhwàngssū ㄍㄨㄥㄦㄨㄤˋㄙ 공적인 일 때문에 사사로운 일은 잊어 버리다. 「「一大會;인민 재판.
[公審] kūngshěn ㄍㄨㄥㄕㄣˇ 군중 재판
[公升] kūngshēng ㄍㄨㄥㄕㄥ 용량의 단위 : 리터(중국의 "一市升"과 같다).
[公事] kūngshìh ㄍㄨㄥㄕˋ ①공무. 공용. 「一房 ; 관청 사무소」 ②사무. ③공문서.
[公事公辦] kūngshìhkūngpàn ㄍㄨㄥㄕˋㄍㄨㄥㄅㄢˋ 공사 처리에 있어 규칙과 범례를 잘 알고 개인의 감정이나 정실에 따르지 않다. «成»
[公說公有理, 婆說婆有理] kūngshuōkūngyǔlǐ, p'óshuōp'óyǔlǐ ㄍㄨㄥㄕㄨㄛㄍㄨㄥㄧㄡˇㄌㄧˇ ㄆㄛˊㄕㄨㄛㄆㄛˊㄧㄡˇㄌㄧˇ 제각기 자기 말이 옳다고 주장하다. «諺»
[公司] kūngssū ㄍㄨㄥㄙ 회사 : 실업 경영을 목적으로 조직된 큰 기업 단체. 「兩合一;합자 회사」「股份有限一 ; 주식 회사」「無限一;무한 회사」「大一 ; 트러스트」「百貨一 ; 백화점」 「밀리그램.
[公絲] kūngssū ㄍㄨㄥㄙ 중량의 단위 :
[公私合營] kūngssūhóyíng ㄍㄨㄥㄙㄏㄜˊㄧㄥˊ 중국에 있어서 사업 경영의 한 형태. 국가와 개인이 공동으로 사업을 경영하는 방식. 반관 반민의 기업 경영.
[公司大菜] kūngssūtàts'ai ㄍㄨㄥㄙㄉㄚˋㄘㄞ 양식점의 정식.
[公石] kūngtàn ㄍㄨㄥㄉㄢˋ 용량의 단위: 헥토리터(100 리터).
[公擔] kūngtàn ㄍㄨㄥㄉㄢˋ 100킬로그램.
[公攤] kūngt'ān ㄍㄨㄥㄊㄢ 분담하다. 공동 출자하다. 「정.
[公堂] kūngt'áng ㄍㄨㄥㄊㄤˊ 옛날의 법
[公道] kūngtao ㄍㄨㄥㄉㄠ 공평한 도리. 공평. 「價錢一 ; 가격이 온당하다」
[公敵] kūngtí ㄍㄨㄥㄉㄧˊ 공공의 적.
[公田] kūngt'ién ㄍㄨㄥㄊㄧㄢˊ 공유전(共有田). 공동 경작지. 「法廷.
[公庭] kūngt'íng ㄍㄨㄥㄊㄧㄥˊ 법정. =
[公斗] kūngtǒu ㄍㄨㄥㄉㄡˇ 용량의 단위. 데카리터. 「밀리리터. =毛升.
[公撮] kūngts'ō ㄍㄨㄥㄘㄨㄛ 용량 단위 :
[公存] kūngts'ún ㄍㄨㄥㄘㄨㄣˊ ①공동으로 적립하다. ②공동 적립금.
[公寸] kūngts'ùn ㄍㄨㄥㄘㄨㄣˋ 길이의 단위 : 데시미터.
[公斷] kūngtuàn ㄍㄨㄥㄉㄨㄢˋ ①공평하게 판단하다. ②관가의 중재.
[公同] kūngt'úng ㄍㄨㄥㄊㄨㄥˊ ①공동. ②다 같이. 「킬로그램.
[公噸] kūngtūn ㄍㄨㄥㄉㄨㄣ 톤. 1 000
[公子] kūngtzǔ ㄍㄨㄥㄗˇ ①왕자. 친왕(親王). ②남의 자식을 존대해 부르는 말.

[公物] kūngwù ㄍㄨㄥㄨˋ ①직접 여러 사
람이 쓰도록 제공한 물건 : 도로나 교량
.(橋梁) 같은 것. ②여러 사람의 물건.
[公養] kūngyăng ㄍㄨㄥㄧㄤˇ 단체에서 공
동으로 사육(飼育)하다. 「헥토미터.
[公引] kūngyìn ㄍㄨㄥㄧㄣˇ 길이의 단위 :
[公餘] kūngyű ㄍㄨㄥㄩˊ 공무 처리 후 남
는 시간. ＝公餘.
[公寓] kūngyǜ ㄍㄨㄥㄩˋ 아파아트.
[公元] kūngyán ㄍㄨㄥㄩㄢˊ 서기(西紀).
＝公曆. 「다. ＞公公允允.
[公允] kūngyŭn ㄍㄨㄥㄩㄣˇ 공평하게 하
[公約] kūngyüēh ㄍㄨㄥㄩㄝ 조약.「日內
⌊瓦一 ; 제네바 조약」

〔弓〕 kūng ㄍㄨㄥ ①활. ②구부러진
것. 활 모양으로 되다. ③토지측량의 기
구나 단위 : 1"弓"은 5척. ④구부리다.
「一腰 ; 허리를 구부리다」
[弓箭] kūngchièn ㄍㄨㄥㄐㄧㄢˋ 화살.
[弓鋸床] kūngchǜch'uáng ㄍㄨㄥㄐㄩˋㄔ
ㄨㄤˊ 금속을 자르는 활 모양의 톱.
[弓鞋] kūnghsiéh ㄍㄨㄥㄒㄧㄝˊ 옛날 중
국의 부녀자들의 전족(纏足)에 신는 신발.
[弓弦兒] kūnghsiénrh ㄍㄨㄥㄒㄧㄢˊㄦ 활
시위.
[弓背兒] kūngpèirh ㄍㄨㄥㄅㄟˋㄦ ①활
등. ②우회(迂回)하여 돌아 가는 길.
[弓足] kūngtsú ㄍㄨㄥㄗㄨˊ 옛날 중국 여
자의 전족(纏足).
[弓子] kūngtzŭ ㄍㄨㄥㄗ ①활. ②탄력성
이 있는 활 모양의 물체.
[弓腰] kūngyāo ㄍㄨㄥㄧㄠ ①허리가 굽다.
허리가 굽은 형상의 일종. ②kūng yāo
⌊허리를 굽히다.

〔躬〕 kūng ㄍㄨㄥ ①신체. ②친히. 몸
소. ③몸을 구부리다.「一身 ; 인사를
하다」 「하다.
[躬行] kūnghsíng ㄍㄨㄥㄒㄧㄥˊ 몸소 행
[躬耕] kūngkēng ㄍㄨㄥㄍㄥ 몸소 농사
를 짓다. 「경의를 표하다.인사를 하다.
[躬身] kūngshēn ㄍㄨㄥㄕㄣ 몸을 굽혀
[躬腰] kūngyāo ㄍㄨㄥㄧㄠ ＝弓腰. 허리
⌊를 구부리다.

〔宮〕 kūng ㄍㄨㄥ ①집. 궁전.「故一 ;
"北平"에 있는 옛날 황성」 ②홀. 회관.
문화 오락장의 이름. ③절(寺). ④고대 오
형(五刑)중의 하나. ⑤고대 오음(五音)인
"宮·商·角·徵·羽"중의 하나. ⑥성
(姓). 「이 거처하는 곳.
[宮禁] kūngchìn ㄍㄨㄥㄐㄧㄣˋ 제왕(帝王)
[宮妝] kūngchuāng ㄍㄨㄥㄓㄨㄤ 궁녀(宮
女)의 화장품. 「그 외관(外觀)을 말함.
[宮闕] kūngch'üèh ㄍㄨㄥㄑㄩㄝˋ 궁궐 :
[宮娥] kūngé ㄍㄨㄥㄜˊ 궁녀(宮女). 「이.
[宮戲] kūnghsì ㄍㄨㄥㄒㄧˋ 꼭둑각시 놀
[宮館] kūngkuăn ㄍㄨㄥㄍㄨㄢˇ 궁중 별
관. 「에서 일하는 여자. 궁녀.
[宮女兒] kūngnűrh ㄍㄨㄥㄋㄩˇㄦ 궁중
[宮扇] kūngshàn ㄍㄨㄥㄕㄢˋ 단선(團扇).
둥근 부채.
[宮室] kūngshìh ㄍㄨㄥㄕˋ 집. 가옥.
[宮燈] kūngtēng ㄍㄨㄥㄉㄥ 장식용의 제
등. 붉은 비단으로 둘러 싼 등롱(燈籠).
[宮殿] kūngtièn ㄍㄨㄥㄉㄧㄢˋ 왕이 사는
집. 궁전.
[宮掖] kūngyèh ㄍㄨㄥㄧㄝˋ 비빈(妃嬪)이
거처하는 방(房).

〔鞏〕(巩) kŭng ㄍㄨㄥˇ ①견고하
다. ②지명(地名).「一縣 ; "河南省"에 있
음」 ③성(姓).「튼튼히하다. 단단히하다.
[鞏固] kŭngkù ㄍㄨㄥˇㄍㄨˋ 견고하다.
[鞏膜] kŭngmó ㄍㄨㄥˇㄇㄛˊ 안구(眼球)의
표막(表膜)으로 섬세하고 질겨 내부를 보
호하며 백색(白色)이다.

〔拱〕 kŭng ㄍㄨㄥˇ ①두 손을 마주 잡다.
「打一作揖 ; 두 손을 마주 잡고 인사를
하다」 ②두 손으로 물건을 껴안다. ③천
천히 밀어 제치고 머리를 들다.「新出的
芽兒把土都一起來了 ; 새싹이 흙을 헤치
고 나오다」 ④에워싸고 보호하다. 호위
하다. 「입구.
[拱門] kŭngmén ㄍㄨㄥˇㄇㄣˊ 아아치형의
[拱木] kŭngmù ㄍㄨㄥˇㄇㄨˋ 두 손을 벌려
서 안을 수 있는 큰 나무 : 아름드리 나
무. 「게 하는 모양.
[拱背] kŭngpèi ㄍㄨㄥˇㄅㄟˋ 어깨를 둥글
[拱手] kúngshŏu ㄍㄨㄥˊㄕㄡˇ 두 손을 마
주 잡고 인사를 하다. 「의 지붕.
[拱頂] kúngtĭng ㄍㄨㄥˊㄉㄧㄥˇ 둥근 모양
[拱嘴] kúngtsuĭ ㄍㄨㄥˊㄗㄨㄟˇ 주둥이를
쭉 내밀다.
[拱洞] kŭngtùng ㄍㄨㄥˇㄉㄨㄥˋ 아아치.
[拱衛] kŭngwèi ㄍㄨㄥˇㄨㄟˋ 호위하다.

〔貢〕 kùng ㄍㄨㄥˋ ①공물. ②공물을
바치다. ③품질이 우수하다. ④성(姓).
[貢奉] kùngfěng ㄍㄨㄥˋㄈㄥˋ ①조정에
바치는 물건. ②헌납하다.
[貢獻] kùnghsièn ㄍㄨㄥˋㄒㄧㄢˋ ①공헌
하다. ②공물을 헌납하다.
[貢品] kùngp'ĭn ㄍㄨㄥˋㄆㄧㄣˇ ①진상(進
上)하는 물건. ②공물(貢物). 헌상물.
[貢院] kùngyüàn ㄍㄨㄥˋㄩㄢˋ 향시(鄕
試)를 시행하는 과거 시험장.

〔共〕 kùng ㄍㄨㄥˋ ①같이. 함께. ②다
같이. ③전부. 모두. ④합계하다.「和平一
處 ; 평화 공존하다」 ⑤공산당의 약칭.
[共棲] kùngch'ī ㄍㄨㄥˋㄑㄧ ①함께 살다.
②공서(共棲)하다. 「＝共總.
[共計] kùngchì ㄍㄨㄥˋㄐㄧˋ 합계. 총계.
[共處] kùngch'ŭ ㄍㄨㄥˋㄔㄨˇ 공존(共存)
하다. 「＝共計.
[共合] kùnghó ㄍㄨㄥˋㄏㄜˊ 합계. 총계.
[共和] kùnghó ㄍㄨㄥˋㄏㄜˊ 공화(共和).
민주 정체(民主政體).
[共性] kùnghsìng ㄍㄨㄥˋㄒㄧㄥˋ 두 가지
물건이 함께 가지고 있는 성질. 공통성.
[共管] kùngkuăn ㄍㄨㄥˋㄍㄨㄢˇ 함께 관
리하다. 공동 관리. 「(相議)하다.
[共商] kùngshāng ㄍㄨㄥˋㄕㄤ 함께 상의
[共事] kùngshìh ㄍㄨㄥˋㄕˋ 함께 일하다.

〔供〕 kùng ㄍㄨㄥˋ ①공급하다. ②바
치다. ③(신불 앞에) 차려 놓는 물건.
[供桌(兒)] kùngchō(rh) ㄍㄨㄥˋㄓㄨㄛ(ㄦ)
제사 때 제물을 차려 놓는 상(床). 제사상.
[供狀] kùngchuàng ㄍㄨㄥˋㄓㄨㄤˋ 공술
서(供述書). 「내다. ②바치다.
[供奉] kùngfěng ㄍㄨㄥˋㄈㄥˋ ①제사 지
[供佛] kùngfó ㄍㄨㄥˋㄈㄛˊ 공불. 부처에
게 공양(供養)하다.

[供獻] kùnghsièn ㄍㄨㄥˋㄒㄧㄢˋ ①헌납하다. ②공헌하다.
[供認] kùngjèn ㄍㄨㄥˋㄖㄣˋ 자백하다.
[供品] kùngp'ǐn ㄍㄨㄥˋㄆㄧㄣˇ 바치는 물건. 「술(供述).
[供詞] kùngtz'ǔ ㄍㄨㄥˋㄘˊ ①자백. ②공
[供月兒] kùngyüèhrh ㄍㄨㄥˋㄩㄝˋㄦ 추석날 저녁 신선한 과일이나 떡 등을 차려 놓고 달(月)에 제사를 지내는 것.

K'UNG ㄎㄨㄥ

〔空〕 k'ūng ㄎㄨㄥ ①속이 텅 빈 것. 빈 것.「一房子；텅 빈 방」「一瓶； 빈병」②거짓의. 유명 무실(有名無實)한. 실제와 같지 않다.「一想；공상」「一話；잡담. 꿈같은 일」③헛되이. 필요 없이. 「一過了一年；1년 동안을 헛되게 보냈다」「一走了一趟；한 번 헛걸음질을 했다」④넓고 큰 하늘. 대공(大空). 하늘. ⇨ k'ùng. 「격. ②맹폭(盲爆) 하다.
[空炸] k'ūngchà ㄎㄨㄥㄓㄚˋ ①공중 폭
[空戰] k'ūngchàn ㄎㄨㄥㄓㄢˋ 공중전(空中戰). 「地). 광장(廣場).
[空場] k'ūngch'ǎng ㄎㄨㄥㄔㄤˇ 공지(空
[空際] k'ūngchì ㄎㄨㄥㄐㄧˋ 하늘. 대공(大空). 공중.
[空氣] k'ūngch'ì ㄎㄨㄥㄑㄧˋ ①공기(空氣). ②분위기(雰圍氣). ＝氣象. ③동기가 불순(不純)한 언론(言論). 「一面進行戰爭，一面放出和平一；전쟁을 진행하면서 한편으로는 무책임하게 평화적인 언사를 쓰다」 「砲).
[空槍] k'ūngch'iāng ㄎㄨㄥㄑㄧㄤ 공포(空
[空降] k'ūngchiàng ㄎㄨㄥㄐㄧㄤˋ 낙하산(落下傘)으로 강하(降下)하다.「一部隊；공정 부대」
[空架子] k'ūngchiàtzǔ ㄎㄨㄥㄐㄧㄚˋㄗ ①알맹이가 없는 것. 명목(名目)상의 지위(地位). ②겉치레.「支持一；겉치레를 하다」 「；팽이를 치다」
[空竹] k'ungchú ㄎㄨㄥㄓㄨˊ 팽이.「抖一
[空鍾] k'ūngchung ㄎㄨㄥㄓㄨㄥ 장난감의 한 가지.
[空泛] k'ūngfàn ㄎㄨㄥㄈㄢˋ 내용이 없다. 구체적(具體的)이 아니다. ＞空空泛泛.
[空喊] k'ūnghǎn ㄎㄨㄥㄏㄢˇ 쓸 데 없는 외침. 헛되이 외치다. 부질 없이 외치다.
[空心] k'ūnghsīn ㄎㄨㄥㄒㄧㄣ 속이 비다. 「一菜；메꽃과의 1년생 풀」「一酒；빈속(공복) 에 마시는 술」「一磚；콘크리이트(concrete) 블록(block)」
[空口] k'ūngk'ǒu ㄎㄨㄥㄎㄡˇ ①말 뿐임. 풍을 떨음.「一說白話；말뿐이고 실행이 없는 이야기를 하다」②(식사에서) 단지 …만을 먹는 일.「一吃菜；반찬만을 먹다」
[空曠] k'ūngk'uàng ㄎㄨㄥㄎㄨㄤˋ ①퍽 넓다. 광막하다. ＞空空曠曠. ②(규모가) 크다.
[空裏空] k'ūnglik'ūng ㄎㄨㄥㄌㄧㄎㄨㄥ 진실한 맛이 없다. 무원칙(無原則)하다.
[空落落的] k'ūnglòlòtê ㄎㄨㄥㄌㄨㄛˋㄌㄨㄛˋㄉㄜ (평면적으로) 텅 빈 모양. 쾡뎅그렁한 모양.
[空跑] k'ūngpǎo ㄎㄨㄥㄅㄠˇ 헛되게 달리다. 헛걸음치다.
[空身] k'ūngshēn ㄎㄨㄥㄕㄣ 홑몸.「一人；㉮맨몸. ㉯부양자(扶養者)가 없는 사람」
[空手] k'ūngshǒu ㄎㄨㄥㄕㄡˇ 빈손. 맨손. 무일푼(無一分).「一起家； ㉮맨손으로 가정을 융성하게 만들다」 ㉯빈손으로 큰 일을 성취하다」
[空大老脬] k'ūngtà-lǎopāo ㄎㄨㄥㄉㄚˋㄌㄠˇㄅㄠ 겉은 굉장하나 내용이 없다. 《成》
[空膛(兒)] k'ūngtǎng(rh) ㄎㄨㄥㄉㄤˇ(ㄦ) ①(물건과 물건의) 사이. ②(시간적인) 사이.「吃飯的一；식사하는 동안」 ③틈. 여가.
[空桶子] k'ūngt'ǔngtzǔ ㄎㄨㄥㄊㄨㄥˇㄗ ①알맹이가 없는 것. 빈통. ②아무 것도 모르는 놈. ③의견이 없는 사람. ④몸이 약한 사람. 「공중에서 투하하다.
[空投] k'ūngt'óu ㄎㄨㄥㄊㄡˊ 비행기로
[空頭] k'ūngt'óu ㄎㄨㄥㄊㄡˊ 차금매매(差金賣買)：증권 거래소 따위에서 현품은 가지고 있지 않고 차액의 이익만을 상대로 청산거래를 하는 일.「做一：차금매매하다」「一票：유통 어음」
[空洞] k'ūngtùng ㄎㄨㄥㄉㄨㄥˋ ①아무 것도 없이 텅 빈 굴. ②허무하다. 속이 없다. ＞空空洞洞.
[空郵] k'ūngyú ㄎㄨㄥㄧㄡˊ 항공 우편(航空郵便).「由一寄上；항공편으로 보내다」
[空運] k'ūngyǜn ㄎㄨㄥㄩㄣˋ 공수(空輸) 하다.

〔箜〕 k'ūng ㄎㄨㄥ
[箜篌] k'ūnghóu ㄎㄨㄥㄏㄡˊ 〈樂〉 공후(箜篌).

〔孔〕 k'ǔng ㄎㄨㄥˇ ①작은 구멍.「鼻一；콧구멍」「針一；바늘 구멍」②극히. 대단히.「需款一急；현금 수요(需要)가 대단히 급하다」③큰.「交通一道；교통상 중요한 길」
[孔方兄] k'ǔngfānghsiūng ㄎㄨㄥˇㄈㄤㄒㄩㄥ (옛적에 유통된) 동화(銅貨)의 한 가지.
[孔道] k'ǔngtào ㄎㄨㄥˇㄉㄠˋ ①큰 길. 사방으로 통하는 큰 거리. ②공자(孔子)의 가르침.

〔倥〕 k'ǔng ㄎㄨㄥˇ
[倥傯] k'úngtsǔng ㄎㄨㄥˊㄗㄨㄥˇ ①사태가 절박한 것. ②곤궁(困窮)한 것.

〔恐〕 k'ǔng ㄎㄨㄥˇ ①무서워하다. 걱정하다. 겁내다. ②아마도 …이 아닌가 하고 생각하다.「一不可信； 아마도 믿지 못할 것이 아닌가 하고 생각하다」
[恐懼] k'ǔngchǜ ㄎㄨㄥˇㄐㄩˋ (중대한 일로) 마음이 평온치 않다. 무서워하다. ＞恐恐懼懼.
[恐嚇] k'ǔnghò ㄎㄨㄥˇㄏㄨㄛˋ 놀라게 하다. 무서워서 부들부들 떨게 하다.
[恐惶] k'ǔnghuáng ㄎㄨㄥˇㄏㄨㄤˊ ①무서워서 떨다. ②무서워서 몸을 움츠리다.
[恐口無憑] k'úngk'ǒuwúp'íng ㄎㄨㄥˊㄎㄡˇㄨˊㄆㄧㄥˊ 말로만의 약속으로는 증거가 안될 염려가 있다.「一立字爲據；후일의 증거로 계약서를 작성하다」

[恐怕] k'ǔngp'à ㄎㄨㄥˇㄆㄚˋ ①무서워하다. ②아마도.「他一要辭職吧 ; 아마 그는 사직할 것이다」

[恐慌] k'ǔnghuāng ㄎㄨㄥˇㄏㄨㄤ ①당황하다. =慌張. ②무서워하다. =害怕. > 恐恐慌慌. ③위기(危機). 불안(不安).「經濟一 ; 경제 공황」

〔空〕 k'ūng ㄎㄨㄥ ①비우다.비게 하다.「一一箇格 ; 우선 비우다」「想法一出一些時間來 ; 어떻게든 틈을 내다」② 비우고 있는. 쓰고 있지 않는.「一房 ; 빈 방」「一地 ; 빈 땅」⇨k'ùng.

[空出] k'ùngch'u ㄎㄨㄥˋㄔㄨ 틈새가 생기다. 비게 하다.「這枝煙一頓就一一大塊 ; 이 담배는 톡톡 치면 큰 틈새가 생긴다」

[空額] k'ùng'é ㄎㄨㄥˋㄜˊ ①결원(缺員). ②예정액(豫定額)과 실제액과의 차(差). 차액(差額). 「하다.

[空乏] k'ùngfá ㄎㄨㄥˋㄈㄚˊ 궁핍(窮乏)

[空隙] k'ùnghsì ㄎㄨㄥˋㄒㄧˋ 틈. 간격(間隔).

[空閑] k'ùnghsién ㄎㄨㄥˋㄒㄧㄢˊ 여가.짬.

[空心] k'ùnghsin ㄎㄨㄥˋㄒㄧㄣ 뱃속을 비게 하다.「一吃藥 ; 공복(空腹)에 약을 마시다」

[空恪兒] k'ùngkórh ㄎㄨㄥˋㄍㄜˊㄦ①공란(空欄). ②난(欄)을 비우다.③짬을 내다.

[空白背書] k'ùngpái pèishū ㄎㄨㄥˋㄅㄞˊㄅㄟˋㄕㄨ (증권의) 무기명 이서(無記名裏書).

[空白抬頭] k'ùngpái t'áit'óu ㄎㄨㄥˋㄅㄞˊㄊㄞˊㄊㄡˊ (증권의) 무기명(無記名).

[空兒] k'ùngrh ㄎㄨㄥˋㄦ 여가. 사이. 틈.

[空頭] k'ùngt'óu ㄎㄨㄥˋㄊㄡˊ 알맹이가 없는 일. 실속 없는 일.「一人情 ; 표면상으로만 주는 인정(人情)」=空頭情.「一支票 ; 공수표. 빈 말」「一政治家 ; 신용할 수 없는 정치가」

[空子] k'ùngtzǔ ㄎㄨㄥˋㄗ ①빔.빈 곳.② 틈. 간격.「鑽一 ; ㉮기회를 타다.㉯끼어들다」 「공석(空席).

[空位(兒)] k'ùngwèi(rh) ㄎㄨㄥˋㄨㄟˋ(ㄦ)

〔控〕 k'ùng ㄎㄨㄥˋ ①고소(告訴)하다. 고발(告發)하다. ②만류하다. 제어・통제하다. ③기울이다. 구부리다.「投一 ; 몸을 구부리다」 ④거꾸로 하다.

[控制] k'ùngchìh ㄎㄨㄥˋㄓˋ 장악(掌握)하다. 지배하(支配下)에 넣다.통제하다.「一器 ; 제동기(制動器)」 「하다.

[控告] k'ùngkào ㄎㄨㄥˋㄍㄠˋ 공소(控訴)

[控訴] k'ùngsù ㄎㄨㄥˋㄙㄨˋ ①고발하다. 고소하다. ②고통・불평・주장을 군중에게 호소하다.

KUO ㄍㄨㄛ

〔郭〕 kuō ㄍㄨㄛ ①성벽(城壁).②성곽. ③성(姓).

〔過〕(过) kuō ㄍㄨㄛ ①[kuò] ①②③의 고음(古音). ②[kuò] ⑦⑧의 방언음(方言音). ⇨kuò. 「록 부족하다.

[過福] kuōfú ㄍㄨㄛㄈㄨˊ 좋으면 좋을 수

[過逾] kuōyü ㄍㄨㄛㄩ ①과분하다. ②도(度)에 지나치다.「小心沒一的 ; 조심할수록 좋다」

〔渦〕 kuō ㄍㄨㄛ ①강(江) 이름:"安徽省"에 있다. ②⇨wō. 「①.

[渦河] kuōhó ㄍㄨㄛㄏㄜˊ 강 이름. =渦

〔堝〕 kuō ㄍㄨㄛ「坩一 ; 도가니.감과」

〔撾〕 kuō ㄍㄨㄛ ①「老一 ; 라오스:나라 이름」 ②⇨chuā.

〔鍋〕 kuō ㄍㄨㄛ ①솥.「飯一 ; 밥솥」「汽一 ; 보일러」②남비.「煙袋一 ; 대통. 담뱃대의 골통」 「식품:반찬용.

[鍋渣] kuōcha ㄍㄨㄛㄓㄚ 콩으로 만든

[鍋焦] kuōchiāo ㄍㄨㄛㄐㄧㄠ 솥밑에 눌은 누룽지.

[鍋圈兒] kuōch'üānrh ㄍㄨㄛㄑㄩㄢㄦ ①(솥이나 남비의) 받침대. 솥 거는 자리. ②머리의 윗부분을 깎고 둘레만 남긴 어린애의 머리 모양. 「사람.

[鍋戶] kuōhù ㄍㄨㄛㄏㄨˋ 소금을 굽는

[鍋蓋] kuōkài ㄍㄨㄛㄍㄞˋ 솥뚜껑. 남비뚜껑. 「만든 음식:"鍋餅"의 한 가지.

[鍋盔] kuōk'uī ㄍㄨㄛㄎㄨㄟ 밀가루로

[鍋爐] kuōlú ㄍㄨㄛㄌㄨˊ 증기 기관.보일러.「蒸汽一 ; 스티임 보일러」

[鍋巴] kuōpā ㄍㄨㄛㄅㄚ =鍋焦.

[鍋餅] kuōping ㄍㄨㄛㄅㄧㄥ 밀가루로 크고 두껍게 구어 만든 음식물.

[鍋底] kuōtǐ ㄍㄨㄛㄉㄧˇ ①솥 바닥.②곡식이 되지 않는 땅. 메마른 땅.

[鍋貼兒] kuōt'iēhrh ㄍㄨㄛㄊㄧㄝㄦ ①기름에 튀긴 식품:"飯子"와 비슷함. ②따귀를 때리다.

[鍋筒] kuōt'ǔng ㄍㄨㄛㄊㄨㄥˇ 스티임 보일러의 물이나 수증기를 저장하는 원통형의 관. 「찌개.

[鍋子] kuōtzǔ ㄍㄨㄛㄗ 요리의 한 가지:

[鍋碗刀勺] kuōwǎntāosháo ㄍㄨㄛㄨㄢˇㄉㄠㄕㄠˊ 취사 도구의 총칭.

[鍋煙子] kuōyēntzǔ ㄍㄨㄛㄧㄢㄗ 솥검댕.

〔嘓〕 kuō ㄍㄨㄛ ①「一一兒 ; 음식을 들이켜는 소리」《擬》 ②개구리 우는 소리.

〔蟈〕 kuō ㄍㄨㄛ 개구리의 일종.「螻一 ; 청개구리: 다리가 길고 작다」「치.

[蟈蟈兒] kuōkuorh ㄍㄨㄛㄍㄨㄛㄦ 여

〔國〕(国) kuó ㄍㄨㄛˊ ①국가. 나라. ②자국(自國)의.「一語 ; 국어」②성(姓). 「부채. 국채.

[國債] kuóchài ㄍㄨㄛˊㄓㄞˋ 국가가 진

[國計] kuóchì ㄍㄨㄛˊㄐㄧˋ ①국가의 경제. ②정책.

[國計民生] kuóchìmínshēng ㄍㄨㄛˊㄐㄧˋㄇㄧㄣˊㄕㄥ 국가의 경제와 국민의 생활.

[國際私法] kuóchìssūfǎ ㄍㄨㄛˊㄐㄧˋㄙㄈㄚˇ 두 나라 국민의 상호 관계를 규정한 법률.

[國之四維] kuóchīhssǔwéi ㄍㄨㄛˊㄓㄙˋㄨㄟˊ 국가의 기강"禮・義・廉・恥"를 일컬음. 「境.

[國界] kuóchièh ㄍㄨㄛˊㄐㄧㄝˋ 국경. =國

[國情咨文] kuóch'íngtzūwěn ㄍㄨㄛˊㄑ

ㄧㄥˊㄗㄨㄣˊ 일반 교서(一般教書). 「적.
[國讎] kuóch'óu ㄍㄨㄛˊㄔㄡˊ 국가의 역
[國服] kuófú ㄍㄨㄛˊㄈㄨˊ 국상(國喪).
[國璽] kuóhsǐ ㄍㄨㄛˊㄒㄧˇ 국가 원수(元首)가 사용하는 인장(印章). 「하는 휘장.
[國徽] kuóhuī ㄍㄨㄛˊㄏㄨㄟ 국가를 상징
[國學] kuóhsüéh ㄍㄨㄛˊㄒㄩㄝˊ 나라의 고유한 학술. 「수한 정신과 기풍.
[國魂] kuóhún ㄍㄨㄛˊㄏㄨㄣˊ 국민의 특
[國貨] kuóhuò ㄍㄨㄛˊㄏㄨㄛˋ 국산품.
[國醫] kuóī ㄍㄨㄛˊㄧ 한방의(漢方醫). ＝中醫. 「영광.
[國光] kuókuāng ㄍㄨㄛˊㄍㄨㄤ 국가의
[國曆] kuólì ㄍㄨㄛˊㄌㄧˋ 양력(陽曆).
[國片兒] kuóp'ìenrh ㄍㄨㄛˊㄆㄧㄢˋㄦ 국산 영화. 「변고(變故).
[國變] kuópièn ㄍㄨㄛˊㄅㄧㄢˋ 국가의 큰
[國柄] kuópìng ㄍㄨㄛˊㄅㄧㄥˋ 정권.
[國破家亡] kuóp'òchiāwáng ㄍㄨㄛˊㄆㄛˋㄐㄧㄚㄨㄤˊ 나라도 잃고 집도 없다.
[國破山河在] kuóp'òshānhótsài ㄍㄨㄛˊㄆㄛˋㄕㄢㄏㄜˊㄗㄞˋ 나라는 망했으나 산과 강은 예와 같다.
[國步] kuópù ㄍㄨㄛˊㄅㄨˋ 국운(國運).
[國色] kuósè ㄍㄨㄛˊㄙㄜˋ 그 나라에서 용모가 가장 뛰어난 사람.
[國色天香] kuósèt'iēnhsiāng ㄍㄨㄛˊㄙㄜˋㄊㄧㄢㄒㄧㄤ 모란(牡丹)의 아름다움.
[國殤] kuóshāng ㄍㄨㄛˊㄕㄤ 나라를 위해 죽은 사람. 「형세.
[國勢] kuóshìh ㄍㄨㄛˊㄕˋ 나라의 실력과
[國書] kuóshū ㄍㄨㄛˊㄕㄨ ①국제간의 공식 문서. ②신임장.
[國術] kuóshù ㄍㄨㄛˊㄕㄨˋ 중국 고유의 무술 : 권법·봉술·검술 등.
[國太] kuót'ài ㄍㄨㄛˊㄊㄞˋ 국모(國母) : 소설·희곡에서 사용함. 「금.
[國帑] kuót'ǎng ㄍㄨㄛˊㄊㄤˇ 국가의 공
[國賊] kuótséi ㄍㄨㄛˊㄗㄟˊ 매국노(賣國奴).
[國粹] kuóts'uì ㄍㄨㄛˊㄘㄨㄟˋ 한 국가가 물질적으로나 정신적으로 가지고 있는 특징. 「가의 비용.
[國度] kuótù ㄍㄨㄛˊㄉㄨˋ ①국가. ②국
[國藥] kuóyào ㄍㄨㄛˊㄧㄠˋ 한방약(漢方藥). ＝中藥.

〔摑〕 kuó ㄍㄨㄛˊ 따귀를 때리다.

〔幗〕 kuó ㄍㄨㄛˊ 옛날 여자가 사용한 스카아프. 「巾一英雄 ; 여장부(女丈夫)」.

〔果〕 kuǒ ㄍㄨㄛˇ ①과실(果實). 「水一 ; 과실」 ②일의 결과. 「成一 ; 성과」 「惡一 ; 좋지 못한 결과」 ③결단력이 풍부하다. ④과연. ⑤만일. ⑥승리하다. 「殺敵爲一 ; 승리하기 위해 적을 죽이다」 ⑦배가 부르다. ⑧실행하다. ⑨성(姓).
[果眞] kuǒchēn ㄍㄨㄛˇㄓㄣ 과연. 진실로. 「他一走了嗎？ ; 그는 정말 갔을까?」 「一是個好辦法，那怎麼遭到別人的反對呢？ ; 정말 좋은 방법이라면 어째서 다른 사람들이 반대를 할까?」
[果醬] kuǒchiàng ㄍㄨㄛˇㄐㄧㄤˋ 과일 잼.
[果汁] kuǒchīh ㄍㄨㄛˇㄓ 과일 즙. 과즙.
[果局(子)] kuǒchú(tzǔ) ㄍㄨㄛˇㄐㄩˊ(ㄗ) 과일 상점.
[果決] kuǒchüéh ㄍㄨㄛˇㄐㄩㄝˊ ①결단력이 풍부하다. ②과단성 있게 결단짓다.
[果脯] kuǒfǔ ㄍㄨㄛˇㄈㄨˇ 복숭아·살구·배·대추 등을 설탕에 재서 만든 음식물.
[果腹] kuǒfù ㄍㄨㄛˇㄈㄨˋ 배불리 먹다.
[果鮮鋪] kuǒhsiēnp'ù ㄍㄨㄛˇㄒㄧㄢㄆㄨˋ 과자점을 겸한 과일가게.
[果然] kuǒján ㄍㄨㄛˇㄖㄢˊ ①과연 …이다. ②생각한 대로. ③긴 꼬리가 있는 원숭이. ④배부른 모양. 「씨.
[果仁(兒)] kuǒjén(rh) ㄍㄨㄛˇㄖㄣˊ(ㄦ)속
[果若] kuǒjò ㄍㄨㄛˇㄖㄨㄛˋ 만일.
[果羹] kuǒkēng ㄍㄨㄛˇㄍㄥ 과일수우프.
[果果] kuǒkuo ㄍㄨㄛˇㄍㄨㄛ 까까 : 어린 아이가 과일을 일컫는 말.
[果木] kuǒmù ㄍㄨㄛˇㄇㄨˋ 과실나무.
[果能] kuǒnéng ㄍㄨㄛˇㄋㄥˊ 만약 …할 수 있다면. 「접시.
[果盤] kuǒp'án ㄍㄨㄛˇㄆㄢˊ 과일을 담는
[果品] kuǒp'ǐn ㄍㄨㄛˇㄆㄧㄣˇ 과일류.
[果不其然] kuǒpuch'íján ㄍㄨㄛˇㄅㄨㄑㄧˊㄖㄢˊ 과연. 아닌게 아니라. 과연 사실이다. 「연.
[果不然] kuǒpuján ㄍㄨㄛˇㄅㄨㄖㄢˊ 과
[果餌] kuǒěrh ㄍㄨㄛˇㄦˇ 어린 아이들이 먹는 과자 종류.
[果實] kuǒshíh ㄍㄨㄛˇㄕˊ 과일. 과실.
[果使] kuǒshǐh ㄍㄨㄛˇㄕˇ 만일. ＝如果.
[果市] kuǒshìh ㄍㄨㄛˇㄕˋ 청과 시장.
[果攤子] kuǒt'āntzǔ ㄍㄨㄛˇㄊㄢㄗ 노점 과일 가게. 「결정을 내리다.
[果斷] kuǒtuàn ㄍㄨㄛˇㄉㄨㄢˋ 과감하게
[果子酒] kuǒtzǔchiǔ ㄍㄨㄛˇㄗㄐㄧㄡˇ 과일주. 「ㄛˇㄩㄢˊ(ㄦ·ㄗ) 과수원.
[果園(兒·子)] kuǒyüán(rh·tzǔ) ㄍㄨ

〔裹〕 kuǒ ㄍㄨㄛˇ ①휘감다. 묶어 싸다. ②포위하다. ③섞다. 휩쓸려 들어 가다. 「把次貨一在頭貨裏 ; 2등품이 1등품 속에 섞여 들어 가다」 ④빨아 들이다. 「一奶 ; 젖을 빨다」 「다.
[裹扎] kuǒcha ㄍㄨㄛˇㄓㄚ 묶다. 얽어 매
[裹脚] kuǒchiǎo ㄍㄨㄛˊㄐㄧㄠˇ 전족(纏足).
[裹緊] kuǒchǐn ㄍㄨㄛˊㄐㄧㄣˇ 단단히 싸다. 「싸매다.
[裹創] kuǒch'uāng ㄍㄨㄛˇㄔㄨㄤ 상처를
[裹合] kuǒho ㄍㄨㄛˇㄏㄜ 뒤섞다. ＝裹裹合合. 「복종을 강요하다. ＝包羅.
[裹脅] kuǒhsiéh ㄍㄨㄛˇㄒㄧㄝˊ 포위하여
[裹亂] kuǒluàn ㄍㄨㄛˇㄌㄨㄢˋ 소란을 피우다. 「你別在裹頭一了 ; 안에서 소란을 피우지 말라」 「다. ②마구 쑤셔 넣다.
[裹沒] kuǒmò ㄍㄨㄛˇㄇㄛˋ ① 얼버무리
[裹奶] kuǒnǎi ㄍㄨㄛˊㄋㄞˇ 입술로 젖을 빨다.
[裹布] kuǒpù ㄍㄨㄛˇㄅㄨˋ 각반. ＝裹腿.
[裹走] kuǒtsǒu ㄍㄨㄛˊㄗㄡˇ 휩쓸어 데리고 가다.
[裹足不前] kuǒtsúpùch'ién ㄍㄨㄛˇㄗㄨˊㄅㄨˋㄑㄧㄢˊ 정지하여 앞으로 나가지 않다.

〔蜾〕 kuǒ ㄍㄨㄛˇ. 「나벌.
[蜾蠃] kuǒlǒ ㄍㄨㄛˊㄌㄨㄛˇ 〈動〉 나

〔餜〕 kuǒ ㄍㄨㄛˇ.
[餜子] kuǒtzǔ ㄍㄨㄛˇㄗ 밀가루를 기름에 튀긴 식품 : 긴 도우넛과 같다. ＝油條.

〔過〕(过) kuò ㄍㄨㄛˋ ①지나다. 통과하다. 한곳에서 다른 곳으로 가다.「一江; 강을 건너다」「沒有一不去的山; 넘지 못하는 산은 없다」②통하다. 전하다.「一電; 전기가 통하다」③왕래하다.「我跟他不一財; 나는 그와 돈 거래를 하지 않는다」④경과하다.「一了幾天; 며칠이 지났다」⑤거치다. ⑥수를 헤아리다. ⑦수가 넘다.「一半數; 반이 넘다」⑧(정도가) 넘다.「用心太一; 지나치게 걱정하다」⑨잘못. 과실.「知一必改; 잘못을 알면 반드시 고치다」⑩생활하다.「一得越來越好; 생활이 날이 갈수록 나아지다」⑪어떤 감각(感覺)을 받다.「難一; 괴롭다」⑫(동사에 대해 경성화되어) ㉮완료·경험을 나타낸다.「看一; 본적이 있다」「吃一飯再走; 밥을 다 먹고 떠나다」㉯"來"와 "去"와 함께 쓰면 두 사이를 왕래하는 동작을 표시한다.「拿一來; 가져 오너라」「轉一去; 돌아 가다」⑬회수를 나타내는 말.「數了好幾一; 몇 번이나 세었다」⑭성(姓).

[過差] kuòch'à ㄍㄨㄛˋㄔㄚˋ ①잘못. 과실. ②kuòch'āi 사형수를 호송하다.

[過賬] kuòchàng ㄍㄨㄛˋㄓㄤˋ ①장부를 조사하다. ②장부하다. 기입하다. ③금전을 수불(受拂)하다. ④계정을 바꾸다. ⑤장부를 옮겨 쓰다.

[過招兒] kuòchaōrh ㄍㄨㄛˋㄓㄠㄦ 무예「를 겨루다.

[過程] kuòch'êng ㄍㄨㄛˋㄔㄥ 과정.

[過秤] kuòchêng ㄍㄨㄛˋㄔㄥˋ 저울로 달다.

[過秤入倉] kuòch'êngjùts'āng ㄍㄨㄛˋㄔㄥˋㄖㄨˋㄘㄤ 창고에 넣기 전에 무게를 달다.

[過期] kuòch'í ㄍㄨㄛˋㄑㄧˊ 기일이 지나「다.

[過繼] kuòchì ㄍㄨㄛˋㄐㄧˋ 양자를 들이다.

[過獎] kuòchiǎng ㄍㄨㄛˋㄐㄧㄤˇ 너무 칭찬하여 주시니 송구스럽습니다. 지나친 칭찬입니다. ‹人›

[過江之鮮] kuòchiāngchīhchì ㄍㄨㄛˋㄐㄧㄤㄓㄐㄧˋ 왕래하는 사람이 매우 많다. ‹成›

[過街老鼠] kuòchiēhlǎoshū ㄍㄨㄛˋㄐㄧㄝㄌㄠˇㄕㄨ 여러 사람에게 지탄 배척을 당하는 자를 비유하는 말.

[過節] kuòchiéh ㄍㄨㄛˋㄐㄧㄝˊ ①명절을 쇠다. ②연말을 쇠다. ③번거로운 일. ④알력.

[過節兒] kuòchiéhrh ㄍㄨㄛˋㄐㄧㄝˊㄦ ①예의. 예절. ②연말쇠기. ③불화(不和). 사이가 좋지 않음.「我跟他有一; 나와 그는 사이가 좋지 않다」

[過錢] kuòch'ién ㄍㄨㄛˋㄑㄧㄢˊ 돈을 지「불하다.

[過景] kuòchǐng ㄍㄨㄛˋㄐㄧㄥˇ ①시기에 뒤진. 유행에 뒤떨어지다. ②좋은 기회를 놓치다.

[過去] kuòch'ù ㄍㄨㄛˋㄑㄩ ①옮기다. ②죽다. ③지나가다. ④kuòch'ǜ 과거.

[過房] kuòfáng ㄍㄨㄛˋㄈㄤˊ 자식이 없어서 형제의 자식을 양자로 들이다.

[過分] kuòfèn ㄍㄨㄛˋㄈㄣˋ 과분하다.

[過風兒] kuòfēngrh ㄍㄨㄛˋㄈㄥㄦ 바람이 통하다. 통풍이 좋다.

[過付] kuòfù ㄍㄨㄛˋㄈㄨˋ 교역(交易)하다. 중개인의 손을 거쳐 물품을 교역하다.

[過河折橋] kuòhó ch'āich'iáo ㄍㄨㄛˋㄏㄜˊㄔㄞㄑㄧㄠˊ 다리를 건너간 뒤 부숴 버리다: 은혜를 잊다. ‹諺›

[過限] kuòhsièn ㄍㄨㄛˋㄒㄧㄢˋ 기한이 지나다.

[過後兒] kuòhòurh ㄍㄨㄛˋㄏㄡˋㄦ ①이「후. ②장래

[過戶] kuòhù ㄍㄨㄛˋㄏㄨˋ ①부동산이나, 기명 유가증권 따위의 명의(名義)를 변경. ②명의를 변경하다.

[過話] kuòhuà ㄍㄨㄛˋㄏㄨㄚˋ ①이야기를 걸다. ②말을 전하다.

[過活] kuòhuó ㄍㄨㄛˋㄏㄨㄛˊ 생활하다.「살다.

[過火] kuòhuǒ ㄍㄨㄛˋㄏㄨㄛˇ 적당한 상태를 초과하다. 도를 넘기다.「餓的一; 시장해서 못 견디겠다」

[過意] kuòì ㄍㄨㄛˋㄧˋ 마음에 거리끼다. 의심하다.「不怕你一; 네가 의심해도 괜찮다」

[過意不去] kuòìpùch'ǜ ㄍㄨㄛˋㄧˋㄅㄨˋㄑㄩˋ 매우 미안해 하다. 매우 부끄러워하다.

[過日子] kuòjìhtzǔ ㄍㄨㄛˋㄖˋㄗ 날을 보내다. 생활하다.「近來一怎麼樣?; 요사이 생활이 어떠합니까?」

[過客] kuòk'ò ㄍㄨㄛˋㄎㄜˋ 여행자. 통행「하는 사람.

[過關] kuòkuān ㄍㄨㄛˋㄍㄨㄢ 관문(초소)을 지나다. 고비를 넘다.

[過來] kuòlai ㄍㄨㄛˋㄌㄞ ①…해 오다. ②경험하다.

[過來人] kuòlaijên ㄍㄨㄛˋㄌㄞㄖㄣˊ 경「험이 있는 사람.

[過來往] kuòlaíwǎng ㄍㄨㄛˋㄌㄞˊㄨㄤˇ 교제하다. 왕래하다.

[過糧] kuòliáng ㄍㄨㄛˋㄌㄧㄤˊ 곡식을 달「다.

[過量] kuòliàng ㄍㄨㄛˋㄌㄧㄤˋ 양(量)이 넘다.

[過淋] kuòlìn ㄍㄨㄛˋㄌㄧㄣˋ 물이나 액체「등을 거르다.

[過路] kuòlù ㄍㄨㄛˋㄌㄨˋ 길을지나가다.「一的人; 통행인」

[過慮] kuòlǜ ㄍㄨㄛˋㄌㄩˋ ①필요 없는 걱「정. ②너무 근심하다.

[過濾] kuòlù ㄍㄨㄛˋㄌㄨˋ =過淋.

[過賣] kuòmài ㄍㄨㄛˋㄇㄞˋ 음식점의 종업원. 보이.

[過門] kuòmên ㄍㄨㄛˋㄇㄣˊ 시집을 가다.「출가하다.

[過目] kuòmù ㄍㄨㄛˋㄇㄨˋ 한 번 훑어보다. =過眼.

[過目不忘] kuòmùpùwang ㄍㄨㄛˋㄇㄨˋㄅㄨˋㄨㄤ 기억력이 특별히 좋다. 한 번 보는 정도로 암송하다. ‹成› =過目成誦.

[過年] kuònién ㄍㄨㄛˋㄋㄧㄢˊ ①과세하다. ②새해를 맞이하다.「新禧新禧您一好; 과세 안녕하십니까. 새해 복 많이 받으십시요」③kuònien 내년.

[過年兒] kuòniénrh ㄍㄨㄛˋㄋㄧㄢˊㄦ 내년.「這件工程一再說吧; 이 일은 내년에 다시 이야기하자」

[過磅] kuòpàng ㄍㄨㄛˋㄅㄤˋ 앉은뱅이 저울로 무게를 달다.

[過不去] kuòpuch'ǜ ㄍㄨㄛˋㄅㄨㄑㄩˋ ①(빠져) 나갈 수 없다.「這是死胡同, 一; 이것은 막다른 골목이니 갈 수 없다」②좋지 않은 감정을 가지다.「這幾天他和我一; 요사이 나와 그는 감정이 좋지 않다」③미안하게 생각하다.

[過不來] kuòpulái ㄍㄨㄛˋㄅㄨㄌㄞˊ ①갈 수 없다. ②해나갈 수 없다.

[過甚其詞] kuòshènch'ítz'ǔ ㄍㄨㄛˋㄕㄣˋㄑㄧˊㄘˊ 과장해서 말하다. 큰소리 치다.

[過生日] kuòshēngjìh ㄍㄨㄛˋㄕㄥㄖˋ 생일을 차려 먹다.
[過時] kuòshíh ㄍㄨㄛˋㄕˊ ①시간이 지나다. ②계절에 맞지 않다. ③시대에 뒤떨어지다.
[過世] kuòshìh ㄍㄨㄛˋㄕˋ 서거하다. 죽다.
[過事] kuòshìh ㄍㄨㄛˋㄕˋ 결혼·장례 따위의 대사(大事).
[過手] kuòshǒu ㄍㄨㄛˋㄕㄡˇ ①넘겨주다. ②남의 손을 거쳐 매매하다. 「하하다.
[過壽] kuòshòu ㄍㄨㄛˋㄕㄡˋ 생일을 축
[過數兒] kuòshùrh ㄍㄨㄛˋㄕㄨˋㄦ 계산하다. (수를) 맞추어 보다. 수를 세다.
[過水] kuòshuǐ ㄍㄨㄛˋㄕㄨㄟˇ ①강을 건너다. ②데친 물건을 물에 헹구어 내다.
[過當] kuòtāng ㄍㄨㄛˋㄉㄤ ①정도를 지나치다. ②생활형편. ③가산(家產).
[過堂] kuòt'áng ㄍㄨㄛˋㄊㄤˊ 법정에서 재판을 받으려고 출정하다.
[過堂風兒] kuòt'ángfēngrh ㄍㄨㄛˋㄊㄤˊㄈㄥㄦ 창문을 스치는 시원한 바람.
[過道兒] kuòtàorh ㄍㄨㄛˋㄉㄠˋㄦ ①통로. ②집과 집 사이의 좁은 길. 골목길.
[過得着] kuòtêcháo ㄍㄨㄛˋㄉㄜㄓㄠˊ ①뜻이 통하다. ②거리낌 없다. ↔過不着.
[過天] kuòt'iēn ㄍㄨㄛˋㄊㄧㄢ ①며칠 지나서. ②근간에. 「一再來看望你 ; 근간에 다시 만나 뵈러 오겠읍니다」
[過電] kuòtièn ㄍㄨㄛˋㄉㄧㄢˋ ①전기가 통하다. ②감전되다. 「다.
[過多] kuòtō ㄍㄨㄛˋㄉㄨㄛ 지나치게 많
[過頭兒] kuòt'óurh ㄍㄨㄛˋㄊㄡˊㄦ ①(표준이나 목표를) 초과하다. ②대단히 심한. 지나친. 「좌익이다.
[過左] kuòtsǒ ㄍㄨㄛˋㄗㄨㄛˇ 극단적인
[過從] kuòts'úng ㄍㄨㄛˋㄘㄨㄥˊ 서로 왕래하다.
[過從甚密] kuòts'ungshènmì ㄍㄨㄛˋㄘㄨㄥㄕㄣˋㄇㄧˋ 서로의 왕래가 밀접하고 빈번하다. «成»
[過屠門而大嚼] kuòt'úménérhtàchüéh ㄍㄨㄛˋㄊㄨˊㄇㄣˊㄦˊㄉㄚˋㄐㄩㄝˊ 얻을 수 없는 물건을 몹시 부러워하며 스스로 위안하는 행위. «成» 「하다.
[過冬] kuòtūng ㄍㄨㄛˋㄉㄨㄥ 월동(越冬)
[過錯] kuòts'ò ㄍㄨㄛˋㄘㄨㄛˋ 과실. 잘못. =過失.
[過問] kuòwèn ㄍㄨㄛˋㄨㄣˋ ①관심을 가지다. 「十年沒有一別事 ; 십년간 다른 일에 관심이 없었다」 ②간섭하다. ③문제로 삼다.
[過午] kuòwǔ ㄍㄨㄛˋㄨˇ 정오가 지나다.
[過五關兒] kuòwǔkuānrh ㄍㄨㄛˋㄨˇㄍㄨㄢㄦ 골패(骨牌) 놀이.
[過五關斬六將]kuò wǔkuān chǎn lìuchìang ㄍㄨㄛˋㄨˇㄍㄨㄢㄓㄢˇㄌㄧㄡˋㄐㄧㄤˋ 자기의 영광스런 과거를 이야기하다 : 종종 일어나는 고난을 극복하는 것의 비유. 「«成»
[過夜] kuòyèh ㄍㄨㄛˋㄧㄝˋ 밤을 새다.
[過癮] kuòyǐn ㄍㄨㄛˋㄧㄣˇ ①(아편 따위에) 중독 상태가 되어 끊을 수 없는 욕망을 만족시키다. ②충분히 만족감을 가지다. 매우 기분이 좋다.
[過于] kuòyú ㄍㄨㄛˋㄩˊ 너무나 …이 지나치다. 「一小心 ; 너무 주도(周到)하다」
[過譽] kuòyù ㄍㄨㄛˋㄩˋ ①과분한 칭찬. ②지나치게 칭찬하다.
[過猶不及] kuòyúpùchí ㄍㄨㄛˋㄧㄡˊㄅㄨˋㄐㄧˊ 지나침은 모자람과 같다. 모든 일은 적당해야 한다는 말의 비유. «成»
[過雲雨] kuòyúnyǔ ㄍㄨㄛˋㄩㄣˊㄩˇ 구름 따라 지나가는 소나기.

K'UO ㄎㄨㄛ

〔括〕 k'uò ㄎㄨㄛˋ ①다발로 만들다. 묶다. 「一髮 ; 머리를 동이다」 ②간추리다. 결말짓다. 총괄하다. 「總一 ; 총괄하다」
[括號] k'uòhào ㄎㄨㄛˋㄏㄠˋ 괄호(括弧).
〔蛞〕 k'uò ㄎㄨㄛˋ 「지.
[蛞螻] k'uòlóu ㄎㄨㄛˋㄌㄡˊ 〈動〉 땅강아
[蛞蝓] k'uòyú ㄎㄨㄛˋㄩˊ 〈動〉 토와(土蝸). 「괄태충.
〔廓〕 k'uò ㄎㄨㄛˋ ①널찍한. 큰. ②아무 것도 없는. 텅 빈. ③넓히다.
[廓清] k'uòch'īng ㄎㄨㄛˋㄑㄧㄥ 숙청(肅清)하다. 깨끗이 치우다.
[廓落] k'uòlò ㄎㄨㄛˋㄌㄨㄛˋ ①넓고 텅 빈. 휑뎅그렁한. ②텅 비어 적막하다. 「③관대한 모습.
〔闊〕(濶) k'uò ㄎㄨㄛˋ ①널찍하다. 넓다. 「路一 ; 길이 널찍하다」 「高談一論 ; 제 멋대로 열을 올리고 떠들다」 ②넓이. 폭. 「二指一的皮帶 ; 손가락 두 개 넓이의 혁대(革帶)」 ③(거리가) 떨어진. (시간이) 긴. 먼. 「一別 ; 멀리 떨어지다. 오랜 이별」 ④돈이 많다. 부자다. 「擺一 ; 돈 있는 체하다」 ⑤사치스럽다. 여유가 있는. 풍족한.
[闊氣] k'uòch'ì ㄎㄨㄛˋㄑㄧˋ 부유하다. 호화롭다. 사치스럽다. >闊闊氣氣.
[闊家] k'uòchiā ㄎㄨㄛˋㄐㄧㄚ 부자집. 부자(富者).
[闊吃闊喝] k'uòch'īh·k'uòhō ㄎㄨㄛˋㄔㄎㄨㄛˋㄏㄜ 호화롭게 먹고 마시다. 잘 먹다.
[闊綽] k'uòch'o ㄎㄨㄛˋㄔㄨㄛ 사치스럽다. 호화롭다. 여유가 있다. >闊闊綽綽.
[闊人] k'uòjén ㄎㄨㄛˋㄖㄣˊ 돈을 많이 가진 사람. 부자. 「람. 부자.
[闊老] k'uòlǎo ㄎㄨㄛˋㄌㄠˇ 돈 많은 사
[闊佬] k'uòlǎo ㄎㄨㄛˋㄌㄠˇ 부자 : 남자의 경우에 씀. «方» 「련님.
[闊少] k'uòshào ㄎㄨㄛˋㄕㄠˋ 부자집 도
[闊手] k'uòshǒu ㄎㄨㄛˋㄕㄡˇ ①돈 잘 쓰는 사람. 사치를 부리는 사람. ②수완가 「(手腕家). 수단가.
〔擴〕(扩) k'uò ㄎㄨㄛˋ 넓히다.
[擴建] k'uòchièn ㄎㄨㄛˋㄐㄧㄢˋ 증축(增築)하다. 「장하다.
[擴軍] k'uòchūn ㄎㄨㄛˋㄐㄩㄣ 군비를 확
[擴展] k'uòchǎn ㄎㄨㄛˋㄓㄢˇ 확대하다. 넓혀 늘리다.
[擴幹會] k'uòkànhuì ㄎㄨㄛˋㄍㄢˋㄏㄨㄟˋ 확대 간부회(擴大幹部會). 「장하다.
[擴兵] k'uòpīng ㄎㄨㄛˋㄅㄧㄥ 군비를 확
[擴音器] k'uòyīnch'ì ㄎㄨㄛˋㄧㄣㄑㄧˋ 확성기(擴聲器). =擴音機. 「송실(放送室).
[擴音室] k'uòyīnshìh ㄎㄨㄛˋㄧㄣㄕˋ 방

LA ㄌㄚ

〔垃〕 lā ㄌㄚ
[垃圾] lāchi ㄌㄚㄐㄧ 먼지. 쓰레기. 티끌. 「一坑；쓰레기 버리는 구덩이」「一箱；쓰레기통」

〔拉〕 lā ㄌㄚ ①끌다. 잡아 당기다.「一車；차를 끌다」「把魚網拉上來；그물을 끌어 올리다」②끌다. 길게 펴다. 연장시키다.「一日子；일자(日字)를 연장시키다」「一長聲兒；목소리를 길게 빼다」「一下臉來；뻔뻔스러운 얼굴을 하다. 불유쾌한 얼굴을 하다」③바이올린·아코오디언·호궁(胡弓) 따위를 연주하다. ④연결시키다. 연결되다. 맺다.「手一手兒；손에 손을 잡고」「一關係；관계를 맺다」⑤배설(排泄)하다. 「一屎；대변을 보다」⑥「扒一；㉮pāla 주판 따위를 놓아 셈하다. ㉯pála 밥 따위를 쓸어 넣다」「趿一；땅에 닿게 질질 끌다」
[拉長] lāch'áng ㄌㄚㄔㄤˊ 길게 끌다.「一嗓子；목소리를 길게 끌다」
[拉場] lāch'ǎng ㄌㄚㄔㄤˇ 극(劇)에서 주역을 맡은 사람의 등장(登場)이 예정대로 진행되지 않을 때에 그 장면을 연장하여 가며 연출하는 것.
[拉賬] lāchàng ㄌㄚㄓㄤˋ 꾼 돈 갚음을 연장(延長)하다. 빚을 끌다.
[拉長方臉兒] lāch'ángfāngliěnrh ㄌㄚㄔㄤˊㄈㄤㄌㄧㄢˇㄦ 부끄러운 얼굴빛을 하다. 수집은 표정을 하다.
[拉長臉] lāch'ángliěn ㄌㄚㄔㄤˊㄌㄧㄢˇ 찌푸린 얼굴을 하다. 얼굴을 찌푸리다.
[拉長兒] lāch'ángrh ㄌㄚㄔㄤˊㄦ 장시간(長時間)이 걸리다. 「的；차부(車夫)」
[拉車] lā ch'ē ㄌㄚ ㄔㄜ 차를 끌다. 「一
[拉扯] lāch'ê ㄌㄚㄔㄜ ①고생하여 키우다. ②관계를 맺다. ＝聯系.
[拉扯兒] lāch'êrh ㄌㄚㄔㄜㄦ 균일하게 하다. 골고루 펴다.「는) 싸움을 말리다.
[拉架] lāchià ㄌㄚㄐㄧㄚˋ (주먹을 사용하
[拉脚] lāchiǎo ㄌㄚㄐㄧㄠˇ 마차를 끌다.
[拉交情] lā chiāoch'ing ㄌㄚ ㄐㄧㄠㄑㄧㄥ 사귀다. 친교를 맺다.
[拉縴] lāch'ièn ㄌㄚㄑㄧㄢˋ ①(쌍방의 사이에서)중재하다. 중개하다.「拉地縴；토지 매매의 중개를 하다」「拉房縴；가옥 매매의 중개를 하다」②물가에서 배를 끌어 당기다. ③중매인 노릇을 하다.
[拉持] lāch'ih ㄌㄚㄔ 고생하여 키우다. ＞拉拉持持.
[拉飢荒] lāchihuang ㄌㄚㄐㄧㄏㄨㄤ 차용금(借用金)의 반환을 지연시키다. 돈을 차용하다.
[拉近] lāchìn ㄌㄚㄐㄧㄣˋ ①친한 체 하다. ② 가까이 끌어 당기다.
[拉抽屜] lāch'out'i ㄌㄚㄔㄡㄊㄧ ①서랍을 열다. ②식언(食言)하다. ③왔다 갔다 하여 머무를 데가 없다. 「하다.
[拉鋸] lāchǜ ㄌㄚㄐㄩˋ 톱으로 썰다. 톱질
[拉勸] lāch'üàn ㄌㄚㄑㄩㄢˋ (싸움을 말리고) 화해를 시키다. 「을 끌다.
[拉主顧] lā chǔku ㄌㄚ ㄓㄨˇㄍㄨ 단골
[拉房縴的] lāfángch'ièntê ㄌㄚㄈㄤˊㄑㄧㄢˋㄉㄜ 가옥 매매의 부로우커(broker).
[拉夫] lāfū ㄌㄚㄈㄨ 강제적으로 남자를 징집(徵集)하다. 전시(戰時)에 노동자 따위를 강제로 군부(軍夫)로 끌어 들이다.
[拉後勾兒] lāhòukōurh ㄌㄚㄏㄡˋㄍㄡㄦ ①뒷일을 생각하여 중지하다. ②여지(餘地)를 두다. 문제의 여지를 남겨 두다.
[拉稀] lāhsī ㄌㄚㄒㄧ ①설사를 하다. ②노력한 보람이 없다. 실패하다. ③적당히 하다. 용두 사미가 되다.
[拉下來] lāhsialai ㄌㄚㄒㄧㄚㄌㄞ ①끌어 내리다. ②돈을 꾸다.
[拉忽] lǎhu ㄌㄚˇㄏㄨ ①부주의하다. 사정에 어둡고 얼뜨다. ②우물쭈물하다. ＞拉拉忽忽. 拉裏拉忽.
[拉話] lā huà ㄌㄚㄏㄨㄚˋ 이야기를 하다. 쓸 데 없는 이야기를 하다.
[拉開] lāk'ai ㄌㄚㄎㄞ 갈라 놓다. 떼어 놓다.
[拉客] lāk'ò ㄌㄚㄎㄜˋ 손님을 끌다.
[拉關係] lākuānhsi ㄌㄚㄍㄨㄢㄒㄧ 관계를 맺다. 「야기를 하다. «方»
[拉呱兒] lākuārh ㄌㄚㄍㄨㄚㄦ 세상 이
[拉虧空] lāk'ueik'ùng ㄌㄚㄎㄨㄟㄎㄨㄥˋ ①결손을 보다. ②부채(負債)를 지다.
[拉窟窿] lāk'ūlung ㄌㄚㄍㄨㄌㄨㄥ 돈을 꾸다.
[拉弓] lā kūng ㄌㄚ ㄍㄨㄥ 활을 쏘다.
[拉拉扯扯] lālāch'êch'ê ㄌㄚㄌㄚㄔㄜˊㄔㄜˇ ①함부로 끌다. 이리저리로 끌다. 중거로 끌어내 이러쿵저러쿵 하다. ③평균을 내보다.
[拉拉兒] lālarh ㄌㄚㄌㄚㄦ ①길게 끌다. 진력나게 길게 끌며 그치지 않는다.「下一雨；언제 그칠지도 모를 비가 계속하여 내리다」
[拉拉隊] lālātuì ㄌㄚㄌㄚㄉㄨㄟˋ 운동 경기의 응원단.
[拉老婆舌頭] lā lǎop'o shêt'ou ㄌㄚ ㄌㄠˇㄆㄛ ㄕㄜˊㄊㄡ 남의 소문을 퍼뜨려 싸움을 붙이다. ＝拉老婆掖舌.
[拉力] lālì ㄌㄚㄌㄧˋ (종이나 국수 따위의) 질긴 힘. 끈기.「這種紙一很大；이 종이는 질기다」②엑스팬더.
[拉鏈兒] lālièrnh ㄌㄚㄌㄧㄢˋㄦ 척(chuck).
[拉攏] lālung ㄌㄚㄌㄨㄥ ①교섭을 하다. ②중개를 하다. ③관계를 맺다. 아첨하여 마음에 들게 하려고 애쓰다.
[拉買賣] lā mǎimai ㄌㄚ ㄇㄞˇㄇㄞ (상업에서) 단골을 만들다. 거래처를 구하다.
[拉美] lāměi ㄌㄚㄇㄟˇ 라틴 아메리카. "拉丁美洲"의 약칭.
[拉磨] lā mò ㄌㄚ ㄇㄛˋ 돌절구질을 하다.
[拉弄] lānung ㄌㄚㄋㄨㄥ ①흩뜨리다. ②마구 난폭하게 사용하다. ③끌다.「一朋友；친구를 끌어 들이다」
[拉巴] lāpa ㄌㄚㄅㄚ ＝拉扯.
[拉拔] lāpa ㄌㄚㄅㄚ 발탁(拔擢)하다. 일으켜 세우다. 등용하다. 「보다.
[拉把把] lāpǎpa ㄌㄚㄅㄚˇㄅㄚ 대변을
[拉兵] lāpīng ㄌㄚㄅㄧㄥ 군인으로 뽑아 가다.
[拉平] lāp'íng ㄌㄚㄆㄧㄥˊ ①끌어 당겨 평평하게 하다. ②평평하게 하다. 쌍방을 같게 하다.「一公務員的待遇；공무원 차별 대우를 없애다」③승부 없이 끝내다.

[拉皮子] lāp'ítzŭ ㄌㄚㄆㄧˊㄗ 뻔뻔스럽다.
[拉皮條] lāp'ít'iao ㄌㄚㄆㄧㄊㄧㄠ 뚜쟁이 노릇을 하다.
[拉不住] lāpuchù ㄌㄚㄅㄨㄓㄨˋ 만류하지 못하다. 멈추게 하지 못하다. ↔ 拉得住.
[拉不下臉來] lāpuhsià liĕn lái ㄌㄚㄅㄨㄒㄧㄚˋ ㄌㄧㄢˇ ㄌㄞˊ 면목이 없다. 가엾이 여기다. 부끄럽게 생각하다.
[拉不斷] lāputuàn ㄌㄚㄅㄨㄉㄨㄢˋ 끊임없이 계속하는 모양.「他一地跟我說個沒完; 그는 끊임 없이 나에게 이야기 하였다」②관계를 끊으려고 하여도 끊지 못하는 모양. =扯不當. 「《吳》=拉撒.
[拉颯] lāsa ㄌㄚㄙㄚ 난잡하고 더럽다.
[拉舌頭] lāshét'ou ㄌㄚㄕㄜˊㄊㄡ 이곳 저곳에서 소문을 퍼뜨려 분쟁을 일으키다.
[拉屎] lāshǐh ㄌㄚㄕˇ 대변을 보다.「拉不出屎來怨茅房; 그릇된 판단에서 엉뚱한 원한을 품다」
[拉手兒] lāshǒurh ㄌㄚㄕㄡˇㄦ ①손에 손을 잡고서. ②악수하다. ③힘을 합하다. 공모하다. 「鏈(兒).
[拉鎖(兒)] lāsŏ(rh) ㄌㄚㄙㄨㄛˇ(ㄦ) =拉
[拉絲] lāssū ㄌㄚㄙ ①우물쭈물하다. 결말이 안 나다. ②(말 따위가) 필요 없이 길다. >拉拉絲絲. 「감는 기계.
[拉絲機] lāssūchī ㄌㄚㄙㄐㄧ 고치실을
[拉倒] lātăo ㄌㄚㄉㄠˇ ①중지하다.「非做滿意了不一; 만족하도록 하지 않고는 그만 두지 않다」②끌어 넘어뜨리다.
[拉大本兒] lātàpěnrh ㄌㄚㄉㄚˋㄅㄣˇㄦ 커닝을 하다. 옳지 못한 짓을 하다. 시험에서 부정 행위를 하다.
[拉丁] lātīng ㄌㄚㄉㄧㄥ 라틴.《譯》「一美洲; 라틴 아메리카」「一文; 라틴어. 라틴 문학」「一字母; 라틴 문자. 로마자」
[拉雜] lātsá ㄌㄚㄗㄚˊ ①조리가 서다. 구별이 확실치 않다. ②어쩐지 더럽다. 지저분하다. 「一胡子; 더부룩한 수염」>拉拉雜雜. 「가다.
[拉走] lātsŏu ㄌㄚㄗㄡˇ 약탈하여 도망쳐
[拉隊] lātuì ㄌㄚㄉㄨㄟˋ ①걸음이 느려서 낙오(落伍)되다. ②대열(隊列)을 인솔하다. 「다.
[拉肚子] lā tùtzŭ ㄌㄚ ㄊㄨˋㄗ 설사를 하
[拉網] lāwăngㄌㄚㄨㄤˇ (거미 따위가) 거미줄을 치다. ②그물을 치다.
[拉網] lāwănrh ㄌㄚㄨㄢˇㄦ ①노름으로 밤을 새우다. ②인력거 차부가 야업(夜業)을 하다.
[拉洋片] lāyángp'ièn ㄌㄚㄧㄤˊㄆㄧㄢˋ 요지경(瑤池鏡): 안에 그림이나 사진을 넣고 들여다 보는 렌즈.
[拉硬弓] lāyìngkung ㄌㄚㄧㄥˋㄍㄨㄥ ①임기응변의 술책. 진퇴(進退). ②떼쓰다. 무리하다.
[拉遠] lāyüăn ㄌㄚㄩㄢˇ ①조리에 벗어나다. ②돌려서 말하다. ③(영화에서) 후퇴(後退).
[拉運] lāyǔn ㄌㄚㄩㄣˋ ①사람이 끄는 차로 운송(運送)하다. ②라틴 화 운동(Latin 化 運動).

〔啦〕 lā ㄌㄚ ①「嘩一一; 우르르. 솨솨. 살살」《擬》 ②어기조사로 "輕聲"으로 발음함.「了」lē「啊」ā의 합음(合音). 완료를 가리키지만 「了」보다는 강함. 「他已經來一; 그는 벌써 와 있다」

〔邋〕 lā ㄌㄚ
[邋遢] lát'a ㄌㄚˊㄊㄚ ①불결하다. ②(생활이) 불규칙하고 충실치 못하다. ③(일하는 방법이) 깨끗하지 못하다.>邋邋遢遢.
[邋遢鬼] lāt'akueĭ ㄌㄚㄊㄚㄍㄨㄟˇ 단정하지 못한 놈.

〔剌〕 lá ㄌㄚˊ 자르다. 둘로 쪼개다. 절개하다.「一下一塊肉來; 고기(육류) 한덩어리를 잘라 내다」「剌了一個口子; (나이프 따위로 잘라서) 가르다. 썩 베다」

〔喇〕 lă ㄌㄚˇ.
[喇叭] lăpa ㄌㄚˇㄅㄚ ①나팔. ② 나팔과 비슷한 물건.「一花兒; 나팔꽃」「一口兒; 나팔 주둥이」「一口兒的褲脚; 나팔바지」 「아지.
[喇喇蛄] lălakŭ ㄌㄚˇㄌㄚㄍㄨˇ〈動〉땅강
[喇嘛] lăma ㄌㄚˇㄇㄚ 라마. 라마교의 중. 「一教; 라마교」

〔落〕 là ㄌㄚˋ ①떨구다. 빼먹고 쓰다. 「一了一筆帳; 장부에 기록할 것을 하나 빼 먹었다」②둔 채로 버려 두다. 놓고 가지고 오는 것을 잊다.「鉗子落在機器房, 忘了沒拿; 뻰찌(pinchers)를 기계실에 두고 가지고 오는 것을 잊었다」⇨lò.
[落場] lāch'ăng ㄌㄚˋㄔㄤˇ 수속상(手續上) 빠뜨린 데가 있다.
[落下] làhsia ㄌㄚˋㄒㄧㄚ ①(미처리한 대로)그냥 남아 있다.「各處都安好了, 只一這一段; 어디나 다 장치를 하였는데 이 부분만 남아 있다」 ②보르고 두다. ③뒤에 남다. 낙오되다.「大家一跑, 他就一了; 모두 달리자 그는 뒤떨어졌다」
[落話] làhuà ㄌㄚˋㄏㄨㄚˋ 누설(漏說)하다.
[落空] làk'ūng ㄌㄚˋㄎㄨㄥˋ 부주의로 눈치를 채지 못하다. 무심히 빼먹고 쓰다.
[落神] làshén ㄌㄚˋㄕㄣˊ 얼떨떨하게 하다. 멍청하게 하다.

〔辣〕 là ㄌㄚˋ ①맵다. 얼얼하다.「一得他直出汗; 코가 얼얼하여 그는 몹시 땀을 흘리다」「眼睛發一; 눈시울이 뜨겁다」② 지독하다. 잔인하다.「手段一; 하는 방법이 잔인하다」
[辣醬] làchiàng ㄌㄚㄐㄧㄤˋ 고추장.
[辣醬油] làchiàngyú ㄌㄚˋㄐㄧㄤˋㄧㄡˊ 소오스(sauce): 서양 요리에 쳐 먹는 가미료. 「秦椒.「一麪兒; 고춧가루」
[辣椒] làchiāo ㄌㄚˋㄐㄧㄠ 고추. =番椒.
[辣蒿蒿的] làhāohāotê ㄌㄚˋㄏㄠㄏㄠㄉㄜ 얼얼하게 몹시 매운 모양.
[辣貨] làhuŏ ㄌㄚˋㄏㄨㄛˋ ①세파를 많이 겪어 순진성을 잃음. 또는 그런 여자. ②능구렁이 같은 년.《罵》
[辣豁豁的] làhuōhuōtê ㄌㄚˋㄏㄨㄛㄏㄨㄛㄉㄜ 얼얼하다. 「얼하게 맵다.
[辣巴唧兒] làpachīrh ㄌㄚˋㄅㄚㄐㄧㄦ 얼
[辣實] làshih ㄌㄚˋㄕ 악랄(惡辣)하다. 매섭고 악독하다.
[辣手] làshŏu ㄌㄚˋㄕㄡˇ ①잘못 처리되어 곤란하게 되다. 넌더리 내다. ②몹시 가혹하다. 「(박하처럼) 싸하다.
[辣酥酥的] làsūsūtê ㄌㄚˋㄙㄨㄙㄨㄉㄜ
[辣菜] làts'ài ㄌㄚˋㄘㄞˋ 갓 뿌리와 무우를 볶은 것. 「동을 하는 사람.
[辣子] làtzŭ ㄌㄚˋㄗ ①고추. ②난폭한 행

[辣味兒] lāwèirh ㄌㄚˋㄨㄟˋㄦ 매운 맛. 얼얼한 맛.

〔瘌〕 là ㄌㄚˋ ①아픔. ②개선(疥癬). 옴.

[瘌痢] làli ㄌㄚˋㄌㄧ 독창(禿瘡).

[瘌痢頭] làlit'óu ㄌㄚˋㄌㄧㄊㄡˊ 독창(禿瘡)의 별칭.

〔臘〕(腊) là ㄌㄚˋ ①옛날 동지(冬至)후 세째번「戌」의 날에 여러 신(神)에게 제사를 지냄. 납향제.「一祭 ; 음력 섣달에 지내는 제사. 납제(臘祭)」②음력 12월.「一月 ; 납월(12월)」

[臘腸兒] làch'ángrh ㄌㄚˋㄔㄤˊㄦ 소시지(sausage) 순대.

[臘肉] làjoù ㄌㄚˋㄖㄡˋ 소금에 절여 말린 고기. 간한 건육.

[臘克] làk'ò ㄌㄚˋㄎㄜˋ 래커(lacquer).

[臘梅] làméi ㄌㄚˋㄇㄟˊ 〈植〉 납매 : 음력 섣달에 꽃이 피는 매화.

[臘八(兒)] làpā(rh) ㄌㄚˋㄅㄚ(ㄦ) 음력 12월 8일 불성도(佛成道)의 날.「一粥 ; 납팔(臘八)의 날에 먹는 잡곡이나 콩 따위로 만든 죽」「一米 ; 납팔(음력 12월 8일)에 먹는 죽에 쓰이는 잡곡이나 콩 따위의 총칭」=臘八日. 臘日.

[臘味] làwèi ㄌㄚˋㄨㄟˋ ①소금에 절인 육류나 물고기의 총칭. ②음력 섣달에 담근 술.

[臘尾歲盡] làwěi-suìchìn ㄌㄚˋㄨㄟˇ ㄙㄨㄟˋㄐㄧㄣˋ 세모(歲暮).

[臘魚] làyú ㄌㄚˋㄩˊ 소금에 절여 말린 건어(乾魚).

[臘月] làyüèh ㄌㄚˋㄩㄝˋ 음력 12월.

〔蠟〕(蜡) là ㄌㄚˋ ①초 : 불을 켜는.「黃一 ; 꿀벌의 밀랍(蜜蠟)으로 만드는 초. 황초」②양초.「點上一枝一 ; 한 자루의 양초에 불을 켜다」

[蠟扦兒] làch'iēnrh ㄌㄚˋㄑㄧㄢㄦ 촛대. 초꽂이.

[蠟紙] làchǐh ㄌㄚˋㄓˇ 등사원지. 납지.

[蠟燭] làchú ㄌㄚˋㄓㄨˊ ①초. 양초. ②지구력이 없는 사람을 욕하는 말.

[蠟蟲] làch'úng ㄌㄚˋㄔㄨㄥˊ 백랍충(白蠟蟲).

[蠟珠兒] làchūrh ㄌㄚˋㄓㄨㄦ 초가 녹아 떨어지는 촛농.

[蠟蜂] làfēng ㄌㄚˋㄈㄥ 꿀벌(蜜蜂).

[蠟心兒] làhsīnrh ㄌㄚˋㄒㄧㄣㄦ 초의 심지.

[蠟芯兒] làhsīnrh ㄌㄚˋㄒㄧㄣㄦ 양초의 심지.

[蠟黃] làhuáng ㄌㄚˋㄏㄨㄤˊ (피부가) 양초처럼 투명하고 누렇다.

[蠟花兒] làhuārh ㄌㄚˋㄏㄨㄚㄦ 양초의 타다 남은 심지.

[蠟人(兒)] làjén(rh) ㄌㄚˋㄖㄣˊ(ㄦ) 초로 만든 인형 : 마네킨 용.

[蠟淚] làlèi ㄌㄚˋㄌㄟˋ 초가 녹아 흐른 것.

[蠟梅] làméi ㄌㄚˋㄇㄟˊ 음력 12월경에 피는 매화. =臘梅.

[蠟板] làpǎn ㄌㄚˋㄅㄢˇ 등사 판.

[蠟筆] làpǐ ㄌㄚˋㄅㄧˇ 크레용.

[蠟皮子(一兒)] làp'ítzǔ(一rh) ㄌㄚˋㄆㄧˊㄗ(一ㄦ) 캅셀(도 kapsel).

[蠟臺] làt'ái ㄌㄚˋㄊㄞˊ 촛대.

[蠟燈] làtēng ㄌㄚˋㄉㄥ 등피(燈皮)를 씌운 촛대.

[蠟蛇兒] làt'órh ㄌㄚˋㄊㄨㄛˊㄦ 초가 흘러 내리다 굳어진 덩어리.

[蠟頭兒] làt'óurh ㄌㄚˋㄊㄡˊㄦ 거의 타 없어질 것 같은 촛불.

[蠟油] làyú ㄌㄚˋㄧㄡˊ 녹아서 액체처럼 된 초.

[蠟丸] làwán ㄌㄚˋㄨㄢˊ 밀랍(蜜蠟)으로 만든 원형의 껍데기. 당의(糖衣). 캅셀.

〔鑞〕 là ㄌㄚˋ 납과 주석의 합금. 땜납.「白一 ; 백랍」「錫一 ; 석랍」

LAI ㄌㄞ

〔來〕(来) lái ㄌㄞˊ ①(말하는 사람 쪽으로) 오다.「我一漢城好久了 ; 내가 벌써 서울에 온 지 여러 날이 되었다」②이후. …로부터. …이래. 어떤 일정한 시간 이후를 가리킨다.「這一年一他的進步很大 ; 지난 일년 동안의 그의 진보는 상당한 것이다」③장래를 가리키다.「一日 ; 내일. 장래」④약…. …정도. …가량.「十一個 ; 10정도」「三尺一長 ; 길이 3척(尺) 정도」⑤갖고 오다.「一壺酒 ; 술 한 병 주시오」⑥(앞에 있는 동사를 받아) 어떤 동작을 하다.「我們打棒球, 你一不一? ; 우리들 야구를 하는데 너 하지 않으려느냐?」「這様可一不得 ; 그런 일을 하여서는 못 쓴다」⑦(주요한 동사의 앞 뒤에 붙어서) …위하여 오다. 자 …해 보자.「他一看我一 ; 그가 나를 만나러 오다」「我一念吧 ; 자 내가 읽지」⑧(두 개의 동사구의 사이에 있어서) …하여 …하다.「派人一看我 ; 사람을 보내여 나를 만나게 하다」⑨(문장의 끝에 붙어서)… 하고 있다 : 회상의 말투를 내포함.「這話我哪兒說一? ; 이런 말은 내가 할 리가 없는데?」⑩(동사의 뒤에 붙어서) 동작이 말하는 사람 쪽으로 오는 뜻을 나타냄.「拿一 ; 가지고 오다」「一祇燕子飛過一 ; 제비가 한 마리 날아 오다」⑪…가 되면. …하면 : 가정(假定)을 나타내다.「說一話長 ; 말하자면 긴데…」⑫("一·二"과 결합하여 원인을 예거) 첫째는 …, 둘째는 ….「一一是工作忙, 二一是沒有錢, 所以我沒去旅行 ; 첫째는 일이 바쁘고 둘째는 돈이 없으므로 여행을 안 갔다」⑬(시나 노래에서) 어조를 바로 잡기 위하여 넣다.「冬不暖一夏不涼 ; 겨울은 따뜻하지 않고 여름은 서늘하지 않다」

[來着] láichê ㄌㄞˊㄓㄜ 스스로 회상하고 혹은 상대방에게 회상을 촉구하는 어조사.「他說什麼一? ; 그가 무슨 말을 하셨지요?」「那時我吃晚飯一 ; 그때에 나는 저녁밥을 먹고 있었지요」

[來者不拒] láichě púchǜ ㄌㄞˊㄓㄜˇ ㄅㄨˊㄐㄩˋ 오는 사람은 누구나 거절치 않고 환영한다」

[來件] láichièn ㄌㄞˊㄐㄧㄢˋ 온 편지나 서류.

[來遲] láich'íh ㄌㄞˊㄔˊ 오는 것이 늦었다. 늦게 왔다.

[來勁兒] láichìnrh ㄌㄞˊㄐㄧㄣˋㄦ ①원기를 내다. 힘을 내다. ②의기 양양하게 되다.「越誇越一 ; 칭찬을 하면 할수록 의기 양양하게 되다」③성하다. 더하다.「不等天涼病就一了 ; 서늘해지기 전에 병세는 악화되다」④좋다. 훌륭하다.「這個烟眞一, 你抽一口看 ; 이 담배는 참으로 좋다, 좀 피워 보아라」

[來者不善, 善者不者] láichě púshàn, shànchě pùlái ㄌㄞˊㄓㄜˇ ㄅㄨˊㄕㄢˋ, ㄕㄢˋ

ㄓㄜˇ ㄅㄨˋㄌㄞˊ 오는 사람은 틀림 없이 지독한 사람이다.«成»
[來福槍] láifúch'iāng ㄌㄞˊㄈㄨˊㄑㄧㄤ 라이플(rifle)총. 총신 내부에 나선형(螺旋形)의 홈을 판 소총.
[來復線] láifùhsièn ㄌㄞˊㄈㄨˋㄒㄧㄢˋ 라이플선: 총신 내부의 나선.
[來函] láihán ㄌㄞˊㄏㄢˊ 온 편지.내신(來信).
[來亨鷄] láihēngchī ㄌㄞˊㄏㄥˊㄐㄧ·레그호온(leghorn):알을 많이 낳는 닭의 한가지.
[來項] láihsiàng ㄌㄞˊㄒㄧㄤˋ 수입(收入).
[來訊] láihsǜn ㄌㄞˊㄒㄩㄣˋ ①조회(照會)하여 오다. ②조회의 건. «書»
[來回] láihuí ㄌㄞˊㄏㄨㄟˊ ①왕복. ②왕복하다. >來來回回. ③「一話;잔소리」「一票;왕복 차표」④교제하다.
[來回來去] láihuí láich'ǜ ㄌㄞˊㄏㄨㄟˊ ㄌㄞˊㄑㄩˋ 같은 자리를 왔다 갔다 하는 모양. 되풀이하는 모양.
[來人] láijén ㄌㄞˊㄖㄣˊ ①심부름 온 사람. ②(부를 때에)누구 안 계십니까? ③온 사람. ④소개(紹介)를 시키는 사람.
[來人兒] láijénrh ㄌㄞˊㄖㄣˊㄦ 주선하여 주는 사람.
[來日] láijìh ㄌㄞˊㄖˋ ①장래. ②명일«方»
[來日方長] láijìh fāng ch'áng ㄌㄞˊㄖˋ ㄈㄤ ㄔㄤˊ ①앞으로의 시일은 길다. ②장래의 기회(機會)는 많다.
[來稿] láikǎo ㄌㄞˊㄍㄠˇ 딴 데서 온 원고. 외부에서 들어 온 원고.
[來來] láilai ㄌㄞˊㄌㄞ 시험하여 보다. 하여 보다.「你做得不好,我一;너의 하는 방법은 서툴다, 내가 하여 보마」
[來歷] láili ㄌㄞˊㄌㄧ 까닭. 사유. 경력(經歷). 내력.
[來路] láilu ㄌㄞˊㄌㄨ ①내력.「一不明;내력이 분명치 않다」②(자금·물자 따위의) 출처. ③다른 데서 온 것.「一貨;㉮그 지방 이외에서 만들어진 물품. ㉯외래품」
[來龍去脈] láilúng-ch'ǜmài ㄌㄞˊㄌㄨㄥˊㄑㄩˋㄇㄞˋ 일의 경위(經緯)나 상태.
[來派] láip'ai ㄌㄞˊㄆㄞ =來勢.
[來報] láipào ㄌㄞˊㄅㄠˋ 수신 전보(受信電報).
[來不及] láipuchí ㄌㄞˊㄅㄨㄐㄧˊ 미치지 못하다. ↔ 來得及.
[來事] láishìh ㄌㄞˊㄕˋ 좋다.
[來勢] láishìh ㄌㄞˊㄕˋ 닥쳐 오는 위세(威勢). 동작의 힘찬 모양. 형세(形勢).
[來手] láishǒu ㄌㄞˊㄕㄡˇ =來人.
[來到] láitào ㄌㄞˊㄊㄠˋ …에 도착하다.
[來得] láitê ㄌㄞˊㄉㄜ ①할 수가 있다. ②좋다. 지장이 없다. ③(널리 동사를 대신하여) 하다. 말하다.「一不妥當;하는 방법이 타당하지 못하다」「這一句話一厲害;이 말은 말투가 너무 딱딱하다」
[來天] láit'iēn ㄌㄞˊㄊㄧㄢ 내일.«方» =來日②.
[來頭兒] láit'ourh ㄌㄞˊㄊㄡㄦ ①(진행이나 동작의) 위세. 힘. ②하는 재미. 하는 보람.
[來跡去迹] láitsūng-ch'ǜchì ㄌㄞˊㄗㄨㄥ「ㄑㄩˋㄐㄧˋ 다닌 발자국.
[來自] láitzǔ ㄌㄞˊㄗˋ …에서(부터) 오다.「工業界的代表;공업계에서 온 대표」
[來往] láiwǎng ㄌㄞˊㄨㄤˇ ①왕래하다.교제하다.>來來往往. ③왕래. 교제.「你跟他有一嗎?;너는 그와 교제가 있는가?」
[來往人] láiwǎngjén ㄌㄞˊㄨㄤˇㄖㄣˊ 통행인(通行人).
[來文] láiwén ㄌㄞˊㄨㄣˊ 딴 곳에서 온 문서(文書).
[來樣] láiyàng ㄌㄞˊㄧㄤˋ 송부(送付)한 견본.
[來由] láiyú ㄌㄞˊㄧㄡˊ ①까닭. 이유. ②내력.
[來源] láiyüán ㄌㄞˊㄩㄢˊ ①공급지. 원산지. ②수원(水源). ③출소(出所).「新聞的一;뉴우스의 출처(出處)」④수입.

〔萊〕 lái ㄌㄞˊ
[萊菔] láifú ㄌㄞˊㄈㄨˊ 무우. =蘿卜.

〔徠〕 lái ㄌㄞˊ「招一;(상인이) 손님을 끌다」

〔賴〕 lài ㄌㄞˋ ①의지하다. 믿다. 의뢰하다.「全一大家幫忙;여러분의 조력만을 믿을 뿐이다」②다행히도. …의 덕분으로.「一有防火設備,當時將火焰撲滅了;소방 시설이 있은 덕분으로, 곧 불길을 잡을 수가 있었다」 ③책임이나 실책(失策) 따위를 부인하다. 말을 회피하다.「抵一;말을 회피하다」「撒一;속이다. 부인하다」④(죄나 책임을) 남에게 씌우다. 전가시키다.「自已錯了, 不能一別人;자기의 착오를 남에게 전가시켜서는 안된다」⑤실수하다. 트집을 잡다. 이유 없이 구실을 삼다.「學習不進步只能一自已不努力;공부가 진전되지 않는 것은 자기가 공부 안한 탓이다」⑥=癩④.
[賴債] làichài ㄌㄞˋㄓㄞˋ 차용한 돈을 떼어 먹다.
[賴賬] làichàng ㄌㄞˋㄓㄤˋ =賴債.
[賴住] làichû ㄌㄞˋㄓㄨˋ 끈덕져서 움직이지 않다.
[賴學] làihsüéh ㄌㄞˋㄒㄩㄝˊ 학교를 게을리하다.
[賴婚] làihūn ㄌㄞˋㄏㄨㄣ 약혼을 파기(破棄)하다.
[賴貨] làihuò ㄌㄞˋㄏㄨㄛˋ 조악(粗惡)한 물건. 시시한 물건.
[賴衣求食] làiī-ch'iúshíh ㄌㄞˋㄧ ㄑㄧㄡˊㄕˊ 남에게 의지하여 생활하다.
[賴磨子] làimótzǔ ㄌㄞˋㄇㄛˊㄗ 귀찮게 떼를 쓰다.「耍一;귀찮게 떼를 쓰다」
[賴皮] làip'í ㄌㄞˋㄆㄧˊ 빈둥거리다.
[賴皮賴臉] làip'í-làiliěn ㄌㄞˋㄆㄧˊ ㄌㄞˋㄌㄧㄢˇ 뻔뻔스럽게 말로만 회피하다.
[賴詞(兒)] làitz'ǘ(rh) ㄌㄞˋㄘ(ㄦ) 발 뺌하는 말. 남에게 책임을 전가시키는 말.

〔瀨〕 lài ㄌㄞˋ 여울. 얕은 여울.

〔癩〕 lài ㄌㄞˋ ①문둥병. 나병. ②매독환자. 옴환자. 옴이 옮아서 모발이 탈락하는 병.「一狗;옴에 걸린 개」③표면에 모반 같은 반점이 있는.「一蛤蟆;두꺼비. ④나쁜. 열등한.「這東西不一;이것은 나쁘지 않다」
[癩瘡] làich'uāng ㄌㄞˋㄔㄨㄤ ①나병(癩病). ②(악성의) 피부병.
[癩蛤蟆] làihámа ㄌㄞˋㄏㄚˊㄇㄚ 두꺼비.「一想吃天鵝肉;자기의 분수를 알지 못하다. 미련하다」«諺»
[癩癬] làihsüǎn ㄌㄞˋㄒㄩㄢˇ 백선(白癬). 버짐. 탈모병(脫毛病).
[癩活] làihuó ㄌㄞˋㄏㄨㄛˊ 괴로와도 살아나가다.「好死不如一着;편안하게 죽어

도 고생하며 사는 편만 못하다. 죽으면 그만이다. «諺»
[癩貨] làihuò ㄌㄞˋㄏㄨㄛˋ 조악품(粗惡品).
[癩瓜(子)] làikuā(tzǔ) ㄌㄞˋㄍㄨㄚ(ㄗˇ) 〈植〉 여주:박과에 속하는 일년생 만초.
[癩疤] làipā ㄌㄞˋㄅㄚ 개선병(疥癬病)의 후에 오는 탈모증.
[癩頭] làit'óu ㄌㄞˋㄊㄡˊ 백선(白蘚). 어린이들 머리 피부에 생기는 기계좀과 같은 전염병.
[癩頭瘡] làit'óuch'uāng ㄌㄞˋㄊㄡˊㄔㄨㄤ 머리에 생기는 피부병으로 털이 빠져 벗어진다.
[癩頭黿] làit'óuyüán ㄌㄞˋㄊㄡˊㄩㄢˊ〈動〉 자라보다 조금 큰 거북:두피(頭皮)는 두툴두툴하게(사마귀처럼) 생겼음.
[癩子] làitzǔ ㄌㄞˋㄗ 나병 환자. 문둥병환자.

〔籟〕 lài ㄌㄞˋ 고대의 통소의 한 가지.

LAN ㄌㄢ

〔婪〕 lán ㄌㄢˊ 몹시 탐내다. 욕심이 많다.「貪一 ; 탐내다. 욕심이 많다」

〔嵐〕 lán ㄌㄢˊ 산중의 습기. 산에 낀 안개. 남기(嵐氣). 산기(山氣). 이내.

〔闌〕 lán ㄌㄢˊ ①=欄①. ②=攔. ③한창. 절정(絶頂). 한창 때를 넘어서 끝마치려고 하고 있다. 늦다.「夜一人靜 ; 밤은 깊어 잠들고 고요하다」「歲一 ; 연말. 세모」 「대로 서슴지 않고 들어가다.
[闌入] lánjù ㄌㄢˊㄖㄨˋ 난입(亂入). 마음
[闌干] lánkān ㄌㄢˊㄍㄢ 광선이 뒤섞여서 반짝이고 있는 모양.「星斗一 ; 밤 하늘에 무수한 작은 별들이 반짝이다」②난간(欄干).
[闌珊] lánshān ㄌㄢˊㄕㄢ 쇠약하다. 끝을 마치려고.하다.「興意一 ; 흥미가 없어지다」
[闌尾炎] lánwěiyén ㄌㄢˊㄨㄟˇㄧㄢˊ 맹장염(盲腸炎).

〔藍〕 lán ㄌㄢˊ ①쪽.「蓼一 ; 쪽」②남빛.
[藍湛湛的] lánchànchàntê ㄌㄢˊㄓㄢˋㄓㄢˋㄉㄜ˙ 푸르고 밝게 개인 모양.
[藍青] lánch'īng ㄌㄢˊㄑㄧㄥ 청색과 녹색을 혼합한 색. 남청색.
[藍褸] lánlǔ ㄌㄢˊㄌㄨˋ 남루(襤褸)하다. 누더기. =襤褸. 「랑 잉크.
[藍墨水] lánmòshuǐ ㄌㄢˊㄇㄛˋㄕㄨㄟˇ 파
[藍寶石] lánpǎoshíh ㄌㄢˊㄅㄠˇㄕˊ〈礦〉사파이어. 푸르고 투명한 고운 강옥(鋼玉). 청옥(青玉).
[藍本(兒)] lánpěn(rh) ㄌㄢˊㄅㄣˇ(ㄦ) 저작(著作)에 있어서 근거로 삼는 원본(原本).
[藍布] lánpù ㄌㄢˊㄅㄨˋ (평상시에 입는 옷으로) 무명에 남색 물감을 들인 것. 남색 무명천. 「색빛의 엷은 비단.
[藍紗] lánshā ㄌㄢˊㄕㄚ 곤색의 사(紗). 곤
[藍曬紙] lánshàichǐh ㄌㄢˊㄕㄞˋㄓˇ 청사진 용지(青寫眞用紙).
[藍天] lánt'iēn ㄌㄢˊㄊㄧㄢ 쪽(남)빛 하늘. 창공(蒼空). 푸른 하늘.
[藍靛] lántièn ㄌㄢˊㄉㄧㄢˋ 인디고(indigo). 남색 염료(藍色染料). 천연 쪽.
[藍圖] lánt'ú ㄌㄢˊㄊㄨˊ ①청사진(青寫眞). ②예상도(豫想圖).
[藍蔚蔚的] lánwèiwèitê ㄌㄢˊㄨㄟˋㄨㄟˋㄉㄜ˙ 푸르고 맑게 개인 모양.「一的天上, 沒有一絲白雲 ; 맑게 개인 푸른 하늘에는 한 점 의 구름도 없다」

〔攔〕(拦) lán ㄌㄢˊ 가로 막다. 차단하다. 멈추다.「一住他, 不要讓他進來 ; 그를 만류하여 이곳으로 들어 오게 하지 말라」 「로 막다. >攔攔截截.
[攔截] lánchiéh ㄌㄢˊㄐㄧㄝˊ 정면에서 가
[攔住] lánchu ㄌㄢˊㄓㄨ 가로막고 못가게 하다.
[攔河閘] lánhóchá ㄌㄢˊㄏㄜˊㄓㄚˊ 하천(河川) 조절을 하는 댐(dam).
[攔河壩] lánhópà ㄌㄢˊㄏㄜˊㄅㄚˋ 하천 댐. 둑. 제방.
[攔洪] lánhúng ㄌㄢˊㄏㄨㄥˊ 홍수를 막다.
[攔洪壩] lánhúngpà ㄌㄢˊㄏㄨㄥˊㄅㄚˋ 제방. 둑. 홍수를 방지하는 제방.
[攔櫃] lánkuèi ㄌㄢˊㄍㄨㄟˋ 상점의 카운터(counter).(창구를 통하여) 안내하거나 또는 금전 출납 사무를 보는 곳.
[攔路] lánlù ㄌㄢˊㄌㄨˋ 길을 가로 막다.「一虎 ; 통행인을 위협하여 금품을 강탈함」
[攔門墻兒] lánménch'iángrh ㄌㄢˊㄇㄣˊㄑㄧㄤˊㄦ 비밀로 하지 않아도 좋은 일.
[攔阻] lántsǔ ㄌㄢˊㄗㄨˇ 저지(阻止)하다. 가로 막다.
[攔腰] lányāo ㄌㄢˊㄧㄠ 끌어 안으며 만류하다.「一一抱 ; 갑자기 껴안다」
[攔腰斬斷] lányāo chǎntuàn ㄌㄢˊㄧㄠ ㄓㄢˇㄉㄨㄢˋ 중간 부분에서 잘라버리다.「一大河 ; 큰 강을 중류에서 막다」 「물결」

〔瀾〕 lán ㄌㄢˊ 물결. 큰 파도.「波一 ;

〔蘭〕(兰) lán ㄌㄢˊ ①난초(蘭草). 「②난초꽃.
[蘭艾] lán'ài ㄌㄢˊㄞˋ 군자와 소인(小人).
[蘭芝] lánchih ㄌㄢˊㄓ 난(蘭).
[蘭花豆] lánhuātòu ㄌㄢˊㄏㄨㄚㄉㄡˋ 누에콩과 비슷한 작은 콩. 「(麝香).
[蘭麝] lánshè ㄌㄢˊㄕㄜˋ 난초꽃과 사향
[蘭草] lánts'ǎo ㄌㄢˊㄘㄠˇ 난초.
[蘭摧玉折] lánts'uī-yùché ㄌㄢˊㄘㄨㄟ ㄩˋㄓㄜˊ 현인(賢人)의 죽음을 말함.

〔欄〕(拦) lán ㄌㄢˊ ①울타리. 울짱.「木一 ; 목책 : 나무 울타리」 ②난(欄).「新聞一 ; 뉴우스 란」「廣告一 ; 광고란」「每頁分三一 ; 각 페이지(page)를 3단으로 나누다」 「사육하다.
[欄羊] lányáng ㄌㄢˊㄧㄤˊ 양을 목장에서

〔襤〕 lán ㄌㄢˊ
[襤褸] lánlǚ ㄌㄢˊㄌㄨˇ (곤궁하여) 의복이 남루하다. >襤襤褸褸.

〔讕〕 lán ㄌㄢˊ 신이 나서 쓸 데 없는 말까지 지껄이다. 무고(誣告)하다. 전가(轉嫁)하다.
[讕言] lányén ㄌㄢˊㄧㄢˊ 망언(妄言). 욕.

무책임한 말.「一惡語；무책임한 악담」

〔罱〕 lăn ㄌㄢˇ ①물고기나 물풀, 또는 흙탕 따위를 퍼내는 장비. ②위와 같은 장비로 퍼내다.「一河泥；강의 흙탕을 퍼내다」

〔懶〕 lăn ㄌㄢˇ ①게으름을 피우다. ②노곤하다.「身上發一；어쩐지 몸이 노곤하다」③(움직이기가) 귀찮음. 게으름뱅이. 게으름.「腿一；외출을 싫어함」「嘴一；말하기를 싫어함」

[懶勁兒] lănchìnrh ㄌㄢˇㄐㄧㄣˋㄦ 게으른 버릇. 마음에 들지 않는 모양.

[懶蟲] lănch'úng ㄌㄢˇㄔㄨㄥˊ 게으름뱅이.

[懶漢] lănhàn ㄌㄢˇㄏㄢˋ (남자의) 게으름뱅이. 「으른 놈.

[懶人] lănjến ㄌㄢˇㄖㄣˊ 게으름뱅이. 게

[懶慣] lănkuàn ㄌㄢˇㄍㄨㄢˋ 게으른 버릇이 생기다. 「＝懶貨.

[懶鬼] lànkueì ㄌㄢˋㄍㄨㄟˋ 게으름뱅이.

[懶骨頭] lănkút'ou ㄌㄢˇㄍㄨˊㄊㄡ 천성으로 꾸물거리는 게으름뱅이.

[懶懶的] lánlăntê ㄌㄢˊㄌㄢˇㄉㄜ ①몹시 게으른. ②지친 듯한. ③우물쭈물하는 모양.

[懶散] lánsăn ㄌㄢˊㄙㄢˇ ①야무진 데가 없다. ②게으름 피우다. 노력하지 않다. 빈둥거리다.

[懶怠] lăntài ㄌㄢˇㄉㄞˋ ①게으름 피우다. 태만하다. ②나태하다. ③lăntai ＝懶得.

[懶得] lăntê ㄌㄢˇㄉㄜ (…을 하는데) 마음이 나지 않다.「我一看他去；웬지 그를 만나러 가기가 싫다」「我都一說了；웬지 나는 말을 하기가 싫다」

[懶惰] lăntŏ ㄌㄢˇㄉㄨㄛˋ 게으름뱅이다. ＞懶懶惰惰.

[懶洋洋的] lănyángyángtê ㄌㄢˇㄧㄤˊㄧㄤˊㄉㄜ 싫증이 난 모양.

[懶腰] lănyāo ㄌㄢˇㄧㄠ 피로한 허리.「伸一；피로한 허리를 펴다」

[懶于] lănyű ㄌㄢˇㄩˊ 하기가 싫다.

〔覽〕 lăn ㄌㄢˇ 보다. 한 번 훑어 보다.

〔灠〕 lăn ㄌㄢˇ 침시(沈柿)하다. 감의 떫은 맛을 없애다.「一柿子；감의 떫은 맛을 없애다」

〔攬〕 lăn ㄌㄢˇ ①잡다. 손에 쥐다. 장악하다.「大權獨一；나라의 권한을 한 손에 장악하다」②인수하다. 가까이 끌어당기다. 사람을 끌다(초치하다).「招一；오게 하다. 끌다」「包一；인수하다. 처리하다」 「손에 쥐다.

[攬權] lănch'uán ㄌㄢˇㄑㄩㄢˊ 권력을 한

[攬貨] lănhuọ ㄌㄢˇㄏㄨㄛˋ 물품의 운송(運送)이나 판매를 떠맡다. 상품을 매점하다.

[攬活兒] lănhuớrh ㄌㄢˇㄏㄨㄛˊㄦ ①일거리를 맡다. 부업(副業)을 주문 맡다. ②부업.

[攬客] lănk'ŏ ㄌㄢˇㄎㄜˋ 손님을 끌다.

[攬工] lănkūng ㄌㄢˇㄍㄨㄥ ①일을 떠맡다. ②(노동자의) 임시 고용(臨時雇用). 《方》

[攬單] lăntān ㄌㄢˇㄉㄢ 화물 송장(貨物送狀). 보증부 적화 인수증(保證付積貨引受證). 물표(物票).

[攬釘] lăntīng ㄌㄢˇㄉㄧㄥ 리벳(rivet). 대갈못. 징.

[攬頭] lănt'óu ㄌㄢˇㄊㄡˊ ①사무를 총괄하는 사람. ②선주(船主)나 차주(車主)와 물주(物主)와의 중간에서 화물을 주선하는 적화(積荷) 취급인.

[攬總兒] lántsŭngrh ㄌㄢˊㄗㄨㄥˇㄦ 잘 정리하다. 전부 매듭을 짓다.

〔濫〕 làn ㄌㄢˋ ①흘러 넘치다. 범람하다. ②문란하게. 함부로.「一交朋友；누구하고나 마구 교제하다」③들뜬. 속이 빈.「一調；표면만 번드르르하게 한 문장의 내용」

[濫炸] lànchà ㄌㄢˋㄓㄚˋ 맹폭(盲爆)하다.

[濫觴] lànshāng ㄌㄢˋㄕㄤ 사물의 기원. 기원(起源).

[濫套兒] lànt'àorh ㄌㄢˋㄊㄠˋㄦ (문장에 있어서) 내용이 빈약한 격식. ＝濫套子.

[濫汚] lànwū ㄌㄢˋㄨ ①(도덕적으로) 불결(不潔)하다. ②부정(不貞)하다.

[濫竽] lànyű ㄌㄢˋㄩˊ ①무능함을 낱낱이 드러내 보이다. ②무능한 주제에 중책(重責)을 맡다.「一充數；능력이 없는 자가 끼어들어 능력이 있는 체 하다. 불량품을 상품(上品)인 것처럼 속이다」

〔爛〕(烂) làn ㄌㄢˋ ①너무 삶아서 형태가 무너지다. 말랑말랑하고 흐물흐물하게 삶다.「蠶豆煮得眞一；누에콩(잠두)을 아주 흐물흐물하게 삶아 부풀게 하였다」「一飯；약간 부드러운 밥」②몹시. 완전히.「一醉；곤드레만드레하게 취하다」③부패하다. 화농하다. 곪다.「桃和葡萄容易一；복숭아나 포도는 상하기 쉽다」④너털너털하다. 부스러기.「破銅一鐵；헌 쇠붙이」「衣服穿一了；의복이 너털너털하다」

[爛賬] lànchàng ㄌㄢˋㄓㄤˋ 장기간 회수 안되고 있는 대금(貸金). 오랫동안 내버려 둔 대금.

[爛扯淡話] lànch'ĕ tànhuà ㄌㄢˋㄔㄜˇㄉㄢˋㄏㄨㄚˋ 무의미한 말을 하다.

[爛糊] lànhu ㄌㄢˋㄏㄨ 풀처럼 보드랍다.

[爛化] lànhuà ㄌㄢˋㄏㄨㄚˋ 썩어서 문드러지다. 부드럽게 하다.

[爛肝花] làn'kānhuā ㄌㄢˋㄍㄢㄏㄨㄚ 불량배.

[爛爛兒的] lànlānrhtê ㄌㄢˋㄌㄢㄦㄉㄜ 사물의 원형(原形)이 잡히지 않을 만큼 엉망인 모양. 진흙같이 질퍽한 모양.

[爛漫] lànmàn ㄌㄢˋㄇㄢˋ 반짝반짝 빛나는 모양. 눈부시게 빛나는 모양.「雲霞一；저녁놀이 새빨갛게 빛나다」②솔직 단백하다.「天眞一；천진난만」③잘 자는 모양.

[爛泥] lànní ㄌㄢˋㄋㄧˊ 묽은 진흙탕.

[爛泥漿] lànníchiāng ㄌㄢˋㄋㄧˊㄐㄧㄤ 흙투성이.

[爛巴] lànpa ㄌㄢˋㄅㄚ 파산(破產)하다. 영락(零落)하다.

[爛熟] lànshú ㄌㄢˋㄕㄨˊ 잘 익다. 완전히 익다. 「연고자가 없는 묘.

[爛死崗子] lànssŭkăntzŭ ㄌㄢˋㄙˇㄍㄤˇㄗ

[爛掉] làntiao ㄌㄢˋㄉㄧㄠ 완전히 썩다.

[爛調] làntiào ㄌㄢˋㄉㄧㄠˋ 되풀이되는

새로운 맛이 없는 언어(言語).
[爛汚] lànwū ㄌㄢˋㄨ ①썩어 버린 ②더러운 것. 「拆一; 무책임한 짓을 하다. 속이다. 일을 그르치다」
[爛汚泥] lànwūní ㄌㄢˋㄨㄋㄧˊ 흙투성이. 《吳》 =泥漿.
〔纜〕 lǎn ㄌㄢˇ ①배를 붙잡아 매는 밧줄 「解一; 출범(出帆)하다. 출항(出航)하다」 ②로우프(rope). 여러 번 꼰 줄.「鋼一; 와이어로우프」
[纜車] lǎnch'ē ㄌㄢˇㄔㄜ 케이블카아.
[纜繩] lǎnshéng ㄌㄢˇㄕㄥˊ 배를 매 두는 밧줄.
[纜索] lǎnsǒ ㄌㄢˇㄙㄨㄛˇ 줄. 끈. 밧줄.

LANG ㄌㄤ

〔狼〕 láng ㄌㄤˊ 〈動〉이리.
[狼藉] lángchí ㄌㄤˊㄐㄧˊ 난잡하고 어지러운 행동을 하다. =狼籍.
[狼群狗黨] lángch'ǘn-kǒutǎng ㄌㄤˊㄑㄩㄣˊ ㄍㄡˇㄉㄤˇ 무도한 자들의 집합체. 무지막지한 자들의 모임.
[狼孩] lánghái ㄌㄤˊㄏㄞˊ 용감하고 잘 일하는 아이를 가리키는 말로서; 이리한테서 자랐다는 인도(印度)의 전설에서 온 말.
[狼毫] lángháo ㄌㄤˊㄏㄠˊ 쪽제비 털로 「매 놓은 붓. 황모필.
[狼嗥] lángháo ㄌㄤˊㄏㄠˊ 외치다. 짐승따위가 울다. 짖다. =狼號.
[狼心狗肺] lánghsīn-kǒufèi ㄌㄤˊㄒㄧㄣ ㄍㄡˇㄈㄟˋ 잔인 무도(殘忍無道)하다. 짐승만도 못한 흉악한 마음을 가진 사람을 가리키는 말.《成》
[狼抗] lángk'ang ㄌㄤˊㄎㄤ 부피가 늘어서 무겁다.
[狼狗] lángkǒu ㄌㄤˊㄍㄡˇ〈動〉세퍼드: 서양 개의 한 품종으로 프랑스 알사스 지방의 원산으로 늑대와 비슷함.
[狼狽] lángpèi ㄌㄤˊㄅㄟˋ ①매우 당황하여 쩔쩔매다. 허둥대다. 「一不堪; 매우 당황하여 쩔쩔매다」 ②한 패가 되다. 공모하다.「一爲奸; 공모를 하여 나쁜 일을 하다」
[狼多肉少] lángtō-jòushǎo ㄌㄤˊㄉㄨㄛ ㄖㄡˋㄕㄠˇ 갖고 싶은 자는 많은데 분배할 물건은 적다.《成》
[狼呑虎咽] lángt'ūn-hǔyèn ㄌㄤˊㄊㄨㄣ ㄏㄨˇㄧㄢˋ 굶주려서 음식을 마구 먹는 모양. 폭음포식(暴飮飽食)하다.
[狼子野心] lángtzǔ-yěhhsīn ㄌㄤˊㄗˇ ㄧㄝˇ ㄒㄧㄣ 마음이 잔인하고 나쁜 사람.《成》
〔琅〕 láng ㄌㄤˊ
[琅玕] lángkān ㄌㄤˊㄍㄢ ①옥(玉)과 비슷한 아름다운 돌. ②결백(潔白).
〔郎〕 láng ㄌㄤˊ ①젊은 남자의 호명에 붙여서 쓰는 말.「放牛一; 목동」 ②처(妻)가 남편을 말함. ③봉건 시대의 관명 :"員外郎".
[郎中] lángchūng ㄌㄤˊㄓㄨㄥ ①의사(醫師). ②옛 관명. 비서관.
[郎生] lángshēng ㄌㄤˊㄕㄥ(티베트 말의) 노비(奴婢).
〔廊〕 láng ㄌㄤˊ ①「一子; 낭하. 복도」「游一; 회랑」 ②「一子; 포오치(porch)」「一檐; 포오치」
〔稂〕 láng ㄌㄤˊ 논에 나는 잡초로서 강아지 풀이나 쭉정이.
[稂莠] lángyǔ ㄌㄤˊㄧㄡˋ 논에 나는 잡초.
〔踉〕 láng ㄌㄤˊ
[踉蹌] lángch'iāng ㄌㄤˊㄑㄧㄤ 비틀거리는 모양(물떼새 걸음).
〔榔〕 láng ㄌㄤˊ.
[榔槺] lángk'ang ㄌㄤˊㄎㄤ 크고 무겁다. 사용하는데 불편하다. =狼抗.
[榔頭] lángt'ou ㄌㄤˊㄊㄡ 해머(hammar). (커다란)쇠망치.
〔朗〕 lǎng ㄌㄤˇ ①밝다. 맑아서 상쾌한 모양.「月一風淸; 달은 밝고 바람은 맑아 상쾌하다. 달은 교교(皎皎)하고 바람은 청청(淸淸)하다」 ②큰소리로. 잘 들리는 소리로.「一誦; 낭독하다」「一誦劇; 쉬프레이크르(Sprechchor): 고대 그리이스 연극의 합창을 본따 음악 합창의 형식으로 하는 대사의 합창낭독」
[朗星] lǎnghsīng ㄌㄤˇㄒㄧㄥ 빤짝이는 별.
〔浪〕 làng ㄌㄤˋ ①물결. 파도. ②물결치는 것과 비슷한 것.「聲一; 우렁차게 울리다」「麥一; 보리 물결」 ③물결치듯 흔들리다.「一木; 유동원목(遊動圓木)」 ④함부로. 마음대로.「一費」 ⑤음란하다. 「②소동(騷動).
[浪潮] làngch'áo ㄌㄤˋㄔㄠˊ ①풍조(風潮).
[浪迹] làngchì ㄌㄤˋㄐㄧˋ 떠돌아 다니다. 방랑(放浪)하다.
[浪橋] làngchiáo ㄌㄤˋㄐㄧㄠˊ =浪木.
[浪船] làngch'uán ㄌㄤˋㄔㄨㄢˊ 선형(船型)으로 된 그네.
[浪花(兒)] lànghuā(rh) ㄌㄤˋㄏㄨㄚ(ㄦ) ①물결일 때의 물보라. ②결실하지 않는.
[浪貨] lànghuò ㄌㄤˋㄏㄨㄛˋ 음란한 여자.
[浪漫] làngmàn ㄌㄤˋㄇㄢˋ ①로만틱.「一主義; 낭만주의」 ②방종(放縱)하다. >浪浪漫漫. 「圓木).
[浪木] làngmù ㄌㄤˋㄇㄨˋ 유동원목(遊動
[浪蕩] làngt'àng ㄌㄤˋㄊㄤˋ ① 방탕하게 지내다. ②일정한 직업 없이 빈둥거리다. >浪浪蕩蕩. 浪裡浪蕩. 「는 파도.
[浪頭] làngt'ou ㄌㄤˋㄊㄡ 큰물결. 몰아치
[浪子] làngtzǔ ㄌㄤˋㄗˇ ①방탕자. ②방탕아.「一回頭, 金不換; 방탕아의 개심(改心)은 돈으로서도 살 수 없다는 것으로 방탕아가 한번 개심(改心)하면 끝에 가서는 꼭 큰 인물이 된다」
[浪游] làngyǘ ㄌㄤˋㄧㄡˊ 빈둥거리다.「一四方; 사방 각지를 빈둥거리며 돌아다니다」

LAO ㄌㄠ

〔撈〕 lāo ㄌㄠ, láo ① (물 속에서)…

을 잡다. …을 끌어올리다. 「打一; 어로(漁撈)하다」 ②손에 넣다. 품안에 넣다. 「一個錢也沒着一;한 푼도 받지 않았다」
[撈錢] lāo ch'ién ㄌㄠ ㄑㄧㄢˊ 정당하지 않은 방법으로 돈을 벌다.
[撈着] lāocháo ㄌㄠㄓㄠˊ (흔히 정당하지 않은 방법으로) 손에 넣다. 「一個錢也沒一; 한 푼도 들어오지 않다」
[撈飯] lāo fàn ㄌㄠ ㄈㄢˋ ①음식을 얻어먹을 수 있는 기회를 만나다. ②(살짝 끓인 뒤 건져 내어 찌는 방법으로)밥을 짓다.
[撈回來] lāohuilai ㄌㄠㄏㄨㄟㄌㄞ ①물속에서 도로 건져 내다. ②빚돈 같은 것을 회수하다.
[撈一家夥] lāo ìchiāhuo ㄌㄠ ㄧˋㄐㄧㄚ ㄏㄨㄛ 큰 돈을 벌다. 「건져내다.
[撈麪] lāo mièn ㄌㄠㄇㄧㄢˋ 끓인 국수를
[撈摸] lāomō ㄌㄠㄇㄛ ①물 속의 물건을 손으로 찾아내다. ②lāomo ㉮주형(鑄型)을 만들다. ㉯찾아서 잡다. > 撈撈摸摸.
[撈本兒] lāopěnrh ㄌㄠㄅㄣㄦ ①(도박에서)밑천을 도로 찾다. ②원금(元金)을 회수하다.
[撈捎] lāoshāo ㄌㄠㄕㄠ ＝撈本兒.
[撈什子] lāoshíhtzū ㄌㄠㄕˊㄗ ①비열한 것. ②정체를 알 수 없는 것.
[撈底兒] lāotǐrh ㄌㄠㄉㄧˇㄦ ①밑에 있는 것을 건져 내다. ②잃었던 밑천을 도로 찾다.
[撈魚] lāo yǘ ㄌㄠㄩˊ 고기를 잡다.
[撈魚網] lāoyǘwǎng ㄌㄠㄩˊㄨㄤˇ 산대 : 「고기잡이 그물.

〔牢〕 láo ㄌㄠˊ ①(짐승 가두는) 우리. 울타리. ②희생(犧牲). 「太一; 소」 「少一; 양」 ③감옥. 교도소. 「坐一; 감옥에 갇히다」 ④굳다. 견고하다. 「一不可畜; 견고하여 망그러지지 않다」
[牢棧] láochàn ㄌㄠˊㄓㄢˋ 가축(家畜)을 가두어 두는 우리.
[牢記] láochì ㄌㄠˊㄐㄧˋ 확실히 외어 두다. 「一在心; 가슴에 뚜렷이 아로 새기다」
[牢監] láochiēn ㄌㄠˊㄐㄧㄢ 감옥.
[牢房] láofáng ㄌㄠˊㄈㄤˊ 감옥.
[牢靠] láok'ao ㄌㄠˊㄎㄠ ①든든하다. ②믿음직스럽다. 「這人做事最一; 이 사람의 일이 가장 잘되었다」 「게 하다.
[牢固] láokù ㄌㄠㄍㄨˋ 견고하다. 견고하
[牢牢的] láoláotê ㄌㄠˊㄌㄠˊㄉㄜ 뚜렷하다. 뚜렷이. 「一記在心裡; 뚜렷이 기억하고 있다」
[牢籠] láolúng ㄌㄠˊㄌㄨㄥˊ ①우리. 감방. ②포괄하다. ③농락하다. > 牢牢籠籠.
[牢落] láolò ㄌㄠˊㄌㄨㄛˋ ①성기다. ＝稀疏. ②사람의 흔적이 없어 쓸쓸하다. ③고립되어 있다.
[牢騷] láosao ㄌㄠˊㄙㄠ ①불만. 「發一; 불평을 말하다」 ②불평이다. > 牢牢騷騷.
[牢實] láoshih ㄌㄠˊㄕ 든든하다. 믿을 만하다. 빈틈 없다. > 牢牢實實.
[牢什子] láoshíhtzū ㄌㄠˊㄕˊㄗ 천하고 정체를 알 수 없는 것. 보잘 것 없는 것. ＝撈什子, 勞什子.
[牢穩] láowěn ㄌㄠˊㄨㄣˇ ①안온(安穩)하다. ②láowên 안전하고 견고하다. 온당(穩當)하다. 위태롭지 않다.

〔勞〕(劳) láo ㄌㄠˊ ①일하다. 노동하다. ②피로하다. 피로하게 하다. 「體力過一; 몸이 과로하다」 ③위로하다. 위문하다. 「一軍; 군대를 위문하다」
[勞症] láochěng ㄌㄠˊㄓㄥˋ 폐병(肺病). ＝勞瘵.
[勞駕] láochià ㄌㄠˊㄐㄧㄚˋ ①폐를 끼치다. ②왕림해 주시다. «敬» ③미안합니다. 「一! 這個字念什麼? ; 실례합니다, 이 글자는 무어라고 읽습니까?」 «人» ④수고했읍니다. 「一! 給我買點兒東西去; 수고스럽지만 물건을 사도시오」 «人»
[勞金] láochīn ㄌㄠˊㄐㄧㄣ ①보상금. ②공임(工賃).
[勞倦] láochüàn ㄌㄠˊㄐㄩㄢˋ 피로하다.
[勞軍] láochün ㄌㄠˊㄐㄩㄣ 군대를 위문하다. 「ㄨㄥ 헛일을 하다.
[勞而無功] láoérhwúkūng ㄌㄠˊㄦˊㄨˊㄍ
[勞乏] láofá ㄌㄠˊㄈㄚˊ 피로하다.
[勞費] láofèi ㄌㄠˊㄈㄟˋ ①노력(勞力)·경비. ②láofei 소모하다. 낭비하다. 「做統計工作, 太一工夫; 통계의 일을 하는데는 시간이 많이 소비되다」 「걱정하다.
[勞心] láohsīn ㄌㄠˊㄒㄧㄣ 마음을 쓰다.
[勞人費馬] láojén-fèimǎ ㄌㄠˊㄖㄣˊ ㄈㄟˋ ㄇㄚˇ ①남에게 폐를 끼치다. ②남을 호되게 부리다. «成»
[勞苦] láok'ǔ ㄌㄠˊㄎㄨˇ 고생하다. 애쓰다. 「一功高; 괴로움을 받으며 큰 공적을 세우다」 「동자.
[勞工] láokūng ㄌㄠˊㄍㄨㄥ ①노동. ②노
[勞累] láolèi ㄌㄠˊㄌㄟˋ ①고생하다. > 勞勞累累. ②láolei 수고를 시키다. 「我有一件事要一你帮忙; 당신에게 수고스럽지만 도움을 받아야겠읍니다」 「동력.
[勞力] láolì ㄌㄠˊㄌㄧˋ ①노동하다. ②노
[勞碌] láolù ㄌㄠˊㄌㄨˋ 안달하며 고생하다. > 勞勞碌碌.
[勞步] láopù ㄌㄠˊㄅㄨˋ 왕림(枉臨).
[勞神] láoshén ㄌㄠˊㄕㄣˊ 정신을 쓰다.
[勞什子] láoshíhtzū ㄌㄠˊㄕˊㄗ ①비열한. ②정체를 알 수 없는. ＝撈什子, 牢什子.
[勞瘁] laóts'uì ㄌㄠˊㄘㄨㄟˋ 고생하여 피로하다. 「②노동하다.
[勞作] láotsò ㄌㄠˊㄗㄨㄛˋ ①공작(工作).
[勞頓] láotùn ㄌㄠˊㄉㄨㄣˋ 피로하다. > 勞勞頓頓.
[勞動] láotùng ㄌㄠˊㄉㄨㄥˋ ①육체 노동. ②láotung 폐를 끼치다. 「我不敢一你; 나는 당신을 괴롭히지는 않습니다」
[勞動合同] láotùng hétung ㄌㄠˊㄉㄨㄥˋ ㄏㄜˊㄉㄨㄥ 노동 계약. 「메이데이.
[勞動節] láotùngchiéh ㄌㄠˊㄉㄨㄥˋㄐㄧㄝˊ
[勞動營] láotùngyíng ㄌㄠˊㄉㄨㄥˋㄧㄥˊ 포로 수용소. 수용소.
[勞資合同] láotzū hétung ㄌㄠˊㄗㄏㄜˊㄉㄨㄥ 노자 계약(勞資契約). 「立一; 노자 계약을 맺다」
[勞資糾紛] láotzū chiūfēn ㄌㄠˊㄗㄐㄧㄡ ㄈㄣ 노자 분규.

〔嘮〕 láo ㄌㄠˊ.
[嘮嗑] láok'ò ㄌㄠˊㄎㄜˋ 지껄이다. 요령 없는 말을 하다. 「嘮閑嗑; 세상 이야기를 하다」 ＝聊閑天. 「아우성치다.
[嘮呶] láonáo ㄌㄠˊㄋㄠˊ 소란을 피우다.
[嘮叨] láotao ㄌㄠˊㄉㄠ 우물쭈물 말하다.

투덜투덜 말하다. >嘮嘮叨叨.
〔癆〕(痨)「폐결핵」「腸一 ; 장결핵」
lắo ㄌㄠˊ 결핵. 肺一 ;
[癆病] lắoping ㄌㄠˊㄅㄧㄥˋ 폐병.「一膣子
; 폐병 환자. 몸이 약한 사람」
「②좋은 술.
〔醪〕 lắo ㄌㄠˊ ①탁주(濁酒). 막걸리.
[醪糟兒] lắots'āorh ㄌㄠˊㄘㄠㄦ 탁주.
〔老〕 lǎo ㄌㄠˇ ①나이가 많다. 연상이
다.「年一 ; 늙은이다」②노쇠해지다.「別
看我年紀大了, 人可不一 ; 나이가 들었다
고 얕보지 말라. 아직 늙어 빠지지는 않
았다」③낡은. 이전의. 오래된.「一交情 ;
오랜 교제」「一米 ; 오랜 쌀」 ④경험을
쌓은. 숙련된.「一手 ; 숙련자」⑤장다리
가 서다. 굳다.「菠菜一了 ; 시금치는 장
다리가 생겼다」⑥검은 빛을 띤.「一紅
; 암홍색(暗紅色)」⑦오랫동안. 오랜만
에. 언제까지나.「一沒見面了 ; 오랜만입
니다」⑧언제나. 변함 없이. ⑨매우. 훨씬.
「一早 ; 훨씬 빠르게」「一遠 ; 아득히 먼
저쪽」⑩(형제 자매의 나이의 차례)「你
是一幾? ; 당신은 형제들 중 몇 번째입
니까?」「一二 ; 차남」⑪(형제 자매의)
막내의.「一幾子 ; 막내아들」「一妹子 ;
막내누이동생」⑫접두어 : ㉮성(姓)이나
딴 명사에 붙여서 존경이나 친밀을 나타
냄.「一弟 ; 연소자(年少者)에 대한 경칭. 귀
군(貴君).「一張 ; 장군(張君)」㉯ 약간의
동물 이름에 붙음.「一虎 ; 범」「一鼠 ;
쥐」 「반자(同伴者).
[老愛人] lǎoàijến ㄌㄠˇㄞˋㄖㄣˊ 오랜 동
[老丈] lǎochàng ㄌㄠˇㄓㄤˋ 늙은이.
[老賬] lǎochàng ㄌㄠˇㄓㄤˋ ①오랜 빚. ②
오랫동안 해결하지 못한 문제.
[老丈人] lǎochàngjên ㄌㄠˇㄓㄤˋㄖㄣ ①
장인(丈人). ②바보. «罵»
[老巢] lǎoch'ấo ㄌㄠˇㄔㄠˊ ①옛 둥우리.
오래 살던 집. ②도둑의 소굴.
[老者] lắochě ㄌㄠˊㄓㄜˇ 늙은이: 부를 때
도 쓰는 말.
[老成] lǎoch'êng ㄌㄠˇㄔㄥ ①경험이 풍
부하고 세상 물정을 잘 알고 있다.「一持
重 ; 노련하고 신중하다」 >老老成成.
문장의 솜씨가 온건하고 침착하다.
[老誠] lǎoch'ếng ㄌㄠˇㄔㄥˊ 선량하고 성
실하다.
[老幾] lắochǐ ㄌㄠˊㄐㄧˇ ①형제 자매의 아
래 위의 순서를 묻는 말. ②어떤 놈.「別
理他, 他算一呢? ; 염려 없다, 그가 뭐란
말이냐?」
[老氣] lǎoch'ì ㄌㄠˇㄑㄧˋ ①노련한 기개. ②
(옷 따위가)예스럽다. ③(색채가) 검소하
다.
[老侄] lǎochíh ㄌㄠˇㄓˊ 자기보다 나이가
적은 사람에 대한 정중한 호칭. 「고향.
[老家] lǎochiā ㄌㄠˇㄐㄧㄚ ①본적지. ②
[老將] lǎochiàng ㄌㄠˇㄐㄧㄤˋ 노장. 베터
런. 「煙家).
[老槍] lǎoch'iāng ㄌㄠˇㄑㄧㄤ 애연가(愛
[老江湖] lǎochiānghu ㄌㄠˇㄐㄧㄤㄏㄨ 세
상 일에 능숙한 사람.
[老親戚] lǎoch'īnch'ī ㄌㄠˇㄑㄧㄣㄑㄧ 그
놈, 대단한 놈: 욕이나 칭찬을 할 때 쓰
는 말. =老家親. «西» 「오랜 교제.
[老交情] lǎochiāoch'ing ㄌㄠˇㄐㄧㄠㄑㄧㄥ

[老教門兒] lǎochiàoměnrh ㄌㄠˇㄐㄧㄠˋㄇ
ㄣˊㄦ 이슬람교의 교도(教徒).「一館子 ;
이슬람교 교도의 요리점: 돼지 고기로 만
든 요리는 내지 않음」
[老家兒] lǎochiārh ㄌㄠˇㄐㄧㄚㄦ 부모 또
는 존속(尊屬). 「새. «方»
[老家賊] lǎochiātséi ㄌㄠˇㄐㄧㄚㄗㄟˊ 참
[老家子] lǎochiātzǔ ㄌㄠˇㄐㄧㄚㄗ 참새의
속칭.
[老街坊] lǎochiēhfang ㄌㄠˇㄐㄧㄝㄈㄤ 이
웃사람을 친밀하게 부르는 말. 이웃사람.
[老姐妹兒] lắochiěhmèirh ㄌㄠˊㄐㄧㄝˇㄇ
ㄟˋㄦ ①늙은 자매(姉妹). ②친히 지내는
부인(婦人).「바닥에 피부가 굳어진 것.
[老繭] lắochiěn ㄌㄠˊㄐㄧㄢˇ 못: 발이나 손
[老奸巨猾] lǎochiēn-chǜhuắ ㄌㄠˇㄐㄧㄢ
ㄐㄩˋㄏㄨㄚˊ 교활하기 그지없는 인물.
[老前輩] lǎoch'iénpèi ㄌㄠˇㄑㄧㄢˊㄅㄟˋ 대
선배(大先輩).
[老驥伏櫪] lǎochì fúlì ㄌㄠˇㄐㄧˋㄈㄨˊㄌㄧˋ
늙어도 원대한 뜻을 품다. «成»
[老氣橫秋] lǎoch'ì héngch'iū ㄌㄠˇㄑㄧˋ
ㄏㄥˊㄑㄧㄡ ①늙은 체하면서 거만하게
굴다. =老聲老氣. ②보기만 하여도 늙은
이답다. ③기개가 매우 왕성하다. «成»
[老直理] lǎochíhlǐ ㄌㄠˇㄓˊㄌㄧˇ ①움직일
수 없는 이치. ②융통성 없는. 「會說
一股一 ; 구실을 잘 대다」
[老親] lǎoch'īn ㄌㄠˇㄑㄧㄣ ①부모. ②몇
대까지도 오랫동안 인척(姻戚) 관계에
있는 사이.
[老親舊友] lǎoch'īn-chiǜyǔ ㄌㄠˇㄑㄧㄣ
ㄐㄧㄡˋㄧㄡˇ 친한 친척이나 친구.
[老景] lắochǐng ㄌㄠˊㄐㄧㄥˇ 만년(晩年)의
경우. 「술.
[老酒] lắochiǔ ㄌㄠˊㄐㄧㄡˇ 오래 저장한
[老絕戶] lǎochüéhhù ㄌㄠˇㄐㄩㄝˊㄏㄨˋ 대
(代)가 끊어진 사람. 자손이 없는 사람을
비꼬는 말. 「정. ②굳건한 의지.
[老主意] lắochǔ i ㄌㄠˊㄓㄨˇㄧ ①계획. 예
[老主顧] lắochǔkù ㄌㄠˊㄓㄨˇㄍㄨˋ 단골
손님. 「들리지 않는 생각. ②근거.
[老準兒] lắochǔnrh ㄌㄠˊㄓㄨㄣˇㄦ ①흔
[老二] lǎoềrh ㄌㄠˇㄦˋ 차남(次男) · 차녀
를 부르는 말. 「子.
[老法] lắofǎ ㄌㄠˊㄈㄚˇ 옛날 방법. =老法
[老風氣] lǎofēngch'ì ㄌㄠˇㄈㄥㄑㄧˋ 옛날
부터 내려오는 습관.
[老封建] lǎofēngchièn ㄌㄠˇㄈㄥㄐㄧㄢˋ ①
봉건적. 시대 사조에 어둡다. ②봉건적
인 사람. 세월의 흐름을 모르는 사람.
[老婦] lǎofù ㄌㄠˇㄈㄨˋ 늙은 부인. 노파
(老婆). 「낮추어 일컫는 말.
[老夫] lǎofū ㄌㄠˇㄈㄨ 늙은이가 자기를
[老夫老妻] lǎofū-lǎoch'ī ㄌㄠˇㄈㄨㄌㄠˇ
ㄑㄧ ①노인 부부. ②오랫동안 같이 한
사이.
[老腐敗] lắofǔpài ㄌㄠˊㄈㄨˇㄅㄞˋ 머리가
케케묵어서 아무 쓸모 없는 사람.
[老海] lắohǎi ㄌㄠˊㄏㄞˇ 헤로인 : 모르핀
으로 만든 마취약.
[老漢] lǎohàn ㄌㄠˇㄏㄢˋ ①늙은이. ②늙
은이가 스스로를 부르는 말.
[老行家] lǎohắngchia ㄌㄠˇㄏㄤˊㄐㄧㄚ 오
랜 경험을 쌓은 사람.
[老行當] lǎohắngtang ㄌㄠˇㄏㄤˊㄉㄤ 오
래 전부터 해 오는 일.

[老好] láohǎo ㄌㄠˊㄏㄠˇ 매우 좋다.
[老好(兒)] láohǎo(rh) ㄌㄠˊㄏㄠˇ(ㄦ) 점잖은 사람. 「씨 좋은 사람.
[老好人] lǎohǎojên ㄌㄠˇㄏㄠˇㄖㄣˊ 마음
[老好子] lǎohǎotzū ㄌㄠˇㄏㄠˇㄗ 의리가 있는 사람.
[老鄉] lǎohsiāng ㄌㄠˇㄒㄧㄤ ①동향인(同鄉人). ②시골 사람. ③모르는 사람을 부를 때 쓰는 말.
[老相好] lǎohsiānghǎo ㄌㄠˇㄒㄧㄤㄏㄠˇ 오래 전부터 친했던 사람.
[老相識] lǎohsiāngshíh ㄌㄠˇㄒㄧㄤㄕˊ 오래 전부터 낯을 아는 사람. 오래 전부터 친했던 사람.
[老小] láohsiǎo ㄌㄠˊㄒㄧㄠˇ ①늙은이와 어린이. ②가족. ③어린이.《江》 >老老小小.
[老先生] lǎohsiēnshêng ㄌㄠˇㄒㄧㄢㄕㄥ 자기보다 나이가 많고 지위가 높은 사람에 대한 존칭.
[老羞成怒] lǎohsiū ch'ếngnǔ ㄌㄠˇㄒㄧㄡ ㄔㄥˊㄋㄨˋ 부끄러운 나머지 화를 내다.
[老兄] lǎohsiūng ㄌㄠˇㄒㄩㄥ ①형의 자칭(自稱). ②친구 사이의 호칭.
[老虎] láohǔ ㄌㄠˊㄏㄨˇ, lǎohu 호랑이.
[老花] lǎohuā ㄌㄠˇㄏㄨㄚ 나이가 들어서 시력이 흐리다. 노안(老眼)이 되다. 「一鏡 : 노안경」「一眼 : 심한 노안」
[老話(兒)] lǎohuà(rh) ㄌㄠˇㄏㄨㄚˋ(ㄦ) ①옛이야기. ②속담. ③알려진 이야기
[老滑頭] lǎohuátou ㄌㄠˇㄏㄨㄚˊㄉㄡ 능구렁이. 「이스 : 기계 공작에 쓰는 기구
[老虎鉗] láohǔch'ién ㄌㄠˊㄏㄨˇㄑㄧㄢˊ 바
[老虎帽兒] láohǔmàorh ㄌㄠˊㄏㄨˇㄇㄠˋㄦ 호랑이를 수놓은 남자의 모자.
[老紅] lǎohūng ㄌㄠˇㄏㄨㄥ ①짙은 빨강 ②암홍색의.
[老火] láohuǒ ㄌㄠˊㄏㄨㄛˇ ①(정도가) 심하다. ②(병이) 중하다. ③(일이) 하기 어렵다. 귀찮다.《方》
[老貨兒] lǎohuòrh ㄌㄠˇㄏㄨㄛˋㄦ ①늙은 몸. ②헌 것.
[老虎式子] láohǔshìhtzū ㄌㄠˊㄏㄨˇㄕˋㄗ 무예(武藝)의 자세의 하나 : 날카롭게 달려 들려는 자세
[老虎凳] láohǔtêng ㄌㄠˊㄏㄨˇㄉㄥˋ 고문용(拷問用)의 의자. 「물을 파는 가게.
[老虎竈] láohǔtsào ㄌㄠˊㄏㄨˇㄗㄠˋ 끓인
[老胡塗] lǎohút'u ㄌㄠˇㄏㄨˊㄊㄨ ①노인. ②망령 부리다. 「(世代). 지난 세대.
[老一輩] lǎoípèi ㄌㄠˇㄧˊㄅㄟˋ 먼저 세대
[老一套] lǎoítào ㄌㄠˇㄧˊㄊㄠˋ 늘 쓰는 방법. 상투 수단.
[老人(兒)] lǎojên(rh) ㄌㄠˇㄖㄣˊ(ㄦ) ①늙은이. ②아버지 또는 어머니. ③낡은 사고 방식을 지닌 사람. ④옛사람. ⑤고참(古參).
[老人家] lǎojênchia ㄌㄠˇㄖㄣˊㄐㄧㄚ ①자기 아버지나 남의 아버지를 부를 때 쓰는 말」②일반사람에 대한 존칭. 「你一 ; 귀하(貴下)」③노인.
[老人勁兒] lǎojênchìnrh ㄌㄠˇㄖㄣˊㄐㄧㄣˋㄦ 완고한 성격.
[老人星] lǎojênhsīng ㄌㄠˇㄖㄣˊㄒㄧㄥ ①별 이름. ②늙은이. 「이
[老弱] lǎojò ㄌㄠˇㄖㄨㄛˋ 늙은이와 어린
[老弱殘兵] lǎojò-ts'ánpīng ㄌㄠˇㄖㄨㄛˋ ㄘㄢˊㄅㄧㄥ 능력이 없는 사람을 비꼬는 말.
[老杆] lǎokǎn ㄌㄠˇㄍㄢˇ ①시골뜨기 ②식견이 좁은 사람. =老赶. 老憨.《北》
[老幹] lǎokan ㄌㄠˇㄍㄢ ①겉치레가 없다. ②침착하며 착실하다.
[老高] lǎokāo ㄌㄠˇㄍㄠ 매우 높다.
[老根] lǎokēn ㄌㄠˇㄍㄣ 오랜 뿌리. 貪窮的一挖掉了 : 가난이라는 오랜 뿌리를 캐냈다」
[老根兒] lǎokēnrh ㄌㄠˇㄍㄣㄦ ①가문(家門). =家世. ②생활의 주요한 기초가 되는 곳. 「자네. 또는 형.
[老哥] lǎokō ㄌㄠˇㄍㄜ 친구 사이의 호칭.
[老胳臂老腿兒] lǎokōpei-lǎot'uirh ㄌㄠˇㄍㄜㄅㄟ ㄌㄠˇㄊㄨㄟˇㄦ 비틀거리는 다리. 「我這一的·就上不了那麼高 ; 나의 이 비틀거리는 다리로는 그렇게 높이 오를 수 없다」
[老疙瘩] lǎokōta ㄌㄠˇㄍㄜㄉㄚ ①오랜 응어리. 「解開一 : 오랜 응어리를 풀다」 ②늙어서 낳은 자식.
[老哥兒倆] lǎokōrhliǎ ㄌㄠˇㄍㄜㄦㄌㄧㄚˇ ①친한 두 남자를 한꺼번에 말할 때 쓰는 말. ②=老哥兒們③.
[老哥兒們] lǎokōrhmên ㄌㄠˇㄍㄜㄦㄇㄣ ①형님. ②동료 사이의 호칭. ③나이나 신분이 비슷한 두 남자에 대한 호칭.
[老口] láok'ǒu ㄌㄠˊㄎㄡˇ (가축 따위의) 나이 먹은. 「一牛 : 늙은 소」
[老狗] láokǒu ㄌㄠˊㄍㄡˇ ①늙은 개. ②늙은 사람.
[老鴰] lǎokua ㄌㄠˇㄍㄨㄚ 까마귀
[老鸛] lǎokuàn ㄌㄠˇㄍㄨㄢˋ 황새.
[老閨女] lǎokuīnü ㄌㄠˇㄍㄨㄟㄋㄩ 오울드미스. 노처녀. 「래 풍습(風習).
[老規矩] lǎokuīchü ㄌㄠˇㄍㄨㄟㄐㄩ 오
[老公] lǎokūng ㄌㄠˇㄍㄨㄥ ①남편을 부르는 말. ② lǎokung 내시(內侍)의 속칭(俗稱).
[老公公] lǎokūngkung ㄌㄠˇㄍㄨㄥㄍㄨㄥ ①어린이가 나이 많은 남자를 부르는 말. ②시할아버지
[老公母倆] lǎokūngmǔliǎ ㄌㄠˇㄍㄨㄥㄇㄨˊㄌㄧㄚˇ 노부부(老夫婦) 두 사람.
[老公嘴兒] lǎokungtsuǐrh ㄌㄠˇㄍㄨㄥㄗㄨㄟˇㄦ 수염이 나지 않은 사람. 내시(內侍)는 수염이 나지 않기 때문에 부르는 말. 「처녀
[老姑娘] lǎokūniang ㄌㄠˇㄍㄨㄋㄧㄤ 노
[老姑兒] lǎokūrh ㄌㄠˇㄍㄨㄦ =老娘兒
[老古董] lǎokútǔng ㄌㄠˇㄍㄨˊㄉㄨㄥˇ ①정신이 낡은 사람. ②완고한 늙은이.
[老骨頭] lǎokút'ou ㄌㄠˇㄍㄨˊㄊㄡ ①늙은 몸. ②노인을 얕잡아 부르는 말.
[老辣] lǎolà ㄌㄠˇㄌㄚˋ 매우 엄하다.
[老來] lǎolái ㄌㄠˇㄌㄞˊ 늙은 뒤. 「一貧 ; 늙은 뒤에 가난하다」
[老來俏] lǎoláich'iào ㄌㄠˇㄌㄞˊㄑㄧㄠˋ 늙어도 젊게 보이려고 하는 일.
[老來少] lǎoláishào ㄌㄠˇㄌㄞˊㄕㄠˋ ①몸은 늙어도 마음은 젊다. ②〈植〉색비름.
[老郎神] lǎolángshên ㄌㄠˇㄌㄤˊㄕㄣˊ 배우(俳優)가 받들어 모시는 신(神).
[老老] lǎolao ㄌㄠˇㄌㄠ ①외할머니. =姥姥. ②산파(産婆). ③제기랄.《罵》
[老了] lǎolê ㄌㄠˇㄌㄜ 죽은. =老去.《西》

[老淚] lǎo lèi ㄌㄠˇㄌㄟˋ 늙은이의 눈물 「落了點兒一；늙은이가 눈물을 떨어뜨렸다」

[老了隱了] lǎolê yǐnlê ㄌㄠˊㄌㄜ ㄧㄣˇ ㄌㄜ 이미 발전 향상이 없어졌다. 「예.

[老例(兒)] lǎolì(rh) ㄌㄠˊㄌㄧˋ(ㄦ) 오랜

[老臉] láoliěn ㄌㄠˊㄌㄧㄢˇ ①늙은 얼굴. ②경극(京劇)에서의 악한역의 별명. ③뻔뻔스럽다.

[老練] lǎoliền ㄌㄠˇㄌㄧㄢˋ 솜씨가 훌륭하다. 일에 숙련되어 있다. 성격이 단련되어 있다. 「③

[老臉兒] lǎoliènrh ㄌㄠˇㄌㄧㄢˋㄦ ＝老臉

[老隣舊居] lǎolín-chiùchū ㄌㄠˇㄌㄧㄣˊㄐㄧㄡˋㄐㄩ 오래 전부터의 이웃 사람.

[老琉璃] lǎoliúli ㄌㄠˇㄌㄧㄡˊㄌㄧ 〈動〉 잠자리. ＝蜻蜓.

[老路] lǎolū ㄌㄠˇㄌㄨˋ (추상적인 뜻의) 옛길. 언젠가 거쳐온 길. 「走一；옛길을 더듬다」

[老綠] lǎolū ㄌㄠˇㄌㄨˋ 짙은 암록색.

[老媽] lǎomā ㄌㄠˇㄇㄚ ①어머니. ②계집종. 「계집종.

[老媽媽] lǎomāma ㄌㄠˇㄇㄚㄇㄚ 늙은

[老邁] lǎomài ㄌㄠˇㄇㄞˋ 늙고 약한.

[老毛病] lǎomáoping ㄌㄠˇㄇㄠˊㄅㄧㄥ ①오랜 결점. ②오랜 병. ③고칠 수 없는 결점.

[老毛病兒] lǎomáopingrh ㄌㄠˇㄇㄠˊㄅㄧㄥㄦ (습관이 되어 있는) 고질. 버릇.

[老馬識途] láomǎ shíht'ú ㄌㄠˊㄇㄚˇ ㄕˊㄊㄨˊ 늙은 말은 길을 잘 안다는 뜻으로 경험을 쌓은 사람이 그 일에 밝다는 말. «成» 「식모.

[老媽子] lǎomātzǔ ㄌㄠˇㄇㄚㄗ 계집종.

[老妹妹] lǎomèimei ㄌㄠˇㄇㄟˋㄇㄟ 막냇누이.

[老門檻] lǎoměnkǎn ㄌㄠˇㄇㄣˊㄎㄢˇ ①일에 정통한 사람. ②일에 능숙함. ③솜씨는 좋으나 품위가 없음.

[老面皮] lǎomiènpí ㄌㄠˇㄇㄧㄢˋㄆㄧˊ ①파렴치한 놈. ②＝老面子①.

[老面子] lǎomièntzǔ ㄌㄠˇㄇㄧㄢˋㄗ 오랜 정의(情誼). ②늙은이의 얼굴.

[老命] lǎomìng ㄌㄠˇㄇㄧㄥˋ ①늙은이의 목숨. ②여생(餘生)이 얼마 남지 않은 것. 「拼了這條一；그 짧은 여생을 돌보지 않고 내던지다」

[老謀深算] lǎomóu-shēnsuàn ㄌㄠˇㄇㄡˊㄕㄣㄙㄨㄢˋ 심사숙고하여 계획하다«成»

[老母] láomǔ ㄌㄠˊㄇㄨˇ ①늙은 어머니. ②어머니.

[老衲] lǎonà ㄌㄠˇㄋㄚˋ 우승(愚僧): 중이 자기를 낮추어 일컫는 말. ＝衲子.

[老奶奶] láonǎinai ㄌㄠˊㄋㄞˇㄋㄞ ①친척 중에서 자기보다 연상인 늙은 부인에 대한 존칭. ②늙은 부인에 대한 존칭.

[老腦筋] láonǎochin ㄌㄠˊㄋㄠˇㄐㄧㄣ 사고 방식이 낡은 사람. ＝舊腦筋.

[老娘] lǎoniáng ㄌㄠˇㄋㄧㄤˊ ①늙은 어머니. ②말괄량이. «舊» ③lǎoniang ㉮외할머니. ㉯산파.

[老娘們兒事] lǎoniángmênrhshìh ㄌㄠˇㄋㄧㄤˊㄇㄣㄦㄕˋ ①이치가 안 통하는 우스운 일. ②보잘 것 없는 것. ③비밀의 일. 「고모(姑母): 기혼 여성을 말함.

[老娘兒] lǎoniángrh ㄌㄠˇㄋㄧㄤˊㄦ 막내

[老娘兒倆] lǎoniángrhliǎ ㄌㄠˇㄋㄧㄤˊㄦㄌㄧㄚˇ ①모자(母子) 두 사람. ②모녀 두 사람. ③연상의 부인과 연하의 부인 두 사람.

[老娘兒們] lǎoniángrhmên ㄌㄠˇㄋㄧㄤˊㄦㄇㄣ 부인(婦人). 「날. ＝老年間.

[老年] lǎonién ㄌㄠˇㄋㄧㄢˊ ①노년. ②옛

[老年間] lǎoniénchiēn ㄌㄠˇㄋㄧㄢˊㄐㄧㄢ 옛날. 이전.

[老牛舐犢] lǎoniú shìhtu ㄌㄠˇㄋㄧㄡˊㄕˋㄉㄨ 늙은 소가 자기 새끼를 핥는다는 뜻으로, 자녀를 애지중지한다는 말. «成»

[老農] lǎonúng ㄌㄠˇㄋㄨㄥˊ 농업에 오래 종사한 사람. 늙은 농부.

[老派] lǎop'ài ㄌㄠˇㄆㄞˋ 옛날 모습.

[老白酒] lǎopáichiǔ ㄌㄠˇㄅㄞˊㄐㄧㄡˇ 순수한 고량주(高粱酒). ＝白乾兒.

[老百姓] lǎopǎihsìng ㄌㄠˇㄅㄞˇㄒㄧㄥˋ 평민. 서민. 「알려진 상표. 또는 그 상품.

[老牌兒] lǎop'áirh ㄌㄠˇㄆㄞˊㄦ 이름이

[老派兒] lǎop'àirh ㄌㄠˇㄆㄞˋㄦ ①언동이 보수적인 사람. ②보수적인 한 파(派).

[老牌子] lǎop'áitzǔ ㄌㄠˇㄆㄞˊㄗ ＝老牌兒.

[老板] láopǎn ㄌㄠˊㄅㄢˇ ①상점의 주인. ②상점 주인에 대한 경칭(敬稱). ③구각(舊刻)의. 목판서(木版書).

[老棒] lǎopang ㄌㄠˇㄅㄤ ①수분이 없다. ②솜씨 있다. ③건강하고 튼튼하다.

[老板娘] láopǎnniáng ㄌㄠˊㄅㄢˇㄋㄧㄤˊ ①상점 주인의 아내. ②상점 안주인에 대한 경칭. ③주인 아주머니.

[老板板] láopǎnpan ㄌㄠˊㄅㄢˇㄅㄢ ＝老八板兒. 「동반자.

[老伴兒] lǎopànrh ㄌㄠˇㄅㄢˋㄦ 늙은이의

[老般大兒] lǎopāntàrh ㄌㄠˇㄅㄢㄉㄚˋㄦ 같은 나이 또래의 늙은이.

[老半天] lǎopànt'iēn ㄌㄠˇㄅㄢˋㄊㄧㄢ 한참. 오랫동안. 「一說不出話來；한참 동안은 말도 나오지 않았다」

[老梆子] lǎopāngtzǔ ㄌㄠˇㄅㄤㄗ 늙정이: 늙은이를 나쁘게 부르는 말.

[老八板兒] lǎopāpǎnrh ㄌㄠˇㄅㄚㄅㄢˇㄦ 보수적이며 완고하다.

[老把勢] láopǎshih ㄌㄠˊㄅㄚˇㄕ 한 가지 재주에 뛰어난 사람. 전문가. 「기술자.

[老把式] láopǎshih ㄌㄠˊㄅㄚˇㄕ 노련한

[老背晦] lǎopèihui ㄌㄠˇㄅㄟˋㄏㄨㄟ 나이 들어 머리가 둔하다.

[老輩兒] lǎopèirh ㄌㄠˇㄅㄟˋㄦ ①연장자(年長者). 웃사람. ②선대(先代)의 사람.

[老輩子] lǎopèitzǔ ㄌㄠˇㄅㄟˋㄗ 선대의 사람.

[老繃] lǎopêng ㄌㄠˇㄅㄥ ①(상처 따위가) 시간이 지나서 아물다. ②경험을 쌓아 안정되다. 「많다. 매우 심하다.

[老繃了] lǎopênglê ㄌㄠˇㄅㄥㄌㄜ 매우

[老朋友] lǎop'ěngyu ㄌㄠˇㄆㄥˊㄧㄡ ①오래된 친구 ②친하게 부르는 말.

[老本兒] láopěnrh ㄌㄠˊㄅㄣˇㄦ ①기본재산. ②헌 목판서(木版書).

[老表] láopiǎo ㄌㄠˊㄅㄧㄠˇ 사촌 아우를 부르는 말.

[老俵] láopiǎo ㄌㄠˊㄅㄧㄠˇ ①강서(江西) 사람이 동향(同鄉)의 사람을 친하게 부르는 말. ②강서인(江西人)의 이칭(異稱).

[老病] lǎopìng ㄌㄠˇㄅㄧㄥˋ 늙고 병들어

있다.
[老病根] lǎopìngkēn ㄌㄠˇㄅㄧㄥˋㄍㄣ 지병(持病). 가지고 있는 신병.
[老病兒] lǎopìngrh ㄌㄠˇㄅㄧㄥˋㄦ ①지병(持病). ②나쁜 버릇.
[老鼻子] lǎopítzǔ ㄌㄠˇㄅㄧˊㄗ ①많다.「逃跑的人一啦；도망 친 사람은 많았어요」《東》 ②늙정이. 늙은이.
[老伯] lǎopó ㄌㄠˇㄅㄛˊ ①아버지의 친구. ②친구의 아버지에 대한 존칭.
[老婆] lǎop'o ㄌㄠˇㄆㄜ 아내.
[老婆婆] lǎop'óp'o ㄌㄠˇㄆㄛˊㄆㄛ 늙은 부인에 대한 경칭. 「②노처. ③여자 하인.
[老婆兒] lǎop'órh ㄌㄠˇㄆㄛˊㄦ ①노파.
[老婆子] lǎop'ótzǔ ㄌㄠˇㄆㄛˊㄗ ①어머니. ②할머니. 「규칙. 낡은 방법.
[老譜(兒)] láop'ǔ(rh) ㄌㄠˊㄆㄨˇ(ㄦ) 낡은
[老不死] lǎopussǔ ㄌㄠˇㄅㄨㄙˇ 죽어야 할 때 죽지 못하고 살아 남는 일. 또는 그 사람.
[老不要臉] lǎopú yàoliěn ㄌㄠˇㄅㄨˊㄧㄠˋㄌㄧㄢˇ 철면피(鐵面皮)하다. 부끄러움도 모르는. 체면도 모르는.
[老兒子] lǎoérhtzǔ ㄌㄠˇㄦˊㄗ ①사내 막둥이. ②나이 많은 부모에게서 난 아들.
[老三] lǎosān ㄌㄠˇㄙㄢ ①형제 자매의 세째를 부르는 말. ②lǎosan 마구 먹다.「你在外頭一什麼呀？；너는 밖에서 무엇을 먹고 왔느냐?」 「儿 오입하다.
[老三點兒] lǎosāntiěnrh ㄌㄠˇㄙㄢㄉㄧㄢˇ
[老山溝兒] lǎoshān' kōurh ㄌㄠˇㄕㄢㄍㄡ儿 마을에서 멀리 떨어진 골짜기.
[老少] lǎoshào ㄌㄠˇㄕㄠˋ 늙은이와 젊은이. =老老少少.
[老生] lǎoshēng ㄌㄠˇㄕㄥ 연극에서의 군신(君臣)·충신·현상(賢相)·열사·학자·장로(長老) 따위의 역(役). =鬚生. 胡子.
[老生常談] lǎoshēng ch'ángt'án ㄌㄠˇㄕㄥㄔㄤˊㄊㄢˊ ①늙은이의 일상적인 세상살이 이야기. ②누구든지 알고 있는 흔해 빠진 이야기. 《成》 「딸.
[老生女] lǎoshēngnǔ ㄌㄠˇㄕㄥㄋㄩˇ 막내
[老生子] lǎoshēngtzǔ ㄌㄠˇㄕㄥㄗ 늙어서 낳은 자식.
[老師] lǎoshīh ㄌㄠˇㄕ 스승에 대한 경칭.
[老實] lǎoshíh ㄌㄠˇㄕˊ ①성실하다. ②lǎoshih 정직하다. ③무기력하다. ④점잖다. =老老實實. 「대로 사귀어 오는 사이.
[老世交] lǎoshìhchiāo ㄌㄠˇㄕˋㄐㄧㄠ 대
[老實家夥] lǎoshih chiāhuo ㄌㄠˇㄕㄐㄧㄚㄏㄨㄛ ①본분을 지키는 사람. ②성실한 사람.
[老式] lǎoshìh ㄌㄠˇㄕˋ 구식(舊式).
[老是] lǎoshìh ㄌㄠˇㄕˋ 언제나. 늘.「他一埋怨傍人；그는 늘 남에게 불만을 품다」 =總是. 「儿 =老實頭.
[老實交兒] lǎoshihchiāorh ㄌㄠˇㄕㄐㄧㄠ
[老師傅] lǎoshīhfu ㄌㄠˇㄕㄈㄨ ①직인(職人)의 우두머리. ②이슬람 교도(教徒)의 주교자(主教者).
[老實話] lǎoshihhuà ㄌㄠˇㄕㄏㄨㄚˋ ①정직한 이야기.「說一；솔직하게 말하자면」 ②lǎoshíhhua 정말 옳은 말이야.
[老實人] lǎoshihjén ㄌㄠˇㄕㄖㄣˊ 진실한 사람. 착한 사람. 정직한 사람.
[老實巴交(兒)] lǎoshihpāchiāo(rh) ㄌㄠˇㄕㄅㄚㄐㄧㄠ(儿) ①매우 정직하다. 매우 섬잖다. ②동작이 느리고 머리가 둔하다. =老實巴焦兒. 「을 말하면.
[老實說] lǎoshihshuō ㄌㄠˇㄕㄕㄨㄛ 사실
[老實頭] lǎoshiht'óu ㄌㄠˇㄕㄊㄡˊ ①정직한 사람. ②무기력한 사람.
[老手] láoshǒu ㄌㄠˊㄕㄡˇ 숙련자.
[老手舊胳膊] láoshǒu-chiùkōpo ㄌㄠˊㄕㄡˇㄐㄧㄡˋㄍㄜㄅㄛ 쓸모 없는 사람.
[老壽星] lǎoshòuhsing ㄌㄠˇㄕㄡˋㄒㄧㄥ 늙은이의 장수(長壽)를 축하하는 말. ②수복(壽福)을 다스리는 신(神). 「구.
[老熟人] lǎoshóujén ㄌㄠˇㄕㄡˊㄖㄣˊ 옛 친
[老書] lǎoshū ㄌㄠˇㄕㄨ 고서(古書).
[老叔] lǎoshū ㄌㄠˇㄕㄨ ①맨 밑의 숙부. ②흔히 삼사십 세 가량의 어른을 어린이가 특히 친밀감을 갖고 부르는 말: 아저씨.
[老鼠] lǎoshu ㄌㄠˇㄕㄨ 쥐.「一過街，人人喊打；해를 끼치는 사람은 누구나가 미워하다」
[老死鑿兒] láossǔtsáorh ㄌㄠˊㄙˇㄗㄠˊ 儿 성질이 비뚤다. 성질이 비뚤어진 사람.
[老俗戲] lǎosúhsì ㄌㄠˇㄙㄨˊㄒㄧˋ ①미리 짜놓은 계책. ②널리 알려진 연극.
[老大] lǎotà ㄌㄠˇㄉㄚˋ ①형제 자매의 맏이. ②웃사람인 선배가 아랫사람인 후배 가운데 서열이 제일 높은 사람을 부르는 말. ③건달들의 우두머리. 두목. ④매우. 몹시.「心裡一不願意；마음 속으로 매우 좋아하지 않다」
[老態龍鍾] lǎot'ài lúngchūng ㄌㄠˇㄊㄞˋㄌㄨㄥˊㄓㄨㄥ 늙어서 동작이 부자유스럽다. 《成》 「니.
[老太婆] lǎot'àipó ㄌㄠˇㄊㄞˋㄅㄛˊ 할머
[老太太] lǎot'àit'ai ㄌㄠˇㄊㄞˋㄊㄞ ①주인의 어머니에 대한 존칭. ②자기 어머니나 남의 어머니에 대한 존칭. ③늙은 부인에 대한 존칭.
[老太爺] lǎot'àiyéh ㄌㄠˇㄊㄞˋㄧㄝˊ ①주인의 아버지에 대한 존칭. ②자기의 아버지나 남의 아버지에 대한 존칭.
[老大哥] lǎotàkō ㄌㄠˇㄉㄚˋㄍㄜ ①동년배나 연장자에 대한 경칭. ②대선배(大先輩).
[老旦] lǎotàn ㄌㄠˇㄉㄢˋ 경극(京劇)에서 늙은 부인으로 분장하는 배우.
[老當益壯] lǎotāngichuàng ㄌㄠˇㄉㄤㄧㄓㄨㄤˋ 늙어서 더욱 원기 왕성함.
[老大娘] lǎotàniáng ㄌㄠˇㄉㄚˋㄋㄧㄤˊ 일반적으로 늙은 부인에 대하여 쓰이는 존칭: 할머니. 「lǎotao =老到.
[老道] lǎotào ㄌㄠˇㄉㄠˋ ①도사(道士). ②
[老到] lǎotao ㄌㄠˇㄉㄠ 타당하고 세밀하다.「做事做得一；일을 하는 것이 타당하고 세밀하다」 >老老到到.
[老套子] lǎot'àotzǔ ㄌㄠˇㄊㄠˋㄗ 정해진 형(型). 입버릇. 상투 수단. 「④.
[老大的] lǎotàtê ㄌㄠˇㄉㄚˋㄉㄜ =老大
[老大爺] lǎotàyéh ㄌㄠˇㄉㄚˋㄧㄝˊ 일반적으로 늙은이에 대하여 쓰는 존칭.
[老的] lǎotê ㄌㄠˇㄉㄜ ①늙은 것. ②lǎotêrh 부모(父母). ③부양해야 할 직계나 존속.
[老等] láotěng ㄌㄠˊㄉㄥˇ 반드시 만난다는 약속을 할 때의 말.「咱們明天天橋見，我在那裏一；우리는 내일 "天橋"에서 만납시다. 나는 거기서 꼭 기다리

겠읍니다」
[老底] lǎotǐ ㄌㄠˇㄉㄧˇ ①의지하는 곳. 자신(自信). ②(나쁜 뜻에서의) 오랜 경력.
[老弟] lǎotì ㄌㄠˇㄉㄧˋ ①동년배나 연소자에 대하여 친하게 부르는 말. ②스승이 제자에 대하여 부르는 말.
[老雕] lǎotiāo ㄌㄠˇㄉㄧㄠ 독수리.
[老調] lǎotiào ㄌㄠˇㄉㄧㄠˋ 정해진 가락. 「唱一 ; 정해진 가락으로 부르다」
[老掉了牙] lǎotiàolê yá ㄌㄠˇㄉㄧㄠˋㄌㄜ ㄧㄚˊ 아주 헐어서 보기 싫게 되다.
[老爹] lǎotiēh ㄌㄠˇㄉㄧㄝ ①아버지. ②연장자에 대한 경칭. 「(神).
[老天] lǎot'iēn ㄌㄠˇㄊㄧㄢ 해님(太陽). 신
[老天爺] lǎotiēnyéh ㄌㄠˇㄊㄧㄢㄧㄝˊ 해님. 신. 「一餓不死瞎家雀兒 ; 하느님은 약한 사람을 내버려 두지 않는다. 어디를 가나 굶지는 않다」
[老底兒(一子)] lǎotǐrh(一tzǔ) ㄌㄠˇㄉㄧˇㄦ(一ㄗ) ①의지하는 곳. 신뢰하는 곳. ②그전부터 지닌 비밀. 「抖摟一 ; 그전부터의 비밀을 폭로하다」 ③가문(家門).
[老豆腐] lǎotòufu ㄌㄠˇㄉㄡˋㄈㄨ 오래 끓여서 굳어진 두부.
[老頭兒] lǎot'óurh ㄌㄠˇㄊㄡˊㄦ 늙은이.
[老頭兒(一子)] lǎot'óurh(一tzǔ) ㄌㄠˇㄊㄡˊㄦ(一ㄗ) 자기의 아버지나 남의 아버지를 부르는 말.
[老頭子] lǎot'óutzǔ ㄌㄠˇㄊㄡˊㄗ ①할아버지. ②자기의 아버지. ③어떤 단체 따위의 책임자를 친밀하게 부르는 말. ④남편: 남편을 얕잡아 부르는 말.
[老財] lǎots'ái ㄌㄠˇㄘㄞˊ ①큰 재산. ②큰 벌이. 「發一 ; 크게 벌다」 ③시골 사람이 부자를 부르는 말.
[老菜] lǎots'ài ㄌㄠˇㄘㄞˋ 옛날부터 내려오는 요리. 「보이다.
[老蒼] lǎots'ang ㄌㄠˇㄘㄤ (얼굴이) 늙어
[老早] láotsǎo ㄌㄠˊㄗㄠˇ ①이미. 벌써. 그전부터. ②아침 일찌기.
[老早巴夜] láotsǎopāyèh ㄌㄠˊㄗㄠˇㄅㄚㄧㄝˋ 이른 아침. «方»
[老粗] lǎots'ū ㄌㄠˇㄘㄨ ①무뚝뚝하다. ②거칠다. ③육체 노동자. ④무식한 사람.
[老醋] lǎotsù ㄌㄠˇㄗㄨˋ 만들어진 뒤 오래 되어 진해진 식초. ㅣ신 사람.
[老粗兒] lǎots'ūrh ㄌㄠˇㄘㄨㄦ 성격이 거
[老葱] lǎots'ūng ㄌㄠˇㄘㄨㄥ 굵은 파.
[老總] láotsǔng ㄌㄠˇㄗㄨㄥˇ 군인과 경찰관에 대한 존칭. «舊» 「뜨기.
[老土] láot'ǔ ㄌㄠˊㄊㄨˇ 시골 사람. 시골
[老東西] lǎotūnghsi ㄌㄠˇㄉㄨㄥㄒㄧ ①노쇠한 사람. ②낡은 것.
[老東西兒] lǎotūnghsirh ㄌㄠˇㄉㄨㄥㄒㄧㄦ =老東西 ②.
[老東老夥] lǎotūng-láohuǒ ㄌㄠˇㄉㄨㄥㄌㄠˊㄏㄨㄛˇ 주인과 고용인과의 오랜 사이. 옛부터의 같은 동료.
[老子] lǎotzǔ ㄌㄠˇㄗ ①늙은이의 자칭(自稱). ②아버지. 「有什麼一有什麼兒子 ; 그 아버지에 그 아들」 ③자기를 한층 높여 부르는 말. 「一不理你們! ; 나는 너희들을 상대로 하지 않겠다」 ④ láotzǔ 노자(老子): 사람 이름.
[老字號] lǎotzǔhao ㄌㄠˇㄗˋㄏㄠ ①대대로 물려 오는 점포. 노포(老鋪). ②신용 있는 가게.
[老資格] lǎotzūko ㄌㄠˇㄗㄍㄜ 고참(古參). 경험자. 「한 사람.
[老頑固] lǎowánkù ㄌㄠˇㄨㄢˊㄍㄨˋ 완고
[老王賣瓜] lǎowáng mài kuā ㄌㄠˇㄨㄤˊ ㄇㄞˋ ㄍㄨㄚ 자화 자찬하다. 자기가 이로울 대로만 하다. «成»: "自賣自誇"가 붙어 쓰임. 「버지.
[老翁] lǎowēng ㄌㄠˇㄨㄥ ①노옹. ②아
[老問題] lǎowênt'i ㄌㄠˇㄨㄣˋㄊㄧ 해결되지 않은 과제. 현안(懸案). 「박.
[老倭瓜] lǎowōkua ㄌㄠˇㄨㄛㄍㄨㄚ 호
[老窩兒] lǎowōrh ㄌㄠˇㄨㄛㄦ 오래 살던 집
[老鴉] lǎoyā ㄌㄠˇㄧㄚ 〈動〉 까마귀.
[老陽兒] lǎoyángrh ㄌㄠˇㄧㄤˊㄦ 해님.
[老眼光] lǎoyěnkuāng ㄌㄠˊㄧㄢˇ ㄍㄨㄤ 낡은 생각. 「別拿一看人 ; 고식적(姑息的)인 눈으로 사람을 보아서는 안된다」
[老醃兒] lǎoyēnrh ㄌㄠˇㄧㄢㄦ ①오래된 김치. ②오래 소금에 절인 달걀.
[老樣兒] lǎoyàngrh ㄌㄠˇㄧㄤˋㄦ ①구식. ②옛날대로의 모습. ③늙은이의 모양.
[老樣子] lǎoyàngtzǔ ㄌㄠˇㄧㄤˋㄗ 구식. 낡은 형식.
[老鷂鷹] lǎoyàoying ㄌㄠˇㄧㄠˋㄧㄥ〈動〉매.
[老丫頭] lǎoyāt'ou ㄌㄠˇㄧㄚㄊㄡ ①늙은 하인. ②막내딸을 사랑스럽게 부르는 말.
[老爺] lǎoyeh ㄌㄠˇㄧㄝ ①외할아버지. ②관리에 대한 존칭: 지금은 조롱이나 경멸의 뜻을 포함함. ③남편을 부르는 말.
[老爺們兒] lǎoyéhmênrh ㄌㄠˇㄧㄝˊㄇㄣㄦ 남자. 「칭.
[老爺兒] lǎoyéhrh ㄌㄠˇㄧㄝˊㄦ 태양의 속
[老爺兒倆] lǎoyéhrhliǎ ㄌㄠˇㄧㄝˊㄦㄌㄧㄚˇ ①아버지와 아들의 두 사람. ②웃사람의 남자와 아랫사람의 남자 두 사람.
[老爺子] lǎoyéhtzǔ ㄌㄠˇㄧㄝˊㄗ ①며느리가 시아버지를 부르는 말. ②할아버지. ③남의 아버지를 부르는 말. ④자식이 아버지를 부르는 말: 약간 경원(敬遠)하는 뜻이 있음.
[老鷹] lǎoyīng ㄌㄠˇㄧㄥ 매. 「一不吃窩下食 ; 악인(惡人)도 자기 이웃에서는 나쁜 짓을 하지 않는다」
[老營(兒)] lǎoyíng(rh) ㄌㄠˇㄧㄥˊ(ㄦ) 주소. 근거지. 아성(牙城). 「守一 ; 주인이 외출하거나 여행했을 때 그 집을 지키다」 「고 교활한 사람.
[老油子] lǎoyútzǔ ㄌㄠˇㄧㄡˊㄗ 경험이 많
[老遠] láoyüǎn ㄌㄠˊㄩㄢˇ ①매우 멀다. ②훨씬 오래 전.
[老玉米] lǎoyǜmi ㄌㄠˇㄩˋㄇㄧ 옥수수.
[老運] lǎoyǜn ㄌㄠˇㄩㄣˋ 늙은이의 운명. 「一通 ; 늙은이의 운명이 트이다」

〔佬〕 lǎo ㄌㄠˇ 성년인 남자. «方»

〔姥〕 lǎo ㄌㄠˇ ⇨mǔ.

[姥姥] lǎolao ㄌㄠˇㄌㄠ ①외할머니. ②산파. ③어떤 일이 있어도 안된다는 뜻을 강조하기 위하여 앞에 내세우는 말. 「一, 你說什麼也不行! ; 안돼, 무슨 소리를 해도 안돼!

〔潦〕 lǎo ㄌㄠˇ ①큰 비. 장마. ②웅덩이. ⇨lào, liáo.

〔烙〕 lào ㄌㄠˋ ① 아이론 따위로 다리다.「一衣服; 다리미로 옷을 다리다」②밀가루 따위를 물에 타서 남비에 기름을 치고 지지다.
[烙煳] làohú ㄌㄠˋㄏㄨˊ 눋게 하다.
[烙平] làop'íng ㄌㄠˋㄆㄧㄥˊ 다리미 따위로 다려서 주름을 펴다.
[烙餅] làopíng ㄌㄠˋㄅㄧㄥˊ 밀가루 따위를 물에 풀어서 기름 친 남비에 부친것.
[烙鐵] làot'ieh ㄌㄠˋㄊㄧㄝ 다리미. 인두.
〔落〕 lào ㄌㄠˋ ①떨어지다.②남다. ⇨ là, luò.
[落棧] làochàn ㄌㄠˋㄓㄢˋ ①숙소(宿所)에 「들다.②창고에넣다.
[落黑兒] làohēirh ㄌㄠˋㄏㄟㄦ 해질 무렵.
[落兒] làorh ㄌㄠˋㄦ 생활의 방법.
[落色] làoshǎi ㄌㄠˋㄕㄞˇ 빛깔이 바래다.
[落山] làoshān ㄌㄠˋㄕㄢ (해나 달이) 산에 떨어지다. 넘어가다.
[落燈] làotēng ㄌㄠˋㄉㄥ 밤이 되어 가게 「문을 닫다.
[落頭] làot'ou ㄌㄠˋㄊㄡ 여분의 이익. [=髮斗.
[落網] làowǎng ㄌㄠˋㄨㄤˇ그물에 걸리다.
[落音兒] làoyīnrh ㄌㄠˋㄧㄣㄦ (말이)끝나다.
〔絡〕 lào ㄌㄠˋ ⇨luò.
〔酪〕 lào ㄌㄠˋ,〈文〉 luò ①우유 따위로 만든 반응고체(半凝固體)의 식품.②과실을 끓인 장액(漿液).「山査一; 당산사나무의 장액」⇨luò.
[酪酥] làosū ㄌㄠˋㄙㄨ 우유의 정제품(精製品): 치이즈 따위. 낙소(酪酥): 소·말·양 따위의 젖을 정연(精煉)한 음료.
〔澇〕 lào ㄌㄠˋ ①물에 잠기다.물이 묻다.「雨下一了; 빗물에 잠기다」②수해(水害).「防一; 수해를 막다」
〔潦〕 lào ㄌㄠˋ =澇. ⇨lǎo, liáo.
[潦倒] làotao ㄌㄠˋㄉㄠ, liáotǎo ㄌㄧㄠˊㄉㄠˇ ①몰락하다.②타락하다.「一梆子; 타락한 사람」③단정하지 않다.
〔嘮〕 lào ㄌㄠˋ 세상 이야기를 하다.〈方〉「一嗑(兒)·一嗑(兒); 세상 이야기를 하다」⇨láo.
〔樂〕(乐) lào ㄌㄠˋ 땅 이름. 樂亭縣. ⇨lè, yüèh.
〔耮〕 lào ㄌㄠˋ 버들가지나 납가새 따위로 엮은 갈퀴의 하나

LÊ ㄌㄜ

〔嘞〕(了) lê ㄌㄜ ①(동사 뒤에 붙어 동작이 끝남을 나타냄) …하였다. …하고 나서. …하면.「他已經有一工作;그는 이미 일자리를 얻었다」「吃一飯就去; 식사를 하고 난 뒤에 가다」② 구(句)의 끝에 붙어 새로운 상태의 발생,또는 말하는 사람이 그 새로운 상태를 그 때 알아 차렸다는 말투를 나타냄. ㉮동사로 쓰이어 동작의 결과의 존속, 새로운 상태의 발생을 나타냄: …하였다. … 하고 있다.「下雨一: 비가 내리다」「水開一: 물이 끓다」 ㉯형용사에 붙어 앞에 것과 같은 뜻을 가짐: …게 되다.「天亮一:하늘이 밝아졌다」③(뚜렷하여 의아스럽지 않은 것을 감탄하는 말뜻)…이다.「這就是你的不是一; 이것은 너의 잘못이다」「我想他是不會來一; 그는 오지 못할 것으로 생각한다」⇨liǎo, liāo.
〔褦〕 lê ㄌㄜ
[褦襶] lêtê ㄌㄜㄉㄜ 옷이 헐렁헐렁하여 보기 흉하다.「瞧我穿得這個一; 야, 이 헐렁헐렁한 옷 모양을 보아라」
〔仂〕 lê ㄌㄜ 나머지.
[仂語] lêyǚ ㄌㄜㄩˇ 구(句). 연어(連語).
〔肋〕 lê ㄌㄜ 一脦(tê); 옷이 몸에 맞지 않다. 단정하지 않다」⇨lèi.
〔勒〕 lê ㄌㄜˋ ①굴레. ② 끌다. ③누르다. 죄다. ④강요하다. 무리하게 …시키다.「一令; 무리하게 시키다」⑤조각하다.「一石; 돌에 새기다」 ⑥ 감독하다. 통솔하다.「整一兵馬; 병졸과 군마를 정돈하고 통솔하다」⇨lēi.
[勒借] lêchièh ㄌㄜˋㄐㄧㄝˋ 무리하게 빌다. 강제로 차용(借用)하다.
[勒住] lêchu ㄌㄜˋㄓㄨ 무리하게 묶게 하다.
[勒捐] lêchuān ㄌㄜˋㄓㄨㄢ 기부금이나 할당금을 억지로 내게 하다. 「을 정하다.
[勒限] lêhsièn ㄌㄜˋㄒㄧㄢˋ 무리하게 기한
[勒掯] lêk'ěn ㄌㄜˋㄎㄣˇ 재물을 강요하다. ⇨leik'ěn.
[勒令] lêlìng ㄌㄜˋㄌㄧㄥˋ 끌다. 누르다. 죄다.「一停刊; 강권으로 발행을 정지시키다」
[勒馬] lêmǎ ㄌㄜˋㄇㄚˇ 고삐를 당겨 말을 멈추게 하다. 「懸崖一; 낭떠러지에서 멎다」
[勒派] lêpài ㄌㄜˋㄆㄞˋ ①무리하게 징수 「하다 ②강제로 파견하다.
[勒碑] lêpei ㄌㄜˋㄅㄟ 비석에 새기다.
[勒逼] lêpi ㄌㄜˋㄅㄧ 강박(強迫)하다. 임박하다. 「저지하다.
[勒兵] lêping ㄌㄜˋㄅㄧㄥ 군대의 행진을
[勒索] lêsǒ ㄌㄜˋㄙㄨㄛˇ 착취하다. 빼앗다.
[勒催] lêts'uī ㄌㄜˋㄘㄨㄟ 간단 없이 재촉하다.
〔泐〕 lê ㄌㄜˋ ①물의 흐름 때문에 생긴 돌의 무늬.②조각하다.③글을 쓰다 手 一; 손수 쓰다. 친필(親筆)」〈舊〉
〔埒〕 lê ㄌㄜˋ ①낮은 담. 둑. ②같다.동등하다.「二人之才力相一; 두 사람의 재능은 동등하다」
〔樂〕 lê ㄌㄜˋ ①즐겁다.유쾌하다. 기쁘다. ②기뻐하다. 웃다. 미소 짓다.「你一什麼? ; 무엇 때문에 기뻐하느냐?」⇨ lào, yüèh.
[樂境] lêchìng ㄌㄜˋㄐㄧㄥˋ 즐거운 경지.
[樂勁兒] lêchìnrh ㄌㄜˋㄐㄧㄣˋㄦ 기뻐하는 모양.
[樂趣] lêch'ǜ ㄌㄜˋㄑㄩˋ 즐거움.
[樂助] lêchù ㄌㄜˋㄓㄨˋ 자발적으로 돕다. 기꺼이 돕다. 「리를 내다.
[樂出來] lêch'ulai ㄌㄜˋㄔㄨㄌㄞ 웃음소
[樂哈哈的] lêhāhātê ㄌㄜˋㄏㄚㄏㄚㄉㄜ

미소 짓는. 하다. =樂和.
[樂呵] lêho ㄌㄜˋㄏㄜ ①즐겁다. ②기뻐
[樂嘻嘻的] lêhsīhsītê ㄌㄜˋㄒㄧㄒㄧㄉㄜ 기뻐서 싱글벙글하는.
[樂意] lê ì ㄌㄜˋㄧˋ 기쁘게 승낙하다.「從心眼兒裡一；진심으로 기쁘게 승낙하다」「他一擔任這項差事；그는 즐거이 그 일을 수락하다」
[樂融融的] lêjúngjúngtê ㄌㄜˋㄖㄨㄥˊㄖㄨㄥˊㄉㄜ 화기(和氣)가 차 있다.「一的晚會；화기가 감도는 야회(夜會)」
[樂觀] lêkuān ㄌㄜˋㄍㄨㄢ 낙관적이다. 낙관하다.
[樂不可支] lêpùk'ŏchī ㄌㄜˋㄅㄨˋㄎㄜˇㄓ 즐거워서 어쩔 줄을 모르다.‹成›
[樂不思蜀] lêpùssūshŭ ㄌㄜˋㄅㄨˋㄙㄕㄨˇ 즐거워서 고향도 잊어 버리다.‹成›
[樂兒] lêrh ㄌㄜˋㄦ ①웃음.「招一；웃음을 일으키다」②유쾌한 일. 즐거움.
[樂陶陶的] lêtáotáotê ㄌㄜˋㄊㄠˊㄊㄠˊㄉㄜ 기쁨이 넘치는 모양.
[樂得] lêtê ㄌㄜˋㄉㄜ ①기뻐서….즐거워서…「他們都一跳起脚來；그들은 기뻐서 깡총깡총 뛰었다」②기뻐서 …하다. ③자발적으로 …하다.「一這樣做；기꺼이 이렇게 하겠읍니다」
[樂得乎] lêtêhu ㄌㄜˋㄉㄜˊㄏㄨ =樂得②.
[樂天] lêt'iēn ㄌㄜˋㄊㄧㄢ 천명(天命)을 달게 받다. 「르다.
[樂從] lêts'úng ㄌㄜˋㄘㄨㄥˊ 기꺼이 따
[樂子] lêtzŭ ㄌㄜˋㄗ ①즐거움. 유쾌한 일. ②우스운 일.
[樂此不疲] lêtz'ŭpùp'í ㄌㄜˋㄘˇㄅㄨˋㄆㄧˊ 즐거움 때문에 피로하지 않다.
[樂紋兒] lêwĕnrh ㄌㄜˋㄨㄣˇㄦ 웃어서 생기는 주름.
[樂洋洋的] lêyángyángtê ㄌㄜˋㄧㄤˊㄧㄤˊㄉㄜ 매우 즐거운.「一的空氣；매우 즐거운 분위기」
[樂于] lêyŭ ㄌㄜˋㄩˊ …을 즐기다. 기쁘게 …하다.「他一幫助別人；그는 가꺼이 남을 돕다」

〔鰳〕 lê ㄌㄜˋ〈動〉 놀래기.「鰳魚」

LEI ㄌㄟ

〔勒〕 lēi ㄌㄟ 재갈. 단단히 졸라 매다 단단히 묶다.「一緊點,免得散了；흩어지지 않게 단단히 묶어 두어라」⇨lê
[勒緊] lēichǐn ㄌㄟㄐㄧㄣˇ 단단히 졸라 매다.「一褲帶,一腰帶；㉮허리띠를 단단히 졸라 매다.㉯공복(空腹)을 참다」
[勒掯] lēik'ên ㄌㄟㄎㄣ 강요(強要)하다. 압박하다. ⇨lêk'ĕn. 「勒巴巴.
[勒巴] lēipa ㄌㄟㄅㄚ 단단히 묶다. >勒
[勒上] lēishang ㄌㄟㄕㄤ 꽉 묶다.「把行李一；짐을 꽉 묶다」
[勒死] lēissŭ ㄌㄟㄙ ①목을 매어 죽다. ②목을 졸라 죽이다.

〔累〕(纍) léi ㄌㄟˊ 매다. 연결하다. 겹쳐 쌓이다. ⇨lĕi, lèi.
[累贅] léichui ㄌㄟˊㄓㄨㄟ 귀찮다. 무거운 부담이 되다. >累累贅贅.
[累推] léituī ㄌㄟˊㄉㄨㄟ =累贅.

〔雷〕 léi ㄌㄟˊ ①천둥. 우뢰.「打一；천둥이 울리다」②음향이 크고 폭발력이 강한 화기(火器). =地雷.
[雷擊] léichī ㄌㄟˊㄐㄧ 벼락이 떨어지다.
[雷厲風行] léilìfēnghsíng ㄌㄟˊㄌㄧˋㄈㄥㄒㄧㄥˊ 엄격하고 신속하게 집행하다. ‹成›
[雷公] léikūng ㄌㄟˊㄍㄨㄥ 뇌신(雷神).
[雷汞] léikŭng ㄌㄟˊㄍㄨㄥˇ 폭발을 일으키는 약의 하나: 뇌홍.
[雷霹] léip'ī ㄌㄟˊㄆㄧ 우뢰와 번개.「一天轟；굉장한 세력」
[雷聲兒大,雨點兒小] léishĕngrh tà, yütiĕnrh hsiăo ㄌㄟˊㄕㄥㄦ ㄉㄚˋ ㄩˇㄉㄧㄢˇㄦ ㄒㄧㄠˇ ①겉으로는 대단한 세력같이 보이나 실제는 아무 것도 아니다.②장담만 하고 거의 아무 일도 하지 않다.‹成›
[雷達] léitá ㄌㄟˊㄉㄚˊ 레이다아. 전파 탐지기(電波探知器).
[雷霆] léit'íng ㄌㄟˊㄊㄧㄥˊ ①우뢰. 천둥. ② 큰 소리로 심하게 꾸짖다.「大發一；㉮큰 벼락이 떨어지다. ㉯큰 소리로 욕설을 퍼붓다」
[雷霆萬鈞] léit'íng wànchūn ㄌㄟˊㄊㄧㄥˊ ㄨㄢˋㄐㄩㄣ 어떠한 힘으로도 막아낼 수 없는 절대적인 위력(威力)의 비유.‹成›
[雷頭風] léit'óufēng ㄌㄟˊㄊㄡˊㄈㄥ 큰 소리로 꾸짖는 일. 갑자기 심하게 꾸짖는 일.「給他個一;그를 한 번 크게 꾸짖어 주다. 그에게 벼락을 내리다」 =擂頭風. 下馬威.

〔擂〕 léi ㄌㄟˊ ①(주먹이나 발목 같은 것으로 세게 연달아) 때리다. 치다.「一鼓；북을 치다. 돌격 신호로 북을 두드리다」「用拳頭一；주먹으로 때리다」②으깨다. 갈다.「把芝麻一碎；깨를 으깨다(갈다)」⇨lèi.
[擂磚] léichuān ㄌㄟˊㄓㄨㄢ 걸식(乞食)하다: 벽돌로 가슴을 두드리고 구걸하는 데에서 나온 말.「一的；벽돌로 가슴을 두드리며 구걸하는 거지」 「봉(乳棒).
[擂槌] léich'uí ㄌㄟˊㄔㄨㄟˊ 절굿공이. 유
[擂鼓篩鑼] léikŭ-shāilŏ ㄌㄟˊㄍㄨˇㄕㄞㄌㄨㄛˊ 과장하는 모양.
[擂鉢] léipō ㄌㄟˊㄅㄛ 약연(藥碾) 따위와 같이 음식물을 갈 때 쓰는 그릇. 유발(乳鉢). 「무술을 겨루던 단(壇).‹舊›
[擂臺] lèit'ái ㄌㄟˋㄊㄞˊ 무술가(武術家)의

〔檑〕 léi ㄌㄟˊ 둥글고 큰 나무. 옛날 전쟁시 적을 물리치기 위하여 성벽에서 굴러 떨어뜨렸던 공방용(攻防用)의 둥글고 큰 나무.

〔縲〕 léi ㄌㄟˊ
[縲紲] léihsièh ㄌㄟˊㄒㄧㄝˋ 새끼로 묶우 매듭. 포승(捕繩).

〔礌〕 léi ㄌㄟˊ 옛날 성을 지키기 위하여 쓰던 돌.「一石；적을 살상하기 위하여 떨어뜨리던 돌

〔羸〕 léi ㄌㄟˊ 수척하다. 가냘프고 약하다.「一瘦；여위어 가냘프고 약하다」

〔鐳〕 léi ㄌㄟˊ 금속 원소의 한 가지 라

듐(radium). =鐳錠 léiting.
[鐳射綫] léishêhsièn ㄌㄟˊㄕㄜˋㄒㄧㄢˋ 〈化〉 ⌊라듐 방사선.

〔累〕 lěi ㄌㄟˇ ①겹치다. 점점 증가되다.「日積月一；세월이 쌓이다」②자주. 누차.「一建大功；자주 큰 공을 세우다」③이어지다. 계속되다. ⇨léi, lèi.
[累戰] lěichàn ㄌㄟˇㄓㄢˋ 연전(連戰)하다. 싸우고 싸우고 거듭 싸우다.「一皆捷；연전 연승(連戰連勝)」 「(積立)하다.
[累積] lěichī ㄌㄟˇㄐㄧ 포개어 쌓다. 적립
[累及] lěichí ㄌㄟˇㄐㄧˊ (관계나 교섭이) 미치다. 닿다. 「다. 차츰차츰 없어지다.
[累減] lěichiěn ㄌㄟˇㄐㄧㄢˇ 차츰 줄어 들
[累日] lěijìh ㄌㄟˇㄖˋ 연일(連日).
[累累] léilěi ㄌㄟˊㄌㄟˇ 겹치고 겹치는 모양. 전면에 가득히 쌓인 모양.「果實一；과실이 산처럼 쌓여 있다」「罪行一；악행(惡行)이 산더미 같다」
[累利] lěilì ㄌㄟˇㄌㄧˋ 복리(複利).
[累卵] léiluǎn ㄌㄟˊㄌㄨㄢˇ 매우 불안정하고 위태로운 모양의 비유「危如一；달걀을 쌓아 놓은 듯이 불안정하고 위태롭다」
[累年] lěinién ㄌㄟˇㄋㄧㄢˊ 연년(連年).
[累世] lěishìh ㄌㄟˇㄕˋ 역대(歷代).
[累次] lěitz'ǔ ㄌㄟˇㄘˋ 몇 번이고. 누차.
[累次三番] lěitz'ǔ-sānfān ㄌㄟˇㄘˋㄙㄢㄈㄢ 거듭 몇 번이고. 몇 번이고 몇 번이고.
[累牘連篇] lěitú-liénp'iēn ㄌㄟˇㄉㄨˊ-ㄌㄧㄢˊㄆㄧㄢ 문장이 쓸 데 없이 길고 지루한 모양을 비유한 말 《成》

〔誄〕 lěi ㄌㄟˇ 죽은 사람을 조상하는 ⌊글. 만장(輓章·挽丈).

〔磊〕 ·lěi ㄌㄟˇ 많은 돌이 쌓인 모양.
[磊落] lěilō ㄌㄟˇㄌㄨㄛˋ 마음이 밝고 상 ⌊쾌한 것.

〔蕾〕 lěi ㄌㄟˇ 꽃봉오리.=蓓蕾. 花蕾.
[蕾鈴] lěilíng ㄌㄟˇㄌㄧㄥˊ 〈植〉 목화의 열 ⌊매. =棉桃.

〔壘〕(垒) lěi ㄌㄟˇ ①성채(城砦). 진지(陣地). 장벽(障壁).「兩軍對一；양군이 진을 마주 대하고 있다」②(벽돌이나 돌 따위를) 쌓아 올리다. 쌓다.「一牆；(돌이나 벽돌로) 담을 쌓다」
[壘球] lěich'iú ㄌㄟˇㄑㄧㄡˊ 소프트 보올 ⌊(soft ball).

〔肋〕 lèi ㄌㄟˋ 〈文〉lê 갈빗대. 늑골. 옆구리.「兩一；양 겨드랑이」 「빗대.
[肋杈子] lèich'àtzǔ ㄌㄟˋㄔㄚˋㄗ 늑골. 갈
[肋巴骨] lèipakǔ ㄌㄟˋㄅㄚㄍㄨˇ 갈빗대. 늑골.
[肋巴扇兒] lèipashanrh ㄌㄟˋㄅㄚㄕㄢㄦ 양쪽 갈빗대의 사이.
[肋條] lèit'iao ㄌㄟˋㄊㄧㄠ 늑골. 갈빗대.
[肋條骨] lèit'iaokǔ ㄌㄟˋㄊㄧㄠㄍㄨˇ 늑골.
[肋窩] lèiwō ㄌㄟˋㄨㄛ 겨드랑이 밑.
[肋腰] lèiyāo ㄌㄟˋㄧㄠ 배두렁이.

〔累〕 lèi ㄌㄟˋ ①지치다. 피로하다.「今天我可眞一了；오늘은 정말 지쳤다」②지치게 하다. 심하게 부리다.「眼睛剛好, 不要一它；눈이 겨우 회복되었는데, 지나치게 쓰지 않도록 하여라」③걱정을 끼치다. 수고를 끼치다.「這事還要一你；이 일에는 또 당신이 수고를 해 주셔야만 되지 않겠읍니까?」④열심히 일하다. 안달하다. ⑤관계를 갖게 하다. 말려 들게 하다.「一及無辜；죄 없는 사람들에게 괴로움을 끼치다」⑥결함. 결점. ⇨léi, lěi.
[累及] lèichí ㄌㄟˋㄐㄧˊ 관계를 갖게 하다. 동아리에 끌어 넣다.
[累壞] lèihuài ㄌㄟˋㄏㄨㄞˋ 몹시 지치다. 피로하여 몸을 상하다.
[累心] lèihsīn ㄌㄟˋㄒㄧㄣ 근심하다. 마음을 괴롭히다. =操心. 「드는 일.
[累活兒] lèihuórh ㄌㄟˋㄏㄨㄛˊㄦ 힘이
[累人] lèijén ㄌㄟˋㄖㄣˊ 남을 지치게 하다. 남에게 고생을 시키다.「(工作太多)一眞；(일이 너무 많아서) 정말 지치다. 아주 고생스럽다」
[累垮] lèik'uǎ ㄌㄟˋㄎㄨㄚˇ 지쳐 버리다. 지쳐서 몸을 상하다.
[累巴] lèipa ㄌㄟˋㄅㄚ 지치다. 피로하다.
[累不過來] lèipukuòlái ㄌㄟˋㄅㄨㄍㄨㄛˋㄌㄞˊ 돌보아 줄 수가 없다. 담당할 수가 없다. 주선할 수가 없다.「家裏這些事, 一個人一；이렇게 많은 집안 일을 혼자서는 돌볼 수가 없다」
[累死] lèissǔ ㄌㄟˋㄙ ①아주 지치다. ② lèissǔ 지쳐서 죽다.
[累倒] lèitǎo ㄌㄟˋㄉㄠˇ 지쳐 쓰러지다.
[累得] lèitê ㄌㄟˋㄉㄜ ①방해가 되어서….「他上課時老說話, 一大家不能好好兒聽；그는 수업 시간에 항상 이야기를 하기 때문에 모두들 잘 들을 수가 없다」②지쳐서….「一脚走不動了；지쳐서 못 걷게 되었다」 「쳐서 견딜 수가 없다.
[累得慌] lèitêhuang ㄌㄟˋㄉㄜㄏㄨㄤ 지
[累透] lèit'òu ㄌㄟˋㄊㄡˋ 지쳐 빠지다.

〔淚〕(泪) lèi ㄌㄟˋ 눈물. =眼淚.
[淚珠兒] lèichūrh ㄌㄟˋㄓㄨㄦ 눈물방울.
[淚痕] lèihén ㄌㄟˋㄏㄣˊ 눈물 흔적.
[淚花兒] lèihuārh ㄌㄟˋㄏㄨㄚㄦ 눈에 고인 눈물 방울.
[淚人兒] lèijénrh ㄌㄟˋㄖㄣˊㄦ 눈물투성이인 사람.「哭得成了一；울어서 매우 많은 눈물을 흘렸다」
[淚水] lèishuǐ ㄌㄟˋㄕㄨㄟˇ 눈물.
[淚汪汪的] lèiwāngwāngtê ㄌㄟˋㄨㄤㄨㄤㄉㄜ 눈에 눈물이 가득히 고인 모양.

〔擂〕 lèi ㄌㄟˋ ⇨léi.
[擂鼓] lèikǔ ㄌㄟˋㄍㄨˇ 북을 치다. 공격하라는 신호로 북을 치다.
[擂臺] lèit'ái ㄌㄟˋㄊㄞˊ 생산(生産)을 경쟁하는 장소.「打一；생산을 겨루다」

〔類〕(类) lèi ㄌㄟˋ ①종류. 동류(同類). =類型. ②닮다. …에 비슷하다.「畫虎一犬；호랑이를 그렸으나 개에 비슷하다」③대체로. 일반적으로.「如此等提案, 一難通過；이러한 제안은 대체로 통과하기 어렵다」
[類聚] lèichǚ ㄌㄟˋㄐㄩˋ 같은 종류가 서로 모이다. 같은 종류끼리 모이다.
[類乎] lèihu ㄌㄟˋㄏㄨ …에 닮았다. …의 종류이다.「他們的行動一正義派；그들의 행동은 정의파에 속한다」
[類如] lèijú ㄌㄟˋㄖㄨˊ …와 같이. 예를 들면.

[類次] lèitz'ǔ ㄌㄟˋㄘˋ 종류에 따라 배열(配列)하다.

LÊNG ㄌㄥ

〔崚〕 lěng ㄌㄥˊ 「모양.
[崚嶒] lěngts'ěng ㄌㄥˊㄘㄥˊ 산이 높은

〔棱〕(稜·楞) lěng ㄌㄥˊ「一子·一兒;(물체의) 모서리. 모. 다면각(多面角)으로 된 물체의 모서리」「木頭一子;목재의 모서리」「四一兒;네 구석」

[棱場] lěngch'ǎng ㄌㄥˊㄔㄤˇ목재를 저장하는 곳.

[棱睜] lěngchěng ㄌㄥˊㄓㄥ ①무섭고 차가운 표정이다. ②거칠다.횡포하다.>棱棱睜睜. 「분수령.

[棱脊] lěngchǐ ㄌㄥˊㄐㄧˇ산 봉우리. 산의

[棱角] lěngchiǎo ㄌㄥˊㄐㄧㄠˇ ①모난 귀퉁이. ②겹은 금. ③모나다. 「(prism).

[棱鏡] lěngchìng ㄌㄥˊㄐㄧㄥˋ 프리즘

[棱縫兒] lěngfêngrh ㄌㄥˊㄈㄥㄦ 기회(機會).

[棱棱] lěnglěng ㄌㄥˊㄌㄥˊ ①차가운 표정의 형용. ②성낸 눈초리. 「一着眼說話;눈을 매섭게 뜨고 말을 하다」

[棱棱青青] lěnglěngch'īngch'īng ㄌㄥˊㄌㄥˊㄑㄧㄥㄑㄧㄥ 경망스러운 모양. 몹시 거친 모양. =棱手棱脚.

[棱眼] lěngyěn ㄌㄥˊㄧㄢˇ①도끼눈을 하다. ②아주 격분한 감정을 눈에 나타 내다.

〔冷〕 lěng ㄌㄥˇ ①춥다.「今天眞一;오늘은 정말 춥다」②차다.「一飯,一酒;찬 밥, 찬 술」③아주 잠잠한.쓸쓸한.「一清清的;쓸쓸한 모양.인기척이 없는 모양」④별로 본 일이 없는.좀처럼 쓰지 않는.「一字·좀처럼 쓰지 않는 글자」⑤냉담(冷淡)한. 열중하지 않는. 무관심한. 「一臉子;냉담한 얼굴.모른 체하는 얼굴」「一言一語;차갑고 쌀쌀한 말」⑥돌연히. 뜻밖에.

[冷戰] lěngchan ㄌㄥˇㄓㄢ ①전율(戰慄).「打一;몸을 떨다」=寒戰. ② lěngchàn 냉전(冷戰).

[冷腸] lěngch'áng ㄌㄥˇㄔㄤˊ①세상사에 무관심한. ②냉담하다.

[冷場] lěngch'ǎng ㄌㄥˊㄔㄤˇ ①발언이 없는 침체된 회의. 또는 회장. ②냉냉한 장면. ③흥이 깨어져 어색해지다.

[冷嘲熱罵] lěngch'áo-jèmà ㄌㄥˇㄔㄠˊ ㄖㄜˋㄇㄚˋ 조소 풍자(嘲笑諷刺)하거나 욕설과 욕지거리를 퍼붓거나 하다.‹成›

[冷氣] lěngch'ì ㄌㄥˇㄑㄧˋ ①냉기.「一颼颼;찬 기운이 선뜩하다」②냉담한 기분.

[冷寂] lěngchì ㄌㄥˇㄐㄧˋ 쓸쓸한. 적막한.

[冷槍] lěngch'iāng ㄌㄥˇㄑㄧㄤ ①불의(不意)의 총격.「一殺敵;저격하여 적을 죽이다」「打一;기습(奇襲) 사격을 하다」②중상(中傷).「放一;중상하다」

[冷峭] lěngch'iào ㄌㄥˇㄑㄧㄠˋ ①추위가 심하다. ②말씨가 모질다.

[冷角落] lěngchiǎolò ㄌㄥˇㄐㄧㄠˇㄌㄨㄛˋ 인기척이 없는 구석진 곳. =背旮旯兒.

[冷箭] lěngchièn ㄌㄥˇㄐㄧㄢˋ①빗나간 화살.어느 곳에서 날아온 지 모르는 화살. ②남의 허점(虛點)을 찌르는 공격이나 중상. 「放一;몰래 남을 중상하다」「一傷人;남 모르게 사람을 상하게 하다」=暗箭傷人.

[冷氣裝備] lěngch'ì chuāngpèi ㄌㄥˇㄑㄧˋㄓㄨㄤㄅㄟˋ 냉방 장치.

[冷譏熱嘲] lěngchī-jèch'áo ㄌㄥˇㄐㄧㄖㄜˋㄔㄠˊ =冷嘲熱罵.

[冷噤] lěngchìn ㄌㄥˇㄐㄧㄣˋ 몸이 떨림.「打一;몸이 떨리다」

[冷清] lěngch'ing ㄌㄥˇㄑㄧㄥ ①쓸쓸하다. 고요하다.어쩐지 쓸쓸하다.②활기가 없다.신통치 않다.

[冷清清的] lěngch'īngch'īngtê ㄌㄥˇㄑㄧㄥㄑㄧㄥㄉㄜ 아주 조용하고 쓸쓸한 모양.영락(零落)하여 쓸쓸한 모양.

[冷靜] lěngchìng ㄌㄥˇㄐㄧㄥˋ①냉정하다. ②떠들썩하지 않다.

[冷氣設備] lěngch'ì shèpèi ㄌㄥˇㄑㄧˋㄕㄜˋㄅㄟˋ 냉방 장치.

[冷湫湫的] lěngch'iūch'iūtê ㄌㄥˇㄑㄧㄡㄑㄧㄡㄉㄜ 황폐해진 모양.쓸쓸한 모양.

[冷峻] lěngchǜn ㄌㄥˇㄐㄩㄣˋ 쌀쌀하여 친하기가 어렵다.

[冷房子] lěngfángtzǔ ㄌㄥˇㄈㄤˊㄗ 감옥. 교도소.「坐一;교도소에 들어 가다」

[冷風] lěngfēng ㄌㄥˇㄈㄥ 찬 바람. 한풍(寒風).

[冷心] lěnghsīn ㄌㄥˇㄒㄧㄣ ①태도가 소극적이다. ②냉담한 마음. 「=冷心.

[冷心腸] lěnghsīnch'ang ㄌㄥˇㄒㄧㄣㄔㄤ

[冷話] lěnghuà ㄌㄥˇㄏㄨㄚˋ가시 돋친 말.

[冷葷(兒)] lěnghūn(rh) ㄌㄥˇㄏㄨㄣ(ㄦ) 차게 한 생선 따위의 비린 것.

[冷貨] lěnghuò ㄌㄥˇㄏㄨㄛˋ ①철 늦게 나온 물건. ②유행에 뒤진 물건. ③잘 안 팔리는 물건.

[冷一陣熱一陣] lěng ích̀ên jèích̀ên ㄌㄥˇㄧˊㄓㄣˋㄖㄜˋㄧˊㄓㄣˋ①희망을 가져도 보고 실망도 해 보고. ②춥다고 생각했더니 덥다.③좋다고 여겼더니 나쁘다. ‹成›

[冷一句熱一句] lěngíchǜ-jèíchǜ ㄌㄥˇㄧˊㄐㄩˋㄖㄜˋㄧˊㄐㄩˋ①=冷言冷語. ②때론 열변을 토하고 때로는 냉담한 말을 하다. ‹成›

[冷熱] lěngjè ㄌㄥˇㄖㄜˋ①입은 옷의 많고 적은 것.②기후의 덥고 찬 것.③음식물의 차고 더움.④남에게 대한 태도의 쌀쌀함과 따뜻함.

[冷熱病] lěngjèpìng ㄌㄥˇㄖㄜˋㄅㄧㄥˋ ①학질.말라리아.②쉽게 열을 올리고 쉽게 냉담해지는 버릇.

[冷若冰霜] lěngjòpīngshuāng ㄌㄥˇㄖㄨㄛˋㄅㄧㄥㄕㄨㄤ 얼음과 같이 차갑다.

[冷冷冰冰] lěnglěngpīngpīng ㄌㄥˊㄌㄥˇㄅㄧㄥㄅㄧㄥ =冷冰冰的.

[冷臉子] lěngliěntzǔ ㄌㄥˊㄌㄧㄢˇㄗ ① 냉담한 표정. ②철면피(鐵面皮). ③ 세상에 널리 알려지지 않은 얼굴.

[冷落] lěnglò ㄌㄥˇㄌㄨㄛˋ①황폐하다.어쩐지 쓸쓸하다. 불경기(不景氣)이다.=蕭條.②냉담하다.③홀로.외로이.쓸쓸하다. >冷冷落落.

[冷門貨] lěngmḗnhuō ㄌㄥˇㄇㄣˊㄏㄨㄛˋ 잘 팔리지 않는 물건. 매매가 없는 물건.

[冷門兒] lěngmḗnrh ㄌㄥˇㄇㄣˊㄦ 사람들의 주의를 끌지 못하는 물건. 인기가 없는 물건.

[冷暖自知] lěngnuǎn tzǜchīh ㄌㄥˊㄋㄨㄢˇㄗˋㄓ 일의 형편은 자신이 제일 잘 안다. ‹成›

[冷盤] lěngp'án ㄌㄥˇㄆㄢˊ ①찬 요리. ②번성하지 못하여 부진(不振)한 시장.

[冷炮] lěngp'ào ㄌㄥˇㄆㄠˋ 뜻밖에 쏜 포탄. 「發一 ; 뜻밖에 포격을 하다」

[冷背貨] lěngpèihuō ㄌㄥˇㄅㄟˋㄏㄨㄛˋ ①＝冷貨. ②시대에 뒤떨어진 사람.

[冷僻] lěngp'ì ㄌㄥˇㄆㄧˋ ①사람이 드물고 쓸쓸하다. 인기척이 없다. ②(글자 따위가)별로 쓰이지 않아 눈에 서투르다. 「一字 ; 별로 눈에 뜨이지 않는 글자」

[冷冰冰的] lěngpīngpīngtê ㄌㄥˇㄅㄧㄥㄅㄧㄥㄉㄜ ①차가운. 「你的手指頭一, 是怎麼了 ? ; 너의 손은 선뜩할 정도로 차가운데, 어째서 그러한가 ?」 ②냉담한 모양. 「一對待人 ; 냉담하게 사람을 대하다」

[冷布] lěngpù ㄌㄥˇㄅㄨˋ 여름에 창문 따위에 바르는 모기장.· 망사같이 엉성하게 짠 직물. 사(紗). 「不丁.

[冷不防] lěngpufáng ㄌㄥˇㄅㄨㄈㄤˊ ＝冷

[冷不丁] lěngputīng ㄌㄥˇㄅㄨㄉㄧㄥ 뜻밖에. 돌연. 의외로. 「대한) 한색(寒色).

[冷色] lěngsè ㄌㄥˇㄙㄜˋ (난색(暖色)에

[冷森森的] lěngsēnsēntê ㄌㄥˇㄙㄣㄙㄣㄉㄜ 차가운 기운이 사람에게 엄습해 오는 듯한 모양. 「음식.

[冷食] lěngshíh ㄌㄥˇㄕˊ 차가운 음식. 찬

[冷水澆頭] lěngshuǐ chiāot'óu ㄌㄥˊㄕㄨㄟˇㄐㄧㄠㄊㄡˊ 머리에 물을 끼얹는다. 흥을 덜다. 의외의 일을 당하여 쩔쩔매다. ‹成›

[冷颼颼的] lěngsōusōutê ㄌㄥˇㄙㄡㄙㄡㄉㄜ ①바람이 차가운 모양. ②오싹오싹 추운 모양.

[冷淡] lěngtàn ㄌㄥˇㄉㄢˋ ①냉담하다. 무정하다. ②시장이 한산하다.

[冷天] lěngt'iēn ㄌㄥˇㄊㄧㄢ 추운 날.

[冷店] lěngtièn ㄌㄥˇㄉㄧㄢˋ 식사를 제공하지 않는 여관. 잠만 재우는 여관.

[冷丁] lěngtīng ㄌㄥˇㄉㄧㄥ ＝冷不丁.

[冷竈] lěngtsào ㄌㄥˇㄗㄠˋ ①불기 없는 아궁이. ②가난한 집. ③세력이 없어진 사람이나 집단·조직.

[冷凍] lěngtùng ㄌㄥˇㄉㄨㄥˋ ①춥다. 차가와지다. ②냉동하다. 「자 외로운 몸.

[冷獨丁] lěngtútīng ㄌㄥˇㄉㄨˊㄉㄧㄥ 혼

[冷字] lěngtzǜ ㄌㄥˇㄗˋ 흔히 쓰이지 않는 글자. 보통 보이지 않는 글자.

[冷子] lěngtzū ㄌㄥˇㄗ ①우박. ②멍청해진 순간. 「抽一 ; 뜻밖에」 「一個一孩子不見了 ; 별안간 어린애가 보이지 않는다」

[冷眼] lěngyěn ㄌㄥˊㄧㄢˇ ①(물건이나 사람을 보는데) 초연(超然)하다. ②(물건이나 사람을 보는데) 태연하다. 「一看 ; 무관심하고 생각 없이 힐끗 보다」 ③냉담한 태도. 「一傍觀 ; 냉담한 태도로 방관하다」

[冷言冷語] lěngyén-lěngyǚ ㄌㄥˇㄧㄢˊ ㄌㄥˊㄩˇ 가시 돋친 말. 쌀쌀한 말. 비꼬는 말.

[冷語侵人] lěngyǚ ch'īnjḗn ㄌㄥˊㄩˇㄑㄧㄣㄖㄣˊ 가시 돋친 말로 남을 대하다. 남에게 지독한 말을 하다. ＝冷語氷人

[冷語氷人] lěngyǚ pīngjḗn ㄌㄥˊㄩˇ ㄅㄧㄥㄖㄣˊ 차가운 말투로 남을 비방하다.

〔愣〕 lèng ㄌㄥˋ ①멍청하다. 멍청히 바라 보다. 「兩眼發一 ; (막연히) 바라 보다」 「嚇得他一一 ; 깜짝 놀라 그는 멍청해지다」 ②무턱대고 하다. 분별 없다. 「他說話作事太一 ; 그는 언행을 분별 없이 하다」 ③강인(強引)하게. 억지로. 되든 안되든 간에. 「明知不對, 他一那麼說 ; 틀린 것이 분명한데 그는 저렇게 억지를 부리고 있다」 ④참 ! 어쩌면. 「長江大橋, 一兩年就完成了 ; 장강 대교는 어쩌면 이년(二年)간에 잘도 완성했다」

[愣吃] lèngch'īh ㄌㄥˋㄔ 함부로 먹다. 「他是一, 愣喝, 愣做活兒 ; 그는 함부로 먹고 마시며 일을 한다」

[愣勁(兒)] lèngchìn(rh) ㄌㄥˋㄐㄧㄣˋ(ㄦ) 터무니 없고 무작정한 정도. 「푸르다.

[愣青] lèngch'īng ㄌㄥˋㄑㄧㄥ 단단하고

[愣住] lèngchu ㄌㄥˋㄓㄨ 멍청해지다. 아연(啞然)해지다. 「嚇得他一了 ; 그는 놀래어 멍청해졌다」

[愣二呱唧] lèngèrhk'uāchi ㄌㄥˋㄦㄎㄨㄚㄐㄧ 침착하지 못하고 경솔하다. 소홀하고 거칠다. 「람. 침착하지 못한 사람.

[愣人] lèngjḗn ㄌㄥˋㄖㄣˊ 분별 없는 사

[愣幹] lèngkàn ㄌㄥˋㄍㄢˋ 강제로 하다. 억지로 하다.

[愣磕磕的] lèngk'ōk'ōtê ㄌㄥˋㄎㄜㄎㄜㄉㄜ ①깜짝 놀라는 모양. ②버릇이 없고 분별이 없는 모양.

[愣愣睜睜] lènglèngchēngchēng ㄌㄥˋㄌㄥˋㄓㄥㄓㄥ 흔들흔들 하고 있는 모양.

[愣愣瞌瞌] lènglèngk'ōk'ō ㄌㄥˋㄌㄥㄎㄜㄎㄜ ①멍청한 모양. ②(태도나 동작이) 버릇이 없고 당돌한 모양.

[愣愣的] lènglèngtê ㄌㄥˋㄌㄥˋㄉㄜ ①(태도나 동작이) 무례하고 당돌한 모양. ②멍청한 모양.

[愣巴巴的] lèngpāpātê ㄌㄥˋㄅㄚㄅㄚㄉㄜ (어처구니 없어) 눈을 깜박거리고 있는 모양.

[愣兒] lèngrh ㄌㄥˋㄦ ①깜짝 놀라는 일. 「嚇了一一 ; 깜짝 놀라다」 ②무례하고 동작이 당돌한 사람. 「다. 얼이 빠지다.

[愣神兒] lèngshḗnrh ㄌㄥˋㄕㄣˊㄦ 멍청하

[愣是] lèngshih ㄌㄥˋㄕ 어쨌든.

[愣說] lèngshuō ㄌㄥˋㄕㄨㄛ 억지말을 하다. 무리한 말을 하다. 자기 말을 고집하다.

[愣頭瞌腦] lèngt'óu-k'ō' nǎo ㄌㄥˋㄊㄡˊㄎㄜㄋㄠˇ ①멍청한 모양. ②갑작스러운 모양.

[愣頭愣腦] lèngt'óu-lèngnǎo ㄌㄥˋㄊㄡˊㄌㄥˋㄋㄠˇ ①멍청한. 멍청히. ②경솔하고 주착 없는. 소홀한.

[愣頭兒青] lèngt'óurhch'īng ㄌㄥˋㄊㄡˊㄦㄑㄧㄥ ＝愣葱.

[愣葱] lèngts'ūng ㄌㄥˋㄘㄨㄥ 앞뒤를 분별하지 않고 무턱대고 하는 사람. 경솔하고 주착 없는 사람.

[愣忘了] lèngwànglē ㄌㄥˋㄨㄤˋㄌㄜ 멍하니 있는 동안에 잊어 버리다.

[愣眼巴唧的] lěngyěnpāchītê ㄌㄥˋㄧㄢˇㄅㄚㄐㄧㄉㄜ 갑자기 잠이 깨어서 눈을 끔뻑끔뻑하고 있는 모양.
[愣眼兒巴睜] lěngyěnrh pāchěng ㄌㄥˋㄧㄢˇㄦㄅㄚㄓㄥ ①잠이 와서 눈이 떠지지 않는 모양. ②놀라는 모양. ③놀라서 눈을 끔뻑끔뻑하는 모양.

〔睖〕 lèng ㄌㄥˋ 「뜨고 멍청해 있다.
[睖睁] lěngchêng ㄌㄥˋㄓㄥ (눈을) 크게.

LI ㄌㄧ

〔哩〕 lī ㄌㄧ ①어기조사(語氣助詞)로 대개는 경성(輕聲). 방언(方言)에 쓰이며 조사로서 동작이나 상태의 계속을 나타냄. ⇨lǐ. 「새 없이 중얼거리는 모양.
[哩哩羅嗦] līlilōsoㄌㄧㄌㄧㄌㄨㄛㄙㄨㄛ쉴
[哩溜歪斜] līliuwāihsiéh ㄌㄧㄌㄧㄡㄨㄞㄒㄧㄝˊ 비틀거리는 모양.
[哩溜哇啦] līliuwāla ㄌㄧㄌㄧㄡㄨㄚㄌㄚ ①(술 취한 사람이) 혀가 굳어 말이 잘 안되는 모양. ②(무엇을 말하는지 알 수 없으나) 수다스럽게 지껄이는 모양.「他們兩見了面, 總是一地說家鄉話 ; 그들 두 사람은 만나면 으레 고향 사투리로 지껄이며 수다를 떤다」
[哩嚕] līlū ㄌㄧㄌㄨ 중얼거리다.

〔狸〕(貍) lí ㄌㄧˊ「一子 ; 너구리」
[狸猫] límāo ㄌㄧˊㄇㄠ ①사향 고양이(麝香猫). ②고양이.

〔犂〕(犁) lí ㄌㄧˊ ①「一頭 ; 쟁기」 ②(쟁기로) 땅을 일구다. 「用一一地 ; 쟁기로 밭을 갈다」 ③얼룩.
[犂杖] líchàng ㄌㄧˊㄓㄤˋ 쟁기의 자루.
[犂花] líhuā ㄌㄧˊㄏㄨㄚ 쟁기로 일군 밭의 흙의 무늬.
[犂鏵] líhuá ㄌㄧˊㄏㄨㄚˊ 쟁기의 날. 보습.
[犂牛] líniú ㄌㄧˊㄋㄧㄡˊ 얼룩소.
[犂耙] lípa ㄌㄧˊㄅㄚ 쟁기.
[犂刀] lítāo ㄌㄧˊㄉㄠ 쟁기의 날. 「갈다.
[犂田] lít'ién ㄌㄧˊㄊㄧㄢˊ 논밭을 쟁기로
[犂底層] lítits'éng ㄌㄧˊㄉㄧˇㄘㄥˊ 경지(耕地) 밑의 단단한 지층(地層).

〔梨〕(棃) lí ㄌㄧˊ「一子 ; 배」
[梨花大鼓] líhuā tàkǔ ㄌㄧˊㄏㄨㄚㄉㄚˋㄍㄨˇ =鐵片大鼓. 「설탕에 담근 음식.
[梨乾兒] líkānrh ㄌㄧˊㄍㄢㄦ 말린 배를
[梨膏] líkāo ㄌㄧˊㄍㄠ 배의 진한 즙 : 기침이나 감기 따위에 효과가 있음. 「一糖 ; 배즙과 꿀로 만든 엿」
[梨渦] líwō ㄌㄧˊㄨㄛ 보조개. 볼우물.
[梨園] líyüán ㄌㄧˊㄩㄢˊ 연극계(演劇界)

〔黎〕 lí ㄌㄧˊ ①검다. ②많다. 많은 사람. 「一民 ; 인민. 민중」 ③“廣東省瓊州五指山”에 사는 소수 민족의 이름. 여족(黎族). ④성(姓)의 하나.

〔罹〕 lí ㄌㄧˊ ①걸리다. 뜻밖에 만나다. 「一災 ; 뜻밖에 재난을 당하다」 ②근심. 재난. 「逢此百一 ; 이러한 온갖 난을 만나다」 「화(災禍)를 입다.
[罹難] línàn ㄌㄧˊㄋㄢˋ 재난을 만나다. 재

〔厘〕(釐) lí ㄌㄧˊ ①도량(度量)의 단위. ㉮“尺”의 1000분의 1. 1“厘”는 0.32밀리미터. 10“毫”가 1“厘”. 10“厘”는 1“分”. ㉯“兩”의 1000분의 1. 1“厘”는 0.37301그램. 10“毫”가 1“厘”. 10“厘”는 1“分”. 10“分”이 1“錢”. 10“錢”이 1“兩”. ㉰“畝”의 100분의 1. ②소수명(小數名). ㉮1의 100분의 1. ㉯연이율(年利率)의 단위 : 원금의 100분의 1. ㉰월이율의 단위 : 원금의 1000분의 1. ③정리하다. 잘하다. 「一正 ; 개정(改正)하다」
[厘正] líchêng ㄌㄧˊㄓㄥˋ 정리하다. 잘하다.
[厘革] líkó ㄌㄧˊㄍㄜˊ 정리 개혁(整理改革)하다.
[厘克] líkò ㄌㄧˊㄍㄜˋ 센티그램. «譯»
[厘米] límǐ ㄌㄧˊㄇㄧˇ 센티미터. «譯»
[厘定] lítìng ㄌㄧˊㄉㄧㄥˋ 개정(改定)하다.

〔離〕(离) lí ㄌㄧˊ ①…에서. 「北京一天津有二百多里 ; “北京”은 “天津”에서 이백여 리가 된다」 ②떨어지다. 멀어지다. 헤어지다. 「寸步不一 ; 촌보도 떨어지지 않다」 ③줄이다. 빠뜨리다. 「一了工具, 不能工作 ; 공구 없이는 일을 못한다」 ④산산이 흩어지다. 분산하다. 「一散, 一心 ; 정이 떨어지다」 ⑤팔괘(八卦)의 하나 : “☲”.
[離塵脫俗] lích'ên-t'ōusú ㄌㄧˊㄔㄣˊ ㄊㄡㄙㄨˊ 속세를 피하다. «成»
[離奇] líchí ㄌㄧˊㄑㄧˊ 기괴(奇怪)하다. 정체를 알 수 없다. >離離奇奇. 「에 가다.
[離家] líchiā ㄌㄧˊㄐㄧㄚ 집을 떠나다. 타향
[離腔走板] lích'iāng-tsǒupǎn ㄌㄧˊㄑㄧㄤ ㄗㄡˇㄅㄢˇ 곡조가 고르지 못하고 엉뚱하다. «成»
[離間] líchièn ㄌㄧˊㄐㄧㄢˋ 사이가 나빠지게 하다. 이간하다.
[離群索居] lích'ǘn sǒchū ㄌㄧˊㄑㄩㄣˊ ㄙㄨㄛˇㄐㄩ 여러 사람과 멀리 떨어져서 혼자 살다. «成»
[離合器] líhóch'ì ㄌㄧˊㄏㄜˊㄑㄧˋ 축(軸)의 회전 운동을 단속(斷續) 시키는 장치 : 클러치(clutch).
[離奚] líhsi ㄌㄧˊㄒㄧ 농담을 하다. =奚離.
[離鄉背井] líhsiāng-pèichǐng ㄌㄧˊㄒㄧㄤ ㄅㄟˋㄐㄧㄥˇ 고향을 떠나다.
[離心] líhsīn ㄌㄧˊㄒㄧㄣ ①뜻과 다르다. 불만으로 여기다. ②분산(分散)하다. ③중심에서 멀어지다. 「一機 ; 원심 분리기(遠心分離器)」「一力 ; 원심력」
[離心離德] líhsīn-lítê ㄌㄧˊㄒㄧㄣ ㄌㄧˊㄉㄜˊ 개인주의를 발휘하여 분쟁을 일으키는 일. «成» 「유병(夢遊病).
[離魂病] líhúnpìng ㄌㄧˊㄏㄨㄣˊㄅㄧㄥˋ 몽
[離開] lík'ai ㄌㄧˊㄎㄞ 떠나다. 「我是八月一臺北的 ; 나는 팔월에 “臺北”을 떠났다」
[離格(兒)] líkó(rh) ㄌㄧˊㄍㄜˊ(ㄦ) 예의(禮儀)에 벗어나다. 정도가 지나치다. 당치도 않다.
[離股兒] líkǔrh ㄌㄧˊㄍㄨˇㄦ ①끼워 놓은 것이 느슨해지다. ②(집이나 기계 따위가) 덜컹거리게 되다. ③주식(株式)에서 탈퇴하다.

[離離拉拉] lílilālā ㄌㄧˊㄌㄧㄌㄚㄌㄚ ①다정하지 못하다. ②계속하고 있는 모양.

[離把頭] lípat'óu ㄌㄧˊㄅㄚㄊㄡˊ ＝力巴頭(lìpat'óu).

[離不開] lípuk'āi ㄌㄧˊㄅㄨㄎㄞ 떨어질 수가 없다.「一身兒；몸을 뗄 수가 없다」「一眼兒；눈을 뗄 수가 없다」「一手兒；손을 뗄 수가 없다」「一人兒；남에게서 떨어질 수가 없다. 언제나 남의 신세를 지다」↔離得開.

[離不了] lípuliǎo ㄌㄧˊㄅㄨㄌㄧㄠˇ 떠날 수가 없다. 떨어질 수가 없다.「魚一水；고기는 물을 떠날 수 없다」↔離得了.

[離題] lít'í ㄌㄧˊㄊㄧˊ ①주제에서 이탈하다. (이야기나 문장의) 줄거리에서 벗어나다.「一萬里；문제의 본질에서 아주 멀어지다」②(시험에서) 예상에 어긋나다. 예상한 바와 거리가 멀다.

[離子] lítzǔ ㄌㄧˊㄗ 〈化〉이온(ion).「陽一；양 이온」「陰一；음 이온」

[離亡] líwáng ㄌㄧˊㄨㄤˊ 고향을 떠나 유랑(流浪)하다.

〔藜〕 lí ㄌㄧˊ 〈植〉명아주.

〔籬〕(篱) lí ㄌㄧˊ 울타리. 잡목으로 만든 울타리. 말뚝이 드러나 보이지 않도록 양쪽에서 잡목을 댄 울타리.

[籬落] lílò ㄌㄧˊㄌㄨㄛˋ 잡목으로 된 울타리.

[籬笆] lípa ㄌㄧˊㄅㄚ 울타리.「一圈兒；집 둘레에 친 울타리」＝籬笆障兒.

〔李〕 lǐ ㄌㄧˇ 〈植〉자도나무.「一子；자도」

[李下] lǐhsià ㄌㄧˇㄒㄧㄚˋ 혐의를 받는 장소.

〔里〕 lǐ ㄌㄧˇ ①중국 리수(里數)로 1"里"는 576미터.「公一；킬로미터」「市一；반 킬로미터」②고향. 향리(鄕里).「返一；향촌에 돌아 가다」③고대(古代)에 오호(五戶)를 "隣"이라 하고 "五隣"을 "里"라고 하였음.「同一；동향(同鄕)」④왕래가 잦은 길에서 옆으로 들어간 구역. 골목. 가로(街路)에 "里"를 씀.「安康一；"安康"골목」

[里程碑] lǐch'ěngpēi ㄌㄧˇㄔㄥˊㄅㄟ 이정표.

[里居] lǐchū ㄌㄧˇㄐㄩ ①고향에서 살다. ②주소.

[里巷] lǐhsiàng ㄌㄧˇㄒㄧㄤˋ 골목. 큰 길에서 옆으로 들어 간 구역.

[里落] lǐlò ㄌㄧˇㄌㄨㄛˋ 촌락(村落).

[里門] lǐmén ㄌㄧˇㄇㄣˊ ①향촌의 입구. ②향리.

[里弄] lǐnùng ㄌㄧˇㄋㄨㄥˋ 큰 길에서 옆으로 들어선 구역. 골목길. 동네.

〔俚〕 lǐ ㄌㄧˇ 천하다. 천하고 속(俗)된.

[俚氣] lǐch'i ㄌㄧˇㄑㄧ 아주 속돼 보이다.

[俚歌] lǐkō ㄌㄧˇㄍㄜ 민요. 속요(俗謠).

[俚言] lǐyén ㄌㄧˇㄧㄢˊ 속어(俗語).＝俚語.

〔哩〕 lǐ ㄌㄧˇ 마일(mile) 약1 609 미터. ⇨lī.

〔浬〕 lǐ ㄌㄧˇ 해리(海里). 1 "浬"는 1852미터.

〔理〕 lǐ ㄌㄧˇ ①나뭇결. ＝木理. 살결. ＝肌理. ②도리(道理). 조리(條理). 이치. 법칙.「按一說；조리 있게 말한다면. 도리에 입각하여 말한다면」「有一講倒人；조리 있게 한다면 상대를 설복시킬 수 있다」③자연 과학(自然科學). ④꾀하다. 떠맡다. 관리(管理)하다.「一家；집안 일을 처리하다」⑤갖추다. 정리하다.「把書一一一；책을 정리하여 보다」⑥(남의 말이나 행동에)상대가 되다. 반응을 나타내다. 관여하다.「置之不一；전연 문제삼지 않다」

[理障] lǐchàng ㄌㄧˇㄓㄤˋ 이치를 해득 못하여 마음이 개운치 못하다.

[理齊] lǐch'í ㄌㄧˇㄑㄧˊ 단정하게 간추리다.「把稻草一了；볏단을 깔끔히 정리하였다」

[理直] lǐchíh ㄌㄧˇㄓˊ ①조리가 서 있다.「一氣壯；이야기가 조리에 맞아, 의기(意氣)가 왕성한 모양」②깔끔히 처리하다.

[理智] lǐchìh ㄌㄧˇㄓˋ 이지적이다.「很不一；아주 감정적이다」

[理曲] lǐch'ū ㄌㄧˇㄑㄩ 이치가 서지 않다. (이치상)불리하다. ＝理屈.「一辭窮；이치가 서지 않아 말이 막히다」

[理髮] lǐfà ㄌㄧˇㄈㄚˋ 이발하다.「一館·一處；이발관」

[理合] lǐhó ㄌㄧˇㄏㄜˊ …하여야 함 · 공문서 용어.

[理想] lǐhsiǎng ㄌㄧˇㄒㄧㄤˇ ①이상. ②공상. ③상상(想像). ④이상적이다.「更一；보다 더 이상적이다」

[理綫] lǐhsièn ㄌㄧˇㄒㄧㄢˋ 헝클어진 실을 풀다.

[理會] lǐhuì ㄌㄧˇㄏㄨㄟˋ ①알다. 알아차리다.「沒一；알지 못하다. 눈치 채지 못하다」②상대하다. 상관하다. 취급하다.「不一；상대하지 않다」

[理虧] lǐk'ueī ㄌㄧˇㄎㄨㄟ 이치가 모자라다.

[理療] lǐliáo ㄌㄧˇㄌㄧㄠˊ 〈物〉물리 요법(物理療法).

[理路] lǐlù ㄌㄧˇㄌㄨˋ ①일의 조리. 이치. ②도리에 어긋나지 않는 일.

[理論] lǐlùn ㄌㄧˇㄌㄨㄣˋ ①이론. ②(이치에 근거하여) 논쟁하다.

[理兒] lǐrh ㄌㄧˇㄦ 도리(道理).

[理事] lǐshìh ㄌㄧˇㄕˋ ①일을 처리하다. ② lǐshìh 이사(理事).

[理所當然] lǐsǒtāngján ㄌㄧˇㄙㄨㄛˇㄉㄤㄖㄢˊ 당연하고도 당연하다.

[理當] lǐtāng ㄌㄧˇㄉㄤ 마땅히 …하지 않으면 안된다.「一早日退還；마땅히 빨리 돌려 주지 않으면 안된다」

[理頭兒] lǐt'óurh ㄌㄧˇㄊㄡˊㄦ 일의 조리(條理). 사리(事理).

[理睬] lǐts'ài ㄌㄧˇㄘㄞˋ 상대하다. 상관하다.「不要一地；그에게는 상관하지 말라」

[理倉費] lǐts'āngfèi ㄌㄧˇㄘㄤㄈㄟˋ 창고료(倉庫料).

[理短] lǐtuǎn ㄌㄧˇㄉㄨㄢˇ 이치에 맞지 않다. 조리에 어긋나다.

[理應] lǐyīng ㄌㄧˇㄧㄥ 당연히 …해야 한다.「一照價賠償；당연히 실비는 변상해야 한다」

〔裏〕(裡) lǐ ㄌㄧˇ ①안. 내부.「衣裳一兒；옷의 안」②가운데: 명사 뒤에 붙어 범위 또는 그 안 쪽을 가리킴. 대개 경성(輕聲)임.「屋子一；방 가운데」「夜一；밤중」③일정한 장소나 범위(範圍) 내를 가리킴: 대개 경성임.「這一；이곳」「三十歲以一；삼십세 이내(以內)」

[裏脊] lǐchí ㄌㄧˇㄐㄧˊ 돼지나 양의 양쪽 등의 고기. 등심.

[裏間(兒)] lǐchiēn(rh) ㄌㄧˇㄐㄧㄢ(ㄦ) 바로 밖으로 출입할 수 있는 입구가 있는 안방 : 외간(外間)에 대한 말. ＝裏

問屋子.
[裏出外進] lǐch'ū-wàichìn ㄌㄧˇㄔㄨㄨㄞˋㄐㄧㄣˋ ①평평하지 않는 모양. ②사람의 출입(出入)이 심하다. «成»
[裏封面兒] lǐfēngmièn rh ㄌㄧˇㄈㄥㄇㄧㄢˋㄦ 뒷 표지(表紙).
[裏廂] lǐhsiāng ㄌㄧˇㄒㄧㄤ =裏面.
[裏懷裏] lǐhuáili ㄌㄧˇㄏㄨㄞˊㄌㄧ 뒷 쪽. 자기 앞 쪽. 「往一拉 ; 자기 앞 쪽으로 끌어 당기다」 「옷. 내의.
[裏衣] lǐi ㄌㄧˇㄧ 살에 직접 대어 입는 속
[裏勾兒外聯] lǐkōurh-wàilién ㄌㄧˇㄍㄡㄦㄨㄞˋㄌㄧㄢˊ 안팎에서 기맥을 통하다.
[裏工] lǐkūng ㄌㄧˇㄍㄨㄥ 공장에서 직접 장기 노동자를 지도하는 노동자.
[裏臁] lǐlién ㄌㄧˇㄌㄧㄢˊ 허벅다리의 안쪽. 사타구니. 「部)의 것.
[裏碼人] lǐmajén ㄌㄧˇㄇㄚㄖㄣˊ 내부(內
[裏面] lǐmièn ㄌㄧˇㄇㄧㄢˋ 안. 내부.
[裏邊(兒)] lǐpien(rh) ㄌㄧˇㄅㄧㄢ(ㄦ) ①내측(內側). 가운데. ②후방(後方). 옆. 「靠一走 ; 옆으로 붙어 걷다」
[裏兒] lǐrh ㄌㄧˇㄦ (의복 따위의) 안.
[裏兒表兒的] lírhpiǎorhtê ㄌㄧˊㄦㄅㄧㄠˇㄦㄉㄜ ①친한 것과 소원한 것. ②양면적(兩面的). ③내부와 외부.
[裏手] lǐshǒu ㄌㄧˊㄕㄡˇ ①좌측. 안 쪽. 자기 앞 쪽. ②예술이나 기술에 숙달한 전문가: "湖南" 방언. 「(tube).
[裏帶] lǐtài ㄌㄧˇㄉㄞˋ 차 바퀴의 튜우브
[裏頭] lǐt'ou ㄌㄧˇㄊㄡ ①=裏邊(兒). ②궁중(宮中).
[裏層] lǐts'ěng ㄌㄧˇㄘㄥˊ ①(의복·모자·신 따위의) 안. ②안에 해당하는 부분.
[裏子] lǐtzǔ ㄌㄧˇㄗ ①(옷이나 모자 따위의) 안. ②연극에서의 단역(端役).
[裏外] lǐwài ㄌㄧˇㄨㄞˋ ①안과 바깥. ②집의 안과 집의 바깥. >裏裏外外. ③좌우. ④…쯤. …정도: 대략의 수를 나타냄. 「三十歲一 ; 삼십 세 정도」
[裏外間兒] lǐwàichiēnrh ㄌㄧˇㄨㄞˋㄐㄧㄢㄦ 뒷방과 바깥방.
[裏外裏] lǐwàilǐ ㄌㄧˇㄨㄞˋㄌㄧˇ 결국(結局). 「他替你, 你再替他, 一是一個樣 ; 그 사람이 너를 대신하고 네가 그 사람을 대신하면 결국 같다」
[裏屋] lǐwū ㄌㄧˇㄨ 뒷방.
[裏應外合] lǐyìng-wàihó ㄌㄧˇㄧㄥˋㄨㄞˋㄏㄜˊ 안팎에서 서로 호응하다. «成»
[裏院兒] lǐyüànrh ㄌㄧˇㄩㄢˋㄦ 뒷쪽의 한 구석. 또는 구석진 곳에 있는 집.

〔禮〕(礼) lǐ ㄌㄧˇ ①의식(儀式). 「婚一 ; 결혼 예식」 ②인사. 절. 「行一 ; 절하여 인사하다」 ③선사품. 「壽一 ; 생일 선물」
[禮成] lǐch'ěng ㄌㄧˇㄔㄥˊ 의식이 끝나다.
[禮教] lǐchiāo ㄌㄧˇㄐㄧㄠˋ (전통적인) 예의나 교양. 「券).
[禮券] lǐch'üàn ㄌㄧˇㄑㄩㄢˋ 상품권(商品
[禮行貨] lǐhsinghuò ㄌㄧˇㄒㄧㄥˊㄏㄨㄛˋ 겉보기는 훌륭하나 내용의 질은 보잘 것 없는 선물용의 상품.
[禮花] lǐhuā ㄌㄧˇㄏㄨㄚ 제전(祭典)이나 예식 때 쏘아 올리는 불꽃. 「물품.
[禮貨] lǐhuǒ ㄌㄧˇㄏㄨㄛˇ 답례용(答禮用)의
[禮讓] lǐjàng ㄌㄧˇㄖㄤˋ 겸양. 겸손하게 예의를 신중히 하다. 「講一 ; 겸양을 중히 여기다」
[禮路兒] lǐlùrh ㄌㄧˇㄌㄨˋㄦ 예의 바른 태도.
[禮帽] lǐmào ㄌㄧˇㄇㄠˋ ①예식 때 쓰는 모자. ②소프트(soft) 모자.
[禮貌] lǐmào ㄌㄧˇㄇㄠˋ 예의 바른 모양. 공손한 모양. 「有一 ; 예의가 바르다」
[禮拜] lǐpài ㄌㄧˇㄅㄞˋ ①주(週). 「三個一 ; 삼주간」 ②일요일. ③「一一 ; 월요일」 「一二 ; 화요일」 「외출복. 호화로운 옷.
[禮拜服] lǐpàifú ㄌㄧˇㄅㄞˋㄈㄨˊ 나들이옷.
[禮拜日] lǐpàijìh ㄌㄧˇㄅㄞˋㄖˋ =禮拜.
[禮拜寺] lǐpàissǔ ㄌㄧˇㄅㄞˋㄙˋ 회교(回教) 사원(寺院). 「선물.
[禮品] lǐp'ǐn ㄌㄧˊㄆㄧㄣˇ 증답품(贈答品).
[禮兒] lǐrh ㄌㄧˇㄦ ①경의를 표하는 문장이나 편지. ②선물. 축하. 부의(賻儀). 「送了一份一 ; 하나의 올바른 일을 하였다」
[禮尙往來] lǐshàngwǎnglái ㄌㄧˇㄕㄤˋㄨㄤˇㄌㄞˊ ①예의는 답례가 중요하다. «成» ②반드시 보복(報復)하다. «成»
[禮式] lǐshìh ㄌㄧˇㄕˋ 예의 범절.
[禮數] lǐshǔ ㄌㄧˇㄕㄨˋ 예의(禮儀).
[禮單] lǐtān ㄌㄧˇㄉㄢ ①선사품의 목록(目錄). ②의식의 프로그램. 「습. 전례.
[禮當] lǐtang ㄌㄧˇㄉㄤ 사교(社交)상의 관
[禮堂] lǐt'áng ㄌㄧˇㄊㄤˊ 강당(講堂).
[禮體] lǐt'ǐ ㄌㄧˊㄊㄧˇ 의식(儀式).
[禮帖] lǐt'iěh ㄌㄧˊㄊㄧㄝˇ 선사품의 목록.
[禮物] lǐwù ㄌㄧˇㄨˋ ①예물. 선물. ②남을 방문할 때 간단하게 들고 가는 선사품.

〔鯉〕 lǐ ㄌㄧˇ 〈動〉 잉어. =鯉魚.

〔力〕 lì ㄌㄧˋ ①힘. 「四肢無一 ; 사지가 맥이 풀리다」 ②기관(器官)의 활동. 「目一 ; 시력」 ③물건 하나하나의 특유한 기능. 「說服一 ; 설득력」 ④노력하다. 힘을 다하다. 「一戰 ; 힘껏 싸우다」
[力爭] lìchēng ㄌㄧˋㄓㄥ 실현하도록 노력하다. 목표에 도달하게끔 힘을 경주하다. 「一上游 ; 앞선 사람을 목표 삼아 끊임 없이 전진하다」 「力爭上流 據理一 ; 이치를 방패 삼아 끝까지 다투다」
[力氣] lìch'i ㄌㄧˋㄑㄧ 육체상의 힘. 기력. 「一活兒 ; 힘이 드는 노동」
[力竭聲嘶] lìchiéh-shēngssū ㄌㄧˋㄐㄧㄝˊㄕㄥㄙ 정력과 근기를 몽땅 소모시키다」 «成» 「(tip). ②운반비.
[力錢] lìch'ien ㄌㄧˋㄑㄧㄢ ①행하(行下). 팁
[力盡筋疲] lìchìn-chīnp'í ㄌㄧˋㄐㄧㄣˋㄐㄧㄣㄆㄧˊ 지쳐 버리다. «成»
[力求] lìch'iú ㄌㄧˋㄑㄧㄡˊ 힘써 주의하다. 힘써 구하다. 「一節約 ; 힘써 절약하다」
[力主] lìchǔ ㄌㄧˋㄓㄨˇ 강하게 주장하다. 흔들림 없이 주장하다. 「一和平 ; 평화를 강력히 주장하다」 「하다
[力壯] lìchuàng ㄌㄧˋㄓㄨㄤˋ 원기가 왕성
[力行] lìhsíng ㄌㄧˋㄒㄧㄥˊ ①노력하다. ②힘써 행하다.
[力量] lìliang ㄌㄧˋㄌㄧㄤ ①물체나 육체(肉體)·두뇌·조직 따위에 쓰이는 힘. 활동. ②세력. 역량. 「民主一 ; 민주 세력」
[力能擧鼎] lìnéngchüting ㄌㄧˋㄋㄥˊㄐㄩˇㄉㄧㄥˇ 무쇠솥을 들어 올릴 만한 힘이 있다. «成»

[力能扼虎] linéng'èhǔ ㄌㄧˋㄋㄥˊㄜˋㄏㄨˇ 호랑이를 졸라 죽일 만한 힘이 있다. «成»

[力巴(兒)] lìpa(rh) ㄌㄧˋㄅㄚ(ㄦ) ①아마추어. 미숙한 사람. ②견습(見習). =力把.

[力巴頭] lìpat'óu ㄌㄧˋㄅㄚㄊㄡˊ 문외한(門外漢). 소인. 미숙한 사람.

[力笨] lìpên ㄌㄧˋㄅㄣ 서투르다. 「作得一點不一; 솜씨가 서투르지 않다」

[力笨兒] lìpênrh ㄌㄧˋㄅㄣㄦ 미숙한 사람. 아마튜어.

[力笨頭] lìpênt'óu ㄌㄧˋㄅㄣˋㄊㄡˊ 완전히 숙달하지 못한 사람. 미숙련자.

[力不勝任] lìpùshêngjên ㄌㄧˋㄅㄨˋㄕㄥㄖㄣˋ 맡은 일을 감당할 만한 역량(力量)이 없다.

[力不從心] lìputs'únghsīn ㄌㄧˋㄅㄨˋㄘㄨㄥˊㄒㄧㄣ 하고 싶으나 힘이 따르지 못하다.

[力士] lìshìh ㄌㄧˋㄕˋ 장사(壯士). 힘센 사람.

[力所能及] lìsǒnêngchí ㄌㄧˋㄙㄨㄛˇㄋㄥˊㄐㄧˊ 힘이 미치는 일. 힘이 미치는 범위. 「殘疾人也參加了一的勞動; 불구자도 할 수 있는 범위 내의 노동에 참가하다」

[力道] lìtào ㄌㄧˋㄉㄠˋ ①효력. 효능(効能). 「豆餅一長; 깻묵의 효력은 오래 지속된다」 ②힘.

[力圖] lìt'ú ㄌㄧˋㄊㄨˊ 힘써 도모(圖謀)하다. 「一改進; 힘써 개량과 진보를 도모하다」

〔立〕 lì ㄌㄧˋ ①서다. 「一在體操臺; 체조대 위에 서다」 ②세우다. 세워서 기대어 놓다. 일으키다. 「把傘一在門後頭; 우산을 문 뒤에 세워 놓다」 ③설치하다. 설립하다. 「一學校; 학교를 설립하다」 ④나타내다. 세우다. 「一功; 공을 세우다」 ⑤작성(作成)하다. 맺다. 「一合同; 계약을 맺다」 ⑥정하다. 결정하다. 「一志; 목표를 정하다」 ⑦생계를 세우다. 존재하다. 「自一; 자립」 ⑧(눈썹을)곤두 세우다. 「一着眉毛; 눈썹을 곤두 세우고」 ⑨그 자리에서. 즉석에서. 「一見功效; 즉석에서 효과가 나타나다」 ⑩동기하다.

[立案] lì'àn ㄌㄧˋㄢˋ 행정 기관에 등록하다.

[立場] lìch'ǎng ㄌㄧˋㄔㄤˇ ①입장. ②즉시. 그 자리에서. 즉석에서.

[立正] lìchêng ㄌㄧˋㄓㄥˋ ①차려 자세를 취하다. ②구령의 하나: 차렷. ③단정하게 범절을 가르치다.

[立即] lìchí ㄌㄧˋㄐㄧˊ 즉시. 곧. 「一經你說明, 誤會一消釋; 네가 설명하면 오해는 즉시 풀린다」

[立脚(兒)] lìchiǎo(rh) ㄌㄧˋㄐㄧㄠˇ(ㄦ) 서다. 발을 놓다. 「一不穩; 입장이 불안정하다」 「근거지. ②입각지.

[立脚地] lìchiǎotì ㄌㄧˋㄐㄧㄠˇㄉㄧˋ ①발판.

[立井] lìchǐng ㄌㄧˋㄐㄧㄥˇ 세로로 된 갱도(抗道).

[立春(兒)] lìch'ūn(rh) ㄌㄧˋㄔㄨㄣ(ㄦ) ①입춘이 되다. ② 입춘 : 양력 2월 4일경으로 24절기 중의 하나.

[立浮] lìfú ㄌㄧˋㄈㄨˊ 몸을 세우고 헤엄치는 수영. 입영(立泳).

[立合同] lìhót'ung ㄌㄧˋㄏㄜˊㄊㄨㄥ 계약을 맺다.

[立下] lìhsia ㄌㄧˋㄒㄧㄚ ①세우다. 「一大功; 큰 공을 세우다」 ②체결(締結)하다. 「一合同; 계약을 체결하다」 ③lìhsià 즉시 공격하여 함락시키다.

[立夏] lìhsià ㄌㄧˋㄒㄧㄚˋ ①여름이 시작되다. ②입하.

[立意] lìì ㄌㄧˋㄧˋ 결의(決意)하다.

[立人兒] lìjênrh ㄌㄧˋㄖㄣˊㄦ 한자(漢字)의 변의 하나: "人·亻"변」「雙一; "彳"변」

[立竿見影] lìkān chièn yǐng ㄌㄧˋㄍㄢ ㄐㄧㄢˋㄧㄥˇ 효과를 즉시 명료하게 알 수 있다는 비유. «成»

[立刻] lìk'ò ㄌㄧˋㄎㄜˋ ＝立即. ＝立時.

[立櫃] lìkueì ㄌㄧˋㄍㄨㄟˋ 찬장(饌櫥)이나 벽장 따위: 쌀 뒤주같이 위쪽에 여닫이가 있는 궤.

[立功] lìkūng ㄌㄧˋㄍㄨㄥ 공을 세우다.

[立馬] lìmǎ ㄌㄧˋㄇㄚˇ 곧. 즉시. ＝立馬間.

[立眉立眼] lìméi-lìyěn ㄌㄧˋㄇㄟˊㄌㄧˋㄧㄢˇ 눈썹을 곤두 세우고 눈을 무섭게 부릅뜬 모양. 몹시 흥분이나 성난 모양. «成»

[立逼] lìpī ㄌㄧˋㄅㄧ 불문 곡직하고 즉시 …시키다. 다짜고짜로 …시키다. 「一他答應; 불문 곡직하고 그에게 승낙시키다」 ＝立逼着.

[立誓] lìshìh ㄌㄧˋㄕˋ 맹세하다.

[立手立脚兒] lìshǒu-lìchiǎorh ㄌㄧˋㄕㄡˇㄌㄧˋㄐㄧㄠˇㄦ 어린애가 남의 도움 없이 스스로 걷게 되다. 「兒.

[立手兒] lìshǒurh ㄌㄧˋㄕㄡˇㄦ＝立手立脚

[立談之間] lìt'ánchīhchiēn ㄌㄧˋㄊㄢˊㄓㄐㄧㄢ 눈 깜짝할 사이에. 아주 짧은 순간에.

[立等] lìtěng ㄌㄧˋㄉㄥˇ 초조히 기다리다.

[立地] lìtì ㄌㄧˋㄉㄧˋ ①즉석에서. 「效果一昭著了; 효과는 즉시 확실히 나타났다」 ②땅에 서다.

[立定] lìtìng ㄌㄧˋㄉㄧㄥˋ ①구령의 하나: 제자리 서. ②단단히 서다. 「一脚跟; 확고히 서다」 ③제정(制定)하다.

[立足] lìtsú ㄌㄧˋㄗㄨˊ 발판을 정하다. 「一點; 입각점」 「一之地; 발판. 근거지. 발을 디딜 장소」 「되다. ②입동.

[立冬] lìtūng ㄌㄧˋㄉㄨㄥ ①겨울이 시작

[立字(兒)] lìtzǔ(rh) ㄌㄧˋㄗˇ(ㄦ) 증서(證書)를 쓰다.

[立言] lìyén ㄌㄧˋㄧㄢˊ 후세(後世)에 전할 만한 훌륭한 발언(發言)을 하다.

[立約] lìyüēh ㄌㄧˋㄩㄝ 약정(約定)하다.

〔吏〕 lì ㄌㄧˋ ①(옛) 관리. 「廉一; 청렴한 관리」 ②(옛 관청의) 하급 관리. 「書一; 장부나 문서 회계를 맡아 보던 하급 관리」

〔利〕 lì ㄌㄧˋ ①좋다. 형편이 좋다. ②이득을 얻다. 남에게 이득을 주다. 유리(有利)하게 하다. 「一己一人; 자기와 남을 다 같이 유리하게 하다」 ③순조롭게 되다. 「敵軍屢戰不一; 적군은 패전을 거듭하다」 ④이자(利子). 이식. 「連本帶一; 원리 합계」 ⑤이익. 돈벌이. 「唯一是圖; 돈벌이밖에는 생각하지 않다」 ⑥예리하다. 잘 들다. 「一刀; 예리한 칼」

[利錢] lìch'ien ㄌㄧˋㄑㄧㄢ 이식(利息). 이자.

[利害攸關] lìhài yūkuān ㄌㄧˋㄏㄞˋㄧㄡㄍㄨㄢ 이해 관계가 있다.

[利益] lì ì ㄌㄧˋㄧˋ ①이익. ②이익을 보다: "一于"로서 쓰임.

[利刃] lìjên ㄌㄧˋㄖㄣˋ 칼이나 도끼 따위 예리한 날이 있는 도구.

[利口] lìk'ǒu ㄌㄧˋㄎㄡˇ 말을 잘하다. 능변(能辯)이다.

[利滾利] lìkǔnlì ㄌㄧˋㄍㄨㄣˇㄌㄧˋ 이자에 이자가 붙다. 복리(複利). =利滾上利.

[利亮] lìliang ㄌㄧˋㄌㄧㄤ ①약간 산뜻하다.②(목소리 따위가) 똑똑하다. 명확하다. ③(용모가) 깨끗하고 곱다.

[利令智昏] lìlìngchìhhūn ㄌㄧˋㄌㄧㄥˋㄓˋㄏㄨㄣ 돈으로 인하여 정신이 혼미해지다. «成»

[利落] lìlo ㄌㄧˋㄌㄨㄛ ①상쾌하다. 깨끗하고 곱다. ②경쾌하다.③단정하다.「他的作風很一；그의 일솜씨는 깔끔하다」④능숙하다.자세가 단정하다.「舌頭一；말씨가 능숙하다」「腿脚一;걷는 자세가 단정하다」「一話；진정에서 하는 말」「一手；빈틈 없는 사람.능숙한 사람」>利利落落. =俐儸.

[利弊] lìpì ㄌㄧˋㄅㄧˋ 이해(利害).

[利便] lìpièn ㄌㄧˋㄅㄧㄢˋ 편리하다.

[利病] lìpìng ㄌㄧˋㄅㄧㄥˋ 이점(利點)과 결점.이로운 것과 해로운 것.

[利兒] lìrh ㄌㄧˋㄦ (금전적인) 이득이나 벌이.「沒什麼一；아무런 벌이도 없다」

[利市] lìshih ㄌㄧˋㄕ ①장사하여 벌은 이익. ②징조가 좋다. ③새해를 축하하는 선물.

[利索] lìso ㄌㄧˋㄙㄨㄛ =利颼.

[利藪] lìsǒu ㄌㄧˋㄙㄡˇ 이익이 보이는 곳.

[利颼] lìsou ㄌㄧˋㄙㄡ ①정리되어 깔끔히 되어 있다. 말쑥하게 되어 있다.「東西收拾一了；물품은 말쑥하게 정리하였다」②빠르다.민첩하다.「他做事很一;그의 일솜씨는 실로 민첩하다」③어린애 따위의 걸음걸이가 똑바르다.「小孩兒走道兒走一了；어린애의 길 걷는 걸음걸이가 비틀거리지 않고 똑바르다」④모두 끝나다.「話還沒說一,他走開了；이야기가 죄다 끝나기 전에 그는 가 버렸다」

[利誘] lìyū ㄌㄧˋㄧㄡˋ 이익을 미끼로 남을 유혹하다.

[利于] lìyǘ ㄌㄧˋㄩˊ …에 형편이 좋다. …에 이익이 있다.「一生產的發展；생산의 발달에 이점이 있다」

[利欲薰心] lìyǜ hsūnhsīn ㄌㄧˋㄩˋㄒㄩㄣㄒㄧㄣ 이욕(利欲)에 정신이 혼미해지다. «成»

〔戾〕 lì ㄌㄧˋ ①죄(罪). ②몹시 거칠은. 억지로. 무리하게. =暴戾. ③이르다.도달하다.「鳶飛一天；소리개가 하늘에 날아오르다」

〔例〕 lì ㄌㄧˋ ①「一子；예(例)」「擧個一；예를 하나 들다」②습관.관습. 법칙.

[例假] lìchià ㄌㄧˋㄐㄧㄚˋ 정례 휴가(定例休暇).

[例行] lìhsíng ㄌㄧˋㄒㄧㄥˊ 늘 하는 대로 하다.「一公事；공사(公事)를 언제나 하는 대로 하다.형식상 사무를 수행하다」

[例規] lìkueī ㄌㄧˋㄍㄨㄟ ①관례에 의하여 만들어진 규칙. ②법령 규칙.

[例如] lìjú ㄌㄧˋㄖㄨˊ 예를 들면. 예컨대.

[例外] lìwài ㄌㄧˋㄨㄞˋ ①예외. ②예외이다.「這種現象幷不一；이런 종류의 현상은 별로 예외의 것이 아니다」③예외가 되다.

〔俐〕 lì ㄌㄧˋ 「伶一；현명하다. 잘 알아 채다」

[俐亮] lìliang ㄌㄧˋㄌㄧㄤ 기분이 좋다. 상쾌하다.

[俐落] lìlo ㄌㄧˋㄌㄨㄛ =利落.

[俐索] lìso ㄌㄧˋㄙㄨㄛ =利颼

「나무」

〔栗〕 lì ㄌㄧˋ ①〈植〉밤.「一子樹；밤나무」

[栗房] lìfáng ㄌㄧˋㄈㄤˊ =栗蓬.

[栗碌] lìlù ㄌㄧˋㄌㄨˋ 사무가 번망(繁忙)하다. =栗六. 栗陸.

[栗苞] lìpao ㄌㄧˋㄅㄠ ①밤송이. ②주먹. =栗暴.

[栗蓬] lìp'êng ㄌㄧˋㄆㄥ 밤송이.

[栗色] lìsê ㄌㄧˋㄙㄜ 밤색.「一紙；크레용화에 쓰이는 밤색 종이」=米紙.

[栗鑿] lìtsó ㄌㄧˋㄗㄨㄛˊ 주먹.「給他一個一；그에게 주먹을 한 대 먹였다」

[栗子] lìtzū ㄌㄧˋㄗ 밤.「一樹；밤나무」「一肌肉；상어의 껍질처럼 거칠은 살갗」

〔荔〕 lì ㄌㄧˋ 「薜一；줄사철나무.담쟁이」

[荔枝] lìchih ㄌㄧˋㄓ 〈植〉여지. 여주: 과수명.또는 그 열매.

〔粒〕 lì ㄌㄧˋ ①「一兒；알맹이.낟알의.하나하나」「米一兒；쌀의 낟알」②낟알.곡물의 알맹이 모양의 것을 셀때 쓰이는 조수사.「一一米;한 알의 쌀」「三一子彈；세 발의 탄환」

[粒選] lìhsüǎn ㄌㄧˋㄒㄩㄢˇ ①(종자의) 알맹이를 정리하다.②한알 한알 고르다.엄선하다.

[粒米] lìmǐ ㄌㄧˋㄇㄧˇ 쌀의 낟알.「一不進；음식물이 목을 넘어가지 않다」

〔莅〕(蒞·涖) lì ㄌㄧˋ 임(臨)하다.출석하다.

[莅會] lìhuì ㄌㄧˋㄏㄨㄟˋ 모임에 임석하시다.«敬»

[莅臨] lìlín ㄌㄧˋㄌㄧㄣˊ 자리에 친히 나오시다.«敬».

〔笠〕 lì ㄌㄧˋ 삿갓.대오리나 갈대로 만든 갓

〔唳〕 lì ㄌㄧˋ (새 따위가) 울다.

〔詈〕 lì ㄌㄧˋ 욕을 퍼붓다. =罵詈.

〔痢〕 lì ㄌㄧˋ 〈醫〉악성인 설사가 따르는 질병.「赤一·白一；이질」

〔慄〕 lì ㄌㄧˋ 오싹 소름이 끼치다. 몸을 떨다.「不寒而一；춥지도 않은데 오싹 소름이 끼치다」「戰一；두려워서 몸이 벌벌 떨리다. 전율」

〔厲〕(厉) lì ㄌㄧˋ ①엄하게. 엄중히. 말쑥하고 깔끔히.「一禁；엄금하다」②엄한. 엄숙한. 「正顏一色；엄숙한 표정을 하다」 ③엄격한. 격렬한. 맹렬한.「聲色俱一；표정이 엄격하고 말투가 격렬하다」④옛 "礪"와 통함.

[厲疾] lìchī ㄌㄧˋㄐㄧ ①〈醫〉역질(疫疾). 천연두. ②맹렬하게 빠르다.

[厲禁] lìchìn ㄌㄧˋㄐㄧㄣˋ 엄금하다.

[厲害] lìhai ㄌㄧˋㄏㄞ ①맹렬하다.흉포(兇暴)하다.「老虎很一；호랑이는 아주 흉포하다」②대단히. 아주.「冷得一；아주 차가와지다」「疼得一；대단히 아프다」

[厲鬼] lìkueǐ ㄌㄧˋㄍㄨㄟˇ ①악한 귀신. ②흉악한 형상(形相)을 한 유령.

[厲兵秣馬] lìpīng-mòmǎ ㄌㄧˋㄅㄧㄥㄇㄛˋㄇㄚˇ ①전쟁 준비를 하는 일. ②적극적

으로 일할 준비를 하는 일. =秣馬厲兵.
[厲色] lìsè ㄌㄧˋㄙㄜˋ ①엄격한 표정. ②표정을 엄격히 하다.
[厲聲] lìshēng ㄌㄧˋㄕㄥ ①격렬한 음성. ②목소리를 높이다.

〔隷〕(隸·隶) lì ㄌㄧˋ ①붙다.따라 가다.따라 붙다.「直一中央；중앙에 직속되다」②종자(從者).종복(從僕).「一卒；부하.하인」③글씨체의 하나. 예서(隸書).「一字；예서체의 글자」

〔歷〕(歴·历) lì ㄌㄧˋ ①세월이 지나다.경과하다.경험하다.「已一十年；벌써 십년이 지났다」②지났다. 경과하였다.「一年；연년(連年).해마다」③하나하나.모조리.완전히.「一觀；하나하나 빼지 않고 모조리 보고 다니다」
[歷朝] lìch'áo ㄌㄧˋㄔㄠˊ 역대의 조정(朝廷).
[歷程] lìch'éng ㄌㄧˋㄔㄥˊ ①노정(路程).길의 이수.②지나온 경로. 다니는 길.역정.
[歷劫] lìchiéh ㄌㄧˋㄐㄧㄝˊ종종 재해(災害)를 만나다.
[歷屆] lìchièh ㄌㄧˋㄐㄧㄝˋ (지금까지의) 매회(每回).
[歷盡] lìchìn ㄌㄧˋㄐㄧㄣˋ 모조리 경험하다.「一甘苦；단맛 쓴맛 다 맛보다」
[歷久] lìchiǔ ㄌㄧˋㄐㄧㄡˇ ①오랫동안. ②오랜 시간이 경과하다.
[歷來] lìlái ㄌㄧˋㄌㄞˊ 원래(元來).옛부터.
[歷覽] lìlǎn ㄌㄧˋㄌㄢˇ 하나하나 보고 다니다.
[歷歷] lìlì ㄌㄧˋㄌㄧˋ 하나하나 확실하게.「一在目；옛 일이 하나하나 선명하게 눈에 떠오르다」②숙달(熟達)되다.
[歷練] lìlien ㄌㄧˋㄌㄧㄢ ①수련(修練)하다.
[歷落] lìlo ㄌㄧˋㄌㄨㄛ ①속세의 때가 묻지 않고 깨끗하다. ②배열(排列)이 들쭉날쭉. >歷歷落落.③음성이 그치지 않는 모양.
[歷亂] lìluàn ㄌㄧˋㄌㄨㄢˋ ①어지럽게 되어 질서가 없다. ②소란을 당하다.
[歷年] lìnién ㄌㄧˋㄋㄧㄢˊ ①한 해가 지나다.세세 연년(歲歲年年).②달력에서 말하는 일년.
[歷時] lìshíh ㄌㄧˋㄕˊ ①지나온 세월. ②때를 경과하다. 시간이 지나다.
[歷史車輪] lìshǐhch'ēlún ㄌㄧˋㄕˇㄔㄜˊㄌㄨㄣˊ 역사의 수레 바퀴.역사는 돌고돈다는뜻.

〔曆〕(厤) lì ㄌㄧˋ ①역법(曆法). ②달력.책력.「挂一；캘린더.달력」
[曆書] lìshū ㄌㄧˋㄕㄨ 책력.달력.

〔勵〕(励) lì ㄌㄧˋ ① 열심히 하다.「夙夜勤一； 이른 새벽부터 밤 늦게까지 열심히 일하다」②격려하다.힘을 돋우어 주다. =鼓勵.
[勵志] lìchìh ㄌㄧˋㄓˋ 정신을 분발시키다.목표를 향하여 노력하다.
[勵精圖治] lìchīng t'uchìh ㄌㄧˋㄐㄧㄥ ㄊㄨㄓˋ힘을 다하여 부지런히 나라를 잘 다스리다.‹成›

〔癘〕 lì ㄌㄧˋ ①유행병. =癘疫. ②악성의 종양(腫瘍).「疥一；옴.개선」

〔瀝〕 lì ㄌㄧˋ ①물방울이 떨어지다.「一血；핏방울이 떨어지다」②물방울.③거르다.
[瀝青] lìch'īng ㄌㄧˋㄑㄧㄥ 피치(pitch).「地一；아스팔트」「一水泥；아스팔트 시멘트」「一塑料；아스팔트 플라스틱」
[瀝血] lìhsüèh ㄌㄧˋㄒㄩㄝˋ ①핏방울이 떨어지다.②성의(誠意)를 나타내다. ③맹세(盟誓)하다. =瀝血發誓.
[瀝瀝拉拉] lìlilālā ㄌㄧˋㄌㄧㄌㄚㄌㄚ 방울방울 떨어지는 모양.

〔嚦〕 lì ㄌㄧˋ「瀝一；음성이 유창한 형용」

〔櫟〕 lì ㄌㄧˋ〈植〉상수리나무.

〔麗〕(丽) lì ㄌㄧˋ ①아름답다. 예쁘다.화려한 모양.「風和日一；바람은 부드럽고 날씨는 화창하다」②붙다. 부착(付着)하다.
[麗澤] lìtsé ㄌㄧˋㄗㄜˊ 친구끼리 서로 학문과 덕행을 갈고 닦는 일.

〔礫〕(砾) lì ㄌㄧˋ 작은 돌.자갈.「一石；자갈. 작은 돌맹이」

〔礪〕 lì ㄌㄧˋ ①거칠은 숫돌.면이 거칠은 숫돌.②갈다.닦아서 광을 내다.
[礪帶山河] lìtàishānhó ㄌㄧˋㄉㄞˋㄕㄢ ㄏㄜˊ 국가가 오래도록 평안하고 태평한 형용.‹成›

〔蠣〕 lì ㄌㄧˋ〈動〉굴. 모려.
[蠣黃] lìhuáng ㄌㄧˋㄏㄨㄤˊ 굴조개의 살.
[蠣塘] lìt'áng ㄌㄧˋㄊㄤˊ 굴 양식장(養殖場).

〔糲〕 lì ㄌㄧˋ 현미(玄米).「一飯；현미로 지은 밥」「一粱；변변찮은 음식」

〔儷〕 lì ㄌㄧˋ ①짝.쌍.「一句；대구(對句)」②부부의.「一影；부부의 사진」

〔轢〕 lì ㄌㄧˋ①(차바퀴로) 치이게 하다. ②바보 취급을 하여 압박하다.

LIA ㄌㄧㄚ

〔倆〕(俩) liǎ ㄌㄧㄚˇ ①두 개. 두 사람.「夫婦一；부부 두 사람」「買一饅頭；만두를 두 개 사다」②얼마쯤. 조금.「給我一錢兒；나에게 조금 돈을 달라」

LIANG ㄌㄧㄤ

〔良〕 liáng ㄌㄧㄤˊ ①좋은.훌륭한. 뛰어난.②진실로.어지간히.많이.「利益一多；이익이 참으로 많다」
[良辰] liángch'én ㄌㄧㄤˊㄔㄣˊ 길일(吉日).좋은 날.「一吉日；좋고 좋은 날」「一美景；날씨도 좋고 경치도 좋다」
[良機] liángchī ㄌㄧㄤˊㄐㄧ 좋은 기회.
[良知] liángchīh ㄌㄧㄤˊㄓ ①배우지 않고도 아는 능력. ②좋은 벗.

[良久] liángchiǔ ㄌㄧㄤˊㄐㄧㄡˇ 아주 오랫 동안.
[良種基地] liángchǔng chītì ㄌㄧㄤˊㄓㄨㄥˇㄐㄧㄉㄧˋ 집중적으로 좋은 가축을 산출하는 지구(地區).
[良心話] liánghsīnhuà ㄌㄧㄤˊㄒㄧㄣㄏㄨㄚˋ 진실한 이야기. 공평한 이야기.
[良朋] liángp'ěng ㄌㄧㄤˊㄆㄥˊ 좋은 벗.
[良藥苦口] liángyào k'ǔk'ǒu ㄌㄧㄤˊㄧㄠˋㄎㄨˇㄎㄡˇ 양약은 입에 쓰다. 충언(忠言)은 귀에 거슬리다. 《諺》
[良莠不齊] liángyǔ pūch'í ㄌㄧㄤˊㄧㄡˇㄅㄨˋㄑㄧˊ 선악이 혼합되어 있다. 옥과 돌이 뒤섞여 있다. 《成》

〔涼〕(凉) liáng ㄌㄧㄤˊ ①으스스하다. 으스스 춥다. 「天氣一了; 날씨가 쌀쌀하고 으스스 춥게 되었다」 ②(대개 불쾌감을 주지 않고) 차다. 「飯一了; 밥이 식었다. 찬밥이 되었다」
[涼茶] liángch'á ㄌㄧㄤˊㄔㄚˊ 차게 한 차. 「냉차.
[涼着] liángcháo ㄌㄧㄤˊㄓㄠˊ 감기에 걸리다. 「昨天穿少了, 又一了; 어제 옷을 얇게 입어 다시 감기가 들었다」
[涼枕] liángchěn ㄌㄧㄤˊㄓㄣˇ 도기·대·등나무 따위로 만든 베개. 「기. 한기.
[涼氣(兒)] liángch'ì(rh) ㄌㄧㄤˊㄑㄧˋ(ㄦ) 냉
[涼窗] liángch'uāng ㄌㄧㄤˊㄔㄨㄤ 성기게 짠 생초나 망사를 발라 통풍이 잘 되도록 한 창문.
[涼床] liángch'uáng ㄌㄧㄤˊㄔㄨㄤˊ 시원하게 만든 죽제(竹製) 침대.
[涼粉兒] liángfěnrh ㄌㄧㄤˊㄈㄣˇㄦ 콩가루로 만든 우무 모양의 여름철의 음식.
[涼鞋] liánghsiéh ㄌㄧㄤˊㄒㄧㄝˊ 샌들: 그리이스, 로마식 짚신 모양의 신.
[涼席兒(一子)] liánghsírh(—tzǔ) ㄌㄧㄤˊㄒㄧˊㄦ(—ㄗ) 여름철에 침대에 사용하는 돗자리. 「血).
[涼血] liánghsüèh ㄌㄧㄤˊㄒㄩㄝˋ 냉혈(冷
[涼開水] liángk'āishuǐ ㄌㄧㄤˊㄎㄞㄕㄨㄟˇ 끓인 물을 식힌 것. 또는 그 그릇.
[涼糕] liángkāo ㄌㄧㄤˊㄍㄠ 찹쌀가루를 재료로 하여 만든 외랑병(外郎餠) 비슷한 여름철의 식품.
[涼快] liángk'uai ㄌㄧㄤˊㄎㄨㄞ ①시원하다. >涼涼快快. ②시원한 바람을 쐬다. 「到公園一一去; 공원에 시원한 바람을 쐬러 가자」
[涼了半截(兒)] liánglê pànchiéh(rh) ㄌㄧㄤˊㄌㄜ ㄅㄢˋㄐㄧㄝˊ(ㄦ) 오싹 소름이 끼치다. 실망하다. 의기 소침하다. 「他一看就一了; 그를 보자마자 오싹 소름이 끼쳤다」
[涼拌] liángpàn ㄌㄧㄤˊㄅㄢˋ 시원한 반찬.
[涼棚] liángp'ěng ㄌㄧㄤˊㄆㄥˊ ①하절에 볕을 막기 위하여 암페라나 거적으로 한 차양. ②햇볕을 가리기 위해 눈 위를 가린 손.
[涼冰冰的] liángpīngpīngtê ㄌㄧㄤˊㄅㄧㄥㄅㄧㄥㄉㄜ 어름같이 차다.
[涼傘] liángsǎn ㄌㄧㄤˊㄙㄢˇ 양산.
[涼森森的] liángsēnsēntê ㄌㄧㄤˊㄙㄣㄙㄣㄉㄜ 냉랭하여지다. 「半夜裏身體覺得一; 밤중에 몸이 냉랭하여지는 것을 느끼다」
[涼薯] liángshǔ ㄌㄧㄤˊㄕㄨˇ "四川·湖南"지방에서 산출되는 배같이 생긴 과일.
[涼爽] liángshuǎng ㄌㄧㄤˊㄕㄨㄤˇ 시원하고 상쾌하다. >涼涼爽爽. 「수.
[涼水] liángshuǐ ㄌㄧㄤˊㄕㄨㄟˇ 찬물. 냉
[涼颼颼的] liáng sōu soutê ㄌㄧㄤˊㄙㄡㄙㄡㄉㄜ 으스스하다. 으스스 춥다.
[涼絲絲的] liángssūssūtê ㄌㄧㄤˊㄙㄙㄉㄜ 계속 시원하다. 「발코니.
[涼臺] liángt'ái ㄌㄧㄤˊㄊㄞˊ 노대(露臺).
[涼碟兒] liángtiéhrh ㄌㄧㄤˊㄉㄧㄝˊㄦ "涼菜"를 담은 접시. 에피타이저(appetizer). 전채(前菜).
[涼亭] liángt'íng ㄌㄧㄤˊㄊㄧㄥˊ 통행인이 비를 피하거나 휴식하기 위하여 만든 정자.
[涼菜(兒)] liángts'ài(rh) ㄌㄧㄤˊㄘㄞˋ(ㄦ) (열을 가하지 않은) 냉요리. =前菜.
[涼藥] liángyào ㄌㄧㄤˊㄧㄠˋ 청량제.
[涼蔭蔭的] liángyìnyìntê ㄌㄧㄤˊㄧㄣˋㄧㄣˋㄉㄜ ①그늘에서 시원한 모양. 「找個一地方坐一會兒吧; 그늘지고 시원한 곳을 찾아 쉬다」 ②인적이 없고 냉기가 도는 모양.

〔梁〕(樑①) liáng ㄌㄧㄤˊ ①대들보. ②교량. 「石一; 돌다리」 ③「一子·一兒; 손잡이」 ④「一子·一兒; 사물의 중앙부가 높게 된 부분」「山一; 산 등성이」「鼻一; 콧마루」 ⑤어살. 어전(魚箭): 고기를 잡는 기구의 하나.
[梁橋兒] liángch'iáorh ㄌㄧㄤˊㄑㄧㄠˊㄦ 자매의 남편들간의 관계.
[梁規] liángkuei ㄌㄧㄤˊㄍㄨㄟ 콤파스의 일종: 큰 원 또는 원호(圓弧)를 그릴 때나 두 점 사이의 거리를 잴 때 쓰는 용구.
[梁木] liángmù ㄌㄧㄤˊㄇㄨˋ 들보. 대들보.
[梁上君子] liángshang chūntzǔ ㄌㄧㄤˊㄕㄤㄐㄩㄣㄗˇ ①도둑의 별명. ②봉건적 사상을 청산 못하고 대중과 동떨어져 있는 사람.

〔量〕 liáng ㄌㄧㄤˊ ①부피나 무게를 달다. 「一米; 쌀을 달다」 ②추측하다. 예상하다. ⇨liàng. 「ㄧˋ 분도기.
[量角器] liángchiǎoch'ì ㄌㄧㄤˊㄐㄧㄠˇㄑ
[量角規] liángchiǎokuī ㄌㄧㄤˊㄐㄧㄠˇㄍㄨㄟ 분도기. 「器).
[量具] liángchù ㄌㄧㄤˊㄐㄩˋ 계량기(計量
[量表] liángpiǎo ㄌㄧㄤˊㄅㄧㄠˇ 비중계(比重計). 동력계. 「다.
[量地] liáng tì ㄌㄧㄤˊㄉㄧˋ 토지를 측량하
[量天尺] liángt'iēnchǐh ㄌㄧㄤˊㄊㄧㄢㄓˇ 〈物〉육분의(六分儀): 항해(航海)나 측량에서, 임의의 두점 사이의 각(角) 또는 거리, 태양·달·항성 등의 고도를 재는 데 쓰는 기계.

〔粱〕 liáng ㄌㄧㄤˊ 조. 차조. 「一肉; 맛이 있는 음식물」

〔糧〕(粮) liáng ㄌㄧㄤˊ ①곡물. 식량. 「五穀雜一; 오곡 잡곡」 ②현물에 의한 농업세. =公糧. 「完一; 토지 현물세를 납부하다」
[糧棧] liángchàn ㄌㄧㄤˊㄓㄢˋ ①식량 창고. ②곡물 도매상.
[糧餉] liánghsiǎng ㄌㄧㄤˊㄒㄧㄤˇ ①군인과 경찰관의 급료. ②군량(軍糧).
[糧荒] liánghuāng ㄌㄧㄤˊㄏㄨㄤ 식량기근.

[糧庫] liángk'ù ㄌㄧㄤˊㄎㄨˋ 식량 창고.
[糧米(兒)] liángmǐ(rh) ㄌㄧㄤˊㄇㄧˇ(ㄦ) 곡물.
「권.
[糧票] liángp'iào ㄌㄧㄤˊㄆㄧㄠˋ 식량 교환
[糧商] liángshāng ㄌㄧㄤˊㄕㄤ 곡물상.
[糧食] liángshih ㄌㄧㄤˊㄕ 식량. 「部).
[糧臺] liángt'ái ㄌㄧㄤˊㄊㄞˊ 병참부(兵站
[糧石] liángtàn ㄌㄧㄤˊㄉㄢˋ ①곡류(穀類). ②식량. 「=糧米鋪.
[糧店] liángtièn ㄌㄧㄤˊㄉㄧㄢˋ 쌀 가게.
[糧豆] liángtòu ㄌㄧㄤˊㄉㄡˋ ①곡류와 콩. ②곡물의 낟알. 「료(飼料).
[糧草] liángts'ǎo ㄌㄧㄤˊㄘㄠˇ 군량과 사

〔兩〕(两) liǎng ㄌㄧㄤˇ ①두 가지. 두 개. 「一本書；책 두 권」②양쪽 다. 「一全其美 ； 양쪽 다 원만히 되다」「一來着；양쪽 다 가지고 오너라」「一用着；양쪽 다 쓰다」③(10이내의 부정수) 두서넛. 두 개나 세 개. 「過一天再說吧；이삼일 있다 보자」 ④중량의 단위: 약 10돈쭝. 1"斤"은 16"兩".
[兩岐] liǎngch'í ㄌㄧㄤˇㄑㄧˊ ①일치하지 않다. 갈라져 있다. 「見解一；견해가 일치하지 않다」②두 갈래. 「一路；두 갈림길」
[兩訖] liǎngch'ì ㄌㄧㄤˇㄑㄧˋ =兩淸.
[兩脚規] liángchiǎokueī ㄌㄧㄤˊㄐㄧㄠˇㄍㄨㄟ 콤파스. =圓規.
[兩截(兒)] liǎngchiéh(rh) ㄌㄧㄤˇㄐㄧㄝˊ(ㄦ) ①양단(兩段). ②위와 아래. 상하.
[兩經] liǎngchīng ㄌㄧㄤˇㄐㄧㄥ 각기 다르다. 「這件事同那件事一；이 일과 저 일은 각기 다르다」
[兩淸] liǎngch'īng ㄌㄧㄤˇㄑㄧㄥ 쌍방의 채권 채무를 깨끗이 청산하다.
[兩情兩願] liǎngch'íng liǎngyüàn ㄌㄧㄤˇㄑㄧㄥˊ ㄌㄧㄤˇㄩㄢˋ 양쪽이 모두 승낙하다. 양쪽 모두 납득하다.
[兩全] liǎngch'üán ㄌㄧㄤˇㄑㄩㄢˊ 양쪽 모두 손실이 없다. 「一其美；양쪽 다 원만히 되어 가다」
[兩重性] liǎngch'úng hsìng ㄌㄧㄤˇㄔㄨㄥˊㄒㄧㄥˋ 이중 성격(二重性格).
[兩下] liǎnghsià ㄌㄧㄤˇㄒㄧㄚˋ 쌍방. 양쪽.
[兩下裏] liǎnghsiàli ㄌㄧㄤˇㄒㄧㄚˋㄌㄧ 양쪽. 「一堅持不下；양쪽이 버티어 양보하지 않다」 「②"東廂房"과 "西廂房"
[兩廂] liǎnghsiāng ㄌㄧㄤˇㄒㄧㄤ ①양측.
[兩相] liǎnghsiāng ㄌㄧㄤˇㄒㄧㄤ 양쪽이 같이. 쌍방이 서로. 「一抵銷；양쪽이 상쇄(相殺)하다」「一比較；양쪽을 비교하다」「一情願；= 兩情兩願」
[兩小無猜] liánghsiǎo wúts'āi ㄌㄧㄤˊㄒㄧㄠˇ ㄨˊㄘㄞ 남녀 모두가 어릴 적에는 의심할 줄을 모른다.
[兩下子] liǎnghsiàtzǔ ㄌㄧㄤˇㄒㄧㄚˋㄗ ① 두 번. 2회. ②좋은 방법. ③능력. 장기. 특기.
[兩形見絀] liǎnghsíng chiènch'ù ㄌㄧㄤˇㄒㄧㄥˊ ㄐㄧㄢˋㄔㄨˋ 남과 비교하여 자기가 모자라다. 「다른 마음.
[兩意] liǎngì ㄌㄧㄤˇㄧˋ ①두가지 마음. ②
[兩姨姐妹] liǎngí chiěhmèi ㄌㄧㄤˇㄧˊ ㄐㄧㄝˇㄇㄟˋ 이종 자매.
[兩姨親] liǎngích'īn ㄌㄧㄤˇㄧˊㄑㄧㄣ ①이종 형제와 이종 자매. ②이종 관계에 있어서의 혼인. 「ㄒㄩㄥ 이종 형제.
[兩姨弟兄] liǎngí tìhsiung ㄌㄧㄤˇㄧˊ ㄉ
[兩開] liǎngk'āi ㄌㄧㄤˇㄎㄞ 하나를 나누어 두 개로 만들다.
[兩告] liǎngkào ㄌㄧㄤˇㄍㄠˋ 원고와 피고.
[兩可] liǎngk'ǒ ㄌㄧㄤˊㄎㄜˇ 어느 쪽이든 좋다.
[兩個人穿一條褲子] liǎngko jěn ch'uān it'iáo k'ùtzǔ ㄌㄧㄤˇㄍㄜ ㄖㄣˊ ㄔㄨㄢ ㄧˋ ㄊㄧㄠˊ ㄎㄨˋㄗ 극히 친한 사이.
[兩口兒] liángk'ǒurh ㄌㄧㄤˊㄎㄡˇㄦ ①부부. 「小一；젊은 부부」「老一；늙은 부부」②두 사람. 「一人；두 사람의 가족」
[兩口子] liángk'ǒutzǔ ㄌㄧㄤˊㄎㄡˇㄗ = 兩口兒 ①. 「로 사용하다.
[兩顧] liǎngkù ㄌㄧㄤˇㄍㄨˋ 두 가지 뜻으
[兩利] liǎnglì ㄌㄧㄤˇㄌㄧˋ 양쪽 다 이익이 있다.
[兩兩] liángliǎng ㄌㄧㄤˊㄌㄧㄤˇ ①두 개씩. ②두 개다.
[兩路] liǎnglù ㄌㄧㄤˇㄌㄨˋ 다르다. 「一人；각기 다른 사람」
[兩碼事] liángmǎshìh ㄌㄧㄤˊㄇㄚˇㄕˋ 달라진 것. 「這是一；이것은 같은 일이 아니다」
[兩面(兒)] liǎngmièn(rh) ㄌㄧㄤˇㄇㄧㄢˋ(ㄦ) ①양면. ②쌍방. ③애매한 태도. ④표리(表裏).
[兩面性] liǎngmiènhsìng ㄌㄧㄤˇㄇㄧㄢˋㄒㄧㄥˋ 이중 성격의.
[兩面光] liǎngmiènkuāng ㄌㄧㄤˇㄇㄧㄢˋㄍㄨㄤ 쌍방에 다 잘 보이려 하다.
[兩面派] liǎngmiènp'ài ㄌㄧㄤˇㄇㄧㄢˋㄆㄞˋ 양 다리를 건 사람. 음모를 꾸미는 사람.
[兩面三刀] liǎngmièn sāntāo ㄌㄧㄤˇㄇㄧㄢˋ ㄙㄢㄉㄠ 말하는 것이 무책임하여 이쪽에서는 이렇게 말하고 저쪽에서는 저렇게 말하다.
[兩難] liǎngnán ㄌㄧㄤˇㄋㄢˊ 진퇴가 모두 곤란하다. 진퇴 양난. =進退兩難.
[兩敗俱傷] liǎngpài chūshāng ㄌㄧㄤˇㄅㄞˋ ㄐㄩㄕㄤ 양쪽이 다 망하다. «成»
[兩旁] liǎngp'áng ㄌㄧㄤˇㄆㄤˊ 양쪽. 양측.
[兩半兒] liǎngpànrh ㄌㄧㄤˇㄅㄢˋㄦ ①반반으로 나누어서 두 개. ②둘로 되다.
[兩飽一倒兒] liángpǎo-itǎorh ㄌㄧㄤˊㄅㄠˇ ㄧˋㄉㄠˇㄦ 매일같이 하는 식사와 수면. 일상 하고 있는 침식.
[兩撇胡子] liángp'iěhhútzǔ ㄌㄧㄤˊㄆㄧㄝˇ ㄏㄨˊㄗ 팔자(八字) 수염.
[兩邊(兒)] liǎngpiēn(rh) ㄌㄧㄤˇㄅㄧㄢ(ㄦ) ①양쪽. ②양측.
[兩便] liǎngpièn ㄌㄧㄤˇㄅㄧㄢˋ ①쌍방의 형편이 좋을 대로 하다. ②각자 부담으로 계산하다. ③(두 사람이) 헤어질 때의 인사.
[兩邊廂] liǎngpiēnhsiāng ㄌㄧㄤˇㄅㄧㄢㄒㄧㄤ 양측. «方»
[兩邊倒] liǎngpiēntǎo ㄌㄧㄤˇㄅㄧㄢㄉㄠˇ 양 다리를 걸치다.
[兩步走] liǎngpùtsǒu ㄌㄧㄤˇㄅㄨˋㄗㄡˇ 두 갈래로 나아가다.
[兩兒八錢] liǎngrhpāch'ién ㄌㄧㄤˇㄦㄅㄚ ㄑㄧㄢˊ 불과 얼마 안되는 분량.
[兩氏旁人] liǎngshìh p'ángjěn ㄌㄧㄤˇㄕˋ ㄆㄤˊㄖㄣˊ 아무런 관계가 없는 타인. 전혀 모르는 남.

[兩世爲人] liǎngshìh wéijên ㄌㄧㄤˇㄕˋㄨㄟˊㄖㄣˊ 죽을 고비를 넘김. 구사일생(九死一生).
[兩手抓] liǎngshǒuchuā ㄌㄧㄤˇㄕㄡˇㄓㄨㄚ ①(권리나 이익을) 유달리 장악하거나 차지하다. ②한편으로는 현실을 확실히 파악하고 다른 한편으로는 장래에 대하여 확신을 가지다.
[兩抵] liǎngtǐ ㄌㄧㄤˇㄉㄧˇ 상쇄하다. 장부에 기입된 것을 말소·소멸시키다.
[兩條腿] liǎngt'iáot'uǐ ㄌㄧㄤˇㄊㄧㄠˊㄊㄨㄟˇ ①두 다리. ②중국 재래의 방식과 외국의 방식. ③준비와 실행·실시. ＝兩條腿走路.
[兩條腿走路] liǎngt'iáot'uǐ tsǒulù ㄌㄧㄤˇㄊㄧㄠˊㄊㄨㄟˇㄗㄡˇㄌㄨˋ 공업과 농업, 중공업과 경공업,도시 공업과 지방 공업, 대기업과 중소기업, 근대적 생산 방법과 중국 재래의 생산 방법을 제각기 동시에 발전시키는 일. 「이삼일.
[兩天] liǎngt'iēn ㄌㄧㄤˇㄊㄧㄢ ①이틀. ②
[兩點水兒] liǎngtiénshuǐrh ㄌㄧㄤˇㄉㄧㄢˊㄕㄨㄟˇㄦ 한자(漢字)의 변의 하나 : "冫" 변.
[兩乾摩托車] liǎngt'ó mótōch'ē ㄌㄧㄤˇㄊㄨㄛˊㄇㄛˊㄉㄨㄛㄔㄜ 오오토바이.
[兩頭兒] liǎngt'óurh ㄌㄧㄤˇㄊㄡˊㄦ 양단(兩端). 양쪽. 쌍방.
[兩參] liǎngts'ān ㄌㄧㄤˇㄘㄢ 간부가 노동에 참가하고 반면 노동자는 관리에 참가하다.
[兩參一改三結合] liǎngts'ān ikǎi sānchiéhhó ㄌㄧㄤˇㄘㄢㄧˋㄍㄞˇㄙㄢㄐㄧㄝˊㄏㄜˊ 노동자가 관리에, 간부가 생산에 참가하여 불합리한 규칙을 개혁하며 지도자나 기술자의 상호 결합을 꾀하다.
[兩造] liǎngtsào ㄌㄧㄤˇㄗㄠˋ 원고와 피고.
[兩端] liǎngtuān ㄌㄧㄤˇㄉㄨㄢ ①물건의 양단. 밑과 끝. ②지나친 것과 모자라는 것. ③태도가 확실치 않다.
[兩樣兒] liǎngyàngrh ㄌㄧㄤˇㄧㄤˋㄦ ①두 가지. 두 종류. ②틀리다. 다르다. 「他們的習慣跟我們一；그들의 습관은 우리들과 다르다」 「"廣西".
[兩粵] liǎngyüèh ㄌㄧㄤˇㄩㄝˋ "廣東"과

〔啢〕 liǎng ㄌㄧㄤˇ 온스. ＝盎盎(ângssū).

〔亮〕 liàng ㄌㄧㄤˋ ①밝다. 밤이 새다. 빛나다. 「天一了；밤이 새었다」 「刀磨得眞一；칼을 번쩍번쩍 빛나게 갈다」②「一兒；빛. 등불」 「拿個一兒來；등불을 가지고 오너라」 ③나타내다. 보이다. 끄집어 내어 보이다. 「有本事一幾手；솜씨가 있으면 좀 보여 주렴」 ④명백한. 상쾌한. 「你這一說, 我心裏頭一了；너의 한 마디 말로 머릿속이 상쾌하여졌다」
[亮漆] liàngch'ī ㄌㄧㄤˋㄑㄧ 에나멜.
[亮青] liàngch'īng ㄌㄧㄤˋㄑㄧㄥ 하늘 색.
[亮情] liàngch'íng ㄌㄧㄤˋㄑㄧㄥˊ 호의(好意)를 보여 주다.
[亮晶晶的] liàngchīngchīngtê ㄌㄧㄤˋㄐㄧㄥㄐㄧㄥㄉㄜ (그다지 크지 않고 둥근 것이) 반짝반짝 빛나는 모양. 「水珠兒一；물방울이 반짝반짝 빛나고 있다」
[亮處] liàngch'u ㄌㄧㄤˋㄔㄨ 밝은 곳.
[亮出來] liàngch'ulai ㄌㄧㄤˋㄔㄨㄌㄞ 나타내어 보이다. 「把本事一；솜씨를 보이다」 「울려 퍼지다.
[亮響] liànghsiǎng ㄌㄧㄤˋㄒㄧㄤˇ 소리가
[亮相] liànghsiàng ㄌㄧㄤˋㄒㄧㄤˋ (무대 위에서) 자신 있는 태도를 보이다.
[亮話] liànghuà ㄌㄧㄤˋㄏㄨㄚˋ 진실한 말. 숨김 없는 말. 「打開窗戶說一；속을 툭 터놓고 말하다」
[亮晃晃的] liànghuǎnghuǎngtê ㄌㄧㄤˋㄏㄨㄤˇㄏㄨㄤˇㄉㄜ (움직이면서) 반짝반짝 빛나다. 번쩍번쩍 빛나는 모양.
[亮光(兒)] liàngkuāng(rh) ㄌㄧㄤˋㄍㄨㄤ(ㄦ) ①밝은 빛. ②광선.
[亮光光的] liàngkuāngkuāngtê ㄌㄧㄤˋㄍㄨㄤㄍㄨㄤㄉㄜ 번쩍번쩍 빛나는 모양. 「一大刀；번쩍번쩍 빛나는 큰 칼」
[亮閃閃的] liàngshǎnshǎntê ㄌㄧㄤˋㄕㄢˇㄕㄢˇㄉㄜ 반짝반짝 빛나는 모양.
[亮臺] liàngt'ái ㄌㄧㄤˋㄊㄞˊ ①내막이 폭로 되다. 밑이 드러나다.숨긴 일이 드러나다. ＝漏臺. 漏底. ②(흥행 따위에) 손해를 보게 하다.
[亮堂] liàngt'ang ㄌㄧㄤˋㄊㄤ ①밝다. ＝明亮. ＞亮亮堂堂. ②빛나다. 「他的臉也一了；그의 얼굴도 빛났다」 ＝發光. ③ liàngt'áng 사정이 확실하게 되다.
[亮堂堂的] liàngt'ángt'ángtê ㄌㄧㄤˋㄊㄤˊㄊㄤˊㄉㄜ ①반짝반짝 빛나고 밝은모양. 「一客廳；황황히 빛나는 응접실」 ②윤기 있게 번질번질 빛나는 모양.
[亮燈] liàngtēng ㄌㄧㄤˋㄉㄥ 등불.
[亮度] liàngtù ㄌㄧㄤˋㄉㄨˋ 밝은 정도. 명도(明度).

〔晾〕 liàng ㄌㄧㄤˋ ①말리다.그늘에 말리다. 바람을 통하게 하다. 「把濕衣裳一在繩子上；젖은 옷을 줄에 걸어 말리다」 ②식히다. 「一一碗開水；더운물을 한 그릇 식히다」 「茶一涼了；차를 차게 식혔다」 「다.
[晾乾] liàngkān ㄌㄧㄤˋㄍㄢ 널어서 말리
[晾涼] liàngliáng ㄌㄧㄤˋㄌㄧㄤˊ 시원하게 식히다.

〔量〕 liàng ㄌㄧㄤˋ ①용량을 되는 도구의 총칭: 홉·되·말 따위. ②양. 분량. 한도. 「氣一；도량」 「飯一；밥의 양」 ③추측하다. 조절하다. 짐작하다. 생각하다. 「一入爲出；수입을 짐작하여 지출하다」 「一力而行；힘에 알맞게 실행하다」 ⇨liáng.
[量變] liàngpièn ㄌㄧㄤˋㄅㄧㄢˋ 양적 변화.
[量體裁衣] liàngt'ǐ ts'áiī ㄌㄧㄤˋㄊㄧˇㄘㄞˊㄧ 몸의 치수를 재어 재단한다는 뜻으로 객관 상황에 따라 일을 한다는 말. 《成》
[量材使用] liàngts'ái shǐhyùng ㄌㄧㄤˋㄘㄞˊㄕˇㄩㄥˋ 재료를 고려하여 그것에 알맞게 사용하다.
[量詞] liàngtz'ǔ ㄌㄧㄤˋㄘˊ 사물이나 동작을 세는 단어(單語). 조수사.

〔踉〕 liàng ㄌㄧㄤˋ
[踉蹌] liàngch'iāng ㄌㄧㄤˋㄑㄧㄤ 비틀비틀 비틀거리다. ＝踉蹡.

〔諒〕 liàng ㄌㄧㄤˋ ①헤아리다. 추측하다. 이해하다. 「尙希見一；아무튼 이해하여 주십시오」 「體一；납득하다」 ②

성실. ③추측하다. 생각컨대 …와 같다. 「一他不能來；아마 그는 올 수 없을 것이다」 「납득하다.
[諒情] liàngch'íng ㄌㄧㄤˋㄑㄧㄥˊ 사정을
[諒想] liànghsiǎng ㄌㄧㄤˋㄒㄧㄤˇ 상상하다.
[諒來] liànglai ㄌㄧㄤˋㄌㄞ 추측하건대.
[諒必] liàngpì ㄌㄧㄤˋㄅㄧˋ 생각컨대 반드시. 어차피.

〔輛〕(辆) liàng ㄌㄧㄤˋ 차량 따위를 세는 조수사의 하나. 「一一汽車；자동차 한 대」「一一火車；기차 한 대」

LIAO ㄌㄧㄠ

〔撩〕 liāo ㄌㄧㄠ ①치켜 들다. 걷어 올리다. 「把長衣服一起來；긴 의복을 걷어 올리다」 ②(손으로 물을 움켜 뜨거나 또는 손끝으로 튀기 듯이) 물을 뿌리다. 「先一上點水再掃；먼저 물을 조금 뿌려 놓고 쓸다」 ③힐끗 보다. 「輕輕一了他一眼；힐끗 그를 보았다」 ⇨liáo.
[撩開] liāok'ai ㄌㄧㄠㄎㄞ ①(커어튼 따위를) 걷어 올리다. 높이 쳐들다. ②밀어 젖히다. ③벗어 동댕이치다. 「他把慈悲面孔一了；그는 자비스러운 탈을 벗어 던졌다」

〔嘹〕 liāo ㄌㄧㄠ "啦 lā"를 약간 길게 발음하였을 때의 표기. ⇨liáo.

〔蹽〕 liāo ㄌㄧㄠ 달리다. 걷다. 〈方〉 「他一氣一了二十多里路；그는 단숨에 이십여 리를 걸었다」

〔聊〕 liáo ㄌㄧㄠˊ ①약간. ②의지하다. 근거로 하다. 「民不一生；백성은 생활이 편안하지 않다」 ③쓸 데 없는 이야기를 하다. 「別一啦, 趕快幹把！；쓸 데 없는 잔소리는 하지 말고, 빨리 하시오！」
[聊且] liáoch'iěh ㄌㄧㄠˊㄑㄧㄝˇ 약간. 우선.
[聊以解嘲] liáoichiěhch'áo ㄌㄧㄠˊㄧˇㄐㄧㄝˇㄔㄠˊ 우선 속여서 자신을 위로하다.
[聊以自慰] liáoitzǔwèi ㄌㄧㄠˊㄧˇㄗˋㄨㄟˋ 잠시 스스로 자기를 위로하다.
[聊表寸忱] liáopiǎo ts'ùnch'ến ㄌㄧㄠˊㄅㄧㄠˇㄘㄨㄣˋㄔㄣˊ 약간의 촌지(寸志)를 표하다. 「할 곳이 있다.
[聊生] liáoshēng ㄌㄧㄠˊㄕㄥ 생활을 의지
[聊勝一籌] liáoshèng ìch'óu ㄌㄧㄠˊㄕㄥˋㄧˋㄔㄡˊ 약간 낫다.
[聊勝于無] liáoshèngyǘwú ㄌㄧㄠˊㄕㄥˋㄩˊㄨˊ 없는 것보다는 낫다.
[聊天(兒)] liáot'iēn(rh) ㄌㄧㄠˊㄊㄧㄢ(ㄦ) 세상 이야기를 하다. 잡담을 하다. =聊閑天(兒).

〔寥〕 liáo ㄌㄧㄠˊ 쓸쓸한. 드문드문한. 「一若晨星；새벽 하늘의 별같이 드문」 「一一無幾；아주 적어서 얼마 되지도 않다」 「양. >寥寥落落.
[寥落] liáolò ㄌㄧㄠˊㄌㄨㄛˋ 아주 드문 모

〔僚〕 liáo ㄌㄧㄠˊ ①관공리. 「官一；관공리」 ②친구. 벗. 동료.
[僚機] liáochī ㄌㄧㄠˊㄐㄧ 자기 편 비행기. 같은 임무를 띤 동료 비행기.
[僚屬] liáoshǔ ㄌㄧㄠˊㄕㄨˇ 하급 관리.

〔獠〕 liáo ㄌㄧㄠˊ 얼굴이 무서운. 흉악한. 「一面；흉악한 얼굴 생김새」 「一牙；흉악하게 드러난 이빨」

〔撩〕 liáo ㄌㄧㄠˊ 도전하다. 놀리다. 교사(教唆)하다.
[撩敲] liáoch'iāo ㄌㄧㄠˊㄑㄧㄠ ①꾀기도 하고 슬그머니 마음을 끌기도 하다. ②겉으로만 하는 모양. 불철저한 모양. 열심치 못한 모양. 「做事總是做得一；일을 하는데 언제나 철저치 않다」 >撩撩敲敲. =撩兒敲兒.
[撩人] liáojến ㄌㄧㄠˊㄖㄣˊ 남을 꾀어 내다. 남의 마음을 끌다. 「一生事；남을 교사하여 귀찮은 일을 일으키다」
[撩亂] liáoluàn ㄌㄧㄠˊㄌㄨㄢˋ 어지럽게 된 모양. >撩撩亂亂. 「滿屋子都是一的傢俱用品；방 가득히 잡다한 가구뿐이다」
[撩撥] liáopō ㄌㄧㄠˊㄅㄛ 교사하다. 맞서다. >撩撩撥撥. 「다. =撩鬥.
[撩逗] liáotòu ㄌㄧㄠˊㄉㄡˋ 도전하다. 꾀

〔嘹〕 liáo ㄌㄧㄠˊ 「一亮；소리가 똑똑하여 크게 울려 퍼지는 일」

〔寮〕 liáo ㄌㄧㄠˊ 작은 집. 「一房；관공서의 하급 관리의 휴게실」

〔潦〕 liáo ㄌㄧㄠˊ ⇨lǎo, lào.
[潦倒] liáotǎo lǎotao ㄌㄧㄠˊㄉㄠˇ, ㄌㄠˋㄉㄠ 영락하다. 가난해지다. 「一一輩子；한평생 가난한 생활을 하다」 「窮困一；가난하여 비참하게 되어 있다」 =頹唐. >潦潦倒倒. ②단정하지 못하다. 「一梢子；타락한 사람」
[潦草] liáots'ǎo ㄌㄧㄠˊㄘㄠˇ 대단히 조잡하다. 조심성이 없다. 방임. 「一處理；대충대충 처리하다」 「工作不能一；일은 방임해서는 안된다」 >潦潦草草.
[潦草了事] liáots'ǎo liǎoshìh ㄌㄧㄠˊㄘㄠˇㄌㄧㄠˇㄕˋ 일을 아무렇게나 해치우다.

〔遼〕(辽) liáo ㄌㄧㄠˊ ①멀다. 아득히. 「一遠；아득한 저쪽」 ②요(遼)나라 : 912~1125년에 있었던 국명.
[遼廓] liáok'uò ㄌㄧㄠˊㄎㄨㄛˋ 끝없이 크다. 「胸襟一；도량이 한없이 넓다」
[遼闊] liáok'uò ㄌㄧㄠˊㄎㄨㄛˋ 끝없이 넓다. 「一的海洋；끝없이 넓은 바다」
[遼遠] liáoyüǎn ㄌㄧㄠˊㄩㄢˇ 한없이 멀다. 「一無邊；끝이 없이 멀고 멀다」

〔療〕(疗) liáo ㄌㄧㄠˊ ①고치다. 치료하다. ②(고민이나 곤란을) 극복하다. 제거하다. 「一飢；굶주림을 면하다」 「一貧；가난을 극복하다」 「다.
[療病] liáopìng ㄌㄧㄠˊㄅㄧㄥˋ 병을 고치
[療養院] liáoyǎngyüàn ㄌㄧㄠˊㄧㄤˇㄩㄢˋ 병의 치료와 신체의 정양을 목적으로 하는 병원.

〔繚〕 liáo ㄌㄧㄠˊ ①감기다. 얽히다. ②(바늘로 비스듬히) 풀리지 않게 감치다. 사뜨다. 「곳을 감치다.
[繚縫] liáofèng ㄌㄧㄠˊㄈㄥˋ 실밥이 풀린

[繚繞] liáojào ㄌㄧㄠˊㄖㄠˇ 곡선(曲線)을 그리면서 상승하는 모양.「炊煙一；밥짓는 연기가 서서히 오르다」>繚繚繞繞.
[繚亂] liáoluàn ㄌㄧㄠˊㄌㄨㄢˋ 얽히어 어지러운 모양.「眼花一；눈이 침침하여 확실히 보이지 않다」 「사뜨다.
[繚邊] liáopiēn ㄌㄧㄠˊㄅㄧㄢ 가장자리를

〔了〕(瞭①) liǎo ㄌㄧㄠˇ ① 명확한. 확실한.「明一；명료한」「不甚一一；그다지 확실하지 않다」②끝나다. 마치다.「話猶未一；이야기는 아직 끝나지 않다」③결정 지우다.「怎麼一呢？；어떻게 결정을 지우면 좋을까?」④(동사의 뒤에 붙여)…을 끝내다. 남김 없이…해 버리다.「這本書我看不一；나로서는 이 책을 도저히 읽어낼 수가 없다」「這事你辦得一；이 일은 너라면 끝낼수 있다」⇨liào, lē. 「을 갚다.
[了債] liǎochài ㄌㄧㄠˇㄓㄞˋ 꾸어 온 돈
[了賬] liǎochàng ㄌㄧㄠˇㄓㄤˋ①재정적인 셈을 청산하다. ②완결하다. ③(소설 따위에서) 사람이 죽는 것을 말함.
[了結] liǎochiéh ㄌㄧㄠˇㄐㄧㄝˊ 완결하다.
[了解] liáochiěh ㄌㄧㄠˊㄐㄧㄝˇ 이해하다. (사실이나 실정을) 알다.
[了淸] liǎoch'īng ㄌㄧㄠˇㄑㄧㄥ ①완결하다. ②깨끗이 처리되다. 「처리를 하다.
[了局] liǎochǘ ㄌㄧㄠˇㄐㄩˊ 끝을 맺다. 뒤
[了却] liǎoch'üèh ㄌㄧㄠˇㄑㄩㄝˋ 성취하다. (소원을) 풀다.「一一樁心事； 마음에 먹고 있던 일을 성취하다」
[了然] liǎoján ㄌㄧㄠˇㄖㄢˊ 확실한 모양.「一于心；심중은 확실하다」
[了如指掌] liǎojúchíhchǎng ㄌㄧㄠˇㄖㄨˊㄓˊㄓㄤˇ 손바닥을 가리키듯 확실하다.《成》
[了亮] liǎoliàng ㄌㄧㄠˇㄌㄧㄤˋ ①명확하다. ②liǎoliang 또렷하고 활기가 있다.
[了了] liáoliǎo ㄌㄧㄠˊㄌㄧㄠˇ ①깨끗이 처리하다. ②분명하다. ③슬기롭다.
[了不成] liǎopuch'éng ㄌㄧㄠˇㄅㄨˋㄔㄥˊ① 결말이 나지 않다. ②큰일이다.
[了不起] liǎopuch'ǐ ㄌㄧㄠˇㄅㄨˋㄑㄧˇ 놀라운. 보통이 아닌.「沒有什麼一的；아무런 대단한 일은 없다」「他的才幹眞一；그의 솜씨는 놀랍다」
[了不了] liǎopuliǎo ㄌㄧㄠˇㄅㄨˋㄌㄧㄠˇ ① 견디어 낼 수 없다. 참을 수 없다. 손을 댈 수 없다. ②결말 지울 수가 없다.
[了不得] liǎoputê ㄌㄧㄠˇㄅㄨˋㄉㄜ 야단나다. 굉장하다. 「他的本事眞一；그의 솜씨는 굉장하다」「一了, 着了火了！；야단 났다, 불이야!」「疼得一；굉장히 아파 견딜 수가 없다」
[了兒] liǎorh ㄌㄧㄠˇㄦ ①최후.「一直看到一；쭉 계속하여 최후까지 보다」 ② 결과.
[了事] liǎoshìh ㄌㄧㄠˇㄕˋ ①사리(事理)를 이해하다. ②일을 마치다. 일을 처리하다. ③사무를 처리하다. ④분쟁을 조정하다.
[了事人] liǎoshìhjěn ㄌㄧㄠˇㄕˋㄖㄣˊ①사무를 처리하는 사람. ②조정자(調停者). ③사리를 아는 사람.
[了手] liáoshǒu ㄌㄧㄠˊㄕㄡˇ 책임을 완수하다. 완결시키다.「想不到這點兒工作, 老不得一；이 정도의 일이 언제까지나 끝나지 않다니 뜻밖이다」
[了當] liǎotàng ㄌㄧㄠˇㄉㄤˋ ①(언어나 행동이) 상쾌하다. 깨끗하고 시원스럽다.「直截一；언동이 깨끗하고 시원스럽다」②결말이 나다.
[了得] liǎotê ㄌㄧㄠˇㄉㄜ ①되다. 끝마치다. 좋다. ②(반어로 사용하여) 좋겠는가. 그래서 되겠는가 「這還一；이것으로 될 줄 아나. 이것으로 끝난 줄 아나」③수완가다. 멋 있다. 굉장하다.「這女子着實一；저 여자는 굉장히 착실하다」④완수할 수 있다. 처리할 수 있다.
[了得起來] liǎotêch'ǐlái ㄌㄧㄠˇㄉㄜㄑㄧˇㄌㄞˊ ①처리할 수 있다. ②일을 낙착시킬 수 있다.

〔蓼〕 liǎo ㄌㄧㄠˇ ① 〈植〉여뀌. 「水一；여뀌」②옥수수의 이삭. ③〈植〉쪽「一藍；쪽」
[蓼花] liǎohuā ㄌㄧㄠˇㄏㄨㄚ ①여뀌. ② liǎohua 찹쌀 가루를 반죽하여 속을 비게 하고 둥글게 만들어 기름에 튀겨 설탕을 뿌린 과자: 산자의 일종.

〔潦〕 liǎo ㄌㄧㄠˇ ⇨ lǎo, lào, liáo.
[潦倒] liáotǎo ㄌㄧㄠˊㄉㄠˇ ①영락하다. ② 단정하지 못하다.
[潦草] liáots'ǎo ㄌㄧㄠˊㄘㄠˇ 조잡하다. 아무렇게나 하다.

〔燎〕 liǎo ㄌㄧㄠˇ, liáo/ㄌㄧㄠˊ 태우다. 불이 붙다.「火一眉毛；불이 눈썹을 태우다. 절박한. 막다른 단계」「星星之火, 可以一原；작은 불도 온 벌판에 퍼질 수 있다」
[燎原] liǎoyüán ㄌㄧㄠˇㄩㄢ 들판에 불이 힘차게 번지다. 화란(禍亂)이 널리 퍼져 진압하기가 매우 어렵다는 비유.

〔了〕(瞭) liào ㄌㄧㄠˋ ①(먼 곳을) 전망하다. 바라 보다.「你在遠處一着點兒；너는 먼 데서 봐 주게」②보다. ⇨ liǎo, lē.
[了見] liàochien ㄌㄧㄠˋㄐㄧㄢ 눈에 익혀 두다. =看見. 《西》
[了高兒] liàokāorh ㄌㄧㄠˋㄍㄠㄦ ①(도적 따위가) 높은 곳에서 망을 보다. ②수수방관하다.
[了望] liàowàng ㄌㄧㄠˋㄨㄤˋ 먼 곳을 뚫어지게 보다. 멀리 바라 봄.「他一前方敵人陣地；그는 전방의 적을 뚫어지게 바라 보다」「一臺；망루(望樓)」

〔尥〕 liào ㄌㄧㄠˋ
[尥蹶子] liàochuéhtzǔ ㄌㄧㄠˋㄐㄩㄝˊㄗˇ① 말 따위가 뛰면서 뒷다리로 차는 일. ②(사람이) 말을 듣지 않다.

〔釕〕 liào ㄌㄧㄠˋ
[釕吊兒] liàotiàorh ㄌㄧㄠˋㄉㄧㄠˋㄦ 문을 잠그는 문고리: 둥근 고리.

〔料〕 liào ㄌㄧㄠˋ ①추측하다. 견적하다.「預一；예상하다」「不出所一；생각한 그대로다」②「一子·一兒；재료. 옷감」「木一；재목」「衣裳一子；옷감」③ 사료(飼料).「草一；마소의 사료」 ④채색이나 백색 반투명의 유리 모양의 물건. 옛날의 유리. ⑤아편. ⑥재목을·계산

하는 단위: 양단의 단면이 1평방자(尺). 길이가 7자인 것을 1 "料"라 함.
[料器] liàoch'ì ㄌㄧㄠˋㄑㄧˋ 유리로 만든 기구.
[料峭] liàoch'iào ㄌㄧㄠˋㄑㄧㄠˋ ①으스스 춥다. ②초봄의 찬바람이 혹독한 일. ③날씨가 쌀쌀하다.
[料件子] liàochièntzŭ ㄌㄧㄠˋㄐㄧㄢˋㄗˇ 일한 총계에 의한 지불. 일한만큼의 품삯을 주다. 「一活 ; 일한 총량에 의하여 지불하는 일거리. 일공 일.」
[料珠] liàochū ㄌㄧㄠˋㄓㄨ 유리질의 구슬. 유리로 만든 수주(數珠) : 염주.
[料想] liàohsiǎng ㄌㄧㄠˋㄒㄧㄤˇ 예상하다. 추량하다.
[料貨] liàohuo ㄌㄧㄠˋㄏㄨㄛ ①반투명의 유리질의 제품의 총칭. 가짜 보석류. ②옥(玉)과 닮은 유리질의 것.
[料估] liàoku ㄌㄧㄠˋㄍㄨ ①견적하다. 평가하다. ②추측하다.
[料理] liàolǐ ㄌㄧㄠˋㄌㄧˇ ①정리하다. ②처리하다. ③돌보아 주다. >料料理理.
[料面] liàomièn ㄌㄧㄠˋㄇㄧㄢˋ 아편으로 만든 마취약. 헤로인.
[料板] liàopǎn ㄌㄧㄠˋㄅㄢˇ 건축용 목재.
[料瓶] liàop'íng ㄌㄧㄠˋㄆㄧㄥˊ 유리질의 병.
[料不到] liàoputào ㄌㄧㄠˋㄅㄨˋㄉㄠˋ 예측할 수 없다. 뜻밖의 일이다. ↔料得到.
[料事] liàoshìh ㄌㄧㄠˋㄕˋ (일을) 예측하다. 예견하다. 「他一料得很準 ; 그의 예견은 정말 확실하다」「一如神 ; 예측이 아주 정확한 일」
[料算] liàosuàn ㄌㄧㄠˋㄙㄨㄢˋ 미리 계산하다. 예상하다.
[料道] liàotào ㄌㄧㄠˋㄉㄠˋ 추측하다.
[料到] liàotào ㄌㄧㄠˋㄉㄠˋ 예상(豫想)이 되다.
[料定] liàotìng ㄌㄧㄠˋㄉㄧㄥˋ 확실하게 예측을 세우다.
[料斗] liàotǒu ㄌㄧㄠˋㄉㄡˇ 사료(飼料) 주는 그릇.
[料豆] liàotòu ㄌㄧㄠˋㄉㄡˋ (마소의 사료인) 검은 콩.
[料倉] liàots'āng ㄌㄧㄠˋㄘㄤ 원료 창고.
[料子] liàotzŭ ㄌㄧㄠˋㄗ (옷감이나 조미료 따위의) 재료.

〔撂〕 liào ㄌㄧㄠˋ ①(거칠게) 놓다. 집어 던지다. 내리다. 「把碗一在桌子上 ; 차잔을 탁상 위에 아무렇게나 놓다」「一下車把 ; 수레의 채를 내리다」 ②버려두다. 남기다. 「她一死, 一下兩個孩子怪可憐的 ; 그 여자가 죽자, 뒤에 두 아이만 남아 정말 불쌍하다」
[撂跡] liàochiāo ㄌㄧㄠˋㄐㄧㄠ 씨름의 한 종류.
[撂下] liàohsia ㄌㄧㄠˋㄒㄧㄚ ①내리다. ②남기다. 「空一許多財產, 帶不到墳裏去 ; 단지 많은 재산을 남길 뿐 무덤까지 가지고 갈 수는 없다」 ③밑에 놓다. ④방임하여 두다.
[撂開] liàok'āi ㄌㄧㄠˋㄎㄞ 집어 내던지다.
[撂了] liàolê ㄌㄧㄠˋㄌㄜ ①죽다. ②일을 하다가 내버려 두다.
[撂絆子] liàopàntzŭ ㄌㄧㄠˋㄅㄢˋㄗ 앞으로 기울어져 넘어지다. =抽脚.
[撂手] liàoshǒu ㄌㄧㄠˋㄕㄡˇ 방임하다. 손을 떼다. 관계를 끊다. 「一不管 ; 방임하여 모르는 척하다」
[撂臺] liàot'ái ㄌㄧㄠˋㄊㄞˊ 내버려 두다. 소홀히 하다.
[撂倒] liàotǎo ㄌㄧㄠˋㄉㄠˇ 던져 넘어뜨리다.
[撂地] liàotì ㄌㄧㄠˋㄉㄧˋ 연예인이 축제일에 노천에서 예술제를 올리다. =拉場子.

〔鐐〕 liào ㄌㄧㄠˋ 차꼬. 죄인의 발에 채우는 형구. 「脚一 ; 차꼬」
[鐐銬] liàok'ào ㄌㄧㄠˋㄎㄠˋ 손과 발에 끼우는 형구 : 수갑과 차꼬.

LIEH ㄌㄧㄝ

〔咧〕 lieh ㄌㄧㄝ 〈方〉 ①열거할 때. 「大米一, 白麵一, 茶葉一…都有了 ; 쌀이나 밀가루나 차나…모두 갖추어졌읍니다」 ②⇨lê ② ③. ③⇨呢 ②. 「有一件大事和你們商量一 ; 너희들에게 상의할 중대한 일이 있다」 ④동작이나 상태가 현재 존속중인 것을 가리킴 「話還沒說完一 이야기는 아직 끝나지 않았다」 ⇨呢 ③. ⑤ = 呢 nê ④. 「他心裏一, 却是一意要回去的 ; 그의 심중을 말할 것 같으면, 돌아가고 싶은 마음으로 가득하다」 ⇨lièh.

〔咧〕 liēh ㄌㄧㄝ ⇨lièh.
[咧咧] liēhliēh ㄌㄧㄝㄌㄧㄝ ①어린 아이가 우는 소리. ②함부로 씨부렁거리는 모양. 「哭哭一 ; 엉엉 소리 내어 우는 모양」「唱唱一 ; 시끄럽게 노래하는 모양」

〔裂〕 liéh ㄌㄧㄝˊ (양쪽으로) 열리다. 《方》 「衣服沒扣好, 一着懷 ; 옷에 단추가 잠겨져 있지 않기 때문에 앞 가슴이 열리어 있다」
[裂粑] liéhpa ㄌㄧㄝˊㄅㄚ 검은 빵 《譯》

〔咧〕 liěh ㄌㄧㄝˇ 입술을 삐쭉 내밀다 입을 삐죽거리다. 「辣得直一嘴 ; 매워서 입을 삐쭉 내밀다」「一着嘴笑 ; 입을 내밀고 쓴웃음짓다. 비웃다」 ⇨liēh.
[咧開] liěhk'ai ㄌㄧㄝˇㄎㄞ (입을) 삐쭉삐쭉하다.

〔捩〕 lièh ㄌㄧㄝˇ 비틀다. 구부러지게 하다. 「轉一點 ; 전환점」

〔列〕 lièh ㄌㄧㄝˋ ①열. 병렬(並列). 나열(羅列). ②늘어서다. 줄짓게 하다. 잇닿다. 「一入甲等 ; 갑종에 넣다」 ③동아리. 한패. 동류. 「不在此一 ; 이런 패거리에는 끼어들지 않는다」 ④많은 제각기의. 「一國 ; 많은 나라」
[列車員] lièhch'ēyüán ㄌㄧㄝˋㄔㄜㄩㄢˊ 기차의 차장.
[列出] lièhch'u ㄌㄧㄝˋㄔㄨ 잇대어 쓰다. 열기하다. 늘어 놓다.
[列後] lièhhǒu ㄌㄧㄝˋㄏㄡˋ ①뒤에 쓰기 시작하다. 「姓名一 ; 성명은 뒤에 쓰여 있다」 ②뒷줄에 늘어놓다. ③성적이 남보다 뒤떨어지다.
[列入] lièhjù ㄌㄧㄝˋㄖㄨˋ 어떤 한 무리에 끼이다. 「一世界先進的行列 ; 세계의 선진적인 사람들의 한 대열에 끼이다」
[列寧主義] lièhníngchŭi ㄌㄧㄝˋㄋㄧㄥˊㄓㄨˇㄧˋ 레닌주의. 〈譯〉
[列隊] lièhtuì ㄌㄧㄝˋㄉㄨㄟˋ 대열을 만들다.

[列次] lièhtz'ǔ ㄌㄧㄝˋㄘˋ ①순서. 서열. ②열차의 발차 순서.

[列爲] lièhwéi ㄌㄧㄝˋㄨㄟˊ 어떤 무리에 들다.「一頭等 ; 일등이 되다」

[列位] lièhwèi ㄌㄧㄝˋㄨㄟˋ 많은 사람을 가리켜 부를 때 쓰는 말로, 제군·여러분 ⌊따위.

〔劣〕 lièh ㄌㄧㄝˋ 뒤떨어지다. 나쁘다. 악질이다.「不分優一 ; 우열을 가릴 수 없다」

[劣迹] lièhchì ㄌㄧㄝˋㄐㄧˋ 몸가짐과 행실이 좋지 못함. 두서가 없음.

[劣質] lièhchìh ㄌㄧㄝˋㄓˋ 열등한 성질. 비열한 근성.

[劣蹶] lièhchüéh ㄌㄧㄝˋㄐㄩㄝˊ ①쓸모가 없다. ② 낡은 사고 방식이다. ③말이 날뛰다. 「사나운 말.

[劣性馬] lièhhsìngmǎ ㄌㄧㄝˋㄒㄧㄥˋㄇㄚˇ

[劣貨] lièhhuò ㄌㄧㄝˋㄏㄨㄛˋ ①됨됨이 나쁜 물건. ②천한 놈.

[劣根性] lièhkēnhsìng ㄌㄧㄝˋㄍㄣㄒㄧㄥˋ 나태한 근성. 게으른 근성. 「폭한 말.

[劣馬] lièhmǎ ㄌㄧㄝˋㄇㄚˇ 사나운 말. 난

[劣巴] lièhpa ㄌㄧㄝˋㄅㄚ ①미숙한 사람. 아마튜어. ②미숙하다. >劣劣巴巴. =力巴. 「외한(門外漢). =力把頭.

[劣把頭] lièhpat'óu ㄌㄧㄝˋㄅㄚㄊㄡˊ 문

[劣紳] lièhshēn ㄌㄧㄝˋㄕㄣ 비열한 신사.

〔冽〕 lièh ㄌㄧㄝˋ 춥다. 차다.「北風一一 ; 북풍이 살을 에이듯 춥다」

〔洌〕 lièh ㄌㄧㄝˋ (물이나 술이) 깨끗하고 맑다.

〔烈〕 lièh ㄌㄧㄝˋ ①격렬하다. 맹렬하다. 지독하다. 심하다.「一日 ; 쨍쨍 내려쬐는 햇살」②타는 듯한. 열렬한. 성품이 강하다. ③독립 또는 국가를 위하여 목숨을 바치다.「一士 ; 독립 또는 국가를 위하여 목숨을 바친 사람」 ④큰 사업. 공적. 공명.「功一 ; 공적」

[烈性] lièhhsìng ㄌㄧㄝˋㄒㄧㄥˋ 격렬한 성격.「一漢子 ; 과격한 성격자」

[烈火] lièhhuǒ ㄌㄧㄝˋㄏㄨㄛˇ ①열화. ②대단한 노여움. 「여자.

[烈女] lièhnǚ ㄌㄧㄝˋㄋㄩˇ 지조가 굳센

[烈士] lièhshìh ㄌㄧㄝˋㄕˋ ①절의(節義)가 굳센 남자. ②대의를 위하여 목숨을 버린 사람. ③독립 또는 국가를 위하여 목숨을 바친 사람.

[烈屬] lièhshǔ ㄌㄧㄝˋㄕㄨˇ 열사의 가족.

[烈焰] lièhyèn ㄌㄧㄝˋㄧㄢˋ 맹렬한 불꽃.

〔裂〕 lièh ㄌㄧㄝˋ ①갈라지다. 찢어지다.「手凍一了 ; 동상으로 손이 갈라지다」②이별하다. 분리하다.「他們的交情一了 ; 그들의 사이가 갈라지고 말았다」 ⇨ liéh. 「놓다.

[裂筋] lièhchīn ㄌㄧㄝˋㄐㄧㄣ 사이를 갈라

[裂縫] lièhfèng ㄌㄧㄝˋㄈㄥˋ ①갈라진 틈. 찢어진 틈. ②찢어진 틈이 생기다.

[裂痕] lièhhén ㄌㄧㄝˋㄏㄣˊ ①찢어진 틈. ②감정상의 불화. 「또는 흠.

[裂罅] lièhhsià ㄌㄧㄝˋㄒㄧㄚˋ 갈라진 금.

[裂開] lièhk'ai ㄌㄧㄝˋㄎㄞ 찢어지다. 갈라지다.

[裂口(兒)] lièhk'ǒu(rh) ㄌㄧㄝˋㄎㄡˇ(ㄦ) ①터진 구멍. 칼에 베인 상처. ②빈틈. ③lièh k'ǒu(rh)입이 벌어지다. 갈라지다.「豆角兒裂個口兒 ; 콩꼬투리가 입을 벌렸다」

[裂變物質] lièhpièn wùchìh ㄌㄧㄝˋㄅㄧㄢˋㄨˋㄓˋ 핵분열 물질.

[裂紋] lièhwén ㄌㄧㄝˋㄨㄣˊ 추위에 손이 틈. 금이 감. 「裂紋. ②보조개.

[裂紋兒] lièhwénrh ㄌㄧㄝˋㄨㄣˊㄦ ①=

[裂牙兒酸] lièhyárhsuān ㄌㄧㄝˋㄧㄚˊㄦㄙㄨㄢ 입이 비틀어질 정도로 시다.

〔趔〕 lièh ㄌㄧㄝˋ

[趔趄] lièhch'ieh ㄌㄧㄝˋㄑㄧㄝ ①신체가 비틀거리다. ②일에 익숙하지 못하다. >趔趔趄趄.

〔獵〕(猎) lièh ㄌㄧㄝˋ ①사냥을 하다.「打一 ; 사냥을 하다」②사냥군. 엽사.「一人 ; 사냥군」

[獵槍] lièhch'iāng ㄌㄧㄝˋㄑㄧㄤ 엽총.

[獵取] lièhch'ǔ ㄌㄧㄝˋㄑㄩˇ 탈취하다.

[獵戶] lièhhù ㄌㄧㄝˋㄏㄨˋ 사냥군.

[獵獲] lièhhuò ㄌㄧㄝˋㄏㄨㄛˋ 사냥하여 잡다.「一物 ; 사냥하여 잡은 것」

[獵狗] lièhkǒu ㄌㄧㄝˋㄍㄡˇ 사냥개. 엽견.

[獵手] lièhshǒu ㄌㄧㄝˋㄕㄡˇ 사냥군. 엽사.

[獵物] lièhwù ㄌㄧㄝˋㄨˋ =獵獲物.

〔鬣〕 lièh ㄌㄧㄝˋ 갈기.「馬一 ; 말의 ⌊갈기」

〔躐〕 lièh ㄌㄧㄝˋ ①(순서나 등급을) 뛰어 넘다. ②밟다. ③답습하다.

[躐進] lièhchìn ㄌㄧㄝˋㄐㄧㄣˋ 순서를 뛰어 넘고 나아가다.

[躐等] lièhtěng ㄌㄧㄝˋㄉㄥˇ ①순서를 건너 뛰다. ②도중의 수속을 생략하다. ③차례를 건너 뛰어 승진하다.

LIEN ㄌㄧㄢ

〔連〕 lién ㄌㄧㄢˊ ①잇달다. 잇다.「把土地一成片 ; 토지의 경계를 없애고 하나로 합치다」②연결되다. 계속되다.「骨頭折了, 筋還一着 ; 뼈는 부러져도 심줄은 아직 연결되어 있다」③계속하여.「一發三槍 ; 연이어 세 발을 쏘다」④…을 넣어서. …를 채워 넣어서. …에 …를 더하여. …하거나 …하거나 : 대개 "帶"와 연용됨.「一你一共五位 ; 너를 합쳐서 전부 다섯 사람이다」「把反動派 一 根兒拔 ; 반동파를 근절시키다」「一本帶利 ; 원리 합계」⑤…조차도. …까지도 : 대개 "都·也·還"과 호응함. 「一這個字還不認識嗎? ; 이 글자도 아직 익히지 못하였는가?」「一荒沙也能變成良田 ; 모래땅까지도 기름진 밭으로 만들 수 있다」⑥…을. =把.「等我一這張報看完了再去 ; 이 신문을 다 읽고 나서 갈터이니」⑦(군대의) 중대.「一長 ; 중대장」

[連長] liénchǎng ㄌㄧㄢˊㄓㄤˇ 중대장.

[連着班兒] liénchê pānrh ㄌㄧㄢˊㄓㄜ ㄅㄢㄦ 잇달아서 계속되다.「一問 ; 차례차례 묻다」

[連枷] liénchia ㄌㄧㄢˊㄐㄧㄚ 도리깨:타작할 때 쓰이는 연장의 하나.

[連脚褲] liénchiaok'ù ㄌㄧㄢˊㄐㄧㄠˇㄎㄨˋ 양말과 이어져 있는 어린이용의 하의(下衣): 타이츠.

[連家鋪兒] liénchiap'ùrh ㄌㄧㄢˊㄐㄧㄚ ㄆㄨˋㄦ 주택 겸용의 작은 가게. 점포.

[連襟(兒)] liénchīn(rh) ㄌㄧㄢˊㄐㄧㄣ(ㄦ) 동서(同婿)의 관계. 동서. =連衿(兒).

[連氣兒] liénch'ìrh ㄌㄧㄢˊㄑㄧˋㄦ 연달아서.「一喝了三杯酒; 연달아 술을 석 잔 마셨다」

[連軸兒轉的] liénchóurhchuàntê ㄌㄧㄢˊㄓㄡˊㄦㄓㄨㄢˋㄉㄜ 끊임 없는 모양. 멈추지 않는 모양.

[連珠] liénchū ㄌㄧㄢˊㄓㄨ ①염주(念珠). ②잇달아서 나오는 것.「一炮; ㉮기관포. ㉯말이 연거푸 너무 빠르고 끊임이 없음을 비유하는 말」

[連串] liénch'uàn ㄌㄧㄢˊㄔㄨㄢˋ ①일렬(一列)로 연결되다. ②이어져 있는 것을 세다.「一一的珠子; 한 줄로 이어져 있는 구슬」 「연결하다.

[連綴] liénchuì ㄌㄧㄢˊㄓㄨㄟˋ 연속하다.

[連二桌兒] liéněrhchōrh ㄌㄧㄢˊㄦˋㄓㄨㄛㄦ 「連三桌兒」의 상부(上部)에 서랍이 둘 있고 하부는 장농 모양으로 여닫게 되어 있는 긴 테이블.

[連號(兒)] liénhào(rh) ㄌㄧㄢˊㄏㄠˋ(ㄦ) ①연속 번호. ②번호가 이어지다. ③연쇄점(連鎖店). 체인 스토어(chain-store). ④하이픈.

[連係] liénhsi ㄌㄧㄢˊㄒㄧ =聯係.

[連寫] liénhsiěh ㄌㄧㄢˊㄒㄧㄝˇ 이어 쓰기를 하다. 이어 쓰다. 「다.

[連心] liénhsīn ㄌㄧㄢˊㄒㄧㄣ 마음이 통하

[連心肉] liénhsīnjòu ㄌㄧㄢˊㄒㄧㄣㄖㄡˋ 혈육(血肉)을 나눈 것: 자기 자식을 말함.

[連選] liénhsüǎn ㄌㄧㄢˊㄒㄩㄢˇ 재선(再選)되다.

[連續生產制] liénhsǜ shēngch'ǎnchìh ㄌㄧㄢˊㄒㄩˋㄕㄥㄔㄢˇㄓˋ 벨트에 놓여 돌아오는 재료를 각자 차례로 분담하여 완수하는 작업 방법. 콘베이어 시스템.

[連環] liénhuán ㄌㄧㄢˊㄏㄨㄢˊ ①고리 모양의 것이 연결하다.「一保; ㉮상호 보증. ㉯연대 보증」「一畫; 연속 그림 이야기」 「一計; 미리 짜놓은 빈틈 없는 계략. 계책 중에 또 다시 계책을 세우는 일」「一作保; 상호 보증을 서다」

[連衣裙] liénīch'ǘn ㄌㄧㄢˊㄧㄑㄩㄣˊ 점퍼스커어트(jumper skirt).

[連任] liénjěn ㄌㄧㄢˊㄖㄣˋ 재임(再任).

[連亘不斷] lién'kěnpútuàn ㄌㄧㄢˊㄍㄣˋㄅㄨˊㄉㄨㄢˋ 끝없이 이어지다. 「④.

[連根兒] lién'kěnrh ㄌㄧㄢˊㄍㄣㄦ =字解

[連哭帶叫] liénk'ū tàichiào ㄌㄧㄢˊㄎㄨㄉㄞˋㄐㄧㄠˋ. 울기도 하고 고함지르기도 하다. =連哭帶嚷.

[連累] liénlěi ㄌㄧㄢˊㄌㄟˇ ①연루하다. 남의 일에 말려 들어 고생하다. 누를 끼치다. ②괴로움을 끼치다. 일이나 활동에 방해가 되다.

[連類而及] liénlèiěrhchí ㄌㄧㄢˊㄌㄟˋㄦˊㄐㄧˊ 고구마 줄기를 당기듯이 차례차례로 다가 가다. 「창하다.

[連理] liénlǐ ㄌㄧㄢˊㄌㄧˇ 지장이 없다. 유

[連利] liénlì ㄌㄧㄢˊㄌㄧˇ 말이 유창하다.

[連連] liénlién ㄌㄧㄢˊㄌㄧㄢˊ 줄곧. 계속해서.「他一點了頭; 그는 줄곧 고개를 끄덕이다」 「동지동. >連連忙忙.

[連忙] liénmáng ㄌㄧㄢˊㄇㄤˊ 당황하여. 허

[連朦帶忽] liénměngtàihu ㄌㄧㄢˊㄇㄥˊㄉㄞˋㄏㄨ ①무어라 말할 것 없이. ②놀라게 하려고 허풍을 떨다. 「넌.

[連年] liénnién ㄌㄧㄢˊㄋㄧㄢˊ 연이어 매

[連跑帶跳] liénp'ǎo tàitiào ㄌㄧㄢˊㄆㄠˇㄉㄞˋㄉㄧㄠˋ (기쁘거나 또는 몹시 당황할 때) 어쩔 줄을 모르고 이리 뛰고 저리 뛰는 모양. 깡충깡충 뛰는 모양.

[連跑帶顚] liénp'ǎo tàitiēn ㄌㄧㄢˊㄆㄠˇㄉㄞˋㄉㄧㄢ 당황하여 급히 달리는 모양. 급히 덤비며 이리 뛰고 저리 뛰는 모양. 달리며 비틀거리는 모양.

[連本帶利] liénpên tàilì ㄌㄧㄢˊㄅㄣ ㄉㄞˋㄌㄧˋ 원리 합계(元利合計).

[連篇] liénp'iēn ㄌㄧㄢˊㄆㄧㄢ 전편(全篇)에 걸치다.「誤字一; 틀린 글자가 도처에 있다」

[連篇累牘] liénp'iēn·lěitú ㄌㄧㄢˊㄆㄧㄢㄌㄟˇㄉㄨˊ 장편의 문장: 문장의 대목과 폭이 너무 큰 데 대한 비유.

[連鬢胡子] liénpìnhútzǔ ㄌㄧㄢˊㄅㄧㄣˋㄏㄨˊㄗ 구레나룻. =落腮胡子.

[連不起來] liénpuch'ǐlai ㄌㄧㄢˊㄅㄨㄑㄧˇㄌㄞ 이어지지 않다. 이을 수가 없다.「這三個句子一; 이 세 구절의 글은 이어지지 않다」↔連得起來.

[連三桌兒] liénsānchōrh ㄌㄧㄢˊㄙㄢ ㄓㄨㄛㄦ 위쪽에 서랍이 세 개 있고 아래쪽에 장농 모양의 여닫이로 되어 있는 긴 테이블.

[連三併四] liénsān-pìngssǔ ㄌㄧㄢˊㄙㄢㄅㄧㄥˋㄙˋ 자주. 누차. 끊임 없이. 계속하여.

[連山] liénshān ㄌㄧㄢˊㄕㄢ 산맥(山脈).

[連聲] liénshēng ㄌㄧㄢˊㄕㄥ (말을) 계속적으로.「一說; 계속적으로 말하다」

[連市] liénshìh ㄌㄧㄢˊㄕˋ 휴업일에도 계속하여 영업을 하다.

[連史紙] liénshǐhchǐh ㄌㄧㄢˊㄕˇㄓˇ 손으로 뜬 종이로 백색이며 매끄럽다.

[連手(兒)] liénshǒu(rh) ㄌㄧㄢˊㄕㄡˇ(ㄦ) 서로 호응(呼應)하여 손을 잡다. 또는 그 상대.

[連臺] liént'ái ㄌㄧㄢˊㄊㄞˊ ①연극을 연속 공연하는 일. ②일단락 짓고 다시 계속하여 하는 일.「打一; 앞 줄에 이어 활자를 짜는 일을 시작하다」

[連帶] liéntài ㄌㄧㄢˊㄉㄞˋ ①서로 연결되다. ②…을 포함하여.「一下肥工作需要四天; 거름 주는 일까지 포함하여 나흘 걸리다」

[連帶上班制] liéntài shàngpānchìh ㄌㄧㄢˊㄉㄞˋㄕㄤˋㄅㄢㄓˋ 책임 근무 제도. =連帶到班制.

[連踢帶打] liént'ī tàitǎ ㄌㄧㄢˊㄊㄧㄉㄞˋㄉㄚˇ 때리거나 치거나 하다.

[連天] liént'iēn ㄌㄧㄢˊㄊㄧㄢ ①높이 솟다. ②하늘에 이어지다. ③몇 날 계속적으로. ④계속되는 모양.「叫苦一; 계속적으로 비명을 지르다」⑤(외치는 소리가) 하늘에 닿다. 「殺聲一; 공격하는 함성이 하늘에 닿다」

[連宗] liéntsūng ㄌㄧㄢˊㄗㄨㄥ(같은 조상에서 갈린 사람이라 하여) 친척으로 사귀다.
[連隊] liéntuì ㄌㄧㄢˊㄉㄨㄟˋ 중대(中隊).
[連推帶拉] liént'uī tàilā ㄌㄧㄢˊㄊㄨㄟㄉㄞˋㄌㄚ ①뒤에서 밀고 앞에서 당기다. ②앞뒤에서 폭력으로 협박하여 오다.
[連推帶搡] liént'uī tàisǎng ㄌㄧㄢˊㄊㄨㄟㄉㄞˋㄙㄤˇ (남을 억지로 걷게 할 때) 난폭하게 밀고 당기고 하다.
[連同] liént'úng ㄌㄧㄢˊㄊㄨㄥˊ 일괄하여. 한데 뭉쳐서.「一證件等一幷上繳; 증거 따위와 일괄하여 상부에 제출하다」
[連詞] liéntz'ǔ ㄌㄧㄢˊㄘˊ 접속사. =連續詞.
[連夜] liényèh ㄌㄧㄢˊㄧㄝˋ ①매일 밤. ②밤을 새우며.「一趕造; 며칠 밤을 새워가며 만들다」
[連陰天兒] liényint'ienrh ㄌㄧㄢˊㄧㄣㄊㄧㄢㄦ 흐리는 날이 계속되는 일기(日氣).

〔廉〕 lién ㄌㄧㄢˊ ①고결(高潔)한. 욕심이 없는. 청렴한. =淸廉. ②값이 싸다. =低廉. ③모퉁이. 구석. 능각(稜角). ④조사하다.「一其事; 그 사건을 잘 조사하다」
[廉隅] liényǔ ㄌㄧㄢˊㄩˊ ①기물(器物)의 능각. ②인물이 정직하고 절조가 있다.

〔漣〕 lién ㄌㄧㄢˊ 잔 물결. 잘게 이는 물결.

〔蓮〕 lién ㄌㄧㄢˊ 〈植〉 연.
[蓮船] liénch'uán ㄌㄧㄢˊㄔㄨㄢˊ 연실(蓮實)을 채취하는 배.
[蓮房] liénfáng ㄌㄧㄢˊㄈㄤˊ =蓮蓬.
[蓮花(兒)] liénhuā(rh) ㄌㄧㄢˊㄏㄨㄚ(ㄦ) 〈植〉 연꽃.
[蓮花落] liénhualò ㄌㄧㄢˊㄏㄨㄚㄌㄨㄛˋ, liénhualào ㄌㄧㄢˊㄏㄨㄚㄌㄠˋ 흔히 거지들이 부르는 곡조의 이름: 장타령 같은 속된 잡가(雜歌)의 하나. =蓮花樂.
[蓮鬚] liénhsū ㄌㄧㄢˊㄒㄩ 연꽃의 꽃술.
[蓮灰] liénhuī ㄌㄧㄢˊㄏㄨㄟ 약간 자색(紫色)이 섞인 회색(灰色).
[蓮肉] liénjòu ㄌㄧㄢˊㄖㄡˋ 연실(蓮實).
[蓮蓬] liénp'êng ㄌㄧㄢˊㄆㄥ 〈植〉연방(蓮房).「一老兒; ㉮연밥을 빼어 낸 연방으로 만든 인형(人形). ㉯옷이 커서 헐렁헐렁한 모양」
[蓮蓬子兒] liénp'êngtzǔrh ㄌㄧㄢˊㄆㄥㄗˇㄦ ①연밥. 연실. =蓮子. ②연실 모양의 것.

〔奩〕(匳) lién ㄌㄧㄢˊ 화장(化粧)도구를 넣는 작은 상자. =鏡奩.「妝一; 시집갈 여러 가지 준비물·용품」

〔憐〕(怜) lién ㄌㄧㄢˊ ①불쌍히 여기다. 동정하다.「同病相一; 같은 병을 앓는 사람끼리 서로 가엾게 여기다. 어려운 처지에 있는 사람끼리 동정하고 서로 돕다」 ②귀여워하다. 사랑하다.
[憐愛] lién'ài ㄌㄧㄢˊㄞˋ 귀여워하다. 불쌍히 여기다.
[憐見] liénchièn ㄌㄧㄢˊㄐㄧㄢˋ 불쌍히 여기다. 동정하다.
[憐惜] liénhsi ㄌㄧㄢˊㄒㄧ 불쌍히 여기며 아끼다.
[憐恤] liénhsü ㄌㄧㄢˊㄒㄩ 불쌍히 여겨 물품을 내어 도와 주다.

〔縺〕 lién ㄌㄧㄢˊ 수선하다. 고치다. 꿰매어 합치다. 꿰매다.

〔聯〕(联) lién ㄌㄧㄢˊ ①잇다. 이어지다. 연합하다. 두 개를 한쌍으로 하다.「一盟; 연맹하다」「一席; 동석하다」 ②「一兒; 연(聯): 한시에서의 율시의 대구. 한쌍으로 된 서화(書畫)」 =對聯. 「이어 맞추다.
[聯接] liénchiēh ㄌㄧㄢˊㄐㄧㄝ 이어지다.
[聯軍] liénchūn ㄌㄧㄢˊㄐㄩㄣ 연합군(聯合軍).
[聯合公報] liénhó kūngpào ㄌㄧㄢˊㄏㄜˊㄍㄨㄥㄅㄠˋ 공동 코뮤니케(communiqué).
[聯合國] liénhókuó ㄌㄧㄢˊㄏㄜˊㄍㄨㄛˊ 국제 연합.「一大會; 국제 연합 총회」
[聯合收割機] liénhó shōukōchī ㄌㄧㄢˊㄏㄜˊㄕㄡㄍㄜㄐㄧ 합성식 수확기(合成式收獲機). 콤바인(combine).
[聯合採煤機] liénhó ts'ǎiméichī ㄌㄧㄢˊㄏㄜˊㄘㄞˇㄇㄟˊㄐㄧ 채탄용(採炭用) 콤바인.
[聯席] liénhsí ㄌㄧㄢˊㄒㄧˊ 연결하다. 연합하다.「一會議; 두 개 이상의 단체가 하는 연석 회의. 확대(擴大)회의」
[聯系] liénhsi ㄌㄧㄢˊㄒㄧ ①연결하다. =聯結.「理論必須一實際; 이론은 반드시 실체와 연결되지 않으면 안된다」 ②미리 의논하다.「一工作; 일을 미리 의논하다」 ③연락하다. 관련(關連)하다.「這句話一到事情的解決; 이 말은 사건의 해결에 관련된다」 「想)하다.
[聯想] liénhsiǎng ㄌㄧㄢˊㄒㄧㄤˇ 연상(聯
[聯歡] liénhuān ㄌㄧㄢˊㄏㄨㄢ 서로 즐기다.「一會; 교환회(交歡會). 친목회」
[聯貫] liénkuān ㄌㄧㄢˊㄍㄨㄢ 연결하다.
[聯袂] liénmèi ㄌㄧㄢˊㄇㄟˋ 동일 행동을 취하는 일. 「名)하다. ②연명으로.
[聯名] liénmíng ㄌㄧㄢˊㄇㄧㄥˊ ①연명(聯
[聯防] liénfāng ㄌㄧㄢˊㄈㄤ 공동 방위(共同防衛)하다.
[聯票] liénp'iào ㄌㄧㄢˊㄆㄧㄠˋ ①두 장으로 이어진 증서(證書). ②연락 차표: 차를 바꾸어 탈 때 쓰이는 차표.
[聯翩而至] liénpiēnérhchìh ㄌㄧㄢˊㄆㄧㄢㄦˊㄓˋ 차례차례로 오다. 「전.
[聯賽] liénsài ㄌㄧㄢˊㄙㄞˋ 리이그(league)
[聯屬] liénshǔ ㄌㄧㄢˊㄕㄨˇ ①체인(chain)과 같이 연결되어 있다. ②관계가 있다. ③거래(去來)가 있다.
[聯鎖] liénsǒ ㄌㄧㄢˊㄙㄨㄛˇ 연쇄하다. 연결되다.「一易貨; 링크 바아터(rink barter) 제도」 「取傳票).
[聯單] liéntān ㄌㄧㄢˊㄉㄢˋ 절취 전표(截
[聯姻] liényīn ㄌㄧㄢˊㄧㄣ 인척 관계를 맺다. 「하다.
[聯營] liényíng ㄌㄧㄢˊㄧㄥˊ 공동 경영을
[聯運] liényǜn ㄌㄧㄢˊㄩㄣˋ 중계(中繼)하여 수송하다.

〔臁〕 lién ㄌㄧㄢˊ 하지(下肢): 무릎에서 발목까지의 부분.

〔簾〕(帘) lién ㄌㄧㄢˊ ①술집에서 간판 대신으로 다는 깃발. =酒簾. ②커어튼(curtain). 발.「門一; 방 입구에 친 커어튼」 「는 틀.
[簾架] liénchià ㄌㄧㄢˊㄐㄧㄚˋ 커어튼을 다

[簾櫳] liénlúng ㄌㄧㄢˊㄌㄨㄥˊ ①방 문에 거는 대나 갈대로 만든 발.
[簾幕] liénmù ㄌㄧㄢˊㄇㄨˋ 커어튼.
[簾子] liéntzŭ ㄌㄧㄢˊㄗ 발 : 테를 두른 눈이 고운 발.

〔鐮〕 lién ㄌㄧㄢˊ 낫 : 구어(口語)로는 "鐮刀".

〔鰱〕 lién ㄌㄧㄢˊ 〈動〉잉어과에 속하는 민물고기의 하나. 납자루 : 구어(口語)로는 "鰱魚".

〔斂〕 liĕn ㄌㄧㄢˇ, lièn ㄌㄧㄢˋ ①모으다. 납입하다. 징수하다.「一錢 ; 돈을 모으다. 돈을 징수하다」②세게 졸라 매다. =收斂. ③(액체 따위가) 굳어지다. 흩어지지 않다.「墨太稠就要一筆 ; 먹이 너무 진하면 붓이 굳어지고 만다」
[斂迹] liĕnchī ㄌㄧㄢˇㄐㄧ, liènchī ①(날뛰던 것이) 온순해지다. ②(창궐해 있던 것이) 잠잠해지다. 평상시로 돌아 오다. ③(나쁜 사람 또는 일이) 뒤를 끊다. 완전히 없어지다.
[斂容] liĕnjúng ㄌㄧㄢˇㄖㄨㄥˊ, liènjúng 태도를 바로 잡다. 엄한 표정을 짓다.
[斂巴] liĕnpa ㄌㄧㄢˇㄅㄚ 치우다. 정돈하다.
[斂筆] liénpĭ ㄌㄧㄢˊㄅㄧˇ, liènpĭ 붓끝이 굳어지다.
[斂步] liĕnpù ㄌㄧㄢˇㄅㄨˋ liènpù 뒷걸음질 치며 앞으로 나가지 않다.
[斂財] liĕnts'ái ㄌㄧㄢˇㄘㄞˊ ①무리하게 재산을 빼앗다. ②돈을 징수하다.
[斂足] liĕntsú ㄌㄧㄢˇㄗㄨˊ, lièntsú 주저하다.

〔臉〕 liĕn ㄌㄧㄢˇ ①「一兒 ; 얼굴」②「一兒 ; 물체의 앞쪽 부분」「鞋一兒 ; 신의 코」③체면(體面). 면목.「不要一 ; 수치를 모르다. 철면피하다」「他沒有一見人 ; 그는 이제 남을 대할 면목이 없다」
[臉急] liĕnchí ㄌㄧㄢˇㄐㄧˊ 성을 잘 내다.
[臉頰] liĕnchiá ㄌㄧㄢˇㄐㄧㄚˊ 볼. 뺨.
[臉憨皮厚] liĕnhān-p'íhòu ㄌㄧㄢˇㄏㄢ ㄆㄧˊㄏㄡˋ 낯가죽이 두껍다. 염치를 모른다. 《成》
[臉紅脖子粗] liĕnhúng pótzŭ ts'ū ㄌㄧㄢˇㄏㄨㄥˊ ㄅㄛˊㄗㄘㄨ ①얼굴이 새빨갛게 되고 목의 심줄이 굵어 지다. 몹시 성내다. 노하다. ②안절부절 못하는 모양. 걱정스럽고 초조한 모양.
[臉熱] liĕnjè ㄌㄧㄢˇㄖㄜˋ ①마음이 약하다. 내성적이고 소극적이다. ②감정이 즉시 얼굴에 나타나다.
[臉軟] liénjuăn ㄌㄧㄢˊㄖㄨㄢˇ 마음이 약하다. 온화하다. 내성적이고 소극적이다.
[臉孤拐] liĕnkūkuai ㄌㄧㄢˇㄍㄨㄍㄨㄞ 광대 뼈. 「낯. 《方》
[臉孔] liénk'ŭng ㄌㄧㄢˊㄎㄨㄥˇ 얼굴 모양.
[臉面] liĕnmièn ㄌㄧㄢˇㄇㄧㄢˋ ①안면(顔面). ②체면. 면목.「沒有一見人 ; 남에게 대할 면목이 없다」
[臉模兒] liĕnmórh ㄌㄧㄢˇㄇㄛˊㄦ ①얼굴 모양. ②안색(顏色). 표정. 「엷다.
[臉嫩] liĕnnùn ㄌㄧㄢˇㄋㄨㄣˋ 낯 가죽이
[臉龐(兒)] liĕnp'áng(rh) ㄌㄧㄢˇㄆㄤˊ(ㄦ) 얼굴. 낯.
[臉盤子(兒)] liĕnp'ántzŭ(—rh) ㄌㄧㄢˇㄆㄢˊㄗ(—ㄦ) 얼굴 생김새. 얼굴 모양.
[臉盆] liĕnp'ĕn ㄌㄧㄢˇㄆㄣˊ 세면기(洗面器).
[臉皮(兒)] liĕnp'í(rh) ㄌㄧㄢˇㄆㄧˊ(ㄦ) 낯가죽.「一厚 ; 뻔뻔스럽다」「一薄 ; 내성적이고 양보심이 많다. 마음이 약하고 수줍어하다」「厚着一 ; 뻔뻔스럽게」
[臉譜] liénp'ŭ ㄌㄧㄢˊㄆㄨˇ 연극 배우들이 얼굴에 분장(粉裝)하는 것. 「面色.
[臉色] liĕnsè ㄌㄧㄢˇㄙㄜˋ 안색. 기색. =
[臉上貼金] liĕnshangt'iēhchīn ㄌㄧㄢˇㄕㄤ ㄊㄧㄝㄐㄧㄣ 칭찬하다. 면목(面目)을 세우다. 「면수. =洗臉水.
[臉水] liénshuĭ ㄌㄧㄢˊㄕㄨㄟˇ 세숫물. 세
[臉膛兒] liĕnt'ángrh ㄌㄧㄢˇㄊㄤˊㄦ 얼굴 생김새.「方一 ; 모난 얼굴」「長一 ; 긴 얼굴」 「전체. ②볼과 턱 부분.
[臉蛋兒] liĕntànrh ㄌㄧㄢˇㄉㄢˋㄦ ①얼굴
[臉子] liĕntzŭ ㄌㄧㄢˇㄗ ①낯짝. 쌍판 : 멸시하는 뜻을 포함함. ②남에게 혐오감을 주는 안색(顏色).
[臉硬] liĕnyìng ㄌㄧㄢˇㄧㄥˋ 기(氣)가 세다. 고집이 세다.

〔楝〕 lièn ㄌㄧㄢˋ 〈植〉멀구슬나무. 단향목(檀香木) : 구어(口語)로는 "苦楝".

〔練〕(练) lièn ㄌㄧㄢˋ ①훈련하다. 연습하다. ②숙달하다. =練達. 老練.
[練家(子)] lienchiā(tzŭ) ㄌㄧㄢˋㄐㄧㄚ(ㄗ) 무예(武藝)의 달인(達人). 무술에 뛰어난 사람. 「法)을 배우다.
[練拳] liènch'uán ㄌㄧㄢˋㄑㄩㄢˊ 권법(拳
[練習] liènhsi ㄌㄧㄢˋㄒㄧ ①연습하다. ②연습. 숙제.
[練習本(兒)] liènhsípĕn(rh) ㄌㄧㄢˋㄒㄧˊㄅㄣˇ(ㄦ) 연습 노오트. =練習簿.
[練功] liènkūng ㄌㄧㄢˋㄍㄨㄥ 무술(武術)을 단련하다. 「술을 단련하다.
[練把勢] lièn pǎssŭ ㄌㄧㄢˋㄅㄚˇㄕˋ 무
[練本領] lièn pĕnlĭng ㄌㄧㄢˋㄅㄣˇㄌㄧㄥˇ 기능 또는 솜씨를 연마하다.
[練手兒] lièhshŏurh ㄌㄧㄢˋㄕㄡˇㄦ ①기예(技藝)를 연마하다. ②솜씨가 뛰어난 사람. 「대를 훈련하는 일 : (練兵).
[練操] liènts'āo ㄌㄧㄢˋㄘㄠ 조련하다. 군
[練字] lièn tzŭ ㄌㄧㄢˋㄗˋ 습자 연습을 하다. 글씨 공부를 하다.

〔鍊〕(煉·炼) lièn ㄌㄧㄢˋ ①정련(精鍊)하다. 단련하다.「鋼鐵是怎樣一成的? ; 강철은 어떻게 단련하여 된 것인가?」②불로 바짝 조리다. 금속을 달구어 두드리다.「把油一出來 ; 바싹 조려서 기름을 빼다」 「(cokes).
[鍊焦] lièncihāo ㄌㄧㄢˋㄐㄧㄠ 코우크스
[鍊鋼] lièkāng ㄌㄧㄢˋㄍㄤ 제강(製鋼).「一廠 ; 제철 공장」「一平爐 ; 제강 평로」
[鍊奶] liènnǎi ㄌㄧㄢˋㄋㄞˇ 콘덴스트 밀크(condensed milk). 가당. 연유. =鍊乳.
[鍊鐵] liènt'iĕh ㄌㄧㄢˋㄊㄧㄝˇ ①제철. ②제철하다.「一爐 ; 용강로」
[鍊油] liènyú ㄌㄧㄢˋㄧㄡˊ 정유(精油)하다.
[鍊油廠] liènyúch'ăng ㄌㄧㄢˋㄧㄡˊㄔㄤˇ 정유 공장.

〔殮〕 lièn ㄌㄧㄢˋ 입관(入棺)하다. 죽은 사람에게 옷을 갈아 입혀 납관하다.「入一 ; 입관하다」

〔鏈〕(鍊) lièn ㄌㄧㄢˋ「一子·一兒 ; 쇠사슬」「表一 ; 시계 줄」「鐵一 ; 쇠로 된 사슬」

[鏈尺] liènch'ǐh ㄌㄧㄢˋㄔˇ 측량용의 금속으로 된 권척(卷尺).
[鏈轉滑車] liènchuǎn huáchʻē ㄌㄧㄢˋㄓㄨㄢˇㄏㄨㄚˊㄔㄜ 체인·블록(chain bloc). 연쇄 조직.
[鏈軌] liènkueǐ ㄌㄧㄢˋㄍㄨㄟˇ 무한 궤도(無限軌道). 캐터필러(caterpilar). 「一拖拉機；무한 궤도식 트랙터(tractor)」 ＝履帶. 「톱니바퀴.
[鏈輪] liènlún ㄌㄧㄢˋㄌㄨㄣˊ 쇠사슬로 된
[鏈霉素] liènméisū ㄌㄧㄢˋㄇㄟˊㄙㄨˋ 스트렙토마이신(streptomycin). ＝肺針.
[鏈式反應] liènshìh fanyìng ㄌㄧㄢˋㄕˋㄈㄢˇㄧㄥˋ 연쇄 반응.
[鏈條] liènt'iáo ㄌㄧㄢˋㄊㄧㄠˊ 쇠사슬. 체인.

〔戀〕(恋) liền ㄌㄧㄢˋ ①연애(戀愛). ②그리워하다. 단념할 수가 없다. 「留一過去；지나간 옛일이 잊혀지지 않다」
[戀棧] liènchàn ㄌㄧㄢˋㄓㄢˋ ①말이 사료에서 떨어지기 어려운 일. ②사람이 그 직위에 미련을 두는 일. ③미련이 있어 이별하기가 어렵다. ＞戀戀棧棧.
[戀群] liènch'ún ㄌㄧㄢˋㄑㄩㄣˊ 사람이 그리워지다.
[戀戀不舍] liènliènpùshě ㄌㄧㄢˋㄌㄧㄢˋㄅㄨˋㄕㄜˇ 미련이 남아 이별하기 섭섭하다. 미련이 남다.

LIN ㄌㄧㄣ

〔林〕 lín ㄌㄧㄣˊ ①숲. 「樹一；나무 숲. 수풀」 ②같은 종류의 사람. 사물이 무리를 이루다. 「藝一；예술가의 한패」「作家之一；작가의 모임」
[林場] línch'ǎng ㄌㄧㄣˊㄔㄤˇ 임야 행정기관의 현장. 또는 산림계의 출장소. 임업 시험장.
[林際] línchì ㄌㄧㄣˊㄐㄧˋ 숲의 경계.
[林木] línmù ㄌㄧㄣˊㄇㄨˋ 삼림의 입목(立木). 베지 않은 삼림. 「개간.
[林墾] línk'ěn ㄌㄧㄣˊㄎㄣˇ 조림(造林)과
[林地] líntì ㄌㄧㄣˊㄉㄧˋ 삼림지(森林地).
[林子] líntzŭ ㄌㄧㄣˊㄗˇ 숲. 삼림.
[林蔭] línyìn ㄌㄧㄣˊㄧㄣˋ 나무 그늘. 가로수의 그늘. 「一道；가로수가 서 있는 길」

〔淋〕 lín ㄌㄧㄣˊ ①뿌리다. 위에서 물을 뿌리다. 「花焉了，一上點水吧； 꽃이 시들었으니 물을 좀 뿌려 줘라」 ② lún 비에 젖다. 「讓大雨一濕 」；큰비로 함빡 젖었다」 ⇨lìn.
[淋漓] línlí ㄌㄧㄣˊㄌㄧˊ ①젖은 모양. 흘러 내리는 모양. 「大汗一；많이 흐르는 땀」 ＞淋淋漓漓. ②든든하다. 힘차게 뻗다. 「墨迹一；힘차게 뻗은 필치」 「痛快一；통쾌하게. 깨끗이. 마음껏」 「一盡致；글이나 말이 통쾌하고, 또한 충분히 뜻을 다 나타낸 모양」 「빡 젖다.
[淋濕] línshīh ㄌㄧㄣˊㄕ 축축히 젖다. 함
[淋雨] línyǚ ㄌㄧㄣˊㄩˇ 비에 젖다.
[淋浴] línyǜ ㄌㄧㄣˊㄩˋ 샤우어바아드(shower bath).

〔琳〕 lín ㄌㄧㄣˊ.
[琳琅] línláng ㄌㄧㄣˊㄌㄤˊ ①아름다운 옥(玉)의 한 종류. ②옥이 부딪쳐 나는 소리. ③시나 글이 아름다운 모양. ④훌륭한 사람이나 책. 「一滿目；훌륭한 물건이 가득히 있는 모양:전람회나 도서관 또는 진열관 따위를 칭찬할 때 이 말을 씀」

〔霖〕 lín ㄌㄧㄣˊ ①장마. 임우. 「甘一；때 맞춰 알맞게 오는 비. 혜우(惠雨). 자우(慈雨)」 ②은혜(恩惠).

〔隣〕(鄰·邻) lín ㄌㄧㄣˊ①이웃. 「東一；이웃」 ②이웃 근처. 「一居；가까운 곳」 ③옛적에 다섯 집을 "隣"으로 하였음.
[隣居] línchū ㄌㄧㄣˊㄐㄩ ①이웃 집. ＝隣舍. ②이웃에 살다. 「웃 사람.
[隣裏] línlǐ ㄌㄧㄣˊㄌㄧˇ ①이웃 근처. ②이웃 집. ＝隣居.

〔嶙〕 lín ㄌㄧㄣˊ 산이 깊고 험한 모양.
[嶙峋] línhsún ㄌㄧㄣˊㄒㄩㄣˊ 산에 바위가 중첩되어 있다.

〔遴〕 lín ㄌㄧㄣˊ 심중하게 고르다. 가려 뽑다.
[遴選] línhsüǎn ㄌㄧㄣˊㄒㄩㄢˇ 심중하게 고르다. 좋은 것을 골라내다. 「一人材；인재를 엄선하다」

〔燐〕(磷) lín ㄌㄧㄣˊ 인. 「紅一；적린」
[燐肥] línféi ㄌㄧㄣˊㄈㄟˊ 인산 비료.
[燐火] línhuǒ ㄌㄧㄣˊㄏㄨㄛˇ 도깨비불

〔臨〕(临) lín ㄌㄧㄣˊ ①오다. 방문하다. 도달하다. 「喜事一門；기쁜 일이 찾아 오다」 ②우연히 만나다. ③임하다. 대하다. 「一街；큰 거리를 면하여」 ④…에 임하여. …에 이르러. …을 목전에 두고. 「一別；이별을 목전에 두고」 ⑤내려 보다. 「居高一下；높은 곳에서 내려 보다」 ⑥(서화 따위를) 모방하다. 그대로 베끼다. 「這張畫一得很象；이 그림은 참 잘 묘사하였다」 ⑦귀인(貴人)이 어떤 곳에 가다. 제왕(帝王)이 조정에 나가다. 「一朝；정치를 보살피다」 「다.
[臨產] línch'ǎn ㄌㄧㄣˊㄔㄢˇ 해산에 임하
[臨陣磨槍] línchěn móch'iāng ㄌㄧㄣˊㄓㄣˇㄇㄛˊㄑㄧㄤ ＝臨渴掘井. 「에 이르러.
[臨期] línch'ī ㄌㄧㄣˊㄑㄧ 그 시기에. 그 때
[臨近] línchìn ㄌㄧㄣˊㄐㄧㄣˋ 접근하다. 가까와지다. 「로 베끼다.
[臨畫] línhuà ㄌㄧㄣˊㄏㄨㄚˋ 그림을 그대
[臨渴掘井] línk'ǒ chüéhchǐng ㄌㄧㄣˊㄎㄜˇㄐㄩㄝˊㄐㄧㄥˇ 목이 말라 비로소 샘을 판다는 뜻으로 급한 일이 있기 전에 미리 준비하여야 한다는 뜻. 《成》
[臨了(兒)] línliǎo(rh) ㄌㄧㄣˊㄌㄧㄠˇ(ㄦ)최후에. 결국은.
[臨摹] línmó ㄌㄧㄣˊㄇㄛˊ 본(本)을 보거나 또는 베끼는 방법에 의하여 서화를 모방하여 쓰거나 그리다. ＞臨臨摹摹.
[臨難不惧] línnàn pùchǜ ㄌㄧㄣˊㄋㄢˋㄅㄨˋㄐㄩˋ 위기에 임하여 겁내지 않다.
[臨盆] línpěn ㄌㄧㄣˊㄆㄣˊ 생산하다. 분만(分娩)하다.
[臨時] línshíh ㄌㄧㄣˊㄕˊ ①그 때가 되어서. 그 경우에 이르러. 「事先有準備，一就不會忙亂；사전에 준비하여 두면 그 때

에 이르러 당황하지 않아도 된다」 ②임시로. 잠깐. 「一演員; 엑스트러」 「一收據; 임시로 받다」
[臨時捐] línshíhchüān ㄌㄧㄣˊㄕˊㄐㄩㄢ 임시로 받는 세금.
[臨死] línssǔ ㄌㄧㄣˊㄙˇ ①죽음에 임하다. ②임종시. 죽을 때.
[臨到] líntào ㄌㄧㄣˊㄉㄠˋ …에 이르러. …이 되어서. 「一開會, 他還沒準備呢; 개회가 되어도 그는 아직 준비를 하지 않았다」
[臨帖] líntièh ㄌㄧㄣˊㄊㄧㄝˋ 글씨본을 보고 글씨 공부를 하다.
[臨頭] línt'ou ㄌㄧㄣˊㄊㄡˊ 내려 덮이다. 「大禍一; 큰 화가 닥쳐 오다. 큰 화를 뒤집어 쓰다」
[臨走] líntsǒu ㄌㄧㄣˊㄗㄡˇ 떠날 때. 떠나는 그 때. 「一他沒招呼我一聲; 떠날 때 그는 나에게 한마디 말도 하지 않았다」
[臨完] línwán ㄌㄧㄣˊㄨㄢˊ ①끝날 때. 최후에. 「一要說一句; 끝으로 한마디 말하고 싶다」 ②결국.
[臨完了兒] línwánliǎorh ㄌㄧㄣˊㄨㄢˊㄌㄧㄠˇㄦ 끝에 가서. 끝으로.
[臨危] línwēi ㄌㄧㄣˊㄨㄟ ①위험에 처하다. 「一的時候; 위험한 때에」 ②임종. =臨終.

〔轔〕 lín ㄌㄧㄣˊ 삐걱거리다.
[轔轔] línlín ㄌㄧㄣˊㄌㄧㄣˊ 수레나 마차가 달리는 소리.

〔鱗〕 lín ㄌㄧㄣˊ ①비늘. ②비늘 비슷한.
[鱗爪] línchǎo ㄌㄧㄣˊㄓㄠˇ ①사소한 일. 손톱만큼한 정도. ②일의 일부분.
[鱗甲] línchiǎ ㄌㄧㄣˊㄐㄧㄚˇ (거북이나 악어의) 등 껍질. 「와 조개류.
[鱗介] línchièh ㄌㄧㄣˊㄐㄧㄝˋ 어류(魚類)
[鱗片] línp'ièn ㄌㄧㄣˊㄆㄧㄢˋ ①비늘. ②비늘 모양의 작은 조각.
[鱗傷] línshāng ㄌㄧㄣˊㄕㄤ 고기비늘같이 생긴 상처. 「遍體一; 온몸에 새로운 상처 투성이다」
[鱗次櫛比] líntz'ǔchìhpǐ ㄌㄧㄣˊㄘˋㄓˋㄅㄧˇ (집 따위가) 빈틈 없이 줄지어 서 있는 모양. 《成》

〔凜〕 lǐn ㄌㄧㄣˇ ①춥다. 으스스하다. ②늠름하다. 위엄이 있다. 「연한 모양.
[凜然] lǐnján ㄌㄧㄣˇㄖㄢˊ 늠름한 모양. 엄
[凜冽] lǐnlièh ㄌㄧㄣˇㄌㄧㄝˋ ①추위가 혹독하다는 형용. ②엄숙한 모양.
[凜遵] lǐntsūn ㄌㄧㄣˇㄗㄨㄣ 엄하게 지키다.

〔廩〕 lǐn ㄌㄧㄣˇ 쌀 창고. 「倉一; 쌀 창고」

〔檁〕 lǐn ㄌㄧㄣˇ 용마루와 평행하여 지붕을 받치고 있는 횡목. 그 중 제일 위에 있는 것을 "脊檁"이라고 함.

〔吝〕 lìn ㄌㄧㄣˋ 아끼다. 주저주저하다. 아까와하다. 「不一教誨; 몇 번이고 말하여 듣기다」
[吝惜] lìnhsi ㄌㄧㄣˋㄒㄧ 지나치게 아까와하다. 「一己的力量; 자기의 힘들이기를 몹시 아까와하다」「該花的錢不要一; 돈을 써야 할 곳에는 아까와하지 말라」
[吝刻] lìnk'ò ㄌㄧㄣˋㄎㄜˋ 인색하다.
[吝嗇] lìnsè ㄌㄧㄣˋㄙㄜˋ ①인색하다. 「一鬼; 구두쇠」 =小氣. ②금전을 내는 것을 아까와하다. 「他一點也不一; 그는 조금도 아까와하지 않다」 > 吝吝嗇嗇.
[吝于] lìnyǘ ㄌㄧㄣˋㄩˊ 지나치게 아끼다. 「一用財; 재물을 쓰는 것을 아까와하다」

〔淋〕 lìn ㄌㄧㄣˋ ①거르다. 여과시키다. 「把這藥用紗布一一過; 이 약을 가아제로 한 번 여과시키다」「過一; 여과하다. 거르다」 ②임질. =白濁. ⇨lín.
[淋紙] lìnchǐh ㄌㄧㄣˋㄓˇ 여과지(濾過紙).
[淋子] lìntzǔ ㄌㄧㄣˋㄗ 물건을 거르는 것.

〔賃〕 lìn ㄌㄧㄣˋ 요금을 내고 빌리다. 임차하다. 「結婚的禮服是一的; 결혼 예복은 요금을 내고 빈 옷이다」
[賃錢] lìnch'ién ㄌㄧㄣˋㄑㄧㄢˊ 임대료.
[賃車] lìnch'ē ㄌㄧㄣˋㄔㄜ ①요금을 주고 빌린 차. 택시. ②lìn ch'ē 차를 요금을 주고 빌리다. 전세차.
[賃房] lìnfáng ㄌㄧㄣˋㄈㄤˊ ①차가(借家) ②lìn fáng 셋집을 얻다.

〔藺〕 lìn ㄌㄧㄣˋ 〈植〉골풀. 등심초. =燈火草.

LING ㄌㄧㄥ

〔拎〕 līng ㄌㄧㄥ 손에 들다. 손에 휴대하다. 「一着一籃子菜; 가득 담은 채소 바구니를 들고 있다」

〔令〕〔伶〕 líng ㄌㄧㄥˊ ①외로운 모양. ②영리하다. ③배우. 악사(樂士). ⇨lǐng, lìng.
[令利] língli ㄌㄧㄥˊㄌㄧ 영리하다. =伶俐.
[令丁] língtīng ㄌㄧㄥˊㄉㄧㄥ 고독한 모양. > 令令丁丁. 「기롭다.
[令透] língt'òu ㄌㄧㄥˊㄊㄡˋ 총명하다. 슬

〔伶〕 líng ㄌㄧㄥˊ ①(중국 연극의) 배우. 「優一; 배우」「坤一; 여배우」 ②「一俐; 현명하다. 영리하다」
[伶人] língjén ㄌㄧㄥˊㄖㄣˊ 배우. =演員.
[伶俐] língli ㄌㄧㄥˊㄌㄧ 슬기롭다. > 伶伶俐俐.
[伶牙俐齒] língyá-lìchǐh ㄌㄧㄥˊㄧㄚˊㄌㄧˋㄓˇ 말솜씨가 시원스러운 모양. 《成》

〔玲〕 líng ㄌㄧㄥˊ ①옥이 부딪쳐 나는 소리. ②기물의 아름다운 형용.
[玲瓏] línglúng ㄌㄧㄥˊㄌㄨㄥˊ ①아름답다. 정교한. ②투명하고 예쁘다. > 玲玲瓏瓏.

〔囹〕 líng ㄌㄧㄥˊ 감옥. 옥사(獄舍). 「一圄; 옥사.. 감옥」

〔瓴〕 líng ㄌㄧㄥˊ 옛적에 물을 넣던 병.

〔凌〕(淩②③) líng ㄌㄧㄥˊ ①얼음. 「河裏的一都化了; 강의 얼음은 죄다 녹았다」 ②짓밟다. 깔보다. 억누르다. 「一人; 남에게 뽐내다」 ③능가하다.

넘다.「一空而過；하늘 높이 지나가다」④접근하다.가까와지다.「一晨；조조.이른 아침」⑤아주 작은.⑥성(姓)의 하나.
[凌錐] língchuī ㄌㄧㄥˊㄓㄨㄟ 고드름.
[凌霄花] línghsiāohuā ㄌㄧㄥˊㄒㄧㄠㄏㄨㄚ 〈植〉능소화나무.능소화나무의 꽃.
[凌汛] línghsǜn ㄌㄧㄥˊㄒㄩㄣˋ 하천의 얼음이 풀려 얼음덩이가 흘러 내리는시기.
[凌空] língk'ūng ㄌㄧㄥˊㄎㄨㄥ 하늘 높이 오르다.「一作業;높은 곳에서 하는 작업」
[凌轢] línglì ㄌㄧㄥˊㄌㄧˋ ①학대하다. =欺侮.②알력을 일으키다. =傾軋.
[凌亂] língluàn ㄌㄧㄥˊㄌㄨㄢˋ 질서가 없다.어지럽게 되어 있다.>凌凌亂亂.
[凌虐] língnüèh ㄌㄧㄥˊㄋㄩㄝˋ 학대하다.「遭受一；학대 당하다」
[凌暴] língpào ㄌㄧㄥˊㄅㄠˋ 학대하다.
[凌逼] língpī ㄌㄧㄥˊㄅㄧ 압제(壓制)하다.박해(迫害)하다.
[凌雲] língyǘn ㄌㄧㄥˊㄩㄣˊ ①남을 능가하다.②기세가 하늘을 찌르다.

〔菱〕 líng ㄌㄧㄥˊ 〈植〉 마름.
[菱角(兒)] língchiao(rh) ㄌㄧㄥˊㄐㄧㄠ(ㄦ) =菱花米.
[菱花米] línghuāmǐ ㄌㄧㄥˊㄏㄨㄚㄇㄧˇ 마름의 씨.
[菱苦土] língk'ŭt'ŭ ㄌㄧㄥˊㄎㄨˇㄊㄨˇ 마그네사이트.
[菱白] língpái ㄌㄧㄥˊㄅㄞˊ 마름의 싹,또는 눈.

〔陵〕 líng ㄌㄧㄥˊ ①언덕.큰 언덕.「丘一;큰 언덕」②능.귀인의 묘.「中山一;손문의 능,또는 묘」③성(姓)의 하나.
[陵寢] língch'ĭn ㄌㄧㄥˊㄑㄧㄣˇ 제왕의 묘.
[陵夷] língí ㄌㄧㄥˊㄧˊ 점점 쇠약해지다.
[陵谷] língkŭ ㄌㄧㄥˊㄍㄨˇ ①지세가 바뀌어 변하기 쉽다.②세상의 변전(變轉)이 격심한 비유.
[陵墓] língmù ㄌㄧㄥˊㄇㄨˋ 황제의 능.
[陵替] língt'ì ㄌㄧㄥˊㄊㄧˋ 기강(紀綱)이 문란해지다.
[陵園] língyüán ㄌㄧㄥˊㄩㄢˊ ①묘지.②제왕의 능.

〔羚〕 líng ㄌㄧㄥˊ 〈動〉「一羊；영양」

〔聆〕 líng ㄌㄧㄥˊ 듣다.「一教；가르침을 받다」

〔蛉〕 líng ㄌㄧㄥˊ 〈動〉 ①「白一子;파리매와 비슷한 극히 작은 벌레:여름 초저녁에 사람을 찌름」②「螟一；㉮배추벌레.㉯방울벌레」③「蜻一；잠자리」

〔翎〕 líng ㄌㄧㄥˊ 「一兒；새털」「鷄一;닭의 날개,또는 털」
[翎毛兒] língmáorh ㄌㄧㄥˊㄇㄠˊㄦ 새의 깃털.
[翎扇] língshàn ㄌㄧㄥˊㄕㄢˋ 새털로 만든 부채.

〔零〕 líng ㄌㄧㄥˊ ①떨어지다. 낙하하다.「感激涕一；감격에 넘쳐 눈물을 떨어뜨리다」②흩어지다.가난해지다.「一落；초목이 말라 흩어지다. 가난해지다.영락하다」③단수(端數).우수리.「一千挂一兒；천하고도 조금 더」「一年一三天；일년하고도 삼일」④영세(零細)한.아주 작은.「一售店；소매점」⑤제로.영.「他的計劃等于一；그의 계획은 제로와 같다」
[零件(兒)] língchièn(rh) ㄌㄧㄥˊㄐㄧㄢˋ(ㄦ) 부분품(部分品).
[零錢(兒)] língch'ién(rh) ㄌㄧㄥˊㄑㄧㄢˊ(ㄦ) ①푼돈.②용돈.③(팁 따위) 임금 이외의 소득.
[零吃] língchīh ㄌㄧㄥˊㄔ 간식(間食)하다.
[零七八碎] língch'īpásuì ㄌㄧㄥˊㄑㄧㄅㄚˊㄙㄨㄟˋ ①=零碎.②자질구레하게 어지럽게 되어 있는 모양.
[零分(兒)] língfēn(rh) ㄌㄧㄥˊㄈㄣ(ㄦ)(시험의) 영점.
[零星] línghsīng ㄌㄧㄥˊㄒㄧㄥ 자잘하다.>零零星星.「一隙地；아직 이용하지 않는 좁은 공지」
[零花] línghuā ㄌㄧㄥˊㄏㄨㄚ ①함부로 사용하다.②용돈으로 쓰다.
[零還] línghuán ㄌㄧㄥˊㄏㄨㄢˊ 빚을 조금씩 갚아 감.
[零花兒] línghuārh ㄌㄧㄥˊㄏㄨㄚㄦ ①용돈.②사소한 비용.
[零貨(兒)] línghuò(rh) ㄌㄧㄥˊㄏㄨㄛˋ(ㄦ)「잡화(雜貨).
[零活兒] línghuórh ㄌㄧㄥˊㄏㄨㄛˊㄦ 자질구레한 일. 잡일.
[零工] língkūng ㄌㄧㄥˊㄍㄨㄥ ①정리되어 있지 않는 일.②임시로 하는 일.
[零料] língliào ㄌㄧㄥˊㄌㄧㄠˋ (재료로서) 어중간한 것.
[零落] línglò ㄌㄧㄥˊㄌㄨㄛˋ ①영락하다.②정리되지 않다.>零零落落.③초목이 말라 죽다.
[零亂] língluàn ㄌㄧㄥˊㄌㄨㄢˋ 어지럽게 되어 있다.산란하여져 있다.산산이 흩어져 있다.「隊伍完全一了；대열이 완전히 흩어지다」>零零亂亂.
[零買] língmǎi ㄌㄧㄥˊㄇㄞˇ 소량으로 사다.
[零賣] língmài ㄌㄧㄥˊㄇㄞˋ 소량으로 팔다.
[零兒] língrh ㄌㄧㄥˊㄦ 우수리. 단수(端數).
[零散] língsan ㄌㄧㄥˊㄙㄢ 산산이.정리가 되어 있지 않다.「一的錢 ; 잔돈.푼돈」
[零食] língshíh ㄌㄧㄥˊㄕˊ 간식(間食).
[零售] língshòu ㄌㄧㄥˊㄕㄡˋ ①소매(小賣).②소매하다.「一員;판매원. 소매계」
[零數] língshù ㄌㄧㄥˊㄕㄨˋ ①단수. 우수리.②소수.
[零碎] língsuì ㄌㄧㄥˊㄙㄨㄟˋ 잘다. 자질구레하다.조각나다.>零零碎碎.
[零碎兒] língsuìrh ㄌㄧㄥˊㄙㄨㄟˋㄦ ①부품.부속품.②자잘한 것.
[零刀] língtāo ㄌㄧㄥˊㄉㄠ 난도질하다.「一切；여러번 베다. 난도질하다」
[零頭] língt'ou ㄌㄧㄥˊㄊㄡ 우수리.
[零頭兒] língt'óurh ㄌㄧㄥˊㄊㄡˊㄦ ①우수리.②어중간한 것.
[零雜(兒)] língtsá(rh) ㄌㄧㄥˊㄗㄚˊ(ㄦ) 자질구레한 물건.
[零嘴] língtsuǐ ㄌㄧㄥˊㄗㄨㄟˇ 간식.「一吃；간식하다」
[零存整取] língts'ún chĕngch'ǚ ㄌㄧㄥˊㄘㄨㄣˊ ㄓㄥˇㄑㄩˇ 조금씩 저축하여 한 몫으로 찾아내다. 푼돈을 모아 목돈을 찾다.
[零用] língyùng ㄌㄧㄥˊㄩㄥˋ ① 자잘하게 쓰다.「一錢；용돈」②잡비.용돈.

〔鈴〕 líng ㄌㄧㄥˊ 「一兒；방울.벨」「搖一上班；벨이 울려 일을 시작하다」
[鈴兒草] líng'ĕrhts'ăo ㄌㄧㄥˊㄦˊㄘㄠˇ 〈植〉 잔대.

[鈴鼓] língkǔ ㄌㄧㄥˊㄍㄨˇ 탬버린.

[鈴鈴] línglíng ㄌㄧㄥˊㄌㄧㄥˊ 어린애들이 말하는 방울.

[鈴鐺] língtang ㄌㄧㄥˊㄉㄤ 방울. 초인종. 「一墜兒; 요령(搖鈴)의 추」「一膽; 방울 속에 들어 있는 쇠로 된 구슬」

[鈴鐺兒麥] língtangrhmài ㄌㄧㄥˊㄉㄤㄦㄇㄞˋ 연맥(燕麥).

[鈴子] língtzǔ ㄌㄧㄥˊㄗˇ 방울.

〔綾〕 líng ㄌㄧㄥˊ 「一子; 아름다운 무늬가 있는 비단」

[綾絹花] língchüànhuā ㄌㄧㄥˊㄐㄩㄢˋㄏㄨㄚ 비단으로 만든 조화(造花).

〔鯪〕 líng ㄌㄧㄥˊ 〈動〉 천산갑(穿山甲). 「一鯉; 천산갑」

〔櫺〕 〈文〉 líng ㄌㄧㄥˊ ⇨lěng.

〔齡〕(龄) líng ㄌㄧㄥˊ ①연세. 연령. 나이. 「婚一; 결혼 적령기」②세(歲). 「五一幼童; 다섯 살의 유아(幼兒)」

〔靈〕(灵) líng ㄌㄧㄥˊ ①효력이 있다. 「這種藥很一; 이 약은 대단히 잘 듣는다」②영리하다. 재빠르다. 「心很一; 대단히 눈치가 빠르다」「耳朶一极了; 아주 귀가 밝다」③반응이 빠르다. 「一感; 인스피레이션」④활동이 빠르다. 「這架機器很一; 이 기계는 대단히 회전이 빠르다」⑤신(神)이나 부처님. ⑥혼. 혼령. ⑦관(棺). 영구. 「一柩; 시체를 담은 관」

[靈車] língch'ē ㄌㄧㄥˊㄔㄜ 영구차.

[靈機] língchī ㄌㄧㄥˊㄐㄧ 재치. 기지. 심기. 「一一動; 깜박할 사이에 기지가 발동하다」

[靈巧] língch'iǎo ㄌㄧㄥˊㄑㄧㄠˇ ①민첩하다. 재빠르다. ②솜씨가 뛰어나다. ③눈치가 빠르다. 머리의 회전이 빠르다. >靈靈巧巧.

[靈俏] língch'iao ㄌㄧㄥˊㄑㄧㄠ 민첩하다. 재빠르게 움직이다.

[靈床] língch'uáng ㄌㄧㄥˊㄔㄨㄤˊ 제단(祭壇).

[靈桌] língchuō ㄌㄧㄥˊㄓㄨㄛ 위패(位牌)를 모시는 탁자.

[靈翻兒] língfanrh ㄌㄧㄥˊㄈㄢㄦ 손쉽고 편리하다.

[靈効] línghsiào ㄌㄧㄥˊㄒㄧㄠˋ ① 신기한 효력. ②뚜렷한 영험

[靈醒] línghsǐng ㄌㄧㄥˊㄒㄧㄥˇ 머리가 좋아 일도 잘한다.

[靈性] línghsìng ㄌㄧㄥˊㄒㄧㄥˋ ①천부의 총명. ②두뇌의 움직임이 빠르다.

[靈秀] línghsiù ㄌㄧㄥˊㄒㄧㄡˋ 뛰어나다. 우수하다.

[靈活] línghuó ㄌㄧㄥˊㄏㄨㄛˊ ① 민첩하다. 「腦筋一; 두뇌의 회전이 재빠르다」②융통성이 있다. 활용면(活用面)이 넓다. 「一性; 융통성. 응용성」③원활하다. 「工作也比較地一; 작업도 비교적 원활하다」

[靈光] língkuāng ㄌㄧㄥˊㄍㄨㄤ 훌륭하다. 뛰어나다.

[靈黴素] língméisù ㄌㄧㄥˊㄇㄟˊㄙㄨˋ 테라마이신.

[靈敏] língmǐn ㄌㄧㄥˊㄇㄧㄣˇ ①(육감이) 예민하다. ②재빠르다. 「情報很一; 정보가 대단히 빠르다」>靈靈敏敏.

[靈牌] língp'ái ㄌㄧㄥˊㄆㄞˊ 위패(位牌).

[靈便] língpien ㄌㄧㄥˊㄅㄧㄢ ①잘 움직임 민첩하다. 민활하다. ②눈치가 빠르다. 활용면이 넓다. >靈靈便便.

[靈堂] língt'áng ㄌㄧㄥˊㄊㄤˊ 영구(靈柩)를 안치하는 영당(靈堂).

[靈丹妙藥] língtān-miàoyào ㄌㄧㄥˊㄉㄢ ㄇㄧㄠˋㄧㄠˋ 기사 회생의 신기한 묘약.

[靈透] língt'ou ㄌㄧㄥˊㄊㄡ 총명하다. 슬기롭다. >靈靈透透.

[靈通] língt'ūng ㄌㄧㄥˊㄊㄨㄥ ①(감각이) 민감하다. 「耳目一; 귀와 눈이 민감하다」 ②자세히 알다. 「消息一的人; 소식통. 소식을 자세히 아는 사람」

[靈位] língwèi ㄌㄧㄥˊㄨㄟˋ =靈牌.

[靈驗] língyèn ㄌㄧㄥˊㄧㄢˋ ①신통한 효과가 있다. ②(예언 등이) 잘 맞다. ③(신불 따위의) 영묘한 감응이 있다. >靈靈驗驗.

〔令〕 lǐng ㄌㄧㄥˇ 종이를 세는 조수사: 연(連). =領⑧㊂. ⇨líng, lìng.

[令數] lǐngshù ㄌㄧㄥˇㄕㄨˋ (종이의) 연수(連數).

〔領〕 lǐng ㄌㄧㄥˇ ①목. 목덜미. 「引一而望; 목을 길게 빼어 기다리다」 ②「一子·一兒; 칼라」「硬一; 칼라」③요점. 요령. 「不得要一; 요령을 얻지 못하다」④통솔하다. 인솔하다. 인도하다. 「帶一; 인솔하다」⑤주권을 가지다. ⑥영수하다. 「一款; 돈을 영수하다」⑦깨닫다. 이해하다. 「一會; 납득하다」 ⑧조수사의 하나로 ㉮의복을 셀 때나 ㉯거적 따위를 셀 때. 「一一席; 한 장의 거적」 ㊂인쇄 용지 500장: 연. 「二百一報紙; 신문 용지 200연」

[領章] lǐngchāng ㄌㄧㄥˇㄓㄤ 금장(襟章). 옷깃에 다는 휘장. 배지.

[領唱] lǐngch'àng ㄌㄧㄥˇㄔㄤˋ 선창하다.

[領針] lǐngchēn ㄌㄧㄥˇㄓㄣ 넥타이 핀.

[領家(兒)] lǐngchiā(rh) ㄌㄧㄥˇㄐㄧㄚ(ㄦ) 포주(抱主). 「一媽媽; ㉮양민의 딸을 사들여 기녀(妓女)로 만드는 여자. ㉯ 기관(妓館)의 여주인」

[領教] lǐngchiào ㄌㄧㄥˇㄐㄧㄠˋ ①가르침을 받다. ②가르침을 받아 감사합니다. 《人》

[領結(兒)] lǐngchiéh(rh) ㄌㄧㄥˇㄐㄧㄝˊ(ㄦ) =領花(兒).

[領巾] lǐngchīn ㄌㄧㄥˇㄐㄧㄣ ①(보이스카우트 따위의)목에 두르는 삼각건. ②네커치프. 스카아프.

[領情] lǐngch'íng ㄌㄧㄥˇㄑㄧㄥˊ ①상대의 호의를 감사히 받다. ②알아 듣다.

[領取] língch'ǚ ㄌㄧㄥˊㄑㄩˇ 받다. 수령하다.

[領航] lǐnghāng ㄌㄧㄥˊㄏㄤˊ 뱃길을 안내하는 사람.

[領洗] lǐnghsǐ ㄌㄧㄥˊㄒㄧˇ 세례(洗禮)를 받다.

[領餉] lǐnghsiǎng ㄌㄧㄥˊㄒㄧㄤˇ 급료를 수령하다.

[領先] lǐnghsiēn ㄌㄧㄥˇㄒㄧㄢ 솔선하다. 스타아트를 끊다.

[領銜] lǐnghsién ㄌㄧㄥˇㄒㄧㄢˊ 맨 먼저 서명한 사람.

[領袖] lǐnghsiù ㄌㄧㄥˇㄒㄧㄡˋ 두령. 수령. 지도자.

[領花(兒)] lǐnghuā(rh) ㄌㄧㄥˇㄏㄨㄚ(ㄦ) 나비 넥타이.

[領會] lǐnghuì ㄌㄧㄥˇㄏㄨㄟˋ 깨닫다. 이해가 가다.

[領港] lǐngkǎng ㄌㄧㄥˇㄍㄤˇ ①뱃길을 안내하다. ②수로 안내인.
[領高] lǐngkāo ㄌㄧㄥˇㄍㄠ 옷깃의 높이.
[領口(兒)] lǐngk'ǒu(rh) ㄌㄧㄥˇㄎㄡˇ(ㄦ) (의복의) 목 둘레의 크기.
[領款] lǐng k'uǎn ㄌㄧㄥˇㄎㄨㄢˇ 돈을 받다. 영수하다.
[領工] lǐngkūng ㄌㄧㄥˇㄍㄨㄥ ① 작업을 지시하다.「一夥計；작업의 현장 감독」②일을 인수하다. ③소작료를 징수하는 우두머리. 「도하다. 교도하다.
[領絡着] lǐngloché ㄌㄧㄥˇㄌㄨㄛˋㄓㄜ˙ 지
[領路] lǐnglù ㄌㄧㄥˇㄌㄨˋ 길을 안내하다.
[領略] lǐnglüèh ㄌㄧㄥˇㄌㄩㄝˋ ①이해하다. 납득하다. ②잘 새겨 자기 것으로 하다.
[領門] lǐngmén ㄌㄧㄥˇㄇㄣˊ 멱살.
[領盤] lǐngp'án ㄌㄧㄥˇㄆㄢˊ ①(상사 또는 경영자로부터) 일을 인수하여 책임지고 관리하다. ②주주의 출자를 맡아 자기의 책임으로 경영하다.
[領班(兒)] lǐngpān(rh) ㄌㄧㄥˇㄅㄢ(ㄦ) 어떤 부분의 생산을 책임진 사람. 반장.
[領盤兒] lǐngp'ánrh ㄌㄧㄥˇㄆㄢˊㄦ 옷깃에 때가 묻는 것을 방지하기 위하여 칼라 대신으로 하는 것.
[領盆] lǐngp'ěn ㄌㄧㄥˇㄆㄣˊ 복종하다.
[領受] lǐngshòu ㄌㄧㄥˇㄕㄡˋ 영수(領收)하다. 「=率領.
[領率] lǐngshuài ㄌㄧㄥˇㄕㄨㄞˋ 인솔하다.
[領水] lǐngshuǐ ㄌㄧㄥˊㄕㄨㄟˇ 영해(領海).
[領帶(兒)] lǐngtài(rh) ㄌㄧㄥˇㄉㄞˋ(ㄦ) 넥타이.
[領導] lǐngtǎo ㄌㄧㄥˊㄉㄠˇ ①조직적인 관계를 통하여 정치나 건설 따위를 앞장서서 지도하다. ②지도자.「一權;지도권」
[領到] lǐngtào ㄌㄧㄥˇㄉㄠˋ 영수하다.「一工資；임금을 영수하다」
[領道(兒)] lǐngtào(rh) ㄌㄧㄥˇㄉㄠˋ(ㄦ) ①길을 안내하다. ②길 안내자.
[領條兒] lǐngt'iáorh ㄌㄧㄥˇㄊㄧㄠˊㄦ 옷깃의 가장자리. 중국옷의 옷깃.
[領頭(兒)] lǐngt'óu(rh) ㄌㄧㄥˇㄊㄡˊ(ㄦ) 리이드하다. 맨 앞장서다. 이끌다.「我領着頭捐款；나는 맨 앞장서서 기부를 하였다」
[領頭人] lǐngt'óujěn ㄌㄧㄥˇㄊㄡˊㄖㄣˊ 진두 지휘자.
[領罪] lǐngtsuì ㄌㄧㄥˇㄗㄨㄟˋ 죄에 대한 형벌에 복종하다.
[領隊] lǐngtuì ㄌㄧㄥˇㄉㄨㄟˋ ①대장. ②한 무리를 인솔하다. ③팀의 주장.
[領子] lǐngtzǔ ㄌㄧㄥˇㄗ 옷깃. 칼라.
[領窩兒] lǐngwōrh ㄌㄧㄥˇㄨㄛㄦ 의복의 목 둘레.
[領悟] lǐngwù ㄌㄧㄥˇㄨˋ (진심으로) 납득하다. 깨닫다. 이해하다.

〔嶺〕(岭) lǐng ㄌㄧㄥˇ 산등성. 산맥.

〔令〕 lìng ㄌㄧㄥˋ ①명령. 지시. 법률.「下一；명령을 내리다」②(고대의) 지방장관.「縣一；현의 장관」③…으로 …하게 하다.「一人起敬；사람으로 하여금 존경심을 일으키게 하다. 무의식중으로 머리가 수그려지다」④…을 명함. …바람:공문서 용어. 상급에서 하급으로 지시하다. 「一各級政府切實執行；지방 각 당국의 적절한 집행을 명함」 ⑤계절. 절후.「夏一；하계. 하절」⑥좋은.「一名 좋은 평판」⑦존칭.「一兄；형님」「一愛；따님」⑧만일. 가령. ⑨초인종 따위의 소리.‹擬› 「一令；링링」 ⇨ líng, lǐng.
[令愛] lìng'ài ㄌㄧㄥˋㄞˋ 따님. =令嫒.
[令正] lìngchěng ㄌㄧㄥˋㄓㄥˋ 합부인.‹敬›
[令箭] lìngchièn ㄌㄧㄥˋㄐㄧㄢˋ 명령 전달의 증거로 하는 화살. 「다
[令知] lìngchīh ㄌㄧㄥˋㄓ 명령으로 알리
[令親] lìngch'īn ㄌㄧㄥˋㄑㄧㄣ 당신의 친척되시는 분. ‹敬›
[令郎] lìngláng ㄌㄧㄥˋㄌㄤˊ 아드님. 영식.
[令人發指] lìngjěn fàchǐh ㄌㄧㄥˋㄖㄣˊㄈㄚˋㄓˇ 남의 격노(激怒)를 사다.
[令人佩服] lìngjěn p'èifu ㄌㄧㄥˋㄖㄣˊㄆㄟˋㄈㄨ 감동하다.
[令人噴飯] lìngjěn p'ěnfàn ㄌㄧㄥˋㄖㄣˊㄆㄣㄈㄢˋ 남의 실소(失笑)를 자아내다. 웃음거리가 되다.
[令人不耐] lìngjěn pùnài ㄌㄧㄥˋㄖㄣˊㄅㄨˊㄋㄞˋ 귀찮아서 견딜 수가 없다.
[令人神往] lìngjěn shěnwǎng ㄌㄧㄥˋㄖㄣˊㄕㄣˊㄨㄤˇ 사람을 황홀하게 하다.
[令人作嘔] lìngjěn tsuðǒu ㄌㄧㄥˋㄖㄣˊㄗㄨㄛˋㄡˇ 남에게 구토증이 나게 하다. 남에게 싫증이 나게 하다. 「훤당.‹敬›
[令堂] lìngt'áng ㄌㄧㄥˋㄊㄤˊ 자당. 자친.
[令尊] lìngtsūn ㄌㄧㄥˋㄗㄨㄣ 춘부장.‹敬›
[令友] lìngyǔ ㄌㄧㄥˋㄧㄡˇ 친구분들. ‹敬›

〔另〕 lìng ㄌㄧㄥˋ ①다른. 별도의.「一一個人；다른 한 사람」②따로. 그밖에. 특별히.「一買一個；따로 한 개 더 사다」③나누어지다.「一開過日子；세대를 나누다」‹方› 「로 보내다.
[另寄] lìngchì ㄌㄧㄥˋㄐㄧˋ 별도의 우편으
[另起爐竈] lìngch'ǐ lútsào ㄌㄧㄥˋㄑㄧˇㄌㄨˊㄗㄠˋ 따로 새로 시작하다.
[另行] lìnghsíng ㄌㄧㄥˋㄒㄧㄥˊ 따로 …하다.「一通知；따로 통지하다」
[另議] lìngì ㄌㄧㄥˋㄧˋ 별도로 상의하다.
[另一經] lìngichīng ㄌㄧㄥˋㄧˋㄐㄧㄥ 남과 다르다. 남과 다른 방식이다. 남과 방법이 다르다. 「日).
[另日] lìngjìh ㄌㄧㄥˋㄖˋ 다른 날. 타일(他
[另開] lìngk'āi ㄌㄧㄥˋㄎㄞ ① 따로 쓰다. 별기하다. ②분가(分家)하다.
[另碼事] lìngmǎshìh ㄌㄧㄥˋㄇㄚˇㄕˋ 별도의 일. 관계가 없는 일. 별문제.
[另算] lìngsuàn ㄌㄧㄥˋㄙㄨㄢˋ ①따로 계산하다. ②별도로 회계하다.
[另單] lìngtān ㄌㄧㄥˋㄉㄢ 한 장으로 된 별지(別紙). 「책.
[另册] lìngts'è ㄌㄧㄥˋㄘㄜˋ 별표(別表). 별
[另外] lìngwài ㄌㄧㄥˋㄨㄞˋ 밖에. 따로.
[另巍巍的] lìngwéiwéitê ㄌㄧㄥˋㄨㄟˊㄨㄟˊㄉㄜ 단 하나 외롭게 있는 모양.「山頂上有一棵一枯樹；산 꼭대기에 쓸쓸히 한 그루 마른 나무가 서 있다」
[另眼看待] lìngyěn k'àntài ㄌㄧㄥˋㄧㄢˇㄎㄢˋㄉㄞˋ ①특히 존경하다. ②특히 주의해서 보다.
[另郵] lìngyú ㄌㄧㄥˋㄧㄡˊ 별도의 우편「一寄上；별도의 우편으로 보내 드리겠읍니다」

LIU ㄌㄧㄡ

〔溜〕 liū ㄌㄧㄡ ①미끄러지다.「從滑梯上一下來；미끄럼대에서 미끄러져 내리다」②매끈매끈한.「滑一；매끈매끈한」③몰래 들어 가다. 살짝 드나들다.「他悄悄地一了；그는 살짝 도망쳤다」「一出門去；남몰래 밖에 나가다」④ (시세가) 내리다. 떨어지다.「行市往下一；시세가 떨어지다」⑤얼른 보다.「一了他一眼；그를 흘끔 보았다」⑥기름에 튀기어 그 위에 고물을 뿌리는 조리법의 일종.「一肉片；고기를 기름에 튀겨 고물을 뿌린 요리」⇨liù.

[溜韁] liūchiāng ㄌㄧㄡㄐㄧㄤ 말이 고삐를 끊고 도망치다.

[溜肩膀兒] liūchiēnpǎngrh ㄌㄧㄡㄐㄧㄢㄅㄤˇㄦ 처진 어깨.

[溜之乎也] liūchīhhūyěh ㄌㄧㄡㄓㄏㄨㄧㄝˇ 살살 도망치다.

[溜之大吉] liūchīhtàchí ㄌㄧㄡㄓㄉㄚˋㄐㄧˊ 다리야 날 살려라 하고 쏜살같이 도망가다.

[溜進去] liūchinch'ü ㄌㄧㄡㄐㄧㄣㄑㄩ 남몰래 살짝 끼어들다.

[溜秋秋兒] liūch'iūch'iūrh ㄌㄧㄡㄑㄧㄡㄑㄧㄡㄦ ①조용히. ②살짝. 남몰래. ③똑바로. 한눈 팔지 말고.

[溜號] liūhào ㄌㄧㄡㄏㄠˋ (등록 또는 기록된 것이) 도망치다. 《方》

[溜鬚] liūhsū ㄌㄧㄡㄒㄩ 아첨을 부리다.

[溜滑] liūhuá ㄌㄧㄡㄏㄨㄚˊ ① 미끌미끌 미끄러지다. ②교활하다.

[溜哄] liūhung ㄌㄧㄡㄏㄨㄥ 달콤한 말로 마음에 들게 하다.

[溜溝子] liūkōutzǔ ㄌㄧㄡㄍㄡㄗ 아첨하다.

[溜光] liūkuāng ㄌㄧㄡㄍㄨㄤ 매끈매끈하다. 미끈미끈하다. 번들번들하다.

[溜過去] liūkuoch'ü ㄌㄧㄡㄍㄨㄛㄑㄩ 미끄러지듯이 지나가다.

[溜溜湫湫] liūliūch'iūch'iū ㄌㄧㄡㄌㄧㄡㄑㄧㄡㄑㄧㄡ 남의 눈에 띄지 않게 살살 걷는 모양.

[溜溜兒(的)] liūliūrh(tê) ㄌㄧㄡㄌㄧㄡㄦ(ㄉㄜ) ①꼬박. 쭉 계속하여.「一累了一天；꼬박 하루 종일 일하여 지쳤다」②처음부터 끝까지. ③재빠른 모양. ④번들번들 또는 매끈매끈한 모양. ⑤바람이 살랑살랑 부는 모양.

[溜門子的] liūméntzǔtê ㄌㄧㄡㄇㄣˊㄗㄉㄜ 빈집을 노리는 도둑.

[溜跑] liūp'ǎo ㄌㄧㄡㄆㄠˇ 도망치다.

[溜邊兒] liūpiēnrh ㄌㄧㄡㄅㄧㄢㄦ ①(남이 알지 못하도록) 살짝 가다. ②언저리 쪽을 걷다.

[溜邊兒溜沿兒的] liūpiēnrh -liūyénrhtê ㄌㄧㄡㄅㄧㄢㄦ ㄌㄧㄡㄧㄢˊㄦㄉㄜ 물 따위가 가득차 곧 넘칠 듯한 모양.

[溜氷] liūpīng ㄌㄧㄡㄅㄧㄥ 스케이팅을 하다.「一場；스케이트장」

[溜繩] liūshéng ㄌㄧㄡㄕㄥˊ 등산용 로우프.

[溜達] liūta ㄌㄧㄡㄉㄚ 산보하다. 어슬렁어슬렁 걷다. ＞溜溜達達.

[溜圓兒] liūyüánrh ㄌㄧㄡㄩㄢˊㄦ 동그란 것. 동그라미.

〔飂〕 liū ㄌㄧㄡ 살랑살랑. 한들한들: 미풍이 부는 모양.

〔流〕 liú ㄌㄧㄡˊ ①흐르다. 힘차게 튀어 흩어지다.「水往低處一；물은 낮은 곳으로 흐르다」②유통하다. 유동하다「交一；교류하다」③빨리 이동하다.「一星；유성」④빨리 지나가다.「一光；빨리 지나가는 세월」⑤어디서 왔는지 모르다. 목표가 없다.「一矢；빗나간 화살」⑥퍼지다. 옛부터 전해 오다.「一弊；쌓이고 쌓인 폐해」「一行；널리 퍼지다. 유행하다」⑦방랑하다. 방황하다. ⑧타락하다. 영락하다.「放任自一；제 멋대로 방임하다」「一爲盜匪；흐르고 흘러 도적이 되다」⑨흐름.「奔一；빨리 흐름」⑩등급. 품위.「第一一作家；일류의 작가」「下一；야하고 조잡한」⑪유파(流派).「九一；유가(儒家)나 도가(道家) 따위 아홉 유파」⑫유형. 유배. 귀양. 귀양 보내다.「一放；유형에 처하다. 섬으로 귀양 보내다」

[流氣] liúch'i ㄌㄧㄡˊㄑㄧ 경박(輕薄)하다. 인품이 나쁘다.

[流質] liúchih ㄌㄧㄡˊㄓˋ 액체.

[流傳] liúch'uán ㄌㄧㄡˊㄔㄨㄢˊ 널리 퍼지다. 유포하다.

[流轉] liúchuǎn ㄌㄧㄡˊㄓㄨㄢˇ ①이곳 저곳 옮겨 가며 방황하다. ②유통하다.「商品一額；상품 유통액」

[流芳] liúfāng ㄌㄧㄡˊㄈㄤ 아름다운 명성을 남기다.「一百世；오래도록 아름다운 이름을 남기다」

[流放] liúfàng ㄌㄧㄡㄈㄤˋ 유형에 처하다.

[流行] liúhsíng ㄌㄧㄡˊㄒㄧㄥˊ ①(소문 따위가) 멀리까지 퍼지다. ②유행하다.「一歌曲；유행가」「一感冒；유행성 감기」

[流星] liúhsing ㄌㄧㄡˊㄒㄧㄥ ①무술 연습용의 무기의 일종. ②liúhsīng 흐르는 별. 유성.

[流星撥拉] liúhsingpōlā ㄌㄧㄡˊㄒㄧㄥㄅㄛㄌㄚ (신체 따위가) 흔들흔들하다. 휘청거리다.

[流血] liúhsüèh ㄌㄧㄡˊㄒㄩㄝˋ ①유혈. ②liú hsièh 피가 흐르다.

[流滑] liúhuá ㄌㄧㄡˊㄏㄨㄚˊ 교활하다. 빤질빤질 꾀를 피우다.

[流光] liúkuāng ㄌㄧㄡˊㄍㄨㄤ ①빨리 지나가다. ②liúkuang (올바른 일을 하지 않고) 빈둥빈둥하다.

[流覽] liúlǎn ㄌㄧㄡˊㄌㄢˇ 관대히 보다. ＝瀏覽.

[流浪漢] liúlànghàn ㄌㄧㄡˊㄌㄤˋㄏㄢˋ 룸펜. 유랑하는 사람.

[流離] liúlí ㄌㄧㄡˊㄌㄧˊ ①곤궁하여 거처를 떠나다.「一失所；유랑하여 몸을 의지할 곳이 없다」「一轉徙；유랑하여 이곳 저곳 옮겨 다니다」②빛이나 빛깔이 눈부시다.

[流利] liúlì ㄌㄧㄡˊㄌㄧˋ 유창하다. 물 흐르는 듯하다.「他的鋼筆字寫得很一；그의 펜글씨는 달필이다」「他能說一 的普通話；그는 아주 유창하게 공통어를 말하다」＞流流利利.

[流連] liúlién ㄌㄧㄡˊㄌㄧㄢˊ 한 곳에 머물러 떠나기를 싫어하다.「一忘返；정이 들어서 돌아 가는 것을 잊고 있다」＞流流連連.

[流戀] liúlièn ㄌㄧㄡˊㄌㄧㄢˋ 미련이 있어

서 이별을 섭섭해 하다. >流流戀戀.
[流裏流氣] liúliliúch'i ㄌㄧㄡˊㄌㄧㄌㄧㄡˊㄑㄧ ①인품이 나쁜 모양. ②불량배 비슷한 모양. 빤들빤들 꾀를 부리는 불량배 같은 모양.
[流落] liúlò ㄌㄧㄡˊㄌㄨㄛˋ 영락하다. 몰락하다. 방황하다.
[流露] liúlù ㄌㄧㄡˊㄌㄨˋ (무의식 중에) 나타나다.「感情在說話中一出來 ; 감정이 말 속에 무의식중 나타나다」
[流氓] liúmáng ㄌㄧㄡˊㄇㄤˊ ①지역이나 세력권의 제한 없이 무리를 이루어 나쁜 짓을 일삼는 불량배. ②올바른 직업이 없이 빈둥빈둥하다. 「하는 백성. 유민.
[流民] liúmín ㄌㄧㄡˊㄇㄧㄣˊ 유랑민. 방랑
[流明] liúmíng ㄌㄧㄡˊㄇㄧㄥˊ 플래시 따위의 광량(光量)을 표시하는 단위. 루우멘. ‹譯› =光束.
[流年] liúnián ㄌㄧㄡˊㄋㄧㄢˊ ①물흘러 가듯 빨리 지나가는 세월.물 같은 세월. ② 일년간의 운수. 「귀양 보내다.
[流配] liúp'èi ㄌㄧㄡˊㄆㄟˋ 죄인을 멀리
[流弊] liúpì ㄌㄧㄡˊㄅㄧˋ 쌓이고 쌓인 폐해. 누적되어 있는 폐단.
[流飄] liúp'iāo ㄌㄧㄡˊㄆㄧㄠ 표류하다.
[流沙] liúshā ㄌㄧㄡˊㄕㄚ ①사막. ②수분을 많이 포함한 유동하기 쉬운 모래.
[流水] liúshuǐ ㄌㄧㄡˊㄕㄨㄟˇ ①흐르는 물. 신속한 일의 비유:「一不腐 ; 흐르는 물은 썩지 않다. 활동하는 사람은 생기가 왕성하다」
[流水道] liúshuǐtào ㄌㄧㄡˊㄕㄨㄟˇㄉㄠˋ 하수구. 하수도. 배수구.
[流蘇] liúsū ㄌㄧㄡˊㄙㄨ 다섯 가지 빛의 깃이나 실로 장식하여 다는 술 : 기(旗)나 가마 등에 달며, 또는 수레·말·초롱 등에도 단다.
[流水作業法] liúshuǐ tsòyèhfǎ ㄌㄧㄡˊㄕㄨㄟˇ ㄗㄨㄛˋㄧㄝˋㄈㄚˇ 벨트에 놓여 돌아 오는 자료를 각자가 차례로 분담 작업을 하여 완수하는 작업 방법. 분업식 작업의 일종.
[流宕] liútàng ㄌㄧㄡˊㄉㄤˋ ①=流蕩. ② 문장 솜씨가 분방(奔放)하다.
[流蕩] liútàng ㄌㄧㄡˊㄉㄤˋ ①빈둥빈둥하여 정업(正業)에 힘쓰지 않다. ②타락되어서 떠돌아 다니다. 「가다.
[流淌] liút'ǎng ㄌㄧㄡˊㄊㄤˇ 흐르다. 흘러
[流體] liút'ǐ ㄌㄧㄡˊㄊㄧˇ 유동체.
[流動] liútùng ㄌㄧㄡˊㄉㄨㄥˋ ①유동하다. ②떠돌아 다니다.「一到了邊境 ; 떠돌아 다니며 국경 끝까지 갔다」>流流動動. ③이동하다.「一放映隊 ; 이동 영화반」「一貨車 ; 이동 판매차」「一醫療組 ; 이동 의료반」
[流動哨] liútùngshào ㄌㄧㄡˊㄉㄨㄥˋㄕㄠˋ 순회하는 보초. 순찰 보초병. 「총알.
[流丸] liúwán ㄌㄧㄡˊㄨㄢˊ 유탄. 빗나간
[流亡] liúwáng ㄌㄧㄡˊㄨㄤˊ 집을 나와 방랑하다.

〔留〕 liú ㄌㄧㄡˊ ①묵다. 멎다. 체재하다.「一在臺北 ; "臺北"에 체재하다」② 마음에 새기다. 주의하다. 기억하다. ③ 멎게 하다. 만류하다.「一他住一夜 ; 그를 만류하여 하룻밤 묵게 하다」④받다. 수납하다. 사들이다.「把禮物一下 ; 예물을 받아 들이다」⑤남기다. 남겨 두다. 받아 두다.「一餘地 ; 여지를 두다」「一胡子 ; 수염을 기르다」
[留賬] liúchàngㄌㄧㄡˊㄓㄤˋ ①장부에 기입하여 두다.「一筆賬 ; 간단히 장부에 적어 두다」②지출을 기입하다.
[留級] liúchí ㄌㄧㄡˊㄐㄧˊ 원급(原級)에 머물다. 낙제(落第)하다.
[留情] liúch'íng ㄌㄧㄡˊㄑㄧㄥˊ ①정이 들다. ②관대하게 하다. 용서하다.「一點兒也不一 ; 조금도 용서하지 않다」
[留住] liúchu ㄌㄧㄡˊㄓㄨ 만류하다.「一他過一夜 ; 그를 만류하여 하룻밤을 묵게 하다」
[留種地] liúchǔngtì ㄌㄧㄡˊㄓㄨㄥˇㄉㄧˋ① 품종개량을 위한 시험장. ②농업 시험장.
[留發] liúfà ㄌㄧㄡˊㄈㄚˋ 머리카락을 기르다. 머리를 기르다.
[留後手兒] liúhòushǒurh ㄌㄧㄡˊㄏㄡˋㄕㄡˇㄦ 물러설 여지를 남겨두다. 미리 여유를 남겨 놓다.
[留下] liúhsia ㄌㄧㄡˊㄒㄧㄚ ①남겨 두다.「一點兒米做晚飯 ; 저녁밥을 짓기 위해 쌀을 조금 남겨 두다」②뒤에 남겨 두다.「一他們幫你的忙 ; 바쁠 때 너를 돕기 위하여 그들을 남겨 두다」「심하다.
[留心] liúhsīn ㄌㄧㄡˊㄒㄧㄣ 주의하다. 조
[留宿兒] liúhsiǔrh ㄌㄧㄡˊㄒㄧㄡˇㄦ 만류하여 묵게 하다.
[留話兒] liúhuàrh ㄌㄧㄡˊㄏㄨㄚˋㄦ ①말하여 둠. 전언(傳言). ②liú huàrh 말하여 두다. 말을 남겨 두다.
[留連] liúlién ㄌㄧㄡˊㄌㄧㄢˊ 헤어지기가 섭섭하여 쭉 머무르다.「一忘返 ; 머무르며 돌아갈 줄을 모르다」>留留連連.
[留戀] liúlièn ㄌㄧㄡˊㄌㄧㄢˋ 미련을 두다. 헤어지기가 섭섭하다. >留留戀戀.
[留面子] liú mièntzǔ ㄌㄧㄡˊㄇㄧㄢˋㄗ 면목이 서도록 하다.「給他留個面子 ; 그의 면목이 서도록 하여 주다」
[留名] liúmíng ㄌㄧㄡˊㄇㄧㄥˊ ①이름을 써 두다. ②이름을 남기다.
[留難] liúnan ㄌㄧㄡˊㄋㄢ (저지 또는 속박하기 위하여) 무리한 조건을 들이대다. >留留難難. 「겨 두다.
[留念] liúnièn ㄌㄧㄡˊㄋㄧㄢˋ 기념으로 남
[留步] liúpù ㄌㄧㄡˊㄅㄨˋ 나오시지 마시오: 물러갈 때 주인에게 하는 말. ‹人›
[留神] liúshěn ㄌㄧㄡˊㄕㄣˇ 주의하다. 조심하다. 「음기.
[留聲機] liúshengchī ㄌㄧㄡˊㄕㄥㄐㄧ 축
[留聲片] liúshēngpièn ㄌㄧㄡˊㄕㄥㄅㄧㄢˋ 레코오드. 「면서 수비하다.
[留守] liúshǒu ㄌㄧㄡˊㄕㄡˇ 현지에 머물
[留宿] liúsù ㄌㄧㄡˊㄙㄨˋ 만류하여 머물게 하다.
[留得青山在, 不怕沒柴燒] liútê ch'īngshān tsài, púp'à méi ch'ái shāo ㄌㄧㄡˊㄉㄜ ㄑㄧㄥㄕㄢ ㄗㄞˋ ㄅㄨˋㄆㄚˋㄇㄟˊ ㄔㄞˊ ㄕㄠ 신체가 건강하면 일은 얼마든지 할 수 있다.
[留底(兒)] liútí(rh) ㄌㄧㄡˊㄉㄧˇ(ㄦ)①서류의 부본. ②liú tǐrh 부본을 남기다.
[留地步] liú tìpù ㄌㄧㄡˊㄉㄧˋㄅㄨˋ 여지(餘地)를 남기다.
[留頭] liút'óu ㄌㄧㄡˊㄊㄡˊ 머리카락을 기르다. 머리를 기르다.
[留退步] liú tuìpù ㄌㄧㄡˊ ㄉㄨㄟˋㄅㄨˋ 물러설 수 있는 여지를 남기다. 뒷일을

생각해 두다. =留退身步兒. 「다.
[留洋] liúyáng ㄌㄧㄡˊㄧㄤˊ 외국에 유학하
[留言] liúyén ㄌㄧㄡˊㄧㄢˊ (물러날 때에) 말을 남겨 두다.
[留音片兒] liúyīnp'ìenrh ㄌㄧㄡˊㄧㄣㄆㄧㄢˋㄦ =留聲片.

〔琉〕 liú ㄌㄧㄡˊ
[琉璃] liúli ㄌㄧㄡˊㄌㄧ ①도자기를 만들어 구울 때 그 표면에 광택이 나고 기체나 액체의 침투를 막도록 덧씌우는 약. 유약. 잿물. ②유약을 칠하여 구운 황색 또는 녹색의 기와나 접시 따위. ③글라스. 유리. 「一瓶 ; 유리병」
[琉璃球兒] liúlich'iúrh ㄌㄧㄡˊㄌㄧㄑㄧㄡˊㄦ ①유리 구슬. ②머리가 좋은 사람의 비유. ③요령이 좋고 교활한 사람. 《罵》 ④투명하고 아름답다는 비유.

〔硫〕 liú ㄌㄧㄡˊ 유황.

〔榴〕 liú ㄌㄧㄡˊ 〈植〉석류. 「一花 ; 석류꽃」

〔瘤〕 liú ㄌㄧㄡˊ ①「一子 ; 혹. 육종」 ②보통 암(癌)을 가리켜 말함. 「胃一 ; 위암」

〔劉〕(刘) liú ㄌㄧㄡˊ 성(姓)의 하나.
[劉海] liúhǎi ㄌㄧㄡˊㄏㄞˇ 앞 머리카락: "劉海蟾"이라는 선인(仙人)이 앞 머리카락을 느리우고 있었던 것에 연유함.

〔瀏〕(浏) liú ㄌㄧㄡˊ
[瀏覽] liúlǎn ㄌㄧㄡˊㄌㄢˇ (쓴 글자나 그림 또는 풍경 따위를) 대강 보다. 대강 훑어 보다.

〔鎦〕 liú ㄌㄧㄡˊ 중국 고유의 도금법(鍍金法). 「一金 ; 금칠을 하다」 ⇨liù.

〔餾〕 liú ㄌㄧㄡˊ 증류하다. ⇨liù.

〔騮〕 liú ㄌㄧㄡˊ 밤색 털의 말. 「一馬 ; 밤색털의 말」

〔柳〕 liǔ ㄌㄧㄡˇ 〈植〉버드나무. 수양버들. 「一樹 ; 버드나무」
[柳絮] liǔhsǜ ㄌㄧㄡˇㄒㄩˋ 버들강아지가 익어서 바람에 흩날리는 일.
[柳黃] liǔhuáng ㄌㄧㄡˇㄏㄨㄤˊ 약간 녹색이 낀 황색. 「사등이. 곱추.
[柳拐子] liúkuǎitzǔ ㄌㄧㄡˊㄍㄨㄞˇㄗ 곱
[柳罐] liǔkuan ㄌㄧㄡˇㄍㄨㄢˋ 버들가지로 엮은 두레박.
[柳木] liǔmù ㄌㄧㄡˇㄇㄨˋ 버드나무 목재.
[柳絲] liǔssū ㄌㄧㄡˇㄙ 버드나무 가지.
[柳條(兒)] liǔt'iáo(rh) ㄌㄧㄡˇㄊㄧㄠˊ(ㄦ) ①버드나무 가지. 「一筐 ; 버드나무 가지로 엮어 만든 바스켓」 「一箱 ; 버들가지로 엮어 만든 고리」 ②직물의 줄무늬의 모양. 「一布 ; 줄무늬가 있는 면포」 「一剪絨 ; 코르덴. 누빈 것처럼 골지게 짠 우단 비슷한 직물」
[柳斗] liútǒu ㄌㄧㄡˊㄉㄡˇ 버들가지로 엮은 곡물을 넣는 기물(器物).
[柳葉眉] liǔyèhméi ㄌㄧㄡˇㄧㄝˋㄇㄟˊ ①가늘고 긴 눈썹. ②미인의 눈썹의 형용.
[柳眼] liúyěn ㄌㄧㄡˊㄧㄢˇ 버드나무의 어린 싹. 버드나무의 눈.

〔綹〕 liǔ ㄌㄧㄡˇ ①「一兒 ; 머리카락이나 실 따위의 다발을 세는 조수사(助數詞): 다발. 타래」 「兩一兒綫 ; 두 타래의 무명실」 「一一兒頭髮 ; 한 다발의 머리카락」 ②옷감이 좋지 못하여 축 늘어져 생긴 세로로 된 주름. 「打一兒 ; 옷감이 힘없이 늘어져서 세로로 주름이 생기다」 「這件衣裳穿起來總一着 ; 이 옷은 입으면 어쩐지 휘감겨 주름이 진다」

〔六〕 liù ㄌㄧㄡˋ ①여섯. ②옛날 쓰던 악보의 음표의 하나.
[六角車床] liùchiǎo ch'ēch'úang ㄌㄧㄡˋㄐㄧㄠˇㄔㄜㄔㄨㄤˊ 터렛(turret). 선반.
[六指兒] liùchǐhrh ㄌㄧㄡˋㄓˇㄦ ①여섯 손가락 또는 발가락. ②쓸 데 없는 것. 여분의 것.
[六親] liùch'īn ㄌㄧㄡˋㄑㄧㄣ ①부·모·형·제·처·자를 가리킴. ②부모·형제·부부 따위 친족의 뜻. 「一不認 ; 어떤 친족이라도 인정하지 않다. 인정 사정 없이 흉포한 일」
[六畜] liùch'ù ㄌㄧㄡˋㄔㄨˋ 말·소·양·닭·개·돼지를 말함.
[六仙桌兒] liùhsiēnchuōrh ㄌㄧㄡˋㄒㄧㄢㄓㄨㄛㄦ 장방형의 여섯 사람이 앉는 테이블.
[六根] liùkēn ㄌㄧㄡˋㄍㄣ 불교에서 눈·귀·코·혀·몸·의(意)의 여섯 가지를 말함.
[六棱兒(一子)] liùléngrh(一tzǔ) ㄌㄧㄡˋㄌㄥˊㄦ(一ㄗ) 육각(六角). 각주(角柱).
[六零六] liùlíngliù ㄌㄧㄡˋㄌㄧㄥˊㄌㄧㄡˋ 매독 치료약. =六百零六.
[六六六] liùliùliù ㄌㄧㄡˋㄌㄧㄡˋㄌㄧㄡˋ B. H. C. 살충제.
[六面光] liùmiènkuāng ㄌㄧㄡˋㄇㄧㄢˋㄍㄨㄤ 두루 반짝반짝 빛나다. 「把機器擦得一 ; 기계를 두루 반짝반짝 빛나게 닦다」
[六把] liùpǎ ㄌㄧㄡˋㄅㄚˇ 땅을 갈고·이랑을 만들고·땅을 고르게 하고·작물을 베고·수레를 끌고·멜대를 어깨에 메는 여섯 가지 일.
[六邊] liùpiēn ㄌㄧㄡˋㄅㄧㄢ 기획·행동·공장 건설·생산·단결·향상을 동시에 행하는 일.
[六神無主] liùshén wúchǔ ㄌㄧㄡˋㄕㄣˊ ㄨˊㄓㄨˇ (놀래어 당황하여) 정신이 없는 모양. 너무 놀란 모양.
[六十甲子] liùshíhchiǎtzǔ ㄌㄧㄡˋㄕˊㄐㄧㄚˇㄗ ①십간과 십이지를 순차로 배합하여 예순 가지로 늘어 놓은 것. =六十花甲子. ②환갑.
[六十天] liùshiht'iēn ㄌㄧㄡˋㄕㄊㄧㄢ 사후 60일만에 올리는 법사(法事).

〔陸〕(陆) liù ㄌㄧㄡˋ 여섯. ⇨lù.

〔溜〕 liù ㄌㄧㄡˋ ①물이 빠르게 흐름. 「今天河水一很大 ; 오늘은 강물이 빠르게 흐른다」 ②낙수물. 「檐一 ; 낙수. 낙수물」 ③「一兒 ; 줄이나, 또는 계속되는 것, 열 따위를 세는 조수사」 「一一兒三間房 ; 한 줄로 늘어선 세 채의 집」 「一一煙似地跑了 ; 연기와 같이 슬쩍 도망갔다」 ④=遛. ⇨liū.
[溜晃] liùhuang ㄌㄧㄡˋㄏㄨㄤ ① 빈둥빈둥 놀고 다니다. ②살짝 빠져 나가다.
[溜兒] liùrh ㄌㄧㄡˋㄦ ①조수사 : 병립.

계속. 행렬 등의 뜻. ②「隨一；보통으로 하다」③「這一；이 근처」「那一；저 근처」
[溜颼] liùsou ㄌㄧㄡˋㄙㄡ 대단히 빠른 모양 재빠르다.
〔碌〕 liù ㄌㄧㄡˋ
[碌碡] liùchou ㄌㄧㄡˋㄓㄡ 돌로 된 로울러 탈곡장의 땅을 고르게 다지는 데나 곡류를 가는 데 쓰이는 농구의 한 가지.
〔遛〕 liù ㄌㄧㄡˋ ①(건강을 위하여) 천천히 걷다. 산보하다. 「到街上一一趟；거리를 어슬렁 어슬렁 걷다」②말이나 소따위를 천천히 걸리다. 걸음 연습을 시키다. 「他一馬去了；그는 말을 운동시키러 갔다」③신체의 어떤 부분을 단련하여 모양을 좋게 하다. 「一腿；걸음 훈련을 시키다」「一舌頭；맛을 들이다」
[遛狗] liùkǒu ㄌㄧㄡˋㄍㄡˇ 개를 운동시키다.
[遛馬] liùmǎ ㄌㄧㄡˋㄇㄚˇ 말을 가볍게 운동시키다. 말을 천천히 걸리다.
[遛鳥] liùniǎo ㄌㄧㄡˋㄋㄧㄠˇ 작은 새를 새장에 넣어 가지고 다니면서 신선한 공기를 마시게 하다.
[遛病] liùpìng ㄌㄧㄡˋㄅㄧㄥˋ 병을 고치기 위하여 산보하다.
[遛食兒] liùshíhrh ㄌㄧㄡˋㄕˊㄦ 식후의 산보를 하다.
[遛順] liùshùn ㄌㄧㄡˋㄕㄨㄣˋ 거닐면서 기분을 가라 앉히다.
[遛達] liùta, liūta ㄌㄧㄡˋㄉㄚ, ㄌㄧㄡㄉㄚ 어슬렁거리다. 산보하다. ＞遛遛達達.
[遛早兒] liùtsǎorh ㄌㄧㄡˋㄗㄠˇㄦ 아침 산보를 하다.
[遛彎兒] liùwānrh ㄌㄧㄡˋㄨㄢㄦ 산보하다.
〔鎦〕 liù ㄌㄧㄡˋ「一子；가락지」‹方› ⇨liú.
〔餾〕 liù ㄌㄧㄡˋ 불을 지피다. 다시 데우다. 「把饅頭一一一；만두를 다시 데우다」

LO ㄌㄛ

〔咯〕 lō ㄌㄛ 어기조사(語氣助詞)：보통 경성으로 발음하고 결정(決定)의 뜻을 나타낸다. 「那倒好一！；그것 좋지 않겠느냐！」 ⇨kō, k'ǎ.

LO ㄌㄨㄛ

〔捋〕 lō ㄌㄨㄛ ①원통(圓筒) 같은 것을 쥐고) 훑다. 문지르다. 쓰다듬다. 「一袖子；소매를 걷어 올리다. 팔을 걷어 올리다. 덤벼 들라는 태세를 취하다」「一虎鬚，호랑이 수염을 잡아 챈다는 것으로 위험한 짓을 한다는 말」 ⇨lǚ.
[捋汗] lōhàn ㄌㄨㄛㄏㄢˋ 손으로 땀을 닦다.
[捋胳膊] lō kōpo ㄌㄨㄛㄍㄜㄅㄛ 소매를 걷어 올리고 팔을 내어 밀다. 「一挽袖子；팔을 걷어 올리다：일이나 싸움을 할 준비를 하다」
[捋褲腿] lō k'ùt'uǐ ㄌㄨㄛㄎㄨˋㄊㄨㄟˇ ①양복바지 가랑이를 걷어 올리다. ②목화나무 밑가지를 따서 버리다.
[捋奶] lōnǎi ㄌㄨㄛㄋㄞˇ 젖을 잡아 당기듯이 쥐어 짜다.
〔囉〕(啰) lo ㄌㄨㄛ ＝了 lĕ②③. 다만 어가(語氣)는 경조(輕佻). 때로는 의분을 품다. 또는 "罷"로 쓰는 일도 있음. 「咱們不當漢奸一；우리들이 매국노가 된다는 것은 부당한 일이다」
〔囉〕(罗) lō ㄌㄨㄛ ⇨ló.
[囉嗦] lōso ㄌㄨㄛㄙㄨㄛ①(말이) 싫증이 나도록 끈덕지고 확실치 않다. ②(일을 하는데)시원시원하지 못하다. ③귀찮음. ＞囉囉嗦嗦. 囉裏囉嗦.
[囉囌] lōsu ㄌㄨㄛㄙㄨ 귀찮고 끈덕지게 말하다. ＞囉囉囌囌.
〔腡〕 ló ㄌㄨㄛˊ 지문(指紋).
[腡肌] lóchī ㄌㄨㄛˊㄐㄧ 손톱이나 발톱 가장자리의 피부.
[腡紋] lówěn ㄌㄨㄛˊㄨㄣˊ 지문(指紋).
〔螺〕 ló ㄌㄨㄛˊ 고둥·소라 등 권패류(卷貝類)의 총칭. 「田一；우렁이」「海一；고둥. 쇠고둥」
[螺青] lóch'īng ㄌㄨㄛˊㄑㄧㄥ 검푸른색. 검은 청색(青色).
[螺旋槳] lóhsüánchiǎng ㄌㄨㄛˊㄒㄩㄢˊㄐㄧㄤˇ 스크루우. 프로펠러.
[螺旋鑽] lóhsüántsuàn ㄌㄨㄛˊㄒㄩㄢˊㄗㄨㄢˋ 드라이버(driver). 나사 돌리개.
[螺帽] lómào ㄌㄨㄛˊㄇㄠˋ ＝螺絲帽.
[螺母] lómǔ ㄌㄨㄛˊㄇㄨˇ암나사 (통 모양의 내부가 나사로 된 것). ＝螺旋母兒.
[螺栓] lóshuān ㄌㄨㄛˊㄕㄨㄢ 볼트(bolt)：한쪽 끝이 6각형 머리가 달려 있고, 다른 쪽이 수나사가 되어 있는 큰 못.
[螺絲] lóssū ㄌㄨㄛˊㄙ 나사. 「一釘；나사못. 나무 나사. 볼트」「一母；너트：볼트에 끼워 돌려서 물건을 움직이지 않도록 죄는 금속 제품」「一刀；나사 돌리개」「一攻；나사 모양의 바이트(bite)」「一帽；너트」「一頭；나사 대가리」「一扳子；스패너(spanner). 「一扣；나사 못」「一擰子；드라이버(driver). 나사 돌리개」
[螺螄] lóssū ㄌㄨㄛˊㄙ 우렁이.
[螺螄轉兒] lóssūchuànrh ㄌㄨㄛˊㄙㄓㄨㄢˋㄦ 밀가루를 반죽하여 발효시켜서, 엿가락처럼 꼬아 기름에 튀긴식품. 꽈배기.
[螺甸] lótièn ㄌㄨㄛˊㄉㄧㄢˋ ①조개껍질. ②칠그릇에 자개를 박아서 만든 물건.
[螺紋] lówěn ㄌㄨㄛˊㄨㄣˊ 지문. ＝腡紋.
〔羅〕(罗) ló ㄌㄨㄛˊ ①그물. 새를 잡는 새 그물. 「天一地網；사방에 그물을 쳐 놓다」②그물로 잡다. 「門可一雀；문전에서 참새가 잡힐 정도로 황폐해져서 사람의 출입이 없다」③잇대다. 잇대어지다. 「星一棋布；별처럼 총총히 잇대어 있다. 빈틈 없이 잇대어 있다」④눈(구멍)이 가늘고 작은 체. 「銅絲一；구리 철사로 만든 체」「絹一；비단으로 만든 체」「過一次一；한번 체로 치다」⑤체로 치다. 체로 쳤다. 「一麪；체로 친 밀가루」⑥엷은 비단. 결이 고운 섬유 제

품. 사(紗). 엮은 견직물(絽). ⑦조수사로서 그로스(gross). 12다스. ⑧"腡." ⇨lō.
[羅織] lóchīh ㄌㄨㄛˊㄓ 죄 없는 사람에게 죄를 씌우다. 「인재를 불러 들이다.
[羅致] lóchìh ㄌㄨㄛˊㄓˋ 인재를 초빙하다.
[羅圈(兒)] lóch'üān(rh) ㄌㄨㄛˊㄑㄩㄢ(ㄦ) ①체의 바퀴. ②차차 행하여져 전달되는 모양. 「一架 ; 차차 파급(확대)되어 가는 싸움(다툼)」「一揖 ; 주위의 사람에게 차례차례로 하는 인사」
[羅圈腿(兒)] lóch'üānt'uǐ(rh) ㄌㄨㄛˊㄑㄩㄢㄊㄨㄟˇ(ㄦ) "O"자형으로 굽은 다리. 게발처럼 굽은 다리.
[羅掘] lóchüéh ㄌㄨㄛˊㄐㄩㄝˊ 그물을 쳐서 참새를 잡고 구멍을 파서 쥐를 잡는다는 말로 재정적으로 몹시 곤궁한 입장에 있음을 일컫는 말. =羅雀掘鼠.
[羅漢] lóhàn ㄌㄨㄛˊㄏㄢˋ 나한 : 보살 다음 가는 도를 닦은 성자. 「一柏 ; 노송나무」「一身子 ; 일생 동안 월경이 없는 부녀(婦女). 석녀(石女)」
[羅衣] lóī ㄌㄨㄛˊㄧ 올을 성기게 짠 엮은 비단 옷. 「ㄨㄛ(ㄦ·ㄗ)꼽추.
[羅鍋(兒·子)] lókuō(rh·tzǔ) ㄌㄨㄛˊㄍ
[羅鍋兒橋] lókuōrhch'iáo ㄌㄨㄛˊㄍㄨㄛㄦㄑㄧㄠˊ 한복판이 불룩하게 솟은 다리.
[羅鍋腰] lókuoyāo ㄌㄨㄛˊㄍㄨㄛㄧㄠ 활처럼 구부러진 허리. 「직기의 부속품.
[羅拉] lólā ㄌㄨㄛˊㄌㄚ 로울러(roller) : 방
[羅縷] lólǚ ㄌㄨㄛˊㄌㄩˇ 누누히 이야기하다.
[羅盤] lóp'án ㄌㄨㄛˊㄆㄢˊ 나침반. 콤파스.
[羅捕] lópǔ ㄌㄨㄛˊㄅㄨˇ 사방으로 수배를 하여 체포하다. 「다. 촘촘히 늘어 놓다.
[羅布] lópù ㄌㄨㄛˊㄅㄨˋ 연달아 깔아 놓
[羅扇] lóshàn ㄌㄨㄛˊㄕㄢˋ 엮은 비단으로 만든 부채.
[羅地布] lótìpù ㄌㄨㄛˊㄉㄧˋㄅㄨˋ 무명으로 짠 코르덴(corded velveteen).
[羅垛] lótò ㄌㄨㄛˊㄊㄨㄛˋ 한 겹 한 겹 쌓아 올리다.
[羅皂] lótsào ㄌㄨㄛˊㄗㄠˋ 떠들썩하다. =囉唕 : 흔히 옛 소설에서 볼 수 있음.
[羅網] lówǎng ①ㄌㄨㄛˊㄨㄤˇ 새나 짐승을 잡는 그물. ②남을 해치는 계략(計略).
[羅紋] lówěn ㄌㄨㄛˊㄨㄣˊ ① 나무결. ② 지문(指紋).

〔騾〕 ló ㄌㄨㄛˊ 「一子 ; 노새 : 숫당나귀와 암말을 교배하여 생긴 잡종 : 암당나귀와 숫말을 교배한 잡종은 "驢騾"라고 한다」 「차.
[騾車] lóch'ē ㄌㄨㄛˊㄔㄜ 노새가 끄는 마
[騾馱子] lótòtzǔ ㄌㄨㄛˊㄉㄨㄛˋㄗ 짐을 운반하는 노새.

〔蘿〕 ló ㄌㄨㄛˊ 〈植〉미나리(芹).
[蘿卜] lópo ㄌㄨㄛˊㄅㄛ 〈植〉무우. 보통 우리가 날로 먹는 무우를 "水蘿卜"라 한다. 「一乾兒 ; 무우 말랭이」「一鬚 ; 무우의 잔 뿌리」
[蘿貝] lópo ㄌㄨㄛˊㄅㄛ =蘿卜.
[蘿菔] lópo ㄌㄨㄛˊㄅㄛ =蘿卜.

〔邏〕 ló ㄌㄨㄛˊ 순찰하다.
[邏輯] lóchí ㄌㄨㄛˊㄐㄧˊ 논리 로직. 《譯》

〔籮〕 ló ㄌㄨㄛˊ 바닥이 네모지고 위가 둥근 대그릇. 쌀을 씻는 대그릇.
[籮筐] lók'uāng ㄌㄨㄛˊㄎㄨㄤ 바구니.
[籮頭] lót'ou ㄌㄨㄛˊㄊㄡ =籮筐.

〔鑼〕 ló ㄌㄨㄛˊ 징. 동라(銅鑼).
[鑼鼓] lókǔ ㄌㄨㄛˊㄍㄨˇ 징(銅鑼)과 북. 「一喧天 ; ㉮징과 북 소리가 시끄럽게 요란하다. ㉯일을 하는 데 모두 씩씩하고 활기가 있는 모양. ㉰많은 사람이 크게 기뻐하는 모양」
[鑼兒] lórh ㄌㄨㄛˊㄦ 작은 징(銅鑼).

〔裸〕 lǒ ㄌㄨㄛˇ 알몸. 알몸을 드러내다. 「赤一一的 ; 적나라한. 숨김 없이 드러낸 모양. 발가벗은 모양」
[裸露] lǒlù ㄌㄨㄛˇㄌㄨˋ 몸을 드러내다. 벌거벗다.

〔瘰〕 lǒ ㄌㄨㄛˇ
[瘰癧] lǒlì ㄌㄨㄛˇㄌㄧˋ 나력. 연주창.

〔洛〕 lò ㄌㄨㄛˋ ①"洛水" : 강 이름. ②"洛陽" : 지명.

〔硌〕 lò ㄌㄨㄛˋ 큰 바위. ⇨kò.

〔絡〕 lò ㄌㄨㄛˋ ①그물 모양으로 된 것. 「脈一 ; 인체의 혈맥. 조리. 순서」「橘一 ; 귤 따위의 망(網)처럼 되어 있는 섬유」 ②그물 같은 것을 씌우다. 「用一子一住 ; 망을 씌우다」 ⇨lào.
[絡子] lòtzǔ ㄌㄨㄛˋㄗ ①실이나 노끈 따위로 엮은 망태. 그물 주머니. ②실패.
[絡繹] lòì ㄌㄨㄛˋㄧˋ 연달아서 그치지 않는 일. 「턱수염. 수염. =鬧腮胡子.
[絡腮胡子] lòsāihútzǔ ㄌㄨㄛˋㄙㄞㄏㄨˊㄗ
[絡紗] lòshā ㄌㄨㄛˋㄕㄚ 휘감긴 옷실.

〔落〕 lò ㄌㄨㄛˋ, lào ①떨어지다. 강하(降下)하다. 값 따위가 떨어지다. 「花瓣一了 ; 꽃잎이 떨어졌다」「飛機要往下一 ; 비행기가 강하(降下)하려고 하다」「太陽一了 ; 해가 졌다」「價錢一了 ; 값이 떨어졌다」 ②영락하다. 몰락하다. 「沒一·零一 ; 영락」「墮一 ; 타락」 ③뒤떨어지다. 낙후되다. 「一後 ; 낙후되다. 뒤떨어지다」「一伍 ; 낙오되다」 ④낙착하다. (새가)앉다. (먼지가)내려 앉다. 「小鳥在樹上一着」 작은 새가 나무에 앉아 있다」「桌上一着一層土 ; 책상 위에 먼지가 쌓여 있다」 ⑤남기다. 「不一痕迹 ; 흔적도 남기지 않다」 ⑥군중(群衆). 마을. 「村一 ; 촌락」. ⑦수중에 넣다. 그 사람의 물건이 되다. 「今天政權一在人民手裏了 ; 오늘날 정권은 국민들의 수중에 있다」 ⑧(…의 결과로) 남다. (어떤 결과가)되다. 「一了個好名譽 ; 훌륭한 명성을 떨치다」「一了殘廢 ; 병신이 되었다」 ⑨ 완성되다. 준공되다. 「一成 ; 낙성」 ⑩쌓다. =擽 ⇨là.
[落棧] làochàn ㄌㄠˋㄓㄢˋ ①여행길에 여관에 머무르다. ②창고에 넣다. 「潮).
[落潮] làoch'áo ㄌㄠˋㄔㄠˊ 썰물. 간조(干
[落枕] làochěn ㄌㄠˋㄓㄣˇ ①베개를 잘못 베어 목이 아프다. ②잘 때에 감기가 들어 목이 아프다.
[落架] làochià ㄌㄠˋㄐㄧㄚˋ ①집이 무너앉다. ②몰락하다. 파산(破產)되다.
[落錘] làoch'uí ㄌㄠˋㄔㄨㄟˊ 드롭해머.

[落閑話] làohsiánhua ㄌㄠˋㄒㄧㄢˊㄏㄨㄚ 한담을 하고 있다.

[落炕] làok'àng ㄌㄠˋㄎㄤˋ 병으로 자리에 눕다.

[落埋怨] làománуüan ㄌㄠˋㄇㄢˊㄩㄢ 원망을 듣다. 투덜투덜 불평을 듣다.

[落名譽] làomíngyü ㄌㄠˋㄇㄧㄥˊㄩ 명예를 얻다. 「을 당하다. 불행하게 되다.

[落白事] làopáishìh ㄌㄠˋㄅㄞˊㄕˋ 상(喪)

[落榜] lòpǎng ㄌㄨㄛˋㄅㄤˇ 낙제하다.

[落包涵] làopāohan ㄌㄠˋㄅㄠㄏㄢ =落褒貶.

[落褒貶] làopāopien ㄌㄠˋㄅㄠㄅㄧㄢ 비판을 받다. 좋지 못한 말을 듣다. 문책을 당하다.

[落不是] làopúshìh ㄌㄠˋㄅㄨˊㄕ ① 문책 당하다. 귀찮은 말을 듣다. ②나쁜 결과가 되다.

[落兒] làorh ㄌㄠˋㄦ ①생활의 목표. =落子. ②lòrh. 조수사로 겹친 물건을 세는 데 씀. 「바래지다.

[落色] làoshǎi ㄌㄠˋㄕㄞˇ 퇴색하다. 색이

[落實] làoshíh ㄌㄠˋㄕˊ ①확실하다. ② loshíh 안심하다. 안도의 숨을 쉬다. ③ 인간이 진실하여 신용할 수 있다.

[落槽] làots'áo ㄌㄠˋㄘㄠˊ ①조수(潮水)가 빠지다. ②집이 몰락하다.

[落場] lòch'áng ㄌㄨㄛˋㄔㄤˊ ①결말이 나다. ②결말(結末). 낙착(落着). 「하다.

[落賬] lòchàng ㄌㄨㄛˋㄓㄤˋ 장부에 기입

[落價] lòchià(rh) ㄌㄨㄛˋㄐㄧㄚˋ(ㄦ) 값이 떨어지다.

[落脚(兒)] lòchiǎo(rh) ㄌㄨㄛˋㄐㄧㄠˇ(ㄦ) ①발을 멈추다. 들르다. 휴식하다. 「他常在我家一; 그는 언제나 우리집에 들르나」 ②한 곳에 오래 머무르다. ③ 옮겨가 살다.

[落家兒] lòchiārh ㄌㄨㄛˋㄐㄧㄚㄦ 집에 붙어 있다. 나가지 않고 집안에 있다.

[落井下石]lòchǐng hsiàshíh ㄌㄨㄛˋㄐㄧㄥˇㄒㄧㄚˋㄕˊ 함정에 빠뜨리고 돌을 던진다는 말로, 남이 곤경에 빠져 있는데 더 곤란한 문제를 갖고 들어간다는 뜻. 설상 가상. 엎친 데 덮친다. «成»

[落圈套] lòch'üānt'ào ㄌㄨㄛˋㄑㄩㄢㄊㄠˋ 남의 계략에 걸리다.

[落好兒] lòhǎorh ㄌㄨㄛˋㄏㄠˇㄦ ①호평을 받다. 평판이 좋다. ②좋은 결과가 되다. 「兒; 해질녘」

[落黑] lòhēi ㄌㄨㄛˋㄏㄟ 해가 지다. 「一

[落後] lòhǒu ㄌㄨㄛˋㄏㄡˇ ①낙오되다.② 뒤떨어지다. 낙후(落後)되다.

[落下] lòhsia ㄌㄨㄛˋㄒㄧㄚ ① 떨어지다. ②남다. =剩下. ③손에 넣다.「一年歲一這點收成; 일년에 겨우 이것밖에 수확이 없었다」

[落鄉(兒)] lòhsiāng(rh) ㄌㄨㄛˋㄒㄧㄤ(ㄦ) ①인가(人家)와 떨어진 곳. ②시골에 가 살다.

[落戶] lòhù ㄌㄨㄛˋㄏㄨˋ ①정주(定住)하다. 거주(居住)하다.「在北京落了戶了; "北京"에 정착했다」②창기(唱技)가 낙적(落籍)되다.

[落花流水] lòhuā-liúshuǐ ㄌㄨㄛˋㄏㄨㄚㄌㄧㄡˊㄕㄨㄟˇ ①철저한 모양. 지독하게 몹시. 깨끗이. 보기 좋게. 「打了個一; 철저하게 때려 눕히다. 깨끗하 박살 내다」 «成»

[落荒] lòhuāng ㄌㄨㄛˋㄏㄨㄤ ①인가(人家)와 동떨어진 곳이나 황야(荒野)로 도피하여 가다. 「一而走; 인가(人家)에서 떨어진 곳으로 도망가다」 ②황야. ③패배하다.

[落空] lòk'ūng ㄌㄨㄛˋㄎㄨㄥ 결과로 아무 것도 얻는 것이 없다. 허무한 결과가 되다. 「一了一場空; 일장(一場)의 꿈으로 화했다. 덧없는 결말이 되고 말았다」

[落俐] lòli ㄌㄨㄛˋㄌㄧ 솜씨가 있다.

[落落寡合] lòlòkuǎhó ㄌㄨㄛˋㄌㄨㄛˋㄍㄨㄚˇㄏㄜˊ 고독하여 남과 잘 어울리지 못하다. «成»

[落落大方] lòlòtàfāng ㄌㄨㄛˋㄌㄨㄛˋㄉㄚˋㄈㄤ 사소한 일에 구애되지 않고 시원스럽게 하다. 「난처한 일을 당하다.

[落難] lònàn ㄌㄨㄛˋㄋㄢˋ 재난을 당하다.

[落蓬] lòp'ěng ㄌㄨㄛˋㄆㄥˊ 끝장을 내다.

[落筆] lòpǐ ㄌㄨㄛˋㄅㄧˇ 쓰기 시작하다.

[落膘] lòpiāo ㄌㄨㄛˋㄅㄧㄠ 가축이 여위다. 「魄.

[落泊] lòpó ㄌㄨㄛˋㄅㄛˊ 영락하다. =落

[落石脚] lòshíhchiǎo ㄌㄨㄛˋㄕˊㄐㄧㄠˇ 잠시 쉬어 갈 수 있는 장소.

[落水] lòshuǐ ㄌㄨㄛˋㄕㄨㄟˇ ①물에 떨어지다. ②물에 적시다. ③창기(唱技)가 되다. «舊» 「=茄子.

[落蘇] lòsū ㄌㄨㄛˋㄙㄨ 〈植〉가지. «方»

[落宿] làosù ㄌㄠˋㄙㄨˋ 숙박하다.

[落胎] lòt'āi ㄌㄨㄛˋㄊㄞ 낙태하다.

[落湯鷄] lòt'āngchī ㄌㄨㄛˋㄊㄤㄐㄧ 물에 빠진 새앙쥐란 말로 함빡 젖은 모양.

[落湯螃蟹] lòt'āngp'ánghsieh ㄌㄨㄛˋㄊㄤㄆㄤˊㄒㄧㄝ 어찌할 줄 모르는 모양. 갈팡 질팡.

[落得] lòtê ㄌㄨㄛˋㄉㄜ 결과는…이 되다. …으로 떨어지고 말다. 「我一事無成, 一賣花生米; 나는 무슨 일도 성공 못하고, 결국은 땅콩 장사가 되고 말았다」

[落地] lòtì ㄌㄨㄛˋㄉㄧˋ ①땅에 떨어지다. 땅에 닿다. ②낳다: 탄생하다. ③어디서 어디까지 전부. 「房子老了, 打算一重修; 집이 낡아서 완전히 수리할 계획이다」 ④말 따위가 끝나다. 「沒等他的話一, …; 그 사람의 이야기가 끝나기 전에」

[落地窗] lòtìch'uāng ㄌㄨㄛˋㄉㄧˋㄔㄨㄤ 양옥 건축물에 있어서 마루까지 닿는 폭이 넓은 긴 창문. =落地長窗.

[落點(兒)] lòtiěn(rh) ㄌㄨㄛˋㄉㄧㄢˇ(ㄦ) (말 소리가) 그치다. 「話音還沒一, 他…; 말이 아직 끝나기 전에, 그는…」

[落地燈] lòtìtēng ㄌㄨㄛˋㄉㄧˋㄉㄥ ①플로어 스텐드(floor stand) ②무대 밑에서 비치는 조명등(照明燈).

[落拓] lòt'ò ㄌㄨㄛˋㄊㄨㄛˋ =落魄.

[落魄] lòp'ò ㄌㄨㄛˋㄆㄛˋ ①몰락하다. ②실업자가 되어서 따분하다. ③성질이 대범하여 사소한 일에 구애되지 않다. ＞落落魄魄.

[落葬] lòtsàng ㄌㄨㄛˋㄗㄤˋ 매장하다.

[落草兒] làots'ǎorh ㄌㄨㄛˋㄘㄠˇㄦ 출생하다. ②lòts'ǎo 강도(強盜)와 아이가 한패가 되다.

[落坐] làotsò ㄌㄠˋㄗㄨㄛˋ 자리에 앉다. 앉다. =坐下. 「他落了坐就喝起茶來了; 그 사람은 앉아 차를 마시기 시작했다」

[落作(兒)] làotsò(rh) ㄌㄨㄛˋㄗㄨㄛˋ(ㄦ)

①요리인이 미리 요리를 준비하여 두다. ②계획·준비하다.

[落子] làotzǔ ㄌㄠˋㄗ ①생계(生計)의 가망성. ②「窮得都沒一了；가난하여 생활의 가망성이 완전히 없어졌다」②일종의 곡명(曲名). ＝蓮花落.

[落子館兒] làotzǔkuǎnrh ㄌㄠˋㄗㄍㄨㄢˇㄦ ①"蓮花落"이나 곡예(曲藝)를 연출하는 극장. ②"大鼓書"를 불러 손님에게 들려주는 곳. 「대열에서 떨어지다.

[落伍] lòwǔ ㄌㄨㄛˋㄨˇ 낙오되다. 뒤져

[落雨] lòyǔ ㄌㄨㄛˋㄩˇ 비가 오다.《吳》《廣》＝下雨.

〔酪〕 lò ㄌㄨㄛˋ ⇨lào.

〔摞〕 lò ㄌㄨㄛˋ 같은 것을 층층이 쌓아 올리다. 쌓아 놓다.「把書一起來；책을 쌓아 놓다」②쌓아 놓은 것을 셈하는 조수사.「一一磚；한 겹으로 쌓아 놓은 벽돌」

〔犖〕(荦) lò ㄌㄨㄛˋ「一一；명확하다. 명백하다」

〔駱〕 lò ㄌㄨㄛˋ 성(姓). 「낙타털」

[駱駝] lòt'ó ㄌㄨㄛˋㄊㄨㄛˊ 낙타.「一絨；

[駱駝橋] lòt'óch'iáo ㄌㄨㄛˋㄊㄨㄛˊㄑㄧㄠˊ 안경교(眼鏡橋). 안경 모양처럼 되어 있는 다리.

LOU ㄌㄡ

〔嘍〕(娄) lōu ㄌㄡ 어기 조사(語氣助詞)로 대개 경성(輕聲)이며 "了" lê와 "嘔" ou와 결합한 것.「够一, 別說一；알고 있다, 더 이야기 안하여도 좋다」「是一, 是一! 那就很好一!；그래, 그래, 그럼 됐어」⇨lóu.

〔摟〕 lōu ㄌㄡ ①(손이나 갈퀴 따위로) 긁어 모으다.「一柴火；나무를 긁어 모으다」②거둬 넣다. 호주머니에 넣다.「會一錢；돈을 긁어 모으는 데는 선수다」③손가락을 당기다. 방아쇠를 당기다」④걷어 올리다. 묶다. 매다.「一衣裳；옷자락을 걷어 올리다」⇨lǒu.

[摟賬] lōuchàng ㄌㄡㄓㄤˋ 주판을 놓다. 계산을 하다.

[摟錢] lōu ch'ién ㄌㄡ ㄑㄧㄢˊ ①돈을 호주머니에 넣다. ②돈을 짜 내다.

[摟下] lōuhsia ㄌㄡㄒㄧㄚ ①(손 바닥에) 몰래 갖다. ②옳지 못한 수단으로 돈을 긁어 모으다 「포(發砲)하다.

[摟火(兒)] lōuhuǒ(rh) ㄌㄡㄏㄨㄛˇ(ㄦ) 발

[摟攬] lōulǎn ㄌㄡㄌㄢˇ 한 손에 떠맡다. ＞摟摟攬攬. 「가지다.

[摟巴] lōupa ㄌㄡㄅㄚ 거둬 넣다. 빼앗아

[摟包兒] lōupāorh ㄌㄡㄅㄠㄦ ①무허가 운송점(運送店). ②몰래 하는 위탁 판매업(委託販賣業). 「괄하여 계산하다.

[摟算] lōusuàn ㄌㄡㄙㄨㄢˋ 모든 것을 일

[摟頭] lōut'óu ㄌㄡㄊㄡˊ 맞바로.「一就打；정면으로 갈기다」

〔瞜〕(䁖) lōu ㄌㄡ 보다.「讓我一一一；보여 주십시오」《方》

〔婁〕(娄①·嘍②) lóu ㄌㄡˊ ①성(姓). ②「嘍囉；lóulo ㉮도둑의 하수(부하). ㉯반동 분자(反動分子). 앞잡이. ⇨lōu.

〔僂〕 lóu ㄌㄡˊ ①구부리다.「一指可數；손가락을 꼽으며 셈하다」②구부리다. 등을 구부리다.

〔樓〕(楼) lóu ㄌㄡˊ ①높고 큰 전각(殿閣). 2층 이상의 건물.「大一；빌딩」②성(姓).

[樓窗] lóuch'uāng ㄌㄡˊㄔㄨㄤ 2층 이상의 건물에 달린 창문. 「만들어진 배.

[樓船] lóuch'uán ㄌㄡˊㄔㄨㄢˊ 2층으로

[樓房] lóufáng ㄌㄡˊㄈㄤˊ 2층 이상의 건물.

[樓下] lóuhsià ㄌㄡˊㄒㄧㄚˋ 아래층. 일층.

[樓鴿] lóukō ㄌㄡˊㄍㄜ 인가나 성루(城樓)에 사는 집 비둘기.

[樓板] lóupǎn ㄌㄡˊㄅㄢˇ 2층의 마루.

[樓上] lóushàng ㄌㄡˊㄕㄤˋ 계단 위 2층. 「사다리. 계단.

[樓梯] lóut'ī ㄌㄡˊㄊㄧ 위층으로 올라 가는

[樓頂] lóutǐng ㄌㄡˊㄉㄧㄥˇ 2층 이상의 건물의 지붕. 「밑. 1층.

[樓底下] lóutǐhsia ㄌㄡˊㄉㄧˇㄒㄧㄚ 계단

[樓座] lóutsò ㄌㄡˊㄗㄨㄛˋ 2층석.

[樓子] lóutzǔ ㄌㄡˊㄗ ①누각. 망루(望樓). ②겹쳐진 것. ③분규. 재화. 장해(障害). 소동. 사고.「惹一；까다롭고 곤란한 일을 야기(惹起)시키다」

〔蔞〕 lóu ㄌㄡˊ 〈植〉산쑥. 뜸쑥.

〔螻〕 lóu ㄌㄡˊ

[螻蟻] lóuǐ ㄌㄡˊㄧˇ 〈動〉①땅강아지(하늘밥도둑)와 개미. ②극히 쓸모 없는 시시한 물건이나 사람.

[螻蛄] lóuku ㄌㄡˊㄍㄨ 땅강아지. 하늘 밥도둑.

〔耬〕 lóu ㄌㄡˊ 파종용 농구.

[耬車] lóuch'ē ㄌㄡˊㄔㄜ 씨앗을 뿌리는 차：소가 끌면서 파종하는 장치가 되어 있음.

[耬地] lóutì ㄌㄡˊㄉㄧˋ "耗"로. 밭에 파종하다.

〔摟〕 lǒu ㄌㄡˇ ①끌어 안다.「把孩子一在懷裏；아이를 껴안다」② 조수사. 아름.「一一粗的大樹；한 아름 정도 되는 큰 나무」⇨lōu.

[摟緊] lóuchǐn ㄌㄡˊㄐㄧㄣˇ 꼭 껴안다.

[摟住] lǒuchu ㄌㄡˇㄓㄨ 두 손으로 꼭 껴안다.

[摟抱] lǒupào ㄌㄡˇㄅㄠˋ 껴안다. 포옹하다. ＞摟摟抱抱.

〔簍〕 lǒu ㄌㄡˇ「一子·一兒；바구니：버드나무 가지나 대나무 따위로 엮어서 종이를 발라 방수(防水)칠을 한 것」「字紙一兒；휴지통」「油一；기름이나 술 따위를 담는 등나무로 엮은 바구니」

[簍兒] lǒurh ㄌㄡˇㄦ ①바구니：대나무나 버드나무로 엮은. ②모양이 만두 비슷한 식품명(食品名).「胡蘿卜羊肉一 인삼이나 양고기를 넣어서 만든 만두 비슷한 "簍兒".

〔陋〕 lòu ㄌㄡˋ ①나쁜. 흉한. 낡아 신통치 않은.「一習；누습」②좁은.「一巷」③적은. 간단한.「見識淺一；식견이 좁다」

[陋規] lòukueī ㄌㄡˋㄍㄨㄟ 나쁜 관례.

例) 「:자기 집을 겸손하게 하는 말.
[陋室] lòushì ㄌㄡˋㄕˋ 좁은 집.더러운 곳

〔漏〕 lòu ㄌㄡˋ ①새다.「水壺一了:물항아리가 새다」②폭로되다.누설되다.「一了風聲;소문이 퍼지다」「走一消息;비밀이 폭로되다」③빠뜨리다. 잊어버리다.「一了三個字;세 글자를 빠뜨리다」「這一項可千萬不要一掉;이 항(項)은 절대로 빠뜨리지 않도록」④물시계.「一壺;물시계」 「리다.
[漏賬] lòuchàng ㄌㄡˋㄓㄤˋ 장부에 빠뜨
[漏氣] lòuch'ì ㄌㄡˋㄑㄧˋ 공기가 새다.
[漏卮] lòuchīh ㄌㄡˋㄓ ①밑이 새는 잔. ②이권(利權)이 외부에 흘러 나가는 일.
[漏瘡] lòuch'uang ㄌㄡˋㄔㄨㄤ ①치루(痔瘻):치질의 한 가지.②포창(疱瘡):천연두의 곪아 생긴 딱지.
[漏風] lòufēng ㄌㄡˋㄈㄥ ①바람이 틈으로 들어 오다.②술로 인하여 발생한 중풍(中風).③=漏風聲. ④맥이 빠지다. ⑤논밭의 지력(地力)이 소실되다.⑥풍문이 새어 나가다. 「이.
[漏縫兒] lòufěngrh ㄌㄡˋㄈㄥˇㄦ 틈.사
[漏風聲] lòufěngshēng ㄌㄡˋㄈㄥˇㄕㄥ 소문이 나다.소식이 누설되다.「탄로 되다.
[漏餡兒] lòuhsiénrh ㄌㄡˋㄒㄧㄢˋㄦ 비밀이
[漏管] lòukuǎn ㄌㄡˋㄍㄨㄢˇ ①치루(痔瘻).②상처가 좀처럼 아물지 않다.
[漏孔(兒)] lòuk'ǔng(rh) ㄌㄡˋㄎㄨㄥˇ(ㄦ) 물건이 새는 틈.새는 구멍.
[漏兒] lòurh ㄌㄡˋㄦ 탈락.실수.
[漏勺] lòusháo ㄌㄡˋㄕㄠˊ 밑 뚫린 국자: 노력 하여도 효과 없는 일. 「다.
[漏稅] lòushuì ㄌㄡˋㄕㄨㄟˋ 탈세(脫稅)하
[漏臺] lòut'ái ㄌㄡˋㄊㄞˊ ①일이 파탄이 나다.비밀이 폭로되다.「看一;간파하다」②결점이 드러나다.파탄이 오다.「沒人擁護,所以一了臺;누구도 옹호하여 주지 않으므로 들통이 났다」.
[漏底] lòuti ㄌㄡˋㄉㄧˇ ①바닥이 새다.②일이 파탄이 나다.탄로 나다.본성을 드러 내다. 「②빠져 잃어 버리다.
[漏掉] lòutiào ㄌㄡˋㄉㄧㄠˋ ①빠뜨리다.
[漏脫] lòut'ō ㄌㄡˋㄊㄨㄛ 탈락하다.
[漏兜] lòutōu ㄌㄡˋㄉㄡ ①숨긴 일이 드러나다.②(무의식적으로) 비밀을 누설시키다. 「기.
[漏斗(兒)] lòutǒu(rh) ㄌㄡˋㄉㄡˇ(ㄦ) 깔때
[漏嘴] lòutsui ㄌㄡˋㄗㄨㄟ 입을 놀리다.
[漏洞] lòutùng ㄌㄡˋㄉㄨㄥˋ ①빠져 나갈 구멍.②실수.결함.부주의.「堵塞一;불완전한 곳을 고치다」
[漏子] lòutzŭ ㄌㄡˋㄗ ①깔때기.②실수. ③부주의한 말. 조심성 없는 말.「說出一來;조심성 없이 말을 하다」④형편이 좋지 않은.
[漏網] lòuwǎng ㄌㄡˋㄨㄤˇ 그물에서 빠져 나오다.체포(逮捕)를 면하다.죄를 면하다. 「어진 때.심야(深夜).
[漏夜] lòuyèh ㄌㄡˋㄧㄝˋ 한밤중.밤이 깊
[漏雨] lòuyǔ ㄌㄡˋㄩˇ 비가 새다.

〔鏤〕 lòu ㄌㄡˋ ①아로새기다. ②조각하다.「一花;무늬를 아로새기다」
[鏤骨銘心] lòukŭ-mínghsīn ㄌㄡˋㄍㄨˇㄇㄧㄥˊㄒㄧㄣ마음 깊이 명심하다.《成》
[鏤空] lòuk'ūng ㄌㄡˋㄎㄨㄥ 사(紗)와 같은 엷은 레이스를 대다.
[鏤空花邊] lòuk'ùng huāpiēn ㄌㄡˋㄎㄨㄥˋㄏㄨㄚㄅㄧㄢ 망사(網紗)같은 무늬의 레이스.

〔露〕 lòu ㄌㄡˋ ⇨lù.
[露富] lòufù ㄌㄡˋㄈㄨˋ 자기가 부자라는 것이 남에게 알려지다. 「이 드러나다.
[露楦兒] lòuhsüànrh ㄌㄡˋㄒㄩㄢˋㄦ 진상
[露一手(兒)] lòu īshǒu(rh) ㄌㄡˋㄧˋㄕㄡˇ(ㄦ) 솜씨를 보이다. =露一鼻子.
[露肉(兒)] lòujòu(rh) ㄌㄡˋㄖㄡˋ(ㄦ) 살갗을 빨갛게 드러내다.살을 드러내다.
[露空] lòuk'ùng ㄌㄡˋㄍㄨㄥˋ 멍청하고 있다. 「다.면목이 서다.
[露臉] lòuliěn ㄌㄡˋㄌㄧㄢˇ 체면을 세우
[露馬脚] lòumǎchiao ㄌㄡˋㄇㄚˇㄐㄧㄠ 숨기어 있던 정체(正體)가 드러나다. 마각이 드러나다.탄로 나다.
[露苗] lòumiáo ㄌㄡˋㄇㄧㄠˊ ①광맥(鑛脈)이 노출하다. ②징조(徵兆)가 보이다.
[露白] lòupái ㄌㄡˋㄅㄞˊ ①가지고 있는 금품을 도둑에게 들키다.②lòupai 자랑하다.드러내 보이다.
[露頭] lòut'óu ㄌㄡˋㄊㄡˊ ①노출된 광층(鑛層).②「一兒;나타나다」③얼굴을 내놓다.얼굴을 보이다.

LU ㄌㄨ

〔嚕〕 lū ㄌㄨ
[嚕蘇] lūsu ㄌㄨㄙㄨ ①귀찮게 끈덕지게 말하다.②말이 확실치 않다.③아주 귀찮다.
〔盧〕(卢) lú ㄌㄨˊ 성(姓).
[盧布] lúpù ㄌㄨˊㄅㄨˋ 루우블:소련의 화폐 단위.
〔廬〕(庐) lú ㄌㄨˊ 집「茅一;초가집.띠 지붕의 초막.모옥」
[廬山眞面] lúshānchênmièn ㄌㄨˊㄕㄢㄓㄣㄇㄧㄢˋ ①사건의 진상.②인간의 성실성.
〔瀘〕(泸) lú ㄌㄨˊ ①현(縣)의 이름.②「一水;"四川省"에 있는 강의 이름」
〔壚〕 lú ㄌㄨˊ.
[壚坶] lúmǔ ㄌㄨˊㄇㄨˇ 로움(loam):찰흙이나 모래가 섞이고 많은 부식질을 함유한 토지.《譯》
[壚土] lút'ǔ ㄌㄨˊㄊㄨˇ 부식토.
〔爐〕(炉·鑪) lú ㄌㄨˊ「一子;풍로.난로.화덕」「高一·壁一;맨틀피이스(mantelpiece).벽난로의 윗면과 측면을 두른 장식의 구조」
[爐渣] lúchā ㄌㄨˊㄓㄚ 석탄 찌꺼기.
[爐墻技術] lúch'iáng chìshù ㄌㄨˊㄑㄧㄤˊㄐㄧˋㄕㄨˋ 축로기술(築爐技術):화덕 따위를 만드는 기술.
[爐腔兒] lúch'iāngrh ㄌㄨˊㄑㄧㄤㄦ 난로 안의 석탄을 태우는 부분.
[爐橋] lúch'iáo ㄌㄨˊㄑㄧㄠˊ 난로의 재를 터는 받침쇠. =爐篦子.

[爐殼] lúch'iào ㄌㄨˊㄑㄧㄠˋ 난로의 동체.
[爐灰] lúhuī ㄌㄨˊㄏㄨㄟ 석탄이 타고 난 재.「一疳子(兒); 석탄이 타다 남은 덩어리」
[爐火] lúhuǒ ㄌㄨˊㄏㄨㄛˇ 난로 불.
[爐火純青] lúhuǒ ch'únch'īng ㄌㄨˊㄏㄨㄛˇ ㄔㄨㄣˊㄑㄧㄥ 학문이나 수양이 극치에 달하여 있는 뜻을 비유하는 말.‹成›
[爐日] lújìh ㄌㄨˊㄖˋ 난로 피운 일수(日數). 「고기. 불고기 : 돼지 고기로 한 것.
[爐肉] lújòu ㄌㄨˊㄖㄡˋ 화덕에 구운 돼지
[爐坑] lúk'ēng ㄌㄨˊㄎㄥ 화덕 밑의 재가 떨어져 모이는 곳.
[爐門兒] lúménrh ㄌㄨˊㄇㄣˊㄦ 난로의 불 피우는 아궁이. 화덕 아궁이.
[爐食] lúshih ㄌㄨˊㄕ 제사상(祭祀床)에 놓는 "點心". 「一餑餑; 제사상에 놓는 "點心"」
[爐食餑餑] lúshihpōpo ㄌㄨˊㄕㄅㄛㄅㄛ 구운 "餑餑". 제상에 놓는 "點心".
[爐臺(兒·子)] lút'ái(rh·tzǔ) ㄌㄨˊㄊㄞˊ(ㄦ·ㄗ) 난로의 윗부분의 평평한 곳 : 기물을 올려 놓는 부분.
[爐膛] lút'áng ㄌㄨˊㄊㄤˊ 부뚜막의 내부.
[爐條] lút'iáo ㄌㄨˊㄊㄧㄠˊ 난로의 불살판. 로스털.
[爐竈] lútsao ㄌㄨˊㄗㄠ 부뚜막. 난로.
[爐鴨] lúyā ㄌㄨˊㄧㄚ 구운 집오리 고기. 구운 오리 고기.
[爐眼] lúyěn ㄌㄨˊㄧㄢˇ 난로 불 피우는 곳.
[爐子] lútzǔ ㄌㄨˊㄗ 풍로. 난로. 부뚜막.

〔蘆〕(芦) lú ㄌㄨˊ ①「一子; 갈대」 구어체(口語體)로는 "蘆葦"라고도 말함. ②성(姓). 「삿자리. 노점(蘆簟).
[蘆席] lúhsí ㄌㄨˊㄒㄧˊ 갈대로 엮은 자리.
[蘆絮] lúhsǜ ㄌㄨˊㄒㄩˋ 갈대 이삭에 붙은 가는 털. 「쓰임
[蘆根] lúkēn ㄌㄨˊㄍㄣ 갈대의 뿌리 : 약에
[蘆管] lúkuǎn ㄌㄨˊㄍㄨㄢˇ 갈대로 만든 피리. 갈대피리.
[蘆簾] lúlién ㄌㄨˊㄌㄧㄢˊ 갈대로 엮은 발.
[蘆比] lúpǐ ㄌㄨˊㄅㄧˇ 루우피이 : 파키스탄이나 인도의 화폐 단위.
[蘆筍] lúsǔn ㄌㄨˊㄙㄨㄣˇ ①갈대의 싹. ②아스파라거스.
[蘆笙] lúshēng ㄌㄨˊㄕㄥ 갈대로 만든 생황(笙簧) : 악기의 한 가지.
[蘆葦] lúwěi ㄌㄨˊㄨㄟˇ 갈대.

〔櫨〕 lú ㄌㄨˊ 〈植〉거망옻나무. 「一樹」「黃一」

〔臚〕 lú ㄌㄨˊ 늘어 놓다. 진열하다.

〔顱〕 lú ㄌㄨˊ 두개골(頭蓋骨). 「一骨 · 一頂骨; 두개골」

〔鸕〕 lú ㄌㄨˊ
[鸕鷀] lútz'ú ㄌㄨˊㄘˊ 〈動〉 가마우지.
[鸕鷀咳] lútz'ûk'ô ㄌㄨˊㄘˊㄎㄜˊ 백일해. 「백일기침.

〔鱸〕 lú ㄌㄨˊ 〈動〉농어. 「一魚; 농어」

〔鹵〕(卤·滷 ①～④) lǔ ㄌㄨˇ ①간수. 「鹽一; 간수」 ②「一兒; 다시마 · 가다랭이포 · 멸치 등을 삶아서 우려 낸 국물. 앙금. 진한 국물」「茶一; 진한 차」「打一麵; 가락 국수에 녹말을 풀어 고기나 달걀 따위를 넣은 국물을 위에 덧붓는 것」 ③진한 소금물에 담근다 : 소금물에 삶다. 「一鷄; 소금물에 삶은 통닭. 백수로 삶은 통닭」 ④알카리성의. 「一地; 알카리성 토양」 ⑤소홀히 하다. 「這個孩子太一, 時常碰壞東西; 이 아이는 너무 침착성이 없이 시종 물건을 부수다」
[鹵潮] lǔch'áo ㄌㄨˇㄔㄠˊ (땀 따위로 몸이) 끈적끈적하다.
[鹵鷄] lǔchī ㄌㄨˇㄐㄧ 소금물에 삶은 통닭. 백수로 구운 통닭.
[鹵鹼] lǔchiěn ㄌㄨˊㄐㄧㄢˇ 소오다.
[鹵蝦] lǔhsiā ㄌㄨˇㄒㄧㄚ 새우젓.
[鹵湖] lǔhú ㄌㄨˇㄏㄨˊ 함수호(鹹水湖).
[鹵煮] lúchǔ ㄌㄨˊㄓㄨˇ 소금물에 삶다.
[鹵莽] lúmǎng ㄌㄨˊㄇㄤˇ 꼼꼼하지 못하다. 소홀하다. =魯莽. >鹵鹵莽莽.
[鹵水] lúshuǐ ㄌㄨˊㄕㄨㄟˇ ①염분을 포함하고 있는 물. 제염용의 바닷물. ②간수.
[鹵素] lǔsù ㄌㄨˇㄙㄨˋ 할로겐(halogen) : 염(塩)을 생성하는 물질로 불소(弗素) · 염소(塩素) · 취소(臭素) · 옥소(沃素) 따위.
[鹵鹽] lǔyén ㄌㄨˇㄧㄢˊ 소오다.

〔虜〕(虏) lǔ ㄌㄨˇ ①사로잡다. 「俘一; 사로잡다」 ②포로(捕虜).
[虜獲] lǔhuò ㄌㄨˇㄏㄨㄛˋ 전승(戰勝)의 결과로 적의 전리품을 노획하다. 노획하다.
[虜掠] lǔlüèh ㄌㄨˇㄌㄩㄝˋ 약탈하다.

〔魯〕 lǔ ㄌㄨˇ ①둔하다. 어리석다. 「粗一; 소홀하고 거칠다」 ②나라 이름 : "周春秋時代山東省"남부. ③"山東省"의 별칭.
[魯人] lǔjén ㄌㄨˇㄖㄣˊ 우둔한 사람.
[魯莽] lúmǎng ㄌㄨˊㄇㄤˇ 침착성이 없이 소홀하다. 소홀하고 난폭하다. =鹵莽 >魯魯莽莽.
[魯般尺] lǔpānch'ǐh ㄌㄨˇㄅㄢㄔˇ 목수들이 사용하는 줄자. =營造尺.
[魯鈍] lǔtùn ㄌㄨˇㄉㄨㄣˋ 어리석다. 머리가 둔하다.
[魯魚亥豕] lǔyú-hàishǐh ㄌㄨˇㄩˊㄏㄞˋㄕˇ 유사한 문자를 오서(誤書)하는 일 : 魯와 魚, 亥와 豕은 비슷하여 잘못쓰기 쉽다는 것.

〔擄〕 lǔ ㄌㄨˇ 사람을 빼앗아 달아나다. "虜"라고도 씀. 「燒殺一掠; 불태우고, 죽이고, 사람을 잡아 가고, 물건을 약탈하다」

〔櫓〕 lǔ ㄌㄨˇ (배를 젓는) 노. 「搖一; 노를 젓다」
[櫓子] lǔtzǔ ㄌㄨˇㄗ 권총의 별명.

〔陸〕(陆) lù ㄌㄨˋ ①육지. 뭍. 「登一; 상륙하다」 ②성(姓). ⇨liù.
[陸離] lùlí ㄌㄨˋㄌㄧˊ ①반짝이다. 눈이 번쩍 뜨일 정도로 아름답다. ②뒤섞이다. 「光怪一; 기묘(奇妙)한 모양이나 강렬한 느낌의 빛깔을 가진 각양각색(各樣各色)의 물건」 「여.
[陸續] lùhsǜ ㄌㄨˋㄒㄩˋ 연달아서. 계속하

〔鹿〕 lù ㄌㄨˋ 〈動〉 사슴.
[鹿角] lùchiǎo ㄌㄨˋㄐㄧㄠˇ ①사슴의 뿔. ②녹시(鹿柴).

[鹿角菜] lùchiǎots'ài ㄌㄨˋㄐㄧㄠˇㄘㄞˋ ①〈植〉청각채. ②청각채로 만든 말린 풀: 홍조류에 속하는 해초. 김치 고명으로도 쓰이고 무쳐 먹기도 함. 「의 뿔.
[鹿觭角] lùchīchiǎo ㄌㄨˋㄐㄧㄐㄧㄠˇ 사슴
[鹿茸] lùjúng ㄌㄨˋㄖㄨㄥˊ 녹용. 사슴의 뿔.
[鹿死誰手] lù ssǔ shuíshǒu ㄌㄨˋㄙˇ ㄕㄨㄟˊㄕㄡˇ 누구의 손에 목적물이나 승리가 돌아 갈 것인가, 사슴을 임금의 자리에 비유하여 천하는 누구의 손안에 돌아 갈 것인가라는 뜻.

〔祿〕 lù ㄌㄨˋ 관리의 봉급. 녹.

〔路〕 lù ㄌㄨˋ ①길. 도로. 「道一」·「陸一」 ②「一子; 방법. 수단. 순서」「思一; 생각하는 순서」「生一; 살아 가는 수단」 ③방면(方面). 「四一進攻; 사방에서 공격하여 들어오다」 ④「一兒; 조수사로 종류를 나타냄」「兩一貨; 두 종류의 물품」「哪一一的病呢?; 어떤 종류의 병입니까?」 ⑤등급(等級). 「頭一貨; 일급품」 ⑥성(姓). 「에서 만든 차. =路莊茶.
[路茶] lùch'á ㄌㄨˋㄔㄚˊ 원산지(原產地)
[路閘] lùchá ㄌㄨˋㄓㄚˊ 전철기(轉轍機).
[路程] lùch'éng ㄌㄨˋㄔㄥˊ 도정(道程).
[路政] lùchěng ㄌㄨˋㄓㄥˋ ①도로 행정(道路行政). ②철도 행정(鐵道行政).
[路基] lùchī ㄌㄨˋㄐㄧ 노상(路床).
[路劫] lùchiéh ㄌㄨˋㄐㄧㄝˊ 노상 강도.
[路籤] lùch'iēn ㄌㄨˋㄑㄧㄢ ①타블렛. ②(단선 철도에서) 역장이 운전수에게 주는 고리가 붙은 통행표. 통표(通票).
[路見不平, 拔刀相助] lù chièn pùp'íng, pátāo hsiāngchù ㄌㄨˋ ㄐㄧㄢˋ ㄅㄨˋㄆㄧㄥˊ, ㄅㄚˊㄉㄠ ㄒㄧㄤㄓㄨˋ 노상에서 타인의 위험을 보고, 칼을 뽑아 도와 주다. 의협심을 일으켜 용감히 싸우다. 〈成〉
[路警] lùchǐng ㄌㄨˋㄐㄧㄥˇ 철도 경찰.
[路徑] lùchìng ㄌㄨˋㄐㄧㄥˋ ①길. 도로. ②방법.
[路費] lùfèi ㄌㄨˋㄈㄟˋ 여비.
[路人] lùjěn ㄌㄨˋㄖㄣˊ ①길을 가는 사람. ②관계 없는 사람. 알지 못하는 사람.
[路口] lùk'ǒu ㄌㄨˋㄎㄡˇ 길의 어귀. 네거리의 입구. 「일(rail). 철길.
[路軌] lùkueǐ ㄌㄨˋㄍㄨㄟˇ 궤도(軌道). 레
[路過] lùkuò ㄌㄨˋㄍㄨㄛˋ ①통과(通過)하다. ②지나가는 길에 들르다.
[路路通] lùlùt'ūng ㄌㄨˋㄌㄨˋㄊㄨㄥ ①무엇이든지 대충은 잘 알고 있다. ②단풍나무의 열매: 한약에 쓰임.
[路牌] lùp'ái ㄌㄨˋㄆㄞˊ 이정표(里程標).
[路斃] lùpì ㄌㄨˋㄅㄧˋ 굶주림과 추위로 길가에 쓰러져서 죽는 것.
[路標] lùpiāo ㄌㄨˋㄅㄧㄠ 도표(道標).
[路邊兒] lùpiēnrh ㄌㄨˋㄅㄧㄢㄦ 길가. 노변.
[路皮鐵] lùp'ít'iěh ㄌㄨˋㄆㄧˊㄊㄧㄝˇ 허리띠처럼 물건을 감아 매는 금속. 대철(帶鐵).
[路不拾遺] lùpùshíhí ㄌㄨˋㄅㄨˋㄕˊㄧˊ 길가에 떨어진 물건이 있어도 줍는 사람이 없다는 말로, 세상이 잘 통치되어 태평하고 인심이 좋다는 뜻의 비유.
[路兒] lùrh ㄌㄨˋㄦ ①종류. 「這一貨; 이 종류의 물품」 ②방법. 예. 「找一; 방법을 찾다」 =路子 ③연줄.
[路數] lùshù ㄌㄨˋㄕㄨˋ ①길. 도로. ②방법. 수단. 책략. 흉정. ③실정. 내정. ④거동. 태도.
[路單] lùtān ㄌㄨˋㄉㄢ 통행증. =路條.
[路道] lùtao ㄌㄨˋㄉㄠ ①방법. 꾀. 수단. ②종류.
[路燈] lùtēng ㄌㄨˋㄉㄥ 외등. 가로등. 「證).
[路條] lùt'iáo ㄌㄨˋㄊㄧㄠˊ 통행증(通行
[路途] lùt'ú ㄌㄨˋㄊㄨˊ ①통로. ②사물의 이치. ③ 꼭 해야 할 여행.
[路子] lùtzǔ ㄌㄨˋㄗ ①(추상적으로) 길. 「一已經開好; 길은 이미 열려 있다」 ②방법. ③처세 방법. 상술. 술책. ④=路兒③.
[路遙知馬力, 日久見人心] lùyáo chīh mǎlì, jìhchiǔ chièn jěnhsīn ㄌㄨˋㄧㄠˊㄓ ㄇㄚˇㄌㄧˋ, ㄖˋㄐㄧㄡˇ ㄐㄧㄢˋ ㄖㄣˊㄒㄧㄣ 길이 멀면 말의 힘을 알 수 있고, 오래 두고 보면 인심을 안다는 말로, "말은 타 보아야 알고, 사람은 지내 보아야 안다는 뜻". 〈諺〉

〔碌〕 lù ㄌㄨˋ 「一一; 평범한」「一一無奇; 평범하여 조금도 진기한 데가 없다」 ⇨liù.

〔賂〕 lù ㄌㄨˋ ①뇌물. ②뇌물을 주다. ③사례로 주는 선물.

〔綠〕 lù ㄌㄨˋ ⇨lǜ.
[綠林好漢] lùlín hǎohàn ㄌㄨˋㄌㄧㄣˊ ㄏㄠˇㄏㄢˋ 의리에 강한 사람. 부패된 권력자에 대항하는 민간인.

〔漉〕 lù ㄌㄨˋ ①물이 천천히 배어 들어 가다. ②거르다. 여과(濾過)시키다. 「一酒; 술을 받다」

〔戮〕 lù ㄌㄨˋ ①죽이다. 「殺一」 ②힘을 합치다. 「一力同心; 일치 협력(一致協力)하다」

〔錄〕(录) lù ㄌㄨˋ ①쓰다. 기록하다. 그대로 베끼다. 「把這份公文一下來; 이 서류를 베껴 놓다」 ②문서. 기록한 것. 「言行一; 언행 」
[錄取] lùchǔ ㄌㄨˋㄑㄩˇ 채용하다. 시험 채용하다. 「一新生一百名; 신입생 백 명을 입학 허가하다」
[錄供] lùkūng ㄌㄨˋㄍㄨㄥˋ ①공술 기록(供述記錄). ②lù kūng 공술을 기록하다.
[錄事] lùshih ㄌㄨˋㄕ 문서계(文書係). 서기. 기록원. 〈舊〉
[錄單] lùtān ㄌㄨˋㄉㄢ 기록. 사본(寫本).
[錄音] lùyīn ㄌㄨˋㄧㄣ 녹음하다. 「一帶; 녹음 테이프」「一鋼絲; 녹음 와이어」
[錄用] lùyùng ㄌㄨˋ ㄩㄥˋ (사람을) 채용하다. 임용하다.

〔簏〕 lù ㄌㄨˋ 대로 엮은 운두가 높은 상자.

〔轆〕 lù ㄌㄨˋ 「축.
[轆軸] lùchou ㄌㄨˋㄓㄡ 샤아프트(shaft).
[轆轤] lùlu ㄌㄨˋㄌㄨ ①녹로. 양수기. ②활차(滑車). 권양기(卷揚器). 윈치(winch).
[轆轆] lùlùㄌㄨˋㄌㄨˋ 차가 움직이는 소리.
[轆轤線] lùluhsièn ㄌㄨˋㄌㄨㄒㄧㄢˋ 재봉실.

〔麓〕 lù ㄌㄨˋ 산기슭. 「山一; 산기슭」

〔露〕 lù ㄌㄨˋ ①이슬. 「一珠兒; 이슬방울」 ②노골적인. 탄로 난. ③음료. 「果子一; 주우스」「玫瑰一; 고량주(高粱酒)에 매괴(玫瑰)와 얼음사탕(氷砂糖)을 넣어서

만든 술. ④lòu 나타내다. 드러내다. 「一馬脚;탄로 나다」「一面(兒);얼굴을 내 놓다」
[露出] lùch'u ㄌㄨˋㄔㄨ 노출시키다. 나타내다. 「話裏一承認的意思;말 속에 승인의 뜻을 나타내다」 「=露水 珠兒.
[露珠兒] lùchūrh ㄌㄨˋㄓㄨㄦ 이슬방울.
[露相(兒)] lùhsiàng(rh) ㄌㄨˋㄒㄧㄤˋ(ㄦ) 정체가 알려지다. 진상이 알려지다.
[露楦兒] lùhsüànrh ㄌㄨˋㄒㄩㄢˋㄦ =露餡兒. 「다. =漏餡兒.
[露餡兒] lùhsiènrh ㄌㄨˋㄒㄧㄢˋㄦ탄로 나
[露話] lùhuà ㄌㄨˋㄏㄨㄚˋ 말로 의향을 비치다. 말을 비치다. 「다.
[露空] lùk'ùng ㄌㄨˋㄎㄨㄥˋ 무심코 잊
[露臉] lùliěn ㄌㄨˋㄌㄧㄢˇ ①면목을 세우다. ②가면을 벗기다.
[露馬脚] lùmáchiǎo ㄌㄨˋㄇㄚˊㄐㄧㄠˇ 마각이 드러나다. 본성이 드러나다. 탄로 나다. 「어 있는 광맥.
[露苗] lùmiáo ㄌㄨˋㄇㄧㄠˊ 지면에 노출되
[露苗兒] lùmiáorh ㄌㄨˋㄇㄧㄠˊㄦ ①싹이 나다. =萌芽. ②(사건이) 발생하기 시작하다. 「瘟疫剛一,就撲滅了;유행병이 발생하자마자 곧 박멸되었다」 ③일의 실마리가 잡히기 시작하다.
[露面(兒)] lùmièn(rh) ㄌㄨˋㄇㄧㄢˋ(ㄦ) 얼굴을 내 놓다. 체면이 서다. 가면을 벗기다. 그는 오랫동안 안 보인다.
[露白] lùpái ㄌㄨˋㄅㄞˊ ①여행자가 소지품(所持品)을 도둑에게 들키다. ②lòu-pai 표현하다. 자랑하다. 폭로하다. 「一自己聰明;자기의 총명함을 자랑하다」
[露本事] lùpěnshih ㄌㄨˋㄅㄣˇㄕ 솜씨를 보이다.
[露布] lùpù ㄌㄨˋㄅㄨˋ ①전승(戰勝)의 보고. ②봉하지 않은 편지.
[露脖頸兒] lùpókěngrh ㄌㄨˋㄅㄛˊㄍㄥˇㄦ ①=露臉. ②두각(頭角)을 나타내다.
[露水] lùshuí ㄌㄨˋㄕㄨㄟˊ 이슬. 「一夫妻;가다오다 만난 부부. 임시적인 부부」
[露宿] lùsù ㄌㄨˋㄙㄨˋ 노숙하다.
[露宿風餐] lùsù-fēngts'ān ㄌㄨˋㄙㄨˋ ㄈㄥㄘㄢ 객지 생활의 괴로움을 맛보다. 나그네의 괴로움을 알다. 《成》
[露天] lùt'iēn ㄌㄨˋㄊㄧㄢ 노천. 야외. 「一舞池;야외 무도장」「一音樂堂; 야외 음악당」「一堆棧;야적장(野積場)」
[露天地兒] lùt'iēntìrh ㄌㄨˋㄊㄧㄢㄉㄧˋㄦ 노천 장소(露天場所). 「있는 광맥(鑛脈).
[露頭] lùt'óu ㄌㄨˋㄊㄡˊ 지상에 노출되어
[露頭兒] lùt'óurh ㄌㄨˋㄊㄡˊㄦ 출현(出現)하다.
[露層] lùts'éng ㄌㄨˋㄘㄥˊ =露頭.

〔籙〕 lù ㄌㄨˋ ①「符一;도사가 미래에 나타날 일을 미리 짐작하여 적어 놓은 글:부참」「圖一;미래를 예언한 책. 도참(圖讖)」 ②천신(天神)으로부터 받은 책명(策命).

〔鷺〕 lù ㄌㄨˋ 백로. 해오라기. 「蒼一;푸른 해오라기. 백로」「一鷥;노사. 흰색의 백로」

LUAN ㄌㄨㄢ

〔巒〕 luán ㄌㄨㄢˊ ①작고 뾰족한 산. ②산이 죽 잇대어 있는 모양. 연산(連山).

〔孿〕 luán ㄌㄨㄢˊ「一子;쌍동이」「一生子;쌍동이」「一生;쌍동이의」

〔欒〕 luán ㄌㄨㄢˊ 모감주나무. 염주나무. 「一樹」「一華」

〔攣〕 luán ㄌㄨㄢˊ 손발이 켕기다.

〔臠〕 luán ㄌㄨㄢˊ 잘게 썬 고기. 「一割;잘게 썰다」

〔鸞〕 luán ㄌㄨㄢˊ 봉황류 비슷한 하나의 영조(靈鳥). 「一鳳;부부」「一鳳和鳴;부부 사이가 정답다」

〔鑾〕 luán ㄌㄨㄢˊ 방울의 일종. 말방울 따위.

〔卵〕 luǎn ㄌㄨㄢˇ 알. 「鷄一;계란」
[卵子] luántzǔ ①난자. ②luǎntzǔ 불알. 고환(睪丸).

〔亂〕(乱) luàn ㄌㄨㄢˋ ① 어지러워지다. 질서가 문란하다. 「話說的很一;말하는 것이 조리가 없이 갈피를 잡을 수가 없다」 ②반란폭동(反亂暴動). 「動一;동란」 ③현혹시키다. 혼동시키다. 「以假一眞;가짜를 진짜와 혼동시키다」 ④음란한. 「淫一;음란」 ⑤함부로. 「一寫;함부로 쓰다」
[亂岔岔的] luànch'āch'ātê ㄌㄨㄢˋㄔㄚㄔㄚㄉㄜ 사방에 흩어져 있는 모양.
[亂顫] luànch'àn ㄌㄨㄢˋㄔㄢˋ 부들부들 떨다. 「嚇得渾身一;놀라서 전신을 부들부들 떨다」
[亂吵亂嚷] luànch'ǎo-luànjǎng ㄌㄨㄢˋㄔㄠˇ ㄌㄨㄢˋㄖㄤˇ 함부로 큰 소리를 지르다. 「꼭 같다. 진짜와 같은.
[亂眞] luànchěn ㄌㄨㄢˋㄓㄣ 질물(진짜)과
[亂折騰亂鬧] luànchět'êng-luànnào ㄌㄨㄢˋㄓㄜㄊㄥ ㄌㄨㄢˋㄋㄠˋ 이러쿵저러쿵 마구 떠들썩하다. 뒤숭숭하게 혼잡을 이루고 있다.
[亂擠] luànchǐ ㄌㄨㄢˋㄐㄧˇ 함부로 서로 밀어대다. 함부로 밀치락달치락하다.
[亂嚼] luànchiáo ㄌㄨㄢˋㄐㄧㄠˊ 마구 떠들어대다. 「각.
[亂紙] luànchǐh ㄌㄨㄢˋㄓˇ 휴지. 종잇조
[亂勁兒] luànchìnrh ㄌㄨㄢˋㄐㄧㄣˋㄦ 소란. 소란스러운.
[亂七八糟] luànch'īpātsāo ㄌㄨㄢˋㄑㄧㄅㄚㄗㄠ ①엉망진창으로 되다. 제멋대로 하다. ②혼잡하다. 《成》
[亂抓] luànchuā ㄌㄨㄢˋㄓㄨㄚ ①함부로 손톱으로 꼬집다. ②마구 손톱으로 할퀴다. ③함부로 손을 대다. 「一活做;일에 함부로 손을 대다」
[亂轉] luànchuǎn ㄌㄨㄢˋㄓㄨㄢˇ 함부로 돌아 다니다. 제멋대로 돌아 다니다.
[亂闖] luànch'uǎng ㄌㄨㄢˋㄔㄨㄤˇ 난입(亂入)하다. 「맞부딪치다.
[亂撞] luànchuàng ㄌㄨㄢˋㄓㄨㄤˋ 마구
[亂吹] luànch'uī ㄌㄨㄢˋㄔㄨㄟ ①밑도 끝도 없이 말하다. 요령을 잡을 수 없이 말하다. ②근거도 없는 이야기를 떠들어 대다. ③함부로 거짓말을 하다.
[亂紛紛的] luànfēnfēntê ㄌㄨㄢˋㄈㄣㄈㄣㄉㄜ 혼잡한 모양

[亂想] luànhsiǎng ㄌㄨㄢˋㄒㄧㄤˇ 이것 저것 목표도 없이 망상하다. 쓸 데 없는 공상을 하다. 「난잡하다.＞亂亂烘烘.
[亂烘] luànhung ㄌㄨㄢˋㄏㄨㄥ 소란하다.
[亂烘烘的] luànhūnghūngtê ㄌㄨㄢˋㄏㄨㄥㄏㄨㄥㄉㄜ 떠들썩한 모양. 혼잡하고 소란한 모양.「吵成一一片; 와! 하고 한꺼번에 떠들어대다」
[亂嚷嚷的] luànjāngjāngtê ㄌㄨㄢˋㄖㄤㄖㄤㄉㄜ 떠들썩하게 떠들어대는 모양. 왁자지껄하다.
[亂嚷亂叫] luànjǎng-luànchiào ㄌㄨㄢˋㄖㄤˇㄌㄨㄢˋㄐㄧㄠˋ 큰 소리로 떠들썩하게 외치다. 「서가 문란하다.‹方›
[亂了營] luànlêying ㄌㄨㄢˋㄌㄜㄧㄥˊ 질
[亂離] luànlí ㄌㄨㄢˋㄌㄧˊ 전란(戰亂)으로 인하여 한 집안이 사방으로 흩어지다.
[亂麻] luànmá ㄌㄢˋㄇㄚˊ ①헝클어진 삼(麻). ②분간 못하게 흩어지다. ＞亂亂麻麻. 「욕설을 퍼붓다.
[亂罵] luànmà ㄌㄨㄢˋㄇㄚˋ 형편 없는
[亂麻麻的] luànmámátê ㄌㄨㄢˋㄇㄚˊㄇㄚˊㄉㄜ 흩어져서 분간할 수 없는.「心緒一; 마음이 사방으로 흩어지다」
[亂鬧] luànnào ㄌㄨㄢˋㄋㄠˋ 난폭하게 굴다. 「솟음 치다.
[亂迸] luànpěng ㄌㄨㄢˋㄅㄥˋ 세차게 용
[亂捧亂罵] luànp'ěng-luànmà ㄌㄨㄢˋㄆㄥˇㄌㄨㄢˋㄇㄚˋ 남을 추켰다 내렸다 하다. 남을 추어 주고 또는 낮추고 하다.
[亂蓬蓬的] luànp'éngp'éngtê ㄌㄨㄢˋㄆㄥˊㄆㄥˊㄉㄜ 머리털 따위가 마구 흩어진.
[亂兵] luànpīng ㄌㄨㄢˋㄅㄧㄥ 반란병(反亂兵). 「다.
[亂說] luànshuō ㄌㄨㄢˋㄕㄨㄛ 함부로 말하
[亂松松的] luànsūngsūngtê ㄌㄨㄢˋㄙㄨㄥㄙㄨㄥㄉㄜ 머리털 따위가 자라서 헝클어져 있는 모양.
[亂彈琴] luànt'ánch'ín ㄌㄨㄢˋㄊㄢˊㄑㄧㄣˊ ①멋대로 거문고를 키다. ②말이 나오는 대로 함부로 하다 : (湖南語).
[亂套] luànt'ào ㄌㄨㄢˋㄊㄠˋ ①혼란하다. 떠들썩하다. ②기정 방침이 헝클어지다.
[亂騰] luànt'êng ㄌㄨㄢˋㄊㄥ ①혼란하다. ②어수선한. 뒤숭숭한 모양.＞亂亂騰騰.
[亂跳] luànt'iào ㄌㄨㄢˋㄊㄧㄠˋ ①가슴이 두근두근하다. ②여기 저기 깡총깡총 뛰어 다니다.
[亂抖] luàntǒu ㄌㄨㄢˋㄉㄡˇ 부들부들 떨리다.「渾身一: 전신이 부들부들 떨리다」
[亂透] luànt'òu ㄌㄨㄢˋㄊㄡˋ 온통 혼란하다. 「추량(推量)하다.
[亂猜] luànts'āi ㄌㄨㄢˋㄘㄞ 여러 가지로
[亂葬崗(子)] luàntsàngkǎng(tzǔ) ㄌㄨㄢˋㄗㄤˋㄍㄤˇ(ㄗ) 연고자가 없는 묘지. 관설 공동묘지. ＝亂死崗.‹北›
[亂竄] luànts'uàn ㄌㄨㄢˋㄘㄨㄢˋ 갈팡질팡 도망하다. 쥐구멍을 찾아 도망쳐 헤매다.
[亂動] luàntùng ㄌㄨㄢˋㄉㄨㄥˋ ①난동 함부로 행동하다. ②함부로 손을 대다
[亂子(一兒)] luàntzǔ(—rh) ㄌㄨㄢˋㄗ(—ㄦ) 화(禍). 사건(事件). 소동.

LUN ㄌㄨㄣ

〔掄〕 lūn ㄌㄨㄣ ①휘두르다.「一刀; 칼을 휘두르다「一拳; 주먹을 휘두르다」⇨lún.
[掄錢] lūnch'ién ㄌㄨㄣㄑㄧㄢˊ 돈을 물 쓰듯 쓰다. 돈을 흔히 쓰다.
[掄拳] lūnch'üán ㄌㄨㄣㄑㄩㄢˊ 주먹을 휘두르다.
[掄轉] lūnchuàn ㄌㄨㄣㄓㄨㄢˋ 빙글빙글 휘두르다. 빙글빙글 돌리다.
[掄開] lūnk'ai ㄌㄨㄣㄎㄞ 휘두르다.「一鐵錘打鐵; 해머(망치)를 휘둘러 쇠를 두드리다」
[掄打] lūntǎ ㄌㄨㄣㄉㄚˇ ①손을 휘둘러서 두드리다. ②lūnta 물건을 손에 쥐고 흔들다. 「把手裏的東西, 一掉了; 손에 쥔 물건을 휘둘러 떨어뜨렸다」 ③손이나 도구로써 몸짓을 해 보이다.
[掄刀] lūntāo ㄌㄨㄣㄉㄠ 칼을 휘두르다.
[掄動] lūntùng ㄌㄨㄣㄉㄨㄥˋ 둥그스름하게 돌리다.
[掄圓了] lūnyüánlê ㄌㄨㄣㄩㄢˊㄌㄜ ①힘을 넣어 빙빙 돌려서. 힘껏.「一打一了棍子; 손에 힘을 넣어서 막대기로 한 번 때렸다」 ②지독히. 매우 심하게.「一碰了一個大釘子; 지독히 꾸지람을 당하였다」

〔侖〕(仑) lún ㄌㄨㄣˊ 질서(秩序). 순서.

〔倫〕 lún ㄌㄨㄣˊ ①비교될 만한 것. 동류(同類).「不一不類; 아무 쓸모가 없는 것. 전혀 닮지 않은. 예상 외」 ②질서. 순서.「語無一次; 말의 이치가 통하지 않다」 ③인륜(人倫). 인간의 도리.「五倫一; 부자(父子). 군신(君臣). 부부(夫婦). 형제(兄弟). 붕우(朋友)의 5개의 도리를 말함」.
[倫常] lúnch'áng ㄌㄨㄣˊㄔㄤˊ 인륜(人倫). 인간으로서 지켜야 할 도리.
[倫類] lúnlèi ㄌㄨㄣˊㄌㄟˋ 동류(同類).
[倫比] lúnpǐ ㄌㄨㄣˊㄅㄧˇ ①유례(類例). ②비교하다.
[倫次] lúntz'ǔ ㄌㄨㄣˊㄘˋ 이치. 순서.

〔淪〕 lún ㄌㄨㄣˊ ①세파. 잔 물결. 「一波; 잔 물결」 ②가라 앉다. 몰락하다.「沉一; 몰락하다. 영락(零落)」
[淪陷] lúnhsièn ㄌㄨㄣˊㄒㄧㄢˋ ①함락(陷落)하다. 적군의 손에 넘어가다.「一區; 피점령지구(被占領地區)」 ②쇠퇴(衰退)하다. 몰락하다. 「지로 떠돌아 다니다.
[淪落] lúnlò ㄌㄨㄣˊㄌㄨㄛˋ 몰락하여 객
[淪滅] lúnmièh ㄌㄨㄣˊㄇㄧㄝˋ 소멸(消滅)하다.
[淪沒] lúnmò ㄌㄨㄣˊㄇㄛˋ 침몰(沈沒)하다.
[淪敗] lúnpài ㄌㄨㄣˊㄅㄞˋ 쇠약(衰弱) 하여지다.
[淪亡] lúnwáng ㄌㄨㄣˊㄨㄤˊ 멸망하다. 망하다.

〔掄〕 lún ㄌㄨㄣˊ 선택하다. 골라내다. 선출하다. 「一材; 인재를 뽑다」⇨lūn.

〔綸〕 lún ㄌㄨㄣˊ ①낚싯줄.「垂一; 낚시질하다」 ②청색(靑色)으로 된 끈 청철(靑綴): 옛 관인(官印)에 달았음.

〔論〕 lún ㄌㄨㄣˊ 논어(論語): 책의 이름. ⇨lùn.

〔輪〕 lún ㄌㄨㄣˊ ①「一子·一兒;차륜(車輪)」「三一車 ; 삼륜차」②「一兒 ; 톱니바퀴. 수레바퀴」「齒一兒 ; 톱니바퀴」「飛一兒 ; 기계의 회전축에 붙어서 회전을 일정하게 하기 위한 큰. 바퀴」③원형인 물건. 「日一 ; 태양」「血一 ; 혈구(血球)」④기선. 「巨一 ; 거선(巨船)」⑤차례가 되다. 「這回一到我了 ; 이번에는 내 차례다」⑥교대로. 순서대로. 「一種 ; 윤작하다」「一休 ; 교대로 쉬다」⑦「一兒 ; 도는 것. 순회」「第一一影片 ; 개봉한 영화」「他比我大一一 ; 그는 나보다 한 바퀴 위다」 「작(輪作).

[輪茬] lúnch'á ㄌㄨㄣˊㄔㄚˊ 농작물의 윤

[輪掣] lúnch'ê ㄌㄨㄣˊㄔㄜˋ 차의 브레이크(brake).

[輪機] lúnchī ㄌㄨㄣˊㄐㄧ 터어빈(turbine).

[輪值] lúnchíh ㄌㄨㄣˊㄓˊ 교대로 당직을 하다. 「니.

[輪齒] lúnch'ǐh ㄌㄨㄣˊㄔˇ 톱니바퀴의 톱

[輪軸] lúnchóu ㄌㄨㄣˊㄓㄡˊ ①차륜의 축(軸). ②스크루우(screw)· 프로펠러 (propeller)의 축. 「船).

[輪船] lúnch'uán ㄌㄨㄣˊㄔㄨㄢˊ 기선(汽

[輪轉] lúnchuǎn ㄌㄨㄣˊㄓㄨㄢˇ빙글빙글 돌다. 「作)하다. 「一作物 ; 윤작 작물」

[輪種] lúnchùng ㄌㄨㄣˊㄓㄨㄥˋ 윤작(輪

[輪休] lúnhsiū ㄌㄨㄣˊㄒㄧㄡ 교대하여 쉬다. 「一日; 교대하여 쉬는 날」 「하다.

[輪環] lúnhuàn ㄌㄨㄣˊㄏㄨㄢˋ순환(循環)

[輪換] lúnhuàn ㄌㄨㄣˊㄏㄨㄢˋ바꾸어 가며 교대하다. 「는) 바퀴가 달린 의자.

[輪椅] lúnǐ ㄌㄨㄣˊㄧˇ (환자들이 사용하

[輪軔] lúnjèn ㄌㄨㄣˊㄖㄣˋ 차륜 제동기(車輪制動機).

[輪箍] lúnkū ㄌㄨㄣˊㄍㄨ 철륜(鐵輪). 기차나 전차의 차량과 같은 철(鐵)로 만든 차륜. 「사의 한가지.

[輪轂] lúnkǔ ㄌㄨㄣˊㄍㄨˇ〈動〉반시 뱀 : 독

[輪灌] lúnkuàn ㄌㄨㄣˊㄍㄨㄢˋ 순번대로 물을 대다. 차례나 순번대로 논이나 밭에 물을 대다.

[輪流] lúnliú ㄌㄨㄣˊㄌㄧㄡˊ 순번대로. 순서대로. 「一着做 ; 순번으로 하다」 >輪輪流流.

[輪牧] lúnmù ㄌㄨㄣˊㄇㄨˋ 윤목(輪牧). 목초를 보호하기 위하여 계획적으로 장소를 변경하여 방목하다.

[輪盤] lúnp'án ㄌㄨㄣˊㄆㄢˊ =車盤.

[輪兒] lúnrh ㄌㄨㄣˊㄦ ①차륜. 톱니바퀴. 순회. ②회전도수(回轉度數). 「轉一一 ; 한 번 돌다」 「兒.

[輪撥兒] lúnpōrh ㄌㄨㄣˊㄅㄛㄦ =輪班

[輪胎] lúnt'āi ㄌㄨㄣˊㄊㄢ 타이어. 차량의 고무 바퀴. 「트.

[輪帶] lúntài ㄌㄨㄣˊㄉㄞˋ①타이어. ②벨

[輪到] lúntao ㄌㄨㄣˊㄉㄠ…의 차례가 되다. …의 순번이 되다. 「다.

[輪栽] lúntsai ㄌㄨㄣˊㄗㄞ 윤작(輪作) 하

[輪渡] lúntù ㄌㄨㄣˊㄉㄨˋ 연락선으로 건너 가다.

[輪次] lúntz'ǜ ㄌㄨㄣˊㄘˋ 순번. 「挨到一 ; 순번이 오다」

〔論〕 lùn ㄌㄨㄣˋ ①논(論)하다. 의논하다. 이러쿵저러쿵 말하다. 옳고 그른 것을 판단하다. 「評一」「議一」 「一概而一 ; 일반적으로 논(論)하다」②논(論). 이론. 주의. 「輿一 ; 세론」③…에 응하여. …에 의하여. 「一月支薪; 월급제로 계산하여 급료를 지급하다」「買鷄蛋一斤 ; 달걀을 근당 얼마에 사다」⇨lún. 「하다.

[論價] lùnchià ㄌㄨㄣˋㄐㄧㄚˋ가격을 의논

[論串兒] lùnch'uànrh ㄌㄨㄣˋㄔㄨㄢˋㄦ① (사람이나 물건이) 열을 짓고 있는비유. ②(말이나 행동이) 계속되다.

[論鍾點] lùnchūngtiěn ㄌㄨㄣˋㄓㄨㄥㄉㄧㄢˇ 시간제. 「一付工資 ; 시간제로 공임(工賃)을 지불하다. 시간급(時間給)을 주다」 「얼마로 계산하다.

[論個兒] lùnkòrh ㄌㄨㄣˋㄍㄜˋㄦ 한 개

[論理] lùnlǐ ㄌㄨㄣˋㄌㄧˇ ①논리. ②lùnlǐrh 논쟁하다. ③이론부터 말하면. ④이유를 말하자면. 본래(本來)는.

[論列] lùnlièh ㄌㄨㄣˋㄌㄧㄝˋ 일의 시비곡직(是非曲直)을 정하다. 일의 옳고 그름을 의논하여 결정하다.

[論兒] lùnrh ㄌㄨㄣˋㄦ ①논의(論議). ②습관. 풍속.

[論說] lùnshuō ㄌㄨㄣˋㄕㄨㄛ ①논설. ②(문제로) 내 세우고 말을 하다. 「유.

[論道] lùntao ㄌㄨㄣˋㄉㄠ 도리(道理). 이

LUNG ㄌㄨㄥ

〔隆〕 lúng ㄌㄨㄥˊ ①왕성한. 성대한. 한창의. 「一情 ; 후정이나 친절」②융성(隆盛)한. 「興一 ; 매우 번성하다」 ③높은. 높이 되다. 「一起 ; 융기」 ④우뢰나 대포소리. «擬» 「意).

[隆情] lúngch'íng ㄌㄨㄥˊㄑㄧㄥˊ 후의(厚

[隆準] lúngchǔn ㄌㄨㄥˊㄓㄨㄣˇ 높은 코.

[隆重] lúngchùng ㄌㄨㄥˊㄓㄨㄥˋ 장엄하다. 성대하다. 「一的典禮 ; 성대한 의식」 >隆隆重重. 「엄동.

[隆寒] lúnghán ㄌㄨㄥˊㄏㄢˊ 엄한(嚴寒).

[隆隆] lúnglúng ㄌㄨㄥˊㄌㄨㄥˊ우뢰나 대포의 소리. 「雷聲一 ; 천둥이 울리는 소리가 나다」「炮聲一 ; 포성이 꽝꽝 울린다」 「한창 더운 여름철.

[隆暑] lúngshǔ ㄌㄨㄥˊㄕㄨˇ 성하(盛夏).

[隆冬] lúngtūng ㄌㄨㄥˊㄉㄨㄥ 엄동(嚴冬). 가장 추운 겨울.

〔龍〕(龙) lúng ㄌㄨㄥˊ ① 용(龍). 「一條一 ; 한 마리의 용」②옛날 천자나 황제에 비유하는 말. 「一袍 ; 용 무늬를 수놓은 황제가 입는 의복. 곤룡포」「一床 ; 용상」

[龍爪槐] lúngchǎohuái ㄌㄨㄥˊㄓㄠˇㄏㄨㄞˊ 회화나무의 한 가지 : 가지가 늘어져 있는 것이 특징이다.

[龍爭虎鬪] lúngchēng-hǔtòu ㄌㄨㄥˊㄓㄥㄏㄨˇㄉㄡˋ 용과 호랑이가 서로 싸우다. 사투(死鬪)하다. «成»

[龍井] lúngchǐng ㄌㄨㄥˊㄐㄧㄥˇ "杭縣龍井產"의 차(茶). =龍井茶.

[龍舟] lúngchōu ㄌㄨㄥˊㄓㄡ =龍船.

[龍船] lúngch'uán ㄌㄨㄥˊㄔㄨㄢˊ ①단오절에 경주(競舟)하는 배. ②임금이 타는 배 : 용 모양의 장식을 하고 있다.

[龍鍾] lúngchūng ㄌㄨㄥˊㄓㄨㄥ ① 늙어서 신체가 쇠약한 모양.「一老態；늙어서 뼈만 남은 모양」＝老態老鍾. ②실의(失意)한 모양.

[龍飛鳳舞] lúngfēi-fèngwǔ ㄌㄨㄥˊㄈㄟ ㄈㄥˋㄨˇ 필적이 힘이 있고 생기가 있는 것.《成》

[龍鳳] lúngfèng ㄌㄨㄥˊㄈㄥˋ ① 용과 봉황새. ②결혼의 상징.「一餅；결혼식에 신랑의 집에서 신부댁에 보내는 일종의 과자」「一婚書；결혼 증명서·혼서(婚書)」

[龍蝦] lúnghsiā ㄌㄨㄥˊㄒㄧㄚ 〈動〉 대하. 왕새우.

[龍涎香] lúnghsiénhsiāng ㄌㄨㄥˊㄒㄧㄢˊ ㄒㄧㄤ 용연향:향유고래로부터 채취하는 향료. (고래의 창자에서 나오는 용연향) 말향경(抹香鯨)의 창자에서 나오는 향료.

[龍鬚] lúnghsū ㄌㄨㄥˊㄒㄩ 〈植〉 자리골풀(인초). 쪽의 한 가지.

[龍鬚菜] lúnghsūts'ài ㄌㄨㄥˊㄒㄩㄘㄞˋ 〈植〉 ①아스파라거스. ②해초명:바닷말.

[龍骨車] lúngkǔch'ē ㄌㄨㄥˊㄍㄨˇㄔㄜ 양수용(揚水用)인 관개용 수차. 논 도랑 따위에 물을 끌어 올리는 수차(水車).

[龍門] lúngmén ㄌㄨㄥˊㄇㄣˊ 등용문(登用門).「登一；출세의 실마리를 잡다」

[龍腦] lúngnǎo ㄌㄨㄥˊㄋㄠˇ 〈藥〉 용뇌 약의 이름. ＝冰片.

[龍蟠虎踞] lúngp'án-hǔchǜ ㄌㄨㄥˊㄆㄢˊ ㄏㄨˇㄐㄩˋ 지세(地勢)가 웅대하고 험준한 모양.《成》

[龍袍] lúngp'áo ㄌㄨㄥˊㄆㄠˊ 황제의 예복.

[龍生日] lúngshēngjìh ㄌㄨㄥˊㄕㄥㄖˋ 길일(吉日). 길진(吉辰).

[龍虱] lúngshīh ㄌㄨㄥˊㄕ 〈動〉 배잠자리의 유충으로 "廣東·福建" 에서는 식용으로 하며 약용(藥用)으로도 쓰임.

[龍抬頭] lúngt'áit'óu ㄌㄨㄥˊㄊㄞˊㄊㄡˊ ① 점점 운이 트이다. ② 2월 2일은 용이 머리를 든다는 것으로 이날 이후로는 비가 오는 날이 많고 생활이 용이하다고 함.

[龍膽風肝] lúngtǎn fèngkān ㄌㄨㄥˊㄉㄢˇ ㄈㄥˋㄍㄢ 진기(珍奇)한 음식을 비유하는 말.

[龍潭虎穴] lúngt'án-hǔhsüèh ㄌㄨㄥˊㄊㄢˊ ㄏㄨˇㄒㄩㄝˋ 극히 위험한 장소.《成》

[龍套] lúngt'ào ㄌㄨㄥˊㄊㄠˋ 극(劇)의 의상(衣裳)이나 또는 그것을 입는 사람(귀인의 호위 또는 병졸로 분장한 사람이 입는다).「跑一；극의 한 배역으로 고귀한 사람이 등장하기 전에 무대 위를 깃발 따위를 갖고 빙빙 돌아 다님」

[龍燈] lúngtēng ㄌㄨㄥˊㄉㄥ 용 모양으로 만든 등으로 정월에 이것을 장대에 매달고 춤을 춤. 이것을 "鬧龍燈"이라 함.

[龍多死靠] lúngtō ssǔk'ào ㄌㄨㄥˊㄉㄨㄛ ㄙˇㄎㄠˋ 능력자가 많으면 도리어 일의 진전이 없다는 말. 잘난 사람이 많으면 일이 곤란해진다.《成》

[龍頭] lúngt'ou ㄌㄨㄥˊㄊㄡ ①수도 꼭지. ②자전거의 손잡이. ③기관차의 속된말.

[龍王] lúngwang ㄌㄨㄥˊㄨㄤ 수신(水神). 비(雨)의 신(神).「求一；수신에게 비 내리기를 기원하다」

〔瀧〕 lúng ㄌㄨㄥˊ ①급류(急流). ②극포.

〔蘢〕 lúng ㄌㄨㄥˊ「一葱；초목이 무성한 모양」

〔爖〕 lúng ㄌㄨㄥˊ 불을 때다.

[爖火] lúnghuǒ ㄌㄨㄥˊㄏㄨㄛˇ (아궁이 따위에) 불을 때다.

〔櫳〕 lúng ㄌㄨㄥˊ ①창(窓). ②동물의 우리.

〔礱〕 lúng ㄌㄨㄥˊ ①맷돌. ② 맷돌질하다.「一谷舂米；맷돌질하다」

[礱糠] lúngk'āng ㄌㄨㄥˊㄎㄤ 맷돌에 갈아 나온 겨. 왕겨:굵은 겨.「一裏榨不出油來；왕겨에서는 기름도 짤 수 없다 : 가난한 사람에게는 한 푼도 짜낼 수 없다」

[礱谷] lúng kǔ ㄌㄨㄥˊㄍㄨˇ 맷돌에다 곡식을 갈다. 맷돌질하다.

〔聾〕 lúng ㄌㄨㄥˊ ①귀머거리. 들리지 않다.「耳朵一；귀머거리」②코가 메다.「鼻子一了；코가 메다」

[聾佬] lúnglǎo ㄌㄨㄥˊㄌㄠˇ 귀머거리(남자).

[聾子] lúngtzū ㄌㄨㄥˊㄗ 귀머거리.

〔籠〕 lúng ㄌㄨㄥˊ ①「一子·一兒；새나 벌레를 키우는 새장이나 곤충집 따위. 장」「鳥一子；새장」「鷄一；닭장」②옛날 죄인을 가두는 데 사용한 물건. ③찜통. 시루.「上一蒸·蒸；찜통(시루)에 넣어서 찌다」④덮다(覆). 싸다(包). ⑤＝爖. ⇨ lǔng.

[籠括] lúngk'uò ㄌㄨㄥˊㄎㄨㄛˋ 포괄(包括)하다. 전부 탈취하다.

[籠屜] lúngt'ì ㄌㄨㄥˊㄊㄧˋ 채반시루. 찜통.

[籠頭] lúngt'ou ㄌㄨㄥˊㄊㄡ 말 머리에서 재갈에 걸친 끈.

[籠統] lúngt'ǔng ㄌㄨㄥˊㄊㄨㄥˇ 대충. 분간할 수가 없다.「一地說；일괄하여 말하다. 분석하지 않고 추상적으로 말하다」

〔壟〕 lǔng ㄌㄨㄥˇ ①밭 경계의 높은 두둑. ②이랑.「麥一兒；보리 이랑」「寬一密植；이랑의 폭을 넓히고 밀식(密植)하다」③이랑 비슷한 물건.「瓦一；기와 지붕의 골」

[壟溝兒] lǔngkōurh ㄌㄨㄥˇㄍㄡㄦ 밭고랑.

[壟道] lǔngtào ㄌㄨㄥˇㄉㄠˋ 이랑. 논길.

[壟斷] lǔngtuàn ㄌㄨㄥˇㄉㄨㄢˋ 혼자 독점하다.「一資本；독점 자본」

〔攏〕 lǔng ㄌㄨㄥˇ ①모으다. 합치다. 모이다.「歸一；합치다. 매듭을 짓다」「一音(兒)；소리가 새 나가지 않다. 목소리가 잘 들리다」②물가에 대다. 접근시키다.「靠一；접근하다」「說話總是合不一；말이 웬지 엇갈리다」③단을 묶다.「把柴火一住；나뭇단을 묶다」④발이 잔 빗으로 머리를 빗다.「一頭髮；머리를 빗다」

[攏岸] lǔng'àn ㄌㄨㄥˇㄢˋ (배를) 물가에 대다.

[攏住] lǔngchu ㄌㄨㄥˇㄓㄨ ①묶다. 매다. ②흩어져 있는 것 따위를 모으다.

[攏發] lǔngfà ㄌㄨㄥˇㄈㄚˋ 머리를 빗다.

[攏行] lǔngháng ㄌㄨㄥˇㄏㄤˊ 열(列)을 짓고 있는 이랑. ＞攏攏共共.

[攏共] lǔngkùng ㄌㄨㄥˇㄍㄨㄥˋ 합계하다.

[攏過來] lǔngkuòlai ㄌㄨㄥˇㄍㄨㄛˋㄌㄞ 끌어 당기다. 흩어진 것을 함께 모으다.

「把東西一,聚集在一起 ; 흩어진 물건을 한 군데로 모으다」
[攏梳] lŭngshū ㄌㄨㄥˇㄕㄨ 빗. 머리빗.
[攏頭] lŭngt'óu ㄌㄨㄥˇㄊㄡˊ 머리를 빗다. =攏頭發.
[攏總] lúngtsŭng ㄌㄨㄥˊㄗㄨㄥˇ ① 함께. ②합계하다. 정리하다. >攏攏總總. 「빗.
[攏子] lúngtzŭ ㄌㄨㄥˊㄗ 살이 잔 빗. 참
[攏音(兒)] lŭngyīn(rh) ㄌㄨㄥˇ ㄧㄣ(ㄦ)말소리가 새지 않고 잘 들리다.

〔隴〕 lŭng ㄌㄨㄥˇ "甘肅省"의 별칭.

〔籠〕 lŭng ㄌㄨㄥˇ ⇨lúng.
[籠括] lŭngk'uò ㄌㄨㄥˇㄎㄨㄛˋ 포괄(包括)하다. 「락하다.
[籠絡] lŭnglò ㄌㄨㄥˇㄌㄨㄛˋ 사람을 농
[籠罩] lŭngchào ㄌㄨㄥˇㄓㄠˋ ①위에 뒤덮다. =覆蓋. ②빛이나 연기 따위가 자 「욱이 끼다.

〔弄〕(衖④) lùng ㄌㄨㄥˋ ①가지고 놀다. ②악기를 연주하다. 「一笛 ; 피리를 불다」「一簫 ; 통소를 불다」 ③악곡(樂曲)의 이름 : 「梅花三一」 ④오솔 길. 뒷거리. ‹吳› ⇨nùng.
[弄堂] lùngt'áng ㄌㄨㄥˋㄊㄤˊ 뒷거리. ‹吳› 「一門 ; 뒷거리의 입구」

LÜ ㄌㄩ

〔閭〕 lǘ ㄌㄩˊ ①옛 25가구(家口)를 1 "閭"라고 하였다. ②마을의 문이나 입구. ③시골.
[閭長] lǘchăng ㄌㄩˊㄓㄤˇ 촌장(村長).
[閭賬] lǘchàng ㄌㄩˊㄓㄤˋ 마을에 사는 각 세대(世帶)의 명부.
[閭里] lǘlĭ ㄌㄩˊㄌㄧˇ 마을. 향리(鄉里).

〔驢〕(馿) lǘ ㄌㄩˊ 「一子·一兒 ; 당나귀」
[驢唇不對馬嘴] lǘch'ún pútuì mátsuì ㄌㄩˊㄔㄨㄣˊ ㄅㄨˊㄊㄨㄟˋ ㄇㄚˇㄗㄨㄟˇ ①말하는 것이 이치에 어긋나다. 말이 불합리하다. ②전혀 균형이 잡히지 않는 것을 비유하는 말. ‹諺›
[驢駒子] lǘchūtzŭ ㄌㄩˊㄐㄩㄗ 당나귀의 새끼. 어린 당나귀.
[驢糞蛋子] lǘfèntàntzŭ ㄌㄩˊㄈㄣˋㄉㄢˋㄗ ①표면만 훌륭해 보이는 것. ‹西› ②=滑頭(huát'óu).
[驢肝肺] lǘkānfèi ㄌㄩˊㄍㄢㄈㄟˋ ①마음이 나쁜 사람을 욕하는 말. ②가치 없는 물건을 비유하는 말. 「긴 얼굴.
[驢臉] lǘliĕn ㄌㄩˊㄌㄧㄢˇ 말과 같은 상.
[驢騾] lǘló ㄌㄩˊㄌㄨㄛˊ 수말과 암당나귀 교배로 생긴 잡종으로 보통 노새보다 작고 입이 뾰족하고 길다.
[驢皮影] lǘp'íyĭng ㄌㄩˊㄆㄧˊㄧㄥˇ 당나귀 가죽으로 만든 인형을 써서 하는 인형극.
[驢打滾兒] lǘ tákŭnrh ㄌㄩˊ ㄉㄚˇㄍㄨㄣˇㄦ ①당나귀가 딩굴다. 그 자리에서 딩굴다. ②차좁쌀로 만든 경단. ③이자 따위가 점점 증가하다. 「一的利息 ; 눈사람처럼 불어나는 이자. 이자에 이자가 붙다」
[驢條子] lǘt'iáotzŭ ㄌㄩˊㄊㄧㄠˊㄗ 당나귀 새끼.
[驢推磨] lǘt'uīmò ㄌㄩˊㄊㄨㄟㄇㄛˋ 하나의 일에만 구애 되어 있는 것을 비유하 「는 말.

〔呂〕 lǚ ㄌㄩˇ ①중국 고래(古來)의 음률(音律)중 음(陰)에 속하는 것으로 6종류가 있다. 「六一」 ②성(姓).
[呂劇] lǚchǜ ㄌㄩˇㄐㄩˋ =呂戲. 「통극.
[呂戲] lǚhsì ㄌㄩˇㄒㄧˋ "山東"지방의 전
[呂宋烟] lǚsùngyēn ㄌㄩˇㄙㄨㄥˋㄧㄢ담배 잎만으로 말아서 만든 담배. 여송연.

〔捋〕 lǚ ㄌㄩˇ (손가락으로 머리칼이나 주름살 따위를) 쓰다듬다. 「把紙一平了; 종이를 쓰다듬어 펴다」 ⇨lō.

〔旅〕 lǚ ㄌㄩˇ ①여행. 「一行」 ②옛 군대의 조직 : 500명의 군대를 말함. ③군대(軍隊). 「勁一 ; 강력한 군대」 ④여단(旅團). 「一長 : 여단장」「(원 따위의) 출장 여비.
[旅差費] lǚch'āifèi ㄌㄩˇㄔㄞㄈㄟˋ (공무
[旅長] lǚchăng ㄌㄩˇㄓㄤˇ 여단장(旅團長).
[旅居] lǚchū ㄌㄩˇㄐㄩ 타향에 기류(寄留)하다. 타향에서 살다.
[旅伴兒] lǚpànrh ㄌㄩˇㄅㄢˋㄦ 여행길의 수반자. 여행할 때 따라 가는 사람.
[旅社] lǚshè ㄌㄩˇㄕㄜˋ 여관.
[旅店] lǚtièn ㄌㄩˇㄊㄧㄢˋ 여관.
[旅次] lǚtz'ǜ ㄌㄩˇㄘˋ 여행 도중.

〔屢〕(屡) lǚ ㄌㄩˇ 종종. 때때로 누누이. 몇 번이고. 「一次 ; 누차」「一戰一勝 ; 전투할 때마다 승리하다」
[屢教不改] lǚchiào pùkăi ㄌㄩˇㄐㄧㄠˋㄅㄨˋㄍㄞˇ 몇 번 타일러도 고치지를 않다.
[屢見不鮮] lǚchièn-pùhsiĕn ㄌㄩˇㄐㄧㄢˋ ㄅㄨˋㄒㄧㄢˇ 늘 눈에 띄어 새롭고 진기한 맛이 없다.
[屢屢] lǘlǚ ㄌㄩˊㄌㄩˇ 종종. 때때로.
[屢年] lǚnién ㄌㄩˇㄋㄧㄢˊ 매년(每年). 여러 해.
[屢試不爽] lǚshìhpùshuăng ㄌㄩˇㄕˋㄅㄨˋㄕㄨㄤˇ 때때로 시험해서 효과가 있다.
[屢挫不餒] lǚts'ò pùněi ㄌㄩˇㄘㄨㄛˋ ㄅㄨˋㄋㄟˇ 몇 번이고 좌절되어도 기세가 꺾이지 않다.
[屢次] lǚtz'ǜ ㄌㄩˇㄘˋ 누차. 「一三番 ; 몇 「번이고 몇 번이고」

〔膂〕 lǚ ㄌㄩˇ 등뼈.
[膂力] lǚlì ㄌㄩˇㄌㄧˋ 힘. 체력. 「一過人 ; 「힘이 남달리 세다」

〔履〕 lǚ ㄌㄩˇ ①신. 신발. 「削足適一 ; 발을 깎아서 신발에 맞추다. 순서가 뒤집히다」 ②밟다. 가다. 「如一薄氷 ; 엷은 얼음판 위를 걸어 가는 듯한」 ③실행하다. 실천하다. 「하다.
[履新] lǚhsīn ㄌㄩˇㄒㄧㄣ 공무원이 부임
[履虎尾] lǚhŭwĕi ㄌㄩˇㄏㄨˇㄨㄟˇ 위험을 무릅쓰다.
[履任] lǚjèn ㄌㄩˇㄖㄣˋ =履新.
[履歷] lǚlì ㄌㄩˇㄌㄧˋ 이력. 경력. 「一表 ; 이력서」
[履帶] lǚtài ㄌㄩˇㄉㄞˋ 캐터필러(caterpilar). 무한 궤도(無限軌道).

〔鋁〕 lǚ ㄌㄩˇ 알루미늄(allumminium).

〔縷〕 lǚ ㄌㄩˇ ①실.「一絲一一;실 한 오리;미소(微小)한 것을 말함」②상세히. 자세히. 조리 있게. ③조수사로서 연기나 실처럼 길게 계속되어 가는 것을 셈함.「一一炊烟;한 줄기의 부엌 연기(煙氣)」「一一綫;실 한 오리」

[縷陳] lǚch'ěn ㄌㄩˇㄔㄣˊ =縷述.

[縷析] lǚhsī ㄌㄩˇㄒㄧ 상세하게 분석하다.「條分一;일일이 구분하여 상세히 분류하다」「一剖明;상세히 분석하여 해명하다」

[縷縷] lǚlǚ ㄌㄩˊㄌㄩˇ ①극히 자세한 일. ②늘 계속되는 모양.「一不斷」「一續續」③말하고 싶은 심정.「不盡一; 심정을 다 말할 수가 없다」

[縷述] lǚshù ㄌㄩˇㄕㄨˋ ①상세히 진술하다. ②달갑지 않은 말을 길게 늘어 놓다. ⌊귀찮게 말을 하다.

〔律〕 lǜ ㄌㄩˋ ①법률. 법규.「按一判罪;법률에 의하여 죄를 판결하다」②규칙.「定一;과학의 법칙. 공식」③규제해 놓다.「一己甚嚴;대단히 엄하게 자기를 규제해 놓다」④음률. 멜로디·리듬의 법칙.「旋一;선률」⑤중국 고대의 악음(樂音)의 고조의 규칙:음·양이 있어,양을 "律," 음을 "呂"라고 하고 서로가 6종류인데 합하여 "十二律"이라고 부른다.

[律師] lǜshīh ㄌㄩˋㄕ 변호사.

[律詩] lǜshīh ㄌㄨˋㄕ 근체시(近体詩) 일종으로 일정한 격률(格律)이 있고 8귀로 되어 있는 것을 말하며, "五言·七言"의 두 종류가 있다.

[律條] lǜt'iáo ㄌㄩˋㄊㄧㄠˊ 법령(法令).

〔率〕 lǜ ㄌㄩˋ 비율. 일정한 표준.「速一;속도」⇨shuài.

〔氯〕 lǜ ㄌㄩˋ 염소(鹽素).

[氯氣] lǜch'ì ㄌㄩˋㄑㄧˋ 염소(鹽素).

[氯化] lǜhuà ㄌㄩˋㄏㄨㄚˋ 염화(鹽化).「一銨;염화암모늄」「一笨;염화벤젠」「一鈉;염화나트륨」

[氯霉素] lǜméisù ㄌㄩˋㄇㄟˊㄙㄨˋ 클로로마이세틴.

〔葎〕 lǜ ㄌㄩˋ 〈植〉 갈퀴덩굴 등과 같이 덩굴이 되는 만초(蔓草)의 총칭. 한삼덩굴.

〔綠〕 lǜ ㄌㄩˋ ①초록색.「一肥;녹비」「一茶;녹차」②푸르다.

[綠氣] lǜch'ì ㄌㄩˋㄑㄧˋ 염소. =氯氣.

[綠氣炮] lǜch'ìp'ào ㄌㄩˋㄑㄧˋㄆㄠˋ 염소(鹽素)의 독(毒)가스 포(砲).

[綠洲] lǜchōu ㄌㄩˋㄓㄡ 오아시스(oasis).

[綠礬] lǜfán ㄌㄩˋㄈㄢˊ 유산 제일철(硫酸第一鐵). 녹반.

[綠林好漢] lǜlínhǎohàn ㄌㄩˋㄌㄧㄣˊㄏㄠˇㄏㄢˋ 의협심이 강한 도둑. 부패된 정부에 칼을 뽑는 민간 용사(民間勇士).

[綠毛] lǜmáo ㄌㄩˋㄇㄠˊ 《植》 푸른곰팡이.

[綠帽子] lǜmàotzǔ ㄌㄩˋㄇㄠˋㄗ 처(妻)에게 음행(淫行)이 있을 경우, 그 남편을 가리키는 말. 「戴一;남에게 처를 간통(姦通)당하다」

[綠霉] lǜméi ㄌㄩˋㄇㄟˊ 푸른곰팡이.

[綠寶石] lǜpǎoshíh ㄌㄩˋㄅㄠˇㄕˊ 에머랄드(emerald). 녹색의 보석. =綠石. 綠柱石.

[綠森森的] lǜsēnsēntê ㄌㄩˋㄙㄣㄙㄣㄉㄜ 나무가 녹음이 짙어져 있는 모양. 초목이 무성한 모양.

[綠燈] lǜtēng ㄌㄩˋㄉㄥ (교통 신호의) 청신호(靑信號).

[綠豆] lǜtòu ㄌㄩˋㄉㄡˋ 녹두.

[綠豆糕] lǜtoukāo ㄌㄩˋㄉㄡㄍㄠ ①녹두가루에 대추를 넣어서 찐 것. ②녹두 가루에 설탕을 넣어서 만들어 말린 과자.

[綠豆湯] lǜtout'āng ㄌㄩˋㄉㄡㄊㄤ 녹두를 넣어서 만든 수우프(soup): 여름에 차 대신으로 하며 더위를 푼다고 함.

[綠豆蠅] lǜtouyíng ㄌㄩˋㄉㄡㄧㄥˊ 《動》 금파리. 쉬파리.

[綠蒼蠅] lǜts'āngying ㄌㄩˋㄘㄤㄧㄥ 쉬파리. 금파리.

[綠茵] lǜyīn ㄌㄩˋㄧㄣ 푸른 방석: 풀밭이나 푸른 벌판을 비유하는 말.

[綠陰] lǜyīn ㄌㄩˋㄧㄣ 녹음. 푸른 나무 그늘.

[綠蔭蔭的] lǜyīnyīntê ㄌㄩˋㄧㄣㄧㄣㄉㄜ 녹음이 짙은 모양. 녹음이 우거져 있는 모양.

[綠油油的] lǜyúyútê ㄌㄩˋㄧㄡˊㄧㄡˊㄉㄜ 검푸르고 광택(光澤)이 있는 모양. 푸르고 생기 있는.「一樹葉;푸르고 생기가 넘쳐 흐르는 나뭇잎」

〔慮〕(虑) lǜ ㄌㄩˋ ①생각하다. 고려(考慮)하다.「考一;고려하다」②근심하다.「憂一;우려하다」

〔濾〕(滤) lǜ ㄌㄩˋ 걸러 내다. 여과(濾過)하다.「要是怕這藥有渣子,可以一一過;만약 이 약의 지게미가 염려되시면 걸러 주셔도 좋습니다」

[濾渣] lǜchā ㄌㄩˋㄓㄚ 걸러낸 나머지 지게미.

[濾器] lǜch'ì ㄌㄩˋㄑㄧˋ 여과기(濾過器).

[濾淸] lǜch'īng ㄌㄩˋㄑㄧㄥ 걸러내어 깨끗이 하다.

[濾管] lǜkuǎn ㄌㄩˋㄍㄨㄢˇ 카테테르 (네 katheter). 소식자(消息子).

[濾斗] lǜtǒu ㄌㄩˋㄉㄡˇ 여과용(濾過用). 깔대기.

LÜEH ㄌㄩㄝ

〔掠〕 lüèh ㄌㄩㄝˋ ①빼앗다. 떨치다.「一奪;약탈하다」②살짝 스치다. 쓰다듬다. 엇갈리다.「涼風一面;시원한 바람이 얼굴을 스치고 지나가다」③매질하다. 죄인을 매질하다.「拷一;고문하다」

[掠搶] lüèhch'iǎng ㄌㄩㄝˋㄑㄧㄤˇ 빼앗다.

[掠取] lüèhch'ǚ ㄌㄩㄝˋㄑㄩˇ 약탈하다.

[掠過去] lüèhkuoch'ü ㄌㄩㄝˋㄍㄨㄛㄑㄩ 기우듬하게 엇갈리다.「一隻燕子從頭上一;한 마리의 제비가 머리 위를 스치고 지나갔다」

[掠美] lüèhměi ㄌㄩㄝˋㄇㄟˇ ①남의 성과(成果)를 빼앗다. ②남의 미점(美點)을 빼앗아 자기의 것으로 만들다.

[掠面] lüèhmièn ㄌㄩㄝˋㄇㄧㄢˋ 살짝 얼굴을 스치고 지나가다.

〔略〕(畧) lüèh ㄌㄩㄝˋ ①간단하다. 대강.「你寫的太一了;너의 글은 너무 간단하다」②대략. 거의.「一述大意;요점만 잡아 말하다」③생략하다.「中間的話都一過去;중간 설명은 전부 간추

려서 말하다」④대강. 요점.「史一;역사의 간추림」⑤계략(計略).「方一; 계략. 정책」「戰一; 전략」⑥약탈하다. 빼앗다.「一地; 땅을 빼앗다」
[略見一斑] lüèhchièn ìpān ㄌㄩㄝˋㄐㄧㄢˋㄧˋㄅㄢ 일의 한 부분을 엿볼 수 있다.
[略見功效] lüèhchièn kūnghsiào ㄌㄩㄝˋㄐㄧㄢˋㄍㄨㄥㄒㄧㄠˋ 근소하지만 효과가 나타나다. 「조금이지만 알고 있다.
[略知一二] lüèhchīh ìèrh ㄌㄩㄝˋㄓ ㄧˋㄦˋ
[略去] lüèhch'ǜ ㄌㄩㄝˋㄐㄩˋ 생략하다. 간단히 하다.
[略具輪廓] lüèhchǜ lúnk'uò ㄌㄩㄝˋㄐㄩˋㄌㄨㄣˊㄎㄨㄛˋ 대략 윤곽이 잡히다. 대체로 모양이 이루어졌다. 「간추리다.
[略過去] lüèhkuoch'ü ㄌㄩㄝˋㄍㄨㄛㄑㄩ
[略略] lüèhlüèh ㄌㄩㄝˋㄌㄩㄝˋ 대략. 대강.
[略同] lüèht'úng ㄌㄩㄝˋㄊㄨㄥˊ 대강 같다.
[略微] lüèhwēi ㄌㄩㄝˋㄨㄟ 약간. 조금. 대개. "些 · 一點兒"따위와 같이 쓰인다.「一知道些個;조금 알고 있읍니다」「一好了一點兒; 조금 좋아졌다」
[略爲] lüèhwéi ㄌㄩㄝˋㄨㄟˊ =略微.
[略誘] lüèhyǜ ㄌㄩㄝˋㄧㄡˋ 위협하거나 또는 속여서 부녀자를 데려 가다.

M ㄇ

〔嘸〕 m' ㄇˊ ①감탄사로 의문을 나타내는 단순한 양순비음(兩唇鼻音). 「一? 什麼? ; 음, 뭐라고?」 ②沒有와 같음. 「一啥;아무 것도 없다」= 沒什麼.

〔嘸〕(呣) m` ㄇˋ ①응, 하고 승낙을 표시하는 말. ②음? 하고 뜻밖의 일이나, 괴이한 느낌을 나타내는 말.

MA ㄇㄚ

〔抹〕 mā ㄇㄚ ①비비다. 닦다.「一桌子; 책상을 닦다」②내리다.「把帽子一下來; 모자를 깊숙이 내려 쓰다」 ⇨mǒ, mò.
[抹布] māpù ㄇㄚㄅㄨˋ 행주.

〔嗎〕 mā ㄇㄚ 흔히 경성(輕聲)으로 발음한다. ①일반적으로 평서문(平敍文)에 쓰여, 의문을 나타낸다.「他是中國人嗎? ;그는 중국인입니까?」②잠시 그치는 어기(語氣)를 나타낸다. 「天要下雨一, 我就坐車去; 비가 오면 말이지, 차 타고 갈 테야」③확실한 긍정(肯定)을 나타낸다.「你本來有錯一! ; 너는 원래부터 틀려 먹었어」 ⇨mǎ.

〔媽〕 mā ㄇㄚ ①모친. 어머니. ②존속관계(尊屬關係)의 여성에 대한 호칭. ③ =嬤.
[媽媽] māma ㄇㄚㄇㄚ ①어머니. ②연장(年長)의 부인에 대한 호칭. ③ 노처(老妻): 극중(劇中)에서 쓰이다. ④ 개자식. 《罵》「一的; 개 같은 자식」
[媽媽大全] māmatàch'üán ㄇㄚㄇㄚㄉㄚˋㄑㄩㄢˊ = 媽媽論兒.
[媽媽論兒] māmalùnrh ㄅㄚㄇㄚㄌㄨㄣˊ 미신(迷信)을 믿다.

〔摩〕 mā ㄇㄚ ⇨mó.
[摩挱] māsa ㄇㄚㄙㄚ 빨래 따위를 매만져서 구김을 펴다. 반듯하게 펴다. >摩摩挱挱.

〔螞〕 mā ㄇㄚ ⇨mǎ, mà.

〔嬤〕 mā ㄇㄚ ⇨mó.
[嬤嬤] māma ㄇㄚㄇㄚ ①=媽媽. ②유모(乳母)에 대한 경칭.

〔麻〕 má ㄇㄚˊ ①삼.「一綫; 마사(麻糸)」②속칭 인견(人絹)을 가리켜 "麻(베)"라고도 한다. ③발이나 손이 눌려서 저리다. ④감각(感覺)이 둔(鈍)한 것. 전혀 감각을 잃어 버린 것.「一木; 저리다」⑤곰보의. 「(人絹).
[麻綢子] mách'óutzǔ ㄇㄚˊㄔㄡˊㄗ 인견
[麻將] máchiàng ㄇㄚˊㄐㄧㄤˋ 마작(馬雀).
[麻醬] máchiàng ㄇㄚˊㄐㄧㄤˋ 깨를 볶아서 섞은 된장. =芝麻醬.
[麻稭杆兒] máchiehkǎnrh ㄇㄚˊㄐㄧㄝㄍㄢˇㄦ 껍질 벗긴 삼대.
[麻精兒] máchīngrh ㄇㄚˊㄐㄧㄥㄦ 물건을 묶는 가느다란 삼으로 만든 실.
[麻雀] mách'üèh ㄇㄚˊㄑㄩㄝˋ ①참새. =家雀. ②마작의 패(牌). 「疫).
[麻疹] máchěn ㄇㄚˊㄓㄣˇ 〈醫〉 홍역(紅
[麻煩] máfan ㄇㄚˊㄈㄢ ①귀찮다. >麻裡麻煩, 麻麻煩煩. ②귀찮게 하다.「一你去一趟; 귀찮으시겠지만 한 바탕 뜀박질하여 주세요」 「紡績).
[麻紡] máfǎng ㄇㄚˊㄈㄤˇ 마사방적(麻糸
[麻瘋] máfēng ㄇㄚˊㄈㄥ 〈醫〉나병(癩病). =麻瘋病. 「아이들을 놀라게 하는 말.
[麻虎子] máhǔtzǔ ㄇㄚˊㄏㄨˇㄗ 도깨비:
[麻花兒] máhuārh ㄇㄚˊㄏㄨㄚㄦ ①옷이 닳아서 얇게 된 것. ② máhuarh 화림당 "(花林糖)" 비슷한 과자.
[麻黃素] máhuángsù ㄇㄚˊㄏㄨㄤˊㄙㄨˋ 〈醫〉 감기 천식 따위에 쓰이는 약.
[麻綫] máhsièn ㄇㄚˊㄒㄧㄢˋ 마사(麻糸).
[麻鞋] máhsiéh ㄇㄚˊㄒㄧㄝˊ 거친 삼실로 만든 헝겊신.
[麻櫟] málì ㄇㄚˊㄌㄧˋ 〈植〉 상수리나무.
[麻俐] máli ㄇㄚˊㄌㄧ 재빠르다. 「密密.
[麻密] mámi ㄇㄚˊㄇㄧ 꽉 막히다. >麻麻
[麻木] mámù ㄇㄚˊㄇㄨˋ 저리다. 마비되다.
[麻紗] máshā ㄇㄚˊㄕㄚ 마직사(麻織糸).
[麻繩(兒)] máshéng(rh) ㄇㄚˊㄕㄥˊ(ㄦ) 삼으로 꼰 노끈.
[麻刀] mátao ㄇㄚˊㄉㄠ ①벽을 바르는 흙에 섞는 짚 토막:벽토. ②귀찮은 일. 「鬧了一脖子一; 대단히 귀찮게 됐다」
[麻豆蠅] mátòuyíng ㄇㄚˊㄉㄡˋㄧㄥˊ 〈動〉 쉬파리.
[麻糖] mát'áng ㄇㄚˊㄊㄤˊ 깨엿.
[麻田] mát'ién ㄇㄚˊㄊㄧㄢˊ 삼밭.
[麻子] mátzǔ ㄇㄚˊㄗ ①곰보. ②얼굴이 얽은 사람.
[麻油] máyú ㄇㄚˊㄧㄡˊ 참기름.

〔痲〕 má ㄇㄚˊ ①홍역(紅疫). =痲疹. ②나병. ③ =麻④.

〔麼〕(么) má ㄇㄚˊ 무엇. 어떠한. =什麼.「一事? ; 무슨 일」=嘛.⇨me, mō, yāo.

〔嘛〕 má ㄇㄚˊ =麼(么) má.

[嘛勁兒] máchìnrh ㄇㄚˊㄐㄧㄣˋㄦ 여하한 재미.(동사에 "個"를 붙여서)…하여 무엇이 재미나다,…하여 무엇이 되다. …할 필요가 없다. =什麼勁兒.「打個一 ; 칠 필요가 있겠는가」

[嘛兒] márh ㄇㄚˊㄦ 뭐야(부정적으로) = 什麼的.「好好搞個三年五年的, 就可以能剩點一 ; 4~5년을 착실히 하면 무언가 남는 게 있겠지」

〔馬〕(马) mǎ ㄇㄚˇ ①말. ② 물건의 큰 것을 표현하다. ③ 성(姓).

[馬鞍子] mǎantzu ㄇㄚˇㄢㄗ 말안장.

[馬機] mǎchī ㄇㄚˇㄐㄧ 권양기(卷揚機).

[馬甲] máchiǎ ㄇㄚˊㄐㄧㄚˇ ①말에다 씌우는 투구. ②조끼 따위.

[馬脚] máchiǎo ㄇㄚˊㄐㄧㄠˇ 마각(馬脚). 파탄(破綻).「露出一來了 ; 마각을 드러내다. 내막을 폭로시키다」 「아지.

[馬駒(子)] mǎchū(tsŭ) ㄇㄚˇㄓㄨ(ㄗ) 망

[馬圈] mǎchüàn ㄇㄚˇㄐㄩㄢˋ 마굿간.

[馬前卒] mǎch'iéntsú ㄇㄚˇㄑㄧㄢˊㄗㄨˊ 싸움에서의 선봉(先鋒).

[馬錢] mǎch'ien ㄇㄚˇㄑㄧㄢ 왕진료.

[馬槍] mǎch'iāng ㄇㄚˇㄑㄧㄤ〈軍〉기병총. (騎兵銃). 「(polo):마상경기의 일종.

[馬珠] mǎch'iú ㄇㄚˇㄑㄧㄡˊ 포올로우

[馬扎兒(一子)] mǎchárh(一tzŭ) ㄇㄚˇㄓㄚˊㄦ(一ㄗ) 휴대용(携帶用) 의자 :접는 의자.

[馬棧] mǎchàn ㄇㄚˇㄓㄢˋ ①말을 가둔 울타리. ②마시장(馬市場)의 말을 매어 두는 장소.

[馬掌] máchǎng ㄇㄚˊㄓㄤˇ ①말의 제철(蹄鐵). 편자. ②말 발굽. ③발굽의 각질(角質)의 부분:비료(肥料)로 쓴다.

[馬耳] máěrh ㄇㄚˊㄦˇ 귀담아 듣지 않는 것. 마이 동풍(馬耳東風).

[馬販子] mǎfàntzŭ ㄇㄚˇㄈㄢˋㄗ 말의 질을 판별하는 사람. 마소의 중개인. 마소의 병을 고치는 사람. 「蜂.

[馬蜂] mǎfēng ㄇㄚˇㄈㄥ 〈動〉말벌. =螞

[馬號] mǎhào ㄇㄚˇㄏㄠˋ ①군대의 마굿간. ②기병용(騎兵用) 나팔. 「後炮.

[馬後課] mǎhòuk'ê ㄇㄚˇㄏㄡˋㄎㄜˋ ⇨馬

[馬後炮] mǎhòup'ào ㄇㄚˇㄏㄡˋㄆㄠˋ ① 사후에 군소리하다. ②기회를 놓치다. ③ 장기에서 "馬"의 뒤에 "包"가 있다. 절대 우세(絕對優勢). 「炮.

[馬後屁] mǎhòup'ì ㄇㄚˇㄏㄡˋㄆㄧˋ =馬後

[馬虎子] máhŭtzŭ ㄇㄚˊㄏㄨˇㄗ 도깨비. 아이들을 놀라게 할 때 쓰이는 말. 무서운 것.「別鬧了, 一來了! ;조용히 해라, 도깨비 나온다」=麻虎子.

[馬虎] mǎhu ㄇㄚˇㄏㄨ ①소홀하다.「這事可能一 ; 이 일은 소홀해선 안된다」② 제멋대로다. > 馬馬虎虎.

[馬蟥] mǎhuáng ㄇㄚˇㄏㄨㄤˊ 말거머리.

[馬蟻] mǎí ㄇㄚˇㄧˊ 〈動〉 개미.

[馬尾兒] mǎírh ㄇㄚˇㄧˇㄦ 말총.「一拴豆腐 ; 말총으로 두부를 묶는다는 말로, 얼토당토 않다는 뜻」

[馬蠅] mǎíng ㄇㄚˇㄧㄥˊ 말에 붙는 파리.

[馬褂(兒)] mǎkuà(rh) ㄇㄚˇㄍㄨㄚˋ(ㄦ) 상의의 한 가지로 반 두루마기 같은 겉옷: 예복으로 입는다. 「지팡이.

[馬竿兒] mǎkānrh ㄇㄚˇㄍㄢㄦ 장님의

[馬克思主義] mǎk'êssū chŭi ㄇㄚˇㄎㄜˋㄙ ㄓㄨˇㄧˋ 마르크스주의.

[馬口料] mák'ǒuliào ㄇㄚˊㄎㄡˇㄌㄧㄠˋ 거푸집에 부어 녹인 선철(銑鐵): 함석의 원료가 되는 철판. 「석.

[馬口鐵] mǎk'ǒut'iěh ㄇㄚˇㄎㄡˇㄊㄧㄝˇ 함

[馬褲] mǎk'ù ㄇㄚˇㄎㄨˋ 승마(乘馬)바지.

[馬快] mǎk'uài ㄇㄚˇㄎㄨㄞˋ ①기마포리(騎馬捕吏).《舊》②탐정(探偵). ③동작이 빠른 것. 「는 쟁기.

[馬拉犂] mǎlālí ㄇㄚˇㄌㄚㄌㄧˊ 마소가 끄

[馬拉松] mǎlāsūng ㄇㄚˇㄌㄚㄙㄨㄥ 마라톤(marathon) 「에 걸친 끈.

[馬勒] mǎlê ㄇㄚˇㄌㄜˋ 말머리에서 재갈

[馬路] mǎlù ㄇㄚˇㄌㄨˋ 대로(大路). 큰길.

[馬驢] mǎlú ㄇㄚˇㄌㄨˊ 노새. =騾子.

[馬班兒] mǎpānrh ㄇㄚˇㄅㄢㄦ =馬快.

[馬表] mápiǎo ㄇㄚˊㄅㄧㄠˇ 주로 경기 용어에 쓰이는 스톱 워치. 「것.

[馬鱉] mǎpiēh ㄇㄚˇㄅㄧㄝ 거머리의 큰

[馬步] mǎpù ㄇㄚˇㄅㄨˋ 가랭이. 샅.「擺開一 ; 가랭이를 벌려 몸을 버티다」

[馬棚] mǎp'ěng ㄇㄚˇㄆㄥˊ 마굿간.

[馬兒] mǎrh ㄇㄚˇㄦ ①말. ②신상(神像)을 인쇄한 종이. 부적.

[馬上] mǎshang ㄇㄚˇㄕㄤ ①현재(現在).「一一點兒生意都沒有 ; 현재는 전연 장사가 안된다」

[馬勺] mǎsháo ㄇㄚˇㄕㄠˊ 주걱.

[馬生角] mǎshēngchiǎo ㄇㄚˇㄕㄥㄐㄧㄠˊ 가능성이 희박한 것의 비유.

[馬首是瞻] máshǒushìhchān ㄇㄚˊㄕㄡˇㄕˋㄓㄢ 지도자가 하는 방향에 일임하고 모두 따라가다.《成》 「는 통. 마구통.

[馬槽] mǎts'áo ㄇㄚˇㄘㄠˊ 사료를 넣어 두

[馬刺] mǎtz'ù ㄇㄚˇㄘˋ 박차(拍車).

[馬達] mǎtá ㄇㄚˇㄉㄚˊ 전동기(電動機).

[馬到成功] mǎtào ch'ěngkūng ㄇㄚˇㄉㄠˋ ㄔㄥˊㄍㄨㄥ 소뿔도 단숨에 빼야 한다《成》

[馬燈] mǎtēng ㄇㄚˇㄉㄥ 칸델라(포 kandelaar): 휴대용 등(燈). 「로(熔鑛爐).

[馬丁爐] mǎtīnglú ㄇㄚˇㄉㄧㄥㄌㄨˊ 용광

[馬兜嘴] mǎtōutsuǐ ㄇㄚˇㄉㄡㄗㄨㄟˇ 마소에게 망을 따서 입을 가리는 것. 부리망. 「兵隊).

[馬隊] mǎtuì ㄇㄚˇㄉㄨㄟˋ 〈軍〉기병대(騎

[馬蹄表] mǎtípiǎo ㄇㄚˇㄉㄧˊㄅㄧㄠˇ 마제형(馬蹄型)의 대형 시계. 큰 회중 시계로서 탁상 시계처럼 쓸 수도 있는 대형 회중 시계.

[馬鐵] mát'iěh ㄇㄚˊㄊㄧㄝˇ 가단철(可鍛鐵). 블리키(네 blik). 서양철(西洋鐵).

[馬桶] mát'ǔng ㄇㄚˊㄊㄨㄥˇ 오줌통: 큰 통모양으로 되어 있음. 변기.

[馬頭琴] mǎt'óuch'ín ㄇㄚˇㄊㄡˊㄑㄧㄣˊ 〈樂〉호궁(胡弓)과 비슷하게 생긴 몽고 악기.

[馬子] mǎtzŭ ㄇㄚˇㄗ ①=馬桶. ② (도박용) 계산하는 막대기. =碼子 ③.

[馬鬃] mǎtsūng ㄇㄚˇㄗㄨㄥ 말의 갈기. 목덜미에 난 긴 털.

[馬牙疳] mǎyákān ㄇㄚˇㄧㄚˊㄍㄢ ①말의 잇몸. ② 〈醫〉빰의 급성궤양괴혈병(急性

潰瘍壞血病).

[馬仰人翻] máyǎng-jěnfān ㄇㄚˊㄧㄤˇㄖㄣˊㄈㄢ 수습할 수 없이 크게 혼란한 모양.

「閒得一;야단 법석을 하다」

〔嗎〕 mǎ ㄇㄚˇ ⇨mā.

[嗎啡] mǎfēi ㄇㄚˇㄈㄟ 모르핀(morphine).

〔瑪〕 mǎ ㄇㄚˇ

[瑪瑙] mánǎo ㄇㄚˊㄋㄠˇ 마노.

〔碼〕 mǎ ㄇㄚˇ ①「一子·一兒; 수자. 수를 나타내는 부호」「明一兒售貨; 정찰 판매(正札販賣)」②계수(計數) 관계에 사용되는 기구..「砝一; 분동(分銅)」「籌一; 검수봉(檢數棒)」 ③야아드: 길이 단위. ④같은 것을 차례차례로 쌓아 올리다. 질서 정연하게 줄지어 놓다. 「一磚頭; 벽돌을 쌓아 올리다」

[碼錢] mǎch'ián ㄇㄚˇㄑㄧㄢˊ ①도박에서 돈을 따다. ②돈을 세다.

[碼頭] mǎt'ou ㄇㄚˇㄊㄡ ①선창. ②무역(貿易)이 이루어지는 대도시.

[碼子] mǎtzū ㄇㄚˇㄗ ①계수(計數)의 부호. 수자. ②현금. ③계산할 때 쓰는 막대기. ④현악기(絃樂器)의 줄 받침대. ⑤

프로그램.

〔螞〕 mǎ ㄇㄚˇ- ⇨mā, mà.

[螞蜂] mǎfēng ㄇㄚˇㄈㄥ 말벌. =馬蜂.

[螞蟥] mǎhuáng ㄇㄚˇㄏㄨㄤˊ 〈動〉말거머리.

[螞蟻] máǐ ㄇㄚˊㄧˇ =mǎi, mái. 〈動〉개미. 「一啃骨頭; ㉮개미떼처럼 많은 사람들이 한데 어울려 일하는 모양. ㉯작은 공작 기계를 개량하여 대형 공작 기계에 대응할 구실을 시키다」

〔螞〕 mà ㄇㄚˋ ⇨mā, mǎ.

[螞蚱] màcha ㄇㄚˋㄓㄚ 〈動〉메뚜기

螞蚱腿] màchat'uǐ ㄇㄚˋㄓㄚㄊㄨㄟˇ 안

경다리.

〔罵〕 mà ㄇㄚˋ ①막된 말투로 남을 모욕하다. 욕하다. 「不要一人; 남을 욕하지 말라」②따지다. 추궁하다.

[罵街] màchiēh ㄇㄚˋㄐㄧㄝ 거리낌 없이 큰 소리로 꾸짖다. 빈정대며 욕을 하다.

[罵化] màhua ㄇㄚˋㄏㄨㄚ ①저주하다. ②계속하여 욕하다. >罵罵化化.

[罵罵咧咧] màmaliēhliēh ㄇㄚˋㄇㄚㄌㄧㄝㄌㄧㄝ 큰 소리로 계속해서 꾸짖는 모양. 몹시 욕하다.

[罵誓] màshìh ㄇㄚˋㄕˋ(성이 나서 이렇게 하마, 하고 말고) 욕을 하며 벼르다.

[罵大街] màtàchiēh ㄇㄚˋㄉㄚˋㄐㄧㄝ =罵街.

「는 사람. 욕의 대상자

[罵擋子] màtǎngtzū ㄇㄚˋㄉㄤˇㄗ 욕먹

[罵題] màt'í ㄇㄚˋㄊㄧˊ ①문장의 내용과 주제(主題)가 일치하지 않다. ②언행(言行)이 일치하지 않다. ③분수에 어울리지 않는 짓을 하다.

「을 욕하다.

[罵座] màtsò ㄇㄚˋㄗㄨㄛˋ 좌중의 사람들

MAI ㄇㄞ

〔埋〕 mái ㄇㄞˊ ①메우다. 「一地雷; 지뢰를 묻다」 ②숨기다. 밝히지 않다. 「埋藏」

「②복병(伏兵)「打一; 복병시키다」

[埋伏] máifu ㄇㄞˊㄈㄨ ①숨기다. 묻다.

[埋名] máimíng ㄇㄞˊㄇㄧㄥˊ 이름을 감추다. 숨어서 나타나지 아니함.

[埋頭] máit'óu ㄇㄞˊㄊㄡˊ 정신을 집중하다. 「一若干; 몰두하다」

[埋怨] máiyüàn ㄇㄞˊㄩㄢˋ mányuan 원망하다. 타박 주다. 「他自己不小心, 還一別人; 그는 제가 부주의하고도 도리어

남을 원망하다」>埋埋怨怨.

〔霾〕 mái ㄇㄞˊ 날이 흐리고 사나운 바람이 불어 모래를 날리는 것. "落黃沙·下沙子"라고도 말함. 「陰一; 비가 금방 올 것처럼 캄캄해진 하늘」

〔買〕(买) mǎi ㄇㄞˇ ①사다. 「一了一頭手; 소 한 마리를 사다」 ②뇌물로 매수하다.

「매입 가격(買入價格).

[買價(兒)] mǎichià(rh) ㄇㄞˇㄐㄧㄚˋ(ㄦ)

[買進] mǎichìn ㄇㄞˇㄐㄧㄣˋ 매입하다. 사들이다.

「대하여 공치사하는 것.

[買賬] mǎichàng ㄇㄞˇㄓㄤˋ 베푼 은혜에

[買舟] mǎichōu ㄇㄞˇㄓㄡ 배를 세내다.

[買囑] máichǔ ㄇㄞˊㄓㄨˇ 뇌물을 주고 청탁하다.

「람.

[買主兒] máichǔrh ㄇㄞˊㄓㄨˇㄦ 사는 사

[買嘴吃] máitsǔich'īh ㄇㄞˊㄗㄨㄟˇㄔ 군것질하다.

「; 그를 매수하다」

[買服] mǎifu ㄇㄞˇㄈㄨ 매수하다. 「一他

[買好兒] máihǎorh ㄇㄞˊㄏㄠˇㄦ 아첨하다. 「買經理的好兒; 지배인에게 아부하다」

[買關節] mǎikuānchiéh ㄇㄞˇㄍㄨㄢㄐㄧㄝ 금전으로 타협을 하다.

「손님.

[買客[mǎik'ò ㄇㄞˇㄎㄜˋ 물건을 사러 온

[買空賣空] mǎik'ūng-màik'ūng ㄇㄞˇㄎㄨㄥㄇㄞˋㄎㄨㄥ ①(증권 거래소 같은 곳에서) 공거래(空去來)하다. ③공약속(空約束)하다. 공팔기하다.

[買樂兒] mǎilèrh ㄇㄞˇㄌㄜˋㄦ 돈을 주고 놀다: 계집질할 경우 등.

[買臉] máiliěn ㄇㄞˊㄌㄧㄢˇ 금력(金力)으로 체면을 유지하다.

[買路錢] mǎilùch'ién ㄇㄞˇㄌㄨˋㄑㄧㄢˊ ①장례식(葬禮式) 때 길에 뿌리는 종이돈. ②「要一; 노상 강도(路上強盜)·도둑이 재물을 강탈(強奪)하다」

[買賣] mǎimai ㄇㄞˇㄇㄞ ①상업. ②점포 「開了一個一; 한 점포를 개업하다」

[買辦] mǎipàn ㄇㄞˇㄅㄢˋ ①물건을 사들이는 사람. ②외국 자본을 끌어 들여서 장사하는 매판 상인(買辦商人). ③매판 자본(買辦資本).

[買不起] máipuch'ǐ ㄇㄞˊㄅㄨㄑㄧˇ 살 만한 재력이 없다. ↔買得起.

[買不到] mǎiputào ㄇㄞˇㄅㄨㄉㄠˋ =買不着↔買得到.

[買不了] mǎipuliǎo ㄇㄞˇㄅㄨㄌㄧㄠˇ ①모두 살 수가 없다. ②(일시적으로 돈이 부족해서)살 수가 없다. ↔買得了.

[買不着] mǎipucháo ㄇㄞˇㄅㄨㄓㄠˊ 사려고 해도 입수할 수가 없다. 사려고 해도 물건이 없어 살 수가 없다.

[買櫝還珠] mǎitú-huánchū ㄇㄞˇㄉㄨˊㄏㄨㄢˊㄓㄨ 가치 없는 것을 취하고 가치 있는 것을 버리다. 필요 없는 데 현혹되어서 할 일을 그르치다. 《成》

[買破爛的] mǎip'òlàntê ㄇㄞˇㄆㄛˋㄌㄢˋㄉㄜ 넝마전.

[買上告下] mǎishàng-kàohsià ㄇㄞˇㄕㄤˋㄍㄠˋㄒㄧㄚˋ 웃사람이나 아랫사람에게 뇌물을 써서 청탁하다.

[買通] mǎit'ūng ㄇㄞˇㄊㄨㄥ 매수하다.

〔脈〕(脉·衇) mài ㄇㄞˋ

①동물의 체내의 혈관(血管). ②맥박(脈搏). 「診一; 진맥하다」 ③혈관 모양으로 분포된 것. 「山一; 산맥」 「(診斷).

[脈理] màilǐ ㄇㄞˋㄌㄧˇ 의사의 기술. 진단

[脈禮] màilǐ ㄇㄞˋㄌㄧˇ 진찰료(診察料). =脈錢.

[脈絡] màilò ㄇㄞˋㄌㄨㄛˋ ①혈관(血管). ②사리(事理). 조리(條理). ③잎사귀의 섬유. ④신체의 급소(急所).

[脈脈] mòmò ㄇㄛˋㄇㄛˋ 묵묵히 응시하는 ∟모양.

〔麥〕(麦) mài ㄇㄞˋ

맥류: 밀·보리 따위. 「루터기.

[麥茬兒] màich'árh ㄇㄞˋㄔㄚˊㄦ 보리 그

[麥秸] màichieh ㄇㄞˋㄐㄧㄝ 보릿짚.

[麥杆兒] màikǎnrh ㄇㄞˋㄍㄢˇㄦ =麥秸.

[麥克風] màik'òfēng ㄇㄞˋㄎㄜˋㄈㄥ 마이크로폰(microphone). 「누름.

[麥口期] màik'ǒuchī ㄇㄞˋㄎㄡˇㄐㄧ 보리

[麥浪] màilàng ㄇㄞˋㄌㄤˋ 보리 이삭의 물결. 「밭 이랑.

[麥壟兒] màilǔngrh ㄇㄞˋㄌㄨㄥˇㄦ 보리

[麥芒兒] màiwangrh ㄇㄞˋㄨㄤㄦ 보리의 가시. 「자라지 않은 보리밭.

[麥苗地] màimáotì ㄇㄞˋㄇㄠˊㄉㄧˋ 아직

[麥苗兒] màimáorh ㄇㄞˋㄇㄠˊㄦ 아직 덜 익은 보리.

[麥片(兒)] màip'ièn(rh) ㄇㄞˋㄆㄧㄢˋ(ㄦ) ①압맥(押麥). ②연맥(燕麥). 오우트미일.

[麥收] màishōu ㄇㄞˋㄕㄡ 보리수확.

[麥穗(兒)] màisuì (rh) ㄇㄞˋㄙㄨㄟˋ(ㄦ) ①보리이삭. ②양피(羊皮)의 일종: 가죽옷을 만드는 털보리 이삭 같은 것.

[麥地] màitì ㄇㄞˋㄉㄧˋ 보리밭.

[麥冬] màitūng ㄇㄞˋㄉㄨㄥ 〈植〉 소엽맥문동. =麥門冬. 「넣어 두는 창고.

[麥囤子] màitùntzǔ ㄇㄞˋㄉㄨㄣˋㄗ보리를

[麥挺兒] màit'ǐngrh ㄇㄞˋㄊㄧㄥˇㄦ =麥秸.

[麥子] màitzǔ ㄇㄞˋㄗ 〈植〉보리.

[麥餘子] màiyǘtzǔ ㄇㄞˋㄩˊㄗ 밀기울.

〔賣〕(卖) mài ㄇㄞˋ

①팔다. ②자기의 이익을 위해 남을 손해 보이다. 「一友; 친구를 팔다」 ③자랑하다. 과시하다. 「一弄才能; 재능을 과시(誇示)하다」

[賣唱] màich'àng ㄇㄞˋㄔㄤˋ 노래하고 돈을 받다.

[賣唱兒的] màich'àngrhtê ㄇㄞˋㄔㄤˋㄦㄉㄜ 거리에서나 큰 일이 있는 연일(緣日) 같은 때에 노래를 불러 가며 생활하는 사람. 「서(賣渡證書).

[賣契] màich'ì ㄇㄞˋㄑㄧˋ 부동산 매도 증

[賣勁(兒)] màichìn(rh) ㄇㄞˋㄐㄧㄣˋ(ㄦ) 힘을 아끼지 않고 하다.

[賣錢] màich'ién ㄇㄞˋㄑㄧㄢˊ ① 팔아서 돈으로 만들다. ②값이 있다. 「我的表還能一; 나의 시계는 아직 값이 있다」 ③잘 팔리다. 매상(賣上)이 있다.

[賣俏] màich'iào ㄇㄞˋㄑㄧㄠˋ 아양을 부리며 유혹하다. 「아 치우다.

[賣絕] màichuéh ㄇㄞˋㄐㄩㄝˊ 깨끗이 팔

[賣主兒] màichǔrh ㄇㄞˋㄓㄨˇㄦ 판매주(販賣主). 「賣俏.

[賣風流] màifēngliu ㄇㄞˋㄈㄥㄌㄧㄡ =

[賣項] màihsiàng ㄇㄞˋㄒㄧㄤˋ 매상(賣上).

[賣好] màihǎo ㄇㄞˋㄏㄠˇ 제 장점을 자랑하다.

[賣藝] màiì ㄇㄞˋㄧˋ 기예(技藝)를 팔아서 생활하다. 「一的; 연예인(演藝人)」

[賣嚷嚷兒] màijāngjāngrh ㄇㄞˋㄖㄤㄖㄤㄦ 여기 저기 말을 퍼뜨리다.

[賣人情(兒)] màijénch'íng(rh) ㄇㄞˋㄖㄣˊㄑㄧㄥˊ(ㄦ) ①은혜를 입히다. ②정실에 의하여 청탁 받은 사람을감격시키는 일.

[賣膏藥] mài kāoyao ㄇㄞˋ ㄍㄠㄧㄠ ①고약(膏藥)을 팔다. ② màikāoyao ㄇㄞˋㄍㄠㄧㄠ 선전(宣傳)하다. 「做一的工作; 선전에 관한 일을 하다」

[賣胳臂] màikōpei ㄇㄞˋㄍㄜㄅㄟ ①힘드는 일을 하다. ②강청(強請)하다. 몰려 들다.

[賣乖] màikuāi ㄇㄞˋㄍㄨㄞ 재주를 자랑하다. 뽐내는 얼굴을 하다.

[賣苦力氣] màik'ǔlìch'ì ㄇㄞˋㄎㄨˇㄌㄧˋㄑㄧˋ 노동을 하다. 「국노(賣國奴).

[賣國賊] màikuótséi ㄇㄞˋㄍㄨㄛˊㄗㄟˊ매

[賣力] màilì ㄇㄞˋㄌㄧˋ①육체 노동으로 생활해 가다. 「一的; 노동자」 ②열심히 하다. 꾀부리지 아니하다.

[賣老牌子] mài lǎop'áitzǔ ㄇㄞˋㄌㄠˇ ㄆㄞˊㄗ 일에 익숙한 것을 자랑하다.

[賣力氣] màilìch'i ㄇㄞˋㄌㄧˋㄑㄧ ①노동을 하여 생활하다. ②숨을 죽여 전신에 힘을 모으다. 노력(努力)하다.

[賣臉] màiliěn ㄇㄞˋㄌㄧㄢˇ ①찾아가서 부탁하다. ② 몸은 팔지 않고 접대만 하는 것.

[賣露] màilù ㄇㄞˋㄌㄨˋ 자랑하다.

[賣命] màimìng ㄇㄞˋㄇㄧㄥˋ 목숨을 걸다.

[賣面子] mài mièntzǔ ㄇㄞˋㄇㄧㄢˋㄗ 은혜의 대가를 바라다. 정실에 휘말리다.

[賣弄] màinùng ㄇㄞˋㄋㄨㄥˋ 추상적인 물건을 상품으로 하다. 자랑하다. 자랑스럽게 남에게 보이다. 「一聰明; 총명함을 자랑하다」 「一乖巧」 =賣乖 「자랑하다.

[賣能] màinéng ㄇㄞˋㄋㄥˊ 수완·능력을

[賣本事] mài pěnshih ㄇㄞˋㄅㄣˇㄕ 솜씨를 자랑하다.

[賣脖子力氣] màipótzǔlìchi ㄇㄞˋㄅㄛˊㄗㄌㄧˋㄐㄧ 보따리 장사를 하다. 물건을 짊어지고 행상(行商)하다.

[賣不動] mài putùng ㄇㄞˋㄅㄨㄉㄨㄥˋ공급 과다로 팔리지 않다. 상품 거래가 없다. ↔ 賣得動.

[賣不了] màipuliǎo ㄇㄞˋㄅㄨㄌㄧㄠˇ①많아서 다 팔리지 않다. ②매상이 그다지 오르지 않다. ↔ 賣得了. 「럽게 보이다.

[賣派] màip'ài ㄇㄞˋㄆㄞˋ 남에게 자랑스

[賣不上] màipushàng ㄇㄞˋㄅㄨㄕㄤˋ 어떤 매상 목표까지에 팔리지 않다. 「這種貨一那麼些錢; 이 물건은 그렇게 비싸게 팔리지 않다」 ↔ 賣得上.

[賣不着] màipucháo ㄇㄞˋㄅㄨㄓㄠˊ (값이 싸서) 팔 수는 없다. ↔ 賣得着.

[賣破綻] màip'òchàn ㄇㄞˋㄆㄛˋㄓㄢˋ 일부러 틈을 만들다.

[賣傻] màishǎ ㄇㄞˋㄕㄚˇ 일부러 바보짓을 해 보이다. 바보인 체하고 한몫 보다.
[賣舌] màishé ㄇㄞˋㄕㄜˊ 자화 자찬(自畫自讚)하다.
[賣身] màishēn ㄇㄞˋㄕㄣ ①몸을 팔다. ②이익을 위하여 남의 앞잡이가 되다.
[賣剩] màishèng ㄇㄞˋㄕㄥˋ 팔고 남다.
[賣呆] màitāi ㄇㄞˋㄉㄞ (생각하는 바 있어) 바보 시늉 또는 모르는 척하다.
[賣呆兒] màitāirh ㄇㄞˋㄉㄞㄦ 문간에 멍청하게 서다.
[賣底] màitǐ ㄇㄞˋㄉㄧˇ 비밀을 누설하다.
[賣掉] màitiào ㄇㄞˋㄉㄧㄠˋ 팔아 버리다.
[賣藥] màiyào ㄇㄞˋㄧㄠˋ ①약을 팔다. ②생각하고 있다. 하려고 생각하다.
[賣眼前俏] màiyěnchiénch'iao ㄇㄞˋㄧㄢˇㄑㄧㄢˊㄑㄧㄠ 표면을 장식하다. 임시 모면하다.
[賣嘴] màitsuǐ ㄇㄞˋㄗㄨㄟˇ 큰소리치다.

〔邁〕(迈) mài ㄇㄞˋ ①큰 걸음으로 걷다. 「一過去；넘어서 가다」 ②나이 먹는 것. 「年一·老一；나이 먹은 것」
[邁方步兒] mài fāngpùrh ㄇㄞˋㄈㄤㄅㄨˋㄦ ①거드름을 피우며 걷다. ②단정한 걸음걸이를 하다. ＝邁四方步.
[邁過] màikuo ㄇㄞˋㄍㄨㄛ 다리를 크게 벌리고 넘어서다. 넘다. 「一大步一溝兒去；가랑이를 크게 벌려 도랑을 넘어서다」
[邁腿兒] mài t'uǐrh ㄇㄞˋㄊㄨㄟˇㄦ 큰 걸음으로 걷다.

MAN ㄇㄢ

〔蔓〕 mán ㄇㄢˊ ⇨wàn 「一草 (mán-ts'ǎo)；덩굴풀」
[蔓菁] mánching ㄇㄢˊㄐㄧㄥ 〈植〉 순무.
〔瞞〕 mán ㄇㄢˊ 숨기다. 「這事不必一他；이 일은 그에게 숨길 필요가 없다」
[瞞心昧己] mánhsīn-mèichǐ ㄇㄢˊㄒㄧㄣㄇㄟˋㄐㄧˇ 양심을 속이다. «成»
[瞞哄] mánhǔng ㄇㄢˊㄏㄨㄥˇ 속이다.
[瞞昧] mánmèi ㄇㄢˊㄇㄟˋ 양심에 가책되는 일을 속이다.
[瞞藏] mánts'áng ㄇㄢˊㄘㄤˊ 속여서 감추다.
[瞞得了] mántêliǎo ㄇㄢˊㄉㄜㄌㄧㄠˇ 속여 넘기다. ↔瞞不了.
〔謾〕 mán ㄇㄢˊ 속이다. ⇨màn.
〔蹣〕 mán ㄇㄢˊ ⇨p'án.
[蹣跚] mánshān ㄇㄢˊㄕㄢ 휘청거리다. ＞蹣蹣跚跚.
〔顢〕 mán ㄇㄢˊ
[顢頇] mánhan ㄇㄢˊㄏㄢ ①사물(事物)이 확실치 않은 것. ②소홀하다. 「那人太一，作什麼都靠不住；저 사람은 참으로 침착성이 없고 믿음성이 없다」 ③단정하지 못하다. ＞顢顢頇頇.
〔饅〕 mán ㄇㄢˊ
[饅頭] mánt'ou ㄇㄢˊㄊㄡ ①만두. ②유방(乳房).
〔蠻〕(蛮) mán ㄇㄢˊ ①난폭하다. ②야만적인 사람. 미개인. 「一橫；거칠다」 ③옛날에 남방 민족을 "蠻"이라 불렀다. ④＝滿 ⑦.
[蠻悍] mánhán ㄇㄢˊㄏㄢˊ 사납다.
[蠻干] mán,kàn ㄇㄢˊㄍㄢˋ ①이성을 분별치 못하고 난폭하다. ②뚝심을 내다. 뻐기다. 「여 이성을 차릴 줄 모르다.
[蠻賴] mánlài ㄇㄢˊㄌㄞˋ 거칠고 무지하
[蠻不講理] mánpùchiánglǐ ㄇㄢˊㄅㄨˋㄐㄧㄤˊㄌㄧˇ 난폭하여 도리를 중히 여기지 아니하다.
[蠻子] mántzǔ ㄇㄢˊㄗ ①송(宋)·원(元)대에 북방인이 남방인을 욕한 말. ②만주족이 한족(漢族)을 욕한 말.

〔滿〕 mǎn ㄇㄢˇ ①가득 차다. ②기한(期限)이 되다. 「假一；휴가가 끝나다」 ③만족하다. ④모든 것의. 전체. ⑤ 모두. 죄다… 꼭. 반드시… 「一打算；반드시 타산하다」 ⑥(부정을 강조) 전연. 죄다. 「一不是那麼回事；전연 그런 일은 안하다」 ⑦매우. 큰. 퍽. "蠻"이라고도 쓴다. ＝很. ⑧만주인(滿洲人)의 약칭. 「一族；만주 민족」
[滿城風雨] mǎnch'êng fēngyǔ ㄇㄢˇㄔㄥˊㄈㄥㄩˇ 도처(到處)에 전파(傳播)되어 선풍적인 평판을 일으키다. «成»
[滿處(兒)] mǎnch'ù(rh) ㄇㄢˇㄔㄨˋ(ㄦ) 도처(到處). 어디든지.
[滿腔] mǎnch'iāng ㄇㄢˇㄑㄧㄤ 가슴 가득한. 만강(滿腔)의. 「他一希望地說；그는 부푼 가슴을 안고 말하다. 그는 희망을 품고 이야기하다」
[滿勤] mǎnch'ín ㄇㄢˇㄑㄧㄥˊ ①개근(皆勤)하다. 「沒歇過一班，一直一；한 번도 쉬지 않고 쭉 개근하다」 ②대단히 근면(勤勉)하다.
[滿張羅] mǎnchāngio ㄇㄢˇㄓㄤㄌㄜ 용의주도한 서어비스를 하다.
[滿招損謙受益] mǎnchāosǔn ch'iēnshòuì ㄇㄢˇㄓㄠㄙㄨㄣˇ,ㄑㄧㄢㄕㄡˋㄧˋ 교만하면 손해 보고, 겸손하면 득을 본다. «諺»
[滿額] mǎn'ê ㄇㄢˇㄜˊ 정액(定額)에 차다. 액수가 차다.
[滿分兒] mǎnfēnrh ㄇㄢˇㄈㄣㄦ 만점.
[滿服] mǎnfú ㄇㄢˇㄈㄨˊ 탈상(脫喪)하다.
[滿服經倫] mǎnfú chīnglún ㄇㄢˇㄈㄨˊㄐㄧㄥㄌㄨㄣˊ 놀라운 학식(學識)이 있다.
[滿腹牢騷] mǎnfú láosao ㄇㄢˇㄈㄨˊㄌㄠˊㄙㄠ 불평으로 꽉 차다.
[滿懷] mǎnhuái ㄇㄢˇㄏㄨㄞˊ ①호주머니 가득. ②전신(全身). 「碰了個一；정면으로 부딪치다」
[滿限] mǎnhsièn ㄇㄢˇㄒㄧㄢˋ 기한이 만료(滿了)되다.
[滿孝] mǎnhsiào ㄇㄢˇㄒㄧㄠˋ 상(喪) 벗다.
[滿心] mǎnhsīn ㄇㄢˇㄒㄧㄣ 만족하다. 열심히. 마음 속으로부터. 「他到是一願意的；그는 오히려 마음 속으로 희망하다」
[滿以爲] mánǐwéi ㄇㄢˊㄧˇㄨㄟˊ 완전히 …로 결심하다.
[滿意] mǎni ㄇㄢˇㄧ 만족하다.
[滿讓] mǎnjàng ㄇㄢˇㄖㄤˋ 가령 … 라도. 혹은 …라 할지라도.
[滿應滿許] mǎnyìng-mánhsǔ ㄇㄢˇㄧㄥˋㄇㄢˊㄒㄩˇ 완전히 승락(承諾)하다.
[滿口] mǎnk'ǒu ㄇㄢˇㄎㄡˇ ①한 입 가득히. ②하는 말은 모두. 「一的上海話；하는 말은 순수한 "上海語"이다」
[滿庫] mǎnk'ù ㄇㄢˇㄎㄨˋ ①곳간 가득히

차다. ②댐(dam)에 물이 가득히 차다.
[滿共] mǎnkùng ㄇㄢˇㄍㄨㄥˋ 합계(合計).
[滿臉飛紅] mánliěn fēihúng ㄇㄢˊㄌㄧㄢˇ ㄈㄟㄏㄨㄥˊ 만면(滿面)에 살짝 홍조(紅潮)를 띠다.
[滿眶] mǎnk'uàng ㄇㄢˇㄎㄨㄤˋ 눈에 가득하다.「被感動得熱淚一; 감동하여 뜨거운 눈물이 눈에 가득히 고이다」
[滿滿當當] mǎnmantāngtāng ㄇㄢˇㄇㄢ ㄉㄤㄉㄤ 충만(充滿)한 모양.
[滿門] mǎnmên ㄇㄢˇㄇㄣˊ 전일가(全一家).「一抄斬; 일가(一家)가 몰살되고 재산은 몰수되다」
[滿面] mǎnmièn ㄇㄢˇㄇㄧㄢˋ 얼굴 가득히.「一春風; ㉮얼굴 가득히 기쁨을 띤 모양. ㉯보기에도 온화한 모양」「一和氣」=滿面春風.
[滿市街] mǎnshìhchieh ㄇㄢˇㄕˋㄐㄧㄝ 도처(到處).
[滿世界] mǎnshìhchieh ㄇㄢˇㄕˋㄐㄧㄝ =滿市街.
[滿算着] mǎnsuànchê ㄇㄢˇㄙㄨㄢˋㄓㄜ =滿打着.
[滿打着] mǎntǎchê ㄇㄢˇㄉㄚˇㄓㄜ 가령 … 라도. 가령 … 라 할지라도.
[滿地] mǎntì ㄇㄢˇㄉㄧˋ 지면(地面) 가득히.「一是花; 온통 꽃밭이다」
[滿堂] mǎnt'áng ㄇㄢˇㄊㄤˊ 전회장(全會場). 방안.
[滿堂紅] mǎnt'ánghúng ㄇㄢˇㄊㄤˊㄏㄨㄥˊ ①경사스러운 날에 집 앞에 장식한 색견(色絹)·각등(角燈)·대촉대(大燭臺). ②많은 사람들의 환영을 받는 것.
[滿天紅] mǎnt'iēnhúng ㄇㄢˇㄊㄧㄢㄏㄨㄥˊ ①하늘 전체가 붉다. ②몹시 떠드는 모양.「吵得一; 시끄럽게 떠들며 언쟁(言爭)을 하다」
[滿天星] mǎnt'iēnhsīng ㄇㄢˇㄊㄧㄢㄒㄧㄥ 〈植〉별석남.
[滿頭大汗] mǎnt'óu tàhàn ㄇㄢˇㄊㄡˊ ㄉㄚˋㄏㄢˋ 땀이 얼굴에 흠뻑 젖다.
[滿載而歸] mántsàiérhkuei ㄇㄢˊㄗㄞˇㄦˊㄍㄨㄟ ① 만재(滿載)하여 돌아오다. ② 큰 수확(收穫)을 올리다.
[滿座] mǎntsòㄇㄢˇㄗㄨㄛˋ ①자리에 가득 차 있는 사람. ②mǎntsòrh 만원(滿員).
[滿膛滿餡兒] mǎnt'ángmǎnhsiàngrh ㄇㄢˇㄊㄤˊㄇㄢˇㄒㄧㄤˋㄦ 대단히 많다. 가득하다. 충분하게. 완전히.「我跟他說得一的; 나는 그와 충분히 말하였다」
[滿不在乎] mǎnputsàihu ㄇㄢˇㄅㄨㄗㄞˋㄏㄨ 전연 아무렇지도 않게 생각하다. 전혀 문제 삼지 않다.
[滿眼] mányěn ㄇㄢˊㄧㄢˇ 눈에 가득하다.「一都是淚; 눈물이 가득히 고이다」
[滿月] mǎnyüèh ㄇㄢˇㄩㄝˋ ① 만월. 보름달. ② mǎnyüeh 생후 만 일 개월

〔曼〕 màn ㄇㄢˋ 오래 끌다.「一聲而歌; 느릿느릿 노래 부르다」

〔漫〕 màn ㄇㄢˋ ①물이 넘쳐 흘러 나오다.「河水一出來了; 강물이 넘쳐 흘러 나오다」②물에 닿다. 물에 잠기다.「水不深, 只一到脚面; 물이 얕아서 발등이 잠길 정도이다」③넘치다. 가득 차다.「大霧一天; 짙은 안개가 하늘 전체에 자욱이 끼다」④제한(制限)이 없는 것. 말리지 않다.「一畫」「하게 길다.
[漫長] mànch'áng ㄇㄢˋㄔㄤˊ 시간이 지루하다.
[漫出來] mànch'ulai ㄇㄢˋㄔㄨㄌㄞ 물이 넘쳐 흐르다.「河水一了; 강물이 넘치다」
[漫溢] mànì ㄇㄢˋㄧˋ 넘치다.
[漫罵] mànmà ㄇㄢˋㄇㄚˋ 함부로 남을 욕하다.
[漫漫] mànmàn ㄇㄢˋㄇㄢˋ 끝 없는.「一的大草原; 끝 없는 대초원(大草原)」
[漫不經心] mànpùchīnghsīn ㄇㄢˋㄅㄨˋㄐㄧㄥㄒㄧㄣ 무관심한 모양. 마음내키지 않는 모양.「他一地回答; 그는 마음 내키지 않은 기색으로 대답하다」
[漫評] mànp'íng ㄇㄢˋㄆㄧㄥˊ 무책임한 비평을 하다.
[漫山遍野] mànshān-pièn yěh ㄇㄢˋㄕㄢㄅㄧㄢˋㄧㄝˇ 산야 도처(山野到處).「一地跑; 산이나 들이나 어디든지 뛰어 돌아다니다」
[漫說] mànshuō ㄇㄢˋㄕㄨㄛ …는 커녕, …은 말할 여지도 없다:「就是…也…」와 같이 계속되는 경우가 많다. =慢說.「一是三天限, 就是兩天, 我們也得趕造出來; 사흘이란 기한은 안될 말이고, 가령 이틀 간이라도 우리는 서둘러 만들지 않으면 안된다」
[漫天] mànt'iēn ㄇㄢˋㄊㄧㄢ, mánt'iēn. ①아주 커다란 모양. ②하늘을 뒤덮다. 하늘에 가득하게 차다.「一討價; 심한 에누리를 하다」
[漫談] mànt'án ㄇㄢˋㄊㄢˊ 자유롭게 이야기하다. 방담(放談)하다.「一會; 자유 토론회(自由討論會)」
[漫無邊際] mànwúpiēnchì ㄇㄢˋㄨˊㄅㄧㄢㄐㄧˋ 한정 없이 넓다. 끝 없이 넓고 넓다.
[漫無人烟] mànwújényēn ㄇㄢˋㄨˊㄖㄣˊㄧㄢ 근방에 인가도 없다.「一的陌生地方; 그 부근에는 집 한 채도 없고 사정도 잘 알 수 없는 곳」

〔慢〕 màn ㄇㄢˋ ①느릿느릿하다. 느리다.「走得很一; 걸음이 대단히 느리다」②(시계가) 늦다.「我的表一五分鐘; 나의 시계는 5분 늦다」③태도가 쌀쌀하다. 은근(慇懃)하지 않다.「怠一」④…하지 말라. …하지 말지어다.
[慢驚風] mànchīngfēng ㄇㄢˋㄐㄧㄥㄈㄥ 일을 느릿느릿하는 사람. 쓸모 없는 사람.
[慢車] mànch'ê ㄇㄢˋㄔㄜ 보통 열차(普通列車).
[慢着] mànchê ㄇㄢˋㄓㄜ 그만 해라. 서라. 천천히 해라.
[慢行路] mànhsínglù ㄇㄢˋㄒㄧㄥˊㄌㄨˋ 완행차선(緩行車線).
[慢火(兒)] mànhuǒ(rh) ㄇㄢˋㄏㄨㄛˇ(ㄦ) 화력이 약한 불. =文火.
[慢性兒(一子)] mànhsìngrh(一tzǔ) ㄇㄢˋㄒㄧㄥˋㄦ(一ㄗ) 느릿느릿한 성질. 성질이 느릿느릿한 사람.
[慢工出巧匠] mànkūng ch'ū ch'iǎochiàng ㄇㄢˋㄍㄨㄥㄔㄨㄑㄧㄠˇㄐㄧㄤˋ 대기만성(大器晩成). 《諺》
[慢慢(兒)的] mànmàn(rh)tê ㄇㄢˋㄇㄢˋ(ㄦ)ㄉㄜ ①천천히. ②조용히.「有話一說, 不用嚷; 이야기가 있으면 조용히 말하세요, 큰소리 칠 것은 없어요」
[慢慢騰騰] mànmantēngtēng ㄇㄢˋㄇㄢ ㄊㄥˊㄊㄥˊ 느린 모양. 우물쭈물하는 모양. 「거리는 모양.
[慢手兒] mànshǒurh ㄇㄢˋㄕㄡˇㄦ 꾸물

[慢手慢脚] mánshǒu-mànchiǎo ㄇㄢˊㄕㄡˇㄇㄢˋㄐㄧㄠˇ 일하는 동작이 느린 모양.
[慢說] mànshuō ㄇㄢˋㄕㄨㄛ ①…은 말할 필요가 없다. …은 물론이다. ＝漫說. ②천천히 말하다.
[慢待] màntài ㄇㄢˋㄉㄞˋ 변변치 못한 대접을 하다. 충분히 손이 미치지 못하여 실례하였읍니다.
[慢點兒] màntiěnrh ㄇㄢˋㄉㄧㄢˇㄦ ①조금 천천히.「一走；좀 천천히 걷다」②잠깐만 기다려.
[慢騰騰的] mànt'ěngt'ěngtê ㄇㄢˋㄊㄥˊㄊㄥˊㄉㄜ 느릿느릿하는 모양. 꾸물거리는 모양.
[慢條斯理兒] mànt'iáossūlǐrh ㄇㄢˋㄊㄧㄠˊㄙㄌㄧˇㄦ 마음이 태평스러운 모양. 느릿느릿한 모양.
[慢吞吞的] mànt'ūnt'ūntê ㄇㄢˋㄊㄨㄣㄊㄨㄣㄉㄜ ①우물쭈물하여 결단성이 없는 모양. ②말이 띄엄띄엄 중단되는 모양. ③느린 모양.
[慢走] màntsǒu ㄇㄢˋㄗㄡˇ ①안녕히 돌아 가십시오. ②천천히 걷다. ＝慢慢地走.
[慢用] mànyùng ㄇㄢˋㄩㄥˋ 천천히 먹게.
[慢悠悠的] mànyūyūtê ㄇㄢˋㄧㄡㄧㄡㄉㄜ 어슬렁어슬렁하는 모양.

〔墁〕 màn ㄇㄢˋ 기와를 잇다.「花磚一地：타일(tile)을 전부 깔다」

〔幔〕 màn ㄇㄢˋ「一子；커어튼」
[幔帳] mànchàng ㄇㄢˋㄓㄤˋ ①막(幕). 커어튼. ②침대(寢臺) 커어튼.

〔謾〕 màn ㄇㄢˋ 난폭한. 버릇 없는.「一罵；함부로 욕하다」

〔鰻〕 màn ㄇㄢˋ 〈動〉뱀장어.
[鰻鱺] mànlì ㄇㄢˋㄌㄧˋ 〈動〉뱀장어.

MANG ㄇㄤ

〔忙〕 máng ㄇㄤˊ ①바쁘다. ②서두르다. 서둘러서 일을 하다. ③준비에 바쁘다. 「一節；단오절(端午節)·중추절(中秋節)의 준비에 바쁘다」
[忙勁兒] mángchìnrh ㄇㄤˊㄐㄧㄣˋㄦ ①바쁜 것 같은 모양. ②바쁜 모양.
[忙中有錯] mángchūng yǔts'ò ㄇㄤˊㄓㄨㄥㄧㄡˇㄘㄨㄛˋ 급히 먹는 밥이 체하다.
[忙成一團] mángch'ěng ìt'uán ㄇㄤˊㄔㄥˊㄧˋㄊㄨㄢˊ 바빠 날뛰다.
[忙着] mángchê ㄇㄤˊㄓㄜ 서둘러서. 바쁘게.「一做工作；서둘러 일을 하다」
[忙而不亂] máng'ěrhpúluàn ㄇㄤˊㄦˊㄅㄨˊㄌㄨㄢˋ 아무리 바빠도 질서를 유지하다.
[忙法兒] mángfǎrh ㄇㄤˊㄈㄚˇㄦ 바쁨.
[忙合] mánghê ㄇㄤˊㄏㄜ ① 돕다. ② 바쁘게 하다. ＝忙乎 mánghu. 忙和 mánghuo.
[忙壞] mánghuài ㄇㄤˊㄏㄨㄞˋ 대단히 바쁘다.
[忙活] mánghuó ㄇㄤˊㄏㄨㄛˊ ①일이 바쁘다. ② 바쁘게 일하다. ③mánghuo 바쁘다.
[忙工] mángkūng ㄇㄤˊㄍㄨㄥ ① 농번기(農繁期)의 일. ②농번기에 임시로 고용(雇用)함. 고용하는 일군.
[忙裡偷閒] mánglit'ōuhsién ㄇㄤˊㄌㄧˇㄊㄡㄒㄧㄢˊ 망중한(忙中閑)을 찾다. 바쁜 중에도 한가한 틈을 구하다.
[忙碌] mánglù ㄇㄤˊㄌㄨˋ 바쁘다.>忙忙碌碌
[忙亂] mángluàn ㄇㄤˊㄌㄨㄢˋ 바빠서 당황하는 모양. ＝忙忙亂亂.
[忙忙叨叨] mángmangtāotāo ㄇㄤˊㄇㄤㄉㄠㄉㄠ ①대단히 바쁜 모양. ②급박(急迫)한 모양.
[忙迫] mángp'ò ㄇㄤˊㄆㄛˋ 꼼짝할 사이도 없이 바쁘다.
[忙不過來] mángpukuòlái ㄇㄤˊㄅㄨㄍㄨㄛˋㄌㄞˊ 바빠서 못 견디겠다.
[忙上忙下] mángshàng-mánghsià ㄇㄤˊㄕㄤˋㄇㄤˊㄒㄧㄚˋ 웃어른을 섬기고 아랫사람을 보살피기에 대단히 바쁜 모양.
[忙於] mángyú ㄇㄤˊㄩˊ …에 바쁘다.「一秋收：추수에 바쁘다」
[忙月] mángyüèh ㄇㄤˊㄩㄝˋ ①입하(立夏)부터 120일내로 농사일이 바쁠 시기. ②장부(帳簿)의 정리에 바쁠 때.

〔芒〕 máng ㄇㄤˊ ①「一兒；곡물(穀物)의 이삭끝의 가느다란 가시」② 이삭끝의 가시 모양의 것. ③〈植〉참억새.
[芒種] mángchùng ㄇㄤˊㄓㄨㄥˋ 절후 중의 하나. 망종：6월 5·6일경.
[芒鞋] mánghsiéh ㄇㄤˊㄒㄧㄝˊ 짚신.
[芒刃] mángjèn ㄇㄤˊㄖㄣˋ 칼날.
[芒果] mángkuǒ ㄇㄤˊㄍㄨㄛˇ 〈植〉망고(mango).
[芒刺] mángtz'ù ㄇㄤˊㄘˋ 가시.

〔牤〕 máng ㄇㄤˊ「一子；황소. 수소」

〔盲〕 máng ㄇㄤˊ ①소경. ②분별할 힘을 갖지 못함.
[盲人摸象] mángjén mōhsiàng ㄇㄤˊㄖㄣˊㄇㄛㄒㄧㄤˋ 군맹안상(群盲摸象).
[盲人瞎馬] mángjén hsiāma ㄏㄤˊㄖㄣˊㄒㄧㄚㄇㄚˇ 소경이 눈 먼 말을 탄 것같이 극히 위험함을 비유한 말.
[盲字] mángtsù ㄇㄤˊㄗˋ 점자(點字).

〔氓〕 máng ㄇㄤˊ 옛적에 "民"자와 같이 쓰이다.

〔茫〕 máng ㄇㄤˊ ①목표가 서지 않다. ②넓어서 끝을 분간치 못하다.
[茫無頭緒] mángwút'óuhsu ㄇㄤˊㄨˊㄊㄡˊㄒㄩ 막연하여 손붙일 곳이 없다.

〔硭〕 máng ㄇㄤˊ
[硭硝] mánghsiāo ㄇㄤˊㄒㄧㄠ 〈化〉유산나트륨(硫酸 natrium).

〔鋩〕 máng ㄇㄤˊ 창(槍) 끝. =芒.

〔莽〕 mǎng ㄇㄤˇ ①밀생(密生)한 풀. 「草一英雄 ; 재야(在野)의 영웅(英雄)」② 제멋대로이다. 난폭하다. 「這人太一 ; 이 사람은 너무 부주의하다」

[莽撞] mǎngchuàng ㄇㄤˇㄓㄨㄤˋ 덜렁거리다. 침착성이 없이 서두르다. >莽莽撞撞. 「一勁兒;분별 없이 무턱대는 성질. 경망성」

[莽漢] mǎnghàn ㄇㄤˇㄏㄢˋ 덜렁거리는 사나이. 덜렁이.

〔蟒〕 mǎng ㄇㄤˇ 〈動〉 이무기. 큰뱀.

[蟒袍] mǎngp'áo ㄇㄤˇㄆㄠˊ 용(龍) 무늬로 수(繡)놓은 긴 의복 : 명대(明代)엔 대신(大臣)이, 청대(淸代)에는 벼슬아치들이 예복으로 착용했다. "蟒衣"라고도 함.

[蟒蛇] mǎngshé ㄇㄤˇㄕㄜˊ 큰뱀. 대사(大蛇).

MAO ㄇㄠ

〔貓〕(猫) māo ㄇㄠ 고양이.

[貓爪兒] māochuǎrh ㄇㄠㄓㄨㄚˇㄦ ①앞잡이. ②남의 희생이 되는 것. 「做一 ; 남의 희생이 되다」

[貓哭耗子] māo k'ū hàotzǔ ㄇㄠㄎㄨㄏㄠˋㄗ 형식적인 정(情)을 말함.

[貓兒溺] māorhnì ㄇㄠㄦㄋㄧˋ 음밀(陰密)한 일. 남몰래 하는 일. 「你們又搞些什麼一? ; 너희들은 뭘 몰래 살금살금 하고 있느냐?」

[貓兒尿] māorhniào ㄇㄠㄦㄋㄧㄠˋ ①술; 혐오감(嫌惡感)을 갖고 일컫는 말. 도깨비 국물. ②"黃酒"의 별명.

[貓兒刺] māorhtz'ū ㄇㄠㄦㄘˋ〈植〉 호랑가시나무.

[貓兒眼] māorhyěn ㄇㄠㄦㄧㄢˇ 〈鑛〉 ①오팔. ②단백석(蛋白石).

[貓撒歡(兒)] māosāhuān(rh) ㄇㄠㄙㄚㄏㄨㄢ(ㄦ) ①일념으로. 미친 듯한 모양. ②날뛰다. 「기와 : 귀신의 얼굴 모양의 기와.

[貓頭兒瓦] māot'óurhwǎ ㄇㄠㄊㄡˊㄦㄨㄚˇ

[貓頭鷹] māot'óuyīng ㄇㄠㄊㄡˊㄧㄥ 〈動〉 올빼미.

[貓腰(兒)] māoyāo(rh) ㄇㄠㄧㄠ(ㄦ) ①허리가 굽다. ②허리를 굽히다.

[貓月子] māoyüèhtzǔ ㄇㄠㄩㄝˋㄗ =坐月子.

〔毛〕 máo ㄇㄠˊ ①동식물의 털. 털과 같은 것. 「老沒見太陽, 都長毛了 ; 오랫동안 볕을 받지 못해서 곰팡이가 피었다」 ②보풀이 일다. 벗겨지다. 「紙角上一點也不一; 종이 모서리가 조금도 보풀이 일지 않았다」 ③조잡(粗雜)한. ④침착성이 없이 서두르다. ⑤부정확(不正確)하다. 대략. 「一重十斤 ; 대략 그릇의 무게가 열근(斤)」「一利 ; 대략적인 이자」 ⑥당황해서 떠들어대다. 「把他嚇一了 ; 그를 당황케 하다」⑦작은. 「一驢 ;새끼 당나귀」 ⑧돈의 가치가 하락하는 것. 「票子一天比一天一 ; 지폐의 가치가 하루하루 하락하다」 ⑨1"元"의 십분의 일. =角.

[毛茶] máoch'á ㄇㄠˊㄔㄚˊ 반제품의 차(茶).

[毛𠐊] máochiāng ㄇㄠˊㄐㄧㄤ 당황하여 선 채 꼼짝 못하게 되다.

[毛錢兒] máoch'iénrh ㄇㄠˊㄑㄧㄢˊㄦ 10전(錢) 등 "毛" 단위의 은화(銀貨).

[毛織品] máochīhp'ǐn ㄇㄠˊㄓㄆㄧㄣˇ 모직물(毛織物).

[毛竹] máochú ㄇㄠˊㄓㄨˊ 대(竹)의 일종.

[毛擧細故] máochǔhsìku ㄇㄠˊㄐㄩˇㄒㄧˋㄍㄨ 자세히 사유를 말하다.

[毛巾] máochīn ㄇㄠˊㄐㄧㄣ 타월. 수건.

[毛重] máochùng ㄇㄠˊㄓㄨㄥˋ 총중량(總重量).

[毛蟲] máoch'úng ㄇㄠˊㄔㄨㄥˊ ①모충. 송충이. ②수류(獸類). ③가축.

[毛紡] máofǎng ㄇㄠˊㄈㄤˇ 모사방적(毛糸紡績). 「一支數 ; 양모 방적에 있어서 섬유의 가늘기의 번수(番數)」

[毛綫] máohsiēn ㄇㄠˊㄒㄧㄢˋ 모사(毛糸). 「一上衣 ; 스웨터」

[毛孩子] máohaítzǔ ㄇㄠˊㄏㄞˊㄗ ①어린이. ②아기.

[毛衣] máoī ㄇㄠˊㄧ 털 스웨터. 털옷.

[毛茸] máojúng ㄇㄠˊㄖㄨㄥˊ 초목의 잎 따위에 밀생(密生)한 잔털.

[毛茸茸的] máojúngjúngtê ㄇㄠˊㄖㄨㄥˊㄖㄨㄥˊㄉㄜ 털이 많이 자라서 엉클어진 모양. 「一手腕; 털투성이의 손목」

[毛坑] máok'ēng ㄇㄠˊㄎㄥ 똥통. 변소. =茅坑.

[毛咕] máokǔ ㄇㄠˊㄍㄨˇ 당황하다. 놀래서 벌벌 떠는 모양. >毛毛咕咕.

[毛褲] máok'ù ㄇㄠˊㄎㄨˋ 털바지. 털로 짠 속바지.

[毛骨悚然] máokǔ sǔngján ㄇㄠˊㄍㄨˇㄙㄨㄥˇㄖㄢˊ 소름이 끼치다.

[毛藍] máolán ㄇㄠˊㄌㄢˊ 엷은 남색.

[毛勒咭咭] máolêkūchī ㄇㄠˊㄌㄜㄍㄨㄐㄧ =毛兒咭咭. 「당황하다. 일을 그르치다.

[毛了烟兒] máolêyēnrh ㄇㄠˊㄌㄜㄧㄢㄦ

[毛毛狗兒] máomáokǒurh ㄇㄠˊㄇㄠˊㄍㄡˇㄦ 〈植〉 버들강아지.

[毛毛咕唧] máomaokūchī ㄇㄠˊㄇㄠㄍㄨㄐㄧ 침착성이 없이 서두르다.

[毛毛愣愣] máomáolěnglěng ㄇㄠˊㄇㄠˊㄌㄥˋㄌㄥˋ ①침착성이 없이 소홀한 모양. ②매우 당황하여 쩔쩔매는 모양.

[毛毛騰騰] máomáot'ěngt'ěng ㄇㄠˊㄇㄠˊㄊㄥˊㄊㄥˊ 침착하지 못한 모양. 어찌할 줄 몰라 당황하는 모양.

[毛毛雨] máomáoyü ㄇㄠˊㄇㄠˊㄩ 이슬비. 보슬비.

[毛呢] máomáoní ㄇㄠˊㄇㄠˊㄋㄧˊ 모직물 : 나사의 일종.

[毛牛] máoniú ㄇㄠˊㄋㄧㄡˊ 〈動〉 송아지.

[毛包] máopāo ㄇㄠˊㄅㄠ 무무하고 촌스러우며 교양이 없는 사람.

[毛票兒] máop'iàorh ㄇㄠˊㄆㄧㄠˋㄦ 10전·20전 따위의 "毛" 단위의 지폐.

[毛筆] máopǐ ㄇㄠˊㄅㄧˇ 붓.

[毛坯] máop'ī ㄇㄠˊㄆㄧ 가공하기 전의 도기(陶器).

[毛邊] máopiēn ㄇㄠˊㄅㄧㄢ ①도자기(陶磁器) 가장자리가 파손된 것. 「古磁一不値錢 ; 옛날 자기도 가장자리가 깨어지면 가치가 없다」 ②máopiēnrh 가장자리가 닳아서 끊어지다.

[毛邊紙] máopiēnchǐh ㄇㄠˊㄅㄧㄢㄓˇ 대나무의 섬유로 만든 종이.

[毛布] máopù ㄇㄠˊㄅㄨˋ 모직물.

[毛兒] máorh ㄇㄠˊㄦ ①털. ②털 모양의 것.

[毛兒跟頭] máorhkēnt'ou ㄇㄠˊㄦㄍㄣㄊㄡ 뒤로 뒤집히는 것. 「打個一 ; 뒤를 뒤

집다」 「ㄐㄧㄉㄜ 당황하는 모양.
[毛兒咕咕的] máorhkūchītê ㄇㄠˊㄦㄍㄨ
[毛瑟槍] máosèch'iāng ㄇㄠˊㄙㄜˋㄑㄧㄤ 모오젤총(銃).
[毛衫] máoshān ㄇㄠˊㄕㄢ 스웨터.
[毛衫兒] máoshānrh ㄇㄠˊㄕㄢㄦ 갓난 아이에게 처음으로 입히는 옷. 배내옷.
[毛繩兒] máoshéngrh ㄇㄠˊㄕㄥˊㄦ 모사로 짠 끈.
[毛手毛脚] máoshǒu-máochiǎo ㄇㄠˊㄕㄡˇㄇㄠˊㄐㄧㄠˇ ①(동작이) 침착성이 없고 서두르는 모양. ②당황하여 쩔쩔매는 모양.
[毛遂自荐] máosuì tzǔchièn ㄇㄠˊㄙㄨㄟˋㄗˇㄐㄧㄢˋ 자기를 추천(推薦)하다: "毛遂"는 인명(人名). ‹成›
[毛毯] máot'ǎn ㄇㄠˊㄊㄢˇ 모포(毛布). 「光板一; 털이 닳아 떨어진 모포」
[毛桃兒(一子)] máot'áorh(—tzǔ) ㄇㄠˊㄊㄠˊㄦ(一ㄗ) 작은 복숭아.
[毛騰厮火] máot'éngssūhuǒ ㄇㄠˊㄊㄥˊㄙㄏㄨㄛˇ 침착성이 없다. 매우 당황하여 쩔쩔매다. =毛三似火. 「섬유 묶음.
[毛條] máot'iáo ㄇㄠˊㄊㄧㄠˊ 양모 따위의
[毛豆] máotòu ㄇㄠˊㄉㄡˋ 풋콩.
[毛頭姑娘] máot'óukūniang ㄇㄠˊㄊㄡˊㄍㄨㄋㄧㄤ 처녀. 젊은 아가씨.
[毛頭紙] máot'óuchǐh ㄇㄠˊㄊㄡˊㄓˇ 가장자리가 재단되어 있지 않은 종이.
[毛躁] máotsao ㄇㄠˊㄗㄠ ①경솔하다. ②침착하지 못함. =暴躁. >毛毛躁躁.
[毛糙] máots'ao ㄇㄠˊㄘㄠ ①조잡하다. ②촉감이 거칠게 느껴지다.
[毛草] máots'ǎo ㄇㄠˊㄗㄠˇ 조심성 없고 거칠다. 부주의하다. 「한 말직 관리놈. ‹罵›
[毛賊] máotséi ㄇㄠˊㄗㄟˊ ①좀도둑. ②천
[毛子] máotzǔ ㄇㄠˊㄗ ①외국인. ②야만인.
[毛窩] máowō ㄇㄠˊㄨㄛ 무명신발.
[毛腰] máoyāo ㄇㄠˊㄧㄠ 몸을 굽히다.
[毛丫頭] máoyāt'ou ㄇㄠˊㄧㄚㄊㄡ 계집아이: 어린 여아의 낮은 말.
[毛烟兒] máoyēnrh ㄇㄠˊㄧㄢㄦ 놀라서 당황하다. 「一了烟兒; 놀라서 당황했다」
「(槍) 비슷한 무기.

〔矛〕 máo ㄇㄠˊ 양쪽에 날을 세운 창
[矛頭] máot'óu ㄇㄠˊㄊㄡˊ (양쪽에 날이 선) 창끝.
[矛盾] máotùn ㄇㄠˊㄉㄨㄣˋ ①모순되다. 「自相一·相互一; 서로 모순되다」②모순.

〔茅〕 máo ㄇㄠˊ 〈植〉 띠·억새 등의 총칭. 포아풀과에 속하는 다년초. 「白一; 띠; 지붕을 이거나 새끼를 꼬다」
[茅房] máofang ㄇㄠˊㄈㄤ =茅厠.
[茅坑] máok'ēng ㄇㄠˊㄎㄥ =毛坑.
[茅廬] máolú ㄇㄠˊㄌㄨˊ =茅屋.
[茅棚] máop'éng ㄇㄠˊㄆㄥˊ 띠나 짚으로 이은 집.
[茅塞頓開] máosètùnk'āi ㄇㄠˊㄙㄜˋㄉㄨㄣˋㄎㄞ 모르던 것을 갑자기 알게 되다. 돌연히 깨닫다.
[茅厠] máossǔ ㄇㄠˊㄙ 변소. 「등의 총칭.
[茅草] máots'ǎo ㄇㄠˊㄘㄠˇ 〈植〉 띠·억새
[茅屋] máowū ㄇㄠˊㄨ ①모옥. 초가. ② 황폐한 집.

〔髦〕 máo ㄇㄠˊ 고대(古代)에 아이들의 이마에 내려 드리운 짧은 머리.

〔犛〕(牦) máo ㄇㄠˊ 〈動〉 야아크(yak): 티베트 원산의 소의 하나. 「一牛; 야아크」

〔錨〕 máo ㄇㄠˊ 저울.
[錨鏈] máolièn ㄇㄠˊㄌㄧㄢˋ 저울에 달린 쇠사슬.

〔蟊〕 máo ㄇㄠˊ 모종(苗)의 뿌리를 해치는 벌레.
[蟊賊] máotsé ㄇㄠˊㄗㄜˊ ①모종의 뿌리를 먹는 해충(害蟲). ②소인(小人). 악인(惡人). ③국민을 괴롭히고 학대하는 자.

〔卯〕 mǎo ㄇㄠˇ ①12지(支)의 네 번째. ②묘시: 아침 5~7시. ③「一子·一兒; 이쪽 끝을 저쪽 끝의 구멍에 맞추기 위하여 가늘게 만든 구멍」「對一眼; 끝과 끝을 잇기 위해서 구멍을 맞추다」
[卯勁兒] mǎochìnrh ㄇㄠˇㄐㄧㄣˋㄦ 특별히 노력하다. 힘을 집중하다. =鉚勁兒.
[卯簿] mǎopù ㄇㄠˇㄅㄨˋ 출근부.
[卯子活] mǎotzǔhuó ㄇㄠˇㄗㄏㄨㄛˊ 날품팔이. 날품.
[卯飲] máoyǐn ㄇㄠˊㄧㄣˇ 해장술. 아침 술.

〔昴〕 mǎo ㄇㄠˇ
[昴星] mǎohsīng ㄇㄠˇㄒㄧㄥ 〈天〉 성좌(星座)의 이름: 28수(宿) 중의 하나.

〔鉚〕 mǎo ㄇㄠˇ 금속(金屬)에 구멍을 뚫어 대가리가 크고 끝이 뾰족하지 않은 못(鉚釘)을 넣어, 끝을 두들겨서 밀착하는 것. 또는 리벳을 사용하여 금속물을 접착하는 신식 방법도 같이 말함.
[鉚勁兒] mǎochìnrh ㄇㄠˇㄐㄧㄣˋㄦ ①특별히 노력하다. ②마력(馬力)을 내다. 힘을 집중하다. 「鉚足一; 전력을 다하다」 =卯勁兒. 「(鎔接)하다.
[鉚焊] mǎohàn ㄇㄠˇㄏㄢˋ 리벳을 용접
[鉚工] mǎokūng ㄇㄠˇㄍㄨㄥ 리벳공(工).
[鉚眼(兒)] máoyěn(rh) ㄇㄠˊㄧㄢˇ(ㄦ) 리벳의 구멍.

〔茂〕 mào ㄇㄠˋ 초목이 무성하다. 「根深葉一; 깊이 뿌리박고 잎은 무성하다」
[茂密] màomì ㄇㄠˋㄇㄧˋ 빈틈 없이 무성하다. 「茂茂盛盛.
[茂盛] màoshèng ㄇㄠˋㄕㄥˋ 무성하다. >

〔冒〕 mào ㄇㄠˋ ①밖을 향해서 나아가다. 뿜어내다. 「一泡; 거품이 나다」「一氣; 기체(氣體)가 나오다」 ②불리한 상태를 극복하다. 위험이나 곤란을 무릅쓰고 하다. ③주의하지 않다. 경솔하다. 「一進; 무모하게 나아가다」④속이다. 위조물(僞造物)을 진짜로 하다. 「이다.
[冒詐] màochà ㄇㄠˋㄓㄚˋ 계책을 써서 속
[冒進] màochìn ㄇㄠˋㄐㄧㄣˋ 무모하게 전진하다. 아무 일에나 무턱대고 뛰어들다.
[冒金星兒] mào chīnghsīngrh ㄇㄠˋㄐㄧㄥㄒㄧㄥㄦ 눈에서 불꽃이 튀다.
[冒金花兒] màochīnhuārh ㄇㄠˋㄐㄧㄣㄏㄨㄚㄦ =冒金星兒.
[冒充] màoch'ūng ㄇㄠˋㄔㄨㄥ 사칭(詐稱)하다. 속여서 … 하다.
[冒犯] màofàn ㄇㄠˋㄈㄢˋ 남의 기분을 상하게 하다. 실례하다.
[冒汗] màohàn ㄇㄠˋㄏㄢˋ 땀이 나다.

[冒號] màohào ㄇㄠˋㄏㄠˋ 콜론(colon): "：". 「쓰다.
[冒險] màohsiěn ㄇㄠˋㄒㄧㄢˇ 위험을 무릅
[冒姓] màohsing ㄇㄠˋㄒㄧㄥˋ 남의 성을 사칭하다.
[冒壞] màohuài ㄇㄠˋㄏㄨㄞˋ 나쁜 지혜(智慧)를 내다.
[冒火(兒)] mào huǒ(rh) ㄇㄠˋㄏㄨㄛˇ(ㄦ) ①화염이 오르다. ②갑자기 성내다.
[冒然] mào'ján ㄇㄠˋㄖㄢˊ 매우 경솔한 모양.「我不反對, 但也不敢一鼓動; 나는 반대하지는 않으나, 경솔하게 격려할 수도 없다」
[冒熱氣] màojěch'ì ㄇㄠˋㄖㄜˋㄑㄧˋ ①김이 나다. ②의협심을 발휘하다. ③활발하게 일하다. ④대노(大怒)하다. ⑤발의 원기가 좋다.
[冒功] màokūng ㄇㄠˋㄍㄨㄥ ①남의 공로(功勞)를 제것으로 하다. ②주제넘다.
[冒亮] màoliàng ㄇㄠˋㄌㄧㄤˋ ① 날이 새다. ②새벽. 「쥐다.
[冒領] màolǐng ㄇㄠˋㄌㄧㄥˇ 속여서 받아
[冒昧] màomèi ㄇㄠˋㄇㄟˋ ①별안간. 돌연.「來得太一; 참으로 돌연히 오다. 방법이 참으로 갑작스럽다」②분별이 없다.「一地參加; 함부로 참가하다」무례(無禮)하다. 제멋대로이다. >冒冒昧昧.「돌연.
[冒猛(子)] màoměng(tzū) ㄇㄠˋㄇㄥˇ(ㄗ)
[冒名] màomíng ㄇㄠˋㄇㄧㄥˊ 이름을 속이다. 남의 명의를 사칭(詐稱)하다.
[冒沫子] màomòtzū ㄇㄠˋㄇㄛˋㄗ 원망스러운 말을 하다.
[冒牌(兒)] màop'ái(rh) ㄇㄠˋㄆㄞˊ(ㄦ) ①상표(商標)를 도용(盜用)하다. ②(상품의)위조물(僞造物). ③사칭(詐稱)하는 사람.
[冒炮] màop'ào ㄇㄠˋㄆㄠˋ 함부로 지껄이다
[冒不韙] màopùwěi ㄇㄠˋㄅㄨˋㄨㄟˇ 나쁜 일을 저지르다.「冒天下之大不韙; 천하의 대악(大惡)을 범(犯)하다」
[冒兒咕冬] màorhkūtūng ㄇㄠˋㄦㄍㄨˋㄉㄨㄥ ①거칠게. ②갑자기.
[冒失] màoshih ㄇㄠˋㄕ 주제넘다. 실례하다. 경망스럽다.
[冒失鬼] màoshihkuei ㄇㄠˋㄕㄍㄨㄟˇ 무례한 놈. 덜렁거리고 경박한 놈.
[冒頂] màotǐng ㄇㄠˋㄉㄧㄥˇ =冒充.
[冒烟] mào yēn ㄇㄠˋ ㄧㄢ 연기가 나다.「嗓子眼兒一; 목이 바삭바삭 타다」
[冒嘴兒] màotsuǐrh ㄇㄠˋㄗㄨㄟˇㄦ ①아침 햇살이 비치기 시작하다. ②꽃봉오리 가벌어지다.

〔帽〕 mào ㄇㄠˋ ①「一子; 모자」②「一兒; 성능이나 형체가 모자 모양의 것을 말함」「螺絲一兒; 나사못의 대가리」
[帽腔] màoch'iāng ㄇㄠˋㄑㄧㄤ 모자의 머리가 들어가는 부분.
[帽翅] màoch'ihrh ㄇㄠˋㄔˋㄦ ①중국의 모자에 붙여 놓은 장식품. ②모자에 늘어뜨리는 것.
[帽鏡] màoching ㄇㄠˋㄐㄧㄥˋ 테이블 따위에 놓는 거울.
[帽花(兒)] màohuā(rh) ㄇㄠˋㄏㄨㄚ(ㄦ) ①모자의 앞에 다는 장식품. ② 모자에 다는 조화. ③모자에 붙이는 표식(標識).
[帽徽] màohuī ㄇㄠˋㄏㄨㄟ 모표(帽標).
[帽盔] màok'ei ㄇㄠˋㄎㄨㄟ 헬멧.
[帽箍兒] màokūrh ㄇㄠˋㄍㄨㄦ 모자에 감아 놓은 리본. 「턱끈. 모자 끈.
[帽帶兒] màotài(rh) ㄇㄠˋㄉㄞˋ(ㄦ) 모자
[帽頭兒] màot'óurh ㄇㄠˋㄊㄡˊㄦ =帽盔.
[帽簷兒] màoyénrh ㄇㄠˋㄧㄢˊㄦ 모자의 차양. =帽沿兒.

〔貿〕 mào ㄇㄠˋ ①재물(財物)을 교환하는 것. ②경솔(輕率)한.
[貿易] màoì ㄇㄠˋㄧˋ ①매매(賣買). ②무역.「進出口一; 수출입(輸出入)무역」
[貿然] màoján ㄇㄠˋㄖㄢˊ 신중(愼重)하지 못한 모양.「一參加; 경솔하게 참가하다」

〔貌〕(皃) mào ㄇㄠˋ ①용모(容貌). ②밖으로 나타난 표정(表情)·태도(態度).「禮一; 예의 바른 태도」③상태나 모양.
[貌合神離] màohó-shénlí ㄇㄠˋㄏㄜˊㄕㄣˊㄌㄧˊ 겉으로는 친한 척하고 속으로는 미워하다.
[貌相] màohsiàng ㄇㄠˋㄒㄧㄤˋ 얼굴로서 판단하다.「人不可一; 사람은 얼굴로 판단할 수 없다」
[貌似] màossǔ ㄇㄠˋㄙˋ 표면(表面)상으로 닮다. …에 닮았다. 얼굴이 … 닮았다.

MÊ ㄇㄜ

〔麼〕(么) me ㄇㄜ「什一·怎一」따위의 má, mō, yāo와 같음.

MEI ㄇㄟ

〔沒〕 méi ㄇㄟˊ ①갖고있지 않다. 존재하지 않다.「我一那本書; 나는 그 책을 갖고 있지 않다」「紙一了; 종이가 없어졌다」②보통의 동사나 형용사 앞에 놓아, 동작·행위·상태의 변화 따위가 존재하지 않음을 말함.「我一去; 나는 가지 않았다」「我還一去; 나는 아직 가지 않았다」③"過·完·來着·着"을 동사의 뒤에 수반하는 것을 부정한다.「一去過; 간 적이 없다」「他們一做完; 그들은 끝내지 못했다」「一吃來着; 먹고 있지 않았다」④비교의 부정.「這個一那個好; 이것은 저것보다 좋지 못하다」⑤"在"가 일시적 상태(狀態)를 나타낼 경우의 부정.「王先生一在家; 왕씨는 잠깐 안 계십니다」⑥일부의 가능성을 나타내는 동사도 "沒"로 부정할 경우가 있다.「我一能去; 나는 갈 수가 없었다」⑦이상이 답문(答文)에 표현될 때 그저 "沒"라고 해도 좋다. 예컨대 아니오.「他來了嗎? 沒呢; 그는 왔읍니까? 아니요 아직…」⇨mò.
[沒章程] méichāngch'êng ㄇㄟˊㄓㄤㄔㄥ ①표준이 없다. 의지할 곳이 없다. ②방법이 없다. ③질서가 서 있지 않다.
[沒正行兒] méichěnghsíngrh ㄇㄟˊㄓㄥˋㄒㄧㄥˊㄦ 별 신통한 일을 못하다.
[沒眞兒] méichěnrh ㄇㄟˊㄓㄣㄦ ①참말이 아니다. ② 옳은 능력이 없다.
[沒轍(兒)] méichě(rh) ㄇㄟˊㄓㄜˊ(ㄦ) 방

법이 없다. 목표가 없다. 「明天的飯還一呢 ; 밥 먹을 길이 막연한데…」
[沒結沒完] méichiéhméiwán ㄇㄟˊㄐㄧㄝˊㄇㄟˊㄨㄢˊ 끝나지 않다. 언제까지나 계속되다.
[沒治兒] méichìhrh ㄇㄟˊㄓˋㄦ ①처치나 치료 방법이 없다. ②(성질 따위를) 고칠 수가 없다.
[沒講究兒] méichiǎngchiurh ㄇㄟˊㄐㄧㄤˇㄐㄧㄡㄦ ①생각할 여지가 없다. ②예의에 구애되지 않다. ③(외모 따위를) 생각지 않다.
[沒輕沒重] méich'īng-méichùng ㄇㄟˊㄑㄧㄥㄇㄟˊㄓㄨㄥˋ (언동상) 일정한 기준이 없다. 일의 경중을 모르다.
[沒親沒故] méich'īn-méikù ㄇㄟˊㄑㄧㄣㄇㄟˊㄍㄨˋ 아무 의지할 곳이 없는 일.
[沒勁(兒)] méichìn(rh) ㄇㄟˊㄑㄧㄣˋ(ㄦ) ①의미가 없다. 재미 없다. ②원기가 없다. ③희망이 없다. ④틀렸다. 안됐다.
[沒精打采] méichīngtáts'ǎi ㄇㄟˊㄐㄧㄥㄉㄚˊㄘㄞˇ 시들어서 힘이 없는 모양. «成»
[沒尺寸] méich'ìts'un ㄇㄟˊㄔˇㄘㄨㄣ = 沒輕沒重. 「다. 무기력하다.
[沒種] méichǔng ㄇㄟˊㄓㄨㄥˇ 가망이 없
[沒出息] méich'uhsi ㄇㄟˊㄔㄨㄒㄧ ①향상(向上)하려 하지 않다. ②옳은 일에 대해 노력하지 않다. ③아무 쓸모 없는 사람. 「일정한 생각이 없다.
[沒主意] méichǔi ㄇㄟˊㄓㄨㄟˇ, méichúi
[沒準兒] méichǔnrh ㄇㄟˊㄓㄨㄣˇㄦ ①결정·규정이 없다. 「這事兒還一 ; 이 일은 어떻게 되는 건지 아직 결정이 없다」 ②다분(多分). 「一要下雨 ; 아마 비가 올지도 모른다」 「시하다.
[沒趣(兒)] méich'ǜ(rh) ㄇㄟˊㄑㄩˋ(ㄦ) 시
[沒準舌頭] méichǔnshét'ou ㄇㄟˊㄓㄨㄣˇㄕㄜˊㄊㄡ 말이 늘 바뀌다. 「귀에 경 읽기.
[沒耳性] méiěrhhsìng ㄇㄟˊㄦˇㄒㄧㄥˋ 소
[沒法子] méifǎtzū ㄇㄟˊㄈㄚˇㄗ 방법이 없다. 할 수 없다. 「這件事我可一 ; 이 일은 나로선 정말 처치할 방법이 없다」
[沒分曉] méifēnhsiǎo ㄇㄟˊㄈㄣㄒㄧㄠˇ 분별(分別)이 없다. 멋 모르다.
[沒好氣] méihǎoch'ì ㄇㄟˊㄏㄠˇㄑㄧˋ ①불유쾌한 기색이 얼굴에 나타나다. 초조함이 얼굴이나 말에 역력하다. ②시시하다. 재미 없다. 「안하게 생각하다.
[沒好意思] méihǎoìssū ㄇㄟˊㄏㄠˇㄧˋㄙ 미
[沒黑帶晚] méihēitàiwǎn ㄇㄟˊㄏㄟㄉㄞˋㄨㄢˇ 주야(晝夜)를 불문하고.
[沒想到] méihsiǎngtao ㄇㄟˊㄒㄧㄤˇㄉㄠ 뜻밖이다. 「一他死了 ; 그가 죽었다니, 천만 뜻밖이다」
[沒心] méihsīn ㄇㄟˊㄒㄧㄣ ①의사가 없다. 「一地 ; 아무 생각이 없다」 ②은의(恩義)나 인정이 없다.
[沒心腸(兒)] méihsīnch'ang(rh) ㄇㄟˊㄒㄧㄣㄔㄤ(ㄦ) ①흥미가 없다. ②méihsīnch'áng 오활(迂闊)하다. 사정이 어둡고 얼뜸. 「썩어 있다. 흥미가 없다.
[沒興] méihsìng ㄇㄟˊㄒㄧㄥˋ 기분적으로
[沒行止] méihsīngchǐh ㄇㄟˊㄒㄧㄥㄓˇ 행동이 깔끔한 데가 없다.
[沒心沒肺] méihsīn-méifèi ㄇㄟˊㄒㄧㄣㄇㄟˊㄈㄟˋ (마음에) 사람다운 데가 없다.
[沒心眼兒] méihsīnyěnrh ㄇㄟˊㄒㄧㄣㄧㄢˇ ㄦ ①일에 세심한 주의가 미치지 못하다.
[沒羞] méihsiū ㄇㄟˊㄒㄧㄡ 몰염치하다. 「一沒臊 ; 철면피(鐵面皮)하다. 수치스러운 것을 모르다」
[沒意思] méiìssū ㄇㄟˊㄧˋㄙ ①의미(意味)가 없다. ②시시하다. 재미 없다. ③싫증나다. 「ㄧㄝˋ 밤낮.
[沒日沒夜] méijìh-méiyèh ㄇㄟˊㄖˋㄇㄟˊ
[沒日子] méijìhtzū ㄇㄟˊㄖˋㄗ ①아직 날자가 정해지지 않음. ②기일(期日)까지 날짜가 없다.
[沒開過眼] méik'aikuoyěn ㄇㄟˊㄎㄞㄍㄨㄛㄧㄢˇ 견문(見聞)이 좁다.
[沒高沒低] méikāo-méitī ㄇㄟˊㄍㄠㄇㄟˊㄉㄧ 분별이 없다.
[沒根基] méikēnchi ㄇㄟˊㄍㄣㄐㄧ 쓸모없다. 말 뼉다귀. «罵»
[沒口(子)] méik'ǒu(tzū) ㄇㄟˊㄎㄡˇ(ㄗ) 말을 계속해서 하다. 「一地叫道 ; 계속해서 큰 소리로 말하다」
[沒關係] méikuānhsi ㄇㄟˊㄍㄨㄢㄒㄧ ①관계 없다. ②지장 없다. 천만의 말씀.
[沒骨氣] méikúch'i ㄇㄟˊㄍㄨˊㄑㄧ 겁장이. 무기력한 사람. 「정하지 못하다.
[沒規矩] méikuīchü ㄇㄟˊㄍㄨㄟㄐㄩ 단
[沒骨頭] méikút'ou ㄇㄟˊㄍㄨˊㄊㄡ ①겁장이. ②기백이 없다.
[沒來由] méiláiyú ㄇㄟˊㄌㄞˊㄧㄡˊ ①유래(由來)가 없다. ②까닭 없이.
[沒棱縫兒] méilēngfēngrh ㄇㄟˊㄌㄥˊㄈㄥˋㄦ ①틈이 없다. ②기회가 없다.
[沒理矯理] méilǐ chiáolǐ ㄇㄟˊㄌㄧˇㄐㄧㄠˊㄌㄧˇ 억지로 이론을 붙이다.
[沒臉] méiliěn ㄇㄟˊㄌㄧㄢˇ 부끄럽다. 얼굴을 찌푸리다.
[沒零沒整] méilíng-méichěng ㄇㄟˊㄌㄧㄥˊㄇㄟˊㄓㄥˇ 수가 꼭 맞다.
[沒六兒] méiliùrh ㄇㄟˊㄌㄧㄡˋㄦ 하는 일이 없어 지루하다.
[沒落兒(一子)] méilòrh(—tzū) ㄇㄟˊㄌㄨㄛˋㄦ(—ㄗ) 궁해서 몸 둘 곳이 없다. 생계(生計)가 막연하다. 「다.
[沒路兒] méilùrh ㄇㄟˊㄌㄨˋㄦ 난처해지
[沒麼] méimá ㄇㄟˊㄇㄚˊ 아무 것도 없다. =沒嘛兒. 「ㄟˊㄧㄢˇ 뛰어난 데가 없다.
[沒眉沒眼] méiméi-méiyěn ㄇㄟˊㄇㄟˊㄇ
[沒詞兒] méitz'ǔrh ㄇㄟˊㄘˊㄦ 말에 궁하다.
[沒門兒] méimēnrh ㄇㄟˊㄇㄣˊㄦ ①방법이 없다. ②자신이 없다. ③희망이 없다.
[沒命] méimìng ㄇㄟˊㄇㄧㄥˋ ①열심(熱心). 목숨을 걸고. 「一地哭起來了 ; 체면 불구하고 울기 시작했다」 ②죽다. ③불운(不運)하다.
[沒名姓地] méimínghsìngtê ㄇㄟˊㄇㄧㄥˊㄒㄧㄥˋㄉㄜ 유래(由來)가 없다. 명목도 없다.
[沒奈何] méinàihó ㄇㄟˊㄋㄞˋㄏㄜˊ 어떻게 하려고 하여도. 어찌하랴. 「一只得去了 ; 할 수 없이 갔다」 ②어찌할 수 없다. 「一他 ; 그에게는 어찌할 수도 없다」 「신이 없다.
[沒拿手] méináshou ㄇㄟˊㄋㄚˊㄕㄡ 자
[沒擺布] méipǎipu ㄇㄟˊㄅㄞˇㄅㄨ 처리할 방법이 없다. 처치할 길 없다.
[沒跑兒] méip'ǎorh ㄇㄟˊㄆㄠˇㄦ 실수가 없다. 꼭 성공(成功)한다.
[沒把鼻] méipǎpí ㄇㄟˊㄅㄚˇㄅㄧˊ ①근거

(根據)가 없다. 자신(自信)이 없다. ②유래(由來)가 없다. 갑작스럽다.
[沒把握] méipǎwo ㄇㄟˊㄅㄚˇㄨㄛ 자신 없다. =沒把柄.
[沒偏沒向] méip'iēn-méihsiàng ㄇㄟˊㄆㄧㄢㄇㄟˊㄒㄧㄤˋ 어느 쪽에도 기울지 않다. 공평무사(公平無事)하다.
[沒皮沒臉] méip'í-méiliěn ㄇㄟˊㄆㄧˊㄇㄟˊㄌㄧㄢˇ 몰염치하다. 뻔뻔스럽다.
[沒邊兒] méipiēnrh ㄇㄟˊㄅㄧㄢㄦ ①한(限)이 없다. ②(언행이)게으르다.
[沒品] méip'ǐn ㄇㄟˊㄆㄧㄣˇ 인품(人品)이 없다.
[沒譜兒] méip'ǔrh ㄇㄟˊㄆㄨˇㄦ 기준(基準)이 없다. 의지할 데가 없다.
[沒散兒] méisǎnrh ㄇㄟˊㄙㄢˇㄦ 언제나 원수 사이다.
[沒商量] méishāngliang ㄇㄟˊㄕㄤㄌㄧㄤ 상담(相談)할 여지가 없다.
[沒少] méishǎo ㄇㄟˊㄕㄠˇ 언제나. 항상.
[沒深沒淺] méishēn-méich'iěn ㄇㄟˊㄕㄣㄇㄟˊㄑㄧㄢˇ =沒輕沒重.
[沒什麼] méishěnmo ㄇㄟˊㄕㄣˊㄇㄛ 아무것도 아니다. 상관 없다. 「없다.
[沒神兒] méishěnrh ㄇㄟˊㄕㄣˊㄦ 원기가
[沒事兒] méishìhrh ㄇㄟˊㄕˋㄦ ①일이 없다. ②용무가 없다. ③상관 없다. 별것 아니다. =不要緊.
[沒事人(兒)] méishìhjên(rh) ㄇㄟˊㄕˋㄖㄣ(ㄦ) ①국외자(局外者). ②불필요한 사람.
[沒數(兒)] méishû(rh) ㄇㄟˊㄕㄨˋ(ㄦ) 헤아릴 수 없을 정도이다.
[沒死沒活] méissǔméihuó ㄇㄟˊㄙˇㄇㄟˊㄏㄨㄛˊ 필사적인 모양.
[沒大沒小] méità-méihsiǎo ㄇㄟˊㄉㄚˋㄇㄟˊㄒㄧㄠˇ 장유(長幼)를 불문하고.
[沒答颯] méitāsa ㄇㄟˊㄉㄚㄙㄚ 시들었다. 신통치 못하다.
[沒得] méitê ㄇㄟˊㄉㄜ =沒的 ②③.
[沒的] méitê ㄇㄟˊㄉㄜ ①까닭 없이. ②(동사가 뒤에 와서)… 하는 일이나 물건이 없다. …할 필요가 없다. 「一吃一穿 ; 먹을 것·입을 것이 없다」「既是這樣, 我也一說了 ; 이렇게 된 이상 나는 할말이 없다」 ③(동사가 뒤에 와서)…하지 말라. 조심해라. 「你去惹他干什麼, 一找打 ; 너는 그 사람에게 덤벼서 어쩔 셈이냐, 맞지 않도록 조심해라」 ④=難道. 〈方〉
[沒德行] méitêhsing ㄇㄟˊㄉㄜˊㄒㄧㄥ 쓸모가 없다. 품위가 없다. =缺德.
[沒的事] méitêshìh ㄇㄟˊㄉㄜㄕˋ 그런 일은 없다. 당치도 않다.
[沒的說] méitêshuō ㄇㄟˊㄉㄜㄕㄨㄛ ①할말은 없다. ②말할 데가 없다. 실수가 없다. 「·문책할 수가 없다.
[沒得怨] méitêyüàn ㄇㄟˊㄉㄜㄩㄢˋ 원망
[沒底] méitǐ ㄇㄟˊㄉㄧˇ 멎을 데가 없다.
[沒條沒理] méit'iáo-meilǐ ㄇㄟˊㄊㄧㄠˊㄇㄟㄌㄧˇ (이야기 따위) 앞뒤가 통하지 않다.
[沒挑兒] méit'iāorh ㄇㄟˊㄊㄧㄠㄦ 드릴 말씀이 없다.
[沒添沒減] méit'iēn-méichiěn ㄇㄟˊㄊㄧㄢㄇㄟˊㄐㄧㄢˇ 증감(增減)이 없다.
[沒天沒地] méit'iēn-méitì ㄇㄟˊㄊㄧㄢㄇㄟˊㄉㄧˋ 올바른 길이 아니다.
[沒頭案子] méit'óuàntzǔ ㄇㄟˊㄊㄡˊㄢˋㄗˇ 미궁(迷宮)에 빠진 사건.
[沒頭沒腦] méit'óu-méinǎo ㄇㄟˊㄊㄡˊㄇㄟˊㄋㄠˇ 아닌 밤중에 홍두깨 내밀 듯이 갑자기. 자세한 것을 모르는 모양.
[沒頭腦] méit'óunǎo ㄇㄟˊㄊㄡˊㄋㄠˇ ①산만해서 조리(條理)가 서지 않다. ②사물(事物)의 도리(道理)를 모르다. ②돌연(突然)히. 갑자기. 「一地說了一句 ; 돌연히 한마디 했다」
[沒頭沒尾] méit'óu-méiwěi ㄇㄟˊㄊㄡˊㄇㄟˊㄨㄟˇ 유래 없다. 오리무중(五里霧中).
[沒頭兒] méit'óurh ㄇㄟˊㄊㄡˊㄦ 다하지 못하다. 한(限)이 없다.
[沒材料兒] méi ts'áiliaorh ㄇㄟˊ ㄘㄞˊㄌㄧㄠㄦ 기개(氣概)가 없는 녀석.
[沒造化] méitsàohua ㄇㄟˊㄗㄠˋㄏㄨㄚ 운(運)이 나쁘다.
[沒短(地)] méituǎn(tê) ㄇㄟˊㄉㄨㄢˇ (ㄉㄜ) 끊임 없이. 「他一到這兒來 ; 그는 끊임 없이 여기에 오다」
[沒斷(地)] méituàn(tê) ㄇㄟˊㄉㄨㄢˋ(ㄉㄜ) =沒短(地).
[沒對兒] méituìrh ㄇㄟˊㄉㄨㄟˋㄦ 비교할 것이 없다. 당해 낼 것이 없다.
[沒完] méiwán ㄇㄟˊㄨㄢˊ ①끝일 줄 모르다. 「說個一 ; 계속해서 지껄이다」 ②끝까지 하다. 「我跟他一 ; 나는 그와 끝까지 한다」
[沒完沒了] méiwán-méiliǎo ㄇㄟˊㄨㄢˊㄇㄟˊㄌㄧㄠˇ 끝장이 안 나다. 끝이 없다.
[沒味兒] méwèirh ㄇㄟˊㄨㄟˋㄦ ①맛이 없다. ②재미 없다. 시시하다.
[沒樣兒] méiyàngrh ㄇㄟˊㄧㄤˋㄦ ①모양이 정돈되어 있지 않다. ②가지런하지 못하다. ③예의를 차릴 줄 모르다.
[沒眼色] méiyěnsê ㄇㄟˊㄧㄢˇㄙㄜ (미련해서) 남의 눈치를 채지 못한다.
[沒影兒] méiyǐngrh ㄇㄟˊㄧㄥˇㄦ ①형적(形跡)이 없다. ②근거 없다. ③(어디 있는지) 알 수 없다. ④멀리 떠나 버리다.
[沒有] méiyǔ ㄇㄟˊㄧㄡˇ ①=沒①~④. ②문장의 끝에 놓아 과거 행위·동작의 존재에 대한 의문을 나타내다. 「他答應了一 ; 그는 승낙했나」 ③전항의 답 : 아니오, 아직 모릅니다」 ④méiyu 「他要, 我可一 ; 그는 탐내지만 나는 없다」와 같이 문장 끝에 쓰여졌을 때에는 méiyǔ, 「他沒有來·我沒有筆」와 같은 때는 méiyu.
[沒怨說] méiyüànshuō ㄇㄟˊㄩㄢˋㄕㄨㄛ =怪不得.
[沒油沒鹽] méiyú-méiyén ㄇㄟˊㄧㄡˊㄇㄟˊㄧㄢˊ 무미건조(無味乾燥)하다.
[沒用] méiyùng ㄇㄟˊㄩㄥˋ 도움이 되지 못하다.
[沒有的話] méiyǔtêhuà ㄇㄟˊㄧㄡˇㄉㄜㄏㄨㄚˋ ①천만의 말씀. ②별 말씀을 다…. =沒有的事兒.
[沒有的事(兒)] méiyǔtêshìh(rh) ㄇㄟˊㄧㄡˇㄉㄜㄕˋ(ㄦ) =沒有的話.

〔玫〕 -méi ㄇㄟˊ 「일종.
[玫瑰] méikuei ㄇㄟˊㄍㄨㄟ 〈植〉 장미의
[玫瑰精] méikueichīng ㄇㄟˊㄍㄨㄟㄐㄧㄥ 장미 향료(香料).
[玫瑰露] méikueilû ㄇㄟˊㄍㄨㄟㄌㄨˋ "玫瑰"꽃잎을 넣어 빚은 술.
[玫瑰紫] méikueitzǔ ㄇㄟˊㄍㄨㄟㄗˇ 자주

곤색(紫紺色).
[玫瑰油] méikueiyú ㄇㄟˊㄍㄨㄟㄧㄡˊ 장미유.
〔枚〕 méi ㄇㄟˊ 작은 물건을 세는 조수사(助數詞).「一一桃子；한 개의 복숭아」「不勝一；일일이 셀 수는 없다」
[枚擧] méichǔ ㄇㄟˊㄓㄨˇ 일일이 셈.
〔眉〕 méi ㄇㄟˊ ①눈썹. ②상부(上部).「書一；책 위쪽의 여백」
[眉睫] méichiéh ㄇㄟˊㄐㄧㄝˊ 아주 가까운 모양. 목첩(目睫).「畢業即在一；졸업이 목전에 다가 왔다」
[眉淸目秀] méich'īng-mùhsiù ㄇㄟˊㄑㄧㄥ ㄇㄨˋㄒㄧㄡˋ 미목(眉目)이 아름답다. 청초한 얼굴의 생김새.
[眉泉] méich'üán ㄇㄟˊㄑㄩㄢˊ 미간(眉間).
[眉飛色舞] méifēi-sèwǔ ㄇㄟˊㄈㄟㄙㄜˋㄨˇ 득의 양양한 모양.
[眉心] méihsīn ㄇㄟˊㄒㄧㄣ 미간(眉間).
[眉花眼笑] méihuā-yěnhsiào ㄇㄟˊㄏㄨㄚ ㄧㄢˇㄒㄧㄠˋ =眉開眼笑.
[眉開眼笑] méik'āi-yěnhsiào ㄇㄟˊㄎㄞ ㄧㄢˇㄒㄧㄠˋ 싱글벙글 기쁜 듯한 기색을 하다.
[眉來眼去] méiláiyěnch'ǜ ㄇㄟˊㄌㄞˊㄧㄢˇㄑㄩˋ 힐끔힐끔 사람을 보다.
[眉毛] méimao ㄇㄟˊㄇㄠ 눈썹.
[眉目] méimù ㄇㄟˊㄇㄨˋ ①눈썹과 눈. 얼굴 모양.「一傳情；눈매로 정을 통하다」②순서. 「全節分四大部分, 一淸楚；전절(全節)이 네 개의 큰 부분으로 나누어져 순서가 명확하다」③아주 가까운 곳.
[眉批] méip'ī ㄇㄟˊㄆㄧ 서류·책의 상단에 기입한 평어(評語)·메모 따위.
[眉梢(兒)] méishāo(rh) ㄇㄟˊㄕㄠ(ㄦ) 눈썹의 꼬리.
[眉頭(子)] méitóu(tzǔ) ㄇㄟˊㄊㄡˊ(ㄗ) 미간.
[眉眼(兒)] méiyěn(rh) ㄇㄟˊㄧㄢˇ(ㄦ) ①표정.「做一；곁눈질하다」②용모.「她的一都不錯；그녀는 용모가 예쁘다」
[眉眼舒展] méiyěn shūchǎn ㄇㄟˊㄧㄢˇ ㄕㄨㄓㄢˇ 용모가 청초한 모양. 생기가 넘치는 모양. =舒眉展眼.
[眉語] méiyǚ ㄇㄟˊㄩˇ 윙크하다.
[眉月] méiyüèh ㄇㄟˊㄩㄝˋ 초생달.
〔莓〕 méi ㄇㄟˊ 〈植〉딸기.「草一；풀딸기」
〔梅〕(楳) méi ㄇㄟˊ 매화나무. 그 열매는 매실.
[梅花雀] méihuāch'üèh ㄇㄟˊㄏㄨㄚㄑㄩㄝˋ〈動〉홍작(紅雀).
[梅花鹿] méihuālù ㄇㄟˊㄏㄨㄚㄌㄨˋ〈動〉갈색털에 흰 반점이 있는 사슴.
[梅紅] méihúng ㄇㄟˊㄏㄨㄥˊ 분홍색, 또는 그런 색을 하고 있는 것.
[梅湯] méit'āng ㄇㄟˊㄊㄤ 여름철 음료수의 일종. =酸梅湯.
[梅子] méitzǔ ㄇㄟˊㄗ 〈植〉매실(梅實).
〔媒〕 méi ㄇㄟˊ 중매인(仲媒人).
[媒茬] méich'á ㄇㄟˊㄔㄚˊ 혼담(婚談)의 상대.
[媒介] méichièh ㄇㄟˊㄐㄧㄝˋ 매개자(媒介者)·매개물.「蚊子是傳染病疾的一；모기는 말라리아 전염의 매개물이다」
[媒人] méijên ㄇㄟˊㄖㄣ 중매인. 옛날의 고용인 소개소. 또는 그에 종사하는 사람.
[媒婆子(一兒)] méip'ótzǔ(—rh) ㄇㄟˊㄆㄛˊㄗ(一ㄦ) 중매를 직업적으로 하는 여자.
〔煤〕 méi ㄇㄟˊ《鑛》①석탄(石炭). ②「一子；그을음. 숯」「鍋一子；냄비 그을음」
[煤廠] méich'ǎng ㄇㄟˊㄔㄤˇ (대규모의) 석탄상(石炭商).
[煤鏟子] méich'ǎntzǔ ㄇㄟˊㄔㄢˇㄗ 부삽.
[煤渣(兒)] méichā(rh) ㄇㄟˊㄓㄚ(ㄦ) 석탄의 타 버린 찌꺼기.
[煤氣] méich'i ㄇㄟˊㄑㄧ〈化〉(석탄에서 채취한) 가스.「一柴油機；가스 디이젤 엔진」
[煤焦油] méichiāoyú ㄇㄟˊㄐㄧㄠㄧㄡˊ〈化〉코울타르. =柏油.
[煤斤] méichīn ㄇㄟˊㄐㄧㄣ ①석탄. ②석탄의 무게. 분량(分量).
[煤氣燈] méich'ìtēng ㄇㄟˊㄑㄧˋㄉㄥ 가스등(燈).
[煤球兒] méich'iúrh ㄇㄟˊㄑㄧㄡˊㄦ 분탄(粉炭)에다 흙을 섞어서 만든 조개탄.
[煤種] méichǔng ㄇㄟˊㄓㄨㄥˇ 석탄의 질.
[煤粉] méifěn ㄇㄟˊㄈㄣˇ 석탄 가루.
[煤耗] méihào ㄇㄟˊㄏㄠˋ 석탄의 소모율.
[煤黑子] méihēitzǔ ㄇㄟˊㄏㄟㄗ 탄광 노무자를 낮추어 부르는 말.
[煤黑油] méihēiyú ㄇㄟˊㄏㄟㄧㄡˊ 코울타르 =柏油.
[煤荒] méihuāng ㄇㄟˊㄏㄨㄤ 석탄 부족.
[煤灰] méihuī ㄇㄟˊㄏㄨㄟ ①매연(煤煙). ②석탄재.
[煤火] méihuǒ ㄇㄟˊㄏㄨㄛˇ 석탄불.
[煤井] méichǐng ㄇㄟˊㄐㄧㄥˇ 탄광.
[煤礦] méik'uàng ㄇㄟˊㄎㄨㄤˋ 탄광.
[煤爐] méilú ㄇㄟˊㄌㄨˊ 석탄 난로.
[煤末子] méimòtzǔ ㄇㄟˊㄇㄛˋㄗ 분탄(粉炭).
[煤水泵] méishuich'ê ㄇㄟˊㄕㄨㄟˇㄓㄜˊ 탄광용 펌프.
[煤炱] méit'ái ㄇㄟˊㄊㄞˊ(석탄의) 그을음.
[煤田] méit'ién ㄇㄟˊㄊㄧㄢˊ 탄전(炭田).
[煤斗] méitǒu ㄇㄟˊㄉㄡˇ 석탄 바께쓰.
[煤層] méits'ěng ㄇㄟˊㄘㄥˊ 석탄의 층(層).
[煤都] méitū ㄇㄟˊㄉㄨ "撫順"과 같은 대탄광.
[煤毒] méitú ㄇㄟˊㄉㄨˊ〈化〉일산화탄소(一酸化炭素).
[煤窰] méiyáo ㄇㄟˊㄧㄠˊ 석탄 갱구(坑口).
[煤油] méiyú ㄇㄟˊㄧㄡˊ 석유(石油).「一燈；석유 램프」
〔楣〕 méi ㄇㄟˊ 인중방: 입구의 문 위에 건너 지른 횡량(橫梁).
〔酶〕 méi ㄇㄟˊ「一素；효소(酵素)」
〔霉〕(黴) méi ㄇㄟˊ ①곰팡이가 피다. ②곰팡이.
[霉氣] méich'i ㄇㄟˊㄑㄧˋ ①습기(濕氣). ②곰팡기.
[霉爛] méilàn ㄇㄟˊㄌㄢˋ 곰팡이가 펴서 썩다.
[霉乾菜] méikānts'ài ㄇㄟˊㄍㄢㄘㄞˋ 고추의 줄기나 잎을 향료와 소금으로 절여서 곰팡이가 난 후에 말린 일종의 김치.
[霉天(兒)] méit'iēn(rh) ㄇㄟˊㄊㄧㄢ(ㄦ) 매우(梅雨); 남방에만 있는 현상. =黃梅天.
[霉雨] méiyǚ ㄇㄟˊㄩˇ 매우(梅雨).
〔糜〕 méi ㄇㄟˊ
[糜子] méitzǔ ㄇㄟˊㄗ〈植〉수수의 일종.
〔鶥〕 méi ㄇㄟˊ 멧새의 일종.
〔黴〕 méi ㄇㄟˊ ①곰팡이. ②더러움. 때.

[黴菌] méichūn ㄇㄟˊㄐㄩㄣ 〈植〉 세균. 미균.

[黴毒] méitú ㄇㄟˊㄉㄨˊ 〈醫〉 매독(梅毒).

〔每〕 měi ㄇㄟˇ ①…마다. 제각기 : 수사(數詞)·조수사(助數詞) 혹은 약간의 명사의 앞에 씀.「一天 ; 매일」「一三天 ; 3 일마다」 ②…할 적마다 : 약간의 동사 앞에 씀.

[每常] měich'áng ㄇㄟˇㄔㄤˊ 항상.

[每逢] měifěng ㄇㄟˇㄈㄥˊ …마다. …할 적마다.「一星期五歇業 ; 금요일(金曜日)마다 휴업」

[每個] měiko ㄇㄟˇㄍㄜ 어느 것도.

[每況愈下] měik'uàng yǜhsià ㄇㄟˇㄎㄨㄤˋㄩˋㄒㄧㄚˋ 점점 나빠지다. 내리막이 되다. =每下愈況.

[每每] méiměi ㄇㄟˊㄇㄟˇ 언제나.

[每當] měitāng ㄇㄟˇㄉㄤ …할 적마다.

[每到] měitào ㄇㄟˇㄉㄠˋ …마다. 「一星期日, 就出去玩玩; 일요일마다 나가서 놉니다」

〔美〕 měi ㄇㄟˇ ①아름답다. 훌륭한.「物一價廉 ; 물건이 좋고 값이 싸다」② 칭찬하다. ③기뻐하다. 뻐기다.「你們眞一呀, 沒有傷心的事 ; 너희들은 참 좋겠다, 슬픈 일이 없어서」 ④미국(美國).

[美差] měich'āi ㄇㄟˇㄔㄞ 좋은 일. 좋은 역할(役割).

[美鈔] měich'āo ㄇㄟˇㄔㄠ ①미국(美國) 달러. ②미국 달러 지폐(紙幣).

[美氣] měich'i ㄇㄟˇㄑㄧ 득의 만면(得意滿面)한 모양.

[美金] měichīn ㄇㄟˇㄐㄧㄣ 미국 달러.

[美中不足] měichūng pùtsú ㄇㄟˇㄓㄨㄥ ㄅㄨˋㄗㄨˊ 옥에도 티가 있다. «成»

[美好] méihǎo ㄇㄟˊㄏㄠˇ ①아름답다. 만족하다. ②아주 친하다.

[美意] měiì ㄇㄟˇㄧˋ 호의(好意).

[美人] měijěn ㄇㄟˇㄖㄣˊ ①미국 사람. ②미인.「一計 ; 미녀를 시켜 사람을 유혹하는 계략」

[美人蕉] měijěnchiāo ㄇㄟˇㄖㄣˊㄐㄧㄠ 〈植〉 글라디올러스.

[美規] měikueī ㄇㄟˇㄍㄨㄟ 미국의 로이얄 게이지.

[美滿] méimǎn ㄇㄟˊㄇㄢˇ ①아주 아름답고 결점이 없다. ②완전 무결(完全無缺)하다. >美美滿滿.

[美妙] měimiào ㄇㄟˇㄇㄧㄠˋ 형용할 수 없을 만큼 좋다.

[美不勝收] měipùshěngshōu ㄇㄟˇㄅㄨˋㄕㄥㄕㄡ 훌륭한 것이 너무 많아서 다 받아 들이기 어렵다. «成»

[美味] měiwèi ㄇㄟˇㄨㄟˋ 맛좋은 음식.

[美言] měiyén ㄇㄟˇㄧㄢˊ ①아름다운 말. 미사. ②조언(助言).「你帮忙, 給一兩句! ; 당신 나좀 도와 주시고, 좀 조언(助言) 해 주십시오」

[美元] měiyüán ㄇㄟˇㄩㄢˊ 미국 달러.

〔鎂〕 měi ㄇㄟˇ 마그네슘.

[鎂磚] měichuān ㄇㄟˇㄓㄨㄢ 내화연와(耐火煉瓦). 마그네사이트 브릭크.

[鎂光] měikuāng ㄇㄟˇㄍㄨㄤ 마그네슘의 섬광(閃光). 플래시 라이트.

[鎂石] měishíh ㄇㄟˇㄕˊ 마그네시아크링카아.

〔妹〕 mèi ㄇㄟˋ ①누이. ②같은 세대로서 자기보다 나이가 어린 여자.

[妹丈] mèichàng ㄇㄟˋㄓㄤˋ 누이의 남편.

[妹夫] mèifu ㄇㄟˋㄈㄨ =妹丈.

[妹妹] mèimei ㄇㄟˋㄇㄟ 누이 동생.

[妹子] mèitzǔ ㄇㄟˋㄗ =妹妹. 妹婿.

〔昧〕 mèi ㄇㄟˋ ①어둡다. 확연(確然)하지 않다.「愚一 ; 어리석다」②숨기다.「拾金不一 ; 주은 돈을 슬쩍하지 않다」

[昧起來] mèich'ilai ㄇㄟˋㄑㄧˇㄌㄞ ①남을 속이다. 남의 눈을 속이다. ②눈을 속여 훔치다.

[昧心] mèihsīn ㄇㄟˋㄒㄧㄣ 나와 나의 마음을 속이다. 엉큼하다.

[昧良心] mèiliánghsīn ㄇㄟˋㄌㄧㄤˊㄒㄧㄣ 양심을 속이다.「昧着良心做壞事 ; 양심을 속이고 나쁜 짓을 하다」

〔袂〕 mèi ㄇㄟˋ 소매.「聯一 ; 동반하여. 함께」「分一 ; 헤어지다」

〔寐〕 mèi ㄇㄟˋ 자다.「夜不能一 ; 밤에 잠이 안 오다」「夢一以求 ; 꿈에까지 보이다」

〔媚〕 mèi ㄇㄟˋ ①아첨하다. 기분을 맞추다. ②아름답다.「春光明一 ; 화창한 봄」

[媚氣] mèich'i ㄇㄟˋㄑㄧ 아름다움. 요염.「她的一可大了 ; 그녀의 매력은 대단하다」

[媚勁兒] mèichìnrh ㄇㄟˋㄐㄧㄣˋㄦ 아양 떠는 태도.

[媚笑] mèihsiào ㄇㄟˋㄒㄧㄠˋ 아첨하는 웃음.

[媚骨] mèikǔ ㄇㄟˋㄍㄨˇ 아양 떠는 요염한 기질(氣質).

MÊN ㄇㄣ

〔悶〕 mēn ㄇㄣ ①통풍이 좋지 못해서 우울하다.「這間房子矮, 又沒有窗子, 太一了 ; 이 집은 얕은 데다가 창(窓)마저 없어서 대단히 갑갑하다」②음식을 푹 찌다.「茶剛泡上, 一一會兒再喝 ; 방금 차(茶)잎을 넣었을 뿐이니 좀 있다가 마십시다」③음성이 분명치 않은 일. ⇨mèn.

[悶着] mēnchê ㄇㄣㄓㄜ 할 말이 있어도 말하지 않고 잠자코 있다.

[悶氣] mēnch'ì ㄇㄣㄑㄧˋ (공기의 유통이 나빠서) 갑갑하다.

[悶腔兒] mēnch'iāngrh ㄇㄣㄑㄧㄤㄦ ①말(語)이 적다. 끝내 말이 없다. ②(말을) 입 속에서 중얼거리다.

[悶熱] mēnjě ㄇㄣㄖㄜˋ 무덥다.

[悶弓兒] mēnkūngrh ㄇㄣㄍㄨㄥㄦ 타격을 받고 잠자코 있다.

[悶啃礎兒] mēnkuch'ūrh ㄇㄣㄍㄨㄔㄨㄦ 말이 적고 성질이 명랑하지 못하다.

[悶了] mēnlê ㄇㄣㄌㄜ 타격을 받고 시무룩해 하다.

[悶聲悶氣] mēnshēng-mēnch'ì ㄇㄣㄕㄥ ㄇㄣㄑㄧˋ ①말 없이 잠자코 있다. ②음성이 낮게 가라앉은 모양.

[悶得慌] mēntêhuang ㄇㄣㄉㄜㄏㄨㄤ (날씨나 방안이) 갑갑해서 못 견디겠다.

[悶頭悶腦] mēnt'óu-mēnnǎo ㄇㄣㄊㄡˊㄇㄣㄋㄠˇ 무엇이 무언지 알 수가 없다.

[悶頭兒] mēnt'óurh ㄇㄣ ㄊㄡˊㄦ ①재력이나 재능이 있어도 나타내지 않는 것.

②노력은 하면서도 겉으로는 나타내지 않다.「一匠；마음이 굳센 사람」

〔門〕(门) mĕn ㄇㄣˊ ①「一兒：출입구. 문」②「一兒；방도(方途)·방법」「摸不着一兒；방법을 알 수 없다」③문과 비슷한것.「電一；전기 스위치」「水門」④일문(一門). 일족(一族).「一一老小；일족의 노유」

[門挿關兒] mĕnch'ākuanrh ㄇㄣˊㄔㄚㄍㄨㄢㄦ 대문을 잠글 때에 끼우는 나무. 빗장. ＝門挿管兒.

[門診] mĕnchĕn ㄇㄣˊㄓㄣˊ 왕진(往診).

[門禁] mĕnchìn ㄇㄣˊㄐㄧㄣˋ ①문의 출입 단속.「一關不森嚴；출입은 별로 엄중하지 않다」②외출 금지. ③입문 금지.

[門警] mĕnchĭng ㄇㄣˊㄐㄧㄥˇ 출입문을 지키는 순경.

[門徑] mĕnchìng ㄇㄣˊㄐㄧㄥˋ＝門路.

[門房] mĕnfáng ㄇㄣˊㄈㄤˊ ①대문 양쪽에 있는 방. 문간 방. 문지기가 대기하는 곳. ② mĕnfangrh 문지기.

[門風] mĕnfēng ㄇㄣˊㄈㄥ 가풍(家風).

[門縫兒(子)] mĕnfèngrh(—tzŭ) ㄇㄣˊㄈㄥˋㄦ(—ㄗ) 문틈.

[門限] mĕnhsièn ㄇㄣˊㄒㄧㄢˋ 문턱. 문지방.

[門戶] mĕnhu ㄇㄣˊㄏㄨ ①출입구.「小心一；문 단속에 주의하라」②가문. 문벌. ③일파(一派).「一之見；파별에 기초를 둔 견해」「各立一；각기 일파를 내세우다」

[門環子(一兒)] mĕnhuántzŭ(—rh) ㄇㄣˊㄏㄨㄢˊㄗ(—ㄦ) 방문을 알리는 데 사용하는 대문짝에 붙어 있는 금속제의 고리：초인종의 한 가지.

[門坎(兒)] mĕnk'ăn(rh) ㄇㄣˊㄎㄢˇ(ㄦ)① 문지방.「踏破一；(절 따위의)·대문의 문지방을 백 번 왕복하여 소원을 비는 일」②일에 대한 마음 가짐이나 지식.「一精；그 방면에 정통하다」

[門崗] mĕn'kăng ㄇㄣˊㄍㄤˇ 경비 대기소, 또는 그 곳에 대기하는 사람.

[門杠] mĕnkàng ㄇㄣˊㄍㄤˋ 빗장.

[門可羅雀] mĕnk'ŏlóch'üèh ㄇㄣˊㄎㄜˇㄌㄨㄛˊㄑㄩㄝˋ 대단히 황폐하여져서 찾는 사람도 없는 모양. ‹成›

[門口兒] mĕnk'ourh ㄇㄣˊㄎㄡˇㄦ 입구. 현관.

[門框] mĕnk'uàng ㄇㄣˊㄎㄨㄤˋ 마루턱.

[門類] mĕnlèi ㄇㄣˊㄌㄟˋ 부문(部門)분류.

[門裏出身] mĕnli ch'ūshĕn ㄇㄣˊㄌㄧˇㄔㄨㄕㄣ ①전문가나 기술자 계통의 사람. ②문벌 출신.

[門簾(子·兒)] mĕnlién(tzŭ·rh) ㄇㄣˊㄌㄧㄢˊ(ㄗ·ㄦ) 입구에 치는 커어튼. 문발.

[門臉兒] mĕnliĕnrh ㄇㄣˊㄌㄧㄢˇㄦ ①성문(城門)부근. ②대문 앞. ③상점의 구조 ④가게 앞.

[門羅主義] mĕnló chŭì ㄇㄣˊㄌㄨㄛˊㄓㄨˇㄧˋ 몬로주의.

[門樓兒] mĕnlóurh ㄇㄣˊㄌㄡˊㄦ 대문 위에 있는 누각.

[門路] mĕnlù ㄇㄣˊㄌㄨˋ ①문으로 통하는 길. ②mĕnlu (일의) 비결. 요점. ③연고. 연줄.「他進那個公司是走誰的一？；그가 저 회사에 입사한 것은 누구의 연줄인가？」④방법. 수단.「那傢伙一多着哪；저 자식은 남을 속이는 수단이나 방법이 능숙하다」⑤단서. 실마리.「那件事有了點一；저 사건은 다소 실마리를 잡았다」⑥형(型). 형식. 말의 줄거리.「你說這幾句話倒有些一；너의 말은 조리가 서 있다」

[門脈] mĕnmài ㄇㄣˊㄇㄞˋ 택진(宅診). 왕진. ＝門珍.

[門楣] mĕnméi ㄇㄣˊㄇㄟˊ ＝門第.

[門面] mĕnmien ㄇㄣˊㄇㄧㄢ ①상점의 구조. ②외관(外觀).「一話；겉치레뿐인 말」「壯一；외관을 훌륭하게 하다」

[門鈕] mĕnniŭ ㄇㄣˊㄋㄧㄡˇ 문의 손잡이. 문고리.

[門牌] mĕnpái ㄇㄣˊㄆㄞˊ 번지를 적은 패. 문패.「一多少？；몇 번지인가？」

[門板] mĕnpăn ㄇㄣˊㄅㄢˇ 상점의 판자문.

[門票] mĕnpiào ㄇㄣˊㄆㄧㄠˋ 입장권.

[門兒] mĕnrh ㄇㄣˊㄦ ①문. ②출입구. ③일문(一門). 한 패. ④종류. ⑤중요한 곳. ⑥가족이나 혹은 일파. ⑦일의 초보적 방법. ⑧비결. ⑨연고. 연줄.

[門扇] mĕnshàn ㄇㄣˊㄕㄢˋ 문이 안팎으로 열리는 문짝.

[門市] mĕnshih ㄇㄣˊㄕ ①＝門面①. ②판매.「一部；판매부」

[門首] mĕnshŏu ㄇㄣˊㄕㄡˇ 문전. 문앞.

[門閂] mĕnshuān ㄇㄣˊㄕㄨㄢ 문의 빗장. ＝門栓.

[門堂] mĕnt'áng ㄇㄣˊㄊㄤˊ 주택의 구조. 배치.

[門當戶對] mĕntāng-hùtuì ㄇㄣˊㄉㄤㄏㄨˋㄉㄨㄟˋ (결혼할 경우) 양가의 균형이 엇비슷한 모양. ‹成›

[門道] mĕntao ㄇㄣˊㄉㄠ ①일의 초보적 방법. ②비결(秘訣). ③연고. 연줄. ④나아갈 길. ⑤＝門洞兒.

[門凳兒] mĕntĕngrh ㄇㄣˊㄉㄥˋㄦ 입구에 두는 두터운 목제(木製) 벤치.

[門第] mĕntì ㄇㄣˊㄉㄧˋ 가문. 문벌.

[門丁] mĕntīng ㄇㄣˊㄉㄧㄥ 문지기.

[門庭] mĕnt'íng ㄇㄣˊㄊㄧㄥˊ ①문과 뜰.「一若市；문전이 내객으로 대단히 분비다」②가문(家門).「一冷落；집이 쇠퇴해지다」

[門垛子] mĕntŏtzŭ ㄇㄣˊㄉㄨㄛˇㄗ 입구의 벽돌 또는 돌로 된 두 개의 기둥.

[門徒] mĕnt'ú ㄇㄣˊㄊㄨˊ 제자. 문하생.

[門對(兒)] mĕntuì(rh) ㄇㄣˊㄉㄨㄟˋ(ㄦ) 문의 양 쪽 기둥이나 문짝에 붙이는 대련(對聯). 또는 대구(對句).

[門洞兒] mĕntùngrh ㄇㄣˊㄉㄨㄥˋㄦ 문의 입구가 길며 동굴같이 되어 있는 곳.

[門墩兒] mĕntūnrh ㄇㄣˊㄉㄨㄣㄦ 입구의 옆에 비치되어 있는 대(臺).

[門子] mĕntzŭ ㄇㄣˊㄗ ①문지기. ②집의 출입구.「串一；남의 집을 방문하여 다니다」③연줄. 안내.「鑽一；연줄을 찾다」④가정.「出一；시집을 가다」⑤가문.「闊一；부호 가문」⑥경멸의 뜻을 품은 조수사(助數詞).「他是哪一先生，什麼也不會；무슨 선생이 저래, 아무 것도 못하면서」「這是哪一酒，簡直和水一樣；무슨 술이 이래, 전연 물과 같다」

[門子貨] mĕntzŭhuò ㄇㄣˊㄗㄏㄨㄛˋ 연줄로 취직한 사람.

[門子硬] mĕntzŭ yìng ㄇㄣˊㄗㄧㄥˋ 뒷방패가 튼튼하다. 배경이 든든하다.

〔捫〕 mĕn ㄇㄣˊ 어루만지다.「一心自問；가슴에 손을 대고 반성하다」

[捫搎] mĕnsūn ㄇㄣˊㄙㄨㄣ 손으로 더듬

〔們〕 mĕn ㄇㄣˊ 접미어: 사람의 복수나 어떤 종류 또는 무리를 나타냄.「他一; 그들」「學生一; 학생들」 └다.>們們摒摒

〔悶〕 mĕn ㄇㄣˋ ①유쾌하지 않다. 기분이 우울해지다. 심심하다. 싫증이 나다.「一得慌; 심심하여 견딜 수가 없다」② 밀폐(密閉)하다. ③=爛. ⇨mēn.

[悶氣] mĕnch'ì ㄇㄣˋㄑㄧˋ ①가슴 속에 울적된 노여움이나 원한. ②기분이 갑갑하다.

[悶酒] mĕnchiŭ ㄇㄣˋㄐㄧㄡˇ ①홀로 마시는 술. ②홧김에 마시는 술.

[悶葫蘆] mĕnhúlu ㄇㄣˋㄏㄨˊㄌㄨ 수수께끼. 이해할 수 있는 실마리가 발견되지 않는 일. 난해한 것.「揭開一; 수수께끼의 작은 보물 상자를 열다」

[悶葫蘆罐兒] mĕnhúlukuănrh ㄇㄣˋㄏㄨˊㄌㄨㄍㄨㄢˇㄦ 한번 넣으면 끄집어 낼 수 없는 통. 저금 통. 가득 차면 깨어서 내게 되어 있는 통. =撲滿.

[悶殺兒表] mĕnk'órhpiăo ㄇㄣˋㄎㄜˊㄦㄅㄧㄠˇ =悶表.

[悶扣兒] mĕnk'òurh ㄇㄣˋㄎㄡˋㄦ 프레스「단추. 스냅.

[悶雷] mĕnléi ㄇㄣˋㄌㄟˊ 불의의 타격(打擊).

[悶悶不樂] mĕnmĕn pùlè ㄇㄣˋㄇㄣˋㄅㄨˋㄌㄜˋ 마음이 답답하고 즐겁지 않다.

[悶表] mĕnpiăo ㄇㄣˋㄅㄧㄠˇ 양쪽에 뚜껑이 있는 회중 시계.

[悶死] mĕnssŭ ㄇㄣˋㄙ 심심하여 견딜 수가 없다. 기분이 우울하여 견딜 수 없다.

[悶子車] mĕntzŭch'ē ㄇㄣˋㄗㄔㄜ 유개차(有蓋車).

〔燜〕 mĕn ㄇㄣˋ 뚜껑을 꼭 닫고 화력이 약한 불에 끓이는 일.「一一鍋肉; 한 냄비의 고기를 화력이 약한 불에 삶다」「一飯; 화력이 약한 불에 밥을 짓다」

[燜肥] mĕnféi ㄇㄣˋㄈㄟˊ 퇴적(堆積)하여 발효시킨 비료. 퇴비.

[燜火] mĕnhuŏ ㄇㄣˋㄏㄨㄛˇ 가열한 금속을 천천히 식히다.

[燜肉] mĕnjòu ㄇㄣˋㄖㄡˋ ①뚜껑을 꼭 닫아 삶은 고기. ②mĕn jòu 뚜껑을 꼭 닫고 장시간 고기를 조리다.

[燜爛] mĕnlàn ㄇㄣˋㄌㄢˋ 뚜껑을 닫고 약한 불로 삶아 연하게 하다.

〔懣〕 mĕn ㄇㄣˋ 번민(煩悶)하다. 번거럽고 답답하다.

MÊNG ㄇㄥ

〔蒙〕(矇) mĕng ㄇㄥ ①속이다.「一人; 사람을 속이다」②멍청하다. 어지럽게 되다.「他被球打一了; 그는 공에 맞아 멍청해졌다」③제멋대로 추측하다.「這回叫你一對了; 이번에는 들어 맞았다」⇨méng, mĕng.

[蒙着鍋兒] mĕngchēkuōrh ㄇㄥㄓㄜㄍㄨㄛㄦ 진상(眞相)을 알지 못하면서. 무턱대고.「一胡說; 진상을 알지도 못하면서 무책임한 말을 하다」

[蒙住] mĕngchu ㄇㄥㄓㄨ ①(일시적으로) 믿게 하다. ②머릿속이 어지러워 무엇인지 알 수 없게 되다.

[蒙哄] mĕnghung ㄇㄥㄏㄨㄥ 속이다.

[蒙蒙亮兒] mĕngmĕngliàngrh ㄇㄥㄇㄥㄌㄧㄤˋㄦ 밤이 샐 무렵.

[蒙蒙雨兒] mĕngmĕngyŭrh ㄇㄥㄇㄥㄩˇㄦ 「가랑비. 보슬비.

[蒙騙] mĕngp'ièn ㄇㄥㄆㄧㄢˋ 속이다. 교묘한 수단으로 남을 속이다.>蒙蒙騙騙.

[蒙事] mĕngshìh ㄇㄥㄕˋ 속이다.

[蒙在鼓裏] mĕngtsài kŭli ㄇㄥㄗㄞˋㄍㄨˇㄌㄧ 속여서 알리지 않다. 아무 것도 듣지 못하는 곳에 두다.

〔虻〕 mĕng ㄇㄥˊ 말파리.「牛一; 등에. 말파리」

〔萌〕 mĕng ㄇㄥˊ ①눈. 싹. ②싹이 트다. 싹이 나기 시작하다.「見于未一; 사물을 예견(予見)하다」

[萌兆] mĕngchào ㄇㄥˊㄓㄠˋ ①동기(動機). ②징조.

[萌生] mĕngshĕng ㄇㄥˊㄕㄥ 싹이 트다.

[萌芽] mĕngyá ㄇㄥˊㄧㄚˊ 눈이 트다. 싹이 트다.

〔盟〕 mĕng ㄇㄥˊ ①서약을 하는 일. ②국가와 국가간의 연합. ③내몽고 자치구의 행정 구획의 일종.

[盟長] mĕngchăng ㄇㄥˊㄓㄤˇ 맹주(盟主).

[盟兄弟] mĕnghsiūngtì ㄇㄥˊㄒㄩㄥㄉㄧˋ 의형제.

[盟國] mĕngkuó ㄇㄥˊㄍㄨㄛˊ 동맹국.

[盟員] mĕngyüán ㄇㄥˊㄩㄢˊ 동맹원.

[盟約] mĕngyüēh ㄇㄥˊㄩㄝ 동맹 조약.

〔蒙〕(濛⑤) mĕng ㄇㄥˊ ①지식이 없는 일. 우매(愚昧).「啓一; 무식한 사람을 깨우쳐 주다」②뒤집어 쓰다. 둘러 씌우다. 「一頭蓋腦; 머리에서부터 완전히 둘러 쓰다」③받다. 입다.「承一招待, 感謝之至; 초대를 받아 대단히 감사합니다」④속이다. 기만하다. ⑤가랑비가 내리는 모양. ⇨mĕng, mĕng.

[蒙住] mĕngchu ㄇㄥˊㄓㄨ 덮어 감추다.

[蒙學] mĕnghsüéh ㄇㄥˊㄒㄩㄝˊ 사숙(私塾).

[蒙混] mĕng hun ㄇㄥˊㄏㄨㄣ 거짓말을 하여 속이다. 진실을 감추고 속이고 말다.>蒙蒙混混.

[蒙館] mĕngkuăn ㄇㄥˊㄍㄨㄢˇ 사숙(私塾).

[蒙老瞎] mĕnglăohsiā ㄇㄥˊㄌㄠˇㄒㄧㄚ 술래 잡기.

[蒙昧] mĕngmèi ㄇㄥˊㄇㄟˋ 지식이 낮고 도리에 어둡다.

[蒙蒙] mĕngmĕng ㄇㄥˊㄇㄥˊ 가랑비가 오는 모양.「一細雨; 자욱하게 내리는 가랑비」

[蒙蒙亮] mĕngmĕngliàng ㄇㄥˊㄇㄥˊㄌㄧㄤˋ 「날이 샐 무렵. 새벽.

[蒙蔽] mĕngpì ㄇㄥˊㄅㄧˋ 남의 이목(耳目)을 속이다.

[蒙松雨兒] mĕngsungyŭrh ㄇㄥˊㄙㄨㄥ 「ㄩˇㄦ 가랑비. 이슬비.

[蒙太奇] mĕngt'àich'í ㄇㄥˊㄊㄞˋㄑㄧˊ 몽타아즈(montage).

[蒙頭] mĕngt'óu ㄇㄥˊㄊㄡˊ ①머리를 죄다 가리다.「索性一睡吧; 에라 모르겠다! 이불을 뒤집어 쓰고 잠이나 자자」②얼굴을 헝겊으로 가리다.

[蒙子] mĕngtzŭ ㄇㄥˊㄗ 시계의 유리.

〔朦〕 mĕng ㄇㄥˊ 명백하지 않고 흐릿「한.

[朦朧] mĕnglúng ㄇㄥˊㄌㄨㄥˊ ①달빛이 흐릿한 일. ②사물이 명백하지 않은 일.

〔曚〕 mĕng ㄇㄥˊ「릿한 일.>曚曚矓矓.

[曚矓] mĕnglúng ㄇㄥˊㄌㄨㄥˊ 햇빛이 흐

〔艨〕 mĕng ㄇㄥˊ 전함(戰艦).
[艨艟] mĕngtúng ㄇㄥˊㄉㄨㄥˊ 고대(古代)의 군용선(軍用船).
〔猛〕 mĕng ㄇㄥˇ ①위세가 왕성한 일. 「藥力一; 약의 효력이 강하다」 ②돌연(突然). 갑자기.
[猛漲] méngchăng ㄇㄥˊㄓㄤˇ 폭등하다.
[猛進] mĕngchìn ㄇㄥˇㄐㄧㄣˋ 용감하게 전진하다. 급히 전진하다. 「突飛一; 나아가는 것이 매우 급한 모양」
[猛勁兒] mĕngchìnrh ㄇㄥˇㄐㄧㄣˋㄦ ① 급격(急激)한 힘. ②강대한 세력. ③뜻밖에 찾아 온 기회.
[猛酒] mĕngchiŭ ㄇㄥˊㄐㄧㄡˇ 독한 술. =烈酒.
[猛住] mĕngchù ㄇㄥˇㄓㄨˋ 깜박 잊어 버려 좀처럼 생각아 나지 않다.
[猛沖猛打] mĕngch'ūng-mĕngtă ㄇㄥˇㄔㄨㄥㄇㄥˊㄉㄚˇ 용감하게 몸을 부딪쳐 싸우다. 앞뒤를 가리지 않고 상대를 공격하다.
[猛喝] mĕnghō ㄇㄥˇㄏㄜ ①함부로 마시다. ②mĕnghŏ 고함치다. 큰 소리를 지르다.
[猛省] mĕnghsĭng ㄇㄥˊㄒㄧㄥˇ 갑자기 깨닫다.
[猛然] mĕngján ㄇㄥˇㄖㄢˊ 돌연. 「一驚醒; 돌연 놀래어 잠이 깨이다」= 猛然間.
[猛可] mĕngk'ŏ ㄇㄥˇㄎㄜ 갑자기. =猛乍. 猛子乍的. 猛個丁. ‹方›
[猛戾] mĕnglì ㄇㄥˇㄌㄧˋ 흉악하고 의리나 도리를 모르다.
[猛孤丁] mĕngkutīng ㄇㄥˇㄍㄨㄉㄧㄥ = 猛地.
[猛落] mĕnglŏ ㄇㄥˇㄌㄨㄛˋ ①폭락하다. ② 수위(水位)가 갑자기 내리다.
[猛獁] mĕngmă ㄇㄥˊㄇㄚˇ 〈動〉 맘모스.
[猛門] mĕngmĕn ㄇㄥˇㄇㄣˊ 난폭한. 거칠고 사나운.
[猛扑] mĕngp'ū ㄇㄥˇㄆㄨ 맹렬하게 몸으로 부딪치다.
[猛不防] mĕngpùfáng ㄇㄥˇㄅㄨˋㄈㄤˊ 갑자기. 돌연히. 깜박하는 사이에.
[猛士] mĕngshìh ㄇㄥˇㄕˋ 용사(勇士).
[猛地] mĕngtì ㄇㄥˇㄉㄧ 돌연. 갑자기. = 忽然. 猛孤丁.
[猛增] mĕngtsĕng ㄇㄥˇㄗㄥ 급증하다. 급히 늘어나다.
[猛子] mĕngtzū ㄇㄥˇㄗ 잠수하는 수영(水泳)법. 「扎一; 물 속으로 잠수하다」
〔蒙〕 mĕng ㄇㄥˇ ⇨mĕng, mĕng.
[蒙古] mĕngkŭ ㄇㄥˊㄍㄨˇ, mĕngku ㄇㄥˇㄍㄨ 몽고.
[蒙古大夫] mĕngku tàifu ㄇㄥˇㄍㄨㄉㄞˋㄈㄨ 돌팔이 의사.
〔錳〕 mĕng ㄇㄥˇ
[錳鋼] mĕngkāng ㄇㄥˇㄍㄤ 망간을 포함한 강(鋼).
〔蠓〕 mĕng ㄇㄥˇ 〈動〉 잎벌레. 멸몽(蠛蠓).
〔懵〕 mĕng ㄇㄥˇ
[懵懂] mĕngtŭng ㄇㄥˊㄉㄨㄥˇ 멍청하다. 분별이 서지 않다. 어리석다. >懵懵懂懂.
〔孟〕 mĕng ㄇㄥˋ ①형제 중에서 순서가 제일 위를 말함. "孟·仲·叔·季". ②사계(四季)의 최초의 달.
[孟秋] mĕngch'iū ㄇㄥˋㄑㄧㄡ 음력 7월.
[孟春] mĕngch'un ㄇㄥˋㄔㄨㄣ 음력 정월.
[孟夏] mĕnghsià ㄇㄥˋㄒㄧㄚˋ 음력 4월.
[孟浪] mĕnglàng ㄇㄥˋㄌㄤˋ 침착성이 없이 경솔하게 서두르다. 경솔하다. 부주의하다. >孟孟浪浪.
[孟什維克] mĕngshíhwéik'ŏ ㄇㄥˋㄕˊㄨㄟˊㄎㄜˋ 멘세비키. ‹譯›
[孟德羅] mĕngtélŏ ㄇㄥˋㄉㄜˊㄌㄨㄛˊ (선반(旋盤) 등의) 축. 굴대.
[孟冬] mĕngtūng ㄇㄥˋㄉㄨㄥ 음력 10월.
〔夢〕(梦) mĕng ㄇㄥˋ 꿈.
[夢見] mĕngchièn ㄇㄥˋㄐㄧㄢˋ 꿈에 보다.
[夢鄉] mĕnghsiāng ㄇㄥˋㄒㄧㄤ 잠든 후의 상태. 꿈의 나라. 「入一; 꿈길을 더듬다」
[夢想] mĕnghsiăng ㄇㄥˋㄒㄧㄤˇ 엉뚱한 생각을 하다. 공상하다.
[夢行症] mĕnghsíngchĕng ㄇㄥˋㄒㄧㄥˊㄓㄥˋ 몽유병(夢遊病).
[夢想不到] mĕnghsiăngputào ㄇㄥˋㄒㄧㄤˇㄅㄨㄉㄠˋ 꿈에도 생각하지 않다. 전연 예상 밖이다.
[夢話] mĕnghua ㄇㄥˋㄏㄨㄚ ①잠꼬대. ②바보 같은 일.「別說一!; 바보 같은 소리 하지 말라!」
[夢幻泡影] mĕnghuàn-p'àoyĭng ㄇㄥˋㄏㄨㄢˋ ㄆㄠˋㄧㄥˇ 꿈과 환상같이 허무하다. 무상(無常)하다는 비유.
[夢魂顚倒] mĕnghún tiēntăo ㄇㄥˋㄏㄨㄣˊ ㄉㄧㄢㄉㄠˇ 마음이 갈피를 잡지 못하는 모양. ‹成›
[夢遺] mĕngí ㄇㄥˋㄧˊ 몽정(夢精).
[夢囈] mĕngì ㄇㄥˋㄧˋ ①잠꼬대. ②바보 같은 이야기.
[夢寐] mĕngmèi ㄇㄥˋㄇㄟˋ 수면 중. 잠자는 중.
[夢魘] mĕngyĕn ㄇㄥˋㄧㄢˇ 무서운 꿈을 꾸면서 소리 지르다.

MI ㄇㄧ

〔咪〕 mī ㄇㄧ
[咪咪] mīmī ㄇㄧㄇㄧ ①고양이의 우는 소리. ②미소 짓는 모양. 「笑一; 방긋방긋 웃다」
〔眯〕(瞇) mī ㄇㄧ 눈을 가볍게 감다. 「在床上一一會兒; 침대 위에서 잠깐 졸다」 ⇨mí.
[眯唏] mīhsī ㄇㄧㄒㄧ (웃으면서) 눈을 가늘게 뜨다. 눈을 가늘게 감으며 웃는 모양.
[眯縫眼兒] mīfêngyĕnrh ㄇㄧㄈㄥㄧㄢˇㄦ 눈을 가늘게 뜨다
[眯眼] mīyĕn ㄇㄧㄧㄢˇ ①눈을 가늘게 뜨다. ②반 정도로 뜬 눈. 좁힌 눈.
〔迷〕 mí ㄇㄧˊ ①갈피를 잡지 못하다. 망설이다. 판단력을 잃다. ②어떤 일에 정신 없이 빠지다. 「下棋入了一; 장기 두는 데 정신이 빠지다」 ③열광자. 팬. 「戲一; 연극광, 연극팬」 ‹重›
[迷怔] míchêng ㄇㄧˊㄓㄥ 머리가 멍청해지다.
[迷竅] míchiào ㄇㄧˊㄐㄧㄠˋ (열중하여) 분별을 할 수 없게 되다.
[迷戲] míhsì ㄇㄧˊㄒㄧˋ 갈피를 못잡게 하다.
[迷信] míhsin ㄇㄧˊㄒㄧㄣ ①미신. ②옳지 못한 신념. ③미신을 믿다.
[迷糊] míhu ㄇㄧˊㄏㄨ 분명하지 않다. 확

실하지 않다.＞迷迷糊糊. ＝迷忽.
[迷忽忽的] míhūhūtê ㄇㄧˊㄏㄨㄏㄨ ㄉㄜ (머리가) 멍청해진 모양. 멍청한 모양.
[迷魂陣] míhúnchên ㄇㄧˊㄏㄨㄣˊㄓㄣˋ 남에게 정신을 못차리게 하는 전술(戰術).
[迷魂湯] míhúnt'āng ㄇㄧˊㄏㄨㄣˊㄊㄤ ①본 정신을 잃게 하는 탕약. ②남을 망설이게 하는 감언(甘言).
[迷魂藥] míhúnyào ㄇㄧˊㄏㄨㄣˊㄧㄠˋ 마음을 혼미시키는 약. 「撒一; 뇌물을 쓰다. 정신을 어지럽게 하는 약을 뿌리다」
[迷惑] míhuo ㄇㄧˊㄏㄨㄛ ①망설이다.「一無主; 망설이어 판단을 잃다」＞迷迷惑惑. ②망설이게 하다. 마취시키다.「拿藥一人; 약으로 마취시키다」
[迷離] mílí ㄇㄧˊㄌㄧˊ 멍청해 있다. 넋빠져 있다. 의미를 알 수 없다.
[迷戀] mílièn ㄇㄧˊㄌㄧㄢˋ 정신 없이 열중하다.「一不捨; 마음이 끌리어 떨어질 수가 없다」＞迷迷戀戀.
[迷路] mílù ㄇㄧˊㄌㄨˋ ①미로. ②길을 잃다. ③내이(內耳)의 별칭.
[迷亂] míluàn ㄇㄧˊㄌㄨㄢˋ 허둥대며 우물쭈물하다. 머리가 혼란하게 되다.
[迷茫] mímáng ㄇㄧˊㄇㄤˊ ①멍청하여 분명하지 않다. ②(정신이) 빠져 있다.＞迷迷茫茫. 「을 잃게 하는 약.
[迷蒙藥] míméngyào ㄇㄧˊㄇㄥˊㄧㄠˋ 이성
[迷色] mísê ㄇㄧˊㄙㄜˋ ①색정(色情)에 정신이 빠지다. ②위장(偽裝). 카무플라즈.
[迷失] míshīh ㄇㄧˊㄕ ①갈피를 못 잡다. 망설이다.「一道路; 길을 잃고 헤매다」②분실하다. ③놓치다.「一方向; 방향을 놓치다」
[迷蕩] mítàng ㄇㄧˊㄉㄤˋ 정신 없이 열중하다. 얼이 빠지다. 정신이 돌다.
[迷瞪] mítêng ㄇㄧˊㄉㄥ (좋지 못한 일에) 정신 없이 열중하다. 정신을 빼앗기다. ＞迷迷瞪瞪.
[迷頭] mít'óu ㄇㄧˊㄊㄡˊ 당황하다. 어지럽다.「迷了頭; 당황하여 머리가 멍청해졌다」 「다. ②틀린 방향.
[迷途] mít'ú ㄇㄧˊㄊㄨˊ ①길을 잃고 헤매
[迷罔] míwǎng ㄇㄧˊㄨㄤˇ 혼수 상태에 있다. 머리가 멍청하여 옳은 판단을 할 수 없다.＞迷迷罔罔.
[迷惘] míwǎng ㄇㄧˊㄨㄤˇ ＝迷罔.

〔眯〕(瞇) mí ㄇㄧˊ 눈에 먼지가 들어 잘 보이지 않다. ⇨mī.
[眯眼睛] mí yěnching ㄇㄧˊㄧㄢˇㄐㄧㄥˊ 눈에 무엇이 들어 보이지 않다. 「沙土眯了眼睛; 모래가 눈에 들어 확실하게 보이지 않다」

〔謎〕 mí ㄇㄧˊ 수수께끼. 「猜一(兒); 수수께끼를 맞추다」 「목.
[謎面] mímièn ㄇㄧˊㄇㄧㄢˋ 수수께끼의 제
[謎底] mítǐ ㄇㄧˊㄉㄧˇ 수수께끼의 답.
[謎語] míyǔ ㄇㄧˊㄩˇ 수수께끼. ＝謎子.

〔醚〕 mí ㄇㄧˊ 에에테르(ether). 순정(純精)알코홀.

〔糜〕 mí ㄇㄧˊ ①죽. ②어지럽게 되다. 문란해지다. 진무르다. 「인 흰죽.
[糜粥] míchōu ㄇㄧˊㄓㄡ 약간 진하게 끓
[糜費] míféi ㄇㄧˊㄈㄟˋ ①쓸 데 없는 비용. ②소모하다. 손해 보다. 「一錢財; 돈을 소비하다」
[糜爛] mílàn ㄇㄧˊㄌㄢˋ ①극도로 부패하다. ②모양도 찾을 수 없을 정도로 진무르다.＞糜糜爛爛.

〔縻〕 mí ㄇㄧˊ ①소를 매는 고삐. 「羈一; 견제하다. 농락하다」 ②밧줄로 묶다.

〔彌〕(弥) mí ㄇㄧˊ ①가득 차다. 널리. 퍼지다. 「一月; 산후 만 일개월을 말함」 ②보충하다. 수선하다. ③한 층. 더우기. 「一堅; 한층 더 견고하다」「一深; 한층 더 깊다」
[彌封] mífēng ㄇㄧˊㄈㄥ 밀봉하다: 답안지의 이름과 번호를 밀봉하다.
[彌縫] míféng ㄇㄧˊㄈㄥ ①수선하다. ②「一兒; 갈라진 곳이나 틈을 메우다」
[彌留] míliú ㄇㄧˊㄌㄧㄡˊ 병이 중하여 죽음이 임박하다.
[彌漫] mímàn ㄇㄧˊㄇㄢˋ ①물이 가득 차다. ②충만하여 있다. 넘치다. ＝瀰漫.
[彌補] mípǔ ㄇㄧˊㄅㄨˇ ①손실을 보충하다. ②(모자라는 것을) 보충하여 완전하게 하다. 「一缺陷; 결함을 보충하여 완전하게 하다」
[彌天] mít'iēn ㄇㄧˊㄊㄧㄢ 커다란. 최대의. 하늘에 퍼지는. 「一大罪; 극악 무도한 죄」「一大說; 새빨간 거짓말」

〔獼〕 mí ㄇㄧˊ 몸집이 큰 원숭이의 일종.
[獼猴] míhóu ㄇㄧˊㄏㄡˊ 원숭이의 일종.

〔米〕 mǐ ㄇㄧˇ ①쌀. 「大一; 쌀」 ②보통 곡물 또는 식물의 씨의 껍질을 깐 것을 말함. 「小一; 조」「花生一; 땅콩」 ③미터(meter).
[米渣子] mǐchātzǔ ㄇㄧˇㄓㄚㄗ ①미음을 쑤고 남은 찌꺼기. ②싸라기.
[米蛀蟲] mǐchùch'úng ㄇㄧˇㄓㄨˋㄔㄨㄥˊ ①〈動〉바구미: 쌀벌레의 일종. ②악덕 곡물상.
[米珠薪桂] mǐchū-hsīnkueì ㄇㄧˇㄓㄨㄒㄧㄣㄍㄨㄟˋ 쌀은 구슬과 같고 땔나무는 계수나무와 같다는 뜻으로 생활 필수품의 값이 엄청나게 비싸다는 비유. 인플레. «成»
[米粉] mífěn ㄇㄧˊㄈㄣˇ ①쌀가루. ②쌀가루를 가느다란 선 모양으로 만든 것. 쌀가루로 만든 국수. 「점.
[米行] mǐháng ㄇㄧˇㄏㄤˊ 쌀가게. 곡물 상
[米蝦] mǐhsiā ㄇㄧˇㄒㄧㄚ 〈動〉쌀새우. 작은 새우.
[米黃] mǐhuáng ㄇㄧˇㄏㄨㄤˊ 미색. 엿빛깔.
[米缸] mǐkāng ㄇㄧˇㄍㄤ 쌀을 넣는 독.
[米糠] mǐk'āng ㄇㄧˇㄎㄤ 쌀겨.
[米糧] mǐliáng ㄇㄧˇㄌㄧㄤˊ 양식으로 쓰는 쌀. 양미. 「쌀과 밀가루.
[米麪] mǐmièn ㄇㄧˇㄇㄧㄢˋ ①쌀가루. ②
[米色] mǐsê ㄇㄧˇㄙㄜˋ 엷은 노랑색. 미색(米色). 「치는 체.
[米篩子] mǐshuāitzǔ ㄇㄧˇㄕㄨㄞㄗ 쌀을
[米達] mǐtá ㄇㄧˇㄉㄚˊ 미터. «譯» ＝米突.
[米湯] mǐt'āng ㄇㄧˇㄊㄤ 미음. 「灌一; 남에게 아첨하다」
[米突] mǐt'u ㄇㄧˇㄊㄨ 미터. «譯» 「一尺 미터 자」

〔弭〕 mǐ ㄇㄧˇ 멈추다. 그치다. 「消一; 소멸하다. 그치다」

〔敉〕 mǐ ㄇㄧˇ 편안하게 하다. 만족하게 하다.

[敉平] mǐp'íng ㄇㄧˇㄆㄧㄥˊ 평정(平定)하다.

〔靡〕 mǐ ㄇㄧˇ ①넘어지다. 쓰러지다. 「望風披一；위세를 전망(展望)하여 복종하다」②없다.「一日不思；하루도 생각하지 않는 날이 없다」③낭비하다.「一費；비용을 낭비하다」

〔泌〕 mì ㄇㄧˋ 배설(排泄)하다. 분비하다.

〔秘〕(祕) mì ㄇㄧˋ 비밀의.

[秘密] mìmì ㄇㄧˋㄇㄧˋ ①비밀. ②남몰래. 살짝.「一地進行；남몰래 일을 진행시키다」③비밀이다.

[秘書] mìshū ㄇㄧˋㄕㄨ ①비서. 「一廳；비서관실, 장관 문서실」「一長；사무 총장」②비밀 서류.

〔密〕 mì ㄇㄧˋ ①조밀하다. 치밀하다.「槍聲越來越一；총성이 점점 심하여지다」「樹葉子長得正一；나뭇가지가 빈틈 없이 들어 차다」②밀접한. 친밀한. 「一友；친우」③비밀.「保一；비밀을 지키다」

[密接] mìchiēh ㄇㄧˋㄐㄧㄝ ①밀접하다.「一地接合；밀접하게 결합하다」②밀착하다.「行軍時不可一；행군시에 밀착하면 안된다」

[密件] mìchièn ㄇㄧˋㄐㄧㄢˋ 비밀 용건. 비밀 문서.

[密植耬] mìchíhlóu ㄇㄧˋㄓˊㄌㄡˊ 밀식용(密植用) 파종 기구.

[密函] mìhán ㄇㄧˋㄏㄢˊ 비밀 편지.

[密蓋] mìkài ㄇㄧˋㄍㄞˋ 물샐 틈 없이 덮어 씌우다.

[密碼] mìmǎ ㄇㄧˋㄇㄚˇ 암호. 「一電報；암호 전보」

[密麻麻的] mìmámátê ㄇㄧˋㄇㄚˊㄇㄚˊㄉㄜ 가득히 꽉 들어 찬 모양.「一的無數繁星；가득히 들어 찬 무수한 별」

[密密麻麻] mìmìmámá ㄇㄧˋㄇㄧˋㄇㄚˊㄇㄚˊ 조금도 틈이 없는 모양.「會場上一地站滿了聽衆；회장에는 빈틈 없이 청중이 가득 차 있었다」

[密密匝匝] mìmìtsātsā ㄇㄧˋㄇㄧˋㄗㄚㄗㄚ 꽉 둘러 싼 모양.「一地圍了個風雨不透；비바람도 통할 수 없을 정도로 꽉 둘러 쌌다」

[密密層層] mìmìts'éngts'éng ㄇㄧˋㄇㄧˋㄘㄥˊㄘㄥˊ 전면에 빈틈 없이 꽉 찬 모양.

[密謀] mìmóu ㄇㄧˋㄇㄡˊ 남몰래 계획하다. 비밀 계획.

[密布] mìpù ㄇㄧˋㄅㄨˋ 전면에 꽉 깔다.

[密商] mìshāng ㄇㄧˋㄕㄤ 비밀리에 상담하다.

[密實] mìshíh ㄇㄧˋㄕˊ 빈틈 없이 꽉 차다.

[密司] mìssū ㄇㄧˋㄙ 미스. 처녀. 양.

[密探] mìt'àn ㄇㄧˋㄊㄢˋ 스파이. 간첩. 밀정.

[密電] mìtièn ㄇㄧˋㄉㄧㄢˋ 암호 전보.

[密匝匝的] mìtsātsātê ㄇㄧˋㄗㄚㄗㄚㄉㄜ 빈틈 없이 둘러 싼 모양.

[密子] mìtzǔ ㄇㄧˋㄗ 퍼티(putty).

[密約] mìyüēh ㄇㄧˋㄩㄝ ①비밀리에 하는 회합. ②비밀 조약.

〔覓〕(覔) mì ㄇㄧˋ 구하다. 찾다.「尋一；찾다」「一路；길을 찾다」

[覓保] mìpǎo ㄇㄧˋㄅㄠˇ 보증인을 찾다.

[覓索] mìsǒ ㄇㄧˋㄙㄨㄛˇ 찾아내다.

〔蜜〕 mì ㄇㄧˋ ①벌꿀. ②달다. 맛이 있다. 「一語；달콤한 말」

[蜜餞] mìchièn ㄇㄧˋㄐㄧㄢˋ 꿀이나 설탕에 절인 과일.

[蜜房] mìfáng ㄇㄧˋㄈㄤˊ 꿀벌의 집.

[蜜人] mìjén ㄇㄧˋㄖㄣˊ 미이라.

[蜜柑] mìkān ㄇㄧˋㄍㄢ 맛이 좋은 귤. 밀감.

[蜜供] mìkùng ㄇㄧˋㄍㄨㄥˋ 연말(年末)에 부처님께 바치는 과자의 하나로 밀가루 반죽을 집같이 쌓아 올려 꿀을 바른 것.

[蜜果] mìkuǒ ㄇㄧˋㄍㄨㄛˇ 설탕에 재인 과일.

[蜜裏調油] mìli t'iáoyú ㄇㄧˋㄌㄧ ㄊㄧㄠˊㄧㄡˊ 꿀맛처럼 사이가 다정하다.

[蜜色] mìsê ㄇㄧˋㄙㄜˋ 계란색.

[蜜司] mìssū ㄇㄧˋㄙ 미스(Miss). «譯»

[蜜甜] mìtién ㄇㄧˋㄊㄧㄢˊ 꿀과 같이 달다. ＞蜜蜜甜甜.

[蜜棗(兒)] mìtsǎo(rh) ㄇㄧˋㄗㄠˇ(ㄦ) 꿀에 재인 대추.

〔冪〕(幂) mì ㄇㄧˋ ①물건을 덮는 천. ②멱. 승멱(乘冪). 누승.

MIAO ㄇㄧㄠ

〔喵〕 miāo ㄇㄧㄠ 고양이의 우는 소리.

〔苗〕 miáo ㄇㄧㄠˊ ①「一兒;모. 이삭이 나지 않은 농작물」「麥一；보리 모종」②「一兒；모양이 모종 비슷한 것」「火一兒；불꽃」「礦一；땅 속의 광물이 지표에 노출되어 있는 부분」③자손. ④묘족(苗族). ⑤왁찐.「痘一；종두 왁찐」「卡介一；B.C.G 왁찐」

[苗裔] miáoì ㄇㄧㄠˊㄧˋ 후대(後代)의 자손.

[苗齡] miáolíng ㄇㄧㄠˊㄌㄧㄥˊ 모종의 성장 일수.

[苗圃] miáop'ǔ ㄇㄧㄠˊㄆㄨˇ ①모판. 묘포. ②묘상. 못자리.

[苗兒] miáorh ㄇㄧㄠˊㄦ ①가늘고 작은 풀. ②발생한 형적. 이제 막 발생한 것. 단서.

[苗條] miáot'iáo ㄇㄧㄠˊㄊㄧㄠˊ ①자태가 하늘하늘하고 아름답다. 날씬하고 미끈하다. ②섬세하다. ＞苗苗條條.

[苗頭(兒)] miáot'ou(rh) ㄇㄧㄠˊㄊㄡ (ㄦ) 단서. 기인(起因).

〔描〕 miáo ㄇㄧㄠˊ ①모사(模寫)하다. ②세밀하게 그리다.「一眉；눈썹을 그리다」③투사(透寫)하다.「寫字不要一；글씨를 쓰는 데 투사하여서는 안된다」

[描金] miáochīn ㄇㄧㄠˊㄐㄧㄣ 금가루를 뿌려 그리다.

[描紅紙] miáohúngchǐh ㄇㄧㄠˊㄏㄨㄥˊㄓˇ 붉은 글자가 쓰여 있고 그 위에 투사할 수 있도록 된 습자용지.

[描畫] miáohua ㄇㄧㄠˊㄏㄨㄚ 모방하여 그리다.

[描繪] miáohuì ㄇㄧㄠˊㄏㄨㄟˋ ①모방하여 그리다. ②묘사하다.

[描眉打鬢] miáoméi-tǎpìn ㄇㄧㄠˊㄇㄟˊㄉㄚˇㄅㄧㄣˋ 얼굴과 머리를 꾸미다. 정성들여 화장하다.

[描摹] miáomó ㄇㄧㄠˊㄇㄛˊ 묘사하다.

[描圖] miáotú ㄇㄧㄠˊㄊㄨˊ 제도(製圖). 투사.「一紙；트레이싱페이퍼. 투사지」

〔瞄〕 miăo ㄇㄧㄠˊ ①겨누다. 응시하다. ②암시하다.「遠遠地一着他; 먼 곳에서 그를 주시하고 있다」
[瞄準(兒)] miăochŭn(rh) ㄇㄧㄠˊㄓㄨㄣˇ(ㄦ)(총을 쏘기 위하여) 겨누다. 조준하다.
[瞄歪] miăowāi ㄇㄧㄠˊㄨㄞ 조준이 빗나가다.
〔杪〕 miăo ㄇㄧㄠˇ ①나무 끝. 나뭇가지 끝. ②말미(末尾). 끝.「歲一; 연말. 세모」「月一; 월말」
〔秒〕 miăo ㄇㄧㄠˇ ①곡식의 씨앗에 나 있는 침같이 생긴 털. ②시간의 단위: 초.「分一必爭; 일분 일초도 소홀히 하지 않다」③각도(角度)의 단위: 초.
[秒公方] miăokūngfāng ㄇㄧㄠˇㄍㄨㄥㄈㄤ 일초 동안에 하상(河床)을 1m³ 흐르는 물의 양.
〔眇〕 miăo ㄇㄧㄠˇ ①외눈. 애꾸. 한 눈이 망가진 것. ②극히 작다.
[眇小] miăohsiăo ㄇㄧㄠˊㄒㄧㄠˇ 미소(微小)하다. ＞眇眇小小.
〔渺〕 miăo ㄇㄧㄠˇ ①멀리 떨어져 잘 보이지 않다. ②아주 작다.
[渺小] miăohsiăo ㄇㄧㄠˊㄒㄧㄠˇ 극히 작다.
[渺茫] miăománg ㄇㄧㄠˇㄇㄤˊ ①넓고 넓어 한이 없다. ②멀리 희미하여 확실하지 않다. ③장래를 추측할 수 없다. 자신을 가질 수 없다.「這件事一得很; 이 일은 예측할 수가 없다」＞渺渺茫茫.
〔藐〕 miăo ㄇㄧㄠˇ ①작은 모양. 멸시하다.
[藐法] miăofă ㄇㄧㄠˊㄈㄚˇ 법률을 무시하다.
[藐小] miăohsiăo ㄇㄧㄠˊㄒㄧㄠˇ 아주 작다. ＞藐藐小小.
[藐視] miăoshih ㄇㄧㄠˇㄕˋ ①멸시하다. ②경시하다.「我們要一帝國主義; 우리들은 제국주의를 중대시할 필요가 없다」
〔邈〕 miăo ㄇㄧㄠˇ 멀다.
[邈然] miăoján ㄇㄧㄠˇㄖㄢˊ 먼 모양. 유연(悠然)하다.
〔妙〕 miào ㄇㄧㄠˋ ①아름답다. 훌륭하다.「一齡; 스물 안팎의 아름다운 나이」②교묘하다.「一計; 교묘한 계략」
[妙訣] miàochüéh ㄇㄧㄠˋㄐㄩㄝˊ 교묘한 수. 교묘한 수단.
[妙法] miàofă ㄇㄧㄠˋㄈㄚˇ 교묘한 방법.
[妙想天開] miàohsiăng t'iēnk'āi ㄇㄧㄠˋㄒㄧㄤˇㄊㄧㄢㄎㄞ 기상 천외(奇想天外).《成》＝异想天開.
[妙不可醬油] miào pùk'ŏ chiàngyú ㄇㄧㄠˋ ㄅㄨˋㄎㄜˇ ㄐㄧㄤˋㄧㄡˊ ＝妙不可言. "言"은 "鹽"과 같은 음인 데서 "鹽"과 같은 조미료인 "醬油"를 "言"의 대신으로 쓴 재치 있는 말.
[妙不可言] miàopùk'ŏyén ㄇㄧㄠˋㄅㄨˋㄎㄜˇㄧㄢˊ 절묘(絶妙)하다. 말로 표현할 수 없을 정도로 훌륭하다.
[妙手] miàoshŏu ㄇㄧㄠˋㄕㄡˇ 훌륭한 기능을 가진 사람. 솜씨가 뛰어난 사람「一回春; ㉮새로이 생명을 얻다. ㉯의사의 솜씨가 탁월한 것」「一空空; ㉮ 맨손. 손에 가진 것이 하나도 없다. 빈손이다. ㉯아무 것도 가진 것은 없으나 잘 둘러맞추다」「一偶得; 글재주가 뛰어난 사람이 문득 좋은 글귀를 생각해 내다」
[妙算] miàosuàn ㄇㄧㄠˋㄙㄨㄢˋ 교묘한 계획.
[妙到毫端] miàotào háotuān ㄇㄧㄠˋㄉㄠˋ ㄏㄠˊㄉㄨㄢ 회화(繪畫) 따위가 아주 뛰어나게 잘 그려져 있는 일.《成》
[妙才] miàots'ái ㄇㄧㄠˋㄘㄞˊ 남들보다 뛰어난 재능. 「뛰어난 안(案).
[妙策] miàots'è ㄇㄧㄠˋㄘㄜˋ 교묘한 방책.
[妙用] miàoyùng ㄇㄧㄠˋㄩㄥˋ 이해 못할 정도로 교묘한 작용. 불가사의한 작용.
〔廟〕 miào ㄇㄧㄠˋ ①조상의 신주를 모시는 곳. 사당. 묘당.「家一; 자기 집의 사당」②묘.「土地一; 토지신을 모신 묘당」③공양날. 공양날에 서는 장.
[廟季兒] miàochirh ㄇㄧㄠˋㄐㄧㄦ 묘당을 열어 보이는 기간. 「하는 중이나 도사.
[廟主] miàochŭ ㄇㄧㄠˋㄓㄨˇ 묘당을 관리
[廟祝] miàochù ㄇㄧㄠˋㄓㄨˋ 묘당의 향화(香花)를 돌보는 사람.「"廟"라고도 함.
[廟會] miàohuì ㄇㄧㄠˋㄏㄨㄟˋ 공양일: 단
[廟宇] miàoyŭ ㄇㄧㄠˋㄩˇ 묘의 건물.
[廟院] miàoyüàn ㄇㄧㄠˋㄩㄢˋ 묘의 경내(境內).

MIEH ㄇㄧㄝ

〔乜〕 miēh ㄇㄧㄝ ⇨nièh ㄋㄧㄝˋ
[乜斜] miēhhsieh ㄇㄧㄝㄒㄧㄝ ①사시(斜視)하다. ②눈을 가늘게 하여 보다. ③「一睡眼; 잠이 와서 눈을 거슴츠레 뜨다」④비스듬이 걷는 모양. ＞乜乜斜斜.
[乜呆呆的] miēhtāitāitê ㄇㄧㄝㄉㄞㄉㄞㄉㄜ 눈을 거슴츠레 뜨고 멍청한 모양.
〔咩〕 miēh ㄇㄧㄝ 염소 우는 소리.《擬》
〔滅〕(灭) mièh ㄇㄧㄝˋ ①끝나다. 끝장 나다.「磨一; 소멸하다」②불이 꺼지다. 불을 끄다.「火一了; 불이 꺼졌다」③없애다. 죽이다. 멸망시키다. ④물에 잠기다.「一頂; 물에 가라앉다」「제거하다.
[滅絶] mièhchüéh ㄇㄧㄝˋㄐㄩㄝˊ 완전히
[滅種] mièhchŭng ㄇㄧㄝˋㄓㄨㄥˇ 종족(種族)을 멸망시키다. 「애다. ＝滅良心.
[滅心] mièhhsīn ㄇㄧㄝˋㄒㄧㄣ 양심을 없
[滅荒] mièhhuāng ㄇㄧㄝˋㄏㄨㄤ 흉년이나 흉작을 없애다.
[滅火] mièhhuŏ ㄇㄧㄝˋㄏㄨㄛˇ 불을 끄다.「一器; 소화기」「一沙; 방화사」
[滅口] mièhk'ŏu ㄇㄧㄝˋㄎㄡˇ 비밀이 누설될까 봐 사람을 죽이다.
[滅良心] mièhliánghsīn ㄇㄧㄝˋㄌㄧㄤˊㄒㄧㄣ 양심을 속이다.
[滅門絶戶] mièhmên-chüéhhù ㄇㄧㄝˋ ㄇㄣˊㄐㄩㄝˊㄏㄨˋ 한 가족이 몰살하다.
[滅頂] mièhtĭng ㄇㄧㄝˋㄉㄧㄥˇ 물에 가라앉다.
〔蔑〕(衊③) mièh ㄇㄧㄝˋ ①없다.「一以復加; 이 이상 더 할 것이 없다. 가장 완전하게 된 것」②작게.「一視; 작게 평가하다. 경시하다」③무고하

다.「誣一；헛소문을 퍼뜨려 명예를 손
└상시키다」
〔篾〕 mièh ㄇㄧㄝˋ ①「一子·一兒；대
를 쪼갠 것」「竹一子；대를 가늘게 쪼
갠 것」②갈대나 수숫대를 쪼갠 것.「葦
一兒；갈대를 쪼갠 것」 「리.죽석.
[篾席] mièhhsí ㄇㄧㄝˋㄒㄧˊ 대로 만든 자
[篾片] mièhp'ièn ㄇㄧㄝˋㄆㄧㄢˋ 주인의 비
위를 잘 맞추는 식객(食客).

MIEN ㄇㄧㄢ

〔眠〕 mién ㄇㄧㄢˊ ①잠들다.「失一；
잠들지 못하는 일」(사람이) 죽다.「永一
；죽다」②누에가 잠드는 일.「初一；누
에가 첫잠을 자다」③동면(冬眠)하다.
〔棉〕 mién ㄇㄧㄢˊ ①‹植› 목화. ②목
면 : 열대 지방에서 나는 상록 교목으로
씨에 붙은 솜 같은 것을 뜯어 솜 대용으
로 씀. ③솜의. 솜을 넣은 것의. 「리.
[棉襖] miénǎo ㄇㄧㄢˊㄠˇ 솜을 놓은 저고
[棉紙] miénchǐh ㄇㄧㄢˊㄓˇ 코튼(cotton)
지.
[棉紡] miénfǎng ㄇㄧㄢˊㄈㄤˇ 면사. 방적.
[棉猴兒] miénhóurh ㄇㄧㄢˊㄏㄡˊㄦ 후드
(hood)가 달린 솜을 넣은 외투. 「무명실.
[棉綫] miénhsièn ㄇㄧㄢˊㄒㄧㄢˋ (재봉용의)
[棉絮] miénhsǜ ㄇㄧㄢˊㄒㄩˋ 솜 부스러기.
솜 먼지.
[棉花] miénhua ㄇㄧㄢˊㄏㄨㄚ 목화. 솜.
「一條；㉮솜을 끈 모양으로 끈 것.
㉯사람의 몸이 힘이 빠져 축 늘어진 모
양」「就是大人也變成一條了;어른까지도
힘이 빠져 녹초가 되고 말다」
[棉花藥] miénhuāyào ㄇㄧㄢˊㄏㄨㄚㄧㄠˋ
니트로글리세린.
[棉衣裳] miénishang ㄇㄧㄢˊㄧㄕㄤ 솜옷.
[棉絨] miénjúng ㄇㄧㄢˊㄖㄨㄥˊ 솜으로
짠 플란넬. 융.
[棉褲] miénk'ù ㄇㄧㄢˊㄎㄨˋ 솜바지.
[棉鈴] miénlíng ㄇㄧㄢˊㄌㄧㄥˊ 목화의 덜
익은 열매. 다래.
[棉農] miénnúng ㄇㄧㄢˊㄋㄨㄥˊ 면작 농
가(棉作農家). 또는 면작 농민.
[棉被] miénpèi ㄇㄧㄢˊㄅㄟˋ 핫이불.
[棉紗] miénshā ㄇㄧㄢˊㄕㄚ (무명실이나
옷감의 재료가 되는) 면사. 무명실.
[棉紗頭] miénshāt'ou ㄇㄧㄢˊㄕㄚㄊㄡ 기
계 따위를 닦는 데 사용하는 헝겊.
[棉桃] miént'áo ㄇㄧㄢˊㄊㄠˊ 다래. ＝蕾鈴.
[棉子餅] miéntzǔpǐng ㄇㄧㄢˊㄗˇㄅㄧㄥˇ
깻묵. 유박. 「유.
[棉子油] miéntzǔyú ㄇㄧㄢˊㄗˇㄧㄡˊ 면실
[棉蚜] miényá ㄇㄧㄢˊㄧㄚˊ ‹動› 목화에
└붙는 진디.
〔綿〕(緜) mién ㄇㄧㄢˊ ①「一子；
허드렛고치를 늘여 만든 솜. 풀솜」②성
질이 풀솜과 닮은 것 : ㉮부드럽다. ㉯길
게 연결되다. ③부드러워 질기다 : "脆"
의 반대. 「져서 이어져 있다.
[綿長] miénch'áng ㄇㄧㄢˊㄔㄤˊ 길게 늘어
[綿長人兒] miénch'angjénrh ㄇㄧㄢˊㄔㄤ
ㄖㄣˊㄦ 마음이 넓은 사람. 좀처럼 성을
내지 않는 사람.
[綿軟] miénjuǎn ㄇㄧㄢˊㄖㄨㄢˇ 힘이 빠져
있다. 흐느적거리다. ＞綿綿軟軟.
[綿亘] miénkěn ㄇㄧㄢˊㄍㄣˋ 길게 연결되
어 있다.「一一百里；연연 백리에 미치다」
[綿裏針] miénlichēn ㄇㄧㄢˊㄌㄧㄓㄣ ①솜
속에 바늘이 있다는 뜻으로 부드러우면
서 강하다는 비유. ②표면으로는 유화하
면서 속으로는 야무지다. 외유내강.
[綿聯] miénlién ㄇㄧㄢˊㄌㄧㄢˊ 길게 이어
지다. ＞綿綿聯聯.
[綿綿] miénmién ㄇㄧㄢˊㄇㄧㄢˊ 끊어지지
않고 길게 이어지다. 「량이) 박약하다.
[綿薄] miénpó ㄇㄧㄢˊㄅㄛˊ (재능이나 역
[綿延] miényén ㄇㄧㄢˊㄧㄢˊ 길게 늘어져
있다.「一數百里；무려 수백리로 길게
└이어지다」＞綿綿延延.
〔免〕 miěn ㄇㄧㄢˇ ①제거하다. 면하다.
②어떤 종류의 영향을 받지 않다.「一疫
；병에 대한 저항력을 가지다」③…하
여서는 안된다.「閑人一進；무용자 출입
금지」④파면하다. ⑤용서하다. 면하여
주다.「一他的罪；그의 죄를 용서하여
주다」
[免去] miěnch'ǜ ㄇㄧㄢˇㄑㄩˋ 면제하다.
[免費] miěnfèi ㄇㄧㄢˇㄈㄟˋ 무료(無料)로
하다.「一贈送；무료 증정」
[免票] miěnp'iào ㄇㄧㄢˇㄆㄧㄠˋ 무임 패
스. 무료 입장권.
[免不了] miěnpuliǎo ㄇㄧㄢˇㄅㄨㄌㄧㄠˇ
면할 수 없다. 반드시…으로 되다.「一要
出些偏差；얼마만큼의 편향(偏向)은 반
드시 나기 마련이다」
[免不得] miěnputê ㄇㄧㄢˇㄅㄨㄉㄜ 면할
수 없다. 반드시 …이 되다.「這樣辦就一
叫人笑話；이렇게 하면 반드시 남의 웃
음거리가 되다」
[免得] miěntê ㄇㄧㄢˇㄉㄜ …을 하지 않
도록.「一氣兒辦完, 一又費一回事；단번
에 해내다, 또 다시 손질을 하지 않도록」
[免于] miěnyǘ ㄇㄧㄢˇㄩˊ …을 면하다. …
에서 면하게 되다.「一遭受重大的損失；
중대한 손실을 받을 것을 면하다」
「하다.
〔勉〕 miěn ㄇㄧㄢˇ ①노력하다. ②격려
[勉強] miénch'iǎng ㄇㄧㄢˊㄑㄧㄤˇ ①노력
하다. 힘껏 열심히 하다.「一支持；힘써
지지하다」②무리(無理)하다. 억지로 이
론을 붙이다.「這種理由很一；이러한 이
유는 대단히 무리하다」③본의(本意)아
니면서. 아주 싫지만.「一答應；아주 싫
지만 승낙하다」＞勉勉強強. ④강요하다.
억지로 시키다.「不要一他；그에게 강제
로 시켜서는 안된다」
[勉力] miěnlì ㄇㄧㄢˇㄌㄧˋ 있는 힘을 다하
다. 전력을 다하다.
[勉爲其難] miěnwéich'ínán ㄇㄧㄢˇㄨㄟˊ
ㄑㄧˊㄋㄢˊ 곤란한 일을 참고 맡다. ‹成›
「다.
〔娩〕 miěn ㄇㄧㄢˇ 분만하다. 아이를 낳
〔湎〕 miěn ㄇㄧㄢˇ 탐닉(耽溺)하다.
〔腼〕 miěn ㄇㄧㄢˇ
[腼腆] miěnt'ien ㄇㄧㄢˇㄊㄧㄢ 부끄러워
하는 모양. ＞腼腼腆腆.「這孩子太一；
이 아이는 낯가림을 지나치게 한다」

〔緬〕 miěn ㄇㄧㄢˇ 아득히 먼. 멀고 먼.

[緬想] miénhsiǎng ㄇㄧㄢˊㄒㄧㄤˇ ＝緬懷.

[緬懷] miěnhuái ㄇㄧㄢˇㄏㄨㄞˊ 먼 추억을 회상하다.

〔面〕(麪 ⑧～⑪) miền ㄇㄧㄢˋ ①얼굴. ②향하다. 「背山一水；산을 뒤로 하고 앞으로는 물을 향하다」 ③똑바로 향하여. 직접으로. 「一談；얼굴을 마구 대고 말하다」 ④물체의 표면. ⑤ (수학상의)평면. ⑥방면(方面). 부분. 쪽. 「反一；반대 쪽」 ⑦수사(數詞)로서 평면을 가진 물건을 셀 때 쓰임. 「一一旗；한 장의 기」「一一鏡子；하나의 거울」 ⑧곡물의 가루. 특히 밀가루를 가리켜 말함. 「棒子一；옥수수 가루」 ⑨「一兒;분말」「粉筆一兒；분필 가루」 ⑩국수. 「吃了一碗一；국수를 한 그릇 먹었다」 ⑪딱딱한 식품(食品)이 연하게 되는 일. 연하여 잘 끊어지지 않다. 「這白薯很一；이 고구마는 대단히 연하다」

[面茶] mièrnch'á ㄇㄧㄢˋㄔㄚˊ 밀가루 또는 잡곡 가루를 물에 풀어 버터·깨·된장·소금 따위를 넣어 뜨거운 물에 담근것.

[面杖] miènchàng ㄇㄧㄢˋㄓㄤˋ 밀방망이.

[面陳] miènch'ến ㄇㄧㄢˋㄓㄣˊ 직접 면회하여 진술하다.

[面頰] miènchiá ㄇㄧㄢˋㄐㄧㄚˊ 볼. 뺨.

[面洽] miènch'ià ㄇㄧㄢˋㄑㄧㄚˋ 면담(面談)하다.

[面醬] miènchiàng ㄇㄧㄢˋㄑㄧㄤˋ 밀가루를 원료로 만든 된장.

[面交] miènchiāo ㄇㄧㄢˋㄐㄧㄠ ①직접 수교(手交)하다. ②표면뿐인 교제.

[面巾] miènchīn ㄇㄧㄢˋㄐㄧㄣ 수건. 타월.

[面筋] miènchin ㄇㄧㄢˋㄐㄧㄣ 가늘고 긴 두유(豆乳)를 끓여 표면에 생긴 겉더껑이를 걷어 말린 식품. 「一質；글루우텐(도 Gluten)질. 곡류의 종자의 주성분」

[面罄] miènch'ìng ㄇㄧㄢˋㄑㄧㄥˋ 면회하여 상세히 말하다.

[面起餅] miènch'ǐpǐng ㄇㄧㄢˋㄑㄧˊㄅㄧㄥˇ 둥글게 뭉친 효모(酵母). 누룩.

[面具] miènchǜ ㄇㄧㄢˋㄐㄩˋ 가면(假面). 마스크.

[面肥] miènféi ㄇㄧㄢˋㄈㄟˊ 발효 작용을 하는 면. 빵의 원료.

[面粉] miènfĕn ㄇㄧㄢˋㄈㄣˇ ①밀가루. ②얼굴에 바르는 분.

[面向] miènhsiàng ㄇㄧㄢˋㄒㄧㄤˋ 얼굴을 마주 보다. …의 쪽으로 향하다.

[面相] miènhsiàng ㄇㄧㄢˋㄒㄧㄤˋ 용모. ＝面架子.

[面糊] miènhú ㄇㄧㄢˋㄏㄨˊ ① 밀가루를 아주 얇게 반죽하여 네모나게 썰어 끓인 식품. 수제비. ②밀가루 풀.

[面黃肌瘦] miènhuáng-chīshòu ㄇㄧㄢˋㄏㄨㄤˊㄐㄧㄕㄡˋ 얼굴에 생기가 없고 야위어 병에 걸린 듯한 모습.

[面紅耳赤] miènhúngěrhch'ìh ㄇㄧㄢˋㄏㄨㄥˊㄦˇㄔˋ 얼굴이 빨개지다. 「羞得一；부끄러워 얼굴이 빨개지다」《成》

[面糊團] miènhút'uán ㄇㄧㄢˋㄏㄨˊㄊㄨㄢˊ 어리석고 둔한 사람을 일컬음.

[面議] mièni ㄇㄧㄢˋㄧˋ 직접 만나 상의하다.

[面容] miènjúng ㄇㄧㄢˋㄖㄨㄥˊ 얼굴 생김새. 용모.

[面如土色] miènjut'ŭsê ㄇㄧㄢˋㄖㄨˊㄊㄨˇㄙㄜˋ (놀라고 두려워서)안색이 흙빛같이 되다.

[面寬] miènk'uān ㄇㄧㄢˋㄎㄨㄢ ① 집의 정면의 넓이. ②(옷감이나 천의)폭.

[面孔] miènk'ŭng ㄇㄧㄢˋㄎㄨㄥˇ 얼굴. 낯.

[面臨] miènlín ㄇㄧㄢˋㄌㄧㄣˊ 직면하다. 당면하다. 「一現實；현실에 직면하다」

[面貌] miènmào ㄇㄧㄢˋㄇㄠˋ ①용모. ②양상(樣相).

[面馬兒] miènmǎrh ㄇㄧㄢˋㄇㄚˇㄦ 국수 만드는 지구.

[面門] miènmến ㄇㄧㄢˋㄇㄣˊ 얼굴. 낯.

[面面] miènmièn ㄇㄧㄢˋㄇㄧㄢˋ ①각 방면. 「一俱到；각 방면에 걸쳐 용이 주도하게 빈틈이 없다」 ②각 방면의 사람. ③얼굴과 얼굴. 「一相覷；얼굴과 얼굴을 서로 보다」

[面命耳提] miènmìng-ěrht'í ㄇㄧㄢˋㄇㄧㄥˋㄦˇㄊㄧˊ 매우 친절하게 지도하다.《成》＝耳提面命.

[面目] miènmŭ ㄇㄧㄢˋㄇㄨˇ ①용모. 모습. 「一可憎；보기에도 밉살스러운 얼굴 모습을 하고 있다」 ②면목. 모양. 「一全非；면목을 일신하다, 모양이 완전히 변하다」

[面矮] miènǎi ㄇㄧㄢˋㄞˇ 부끄러움을 잘 타는 사람.

[面嫩] miènnền ㄇㄧㄢˋㄋㄣˋ (세상 물정을 몰라)조심조심하다. 겁에 질리다.

[面包] miènpāo ㄇㄧㄢˋㄅㄠ 빵.

[面龐(兒)] miènp'áng(rh) ㄇㄧㄢˋㄆㄤˊ(ㄦ) 얼굴. 「一消瘦；얼굴이 핼쑥하다」

[面疱] miènp'ào ㄇㄧㄢˋㄆㄠˋ 여드름. ＝粉刺.

[面盆] miènp'ến ㄇㄧㄢˋㄆㄣˊ ①세면기. ＝臉盆. ②밀가루를 반죽하는 그릇.

[面皮] miènp'í ㄇㄧㄢˋㄆㄧˊ 낯가죽. 얼굴의 피부. 「一厚；낯가죽이 두텁다」

[面坯兒] miènp'īrh ㄇㄧㄢˋㄆㄧㄦ 국수.《方》

[面布] miènpù ㄇㄧㄢˋㄅㄨˋ 수건.《方》

[面色] miènsê ㄇㄧㄢˋㄙㄜˋ 기색. 안색.

[面紗] miènshā ㄇㄧㄢˋㄕㄚ (부녀들의)베일. 면사.

[面紗果兒] miènshākuǒrh ㄇㄧㄢˋㄕㄚㄍㄨㄛˇㄦ 능금:사과보다 작고 달고 산미가 있는 과실.

[面善] miènshàn ㄇㄧㄢˋㄕㄢˋ ① 얼굴이 온화하다. ②안면이 있다. 자주 본 기억이 있다.

[面商] miènshāng ㄇㄧㄢˋㄕㄤ 면담(面談)하다.

[面生] miènshēng ㄇㄧㄢˋㄕㄥ 안면이 없다. 낯설다.

[面食] miènshíh ㄇㄧㄢˋㄕˊ 밀가루를 주재료로 한 식물의 총칭. 분식품.

[面試] miènshìh ㄇㄧㄢˋㄕˋ 면접 시험.

[面熟] miènshú ㄇㄧㄢˋㄕㄨˊ 얼굴이 낯익다.

[面水] miènshuǐ ㄇㄧㄢˋㄕㄨㄟˇ 세숫물. ＝面湯水.《方》

[面湯] mièn t'āng ㄇㄧㄢˋㄊㄤ ①우동의 국물. ②국수를 삶은 물.

[面條兒] mièn t'iáorh ㄇㄧㄢˋㄊㄧㄠˊㄦ 우동. 국수.

[面對] mièntuì ㄇㄧㄢˋㄉㄨㄟˋ 직면하다. 직시(直視)하다. 「一現實；현실을 직시하다」

[面對面] mièntuìmièn ㄇㄧㄢˋㄉㄨㄟˋㄇㄧㄢˋ 얼굴을 맞대다. 대면하다. 「一說；얼굴을 마주 대고 이야기하다」

[面子] mièntzŭ ㄇㄧㄢˋㄗ ①체면. 명예. 얼

굴.「丟一;체면이 손상되다. 얼굴이 깎이다」②정의(情誼). 의리.「顧一;의리를 생각하다」③용모. ④표면. 겉. 「一情; 겉뿐인 정. 겉으로만 친절한 체하는 것」⑤물건의 표면. ⑥분말. 「一藥; 가루약」⑦폭.「一寬; 폭이 넓다」
[面晤] miènwû ㄇㄧㄢˋㄨˋ 면회하다.
[面無人色] miènwújênsè ㄇㄧㄢˋㄨˊㄖㄣˊㄙㄜˋ 안색이 나쁘다.
[面顏] miènyén ㄇㄧㄢˋㄧㄢˊ 얼굴. 「모습.
[面影] miènying ㄇㄧㄢˋㄧㄥˇ 영상(影像).

MIN ㄇㄧㄣ

〔民〕 mín ㄇㄧㄣˊ ①국민. 인민. 「一族; 민족」「國一; 국민」②대중의. 「一間文學; 민간 문학」「一歌; 민요」
[民氣] mínch'ì ㄇㄧㄣˊㄑㄧˋ ①민중의 의기. ②민중의 기풍.
[民家話] mínchiāhuà ㄇㄧㄣˊㄐㄧㄚㄏㄨㄚˋ 소수(少數) 민족 "白族"의 언어.
[民教] mínchiào ㄇㄧㄣˊㄐㄧㄠˋ 국민 교육.
[民脂民膏] mínchīh-mín kāo ㄇㄧㄣˊㄓ ㄇㄧㄣˊㄍㄠ 백성의 피와 땀으로 얻은 재물.
[民警] mínching ㄇㄧㄣˊㄐㄧㄥˇ 국민 경찰. 민경.
[民窮財盡] mínch'iúng ts'áichìn ㄇㄧㄣˊㄑㄩㄥˊ ㄘㄞˊㄐㄧㄣˋ 국민이 빈곤해지고 국가 재정이 파탄되다.
[民主] mínchǔ ㄇㄧㄣˊㄓㄨˇ ①민주. ②민주적이다. 각 방면의 의견을 충분히 받아 들이다.「他對那些工友還不一; 그는 저들 노무자에 대해 아직 민주적이 못되다」
[民主集中制] mínchǔ chíchūngchìh ㄇㄧㄣˊㄓㄨˇ ㄐㄧˊㄓㄨㄥㄓˋ 대표제(代表制) 민주주의. 민주적 기반 위에 입각하여 대중의 의견을 존중하면서 중앙 기관에서 집중적으로 결정 지도하는 민주주의 제도.
[民主改革] mínchǔ kǎikó ㄇㄧㄣˊㄓㄨˇㄍㄞˇㄍㄜˊ 반제 반봉건(反帝反封建) 및 민주주의의 성격을 띤 개혁. 민주 개혁.
[民主人士] mínchǔ jénshìh ㄇㄧㄣˊㄓㄨˇ ㄖㄣˊㄕˋ 민주주의를 옹호하고 반제 반봉건적 민주주의 운동에 참가한 유산지식층의 인사.
[民主辦社] mínchǔ pànshè ㄇㄧㄣˊㄓㄨˇ ㄅㄢˋㄕㄜˋ 민주적 원칙에 따라 합작(合作)한 회사. 인민공사(人民公社)를 경영하는 근본 방침이라고 선전함. ㉮법령에 따라 재정을 처리하고; ㉯대중과 상의하여 문제를 해결하고, ㉰간부급도 생산에 직접 참가한다는 따위.
[民主黨派] mínchǔ tǎngp'ài ㄇㄧㄣˊㄓㄨˇ ㄉㄤˇㄆㄞˋ 반제 반봉건(反帝反封建)적 민주주의 혁명에 참가한 유산계급(有產階級)의 성격을 띤 정당을 말함.
[民房] mínfáng ㄇㄧㄣˊㄈㄤˊ 민가(民家).
[民憤] mínfèn ㄇㄧㄣˊㄈㄣˋ 국민의 분노.
[民工] mínkūng ㄇㄧㄣˊㄍㄨㄥ 자발적으로 전투 임무에 참가한 민간.
[民校] mínhsiào ㄇㄧㄣˊㄒㄧㄠˋ ①민간 학교. ②사립 학교.
[民先隊] mínhsiēntuì ㄇㄧㄣˊㄒㄧㄢㄉㄨㄟˋ 「中華民族解放先鋒隊」의 약어.
[民窿] mínlúng ㄇㄧㄣˊㄌㄨㄥˊ 원시적 채굴 방식에 따른 민간의 채광 구역(採鑛區域).
[民瘼] mínmò ㄇㄧㄣˊㄇㄛˋ 백성의 고통. 「關心一; 국민들의 고통에 관심을 갖다」
[民埝] mínnièn ㄇㄧㄣˊㄋㄧㄢˋ 민간에서 구축한 자그마한 둑(제방).
[民辦] mínpàn ㄇㄧㄣˊㄅㄢˋ ①민영(民營). 「一托兒所; 민영 탁아소」②민간 운영을 하다.
[民兵] mínpīng ㄇㄧㄣˊㄅㄧㄥ 민간 무장대(民間武裝隊). 민병: 생업을 이탈하는 일이 없이 평소에도 국방에 주력하고, 전시에는 후방 근무 또는 군대와 함께 작전에 참가함.
[民不聊生] mínpùliáoshēng ㄇㄧㄣˊㄅㄨˋㄌㄧㄠˊㄕㄥ 백성이 안심하고 생활할 수 없다. «成»
[民食] mínshíh ㄇㄧㄣˊㄕˊ 국민의 식량.
[民庭] mínt'íng ㄇㄧㄣˊㄊㄧㄥˊ 민사 법정(民事法廷).
[民賊] míntséi ㄇㄧㄣˊㄗㄟˊ 인민의 적(敵).
[民族形式] míntsú hsíngshìh ㄇㄧㄣˊㄗㄨˊ ㄒㄧㄥˊㄕˋ 민족의 특색을 갖추고 있는 문예 양식(文藝樣式).
[民族工商業] míntsú kūngshāngyèh ㄇㄧㄣˊㄗㄨˊ ㄍㄨㄥㄕㄤㄧㄝˋ 해방 전 제국주의자와 손잡지 않고 몇몇 자국(自國) 자본가들과 협력하여 경영해 온 공장 또는 상점. 넓은 의미로서는 자기 나라의 독립한 민족자본가가 경영하는 상공업을 말함.
[民族聯合社] míntsú liénhóshè ㄇㄧㄣˊㄗㄨˊㄌㄧㄢˊㄏㄜˊㄕㄜˋ 여러 민족의 노무자가 연합하여 조직한 합작사(合作社).
[民族資產階級] míntsú tzūch'ǎnchiēh chí ㄇㄧㄣˊㄗㄨˊ ㄗㄔㄢˇㄐㄧㄝㄐㄧˊ (중공에서 말하는) 외국 제국주의자와 자기 나라의 노동자 계급의 중간에 서서 때로는 진보적인 혁명성을, 때로는 보수적인 반동성의 두 면을 가진 중산 자유 자산계급(中產自由資產階級).
[民團] mínt'uán ㄇㄧㄣˊㄊㄨㄢˊ 치안(治安)을 위해 지방 인민이 조직한 무장 단체.

〔苠〕 mín ㄇㄧㄣˊ 늦게 피거나 늦게 열매를 맺다. 「一高粱; 늦게 수확하는 수수. 늦수수」「黃谷子比白谷子一; 황조(黃粟)는 백조(白粟)보다 늦다」

〔皿〕 mǐn ㄇㄧㄣˇ 접시, 주발 따위의 그릇. 「器一; 접시, 주발 따위의 그릇」

〔泯〕 mǐn ㄇㄧㄣˇ 소멸하다. 없어지다.

〔抿〕 mǐn ㄇㄧㄣˇ ①머리를 매만지다. 쓰다듬다. 「一頭髮; 머리를 매만지다」②(입술을) 가볍게 다물다. 「一着嘴笑; 입을 다물고 미소짓다」③입술을 가볍게 술잔에 대다. 「他眞不喝酒, 連一都不一; 그는 참으로 술을 마시지 않는다. 입에 조금도 대려고도 하지 않는다」④뒤로(안으로) 오므라뜨리다. 「一着耳朵; 귀를 뒤로 옴츠리다」「一翅兒; 날개를 접다」

[抿笑] mǐnhsiào ㄇㄧㄣˇㄒㄧㄠˋ 입을 오므리고 웃다.
[抿子] mǐntzǔ ㄇㄧㄣˇㄗ 머리기름을 바르는 작은 솔.
〔黽〕 mǐn ㄇㄧㄣˇ
[黽勉] mǐnmiěn ㄇㄧㄣˇㄇㄧㄢˇ 노력하다. 힘쓰다.
〔敏〕 mǐn ㄇㄧㄣˇ 빠른. 민첩한. 「靈一；민첩하다」「敬謝不一；그럴 자격이 없으므로 사퇴합니다」
[敏銳] mǐnjuì ㄇㄧㄣˇㄖㄨㄟˋ 예민하다.
〔閩〕 mǐn ㄇㄧㄣˇ "福建省"의 별칭 「一紅；"福建省"에서 생산되는 차(茶)의 일종」「一姜；"福建省"에서 생산되는 생강」「一劇；"福建省"의 지방 연극」
〔憫〕 mǐn ㄇㄧㄣˇ ①불쌍히 여기다.「憐一；불쌍하다」「其情可一；사정이 가련하다」②우려하다. 걱정하다.
〔鰵〕 mǐn ㄇㄧㄣˇ ①대구. ②대구(大口)와 혼동해서 하는 말.「一魚肝油；대구 간유」

MING ㄇㄧㄥ

〔名〕 míng ㄇㄧㄥˊ ①「一兒；이름」「起個一兒；이름을 붙이다」②입 밖에 내다. 말하다.「莫一其妙；이해가 안 간다」③명예.「一利；명예와 이익」④명예스런. 저명한.「一醫；영한 의사」「一言；이치에 닿게 잘한 말」 ⑤사람을 세는 조수사(助數詞).「學生 四一；학생 네 사람」
[名正言順] míngchěng yénshùn ㄇㄧㄥˊㄓㄥˋㄧㄢˊㄕㄨㄣˋ 명분과 의리가 서면 말은 의젓해진다. 사리에 어긋나지 않아 누구도 반박할 여지가 없다.「副經理升做經理, 是一的；부지배인이 지배인으로 승격하는 것은 당연한 일이다」「성.호평.
[名氣] míngch'i ㄇㄧㄥˊㄑㄧ ①명예. ②명
[名家] míngchiā ㄇㄧㄥˊㄐㄧㄚ ① 유명한 인물. ②명성 있는 가문 ③명가(名家): 주대 제자백가(周代諸子百家)의 하나. 논리학파.
[名韁利鎖] míngchiāng-lìsǒ ㄇㄧㄥˊㄐㄧㄤ ㄌㄧˋㄙㄨㄛˇ 명예와 물욕은 사람을 묶는 사슬과 같은 것. «成»
[名角(兒)] míngchiǎo(rh) ㄇㄧㄥˊㄐㄧㄠˇ(ㄦ) 유명한 배우(俳優). =名脚(兒).
[名額] míng'ě ㄇㄧㄥˊㄜˊ 정원. 인원.
[名分] míngfěn ㄇㄧㄥˊㄈㄣˋ 명분. 본분.
[名號] mínghào ㄇㄧㄥˊㄏㄠˋ ①명목. ②명예. ③칭호. 명의(名儀). ④이름과 호(號).
[名下] mínghsià ㄇㄧㄥˊㄒㄧㄚˋ ①명예. ②이름. ③명의(名儀). 관리하(管理下). 「這所房子是屬于我的一；이 집은 나의 명의로 되어 있다」 「명사.
[名人] míngjěn ㄇㄧㄥˊㄖㄣˊ 유명한 사람.
[名貴] míngkueìㄇㄧㄥˊㄍㄨㄟˋ ①얻기 어려운. 값어치 있는. ②명성 있는.
[名列前茅] mínglièhch'iénmáo ㄇㄧㄥˊㄌㄧㄝˋㄑㄧㄢˊㄇㄠˊ 시험에서 우수한 성적을 얻다. 우등(優等)에 들다.
[名伶] mínglíng ㄇㄧㄥˊㄌㄧㄥˊ 유명한 배우. 명우(名優).
[名落孫山] mínglòsūnshān ㄇㄧㄥˊㄌㄨㄛˋㄙㄨㄣㄕㄢ 시험에서 낙제하다. «成»
[名牌] míngp'ái ㄇㄧㄥˊㄆㄞˊ 명찰(名札).
[名牌貨] míngp'áihuò ㄇㄧㄥˊㄆㄞˊㄏㄨㄛˋ 이름이 알려진 상품. 메이커 생산품.
[名片] míngp'ièn ㄇㄧㄥˊㄆㄧㄢˋ 명함.
[名副其實] míngpǘch'íshíh ㄇㄧㄥˊㄈㄨˋㄑㄧˊㄕˊ 명실(名實) 공히 갖추어지다. 이름이 그 내용과 알치하다.
[名不副實] míngpǘfùshíh ㄇㄧㄥˊㄅㄨˋㄈㄨˋㄕˊ 이름이 실제에 맞지 않다. 이름뿐이다.
[名不虛傳] míngpùhsūch'uán ㄇㄧㄥˊㄅㄨˋㄒㄩㄔㄨㄢˊ 명성 그대로다. 평판에 어긋남이 없다.
[名色] míngsè ㄇㄧㄥˊㄙㄜˋ ①사물의 명칭. 명목. 종류 ②이름난 미인, 기녀(妓女).
[名聲(兒)] míngshēng(rh) ㄇㄧㄥˊㄕㄥ(ㄦ) ①명성. 명예. ②평판.「一不好；평판이 좋지 않다」
[名實不符] míngshíh pùfú ㄇㄧㄥˊㄕˊㄅㄨˋㄈㄨˊ 명실이 상부(相符)하지 않다. 이름과 내용이 일치하지 않다.
[名利雙收] mínglì shuāngshōu ㄇㄧㄥˊㄌㄧˋㄕㄨㄤㄕㄡ 명성과 재물을 함께 얻다. 명리(名利)를 겸비하다.
[名宿] míngsù ㄇㄧㄥˊㄙㄨˋ 나이 많은 저명한 유학자(儒學者). 원숙한 유학자.
[名堂] míngt'ang ㄇㄧㄥˊㄊㄤ ①성과(成果). 결과.「幾個婦女搞不出什麼一來；몇 사람의 부녀자들로서는 아무런 성과도 오르지 않다」②여러 가지 방법. 수법(手法).「那傢夥的一可多了；저 놈의 하는 짓은 사실 복잡하다」③명성. ④명칭.
[名單(兒)] míngtān(rh) ㄇㄧㄥˊㄉㄢ(ㄦ) ①명부. ②성명표(명찰). 리스트.
[名頭] míngt'ou ㄇㄧㄥˊㄊㄡ 명성. 명예.
[名册] míngts'è ㄇㄧㄥˊㄘㄜˋ 명부.
[名存實亡] míngts'ún-shíhwáng ㄇㄧㄥˊㄘㄨㄣˊㄕˊㄨㄤˊ 이름은 있으나 알맹이는 사라져 없다. 이름뿐이다.
[名次] míngtz'ǔ ㄇㄧㄥˊㄘˋ 인명 배열의 순서. 석차. 성적.「一列得很高；석차가 매우 높다」
[名字] míngtzǔ ㄇㄧㄥˊㄗˋ ①이름과 자(字). ②míntzǔ (사람의) 이름.
[名子(兒)] míngtzǔ(—rh) ㄇㄧㄥˊㄗ(—ㄦ) 명칭. 이름(사물의).
〔明〕 míng ㄇㄧㄥˊ ①밝다.「天一了；날이 밝아졌다」②분명하다. 명백하다.「情況不一；사정을 알 수 없다」③표면에 나타난. 숨김 없는.「有話一說；할 말이 있을 때는 명백히 말하다」④(날짜, 햇수 등에서)다음의.「一日；내일」「一年；내년」⑤시각(視覺). 시력.「失一；시력을 잃다」⑥사물을 명백히 볼 수 있는 것.「眼一手快；총명하고 민첩하다」「英一；영민하고 총명함」⑦신(神)의 영험(靈驗)이 현저하다. ⑧."朱元璋"이 세운 왕조(1368～1644)의 이름.
[明察暗訪] míngch'á-ànfǎng ㄇㄧㄥˊㄔㄚˊㄢˋㄈㄤˇ 터놓고 조사도 하고 몰래 찾아가기도 하면서 여러 방법으로 수사하다.
[明察秋毫] míngch'á ch'iūháo ㄇㄧㄥˊㄔㄚˊㄑㄧㄡㄏㄠˊ 사소한 일까지 분명히

밝히다.
[明娼] mingch'āng ㄇㄧㄥˊㄔㄤ 공인(公認)을 받은 기녀(妓女).「娼一; 미등록의 기녀에 대한 말」 「광이.
[明杖] mingchàng ㄇㄧㄥˊㄓㄤˋ 장님의 지
[明朝] mingchāo ㄇㄧㄥˊㄓㄠ 내일. 「거.
[明證] mingchèng ㄇㄧㄥˊㄓㄥˋ 명백한 증
[明爭暗鬪] mingchēng-àntòu ㄇㄧㄥˊㄓㄥ ㄢˋㄉㄡˋ 정면 또는 이면으로 싸움을 벌이다.
[明哲保身] mingché pǎoshēn ㄇㄧㄥˊㄓㄜˊ ㄅㄠˇㄕㄣ ①현명한 사람은 위험한 곳을 가까히 하지 않는다. ②전체의 이익을 돌보지 않고 자기 보신(保身)에만 힘쓰다. «成»
[明搶] mingch'iǎng ㄇㄧㄥˊㄑㄧㄤˇ 터놓고 약탈하다. 공공연히 빼앗다.
[明槍暗箭] mingch'iāng-ànchièn ㄇㄧㄥˊㄑㄧㄤ-ㄢˋㄐㄧㄢˋ 정면적 공격과 기습적 공격.「一槍易躲, 暗箭難防; 정면의 공격은 피하기 쉬우나 기습은 막기 어렵다」
[明間兒] mingchiēnrh ㄇㄧㄥˊㄐㄧㄢㄦ 뜰쪽으로 문이 달린 방. 뜰에서 바로 출입할 수 없는 방을 "暗間兒"이라 함.
[明智] mingchìh ㄇㄧㄥˊㄓˋ 현명한.「采取一的措施; 현명한 조치를 취하다」
[明知故犯] mingchīh kùfàn ㄇㄧㄥˊㄓ ㄍㄨˋㄈㄢˋ 잘 알고 있으면서 고의로 일을 저지르다. «成»
[明知故問] mingchīh kùwèn ㄇㄧㄥˊㄓ ㄍㄨˋㄨㄣˋ 알고 있는 것을 일부러 묻다.
[明鏡兒] mingchìngrh ㄇㄧㄥˊㄐㄧㄥˋㄦ 사물을 잘 통찰하고 있는데 대한 비유. 거울에 비친 듯하다.
[明處] mingch'ù ㄇㄧㄥˊㄔㄨˋ 명백한 곳. 조리가 서 있는 곳.「錢要花在一; 돈이란 조리 있게 써야만 한다」
[明局] mingchú ㄇㄧㄥˊㄐㄩˊ ①명백한 트릭. ②공개하다.
[明珠暗投] mingchū ànt'óu ㄇㄧㄥˊㄓㄨ ㄢˋㄊㄡˊ ①재능은 있으나 불우하다. ②재능이 있으면서도 아랫 자리에 머물다. ③선인(善人)이 악인에게 끼어들다.«成»
[明確] mingch'üèh ㄇㄧㄥˊㄑㄩㄝˋ ①명확하다. ②명확하게 하다. 명확하게 인식하다. 이해하다.「一敵我界限; 적과 아군의 구별을 명백히 알다」
[明顯] minghsiěn ㄇㄧㄥˊㄒㄧㄢˇ 뚜렷하다. 명백하다. 현저하다.
[明星] minghsing ㄇㄧㄥˊㄒㄧㄥ ①금성(金星). ②예술계 및 그 밖의 저명한 인사. 스타아. 「ㄆㄧㄢˋㄦ 엽서.
[明信片兒] minghsinp'iènrh ㄇㄧㄥˊㄒㄧㄣ
[明晃晃的] minghuǎnghuǎngtê ㄇㄧㄥˊㄏㄨㄤˇㄏㄨㄤˇㄉㄜ 반짝반짝 빛나는 모양.「那裏插着一把一尖刀; 거기에 번쩍거리는 날카로운 칼이 끼어 있다」
[明火] minghuǒ ㄇㄧㄥˊㄏㄨㄛˇ ①횃불. ②흉기 또는 횃불을 가진 강도. ③강도의 약탈.
[明火路劫] minghuǒ lùchiéh ㄇㄧㄥˊㄏㄨㄛˇ ㄌㄨˋㄐㄧㄝˊ 터놓고 훔치거나 빼앗거나 하다.
[明火執仗] minghuǒ chíhchàng ㄇㄧㄥˊㄏㄨㄛˇ ㄓˊㄓㄤˋ 강도가 횃불이나 흉기를 들고 약탈하다.
[明碼] mingmǎ(rh) ㄇㄧㄥˊㄇㄚˇ(ㄦ) ①보통 (암호가 아닌) 전보: 중국에서는 숫자로써 전보를 친다. ②정찰 가격.
[明日黃花] mingjìh huánghuā ㄇㄧㄥˊㄖˋ ㄏㄨㄤˊㄏㄨㄚ 때가 지나 소용 없이 된 것.
[明若觀火] mingjòkuānhuǒ ㄇㄧㄥˊㄖㄨㄛˋ ㄍㄨㄢㄏㄨㄛˇ 불을 보듯 명백하다.
[明溝] mingkōu ㄇㄧㄥˊㄍㄡ 뚜껑 없는 수채. 무개구(無蓋溝).
[明亮] mingliàng ㄇㄧㄥˊㄌㄧㄤˋ ① 밝은. >明明亮亮. ②분명한.
[明了] mingliǎo ㄇㄧㄥˊㄌㄧㄠˇ ①이해하다. 납득하다. ②명백하다. >明明了了.
[明令] mingling ㄇㄧㄥˊㄌㄧㄥˋ ①(비밀이 아닌)명령. ②정식으로 선포하다.
[明樓] minglóu ㄇㄧㄥˊㄌㄡˊ 망루(望樓).
[明路] minglù ㄇㄧㄥˊㄌㄨˋ 광명에의 길.
[明螺絲] minglóssū ㄇㄧㄥˊㄌㄨㄛˊㄙ 죄임쇠. 나사.
[明明] mingming ㄇㄧㄥˊㄇㄧㄥˊ 명백하게. 뻔한.「一是政治性的問題; 명백히 정치적 문제이다」 「(부스럼).
[明疤] mingpā ㄇㄧㄥˊㄅㄚ 뚜렷한 헌데
[明兒] mingrh ㄇㄧㄥˊㄦ ①내일. ②멀지 않아. 앞으로. 장래. =明兒個. 「답다.
[明媚] mingmèi ㄇㄧㄥˊㄇㄟˋ 풍경이 아름
[明媒正娶] mingméi chěngch'ǚ ㄇㄧㄥˊㄇㄟˊ ㄓㄥˋㄑㄩˇ 중매를 통한 정식 결혼.
[明目張膽] mingmù-chāngtǎn ㄇㄧㄥˊㄇㄨˋ ㄓㄤㄉㄢˇ 공공연히 터놓고 나쁜 짓을 저지르다.
[明白] mingpai ㄇㄧㄥˊㄅㄞ ① 명백하다. >明明白白. ②안다. 이해가 간다. ③이해력이 좋다.「一人; 사리를 아는 사람」
[明擺着] mingpǎichê ㄇㄧㄥˊㄅㄞˇㄓㄜ ① 뚜렷하다. ②뚜렷이 늘어서 있다.「眼前一一大堆困難; 눈앞에 산더미 같은 난관이 뚜렷이 가로 놓여 있다」
[明是] mingshìh ㄇㄧㄥˊㄕˋ ① 명백하게.「一你的錯, 怎麼不承認?; 틀림 없는 너의 허물인데 왜 인정하지 않느냐?」 ②표면으로는. 겉으로는.「一贊同, 暗中却反對; 표면으로는 찬성하고 이면에서 반대하다」 「하다.
[明誓] mingshìh ㄇㄧㄥˊㄕˋ 뚜렷이 맹세
[明說] mingshuō ㄇㄧㄥˊㄕㄨㄛ 숨김 없이 말하다. 노골적으로 말하다.
[明達] mingtá ㄇㄧㄥˊㄉㄚˊ ①잘 통하다. 충분히 이해하다. ②사리에 잘 통하다.
[明燈] mingtēng ㄇㄧㄥˊㄉㄥ 등불.
[明天] mingt'ien ㄇㄧㄥˊㄊㄧㄢ 내일.
[明早] mingtsǎo ㄇㄧㄥˊㄗㄠˇ 내일 아침.
[明子] mingtzǔ ㄇㄧㄥˊㄗ 횃불.
[明瓦] mingwǎ ㄇㄧㄥˊㄨㄚˇ 굴껍질을 갈아서 만든 반투명의 기와. 조개껍질을 갈아서 반투명으로 만들고 대 같은 데다 끼워 창의 유리 대용으로 함 : "天棚"(t'iēnp'ěng)으로 쓰임. "天棚"은 여름에 햇빛을 가리는 차일을 말함.
[明眼人] mingyěnjěn ㄇㄧㄥˊㄧㄢˇㄖㄣˊ 식견(識見)이 있는 사람.

〔茗〕 ming ㄇㄧㄥˊ, ming ①차(茶)의 싹. ②차. 명다(銘茶).「香一; 향기 높은 차」「品一; 명다의 맛을 감상하다」

〔冥〕 ming ㄇㄧㄥˊ ①어두운. ②어리석

은. 사리에 어두운.「一頑不靈; 어리석고 주변성이 없는 것」③저승.
[冥器] míngch'ì ㄇㄧㄥˊㄑㄧˋ 장례식에 쓰는 종이로 만든 여러 가지 기물.
[冥契] míngch'ì ㄇㄧㄥˊㄑㄧˋ 말을 하지는 않더라도 마음 속으로 의기 투합(意氣投合)되는 일.
[冥鏹] míngch'iǎng ㄇㄧㄥˊㄑㄧㄤˇ 죽은 사람을 위해 불사르는 종이로 만든 돈.
[冥府] míngfǒu ㄇㄧㄥˊㄈㄨˇ 저승. 황천.
[冥衣] míngī ㄇㄧㄥˊㄧ 죽은 사람을 위해 불사르는 종이 옷.
[冥財] míngts'ái ㄇㄧㄥˊㄘㄞˊ =冥鏹.
[冥頑] míngwán ㄇㄧㄥˊㄨㄢˊ 어리석은. 사리에 우둔한.
[冥佑] míngyù ㄇㄧㄥˊㄧㄡˋ 귀신의 보살핌

〔鳴〕 míngㄇㄧㄥˊ ①금수(禽獸)나 벌레들이 울다.「蟬一; 매미가 울다」 ②소리 나다.「自一鐘; 자명종」 ③성명(聲明)하다.「一謝; 사의를 표하다」
[鳴槍] míngch'iāng ㄇㄧㄥˊㄑㄧㄤ 총을 쏘다.「一射擊; 위협 사격」
[鳴放] míngfàng ㄇㄧㄥˊㄈㄤˋ 각자가 자유로 의견을 토론하여 그 중에서 사실을 파악하고 이를 이론화하여 옳은 방향을 수립하는 것. 1957년 이른 바 중공의 정풍 운동에서 창설된 토론 형식의 하나.
[鳴鑼] mínglǒ ㄇㄧㄥˊㄌㄨㄛˊ 징을 울리다.
[鳴不平] míngpùp'íngㄇㄧㄥˊㄅㄨˋㄆㄧㄥˊ 불평을 늘어놓다.
[鳴笛] míngtí ㄇㄧㄥˊㄉㄧˊ ①사이렌을 울리다. ②호루루기를 불다. ③경적을 울리다.
[鳴寃] míngyüān ㄇㄧㄥˊㄩㄢ 억울함을 호소하다. 원죄(寃罪)를 호소하다.

〔銘〕 míng ㄇㄧㄥˊ ①기물(器物) 위에 공적 또는 잠언(箴言) 따위를 새기다. ②어떤 물건에 글을 새기다. ③명심하여 잊지 않다.「一諸肺腑; 이것을 마음 속 깊이 새기다」
[銘肌鏤骨] míngchī-lòukǔ, ㄇㄧㄥˊㄐㄧ ㄌㄡˋㄍㄨˇ 은혜를 마음 속에 깊이 새기다. «成»
[銘心] mínghsīn ㄇㄧㄥˊㄒㄧㄣ 은혜를 마음에 새겨 잊지 않다.「一鏤骨; 은혜를 깊이 새기다」

〔瞑〕 míng ㄇㄧㄥˊ, mǐng 눈을 감다.「一目; ㉮눈을 감다. ㉯숨지다」

〔螟〕 míng ㄇㄧㄥˊ 〈動〉명충나방. "三化螟·二化螟·大螟"의 3종이 있다. 벼에 대한 큰 해충.
[螟蛉] mínglíng ㄇㄧㄥˊㄌㄧㄥˊ 〈動〉 배추벌레. 나방의 애벌레.
[螟蛉子] mínglíngtzǔ ㄇㄧㄥˊㄌㄧㄥˊㄗˇ 양자(養子).

〔酩〕 míng ㄇㄧㄥˊ
[酩酊] míngtǐng ㄇㄧㄥˊㄉㄧㄥˇ 정신을 가눌 수 없을 정도로 취하다. =酩酊大醉.

〔命〕 mìng ㄇㄧㄥˋ ①생명.「救一; 생명을 구하다」「拼一; 생명을 걸다」 ②모든 만물이 존재하는 시간.「壽一; 수명」 ③운명. 「一該受窮; 거지 신세다」 ④명령.「奉一; 명령을 받다」 ⑤ 이름을 짓다. 「一名; 이름을 지어 붙임」
[命案] mìng'àn ㄇㄧㄥˋㄢˋ 살인 사건.
[命中] mìngchùng ㄇㄧㄥˋㄓㄨㄥˋ ①명중하다. 맞추다.
[命星兒] mìnghsīngrh ㄇㄧㄥˋㄒㄧㄥㄦ 사람의 운명. 사람의 운명을 좌우한다고 하는 "本命星"의 운명.
[命意] mìngì ㄇㄧㄥˋㄧˋ ①우의(寓意). ②주지. 주제.
[命根子] mìngkēntzǔ ㄇㄧㄥˋㄍㄣㄗ ①생명. ②가장 사랑하는 사람, 또는 물건. ③생명의 밧줄. 생명의 근본.
[命苦] mìngk'ǔ ㄇㄧㄥˋㄎㄨˇ 운이 나쁘다. 불운한 사람.
[命舘] mìngkuǎn ㄇㄧㄥˋㄍㄨㄢˇ 점장이 집.
[命令主義] mìnglìng chǔi ㄇㄧㄥˋㄌㄧㄥˋㄓㄨˇㄧˋ 설득 또는 교육에 의해서가 아니라 일방적인 명령으로 대중에게 일을 시키려는 방법. 또는 사고 방식.
[命薄] mìngpó ㄇㄧㄥˋㄅㄛˊ 평생 운명이 기박하다.
[命定] mìngtìng ㄇㄧㄥˋㄉㄧㄥˋ 운명이 정해지다. 숙명적으로 정해지다.
[命途多舛] mìngt'ú tōchuǎn ㄇㄧㄥˋㄊㄨˊㄉㄨㄛㄔㄨㄢˇ 한평생이 다난한 운명에 놓이다.
[命硬] mìngyìng ㄇㄧㄥˋㄧㄥˋ ①운명이 거세다. ②남을 압도할 만큼 운명이 거세다.
[命運] mìngyùn ㄇㄧㄥˋㄩㄣˋ 운명.

MIU ㄇㄧㄡ

〔謬〕 miù ㄇㄧㄡˋ ①잘못. 사리에 닿지 않다. ②틀리다. ③속이다.
[謬種] miùchǔng ㄇㄧㄡˋㄓㄨㄥˇ ①액운과 병을 가져다 준다는 신(神). ②일정한 직업 없이 나쁜짓을 하는 자.
[謬種流傳] miùchǔng liúch'uán ㄇㄧㄡˋㄓㄨㄥˇ ㄌㄧㄡˊㄔㄨㄢˊ 틀린 것이 자꾸 전해져 내려 가다. 오류(誤謬)가 전전(轉轉)해 내려 가다.
[謬論] miùlùn ㄇㄧㄡˋㄌㄨㄣˋ 잘못된 논의.
[謬妄] miùwàng ㄇㄧㄡˋㄨㄤˋ 황당 무계한. 엉망진창.
[謬誤] miùwù ㄇㄧㄡˋㄨˋ 허위. 착오.

MO ㄇㄛ

〔摸〕 mō ㄇㄛ ①손으로 가볍게 만지다. 쓰다듬다.「一小孩的頭; 아이 머리를 손으로 어루만지다. 어린이 머리를 쓰다듬다」 ②찾다. 찾아내다.「一出一張鈔票來; 지폐를 한 장 꺼내다」 ③추측하다. ④손으로 더듬다. 모르는 길이나 어둠 속을 더듬어 찾아가다.「一到敵人的陣地; 겨우 찾아 적진에 도착하다」
[摸着門兒] mōchêménrh ㄇㄛㄓㄜㄇㄣˊㄦ 사정을 알 수 있다. 형편을 알다.
[摸淸] mōch'īng ㄇㄛㄑㄧㄥ 뚜렷이 추측하다.

[摸準兒] mōchǔnrh ㄇㄛㄓㄨㄣˇㄦ 확실히 짐작이 가다. 단단히 눈치를 채다.
[摸黑兒] mōhēirh ㄇㄛㄏㄟㄦ ①어둠 속을 더듬어 나아가다.「一着黑兒走;어둠을 헤치고 걸어가다」②어둑어둑한 속을 가다. ③어둠이 닥쳐 올 무렵.
[摸瞎兒] mōhsiārh ㄇㄛㄒㄧㄚㄦ 마구 더듬어 찾다. 암중 모색(暗中摸索)하다.
[摸老瞎] mōlǎohsiā ㄇㄛㄌㄠˇㄒㄧㄚ 숨바꼭질:아이들의 장난의 한 가지.
[摸脈] mōmài ㄇㄛㄇㄞˋ 맥을 짚다.
[摸摸亮兒] mōmōliàngrh ㄇㄛㄇㄛㄌㄧㄤˋㄦ ①하늘이 밝아 오다. ②아침녘. 새벽.
[摸不着] mōpucháo ㄇㄛㄅㄨㄓㄠˊ 찾아낼 수가 없다.「一竅門兒;요령을 잡을 수가 없다」「一頭緒;실마리가 잡히지 않다」「一門兒;이해가 안 간다. 단서가 잡히지 않다」「一頭兒;무슨 일인지 모르겠다. 이유를 모르겠다」↔摸得着.
[摸不清] mōpuch'īng ㄇㄛㄅㄨㄑㄧㄥ 잘 탐지할 수가 없다. 잘 알 수가 없다.「一他是什麼意思;그의 생각이 어떨지 알 수가 없다」
[摸索] mōso ㄇㄛㄙㄨㄛ ①모색하다. ②우물쭈물 하다. >摸摸索索.
[摸底] mōtǐ ㄇㄛㄉㄧˇ 철저히 탐지하다. 비밀을 탐지해 내다.(내부까지) 자세히 알다.「誰好誰壞他都一; 누구가 옳고 누가 그른가를 죄다 알고 있다」
[摸頭] mōt'óu ㄇㄛㄊㄡˊ 상황을 이해하다.
[摸魚] mōyú ㄇㄛㄩˊ ①맨손으로 고기를 잡다. ②실속을 차리다.

〔麼〕(么) mō ㄇㄛ ①접미어(接尾語).「怎一;어찌하여. 어떻게」「那一;그와 같이. 저와 같이」「多一;어머나! (감탄사)」②조사(助詞). 전귀(前句)의 끝에 붙여 일시적인 정지를 나타냄.「不讓你去一,你又要去;보낼 수 없다고 하지 않나, 그런데 너는 또 갈려고 한다」⇨má, me, yāo.

〔膜〕 mó ㄇㄛˊ ①(동식물의) 막.「肋一;늑막」②「一兒;막과 같은 얇은 껍질」「橡皮一兒;고무막」
[膜拜] mópài ㄇㄛˊㄅㄞˋ 무릎을 꿇고 절하다.

〔摹〕 mó ㄇㄛˊ ①본뜨다. 모방하다. ②모사하다.「照着這幅畫一下來;이 그림과 같이 그려라」
[摹仿] mófǎng ㄇㄛˊㄈㄤˇ 모방하다.
[摹寫] móhsiěh ㄇㄛˊㄒㄧㄝˇ 모사하다.
[摹本] mópěn ㄇㄛˊㄅㄣˇ 원본 그대로 박은 책. ②mópên 견직물의 일종.

〔模〕 mó ㄇㄛˊ ①"模範"의 줄임. 「勞一;모범 노동자」②법식. 표준. 규범. ③모방하다.「一仿; 모방」
[模範] mófàn ㄇㄛˊㄈㄢˋ ①모범. ②모범이 될 만한 사람.「一工作者;작업에 있어 큰 공훈을 세우거나 훌륭한 성적을 올려 모범될 일을 한 사람」「一作用;모범을 보여 대중으로 하여 앞으로 나아가게 하는 작용」
[模型板] móhsíngpǎn ㄇㄛˊㄒㄧㄥˊㄅㄢˇ 공사(工事)할 때에 널빤지 등으로 만들어 쓰는 틀.
[模糊] móhu ㄇㄛˊㄏㄨ 뚜렷하지 못하다. 모호하다.
[模稜] móléng ㄇㄛˊㄌㄥˊ 요령부득인. 언어 또는 생각이 애매한 것.「一兩可;이것도 저것도 아니다」
[模拟] mónǐ ㄇㄛˊㄋㄧˇ 모방하다.
[模特兒] mót'èrh ㄇㄛˊㄊㄜˋㄦ 모델.
[模子] mótzǔ ㄇㄨˊㄗ ①주형(鑄型). ②점토(粘土) 따위의 부드러운 것을 담는 틀.
[模樣(兒)] múyang(rh) ㄇㄨˊㄧㄤ(ㄦ) ①모습. 꼴. 모양. 용의. 형상. ②인상(人相). 복장.

〔摩〕 mó ㄇㄛˊ ①마찰하다. 비비다. ②쓰다듬다. ③갈다. 절차 탁마(切磋琢磨)하다. ④추량하다. ⇨mā.
[摩肩接踵] móchiēn-chiēhchǔng ㄇㄛˊㄐㄧㄢㄐㄧㄝㄓㄨㄥˇ 어깨를 비비고 발굽을 맞대다. 극히 혼잡함을 일컬음. «成»
[摩拳擦掌] móch'üán-ts'āchǎng ㄇㄛˊㄑㄩㄢˊㄘㄚㄓㄤˇ ①철저한 준비를 하고 기다리다. ②싸움이나 무예(武藝)를 벌이려는 동작. 도전하는 자세. =磨拳擦掌.
[摩撫] mófǔ ㄇㄛˊㄈㄨˇ 쓰다듬다. 어루만지다.
[摩練] móliēn ㄇㄛˊㄌㄧㄢˋ 연마하다.
[摩弄] mónung ㄇㄛˊㄋㄨㄥ 농락하다. 우롱하다.
[摩挱] móso ㄇㄛˊㄙㄨㄛ 손으로 쓰다듬다 : 아픈 곳이나 어린이의 머리 따위를. >摩摩挱挱.
[摩登] mótēng ㄇㄛˊㄉㄥ 모던(modern). 「신식. «譯»
[摩頂] mótǐng ㄇㄛˊㄉㄧㄥˇ 머리에 면도를 대고 계(戒)를 받는 불가(佛家)의 의식.
[摩托] mót'ō ㄇㄛˊㄊㄨㄛ 모오터. «譯»「一車 ; 오오토바이」
[摩崖] móyá ㄇㄛˊㄧㄚˊ 벼랑에 새긴 조각.

〔磨〕 mó ㄇㄛˊ ①마찰하다. 비비다. 갈다.「把鉛筆一尖了;연필심을 갈아 끝을 뾰족하게 하다」②괴롭히다. 못 살게 굴다.「小孩兒一人;아이가 못 살게 졸라대다」③우물쭈물 시간을 보내다. 게으름 피우며 시간을 보내다.「消一時間;하는 일 없이 시간을 보내다」④소멸하다. 닳아서 없어지다.「百世不一; 연구히 소멸하지 않는다」⇨mò.
[磨折] móchě ㄇㄛˊㄓㄜˇ (그다지 심하지 않은) 곤난. 괴로움. 학대. 괴롭히다.
[磨勁兒] móchìnrh ㄇㄛˊㄐㄧㄣˋㄦ 떼를 쓰거나 억지를 쓰는 모양.
[磨拳擦掌] móch'üán-ts'āchǎng ㄇㄛˊㄑㄩㄢˊㄘㄚㄓㄤˇ ①단단히 준비를 하고 기다리다. ②승부를 결판 내려는 자세.
[磨床] móch'uáng ㄇㄛˊㄔㄨㄤˊ 연삭반(研削盤). 연마기(研磨機).
[磨杵成針] móch'ǔ ch'éngchēn ㄇㄛˊㄔㄨˇㄔㄥˊㄓㄣ 절굿공이를 갈아 바늘을 만들다. 끈기 있게 해 나가면 무어든 성공한다. «成»
[磨耗] móhào ㄇㄛˊㄏㄠˋ (시간을) 허비하다. 연기하다.
[磨人] mójén ㄇㄛˊㄖㄣˊ 귀찮게 달라붙다. 귀찮게 굴다.
[磨快] mók'uài ㄇㄛˊㄎㄨㄞˋ (칼날을) 퍼렇게 갈다.
[磨工夫] mó kūngfu ㄇㄛˊ ㄍㄨㄥㄈㄨ 시간을 허비하다.
[磨稜子] móléngtzǔ ㄇㄛˊㄌㄥˊㄗ 우물쭈물하다.
[磨礪] mólì ㄇㄛˊㄌㄧˋ 연습하다. 단련하다. >磨磨礪礪.
[磨料] móliào ㄇㄛˊㄌㄧㄠˋ 연마재(研磨材)
[磨練] móliēn ㄇㄛˊㄌㄧㄢˋ (인재·재능·신체 따위를) 단련하다. >磨磨練練.

[磨沒] móméi ㄇㄛˊㄇㄟˊ 닳아 없어지다. 마멸하다.

[磨滅] mómièh ㄇㄛˊㄇㄧㄝˋ ①닳아서 소멸하다. 사라지다.「功績不會一；공적이 사라져 없어질 리가 없다」「不能一的眞理；지울 수 없는 진리」

[磨難] mónàn ㄇㄛˊㄋㄢˋ 괴로움. 고난.

[磨泡] móp'ào ㄇㄛˊㄆㄠˋ 마찰되어 못이 생기다.

[磨破] móp'ò ㄇㄛˊㄆㄛˋ 마찰하여 찢어지다.

[磨坡兒] móp'ōrh ㄇㄛˊㄆㄛㄦ 고개.

[磨沙玻璃] móshāpōli ㄇㄛˊㄕㄚㄅㄛㄌㄧ 젖빛 유리.

[磨叨] mótao ㄇㄛˊㄉㄠ 우물쭈물 골치 아픈 이야기를 늘어놓다.＞磨磨叨叨.

[磨刀石] mótāoshíh ㄇㄛˊㄉㄠㄕˊ 숫돌.

[磨電] mótièn ㄇㄛˊㄉㄧㄢˋ ①마찰로 발전하다. ②전차(電車).

[磨蹭] móts'êng ㄇㄛˊㄘㄥ 우물쭈물하다. 생트집을 잡다. 민첩하지 못하다.＞磨磨蹭蹭.

[磨蹭勁兒] móts'êngchìnrh ㄇㄛˊㄘㄥㄐㄧㄣˋㄦ 우물쭈물하는 모양. 생트집을 잡는 모양.

[磨對] mótui ㄇㄛˊㄉㄨㄟ 교섭하다. 담판하다.＞磨磨對對. ＝磨兒.

[磨鈍] mótùn ㄇㄛˊㄉㄨㄣˋ (바늘 끝이) 닳다. 무디다.

[磨牙] móyá ㄇㄛˊㄧㄚˊ 말다툼하다. 언쟁을 벌이다. 말대꾸하다.

[磨洋工] móyángkūng ㄇㄛˊㄧㄤˊㄍㄨㄥ 사보타아지(怠業)하다：원래는 외국인의 작업을 할 경우에 쓰였음.

〔嬷〕 mó ㄇㄛˊ ⇨mā.

[嬷嬷] mómo ㄇㄛˊㄇㄛ 유모.

〔謨〕 mó ㄇㄛˊ 계획. 책략.「宏一；방대한 계획」

〔蘑〕 mó ㄇㄛˊ 버섯 종류.

[蘑菇] móku ㄇㄛˊㄍㄨ ①균산(菌傘)：갓이 둥글고 작으마한 표고의 일종. 버섯. ②귀찮다. 귀찮음.

[蘑菇頭] mókut'óu ㄇㄛˊㄍㄨㄊㄡˊ ①갓. ②마음이 소탈하고 우스운 사람.

〔魔〕 mó ㄇㄛˊ ①악마. 귀신. 마귀. ②기호(嗜好)가 병적인 것처럼 강한 것.「入了一了；나쁜 버릇에 물들어 고칠 수 없게 되어 버렸다」③괴상한.「一力；마력」

[魔障] móchàng ㄇㄛˊㄓㄤˋ 수업(修業)의 장애가 되는 것.

[魔爪] móchǎo ㄇㄛˊㄓㄠˇ ①마수. ②나쁜 놈의 앞잡이.

[魔高一尺,道高一丈] mókāo ich'ìh tào kāo ícháng ㄇㄛˊㄍㄠ ㄧˋㄔˇ ㄉㄠˋㄍㄠ ㄧˊㄓㄤˋ 나쁜 생각은 올바른 생각을 이겨내지 못한다：원래는 "道高一尺, 魔高一丈"이라 하던 것을 道와 魔를 바꾸어 새로 만든 성어(成語).

[魔星] móhsīng ㄇㄛˊㄒㄧㄥ 장애를 일으키는 악마. 방해하는 악마.

[魔鬼] mókueǐ ㄇㄛˊㄍㄨㄟˇ 악마. 악귀.

[魔道] mótao ㄇㄛˊㄉㄠ 사도(邪道).

〔饝〕(饃) mó ㄇㄛˊ

[饝饝] mómo ㄇㄛˊㄇㄛ 밀가루로 만든 찐빵. 보통 "饅頭"라고 부르는 것.

〔抹〕 mǒ ㄇㄛˇ ①일반적으로 가볍게 쓰다듬는 동작을 말한다. ㉮손가락 등으로 한 부분을 바르다.「傷口上一上點藥；상처에 약을 조금 바르다」「一粉；분을 바르다」㉯겉에 붙어 있는 것을 살짝 떼어내다. 지우다. 닦다.「一眼淚；눈물을 닦다」「把黑板上的字一了去；흑판 글자를 지우다」「一嘴；입을 닦다」㉰칼날로 가볍게 문지르다.「一脖子；손수 자기 목을 자르다. 자살하다」②구체적인 동작이 따르는 것이 아니나 기분상 ①에 유사한 행위.

[抹黑] mǒhēi ㄇㄛˇㄏㄟ ＝抹灰.「給自己臉上一；자기 얼굴에 흙칠하다」

[抹銷] mǒhsiāo ㄇㄛˇㄒㄧㄠ 뭉개어 지워버리다. 말소하다.

[抹稀泥] mǒhsīní ㄇㄛˇㄒㄧㄋㄧˊ ①부드러운 말로써 남의 노염을 달래다. ②일을 처리하는데 있어 철저하지 못하다.

[抹灰] mǒhuī ㄇㄛˇㄏㄨㄟ 불명예스러운 짓을 하다. 얼굴에 흙칠을 하다.「一一鼻子灰；아첨하려다가 큰 창피를 당하다」

[抹零兒] mǒlíngrh ㄇㄛˇㄌㄧㄥˊㄦ 우수리를 떼어 버리다.

[抹膩] mǒni ㄇㄛˇㄋㄧ 보기가 좋다. 맵시가 있다. 스마아트하다.「身上的衣服穿得干淨一；몸에 걸친 의복이 산뜻하고 맵시가 있다」

[抹鼻子] mǒpítzǔ ㄇㄛˇㄅㄧˊㄗ ①울상을 하다. ②울먹거리며 목멘 소리를 하다.

[抹脖子] mǒpótzǔ ㄇㄛˇㄅㄛˊㄗ 손수 자기 목을 자르다. 자살하다.

[抹布] mǒpù ㄇㄛˇㄅㄨˋ 행주.

[抹煞] mǒshā ㄇㄛˇㄕㄚ 말살하다.＝抹殺.

[抹刀] mǒtāo ㄇㄛˇㄉㄠ 칼로 자살하다.

[抹子] mǒtzǔ ㄇㄛˇㄗ 흙손.

[抹子眉] mǒtzǔméi ㄇㄛˇㄗㄇㄟˊ 가지런한 눈섭.

[抹油嘴兒] mǒyútsuirh ㄇㄛˇㄧㄡˊㄗㄨㄟㄦ 배불리 음식을 먹다.「給他一；그에게 배가 터지도록 먹이다」

〔末〕 mò ㄇㄛˋ ①끝. 뾰족한 끝.「一節；끝 부분」②최후. 마지막.「最一一天；최종일」③「一子·一兒；분말. 가루」「粉筆一兒；백묵 가루」「茶葉一兒；차(茶)분말」「葱一兒；썰어 논 파」④연극 배우의 명칭.

[末着(兒)] mòchāo(rh) ㄇㄛˋㄓㄠ(ㄦ) 마지막 수단. 최후의 계략.

[末脚年] mòchiǎonién ㄇㄛˋㄐㄧㄠˇㄋㄧㄢˊ 말세.

[末軸子] mòchòutzǔ ㄇㄛˋㄓㄡˋㄗ 연극의 최후의 일막. 연극에 있어서 맨 나중에 하는 막.

[末後] mòhòu ㄇㄛˋㄏㄡˋ ①최후. ②마지막으로. 급기야.

[末光] mòkuāng ㄇㄛˋㄍㄨㄤ ①여광. ②희미한 빛.

[末了兒] mòliǎorh ㄇㄛˋㄌㄧㄠˇㄦ ①최후. 결말. ②드디어. 급기야. ＝末末了兒.

[末路] mòlù ㄇㄛˋㄌㄨˋ ①말로. ②진퇴양난의 경지.

[末子] mòtzǔ ㄇㄛˋㄗ 가루. 분말. 찌꺼기.

[末次車] mòtzǔch'ē ㄇㄛˋㄘˋㄔㄜ 마지막 열차. 종열차(終列車).

〔沒〕 mò ㄇㄛˋ ①물속에 가라앉다. ②숨다. 보이지 않게 되다.「出一；나타났다 사라졌다 하다」③몰락하다.「一落；몰락」④물속에 잠기다. 어느 높이를 넘어

서다.「水一了頭頂；물이 머리 위를 넘다」「莊稼都長得一了人了；농작물이 사람의 키보다 높이 자랐다」⑤재물을 몰수하다.「一收贓款；도둑의 훔친 재산을 몰수하다」⑥끝나다. 다하다.「一世；죽다」⇨méi.

[沒齒不忘] mǒch'ǐh púwàng ㄇㄛˋㄔˇ ㄅㄨˊㄨㄤˋ 죽어서도 잊지 못한다. ‹成›

〔沫〕 mǒ ㄇㄛˋ「一子·一兒；거품」「泡一；포말」「皀一；비누 거품」

〔抹〕 mǒ ㄇㄛˋ ①(흙손 등으로 힘차게)바르다.「他正在往墻上一石灰；그는 방금 마침 벽에 석회를 칠하고 있다」②돌리다. 돌다. 굽다. ＝磨(mǒ)③. ⇨mā, mǒ.

[抹車] mǒch'ē ㄇㄛˋㄔㄜ 방향을 바꾸어 차를 되돌리다. 차를 돌려 보내다 ＝磨車.

[抹角兒] mǒchiǎorh ㄇㄛˋㄐㄧㄠˇㄦ 모퉁이를 돌다.「拐灣兒一；이리저리 모퉁이가 꼬부라지다. 우회(迂回)하다. 이것저것 더듬어보다」

[抹轉] mǒchuǎn ㄇㄛˋㄓㄨㄢˇ 몸을 돌리다.「一身形就要走；돌아서서 가려고 하다」

[抹胸] mǒhsiūng ㄇㄛˋㄒㄩㄥ 가슴받이. 뱃대끈. 브래지어의 일종.

[抹膩] mǒni ㄇㄛˋㄋㄧ(의복 등이) 몸에 맞다. 맵시가 있다.

[抹不開] mǒpuk'āi ㄇㄛˋㄅㄨㄎㄞ 가없다. 마음이 거북하다.「臉上一；부끄럽게 여기다」＝磨不開 ①. ↔ 抹得開.

[抹身] mǒshēn ㄇㄛˋㄕㄣ 몸의 방향을 바꾸다. 몸을 돌리다.

[抹頭] mǒt'óu ㄇㄛˋㄊㄡˊ, mǒt'óu 뒤로 돌아서다. 머리를 돌리다. 몸을 돌리다.

[抹腿] mǒt'uǐ ㄇㄛˋㄊㄨㄟˇ 발을 삐다.

[抹子] mǒtzǔ ㄇㄛˋㄗ 흙손.

〔歿〕 mǒ ㄇㄛˋ 죽다.「一了大；아버지를 여의었다」

〔陌〕 mǒ ㄇㄛˋ 논두렁 길.「阡一；논두렁 길」「一頭楊柳；길가의 버들」

[陌路] mǒlù ㄇㄛˋㄌㄨˋ 길가는 행인. 오다. 가다 만나는 사람.

[陌生] mǒshēng ㄇㄛˋㄕㄥ ①낯선. 잘 모르는. ②생면 부지의 사람. 처음 보는 사람.

[陌頭] mǒt'óu ㄇㄛˋㄊㄡˊ ①길가. 노변. ②속발(束髮).

〔茉〕 mǒ ㄇㄛˋ

[茉莉] mǒli ㄇㄛˋㄌㄧ ①재스민. ②분꽃. "草茉·紫茉" 라고도 부름.

〔莫〕 mǒ ㄇㄛˋ ①…해서는 안된다.「閑人一入；일 없는 사람 출입 금지」②…하는 사람이 없다. 하지 않는다.「國人一知；백성 중에 아는 사람이 없다」③＝不.「變化一測；변화 무쌍하다」

[莫衷一是] mǒchūngíshih ㄇㄛˋㄓㄨㄥ ㄧˊㄕˋ 의견이 일치하지 않다. ‹成›

[莫非] mǒfēi ㄇㄛˋㄈㄟ 그럴 리는 없다. …일 턱이 없다.「一是一塊錢買得到的；설마 1원으로 살 수 있을라고」

[莫須有] mǒhsūyǔ ㄇㄛˋㄒㄩㄧㄡˇ ①혹은 있을지도 모른다. ②없는 죄를 있는 것처럼 꾸미다.

[莫怪] mǒkuài ㄇㄛˋㄍㄨㄞˋ ①나쁘게 생각하지 말라. 이해하여 달라. ②과연 …그러하다.「一他生大氣；그가 노발대발하는 것도 당연하다」

[莫過(于)] mǒkuǒ(yǘ) ㄇㄛˋㄍㄨㄛˋ(ㄩˊ) …을 능가하는 것은 없다. …이 제일이다.「出品堅固, 一該廠；제품이 견고한 점에 있어서는 이 공장이 제일이다」

[莫妙于] mǒmiàoyǘ ㄇㄛˋㄇㄧㄠˋㄩˊ …을 이해할 수가 없다. …납득이 안 간다.

[莫名] mǒmíng ㄇㄛˋㄇㄧㄥˊ 말로 표현할 수 없다.「感激一；감격은 이루 말할 수 없다」「一其妙；기기묘묘」＝莫明其妙.

[莫如] mǒjú ㄇㄛˋㄖㄨˊ …편이 좋다.「與其太早一太晚倒好；너무 빠른 것보다는 늦은 편이 좋다」「一趁早和他說了；빨리 그에게 이야기해 버리는 것이 좋다」＝莫若.

[莫奈何] mǒnàihó ㄇㄛˋㄋㄞˋㄏㄜˊ 어찌해 볼 도리가 없다.「一他苦笑了一下；어찌해 볼 도리 없이 약간 쓴웃음을 지었다」

[莫逆] mǒnì ㄇㄛˋㄋㄧˋ 막역지간의 친구. 극히 친한 친구.「一之交；친우(親友)와의 교제」

[莫不] mǒpù ㄇㄛˋㄅㄨˋ …하지 않는 것은 없다. 모두 …하다.「一喜歡；반기지 않는 사람은 없었다」

[莫不是] mǒpúshih ㄇㄛˋㄅㄨˊㄕˋ 설마…이 아닐 수 없다. …일 것이다.「一他給了你什麼好處；그는 너에게 무언가 이로운 짓을 하여 주었음에 틀림 없다」

[莫是] mǒshih ㄇㄛˋㄕˋ ＝莫非.

[莫大] mǒtà ㄇㄛˋㄉㄚˋ 막대하다. 대단히 크다.「一的光榮；이 이상 없는 큰 영광」

[莫不要] mǒpúyào ㄇㄛˋㄅㄨˊㄧㄠˋ …하는 것은 아닌가.「現世報一落在我自已身上？；이승에서의 인과의 과보(果報)가 나에게 내려진 것이 아닐까?」

〔秣〕 mǒ ㄇㄛˋ ①가축의 먹이. 사료.「糧一；먹이. 사료」②가축을 기르다.「一馬厲兵；말을 기르고 무기를 손질하다. 준비를 적극 서두르다」

[秣秸] mǒchieh ㄇㄛˋㄐㄧㄝ (말 따위의 먹이에 쓰이는) 보릿짚.

〔漠〕 mǒ ㄇㄛˋ ①사막. ②광활한. ③냉담한. 무관심한.

[漠然] mǒján ㄇㄛˋㄖㄢˊ 오불관언한 태도. 막연한 모양.「一不動；관심 없는 태도로 조금도 마음을 쓰지 않는다」

[漠不相關] mǒpùhsiāngkuān ㄇㄛˋ ㄅㄨˋ ㄒㄧㄤㄍㄨㄢ 전연 관계가 없다.

[漠不關心] mǒpùkuānhsīn ㄇㄛˋㄅㄨˋㄍㄨㄢㄒㄧㄣ 냉정한 태도로 관심을 보이지 않는다.

[漠視] mǒshih ㄇㄛˋㄕˋ 경시(輕視)하다. 중요시하지 않다.

〔默〕 mǒ ㄇㄛˋ 말 없이 잠자코 있다.「一一不語；잠자코 말이 없다」

[默哀] mǒāi ㄇㄛˋㄞ 묵도를 올려 추도하다.

[默契] mǒch'ì ㄇㄛˋㄑㄧˋ 말 없는 가운데 우연히 서로 뜻이 들어맞음.

[默志] mǒchih ㄇㄛˋㄓˋ 암송하다. 외다.

[默劇] mǒchǜ ㄇㄛˋㄐㄩˋ 무언극. ＝啞劇.

[默寫] mǒhsiěh ㄇㄛˋㄒㄧㄝˇ ①문장을 외

어 쓰다. ②받아 쓰다.

[默會] mòhuì ㄇㄛˋㄏㄨㄟˋ 마음 속에서 이해하다. 이심 전심(以心傳心).

[默稿] mòkǎo ㄇㄛˋㄍㄠˇ 복중(腹中)의 안. 머릿속의 초고(草稿).

[默默無聞] mòmòwúwěn ㄇㄛˋㄇㄛˋㄨˊㄨㄣˊ 명성이 없어 아무도 모른다.

[默念] mònièn ㄇㄛˋㄋㄧㄢˋ ①묵독(默讀)하다. ②말 없이 기도하며 추상(追想)하다. 묵념하다.

[默片] mòp'ièn ㄇㄛˋㄆㄧㄢˋ 무성 영화. 또는 그 필름.

[默誦] mòsùng ㄇㄛˋㄙㄨㄥˋ ①묵독하다. ②머릿속에서 암송하다.

〔墨〕 mò ㄇㄛˋ ①먹. ②그림 물감. 「紅一; 붉은 먹」「藍一 남색 먹」③검은, 또는 검은 것에 가까운 것. 「一晶; 흑수정」④탐욕스럽고 추잡하다. 「一吏; 탐관 오리」⑤옛날의 형벌의 일종. 문신(文身).

[墨迹] mòchī ㄇㄛˋㄐㄧˋ 필적.

[墨鏡] mòchìng ㄇㄛˋㄐㄧㄥˋ 검은 안경.

[墨海] mòhǎi ㄇㄛˋㄏㄞˇ 큰 벼루의 일종.

[墨黑] mòhēi ㄇㄛˋㄏㄟ 새까맣다. 「一天兒; 까맣게 짙은 하늘의 날씨」

[墨綫] mòhsièn ㄇㄛˋㄒㄧㄢˋ (목수가 쓰는) 먹통에 달린 먹줄.

[墨綫斗] mòhièntǒu ㄇㄛˋㄒㄧㄢˋㄉㄡˇ 먹통.

[墨盒兒(子)] mòhórh (—tzǔ) ㄇㄛˋㄏㄜˊㄦ(—ㄗ) 먹통(놋쇠로 만든 휴대용).

[墨灰] mòhuī ㄇㄛˋㄏㄨㄟ 검은 회색. 진회색.

[墨綠] mòlù ㄇㄛˋㄌㄩˋ 짙은 녹색에 약간 황색이 낀 색. 초록.

[墨斗(子)] mòtǒu(tzǔ) ㄇㄛˋㄉㄡˇ(ㄗ) (목수가 쓰는) 먹통.

[墨瀋] mòshěn ㄇㄛˋㄕㄣˇ 먹물.

[墨守成規] mòshǒu ch'ěngkuei ㄇㄛˋㄕㄡˇ ㄔㄥˊㄍㄨㄟ 종래의 규칙·관례 따위를 고수하다.

[墨水盒] mòshuǐhó ㄇㄛˋㄕㄨㄟˇㄏㄜˊ 잉크 스탠드.

[墨水(兒)] mòshuǐ(rh) ㄇㄛˋㄕㄨㄟˇ(ㄦ) 잉크.

[墨鴨] mòyā ㄇㄛˋㄧㄚ 가마우지(鵜).

[墨油] mòyú ㄇㄛˋㄧㄡˊ 인쇄용 잉크. =油墨.

[墨魚] mòyǘ ㄇㄛˋㄩˊ 오징어.

〔瘼〕 mò ㄇㄛˋ 병. 앓음. 「民一; 백성의 고통」

〔磨〕 mò ㄇㄛˋ ①맷돌. ②잘게 타다. 갈다. 「一面; 맷돌로 가루를 빻다」③반전(反轉)하다. 방향을 바꾸다. 「小胡同不能一車; 작은 골목길에서는 차를 돌릴 수 없다」

[磨車] mòch'ē ㄇㄛˋㄔㄜ 차 방향을 뒤로 되돌리다.

[磨轉] mòchuàn ㄇㄛˋㄓㄨㄢˋ 빈둥거리다. 빙빙 돌다.

[磨煩] mòfan ㄇㄛˋㄈㄢ 괴롭히다. 못살게 굴다.

[磨房] mòfáng ㄇㄛˋㄈㄤˊ (소규모의) 제분소.

[磨坊] mòfáng ㄇㄛˋㄈㄤˊ (소규모의) 제분 공장.

[磨粉] mòfěn ㄇㄛˋㄈㄣˇ 가루를 타다. 가루를 내다.

[磨回來] mòhuilai ㄇㄛˋㄏㄨㄟˊㄌㄞ (차의) 방향을 바꾸어 되돌리다.

[磨倌兒] mòkuānrh ㄇㄛˋㄍㄨㄢㄦ 가루를 빻는 인부. 제분소에서 제분 작업을 맡아 일하는 인부.

[磨豆腐] mòtòufu ㄇㄛˋㄉㄡˋㄈㄨ ①콩을 갈아서 두부를 만들다. ②되풀이하여 말하다. 중언부언하다. ③말을 길게 늘어 놓다.

[磨盤] mòp'án ㄇㄛˋㄆㄢˊ 맷돌.

[磨不開] mòpuk'āi ㄇㄛˋㄅㄨㄎㄞ ①미안하다. 볼 낯이 없다. 「臉上一; 면목 없다」②이해력이 부족하다. 도리를 깨닫지 못하다. ↔ 磨得開.

[磨游] mòyu ㄇㄛˋㄧㄡ ①(목적 없이) 빈둥거리다. ②활기가 없다.

〔嚜〕 mò ㄇㄛˋ

[嚜頭] mòt'ou ㄇㄛˋㄊㄡ 마아크. 상표.

〔驀〕 mò ㄇㄛˋ 돌연히. 불의에. 「一地; 돌연히」

[驀忽] mòhū ㄇㄛˋㄏㄨ =驀然.

[驀然] mòján ㄇㄛˋㄖㄢˊ 돌연히. 갑자기.

MOU ㄇㄡ

〔哞〕 mōu ㄇㄡ 소 우는 소리.

〔牟〕 móu ㄇㄡˊ ①손에 넣다. 얻다. 「一利; 이익을 얻다」②소의 울음 소리. =哞.

〔眸〕 móu ㄇㄡˊ 「一子; 눈동자. 동공」「凝一遠望; 눈을 크게 뜨고 멀리 쳐다보다」

〔謀〕 móu ㄇㄡˊ ①계략. 계획. 「有勇無一; 용기는 있으나 지략이 없다」②계략을 꾸미다. 기도하다. 수단 방법을 모색하다. 「爲人民一幸福; 백성을 행복하게 할 방도를 강구하다」③구(求)하다. 손에 넣다. ④상의하다. 「不一而合; 뜻밖에도 의견이 일치하다」

[謀求] móuch'iú ㄇㄡˊㄑㄧㄡˊ 탐구하다. 강구하다. 「一統一; 통일을 강구하다」

[謀飯碗兒] móu fànwǎnrh ㄇㄡˊ ㄈㄢˋㄨㄢˇㄦ ①직업을 구하다. ②계책으로서 직장에 들어가다. 「一他的飯碗兒; 그의 직장에 손을 뻗치다」

[謀害] móuhài ㄇㄡˊㄏㄞˋ ①계책을 꾸며 해치다. ②모살(謀殺)하다.

[謀劃] móuhuà ㄇㄡˊㄏㄨㄚˋ ①계획하다. ②계책을 꾸미다. ③계략을 써서 손에 넣다.

[謀慮] móulǜ ㄇㄡˊㄌㄩˋ 고려하다.

[謀面] móumièn ㄇㄡˊㄇㄧㄢˋ 만나다. 면회하다.

[謀財害命] móuts'ái hàimìng ㄇㄡˊㄘㄞˊ ㄏㄞˋㄇㄧㄥˋ 재물을 뺏기 위해 생명을 해치다.

[謀叛] móup'àn ㄇㄡˊㄆㄢˋ 반역을 꾀함. 반란을 모의함.

[謀生] móushēng ㄇㄡˊㄕㄥ 생계를 세우다.

[謀食] móushíh ㄇㄡˊㄕˊ 생계의 방도를 강구하다.

[謀事] móushìh ㄇㄡˊㄕˋ ①일을 꾸미다. ②직업을 구하다.

[謀算] móusuàn ㄇㄡˊㄙㄨㄢˋ 계획하다. 견적하다.

〔某〕 mǒu ㄇㄡˇ 어떤: 사람·사물·장소 따위를 막연히 말할 때 쓰임.

[某些] mǒuhsiēh ㄇㄡˇㄒㄧㄝ 어느 몇 개의. 「一同志; 어느 몇 사람의 동지」

[某人] mǒujěn ㄇㄡˇㄖㄣˊ 어떤 사람. 어느 누구.

MU ㄇㄨ

〔母〕 mǔ ㄇㄨˇ ①모친. ②1대(一代)위의 존속 여성을 말하다.「姑一 ; 아버지의 자매·고모」「姨一; 어머니의 자매·이모」③암컷.「一鷄 ; 암탉」「這口猪是一的 ; 이 돼지는 암컷이다」 ④사물이 발생하는 근원.「工作一機 ; 공작 기계」「失敗爲成功之一 ; 실패는 성공의 어머니」 ⑤한 묶음(쌍·세트) 속에 다른 요소도 들어 있는 것.「子一扣 ; 스냅」「子一彈 : 작은 총알이 속에 많이 들어 있는 탄환 유산탄」

[母愛] mǔài ㄇㄨˇㄞˋ 모성애.

[母機] mǔchì ㄇㄨˇㄐㄧˋ 공작 기계.「工作一 ; 공작 기계」

[母鷄] mǔchī ㄇㄨˇㄐㄧ 암탉.

[母錢] mǔch'ién ㄇㄨˇㄑㄧㄢˊ 원금. 밑천.

[母莖] mǔchīng ㄇㄨˇㄐㄧㄥ 감자·마늘 따위와 같이 뿌리에서 결실(結實)하는 줄기.

[母舅] mǔchiù ㄇㄨˇㄐㄧㄡˋ 어머니의 형제. 외삼촌.

[母猪] mǔchū ㄇㄨˇㄓㄨ 암퇘지.

[母蜂] mǔfēng ㄇㄨˇㄈㄥ 여왕벌. =蜂王.

[母嬰室] mǔíngshih ㄇㄨˇㄧˊㄥㄕˋ 모자 휴게실(母子休憩室).

[母狗] múkǒu ㄇㄨˊㄍㄡˇ ①암캐.「一眼 ; 조그마하고 똥그란 눈: 남의 눈을 비방할 때 하는 말. ②부녀를 욕하는 말.

[母老虎] múláohu ㄇㄨˊㄌㄠˊㄏㄨ 암펌.

[母牛] múniú ㄇㄨˊㄋㄧㄡˊ 어미소.

[母女] múnǔ ㄇㄨˊㄋㄨˇ 모녀.

[母的] mútê ㄇㄨˊㄉㄜ 암컷.

[母子] mútzū ㄇㄨˊㄗ ①어머니와 아들. ②원금과 이자.

〔牡〕 mǔ ㄇㄨˇ ①동물의 수컷. ②식물의 수나무.「一麻 ; 대마의 수나무」

[牡齒] múch'ǐh ㄇㄨˊㄔˇ 아랫니.

[牡荊] mǔchīng ㄇㄨˇㄐㄧㄥ 좀목형 : 중국 원산. 완상 및 약용에 쓰이는 낙엽 관목

[牡桂] mǔkueì ㄇㄨˇㄍㄨㄟˋ 육계(肉桂).

[牡丹] mǔtan ㄇㄨˇㄉㄢ 모란.

〔拇〕 mǔ ㄇㄨˇ 손발의 엄지가락.

[拇戰] mǔchàn ㄇㄨˇㄓㄢˋ 손가락 싸름: 네 손가락을 마주 끼고 서로 엄지손가락을 잡는 놀이.「打一 ; 손가락 씨름을 하다」

[拇指] múchǐh ㄇㄨˊㄓˇ 손발의 엄지가락.

〔畝〕(畒) mǔ ㄇㄨˇ ①토지의 면적의 단위 : 60평방"丈"을 말함. 약 6.6아아르(a).

[畝產] múch'ǎn ㄇㄨˊㄔㄢˇ 1"畝"당의 생산량.

〔姆〕 mǔ ㄇㄨˇ 보모.

[姆媽] mǔmā ㄇㄨˇㄇㄚ=媽媽māma.‹吳›

[姆姆] mǔmu ㄇㄨˇㄇㄨ 손위의 동서 : 여자의 경우.

〔姥〕 mǔ ㄇㄨˇ 노부인. ⇨lǎo.

〔木〕 mù ㄇㄨˋ ①수목. 나무. ②목재.「一器 ; 나무그릇」「柳一 ; 버드나무 목재」 ③마비되다. =麻木.「舌頭發一 ; 혀가 마비되다」④멍청하게 서 있다.「他一在那裏 ; 그는 거기에 멍청히 서 있다」

[木柴] mùch'ái ㄇㄨˋㄔㄞˊ 장작.

[木廠(子)] mùch'ǎng(tzū) ㄇㄨˋㄔㄤˇ(ㄗ) 재목점. 목재상.

[木器] mùch'ì ㄇㄨˋㄑㄧˋ 나무로 만든 가구와 기물.

[木架(兒)] mùchià(rh) ㄇㄨˋㄐㄧㄚˋ(ㄦ) ①나무로 된 구성체. ②망루(望樓).

[木匠] mùchiang ㄇㄨˋㄐㄧㄤ 목수.

[木強] mùchiàng ㄇㄨˋㄐㄧㄤˋ 콧대가 세다. 성격이 강하다.

[木槳] mùchiǎng ㄇㄨˋㄐㄧㄤˇ 나무로 만든 노(櫓).

[木槿] mùchǐn ㄇㄨˋㄐㄧㄣˇ 근화(槿花). 무궁화나무.「一花 ; 무궁화 꽃」

[木精] mùchīng ㄇㄨˋㄐㄧㄥ 메틸알코홀.

[木屐(子)] mùchī(tzū) ㄇㄨˋㄐㄧ(ㄗ) 나막신. 샌들.

[木樁] mùchuāng ㄇㄨˋㄓㄨㄤ 말목. 말뚝.

[木耳] mùěrh ㄇㄨˋㄦˇ 목이버섯.

[木筏] mùfá ㄇㄨˋㄈㄚˊ 뗏목.

[木梳] mùshu ㄇㄨˋㄕㄨ 나무로 만든 얼레빗.

[木掀] mùhsien ㄇㄨˋㄒㄧㄢ 넉가래.

[木樨] mùhsiü ㄇㄨˋㄒㄧ 달걀을 사용하여 만드는 요리 이름.「一湯 ; 달걀 수우프」「一肉 ; 고기와 달걀을 주재료로 한 요리」

[木活] mùhúo ㄇㄨˋㄏㄨㄛˊ 목제품(木製品).

[木已成舟] mùích ěngchōu ㄇㄨˋㄧˇㄔㄥˊㄓㄡ 이미 어떤 상태로 굳어져서 고칠 수 없게 되다. ‹成›

[木然] mùján ㄇㄨˋㄖㄢˊ 무표정한 상태. 멍하니 홀로 있는 모양.

[木人(兒)] mùjěn(rh) ㄇㄨˋㄖㄣˊ(ㄦ) 주변머리 없는 사람. 어리석은 사람.

[木杠] mùkàng ㄇㄨˋㄍㄤˋ 원목. 굵은 통나무.

[木炕] mùk'àng ㄇㄨˋㄎㄤˋ 목제(木製) 온돌.

[木刻] mùk'ò ㄇㄨˋㄎㄜˋ 판화. 나무 조각.

[木瓜] mùkuā ㄇㄨˋㄍㄨㄚ ①모과. 파파이아. ②모과나무.

[木塊] mùk'uài ㄇㄨˋㄎㄨㄞˋ 나무토막.

[木棍] mùkùn ㄇㄨˋㄍㄨㄣˋ 나무 막대기.

[木工] mùkūng ㄇㄨˋㄍㄨㄥ ①목수. 목공. ②목제품.

[木蘭] mùlán ㄇㄨˋㄌㄢˊ 〈植〉 목련.

[木理] mùlǐ ㄇㄨˋㄌㄧˇ 나무결.

[木螺絲] mùlóssū ㄇㄨˋㄌㄨㄛˊㄙ 나무 나사.

[木料] mùliào ㄇㄨˋㄌㄧㄠˋ 목재.

[木煤] mùméi ㄇㄨˋㄇㄟˊ 갈탄(褐炭).

[木棉] mùmién ㄇㄨˋㄇㄧㄢˊ ①케이폭. 목면. ②솜.

[木棒] mùpàng ㄇㄨˋㄅㄤˋ 나무 막대기.

[木乃伊] mùnǎiī ㄇㄨˋㄋㄞˇㄧ 미이라.

[木訥] mùnè ㄇㄨˋㄋㄜˋ 꾸밈이 없고 말이 적은 성격.

[木牛] mùniú ㄇㄨˋㄋㄧㄡˊ ①논을 가는 농구의 일종. ②전쟁에 쓰는 기구의 일종.「一流馬 ; 전쟁 기구의 일종」

[木偶] mùǒu ㄇㄨˋㄡˇ ①목제 인형. ②쓸모 없는 인간.「一人 ; 무용지 인물」

[木排] mùp'ái ㄇㄨˋㄆㄞˊ 뗏목.

[木板房] mùpǎnfáng ㄇㄨˋㄅㄢˇㄈㄤˊ 바라크.

[木把兒] mùpǎrh ㄇㄨˋㄅㄚˇㄦ 목공소 직공. =木把式.

[木本] mùpěn ㄇㄨˋㄅㄣˇ 목질(木質) 줄기의 식물.

[木本油料] mùpênyúliào ㄇㄨˋㄅㄣ ㄧㄡˊ ㄌㄧㄠˋ 줄기가 목질로 기름을 짜는 다년생 식물: 오동·호도 따위.
[木塞] mùsāi ㄇㄨˋㄙㄞ 코르크. 「一樹; 코르크 나무」
[木栓] mùshuān ㄇㄨˋㄕㄨㄢ 코르크. 코르크 재(材)로써 만든 마개. 「一樹; 코르크 나무」
[木雕泥塑] mùtiāo·nísù ㄇㄨˋㄉㄧㄠ ㄋㄧˊ ㄙㄨˋ ①나무로 만든 인형. ②쓸모 없는 사람.
[木頭] mùt'ou ㄇㄨˋㄊㄡ ①목재. ②나무로 만든 인형. 「一人兒; 무용지 인물」
[木作] mùtsō ㄇㄨˋㄗㄨㄛ ①목수의 작업장. ②목수.
[木魚] mùyû ㄇㄨˋㄩˊ ①목어(木魚). ② 가다랭이의 등을 갈라 쪄서 말린 것.

〔目〕 mù ㄇㄨˋ ①눈. 「一瞪口呆; 아연실색하다. 어이 없어 하다」②보다. 「一爲奇迹; 보고 기적이라고 한다」③큰 항목 중의 세목(細目).
[目今] mùchīn ㄇㄨˋㄐㄧㄣ 현재. 현금.
[目中無人] mùchūng wújên ㄇㄨˋㄓㄨㄥ ㄨˊㄖㄣˊ 안중에 사람이 없다: 남을 경멸하는 태도.
[目光] mùkuāng ㄇㄨˋㄍㄨㄤ 안력(眼力). 식견. 「一如豆; 식견이 좁다」「一如炬; 식견이 넓어 통찰력이 예리하다」
[目空一切] mùk'ūngích'ièh ㄇㄨˋㄎㄨㄥ ㄧˊㄑㄧㄝˋ 안중에 아무 것도 없다. 오만하다. «成»
[目力] mùlì ㄇㄨˋㄌㄧˋ ①시력. ②통찰력.
[目錄] mùlù ㄇㄨˋㄌㄨˋ ①목록. 목차.
[目標] mùpiāo ㄇㄨˋㄅㄧㄠ ①계획 목표. ②사격 목표.
[目不轉睛] mùpùchǎnchīng ㄇㄨˋㄅㄨˋㄓㄨㄢˇㄐㄧㄥ 눈 하나 깜짝하지 않고 응시하는 모양.
[目不交睫] mùpùchiāochiēh ㄇㄨˋㄅㄨˋㄐㄧㄠㄐㄧㄝ 잠을 한잠도 아니 자다. 눈을 붙여 보지도 않다. «成»
[目不暇及] mùpùhsiáchí ㄇㄨˋㄅㄨˋㄒㄧㄚˊㄐㄧ 하나하나 들여다 볼 여가가 없다. «成»
[目不識丁] mùpùshíhtīng ㄇㄨˋㄅㄨˋㄕˊㄉㄧㄥ 낫 놓고 기역자도 모른다. 문맹.
[目瞪口呆] mùtêng·k'ǒutāi ㄇㄨˋㄉㄥˇㄎㄡˇㄉㄞ 아연실색하다. 어이가 없다.
[目的] mùtì ㄇㄨˋㄉㄧˋ 목적. 「一口岸; 행선(行先) 항구」
[目睹眼見] mùtǔ·yěnchièn ㄇㄨˋㄉㄨˇㄧㄢˇㄐㄧㄢˋ 그 눈으로써 가까이 보다. 「這是我一的事; 이것은 내가 바로 이 눈으로 본 일이다」
[目眦盡裂] mùtzǔchìnlièh ㄇㄨˋㄗˇㄐㄧㄣˋㄌㄧㄝˋ 얼굴에 노기를 띠고 격노하는 모양.

〔沐〕 mù ㄇㄨˋ 머리를 감다.
[沐雨櫛風] mùyǔ·chiéhfēng ㄇㄨˋㄩˇㄐㄧㄝˊㄈㄥ 비바람을 무릅쓰고 갖은 고생을 하다. 모든 고초를 겪다.
[沐猴而冠] mùhóuérhkuàn ㄇㄨˋㄏㄡˊㄦˊㄍㄨㄢˋ 표면상 훌륭한 듯하나 진짜가 아니다. «成»

〔牧〕 mù ㄇㄨˋ ①가축 따위를 방목하다. ②(백성을) 다스리다. 「一民; 백성을 다스리다」
[牧場] mùch'ǎng ㄇㄨˋㄔㄤˇ 목장.
[牧人] mùjên ㄇㄨˋㄖㄣˊ 방목하는 사람.
[牧牛童] mùniút'úng ㄇㄨˋㄋㄧㄡˊㄊㄨㄥˊ 소 치는 사람. 카우보이. 목동.
[牧業] mùyèh ㄇㄨˋㄧㄝˋ 목축업.

〔苜〕 mù ㄇㄨˋ
[苜蓿] mùhsü ㄇㄨˋㄒㄩ 비료 또는 사료에 쓰는 다년생 초본 식물. 개자리: 노랑개자리·자주개자리 등이 있다.

〔募〕 mù ㄇㄨˋ 널리 모으다. 「一捐; 기부를 모으다」
[募化] mùhuà ㄇㄨˋㄏㄨㄚˋ 승려들이 보시를 구걸하다. =化緣. >募募化化.
[募緣] mùyüán ㄇㄨˋㄩㄢˊ =募化.

〔墓〕 mù ㄇㄨˋ 묘. 무덤.
[墓道] mùtào ㄇㄨˋㄉㄠˋ 묘 앞에 나 있는 작은 길.

〔幕〕 mù ㄇㄨˋ ①막. 「開一; 개막하다. 사업을 시작하다」②내막. 비밀. 배후의 것. ③신극·가극의 일막. 「獨一劇; 단막 극」
[幕後] mùhòu ㄇㄨˋㄏㄡˋ ①막후. 막의 뒤. 「一活動; 막후 활동」②내막. 그늘. 비공개의 장소. 「一人; 흑막」
[幕布] mùpù ㄇㄨˋㄅㄨˋ 텐트. 막.

〔睦〕 mù ㄇㄨˋ ①친목하다. 「和一; 화목」②화목하게 하다.
[睦誼] mùi ㄇㄨˋㄧˋ 친목: 많은 경우 국교에 관해서 하는 말.
[睦隣] mùlín ㄇㄨˋㄌㄧㄣˊ 이웃과 인국과의 사귐을 두텁게 하다.

〔暮〕 mù ㄇㄨˋ ①저녁 때. 땅거미. 一色」②마지막. 「一春; 저무는 봄. 늦봄」「歲一; 연말」
[暮靄] mùǎi ㄇㄨˋㄞˇ 저녁 안개.
[暮氣] mùch'ì ㄇㄨˋㄑㄧˋ ①원기가 쇠약해지다. ②혁명 의식이 결핍해 있다.
[暮秋] mùch'iū ㄇㄨˋㄑㄧㄡ 늦가을: 음력 9월.
[暮年] mùnién ㄇㄨˋㄋㄧㄢˊ 만년(晩年).
[暮生兒] mùshêngrh ㄇㄨˋㄕㄥㄦ 유복자(遺腹子).
[暮歲] mùsuì ㄇㄨˋㄙㄨㄟˋ ①만년(晩年). ② 연말.

〔慕〕 mù ㄇㄨˋ ①사모하다. 생각하다. ②경애하다.
[慕義] mùi ㄇㄨˋㄧˋ 오른 길을 우러러 본받다. 올바른 길을 따르다.

〔穆〕 mù ㄇㄨˋ ①온화한. 「一和淸風; 몹시 온화하다」②조심성이 많다. 경건한. 「肅一; 경건하다」
[穆士林] mùshìhlín ㄇㄨˋㄕˋㄌㄧㄣˊ 이슬람교도·아라비아어(語)의 음역.

N ㄋ

〔呡〕 n̄ ㄋ 동의(同意)·허용 따위를 나타내는 감탄사. 「一! 你就去吧! 아, 넌 곧 떠나라!」

〔嗯〕 n̄ ㄋ 감탄사로. ①긍정을 표시할 때.「一！就那麼辦吧！；아,그럼 그와 같이 해라！」「一！我看不一定那麼回事吧？아니,그럴 리가 없을 텐데？」

〔嗯〕 ň ㄋˇ 의문을 표시하는 감탄사.「一！怎麼回事？；응！ 도대체 어찌된 일이요？」⇨n̄.

NA ㄋㄚ

〔那〕 nā ㄋㄚ 성(姓). ⇨nǎ, nà, nèi.

〔哪〕 nā ㄋㄚ 어기조사(語氣助詞)로 보통 경성(輕聲)으로 발음한다. 감탄을 표시. 그 앞에 반드시 어미에 n이 붙는 말이 온다.「看一!; 보십시오！」⇨nǎ, ⌊nǎi.

〔拿〕(挐) ná ㄋㄚˊ ①손을 잡다. 손에 쥐다.「一筆；붓을 잡다」「一槍；손에 총을 쥐다」「你手裏一着的是什麼？；너의 손에 쥐고 있는 것은 무엇이냐？」[주의] 기본적인 뜻은 위와 같으나 부수 조건과 동작의 목적에 따라 다음과 같은 파생어가 생긴다. ②구체적인 동작을 수반하지 않을 때.「一權；권력을 쥐다,잡다」「一主意；생각을 가지다. 정하다」③받아 들이다, 가지고 오다.「一包裹去；소포를 받으러 가다」「一開水去；더운물을 가지러 가다」④얻다.「辦的是國家的事,一的是國家的錢；하는 것은 국가의 일이요,얻는 것은 국가의 돈이다」「一工錢；임금을 받다」⑤사다.「你一什麼？我一五毛錢的花生；뭘 사시려우？ 땅콩 50 전어치를 사겠소」「用什麼貨請到小號來一；필요한 것은 아무쪼록 우리 점포에서 사 주십시오」⑥잡다. 포촉하다. 퇴치하다.「狗一耗子; 개가 쥐를 잡다. 필요 없는 참견」「一惡霸；보스(두목)를 내쫓다」「總得一他一一；아무래도 한번 혼을 내 줘야겠다」 ⑦가지고 가다. 훔치다. 들어내다.「昨兒一我的茶葉,你以爲我沒瞧見呢麼？, 어제 나의 엽차를 훔치고서 나에게 들키지 않았으리라 생각하는가？」⑧침범하다. 해치다. 좀이 먹다.「葉子被蟲一的得黃了; 잎이 벌레에게 먹혀 누렇게 되었다」「這塊木頭讓藥水一白了；이 목재는 약품이 묻어 뽀얗게 변색했다」⑨협박하다. 틈타다. 발밑을 보다.「借着這件事,一他一把；이것을 구실 삼아 그를 협박하다」⑩(비용 따위를) 내다. 부담하다.「這個錢你得一；이 돈은 네가 부담해야겠다」⑪쓰다. 사용하다. 써서. 사용하여. …으로.「一這筆錢做身制服：이 돈으로 제복을 한 벌 맞추다」⑫…을.「我一你當同志看待；나는 너를 동지(同志)로 보고 있다」⑬＝拿着.

[拿着] náchê ㄋㄚˊㄓㄜ ①가지고 있다. ②…을 가지고 있으면서. …의 주제에. …이면서.「一一個蟲兒,還有這一股剛勇之氣；벌레인 주제에 이와 같은 기승(氣勝)스런 버릇이 있다」「一你這樣一個好心人,老天爺怎麼也不可憐可憐你呢？；너와 같이 좋은 사람을 하느님은 왜 가엾게 여겨 주시지 않을까？」

[拿着勁兒] náchêchìnrh ㄋㄚˊㄓㄜㄐㄧㄣˋㄦ ①힘을 들여. 힘을 집중하여.「地下滑,得一走；땅이 미끄럽기 때문에 발에 힘을 넣어 걸어야만 한다」②거드럼 피우다. …체하다. …척하다.「成天價一；하루 종일 거드름만 피우고 있다」

[拿着時候兒] náchê shíhhourh ㄋㄚˊㄓㄜㄕˊㄏㄡㄦ 시간을 적당히 맞추다.「我是一來的；나는 미리 시간을 짐작하고 왔읍니다」

[拿起] nách'i ㄋㄚˊㄑㄧ 손에 잡다. 집어 올리다.「一聽筒；수화기를 들다」

[拿腔做勢] nách'iāng-chòshìh ㄋㄚˊㄑㄧㄤㄓㄨㄛˋㄕˋ ＝拿班做勢.

[拿脚] náchiǎo ㄋㄚˊㄐㄧㄠˇ ①(신이 작아서) 죄이다. ②(눈 따위가 더덕더덕) 발이나 신발에 붙다. 달라붙다. 「架子.

[拿喬] nách'iáo ㄋㄚˊㄑㄧㄠˊ ＝拿翹＝拿

[拿假當眞] náchiǎ tàngchēn ㄋㄚˊㄐㄧㄚˇㄉㄤˋㄓㄣ 가짜를 진짜라고 하다. 거짓을 참말같이 여기다. 「중히 하다.

[拿尺寸] nách'ǐhts'un ㄋㄚˊㄔˇㄘㄨㄣ 신

[拿勁] náchìn ㄋㄚˊㄐㄧㄣˋ ①힘을 들이다. ②거드름 피우다.

[拿架子] náchiàtzǔ ㄋㄚˊㄐㄧㄚˋㄗ ①대단한 듯이 허풍을 떨다. 제 잘난 체하다. ②우쭐하여 거드럼 피우다. 거만하다.

[拿起腿來] nách'it'uǐlai ㄋㄚˊㄑㄧㄊㄨㄟˇㄌㄞ 걷거나 달리거나 하는 동작의 시작이 아주 빠른 것을 일컬음.「一就走了；부리나케 떠나 버렸다」 「②속박하다.

[拿住] náchu ㄋㄚˊㄓㄨ ①붙들다. 잡다.

[拿權] nách'üán ㄋㄚˊㄑㄩㄢˊ 권력을 잡다.

[拿缺] nách'üēh ㄋㄚˊㄑㄩㄝ ①결원(缺員)이 되어 있는 지위를 차지하다. 보직을 받다. ②남의 결점을 잡아내다.

[拿缺缺兒] nách'üēhch'üehrh ㄋㄚˊㄑㄩㄝㄑㄩㄝㄦ 남의 결점을 잡아내다. ＝拿缺②. 「게 먹다.

[拿主意] náchǔi ㄋㄚˊㄓㄨㄟˇ 마음을 굳

[拿犯] náfan ㄋㄚˊㄈㄢ 강박(強迫)하다. 협박하다.

[拿下] náhsia ㄋㄚˊㄒㄧㄚ ①물리다.「把碗筷一去；밥상을 물려라」②내리다.「把架子上的東西一來吧；선반 위의 물건을 내려 놓아라」「一馬；말 위에서 내려 놓다. 항복시키다」

[拿下馬來] náhsia mǎ lái ㄋㄚˊㄒㄧㄚ ㄇㄚˇ ㄌㄞˊ 항복하다.

[拿滑] náhuá ㄋㄚˊㄏㄨㄚˊ ①미끄러지지 않게 하다. ②미끄러지지 않게 되어있다.

[拿獲] náhuò ㄋㄚˊㄏㄨㄛˋ 붙잡다. 포획하다.

[拿開] nák'ai ㄋㄚˊㄎㄞ 들어 옮기다.「把這件東西一吧！；이 물건을 옮기시오」

[拿款(兒)] nák'uǎn(rh) ㄋㄚˊㄎㄨㄢˇ(ㄦ) 거만하게 굴다. 거드럼 피우다.

[拿毛] námáo ㄋㄚˊㄇㄠˊ ①남의 결점을 들어 크게 떠들다. 싸움을 벌이다. ②맞잡고 싸우다.

[拿捏] nánieh ㄋㄚˊㄋㄧㄝ ①괴롭히다. 트집을 잡고 협박하다. ②겁에 질리다. < 拿拿捏捏. 「허점을 이용하다.

[拿人] nájén ㄋㄚˊㄖㄣˊ 남을 괴롭히다.

[拿把] nápa ㄋㄚˊㄅㄚ ①자기 힘만 믿고

남을 괴롭히다. ②nápǎ 거드럼 피우다. 거만하게 굴다. 「을 들어 혼을 내다.

[拿敗] nápài ㄋㄚˊㄅㄞˋ 패배시키다. 약점

[拿拌] nápàn ㄋㄚˊㄅㄢˋ 남을 괴롭히다. 트집을 잡다.

[拿班做勢] nápān-tsoshìh ㄋㄚˊㄅㄢㄗㄨㄛˋㄕˋ 거드름 피우다. 허세를 부리다. ＝裝模做樣. 「資)할 힘이 없다.

[拿不起] nápuch'ǐ ㄋㄚˊㄅㄨㄑㄧˇ 출자(出

[拿不起來] nápuch'ǐlái ㄋㄚˊㄅㄨㄑㄧˇㄌㄞˊ ①들어 올릴 수가 없다. ②담당할 만한 능력이 없다. ③지배 또는 지휘할 수가 없다. ↔拿得起來.

[拿不住] nápuchù ㄋㄚˊㄅㄨㄓㄨˋ ①가지고 있을 수가 없다. ②붙잡을 수가 없다. ③보유하고 있을 수가 없다. ④통솔력을 발휘할 수 없다 통제할 수 없다.↔拿得住.

[拿不住勁兒] nápuchùchìnrh ㄋㄚˊㄅㄨㄓㄨˋㄐㄧㄣˋㄦ 있으려고 하여도 있을 수가 없다.

[拿不出手去] nápuch'ū shǒu ch'ǜ ㄋㄚˊㄅㄨㄔㄨ ㄕㄡˇㄑㄩˋ 남 앞에 내어 보이지 못하다. 남 앞에 나가지 못하다.

[拿不動] náputùng ㄋㄚˊㄅㄨㄉㄨㄥˋ (너무 무거워)들지 못하다.

[拿事] náshìh ㄋㄚˊㄕˋ 권력이 있다. 힘이 있다. 「他在機關裏一；그는 관청에서 세력이 있다. ＝拿勢. 「＝拿事的.

[拿事人] náshìhjén ㄋㄚˊㄕˋㄖㄣˊ 권력자.

[拿事當事] náshìh tàngshìh ㄋㄚˊㄕˋ ㄉㄤˋㄕˋ 일을 착실히 하다.

[拿手] náshou ㄋㄚˊㄕㄡ ①장기(長技). 특기. 「一戲；가장 특기인 연극이나 재주거리」 ②㉮자신(自信). ㉯실마리. 단서. 다른 사람의 약점. 「抓住了他的一；그의 약점을 잡았다」 |하게 굴다.

[拿大] nátà ㄋㄚˊㄉㄚˋ 잘난 체하다. 거만

[拿糖] nát'áng ㄋㄚˊㄊㄤˊ ＝拿架子「一作醋；거만하게 굴다. 잘난 체하다. 거드럼을 피우다」

[拿倒] nátào ㄋㄚˊㄉㄠˋ ①거꾸로 들다. 아래 위를 거꾸로 해서 가지다. 「筷子一了；젓가락을 거꾸로 잡았다」

[拿刀動杖] nátāo-tùngchàng ㄋㄚˊㄉㄠㄉㄨㄥˋㄓㄤˋ 무기를 휘두르다. 칼부림하다.

[拿大頂] nátàtǐng ㄋㄚˊㄉㄚˋㄉㄧㄥˇ 물구나무 서다. 거꾸로 서다. 곤두서다.

[拿得穩] nátêwěn ㄋㄚˊㄉㄜㄨㄣˇ ①꽉 쥐다. ②자신(自信)이 있다. ↔拿不穩.

[拿頂] nátǐng ㄋㄚˊㄉㄧㄥˇ 물구나무 서다. 거꾸로 서다.

[拿定主意] nátìng chǔi ㄋㄚˊㄉㄧㄥˋ ㄓㄨˇㄧ 결심하다. 마음을 굳게 먹다.

[拿錯兒] ná ts'òrh ㄋㄚˊ ㄘㄨㄛˋㄦ 남의 실수한 말 꼬리를 잡고 트집 잡다.

[拿鴨子] náyātzǔ ㄋㄚˊㄧㄚㄗ (도망치기 위해) 재빨리 발길을 내딛다. «北»

〔哪〕 nǎ ㄋㄚˇ ①어째서. 어찌·부정 또는 일부러 반문하는 어기(語氣). 這項工作一個人一能做好？；이 일을 어찌 혼자서 할 수 있으랴」②어느. 어떤. 「一兒；어느 곳」「一裏；어디」「你喜歡讀一種書；너는 무슨 책이 읽고 싶으냐」⇨na, nā, nǎi, něi.

[哪知] nǎchīh ㄋㄚˇㄓ 뜻밖에도. …이라고는 생각하지도 않았다. 「一他早跑去了；뜻밖에도 그는 벌써 달아나 버리고 없었다」 ＝哪知道.

[哪想到] nǎhsiǎngtào ㄋㄚˇㄒㄧㄤˇㄉㄠˋ 뜻밖에도. 천만 의외에…「一會下雨；비가 오리라고는 예상하지도 못했다」

[哪曉得] nǎhsiǎotê ㄋㄚˇㄒㄧㄠˇㄉㄜ ＝哪知.

[哪會兒] nǎhuìrh ㄋㄚˇㄏㄨㄟˋㄦ 언제쯤.

[哪個] nǎko ㄋㄚˇㄍㄜ ①어느. 어떤. ②어느 것. ③누구. 「모양. «方»

[哪個樣] nǎkoyàng ㄋㄚˇㄍㄜㄧㄤˋ 어떤

[哪裏] nǎli ㄋㄚˇㄌㄧ. náli. ①어디. ＝哪兒. ②náli 「一一；천만의 말씀을. 별 말씀을」 «人»

[哪門子] nǎméntzǔ ㄋㄚˇㄇㄣˊㄗ 어떤 종류(경멸하는 뜻에서). 「他是一先生，什麼也不會；그는 도대체 무슨 선생이야, 아무 것도 모르는 주제에」「這是一酒，簡直和水一樣；이게 도대체 무슨 술이야, 꼭 물과 같다」

[哪能] nǎnéng ㄋㄚˇㄋㄥˊ 어찌할 수 있으랴. 어찌 …해서 되겠는가？「國家財富一隨意浪費？；국가의 재산을 어찌 함부로 낭비할 수 있겠는가」

[哪年] nǎnién ㄋㄚˇㄋㄧㄢˊ 어느 해.

[哪怕] nǎp'à ㄋㄚˇㄆㄚˋ 비록 …이라도. 설령 …일지라도. 「一三個月呢，我們也能支持；비록 3개월 간이라도 우리는 유지해 나갈 수 있읍니다」 「더쯤.

[哪邊兒] nǎpiēnrh ㄋㄚˇㄅㄧㄢㄦ 어디. 어

[哪不] nǎpu ㄋㄚˇㄅㄨ ①비록. 설령. 「一打一輩子光混兒，也不討這樣的老婆；설령 평생을 독신으로 지나더라도 이런 아내는 맞이하지 않겠다」 ②＝哪不是.

[哪不是] nǎpushìh ㄋㄚˇㄅㄨㄕˋ …이 아닌가. …에 틀림 없을 것이다(힐문하는 뜻을 내포). 「這事一你弄出來的；이 일은 네가 저지른 것이 틀림 없지？」

[哪兒] nǎrh ㄋㄚˇㄦ ①어디. 「你在一住？너는 어디서 사느냐？」「說到一辦到一；한 번 말한 것은 반드시 실행한다」「走到一是一；갈 수 있는 데까지 간다」「若這麼辦，他從一不願意起呢？；만약 이와 같이 했던들 그가 어떻게 불만을 품겠는가？」「一啊；천만의 말씀. 그렇지 않습니다」«人» 「一的事呢；어찌 된 일인지」 ②어찌하여. 어떻게. 「你一知道；네가 어떻게 알고 있단 말이야. 알 리가 없다」「一有這麼個理呢？；어찌 그럴 이유가 있겠는가？」

[哪道] nǎtào ㄋㄚˇㄉㄠˋ 어찌 된. 「一先生；도대체 어찌 된 선생일까」

[哪搭(兒)] nǎtā(rh) ㄋㄚˇㄉㄚ(ㄦ) ＝哪裏. ＝哪兒.

〔那〕 nà ㄋㄚˋ ①저것. 그것. 저것들. 그것들 말하는 당사자로부터 멀리 떨어진 곳에 있는 사물·사람, 그밖의 것을 가리키나 보통 객어(客語)로는 쓰지 않고 체언(體言) 형용사를 술어로 하는 문장의 주어에 많다. 「一是我的；저것은 내 것이다」「一是幾本辭典；저것은 몇 권의 사전이다」「這好，一不好；이것은 좋으나 저것은 좋지 않다」「你知道一是誰？；저분이 누군지 아십니까？」 ②그. 저. 「一人；그 사람」「一桌子；저 테이블」 ③조수사(助數詞)와 함께 씀. "那個人·那張桌子"라고도 함. ④(동사·형

용사 앞에서)그… 모습이란. 그…방법이란.「一家子一哭哇!:온 집안의 사람들이 울고 있는 그 모습이란!(온통 울음 바다를 이루고 있다)」⑤그러면. 그렇다면.「一我不去了;그렇다면 안 가겠다」⇨nā, nǎ, nèi. 「그 무렵.
[那程子] nàch'ěngtzǔ ㄋㄚˋㄔㄥˇㄗ 그 때.
[那哈兒] nàharh ㄋㄚˋㄏㄚ儿 =那兒.《北》
[那廂] nàhsiāng ㄋㄚˋㄒㄧㄤ =那邊.
[那些] nàhsiēh ㄋㄚˋㄒㄧㄝ 그것들의. 저것들의. 그들의. 저들의.
[那話(兒)] nàhùa(rh) ㄋㄚˋㄏㄨㄚˋ(儿) 저것. 예(例)의 것. 예(例)의 일. 「경우.
[那回] nàhuí ㄋㄚˋㄏㄨㄟˊ 그 경우나 저
[那會兒] nàhuìrh ㄋㄚˋㄏㄨㄟˇ儿 그럴 때와 저럴 때.
[那個] nàko ㄋㄚˋㄍㄜ ①저것. 자해(字解) ①과 같지만 객어(客語)로도 쓰인다. ②저. 그. ③얼버무려 막연히 말할 때.「還得一一點兒;조금 더 저것처럼 돼야 한다」
[那塊兒] nàk'uàirh ㄋㄚˋㄎㄨㄞˋ儿 ①=那溜兒. ②그 한 덩어리. 저 한 덩어리.
[那裏] nàli ㄋㄚˋㄌㄧ =那兒.
[那溜兒] nàliûrh ㄋㄚˋㄌㄧㄡˋ儿 그 일대(一帶). 저 일대.
[那麼] nàme ㄋㄚˋㄇㄜ ①그와 같은. 저와 같은: 수사 또는 조수사를 수반한다.「一個人;그런 사람」「一一個人;그런 사람」「一回事;그런 일」「一些東西;그와 같이 많은 물건」②그와 같이. 저렇게.「何必一生氣呢;그처럼 노할 건 없지 않나」 ③단순히 강조(强調)를 표시.「天氣是一好;날씨는 참 좋다」 ④그만큼. 저렇게.…쯤.「有碗口一大;크기가 사발 주둥이만하다」「今天沒有昨天一冷;오늘은 어제만큼 춥지 않다」⑤개사(介詞) 뒤에 붙어 방향, 시간을 나타냄.「往一走;저쪽으로 걸어가다」「他打一就專心用功了;그는 그때부터 즉각 전심 전력으로 공부했다」 ⑥("如果" "若是" 따위와 호응하여) 그렇다면.…한다면.「如果敵人不投降, 一就消滅他;만일 적이 항복 안할 때는 전멸시켜 버린다」⑦그러면.「一, 我要告辭了;자, 그러면 작별하겠읍니다」
[那麼些個] nàmehsiēhko ㄋㄚˋㄇㄜㄒㄧㄝ ㄍㄜ 그와 같이 많은. 저 정도의 분량.
[那末] nàmo ㄋㄚˋㄇㄜ =那麼.
[那麼着] nàmochê ㄋㄚˋㄇㄜㄓㄜ ①그와 같이 하다.「你別一!너 그와 같이 하지 말라」②자, 그러면. 「원.《譯》
[那摩溫] nàmówēn ㄋㄚˋㄇㄜˊㄨㄣˊ 넘버
[那般] nàpān ㄋㄚˋㄅㄢ =那樣.
[那邊(兒)] nàpiēn(rh) ㄋㄚˋㄅㄧㄢ(儿) ①그쪽. 저쪽. 거기. ②상대방.
[那兒] nàrh ㄋㄚˋ儿 ①거기. 저쪽. 저편.「一有一本書;거기 책이 한 권 있다」②곳. 장소.「先生一;선생님 계시는 곳」「你一;너 있는 곳. 너의 집」③상대방.「一也答應了;상대방도 승낙했다」
[那是] nàshih ㄋㄚˋㄕˋ 당연(當然)하다는 말투를 나타냄:(항변할 경우).「人, 一不錯;사람이야 말할 것 없이 좋다」
[那廝] nàssū ㄋㄚˋㄙ (경멸하는 뜻으로) 저 놈. 저 녀석.
[那搭] nàtā ㄋㄚˋㄉㄚ =那裏. 那兒.
[那搭(兒)] nàtā(rh) ㄋㄚˋㄉㄚ(儿) =那裏. 那兒.《方》 「저럴 때.
[那當(兒)] nàtāng(rh) ㄋㄚˋㄉㄤ(儿) 그때.
[那頭] nàt'ou ㄋㄚˋㄊㄡ =那裏.《方》
[那咱] nàtsan ㄋㄚˋㄗㄢ 그때. 저럴 때. 이전(以前).
[那位] nàwèi ㄋㄚˋㄨㄟˋ 저분. 그분.「一先生;저분」「一是誰;저분은 누구십니까?」
[那樣] nàyàng ㄋㄚˋㄧㄤˋ ①그와 같은.「這樣說就一回答;이와 같이 말하면 저와 같이 대답한다」②그와 같이. 저와 같이.「世界上有一的人嗎?세상에 그와 같은 사람이 있을까?」「一東西;그와 같은 물건」

〔吶〕 nà ㄋㄚˋ
[吶喊] nàhǎn ㄋㄚˋㄏㄢˇ 함성을 올리다.
[吶吶] nànà ㄋㄚˋㄋㄚˋ 입속말로 중얼거리는 모양. 더듬거리는 모양.

〔衲〕 nà ㄋㄚˋ ①얽어서 하나로 만들다. 꿰매다. 누비다.「百一本;널리 양서(良書)를 수집하여 편찬한 총서」②누빈 옷. 승복(僧服). ③중. 승려.「老一;노승」

〔納〕 nà ㄋㄚˋ ①납입하다. 넣다.「出一;출납」②받아 들이다.「采一建議;제안을 채택하다」③향수(享受)하다. 취하다.「一涼;더위를 피해 시원한 바람을 쐬다」④옷을 누비다. 꿰매다.「一鞋底;구두 밑창을 꿰매다」「움을 억누르다.
[納氣(兒)] nàch'i(rh) ㄋㄚˋㄑㄧˋ(儿) 노여
[納交] nàchiāo ㄋㄚˋㄐㄧㄠ 친구와 교제를 맺는다.
[納妾] nàch'ièh ㄋㄚˋㄑㄧㄝˋ 첩을 두다.
[納福] nàfú ㄋㄚˋㄈㄨˊ 행복을 누리다. =享福.
[納罕(兒)] nàhǎn(rh) ㄋㄚˋㄏㄢˇ(儿) 놀랍고 이상하게 생각하다. 수상하게 생각하다. 신기(神奇)해 하다. 「을 받아 들이다.
[納降] nàhsiáng ㄋㄚˋㄒㄧㄤˊ 투항(投降)
[納性子] nàhsingtzū ㄋㄚˋㄒㄧㄥˋㄗ 나쁜 성질을 억제하다. =捺性子.
[納入] nàjù ㄋㄚˋㄖㄨˋ 채택하다.「把技術革命的成果一產品設計;기술 혁명의 성과를 제품 속에 도입하다」
[納入正軌] nàjù chěngkuǐ ㄋㄚˋㄖㄨˋ ㄓㄥˋㄍㄨㄟˇ 정식 궤도에 올리다.
[納悶(兒)] nàmên(rh) ㄋㄚˊㄇㄣˋ(儿) 마음 속으로 의아하게 생각하다 이상하게 생각하다.
[納粹] nàts'ui ㄋㄚˋㄘㄨㄟ 나찌스.《譯》
[納買] nàwèi ㄋㄚˋㄨㄟˋ 매입(買入). 사입(仕入).

〔訥〕 nà ㄋㄚˋ, nè 말을 더듬다. 말주변이 없다.

〔捺〕 nà ㄋㄚˋ ①누르다. ②「一兒;한자(漢字)의 오른 쪽으로 삐친 획」「人字是一撇一一;"人"자 는"丿"과"㇏"이다」
[捺不住] nàpuchû ㄋㄚˋㄅㄨㄓㄨˋ 억제할 수 없다. 견딜 수 없다. ↔捺得住.

NAI ㄋㄞ

〔乃〕(廼) nǎi ㄋㄞˇ ①당신의. 너의.

「一父；너의 아버지」「一兄；너의 형」 ②(…하자) 비로소.「勞動一知人生樂；노동을 하여 보고서야 비로소 인생의 낙을 안다」 ③드디어. 급기야.「一至如此；결국 이 꼴이 되어 버렸다」「魯迅先生一中國近代之大文豪；"魯迅" 선생은 중국 근대의 대문호이다」
[乃至] nǎichìh ㄋㄞˇㄓˋ 드디어 …이 되다.「他的無恥一如此！；그의 후안무치한 태도가 결국 이 모양까지 되어 버렸나！」 「교의 예배.
[乃麻子] nǎimátzǔ ㄋㄞˇㄇㄚˊㄗ 이슬람
[乃是] nǎishìh ㄋㄞˇㄕˋ ①결국 …이다.「工人一新社會的主人；노동자는 새 사회의 주인이다」 ②드디어 …이다. 뜻밖 [에도 …이다.
〔奶〕(嬭) nǎi ㄋㄞˇ ①유방. ② 젖.「一上去了；젖이 멎었다」「一下來了；젖이 나오기 시작했다」 ③아이에게 젖을 먹이는 것.「一孩子；아이에게 젖을 먹이다」 「우유차(牛乳茶).
[奶茶] nǎich'á ㄋㄞˇㄔㄚˊ 우유를 탄 차.
[奶罩兒] nǎichàorh ㄋㄞˇㄓㄠˋㄦ 브래지어: 여자들의 젖을 가리는 것.
[奶瘡] nǎich'uāng ㄋㄞˇㄔㄨㄤ 유선염(乳腺炎).
[奶粉] náifěn ㄋㄞˊㄈㄣˇ 분유(粉乳).
[奶黃子] nǎihuángtzǔ ㄋㄞˇㄏㄨㄤˊㄗ 젖내. 유치(幼稚)함. 미숙함.「든 카스텔라.
[奶糕] nǎikāo ㄋㄞˇㄍㄠ 우유를 섞어 만
[奶瘤] nǎiliú ㄋㄞˇㄌㄧㄡˊ 유암(乳癌).
[奶媽] nǎimā ㄋㄞˇㄇㄚ 유모.
[奶毛] nǎimáo ㄋㄞˇㄇㄠˊ 솜털. 태발(胎髮).
[奶名兒] nǎimíngrh ㄋㄞˇㄇㄧㄥˊㄦ 아명. 어린 시절의 이름. =乳名兒.
[奶母] náimǔ ㄋㄞˊㄇㄨˇ 유모.
[奶奶] nǎinai ㄋㄞˇㄋㄞ ①조모. ② 일반적으로 노파에 대한 호칭. ③ 일반적으로 젊은 부인에 대한 존칭.「大一；맏형의 부인. 맏형수」「小一；젊은 며느리」
[奶娘] nǎiniáng ㄋㄞˇㄋㄧㄤˊ 유모.
[奶牛] nǎiniú ㄋㄞˇㄋㄧㄡˊ 젖소.
[奶膀子] nǎip'āngtzǔ ㄋㄞˇㄆㄤㄗ 젖통이. 젖통. 유방.
[奶膨子] nǎipěngtzǔ ㄋㄞˇㄆㄥˊㄗ 불룩한 젖통이. 유방의 불룩한 부분.
[奶皮(子)] nǎip'í(tzǔ) ㄋㄞˇㄆㄧˊ(ㄗ) 우유 표면에 응결된 더껑이를 건조시킨 식품.
[奶品] náip'ǐn ㄋㄞˊㄆㄧㄣˇ 밀크 제품.
[奶餅] náipǐng ㄋㄞˊㄅㄧㄥˇ 치이즈.「병
[奶瓶子] nǎip'íngtzǔ ㄋㄞˇㄆㄧㄥˊㄗ 우유
[奶聲奶氣] nǎishěng-nǎich'ì ㄋㄞˇㄕㄥ ㄋㄞˇㄑㄧˋ 구상유취(口尙乳臭)한 모양. 젖비린내 나도록 어린 모양. 아주 어린 티가 나는 모양.
[奶水] náishuǐ ㄋㄞˊㄕㄨㄟˇ 젖. 물젖.
[奶酥] nǎisū ㄋㄞˇㄙㄨ 치이즈.
[奶大] nǎità ㄋㄞˇㄉㄚˋ 젖을 먹여 키우다. 어린이를 양육하다.「把孩子一了；어린이를 키워 성장시켰다」
[奶頭兒] nǎit'óurh ㄋㄞˇㄊㄡˊㄦ 젖꼭지.
[奶頭嘴兒] nǎit'óutsuǐrh ㄋㄞˇㄊㄡˊㄗㄨㄟˇㄦ 젖꼭지. 「소의 젖. ③유모.
[奶子] nǎitzǔ ㄋㄞˇㄗ ①유방. ②소나 염
[奶味兒] nǎiwèirh ㄋㄞˇㄨㄟˋㄦ 젖 냄새. 젖내.
[奶牙] nǎiyá ㄋㄞˇㄧㄚˊ 유치(乳齒). 젖니.
[奶羊] nǎiyáng ㄋㄞˇㄧㄤˊ 젖을 짜는 양.
[奶油] nǎiyú ㄋㄞˊㄧㄡˊ 버터. =黃油.
〔氖〕 nǎi ㄋㄞˇ「一燈；네온사인」
〔哪〕 nǎi ㄋㄞˇ =něi. =哪(nǎ). ⇨ nā, nǎ.
〔奈〕 nài ㄋㄞˋ "奈何"를 생략하여 "奈"라 하는 수가 있다.「無一；어찌할 도리 없다」=無奈何.
[奈何] nàihó ㄋㄞˋㄏㄜˊ 어떻게 하나. 어찌 하나.「時日已遲一？；이미 때는 늦다, 어떻게 하지？」「你一我不得；너는 나를 어찌할 도리가 없다. 이러지도 못하고 저러지도 못한다」 「디다. 오래 가다.
〔耐〕 nài ㄋㄞˋ 견디다. 버티다. 참고 견
[耐長] nàich'áng ㄋㄞˋㄔㄤˊ 오래 가다.
[耐穿] nàich'uān ㄋㄞˋㄔㄨㄢ (의복·신발 등이)오래 가다. 질기다.
[耐煩] nàifán ㄋㄞˋㄈㄢˊ 참다. 견디다: 보통 부정(否定)이 따른다.「不一；참을 수 없다. 귀찮다」
[耐心] nàihsīn ㄋㄞˋㄒㄧㄣ 참다. 인내심.「有一；참을성이 있다」
[耐心煩(兒)] nàihsīnfán(rh) ㄋㄞˋㄒㄧㄣ ㄈㄢˊ(ㄦ) =耐煩.
[耐性(兒)] nàihsìng(rh) ㄋㄞˋㄒㄧㄥˋ(ㄦ) ①인내심. ②참다. 기분을 억제하다.「一着性兒做不去；참고 끝까지 해 내다」 ③(쓰는 데 있어)인내력. 지구력.「一很大；오래 가다」
[耐火] nàihuǒ ㄋㄞˋㄏㄨㄛˇ 불에 견디다.「一泥；내화성 도토(陶土). 내화 점토(耐火粘土)」
[耐人尋味] nàijěnhsúnwèi ㄋㄞˋㄖㄣˇㄒㄩㄣˊㄨㄟˋ 음미할 가치가 있다.《成》
[耐苦] nàik'ǔ ㄋㄞˋㄎㄨˇ 고통을 참다.
[耐勞] nàiláo ㄋㄞˋㄌㄠˊ 노고를 참고 견디다. 참을성이 강하다.
[耐綸] nàilún ㄋㄞˋㄌㄨㄣˊ 나일론.《譯》
[耐飽] nàipǎo ㄋㄞˋㄅㄠˇ (먹어서)근기가 있다. 쉽게 공복감을 느끼지 않는다.
[耐臟] nàitsāng ㄋㄞˋㄗㄤ 더러움을 타지 않다.「黑的衣服一；검은 옷은 더러움을 잘 타지 않는다」
[耐用] nàiyùng ㄋㄞˋㄩㄥˋ 사용하여 오래 가다. 오래 쓰다.

NAN ㄋㄢ

〔囝〕 nān ㄋㄢ 어린이. 아동.《方》「小一；어린이」
〔囡〕 nān ㄋㄢ 아이에 대한 애칭: 일반적으로 여자 어린이를 가리킴.《吳》
〔男〕 nán ㄋㄢˊ ①남자. ②남자의.「一學生；남학생」「一演員；남우(男優)」 ③사내 아이.「長一；장남」「孫一；남손. 남자 손자」 ④5등 작(爵)의 제5위.
[男家(兒)] nánchia(rh) ㄋㄢˊㄐㄧㄚ(ㄦ) 신랑측. 신랑집.

[男中音] nánchūngyīn ㄋㄢˊㄓㄨㄥㄧㄣ 바리톤.

[男孩子(一兒)] nánháitzū(—rh) ㄋㄢˊㄏㄞˊㄗ(一ㄦ) 사내 아이. 남자 아이.

[男小囝] nánhsiǎonān ㄋㄢˊㄒㄧㄠˇㄋㄢ＝男孩子.

[男人] nánjên ㄋㄢˊㄖㄣˊ ①남자. ② nánjên 자기 남편을 말함. 남편 : 남이 말할 때는 흔히 경멸을 뜻함

[男人家] nánjênchiā ㄋㄢˊㄖㄣˊㄐㄧㄚ ① 남편의 본가. ＝婆婆家. ②일반 남자를 말함.

[男高音] nánkāoyīn ㄋㄢˊㄍㄠㄧㄣ 테너.

[男女老少] nánnǔ-lǎoshào ㄋㄢˊㄋㄩˇ ㄌㄠˇㄕㄠˋ 남녀 노소. 남자나 여자나 젊은이나 늙은이나.

[男排] nánp'ái ㄋㄢˊㄆㄞˊ 남자 배구.

[男賓] nánpīn ㄋㄢˊㄅㄧㄣ 남자 손님.

[男姘頭] nánp'īnt'óu ㄋㄢˊㄆㄧㄣ·ㄊㄡˊ 정부(情夫). 간부(姦夫).

[男生] nánshēng ㄋㄢˊㄕㄥ 남학생.

[男的] nántê ㄋㄢˊㄉㄜ 남자.

[男低音] nántīyīn ㄋㄢˊㄉㄧㄧㄣ 베이스.

[男厠] nánts'ê ㄋㄢˊㄘㄜˋ 남자 변소.

[男座兒] nántsòrh ㄋㄢˊㄗㄨㄛˋㄦ 남자석. 「움. ＝男人氣.

[男子氣] nántzǔch'ì ㄋㄢˊㄗˇㄑㄧˋ 사내다

[男子漢] nántzǔhàn ㄋㄢˊㄗˇㄏㄢˋ ① 남자. ②기개(氣概)가 있는 사나이. 씩씩한 기상과 꿋꿋한 절개가 있는 남자.

〔南〕 nán ㄋㄢˊ 남쪽.

[南針] nánchēn ㄋㄢˊㄓㄣ ①자침(磁針). ②따라야 할 방침. 지침.

[南征北戰] nánchēng-pěichàn ㄋㄢˊㄓㄥ ㄅㄟˇㄓㄢˋ 이리저리 장소를 옮겨 가며 싸우다.

[南腔北調] nánch'iāng-pěitiào ㄋㄢˊㄑㄧㄤ ㄅㄟˇㄉㄧㄠˋ 남북 방언(方言)이 뒤섞여 있는 언어. ‹成› 「산되는 종이.

[南紙] nánchǐh ㄋㄢˊㄓˇ 중국 남방에서 생

[南紙店] nánchǐhtièn ㄋㄢˊㄓˇㄉㄧㄢˋ 지물포.

[南戲] nánhsì ㄋㄢˊㄒㄧˋ 남송(南宋) 시대 "溫州" 일대에서 유행한 극. 명대(明代)에 와서는 "傳奇"라고 했다. 「일종.

[南胡] nánhú ㄋㄢˊㄏㄨˊ 악기 "二胡"의

[南貨] nánhuò ㄋㄢˊㄏㄨㄛˋ 중국 남방에서 생산되는 상품.

[南柯一夢] nánk'ō imêng ㄋㄢˊㄎㄜ ㄧˊㄇㄥˋ 덧 없는 일장춘몽. 실현의 가망성이 없는 몽상. ‹成›

[南瓜] nánkua ㄋㄢˊㄍㄨㄚ 호박.「一子兒 ; 호박씨: 볶아서 먹는 것

[南梆子] nánpāngtzǔ ㄋㄢˊㄅㄤㄗ 경극(京劇)의 곡조의 일종. "西皮"에 맞추어 부르는 곡조의 한 가지.

[南邊] nánpien ㄋㄢˊㄅㄧㄢ 남쪽. 남방.

[南頭(兒)] nánt'óu(rh) ㄋㄢˊㄊㄡˊ(ㄦ) ① 남단(南端). ②남쪽. 「서 생산되는 햄.

[南腿] nánt'uì ㄋㄢˊㄊㄨㄟˇ 중국 남방에

[南洋] nányáng ㄋㄢˊㄧㄤˊ ①남양. ②청말(淸末) "江蘇·浙江·福建·廣東" 등 각성의 연안 지역을 일컬었음.

[南轅北轍] nányüán-pěichê ㄋㄢˊㄩㄢˊ ㄅㄟˇㄓㄜˊ ①남쪽으로 가려다가 북쪽으로 가버리다. 행동과 목적이 상반되는 결과를 가져오다. ②두 가지 일이 정반대 ᄂ방향으로 발전하다.

〔喃〕 nán ㄋㄢˊ 낮은 소리로 중얼거리다. 「一一自語 ; 혼자 중얼거리다」

[喃藏經] nántsàngchīng ㄋㄢˊㄗㄤˋㄐㄧㄥ 요령부득의 이야기. 것잡을 수 없는 말.

〔楠〕 nán ㄋㄢˊ ‹植›녹나무: 상록 교목(常綠喬木)으로 건축·선박 재료로 쓰임.

[楠木] nánmù ㄋㄢˊㄇㄨˋ 녹나무 목재.「一桌子 ; 녹나무로 만든 테이블」

〔蝻〕 nán ㄋㄢˊ 「一子·一兒 ; 아직 날개가 돋아나지 않은 메뚜기의' 유충」

〔難〕(难) nán ㄋㄢˊ ①어려운.「英文一 ; 영어는 어렵다」「一題 ; 어려운 문제」「沒什麼一 ; 아무 것도 어려운 것은 없다」 ②…하기 힘든.「一寫 ; 쓰기 힘들다」「一明白 ; 이해하기 힘들다」 ③난처하다. 곤란하다.「一保 ; 보증할 수 없다」 ④몇몇 동사 앞에서는 특수한 어투를 나타낸다.「一聽 ; 도무지 듣고 있을 수가 없다」「一看 ; 볼모양 없다. 추하다」「一受 ; 괴롭다」 ⑤＝nàn 남을 괴롭히다.「一他一下子 ; 그를 한 번 괴롭히다」 ⑥난처하다. 기가 막히다. 말도 안된다.「你連這個都用注解, 那未免得太一了 ; 너에게는 여기까지 해석을 붙여 주어야 한다니 참으로 기가 막히는군」「近來你做事這個潦草勁兒, 太一了 ; 요즘 너의 소홀한 작업 태도는 너무 지나치다」 ⇨nàn. 「조렷군.

[難纏] nánch'án ㄋㄢˊㄔㄢˊ 고집장이. 잔

[難解難分] nánchiěh-nánfēn ㄋㄢˊㄐㄧㄝˇ ㄋㄢˊㄈㄣ ①이별이 애석하다. ②(분쟁 등이)화해하기 어렵다. ③(시합 등이)승부를 가리기 어렵다. ＝難分難解.

[難處] nánch'ǔ ㄋㄢˊㄔㄨˇ ①처리하기 곤란하다. ②같이 행동하기 어렵다. 사귀기가 어렵다.

[難兄難弟] nánhsiūng-nántì ㄋㄢˊㄒㄩㄥ ㄋㄢˊㄉㄧˋ 우열을 가리기 어렵다. ‹成›

[難活] nánhuó ㄋㄢˊㄏㄨㄛˊ ①생활이 어렵다. 몸이 불편하다.

[難乎爲情] nánhu wéich'íng ㄋㄢˊㄏㄨ ㄨㄟˊㄑㄧㄥˊ 거북하다. 부끄럽다. 창피하다. "難爲情"을 강조한 말.

[難意] náni ㄋㄢˊㄧ 참고 견디다. 「我只好一地接受吧 ; 나로서는 도리 없으므로 무리하지만 인수하지오」

[難以] nánǐ ㄋㄢˊㄧˇ …하는 것이 곤란하다.「一對付 ; 상대 하기가 어렵다」「一想像 ; 상상하기 어렵다」

[難人] nánjên ㄋㄢˊㄖㄣˊ ①괴롭히다. ②폐를 끼치다. ③곤궁에 빠진 사람.

[難看] nánk'àn ㄋㄢˊㄎㄢˋ ①보기 싫다. ②꼴불견이다.

[難堪] nánk'ān ㄋㄢˊㄎㄢ 참을 수 없다. 견딜 수 없다.「這種態度使人一 ; 이와 같은 태도에 대해서는 참을 수 없다」

[難割難舍] nánkō-nánshě ㄋㄢˊㄍㄜ ㄋㄢˊㄕㄜˇ 애석하거 그지 없다. 놓치기 아깝다. 헤어지기 안타깝다.

[難怪] nánkuài ㄋㄢˊㄍㄨㄞˋ 의심할 도리가 없다. 당연한 일이다.「一他不答應 ; 그가 응낙하지 않은 것도 당연하다」＝怪

不得. 怨不得.
[難過] nánkuò ㄋㄢˊㄍㄨㄛˋ ①생활이 어렵다.「日子很一 ; 생활이 곤란하다」 ② 괴롭다. 슬프다.「心裏一 ; 마음이 괴롭다」
[難免] nánmiěn ㄋㄢˊㄇㄧㄢˇ 아무래도 … 란 결과가 되기 쉽다.「這麼說一有得罪人的地方 ; 이와 같이 말을 한다면 남의 마음을 상하게 될 것 같다」
[難能可貴] nánnêngk'ŏkuei ㄋㄢˊㄋㄥˊㄎㄜˇㄍㄨㄟˋ ①갸륵한 행위를 칭찬하는 말. ②놓친 물고기는 더 크게 보인다. ③ 진귀하다. 희귀하다.
[難辦] nánpàn ㄋㄢˊㄅㄢˋ 하기 힘들다.
[難保] nánpǎo ㄋㄢˊㄅㄠˇ 보증하기 어렵다. 단정하기 어렵다. …이 아니라고는 할 수 없다.「一還有些小問題 ; 아직 사소한 문제가 남아 있지 않다고는 할 수 없다」
[難憑] nánp'íng ㄋㄢˊㄆㄧㄥˊ 신용하기 어렵다. 신용할 수 없다.
[難不成] nánpùch'éng ㄋㄢˊㄅㄨˋㄔㄥˊ =「難道.
[難不住] nánpuchù ㄋㄢˊㄅㄨㄓㄨˋ. nànpuchù. (괴롭혀 주려 해도) 괴롭힐 수가 없다.
[難上難] nánshàngnán ㄋㄢˊㄕㄤˋㄋㄢˊ 「극히 어렵다
[難舍難分] nánshě-nánfēn ㄋㄢˊㄕㄜˇ ㄋㄢˊㄈㄣ =難割難舍. 難舍難離.
[難受] nánshòu ㄋㄢˊㄕㄡˋ 괴롭다. 마음 아프다. 슬프다.
[難說] nánshuō ㄋㄢˊㄕㄨㄛ ①말하기 거북하다.「這句話很一 ; 이 말은 하기가 매우 거북하다」 ②말할 수 없다. 생각할 수 없다.「一他會答應 ; 그가 승낙하리라고는 생각할 수 없다」
[難說話(兒)] nánshuōhuà(rh) ㄋㄢˊㄕㄨㄛ ㄏㄨㄚˋ(ㄦ) (사람에게) 접근하기 어렵다. 첫 인상이 좋지 않다.
[難當] nántāng ㄋㄢˊㄉㄤ ①받아 들이기 거북하다. ②견디기 어렵다.
[難逃] nánt'áo ㄋㄢˊㄊㄠˊ ①달아나기 어렵다. ②피하기 어렵다.
[難道] nántào ㄋㄢˊㄉㄠˋ 설마 …은 아니겠지 : 많은 경우에 문미(文尾)에 "嗎·麼·不成" 등이 붙는다. 「一你跟我拼命嗎? ; 설마 나하고 끝까지 겨루려는 생각은 아니겠지」
[難得] nántê ㄋㄢˊㄉㄜˊ ①손에 넣기 어렵다. 얻기 어렵다. ②좀처럼 …않다.「一個月一有兩天在家 ; 한 달에 집에 있는 날이 이틀도 못된다」 ③다행스럽게도. 희한하게도. 희귀하게도.「一有這樣的好人 ; 희한하게도 이런 호인이 있었다」 놀랍게도. 잘도. 「一你竟說出那樣的話來 ; 잘도 너는 그와 같은 소리를 꺼냈구나」
[難聽] nánt'ing ㄋㄢˊㄊㄧㄥ ①듣기 거북하다. ②음이 좋지 않다. 귀에 거슬리다.
[難走] nántsǒu ㄋㄢˊㄗㄡˇ 걷기 거북하다. 보행이 어렵다.
[難爲] nánwéi ㄋㄢˊㄨㄟˊ ①하기 힘든. ②괴롭히다.「不要一他 ; 그를 괴롭히지 말라」 ③ nánwei 남의 수고를 치하하는 말 : 수고했다. 고맙다. 「一你來了! ; 잘 오셨읍니다」「一他取上了! ; 고맙게도 그는 합격해 주었다」
[難爲情] nánwéich'íng ㄋㄢˊㄨㄟˊㄑㄧㄥˊ 마음이 불안하다. 부끄럽다. 가엾다.
[難言之隱] nányénchīhyǐn ㄋㄢˊㄧㄢˊㄓ ㄧㄣˇ 털어 놓기 거북한 심중(心中)의 이야기. 말할 수 없는 마음.
[難于] nányû ㄋㄢˊㄩˊ ①곤란하다. 어렵다 : 보통 뒤에 동사가 따른다.「一表現心理狀態 ; 심리 상태를 표현하기 어렵다」 ②…보다 어렵다.

〔赧〕 nǎn ㄋㄢˇ 부끄러워 얼굴을 붉히다.「一顏 ; 부끄러워 얼굴을 붉히다」

〔蝻〕 nǎn ㄋㄢˇ「一子·一兒 ; 메뚜기의 유충」

〔難〕(难) nàn ㄋㄢˋ ①재난. 곤궁.「遭一 ; 재난을 당하다」「逃一 ; 난을 피하다」 ②책망하다. 힐책하다. 비난하다.「非一·責一」다 같이 비난한다는 뜻. ③=難(nán). ④ ⇨nán
[難住了] nànchùlê ㄋㄢˋㄓㄨˋㄌㄜ 어찌할 도리 없다. 처치 곤란하다. 낭패하다.
[難人] nànjên ㄋㄢˋㄖㄣˊ 사람을 괴롭히다.
[難兄難弟] nànhsiūng-nàntì ㄋㄢˋㄒㄩㄥ ㄋㄢˋㄉㄧˋ 난관에 부닥친 형제·동포.
[難胞] nànpāo ㄋㄢˋㄅㄠ 재난을 당한 동포 : 대개 해외 교포의 경우를 말함.
[難友] nànyǔ ㄋㄢˋㄧㄡˇ 재난을 당한 친구.

NANG ㄋㄤ

〔囊〕 náng ㄋㄤˊ ①주머니. 전대. 「探一取物 ; 몹시 쉬운 일의 비유」 ②생물의 몸으로서 주머니 비슷한 것.「胞子一 ; 식물의 포자(胞子)」
[囊揣] nángch'uǎi ㄋㄤˊㄔㄨㄞˇ =nánch'uǎi ①몹시 약하다. ②쓸모 없는.
[囊膪] nángch'uài ㄋㄤˊㄔㄨㄞˋ 돼지 복부에 붙어 있는 비계 덩어리.
[囊中物] nángchúngwù ㄋㄤˊㄓㄨㄥㄨˋ 주머니 속에 들어 있는 물건. 쉽게 손에 넣을 수 있는 물건의 비유.
[囊空如洗] nángk'ūngjúhsǐ ㄋㄤˊㄎㄨㄥ ㄖㄨˊㄒㄧˇ 몹시 가난하다. 호주머니 속에 동전 한 푼 없다.
[囊括] nángk'uò ㄋㄤˊㄎㄨㄛˋ 모든 것을 포괄하다. 망라하다.

〔饢〕 náng ㄋㄤˊ 크래커(cracker) : 비슷한 것. ⇨nǎng.

〔曩〕 nǎng ㄋㄤˇ 이전의. 옛적의. 「一日 ; 지난날」「一年 ; 지난해」

〔攮〕 nǎng ㄋㄤˇ ①찌르다.「一刺刀一死了敵人 ; 총칼로 단번에 적을 찔러 죽이다」

〔饢〕 nǎng ㄋㄤˇ 마구 음식을 입에 밀어 넣다.

〔齉〕(儾) nàng ㄋㄤˋ ①코가 메어 발음이 똑똑치 않다. ②콧소리로 말하다. 코메인 소리를 하다.
[齉鼻兒(一子)] nàngpírh(—tzǔ) ㄋㄤˋㄅㄧˊㄦ(—ㄗ) ①코가 메어 말이 똑똑치 않다. ②코멘 소리를 하다. ③코맹녕이 : 코가 막히어 소리를 제대로 내지 못하는 사람.

NAO ㄋㄠ

〔孬〕 nāo ㄋㄠ ①좋지 못한. 나쁜.《方》「從前農民吃的一,穿的一；과거 농민들은 의(衣)와 식(食)생활이 좋지 못했다」②비겁하다.「這人太一；이 사람은 몹시 비겁하다」

[孬種] nāochŭng ㄋㄠㄓㄨㄥˇ 악인. 악한.

[孬包] nāopāo ㄋㄠㄅㄠ 몹쓸 놈. 쓸모 없는 놈. 무용지물 (無用之物).

〔呶〕 náo ㄋㄠˊ「一一；시끄럽게 떠드는 소리」「一一不休；언제까지나 시끄럽게 떠들다」

〔硇〕 náo ㄋㄠˊ「一砂 (—shā)；염화(鹽化)암모니아의 천연 산물: salammoniac.」

〔撓〕 náo ㄋㄠˊ ①휘젓다. 흩뜨리다.「阻一；저해하다」②굽다. 구부러지다. 굽히다.「不屈不一；불요불굴 (흔들리지 않고 굽히지도 않음)」③가볍게 긁다.「一痒痒；가려운 데를 긁다」

[撓折] náochê ㄋㄠˊㄓㄜˊ ①휘여 꺾다. ②곤란. 어려움.

[撓性] náohsìng ㄋㄠˊㄒㄧㄥˋ 휘어져도 부러지지 않는 성능.

[撓擾] náojǎo ㄋㄠˊㄖㄠˇ 어지럽히다. 떠들다.

[撓亂] náoluàn ㄋㄠˊㄌㄨㄢˋ ＝撓擾.

[撓鈎] náokōu ㄋㄠˊㄍㄡ 사람을 훌쳐 잡아 당기는 무기. 훌쳐 잡는 무기.

[撓鴨子] nāoyātzŭ ㄋㄠㄧㄚㄗ 도망치다.

[撓頭] náot'óu ㄋㄠˊㄊㄡˊ ①머리를 긁다. ②까다로와하기에 힘들다. 어렵다. 곤란하다.「事情眞一；사태는 몹시 까다롭다」

〔橈〕 náo ㄋㄠˊ ①굽은 나무. ②학대(虐待)하다, ③배 젓는 노.

〔蟯〕 náo ㄋㄠˊ「一蟲 (—ch'úng)；요충」

〔鐃〕 náo ㄋㄠˊ「一鈸；구리로 만든 악기. 심벌즈」

〔惱〕(恼) nǎo ㄋㄠˇ ①성내다. 원망하다.「你別一我；나를 원망하지 말라」②고민하다.「苦一；고민하다」

[惱犯] nǎofèn ㄋㄠˇㄈㄢˋ 남의 노여움을 사다.

[惱恨] nǎohèn ㄋㄠˇㄏㄣˋ 화내며 원망하다.

[惱羞成怒] nǎohsiūch'éngnù ㄋㄠˇㄒㄧㄡㄔㄥˊㄋㄨˋ 마음 속의 울분과 부끄러움으로 화를 내다.

[惱火] náohuǒ ㄋㄠˊㄏㄨㄛˇ 성내다. ＝生氣.

[惱人] nǎojén ㄋㄠˇㄖㄣˊ ①화가 치밀다. 부아가 나다. ②사람을 괴롭히다. ③남을 원망하다.

[惱怒] nǎonù ㄋㄠˇㄋㄨˋ 노하다. 성내다. ▷惱惱怒怒.

〔腦〕(恼) nǎo ㄋㄠˇ ①뇌. 뇌수. ②「一兒；뇌와 비슷한 모양의 것」

[腦際] nǎochì ㄋㄠˇㄐㄧˋ 뇌리. 머릿속.

[腦漿] náochiāng ㄋㄠˇㄐㄧㄤ 뇌수. 머릿골.

[腦汁] nǎochīh ㄋㄠˇㄓ ①뇌장. 뇌수. ②뇌. 머리.

[腦筋] nǎochin ㄋㄠˇㄐㄧㄣ 두뇌. 사상.「一舊；머리 (사상)가 케케묵다」「一好；머리가 좋다」

[腦積水] nǎochīshuǐ ㄋㄠˇㄐㄧㄕㄨㄟˇ 뇌수종(腦水腫).

[腦海] náohǎi ㄋㄠ ㄏㄞˇ ①머리 (머리의 내부).「你一裡想什麼？ 너는 머릿속에 무엇을 생각하고 있나？」「用一想一想；머리를 잘 써서 생각해 봐」②후두부. 뒤통수.

[腦殼] nǎok'ó ㄋㄠˇㄎㄜˊ ①＝腦袋. ②남의 신분·용모 따위를 희롱할 때 쓰는 말.「生就的吃窩窩頭的一；타고 난 가난뱅이 근성을 가진 사람」

腦瓜子(一儿)] nǎokuātzŭ(-rh) ㄋㄠˇㄍㄨㄚㄗ(一儿) ＝腦袋.

[腦力] nǎolì ㄋㄠˇㄌㄧˋ ①지력. 기억력. ②(체력 또는 육체에 대해)두뇌. 정신.「一勞動；정신 노동」

[腦力勞動] nǎolì láotùng ㄋㄠˇㄌㄧˋㄌㄠˊㄉㄨㄥˋ 정신 노동.

[腦滿腸肥] náomǎn-ch'ángféi ㄋㄠˊㄇㄢˇㄔㄤˊㄈㄟˊ 일을 하지 않고 빈둥거리며 꼴 사납게 살만 쪄 있는 모양. 혈기가 왕성하고 지식은 없는 것을 말함.《成》

[腦毛] nǎomáo ㄋㄠˇㄇㄠˊ 두발. 머리칼.

[腦門子] nǎoméntzŭ ㄋㄠˇㄇㄣˊㄗ ①이마.「生了一一氣；이마에 핏대를 세우고 화를 내다」「一心兒；정수리. 머리꼭대기」

[腦瓢兒] nǎop'iáorh ㄋㄠˇㄆㄧㄠˊㄦ 정수리.「亮一 · 禿一；정수리가 벗겨진 머리」

[腦兒] nǎorh ㄋㄠˇㄦ ①가축의 뇌수(식용에 쓰임). ②뇌장 비슷한 것.「豆腐一；간수를 탄 콩즙(豆汁)이 아직 엉기지 않은 상태의 것. 순두부」

[腦杓(子)] nǎosháo(tzŭ) ㄋㄠˇㄕㄠˊ(ㄗ) 후두부. 뒤통수.

[腦袋] nǎotai ㄋㄠˇㄉㄞ 머리.「禿一；대머리」

[腦袋大了] nǎotai tàlê ㄋㄠˇㄊㄞㄉㄚˋㄌㄜ ①머리가 얼떨떨하며 제 정신이 아니다.「忙得一；분주하여 머리가 빙빙 돌 지경이다」②(자극이 심하여)깜짝 놀라다.「嚇得一；놀라서 정신이 멍해졌다」

[腦袋疼] nǎotai téng ㄋㄠˇㄉㄞㄊㄥˊ ①골치가 아프다. ②지긋지긋하다. 몹시 지겹다.

[腦頂] náotìng ㄋㄠˊㄉㄧㄥˇ 정수리. 머리꼭대기. ＝腦瓜頂兒.

[腦子] nǎotzŭ ㄋㄠˇㄗ ①뇌수. 머릿골. ②기억력.「沒一；잘 잊다. 건망증이 있다」③사고력.「有一；생각하는 바가 깊다. 사고력이 있다」④사상.

〔鬧〕(閙) nào ㄋㄠˋ ① 떠들썩한 ②아우성치다. 소란을 피우다.「好孩子,不要一了！；착한 아이는 떠들면 못써요！」③장난 삼찬. 장난을 하다.「一着玩兒；장난하다」④질환·재해·전란 따위가 발생하다.「一瘟疫；유행병이 발생하다」「一水灾；수해 소동이 일어나다」「一蝗害；메뚜기의 피해가 발생하다」「一大兵；군란을 일으키다」⑤흥분하다. 발작을 일으키다.「一脾氣；울화통이 터지다」⑥병에 걸리다.「一肚子；설사하다」「一耳朵；귓병에 걸리다」「一嗓子；목구멍을 다치다」「一眼；눈을 앓다」⑦하다. 행하다.「一革命；혁명이 일어나다」「一生產；생산에 힘쓰다」「把時間一錯了；시간을 잘못 알았다」「不必一客套；서먹서먹하게 생각할 필요 없다」「一窮；가난한 생활을 하다」「一玄虛；괴상한 짓을 하다」「一閑氣；하찮은 일에 골을 내다」⑧(일반적으로 획득한다는 뜻에서)얻다. 손에 넣다. 변

통하다.만들다.사다.탐내다. 일으키다. 몸에 끼었다.「拉到前門一了兩毛錢;문 앞까지 수레로 태워다 주고 20전을 받았다」「今兒咱們一盒兒好烟抽吧;오늘은 한 번 좋은 담배를 사서 피워보자꾸나」「想不到這麼年青就一媳婦;그와 같이 새파란 놈이 벌써 계집을 탐내다니」「一婆婆家;시집가고파 하다」「一笑兒;웃음을 터뜨리게 하다.웃기다」「一錯兒;실수를 하다」「剛出門幾步兒就一了兩脚泥:문 밖을 나와 몇 걸음을 걷지 않아 벌써 양쪽 발이 흙투성이가 되었다」「一一手屎;손에 똥이 온통 묻었다」⑨속상하다.기분히 나쁘다.번민하다.「我覺着心裏一得慌;속 상해서 못견디겠다」⑩암내 내다.임신하려 하다.「一狗;개가 암내를 내다」

[鬧吵子] nàochǎotzǔ ㄋㄠˋㄔㄠˇㄗ =鬧口舌.

[鬧着玩兒] nàochêwǎn(rh) ㄋㄠˋㄓㄜㄨㄢˊ(ㄦ) 장난치다.희롱하다.

[鬧架] nàochià ㄋㄠˋㄐㄧㄚˋ 싸움하다.말다툼하다.

[鬧僵] nàochiāng ㄋㄠˋㄐㄧㄤ 시작을 해 놓고 어떻게 할 도리가 없다.진퇴 양난이다.

[鬧架子] nàochiàtzǔ ㄋㄠˋㄐㄧㄚˋㄗ 겉치레하다 거드름 피우다. 교만하게 굴다. 뻐기다.

[鬧飢荒] nào chīhuang ㄋㄠˋㄐㄧㄏㄨㄤ ①흉년이 들다.②싸움하다.③생활이 어렵다.

[鬧情緒] nào ch'ínghsü ㄋㄠˋㄑㄧㄥˊㄒㄩ ①(뜻대로 되지 않아) 마음이 우울하다. 절망이 되다.②감정이 격발하다.

[鬧氣(兒)] nào ch'ì(rh) ㄋㄠˋ ㄑㄧˋ(ㄦ) ①노하다.②감정이 상하다.「父子倆一了一場氣;아버지와 아들이 서로 잠시 의견 충돌이 있었다」

[鬧酒] nào chiǔ ㄋㄠˋ ㄐㄧㄡˇ 술에 취해 난폭하게 굴다.

[鬧區] nàoch'ü ㄋㄠˋㄑㄩ 번화한 구역.

[鬧鐘] nàochūng ㄋㄠˋㄓㄨㄥ 자명종(自鳴鐘).사발 시계.

[鬧翻] nàofān ㄋㄠˋㄈㄢ ①감정적으로 충돌하여 서로 말을 하지 않다. ②싸워서 헤어지다.

[鬧飯] nàofàn ㄋㄠˋㄈㄢˋ 밥을 짓다.식사 준비를 하다.

[鬧翻天] nàofānt'iēn ㄋㄠˋㄈㄢㄊㄧㄢ 큰 소동을 부리다.

[鬧糞] nàofèn ㄋㄠˋㄈㄣˋ ①비료를 운반하다.②비료를 주다. ③비료를 만들다.

[鬧分歧] nào fēnch'í ㄋㄠˋ ㄈㄣㄑㄧˊ 의견 충돌을 일으키다.

[鬧風潮] nào fēngch'áo ㄋㄠˋ ㄈㄥㄔㄠˊ 소동이 일어나다.소동이 벌어지다.

[鬧旱災] nào hàntsāi ㄋㄠˋㄏㄢˋㄗㄞ 한발이 일어나다.가물음이 들다. 가뭄이 들다.

[鬧耗子] nào hàotzǔ ㄋㄠˋ ㄏㄠˋㄗ 쥐가 마음대로 날뛰다. 쥐가 마음대로 돌아다니다.

[鬧戲] nàohsì ㄋㄠˋㄒㄧˋ 소극(笑劇). 떠들썩하게 하는 극.해학극(諧謔劇).

[鬧笑話] nào hsiàohua ㄋㄠˋ ㄒㄧㄠˋㄏㄨㄚ 놀림감이 될 짓을 하다. 웃음거리가 될 짓을 하다.

[鬧醒] nàohsǐng ㄋㄠˋㄒㄧㄥˇ 소란을 피워 잠을 깨게 하다.떠들어서 깨우다.

[鬧性子] nào hsìngtzǔ ㄋㄠˋ ㄒㄧㄥˋㄗ ①성내다.②(말 따위가) 마구 덤비다.거칠게 날뛰다.

[鬧心眼兒] nào hsinyěnrh ㄋㄠˋ ㄒㄧㄣㄧㄢˇㄦ 의심스러워 마음 속을 털어놓지 못하다.이것 저것 마음 속에서 고민하다.

[鬧虛] nàohsü ㄋㄠˋㄒㄩ 사양하다. 염치 차리다.

[鬧玄虛] nào hsüánhsü ㄋㄠˋ ㄒㄩㄢˊㄒㄩ 묘한 짓을 하다.이상한 짓을 하다.

[鬧哄] nàohung ㄋㄠˋㄏㄨㄥ 떠들어대다. >鬧鬧哄哄.

[鬧烘烘的] nàohūnghūngtê ㄋㄠˋㄏㄨㄥㄏㄨㄥㄉㄜ 떠들썩한 모양.=鬧轟轟的.

[鬧活兒] nàohuórh ㄋㄠˋㄏㄨㄛˊㄦ 떠들다

[鬧意見] nào ìchien ㄋㄠˋ ㄧˋㄐㄧㄢ ①뜻이 맞지 않다.의견이 충돌하다. ②말다툼하다.언쟁을 벌이다.

[鬧熱] nàojê ㄋㄠˋㄖㄜˋ =熱鬧(jênào).

[鬧開] nàok'ai ㄋㄠˋㄎㄞ 떠들어대다.

[鬧革命]nào kómìng ㄋㄠˋ ㄍㄜˊㄇㄧㄥˋ 혁명이 일어나다.

[鬧客套] nào k'òt'ào ㄋㄠˋ ㄎㄜˋㄊㄠˋ 사양하다. 서먹서먹하게 하다.

[鬧口舌] nào k'ǒushê ㄋㄠˋ ㄎㄡˇㄕㄜ 말다툼하다.언쟁을 벌이다.

[鬧鬼兒] nàokueǐrh ㄋㄠˋㄍㄨㄟˇㄦ ①남 모르게 그릇된 짓을 하다. ②희롱하다. ③속이다.음모를 꾸미다.

[鬧空] nàok'ūng ㄋㄠˋㄎㄨㄥ 아무런 결과도 얻지 못하다.「一了一場空;결국 헛소동에 지나지 않았다」

[鬧了歸齊] nàolêkueīch'í ㄋㄠˋㄌㄜㄍㄨㄟㄑㄧˊ 결국.급기야. 드디어.

[鬧亂子] nào luàntzǔ ㄋㄠˋ ㄌㄨㄢˋㄗ 소란을 피우다.곤란한 사건이 발생하다.

[鬧忙] nàománg ㄋㄠˋㄇㄤˊ 번화하다. 떠들썩하다. =鬧猛.

[鬧矛盾] nào máotun ㄋㄠˋ ㄇㄠˊㄉㄨㄣ 모순이 생기다.

[鬧魔] nàomó ㄋㄠˋㄇㄛˊ (어린이가) 몹시 울어대다. 시끄럽게 울어대다.

[鬧擰了] nàonínglê ㄋㄠˋㄋㄧㄥˇㄌㄜ 오해가 생기다.

[鬧擰兒] nàoníngrh ㄋㄠˋㄋㄧㄥˇㄦ ①의견이 엇갈리다.②사이가 벌어지다.③일이 뒤틀리다.

[鬧脾氣] nào p'ích'i ㄋㄠˋ ㄆㄧˊㄑㄧ 화를 내다.

[鬧病兒] nàopìngrh ㄋㄠˋㄅㄧㄥˋㄦ 병을 앓다.

[鬧不清] nàopuch'īng ㄋㄠˋㄅㄨㄑㄧㄥ 명백히 할 수가 없다.구별할 수가 없다.「一他是誰;그가 누구인지 모르겠다」↔鬧得清.

[鬧喪] nàosāng ㄋㄠˋㄙㄤ 장례식을 방해하다.

[鬧聲] nàoshēng ㄋㄠˋㄕㄥ 떠드는 소리.

[鬧生產] nào shēngch'ǎn ㄋㄠˋ ㄕㄥㄔㄢˇ 생산을 일으키다.생산에 열중하다.

[鬧市] nàoshìh ㄋㄠˋㄕˋ 번화가(繁華街). 번화한 거리.

[鬧事(兒)] nào shìh(rh) ㄋㄠˋ ㄕˋ(ㄦ) 사건을 일으키다.불화를 자아내다.

[鬧水災] nào shuǐtsāi ㄋㄠˋ ㄕㄨㄟˇㄗㄞ 수재를 당하다.홍수 소동이 벌어지다.

[鬧死鬧活] nàossǔ-nàohuó ㄋㄠˋㄙˇ ㄋㄠˋ

ㄏㄨㄛˊ 죽느니 사느니 하고 큰 소동을 벌이다.
[鬧大發] nàotàfa ㄋㄠˋㄉㄚˋㄈㄚ 수습할 수 없는 상태에 이르다.
[鬧得] nàotê ㄋㄠˋㄉㄜ …의 결과가 되다.…하는 결과가 되다.결과로서 …되다.「一群衆不滿意;군중이 만족할 수 없는 결과를 자아냈다」「一他也笑了；그 결과 그도 웃어 버렸다」
[鬧得慌] nàotêhuang ㄋㄠˋㄉㄜㄏㄨㄤ ①왁자하다.②마음을 썩히다.심중이 괴롭다.
[鬧騰] nàot'eng ㄋㄠˋㄊㄥ ①떠들어대다.②활약하다.③ (사업 따위가) 번성하다. ＞鬧鬧騰騰.
[鬧天氣] nào t'iēnch'ì ㄋㄠˋㄊㄧㄢㄑㄧˋ①폭풍우. 궂은 날씨.②폭풍우가 몰아치다.
[鬧賊] nào tséi ㄋㄠˋ ㄗㄟˊ 도둑이 들다.
[鬧錯] nàotsò ㄋㄠˋㄘㄨㄛˋ 착오를 일으키다.그르치다.「把時一了；시간을 잘못 알았다」 「하다.
[鬧肚子] nào tùtzŭ ㄋㄠˋ ㄉㄨˋㄗ 설사를
[鬧瘟疫] nào wēnì ㄋㄠˋ ㄨㄣㄧˋ 유행병이 발생하다.
[鬧眼] nàoyěn ㄋㄠˋㄧㄢˇ 눈병을 앓다.
[鬧油] nàoyú ㄋㄠˋㄧㄡˊ 마음이 불안하다. 고민하다.

NÊ ㄋㄜ

〔呢〕 nê ㄋㄜ 조사(助詞). 보통 경성(輕聲)으로 발음한다. ①의문문에서 다짐하는 뜻으로 쓰임.「你到那兒去一？；너 어디 갔었니？」②확정의 뜻으로.「還不要緊一；뭐,대수로운 일은 아니야」 ③동작의 진행을 나타낸다.「他睡覺一;그는 아직 자고 있다」④어귀(語句)의 정돈(停頓)을 나타낸다.「話說得很好,實際一,他是光說不做的；말이야 버젓하지만 사실 말해서 그는 말뿐이지 실행은 안해」⑤술어가 생략된 의문문을 만든다.「你的一？；너의 것은？」「這個一？；이것은？」 ⇨ ní.

〔訥〕 nê ㄋㄜˋ「一一；말 더듬는 모양. 입이 무거운 모양」

NEI ㄋㄟ

〔哪〕 něi ㄋㄟˇ 수사 양사(量詞)앞에서는 이와 같이 발음.「一間房子(一chiānfángtzŭ)」「一張紙(一chāngchǐh)」⇨nā, ㄴnǎ, nǎi.

〔餒〕 něi ㄋㄟˇ ①굶주리다.「凍一；춥고 배고프다」②용기를 잃다. 「不要自一;용기를 잃어서는 못쓴다」③생선이 상하다.
[餒氣] něich'ì ㄋㄟˇㄑㄧˋ 원기를 잃다. 의기 소침하다. 실망하는 모양.

〔內〕 nèi ㄋㄟˋ ①안 안쪽. 속. 내부.「國一；국내」「黨一；당내」②아내 또는 아내 편의 친척.「一兄；아내의 오빠」
[內宅] nèichái ㄋㄟˋㄓㄞˊ 가족이 사는 안채：주로 부녀자가 거주함.「一墻；안방과 객실 사이의 간막이 벽」
[內掌櫃] nèichǎngkuei ㄋㄟˋㄓㄤˇㄍㄨㄟˋ (장삿집의) 안주인. ＝內掌櫃的.
[內城] nèich'ěng ㄋㄟˋㄔㄥˊ 외성에 대한 내성:궁전 기타 주요 행정 기관이 있음. "北京"의 성은 내외 두 개의 성벽으로 되어 있으며 내성은 안쪽의 것을 일컬음.
[內急] nèichí ㄋㄟˋㄐㄧˊ ＝內逼.
[內艱] nèichiēn ㄋㄟˋㄐㄧㄢ 모상(母喪) 또는 모친상.
[內奸] nèichiēn ㄋㄟˋㄐㄧㄢ 내부에 숨어 들어 있는 간첩.
[內監] nèichièn ㄋㄟˋㄐㄧㄢˋ 환관. 내시.
[內侄] nèichíh ㄋㄟˋㄓˊ 처조카.「一女；처질녀」
[內親] nèich'īn ㄋㄟˋㄑㄧㄣ 처가의 친척. 외척(外戚).
[內景] nèichǐng ㄋㄟˋㄐㄧㄥˇ (영화 촬영에 쓰이는)실내 세트.
[內疚] nèichiù ㄋㄟˋㄐㄧㄡˋ 양심에 부끄럽다. 가책을 받는다.
[內傳] nèichuàn ㄋㄟˋㄓㄨㄢˋ 신선(神仙)에 관한 전기(傳記).
[內眷] nèichüàn ㄋㄟˋㄐㄩㄢˋ 가족 가운데의 여성.가족 중의 여성.
[內聚力] nèichǜlì ㄋㄟˋㄐㄩˋㄌㄧˋ 응집력(凝集力). 「중(宮中).
[內中] nèichūng ㄋㄟˋㄓㄨㄥ ①안. ②궁
[內涵] nèihán ㄋㄟˋㄏㄢˊ 내포(內包)："外延"에 대해).
[內行] nèiháng ㄋㄟˋㄏㄤˊ 전문가. 프로.
[內耗] nèihào ㄋㄟˋㄏㄠˋ 내부 소모.자가소모(自家消耗).
[內河] nèihó ㄋㄟˋㄏㄜˊ 운하. 크리이크.
[內銷] nèihsiāo ㄋㄟˋㄒㄧㄠ 국내 판매.
[內綫] nèihsièn ㄋㄟˋㄒㄧㄢˋ ①앞잡이.연줄. ②배신자. ③연락 계통.
[內秀] nèihsiù ㄋㄟˋㄒㄧㄡˋ 용모 따위의 외견에 대해 내부에 간직하고 있는 학문이나 교양 등.
[內兄] nèihsiūng ㄋㄟˋㄒㄩㄥ 아내의 오빠. 손위 처남.
[內匯] nèihuì ㄋㄟˋㄏㄨㄟˋ 국내환(換).
[內訌] nèihùng ㄋㄟˋㄏㄨㄥˋ 내분이나 집안 싸움.
[內衣] nèiī ㄋㄟˋㄧ 내의,속옷. 「(妻).
[內人] nèijên ㄋㄟˋㄖㄣ 아내. 집사람. 처
[內愧] nèik'uei ㄋㄟˋㄎㄨㄟˋ 마음 속으로 부끄러워하다.
[內功] nèikūng ㄋㄟˋㄍㄨㄥ 체내의 여러 기관 또는 기력을 단련하는 수행(修行).
[內澇] nèilào ㄋㄟˋㄌㄠˋ 지대가 낮아 큰 비로 물이 차서 일어나는 재해.
[內裏] nèilǐ ㄋㄟˋㄌㄧˇ ①안.속. ②궁중
[內妹] nèimèi ㄋㄟˋㄇㄟˋ 처제.
[內囊兒] nèinángrh ㄋㄟˋㄋㄤˊㄦ ①내막. 이면.②비밀리에 가지고 있는 귀중품, 또는 의류. 「은 돈.
[內拿兒] nèinárh ㄋㄟˋㄋㄚˊㄦ 은밀히 모
[內逼] nèipī ㄋㄟˋㄅㄧ 변소에 가고 싶다. 대소변이 마렵다.
[內皮] nèip'í ㄋㄟˋㄆㄧˊ 과일의 속껍질.

[內傷] nèishāng ㄋㄟˋㄕㄤ ①내상(內傷). ②한방(漢方)에서 칠정육욕(七情六欲)의 질환을 말한다.
[內室] nèishìh ㄋㄟˋㄕˋ 내실. =內堂.
[內胎] nèit'āi ㄋㄟˋㄊㄞ 튜우브. 「주인.
[內當家] nèitāngchiā ㄋㄟˋㄉㄤㄐㄧㄚ 안
[內地] nèitì ㄋㄟˋㄉㄧˋ ①(해안 지대에 대한) 내륙. ②변경에 대한 내륙 지방.
[內弟] nèitì ㄋㄟˋㄉㄧˋ 처남.
[內才] nèits'ái ㄋㄟˋㄘㄞˊ =內秀.
[內子] nèitzǔ ㄋㄟˋㄗˇ =內人.
[內務] nèiwù ㄋㄟˋㄨˋ ①집단 생활에 있어서의 일상 사무. ②국내의 일반 정무.
[內院] nèiyüàn ㄋㄟˋㄩㄢˋ 안마당. 중정 「(中庭).

〔那〕 nèi ㄋㄟˋ ①=那一. 「一種; 그와 같은. 저와 같은」「一個; 저것. 그것」 ②那(nà). ①도(nèi)라고 하는 경우가 있다. ③수사 양사(量詞) 앞에서는 이 음에 따른다. 「一間屋子(—chiānwūtzǔ)」「一五只狗(—wǔchīhkǒu)」「一孩子(—hái-tzǔ)」 ⇨ nā, nǎ, nà.

NÊN ㄋㄣ

〔嫩〕(嫰) nèn ㄋㄣˋ ①연하다. 말랑말랑하다. 어린. 「一芽; 새싹」 ②음식물이 말랑말랑하다. 「鷄蛋煮得一; 달걀이 반쯤 익었다」 ③빛깔이 엷다. 「一黃; 연한 황색」「一綠; 연한 녹색. 연두색」 ④경험이 얕은. 「面皮還一; 세상 물정에 익숙하지 못하다」
[嫩潮] nènch'ao ㄋㄣˋㄔㄠ ① 연하다. ②(야채 따위의 요리가)설익다. ③수줍어하다. 애티가 있다.
[嫩苗兒] nènmiáorh ㄋㄣˋㄇㄧㄠˊㄦ 새싹. 새순. 「가죽.
[嫩皮兒] nènp'írh ㄋㄣˋㄆㄧˊㄦ. 부드러운
[嫩手兒] nènshǒurh ㄋㄣˋㄕㄡˇㄦ 풋나기 신참자(新參者).
[嫩豆腐] nèntòufu ㄋㄣˋㄉㄡˋㄈㄨ 명주 자루로 곱게 걸러서 만든 두부.
[嫩芽] nènyá ㄋㄣˋㄧㄚˊ 새싹. 새로 돋아나는 순.
[嫩葉] nènyèh ㄋㄣˋㄧㄝˋ 새로 나온 잎.

〔恁〕 nèn ㄋㄣˋ ①그처럼. 그와 같이. 「如何一大膽? ; 어째서 그처럼 대담하지?」 ②그와 같은. 「一時; 그 때」
[恁般] nènpān ㄋㄣˋㄅㄢ 그와 같은. 그처럼 ⇨ jèn은 틀림.

HNENG ㄋㄥ

〔能〕 néng ㄋㄥˊ ①능력이나 역량에 따라 할 수 있는 것. …할 수 있다. 「他不一說俄語; 그는 러시아말을 못한다」 ②가능성을 나타내다. 있을 수 있다. 「他還能不去嗎? ; 그가 못가는 수가 있을까?」 ③어쩌면. 뜻밖에도. 「半天一不進來一個買主; 어쩌면 한나절이 돼도 한 사람의 고객도 들어 오지 않는다」 ④능력. 재능. 「各盡其一; 각자가 그 재능을 다하다」 ⑤능력 또는 재능이 있는. ⑥("不"로써 부정하여)…할 것이 아니다. 「你不一這樣不負責任; 너는 그와 같이 무책임해서는 안된다」 ⑦에네르기. 「原子一; 원자 에네르기」 「사람.
[能者] néngchě ㄋㄥˊㄓㄜˇ 재능이 있는
[能處] néngch'u ㄋㄥˊㄔㄨ 특기. 장점.
[能屈能伸] néngch'ü-néngshēn ㄋㄥˊㄑㄩㄋㄥˊㄕㄣ 순경(順境)에도 역경에도 잘 순응하다. 환경에 잘 순응하다. «成»
[能否] néngfǒu ㄋㄥˊㄈㄡˇ …될는지 어떨는지. 「一完成任務; 임무를 완수할 수 있을는지 어떨는지」
[能幹] néngkàn ㄋㄥˊㄍㄢ ①재능이 있어 일을 잘 해내다. >能能幹幹. ②néngkàn 할 수 있다. 일을 잘하다.
[能够] néngkou ㄋㄥˊㄍㄡ …할 능력이 있다. …할 가능성이 있다. =能①②.
[能工巧匠] néngkūng-ch'iǎochiàng ㄋㄥˊㄍㄨㄥ ㄑㄧㄠˇㄐㄧㄤˋ 유능하며 창조력이 풍부한 사람.
[能人] néngjén ㄋㄥˊㄖㄣˊ 재능이 있는 사람. 재사(才士). 「=能⑦
[能量] néngliàng ㄋㄥˊㄌㄧㄤˋ 에네르기.
[能耐] néngnai ㄋㄥˊㄋㄞ 기능. 능력. 재능.
[能事] néngshìh ㄋㄥˊㄕˋ ①특히 자기 특기로 삼는 일. ②néngshìh 민첩한 수완이 있다. 「있는 사람.
[能手] néngshǒu ㄋㄥˊㄕㄡˇ 재주꾼. 재주
[能說會道] néngshuō-huìtào ㄋㄥˊㄕㄨㄛ ㄏㄨㄟˋㄉㄠˋ 구변이 좋다. =能說善道.
[能做] néngtsò ㄋㄥˊㄗㄨㄛˋ ①재능이 뛰어나다. ②néng tsò 할 수 있다.
[能爲] néngwei ㄋㄥˊㄨㄞ =能耐.
[能文] néngwén ㄋㄥˊㄨㄣˊ 문예에 뛰어나다.
[能文能武] néngwén-néngwǔ ㄋㄥˊㄨㄣˊ ㄋㄥˊㄨˇ ①문무겸전(文武兼全)하다. 문무가 다 뛰어나다. ②학문적인 교양도 있고 일도 잘하다. ③이론으로나 완력으로나 다 같이 대처해 나갈 수 있다.
[能武] néngwǔ ㄋㄥˊㄨˇ 무예에 뛰어나다.
[能源] néngyüán ㄋㄥˊㄩㄢˊ 에네르기의 근원.

〔濘〕 nèng ㄋㄥˋ 〈文〉 nìng 길이 흙탕이 되어 걷기 힘들다. 「不完雨路上很一; 비 온 뒤에 길이 몹시 질다」
[濘糊(兒)] nènghu(rh) ㄋㄥˋㄏㄨ(ㄦ) (물기를 먹거나 녹아서)질척질척하다. 질척거리다. 「흙탕.
[濘泥] nèngní ㄋㄥˋㄋㄧˊ 질척거리는 진창.

NG ㄫ

〔唔〕(呒) ng ㄫ 허가나 승인을 표시하는 감탄사. 「一! 這麼辦吧! 응, 그렇게 하자!」

〔嗯〕(唔) ńg ㄫˊ, ń 의문을 나타내는 감탄사. 「一, 你說什麼? 응, 뭐라

고?」 ⇨ ěn, ňg, ňg.

〔嗯〕(呃) ňg 兀ˇ, ń 부동의((不同意)),불찬성,뜻밖의 일을 나타내는 감탄사.「一! 你怎麼還沒去? 이런, 왜 너 아직도 가지 않았어?」⇨ ěn, ńg, ňg.

〔嗯〕(呒) ǹg 兀ˋ, ǹ 승인이나 승낙을 나타내는 감탄사.얼핏 말할 때는 ňg 또는 ñ으로도 발음한다. ⇨ ěn,ńg,ňg.

NI ㄋㄧ

〔尼〕 ní ㄋㄧˊ 여승.비구니(比丘尼).

[尼姑(兒)] níkū(rh) ㄋㄧˊㄍㄨ(ㄦ) 여승.「一庵;비구니가 있는 절」

[尼枯汀] ník'ūt'ing ㄋㄧˊㄎㄨㄊㄧㄥ 니코틴.

[尼龍] nílúng ㄋㄧˊㄌㄨㄥˊ 나일론.

〔呢〕 ní ㄋㄧˊ「一子;나사(羅紗)」⇨ nê.

[呢絨] níjúng ㄋㄧˊㄖㄨㄥˊ 나사(羅紗).

[呢帽] nímào ㄋㄧˊㄇㄠˋ 펠트로 만든 중절 모자. 소프트 모자.

[呢喃] nínán ㄋㄧˊㄋㄢˊ ①제비 우는 소리. ②낮은 소리로 속삭이다. >呢呢喃喃.

[呢料(兒)] níliào(rh) ㄋㄧˊㄌㄧㄠˋ(ㄦ) 나사지(羅紗地).털실로 짠 옷감.

[呢子] nítzŭ ㄋㄧˊㄗ 나사(羅紗).

〔泥〕 ní ㄋㄧˊ ①진흙.②진흙 같은 것.「山藥一;참마를 갈아 묽게 한 것」③진흙이나 먼지가 묻어 더러워지다.「這件衣服一了;이 옷은 때가 묻었다」⇨ nì.

[泥漿] níchiāng ㄋㄧˊㄐㄧㄤ 흙탕물.

[泥青] ních'īn ㄋㄧˊㄑㄧㄣ 자연산 쪽(藍). 인공(人工)이 아닌,자연산의 쪽.

[泥鰍] níchiu ㄋㄧˊㄑㄧㄡ 추어(鰍魚). 미꾸라지.

[泥球兒] ních'iúrh ㄋㄧˊㄑㄧㄡˊㄦ 흙으로 공처럼 빚은 것.「傳一;흙으로 공처럼 빚다」

[泥㧟㧟兒] níchūchūrh ㄋㄧㄐㄩㄐㄩㄦ 튀는 흙.튀어 오른 흙.

[泥垡頭] nífát'ou ㄋㄧˊㄈㄚˊㄊㄡ 진흙 덩어리.

[泥象] níhsiàng ㄋㄧˊㄒㄧㄤˋ 진흙으로 만든 상(像).

[泥心] níhsīn ㄋㄧˊㄒㄧㄣ 핵.중심:주조 용어(鑄造用語).

[泥人兒] níjénrh ㄋㄧˊㄖㄣˊㄦ ①흙으로 만든 장난감 인형.「一還有土性兒;지렁이도 밟으면 꿈틀한다」 ②무표정한 사람에 대한 비유. ③얼굴이 먼지나 흙투성이가 되어 있는 사람.

[泥坑] ník'ēng ㄋㄧˊㄎㄥ 수렁.진흙탕투성이의 늪.「他自已陷入一;그는 자진하여 수렁 속에 뛰어 들다」

[泥狗] níkǒu ㄋㄧˊㄍㄡˇ 진흙으로 만든 개

[泥煤] níméi ㄋㄧˊㄇㄟˊ 이탄(泥炭). 토탄(土炭).

[泥濘] nínìng ㄋㄧˊㄋㄧㄥˋ ①흙탕.진창. ②질퍽거리다. >泥泥濘濘

[泥巴] nípa ㄋㄧˊㄅㄚ 진흙.

[泥牛入海] níniú jùhǎi ㄋㄧˊㄋㄧㄡˊ ㄖㄨˋ ㄏㄞˇ 함흥차사:한 번 가면 다시는 돌아오지 않다.

[泥餅子] nípǐngtzŭ ㄋㄧˊㄅㄧㄥˇㄗ 옷에 묻은 진흙이 말라서 떡 모양으로 된 것.

[泥沙] níshā ㄋㄧˊㄕㄚ ①진흙과 모래.②남의 밑에 깔려 있는 것의 비유.③시시한 존재에 대한 비유.

[泥水] níshuǐ ㄋㄧˊㄕㄨㄟˇ ①흙탕물.②반죽하여 이긴 벽토(壁土).「一匠;미장이」「一工程;미장이 공사」「一活;흙일」

[泥塑木雕] nísù-mùtiāo ㄋㄧˊㄙㄨˋ ㄇㄨˋ ㄉㄧㄠ 쓸모 없는 사람.융통성 없다.《成》

[泥胎] nítāi ㄋㄧˊㄊㄞ 우상(偶像). 진흙으로 만든 상(像)의 원형.

[泥胎兒] nítāirh ㄋㄧˊㄊㄞㄦ 아직 굽지 않은 도기(陶器).

[泥潭] nít'án ㄋㄧˊㄊㄢˊ 늪.소택(沼澤). 질척거리는 땅.

[泥塘] nít'áng ㄋㄧˊㄊㄤˊ 흙탕못.수렁.

[泥刀] nítāo ㄋㄧˊㄉㄠ 흙손.

[泥點(子)] nítiěn(tzŭ) ㄋㄧˊㄉㄧㄢˇ(ㄗ) 튀어 묻은 흙.튀어 나는 흙탕.

[泥腿] nít'ui ㄋㄧˊㄊㄨㄟ 거리의 깡패.「一光棍;항간의 무뢰한」

[泥腿子] nít'uitzŭ ㄋㄧˊㄊㄨㄟˇㄗ 농사군. 농민(農民).

[泥娃娃] níwáwa ㄋㄧˊㄨㄚˊㄨㄚ 진흙으로 만든 인형.

[泥俑] níyǔng ㄋㄧˊㄩㄥˇ 흙으로 만든 인형.토용(土俑):옛날 무덤가에 묻어 두던, 찰흙으로 만든 사람이나 동물 따위의 상

〔妮〕 ní ㄋㄧˊ, nī「一子·一兒;소녀」

[妮子(一兒)] nítzŭ(—rh) ㄋㄧˊㄗ(—ㄦ) 소녀.계집아이(친밀감과 경멸의 두 가지 뜻을 동시에 가지다).

〔倪〕 ní ㄋㄧˊ ①가장자리.가.「端一;실마리.단서」②나.우리들.

〔霓〕(蜺) ní ㄋㄧˊ 무지개.「一虹燈;네온 라이트」

[霓虹] níhúng ㄋㄧˊㄏㄨㄥˊ 네온.「一光管;네온 사인」

〔鯢〕 ní ㄋㄧˊ〈動〉①고래의 암컷.②도롱뇽.산초어(山椒魚).

〔你〕(儞) nǐ ㄋㄧˇ ①당신. 그대: 말 상대를 가리킴. 「一說…너 어때」「一說大不大?어때,크지?」「一猜他說什麼?;그런데,그가 뭐라 말했다고 생각하세요?」「一看,多麼可笑啊!;보세요, 얼마나 가소로운 일이 아닌가」「眞有一的;넌 참으로 빈틈 없구나」②("一…一…"의 경우) 마음대로 … 하려므나.「一下一的雨;비야 오고 싶으면 오려므나」③("一…我…"의 경우) 서로.저마다.각기.「一一句我一句他說;저마다 말을 하다」「一看我,我看你;서로 얼굴을 마주보다」④그 사람:막연히 어느 사람을 가리키나,표현을 실감 있게 하기 위해 2인칭을 쓰는 경우가 많다.「有錢的時候大家恭敬一,沒錢就看不起一;돈이 있으면 사람들은 그를 공손히 대하지만 돈이 없으면 그 사람을 경멸한다」⑤실제 이야기 상대를 가리키지만 "您"이라 하지 않고 "你"를 써서 표현을 완곡하게 한다.「一是銀行,他是錢莊

;이편은 은행,저편은 환전상(換錢商). 둘 다 비슷비슷한 직업이다」
[你處] nǐch'ù ㄋㄧˇㄔㄨˋ 너 있는 곳
[你來我往] nǐlái-wǒwǎng ㄋㄧˇㄌㄞˊ ㄨㄛˇㄨㄤˇ 서로 내왕하며 교제하다.
[你老] nílǎo ㄋㄧˊㄌㄠˇ 귀하. "你"의 경칭.
[你們] nǐmên ㄋㄧˇㄇㄣ 너희들.
[你死我活] nísssǔ-wǒhuó ㄋㄧˊㄙ ㄨㄛˇㄏㄨㄛˊ 죽이느냐 사느냐의 결판.「一地鬪起來;목숨을 걸고 싸우기 시작했다」
[你的] nǐtê ㄋㄧˇㄉㄜ ①너의.②네 것.③이 새끼.「滾一;나가라」《罵》
[你虞我詐] nǐyú-wǒchà ㄋㄧˇㄩˊ ㄨㄛˇㄓㄚˋ 서로 속이다.

〔擬〕(拟) nǐ ㄋㄧˇ ①…할 작정.「一往上海;"上海"로 갈 작정이다」②(잠정적으로) 계획하다.정하다.「一定計劃;계획을 세우다」③본뜨다.모방하다.
[擬制] nǐchìh ㄋㄧˇㄓˋ ①본받아 제정하다. ②기초(起草)하여 제정하다.
[擬議] nǐì ㄋㄧˇㄧˋ ①추론하다. 상의하다. ②계획 준비를 제의(提議)하다.「들다.
[擬稿] níkǎo ㄋㄧˊㄍㄠˇ 초고(草稿)를 만
[擬訂] nǐtìng ㄋㄧˇㄉㄧㄥˋ 계획을 짜서 결정하다.

〔泥〕 nì ㄋㄧˋ ①칠하다.「一墻;벽에 칠을 하다」②고집하다.구애를 받다.=拘泥.⇨ní.

〔逆〕 nì ㄋㄧˋ ①거슬러 올라가다.방향이 반대가 되다.「一水行舟;흐름과 반대로 배를 몰고 거슬러 올라가다」「一風;역풍」②반역자.반역자의 소유물. ③맞이하다.오기를 기다리다.④미리.사전에.
[逆差] nìch'a ㄋㄧˋㄔㄚ 역조(逆調).무역에 있어서의 수입 초과 따위.
[逆產] nìch'ǎn ㄋㄧˋㄔㄢˇ ①역아(逆兒).②역아(逆兒)를 낳다.도산(倒產).《醫》 ③반역자의 재산:역산.
[逆知] nìchīh ㄋㄧˋㄓ =逆料.
[逆耳] nìěrh ㄋㄧˋㄦˇ 귀에 거슬리다.「忠言一;충고하는 말은 귀에 거슬리는 법」
[逆性] nìhsìng ㄋㄧˋㄒㄧㄥˋ 저항력.「這種作物一很大;이들 작물은 저항력이 매우 크다」
[逆來順受] nìlái shùnshòu ㄋㄧˋㄌㄞˊ ㄕㄨㄣˋㄕㄡˋ 역경을 순순히 받아 들이다. 상대편의 무리한 요구도 순순히 참고 받아 들이다.「의 숙소.
[逆旅] nìlǚ ㄋㄧˋㄌㄩˇ 여행 숙소.나그네
[逆料] nìliào ㄋㄧˋㄌㄧㄠˋ 예측하다.
[逆水行舟] nìshuǐ hsíngchōu ㄋㄧˋㄕㄨㄟˇ ㄒㄧㄥˊㄓㄡ 배를 몰고 물을 거슬러 올라가다.물살을 거슬러 배를 저어가다.
[逆睹] nìtǔ ㄋㄧˋㄉㄨˇ 예지하다. 미리 알아 채다.
[逆子] nìtzǔ ㄋㄧˋㄗˇ 불효자식(不孝子息)

〔匿〕 nì ㄋㄧˋ 감추다.숨다.「隱一;은닉」「一名信;익명의 편지.본래의 성명을 숨긴 편지」

〔溺〕 nì ㄋㄧˋ ①물에 빠지다.「一死;익사」②도(度)를 넘다.「一愛; 사랑에 빠지다」③소변.=便溺. ⇨niào.
[溺鬼] nìkueǐ ㄋㄧˋㄍㄨㄟˇ 익사자의 유령.

〔暱〕(昵) nì ㄋㄧˋ 친해지다. 가까와지다.
[暱交] nìchiāo ㄋㄧˋㄐㄧㄠ 친한 친구.

〔膩〕 nì ㄋㄧˋ ①기름진.기름기가 많은.「油一;기름기가 많다.치근치근하다」②물리다.귀찮다.시끄럽다.「德一了;귀에 못이 박혔다」③불결한.④특별히 친한.「一友;특히 친밀한 친구」
[膩蟲] nìch'ung ㄋㄧˋㄔㄨㄥ 《動》진디. 바퀴.
[膩煩] nìfan ㄋㄧˋㄈㄢ 귀찮아 싫증이 나다.「很一人;몹시 귀찮게 굴다」=煩膩. >膩膩煩煩.
[膩人] nìjén ㄋㄧˋㄖㄣˊ 싫증이 나다.싫다.
[膩抹] nìmo ㄋㄧˋㄇㄛ ①때가 묻다. 더러워지다. ②문질러 바르다.
[膩得慌] nìtêhuang ㄋㄧˋㄉㄜㄏㄨㄤ 심중이 괴롭다.
[膩子] nìtzǔ ㄋㄧˋㄗ ①퍼티.②한곳에 오래 머물거나 궁둥이가 무거운 사람.
[膩歪] nìwai ㄋㄧˋㄨㄞ ①싫다.②미워하다.
[膩味] nìwei ㄋㄧˋㄨㄟ ①=膩畏①②. ② nìwèi 기름기 많은 음식물.
[膩畏] nìwei ㄋㄧˋㄨㄟ ①싫어지다. ②싫다. >膩膩畏畏.
[膩胃] nìwèi ㄋㄧˋㄨㄟˋ 기름기 많은 음식물을 먹어서 음식이 소화되지 않고 기분이 나쁘다.

NIANG ㄋㄧㄤ

〔娘〕(孃) niáng ㄋㄧㄤˊ ①딸. 소녀.②어머니.「我一;나의 어머니」
[娘家] niángchia ㄋㄧㄤˊㄐㄧㄚ 출가한 딸이 자기 친정(親庭)을 말함.
[娘親] niángch'īng ㄋㄧㄤˊㄑㄧㄥ ①어머니.②어머니측의 친척.외척(外戚).
[娘舅] niángchiù ㄋㄧㄤˊㄐㄧㄡˋ 외삼촌〈南〉
[娘姨] niángí ㄋㄧㄤˊㄧˊ 결혼을 한 하녀.
[娘老子] niánglǎotzǔ ㄋㄧㄤˊㄌㄠˇㄗ ①어머니. 모친. ②양친.《方》
[娘們兒] niángmênrh ㄋㄧㄤˊㄇㄣㄦ, niámênrh ①=娘兒們. ②여인네. 계집《罵》「這眞一厲害!;이 계집은 참으로 지독하다!」
[娘們兒家] niángmênrhchia ㄋㄧㄤˊㄇㄣㄦㄐㄧㄚ 부인네.여자:포괄적으로 말할 때.
[娘娘] niángniang ㄋㄧㄤˊㄋㄧㄤ ①여신(女神). ②황후(皇后). ③조모.《吳》 ④어머니. 모친.
[娘娘廟] niángniangmiào ㄋㄧㄤˊㄋㄧㄤㄇㄧㄠˋ 출산(出產)을 맡아보는 여신(女神)을 모신 사당.
[娘兒] niángrh ㄋㄧㄤˊㄦ 고모.=姑母.
[娘兒倆] niángrhliǎ ㄋㄧㄤˊㄦㄌㄧㄚˇ ①어머니와 딸. 모녀(母女). ②부인(婦人)과 손아래 한 사람:친밀한 어기를 포함하다. ③어머니와 아들. 모자(母子).
[娘兒們] niángrhmên ㄋㄧㄤˊㄦㄇㄣ ①기혼 부인.②어머니와 딸.=娘兒倆①
[娘胎] niángt'ai ㄋㄧㄤˊㄊㄞ 모태.어머니

의 어머니의 태(胎) 안.「出了一；출생하다」

[娘子] niángtzŭ ㄋㄧㄤˊㄗ ①아내를 부르는 말: 소설·희곡 용어. ②젊은 아낙네를 부르는 말.

〔釀〕(酿) niàng ㄋㄧㄤˋ ①술·간장을 만들다.「一酒；술을 담그다」②술.「佳一；맛 좋은 술」③벌(ㄋ..蜂)이 꿀을 만들다. ④차츰차츰 이루어져 가다.

[釀成] niàngch'ĕng ㄋㄧㄤˋㄔㄥˊ 점차 형성되어 가다. 차차 습관화 되다.

[釀禍] niànghuò ㄋㄧㄤˋㄏㄨㄛˋ 화(禍)를 초래하다. 서서히 화(禍)를 미치다.

[釀蜜] niàngmì ㄋㄧㄤˋㄇㄧˋ 꿀벌이 꿀을 만들다.

[釀母] niàngmŭ ㄋㄧㄤˋㄇㄨˇ 효모(酵母).

NIAO ㄋㄧㄠ

〔鳥〕(鸟) niăo ㄋㄧㄠˇ ①「一兒；새」② tiăo 좆 같은 놈.「什麼一用；고약한 놈, 아무 소용도 없겠다」

[鳥槍] niăoch'iang ㄋㄧㄠˇㄑㄧㄤ 엽총.

[鳥瞰] niăok'àn ㄋㄧㄠˇㄎㄢˋ ①위에서 내려다 보다. 조감. ②개관(槪觀).「世界大勢一；세계 정세의 개관」

[鳥媒] niăoméi ㄋㄧㄠˇㄇㄟˊ 새의 미끼: 새나 짐승을 유인하기 위한 미끼로 하는 짐승.

[鳥男女] niăonánnŭ ㄋㄧㄠˇㄋㄢˊㄋㄩˇ 좆같은 새끼. 개자식. 《罵》

[鳥道] niăotào ㄋㄧㄠˇㄉㄠˋ 험한 산길.

[鳥兒嘴] niăorhtsuĭ ㄋㄧㄠˇㄦㄗㄨㄟˇ 부리. 새나 짐승의 주둥이.

[鳥窩] niăowō ㄋㄧㄠˇㄨㄛ 새의 집. 둥지. 새 둥주리. 보금자리.

〔嫋〕(嫋) niăo ㄋㄧㄠˇ

[嫋嫋] niăoniăo ㄋㄧㄠˊㄋㄧㄠˇ ①우아한 모양. ②가냘프게 움직이는 모양. 회미하게 움직이는 모양. ③가느다란 모양. 날씬한 모양.

[嫋娜] niăonó ㄋㄧㄠˇㄋㄨㄛˊ 초목이나 여성의 몸이 날씬한 모양.

〔尿〕 niào ㄋㄧㄠˋ ①소변.「撒一；소변을 보다」②소변이 마렵다.「오줌싸다.

[尿床] niàoch'uáng ㄋㄧㄠˋㄔㄨㄤˊ 잠결에

[尿壺] niàohú ㄋㄧㄠˋㄏㄨˊ 요강.

[尿炕] niàok'àng ㄋㄧㄠˋㄎㄤˋ 잠결에 자기도 모르게 오줌을 싸다. 야뇨증(夜尿症). ＝尿床.

[尿罐] niàokuàn ㄋㄧㄠˋㄍㄨㄢˋ 요강의 일종: 도기 또는 에나멜 기구로 만든.

[尿你] niàoni ㄋㄧㄠˋㄋㄧ 네까짓 것: 상대를 깔보고 욕하는 말.

[尿布] niàopù ㄋㄧㄠˋㄅㄨˋ 기저귀.

[尿盆子] niàop'ĕntzŭ ㄋㄧㄠˋㄆㄣˊㄗ 요강: 여자용.

[尿片] niàop'ièn ㄋㄧㄠˋㄆㄧㄢˋ ＝尿布.

[尿臊] niàosāo ㄋㄧㄠˋㄙㄠ 지린내 나다.

[尿墊子] niàotièntzŭ ㄋㄧㄠˋㄉㄧㄢˋㄗ 기저귀 커버. 오줌 깔개: 아기의 오줌 싸는 것을 대비해서 만들어 까는 요.

[尿桶] niàot'ŭng ㄋㄧㄠˋㄊㄨㄥˇ 오줌통.

[尿窩兒] niàowōrh ㄋㄧㄠˋㄨㄛㄦ 오줌이 괸 곳. 뭇 사람이 오줌을 누는 곳.

[尿流屁滾] suīliú-p'ìkŭn ㄙㄨㄟㄌㄧㄡˊㄆㄧˋㄍㄨㄣˇ 공포에 떠는 모양. 혼이 나도록 놀라는 모양.

〔脲〕 niào ㄋㄧㄠˋ 요소(尿素).

〔溺〕 niào ㄋㄧㄠˋ (무의식중에)소변이 나오다. 오줌을 싸다. 소변을 지리다.「小孩子一炕子；어린 아이가 잠결에 오줌을 쌌다」⇨nì.

NIEH ㄋㄧㄝ

〔揑〕(捏) niēh ㄋㄧㄝ ①손끝으로 집다.「一着一粒糖；엿을 하나 집어 먹다」②손끝으로 꼬집다.「一他一下；그를 조금 꼬집어 주다」③이겨서 만들다(빚다).「一餃子；"餃子"를 빚다」④조작하다. 날조하다.

[揑着鼻子] nièhchê pítzŭ ㄋㄧㄝㄓㄜㄅㄧˊㄗ, nièhchê pítzŭ ①쓰라림을 참고서. ②무리하게.「心裏不願意, 也得一吃；싫어도 억지로라도 먹어야만 한다」＝揑着頭皮.

[揑合] niēhhó ㄋㄧㄝㄏㄜˊ ①반죽하다. ②달라붙다. 밀통(密通)하다.

[揑一把汗] nièh ipă hàn ㄋㄧㄝㄧㄅㄚˇㄏㄢˋ (근심이나 놀라서) 손에 땀을 쥐게하다. 가슴이 철썩하다.「替他一；이편이 불안해서 못 견디겠다」

[揑咕] nièhku ㄋㄧㄝㄍㄨ ＝揑弄②.

[揑弄] nièhnung ㄋㄧㄝㄋㄨㄥ ①날조하다. 조작하다. ②중재하다. ③몸짓이나 표정으로 넌지시 암시하다.

[揑報] nièhpào ㄋㄧㄝㄅㄠˋ 허위 보고하다.

[揑神揑鬼] nièhshĕn-nièhkuei ㄋㄧㄝㄕㄣˊㄋㄧㄝㄍㄨㄟ 비밀리에 의논하는 모양.

[揑手揑脚] niēhshŏu-nièhch'iăo ㄋㄧㄝㄕㄡˇㄋㄧㄝㄑㄧㄠˇ 남이 모르게 소리 없이 걷는 모양. 살금살금 걷는 모양.

[揑酸] nièhsuan ㄋㄧㄝㄙㄨㄢ 고의로 뻐기다. 뽐내다.

[揑搭] nièhta ㄋㄧㄝㄉㄚ 안마하다.

[揑造] nièhtsào ㄋㄧㄝㄗㄠˋ ①날조하다. ②멋을 부리다. 맵시를 내다.

[揑詞] nièhtz'ŭ ㄋㄧㄝㄘˊ 엉터리. 거짓. 꾸민 말.

〔苶〕 niéh ㄋㄧㄝˊ ①무뚝뚝하다. 아무말도 않고 있다. ②기운이 없다. 기가 죽어 있다.「發一；맥이 풀려 녹초가 되어 있다」＝發呆.

[苶呆呆的] niéhtāitāitê ㄋㄧㄝˊㄉㄞㄉㄞㄉㄜ 멍청해 있는 모양. 맥이 풀려 있는 모양.

[苶大膽兒] niéhtàtănrh ㄋㄧㄝˊㄉㄚˋㄉㄢˇㄦ 무뚝뚝하면서도 대담한 사람.

〔乜〕 nièh ㄋㄧㄝˋ 성(姓). ⇨miēh.

〔涅〕(涅) nièh ㄋㄧㄝˋ ①검게 물들이다. ②검은 염색료.「一齒；이를

까맣게 물들이다」「一白；불투명한 색」

〔孽〕 nièh ㄋㄧㄝˋ ①화,재앙. ②죄의 응보.「罪一；죄화(罪禍)」

[孽種] nièhchǔng ㄋㄧㄝˋㄓㄨㄥˇ ①천벌을 받다.«罵» ②사회에 해독을 끼치는 악질 분자.

[孽根] nièhkěn ㄋㄧㄝˋㄍㄣ ①비루한 근성. ②화근(禍根).

[孽生] nièhshěng ㄋㄧㄝˋㄕㄥ 쌍동이가 출생하다.

〔蘖〕 nièh ㄋㄧㄝˋ 그루터기에서 나오는 새싹.「分一；벼나 보리의 그루터기에서 나는 가지」

〔囁〕 nièh ㄋㄧㄝˋ ①입을 움직이다.②말끝을 흐려 버리다.③떠들썩하다.

[囁嚅] nièhjú ㄋㄧㄝˋㄖㄨˊ 말을 하려다가 그만두다.`말을 더듬거리다.

〔齧〕(嚙) nièh ㄋㄧㄝˋ 물다. 깨물다.「蟲咬鼠一；벌레가 물고,쥐가 갉다」

〔躡〕 nièh ㄋㄧㄝˋ ①밟다. 「一足其間；한 걸음 발을 들여놓고…(하다)」 ②뒤를 쫓다.「一踪；뒤를 쫓다」 ③걸음아 가볍다.「輕手一脚；몰래 살짝」

[躡步] nièhpù ㄋㄧㄝˋㄅㄨˋ 소리 내지 않고 살금살금 걷는 모양.

[躡手躡脚的] nièhshǒu-nièhchiǎotê ㄋㄧㄝˋㄕㄡˇ ㄋㄧㄝˋㄐㄧㄠˇㄉㄜ 살금살금. 남몰래.

[躡足潛踪] nièhtsúch'iéntsūng ㄋㄧㄝˋㄗㄨˊㄑㄧㄢˊㄗㄨㄥ 슬쩍 흔적을 감추다.

〔鑷〕(镊) nièh ㄋㄧㄝˋ「一子；핀셋」

〔顳〕 nièh ㄋㄧㄝˋ 관자놀이.

[顳顬] nièhjú ㄋㄧㄝˋㄖㄨˊ 관자놀이.

NIEN ㄋㄧㄢ

〔拈〕 niēn ㄋㄧㄢ, nién 단 "撚"의 뜻으로 쓰일 때는 niěn. 손 끝으로 물건을 집다.「一花；손끝으로 꽃을 집다」 ⇨ niěn.

[拈輕怕重] niēnch'īng p'àchùng ㄋㄧㄢㄑㄧㄥㄆㄚˋㄓㄨㄥˋ ①쉬운 일은 택하고 어려운 일은 회피하다. ②강한 자에게는 친절히 하고 약한 자에게는 학대를 하다.

[拈鬮] niēnchiū ㄋㄧㄢㄐㄧㄡ 제비를 뽑다.

[拈香] niénhsiāng ㄋㄧㄢˊㄒㄧㄤ (신불에게)향을 집어 피워 놓다.향을 집어 피우다. 참배하다.

[拈花惹草] niénhuā-jěts'ǎo ㄋㄧㄢˊㄏㄨㄚㄖㄜˇㄘㄠˇ 남자가 여자에게 차례차례로 손을 뻗치다.

[拈弄] niēnnùng ㄋㄧㄢㄋㄨㄥˋ 희롱하다. >拈拈弄弄.

[拈酸] niēnsuān ㄋㄧㄢㄙㄨㄢ, niénsuān 질투하다.「一吃醋；질투하다」

〔蔫〕 niēn ㄋㄧㄢ ①시들어 마르다.시들다.풀이 죽다.②정신이나 기분이 나지 않는다.「他這幾天很一, 象是有病；그는 요사이 며칠 동안 맥이 풀려 있는 것으로 보아 병인 것 같다」

[蔫出溜兒的] niēnch'uliūrhtê ㄋㄧㄢㄔㄨㄌㄧㄡㄦㄉㄜ ＝蔫蔫兒的.

[蔫拱兒] niēnkǔngrh ㄋㄧㄢㄍㄨㄥˇㄦ 은밀히 지시하다.은근히 부추기다.은밀히 꾀다.

[蔫溜兒] niēnliūrh ㄋㄧㄢㄌㄧㄡㄦ 남모르게 떠나가다. 도망치다.

[蔫蔫兒的] niēnniēnrhtê ㄋㄧㄢㄋㄧㄢㄦㄉㄜ 남 모르게 하는 짓. 남의 눈을 피하는 짓.

[蔫脾氣] niēnp'ích'i ㄋㄧㄢㄆㄧˊㄑㄧ 말이 적은 성질. 말이 적고 쾌활하지 못한 성미.

[蔫不唧兒的] niēnpuchīrhtê ㄋㄧㄢㄅㄨㄐㄧㄦㄉㄜ 남 모르게 하는 모양. 은밀히. 살금살금.

[蔫不登的] niēnputēngtê ㄋㄧㄢㄅㄨㄉㄥㄉㄜ 맥이 풀리다.의기 소침(意氣銷沈)한 상태.

[蔫頭蔫腦] niēnt'óu-niēnnǎo ㄋㄧㄢㄊㄡˊㄋㄧㄢㄋㄠˇ 몹시 의기 소침한 모양.

〔年〕 nién ㄋㄧㄢˊ ①해:시간의 단위.「一一；일년」「每一；매년」②새해.「過一；해를 넘기다」③나이.연령.「一少；나이가 젊다」④사람의 일생을 나이에 따라 나눈 구분.「青一；청년」「壯一；장년」⑤당년(當年)의 수확.

[年長] niénchǎng ㄋㄧㄢˊㄓㄤˇ ①나이를 먹다.②연장(年長)이다. 손위.

[年成] niénch'éng ㄋㄧㄢˊㄔㄥ 수확. 작황(作況).

[年級] niénchí ㄋㄧㄢˊㄐㄧˊ 학년.「三一；3학년」

[年紀] niénchì ㄋㄧㄢˊㄐㄧˋ ①연수(年數). ② niénchi 연령.「你多大一？；너는 몇 살이냐？」

[年假] niénchià ㄋㄧㄢˊㄐㄧㄚˋ 연말 연시의 휴가.

[年獎] niénchiǎng ㄋㄧㄢˊㄐㄧㄤˇ 연말 보우너스.

[年節] niénchiéh ㄋㄧㄢˊㄐㄧㄝˊ ①설(12월 20일경부터 1월 20일경까지). ②설과 명절.

[年結] niénchiéh ㄋㄧㄢˊㄐㄧㄝˊ 연도 결산(年度決算).

[年饉] niénchǐn ㄋㄧㄢˊㄐㄧㄣˇ 흉년.

[年輕] niénch'īng ㄋㄧㄢˊㄑㄧㄥ 나이가 젊다.「一力壯；나이가 젊고 힘도 세다」「一人；젊은이」 ＝年青.

[年輕輕(兒)的] niénch'īngch'īng(rh)tê ㄋㄧㄢˊㄑㄧㄥㄑㄧㄥ(ㄦ)ㄉㄜ 젊디 젊다. 매우 젊은 모양.

[年景(兒)] niénchǐng(rh) ㄋㄧㄢˊㄐㄧㄥˇ(ㄦ) ①연말 연시의 풍경.②작황(作況). ③연중 경기(景氣).

[年酒] niénchiǔ ㄋㄧㄢˊㄐㄧㄡˇ 세주(歲酒): 설에 마시는 축하주.

[年中] niénchūng ㄋㄧㄢˊㄓㄨㄥ ①한 해의 중간쯤. ②매년.③일년내(內).

[年終] niénchūng ㄋㄧㄢˊㄓㄨㄥ ＝年底.

[年飯] niénfàn ㄋㄧㄢˊㄈㄢˋ 섣달 그믐날 밤 한집안 사람이 모여서 먹는 축하 식사.

[年分] niénfên ㄋㄧㄢˊㄈㄣ 경과된

세월의 햇수.지나간 연수(年數)나 그 기간.
[年份] niénfên ㄋㄧㄢˊㄈㄣˋ 연도(年度). 「1972年一裏;1972년도내(年度內)」
[年撫金] niénfǔchin ㄋㄧㄢˊㄈㄨˇㄐㄧㄣ 유족 연금(遺族年金).
[年候兒] niénhòurh ㄋㄧㄢˊㄏㄡˋㄦ 연한(年限). 1년을 단위로 한 기간.
[年下] niénhsìa ㄋㄧㄢˊㄒㄧㄚˋ 신년. 새해.
[年修] niénhsiǔ ㄋㄧㄢˊㄒㄧㄡˇ 연차수리(年次修理).
[年畫(兒)] niénhuà(rh) ㄋㄧㄢˊㄏㄨㄚˋ(ㄦ) 설에 방안에 붙이는 그림.
[年會] niénhuì ㄋㄧㄢˊㄏㄨㄟˋ 연 1회의 대회. 연차 대회.
[年貨] niénhuò ㄋㄧㄢˊㄏㄨㄛˋ 설에 사용할 물품이나 상품. 「는 떡.
[年糕] niénkāo ㄋㄧㄢˊㄍㄠ 설떡.설에 하
[年庚] niénkēn ㄋㄧㄢˊㄍㄥ ①생년월일(生年月日).②연령. 「=年底.
[年根(兒)] niénkēn(rh) ㄋㄧㄢˊㄍㄣ(ㄦ)
[年根底下] niénkēntǐhsià ㄋㄧㄢˊㄍㄣㄉㄧˇㄒㄧㄚˋ 세모. 연말. 「음(光陰).
[年光] niénkuāng ㄋㄧㄢˊㄍㄨㄤ 세월. 광
[年關] niénkuān ㄋㄧㄢˊㄍㄨㄢ 섣달 그믐날.세모.연말.
[年過活兒] niénkuòhuorh ㄋㄧㄢˊㄍㄨㄛˋㄏㄨㄛㄦ 설에 쓰는 음식물.=年活兒.
[年禮] niénlǐ ㄋㄧㄢˊㄌㄧˇ 연말의 선물.세의(歲儀). 「연로한.
[年邁] niénmài ㄋㄧㄢˊㄇㄞˋ 나이를 먹은.
[年貌] niénmào ㄋㄧㄢˊㄇㄠˋ 연령과 용모.
[年菜] niénts'ài ㄋㄧㄢˊㄘㄞˋ 설에 만들어 먹는 요리. 설음식.
[年盤] niénp'án ㄋㄧㄢˊㄆㄢˊ 설의 선물.
[年兒把月] niénrhpayüèh ㄋㄧㄢˊㄦㄅㄚㄩㄝˋ 일년이 채 못되어. 약 일년.
[年歲] niénsuì ㄋㄧㄢˊㄙㄨㄟˋ ①연령. 나이.②=年頭兒.
[年底] niéntǐ ㄋㄧㄢˊㄉㄧˇ 연말.
[年頭(兒)] niént'óu(rh) ㄋㄧㄢˊㄊㄡˊ(ㄦ) ①해.②연두.연초.③세월.시대.「一改了;시대는 바뀌었다.」④작황(作況).「好一;풍작」
[年月] niényüèh ㄋㄧㄢˊㄩㄝˋ ①연월(年月).②niényüeh 시대.그 때의 형세.「一不同;시대가 다르다」
[年尾] niénwěi ㄋㄧㄢˊㄨㄟˇ =年底.

〔鮎〕 nién ㄋㄧㄢˊ 〈動〉 메기.「一魚;메기」

〔黏〕(粘) nién ㄋㄧㄢˊ ①진득진득하다:고무풀과 같은 성질을 말함.「這江米很一;이 찹쌀은 매우 차지다」⇨chēn.
[黏着] niénchê ㄋㄧㄢˊㄓㄜ ①성가시게 달라붙다.귀찮게 따라 다니다.②niénchó =黏連. 「나쁘다.
[黏贅] niénchuì ㄋㄧㄢˊㄓㄨㄟˋ 손버릇이
[黏蟲] niénch'úng ㄋㄧㄢˊㄔㄨㄥˊ ①느림보.《罵》 ②끈질긴 사람.
[黏涎] niénhsien ㄋㄧㄢˊㄒㄧㄢ ①(말을) 길게 늘어 놓다.간결하지 못하다. ②길게 끌기만 하고 결말을 맺지 않다.>黏黏涎涎.
[黏涎子] niénhsiéntzǔ ㄋㄧㄢˊㄒㄧㄢˊㄗ 군침.입 밖으로 흘리는 침.
[黏性] niénhsìng ㄋㄧㄢˊㄒㄧㄥˋ 점착성(粘着性).
[黏糊] niénhu ㄋㄧㄢˊㄏㄨ ①우물쭈물하고 확실하지 못하다.②(죽 같은 것이)끈적끈적한 모양.
[黏湖糊兒的] niénhuhūrhtê ㄋㄧㄢˊㄏㄨㄏㄨㄦㄉㄜ 끈적끈적하게 진득거리는 모양
[黏湖湖的] niénhúhútê ㄋㄧㄢˊㄏㄨˊㄏㄨˊㄉㄜ 우물쭈물하여 분명하지 못한 모양.「外面一象個渾人, 裏面的膽子却大了;겉으로는 우물쭈물 바보같이 보이지만 담력은 대단하다」
[黏連] niénlién ㄋㄧㄢˊㄌㄧㄢˊ 착 들러붙다.차지다.끈기 있다.「兩塊糖一在一塊兒;엿 두 가락이 착 들러붙었다」
[黏米] niénmǐ ㄋㄧㄢˊㄇㄧˇ 찰기가 있는 곡식:찹쌀·차조 따위.
[黏板] niénp'ǎn ㄋㄧㄢˊㄆㄢˇ 베니어판(板).
[黏手] niénshǒu ㄋㄧㄢˊㄕㄡˇ ①간섭하다.②하기 힘들다.애먹다.
[黏手黏脚] niénshǒu-niénchiǎo ㄋㄧㄢˊㄕㄡˇ ㄋㄧㄢˊㄐㄧㄠˇ ①(아이들이) 어른들께 달라붙어 떨어지지 않다. ②(노인들의) 하는 일이 느리다.
[黏叨叨,絮叨叨] niéntāotāo hsǜtáotāo ㄋㄧㄢˊㄉㄠㄉㄠ ㄒㄩˋㄉㄠˊㄉㄠ 자꾸만 우물쭈물하면서 중얼거리는 모양. =絮叨不休. 「다.
[黏貼] niént'ieh ㄋㄧㄢˊㄊㄧㄝ (풀로)붙이
[黏漬漬的] niéntzǔtzǔtê ㄋㄧㄢˊㄗˋㄗˋㄉㄜ 끈적끈적하다.추근추근하다. 「出了汗,身上一;땀이 배서 몸에 끈끈하게 들러붙다」
[黏油] niényú ㄋㄧㄢˊㄧㄡˊ 중유(重油).
[黏牙兒] niényárh ㄋㄧㄢˊㄧㄚˊㄦ 불평·불만을 털어 놓다.

〔捻〕 niěn ㄋㄧㄢˇ ①손가락으로 비틀어 꼬다.「一麻繩;삼끈을 꼬다. 삼을 삼다」②「一子·一兒;종이나 피륙 따위를 꼬아 만든 것」「紙一兒;종이로 가늘게 꼰 끈.지승(紙繩)」
[捻捻轉兒] niěnnienchuànrh ㄋㄧㄢˇㄋㄧㄢㄓㄨㄢˋㄦ 팽이. =撚撚轉兒.
[捻繩] niěnshéng ㄋㄧㄢˇㄕㄥˊ 새끼나 끈 따위를 꼬다. 새끼.
[捻子] niěntzǔ ㄋㄧㄢˇㄗ ①등심(燈心).②종이로 꼰 가는 끈 모양의 것.③상투를 틀 때 쓰는 끈.④도화선. =撚子.

〔輦〕 niěn ㄋㄧㄢˇ ①옛날 사람이 끌던 수레.후일에 뜻이 바뀌어 황제가 타는 수레를 의미한다.

〔撚〕(拈) niěn ㄋㄧㄢˇ ①(손끝 사이에 끼어) 비틀다.만지작거리다. 꼬집다.「一鬚;수염을 만지작거리다」⇨nien.
[撚指間] niěnchǐhchiēn ㄋㄧㄢˊㄓˇㄐㄧㄢ 눈 깜짝할 사이에.홀연히.순식간에.
[撚綫] niénhsièn ㄋㄧㄢˊㄒㄧㄢˋ 실을 꼬다.
[撚開] niěnk'ai ㄋㄧㄢˇㄎㄞ (손끝으로) 비틀어 열다.비집다.비틀어 뽑아내다.
[撚撚轉兒] niěnnienchuànrh ㄋㄧㄢˇㄋㄧㄢㄓㄨㄢˋㄦ 팽이. =撚撚卷兒.
[撚把兒] niěnpàrh ㄋㄧㄢˇㄅㄚˋㄦ, niěnpǎrh ①손잡이.②시계의 용두(龍頭).
[撚兒] niěnrh ㄋㄧㄢˇㄦ 손으로 꼰 것.「紙一;종이로 가늘게 꼰 끈」

[撚子] niěntzŭ ㄋㄧㄢˇㄗ ①종이로 꼰 가는 끈 모양의 것. ②상투를 트는 데 쓰는 끈. ③등심(燈心). ④도화선.

〔碾〕(輾) niěn ㄋㄧㄢˇ ①「一子；로울러」「石一子；돌로 만든 로울러」②연자매를 끌어 돌리다. ③연자매나 로울러로 찧다. 「一藥；로울러로 약을 갈다」

[碾場] niěnch'áng ㄋㄧㄢˇㄔㄤˊ (곡식을) 찧어 껍질을 벗기다.

[碾船] niěnch'uán ㄋㄧㄢˇㄔㄨㄢˊ 약연(藥研): 약을 잘게 빻는 금속으로 만든 기구.

[碾轉] niénchuǎn ㄋㄧㄢˊㄓㄨㄢˇ 돌돌 굴리다.

[碾坊] niěnfáng ㄋㄧㄢˇㄈㄤˊ 정미소. 방앗간.

[碾(兒)房] niěn(rh)fáng ㄋㄧㄢˇ(ㄦ)ㄈㄤˊ 정미소. 연자맷간.

[碾米] niénmǐ ㄋㄧㄢˊㄇㄧˇ 정미하다. 「一廠；정미공장. 정미소」

[碾車床] niénchēch'uáng ㄋㄧㄢˊㄔㄜㄔㄨㄤˊ 로울러 선반(旋盤).

[碾盤] niěnp'án ㄋㄧㄢˇㄆㄢˊ 로울러 받침대. 절구나 맷돌 받침대.

[碾平] niěnp'íng ㄋㄧㄢˇㄆㄧㄥˊ 로울러를 굴려 평평하게 만들다.

[碾碎] niěnsuì ㄋㄧㄢˇㄙㄨㄟˋ 로울러로 가루를 내다. 절구로 찧거나 맷돌로 타서 가루를 내다.

[碾道] niěntào ㄋㄧㄢˇㄉㄠˋ 연자매의 마소가 빙빙 도는 길.

[碾子] niěntzŭ ㄋㄧㄢˇㄗ ①로울러. 연자매. 「推一；로울러를 굴리다」② 스팀 로울러: 도로 공사에 쓰임.

〔攆〕 niěn ㄋㄧㄢˇ ①쫓아내다. 추방하다. 「把壞分子一出去!；불량 분자를 쫓아내라!」②따라 가다. 뒤를 쫓다. 「一上；따라 가다. 쫓아 가다」

[攆不上] niěnpushàng ㄋㄧㄢˇㄅㄨㄕㄤˋ 쫓아 갈 수 없다. 따라 갈 수 없다.

[攆走] niéntsǒu ㄋㄧㄢˊㄗㄡˇ 쫓아 내다. 추방하다. ＝趕走.

〔廿〕 niền ㄋㄧㄢˋ 20. 「一四史；이십사사(二十四史)」「一日；20일」

〔念〕(唸③④) nièn ㄋㄧㄢˋ ① 마음에 새기다. 잊지 않고 기억하다. 상기하다. 「一着父母；부모를 그리워하다」②생각. 생각하다. 「一一之差；사소한 잘못된 생각」③소리내어 읽다. 소리 높이 부르다. 「一書；책을 낭독하다」「一咒；주문(呪文)을 외다」④배우다. 공부하다. 「一過大學；대학에서 수학했다」

[念經] nièn chīng ㄋㄧㄢˋ ㄐㄧㄥ 경(經)을 읽다. 독경하다.

[念想] niènhsiang ㄋㄧㄢˋㄒㄧㄤ 기념품.

[念想兒] niènhsiǎngrh ㄋㄧㄢˋㄒㄧㄤˇㄦ ＝念心兒.

[念心兒] niènhsinrh ㄋㄧㄢˋㄒㄧㄣㄦ, niènhsingrh 기념품. 추억이 담긴 물건. ＝念信兒.

[念白] ＝niènpái ㄋㄧㄢˋㄅㄞ 대사(臺詞). 「＝說白.

[念白(了)] niènpái(lê) ㄋㄧㄢˋㄅㄞˊ(ㄌㄜ) 글자 음을 잘못 읽다.

[念書] nièn shū ㄋㄧㄢˋ ㄕㄨ ①책을 낭독하다. ② nièn shū 공부하다. 학문하다.

[念誦] nièn sung ㄋㄧㄢˋㄙㄨㄥ 잊지 않고 마음에 새겨두다. ＞念念誦誦. ② nièn·sùng 소리 내어 읽다.

[念叨] nièntao ㄋㄧㄢˋㄉㄠ ① 입 속에서 중얼거리다. ＞念念叨叨. ②염려하다.＝念道. 念到.

[念頭] nièn t'ou ㄋㄧㄢˋㄊㄡ 생각. 「動一下一；문득 생각하다. 생각이 미치다」「想一；생각한다」

[念央兒] nièn yāngrh ㄋㄧㄢˋㄧㄤㄦ 의사를 비치다. 슬그머니 부탁하다. 암시를 주다.

〔埝〕 nièn ㄋㄧㄢˋ 둑. 제방. 「打一；둑을 쌓다」「隄一；제방」

NIN ㄋㄧㄣ

〔您〕 nín ㄋㄧㄣˊ "你"의 경칭. 당신. 선생님. 귀하.

[您哪] nínna ㄋㄧㄣˊㄋㄚ ＝您.

NING ㄋㄧㄥ

〔寧〕(宁·甯) níng ㄋㄧㄥˊ ① 편안한, 안정된. ②nìng 차라리 …하더라도. 설령(오히려) …한다 해도. 「一死不屈；죽더라도 굴하지 않는다」③"南京"의 별칭.

[寧靜] níngchìng ㄋㄧㄥˊㄐㄧㄥˋ 안정하다. ＞寧寧靜靜.

[寧綢] níngch'óu ㄋㄧㄥˊㄔㄡˊ "南京"에서 생산되는 견직물(絹織物).

[寧缺勿濫] níngch'üehwùlàn ㄋㄧㄥˊㄑㄩㄝㄨˋㄌㄢˋ 오히려 부족하는 한이 있더라도 함부로 증가하지는 말라.

[寧肯] nìngk'ěn ㄋㄧㄥˊㄎㄣˇ, nìngk'ěn ＝寧可.

[寧可] nìngk'ǒ ㄋㄧㄥˋㄎㄜˇ, nìngk'ǒ 차라리 …을 원하다. 「要是我, 我一上吊；나 같으면 오히려 목을 매고 죽겠다」

[寧折不彎] níngshē pùwān ㄋㄧㄥˊㄕㄜˊ ㄅㄨˋㄨㄢ 어떤 일이 있더라도 굴복하지는 않는다.

[寧自] nìngtzŭ ㄋㄧㄥˋㄗˋ ①＝寧可. ②비록 …하더라도. 「他一答理她…；그가 비록 그녀를 상대했다 하더라도…」

[寧願] níngyüàn ㄋㄧㄥˊㄩㄢˋ 어느 쪽인가 하면…쪽을 원한다. 「一多花錢買這個；어느 쪽인가 하면 돈을 더 내더라도 그것을 사고 싶다」

〔凝〕 níng ㄋㄧㄥˊ ①응결하다. 굳어지다. 「油還沒有一住；기름은 아직 굳어지지 않았다」②모으다. 집중하다. 「獨坐一思；홀로 생각에 잠기다」

[凝滯] níngchih ㄋㄧㄥˊㄓˋ 정체(停滯)하다.

[凝聚] níngchǜ ㄋㄧㄥˊㄐㄩˋ 응집(凝集)하다.

[凝妝] níngchuāng ㄋㄧㄥˊㄓㄨㄤ 성장(盛裝)하다.

[凝眸] níngmóu ㄋㄧㄥˊㄇㄡˊ 주목하다.

[凝神] níngshén ㄋㄧㄥˊㄕㄣˊ 정신을 집중

하다.
[凝思] níngssū ㄋㄧㄥˊㄙ 생각에 잠기다. 마음을 집중시키다.
[凝凍] níngtùng ㄋㄧㄥˊㄉㄨㄥˋ 응결하다. 응고하다.
[凝望] níngwàng ㄋㄧㄥˊㄨㄤˋ 응시(凝視)하다.
〔獰〕 níng ㄋㄧㄥˊ 흉악한. 모질고 사나운.
[獰丑] níngch'ǒu ㄋㄧㄥˊㄔㄡˇ 용모가 흉악하다.
[獰相] nínghsiàng ㄋㄧㄥˊㄒㄧㄤˋ 흉악한 용모. 흉악하고 사나운 인상.
[獰笑] nínghsiào ㄋㄧㄥˊㄒㄧㄠˋ 소름 끼치는 웃음을 짓다.
〔擰〕 níng ㄋㄧㄥˊ ①비틀어 짜다.「一手巾;수건이나 타월의 물을 짜다」②(손가락 사이에 집고 가볍게)틀다. 돌리다.「把鎖一上;자물쇠를 걸다」 ③꼬집다. ④(nǐng)힘을 주어 비틀다.「一緊螺絲;나사를 죄다」「一開電門;회전식 스위치를 넣다」「把鎖一壞了;자물쇠를 비틀어 부수다」「一脚;발을 삐다」「肚子一着疼;배가 쥐어 짜는 듯 아프다」 ⑤nìng 틀리다. 실수하다.「你把這件事情鬧一;너는 이 일을 잘못 저질렀다」「想一了;잘못 생각했다. 오해했다」 ⇨nìng.
[擰緊] nǐngchǐn ㄋㄧㄥˇㄐㄧㄣˇ 힘차게 비틀다.
[擰簧] nǐnghuáng ㄋㄧㄥˇㄏㄨㄤˊ =擰葱.
[擰開] nǐngk'ai ㄋㄧㄥˇㄎㄞ ①비틀어 열다. ②억지로 열다.
[擰乾] níngkān ㄋㄧㄥˊㄍㄢ, nǐngkān 물기가 없도록 세게 짜다.
[擰股] nǐngku ㄋㄧㄥˇㄍㄨ ①기질이 맞지 않다. ②얽히다. ③잘못 이해하다.
[擰了] nínglê ㄋㄧㄥˊㄌㄜ ①실패하다. 실수하다. ②변하다.
[擰兒] nǐngrh ㄋㄧㄥˇㄦ 의견의 엇갈림.「他們倆有點兒一;그 두 사람은 약간 엇갈린 의견을 가지고 있다」
[擰手巾] níng shǒuchīn ㄋㄧㄥˊㄕㄡˇㄐㄧㄣ ①수건을 짜다. ②물수건을 가져 오라:음식점 등에서 쓰는 말.
[擰葱] nǐngts'ūng ㄋㄧㄥˇㄘㄨㄥ ①실수를 하다. ②의견이 엇갈리다.
〔檸〕 níng ㄋㄧㄥˊ
[檸檬] níngmêng ㄋㄧㄥˊㄇㄥˊ 레몬.
〔佞〕 nìng ㄋㄧㄥˋ ①재능(才能)이나 지혜가 있는. ②아첨하다. 알랑거리다.「一口;말주변」
〔甯〕 nìng ㄋㄧㄥˋ ①성(姓). ②="寧" ⇨níng.
〔擰〕 nìng ㄋㄧㄥˋ 성질이 비뚤어지다. 마음이 비꼬이다.「這孩子眞一!이 아이는 참으로 성질이 비뚤어져 있다!」. ⇨níng.
[擰勁] nìngchìn ㄋㄧㄥˋㄐㄧㄣˋ ①거역하다. ②고집이 세다. 집요(執拗)하다. ③비뚤어진 모양.
[擰種] nìngchǔng ㄋㄧㄥˋㄓㄨㄥˇ 성질이 비뚤어진 사람. 고집장이. «罵»
[擰性] nìnghsìng ㄋㄧㄥˋㄒㄧㄥˋ 비뚤어진 성질.

NIU ㄋㄧㄡ

〔妞〕 niū ㄋㄧㄡ 계집아이. 여자 아이.「一兒;계집아이」
[妞妞] niūniū ①계집아이. 소녀. ②계집아이에 대한 애칭.
〔牛〕 niú ㄋㄧㄡˊ ①소.「黃一; 황우」 ②허풍치다.「他又一起來了;저 녀석 또 허풍치기 시작했다」 ③거만한 모양.「你一個甚麼;뭘 거드럭거리는 거야」 ④축년(丑年) 생.「他是屬一的;그는 축년생(丑年生)이다」
[牛氣] niúch'i ㄋㄧㄡˊㄑㄧ 거드럼 피우다. 잘난 체하다.
[牛勁] niúchìn ㄋㄧㄡˊㄐㄧㄣˋ ①겸질긴. ②고집통이. 고집장이. ③뚝심.
[牛房] niúfáng ㄋㄧㄡˊㄈㄤˊ 외양간.
[牛心] niúhsīn ㄋㄧㄡˊㄒㄧㄣ ①소의 심장. ②고집통이. 마음씨가 비꼬인 사람.
[牛性] niúhsìng ㄋㄧㄡˊㄒㄧㄥˋ =牛脾氣.
[牛黃] niúhuáng ㄋㄧㄡˊㄏㄨㄤˊ 소의 담즙에서 채취한 약(해열제). 우황.
[牛肉脯] niújòufǔ ㄋㄧㄡˊㄖㄡˋㄈㄨˇ 쇠고기포.
[牛肉乾兒] niújòukānrh ㄋㄧㄡˊㄖㄡˋㄍㄢㄦ 쇠고기를 삶아 간을 맞추고 다시 기름으로 볶아 말린 것:술안주나 간식용.
[牛狗] niúkǒu ㄋㄧㄡˊㄍㄡˇ 불독(犬).
[牛倌] niúkuān ㄋㄧㄡˊㄍㄨㄢ 소를 치는 젊은이. 소 치는 사람. 목동.
[牛鬼蛇神] niúkuei-shéshén ㄋㄧㄡˊㄍㄨㄟˇㄕㄜˊㄕㄣˊ ①기기괴괴(奇奇怪怪)한 일. ②정체 불명의 괴한.
[牛工] niúkūng ㄋㄧㄡˊㄍㄨㄥ 소가 하는 일.
[牛公] niúkūng ㄋㄧㄡˊㄍㄨㄥ 황소. «方»
[牛欄] niúlán ㄋㄧㄡˊㄌㄢˊ ①외양간. ②목장 울타리.
[牛郞] niúláng ㄋㄧㄡˊㄌㄤˊ ①소 치는 소년. 목동. ②견우성(牽牛星).
[牛毛] niúmáo ㄋㄧㄡˊㄇㄠˊ ①소의 털. ②털처럼 부드럽고 가느다란 것에 대한 형용「一細雨;가랑비. 이슬비」
[牛虻] niúmêng ㄋㄧㄡˊㄇㄥˊ 〈動〉등에. 말파리.
[牛母] niúmǔ ㄋㄧㄡˊㄇㄨˇ 암소.
[牛奶] niúnǎi ㄋㄧㄡˊㄋㄞˇ 우유.「一糖;밀크캬라멜」
[牛扒] niúpá ㄋㄧㄡˊㄆㄚˊ 비이프스테이크.
[牛排] niúp'ái ㄋㄧㄡˊㄆㄞˊ 비이프 카쯔.
[牛脾氣] niúp'ích'i ㄋㄧㄡˊㄆㄧˊㄑㄧ 고집불통. 완고.
[牛皮紙] niúp'íchǐh ㄋㄧㄡˊㄆㄧˊㄓˇ 크라프트지(紙).
[牛鞭] niúpiēn ㄋㄧㄡˊㄅㄧㄢ 소를 모는 채찍.
[牛皮箱] niúp'íhsiāng ㄋㄧㄡˊㄆㄧˊㄒㄧㄤ 쇠가죽으로 만든 트렁크.
[牛皮菜] niúp'íts'ài ㄋㄧㄡˊㄆㄧˊㄘㄞˋ =厚皮菜(hòup'íts'ài).
[牛脖子] niúpótzǔ ㄋㄧㄡˊㄅㄛˊㄗ 고집이 센. 완고한.
[牛頭不對馬嘴] niút'óu pùtuì mǎtsuǐ ㄋㄧㄡˊㄊㄡˊㄅㄨˋㄉㄨㄟˋㄇㄚˇㄗㄨㄟˇ ①

들어맞지 않다. 조리가 서지 않다. ②동문 서답. «諺»
[牛頭馬面] niút'óu-mǎmièn ㄋㄧㄡˊㄊㄡˊㄇㄚˇㄇㄧㄢˋ ①염라대왕에 딸린 작은 귀신. ②험악한 인상(人相). ③흉칙한 놈.
[牛犢子(一兒)] niútútzǔ(—rh) ㄋㄧㄡˊㄉㄨˊㄗ(—ㄦ) 송아지.
[牛瘟] niúwēn ㄋㄧㄡˊㄨㄣ 소에 감염하는 여과성 병독. 우역(牛疫).
[牛腰子] niúyāotzǔ ㄋㄧㄡˊㄧㄠㄗ 소의 콩팥.
[牛油] niúyú ㄋㄧㄡˊㄧㄡˊ ①버터. ②그리이스. «江»

〔忸〕 niǔ ㄋㄧㄡˇ
[忸怩] niǔní ㄋㄧㄡˇㄋㄧˊ ①언짢다. 떳떳하지 못하다. ②(여성이) 부끄러워하다. 우물쭈물하다. ＞忸忸怩怩.

〔扭〕 niǔ ㄋㄧㄡˇ ①비틀다. 돌리다. 「一過臉來 ; 얼굴을 이쪽으로 돌리다」 ②몸을 흔들거리며 걷다. 「一一一一地走 ; 흔들흔들 걷다」 ③삐다. 접질리다. ④변하다. 전환(轉換)하다. 「一轉局面 ; 국면을 전환시키다」
[扭成一團] niǔch'ēngit'uán ㄋㄧㄡˇㄔㄥˊㄧˋㄊㄨㄢˊ 얼기설기 모여 서로 싸우다.
[扭脚] niúchiǎo ㄋㄧㄡˊㄐㄧㄠˇ 발을 삐다.
[扭筋] niǔchīn ㄋㄧㄡˇㄐㄧㄣ 삐다.
[扭勁] niǔchìn ㄋㄧㄡˇㄐㄧㄣˋ ①비꼬인 성격. ②성질이 비뚤어지다. ③세력을 꺾다.
[扭住] niǔchu ㄋㄧㄡˇㄓㄨ ①붙잡아 놓다. ② 확 비틀다.
[扭轉] niúchuǎn ㄋㄧㄡˊㄓㄨㄢˇ ①비틀어 돌리다. ②전환시키다. 바꾸다. 「一戰場的勝負 ; 전장(戰場)의 승부를 뒤집다」
[扭開] niǔk'ai ㄋㄧㄡˇㄎㄞ 비틀어 열다. 강제로 열다.
[扭股兒糖] niúkǔrht'áng ㄋㄧㄡˊㄍㄨˇㄦㄊㄤˊ ①꽈배기 과자 : 엿가락처럼 꼬아서 만든 과자. ②얼기설기 얽혔거나 빙빙 도는 모양. ③성격이 비꼬인 사람. ④달라붙어 떨어지지 않는 사람.
[扭臉] niúliěn ㄋㄧㄡˊㄌㄧㄢˇ 얼굴을 돌리다 : 거절 또는 노염을 표시. =轉臉.
[扭揑] niǔnieh ㄋㄧㄡˇㄋㄧㄝ ①비틀다. 구부리다. ②몸을 흔들며 걷다. ＜扭扭揑揑. ③우물쭈물하다.
[扭折] niǔshě ㄋㄧㄡˇㄕㄜˊ 비틀어 꺾다.
[扭手] niúshǒu ㄋㄧㄡˊㄕㄡˇ ①손을 삐다. ②처치 곤란하다. 힘에 겨워하다.
[扭搭] niǔta ㄋㄧㄡˇㄉㄚ 몸을 좌우로 흔들다. 비틀거리다. 「一一地走出去了 ; 비틀비틀 걸어 나가다」 ＞扭扭搭搭.
[扭打] niútǎ ㄋㄧㄡˊㄉㄚˇ 맞잡고 싸우다.
[扭斷] niǔtuan ㄋㄧㄡˇㄉㄨㄢ 비틀어 끊다. 「대하다. 반항하다.
[扭大腿] niǔtàt'uǐ ㄋㄧㄡˇㄉㄚˋㄊㄨㄟˇ 반
[扭秧歌] niǔ yāngko ㄋㄧㄡˇ ㄧㄤㄍㄜ 모심기 노래를 부르며 춤을 추다.
[扭腰] niǔyāo ㄋㄧㄡˇㄧㄠ ①허리를 삐다. ②허리를 흔들다.

〔狃〕 niǔ ㄋㄧㄡˇ 습관이 되다. 습관에 얽매이다. 「一于習俗 ; 일반 풍습에 얽매이다」

〔紐〕 niǔ ㄋㄧㄡˇ ①물건에 딸린 손잡이. 「秤一 ; 저울대의 손잡이 끈」 ②옷에 달린 단추. ③단추 같은 것. 「電一 ; (전기의)버튼이나 누르는 스위치. 코오드」 =鈕.
[紐口] niúk'ǒu ㄋㄧㄡˊㄎㄡˇ 단추 구멍.
[紐扣兒(一子)] niǔk'ǒurh(—tzǔ) ㄋㄧㄡˇㄎㄡˇㄦ(—ㄗ) 버튼. 단추.
[紐袢(兒)] niǔp'àn(rh) ㄋㄧㄡˇㄆㄢˋ(ㄦ)단추 고리.
[紐帶] niǔtài ㄋㄧㄡˇㄉㄞˋ ①허리띠. ②잡아매는 구실을 하는 것. 유대. ③조직을 굳게 하는 것.
[紐子] niǔtzǔ ㄋㄧㄡˇㄗ 단추 : 대체로 천으로 만들어진 중국식 단추를 말한다.

〔鈕〕 niǔ ㄋㄧㄡˇ =紐.

〔拗〕 niù ㄋㄧㄡˋ ①고집불통인. ②성질이 비꼬인. ③온순하지 않는. 「他的脾氣眞一 ; 그의 성격은 참으로 비뚤어져 있다」 ⇨ào.
[拗氣] niùch'ì ㄋㄧㄡˋㄑㄧˋ =拗性.
[拗勁(兒)] niùchìn(rh) ㄋㄧㄡˋㄐㄧㄣˋ(ㄦ) 고집이 센 성질. 비뚤어진 성격. 「他有股子一 ; 그의 성격은 비뚤어져 있다」
[拗性] niùhsìng ㄋㄧㄡˋㄒㄧㄥˋ 고집 불통인. 고집이 센.
[拗不過] niùpukuò ㄋㄧㄡˋㄅㄨㄍㄨㄛˋ 거역해서 상대를 해도 이길 수가 없다.
[拗子] niùtzǔ ㄋㄧㄡˋㄗ 고집장이. 심술장이.

NO ㄋㄨㄛ

〔挪〕 nó ㄋㄨㄛˊ ①움직이다. 옮기다. 운반하다. 「把桌子一一一 ; 책상을 약간 옮기다」 ②유용하다. 융통하다. 「一用款項 ; 돈을 유용하다」
[挪移] nóí ㄋㄨㄛˊㄧˊ ①옮기다. 이동하다. ②(돈을)변통하다.
[挪開] nók'ai ㄋㄨㄛˊㄎㄞ ①비키다. 딴데로 옮기다. 「一石頭 ; 돌을 치우다」
[挪動] nótung ㄋㄨㄛˊㄉㄨㄥ ①옮기다. ②움직이다. 이동하다. ③유용하다. ④잠깐 빌다. ＞挪挪動動. 「月底我得請你一點款子 ; 월말에 조금 빌어 쓰지 않으면 안된다」
[挪窩兒] nówōrh ㄋㄨㄛˊㄨㄛㄦ 보금자리를 옮기다. 이사하다.
[挪用] nóyùng ㄋㄨㄛˊㄩㄥˋ 유용하다. 융통해 쓰다 : 많은 경우 금전에 관해 쓰는 말.

〔儺〕 nó ㄋㄨㄛˊ (입춘 전날의) 볶은 콩을 뿌리며 액귀(厄鬼)를 내쫓는 행사. 액막이의 한 가지.

〔搦〕 nò ㄋㄨㄛˋ ①붙잡다. ②쥐다. 가지다. 「一管 ; 집필하다」

〔諾〕 nò ㄋㄨㄛˋ ①응, 좋다 : 동의를 표시하는 말. 「一一連聲 ; 두 말 없이 승낙하다」 ②허락하다. 「一言 ; 승낙하는 말」
[諾言] nòyén ㄋㄨㄛˋㄧㄢˊ 승낙하는 말.

〔懦〕 nò ㄋㄨㄛˋ 겁장이. 「一夫 ; 소심

한 사나이」
[懦弱] nòjò ㄋㄨㄛˋㄖㄨㄛˋ 무기력하다. 겁장이다.

〔糯〕 nò ㄋㄨㄛˋ 찹쌀.「一米; 찹쌀」
[糯稻] nòtào ㄋㄨㄛˋㄉㄠˋ 찰벼.

NOU ㄋㄡ

〔耨〕 nòu ㄋㄡˋ ①김 매다. 제초(除草)하다.「深耕易一; 깊이 갈면 김 매기에 편리하다」②고대의 제초기구(除草器具).

NU ㄋㄨ

〔奴〕 nú ㄋㄨˊ ①노예. 종. ②사람을 천대하여 부르는 말.
[奴性] núhsing ㄋㄨˊㄒㄧㄥˋ 노예 근성.「一十足; 노예 근성이 충만해 있다」
[奴役] núi ㄋㄨˊㄧˋ ①노예가 하는 일. ②노예같이 일을 부리다.「他們一我國人民; 그들은 우리 국민을 노예로 부려먹다」
[奴隸] núli ㄋㄨˊㄌㄧ 노예.
[奴奴唧唧] núnuchíchí ㄋㄨˊㄋㄨㄐㄧˊㄐㄧˊ 이야기에 요령이 없다. 띄엄띄엄 이야기하는 모양. ＝呶呶唧唧. 「하다.
[奴視] núshih ㄋㄨˊㄕˋ 노예시하다. 멸시
[奴才] núts'ai ㄋㄨˊㄘㄞ ①노예. 노복. ②악한(惡漢)의 앞잡이. 비굴한 놈. ③옛날에 자기를 낮추어 일컬은 겸손한 말.
[奴顏] núyén ㄋㄨˊㄧㄢˊ 노예 같은 낯짝. 비굴한 얼굴.「一婢膝; 남의 환심을 사기 위해 비굴하게 아첨하는 태도」

〔孥〕 nú ㄋㄨˊ ①처자.「妻一; 처자」②처자의 총칭. ③노예.

〔駑〕 nú ㄋㄨˊ ①둔한 말(馬). 짐 싣는 말. ②무딘. 우둔한.「一鈍; 우둔」

〔努〕 nǔ ㄋㄨˇ ①노력하다. 힘을 쓰다.「一力學習; 열심히 공부하다」② 힘을 넣다. 내밀다. 뾰죽하게 하다.「一嘴; 입을 뾰죽히 내밀다」「一眼睛; 눈을 부릅뜨다」
[努着] nǔchê ㄋㄨˇㄓㄜ ①내밀다.「一嘴; (남에게 자기 의사를 전하거나 불만을 나타낼 때)입을 삐죽 내밀다」②힘을 내어.「一勁兒地向前跑; 힘을 내어 앞으로 달라다」③nǔcho 무리하여 내상(內傷)을 일으키다.「搬石頭一了, 直吐血; 돌 운반 작업으로 몸을 무리하여 자주 피를 토하다」
[努勁兒] nǔchìnrh ㄋㄨˇㄐㄧㄣˋㄦ 무리하게 힘을 내다. 「크게 뜨다.
[努目] nǔmù ㄋㄨˇㄇㄨˋ 눈이 째지도록
[努兒] nǔrh ㄋㄨˇㄦ 노력:단독으로는 쓰이지 않음.「強一; 최선의 노력을 다하다」
[努傷] nǔshāng ㄋㄨˇㄕㄤ ＝努着 ③.
[努嘴(兒)] nǔtsuǐ(rh) ㄋㄨˇㄗㄨㄟˇ(ㄦ) ①입을 삐죽 내밀다. ②입 모양으로 암시하다. ＝呶嘴.
[努眼睛] nǔyěnching ㄋㄨˇㄧㄢˇㄐㄧㄥ 눈방울이 툭 튀어 나온 눈 또는 그런 사람.

〔弩〕 nǔ ㄋㄨˇ 고대의 병기의 하나.
[弩箭離弦] nǔchièn líhsién ㄋㄨˇㄐㄧㄢˋㄌㄧˊㄒㄧㄢˊ 몹시 빠른 것에 대한 비유.「象一地跑了; 총알처럼 빨리 달아났다」
[弩弓(子)] nǔkūng (tzǔ) ㄋㄨˇㄍㄨㄥ(ㄗ) 돌을 당겨 날리는 병기. 석궁(石弓).
[弩末] nǔmò ㄋㄨˇㄇㄛˋ 힘이 거의 다 빠져 가려는 상태를 일컬음. 기진 맥진한 모양. ＝強弩之末.

〔怒〕 nù ㄋㄨˋ ①화내다.「發一; 노하다」②기세가 왕성한 모양.「草木一生 초목이 무성하게 자라다」③중국의 소수 민족의 명칭.「一族」
[怒潮] nùch'áo ㄋㄨˋㄔㄠˊ ①소용돌이 치는 노여움. ②물결이 맞부딪쳐 솟구치는 조수(潮水)의 힘찬 모양.
[怒氣] nùch'i ㄋㄨˋㄑㄧ 노기.
[怒冲冲的] nùch'ūngch'ūngtê ㄋㄨˋㄔㄨㄥㄔㄨㄥㄉㄜ 몹시 화가 나 있는 모양.
[怒發冲冠] nùfà ch'ūngkuān ㄋㄨˋㄈㄚˋㄔㄨㄥㄍㄨㄢ 화가 머리 끝까지 치솟은 모양. 격노하다.
[怒吼] nùhǒu ㄋㄨˋㄏㄡˇ 노호하다. 노하여 큰 소리를 지르다.
[怒形于色] nùhsíngyúsê ㄋㄨˋㄒㄧㄥˊㄩˊㄙㄜˋ 노기가 얼굴에 나타나다.
[怒火] nùhuǒ ㄋㄨˋㄏㄨㄛˇ 노염의 불길. 불길 같은 분노.「一中燒; 마음 속에 커다란 노여움을 품다」
[怒容] nùjúng ㄋㄨˋㄖㄨㄥˊ 성낸 모습.
[怒目] nùmù ㄋㄨˋㄇㄨˋ 눈에 노기를 띠다.「一橫眉; 몹시 노하여 싸움을 벌일 태세를 보이는 것」
[怒不可遏] nùpùk'ǒê ㄋㄨˋㄅㄨˋㄎㄜˇㄜˋ 노여움을 억지할 수 없다. 성을 참지 못하다.
[怒視] nùshih ㄋㄨˋㄕˋ 매섭게 쏘아 보다.「一敵人; 적을 노려 보다」

NUAN ㄋㄨㄢ

〔暖〕(煖) nuǎn ㄋㄨㄢˇ ①따뜻한.「溫一; 온난」「風和日一; 바람은 부드럽고 날씨는 화창하다」②따뜻하게 하다.「一一一手; 손을 따뜻하게 하다」
[暖汽] nuǎnch'i ㄋㄨㄢˇㄑㄧˋ 스티임. ＝暖氣.「一包; 라디에이터」「一管子(一兒); 스티임 파이프」「一爐; 스티임 보일러」
[暖房] nuǎnfáng ㄋㄨㄢˇㄈㄤˊ ①온실. ②결혼이나 이사 전날에 축하하러 가다.
[暖壺] nuǎnhú ㄋㄨㄢˇㄏㄨˊ 보온병. 마법병.
[暖烘烘的] nuǎnhūnghūngtê ㄋㄨㄢˇㄏㄨㄥㄏㄨㄥㄉㄜ 따뜻한 모양.
[暖和] nuǎnhuo ㄋㄨㄢˇㄏㄨㄛ ①따뜻하다. >暖暖和和. ②따뜻하게 하다.「一屋

裏；방안을 따뜻하게 하다」
[暖融融的] nuǎnjúngjúngtê ㄋㄨㄢˇㄖㄨㄥˊㄖㄨㄥˊㄉㄜ 따뜻하고 기분이 상쾌한 모양.
[暖力] nuǎnlì ㄋㄨㄢˇㄌㄧˋ 보온력.
[暖簾] nuǎnlién ㄋㄨㄢˇㄌㄧㄢˊ ①피륙으로 발처럼 친 옥호(屋號)가 들어 있는 막. ②방문에 늘어뜨린 커어튼.
[暖爐] nuǎnlú ㄋㄨㄢˇㄌㄨˊ 스토우브. 난로.
[暖瓶] nuǎnp'íng ㄋㄨㄢˇㄆㄧㄥˊ 보온병. 마법병.
[暖壽] nuǎnshòu ㄋㄨㄢˇㄕㄡˋ 생일 전날에 미리하는 축하연.
[暖水瓶] nuánshuìp'íng ㄋㄨㄢˊㄕㄨㄟˇㄆㄧㄥˊ 보온병. 마법병. =暖水壺.
[暖洞子] nuǎntùngtzǔ ㄋㄨㄢˇㄉㄨㄥˋㄗ 온실.
[暖洋洋的] nuǎnyángyángtê ㄋㄨㄢˇㄧㄤˊㄧㄤˊㄉㄜ 따사로운. 훈훈한. 기분좋게 따뜻한.

NUNG ㄋㄨㄥ

〔農〕(农) núng ㄋㄨㄥˊ ①농작. ②농민. ③힘쓰다.
[農產品] núngch'ánp'in ㄋㄨㄥˊㄔㄢˊㄆㄧㄣˇ 농산물.
[農莊] núngchuāng ㄋㄨㄥˊㄓㄨㄤ 농장.
[農械] núnghsièh ㄋㄨㄥˊㄒㄧㄝˋ 농업용 기계.
[農閑] núnghsién ㄋㄨㄥˊㄒㄧㄢˊ 농한기(農閑期).
[農戶] núnghù ㄋㄨㄥˊㄏㄨˋ 농가. 농민. 「小一；영세농가」
[農會] núnghuì ㄋㄨㄥˊㄏㄨㄟˋ ①농민 협회의 약칭. ②농민 조합. 농협.
[農活] núnghuó ㄋㄨㄥˊㄏㄨㄛˊ 농사. 농업 생산에 관한 제반 활동의 총칭.
[農人] núngjén ㄋㄨㄥˊㄖㄣˊ 농민.
[農曆] núnglì ㄋㄨㄥˊㄌㄧˋ 음력(陰曆). =舊曆.
[農忙] núngmáng ㄋㄨㄥˊㄇㄤˊ 농번기.
[農時] núngshíh ㄋㄨㄥˊㄕˊ 농기(農期). 봄에 갈고, 여름에 씨 뿌리고, 가을에 거두어 들이는 3계절.
[農貸] núngtài ㄋㄨㄥˊㄉㄞˋ 대농대부(對農貸付):농가에 금품을 빌려 주다.
[農田] núngt'ién ㄋㄨㄥˊㄊㄧㄢˊ 농지.
[農業八字憲法] núngyèh pátzǔ hsiènfǎ ㄋㄨㄥˊㄧㄝˋㄅㄚˊㄗˇㄒㄧㄢˋㄈㄚˇ 토양(土壤)·비료·수리(水利)·양종(良種)·밀식(密植)·보호·관리·농구를 말한다:"土·肥·水·種·密·保·管·工"의 8자.
[農業泵] núngyèhp'ěng ㄋㄨㄥˊㄧㄝˋㄅㄥˋ 농업용 펌프.
[農諺] núngyèn ㄋㄨㄥˊㄧㄢˋ ①농사에 관한 격언. ②농민들 사이에 전해지고 있는 속담.

〔儂〕 núng ㄋㄨㄥˊ ①나. 우리:시문에 보이는 옛 방언. ②그대. 당신. =你. ③고대 오(吳) 나라 사람들이 자신을 부를 때 쓰던 말.

〔濃〕 núng ㄋㄨㄥˊ ①진한. 「一茶；진한 차(茶)」 ②깊고 짙은. 「一厚；농후」
[濃重] núngchùng ㄋㄨㄥˊㄓㄨㄥˋ 농후하다. 짙다.
[濃烈] núnglièh ㄋㄨㄥˊㄌㄧㄝˋ 농후하고 강렬하다.
[濃眉大眼] núngméi·tàyěn ㄋㄨㄥˊㄇㄟˊㄉㄚˋㄧㄢˇ 짙은 눈썹과 큰 눈:위대한 사나이를 일컬음.
[濃抹] núngmǒ ㄋㄨㄥˊㄇㄛˇ 짙은 화장.
[濃濃的] núngnúngtê ㄋㄨㄥˊㄋㄨㄥˊㄉㄜ 짙은. 농후한, 그와 같은 상태.

〔膿〕 núng ㄋㄨㄥˊ 고름. 농(膿).
[膿氣] núngch'i ㄋㄨㄥˊㄑㄧ 능력이 없다. 서투르다.
[膿血] núnghsüèh ㄋㄨㄥˊㄒㄩㄝˋ 피고름.
[膿包] núngpāo ㄋㄨㄥˊㄅㄠ 밥벌레(蝕). 밥통:밥만 먹고 쓸모 없는 사람. ‹罵›
[膿水] núngshuǐ ㄋㄨㄥˊㄕㄨㄟˇ 고름. 농액(膿液).

〔弄〕 nùng ㄋㄨㄥˋ ①가지고 놀다. 장난감으로 삼다. 「玩一；가지고 놀다」 「一火；불장난하다」 ②하다. 행하다. 만들다. 마련하다. 변통하다. 수중에 넣다. 「一好；잘하다」 「一錯；틀리다. 착오를 일으키다」 「一殺；죽이다. 죽여 버리다」 「一飯；밥을 짓다」 「一火；불을 일으키다」 「一出笑話來；웃음거리를 만들어 내다」 「一出事來；소동을 일으키다. 문제를 일으키다」 「一了魚來了；물고기를 구해왔다」 「一人兒；여자를 얻다」 「到區上弄個證明；구청에 가서 증명서를 만들어 가지다」
[弄璋] nùngchāng ㄋㄨㄥˋㄓㄤ 사내 아이를 낳다. 생남(生男)하다.
[弄假成眞] nùngchiǎ chéngchēn ㄋㄨㄥˋㄐㄧㄚˇㄔㄥˊㄓㄣ 거짓에서 나온 진실:거짓말이 참말이 되다. 농담으로 한 일이 진짜가 되다. ‹成›
[弄巧成拙] nùngch'iǎo ch'éngchō ㄋㄨㄥˋㄑㄧㄠˇㄔㄥˊㄓㄨㄛ 기교를 부리다가 도리어 졸렬한 결과를 자아내다. 재간을 피우다가 재미 없는 결과가 되다.
[弄錢] nùngch'ién ㄋㄨㄥˋㄑㄧㄢˊ 돈을 수중에 넣다:정당하지 못한 방법으로 돈벌이하다.
[弄好] nùnghǎo ㄋㄨㄥˋㄏㄠˇ ①잘하다. 일을 꼼꼼히 하다. ②고치다. 단정하게 잘 수리하여 놓다.
[弄皺] nùngchòu ㄋㄨㄥˋㄓㄡˋ 꾸기다. 쭈글쭈글하게 만들다. 「別把書一了；책을 꾸기어서는 안된다」
[弄黑] nùnghēi ㄋㄨㄥˋㄏㄟ 더럽히다. 추접하게 만들다. 「一了兩手黑；두 손을 더럽혔다」
[弄戲] nùnghsì ㄋㄨㄥˋㄒㄧˋ ①놀리다. 장난하다. ②연극을 꾸미다:사실이 아닌 것을 사실인 체하는 것.
[弄小] nùnghsiǎo ㄋㄨㄥˋㄒㄧㄠˇ 첩을 두다.
[弄玄虛] nùng hsüánhsü ㄋㄨㄥˋㄒㄩㄢˊㄒㄩ 수단을 부리다. 속임수를 쓰다. 허풍을 치다.
[弄糊] nùnghu ㄋㄨㄥˋㄏㄨ 남을 희롱하다. 남을 업신여기다.
[弄壞] nùnghuài ㄋㄨㄥˋㄏㄨㄞˋ ①실패하다. ②파괴하다. 못 쓰게 만들다. 「誰把我的表一了？；누가 내 시계를 못 쓰게

만들었니 ?」
[弄活] nùnghuó ㄋㄨㄥˋㄏㄨㄛˊ 되살리다. 소생시키다.
[弄哭] nùngk'ū ㄋㄨㄥˋㄎㄨ 야유하여 울리다.「別把孩子一了；어린이를 놀려서 울리지 말라」
[弄鬼(兒)] nùngkueǐ(rh) ㄋㄨㄥˋㄍㄨㄟˇ(ㄦ) 속임수를 쓰다. 어수룩한 짓을 하다.
[弄擰] nùngnǐng ㄋㄨㄥˋㄋㄧㄥˇ 어긋나다. 실패하다. 사이가 벌어지다.
[弄扭] nùngniǔ ㄋㄨㄥˋㄋㄧㄡˇ ①실수하다. 실패하다. ②사이가 벌어지다.
[弄白相] nùngpáihsiàng ㄋㄨㄥˋㄅㄞˊㄒㄧㄤˋ 희롱하다. 장난하다.
[弄筆] nùng pǐ ㄋㄨㄥˋ ㄅㄧˇ ①곡필(曲筆)하다. ②붓을 놀려 글을 쓰다.
[弄不清] nùngpuch'īng ㄋㄨㄥˋㄅㄨ.ㄑㄧㄥ 분명치 않다. 분간하기 어렵다.「一誰是誰非；누가 옳고 누가 그른가를 분간할 수가 없다」
[弄不轉] nùngpuchuàn ㄋㄨㄥˋㄅㄨㄓㄨㄢˋ 어찌할 도리가 없다. 아무래도 잘되지 않는다. ↔弄得轉.
[弄熟] nùngshóu ㄋㄨㄥˋㄕㄡˊ ①충분하도록 하다. ②익숙하다. ③잘 외다.「拼音法還沒一嗎？；"拼音法"을 아직 외지 않았읍니까？」 「다.
[弄死] nùngssǔ ㄋㄨㄥˋㄙˇ 죽이다. 살해하
[弄松] nùngsūng ㄋㄨㄥˋㄙㄨㄥ 부드럽게 하다.「一土地；토지를 부드럽게 만들다
[弄到] nùngtao ㄋㄨㄥˋㄉㄠ ①…이란 결과가 되다.「一大家吵鬧起來；결국 모두가 떠들게 되고 만다」②손안에 넣다.「一了一百塊錢了；백원을 수중에 넣었다」
[弄得] nùngtê·ㄋㄨㄥˋㄉㄜ ＝弄到①.
[弄臟] nùngtsāng ㄋㄨㄥˋㄗㄤ 더럽히다. 더럽게 만들다. 「들다.
[弄菜] nùngts'ài ㄋㄨㄥˋㄘㄞˋ 요리를 만
[弄糟] nùngtsāo ㄋㄨㄥˋㄗㄠ 그르치다. 실수하다. 실패하다.

NÜ ㄋㄩ

〔女〕 nǚ ㄋㄩˇ ①여자.「男一平等；남녀 평등」②계집의.「一士；여사(女史)」③계집아이. 여아(女兒).「他生了五男二一；그는 5남2녀를 거느리고 있다」④암컷의. 「(女給).
[女招待] nǚchāotài ㄋㄩˇㄓㄠㄉㄞˋ 여급
[女氣] nǚch'ì ㄋㄩˇㄑㄧˋ (태도·성질·행위) 계집애답다. 연약하다. ＞女裏女氣. 女女氣氣. 「가.
[女家(兒)] nǚchiā(rh) ㄋㄩˇㄐㄧㄚ(ㄦ) 처
[女墻] nǚch'iáng ㄋㄩˇㄑㄧㄤˊ (성벽의) 얕은 울타리.
[女角(兒)] nǚchiǎo(rh) ㄋㄩˇㄐㄧㄠˇ(ㄦ)① 여자 배우. ②여자역(役)만 하는 남자 배우. 「녀(婦女).
[女眷] nǚchüàn ㄋㄩˇㄐㄩㄢˋ 가족 중의 부
[女裝] nǚchuāng ㄋㄩˇㄓㄨㄤ 여자의 복장 또는 의복. 여장.
[女中] nǚchūng ㄋㄩˇㄓㄨㄥ 여자 중학교.
[女兒] nǚérh ㄋㄩˇㄦˊ, nǚrh ①미혼 여자. ②(자기의)딸.
[女兒酒] nǚérhchiǔ ㄋㄩˇㄦˊㄐㄧㄡˇ "紹興酒"의 별칭. 계집아이가 나면 "洗三·滿月"의 축하로 쌀을 보내오고, 이 쌀로 빚은 술을 저장해 두었다가 이 아이가 출가할 때에 마시거나 또는 시장에 내다 판다.
[女孩子(一兒)] nǚháitzū(—rh) ㄋㄩˇㄏㄞˊㄗ(一ㄦ) 계집아이. 소녀.
[女小囝] nǚhsiǎonān ㄋㄩˇㄒㄧㄠˇㄋㄢ 계집아이. ‹方› 「帶).
[女戶] nǚhù ㄋㄩˇㄏㄨˋ 여자만의 세대(世
[女紅] nǚhúng ㄋㄩˇㄏㄨㄥˊ ＝여공(女工).
[女人] nǚjên ㄋㄩˇㄖㄣˊ ①여자. ②nǚjên ㉮아내, ㉯부녀를 부르는 말 : 경멸의 뜻으로.
[女人家] nǚjênchia ㄋㄩˇㄖㄣˊㄐㄧㄚ 여성 : "男人家"의 반대어로서. 「노.
[女高音] nǚkāoyīn ㄋㄩˇㄍㄠㄧㄣ 소프라
[女工] nǚkūng ㄋㄩˇㄍㄨㄥ ①여공(女工). ②바느질·재봉·자수 따위.
[女光棍] nǚkuāngkun ㄋㄩˇㄍㄨㄤㄍㄨㄣ 여자 두목. 말괄량이.
[女公子] nǚkūngtzǔ ㄋㄩˇㄍㄨㄥㄗˇ 따님. 영양(令孃). 아가씨.
[女籃] nǚlán ㄋㄩˇㄌㄢˊ 여자 농구(籠球).
[女郎] nǚláng ㄋㄩˇㄌㄤˊ 젊은 여성.
[女伶] nǚlíng ㄋㄩˇㄌㄧㄥˊ 여자 배우. 여우(女優).
[女猫兒] nǚmāorh ㄋㄩˇㄇㄠㄦ 암코양이.
[女模女樣兒] nǚmu-nǚyàngrh ㄋㄩˇㄇㄨ ㄋㄩˇㄧㄤˋㄦ 계집애 같다. 결단력이 없는 것. 계집애처럼 생글거리며 교태를 부리다.
[女排] nǚp'ái ㄋㄩˇㄆㄞˊ 여자 배구(排球).
[女賓] nǚpīn ㄋㄩˇㄅㄧㄣ 여자 손님.
[女僕] nǚp'ú ㄋㄩˇㄆㄨˊ 하녀. 식모.
[女桑] nǚsāng ㄋㄩˇㄙㄤ 조그만 뽕나무. 어린 뽕나무.
[女生] nǚshēng ㄋㄩˇㄕㄥ 여학생.
[女士] nǚshih ㄋㄩˇㄕˋ 여사(女史) : 여자를 부를 때나 또는 성(姓)이나 호(號) 뒤에 붙여 씀.
[女胎] nǚt'āi ㄋㄩˇㄊㄞ 여자로서 태어나는 것을 "投一"라고 한다. 「것.
[女的] nǚtê ㄋㄩˇㄉㄜ ①부녀. ② 여자의
[女低音] nǚtīyīn ㄋㄩˇㄉㄧㄧㄣ 알토 : 여성의 가장 낮은 소리.
[女樂] nǚyüèh ㄋㄩˇㄩㄝˋ 여류 가수(歌手). 가희(歌姬).

NÜEH ㄋㄩㄝ

〔虐〕 nüèh ㄋㄩㄝˋ ①참혹한. 거칠고 난폭한.「暴一；포학」②학대. 학대하다. ③재화. 재앙. ⇨yào.
〔瘧〕(疟) nüèh ㄋㄩㄝˋ「一子；말라리아」
[瘧疾] nüèhchi ㄋㄩㄝˋㄐㄧ 말라리아. 학질.「一蚊；말라리아 모기」＝瘧子.
[瘧蚊] nüèhwěn ㄋㄩㄝˋㄨㄣˊ 말라리아 모기.
[瘧子] yàotzǔ ㄧㄠˋㄗ 말라리아. 학질.「發

一；말라리아의 발작(發作)을 일으키다」
[瘧原蟲] nüèhyüánch'úng ㄋㄩㄝˋㄩㄢˊㄔㄨㄥˊ 말라리아균(菌).
〔謔〕 nüèh ㄋㄩㄝˋ ①희롱. 희롱하다. 「②농담.

O ㄛ

〔喔〕 ō ㄛ 상대방의 말한 뜻을 이해했을 때 나타내는 감탄사. 「一！就是他！；아！그 사람에 틀림이 없다」 「一！我懂了；아！알았다」 ⇨wō.
[喔唷] ōyō ㄛ ㄧㄛ 놀라거나 고통을 나타내는 감탄사. 「一！這麼大的西瓜！；야！참 이처럼 큰 수박을！」「一！好疼；아야！아프다」
〔噢〕 ō ㄛ 생각이 나거나 짐작이 갔을 때에 발성하는 감탄사. 「一, 是那麼回事！；아아, 그렇게 된 일이군요！」
〔哦〕 ó ㄛˊ ①의문·놀람, 또는 이해 따위를 나타내는 감탄사. ②ó는 반신 반의, ǒ는 수상하게 여길 때, ò는 알아 차릴 때의 어기를 나타낸다.
〔嚄〕 ǒ ㄛˇ 의문이나 의혹을 나타내는 감탄사.

OU ㄡ

〔區〕(区) ōu ㄡ 성(姓). ⇨ch'ū.
〔嘔〕 ōu ㄡ, ǒu 토하다. 「一血；피를 토하다」
[嘔氣] ǒuch'ì ㄡˇㄑㄧˋ 구토기가 나다. 토할 것 같은 기분이 일어나다. 「다.
[嘔泄] ǒuhsièh ㄡˇㄒㄧㄝˋ 구토·설사를 하
[嘔心] ǒuhsīn ㄡˇㄒㄧㄣ 고심 참담(苦心慘憺)하다. 몹시 애가 타고 걱정하다.
[嘔心瀝血] ōuhsīn-lìhsüèh ㄡㄒㄧㄣ ㄌㄧˋㄒㄩㄝˋ 심혈을 기울이다. 온갖 정성을 다하다.
[嘔血] ǒuhsüèh ㄡˇㄒㄩㄝˋ 피를 토하다. 토혈하다.
[嘔啞] ōuyā ㄡㄧㄚ ①갓난 아이의 말. ②새소리. ③관현악(管絃樂) 따위의 혼성. ④차가 달리는 소리. ⑤노 젖는 소리. ＞嘔嘔啞啞.
〔歐〕 ōu ㄡ ①성(姓). ②유럽.
[歐美] ōuměi ㄡㄇㄟˇ 구미(歐美). 유럽과 아메리카.
[歐姆] ōumǔ ㄡㄇㄨˇ 오옴. «譯»: 전기저항(電氣抵抗)의 단위.
〔毆〕 ōu ㄡ 사람을 때리다. 구타하다.
[毆殺] ōushā ㄡㄕㄚ 때려 죽이다. 타살하다.
[毆傷] ōushāng ㄡㄕㄤ 때려서 상처를 입히다.
〔甌〕 ōu ㄡ ①작은 분(盆) ②바리. 「茶一；차잔」
〔謳〕 ōu ㄡ 노래하다. 「一歌；구가」
〔鷗〕 ōu ㄡ 갈매기. 「海一；갈매기」
〔偶〕 ǒu ㄡˇ ①우상(偶像). 인형(人形). ②짝이 되어 있는 것. 짝이 되다. 「一數；짝수」 ③우연히. 이따금. 「一爾；이따금」
[偶一爲之] ǒuiwéichīh ㄡˇㄧˋㄨㄟˊㄓ 우연히 한 번 하다.
[偶戲] ǒuhsì ㄡˇㄒㄧˋ 인형 연극. 인형을 갖고 하는 극.
[偶性] ǒuhsìng ㄡˇㄒㄧㄥˋ 우연성(偶然性).
[偶語] ǒuyǚ ㄡˇㄩˇ 서로 마주 보고 이야기를 하다.
〔藕〕 ǒu ㄡˇ 연근(蓮根). 연뿌리.
[藕粉] ǒufěn ㄡˇㄈㄣˇ ①연근에서 채취한 녹말. ②갈분. 「藕荷.
[藕合] ǒuhó ㄡˇㄏㄜˊ 보라빛. 자주곤색. ＝
[藕花] ǒuhuā ㄡˇㄏㄨㄚ 연꽃. «方» ＝荷花. 「색(灰紅色).
[藕灰] ǒuhuī ㄡˇㄏㄨㄟ 연꽃빛. 엷은 회홍
[藕節兒(一子)] ǒuchiérh(一tzǔ) ㄡˇㄐㄧㄝˊㄦ(一ㄗ) 연뿌리의 마디. 연근의 마디.
[藕色] ǒusè ㄡˇㄙㄜˋ ＝藕灰.
[藕絲] ǒussū ㄡˇㄙ 연근의 섬유. 「一不斷；끊이지 않고 계속되는 모양」
〔漚〕 òu ㄡˋ ①오랫동안 물에 적셔 두다. 물에 적시어 바래다. 「衣服被汗一透了；의복이 땀에 함빡 젖어 있다」 ②시간을 연장시키다. 「一兩天；2·3일 연장시키다」
[漚肥] òuféi ㄡˋㄈㄟˊ 중국 남방의 수도지대(水稻地帶)에서 만드는 퇴비의 한 가지로서 물 웅덩이에 퇴적하여 만든다.
[漚麻] òumá ㄡˋㄇㄚˊ (삼의 섬유를 벗기기 위하여) 삼을 물에 담그다.
〔慪〕 òu ㄡˋ 일부러 노하게 하다. 놀리다. 조롱하다. 「你別一人；남을 조롱하여 화가 나게 하여서는 안된다」
[慪氣] òuch'ì ㄡˋㄑㄧˋ ①화를 불끈 내다. 노하다. ②고의적으로 다투다. ③화나게 굴다.

PA ㄅㄚ

〔八〕 pā ㄅㄚ 여덟. 다음 음이 제4성일 때에는 제2성으로 발음됨.
[八成兒] pāch'éngrh ㄅㄚㄔㄥˊㄦ ①팔할(八割). 태반(太半). 「一成一；십중 팔구(十中八九)」
[八旗] pāch'í ㄅㄚㄑㄧˊ 청(淸)나라 때의 "滿洲"의 호구 편제(戶口編制).
[八角] pāchiǎo ㄅㄚㄐㄧㄠˊ 〈植〉 천궁이..
[八角回香] pāchiǎo huíhsiāng ㄅㄚㄐㄧㄠˇ ㄏㄨㄟˊㄒㄧㄤ 〈植〉 회향(茴香).
[八角鼓兒] pāchiǎokǔrh ㄅㄚㄐㄧㄠˊㄍㄨˇㄦ 팔각으로 된 작은 북.
[八節] pāchiéh ㄅㄚㄐㄧㄝˊ 입춘·춘분·입하·하지·입추·추분·입동·동지의

여덟 절기.
[八九] pāchiǔ ㄅㄚㄐㄧㄡˇ 십중 팔구(十中八九). 대체로.
[八行書] pāhángshū ㄅㄚㄏㄤˊㄕㄨ ①한 장이 여덟 줄로 된 편지지. ②편지. 「現在是一的時代; 지금은 편지의 시대이다」
[八下里] pāhsiàli ㄅㄚㄒㄧㄚˋㄌㄧ 사방 팔방(四方八方).
[八仙桌兒] pāhsiēnchōrh ㄅㄚㄒㄧㄢㄓㄨㄛㄦ 여덟 사람이 앉는 탁자. 8 인용 탁자.
[八仙過海, 各顯其能] pāhsiēn kuò hǎi, kòhsiěnch'ínéng ㄅㄚㄒㄧㄢ ㄍㄨㄛˋ ㄏㄞˇ, ㄍㄜˋ ㄒㄧㄢˇㄑㄧˊㄋㄥˊ ①제각기 자기의 능력을 발휘하다. ②사람은 저마다의 능력을 가지고 있다. 《諺》
[八花九裂] pāhuā-chiǔlièh ㄅㄚㄏㄨㄚ ㄐㄧㄡˇㄌㄧㄝˋ 사분 오열(四分五裂)이 되는 모양. 「메.
[八荒] pāhuāng ㄅㄚㄏㄨㄤ 먼 벽촌. 두
[八哥兒] pākorh ㄅㄚㄍㄜㄦ 〈動〉구관조(九官鳥).
[八卦] pákuà ㄅㄚˊㄍㄨㄚˋ 팔괘: 乾·兌·離·震·巽 坎·艮·坤의 여덟 가지 괘.
[八稜] pálěng ㄅㄚˊㄌㄥˋ ①팔각(八角). ②요철(凹凸). 울퉁불퉁한 모양.
[八兩半斤] pāliǎng-pànchīn ㄅㄚㄌㄧㄤ ㄅㄢˋㄐㄧㄣ 한 근은 16량이고, 반근은 8 량이므로 어느 쪽이나 같다는 뜻.
[八面美人] pámièn měijén ㄅㄚˊㄇㄧㄢˋㄇㄟˇㄖㄣˊ 팔방 미인(八方美人).
[八面威風] pámièn wēifēng ㄅㄚˊㄇㄧㄢˋ ㄨㄟㄈㄥ 위풍이 사방으로 떨치는 모양.
[八寶] pāpǎo ㄅㄚㄅㄠˇ 요리에 쓰이는 여러 가지 재료: 8 종에 국한되지 않음. 「一菜; 여러 가지 야채와 해산물을 섞어서 만든 요리 이름. 팔보채」
[八當十] pātangshíh ㄅㄚㄉㄤˋㄕˊ 8을 10으로 계산하다: 고리 대금에서 80원을 주고 증서에는 100원으로 쓰는 따위.
[八大碗, 八小碗] pátàwǎn, pāhsiǎowǎn ㄅㄚˊㄉㄚˋㄨㄢˇ, ㄅㄚㄒㄧㄠˇㄨㄢˇ 잔치의 호화로운 모양.
[八栽] pātsāi ㄅㄚㄗㄞ 과수(果樹)·갈대·찔레나무·버들·창포·연·마름·물망초를 심는 일. 「바퀴. 기어.
[八字輪] pátsǔlún ㄅㄚˊㄗˋㄌㄨㄣˊ 톱니
[八字兒] pátsùrh ㄅㄚˊㄗˋㄦ 출생한 연·월·일·시의 간지(干支). 팔자.
[八音] pāyīn ㄅㄚㄧㄣ 금·돌·실·대·박·흙·가죽·나무의 총칭.
[八音琴] pāyīnch'ín ㄅㄚㄧㄣㄑㄧㄣˊ =八音盒兒.
[八音盒兒] pāyīnhórh ㄅㄚㄧㄣㄏㄜˊㄦ 오르골(orgel): 태엽 장치로 음악을 들려주는 악기. 자명금(自鳴琴).
[八月節] páyüèhchiéh ㄅㄚˊㄩㄝˋㄐㄧㄝˊ 중추절: 음력 8월 15일.

〔巴〕 pā ㄅㄚ ①착 달라붙은 것. ②달라붙다. 매달리다. ③접근하다. 다가 가다. ④원하다. 갈망하다. ⑤옛날 나라 이름: "四川省"동쪽에 있었으며 지금도 "四川省"동쪽을 "巴"라고 함. ⑥pa 접미어: 명사나 동사 또는 형용사에 붙음. 「尾一; 꼬리」 「敲一; 때리다」 「苦一一的; 몹시 쓰다」
[巴札] pāchā ㄅㄚㄓㄚ 시장(市場). "바자르"의 음역. 《譯》
[巴叉] pāch'ā ㄅㄚㄔㄚ (털 따위가) 곱슬곱슬하다. 「巴眨眼.
[巴眨] pācha ㄅㄚㄓㄚ 눈을 깜박이다. =
[巴掌] pāchang ㄅㄚㄓㄤ 손바닥. 「打一一; 손바닥으로 한 대 때리다」
[巴家] pāchiā ㄅㄚㄐㄧㄚ 살림을 꾸려 나가다. 가사를 처리하다. =把家.
[巴唧] pāchi ㄅㄚㄐㄧ (물건을)들이 빠는 소리. 소리를 내어 물건을 빨아 들이다. 「一着煙; 담배를 뻑뻑 빨다」>巴巴唧唧.
[巴結] pāchieh ㄅㄚㄐㄧㄝ ①(향상하려고 또는 남을 위하여)노력하다. 「做事情很一; 일을 하는데 퍽이나 열심이다」 ②아첨하다. >巴巴結結. 《譯》
[巴金] pāchīn ㄅㄚㄐㄧㄣ 패킹(packing).
[巴想] pāhsiǎng ㄅㄚㄒㄧㄤˇ 갈망하다.
[巴高枝兒] pākāochīrh ㄅㄚㄍㄠㄐㄧㄦ 높은 지위를 희망하다.
[巴高望上] pākāo-wàngshàng ㄅㄚㄍㄠ ㄨㄤˋㄕㄤˋ 위를 바라 보다. 지위가 높아지기를 원하다.
[巴郎鼓] pālángkǔ ㄅㄚㄌㄤˊㄍㄨˇ 땡땡이. 장난감의 하나. =勃郎鼓.
[巴蕾舞] pāléiwǔ ㄅㄚㄌㄟˊㄨˇ 발레(bailet). 《譯》
[巴睖] pālêng ㄅㄚㄌㄥ 엿보다. 《方》
[巴涼兒] pāliángrh ㄅㄚㄌㄧㄤˊㄦ 몹시 춥다. 《北》
[巴巴] pāpā ㄅㄚㄅㄚ ①끈덕지거나 굳어진 모양. 「乾一; 몹시 건조한 모양」 ②절박한 모양. 「眼一; 눈을 부라리고 있는 모양」 ③특히. =巴巴兒的. ④물건을 치는 소리.
[巴巴兒的] pāpārhtê ㄅㄚㄅㄚㄦㄉㄜ 특히. 일부러.
[巴巴穩穩] pāpāwěnwěn ㄅㄚㄅㄚㄨㄣˇㄨㄣˇ 차분하게 일하는 모양. 온순한. 「一地做點兒生意吧; 차분히 좀 장사에 힘 쓰시오」 「信).
[巴鼻] pāpí ㄅㄚㄅㄧˊ 근거(根據). 자신(自
[巴壁虎] pāpíhǔ ㄅㄚㄅㄧˊㄏㄨˇ 담쟁이 덩굴의 한 가지.
[巴不樂得] pāpulètêrh ㄅㄚㄅㄨㄌㄜˋㄉㄜㄦ =巴不得.
[巴不能彀] pāpunéngkòu ㄅㄚㄅㄨㄋㄥˊㄍㄡˋ =巴不得. 「得.
[巴不到] pāputào ㄅㄚㄅㄨㄉㄠˋ =巴不得
[巴不得] pāputê ㄅㄚㄅㄨㄉㄜ 간절히 바라다. 열망하여 마지 않다.
[巴兒狗] pārhkǒu ㄅㄚㄦㄍㄡˇ 〈動〉발발이. 개의 일종. =哈巴狗.
[巴士] pāshìh ㄅㄚㄕˋ 버스(bus). 《譯》
[巴達] pāta ㄅㄚㄉㄚ 뻑뻑. 「一一地抽着煙; 담배를 뻑뻑 빨고 있다」
[巴到] pātào ㄅㄚㄉㄠˋ 바라던 목적을 달성하다. 「다. ②고대.
[巴得] pātê ㄅㄚㄉㄜ ①바라는 대로 되
[巴瞪眼兒] pātěngyěnrh ㄅㄚㄉㄥˇㄧㄢˇㄦ ①바라다 기다리다. ②넘겨다 보다. ③눈을 깜박이며 멍하니 바라 보다
[巴斗] pātǒu ㄅㄚㄉㄡˇ 버들가지로 만든 곡식을 담는 바구니. =笆斗.
[巴豆] pātòu ㄅㄚㄉㄡˋ 파두: 대극과에 속하는 활엽 관목 열매는 약재로 쓰임.

[巴頭探腦] pātóu-t'ànnǎo ㄅㄚㄊㄡˊㄊㄢˋㄋㄠˇ 고개를 움츠리고 살그머니 엿보는 모양.
[巴子] pātzū ㄅㄚㄗ ①입.「饞一；입이 걸다」②보지.‹北› (어린이 말로)자지. ‹南›
[巴望] pāwàng ㄅㄚㄨㄤˋ 갈망하다. >巴「巴望望. 巴望望.
〔叭〕 pā ㄅㄚ 물건이 쪼개져서 터지는 소리. 튀는 소리. 여물어서 튀는 소리.
〔扒〕 pā ㄅㄚ ①붙들다. 매달리다. 기대다. ②파다. 캐다. ③(붙어 있는 것을) 떼어 내다. 벗기다. ⇨p'á.
[扒縫兒] pāfèng ㄅㄚㄈㄥˋ 엿보다.
[扒豁子] pāhuōtzū ㄅㄚㄏㄨㄛㄗ ①폭로하다. ②욕하다. ③화(禍)를 입다.
[扒拉] pāla ㄅㄚㄌㄚ ①(주판을)놓다. ②밀어 젖히다.
[扒犁] pālí ㄅㄚㄌㄧˊ 써레. =爬犁·耙犁.
[扒鼻子] pāpítzū ㄅㄚㄅㄧˊㄗ 납작코.
[扒脫] pāt'ō ㄅㄚㄊㄨㄛ 벗겨 버리다. 억지로 벗기다.
[扒得高,跌得重] pātêkāo, tiēhtêchùng ㄅㄚㄉㄜ˙ㄍㄠ,ㄉㄧㄝㄉㄜ˙ㄓㄨㄥˋ 웃사람 노릇하기는 어렵다는 뜻. ‹諺›
[扒頭] pāt'ou ㄅㄚㄊㄡ 앞 차를 추월하다.
[扒頭兒] pāt'ourh ㄅㄚㄊㄡㄦ 손붙일 곳. 잡을 데.
[扒土] pāt'ǔ ㄅㄚㄊㄨˇ 흙을 파다.
[扒衣裳] pā īshang ㄅㄚㄧㄕㄤ 옷을 벗기다. 옷을 벗겨 가다.
〔芭〕 pā ㄅㄚ
[芭蕉] pāchiāo ㄅㄚㄐㄧㄠ 파초.「一扇；파초 잎으로 만든 부채」
[芭蕉布] pāchiāopù ㄅㄚㄐㄧㄠㄅㄨˋ 파초의 섬유로 만든 천.
[芭蕾舞] pāléiwǔ ㄅㄚㄌㄟˊㄨˇ 발레(ballet). ‹譯› =巴蕾舞.
[芭茅] pāmáo ㄅㄚㄇㄠˊ 〈植〉참억새. 포아풀과에 속하는 다년초.
[芭棚] pāp'ěng ㄅㄚㄆㄥˊ 갈대로 지붕을 이은 헛간.
〔吧〕(罷) pā ㄅㄚ ①어기 조사(語氣助詞). "罷"라고도 쓰며 대개 "輕聲"으로 발음함. ㉮ 허가·승낙의 어기를 나타냄.「好一；좋습니다」㉯ 추측(推測)의 어기를 나타냄.「今天不會下雨一；오늘은 비가 오지 않을 것이다」㉰ 명령·권고(勸告)의 어기를 나타냄.「快出去一；빨리 나가라」㉱ 대개는 두 자를 연이어 써서 문장의 단락을 짓게 하는 데 쓰임.「和一！他不願和, 打一！他又怕打敗仗；휴전하겠느냐 하면 그는 휴전도 원치 않는다고 하고, 싸울 것이냐 하면 그는 또 패배할 것을 두려워한다」②무엇을 치거나 무엇이 울리는 소리.
[吧唧] pāchi ㄅㄚㄐㄧ 혀를 차다. 또는 그 소리.「一着烟；담배를 뻑뻑 빨다」
[吧吧] pāpā ㄅㄚㄅㄚ 수다스러운 모양. 마구 지껄이는 모양.
[吧兒吧兒] pārhpārh ㄅㄚㄦㄅㄚㄦ 말이 시원스러운 모양 말이 청산유수 같은 모양.
[吧嗒] pāta ㄅㄚㄉㄚ ①(입을) 썹썹거리다. ②딱 때리는 소리. 철썩.
[吧,嗒,嗆] pā, tā, ch'iāng ㄅㄚ ㄉㄚ ㄑㄧㄤ 중국 연극에서 쓰이는 징·북의 소리. 이 소리를 계기로 장면이 변화하거나 동작이 분주하게 됨.
〔疤〕 pā ㄅㄚ ①상처나 종기의 흔적. ②그릇 따위의 깨진 흔적.
[疤拉] pāla ㄅㄚㄌㄚ =疤瘌.
[疤瘌] pāla ㄅㄚㄌㄚ 상처.「一眼兒；눈꺼풀에 상처가 있는 눈」
[疤疤瘌瘌] pāpalālā ㄅㄚㄅㄚㄌㄚㄌㄚ 부스럼딱지 투성이가 된 모양. 우툴두툴하다. 오목하고 볼록하다.
〔捌〕 pā ㄅㄚ "八"의 같은자: 증서나 서류의 금액을 기재하는 데 씀.
〔笆〕 pā ㄅㄚ 대나 버들로 엮어 만든 「물건.
[笆筐] pāk'uāng ㄅㄚㄎㄨㄤ 농가에서 쓰는 큰 광주리.
[笆籬] pālí ㄅㄚㄌㄧˊ 대나무 울타리.
[笆斗] pātǒu ㄅㄚㄉㄡˇ 버들 가지로 엮은 곡식을 담는 바구니.
〔拔〕 pá ㄅㄚˊ ①빼내다. 뿌리째 뽑아내다.「一齒；이를 뽑다」②군사상의 근거지를 탈취하다.「連一數城；계속하여 몇 군데 성을 함락시키다」③빨아 내다.「一毒；독을 빨아 내다」④골라서 뽑다. 선택하다. ⑤뛰어나다. 우수하다.
[拔脚] páchiǎo ㄅㄚˊㄐㄧㄠˇ ①떨어지다. 관계가 없게 되다. ②아주 빨리 걸음을 옮기다. 「一就走； 재빨리 가버리다」 =拔步. 「라다.
[拔節] páchiéh ㄅㄚˊㄐㄧㄝˊ 첫 마디가 자
[拔尖兒] páchiēnrh ㄅㄚˊㄐㄧㄢㄦ ①뛰어나게 좋다. 걸출(傑出)하다. ②두목을 때려 눕히다.
[拔除] pách'ú ㄅㄚˊㄔㄨˊ 공격하여 함락시키다. 공략(攻略)하다.
[拔闖] pách'uàng ㄅㄚˊㄔㄨㄤˋ 불평을 품고 나아가서 싸우다.
[拔海] páhǎi ㄅㄚˊㄏㄞˇ 해발(海拔).
[拔河] páhó ㄅㄚˊㄏㄜˊ 줄다리기. 「一比賽；줄다리기 경기」
[拔胸脯] pá hsiūngp'ú ㄅㄚˊㄒㄩㄥㄆㄨˊ 가슴을 펴다.
[拔還] páhuán ㄅㄚˊㄏㄨㄢˊ 여러 번에 나누어 갚다. 분할 반환(分割返還).
[拔火罐兒] páhuǒkuànrh ㄅㄚˊㄏㄨㄛˇㄍㄨㄢˋㄦ 화력을 더 세게 하기 위하여 양철이나 흙으로 만든 작은 연통: 풍로의 불을 피울 때 쓰임.
[拔蘿蔔] pálópo ㄅㄚˊㄌㄨㄛˊㄅㄛ ① 어린애의 머리를 두 손으로 잡고 높이 들어 올리는 어른의 장난. ② 악당의 두목을 때려 눕히다.
[拔麥] pámaì ㄅㄚˊㄇㄞˋ 보리를 베다.
[拔苗助長] pámiáo chùchǎng ㄅㄚˊㄇㄧㄠˊㄓㄨˋㄓㄤˇ 공을 세우려고 초조한 나머지 방법을 그르쳐 실패한다는 비유. ‹成›
[拔白] pápái ㄅㄚˊㄅㄞˊ 날이 밝아 오다.
[拔步] pápù ㄅㄚˊㄅㄨˋ ①도보 행진 훈련 방법의 한 가지. ②재빨리. 살짝.「一便跑

；재빨리 달아나다」
[拔步就走] pápù chiù tsǒu ㄅㄚˊㄅㄨˋㄐㄧㄡˋㄗㄡˇ 갑자기 홱 걸어 가다.
[拔不出腿來] pápuch'ū t'uǐ lái ㄅㄚˊㄅㄨㄔㄨㄊㄨㄟˇㄌㄞˊ ①(비유적으로) 발을 빼지 못하다.②빠져 나갈 수 없다.③아까와서 어쩔 줄을 모르다. ‹成›
[拔脯兒] páp'úrh ㄅㄚˊㄆㄨˊㄦ ＝拔胸脯.
[拔嗓子] pá sǎngtzū ㄅㄚˊㄙㄤˇㄗ (배우나 가수가) 새벽에 목청을 단련하다.
[拔絲] pássū ㄅㄚˊㄙ ①엿·꿀·설탕 등을 위에 얹은 요리.②금은사 세공(金銀絲細工).
[拔刀相助] pátāo hsiāngchù ㄅㄚˊㄉㄠㄒㄧㄤㄓㄨˋ (위급할 때) 칼을 뽑아 도와 줌.팔을 걷어 올리고 도와 줌.
[拔提] pát'í ㄅㄚˊㄊㄧˊ ①끌어 내다.꺼어 내다.②돌려 주다.돌려 받다.
[拔頂] pátǐng ㄅㄚˊㄉㄧㄥˇ 이마가 툭 튀어 나오다.이마가 부르트다.
[拔尊] pátsūn ㄅㄚˊㄗㄨㄣ 걸출(傑出)하다. 뛰어 나다.
[拔隊] pátuì ㄅㄚˊㄉㄨㄟˋ 군대가 이동하다.
[拔腿] pá t'uǐ ㄅㄚˊㄊㄨㄟˇ ①(도망하거나 걸어갈 때) 발을 홱 들다.「嚇得一就跑了；놀라서 갑자기 홱 도망쳤다」 ②관계를 끊다.발을 빼다.

〔跋〕 pá ㄅㄚˊ ①고개를 넘다. ②책의 후기(後記). 발문(跋文).
[跋扈] páhù ㄅㄚˊㄏㄨˋ 오만 불손하게 날뛰다.
[跋涉] páshè ㄅㄚˊㄕㄜˋ 고생하면서 먼길을 가다.육지를 걷는 것을 "跋",물을 건너는 것을 "涉"이라고 함. ＝跋山涉水.

〔魃〕 pá ㄅㄚˊ「旱一；가뭄.한발을 일으키는 귀신」
〔鮁〕 pá ㄅㄚˊ 〈動〉 검정망둥이: 민물고기의 하나.
〔鼥〕 pá ㄅㄚˊ 두더지.「鼧一；두더지」
〔把〕 pǎ ㄅㄚˇ ①쥐다.잡다.가지다.②장악하다.제어(制御)하다.「一舵 ; 배의 키를 잡다」③지키다.「一門；문을 지키다」④「一兒；(손으로 쥘 정도의)다발」「草一兒；풀다발」⑤…을.「一話說明白了；이야기를 명확히 하다」＝將. 목적어를 문장 앞으로 내놓을 때 사용함.⑥㉮ 자루가 있는 것을 세는 말.「一一刀；칼 한 자루」㉯ 한 줌.「一一米； 한 줌의 쌀」㉰ 추상적인 사물을 가리키는 말.「努一力；한 번 노력하다」⑦…남짓.…만큼.가량.「有百一人；백 명 가량의 사람이 있다」 ⇨ pà.
[把家] pǎchiā ㄅㄚˇㄐㄧㄚ 집안 일을 보다. ＝巴家.
[把持] pǎch'íh ㄅㄚˇㄔˊ ①한 손에 장악하다.독점하다.②(감정이나 힘을) 누르다.억제하다.③지탱하다.버티다.
[把盞] páchǎn ㄆㄚˇㄓㄢˇ 술을 부어 권하다.
[把球門] pǎch'iúmén ㄅㄚˇㄑㄧㄡˊㄇㄣˊ(보울 경기에서)문을 지키다.
[把捉] pǎchō ㄅㄚˇㄓㄨㄛ 붙들다.잡다.
[把細] pǎhsì ㄅㄚˇㄒㄧˋ 세심(細心)하 하다. ‹方›
[把戲] pǎhsì ㄅㄚˇㄒㄧˋ ①속임수. 흉계. ‹吳› 「鬼一；악독한 꾀」②창과 칼을 쓰는 힘드는 곡예(曲藝). ③대수롭지 않은 일.
[把滑] pǎhuá ㄅㄚˇㄏㄨㄚˊ ①미끄러지지 않도록 잡다. ②.확실하다.
[把兄弟] pǎhsiūngtì ㄅㄚˇㄒㄩㄥㄉㄧˋ 결의(結義) 형제.
[把關] pǎkuān ㄅㄚˇㄍㄨㄢ 관문(關門)을 지키다.
[把攬] pálǎn ㄅㄚˊㄌㄢˇ 한 손에 쥐다.도맡다.
[把牢] pǎláo ㄅㄚˇㄌㄠˊ ①견고하다. ②신용할 수 있다.
[把理] pǎlì ㄅㄚˇㄌㄧˋ 이치에 맞다.
[把脈] pǎmài ㄅㄚˇㄇㄞˋ 맥을 짚다.
[把門(兒)] pǎmén(rh) ㄅㄚˇㄇㄣˊ(ㄦ)문을 지키다.「一的；문지기」
[把尿] pǎniào ㄅㄚˇㄋㄧㄠˋ어린 아이를 안고 오줌을 뉘다.
[把鼻] pǎpi ㄅㄚˇㄅㄧ ①(논쟁의)근거.유래.②자신(自信).「沒有一；자신이 없다」
[把臂] pǎpì ㄅㄚˇㄅㄧˋ ①팔을 잡고 친근함을 나타내다. ②＝把鼻.
[把柄] páping ㄅㄚˊㄅㄧㄥˇ ①근거. ②약점. 급소(急所).「我抓住了你門的一；나는 너희들의 약점을 잡았다」
[把邊兒] pǎpiēnrh ㄅㄚˇㄅㄧㄢㄦ (농구나 아식 축구에서)라인 근처를 지키다.
[把屎] páshǐh ㄅㄚˊㄕˇ 어린애를 안고 대변을 뉘다.
[把式] pǎshih ㄅㄚˇㄕ ①(놀리는 뜻에서)재주군. ②기술자. ③곡예사.
[把式場] pǎshihch'ǎng ㄅㄚˇㄕㄔㄤˇ 연무장(鍊武場).
[把守] páshǒu ㄅㄚˊㄕㄡˇ 지키다. 수비하다.
[把手] páshǒu ㄅㄚˊㄕㄡˇ 핸들(handle). 손잡이. 쥐는 일. ＝把手兒.
[把頭] pǎt'óu ㄅㄚˇㄊㄡˊ ①(유람· 관광 따위의)주최자.리이더. ②두목. 현장 책임자.
[把總] pátsǔng ㄅㄚˊㄗㄨㄥˇ 하급 무관(武官)의 직명(職名). ‹舊›
[把子] pǎtzū ㄅㄚˇㄗ ①활쏘기의 과녁. ②무리. 집단.「一強盜；한 무리의 강도」 ③결맹(結盟). 결의 형제. 「拜一；결의 형제를 맺다」④조수사: 힘·세력 따위의.「你別看地個兒小,可有一勁兒；그의 체격이 작다고 볼 것이 아니다. 그는 힘깨나 있다」
[把穩] páwěn ㄅㄚˊㄨㄣˇ pǎwěn 아무런 동요가 없게 확실히 파악하다. 확실히 전망이 서다.
[把握] pǎwò ㄅㄚˇㄨㄛˋ①자신(自信). 전망(展望). ② 장악하다. 제어(制御)하다.
[把晤] pǎwù ㄅㄚˇㄨˋ 화목하게 만나다.

〔鈀〕 pǎ ㄅㄚˇ ①자갈에 달린 가죽끈. ②과녁.
〔把〕 pà ㄅㄚˋ「一兒；그릇이나 물건의 손잡이. 자루. ⇨pǎ.
[把兒] pàrh ㄅㄚˋㄦ 그릇이나 물건의 손으로 잡는 부분. 자루. 손잡이.「鍬一；삽자루」「一鏡子；손잡이가 달린 거울」

〔爸〕 pà ㄅㄚˋ 아버지. 아빠.
[爸爸] pàpa ㄅㄚˋㄅㄚ 아버지. 아빠.

〔耙〕 pà ㄅㄚˋ ①써레. ②써레질하다. ⇨p'a.
[耙耜] pàssŭ ㄅㄚˋㄙˋ 써레.
[耙地] pà tì ㄅㄚˋㄉㄧˋ 써레로 땅을 고르다.
[耙土器] pàt'uch'ì ㄅㄚˋㄊㄨㄑㄧˋ 경지(耕地)를 정지(整地)하는 기구.

〔罷〕(罢) pà ㄅㄚˋ ①그만두다. 쉬다.「欲一不能 ; 그만두려고 하여도 그만둘 수 없다」②(관직을)면직시키다.「一職 ; 파면하다」③끝내다. 끝마치다.「吃一飲 ; 식사를 끝내다」
[罷教] pàchiào ㄅㄚˋㄐㄧㄠˋ ① 가르치기를 그만두다. ②교사가 파업하다.
[罷黜] pàch'ŏ ㄅㄚˋㄔㄨㄛˋ 면직(免職)하다.
[罷休] pàhsiū ㄅㄚˋㄒㄧㄡ 그만두다.「不達到目的決不一 ; 목적을 달성치 않으면 결코 그만두지 않는다」
[罷學] pàhsüéh ㄅㄚˋㄒㄩㄝˊ ①학교를 그만두다. ②(학생의)동맹 휴학(同盟休學).
[罷議] pà ì ㄅㄚˋ ㄧˋ (계획이나 의논을)보류하다. 중지하다.
[罷課] pàk'ŏ ㄅㄚˋㄎㄜˋ ① 수업(授業)을 포기하다. ②학생의 스트라이크.
[罷工] pàkūng ㄅㄚˋㄍㄨㄥ (노동자가)파업하다.「總一 ; 총 파업하다」「靜座一 ; 연좌(連座) 파업하다」
[罷了] pàlê ㄅㄚˋㄌㄜ ①… 뿐이다.「不過突出一點一拾 ; 단지 조금 뛰어 났다는 것 뿐이다」②pàliǎo㉮그만두었다. ㉯그만두어라. ㉰아차.
[罷論] pàlûn ㄅㄚˋㄌㄨㄣˋ 중지하다.「暫作一 ; 우선 중지하다」
[罷兵] pàpīng ㄅㄚˋㄅㄧㄥ 전쟁을 그만두다. 휴전(休戰)하다.
[罷手] pàshŏu ㄅㄚˋㄕㄡˇ 일을 그만두다. 일손을 떼다. 일을 쉬다.

〔霸〕(覇) pà ㄅㄚˋ ①포악하게 남을 박해하는 인물(人物). 두목. 보스(boss). ②침략자.「稱一世界 ; 세계의 침략자라고 부르다」③제멋대로 하다. 독점하다.「一住不讓 ; 독차지하여 양보하지 않는다」④옛날 제후(諸侯)의 두목.
[霸佔] pàchàn ㄅㄚˋㄓㄢˋ 억지로 제 것으로 만들다. 강탈하다.
[霸氣] pàch'ì ㄅㄚˋㄑㄧˋ ①＝霸道. ②늠름함. 씩씩한 기개.
[霸據] pàchǜ ㄅㄚˋㄐㄩˋ 강제로 점령하다.
[霸道] pàtào ㄅㄚˋㄉㄠˋ ①(왕도에 대한) 패자의 길. 무력으로 천하를 통일하는 일. ②아주 포악하고 무도함. ③pàtao 심하다. 대단하다.
[霸王鞭] pàwángpiēn ㄅㄚˋㄨㄤˊㄅㄧㄢ 〈動〉 녹산호(綠珊瑚)의 별칭. 〈植〉 채찍처럼 긴 선인장(仙人掌).

〔羅〕 pà ㄅㄚˋ 써레. ＝耙①.

〔壩〕(垻) pà ㄅㄚˋ ①제방(堤防).「攔河壩 ; 댐(dam)」②제방을 보강하기 위한 건축물. ③평지(平地). ＜四＞
[壩基] pàchī ㄅㄚˋㄐㄧ 제방의 기초.
[壩坎] pàk'ăn ㄅㄚˋㄎㄢˇ 강이나 제방 따위의 언덕이 높은 곳.
[壩身] pàshēn ㄅㄚˋㄕㄣ 제방의 길이.
[壩子] pàtzŭ ㄅㄚˋㄗ 제방.

P'A ㄆㄚ

〔趴〕 p'ā ㄆㄚ ①(양손을 바닥에 대고) 기다.「一下放槍 ; 엎드려서 총을 쏘다」「一起來 ; 양손을 짚고 엎드리다」②앞으로 기대다.「一在卓子上寫字 ; 책상에 엎드려서 글을 쓰다」
[趴伏] p'āfú ㄆㄚㄈㄨˊ 엎드리다.
[趴下] p'āhsia ㄆㄚㄒㄧㄚ ①몸을 구부리다. ②양손을 땅에 대고 앞으로 고꾸라지다.
[趴虎] p'āhŭ ㄆㄚㄏㄨˇ 앞으로 고꾸라질 것같이 되는 것.「鬧一個一 ; 앞으로 고꾸라지다」
[趴炕] p'āk'àng ㄆㄚㄎㄤˋ(병이나 피로로) 휴식하다.

〔啪〕 p'ā ㄆㄚ 빵빵 : 총소리 따위「一一幾聲槍響 ; 빵빵 하고 몇 발의 총소리가 나다」

〔葩〕 p'ā ㄆㄚ 꽃.「奇一异草 ; 진기한 화초」

〔扒〕 p'á ㄆㄚˊ ①갈퀴 따위로 일을 하는 것. ㉮모으다.「一土 ; 흙을 긁어 모으다」㉯긁다.「一痒 ; 가려운 데를 긁다」②소매치기가 소매치기를 하다.「把錢包一去了 ; 돈지갑을 소매치기당했다」⇨pā.
[扒車] p'ách'ē ㄆㄚˊㄔㄜ (기차 따위에) 뛰어 올라 타다. 달리고 있는 차에 뛰어 오르다.
[扒飯] p'á fàn ㄆㄚˊ ㄈㄢˋ 밥을 쓸어 넣다. 밥을 마구 퍼 먹다.
[扒手] p'áshŏu ㄆㄚˊㄕㄡˇ 소매치기.
[扒灰] p'áhuī ㄆㄚˊㄏㄨㄟ 아버지가 자식의 처를 더럽히다. 시아버지가 며느리와 간통하다.
[扒糕] p'ákāo ㄆㄚˊㄍㄠ 메밀 가루나 수수 가루를 쪄서 만든 식품.
[扒拉] p'ála ㄆㄚˊㄌㄚ 수저로 음식을 마구 퍼 먹다.「赶忙一兩口飯 ; 급히 두서너 숟가락 밥을 쓸어 넣었다」
[扒犁] p'álí ㄆㄚˊㄌㄧˊ 얼음 위를 달리는 썰매. ②보습으로 논이나 밭을 갈다.
[扒摟] p'álou ㄆㄚˊㄌㄡ ＝扒拉.

〔爬〕 p'á ㄆㄚˊ ①갓난아기나 벌레 따위가 기어 가다.「不要吃蒼蠅一過的東西 ; 파리가 앉은 음식은 먹어서는 안된다」②기어오르다.「一山 ; 산에 기어오르다」③긁다.
[爬行] p'áhsíng ㄆㄚˊㄒㄧㄥˊ 기어가다.
[爬羅] p'álŏ ㄆㄚˊㄌㄨㄛˊ 긁어 모으다. 잡히는 것은 모두 거두어 넣다.
[爬着] p'áp'achê ㄆㄚˊ ㄆㄚㄓㄜ 납작 엎드려 있다.「鼻子有點一 ; 코가 조금 납작하다」
[爬山虎兒] p'áshānhŭrh ㄆㄚˊㄕㄢㄏㄨˇ ㄦ ①산길에 사용되는 가마. ②〈植〉 담쟁이덩굴의 한 가지.

[爬山越嶺] p'áshān-yüèhlǐng ㄆㄚˊㄕㄢ ㄩㄝˋㄌㄧㄥˇ 산을 오르고 고개를 넘다. 산길에서 고생하며 여행하다. «成»
[爬梳] p'áshū ㄆㄚˊㄕㄨ ①긁기도 하고 빗기도 하다. 긁으며 빗질도 하다. ②정리하다.
[爬樹] p'áshū ㄆㄚˊㄕㄨˋ 나무에 오르다.
[爬動] p'átūng ㄆㄚˊㄉㄨㄥˋ 기며 움직이다. >爬爬動動.

〔耙〕 p'á ㄆㄚˊ 「一子；나무나 곡식 따위를 긁어 모으는 데 쓰거나 또는 흙 따위를 정리하는데 쓰는 쇠갈퀴처럼 되어 있는 도구」 ⇨pà.
[耙子] p'átzū ㄆㄚˊㄗ 쇠갈퀴같이 되어 있는 도구.

〔搻〕 p'á ㄆㄚˊ 「一手；소매치기」

〔筢〕 p'á ㄆㄚˊ 「一子；나무 따위를 긁어 모으는 대로 만든 갈퀴」

〔帕〕 p'à ㄆㄚˋ 「一子；머리에 쓰기도 하고 손이나 얼굴을 닦기도 하는 천. 수건」「手一；손수건. 항카치」

〔怕〕 p'à ㄆㄚˋ ①무서워하다. 근심하다. 「老鼠一猫；쥐는 고양이를 무서워하다」 ②참을 수가 없다. 견딜 수가 없다. …에 약하다」「一潮；습기에 약하다」 ③가장 강하다. 당해낼 사람이 없는 일. 「天下無難事，只一有心人；천하에 어려운 일은 없고, 하고자 하는 사람을 당할 수는 없다. 하려고 하면 어떤 곤란한 일이라도 할 수 있다」 ④아마도. 「一沒去吧；아마도 가진 않았을 거야」
[怕潮] p'àch'áo ㄆㄚˋㄔㄠˊ 습기를 싫어하다.
[怕醜] p'àch'ǒu ㄆㄚˋㄔㄡˇ 부끄러워하다. 수줍어하다.
[怕曬] p'àhài ㄆㄚˋㄏㄞˋ 태양의 직사 광선에 견디지 못하다. 햇빛에 약하다. 「這種花布一；이와 같은 무늬로 되어 있는 천은 햇빛을 받으면 색이 변한다」
[怕羞] p'àhsiū ㄆㄚˋㄒㄧㄡ 부끄러워하다. 낯가림을 하다.
[怕人] p'àjḗn ㄆㄚˋㄖㄣˊ ①남을 무섭게 하다. 무섭다. ②낯가림을 하다. 남을 싫어하다.
[怕老婆兒] p'àlǎop'órh ㄆㄚˋㄌㄠˇㄆㄛˊㄦ 공처가(恐妻家).
[怕冷] p'àlěng ㄆㄚˋㄌㄥˇ ①추위를 싫어하다. ②추위를 견디어 내지 못하다.
[怕不] p'àpu ㄆㄚˋㄅㄨ 대개. 아마도. 「一也得很多的資本吧；아마 많은 자본이 들 것이다」 아마도 : 반대어의 어기를 띠고 있다. 「一是數一數二的；아마도 한 둘은 되겠지」
[怕臊] p'àsāo ㄆㄚˋㄙㄠˋ ＝怕羞.
[怕生] p'àshěng ㄆㄚˋㄕㄥ (미지의 일이나 사람에 대하여)공포심을 갖다. 낯가림하다.
[怕是] p'àshih ㄆㄚˋㄕ (…이 아니면 좋을 터인데 그러나)…일지도 모른다. 「一沒來吧；아마 와서 있지 않을지도 몰라」
[怕事] p'àshìh ㄆㄚˋㄕˋ ①귀찮아하다. 낯가림하다. ②사태를 악화시키려고 하지 않다.

[怕水] p'àshuǐ ㄆㄚˋㄕㄨㄟˇ ①물을 무서워하다. ②물에 약하다. 「不一；방수(防水)가 되어 있다」
[怕死] p'àssǔ ㄆㄚˋㄙˇ ①죽음을 두려워하다. ②죽기 싫다. ②p'àssū 몹시 두려워하다.

PAI ㄅㄞ

〔掰〕 pāi ㄅㄞ 두 손으로 쪼개다. 「一老玉米；옥수수를 손으로 쪼개다」
[掰交情] pāi chiāoch'ing ㄅㄞ ㄐㄧㄠ ㄑㄧㄥ 절교(絕交)하다. 교제를 끊다.
[掰指頭] pāichíht'ou ㄅㄞㄓˊㄊㄡ 손가락을 옆으로 밀어 젖히듯이 하여 하나 둘 하고 세다.
[掰開] pāik'ai ㄅㄞㄎㄞ 둘로 쪼개다. 「一肉包子；고기만두를 두 쪽으로 나누다」
[掰開揉碎] pāik'ai-jóusui ㄅㄞㄎㄞㄖㄡˊㄙㄨㄟ ①(설명할 때)자세히 분석하는 모양. ②(타이를 때)함축성 있고 친절하게 하는 모양. 「我一地勸你；나는 함축성 있게 너에게 충고한다」
[掰腕子] pāi wàntzū ㄅㄞ ㄨㄢˋㄗ 팔씨름을 하다.
[掰文兒] pāiwḗnrh ㄅㄞㄨㄣˊㄦ 새삼스레 결점을 꼬집다.

〔哔〕 pāi ㄅㄞ ⇨唄 (pēi).

〔白〕 pái ㄅㄞˊ 〈文〉 pó ㄅㄛˊ ①흰색. 백색. ②하양. 백. ③결백. ④낮. 대낮. 백주. ⑤공백(空白). ⑥결과가 백지로 돌아가는 일. 「死了也一死；죽어도 헛된 죽음이다」 ⑦거저. 무료로. 「一做；무료로 만들다」 ⑧ (맛이)싱겁다. ⑨진술하다. ⑩구어(口語). 백화(白話). ⑪잘못 판단하다. 「念一了；(글자를)잘못 읽었다」 ⑫드디어. 마침내. ⑬성(姓)의 하나.
[白齋] páichāi ㄅㄞˊㄓㄞ 육식을 끊고 채식을 함. 정진(精進). 「吃一；정진을 하다(채식하다)」
[白戰] páichàn ㄅㄞˊㄓㄢˋ 맨손으로 싸우다.
[白折子] páichḗtzū ㄅㄞˊㄓㄜˊㄗ ①백지의 통장. ②부고(訃告).
[白芨] páichí ㄅㄞˊㄐㄧˊ 〈植〉대왕풀. 난초과에 속하는 다년초 : 약재로 쓰임.
[白旗] páich'í ㄅㄞˊㄑㄧˊ ①흰 깃발. ②항복을 뜻하는 깃발.
[白錢] páich'ién ㄅㄞˊㄑㄧㄢˊ ①흰 종이로 만든 돈 모양의 것. 문 앞에 걸어 상중(喪中)임을 나타냄 ②소매치기. ③＝紙錢.
[白芷] páichǐh ㄅㄞˊㄓˇ 〈植〉구리때뿌리 : 약재로 쓰임.
[白吃] páich'īh ㄅㄞˊㄔ ①(음식을) 거저 먹다. ②놀고 먹다. 「我不甘心在家裡一飯；나는 집에서 놀고 먹는 것을 달갑게 여기지 않는다」 ③반찬 없이 맨밥을 먹다.
[白紙黑字] páichǐh-heitzǔ ㄅㄞˊㄓˇㄏㄟ ㄗˋ 백지 위에 검은 글자가 씌어 있다. 문서가 증명을 하다. "白紙上寫着黑字"의 준말로, 백문이불여일견(百聞而不如

一見)과 같은 뜻
[白淨] páiching ㄅㄞˊㄐㄧㄥ 살결이 희고 맑다. > 白白淨淨.
[白金] páichīn ㄅㄞˊㄐㄧㄣ ①백금. ②은(銀)의 별칭.
[白鏡子] páichìngtzǔ ㄅㄞˊㄐㄧㄥˋㄗ 살결이 흰 얼굴.
[白氣兒] páich'ìrh ㄅㄞˊㄑㄧˋㄦ ①입김. ②안개.
[白濁] páichó ㄅㄞˊㄓㄨㄛˊ 임질(淋疾).=「淋症.
[白煮] páichǔ ㄅㄞˊㄓㄨˇ 백숙(白熟). 맹물에 넣고 삶음.
[白卷兒] páichüānrh ㄅㄞˊㄐㄩㄢㄦ 백지 답안(答案).
[白圈兒] páich'üānrh ㄅㄞˊㄑㄩㄢㄦ 부처의 몸에서 나는 빛. 불상(佛像)의 후면에 그린 둥근 환(環). 후광(後光).
[白駒過隙] páichūkuòhsì ㄅㄞˊㄐㄩㄍㄨㄛˋㄒㄧˋ 흰 말이 순식간에 지나간다는 뜻으로, 세월이 몹시 빠르다는 말.《成》
[白種] páichǔng ㄅㄞˊㄓㄨㄥˇ 백인종(白人種). =白種人.
[白酒] páichiǔ ㄅㄞˊㄐㄧㄡˇ =白乾兒.
[白俄] pái ê ㄅㄞˊㄜˊ 백계(白系) 러시아 사람.
[白礬] páifán ㄅㄞˊㄈㄢˊ 명반(明礬).백반.
[白飯] páifàn ㄅㄞˊㄈㄢˋ ①흰 밥. ②맨밥.
「하는 집.
[白房子] páifángtzǔ ㄅㄞˊㄈㄤˊㄗ 밀매음
[白費] páifèi ㄅㄞˊㄈㄟˋ 보람 없이 쓰다. 낭비하다.「一力氣; 헛수고를 하다」
[白耗] páihào ㄅㄞˊㄏㄠˋ (돈·시간·물건을)헛되게 쓰다. 낭비하다.
[白喉] páihóu ㄅㄞˊㄏㄡˊ 〈醫〉디프테리아(diphtheria). =喉痧.
[白皙] páihsī ㄅㄞˊㄒㄧ 살결이 희다.>白白皙皙.
[白相] páihsiàng ㄅㄞˊㄒㄧㄤˋ 빈둥거리며 놀기만하다.
[白相人] páihsiàngjěn ㄅㄞˊㄒㄧㄤˋㄖㄣˊ 건달. 부랑자.
[白綉球] páihsiùch'iú ㄅㄞˊㄒㄧㄡˋㄑㄧㄡˊ ①〈植〉수국(水菊). 백자양. ②흰 비단으로 공 모양으로 만든 것.
[白虎] páihǔ ㄅㄞˊㄏㄨˇ ①흉악하고 요사스런 귀신의 이름. ②별의 이름. ③오른쪽. ④음모(陰毛)가 없는 여자. 밴대보지.
[白乎] páihu ㄅㄞˊㄏㄨ 쓸 데 없는 말을 지껄이다. 흰소리를 하다.
[白花] páihua ㄅㄞˊㄏㄨㄚ 달콤한 말.《北》
[白話(兒)] páihua(rh) ㄅㄞˊㄏㄨㄚ(ㄦ)①구어(口語). 구어문(口語文). ②군소리. 쓸데 없이 지껄이는 말.
[白花舌兒] páihuashěrh ㄅㄞˊㄏㄨㄚㄕㄜˊㄦ 청산유수와 같이 말을 잘함. 또는 그 말이나 사람.
[白花花的] páihuāhuātê ㄅㄞˊㄏㄨㄚㄏㄨㄚㄉㄜ 은(銀)빛으로 빛나는 모양.「一銀子; 번쩍번쩍 빛나는 은」
[白晃晃的] páihuǎnghuǎngtê ㄅㄞˊㄏㄨㄤˇㄏㄨㄤˇㄉㄜ (은 따위가)번쩍번쩍 빛나는 모양.
[白灰] páihuī ㄅㄞˊㄏㄨㄟ 석회(石灰).
[白貨] páihuò ㄅㄞˊㄏㄨㄛˋ ①흰 물건. 흰 바탕으로 된 물건. ②헤로인(heroin). =海洛因. 海洛英.
[白虎星] páihǔhsīng ㄅㄞˊㄏㄨˇㄒㄧㄥ ①흉악하고 요사스런 귀신 이름. ②부인(婦人)을 욕할 때 쓰는 말.
[白忽忽的] páihūhūtê ㄅㄞˊㄏㄨㄏㄨㄉㄜ 희붐한 모양. 흰하게.
「=白人.
[白衣人] pái ījěn ㄅㄞˊㄧㄖㄣˊ 평민(平民).
[白饒] páijáo ㄅㄞˊㄖㄠˊ ①덤으로 주다. ②=白搭. ③=白給①.
[白人] páijěn ㄅㄞˊㄖㄣˊ ①백인종(白人種). ②지위나 벼슬이 없는 사람. ③(귀족에 대한)평민(平民).
[白扔] páijēng ㄅㄞˊㄖㄥ 헛되게 하다. 헛되게 쓰다.
[白日] páijìh ㄅㄞˊㄖˋ =白天.
[白日鬼] páijìhkuei ㄅㄞˊㄖˋㄍㄨㄟˇ 도둑. 사기사(詐欺師).
「제육.
[白肉] páijòu ㄅㄞˊㄖㄡˋ 삶은 돼지고기.
[白開水] páik'āishuì ㄅㄞˊㄎㄞㄕㄨㄟˋ 끓인 맹물. 백비탕(白沸湯).
[白幹] páikàn ㄅㄚˊㄍㄢˋ ①헛수고를 하다. ②무상으로 노동하다.
[白乾兒] páikānrh ㄅㄞˊㄍㄢㄦ 고량주. 배갈. =白酒.
「줄.
[白鋼絲] páikāngssū ㄅㄞˊㄍㄤㄙ 피아노
[白給] páikěi ㄅㄞˊㄍㄟˇ ①거저 주다. ②쓸 데 없이 제공하다. 헛주다.
[白個生生] páikoshēngshēng ㄅㄞˊㄍㄜㄕㄥㄕㄥ 몹시 희다.
[白狗癬] páikǒuhsüǎn ㄅㄞˊㄍㄜˇㄒㄩㄢˇ 백선(白癬). 피부병의 한 가지.
[白光燈] páikuāngtēng ㄅㄞˊㄍㄨㄤㄉㄥ 형광등.
[白盔] páik'uei ㄅㄞˊㄎㄨㄟ 헬멧(helmet): 서양식 여름 모자의 한 가지.
「館).
[白宮] páikūng ㄅㄞˊㄍㄨㄥ 백악관(白堊
[白果兒] páikuǒrh ㄅㄞˊㄍㄨㄛˇㄦ ①은행나무의 열매. ②달걀의 별명.=鷄蛋.
[白蠟] páilà ㄅㄞˊㄌㄚˋ ①백랍벌레의 분비액(分泌液): 밀(蜜)의 원료로 쓰임. ②정제한 봉랍(蜂蠟).
[白賴] páilài ㄅㄞˊㄌㄞˋ ①말로 얼버무려 버리다. ②일부러 억지를 부리다.
[白蘭地] páilántì ㄅㄞˊㄌㄢˊㄉㄧˋ 브랜디(brandy). 양주의 한 가지.《譯》
「勞).
[白勞] páilǎo ㄅㄞˊㄌㄠˊ 헛수고. 도로(徒
[白落] páilào ㄅㄞˊㄌㄠˋ 거저 얻다.
[白拉倒] páilātǎo ㄅㄞˊㄌㄚㄉㄠˇ 쉽사리 그만두다. 그냥 내던지다.
「지.
[白痢] páilì ㄅㄞˊㄌㄧˋ 이질(痢疾)의 한 가
[白亮] páiliàng ㄅㄞˊㄌㄧㄤˋ 허옇게 번쩍거리다.
[白臉] páiliěn ㄅㄞˊㄌㄧㄢˇ ①살결이 흰 얼굴. ②선인(善人)의 용모. ③연극에서의 선역(善役).
[白蛉子] páilíngtzǔ ㄅㄞˊㄌㄧㄥˊㄗ 각다귀: 모기 비슷하며 인축을 쏘아 해를 줌.
[白爐子] páilútzǔ ㄅㄞˊㄌㄨˊㄗ 진흙과 석회를 이겨 만든 풍로의 한 가지.
[白忙] páimáng ㄅㄞˊㄇㄤˊ 헛수고만하다. 실속 없이 분주하기만하다.
[白茫茫的] páimángmángtē ㄅㄞˊㄇㄤˊㄇㄤˊㄉㄜ 온통 흰 빛으로 뒤덮인 모양.「一一片曠野; 온통 새하얀 광야」
[白毛] páimáo ㄅㄞˊㄇㄠˊ ①(동물의)흰 털. 솜털. ②흰 곰팡이.
[白毛風] páimáofēng ㄅㄞˊㄇㄠˊㄈㄥ 뼈를 깎는 듯한 매서운 바람.

[白毛汗] páimáohàn ㄅㄞˊㄇㄠˊㄏㄢˋ 찌는 듯이 흘러 내리는 땀. =白毛兒汗.
[白帽盔兒] páimàok'uēirh ㄅㄞˊㄇㄠˋㄎㄨㄟㄦ 시골 사람을 놀리는 말.
[白煤] páiméi ㄅㄞˊㄇㄟˊ 무연탄(無煙炭).
[白蜜] páimì ㄅㄞˊㄇㄧˋ 정제한 벌꿀.
[白面] páimièn ㄅㄞˊㄇㄧㄢˋ ①밀가루. ②흰 얼굴.「一書生; 백면 서생」
[白面兒] páimiènrh ㄅㄞˊㄇㄧㄢˋㄦ 헤로인(heroin): 마취약의 한 가지. =白貨② · 海洛因.
[白描] páimiáo ㄅㄞˊㄇㄧㄠˊ 스케치(sketch). 사생화. 단편. 소곡(小曲).
[白米飯] páimǐfàn ㄅㄞˊㄇㄧˇㄈㄢˋ 흰 쌀밥. =大米飯.
[白磨] páimó ㄅㄞˊㄇㄛˊ 낭비하다.「一時間; 시간을 낭비하다」
[白沫子] páimòtsū ㄅㄞˊㄇㄛˋㄗ 흰 물거품. 거품 모양의 침. 게거품.
[白木耳] páimùěrh ㄅㄞˊㄇㄨˋㄦˇ 〈植〉 목이버섯: 버섯의 한 가지로 식용함.
[白拿] páiná ㄅㄞˊㄋㄚˊ 거저 갖다. 거저 얻다. 「고 보드랍다.
[白嫩] páinùn ㄅㄞˊㄋㄣˋ (피부 따위가) 희
[白白胖胖] páipái p'àngp'àng ㄅㄞˊㄅㄞˊㄆㄤˋㄆㄤˋ 살결이 희고 통통한 모양.
[白白地] páipáitê ㄅㄞˊㄅㄞˊㄉㄜ 헛되게. 보람 없이. 「하나.
[白板] páipàn ㄅㄞˊㄅㄢˋ 마작(麻雀) 패의
[白報紙] páipàochǐh ㄅㄞˊㄅㄠˋㄓˇ ①신문 용지. ②흰색의 신문지: 색지에 찍은 신문지에 대하여 보통 신문지를 일컬음.
[白賠] páip'éi ㄅㄞˊㄆㄟˊ 알면서 할 수 없이 손해를 보다. 「書).
[白皮書] páip'ishū ㄅㄞˊㄆㄧˊㄕㄨ 백서(白
[白鼻頭(兒)] páipít'óu(rh) ㄅㄞˊㄅㄧˊㄊㄡˊ(ㄦ) 밀정. 스파이.
[白皮材] páip'íts'ái ㄅㄞˊㄆㄧˊㄘㄞˊ 옻칠하지 않은 관(棺)의 널빤지.
[白鼻子] páipítzū ㄅㄞˊㄅㄧˊㄗ 교활한 사람. 알짝정이. 빈틈 없는 사람.
[白璧微瑕] páipì wēihsiá ㄅㄞˊㄅㄧˋㄨㄟˋㄒㄧㄚˊ 훌륭한 사람도 약간의 결점은 있다. 옥에도 티가 있다. 《成》
[白不了] páipuliǎo ㄅㄞˊㄅㄨㄌㄧㄠˇ 헛되지 않다. 보람 없이 끝나지는 않았다.
[白不咋] páiputsǎ ㄅㄞˊㄅㄨㄗㄚˇ 아무렇지도 않다. 태연하다. 「이.
[白醭兒] páipúrh ㄅㄞˊㄅㄨˊㄦ 흰 곰팡
[白生生的] páishēngshēngtê ㄅㄞˊㄕㄥㄕㄥㄉㄜ 살결이 희고 부드럽다. 윤택이 있다.
[白食] páishíh ㄅㄞˊㄕˊ 무료로 먹다. 거저 먹다.「吃一; 거저 먹다」
[白事] páishìh ㄅㄞˊㄕˋ 사건을 진술하다. 사유를 말하다. 흉한 일. 장례식(葬禮式).
[白水兒] páishuǐrh ㄅㄞˊㄕㄨㄟˇㄦ 맹물. 색소나 조미료 따위를 넣지 않은 물.
[白手] páishǒu ㄅㄞˊㄕㄡˇ 맨손. 아무 것도 갖지 않음.「一起家; 맨주먹으로 집안을 일으키다」 자수성가(自手成家).
[白薯] páishǔ ㄅㄞˊㄕㄨˇ 고구마.
[白說] páishuō ㄅㄞˊㄕㄨㄛ 헛되히 지껄이다. 말뿐이다.「說也一; 말해도 소용없다」
[白絲] páissū ㄅㄞˊㄙ 흰 명주실.
[白死] páissǔ ㄅㄞˊㄙˇ 개죽음하다. 헛되게 죽다.
[白穗] páisuì ㄅㄞˊㄙㄨㄟˋ 해충으로 여물지 않은 이삭.
[白送] páisùng ㄅㄞˊㄙㄨㄥˋ ①무료로 주다. 아낌없이 제공하다. ②거저 보내다.「樣本一; 견본을 무료로 보내 드리다」③(세월을) 헛되히 보내다.
[白糖] páit'áng ㄅㄞˊㄊㄤˊ 백설탕.「一塊; 각사탕」
[白打落] páitǎlào ㄅㄞˊㄉㄚˇㄌㄠˋ (상점을) 희롱하다. 물건을 사지 않고 값만 물어 보고 놀리다.
[白天] páit'ien ㄅㄞˊㄊㄧㄢ 대낮. 백주.
[白鐵] páit'iěh ㄅㄞˊㄊㄧㄝˇ 양철. 도당.
[白癜風] páit iènfēng ㄅㄞˊㄉㄧㄢˋㄈㄥ 피부병의 한 가지. 백전풍. 백납. =白癜.
[白丁] páitīng ㄅㄞˊㄉㄧㄥ ①출세하지 못한 사람. ②문벌이 좋지 않은 사람. ③평민.
[白豆] páitoù ㄅㄞˊㄉㄡˋ 흰콩.
[白頭翁] páit'óuwēng ㄅㄞˊㄊㄡˊㄨㄥ ①백발 노인. ②〈動〉 갈가마귀. ③〈植〉 할미꽃.
[白頭到老] páit'óu tàolǎo ㄅㄞˊㄊㄡˊㄉㄠˋㄌㄠˇ 백년 해로(百年偕老). =白頭偕老.
[白菜] páits'ài ㄅㄞˊㄘㄞˋ 배추.「洋一; 양배추」
[白菜窖] páits'aichiào ㄅㄞˊㄘㄞㄐㄧㄠˋ 배추를 저장하는 움. 배추광.
[白字] páitzù ㄅㄞˊㄗˋ 잘못 읽거나 잘못 쓴 글자.
[白銅] páit'úng ㄅㄞˊㄊㄨㄥˊ 양은(洋銀).
[白子兒] páitsūrh ㄅㄞˊㄗㄦ 바둑의 흰 돌.
[白嘴兒] páitsuǐrh ㄅㄞˊㄗㄨㄟˇㄦ 반찬이 없이 먹는 일.「一吃; 맨밥을 먹다」
[白要] páiyào ㄅㄞˊㄧㄠˋ 거저 얻다.「我不能一東西; 나는 물건을 거저 받을 수는 없다」
[白眼] páiyén ㄅㄞˊㄧㄢˊ ①(눈알의)흰자위. ②흘기는 눈. 냉대하는 눈초리.「受一; 냉대를 받다」
[白眼珠兒] páiyénchūrh ㄅㄞˊㄧㄢˊㄓㄨㄦ (눈알의) 흰자위.
[白眼瞎] páiyěnhsiā ㄅㄞˊㄧㄢˇㄒㄧㄚ 눈뜬 장님. 청맹과니.
[白雨] páiyǔ ㄅㄞˊㄩˇ 뇌우(雷雨). 《吳》

〔百〕 pǎi ㄅㄞˇ ①백(百). ②많은. 온갖.「一姓; 백성」「一貨公司; 백화점」 ③백배(百倍). ④성(姓)의 하나. ⇨pǒ.
[百折不撓] pǎichěpùnáo ㄅㄞˇㄓㄜˊㄅㄨˋㄋㄠˊ 어떠한 고난을 만나도 굴하지 않다. 의지(意志)가 굳건하다. 《成》
[百家衣] pǎichiaī ㄅㄞˇㄐㄧㄚㄧ 갓난아기 옷: 여러 집에서 천조각을 구해서 옷을 만들어 갓난아기에게 입히면 명(命)이 길다는 데서 온 말.
[百分率] pǎifênlǜ ㄅㄞˇㄈㄣㄌㄩˋ ①백분율. ②퍼센티지. 「하다.
[百和] pǎiho ㄅㄞˇㄏㄜ 화목(和睦)하게
[百貨商場] pǎihuò shāngchǎng ㄅㄞˇㄏㄨㄛˋㄕㄤㄔㄤˇ ①백화점. ②잡화 시장(雜貨市場).
[百貨大樓] pǎihuò tàlóu ㄅㄞˇㄏㄨㄛˋㄉㄚˋㄌㄡˊ =百貨商場.
[百孔千瘡] páik'ǔng ch'iēnch'uāng ㄅㄞˊㄎㄨㄥˇㄑㄧㄢㄔㄨㄤ 결점·고장이 많다. 만신창이(滿身瘡痍). 《成》

[百忙] pǎimáng ㄅㄞˇㄇㄤˊ 몹시 바쁜. 다망한.

[百衲衣] pǎinaî ㄅㄞˇㄋㄚˋㄧ 법의(法衣). 「가사(袈裟).

[百把] pǎipa ㄅㄞˇㄅㄚ 백쯤. 백 정도.

[百弊叢生] pǎipìts'úngshêng ㄅㄞˇㄅㄧˋㄘㄨㄥˊㄕㄥ 많은 고장이나 결점이 생기다. 여러 가지 폐단이 생기다. =百弊層生. 《成》

[百兒八十] pǎirh pashíh ㄅㄞˇㄦ ㄅㄚㄕˊ 백이 좀 모자라는 팔구십.

[百十來] pǎishíhlái ㄅㄞˇㄕˊㄌㄞˊ =百兒八十.

[百事通] pǎishìhtūng ㄅㄞˇㄕˋㄊㄨㄥ 아는 것이 많은 사람. 상식이 많은 사람.

[百斯篤] pǎissūtǔ ㄅㄞˇㄙㄉㄨˇ 흑사병(黑死病).

[百歲] pǎisùi ㄅㄞˇㄙㄨㄟˋ ①백살. ②갓난아기의 백일(百日).

[百搭] pǎitā ㄅㄞˇㄉㄚ 트럼프의 조우커(joker).

[百無禁忌] pǎiwú cìnchī ㄅㄞˇㄨˊㄐㄧㄣˋㄐㄧ 조금도 거리낄 것이 없다. 《成》

[百無一長] pǎiwú ìch'áng ㄅㄞˇㄨˊㄧˋㄔㄤˊ 하나도 쓸 만한 것이 없음. 무능(無能)함. 《成》

[百無一失] pǎiwú ìshīh ㄅㄞˇㄨˊㄧˋㄕ 주도 면밀(周到綿密). 조금도 실패가 없다. 하나도 실수가 없다. 《成》

[百折不撓] póch'é-pùnáo ㄅㄛˊㄓㄜˊㄅㄨˋㄋㄠˊ 백절불요. 백절불굴(百折不屈).

[百折裙子] póchě ch'ǘntzǔ ㄅㄛˊㄓㄜˊㄑㄩㄣˊㄗ 주름치마.

[百廢俱興] pófèi chǚhsīng ㄅㄛˊㄈㄟˋㄐㄩˋㄒㄧㄥ 하지 않고 버려 둔 일이 모두 실현되다. 《成》

[百依百隨] pó ī pósuí ㄅㄛˊㄧㄅㄛˊㄙㄨㄟˊ 무엇이든지 말하는 대로 되다. 《成》 =百依百順.

[百孔千瘡] pók'ǔng-ch'iēnch'uāng ㄅㄛˊㄎㄨㄥˇㄑㄧㄢㄔㄨㄤ 깨진 곳이나 결점·고장이 많은 모양. 만신창이(滿身瘡痍).

[百口難分] pók'ǒu nānfēn ㄅㄛˊㄎㄡˇㄋㄢㄈㄣ 입이 백이라도 변명할 길이 없다. 《成》

[百煉成鋼] póliền ch'ếngkāng ㄅㄛˊㄌㄧㄢˋㄔㄥˊㄍㄤ 몇 번이고 단련하여 훌륭한 것으로 만들다.

[百裡挑一] póli t'iāo ī ㄅㄛˊㄌㄧㄊㄧㄠㄧ 백 속에서 하나를 고르다. 가뭄에 콩 나기. 《成》

[百裡不同風] póli pùt'úngfēng ㄅㄛˊㄌㄧˇㄅㄨˋㄊㄨㄥˊㄈㄥ 고장이 다르면 풍속이 다르다. 《成》

[百年樹人] pónién shùjến ㄅㄛˊㄋㄧㄢˊㄕㄨˋㄖㄣˊ 인재(人材)를 양성하는데 긴 세월이 걸린다는 비유. 《成》

[百步穿楊] pópù ch'uānyáng ㄅㄛˊㄅㄨˋㄔㄨㄢㄧㄤˊ 백보 떨어져서 버들잎을 쏘아 맞히다. 사격(射擊)이 능란함을 비유한 말.

[百舌] póshé ㄅㄛˊㄕㄜˊ 〈動〉 개고마리. 물까치 : 때까치보다 작고 흙·회색이며 울음 소리가 고움.

[百思不解] póssū pùchiěh ㄅㄛˊㄙㄅㄨˋㄐㄧㄝˇ 아무리 생각하여도 이해가 되지 않는다.

[百端待擧] pótuān tài chǚ ㄅㄛˊㄉㄨㄢㄉㄞˋㄐㄩˇ 많은 일이 시작되려고 한다.

[百無聊賴] pówúliáolái ㄅㄛˊㄨˊㄌㄧㄠˊㄌㄞˋ 아무 일에도 흥미를 느끼지 않다. 마음 둘 곳이 없고 모든 일이 무의미하게 생각되는 일.

[百無一是] pówúishìh ㄅㄛˊㄨˊㄧˊㄕˋ 올바른 것은 하나도 없음. 착오가 많다는 말.

[百無一失] pówú ìshīh ㄅㄛˊㄨˊㄧˋㄕ 백에 하나의 잘못도 없음.

〔佰〕 pǎi ㄅㄞˇ 백(百):증서 따위의 금액을 기재할 때 흔히 쓰이는 글자.

〔柏〕(栢) pǎi ㄅㄞˇ 측백나무. ⇨pó.

[柏木] pǎimù ㄅㄞˇㄇㄨˋ 〈植〉 측백나무.

[柏油] pǎiyú ㄅㄞˇㄧㄡˊ 코울타르.

[柏油道] pǎiyútào ㄅㄞˇㄧㄡˊㄉㄠˋ 아스팔트 길. =拍油路.

〔擺〕 pǎi ㄅㄞˇ ①벌이어 놓다. 진열하다. 배치하다. ②내보이다. …체하다. ③(좌우로) 흔들다. 「一手 ; 손을 흔들다」 ④진자(振子). 흔들이. 「鐘一子 ; 시계추」

[擺長龍] pǎi ch'ánglúng ㄅㄞˇㄔㄤˊㄌㄨㄥˊ 장사진(長蛇陣)을 이루다.

[擺陣] pǎichěn ㄅㄞˇㄓㄣˋ 진(陣)을 치다.

[擺正] pǎichěng ㄅㄞˇㄓㄥˋ ①바르게 벌이어 놓다. ②위치를 바르게 하다.

[擺針兒] pǎichěnrh ㄅㄞˇㄓㄣㄦ (계량기 따위의) 바늘. 지침(指針).

[擺棋] pǎi ch'í ㄅㄞˇㄑㄧˊ 장기(將棋)를 두다. =下棋. ②장기의 말을 늘어놓다. =佈棋.

[擺請兒] pǎich'ingrh ㄅㄞˇㄑㄧㄥˇㄦ 연회(宴會)를 베풀고 손님을 청하다.

[擺酒] pǎi chiǔ ㄅㄞˇㄐㄧㄡˇ 술좌석을 만들다.

[擺飯] pǎi fàn ㄅㄞˇㄈㄢˋ 식사를 벌이어 놓다. 식사 준비를 하다. =開飯.

[擺閑盤] pǎihsiénp'án ㄅㄞˇㄒㄧㄢˊㄆㄢˊ 쓸 데 없는 이야기를 늘어놓다.

[擺虛架子] pǎi hsūchiàtzǔ ㄅㄞˇㄒㄩㄐㄧㄚˋㄗ 뽐내다. 젠체하다. 허세를 부리다.

[擺開] pǎik'ai ㄅㄞˇㄎㄞ 배열(配列)하다. 벌이어 놓다. 「擺不開 ; 장소가 없어서 놓을 수 없다」

[擺闊] pǎi k'uò ㄅㄞˇㄎㄨㄛˋ 돈이 있는 체하다. 화려하게 차리다.

[擺來擺去] pǎilái pǎich'ǜ ㄅㄞˇㄌㄞˊㄅㄞˇㄑㄩˋ ①어슬렁어슬렁 걷다. ②좌우로 흔들다. 「把尾巴一 ; 꼬리를 좌우로 흔들다」

[擺列] pǎilièh ㄅㄞˇㄌㄧㄝˋ 진열하다.

[擺龍門陣] pǎi lúngménchền ㄅㄞˇㄌㄨㄥˊㄇㄣˊㄓㄣˋ 세상 이야기를 하다. 잡담을 하다. 《西》

[擺忙] pǎimáng ㄅㄞˇㄇㄤˊ ①안절부절하다. ②pǎimang 뱃속이 답답하고 기분이 언짢다. =擺弄.

[擺明] pǎimíng ㄅㄞˇㄇㄧㄥˊ 밝은. 명확한.

[擺弄] pǎinùng ㄅㄞˇㄋㄨㄥˋ ①손으로 가지고 놀다. 만지작거리다. ②장난치다. 희롱하다. ③교사하다. 꾀다. ④pǎilung =擺忙.

[擺布] pǎipu ㄅㄞˇㄅㄨ ①진열하다. ②처치하다. ③농락하다. 괴롭히다. ④남을 자유자재로 움직이다.

[擺設] pǎishē ㄅㄞˇㄕㄜˋ ①진열하다. ②진열품. 장식. 장식품.
[擺式] pǎishìh ㄅㄞˇㄕˋ ＝擺設.
[擺手] pái shǒu ㄅㄞˊ ㄕㄡˇ (승낙하지 않거나 동의하지 않을 때) 손을 흔들다. ＝搖手.
[擺臺] pǎit'ái ㄅㄞˇㄊㄞˊ ①요리를 탁자에 늘어놓다. ②서양 요리점의 보이.
[擺攤兒] pǎi t'ānrh ㄅㄞˇ ㄊㄢㄦ 노점(露店)을 벌이다.
[擺頭] pǎit'óu ㄅㄞˇㄊㄡˊ 머리를 옆으로 흔들다. ＝搖頭.
[擺隊] pǎi tuì ㄅㄞˇ ㄉㄨㄟˋ 정렬(整列)하다. 대오를 짓다. 「②아첨하다.
[擺尾] páiwěi ㄅㄞˊㄨㄟˇ ①꼬리를 치다.
[擺樣子] pǎi yàngtzǔ ㄅㄞˇ ㄧㄤˋㄗ 겉치레하다. 거드름 피우다.
[擺搖] pǎiyáo ㄅㄞˇㄧㄠˊ 흔들리다. 흔들다.

〔拜〕 pài ㄅㄞˋ ①절하다. 숭배하다.「一佛；부처님을 숭배하다」②공손히. 예의 바르게.「一訪；공손하게 예방하다」③축의(祝意)를 나타냄. 축하하다.「一年；신년을 축하하다」④예절(禮節)로써 어떤 관계를 맺다.「一把子；형제의 결맹 축배를 들다」
[拜懺] pàich'àn ㄅㄞˋㄔㄢˋ 법회(法會).
[拜訪] pàifǎng ㄅㄞˋㄈㄤˇ 방문하다. 예방(禮訪)하다. 「탄복하다.
[拜服] pàifú ㄅㄞˋㄈㄨˊ 경복(敬服)하다.
[拜匣] pàihsiá ㄅㄞˋㄒㄧㄚˊ 편지나 선물을 넣어서 보내는 상자.
[拜兄弟] pàihsiūngtì ㄅㄞˋㄒㄩㄥㄉㄧˋ 의형제(義兄弟)가 되다.
[拜會] pàihuì ㄅㄞˋㄏㄨㄟˋ 방문하다.
[拜客] pàik'ò ㄅㄞˋㄎㄜˋ 사람을 방문하다.
[拜跪] pàikuèi ㄅㄞˋㄍㄨㄟˋ 두 무릎을 땅에 대고 절을 하다.
[拜禮] pàilǐ ㄅㄞˋㄌㄧˇ 아랫사람이 축하한 데 대한 답례품.
[拜聆] pàilíng ㄅㄞˋㄌㄧㄥˊ 삼가 듣다.
[拜門] pàimén ㄅㄞˋㄇㄣˊ 문하생이 되다. 제자가 되다.
[拜盟] pàiméng ㄅㄞˋㄇㄥˊ ＝拜把子.
[拜年] pàinién ㄅㄞˋㄋㄧㄢˊ 신년을 축하하다. 세배하다.
[拜把子] pàipǎtzǔ ㄅㄞˋㄅㄚˇㄗ 결의 형제를 맺는 술잔을 들다. 결의 형제를 맺다.
[拜師] pàishīh ㄅㄞˋㄕ ①스승으로 모시다. ②스승에 대한 첫 인사를 올리다. ＝拜老師. 「다.
[拜壽] pàishòu ㄅㄞˋㄕㄡˋ 생일을 축하하
[拜歲] pàisuì ㄅㄞˋㄙㄨㄟˋ 신년에 신불(神佛)과 집안 어른에게 세배드리다.
[拜堂] pàit'áng ㄅㄞˋㄊㄤˊ 결혼 때에 신랑과 신부가 하늘과 땅에 절을 하다.
[拜天地] pài t'ientì ㄅㄞˋㄊㄧㄢㄉㄧˋ ＝拜堂.
[拜托] pàit'ō ㄅㄞˋㄊㄨㄛ 삼가 부탁하다.
[拜望] pàiwàng ㄅㄞˋㄨㄤˋ 방문하다.

〔敗〕 pài ㄅㄞˋ ①패하다.「敵軍一了；적은 패배했다」②실패하다. ③못 쓰게 되다. 부서지다. 「一血症；괴혈병(壞血病)」④제거하다. 발산시키다.「一火；열을 발산시키다」⑤쇠퇴하다. 쇠잔하다. 시들다.「花開一了；꽃이 시들어 버렸다」
[敗仗] pàichàng ㄅㄞˋㄓㄤˋ 패전(敗戰). 전쟁에 짐.「打了一；전쟁에 패했다」
[敗家] pàichiā ㄅㄞˋㄐㄧㄚ 패가하다. 신상(身上)을 망치다.
[敗相] pàihsiàng ㄅㄞˋㄒㄧㄤˋ ①건강치 못한 모습. ②찌푸리거나 성난 얼굴.「不受看他那一臉的一；아예 저 찌푸린 얼굴을 나는 보고 싶지 않다」
[敗興] pàihsìng ㄅㄞˋㄒㄧㄥˋ ①흥이 깨어지다. 낙담하다. ②재수가 없다. ③면목을 잃다. 얼굴이 깎이다.
[敗興而歸] pàihsìngêrhkueī ㄅㄞˋㄒㄧㄥˋㄦㄍㄨㄟ 흥이 깨어져 돌아 가나. 시름없이 돌아 가다.
[敗壞] pàihuài ㄅㄞˋㄏㄨㄞˋ 부수다. 손상시키다.「一門楣；가문을 더럽히다」
[敗類] pàilèi ㄅㄞˋㄌㄟˋ ①불량 분자(不良分子). 파렴치한(破廉恥漢). ②악인.
[敗柳殘花] pàiliǔ-ts'ánhuā ㄅㄞˋㄌㄧㄡˇㄘㄢˊㄏㄨㄚ ①기생(妓生). ②부정(不貞)한 여자. ＝殘花敗柳. 「하다.
[敗落] pàilò ㄅㄞˋㄌㄨㄛˋ 몰락하다. 타락
[敗露] pàilù ㄅㄞˋㄌㄨˋ (나쁜 일·비밀이) 폭로되다. 드러나다.
[敗兵] pàipīng ㄅㄞˋㄅㄧㄥ 패잔병(敗殘兵).
[敗子] pàitzǔ ㄅㄞˋㄗ 집안 망칠 자식. ＝敗家子. 「해독시키다.
[敗毒] pàitú ㄅㄞˋㄉㄨˊ 독을 발산시키다.
[敗物] pàiwù ㄅㄞˋㄨˋ (물건을 부수거나 하여)가치를 없게 하다. 망그러뜨리다.

〔稗〕 pài ㄅㄞˋ 「一子；피」

P'AI ㄆㄞ

〔拍〕 p'āi ㄆㄞ ①손바닥이나 또는 평평한 것으로 가볍게 두드리다.「用手一他一下；손으로 그를 탁 치다」「一一腦袋算一個；머리를 탁 치고 한 사람으로 세다. 무턱대고 사람을 채용하다」②음악의 박자. ③「一兒·一子；두드리는 도구」「蠅一兒；파리채」「球一子；(탁구·정구·배드민턴 따위의)라켓」④촬영하다.「一製影片；영화를 제작하다」「一了一張半身相；반신(半身) 사진을 한 장 찍었다」⑤말로 위협하다.「拿話把他一回去了；그를 위협하는 말로 쫓아 보냈다」⑥「一馬屁；아첨하다의 생략」「你別一了；아첨은 그만해라」⑦전보 따위를 치다.「一電報；전보를 치다」
[拍掌] p'āichǎng ㄆㄞㄓㄤˇ 박수를 치다.
[拍照] p'āichào ㄆㄞㄓㄠˋ 촬영하다. ＝攝影.
[拍球] p'āi ch'iú ㄆㄞ ㄑㄧㄡˊ 공을 치다. 공을 두드리다.
[拍桌子] p'āichōtzǔ ㄆㄞㄓㄨㄛㄗ ①갑작스럽게 안색을 바꾸어 몹시 화를 내다. ②쌍방의 감정이 결렬되다. 서로 감정이 엇갈리다. ③크게 논쟁을 벌이다.
[拍發] p'āfā ㄆㄚㄈㄚ (전보 따위를)치다. 발신하다.
[拍老腔(兒)] p'āi lǎoch'iang(rh) ㄆㄞ ㄌㄠˇㄑㄧㄤ(ㄦ) 선배나 노인이 잘난 체하고 설교를 하다.

[拍花子] p'āihuātzŭ ㄆㄚㄏㄨㄚㄗ ①사람을 유괴하다. ②경험이 있는 것을 자랑하다.「甭跟我們一；우리들의 경험은 자랑할 만한 것이 못되다」

[拍良心] p'āi liánghsīn ㄆㄞ ㄌㄧㄤˊㄒㄧㄣ 양심에 물어 보다.

[拍賣] p'āimài ㄆㄞㄇㄞˋ 경매하다. 「一行；㉮경매점(競賣店). ㉯ 위탁 판매점」

[拍馬屁] p'āimăp'ì ㄆㄞㄇㄚˇㄆㄧˋ 아첨하다. 알랑거리다. =拍馬.

[拍門] p'āi mĕn ㄆㄞㄇㄣˊ 손으로 문을 두드리다. 노크하다.

[拍巴掌(兒)] p'āi pāchang(rh) ㄆㄞㄅㄚㄓㄤ(ㄦ) ①박수를 치다. ②손으로 박자를 맞추다.

[拍板] p'āipăn ㄆㄞㄅㄢˇ ① 캐스터네츠(스 castañetto) 식의 목편 : 3매 한조로서 2매를 묶고 다른 1매로 두드림. ②노래의 박자를 맞추다. ③경매하는 단(壇) 위의 판자를 두드리다.

[拍屁股] p'āi p'iku ㄆㄞ ㄆㄧˋㄍㄨ ①아무 일도 없다는 식의 거동. ②아무 말할 것도 없다는 식의 거동. ③알랑거리다.

[拍攝] p'āishē ㄆㄞㄕㄜˋ 촬영하다. 사진 찍다.

[拍打] p'āita ㄆㄞㄉㄚ (손이나 평평한 것으로)가볍게 치다. >拍拍打打.

[拍電] p'āitièn ㄆㄞㄉㄧㄢˋ 전보를 치다 : "拍電報"의 준말.

[拍電影] p'āi tiènyĭng ㄆㄞ ㄉㄧㄢˋㄧㄥˇ 영화를 촬영하다.

[拍嘴] p'āitsuĭ ㄆㄞㄗㄨㄟˇ①큰소리를 치다. ②지는 것이 분해서 마구 우겨대다.

〔排〕 p'ái ㄆㄞˊ ①한 줄로 늘어 놓다. 열을 짓다.「一隊；열을 짓다」대(隊)를 만들다. 「一成一一；일렬 횡대(一列橫隊)로 줄을 짓다. 열을 짓다」 ②횡렬(橫列).「站着一一人；사람이 일렬 횡대로 서서 있다」 ③형제·자매의 장유(長幼)의 순서. =排行.「一大；형제 가운데서 가장 웃사람」 ④옆으로 줄지어 놓은 좌석.「前一；극장에 있어서의 앞의 좌석 : 영화에서는 싸고, 연극에서는 비싸다」「後一；극장 같은 곳의 뒤쪽의 좌석」 ⑤줄을 맞추어 엮어 놓은 것.「木一；떼. 뗏목」 ⑥소대(小隊) : 군대의 편성 단위. ⑦배제하다. 배설하다.「設法把體內的水分一出去；어떻게 하여서라도 체내의 수분을 외부로 배설시키다」 ⑧리허어설(rehearsal) : 연극이나 음악등을 공개하기 전에 하는 연습. 「一戲；연극의 무대 연습을 하다」 ⑨큰 살점.「一；비이프스테이크(프 bifteck. beefsteak) : 쇠고기를 구워서 만든 서양 요리의 한가지」「炸猪一；돈 가스 : 돼지 고기로 만든 서양 요리의 한 가지」 ⑩p'ăi「一子車；짐을 운반하는 차로서 인력으로 움직이고 각 가정에서 많이 쓰임. 나무 바퀴로 만들어 짐을 싣는 데 쓰이는 차」 ⇨大車. ⇨p'ăi.

[排場] p'áich'ang ㄆㄞˊㄔㄤ ①모양. 용의(容儀). 겉치장.「講一；겉치장을 하다」「要一；치장을 하다. 맵시를 보다」「闊一；맵시를 보다. 옷치장을 하다」 ②행동이나 겉치장 따위가 화려하게 하여 남의 눈을 끄는 것을 좋아하다. >排排場場.

[排長] p'áichăng ㄆㄞˊㄓㄤˇ 소대장(小隊長).

[排擠] p'áichĭ ㄆㄞˊㄐㄧˇ 배척(排斥)하다. >排排擠擠.

[排解] p'áichiĕh ㄆㄞˊㄐㄧㄝˇ ①중개(仲介)하다. 떼어 놓다. ②기분 전환을 하다. 괴로운 마음을 씻다.

[排遣] p'áich'iĕn ㄆㄞˊㄑㄧㄢˇ 기분 풀이를 하다. 자기의 기분을 위로시키다.

[排除异己] p'áich'ú ìchĭ ㄆㄞˊㄔㄨˊㄧˋㄐㄧˇ (자기의 반대파가) 자기 마음에 맞지 않은 사람을 배척하다.

[排縫子] p'áifêngtzŭ ㄆㄞˊㄈㄥˋㄗ 남의 흠을 찾아내다. 남의 결점을 끄집어 내어 욕을하다.

[排行] p'áiháng ㄆㄞˊㄏㄤˊ 형제·자매의 항렬의 순서, 또는 장유(長幼)의 순서.

[排揎] p'áihsüan ㄆㄞˊㄒㄩㄢ 나쁘게 꾸짖다. 잔 소리를 하다. 타이르다. 깨닫게 하다. >排排揎揎.

[排骨] p'áikŭ ㄆㄞˊㄍㄨˇ 돼지·소·양 따위의 늑골(肋骨). 갈비 고기.

[排灌] p'áikuàn ㄆㄞˊㄍㄨㄢˋ 배수 관개(排水灌漑). 「제하다.

[排澇] p'áilào ㄆㄞˊㄌㄠˋ 침수(浸水)를 배

[排練] p'áilièn ㄆㄞˊㄌㄧㄢˋ 〈映〉 테스트. 조련(調練)하다. 분장(扮裝)을 하지 않고 무대 연습을 하다.

[排門(兒)] p'áimĕn(rh) ㄆㄞˊㄇㄣˊ(ㄦ) ①문전(門前)에서 하는 인사. ②안내도 없이 문을 열고 들어 가다.「一而入；허락도 없이 문을 열고 들어 가다」

[排悶] p'áimèn ㄆㄞˊㄇㄣˋ 기분 전환을 하다. 기분 풀이를 하다.

[排難解紛] p'áinăn chiĕhfēn ㄆㄞˊㄋㄢˇㄐㄧㄝˇㄈㄣ 분쟁을 해결하다.

[排班] p'áipān ㄆㄞˊㄅㄢ ①정렬하다. ②순서대로 정렬하다.

[排版] p'áipăn ㄆㄞˊㄅㄢˇ 조판을 하다.

[排筆] p'áipĭ ㄆㄞˊㄅㄧˇ화공구(畫工具) 또는 색칠을 하는데 사용하는 붓.

[排比] p'áipì ㄆㄞˊㄅㄧˋ 순서대로 배열해 놓다.

[排山倒海] p'áishān tǎohăi ㄆㄞˊㄕㄢ ㄉㄠˇㄏㄞˇ기세(氣勢)가 몹시 당당한 모양. 《成》

[排頭] p'áit'óu ㄆㄞˊㄊㄡˊ 행렬의 선두(先頭).「吃一；책망을 받다. 꾸지람을 받다」

[排字] p'áitzù ㄆㄞˊㄗˋ 식자(植字)를 하다.「一工人；식자공(植字工)」「一機；식자기. 라이노타이프」

[排演] p'áiyĕn ㄆㄞˊㄧㄢˇ 무대 연습을 하다.

[排印] p'áiyìn ㄆㄞˊㄧㄣˋ 조판 인쇄하다.

〔俳〕 p'ái ㄆㄞˊ ①배우. ②희롱하다. 장난하다.

〔徘〕 p'ái ㄆㄞˊ

[徘徊] p'áihuái ㄆㄞˊㄏㄨㄞˊ ①왔다 갔다 하다. 배회하다. >徘徘徊徊. ②우물쭈물하다. 결단을 내리지 못하다.「一觀望；결말을 못 짓고 거동을 살피다」「左右一；이것 저것 갈피를 못 잡고 결정을 못내리다」

〔牌〕 p'ái ㄆㄞˊ ①「一子·一兒 ；나무 따위로 만든 표지(標識). 간판 따위」「招

一；간판」「指路一兒；도표(道標)」「名一貨；유명한 물건. 일류 제품」②고대의 병기(兵器)의 한 가지. 방패. ③놀이나 도박용의 기구.「撲克一； 트럼프(trump)」
[牌照] p'áichào ㄆㄞˊㄓㄠˋ 영업 허가증(營業許可証). 감찰(鑑札).
[牌價] p'áichià ㄆㄞˊㄐㄧㄚˋ ①정부가 결정한 가격. 공정 가격. ②시장 가격.
[牌局] p'áichǘ ㄆㄞˊㄐㄩˊ ①마작 따위의 승부(勝負). ②골패를 하는 도박장.
[牌額] p'áiě ㄆㄞˊㄜˊ ①어느 한 쪽에서 본 얼굴. ②표시 가격(表示價格). 공정 가격.
[牌坊] p'áifang ㄆㄞˊㄈㄤ 목조(木造) 또는 석조(石造)로 된 아아치: 민간에서는 기념 표창, 사원·궁전에서는 장식용.
[牌號(兒)] p'áihào(rh) ㄆㄞˊㄏㄠˋ(ㄦ) ①상표(商標). 상호(商號).② 가옥의 번호.
[牌樓] p'áilou ㄆㄞˊㄌㄡ 아아치형의 장치나 기념을 위한 건축물.
[牌榜] p'áipǎng ㄆㄞˊㄅㄤˇ 게시판.
[牌匾] p'áipiěn ㄆㄞˊㄅㄧㄢˇ 간판(看板).
[牌示] p'áishìh ㄆㄞˊㄕˋ 게시문(揭示文).
[牌子] p'áitzǔ ㄆㄞˊㄗ ①패(牌). ②상표(商標).
[牌位(兒)] p'áiwei(rh) ㄆㄞˊㄨㄟ(ㄦ) 위패(位牌).
[牌油子] p'áiyútzǔ ㄆㄞˊㄧㄡˊㄗ 마작군. 마작을 잘하는 사람.

〔簰〕(箄) p'ái ㄆㄞˊ 떼. 뗏목.

〔迫〕(廹) p'ǎi ㄆㄞˇ 「一擊炮一 chīp'āo; 박격포(迫擊砲)」⇨p'ǒ.

〔排〕 p'ǎi ㄆㄞˇ 「一子(一tzǔch'ē)車; 나무 바퀴로 만들어 가정에서 짐을 싣고 나르는 데 쓰이는 수레」⇨p'ái.

〔派〕 p'ài ㄆㄞˋ ①파. 분파(分派).「各黨各一; 각당 각파」②하는 식(방법). 기풍(氣風).「官僚一; 관료 타이프」 ③할당하다.「一定工作; 일을 할당하다」「荷一鄕民; 촌민(村民)에게 중세(重稅)를 과하다. 시골 사람들에게 많은 세금을 부과시키다」 ④임명하다. 파견하다.「上司一了委員; 상사(上司)가 위원을 임명하다」「一人去取; 사람을 시켜 가지고 오도록 하다」 ⑤배부하다. 강매하다.「一報; 신문을 배부하다」「一雜誌; 잡지를 배부하다. (강제로 사게 하다)」⑥무리하게…시키다.「어떠한 일이 있어도 …을 시키다」「若一定一他拿出來, 也是強人所難的事; 가령 무리하게 그 사람에게 내라고 한다면 그것은 남을 곤란하게 만드는 것입니다」⑦전면(全面)·일대(一帶)를 나타내는 조수사.「一一春景; 일대가 봄빛(봄의 경치)이다」「一一樂聲; 부근에서 들려 오는 음악 소리」⑧책망하다. 꾸짖다.
[派差] p'àich'āi ㄆㄞˋㄔㄞ ①일을 할당(割當)하다. ②관리를 파견하다.
[派系] p'àihsì ㄆㄞˋㄒㄧˋ 계통(系統). 계보(系譜).
[派下去] p'àihsiach'ü ㄆㄞˋㄒㄧㄚㄑㄩ (상부가)파견하다.「由上面一的幹部; 상부에서 파견된 간부(幹部)」
[派貨] p'ài huò ㄆㄞˋ ㄏㄨㄛˋ ①물품을 분배하다. ②물품을 강매(強賣)하다.
[派給] p'àikei ㄆㄞˋㄍㄟ ①나누어 주다.「每個人一了一斗米; 각자에게 한 말(一斗)의 쌀을 나누어 주었다」②무리하게 할당하다. 필요 없다 해도 배당해 주다.
[派款] p'àik'uǎn ㄆㄞˋㄎㄨㄢˇ 돈을 할당하여 거두다.
[派牌] p'àip'ái ㄆㄞˋㄆㄞˊ 카아드를 나누어 주다.
[派別] p'àipiéh ㄆㄞˋㄅㄧㄝˊ 당파(黨派). 파벌(派閥).
[派撥] p'àipō ㄆㄞˋㄅㄛ ①할당하다. ②일부를 파견하다.
[派不是] p'ài púshih ㄆㄞˋ ㄅㄨˊㄕ 남의 실수를 나무라다. 남의 잘못을 문책하다.
[派兒] p'àirh ㄆㄞˋㄦ ＝派頭兒.
[派司] p'àissū ㄆㄞˋㄙ 패스(pass). 통과·합격·여권·무임 승차권·무료 입장권·정기 승차권 따위에 씀.
[派定] p'àitìng ㄆㄞˋㄉㄧㄥˋ ①(일 따위를) 질서 정연하게 배정하다. ②…으로 정하다.
[派頭(兒)] p'àit'óu(rh) ㄆㄞˋㄊㄡˊ(ㄦ) ①모양. 태도. 관록(貫祿).「不够部長的一; 장관의 관록이 부족하다」 ②허례. 허세.「要一; 뻐기다. 잘난 체하다. 거만하다」
[派員] p'àiyüán ㄆㄞˋㄩㄢˊ (어떤 조직이나 단체에서) 사람을 파견하다.

PAN ㄅㄢ

〔扳〕 pān ㄅㄢ 밑이나 안으로 잡아 당기다.「一樹枝; 가지를 잡아 당기다」⇨p'ān.
[扳閘兒] pānchárh ㄅㄢㄓㄚˊㄦ ①전철기(轉轍器).「扳一; 전철기를 내리다」②변압기(變壓器).
[扳叉頭] pānch'āt'ou ㄅㄢㄔㄚㄊㄡ 남의 흠을 찾아내다. ＝扳錯頭.
[扳機] pānchī ㄅㄢㄐㄧ (총의) 방아쇠.
[扳指兒] pānchihrh ㄅㄢㄓㄦ 큰 반지. 가락지. ＝搬指兒.
[扳船] pān ch'uán ㄅㄢ ㄔㄨㄢˊ 배를 젓다.
[扳拉] pānla ㄅㄢㄌㄚ ①억지로 잡아 끌다.「他不來, 我把他一來; 그가 안 오려고 하기에 내가 잡아 끌고 왔다」 ②마음에 들려고 애쓰다. 아첨하다.
[扳不倒] pānputǎo ㄅㄢㄅㄨㄉㄠˇ ①오뚝이. ②타도할 수 없다. 넘어뜨릴 수 없다.
[扳手] pānshǒu ㄅㄢㄕㄡˇ ＝扳子. 扳機.
[扳倒] pāntǎo ㄅㄢㄉㄠˇ ①(반듯하게 서 있는 것을 비틀 듯이)넘어뜨리다. ②타도하다. 쳐부수다.
[扳頭兒] pānt'óurh ㄅㄢㄊㄡˊㄦ 손잡이. 쥐는 곳. 자루.
[扳動] pāntùng ㄅㄢㄉㄨㄥˋ 틀어 움직이게 하다. 풀어 놓다.「一扳閘兒; 전철기를 내리다」
[扳子] pāntzǔ ㄅㄢㄗ 스패너(spanner).
[扳腕子] pānwàntzǔ ㄅㄢㄨㄢˋㄗ 팔씨름을 하다.

〔攽〕 pān ㄅㄢ 나누어 줌.

〔般〕 pān ㄅㄢ 종류. 모양.「百一爲難

；여러 가지로 괴롭히다」
[般分] pānfēn ㄅㄢㄈㄣ 나누어 주다.
[般般] pānpān ㄅㄢㄅㄢ ①여러 가지. 가지가지. ②빛깔이 뒤섞인 모양.
[般配] pānp'èi ㄅㄢㄆㄟˋ (결혼 따위의 경우, 어떤 조건이) 어울리다.《北》「一不上；어울리지 않다」
[般大般小] pāntà-pānhsiǎo ㄅㄢㄉㄚˋ ㄅㄢㄒㄧㄠˇ ①나이가 비슷비슷한. ②크지도 작지도 않은. 알맞는.

〔班〕 pān ㄅㄢ ①순서에 따라서 된 행렬. 「排一；늘어서다」 ②클라스. 반. 「分爲三一；세 반으로 나누다」 ③근무 시간. 근무 장소. 「上一；출근하다」「下一；퇴근하다」 ④(군대의)분대. 「一長；분대장」 ⑤(교통 기관의)운전 회수. ⑥성(姓)의 하나. 「대장.
[班長] pānchǎng ㄅㄢㄓㄤˇ ①반장. ②분
[班級] pānchí ㄅㄢㄐㄧˊ 클라스. 반.
[班期] pānch'ī ㄅㄢㄑㄧ (항공기·기선 따위의)정기 발착 기일.
[班旗] pānch'í ㄅㄢㄑㄧˊ 페넌트(pennant). 삼각기. 우승기.
[班機] pānchī ㄅㄢㄐㄧ 정기 항공기.
[班房] pānfáng ㄅㄢㄈㄤˊ ①지위(地位) 낮은 공무원. ②지위 낮은 관리(官吏)가 있는 방.
[班門弄斧] pānmén nùngfǔ ㄅㄢㄇㄣˊ ㄋㄨㄥˋㄈㄨˇ 목수집 문전에서 도끼질 자랑을 한다는 말로 전문가 앞에서 기술을 자랑한다는 비유. "班"은 목수의 신이란 뜻. 《諺》
[班駁] pānpó ㄅㄢㄅㄛˊ ＝斑駁.
[班上班下] pānshàng-pānhsià ㄅㄢㄕㄤˋ ㄅㄢㄒㄧㄚˋ 나이가 거의 비슷하다. ＝般上般下. 般大般小.
[班師] pānshīh ㄅㄢㄕ 군대가 귀환하다. 「得勝一；개선(凱旋)하다」
[班底兒] pāntǐrh ㄅㄢㄉㄧˇㄦ 극단의 조연자(助演者). 하급의 영화 배우.
[班頭] pānt'óu ㄅㄢㄊㄡˊ 수령. 두목.
[班子] pāntzǔ ㄅㄢㄗ 극단(劇團).
[班次] pāntz'ǔ ㄅㄢㄘˋ ①순서. ②(기차·기선의)운전 회수(運轉回數). ③졸업(卒業) 연차. ④클라스·반 따위의 수(數)의 총계. 「增設新的一, 增招新的學生；새로이 학급을 증설하고 학생을 새로이 모집하다」

〔斑〕 pān ㄅㄢ 반점. 얼룩. 「黑一；얼굴의 기미」
[斑疹] pānchěn ㄅㄢㄓㄣˇ 성홍열(猩紅熱).
[斑疹傷寒] pānchěn shānghán ㄅㄢㄓㄣˇ ㄕㄤㄏㄢˊ 발진 티푸스(發疹 Typhus).
[斑鳩] pānchiū ㄅㄢㄐㄧㄡ 산비둘기.
[斑竹] pānchú ㄅㄢㄓㄨˊ 〈植〉 반죽: 대(竹)의 한 가지.
[斑斕] pānlán ㄅㄢㄌㄢˊ 빛깔이 알록달록하다.
[斑馬] pānmǎ ㄅㄢㄇㄚˇ 얼룩말.
[斑牛] pānniú ㄅㄢㄋㄧㄡˊ 얼룩소.
[斑白] pānpái ㄅㄢㄅㄞˊ 반백의 머리털. ＝班白.
[斑駁] pānpó ㄅㄢㄅㄛˊ 빛이 뒤섞이어 있다.
[斑駁陸離] pānpó-lùlí ㄅㄢㄅㄛˊ ㄌㄨˋㄌㄧˊ 각가지 빛깔이 뒤섞인 형용. 알록알록.
[斑點] pāntiěn ㄅㄢㄉㄧㄢˇ ① 얼룩지다. ② 얼룩점. ＞斑斑點點.

〔搬〕 pān ㄅㄢ ①운반하다. 옮기다. 「一家；이사하다」 ②부르다.
[搬場] pānch'áng ㄅㄢㄔㄤˊ ①이사(移徙)하다. ②운송하다. 「一公司；운송 회사」
[搬閘兒] pānchárh ㄅㄢㄓㄚˊㄦ 전철기(轉轍器). ＝扳閘兒①.
[搬家] pānchiā ㄅㄢㄐㄧㄚ 이사하다.
[搬勁] pānchìn ㄅㄢㄐㄧㄣˋ 남과 기질이 맞지 않다. 외고집으로 행동하다.
[搬指兒] pānchihrh ㄅㄢㄓㄦ ＝扳指兒.
[搬九] pānchiǔ ㄅㄢㄐㄧㄡˇ 신혼 부부가 결혼한 후 9일째 되는 날 신부 집으로 가는 의식. 신행(新行)의 의식.
[搬磚砸脚] pānchuān tsáchiǎo ㄅㄢㄓㄨㄢ ㄗㄚˊㄐㄧㄠˇ 자업 자득(自業自得). 스스로 저지른 나쁜 결과. 《諺》
[搬簧] pānhuáng ㄅㄢㄏㄨㄤˊ (전등 따위의) 스위치(switch).
[搬移] pān í ㄅㄢ ㄧˊ 이사(移徙)하다.
[搬開] pānk'ai ㄅㄢㄎㄞ 운반하여 옮기다. 옮겨 놓다.
[搬光] pānkuāng ㄅㄢㄍㄨㄤ 하나도 남김 없이 운반하다. 모두 옮기다.
[搬空] pānk'ūng ㄅㄢㄎㄨㄥ 이사하여 텅 비우다.
[搬面子] pānmièntzǔ ㄅㄢㄇㄧㄢˋㄗ 안면이 넓은 사람을 보내다.
[搬挪] pānnó ㄅㄢㄋㄨㄛˊ 옮기다. 이동하다.
[搬弄] pānnùng ㄅㄢㄋㄨㄥˋ ①쑥덕공론을 하다. 남의 비밀을 퍼뜨리고 다니다. 「一是非；고자질하여 싸우게 하다」 ②물건을 주무르다.
[搬不倒兒] pānputǎorh ㄅㄢㄅㄨㄉㄠˇㄦ 오뚝이. ＝不倒翁.
[搬是非] pānshìhfēi ㄅㄢㄕˋㄈㄟ 일러 바치다. 고자질하다.
[搬躺下] pānt'ǎnghsia ㄅㄢㄊㄤˇㄒㄧㄚ ①(비틀어 누르듯이) 넘어 뜨리다. ②(꼼짝 못하게 하여)비틀어 누르다.
[搬走] pāntsǒu ㄅㄢㄗㄡˇ 이사하여 가다.
[搬動] pāntùng ㄅㄢㄉㄨㄥˋ (무겁고 큰 것을)운반하다.
[搬用] pānyùng ㄅㄢㄩㄥˋ 유용(流用)하다. 전용(轉用)하다.

〔瘢〕 pān ㄅㄢ 피부에 반점이 생기는 병.

〔頒〕 pān ㄅㄢ ①반포하다. ②분배하다. ③하사(下賜)하다.
[頒獎] pānchiǎng ㄅㄢㄐㄧㄤˇ 상(賞)을 주다.
[頒發] pānfā ㄅㄢㄈㄚ ①지시 명령하다. 문서로 통보하다. ②정식·공식으로 발급(發給)하다. 「一畢業證書；졸업 증서를 주다」
[頒行] pānhsíng ㄅㄢㄒㄧㄥˊ 공포 명령을 시행(公布施行)하다.
[頒給] pānkěi ㄅㄢㄍㄟˇ 주다. 수여하다. 「一奬狀；상장을 수여하다」
[頒白] pānpó ㄅㄢㄅㄛˊ 희끗희끗하다. ＝班白·斑白.
[頒布] pānpù ㄅㄢㄅㄨˋ (법령을)공포하다. 「一戒嚴令；계엄령을 펴다」
[頒賞] pānshǎng ㄅㄢㄕㄤˇ 윗사람이 상을 내리다.

〔瘢〕 pān ㄅㄢ 종기·상처의 자국. ＝疤痢.

[瘢風] pānfēng ㄅㄢㄈㄥ 전풍으로 생기는 대머리.
[瘢痕] pānhén ㄅㄢㄏㄣˊ 종기의 흔적. 부스럼 자리.
[瘢點] pāntiěn ㄅㄢㄉㄧㄢˇ 피부에 생기는 검은 얼룩:.기미.

〔坂〕(阪) pǎn ㄅㄢˇ 언덕길. 늪의 둑.

〔板〕 pǎn ㄅㄢˇ ①판자(板子). 널. ②관(棺)을 만드는 널. ③박자(拍子)를 맞추는 악기. 딱다기(拍子木). ④노래의 리듬(rhythm). ⑤변화가 없는. 융통성이 없는. 「一起面孔；정색(正色)을 하다」
[板(兒)車] pǎn(rh)ch'ē ㄅㄢˇ(ㄦ)ㄔㄜ 리야카(rear car).
[板着臉] pǎnchêliěn ㄅㄢˇㄓㄜㄌㄧㄢˇ 굳은 표정으로. 「은 담.
[板墻] pǎnch'iáng ㄅㄢˇㄑㄧㄤˊ 판자로 막
[板橋] pǎnch'iáo ㄅㄢˇㄑㄧㄠˊ 널을 걸쳐 놓은 다리.
[板滯] pǎnchìh ㄅㄢˇㄓˋ ①활동하지 않는. 정체(停滯)된. ②딱딱한. 표정이 없는.
[板權] pǎnch'üán ㄅㄢˇㄑㄩㄢˊ 판권(版權).
[板斧] pánfǔ ㄅㄢˊㄈㄨˇ 도끼의 한 가지.
[板箱] pǎnhsiāng ㄅㄢˇㄒㄧㄤ 판자로 만든 상자.
[板刻] pǎnk'ò ㄅㄢˇㄎㄜˋ 글씨나 그림을 판에 새기다.
[板栗] pǎnlì ㄅㄢˇㄌㄧˋ 밤. <四>
[板臉] pán liěn ㄅㄢˊ ㄌㄧㄢˇ ①무표정하다. ② pánliěn 무뚝뚝한 얼굴. 화난 얼굴. 「문.
[板門] pǎnmén ㄅㄢˇㄇㄣˊ 판자로 만든
[板報] pǎnpào ㄅㄢˇㄅㄠˋ 벽보(壁報). ＝大字報.
[板板六十四] pánpǎn liūshìh ssǔ ㄅㄢˊㄅㄢˇ ㄌㄧㄡˋㄕˋ ㄙˋ ①획일적(劃一的)이다. ②규칙으로 꼭 정해져 있다. ③융통성이 없다.
[板壁] pǎnpì ㄅㄢˇㄅㄧˋ 방과 방 사이를 막은 판자 벽.
[板平] pǎnp'íng ㄅㄢˇㄆㄧㄥˊ 납작하다. 평평하다. ＞板板平平.
[板兒] pǎnrh ㄅㄢˇㄦ ①나무 조각. ②엷은 조각. ③엽전. 구멍 뚫린 돈. ＝官板兒.
[板上釘釘兒] pǎnshang tìng tīngrh ㄅㄢˇㄕㄤ ㄉㄧㄥˋㄉㄧㄥㄦ 이미 결정되어 다시 고칠 수 없다. 확고부동하다는 비유.
[板實] pǎnshih ㄅㄢˇㄕ (신체나 물건이) 굵직하고 튼튼하다. 견실(堅實)하다.
[板式] pǎnshih ㄅㄢˇㄕ 판자와 같이 평평한. 평평하고 주름이 없는.
[板書] pǎnshū ㄅㄢˇㄕㄨ 칠판에 쓴 글자.
[板刷] pǎnshuā ㄅㄢˇㄕㄨㄚ (칠하는 데 쓰는) 솔. 브러시.
[板刀] pǎntāo ㄅㄢˇㄉㄠ ①날이 넓은 칼. ②청룡도(青龍刀).
[板地板] pǎntipǎn ㄅㄢˇㄉㄧㄅㄢˇ 정중하게. 공손히. 「우개.
[板擦兒] pǎnts'āFrh ㄅㄢˇㄘㄚㄦ 칠판 지
[板租] pǎntsū ㄅㄢˇㄗㄨ 감면(減免)할 수 없이 만들어진 소작 계약(小作契約).
[板子] pǎntzǔ ㄅㄢˇㄗ ①가느다란 대 또는 나무 쪽 : 사람을 치는 형구(刑具)의 하나. ②침대 위에 까는 널. ③책을 보호하기 위하여 위아래로 대는 널빠지.

[板屋] pǎnwu ㄅㄢˇㄨ 판자집.
[板鴨] pǎnyā ㄅㄢˇㄧㄚ 소금에 절인 오리를 통째로 납작하게 눌러서 찐 음식.
[板牙] pǎnyá ㄅㄢˇㄧㄚˊ ①문치(門齒). 크고 넓은 이. 앞니.
[板眼] pányěn ㄅㄢˊㄧㄢˇ 가곡(歌曲)의 음절(音節). ②조리(條理). 사리(事理).
[板魚] pǎnyǘ ㄅㄢˇㄩˊ 〈動〉넙치: 바다 물고기의 하나.
[板(兒)油] pǎn(rh)yú ㄅㄢˇ(ㄦ)ㄧㄡˊ 요리에 쓰이는 돼지 기름. 페트(fett).
[板羽球] pányǔch'iú ㄅㄢˊㄩˇㄑㄧㄡˊ 배드민턴(badminton). ＝鷄毛球. 羽毛球.

〔版〕 pǎn ㄅㄢˇ ① 인쇄판. ②원판(原版). 네가(nega). ③책의 판수(版數). ④토담을 만들 때 틀로 쓰이는 널. ⑤호적(戶籍).
[版面] pǎnmièn ㄅㄢˇㄇㄧㄢˋ (신문 따위의) 지면(紙面).
[版稅] pǎnshuì ㄅㄢˇㄕㄨㄟˋ 인세(印稅).
[版圖] pǎnt'ú ㄅㄢˇㄊㄨˊ ①호적과 지도. ②국가의 영역(領域).

〔半〕 pàn ㄅㄢˋ ①2분의 1. 절반. 단순히 ½을 나타낼 때 "半"은 조수사(助數詞) 또는 명사(名詞) 앞에 씀. 「一個；반개」「一天；반일(半日). 반나절」정수(整數)에 ½의 우수리가 붙을 때는 "半"은 조수사 등의 뒤에 씀. 「兩天一；이틀 반」 ②불완전한. 충분치 않은. 「吃了個一飽；배가 반만 차게 먹었다」
[半長半短] pànchǎng-pàntuǎn ㄅㄢˋㄓㄤˇ ㄅㄢˋㄉㄨㄢˇ 길지도 짧지도 않다. ＝不長不短.
[半截話] pànchiéhhuà ㄅㄢˋㄐㄧㄝˊㄏㄨㄚˋ 말의 반절.
[半截腰] pànchiéhyāo ㄅㄢˋㄐㄧㄝˊㄧㄠ 중도(中途). 반절되는 곳. 허리되는 부분.
[半截兒] pànchiéhrh ㄅㄢˋㄐㄧㄝˊㄦ 반분. 절반. 「上一；상반(上半)…. 상반신(上半身)」「工作不能做一；일은 중도에서 그만둘 수는 없다」
[半前晌] pànch'iénshǎng ㄅㄢˋㄑㄧㄢˊㄕㄤˇ 오전(午前).
[半截塔] pànchiéht'ǎ ㄅㄢˋㄐㄧㄝˊㄊㄚˇ 체격이 큼을 비유하는 말.
[半斤八兩] pànchīn-pāliǎng ㄅㄢˋㄐㄧㄣ ㄅㄚㄌㄧㄤˇ ① 매한가지: 8량과 ½근은 같으므로. ②능력과 경력.
[半中腰] pànchūngyāo ㄅㄢˋㄓㄨㄥㄧㄠ 중간(中間).
[半份兒] pànfènrh ㄅㄢˋㄈㄣˋㄦ (얻은 것의)반. 「광이.
[半瘋兒] pànfēngrh ㄅㄢˋㄈㄥㄦ 반 미치
[半新] pànhsīn ㄅㄢˋㄒㄧㄣ 거의 새 것에 가까운. 거의 신품인.
[半新不舊] pànhsīn-púchiù ㄅㄢˋㄒㄧㄣ ㄅㄨˊㄐㄧㄡˋ 중고품(中古品). ＝半新舊.
[半下午] pànhsiàwǔ ㄅㄢˋㄒㄧㄚˋㄨˇ 오후(午後). <方> 「중.
[半宿] pànhsiǔ ㄅㄢˋㄒㄧㄡˇ 한밤중. 밤
[半人半鬼] pànjén-pànkueǐ ㄅㄢˋㄖㄣˊ ㄅㄢˋㄍㄨㄟˇ 얼굴이 추하다는 비유.
[半日] pànjìh ㄅㄢˋㄖˋ ①반일(半日). ②조금 .오랫동안. 한나절.
[半開眼兒] pànk'āiyěnrh ㄅㄢˋㄎㄞㄧㄢˇㄦ

①눈을 반쯤 뜨다. ②모든 것을 모르는 체하다. ③조금 눈이 뜬 사람. 얼치기.
[半個] pàn'kò ㄅㄢˋㄍㄜˋ 반(半). 반개.
[半空] pànk'ūng ㄅㄢˋㄎㄨㄥ 공중(空中).
[半工半讀] pànkūng-pàntú ㄅㄢˋㄍㄨㄥ ㄅㄢˋㄉㄨˊ 일하면서 배우다.
[半枯穗] pànk'ūsuì ㄅㄢˋㄎㄨㄙㄨㄟˋ 명충(螟蟲)의 피해로 쭉정이가 된 이삭.
[半拉] pànla ㄅㄢˋㄌㄚ, pànlǎ ㄅㄢˋㄌㄚˇ 반개(半個). 《北》
[半拉半] pànlapàn ㄅㄢˋㄌㄚㄅㄢˋ 어중간하게. 불완전하게.
[半老] pànlǎo ㄅㄢˋㄌㄠˇ 중로(中老).
[半老徐娘] pànlǎo hsūniáng ㄅㄢˋㄌㄠˇ ㄒㄩˊㄋㄧㄤˊ 요염한 중년 부인.
[半拉子] pànlatzǔ ㄅㄢˋㄌㄚㄗ, pànlǎtzǔ ①반개(半個). =半拉. ②한 사람 몫의 반절인 사람.
[半路] pànlù ㄅㄢˋㄌㄨˋ ①도중(途中). ②중년(中年).
[半路出家] pànlù ch'ūchiā ㄅㄢˋㄌㄨˋㄔㄨㄐㄧㄚ 중도에서 되돌아 간다는 뜻으로 도중에서 그만두다.
[半面之交] pànmiènchīhchiāo ㄅㄢˋㄇㄧㄢˋㄓㄐㄧㄠ 조금 안면이 있는 사이.
[半明不暗] pànmíng-pùàn ㄅㄢˋㄇㄧㄥˊㄅㄨˊㄢˋ 어둑어둑하다. 그다지 분명치 않다.
[半明不滅] pànmíng-pùmièh ㄅㄢˋㄇㄧㄥˊㄅㄨˊㄇㄧㄝˋ 불이 어두컴컴하다.
[半百] pànpǎi ㄅㄢˋㄅㄞˇ 오십(五十).
[半半路路] pànpanlulu ㄅㄢˋㄅㄢㄌㄨㄌㄨ 도중. 중도(中途).
[半半落落] pànpǎnlolo ㄅㄢˋㄅㄢˇㄌㄨㄛㄌㄨㄛ =半半路路.
[半彪子] pànpiaotzǔ ㄅㄢˋㄅㄧㄠㄗ 얼간이. 팔푼이. 두뇌가 정상적이 아니고 행동이 느린 사람.
[半輩子] pànpèitzǔ ㄅㄢˋㄅㄟˋㄗ 반생(半生). 반평생(半平生).
[半邊兒] pǎnpiēnrh ㄅㄢˋㄅㄧㄢㄦ 한 쪽. 「一人 ; 과부·홀아비」
[半瓶醋] pànp'íngts'ù ㄅㄢˋㄆㄧㄥˊㄘㄨˋ (학문이나 기술이)서투르다는 비유.
[半三不四] pànsānpùssǔ ㄅㄢˋㄙㄢㄅㄨˊㄙ 엉거주춤하다. 주저하다. 한 푼의 값어치도 없는.
[半山區] pànshānch'ū ㄅㄢˋㄕㄢㄑㄩ 산이 낮거나 평원(平原)으로 된 지역(地域).
[半晌] pànshǎng ㄅㄢˋㄕㄤˇ 꽤 오랫동안. 상당히 오랜 사이.
[半死半活] pànssǔ-pànhuó ㄅㄢˋㄙˇㄅㄢˋㄏㄨㄛˊ 죽어 가고 있는. 반쯤 죽은.
[半大小子] pàntahsiǎotzǔ ㄅㄢˋㄉㄚㄒㄧㄠˇㄗ 반 어른인 아이. 미성년.
[半躺半座] pànt'ǎng pāntsò ㄅㄢˋㄊㄤˇㄅㄢ ㄗㄨㄛˋ (의자 따위에)앉은 채 자고 있는 모양.
[半導體] pàntǎot'ǐ ㄅㄢˋㄉㄠˇㄊㄧˇ 트랜지스터(transister).
[半大兒] pàntàrh ㄅㄢˋㄉㄚˋㄦ 크지도 작지도 않다.
[半天] pànt'ien ㄅㄢˋㄊㄧㄢ ①공중(空中). ②꽤 오랫동안. ③반날(半日). 한나절.
[半點(兒)] pàntiěn(rh) ㄅㄢˋㄉㄧㄢˇ(ㄦ)겨우. 약간. 자그마한.
[半通不通] pànt'ūng-pùt'ūng ㄅㄢˋㄊㄨㄥ ㄅㄨˋㄊㄨㄥ 잘 알지도 못하면서 아는 체하다.
[半推半就] pànt'uī pànchiù ㄅㄢˋㄊㄨㄟ ㄅㄢˋㄐㄧㄡˋ 한쪽으로는 사퇴하는 체하면서 일을 떠맡다 : 이것도 저것도 아닌 미지근한 태도를 취하다.
[半吞半吐] pànt'ūn-pànt'ǔ ㄅㄢˋㄊㄨㄣ ㄅㄢˋㄊㄨˇ 말을 분명히 하지 않는 모양. 말이 막히는 모양.
[半吐半咽] pànt'ǔ-pànyèn ㄅㄢˋㄊㄨˇ ㄅㄢˋㄧㄢˋ =半吞半吐.
[半土半洋] pànt'ǔ-pànyáng ㄅㄢˋㄊㄨˇㄅㄢˋㄧㄤˊ 재래의 방법과 외국의 방법과 한데 섞다.
[半語子] pànyǚtzǔ ㄅㄢˋㄩˇㄗ 말더듬이.
[半圓規] pànyüánkueī ㄅㄢˋㄩㄢˊㄍㄨㄟ 분도기(分度器).

〔伴〕 pàn ㄅㄢˋ ①「一兒 ; 동료. 동반자」「找個一兒 ; 동료를 찾는다」②모시어 따르다. 수반(隨伴)하다. ③…에 관해서. 대해서. …에 따라서.
[伴郞] pànláng ㄅㄢˋㄌㄤˊ 신랑의 들러리.
[伴侶] pànlǚ ㄅㄢˋㄌㄩˇ 동료. 반려.
[伴娘] pànniáng ㄅㄢˋㄋㄧㄤˊ 신부의 들러리.
[伴兒] pànrh ㄅㄢˋㄦ =伴侶.
[伴宿] pànsù ㄅㄢˋㄙㄨˋ, pànsú ①출상(出喪) 전야의 밤샘. ②함께 밤샘을 하다.
[伴隨] pànsuí ㄅㄢˋㄙㄨㄟˊ 수반(隨伴)하다. …를 따르다.
[伴舞] pànwǔ ㄅㄢˋㄨˇ ①춤의 상대. 댄스의 파아트너. ②댄스의 파아트너가 되다.
[伴游] pànyú ㄅㄢˋㄧㄡˊ ①안내 또는 안내자. ②안내하다. 동반하여 놀다.

〔扮〕 pàn ㄅㄢˋ 꾸미다. 분장(扮裝)하다. 화장하다. 「一軍人 ; 군인으로 분장하다」
[扮脚兒] pànchiǎorh ㄅㄢˋㄐㄧㄠˇㄦ (어떤 역으로)분장하다.
[扮裝] pànchuāng ㄅㄢˋㄓㄨㄤ 분장하다. 화장하다.
[扮戲] pànhsì ㄅㄢˋㄒㄧˋ 연극에서 어떤 역(役)으로 분장하다.
[扮相兒] pànhsiàngrh ㄅㄢˋㄒㄧㄤˋㄦ 분장한 모습. 몸차림. 「有一 ; 분장한 차림 차림이 근사하다」
[扮鬼臉] pàn kueíliěn ㄅㄢˋ ㄍㄨㄟˊㄌㄧㄢˇ 눈까풀을 뒤집어 보이며 야옹 하고 위협하거나 놀리다.
[扮故事] pàn kùshih ㄅㄢˋ ㄍㄨˋㄕ 정월에 연극 단체가 동리마다 다니며 흥행하는 일. 「하다.
[扮演] pànyěn ㄅㄢˋㄧㄢˇ 분장하여 연극「을 섞다」

〔拌〕 pàn ㄅㄢˋ 뒤섞다. 「一種子 ; 씨앗
[拌種器] pànchǔngch'ì ㄅㄢˋㄓㄨㄥˇㄑㄧˋ 씨앗을 비료와 혼합하는 기구.
[拌合] pànho ㄅㄢˋㄏㄜ 반죽하다.
[拌蒜] pànsuàn ㄅㄢˋㄙㄨㄢˋ ①(피로하여) 터벅거리다. 발이 뒤흔들리다. ②말을 더듬다. ③(기술이)미숙(未熟)하다. ④일이 뒤얽히다.
[拌嘴] pàntsuǐ ㄅㄢˋㄗㄨㄟˇ 말다툼하다. 《北》

〔絆〕 pàn ㄅㄢˋ ①매달리다. 방해하다. 가로막다. ②발로 걸어서 넘어뜨리다.「被石頭一倒了一下；돌에 걸려서 넘어지다」

[絆脚] pànchiǎo ㄅㄢˋㄐㄧㄠˇ ①물건에 걸려 넘어지다. ②걸고 들어 가다. 연루(連累)시키다.

[絆跟頭] pàn kēnt'ou ㄅㄢˋ ㄍㄣㄊㄡ 걸려서 곤두박질하다.

[絆馬索] pànmásǒ ㄅㄢˋㄇㄚˊㄙㄨㄛˇ적의 말이 걸려서 넘어지게 하는 새끼나 밧줄.

[絆倒] pàntǎo ㄅㄢˋㄉㄠˇ 걸려서 넘어지다. 실족하여 넘어지다.

[絆子] pàntzǔ ㄅㄢˋㄗ 올가미.

〔辦〕 pàn ㄅㄢˋ ①하다. 처리하다.「一事；일을 하다」②처분하다. 징계하다. 벌주다.「首惡者必一；주범은 반드시 처벌한다」③준비하다. 매입(買入)하다.「一貨；상품을 매입하다」

[辦案] pàn' àn ㄅㄢˋ ㄢˋ ①사건을 처리하다. ②범인을 수색·체포하다.「一的；형사(刑事)」

[辦賑] pànchēn ㄅㄢˋㄓㄣˋ 구제(救濟) 사업을 하다.

[辦交涉] pàn chiāoshē ㄅㄢˋ ㄐㄧㄠㄕㄜˋ 「교섭하다.

[辦酒席] pàn chiǔhsí ㄅㄢˋ ㄐㄧㄡˇㄒㄧˊ술좌석을 마련하다.

[辦法] pànfa ㄅㄢˋㄈㄚ 방법. 수단. 수법「(手法).

[辦學] pànhsüéh ㄅㄢˋㄒㄩㄝˊ 학교를 경영하다.

[辦後事] pàn hòushih ㄅㄢˋ ㄏㄡˋㄕˋ ①죽은 사람을 대리하여 일을 처리하다. ②장례를 지내다. 매장하다.

[辦稿] pànkǎo ㄅㄢˋㄍㄠˇ 공문(公文)의 원고를 작성하다.

[辦公] pànkūng ㄅㄢˋㄍㄨㄥ 공공의 사무를 처리하다.「一室；관청의 사무실」

[辦公處] pànkūngch'ù ㄅㄢˋㄍㄨㄥㄔㄨ 사무소.

[辦公廳] pànkūngt'īng ㄅㄢˋㄍㄨㄥㄊㄧㄥ ①관공서. ②관공서의 건물.

[辦理] pànlǐ ㄅㄢˋㄌㄧˊ 처리하다. 취급하다.

[辦三天] pànsānt'iēn ㄅㄢˋㄙㄢㄊㄧㄢ "洗三"을 축하하다 : "洗三"은 아기의 생후 3 일째 되는 날.

[辦事] pànshìh ㄅㄢˋㄕˋ 일을·처리하다.「一處；사무소」「一員；사무원」

[辦壽] pànshòu ㄅㄢˋㄕㄡˋ 생일 잔치를 하다.

[辦到] pàntào ㄅㄢˋㄉㄠˋ (어느 점까지) 하다.「辦不到；해내지 못하다. 일을 잘 처리하지 못하다」

[辦妥] pànt'ǒ ㄅㄢˋㄊㄨㄛˇ 잘 처리하다.

[辦罪] pàntsuì ㄅㄢˋㄗㄨㄟˋ 죄를 가리다. 죄의 옳고 그름을 분별하다.

〔瓣〕 pàn ㄅㄢˋ ①「一兒；꽃잎」「梅花五一；매화의 다섯 개 꽃잎」②「一兒；여러 조각으로 된 과실 따위의 쪽」「蒜一兒；마늘 쪽」

P'AN ㄆㄢ

〔番〕 p'ān ㄆㄢ "縣"의 이름.「一禺縣」 [⇨fān.

〔潘〕 p'ān ㄆㄢ 성(姓).

〔攀〕 p'ān ㄆㄢ ①손으로 잡아 당기다. 무엇을 잡아 쥐고 오르다.「一登；기어 오르다」②같은 동료가 될 의도를 갖는 행위. ㉮권력자나 신분상의 상자(上者) 따위에 대하여.「一上一個高門子；신분이 높은 사람 따위와의 혼인을 통해서 자기의 지위를 높이다」「高一；신분이 높은 사람과 결혼을 하여 자기의 지위를 높이다」「一談；사귀려고 웃사람에게 말을 걸다」㉯죄인이 죄 없는 사람을.「賊一一口；도둑이 죄 없는 사람을 끝까지 공범(共犯)이라고 우겨대다」「一供；범인이 죄 없는 사람을 공범이라고 공술하다」

[攀纏] p'ānch'án ㄆㄢㄔㄢˊ ①서로 휘감기다. ②감정이 얽히다.

[攀折] p'ānchē ㄆㄢㄓㄜˊ 꺾다. 상하게 하다.「請勿一花木；꽃이나 나무를 꺾지 마십시오」

[攀扯] p'ānch'ě ㄆㄢㄔㄜˇ①끌어 잡아 당기다. 만류하다. 멈추게 하다. ②관계를 맺다. 연루(連累)하다. >攀攀扯扯.

[攀親] p'ānch'īn ㄆㄢㄑㄧㄣ ①신분 낮은 사람이 신분이 높은 사람에게 아첨하여 마음에 들게 하여 인연을 맺다. ②혼담을 내어 놓다.

[攀親敘友] p'ānch'īn-hsǜyǔ ㄆㄢㄑㄧㄣㄒㄩˋㄧㄡˇ ①친척이나 친구의 인연을 맺다. ②친척이나 친구의 관계로 교제를 하다. ‹成›

[攀親道故] p'ānch'īn-tàokù ㄆㄢㄑㄧㄣㄉㄠˋㄍㄨˋ ①오랫동안 친한 사이처럼.「他們倆初見面,就一地談個不停；그들 두 사람은 초면인데도 오랫동안 친한 사이처럼 열심이 이야기를 계속했다」②관계를 맺다. 인연을 맺다.「他就是愛一,到處亂交朋友；그는 남과 인연을 맺기 위하여 어디서나 마구 친구로 사귄다」

[攀附] p'ānfù ㄆㄢㄈㄨˋ (웃사람에게) 아첨하다. 아부하다.

[攀話] p'ānhuà ㄆㄢㄏㄨㄚˋ =攀談.

[攀個大] p'ānkotà ㄆㄢㄍㄜㄉㄚˋ 연장자(年長者)나 선배를 자칭하다.「也不是我一說, 你還小呢；연장자임을 내세우는 것은 아니지만 자네는 아직 어린애야」

[攀龍附鳳] p'ānlúng-fùfèng ㄆㄢㄌㄨㄥㄈㄨˋㄈㄥˋ 권세 있는 사람에게 아첨하여 달라붙다. 명철(明哲)한 군주(君主)에게 복종하며 공을 세우다. ‹成›

[攀不上] p'ānpushàng ㄆㄢㄅㄨㄕㄤˋ 신분이 높은 사람과 가까이 할 수가 없다. ↔攀得人.

[攀談] p'ānt'án ㄆㄢㄊㄢˊ 가까이하려고 웃사람에게 말을 걸다.

[攀登] p'āntēng ㄆㄢㄉㄥ 기어 오르다.

[攀大] p'āntà ㄆㄢㄉㄚˋ 나이가 많은 체하다.

[攀援] p'ānyüán ㄆㄢㄩㄢˊ ①기어 오르다. ②연줄을 통해 높은 지위를 구하다. 권력자에게 아첨하다.

〔爿〕 p'án ㄆㄢˊ ①분할(分割)한 한 조

각을 셈하는 데 쓰이는 말.「兩一燒餠; 두 조각의 "燒餠(shāoping)"」 ②가게(商店) 따위를 세는 데 쓰는 말.「一一水果店; 한 채의 과일 가게」

〔磐〕 p'án ㄆㄢˊ 너럭바위. 반석.「安如一石; 반석처럼 안정되어 있다. 안정하기가 반석과 같다」

〔盤〕(盘·槃①) p'án ㄆㄢˊ ①「一子·一兒; 큰 접시. 쟁반. 소반:"碟子"보다는 큼」「托一; 쟁반」 ②「一兒; 형태나 기능이 ①과 비슷한 것」「臉一兒; 얼굴」「棋一兒; 바둑판」 ③돌다. 순회하다. ④감다. 휘감다. 구부리다.「把頭發一上; 머리 털을 둘둘 말다」 ⑤구불구불한.「一松; 구불구불한 소나무」 ⑥겹쳐 쌓다.「一竈; 부뚜막을 쌓다」「一炕; 온돌을 만들다」 ⑦조사 추구(調査追求)하다.「一詰; 힐문(詰問)하다. 잘못을 따져 꾸짖다」 ⑧「一兒; 시장 가격」 ⑨점포를 양도(讓渡)하다. ⑩조수사. ㉮비교적 무겁고 크며 평평한 느낌을 주는 것을 셈함.「一一機器; 기계 한 대」 ㉯장기(將棋)의 회수.「一一棋; 장기 한 판」 ⑪버티어 앉아 시간을 보내는 일.「一桓; 체류(滯留)하다」

[盤査] p'ánch'á ㄆㄢˊㄔㄚˊ 자세히 조사하다. 신문(訊問)하며 조사하다. >盤盤査査.

[盤纏] p'ánch'an ㄆㄢˊㄔㄢ 여비(旅費). =盤費. 盤錢. 盤川.

[盤賬] p'ánchàng ㄆㄢˊㄓㄤˋ ①장부를 조사하다. ②재고(在庫)를 조사하다.

[盤秤] p'ánch'èng ㄆㄢˊㄔㄥˋ 물건을 얹는 접시가 달린 저울.

[盤詰] p'ánchiéh ㄆㄢˊㄐㄧㄝˊ 조사 추구(調査追求)하다.

[盤據] p'ánchǜ ㄆㄢˊㄐㄩˋ 뻗대고 움직이지를 않다. 견고한 기반을 세우다.

[盤川] p'ánch'uan ㄆㄢˊㄔㄨㄢ 여비. =盤費. 盤錢.

[盤香] p'ánhsiāng ㄆㄢˊㄒㄧㄤ 소용돌이 꼴의 선향(線香).「一彈簧; 태엽. 태엽처럼 되어 있는 용수철」

[盤旋] p'ánhsüán ㄆㄢˊㄒㄩㄢˊ ①선회(旋回)하다. 주위를 빙빙 돌다. ② 우물쭈물하다.

[盤桓] p'ánhuán ㄆㄢˊㄏㄨㄢˊ (놀기 위해 또는 친한 사람 곁에)남아 있다. 체재하다.

[盤貨] p'án huò ㄆㄢˊ ㄏㄨㄛˋ ① 상품을 대조해 보다. 재고 조사를 하다. ②상품을 조사하다.

[盤獲] p'ánhuò ㄆㄢˊㄏㄨㄛˋ 조사하여 체포하다.

[盤繞] p'ánjǎo ㄆㄢˊㄖㄠˇ 둘러 싸다.

[盤杠子] p'ánkàngtzǔ ㄆㄢˊㄍㄤˋㄗ 평행봉·철봉·늑목(肋木) 따위로 운동을 하다.

[盤根錯節] p'án' kēn-ts'òchiéh ㄆㄢˊㄍㄣㄘㄨㄛˋㄐㄧㄝˊ 착잡하고 곤란한 문제를 비유하는 말. ‹成›

[盤古] p'án' kǔ ㄆㄢˊㄍㄨˇ 전설에 있는 하늘과 땅의 창조자(創造者).

[盤庫] p'ánk'ù ㄆㄢˊㄎㄨˋ 재고품 조사를 하다.

[盤量] p'ánliàng ㄆㄢˊㄌㄧㄤˋ ①중량을 달아 보다. ②계산하다.

[盤弄] p'ánlùng ㄆㄢˊㄌㄨㄥˋ ① 손으로 갖고 놀다. ②달콤한 말로 상대방의 마음을 끌다. 꾀다. 사주하다.

[盤尼西林] p'ánníhsīlín ㄆㄢˊㄋㄧˊㄒㄧㄌㄧㄣˊ 페니실린(penicillin). ‹譯›

[盤剝] p'ánpō ㄆㄢˊㄅㄛ 여러 가지로 궁리를 하여 착취(搾取)하다.

[盤駁] p'ánpó ㄆㄢˊㄅㄛˊ 따져 묻고 반박하다.

[盤石之固] p'ánshíhchihkù ㄆㄢˊㄕˊㄓㄍㄨˋ (애정·의지·기초 따위가)반석처럼 흔들리지 않다. ‹成›

[盤算] p'ánsuan ㄆㄢˊㄙㄨㄢ ①반복 고려(反復考慮)하다. 몇번이고 다시 되풀이하여 생각하다. ②몇번이고 이해 득실(利害得失)을 생각하다. ③속이다. 궁리하다.「一別人; 남을 속이다」>盤盤算算.

[盤道] p'ántào ㄆㄢˊㄉㄠˋ 우회로(迂回路). 멀리 휘돌아 가는 길.

[盤店] p'ántièn ㄆㄢˊㄉㄧㄢˋ 점포(店鋪)를 양도(讓渡)하다.

[盤頂松] p'ántǐngsūng ㄆㄢˊㄊㄧㄥˋㄙㄨㄥ 〈植〉 보득솔: 양산 모양으로 된 소나무.

[盤陀路] p'ánt'ólù ㄆㄢˊㄊㄨㄛˊㄌㄨˋ 구불구불한 길.

[盤腿(兒)] p'ánt'uǐ(rh) ㄆㄢˊㄊㄨㄟˇ(ㄦ) (앉음새) 책상 다리를 하다.「一着腿坐; 책상 다리를 하고 앉다」

[盤問] p'ánwèn ㄆㄢˊㄨㄣˋ 신문(訊問)하다. >盤盤問問.

[盤牙] p'ányá ㄆㄢˊㄧㄚˊ 어금니. 구치(臼齒).

[盤運] p'ányǜn ㄆㄢˊㄩㄣˋ 운수(運輸)하다. 수송하다.

〔蹣〕 p'án ㄆㄢˊ ⇨mán.

[蹣跚] p'ánshān ㄆㄢˊㄕㄢ 길을 걷는데 비틀거리는 모양.「他一地走了幾步; 그는 비틀거리며 몇 발짝 걸었다」>蹣蹣跚跚.

〔蟠〕 p'án ㄆㄢˊ 구불구불하다. 주위를 도는 일.

[蟠龍] p'ánlúng ㄆㄢˊㄌㄨㄥˊ 도사리고 있는 용. 몸을 휘어 감고 있는 용.

[蟠桃] p'ánt'áo ㄆㄢˊㄊㄠˊ ①평평하고 가운데 우묵하게 되어 있는 복숭아. ②동해의 "度索山"에 있었다는 큰 복숭아. 반도.

〔判〕 p'àn ㄆㄢˋ ①판단하다. 분별하다. ②헤어지다. 나누다.「一袂; 이별하다. 서로 헤어지다」 ③같지 않은 것. 서로 같은 종류가 아닌 것.「一若兩人; 딴사람처럼 서로 다르다」 ④판결(判決).「一處徒刑; 도형(徒刑)으로 판결을 내리다」

[判案] p'àn'àn ㄆㄢˋ ㄢˋ 판결하다. 재판하다.

[判卷子] p'ànchüàntzǔ ㄆㄢˋㄐㄩㄢˋㄗ 시험 답안을 조사하다.

[判明是非] p'ànmíng shìhfēi ㄆㄢˋㄇㄧㄥˊ ㄕˋㄈㄟ 선악(善惡)을 확실히 구별하다.

[判別] p'ànpiéh ㄆㄢˋㄅㄧㄝˊ ①판별하다.「一是非; 시비를 판결하다」 ②헤어지다.

[判兒] p'ànrh ㄆㄢˋㄦ 종규(鍾馗: 역병의 귀신을 내쫓는다는 신의 속칭. 종규(鍾馗)의 상(像)의 판화(版畫).

[判罪] p'àntsuì ㄆㄢˋㄗㄨㄟˋ 죄를 가리어 내다. 죄를 판별하다.

[判袂] p'ànwèi ㄆㄢˋㄨㄟˋ 이별하다. 서로 헤어지다.

〔拚〕 p'àn ㄆㄢˋ 버리다. 희생시키다. 「一命 ; 목숨을 버리다」

[拚棄] p'ànch'ì ㄆㄢˋㄑㄧˋ 내 버리다. 던져 버리다.

〔泮〕 p'àn ㄆㄢˋ 흩어지다. 녹다. 「冰一 ; 얼음이 녹다」

〔叛〕 p'àn ㄆㄢˋ 배반하다.

[叛國] p'ànkuó ㄆㄢˋㄍㄨㄛˊ 나라를 팔다. 매국 행위를 하다. 나라를 배반하다.

[叛變] p'ànpièn ㄆㄢˋㄅㄧㄢˋ 반란(叛亂). 「一分子 ; 반란 분자」

[叛黨] p'àntǎng ㄆㄢˋㄉㄤˇ ①당을 배반하다. ②반역 도당(叛逆徒黨).

〔盼〕 p'àn ㄆㄢˋ ①바라다. 희망하다. 「一你得勝回國 ; 이겨서 귀국하기를 빕니다」 ②돌보다. 돌아 보다. 「左顧右一」

[盼想] p'ànhsiǎng ㄆㄢˋㄒㄧㄤˇ 희망하다.

[盼兒] p'ànrh ㄆㄢˋㄦ 바람. 희망. 「有一 ; 희망이 있다」

[盼頭(兒)] p'ànt'ou(rh) ㄆㄢˋㄊㄡ(ㄦ) 희망.

[盼望] p'ànwàng ㄆㄢˋㄨㄤˋ ①바라다. 희망하다. ②마음 속에 생각하다. 염려하다. >盼盼望望.

〔畔〕 p'àn ㄆㄢˋ ①밭이나 논의 두렁. ②가장자리. 옆. 곁. 「籬一 ; 울타리의 언저리. 담밑의 가장자리」

[畔邊] p'ànpiēn ㄆㄢˋㄅㄧㄢ 근처. 부근.

〔襻〕(袢) p'àn ㄆㄢˋ ①「一兒 ; 단추고리 : 천으로 고리를 만들어 단추를 끼우도록 되어 있음」 ②기능(機能)이나 형태가 단추고리와 비슷한 것. 「鞋一兒 ; 구두끈의 벨트를 채우는 자리」 ③멈추게 하다. 끼우다. 「一上幾針 ; 조금 꿰매어 두다」

PANG ㄅㄤ

〔邦〕 pāng ㄅㄤ 나라.

[邦基] pāngchī ㄅㄤㄐㄧ 나라의 기초.

[邦畿] pāngchī ㄅㄤㄐㄧ 국경.

[邦交] pāngchiāo ㄅㄤㄐㄧㄠ 국교(國交). 「敦睦一 ; 국교가 친밀하다」

[邦本] pāngpěn ㄅㄤㄅㄣˇ 나라의 근본.

[邦浦] pāngp'ǔ ㄅㄤㄆㄨ 펌프(pump).《譯》

〔浜〕 pāng ㄅㄤ 강에 조수가 드나드는 곳. 개. 크리이크(creek).

〔帮〕(幫) pāng ㄅㄤ ①도와주다. 거들어 주다. 「一你做 ; 거들어 드리겠읍니다」 ②「一子 · 一兒 ; 가장자리. 측면」 「鞋一兒 ; 구두의 옆 부분」 ③그루우프(group). 결사(結社). 무리.

[帮襯] pāngch'èn ㄅㄤㄔㄣˋ ①원조하다. 찬성하여 돕다. ②표면에 나서지 않고 이면에서 돕다.

[帮腔] pāngch'iāng ㄅㄤㄑㄧㄤ ①창화(唱和)하는 소리. ②맞장구 치다. ③옆에서 말로 거들어 주다.

[帮錢] pāngch'ién ㄅㄤㄑㄧㄢˊ 돈으로 원조하다.

[帮建] pāngchièn ㄅㄤㄐㄧㄢˋ 건설을 원조하다.

[帮厨] pāngch'ú ㄅㄤㄔㄨˊ 조리사(調理師)의 조수(助手).

[帮助] pāngchù ㄅㄤㄓㄨˋ 돕다. 원조하다.

[帮喘] pāngch'uǎn ㄅㄤㄔㄨㄢˇ 맞장구를 치다.

[帮凶] pānghsiūng ㄅㄤㄒㄩㄥ ①악인의 부하. 공범자. ②못된 짓에 협조하다.

[帮閑] pānghsién ㄅㄤㄒㄧㄢˊ ①식객(食客). ②식객처럼 빈들빈들 놀다.

[帮夥] pānghuǒ ㄅㄤㄏㄨㄛˇ 나이 어린 점원(店員).

[帮工] pāngkūng ㄅㄤㄍㄨㄥ ①기술을 배우는 견습공(見習工). ②조수(助手). 조력(助力)하는 사람.

[帮理] pānglǐ ㄅㄤㄌㄧˇ ①보좌역(補佐役). ②보좌하다.

[帮忙] pāngmáng ㄅㄤㄇㄤˊ 거들다. 조력하다. 「給我帮一吧 · 帮我的忙吧 ; 나를 거들어 주십시오」

[帮浦] pāngp'ǔ ㄅㄤㄆㄨˇ 펌프. 《譯》

[帮手] pāngshǒu ㄅㄤㄕㄡˇ ①원조자. ②심부름군. 부하. ③거들어 주다. 「一個也不來帮個手 ; 한 사람도 거들어 주지 않는다」

[帮貼] pāngt'iēh ㄅㄤㄊㄧㄝ 돈으로 원조하다.

[帮聽] pāngt'īng ㄅㄤㄊㄧㄥ 옆에서 들어주다. 방청(傍聽)하다.

[帮子] pāngtzǔ ㄅㄤㄗ ①(세로의) 측면. ②배추의 바깥 부분.

[帮嘴兒] pāngtsuǐrh ㄅㄤㄗㄨㄟˇㄦ 대리로 변론(辯論)하다.

〔梆〕 pāng ㄅㄤ ①「一子 ; 야경 따위에 쓰이는 딱다기」 ②「一子 ; 박자를 맞추는 딱다기」

[梆木] pāngmù ㄅㄤㄇㄨˋ 야경(夜警)할 때 쓰는 나무나 대로 만든 딱다기.

[梆兒頭] pāngrht'óu ㄅㄤㄦㄊㄡˊ ①귀뚜라미 비슷한 곤충. ②이마가 툭 튀어 나온 사람.

[梆子腔] pāngtzǔch'iāng ㄅㄤㄗㄑㄧㄤ 가곡(歌曲)의 한 가지 : 본래 "陝西" 지방의 가극으로 "秦腔"이라고도 함.

〔綁〕 pǎng ㄅㄤˇ 칭칭 감다. 포박하다. 묶다.

[綁人] pǎng jěn ㄅㄤˇ ㄖㄣˊ ①사람을 포박하다. ②인질(人質)로 삼다.

[綁架] pǎngchià ㄅㄤˇㄐㄧㄚˋ 인질(人質)을 잡다.

[綁票] pǎngp'iào ㄅㄤˇㄆㄧㄠˋ ①인질(人質). ②인질로 삼다.

[綁上] pǎngshang ㄅㄤˇㄕㄤ 묶다. 포박하다. 「把這個人一 ; 이 자를 묶어라」

[綁腿] pǎng t'uǐ ㄅㄤˇㄊㄨㄟˇ ①각반(脚绊)을 치다. ②pǎngt'ui ㄅㄤˇㄊㄨㄟ 각반(脚絆). =裹腿.

〔榜〕 pǎng ㄅㄤˇ 게시(揭示). 게시판. 「發一 ; (입학 시험의 성적 따위를)발표하다. 방을 내 붙이다」

[榜紙] pángchĭh ㄅㄤˊㄓˇ 게시. 벽보.
[榜牌] păngp'ái ㄅㄤˇㄆㄞˊ 게시판이 붙은 패말. 「게시.
[榜示] păngshìh ㄅㄤˇㄕˋ ①게시하다.②
[榜文] păngwén ㄅㄤˇㄨㄣˊ 게시문(揭示文).
[榜樣] păngyàng ㄅㄤˇㄧㄤˋ 모범. 표준.「給大家做個好一;여러 사람에게 좋은 모범을 보이다」

〔膀〕 păng ㄅㄤˇ 어깨. 상박부(上膊部). ⇨p'āng, p'áng.
[膀臂] păngpì ㄅㄤˇㄅㄧˋ 유력한 원조자.
[膀子] păngtzŭ ㄅㄤˇㄗ ①어깨.②상박부(上膊部).「光着一;웃통을 벗다」 ③날개.

〔蚌〕 pàng ㄅㄤˋ 조개. 대합.
[蚌珠] pàng chū ㄅㄤˋㄓㄨ 진주(眞珠).
[蚌殼] pàngk'ó ㄅㄤˋㄎㄜˊ 조개 껍질.

〔傍〕 pàng ㄅㄤˋ ①다가서다. 접근하다.②다가오다 : 흔히 시간적인 경우에 쓰임.
[傍黑兒] pànghēirh ㄅㄤˋㄏㄟㄦ 해질 무렵. =傍黑天兒.
[傍徨] pànghuáng ㄅㄤˋㄏㄨㄤˊ 방황하다.
[傍人門戶] pàngjénménhù ㄅㄤˋㄖㄣˊㄇㄣˊㄏㄨˋ 남에게 의뢰하다.
[傍亮兒] pàngliàngrh ㄅㄤˋㄌㄧㄤˋㄦ 날이 밝을 무렵. 먼동이 틀 무렵.
[傍邊] pàngpiēn ㄅㄤˋㄅㄧㄢ 곁. 접근하다.
[傍晌(兒)] pàngshăng(rh) ㄅㄤˋㄕㄤˇ(ㄦ) 정오(正午)가 될 무렵. 거의 정오 때.
[傍晚] pàngwăn ㄅㄤˋㄨㄢˇ 저녁 때. 해질 무렵.
[傍午] pàngwŭ ㄅㄤˋㄨˇ =傍晌(兒).

〔棒〕 pàng ㄅㄤˋ ①「一兒;막대기. 지팡이」② (기술·능력이)훌륭하다. 높다. ③(체력이)튼튼하다. 훌륭하다.
[棒秸子] pàngchiēhtzŭ ㄅㄤˋㄐㄧㄝㄗ 옥수수 대.
[棒健] pàngchièn ㄅㄤˋㄐㄧㄢˋ 몸이 건장하다. 몸이 튼튼하다.
[棒球(兒)] pàngch'iú(rh) ㄅㄤˋㄑㄧㄡˊ(ㄦ) 야구(野球).「打一;야구를 하다」
[棒瘡] pàngch'uāng ㄅㄤˋㄔㄨㄤ 몽둥이로 맞아서 곪은 상처.
[棒槌] pàngch'ui ㄅㄤˋㄔㄨㄟ ①빨래 방망이.②튼튼하다. ③고집이 세다.
[棒冰] pàngpīng ㄅㄤˋㄅㄧㄥ 아이스캔디(ice candy).
[棒子] pàngtzŭ ㄅㄤˋㄗ ①막대기. 지팡이. ②옥수수의 속칭.「一麵;옥수수 가루」 ③사람을 욕하는 말.「日本一;일본인을 얕잡아서 일컫는 욕」
[棒子骨] pàngtzŭkŭ ㄅㄤˋㄗㄍㄨˇ 막대기 같은 뼈. 넓적다리뼈 따위.
[棒硬] pàngyìng ㄅㄤˋㄧㄥˋ 아주 단단하다.

〔棓〕 pàng ㄅㄤˋ「一頭;옥수수」

〔蒡〕 pàng ㄅㄤˋ「牛一;우엉」

〔磅〕 pàng ㄅㄤˋ 파운드(pound):영국의 무게의 단위. ⇨p'áng.
[磅秤] pàngch'ēng ㄅㄤˋㄔㄥˋ 앉은뱅이 저울. 대칭. =磅平.
[磅數] pàngshu ㄅㄤˋㄕㄨ 근량(斤量). 근수(斤數).
[磅子兒] pàngtzŭrh ㄅㄤˋㄗˇㄦ 동전. 엽전. =銅子兒.

〔謗〕 pàng ㄅㄤˋ 비방하다. 헐뜯다.

〔鎊〕 pàng ㄅㄤˋ 파운드(pound):영국 화폐 단위.

P'ANG ㄆㄤ

〔乓〕 p'āng ㄆㄤ ⇨「乒一;핑퐁. 탁구공」

〔膀〕 p'āng ㄆㄤ ①부증(浮症)이 생겨서 붓다.「病得一了臉了;병으로 얼굴이 붓다」 ② ⇨p'áng, păng.
[膀腫] p'āngchŭng ㄆㄤㄓㄨㄥˇ 부증(浮症)이 생겨서 붓다. =滂腫.

〔滂〕 p'āng ㄆㄤˊ 물이 용솟음치는 모양.
[滂湃] p'āng p'ài ㄆㄤ ㄆㄞˋ 물살이 세다.
[滂沱] p'āngt'ó ㄆㄤㄊㄨㄛˊ ①비가 많이 오는 모양.「一大雨;억수같이 쏟아지는 비」②눈물을 흘리는 모양.「涕泗一;눈물이 비오듯 흐르다」

〔旁〕 p'áng ㄆㄤˊ ①옆. 곁. 가로.「站在兩一;양쪽에 서다」②다른. 그밖의.「一的話;다른 말」「一的東西;다른 물건」
[旁岔兒] p'ángch'arh ㄆㄤˊㄔㄚㄦ 탈선(脫線). 옆길로 새다. 빗나가다. 「話說到一去了;말이 빗나가다」
[旁征博引] p'ángchēng pŏyin ㄆㄤˊㄓㄥ ㄅㄛˊㄧㄣˇ 여러 모로 예(例)를 들어 증명하다.
[旁枝] p'ángchī ㄆㄤˊㄓ ①옆으로 난 가지. 옆가지.② 원래의 계통이 아닌 부분이나 방계(傍系).「一公司;방계 회사」
[旁妻] p'ángch'i ㄆㄤˊㄑㄧ 첩(妾).
[旁敲側擊] p'ángch'iāo ts'èchī ㄆㄤˊㄑㄧㄠ ㄗㄜˋㄐㄧ ①내사(內査)하다. ②비꼬아 남을 선동시키다.
[旁求] p'ángch'iú ㄆㄤˊㄑㄧㄡˊ 각 방면(方面)으로 모집하다. 「一俊彥 ; 다방면으로 인재(人才)를 구하다」
[旁兒] p'ángrh ㄆㄤˊㄦ 한자의 변(邊).「水一;물수 변」「提手一;손수 변」
[旁人] p'áng'jên ㄆㄤˊㄖㄣ ①타인. ②남. 관계 없는 사람.
[旁觀者淸] p'ángkuān chĕch'īng ㄆㄤˊㄍㄨㄢ ㄓㄜˇㄑㄧㄥ 방관자(傍觀者)의 관찰이 비교적 정확하다. 사람 눈이 보배다. ‹諺›
[旁臉兒] p'ángliĕhrh ㄆㄤˊㄌㄧㄢˇㄦ 옆으로 보는 얼굴. 옆 모습. 「一相片;측면 사진」
[旁門左道] p'ángmén-tsŏtào ㄆㄤˊㄇㄣˊㄗㄨㄛˇㄉㄠˋ 온당치 못한 것. 정당치 못한.
[旁邊兒] p'ángpiēnrh ㄆㄤˊㄅㄧㄢㄦ ①측면(側面). 옆. ② =旁兒.
[旁不相幹] p'ángpù hsiāngkān ㄆㄤˊㄅㄨˋㄒㄧㄤㄍㄢ ①아무 상관 없는. ②무관(無

關)한.
[旁生] p'ángshēng ㄆㄤˊㄕㄥ ①옆에서 일이 생기다. ②방생(放生)하다.
[旁聽] p'ángt'ing ㄆㄤˊㄊㄧㄥ ①방청(傍聽)하다. ②청강(聽講)하다. 「一生；청강생」
[旁影兒] p'ángyǐngrh ㄆㄤˊㄧㄥˇㄦ 프로우필.
〔徬〕(彷) p'áng ㄆㄤˊ
[徬徨] p'ánghuáng ㄆㄤˊㄏㄨㄤˊ ①방황하다. ②배회하다. 「一徊岐途；기로에서 헤매다」 ③(마음을 잡지 못하고) 갈팡질팡하다. ④망설이다. 「心裡有些一；마음속으로 약간 망설이다」
〔磅〕 p'áng ㄆㄤˊ
[磅礴] p'ángpó ㄆㄤˊㄅㄛˊ ①한없이 넓은 모양. 「大氣一；대기는 무한한 넓이를 가진다」 ②충만하다. 꽉 차 있다. 「熱情一；정열이 넘쳐 흐르다」 ＝旁礴.
〔膀〕 p'áng ㄆㄤˊ ⇨p'āng, pǎng.
[膀胱] p'ángkuāng ㄆㄤˊㄍㄨㄤ 방광.
〔螃〕 p'áng ㄆㄤˊ
[螃蚶] p'ángch'i ㄆㄤˊㄑㄧ 〈動〉 방게.
[螃尖兒] p'ángchienrh ㄆㄤˊㄐㄧㄢㄦ 〈動〉 수케.
[螃團兒] p'ángtuánrh ㄆㄤˊㄊㄨㄢˊㄦ 〈動〉 암케.
[螃蟹] p'ánghsieh ㄆㄤˊㄒㄧㄝ 〈動〉 게. 「一蓋兒；게딱지」
〔龐〕 p'áng ㄆㄤˊ ①방대한. ②난잡한. ③얼굴. ④성(姓)의 하나.
[龐洪] p'ánghúng ㄆㄤˊㄏㄨㄥˊ 크다.
[龐然大物] p'ángján tàwù ㄆㄤˊㄖㄢˊㄉㄚˋㄨˋ ①높고 큰 것. ②거대(巨大)한 것.
[龐眉皓髮] p'ángméi hàofà ㄆㄤˊㄇㄟˊㄏㄠˋㄈㄚˋ 눈썹이 길고 머리칼이 하얗다는 뜻으로 노인을 일컫는 말.
[龐兒] p'ángrh ㄆㄤˊㄦ 얼굴.
[龐大] p'ángtà ㄆㄤˊㄉㄚˋ 큰 모양. 「數字一；수자가 방대하다」 ＞龐龐大大.
[龐雜] p'ángtsá ㄆㄤˊㄗㄚˊ 난잡하다. ＞龐龐雜雜.
〔嗙〕 p'ǎng ㄆㄤˇ ①허풍을 떨다. ②입에서 나오는 대로 마구 지껄이다. 「別聽他瞎一；그가 지껄이는 터무니 없는 말을 듣지 말라」
〔耪〕 p'ǎng ㄆㄤˇ (괭이 따위의)농기구(農器具)로 논밭을 갈다.
[耪地] p'ǎngtì ㄆㄤˇㄉㄧˋ 논을 갈다.
〔胖〕 p'àng ㄆㄤˋ ①뚱뚱하다. ②살찌다. 「他長得很一；그는 매우 뚱뚱하다」
[胖病] p'àngpìng ㄆㄤˋㄅㄧㄥˋ 비만증(肥滿症).
[胖胖瘦瘦] p'àngp'àng shòushòu ㄆㄤˋㄆㄤˋㄕㄡˋㄕㄡˋ 살찐 사람과 여윈 사람.
[胖瘦] p'àngshòu ㄆㄤˋㄕㄡˋ 뚱뚱한 정도.
[胖大] p'àngtà ㄆㄤˋㄉㄚˋ ①퉁퉁하게 살찌다. ②육체가 풍만하다. ＞胖胖大大.
[胖子] p'àngtzǔ ㄆㄤˋㄗ 비대한 사람. 뚱뚱보.
[胖圓圓的] p'àngyüányüántê ㄆㄤˋㄩㄢˊㄩㄢˊㄉㄜ 토실토실한. 「一孩子；토실토실한 아기」

PAO ㄅㄠ

〔包〕 pāo ㄅㄠ ①(보자기나 종이로)싸다. 포장하다. 「一上書；책을 싸다」 ②「一兒；보통이. 보따리」 「打一兒；보따리를 꾸리다」 ③봉지. 자루. 「皮一；가죽 가방」 ④「一兒·一子；만두(饅頭)」 ⑤물집. 「起了大一；큰 물집이 생기다」 ⑥포함하다. 일괄하다. 「一在裡面；속에 포함하다」 ⑦인수하다. 청부 맡다. 「一銷；판매를 인수하다」 ⑧보증(保證)하다. ⑨대절(貸切)하다. 식사를 도맡아 차려 드리다. 「一車；대절차」 「一飯；식사를 차려 드리다」
[包紮] pāochá ㄅㄠㄓㄚˊ 싸듯이 감다. 붕대를 감다. 「一所；부상자 응급 치료소」
[包產] pāoch'ǎn ㄅㄠㄔㄢˇ 생산을 인수하다.
[包抄] pāoch'āo ㄅㄠㄔㄠ 적을 협공·협격하다.
[包車] pāoch'ē ㄅㄠㄔㄜ 대절차. 전세차.
[包乘制] pāoch'ēngchìh ㄅㄠㄔㄥˊㄓˋ 열차의 청부(請負) 승무제(乘務制).
[包教] pāochiāo ㄅㄠㄐㄧㄠ 책임을 지고 어떤 학습 내용을 가르치다.
[包件] pāochièn ㄅㄠㄐㄧㄢˋ 소포 우편물.
[包建] pāochièn ㄅㄠㄐㄧㄢˋ 청부하여 건설하다.
[包治] pāochìh ㄅㄠㄓˋ ①틀림 없이 완쾌(完快)한다：의사들의 선전문구. ②완쾌하면 치료비를 받는다는 일종의 청부 치료제.
[包金] pāochīn ㄅㄠㄐㄧㄣ 도금(鍍金).
[包准兒] pāochǔnrh ㄅㄠㄓㄨㄣㄦ 틀림이 없음을 보증하다.
[包飯] pāofàn ㄅㄠㄈㄢˋ (하숙·여관 따위에서)식사를 청부 맡다. 식사를 도맡아 차려 드리다.
[包房] pāofáng ㄅㄠㄈㄤˊ (기차·다방 등의)칸을 막은 좌석.
[包袱] pāofu ㄅㄠㄈㄨ ①보자기. ②보따리. ③부담(負擔). 뒷바라지. ④뇌물. 「逆一；뇌물을 쓰다」
[包袱皮兒] pāofup'írh ㄅㄠㄈㄨㄆㄧˊㄦ 보자기.
[包涵] pāohán ㄅㄠㄏㄢˊ ①용서하다. 양해하다. ②내포하다. ③pāohan 문제. 분쟁(紛爭). 말썽. ④결점.
[包廂] pāohsiāng ㄅㄠㄒㄧㄤ ①(극장 따위의)특별석. 예약석. ②좌석을 대절(貸切)하다.
[包銷] pāohsiāo ㄅㄠㄒㄧㄠ ①도매(都賣)하다. 도맡아 팔다. ②책임지고 팔다.
[包心菜] pāohsīnts'ài ㄅㄠㄒㄧㄣㄘㄞˋ 양배추.
[包修] pāohsiū ㄅㄠㄒㄧㄡ 수리(修理)를 도맡다.
[包活] pāohuó ㄅㄠㄏㄨㄛˊ ＝包工.
[包容] pāojúng ㄅㄠㄖㄨㄥˊ 용서하다. 양해하다.
[包幹] pāokàn ㄅㄠㄍㄢˋ 떠맡아서 하다.
[包干兒] pāokānrh ㄅㄠㄍㄢㄦ ＝包圓兒.
[包穀] pāokǔ ㄅㄠㄍㄨˇ 옥수수.
[包管] pāokuǎn ㄅㄠㄍㄨㄢˇ ①보증하다.

②일체를 책임지고 처리하다.「一來回；㉮물건이 마음에 들지 않으면 책임지고 교환하여 드립니다.㉯틀림이 없음을 보증한다」③꼭.필히.
[包工] pāokūng ㄅㄠㄍㄨㄥ ①공사를 청부 맡다. ②공사(工事).「一頭；청부 공사 책임자」
[包裹] pāokuǒ ㄅㄠㄍㄨㄛˇ ①보따리. 소포(小包). ②(보따리를)꾸리다. 싸다.
[包括] pāok'uò ㄅㄠㄎㄨㄛˋ 일괄하다. 포괄하다.②…을 포함하여.「一酒錢在內,一天十元拾;팁까지 포함하여 하루에 십원」
[包攬] pāolǎn ㄅㄠㄌㄢˇ 단독으로 떠맡아서 하다.
[包羅] pāolǒ ㄅㄠㄌㄨㄛˊ 일체를 총괄하다.「一萬象；모든 것을 망라하다.풍부하고 다채로운 모양」
[包米] pāomǐ ㄅㄠˋㄇㄧˇ ＝包穀.
[包賠] pāop'éi ㄅㄠㄆㄟˊ ①완전히 배상하다.②배상을 인정하다. 배상을 책임지다.
[包庇] pāopì ㄅㄠㄅㄧˋ 감싸 주다. 비호하다.
[包皮] pāop'í ㄅㄠㄆㄧˊ ①포장용품(包裝用品). ②포경(包莖)의 겁질.
[包票] pāop'iào ㄅㄠㄆㄧㄠˋ 상품의 보증서.
[包不平] pāopùp'íng ㄅㄠㄅㄨˋㄆㄧㄥˊ 불평·불만을 품다.
[包兒] pāorh ㄅㄠㄦ ①보따리. ②만두.＝包子.
[包身工] pāoshēnkūng ㄅㄠㄕㄣㄍㄨㄥ 일정한 기간 일을 배우기 위하여 보수 없이 노동하는 제자. 도제(徒弟).
[包探] pāot'àn ㄅㄠㄊㄢˋ 탐정(探偵).
[包糖紙] pāot'ángchǐh ㄅㄠˋㄊㄤˊㄓˇ 캔디(candy)의 포장지.
[包打聽] pāotǎt'ing ㄅㄠㄉㄚˇㄊㄧㄥ ①탐정(探偵). ②형사(刑事).
[包頭] pāot'ou ㄅㄠㄊㄡˊ ①두건.②도감독. ③pāot'óu 머리를 천으로 싸다.
[包札] pāotsā ㄅㄠㄗㄚ ＝包紮.
[包藏] pāots'áng ㄅㄠㄘㄤˊ 숨기어 가지다. 감추다.
[包藏禍心] pāots'áng huòhsīn ㄅㄠㄘㄤˊ ㄏㄨㄛˋㄒㄧㄣ 나쁜 마음을 품다.
[包子] pāotzǔ ㄅㄠㄗ 만두.
[包租] pāotsū ㄅㄠㄗㄨ (집 따위를)세(貰)를 얻어 다시 세(貰)를 놓다.
[包圓兒] pāoyüánrh ㄅㄠㄩㄢˊㄦ ①물건을 모조리 사다.②모든 책임을 떠맡다.
[包月] pāoyüèh ㄅㄠㄩㄝˋ ①달로 정함. 월정(月定). ②월급으로 정함.
[包用] pāoyùng ㄅㄠㄩㄥˋ 사용을 보증하다.

〔孢〕 pāo ㄅㄠ「一子；(식물의) 포자」

〔炮〕 pāo ㄅㄠ ①볶다. ②쬐어 말리다. 굽다. ⇨p'áo, p'ào.

〔苞〕 pāo ㄅㄠ ①화포(花苞). ②꽃망울. ③무성하다.
[苞穀] pāokǔ ㄅㄠㄍㄨˇ 옥수수. ＝苞米. 包穀.
[苞筍] pāosǔn ㄅㄠㄙㄨㄣˇ 겨울의 죽순.

〔胞〕 pāo ㄅㄠ ①태반(胎盤). ②동복(同腹). 동포(同胞).「一弟；(동복의)친아우」
[胞兄] pāohsiūng ㄅㄠㄒㄩㄥ 친형(親兄).
[胞衣] pāo ī ㄅㄠ ㄧ 태반(胎盤).
[胞妹] pāomèi ㄅㄠㄇㄟˋ 친(親)누이 동생.

〔剝〕 pāo ㄅㄠ〈文〉 pō (겁질 따위를) 벗기다.
[剝下來] pāohsialai ㄅㄠㄒㄧㄚㄌㄞ 벗기다.「把皮一；겁질을 벗기다」
[剝啄] pōchó ㄅㄛㄓㄨㄛˊ 문을 두들기는 소리. ＝剝剝.
[剝猪玀] pōchūló ㄅㄛㄓㄨㄌㄨㄛˊ 악한이 의복을 벗기어 가다 : "上海"지방의 옛 유행어임.
[剝削] pōhsüēh ㄅㄛㄒㄩㄝ ①벗겨 가다. ②착취하다.「一者；착취자. 박탈자」＝剝奪.
[剝蝕] pōshíh ㄅㄛㄕˊ 비바람을 막아서 손상되다.

〔褒〕(襃) pāo ㄅㄠ ①칭찬하다. 찬양하다. ②크다.
[褒獎] pàochǐng ㄅㄠㄐㄧㄥˇ 칭찬하다.「獲得了老師的一；선생님께서 칭찬을 받다」
[褒賚] pāolài ㄅㄠㄌㄞˋ 상을 주다. ＝褒賞.
[褒美] pāoměi ㄅㄠㄇㄟˇ ＝褒獎.
[褒貶] pāopiěn ㄅㄠㄅㄧㄢˇ 악평(惡評).(결점 따위를)비평하다.「不怕你的一；너의 비평은 겁내지 않는다」＞褒褒貶貶.
[褒揚] pāoyáng ㄅㄠㄧㄤˊ 훌륭하다고 칭찬하다. 찬양하여 일반에게 알리다.

〔雹〕 páo ㄅㄠˊ〈文〉 pó 「一子;우박. 싸라기눈」

〔薄〕 páo ㄅㄠˊ〈文〉 pó ㄅㄛˊ ①(종이 따위가)얇다. ②(술 따위가) 멀겋다. 싱겁다. ③ pó 겨우. 적은.「一酬;박봉(薄俸)」④(땅이)메마른.「一田；메마른 전답」⑤외로운. 박정한.「待他不一；그를 후대하고 있다」⑥다가오다. 가까와지다.
[薄海同歡] póhǎi t'únghuān ㄅㄛˊㄏㄞˇㄊㄨㄥˊㄏㄨㄢ 전국 방방곡곡에서 다 기뻐하다.《成》
[薄厚(兒)] páohòu(rh) ㄅㄠˊㄏㄡˋ(ㄦ) 두께.
[薄皮] páop'í ㄅㄠˊㄆㄧˊ 겉을 싸고 있는 얇은 겁질.
[薄餅] páop'ing ㄅㄠˊㄆㄧㄥˇ 밀가루를 반죽하여 얇게 구어 만든 떡:먹을 때 고기·채소를 속에 싸서 먹음.
[薄生生的] páoshēngshēngtê ㄅㄠˊㄕㄥㄕㄥㄉㄜ 엷고 무른 모양.
[薄脆] páots'uì ㄅㄠˊㄘㄨㄟˋ 밀가루로 엷게 구어 만든 바삭바삭하는 과자의 한 가지.
[薄紗紙] póshāchǐh ㄅㄛˊㄕㄚㄓˇ 얇은 종이.
[薄板] pópǎn ㄅㄛˊㄅㄢˇ 얇은 철판(鐵板). ＝薄鋼板.
[薄板兒] pópǎnrh ㄅㄛˊㄅㄢˇㄦ 얇은 판자(板子).
[薄片兒嘴] póp'iènrhtsuǐ ㄅㄛˊㄆㄧㄢˋㄦㄗㄨㄟˇ 입술이 얇은 입.
[薄待] pótài ㄅㄛˊㄉㄞˋ 푸대접하다. 냉대(冷待)하다.

〔保〕 pǎo ㄅㄠˇ ①지키다.지탱하다. 보유하다. ②책임을 지다. 보증하다. 도맡다.「一他做的好；그가 잘한 것을 보증한다」③옛시대의 자치 제도:10호(戶)를 "甲"이라 하고 10"甲"을 "保"라고 하였음.

[保安] pǎoān ㄅㄠˇㄢ 반국가·불량 분자를 취체하고 사회 질서의 유지를 도모함. 보안.
[保安刀] pǎoāntāo ㄅㄠˇㄢㄉㄠ 안전 면도.「一片 ; 안전 면도날」=保險刀兒.
[保障] pǎochàng ㄅㄠˇㄓㄤˋ ①보증하다. 옹호하다. ②보장. 호위력(護衛力).「一支票 ; 지불 보증 수표」
[保價郵包] pǎochià yúpāo ㄅㄠˇㄐㄧㄚˋㄧㄡˊㄅㄠ 보험 계약한 소포.
[保結] pǎochiéh ㄅㄠˇㄐㄧㄝˊ 보증서.「증권. =甘結. 約單.「出具一 ; 계약서를 작성하다」
[保薦] pǎochièn ㄅㄠˇㄐㄧㄢˋ 보증하여 추천하다.
[保健站] pǎochiènchàn ㄅㄠˇㄐㄧㄢˋㄓㄢˋ 보건소.
[保質保量] pǎochìh-pǎoliàng ㄅㄠˇㄓˋㄅㄠˇㄌㄧㄤˋ 질·양을 함께 보증하다.
[保住] pǎochu ㄅㄠˇㄓㄨ ①안전하게 지키다.「小孩子一了 ; 아이는 안전하게 지켰다」②완전히 보증되다.
[保擧] pǎochǚ ㄅㄠˇㄐㄩˇ 보증하고 천거하다.
[保畜] pǎoch'ù ㄅㄠˇㄔㄨˋ 가축을 병이나 사고로부터 보호하다.
[保准(兒)] pǎochǔn(rh) ㄅㄠˇㄓㄨㄣˇ(ㄦ) ①보증하다. ②확실하다. 신용할 수 있다.
[保費] pǎofèi ㄅㄠˇㄈㄟˋ 보험료.
[保函] pǎohán ㄅㄠˇㄏㄢˊ 은행의 보증서.
[保息] pǎohsī ㄅㄠˇㄒㄧ ①보호하여 휴식(休息)시키다. ②이자(利子)의 지불을 보증하다.
[保險] pǎohsiěn ㄅㄠˇㄒㄧㄢˇ ①보험. 보험에 걸다.「保火險 ; 화재 보험에 들다」②틀림이 없다. ③안전하다.
[保險燈] pǎohsiěntēng ㄅㄠˇㄒㄧㄢˇㄉㄥ 안전등(安全燈).
[保險櫃] pǎohsiěnkueì ㄅㄠˇㄒㄧㄢˇㄍㄨㄟˋ 로커(locker). 자물쇠 장치가 달린 궤나 금고.
[保險絲] pǎohsiěnssū ㄅㄠˇㄒㄧㄢˇㄙ (전기의)퓨우즈(fuse).
[保人] pǎojên ㄅㄠˇㄖㄣˊ 보증인.
[保固] pǎokù ㄅㄠˇㄍㄨˋ 청부인이 공사가 끝난 뒤 일정한 기간 책임지는 보증.
[保款] pǎok'uǎn ㄅㄠˇㄎㄨㄢˇ 보증금.
[保媒] pǎoméi ㄅㄠˇㄇㄟˊ 혼인 중매를 맡다.
[保密] pǎomì ㄅㄠˇㄇㄧˋ 비밀을 지키다. 비밀로 하다.
[保不齊] pǎopuch'í ㄅㄠˇㄅㄨㄑㄧˊ 확실히는 보증할 수 없다. 혹은 …지도 모른다.「往下再走, 一就沒店了 ; 이 앞으로 더 가면 여관이 없을지도 모른다」
[保不住] pǎopuchù ㄅㄠˇㄅㄨㄓㄨˋ ①보증할 수 없다. ②안전하게. 지킬 수 없다. ③면하기 어렵다. 「不齊.
[保不定] pǎoputìng ㄅㄠˇㄅㄨㄉㄧㄥˋ =保
[保送] pǎosùng ㄅㄠˇㄙㄨㄥˋ 책임을 지고 추천하다.「附中畢業以後, 可以一本大學 ; 부속 중학을 졸업한 후에는 본 대학에 책임지고 추천한다」
[保定] pǎotìng ㄅㄠˇㄉㄧㄥˋ 확실히 보증하다.「明天誰又能够一? ; 내일을 누가 보증할 수 있는가?」
[保養] pǎoyǎng ㄅㄠˇㄧㄤˇ ①보양하다. ②기계를 쉬게 하고 손질을 하다.「一工作 ; 기계를 정지시키고 청소·주유·검사·조정 따위를 하는 일」
[保佑] pǎoyù ㄅㄠˇㄧㄡˋ ①신불(神佛)의 가호(加護). ②신·불의 가호를 빌 때의 말.

〔堡〕 pǎo ㄅㄠˇ ①토오치카. 보루(保壘). 성채(城砦). ②작은 성(城). ⇨p'ù.
[堡寨] pǎochài ㄅㄠˇㄓㄞˋ 성채.
[堡碉] pǎotiāo ㄅㄠˇㄉㄧㄠ 보루. 성채. 토오치카.

〔飽〕 pǎo ㄅㄠˇ ①배부르다. ②충분하다. 만족하다.
[飽嘗世味] pǎoch'áng shìhwèi ㄅㄠˇㄔㄤˊㄕˋㄨㄟˋ 세상의 괴로움이란 괴로움은 모두 맛보다. ‹成›
[飽經風霜] pǎochīng fēngshuāng ㄅㄠˇㄐㄧㄥ ㄈㄥㄕㄨㄤ 만고풍상을 다 겪다.
[飽經世故] pǎochīng shìhkù ㄅㄠˇㄐㄧㄥ ㄕˋㄍㄨˋ 세상의 신맛 단맛을 다 맛보아 세상 일을 다 알다. ‹成›
[飽飯] pǎofàn ㄅㄠˇㄈㄢˋ 배불릴 수 있는 밥.
[飽嗝兒] pǎokórh ㄅㄠˇㄍㄜˊㄦ 트림.「打一 ; 트림이 나다」
[飽鼓鼓的] pǎokúkǔtê ㄅㄠˇㄍㄨˊㄍㄨˇㄉㄜ 오동통하게 부풀어 오른 모양.
[飽滿] pǎomǎn ㄅㄠˇㄇㄢˇ ①배가 부르다. 실컷 먹다. ②풍만(豐滿)하다. 풍족하다.「精神一; 기운이 넘칠 지경이다」
[飽暖] pǎonuǎn ㄅㄠˇㄋㄨㄢˇ 의식(衣食)이 풍족하다.
[飽飽兒的] pǎopǎorhtê ㄅㄠˇㄅㄠˇㄦㄉㄜ ①배불리 잔뜩 먹은 모양. ②더할 나위 없이 원만한 모양.
[飽食終日] pǎoshíh chungjìh ㄅㄠˇㄕˊㄓㄨㄥㄖˋ 종일토록 포식하고 아무 일도 하지 않고 살아 가다.
[飽食暖衣] pǎoshíh nuǎnī ㄅㄠˇㄕˊㄋㄨㄢˇㄧ 포의포식(飽衣飽食). =暖衣飽食.
[飽受] pǎoshòu ㄅㄠˇㄕㄡˋ 충분히 받다.「一侮辱 ; 호되게 욕을 먹다」
[飽肚不知餓肚饑] pǎotù pù chīh ètùchī ㄅㄠˇㄉㄨˋ ㄅㄨˋ ㄓㄜˋㄉㄨˋㄐㄧ 배부른 놈의 배곯은 사람의 사정을 모른다. 제 배가 부르면 종 배고픈 줄 모른다. =飽漢不知餓漢子饑.

〔葆〕 pǎo ㄅㄠˇ ①초목이 무성하다. ②보유(保有)하다. ③감추다.

〔鴇〕 pǎo ㄅㄠˇ ①너새 : 보통 "野雁"이라 함. ②기녀(妓女).
[鴇母] pǎomǔ ㄅㄠˇㄇㄨˇ 기생 어미. ‹舊›
[鴇婆] pǎop'ó ㄅㄠˇㄆㄛˊ =鴇母.
[鴇兒] pǎorh ㄅㄠˇㄦ ①기생. ②=鴇母.

〔寶〕 pǎo ㄅㄠˇ ①귀중한. 보배로운.「一刀 ; 귀중한 칼」②보물. 귀중품.「一中之一 ; 보물 중의 보물」③상대를 높여 일컬을 때 쓰는 접두어.「一店 ; 귀점(貴店)」
[寶愛] pǎoài ㄅㄠˇㄞˋ 귀여워하다. 사랑스럽게 여기다.
[寶眷] pǎochüàn ㄅㄠˇㄐㄩㄢˋ 귀댁의 가족. 댁내(宅內).
[寶局] pǎochǘ ㄅㄠˇㄐㄩˊ 도박장. 노름판.
[寶而藏之] pǎoérhts'ángchīh ㄅㄠˇㄦˊㄘ

ㄤˊㄓ 귀중하게 여겨 감추어 두다.‹成›
[寶號] pǎohào ㄅㄠˇㄏㄠˋ 귀점(貴店)
[寶盒(兒)] pǎohó(rh) ㄅㄠˇㄏㄜˊ(ㄦ) 보물을 넣는 상자. 보물 상자.
[寶貨] pǎohuò ㄅㄠˇㄏㄨㄛˋ ①금전(金錢). 보물. ②사람을 욕하는 말.
[寶貴] pǎokueì ㄅㄠˇㄍㄨㄟˋ 귀중하다. 소중하다. 「色).
[寶藍] pǎolán ㄅㄠˇㄌㄢˊ 선명한 남색(藍
[寶寶] pǎopao ㄅㄠˇㄅㄠ 예쁜 아기. 착한 아기·사랑하여 일컫는 말.
[寶貝] pǎopei ㄅㄠˇㄅㄟ ①보물. ②자녀(子女)나 어린 아이들에 대한 애칭. ③무능한 사람을 꼬집어 일컫는 말. ④어린 아이를 아주 귀여워하다.
[寶貝疙瘩] pǎopeikōta ㄅㄠˇㄅㄟㄍㄜㄉㄚ 귀여운 아기. 사랑스러운 아기.
[寶書] pǎoshū ㄅㄠˇㄕㄨ 사서(史書).
[寶塔] páot'ǎ ㄅㄠˊㄊㄚˇ 탑.
[寶地] pǎotì ㄅㄠˇㄉㄧˋ ①생활하기에 안락한 곳. 낙천지. ②보물이 있는 곳.
[寶藏] pǎots'àng ㄅㄠˇㄘㄤˋ ①보물 창고. ②지하자원(地下資源).
[寶座] pǎotsò ㄅㄠˇㄗㄨㄛˋ 옥좌(玉座).신불(神佛)을 모시는 자리.

〔刨〕(鉋·鑤)

pào ㄅㄠˋ ①「一子 ; 대패·선반(旋盤)」②대패·선반으로 깎다.「用一子一 ; 대패로 깎다」⇨p'áo.
[刨床] pàoch'uáng ㄅㄠˋㄔㄨㄤˊ 평삭반(平削盤):선반기의 하나.
[刨花] pàohua ㄅㄠˋㄏㄨㄚ ①대패밥. ②느릅나무의 대패밥 : 이것을 물에 담가 우려난 물을 기름 대신으로 머리에 바름.
[刨煤] pàoméi ㄅㄠˋㄇㄟˊ 석탄을 캐다.석탄을 파내다. 「대패.
[刨木機] pàomùchī ㄅㄠˋㄇㄨˋㄐㄧ 기계
[刨冰] pàopīng ㄅㄠˋㄅㄧㄥ 빙수 기계로 깎은 얼음.
[刨平] pàop'íng ㄅㄠˋㄆㄧㄥˊ 대패로 깎아서 평평하게 하다.
[刨刀] pàotāo ㄅㄠˋㄉㄠ 대패.

〔抱〕

pào ㄅㄠˋ ①끌어 안다.「一着孩子 ; 아이를 안다」②품다.「一不平 ; 불평을 품다」③알을 까다.「鷄一窩 ; 닭이 둥우리에 오르다」③성(姓)의 하나.
[抱脚兒] pàochiǎorh ㄅㄠˋㄐㄧㄠˇㄦ (신발이)발에 꼭 맞다.
[抱歉] pàoch'ièn ㄅㄠˋㄑㄧㄢˋ 미안하게 생각하다.「一的很 ; 참으로 죄송하게 되었읍니다」
[抱屈] pàoch'ǖ ㄅㄠˋㄑㄩ (부당한 모욕을 받아) 마음 속으로 분하게 생각하다. 원한을 품다.
[抱佛脚] pàofóchiǎo ㄅㄠˋㄈㄛˊㄐㄧㄠˇ 당황하다.급하면 부처님을 찾다.「平時不燒香,急來一 ; 평소에는 무관심하다가도 급하면 부처님을 찾는다」
[抱恨] pàohěn ㄅㄠˋㄏㄣˋ (자신의 부족함을)원통하게 생각하다.한스럽게 생각하다.「終身一 ; 평생 동안 한을 품다」
[抱廈] pàohshà ㄅㄠˋㄕㄚˋ 안채 뒤에 덧붙여 만든 방. 뒷방.
[抱薪救火] pàohsīn chiūhuǒ ㄅㄠˋㄒㄧㄣ ㄐㄧㄡˇㄏㄨㄛˇ 장작을 안고 불을 끄러 들어가다:재해를 막으려다가 방법이 잘못되어 더욱 큰 재해를 입는다는 비유.
[抱愧] pàok'ueì ㄅㄠˋㄎㄨㄟˋ 부끄럽게 여기다.
[抱空窩] pàok'ūngwō ㄅㄠˋㄎㄨㄥㄨㄛ 아무 것도 얻는 바가 없다는 비유. 헛수고하다.
[抱沙鍋] pàoshākuō ㄅㄠˋㄕㄚㄍㄨㄛ 걸식(乞食)을 하다.
[抱身兒] pàoshěnrh ㄅㄠˋㄕㄣㄦ (의복이) 몸에 꼭 맞다.
[抱頭鼠竄] pàot'óu shǔts'uàn ㄅㄠˋㄊㄡˊㄕㄨˇㄘㄨㄢˋ 머리를 감싸 안고 살금살금 도망치다.
[抱殘守缺] pàots'án-shǒuch'üēh ㄅㄠˋㄘㄢˊㄕㄡˇㄑㄩㄝ 쓸모 없는 낡은 것을 언제까지나 고수(固守)하다.
[抱罪] pàotsuì ㄅㄠˋㄗㄨㄟˋ 마음 속으로 부끄럽게 생각하다. ‹成›.
[抱粗腿] pàots'ut'uǐ ㄅㄠˋㄘㄨㄊㄨㄟˇ 권력자나 부자에 아첨하다. 빌붙다.
[抱蹲] pàotūn ㄅㄠˋㄉㄨㄣ 실직(失職)하다. ‹方› 「=抱病.
[抱恙] pàoyàng ㄅㄠˋㄧㄤˋ 병에 걸리다.
[抱腰] pàoyāo ㄅㄠˋㄧㄠ 원조하다.
[抱怨] pàoyüàn ㄅㄠˋㄩㄢˋ ①원한을 갖다. ②pàoyüan 불만스럽게 생각하다. 서운하게 생각하다. >抱抱怨怨. 「他一地說 ; 그는 원망하듯이 말했다」 ③남을 헐뜯다. 비난하다.

〔趵〕

pào ㄅㄠˋ 도약(跳躍)하다.

〔豹〕

pào ㄅㄠˋ 「一子 ; 표범」
[豹變] pàopièn ㄅㄠˋㄅㄧㄢˋ 가난한 사람이 갑자기 부유해지다.
[豹死留皮] pàossǔ liúp'í ㄅㄠˋㄙˇㄌㄧㄡˊㄆㄧˊ 표범은 죽어서 가죽을 남긴다는 말. 큰 인물은 죽은 뒤에도 이름이 남는다. 〔‹成›

〔報〕(报)

pào ㄅㄠˋ ①전하다. 알리다. 「公鷄一曉 ; 수탉이 시간을 알리다」②대답하다. 보답하다.「一恩 ; 은혜에 보답하다」③통지. 소식. ④신문. 신문지.
[報案] pàoàn ㄅㄠˋㄢˋ 사건을 보고하다.
[報章] pàochāng ㄅㄠˋㄓㄤ ①신문. ②답장.
[報賬] pàochàng ㄅㄠˋㄓㄤˋ 계산을 통지하다. 결산 보고를 하다.
[報齊] pàoch'í ㄅㄠˋㄑㄧˊ ①준비된 것을 보고하다. ②공사가 준공되다.
[報繳] pàochiǎo ㄅㄠˋㄐㄧㄠˇ 납입(納入)을 보고하다. 「다.
[報捷] pàochiéh ㄅㄠˋㄐㄧㄝˊ 승리를 알리
[報紙] pàochǐh ㄅㄠˋㄓˇ ①신문. ②신문 용지.
[報警] pàochǐng ㄅㄠˋㄐㄧㄥˇ ①경찰에 알리다. ②경보(警報).
[報仇] pàoch'óu ㄅㄠˋㄔㄡˊ 원수를 갚다. •보복(報復)하다.
[報仇解恨] pàoch'óu-chiěhhěn ㄅㄠˋㄔㄡˊㄐㄧㄝˇㄏㄣˋ 원한을 풀다.
[報仇雪恨] pào ch'óu-hsüěhhěn ㄅㄠˋㄔㄡˊㄒㄩㄝˇㄏㄣˋ 원한을 깨끗이 씻다.
[報廢] pàofèi ㄅㄠˋㄈㄟˋ ①(수속을 밟아서)폐기 처분하다.②무효임을 통지하다.

[報費] pàofèl ㄅㄠˋㄈㄟˋ ①전보료. ②신문 대금.
[報喜] pàohsǐ ㄅㄠˋㄒㄧˇ 희소식을 알리다.
[報銷] pàohsiāo ㄅㄠˋㄒㄧㄠ ①수지(收支)를 보고하다.②구입 수속이 완료되었음을 보고하다.
[報曉] pàohsiǎo ㄅㄠˋㄒㄧㄠˇ 새벽을 알리다.
[報効] pàohsiào ㄅㄠˋㄒㄧㄠˋ ①은혜에 감사하여 힘을 다하다.②사재(私財)를 공중(公衆)을 위하여 제공하다.
[報信] pàohsìn ㄅㄠˋㄒㄧㄣˋ 통지하다. 소식을 알리다. 편지를 내다.
[報刊] pàok'ān ㄅㄠˋㄎㄢ 신문 따위의 간행물(刊行物).
[報考] pàok'ǎo ㄅㄠˋㄎㄠˇ 시험에 응시(應試)하다.
[報館] pàokuǎn ㄅㄠˋㄍㄨㄢˇ 신문사(新聞社). =報社.
[報關] pàokuān ㄅㄠˋㄍㄨㄢ 통관(通關).
[報名] pàomíng ㄅㄠˋㄇㄧㄥˊ 신청(申請)하다. 응모(應募)하다.
[報命] pàoming ㄅㄠˋㄇㄧㄥˋ 복명(復命)하다.
[報幕] pàomù ㄅㄠˋㄇㄨˋ (연극 따위에서) 진행 상황을 알리다.
[報數] pàoshù ㄅㄠˋㄕㄨˋ ①번호(番號): 체육 따위에서 쓰는 구령(口令). ②수(數)를 보고하다.
[報施] pàoshīh ㄅㄠˋㄕ 은혜나 의리에 보답하다.
[報低] pàotī ㄅㄠˋㄉㄧ 싼 값으로 견적서를 내다: 무역 용어임.
[報頭] pàot'óu ㄅㄠˋㄊㄡˊ 신문의 제자란(題字欄).
[報童] pàot'úng ㄅㄠˋㄊㄨㄥˊ 신문팔이 소년. 신문 배달부.
[報子] pàotzǔ ㄅㄠˋㄗ ①보고인(報告人). 명령을 전달하는 사람 ②붙이는 광고. 벽보.「戲一; 연극의 광고지」
[報憂] pàoyū ㄅㄠˋㄧㄡ 비보(悲報)를 알리다.
[報怨] pàoyüàn ㄅㄠˋㄩㄢˋ 원수를 갚다. 원한을 풀다. =報仇.

〔暴〕 pào ㄅㄠˋ ①급격한.「一病;급병(急病)」②몹시 거칠다. 난폭하다.「脾氣眞一; 성질이 몹시 거칠다」③ 흉악한. 잔학한. ④실패하다. 손상하다.「自一棄; 자포자기」⑤드러내다.폭로하다.⑥성(姓)의 하나.
[暴棄] pàoch'ì ㄅㄠˋㄑㄧˋ 자포자기하다.
[暴發] pàofā ㄅㄠˋㄈㄚ (변고가)돌발하다.
[暴發戶] pàofāhū ㄅㄠˋㄈㄚㄏㄨˋ 벼락 부자.
[暴富] pàofù ㄅㄠˋㄈㄨˋ ①벼락 부자가 되다. ②벼락 부자.
[暴虎馮河] pàohǔ p'ínghó ㄅㄠˋㄏㄨˇㄆㄧㄥˊㄏㄜˊ 맨손으로 범을 잡고 배 없이 강을 건넌다는 말로 용기는 있으나 무모함을 비유하는 말. ‹成›
[暴雷] pàoléi ㄅㄠˋㄌㄟˊ 천둥. 우뢰.
[暴戾] pàolì ㄅㄠˋㄌㄧˋ 난폭하다. 포악하다.
[暴烈] pàolièh ㄅㄠˋㄌㄧㄝˋ 거칠다.「性情一; 성질이 매우 거칠다」
[暴戾恣睢] pàolì tsūsuī ㄅㄠˋㄌㄧˋㄗㄙㄨㄟ 난폭하여 제맘대로 못된 짓을 자행하다. ‹成›
[暴脾氣] pàop'ích'i ㄅㄠˋㄆㄧˊㄑㄧ ①난폭한 성질. ②잘 노하는 성질.
[暴死] pàossǔ ㄅㄠˋㄙˇ 급사(急死)하다.
[暴跳如雷] pàot'iào júléi ㄅㄠˋㄊㄧㄠˋㄖㄨˊㄌㄟˊ 벌컥 성내는 모양. 발버둥치며 큰소리로 욕하는 모양.
[暴殄天物] pàot'iěn t'iēnwû ㄅㄠˋㄊㄧㄢˇㄊㄧㄢㄨˋ 물건을 아끼지 않고 소홀히 하다. 물건을 아낄 줄 모르다.
[暴跌] pàotiēh ㄅㄠˋㄉㄧㄝ 폭락(暴落)하다.「行市一; 시세가 폭락하다」
[暴躁] pàotsào ㄅㄠˋㄗㄠˋ ①성급하게 굴다. =急躁. ②난폭하다. > 暴暴躁躁. ③열(熱) 떠다.
[暴牙] pàoyá ㄅㄠˋㄧㄚˊ 뻐드렁니. =包牙.

〔鮑〕 pào ㄅㄠˋ ①전복.「一魚; "鰒魚"의 속칭」②자반. 소금에 절인 생선. ③ 성(姓)의 하나.

〔爆〕 pào ㄅㄠˋ 쪼개지다. 파열하다. 터지다.「豆莢熟得都一了; 콩이 익어서 꼬투리가 튀거나 벌어지다」
[爆炸] pàochà ㄅㄠˋㄓㄚˋ ①폭발하다. ②폭파하다.「原子一試驗; 원자 폭발 시험」「一信綫; 도화선(導火線)」
[爆仗] pàochang ㄅㄠˋㄓㄤ =爆竹.
[爆竹] pàochú ㄅㄠˋㄓㄨˊ 폭죽. 딱총. =爆仗.
[爆眼兒] pàoyěnrh ㄅㄠˋㄧㄢˇㄦ 툭 튀어나온 눈. 퉁방울이. =金魚眼.

P'AO ㄆㄠ

〔泡〕 p'āo ㄆㄠ ①「一兒; 부풀어서 속이 비거나 바람이 든 것」「豆一; 물에 불은 콩」②속이 꽉 차 있지 않은. 듬성듬성한.「這呢子太一; 이 나사(羅紗)는 매우 푹신하다」③수사(數詞): 소변을 보는 것을 셈하는 단위. ⇨p'ào.

〔抛〕 p'āo ㄆㄠ ①던지다. 내던지다.「一球; 공을 던지다」 ②버리다. 내버리다.
[抛擲] p'āochīh ㄆㄠㄓˊ ① (목표를 정하지 않고)던지다. ②버리다. 내버려 두다. 방치하다.
[抛磚引玉] p'āochuān yǐnyù ㄆㄠㄓㄨㄢㄧㄣˇㄩˋ ①벽돌을 버리고 구슬을 구하다. ②졸렬한 시문(詩文)을 가지고 칭찬을 바라다. ③새우로 잉어를 낚다. ‹成›
[抛却] p'āoch'üèh ㄆㄠㄑㄩㄝˋ 던져 버리다.
[抛費] p'āofèi ㄆㄠㄈㄟˋ 낭비하다. 보람 없이 쓰다.
[抛荒] p'āohuāng ㄆㄠㄏㄨㄤ 소홀히 하다.「一了學業; 학업을 태만히 하다」
[抛開] p'āok'ai ㄆㄠㄎㄞ 방치(放置)하다. 버리다.「一了妻子兒女, 一個人去修行; 처자(妻子)를 버리고 혼자서 수도(修道)에 나섰다」
[抛空] p'āok'ūng ㄆㄠㄎㄨㄥ 차금 매매(差金賣買).
[抛錨] p'āomáo ㄆㄠㄇㄠˊ ①닻을 내리다.

③(자동차 따위가)고장이 나서 정지하다.
[拋撒] p'āosǎ ㄆㄠㄙㄚˇ 던져 버리다.
[拋閃] p'āoshǎn ㄆㄠㄕㄢˇ 던지다. 던져 버리다.
[拋捨] p'āoshě ㄆㄠㄕㄜˇ 버리다. 방치하다.
[拋售] p'āoshòu ㄆㄠㄕㄡˋ 덤핑(dumping). 덤핑하다.
[拋掉] p'āotiào ㄆㄠㄉㄧㄠˋ 내버리다.「一了,怪可惜了的 ; 내버리기는 몹시 아깝다」
[拋頭露面] p'āot'óu lùmièn ㄆㄠㄊㄡˊㄌㄨˋㄇㄧㄢˋ 부녀자(婦女子)가 얼굴을 내어 놓는다는 뜻으로 옛날에 부녀자의 외출(外出)을 일컫는 말. 얼굴을 내놓다. ‹成›

〔脬〕 p'āo ㄆㄠ 방광(膀胱). ＝尿脬.

〔刨〕 p'áo ㄆㄠˊ ① (곡괭이 따위로 흙을 긁어 모으듯이 굴을)파다. 파헤치다.「一坑 ; 굴을 파다」②없애다. 제거(除去)하다.「一去他還有兩人 ; 그 사람 이외에도 두 사람이 있다」③ ⇨pào.
[刨去] p'áoch'ǜ ㄆㄠˊㄑㄩˋ ①없애다. ②제거하다.
[刨掘] p'áochüéh ㄆㄠˊㄐㄩㄝˊ ①파다.②파내다.
[刨開] p'áok'ai ㄆㄠˊㄎㄞ 파헤치다.
[刨根(兒)] p'áokěn(rh) ㄆㄠˊㄍㄣ(ㄦ) ① 뿌리를 파내다. ②꼬치꼬치 캐묻다. ③근본을 따지다. ＝刨根兒問底兒.
[刨皮] p'áop'í ㄆㄠˊㄆㄧˊ (포장을 없이 한) 알맹이.「一二十公斤重 ; 알맹이만 20 킬로 무게다」

〔咆〕 p'áo ㄆㄠˊ ①맹수 또는 사람의 난폭한 울부짖음(소리).
[咆哮] p'áohsiāo ㄆㄠˊㄒㄧㄠ ①포효(咆哮)하다. ②울부짖다.

〔庖〕 p'áo ㄆㄠˊ 부엌. 요리장(料理場).「一人 ; 쿡」
[庖廚] p'áoch'ú ㄆㄠˊㄔㄨˊ 부엌. ＝廚房.
[庖人] p'áojěn ㄆㄠˊㄖㄣˊ 요리사. 쿡. ＝庖丁.
[庖代] p'áotài ㄆㄠˊㄉㄞˋ 사람을 대신하여 일을 처리하다. ＝代庖.
[庖鼎] p'áotǐng ㄆㄠˊㄉㄧㄥˇ 현신(賢臣).

〔炮〕 p'áo ㄆㄠˊ ①태우다. 굽다. ② 물건을 싸서 태우다. ⇨ pāo, p'ào.
[炮製] p'áochìh ㄆㄠˊㄓˋ 약(藥)을 정제(精製)하다. ＝炮煉.

〔袍〕 p'áo ㄆㄠˊ 긴 옷. 두루마기. 도포.「棉一兒 ; 솜을 둔 긴 옷」
[袍仗] p'áochàng ㄆㄠˊㄓㄤˋ 군장(軍裝).
[袍笏] p'áohù ㄆㄠˊㄏㄨˋ 조복(朝服).
[袍褂] p'áokuà ㄆㄠˊㄍㄨㄚˋ 청조시(清朝時)의 예복(禮服).
[袍澤] p'áotsě ㄆㄠˊㄗㄜˋ (군대에서 같이 근무하는)동료. 같은 부대에 근무하는 사람. 전우.
[袍子] p'áotzǔ ㄆㄠˊㄗ 긴 옷. 소매가 길고 발목까지 내려오는 중국 고유의 긴 옷.

〔瓟〕 p'áo ㄆㄠˊ 〈植〉 호리병박. ＝瓞瓠.

〔匏〕 p'áo ㄆㄠˊ 호리병박의 일종. ＝瓢葫蘆.
[匏繫] p'áohsì ㄆㄠˊㄒㄧ 쓸모 없는 사람.
[匏瓜] p'áokuā ㄆㄠˊㄍㄨㄚ 〈植〉 박.

〔跑〕 p'áo ㄆㄠˊ ①동물이 발로 땅을 파다.「一槽 ; 가축이 발로 땅을 후비다」② ⇨p'ǎo.

〔跑〕 p'ǎo ㄆㄠˇ ①달리다. 뛰다.「賽一 ; 경주」②도망하다.「賊一了 ; 도둑이 도망했다」③새다.「一電 ; 누전(漏電)」④뛰어 돌아 다니다.「一外的 ; 외교원(外交員)」⑤ ⇨p'áo.
[跑賬的] p'ǎochàngtê ㄆㄠˇㄓㄤˋㄉㄜ ①수금(收金)하다. ②수금원(收金員).
[跑江湖] p'ǎochiānghú ㄆㄠˇㄐㄧㄤㄏㄨˊ ①세상을 두루 돌아 다니다. ②유람하다.「一人 ; 유람하는 사람」
[跑街] p'ǎochiēh ㄆㄠˇㄐㄧㄝ 외교원(外交員). 외무사원. 시황(市況)을 조사하거나 매매계약 따위를 하는 외교원.
[跑旱船] p'ǎohànch'uán ㄆㄠˇㄏㄢˋㄔㄨㄢˊ 잡기(雜技)의 하나: 대나무로 만든 배에 어린이를 태워 징이나 북 소리에 맞추어 노래를 부른다.
[跑合兒] p'ǎohórh ㄆㄠˇㄏㄜˊㄦ ① 매매 중개인. ②매매 중개(仲介)를 하다. ③공동 경영하다.
[跑信] p'ǎohsìn ㄆㄠˇㄒㄧㄣ 편지를 배달하다.
[跑歡] p'ǎohuān ㄆㄠˇㄏㄨㄢ 매우 빨리 달리다.「車一了,收不住了;차의 스피드가 너무 빨라서 부레이크가 듣지 않다」
[跑光] p'ǎokuāng ㄆㄠˇㄍㄨㄤ 모조리 도망치다.
[跑馬] p'áomǎ ㄆㄠˊㄇㄚˇ ①경마(競馬): 말을 달리게 하다. ②유정(遺精)하다.
[跑馬觀花] p'áomǎ kuānhuā ㄆㄠˊㄇㄚˇㄍㄨㄢㄏㄨㄚ ①바쁘게 대강 보다. ②단기(短期)·단시간에 참관하다. ＝走馬看花. ‹成›
[跑跑顛顛] p'áop'ǎo tiēntiēn ㄆㄠˊㄆㄠˇㄉㄧㄢㄉㄧㄢ 분주한 모양. 바삐 뛰어 돌아 다니는 모양.
[跑表] p'áopiǎo ㄆㄠˊㄅㄧㄠˇ 스톱 워치(stop watch).
[跑冰] p'ǎopīng ㄆㄠˇㄅㄧㄥ 스케이트를 타다. 얼음을 지치다.
[跑步] p'ǎopù ㄆㄠˇㄅㄨˋ 구보(驅步).「一走! ; 뛰어 가!」
[跑兒] p'ǎorh ㄆㄠˇㄦ 틀림.「準是他, 沒有一 ; 분명히 그 사람이다. 틀림 없다」
[跑水] p'ǎoshuǐ ㄆㄠˊㄕㄨㄟˇ ①물이 새다. ②물이 새 나오다.
[跑餿腿] p'ǎosōut'uǐ ㄆㄠˇㄙㄡㄊㄨㄟˇ ①(남을 위해)수고하다. 무사분주(無事奔走)하다. ②쓸쓸히 사방을 돌아 다니다.
[跑躂] p'ǎota ㄆㄠˇㄉㄚ 질주(疾走)하다.
[跑單幫] p'ǎotānpāng ㄆㄠˇㄉㄢㄅㄤ 암거래상(暗去來商).
[跑堂兒的] p'ǎotangrhtê ㄆㄠˇㄉㄤㄦㄉㄜ (접객업소의)보이. 심부름군.
[跑道] p'ǎotào ㄆㄠˇㄉㄠˋ ①경기용의 트랙 (track). ②활주로. 런웨이(run way).
[跑道兒] p'ǎotàorh ㄆㄠˇㄉㄠˋㄦ 분주(奔走)함.

[跑肚] p'ǎotǔ ㄆㄠˇㄉㄨˋ 설사하다. ＝腹瀉.
[跑腿兒] p'áot'uǐrh ㄆㄠˊㄊㄨㄟˇㄦ ①분주함. ②뛰어다님. 「一的 ; 심부름군」
[跑腿子] p'áot'uǐtzǔ ㄆㄠˊㄊㄨㄟˇㄗ ①봉족(奉足)드는 사람. ②의지할 곳 없는 독신자. 날품팔이 독신자.
[跑途子貨] p'ǎot'ú tzǔhuò ㄆㄠˇㄊㄨㄗˊㄏㄨㄛˋ 탕녀(蕩女). 「다.
[跑動] p'ǎotùng ㄆㄠˇㄉㄨㄥˋ 뛰어 다니
[跑外] p'ǎowai ㄆㄠˇㄨㄞ 상점 밖에서 돌아 다니며 일을 보다. 「一的 ; 외교원」
[跑油] p'ǎoyú ㄆㄠˇㄧㄡˊ 기름이 새다.

〔泡〕 p'ào ㄆㄠˋ ①「一兒 ; 거품. 포말(泡沫)」 「冒一 ; 거품이 일다」 ②심한 일로 생기는 콩알같은 물집. 「起了一個一 ; 물집이 생기다」 ③방울같은 것. 「電燈一兒 ; 전구(電球)」 ④물에 담그다. ⑤끈기 있게 버티다. 사람과 분쟁을 일으키다. ⑥ ⇨p'āo.
[泡茶] p'àoch'á ㄆㄠˋㄔㄚˊ 차(茶)에다 끓인 물을 붓다. 차를 넣다.
[泡漲] p'àochǎng ㄆㄠˋㄓㄤˇ 물에 젖어 붇다. 「정도. 끈기.
[泡勁] p'àochīn ㄆㄠˋㄐㄧㄣ 시간을 끄는
[泡飯] p'àofàn ㄆㄠˋㄈㄢˋ ①물 말은 밥. ②더운 물에 밥을 말다. ③밥을 데우다.
[泡沫] p'àomò ㄆㄠˋㄇㄛˋ 물거품. 포말.
[泡蘑菇] p'àomòku ㄆㄠˋㄇㄛˋㄍㄨ ①매달리다. 끈덕지게 늘어붙다. ②일을 게을리하여 시간을 끌다. ‹京› 「물집.
[泡兒] p'àorh ㄆㄠˋㄦ ①물거품. 포말. ②
[泡透] p'àot'ò ㄆㄠˋㄊㄡˋ ①물에 푹 담그다. ②물에 젖어 붇다. 「채소.
[泡菜] p'àots'ài ㄆㄠˋㄘㄞˋ 소금물에 절인
[泡棗] p'àotsǎo ㄆㄠˋㄗㄠˇ 붉은 대추.
[泡影] p'àoyǐng ㄆㄠˋㄧㄥˇ ①덧없는 것. 허무한 것. ②수포(水泡). 「化爲一 ; 수포로 돌아 가다」

〔炮〕 p'ào ㄆㄠˋ (대포 따위의) 군용화기(軍用火器). ＝砲. ⇨p'áo, pāo.

〔砲〕(礮) p'ào ㄆㄠˋ 대포. 「放一 ; 대포를 쏘다」「快一 ; 속사포」「飛輪一 ; 야포」
[砲戰] p'àochàn ㄆㄠˋㄓㄢˋ 포격전(砲擊戰).
[砲仗] p'àochang ㄆㄠˋㄓㄤ 폭죽. 불꽃. ＝砲竹.
[砲銃] p'àoch'ung ㄆㄠˋㄔㄨㄥ ＝砲仗. 딱총.
[砲灰] p'àohuī ㄆㄠˋㄏㄨㄟ 싸움터의 희생. 「當一 ; 탄알의 희생물이 되다」
[砲轟] p'àohūng ㄆㄠˋㄏㄨㄥ 포(砲)로 폭격하다.
[砲工] p'àokūng ㄆㄠˋㄍㄨㄥ (토목 사업 · 광산의)발파(發破) 작업인(作業人).
[砲壘] p'àolěi ㄆㄠˋㄌㄟˇ 포대(砲臺).
[砲烙] p'àolo ㄆㄠˋㄌㄨㄛ ①불로 지지는 형벌. ②불에 굽다.
[砲樓] p'àolóu ㄆㄠˋㄌㄡˊ ① ＝砲壘. ②방비(防備)를 겸한 망루(望樓).
[砲手] p'àoshǒu ㄆㄠˋㄕㄡˇ 포수. 「침.
[砲閂] p'àoshuān ㄆㄠˋㄕㄨㄢ 대포의 뇌
[砲子兒] p'àostzǔrh ㄆㄠˋㄗㄦ 포탄(砲彈).
[砲位] p'àowèi ㄆㄠˋㄨㄟˋ 대포를 설치한 장소. 포좌(砲座).

〔皰〕(疱) p'ào ㄆㄠˋ ①여드름. 작은 부스럼. ②물집. 손 발에 생기는 못.

PEI　ㄅㄟ

〔杯〕(盃) pēi ㄅㄟ ①「一子 ; (물 · 술 · 차 따위를 넣는)그릇. 큰 술잔. 컵. 차잔」②컵이나 술잔을 세는 단위. 「三一 ; 석 잔」 「의 별칭.
[杯中物] pēichūngwù ㄅㄟㄓㄨㄥㄨˋ 술
[杯葛] pēikó ㄅㄟㄍㄜˊ 보이콧(boycott). 불매 동맹. ‹譯›
[杯弓蛇影] pēikūng shéyǐng ㄅㄟㄍㄨㄥㄕㄜˊㄧㄥˇ 심중에 의심쩍은 일이 있으면 여러 가지 망상이 일어난다는 말. ‹成› ＝杯中蛇影.
[杯盤狼藉] pēip'án lángchí ㄅㄟㄆㄢˊㄌㄤˊㄐㄧˊ 술자리가 뒤범벅이 되어 어지러운 모양.
[杯水車薪] pēishuǐ chūhsīn ㄅㄟㄕㄨㄟˇㄐㄩㄒㄧㄣ 한 바가지의 물로 한 차나 되는 장작의 불을 끄려 한다: 한강투석(漢江投石). ‹成›

〔卑〕 pēi ㄅㄟ ①비천한. ②얕은. 보잘것 없는. ③(자기를)낮추다. ④자기를 낮추는 접두어. 「하다.
[卑賤] pēichièn ㄅㄟㄐㄧㄢˋ 비천하다. 천
[卑酒] pēichiǔ ㄅㄟㄐㄧㄡˇ 맥주. ＝啤酒.
[卑行] pēiháng ㄅㄟㄏㄤˊ 형제 · 친척 관계에서 항렬이 낮은 자. 아래 항렬.
[卑下] pēihsià ㄅㄟㄒㄧㄚˋ 비열하다. 품위가 없다.
[卑讓] pēijàng ㄅㄟㄖㄤˋ 자기를 낮추다. 겸손한 태도를 취하다.
[卑躬屈節] pēikūng-ch'ūchiéh ㄅㄟㄍㄨㄥㄑㄩㄐㄧㄝˊ 스스로를 낮추고 남에게 아양을 떨다.
[卑鄙] pēipǐ ㄅㄟㄅㄧˇ 비열하다. 야비하다.
[卑濕] pēishīh ㄅㄟㄕ (토지 따위가) 낮아 습기가 있다.
[卑視] pēishìh ㄅㄟㄕˋ 멸시하다.
[卑詞厚禮] pēitz'ǔ-hòulǐ ㄅㄟㄘ ㄏㄡˋㄌㄧˇ 정중한 인사와 많은 선물.
[卑汚] pēiwū ㄅㄟㄨ 비천하다. 지저분하고 구중중하다.

〔背〕(揹) pēi ㄅㄟ ①등에 짊어지다. 업다. ②부담을 지다. ⇨pèi.
[背拉] pēila ㄅㄟㄌㄚ 균등하게 하다. 고르다. 「끝이다.
[背榜] pēipǎng ㄅㄟㄅㄤˇ 성적 차례가 맨
[背包] pēipāo ㄅㄟ ㄅㄠ 배낭 룩작(도 Rucksack).
[背包袱] pēipāofu ㄅㄟ ㄅㄠㄈㄨ ①부담이 되다. ②심중에 중압을 느끼다.
[背上] pēishang ㄅㄟㄕㄤ 짊어지다.
[背帶] pēitài ㄅㄟㄉㄞˋ ①바지의 멜빵. ②아이 업는 띠.
[背袋] pēit'ài ㄅㄟㄊㄞˋ ＝背包.
[背子] pēitzǔ ㄅㄟㄗ 물건을 짊어지는 도구.

〔唄〕 pēi ㄅㄟ, pāi 어기 조사(語氣助詞). ‹北› ‹東› ㉮경멸하는 어기를 나타냄. 「也不過就是花點兒錢一 ; 그까짓 돈쯤 조금 썼기로서니」㉯불만·방임(放任)의 어기를 나타냄. 「你要打, 你就打一! ; 때리고 싶으면 때려도 좋아」

〔椑〕 pēi ㄅㄟ 「一柿 ; 감의 한 가지(푸른 빛이라 하여 "綠柿"라고도 함)」

〔悲〕 pēi ㄅㄟ 슬퍼하다. 탄식하다.
[悲哀] pēiāi ㄅㄟㄞ ① 슬픔. ②슬퍼하다.
[悲戚] pēich'ī ㄅㄟㄑㄧ 슬퍼하다.
[悲切] pēich'ièh ㄅㄟㄑㄧㄝˋ 몹시 슬퍼하다. >悲悲切切.
[悲愁] pēich'óu ㄅㄟㄔㄡˊ 슬픔. 근심.
[悲憤塡膺] pēifên t'iényīng ㄅㄟㄈㄣˋㄊㄧㄢˊㄧㄥ 슬픔과 분노로 가슴이 벅차다. ‹成›
[悲喜交集] pēihsǐchiāochí ㄅㄟㄒㄧˇㄐㄧㄠㄐㄧˊ 기쁨과 슬픔이 엇갈리다.
[悲歡離合] pēihuān-líhó ㄅㄟㄏㄨㄢㄌㄧˊㄏㄜˊ 이 세상의 슬픔과 기쁨, 헤어짐과 만남의 모든 것.
[悲感] pēikǎn ㄅㄟㄍㄢˇ 구슬픈 마음.
[悲苦] pēikǔ ㄅㄟㄍㄨˇ 비참하다. 괴롭다.
[悲觀] pēikuān ㄅㄟㄍㄨㄢ ① 비관. ② 비관하다. ③비관적이다. 「你有點兒太一了 ; 자네는 약간 지나치게 비관적이다」
[悲涼] pēiliáng ㄅㄟㄌㄧㄤˊ 구슬프다. 처량하다. 「프다.
[悲傷] pēishāng ㄅㄟㄕㄤ 애통스럽다. 슬
[悲聲] pēishēng ㄅㄟㄕㄥ 비통한 소리. 서러운 목소리.
[悲酸] pēisuān ㄅㄟㄙㄨㄢ 슬퍼 목이 메다. 슬퍼서 흐느껴 울다. 「다.
[悲悼] pēitào ㄅㄟㄉㄠˋ 탄식하며 슬퍼하
[悲啼] pēití ㄅㄟㄉㄧˊ 슬피 울다. 우는 소리가 구슬프다.
[悲天憫人] pēit'iēn mǐnjên ㄅㄟㄊㄧㄢㄇㄧㄣˇㄖㄣˊ 하늘을 우러러 탄식하고 인간의 참상을 불쌍히 여김. ‹成›
[悲痛] pēit'ùng ㄅㄟㄊㄨㄥˋ=悲傷.

〔碑〕 pēi ㄅㄟ ①비석. ②비석에 새긴 글이나 글자.
[碑記] pēichì ㄅㄟㄐㄧˋ 비석에 새긴 글자나 문장.
[碑碣] pēichiéh ㄅㄟㄐㄧㄝˊ 비석. "碑"는 장방형의 것이며, "碣"은 둥근 것을 일컬음.
[碑林] pēilín ㄅㄟㄌㄧㄣˊ 유명한 비석이 많이 서 있는 곳.
[碑帖] pēit'ièh ㄅㄟㄊㄧㄝˋ 비문이나 옛 명사의 글씨를 석판으로 찍은 것.
[碑亭] pēit'íng ㄅㄟㄊㄧㄥˊ ①비석 근처에 세운 정자. ②비석 위를 덮은 작은 정자.

〔北〕 pěi ㄅㄟˇ ①북. 북쪽. ②패배하다. 「三戰三一 ; 삼전 삼패」
[北曲] pěich'ǚ ㄅㄟˇㄑㄩˇ =元曲.
[北方話] pěifānghuà ㄅㄟˇㄈㄤㄏㄨㄚˋ 중국 북방의 언어. 북경어가 중심이 되어 있음.
[北瓜] pěikuā ㄅㄟˇㄍㄨㄚ 호박. =倭瓜.
[北面] pěimièn ㄅㄟˇㄇㄧㄢˋ 북쪽. 북방. =北邊.
[北上] pěishàng ㄅㄟ ㄕㄤˋ 남쪽에서 북쪽으로 가다. 「七星).
[北斗] pěitǒu ㄅㄟ ㄉㄡˇ 북두칠성(北斗
[北頭(兒)] pěit'óu(rh) ㄅㄟˇㄊㄡˊ(ㄦ) ① 북쪽 끝. ②북쪽 부분. 북쪽으로 쏠린 곳.
[北洋] pěiyáng ㄅㄟˇㄧㄤˊ "河北·山東"의 연해 지방: "南洋"에 대한 말.

〔貝〕 pèi ㄅㄟˋ ①‹動› 조개. ②화폐. 옛날에는 조개를 화폐로 썼음.
[貝貨] pèihuò ㄅㄟˋㄏㄨㄛˋ 화폐.
[貝殼] pèik'ó ㄅㄟˋㄎㄜˊ 조개껍데기. 조가비.
[貝母] pèimǔ ㄅㄟˋㄇㄨˇ ‹植› 백합과의 다년생 풀. 패모. 맹근(莔根): 약재로 쓰임.

〔背〕 pèi ㄅㄟˋ ①등. ②(물건의)뒤. 안쪽. ③등지다. 「一着太陽 ; 태양을 등지다」 ④반대 방향으로 향하다. ⑤피하다. (얼굴을)돌리다. 뒤로 돌다. 「一着他說話 ; 숨어서 말하다」 ⑥떠나다. ⑦외다. 암송하다. 「一書 ; 책을 외다」 ⑧배반하다. 위반하다. 「一約 ; 위약하다」 ⑨형편이 나쁘다. 운이 닿지 않다. 「一時 ; 때를 못 만나다. 운(運)이 나쁘다. 유행에 뒤떨어지다」 ⑩궁벽한. 퇴폐한. 「這條胡同太一 ; 이 골목은 몸시 황폐해졌구나」 ⇨pēi.
[背岔兒] pèich'àrh ㄅㄟˋㄔㄚˋㄦ 악운(惡運).
[背着] pèichê ㄅㄟˋㄓㄜ 남과 만나기를 피하다. 남을 피하다.
[背城借一] pèich'êngchièh ī ㄅㄟˋㄔㄥˊㄐㄧㄝˋㄧ 성을 배경으로 하여 마지막 싸움을 하다. 결사적으로 싸우다. 배수의 진을 치다. ‹成›
[背着手兒] pèichêshǒurh ㄅㄟˋㄓㄜㄕㄡˇㄦ 뒷짐 지다.
[背脊] pèichǐ ㄅㄟˋㄐㄧˇ 등. 잔등이.
[背棄] pèich'ì ㄅㄟˋㄑㄧˋ 반역하다: 위반하다. 「잠하다.
[背靜] pèiching ㄅㄟˋㄐㄧㄥ 조용하다. 잠
[背井離鄉] pèichǐng-líhsiāng ㄅㄟˋㄐㄧㄥˇㄌㄧˊㄒㄧㄤ 고향을 멀리 떠나다. 「一幾十年 ; 고향을 멀리 떠난 지 수십년이 되다」
[背街] pèichiēh ㄅㄟˋㄐㄧㄝ 뒷골목.
[背轉] pèichuǎn ㄅㄟˋㄓㄨㄢˇ ①방향을 반대 쪽으로 바꾸다. ②돌리다. 「一頭 ; 얼굴을 외면하다」
[背心] pèihsīn ㄅㄟˋㄒㄧㄣ 소매 없는 작은 웃옷: 조끼나 러닝샤쓰 따위.
[背信棄義] pèihsìn-ch'ìì ㄅㄟˋㄒㄧㄣˋㄑㄧˋㄧˋ 신의를 배반하고 의리를 저버림. ‹成›
[背興] pèihsìng ㄅㄟˋㄒㄧㄥˋ ①흥이 깨지다. ②낙담하다. ③체면을 손상시키다. 얼굴이 깎이다.
[背悔] pèihui ㄅㄟˋㄏㄨㄟ 늙어 빠지다.
[背人] pèijên ㄅㄟˋㄖㄣˊ 남몰래. 살짝.
[背旮旯兒] pèikālárh ㄅㄟˋㄍㄚㄌㄚˊㄦ 벽지(僻地). 산골짜기.
[背過氣去] pèikuoch'ìch'ü ㄅㄟˋㄍㄨㄛㄑㄧˋㄑㄩ 기절하다. 졸도하다.
[背臉(兒)] pèiliěn(rh) ㄅㄟˋㄌㄧㄢˇ(ㄦ) 얼굴을 외면하다. 얼굴을 숨기다.
[背面兒] pèimiènrh ㄅㄟˋㄇㄧㄢˋㄦ 이면

(裏面). 뒤쪽
[背謬] pèimiù ㄅㄟˋㄇㄧㄡˋ 이치에 어긋나다.
[背念] pèinièn ㄅㄟˋㄋㄧㄢˋ 외다. 암송하다. ＝背誦.
[背叛] pèip'àn ㄅㄟˋㄆㄢˋ 배반하다. 변절하다.
[背兒] pèirh ㄅㄟˋㄦ 물건의 뒤쪽. 「刀一；칼등」
[背熟] pèishóu ㄅㄟˋㄕㄡˊ 완전히 외다. 전부 암기(暗記)하다.
[背書] pèishū ㄅㄟˋㄕㄨ ①어음의 이서(裏書)를 하다. ②책·글을 외다.
[背水坡] pèishuǐp'ō ㄅㄟˋㄕㄨㄟˇㄆㄛ 제방·둑의 경사진 부분.
[背誦] pèisùng ㄅㄟˋㄙㄨㄥˋ ＝背念.
[背道] pèitào ㄅㄟˋㄉㄠˋ ①황폐하고 조용한 길. ②방향이 정반대이다. 「一而馳；반대 방향으로 달림」
[背地] pèiti ㄅㄟˋㄉㄧ 그늘. 사람이 보지 않는 곳. 「一裏；남몰래」
[背頭] pèit'óu ㄅㄟˋㄊㄡˊ (이발의)오올백.
[背子] pèitzǔ ㄅㄟˋㄗ 물건의 뒷면에 붙이는 물건.
[背字兒] pèitzǔrh ㄅㄟˋㄗˋㄦ 불운(不運). 「走一；불운한 환경을 당하다」
[背窪] pèiwa ㄅㄟˋㄨㄚ 햇볕이 들지 않는 우묵한 땅.
[背眼兒] pèiyěnrh ㄅㄟˋㄧㄢˇㄦ 남의 눈에 띄지 않는 곳.
[背影(兒)] pèiyǐng(rh) ㄅㄟˋㄧㄥˇ(ㄦ) 뒷모습. 그림자.
[背約] pèiyüēh ㄅㄟˋㄩㄝ 약속을 어기다.
[背月] pèiyüèh ㄅㄟˋㄩㄝˋ 장사가 한산한 계절.
[背運] pèiyǜn ㄅㄟˋㄩㄣˋ ①불운(不運). 악운(惡運). ②운이 나쁘다.

〔被〕 pèi ㄅㄟˋ ①「一子；침구. 이불」 ②가로 막다. 덮다. 가리다. ③…당하다. 「一剝削；착취 당하다」
[被執] pèichíh ㄅㄟˋㄓˊ 잡히다. 붙잡히다.
[被屈] pèich'ū ㄅㄟˋㄑㄩ ①자기의 신분을 낮추다. ②분한 꼴을 당하다. 참다. 「你一給他幫忙吧；아니꼽겠지만 그를 좀 도와 주게」
[被卷(兒)] pèichüǎn(rh) ㄅㄟˋㄐㄩㄢˇ(ㄦ) 둘둘 말은 이불: 중국 관습은 이불을 개지 않고 말아서 둠.
[被屈含寃] pèich'ü-hányüān ㄅㄟˋㄑㄩ ㄏㄢˊㄩㄢ 억울하고 분한 마음을 가지다.
[被覆] pèifù ㄅㄟˋㄈㄨˋ 덮어 씌우다.
[被褥] pèijù ㄅㄟˋㄖㄨˋ 이불과 요. 침구.
[被革] pèikó ㄅㄟˋㄍㄜˊ 면직 당하다. 파면되다.
[被裡子] pèilǐtzǔ ㄅㄟˋㄌㄧˇㄗ 이불의 안감.
[被面子] pèimièntzǔ ㄅㄟˋㄇㄧㄢˋㄗ 이불 껍데기.
[被逼] pèipī ㄅㄟˋㄅㄧ 강요 당하다. 할 수 없게 되다. 「一逃走；부득이하여 도망하다」
[被迫] pèip'ò ㄅㄟˋㄆㄛˋ 할 수 없이…당하다.
[被單(兒)] pèitān(rh) ㄅㄟˋㄉㄢ(ㄦ) 이불의 커버. 홑이불.
[被袋] pèitài ㄅㄟˋㄉㄞˋ 이불 자루. 이불 보. ＝被套.
[被胎] pèit'āi ㄅㄟˋㄊㄞ 이불 솜.
[被套] pèit'ào ㄅㄟˋㄊㄠˋ 이불 자루.
[被頭] pèit'ou ㄅㄟˋㄊㄡ 이불. ‹吳›
[被子] pèitzǔ ㄅㄟˋㄗ 이불.
[被筒子] pèit'ǔngtzǔ ㄅㄟˋㄊㄨㄥˇㄗ 침낭(寢囊): 자루처럼 된 이부자리.
[被窩(兒)] pèiwo(rh) ㄅㄟˋㄨㄛ(ㄦ) 이불. ＝被臥.

〔悖〕 pèi ㄅㄟˋ 상충(相衝)되다. 모순되다.
[悖晦] pèihuì ㄅㄟˋㄏㄨㄟ 늙어 빠지다. 늙어서 정신이 혼미하다.
[悖入悖出] pèijù pèich'ū ㄅㄟˋㄖㄨˋ ㄅㄟˋㄔㄨ 노력하지 않고 번 돈은 허황되게 없어진다.
[悖謬] pèimiù ㄅㄟˋㄇㄧㄡˋ 사리에 어긋나다.
[悖逆] pèinì ㄅㄟˋㄋㄧˋ 반역하다. 웃사람을 거역하다.
[悖輴] pèipèi ㄅㄟˋㄅㄟˋ (펌프 등의)밸브(valve). ‹譯›
[悖德] pèitě ㄅㄟˋㄉㄜˊ 도덕에 어긋나다.

〔狽〕 pèi ㄅㄟˋ 전설상의 짐승. "狼狽"의 "狽".

〔倍〕 pèi ㄅㄟˋ 배. 「大五一；다섯 배나 크다」
[倍工] pèikūng ㄅㄟˋㄍㄨㄥ 일에 시간이나 힘이 곱이나 들다. 몹시 힘이 들다.
[倍半] pèipàn ㄅㄟˋㄅㄢˋ 반(半) 이상.
[倍兒] pèirh ㄅㄟˋㄦ ①매우. 심히. 대단히. ②배로. 두 곱으로. 「一亮；매우 밝다」
[倍道] pěitào ㄅㄟˇㄉㄠˋ 행정(行程)을 배로 함. 급하게 간다는 말.

〔焙〕 pèi ㄅㄟˋ 볶다. 조리다. 굽다.
[焙粉] pèifěn ㄅㄟˋㄈㄣˇ 베이킹 파우더(baking-powder): 빵·과자 등을 구울 때에 팽창제로 쓰는 가루.
[焙乾] pèikān ㄅㄟˋㄍㄢ 불에 쬐어 말리다.

〔備〕(备·俻) pèi ㄅㄟˋ ①구비되다. 갖추어지다. 「農具都齊一了；농구는 전부 갖추어졌다」 ②준비하다. 마련하다. 「一課；수업의 준비를 하다」
[備案] pèiàn ㄅㄟˋㄢˋ ①기록에 남겨 두다. ②문서를 접수하다. ③상급 관청에 보고할 수속을 취하다.
[備查] pèich'á ㄅㄟˋㄔㄚˊ 심사의 참고로 하다. 검사에 대비하다.
[備戰] pèichàn ㄅㄟˋㄓㄢˋ 전쟁을 준비하다. 「擴軍一政策；군비 확장 전쟁정책」
[備件] pèichièn ㄅㄟˋㄐㄧㄢˋ 예비품(豫備品). 비품.
[備注] pèichù ㄅㄟˋㄓㄨˋ ①참고로 주기(註記)하다. ②비고(備考).
[備取] pèich'ǔ ㄅㄟˋㄑㄩˇ 보결(補缺)로 뽑다.
[備飯] pèifàn ㄅㄟˋㄈㄢˋ 식사를 준비하다.
[備份] pèifěn ㄅㄟˋㄈㄣˋ 예비.
[備戰措施] pèichàn ts'òshīh ㄅㄟˋㄓㄢˋㄘㄨㄛˋㄕ 임전 조치(臨戰措置).
[備受] pèishòu ㄅㄟˋㄕㄡˋ 빠짐 없이 받다. 고루고루 받다.
[備荒] pèihuāng ㄅㄟˋㄏㄨㄤ 흉작(凶作)에 대비하다.
[備悉] pèihsī ㄅㄟˋㄒㄧ 자세히 알다.
[備細] pèihsì ㄅㄟˋㄒㄧˋ 상세(詳細). 자세한 내용.
[備貨] pèihuò ㄅㄟˋㄏㄨㄛˋ 물건을 손질하다.

[備考] pèik'ǎo ㄅㄟˋㄎㄠˇ ①검사에 대비하다. ②참고로 하다.
[備馬] pèimǎ ㄅㄟˋㄇㄚˇ 말을 탈 준비를 하다.
[備辦] pèipàn ㄅㄟˋㄅㄢˋ 조달(調達)하다. 대비하다. 주선하다.
[備不住] pèipuchǔ ㄅㄟˋㄅㄨㄓㄨˋ …는지도 모른다. 아마. 「一又要下雨呢；또 비가 올는지도 모른다」
[備員] pèiyüán ㄅㄟˋㄩㄢˊ 자리를 더럽히다. «謙» 외람되게 자리를 차지하다.
[備文] pèiwěn ㄅㄟˋㄨㄣˇ 문서를 준비하다.

〔褙〕 pēi ㄅㄟˇ (천이나 종이 따위를) 겹쳐 붙이다. 배접하다.

〔蓓〕 pèi ㄅㄟˋ
[蓓蕾] pèilěi ㄅㄟˋㄌㄟˇ 꽃봉오리.＝骨朶.

〔鞁〕 pèi ㄅㄟˋ ①안장과 재갈. ②안장과 재갈을 채우다.

〔輩〕 pèi ㄅㄟˋ ①「一兒；세대(世代)」「平一；형제의 항렬」「長一一；아버지의 항렬」「晚一一；아들의 항렬」 ②패거리. 「無能之一；무능한 놈들」 ③(인칭 대명사의 뒤에 붙어서)다수(多數)를 나타냄. 「彼一；그들」
[輩分] pèifên ㄅㄟˋㄈㄣ 친척·연척·단체 따위에서의 신분의 상하 서열.
[輩行] pèiháng ㄅㄟˋㄏㄤˊ 위아래의 서열.
[輩輩兒] pèipèirh ㄅㄟˋㄅㄟˋㄦ 대대(代代).
[輩數兒] pèishurh ㄅㄟˋㄕㄨㄦ ＝輩分.
[輩子] pèitzŭ ㄅㄟˋㄗ 한평생. 생애(生涯). 「一一；일생」

〔憊〕 pèi ㄅㄟˋ 몹시 지치다. 「一賴；품행이 좋지 못한」

P'EI ㄆㄟ

〔呸〕 p'ēi ㄆㄟ 피. 체. 흥: 경멸이나 분노를 나타내는 감탄사. 「一！胡說八道；흥！허튼 소리하는구나」

〔胚〕 p'ēi ㄅㄟ 발육 초기의 생물체나 동물체. 또는 사물의 시초.
[胚胎] p'ēit'ai ㄆㄟㄊㄞ ①배태. ②사물(事物)의 시초를 비유하는 말.
[胚子] p'ēitzŭ ㄆㄟㄗ ①종자(種子). 씨앗. 「壞一；못된 종자. 나쁜 놈」 ②완성되지 않은 기물(器物).

〔培〕 p'éi ㄆㄟˊ ①흙으로 덮어 보호하다. ②배양하다. ⇨p'ǒu.
[培植] p'éichíh ㄆㄟˊㄓˊ ①재배하다. 북돋아 심다. ②양식(養殖)하다. ③인재(人才)를 양성(養成)하다.
[培訓] p'éihsǜn ㄆㄟˊㄒㄩㄣˋ 가르치어 키우다. 「一師資；선생의 자질(資質)을 양성하다」
[培土] p'éit'ǔ ㄆㄟˊㄊㄨˇ 북돋아 키우다.
[培養] p'éiyǎng ㄆㄟˊㄧㄤˇ 배양하다. 키우다. 육성(育成)하다. 양성하다.
[培育] p'éiyǜ ㄆㄟˊㄩˋ 북돋아 기르다.
[培壅] p'éiyǔng ㄆㄟˊㄩㄥˇ (흙이나 비료로)키우다.

〔陪〕 p'éi ㄆㄟˊ ①따르다. 동반하다. ②모시다. 「我一你去；당신을 모시고 가겠읍니다」 ⇨賠.
[陪酒] p'éichiǔ ㄆㄟˊㄐㄧㄡˇ ①술자리에서 시중을 들다. ②술자리를 주선하다.
[陪房] p'éifāng ㄆㄟˊㄈㄤ 시집갈 때 데리고 가는 몸종.
[陪笑] p'éihsiào ㄆㄟˊㄒㄧㄠˋ ①웃음을 띠고 사람을 대하다. ②따라서 웃다. ＝陪笑臉.
[陪客] p'éik'ò ㄆㄟˊㄎㄜˋ (손님을) 접대하다. 모시다.
[陪哭] p'éik'ū ㄆㄟˊㄎㄨ 동정하여 같이 울다.
[陪伴] p'éipàn ㄆㄟˊㄅㄢˋ 동반(同伴)하다.
[陪綁] p'éipǎng ㄆㄟˊㄅㄤˇ ① 함께 고통을 받다. ②(징계하기 위해)범인을 사형수에 딸려 형장(刑場)으로 보내다. ③잡혔을 때에 길잡이로 하다.
[陪審] p'éishěn ㄆㄟˊㄕㄣˇ 배석(陪席)하여 심리(審理)하다. 배심하다. 「一員；배심원」
[陪侍] p'éishìh ㄆㄟˊㄕˋ 모시다.
[陪罪] p'éitsuì ㄆㄟˊㄗㄨㄟˋ 사죄하다. ＝陪不是.
[陪同]p'eit'úng ㄆㄟˊㄊㄨㄥˊ 수행하다.

〔賠〕 p'éi ㄆㄟˊ ①변상하다. 배상하다. 「照價一價；가격대로 변상하다」 ②손해를 입다. 손해를 보다. 「一錢；금전상으로 손해를 보다」 ③사과하다. 잘못을 빌다. 「一禮；사죄하다」
[賠賬] p'éichàng ㄆㄟˊㄓㄤˋ 손해를 보다.
[賠錢] p'éich'ién ㄆㄟˊㄑㄧㄢˊ ①배상금(賠償金). ②옛날 여자를 경멸하여 하는 말. ③금전적으로 손해를 보다.
[賠情] p'éich'íng ㄆㄟˊㄑㄧㄥˊ ①사과하다. ②사죄하다.
[賠話] p'éihuà ㄆㄟˊㄏㄨㄚˋ ①잘못을 빌다. ②유감의 뜻을 나타내다.
[賠還] p'éihuán ㄆㄟˊㄏㄨㄢˊ 상환(償還)하다.
[賠款] p'éik'uǎn ㄆㄟˊㄎㄨㄢˇ ＝賠錢①.
[賠了夫人又折兵]p'éilê fūjên yùchěpīng ㄆㄟˊㄌㄜ ㄈㄨㄖㄣ ㄧㄡˋㄓㄜˊㄅㄧㄥ 부인 잃고 병사(兵士)마저 죽인다는 뜻으로 이중으로 손해를 입는다는 말.
[賠累] p'éilèi ㄆㄟˊㄌㄟˋ 결손(缺損)하여 부채(負債)가 생기다.
[賠本兒] p'éipěnrh ㄆㄟˊㄅㄣˇㄦ (상업에서)손해를 보다.
[賠補] p'éipǔ ㄆㄟˊㄅㄨˇ (손실을) 메우다. 손해를 보충하다.
[賠不起] p'éipùch'ǐ ㄆㄟˊㄅㄨˋㄑㄧˇ 변상·보상할 힘이 없다. ↔賠得起.
[賠不是] p'éipúshih ㄆㄟˊㄅㄨˊㄕ ＝陪罪. 陪不是.
[賠墊] p'éitièn ㄆㄟˊㄉㄧㄢˋ ①이익을 얻기 위하여 사전에 소비하는 돈. ②판상(辦償)하다.
[賠釋] p'éishìh ㄆㄟˊㄕˋ 사죄하다. ＝陪持.

〔佩〕 p'èi ㄆㄟˋ ①몸에 지니다. 허리에 차다. 「腰間一着一支槍；허리에 권총을 차다」 ②가슴에 달다. ③탄복하다.

「可一；탄복할 만하다」
[佩劍] p'èichièn ㄆㄟˋㄐㄧㄢˋ 몸에 지닌 검(劍).
[佩服] p'èifu ㄆㄟˋㄈㄨ (사람의 재능이나 행위·능력 따위를)탄복하다. 경복(敬服)하다.
[佩蘭] p'èilān ㄆㄟˋㄌㄢ 〈植〉 =蕙蘭.
[佩帶] p'èitài ㄆㄟˋㄉㄞˋ 몸에 달다.
[佩刀] p'èitāo ㄆㄟˋㄉㄠ ①허리에 찬 칼. ②칼을 차다.

〔沛〕 p'èi ㄆㄟˋ ①성대한 모양. 왕성한 모양. ②빠른 모양. 신속한 모양. ③넘어지다. ④물을 모아 논에 대다. ⑤〈植〉 물풀.
[沛艾] p'èi aì ㄆㄟˋㄞˋ 용모가 뛰어나고 위대한 모양.
[沛然] p'èiján ㄆㄟˋㄖㄢˊ ①비가 몹시 내리는 모양. 「一下雨；비가 억수같이 쏟아지다」 ②큰 모양.
[沛沛] p'èip'èi ㄆㄟˋㄆㄟˋ 물이 세차게 흐르는 모양.
[沛澤] p'èitsě ㄆㄟˋㄗㄜˊ 물풀이 무성하게 자라는 땅.

〔配〕 p'èi ㄆㄟˋ ①㉮결혼하다. 「一偶；배우자」 ㉯교배(交配)하다. 「一猪；돼지를 교미(交尾)시키다」 ②배합(配合)하다. 「一顏色；색을 배합하다」 ③(계획적으로)나누다. 분배하다. 「一給； 나누어 주다」 ④모자람을 채우다. 보충하다. 「這車的後輪是後一的；이 차의 뒷바퀴는 나중에 끼운 것이다」 ⑤ 달다. 「紅花一綠葉；붉은 꽃에 녹색 잎을 달다」 ⑥적합하다. 자격이 있다. 「他一說這種話嗎？；그 사람이 이런 말을 할 자격이 있느냐?」 ⑦유배(流配).
[配成] p'èichěng ㄆㄟˋㄔㄥˊ 조직하다. 짜다.
[配價] p'èichià ㄆㄟˋㄐㄧㄚˋ 배급 가격.
[配件(兒)] p'èichièn(rh) ㄆㄟˋㄐㄧㄢˋ(ㄦ) 부속품. 부분품.
[配製] p'èichìh ㄆㄟˋㄓˋ 배합하여 만들다.
[配種] p'èichǔng ㄆㄟˋㄓㄨㄥˇ 교미(交尾)하다. 「一站；교배장(交配場)」
[配角(兒)] p'èichüěh(rh) ㄆㄟˋㄐㄩㄝˇ(ㄦ) 조연(助演). 「演一；조연을 하다」
[配方] p'èifāng ㄆㄟˋㄈㄤ ① 처방(處方). ②약을 조제(調劑)하다.
[配房] p'èifáng ㄆㄟˋㄈㄤˊ 안채 정면 양쪽에 서 있는 집채. 앞마당 양쪽에 있는 사랑채.
[配合] p'èihó ㄆㄟˋㄏㄜˊ ①=配成. ②배합하다. ③조화(調和)되다. ④호응(呼應)하다. ⑤협력하다. =配搭合作.
[配戲] p'èihsì ㄆㄟˋㄒㄧˋ (연극에서)조연을 하다.
[配活] p'èihuó ㄆㄟˋㄏㄨㄛˊ ①부속된 것. ②본래의 것이 아닌 부속된 것.
[配貨] p'èihuò ㄆㄟˋㄏㄨㄛˋ ①상품의 구색(具色)을 맞추다. 보충하다. ②상품을 간추려 고객(顧客)에게 보내다.
[配購] p'èikòu ㄆㄟˋㄍㄡˋ 배급품을 사들이다.
[配流] p'èiliú ㄆㄟˋㄌㄧㄡˊ 귀양을 보내다. 유배시키다.
[配尼西林] p'èiníhsīlín ㄆㄟˋㄋㄧˊㄒㄧㄌㄧㄣˊ 페니실린. 《譯》
[配備] p'èipèi ㄆㄟˋㄅㄟˋ ①(군대가)장비하다. ②배치하다.
[配不上] p'èipushàng ㄆㄟˋㄅㄨㄕㄤˋ ①(자격·능력 따위가)없다. ②적합하지 않다. ↔配得上.
[配生忒] p'èishēngt'è ㄆㄟˋㄕㄥㄊㄜˋ 퍼센트(percent).
[配售] p'èishou ㄆㄟˋㄕㄡ ①세트(set)로 팔다. ②배급 판매를 하다. ↔配購.
[配手] p'èishǒu ㄆㄟˋㄕㄡˇ ①보조원(補助員). ②밑에서 보조하다. 「缺了人, 他都能做一；사람이 모자라면 그는 언제든지 보조할 수가 있다」
[配搭兒] p'èitarh ㄆㄟˋㄉㄚㄦ ①=配件兒. ②첨가물. 빛을 더하기 위한.
[配對兒] p'èituìrh ㄆㄟˋㄉㄨㄟˋㄦ ①짝을 이루다. 짝짓다. ②교미하다.
[配藥] p'èiyào ㄆㄟˋㄧㄠˋ 처방(處方)에 의해 조제된 약을 사거나 혹은 팔다.
[配音] p'èiyīn ㄆㄟˋㄧㄣ 영화의 후시(後時) 녹음. 아프레코(after recording).
[配有] p'èiyǔ ㄆㄟˋㄧㄡˇ 배치(配置)하다. 「食堂裡一衛生員；식당에 위생원을 배치하다」

〔旆〕 p'èi ㄆㄟˋ ①여러 색(色)으로 가장자리를 칠한 기(旗). ②깃발의 총칭.

〔珮〕 p'èi ㄆㄟˋ 옛날 몸에 다는 구슬 장식. 패물.

〔轡〕 p'èi ㄆㄟˋ ①말고삐. ②재갈.
[轡勒] p'èilè ㄆㄟˋㄌㄜˋ 말고삐와 재갈.

PÊN ㄅㄣ

〔奔〕 pēn ㄅㄣ 달리다. 뛰다. ⇨pèn.
[奔馳] pēnch'íh ㄅㄣㄔˊ ①급히 가다. ②질주(疾走)하다.
[奔放] pēnfàng ㄅㄣㄈㄤˋ ①말이 빨리 달리다. ②문장에 박력이 있다.
[奔襲] pēnhsí ㄅㄣㄒㄧˊ 급습(急襲)하다.
[奔向] pēnhsiàng ㄅㄣㄒㄧㄤˋ …로 급히 가다.
[奔星] pēnhsīng ㄅㄣㄒㄧㄥ 유성(流星).
[奔來奔去] pēnlái pēnch'ü ㄅㄣㄌㄞˊ ㄅㄣㄑㄩˋ 바쁘게 왔다 갔다 하다.
[奔忙] pēnmáng ㄅㄣㄇㄤˊ 허둥지둥 뛰어 다니다. 분망하다.
[奔命] pēnmìng ㄅㄣㄇㄧㄥˋ 명령을 받고 서두르다.
[奔跑] pēnp'ǎo ㄅㄣㄆㄠˇ ①뛰어 다니다. 분주하게 다니다. ②급하게 도망치다. =奔逃. >奔奔跑跑.
[奔北] pēnpěi ㄅㄣㄅㄟˇ 패주(敗走)하다.
[奔喪] pēnsāng ㄅㄣㄙㄤ ①급히 부모 상(喪)에 달려 가다. ②허둥지둥 뛰어 다니다. 《罵》 「奔什麼喪；무엇을 허둥지둥 하고 있는가」
[奔逃] pēnt'áo ㄅㄣㄊㄠˊ 도망치다.
[奔騰] pēnt'éng ㄅㄣㄊㄥˊ 뛰어 오르다. >奔奔騰騰. 「萬馬一；많은 말이 뛰어다니다. 많은 사람이 기운을 내어 일을 착수하는 모양」

[奔頭] pēnt'óu ㄅㄣㄊㄡˊ ①의지(依持). ②노력하려는 기분. 앞길. 목표.「沒有一 ; 앞길이 캄캄하다」

〔賁〕 pēn ㄅㄣ 빨리 달리다. ⇨pì.

[賁湧] pēnyǔng ㄅㄣㄩㄥˇ 힘차게 솟아 오르다.

〔錛〕 pēn ㄅㄣ ①「一子 ; 자귀」②자귀로 깎다.「一木頭 ; 나무를 자귀로 깎다」

[錛得兒木] pēntērhmù ㄅㄣㄉㄜˊㄦㄇㄨˋ 〈動〉 딱다구리.

〔本〕 pěn ㄅㄣˇ ①초목의 뿌리. ②사물의 근원.「不忘一 ; 본분을 잊지 않다」③풀이나 나무의 줄기. ④주요(主要)한. 중심이 되는.「校一部 ; 학교의 본부」⑤본디. 원래(原來).「一意 ; 본디의 뜻」⑥(타인에 대하여)자기 쪽의.「一國 ; 저의 나라」⑦지금의. 이제의.「一月 ; 금월」⑧「一兒 ; 원금. 자본」⑨근거하다.「有所一 ; 근거가 있다」⑩「一兒·一子 ; 책자·장부 따위로 된 것」「筆記一;노우트」⑪책을 세는 단위.「三一 ; 세권」

[本鎭] pěnchěn ㄅㄣˇㄓㄣˋ 이 동네. 본동(本洞).

[本家] pěnchiā ㄅㄣˇㄐㄧㄚ 부계(父系)의 동성 동본의 친척.

[本家兒] pěnchiārh ㄅㄣˇㄐㄧㄚㄦ ①당가(當家). 본가(本家). ②당가(當家)의 사람.

[本錢] pěnch'ién ㄅㄣˇㄑㄧㄢˊ ①자본. ②원금(元金). ③원가(元價).

[本質] pěnchíh ㄅㄣˇㄓˊ ①사물 특유(特有)의 근본적인 특성(特性). 본질. ②사람의 본성(本性). =品質.

[本金] pěnchīn ㄅㄣˇㄐㄧㄣ ①자본. ②원금.

[本就] pěnchiù ㄅㄣˇㄐㄧㄡˋ 본디부터. 본래.

[本傳] pěnchuàn ㄅㄣˇㄓㄨㄢˋ 정사(正史) 중의 열전(列傳).

[本主兒] pěnchǔrh ㄅㄣˇㄓㄨˇㄦ ①소유자. ②본인.

[本分] pěn fèn ㄅㄣˇㄈㄣˋ ①본분. 지위. 직책. ②pěnfen 분수에 만족하다.

[本行] pěnháng ㄅㄣˇㄏㄤˊ 당점(當店). 폐점(弊店).

[本行兒] pěnhángrh ㄅㄣˇㄏㄤˊㄦ 그 사람 본래의 상업이나 직업.

[本號] pěnhào ㄅㄣˇㄏㄠˋ 폐점(弊店). 당점(當店).

[本溪] pěnhsī ㄅㄣˇㄒㄧ 본류(本流). 주류(主流).

[本息] pěnhsī ㄅㄣˇㄒㄧ 원금과 이자(利子).

[本鄕] pěnhsiāng ㄅㄣˇㄒㄧㄤ ①고향. 본디의 고향. 진짜 고향. ②이 지방. 당지.

[本相] pěnsiàng ㄅㄣˇㄒㄧㄤˋ 본래의 자세. 진상(眞相).

[本心] pěnhsīn ㄅㄣˇㄒㄧㄣ ①자기의 소원. ②양심(良心).

[本星期] pěnhsīngch'ī ㄅㄣˇㄒㄧㄥㄑㄧ 금주(今週).

[本人(兒)] pěnjén(rh) ㄅㄣˇㄖㄣˊ(ㄦ) 본인. 자기 자신.

[本貫] pěnkuàn ㄅㄣˇㄍㄨㄢˋ 본관. 본적. =原籍. 籍貫.

[本櫃] pěnkuèi ㄅㄣˇㄍㄨㄟˋ 당점(當店). 저의 점포.

[本工兒] pěnkūngrh ㄅㄣˇㄍㄨㄥㄦ ①본래의 직분 범위 안의 일. ②전문 부문.

[本來] pěnlái ㄅㄣˇㄌㄞˊ 본래. 원래(元來).

[本利] pěnlì ㄅㄣˇㄌㄧˋ 원금과 이자. =本息.

[本領] pěnlǐng ㄅㄣˇㄌㄧㄥˇ 재능. 수완. 기능.

[本末倒置] pěnmò tàochìh ㄅㄣˇㄇㄛˋ ㄉㄠˋㄓˋ 본말(本末)을 잘못 이해하다.

[本能地] pěnnéngtē ㄅㄣˇㄋㄥˊㄉㄜ 본능적으로.「他一逃到了窗口兒 ; 그는 본능적으로 창으로 도망쳤다」

[本幣] pěnpì ㄅㄣˇㄅㄧˋ 본위 화폐(本位貨幣).

[本票] pěnp'iào ㄅㄣˇㄆㄧㄠˋ 은행 어음.

[本埠] pěnpù ㄅㄣˇㄅㄨˋ 당지(當地). 당항(當港): 도시 또는 항구가 있는 곳을 가리킬 때.

[本兒] pěnrh ㄅㄣˇㄦ 자본. 밑천.「不旬一 ; 본전을 잘라 먹다」

[本色] pěnsè ㄅㄣˇㄙㄜˋ ①본래의 색. ②본래의 면목·자태. ③본래의 용모.

[本色兒] pěnsěrh ㄅㄣˇㄙㄜˇㄦ 표백하기 이전의 색(色).

[本身] pěnshēn ㄅㄣˇㄕㄣ 자신. 자체(自體). 본체(本體).

[本師] pěnshīh ㄅㄣˇㄕ 저의 스승.

[本是] pěnshìh ㄅㄣˇㄕˋ 본시. 본래.

[本事] pěnshih ㄅㄣˇㄕ ①수완. 기능. ②pěnshìh 영화·소설 따위의 스토오리.

[本地] pěntì ㄅㄣˇㄉㄧˋ 당지(當地).「一人 ; 그 지방 사람」

[本地風光] pěntì fēngkuāng ㄅㄣˇㄉㄧˋㄈㄥㄍㄨㄤ 눈앞의 현상·사물. ‹成›

[本則] pěntsé ㄅㄣˇㄗㄜˊ 본래. 원래. ‹方›

[本子] pěntzǔ ㄅㄣˇㄗ 노우트. 수첩.

[本銀] pěnyín ㄅㄣˇㄧㄣˊ 자본. 원금.

[本應] pěnyīng ㄅㄣˇㄧㄥ 원래 …하였어야 할 것임.「一卽行奉復只因… ; 즉시 답장을 올렸어야 할 것인데 …으로 인하여…」

[本願] pěnyüàn ㄅㄣˇㄩㄢˋ 본래의 소망.

[本源] pěnyüán ㄅㄣˇㄩㄢˊ 근원(根源). 원천.

〔苯〕 pěn ㄅㄣˇ ①풀이 무성한 모양. ②방향성(芳香性) 물질의 화합물.「一酸 ; 석탄산(石炭酸)」

〔畚〕 pěn ㄅㄣˇ (대·나무 따위로 만든) 삼태기.

〔笨〕 pèn ㄅㄣˋ ①어리석다. 「這孩子大一 ; 이 애는 몹시 어리석다」②서투르다.「拙嘴一腮 ; 말솜씨가 없는」③무겁거나 커서)취급하기 거북하다. 불편하다.「一重傢俱 ; 무겁고 거북살스러운 세간」④힘이 들다.

[笨車] pènch'ē ㄅㄣˋㄔㄜ 중량 화차(重量貨車). 짐차.

[笨拙] pènchō ㄅㄣˋㄓㄨㄛ ①서투른. 어색한. >笨笨拙拙.「一家具; 크고 무거운 가구」②우둔하다. ③(육체적인) 부담이 되다.「一勞動 ; 육체 노동」

[笨貨] pènhuò ㄅㄣˋㄏㄨㄛˋ =笨蛋.

[笨活] pènhuó ㄅㄣˋㄏㄨㄛˊ 중노동 (重勞動). 막일.

[笨人] pènjén ㄅㄣˋㄖㄣˊ ①손재주가 없는 사람. 무재주. ②우둔한 사람. ③풍류를 모르는 사람.

[笨狗] pènkǒu ㄅㄣˋㄍㄡˇ 큰 개.

[笨鳥先飛] pěnniǎo hsiēnfēi ㄅㄣˋㄋㄧㄠˇ ㄒㄧㄢㄈㄟ 어리석은 새는 먼저 날아간다. 무재주하고 우둔하거든 남보다 빨리 서두르기나 하라는 비유. ‹諺›
[笨伯] pěnpó ㄅㄣˋㄅㄛˊ 팔푼이. 얼간이.
[笨手] pěnshǒu ㄅㄣˋㄕㄡˇ 서투르다. 동작이 뜨다.
[笨手笨脚] pěnshǒu pěnchiǎo ㄅㄣˋㄕㄡˇ ㄅㄣˋㄐㄧㄠˇ 손재주 없는. 재능 없는. ＝笨手拉脚.
[笨蛋] pěntàn ㄅㄣˋㄉㄢˋ ＝笨伯
[笨賊] pěntséi ㄅㄣˋㄗㄟˊ ①서투른 도둑. ②＝笨蛋.
[笨嘴笨舌] pěntsuǐ-pěnshé ㄅㄣˋㄗㄨㄟˇ ㄅㄣˋㄕㄜˊ 말재주가 없다. 말이 서투르다.

〔奔〕(逩) pěn ㄅㄣˋ 돌진(突進)하다. …로 향하다. 「一您來；당신을 의지하여 찾아 왔다」 ⇨pēn.
[奔命] pěnmìng ㄅㄣˋㄇㄧㄥˋ 곧장 뛰어가다. ⇨pēnmìng.
[奔頭] pěnt'ou ㄅㄣˋㄊㄡ ①전도(前途). 희망. 의지할 데. 「生活有一；생활에 희망이 있다」 ②목표. ‹東›

P'ÊN ㄆㄣ

〔噴〕 p'ēn ㄆㄣ ①(급하게)내뿜다. 「一氣式飛機；제트 비행기」 「一壺；조오로(포 jorro)」 ②재채기. 「打嚏一；재채기하다」 ⇨p'ěn, fěn.
[噴漆] p'ēnch'ī ㄆㄣㄑㄧ (분무용) 래커(lacquer).
[噴泉] p'ēnch'üán ㄆㄣㄑㄩㄢˊ 찬정(鑽井). 분천. ＝飛泉.
[噴壺] p'ēnhú ㄆㄣㄏㄨˊ 조오로 : 화초 따위에 물을 뿌리는 기구.
[噴火器] p'ēnhuǒch'ì ㄆㄣㄏㄨㄛˇㄑㄧˋ 화염 방사기.
[噴射] p'ēnshè ㄆㄣㄕㄜˋ 분사하다. 「一式機；제트기」
[噴燈] p'ēntēng ㄆㄣㄉㄥ 블로우램프(blowlamp).
[噴嚏] p'ēnt'ì ㄆㄣㄊㄧˋ 재채기. ＝嚏噴.
[噴油嘴] p'ēnyútsuǐ ㄆㄣㄧㄡˊㄗㄨㄟˇ 노즐(nozzle):유동체를 분출시키는 장치.
[噴桶] p'ēnt'ǔng ㄆㄣㄊㄨㄥˇ ＝噴壺.
[噴雲吐霧] p'ēnyún t'ǔwù ㄆㄣㄩㄣˊ ㄊㄨˇㄨˋ 구름과 안개를 뿜어 낸다는 뜻으로 담배나 아편을 많이 피우는 것을 형용하는 말. ‹成›

〔盆〕 p'én ㄆㄣˊ ①주둥이가 넓고 접시보다 운두가 높은 그릇:대야. 자배기. 화분. 「臉一；세수대야」 「花一兒；화분」
[盆景] p'énchǐng ㄆㄣˊㄐㄧㄥˇ ①분재(盆栽). ②화초. 조화가 심어진 화분.
[盆堂] p'ént'áng ㄆㄣˊㄊㄤˊ 독탕(獨湯). ＝盆塘.
[盆糖] p'ént'áng ㄆㄣˊㄊㄤˊ 백설탕(白雪糖).
[盆子牙] p'éntzǔyá ㄆㄣˊㄗˇㄧㄚˊ 톱니바퀴.
[盆碗兒不碰] p'énwǎnrh púp'èng ㄆㄣˊㄨㄢˇㄦ ㄅㄨˋㄆㄥˋ 그릇끼리 부딪치지 않는다는 뜻으로 사소한 다툼도 없다는 말. 「夫婦之間過日子, 還有一的；부부간의 생활에서는 사소한 다툼 따위는 당연한 일이다.

〔噴〕 p'ěn ㄆㄣˋ 향기가 코를 찌르다. ⇨p'ēn.
[噴香] p'ěnhsiāng ㄆㄣˋㄒㄧㄤ ①코를 찌르는 향기. ②매우 향기롭다.
[噴鼻] p'ěnpí ㄆㄣˋㄅㄧˊ 향기가 코를 찌르다.
[噴鼻兒香] p'ěnpíêrhhsiāng ㄆㄣˋㄅㄧˊㄦ ㄒㄧㄤ ＝噴香.

PÊNG ㄅㄥ

〔崩〕 pēng ㄅㄥ ①무너지다. 헐리다. 「山一地裂；산이 무너지고 땅이 갈라지다」 ②깨어지다. 터지다. 찢어지다. 「刨子一了;대패가 망그러지다」 ③터져서 명중(命中)하다. 「放爆竹一了手;폭죽이 터져서 손을 맞다」 ④출혈(出血)이 그치지 않다. ⑤총살하다. ⑥제왕(帝王)의 죽음.
[崩症] pēngchèng ㄅㄥㄓㄥˋ 부인병의 한 가지. 자궁 출혈(子宮出血). ＝血崩.
[崩刃] pēng jèn ㄅㄥㄖㄣˋ 칼의 이가 빠지다. 칼날이 못 쓰게 되다.
[崩潰] pēngk'uei ㄅㄥㄎㄨㄟˋ 붕괴하다.
[崩裂] pēngliēh ㄅㄥㄌㄧㄝˋ 터져서 쪼개지다.
[崩死] pēngssū ㄅㄥㄙ 총살하다.
[崩塌] pēngt'ā ㄅㄥㄊㄚ 무너지다. 허물어져 내리다.
[崩坍] pēngt'ān ㄅㄥㄊㄢ 무너지다. 깨어지다.

〔綳〕(繃) pēng ㄅㄥ ①(천 따위를)팽팽하게 잡아 당기다. 「緊一在身上；몸에 딱 붙이다」 ②(바늘로) 징그다. 꿰매다. 「一被頭；이불을 꿰매다」 ③대항하다. 우겨대다. 「一場面；국면을 어물어물 덮어 버리다」 ④속이다. ⇨pěng, pèng.
[綳針] pēngchēn ㄅㄥㄓㄣ 재봉에 쓰는 시침 바늘.
[綳直] pēngchíh ㄅㄥㄓˊ 팽팽하게 잡아당기다.
[綳簧] pēnghuáng ㄅㄥㄏㄨㄤˊ 용수철. 스프링. ＝彈簧.
[綳弓子] pēngkūngtzǔ ㄅㄥㄍㄨㄥˋㄗ 문(門)의 자동식 폐쇄(閉鎖) 용수철.
[綳鼓子] pēng kǔtzǔ ㄅㄥㄍㄨˇㄗ ①북을 메우다. ②작은 북. 소고.
[綳騙] pēngp'ièn ㄅㄥㄆㄧㄢˋ (남의 재물을) 사취(詐取)하다.
[綳帶] pēngtài ㄅㄥㄉㄞˋ 붕대.
[綳子] pēngtzǔ ㄅㄥㄗ 자수틀. 수틀.
[綳子手] pēngtzǔshǒu ㄅㄥㄗㄕㄡˇ 사기군. 사기한(詐欺漢).

〔甭〕 péng ㄅㄥˊ …할 필요는 없다:"不" "用"을 합친 글자로서 "北平" 방언임. 「一說；말하지 않아도 좋다」 「你一去；너는 갈 필요가 없다」

〔綳〕(繃) pěng ㄅㄥˇ ①안색이 굳어지다. 뿌루퉁하다. 「一着臉；안색이 굳어지다」 ②(얼굴에 나타내지 않고) 참다. 억누르다. 「一不住笑了；견디다 못해

웃었다」 ⇨pêng, pěng.

[綳臉兒] pěngliěnrh ㄅㄥˇㄌㄧㄢˇㄦ ①안색이 굳어지다 ②뿌루퉁한 표정을 짓다.

[綳盤兒] pěngp'ánrh ㄅㄥˇㄆㄢˊㄦ ＝綳臉兒.

〔泵〕 pèng ㄅㄥˋ 펌프(pump) ‹譯›

〔迸〕 pèng ㄅㄥˋ 솟아 오르다. 튀다. 뛰어 오르다. 「飛一着大火; 불꽃이 튀다」

[迸發] pèngfā ㄅㄥˋㄈㄚ 솟아 나오다.

[迸淚] pènglèi ㄅㄥˋㄌㄟˋ 눈물이 쏟아지다.

[迸裂] pènglièh ㄅㄥˋㄌㄧㄝˋ 탁 터지다. 갑자기 찢어지다.

[迸流] pèngliú ㄅㄥˋㄌㄧㄡˊ ①힘차게 흐르다. ②솟아 나오다.

〔磅〕 pèng ㄅㄥˋ 「一子(兒); 엽전. 동전」 ＝躍子蹦.

〔綳〕(繃) pèng ㄅㄥˋ ①금. 흠. ②금이 가다. 「一瓷兒; 도자기에 금이 가다」 ⇨pēng, pěng.

〔蹦〕 pèng ㄅㄥˋ ①튀어 오르다. 「一了二尺高; 두 자나 높이 뛰어 오르다」 ②「一兒; 작은 경화(硬貨)」

[蹦出來] pèngch'ulai ㄅㄥˋㄔㄨㄌㄞ 튀어 나오다. ＝跳出來.

[蹦高兒] pèngkāorh ㄅㄥˋㄍㄠㄦ (무예에서 일종의)높이뛰기.

[蹦蹦跳跳] pèngpèngt'iàot'iào ㄅㄥˋㄅㄥˋㄊㄧㄠˋㄊㄧㄠˋ (길을 걸을 때 기분이 좋아서)뛰고 달리고 하는 모양. 깡충깡충.

[蹦兒亮] pèngrhliàng ㄅㄥˋㄦㄌㄧㄤˋ 몹시 아름답다.

[蹦子兒] pèngtzŭrh ㄅㄥˋㄗㄦ 청나라 때 위 놋으로 만든 한 푼짜리 엽전. 「一也沒有; 엽전 한 푼도 없다」

[蹦躂] pèngta ㄅㄥˋㄉㄚ 튀어 오르다. 뛰어 오르다. ‹西› ＞蹦蹦躂躂.

P'ÊNG ㄆㄥ

〔怦〕 p'êng ㄆㄥ ①가슴이 두근거리다. ②성급한. 충동적인.

[怦然] p'êngján ㄆㄥㄖㄢˊ 마음이 두근거리다.

[怦怦] p'êngp'êng ㄆㄥㄆㄥ ①가슴이 두근거리는 모양.

〔抨〕 p'êng ㄆㄥ ①탄핵(彈劾)하다. ②단점을 가리켜 힐책하다.

[抨擊] p'êngchí ㄆㄥㄐㄧˊ ①힐책하다. ②공격하다.

[抨彈] p'êngt'án ㄆㄥㄊㄢˊ 탄핵(彈劾)하다.

〔烹〕 p'êng ㄆㄥ ①삶다. 「一茶; 차를 끓이다」 ②요리법의 일종: 먼저 기름에 볶은 뒤 간장·기름 따위를 넣고 다시 요리하는 법. ③놀라게 하다. 위협하다.

[烹勁兒] p'êngchìnrh ㄆㄥㄐㄧㄣˋㄦ 위세(威勢).

[烹飪] p'êngjèn ㄆㄥㄖㄣˋ 음식을 장만하다. 끓이고 지지고 볶으며 요리를 만들다.

[烹調] p'êngt'iáo ㄆㄥㄊㄧㄠˊ 음식을 조리(調理)하다.

〔砰〕 p'êng ㄆㄥ ①돌이나 쇠붙이 따위가 부딪치는 소리. ②꽝·빵·펑 하고 나는 소리. 「一一兩聲槍響, 人倒在了地下; 빵빵 하는 두 발의 총소리에 사람이 땅에 쓰러졌다」

[砰訇] p'ênghūng ㄆㄥㄏㄨㄥ 큰소리.

[砰磅] p'êngp'ang ㄆㄥㄆㄤ 돌 떨어지는 소리.

[砰砰] p'êngp'êng ㄆㄥㄆㄥ 북치는 소리.

〔朋〕 p'éng ㄆㄥˊ ①벗. 친구. 「一友; 친구」 ②당(黨). 한패. 「一黨; 붕당」 ③비교하다.

[朋儔] p'éngch'óu ㄆㄥˊㄔㄡˊ 끼리끼리 친구가 되다.

[朋分] p'éngfēn ㄆㄥˊㄈㄣ (몫으로) 나누다. 똑같이 나누다.

[朋比] p'éngpì ㄆㄥˊㄅㄧˋ 도당(徒黨)을 지어 악행을 하다. 무리를 만들어 나쁜 짓을 하다.

[朋比爲奸] p'éngpì wéichien ㄆㄥˊㄅㄧˋㄨㄟˊㄐㄧㄢ 한패가 되어 나쁜 일을 하다.

[朋友] p'éngyǔ ㄆㄥˊㄧㄡˇ 친구·벗의 통칭. 「交一; 친구로 사귀다. 친구가 되다」 「不够一; 친구답지 않다」 「老一; 친한 벗」

〔棚〕 p'éng ㄆㄥˊ ①「一子·一兒; 텐트. 차양(遮陽)」 ②가볍게 덮다.

[棚車] p'éngch'ê ㄆㄥˊㄔㄜ 유개화차(有蓋貨車).

[棚匠] p'éngchiàng ㄆㄥˊㄐㄧㄤˋ 차양(遮陽)을 다는 사람.

[棚架子] p'éngchiàtzŭ ㄆㄥˊㄐㄧㄚˋㄗ 천장의 밑받침.

[棚戶] p'énghù ㄆㄥˊㄏㄨˋ ①판자집에 사는 사람. ②판자집.

[棚鋪] p'éngp'ù ㄆㄥˊㄆㄨˋ 차양(遮陽)을 만드는 곳.

[棚上] p'éngshāng ㄆㄥˊㄕㄤ 드문드문 덮다. 「花草上一一層爐灰, 就不至凍于死; 화초 위에 재를 드문드문 덮으면 얼어 죽지 않는다」

〔蓬〕 p'éng ㄆㄥˊ ①〈植〉 쑥. ②문란하다. 어지럽다. ③성(姓)의 하나.

[蓬髮] p'éngfa ㄆㄥˊㄈㄚ 난발(亂髮). ＝蓬首.

[蓬蒿] p'énghāo ㄆㄥˊㄏㄠ ①〈植〉 쑥갓. ②쑥의 총칭. ③(쑥 따위가)우거진 것. ④초원(草原).

[蓬戶] p'énghù ㄆㄥˊㄏㄨˋ ①초가(草家). ②가난한 집. ＝蓬門. 蓬室.

[蓬茸] p'éngjúng ㄆㄥˊㄖㄨㄥˊ 풀이 무성한 모양.

[蓬蓽] p'éngpì ㄆㄥˊㄅㄧˋ ＝蓬戶②.

[蓬勃] p'éngpó ㄆㄥˊㄅㄛˊ ①왕성한. ②급진적(急進的). 「韓國的建設事業一地發展着; 한국의 건설 사업이 급진적으로 발전하다」 ＞蓬蓬勃勃.

[蓬生麻中] p'éngshêng máchung ㄆㄥˊㄕㄥ ㄇㄚˊㄓㄨㄥ 삼밭 속의 쑥은 곧게 자랄 수 있다는 뜻으로 좋은 환경을 맞으면 좋아진다는 것을 비유하는 말. ‹成›

[蓬砂] p'éngsha ㄆㄥˊㄕㄚ 붕사(硼砂).

[蓬鬆] p'éngsung ㄆㄥˊㄙㄨㄥ 산란(散亂)한 모양.

[蓬頭] p'ĕngt'ōu ㄆㄥˊㄊㄡˊ 난발(亂髮)한 머리.「一散髮；봉두난발하다」

[蓬頭垢面] p'ĕngt'ōu kòumièn ㄆㄥˊㄊㄡˊㄍㄡˋㄇㄧㄢˋ 머리는 흐트러지고 얼굴은 때투성이란 뜻으로 용모가 단정치 못한 모양. «成»

〔澎〕 p'ĕng ㄆㄥˊ

[澎湖] p'ĕnghú ㄆㄥˊㄏㄨˊ 타이완 해협에 있는 섬 이름.

[澎湃] p'ĕngp'ài ㄆㄥˊㄆㄞˋ ①큰 파도가 서로 부딪치는 모양. ②감정이나 기세(氣勢)가 고조(高潮)된 모양.＞澎澎湃湃.

〔膨〕 p'ĕng ㄆㄥˊ

[膨脝] p'ĕnghĕng ㄆㄥˊㄏㄥ 배가 부른 모양.

[膨脹] p'ĕngchàng ㄆㄥˊㄓㄤˋ 팽창하다.「通貨一；통화 팽창」

〔篷〕 p'ĕng ㄆㄥˊ ①텐트. 비바람을 막기 위한 포장 : 대나무나 천으로 만든 것. ②배의 돛.「扯起一來；돛을 달다」

[篷窗] p'ĕngch'uāng ㄆㄥˊㄑㄩㄤ 선창(船窓).

〔蟛〕 p'ĕng ㄆㄥˊ

[蟛蜞] p'ĕngch'í ㄆㄥˊㄑㄧˊ〈動〉방게.

〔髼〕 p'ĕng ㄆㄥˊ 머리가 흐트러지다.

[髼鬆] p'ĕngsūng ㄆㄥˊㄙㄨㄥ ①머리가 흐트러 산발한. ②숲이나 풀이 무성한 모양.

〔鵬〕 p'ĕng ㄆㄥˊ 전설(傳說)에 나오는 가장 큰 새. 붕새.

[鵬程萬里] p'ĕngch'ĕng wànlǐ ㄆㄥˊㄔㄥˊㄨㄢˋㄌㄧˇ 앞길이 매우 원대(遠大)함을 형용하는 말. «成»

[鵬圖] p'ĕngt'ú ㄆㄥˊㄊㄨˊ 웅지(雄志). 장대(壯大)한 의지.

〔捧〕 p'ĕng ㄆㄥˇ ①두 손으로 받들다.「一着一個缸兒；양손으로 독을 받쳐 들다」②아양 떨다. 아첨하다. ③두 손으로 움켜 들다. ④두 손으로 움켜쥘 수 있는 분량을 가리키는 수사(數詞). ⑤원조하다. 조력하다.

[捧場] p'ĕngchăng ㄆㄥˇㄓㄤˇ ①성원(聲援)을 보내다. ② 선동하다.

[捧臭脚] p'ĕngch'òuchiăo ㄆㄥˇㄔㄡˋㄐㄧㄠˇ 아첨을 하며 간살 부리는 사람을 욕하는 말.

[捧腹大笑] p'ĕngfù tàhsiào ㄆㄥˇㄈㄨˋㄉㄚˋㄒㄧㄠˋ 하도 우스워 배를 움켜 잡고 크게 웃다.

[捧献] p'ĕnghsièn ㄆㄥˇㄒㄧㄢˋ 바치다.

〔碰〕 p'ĕng ㄆㄥˋ ①(그렇게 강하지 않은 힘으로)부딪치다. 충돌하다.「一杯；축배를 들다」②만나다. 조우(遭遇)하다. ③거절 당하다.

[碰巧兒] p'ĕngch'iăorh ㄆㄥˋㄑㄧㄠˇㄦ ①공교롭게. 알맞게. ②운 좋게. ③좋게 되다.

[碰見] p'ĕngchièn ㄆㄥˋㄐㄧㄢˋ (우연히) 만나다.

[碰勁兒] p'ĕngchìnrh ㄆㄥˋㄐㄧㄣˋㄦ ①＝碰巧兒. ②운 좋게.

[碰和] p'ĕnghó ㄆㄥˋㄏㄜˊ 놀음하다. 도박을 하다. «吳»

[碰心氣] p'ĕnghsīnch'ì ㄆㄥˋㄒㄧㄣㄑㄧˋ 마음을 떠보다.

[碰伙] p'ĕnghuŏ ㄆㄥˋㄏㄨㄛˇ 짝이 되다.

[碰了] p'ĕnglê ㄆㄥˋㄌㄜ ①＝碰釘子. ②배우가 대사나 동작을 그르치다.

[碰杯] p'ĕngpēi ㄆㄥˋㄅㄟ (축배를 들기 위해)잔을 서로 부딪다.「來來！碰一吧！；자! 건배하세!」

[碰壁] p'ĕngpì ㄆㄥˋㄅㄧˋ 지장·장애가 생기다. 고장이 나다.

[碰破] p'ĕngp'ò ㄆㄥˋㄆㄛˋ 부딪쳐 깨뜨리다.

[碰上] p'ĕngshāng ㄆㄥˋㄕㄤ ① 부딪다. ②만나다.

[碰時氣] p'ĕngshíhch'ì ㄆㄥˋㄕˊㄑㄧˋ ①요행. ②운명에 맡기다. 요행(僥倖)을 바라다.

[碰頂] p'ĕngtĭng ㄆㄥˋㄉㄧㄥˇ (위엄을 갖기 위해)뿌리치다. 거절하다.

[碰釘子] p'ĕngtingtzŭ ㄆㄥˋㄉㄧㄥㄗ ①거절 당하다. ②타격을 받다. ③장해(障害)를 받다.

[碰頭] p'ĕngt'óu ㄆㄥˋㄊㄡˊ ①머리를 부딪히다. ②만나다.「他們沒有一天不一的；그들은 하루도 만나지 않는 날이 없다」

[碰嘴] p'ĕngtsuĭ ㄆㄥˋㄗㄨㄟˇ 말다툼하다. ＝打嘴.

[碰運氣] p'ĕngyùnch'ì ㄆㄥˋㄩㄣˋㄑㄧ ＝碰時氣.

PI ㄅㄧ

〔屄〕 pī ㄅㄧ 여자의 보지「誰一疼誰心疼；자기가 낳은 자식은 귀엽다」

〔逼〕 pī ㄅㄧ ①협박하다. 위협하다. ②압박하다.「大軍已一城外；대군은 이미 성 밖에 육박하다」③좁다.「一窄；좁다」

[逼債] pīchài ㄅㄧㄓㄞˋ 빚을 갚으라고 호되게 독촉하다.

[逼眞] pīchĕn ㄅㄧㄓㄣ 진실감을 주다. 마치 진짜와 같다.

[逼錢] pīch'ién ㄅㄧㄑㄧㄢˊ 돈을 내라고 강요하다.

[逼近] pīchìn ㄅㄧㄐㄧㄣˋ 가까이 접근하다. 육박하다.

[逼緊] pīchĭn ㄅㄧㄐㄧㄣˋ 핍박하다.

[逼住] pīchu ㄅㄧㄓㄨ①옆으로 접근하다. ＝靠近. ②(손으로)덮어 씌우다. ＝罩住.

[逼人太甚] pījĕn t'ài shĕn ㄅㄧㄖㄣˊㄊㄞˋㄕㄣˋ 몹시 심하게 사람을 압박하다.

[逼肖] pīhsiào ㄅㄧㄒㄧㄠˋ 하릴 없이 닮다. 꼭 닮다.

[逼掯] pīk'ĕn ㄅㄧㄎㄣˋ 재촉하다. 독촉하다.

[逼供] pīkùng ㄅㄧㄍㄨㄥˋ 자백을 강요하다.

[逼勒] pīlê ㄅㄧㄌㄜˋ ①억지로 시키다. ②강요하다.

[逼命] pīmìng ㄅㄧㄇㄧㄥˋ 생명을 위협하다.

[逼迫] pīp'ò ㄅㄧㄆㄛˋ 강요하다. 협박하다.

[逼上梁山] pīshàng liángshān ㄅㄧㄕㄤˋㄌㄧㄤˊㄕㄢ ①쫓기고 쫓기어 할 수 없이 반항하다. ②악의 구렁텅이로 몰아 넣다.

[逼死] pīssŭ ㄅㄧㄙ ①끝까지 학대하다. 끝까지 협박하다. ②학대하여 죽이다. 말려 죽이다.
[逼到] pītao ㄅㄧㄉㄠ …까지 육박하다. 「敵軍一城外；적군이 성 밖에까지 육박했다」
[逼問] pīwěn ㄅㄧㄨㄣˋ 캐묻다. 따지어 묻다.

〔荸〕 pí ㄅㄧˊ 「一薺；올방개」＝地栗.

〔鼻〕 pí ㄅㄧˊ ①「一子；코」②「一兒；손잡이·주전자 꼭지·젓꼭지 따위」
[鼻翅兒] píchʻìhrh ㄅㄧˊㄔˋㄦ 콧방울. 「搧一；콧방울을 벌렁거리다. 비웃다」
[鼻青臉腫] píchʻīng-liénchǔng ㄅㄧˊㄑㄧㄥㄌㄧㄢˊㄓㄨㄥˇ (맞아서)얼굴에 멍이 들어 부어 오른 모양.
[鼻準] píchǔn ㄅㄧˊㄓㄨㄣˇ 코끝. ＝鼻尖.
[鼻峯] pífěng ㄅㄧˊㄈㄥ 콧마루.
[鼻毫] píháo ㄅㄧˊㄏㄠˊ 코털.
[鼻息] píhsī ㄅㄧˊㄒㄧ 호흡. 콧김.
[鼻孔] píkʻŭng ㄅㄧˊㄎㄨㄥˇ 콧구멍.
[鼻垢] píkòu ㄅㄧˊㄍㄡˋ 코딱지. ＝鼻屎.
[鼻梁兒] píliángrh ㄅㄧˊㄌㄧㄤˊㄦ 콧대. 콧날.
[鼻牛兒] píniúrh ㄅㄧˊㄋㄧㄡˊㄦ 마른 코딱지.
[鼻衄] píniù ㄅㄧˊㄋㄧㄡˋ 코피.
[鼻繩] píshěng ㄅㄧˊㄕㄥˊ (소 따위의)고삐.
[鼻酸] písuān ㄅㄧˊㄙㄨㄢ ①슬퍼하다. ②코가 매워서 찡 하다
[鼻涕] pítʻi ㄅㄧˊㄊㄧ 콧물.
[鼻頭管] pítʻoukuǎn ㄅㄧˊㄊㄡㄍㄨㄢˇ ＝鼻子.
[鼻子] pítzŭ ㄅㄧˊㄗ 코. 「發老一；잔뜩 재산을 모으다」「不要一；부끄러움을 모르다」「打開一說亮話；툭 털어 놓고 이야기하다」「捏着一答應；마지못해 승낙하다」「抹了一一灰；망신 당하다. 실수하다」
[鼻子眼兒] pítzŭyěnrh ㄅㄧˊㄗㄧㄢˇㄦ ＝鼻孔.
[鼻煙壺] píyēnhú ㄅㄧˊㄧㄢㄏㄨˊ 코담배통.
[鼻煙兒] píyēnrh ㄅㄧˊㄧㄢㄦ 코담배.
[鼻眼兒] píyěnrh ㄅㄧˊㄧㄢˇㄦ 콧구멍.

〔匕〕 pǐ ㄅㄧˇ 「一首；비수」

〔比〕 pǐ ㄅㄧˇ ①비교하다. 겨루다. 「一他高；그 사람보다 키가 크다」②비율. 「六和二是三與一之一；6과 2는 3과 1의 비율이다」③예를 들다. 비유하다. 흉내내다. 「用手一了一個圓形；손으로 하나의 원을 그리다」⇨pì.
[比照] pǐchào ㄅㄧˇㄓㄠˋ 비교하여 그대로 하다. 비교 대조하다.
[比及] pǐchí ㄅㄧˇㄐㄧˊ …을 한 후. …가 되었는데도. 「一年底, 他又不回鄕了；연말이 되었는데도 그는 돌아오지 않았다」
[比價] pǐchià ㄅㄧˇㄐㄧㄚˋ ①비교한 가격. ②가격을 비교하다.
[比肩繼踵] pǐchiēn-chìchŭng ㄅㄧˇㄐㄧㄢㄐㄧˋㄓㄨㄥˇ 어깨를 잇대고 발꿈치를 붙인다는 뜻으로, 사람으로 혼잡하다는 비유. ‹成›
[比丘] pǐchʻiū ㄅㄧˇㄑㄧㄡ 중(僧). 비구승.
[比方] pǐfang ㄅㄧˇㄈㄤ 예를 들다. 비유하다. 비유하면. 예를 들면. 예컨대. 「一說；예컨대. 예를 들면」
[比附] pǐfù ㄅㄧˇㄈㄨˋ 비근한 것과 비교하다.
[比畫] pǐhua ㄅㄧˇㄏㄨㄚ ①손짓으로 흉내 내다. ②연습하기 위하여 맞붙다. ③치고 받고 하다.
[比如] pǐjú ㄅㄧˇㄖㄨˊ 예를 들면. 예컨대.
[比來] pǐlái ㄅㄧˇㄌㄞˊ 근래(近來).
[比例] pǐlì ㄅㄧˇㄌㄧˋ ①비례하다. ②비교하다. 견주다.
[比鄰] pǐlín ㄅㄧˇㄌㄧㄣˊ 이웃.
[比目魚] pǐmùyú ㄅㄧˇㄇㄨˋㄩˊ 〈動〉넙치. ＝板魚.
[比擬] pǐnǐ ㄅㄧˇㄋㄧˇ ＝比附.
[比年] pǐnién ㄅㄧˇㄋㄧㄢˊ ①근년(近年). ②매년.
[比配] pǐpʻèi ㄅㄧˇㄆㄟˋ 균형을 잡다.
[比并] pǐpìng ㄅㄧˇㄅㄧㄥˋ 비교하다. 준거(準據)하다.
[比不上] pǐpushàng ㄅㄧˇㄅㄨㄕㄤˋ …에 미치지 못하다. …만 못하다. 「親兄弟還一他們倆；친형제라 할지라도 그들 두 사람처럼 다정하지 못하다」↔比得上.
[比不過] pǐpukuò ㄅㄧˇㄅㄨㄍㄨㄛˋ 비교가 아니 되다. 어림도 없다.
[比賽] pǐsài ㄅㄧˇㄙㄞˋ 경쟁하다. 시합하다. 「田徑一；육상 경기」
[比上不足, 比下有餘] pǐshàng pùtsú, pǐhsià yǔyú ㄅㄧˇㄕㄤˋㄅㄨˋㄗㄨˊ, ㄅㄧˇㄒㄧㄚˋㄧㄡˇㄩˊ 좋은 것보다는 못하고 못한 것보다는 훨씬 좋다는 말. ‹成›
[比式] pǐshih ㄅㄧˇㄕ ＝比畫.
[比武] pǐwŭ ㄅㄧˇㄨˇ 무술(武術)을 겨루다.
[比喩] pǐyû ㄅㄧˇㄩˋ 비유하여 말하다. 예로 들다.

〔妣〕 pǐ ㄅㄧˇ 망모(亡母)를 일컫는 말.

〔彼〕 pǐ ㄅㄧˇ ①그것. 그곳. ②그 사람. 그. 상대방. 「知己知一；지기지피：자기를 알고 상대를 알다」
[彼此] pǐtzʻŭ ㄅㄧˇㄘˇ 피차. 그것과 이것. 「一一；피장파장이다」「一謙讓；서로 양보하다」

〔秕〕(粃) pǐ ㄅㄧˇ 「一子；벼쭉정이」
[秕花] pǐhuā ㄅㄧˇㄏㄨㄚ 곡식의 껍질.
[秕糠] pǐkʻāng ㄅㄧˇㄎㄤ ①겨. 쌀겨. ②쓸데 없는 것. 쓸모 없는 것.
[秕穀] pǐkŭ ㄅㄧˇㄍㄨˇ 벼쭉정이.

〔俾〕 pǐ ㄅㄧˇ …시키다. 이룩하다. 「一得重生；다시 태어나게 하다」

〔鄙〕 pǐ ㄅㄧˇ ①비천하다. 자기를 낮추어서 하는 말. 「一人；소생(小生)」②경멸하다. 「一視；경멸하다」
[鄙棄] pǐchʻì ㄅㄧˇㄑㄧˋ 깔보아 싫어하다. 천하게 여겨 미워하다.
[鄙見] pǐchièn ㄅㄧˇㄐㄧㄢˋ 자기 생각. 우견(愚見). ‹謙›
[鄙人] pǐjěn ㄅㄧˇㄖㄣˊ 소생(小生). 저. ‹謙›
[鄙俚] pǐlǐ ㄅㄧˇㄌㄧˇ ①거칠다. ②세련되지 않다. 때를 못 벗다.
[鄙吝] pǐlìn ㄅㄧˇㄌㄧㄣˋ ①야비한 마음. ②노랑이. 인색하고 생각이 얕은 사람.
[鄙陋] pǐlòu ㄅㄧˇㄌㄡˋ 저열하다. 천하다.
[鄙薄] pǐpó ㄅㄧˇㄅㄛˊ ①비열하다. 천하다. ②경멸하다.

[鄙視] pǐshìh ㄅㄧˇㄕˋ 경멸하다. 멸시하다.
[鄙夷] pǐí ㄅㄧˇㄧˊ ①경멸하다. =鄙視. ②비열하다. 천하다.
[鄙意] pǐ ì ㄅㄧˇㄧˋ 저의 생각. 우견(愚見). 《謙》

〔筆〕 pǐ ㄅㄧˇ ①필기 도구:붓·펜 따위. ②서화(書畵). ③쓰다. 「代一;대필하다」 ④목돈:어느 정도로 모은 돈. 「給他一一錢;목돈을 그에게 주다」
[筆記本] pǐchìpěn ㄅㄧˇㄐㄧˋㄅㄣˇ 노우트. 수첩. 비망록.
[筆架兒] pǐchiàrh ㄅㄧˇㄐㄧㄚˋㄦ 붓걸이.
[筆直] pǐchíh ㄅㄧˇㄓˊ 꼿꼿하다. 일직선이다.
[筆觸] pǐch'ù ㄅㄧˇㄔㄨˋ 화가의 필법(筆法). 터치(touch).
[筆據] pǐchǜ ㄅㄧˇㄐㄩˋ 자필한 증서(證書).
[筆洗子] pǐhsǐtzǔ ㄅㄧˇㄒㄧˇㄗ 붓을 씻는 그릇.
[筆劃] pǐhuà ㄅㄧˇㄏㄨㄚˋ ①필화(筆畵). ②필적. 필치(筆致).
[筆桿] pǐkǎn ㄅㄧˇㄍㄢˇ 붓대. =筆管兒.
[筆桿(兒)] pǐkǎn(rh) ㄅㄧˇㄍㄢˇ(ㄦ) 붓대. 「拿一的人;글을 쓰는 사람. 문인(文人)」
[筆錄] pǐlù ㄅㄧˇㄌㄨˋ 기록(記錄)하다.
[筆帽兒] pǐmàorh ㄅㄧˇㄇㄠˋㄦ 붓두껍.
[筆墨] pǐmò ㄅㄧˇㄇㄛˋ ①붓과 먹. ②필기도구. ③pǐmo ㉮문장(文章). 「一官司;문장에 의한 논전(論戰)」 ㉯사무(事務). 「辦一;사무를 보다」
[筆試] pǐshìh ㄅㄧˇㄕˋ 필기 시험.
[筆套] pǐt'ào ㄅㄧˇㄊㄠˋ ①휴대용의 필갑(筆匣). 필낭(筆囊). ②붓두껍.
[筆底下] pǐtǐhsia ㄅㄧˇㄉㄧˇㄒㄧㄚ 필기. 또는 붓. 「心裡要說的話,一寫不出;마음 속에 이야기하고자 하는 것을 붓으로는 다 쓸 수가 없다」
[筆挺] pǐt'ǐng ㄅㄧˇㄊㄧㄥˇ 똑바르다. 꼿꼿하다. > 筆筆挺挺. 「펜촉.
[筆頭兒] pǐt'óurh ㄅㄧˇㄊㄡˊㄦ ①붓끝. ②
[筆筒] pǐt'ǔng ㄅㄧˇㄊㄨㄥˇ 필통. 붓꽂이.
[筆譯] pǐì ㄅㄧˇㄧˋ 글로 번역하다:"口譯"에 대하여 쓰이는 말.

〔必〕 pì ㄅㄧˋ ①반드시. 꼭. 「一能成功;반드시 성공된다」 ②필요하다. 「不一去;갈 필요가 없다」 ③보증하다. 단언(斷言)하다. 「不敢一;단정할 자신이 없다」
[必其無誤] pìch'íwúwù ㄅㄧˋㄑㄧˊㄨˊㄨˊ 틀림 없음을 보증하다.
[必須] pìhsū ㄅㄧˋㄒㄩ =必得.
[必需] pìhsū ㄅㄧˋㄒㄩ ①필요하다. ②=必得.
[必恭必敬] pìkūng-pìchìng ㄅㄧˋㄍㄨㄥ ㄅㄧˋㄐㄧㄥˋ ①아주 공손하다. ②너무 지나치게 공손한 모양.
[必剝] pìpō ㄅㄧˋㄅㄛ 불이 붙어 불꽃이 튀는 소리. 탁탁 튀며 타다. > 必必剝剝.
[必得] pìtěi ㄅㄧˋㄉㄟˇ 반드시 …하지 않으면 안된다. 「你一去;너는 반드시 가지 않으면 안된다」
[必定] pìtìng ㄅㄧˋㄉㄧㄥˋ 반드시. 꼭. 「他一不來;그는 절대로 오지 않는다」
[必由之路] pìyúchīhlù ㄅㄧˋㄧㄡˊㄓㄌㄨˋ 피할 수 없는 길.

〔比〕 pǐ ㄅㄧˇ ⇨pì.

[比肩] pìchiēn ㄅㄧˇㄐㄧㄢ 어깨를 잇대다.
[比來] pìlái ㄅㄧˇㄌㄞˊ 근래(近來).
[比舍] pìshè ㄅㄧˇㄕㄜˋ 이웃집.

〔畀〕 pì ㄅㄧˋ 주다. 하사하다.

〔苾〕 pì ㄅㄧˋ 방향(芳香).

〔庇〕 pì ㄅㄧˋ 덮다. 감싸 주다. 비호하다.
[庇護] pìhù ㄅㄧˋㄏㄨˋ 비호하다.
[庇短] pìtuǎn ㄅㄧˋㄉㄨㄢˇ 단점(短點)을 감싸 주다.
[庇佑] pìyù ㄅㄧˋㄧㄡˋ 가호(加護)하다.

〔毖〕 pì ㄅㄧˋ ①삼가하다. 「懲前一後;전의 잘못을 고치고 금후를 주의하다」 ②수고하다. ③샘물이 흐르는 모양.

〔閉〕 pì ㄅㄧˋ ①닫다. 덮다. 막다. 「一上眼睛;눈을 감다」 ②가로막다. 봉쇄되다. 「一氣;숨을 죽이다」
[閉氣] pìch'ì ㄅㄧˋㄑㄧˋ ①숨이 끊어지다. 죽다. ②숨을 죽이다. ③숨이 막히다. ④공기가 통하지 않다.
[閉歇] pìhsiēh ㄅㄧˋㄒㄧㄝ 폐점(閉店)하다. 가게를 닫다.
[閉關] pìkuān ㄅㄧˋㄍㄨㄢ 닫다. 봉쇄하다.
[閉關據厄] pìkuān chǜ-è ㄅㄧˋㄍㄨㄢ ㄐㄩˋㄜˋ 관문(關門)을 닫고 요새에 틀어박히다.
[閉關自守] pìkuān tzǜshǒu ㄅㄧˋㄍㄨㄢ ㄗˋㄕㄡˇ 외부와 교섭을 끊고 자력만으로 살다. =閉門自守.
[閉口無言] pìk'ǒu wúyén ㄅㄧˋㄎㄡˇ ㄨˊㄧㄢˊ 유구무언(有口無言)이다. 할말이 없게 되다.
[閉門羹] pìmén' kēng ㄅㄧˋㄇㄣˊ ㄎㄥ 문전에서 내 좇음. 「吃一;문전에서 내 좇기다」
[閉門造車] pìmén tsàochū ㄅㄧˋㄇㄣˊ ㄗㄠˋㄐㄩ 외부의 상황을 고려하지 않고 자기 주관만으로 일함의 비유. 《成》
[閉幕] pìmù ㄅㄧˋㄇㄨˋ ①(연극에서) 막을 내리다. 폐막하다. ②모임이 끝나다. 폐회하다. ③(곡절 있는 공개적인 일이)끝나다.
[閉目合睛] pìmù hóching ㄅㄧˋㄇㄨˋ ㄏㄜˊㄐㄧㄥ ①눈을 감다. ①마땅치 않으면서도 긍정하다. 눈감고 묵인하다.
[閉目塞聽] pìmù sèt'ing ㄅㄧˋㄇㄨˋ ㄙㄜˋㄊㄧㄥ 눈을 감고 귀를 막다. 현실에서 도피한다는 말.
[閉塞] pìsè ㄅㄧˋㄙㄜˋ ①막히다. 장애가 되다. ②(교통이)개통(開通)되지 않다. 불편하다.
[閉嘴] pìtsuǐ ㄅㄧˋㄗㄨㄟˇ 입을 다물다.
[閉月羞花] pìyuèh-hsiūhuā ㄅㄧˋㄩㄝˋ ㄒㄧㄡㄏㄨㄚ 꽃도 따를 수 없는 절세의 미인을 비유하는 말. 《成》

〔陛〕 pì ㄅㄧˋ 궁전(宮殿)의 계단(階段).

〔狴〕 pì ㄅㄧˋ 「一犴;㉮전설 속에 나오는 짐승. ㉯감옥」

〔畢〕 pì ㄅㄧˋ ①끝내다. 완료하다. 「話未一;이야기가 아직 안 끝나다」 ②완전히. 전부. 「眞相一露;진상이 완전히 폭

로되다」
[畢竟] pìchìng ㄅㄧˋㄐㄧㄥˋ 필경. 결국.「他的話一不錯 ; 그의 말은 결국 옳았다」
[畢眞] pìchēn ㄅㄧˋㄓㄣ 극히 명확하다.「眞相一 ; 진상이 명백하다」
[畢肖] pìhsiào ㄅㄧˋㄒㄧㄠˋ 몹시 닮았다.
[畢恭畢敬] pìkūng-pìchìng ㄅㄧˋㄍㄨㄥㄅㄧˋㄐㄧㄥˋ 태도가 아주 공손함.＝必恭必敬.
[畢露] pìlū ㄅㄧˋㄌㄨˋ 완전히 폭로하다.
[畢命] pìmìng ㄅㄧˋㄇㄧㄥˋ 죽다.
[畢生] pìshēng ㄅㄧˋㄕㄥ 한평생. 일생.
[畢業] pìyèh ㄅㄧˋㄧㄝˋ 졸업하다.「一生 ; 졸업생」「一典禮 ; 졸업식」

〔弼〕 pì ㄅㄧˋ 보좌(補佐)하다.
[弼針] pìchēn ㄅㄧˋㄓㄣ 지침(止針).

〔賁〕 pì ㄅㄧˋ 눈부시게 장식하다.⇨pēn.
[賁臨] pìlín ㄅㄧˋㄌㄧㄣˊ 왕림(枉臨). ‹謙› ＝光臨.

〔敝〕 pì ㄅㄧˋ ①깨어진. 망그러진. ②자기의 겸칭(謙稱).
[敝箒千金] pìchoǔ ch'iēnchīn ㄅㄧˋㄓㄡˇ ㄑㄧㄢㄐㄧㄣ 제 집의 것은 좋게 보인다는 비유. ‹成›
[敝處] pìch'ù ㄅㄧˋㄔㄨˋ 저의 곳. ‹謙›
[敝眷] pìchüàn ㄅㄧˋㄐㄩㄢˋ 저의 가족. ‹謙›
[敝行] pìháng ㄅㄧˋㄏㄤˊ 저의 상점. ‹謙›
[敝號] pìhào ㄅㄧˋㄏㄠˋ 폐점(弊店). ‹謙›
[敝鄉] pìhsiāng ㄅㄧˋㄒㄧㄤ 저의 고향. ‹謙›
[敝姓] pìhsìng ㄅㄧˋㄒㄧㄥˋ 저의 성(姓). ‹謙›
[敝國] pìkuó ㄅㄧˋㄍㄨㄛˊ 저의 나라. ‹謙›
[敝舍] pìshě ㄅㄧˋㄕㄜˋ 저의 집. 졸택(拙宅). ‹謙›
[敝友] pìyǔ ㄅㄧˋㄧㄡˇ 저의 친구. ‹謙›

〔愎〕 pì ㄅㄧˋ 멋대로 하다. 완고하다.「剛一自用 ; 완고하여 남의 의견을 듣지 않는다」

〔鈊〕 pì ㄅㄧˋ 창연(蒼鉛).

〔痹〕 pì ㄅㄧˋ(바람이나 습기로)걸리다 : 병의 일종.

〔婢〕 pì ㄅㄧˋ 하녀(下女).

〔辟〕 pì ㄅㄧˋ ①군주(君主). 천자. ②피하다. ⇨p'ì.
[辟易] pì ì ㄅㄧˋ ㄧˋ 도망쳐 피하다.

〔嗶〕 pì ㄅㄧˋ
[嗶嘰] pìchi ㄅㄧˋㄐㄧ 세루. 사아지(serge).「細一 ; 사아지」「棉細一 ; 면사아지」

〔箅〕 pì ㄅㄧˋ「一子 ; 시루밑·시루 방석」

〔睥〕 pì ㄅㄧˋ
[睥睨] pìnì ㄅㄧˋㄋㄧˋ ①흘겨 보다. ②상대하지 않다. 업신여기다.

〔碧〕 pì ㄅㄧˋ 청록색(青綠色).
[碧沈沈] pì ch'énch'én ㄅㄧˋ ㄔㄣˊㄔㄣˊ (바다나 하늘이)새파란. 시퍼런.
[碧青] pìch'īng ㄅㄧˋㄑㄧㄥ 청색의 그림물감. ＝石青.
[碧血] pìhsüèh ㄅㄧˋㄒㄩㄝˋ 순국 열사의 피. 순국 충렬에 몸을 바침을 찬양하는 말.
[碧空] pìk'ūng ㄅㄧˋㄎㄨㄥ 푸른 하늘.
[碧綠] pìlǜ ㄅㄧˋㄌㄩˋ 짙은 녹색. 에메랄드 그리인.
[碧桃] pìt'áo ㄅㄧˋㄊㄠˊ 〈植〉 ① 벽도화. 벽도나무의 꽃. ②벽도. 청복숭아.
[碧澄澄的] pìtēngtēngtê ㄅㄧˋㄉㄥˋㄉㄥˋㄉㄜ 맑고 푸른 모양.
[碧瓦] pìwǎ ㄅㄧˋㄨㄚˇ 푸른 기와. 청기와. ＝琉璃瓦.
[碧玉] pìyǜ ㄅㄧˋㄩˋ①치밀하고 불투명한 석영(石英) 종류의 광물. ②푸른 구슬.

〔蓖〕(萆) pì ㄅㄧˋ「一蔴 ; 아주까리」
[蓖蔴餅] pìmápǐng ㄅㄧˋㄇㄚˊㄅㄧㄥˇ 기름을 짠 아주까리 깻묵」

〔弊〕 pì ㄅㄧˋ ①부정 행위.「作一 ; 나쁜 짓을 하다. 커닝하다」②폐해.「流一 ; 폐해」
[弊病] pìpìng ㄅㄧˋㄅㄧㄥˋ 폐해. 악폐(惡弊). 나쁜 점.
[弊竇] pìtòu ㄅㄧˋㄉㄡˋ 폐해의 근원.
[弊端] pìtuān ㄅㄧˋㄉㄨㄢ 폐해. 폐단.

〔裨〕 pì ㄅㄧˋ 보조하다. ⇨p'í.「一補 ; 보충」

〔幣〕 pì ㄅㄧˋ 화폐(貨幣).
[幣値] pìchíh ㄅㄧˋㄓˊ 화폐 가치.
[幣制] pìchìh ㄅㄧˋㄓˋ 화폐 제도.

〔觱〕 pì ㄅㄧˋ「一篥 ; 필률 : 관악기(管樂器)의 한가지」

〔蔽〕 pì ㄅㄧˋ 덮다. 가리다. 막다.「黃沙一天 ; 황진이 하늘을 덮다」
[蔽護] pìhù ㄅㄧˋㄏㄨˋ 보호하다.
[蔽賢] pìhsién ㄅㄧˋㄒㄧㄢˊ 현명함을 숨기고 나타내지 않다.
[蔽塞] pìsè ㄅㄧˋㄙㄜˋ 덮어 가리다.

〔壁〕 pì ㄅㄧˋ ①벽.「墻一 ; 담장」②험한 벼랑. 낭떠러지. ③요새(要塞).
[壁錢] pìch'ién ㄅㄧˋㄑㄧㄢˊ 〈動〉 납거미.
[壁櫥] pìch'ú ㄅㄧˋㄔㄨˊ 벽에 딸려 설치한 다락이나 벽장. 또는 찬장.
[壁鍾] pìchūng ㄅㄧˋㄓㄨㄥ 괘종 시계.
[壁虎] pìhǔ ㄅㄧˋㄏㄨˇ 갈호(蝎虎). 도마뱀붙이.
[壁壘] pìlěi ㄅㄧˋㄌㄟˇ 요새. 진지(陣地).
[壁壘森嚴] pìlěi sēnyén ㄅㄧˋㄌㄟˇㄙㄣㄧㄢˊ 진지(陣地)가 견고하여 침공하기 어려운 모양.
[壁裡砌] pìlich'ì ㄅㄧˋㄌㄧㄑㄧˋ 페치카(노 pechka). ‹譯›
[壁立] pìlì ㄅㄧˋㄌㄧˋ ①평풍처럼 수직으로 서다. ②가난하여 집안에 아무것도 없다는 형용.
[壁爐] pìlú ㄅㄧˋㄌㄨˊ 벽에 장치한 난로. 「페치카.
[壁報] pìpào ㄅㄧˋㄅㄠˋ 벽보(壁報). ＝文字報.
[壁上觀] pìshangkuān ㄅㄧˋㄕㄤㄍㄨㄢ 방관시(傍觀視)하다. 방관하다.
[壁虱] pìshīh ㄅㄧˋㄕ 〈動〉빈대. ＝臭蟲 : 床虱.
[壁燈] pìtēng ㄅㄧˋㄉㄥ 벽에 걸게 된 초롱이나 전등.
[壁魚] pìyú ㄅㄧˋㄩˊ 〈動〉좀. 지어(紙魚).

〔篳〕(蓽) pì ㄅㄧˋ 싸리나 대로 엮은 울타리.또는 그러한 것.「蓬門一戶;㉮가난한 집.㉯저의 집」

[篳路藍縷] pìlù-lánlǔ ㄅㄧˋㄌㄨˋ ㄌㄢˊㄌㄨˇ 남루한 옷을 입고 수레를 끌며 산림(山林)을 개척함.신규의 개척 사업이 곤란하다는 비유. ‹成›

〔薜〕 pì ㄅㄧˋ「一荔 pìlì;〈植〉왕모람: 뽕나무과의 상록 관목」

〔避〕 pì ㄅㄧˋ 피하다.비키다.「一雨;비가 그치기를 기다리다」

[避就] pìchiù ㄅㄧˋㄐㄧㄡˋ 곤란한 길을 피하고 쉬운 길을 취하다.

[避重就輕] pìchùng chiùch'īng ㄅㄧˋㄓㄨㄥˋㄐㄧㄡˋㄑㄧㄥ ①중요한 점을 피하고 부차적인 것을 채택하다.②＝避難就易.

[避風] pìfēng ㄅㄧˋㄈㄥ ①바람을 피하다.②머리를 드러내지 않고 몸을 감추다.

[避邪] pìhsiéh ㄅㄧˋㄒㄧㄝˊ 부적(符籍).액막이.

[避嫌疑] pìhsiéní ㄅㄧˋㄒㄧㄢˊㄧˊ 혐의를 피하다. ＝避嫌.

[避荒] pìhuāng ㄅㄧˋㄏㄨㄤ 흉년으로 그 지방을 떠나다.

[避諱] pìhuì ㄅㄧˋㄏㄨㄟˋ ①임금이나 선조의 이름 부르기를 꺼리다.② pìhui(꺼리는 바가 있어)말을 피하다.말을 삼가하다.「他說話一點也不知道一;그는 조금도 말을 삼가할 줄 모른다」③몸을 피하다.

[避火梯] pìhuǒt'ī ㄅㄧˋㄏㄨㄛˇㄊㄧ 화재 피난용의 비상용 사다리.

[避疫] pì ì ㄅㄧˋ ㄧˋ 전염병을 예방하다.

[避免] pìmiěn ㄅㄧˋㄇㄧㄢˇ 피하다. 모면하다.

[避面] pìmièn ㄅㄧˋㄇㄧㄢˋ 면회를 회피하다. 만나기를 꺼리다.

[避難就易] pìnàn chiù ì ㄅㄧˋㄋㄢˋ ㄐㄧㄡˋ ㄧˋ ＝避就.

[避匿] pìnì ㄅㄧˋㄋㄧˋ 몸을 피하여 숨다.

[避實就虛] pìshíh chiùhsū ㄅㄧˋㄕˊㄐㄧㄡˋㄒㄩ ①적의 주력을 피하여 맹점을 치다.②실제적인 문제를 떠나 공허한 쪽으로 기울다.

[避彈坑] pìtànk'ēng ㄅㄧˋㄉㄢˋㄎㄥ 대피호(待避壕).

[避孕] pìyǜn ㄅㄧˋㄩㄣˋ 피임(避姙)하다.

〔篦〕 pì ㄅㄧˋ ①「一子;참빗」②참빗으로 머리를 빗다.「一頭;머리를 빗다」

〔璧〕 pì ㄅㄧˋ 고대(古代)의 옥기(玉器). 옥(玉)의 통칭. 「璧歸趙.

[璧趙] pìchào ㄅㄧˋㄓㄠˋ 반환하다. ＝完

[璧還] pìhuán ㄅㄧˋㄏㄨㄢˊ ①빌은 물건을 돌려 주다.②선물을 사양하다.

[璧月] pìyüèh ㄅㄧˋㄩㄝˋ 만월(滿月).

〔臂〕 pì ㄅㄧˋ,〈文〉pèi 팔. 팔꿈치.「兩一有千斤之力;두 팔에는 천근의 힘이 있다」

[臂章] pìchāng ㄅㄧˋㄓㄤ 완장(腕章).

[臂助] pìchù ㄅㄧˋㄓㄨˋ, pèichù 도와 주다.원조하다.

[臂膊] pìpó ㄅㄧˋㄅㄛˊ 팔.

〔斃〕 pì ㄅㄧˋ ①죽다.②죽이다. ③쓰러지다.

[斃命] pìmìng ㄅㄧˋㄇㄧㄥˋ 죽다. 목숨을 버리다.

〔髀〕 pì ㄅㄧˋ 넓적다리.「一骨;요골(腰骨)」

[髀肉復生] pìjòu fùshēng ㄅㄧˋㄖㄡˋㄈㄨˋㄕㄥ 활약할 기회를 얻지 못하고 안타까와하는 모양의 비유. ‹成›

〔襞〕 pì ㄅㄧˋ 옷의 주름.치마 주름.

P'I ㄆㄧ

〔丕〕 p'ī ㄆㄧ ①크다.「一業;대업(大業)」②받들다.

[丕基] p'īchi ㄆㄧㄐㄧ ①크나큰 기초. ②제위(帝位).

[丕績] p'īchī ㄆㄧㄐㄧ 큰 공적.

[丕烈] p'īlièh ㄆㄧㄌㄧㄝˋ 큰 공(功).

〔坯〕 p'ī ㄆㄧ ①아직 굽지 않은 벽돌이나 도기(陶器).「土一牆;아직 굽지 않은 벽돌담. 쌓기 용」②반제품(半製品).「鋼一;쇳덩어리.쇠뭉치」잉곳(ingot).

[坯子] p'ītzǔ ㄆㄧㄗ 아직 굽지 않은 도기(陶器)의 총칭.

〔批〕 p'ī ㄆㄧ ①손으로 치다. ②비평하다.평판(評判)하다.「一判;판단·비평하다」③공문서(公文書):상급 관청에서 하급 관청의 신청에 대한·회신 공문.④도매(都賣)하다.「一賣;도매하다」⑤전체를 몇 개로 나눈 일부분을 셈하는 수사(數詞).「一一貨;한 무더기의 물건」

[批頰] p'īchiá ㄆㄧㄐㄧㄚˊ 뺨을 때리다.

[批准] p'īchǔn ㄆㄧㄓㄨㄣˇ (상급자나 관청에서)신청(申請)을 허가하다.

[批發] p'īfā ㄆㄧㄈㄚ 도매.도매하다.「一處;도매점」

[批覆] p'īfù ㄆㄧㄈㄨˋ 하급 기관으로부터의 보고나 또는 지시 요청에 대한 회답에 쓰이는 공문을 말한다.

[批改] p'īkǎi ㄆㄧㄍㄞˇ 비평하여 개정(改正)하다.

[批買] p'īmǎi ㄆㄧㄇㄞˇ 한꺼번에 사들이다. 사입(仕入)하다. 「매하다.

[批賣] p'īmài ㄆㄧㄇㄞˋ 한꺼번에 팔다.도

[批評] p'ip'íng ㄆㄧㄆㄧㄥˊ 비평.비평하다.

[批駁] p'īpó ㄆㄧㄅㄛˊ ①국민의 청원을 허가하지 않다. ②비난하다.

[批示] p'īshìh ㄆㄧㄕˋ ①상급 관청이 하급 관청의 신청에 회답하는 공문(公文). ②지령(指令).

[批答] p'ītá ㄆㄧㄉㄚˊ ＝批覆.

[批點] p'ītiěn ㄆㄧㄉㄧㄢˇ ①문장을 논평하여 방점(傍點)을 찍다.②문장을 첨삭(添削)하다.＞批批點點.

[批定] p'ītìng ㄆㄧㄉㄧㄥˋ ①계약을 맺다. ②주문(注文)하다.③결재하다.

[批語] p'īyǚ ㄆㄧㄩˇ 비평하는 말.

〔披〕 p'ī ㄆㄧ ①어깨에 걸치다.「一

着大衣；오우버를 어깨에 걸치다」 ② 열다. ③분산(分散)하다. ④(책을) 펴다. 「一卷；책을 펴다」
[披甲] p' īchiă ㄆㄧㄐㄧㄚˇ ①갑옷을 입다. ②무장(武裝)하다.
[披肩] p'īchiēn ㄆㄧㄐㄧㄢ 어깨걸이. 옛날 복장의 하나.
[披堅執鋭] p'īchiēn chíhjuì ㄆㄧㄐㄧㄢ ㄓˊ ㄖㄨㄟˋ 갑옷을 입고 무기를 든다는 뜻으로 전쟁을 일컫는 말.
[披荊斬棘] p'īchīng chănchí ㄆㄧㄐㄧㄥ ㄓㄢˇㄐㄧˊ 어떤 일을 함에 있어 고난을 극복하고 장애물을 헤쳐 나감을 비유하는 말. «成»
[披髮] p'īfà ㄆㄧㄈㄚˋ 머리를 산발(散髮)하다.
[披風] p'īfēng ㄆㄧㄈㄥ ①어깨걸이. 여자의 옛날 예복(禮服)의 일종. ②망토 같은 상반신 외투.
[披星戴月] p'īhsīng tàiyüèh ㄆㄧㄒㄧㄥ ㄉㄞˋㄩㄝˋ ①밤길을 급하게 감으로써 몹시 고생이 되다. ②주야로 고생이 극심하다. «成» ＝戴月披星.
[披懷] p'īhuái ㄆㄧㄏㄨㄞˊ 성의(誠意)를 피력(披瀝)하다.
[披紅] p'īhúng ㄆㄧㄏㄨㄥˊ (위로·경축의 뜻을 나타낼 때) 붉은 비단옷을 입거나 두르다.
[披掛] p'īkuà ㄆㄧㄍㄨㄚˋ ①군장(軍裝)하다. ②(예복을)착용하다.
[披露] p'īlù ㄆㄧㄌㄨˋ ①나타내다. ②발표하다. ③전(傳)하다.
[披麻帶孝] p'īmá tàihsiào ㄆㄧㄇㄚˊㄉㄞˋ ㄒㄧㄠˋ ①부모의 상(喪)을 입다. ②부모의 상을 당해 거상중인 모습.
[披靡] p'īmǐ ㄆㄧㄇㄧˇ 초목이 바람에 의해 한쪽으로 쓸어져 있는 모양.
[披散] p'īsan ㄆㄧㄙㄢ 흩어지다. 산란하다. 「一着頭髮；머리카락이 흩어지다」
[披紗] p'īshā ㄆㄧㄕㄚ 베일(veil).
[披沙揀金] p'īshā chiĕnchīn ㄆㄧㄕㄚ ㄐㄧㄢˇㄐㄧㄣ 모래를 헤치고 금을 고른다는 뜻으로, 많은 것 가운데 훌륭한 것을 골라낸다는 말. «成» ＝披沙揀金.
[披緇] p'ītzū ㄆㄧㄗ (중이 되기 위해서)집을 나가다.
[披閱] p'īyüèh ㄆㄧㄩㄝˋ (책이나 편지 따위를)펼쳐 보다.

〔砒〕 p'ī ㄆㄧ 비소(砒素).
[砒霜] p'īshuāng ㄆㄧㄕㄨㄤ 비상. 비소의 화합물.

〔紕〕 p'ī ㄆㄧ
[紕漏] p'īlòu ㄆㄧㄌㄡˋ ①부주의하여 틀린 것. ②잘못한 것.
[紕繆] p'īmiù ㄆㄧㄇㄧㄡˋ 착오(錯誤). 오류.

〔劈〕 p'ī ㄆㄧ ①도끼 따위로 쪼개다. 「一木頭；도끼로 나무를 쪼개다」②정면(正面)으로 맞이하다. 「大雨一頭澆下來；큰비가 머리에서 쏟아지다」③쐐기. 비녀장. ④ 째지다. 틈이 생가다. 「指甲一了；손톱이 째지다」⇨p'ǐ.
[劈胸] p'īhsiūng ㄆㄧㄒㄩㄥ 가슴에. 앞가슴에. 「一挨了一刀；가슴에 칼을 맞았다」
[劈開] p'īk'ai ㄆㄧㄎㄞ ①쪼개다. 가르다. ②광물(鑛物)이 결에 의해서 갈라지다. 결에 의해서 갈라지는 성질.
[劈開面] p'īk'aimièn ㄆㄧㄎㄞㄇㄧㄢˋ ＝劈開.
[劈臉] p'īliĕn ㄆㄧㄌㄧㄢˇ ①정면(正面)에서. ②맞은 편에서. ③만나자마자.
[劈利拍拉] p'īlip'āla ㄆㄧㄌㄧㄆㄚㄌㄚ ①기세(氣勢)가 왕성하게 일어나는 모양: 우쩍우쩍. ②힘차게 씹는 모양:와작와작. ③민첩하게. 활기있게.
[劈面] p'īmièn ㄆㄧㄇㄧㄢˋ ＝劈臉.
[劈拍劈拍] p'īp'āi p'īp'āi ㄆㄧㄆㄞ ㄆㄧㄆㄞ 박수치는 소리.
[劈倒] p'ītăo ㄆㄧㄉㄠˇ 쪼개져 쓸어지다. 「一棵老樹被雷一了；한 그루의 고목(古木)이 벼락을 맞고 갈라져 쓸어졌다」
[劈頭] p'īt'óu ㄆㄧㄊㄡˊ 벽두. 처음. ①첫번째. ②＝劈臉②.
[劈頭劈臉] p'īt'óu p'īliĕn ㄆㄧㄊㄡˊ ㄆㄧㄌㄧㄢˇ 정통. 정면.
[劈刺] p'ītz'ǔ ㄆㄧㄘˋ 총칼로 찌르다.

〔霹〕 p'ī ㄆㄧ
[霹雷] p'īléi ㄆㄧㄌㄟˊ 벼락.
[霹靂] p'īlì ㄆㄧㄌㄧˋ ①벼락. ②천둥. ③돌연한 변사(變事).
[霹靂火] p'īlihuŏ ㄆㄧㄌㄧㄏㄨㄛˇ 성급한 사람.
[霹靂手] p'īlìshŏu ㄆㄧㄌㄧㄕㄡˇ 민첩하게 일을 처리하는 사람.

〔皮〕 p'í ㄆㄧˊ ①가죽. 껍데기. 「牛一；쇠가죽」「樹一；나무 껍데기」 ②외피(外皮). 「書一；책의 표지」③얇고 평평한 것. 「鐵一；함석」④부드럽고 연하여 깨무는 맛이 나쁘다. 「花生一了；땅콩이 눅진하여 깨무는 맛이 나쁘다」⑤견고하다. ⑥떼를 쓰고 좀처럼 떨어지려고 하지 않다. 「這孩子眞一；이 아이는 정말 응석을 부리는구나」⑦성(姓)의 하나.
[皮氣] p'ích'i ㄆㄧˊㄑㄧ ①성질. 기질. ②성벽(性癖). ＝脾氣.
[皮匠] p'íchiāng ㄆㄧˊㄐㄧㄤ ①피혁공(皮革工). ②구두 수선하는 사람.
[皮尺] p'ích'ĭh ㄆㄧˊㄔˇ 줄자. 권척(卷尺).
[皮紙] p'íchĭh ㄆㄧˊㄓˇ 하도롱 지(hard rolled paper). ＝牛皮紙.
[皮之不存,毛將焉附] p'íchīh pùts'ún máochiāng yēnfù ㄆㄧˊㄓ ㄅㄨˋㄘㄨㄣˊ ㄇㄠˊㄐㄧㄤ ㄧㄢㄈㄨˋ 가죽이 없는데 어찌 털이 붙을 수 있느냐는 뜻으로, 의존(依存)할 곳이 없으면 자연히 그에 따르는 것도 존립할 수 없다는 말«成»
[皮球] p'ích'iú ㄆㄧˊㄑㄧㄡˊ 고무공.
[皮酒] p'íchiŭ ㄆㄧˊㄐㄧㄡˇ 맥주. ＝啤酒. 麥酒
[皮局] p'íchű ㄆㄧˊㄐㄩˊ 피혁점(皮革店).
[皮重] p'íchùng ㄆㄧˊㄓㄨㄥˋ 화물 포장의 무게.
[皮筏] p'ífá ㄆㄧˊㄈㄚˊ 가죽배. 동물의 가죽으로 만든 뗏목.
[皮猴兒] p'íhóurh ㄆㄧˊㄏㄡˊㄦ ①모자가 달린 비행복. ②두건(頭巾)달린 외투. ③장난꾸러기.
[皮箱] p'íhsiāng ㄆㄧˊㄒㄧㄤ 트렁크.
[皮相] p'íhsiàng ㄆㄧˊㄒㄧㄤˋ ①(사물의) 외관(外觀). 「一之談；피상적인 말」②

외관만 보고 판단하다.
[皮硝] p'íhsiāo ㄆㄧˊㄒㄧㄠ 황산(黃酸) 소오다. 황산나트륨.
[皮笑肉不笑] p'íhsiào jòupúhsiào ㄆㄧˊㄒㄧㄠˋㄖㄡˋㄅㄨˊㄒㄧㄠˋ 겉으로는 웃으면서도 속으로는 웃지 않다. 거짓 웃음을 하다. ‹成› 「구두약」
[皮鞋] p'íhsiéh ㄆㄧˊㄒㄧㄝˊ 구두.「一油；
[皮線] p'íhsièn ㄆㄧˊㄒㄧㄢˋ 케이블선.
[皮靴] p'íhsüéh ㄆㄧˊㄒㄩㄝˊ 가죽장화.
[皮貨] p'íhuò ㄆㄧˊㄏㄨㄛˋ 모피류(毛皮類).
[皮肉] p'íjòu ㄆㄧˊㄖㄡˋ 육체(肉體).
[皮肉生涯] p'íjòu shēngyá ㄆㄧˊㄖㄡˋ ㄕㄥㄧㄚˊ 창녀가 몸을 팔아 생활하다.
[皮開肉綻] p'ík'āi jòuchàn ㄆㄧˊㄎㄞ ㄖㄡˋㄓㄢˋ(얻어 맞아서) 가죽이 터져 살이 나오다. 「는 말.
[皮科兒] p'íkōrh ㄆㄧˊㄍㄜㄦ 사람을 웃기
[皮裡抽肉] p'ílǐ ch'ōujòu ㄆㄧˊㄌㄧˇ ㄔㄡㄖㄡˋ 몹시 여위어 가죽만 남다.
[皮臉皮癡] p'íliěn p'ích'īh ㄆㄧˊㄌㄧㄢˇ ㄆㄧˊㄔ 체면이 없다.
[皮臉兒] p'íliěnrh ㄆㄧˊㄌㄧㄢˇㄦ 몰염치.「拉一；뻔뻔스럽다」 「面).
[皮毛兒] p'ímáorh ㄆㄧˊㄇㄠˊㄦ 표면(表
[皮面] p'ímièn ㄆㄧˊㄇㄧㄢˋ 표피(表皮).
[皮囊] p'ínáng ㄆㄧˊㄋㄤˊ ①가죽 주머니. ②(사람이나 동물의) 몸통.「臭一；더러운 몸」
[皮板子] p'ípǎntzǔ ㄆㄧˊㄅㄢˇㄗ 털이 닳아 없어진 모피.
[皮包] p'ípāo ㄆㄧˊㄅㄠ 가죽 가방.
[皮袍] p'íp'áo ㄆㄧˊㄆㄠˊ 모피(毛皮)를 속에 댄 중국 고유의 옷.
[皮包公司] p'ípāokūngssū ㄆㄧˊㄅㄠㄍㄨㄥㄙ 유령 회사.
[皮包骨] p'ípāokǔ ㄆㄧˊㄅㄠㄍㄨˇ 여위어 뼈와 가죽만 남은 사람.「瘦得只剩了一；말라서 뼈와 가죽만 남다」
[皮實] p'íshih ㄆㄧˊㄕ ①견고하다. ②강건하다.
[皮鬆肉緊] p'ísūng jòuchǐn ㄆㄧˊㄙㄨㄥ ㄖㄡˋㄐㄧㄣˇ 별로 중요하지 않다. 모나지 않게 하는 모양. 「(皮帶).
[皮帶輪] p'ítàilún ㄆㄧˊㄉㄞˋㄌㄨㄣˊ 피대
[皮蛋] p'ítàn ㄆㄧˊㄉㄢˋ ①석회나 점토(粘土)·소금·겨를 섞어 진흙 속에 파묻은 오리 알. =松花. ②건장(健壯)한 아이. 씩씩한 아이. 〔비유〕
[皮糖] p'ít'áng ㄆㄧˊㄊㄤˊ ①전분에 설탕·엿 등을 넣어 굳혀서 만든 젤리 종류의 과자. ②껌. =香皮糖.
[皮條紆] p'ít'iáoch'ièn ㄆㄧˊㄊㄧㄠˊㄑㄧㄢˋ 남녀의 밀회나 매춘(賣春)을 남 몰래 중개하다.
[皮條兒] p'ít'iáorh ㄆㄧˊㄊㄧㄠˊㄦ ①가늘고 긴 가죽. 혁대. ②=皮條紆.
[皮子] p'ítzǔ ㄆㄧˊㄗ ①표피(表皮). ②가죽. ③과실의 껍질.
[皮粗肉厚] p'íts'ū-jòuhòu ㄆㄧˊㄘㄨ ㄖㄡˋㄏㄡˋ ①몸이 건강한 모양. ②손이 울퉁불퉁한 모양. ③염치·부끄러움을 모르다.
[皮桶兒] p'ít'ǔngrh ㄆㄧˊㄊㄨㄥˇㄦ 옷 속에 대는 모피(毛皮). =皮桶子.
[皮炎] p'íyén ㄆㄧˊㄧㄢˊ 종기(腫氣).

〔陂〕 p'í ㄆㄧˊ ①저수지. ②산비탈. ⇨p'ō.

[陂池] p'ích'íh ㄆㄧˊㄔˊ 작은 못. =陂塘.

〔枇〕 p'í ㄆㄧˊ

[枇杷] p'íp'a ㄆㄧˊㄆㄚ 〈植〉 비파.

〔疲〕 p'í ㄆㄧˊ ①피곤하다. 피로하다. 「筋一力盡；몹시 피로하다」 ②가격이 떨어지다. 「行市一了；시세가 하락하다」
[疲倦] p'íchüàn ㄆㄧˊㄐㄩㄢˋ 피곤하다. =疲乏.
[疲軟] p'íjuǎn ㄆㄧˊㄖㄨㄢˇ ①몸이 노곤하다. ②피곤하여 기운이 없다. 시세(時勢)가 떨어지다. 「=疲軟.
[疲弱] p'íjuò ㄆㄧˊㄖㄨㄛˋ 쇠약(衰弱)하다.
[疲勞轟炸] p'íláo hūngchā ㄆㄧˊㄌㄠˊ ㄏㄨㄥㄓㄚ ①장시간(長時間) 간헐적(間歇的)으로 폭격하여 적군으로 하여금 정신적으로 피곤하게 하다. ②시간을 끌어 상대방으로 하여금 피곤하게 하다. ③신경전(神經戰)을 위한 폭격.
[疲累] p'ílèi ㄆㄧˊㄌㄟˋ 피로하다. =疲憊.
[疲癃] p'ílúng ㄆㄧˊㄌㄨㄥˊ 늙어서 병들기 쉽다.
[疲疲塌塌] p'íp'it'āt'a ㄆㄧˊㄆㄧˊㄊㄚㄊㄚ =疲塌. 비가 보슬보슬 내리는 모양. 「牛毛細雨一地下個沒完；보슬비가 보슬보슬 끊임 없이 내리다」 「없다.
[疲塌] p'ít'a ㄆㄧˊㄊㄚ 피로하여 기운이
[疲鈍] p'ítùn ㄆㄧˊㄉㄨㄣˋ 피로하다. =疲頓.
[疲于奔命] p'íyǘ pēnmìng ㄆㄧˊㄩˊ ㄅㄣㄇㄧㄥˋ ①눈코 뜰 새 없이 바쁘다. ②바빠서 숨돌릴 새도 없다.

〔毗〕(毘) p'í ㄆㄧˊ ①협력하다. 조력하다. ②계속되다. 잇달다.

[毗倚] p'í i ㄆㄧˊ ㄧˇ 의지하다.
[毗連] p'ílién ㄆㄧˊㄌㄧㄢˊ 계속되다. 연달다. 「一之國；인접 국가」

〔蚍〕 p'í ㄆㄧˊ

[蚍蜉] p'ífú ㄆㄧˊㄈㄨˊ 〈動〉 왕개미.
[蚍蜉撼大樹] p'ífú hàntàshù ㄆㄧˊㄈㄨˊ ㄏㄢˋㄉㄚˋㄕㄨˋ 왕개미가 큰 나무를 흔든다는 뜻으로 제 분수를 모르고 행동한다는 말. ‹成›

〔啤〕 p'í ㄆㄧˊ

[啤酒] p'íchiǔ ㄆㄧˊㄐㄧㄡˇ 비어(beer). ‹譯› =皮酒.

〔脾〕 p'í ㄆㄧˊ 비장(脾臟).

[脾氣] p'ích'i ㄆㄧˊㄑㄧ ①성질. ②성벽(性癖). 「發一；화를 내다」
[脾性] p'íhsìng ㄆㄧˊㄒㄧㄥˋ 성질. 기질.
[脾胃] p'íwèi ㄆㄧˊㄨㄟˋ ①비장과 위(胃). ②=脾氣. ③식욕. 「一相投;성질이 맞다. 의기 상통하다」

〔琵〕 p'í ㄆㄧˊ

[琵琶] p'íp'a ㄆㄧˊㄆㄚ 비파:악기의 일종.
[琵琶蟲] p'íp'áchúng ㄆㄧˊㄆㄚˊㄓㄨㄥˊ 〈動〉 이의 별칭.

〔裨〕 p'í ㄆㄧˊ ①보좌(補佐)하는 사람. 「偏一；상급 장교」 ②성(姓)의 하나. ⇨pì.

[裨將] p'íchiàng ㄆㄧˊㄐㄧㄤˋ 부장(副將). "主將"에 대한 말. 고급 장교.

〔羆〕 p'í ㄆㄧˊ 〈動〉큰 곰. 곰의 한 종류.

〔鼙〕 p'í ㄆㄧˊ 고대 군대에서 사용하던 군고(軍鼓)의 일종.

[鼙鼓] p'íkŭ ㄆㄧˊㄍㄨˇ 싸움터에서 사용하는 북.

〔匹〕(疋) p'ĭ ㄆㄧˇ ①말·옷감 등을 세는 단위. 「三一馬 ; 세 마리의 말」 ②상당하다. 견줄 만하다.

[匹儔] p'ĭch'óu ㄆㄧˇㄔㄡˊ 걸맞는 반려(伴侶).

[匹夫匹婦] p'ĭfū p'ĭfù ㄆㄧˇㄈㄨ ㄆㄧˇㄈㄨˋ ①서민(庶民). ②보통 사람.

[匹夫有責] p'ĭfū yŭtsê ㄆㄧˇㄈㄨ ㄧㄡˇㄗㄜˊ 국가대사(國家大事)는 모든 사람에게 책임이 있다.

[匹練] p'ĭliên ㄆㄧˇㄌㄧㄢˋ 폭포.

[匹馬單槍] p'ĭmă tānchiāng ㄆㄧˇㄇㄚˇㄉㄢ ㄐㄧㄤ ①혼자서 싸움터에 나가다. ②다른 사람의 힘을 빌지 않고 일을 처리하다. ‹成› =單槍匹馬.

[匹鳥] p'ĭniăo ㄆㄧˇㄋㄧㄠˇ 〈動〉 원앙새.

[匹偶] p'ĭ ŏu ㄆㄧˇㄡˇ 부부(夫婦).

[匹配] p'ĭp'èi ㄆㄧˇㄆㄟˋ =配合.

[匹庶] p'ĭshū ㄆㄧˇㄕㄨˋ 서민(庶民).

[匹亞] p'ĭyà ㄆㄧˇㄧㄚˋ ①서로 우열(優劣)이 없다. ②비슷비슷하다. =不相上下.

〔疋〕 p'ĭ ㄆㄧˇ ⇨匹.

〔否〕 p'ĭ ㄆㄧˇ ①악(惡). 나쁜 일 ②막다. 막히다. ⇨fŏu.

[否極泰來] p'ĭchí t'àilái ㄆㄧˇㄐㄧˊㄊㄞˋㄌㄞˊ 운(運)이 막히면 열린다는 뜻으로 궁(窮)하면 통(通)한다는 말.

[否泰] p'ĭt'ài ㄆㄧˇㄊㄞˋ 운이 막힌 것과 트인 것.

〔痞〕 p'ĭ ㄆㄧˇ ①만성 비장 비대증(慢性脾臟肥大症). ②악인(惡人). 무뢰한(無賴漢).

[痞積] p'ĭchī ㄆㄧˇㄐㄧ 만성 비장 비대증.

[痞塊] p'ĭk'uài ㄆㄧˇㄎㄨㄞˋ =痞積.

[痞棍] p'ĭkùn ㄆㄧˇㄍㄨㄣˋ (지방의) 불량자. 깡패.

[痞子] p'ĭtzŭ ㄆㄧˇㄗ ①악한. ②무뢰한.

〔劈〕 p'ĭ ㄆㄧˇ (손으로)쪼개다. 나누다. 「一成兩份兒 ; 둘로 나누다」 ⇨p'ī.

[劈柴] p'ĭch'āi ㄆㄧˇㄔㄞ 장작. 땔감.

[劈開] p'ĭk'ai ㄆㄧˇㄎㄞ ①(둘로) 쪼개다. 나누다. ②(허벅다리를)벌리다.

〔擗〕 p'ĭ ㄆㄧˇ 물건의 일부를 쪼개거나 꺾다. 「一棒子 ; 옥수수를 따다」 「把乾樹枝一下來 ; 마른 나무 가지를 꺾다」

〔癖〕 p'ĭ ㄆㄧˇ 어떤 사물에 대한 기호가 버릇이 된 것. 「烟一 ; 니코틴 중독」 「酒一 ; 알코홀 중독」 「癖嗜.

[癖好] p'ĭhăo ㄆㄧˇㄏㄠˇ 괴팍한 취미. =

[癖性] p'ĭhsìng ㄆㄧˇㄒㄧㄥˋ ①습성. ②편협된 성질. ③특별히 좋아하는 것. =嗜好.

〔屁〕 p'ì ㄆㄧˋ ①방귀. 「放一;방귀를 뀌다」 ②보잘 것 없다. 「一事 ; 하잘 것 없는 일」

[屁話] p'ìhuà ㄆㄧˋㄏㄨㄚˋ 보잘 것 없는 이야기. 문제가 되지 않는 말.

[屁股] p'ìkū ㄆㄧˋㄍㄨ 궁둥이. =屁股蛋兒. 「鬧了個一蹲兒 ; 엉덩방아를 찧다」 「一坐下 ; 주저 앉아 꼼짝하지 않다」

[屁股沈] p'ìkūch'ên ㄆㄧˋㄍㄨㄔㄣˊ 찾아온 손님이 가지 않고 오래 머무르다. 궁둥이가 질기다.

[屁滾尿流] p'ìkŭn sūiliú ㄆㄧˋㄍㄨㄣˇㄙㄨㄟㄌㄧㄡˊ 몹시 놀라서 무서워하는 모양.

[屁股眼兒] p'ìkūyĕnrh ㄆㄧˋㄍㄨ ㄧㄢˇㄦ 항문(肛門).

[屁大] p'ìtà ㄆㄧˋㄉㄚˋ 대단치 않다. 「一的事 ; 보잘 것 없는 일」

〔辟〕 p'ì ㄆㄧˋ ①옛날의 사형(死刑). ②없애다. 「一邪說 ; 나쁜 말을 없애다」 ③=闢. ④=僻. ⇨pì.

〔僻〕 p'ì ㄆㄧˋ ①별로 볼 수 없는 것. 동떨어진. ②편벽하고 비굴하다. ⇨p'èi.

[僻靜] p'ìching ㄆㄧˋㄐㄧㄥ 궁벽하고 조용하다. 「地方很一 ; 장소가 몹시 동떨어져 조용하다」

[僻壤] p'ìjăng ㄆㄧˋㄖㄤˇ 외진 곳. 후미진 곳.

[僻字] p'ìtzû ㄆㄧˋㄗˋ 벽자:흔히 쓰지 않는 글자.

〔媲〕 p'ì ㄆㄧˋ 상대할 만하다. 어깨를 겨루다.

[媲美] p'ìmĕi ㄆㄧˋㄇㄟˇ 아름다움을 겨루다. 「這張畫很可以與世界畫一 ; 이 그림은 세계의 명화와 충분히 어깨를 겨룰 만하다」

〔闢〕 p'ì ㄆㄧˋ ①개척하다. ②배척하다.

[闢邪] p'ìhsiéh ㄆㄧˋㄒㄧㄝˊ 나쁜 말을 배제하다.

[闢墾] p'ìk'ĕn ㄆㄧˋㄎㄣˇ 개간하다.

〔譬〕 p'ì ㄆㄧˋ ①비유하다. ②깨닫다.

[譬如] p'ìjú ㄆㄧˋㄖㄨˊ 예를 들면. =比如.

[譬喻] p'ìyû ㄆㄧˋㄩˋ 비유.

PIAO ㄅㄧㄠ

〔彪〕 piāo ㄅㄧㄠ 작은 호랑이.

[彪形] piāohsíng ㄅㄧㄠㄒㄧㄥˊ 몸이 크고 용모에 위엄이 있다. 「一大漢:장승 같은 대장부」

〔標〕 piāo ㄅㄧㄠ ①나무의 끝 부분. ②표면적인. 근본적이 아닌. 「治一 ; 표면만 다스리다」 ③표지(標識). 기호. 「一識 ; 표지」 ④쓰다. 표시하다. 「一價 ; 값을 표시하다」 ⑤입찰(入札)하다. 「投一 ; 입찰하다」 ⑥아름다운. 훌륭한. 「一致 ; 용모가 아름답다」 「지.

[標記] piāochì ㄅㄧㄠㄐㄧˋ 기호(記號). 표

[標奇立异] piāoch'í-lì i ㄅㄧㄠㄑㄧˊㄌㄧˋ ㄧˋ 똑똑한 체하며 기이(奇異)한 의견을 내세우다. 괴이한 소리를 하다.

[標價] piāochià ㄅㄧㄠㄐㄧㄚˋ ①값을 표시하다. ②표시 가격.

[標簽(兒)] piāoch'iēn(rh) ㄅㄧㄠㄑㄧㄢ(ㄦ) ①정찰(正札). ②상표(商標).

[標志] piāochìh ㄅㄧㄠㄓˋ ①표지(標識). 표

기(表記). ② 구체적으로 나타내다. 표기하다. 가리키다. 「다.
[標致] piāochìh ㄅㄧㄠㄓˋ 용모가 아름답
[標金] piāochīn ㄅㄧㄠㄐㄧㄣ 입찰(入札)금액.
[標準] piāochǔn ㄅㄧㄠㄓㄨㄣˇ ①표준. ②표준적이다. 공인되어 있다.「你的行動還不一；너의 행동은 아직 표준이라고 할 수 없다」
[標準鍾] piāochǔnchūng ㄅㄧㄠㄓㄨㄣˇㄓㄨㄥ 표준 시계.
[標號] piāohào ㄅㄧㄠㄏㄠˋ (재료의) 규격번호(規格番號).
[標新立异] piāohsīn lì ì ㄅㄧㄠㄒㄧㄣ ㄌㄧˋ ㄧˋ 새롭고 특이한 것을 내세우다. 새로운 것을 창조하여 내놓다. ‹成›
[標竿] piāokān ㄅㄧㄠㄍㄢ 표기(標記)하는 막대기.
[標賣] piāomài ㄅㄧㄠㄇㄞˋ ①가격을 명시하고 팔다. ②경매(競賣)하다.
[標明] piāomíng ㄅㄧㄠㄇㄧㄥˊ 명시(明示)하다.
[標榜] piāopǎng ㄅㄧㄠㄅㄤˇ ①깃대로 된 표지를 게양하다. ②찬양하다.
[標布] piāopù ㄅㄧㄠㄅㄨˋ "江蘇·浙江"에서 나는 면포(綿布)의 한 가지.
[標紗] piāoshā ㄅㄧㄠㄕㄚ 지정한 표준 면사(標準綿糸).
[標上] piāoshang ㄅㄧㄠㄕㄤ (부호 따위를) 달다. 붙이다.
[標燈] piāotēng ㄅㄧㄠㄉㄥ 신호등.
[標點] piāotiěn ㄅㄧㄠㄉㄧㄢˇ 구두점(句讀點).
[標葉] piāoyèh ㄅㄧㄠㄧㄝˋ 책의 속표지.
[標語] piāoyǚ ㄅㄧㄠㄩˇ 포스터. 표어.
[標語牌] piāoyǚp'ái ㄅㄧㄠㄩˇㄆㄞˊ 플래카아드(placard).

〔膘〕(臕) piāo ㄅㄧㄠ 살집이 좋은.「上一；살찐. 기름진」
[膘兒] piāorh ㄅㄧㄠㄦ 기름진 고기.
[膘稜] piāolêng ㄅㄧㄠㄌㄥ 만용(蠻勇)이 있다.

〔飆〕 piāo ㄅㄧㄠ 폭풍. 강풍(強風). 회오리 바람.

〔鏢〕 piāo ㄅㄧㄠ ①옛 무기의 한 가지. 수리검(手裏劍). 표창(鏢槍). ②「一局；"保鏢"를 영업으로 하는 가게. 일종의 운송 업사」

〔驃〕 piāo ㄅㄧㄠ 「黃一馬；갈색 바탕에 반점이 있는 말」⇨piào.

〔鑣〕 piāo ㄅㄧㄠ ①(말의) 재갈. ②타다. 오르다. ③=鏢②.

〔表〕(錶⑤) piǎo ㄅㄧㄠˇ ①표면. 외부. 거죽. ②표면에 나타나다. 말하다. 「略一心意；기분만을 표시하다」「閑話不一；여담은 차치하고」 ③한방 약에서 감기의 열을 발산시키는 일. ④표. 「調査一；조사표」 ⑤(휴대용의)시계.「手一；팔목시계」 ⑥도량(度量)을 재는 계량기. 「電一；전기의 미터」 ⑦모범.「一準；모범. 사표」 ⑧부친 또는 조부의 자매나. 모치 또는 조모의 형제 자매들의 자녀를 가리키는 말. 「一弟；종제(從弟)」 ⑨상주문(上奏文).
[表侄] piǎochí ㄅㄧㄠˇㄐㄧˊ 고종이나 이종의 자녀. 조카: 종질녀(從姪女).
[表姐] piǎochiěh ㄅㄧㄠˊㄐㄧㄝˇ 사촌 누님.「一夫；사촌 누이의 남편」
[表親] piǎoch'īn ㄅㄧㄠˇㄑㄧㄣ 조모나 어머니의 형제 자매에 의한 친척 관계. 연척.
[表井] piǎochǐng ㄅㄧㄠˊㄐㄧㄥˇ 수도(水道)의 미터 복스(meter box).
[表盒(兒)] piǎohó(rh) ㄅㄧㄠˇㄏㄜˊ(ㄦ) 시계의 케이스. 「외모.
[表相] piǎohsiàng ㄅㄧㄠˇㄒㄧㄤˋ 겉 모양.
[表現] piǎohsièn ㄅㄧㄠˇㄒㄧㄢˋ ①숨겨졌던 것을 나타내다. ②사람의 행위·태도·일에 대한 자세. ③말로써 인물의 형상(形象)을 그려 내다. ④(추상적인 것을) 나타내다. 표현하다.
[表兄] piǎohsiūng ㄅㄧㄠˇㄒㄩㄥ =表哥.
[表兄弟] piǎohsiūngtì ㄅㄧㄠˇㄒㄩㄥㄉㄧˋ 종형제. 특히 아버지 쪽의 종형제는「姑一」, 어머니 쪽의 종형제는「姨一」, 친형제는「舅一」라 함.
[表意] piǎoì ㄅㄧㄠˇ ㄧˋ ①뜻을 나타내다. ②의사를 나타내다.「一人；의사 표명자」 「내부의 기계.
[表瓤兒] piǎojángrh ㄅㄧㄠˇㄖㄤˊㄦ 시계
[表哥] piǎokō ㄅㄧㄠˇㄍㄜ 종형(從兄).
[表格] piǎokó ㄅㄧㄠˇㄍㄜˊ ①도표(圖表). ②서식(書式). 「겉딱지.
[表殼兒] piǎok'órh ㄅㄧㄠˇㄎㄜˊㄦ 시계의
[表裡如一] piǎolǐ jūī ㄅㄧㄠˊㄌㄧˇ ㄖㄨˊㄧ (언행·태도에) 표리(表裏)가 없다. 표리일치(表裡一致). 「시계줄.
[表鏈(子)] piǎolièn(tzǔ) ㄅㄧㄠˇㄌㄧㄢˋ(ㄗ)
[表露] piǎolòu ㄅㄧㄠˇㄌㄡˋ, piǎolù 의사를 표시하다. 마음 속을 드러내다.「一出友愛的精神；우애로운 정신을 표현하다」
[表蒙子] piǎomêngtzǔ ㄅㄧㄠˇㄇㄥˊㄗ 시계의 유리.
[表妹] piǎomèi ㄅㄧㄠˇㄇㄟˋ 종매(從妹).
[表白] piǎopái ㄅㄧㄠˇㄅㄞˊ, piǎopó 표명하다. ①(자기의 의사를)표명하다. ②(책임의 소재를)분명히 하다. ③설명하다. 해석하다. 「제(從弟).
[表叔] piǎoshū ㄅㄧㄠˇㄕㄨ 아버지의 종
[表率] piǎoshuài ㄅㄧㄠˇㄕㄨㄞˋ 모범. 모범 인물. 사표(師表).
[表帶] piǎotài ㄅㄧㄠˇㄉㄞˋ 시계의 줄. =表鏈子.
[表字] piǎotzù ㄅㄧㄠˇㄗˋ 별명(別名).
[表姊妹] piǎotzǔmēi ㄅㄧㄠˊㄗˇㄇㄟ 종자매(從姊妹).
[表揚] piǎoyáng ㄅㄧㄠˇㄧㄤˊ 대중 앞에서 칭찬하다. 높이 찬양하다.
[表演] piǎoyěn ㄅㄧㄠˊㄧㄢˇ 연출(演出)하다.

〔婊〕 piǎo ㄅㄧㄠˇ 「一子；기생. 창기」
[婊子] piǎotzǔ ㄅㄧㄠˇㄗ ①기녀. 창기.「一養的；돼먹지 않은 놈. 개자식」 ②결혼한 여자를 욕하는 말.

〔裱〕 piǎo ㄅㄧㄠˇ (서화 따위를) 표구(表具)하다.「一畫；그림을 표구하다」
[裱糊] piǎohú ㄅㄧㄠˇㄏㄨˊ (실내나 물건을 장식하기 위하여)종이를 바르다. 도

배하다.
[裱褙] piǎopèi ㄅㄧㄠˇㄅㄟˋ서화(書畵)를 표구하다.「一匠；표구사. 도배장이」

〔俵〕 piào ㄅㄧㄠˋ 물건을 남에게 나누어 주다.

〔鰾〕 piào ㄅㄧㄠˋ ①물고기의 부레. ＝魚泡. ②부레풀. ③부레풀로 붙이다.「把桌子腿一一一；부서진 책상다리를 부레풀로 붙이다」④꽉 잡아매다. ⑤ 장난하다. 시시덕거리다. ＝摽②.
[鰾膠] piàochiāo ㄅㄧㄠˋㄐㄧㄠ 부레풀.

〔摽〕 piào ㄅㄧㄠˋ ①조립[組立]하다. 서로 얽히다.「一着胳臂走；팔짱을 끼고 걷다」②붙다. 친하게 하다.「他門總在一塊兒一着；그들은 언제나 맞붙어서 시시덕거리고 있다」
[摽上] piàoshang ㄅㄧㄠˋㄕㄤ ①한 패로 끌어 넣다. 한 패가 되다. ② 뒤를 바싹 따라가다. ③달라붙어서 떨어지지 않다.「他門倆一了；그 두 사람은 달라붙어서 떨어지지를 않는다」

P'IAO ㄆㄧㄠ

〔漂〕 p'iāo ㄆㄧㄠ ①액체의 표면에 뜨다.「樹葉在水上一着；나무잎이 물 위에 떠 있다」②떠돌아 다니다.「一泊；생활이나 직업을 위하여 동분 서주하다」⇨ p'iǎo, p'iào.
[漂泛] p'iāofàn ㄆㄧㄠㄈㄢˋ 배를 타고 가다. 배 타고 놀다.
[漂浮] p'iāofú ㄆㄧㄠㄈㄨˊ 떠돌다. ＞漂漂浮浮.
[漂海] p'iāohǎi ㄆㄧㄠㄏㄞˇ ①바다를 떠다니다. ②항행하다.
[漂淪] p'iāolún ㄆㄧㄠㄌㄨㄣˊ 쇠약해지다. 망그러지다.
[漂泊] p'iāopó ㄆㄧㄠㄅㄛˊ 표박(漂泊)하다. 떠돌아 다니다.
[漂兒] p'iāorh ㄆㄧㄠㄦ ①낚시찌. ②죽어 가는 고기.
[漂蕩] p'iāotàng ㄆㄧㄠㄉㄤˋ정처 없이 떠돌아 다니는 생활을 하다.
[漂洋] p'iāoyáng ㄆㄧㄠㄧㄤˊ 배를 타고 바다를 여행하다.「一過海；조수(潮水)를 따라 탐지하여 가다」
[漂搖] p'iāoyáo ㄆㄧㄠㄧㄠˊ ①바람 부는 대로 움직이다. 펄럭이다. ＝飄飖. ②마음이 흔들리다. ＞漂漂搖搖.

〔螵〕 p'iāo ㄆㄧㄠ
[螵蛸] p'iāohsiāo ㄆㄧㄠㄒㄧㄠ〈動〉사마귀의 알 뭉치.

〔縹〕 p'iāo ㄆㄧㄠ
[縹緲] p'iāomiǎo ㄆㄧㄠㄇㄧㄠˇ 멀리 희미하게 보이는 모양.

〔飄〕(飃) p'iāo ㄆㄧㄠ 바람 부는 대로 움직이다. 비틀비틀하다.「一雪花；눈이 펄펄 춤추듯이 내리다」
[飄輕] p'iāoch'ing ㄆㄧㄠㄑㄧㄥ 가벼게 보이는 모양.
[飄浮] p'iāofú ㄆㄧㄠㄈㄨˊ둥실둥실 뜨다.
[飄忽] p'iāohū ㄆㄧㄠㄏㄨ ①바람이 빠른 모양. ②요령이 없다. 요점을 잡을 수가 없다.
[飄然] p'iāoján ㄆㄧㄠㄖㄢˊ ①날아 오르는 모양. 멀고높은 모양. ②기분이 고르지 못함. 요점을 잡을 수 없는 모양. ③마음이 안정되어 있지 않은 모양.
[飄零] p'iāolíng ㄆㄧㄠㄌㄧㄥˊ ①나무잎이 날리다. ②신분이나 생활 상태가 저락되어 비참한 모양. 영락하다.
[飄渺] p'iāomiǎo ㄆㄧㄠㄇㄧㄠˇ (음성이) 맑고 오래 계속되는 모양.
[飄飄然] p'iāop'iāoján ㄆㄧㄠㄆㄧㄠㄖㄢˊ 정신이 얼떨떨한 모양. 정처 없이 떠돌아 다니는 모양.
[飄灑] p'iāosǎ ㄆㄧㄠㄙㄚˇ ①상쾌하다. 멋을 내다. ＝瀟灑. ②경쾌하다. ＝輕快. ③인공적이 아닌 자연 그대로다.
[飄散] p'iāosàn ㄆㄧㄠㄙㄢˋ ①바람이 불어 흩뜨리다. 바람에 날려 흩어지다. ②(냄새 같은 것이)감돌다. ③흩어지다. ④ p'iāosan (머리칼을) 흩뜨리다.
[飄颼] p'iāosou ㄆㄧㄠㄙㄡ 경쾌하다.
[飄帶兒] p'iāotàirh ㄆㄧㄠㄉㄞˋㄦ 모자나 기에 다는 리본.
[飄蕩] p'iāotàng ㄆㄧㄠㄉㄤˋ 떠나가다. 흔들리다.
[飄洋] p'iāoyáng ㄆㄧㄠㄧㄤˊ 바다 멀리 항해하다.
[飄揚] p'iāoyáng ㄆㄧㄠㄧㄤˊ ①펄럭이다. ②(바람에)휘날리다. (바람이 물건을) 높이 날려 올려 보내다.
[飄搖] p'iāoyáo ㄆㄧㄠㄧㄠˊ 바람 따위에 흔들리다. 구름이나 연기 또는 안개 같은 것이 가로 길게 뻗쳐 있는 모양. 흔들흔들 흔들리다.
[飄飖] p'iāoyáo ㄆㄧㄠㄧㄠˊ 바람에 날려 흔들리다. 흔들거려 안정되지 못하다. ＝漂搖. ＞飄飄飖飖.

〔朴〕 p'iáo ㄆㄧㄠˊ 한국 사람의 성(姓)의 하나. ⇨p'o, p'ǔ.

〔嫖〕 p'iáo ㄆㄧㄠˊ 창녀(娼女)와 함께 노는 일.
[嫖客] p'iáok'ò ㄆㄧㄠˊㄎㄜˋ 유객(遊客). 창녀에게 다니는 손님.

〔瓢〕 p'iáo ㄆㄧㄠˊ「一兒；물을 푸거나 물건을 퍼내는 데 쓰이는 도구. 대개는 "瓢葫蘆"로 만듦：표주박」
[瓢蟲] p'iáoch'úng ㄆㄧㄠˊㄔㄨㄥˊ〈動〉무당벌레.
[瓢葫蘆] p'iáohúlu ㄆㄧㄠˊㄏㄨˊㄌㄨ 큰 원형의 표주박: 반을 갈라 국자를 만든다.
[瓢潑大雨] p'iáop'ō-tàyǔ ㄆㄧㄠˊㄆㄛㄉㄚˋㄩˇ 몹시 쏟아지는 비. 억수처럼 퍼붓는 큰비.
[瓢潑瓦灌] p'iáop'ōwǎkuàn ㄆㄧㄠˊㄆㄛㄨㄚˇㄍㄨㄢˋ 억수로 퍼붓는 비. 호우(豪雨)
[瓢兒] p'iáorh ㄆㄧㄠˊㄦ ①〈植〉호리병박. ②사람의 머리.「開了一；머리를 깨다」

〔莩〕 p'iǎo ㄆㄧㄠˇ 굶어 죽은 사람. ⇨ fú.

〔漂〕 p'iǎo ㄆㄧㄠˇ ⇨p'iāo, p'iào.
[漂棉] p'iǎomién ㄆㄧㄠˇㄇㄧㄢˊ 표백면(漂白棉).

〔瞟〕 p'iǎo ㄆㄧㄠˇ 곁눈질하다.「一了他一眼；그를 흘끗 보다」

〔票〕 p'iào ㄆㄧㄠˋ ①표. 지폐(紙幣). ②증서나 증명서 따위.「車一；차표」「股一；주권(株券)」③아마튜어 연극을 하다. ④인질(人質). 볼모. ⑤장사 행위의 한 건(一件).「一一兒買賣；한 건의 매매」

[票價] p'iàochià ㄆㄧㄠˋㄐㄧㄚˋ ①차표 따위의 요금. ②몸값.

[票據] p'iàochǜ ㄆㄧㄠˋㄐㄩˋ 유가증권(有價証券). 수표·어음·환 따위.

[票額] p'iàoé ㄆㄧㄠˋㄜˊ ①액면 표기(額面表記)의 금액. ②표의 정수(定數). ③액면(額面). ＝票面.

[票選] p'iàohsüǎn ㄆㄧㄠˋㄒㄩㄢˇ 투표하여 선거하다.

[票根] p'iàokēn ㄆㄧㄠˋㄍㄣ 증권 대장(證券臺帳).

[票匭] p'iàokuěi ㄆㄧㄠˋㄍㄨㄟˇ 투표함(投票函).

[票面(兒)] p'iàomièn(rh) ㄆㄧㄠˋㄇㄧㄢˋ(ㄦ) 유가 증권 따위에 적힌 돈의 액수. 액면.

[票底子] p'iàotǐtzǔ ㄆㄧㄠˋㄉㄧˇㄗ ＝票根.

[票友兒] p'iàoyǔrh ㄆㄧㄠˋㄧㄡˇㄦ 미숙한 배우.

[票子] p'iàotzǔ ㄆㄧㄠˋㄗ ①표. 지폐. ②소환장.

〔剽〕 p'iào ㄆㄧㄠˋ ①빼앗다. 약탈하다.「一竊；표절. 훔치다」②동작이 경쾌하거나 민첩한 모양.「性情一悍；성격이 시원시원하다」

[剽竊] p'iàoch'ièh ㄆㄧㄠˋㄑㄧㄝˋ 남의 시문(詩文)을 훔치다.

[剽悍] p'iàohàn ㄆㄧㄠˋㄏㄢˋ 날래고 강하다.

[剽賊] p'iàotséi ㄆㄧㄠˋㄗㄟˊ 남의 시문(詩文)을 표절(剽竊)하는 사람.

〔漂〕 piào ㄆㄧㄠˋ「一亮；아름답다. 깨끗하고 곱다」⇨p'iāo, p'iǎo.

[漂賬] p'iàochuàng ㄆㄧㄠˋㄓㄨㄤˋ 꾸어온 돈을 갚지 않다.

[漂了] p'iàolê ㄆㄧㄠˋㄌㄜ 실패하다. 잊어버리다.

[漂亮] p'iàoliang ㄆㄧㄠˋㄌㄧㄤ ① 아름다운. 깨끗하고 고운. ②일을 할 때에 우물쭈물 안하다. ③(동작이)깨끗하다. 깔끔하다.

[漂亮活兒] p'iàolianghórh ㄆㄧㄠˋㄌㄧㄤㄏㄨㄛˊㄦ 좋은 작업. 좋은 제품.

[漂亮手兒] p'iàoliangshǒurh ㄆㄧㄠˋㄌㄧㄤㄕㄡˇㄦ ①(직업상)깔끔한 사람. ②손재간이나 일을 잘하는 사람. ③(일을 처리하는데)세련되게 뒷처리 잘하는 사람.

〔驃〕 p'iào ㄆㄧㄠˋ ① 용감한. ②말이 달리는 모양. ⇨p'iāo.

PIEH ㄅㄧㄝ

〔憋〕 piēh ㄅㄧㄝ ①(숨이)막히다. 통하지 않다.「門窗全關着眞一氣；문도 창도 전부 닫혀서 정말 숨이 막힌다」②(체내의 것이 밖으로 나오는 것을)견디고 참다. 억누르고 참다.「一了許多話要說；하고 싶은 말이 가슴에 꽉 차다」「一着一泡尿；오줌을 참고 있다」③징조만 보이고 그렇지 않은 일.「一着一天的雨；비가 올 듯하면서 오지 않는다」

[憋氣] piēh ch'ì ㄅㄧㄝ ㄑㄧˋ ①숨이 막히다.「門關着眞一；문이 닫혀서 숨이 막히다」②참으며 소리를 내지 않다. ③마음이 산란하다.「你一甚麼氣？；너는 무엇 때문에 속을 썩이고 있느냐?」

[憋屈] piēhch'ü ㄅㄧㄝㄑㄩ 분함을 참다. 울화가 치밀어 울적하다.

[憋不住] piēhpuchù ㄅㄧㄝㄅㄨㄓㄨˋ 억누를 수 없다. 참고 있을 수 없다.

[憋悶] piēhmên ㄅㄧㄝㄇㄣ 울적하다. 마음이 언짢다.

[憋得慌] piēhtêhuang ㄅㄧㄝㄉㄜㄏㄨㄤ 마음이 울적하여 풀 길이 없다

〔鼈〕(鱉) piēh ㄅㄧㄝ 자라 : 구어(口語)에서는 "甲魚"라고 함.

〔別〕 piéh ㄅㄧㄝˊ ①이별하다.「告一；이별하다」②구별하다. 구분하다. ③차이. 상위.「天淵之一；하늘과 땅의 차이」④유별(類別). 분류. ⑤별도의. 다른.「一人；타인」⑥…하여서는 안된다.「一說話；말해서는 안된다」⑦(핀 따위를)꽂다. 걸치다. 끼다.「腰裡一着旱煙袋；담배대를 허리에 차고 있다」⇨pièh.

[別針] piéhchēn ㄅㄧㄝˊㄓㄣ ① 압정(押釘). 안전 핀. ②클립(clip).「花一；브로우치」

[別家] piéhchiā ㄅㄧㄝˊㄐㄧㄚ ①남의 집. ②타인. ③piéhchia 안돼! 하지 마! ＝別價.

[別瞧] piéhch'iáo ㄅㄧㄝˊㄑㄧㄠˊ ＝別看.

[別咖] piéhchieh ㄅㄧㄝˊㄐㄧㄝ ①아니오. 아니야! ②안된다. 안돼!

[別致] piéhchih ㄅㄧㄝˊㄓ ①보통과 특이하다. 별다르다. ②괴팍하다. ③각별하다.「便宜得一；각별히 값이 싸다」④재치 있다.

[別起來] piéhch'ilai ㄅㄧㄝˊㄑㄧㄌㄞ (바늘 따위로)꿰뚫다. 꽂다. 끼우다.

[別具一格] piéhchǜ ikó ㄅㄧㄝˊㄐㄩˋㄧˋㄍㄜˊ 따로이 별다른 풍채·품위를 갖추다.

[別具肺腸] piéhchǜ fèich'áng ㄅㄧㄝˊㄐㄩˋㄈㄟˋㄔㄤˊ 생각이 일반 사람과는 특별히 다르다. ＝別具心腸.

[別處] piéhch'ü ㄅㄧㄝˊㄔㄨˋ 타처(他處).

[別出心裁] piéhch'ū hsīnts'ái ㄅㄧㄝˊㄔㄨㄒㄧㄣㄘㄞ 특출한 구상. 색다른 생각이나 방법.

[別號兒] piéhhàorh ㄅㄧㄝˊㄏㄠˋㄦ 별명.

[別人] piéhjěn ㄅㄧㄝˊㄖㄣˊ 타인. 딴 사람. ＝別人家.

[別看] piéhk'àn ㄅㄧㄝˊㄎㄢˋ ①…이라고 생각하지 말라. …라고 보지말라. 보기에는 …이나 그러나: 상대방의 생각·견해·행동 등에 대하여 신중을 요구하는 말.「一他個兒小, 膽子可眞大；그가 체격은 작다고 하지만 담은 참으로 크다」「你一一父兩母的兄弟, 可是他們非常地親熱；배다른 형제이기는 하나 그들은 퍽이나

정답다」②piéh k'àn 보아서는 안된다. 보지 말라.
[別開生面] piéhk'āi shēngmièn ㄅㄧㄝˊㄎㄞㄕㄥㄇㄧㄢˋ 따로 새로운 방면·분야를 개척하다.
[別怪] piéhkùai ㄅㄧㄝˊㄍㄨㄞˋ 이상하게 생각지 말라. 언짢게 생각지 말라. 「一我說你糊塗；내가 너를 바보라고 했지만 오해하지는 말게」
[別過來] piéhkuolai ㄅㄧㄝˊㄍㄨㄛㄌㄞ(얼굴을 옆으로 돌려)이 쪽을 향하다. 「別過臉去；얼굴을 외면하다」
[別上] piéhshang ㄅㄧㄝˊㄕㄤ 핀으로 징그다.
[別生技節] piéhshēng chīhchiéh ㄅㄧㄝˊㄕㄥ ㄓㄐㄧㄝˊ 딴 사고가 나다. 딴 일이 파생(派生)하다.
[別是] piéhshìh ㄅㄧㄝˊㄕ (대개 문장의 서두에 놓여서)혹은. 어쩌면. 「一忘了；혹은 잊어 버렸을지도 모른다」꼭. 반드시. 「一誰來向我要錢的吧；꼭 누가 나한테 돈을 얻으러 왔을지 모른다」
[別墅] piéhshù ㄅㄧㄝˊㄕㄨˋ 별장.
[別樹一幟] piéhshù-ìchìh ㄅㄧㄝˊㄕㄨˋ ㄧˊㄓˋ 따로 기를 내세우다. 따로 새로운 방법·취향·주장·학파 따위를 세우다. ‹成›
[別送] piéhsùng ㄅㄧㄝˊㄙㄨㄥˋ (작별 인사 때에)나오지 마십시오 하는 인사말.
[別說] piéhshuō ㄅㄧㄝˊㄕㄨㄛ ①말하여서는 안된다. 말하지 말라. ②…은 물론. …은 말할 나위도 없이. 대개는. 「一…就是…也…」로 계속된다. 「一沒有錢, 就是有錢, 也不能買；물론 돈이 없으니까 말할 나위도 없지만, 돈이 있어도 살 수 없다」③그야말로. 참으로. 심히. 대개는 "多·多麼"를 뒤에 붙임. 「母子倆寸步不離, 一多麼親熱啦；모자는 서로 조금도 떨어지지 않을 만큼 참으로 친밀했다」
[別的] piéhtê ㄅㄧㄝˊㄉㄜ 다른 사람. 다른 것. 다른. 「一人；다른 사람」「一都好；그 외는 다 좋다」
[別的不別的] piéhtêpùpiéhtê ㄅㄧㄝˊㄉㄜ ㄅㄨˋㄅㄧㄝˊㄉㄜ 여담은 그만 두고.
[別提] piéht'í ㄅㄧㄝˊㄊㄧˊ ＝別說.
[別字] piéhtzû ㄅㄧㄝˊㄗˋ 본뜻에 관계 없이 음이나 훈(訓)을 따서 어떤 말을 나타내는 글자. ＝白字.
[別子] piéhtzû ㄅㄧㄝˊㄗ ＝別針.
[別樣] piéhyàng ㄅㄧㄝˊㄧㄤˋ 다른 종류. 다른 방식.
[別有] piéhyǔ ㄅㄧㄝˊㄧㄡˇ 따로 있다. ①따로 가지고 있다. 「一天地；㉮속세와 떨어진 경지에 있다. ㉯다른 사람과는 별다른 심경을 갖다」「一用心；따로 생각하는 바가 있다」

〔蹩〕 piéh ㄅㄧㄝˊ 절룩거리며 걷다.
[蹩脚] piéhchiǎo ㄅㄧㄝˊㄐㄧㄠˇ ①절룩거리다. ②좋지 않다. (품질이)나쁘다. ‹吳›「這架一的機器眞不好使；이 낡아 빠진 기계는 참으로 쓰기가 어렵다」③실의(失意)하다. ④(신분 따위가)떨어지다. 영락하다.
[蹩痛] piéht'ùng ㄅㄧㄝˊㄊㄨㄥˋ 발을 삐어서 아프다.

〔癟〕 piěh ㄅㄧㄝˇ 푹 꺼져 있다. 옴폭 패어 있다.
[癟着肚子] piěhchêtùtzū ㄅㄧㄝˇㄓㄜㄉㄨˋㄗ 배가 몹시 고프다.
[癟住] piěhchu ㄅㄧㄝˇㄓㄨ 납작하게 만들다. 이럴 수도 저럴 수도 없게 만들다. 「一提出這個問題, 他可一了；이 문제를 내면 그는 꼼짝도 못할 것이다」
[癟殼] piěhk'ó ㄅㄧㄝˇㄎㄜˊ 손을 댈 수 없는 상태.
[癟了] piěh lê ㄅㄧㄝˇㄌㄜ ①옴폭 패인. 시들어진. 시든. ②의기를 저상한. ③실패하다. ④돈을 다 써 버리다. ⑤죽은.
[癟皮] piěhp'í ㄅㄧㄝˇㄆㄧˊ ①(과실 따위의 물기가 말라서)쭈그러지다. ②(공 따위의 바람이 빠져)납작해지다. ③(늙어서) 주름이 생기다. ④속이 비다. 「我的錢包老是一；나의 지갑은 언제나 텅텅 비어 있다」
[癟鼻子] piěhpítzū ㄅㄧㄝˇㄅㄧˊㄗ 납작코.
[癟三] piēhsān ㄅㄧㄝㄙㄢ 부랑자. 못된 건달.
[癟子] piěhtzū ㄅㄧㄝˇㄗ ①쭉정이. ②곤란. 곤궁 좌절(挫折). 야단맞다. ‹北›「回家來就得溫課, 不然明天短不了一；집에 돌아오면 복습하여라, 그렇지 않으면 내일 혼날 것이 뻔하다」
[癟嘴子] piéhtsuìtzū ㄅㄧㄝˊㄗㄨㄟˇㄗ 이가 빠져 입이 합죽한 사람.
[癟嘴唇] piéhtsuìch'ún ㄅㄧㄝˊㄗㄨㄟˇㄔㄨㄣˊ 오므라진 입 모양.
[癟窳] piéhyǔ ㄅㄧㄝˊㄩˇ (부풀었던 것이) 폭삭 꺼지다. 납작하게 되다.

〔別〕(彆) pièh ㄅㄧㄝˋ ⇨piéh.
[別筋] pièhchīn ㄅㄧㄝˋㄐㄧㄣ 심술이 나다. 성미를 부리다.
[別扭] pièhniu ㄅㄧㄝˋㄋㄧㄡ ①성품이 비뚤어지다. 뒤틀리다. ②(일이)잘되지 않다. 간단히 처리되지 않다. ③(의복 따위가)맞지 않다. 옷이 거북하다. ④의견이 맞지 않다. 서로 마음이 맞지 않다. 「鬧一；거역하다」⑤기분이 언짢다. 꺼림하다. 「心裡一；마음이 꺼림하다」⑥군소리를 하다. 트집을 잡다. 「嫌一；군소리를 듣고 싶지 않다」＞別別扭扭.
[別脾氣] pièhp'ích'i ㄅㄧㄝˋㄆㄧˊㄑㄧ 심술장이.
[別嘴] pièhtsuǐ ㄅㄧㄝˋㄗㄨㄟˇ 말다툼하다. 말대꾸하다.

P'IEH ㄆㄧㄝ

〔撇〕 p'iēh ㄆㄧㄝ ①던져 버리다. 포기하다. 「他一開家投入了革命；그는 집을 버리고 혁명에 투신하였다」 ②액체의 표면을 걷어 내다. 「一去鍋裏的沫子；남비의 표면에 물방울을 찍어 닦아 내다」⇨p'iěh
[撇棄] p'iēhch'ì ㄆㄧㄝㄑㄧˋ 포기하다.
[撇腔] p'iēhch'iāng ㄆㄧㄝㄑㄧㄤ 다른 지

방의 방언을 넣어서 말하다.
[撇淸(兒)] p'iēhch'īng(rh) ㄆㄧㄝㄑㄧㄥ(ㄦ) 나쁜 일에 가담 아니한 체하면서 자기의 결백함을 가장하다. 관계 없는 체하다.
[撇下] p'iēhhsia ㄆㄧㄝㄒㄧㄚ 남기다. 남겨 놓다. 「死後一一女; 죽은 뒤에 딸 한 사람만 남겨 놓다」
[撇老套] p'iēh-lǎot'ào ㄆㄧㄝㄌㄠˇㄊㄠˋ 낡은 습관을 버리다. 항상 하고 있는 방법을 버리다. 「져 버리다.
[撇掉] p'iēhtiào ㄆㄧㄝㄉㄧㄠˋ 버리다. 던
[撇脫] p'iēht'o ㄆㄧㄝㄊㄨㄛ ①붓 놀리는 솜씨가 훌륭하다. ②일을 민첩하게 하다.
[撇油兒] p'iēhyúrh ㄆㄧㄝㄧㄡˊㄦ ①기름의 거품을 건져 내다. ②중간에서 단물을 빨아먹다 : 중간에서 이익을 보다.

〔瞥〕 p'iēh ㄆㄧㄝ 얼른 보다. 힐끗 보다. 「一了一眼; 힐끗 보다」
[瞥眼] p'iēhyěn ㄆㄧㄝㄧㄢˇ 눈 깜빡할 사이. 순식간. =轉眼間.

〔苤〕 p'iěh ㄆㄧㄝˇ 〈植〉「一藍; 순무우」 ⇨撇拉.
〔撇〕 p'iěh ㄆㄧㄝˇ ①(낮은 데서 비스듬히 위로 치올리듯이)던지다. 「把手榴彈向敵人一去; 수류탄을 적에게 던지다」 ②「一兒; 한자의 필획인 바침으로 "八"을 말함」「八字先寫一兒; "八"자는 먼저 "ノ"을 씀」 ③「一兒; 한자 필획의 "ノ"와 같은 모양을 한 것」「兩一兒小黑鬍; 카이젤 수염」 ④입술을 내밀고 남을 경멸하는 모양. ⇨p'iēh
[撇齒拉嘴] p'iéhch'ǐh-lātsuǐ ㄆㄧㄝˊㄔˇㄌㄚㄗㄨㄟˇ ①오만 불손한 상판. ②(피로하거나 혹은 힘 쓸 때)얼굴을 찌푸리는 모양.
[撇球] p'iěh-ch'iú ㄆㄧㄝˇㄑㄧㄡˊ (직선으로)공을 던지다.
[撇拉] p'iěhla ㄆㄧㄝˇㄌㄚ ①(못마땅하여)입을 꽉 다물다. ②발을 옆으로 벌리다. ③살촉. >撇撇拉拉.
[撇嘴] p'iéh tsuǐ ㄆㄧㄝˊㄗㄨㄟˇ ①입을 삐쭉하다. ②사람을 몹시 얕보는 표정. ③울상을 하다.

PIEN ㄅㄧㄢ

〔砭〕 piēn ㄅㄧㄢ 돌침(石針)을 놓아서 치료하다.
[砭灸] piēnchiǔ ㄅㄧㄢㄐㄧㄡˇ 침과 뜸.
[砭骨] piēnkǔ ㄅㄧㄢㄍㄨˇ 매우 춥거나 몹시 아픔을 형용함. 「寒氣一; 추위가 뼈에 사무치도록 혹독하다」

〔蝙〕 piēn ㄅㄧㄢ 「一蝠; 박쥐」「一刺; 우엉」

〔編〕 p'iēn ㄅㄧㄢ ①엮다. 짜다. 「一筐子; 대바구니를 엮어 짜다」 ②(일정한 순서로)배열하다. 편성하다. 「一隊; 대열을 편성하다」 ③(책 따위를)편집하다. 「一了一本書; 책을 한 권 편집하다」 ④한 권의 책이나 한 권의 책 속의 독립된 각 부분을 가리킴. 「前一; 전편」 ⑤날조하다. 꾸미다. 「一了瞎話; 거짓을 날조하다」
[編輯] piēnchí ㄅㄧㄢㄐㄧˊ 편집하다. 편집자.
[編結] piēnchiéh ㄅㄧㄢㄐㄧㄝˊ (실 따위로) 짜다.
[編遣] piēnch'iěn ㄅㄧㄢㄑㄧㄢˇ 편제(編制)하여 파견하다.
[編制] piēnchìh ㄅㄧㄢㄓˋ 인원의 구성.
[編劇] piēnchǜ ㄅㄧㄢㄐㄩˋ 희곡을 쓰다. 「一家; 시나리오 작가」
[編綴] piēnchuì ㄅㄧㄢㄓㄨㄟˋ 배열하여 모으다.
[編號] piēnhào ㄅㄧㄢㄏㄠˋ ①번호를 매기다. ②편집 번호. 일련 번호(一連番號). ③「一印字機; 넘버링」
[編核] piēnhǒ ㄅㄧㄢㄏㄜˇ 편성과 심사. 「一豫算; 예산을 편성하여 심사하다」
[編席] piēnhsí ㄅㄧㄢㄒㄧˊ 자리·멍석 따위를 엮다.
[編寫] piēnhsiěh ㄅㄧㄢㄒㄧㄝˇ 어떤 재료나 구상을 간추려서 글로 쓰다.
[編謊話] piēn huǎnghuà ㄅㄧㄢ ㄏㄨㄤˇㄏㄨㄚˋ 거짓을 꾸미어 내다.
[編列] piēnlièh ㄅㄧㄢㄌㄧㄝˋ 순번대로 배열하다.
[編目] piēnmù ㄅㄧㄢㄇㄨˋ 편찬 목록.
[編派] piēnp'ai ㄅㄧㄢㄆㄞ ①날조하다. ②남을 중상하다. >編編派派.
[編審] piēnshěn ㄅㄧㄢㄕㄣˇ ①편집과 심사. ②호구 조사를 하다. 「다.
[編訂] piēntìng ㄅㄧㄢㄉㄧㄥˋ 편찬 교정하
[編造] piēntsào ㄅㄧㄢㄗㄠˋ ①편성하다. ②(낭설 따위를)조작하다. 「하다.
[編隊] piēntuì ㄅㄧㄢㄉㄨㄟˋ 부대를 편성
[編詞] piēntz'ǘ ㄅㄧㄢㄘˊ 가사(歌詞)를 짓다. 「順序).
[編次] piēntz'ù ㄅㄧㄢㄘˋ 배열 순서(排列
[編印] piēnyìn ㄅㄧㄢㄧㄣˋ 편집·인쇄하다.

〔邊〕(边) piēn ㄅㄧㄢ ①「一兒; 주변」 ②경계(境界) ③다각형(多角形)의 한 변. ④(상대되는)한 쪽. 「一一到; 한 쪽으로 치우치다」 ⑤…하면서 … 하다. 「一走一說; 걸으면서 이야기하다」 ⑥"上·下·前·後·左·右"등의 밑에 붙어 장소나 방향을 가리키는 말. 「上一; 위쪽」「前一; 앞. 앞쪽」
[邊際] piēnchì ㄅㄧㄢㄐㄧˋ ①한계. 「不着一; 요령을 얻을 수 없다」 ②끝. 「沒有一; 끝이 없다」
[邊界] piēnchièh ㄅㄧㄢㄐㄧㄝˋ ①국경. 「一協定; 국경 협정」 ②경계(境界).
[邊警] piēnchǐng ㄅㄧㄢㄐㄧㄥˇ ①변경 지역의 경비. ②변방 지방의 적침(敵侵) 의 통보.
[邊陲] piēnch'uí ㄅㄧㄢㄔㄨㄟˊ 변경(邊境).
[邊防] piēnfáng ㄅㄧㄢㄈㄤˊ 국경의 방비. 국경 수비(國境守備). 「은 방.
[邊房] piēnfáng ㄅㄧㄢㄈㄤˊ 방 양쪽의 작
[邊幅] piēnfú ㄅㄧㄢㄈㄨˊ ①넓이. ②사람의 용모와 자태. 「不修一; 몸치장을 하지 않다」
[邊幹邊學] piēnkàn-piēnhsüéh ㄅㄧㄢㄍㄢˋㄅㄧㄢㄒㄩㄝˊ 일하면서 배우자.
[邊關] piēnkuān ㄅㄧㄢㄍㄨㄢ 변방의 요새.

[邊框兒] piēnk'uàngrh ㄅㄧㄢㄎㄨㄤˋㄦ(테로 된 물건의)가장자리. 가.
[邊門] piēnmén ㄅㄧㄢㄇㄣˊ ①대문 양쪽의 작은 문. 협문(夾門). ②비상구(非常口). 부엌문.
[邊旁] piēnp'áng ㄅㄧㄢㄆㄤˊ 인근. 부근.
[邊兒] piēnrh ㄅㄧㄢㄦ 가장자리. 변두리. 「沒有一; 한이 없다. 끝이없다」
[邊式] piēnshih ㄅㄧㄢㄕ 아름다운. 산뜻한. 멋진. >邊邊式式.
[邊座(兒)] piēntsò(rh) ㄅㄧㄢㄗㄨㄛˋ(ㄦ) 극장의 좌우 쪽의 자리.
[邊外] piēnwài ㄅㄧㄢㄨㄞˋ 국경의 밖.
[邊沿(兒)] piēnyén(rh) ㄅㄧㄢㄧㄢˊ(ㄦ) ① 가장자리. ②끝. 막다른 곳 「似乎走到了大地的一; 대지의 끝까지 걸어온 것 같다」
[邊緣] piēnyüán ㄅㄧㄢㄩㄢˊ ①가장자리. ②막바지판. 위기. 「陷落的一; 함락의 위기」
[邊遠] piēnyüǎn ㄅㄧㄢㄩㄢˇ 중심에서 떨어져서 멀다. >邊邊遠遠.

〔鞭〕 piēn ㄅㄧㄢ ①「一子; 채찍. 매」 ②채찍질하다. ③한 줄로 연결된 폭죽(爆竹). ④옛 무기의 하나.
[鞭長莫及] piēnch'áng mòchí ㄅㄧㄢㄔㄤˊ ㄇㄛˋㄐㄧˊ 채찍이 미치지 못하다. 힘이 미치지 못한다는 말. 《成》
[鞭笞] piēnch'īh ㄅㄧㄢㄔ ①채찍질하다. ②억지로 시키다. 강제로 부리다.
[鞭楚] piēnch'ǔ ㄅㄧㄢㄔㄨˇ 채찍질하다. 독려하다.
[鞭桿(兒)] piēn'kǎn(rh) ㄅㄧㄢㄍㄢˇ(ㄦ)채찍의 손잡이.
[鞭炮] piēnp'ào ㄅㄧㄢㄆㄠˋ 새끼 모양으로 된 폭죽.
[鞭爆] piēnp'ào ㄅㄧㄢㄅㄠˋ =鞭炮.
[鞭打] piēntǎ ㄅㄧㄢㄉㄚˇ ①채찍질하다. ②엄하게 독려하다. 호되게 격려하다.
[鞭打棍捶] piēntǎ kùnch'uí ㄅㄧㄢㄉㄚˇ ㄍㄨㄣˋㄔㄨㄟˊ ①닥치는 대로 몽둥이로 치다. ②강박·강제로 부리다.
[鞭策] piēnts'è ㄅㄧㄢㄗㄜˋ ①채찍질하다. 격려하다. 「經常地一自已; 항상 자신을 채찍질하여 격려하다」 ②말의 채찍.
[鞭子] piēntzǔ ㄅㄧㄢㄗ 채찍.

〔鯿〕 piēn ㄅㄧㄢ 「一魚; 방어」

〔扁〕 piěn ㄅㄧㄢˇ 평평하다. 얇고 넓적하다. ⇨p'iēn.
[扁舟] piěnchòu ㄅㄧㄢˇㄓㄡˋ 작은 배.
[扁額] piěn'ě ㄅㄧㄢˇㄜˊ 가로로 된 액자.
[扁鋼] piěnkāng ㄅㄧㄢˇㄍㄤ 평강(平鋼).
[扁臉] piénliěn ㄅㄧㄢˊㄌㄧㄢˇ 넓적한 얼굴.
[扁柏] piénpǎi ㄅㄧㄢˊㄅㄞˇ〈植〉측백나무.
[扁食] piěnshih ㄅㄧㄢˇㄕ 만두. =餃子.
[扁擔] piěntan ㄅㄧㄢˇㄉㄢ 멜대: 양쪽 끝에 짐을 걸어 메는 막대.
[扁豆] piěntòu ㄅㄧㄢˇㄉㄡˋ 〈植〉 강남콩. 제비콩. 불콩.

〔匾〕 piěn ㄅㄧㄢˇ
[匾額] piěn'ě ㄅㄧㄢˇ ㄜˊ =扁額.

〔貶〕 piěn ㄅㄧㄢˇ ①헐뜯다. ②(지위를)낮추다. 「一職; 지위를 낮추다」 ③(값을)깎다.
[貶價] piěnchià ㄅㄧㄢˇㄐㄧㄚˋ 값을 깎다. 「一拋售; 값을 내려 투매(投賣)하다」
[貶值] piěnchíh ㄅㄧㄢˇㄓˊ ①값을 내리다. ②평가 절하(平價切下)하다.
[貶斥] piěnch'ìh ㄅㄧㄢˇㄔˋ 헐뜯어 배척하다.
[貶抑] piěnì ㄅㄧㄢˇ ㄧˋ ①누르다. 떨어지게 하다. 「一身份; 신분을 낮추다」 ② 강직(降職)하다.
[貶落] piěnlò ㄅㄧㄢˇㄌㄨㄛˋ 값이 떨어지다.
[貶糟] piěntsāo ㄅㄧㄢˇㄗㄠ 헐뜯다. 모함하다.

〔褊〕 piěn ㄅㄧㄢˇ 좁은. 거북한. 불편한.
[褊急] piěnchí ㄅㄧㄢˇㄐㄧˊ 소심하고 성급(性急)하다.
[褊狹] piěnhsiá ㄅㄧㄢˇㄒㄧㄚˊ ①(땅 따위가)좁다. ②(도량 따위가)편협하다.
[褊小] piénhsiǎo ㄅㄧㄢˊㄒㄧㄠˇ좁고 작다. 「土地一; 땅이 좁고 작다」

〔卞〕 pièn ㄅㄧㄢˋ ①조바심하다. 조급하다. ②성(姓)의 하나.
[卞急] pièchí ㄅㄧㄢˋㄐㄧˊ 조급하다. 조바심하다.

〔弁〕 pièn ㄅㄧㄢˋ ①옛 관(冠)의 한 가지. ②옛 하급 무관(武官).
[弁冕] pièmiěn ㄅㄧㄢˋㄇㄧㄢˇ ①옛날의 예모(禮帽). ②괴수(魁首).
[弁言] pièyén ㄅㄧㄢˋㄧㄢˊ 서문(序文). 인용어(引用語).

〔忭〕 pièn ㄅㄧㄢˋ 기뻐하다.

〔汴〕 pièn ㄅㄧㄢˋ "開封"의 이칭.

〔便〕 pièn ㄅㄧㄢˋ ①편리. 편의. 형편이 좋다. 「一於携帶; 휴대에 편하다」 ② 간단한. 정식이 아닌. 평상시의. 「一服; 평복」 ③형편이 좋은 때. 「得一就送去; 편이 있으면 보내 준다」 ④말할 나위도 없이. 곧. 즉. 「前面一是; 앞 쪽이 곧 그것이오」 ⑤(…하면)즉각. 「說了一做; 말하면 곧 시행하다」 ⑥배설물. 용변하다. 「一血; 핏똥을 누다」 ⇨p'ién.
[便茶] pièn ch'á ㄅㄧㄢˋㄔㄚˊ 조잡한 차. 막차(茶).
[便章] pièchāng ㄅㄧㄢˋㄓㄤ =便衣.
[便就] pièchiù ㄅㄧㄢˋㄐㄧㄡˋ 즉시. 곧.
[便橋] pièch'iáo ㄅㄧㄢˋㄑㄧㄠˊ 임시로 놓은 다리. 가교(假橋).
[便酌] pièchó ㄅㄧㄢˋㄓㄨㄛˊ ①간단한 주연. ②간단히 한잔하다.
[便裝] pièchuāng ㄅㄧㄢˋㄓㄨㄤ =便服.
[便中] pièchūng ㄅㄧㄢˋㄓㄨㄥ 형편이 좋으실 때에. 「一請來一談; 형편이 허락하시거든 한 번 오셔서 이야기나 하십시오」
[便飯] pièfàn ㄅㄧㄢˋㄈㄢˋ 간단한 식사. 평상시의 식사. 「一館; 간이 식당」
[便服] pièfú ㄅㄧㄢˋㄈㄨˊ 평복(平服). 평상시에 입는 옷.
[便席] pièhsí ㄅㄧㄢˋㄒㄧˊ 간단한 주석·술자리.
[便鞋] pièhsiéh ㄅㄧㄢˋㄒㄧㄝˊ 중국식의 헝겊 신(布靴).
[便綫] pièhsièn ㄅㄧㄢˋㄒㄧㄢˋ 임시 노선(路線).
[便須] pièhsū ㄅㄧㄢˋㄒㄩ ①즉각 …하여야 한다. ②다만 …만 하면. 다만 …이

기만 하면. 「=溺壺.
[便壺] piēnhú ㄅㄧㄢˋㄏㄨˊ 요강. =便器.
[便衣] piēn ī ㄅㄧㄢˋㄧ ①평복(平服). ②사복(私服).
[便宜] piēn i ㄅㄧㄢˋ˙ㄧ ①편리한. 적당히. 「一行事 ; 실제의 상황에 따라 적당히 일을 진행하다」 ②형편이 좋음. 편리함. ③편리하게 하다.
[便人] piēnjén ㄅㄧㄢˋㄖㄣˊ 인편(人便). 「由一帶去 ; 인편에 가지고 가다」
[便可] piēnk'ǒ ㄅㄧㄢˋㄎㄜˇ 그것으로 족하다.
[便利] piēnlì ㄅㄧㄢˋㄌㄧˋ ①편리하게 하다. 「一讀者 ; 독자를 편리하게 하다」 ②편리하다.
[便門兒] piēnménrh ㄅㄧㄢˋㄇㄣˊㄦ 통용문(通用門).
[便溺] piēnniào ㄅㄧㄢˋㄋㄧㄠˋ 소변.
[便閉] piēnpì ㄅㄧㄢˋㄅㄧˋ 변비증(便秘症)이 있다. =便秘.
[便是] piēnshìh ㄅㄧㄢˋㄕˋ ①비록 …라도. 「一別人也不能滿足這個條件 ; 비록 다른 사람이라도 그 조건을 만족시킬 수 없다」 ②즉 …이다. ③그것으로 족하다: 문장 끝에 쓰임. 「你不顧一切地做下去 一 ; 너는 아무 것도 돌보지 말고 계속 일하면 그것으로 족하다」
[便餐] piēnts'ān ㄅㄧㄢˋㄘㄢ =便飯.
[便菜] piēnts'ài ㄅㄧㄢˋㄘㄞˋ 집에 있는 것으로 만든 요리. 일상 요리.
[便坐] piēntsò ㄅㄧㄢˋㄗㄨㄛˋ ①편히 앉다. ②마침 있는 자리.
[便毒] piēntú ㄅㄧㄢˋㄉㄨˊ 매독(梅毒)에서 오는 가래톳.
[便應] piēnyīng ㄅㄧㄢˋㄧㄥ 곧 …하지 않으면 안된다. 「準備完畢, 一着手 ; 준비가 끝나면 곧 착수하여야 한다」
[便于] piēnyú ㄅㄧㄢˋㄩˊ …기에 편리하다.

〔遍〕(徧) piēn ㄅㄧㄢˋ ①두루. 가는 곳마다. 전면적으로. 「死傷一野 ; 도처에 사상자가 있다」 ②동작을 세는 말: 회수. 번. 「念一一 ; 한 번 읽다」
[遍及] piēnchí ㄅㄧㄢˋㄐㄧˊ 널리 퍼지다. 「一全國 ; 전국에 널리 퍼지다」
[遍方] piēnfāng ㄅㄧㄢˋㄈㄤ 두루. 남김 없이. 「一遊歷 ; 사방을 두루 편력하다」
[遍布] piēnpù ㄅㄧㄢˋㄅㄨˋ ①두루 배치하다. ②널리 퍼지다.
[遍身] piēnshēn ㄅㄧㄢˋㄕㄣ 온 몸. 전신(全身). 「一是泥 ; 온 몸이 흙투성이」
[遍數] piēnshu ㄅㄧㄢˋㄕㄨ 회수. 도수(度數).
[遍地] piēntì ㄅㄧㄢˋㄉㄧˋ 땅 전면에. 「一都是血 ; 땅에 온통 피다」
[遍地開花] piēntì k'āihuā ㄅㄧㄢˋㄉㄧˋㄎㄞㄏㄨㄚ ①도처에 꽃이 피어 있다. ②(사업 따위가)도처에서 좋은 결과를 맺다.
[遍體鱗傷] piēnt'ǐ línshāng ㄅㄧㄢˋㄊㄧˇㄌㄧㄣˊㄕㄤ 온통 몸에 상처투성이다.

〔辨〕 piēn ㄅㄧㄢˋ 구별하다. 확인하다. 「一不出方向來 ; 방향을 구별할 수가 없다」
[辨析] piēnhsī ㄅㄧㄢˋㄒㄧ 상세하고 명백하게 분석하다. 「별하다.
[辨認] piēnjēn ㄅㄧㄢˋㄖㄣˋ 분별하다. 식
[辨明] piēnmíng ㄅㄧㄢˋㄇㄧㄥˊ 확실히 구별하다.
[辨別] piēnpiéh ㄅㄧㄢˋㄅㄧㄝˊ 분간하다. 구별하다.
[辨白] piēnpó ㄅㄧㄢˋㄅㄛˊ ①변명하다. ②판별(判別)하다.
[辨士] piēnshìh ㄅㄧㄢˋㄕˋ 영국 화폐의 한 가지. 펜스(pence). 《譯》

〔辮〕 piēn ㄅㄧㄢˋ ①「一子 ; 늘어뜨린 머리. 변발」 ②「一子.一兒 ; 두 가닥 이상으로 꼰 노끈. 허리띠 모양으로 짠 것. 상투.
[辮根兒] piēn'kēnrh ㄅㄧㄢˋㄍㄣㄦ 늘어뜨린 머리밑.

〔辯〕 piēn ㄅㄧㄢˋ (사물의 시비나 진가를)설명하다. 논쟁하다. 「一不過他 ; 논쟁에서 그를 당하지 못한다」
[辯難] piēnnàn ㄅㄧㄢˋㄋㄢˋ (조리를 세워서)비난하다. 책망하다.
[辯白] piēnpó ㄅㄧㄢˋㄅㄛˊ (자기의 입장·주장 따위를)말하다. 변명하다. 「竭力一 ; 열심히 변명하다」 「하다.
[辯駁] piēnpó ㄅㄧㄢˋㄅㄛˊ 논박하다. 반론
[辯才] piēnts'ái ㄅㄧㄢˋㄘㄞˊ 변론의 재주가 있다. 「一無碍 ; 능변으로 말이 청산유수격이다」 「다. 언쟁.
[辯嘴] piēntsuǐ ㄅㄧㄢˋㄗㄨㄟˇ 말다툼하
[辯誣] piēnwū ㄅㄧㄢˋㄨ 억울하다는 사실을 변명하다.
[辯冤] piēnyüān ㄅㄧㄢˋㄩㄢ (남이 사실이라고 주장하는 데 대해)억울하다고 이의(異議)를 제출하다.

〔變〕(変) piēn ㄅㄧㄢˋ ①(성질·상태·사정 따위가)변하다. 「天氣一了 ; 날씨가 변하다」 ②사고. 변고: 특히 정치적인 중대 사변을 가리킴. 「一亂 ; 변란」
[變產] piēnch'ǎn ㄅㄧㄢˋㄔㄢˇ 부동산을 팔아서 돈을 만들다.
[變成] piēnch'éng ㄅㄧㄢˋㄔㄥˊ 변하다. 변하여 …이 되다. 「幼蟲長大了, 一蛹 ; 유충이 성장하여 번데기가 되다」
[變節] piēnchiéh ㄅㄧㄢˋㄐㄧㄝˊ ①변절하다. ②잘못을 고치고 착한 사람이 되다.
[變局] piēnchǘ ㄅㄧㄢˋㄐㄩˊ 평상시와는 다른 국면(局面). 변국.
[變戲法兒] piēnhsìfǎrh ㄅㄧㄢˋㄒㄧˋㄈㄚˇㄦ 요술. 「耍一 ; 요술을 부리다」
[變化無窮] piēnhuà wúch'iúng ㄅㄧㄢˋㄏㄨㄚˋㄨˊㄑㄩㄥˊ 변화가 무궁 무진하다.
[變換] piēnhuàn ㄅㄧㄢˋㄏㄨㄢˋ ①고치다. ②변하다.
[變幻莫測] piēnhuàn mòts'è ㄅㄧㄢˋㄏㄨㄢˋㄇㄛˋㄘㄜˋ 변화 무상하여 예측할 수 없다. 「난.
[變故] piēnkù ㄅㄧㄢˋㄍㄨˋ 변고. 사고. 재
[變卦] piēnkuà ㄅㄧㄢˋㄍㄨㄚˋ 기정 사실이 돌연 변경되다.
[變臉] piēn liěn ㄅㄧㄢˋㄌㄧㄢˇ 안색이 변하다. 갑자기 화를 내다.
[變亂] piēnluàn ㄅㄧㄢˋㄌㄨㄢˋ ①사변. 변란. ②몹시 문란하다. ③멋대로 바꾸다. 「一成法 ; 기존 법률을 함부로 변경하다」
[變賣] piēnmài ㄅㄧㄢˋㄇㄞˋ 팔아서 돈을 만들다. 「一了工廠賠款 ; 공장을 팔아서

배상하다」
[變天] piènt'iēn ㄅㄧㄢˋㄊㄧㄢ 일기가 변하다. 날씨가 흐리거나 비가 오게 되다.
[變天思想] piènt'iēn ssūhsiǎng ㄅㄧㄢˋㄊㄧㄢ ㄙㄒㄧㄤˇ 숙명 사상(宿命思想).
[變電站] piètièchàn ㄅㄧㄢˋㄉㄧㄢˋㄓㄢˋ 변전소.
[變爲] pièwéi ㄅㄧㄢˋㄨㄟˊ …으로 변하다. 「一實際的力量; 실제적인 힘으로 변하다」
[變樣] pièyàng ㄅㄧㄢˋㄧㄤˋ 모양이 변하다. 변모하다.
[變顔變色] pièyén-piènsè ㄅㄧㄢˋㄧㄢˊㄅㄧㄢˋㄙㄜˋ (화가 나거나 무서워서) 안색이 변하다.

P'IEN ㄆㄧㄢ

〔片〕 p'iēn ㄆㄧㄢ ("一片兒"과 같은 것은 이 음에 따른다). 「唱一(ch'àng一); 음판」 「畫一(huà一); 그림 카아드. 그림 엽서」 「相一(hsiàng一)·사진」「影一(yǐng一); 영화필름」그러나"唱片·畫片·相片"따위는 p'ièn이며 기타「電影片子; 영화 필름·留聲機片子; 음판」따위는 p'iēn. ⇨p'ièn.

〔扁〕 p'iēn ㄆㄧㄢ 작은. 「一舟; 작은 배. 조각 배」⇨piěn.

〔偏〕 p'iēn ㄆㄧㄢ ①한쪽으로 치우침. 치우치다. 「太陽一西了; 해가 서쪽에 기울어졌다」「一于理論; 이론에 치우치다」「一差; 사상이나 행동이 한쪽으로 치우치다. 지나치다」②어떻든지. 새삼스럽게: 기대나 예측에 반(反)해서. 「不讓他走, 他一走; 그를 못가게 했는데, 그는 어떻든 가려고 한다」
[偏差] p'iēnch'ā ㄆㄧㄢㄔㄚ ①한쪽으로 치우치다. 「鬧出一來了; 차이가 생겼다. 지나쳤다」②트러블.
[偏才] p'iēnch'ái ㄆㄧㄢㄔㄞˊ 얕은 재능. 보잘 것 없는 재주.
[偏廠兒] p'iēnch'ǎngrh ㄆㄧㄢㄔㄤˇㄦ 한자의 엄호밑."广"변과 같음. 엄호밑.
[偏激] p'iēnchī ㄆㄧㄢㄐㄧ (생각이) 치우쳐 있다.
[偏巧] p'iēnch'iǎo ㄆㄧㄢㄑㄧㄠˇ ①공교롭게도. ②때마침.
[偏左] p'iēnchǒ ㄆㄧㄢㄓㄨㄛˇ ①왼편으로 쏠리게 하다. 「這張桌子一安放; 이 탁자는 왼편에 치우치게 배치하다」 ②(사상이) 좌익 사상으로 기울다.
[偏佐] p'iēnchǒ ㄆㄧㄢㄓㄨㄛˇ 보좌하다.
[偏倚] p'iēn i ㄆㄧㄢ ㄧˇ 편중(偏重)하다. 한쪽으로 가담하다.
[偏方兒] p'iēnfāngrh ㄆㄧㄢㄈㄤㄦ (말로 전하여 내려오는 민간 치료법의)처방.
[偏廢] p'iēnfèi ㄆㄧㄢㄈㄟˋ 한쪽만 폐지하다. 「這兩類水產資源是不可一的; 이 두 종류의 수산 자원은 어느 편도 없앨 수는 없다」
[偏分] p'iēnfēn ㄆㄧㄢㄈㄣ 가리마를 옆으로 타다.
[偏風] p'iēnfēng ㄆㄧㄢㄈㄥ 중풍(中風).
[偏鋒話] p'iēnfēnghuà ㄆㄧㄢㄈㄥㄏㄨㄚˋ 빈정대는 말.
[偏好] p'iēnhào ㄆㄧㄢㄏㄠˋ ①마음을 빼앗기다. ②특별히 좋아하다.
[偏西] p'iēnhsī ㄆㄧㄢㄒㄧ ①서쪽으로 치우치다.
[偏向] p'iēnhsiàng ㄆㄧㄢㄒㄧㄤˋ 한쪽으로 기울다. ②=偏差.
[偏鄉僻壤] p'iēnhsiāng-p'ìjǎng ㄆㄧㄢㄒㄧㄤ ㄆㄧˋㄖㄤˇ 벽지(僻地).
[偏心] p'iēnhsīn ㄆㄧㄢㄒㄧㄣ 불공평한 마음. 한쪽만 편드는 마음. =偏心眼兒.
[偏心輪兒] p'iēnhsīnlúnrh ㄆㄧㄢㄒㄧㄣㄌㄨㄣˊㄦ 기계의 회전축에 붙여 회전을 일정하게 하기 위한 큰 바퀴.
[偏護] p'iēnhù ㄆㄧㄢㄏㄨˋ 한쪽에 가담하다. 한쪽편만 들다.
[偏枯] p'iēnk'ū ㄆㄧㄢㄎㄨ①정당하지 않다. ② 반신 불수. ③분배가 불공평하다. 「以前工人們的生活是一的; 이전의 노동자들은 햇빛을 못 보고 살아 왔다. (제대로 잘 살지 못했다)
[偏過了] p'iēnkuòlê ㄆㄧㄢㄍㄨㄛˋㄌㄜ (식사를)먼저 먹었읍니다. =偏了. ‹人›
[偏勞] p'iēnláo ㄆㄧㄢㄌㄠˊ ①너무 수고를 끼치다.‹人› 「一你; 수고하셨읍니다」 ②고생이 많아지다.
[偏拗] p'iēnniù ㄆㄧㄢㄋㄧㄡˋ 고집이 센. 외고집의.
[偏旁兒] p'iēnp'angrh ㄆㄧㄢㄆㄤㄦ 한자(漢字)의 변(邊)과 방(旁).
[偏北] p'iēnpěi ㄆㄧㄢㄅㄟˇ 북쪽으로 치우치다. 「請你一一點站; 좀 더 북쪽으로 다가서 주십시오」
[偏僻] p'iēnpì ㄆㄧㄢㄅㄧˋ ①외딴 ②보기 드문. 별다른. >偏偏僻僻.
[偏偏] p'iēnp'iēn ㄆㄧㄢㄆㄧㄢ ①불행히도. ② (완강히)좀처럼. 어쨌든. 「一不依我; 어떻든 나의 말은 듣지 않는다」
[偏頗] p'iēnp'ō ㄆㄧㄢㄆㄛ ①한쪽으로 가담하다. ②편파.
[偏不湊巧] p'iēnpûts'òuch'iǎo ㄆㄧㄢㄅㄨˊㄘㄡˋㄑㄧㄠˇ 불행히. 어쨌든. 「要他去, 一他不能去; 그를 보내려고 하였지만 그는 공교롭게도 갈 수 없다」
[偏生] p'iēnshēng ㄆㄧㄢㄕㄥ ①불행히. ②그런데도 불구하고. 어쨌든. 「你要去, 他一不去; 너는 가려고 하지만 그는 안 간다」.
[偏私] p'iēnssū ㄆㄧㄢㄙ ①자기에게 마음 드는 사람에게만 편을 들다. ②한쪽에 치우치다. 「듦. 불공평.
[偏袒] p'iēnt'ǎn ㄆㄧㄢㄊㄢˇ 한쪽만 편을
[偏疼] p'iēnt'ēng ㄆㄧㄢㄊㄥˊ 편애(偏愛)하다. 불공편하게 하다.
[偏聽] p'iēnt'īng ㄆㄧㄢㄊㄧㄥ 한쪽 말만 듣다.
[偏災] p'iēntsāi ㄆㄧㄢㄗㄞ 수해나 한해.
[偏要] p'iēnyào ㄆㄧㄢㄧㄠˋ 반대로 …을 하려고 하다. 「叫你去, 你一不去; 너를 보내려고 하는데 너는 도무지 안 가려고 한다」
[偏遠] p'iēnyüan ㄆㄧㄢㄩㄢ 중심에서 동떨어지다. 외치다.

〔篇〕 p'iēn ㄆㄧㄢ ①시종 일관 정비되어 있는 문장. 한 권의 책의 대단락(大段落). ②"一兒"은 문장을 세는데 쓰는 수사(數詞). 「一一論文; 한 편의 논문」

편지나 책의 페이지를 세는데 쓰이는 수사. "一篇"은 1매(枚).
[篇章] p'iēnchāng ㄆㄧㄢㄓㄤ ①서적. ②시(詩).
[篇幅] p'iēnfu ㄆㄧㄢㄈㄨ ① 책·신문의 판(版)의 크기. 지폭(紙幅). 「占一; 지폭을 잡다」 ②문장의 길이.
[篇目] p'iēnmù ㄆㄧㄢㄇㄨˋ 문장의 표제(標題).

〔翩〕 p'iēn ㄆㄧㄢ
[翩翩] p'iēnp'iēn ㄆㄧㄢㄆㄧㄢ ①가벼운 모양. ②산뜻한 모양. 「風度一一; 몸차림이 맵시 있다」 ③희열(喜悅)에 넘치는 모양. 「一自喜; 희열에 넘쳐 홀로 기뻐하다」
[翩舞] p'iēnwǔ ㄆㄧㄢㄨˇ 빙빙 돌며 날다.

〔便〕 p'ién ㄆㄧㄢˊ 「一一; 배가 비대한 모양」「大腹一一; 배 뚱뚱보」 ⇨pièn.
[便宜] p'ién i ㄆㄧㄢˊ ㄧ ①값이 싸다. 「一 값이 싼 물건」 ②편의를 도모하다. ③손해볼 것을 안 보고 지내다. ④이익. 이덕. 남의 덕. 「愛小一; 작은 이익을 탐내다」「占一; 자기 이익만 취하다」

〔胼〕 p'ién ㄆㄧㄢˊ 「一兒; 못: 피부가 굳어 딱딱해진 것」
[胼胝] p'iénchīh ㄆㄧㄢˊㄓ 손발에 생기는 못. 「一手胝是; 손발에 못이 박히도록 고생하며 일하다」

〔駢〕 p'ién ㄆㄧㄢˊ 두 개의 물건을 나란히 맞추어 놓는 것. 혹은 짝으로 되어 있는 것. 「一文; 변려문(駢儷文)」
[駢肩] p'iénchiēn ㄆㄧㄢˊㄐㄧㄢ 어깨와 어깨가 마주치다. 사람이 많이 있는 모양.
[駢句] p'iénchǜ ㄆㄧㄢˊㄐㄩˋ 대구(對句). 대를 맞춘 시의 글귀. 「장.
[駢儷] p'iénlì ㄆㄧㄢˊㄌㄧˋ 대구(對句)의 문
[駢拇枝指] p'iénmǔ-chíchīh ㄆㄧㄢˊㄇㄨˇㄑㄧˊㄓˇ 불필요물. 필요 없는. =駢枝.
[駢體文] p'iént'ǐwěn ㄆㄧㄢˊㄊㄧˇㄨㄣˊ 사륙 변려체문(四六駢儷體文).

〔諞〕 p'iěn ㄆㄧㄢˇ 과시하다. 뽐내다. 「你不用一了, 誰不知道你那兩下子; 네가 뻐길 필요는 없어! 누구나 네 실력은 알고 있으니까」
[諞闊] p'iěnk'uò ㄆㄧㄢˇㄎㄨㄛˋ 돈이 많은 체하다. 돈자랑하다.

〔片〕 p'ièn ㄆㄧㄢˋ ①「一子·一兒; 얇고 평평한 것」「唱一; 음판」「相一; 사진」「明信一; 엽서」 ②얇게 자르는 것. 「一肉一; 고기를 얇게 베다」 ③조금. 약간. 「一言; 촌언(寸言)」「一刻; 촌각. 잠시」「不要一面看問題; 일방적으로 문제를 봐서는 안된다」 ④넓은 면적이나 범위를 갖고 있는 물건, 혹은 조각(片)을 이루고 있는 물건을 셈할 때 씀. 「一一草地; 일대의 풀 밭」「兩一兒藥; 약 두 알」「一一好心; 전적(全的)인 호의」「一一人; 많이 모인 사람」「一一房子; 부근 일대에 있는 모든 가옥」
[片甲不存] p'iènchiǎ-pûts'ún ㄆㄧㄢˋㄐㄧㄚˇㄅㄨˋㄘㄨㄣˊ 단 한 사람의 군인도 남아 있지 않다.
[片紙隻字] p'iènchǐh-chīhtzǔ ㄆㄧㄢˋㄓˇㄓㄗˋ 조금밖에 안되는 문장.
[片肉] p'iènjòu ㄆㄧㄢˋㄖㄡˋ ①고기를 얇게 베다. ②얇게 베인 고기. 편육.
[片刻間] p'iènk'òchiēn ㄆㄧㄢˋㄎㄜˋㄐㄧㄢ 눈 깜박하는 사이. 바로 그 순간.
[片面] p'iènmièn ㄆㄧㄢˋㄇㄧㄢˋ 조금. 약간. 「一和約; 단독 강화 조약」「一之辭; 일방적인 말」「一強調問題的重要性; 문제의 중요성을 일방적으로 강조하다」「一性; 일면성」
[片目] p'iènmù ㄆㄧㄢˋㄇㄨˋ 두꺼운 종이로 된 목록 카아드.
[片兒] p'iènrh ㄆㄧㄢˋㄦ ①편평하고 얇은 물건. ②명함. 「구별 회의.
[片兒會] p'iènrhhuì ㄆㄧㄢˋㄦㄏㄨㄟˋ 지
[片兒湯] p'iènrht'āng ㄆㄧㄢˋㄦㄊㄤ 수제비: 밀가루 음식. 「刻.
[片晌] p'iènshǎng ㄆㄧㄢˋㄕㄤˇ 잠시. =片
[片時] p'iènshíh ㄆㄧㄢˋㄕˊ 약간의 시간. 잠깐.
[片段] p'ièntuàn ㄆㄧㄢˋㄉㄨㄢˋ 하나 하나로 토막이 되어 있는 물건. 단편(斷片). 토막.
[片子] p'ièntzǔ ㄆㄧㄢˋㄗ ①카아드. =卡片. ②명함. =名片兒.
[片子地] p'ièntzǔtì ㄆㄧㄢˋㄗㄉㄧˋ 개간한 일이 없는 토지.
[片艷紙] p'iènyènchǐh ㄆㄧㄢˋㄧㄢˋㄓˇ 일본 종이의 일종으로 광택이 있고 약한 것. 습자지.
[片言隻語] p'iènyén-chīhyǔ ㄆㄧㄢˋㄧㄢˊㄓㄩˇ 간단한 말. 잠깐 한 이야기. 한두 마디의 말.
[片瓦無存] p'iènwǎ-wûts'ún ㄆㄧㄢˋㄨㄚˇㄨˊㄘㄨㄣˊ 한 조각의 기와도 남아 있지 않다.

〔騙〕 p'ièn ㄆㄧㄢˋ ①속이다. 「一人; 사람을 속이다」 ②속여서 물건을 뺏다. 「一錢; 속여서 돈을 빼앗다」 ③옆으로 뛰어 오르다.
[騙案] p'ièn'àn ㄆㄧㄢˋㄢˋ 사기 사건.
[騙錢] p'iènch'ién ㄆㄧㄢˋㄑㄧㄢˊ 속여서 돈을 빼앗다. 「계략.
[騙局] p'iènchǘ ㄆㄧㄢˋㄐㄩˊ 사기의 수단.
[騙人] p'iènjěn ㄆㄧㄢˋㄖㄣˊ 사람을 속이다.
[騙過去] p'iènkuoch'ü ㄆㄧㄢˋㄍㄨㄛㄑㄩ 가로 뛰어 넘다. 「從椅子上一; 책상 위를 뛰어 넘다」 「術).
[騙術] p'iènshù ㄆㄧㄢˋㄕㄨˋ 사기술(詐欺
[騙財] p'iènts'ái ㄆㄧㄢˋㄘㄞˊ 재물을 속여서 빼앗다.
[騙嘴] p'ièntsuì ㄆㄧㄢˋㄗㄨㄟˇ 음식물을 속여 빼앗다.
[騙腿兒] p'iènt'uǐrh ㄆㄧㄢˋㄊㄨㄟˇㄦ 한쪽 다리를 들고 뛰어 오르다. 「一一上了車; 차를 옆으로 뛰어 올라 탔다」「手.
[騙子] p'ièntzǔ ㄆㄧㄢˋㄗ 사기군. =騙子

PIN ㄅㄧㄣ

〔彬〕 pīn ㄅㄧㄣ ①「一一; 고상하고

우아한 모양. 화려하지도 않고 질박하지도 않은 모양. 내용과 외면이 갖추어진 모양. ②성(姓)의 하나.

〔斌〕 pīn ㄅㄧㄣ ＝彬.

〔賓〕(宾) pīn ㄅㄧㄣ ①손님. ②손님을 접대하다. ③복종(服從)하다. ④성(姓)의 하나.

[賓主] pīnchǔ ㄅㄧㄣㄓㄨˇ 손님과 주인.

[賓至如歸] pīnchìh júkueī ㄅㄧㄣㄓˋ ㄖㄨˊㄍㄨㄟ 남의 집을 방문하여 자기 집 같이 안온함을 느끼다: 극진한 대접을 받는다는 뜻.

[賓服] pīnfú ㄅㄧㄣㄈㄨˊ 복종하다.＝賓從.

[賓館] pīn'kuǎn ㄅㄧㄣㄍㄨㄢˇ 영빈관(迎賓館).

[賓朋] pīnp'ěng ㄅㄧㄣㄆㄥˊ ①손님과 친구. ②친구.

[賓語] pīnyǚ ㄅㄧㄣㄩˇ 목적어(目的語).

〔儐〕 pīn ㄅㄧㄣ ①손님을 영접하는 사람. ②존경하다. ③진열하다. ④돕다.

[儐相] pīnhsiàng ㄅㄧㄣㄒㄧㄤˋ 들러리(혼례 때).

〔濱〕 pīn ㄅㄧㄣ ①물가. ②(물가에) 접근하다. 가까이 가다. 「一海; 바다로 향하다」「一近; 가까이 가다」

〔檳〕 pīn ㄅㄧㄣ 「一子; 빈랑(檳榔) 나무 열매」 ⇨pīng.

〔瀕〕 pīn ㄅㄧㄣ ①접근하다. 임박하다. ②＝濱.

[瀕臨] pīnlín ㄅㄧㄣㄌㄧㄣˊ 접근하다. 절박하다.

[瀕危] pīnwēi ㄅㄧㄣㄨㄟ ①임종(臨終). ②위험에 다가서다.

[瀕於] pīnyǘ ㄅㄧㄣㄩˊ 접근하고 있다. 직전(直前)이다. 「一死亡; 사멸 직전에 있다」

〔繽〕 pīn ㄅㄧㄣ ①왕성한. ②난잡한. 뒤얽힌. ③많은.

[繽紛] pīnfên ㄅㄧㄣㄈㄣ 꽃이 어수선하게 떨어지다.

[繽亂] pīnluàn ㄅㄧㄣㄌㄨㄢˋ 난잡(亂雜)하다.

〔髕〕 pīn ㄅㄧㄣ 무릎의 뼈. 「一骨; 슬개골」

〔擯〕 pìn ㄅㄧㄣˋ 없애다. 제거하다. 버리다.

[擯斥] pìnch'ìh ㄅㄧㄣˋㄔˋ 배척하다.

[擯棄] pìnch'ì ㄅㄧㄣˋㄑㄧˋ 배척하여 물리쳐 버리다.

[擯除] pìnch'ú ㄅㄧㄣˋㄔㄨˊ 배제(排除)하다.

[擯黜] pìnch'ù ㄅㄧㄣˋㄔㄨˋ 쫓아내다. 방축(放逐)하다.

〔殯〕 pìn ㄅㄧㄣˋ ①아직 장사 지내지 않은 영구(靈柩). ②묻다. 묻히다.

[殯車] pìnch'ē ㄅㄧㄣˋㄔㄜ 영구차.

[殯殮] pìnliền ㄅㄧㄣˋㄌㄧㄢˋ 납관(納棺)과 출관(出棺).

[殯葬] pìntsàng ㄅㄧㄣˋㄗㄤˋ ①출관(出棺)과 매장. ②장례식.

[殯儀] pìn í ㄅㄧㄣˋ ㄧˊ 장례식. 「一館; 장의사」

〔鬢〕 pìn ㄅㄧㄣˋ 살쩍. 빈모(鬢毛). 귀밑털.

[鬢脚] pìnchiǎo ㄅㄧㄣˋㄐㄧㄠˇ 귀밑털. ＝鬢角

[鬢髮] pìnfâ ㄅㄧㄣˋㄈㄚˋ 살쩍. 귀밑털.

P'IN ㄆㄧㄣ

〔拚〕 p'īn ㄆㄧㄣ ①합치다. 하나로 합하다. 「把兩塊板子一起來; 두 장의 판자를 합치다」 ②모든 것을 돌보지 않다. 「一命; 목숨을 돌보지 않다」「一上一夜不睡也要作完; 밤을 새우더라도 끝을 마치지 않으면 안된다」

[拚命] p'īnmìng ㄆㄧㄣㄇㄧㄥˋ ① 목숨을 돌보지 않다. 「拚死命; 필사적으로 분투하다」 ②끝끝내 다투다. 「我跟他一; 그 사람과 끝끝내 다투다」

[拚到底] p'īntàotǐ ㄆㄧㄣㄉㄠˋㄉㄧˇ 최후까지 투쟁하다. 끝끝내 하다.

[拚湊] p'īnts'òu ㄆㄧㄣㄘㄡˋ 끌어 한데 모으다. 「一一些人馬; 조금 남의 손(힘)을 빌다」

[拚音] p'īnyīn ㄆㄧㄣㄧㄣ ①음소(音素)를 맞추어 한 음절로 만들다. ②표음 문자로 음(音)을 달아 주다.

〔姘〕 p'īn ㄆㄧㄣ 부부 아닌 남녀가 동거 생활을 하는 일. 남녀가 남 몰래 정을 통하다.

[姘居] p'īnchū ㄆㄧㄣㄐㄩ 정을 통하는 남녀가 함께 살다. 부부 아닌 남녀가 동거 생활을 하다.

[姘識] p'īnshíh ㄆㄧㄣㄕˊ 부부 아닌 남녀가 친밀한 관계를 맺다. 간통하다.

[姘頭] p'īnt'ou ㄆㄧㄣㄊㄡ 정부(情夫·情婦). 사통(私通)한 사람끼리 상대방을 서로 부를 때에 쓰는 말.

[姘度] p'īntù ㄆㄧㄣㄉㄨˋ 남녀가 야합(野合)하여 생활하다.

〔貧〕 p'ín ㄆㄧㄣˊ ①가난하다. 「一窮; 빈궁하다」 ②부족하다. 「一血; 빈혈」 ③잔소리는 귀찮다. 「他的嘴太一; 그의 잔소리는 참으로 시끄럽다」

[貧氣] p'ínch'ì ㄆㄧㄣˊㄑㄧˊ 귀찮게 끈덕지다.

[貧瘠] p'ínchí ㄆㄧㄣˊㄐㄧˊ (땅이)메마르다.

[貧乏] p'ínfá ㄆㄧㄣˊㄈㄚˊ 부족하다. 「經驗一; 경험이 부족하다」

[貧寒] p'ínhán ㄆㄧㄣˊㄏㄢˊ 가난하다. 「家裏很一; 집은 너무나 가난하다」

[貧雇農] p'ín'kūnúng ㄆㄧㄣˊㄍㄨㄣˊㄋㄩㄥˊ 빈농(貧農) 또는 고농(雇農).

[貧骨頭] p'ínkǔt'ou ㄆㄧㄣˊㄍㄨˊㄊㄡ ①잔소리 많은 사람. ②인색한 사람. 노랑이. ③잔소릿군.

[貧農] p'ínnúng ㄆㄧㄣˊㄋㄨㄥˊ 빈농.

[貧病交迫] p'ínpìng chiāopǒ ㄆㄧㄣˊㄅㄧㄥˋ ㄐㄧㄠㄆㄛˋ 빈고와 질병이 함께 부닥쳐 오다. 《成》

[貧婆] p'ínp'ó ㄆㄧㄣˊㄆㄛˊ ①가난한 노파. ②수다스럽고 남의 말에 참견 잘 하는 노파. 말 많은 노파.

[貧道] p'íntào ㄆㄧㄣˊㄉㄠˋ 중이나 도사(道士)가 자기를 낮추어 일컫는 말.

[貧嘴] p'íntsuǐ ㄆㄧㄣˊㄗㄨㄟˇ 잔소리가 많

아 귀찮다. =貧嘴惡舌. 貧嘴餓舌.
[貧無立錐之地] p'ín wú lìchuīchīhtī ㄆㄧㄣˊ ㄨˊ ㄌㄧˋ ㄓㄨㄟ ㄉㄧˋ 가난하여 몸둘 곳이 없다. «成»

〔頻〕 p'ín ㄆㄧㄣˊ 자주. 늘. 「一繁; 빈번」
[頻仍] p'ínjěng ㄆㄧㄣˊㄖㄥˊ 자주.
[頻年] p'ínnién ㄆㄧㄣˊㄋㄧㄢˊ 연년세세. 매년. 해마다.
[頻率] p'ínlǜ ㄆㄧㄣˊㄌㄩˋ ①주파수. 진동수. ②빈도(頻度).
[頻數] p'ínshuò ㄆㄧㄣˊㄕㄨㄛˋ 자주. 누차.

〔嬪〕 p'ín ㄆㄧㄣˊ 궁녀의 벼슬 이름.

〔蘋〕 p'ín ㄆㄧㄣˊ 물풀의 한 가지인 전자초(田字草): 잎은 4매 윤생(輪生)으로 "田"자 모양과 비슷함. 네가래. ⇨p'íng.

〔顰〕 p'ín ㄆㄧㄣˊ 눈썹을 찌푸리다. 「一眉; 눈썹을 찡그리다」

〔品〕 p'ǐn ㄆㄧㄣˇ ①물품(物品). 「印刷一; 인쇄물」「贈一; 선물로 주고 받는 물품」 ②순서. 등급. 「上一; 고급품」 ③옛날 벼슬의 지위: 일품(一品)에서 구품(九品)까지 있음. ④성질. 품행. 「一種; 품종」「人一; 인품」 ⑤ 서서히 호오우열(好惡優劣)을 판정하다. 「我一出他的爲人來了; 나는 그 사람의 인품을 알게 되었다」
[品茶] p'ǐnch'á ㄆㄧㄣˇㄔㄚˊ 차맛을 보며 즐기다. 차를 맛보다.
[品級] p'ǐnchí ㄆㄧㄣˇㄐㄧˊ 공무원의 등급(직위).
[品質] p'ǐnchìh ㄆㄧㄣˇㄓˋ ①품질. ②성격. 품격(品格).
[品出來] p'ǐnch'ulaí ㄆㄧㄣˇㄔㄨㄌㄞˊ 품평(品評)을 하여 알다.
[品行] p'ǐnhsing ㄆㄧㄣˇㄒㄧㄥ 인품과 행위.
[品學] p'ǐnhsüéh ㄆㄧㄣˇㄒㄩㄝˊ 품행과 학문.
[品紅] p'ǐnhúng ㄆㄧㄣˇㄏㄨㄥˊ 염색 재료로서 녹색 결정체로 금속성의 광택이 있고 물에 잘 녹으며 진홍빛이 됨.
[品藍] p'ǐnlán ㄆㄧㄣˇㄌㄢˊ 남보라빛.
[品類] p'ǐnlèi ㄆㄧㄣˇㄌㄟˋ 물품. 종류.
[品綠] p'ǐnlǜ ㄆㄧㄣˇㄌㄩˋ 푸른 대나뭇빛.
[品貌] p'ǐnmào ㄆㄧㄣˇㄇㄠˋ ①용모. ②인품과 용모.
[品茗] p'ǐnmíng ㄆㄧㄣˇㄇㄧㄥˊ =品茶.
[品評] p'ǐnp'íng ㄆㄧㄣˇㄆㄧㄥˊ 품평하다.
[品德] p'ǐntě ㄆㄧㄣˇㄉㄜˊ 도덕이나 수양면에서의 인품.
[品題] p'ǐnt'í ㄆㄧㄣˇㄊㄧˊ ①인물을 평하다. ②물건의 좋고 나쁨을 평하다.
[品頭品足] p'ǐnt'óu-p'ǐntsú ㄆㄧㄣˇㄊㄡˊ ㄆㄧㄣˇㄗㄨˊ 이것 저것 품평하다. =品頭論足.
[品望] p'ǐnwàng ㄆㄧㄣˇㄨㄤˋ 인품과 성망(聲望).
[品月] p'ǐnyüèh ㄆㄧㄣˇㄩㄝˋ 엷은 남색.

〔牝〕 p'ìn ㄆㄧㄣˋ 암컷. 「一馬; 암말」「一鷄; 암탉」

〔聘〕 p'ìn ㄆㄧㄣˋ ①어떤 일 때문에 사람을 초빙하다. 「一請; 초빙하다. 초청하다」「被一爲教師; 부탁을 받고 교사가 되다」 ②시집가다. 「出一; 출가하다」
[聘請] p'ìnch'ǐng ㄆㄧㄣˋㄑㄧㄥˇ 초빙하다. 「一專家; 전문가를 초빙하다」
[聘任] p'ìnjěn ㄆㄧㄣˋㄖㄣˋ 초빙하여 임용하다.
[聘禮] p'ìnlǐ ㄆㄧㄣˋㄌㄧˇ 약혼(約婚)으로 보내는 예물. 예장.
[聘定] p'ìntìng ㄆㄧㄣˋㄉㄧㄥˋ ①초빙하기로 결정함. ②약혼이 결정되다.
[聘問] p'ìnwěn ㄆㄧㄣˋㄨㄣˋ 사람을 보내어 방문하게 하다.
[聘用] p'ìnyùng ㄆㄧㄣˋㄩㄥˋ 초빙하여 임용하다.

PING ㄅㄧㄥ

〔檳〕 pīng ㄅㄧㄥ 「一榔; 빈랑나무」⇨pīn.

〔冰〕(氷) pīng ㄅㄧㄥ ①얼음. ②차게 느끼다. 「水有点一水; 물이 손에 차갑다」 ③(얼음에) 채다. 「把汽水一上; 사이다를 얼음에 채다」
[冰盞兒] pīngchǎnrh ㄅㄧㄥㄓㄢˇㄦ =冰碗兒.
[冰鎮] pīngchěn ㄅㄧㄥㄓㄣˋ 얼음으로 냉각시키다. 얼음에 채우다. 「一啤酒: 냉(冷)맥주」
[冰窖] pīngchiào ㄅㄧㄥㄐㄧㄠˋ 빙실(氷室). 빙고(氷庫).
[冰撬] pīngch'iāo ㄅㄧㄥㄑㄧㄠ 빙상(氷上)썰매.
[冰清玉潔] pī gch'īng-yǜchiéh ㄅㄧㄥㄑㄧㄥ ㄩˋㄐㄧㄝˊ 인격이 고결(高潔)함을 비유한 말. «成»
[冰激淩] pīngchīlíng ㄅㄧㄥㄐㄧㄌㄧㄥˊ 아이스크리임. =冰基冷·冰淇林·冰激林·冰結林.
[冰球] pīngch'iú ㄅㄧㄥㄑㄧㄡˊ 빙구. 아이스하키.
[冰柱] pīngchū ㄅㄧㄥㄔㄨ 고드름.
[冰磚] pīngchuān ㄅㄧㄥㄓㄨㄢ 사각(四角)으로 자른 얼음: 냉장고 따위에 쓰임.
[冰川] pīngch'uān ㄅㄧㄥㄔㄨㄢ 빙하(氷河).
[冰船] pīngch'uán ㄅㄧㄥㄔㄨㄢˊ 빙상(氷上) 썰매.
[冰床(兒)] pīngch'uáng(rh) ㄅㄧㄥㄔㄨㄤˊ(ㄦ) =冰船.
[冰人] pīngjěn ㄅㄧㄥㄖㄣˊ 중매장이.
[冰核] pīnghǒ ㄅㄧㄥㄏㄜˊ 얼음 조각. 얼음을 잘게 쪼갠 부스러기.
[冰下人] pīnghsiàjěn ㄅㄧㄥㄒㄧㄚˋㄖㄣˊ 중매인. 중매장이.
[冰箱] pīnghsiāng ㄅㄧㄥㄒㄧㄤ ①냉장고. ②냉동기.
[冰消瓦解] pīnghsiāo wǎchiěh ㄅㄧㄥㄒㄧㄠ ㄨㄚˇㄐㄧㄝˇ (집단이나 일이) 사방으로 흩어지는 비유. 산산조각.
[冰鞋] pīnghsiéh ㄅㄧㄥㄒㄧㄝˊ 스케이트 구두.
[冰雪聰明] pīnghsuěhts'ūngming ㄅㄧㄥㄒㄩㄝˇㄘㄨㄥㄇㄧㄥ 대단히 총명하다.
[冰花] pīnghuā ㄅㄧㄥㄏㄨㄚ 자연히 이룩

된 얼음 모양의 무늬.
[冰糕] pīngkāo ㄅㄧㄥㄍㄠ ①아이스캔디. ②아이스크리임.
[冰掛兒] pīngkuàrh ㄅㄧㄥㄍㄨㄚˋㄦ 고드름.
[冰棍兒] pīngkùnrh ㄅㄧㄥㄍㄨㄣˋㄦ =冰棒.
[冰冷] pīnglěng ㄅㄧㄥㄌㄥˇ 얼음처럼 차다.
[冰涼] pīngliáng ㄅㄧㄥㄌㄧㄤˊ =冰冷.
[冰肌玉骨] pīngchī-yǜkǔ ㄅㄧㄥㄐㄧㄩˋㄍㄨˇ 미인(美人)의 형용.
[冰壩] pīngpà ㄅㄧㄥㄅㄚˋ 봄에 황하(黃河)상류에서 흘러내리는 얼음덩이.
[冰棒] pīngpàng ㄅㄧㄥㄅㄤˋ 아이스캔디.
[冰雹] pīngpáo ㄅㄧㄥㄅㄠˊ 우박.
[冰片] pīngp'ièn ㄅㄧㄥㄆㄧㄢˋ 청량제(清涼劑)의 하나:용뇌(龍腦)를 주재료로 함.
[冰山] pīngshān ㄅㄧㄥㄕㄢ ①빙산(氷山). ②부귀 권세도 믿을 수 없다는 비유.
[冰釋] pīngshìh ㄅㄧㄥㄕˋ 얼음이 녹다.흔적도 없이 되다.
[冰手] pīngshǒu ㄅㄧㄥㄕㄡˇ 차게 느끼다.
[冰炭] pīngt'àn ㄅㄧㄥㄊㄢˋ ①얼음과 석탄.②성질이 상반하는 것.②서로 용납되지 않는 일.
[冰糖] pīngt'áng ㄅㄧㄥㄊㄤˊ 얼음설탕.
[冰刀] pīngtāo ㄅㄧㄥㄉㄠ 스케이트 날.
[冰天雪地] pīngt'iēn-hsüěhtì ㄅㄧㄥㄊㄧㄢㄒㄩㄝˇㄉㄧˋ 극한(極寒)의 땅. 몹시 추운 지방.
[冰條] pīngt'iáo ㄅㄧㄥㄊㄧㄠˊ =冰掛兒.
[冰攛] pīngts'uān ㄅㄧㄥㄘㄨㄢ ①얼음에 구멍을 뚫는 쇠로 만든 도구. ②얼음을 쪼개는 송곳.
[冰桶] pīngt'ǔng ㄅㄧㄥㄊㄨㄥˇ 얼음을 저장하는 통.
[冰碗兒] pīngwǎnrh ㄅㄧㄥㄨㄢˇㄦ 얼음에 마름씨나 과실 따위를 첨가한 음료.

〔兵〕 pīng ㄅㄧㄥ ①병기.무기. ②병사.군대.③군사(軍事).싸움.
[兵車] pīngch'ē ㄅㄧㄥㄔㄜ 탱크.=担克車.
[兵艦] pīngchièn ㄅㄧㄥㄐㄧㄢˋ 군함. =兵船.
[兵房] pīngfáng ㄅㄧㄥㄈㄤˊ 병영(兵營).
[兵符] pīngfú ㄅㄧㄥㄈㄨˊ 군사용의 부절(符節). 행군용(行軍用)의 부절.
[兵刃] pīngjèn ㄅㄧㄥㄖㄣˋ 무기.
[兵餉] pīnghsiǎng ㄅㄧㄥㄒㄧㄤˇ (병량·급료 따위의)군대내의 일체 비용. 군비(軍費).
[兵燹] pīnghsiěn ㄅㄧㄥㄒㄧㄢˇ 전재(戰災).
[兵險] pīnghsiěn ㄅㄧㄥㄒㄧㄢˇ ①전재(戰災)의 위험.②징병 보험(徵兵保險). ③전쟁의 위험.
[兵械] pīnghsièh ㄅㄧㄥㄒㄧㄝˋ 병기(兵器).
[兵慌馬亂] pīnghuāng-mǎluàn ㄅㄧㄥㄏㄨㄤ ㄇㄚˇㄌㄨㄢˋ 병사는 당황하고 말은 혼란을 일으킨다는 뜻으로,전쟁터의 혼란을 형용한 말. 《成》
[兵禍] pīnghuò ㄅㄧㄥㄏㄨㄛˋ 전화(戰禍).
[兵戈] pīngkō ㄅㄧㄥㄍㄜ 전쟁.싸움.
[兵貴神速] pīngkueìshénsù ㄅㄧㄥㄍㄨㄟˋㄕㄣˊㄙㄨˋ 용병(用兵)은 행동의 신속함이 가장 중요하다.
[兵連禍結] pīngliên-huòchiéh ㄅㄧㄥㄌㄧㄢˊㄏㄨㄛˋㄐㄧㄝˊ 전화(戰禍)가 계속되다.
[兵變] pīngpièn ㄅㄧㄥㄅㄧㄢˋ 군대의 반란(叛亂).
[兵不血刃] pīngpùhsüèhjèn ㄅㄧㄥㄅㄨˊㄒㄩㄝˋㄖㄣˋ 칼에 피를 묻히지 않고 승리를 거두다: 전황(戰況)이 순조롭다는 비유. 《成》
[兵不壓詐] pīngpùyènchà ㄅㄧㄥㄅㄨˋㄧㄢˋㄓㄚˋ 전쟁에는 속임수도 무관하다. 《成》
[兵不由將] pīngpùyúchiàng ㄅㄧㄥㄅㄨˋㄧㄡˊㄐㄧㄤˋ 부하들이 말을 듣지 않는다는 비유. 《成》
[兵操] pīngts'āo ㄅㄧㄥㄘㄠ 군대의 교련.
[兵源] pīngyüán ㄅㄧㄥㄩㄢˊ 병정의 공급원천.

〔稟〕(禀) pǐng ㄅㄧㄥˇ ① 타고난 성질. 천성.「天—; 천품」②아랫사람이 웃사람에게 보고하는 일. 「—告父母; 부모에게 여쭙다」
[稟承] pǐngch'éng ㄅㄧㄥˇㄔㄥˊ 분부를 받다. 명령을 받다.
[稟請] pǐngch'ing ㄅㄧㄥˊㄑㄧㄥˇ 청원하다. =稟懇.
[稟賦] pǐngfù ㄅㄧㄥˇㄈㄨˋ 체질이나 자질과 같은 천성의 것. 천부(天賦). =秉賦.
[稟性] pǐnghsìng ㄅㄧㄥˇㄒㄧㄥˋ 천성(天性).
[稟告] pǐngkào ㄅㄧㄥˇㄍㄠˋ 보고하다.
[稟明] pǐngmíng ㄅㄧㄥˇㄇㄧㄥˊ (상관에게)설명하다.

〔餅〕 pǐng ㄅㄧㄥˇ ①밀가루를 반죽하여 둥글넓적하게 만든 식품. ②"떡" 모양의 것.
[餅餌] pǐng-ěrh ㄅㄧㄥˊㄦˇ 밀가루나 쌀가루를 반죽하여 구워서 만든 과자·식품의 총칭.
[餅肥] pǐngféi ㄅㄧㄥˇㄈㄟˊ 식물성 깻묵을 둥글게 뭉친 비료.
[餅乾] pǐngkān ㄅㄧㄥˇㄍㄢ 비스킷. =餅乾.
[餅子] pǐngtzǔ ㄅㄧㄥˇㄗ ①수수나 옥수수가루를 반죽하여 구운 것.②고집이 센 사람.성질이 끈질긴 사람.

〔屏〕 pǐng ㄅㄧㄥˇ 제지하다. 배제하다. ⇨p'ing.
[屏棄] pǐngch'ì ㄅㄧㄥˇㄑㄧˋ ① 내버리다. 제거하다.②배제하다. 배척하다.
[屏氣] pǐngch'ì ㄅㄧㄥˇㄑㄧˋ 숨을 죽이다. 숨소리를 내지 않다.
[屏氣凝神] pǐngch'ì-níngshén ㄅㄧㄥˇㄑㄧˋㄋㄧㄥˊㄕㄣˊ 정신을 집중하는 모양.한눈팔지 않고 열중하는 모양.
[屏斥] pǐngch'ìh ㄅㄧㄥˇㄔˋ 배척하다.
[屏除] pǐngch'ú ㄅㄧㄥˇㄔㄨˊ 제거하다.
[屏住] pǐngchu ㄅㄧㄥˇㄓㄨ (숨을)끊다.죽이다.
[屏障] pǐngchàng ㄅㄧㄥˇㄓㄤˋ 가리개. 커어튼 따위.
[屏息] pǐnghsī ㄅㄧㄥˇㄒㄧ ①=屏氣. ②조용하게 되다.

〔丙〕 pǐng ㄅㄧㄥˇ ①십간(十干)의 세째.②서열의 세 번째. 세째 번.

〔炳〕 pǐng ㄅㄧㄥˇ 환한.명료한.현저한.

〔柄〕 pǐng ㄅㄧㄥˇ ①자루. 손잡이. ②식물의 꽃·잎·가지·줄기가 붙어 있는 가늘고 긴 부분. ③장악하다.「一政; 정권을 잡다」④권력(權力).

〔秉〕 pǐng ㄅㄧㄥˇ ①갖는다.잡는다.②장악하다.③옛날의 용량(容量)의 단위: 16 "斛".

[秉政] pǐngchěng ㄅㄧㄥˇㄓㄥˇ 정권을 장악하다.

[秉燭] pǐngchú ㄅㄧㄥˇㄓㄨˊ 촛불 따위를 손에 들다.

[秉賦] pǐngfù ㄅㄧㄥˇㄈㄨˋ 체질이나 자질 따위의 천성의 것. 천부(天賦). =禀賦.

[秉性] pǐnghsìng ㄅㄧㄥˇㄒㄧㄥˋ 천성(天性). =禀性.

[秉公] pǐngkūng ㄅㄧㄥˇㄍㄨㄥ 공평한.「一辦理; 공평하게 처리하다」=秉公處理.

[秉國] pǐngkuó ㄅㄧㄥˇㄍㄨㄛˊ 나라 일을 다스리다.

[秉筆] píngpi ㄅㄧㄥˊㄅㄧˇ 붓을 잡다.

〔幷〕(並①②④·併③)

pìng ㄅㄧㄥˋ ①가지런히. 나란히. 함께.「一肩作戰; 어깨를 나란히 하고 싸우다」②부정하는 말 앞에 붙어 실제로는 이렇다 하고, 어느 정도 반박하는 기세를 보이는 말: 그다지. 별로.「一不太冷; 그다지 춥지는 않다」③(하나로)합치다. 통합하다. ④병열(並列)·누가(累加)의 접속사.「一且; 그 위에」⑤ pīng "山西省 太原"의 별칭.

[幷案] pǐng-àn ㄅㄧㄥˋㄢˋ 사건을 합치다.「一辦理; 병합 처리하다」

[幷駕齊驅] pìngchià-ch'ích'ū ㄅㄧㄥˋㄐㄧㄚˋㄑㄧˊㄑㄩ ①어깨를 나란히 하고 나아가다. ②신분의 상하를 구별하지 않다. 재능이나 역량이 대등한 모양.

[幷且] pìngch'iěh ㄅㄧㄥˋㄑㄧㄝˇ ①그리고. 또한. ②그 위에. 더우기.

[幷肩] pìngchiēn ㄅㄧㄥˋㄐㄧㄢ ① 어깨를 나란히 하다. ②세력·지위·능력 따위가 같다.

[幷擧] pìngchǚ ㄅㄧㄥˋㄐㄩˇ 몇 가지를 동시에 들다. 함께 쓰다.「土的洋的同時一; 재래의 것과 외국의 것을 동시에 쓰다」

[幷發] pìngfā ㄅㄧㄥˋㄈㄚ ①병이 병발(併發)하다. ②같이 발송하다.

[幷非] pìngfēi ㄅㄧㄥˋㄈㄟ 그다지 …하지 않다. 결코 …이 아니다. 별로 …이 아니다. =幷不.

[幷行] pìnghsíng ㄅㄧㄥˋㄒㄧㄥˊ ①나란히 가다. ②동시에 행하다.「一不悖; 동시에 진행시켜도 서로 충돌하는 일이 없다」

[幷攏] pìnglǔng ㄅㄧㄥˋㄌㄨㄥˇ 병합하다. 「합치다.

[幷排(兒)] pǐngp'ái(rh) ㄅㄧㄥˇㄆㄞˊ(ㄦ) 나란히 열을 짓다.

[幷比] pìngpi ㄅㄧㄥˋㄅㄧˇ 나란히 놓고 비교하다.

[幷不] pìngpù ㄅㄧㄥˋㄅㄨˋ (반박의 어세로서)결코 …하지 않다. 별로 …이 아니다.「他一撒謊; 그는 별로 거짓말을 않는다」

[幷上] pìngshang ㄅㄧㄥˋㄕㄤ 다물다. 합치다.「幷不上嘴兒; (기쁠 때) 입이 오므라지지 않다」

[幷蒂蓮] pìngtìlién ㄅㄧㄥˋㄉㄧˋㄌㄧㄢˊ 한 뿌리에서 나온 두 개의 연꽃: 부부가 화목하다는 비유.

〔摒〕 pìng ㄅㄧㄥˋ 배제하다. 제거하다.

[摒棄] pìngch'ì ㄅㄧㄥˋㄑㄧˋ 배척하다. 포기하다.

[摒除] pìngch'ú ㄅㄧㄥˋㄔㄨˊ 배제하다.「一困難; 곤란을 배제하다」

[摒擋] pìngtàng ㄅㄧㄥˋㄉㄤˋ 걷어 치우다. 정리하다.「一行裝; 행장을 꾸리다」

〔病〕 pìng ㄅㄧㄥˋ ①병. 병에 걸림. ②결점. 고장. 폐해.「一定有一; 반드시 무슨 까닭이 있다」③손해. 손해를 끼침. 해독을 미침.「禍國一民; 나라와 국민에게 해독을 끼치다」

[病假] pìngchià ㄅㄧㄥˋㄐㄧㄚˋ 병결(病缺). 병가.「告一; 병으로 결근하다」

[病急亂投醫] pìng chí luàn t'óu ī ㄅㄧㄥˋㄐㄧˊ ㄌㄨㄢˋ ㄊㄡˊ ㄧ 병이 위급해서야 비로소 의사를 부른다는 뜻으로, 발등에 불이 떨어진 다음에야 당황한다는 말. 《諺》

[病房] pìngfáng ㄅㄧㄥˋㄈㄤˊ 병실(病室).

[病夫] pìngfū ㄅㄧㄥˋㄈㄨ 병자(病者). 환자.

[病疫] pìng ì ㄅㄧㄥˋ ㄧˋ 질병.

[病入膏肓] pìng jù kāohuāng ㄅㄧㄥˋ ㄖㄨˋ ㄍㄠ ㄏㄨㄤ ①병이 이미 고황에 들다: 즉 회복될 수 없는 중태에 빠졌다는 말. 《成》 ②사태가 이미 구제할 수 없는 막바지에 이르다.

[病容] pìngjúng ㄅㄧㄥˋㄖㄨㄥˊ 환자의 증세(症勢).

[病根兒] pìngkēnrh ㄅㄧㄥˋㄍㄣㄦ ①병의 근원. ②폐해의 근원. ③실패의 원인.

[病故] pìngkù ㄅㄧㄥˋㄍㄨˋ 병사(病死).

[病鬼] pìngkuei ㄅㄧㄥˋㄍㄨㄟˇ 병마(病魔). 병골(病骨).

[病歷] pìnglì ㄅㄧㄥˋㄌㄧˋ ①병의 경력.「問病人的一; 환자의 병력(病歷)을 묻다」. ②진료부(診療簿). 진료 카아드.「一表; 진료 카아드」

[病民] pìngmín ㄅㄧㄥˋㄇㄧㄣˊ 국민에게 해독을 끼치다.

[病班] pìngpān ㄅㄧㄥˋㄅㄢ 병균의 침해를 받아 농작물에 생긴 반점(班點).

[病包兒] pìngpāorh ㄅㄧㄥˋㄅㄠㄦ 늘 앓고 있는 사람.

[病病歪歪] pìngpingwāiwāi ㄅㄧㄥˋㄅㄧㄥ ㄨㄞㄨㄞ (앓거나 또는 앓고 나서) 비틀비틀하는 모양.

[病病殃殃] pìngpingyāngyāng ㄅㄧㄥˋㄅㄧㄥ ㄧㄤㄧㄤ 병으로 피로하고 지친 모양.

[病史] pìngshǐh ㄅㄧㄥˋㄕˇ 병력(病歷). 병의 경력. 「지다.

[病倒] pìngtǎo ㄅㄧㄥˋㄉㄠˇ 병으로 쓰러

[病竈] pìngtsào ㄅㄧㄥˋㄗㄠˋ 병집. 병의 근원. 「苦).

[病痛] pìngt'ùng ㄅㄧㄥˋㄊㄨㄥˋ 병고(病

[病位] pìngwèi ㄅㄧㄥˋㄨㄟˋ 환부(患部).

[病愈] pìngyǜ ㄅㄧㄥˋㄩˋ 병이 낫다.

[病源] pìngyüán ㄅㄧㄥˋㄩㄢˊ 병의 근원.

[病員] pìngyüán ㄅㄧㄥˋㄩㄢˊ 환자(患者).

P'ING ㄆㄧㄥ

〔乒〕 p'īng ㄆㄧㄥ
[乒乓] p'īngp'āng ㄆㄧㄥㄆㄤ 핑퐁. 탁구. 「一球；탁구」
〔娉〕 p'īng ㄆㄧㄥ 「一婷；여성의 아름다운 모양」
〔平〕 p'íng ㄆㄧㄥˊ ①평평하다. 평평하게 하다. 「象水面一樣一；수면처럼 평평하다」「鋪一；깔아 잴이다」②공평한. 「公一；공평」③편안하고 고요한. 「一心靜氣；가만히 마음을 진정시키다」④평정(平定)하다. 평온하게 하다. 「一亂；난을 평정하다」「把地一一一；지면이 평평하게 땅을 고르다」⑤(분량을) 달다. (길이를) 재다. 「一一輕重；무게를 달다」⑥보통의. 평범한. 「一時；평시」「一日；평일」「一常；평상」「一淡無奇；평범하여 아무 변화도 없음」
[平安] p'íngān ㄆㄧㄥˊㄢ 평안하다. 「一路一；도중에 별일 없이」>平平安安.
[平常] p'íngch'áng ㄆㄧㄥˊㄔㄤˊ ①늘. 언제든지. ②흔이 있는. 별다른 일 없는. >平平常常.
[平車] p'íngch'ē ㄆㄧㄥˊㄔㄜ ①기계를 분해 수리하다. ②화물 운반용의 작은 차.
[平整] p'íngchěng ㄆㄧㄥˊㄓㄥˇ 평평하게 잘 정리되어 있다.
[平正] p'íngchèng ㄆㄧㄥˊㄓㄥˋ 단정하다. 「平頭正臉兒；단정하다」
[平整土地] p'íngchěng-t'ǔti ㄆㄧㄥˊㄓㄥˇㄊㄨˇㄉㄧˋ ①정지(整地)하다. ②토지 정리. 때로는 토지 개량하는 방법을 말함.
[平棋] p'íngch'í ㄆㄧㄥˊㄑㄧˊ ①승부 없는 장기. ②장기에서 비기다.
[平價] p'íngchià ㄆㄧㄥˊㄐㄧㄚˋ 적당한 가격. 값을 적당히 하다.
[平權] p'íngch'üán ㄆㄧㄥˊㄑㄩㄢˊ 권리를 평등하게 하다. 「제.
[平交] p'íngchiāo ㄆㄧㄥˊㄐㄧㄠ 대등한 교
[平起平坐] p'íngch'ǐ-p'íngchà ㄆㄧㄥˊㄑㄧˇ ㄆㄧㄥˊㄓㄚˋ 지위가 동등하다. 「現在能跟男人一了；오늘에 이르러서야 남자와 평등하게 되었다」
[平居] p'íngchū ㄆㄧㄥˊㄐㄩ 평일. 평소.
[平局] p'íngchū ㄆㄧㄥˊㄐㄩˊ 무승부로 끝나는 것.
[平川] p'íngch'uān ㄆㄧㄥˊㄔㄨㄢ ①넓은 평지. ②평평한 도로.
[平裝] p'íngchuāng ㄆㄧㄥˊㄓㄨㄤ 평소의 복장. 평복.
[平反] p'íngfǎn ㄆㄧㄥˊㄈㄢˇ ①억울한 죄(원죄)임을 분명히 해 두다. ②원심·원판결을 뒤엎고 공평하게 재결하다. 《法》 「단층집.
[平房] p'íngfáng ㄆㄧㄥˊㄈㄤˊ 평옥(平屋)
[平匪] p'íngfěi ㄆㄧㄥˊㄈㄟˇ 비적(匪賊)을 평정하다.
[平分] p'íngfēn ㄆㄧㄥˊㄈㄣ 평등하게 나누다. 「一土地；토지를 균등히 분배하다」
[平復] p'íngfù ㄆㄧㄥˊㄈㄨˋ ①평온한 상태로 돌이키다. ②병이 회복되다.
[平焊] p'ínghàn ㄆㄧㄥˊㄏㄢˋ 평면 용접(溶接).
[平和] p'íngho ㄆㄧㄥˊㄏㄜ ①평화롭다. ②분쟁이 없다. >平平和和.
[平西] p'ínghsī ㄆㄧㄥˊㄒㄧ 해가 넘어가다. 해가 지다.
[平息] p'ínghsī ㄆㄧㄥˊㄒㄧ ①평정하다. ②(흥분 따위가)가라앉다.
[平昔] p'ínghsí ㄆㄧㄥˊㄒㄧˊ 지나간 날. 그 옛날.
[平心] p'ínghsīn ㄆㄧㄥˊㄒㄧㄣ 냉정 공평하여 감정에 흐르지 않다. 「一而論；냉정하게 논하다. 정당한 입장에서 말을 하다」
[平信] p'ínghsìn ㄆㄧㄥˊㄒㄧㄣˋ 보통 서신: 등기 우편에 대한 말.
[平行] p'ínghsíng ㄆㄧㄥˊㄒㄧㄥˊ ①평행. ②지위 따위가 같은 것. 「一機關；동등한 지위의 관청」
[平滑] p'ínghuá ㄆㄧㄥˊㄏㄨㄚˊ 평평하고 매끈매끈하다. >平平滑滑.
[平易] p'íng ì ㄆㄧㄥˊㄧˋ 마음 편하게. 아주 쉽게.
[平人] p'íngjěn ㄆㄧㄥˊㄖㄣˊ ①무병한 사람. ②죄 없는 사람. ③평민.
[平光] p'íngkuāng ㄆㄧㄥˊㄍㄨㄤ 도수 없는 안경.
[平空] p'íngk'ūng ㄆㄧㄥˊㄎㄨㄥ 이유 없이. 근거 없이.
[平闊] p'íngk'uò ㄆㄧㄥˊㄎㄨㄛˋ 평평하고 널찍하다.
[平列] p'íngliěh ㄆㄧㄥˊㄌㄧㄝˋ 동등.
[平明] p'íngmíng ㄆㄧㄥˊㄇㄧㄥˊ 밤이 샐 무렵. 새벽.
[平白] p'íngpái ㄆㄧㄥˊㄅㄞˊ 공연히. 까닭 없이. 「一罵人；공연히 사람을 욕함」
[平板] p'íngpǎn ㄆㄧㄥˊㄅㄢˇ ①평평한 널빤지. ②단조롭다. 「一三輪車；화물 운반용 삼륜차」
[平板(兒)車] p'íngpěi(rh)ch'ē ㄆㄧㄥˊㄅㄢˇ(ㄦ)ㄔㄜ 뚜껑 없는 평평한 바닥만 있는 화차.
[平輩(兒)] p'íngpèi(rh) ㄆㄧㄥˊㄅㄟˋ(ㄦ) ①(가족이나 친척 사이의) 같은 항렬이나 또는 같은 연배의 사람. ②(선·후배 관계의)동배.
[平平] p'íngp'íng ㄆㄧㄥˊㄆㄧㄥˊ 평범한. 「一無奇；평범하고 신기한 데가 없다」
[平玻璃] p'íngpōli ㄆㄧㄥˊㄅㄛㄌㄧ 판유리.
[平鋪] p'íngp'ū ㄆㄧㄥˊㄆㄨ 평평하게 깔아 놓다. 「一直敍；글 쓰는 품이 술술 잘 나가는 모양」
[平步登天] p'íngpù-těngt'iēn ㄆㄧㄥˊㄅㄨˋㄉㄥㄊㄧㄢ 단번에 대성공하다. >平地登天.
[平色] p'íngsè ㄆㄧㄥˊㄙㄜˋ 은(銀)의 품질이 좋고 나쁨. 「시.
[平生] p'íngshěng ㄆㄧㄥˊㄕㄥ 평소. 평상
[平聲] p'íngshěng ㄆㄧㄥˊㄕㄥ 평성: 중국어의 4성의 하나, 지금은 "平聲"을 나누어 "上平"과 "下平"으로 함.
[平時] p'íngshíh ㄆㄧㄥˊㄕˊ ①(전시에 대하여) 보통 때. 평상시. 평시
[平手兒] p'íngshǒurh ㄆㄧㄥˊㄕㄡˇㄦ ①역량(力量)이 비슷한 상대방. ②=平局.

[平順] p'íngshùn ㄆㄧㄥˊㄕㄨㄣˋ 평온하고 순조롭다. ＞平平順順.

[平臺] p'íngt'ái ㄆㄧㄥˊㄊㄞˊ ①지붕에 기와를 덮지 않고 방수제 사용의 시멘트 콘크리이트로 평평하게 건립한 가옥. ② 평평한 받침대. 단형(壇形)의 건축물. ③ 평균대 : 체육 용구.

[平淡] píngtàn ㄆㄧㄥˊㄉㄢˋ 흔한. 진기한 데가 없는.「一無奇 ; 평범하고 아무 변화도 없음」＞平平淡淡.

[平糴] p'íngtí ㄆㄧㄥˊㄉㄧˊ 풍년에 곡물을 매입 저장하였다가 흉년에 방출하는 것.

[平地] p'íngtì ㄆㄧㄥˊㄉㄧˋ ①평지. ②아무 것도 없는 곳.「一起家 ; 아무 기초도 없이 일을 진행하다」「一建立起了一所巨大的工廠 ; 아무 것도 없는 곳에 하나의 거대한 공장을 세웠다」③돌연. 「一風波 ; 뜻하지 않은 재화. 필요 없는 분규(紛糾)를 일으키다」

[平糶] p'íngtiào ㄆㄧㄥˊㄉㄧㄠˋ 정부에서 곡물의 값이 비쌀 때에 싼 값으로 방출하는 것.

[平調] p'íngtiào ㄆㄧㄥˊㄉㄧㄠˋ 보통 때와 같은 정도의 상태. 평조.

[平地機] p'íngtìchī ㄆㄧㄥˊㄉㄧˋㄐㄧ 땅을 고르는 기계.

[平頭] p'íngt'óu ㄆㄧㄥˊㄊㄡˊ ①상고머리 : 스포오츠형과 비슷함. ②꼭 맞는. 나머지가 없는.「一數 ; 정수(整數)」③머리가 납작한 것.「一小釘 ; 대갈못」 ④보통. 「一百姓 ; 평민」

[平倉費] p'íngts'āngfèi ㄆㄧㄥˊㄘㄤㄈㄟˋ 화물 운송비. 운임.

[平槽] p'íngts'áo ㄆㄧㄥˊㄘㄠˊ 물이 그릇에 찰랑찰랑 가득 차 있는 것.

[平仄] p'íngtsè ㄆㄧㄥˊㄗㄜˋ 중국어의 옛 사성(四聲) 중 "上聲·去聲·入聲"을 "仄聲"이라 하고, "平聲"과 합하여 "平仄"라 한다.

[平月] p'íngyüèh ㄆㄧㄥˊㄩㄝˋ 2월이 28일인 경우를 말함.

[平允] p'íngyǔn ㄆㄧㄥㄩㄣˇ 공평 적절(適節)함을 말함.

[平庸] p'íngyūng ㄆㄧㄥˊㄩㄥ 평범한 것 ＞平平庸庸. 「一無奇 ; 평범하여 변화가 없음」

〔坪〕 p'íng ㄆㄧㄥˊ 평평한 토지.「草一 ; 평평한 풀 밭이나 잔디 밭」

[坪壩子] p'íngpàtzŭ ㄆㄧㄥˊㄅㄚˋㄗ 평지.

[坪子] p'íngtzŭ ㄆㄧㄥˊㄗ 평탄한 토지.

〔屛〕 p'íng ㄆㄧㄥˊ ①가로 막는것.「圍一 ; 병풍. 문안에 세우는 가리개」②글이나 그림의 한 조. ⇨pǐng.

[屛障] p'íngchàng ㄆㄧㄥˊㄓㄤˋ ①간막이. 병풍. 덧문 따위. ②가로 막은 험한 산의 모양. ③보장(保障). 방벽(防壁). 커어튼.

[屛藩] p'íngfān ㄆㄧㄥˊㄈㄢ 가로 막고 지키다.

[屛風] p'íngfēng ㄆㄧㄥˊㄈㄥ 병풍.

[屛風門] p'íngfēngmén ㄆㄧㄥˊㄈㄥㄇㄣˊ 바깥문과 안문 사이에 세워 놓은 눈가림대. ＝屛門.

[屛條(兒)] p'íngt'iáo(rh) ㄆㄧㄥˊㄊㄧㄠˊ(ㄦ) 세로의 길이가 4폭 혹은 8폭의 짝으로 되어 있는 서화(書畫).

〔瓶〕 p'íng, ㄆㄧㄥˊ 「一子·一兒 ; 병」「酒一子 ; 술병」

[瓶裝] p'íngchuāng ㄆㄧㄥˊㄓㄨㄤ ①병에 액체 따위를 넣어서 봉하고 포장한 것. ②병에 담다.

[瓶蓋(兒)] p'íngkài(rh) ㄆㄧㄥˊㄍㄞˋ(ㄦ) 병마개. 병뚜껑. 왕관(王冠).

[瓶罐] p'íngkuàn ㄆㄧㄥˊㄍㄨㄢˋ 병과 둥근 용기(볶거나 굽는 데 쓰는 그릇).

[瓶塞兒(一子)] p'íngsāirh(一tzŭ) ㄆㄧㄥˊㄙㄞㄦ(一ㄗ) 병마개.

[瓶座兒] p'íngtsòrh ㄆㄧㄥˊㄗㄨㄛˋㄦ 병의 밑바닥.

〔評〕 p'íng ㄆㄧㄥˊ ①평하다. 비평하다. 「一定 ; 평정」②비평. 비판. 「好一 ; 호평」

[評產] p'íngch'ǎn ㄆㄧㄥˊㄔㄢˇ 재산을 평가하다.

[評級] p'íngchí ㄆㄧㄥˊㄐㄧˊ 등급을 평정(評定)하다.

[評獎] p'íngchiǎng ㄆㄧㄥˊㄐㄧㄤˇ ①표창자를 토론에 의하여 결정하다. ②비평 표창하다.

[評劇] p'íngchǜ ㄆㄧㄥˊㄐㄩˋ ①중국 "河北省"에서 흥행하는 연극의 한 가지. ＝蹦蹦兒戲. ②연극을 평하다.

[評發] p'íngfā ㄆㄧㄥˊㄈㄚ 평정(評定)하여 주다.「一獎品 ; 평정하여 상품을 내주다」

[評分] p'íngfēn ㄆㄧㄥˊㄈㄣ ①평점(評點). ②점수를 매기다. ③(노동의 질·양에 의하여) 임금을 산출하다.

[評薪] p'înghsīn ㄆㄧㄥˊㄒㄧㄣ 급료를 모든 토론에서 결정하다. 봉급을 의론하여 결정하다.

[評選] p'ínghsüǎn ㄆㄧㄥˊㄒㄩㄢˇ 평가하여 선정하다.

[評話] p'ínghuà ㄆㄧㄥˊㄏㄨㄚˋ ①강담(講談). ②강담체의 소설.

[評工計分] p'íngkūng-chìfēn ㄆㄧㄥˊㄍㄨㄥㄐㄧˋㄈㄣ 일의 성과를 평가하여 나누어 가지거나 임금을 결정하다.

[評理(兒)] p'ínglí(rh) ㄆㄧㄥˊㄌㄧˇ(ㄦ) 어느 편이 도리에 맞는가를 제삼자가 결정하다.

[評論] p'ínglùn ㄆㄧㄥˊㄌㄨㄣˋ ①평론하다. 비평하다.「一員 ; 논설위원」②이러쿵 저러쿵 말하다.

[評判] p'íngpàn ㄆㄧㄥˊㄅㄢˋ 심판하다. 「一員 ; 심판원」

[評比] p'íngpǐ ㄆㄧㄥˊㄅㄧˇ 여러 가지 조건을 조사하여 평정(評定)하다.

[評書] p'íngshū ㄆㄧㄥˊㄕㄨ 강담(講談). 역사·전설·무인담 등을 주제로 하여 이야기를 하여 가다.

[評彈] p'íngt'án ㄆㄧㄥˊㄊㄢˊ ①비판 탄핵하다. ② 評書 (p'íngshū) 와 彈詞(t'án-tz'ǔ).

[評閱] p'íngyüèh ㄆㄧㄥˊㄩㄝˋ ①열람하고 비평을 가하다. ②(시험 답안을) 채점하다.

〔苹〕 p'íng ㄆㄧㄥˊ ①수초(水草).「浮一 ; 물에 자라는 풀」②일종의 부평초.

[萍寄] p'íngchì ㄆㄧㄥˊㄐㄧˋ 마음 붙일 자리

가 없다.
[萍梗] p'íngkěng ㄆㄧㄥˊㄍㄥˇ 이리 저리로 옮겨가서 거처가 일정하지 않다.
[萍蓬] p'íngp'ěng ㄆㄧㄥˊㄆㄥˊ 거처가 일정치 않다.
[萍泊] p'íngpó ㄆㄧㄥˊㄅㄛˊ 부평초처럼 떠다니며 방랑하다. 정처 없이 방랑하다.
[萍水相逢] p'íngshuǐ·hsiāngféng ㄆㄧㄥˊㄏㄨㄟˇㄒㄧㄤㄈㄥˊ 우연히 만나다.
[萍踪] p'íngtsūng ㄆㄧㄥˊㄗㄨㄥ 행방이 일정하지 않다.「一無定 ; 행방이 일정치 않다」

〔憑〕(凭) p'íng ㄆㄧㄥˊ ①기대다.「一欄 ; 난간에 기대다」②의지하다. 의뢰하다.「光一着武器不能打勝仗 ; 무기에만 의존하면 전쟁에 이길 수 없다」③근거로 삼다. 의거하여.「一大家的意見作出決定 ; 모든 사람의 의견에 의거하여 결정하다」④증거.「空口無一 ; 말뿐으로 증거가 없다」
[憑仗] p'íngchàng ㄆㄧㄥˊㄓㄤˋ =憑依.
[憑照] p'íngchào ㄆㄧㄥˊㄓㄠˋ 증명 서류.
[憑証] p'íngchěng ㄆㄧㄥˊㄓㄥˋ 증거.
[憑借] p'íngchièh ㄆㄧㄥˊㄐㄧㄝˋ 의지하다. 빌다.
[憑據] p'íngchǜ ㄆㄧㄥˊㄐㄩˋ 증거. 근거.
[憑中] p'íngchūng ㄆㄧㄥˊㄓㄨㄥ 중매자를 내세우다.
[憑信] p'íngshìn ㄆㄧㄥˊㄒㄧㄣˋ 신뢰하다. 의지하다. 「하다.
[憑依] p'íng ī ㄆㄧㄥˊㄧ 의지하다. 의거
[憑空] p'íngk'ūng ㄆㄧㄥˊㄎㄨㄥ 근거 없이. 까닭 없이.「一造謠 ; 근거도 없는 소문을 내다」「機會不能一掉下來 ; 기회란 공중에서 떨어지는 것은 아니다」
[憑命] p'íngmìng ㄆㄧㄥˊㄇㄧㄥˋ 운명에 맡기다.
[憑票] p'íngp'iào ㄆㄧㄥˊㄆㄧㄠˋ 수표나 증권 따위를 토대로 삼다.「一即付 ; 일람불(一覽拂)하다」
[憑什麼] p'íngshénmê ㄆㄧㄥˊㄕㄣˊㄇㄜ˙ 무엇을 근거로 삼고서. 무슨 까닭에.「一罵我? ; 왜 나를 욕하느냐?」
[憑恃] p'íngshìh ㄆㄧㄥˊㄕˋ (세력 따위를) 의지하다.
[憑單] p'íngtān ㄆㄧㄥˊㄉㄢ ①증권. 인환증(引換証). ②증권·인환권을 바탕으로 하여.「一付款 ; 인환증에 대해 돈을 지불하다」③증명서. 전표. 선하증권 (船荷証券). 면세증명 따위.
[憑吊] p'íngtiào ㄆㄧㄥˊㄉㄧㄠˋ 유적(遺跡)을 추모하다. 유적을 추선(追善)하다.
[憑眺] p'íngt'iào ㄆㄧㄥˊㄊㄧㄠˋ 높은 곳에서 멀리 바라보다.

〔鮃〕 p'íng ㄆㄧㄥˊ 〈動〉넙치. 고기 이름.

〔苹〕(蘋) p'íng ㄆㄧㄥˊ ①「一果 ; 사과」②쑥갓의 일종. ⇨p'ín.
[苹果] p'íngkuo ㄆㄧㄥˊㄍㄨㄛ˙ 사과.「一臉兒 ; 낯을 붉힌 얼굴」「一醬 ; 사과 잼(jam)」「一綠 ; 옛 도자기의 일종으로 청(靑)사과와 같은 색채가 있음」

PO ㄅㄛ

〔波〕 pō ㄅㄛ ①물결. 파도. ②파상물(波狀物).「電一 ; 전파」
[波折] pōchě ㄅㄛㄓㄜˊ ①파란 곡절. 우여곡절. ②생활상의 곡절. 신고(辛苦). 곡절이 많다. > 波波折折.
[波爾多液] pōěrhtōyèh ㄅㄛㄦˇㄉㄨㄛㄧㄝˋ 보르도(bordeaux)액. «譯»
[波瀾] pōlán ㄅㄛㄌㄢˊ ①파도. ②문장의 기복과 변화. ③사조(思潮).
[波瀾壯闊] pōlán chuàngk'uò ㄅㄛㄌㄢˊㄓㄨㄤˋㄎㄨㄛˋ 기세가 장하다. 규모가 크다.
[波浪] pōlàng ㄅㄛㄌㄤˋ ①파도. 물결. ②소동. 혼잡. ③(민중 운동 따위의) 기세(氣勢).
[波浪式] pōlàngshìh ㄅㄛㄌㄤˋㄕˋ 파상적(波狀的).
[波浪鼓兒] pōlàngkǔrh ㄅㄛㄌㄤˋㄍㄨˇㄦ 장난감의 한 가지. 자루가 달린 작은 북: 좌우에 방울이 달려 있는 것.
[波稜] pōlěng ㄅㄛㄌㄥˊ 〈植〉시금치. =菠稜菜.
[波稜蓋兒] pōlěngkàirh ㄅㄛㄌㄥˊㄍㄞˋㄦ 무릎.
[波累] pōlěi ㄅㄛㄌㄟˇ 연루(連累)시키다.
[波羅蓋] pōlokāi ㄅㄛㄌㄨㄛˊㄍㄞˋ 무릎.
[波羅蜜] pōlómì ㄅㄛㄌㄨㄛˊㄇㄧˋ 〈植〉파인애플. =菠羅.

〔玻〕 pō ㄅㄛ
[玻璃] pōli ㄅㄛㄌㄧ ①유리. ②유리처럼 투명한 물건.
[玻璃窓] pōlich'uāng ㄅㄛㄌㄧㄔㄨㄤ 유리창.「玻璃櫥窓 ; 쇼우윈도우」
[玻璃絨] pōlijúng ㄅㄛㄌㄧㄖㄨㄥˊ 유리섬유. 나일론 섬유.
[玻璃鋼] pōlikāng ㄅㄛㄌㄧㄍㄤ 경질(硬質) 유리. 「리.
[玻璃板] pōlipǎn ㄅㄛㄌㄧㄅㄢˇ 판(板)유
[玻璃版] pōlipǎn ㄅㄛㄌㄧㄅㄢˇ 콜로타이프판. =珂羅版.
[玻璃杯] pōlipēi ㄅㄛㄌㄧㄅㄟ 컵. 유리잔.
[玻璃皮] pōlipí ㄅㄛㄌㄧㄅㄧˊ 나일론 가죽.
[玻璃布] pōlipù ㄅㄛㄌㄧㄅㄨˋ 비닐 시이트.
[玻璃絲] pōlissū ㄅㄛㄌㄧㄙ 도안(圖案) 무늬에 쓰는 실 같은 유리.「一襪 ; 나일론 양말」
[玻璃墊] pōlitièn ㄅㄛㄌㄧㄉㄧㄢˋ 테이블 위에 까는 유리판.
[玻璃雨衣] pōliyǚ ī ㄅㄛㄌㄧㄩˇㄧ 비닐로 만든 레인코우트.

〔啵〕 pō ㄅㄛ 의논할 의사(意思)나 또는 희망을 표시하는 뜻의 어기 조사(語氣助詞). =把.

〔菠〕 pō ㄅㄛ 〈植〉 시금치.
[菠菜] pōts'ài ㄅㄛㄘㄞˋ 〈植〉 시금치.
[菠稜] pōlěng ㄅㄛㄌㄥˊ =菠菜.
[菠蘿] pōló ㄅㄛㄌㄨㄛˊ =菠羅蜜. 파인애플.

〔鉢〕(鉢) pō ㄅㄛ ①「一頭 ; (물건을 씻거나 담은)대접 모양의 그릇」②범어(梵語)의 "鉢多羅"의 약칭. 중의 식기. 바리때.

[鉢盂] pōyü ㄅㄛㄩ 바리때.

〔撥〕 pō ㄅㄛ ①(손가락이나 막대기 따위로)밀어서 움직이게 하다. 퉁기다. 「一準了鍾點；(시계의)시간을 맞추다」 ②그 속의 일부분을 꺼내다. ③「一兒；한 무더기」

[撥交] pōchiāo ㄅㄛㄐㄧㄠ 대체(代替) 지불하다.

[撥正] pōchěng ㄅㄛㄓㄥˋ 바르게 고치다. 움직여서 맞추다.「把鍾點一；시계를 맞추다」

[撥船] pōch'uán ㄅㄛㄔㄨㄢˊ ①부두와 본선(本船)사이를 짐이나 사람을 싣고 왕복하는 작은 배. ＝駁船. ②배를 움직이다. 배를 젓다. ＝搖船.

[撥準] pōchŭn ㄅㄛㄓㄨㄣˇ 밀어서 움직이게 하다. 맞추다. 퉁기다.

[撥出來] pōch'ulai ㄅㄛㄔㄨㄌㄞ 후비어 내다. 캐내다.「撥出手上的刺來；손의 가시를 뽑아 내다」

[撥付] pōfù ㄅㄛㄈㄨˋ 지불하다.

[撥號] pōhào ㄅㄛㄏㄠˋ 전화의 다이얼을 돌리다.

[撥還] pōhuán ㄅㄛㄏㄨㄢˊ 일부분을 덜어서 반환하다.

[撥火棍兒] pōhuŏkùnrh ㄅㄛㄏㄨㄛˇㄍㄨㄣˋㄦ 부지깽이.

[撥冗] pōjŭng ㄅㄛㄖㄨㄥˇ 바쁜 중에 시간을 내다. 시간을 만들다.

[撥開] pōk'ai ㄅㄛㄎㄞ ①비틀어 억지로 열다. ②(손으로)옆에 밀어 두다.

[撥款] pōk'uǎn ㄅㄛㄎㄨㄢˇ 지출금(支出金). pǒ k'uǎn (일부분의)돈을 지출하다.

[撥工] pōkūng ㄅㄛㄍㄨㄥ 서로 노동력을 제공하다. ＝變工. 換工.

[撥拉] pōla ㄅㄛㄌㄚ ①흔들다. 「一着大尾巴；큰 꼬리를 흔들다」②밀어 젖히다. ③손 끝으로 투기다. 「一算盤；주판을 놓다」'

[撥浪] pōlang ㄅㄛㄌㄤ 좌우로 흔들리다. 흔들흔들하다.

[撥浪鼓兒] pōlangkŭrh ㄅㄛㄌㄤㄍㄨˇㄦ ＝波浪鼓兒.

[撥亂反正] pōluàn fǎnchěng ㄅㄛㄌㄨㄢˋ ㄈㄢˇㄓㄥˋ 난세(亂世)를 수습하여 태평하게 하다.

[撥弄] pōnùng ㄅㄛㄋㄨㄥˋ ①손으로 가지고 놀다. ②남의 실수를 탓하다. ③싸움을 시키다. 도발시키다. 「一是非；충동질하여 싸움을 시키다」

[撥動] pōtùng ㄅㄛㄉㄨㄥˋ ①뒤흔들다. ②돈을 유용(流用)하다.

〔餑〕 pō ㄅㄛ 「一一；밀가루로 만든 과자의 일종」《方》

〔伯〕 pó ㄅㄛˊ ①맏형. 백씨. ②백부. 큰아버지. ③아버지의 동배 내지 아버지보다 나이가 많은 사람. ④백작.

[伯仲] póchùng ㄅㄛˊㄓㄨㄥˋ 백중하다.

[伯父] pófù ㄅㄛˊㄈㄨˋ 큰아버지. 백부.

[伯勞] póláo ㄅㄛˊㄌㄠˊ 〈動〉 때까치.

[伯母] pōmŭ ㄅㄛˊㄇㄨˇ 큰어머니. 백모.

[伯伯] pópo ㄅㄛˊㄅㄛ 백부.

〔泊〕 pó ㄅㄛˊ ①호수. 늪. ②배를 정박시키다. 「一船」

[泊岸] póàn ㄅㄛˊㄢˋ 정박(停泊)하다.

[泊靠] pók'ào ㄅㄛˊㄎㄠˋ 배가 머무르다. 정박하다.

〔帛〕 pó ㄅㄛˊ 직물의 총칭.

〔勃〕 pó ㄅㄛˊ 돌연. 급히.

[勃然] póján ㄅㄛˊㄖㄢˊ 갑자기. 돌연. 「一大怒；갑자기 노발대발하다」

[勃姑] póku ㄅㄛˊㄍㄨ 비둘기. ＝鵓子.

[勃蘭地] pólántì ㄅㄛˊㄌㄢˊㄌㄧˋ ＝白蘭地. 브랜디(brandy).

[勃勃] pópó ㄅㄛˊㄅㄛˊ 왕성한. 성대한. 「興致一；흥미가 진진하다」

〔柏〕(栢) pó ㄅㄛˊ ⇨pǎi.

〔脖〕 pó ㄅㄛˊ ①「一子；목. 목덜미」 ②목 모양의 것.

[脖腔] póch'iāng ㄅㄛˊㄑㄧㄤ 목구멍. 식도(食道).

[脖兒] pórh ㄅㄛˊㄦ 목. 「一長；오래 끌다. 기한까지는 충분한 시간이 있다」「一短；기간이 짧다. 시간이 촉박하다」

[脖頸子(兒)] pókěngtzū(rh) ㄅㄛˊㄍㄥˇㄗ(ㄦ) 목덜미.

[脖(兒)拐] pó(rh)kuǎi ㄅㄛˊ(ㄦ)ㄍㄨㄞˇ 목덜미. 「打一；따귀를 때리다」

[脖領兒] pólǐngrh ㄅㄛˊㄌㄧㄥˇㄦ 옷깃.

[脖子] pótzŭ ㄅㄛˊㄗ 목.

〔舶〕 pó ㄅㄛˊ 큰 배.

[舶來品] póláip'ǐn ㄅㄛˊㄌㄞˊㄆㄧㄣˇ 외래품. 박래품.

〔渤〕 pó ㄅㄛˊ ①성대다. ②왕성한. ③솟다.

〔博〕 pó ㄅㄛˊ ①많다. 「中國地大物一；중국은 땅이 넓고 산물이 많다」②지식이 넓다. 무슨 일에든 통하다. 「一古通今；고금 동서에 통하다」 ③떨치다. 얻다. 「一得同情；널리 동정을 얻다」④도박.

[博局] póchű ㄅㄛˊㄐㄩˊ 도박. 도박장.

[博役] pó ì ㄅㄛˊ ㄧˋ 사환. 보이(boy).《譯》

[博古家] pókŭchiā ㄅㄛˊㄍㄨˇㄐㄧㄚ 고사(故事)에 능통한 사람.

[博大] pótà ㄅㄛˊㄉㄚˋ 넓고 크다.

[博得] pótě ㄅㄛˊㄉㄜˊ 떨치다. 차지하다. 「一衆人贊賞；많은 사람의 칭찬을 받다」

[博聞強記] pówěn-ch'iángchì ㄅㄛˊㄨㄣˊㄑㄧㄤˊㄐㄧˋ 학식이 풍부하고 기억력이 좋다.《成》

[博雅] póyǎ ㄅㄛˊㄧㄚˇ 박식하고 정서(情緖)가 풍부하다. 또는 그러한 사람.

〔搏〕 pó ㄅㄛˊ ①때리다. 치다. ②잡다. ③맞싸우다.

[搏手] póshoŭ ㄅㄛˊㄕㄡˇ ①팔장을 끼다. ②할 도리가 없다. ③손을 털다.

[搏斗] pótòu ㄅㄛˊㄉㄡˋ 격투하다. 육탄전을 벌이다. 필사적으로 싸우다.

[搏影] póyǐng ㄅㄛˊㄧㄥˇ 그림자·구름을 잡는 것 같다. 잡기 어렵다.

〔鈸〕 pó ㄅㄛˊ 악기의 한 가지: 심벌즈(cymbals).

〔鉑〕 pó ㄅㄛˊ 백금(白金).

〔膊〕 pó ㄅㄛˊ 팔. 상지(上肢).

〔駁〕(駮) pó ㄅㄛˊ ①반박하다. 비난하다.「眞理是一不倒的；진리는 반박할 도리가 없는 것이다」②화물을 옮겨 싣다. 「米一卸到堆棧裡；쌀을 창고에 옮겨 쌓다」③얼룩얼룩한.

[駁岸] póàn ㄅㄛˊㄢˋ 화물을 양륙(揚陸)하다. 배를 육지에 대다. 해안 도로(海岸道路).

[駁價] póchià ㄅㄛˊㄐㄧㄚˋ 값을 깎다.

[駁斥] póch'ìh ㄅㄛˊㄔˋ ①각하(却下)하다. 승인하지 않고 되돌리다. ②(비행이나 과오를 지적하여)반박하다.

[駁回] póhuí ㄅㄛˊㄏㄨㄟˊ =駁斥.

[駁貨] póhuò ㄅㄛˊㄏㄨㄛˋ ①화물의 선적 양륙 작업. ②배로 운반하다.

[駁議] póì ㄅㄛˊㄧˋ 반박하는 말.

[駁口] pók'ǒu ㄅㄛˊㄎㄡˇ 말대답하다. 반박하다.

[駁辯] pópièn ㄅㄛˊㄅㄧㄢˋ 논쟁하다. >駁駁辯辯.

[駁倒] pótǎo ㄅㄛˊㄉㄠˇ 반박하다. 반론(反論)을 펴다.

[駁頭] pót'óu ㄅㄛˊㄊㄡˊ ①외면하다. ②방향을 바꾸다.

[駁雜] pótsá ㄅㄛˊㄗㄚˊ ①혼잡하다. ②(순수하지 않고)혼합되다. >駁駁雜雜.

[駁運] póyǜn ㄅㄛˊㄩㄣˋ 옮겨 싣고 운반하다.

〔箔〕 pó ㄅㄛˊ, páo ①갈대·수수대로 만든 발. ②양잠 기구의 한 가지. 잠박. ③금속의 얇은 조각. 금박·은박 따위.

〔薄〕 pó ㄅㄛˊ ⇨páo, pò.

[薄產] póch'ǎn ㄅㄛˊㄔㄢˇ 약간의 재산.

[薄酬] póch'óu ㄅㄛˊㄔㄡˊ 약소한 예물. 촌지(寸志).

[薄寒] póhán ㄅㄛˊㄏㄢˊ 가난하다.

[薄禮] pólǐ ㄅㄛˊㄌㄧˇ 조품(粗品).

[薄暮] pómù ㄅㄛˊㄇㄨˋ 황혼. 해질녘.

[薄物細故] pówù-hsìkù ㄅㄛˊㄨˋ ㄒㄧˋㄍㄨˋ 사소한 일·사물. 가치가 없거나 불충분한 것.

[薄地] pótì ㄅㄛˊㄉㄧˋ 메마른 땅. 토박한 땅.

〔鵓〕 pó ㄅㄛˊ

[鵓鴿] póko ㄅㄛˊㄍㄜ 비둘기의 속칭.

[鵓鴣] póku ㄅㄛˊㄍㄨ 산비둘기. =水鵓鴣.

〔跛〕 pǒ ㄅㄛˇ ①절름발이. ②절룩거리다.「一脚；절룩거리다. 절름발이」

[跛腿] pót'uǐ ㄅㄛˊㄊㄨㄟˇ ①절름발이. ②절룩거리다.

[跛子] pótzǔ ㄅㄛˊㄗ 절름발이. =跛脚. 跛腿.

〔簸〕 pǒ ㄅㄛˇ, pò ①키로 곡식을 까불러 겨나 먼지를 날려 내다. 까부르다. ②파도와 같이 흔들리다.

[簸籮] pǒlo ㄅㄛˇㄌㄨㄛ 키.

[簸米] pǒmǐ ㄅㄛˇㄇㄧˇ 쌀을 까불러서 겨를 날려 보내다.

[簸弄] pǒnùng ㄅㄛˇㄋㄨㄥˋ ①만지작거리다. 주물러 터뜨리다. ②교사하다. 꾀다. =播弄.

[簸盪] pǒtàng ㄅㄛˇㄉㄤˋ 배가 파도로 뒤흔들리다.

[簸動] pǒtùng ㄅㄛˇㄉㄨㄥˋ 흔들리다.

[簸揚] pǒyáng ㄅㄛˇㄧㄤˊ 곡물을 날려서 겨나 쭉정이를 골라 내다.

[簸箕] pòchi ㄅㄛˋㄐㄧ, pòch'i ㄅㄛˋㄑㄧ ①키. ②쓰레받기.

〔薄〕 pò ㄅㄛ 「一荷(pòho)；박하」⇨páo, pó.

〔播〕 pò ㄅㄛˋ ①흩뜨리다. 뿌리다.「一上種子；씨를 뿌렸다」②넓히다. 전하다.「一音；방송(放送)」

[播講] pòchiǎng ㄅㄛˋㄐㄧㄤˇ 강연·강의를 방송하다. 방송 강좌(放送講座).

[播種] pòchǔng ㄅㄛˋㄓㄨㄥˇ 씨를 뿌리다.

[播放] pòfàng ㄅㄛˋㄈㄤˋ =播送.

[播弄] pònùng ㄅㄛˋㄋㄨㄥˋ ①교사하다. 꾀다.「一是非；꾀어서 시비를 일으키다」②조롱하다. =撥弄.

[播送] pòsùng ㄅㄛˋㄙㄨㄥˋ 라디오나 텔레비 따위를 방송하다.

[播蕩] pòtàng ㄅㄛˋㄉㄤˋ 목표 없이 방황하다.

[播揚] pòyáng ㄅㄛˋㄧㄤˊ (명성 따위가)널리 퍼지다.

[播音] pòyīn ㄅㄛˋㄧㄣ 방송하다.「一節目；방송 프로그램」「一劇；방송극」「一室；방송실」「一電臺；방송국」「一員；아나운서」

[播音機] pòyīnchī ㄅㄛˋㄧㄣㄐㄧ ①확성기(擴聲器). ②라디오.

〔擘〕 pò ㄅㄛˋ 엄지 손가락.

[擘指] pòchǐh ㄅㄛˋㄓˇ 엄지 손가락.

[擘肌分理] pòchī-fēnlǐ ㄅㄛˋㄐㄧㄈㄣㄌㄧˇ (일을)상세히 분석하다.

[擘劃] pòhuà ㄅㄛˋㄏㄨㄚˋ 각기 구분하여 처리하다.

[擘開] pòk'āi ㄅㄛˋㄎㄞ 쪼개다. 째다.

〔檗〕 pò ㄅㄛˋ「黃一；황벽나무. 황백(黃白)」

P'O ㄆㄛ

〔朴〕 p'ō ㄆㄛ ⇨piáo, p'ǔ.

[朴刀] p'ōtāo ㄆㄛㄉㄠ 속에 칼을 장치한 지팡이.

〔陂〕 p'ō ㄆㄛ ⇨p'í.

[陂陀] p'ōt'ó ㄆㄛㄊㄨㄛˊ 평탄치 못한 모양. 험한 모양.

〔坡〕 p'ō ㄆㄛ「一子·一兒；고개. 비탈진 곳. 언덕」「山一；산 비탈. 산의 경사면」「上一；㉮오르막 고개. ㉯고개를 올라가다」

[坡降] p'ōchiàng ㄆㄛㄐㄧㄤˋ 강바닥이 경사지고 울퉁불퉁한 곳.

[坡脚] p'ōchiǎo ㄆㄛㄐㄧㄠˇ 안낚시. 상대방의 다리를 걸어 당기는 것.「給一；다

리를 걸다. 안낚시를 걸다」
[坡路] p'ōlù ㄆㄛ ㄌㄨˋ 고갯길. 언덕길.
[坡道] p'ōtào ㄆㄛ ㄉㄠˋ 고갯길.
[坡地] p'ōtì ㄆㄛ ㄉㄧˋ ①경사지. ②경사진 곳에 있는 밭. 산전.
[坡田] p'ōtién ㄆㄛ ㄉㄧㄢˊ 비탈진 밭. 산 가장자리 또는 산 허리에 있는 밭.
[坡度] p'ōtù ㄆㄛ ㄉㄨˋ 경사, 경사면 또는 경사도.

〔犮〕 p'ō ㄆㄛ 체구가 작은 것이 걷는 모양.「一呀一地亂走 ; 비틀거리며 무턱대고 이리저리 걸어 가다」

〔頗〕 p'ō ㄆㄛ ①불공평하다. 치우쳐 있다.「偏一 ; 편파」②상당히. 비교적.「一好 ; 생각보다는 좋다」
[頗有] p'ōyǔ ㄆㄛ ㄧㄡˇ 상당히 …있다.「一區 ; 상당한 차이가 있다」

〔潑〕 p'ō ㄆㄛ ①물을 단번에 뿌리다.「一水 ; 물을 뿌리다」② 야만스러워 도리를 분별치 못하다.「撒潑一 ; 함부로 행동을 하다」
[潑街] p'ōchiēh ㄆㄛ ㄐㄧㄝ 긴거리에 물을 뿌리다. 큰길에 물을 뿌리다.
[潑婦] p'ōfù ㄆㄛ ㄈㄨˋ 세파를 많이 겪어 순진성을 잃은 여자. 많이 시달린 여자. 답답한 여자.
[潑悍] p'ōhan ㄆㄛ ㄏㄢ ①사회에 시달리다. ②뻔뻔스러운.
[潑辣] p'ōla ㄆㄛ ㄌㄚ ①고기가 뛰는 소리. ②억센. 뻔뻔스러운. 「一貨 ; 뻔뻔스러운 놈」③일을 하는데 용감하거나 또는 그러한 사람.
[潑剌剌的] p'ōlàlàtê ㄆㄛ ㄌㄚˋ ㄌㄚˋ ㄉㄜ 생생한. 활발한.「立刻激起一波浪 ; 즉시로 활발한 파동을 일으켰다」
[潑冷水] p'ōléngshuǐ ㄆㄛ ㄌㄥˊ ㄕㄨㄟˇ ①정신을 차리게 하다. 남의 흥겨움을 깨뜨리다. ②적극성을 꺾다. ③ 물을 끼얹다.
[潑皮] p'ōpí ㄆㄛ ㄆㄧˊ 부랑자. 건달.
[潑實] p'ōshih ㄆㄛ ㄕ 몸이나 마음이 모두 건전하다.
[潑天] p'ōt'iēn ㄆㄛ ㄊㄧㄢ 정도의 극단적인 것을 형용하는 말. 굉장한.「一富貴 ; 그것이야말로 대단한 부귀(富貴)로다」「一大禍 ; 그것이야말로 대단히 큰 화(禍)로다」

〔婆〕 p'ó ㄆㄛˊ ①할머니 : 나이 많은 부인.「老太一 ; 할머니」②시어머니. 장모.「公一 ; 시아버지와 시어머니」 ③조모.「一一 ; ㉮조모. ㉯시어머니」④「一娑 ; 돌아다니는 모양. 펄럭이는 모양」「리.
[婆媳] p'óhsí ㄆㄛˊ ㄒㄧˊ 시어머니와 며느
[婆心] p'óhsīn ㄆㄛˊ ㄒㄧㄣ 불심(佛心). 자비심(慈悲心).
[婆姨] p'óí ㄆㄛˊ ㄧˊ ①부인. ②처(妻).《西》
[婆媽] p'ómā ㄆㄛˊ ㄇㄚ ＝婆母.
[婆母] p'ómǔ ㄆㄛˊ ㄇㄨˇ 시어머니.
[婆娘] p'óniáng ㄆㄛˊ ㄋㄧㄤˊ 여인에 대한 욕.《罵》「臭一 ; 더러운 할미」
[婆婆] p'óp'o ㄆㄛˊ ㄆㄛ ①조모. ②손위의 노부인을 부르는 말.
[婆婆媽媽] p'óp'omāmā ㄆㄛˊ ㄆㄛ ㄇㄚ ㄇㄚ ① 번거롭게 말하는 모양.「知道了, 看你一的! ; 알았읍니다, 끈덕지게 말씀하셔서」②단안을 못 내리는 모양. ③친절한 마음이 있는 모양.
[婆婆慢慢] p'óp'omànmàn ㄆㄛˊ ㄆㄛ ㄇㄢˋ ㄇㄢˋ ＝婆婆媽媽.
[婆娑] p'ósō ㄆㄛˊ ㄙㄨㄛ ①돌아 다니다. 펄럭이는 모양. ②흩어져 있는 모양. ③소매가 펄럭이는 모양. ④대나무 잎 따위가 바람에 우는 소리. ⑤거문고 따위의 음조의 변화가 풍부한 모양.
[婆子] p'ótzǔ ㄆㄛˊ ㄗ ①할멈 : 부인을 경멸해서 말할 때. ② 하녀(下女).

〔叵〕 p'ǒ ㄆㄛˇ …하지 못하다. 「一耐 ; 참고 견디지를 못하다.
[叵測] p'ǒts'è ㄆㄛˇ ㄘㄜˋ 헤아리기 어렵다. 측량할 수 없다.

〔笸〕 p'ǒ ㄆㄛˇ
[笸籮] p'ǒlo ㄆㄛˇ ㄌㄛ 버드나무 가지나 대로 엮어 만든 바구니. 삼태기.

〔朴〕 p'ò ㄆㄛˋ「厚一 ; 후박나무. 중국 "四川省"에 나며 수피는 약재에 쓰인다. 목련과에 속하는 낙엽 교목으로 목재는 목탄·기구재에 쓰임」

〔迫〕(廹) p'ò ㄆㄛˋ ①억누르다. 압박하다.「一害 ; 박해」②가깝다. 급박하다.「一近末日了 ; 임종이 급박했다」「一切需要 ; 시급히 필요하다」
[迫切] p'òch'ièh ㄆㄛˋ ㄑㄧㄝˋ 긴박하다. 절박하다. ＞迫迫切切.
[迫近] p'ò chìn ㄆㄛˋ ㄐㄧㄣˋ 가까이 다가 「오다.
[迫挾] p'òhsiéh ㄆㄛˋ ㄒㄧㄝˊ 협박하다.
[迫令] p'òlìng ㄆㄛˋ ㄌㄧㄥˋ ①강압적으로 명령하다. ②강제적으로 …을 하다.
[迫不及待] p'òpùchítài ㄆㄛˋ ㄅㄨˋ ㄐㄧˊ ㄉㄞˋ 절박하여 유예할 수가 없다.
[迫不得已] p'òpùtêǐ ㄆㄛˋ ㄅㄨˋ ㄉㄜˊ ㄧˇ 절박하여 어떻게 할 도리를 모르겠다.
[迫使] p'òshǐh ㄆㄛˋ ㄕˇ 할 수 없이 시키다.「一官僚承認要求 ; 관료에게 승인을 하지 않을 수 없게 만들다」
[迫促] p'òtsù ㄆㄛˋ ㄗㄨˋ ①절박하다. 촉박하다. ②바쁘다. 조급하다.「出發時太一了 ; 출발시에는 너무나 조급했다」＞迫迫促促.
[迫蹙] p'òts'ù ㄆㄛˋ ㄘㄨˋ 절박한. 긴급한.
[迫于] p'òyǘ ㄆㄛˋ ㄩˊ …게 쫓기다. …때문에 할 수 없이.

〔破〕 p'ò ㄆㄛˋ ①찢어지다. 깨어지다.「衣服一了 ; 의복이 찢어지다」「碗打一了 ; 잔이 깨어지다」②찢다. 찢기다.「勢如一竹 ; 파죽지세」③돈을 헐다. 돈을 잔돈으로 바꾸다.「一元的票子一成兩張五角的 ; 1원짜리를 50전짜리 2개로 헐다」④파기하다.「一約 ; 파약」⑤쳐부수다. 격파하다.「大一敌軍 ; 크게 적을 쳐부수다」 ⑥파헤치다.「一除迷信 ; 미신을 타파하다」⑦경멸의 기분을 나타내는 말.「誰去看個一戲? ; 누가 그따위 시시한 연극을 보려고 가겠느냐?」
[破案] p'òàn ㄆㄛˋ ㄢˋ ①죄가 드러나다. ②장물 은닉범(隱犯)을 체포하다.

[破鈔] p'ŏch'āo ㄆㄛˋㄔㄠ 돈을 낭비하다.
[破綻] p'ŏchan ㄆㄛˋㄓㄢ ①의복의 실밥이 풀리다. ②사건이나 이야기가 이치에 맞지 않은 점. ③(행위·무예 등의)헛점.
[破折號] p'ŏchĕhào ㄆㄛˋㄓㄜˊㄏㄠˋ 대시(dash) : "—"
[破着性命] p'ŏchê-hsìngmìng ㄆㄛˋㄓㄜㄒㄧㄥˋㄇㄧㄥˋ 목숨을 걸고. 있는 힘을 다하여.
[破正題] p'ŏchĕngt'í ㄆㄛˋㄓㄥˋㄊㄧˊ 당초의 이야기를 끄집어 내다.
[破家] p'ŏchiā ㄆㄛˋㄐㄧㄚ ①가산을 탕진하다. 가산을 망치다. ②가계(家系)를 단절시키다. ③형편 없이 파손된 낡은 집. 「一値萬貫 ; 형편 없는 낡은 집이라도 만관의 값어치가 있다 : 자기 집보다 좋은 곳이 없다」
[破解] p'ŏchiĕh ㄆㄛˋㄐㄧㄝˇ 자세히 해석하다.
[破鏡重圓] p'ŏchìngch'úngyüán ㄆㄛˋㄐㄧㄥˋㄔㄨㄥˊㄩㄢˊ 헤어진 부부가 다시 만나다.
[破舊] p'ŏchiù ㄆㄛˋㄐㄧㄡˋ 낡아서 파손되어 있는.
[破除] p'ŏch'ú ㄆㄛˋㄔㄨˊ (미신 따위를) 타파하여 없애다.
[破房(兒)] p'ŏfángrh ㄆㄛˋㄈㄤˊㄦ 낡은 집.
[破費] p'ŏfei ㄆㄛˋㄈㄟ 낭비하다. 비용을 들이다.
[破腹] p'ŏfù ㄆㄛˋㄈㄨˋ 배탈이 나다. 설사를 하다.
[破釜沈舟] p'ŏfŭ-chĕngchōu ㄆㄛˋㄈㄨˇㄓㄥˊㄓㄡ 전쟁시의 필사적인 결심을 표명하는 말로 마지막 결단을 내리다. 마지막 시도를 하다.
[破戲] p'ŏhsi ㄆㄛˋㄒㄧˋ 시시한 연극.
[破曉] p'ŏhsiăo ㄆㄛˋㄒㄧㄠˇ ①밤이 새다. 어떤 시기(時期)가 다가 오다. ②「春一 ; 봄이 찾아 오다」 ③(의문이나 불명확한 것을 설명하여)명확하게 하여 두다.
[破孝] p'ŏhsiào ㄆㄛˋㄒㄧㄠˋ 복상(服喪)이 끝나다.
[破鞋] p'ŏhsiéh ㄆㄛˋㄒㄧㄝˊ ①헌신. ②사창. ③재가한 여자.
[破获] p'ŏhuŏ ㄆㄛˋㄏㄨㄛˋ 사건의 전모가 밝혀져서 증인이나 증거가 명백하게 드러나다.
[破貨] p'ŏhuŏ ㄆㄛˋㄏㄨㄛˋ (여자를 욕할 때에 쓰는 말로)서방 맞은 여자.
[破格(兒)] p'ŏkó(rh) ㄆㄛˋㄍㄜˊ(ㄦ) 규칙에 불구하고. 「一採用 ; 규칙에 불구하고 채용하다」
[破口] p'ŏk'ŏu(rh) ㄆㄛˋㄎㄡˇ ①터진 자리. 망그러진 곳. ②입에 담지 못할 만큼 대단한. 「一大罵 ; 입에 담지 못할 만큼 더러운 욕을 하다」
[破瓜] p'ŏkuā ㄆㄛˋㄍㄨㄚ ①여자 18 세를 말함. ②처녀성(處女性)을 잃다.
[破罐子] p'ŏk'uàntzŭ ㄆㄛˋㄎㄨㄢˋㄗ ①깨어진 단지. ②몸가짐이 나쁜 여자. ③병신.
[破鼓亂人捶] p'ŏkŭ-luànjĕn-ch'uí ㄆㄛˋㄍㄨˇㄌㄨㄢˋㄖㄣˊㄔㄨㄟˊ ①자포 자기하여 될대로 되라는 비유. ②사람을 깔보고 여럿이 놀려대는 말.
[破爛] p'ŏlàn ㄆㄛˋㄌㄢˋ 누덕누덕 찢어지다. 「一兒 ; 누더기나 쓰레기」 > 破破爛爛.
[破例] p'ŏlì ㄆㄛˋㄌㄧˋ ①관례(慣例)를 깨다. 「一地把我們送到家裏 ; 전례 없이 우리들을 집에까지 데려다 주었다」 ②예외
[破臉] p'ŏliĕn ㄆㄛˋㄌㄧㄢˇ ①마주 대하여 말다툼하다. 「一着臉地向你再請求一次 ; 염치 없지만 다시 한 번 당신에게 부탁합니다」 ②얼굴에 노기를 띄다. ③얼굴빛을 흐리게 하다.
[破落戶(兒)] p'ŏlòhù(rh) ㄆㄛˋㄌㄨㄛˋㄏㄨˋ(ㄦ) ①몰락한 집. ②방탕하는 자식. ③일정한 직업이 없이 빈둥대는 부랑자. 파락호.
[破門而入] p'ŏménérhju ㄆㄛˋㄇㄣˊㄦˊㄖㄨ 힘차게 문을 열고 들어서다.
[破命] p'ŏmìng ㄆㄛˋㄇㄧㄥˋ 목숨을 걸다.
[破謎兒] p'ŏmírh ㄆㄛˋㄇㄧˊㄦ 수수께끼를 풀다.
[破敗] p'ŏpài ㄆㄛˋㄅㄞˋ 무너져 떨어지다. 「一的墻 ; 무너진 벽」
[破盤] p'ŏpán ㄆㄛˋㄅㄢˊ 일이 탄로되다.
[破冰船] p'ŏpingch'uán ㄆㄛˋㄅㄧㄥㄔㄨㄢˊ 얼음을 부수는 배.
[破上] p'ŏshang ㄆㄛˋㄕㄤ ①희생시키다. 내버리다. ②소비하다. ③큰 마음 먹고. 결심코.
[破身] p'ŏshĕn ㄆㄛˋㄕㄣ 남자나 여자가 처음 성교함을 말함.
[破聲] p'ŏshĕng ㄆㄛˋㄕㄥ 큰소리를 치다.
[破碎] p'ŏsuì ㄆㄛˋㄙㄨㄟˋ 산산조각이 되어 있다. 너무 작아서 통합이 되어 있지 않다.
[破說] p'ŏshuo ㄆㄛˋㄕㄨㄛ 자세히 설명하다.
[破膽] p'ŏtăn ㄆㄛˋㄉㄢˇ 몹시 무섭게 놀라다. 깜짝 놀라다.
[破大碗] p'ŏtàwăn ㄆㄛˋㄉㄚˋㄨㄢˇ =破貨.
[破題兒] p'ŏt'írh ㄆㄛˋㄊㄧˊㄦ ①전례가 없음. ②일의 개시. ③소설의 첫머리. 초회(初回). 기수(起首).
[破體字] p'ŏt'itzŭ ㄆㄛˋㄊㄧˇㄗˋ 정체(正體)가 아닌 한자(漢字).
[破涕爲笑] p'ŏt'ìwéihsiào ㄆㄛˋㄊㄧˋㄨㄟˊㄒㄧㄠˋ 울며 웃다. 울다가 갑자기 웃다.
[破財] p'ŏts'ái ㄆㄛˋㄘㄞˊ 돈을 써 없애다. 재산을 흩뜨리다.
[破土] p'ŏt'ŭ ㄆㄛˋㄊㄨˇ 길일(吉日)을 골라 흙을 파내다 : 매장 따위를 위하여.
[破五(兒)] pŏwŭ(rh) ㄆㄛˋㄨˇ(ㄦ) 음력 정월 5일 : 5일 까지는 밥을 짓는 것과 부녀들의 외출을 허가하지 않았다.
[破音子] p'ŏyīntzŭ ㄆㄛˋㄧㄣㄗˋ 정식, 혹은 보통의 발음 이외의 음을 가진 문자.
[破月兒] p'ŏyüèhrh ㄆㄛˋㄩㄝˋㄦ 다음 달이 되다. 다음 달로 접어들다. 「一了月兒訂報 ; 다음 달 신문을 예약한다」

〔粕〕 p'ŏ ㄆㄛˋ ①찌끼. 「大豆一 ; 콩깻묵」 ②쌀겨. 쓸모 없는 산물(產物). 「糟一 ; 쓸 데 없는 찌끼」

〔魄〕 p'ŏ ㄆㄛˋ ①혼, 넋. 「魂一 ; 혼백」 弄丢落一 ; 깜짝 놀라다. 혼이 나다」 정신. 기력.

P'OU ㄆㄡ

〔剖〕 p'ōu ㄆㄡ ①쪼개다. 절개하다. 「把瓜一開；오이(참외)를 쪼개다」 ② 분석하다. 「一明事理；사리를 분석하다」
[剖解] p'ōuchiěh ㄆㄡㄐㄧㄝˇ 자세히 분석하다. 「一世界的現狀；세계적 현상을 자세히 분석하다」
[剖腹] p'ōufù ㄆㄡㄈㄨˋ 할복하다.
[剖析] p'ōuhsī ㄆㄡㄒㄧ 분석하여 해명하다.
[剖開] p'ōukai ㄆㄡㄎㄞ 절개하다. 해부하다.
[剖面] p'ōumièn ㄆㄡㄇㄧㄢˋ 절단면(切斷面). 「橫一；횡단면(橫斷面)」
[剖明] p'ōumíng ㄆㄡㄇㄧㄥˊ 명확히. 「一立場；입장을 명확히 하여 두다」
[剖白] p'ōupái ㄆㄡㄅㄞˊ, p'ōupó ㄆㄡㄅㄛˊ 변명하다.
[剖別] p'ōupiéh ㄆㄡㄅㄧㄝˊ 구별하다. 변별하다.
[剖辨] p'ōupièn ㄆㄡㄅㄧㄢˋ 변명하다.

〔抔〕 p'óu ㄆㄡˊ 손으로 물건을 받쳐 들다.

PU ㄅㄨ

〔逋〕 pū ㄅㄨ 도망치다.
[逋逃] pūt'áo ㄅㄨㄊㄠˊ 도망치다. 도주하다.

〔醭〕 pú ㄅㄨˊ 「一兒；곰팡이」 「醋長了一了；초에 곰팡이가 피었다」 ＝黴.

〔卜〕 pǔ ㄅㄨˇ ①점. 점복. ②점치다. ③예상하다. 예측하다.
[卜課] pǔk'ò ㄅㄨˇㄎㄜˋ 점치다.
[卜辭] pǔtz'ǔ ㄅㄨˇㄘ 갑골 문자(甲骨文字).

〔哺〕 pǔ ㄅㄨˇ ①양육하다. 젖먹여 기르다. 「一兒；아기에게 젖을 먹이다」 「一乳；젖으로 키우다」 ②입속에 먹음고 있는 음식물. 「一飯三吐一；옛 성현이 식사 도중에 손님이 오면 그 때마다 인재를 구하기 위하여 수저를 놓고 만났다는 고사：선현을 맞아들임에 열중하다」

〔捕〕 pǔ ㄅㄨˇ 붙잡다. 체포하다. 「一蠅；파리를 잡다」
[捕風捉影] pǔfēng-chuōyǐng ㄅㄨˇㄈㄥㄓㄨㄛㄧㄥˇ 바람을 잡고 그림자를 잡는다는 뜻으로, 허황된 일이라는 비유. ‹成›
[捕撈] pǔlāo ㄅㄨˇㄌㄠ 고기를 잡다.
[捕打] pútǎ ㄅㄨˊㄉㄚˇ (해로운 벌레 따위를)잡아 없애다.
[捕頭] pǔt'óu ㄅㄨˇㄊㄡˊ 포리(捕吏)의 두목.
[捕押] pǔyā ㄅㄨˇㄧㄚ 체포하여 구금하다.

〔堡〕 pǔ ㄅㄨˇ 보루. 진지(陣地). ⇨pǎo.

〔補〕(补) pǔ ㄅㄨˇ ①보수하다. 수선하다. 「一衣服；의복을 깁다」 ② (공간을)충당하다. 메우다. 「一空子；공간을 메우다」
[補償] pǔch'áng ㄅㄨˇㄔㄤˊ 보상하다. 메우다.
[補招] pǔchāo ㄅㄨˇㄓㄠ 보결을 모집하다.
[補給] púchǐ ㄅㄨˊㄐㄧˇ ⇨púkěi.
[補劑] pǔchì ㄅㄨˇㄐㄧˋ 강장제. 정력제. 보제.
[補價] pǔchià ㄅㄨˇㄐㄧㄚˋ 보상 가격(補償價格).
[補假] pǔchià ㄅㄨˇㄐㄧㄚˋ 보충(補充) 휴가：일요일이 축제일인 경우에 월요일을 쉬게 하는 따위.
[補情(兒)] pǔch'íng(rh) ㄅㄨˇㄑㄧㄥˊ(ㄦ) 정의(情誼)에 보답하다. 의리에 보답하다.
[補救] pǔchiù ㄅㄨˇㄐㄧㄡˋ ①구하다. ② 불충분한 점을 보완하다. (결점이나 고장을)고치다.
[補缺] pǔch'üēh ㄅㄨˇㄑㄩㄝ ①결원(缺員)을 보충하다. ②보결.
[補綴] pǔchuì ㄅㄨˇㄓㄨㄟˋ ①(의복을)깁다. ②보완 수정하다.
[補發] pǔfā ㄅㄨˇㄈㄚ ①보충하기 위하여 보내다. ②추가로 발행하다.
[補心] pǔhsīn ㄅㄨˇㄒㄧㄣ 부싱(bushing). 파이프의 연결 부분이나 끝의 마개로 쓰이는 부속. ‹譯›
[補敍] pǔhsǜ ㄅㄨˇㄒㄩˋ 보충 설명하다.
[補花兒] pǔhuārh ㄅㄨˇㄏㄨㄚㄦ 유리 따위의 깨진 곳에 꽃 모양으로 헝겊이나 종이를 바르다.
[補衣] pǔī ㄅㄨˇㄧ 의복에 헝겊을 대고 수선하다. 옷을 깁다.
[補考] pǔk'ǎo ㄅㄨˇㄎㄠˇ 추가 시험(追加試驗).
[補給] púkěi ㄅㄨˊㄍㄟˇ 보태어 주다. 「我再一你十塊錢吧；나는 너에게 10원을 더 보태어 주마」
[補課] pǔk'ò ㄅㄨˇㄎㄜˋ ①보습(補習)하다. ②낙오된 점을 지적하여 시정시키다.
[補工] pǔkūng ㄅㄨˇㄍㄨㄥ ①일의 벌충을 하다. ②대리 일군.
[補過] pǔkuò ㄅㄨˇㄍㄨㄛˋ 잘못된 점에 대하여 보상을 하다.
[補鍋的] pǔkuōtê ㄅㄨˇㄍㄨㄛㄉㄜ 땜장이.
[補納] pǔnà ㄅㄨˇㄋㄚˋ (헝겊 따위를) 너덕너덕 붙여 꿰매다. 깁다.
[補白] pǔpái ㄅㄨˇㄅㄞˊ ①공백(空白)을 메우다. ②빠진 글자를 채우다. ③보충 설명하다. ④잡지의 여백을 메우는 기사.
[補報] pǔpào ㄅㄨˇㄅㄠˋ 은혜를 갚다. 보답하다.
[補幣] pǔpì ㄅㄨˇㄅㄧˋ 보조 화폐(補助貨幣).
[補偏救弊] pǔp'iēn chiùpì ㄅㄨˇㄆㄧㄢ ㄐㄧㄡˋㄅㄧˋ 편향(偏向)을 시정하고 폐해를 없애다.
[補品] púp'ǐn ㄅㄨˊㄆㄧㄣˇ 영양을 보충하는 식품(食品)이나 약품(藥品).
[補身] pǔshěn ㄅㄨˇㄕㄣ 보신이 되다. 몸에 영양이 되다.
[補貼] pǔt'iēh ㄅㄨˇㄊㄧㄝ 부족함을 채우다. 보조하다.
[補天] pǔt'iēn ㄅㄨˇㄊㄧㄢ 세운(世運)을 만회하다.
[補靪] pǔting ㄅㄨˇㄉㄧㄥ (의복·구두 따위를)깁는 헝겊이나 가죽. ＝補釘.
[補子] pǔtzǔ ㄅㄨˇㄗ ①＝補靪. ②결원(缺員). 「打一；깁다」
[補藥] pǔyào ㄅㄨˇㄧㄠˋ 영양제. 보약.
[補眼] púyěn ㄅㄨˊㄧㄢˇ 의안(義眼).

〔部〕 pù ㄅㄨˋ ①부분. ②중앙 정부의 각 행정 기관의 명칭. ③부. 부서. ④통

솔하다. ⑤ ㉮책의 전권(全卷)을 가리킴. 「一一書 ; 일부의 책」 ㉯차량이나 기계를 셈. 「一一汽車 ; 한 대의 차」
[部長] pùchǎng ㄅㄨˋㄓㄤˇ 장관(長官). 「一會議 ; 각료 회의」
[部件(兒)] pǔchièn(rh) ㄅㄨˇㄐㄧㄢˋ(ㄦ) 부분품(部分品).
[部分] pùfên ㄅㄨˋㄈㄣ ①일부(一部). 부분. ②조직체 속의 한 단위:부·국·과 따위.
[部署] pùshǔ ㄅㄨˋㄕㄨˇ ①배치하다. 안배하다. 조처하다. ②부하(部下). 「我做過他的一 ; 나는 그의 부하였던 적이 있다」
[部曹] pùts'áo ㄅㄨˋㄘㄠˊ ①행정 기관의 구분. ②각부의 고등관. 《舊》

〔不〕 pù ㄅㄨˋ (단독으로 발음될 때는 4성이나, 뒤에 잇닿는 말과 연결되어 발음될 때는 ㉮4성의 앞에서는 2성으로 발음됨. ㉯1·2·3성의 앞에서는 4성으로 발음됨. ㉰단. ④와 같이 복합 동사에 삽입될 때는 경성(輕聲)으로 됨. ① 형용사를 부정하는 말. 「昨天的飯一好, 今天的飯也一好 ; 어제 밥은 좋지 않았으며 오늘 밥도 좋지 않다」 ②동사를 부정함. ㉮현재 또는 미래의 동작·운동 따위를 단순히 부정함. …지 않다. …이 아니다. 「今天一下雨 ; 오늘은 비가 오지 않는다」「明天他一來 ; 그는 내일 오지 않는다」 ㉯의지의 부정을 나타냄. …하려하지 않는다. …할 생각은 없다. 「昨天我一去 ; 어제 나는 갈 생각은 없었다」 ③상대방의 말을 부정함:아니오. 틀립니다. 「他很胖嗎? 一, 他很瘦 ; 그는 살쪄 있는가? 아니오, 몹시 말랐읍니다」 ④복합 동사에 삽입되어, 그 동작이 불가능함을 표시함. 「說一明白 ; 말해도 모른다」 ⑤ "就·就是"와 호응하여 양자택일을 표시함. 이 때는 "不是"로 되는 경우가 많음. …이 아니면, 즉 …이다. 「一是看書, 就是看報 ; 책을 보고 있지 않으면 신문을 보고 있을 것이다」 ⑥문말(文末)에 씌어져 의문의 뜻을 나타냄. 「他來一? ; 그는 옵니까?」
[不碍事] pûàishìh ㄅㄨˊㄞˋㄕˋ ①방해되지 않는다. ②위험하지 않다. ③지장 없다. =不碍.
[不長進] pùchǎngchìn ㄅㄨˋㄓㄤˇㄐㄧㄣˋ ①진보하지 못한다. ②뱅충맞다. 변변치 못하다.
[不長不短] pùcháng-pùtuǎn ㄅㄨˋㄓㄤˊㄅㄨˋㄉㄨㄢˇ ①효과가 없다. 결말이 나지 않다. ②꼭 알맞다. 길지도 짧지도 않다.
[不差累黍] pùch'āléishǔ ㄅㄨˋㄔㄚㄌㄟˊㄕㄨˇ 대단한 차이는 없다.
[不差麼的] pùch'āmátê ㄅㄨˋㄔㄚㄇㄚˊㄉㄜ ①아무런 차이가 없다. ②대체로. 대략(大略).
[不着] puchǎo ㄅㄨˋㄓㄠˊ ①동작이 대상에 미치지 못하는 뜻을 덧붙인다. 「一分的利益也得一 ; 한 푼의 이익도 얻지 못하다」「中國點心在韓國買一嗎? ; 중국 과자는 한국에서 살 수 없읍니까?」 ②동작이 대상에 미치는 것을 허용할 수 없다는 뜻을 첨가하다. 「這是我個人的事, 你管一 ; 이것은 나 개인의 일이니까 너는 참견하지 말아라」
[不着邊際] pùcháo piēnchì ㄅㄨˋㄓㄠˊㄅㄧㄢㄐㄧˋ 공허하여 실제와 맞지 않는다. 요령 부득이다.
[不差什的] pùch'āshênmê ㄅㄨˋㄔㄚㄕㄣㄇㄜ =不差麼的.
[不着眞兒] pùchóchênrh ㄅㄨˋㄓㄨㄛˊㄓㄣㄦ ①성실하지 못하다. ②공허(空虛)하다. 실제에 부합지 않는다.
[不折不扣] pùchê-púk'ǒu ㄅㄨˋㄓㄜˊㄅㄨˊㄎㄡˋ 에누리는 없이. 무할인(無割引). 완전히. 전적으로. 「一, 他是個歹人 ; 에누리 없이 그는 악인이다」
[不稱] pùch'êng ㄅㄨˋㄔㄥˋ ①…를 견디지 못하다. 「一其職 ; 그 직무를 감당 못하다」 ②적합치 않다. ③=不配.
[不成] pùch'éng ㄅㄨˋㄔㄥˊ ①안된다. 안돼! =不行. ②성공·성취하지 않는다. 「爲一 ; 해도 성취 못한다」 ③("難道"와 호응해서)…할 리는 없을 것이다. 「難道你告訴他一 ; 설마 그에게 이야기할 리는 없겠지」
[不成器] pùch'éngch'ì ㄅㄨˋㄔㄥˊㄑㄧˋ 성취·성공하지 않는다.
[不成話] pùch'énghuà ㄅㄨˋㄔㄥˊㄏㄨㄚˋ 언행(言行)이 상식에서 벗어나다. 어불성설이다. 「他鬧得太一了 ; 그의 떠들어대는 태도는 정말 지나치다. 「他那態度眞一金 ; 그의 그런 태도는 정말 말도 안된다」
[不成想] pùch'énghsiǎng ㄅㄨˋㄔㄥˊㄒㄧㄤˇ 뜻밖이다.
[不成材] pùch'éngts'ái ㄅㄨˋㄔㄥˊㄘㄞˊ 쓸모가 없다.
[不成體統] pùch'éng t'ít'ǔng ㄅㄨˋㄔㄥˊㄊㄧˇㄊㄨㄥˇ 체통이 안 서다. 꼴이 아니다.
[不爭氣] pùchêngch'ì ㄅㄨˋㄓㄥㄑㄧˋ 무기력하다. 샘이 없다. 변변치 않다.
[不逞之徒] pùch'ěngchīht'ú ㄅㄨˋㄔㄥˇㄓㄊㄨˊ 불평을 품고 제멋대로 노는 무리. 불령배(不逞輩).
[不承望] pùch'éngwàng ㄅㄨˋㄔㄥˊㄨㄤˋ 의외로. 뜻밖에. =沒想到.
[不濟] pùchi ㄅㄨˊㄐㄧ 소용 없다. 쓸 데 없다. 「才學一 ; 재능도 학문도 소용이 없게 되다」
[不及] pùchí ㄅㄨˋㄐㄧˊ ①…보다. …지 않다. =不如. 「這個一那個好 ; 이것은 저것보다 좋지 않다」 ②…까지는 되지 않다. 「一于近世 ; 근세까지는 되지 않다」
[不及] pùchí ㄅㄨˋㄐㄧˊ 여유가 없어서 되지 않는다는 뜻을 덧붙인다. 「現在後悔也來一 ; 지금 후회하여도 소용이 없다」
[不期然] pùch'íján ㄅㄨˋㄑㄧˊㄖㄢˊ 예기하지 않다. 생각하지도 않다. 「他們一地歡呼起來 ; 그들은 생각하지도 않던 환성을 올렸다」
[不起] puch'ì ㄅㄨㄑㄧˇ ①금전·능력상 되지 않는다는 뜻을 나타냄. 「房租太貴, 我租一 ; 집세가 너무 비싸서 나는 얻을 수 없다」 ②역량이 부족하여 될 수 없다는 뜻을 나타냄. 「責任太重, 我担一 ; 책임이 너무 무거워서 나는 맡을 수 없다」 ③정신적으로 견딜 수 없다는 뜻을 나타냄. 「叫您費心, 實在對一 ; 걱정을 끼쳐서 참으로 죄송합니다」
[不起眼] pùch'íyěn ㄅㄨˋㄑㄧˊㄧㄢˇ 볼품이 없다.

[不堅定] pùchiēntìng ㄅㄨˋㄐㄧㄢㄉㄧㄥˋ 동요하다. 안정되지 않다.

[不急之務] pùchíchīhwù ㄅㄨˋㄐㄧˊㄓㄨˋ 그다지 급하지 않는 일.

[不計報酬] púchì pàoch'óu ㄅㄨˊㄐㄧˋ ㄅㄠˋㄔㄡˊ 보수를 생각하지 않다. 「一地忘我勞動 ; 보수를 염두에 두지 않고 열심히 일하다」

[不計其數] púchì ch'ishù ㄅㄨˊㄐㄧˋㄑㄧˊㄕㄨˋ 그 수를 헤아릴 수 없다. 셀 수 없이 많다. 부지기수(不知其數)이다.

[不見] púchièn ㄅㄨˊㄐㄧㄢˋ 보이지 않다. 「弟弟的書一了 ; 아우의 책이 안 보이다(분실되다)」

[不見佳] púchiènchiā ㄅㄨˊㄐㄧㄢˋㄐㄧㄚ 좋지 않다.

[不見不散] púchièn-púsàn ㄅㄨˊㄐㄧㄢˋㄅㄨˊㄙㄢˋ 꼭 만난다. 만날 때까지 기다리다.

[不見得] púchièntê ㄅㄨˊㄐㄧㄢˋㄉㄜ …라고는 생각되지 않는다. …라고는 느끼지 않는다. …라고는 한정할 수 없다. 「那一怎麼好 ; 그것은 별로 좋다고는 생각되지 않는다」

[不解] pùchiěh ㄅㄨˋㄐㄧㄝˇ ＝不行 不成. 不可.

[不解事] pùchiěhshìh ㄅㄨˋㄐㄧㄝˇㄕˋ 사리를 분별하지 못하다.

[不接頭] pùchiēht'óu ㄅㄨˋㄐㄧㄝㄊㄡˊ ① 연락되지 않다. 연결되지 않는다. ②모르다. 사정에 어둡다. 「我對于中國的書畵, 完全一 ; 나는 중국 서화에 대하여는 전혀 모릅니다」

[不介意] púchièhì ㄅㄨˊㄐㄧㄝˋㄧˋ 개의(介意)치 않는다.

[不齒] pùch'ih ㄅㄨˋㄔˇ 경시(輕視)하여 문제 삼지 않는다.

[不啻] púch'ìh ㄅㄨˊㄔˋ ①다만 …뿐 아니라. 부제(不啻)라. ＝不但. ②마치. 아주. 「互相幫助一手足 ; 서로 도와서 마치 형제와 같다」

[不只] pùchǐh ㄅㄨˋㄓˇ …뿐 아니라. 「一他去, 我也去 ; 그가 갈 뿐 아니라 나도 간다」 ＝不僅.

[不止] pùchǐh ㄅㄨˋㄓˇ ①…에 그치지 않다. …뿐 아니라. 「一一端 ; 하나에만 그치지 않는다」 ②(동사가 앞에 와서)그만두지 않다. 마지 않다. 「大笑一 ; 그칠 줄 모르고 크게 웃다」 ③ ＝不僅.

[不置] púchìh ㄅㄨˊㄓˋ (동사의 뒤에 붙여서)마지 않다. 연해 … 하다. 「後悔一 ; 언제까지나 후회하다」

[不置可否] púchìh k'ófǒu ㄅㄨˊㄓˋ ㄎㄜˊㄈㄡˇ 가부의 결정을 하지 않다.

[不知情] pùchīhch'íng ㄅㄨˋㄓㄑㄧㄥˊ ① 일의 내막을 모르다. ②남의 인정이나 호의를 모르다. 호의를 감사할 줄 모르다.

[不知好歹] pùchīh-háotǎi ㄅㄨˋㄓㄏㄠˊㄉㄞˇ ①선악의 구분이 안되다. ②사리를 분별할 줄 모르다.

[不知不覺] pùchīh-pùchüéh ㄅㄨˋㄓ ㄅㄨˋㄐㄩㄝˊ 모르는 사이에. 부지불식(不知不識)중에. 어느 틈에.

[不知所以] pùchīh sǒi ㄅㄨˋㄓ ㄙㄨㄛˇㄧˇ 이유를 알 수 없다. 납득이 안 가다.

[不知所云] pùchīh sǒyǘn ㄅㄨˋㄓ ㄙㄨㄛˇㄩㄣˊ ①상대방 말을 이해하기 어렵다. ②자기 말의 겸칭.

[不知所措] pùchīh sǒts'ò ㄅㄨˋㄓ ㄙㄨㄛˇㄘㄨㄛˋ 어찌할 바를 모르다. 어찌면 좋을지 알 수 없다.

[不知死活] pùchīh ssǔhuó ㄅㄨˋㄓㄙˇㄏㄨㄛˊ 목숨도 돌보지 않고 오로지 어떤 일에만 전력하는 모양. 죽음을 두려워하지 않고.

[不恥下問] pùchǐh hsiàwěn ㄅㄨˋㄓˇ ㄒㄧㄚˋㄨㄣˋ 아랫사람에게 묻는 것을 흉으로 생각하지 않다.

[不值得] pùchíhtê ㄅㄨˋㄓˊㄉㄜ …할 것은 못된다. 「一這麼生氣 ; 이렇게 화 낼 것은 아니다」

[不值錢] pùchíhch'ién ㄅㄨˋㄓˊㄑㄧㄢˊ 값어치가 없다.

[不至于] pùchìhyǘ ㄅㄨˋㄓˋㄩˊ …할 정도는 아니다. …까지는 이르지 않다. ＝不致于. 「也一吧 ; 그럴 정도는 아닐 것이다」

[不吉利] pùchílì ㄅㄨˋㄐㄧˊㄌㄧˋ 불길(不吉)하다. 재수가 없다.

[不僅] pùchǐn ㄅㄨˋㄐㄧㄣˇ …뿐만 아니라. 「一自已努力, 這肯幫助別人 ; 자기가 노력할 뿐만 아니라 다른 사람도 도울 생각이 든다」

[不近] púchìn ㄅㄨˊㄐㄧㄣˋ …에 맞지 않다. 「一道理 ; 도리에 어긋나다」

[不禁] pùchīn ㄅㄨˋㄐㄧㄣ 금할 수 없다. 견딜 수 없다. 「一哭了起來 ; 참지 못해 울고 말았다」

[不禁不由兒] pùchīn-pùyúrh ㄅㄨˋㄐㄧㄣ ㄅㄨˋㄧㄡˊㄦ 엉겁결에. 무의식 중에. 「一地笑起來 ; 엉겁결에 웃고 말았다」

[不靖] pùchìng ㄅㄨˋㄐㄧㄥˋ 편안치 않다. 안락하지 못하다.

[不情] pùch'íng ㄅㄨˋㄑㄧㄥˊ ①무정(無情). 박정(薄情). ②인정·조리를 경시하다. 비정(非情)하다.

[不請自來] pùch'ǐng tzǔlái ㄅㄨˋㄑㄧㄥˇ ㄗˋㄌㄞˊ 청하지 않았는데 스스로 찾아오다.

[不盡然] púchìnján ㄅㄨˊㄐㄧㄣˋㄖㄢˊ 다 그렇다고는 할 수 없다.

[不經意] pùchīngì ㄅㄨˋㄐㄧㄥㄧˋ 주의하지 않다.

[不經之談] pùchīngchīht'án ㄅㄨˋㄐㄧㄥ ㄓㄊㄢˊ 근거가 없는 말.

[不脛而走] pùchìng'ěrhtsǒu ㄅㄨˋㄐㄧㄥˋ ㄦˊㄗㄡˇ ①상품이 날개가 돋친 듯이 잘 팔리는 모양. ②어떤 일이 재빨리 전해지는 모양.

[不經事] pùchīngshìh ㄅㄨˋㄐㄧㄥㄕˋ 경험을 쌓지 못하다.

[不求人] pùch'iújěn ㄅㄨˋㄑㄧㄡˊㄖㄣˊ ① 남에게 부탁하지 않는다. ②등긁이. 손이 닿지 않는 등을 긁는 제구.

[不求甚解] pùch'iú shěnchiěh ㄅㄨˋㄑㄧㄡˊ ㄕㄣˋㄐㄧㄝˇ 깊은 뜻이나 의문을 철저히 규명하지 않는다.

[不久] pùchiǔ ㄅㄨˋㄐㄧㄡˇ 곧. 멀지 않아. 미구(未久)에.

[不咎既往] púchiù chìwǎng ㄅㄨˊㄐㄧㄡˋ ㄐㄧˋㄨㄤˇ 지난 일은 문책하지 않는다.

[不瞅不睬] pùch'ǒu-pùts'ǎi ㄅㄨˋㄔㄡˇㄅㄨˋㄘㄞˇ 쳐다 보지도 않고 상대하지도

않는다」

[不拘] pùchü ㄅㄨˋㄐㄩ ①논(論)하지 않다. =不論. ②구애하지 않다. 「一小節;소소한 일에는 관여하지 않는다」

[不居] pùchü ㄅㄨˋㄐㄩ =不拘.

[不去] puch'ü ㄅㄨㄑㄩˋ ①동작의 결과가 이야기하는 쪽과 연결을 갖는 뜻. 「今天有事, 怕送一;오늘은 볼일이 있으므로 보내지 못할는지도 모른다」②마음 속에 꼬부장한 생각이 있어 통하지 않음을 나타냄. 「這幾天他和我過一;요며칠 그는 나에게 꼬부장한 감정을 품고 있다」

[不住] puchù ㄅㄨㄓㄨˋ 동작 상태가 안정·확실·정지·부동성을 가질 수 없다는 뜻을 가리킴. 「紙裏包一火; 종이에 불을 싸서 둘 수는 없다. 아니 땐 굴뚝에 연기 나랴」「一時要站也站一;급히 정거하려고 해도 정거가 되지 않는다」

[不住地] pǔchûtê ㄅㄨˊㄓㄨˋㄉㄜ 부단히. 늘. 항상. 「一刮了一天的風;쉴새 없이 종일 바람이 불었다」.

[不住氣(兒)] pǔchùch'ì(rh) ㄅㄨˊㄓㄨˋㄑㄧˋ(ㄦ)숨돌릴 사이도 없이「他一地吸着煙;그는 숨쉴 사이도 없이 잇달아 담배를 핀다」

[不揣] pùch'uǎi ㄅㄨˋㄔㄨㄞˇ 생각하지 않다. 「一冒昧;실례를 무릅쓰고」

[不取分文] pùch'ǔ fěnwěn ㄅㄨˋㄑㄩˇㄈㄣㄨㄣˊ 한 푼도 받지 않음. 일체 무료(一切無料).

[不出去] puch'ūch'ü ㄅㄨㄔㄨㄑㄩ 동사 "出去"의 불가능형.

[不出所料] pùch'ūsǒliàoㄅㄨˋㄔㄨㄙㄨㄛˇㄌㄧㄠˋ 짐작한 대로. 예상한 바와 같이.

[不群] puch'ün ㄅㄨㄔㄨㄣˊ ①무리 속에서 뛰어나다. ②무리와 화합·융화되지 않는다.

[不准] pùchǔn ㄅㄨˋㄓㄨㄣˇ ① 정확하지 않다. 확실하지 않다. 「打一; 맞지 않다」「說一;정확히 말할 수 없다」 ②허락치 않는다. …해서는 아니 된다. 「一走那條路; 그 길로 가서는 아니 된다」

[不中] pùchūng ㄅㄨˋㄓㄨㄥ ①당치도 않다. 안된다. ②적당하지 않다. ③puchù-ng (동사 밑에서)맞지 않다. 적중하지 못하다. 「考一; 시험에 합격 못하다」「打一;때려 맞추지 못하다」

[不中聽] pùchūngt'īng ㄅㄨˋㄓㄨㄥㄊㄧㄥ 귀에 거슬리다.

[不中用] pùchūngyùng ㄅㄨˋㄓㄨㄥㄩㄥˋ 쓸모가 없다. 소용 없다.

[不二法門] pǔěrhfǎměn ㄅㄨˊㄦˋㄈㄚˇㄇㄣˊ 제일 좋은 방법. 유일 무이한 방법.

[不法] pùfǎ ㄅㄨˋㄈㄚˇ 법률에 위배되다.

[不乏其人] pùfá chíjěn ㄅㄨˋㄈㄚˊㄐㄧˊㄖㄣˊ 그와 같은 사람은 많이 있다.

[不凡] pùfán ㄅㄨˋㄈㄢˊ비범(非凡)하다.

[不犯着] pǔfànchǎo ㄅㄨˊㄈㄢˋㄓㄠˊ…할 만한 가치가 없다. 「一和他生氣;그에게 화를 낼 만한 일은 못된다」

[不防] pùfáng ㄅㄨˋㄈㄤˊ ①뜻밖에. 불의에. ②무심히. 부주의하게.

[不妨] pùfāng ㄅㄨˋㄈㄤ ①상관 없다. 무방하다. 「這麼爲也一;이렇게 하여도 무방하다」②(주로 동사가 뒤에 와서) …하여도 괜찮다. 「你一看一着去;잠깐 보러 가도 괜찮다」

[不妨事] pùfángshìh ㄅㄨˋㄈㄤˊㄕˋ 지장없다. 문제되지 않는다.

[不忿(兒)] pǔfěn(rh) ㄅㄨˊㄈㄣˋ(ㄦ) 분이 가라앉지 않다. 「他對于這樣的待遇覺得很一;그는 이러한 대우에 대하여 몹시 불만을 느꼈다」=氣不忿兒.

[不分畛域] pùfěn chěnyǜ ㄅㄨˋㄈㄣㄓㄣˇㄩˋ 차별을 두지 않다. 화합되다. 격의없는 사이가 되다.

[不分彼此] pùfěn pítz'ǔ ㄅㄨˋㄈㄣ ㄅㄧˇㄘˇ 차별을 두지 않다. 대단히 친절하게 대우하다.

[不分皀白] pùfěn tsàopái ㄅㄨˋㄈㄣˊ ㄗㄠˋㄅㄞˊ 선악(善惡)을 구별하지 않다. 흑백을 가리지 않다.

[不費之惠] pǔfèichīhhuì ㄅㄨˊㄈㄟˋㄓㄏㄨㄟˋ 대단치 않은 후의(厚誼). 자그마한 도움. 「這不過是一, 你不必那麼心重;이건 대단치 않은 후의올시다 그렇게 정중하실 필요는 없읍니다」

[不服] pùfú ㄅㄨˋㄈㄨˊ ①불복하다. 승인하지 않다. 「一老;늙었음을 인정하지 않는다」②맞지 않다. 적응되지 않다. 「一水土;기후나 풍토에 맞지 않다」

[不服氣(兒)] pùfúch'ì(rh) ㄅㄨˋㄈㄨˊㄑㄧˋ(ㄦ) 감수(甘受)하지 않다. 승복하지 않다. 「하다.

[不敷] pùfū ㄅㄨˋㄈㄨ 충분치 않다. 부족

[不含糊] pùhánhu ㄅㄨˋㄏㄢˊㄏㄨ ①견고하다. ②거짓이 아니다. ③훌륭하다. ④태연하다. 「我自食其力一;나는 내 힘으로 벌어 먹고 사니까 거리낄 것이 없다」

[不寒而慄] pùháněrhlì ㄅㄨˋㄏㄢˊㄦˊㄌㄧˋ 소름이 끼치다. 별안간 겁이 나다.

[不好意思] pùhǎoìssǔ ㄅㄨˋㄏㄠˇㄧˋㄙ ①부끄럽다. ②유감 천만이다. 딱하다.

[不好過] pùhǎokuò ㄅㄨˋㄏㄠˇㄍㄨㄛˋ ①생활이 어렵다. ②마음 속으로 슬프게 여기다. ③(육체적으로)고되다.

[不合] pùhó ㄅㄨˋㄏㄜˊ ①…에 맞지 않다. ②타당·적당치 않다. ③…하여서는 안된다.

[不合時宜] pùhó shíhí ㄅㄨˋㄏㄜˊㄕˊㄧˊ시의에 맞지 않는다.

[不下] puhsià ㄅㄨㄒㄧㄚˋ ①충분한 장소가 없어서 안된다는 뜻을 나타냄. 「房子太窄, 八個人恐怕住一;집이 너무 좁아서 여덟 사람이 살 수는 없다」②…하여 둘 수는 없다는 뜻을 나타냄. 「物價這麼高, 落一什麼錢;물가가 이렇게 비싸 가지고는 돈이 남을 리가 없다」

[不下去] puhsiàch'ü ㄅㄨㄒㄧㄚˋㄑㄩ "下去"의 불가능형(型).

[不下于] pǔhsiàyǘ ㄅㄨˊㄒㄧㄚˋㄩˊ ①…에 뒤떨어지지 않다. 「他的本事一你;그의 솜씨·능력은 너에게 뒤떨어지지 않는다」②…보다 적지 않다.

[不相稱] pùhsiāngch'èng ㄅㄨˋㄒㄧㄤㄔㄥˋ ①조화되지 않다. ②적합하지 않다.

[不相干] pùhsiāngkān ㄅㄨˋㄒㄧㄤㄍㄢ① 아무런 상관이 없다. ②염려 없다. 괜찮다. 대단치 않다.

[不相上下] pùhsiāngshànghsià ㄅㄨˋㄒㄧㄤㄕㄤˋㄒㄧㄚˋ우열의 차가 없다. 비슷하다.

「日本的兵力和西德一；일본의 병력은 서독(西獨)과 비슷하다」
[不相聞問] pùhsiāngwĕnwĕn ㄅㄨˋㄒㄧㄤㄨㄣˊㄨㄣˋ 서로 교제·교섭이 없다.
[不想] pùhsiăng ㄅㄨˋㄒㄧㄤˇ ①=不料. ②생각하지 않다. 탐내지 않다.「我一去；나는 갈 생각이 없다」
[不象話] púhsiànghuà ㄅㄨˊㄒㄧㄤˋㄏㄨㄚˋ 돼먹지 않았다. 말이 되지 않는다. 보기 흉하다.
[不象樣兒] púhsiàngyàngrh ㄅㄨˊㄒㄧㄤˋㄧㄤˋㄦ 흉한 모양. 몸매가 보기 싫은 모양.
[不消] pùhsiāo ㄅㄨˋㄒㄧㄠ =不用.
[不肖] púhsiào ㄅㄨˊㄒㄧㄠˋ ①자식이 아버지를 닮지 않음. ②현명하지 않다. 못나다.
[不曉事] pùhsiăoshìh ㄅㄨˋㄒㄧㄠˇㄕˋ 사리를 분간치 못하다. 사리에 어둡다.
[不屑] púhsièh ㄅㄨˊㄒㄧㄝˋ (얕보아서)…할 값어치가 없다고 생각하다. =不屑于.「一和他爭論；그와 언쟁한다는 것은 말도 안되는 소리다」
[不興] pùhsīng ㄅㄨˋㄒㄧㄥ 시세에 맞지 않는다. 유행되지 않는다.
[不行] pùhsīng ㄅㄨˋㄒㄧㄥ ①안된다. 못쓴다. "不成·不好·不可以"보다 어세(語勢)가 셈.「這樣行嗎？一；이런 정도로서 되겠읍니까. 안돼」②참을 수 없다.「疼得一；참을 수 없이 아프다」 ③어느 정도에 이르지 못하다. ④좋은 결과가 나오지 않는다.「那件事怎麼樣了？一了；그 일은 어찌 해서인지 잘 되지 않았다」⑤…하여서는 안된다.《東》「當班的, 在班上可一吃；당번이므로 근무 중에 먹어서는 안된다」
[不幸] púhsìng ㄅㄨˊㄒㄧㄥˋ ①불행(不幸). ②불행하게도.
[不省人事] púhsĭng jĕnshíh ㄅㄨˊㄒㄧㄥˇ ㄖㄣˊㄕˊ 인사 불성(人事不省)이 되다.
[不習水土] pùhsí shuít'ŭ ㄅㄨˋㄒㄧˊㄕㄨㄟˊㄊㄨˇ 기후·풍토에 익숙해지지 않다.
[不銹鋼] púhsiùkāng ㄅㄨˊㄒㄧㄡˋㄍㄤ 〈鑛〉스테인레스(stainless).
[不修邊幅] pùhsiū piēnfú ㄅㄨˋㄒㄧㄡㄅㄧㄢㄈㄨˊ 몸차림을 하지 않다.
[不須] pùhsū ㄅㄨˋㄒㄩ …할 필요는 없다.「一取得對方同意；상대방의 동의(同意)를 얻을 필요는 없다」
[不學無術] pùhsüéh-wúshù ㄅㄨˋㄒㄩㄝˊㄨˊㄕㄨˋ 무학 무능(無學無能)하다. 배운 것도 재주도 없다.
[不遑] pùhuáng ㄅㄨˋㄏㄨㄤˊ 짬이 없다. 시간이 없다.「一進食；식사할 틈이 없다」
[不歡而散] pùhuānĕrhsàn ㄅㄨˋㄏㄨㄢㄦˊㄙㄢˋ 불쾌한 생각을 가진 채 헤어져 가다.
[不慌不忙] pùhuāng-pùmáng ㄅㄨˋㄏㄨㄤ ㄅㄨˋㄇㄤˊ 조금도 당황하지 않고 침착하게.
[不會] púhuì ㄅㄨˊㄏㄨㄟˋ ①(기능적으로) 못하다.「我一說英文；나는 영어 회화를 못한다」②있을 수 없다. 가능성이 없나.「世界上一有那樣的道理；세상에 그런 도리(道理)는 있을 수 없다」
[不諱] púhuì ㄅㄨˊㄏㄨㄟˋ ①죽음. ②거리낌 없이 직언(直言)하다.「供認一；숨김 없이 고백하다」
[不宜] pùí ㄅㄨˋㄧˊ ①안된다. 좋지 않다. ②…해서는 안된다.「飲後一作劇烈的運動；식후에는 격렬한 운동은 할일이 아니다」
[不意] pùì ㄅㄨˊㄧˋ =不料.
[不已] pùĭ ㄅㄨˊㄧˇ …마지 않다.「你謝一；몇 번이고 감사하다고 인사하다」「相爭一；다투어 마지 않다」
[不依] pùī ㄅㄨˋㄧ 따르지 않다. 말을 듣지 않다.「一他；그를 따르지 않다」
[不依不饒] pùī-pùjáo ㄅㄨˋㄧㄅㄨˋㄖㄠˊ ①용서하지 않다. 잘못을 허용치 않다. ②몹시 깐죽거리다. 트집을 잡다.
[不易之論] pùìchīhlùn ㄅㄨˊㄧˋㄓㄌㄨㄣˋ 완전하여 정정을 필요로 하지 않는 이론. 불변 이론.
[不翼而飛] pùìĕrhfēi ㄅㄨˊㄧˋㄦˊㄈㄟ 물건이 별안간 분실되었다는 비유. 물건이 온데간데 없다.
[不一會(兒)] pùìhuĭ(rh) ㄅㄨˊㄧˋㄏㄨㄟˇ(ㄦ) 곧. 머지 않아. 이윽고.
[不亦樂乎] pùìlèhū ㄅㄨˊㄧˋㄌㄜˋㄏㄨ ①또한 즐겁지 않겠는가! ②심히 말할 수 없을 만큼.
[不以爲然] pùĭweíján ㄅㄨˋㄧˇㄨㄟˊㄖㄢˊ 그렇다고는 생각하지 않는다.
[不然] pùján ㄅㄨˋㄖㄢˊ 그렇지 않으면.「快走吧一就遲到了；빨리 가시오, 그렇지 않으면 지각합니다」
[不染纖塵] pùjăn hsiēnch'ĕn ㄅㄨˋㄖㄢˇ ㄒㄧㄢㄔㄣˊ ①조금도 추한 데가 없다. ②퍽 깔끔하다.
[不讓于] pùjàngyǘ ㄅㄨˊㄖㄤˋㄩˊ 못하지 않다.「才智一他；재능은 그에 못지 않다」
[不仁] pùjĕn ㄅㄨˋㄖㄣˊ ①인덕(仁德)이 없다. ②손·발의 활동이 원활치 않다.「麻木一；(수족이) 저려서 움직일 수가 없다」
[不認賬] pùjĕnchàng ㄅㄨˊㄖㄣˋㄓㄤˋ 자기의 실수나 책임을 시인하지 않는다.
[不日] pùjìh ㄅㄨˊㄖˋ 오래지 않아서. 불원(不遠).
[不如] pùjú ㄅㄨˋㄖㄨˊ …만 같지 못하다. …하는 편이 좋다.「一派他去；그를 보내는 것이 좋다」
[不入虎穴, 焉得虎子] pujù hŭhsüèh, yēn tĕ hŭtzŭ ㄅㄨㄖㄨˋ ㄏㄨˇㄒㄩㄝˋ ㄧㄢㄉㄜˊ ㄏㄨˇㄗˇ 범의 굴에 들지 않고는 범의 새끼를 잡을 수 없다.《諺》
[不入耳] pùjùĕrh ㄅㄨˊㄖㄨˋㄦˇ 귀에 거슬리다.
[不容] pùjúng ㄅㄨˋㄖㄨㄥˊ ①허락하지 않다. 받아 들이지 않다.「一他說話；그의 말을 용납하지 않다」
[不容分說] pùjúng fĕnshuō ㄅㄨˋㄖㄨㄥˊ ㄈㄣㄕㄨㄛ 상대방에게 변명이나 반박할 여지를 주지 않다.
[不甘] pùkān ㄅㄨˋㄍㄢ 달게 받지 않다. 원하지 않다.「一落後；남보다 뒤지기를 원하지 않다」
[不敢] pùkăn ㄅㄨˋㄍㄢˇ ①할 용기가 없다. 못한다.「我一跟他拼命；나는 그와 끝까지 대결할 용기가 없다」 ②㉮맡을 만한 자격이 없다. ㉯별 말씀을 다 하십니다. 죄송합니다.《人》=不敢當.
[不堪] pùk'ān ㄅㄨˋㄎㄢ ①(동사 앞에 붙

어서)견딜 수 없다. 참을 수 없다.「一痛苦;고통을 견딜 수 없다」②(약간 문어(文語) 비슷한 형용사 뒤에 와서)심하다.「卑鄙一;심히 품위가 얕다」

[不亢不卑] púk'àng-pùpēi ㄅㄨˊㄎㄤˋㄅㄨˋㄅㄟ 오만하지도 않고 비굴하지도 않다.

[不肯] pùk'ěn ㄅㄨˋㄎㄣˇ 승인하지 않다.「一答應;동의하려 들지 않다」

[不更事] pùkēngshìh ㄅㄨˋㄍㄥㄕˋ 세상 경험을 쌓지 못하다.

[不克] pùk'ò ㄅㄨˋㄎㄜˋ ①되지 않다. …·할 수 없다. ②싸워서 이기지 못하다.

[不可] pùk'ǒ ㄅㄨˋㄎㄜˇ ①안된다. ②…하여서는 안된다. …을 허락하지 않다. …하는 것은 못 쓴다.「一救藥;구할 도리가 없다」「一亂動;함부로 손을 대서는 안된다」「一勝數;헤아릴 수 없이 많다」「一勝言;이루 말할 수 없다」③(“不·非”와 호응하여 …이 아니면)안된다.「非也自己去一;그 자신이 가지 않으면 안된다」

[不可能] pùk'ǒnéng ㄅㄨˋㄎㄜˇㄋㄥˊ ①불가능하다. ②있을 수 없다.「今天一下雨;오늘은 비가 올 리 만무하다」

[不客氣] púk'òch'ì ㄅㄨˊㄎㄜˋㄑㄧˋ ①사양하지 않다. ②무례하다. 버릇 없다.

[不苟] pùkǒu ㄅㄨˋㄍㄡˇ 등한히 하지 않다. 허술하게 보지 않다.「一一時;한시도 등한히 하지 않다」

[不够] púkòu ㄅㄨˊㄍㄡˋ ①넉넉치 않다. 모자라다.「一三個人吃;셋이 먹기에는 부족하다」②(동사의 뒤에 붙어서) 충분히 …할 수 없다.「吃一;충분히 먹을 수 없다」

[不古] pùkǔ ㄅㄨˋㄍㄨˇ 경박하다.

[不快] púk'uài ㄅㄨˊㄎㄨㄞˋ ①흥미가 없다. 불쾌하다. ②(동작이)느리다. 늦다. ③(칼이)들지 않는다.

[不管] pùkuǎn ㄅㄨˋㄍㄨㄢˇ ①상관 않다. 상대하지 않다. 돌보지 않다.「一三七二十一;인정사정 볼 것 없이」②=不論.

[不管不顧] pùkuǎn-púkù ㄅㄨˋㄍㄨㄢˇㄅㄨˊㄍㄨˋ 남의 생각은 조금도 하지 않고.

[不管部部長] pùkuǎnpù pùchǎng ㄅㄨˋㄍㄨㄢˇㄅㄨˋ ㄅㄨˋㄓㄤˇ 무임소 장관(無任所長官).

[不關痛痒] pùkuān t'ùngyǎng ㄅㄨˋㄍㄨㄢ ㄊㄨㄥˋㄧㄤˇ 아프지도 가렵지도 않다. 아무런 상관이 없다. 오불관언(吾不關焉).

[不光] pùkuāng ㄅㄨˋㄍㄨㄤ =不但.

[不愧] púk'uèi ㄅㄨˊㄎㄨㄟˋ …에 부끄럽지 않다. 과연 …만한 값어치는 있다.「一是咱們的好師傅;우리들의 훌륭한 스승임에 부끄러울 것이 없다」

[不匱] púk'uèi ㄅㄨˊㄎㄨㄟˋ 부족하지 않다.

[不共戴天] pùkūng tàit'iēn ㄅㄨˋㄍㄨㄥ ㄉㄞˋㄊㄧㄢ 죽이지 않으면 끝장이 안 나는 원수. 불구대천의 원수.《成》

[不過] púkuò ㄅㄨˊㄍㄨㄛˋ ①…에 지나지 않다. 겨우 …뿐이다.「一有幾個人;불과 몇 사람밖에 없다」②그런데. 그러나. 말머리를 돌릴 때 쓰이는 말.「他答應做了, 一, 說不定什麼時候開始;그는 하겠다고 대답했다. 그러나 언제 시작할 것인지는 확실치 않다」

[(동사·형용사)不過] —pukuò ㄅㄨㄍㄨㄛˋ ①능력의 차이가 있어 이길 수 없다.「我說一他;나는 그를 말로 당해낼 수 없다」②감각적으로 불쾌하여 참을 수가 없다.「那樣的話聽一;그런 이야기는 듣고 있을 수 없다」③번잡스러워 도저히 할 수 없다.「那麼多的人, 我簡直數一;그렇게 많은 사람을 나는 도저히 셀 수 없다」④몹시.「氣一;몹시 화를 내다」

[(동사)不過去] —pukuòch'ü ㄅㄨㄍㄨㄛˋㄑㄩ “(동사)過去”의 불가능형.

[不過爾爾] púkuòěrhěrh ㄅㄨˊㄍㄨㄛˋㄦˇㄦˇ 이러한 까닭이다. 이러이러하다고 말할 뿐이다.

[不過意] púkuòì ㄅㄨˊㄍㄨㄛˋㄧˋ 유감이다. 섭섭하다. 가엾다.

[(동사)不過來] —pukuòlai ㄅㄨㄍㄨㄛˋㄌㄞ ①어떤 곳을 경유하여 올 수가 없다는 뜻을 갖는 말.「那座橋過一;그 다리로 건너 올 수는 없다」②정상적인 상태로 되돌릴 수는 없다는 뜻을 갖는 말.「怎麼勸也勸一;어떤 말로 권하여도 듣지 않는다」③동작의 결과 어떤 것이 반전(反轉)될 수 없다는 뜻을 갖는 말.「這句話, 按着文法倒一;이 말은 문법상 거꾸로 할 수는 없다」④골고루 미치게 동작할 수는 없다는 뜻을 갖는 말.「那麼些人, 一時招待一;그렇게 많은 사람을 한꺼번에 접대할 수는 없다」

[(형용사)不剌] —pulā ㄅㄨㄌㄚ 성질·상태를 강조하는 접미사.「你穿得破一的, 上哪兒去?;너는 다 떨어진 누더기를 걸치고 어디로 가느냐?」

[不賴] púlài ㄅㄨˊㄌㄞˋ 옳다. 틀림 없다.

[(동사)不來] —pulái ㄅㄨㄌㄞˊ 동작의 결과가 말하는 사람 쪽으로 미쳐 오지 않는다는 뜻을 갖는 말.「當天回得來回一?;그날 중으로 돌아옵니까, 못 돌아옵니까?」②경험·습관·습득상 익숙치 못하여 할 수 없다는 뜻을 갖는 말.「西洋酒我喝一;양주는 마셔 버릇하지 안하여 마시지 못한다」

[不稂不莠] pùláng-púyǔ ㄅㄨˋㄌㄤˊㄅㄨˊㄧㄡˇ ①불완전하다. 불철저하다. ②(사람이)쓸모가 없다. 가망이 없다. =不郎不秀.

[不勞而獲] pùláoérhhuò ㄅㄨˋㄌㄠˊㄦˊㄏㄨㄛˋ 노력하지 않고 손에 넣다.

[不樂意] púlèì ㄅㄨˊㄌㄜˋㄧˋ 기뻐하지 않다. 불쾌한 표정이다.

[不離(兒)] pùlí(rh) ㄅㄨˋㄌㄧˊ(ㄦ) 대체로 좋다. 그러그러하다.「你說得一;너의 말이 옳기는 옳다」

[不離酒] pùlíchiǔ ㄅㄨˋㄌㄧˊㄐㄧㄡˇ 술과 떨어지지 않다.「成天一;진종일 술독에 빠지다」

[不理] pùlǐ ㄅㄨˋㄌㄧˇ 상관하지 않다. 상대하지 않다. 대답하지 않다.「置之一;내버려 두고 상대하지 않다」

[不理會] pùlǐhuì ㄅㄨˋㄌㄧˇㄏㄨㄟˋ 관계하지 않다. 상대하지 않다. 주의하지 않다.

[不涼不酸] pùliáng-pùsuān ㄅㄨˋㄌㄧㄤˊㄅㄨˋㄙㄨㄢ 무관심(無關心)한 모양.

[不了] pùliǎo ㄅㄨˋㄌㄧㄠˇ ①끝나지 않다.「一事;일이 끝나지 않다」「一而了·一

了之；일이 안 끝났는데 끝났다고 하다. 적당히 해 두다」②이해 못하다.「一情；아무리 해도 알 수 없다」

[(동사)不了] —puliǎo ㄅㄨㄌㄧㄠˇ ①동작을 양적(量的)으로 완료·완결할 수 없다는 뜻을 갖는 말.「一回拿一, 匀兩回拿也許拿得了；한번에 휠 수는 없으나 두 번으로 나누면 휠 수 있을지도 모른다」②그렇게는 되지 않는다는 뜻을 갖는 말.「你放心, 我錯一事；안심하시오, 잘못 될 리는 없읍니다」

[不料] púliào ㄅㄨˊㄌㄧㄠˋ 우연히. 뜻밖에.

[不離氣兒] pùlích'ìrh ㄅㄨˋㄌㄧˊㄑㄧˋㄦ 부단히. 항상.《方》

[不靈] pùlíng ㄅㄨˋㄌㄧㄥˊ ①효과·효능이 없다. ②영검하지 않다. ③일이 잘 되지 않다.

[不零不整] pùlíng-pùchěng ㄅㄨˋㄌㄧㄥˊㄅㄨˋㄓㄥˇ 정리되어 있지 않다.

[(형용사)不溜] —puliū ㄅㄨㄌㄧㄡ ①정도가 심하다는 뜻을 나타내는 말.「酸一；몹시 쓰다」 ②「一兒—puliūrh ㄅㄨㄌㄧㄡㄦ;정도가 약한 것임을 나타내는 말」「酸一；좀 시다」

[不露聲色] pùlù shēngsè ㄅㄨˊㄌㄨˋㄕㄥㄙㄜˋ 소리를 내거나 흔적을 나타내지 않다.「一地把敵人包圍起來；쥐도 새도 모르게 적을 포위하다」

[不論] pùlùn ㄅㄨˊㄌㄨㄣˋ ①논하지 않다. 문제로 삼지 않다.「一概一；일체 문제로 삼지 않는다」②…에도 불구하고. …을 막론하고.「一多少都拿來；다소를 불문하고 다 가져 오너라」「一什麼人都可以；어떤 사람이든 다 좋다」

[不論秧子] pùlùn yāngtzǔ ㄅㄨˊㄌㄨㄣˋㄧㄤㄗˇ 상대방의 지위나 신분을 겁내지 않다.

[不論不類] pùlún-pùlèi ㄅㄨˋㄌㄨㄣˊㄅㄨˊㄌㄟˋ 전혀 닮지 않다. 비슷하지 않다.「那個征引是一的；그 인용(引用)은 전혀 당치도 않다」

[不落窠臼] pùlò k'ōchiù ㄅㄨˊㄌㄨㄛˋㄎㄜㄐㄧㄡˋ 옛 관습에 구애됨이 없이 새로운 풍격을 창조하다.

[不滿] pùmǎn ㄅㄨˋㄇㄢˇ ① 불만족하다. ②pù mǎn 차지 않다.

[不蔓不支] pùmàn-pùchīh ㄅㄨˊㄇㄢˋㄅㄨˋㄓ 남에게 의뢰하지 않음.

[不美] pùměi ㄅㄨˋㄇㄟˇ 좋지 않다. 서투르다. 형편이 거북하다.

[不美氣] pùměich'ì ㄅㄨˋㄇㄟˇㄑㄧˋ ①몸이 불편하다. 몸살이 나다. ②마음이 내키지 않다.

[不妙] pùmiào ㄅㄨˊㄇㄧㄠˋ (형세가) 좋지 않다. 재미 없다.

[不免] pùmiěn ㄅㄨˋㄇㄧㄢˇ …을 면하지 못하다. 아무리 해도 …가 되다.「一出了毛病；아무리 해도 고장이 났다」

[不名一錢] pùmíng ìch'ién ㄅㄨˋㄇㄧㄥˊㄧˋㄑㄧㄢˊ 가난하여 한 푼도 없다.

[不明不白] pùmíng-pùpái ㄅㄨˋㄇㄧㄥˊㄅㄨˋㄅㄞˊ ①명백치 않다. 잘 모른다. ②불순(不純)하다.

[不謀而合] pùmóuérhhó ㄅㄨˋㄇㄡˊㄦˊㄏㄜˊ 우연히 일치하다.「我們的意見一；우리들의 의견은 의외로 일치했다」

[不耐] pùnài ㄅㄨˊㄋㄞˋ 견디지 못하다. 자칫하면 그렇게 되다.「淺顏色的衣料一一臟；엷은 빛깔의 의복은 더러움을 잘 탄다」

[不耐煩] pùnàifán ㄅㄨˊㄋㄞˋㄈㄢˊ 귀찮아서 견딜 수 없다.

[不難看出] pùnán k'ànch'ū ㄅㄨˋㄋㄢˊㄎㄢˋㄔㄨ ①찾아 내기에 곤란을 느끼지 않는다. ②분명히 알 수 있다시피: 문장 전체의 수식어로서 쓰임.

[不能] pùnéng ㄅㄨˋㄋㄥˊ ①되지 않는다. 할 수 없다. ②그럴 리가 없다. 있을 수 없다.「他一是不道德的人；그가 부도덕한 사람일 리는 없다」③…하여서는 아니 된다.「你一那麼刻薄待人；너는 그렇게 사람을 박정하게 대하여서는 아니 된다」

[不能不] pùnéngpù ㄅㄨˋㄋㄥˊㄅㄨˋ =不得不.

[不能自拔] pùnéng tzūpá ㄅㄨˋㄋㄥˊㄗˋㄅㄚˊ 스스로 빠져 나가지 못한다.

[不念舊惡] pùnièn chiùè ㄅㄨˊㄋㄧㄢˋㄐㄧㄡˋㄜˋ (남에게 관대하여) 남의 지나간 잘못을 염두에 두지 않는다.

[不佞] pùnìng ㄅㄨˊㄋㄧㄥˋ 소생(小生): 자기를 낮추어 일컫는 말.

[不怕] pùpà ㄅㄨˊㄅㄚˋ ①무서워하지 않다. ②비록 …하여도.

[不白之寃] pùpáichīhyüān ㄅㄨˋㄅㄞˊㄓㄩㄢ 벗어나지 못할 억울한 죄. 원죄(寃罪).

[不配] pùp'èi ㄅㄨˊㄆㄟˋ ①어울리지 않다. 걸맞지 않다.「門戶一；문벌이 어울리지 않는다」②…할 자격이 없다.「你一作老師；당신은 선생이 될 자격이 없다」

[不卑不亢] pùpēi-pùk'àng ㄅㄨˋㄅㄟㄅㄨˊㄎㄤˋ 비굴하지도 거만하지도 않게. 굽실거리지도 않고 교만을 떨지도 않고.

[不必] pùpì ㄅㄨˊㄅㄧˋ …할 필요가 없다. …할 것까지는 없다.「你一客氣；사양할 것 없다」

[不便] pùpièn ㄅㄨˊㄅㄧㄢˋ ①불편하다. 편리하지 않다. ②(뒤에 동사가 붙어서) …하기가 거북하다.「一央告他；그에게 부탁하기가 거북하다」

[不辨菽麥] pùpièn shūmài ㄅㄨˊㄅㄧㄢˋㄕㄨˊㄇㄞˋ 콩과 보리를 식별하지 못한다는 뜻으로 실제적인 지식이 결핍되었다는 말. 숙맥불변.《成》

[不平] pùp'íng ㄅㄨˋㄆㄧㄥˊ 편편치 않다. 불만스럽다.「一則鳴；불평이 있으면 곧 투덜거린다」

[不三不履] pùshān-pùlǔ ㄅㄨˋㄕㄢㄅㄨˋㄌㄩˇ 장삼도 입지 않고 신발도 신지 않다. 단정하지 못하다.

[(동사)不上] —pushàng ㄅㄨㄕㄤˋ 사물이 적당치 않거나 또는 지장이 있어서 되지 않는다는 뜻을 갖는 말.「眼睛腫了, 合一；눈이 부어서 감을 수가 없다」

[不上不下] pùshàng-pùhsià ㄅㄨˊㄕㄤˋㄅㄨˊㄒㄧㄚˋ 올라갈 수도 없고 내려갈 수도 없다. 진퇴양난이다.「弄得一, 怎麼好；이럴 수도 저럴 수도 없으니 어찌면 좋겠는가」

[不勝] pùshēng ㄅㄨˋㄕㄥ ①…할 수 없다.「一枚擧；일일이 매거할 수 없다」「一其煩；귀찮아서 견딜 수 없다」

[不生不熟] pùshēng-pùshú ㄅㄨˋㄕㄥㄅㄨˋ

ㄨˋㄕㄨˊ ①날것도 아니고 익은 것도 아니다. 반숙이다. ②미숙하다. ③성질이 야무지지 않다.

[不聲不響] pùshēng-pùhsiǎng ㄅㄨˋㄕㄥˊ ㄅㄨˋㄒㄧㄤˇ =不聲不語.

[不聲不語] pùshēng-pùyǔ ㄅㄨˋㄕㄥ ㄅㄨˋㄩˇ 끝내. 말이 없는 모양.「他老是一的；그는 언제나 덤덤히 말이 없다」

[不時] pùshíh ㄅㄨˋㄕˊ ①평상시와 다른 때. 불시.「一之需；불시의 수요」②순조롭지 않다. ③항상. 늘.

[不世出] púshìhch'ū ㄅㄨˊㄕˋㄔㄨ 세상에 항상 있는 것은 아니다.

[不失信] pùshīhhsìn ㄅㄨˋㄕㄒㄧㄣˋ 거짓말을 않는다. 약속을 어기지 않는다.

[不識時務] pùshíh shíhwù ㄅㄨˋㄕˊㄕˊㄨˋ 시대 조류에 민감하지 않다. 세상 물정에 어둡다.

[不識抬舉] pùshíh t'áichu ㄅㄨˋㄕˊㄊㄞˊㄓㄨ 남의 천거를 헛되게 하다. 의기양양하여 우쭐하다.

[不識閒兒] pùshíhhsiénrh ㄅㄨˋㄕˊㄒㄧㄢˊㄦ 연중무휴(年中無休).

[不識一丁] pùshíh ìtīng ㄅㄨˋㄕˊㄧˋㄉㄧㄥ 낫 놓고 기역자도 모른다. 완전한 문맹자를 일컫는 말. 《諺》

[不是] púshìh ㄅㄨˊㄕˋ ①…이 아니다.②아니다, 그렇지 않다. ③ púshìh 부정. 죄. 과실.「賠一；사과하다」

[不是勁兒] púshìhchìnrh ㄅㄨˊㄕˋㄐㄧㄣˋㄦ ①불쾌하다. 기분이 좋지 않다.「他一的時候, 別給他說話；그가 기분이 좋지 않을 때는 말을 걸지 말라」② 언짢다. 거북스럽다.「他們打架以後, 見了面總一；그들은 싸운 뒤로 서로 만나면 어쩐지 거북스러워한다」③상대가 되지 않다. 당할 수 없다.「跟他打架, 你一;그와 대결하면 너는 당해 내지 못한다」

[不是路] púshìhlù ㄅㄨˊㄕˋㄌㄨˋ 잘 되지 않다. 형편이 거북하다.「什麼法子都想遍了, 可覺得都一；여러 가지 방법을 다 생각해 보았으나 모두가 마땅치 않다는 것을 느꼈다」

[不是頭] púshìht'óu ㄅㄨˊㄕˋㄊㄡˊ 정세가 좋지 않다.「你現在跟他商量去, 恐怕一；자네가 지금 그와 상의하려고 간다는 것은 아마 좋지 않을 거야」

[不是東西] púshìhtūnghsi ㄅㄨˊㄕˋㄉㄨㄥㄒㄧ 쓸모가 없는 자. 돼먹지 않은 놈.

[不是玩兒的] púshìhwánrhtê ㄅㄨˊㄕˋㄨㄢˊㄦㄉㄜ 경시(輕視)할 수 없는 일. 농담이 아니다. 큰일 날 일이다.

[不是味兒] púshìhwèirh ㄅㄨˊㄕˋㄨㄟˋㄦ ①맛이 적당치 않다.②뒷맛이 좋지 않다.「我怎麼想, 怎麼一；나는 생각하면 생각할수록 뒷맛이 쓰다」③형편이 좋지 않다. ④싱겁다. 무익하다.

[不受用] púshòuyùng ㄅㄨˊㄕㄡˋㄩㄥˋ 기분이 좋지 않다.

[不爽] pùshuǎng ㄅㄨˋㄕㄨㄤˇ ①거북하다. 유쾌하지 않다.「身體一；몸이 불편하다」②틀리지 않다.「毫厘一；조금도 틀림이 없다」

[不順眼] púshùnyěn ㄅㄨˊㄕㄨㄣˋㄧㄢˇ 눈에 거슬리다. 기분에 들지 않다.

[不算] púsuàn ㄅㄨˊㄙㄨㄢˋ ①세지 않다. ②수에 넣지 않다. ③인정하지 않는다.

[不速之客] púsùchīhk'ò ㄅㄨˊㄙㄨˋㄓㄎㄜˋ 불청객(不請客).

[不溯既往] púsùchìwǎng ㄅㄨˊㄙㄨˋㄐㄧˋㄨㄤˇ 지난 일은 생각하지 않는다. 기왕의 일은 논하지 않는다.

[不大] pútà ㄅㄨˊㄉㄚˋ ①그다지 …지 않다.「一好；그다지 좋지 않다」②pú tà 크지 않다.

[不大會兒] pútàhuìrh ㄅㄨˊㄉㄚˋㄏㄨㄟˇㄦ 잠시 동안. 머지 않아.

[不大離(兒)] pútàlí(rh) ㄅㄨˊㄉㄚˋㄌㄧˊ(ㄦ) 대체로. 짐작으로는. 대단치 않다. 그저 그렇다. 「要緊.

[不打緊] pùtáchǐn ㄅㄨˋㄉㄚˊㄐㄧㄣˇ =不

[不打不成交] pùtǎpùch'éngchiāo ㄅㄨˋㄉㄚˇㄅㄨˋㄔㄥˊㄐㄧㄠ 다툰 후에 더욱 정이 든다는 말. 매 끝에 정이 든다.

[不單] pùtān ㄅㄨˋㄉㄢ =不只. 不僅.

[不但] pútàn ㄅㄨˊㄉㄢ…뿐만 아니라.「他一聰明, 而且很用功；그는 영리할 뿐만 아니라 공부도 굉장히 잘 한다」

[(동사)不當] 一pútàng ㄅㄨˊㄉㄤˋ 타당치 않다.「處置一；처치가 타당하지 않다」

[不當心] pútānghsīn ㄅㄨˊㄉㄤㄒㄧㄣ 무심히 하다. 넋을 잃다.

[不搭不理] pùtā-pùlǐ ㄅㄨˋㄉㄚㄅㄨˋㄌㄧˇ 상대하지 않다.

[(동사)不到] putào ㄅㄨㄉㄠˋ 동작이 어떤 위치·정도까지 도달하지 못함을 뜻하는 말.「範圍太太, 一時調査一；범위가 너무 넓어서 일시에 조사할 수가 없다」 「뚝이

[不倒翁] pùtǎowēng ㄅㄨˋㄉㄠˇㄨㄥ 오

[不到黃河心不死] pùtào huánghó hsīnpùssǔ ㄅㄨˋㄉㄠˇㄏㄨㄤˊㄏㄜˊㄒㄧㄣㄅㄨˋㄙˇ 꼼짝 못할 경우가 아니면 단념하지 않다.

[不到之處] pùtàochīhch'ù ㄅㄨˊㄉㄠˋㄓㄔㄨˋ 이르지 못한 곳. 부족한 점.

[不特] pút'ê ㄅㄨˊㄊㄜˋ =不但.

[(동사)不得] 一putê ㄅㄨㄉㄜ 금지(禁止)의 뜻을 나타내는 말.「那樣的事, 你做一；그런 일을 너는 해서는 안된다」

[不得勁兒] pùtêchìnrh ㄅㄨˋㄉㄜˊㄐㄧㄣˋㄦ ①기분이 나지 않다. 불쾌한 느낌이 들다.②거북하다. 곤란하다. 망설이다. ③순조롭게 되지 않다. ④재수가 없다.

[不得了] pùtêliǎo ㄅㄨˋㄉㄜˊㄌㄧㄠˇ ①난처하다. ②큰일이다.③심하다.「病得一；병이 심하다」

[不得已] pùtêǐ ㄅㄨˋㄉㄜˊㄧˇ 할수 없이. 부득이.

[不得不] pùtêpù ㄅㄨˋㄉㄜˊㄅㄨˋ …하지 않을 수 없다.

[不得哥兒們] pùtêkōrhmên ㄅㄨˋㄉㄜˊㄍㄜㄦㄇㄣ 남에게 미움을 받다. 남이 싫어하다.

[不得人心] pùtê jênhsīn ㄅㄨˋㄉㄜˊㄖㄣˊㄒㄧㄣ =不得哥兒們.

[不得人兒] pùtêjênrh ㄅㄨˋㄉㄜˊㄖㄣˊㄦ 인심을 얻지 못하다. 남이 싫어하다.

[不等]pùtěng ㄅㄨˋㄉㄥˇ①고르지 않다.②…등(等).「菊花有白的·紅的·黃的 一;국화에는 흰것·붉은 것·누른 것 등이 있다」

[不登大雅之堂] pùtēng tàyǎchīht'áng ㄅㄨˋㄉㄥㄉㄚˋㄧㄚˇㄓㄊㄤˊ 높은 사람 앞에

는 내놓을 수 없다: 남에게서 존경 받지 못한다는 비유. "大雅之堂"은 고아하고 존귀한 장소. «成»

[不迭] pùtiéh ㄅㄨˋㄉㄧㄝˊ 계속하여.「一地勸說; 몇번이고 충고하다」「叫苦一; 괴로움을 계속해서 호소하다」

[不定] pútìng ㄅㄨˊㄉㄧㄥˋ ①할는지 모른다.「一他來了來呢; 그가 올지 안 올지 모른다」②꼭 …일 것이다. 「一就是他吧; 반드시 그 사람일 것이다」 ③결정되지 않다. 정해지지 않다.「他一是什麼時候來; 그가 언제 올지는 결정되어 있지 않다」④(동사 뒤에 붙어)그 동작·행위가 확실치 않다.「他說一; 그는 확실히 말하지 않는다」

[不停地] pùt'íngtê ㄅㄨˋㄊㄧㄥˊㄉㄜ 부단히. 끊임 없이.「一咳嗽; 쉴 새 없이 기침을 한다」

[不抵事] pùtìshìh ㄅㄨˋㄉㄧˇㄕˋ 소용되지 않다.「一百萬元也一; 백만원이라도 소용 없다」

[不睬] pùts'ǎi ㄅㄨˋㄘㄞˇ 상대하지 않다.「揚揚一; 거만해서 상대하지 않는다」

[不再] pútsài ㄅㄨˊㄗㄞˋ 이미 …이 아니다. 이젠 …지 않는다.「今天的亞洲一是以前的亞洲; 오늘의 아세아는 벌써 이전의 아세아는 아니다」

[不在] pútsài ㄅㄨˊㄗㄞˋ ①없다. ②죽어 버렸다.

[不在乎] pútsàihu ㄅㄨˊㄗㄞˋㄏㄨ 문제가 아니다. 문제삼지 않는다.「滿一; 전혀 문제삼지 않다」

[不在話下] pútsài huàhslà ㄅㄨˊㄗㄞˋ ㄏㄨㄚˋㄒㄧㄚˋ ①설명할 필요도 없다. 말할 나위도 없다. ②이하의 이야기는 생략한다: 소설·강담 따위의 관용어.

[不在意] pútsàiì ㄅㄨˊㄗㄞˋㄧˋ ①개의(介意)하지 않다. 걱정하지 않다. ②주의하지 않다.

[不在理] pútsàilǐ ㄅㄨˊㄗㄞˋㄌㄧˇ 불합리하다.

[不測] púts'ê ㄅㄨˊㄘㄜˋ 헤아릴 수 없다. 무한하다. 재난(災難).

[不測聲] pùtsếshēng ㄅㄨˋㄕㄜˊㄕㄥ 소리를 내지 않다.

[不做美] pútsòměi ㄅㄨˊㄗㄨㄛˋㄇㄟˇ ①(남의 좋은 일을)도와 주지 않다. 눈치 없게 굴다. ②보기 흉하다. ③심술궂게 놀다. 타박 주다.

[不錯] púts'uò ㄅㄨˊㄘㄨㄛˋ ①바르다. 틀림 없다. ②좋다. 알맞다.

[不錯眼珠] púts'ò yěnchū ㄅㄨˊㄘㄨㄛˋ ㄧㄢˇㄓㄨ 눈도 깜박이지 않다.

[不足] pùtsú ㄅㄨˋㄗㄨˊ ①부족하다. 모자라다.「美中一; 옥(玉)에 티」②(동사가 앞에 와서)…할 값어치가 없다. 「一道; 말할 필요도 없다」「一爲訓; 칭찬할 만한 것이 못된다」

[不貲] pùtzū ㄅㄨˋㄗ 금전·재산의 분량이 많다.「所費一; 비용이 막대하다」

[不自量力] pútzǜliànglì ㄅㄨˊㄗˋㄌㄧㄤˋㄌㄧˋ 자기의 힘·능력 따위를 생각지 않는다. 자부(自負)하다. 잘난 체하다.

[不獨] pùtú ㄅㄨˋㄉㄨˊ =不但.

[不短] pùtuǎn ㄅㄨˋㄉㄨㄢˇ ①빠지지 않고. 언제나.「他一來; 그는 잘 온다」②부족하지 않다.「一錢花; 용돈에 궁하지는 않다」③빌리지 않다. 「我一他錢; 나는 그에게 돈을 빌리지는 않았다」

[不斷] pútuàn ㄅㄨˊㄉㄨㄢˋ 부단히. 끊임없이. 그치지 않다.

[不短地] pùtuǎntê ㄅㄨˋㄉㄨㄢˇㄉㄜ 부단히.

[不對] pútuì ㄅㄨˊㄉㄨㄟˋ ①맞지 않다. 바르지 않다. ②사이가 나쁘다. 잘 어울리지 않다.

[不對勁兒] pútuìchìnrh ㄅㄨˊㄉㄨㄟˋㄐㄧㄣˋㄦ 사이가 나쁘다. 의사가 맞지 않다.

[不對頭] pútuìt'óu ㄅㄨˊㄉㄨㄟˋㄊㄡˊ ①(일이나 계산이)맞지 않다.「今天晚上結賬老一; 오늘 저녁의 계산은 어쩐지 맞지 않는다」②(기분이)탐탁하지 않다.「老張和老王怎麼也一; 장씨와 왕씨는 어쩐지 의사가 상통하지 않는다」

[不通] pùt'ūng ㄅㄨˋㄊㄨㄥ ①통하지 않다.「此路一; 이 길은 막다른 길이다」②(문장 따위의)뜻이 통하지 않는다. ③(동사의 뒤에 붙어)감정이 서리거나 장애가 있어서 동작·행위가 순조롭게 되지 않다.「說也說一; 말하여도 통하지 않는다」「刀子不快, 切一; 칼이 들지 않아 벨 수가 없다」

[不動聲色] pútùng shēngsê ㄅㄨˊㄉㄨㄥˋ ㄕㄥㄙㄜˋ 말투도 안색도 변치 않는다.

[不懂好歹] putung háotǎi ㄅㄨㄉㄨㄥ ㄏㄠˊㄉㄞˇ ①선악을 분간할 줄 모르다. ②사물의 도리를 모르다. 「你別一; 여보게, 이해력이 그렇게 없나?」

[不同凡響] pùt'úng fánhsiǎng ㄅㄨˋㄊㄨㄥ ㄈㄢˊㄒㄧㄤˇ 특히 우수하다. 특히 뛰어나다.

[不痛不痒] pút'ùng-pùyǎng ㄅㄨˊㄊㄨㄥˋ ㄅㄨˋㄧㄤˇ ①별로 어떻다고 느끼지 않는다. 무관심하다. ②(일을 처리함에 있어) 분명하지 않다. 흐리터분하다.

[不懂事] pùtǔngshìh ㄅㄨˋㄉㄨㄥˇㄕˋ 사물을 분간하지 못하다. 옳고 그름을 알지 못하다.

[不妥] pùt'uǒ ㄅㄨˋㄊㄨㄛˇ 타당치 않다.

[不多時] pùtuōshíh ㄅㄨˋㄉㄨㄛㄕˊ 머지않아. 곧.

[不外] púwài ㄅㄨˊㄨㄞˋ ①… 밖에 아니다. 단지 …할 뿐이다.「所談一是目前的問題; 이야기한 것은 단지 당면 문제일 따름이다」②…밖에는 없다. 꼭 …할 것이다.「一叫你做官吧; 꼭 너를 관리로 임명시킬 것이다」

[不惟] pùwéi ㄅㄨˋㄨㄟˊ …뿐 아니라.「一無益, 反而有害; 무익할 뿐 아니라 도리어 해롭다」

[不韙] pùwěi ㄅㄨˋㄨㄟˇ 나쁜 일. 무도한 일.「冒一; 무도한 짓을 감히 저지르다」

[不穩] pùwěn ㄅㄨˋㄨㄣˇ ①평온하지 않다. 위험하다. ②(동사가 앞에 와서)동작이 있은 후의 어떤 상태가 충분히 보장되어 있지 않음을 나타내는 말. 「站一; 꼼짝 않고 서 있을 수 없다」

[不聞不問] pùwến-púwěn ㄅㄨˋㄨㄣˊ ㄅㄨˊㄨㄣˋ 자기 이외의 일에는 일체 간섭하지 않다. 무관계한 입장에 서다.

[不無] pùwú ㄅㄨˋㄨˊ 조금은 있다. 없지 않다. 「一關係; 관계가 없지 않다」

[不要] púyào ㄅㄨˊㄧㄠˋ ①필요 없다. 바라지 않다. 「一錢; 돈이 필요 없다」②…하여서는 아니 된다.「一花錢; 돈을 써서는 안된다」

[不要臉] pùyàoliěn ㄅㄨˊㄧㄠˋㄌㄧㄢˇ 뻔뻔스럽다. 염치를 모르다.
[不厭其煩] pùyèn ch'ífán ㄅㄨˊㄧㄢˋㄑㄧˊㄈㄢˊ 번거러움을 싫어하지 않다. 귀찮은 줄을 모르다.
[不厭其詳] pùyèn ch'íhsiáng ㄅㄨˊㄧㄢˋㄑㄧˊㄒㄧㄤˊ 상세할수록 좋다.
[不言而喻] pùyénérhyǜ ㄅㄨˋㄧㄢˊㄦˊㄩˋ 말하지 않아도 안다. 말할 것까지 없다.
[不言不語] pùyén-pùyǚ ㄅㄨˋㄧㄢˊㄅㄨˋㄩˇ 아무 말도 하지 않다.
[不虞] pùyǘ ㄅㄨˋㄩˊ 뜻밖에 일어난 일. 불의의 사고. 「自主.
[不由已] pùyúchǐ ㄅㄨˋㄧㄡˊㄐㄧˇ =不由
[不由分說] pùyú fēnshuō ㄅㄨˋㄧㄡˊㄈㄣ ㄕㄨㄛ 변명을 허용치 않는다.
[不由人] pùyújén ㄅㄨˋㄧㄡˊㄖㄣˊ 무의식중에. 제물에. (자기나 타인의) 생각대로 되지 않다.
[不由地] pùyútê ㄅㄨˋㄧㄡˊㄉㄜ ①뜻밖에. 생각지도 않고. 「一叫了一聲;문득 소리를 질렀다」②저절로. 자연히. 「地.
[不由得] pùyútê ㄅㄨˋㄧㄡˊㄉㄜ =不由
[不由自主] pùyú tzǜchǔ ㄅㄨˋㄧㄡˊㄗˋㄓㄨˇ 자기 마음대로 하게 내버려 두지 않다. 「一地;뜻밖에」
[不約而同] pùyüēhérht'úng ㄅㄨˋㄩㄝㄦˊㄊㄨㄥˊ 예기치 않고 행동이나 의견이 일치하다.
[不孕症] pùyǜnchèng ㄅㄨˋㄩㄣˋㄓㄥˋ 불임증(不姙症).

〔布〕(佈②③) pù ㄅㄨˋ ①무명. 베. 등의 직물. ②선포(宣布)하다. 신립(申立)하다. 「開誠一公;성심껏 공평하게 하다」③사방으로 흩어 놓다. 「一種子;씨를 뿌리다」④고대 화폐의 하나. ⑤(주인이 손님에게 요리를)나누어 주다. 권하다.
[布機] pùchī ㄅㄨˋㄐㄧ 방직기(紡織機).
[布景(兒)] pùchǐng(rh) ㄅㄨˋㄐㄧㄥˇ(ㄦ) ①무대의 세트(set). ②그림의 풍경.배치.
[布置] pùchìh ㄅㄨˋㄓˇ ①배치하다. 「一屋子;실내의 가구나 장식물의 배치를 하다」②일을 꾸미다. 계획하다. 「預先一一條退路;미리 도망칠 길을 준비해 놓다」 「성.
[布局] pùchú ㄅㄨˋㄐㄩˊ 시문(詩文)의 구
[布爾喬亞] pùěrhch'iáoyà ㄅㄨˋㄦˇㄑㄧㄠˊㄧㄚˋ 부르조아지(bourgeoisie). 《譯》
[布販(兒)] pùfàn(rh) ㄅㄨˋㄈㄢˋ(ㄦ) 포목상인(商人).
[布防] pùfáng ㄅㄨˋㄈㄤˊ ①방비의 진을 치다. ② 피켓(picket)을 치다.
[布鞋] pùhsiéh ㄅㄨˋㄒㄧㄝˊ 헝겊신.
[布謝] pùhsièh ㄅㄨˋㄒㄧㄝˋ 사의(謝意)를 표하다. =道謝.
[布衣] pùī ㄅㄨˋㄧ 평민(平民). 「一交;가난했을 때의 친구」
[布讓] pùjàng ㄅㄨˋㄖㄤˋ 요리를 접시에 나누어 손님에게 권하다.
[布崗] pùkǎng ㄅㄨˋㄍㄤˇ 파수를 두다. 보초를 세우다.
[布告] pùkào ㄅㄨˋㄍㄠˋ ① 포고하다. ② 포고 문서(布告文書).
[布谷] pùkǔ ㄅㄨˋㄍㄨˇ 뻐꾸기.
[布老恩管] pùlǎoēnkuǎn ㄅㄨˋㄌㄠˇㄣㄍㄨㄢˇ 브라운관. 전자관(電子管). 《譯》
[布雷] pùléi ㄅㄨˋㄌㄟˊ 지뢰·기뢰(機雷)를 부설하다.
[布料(兒)] pùliào(rh) ㄅㄨˋㄌㄧㄠˋ(ㄦ) 옷감. 직물.
[布滿] pùmǎn ㄅㄨˋㄇㄢˇ 가득하게 흩어져 있다. 「星星一天空;별이 하늘에 가득히 흩어져 있다」 「보.
[布包兒] pùpāorh ㄅㄨˋㄅㄠㄦ 보자기. 책
[布匹] pùp'ǐ ㄅㄨˋㄆㄧˇ 솜으로 짠 직물. 포목. =布疋.
[布帛] pùpó ㄅㄨˋㄅㄛˊ 직물의 총칭.
[布傘] pùsǎn ㄅㄨˋㄙㄢˇ 양산. 천으로 만든 우산.
[布衫兒] pùshānrh ㄅㄨˋㄕㄢㄦ 무명으로 만든 긴 적삼. 「지떨이.
[布撣] pùtǎn ㄅㄨˋㄉㄢˇ 천으로 만든 먼
[布道] pùtào ㄅㄨˋㄉㄠˋ 포교(布教)하다. 전도하다.
[布碟兒] pùtiéhrh ㄅㄨˋㄉㄧㄝˊㄦ 작은 접시: 요리를 나누어 담는 작은 그릇.
[布丁] pùtīng ㄅㄨˋㄉㄧㄥ 푸딩(pudding): 과자의 한가지. 《譯》
[布頭兒] pùt'óurh ㄅㄨˋㄊㄡˊㄦ 헝겊 조각. 천 조각.
[布菜] pùts'ài ㄅㄨˋㄘㄞˋ 주인이 요리를 접시에 나누어 손님에게 권하다.

〔步〕 pù ㄅㄨˋ ①걸음. 보조(步調). 「穩一前進;든든하고 침착한 보조로 전진하다」②거닐다. ③보폭(步幅)으로 땅을 재다. ④옛 척도: 1 "步"는 5 "척"에 해당함. ⑤지경. 정도. 지점. 「沒想到壞到這一一;이런 나쁜 결과가 되리라고는 생각조차 하지 않았다」
[步槍] pùch'iǎng ㄅㄨˋㄑㄧㄤˇ 보병총.
[步驟] pùchòu ㄅㄨˋㄓㄡˋ 순서. 절차. 차례. 「有一地發展;차례차례로 발전시키다」
[步伐] pùfá ㄅㄨˋㄈㄚˊ 대오(隊伍)의 보조.
[步後塵] pùhòuch'én ㄅㄨˋㄏㄡˋㄔㄣˊ ① 남의 뒤를 따르다. ②남의 흉내를 내다. 모방하다. =步人後塵. 「다.
[步行] pùhsíng ㄅㄨˋㄒㄧㄥˊ 걷다. 보행하
[步行機] pùhsíngchī ㄅㄨˋㄒㄧㄥˊㄐㄧ ① 보행 보조기(步行補助機). ②보행 전화기(步行電話機).
[步入正軌] pùjù chèngkueǐ ㄅㄨˋㄖㄨˋㄓㄥˋㄍㄨㄟˇ 정상적인 상태로 들어 가다.
[步弓] pùkūng ㄅㄨˋㄍㄨㄥ 토지를 측량하는 기구의 하나.
[步犁] pùlí ㄅㄨˋㄌㄧˊ 쟁기.
[步履] pùlǚ ㄅㄨˋㄌㄩˇ 보행(步行). 행동. 「一維艱;행동이 곤란한 일」
[步碾兒] pùniěnrh ㄅㄨˋㄋㄧㄢˇㄦ 보행(步行)하다.
[步步] pùpù ㄅㄨˋㄅㄨˋ ①한 발 한 발. 일보 일보(一步一步). ②pùpu 걸음걸이로 재다. 보측(步測)하다.
[步步爲營] pùpùwéi yíng ㄅㄨˋㄅㄨˋㄨㄟˊㄧㄥˊ ① 튼튼히 발판을 굳게 하다. ②방위를 엄중히 하다.
[步數兒] pùshurh ㄅㄨˋㄕㄨㄦ ①순서. 방법. 차례. ②운명(運命). 정도. 진척 상황. 「進行到這個一,可不能中止; 여기까지 진행한 이상 중지할 수 없다」
[步談機] pùt'ánchī ㄅㄨˋㄊㄢˊㄐㄧ 군용 휴대 전화기.

[步子] pùtzǔ ㄅㄨˋㄗ 보조. 걸음걸이.「用從容的一走進來; 침착한 걸음걸이로 들어 오다」
[步往] pùwǎng ㄅㄨˋㄨㄤˇ 걸어가다.「一公園; 공원으로 걸어 가다」
[步武] pùwǔ ㄅㄨˋㄨˇ 남의 뒤를 따라 모방하다.
〔怖〕 pù ㄅㄨˋ ①무서워하다. ②두려움.
〔埠〕 pù ㄅㄨˋ 부두. 선창.
[埠頭] pùt'ou ㄅㄨˋㄊㄡ, pùt'óu 선창. 부두.
〔薄〕 pù ㄅㄨˋ「一子; 장부. 노우트. 메모」

P'U ㄆㄨ

〔仆〕 p'ū ㄆㄨ 앞으로 넘어지다. ⇨p'ú.
〔鋪〕(舖) p'ū ㄆㄨ 깔다. 펴다.「一床; 잠자리를 깔다」⇨p'ù.
[鋪展] p'ūchǎn ㄆㄨㄓㄢˇ ①깔아 놓다. ②진열하다. 배치하여 놓다. ③p'ūchan 과장하다. 과대하게 하다. >鋪鋪展展.
[鋪張] p'ūchāng ㄆㄨㄓㄤ =鋪展.
[鋪張揚厲] p'ūchāng-yánglì ㄆㄨㄓㄤ ㄧㄤˊㄌㄧˋ 극히 과장하다. 상세히 설명하여 칭찬하다.
[鋪陣] p'ūch'én ㄆㄨㄔㄣˊ ①진열하다. ②여행용 침구. ③p'ūch'ên 조각 난 천. 헝겊.
[鋪修] p'ūhsiū ㄆㄨㄒㄧㄡ 도로를 포장하다.
[鋪叙] p'ūhsù ㄆㄨㄒㄩˋ 문장으로써 상세히 서술하다.
[鋪蓋] p'ūkai ㄆㄨㄍㄞ 침구(寢具). 이불. 이부자리.「一捲兒; 이부자리를 똘똘 만 것」
[鋪開] p'ūk'ai ㄆㄨㄎㄞ 깔아 놓다.「把氈子一; 모포(毛布)를 깔아 놓다」
[鋪炕] p'ūk'àng ㄆㄨㄎㄤˋ 온돌방에 침구를 깔다. 이부자리를 깔다.
[鋪派] p'ūp'ai ㄆㄨㄆㄞ ①파견하다. 보내다. ②배치하다. 뜻대로 움직이다.
[鋪排] p'ūp'ái ㄆㄨㄆㄞˊ 배치하여 놓다. 배열하다.
[鋪平] p'ūp'íng ㄆㄨㄆㄧㄥˊ 평평하게 깔다. 깔아서 평평하게 하다.
[鋪設] p'ūshè ㄆㄨㄕㄜˋ 부설하다.「一鐵路; 철도를 부설하다」
[鋪墊兒] p'ūtiènrh ㄆㄨㄉㄧㄢˋㄦ 쿠션(cushion)·방석·깔개 따위.
〔撲〕(扑) p'ū ㄆㄨ ①가볍게 두드리다.「一粉; 분을 퍼프(puff : 분첩)로 두드리다」②돌진하다. 덤벼들다.
[撲嗤兒] p'ūch'ihrh ㄆㄨㄔㄦ ①픽 웃다. 또는 그 소리. ②(물 따위가)쏴하고 나오다. 또는 그 소리.
[撲救] p'ūchiù ㄆㄨㄐㄧㄡˋ 불을 끄다.
[撲粉] p'ūfěn ㄆㄨㄈㄣˇ ①분첩으로 분을 바르다. ②아기분.
[撲火] p'ūhuǒ ㄆㄨㄏㄨㄛˇ 불을 두드려서 끄다.
[撲虎兒] p'ūhǔrh ㄆㄨㄏㄨˇㄦ 엎어지다.「摔了一個一; 고꾸라지다」
[撲克牌] p'ūk'op'ái ㄆㄨㄎㄜㄆㄞˊ 트럼프(trump).
[撲空] p'ūk'ūng ㄆㄨㄎㄨㄥ ①바라는 일을 달성하지 못하고 헛수고를 하는 것. ②사람을 찾아가서 못만나고 헛걸음을 하는 것.
[撲拉] p'ūla ㄆㄨㄌㄚ ①흩어지다. ②가볍게 두드리다. ③날개를 치다.
[撲楞開] p'ūlêngk'ai ㄆㄨㄌㄥㄎㄞ 사방에 팍 흩어 지다. 이리저리 흩어져 있다.
[撲臉] p'ūliěn ㄆㄨㄌㄧㄢˇ 얼굴에 부딪치다.「熱氣一; 열기(熱氣)가 얼굴에 부딪치다」
[撲落] p'ūlo ㄆㄨㄌㄨㄛ (재나 먼지 따위를) 털다.
[撲擄] p'ūlu ㄆㄨㄌㄨ =撲落.
[撲滿] p'ūmǎn ㄆㄨㄇㄢˇ 벙어리 저금통: 보통 옹기흙 따위로 만들며 가득 차면 부수어서 처리하므로 "撲滿"이라함.
[撲忙子] p'ūmángtzǔ ㄆㄨㄇㄤˊㄗ 무의미하게 분주히 더펄더펄 찾아 다니다.
[撲滅] p'ūmièh ㄆㄨㄇㄧㄝˋ 근절하다.
[撲面] p'ūmièn ㄆㄨㄇㄧㄢˋ 정면에서 달려 오다.
[撲明] p'ūmíng ㄆㄨㄇㄧㄥˊ 날이 새기 시작한다.
[撲摸] p'ūmo ㄆㄨㄇㄛ ①잡다. 획득하다. ②몸부림치다. ③찾아 다니다.
[撲兒] p'ūrh ㄆㄨㄦ 탁탁 치는 물건.「粉一; 분첩. 퍼프(puff)」
[撲扇] p'ūshan ㄆㄨㄕㄢ 날개치다.
[撲簌簌的] p'ūsùsùtê ㄆㄨㄙㄨˋㄙㄨˋㄉㄜ (눈물 따위가)뚝뚝 떨어지는 모양.
[撲打] p'ūta ㄆㄨㄉㄚ (먼지 따위를)털다.「一身上的雪粉; 옷에 묻은 눈을 털다」>撲撲打打.
[撲打撲打] p'ūtap'ūta ㄆㄨㄉㄚㄆㄨㄉㄚ 뚝뚝·척척·탁탁 따위.「眼淚從眼角一往下掉; 눈물이 눈시울에서 뚝뚝 떨어지다」
[撲燈蛾] p'ūtêng'ê ㄆㄨㄉㄥㄜˊ 〈動〉①등불에 날아드는 나방. ② 제발로 죽을 데로 찾아드는 것.
[撲蹬] p'ūtêng ㄆㄨㄉㄥˋ 허위적거리며 손발을 움직이다.「連手帶腿是一通兒亂一; 손발을 한참 동안 마구 허위적거렸다」
[撲騰] p'ūt'êng ㄆㄨㄊㄥ ①튀어 오르는 소리. ②고동(鼓動)하는 소리. ③괴로와 몸부림 치다. ④과장하다. ④멋대로 하다. >撲撲騰騰.
[撲通] p'ūt'ūng ㄆㄨㄊㄨㄥ 풍덩: 물건이 물에 떨어지는 소리.
〔噗〕 p'ū ㄆㄨ ①"푸"하고 액체나 기체가 내뿜는 소리. ②끓으며 김을 내뿜다.「鍋都一了; 남비가 푸푸 소리를 냈다」
〔匍〕 p'ú ㄆㄨˊ
[匍匐] p'úfú ㄆㄨˊㄈㄨˊ ①기다. ②엎디어 가다. ③땅 위를 뻗어 가다. >匍匍匐匐.
〔菩〕 p'ú ㄆㄨˊ「一薩(—sa); 보살」「一薩低眉; ㉮동정심이 있는 용모. ㉯마음이 약하여 보이는 모양」「一薩心腸; 자비심」
〔脯〕 p'ú ㄆㄨˊ「一子·一兒; 젖가슴 부분」「胸一子; 젖가슴」⇨fǔ.

〔葡〕 p'ú ㄆㄨˊ
[葡萄] p'út'ao ㄆㄨˊㄊㄠ 포도.「一乾 ; 건포도」「一灰 ; 포도빛에 조금 회색이 나는 빛」「一架 ; 포도 올리는 받침대」「一紫 ; 포도빛」
[葡萄灰] p'út'aohui ㄆㄨˊㄊㄠㄏㄨㄟ 포도빛.

〔蒲〕 p'ú ㄆㄨˊ 〈植〉 큰부들.「香一 ; 큰부들 : 자리·자루·부채 따위를 만드는 데 씀」
[蒲茸] p'újúng ㄆㄨˊㄖㄨㄥˊ 〈植〉 큰부들의 꽃. 큰부들종.
[蒲葵] p'úk'ueí ㄆㄨˊㄎㄨㄟˊ 〈植〉빈랑(檳榔)나무의 별칭. 또는 비슷한 나무: 잎으로 부채를 만듦.
[蒲磙] p'úkǔn ㄆㄨˊㄍㄨㄣˇ 논을 가는 기구:흙을 부드럽게 하고 녹비를 묻으며 낡은 벼그루를 뽑아 치우는 데 사용함.
[蒲公英] p'úkūngyīng ㄆㄨˊㄍㄨㄥ ㄧㄥ 〈植〉 민들레.
[蒲包子](一兒) p'úpāotzǔ (rh) ㄆㄨˊㄅㄠ ㄗ(一ㄦ) ①큰부들로 만든 가마니. ② 선사품. (식료품의)선사품.
[蒲扇(兒)] p'úshan(rh) ㄆㄨˊㄕㄢ(ㄦ) ① 큰부들로 만든 부채. ②종려(棕梠)부채.
[蒲團] p'út'uán ㄆㄨˊㄊㄨㄢˊ 부들로 짠 둥근 방석.
[蒲子] p'útzǔ ㄆㄨˊㄗ 〈植〉 창포.

〔僕〕(仆) p'ú ㄆㄨˊ ①하인. 종.「一女 ; 하녀」②자기 스스로의 낮춤말」⇨fǔ.
[僕人] p'újěn ㄆㄨˊㄖㄣˊ 하인(下人).
[僕僕] p'úp'ú ㄆㄨˊㄆㄨˊ 너무 걸어서 지쳐 버린 모양.
[僕從] p'úts'úng ㄆㄨˊㄘㄨㄥˊ 사내종.「一國家 ; 종속국(從屬國)」

〔璞〕 p'ú ㄆㄨˊ 아직 갈지 않은 구슬. 파낸 대로 가공하지 않은 구슬.「一玉渾金 (p'úyǜ-húnchīn) ; 사람이 솔직하고 사회의 악에 물들지 않음.《成》

〔蹼〕 p'ú ㄆㄨˊ 물새 따위의 물갈퀴.

〔圃〕 p'ǔ ㄆㄨˇ 밭.「花一 ; 꽃밭」

〔普〕 p'ǔ ㄆㄨˇ 널리 일반적인. 보편적인. 전면적인.
[普洱茶] p'úěrhch'á ㄆㄨˊㄦˇㄔㄚˊ "雲南省普江產"의 차로서 짙은 맛이 있어 소화를 도움.
[普選] p'úhsüǎh ㄆㄨˊㄒㄩㄢˇ 보통선거(普通選擧).
[普羅] p'úló ㄆㄨˇㄌㄨㄛˊ "普羅列塔里亞(프롤레타리아)"의 약칭.
[普查] p'ǔsá ㄆㄨˇㄙㄚˊ 전체적인 검사를 하다.
[普天下] p'ǔt'iēnhsià ㄆㄨˇㄊㄧㄢ ㄒㄧㄚˋ 세간(世間). 세상. 이 세상.
[普通] p'ǔt'ūng ㄆㄨˇㄊㄨㄥ 보통이다.「一讀物 ; 일반적인 독서물(讀書物)」「一話 ; "北京"어음(語音)을 표준으로 하고 북방 방언을 기초로 하여, 전형적인 구어문(口語文)의 저작을 어법(語法)의 규범(規範)으로 하는 한(漢)민족의 공통어를 말함 >普普通通.

〔氆〕 p'ǔ ㄆㄨˇ
[氆氌] p'úlu ㄆㄨˊㄌㄨ 티베트에서 생산하는 두꺼운 모직물의 일종.

〔樸〕(朴) p'ǔ ㄆㄨˇ 세공 안한 목재. 「소박한. ⇨p'iáo,p'ō,p'ǔ.
[樸質] p'ǔchìh ㄆㄨˇㄓ 검소하다.
[樸厚] p'ǔhòu ㄆㄨˇㄏㄡˋ 진실하고 성의가 있다.
[樸學] p'ǔhsuěh ㄆㄨˇㄒㄩㄝˊ 한학(漢學).
[樸實] p'ǔshíh ㄆㄨˇㄕˊ 거짓이 없고 성실하다. 꾸밈이 없고 진실하다. >樸樸實實.
[樸素] p'ǔsū ㄆㄨˇㄙㄨˋ ①(작품 따위가) 소박하다. 꾸밈이 없이 자연스럽다. ②(생활 따위가)검소하다.「服裝一 ; 복장이 검소하다」>樸樸素素.

〔譜〕 p'ǔ ㄆㄨˇ ①사물을 분별하고 계통을 세워서 만들은 표.「年一 ; 연보」「家一 ; 가보. 족보」 ②음악·장기 따위의 보(譜).「歌一 ; 노래의 악본」③「一兒 ; 기준. 법칙」「光一;스펙트럼」
[譜氣] p'ǔch'i ㄆㄨˇㄑㄧ 태도. 모양.「一大 ; 거만스럽다」
[譜表] p'úpiǎo ㄆㄨˊㄅㄧㄠˇ 오선보. 보표.
[譜學] p'ǔhsüéh ㄆㄨˇㄒㄩㄝˊ 계보학(系譜學).
[譜兒] p'ǔrh ㄆㄨˇㄦ 기준. 정하여진 형(型). 계획. 성산(成算).「他做事有一;그 사람은 일에 기준을 갖고 있다」「沒有準一 ; 확실한 계획이 없다」
[譜式] p'ǔshìh ㄆㄨˇㄕˋ 양식(樣式). 일정한 형식.

〔鋪〕(舖) p'ù ㄆㄨˋ ①「一子·一兒 ; 가게. 상점」「雜貨一 ; 잡화상점」②침상(寢床).「床一 ; 침상」「搭一個一 ; 하나의 침대를 설비하다」⇨p'ū.
[鋪家] p'ùchiā ㄆㄨˋㄐㄧㄚ 상가(商家).
[鋪捐] p'ùchüān ㄆㄨˋㄐㄩㄢ 사업세. 영업세.
[鋪戶] p'ùhù ㄆㄨˋㄏㄨˋ 점포. 상점.
[鋪面] p'ùmièn ㄆㄨˋㄇㄧㄢˋ ①가게앞. ②상점의 구조.「一房 ; 가게 딸린 집」
[鋪板] p'ùpǎn ㄆㄨˋㄅㄢˇ ①상점 입구의 판자 문. ②임시로 만든 판자. 침대.
[鋪保] p'ùpǎo ㄆㄨˋㄅㄠˇ 상점의 명의(名義)를 갖고 보증을 하다.「打一; 상점인을 찍어 보증하다」
[鋪底] p'ùtì ㄆㄨˋㄉㄧˇ ①점포에서 만든 일상 가구. ②상점의 권리금.
[鋪墊] p'ùtièn ㄆㄨˋㄉㄧㄢˋ 점포에서 조작한 가구류
[鋪眼兒] p'ùyǎnrh ㄆㄨˋㄧㄢˇㄦ 상점: 규모를 말할 때에 쓰임.
[鋪位] p'ùwèi ㄆㄨˋㄨㄟˋ ①침상(寢床)의 위치. ②침소(寢所).

〔瀑〕 p'ù ㄆㄨˋ「一布 ; 폭포」

〔曝〕 p'ù ㄆㄨˋ 햇볕에 쬐다.「一衣 ; 옷을 일광 소독시키다」

SA ㄙㄚ

〔仨〕 sā ㄙㄚ 셋. 세 개: 이 글자 뒤에는 양사(量詞)를 붙이지 않음. ＝三個. 「哥兒一; 형제 세 사람」「一月; 3개월」

[仨瓜倆棗] sākuā-liǎtsǎo ㄙㄚㄍㄨㄚ ㄌㄧㄚˊㄗㄠˇ 수입이나 수확이 근소한 일.

〔撒〕 sā ㄙㄚ ①메어 놓다. 펴다. 넓히다. 「一手; 손을 놓다」「一腿跑; 크게 다리를 벌려 뛰다」「一網; 그물을 치다」 ②「一拉; 중국 소수 민족의 하나」 ⇨sǎ.

[撒脚] sāchiǎo ㄙㄚㄐㄧㄠˇ ①＝撒腿. ②발을 내어 디디다.

[撒嬌兒] sāchiāorh ㄙㄚㄐㄧㄠㄦ 어리광을 피우다. 응석 부리며 교태를 부리다.

[撒氣] sāch'ì ㄙㄚㄑㄧˋ ①남에게 까닭 없이 화를 내다. ②공기를 뽑다: 타이어 따위에서.

[撒囈怔] sāichêng ㄙㄚㄧˋㄓㄥ 잠꼬대를 한다든가 잠에 취하여 어리둥절하다.

[撒放] sāfàng ㄙㄚㄈㄤˋ 석방하다.

[撒瘋(兒)] sāfēng(rh) ㄙㄚㄈㄥ(ㄦ) 정신 나간 짓을 하다. 광태(狂態)를 부리다. 「一酒瘋(兒); 주정(酒酊)을 부리다」

[撒綫] sāhsièn ㄙㄚㄒㄧㄢˋ 실을 풀어 놓다: 연을 띄울 때에.

[撒謊] sāhuǎng ㄙㄚㄏㄨㄤˇ 거짓말을 하다.

[撒歡兒] sāhuānrh ㄙㄚㄏㄨㄢㄦ 기뻐서 날뛰다. 「小猫一; 어린 고양이가 기뻐서 뛰어 놀다」

[撒嘎] sākǎ ㄙㄚㄍㄚˇ ①제 고집대로 하는 모양. ②짓궂게 굴다.

[撒開] sāk'ai ㄙㄚㄎㄞ ①갈리다. ②마구잡이로 하다. 최대한으로 하다. 「一吃; 마구 먹다」 ③늦추다. 놓다. 「一手; 손을 늦추다」

[撒開了] sāk'aitlê ㄙㄚㄎㄞˇㄌㄜ 큰 걸음으로 급히 걷다.

[撒賴] sālài ㄙㄚㄌㄞˋ 말로 발뺌하다. 책임을 회피하다. 부인하다.

[撒爛汚] sālànwū ㄙㄚㄌㄢˋㄨ ①더러운 것을 마구 뿌리다. ②일정한 직업도 거처(居處)도 없는 생활이나 또는 그러한 생활을 하다.

[撒馬] sāmǎ ㄙㄚㄇㄚˇ 말 고삐를 늦추다.

[撒尿] sāniào ㄙㄚㄋㄧㄠˋ 소변을 보다.

[撒潑] sāp'ō ㄙㄚㄆㄛ 난폭하게 하다. 날뛰다. 「一打滾; 포악한 모양」

[撒施] sāshīh ㄙㄚㄕ 손으로 가루약이나 비료를 농작물에 산포하는 일.

[撒手] sāshǒu ㄙㄚㄕㄡ ①손을 놓다. ②손에서 떼어 놓다.

[撒擔] sātàn ㄙㄚㄉㄢˋ 사탄(Satan). 악마.

[撒刁] sāt'iāo ㄙㄚㄊㄧㄠ 주위를 생각하지도 않고 난폭한 행동을 하다.

[撒嘴] sātsuǐ ㄙㄚㄗㄨㄟˇ 깨문 입을 늦추다. 「咬住了不一; 깨물면 놓지 않다」

[撒村] sāts'ūn ㄙㄚㄘㄨㄣ 용렬(庸劣)한 언사를 쓰다. 천한 말을 쓰다.

[撒腿] sāt'uǐ ㄙㄚㄊㄨㄟˇ ①걸음폭을 크게 하여 바삐 달려가는 일. ② 뛰어 가다.

[撒對兒] sātuìrh ㄙㄚㄉㄨㄟˋㄦ (힘이나 무기를 갖고)맞서다.

[撒網] sāwǎng ㄙㄚㄨㄤˇ ①그물을 치다. ②경조사(慶弔事)를 핑계 삼아 많은 사람을 초대하여 부조를 많이 받아 들임을 말함.

[撒無賴] sāwúlài ㄙㄚㄨˊㄌㄞˋ 트집을 잡다. 건달짓을 하다.

[撒鴨子] sāyatzǔ ㄙㄚㄧㄚㄗ ＝撒開腿. 「一竄了; 쏜살같이 도망쳐 버리다」

[撒野] sāyěh ㄙㄚㄧㄝˇ 거칠고 저열한 행동을 하다.

〔靸〕 sǎ ㄙㄚˇ

[靸鞋] sǎhsiéh ㄙㄚㄒㄧㄝˊ 노동자가 신는 신: 측면은 굳게 누벼 있고 앞은 삼각형의 가죽으로 붙어 있다.

〔撒〕 sǎ ㄙㄚˇ 뿌리다. 「一種; 종자를 뿌리다」 ⇨sā.

[撒播] sǎpō ㄙㄚˇㄅㄛ 종자를 뿌리다: 구석구석까지 고르게.

[撒散] sǎsan ㄙㄚˇㄙㄢ ①뿌리다. 「把宣傳品都一完了; 선전물을 모두 뿌렸다」 ②돈을 낭비하다.

[撒施] sǎshīh ㄙㄚˇㄕ 비료 따위를 뿌리다. 시비하다.

〔灑〕(洒) sǎ ㄙㄚˇ ①물을 뿌리다. 「掃除先一些水; 청소 전에 물을 약간 뿌리다」 ②뿌려서 사방에 흩뜨리다. 「一了一地黃豆; 부근 일대에 콩을 흩뜨렸다」「一泪; 눈물을 흘리다」

[灑落] sǎlo ㄙㄚˇㄌㄨㄛ ①초연하고 대범한 모양. ＞灑灑落落. ②냉담(冷淡)하고 소홀히 하다.

[灑掃] sásǎo ㄙㄚˊㄙㄠˇ 물을 뿌리고 쓸어내다.

[灑湯] sǎt'āng ㄙㄚˇㄊㄤ 바보짓을 하다. 못쓰게 만들다. 「那件事他辦得一了; 그 일을 그는 실패했다」

[灑脫] sǎt'ō ㄙㄚˇㄊㄨㄛ 긴장이 풀린. 방자한.

[灑油] sǎyu ㄙㄚˇㄧㄡ ①실패하다. ②sǎyú 기름을 흘리다.

〔卅〕 sà ㄙㄚˋ 삼십(三十). 「五一慘案; 5·30 사건: 1925년 5월 30일 "上海"의 일본 방직 공장을 중심으로 발생한 노동운동」

〔颯〕 sà ㄙㄚˋ 살랑살랑: 바람 소리. 「秋風一一; 가을 바람이 살랑대다」

〔薩〕 sà ㄙㄚˋ ①성(姓). ②음역(音譯)으로 사용됨.

[薩基瑪] sàch'ìmǎ ㄙㄚˋㄑㄧˋㄇㄚˇ 밀가루를 국수처럼 뽑아 기름에 튀겨서 꿀이나 버터 따위를 칠해 긴 네모꼴로 자른 과자. ＝薩鬁瑪.

[薩門魚] sàmĕnyú ㄙㄚˋㄇㄣˊㄩˊ 복어.

SAI ㄙㄞ

〔塞〕 sāi ㄙㄞ 〈文〉 sè ㄙㄜˋ ①막다. 방지하다. 「把窟窿一住; 구멍을 틀어 막다」 ②말로 발뺌하다. 속이다. 「敷衍一責; 적당히 하여서 책망을 회피하다」 ②「一子·一兒; 병마개」「軟木一兒; 코르크(cork) 마개」 ⇨sài.

[塞尺] sāich'ìh ㄙㄞㄔˇ 극히 좁은 간격을

측정하는 계기(計器).
[塞規] sāikuei ㄙㄞㄍㄨㄟ 플럭 게이지(plug gauge)
[塞滿] sāimăn ㄙㄞㄇㄢˇ 가득히 채워 넣다.
[塞上] sāishang ㄙㄞㄕㄤ 집어 넣다. 밀어 넣다.
[塞帶閘] sāitàichá ㄙㄞㄉㄞˋㄓㄚˊ 밴드 브레이크(band-brake).
[塞帶油] sāitàiyú ㄙㄞㄉㄞˋㄧㄡˊ 브레이크 유(油).
[塞責] sāitsĕ ㄙㄞㄗㄜˊ 책임을 다하다.
[塞子] sāitzŭ ㄙㄞㄗ 마개. 병마개 따위를 말함.
[塞牙] sāiyá ㄙㄞㄧㄚˊ 이(치아) 사이에 무엇이 끼다.
[塞藥] sāiyào ㄙㄞㄧㄠˋ ①좌약(坐藥). ② sāi yào 좌약을 넣다.

〔腮〕(顋) sāi ㄙㄞ 빰. 볼.「一頰 ; 빰」
[腮巴] sāipa ㄙㄞㄅㄚ 빰.

〔鰓〕 sāi ㄙㄞ 아가미.

〔噻〕 sāi ㄙㄞ「一唑 (一tso) ; 치아졸(약명)」

〔塞〕 sài ㄙㄞˋ 변두리의 험요(險要)한 지대. 요새지.「一外 ; 국경 밖」⇨sāi.
[塞上] sàishang ㄙㄞˋㄕㄤ 변두리 지구(地區). ⇨sāishang.
[塞翁失馬] sàiwĕng shīhmă ㄙㄞˋㄨㄥㄕㄇㄚˇ 인간의 화(禍)와 복됨은 예상할 수 없는 것을 비유하는 말. «成»

〔賽〕 sài ㄙㄞˋ ①경쟁하다. 겨루다. ② 어깨를 겨룸. 우수하다. 「姊妹三人長得一個一一個;자매 3명은 누구나 다 남에게 떨어지지 않는 미인이다」「一眞的 ; 진짜와 어깨를 겨누다. 진짜처럼 생각되는 가짜 물건」③신(神)에게 제사를 지내다.
[賽巧] sàich'iăo ㄙㄞˋㄑㄧㄠˇ 창의 연구를 경쟁하다.
[賽勤] sàich'in ㄙㄞˋㄑㄧㄣˊ 근면성을 겨루다.
[賽球] sàich'iú ㄙㄞˋㄑㄧㄡˊ 구기(球技)의 시합.
[賽船] sàich'uán ㄙㄞˋㄔㄨㄢˊ ①보우트 경주를 하다. ②경정(競艇).
[賽拳] sàich'üán ㄙㄞˋㄑㄩㄢˊ 권투 시합을 하다.
[賽會] sàihuì ㄙㄞˋㄏㄨㄟˋ ①축제(祝祭). ②공진회(共進會). 박람회(博覽會).
[賽紅] sàihúng ㄙㄞˋㄏㄨㄥˊ 공산주의자들의 사상성(思想性)의 강약(強弱)을 비교하다.
[賽過] sàikuo ㄙㄞˋㄍㄨㄛ ①…보다 낫다.「這種梨甜得一糖 ; 이 종류의 배는 설탕보다 달다」② sàikuò …와 비슷하다.
[賽璐珞] sàilùlò ㄙㄞˋㄌㄨˋㄌㄨㄛˋ 셀룰로이드(celluloid).
[賽栗子] sàilìtzŭ ㄙㄞˋㄌㄧˋㄗ 군고구마 : 밤보다 더 맛 있다는 뜻.
[賽馬] sàimă ㄙㄞˋㄇㄚˇ 경마(競馬).
[賽跑] sàip'ăo ㄙㄞˋㄆㄠˇ 경주(競走)하다.
[賽社] sàishĕ ㄙㄞˋㄕㄜˋ 수확 후에 제전(祭典).
[賽音] sàiyin ㄙㄞˋㄧㄣ 사인(sine). 삼각함수(三角函數)의 정현(正鉉).
[賽願] sàiyüàn ㄙㄞˋㄩㄢˋ 신(神)에게 소원 성취의 답례를 드리다.
[賽艇] sàit'ing ㄙㄞˋㄊㄧㄥ 보우트 경주

SAN ㄙㄢ

〔三〕 sān ㄙㄢ ①셋. ②sàn 몇 번이고. 재삼(再三).「一思而行;잘 생각해서 행동하다」
[三差兩錯] sānch'à-liăngts'ò ㄙㄢㄔㄚˋㄌㄧㄤˇㄘㄨㄛˋ ①여러 가지의 잘못된 일. ②의외(意外)의 변사(變事).
[三岔路] sānch'àlù ㄙㄢㄔㄚˋㄌㄨˋ 삼차로(三叉路). 세 갈림길.
[三長兩短] sānch'áng-liángtuăn ㄙㄢㄔㄤˊㄌㄧㄤˊㄉㄨㄢˇ 뜻밖에 생긴 일이나 변사(變事).
[三脚架] sānchiăochià ㄙㄢㄐㄧㄠˇㄐㄧㄚˋ 삼각(三脚). 세 발.
[三教九流] sānchiào-chiŭliú ㄙㄢㄐㄧㄠˋㄐㄧㄡˇㄌㄧㄡˊ ①유(儒)·불(佛)·도(道)의 삼교와 유·도·음양(陰陽)·법(法)·명(名)·묵(墨)·종횡(縱橫)·잡(雜)·농(農)의 구가(九家). ② 잡다한 사람.
[三脚兩步] sānchiăo-liangpù ㄙㄢㄐㄧㄠˇㄌㄧㄤˇㄅㄨˋ =三步五步.
[三脚猫] sānchiăomāo ㄙㄢㄐㄧㄠˇㄇㄠ (일하는 데 있어서의) 남의 반 몫의 일을 하는 사람이나 미숙한 사람.
[三角板] sānchiáopăn ㄙㄢㄐㄧㄠˊㄅㄢˇ 세 모로 된 자. 삼각자.
[三角兒眼] sānchiáorhyĕn ㄙㄢㄐㄧㄠˊㄦㄧㄢˇ 무서운 눈초리. 쌀쌀한 눈초리.
[三脚凳兒] sānchiăotèngrh ㄙㄢㄐㄧㄠˇㄉㄥˋㄦ 세 발로 된 의자 : 화가들이 쓰다.
[三角鐵] sānchiáot'iĕh ㄙㄢㄐㄧㄠˊㄊㄧㄝˇ 음차(音叉) : 악기의 일종.
[三節] sānchiéh ㄙㄢㄐㄧㄝˊ 단오절·중추절(음력 8월 보름=추석)·신년(新年)의 세 명절.
[三街六巷] sānchiēh-liùhsiàng ㄙㄢㄐㄧㄝㄌㄧㄡˋㄒㄧㄤˋ 시가지(市街地)의 여러 곳. 사방팔방.
[三潔四無] sānchiéh-ssŭwú ㄙㄢㄐㄧㄝˊㄙˋㄨˊ 집안·뜰·현관의 청결과 파리·쥐·모기·이의 구제(驅除) : 위생 정책의 슬로우건.
[三七二十一] sānch'i èrhshihī ㄙㄢㄑㄧㄦˋㄕˊㄧ 자세한 사정.「不管一; 자세한 일에 관계할 것 없이. 하나하나 관계할 것 없이」
[三治] sānchìh ㄙㄢㄓˋ 치수(治水)·치토(治土)·치산(治山)을 말함.
[三更半夜] sānchīng-pānyèh ㄙㄢㄐㄧㄥㄅㄢˋㄧㄝˋ 밤중. 축시(丑時). 야반삼경.
[三青子] sānch'īngtzŭ ㄙㄢㄑㄧㄥㄗ 무법자(無法者).
[三級跳遠] sānchít'iàoyüăn ㄙㄢㄐㄧˊㄊㄧㄠˋㄩㄢˇ 삼단뛰기 : 넓이 뛰기의 하나.
[三秋] sānch'iū ㄙㄢㄑㄧㄡ 추수·경작·파종 : "秋收·秋耕·秋播"
[三九] sānchiŭ ㄙㄢㄐㄧㄡˇ 동지 후 19일째부터 9일간의 가장 추운 시기.
[三句話不離本行] sānchǜ huà pùlí pĕn

háng ㄙㄢㄐㄩˋㄏㄨㄚˋㄅㄨˋㄌㄧˊㄅㄥˇㄏㄤˊ 조금만 이야기해도 자기 직업상의 말을 끄집어 내다. 자기의 직업상의 이야기는 나오기 쉽다. ‹諺›

[三春] sānch'ūn ㄙㄢㄔㄨㄣ ①봄의 3개월(孟春·仲春·季春). ②세 번 맞이하는 봄. 3개년.

[三春柳] sānch'ūnliǔ ㄙㄢㄔㄨㄣㄌㄧㄡˇ 냇버들(물버들).

[三房四妾] sānfáng-ssǔch'ièh ㄙㄢㄈㄤˊㄙˋㄑㄧㄝˋ 여러 명의 처첩(妻妾).

[三番兩次] sānfān-liǎngts'ǔ ㄙㄢㄈㄢㄌㄧㄤˇㄘˋ 재삼 재사(再三再四). 여러 번.

[三分醉] sānfēntsuì ㄙㄢㄈㄣㄗㄨㄟˋ 거나하게 취하다.

[三好] sānhǎo ㄙㄢㄏㄠˇ 학업·신체·품행의 세 가지 면에서 모두 잘하다. 「一學生; 학업·신체·품행에 모두 뛰어난 학생」

[三合吃] sānhóch'īh ㄙㄢㄏㄜˊㄔ 샌드위치(sandwich). 「어판.

[三合板] sānhópǎn ㄙㄢㄏㄜˊㄅㄢˇ 베니

[三合(兒)房] sānhó(rh)fáng ㄙㄢㄏㄜˊ(ㄦ)ㄈㄤˊ "ㄈ"자 모양으로 된 집.

[三合土] sānhót'ǔ ㄙㄢㄏㄜˊㄊㄨˇ 석회·모래·진흙을 섞어 바르는 것. 삼합토.

[三合油(兒)] sānhóyú(rh) ㄙㄢㄏㄜˊㄧㄡˊ(ㄦ) 참기름·간장·초의 세 가지를 말함.

[三小] sānhsiǎo ㄙㄢㄒㄧㄠˊ 소규모(小規模)의 상인(商人)·부동산 소유자·수공업자.

[三小子(一兒)] sānhsiǎotzǔ(—rh) ㄙㄢㄒㄧㄠˇㄗ(一ㄦ) ①봉족드는 사람. 하인. ②세째 아들.

[三下五除二] sānhsià wǔ ch'ú ěrh ㄙㄢㄒㄧㄚˋㄨˇㄔㄨˊㄦˋ 하는 일이 재빠르다.

[三鮮] sānhsiēn ㄙㄢㄒㄧㄢ 세 가지 재료(고급 생선·조개류·새우·육류)를 섞어 만든 요리. 「一湯; 그런 "三鮮"으로 만든 국」

[三弦(兒)] sānhsién(rh) ㄙㄢㄒㄧㄢˊ (ㄦ) 사피선(蛇皮線): 중국 악기의 하나로 일본의 "三味線"과 비슷함.

[三心二意] sānhsīn-ěrhì ㄙㄢㄒㄧㄣㄦˋㄧˋ 결심 못하고 우물쭈물하는 것.

[三化] sānhuà ㄙㄢㄏㄨㄚˋ 기계화·자동화(自動化)·설비의 전문화를 말함.

[三花臉(兒)] sānhuāliěn(rh) ㄙㄢㄏㄨㄚㄌㄧㄢˇ(ㄦ) 극(劇)의 광대역(廣大役)의 속칭.

[三人成虎] sānjěnch'ěnghǔ ㄙㄢㄖㄣˊㄔㄥˊㄏㄨˇ 소문이 남의 마음을 미혹(迷惑)하게 만든다. 근거 없는 낭설도 널리 퍼지면 진실처럼 여겨진다. ‹成›

[三改] sānkǎi ㄙㄢㄍㄞˇ 설계·일의 끝처리·설비 등의 삼개혁(三改革)을 말함.

[三高] sān'kāo ㄙㄢㄍㄠ 높은 생산·높은 품질·높은 능률을 말함.

[三個差別] sānko ch'āpiéh ㄙㄢㄍㄜㄔㄚㄅㄧㄝˊ 도시와 농촌의 차·노동자와 농민의 차·육체 노동자와 정신 노동자의 차를 말함.

[三個臭皮匠,抵得一個諸葛亮] sān'koch'òup'íchiāng tītê íko chūkǒliàng ㄙㄢㄍㄜㄔㄡˋㄆㄧˊㄐㄧㄤ ㄉㄧˇㄉㄜ ㄧˊㄍㄜ ㄓㄨㄍㄜˊㄌㄧㄤˋ 보잘것 없는 사람이라도 세 사람만 모이면 훌륭한 지혜를 짜 낼 수 있다. ‹諺›

[三關] sānkuān ㄙㄢㄍㄨㄢ 해결 되어야 할 토양·비료·수리(水利)의 세 가지 문제.

[三框闌] sānkuànlán ㄙㄢㄍㄨㄢˋㄌㄢˊ 한자(漢字)의 "ㄈ"변.

[三姑六婆] sānkū-liùp'ó ㄙㄢㄍㄨㄌㄧㄡˋㄆㄛˊ 여승(女僧)·무당·산파 따위의 종교나 직업을 가진 여성: 이들은 옳지 않는 직업을 가진 부녀자들이라 하여 가정에 출입하면 귀찮은 일이 생긴다고 하여 싫어했다.

[三顧茅廬] sānkù máolú ㄙㄢㄍㄨˋㄇㄠˊㄌㄨˊ 삼고지례(三顧之禮)를 취하다.

[三稜鏡] sānlěngchìng ㄙㄢㄌㄥˊㄐㄧㄥˋ 프리즘(prism). 삼릉경.

[三聯單] sānliéntān ㄙㄢㄌㄧㄢˊㄉㄢ 하나하나 떼어 낼 수 있도록 만든 삼매(三枚) 연결식 전표나 증서.

[三令五申] sānlìng-wǔshēn ㄙㄢㄌㄧㄥˋㄨˇㄕㄣ 여러 번 명령 또는 훈계하다. ‹成›

[三輪兒] sānlúnrh ㄙㄢㄌㄨㄣˊㄦ (자전거식의) 삼륜차. 「登一; 삼륜차의 페달(pedal)을 디디다」 삼륜 자동차. 삼륜 택시.

[三媒六証] sānméi-liùchěng ㄙㄢㄇㄟˊㄌㄧㄡˋㄓㄥˋ 중매인과 결혼식에 참가한 사람들: 정식 결혼을 말함.

[三男兩女] sānnán-liángnǔ ㄙㄢㄋㄢˊㄌㄧㄤˊㄋㄩˇ 자식이 많은 것.

[三年五載] sānnién-wǔtsǎi ㄙㄢㄋㄧㄢˊㄨˇㄗㄞˇ 4~5년. 수년. 「住了個一; 4~5년 살았다」

[三白] sānp'ái ㄙㄢㄅㄞˊ ①수박의 껍질·속·씨 모두가 흰 것. ②정월에 내리는 눈.

[三八線] sānpāhsièn ㄙㄢㄅㄚㄒㄧㄢˋ (한국의) 38도선. 삼팔선(三八線).

[三瓣嘴兒] sānpàntsuǐrh ㄙㄢㄅㄢˋㄗㄨㄟˇㄦ 언청이.

[三寶] sānpǎo ㄙㄢㄅㄠˇ ①불·법·승·(佛·法·僧)의 세 가지.

[三胞胎] sānpāot'āi ㄙㄢㄅㄠㄊㄞ 세 쌍동이.

[三八大蓋兒] sānpā takài(rh) ㄙㄢㄅㄚㄉㄚˋㄍㄞˋ(ㄦ) =三八步槍.

[三寶殿] sānpǎot'ièn ㄙㄢㄅㄠˇㄊㄧㄢˋ 절의 본당(本堂). 「無事不登一; 용무가 있기에 온거다」

[三不管(兒)] sānpùkuǎn(rh) ㄙㄢㄅㄨˋㄍㄨㄢˇ(ㄦ) ①게으름장이: 의·식·주 문제를 자기 스스로 처리하지 않다. ②어느 관할에도 속하지 않는 토지.

[三步五步] sānpù wǔpù ㄙㄢㄅㄨˋㄨˇㄅㄨˋ ①급히 서두르는 모양. 매우 당황하여서 걸어가는 모양. 「一就跑回來; 당황하여 도망쳐 달아남」 ②발 폭을 크게 내어 디디고 걸어가는 모양.

[三三兩兩] sānsānliángliǎng ㄙㄢㄙㄢㄌㄧㄤˊㄌㄧㄤˇ 한 덩어리 한 덩어리씩. 조금씩. 삼삼오오(三三五五).

[三山五岳] sānshān-wǔyüèh ㄙㄢㄕㄢㄨˇㄩㄝˋ "三山"은 해외에 있다고 전하여 오는 세 개의 신산(神山). "五岳"은 東岳에 泰山, 西岳에 華山, 南岳에 衡山, 北岳에 恒山, 中岳에 嵩山을 말함: 내외의 명승지를 말함.

[三牲] sānshēng ㄙㄢㄕㄥ 제사에 쓰일 소·양·돼지.
[三生有幸] sānshēng yǔhsìng ㄙㄢㄕㄥㄧㄡˇㄒㄧㄥˋ 생각지도 않은 행운. 《成》
[三孫子] sānsūntzǔ ㄙㄢㄙㄨㄣㄗ 비열한 놈. 《罵》
[三大件(兒)] sāntàchièn(rh) ㄙㄢㄉㄚˋㄐㄧㄢˋ(儿) 고급 연회 석상에 내놓는 삼종(三種)의 귀중한 요리.
[三道頭] sāntàot'óu ㄙㄢㄉㄠˋㄊㄡˊ 헌병을 일컫는 말.
[三天兩頭] sānt'iēn liǎngt'óu ㄙㄢㄊㄧㄢ ㄌㄧㄤˇㄊㄡˊ 종종. 사흘이 멀다 하고.
[三天兩頭兒] sānt'iēn liǎngt'óurh ㄙㄢㄊㄧㄢㄌㄧㄤˇㄊㄡˊ儿 사흘이 멀다 하고. 자주. 번번이. 「他一地來；그는 사흘이 멀다 하고 찾아 오다」
[三天半] sānt'iēnpàn ㄙㄢㄊㄧㄢㄅㄢˋ 짧은 기간을 말함. 「一的新鮮；사흘도 못 가는 사람」
[三點水(兒)] sāntiénshui(rh) ㄙㄢㄉㄧㄢˊㄕㄨㄟ(儿) 한자의 "氵"변을 말함.
[三天打魚, 兩天曬網] sānt'iēn tǎ yǘ, liàng t'iēn shài wǎng ㄙㄢㄊㄧㄢ ㄉㄚˇ ㄩˊ ㄌㄧㄤˋ ㄊㄧㄢ ㄕㄞˋ ㄨㄤˇ 사흘간 고기를 잡으면 이틀간은 그물을 말린다는 말로 일을 지속(持續)하지 못하고, 싫증을 잘낸다는 뜻. 《諺》
[三定] sāntìng ㄙㄢㄉㄧㄥˋ 어떤 일정한 일에 대해서의 가능한 생산량, 필요한 노동량, 필요한 생산비나 관리비의 산출(算出) 결정.
[三頭六臂] sānt'óu-liùpèi ㄙㄢㄊㄡˊ ㄌㄧㄡˋㄅㄟˋ ①비범한 사람. ②절대적인 능력을 갖고 있는 일. ③변화무쌍하다.
[三彩] sāns'ǎi ㄙㄢㄘㄞˇ 붉은 색(朱)·흰색(白)·푸른 색(蒼)의 세 가지 색. 또는 그와 같은 색으로 물들인 도자기나 토기.
[三藏] sāntsàng ㄙㄢㄗㄤˋ 불교경전의 경(經)·율(律)·논(論)의 세 가지 부(部).
[三同一交] sānt'úng ìchiāo ㄙㄢㄊㄨㄥˊ ㄧˋㄐㄧㄠ 군중과 함께 먹고 자고 일하면서 사귀다 (同吃同住同勞動,與群衆交心).
[三冬兩夏] sāntūng-liǎnghsià ㄙㄢㄉㄨㄥ ㄌㄧㄤˇㄒㄧㄚˋ 2～3년간. 「一的工夫； 2～3년 동안」
[三多] sāntuō ㄙㄢㄉㄨㄛ 복(福)·수명(壽命)·남자(男)의 세 가지 혜택을 받는 일.
[三五成群] sānwǔ ch'éngch'ǘn ㄙㄢㄨˇㄔㄥˊㄑㄩㄣˊ 삼삼오오(三三五五)로 무리를 이루다.
[三搖四晃] sānyáo-ssǜhuàng ㄙㄢㄧㄠˊㄙˋ ㄏㄨㄤˋ 비틀비틀하는 모양. 흔들흔들하는 모양.
[三葉草] sānyèhts'ǎo ㄙㄢㄧㄝˋㄘㄠˇ 〈植〉 클로우버(clover). 토끼풀.
[三眼槍] sānyěnch'iāng ㄙㄢㄧㄢˇㄑㄧㄤ ①삼발총(三發銃). ②조심성 없이 말하는 사람.
[三言兩語] sānyén-liángyǘ ㄙㄢㄧㄢˊ ㄌㄧㄤˇㄩˇ ①이언 삼언(二言三言). 《成》 「只用一, 就把問題說得清清楚楚；두세 마디 말하면 문제를 분명히 설명할 수 있다」

〔参〕 sān ㄙㄢ ＝三 : 금전 기입 따위에 사용함.

〔傘〕(伞·繖) sǎn ㄙㄢˇ ①우산. 양산. 「陽一；양산」 ②양산과 비슷한 물건. 「降落一；낙하산(落下傘)」 「一兵；낙하산 부대의 병사」

〔散〕 sǎn ㄙㄢˇ ①매듭이 없다. 흩어지다. 「繩子一了；새끼가 흩어져 있었다」 ②분열되다. 사물이 깨어져 산산이 흩어짐. 「敵人一打就一；적은 조금만 공격하면 산산이 흩어져 버린다」 ③어중간(於中間)한. 「一工；임시공(臨時工)」 ④가루로 된 약. ⇨sàn
[散錢] sǎnch'ién ㄙㄢˇㄑㄧㄢˊ 푼 돈.
[散曲] sǎnch'ǚ ㄙㄢˇㄑㄩˇ 가사(歌詞)가 들지 않은 일련의 곡.
[散裝] sǎnchuāng ㄙㄢˇㄓㄨㄤ ①포장하지 않은 상태를 말함. ②꾸리지 않은 짐. ③꾸리지 않고 마구잡이로 싣는 짐.
[散學] sǎnhsüéh ㄙㄢˇㄒㄩㄝˊ ①정식적인 체계를 밟아 공부한 것이 아닌 독학 따위를 일컬음. ②들고 알다.
[散光] sǎnkuāng ㄙㄢˇㄍㄨㄤ 난시(亂視). 「右眼一；오른편 눈이 난시이다」
[散逛] sǎnkuàng ㄙㄢˇㄍㄨㄤˋ 빈둥빈둥 놀다.
[散散落落] sánsǎnlòlò ㄙㄢˊㄙㄢˇㄌㄨㄛˋㄌㄨㄛˋ ①드문드문하다. ②끈기 없는 모양. 「하다.
[散淡] sǎntàn ㄙㄢˇㄉㄢˋ 빈둥빈둥 산책
[散蕩] sǎntàng ㄙㄢˇㄉㄤˋ ＝散淡.
[散坐] sǎntsò ㄙㄢˇㄗㄨㄛˋ 자리를 뜨다. 좌석에서 일어서다.
[散座兒] sǎntsòrh ㄙㄢˇㄗㄨㄛˋ儿 ① (극장 따위의) 자유석. 보통석. ②인력거·택시 따위의 뜨내기 손님.
[散文] sǎnwěn ㄙㄢˇㄨㄣˊ 수필. 산문.

〔饊〕 sǎn ㄙㄢˇ 「一子；꽈배기」

〔散〕 sàn ㄙㄢˋ ①떨어지다. 분산하다. 「雲彩一了；구름이 흩어졌다」 ②마구 뿌리다. 나누어 주다. 「天女一花；선녀가 꽃을 뿌림(劇名)」 ③우울한 마음을 풀다. 「一悶；시름을 놓다」 ④해고(解雇)하다. 「一工人；노동자를 해고하다」 ⇨sǎn.
[散場] sànch'ǎng ㄙㄢˋㄔㄤˇ ①종말이 되다. ②일의 결말이 나다. 「다.
[散氣] sànch'ì ㄙㄢˋㄑㄧˋ 기분 전환을 하
[散親] sànch'īn ㄙㄢˋㄑㄧㄣ 약혼을 취소하다.
[散發] sànfā ㄙㄢˋㄈㄚ ①널리 배부하다. 마구 뿌리다. 「一印刷品；인쇄물을 마구 뿌리다」 ②발산하다.
[散心] sànhsīn ㄙㄢˋㄒㄧㄣ 우울한 마음을 전환시키다. 마음을 현혹시키다.
[散花] sànhua ㄙㄢˋㄏㄨㄚ 실패하다. 못 쓰게 만들다.
[散夥] sànhuǒ ㄙㄢˋㄏㄨㄛˇ 조합이나 패거리를 해산시키다. 「시키다.
[散人] sànjěn ㄙㄢˋㄖㄣˊ 남을 해직(解職)
[散開] sànk'ai ㄙㄢˋㄎㄞ 나누어지다. 분리하다.
[散漫] sànmàn ㄙㄢˋㄇㄢˋ 산만하다. 제멋대로. 「生活一；생활이 불규칙하게 제

멋대로 하다」(엉망이다)
[散散兒] sànsanrh ㄙㄢˋㄙㄢㄦ ①분산하다. 흩어지다. ②기분을 전환시키다. ③산책을 하다.
[散散停停] sànsantīngtīng ㄙㄢˋㄙㄢㄊㄧㄥㄊㄧㄥ 아무것도 하는 일 없이 한가로운 모양.
[散播] sànp'ō ㄙㄢˋㄆㄛ 산파하다. 마구 뿌리다. 흩뿌리기하다.
[散攤子] sàn t'āntzǔ ㄙㄢˋㄊㄢㄗ ①(공동 생활을 하고 있던 사람이)따로 생활을 하다. ②단체에 들어 있던 사람이 따로따로 갈라지다.
[散烟] sànyēn ㄙㄢˋㄧㄢ ①(근무를)그만두다. ②해산(解散)하다.

SANG ㄙㄤ

〔桑〕 sāng ㄙㄤ 뽕나무.
[桑寄生] sāngch'ìshēng ㄙㄤㄑㄧˋㄕㄥ〈植〉담쟁이덩굴.
[桑蠖] sānghuò ㄙㄤㄏㄨㄛˋ 〈動〉자벌레.
[桑葚兒] sāngjènrh ㄙㄤㄖㄣˋㄦ 오디. ＝桑椹兒.
[桑棒] sāngpang ㄙㄤㄅㄤ (고른 땅바닥 따위가) 거칠거칠하다.
[桑螵蛸] sāngp'iāohsiāo ㄙㄤㄆㄧㄠㄒㄧㄠ 사마귀의 알 뭉치.
[桑皮紙] sāngp'íchǐh ㄙㄤㄆㄧˊㄓˇ 뽕나무 껍질로 만든 종이.
[桑地] sāngti ㄙㄤㄉㄧ 뽕나무 밭.
[桑梓] sāngtzǔ ㄙㄤㄗˇ 고향(故鄕). ＝梓里.
〔喪〕(丧) sāng ㄙㄤ 상(喪). 장사. 장의(葬儀). ⇨sàng.
[喪禮] sānglǐ ㄙㄤㄌㄧˇ 장례 의식(葬禮儀式). 상례.
[喪事] sāngshih ㄙㄤㄕˋ 장례(葬禮).
[喪鍾] sāngtsūng ㄙㄤㄗㄨㄥ 조의를 표하여 울리는 종.
〔搡〕 sǎng ㄙㄤˇ ①(힘을 주어서) 꾹 밀다.「用力一一, 把他一了一個跟頭；힘껏 떠밀다. 그를 넘어뜨렸다」 ②받치다.「架子要倒, 一上一根柱子 ；선반이 넘어질 것 같아서 받치다」
〔嗓〕 sǎng ㄙㄤˇ ①「一子；목구멍」②「一兒；성대(聲帶)나 또는 목소리」「啞一兒；목쉰 소리」
[嗓門兒] sǎngmēnrh ㄙㄤˇㄇㄣˊㄦ 「我一大慣了；내 음성이 큰 것은 버릇으로 되어 있다」
[嗓子眼兒] sǎngtzǔyěnrh ㄙㄤˇㄗㄧㄢˇㄦ 목구멍.「心跳到一裏；겁에 질려 가슴이 조막만 하여지다. 근심이 되어서 가슴이 답답하다」
[嗓音] sǎngyīn ㄙㄤˇㄧㄣ 목소리.「一沙啞；목소리가 쉬다」
〔顙〕 sǎng ㄙㄤˇ 이마 : 구어체로는 "腦門子".
〔喪〕(丧) sàng ㄙㄤˋ 잃다. 없애다.「一失立場；지반(地盤)을 잃다」
[喪氣] sàngch'ì ㄙㄤˋㄑㄧˋ ①실망하다. 맥이 풀리다.「垂頭一；실망하여 맥이 다 풀리다」②sàngchi 운이 나쁘다. 재수가 없다.
[喪家之犬] sàngchiā chīhch'üǎn ㄙㄤˋㄐㄧㄚㄓㄑㄩㄢˇ ①임자 없는 개. ②정주할 데 없는 영락된 불쌍한 신세의 사람. ‹成›
[喪心病狂] sànghsīn pìngk'uáng ㄙㄤˋㄒㄧㄣ ㄅㄧㄥˋㄎㄨㄤˊ 양심에 가책을 받을 만한 일을 거침 없이 하는 사람.
[喪門星] sàngmēnhsīng ㄙㄤˋㄇㄣˊㄒㄧㄥ 불길한 놈. 재수 없는 놈. ‹罵›
[喪命] sàngmìng ㄙㄤˋㄇㄧㄥˋ 목숨을 잃다.
[喪身] sàngshēn ㄙㄤˋㄕㄣ 목숨을 잃다.
[喪膽] sàngtǎn ㄙㄤˋㄉㄢˇ 용기를 꺾다. 담력을 잃게 하다.
[喪蕩游魂] sàngtàng yūhún ㄙㄤˋㄉㄤˋㄧㄡˊㄏㄨㄣˊ 겁을 내고 벌벌 떨고 있는 모양. 비틀비틀 맥이 풀려 있는 모양. ‹成›

SAO ㄙㄠ

〔搔〕 sāo ㄙㄠ 긁다. 손톱으로 할퀴다.「一痒；가려운 곳을 긁다」
[搔爬] sāop'á ㄙㄠㄆㄚˊ 긁다.
[搔首] sāoshǒu ㄙㄠㄕㄡˇ 생각에 잠겨서 머리를 긁다.
[搔首抓腮] sāoshǒu-chuāsāi ㄙㄠㄕㄡˇㄓㄨㄚㄙㄞ 머리를 긁으며 볼을 잡아보다. 생각에 겨워 있는 모양. ＝搔頭摸耳.
[搔頭] sāot'óu ㄙㄠㄊㄡˊ 머리를 긁다.
[搔頭弄姿] sāot'óu-lùngtzū ㄙㄠㄊㄡˊㄌㄨㄥˋㄗ 부인들이 점잔을 빼는 모양. ‹成›
[搔到痒處] sāotào-yǎngch'ù ㄙㄠㄉㄠˋㄧㄤˇㄔㄨˋ 가려운 곳을 긁게 된다는 말.
〔臊〕 sāo ㄙㄠ 지린내가 나다.「一氣；지린내」⇨sào.
[臊味(兒)] sāowèi(rh) ㄙㄠㄨㄟˋ(ㄦ) ①동물의 냄새. 노린내. ②지린내.
〔繅〕 sāo ㄙㄠ 고치에서 실을 뽑아 내다.「一絲；실을 뽑아 내다」
[繅車] sāoch'ē ㄙㄠㄔㄜ 고치에서 실을 자아내는 기구. 물레.
[繅繭] sāochiěn ㄙㄠㄐㄧㄢˇ 고치실을 잣다.
〔騷〕 sāo ㄙㄠ ①떠들다. 소동이 나다. ②＝臊.
[騷攪] sāochiǎo ㄙㄠㄐㄧㄠˇ ＝騷擾.
[騷貨] sāohuò ㄙㄠㄏㄨㄛˋ ①음탕한 여자. ②창녀. ‹罵›
[騷擾] sāojǎo ㄙㄠㄖㄠˇ 떠들다. 소란을 피우다.
〔掃〕(扫) sǎo ㄙㄠˇ ①비로 쓸다.「一地；땅바닥을 쓸다」②제거하다. 없어지다.「一除文盲；문맹을 일소하다」③동작이 널리 전체에 미치는 일.「眼

睛四下裏一一；부근 일대를 한번 슬쩍 바라보다」④모두. 전체. 「一數歸還 ; 전부를 반환하다」
[掃塵] sǎoch'ěn ㄙㄠˇㄔㄣˊ (연말의) 대청소를 하다.
[掃淸] sǎoch'ing ㄙㄠˇㄑㄧㄥ 쓸어서 깨끗이 하다.
[掃氣] sǎoch'ì ㄙㄠˇㄑㄧˋ =掃興.
[掃晴娘兒] sǎoch'ingniángrh ㄙㄠˇㄑㄧㄥˊㄋㄧㄤˊㄦ 날씨가 개라고 기원하는 뜻에서 처마끝에 매다는 인형.
[掃除] sǎoch'ú ㄙㄠˇㄔㄨˊ 없애다. 일소하다.
[掃一眼] sǎo iyěn ㄙㄠˇ ㄧˋㄧㄢˇ 한번 눈으로 대강 바라보다.
[掃開] sǎok'ai ㄙㄠˇㄎㄞ 쓸어 치우다.「把地上的土一 ; 마루의 먼지를 쓸어 치우다」
[掃臉] sǎoliěn ㄙㄠˇㄌㄧㄢˇ 면목을 잃다. 볼낯이 없게 되다.
[掃盲] sǎománg ㄙㄠˇㄇㄤˊ "掃除文盲"의 생략(省略). 문맹을 일소하다.
[掃墓] sǎomù ㄙㄠˇㄇㄨˋ 성묘하다 : 대부분이 청명절에 행한다.
[掃皮] sǎop'í ㄙㄠˇㄆㄧˊ 면목이 없다.
[掃平] sǎop'ing ㄙㄠˇㄆㄧㄥˊ 토벌 평정하다.
[掃視] sǎoshìh ㄙㄠˇㄕˋ 한번 대강 살펴보다.
[掃興] sǎohsìng ㄙㄠˇㄒㄧㄥˋ 흥(興)이 깨어지다.
[掃數] sǎoshù ㄙㄠˇㄕㄨˋ 모두. 전체.
[掃搭] sǎota ㄙㄠˇㄉㄚ 눈을 크게 뜨고 보다. 주의하여 보다.
[掃蕩] sǎotàng ㄙㄠˇㄉㄤˋ 완전히 소멸시키다. 소탕하다.
[掃地] sǎo tì ㄙㄠˇ ㄉㄧˋ 마루나 땅을 쓸다.
[掃掉] sǎotiào ㄙㄠˇㄉㄧㄠˋ 쓸어 내리다. 털다.
[掃田颳地兒] sǎot'iēnkuātìrh ㄙㄠˇㄊㄧㄢㄍㄨㄚㄉㄧˋㄦ 모두 몰수하다. 모조리 빼앗아가다.
[掃聽] sǎot'ing ㄙㄠˇㄊㄧㄥ ①물어서 확인하다. ②방문하다. ③들어서 사연을 알아 내다.
[掃尾] sǎowěi ㄙㄠˇㄨㄟˇ 최후의 끝을 맺다.「一工作 ; 끝을 맺는 작업」

〔埽〕 sǎo ㄙㄠˇ ①하천 공사에 쓰는 옥수수 대나.나무 가지, 따위의 재료. ②①의 재료를 사용하여 쌓은 둑(제방). ③=掃.

〔嫂〕 sǎo ㄙㄠˇ「一子 ; 형수」「一一 ; 형수」

〔掃〕(扫) sào ㄙㄠˋ ⇨sǎo.
[掃帚] sàochou ㄙㄠˋㄓㄡ ①대로 만든 큰 비. ②〈植〉 대싸리. 「一星 ; 대싸리」

〔臊〕 sào ㄙㄠˋ ①부끄러워하다.「一得臉通紅 ; 수줍어 하다. 얼굴이 새빨갛게 되다」 ⇨sāo.
[臊眉搭眼] sàoméi-tāyěn ㄙㄠˋㄇㄟˊㄉㄚㄧㄢˇ 부끄러움을 얼굴에 잔뜩 띠고 있는 모양. «成»
[臊皮] sàop'í ㄙㄠˋㄆㄧˊ 부끄러워서 얼굴이 화끈거리다.
[臊不搭的] sàoputāt'ê ㄙㄠˋㄅㄨㄉㄚㄉㄜ 부끄러워하는 모양.
[臊得慌] sàotêhuang ㄙㄠˋㄉㄜㄏㄨㄤ 부끄러워 마음이 안정되지 않음.

SÊ ㄙㄜ

〔色〕 sè ㄙㄜˋ (복합어인 때는 sè, 단용(單用)인 때는 shǎi). ①빛. ②안색.「喜形于一 ; 기쁨이 얼굴에 나타나다」③종류. 「貨一 ; 상품의 종류」④품질.「足一 ; 품질이 순수하다」⑤색정. ⑥모양.「天一 ; 날씨」⇨shǎi.
[色差] sèch'ā ㄙㄜˋㄔㄚ 색채의 감각상의 차이.
[色鬼] sèkuei ㄙㄜˋㄍㄨㄟˇ, shǎikuei ㄕㄞˇㄍㄨㄟˇ 호색한(好色漢). 색마.
[色厲内荏] sèlì neijěn ㄙㄜˋㄌㄧˋㄋㄟˋㄖㄣˇ 겉보기에는 과격하지만 마음은 약하다. 겉으로는 좋아 보이지만 실속은 없다. «成»
[色迷] sèmí ㄙㄜˋㄇㄧˊ shǎimí ㄕㄞˇㄇㄧˊ 색광. 색정에 미쳐 있는 모양.
[色布] sèpù ㄙㄜˋㄅㄨˋ 무늬 있는 천.
[色彩] sèts'ǎi ㄙㄜˋㄘㄞˇ ①색채. ②**편향. 어떤** 경향. 「有一的報紙 ; **경향적인**으로 치우친 신문」
[色澤] sètsé ㄙㄜˋㄗㄜˊ 빛의 윤택.
[色澤兒] sètsérh ㄙㄜˋㄗㄜˊㄦ ① (말의) 색조. 뉘앙스. 「說話別帶一 ; 말에 뉘앙스를 붙여서는 안된다」②장식품 : 허례적인 것.
[色樣] sèyàng ㄙㄜˋㄧㄤˋ ①빛과 모양. ②빛과 종류.

〔瑟〕 sè ㄙㄜˋ 비파.
[瑟瑟] sèsè ㄙㄜˋㄙㄜˋ ①(눈 따위가 올 때에)사락사락 내리는 소리. ②작게 흔들리는 모양. 「一地抖 ; 부들부들 떨다」
[瑟縮] sèsō ㄙㄜˋㄙㄨㄛ 움츠리다. >瑟瑟縮縮. =瑟索.

〔嗇〕(啬) sè ㄙㄜˋ 인색한. 「吝一 ; 인색한」
[嗇刻] sèk'o ㄙㄜˋㄎㄜ 욕심이 너무 많다. 인색하고 인정이 없다.
[嗇刻子] sèk'ótzǔ ㄙㄜˋㄎㄜˊㄗ 구두쇠. 노랑이.

〔塞〕 sè ㄙㄜˋ ⇨sāi, sài.
[塞責] sètsé ㄙㄜˋㄗㄜˊ 책임을 다하다.

〔澀〕(涩) sè ㄙㄜˋ ①매끄럽지 않는. 「輪軸發一, 該上點油了 ; 회전축이 매끄럽지를 않아 기름을 좀 치지 않으면 안된다」②떫다. 「這個柿一 ; 이 감은 대단히 떫다」③(문자나 문장 따위가) 어렵다. 난해하다. 「文字艱一 ; 문장이 대단히 이해하기 어렵다」
[澀賬] sèchàng ㄙㄜˋㄓㄤˋ ①부채(負債)를 약속대로 갚지 않다. ②동결된 채무.
[澀稅] sèshuì ㄙㄜˋㄕㄨㄟˋ 세금을 체납하다.
[澀巴] sèpa ㄙㄜˋㄅㄚ ①떫다. ②인색하다.

〔穡〕 sè ㄙㄜˋ 수확하다. 받아 들이다.

SÊN ㄙㄣ

〔森〕 sēn ㄙㄣ ①나무가 많다. ②으스스하다. 삼연(森然)하다. ③한창이다.
[森然] sēnján ㄙㄣㄖㄢˊ ① 빽빽하게 서 있는 모양.「一布列；엄숙하게 늘어서다」②소름이 끼치다.
[森人] sēnjēn ㄙㄣㄖㄣˊ 소름이 끼치다.
[森列] sēnlièh ㄙㄣㄌㄧㄝˋ 빽빽하게 줄지어 늘어서 있다.
[森森] sēnsēn ㄙㄣㄙㄣ ①숲이 많이 우거져 있는 모양. ②소름이 끼칠 만큼 고요하다.
[森嚴] sēnyén ㄙㄣㄧㄢˊ 엄숙하다.「戒備很一；경계가 삼엄하다」

SÊNG ㄙㄥ

〔僧〕 sēng ㄙㄥ 중(스님)：범어(梵語) "僧伽"의 생략.「一人；중」
[僧道] sēngtào ㄙㄥㄉㄠˋ 승려(僧侶)와 도사(道士).「人).
[僧俗] sēngsú ㄙㄥㄙㄨˊ 승려와 속인(俗

SHA ㄕㄚ

〔沙〕(砂①②) shā ㄕㄚ ①「一子；모래」「一土；사토」②모래와 비슷한 것.「一糖；거친 설탕(雪糖)」③목이 쉬다. 목소리가 쉰 것처럼 되다. ④보드라운 진흙과 모래：질그릇의 원료로 하다.
[沙場] shāch'ăng ㄕㄚㄔㄤˇ ①모래 벌판. 사장. ② 싸움터.
[沙礓] shāchiāng ㄕㄚㄐㄧㄤ 물이 배지 않는 광물의 하나로 덩어리나 알맹이 모양을 하고 건축 자료로 쓰임.
[沙礓地] shāchiāngtì ㄕㄚㄐㄧㄤㄉㄧˋ모래가 많고 토질이 딱딱한 토지.
[沙礁] shāchiāo ㄕㄚㄐㄧㄠ 강의 어귀 해안 근처의 모래가 쌓인 암초.
[沙淺兒] shāch'iĕnrh ㄕㄚㄑㄧㄢˇㄦ 질그릇 쟁반.
[沙紙] shāchĭh ㄕㄚㄓˇ 샌드페이퍼(sandpaper).
[沙船] shāch'uán ㄕㄚㄔㄨㄢˊ 정크(junk).
[沙俄] shāé ㄕㄚㄜˊ 제정 러시아.
[沙發] shāfā ㄕㄚㄈㄚ 소파(sofa)：기다란 안락의자.
[沙皇] shāhuáng ㄕㄚㄏㄨㄤˊ 짜아르(tsar)：제정러시아의 황제.
[沙音] shāin ㄕㄚㄧㄣ 쉰 목소리.
[沙瓤兒] shājángrh ㄕㄚㄖㄤˊㄦ 수박이 사박사박하고 달고 맛이 있는 것.
[沙鴿] shākō ㄕㄚㄍㄜ 산 비둘기.
[沙鍋] shākuō ㄕㄚㄍㄨㄛ 뚝배기.
[沙鍋淺] shākuōch'iĕnrh ㄕㄚㄍㄨㄛㄑㄧㄢˇㄦ =沙淺兒.
[沙果兒] shākuŏrh ㄕㄚㄍㄨㄛˇㄦ 중국 재래의 작은 사과.
[沙辣子] shālàtzŭ ㄕㄚㄌㄚˋㄗ 샐러드：서양 요리의 하나.
[沙稜] shālêng ㄕㄚㄌㄥˋ ①(참외 따위의 성숙한 것이) 달콤하고 맛이 있다. ②(일하는 품이)빠르고 깔끔하다.
[沙龍] shālúng ㄕㄚㄌㄨㄥˊ 살롱. 「더.
[沙輪兒] shālúnrh ㄕㄚㄌㄨㄣˊㄦ 글라이
[沙木] shāmù ㄕㄚㄇㄨˋ 네덜란드전나무.
[沙模(子)] shāmú(tzŭ) ㄕㄚㄇㄨˊ(ㄗ) 주물틀.
[沙挼子] shānótzŭ ㄕㄚㄋㄨㄛˊㄗ 개미귀신. 명주잠자리의 유충.
[沙盤] shāp'án ㄕㄚㄆㄢˊ 지형을 나타낸 모형：판 위에 모래 따위로 만듦.
[沙包] shāpāo ㄕㄚㄅㄠ 모래 주머니.
[沙布] shāpù ㄕㄚㄅㄨˋ 샌드페이퍼. 사포.
[沙參] shāshēn ㄕㄚㄕㄣ 잔대. 더덕.
[沙箱] shāhsīang ㄕㄚㄒㄧㄤ 모래로 만든 거푸집의 자료.
[沙型] shāhsīng ㄕㄚㄒㄧㄥ 모래로 만든 거푸집.
[沙袋] shātài ㄕㄚㄉㄞˋ 모래주머니.
[沙汰] shāt'ài ㄕㄚㄊㄞˋ 도태하다. 골라서 구별하다.
[沙灘] shāt'ān ㄕㄚㄊㄢ 사주(砂洲).
[沙吊兒] shātiàorh ㄕㄚㄉㄧㄠˋㄦ 물을 끓이거나 차를 넣는 데 쓰는 도기(陶器).
[沙銚子(一兒)] shātiàotzŭ(—rh) ㄕㄚㄉㄧㄠˋㄗ(—ㄦ) 뚜껑이 엷은 질그릇 포트(pot). =沙吊兒.
[沙田] shāt'ién ㄕㄚㄊㄧㄢˊ 땅속의 수분을 유지하기 위하여 난석(卵石)을 깔아 놓은 밭："甘肅省"에 많음.
[沙丁魚] shātīngyü ㄕㄚㄉㄧㄥㄩˊ 정어리.
[沙災] shātsāi ㄕㄚㄗㄞ 모래로 인한 해.
[沙嘴] shātsuĭ ㄕㄚㄗㄨㄟˇ 사취：모래가 반도처럼 바다나 강 쪽으로 쌓인 모래 언덕.
[沙子] shātzŭ ㄕㄚㄗ 모래.「眼睛裏不藏一；눈이 밝아서 속지 않는다」
[沙文主義] shāwĕn chŭ ì ㄕㄚㄨㄣˊㄓㄨˇㄧˋ 극단적인 애국주의.
[沙窩] shāwō ㄕㄚㄨㄛ 진흙이나 모래땅의 우묵하게 파인 곳.
[沙啞] shāyă ㄕㄚㄧㄚˇ 목소리가 쉬다.
[沙眼] shāyĕn ㄕㄚㄧㄢˇ ①트라호옴. 트라코마. ②주물 자료. ③부스럼. 곰보.
[沙魚] shāyú ㄕㄚㄩˊ 상어.

〔杉〕 shā ㄕㄚ, shān 〈植〉삼나무(杉).
[杉杆子] shākāntzŭ ㄕㄚㄍㄢㄗ 삼나무(杉)의 통나무.
[杉篙] shākāo ㄕㄚㄍㄠ 삼나무의 통나무. 삼목(杉木)의 통나무.
[杉高尖子] shākāochiēntzŭ ㄕㄚㄍㄠㄐㄧㄢㄗ 키다리.
[杉木] shāmù ㄕㄚㄇㄨˋ 삼나무 목재.

〔刹〕 shā ㄕㄚ (차에)브레이크를 걸다. 급히 서다. ⇨ch'à.

〔殺〕(杀) shā ㄕㄚ ①죽이다. ②꺾다. 줄이다.「一風景」「一價；값을 내리다」③(약품 따위가)자극하여 아프다.

아리다.「這藥上在瘡口上一得慌；이 약은 상처에 바르면 몹시 따끔따끔하다」④ 졸라매다.브레이크를 걸다.「把肚子一進去；배를 꽉 졸라 매다」「一住車；차(車)에 브레이크를 걸어 정지시키다」⑤ 꼭 묶다.끝을 내다.「一帳；결산하다」⑥쇄도하다. 밀고 가다. 「一上前來；앞으로 밀어 닥치다」⑦(동사의 뒤에 붙어서)몹시.대단히.「笑一；우스꽝스러워 요절복통하다. 우스꽝스러워 못견디다」

[殺車] shāch'ē ㄕㄚㄔㄜ ①제동기(制動機). ②shā ch'ē 브레이크를 걸다.

[殺機] shāchī ㄕㄚㄐㄧ 살인의 동기.

[殺氣] shāch'ì ㄕㄚㄑㄧˋ ①살기. ②shā ch'ì 아무나 가리지 않고 마구 대고 화풀이를 하다.「拿老婆一；처에게 이유 없이 화를 내다」

[殺價] shāchià ㄕㄚㄐㄧㄚˋ 값을 내리다. 값을 깎다.

[殺鷄給猴子看] shā chīh kĕi hóutzŭ k'àn ㄕㄚ ㄓㄍㄟˇㄏㄡˊㄗ ㄎㄢˋ 한 사람을 벌을 주어 남의 본보기로 삼다.‹諺›

[殺氣騰騰] shāch'ì t'éngt'éng ㄕㄚㄑㄧˋ ㄊㄥˊㄊㄥˊ 살기(殺氣)가 넘쳐 있는 모양. 살기가 등등하다.

[殺房] shāfáng ㄕㄚㄈㄤˊ 도살장.

[殺一儆百] shāī chíngpăi ㄕㄚㄧ ㄐㄧㄥˊ ㄅㄞˇ 한 사람을 죽여서 여러 사람을 징계하다.‹成›

[殺人如麻] shājén júmá ㄕㄚㄖㄣˊ ㄖㄨˊ ㄇㄚˊ 죽인 사람의 수가 알 수 없을 정도로 많다.‹成›

[殺人不眨眼] shājén pùchá yĕn ㄕㄚㄖㄣˊ ㄅㄨˋㄓㄚˊㄧㄢˇ 사람을 죽이고도 눈 깜짝 안하다:흉악 잔인한 것.‹成›

[殺人不見血] shā jén púchièn hsüèh ㄕㄚ ㄖㄣˊ ㄅㄨˊㄐㄧㄢˋ ㄒㄩㄝˋ 살인하는 방법이 몹시 악랄(惡辣)하다. 하나의 증거도 남기지 않고 죽이어 없애다.‹成›

[殺人不過頭點地] shā jén púkuò t'óu tiĕntì ㄕㄚ ㄖㄣˊ ㄅㄨˊㄍㄨㄛˋ ㄊㄡˊ ㄉㄧㄢˇㄉㄧˋ 사람을 막다른 골목까지 몰아넣어서는 안된다고 남을 타일르는 말.‹成›

[殺人越貨] shājén yüèhhuò ㄕㄚㄖㄣˊ ㄩㄝˋㄏㄨㄛˋ 사람을 죽이고 물건을 훔치다. 살인 강도.‹成›

[殺根] shāk'ēn ㄕㄚㄎㄣˋ 소매를 달다.

[殺口] shāk'ŏu ㄕㄚㄎㄡˇ 입 안에 자극성이 강하다.

[殺口甜] shāk'ŏutién ㄕㄚㄎㄡˇㄉㄧㄢˊ 입에 슬슬 넘어갈 정도로 달다.

[殺坯] shāp'ī ㄕㄚㄆㄧ 죽어 마땅 한 놈. ＝殺材.

[殺熟兒] shāshóurh ㄕㄚㄕㄡˊㄦ 상인이 단골 손님을 속이다.

[殺暑氣] shāshŭch'ì ㄕㄚㄕㄨˇㄑㄧˋ 더위를 참다.

[殺敵致果] shātíchìhkuŏ ㄕㄚㄉㄧˊㄓˋㄍㄨㄛˇ 적을 사살하고 성과를 올리다.

[殺才] shāts'ái ㄕㄚㄘㄞˊ 필요 없는 놈. 소용 없는 자식.‹罵›

[殺材] shāts'ái ㄕㄚㄘㄞˊ 죽일 놈의 자식. 죽일 놈.‹罵›

[殺頭] shāt'óu ㄕㄚㄊㄡˊ 목을 베다.

[殺退] shāt'uì ㄕㄚㄊㄨㄟˋ ①죽여서 물리치다. 사살 격퇴시키다. ②육박하여 격퇴시키다.

[殺威棒] shāwēip'àng ㄕㄚㄨㄟㄆㄤˋ 형벌의 한가지. 범인의 기세를 꺾기 위한 형벌.

〔紗〕 shā ㄕㄚ ①목화에서 뽑아낸 가는 실. ②사(紗). 발이 살핏하고 얇은 천.「窗一；창에 바르는 엷은 천이나 철사망」③사와 비슷한 것.「鐵一；철사망」

[紗廠] shāch'ăng ㄕㄚㄔㄤˇ 방적 공장.

[紗帳] shāchàng ㄕㄚㄓㄤˋ 사(紗)로 만든 막.

[紗罩(兒)] shāchào(rh) ㄕㄚㄓㄠˋ(ㄦ) ①맨틀.「煤氣燈一；가스 맨틀」②식탁음식을 덮는 커버. 파리장.

[紗櫥] shāch'ú ㄕㄚㄔㄨˊ 파리장.

[紗窗] shāch'uāng ㄕㄚㄔㄨㄤ 망사나 철사망을 단 창문. 사창(紗窓).

[紗帽] shāmào ㄕㄚㄇㄠˋ 사 따위로 만든 여름 모자.

[紗門] shāmén ㄕㄚㄇㄣˊ 철망을 끼운 문.

[紗包綫] shāpāohsièn ㄕㄚㄅㄠㄒㄧㄢˋ 포장용의 무명끈.

[紗布] shāpù ㄕㄚㄅㄨˋ 가아제.

[紗燈] shātēng ㄕㄚㄉㄥ 사를 씌운 등. 맨틀. 사등.

[紗錠] shātìng ㄕㄚㄉㄧㄥˋ 물레의 가락.

[紗頭] shāt'ou ㄕㄚㄊㄡ 실마리. 옷감 짜는 실의 끝.

〔痧〕 shā ㄕㄚ 호열자, 콜레라.「一子；홍역」

〔煞〕 shā ㄕㄚ ＝殺②④⑤⑦ ⇨shà.

[煞場] shāch'ăng ㄕㄚㄔㄤˇ 종말. 끝장.

[煞車] shā ch'ē ㄕㄚㄔㄜ ①새끼로 차의 짐을 묶다. ②브레이크를 걸다.

[煞氣] shāch'ì ㄕㄚㄑㄧˋ 성이 나서 닥치는 대로 화풀이를 하다. 사람이나 물건에게 화풀이를 하다.

[煞尾] shāwĕi ㄕㄚㄨㄟˇ 에필로오그. 결말.

〔鎩〕 shā ㄕㄚ ①옛날의 창. ②상처가 나다.「一羽之鳥；주둥이에 상처를 입은 새」

〔鯊〕 shā ㄕㄚ ①모래무지. ②상어.

〔儍〕(傻) shă ㄕㄚˇ ①어리석다. 우둔하다.「一子；바보. 바보같은 놈」「一蛋；바보같은 놈」②정답게 놀려대는 말.「一孩子；이 바보야」

[儍氣] shăch'i ㄕㄚˇㄑㄧ 얼 빠진 모양. 어리석은 모양. 어리석어서 사리를 판단치 못하다.

[儍角] sháchiăo ㄕㄚˊㄐㄧㄠˇ 바보같은 사람:소설 중에 많이 등장함.

[儍勁兒] shăchìnrh ㄕㄚˇㄐㄧㄣˋㄦ 고지식한 수고. 어리석음.

[儍二八氣] shăêrhpāch'ì ㄕㄚˇㄦㄅㄚㄑㄧˋ 멍하고 있는 모양.

[儍孩子] shăháitzŭ ㄕㄚˇㄏㄞˊㄗ ①바보같은 놈. ②어리석은 사람아.

[儍呵呵的] shăhōhōtê ㄕㄚˇㄏㄜㄏㄜㄉㄜ 어딘가 어리석은 모양.

[儍笑] shăhsiào ㄕㄚˇㄒㄧㄠˋ 바보처럼 까

닭 없이 웃다. 미친 놈처럼 웃다.
[傻小子] shǎhsiǎotzǔ ㄕㄚˇㄒㄧㄠˇㄗ ①바보같은 젊음이. ②젊은 사람을 농담삼아 친히 부르는 말:여자일 때는 "傻丫頭".
[傻話] shǎhuà ㄕㄚˇㄏㄨㄚˋ바보 같은 소리. 놀리는 말.
[傻干] shǎkàn ㄕㄚˇㄍㄢˋ 무방침(無方針)하다. 「‹罵›
[傻瓜] shǎkuā ㄕㄚˇㄍㄨㄚ바보. 얼빠진놈.
[傻拉光鷄] shǎlakuāngchī ㄕㄚˇㄌㄚㄍㄨㄤㄐㄧ 얼빠지다. 넋빠지다.
[傻樂] shǎlè ㄕㄚˇㄌㄜˋ ＝傻笑.
[傻愣] shǎlêng ㄕㄚˇㄌㄥ ①멍하고 있다. ②주의가 산만하다. ＞傻傻楞楞.
[傻理兒] shǎlìrh ㄕㄚˇㄌㄧˋㄦ 닿지 않는 이유.
[傻忙乎] shǎmánghu ㄕㄚˇㄇㄤˊㄏㄨ 기뻐서 날뛰다.
[傻不濟濟] shǎpuchìchì ㄕㄚˇㄅㄨㄐㄧˋㄐㄧˋ 멍하고 맥이 빠진 모양.
[傻大] shǎtà ㄕㄚˇㄉㄚˋ 쓸 데 없이 크다.
[傻大哥] shǎtàkē ㄕㄚˇㄉㄚˋㄍㄜ 바보야.
[傻頭傻腦] shǎt'óu-shǎnǎo ㄕㄚˇㄊㄡˊㄕㄚˇㄋㄠˇ 넋 빠진. 정신 나간 모양.
[傻丫頭] shǎyāt'ou ㄕㄚˇㄧㄚㄊㄡ ①이 바보같은 아가씨야. ②젊은 여자를 농담삼아 친하게 부르는 말:남자의 경우는 "傻小子".
[傻眼] shǎyěn ㄕㄚˇㄧㄢˇ (무엇을 보고)깜짝 놀라다.

〔㴋〕 shà ㄕㄚˋ (공기가)새다. ‹方›

〔沙〕 shà ㄕㄚˋ 흔들어서 곡식 따위에 섞어 있는 모래나 먼지를 한 곳으로 모아 놓다. ⇨shā.

〔啥〕 shà ㄕㄚˋ 무엇. 무슨. 어떤.「一子·一個;무엇」「一人;누구」‹方›

〔唼〕 shà ㄕㄚˋ ①체로 치다.「把小米裏面的沙子一一一;조 속에 있는 돌을 체로 치다」②벌레 먹어 구멍을 내다.「這棵樹根被馬蟻一了;이 나무의 뿌리는 개미가 파 먹었다」③조그만 구멍에서 공기가 새다. ‹方›

〔煞〕 shà ㄕㄚˋ ①대단히:동사나 형용사의 앞에 놓는다.「一費苦心;몹시 고생하다」②흉악하다. ③처리하다. 정리하다.
[煞着步兒] shàchêpùrh ㄕㄚˋㄓㄜㄅㄨˋㄦ 발을 멈추고 가지를 않다.
[煞氣] shàch'ì ㄕㄚˋㄑㄧˋ 흉악하고 기세가 등등하다.「一騰騰;흉악스럽고 기세가 등등하다」⇨shàch'ì.
[煞脚] shàchiǎo ㄕㄚˋㄐㄧㄠˇ ＝煞筆.
[煞費工夫] shàfèikūngfu ㄕㄚˋㄈㄟˋㄍㄨㄥㄈㄨ ①몹시 시간이 걸리다. ②몹시 까다롭다.
[煞後兒] shàhòurh ㄕㄚˋㄏㄡˋㄦ 일에 대하여 무기력하다. 일을 하는데 겁을 내다. 「파랗다.
[煞白] shàpái ㄕㄚˋㄅㄞˊ (얼굴 따위가)새
[煞筆] shàpǐ ㄕㄚˋㄅㄧˇ 맺는 말. 끝마침
[煞神] shàshěn ㄕㄚˋㄕㄣˊ ①악신(惡神). 흉신(凶神). ②난폭한 놈. 배척할 물건.
[煞有介事] shàyǔ chièhshìh ㄕㄚˋㄧㄡˇㄐㄧㄝˋㄕˋ 그럴 듯도 하다. 당연한 것 같다.「一切都衆一;모두 사실인 듯하다」

〔廈〕(厦) shà ㄕㄚˋ 큰 건물.「高樓大一;거대한 건물」⇨hsià.

〔霎〕 shà ㄕㄚˋ ①보슬비. ②극히 짧은 시간. 「間
[霎時] shàshíh ㄕㄚˋㄕˊ 곧. 잠간. ＝霎時

SHAI ㄕㄞ

〔篩〕 shāi ㄕㄞ ①「一子;체」②체로 치다.「一煤;석탄을 체질하다」
[篩焦] shāichiāo ㄕㄞㄐㄧㄠ 코우크스를 선별(選別)하다.
[篩酒] shāichiǔ ㄕㄞㄐㄧㄡˇ ①술을 불에 데우다. ②술을 따르다.
[篩孔] shāikǔng ㄕㄞㄎㄨㄥˇ 체의 구멍.
[篩鑼] shāilǒ ㄕㄞㄌㄨㄛˊ 꽹과리를 치다.
[篩巴] shāipa ㄕㄞㄅㄚ 체질을 하다. ＞篩篩巴巴.

〔色〕 shǎi ㄕㄞˇ 빛. 색:단독으로 사용할 때는 이 음에 따름.「掉一(tiào一)」「落一(lào一)」「配一(p'èi一)」「套一(t'ào一)」＝色 ①②. ⇨sè.

〔骰〕 shǎi ㄕㄞˇ 「一子·一兒;주사위. 다이스」
[骰花兒] shǎihuārh ㄕㄞˇㄏㄨㄚㄦ 주사위의 눈.
[骰子塊兒] shǎitzǔk'uàirh ㄕㄞˇㄗˇㄎㄨㄞˋㄦ 주사위의 눈 모양. 주사위의 눈같은 물건.

〔曬〕(晒) shài ㄕㄞˋ ①햇볕에 말리다. 햇볕을 쬐다.「一衣服;의복을 말리다」②방치하다. 상대하지 않다.
[曬車板兒] shài ch'ēpǎnrh ㄕㄞˋㄔㄜㄅㄢˇㄦ 영업 부진으로 장사가 안됨.
[曬翹] shàich'iáo ㄕㄞˋㄑㄧㄠˊ 햇볕에 쬐여 휘다.「木板一了;나무 판자가 햇볕에 쬐여 휘었다」
[曬黑] shàihēi ㄕㄞˋㄏㄟ 햇볕에 타서 검게 되다.
[曬乾] shàikān ㄕㄞˋㄍㄢ 햇볕에 말리다.
[曬暖兒] shàinuǎnrh ㄕㄞˋㄋㄨㄢˇㄦ 양달에서 햇볕을 쬐다.
[曬板] shàipǎn ㄕㄞˋㄅㄢˇ 빤 천이나 뜬 종이를 붙여 말리는 판자.
[曬臺] shàit'ái ㄕㄞˋㄊㄞˊ ①건조대. ②잠시 손을 떼다. 그대로 두다.
[曬太陽] shà it'àiyang ㄕㄞˋ ㄊㄞˋㄧㄤ 햇볕에 쬐다.
[曬脫] shàit'ō ㄕㄞˋㄊㄨㄛ①(꼭 밀착되어 있었던 것이)햇볕에 말라 떨어지다. ②햇빛에 타서 벗겨지다.「背上一了皮;등이 일광에 타서 피부가 벗겨지다」
[曬圖] shàit'ú ㄕㄞˋㄊㄨˊ도면을 인화하다.
[曬烟] shàiyēn ㄕㄞˋㄧㄢ ①잎담배를 건조하다. ②건조한 잎담배.

SHAN ㄕㄢ

〔山〕 shān ㄕㄢ ①산. ②사람이 많은 것.「人一人海；인산인해」③누에 섶.「蠶上一了；누에가 섶에 올랐다」④가옥의 좌우 양편의 벽 : 지붕 밑의 산(山) 모양을 하고 있는 곳. 「

[山坳] shān'āo ㄕㄢㄠ 산간. 골짜기.

[山茶] shānch'á ㄕㄢㄔㄚˊ 동백나무.

[山楂] shāncha ㄕㄢㄓ̇ㄚ 산사.「一糕；산사의 껍질과 씨를 빼고 잼처럼하여 설탕에 찐 것」「一酪；산사로 만든 음료」

[山珍海錯] shānchēn-hǎits'ò ㄕㄢㄓㄣㄏㄞˇㄘㄨㄛˋ 산과 바다의 진미. ＝山海珍味.

[山鷄] shānchī ㄕㄢㄐㄧ 〈動〉 꿩과 비슷하고 적갈색을 한 산닭 : 꿩의 일종.

[山脊] shānchǐ ㄕㄢㄐㄧˇ 산마루.

[山墻] shānch'iáng ㄕㄢㄑㄧㄤˊ 집의 측면의 높은 벽.

[山脚] shānchiǎo ㄕㄢㄐㄧㄠˇ 산기슭.

[山澗] shānchièn ㄕㄢㄐㄧㄢˋ 산골짜기.

[山尖(兒)] shānchiēn(rh) ㄕㄢㄐㄧㄢ(ㄦ) 산 꼭대기. 산정.

[山窮水盡] shānch'iúng-shuǐchìn ㄕㄢㄑㄩㄥˊㄕㄨㄟˇㄐㄧㄣˋ 난관에 부닥쳐 어떻게 할 도리가 없다. 궁지에 빠지다.

[山區] shānch'ū ㄕㄢㄑㄩ 산악 지구.

[山響] shānhsiǎng ㄕㄢㄒㄧㄤˇ 울려 퍼지다. 울리다.

[山向兒] shānhsiangrh ㄕㄢㄒㄧㄤㄦ 분묘의 방향.

[山環兒] shānhuánrh ㄕㄢㄏㄨㄢˊㄦ 산이 구불구불한 곳.

[山洪] shānhúng ㄕㄢㄏㄨㄥˊ 사태.

[山貨] shānhuò ㄕㄢㄏㄨㄛˋ ①산에 나는 물건. ②집에서 쓰는 도구 : 쓰레받기.

[山嚷怪叫] shānjǎng-kuàichiào ㄕㄢㄖㄤˇㄍㄨㄞˋㄐㄧㄠˋ 큰소리로 외치다.

[山旮旯兒(一子)] shānkālarh ㄕㄢㄍㄚㄌㄚㄦ(一ㄗ) 산속. 깊은 산속.

[山岡] shānkāng ㄕㄢㄍㄤ 언덕.

[山崗子] shānkǎngtzǔ ㄕㄢㄍㄤˇㄗ 야산. 언덕.

[山高水低] shānkāo-shuǐtī ㄕㄢㄍㄠㄕㄨㄟˇㄉㄧ ①의외의 사고. 사망(死亡)하는 일. ②곤란. «成»

[山高水遠] shānkāo-shuíyüǎn ㄕㄢㄍㄠㄕㄨㄟˊㄩㄢˇ 길이 아득히 먼 일.

[山根(兒)] shānkēn(rh) ㄕㄢㄍㄣ(ㄦ) ①산기슭. 산록. ②후두부(後頭部).

[山歌] shānkō ㄕㄢㄍㄜ 민요의 일종.

[山溝] shānkū ㄕㄢㄍㄨ 골짜기. 산간.

[山果] shānkuǒ ㄕㄢㄍㄨㄛˇ 산지에 나는 야생 과실 : 밤이나 호두 따위.

[山谷水庫] shānkǔ shuǐk'ù ㄕㄢㄍㄨˇㄕㄨㄟˇㄎㄨˋ 산골짜기를 이용하여 만든 댐.

[山巒] shānluán ㄕㄢㄌㄨㄢˊ ①연산(連山). ②산악. 「리.

[山梁] shānliáng ㄕㄢㄌㄧㄤˊ 산의 가장자

[山里漢] shānlihàn ㄕㄢㄌㄧㄏㄢˋ 시골뜨기 남자.

[山里紅] shānlihúng ㄕㄢㄌㄧㄏㄨㄥˊ 산사의 열매.

[山明水秀] shānmíng-shuǐhsiù ㄕㄢㄇㄧㄥˊㄕㄨㄟˇㄒㄧㄡˋ 산 좋고 물 좋아 경치가 아름답다. ＝山青水秀.

[山姆叔] shānmushū ㄕㄢㄇㄨㄕㄨ 엉클샘(Uncle Sam) : 아메리카의 별칭. «譯»

[山南海北] shānnán-háipěi ㄕㄢㄋㄢˊㄏㄞˊㄅㄟˇ 멀리 떨어져 있는 곳.

[山腦] shānnǎo ㄕㄢㄋㄠˇ 산의 꼭대기. 산정.

[山崩] shānpēng ㄕㄢㄅㄥ 사태 : 장마나 화산 작용으로 산이 무너져 내리는 것.

[山坡(子・兒)] shānpō(tzǔ・rh) ㄕㄢㄅㄛ(ㄗ・ㄦ) 산언덕.

[山水] shānshuǐ ㄕㄢㄕㄨㄟˇ ①산수(山水)의 풍경. 산수.「一兒；그림 중의 산수」②산에서 흐르는 물.

[山道年] shāntàonién ㄕㄢㄉㄠˋㄋㄧㄢˊ 산토닌(회충약). «譯»

[山顚] shāntiēn ㄕㄢㄉㄧㄢ 산정(山頂). 산꼭대기.

[山洞] shāntùng ㄕㄢㄉㄨㄥˋ 산허리에 있는 동굴.

[山頭] shānt'óu ㄕㄢㄊㄡˊ 산정(山頂).

[山嘴兒] shāntsuǐrh ㄕㄢㄗㄨㄟˇㄦ ①갑. ②수중에 뾰족 내민 땅. 산의 지맥(支脈). ③곶.

[山豆子] shāntòutzǔ ㄕㄢㄉㄡˋㄗ 산버찌. 산 벚나무의 열매.

[山窪子] shānwātzǔ ㄕㄢㄨㄚㄗ 사방이 산에 둘러 쌓인 곳. 산간의 분지.

[山塢] snānwù ㄕㄢㄨˋ 골짜기.

[山崖] shānyá ㄕㄢㄧㄚˊ ①벼랑. ②산정.

[山腰] shānyāo ㄕㄢㄧㄠ 산허리.

[山藥] shānyao ㄕㄢㄧㄠ 〈植〉 참마. 마.

[山藥蛋] shānyaotàn ㄕㄢㄧㄠㄉㄢˋ 감자.

[山芋] shānyù ㄕㄢㄩˋ 고구마. ＝地瓜. 白⌊薯.

〔刪〕 shān ㄕㄢ 떼어 버리다. 삭제하다.「這個字應該一去；이 글자는 삭제해야 할 일이다」

[刪節] shānchiéh ㄕㄢㄐㄧㄝˊ 삭제하다.

[刪除] shānch'ú ㄕㄢㄔㄨˊ 삭제하다.

[刪繁就簡] shānfán chiùchiěn ㄕㄢㄈㄢˊㄐㄧㄡˋㄐㄧㄢˇ 복잡한 것을 간단히 하다.

[刪削] shānhsüēh ㄕㄢㄒㄩㄝ ＝刪節.

[刪改] shānkǎi ㄕㄢㄍㄞˇ 삭제하여 정정⌊하다.

〔芟〕 shān ㄕㄢ ①풀을 베다. ②제거하다.「一除；풀을 베다」

〔苫〕 shān ㄕㄢ 거적.「寢一枕塊；거적을 이부자리로 삼고 흙덩어리로 베개를 삼다 : 옛날에 부모상을 입었을 때에」⇨ shàn.

[苫布] shānpù ㄕㄢㄅㄨˋ 비나 서리에 맞지 않게 덮어 씌우는 천.

〔姍〕 shān ㄕㄢ 「訕笑.

[姍笑] shānhsiào ㄕㄢㄒㄧㄠˋ 비웃다. ＝

[姍姍] shānshān ㄕㄢㄕㄢ 여성(女性)이 천천히 걷는 모양.

〔珊〕 shān ㄕㄢ

[珊瑚] shānhú ㄕㄢㄏㄨˊ 산호.「一虫；산⌊호충」

〔舢〕 shān ㄕㄢ

[舢板] shānpǎn ㄕㄢㄅㄢˇ 작은 배. 거룻

배. 샘팬(sampan).

〔衫〕 shān ㄕㄢ「一子·一兒； 홑옷：중국 홑옷.적삼.단삼」「長一； 기다란 상의.장삼」

〔扇〕(搧①·煽②) shān ㄕㄢ ①(부채 따위로)부치다.「用一子一；부채로 부치다」②선동하다.치켜 세우다.「一動；선동하다」⇨shàn.

[扇風耳] shānfēng'ěrh ㄕㄢㄈㄥㄦˇ 커다랗게 앞을 가린 귀.

[扇風點火] shānfēng tiěnhuǒ ㄕㄢㄈㄥ ㄉㄧㄢˇㄏㄨㄛˇ 선동하여 나쁜 일을 시키다.불난 집에 부채질을 하다. ‹成›

[扇忽] shānhu ㄕㄢㄏㄨ ①급히 부채질하다. ②선동하다.꾀다.

[扇惑] shānhuò ㄕㄢㄏㄨㄛˋ 선동하여 매혹시키다.

[扇誘] shānyù ㄕㄢㄧㄡˋ 선동하여 유혹하다.

〔羶〕(羴) shān ㄕㄢ 노리다.노린내가 나다.「一氣；노린내가 나다」

〔閃〕 shǎn ㄕㄢˇ ①번개.「打一；번개치다」 ②번쩍번쩍하다.빛나다. 「一得眼睛發花；빛나서 눈이 어지럽다」 ③피하다.「一開；비키다」④삐다. 운동따위로 근육이 아프다. 「一了腰；허리를 삐었다」⑤비틀거리다.「一躺下；역진하여 비틀거리며 쓰러지다」

[閃展挫挪] shánchǎn-t'éngnó ㄕㄢˊㄓㄢˇㄊㄥˊㄋㄨㄛˊ 돈을 융통하다.

[閃擊] shǎnchī ㄕㄢˇㄐㄧ 전격(電擊). 「一戰術；전격적인 전술」

[閃爍] shǎnshuò ㄕㄢˇㄕㄨㄛˋ ①번쩍번쩍하다.②보이다 말다 하다.＞閃閃爍爍.③확실치 않다.근본을 벗어 나다.「一其詞；중심에서 빗나가게 말하다」

[閃光(兒)] shǎnkuāng(rh) ㄕㄢˇㄍㄨㄤ(ㄦ) ①번갯불.②빛이 번쩍이다.

[閃亮] shǎnliàng ㄕㄢˇㄌㄧㄤˋ 번쩍이다. ＞閃閃亮亮.

[閃亮兒] shǎnliàngrh ㄕㄢˇㄌㄧㄤˋㄦ 여명(黎明).희미하게 밝아 오는 새벽.

[閃面(兒)] shǎnmièn(rh) ㄕㄢˇㄇㄧㄢˋ(ㄦ) 나타나다.얼굴을 내놓다.

[閃避] shǎnpì ㄕㄢˇㄅㄧˋ 피하다.

[閃射] shǎnshè ㄕㄢˇㄕㄜˋ 빛을 방사하다.

[閃身] shǎnshěn ㄕㄢˇㄕㄣ 몸을 돌려 살짝 피하다.

[閃失] shǎnshīh ㄕㄢˇㄕ 실수.사고(事故).

[閃得] shǎntê ㄕㄢˇㄉㄜ 어떤 결과가 되다.결과로서 …남다.

[閃點] shántiěn ㄕㄢˇㄉㄧㄢˇ 플래시 포인트：점화 온도(點火溫度).

[閃電] shǎntièn ㄕㄢˇㄉㄧㄢˋ 번개.「一戰術；전격전술」

[閃動] shǎntùng ㄕㄢˇㄉㄨㄥˋ 번쩍이다.

〔陝〕 shǎn ㄕㄢˇ "陝西省".

〔睒〕(睒) shǎn ㄕㄢˇ 눈을 깜박이다.「一一眼就不見了；눈 깜빡할 동안에 없어졌다」

[睒睒] shánshǎn ㄕㄢˊㄕㄢˇ 빛이 번쩍이는 모양.

〔汕〕 shàn ㄕㄢˋ「一頭(一t'óu)；산토우：광뚱성(省)에 있는 한 도시」

〔疝〕 shàn ㄕㄢˋ 병명(病名)：종류가 많지만 보통 음낭이 붓는 병을 말하며 "小腸串氣"라고도 말함.

〔苫〕 shàn ㄕㄢˋ (비나 서리에 맞지 않게)가마니나 천으로 덮다.⇨shān.

[苫背] shànpèi ㄕㄢˋㄅㄟˋ 지붕의 초벽석회나 흙·풀·가마니 따위로 덮고 바르는 일.

〔訕〕 shàn ㄕㄢˋ 비웃다.「一笑；비웃다」

[訕臉] shànliěn ㄕㄢˋㄌㄧㄢˇ 뻔뻔스럽게 하다.

[訕不搭的] shànputātê ㄕㄢˋㄅㄨㄉㄚㄉㄜ ＝訕訕的.

[訕訕的] shànshàntê ㄕㄢˋㄕㄢˋㄉㄜ 불쾌한 모양.쑥스러운 모양. 「他一走開了；그는 쑥스러운 듯이 가버렸다」

〔扇〕 shàn ㄕㄢˋ ①「一子；부채」「折一；부채」「一軸兒；부채의 살을 한 곳에 모으기 위한 못.사북」②부채 따위를 세는 조수사.「一一門；외짝문의 출입구나 또는 문」⇨shān.

[扇車] shànch'ê ㄕㄢˋㄔㄜ 농구로 쓰이는 풍차.

[扇墜] shànchuì ㄕㄢˋㄓㄨㄟˋ 부채 자루에 다는 장식품.

[扇骨子] shànkǔtzǔ ㄕㄢˋㄍㄨˇㄗ 부채살.

[扇面兒(一子)] shànmiènrh(一tzū) ㄕㄢˋㄇㄧㄢˋㄦ(一ㄗ) 부채.부채의 면(面).

[扇頁] shànyèh ㄕㄢˋㄧㄝˋ (책의) 겉장의 다음 페이지.속표지.

〔釤〕 shàn ㄕㄢˋ 큰 낫 따위로 베다. 「一鐮(一lién)·一刀(一tāo)；자루가 긴 낫」

〔善〕 shàn ㄕㄢˋ ①선량한.좋은.우수한.②사이 좋게 하다.친하게 하다.「親一；친선」③ 뛰어나다.…에 능숙하다. ④훌륭하다.「一忘；잊기 잘하다」「一疑；의심이 많은」

[善價] shànchià ㄕㄢˋㄐㄧㄚˋ 고가(高價).

[善終] shànchūng ㄕㄢˋㄓㄨㄥ ①천수(天壽)를 다하다.②유종의 미를 걷다.

[善佛爺兒] shànfóyehrh ㄕㄢˋㄈㄨㄛˊㄧㄝㄦ 온화하고 조용한 사람.

[善後] shànhòu ㄕㄢˋㄏㄡˋ 뒷처리를 하다.

[善罷甘休] shànpà kānhsiū ㄕㄢˋㄅㄚˋㄍㄢㄒㄧㄡ 그대로 지내다.거칠어지지 않게 수습하다.

[善本] shànpěn ㄕㄢˋㄅㄣ 대단히 진귀한 책.

[善始善終] shànshīh·shànchūng ㄕㄢˋㄕˇ ㄕㄢˋㄓㄨㄥ 처음부터 끝까지.한결같이.잘하다.시종일관 잘하다. ‹成›

[善自爲謀] shàntzǔ wéimóu ㄕㄢˋㄗˋ ㄨㄟˊㄇㄡˊ 자기 속셈을 차리는 데는 재주가 있다.

[善于] shànyǘ ㄕㄢˋㄩˊ …에 교묘하다.…잘하다. 「一應付人；사람 취급을 잘하다」

[善遇] shànyǜ ㄕㄢˋㄩˋ 후대(厚待)하다.

〔單〕(単) shàn ㄕㄢˋ "單県" : 산뚱성(省)에 있음. ⇨ch'án, tān.

〔擅〕 shàn ㄕㄢˋ ①멋대로 하다. 마음대로 행동하다.「一自處理 ; 자기 마음대로 처리하다」②기능이 특히 뛰어나다.

[擅長] shànch'áng ㄕㄢˋㄔㄤˊ 뛰어나다. 특기가 있다.「他一唱歌 ; 그는 노래에 소질이 있다」

[擅場] shànch'ǎng ㄕㄢˋㄔㄤˇ 독무대를 벌이다. 남을 완전히 압도하다.

[擅權] shànch'üán ㄕㄢˋㄑㄩㄢˊ 권력을 마음대로 휘두르다.

[擅利] shànlì ㄕㄢˋㄌㄧˋ 이익을 독점하다.

[擅作威福] shàntsò-wēifú ㄕㄢˋㄗㄨㄛˋㄨㄟㄈㄨˊ 대단히 뻐기다. 마음대로 재력이나 권력을 쓰다. 《成》 =作福作威.

[擅自爲謀] shàntzǔ wéimóu ㄕㄢˋㄗˋㄨㄟˊㄇㄡˊ 자기 나름대로 하다.

〔禪〕 shàn ㄕㄢˋ 임금의 자리를 양도하다. ⇨ch'án.

〔嬗〕 shàn ㄕㄢˋ 변하다.「一變 (一pièn) ; 변하다」

〔膳〕 shàn ㄕㄢˋ 식사.「晚一 ; 저녁 식사」「一費 ; 식비」「一宿 ; 식사와 주거」

〔繕〕 shàn ㄕㄢˋ ①수선하다. 보수하다. ②그대로 그림이나 글 따위를 베끼다. 초사(抄寫)하다.

[繕寫] shànhsiěh ㄕㄢˋㄒㄧㄝˇ ①정서하다. ②옮겨 쓰다.

〔贍〕 shàn ㄕㄢˋ ①주다.「一養 ; 의식을 제공하다. 부양하다」②만족하다.

[贍養費] shànyěnfèi ㄕㄢˋㄧㄢˇㄈㄟˋ 부양비(扶養費).

〔騸〕 shàn ㄕㄢˋ 거세(去勢)한 말.「一馬 ; 거세한 말」

〔鱓〕(鱔) shàn ㄕㄢˋ 〈動〉 두렁허리. 선어. 사어: 뱀장어 비슷하며 아시아 열대어로 한국의 서남부·일본·중국·자바 등지에 있음.

SHANG ㄕㄤ

〔商〕 shāng ㄕㄤ ①상담하다. 토론하다.「一量 ; 상담하다」②상업(商業). 장사.「一業 ; 상업」③상인.「布一 ; 포목장사」④(수학의) 상(商).「八被二除一數是四 ; 여덟을 둘로 나누면 상은 넷이다」 ⑤왕조의 이름:B. C. 1766～1122. ⑥고대 5음(音)의 하나:宮·商·角·徵·羽.

[商場] shāngch'ǎng ㄕㄤㄔㄤˇ 시장. 마케이트.

[商洽] shāngch'ià ㄕㄤㄑㄧㄚˋ (쌍방이 모여서)상담하다. 의견을 교환하다.

[商檢証] shāngchiěnchèng ㄕㄤㄐㄧㄢˇㄓㄥˋ 상품검사 증명서. 검필증.

[商情] shāngch'íng ㄕㄤㄑㄧㄥˊ 시장의 상황.

[商酌] shāngchó ㄕㄤㄓㄨㄛˊ 의논하여 참작하다.

[商榷] shāngch'üèh ㄕㄤㄑㄩㄝˋ 상담하여 검토하다.「値一 ; (불완전한 곳에)검토를 요하다」

[商販] shāngfàn ㄕㄤㄈㄢˋ 행상인.

[商行] shāngháng ㄕㄤㄏㄤˊ 상점.「貿易一 ; 무역회사」

[商號] shānghào ㄕㄤㄏㄠˋ ①상점. ②상품의 마아크. ③옥호(屋號).

[商會] shānghuì ㄕㄤㄏㄨㄟˋ 상공 회의소: 상업 단체.

[商量] shāngliang ㄕㄤㄌㄧㄤ 상담(相談)하다. >商商量量.

[商埠] shāngpù ㄕㄤㄅㄨˋ 개항장(開港場). 상업 도시.

[商數] shāngshù ㄕㄤㄕㄨˋ 수학의 상(商).

[商討] shāngt'ǎo ㄕㄤㄊㄠˇ 협의하다. 검토하다.

[商務] shāngwù ㄕㄤㄨˋ 상용(商用). 상무.

[商約] shāngyüēh ㄕㄤㄩㄝ ①통상 조약. ②상업상의 계약.

[商運] shāngyün ㄕㄤㄩㄣ 상업 운송(商業運送).

〔傷〕(伤) shāng ㄕㄤ ①상처.「槍一 ; 총에 의한 상처」 ② 상하다. 다치다.「烟酒一身 ; 술이나 담배는 신체를 상하게 하다」 ③ 병들다. ④ 도(度)가 넘어 싫어하다.「吃糖吃一了; 엿을 너무 많이 먹어서 싫증이 났다」⑤ 방해하다. ⑥슬프다. 불쌍하다. 「一情 ; 슬프다. 마음을 슬프게 하다」⑦남의 감정을 해치다. (남의 명예 따위를)손상시키다.「開口一人 ; 입을 열면 남의 감정을 해치다」

[傷氣] shāngch'ì ㄕㄤㄑㄧˋ 기력을 꺾다.

[傷情] shāngch'íng ㄕㄤㄑㄧㄥˊ ①상처의 상황. ②슬퍼하다.

[傷衆] shāngchùng ㄕㄤㄓㄨㄥˇ 여러 사람에게 손해나 수고를 끼치다.

[傷風] shāngfēng ㄕㄤㄈㄥ ①콧물 감기에 걸리다. ②감기.

[傷風敗俗] shāngfēng-pàisú ㄕㄤㄈㄥㄅㄞˋㄙㄨˊ 풍기를 문란케 하다. 「다.

[傷害] shānghài ㄕㄤㄏㄞˋ 해치다. 다치

[傷寒] shānghán ㄕㄤㄏㄢˊ ①장질부사. ②감기: 한서로 일어나는 모든 병.

[傷耗] shānghao ㄕㄤㄏㄠ ①손모(損耗). 손멸(損滅). ②소모되어서 일어나는 손해.

[傷號] shānghào ㄕㄤㄏㄠˋ (병원 따위에서 수용 번호를 갖고 있는)부상자.

[傷和氣] shānghóch'i ㄕㄤㄏㄜˊㄑㄧ 감정상(感情上) 금이 가다.

[傷心] shānghsīn ㄕㄤㄒㄧㄣ 슬퍼하다.

[傷壞] shānghuài ㄕㄤㄏㄨㄞˋ 파괴하다. 망그러뜨리다.

[傷人] shāngjén ㄕㄤㄖㄣˊ ① 사람에게 상처를 입히다. ②남에게 미안한 짓을 하다.

[傷感] shāngkǎn ㄕㄤㄍㄢˇ ①비애. ②슬퍼하다. 「감정을 상하게 하다.

[傷感情] shāngkǎnch'íngㄕㄤㄍㄢˇㄑㄧㄥˊ

[傷虧] shāngk'ueī ㄕㄤㄎㄨㄟ ＝傷耗.
[傷弓之鳥] shāngkūngchīhniǎo ㄕㄤㄍㄨㄥㄓㄋㄧㄠˇ 앞서 재난을 받은 사람은 늘 겁을 낸다는 비유. 〈成〉
[傷力] shānglì ㄕㄤㄌㄧˋ 과중한 노동으로 신체를 상하게 ~하다.
[傷面子] shāng mièntzǔ ㄕㄤㄇㄧㄢˋㄗ 얼굴을 찌푸리다.
[傷腦筋] shāngnǎochin ㄕㄤㄋㄠˇㄐㄧㄣ 골머리를 앓다. 머리를 짜내다.
[傷疤] shāngpā ㄕㄤㄅㄚ 상처가 났던 자리. 흉터.
[傷瘢] shāngpān ㄕㄤㄅㄢ ＝傷疤.
[傷悲] shāngpēi ㄕㄤㄅㄟ ①슬픔. ②슬퍼하다.
[傷本兒] shāngpěnrh ㄕㄤㄅㄣˇㄦ 본전을 까먹다.
[傷神] shāngshén ㄕㄤㄕㄣˊ ①정신을 소모하다. 머리를 쓰다. ②마음을 아프게 하다.
[傷事] shāngshìh ㄕㄤㄕˋ 일에 손해를 보다. 일에 실패하다.
[傷食] shāngshíh ㄕㄤㄕˊ 급성 위카타르.
[傷逝] shāngshìh ㄕㄤㄕˋ 죽은 사람에 대한 감정.
[傷勢] shāngshìh ㄕㄤㄕˋ 다친 상태.
[傷損] shāngsǔn ㄕㄤㄙㄨㄣˇ 파손하다. 손상시키다.
[傷悼] shāngtào ㄕㄤㄉㄠˋ 슬프게 애도하다.
[傷天害理] shāngt'iēn-hàilǐ ㄕㄤㄊㄧㄢㄏㄞˋㄌㄧˇ 천도(天道)를 역행하다: 사람으로서는 용서 못받을 짓을 떡 먹듯하다. 〈成〉
[傷痛] shāngt'ùng ㄕㄤㄊㄨㄥˋ ＝傷悼.
[傷亡] shāngwáng ㄕㄤㄨㄤˊ 부상과 사망.
[傷員] shāngyüán ㄕㄤㄩㄢˊ (군대 따위의)부상자.

〔墒〕 shāng ㄕㄤ 발아(發芽)에 적당한 토양의 습도(濕度). 「保一 ; 발아에 알맞는 습도를 유지하다」「搶一 ; 토양에 습기가 있을 때에 씨앗을 뿌리다」
[墒情] shāngch'íng ㄕㄤㄑㄧㄥˊ 심을 수 있는 조건.
[坧透] shāngt'òu ㄕㄤㄊㄡˋ 토양에 수분을 충분히 유지시키다. 흙에 물어 잘 배다.

〔殤〕 shāng ㄕㄤ 어른이 되기 전에 사망하다.

〔熵〕 shāng ㄕㄤ 열(熱)의 효율(効率).

〔觴〕 shāng ㄕㄤ 옛날의 술잔. 「擧一稱賀 ; 술잔을 들어 축하하다」

〔垧〕 shǎng ㄕㄤˇ 농지(農地) 따위의 면적을 재는 단위: 지방 마다 일정하지 않으나 동북 지방에서는 16 "畝"를 말함.

〔晌〕 shǎng ㄕㄤˇ ①잠시 동안. 「停了一一 ; 잠간 쉬었다」 ②정오(正午). 「一午 ; 정오」
[晌覺] shǎngchiào ㄕㄤˇㄐㄧㄠˋ 낮잠. 「睡一 ; 낮잠을 자다」
[晌飯] shǎngfàn ㄕㄤˇㄈㄢˋ 점심.
[晌午] shǎngwu ㄕㄤˇㄨ 정오. 낮 12시.

〔賞〕 shǎng ㄕㄤˇ ①칭찬하다. 상을 주어 장려하다. ②애호(愛好)하다. 귀여워하다. 「一花 ; 꽃을 좋아하다」 ③웃사람이 아랫 사람에게 물건을 주다. 「一給他一匹馬 ; 그에게 말을 한 필 주다」 ④남에게 부탁할 때에 쓰는 경어.
[賞錢] shǎngch'ién ㄕㄤˇㄑㄧㄢˊ ①돈을 주다. ②shǎngch'ien (사용인에게 주는)팁. 상여금. 축하금.
[賞心悅目] shǎnghsīn-yüèhmù ㄕㄤˇㄒㄧㄣㄩㄝˋㄇㄨˋ 보고 즐기고 마음을 기쁘게 하다. 〈成〉
[賞格] shǎngkó ㄕㄤˇㄍㄜˊ 현상 규정(懸賞規定).
[賞光] shǎngkuāng ㄕㄤˇㄍㄨㄤ ① 나와 주시다. 왕림하시다. 「請一 ; 아무쪼록 와 주십시오」 ②입장을 빛내주다.
[賞臉] shángliěn ㄕㄤˊㄌㄧㄢˇ ① 면목을 세워 주다. ②왕림하셔서… 〈敬〉 ③(선물 따위를)받다. 〈敬〉
[賞識] shǎngshíh ㄕㄤˇㄕˊ 웃사람이 아랫사람의 재능을 인정하고 칭찬하다.
[賞賜] shǎngtz'ù ㄕㄤˇㄘˋ 받다. 하사하시다.
[賞玩] shǎngwán ㄕㄤˇㄨㄢˊ 즐겨보다.

〔上〕 shàng ㄕㄤˋ ①위. 「山一 ; 산 위」 ②먼저. 앞. 「一星期 ; 전주(前週)」「一月 ; 지난날」 ③등급이나 계급이 위다. 「一級領導下級 ; 상급 기관이 하급 기관을 지도하다」 ④훌륭하다. 품질이 좋다. 「一等貨 ; 고급품」 ⑤오르다. 올라가다. 타다. 「一山 ; 산에 오르다」「一樓 ; 이층에 오르다」「一車 ; 차를 타다」「一船 ; 배를 타다」 ⑥가다. 향하다. 전진하다. 「一大邱 ; 대구로 가다」「同志們快一啊 ; 여러분 속히 전진하시오」 ⑦진정(進呈)하다. 「一書天子 ; 천자에게 상서하다」「謹一 ; 공손히 올리다」 ⑧더하다. 「一水 ; 물을 더 넣다」 ⑨붙이다. 칠하다. 「一刺刀 ; 총검을 총에 꽂다」「一顔色 ; 색칠하다」 「一肥 ; 비료를 주다」 ⑩일정한 정도나 수에 달하다. 「一手紀 ; 나이를 먹다」「成千一萬 ; 천만(千萬)에 달하다」 ⑪기입하다. 게재하다. 「一帳 ; 장부에 기입하다」 ⑫오다. 「戲院一的人不少 ; 극장에 온 사람은 많다」 ⑬나사나 태엽을 감다. 「表該一了 ; 시계는 벌써 태엽을 감지 않으면 안되었다」 ⑭(명사의 뒤에 붙어서)장소를 표시한다. ㉮중간에. 중도에. 「半路一 ; 도중에서」 ㉯방면에. 관계로. 「領導一 ; 지도면에서」「理論一 ; 이론적으로」 ⑮(동사의 뒤에 붙어서)동작의 완성을 나타내다. 「讀一三五年書 ; 4, 5년 공부했다」 ⑯옛 악보의 하나: 현재의 "簡譜 · 略譜"의 하나다. ⑰ shǎng "四聲"의 하나로서 "上聲".
[上場] shàngch'ǎng ㄕㄤˋㄔㄤˇ ① 무대로 나가다. ②등장하다. ③ shàngch'áng (수확물을 수집하여)탈곡장으로 갖고 가다.
[上賬] shàngchàng ㄕㄤˋㄓㄤˋ 장부에 기입하다.
[上場門兒] shàngch'ǎngménrh ㄕㄤˋㄔㄤˇㄇㄣˊㄦ 무대 우측의 배우들의 출입구.
[上場詩] shàngch'ǎngshīh ㄕㄤˋㄓㄤˇㄕ 연극 개막에 앞서 무대에 나가 자기의 신분이나 신상 또는 연극의 내용을 소개하는 시: 시의 형식을 취하지 않는 것은

"上場白"이라고 한다.
[上朝] shàngch'áo ㄕㄤˋㄔㄠˊ 조정(朝廷)에 나가다.
[上陣] shàngchèn ㄕㄤˋㄓㄣˋ 전투에 임하다.
[上城] shàngch'éng ㄕㄤˋㄔㄥˊ 시가지로 나가다.
[上秤] shàngch'ēng ㄔㄤˋㄔㄥˊ 저울로 달다.
[上級] shàngchí ㄕㄤˋㄐㄧˊ 상급. 상급 기관. 상급자.
[上家(兒)] shàngchia(rh) ㄕㄤˋㄐㄧㄚ(ㄦ) 상석에 앉은 사람. 자기의 좌측(左側) 자리에 앉은 사람.
[上漿] shàngchiāng ㄕㄤˋㄐㄧㄤ ①틀에서 다 짜서 놓은 천에 풀을 먹이다. ②(의복 등에) 풀칠을 하다.
[上將] shàngchiàng ㄕㄤˋㄐㄧㄤˋ 대장.
[上繳] shàngchiǎo ㄕㄤˋㄐㄧㄠˇ 상납하다.
[上焦熱] shàngchiāojê ㄕㄤˋㄐㄧㄠㄖㄜˋ 머리에 열이 오르고 눈이 충혈되어 있는 병. 상기(上氣).
[上脚兒] shàngchiǎorh ㄕㄤˋㄐㄧㄠˇㄦ (신발 따위를)발에 신다.
[上街] shàngchiēh ㄕㄤˋㄐㄧㄝ 거리로 나가다.
[上紙筆] shàngchǐhpǐ ㄕㄤˋㄓˇㄅㄧˇ 기록할 만한 가치가 있다. 일이 중대함으로써 보고 넘기지는 않는다.
[上前(兒)] shàngch'ién(rh) ㄕㄤˋㄑㄧㄢˊ(ㄦ) 앞으로 나가다. 전진하다.
[上千上萬] shàngch'iēn shàngwàn ㄕㄤˋㄑㄧㄢ ㄕㄤˋㄨㄢˋ 몇 천 몇 만이라는. 몇 천 몇 만에 오르다.
[上緊(兒)] shàngchǐn(rh) ㄕㄤˋㄐㄧㄣˇ(ㄦ) 힘을 쓰다. 버티다. 있는 힘을 다하다.
[上進] shàngchìn ㄕㄤˋㄐㄧㄣˋ 진보하다. 향보하다.
[上勁(兒)] shàngchìn(rh) ㄕㄤˋㄐㄧㄣˋ(ㄦ) 마음에 당기다.
[上桌] shàngchō ㄕㄤˋㄓㄨㄛ ①탁자에 올려 놓다. 탁자에 내놓다. ②상석(上席).
[上去] shàngch'ü ㄕㄤˋㄑㄩ 올라 가다. 기어 오르다.
[上捐] shàng chüān ㄕㄤˋ ㄐㄩㄢ 세금을 물다. 할당금을 내다.
[上裝] shàngchuāng ㄕㄤˋㄓㄨㄤ ①배우가 분장하다. ②여자의 결혼 당일의 아름답게 꾸민 의복. ③겉옷.
[上床] shàngch'uáng ㄕㄤˋㄔㄨㄤˊ 잠자리에 들다.
[上圈套兒] shàngch'üānt'àorh ㄕㄤˋㄑㄩㄢㄊㄠˋㄦ 함정에 빠지다. 모략에 빠지다.
[上鍾] shàngchūng ㄕㄤˋㄓㄨㄥ (큰 시계 따위의)시계의 태엽을 감다.
[上中農] shàngchūngnúng ㄕㄤˋㄓㄨㄥㄋㄨㄥˊ 부유한 농가와 중농(中農).
[上房] shàngfáng ㄕㄤˋㄈㄤˊ ①안마당에 면하여 있는 상방(上房). ②주인이 있는 방.
[上坟] shàngfěn ㄕㄤˋㄈㄣˇ 묘소에 참배하다.
[上糞] shàngfèn ㄕㄤˋㄈㄣˋ (농작물에) 인분을 주다.
[上峰] shàngfēng ㄕㄤˋㄈㄥ 상관(上官).
[上風] shàngfēng ㄕㄤˋㄈㄥ ①바람이 불어 오는 쪽. ②우세하거나 유리한 지보(地步).
[上好] shànghǎo ㄕㄤˋㄏㄠˇ 최상의.
[上首] shàngshǒu ㄕㄤˋㄕㄡˇ 상좌(上座).
[上鞋] shàng hsiéh ㄕㄤˋ ㄒㄧㄝˊ ①신을 신다. ②구두창을 대다. =綃鞋.
[上下] shànghsià ㄕㄤˋㄒㄧㄚˋ ①귀천(貴賤). ②상하. ③… 쯤. … 전후. 「他有五十一歲了; 그는 50 쯤 되어 있다」 ④공복(公僕).
[上下一股勁] shànghsià ikǔchìn ㄕㄤˋㄒㄧㄚˋㄧㄍㄨˇㄐㄧㄣˋ 상하 힘을 합하다.
[上下忙] shànghsiàmáng ㄕㄤˋㄒㄧㄚˋㄇㄤˊ 허둥지둥 몹시 바쁘다.
[上校] shànghsiào ㄕㄤˋㄒㄧㄠˋ 대령(大領).
[上小間] shàng hsiǎochiēn ㄕㄤˋ ㄒㄧㄠˇㄐㄧㄢ 소변 보러 가다.
[上弦] shàng hsién ㄕㄤˋ ㄒㄧㄢˊ (시계 따위의)태엽을 감다.
[上心] shànghsīn ㄕㄤˋㄒㄧㄣ 마음에 걸리다.
[上行] shànghsíng ㄕㄤˋㄒㄧㄥˊ (배나 차의)상행. 「一車; 상행 열차」
[上行下效] shànghsīng hsiàhsiào ㄕㄤˋㄒㄧㄥ ㄒㄧㄚˋㄒㄧㄠˋ 윗사람이 하면 아랫사람도 한다. 윗물이 고와야 아랫물도 곱다. 《成》
[上選] shànghsüǎn ㄕㄤˋㄒㄩㄢˇ 상품(上品). 「一的茶葉; 고급 차(茶)」
[上學] snànghsüéh ㄕㄤˋㄒㄩㄝˊ ①학교로 가다. ②등교하다.
[上門] shàngshuān ㄕㄤˋㄕㄨㄢ 빗장을 채우다.
[上回] shànghui ㄕㄤˋㄏㄨㄟ 전회(前回).
[上火(兒)] shànghuǒ(rh) ㄕㄤˋㄏㄨㄛˇ(ㄦ) 열이 오르다 : 몹시 흥분함.
[上貨] shànghuò ㄕㄤˋㄏㄨㄛˋ 상품(商品)을 증가시키다: 구입하여.
[上任] shàngjèn ㄕㄤˋㄖㄣˋ 취임하다. 부임하다.
[上赶着] shàngkǎnchê ㄕㄤˋㄍㄢˇㄓㄜ ①(상대방의 마음을 사서 목적 달성을 위하여) 적극적으로. ②자발적으로.
[上崗] shàngkǎng ㄕㄤˋㄍㄤˇ 보초를 서다.
[上課] shàngk'ò ㄕㄤˋㄎㄜˋ ①(선생님이) 수업을 하다. ②(학생이)수업을 받다.
[上客人] shàng k'òjên ㄕㄤˋㄎㄜˋㄖㄣ (상점 따위에)손님이 끊임 없이 오다.
[上鉤] shàngkōu ㄕㄤˋㄍㄡ 함정에 걸리다. 속임에 빠지다.
[上口] shàngk'ǒu ㄕㄤˋㄎㄡˇ 입에서 나오다.
[上款兒] shàngk'uǎnrh ㄕㄤˋㄎㄨㄢˇㄦ 서화(書畫)의 윗 부분 우측에 선사할 사람에게 글을 쓰는 관(款).
[上工] shàngkūng ㄕㄤˋㄍㄨㄥ ①일을 시작하다. ②재주 있는 종업원.
[上來] shànglai ㄕㄤˋㄌㄞ ①올라 오다. ②지방에서 서울로 오다.
[(동사·형용사)上來] —shàngdlai ㄕㄤㄌㄞ ①동작이 아래에서 위로 향해 행하여지는 것을 뜻하다. 「跑一; 뛰어서 올라 오다」「搬一; 운반하여 올려 오다」 ②동작 상태가 어느 한 점에 가까와짐을 나타냄. 「雨住一了; 비가 멈추다」「他的病好一了; 그의 병세는 완치되어 가다」 ③어떤 일이 한 경험을 통해서 원만히 행하여 가는 것을 나타냄. 「中國話差不多說一了; 중국말을 다소 할 수 있게 되었다」

[上禮] shànglǐ ㄕㄤˋㄌㄧˇ 경사나 상고가 있을 때에 돈을 내다.
[上梁不正, 下梁歪] shàngliáng pùchěng, hsiàliángwāi ㄕㄤˋㄌㄧㄤˊ ㄅㄨˋㄓㄥˋ, ㄒㄧㄚˋㄌㄧㄤˊㄨㄞ 위에서 하는 일은 아래 사람도 그것을 보고 배워서 한다. 윗기둥이 곧아야 아랫기둥이 바르다. 《諺》
[上列] shàngliěh ㄕㄤˋㄌㄧㄝˋ ①전열(前列). ②전기(前記). 「一諸位先生; 앞서 기술(記述)한 여러 선생님들」
[上聯] shàngliến ㄕㄤˋㄌㄧㄢˊ 상련. "對聯"의 "前幅"이나 "上句". 두 폭 한쌍의 첫번의 한 폭.
[上臉] shàngliěn ㄕㄤˋㄌㄧㄢˇ (물 따위를) 얼굴에 뒤집어 쓰다.
[上流] shàngliú ㄕㄤˋㄌㄧㄡˊ ①상류. ②상품. ③상등. ④선진적인 상태.
[上樓] shànglóu ㄕㄤˋㄌㄡˊ ①계단 위로올라 가다. ②한 단계 발전하다. 「生產更生一層樓; 생산이 다시 한 단계 높아지다」
[上路] shànglù ㄕㄤˋㄌㄨˋ 출발하다.
[上馬] shàng mǎ ㄕㄤˋ ㄇㄚˋ 출발하다.
[上忙] shàngmáng ㄕㄤˋㄇㄤˊ (농업세의) 상반기. ↔ 下忙. 《舊》
[上門] shàng mén ㄕㄤˋ ㄇㄣˊ ①문을 잠그고 쇠를 채우다. ②방문하다. 《敬》
[上面] shàngmien ㄕㄤˋㄇㄧㄢ ①웃사람. ②상급 관청. ③상급자.
[上年] shàngnién ㄕㄤˋㄋㄧㄢˊ 작년(昨年).
[上年紀] shàng niénchi ㄕㄤˋ ㄋㄧㄢˊㄐㄧ 나이 먹다.
[上班] shàngpān ㄕㄤˋㄅㄢ ①근무하러 나가다. 「一下班的時候; 출 퇴근 시간」 ②상대하여 낯을 맞대고 꾸짖다. 「這孩子非得給他一不行了; 이 아이는 맞대고 꾸짖어 주어야 한다」
[上半] shàngpàn ㄕㄤˋㄅㄢˋ "上聲"의 올라 가는 곡조를 딴 것. 반삼성(半三聲).
[上半年] shàngpànnién ㄕㄤˋㄅㄢˋㄋㄧㄢˊ 일년의 전반. 상반기.
[上板兒] shàngpǎnrh ㄕㄤˋㄅㄢˇㄦ 가게 문을 닫다. 가 게를 걷고 문을 닫다.
[上半天兒] shàngpànt'iēnrh ㄕㄤˋㄅㄢˋㄊㄧㄢㄦ 오전. 상오.
[上半月] shàngpànyüěh ㄕㄤˋㄅㄢˋㄩㄝˋ 한 달의 전반(前半).
[上報] shàngpào ㄕㄤˋㄅㄠˋ 신문에 실리다.
[上輩(兒)] shàngpèi(rh) ㄕㄤˋㄅㄟˋ(ㄦ) ① 가장(家長). ②선대(先代).
[上捧下壓] shàngp'ěng-hsiàyā ㄕㄤˋㄆㄥˇ ㄒㄧㄚˋㄧㄚ 웃사람에게 아첨하고 아랫사람에게는 거만하다.
[上皮] shàngp'í ㄕㄤˋㄆㄧˊ ①사람의 피부.
[上膘] shàngpiāo ㄕㄤˋㄅㄧㄠ 짐승 따위가 기름이 올라서 살이 찌다.
[上表] shàng piǎo ㄕㄤˋ ㄅㄧㄠˇ 시계의 태엽을 감다.
[上邊(兒)] shàngpien (rh) ㄕㄤˋㄅㄧㄢ(ㄦ) ①위. ②상부. 웃사람.
[上篇上論的] shàngp'iēn-shànglùntê ㄕㄤˋㄆㄧㄢㄕㄤˋㄌㄨㄣˋㄉㄜ 경전(經典) 속에 근거가 있다.
[上賓] shàngpīn ㄕㄤˋㄅㄧㄣ 귀빈. 귀한 손님.
[上品] shàngp'in ㄕㄤˋㄆㄧㄣˇ 상등품. 고급품.
[上不來] shàngpulái ㄕㄤˋㄅㄨㄌㄞˊ ①올라 올 수 없다. ②절충이 잘 되지 않는다. ↔ 上得來.
[上山] shàngshān ㄕㄤˋㄕㄢ ①누에가 섶에 올라서 고치를 짓다. ②"上山下鄉"의 "上山". ③산에 오르다.
[上山下鄉] shàngshān hsiàhsiāng ㄕㄤˋㄕㄢㄒㄧㄚˋㄒㄧㄤ 중공의 기관의 간부 직원이 산골이나 시골에 가서 노동자와 농민과 함께 노동에 종사하여 이것을 통해서 사상성을 높인다는 일.
[上身] shàngshěn ㄕㄤˇㄕㄣ ①의복을 처음 꺼내어 입다. ②상반신.
[上聲] shǎngshěng ㄕㄤˇㄕㄥ 성조(聲調) 중에서의 "上聲"이나 "第三聲": 앞은 낮으며 뒤는 높은 음으로 높은 부분은 짧다.
[上身兒] shàngshěnrh ㄕㄤˋㄕㄣㄦ ① = 上身. ②짧은 솜옷. 상의.
[上市] shàngshìh ㄕㄤˋㄕˋ ①시장에 가다. ②시장으로 올라 가다.
[上士] shàngshìh ㄕㄤˋㄕˋ 상사: 군인의 계급의 하나.
[上手兒] shàngshǒurh ㄕㄤˋㄕㄡˇㄦ ①좌측. 상석. ②맨 처음에. ③맨 처음에 하는 사람. ④이전(以前). ⑤갑자기.
[上水] shàngshuǐ ㄕㄤˋㄕㄨㄟˇ ①물을 거슬러 올라 가다. ②야채나 과실에 물을 뿌리다. ③권세자(權勢者). ④(작물 따위에)물을 대다.
[上稅] shàngshuì ㄕㄤˋㄕㄨㄟˋ 세금을 납부하다.
[上水船] shàngshuǐch'uán ㄕㄤˋㄕㄨㄟˇㄔㄨㄢˊ ①문장의 의미가 흐리멍텅한 일. ②물을 거슬러 올라 가는 배.
[上鎖] shàngsǒ ㄕㄤˋㄙㄨㄛˇ 자물쇠를 채우다.
[上算] shàngsuàn ㄕㄤˋㄙㄨㄢˋ 수지가 맞다. 이익이 있다.
[上歲數兒] shàng suìshurh ㄕㄤˋㄙㄨㄟˋㄕㄨㄦ =上年紀.
[上臺] shàngt'ái ㄕㄤˋㄊㄞˊ ①무대에 올라 가다. ②국가의 큰 인물이 요직에 오르다. ③ 혼수(婚需)를 두 사람이 짊어지고 나르다.
[上待] shàngtài ㄕㄤˋㄉㄞˋ 우대하다.
[上臺面] shàng t'áimièn ㄕㄤˋㄊㄞˊㄇㄧㄢˋ 세상에 얼굴을 내놓다. 세상에 얼굴을 들고 나서다.
[上膛] shàngt'áng ㄕㄤˋㄊㄤˊ 윗턱.
[上當] shàng tàng ㄕㄤˋ ㄉㄤˋ 올가미에 걸려 들다. 「上他的一; 그의 꾐에 넘어 가다」
[上套兒] shàng tàorh ㄕㄤˋㄉㄠˋㄦ =上圈套兒.
[上燈] shàngtēng ㄕㄤˋㄉㄥ 등을 달다.
[上等] shàngtěng ㄕㄤˋㄉㄥˇ 가장 뛰어나게 좋다. 상등의. 일류의. 「一人; 일류 급의 인물」
[上地] shàng tì ㄕㄤˋㄉㄧˋ ①논밭으로 나가다: 전답이 높은 곳에 있을 때 말함. 낮은 때는 "下地"라 함. ②비료를 주다.
[上吊] shàngtiào ㄕㄤˋㄉㄧㄠˋ 목을 매 달다.
[上天] shàngt'iēn ㄕㄤˋㄊㄧㄢ ① 하늘에 오르다. ②교만하다. 뻐기다. 「識了字越要一了; 글을 알면 더 교만할 것이었다」

[上天無路, 入地無門] shàng t'iēn wú lù, jù tì wú mên ㄕㄤˋㄊㄧㄢㄨˊㄌㄨˋ, ㄖㄨˋㄉㄧˋㄨˊㄇㄣˊ 어디나 숨을 곳이 없다. 하늘 아래는 몸 둘 곳이 없다. <成>
[上電] shàngtièn ㄕㄤˋㄉㄧㄢˋ 축전(蓄電)하다.
[上頂] shàngtǐng ㄕㄤˋㄉㄧㄥˇ ①천정. ②꼭대기.
[上頭] shàngt'óu ㄕㄤˋㄊㄡˊ ①결혼 후에 머리 모양을 바꾸다. ②남의 이익의 일부를 떼어 내다. 중간에서 웃돈을 떼어 내는 것.
[上彩] shàngts'ǎi ㄕㄤˋㄘㄞˇ 메이크업: 배우의 분장. 화장.
[上操] shàngts'āo ㄕㄤˋㄘㄠ 체조나 훈련을 시작하다.
[上竈(兒)] shàngtsào(rh) ㄕㄤˋㄗㄠˋ(ㄦ) 취사(炊事)하다. 「一的; 요리사의 우두머리」
[上層建築] shàngts'êng chiènchû ㄕㄤˋㄘㄥˊㄐㄧㄢˋㄓㄨˋ 상부 구조(上部構造): 사회의 경제 기구를 토대로 하여 그 위에 구축한 정치·법률·학문·종교·예술 따위의 칭호.
[上座兒] shàngtsòrh ㄕㄤˋㄗㄨㄛˋㄦ ①=上桌②. ②손님이 오다.
[上凍] shàngtùng ㄕㄤˋㄉㄨㄥˋ 동결(凍結)하다. 「(前回).
[上次] shàngtz'û ㄕㄤˋㄘˋ 지난 번. 전회
[上萬] shàngwàn ㄕㄤˋㄨㄢˋ 몇 만의 수.
[上尉] shàngwèi ㄕㄤˋㄨㄟˋ 대위.
[上午] shàngwǔ ㄕㄤˋㄨˇ 오전.
[上夜] shàngyèh ㄕㄤˋㄧㄝˋ ①숙직하다. ②야업(夜業)에 나가다.
[上言] shàngyén ㄕㄤˋㄧㄢˊ 진언(進言)하다. 말씀을 올리다.
[上眼] shàngyěn ㄕㄤˋㄧㄢˇ ①보고 마음에 들다. ②주시하다.
[上癮] shàngyǐn ㄕㄤˋㄧㄣˇ 버릇이 되다. 나쁜 버릇에 물들어 고칠 수 없다. 중독이 되다.
[上游] shàngyú ㄕㄤˋㄧㄡˊ ①상류. ②한결 높은 목표. 선진적 상태. 「力爭一; 한결 높은 목표로 노력 분투하다」
[上元] shàngyüán ㄕㄤˋㄩㄢˊ =元宵 (yüánhsiāo). 음력 정월보름날.

〔尙〕 shàng ㄕㄤˋ ①또한. 더우기. 「一不可知; 더우기 알 수가 없다」 ②숭상하다. 「爲時所一; 요즘 편리한 것으로 여겨지고 있다」
[尙且] shàngch'iěh ㄕㄤˋㄑㄧㄝˇ ① 또한. 더욱. ②…까지도: "何況"과 연용(連用)하는 수가 많다. 「你一不行, 何況我; 너도 안되는 일을 하물며 나로서야」 「他一拿不動, 你如何能成? ; 그 사람도 가지지 못하였는데 너야 될 말이냐?」 =尙自.

〔緔〕 shàng ㄕㄤˋ
[緔鞋] shànghsiéh ㄕㄤˋㄒㄧㄝˊ 구두의 울을 바닥에 꿰다.

SHAO ㄕㄠ

〔捎〕 shāo ㄕㄠ 하는 김에 가지고 가다. 「一封信去; 가는 길에 편지를 전달하다」 ⇨shào.
[捎信] shāohsìn ㄕㄠㄒㄧㄣˋ ①편지를 전달하다.
[捎話兒] shāo huàrh ㄕㄠ ㄏㄨㄚˋㄦ 구실을 대다.
[捎色] shāo shǎi ㄕㄠ ㄕㄞˇ 색이 바래다. 퇴색하다.
[捎帶] shāotai ㄕㄠㄉㄞ ①하는 김에 더하다. ②가는 김에 가지고 가다. 가는 김에 전달하다. (대개 "一着"이 되어)하는 김에. 「一着給我把這封信寄去吧; 가는 김에 같이 이 편지를 전해 주십시오」
[捎帶脚兒] shāotaichiǎorh ㄕㄠㄉㄞㄐㄧㄠˇㄦ 가는 길에. 「一逛了一趟公園; 가는 길에 공원을 한바퀴 돌아 다녔다」
[捎帶手兒] shāotàishǒurh ㄕㄠㄉㄞˋㄕㄡˇㄦ 하는 김에. 「하다.
[捎聽] shāot'īng ㄕㄠㄊㄧㄥ 사실을 조사

〔梢〕 shāo ㄕㄠ ①「一兒; 나무의 끝」「樹一兒; 나무 가지의 끝」 ②맨 끝. 「鞭一兒; 회초리의 끝」
[梢長大漢] shāoch'áng tàhàn ㄕㄠㄔㄤˊㄉㄚˋㄏㄢˋ 거한(巨漢). 거인.
[梢瓜] shāokua ㄕㄠㄍㄨㄚ 참외의 한 변종으로 색은 엷은 녹색이며 오이보다 큼. 「려 있는 문.
[梢門] shāomên ㄕㄠㄇㄣˊ 큰 길가에 달
[梢頭] shāot'óu ㄕㄠㄊㄡˊ ①나무 끝. 「樹一; 나무의 끝」 ②말단. 변두리.
[梢子] shāotzǔ ㄕㄠㄗ ①나무의 끝. ②가장자리. 끝. ③뱃사공. ④짧은 치마.

〔稍〕 shāo ㄕㄠ 약간. 조금. 「一有不同; 좀 다른 데가 있음」
[稍許] shāohsǔ ㄕㄠㄒㄩˇ 조금.
[稍稍] shāoshāo ㄕㄠㄕㄠ ①거의. 약간. 조금: "一點兒"와 "些"가 대개 함께 사용된다) ②차차. 점차. 「大家一離去了; 모두 차츰차츰 돌아 갔다」
[稍勝一籌] shāoshêng ìch'óu ㄕㄠㄕㄥˋㄧˋㄔㄡˊ 약간 이기다.
[稍事] shāoshìh ㄕㄠㄕˋ 잠시 …하다. 「一休息; 잠시 휴식하다」
[稍微] shāowēi ㄕㄠㄨㄟ 조금. 불과 얼마 안되게: "一點兒"와 "些"가 대개 연용(連用)된다. 「比昨天一冷些; 어제보다 조금 춥다」
[稍爲] shāowéi ㄕㄠㄨㄟˊ ①조금 …하다. ②=稍微.

〔筲〕 shāo ㄕㄠ ①일종의 대나무 그릇: 1말 2되 들이. ②통. 「水一; 물통」
[筲箕] shāochī ㄕㄠㄐㄧ 쌀을 씻는 바구니.

〔艄〕 shāo ㄕㄠ 선미(船尾). 「一公; 뱃사공. 키잡이.

〔燒〕 shāo ㄕㄠ ①(불에)굽다. 타다. 태우다. 「把那些爛紙一掉; 저 휴지를 태워 버리다」 ②열을 가하다. (밥을)짓다. 끓이다. 굽다. 「一水; 물을 끓이다」「一飯; 밥을 짓다」「一磚; 벽돌을 굽다」 ③

열(熱). 발열하다.「他有點一；그는 조금 열이 있다」「他今天一得厲害；그는 오늘 몹시 열이 났다」④"燒酒·白酒"를 만들다. 증류주를 만들다. 「一鍋；소주 양조소」⑤교만한 태도를 부리다.「瞧他一得那樣兒；그의 교만 불손한 태도란」

[燒鷄] shāochī ㄕㄠㄐㄧ 닭의 통구이. 통닭구이.

[燒焦] shāochiāo ㄕㄠㄐㄧㄠ 눌어 붙다.

[燒鹹] shāochiěn ㄕㄠㄐㄧㄢˇ 가성소다. 양잿물.

[燒紙] shāochīh ㄕㄠㄓˇ 장례식 때에 돈 모양의 종이를 태워 영을 위로함.

[燒酒] shāochiǔ ㄕㄠㄐㄧㄡˇ ①고량주. 배갈. 빼주.

[燒猪] shāochū ㄕㄠㄓㄨ 돼지의 통구이.

[燒礬末] shāofánmò ㄕㄠㄈㄢˊㄇㄛˊ 〈化〉 백반. 백반 가루.

[燒香] shāo hsiāng ㄕㄠ ㄒㄧㄤ 향불을 피우다.

[燒心] shāohsīn ㄕㄠㄒㄧㄣ 가슴이 타다. 답답하다.

[燒糊] shāohú ㄕㄠㄏㄨˊ 눌어 붙다.

[燒化] shāohuà ㄕㄠㄏㄨㄚˋ ①화장(火葬)하다. ②지전(紙錢):장례시에 종이로 돈처럼 만들어 관에 넣는 것 따위를 태우다. ③화력으로 녹이다.

[燒荒] shāohuāng ㄕㄠㄏㄨㄤ 들에 불을 지르다 : 방목이나 적을 막는 방법.

[燒紅] shāohúng ㄕㄠㄏㄨㄥˊ 빨갛게 불이 붙다.

[燒毁] shāohuǐ ㄕㄠㄏㄨㄟˇ 태워서 부수다.

[燒活] shāohuó ㄕㄠㄏㄨㄛˊ 경을 읽은 뒤에 태우는 종이로 만든 명기(冥器).

[燒火] shāohuǒ ㄕㄠㄏㄨㄛˇ 불 태우다.

[燒光] shāokuāng ㄕㄠㄍㄨㄤ 모두 타 버리다.

[燒鍋] shāokuo ㄕㄠㄍㄨㄛ 양조장.

[燒鍋子] shāokuotzǔ ㄕㄠㄍㄨㄛㄗ 질책하다. 꾸짖어 나무라다.

[燒藍] shāolán ㄕㄠㄌㄢˊ 남색의 법랑(琺瑯) 자기.

[燒冷竈] shāolěngtsè ㄕㄠㄌㄥˇㄗㄜˋ 앞으로의 이익을 생각하고 남에게 아첨하여 마음에 들게하다.

[燒料] shāoliào ㄕㄠㄌㄧㄠˋ 구슬 비슷한 유리질의 자료:장식품 따위를 만들다.

[燒賣] shāomài ㄕㄠㄇㄞˋ 돼지고기나 닭고기와 야채를 다져 만두 모양으로 찐 중국 요리.

[燒盤兒] shāop'ánrh ㄕㄠㄆㄢˊㄦ 부끄러워 얼굴이 빨갛게 되는 것을 놀려 주는 말.

[燒包] shāopāo ㄕㄠㄅㄠ ①교만하고 뻐기는 것. 제 잘난 체하고 있는 것. ②낭비자(浪費者). ‹北›

[燒杯] shāopēi ㄕㄠㄅㄟ 비이커(beaker).

[燒餅] shāoping ㄕㄠㄅㄧㄥ 밀가루를 반죽하여 둥글게 만들어 한 쪽에 참깨를 뿌려 구운 것.

[燒瓶] shāop'íng ㄕㄠㄆㄧㄥˊ 플라스크.

[燒墶] shāot'ā ㄕㄠㄊㄚ 타 버리다.

[燒炭] shāot'àn ㄕㄠㄊㄢˋ ①탄을 피우다.

[燒刀子] shāotāotzǔ ㄕㄠㄉㄠㄗ (알코홀이 센 술)배갈의 별명.

〔勺〕 sháo ㄕㄠˊ ‹文› shuò ①「一子·一兒;국자. 주걱」「飯一；밥주걱」②(용량의 단위) 작(勺).

[勺球] sháo ch'iú ㄕㄠˊㄑㄧㄡˊ 골프.

[勺乎] sháohu ㄕㄠˊㄏㄨ 남을 치다. 때리다.

[勺口兒] sháok'ourh ㄕㄠˊㄎㄡㄦ 요리사의 솜씨. 요리의 맛.「嚐嚐厨子的一怎麼樣；국의 솜씨가 어떤지 좀 먹어 보자」

〔芍〕 sháo ㄕㄠˊ「一藥；작약」

〔杓〕 sháo ㄕㄠˊ ＝勺 ①.

〔韶〕 sháo ㄕㄠˊ ①옛날의 음악의 곡명(曲名). ②아름답다. 화려하다.「一光·一華；젊은이의 좋은 시대」

〔少〕 shǎo ㄕㄠˇ ①조금. 적다. 「一數；소수」②빠뜨리다. 줄이다. 부족하다.「一不了他；그가 없이는 해낼 수가 없다」③진기하다. 보통이 아니다. ④짧은 시간.「一等；잠시 기다리다」⑤없어지다. 분실하다.「屋裏一了東西；방안에서 물건이 없어졌다」 ⑥ … 하여서는 안되다. …을 안하는 것이 좋다.「一說閑話！；필요 없는 말은 그만두라」 ⇨shào.

[少安勿躁] shǎoānwùtsào ㄕㄠˇㄢㄨˋㄗㄠˋ 덤벙대지 말라. 당황하지 말라 : 잠시 가만히 있어라.

[少見] shǎochièn ㄕㄠˇㄐㄧㄢˋ ①보기 드물다. ②오래간만에 뵈다.「一一；참 오래간만입니다」

[少間] shǎochièn ㄕㄠˇㄐㄧㄢˋ 잠시 동안.

[少見多怪] shǎochièn tō kuài ㄕㄠˇㄐㄧㄢˋㄉㄨㄛ ㄍㄨㄞˋ 견문(見聞)이 얕고 새로운 것을 몹시 이상하게 생각하다. ‹成›

[少吃無着] shǎoch'īh-wúchó ㄕㄠˇㄔㄨˊㄓㄨㄛˊ 의식(衣食)문제로 다른 일을 볼 겨를이 없다. ‹成›

[少頃] shǎoch'ǐng ㄕㄠˇㄑㄧㄥˇ 잠시간.

[少息] shǎohsī ㄕㄠˇㄒㄧ ①잠간 쉬다. ②쉬엇:호령.

[少許] shǎohsǔ ㄕㄠˇㄒㄩˇ 조금. 불과 얼마 안되게.

[少扣多分] shǎo k'òu tōfēn ㄕㄠˇ ㄎㄡˋㄉㄨㄛㄈㄣ 적립금은 작게 공제하고, 개인의 소비에 보다 많이 나누다.

[少來] shǎolái ㄕㄠˇㄌㄞˊ ①조금만 사용하다.「湯裏可以放點兒鹽, 可是要一；국에 소금을 넣어도 좋지만 조금만 넣으시오」②오기를 그만두다. 오지 않다.

[少慢差費] shǎo-màn ch'à fèi ㄕㄠˇㄇㄢˋㄔㄚˋ ㄈㄟˋ 생산량은 적고 일은 늦으며 품질은 떨어지고 원료만 낭비하다 : "多快好省"에 대하여 사용함.

[少陪] shǎop'éi ㄕㄠˇㄆㄟˊ 실례하다. 실례합니다. ‹人›

[少不得] shǎoputê ㄕㄠˇㄅㄨㄉㄜ ①빼어 놓을 수 없다. ②하지 않을 수 없다.

[少時] shǎoshíh ㄕㄠˇㄕˊ 곧. 잠시.「一就告訴你；잠시 후에 말해 드리지요」

[少事] shǎoshìh ㄕㄠˇㄕˋ 필요 없는 일에 관계치 않다.

[少說話] shǎoshuōhuà ㄕㄠˇㄕㄨㄛㄏㄨㄚˋ ①조심해서 소곤소곤 말하다. ②말

을 참가하다.
[少說少道] shǎoshuō-shǎotāoㄕㄠˇㄕㄨㄛ ㄕㄠˇㄉㄠˋ 말이 적다. 말이 없다.
[少待] shǎotāi ㄕㄠˇㄉㄞˋ 잠간 기다리다.
[少得出奇] shǎotē ch'ūch'i ㄕㄠˇㄉㄜ ㄔㄨㄑㄧ 극히 드물다.
[少停] shǎot'ing ㄕㄠˇㄊㄧㄥ 조금만 있으면. 나중에.「一他就來了；잠간만 있으면 그가 옵니다」
[少頭無尾] shǎot'óu-wúwěi ㄔㄕㄠˇㄊㄡˊ ㄨˊㄨㄟˇ 처음과 끝이 결여되다. 앞뒤가 맞지 않다.
[少有] shǎoyǔ ㄕㄠˊㄧㄡˇ 적다. 진기하다.

〔少〕 shào ㄕㄠˋ 젊다. 나이가 모자라다.「一年人；젊은이」⇨shǎo.
[少婦] shàofù ㄕㄠˋㄈㄨˋ 젊은 부인.젊은 아내.
[少象] shàohsiang ㄕㄠˋㄒㄧㄤ 젊어 보이다. 젊게 꾸미다.
[少相] shàohsiang ㄕㄠˋㄒㄧㄤ ＝少象.
[少小] shàohsiǎo ㄕㄠˋㄒㄧㄠˇ 어리다.
[少校] shàohsiào ㄕㄠˋㄒㄧㄠˋ 소령(少領).
[少先宮] shàohsiēnkūng ㄕㄠˋㄒㄧㄢㄍㄨㄥ 소년 선봉대 회관(少年先鋒隊會館).
[少先隊] shàohsiēntuì ㄕㄠˋㄒㄧㄢㄉㄨㄟˋ 소년 선봉대의 약칭.
[少奶奶] shàonǎinai ㄕㄠˋㄋㄞˇㄋㄞ 젊은 아내. 젊은 부인.
[少年] shàonién ㄕㄠˋㄋㄧㄢˊ 소년 소녀.「一人；젊은 사람」
[少年之家]shàoniénchīhchiā ㄕㄠˋㄋㄧㄢˊㄓㄐㄧㄚ "少年宮"과 같으나 다만 규모가 적음.
[少年先鋒隊] shàonién hsiēnfēngtuì ㄕㄠˋㄋㄧㄢˊㄒㄧㄢ ㄈㄥㄉㄨㄟˋ 중공의 중국 공산주의 청년단의 지도 밑에 9세～15세까지의 소년 아동으로 구성된 대중단체.
[少年宮] shàoniénkūng ㄕㄠˋㄋㄧㄢˊㄍㄨㄥ 아동에 대하여 교외 교육을 하기 위한 시설로 보고회·만찬회(晩餐會)·운동회 따위를 개최함.
[少白頭] shàopáit'óu ㄕㄠˋㄅㄞˊㄊㄡˊ 젊은 사람의 센 머리.
[少輩兒] shàopèirh ㄕㄠˋㄅㄟˋㄦ (친족 형제간의)손아래 사람.
[少不更事] shàopùkēngshìh ㄕㄠˋㄅㄨˋㄍㄥㄕˋ 나이가 젊고 경험이 없음.
[少時] shàoshíh ㄕㄠˋㄕˊ 젊은 시절. ⇨shǎoshíh.
[少子] shàotzǔ ㄕㄠˋㄗ 막내동이(末子).

〔召〕 shào ㄕㄠˋ 성(姓). ⇨chāo.

〔哨〕 shào ㄕㄠˋ ①보초.「放一；보초를 서다」보초를 내 세우다. ②「一子·一兒；사람을 부르는데 쓰는 호루라기」「吹一；호각 또는 호루라기를 불다」③새의 지저귀는 소리.
[哨棒] shàopàng ㄕㄠˋㄅㄤˋ 보신용의 곤봉. ＝哨子棍.
[哨探] shàot'àn ㄕㄠˋㄊㄢˋ 수색하다.
[哨子(一兒)] shàotzǔ(一rh) ㄕㄠˋㄗ (一ㄦ) ①사람을 부르는 데 부는 호루라기. ②휘파람.「吹一；휘파람을 불다」③(기차 따위의)휘슬. 경종(警鍾·警笛).「一響了；기적이 울렸다」

〔捎〕 shào ㄕㄠˋ ①동정을 살피다. 뒤돌아 보다.「用眼睛往後一着點兒；눈으로 뒤를 넘겨 보다」②물러나다.「老年人在此談話, 你往後一一；노인이 말씀하시는 것이니 너는 뒤에 물러가 있거라」③(천의)빛이 바래다. ④＝潮 ①.⑤＝瀟②. ⇨shāo.

〔紹〕 shào ㄕㄠˋ ①계승하다. 계속하다.「一述；대대로 말로서 전하다」②"一興"지명.「一酒；"紹興"에서 나는 술」

〔潲〕 shào ㄕㄠˋ ①비가 바람에 의하여 비스듬히 뿌리다.「雨往南一；비가 남쪽으로, 치우쳐 오다」②(손이나 비에 물칠을 하여)뿌리다.「馬路上一些水;큰길에 물을 좀 뿌리다」

SHE ㄕㄜ

〔猞〕 shē ㄕㄜ
[猞猁] shēli ㄕㄜㄌㄧ 〈動〉사향고양이 비슷한 야수로 한대 지방에 살며 모피는 아주 진귀함.

〔奢〕 shē ㄕㄜ ①사치를 부리다. 돈을 낭비하다. ②도를 넘다. 과도하다.「一望；도를 넘은 소망」
[奢華] shēhuá ㄕㄜㄏㄨㄚˊ 사치스럽다.
[奢咧] shēlieh ㄕㄜㄌㄧㄝ 끝맺음이 없는 모양.
[奢靡] shēmi ㄕㄜㄇㄧˇ 사치. 호사.
[奢愿] shēyüàn ㄕㄜㄩㄢˋ 지나친 부탁. 과분한 소망.

〔賒〕 shē ㄕㄜ 외상으로 사다.「一買；외상으로 사다」
[賒賬] shēchàng ㄕㄜㄓㄤˋ ① 외상으로 사다. ②외상으로 팔다. ③외상의 장부기재.
[賒欠] shēch'ièn ㄕㄜㄑㄧㄢˋ 외상으로 사다.
[賒購] shēkòu ㄕㄜㄍㄡˋ 외상으로 구입하다.

〔舌〕 shé ㄕㄜˊ ①「一頭；혀」「一鋒；유창한 구변」②방울이나 목탁 속에 있는 혀 또는 추같은 물건.
[舌尖嘴損] shéchiēn-chuísǔn ㄕㄜˊㄐㄧㄢ ㄓㄨㄟˊㄙㄨㄣˇ 독설을 퍼붓는 모양. 말씨가 신랄하다. ‹成›
[舌劍唇槍] shéchièn-ch'únch'āng ㄕㄜˊㄐㄧㄢˋㄔㄨㄣˊㄔㄤ 말의 박력이 놀라울 정도로 강력한 모양. ‹成›
[舌根] shékēn ㄕㄜˊㄍㄣ 혀가 붙어 있는 밑 부분.
[舌耕] shékēng ㄕㄜˊㄍㄥ 혀로 벌이 하다: 교원 생활을 하다.
[舌門兒] shéménrh ㄔㄕㄜˊㄇㄣˊㄦ (펌프 따위의) 판(瓣).
[舌敝唇焦] shépì-ch'únchiāo ㄕㄜˊㄅㄧˋ ㄔㄨㄣˊㄐㄧㄠ 목소리가 쉬다. 입이 시큼하다.「一地呼吁過保衛祖國；조국을 지

키기 위하여 목이 쉬도록 외쳤다」
[舌苔] shět'āi ㄕㄜˊㄊㄞ 설태.
[舌頭] shět'ou ㄕㄜˊㄊㄡ ①혀. ②말.「跟着別人一轉; 남의 말하는 대로 움직이다」「一精; 말썽 부리기를 좋아하는 사람」

〔折〕 shé ㄕㄜˊ ①꺾이다. 짤리다.「繩子一了; 줄이 끊어졌다」「棍子一了; 막대기가 부러지다」②손해를 보다.「一本(兒); 원가를 손해보다」 ⇨chē, chě, chè.
[折耗] shéhào ㄕㄜˊㄏㄠˋ ①손실. ②손해를 보다.

〔蛇〕 shé ㄕㄜˊ 뱀.
[蛇行] shéhsíng ㄕㄜˊㄒㄧㄥˊ 뱀처럼 기어가다.
[蛇蝎] shéhsēh ㄕㄜˊㄒㄧㄝ ①뱀과 전갈. ②사람이 두렵게 여기고 싫어하는 것.
[蛇麻] shémá ㄕㄜˊㄇㄚˊ 〈植〉 홉.
[蛇皮癬] shép'íhsüǎn ㄕㄜˊㄆㄧˊㄒㄩㄢˇ 피부가 비늘진 옴병.
[蛇蛻] shét'uì ㄕㄜˊㄊㄨㄟˋ 뱀의 허물.
[蛇呑象] shét'ūnhsiàng ㄕㄜˊㄊㄨㄣㄒㄧㄤˋ 탐욕스럽기 그지 없다는 비유.

〔捨〕(舍) shě ㄕㄜˇ ①버리다. 던져 버리다.「一身爲國; 국가를 위하여 목숨을 버리다」②회사하다. ⇨shè.
[捨茶] shěch'á ㄕㄜˇㄔㄚˊ 차를 서어비스하다.
[捨己] shěchǐ ㄕㄜˇㄐㄧˇ 자기를 돌보지 않다.「一從人; 자기 생각을 버리고 남의 의견에 따르다」「一爲人; 자기를 돌보지 않고 남을 위하여 일하다」
[捨棄] shěch'ì ㄕㄜˇㄑㄧˋ 버리다. 포기하다.
[捨勁] shěchìn ㄕㄜˇㄐㄧㄣˋ 열심히.「祇要你一干一干, 這點事情包管成; 열심히 하면 이와같은 일은 꼭 잘 됩니다」
[捨哥兒] shěkorh ㄕㄜˇㄍㄜㄦ 시대에 맞지 않고 사회에서 소외(疎外)당하는 사람. 상대 못할 아이.
[捨臉] shěliěn ㄕㄜˇㄌㄧㄢˇ 체면을 잃다.「我祇好捨着臉, 自己去和他說; 나는 할 수 없으므로 체면을 무릅쓰고, 자진해 가서 그에게 말하다」
[捨命] shěmìng ㄕㄜˇㄇㄧㄥˋ ①생명을 버리다. ②열심히.「一着命闘; 생명을 걸고 다투다」
[捨本逐末] shěpěnchúmò ㄕㄜˇㄅㄣˇㄓㄨˊㄇㄛˋ 근본을 잊고 말설을 쫓다 ‹成›
[捨不得] shěputê ㄕㄜˇㄅㄨㄉㄜ 아까와 놓칠 수 없다.「一穿; 아까와 참아 입을 수가 없다」
[捨生取義] shěshēng ch'ǚì ㄕㄜˇㄕㄥ ㄑㄩˇㄧˋ 정의를 위하여 생명을 희생하다. ‹成›
[捨身爲國] shěshēn wèikuó ㄕㄜˇㄕㄣㄨㄟˋㄍㄨㄛˊ 국가를 위하여 목숨을 버리다. ‹成›
[捨死忘生] shěssǔ-wàngshēng ㄕㄜˇㄙˇㄨㄤˋㄕㄥ 목숨을 돌보지 않다.
[捨得] shětê ㄕㄜˇㄉㄜ …하여도 아깝지 않다.「你一把這張畫給我嗎?; 너는 이 그림을 내게 줄 수 있겠니?」

〔社〕 shè ㄕㄜˋ ①옛날 지신(地神)을 모신 곳. ②단체나 기구(機構).「通訊一; 통신사」
[社稷] shèchì ㄕㄜˋㄐㄧˋ 국가.
[社會工作] shèhuì kūngtsò ㄕㄜˋㄏㄨㄟˋㄍㄨㄥㄗㄨㄛˋ 간부·학생이 일이나 학업의 여가에 행하는 일.
[社論] shèlùn ㄕㄜˋㄌㄨㄣˋ 사설.
[社員] shèyüán ㄕㄜˋㄩㄢˊ 중공의 "人民公社""合作社"의 구성원: 만16세 이상의 노동자 농민.

〔舍〕 shè ㄕㄜˋ ①집. 건물.「旅一; 여인숙」②친족 형제 중에서 자기보다 손아랫 사람이나 아래 항렬을 타인에게 대하여 부르는 칭호.「一弟; 사제」③옛날 행군(行軍)에서 30"里"를 1"舍"라 하였음.
[舍間] shèchiēn ㄕㄜˋㄐㄧㄢ 자기의 집을 낮추어 하는 말.
[舍姪] shèchíh ㄕㄜˋㄓˊ 자기의 조카(남자). ‹謙›
[舍親] shèch'īn ㄕㄜˋㄑㄧㄣ 자기의 친척. ‹謙›
[舍下] shèhsià ㄕㄜˋㄒㄧㄚˋ 자기의 집. ‹謙›
[舍人] shèjén ㄕㄜˋㄖㄣˊ ①측근자. ②가까이 하는 관리. ③귀족의 자녀.
[舍妹] shèmèi ㄕㄜˋㄇㄟˋ 자기의 누이 동생. ‹謙›

〔射〕 shè ㄕㄜˋ ①쏘다. 발사하다.「一人先射馬; 사람을 쏘려거든 먼저 말을 쏘아라」②쏟다. 주사하다. 분사(噴射)하다.
[射箭] shèchièn ㄕㄜˋㄐㄧㄢˋ 활을 쏘다.
[射中] shèchùng ㄕㄜˋㄓㄨㄥˋ ①쏘아 마치다. ③말해 마치다.「一了燈迷; "燈迷"를 마쳤다」
[射發] shèfā ㄕㄜˋㄈㄚ 발사하다.
[射利] shèlì ㄕㄜˋㄌㄧˋ 이익을 바라다.
[射死] shèssǔ ㄕㄜˋㄙ 사살하다.

〔涉〕 shè ㄕㄜˋ ①건너다.「翻山一水; 산을 넘고 강을 건너다」②경력이나 경험을 쌓다. ③관계하다. 연관성을 갖다. 미치다.
[涉及] shèchí ㄕㄜˋㄐㄧˊ …미치다. 관계를 갖다. 영향을 미치다.「一一點兒專門的技術; 약간 전문적인 기술에 관련되다」
[涉嫌] shèhsién ㄕㄜˋㄒㄧㄢˊ 혐의를 받다.
[涉險] shèhsiěn ㄕㄜˋㄒㄧㄢˇ 위험을 무릅쓰다.
[涉歷] shèlì ㄕㄜˋㄌㄧˋ 이리저리 돌아 다니다.
[涉筆成趣] shèpǐ ch'éngkǜ ㄕㄜˋㄅㄧˇ ㄔㄥˊㄑㄩˋ 붓을 쥐고 취미로 쓰다. ‹成›
[涉世] shèshìh ㄕㄜˋㄕˋ 세상 일을 경험하다.「一不深; 세상 경험이 얕다」
[涉訟] shèsùng ㄕㄜˋㄙㄨㄥˋ ①소송하다. ②소송 사건.
[涉足] shètsú ㄕㄜˋㄗㄨˊ 발을 들여 놓다.

〔設〕 shè ㄕㄜˋ ①설치하다. ②만약 …한다면.「一若; 설사」
[設計] shèchì ㄕㄜˋㄐㄧˋ ①설계. 계획. ②디자인.「封面一; 표지의 디자인」③계획을 세우다」
[設穽] shèchǐng ㄕㄜˋㄐㄧㄥˇ 함정을 만들다.
[設局] shèchú ㄕㄜˋㄓㄨˊ (남을 빠뜨리려

는)함정.트릭을 설치하다.
[設防] shèfáng ㄕㄜˋㄈㄤˊ 방어선을 만들다.
[設法] shèfǎ ㄕㄜˋㄈㄚˇ 방법을 강구하다.
[設伏] shèfú ㄕㄜˋㄈㄨˊ 복병(伏兵)을 두다.
[設或] shèhuò ㄕㄜˋㄏㄨㄛˋ 만약.「一不信,問問別人!;만약 믿을 수 없다면 타인에게 물어 보시오」
[設想] shèhsiǎng ㄕㄜˋㄒㄧㄤˇ ①예상하다. 상상하다.②생각하여 주다. ③가정(假定).
[設若] shèjò ㄕㄜˋㄖㄨㄛˋ =設或.
[設譬] shèp'ì ㄕㄜˋㄆㄧˋ 비(譬)하다.
[設色] shèsè ㄕㄜˋㄙㄜˋ ①색칠한 조화(調和). 채색.「這幅畫一勻淨;이 그림은 색의 얼룩이 없다」 ②채색하다.
[設身處地] shèshēn-ch'ǔtì ㄕㄜˋㄕㄣ ㄔㄨˇㄉㄧˋ 남의 입장에 서 보다.《成》
[設施] shèshīh ㄕㄜˋㄕ 시설.
[設使] shèshīh ㄕㄜˋㄕˇ =設或.
[設辭] shètz'ǔ ㄕㄜˋㄘˊ 구실을 대다.
[設有] shèyǔ ㄕㄜˋㄧㄡˇ ①설치되어 있다. …의 설비가 있다.②만약 …이 있다면.

〔赦〕 shè ㄕㄜˋ 용서하다. 형벌 따위를 면제하다.「一罪;죄를 용서하다」

〔攝〕(摂) shè ㄕㄜˋ ①섭취하다. 잡다.②보양하다.「一生;섭생하다」③(통치권 따위에 대하여)대리하다. 대신하다.「一政;섭정하다」
[攝服] shèfú ㄕㄜˋㄈㄨˊ 황송하여 복종하다.
[攝理] shèlǐ ㄕㄜˋㄌㄧˇ 대리하다.
[攝力] shèlì ㄕㄜˋㄌㄧˋ 인력(引力).
[攝影] shèyǐng ㄕㄜˋㄧㄥˇ 촬영하다. 「一場;촬영장」「一機;촬영기」「一師;촬영사」

〔麝〕 shè ㄕㄜˋ 〈動〉 사향노루.

SHÊN ㄕㄣ

〔申〕 shēn ㄕㄣ ①"十二支"의 원숭이. ②신시:오후 3시 ~5시.③(공손히)말씀드리다.설명하다.「一明理由;이유를 세세히 설명하다」④"上海"의 별칭.
[申解] shēnchiěh ㄕㄣㄐㄧㄝˇ 해명하다. 잘 설명하다.
[申斥] shēnch'ìh ㄕㄣㄔˋ 질책하다. =申叱.
[申說] shēnshuō ㄕㄣㄕㄨㄛ ①자세히 말하다.②변명하다.
[申明] shēnmíng ㄕㄣㄇㄧㄥˊ ①정중하게 말씀드리다. ②(태도를)표명하다. ③(상대가 납득하도록)변명하다.
[申牌] shēnp'ái ㄕㄣㄆㄞˊ 오후 3시 ~ 5시.
[申報] shēnpào ㄕㄣㄅㄠˋ 상급 기관에 보고하다.
[申辯] shēnpièn ㄕㄣㄅㄧㄢˋ 친절히 해명하다.
[申述] shēnshù ㄕㄣㄕㄨˋ (희망·이유·의견 따위를) 잘 설명하다.「一入黨的愿望;입당의 소망을 잘 설명하다」
[申訴] shēnsù ㄕㄣㄙㄨˋ (자기의 입장을) 호소하다.

〔伸〕 shēn ㄕㄣ ①늘이다. 펴다.「一手;손을 펴다」 ②표명하다.「一冤;원죄(冤罪)를 주장하다」
[伸展] shēnchān ㄕㄣㄓㄢ 늘이다. 펴다.
[伸長] shēnch'áng ㄕㄣㄔㄤˊ 펴다.
[伸開] shēnk'ai ㄕㄣㄎㄞ (손 따위를) 펴다.
[伸懶腰] shēnlǎnyao ㄕㄣㄌㄢˇㄧㄠ 피곤한 다리나 허리를 펴다.
[伸眉] shēnméi ㄕㄣㄇㄟˊ 미간을 펴다. 만족하게 여기는 표정.
[伸舌頭] shēn shét'ou ㄕㄣㄕㄜˊㄊㄡ 혀를 내밀다:보통 놀라 의심할 때의 동작.「一出舌頭來;혀를 내밀다」
[伸手派] shēnshǒup'ài ㄕㄣㄕㄡˇㄆㄞˋ 남에게 의뢰하고 스스로 일에 적극성을 보이지 않다.
[伸大拇哥] shēntāmukō ㄕㄣㄉㄚˋㄇㄨㄍㄜ 사람을 칭찬하는 제스처.
[伸頭探腦] shēnt'óu-t'ànnǎo ㄕㄣㄊㄡˊㄊㄢˋㄋㄠˇ 남 몰래 무엇인가 엿보는 모양.
[伸腿] shēnt'uǐ ㄕㄣㄊㄨㄟˇ ①발을 뻗다. 일에 참견하여 보려고 하다. ②죽다.「一瞪眼;죽다」
[伸腰兒] shēnyāorh ㄕㄣㄧㄠㄦ ①허리를 펴다. ②마음 놓다.
[伸冤] shēnyüān ㄕㄣㄩㄢ 원한을 씻다.

〔身〕 shēn ㄕㄣ ①「一子;신체」「上一;상반신」②물건의 중요한 부분이나 물체.「船一;선체」③스스로. 자진하여.「一爲政治家,應起帶頭作用;스스로가 정치가인 이상 지도적 역할을 다하여야 한다」④품격.지위.⑤「一兒;의복 따위의 한 벌」「一一衣服;한 벌의 의복」
[身膛] shēnch'āng ㄕㄣㄔㄤ 신체.
[身契] shēnch'ì ㄕㄣㄑㄧˋ 인신 매매 계약서(人身賣買契約書).
[身家] shēnchiā ㄕㄣㄐㄧㄚ ①출신. 가문. ②자기와 가정.
[身價] shēnchià ㄕㄣㄐㄧㄚˋ ①존재가치. ②보석금(保釋金). ③몸값.
[身分] shēnfèn ㄕㄣㄈㄣ ①지위나 신분. ②물품의 품질.「這布一很好;이 천의 품질은 대단히 좋다」
[身後] shēnhòu ㄕㄣㄏㄡˋ ①신체의 뒤. ②사후.
[身心交病] shēnhsīn chiāopìng ㄕㄣㄒㄧㄣㄐㄧㄠㄅㄧㄥˋ 몸이나 마음이 같이 건강치 못하다.
[身形] shēnhsíng ㄕㄣㄒㄧㄥˊ 신체의 모양.「站起一;몸을 일으켜 일어서다」「跪倒一;무릎을 굽히다」
[身高] shēnkāo ㄕㄣㄍㄠ 신장.
[身軀] shēnch'ū ㄕㄣㄑㄩ 체구. 체격.
[身故] shēnkù ㄕㄣㄍㄨˋ 사망하다.
[身框兒] shēnk'uangrh ㄕㄣㄎㄨㄤㄦ 체격.
[身歷] shēnlì ㄕㄣㄌㄧˋ 체험하다.
[身量(兒)] shēnliang(rh) ㄕㄣㄌㄧㄤ(ㄦ) 신장.
[身臨其境] shēnlín ch'íchìng ㄕㄣㄌㄧㄣˊㄑㄧˊㄐㄧㄥˋ ①스스로 그 장소에 나가다. ②그 입장에 서 보다. ③ 현실적인 입장에 서 보다.《成》
[身敗名裂] shēnpài-míngliěh ㄕㄣㄅㄞˋ

ㄇㄧㄥˋㄌㄧㄝˋ 명예나 생명을 잃다.《成》
[身旁] shěnp'áng ㄕㄣㄆㄤˊ 신변.
[身板骨] shěnpánkǔ ㄕㄣㄅㄢˊㄍㄨˇ 신체. 체격.
[身板兒] shěnpǎnrh ㄕㄣㄅㄢˇㄦ 체력.체구.
[身邊] shěnpiēn ㄕㄣㄅㄧㄢ ①신변. ②신상.
[身品] shěnp'ǐn ㄕㄣㄆㄧㄣˇ 품위.
[身不動,膀不搖] shěnpútùng, pǎng pǔyao ㄕㄣㄅㄨˊㄉㄨㄥˋ, ㄅㄤˇㄅㄨˋㄧㄠˊ 전연 일하려고 하지 않는다는 비유.《成》
[身不由己] shěnpùyúchǐ ㄕㄣㄅㄨˋㄧㄡˊㄐㄧˇ 몸이 자기 마음대로 되지 않다.
[身上] shěnshang ㄕㄣㄕㄤ 신체.「我一沒帶錢;나는 몸에 돈을 갖고 있지 않다」
[身世] shěnshìh ㄕㄣㄕˋ 신상(身上).
[身手] shěnshǒu ㄕㄣㄕㄡˇ 솜씨.재간. ＝本領,技藝.「顯一;솜씨를 나타내다」
[身受] shēnshòu ㄕㄣㄕㄡˋ 몸소 받다.
[身首异處] shěnshǒuìch'ù ㄕㄣㄕㄡˇㄧˋㄔㄨˋ 목을 잘라 사형하다.
[身大力不虧] shěntà lìpùk'ueī ㄕㄣㄉㄚˋㄌㄧˋㄅㄨˋㄎㄨㄟ 몸집도 크고 힘도 세다.
[身當其境] shěntāng ch'íchìng ㄕㄣ ㄉㄤ ㄑㄧˊㄐㄧㄥˋ 그 입장이 되어 보다.그 환경을 당해 보다.《成》
[身底下] shěntǐhsia ㄕㄣㄉㄧˇㄒㄧㄚ ①신체의 하부. ②(거주에 관하여)현재.「一住着一所很闊的房子 ; 현재 한 채의 좋은 집에 살고 있다」
[身挺(兒)] shěnt'ǐng(rh) ㄕㄣㄊㄧㄥˇ(ㄦ) 몸매.몸의 모양.
[身材] shěnts'ái ㄕㄣㄘㄞˊ ①몸집의 크기.키의 크기. ②살집의 상태. ③몸가짐의 미추.
[身在曹營,心在漢室] shěn tsài ts'áo yíng hsīn tsài hànshìh ㄕㄣ ㄗㄞˋ ㄘㄠˊㄧㄥˊ ㄒㄧㄣ ㄗㄞˋ ㄏㄢˋ ㄕˋ 몸은 비록 적진에 있지만 마음은 자기 편(아군)을 잊지 않고 있다.《諺》
[身段] shěntuàn ㄕㄣㄉㄨㄢˋ ①몸의 동작. ②거동.
[身子(一兒)] shěntzǔ(一rh) ㄕㄣㄗ(一ㄦ) ①신체. ②「有一;임신하다」
[身子股兒] shěntzǔkǔrh ㄕㄣㄗㄍㄨˇㄦ 체격.「一結實;체격이 튼튼하다」
[身子板(兒)] shěntzǔp'ǎn(rh) ㄕㄣㄗㄆㄢˇ(ㄦ) ＝身子股兒.
[身孕] shěnyǔn ㄕㄣㄩㄣˋ 임신.

〔呻〕 shěn ㄕㄣ 신음하다.
[呻喚] shěnhuàn ㄕㄣㄏㄨㄢˋ 부르짖다.

〔娠〕 shěn ㄕㄣ ①태 안에 있는 태아가 미동(微動)하는 일. ②넓은 의미로는 회임(懷妊)을 말함.

〔深〕 shěn ㄕㄣ ①깊다.「這條河很一;이 강은 대단히 깊다」②깊이.「這口井有兩丈一 ; 이 우물은 두길의 깊이다」③시간이 긴.「年一日長 ; 시일이 길다」④(정도 따위가)강하다.깊다.「交情很一;교제가 깊다」⑤(빛깔 따위가)짙다.「顏色太一;빛이 너무 진하다」⑤(학문이나 문장 따위가)심오하다. 높다. 어렵다.「一人;식견이 있는 사람」
[深奧] shěn'ào ㄕㄣㄠˋ 깊고 오묘함.
[深沈] shěn'ch'ěn ㄕㄣㄔㄣ ①깊고 오묘함.게.엄중히.「也不好一責罰 ; 엄중히 처벌할 수도 없다」②중대성.「這個事情裏頭有一;이 사건에는 중대한 것이 있다」
[深交] shěnchiāo ㄕㄣㄐㄧㄠ ①깊은 교제. 친교(親交). ②친하게 교제하다.
[深切] shěnch'ièh ㄕㄣㄑㄧㄝˋ ① 대단히 적절하다. 꼭 알맞다. ②밀접하다.
[深淺] shěnch'iěn ㄕㄣㄑㄧㄢˇ ①깊이. ②정도.「他說話不知道一;그는 말을 하는데 말의 정도를 모르고 있다」
[深情] shěnch'íng ㄕㄣㄑㄧㄥˊ ① 인정이 깊다. ②깊은 정. ③ 내정(內情).
[深更半夜] shěnchīng-pànyèh ㄕㄣㄐㄧㄥ ㄅㄢˋㄧㄝˋ 한밤중. 밤중.
[深究] shěnchiū ㄕㄣㄐㄧㄡ ①깊이 추궁하다.
[深處] shěnch'ù ㄕㄣㄔㄨˋ ①깊은 곳.안석. ②정도가 높은 곳. ②내용이 깊은 곳.
[深分] shěnfěn ㄕㄣㄈㄣ 몹시. 깊이.「不必一地說他;너무 그를 꾸짖을 필요는 없다」
[深巷] shěnhsiàng ㄕㄣㄒㄧㄤˋ 구석진 곳.
[深信] shěnhsìn ㄕㄣㄒㄧㄣˋ 깊이 믿다.
[深省] shěnhsǐng ㄕㄣㄒㄧㄥˇ 깊이 깨닫다.깊이 반성하다.
[深化] shěnhuà ㄕㄣㄏㄨㄚˋ 깊어지다.깊게 하다.
[深意] shěn ì ㄕㄣ ㄧˋ 깊은 의미.
[深入] shěnjù ㄕㄣㄖㄨˋ ①깊이 들어 가다. 실제로 침투하다. ②철저히.「一地進行思想教育 ; 철저히 사상 교육을 진행시키다」
[深入淺出] shěnjù ch'iěnch'u ㄕㄣㄖㄨˋㄑㄧㄢˇㄔㄨ 깊이 파고 들어 가면서도 평범하게 알기 쉽게 설명하다.《成》
[深耕細作] shěnkěng hsìtsò ㄕㄣㄍㄥ ㄒㄧˋㄗㄨㄛˋ 깊이 갈아서 충실하게 잘 손질하다.
[深根蒂固] shěnkěn-kùtì ㄕㄣㄍㄣㄍㄨˋㄉㄧˋ 기초가 튼튼하여 흔들리지 않은 모양. ＝根深蒂固.《成》
[深刻] shěnk'ò ㄕㄣㄎㄜˋ 엄하다. 깊다.「批判得很一;대단히 심각한 비판을 하다」「一的檢討;깊숙이 파고 들어간 검토」
[深藍] shěnlán ㄕㄣㄌㄢˊ 짙은 남색.
[深了不是,淺了不是] shěn lê púshìh, ch'iěnlê púshìh ㄕㄣㄌㄜ ㄅㄨˊㄕˋ, ㄑㄧㄢˇㄌㄜ ㄅㄨˊㄕˋ 알맞게 처리한다는 것이 힘들다는 것.
[深黛] shěntài ㄕㄣㄉㄞˋ 짙은 청흑색(青黑色).
[深造] shěntsào ㄕㄣㄗㄠˋ 깊숙이 파고 들어 가다.「出國一;외국에 가서 깊이 연구하다」
[深冬] shěntūng ㄕㄣㄉㄨㄥ 한창 추운 겨울. 엄동.
[深洞洞的] shěntùngtùngtê ㄕㄣㄉㄨㄥˋㄉㄨㄥˋㄉㄜ 깊숙한 모양.
[深味] shěnwèi ㄕㄣㄨㄟˋ 깊이 맛보다.
[深文] shěnwěn ㄕㄣㄨㄣˊ 깊은 뜻이 있는 문장.

[深惡痛絕] shĕnwû t'ùngchüéh ㄕㄣㄨˋ ㄊㄨㄥˋ ㄐㄩㄝˊ 철저하게 증오(憎惡)하며 싫어하다. ‹成›

〔紳〕 shĕn ㄕㄣ ①옛날에 허리에 떤 큰 띠. ②관료. 독서인. 「鄉一; 향토에 있는 "紳士"」

[紳商] shĕnshāng ㄕㄣㄕㄤ 신사와 상인.

〔參〕(参·蓡·葠②) shĕn ㄕㄣ ①「一星; 별자리의 이름: "二十八宿"의 하나」②인삼. ⇨ts'ān, ts'ĕn.

[參茸] shĕnjúng ㄕㄣㄖㄨㄥˊ 인삼과 녹용.

〔糝〕(糁) shĕn ㄕㄣ ①쌀알. ② 「一兒; 곡식을 작게 바순 것.「玉米一兒; 바순 옥수수의 알맹이」

〔什〕(甚) shĕn ㄕㄣˊ 무엇. ⇨shíh.

[什麼] shĕnmê ㄕㄣˊㄇㄜ ①무엇. 「想一; 무엇을 생각하고 있느냐」「一人; 어떤 사람」②무엇이냐? 「講一都好; 무엇을 말하여도 좋다」「沒有一困難; 아무 곤란도 없다」③(예거할 때에 쓰이는)…따위. 「一星星呵, 月亮呵, 哪能比得上花炮那麼好看; 달이나 별 따위를 어찌하여 불꽃와 아름다움과 비교하겠읍니까?」④(경멸하면서)의외의 뜻을 나타내다. 뭐야.

[什麼的] shĕnmotê ㄕㄣˊㄇㄛㄉㄜ 따위. 「有時候我可以散散步, 聽聽無綫電一; 때로는 나는 산책을 하거나 라디오를 들을 수가 있읍니다」

[什麼樣] shĕnmoyàng ㄕㄣˊㄇㄛㄧㄤˋ 어떠한 모양의. 어떤.

〔神〕 shĕn ㄕㄣˊ ①신. ②당연하지 못한. 특별히 뛰어난. 이상한. 「一力; 특별한 힘」③생각. 주의력. 「留一; 정신을 차리다」④「一兒; 표정」「你瞧他這個神兒; 그 사람의 안색을 보아라」

[神差鬼使] shĕnch'āi-kueĭshĭh ㄕㄣˊㄔㄞㄍㄨㄟˇㄕˇ 여우에게 홀린 것처럼 무의식적으로 어떤 일을 하는 것. =鬼使神差. ‹成›

[神叉子] shĕnch'ātzŭ ㄕㄣˊㄔㄚㄗ 임기응변의 재치가 있는 사람.

[神迹] shĕnchì ㄕㄣˊㄐㄧˋ 신불의 불가사이한 행동.

[神氣] shĕnch'i ㄕㄣˊㄑㄧ ①기운이 있다. ②거드름 피우다. ③정신 「다.

[神奇] shĕnch'í ㄕㄣˊㄑㄧˊ 대단히 신기하

[神交] shĕnchiāo ㄕㄣˊㄐㄧㄠ 마음이 맞는 사이.

[神志] shĕnchìh ㄕㄣˊㄓˋ 정신과 의식. 「一昏迷; 인사 불성이 되다」

[神智] shĕnchìh ㄕㄣˊㄓˋ 정신과 지혜.

[神紙馬兒] shĕnchĭhmărh ㄕㄣˊㄓㄇㄚˇㄦ 종이에 인쇄한 신상(神像): 제사가 끝나면 태운다.

[神機妙算] shĕnchī-miàosuàn ㄕㄣˊㄐㄧㄇㄧㄠˋㄙㄨㄢˋ 신과 같은 묘안.

[神情] shĕnch'íng ㄕㄣˊㄑㄧㄥˊ ①그 곳의 상황. 「我一看那個一不對, 拔腿就跑了; 나는 그곳의 상황이 수상하다고 생각되어 몰래 도망쳤다」

[神淸氣爽] shĕnch'īng-ch'ìshuăng ㄕㄣˊㄑㄧㄥㄑㄧˋㄕㄨㄤˇ 기분이 상쾌하다. ‹成›

[神曲] shĕnch'ū ㄕㄣˊㄑㄩ 살구씨의 알맹이·밀·팥의 분말을 약초의 즙으로 개어 발효시킨 것. 누룩. 신곡.

[神出鬼入] shĕnch'ū-kueĭjù ㄕㄣˊㄔㄨㄍㄨㄟˇㄖㄨˋ 신출귀몰(神出鬼沒)하다. ‹成›

[神主牌] shĕnchŭp'ái ㄕㄣˊㄓㄨˇㄆㄞˊ 위패(位牌). 신주.

[神相] shĕnhsiàng ㄕㄣˊㄒㄧㄤˋ 관상 잘 보는 일.

[神象] shĕnhsiàng ㄕㄣˊㄒㄧㄤˋ ①죽은자(者)의 상(像). ②신불의 상.

[神仙] shĕnhsien ㄕㄣˊㄒㄧㄢ 신선. 선인. 「一一把抓; ㉮단번에 일이 되다. 단번에 일을 성취하다. ㉯무엇이든지 자기 홀로 하다. 권력을 독점하다.

[神化] shĕnhuà ㄕㄣˊㄏㄨㄚˋ 신격화하다.

[神乎其神] shĕnhuch'íshĕn ㄕㄣˊㄏㄨㄑㄧˊㄕㄣˊ 이상해서 예측할 수 없다. ‹成›

[神虎虎的] shĕnhúhŭtê ㄕㄣˊㄏㄨˊㄏㄨˇㄉㄜ 신경질적인.

[神魂顚倒] shĕnhún tiēntăo ㄕㄣˊㄏㄨㄣˊㄉㄧㄢㄉㄠˇ 정신이 어리둥절하다. 정신이 나가다. ‹成›

[神异] shĕnì ㄕㄣˊㄧˋ 이상하다. 괴이(怪異)하다.

[神人] shĕnjĕn ㄕㄣˊㄖㄣˊ 풍채가 비범한 사람.

[神怪] shĕnkuài ㄕㄣˊㄍㄨㄞˋ ① 이상하다. ② 괴이하다. 신기하다.

[神工鬼斧] shĕnkūngkueífŭ ㄕㄣˊㄍㄨㄥㄍㄨㄟˊㄈㄨˇ 참으로 신기하고 훌륭한 솜씨. =鬼斧神工. ‹成›

[神靈] shĕnlíng ㄕㄣˊㄌㄧㄥˊ ①신령.

[神眉鬼道] shĕnméi-kueĭtào ㄕㄣˊㄇㄟˊㄍㄨㄟˇㄉㄠˋ 기승(氣勝)하여 남에게 지기를 싫어하는 모양.

[神妙入微] shĕnmiàojùwēi ㄕㄣˊㄇㄧㄠˋㄖㄨˋㄨㄟ 세부(細部)까지 신기하고 교묘하다. ‹成›

[神祕] shĕnmì ㄕㄣˊㄇㄧˋ ①예측할 수 없다. 이상하다. 신비스럽다. ②변죽을 울리다. 「故作一; 일부러 변죽을 울리다」

[神品] shĕnp'ĭn ㄕㄣˊㄆㄧㄣˇ 일품. 훌륭한 물건.

[神婆子] shĕnp'ótzŭ ㄕㄣˊㄆㄛˊㄗ 무당.

[神不知,鬼不覺] shĕnpùchīh-kueĭpùchüéh ㄕㄣˊㄅㄨˋㄓ ㄍㄨㄟˇㄅㄨˋㄐㄩㄝˊ 남 모르게. 쥐도 새도 모르게. ‹成› 「표정.

[神兒] shĕnrh ㄕㄣˊㄦ (비난의) 모양이나

[神色] shĕnsê ㄕㄣˊㄙㄜˋ 얼굴 모양이나 얼굴 빛: 얼굴에 나타난 표정.

[神手] shĕnshŏu ㄕㄣˊㄕㄡˇ 묘수(妙手). 신기(神技)에 도달한 사람.

[神思] shĕnssŭ ㄕㄣˊㄙ ①정신과 생각. 「一恍惚; 기분이 멍하다」②심정.

[神算] shĕnsuàn ㄕㄣˊㄙㄨㄢˋ 교묘한 계획.

[神態] shĕnt'ài ㄕㄣˊㄊㄞˋ 안색 태도(顏色態度). 정신 상태. 「一沈着; 대단히 침착한 모양」

[神道] shĕntao ㄕㄣˊㄉㄠ 콧대가 세다. 지지 않으려는 기세. > 神神道道.

[神頭鬼臉] shĕnt'óu-kueĭliĕn ㄕㄣˊㄊㄡˊㄍㄨㄟˇㄌㄧㄢˇ 기괴(奇怪)한 모양. =神頭鬼面. ‹成›

[神采] shěnts'ǎi ㄕㄣˊㄘㄞˇ 정신과 풍격(風格). 자태.
[神采奕奕] shěnts'ǎi ìì ㄕㄣˊㄘㄞˇ ㄧˋㄧˋ 기운이 가득 차 있는 모양.
[神通] shěnt'ūng ㄕㄣˊㄊㄨㄥ 특별한 수단이나 능력.「一廣大；굉장한 능력이나 기술 또는 수련된 수법이 귀신 같은 모양」
[神往] shěnwǎng ㄕㄣˊㄨㄤˇ 생각을 서두르다.「令人一；남으로 하여금 급히 생각해 내도록 하다」
[神勇] shěnyǔng ㄕㄣˊㄩㄥˇ ①남달리 용감하다. ②보통이 아니다.「一的射擊技術；사격술이 보통이 아니다」

〔瀋〕(沈) shěn ㄕㄣˇ ①성(姓). ②"瀋陽市"의 약칭.

〔哂〕 shěn ㄕㄣˇ 빙그레 웃다. 미소(微笑)짓다. 웃다.「一納·一收；소납하여 주십시오」
[哂笑] shěnhsiào ㄕㄣˇㄒㄧㄠˋ 비웃다.

〔矧〕 shěn ㄕㄣˇ 하물며. 더우기.

〔審〕(审) shěn ㄕㄣˇ ①상세한. ②신문(訊問)하다.「一案；사건을 조사 신문하다」③자세히 알고 있다.「不一近況何如；요즈음의 형편이 어떤지 자세히 알 수가 없읍니다」④꼭. 과연. 역시.
[審計] shěnchì ㄕㄣˇㄐㄧˋ 회계 감사를 하다.
[審核] shěnhó ㄕㄣˇㄏㄜˊ 심사하다.
[審訊] shěnhsǜn ㄕㄣˇㄒㄩㄣˋ 취조하다. 조사하다.
[審改] shěn'kǎi ㄕㄣˊㄍㄞˇ 조사하여 고치다.
[審稿] shěn'kǎo ㄕㄣˇㄍㄠˇ 원고를 자세히 조사하다.
[審判] shěnp'àn ㄕㄣˇㄆㄢˋ 재판하다.「一官；재판관」
[審判員] shěnp'ànyüán ㄕㄣˇㄆㄢˋㄩㄢˊ ①판사. ②레퍼리. ③엄파이어.
[審批] shěnp'ī ㄕㄣˇㄆㄧ 심사하여 비평하다.
[審慎] shěnshěn ㄕㄣˇㄕㄣˋ 주도하게 신중을 기하다.
[審視] shěnshìh ㄕㄣˇㄕˋ 자세히 보다.
[審定] shěntìng ㄕㄣˇㄉㄧㄥˋ ①검정. ②검정하다. 심의하여 결정하다.
[審訂] shěntìng ㄕㄣˇㄉㄧㄥˋ 저술·예술·발명·규칙 따위를 자세히 조사하여 평정(評定)하는 일.
[審度] shěntǒ ㄕㄣˇㄉㄨㄛˋ 자세히 고려하다.

〔諗〕 shěn ㄕㄣˇ ①=審. ②「一知；자세히 알다」③권고하다.

〔嬸〕 shěn ㄕㄣˇ「一子；숙모(叔母) 작은 어머니」
[嬸媽] shěnmā ㄕㄣˇㄇㄚ 숙모(叔母).
[嬸婆] shěnp'ó ㄕㄣˇㄆㄛˊ 시숙모(媤叔母).
[嬸兒(一子)] shěnrh(—tzŭ) ㄕㄣˇㄦ(—ㄗ) ①숙모. ②동서: 남편의 동생의 처(妻).

〔甚〕 shěn ㄕㄣˋ ①몹시. 대단히.「進步一快；진보가 대단히 빠르다」②넘다. 낫다.「無一于此者；이것보다 나은 것은 없다」
[甚至] shěnchìh ㄕㄣˋㄓˋ 심지어는. 결과적으로는.
[甚至于] shěnchìhyü ㄕㄣˋㄓㄩ =甚至.「他不但罵人, 有時還一打人；그는 남을 욕할 뿐만 아니라 때로는 남을 치기까지 한다」
[甚囂塵上] shěnhsiāoch'ěnshàng ㄕㄣˋㄒㄧㄠㄔㄣˊㄕㄤˋ 여론이 시끄럽거나 일이 한창 떠들썩한 것.
[甚而] shěn'ěrh ㄕㄣˋㄦˊ 심지어는. 마침내는.

〔蜃〕 shěn ㄕㄣˋ 조개류의 총칭: 바지락조개 따위.
[蜃樓] shěnlóu ㄕㄣˋㄌㄡˊ 신기루(蜃氣樓). =蜃市.
[蜃樓海市] shěnlóu-hǎishìh ㄕㄣˋㄌㄡˊㄏㄞˇㄕˋ ①신기루. ②덧없음의 비유.

〔愼〕 shěn ㄕㄣˋ ①조심성스러운 모양. 신중하다. ②적막하여 소름이 끼치다. 무섭다.「發一；소름이 끼치다」「一的慌；무서워서 견딜 수가 없다. 소름어 오싹 끼치다」‹北› ③조용하다. 쉬다. ‹北›
[愼着] shěnchê ㄕㄣˋㄓㄜ 지연시키다. 연장시키다.「做事別一；일은 지연시키면 안된다」
[愼人] shěnjěn ㄕㄣˋㄖㄣˊ 놀라게 하다. 소름이 오싹하다.
[愼密] shěnmì ㄕㄣˋㄇㄧˋ 세심하다. 치밀하다.

〔腎〕 shěn ㄕㄣˋ 신장(腎臟): 보통"腰子"라고도 한다.
[腎子(兒)] shěntzǔ(rh) ㄕㄣˋㄗˇ(ㄦ) 고환(睾丸). 불알.

〔滲〕(渗) shěn ㄕㄣˋ (물 따위가) 배다. 깊이 스며 들다.「水一到土裏去了；물이 흙 속에 스며 들었다.
[滲出] shěnch'ū ㄕㄣˋㄔㄨ 배어서 겉으로 나오다.
[滲坑] shěnk'ěng ㄕㄣˋㄎㄥ 고인 물을 흙 속에 배도록 하기 위한 큰 구멍.
[滲溝] shěnkōu ㄕㄣˋㄍㄡ 배수구(排水溝).
[滲漏] shěnlòu ㄕㄣˋㄌㄡˋ 배다. 새다.

〔瘮〕(瘆) shěn ㄕㄣˋ =愼②.

SHÊNG ㄕㄥ

〔升〕(昇③·陞) shēng ㄕㄥ ①(용적의 단위)1"斗"의 10분의 1. ②되(升). ③오르다. 끌어 올리다.「一旗；기를 올리다」「提一做工長；직장(職長)으로 선발하여 일을 맡기다」
[升學] shěnghsüéhh ㄕㄥㄒㄩㄝˊ 진학(進學)하다.「一率；진학률」
[升入] shěngjù ㄕㄥㄖㄨˋ 진학하다.
[升官發財] shěngkuān-fāts'ái ㄕㄥㄍㄨㄢㄈㄚㄘㄞˊ 고관(高官)이 되는 일과 재산을 만드는 일. ‹成›
[升班] shěngpān ㄕㄥㄅㄢ 진급하다.
[升平] shěngp'íng ㄕㄥㄆㄧㄥˊ 천하태평(天下太平)이다.「一氣象；태평스러운 기분」

[升堂入室] shēngt'áng jùshìh ㄕㄥ ㄊㄤˊ ㄖㄨˋㄕˋ 학문이 점차로 진보되어 한층 높은 정도까지 도달함을 비유하는 말. ‹成›
[升勝] shēngt'ěng ㄕㄥ ㄊㄥˊ ①상승하다. 오르다. ② shēngt'ēng 사업 따위가 점점 발전하다. ③지위가 점점 올라가다.

〔生〕 shēng ㄕㄥ ①낳다. 「一孩子 ; 아이를 낳다」 ②발생하다. 일어나다. 「一芽 ; 눈이 트다」「一事 ; 사건이 일어나다」「一火 ; 불을 일으키다」 ③보태다. 「一利 ; 이자가 붙다. 이익이 생기다」 ④살다. 살아 있는 물건. 「苟且偷一 ; 하는 일이 없이 소일하다」「謀一 ; 살 도리를 강구하다」 ⑤생것. 산채로. 「一肉 ; 날고기」「一水 ; 냉수」 ⑥미숙하다. 덜 익다. 「這個西瓜是一的 ; 이 수박은 덜 익다」 ⑦잘 모르다. 미지(未知)의. 「一人 ; 미지의 사람」 ⑧대단히. 몹시. 「一痛 ; 몹시 아프다」 ⑨무리하게. 「一拉活拽 ; 다짜고짜 끌고 가다」 ⑩학생. 현재 학업에 있는 사람. 「書一 ; 학생」「儒一 ; 유생」 ⑪ "好一 · 怎一" 따위의 접미사로서 사용됨. ⑫연극에서의 젊은 남자 배우: "小生"이라고도 함. ⑬성장하다. 「她一得漂亮 ; 그 여자는 아름답게 성장했다」
[生產] shēngch'ǎn ㄕㄥ ㄔㄢˇ ①아이를 낳다. ②생산하다. 생산. 「一率 ; 생산성」「提高勞動一率 ; 노동의 생산성을 높이다」「一水平 ; 생산 수준」「一性 ; 생산적」「非一的建設 ; 비생산적인 건설」「一秩序 ; 생산 과정에 있어서의 준수하여야 할 규칙이나 질서」
[生長激素] shēngchǎngchīsù ㄕㄥ ㄓㄤˇㄐㄧ ㄙㄨˋ 성장 홀몬.
[生長素] shēngchǎngsù ㄕㄥ ㄓㄤˇㄙㄨˋ 농작물 촉성제.
[生辰] shēngch'én ㄕㄥ ㄔㄣˊ 탄생일. 생일. 「一八字 ; 출생한 연·월·일·시를 표시하는 간지(干支). 사주팔자」
[生氣] shēngch'ì ㄕㄥ ㄑㄧˋ ①생기가 있다. 팔팔하다. 「一蓬勃 ; 활기가 넘치다」 ② shēng ch'ì 성을 내다.
[生機] shēngchī ㄕㄥ ㄐㄧ ①생명의 줄. 생존의 기회. 「眼前分明有一條一 ; 눈앞에 명확히 한 줄기의 생명의 줄이 있다」 ②생명력.
[生計] shēngchì ㄕㄥ ㄐㄧˋ ①상업. ②생활. 생계. ③생활의 길. 「斷絶一 ; 생활의 길을 끊다. 생계를 단절하다」 「강.
[生姜] shēngchiāng ㄕㄥ ㄐㄧㄤ 〈植〉 생
[生紙] shēngchǐh ㄕㄥ ㄓˇ 출산 증명서(出產証明書).
[生就的] shēngchiùtê ㄕㄥ ㄐㄧㄡˋㄉㄜ 선천적. 「一一個瘤子 ; 선천적인 하나의 혹」 「미.
[生趣] shēngch'ǜ ㄕㄥ ㄑㄩˋ 살아 가는 재
[生瘡] shēngch'uāng ㄕㄥ ㄔㄨㄤ 부스럼이 생기다.
[生發] shēngfa ㄕㄥ ㄈㄚ 낳다. 발생하다. 「一利息 ; 이자가 붙다」
[生髮] shēngfà ㄕㄥ ㄈㄚˋ 털이 나다. 「一蠟 ; 코즈메틱. 머리에 바르는 기름의 한 가지」「一藥 ; 발모제」「一油 ; 머리기름」
[生猪] shēngchū ㄕㄥ ㄓㄨ 종돈. 종자 돼지.
[生分] shēngfên ㄕㄥ ㄈㄣ ①사이가 나빠짐. 「間一 ; 사이가 나빠짐」 ②멀어지다. 서먹서먹하다.
[生息] shēnghsī ㄕㄥ ㄒㄧ ①서식(棲息)하다. ②이자가 붙다. ③생활하다. ④성장하다.
[生相] shēnghsiàng ㄕㄥ ㄒㄧㄤˋ 쓸모 있는 재능이나 덕(德). 기량(器量).
[生肖] shēnghsiào ㄕㄥ ㄒㄧㄠˋ 10간(干)과 12지(支). 12지의 동물.
[生効] shēnghsiào ㄕㄥ ㄒㄧㄠˋ 효력이 나타나다.
[生鹹] shēnghsién ㄕㄥ ㄒㄧㄢˊ 짜다. ‹方›
[生性] shēnghsìng ㄕㄥ ㄒㄧㄥˋ 천성(天性).
[生銹] shēnghsiù ㄕㄥ ㄒㄧㄡˋ 녹쓸다. 「不一 ; 스테인레스」
[生宣] shēnghsüān ㄕㄥ ㄒㄩㄢ 아직 가공하지 않은 화선지(畫仙紙).
[生荒] shēnghuāng ㄕㄥ ㄏㄨㄤ 아직 개간한 일이 없는 황무지.
[生活] shēnghuó ㄕㄥ ㄏㄨㄛˊ ①생활. ②생활하다. ③부분품을 만들다.
[生火] shēnghuǒ ㄕㄥ ㄏㄨㄛˇ ①발생하다. ②불을 부치다.
[生虎子] shēnghǔtzǔ ㄕㄥ ㄏㄨˇㄗ 경험이 적어 사회를 잘 모르는 철부지. 경험이 없어 앞뒤를 잘 분간치 않고 무턱대고 하는 사람.
[生意] shēng ì ㄕㄥ ㄧˋ ①장사. 상업. 「一口 ; ㉮상담(商談). ㉯남을 속이려는 달콤한 말」 ②살려는 의지(意志).
[生硬] shēngyìng ㄕㄥ ㄧㄥˋ 딱딱하다. 까다롭다. 무뚝뚝하다.
[生人] shēngjén ㄕㄥ ㄖㄣˊ 알지 못하는 사람. 보지 못한 사람.
[生日] shēngjìh ㄕㄥ ㄖ 생일. 탄생일. 「辦～ : 생일을 축하한다」
[生榮死哀] shēngjúng-ssǔāi ㄕㄥ ㄖㄨㄥˊ ㄙˇㄞ 생전에는 명성이 있고, 사후에는 남의 추모를 받다. ‹成›
[生鋼] shēngkāng ㄕㄥ ㄍㄤ 주강(鑄鋼).
[生客] shēngk'ò ㄕㄥ ㄎㄜˋ 낯선 손님.
[生恐] shēngk'ǔng ㄕㄥ ㄎㄨㄥˇ 몹시 무서워하다.
[生來] shēnglái ㄕㄥ ㄌㄞˊ 태어날 때부터. 「一不愛吃肉 ; 선천적으로 육류((肉類)가 싫다」
[生冷] shēnglěng ㄕㄥ ㄌㄥˇ 날것이나 찬 것. 생물이나 냉물.
[生梨] shēnglí ㄕㄥ ㄌㄧˊ ＝梨. ‹吳›
[生力] shēnglì ㄕㄥ ㄌㄧˋ ① 새로 들어온 사람. 「一軍 ; ㉮아직 싸우지 않는 군대. ㉯처음 들어 온 생산 노동자. ㉰증원군(增援軍)」 ②생명력.
[生利] shēnglì ㄕㄥ ㄌㄧˋ ①이익이 생기다. ②이자가 붙다.
[生臉兒] shēngliěnrh ㄕㄥ ㄌㄧㄢˇㄦ 초면으로 대하는 사람.
[生料] shēngliào ㄕㄥ ㄌㄧㄠˋ 아직 가공하지 않은 물건.
[生靈] shēnglíng ㄕㄥ ㄌㄧㄥˊ 백성. 국민.
[生靈塗炭] shēnglíng t'út'àn ㄕㄥ ㄌㄧㄥˊ ㄊㄨˊㄊㄢˋ 국민이 도탄에서 헤매다. ‹成›
[生路] shēnglù ㄕㄥ ㄌㄨˋ ①사는 길. 생활. 수단·근거. ②익숙하지 않은 길.
[生龍活虎] shēnglúng-huóhǔ ㄕㄥ ㄌㄨㄥˊ

ㄏㄨㄛˊㄏㄨˇ ①활발하고 팔팔한 모양. ②의욕에 넘쳐 있는 모양. ‹成›
[生怕] shēngp'à ㄕㄥㄆㄚˋ 몹시 두려워하다.
[生搬硬套] shēngpān·yìngt'ào ㄕㄥㄅㄢ ㄧㄥˋㄊㄠˋ 그대로 남의 하는 방식을 모방하다. 억자로 맞추다.
[生僻] shēngp'ì ㄕㄥㄆㄧˋ 낯선. 알지 못하는.
[生變] shēngpièn ㄕㄥㄅㄧㄢˋ 변화·사고·사건이 발생하다.
[生平] shēngp'íng ㄕㄥㄆㄧㄥˊ ①현재까지. 평소.「一沒見過這樣的事；현재까지 이런 일에 부닥친 일이 없다. ②일평생.
[生病] shēngpìng ㄕㄥㄅㄧㄥˋ 병이 되다.
[生色] shēngsè ㄕㄥㄙㄜˋ ①생생한 빛. ② 광채를 내다.
[生身父母] shēngshēn fùmǔ ㄕㄥㄕㄣㄈㄨˋㄇㄨˇ 친부모(親父母).
[生生] shēngshēng ㄕㄥㄕㄥ ①그시대 그시대. 「一世世；현재도 미래도」②생생하다.「活一的；생생하다」 ③함부로.「一兒地；함부로」「生生兒一被破壞了；마구 파괴되었다」
[生是] shēngshìh ㄕㄥㄕ 명확히. 틀림 없이.
[生事] shēngshìh ㄕㄥㄕˋ 일이 일어나다. 일이 생기다.
[生瘦] shēngshòu ㄕㄥㄕㄡˋ 여위다. ‹方›
[生手兒] shēngshǒurh ㄕㄥㄕㄡˇㄦ 미숙련자(未熟練者).
[生疏] shēngshū ㄕㄥㄕㄨ 서먹서먹하다. 잘 모르다.
[生死攸關] shēngssǔyūkuān ㄕㄥㄙˇㄧㄡㄍㄨㄢ 생사 존망(存亡)과 중대한 관련이 있다.
[生酸] shēngsuān ㄕㄥㄙㄨㄢ 시다. ‹方› ＝酸.
[生蛋] shēng tàn ㄕㄥ ㄉㄢˋ 알을 낳다.
[生得] shēngtê ㄕㄥㄉㄜ 타고 난 성질. 천성.
[生的米突] shēngtê mìt'u ㄕㄥㄉㄜㄇㄧˇㄊㄨ 센티미터.
[生地] shēngtì ㄕㄥㄉㄧˋ ①출생지. ②아직 개간하지 못한 땅. ③생지황(生地黃).
[生鐵] shēngt'iěh ㄕㄥㄊㄧㄝˇ 선철(銑鐵).
[生災] shēngts'āi ㄕㄥㄘㄞ 재해가 발생하다.
[生財] shēngts'ái ㄕㄥㄘㄞˊ ①재물을 남기다. ②상업에 필요한 도구.
[生菜] shēngts'ài ㄕㄥㄘㄞˋ 생채. 생생한 야채.
[生端] shēngtuān ㄕㄥㄉㄨㄢ ①문제. ②분쟁을 일으키다.
[生銅] shēngt'úng ㄕㄥㄊㄨㄥˊ 아직 제련하지 않은 동.
[生動] shēngtùng ㄕㄥㄉㄨㄥˋ ①생생하다. ②말의 내용이 풍부하여 형상화(形象化)되어 있다. ＞生生動動.
[生吞活剝] shēngt'ūn·huópō ㄕㄥㄊㄨㄣ ㄏㄨㄛˊㄅㄛ ①남의 시문(詩文)을 그대로 인용하다.②맹목적으로 받아 들이다. ‹成›
[生字] shēngtzǔ ㄕㄥㄗ 알지 못하는 글자. 생자.
[生詞] shēngtz'ǔ ㄕㄥㄘˊ 알지 못하는 말. 신어(新語).
[生物防治] shēngwù fángchìh ㄕㄥㄨˋㄈㄤˊㄓˋ 익조(益鳥)나 익충(益蟲)에 의하여 해충을 구제하는 일.
[生外] shēngwài ㄕㄥㄨㄞˋ 서먹서먹하다.
[生養] shēngyǎng ㄕㄥㄧㄤˇ 낳다. 태어나다.
[生藥] shēngyào ㄕㄥㄧㄠˋ 생약. 조제하지 않은 그대로의 약.
[生于] shēngyǘ ㄕㄥㄩˊ …으로 태어나다.
[生育] shēngyǜ ㄕㄥㄩˋ 아이를 낳다.「一節制；산아 제한」

〔牲〕 shēng ㄕㄥ 가축: 옛날에는 잔치나 제사에 사용하는 소·양·돼지를 말하였음. ＝牲口.
[牲畜] shēngch'ù ㄕㄥㄔㄨˋ 가축.
[牲口] shēngk'ou ㄕㄥㄎㄡ ①가축.「一料；가축의 사료」「一棚；가축의 집」②말·나귀·노새 따위.
[牲靈] shēngling ㄕㄥㄌㄧㄥ 가축류(家畜類).

〔笙〕 shēng ㄕㄥ 관악기의 한가지: 여러 가지 길이의 대통을 U자 모양으로 배열하여 입으로 부는 악기. 생황(笙簧).

〔甥〕 shēng ㄕㄥ 생질(甥姪): 누이의 아들.
[甥女(兒)] shēngnǔ(rh) ㄕㄥㄋㄩˇ(ㄦ) ①생질녀(甥姪女). ↔甥. ②저: 아저씨나 아주머니에 대한 자기의 칭호.
[甥兒] shēngrh ㄕㄥㄦ ①조카. ②저 (아저씨나 아주머니에 대한 자기의 칭호).

〔聲〕(声) shēng ㄕㄥ ①소리. 음.「大一說話；큰소리로 말하다」 ②어음(語音)의 어두(語頭) 자음의 부분 : "聲" shēng의 "sh", "鐵" t'iěh의 "t" 따위. ③＝聲調. ④알리다. 양언하다.「一明；성명하다」⑤명예.「一望；성망」
[聲張] shēngchāng ㄕㄥㄓㄤ ①큰소리를 치다. ②선전하다.
[聲稱] shēngch'ēng ㄕㄥㄔㄥ (공공연히)말하다. 성명(聲明)하다.
[聲氣] shēngch'ì ㄕㄥㄑㄧˋ ①의기(意氣).「一投合；의기 투합(投合)하다. 의기가 맞다」②기맥(氣脈).「通一；기맥이 통하다」
[聲請] shēngch'ǐng ㄕㄥㄑㄧㄥˇ 부탁하다. 청구하다.
[聲息] shēnghsī ㄕㄥㄒㄧ ①＝聲氣 ②. ②소리.
[聲響] shēnghsiǎng ㄕㄥㄒㄧㄤˇ 음향.
[聲浪] shēnglàng ㄕㄥㄌㄤˋ ①우렁차게 울리다. ②음파.
[聲名] shēngmíng ㄕㄥㄇㄧㄥˊ 명성.「一狼藉；명성이 뒤죽박죽이 되다」
[聲明] shēngmíng ㄕㄥㄇㄧㄥˊ 성명하다. 언명하다.
[聲母] shēngmǔ ㄕㄥㄇㄨˇ ①음절 첫머리에 오는 자음. ②①을 나타내는 부호.
[聲色] shēngsè ㄕㄥㄙㄜˋ 음성과 안색.「不動一；안색에 나타내지 않다」
[聲色俱厲] shēngsè chǜlì ㄕㄥㄙㄜˋㄐㄩ ㄌㄧˋ 음성이나 안색이 다 엄하다. 성낸 모양.
[聲勢] shēngshìh ㄕㄥㄕˋ (외부에 나타난)위세. 기세.

[聲述] shēngshù ㄕㄥㄕㄨˋ 진술하다.
[聲嘶力竭] shēngssū-lìchiéh ㄕㄥㄙ ㄌㄧˋㄐㄧㄝˊ 목소리도 힘도 다 빠져 있는 모양. 기진 맥진(氣盡脈盡)한 모양. ‹成›
[聲討] shēngt'ǎo ㄕㄥㄊㄠˇ 잘 못된 일은 책(責)하고 배척하다. 공공연히 규탄하다. 성토.
[聲調(兒)] shēngtiào(rh) ㄕㄥㄉㄧㄠˋ(ㄦ) ①시구(詩句)의 음운(音韻)의 억양. ②음악 곡조의 완급(緩急)함과 고저(高低). ③중국어의 성조(聲調). 사성:陰平・低平・上聲・去聲. ④일반적인 말의 음조.
[聲東擊西] shēngtūng chīhsī ㄕㄥㄉㄨㄥ ㄓㄒㄧ 한 쪽에 주의를 끌게 하여 그 허점을 치다. ‹成›
[聲威] shēngwēi ㄕㄥㄨㄟ 명성과 위엄.
[聲聞] shēngwěn ㄕㄥㄨㄣˊ 명성. (좋은) 평판.
[聲言] shēngyén ㄕㄥㄧㄢˊ 어명하다. 공공연히 말하다.
[聲音] shēngyīn ㄕㄥㄧㄣ ①음성. ②[一(rh)]음이나 소리.
[聲譽] shēngyü ㄕㄥㄩ명예. 칭찬받는 것.

〔繩〕(縄) shéng ㄕㄥˊ ①「一子·一兒；새끼. 노끈. 끈.」②규칙. 법도(法度).
[繩床] shéngch'uáng ㄕㄥˊㄔㄨㄤˊ 새끼로 얽어서 만든 걸상.
[繩墨] shéngmò ㄕㄥˊㄇㄛˋ ①새끼와 먹. ②(목수의)먹줄. ③법칙. 표준.
[繩兒] shéngrh ㄕㄥˊㄦ 노끈. 새끼.
[繩索] shéngsǒ ㄕㄥˊㄙㄨㄛˇ 굵은 새끼.

〔省〕 shěng ㄕㄥˇ ①"省":중국의 최대 행정 구역. ②절약하다. 검약하다.「一錢；돈을 절약하다」③간략한.「一稱；간단히 부르다」⇨hsing.
[省城] shěngch'éng ㄕㄥˇㄔㄥˊ =省會.
[省錢] shěngch'ién ㄕㄥˇㄑㄧㄢˊ 금전을 절약하다. ②돈이 들지 않다.
[省儉] shěngchiěn ㄕㄥˇㄐㄧㄢˇ 검약(儉約)하다. =儉省.
[省吃臉用] shěngch'īh-liěnyùng ㄕㄥˇㄔ ㄌㄧㄢˇㄩㄥˋ 생활을 절약하다.
[省區] shěngch'ū ㄕㄥˇㄑㄩ ①=省①. ②성(省)과 구(區).
[省去] shěngch'ù ㄕㄥˇㄑㄩˋ 생략하다. =省却.
[省份] shěngfěn ㄕㄥˇㄈㄣˋ ①성(省): 중국의 최대의 행정 구역.「沒有水產的一已經是沒有了；수산(水產)이 없는 성(省)은 이미 없어졌다」
[省下] shěngshia ㄕㄥˇㄒㄧㄚ ①생략하다. ②절약한 나머지.
[省心] shěnghsīn ㄕㄥˇㄒㄧㄣ 안심이 되다.「從此你算一了；앞으로 너는 안심될 것이다」
[省會] shěnghuì ㄕㄥˇㄏㄨㄟˋ 성 정부(省政府) 소재지.
[省工] shěngkūng ㄕㄥˇㄍㄨㄥ 수고를 덜다.
[省力] shěnglì ㄕㄥˇㄌㄧˋ ①힘이 덜어지다. 수월하다. 힘을 덜다.
[省略號] shěnglüèhhào ㄕㄥˇㄌㄩㄝˋㄏㄠˋ 생략 부호.
[省事] shěngshìh ㄕㄥˇㄕˋ 손을 덜다.
[省市] shěngshìh ㄕㄥˇㄕˋ 성(省)과 도시.
[省得] shěngtê ㄕㄥˇㄉㄜ …하지 않고 지내다. …하지 않도록.「你快躲躲去, 一招麻煩；너는 빨리 물러서라, 싸움이 벌어지지 않게」
[省籐] shěngt'éng ㄕㄥˇㄊㄥˊ 백등(白籐).
[省掉] shěngtiào ㄕㄥˇㄉㄧㄠˋ 생략하다.

〔眚〕 shěng ㄕㄥˇ 과실. 실수.「不以一一掩大德；하나의 잘못으로 인하여 큰 덕을 무시할 수는 없다」

〔勝〕(胜) shèng ㄕㄥˋ ① 이기다.「打一仗；전쟁에서 승리하다」②우수하다. 월등하다.「他的技術一過我；그의 기술은 나보다 뛰어나다」③아름답다. 경치가 좋다.「名一；명승지」
[勝仗] shèngchàng ㄕㄥˋㄓㄤˋ 승전(勝戰)하다.「打一；전쟁에서 이기다」
[勝強] shèngch'iáng ㄕㄥˋㄑㄧㄤˊ 뛰어나다.
[勝會] shènghuì ㄕㄥˋㄏㄨㄟˋ 성대한 모임이나 회(會).
[勝概] shèngkài ㄕㄥˋㄍㄞˋ 좋은 경치.
[勝哥兒] shèngkōrh ㄕㄥˋㄍㄜㄦ 너무 귀엽게 키운 자식. =勝蛋.
[勝過] shèngkuo ㄕㄥˋㄍㄨㄛ 우수하다. 월등하다.
[勝利] shènglì ㄕㄥˋㄌㄧˋ 승리하다. 성공하다.「一地完成任務；성공리에 임무를 완성하다」「一地奪得了大豐收；성공리에 대풍작을 걷우었다」
[勝似] shèngssǔ ㄕㄥˋㄙˋ =勝過.
[勝友] shèngyǔ ㄕㄥˋㄧㄡˇ 우수한 벗.

〔盛〕 shèng ㄕㄥˋ ①번창함. ②풍부한. 훌륭한.「一宴；훌륭한 연회」③열렬한. 대규모적인. ④두터운. 깊은: 대개 경어에 씀.「一意；후의(厚意)」「一情；후의(厚誼)」⇨ch'éng.
[盛產] shèngch'ǎn ㄕㄥˋㄔㄢˇ 한창 산출되다.
[盛氣] shèngch'ì ㄕㄥˋㄑㄧˋ 성한 기세.「一淩人；왕성한 기세로 남을 압도하다. 기세가 당당하게 남에게 대들다」
[盛極一時] shèngchí īshíh ㄕㄥˋㄐㄧˊㄧㄕˊ 일시적으로 몹시 성대하게 되다.
[盛景] shèngchǐng ㄕㄥˋㄐㄧㄥˇ 성황.
[盛行] shènghsíng ㄕㄥˋㄒㄧㄥˊ 성행하다. 유행하다.
[盛意] shèng ì ㄕㄥˋ ㄧˋ 후의(厚意).
[盛開] shèngk'āi ㄕㄥˋㄎㄞ 만개(滿開)하다.
[盛名] shèngmíng ㄕㄥˋㄇㄧㄥˊ 자자한 평판.
[盛年] shèngnién ㄕㄥˋㄋㄧㄢˊ 장년(壯年). 한창 힘이 좋은 시절.
[盛怒] shèngnù ㄕㄥˋㄋㄨˋ 격노하다. 몹시 노하다.
[盛典] shèngtiěn ㄕㄥˋㄉㄧㄢˇ 대규모적인 장중(莊重)한 식전(式典). 성대한 식전.「開國一；건국의 식전」

〔乘〕 shèng ㄕㄥˋ 옛날에 네 마리가 끄는 군용차를 셈할 때에 쓰든 수사(數詞).「千一之國； 천대(千臺)의 병거(兵車)를 가진 나라」

〔剩〕(賸) shèng ㄕㄥˋ ①남다. 나머지의.「一飯；남은 밥」「一貨；팔다 남은 상품」②남기다.
[剩下] shènghsia ㄕㄥˋㄒㄧㄚ 남기다.
[剩料] shèngliào ㄕㄥˋㄌㄧㄠˋ 쓰고 남은

재료.
[剩湯臘水的] shěngt'āng-làshuitê ㄕㄥˋㄊㄤ ㄌㄚˋㄕㄨㄟˇㄉㄜ 먹다 남은 찌꺼기. 밥찌꺼기.
[剩餘] shěngyǘ ㄕㄥˋㄩˊ ①잉여. ②남다. ③쓰다 남은 물건.

〔聖〕(圣) shěng ㄕㄥˋ ①성인. ②종교상에 있어서 그 교주나 그와 관계 있는 것.「一經 ; 바이블」③황제 또는 그와 관계 있는 것.「一旨 ; 황제의 말씀」④학예(學藝)나 기술이 특히 뛰어난 일.「詩一 ; 두보(杜甫)를 가리킴. 시성」
[聖經紙] shěngchīngchīh ㄕㄥˋㄐㄧㄥㄓˇ 인디언페이퍼 : 얇고 질기며 사전용으로 많이 쓰이는 종이.
[聖潔] shěngchiéh ㄕㄥˋㄐㄧㄝˊ 성(聖)스럽다. 성결하다.
[聖明] shěngming ㄕㄥˋㄇㄧㄥ (사고 방식이나 착안점이)좋다. 머리가 잘 돌아가다.
[聖誕] shěngtàn ㄕㄥˋㄉㄢˋ 성현(聖賢)의 탄생.「一節 ; 크리스마스」「一樹 ; 크리스마스 트리」

SHIH ㄕ

〔失〕 shīh ㄕ ①잃다.「一物招領 ; 유실물 수령」②배반하다. 어기다.「一約 ; 약속을 어기다」③실패하다. 실수하다.「一足 ; 발을 잘못 디디다. 실패하다」④목적을 달성치 못하는 것.「一望 ; 실망」⑤과실.「過一」⑥정상적이 못되다. 변한 모양을 하다.「大驚一色 ; 매우 놀라서 새파랗게 되다」
[失察] shīhch'á ㄕㄔㄚˊ 감독이나 감찰을 소홀히 하다.
[失張] shīhchang ㄕㄓㄤ 매우 당황하여 쩔쩔매다.
[失常] shīhch'áng ㄕㄔㄤˊ ①평상성(平常性)을 잃다. ②평상 궤도에서 벗어나다.
[失着(兒)] shīhchāo(rh) ㄕㄓㄠ(ㄦ) ①실계(失計). ②실책.
[失眞] shīhchěn ㄕㄓㄣ 진상과 엇갈리다. 진상이 알려지지 않다.
[失機] shīhchī ㄕㄐㄧ 기회를 잃다.
[失計] shīhchì ㄕㄐㄧˋ 계산을 잘못하다.
[失脚] shīhchiǎo ㄕㄐㄧㄠˇ =失足②.
[失節] shīhchiéh ㄕㄐㄧㄝˊ 절개나 정조를 잃다.
[失檢] shīhchiěn ㄕㄐㄧㄢˇ①검사를 멋대로 하다. ②검사를 잘못하다.
[失職] shīhchíh ㄕㄓˊ 직무상의 실수가 있다.
[失之交臂] shīhchīhchiāopì ㄕㄓㄐㄧㄠㄅㄧˋ 눈앞에 있는 좋은 기회를 놓치다. 잠간 사이에 기회를 놓치다. =失諸交臂.
[失群之雁] shīhch'ǘnchīhyèn ㄕㄑㄩㄣˊㄓㄧㄢˋ 떼를 잃은 기러기. 남겨 둔 물건.
[失主] shīhchǔ ㄕㄓㄨˇ ①분실자(紛失者). ②잃은 것을 찾는 사람.
[失去] shīhch'ǜ ㄕㄑㄩˋ 잃다.
[失傳] shīhch'uán ㄕㄔㄨㄢˊ 후세에 전하여지지 않게 되다.
[失却] shīhch'üèh ㄕㄑㄩㄝˋ잃어 버리다.
[失和] shīhhó ㄕㄏㄜˊ 사이가 나빠지다.
[失信] shīhhsìn ㄕㄒㄧㄣˋ 약속을 어기다. 신용을 잃다.
[失修] shīhhsiū ㄕㄒㄧㄡ 수리를 태만하게 하다.「年以一 ; 장시일을 두고 수리를 안하고 있다」
[失學] shīhhsüéh ㄕㄒㄩㄝˊ ①취학을 하지 않고 있다. ②취학의 기회가 없다.
[失悔] shīhhuǐ ㄕㄏㄨㄟˇ 후회하다.
[失魂落魄] shīhhún-lòp'ò ㄕㄏㄨㄣˊㄌㄨㄛˋㄆㄛˋ 침착하지 못한 모양. 안절부절 못하는 상태. 넋을 잃다.
[失魂喪膽] shīhhún-sàngtǎn ㄕㄏㄨㄣˊㄙㄤˋㄉㄢˇ 넋을 잃다. 낙담하다. ‹成›
[失魂小魄] shīhhún-shǎop'ò ㄕㄏㄨㄣˊㄕㄠˇㄆㄛˋ 힘이 없고 넋빠진 모양.
[失宜] shīhí ㄕㄧˊ 적당성을 잃다. 타당하지 않다.
[失口] shīhk'ǒu ㄕㄎㄡˇ 실언하다.
[失利] shīhlì ㄕㄌㄧˋ 이익을 놓치다.
[失落] shīhlò ㄕㄌㄨㄛˋ 잃다. 분실하다.
[失迷] shīhmí ㄕㄇㄧˊ 헤매다. 잘못 알다.「一了路 ; 길을 잃고 헤매었다」
[失密] shīhmì ㄕㄇㄧˋ 기밀을 누설하다.
[失滅] shīhmièh ㄕㄇㄧㄝˋ 잃다.「把要緊的文件一了 ; 중요한 서류를 잃었다」
[失眠] shīhmién ㄕㄇㄧㄢˊ 잠을 못자다.「一症 ; 불면증」
[失陪] shīhp'éi ㄕㄆㄟˊ①실례합니다.‹人› ②(기다리던 사람에게) 실례했읍니다. ‹人›
[失散] shīhsàn ㄕㄙㄢˋ 흩어져 나가다.
[失色] shīhsè ㄕㄙㄜˋ ①태도나 표정이 성실하지 못하다. ②놀라서 안색이 변하다. 실색하다.
[失閃] shīhshan ㄕㄕㄢ 뜻하지 않은 실패나 위험
[失神] shīhshén ㄕㄕㄣˊ ①주의를 게을리하다. ②실신하다.
[失愼] shīhshěn ㄕㄕㄣˋ ①주의를 게을리하다. ②화재(火災)를 내다.
[失身] shīhshēn ㄕㄕㄣ ①정조를 잃다. ②몸에 피해를 입다.
[失聲] shīhshēng ㄕㄕㄥ ①(슬픈 나머지) 말이 안 나오다.「一痛哭 ; 흐느껴 울다」② 자기도 모르게 소리를 내다」
[失實] shīhshíh ㄕㄕˊ 사실과 맞지 않다.
[失事] shīhshìh ㄕㄕˋ ①일을 그르치다. ②사고.「飛機一 ; 비행기 사고」
[失勢] shīhshìh ㄕㄕˋ 세력을 잃다.
[失手] shīhshǒu ㄕㄕㄡˇ ①손을 놓치다. 손어림이 틀리다. ②조그만 실수를 하다. ③ 도둑 따위가 현장에서 잡히다.
[失守] shīhshǒu ㄕㄕㄡˇ ①지켜야 할 본분을 잃다. ②함락(陷落)하다.
[失算] shīhsuàn ㄕㄙㄨㄢˋ ①오산하다.② 실책하다. 바보짓하다. ③손해를 보다.
[失態] shīht'ài ㄕㄊㄞˋ 할 바를 몰라하다.
[失單] shīhtān ㄕㄉㄢ (당국에 내는)도난물명세표(盜難物明細表). 분실 신고서나 또는 그 용지.
[失盜] shīhtào ㄕㄉㄠˋ 도난당하다.
[失掉] shīhtiào ㄕㄉㄧㄠˋ 잊어버리다.「一了信心 ; 자신을 잃었다」
[失措] shīhts'ò ㄕㄘㄨㄛˋ (당황하여)잘못 조치(措置)하다.
[失足] shīhtsú ㄕㄗㄨˊ ①딩굴다.「一落水

;·굴러서 물에 떨어지다」② (추상적으로)길을 잘못 잡다. 신중성을 잃다.「一一成千古恨 ; 한번 길을 잘못 잡으면 천년의 후회가 된다」
[失物] shīhwù ㄕㄨˋ 유실물(遺失物).
[失迎] shīhyíng ㄕㄧㄥˊ (집등을 보느라고 마중을 못나가서)죄송합니다.《人》
[失約] shīhyüēh ㄕㄩㄝ 약속을 위반하다. 약속대로 안되다.

〔施〕 shīh ㄕ ①실행하다.시행하다.「無計可一 ; 베풀 수단이 없다」② 더하다. 사용하다.「一肥 ; 비료를 주다」 ③남에게 베풀다. 혜택을 주다.「一粥 ; 죽을 주다」
[施展] shīhchăn ㄕㄓㄢˇ (재능·수단·역량 따위를)사용하다. 발휘하다.「他那點威風在我面前可就一不出來了 ; 그의 그 위풍은 내 앞에서는 발휘하지 못하게 되었다」>施施展展.
[施診] shīhchĕn ㄕㄓㄣˇ 무료로진찰하다.「一所 ; 무료 진료소」
[施賑] shīhchĕn ㄕㄓㄣˋ 재물을 가난한 사람에게 베풀어 주다.
[施加] shīhchiā ㄕㄐㄧㄚ (압력 따위를)가하다.「一不少壓力 ; 많은 압력을 가하다」
[施放] shīhfàng ㄕㄈㄤˋ ①놓아 주다. 뿌리다.「一毒氣 ; 독가스를 뿌리다」 ② (구제하기 위하여)나누어 주다.
[施惠] shīhhuì ㄕㄏㄨㄟˋ 은혜를 베풀다.
[施醫] shīh ī ㄕ ㄧ 무료로 치료하다.
[施工圖] shīhkūngt'ú ㄕㄍㄨㄥㄊㄨˊ 공사설계도(工事設計圖).
[施禮] shīhlì ㄕㄌㄧˇ 경례하다.
[施捨] shīhshĕ ㄕㄕㄜˇ 회사하다.
[施爲] shīhwéi ㄕㄨㄟˊ ①=施展. ②하는 방법.「很有一 ; 하는 방법이 좋다」
[施用] shīhyùng ㄕㄩㄥˋ (수단 방법을)쓰다. 실시하다.「一法西斯手段 ; 파쇼적인 수단을 쓰다」

〔師〕(师) shīh ㄕ ①선생. 스승.「老一선생님」②본보기. 사범.「一法 ; 위와같음」 ③기술을 가진 사람.「工程一 ; 기사」④남에게서 배우다.「一先賢 ; 선현에게 배우다」⑤군대. ⑥(군대의 단위) 사단.「一長 ; 사단장」
[師長] shīhchăng ㄕㄓㄤˇ ①웃사람. 선배. 선생님. ②사단장.
[師承] shīhch'ĕng ㄕㄔㄥˊ ①스승으로 섬겨서 기술을 계승하다.「一某人 ; 어떤 사람을 스승으로 섬기다」②전승(傳承) 하다.
[師直爲壯] shīhchíh wéichuàng ㄕㄓˊㄨㄟˊ ㄓㄨㄤˋ 정의를 위한 전투에서 의지가 왕성한 것.《成》
[師出無名] shīhch'ū wúmíng ㄕㄔㄨ ㄨˊ ㄇㄧㄥˊ 출병(出兵)하는데 정당한 이유가 없다.
[師法] shīhfă ㄕㄈㄚˇ ①표준. 모범. ②표준으로 삼다. 모범으로 삼다.
[師父] shīhfu ㄕㄈㄨ ① 스님에 대한 경칭. ②=師傅 ②.
[師傅] shīhfu ㄕㄈㄨ ①(학문상의)선생님이나 스승. ②(기술상의)스승이나 우두머리. ③직공에 대한 경칭.「木匠一 ; 목수. 목공」
[師心自用] shīhhsīn tzŭyùng ㄕㄒㄧㄣㄗˋ ㄩㄥˋ 자기만 옳다고 생각하고 남의 말은 듣지 않다.《成》
[師兄] shīhhsiūng ㄕㄒㄩㄥ 동문(同門)의 선배. 선배.
[師兄弟] shīhhsiūngtì ㄕㄒㄩㄥㄉㄧˋ 같은 스승으로부터 교육을 받은 사람.
[師哥] shīhkō ㄕㄍㄜ 동문의 선배. 선배.
[師姑] shīhkū ㄕㄍㄨ 여자 중. 비구니. 수녀.
[師母] shīhmŭ ㄕㄇㄨˇ 제자가 스승의 부인을 부르는 말. 사모님. =師娘.
[師部] shīhpù ㄕㄅㄨˋ 사단 사령부.
[師生] shīhshēng ㄕㄕㄥ 교사와 학생.
[師弟] shīhtì ㄕㄉㄧˋ 동문의 후배. 남자의 동문의 후배.
[師資] shīhtzū ㄕㄗ ①교사의 자격. ②교사. ③교사의 자격 있는 사람. ④본(本).
[師爺] shīhyeh ㄕㄧㄝ 장관의 개인적인 고문(顧問).「刑名一 ; 사법고문(司法顧問)」「錢谷一 ; 재정 고문(財政顧問)」
[師友] shīhyŭ ㄕㄧㄡˇ ①스승으로 받들만한 친구. ②선생과 친구. 사우.

〔屍〕(尸) shīh ㄕ 시체. 「현장.
[屍場] shīhch'ăng ㄕㄔㄤˇ 시체가 있는
[屍親] shīhch'īn ㄕㄑㄧㄣ 사건의 피해자. 사망자의 가족.
[屍骸遍野] shīhhái pièn yĕh ㄕㄏㄞˊ ㄅㄧㄢˋㄧㄝˇ 시체가 벌판을 메우다. 산더미 같은 시체.
[屍骨] shīhkŭ ㄕㄍㄨˇ 유골.
[屍變] shīhpièn ㄕㄅㄧㄢˋ 죽은 자가 일어서 걸어 가는 이변(異變).
[屍首] shīhshŏu ㄕㄕㄡˇ 시체. =屍身.
[屍體] shīht'ĭ ㄕㄊㄧˇ 시체.
[屍位] shīhwèi ㄕㄨㄟˋ 그 직위에 있으면서 아무것도 안하는 모양.「一素餐 ; 그 능력도 없는 자가 자리에 앉아서 무위하게 녹만 축내다」《成》

〔詩〕 shīh ㄕ 시.
[詩鐘] shīhchūng ㄕㄓㄨㄥ 글자 맞추기. 놀이의 하나.
[詩話] shīhhuà ㄕㄏㄨㄚˋ 시의 평론서(詩評論書).
[詩意] shīhì ㄕ ㄧˋ ①시정(詩情). ②시의 뜻. ③시취(詩趣).
[詩料] shīhliào ㄕㄌㄧㄠˋ 시의 자료.
[詩社] shīhshè ㄕㄕㄜˋ 시인들의 조직 단체.
[詩思] shīhssū ㄕㄙ 시상(詩想).
[詩餘] shīhyǘ ㄕㄩˊ "詞"의 이칭(異稱).

〔獅〕 shīh ㄕ「一子 ; 사자」
[獅子狗] shīhtzŭkŏu ㄕㄗㄍㄡˇ 〈動〉집에 기르는 일본 개:몸은 작고 털은 길다.
[獅子猫] shīhtzŭmāo ㄕㄗˇㄇㄠ 고양이의 일종으로 털이 길고 꼬리가 크다.
[獅子頭] shīhtzŭt'óu ㄕㄗㄊㄡˊ 고기로 만든 경단의 큰 것.「沙鍋一 ; 질남비에 고기 경단과 배추를 넣어서 볶은 요리」

〔蓍〕 shīh ㄕ 〈植〉톱풀: 옛날 점칠 때 그 줄기를 사용하였다 함.

〔蝨〕(虱) shīh ㄕ 「一子；이」

〔濕〕(湿·溼) shīh ㄕ 축축하다.「地很一；땅이 매우 축축하다」

[濕潮] shīhch'áo ㄕㄔㄠˊ 축축하다. 물이 배어 있다.

[濕氣] shīhch'ì ㄕㄑㄧ (한의에서는) 습진 따위의 피부병.

[濕潤] shīhjùn ㄕㄖㄨㄣˋ 젖음. 습기. 윤기.

[濕潤潤的] shīhjùnjùntê ㄕㄖㄨㄣˋㄖㄨㄣˋㄉㄜ 축축하게 조금 물기가 있는 모양.

[濕淋淋的] shīhlínlíntê ㄕㄌㄧㄣˊㄌㄧㄣˊㄉㄜ ＝濕答答的.

[濕漉漉的] shīhlùlùtê ㄕㄌㄨˋㄌㄨˋㄉㄜ 흠뻑 젖은 모양.

[濕答答的] shīhtātātê ㄕㄉㄚㄉㄚㄉㄜ (물방울이 떨어질 정도로) 흠뻑 젖어 있는 모양.

[濕透] shīht'òu ㄕㄊㄡˋ 흠뻑 젖다.「被雨一了；비에 흠뻑 젖었다」

[濕漬漬的] shīhtzûtzûtê ㄕㄗˋㄗˋㄉㄜ ＝濕漉漉的.

〔十〕 shíh ㄕˊ ①10. ②완전한. 충분한.「一全一美；완전한 미를 다하다」

[十成(兒)] shíhch'éng(rh) ㄕˊㄔㄥˊ(ㄦ)100퍼센트.「一純粹；100퍼센트 순수하다」

[十七八大] shíhch'īpátà ㄕˊㄑㄧㄅㄚˊㄉㄚˋ 17～18세: 벌써 아이들은 아니라는 뜻.

[十足] shíhchú ㄕˊㄓㄨˊ 충분. 100퍼센트.「神氣一；참으로 건방지다」

[十全] shíhch'üán ㄕˊㄑㄩㄢˊ 완전하다.

[十分] shíhfēn ㄕˊㄈㄣ ①충분하다. ②충분히. 매우.

[十分實麗兒] shíhfēn shíhyénrh ㄕˊㄈㄣ ㄕˊㄧㄢˊㄦ ①극점에 도달하고 있다.「病到一；병이 최악의 상태에 이르고 있다」②전혀 빈틈 없다.

[十個頭兒] shíhkot'óurh ㄕˊㄍㄜㄊㄡˊㄦ 매우. 몹시.「天氣是一的冷；날씨가 매우 춥다」

[十輪卡] shíhlúnk'ǎ ㄕˊㄌㄨㄣˊㄎㄚˇ 십륜(十輪) 트럭.

[十目所視] shíhmùsǒshìh ㄕˊㄇㄨˋㄙㄨㄛˇㄕˋ (많은 사람이)보는 곳.「一十手所指；많은 사람이 가리키는 곳」《成》

[十拿九穩] shíhná-chiǔwěn ㄕˊㄋㄚˊㄐㄧㄡˇㄨㄣˇ 십중팔구는 가망이 있다.

[十年寒窓] shíhnién hánch'uāng ㄕˊㄋㄧㄢˊㄏㄢˊㄔㄨㄤ 오랜 세월을 두고 고생하며 공부를 계속하다.《成》

[十年樹木, 百年樹人] shíhnién shùmù, pǎinién shujên 인재를 육성한다는 것은 그렇게 쉬운 일은 아니다.《成》

[十八變] shíhpápièn ㄕˊㄅㄚˊㄅㄧㄢˋ 일이 잘 변함을 비유하는 말.「女大一；여자는 어른이 될 때까지는 자주 변한다」

[十八子] shíhpātzǔ ㄕˊㄅㄚㄗˇ 자두를 말함. 자두: "李"를 분석하면"十八子".

[十三點] shíhsāntiěn ㄕˊㄙㄢ ㄧㄢˇ 좀 얼간이 같은 변태인(變態人).

[十室九空] shíhshìh chiǔk'ūng ㄕˊㄕˋㄐㄧㄡˇㄎㄨㄥ 많은 사람이 피난하여 텅 빈 모양.

[十停(兒)] shíht'íng(rh) ㄕˊㄊㄧㄥˊ(ㄦ) 10할. 전부.「一已完成了八停；전체의 8할은 이미 완성했다」

[十冬蠟月] shíhtūnglàyüèh ㄕˊㄉㄨㄥㄌㄚˋㄩㄝˋ 엄동(嚴冬) 계절.

[十字架兒] shíhtzǔchiàrh ㄕˊㄗˇㄐㄧㄚˋㄦ 지주를 "十字"형으로 만든 것. 「이.

[十字鎬] shíhtzǔkǎo ㄕˊㄗˇㄍㄠˇ 십자형 괭

[十字路口(兒)] shíhtzǔlùk'ǒu(rh) ㄕˊㄗˇㄌㄨˋㄎㄡˇ(ㄦ) 십자로(十字路). 네거리.

[十萬火急] shíhwàn huǒchí ㄕˊㄨㄢˋ ㄏㄨㄛˇㄐㄧˊ 물러설 수 없는 급박한 상태

〔什〕 shíh ㄕˊ ①10.「一一；10분의 1」②여러 가지의. 이것 저것의.「家一；가재기물(家財器物) ⇨shén.

[什件兒] shíhchiènrh ㄕˊㄐㄧㄢˋㄦ, shíhchiěnrh ①기구에 붙이는 금속제의 장식품. ②조류의 내장인 간이나 위장 따위.

[什質] shíhchìh ㄕˊㄓˋ 협잡물(夾雜物).

[什錦] shíhchǐn ㄕˊㄐㄧㄣˇ ①요리에서 여러 가지 재료를 사용한 것. ②여러 가지 물건을 끌어 모은 것.

[什閑兒] shíhhsiénrh ㄕˊㄒㄧㄢˊㄦ 움직임이 없는 것. 고요함.「手脚沒個一；바쁘게 손발을 움직이고 있다」

[什百] shíhpó ㄕˊㄅㄛˊ 십배. 백배.

[什不閑兒] shíhpuhsiénrh ㄕˊㄅㄨㄒㄧㄢˊㄦ "雜技"의 일종: 괭과리·북·심벌즈) 따위를 한데 놓고 이것을 자유로히 치며 노래함.

[什物] shíhwù ㄕˊㄨˋ 집기(什器).

〔石〕 shíh ㄕˊ 돌. ⇨tàn.

[石砟] shíhchǎ ㄕˊㄓㄚˇ 밸러스트의 변화.

[石沈大海] shíhch'ēn tàhǎi ㄕˊㄔㄣ ㄉㄚˋㄏㄞˇ ①두번 다시 햇빛을 못보다. ②무소식. 편지를 내도 답장이 없는 일.

[石匠] shíhchiàng ㄕˊㄐㄧㄤˋ 석공.

[石階] shíhchiēh ㄕˊㄐㄧㄝ 돌 계단.

[石青] shíhch'īng ㄕˊㄑㄧㄥ ①그림 물감의 하나: 중국"南海"에 나는 것으로 변색하지 않음. ②감청(紺青).

[石決明] shíhchüéhmíng ㄕˊㄐㄩㄝˊㄇㄧㄥˊ 전복(鮑).

[石鐘乳] shíhchūngjǔ ㄕˊㄓㄨㄥㄖㄨˇ 종유석(鐘乳石).

[石方] shíhfāng ㄕˊㄈㄤ 석괴(石塊) 채굴에 있어서 채굴 부피를 재는 단위로 1 "石方"은 돌의 양으로 1m³에 해당하다.

[石蕊] shíhjuǐ ㄕˊㄖㄨㄟˇ 리트머스.「一試紙；리트머스 시험지」

[石刻] shíhk'ò ㄕˊㄎㄜˋ 글자를 조각한 돌.

[石工] shíhkūng ㄕˊㄍㄨㄥ ①돌로 세공한 물건. ②석공. 석수장이.

[石蠟] shíhlà ㄕˊㄌㄚˋ 파라핀.

[石料] shíhliào ㄕˊㄌㄧㄠˋ 석재(石材).

[石榴] shíhliu ㄕˊㄌㄧㄡ 석류나무: 석류나무 열매. 「一石；석류석(石榴石)」

[石榴裙] shíhliuch'ǘn ㄕˊㄌㄧㄡㄑㄩㄣˊ 빨간 스커어트.

[石綠] shíhlù ㄕˊㄌㄨˋ 공작석(孔雀石).

[石磨] shíhmò ㄕˊㄇㄛˋ 돌 절구나 맷돌.

[石板] shíhpǎn ㄕˊㄅㄢˇ ①석판(石版). ②슬레이트. 석판(石板). ③석반(石盤).

[石帮岸] shíhpāng'àn ㄕˊㄅㄤㄢˋ 돌로 쌓은 강언덕(河岸).

[石破天驚] shíhp'òt'iēnchīng ㄕˊㄆㄛˋㄊㄧㄢ ㄐㄧㄥ 유달리 뛰어나서 남을 놀라게 하는 일. ‹成›
[石首魚] shíhshǒuyǘ ㄕˊㄕㄡˇㄩˊ 조기. 석수어.
[石碇] shíhtìng ㄕˊㄉㄧㄥˋ 돌로 된 닻.
[石頭] shíht'ou ㄕˊㄊㄡ 돌.「一子兒; 돌맹이」 「석을 말함.
[石頭兒] shíht'ourh ㄕˊㄊㄡㄦ 흔히 보
[石作] shíhtsō ㄕˊㄗㄨㄛ 석공(石工).
[石子(兒)] shíhtzǔ(rh) ㄕˊㄗˇ(ㄦ) 자갈. 돌멩이.
[石硪] shíhwǒ ㄕˊㄨㄛˋ 돌로 만든 달구.

〔食〕 shíh ㄕˊ ①먹다.「一肉; 고기를 먹다」②음식물.「麵一; 분식」③먹이. 사료.「狗吃一; 개가 먹이를 먹다」⇨ ssǔ.
[食積] shíhchī ㄕˊㄐㄧ 음식이 잘 삭지 않고 뭉치어 생기는 병.
[食具櫥] shíhchǜch'ú ㄕˊㄐㄩˋㄔㄨˊ 식기 놓는 선반. 찬장.
[食心虫] shíhhsīnch'úng ㄕˊㄒㄧㄣㄔㄨㄥˊ 과실에 붙어 속을 파먹는 벌레.
[食火鷄] shíhhuǒchī ㄕˊㄏㄨㄛˇㄐㄧ 화식조(火食鳥).
[食肉寢皮] shíhjòuch'ǐnp'í ㄕˊㄖㄡˋㄑㄧㄣˇㄆㄧˊ 적에 대한 깊은 원한을 비유하는 말. 「식도.
[食管(兒)] shíhkuǎn(rh) ㄕˊㄍㄨㄢˇ(ㄦ)
[食古不化] shíhkǔpúhuà ㄕˊㄍㄨˇㄅㄨˊㄏㄨㄚˋ ①옛것만 친히 하고 융통성이 없는 일. ②보수적이다. 완고하다. ‹成›
[食而不化] shíhérhpúhuà ㄕˊㄦˊㄅㄨˊㄏㄨㄚˋ 먹어 소화 시키지 못함. 배운 지식을 이해하지 못함. ‹成›
[食嗓] shíhsǎng ㄕˊㄙㄤˇ ＝食管(兒).
[食單] shíhtān ㄕˊㄉㄢ 메뉴. 음식 일람표.
[食道] shíhtào ㄕˊㄉㄠˋ ①음식 먹는 법. ②식량 보급의 길. ③식도.

〔拾〕 shíh ㄕˊ ①줍다. 손으로 집어 들다.「一了一枝筆; 한 자루의 붓을 주웠다」②"十": 금액 기입에 씀. "十"의 별체(別體).
[拾金不昧] shíhchīn púmèi ㄕˊㄐㄧㄣㄅㄨˊㄇㄟˋ 돈을 주워 슬그머니 모르는 체하지 않다.
[拾翻] shíhfan ㄕˊㄈㄢ ①이리저리 휘젓다.「把一抽屜的東西都一亂了; 서랍 속을 마구 휘저어 놓다」> 拾拾翻翻. ②(옛일을)다시 끄집어 내다.
[拾笑兒] shíhhsiàorh ㄕˊㄒㄧㄠˋㄦ 방관한 입장에서 보고 웃거나 또는 따라서 웃다.
[拾人牙慧] shíhjénjáhuì ㄕˊㄖㄣˊㄧㄚˊㄏㄨㄟˋ 남이 한 말을 그대로 모방하다.
[拾漏子(一兒)] shíhlòutzǔ(—rh) ㄕˊㄌㄡˋㄗ(一ㄦ) 틈을 타서 이득을 보다.
[拾掇] shíhto ㄕˊㄉㄨㄛ ①정리하다. 처내다.

〔時〕(时) shíh ㄕˊ ①시간. 때. 시대. 시기.「計一; 시간을 재다」「上午七一; 오전 7시」「宋一; 송나라 시대」②계절.「四一; 네 계절」③당시의. 현대의.「一人; 당시의 사람. 현대의 사람」④늘. ⑤때로는. 때때로.「一陰一晴; 갰다 흐렸다」
[時常] shíhch'áng ㄕˊㄔㄤˊ 늘. 잘.「他一生病; 그는 늘 앓고 있다」>時時常常.
[時辰] shíhch'ên ㄕˊㄔㄣ ①때. ②시각.
[時氣] shíhch'ì ㄕˊㄑㄧ 운. 운명.
[時機] shíhchī ㄕˊㄐㄧ 기회.
[時節] shíhchiéh ㄕˊㄐㄧㄝˊ ①때. ②시절.
[時艱] shíhchiēn ㄕˊㄐㄧㄢ 시국이 간난(艱難)하다.
[時値] shíhchíh ㄕˊㄓˊ ①시가. ②꼭…(의 때에) 해당함.「一春令, 疫病流行; 꼭 봄철을 맞이하여 질병이 유행하다」
[時裝] shíhchuāng ㄕˊㄓㄨㄤ ①지금 유행하고 있는 복장. ②그때그때의 복장.
[時鐘] shíhchūng ㄕˊㄓㄨㄥ 시계: 책상 시계나 괘종 시계.
[時而] shíhérh ㄕˊㄦˊ 때로는. 혹시.
[時候] shíhhou ㄕˊㄏㄡ ①때. ②시기. ③…의 때.「我去的一他已經走了; 내가 갔을 때는 그는 이미 나가고 없었다」
[時下] shíhhsià ㄕˊㄒㄧㄚˋ 현재.
[時興] shíhhsīng ㄕˊㄒㄧㄥ 유행하다.「趕一; 유행을 따르다」
[時會] shíhhuì ㄕˊㄏㄨㄟˋ 운(運).
[時疫] shíhì ㄕˊㄧˋ 유행성 전염병.
[時移俗易] shíhí-súì ㄕˊㄧˊㄙㄨˊㄧˋ 시대가 변하여 풍습도 변하다.
[時刻] shíhk'ò ㄕˊㄎㄜˋ ①시각. ②늘.「一準備着; 늘 준비해 두고 있다」>時時刻刻. ③일각도.「不能一放松它; 일각도 그것을 늦출 수 없다」
[時乖命蹇] shíhkuāi-mìngchiěn ㄕˊㄍㄨㄞ ㄇㄧㄥˋㄓㄢˇ 운이 나쁘다. ‹成›
[時光] shíhkuāng ㄕˊㄍㄨㄤ ①시간. ②시절. ③때. ＝時候③. ‹吳›
[時來運轉] shíhláiyǜnchuǎn ㄕˊㄌㄞˊㄩㄣˋㄓㄨㄢˇ 때가 와서 운이 돌아 오다.
[時令] shíhlìng ㄕˊㄌㄧㄥˋ ①계절. 시후(時候). 시절. ②shíhling 전염병. ＝時令病.
[時髦(兒)] shíhmáo(rh) ㄕˊㄇㄠˊ(ㄦ) 근대적. 현대적. 모던. >時時髦髦.
[時派(兒)] shíhp'ai(rh) ㄕˊㄆㄞ(ㄦ) 유행의. 현대적인.
[時變] shíhpièn ㄕˊㄅㄧㄢˋ 시국의 변천.
[時不常兒] shíhpuch'ángrh ㄕˊㄅㄨㄔㄤˊㄦ ＝時常.
[時不時] shíhpushíh ㄕˊㄅㄨㄕˊ ＝時常. ＝時不常兒.
[時時] shíhshíh ㄕˊㄕˊ 늘. 언제나.「一惦記着你; 늘 너의 일을 걱정하고 있다」
[時世] shíhshìh ㄕˊㄕˋ 시국(時局).
[時道] shíhtao ㄕˊㄉㄠ ＝時派(兒).
[時務] shíhwù ㄕˊㄨˋ 그 시대의 주요한 임무.

〔莳〕 shíh ㄕˊ 이식하다. 심다.「一秧; 모심기 「다.
〔蝕〕 shíh ㄕˊ 침입하다. 먹어 들어 가
[蝕刻] shíhk'ò ㄕˊㄎㄜˋ 부식시켜 만든 판화.
[蝕本] shíhpěn ㄕˊㄅㄣˇ 본전을 축내다. 손해를 보다.
[蝕損] shíhsǔn ㄕˊㄙㄨㄣˇ 손해를 보다.

〔實〕(实·寔) shíh ㄕˊ ① 속이 차 있다. 비지 않다.「一心的鐵球; 속이

비지 않는 철구(鐵球)」「這把手槍 一着十二個子彈；이 권총에는 12발의 탄환이 장전되어 있다」「凍一了的小湖；단단히 얼어 붙은 작은 호수」② 참으로. 성실한.「一心一意；성심성의」「一話一說；사실을 그대로 말하다」 ③종자. 과실.「開花結一；꽃이 피고 열매를 맺다」 「다.

[實招] shíhchāo ㄕˊㄓㄠ 솔직히 털어 놓

[實誠] shíhch'êng ㄕˊㄔㄥ 독실하다.>實實誠誠.

[實際] shíhchì ㄕˊㄐㄧˋ ①실정.「符合一；실정에 맞다」「不切一；실정에 알맞지 않다」②실제로.「一說；사실을 말하자면」③실제적이다.「他那想法有些不一；그외 생각하는 법은 좀 실제적이 아니다」④실제. ⑤실제적 또는 현실적이다. ⑥사실. ⑦실은:대개"實際上"으로 사용함.

[實價] shíhchià ㄕˊㄐㄧㄚˋ 실제 가격.

[實支] shíhchīh ㄕˊㄓ ①실제의 지출. ②실제적 수입.

[實情實理] shíhch'íng-shíhlǐ ㄕˊㄑㄧㄥˊㄕˊㄌㄧˇ 실제의 정리(情理).

[實現] shíhhsièn ㄕˊㄒㄧㄢˋ ① 실현하다. ②실시하다. ③이행하다. ④실효를 나타내다.

[實心] shíhhsīn ㄕˊㄒㄧㄣ 성의 있는. 양심적이다.「一實意；진심. 성심 성의」

[實心兒] shíhhsīnrh ㄕˊㄒㄧㄣㄦ 속이 가득 찬. 속이 비지 않다.

[實心眼兒] shíhhsīnyěnrh ㄕˊㄒㄧㄣㄧㄢˇㄦ (사고 방법이)진실하다. 충직하다.

[實惠] shíhhui ㄕˊㄏㄨㄟ ①실리(實利).②이득. ③착실하다.

[實意] shíhì ㄕˊㄧˋ ①진실한 기분.②진심으로.

[實干] shíhkàn ㄕˊㄍㄢˋ 실제로 행하다.

[實況轉播] shíhk'uàng chuǎnpō ㄕˊㄎㄨㄤˋㄓㄨㄢˇㄅㄛ 실황 방송.

[實供] shíhkùng ㄕˊㄍㄨㄥˋ 솔직히 털어놓다. 고백하다.

[實牢] shíhlao ㄕˊㄌㄠ 확실하다. 성실하다. 거짓이 없다.「一價兒；에누리 없는 가격」「一人兒；성실한 사람」>實實牢牢. =實落.

[實落] shíhlo ㄕˊㄌㄨㄛ 남의 호의를 그대로 받다.

[實拍拍的] shíhp'āip'āitê ㄕˊㄆㄞㄆㄞㄉㄜ ①확실한 모양.②꽉 차 있는 모양

[實報實銷] shíhpāo shíhhsiāo ㄕˊㄅㄠˋㄕˊㄒㄧㄠ 실비를 지급하다.

[實事求是] shíhshíhch'iúshìh ㄕˊㄕˊㄑㄧㄡˊㄕˋ 실제적인 사물에 비추어 진리를 탐구하다. ‹成›

[實說] shíhshuō ㄕˊㄕㄨㄛ 사실을 말함.「實話一；있는 대로 말하다」

[實打實] shíhtashíh ㄕˊㄉㄚㄕˊ ①확실히 하다. 위태롭지 않다. ②정직하고 성의 있다.

[實地] shíhtì ㄕˊㄉㄧˋ ①실지로.②확고히.

[實頭] shíht'ǒu ㄕˊㄊㄡ ①확고하다. 견고하다. ② 참으로.

[實在] shíhtsai ㄕˊㄗㄞ ①참으로.정확히.「一好；참으로 좋다」 ②속이 차 있다. 알차다. 견고하다. 「他的學問很一；그의 학문에는 내용이 충실하다」③ 성실하다.「一人；성실한 사람」>實實在在.

[實足] shíhtsú ㄕˊㄗㄨˊ ①충족하다.②실질적으로.「一的虧折；실질적 손실」「一年齡；만년령」

[實對實] shíhtuìshíh ㄕˊㄉㄨㄟˋㄕˊ 사실대로.「一的點破；있는 그대로 드러내다」

[實詞] shíhtz'ǔ ㄕˊㄘˊ 실사(實詞):명사·동사·형용사 따위와 같이 단독으로 사용되며, 비교적 실제적 의의를 가진 말.

[實物] shíhwù ㄕˊㄨˋ ①실물. ②현물.「一徵收；현물 징수」

〔識〕 shíh ㄕˊ ①알다. 식별하다.「一字；문자를 알다」「一貨；물건을 잘 식별할 줄 알다」②지식.「常一；상식」③생각. 시비(是非)를 아는 능력.「卓一；탁견」⇨chìh.

[識竅] shíhch'iào ㄕˊㄑㄧㄠˋ ①＝識時務. ②＝識相.

[識趣] shíhch'ǜ ㄕˊㄑㄩˋ ①일을 분별하다. ②풍취(風趣)를 알다.

[識相] shíhhsiàng ㄕˊㄒㄧㄤˋ 자기 자신을 알다. 자기의 능력을 알다.「你要一點兒才好；너는 좀더 자신을 알지 않으면 안된다」

[識破] shíhp'ò ㄕˊㄆㄛˋ 알아 차리다. 알고도 남음이 있다.「一野心；야심을 다 알고도 남음이 있다」간파하다.

[識時務] shìhshíhwù ㄕˊㄕˊㄨˋ 그 시대의 중요한 임무를 알다. 시대의 요구를 알고 그에 적응하다.

[識水] shíhshuǐ ㄕˊㄕㄨㄟˇ 수영할 각오가 서다.

[識透] shíht'òu ㄕˊㄊㄡˋ 다 알다.

[識途老馬] shíht'ú láomǎ ㄕˊㄊㄨˊㄌㄠˊㄇㄚˇ 길을 아는 늙은 말. 경험이 많은 사람. ‹成›

[識字] shíhtzǜ ㄕˊㄗˋ ①글자를 알고 있다. ②문자를 깨닫다.

[識文斷字] shíhwěn-tuàntzǜ ㄕˊㄨㄣˊㄉㄨㄢˋㄗˋ 글을 해득하다.

〔鰣〕 shíh ㄕˊ 준치:고기 이름.「一魚；준치」

〔史〕 shǐh ㄕˇ ①역사. ②옛날에 역사 편찬을 담당한 관직(官職).

[史乘] shǐhshěng ㄕˇㄕㄥˋ 역사의 서적.

[史詩] shǐhshīh ㄕˇㄕ 서사시(敍事詩).

[史則] shǐhtsě ㄕˇㄗㄜˊ 역사의 법칙.

[史册] shǐhts'è ㄕˇㄘㄜˋ 사서(史書). 사적(史籍).

〔矢〕 shǐh ㄕˇ①화살.「無的放一；표적 없는 활을 쏘다」②맹세하다.「一志不移；마음이 변치 않을 것을 맹세하다」③ 똥.「遺一；똥을 누다」

[矢口否認] shǐhk'ǒu fǒujěn ㄕˇㄎㄡˇㄈㄡˇㄖㄣˋ 입을 다물고 인정치 않다. 완강히 부인하다.

[矢口抵賴] shǐhk'ǒu tǐlài ㄕˇㄎㄡˇㄉㄧˇㄌㄞˋ 입을 다물고 승인하지 않다.

〔豕〕 shǐh ㄕˇ 돼지.

〔使〕 shǐh ㄕˇ ①쓰다. 사용하다.「好一

；사용하기 쉽다」「一勁兒；힘을 쓴다」②파견하다. 지시하다. ③…에…하게 하다. …을 …으로 하다. 「迫一敵人放下武器；적에게 무기를 버리게끔 하다. ④대사. 공사.

[使賬] shǐhchàng ㄕˇㄓㄤˋ 차금(借金)하다.
[使錢] shǐhch'ién ㄕˇㄑㄧㄢˊ 수수료를 받다. 「을 굳이하다.
[使氣] shǐhch'ì ㄕˇㄑㄧˋ 남이 싫어하는 일
[使勁(兒)] shǐhchìn(rh) ㄕˇㄐㄧㄣˋ(ㄦ) 힘을 경주하다.
[使性子] shǐhhsìng tzǔ ㄕˇㄒㄧㄥˋㄗ 신경질을 내다. 성을 내다.
[使心眼兒] shǐhhsīnyěnrh ㄕˇㄒㄧㄣㄧㄢˇㄦ 계략(計略)을 쓰다.
[使壞] shǐhhuài ㄕˇㄏㄨㄞˋ 숨어서 나쁜 짓을 하다. 몰래 몹쓸 짓을 하다.
[使喚] shǐhhuan ㄕˇㄏㄨㄢ 일을 시키다. 볼일을 시키다. 사역하다. ＞使使喚喚.
[使喚人] shǐhhuanjến ㄕˇㄏㄨㄢㄖㄣˊ①사환. ②shǐhhuan jến 타인을 사용하다.
[使館] shǐhkuǎn ㄕˊㄍㄨㄢˇ 대사관이나 공사관.
[使臉子] shǐhliěntzǔ ㄕˊㄌㄧㄢˇㄗ 불만이나 노여움을 안색에 나타내다. ＝使臉色.
[使絆兒] shǐhp'ànrh ㄕˇㄆㄢˋㄦ ①(씨름) 다리를 걸어 넘어뜨리다. ②남을 위험한 수단을 써서 모함하다. 「嘴裏說好話,脚下一；입으로는 달콤한 말을 하면서 송두리째 빼아 가다」③불의에 상대방의 허점을 치다.
[使脾氣] shǐhp'ích'i ㄕˇㄆㄧˊㄑㄧ 발칵 성을 내다.
[使不慣] shǐhpukuàn ㄕˇㄅㄨㄍㄨㄢˋ ①＝使不了②. ②손에 익지 않다. ↔使得慣.
[使不了] shǐhpuliǎo ㄕˇㄅㄨㄌㄧㄠˇ 다 쓸 수 없다. 남다.
[使不得] shǐhputê ㄕˇㄅㄨㄉㄜ ①사용치 못함. ②안됨: 불허가·불승인의 뜻으로 씀.
[使得] shǐhtê ㄕˇㄉㄜ ①쓸 수 있다. ②좋다. ＝要得. ③…을 시키다. …하게 하다.「通過這一組織,一人與人之間的關係更加密切了；이 조직에 의해서 대인관계를 일층 밀접하게 만들었다」
[使得上] shǐhtêshàng ㄕˇㄉㄜㄕㄤˋ 실제로 사용되다.「這個法子可以一；이 방법은 실제로 사용될 수가 있다」↔使不上.
[使刁] shǐhtiāo ㄕˇㄉㄧㄠ 심한 말로 대들다. 남이 싫어하는 것을 굳이 하다.
[使眼色兒] shǐh yěnshairh ㄕˇㄧㄢˇㄕㄞㄦ 눈짓하다.

〔屎〕 shǐh ㄕˇ ①똥. 대변. ②(눈이나 귀에서 분비하는)눈곱이나 귀에지.
[屎蝠螂] shǐhk'ôlang ㄕˇㄎㄜˋㄌㄤ 〈動〉 말똥구리의 일종. ＝矢蚵螂. 蜣蜋.
[屎盆子] shǐhp'ěntzǔ ㄕˇㄆㄣˊㄗ 오명. 나쁜 일.「把一往腦袋上扣；오명을 뒤집어 씌우다」

〔始〕 shǐh ㄕˇ ①시작하다. 처음.「開一；개시」「自一；처음부터」②겨우. 처음으로.「經過大家的教育,思想一有轉變；모두 교육함으로써 겨우 사상에 변화를 가져 온다」
[始終] shǐhchūng ㄕˇㄓㄨㄥ 처음부터 끝까지. 시종 일관(始終一貫)으로.「一不懈；처음부터 끝까지 태만하지 않다」「一如一；처음부터 끝까지 변하지 않다」
[始而] shǐhếrh ㄕˇㄦˊ 처음은.「一哭,繼而喊；처음은 울다가 이옥고 고함질렀다」

〔駛〕 shǐh ㄕˇ ①빨리 달리다. 뛰다. ②배를 젓다.「一船；배를 젓다」③운전하다. 조종하다.「駕一；조종하다」

〔士〕 shìh ㄕˋ ①선비.「一庶；지식인과 서민」②남을 호칭하는 말.「戰一；군인」③하사관:"上士·中士·下士".
[士林] shìhlín ㄕˋㄌㄧㄣˊ ①학계. ②지식인의 사회. 「트.
[士敏土] shìhmínt'ǔ ㄕˋㄇㄧㄣˊㄊㄨˇ 시멘
[士女] shìhnǔ ㄕˋㄋㄨˇ ①미혼의 남녀.②미인화(美人畫)의 통칭. 「사병.
[士兵] shìhpīng ㄕˋㄅㄧㄥ 군대의 전투원.
[士紳] shìhshēn ㄕˋㄕㄣ 지방의 재산가나 권력자.
[士大夫] shìhtàfū ㄕˋㄉㄚˋㄈㄨ 대관(大官)과 지식층.

〔世〕 shìh ㄕˋ ①세상. 시대. ②대대외.「一交；대대로 교제하다」③세계.
[世家] shìhchiā ㄕˋㄐㄧㄚ ①대대로 내려오는 관리의 집안. ②제후나 왕, 또는 명족(名族)의 가문의 칭호.
[世交] shìhchiāo ㄕˋㄐㄧㄠ 대대로 내려 오며 교제한 사이.
[世界] shìhchièh ㄕˋㄐㄧㄝˋ ①세계.「一大同；전세계를 평화롭게 통일하여 분쟁을 없애고, 인류가 함께 화목하는 행복한 세계로 만든다는 이상」「一語；에스페란토어」②shìhchieh 어디나.「滿一跑；각지를 쏘다니다」
[世仇] shìhch'óu ㄕˋㄔㄡˊ 대대로 내려 오는 원수.
[世風] shìhfēng ㄕˋㄈㄥ 세상 풍속.
[世好] shìhhǎo ㄕˋㄏㄠˇ ①＝世交. ②shìhhào. 시대 풍속의 취향(趣向).
[世誼] shìhì ㄕˋㄧˋ 대대로 교제함.
[世故] shìhkù ㄕˋㄍㄨˋ ①세상 일. 세상에 일어 나는 일들. ②세상 일에 정통하다.
[世路] shìhlù ㄕˋㄌㄨˋ ＝세도(世道).
[世面] shìhmien ㄕˋㄇㄧㄢ 세상의 여러 가지 화제가 되어 있는 것.「見過一；세상일을 알고 있다. 세상 일에 익숙하다」
[世伯] shìhpó ㄕˋㄅㄛˊ 아버지의 친구로 아버지보다 연장(年長)인 사람을 부르는 말.
[世上] shìhshang ㄕˋㄕㄤ 사회상(社會上). 세계상. 세상.「一會有這樣的事嗎？；이 세상에 이런 일이 있을 수 있을까？」
[世叔] shìhshū ㄕˋㄕㄨ 대대로 교제해 오는 아버지의 연하(年下)인 친구.
[世代] shìhtài ㄕˋㄉㄞˋ 대대로.「一相傳；대대로 전하다. ＞世世代代.
[世態] shìht'ài ㄕˋㄊㄞˋ 세상의 상황. 세정(世情). 「一炎凉；뜬세상의 인심은 믿을 수가 없다는 말의 비유」
[世道] shìhtào ㄕˋㄉㄠˋ 세정. 세태.
[世外桃源] shìhwàit'áoyüán ㄕˋㄨㄞˋㄊㄠ

ㄩㄢˊ 속된 세상 밖의 도원경(桃源境).
[世味] shìhwèi ㄕˋㄨㄟˋ 이 세상의 고락(苦樂).「飽嘗一；이 세상의 고락을 싫도록 맛보다」
[世務] shìhwù ㄕˋㄨˋ 당세(當世)의 임무. 세무(世務).
[世運] shìhyùn ㄕˋㄩㄣˋ ①세운 : 세상의 성쇠에 대한 운. ②올림픽 : 국제 운동경기대회.

〔氏〕 shìh ㄕˋ ①씨. ②가문. ③종전에 결혼한 여자는 자기의 성 뒤에 "氏"를 붙여 불렀다. ④고대에는 제왕이나 유족을 부를 때에 쓰고, 후에는 명사나 전문가 따위를 부를때 널리 사용되고 있음.「攝一表；섭씨 한란계」
[氏譜] shìhp'ŭ ㄕˋㄆㄨˇ 족보.

〔市〕 shìh ㄕˋ ①시. 시장.「牲口一；가축 시장」②도시.「城一；도시」③(행정 단위의 시)「臺北一」④도량형제(度量衡制)의 표준제나 미터법을 보조하는 것.「一尺；도량형제의 자(尺). =1m의 3분의 1」「一斤；시용제의 근(斤) = 2분의 1kg」
「상점가.
[市廛] shìhch'án ㄕˋㄔㄢˊ 시중의 상점.
[市場] shìhch'ăng ㄕˋㄔㄤˇ ①상품의 판로.「國內一；국내의 판로」②시장.
[市鎭] shìhchèn ㄕˋㄓㄣˋ ①상업 중심지. ②시가.
「저울.
[市秤] shìhchèng ㄕˋㄓㄥˋ 1근이 500g인
[市集] shìhchí ㄕˋㄐㄧˊ 정기시(定期市).
[市斤] shìhchīn ㄕˋㄐㄧㄣ 500g.
[市郊] shìhchiāo ㄕˋㄐㄧㄠ 교외(郊外).
[市房] shìhfáng ㄕˋㄈㄤˊ 점포가 딸린 집.
[市虎] shìhhŭ ㄕˋㄏㄨˇ ①여러 사람이 말하면 거짓말도 사실처럼 된다. ③자동차.《舊》
「외관.
[市容] shìhjúng ㄕˋㄖㄨㄥˊ 도시의 모양.
[市口兒] shìhk'ŏurh ㄕˋㄎㄡˇㄦ 가로(街路). 시정(市井).
[市儈] shìhk'uài ㄕˋㄎㄨㄞˋ ①중매인. ②브로우커. ③이익만을 추구하는 사람.
[市面] shìhmièn ㄕˋㄇㄧㄢˋ 시장의 형세.「一怎麼樣？；시황(市況)이 어떠냐？」
[市畝] shìhmŭ ㄕˋㄇㄨˇ 6.667a.
[市平] shìhp'íng ㄕˋㄆㄧㄥˊ 시장의 표준가격.
[市布] shìhpù ㄕˋㄅㄨˋ 세틴. 공단.
[市兒] shìhrh ㄕˋㄦ 시장.「曉一；아침 시장」
[市升] shìhshēng ㄕˋㄕㄥ 1리터.
[市聲] shìhshēng ㄕˋㄕㄥ 장삿군의 외치는 소리.
[市道交] shìhtàochiāo ㄕˋㄉㄠˋㄐㄧㄠ (상인처럼)이해 관계에 의한 교제.
[市斗] shìhtŭ ㄕˋㄉㄡˇ 10리터 : 소두 1말.
[市語] shìhyŭ ㄕˋㄩˇ 상업계나 시중에 유행하는 은어(隱語).

〔仕〕 shìh ㄕˋ 공무원이 되는 일.「一途；공무원이 되는 길」「一宦；관에서 일하다」

〔示〕 shìh ㄕˋ 가리키다. 알리다. 보이다.「一衆；대중에게 보여주다. 본보기로 하다」
[示警] shìhchǐng ㄕˋㄐㄧㄥˇ 경고하다.
[示範] shìhfàn ㄕˋㄈㄢˋ 모범을 보이다.「一田；농업 생산량이 특히 많은 시범이 되는 논밭」
[示復] shìhfù ㄕˋㄈㄨˋ 답장을 주다.「希即一；속히 답장을 보내 주십시오」
[示意] shìhì ㄕˋㄧˋ ①의미를 표시하다. ②… 의사를 주다.「一加緊鎭壓活動；더우기 한층 활동을 탄압할 기색을 보이다」
[示意圖] shìhìt'ú ㄕˋㄧˋㄊㄨˊ 약도.
[示弱] shìhjò ㄕˋㄖㄨㄛˋ 약점을 보여주다.「不甘一；약점을 안 보이려고 하다」
[示補兒] shíhpŭrh ㄕˊㄅㄨˇㄦ (한자의) "示"변.
[示威] shìhwēi ㄕˊㄨㄟ ①위엄. 위력을 보이다. ②데모를 하다. 시위하다.「一游行；데모 행진」

〔式〕 shìh ㄕˋ ①물건의 외형. 형식.…식.「新一；신식」②규격. 규칙. ③의식.「開幕一；개회식」④(자연 과학의)식.「方程一；방정식」
[式法兒] shìhfarh ㄕˋㄈㄚㄦ 형(形). 양식.
[式樣] shìhyàng ㄕˋㄧㄤˋ 양식. 형(型).

〔似〕 shìh ㄕˋ「一的」의 경우 이 발음이 되다.「是的」이라고도 씀. ⇨ssŭ.

〔侍〕 shìh ㄕˋ 시중 들다. 수종(隨從)하다.「服一病人；병자를 시중 들다」
[侍奉] shìhfēng ㄕˋㄈㄥˋ 시중을 들면서 받들다. 섬기다. =侍候.
[侍役] shìhì ㄕˋㄧˋ 급사. 보이.
[侍立] shìhlì ㄕˋㄌㄧˋ 시중 들다. 돌보다.
[侍弄] sgìhnùng ㄕˋㄋㄨㄥ 돌보아 주다.

〔事〕 shìh ㄕˋ ①「一兒；일. 사건」②사고. 별난 일.「他遭了一了；그는 사고가 났다」③일. 직업.「找一；일자리를 찾다」④관계. 책임.「你回去吧, 沒有你的一了；돌아 가십시오, 이미 당신과는 관계가 없으니까」⑤하다. 행하다.「不一生產；생산을 안하다」⑥ 섬기다.「一父母；부모를 섬기다」
[事迹] shìhchī ㄕˋㄐㄧ (죽은 사람의)일생에 있었던 사건.
[事情] shìhch'íng ㄕˋㄑㄧㄥˊ ①사정. ② shìhch'ing ㉮일. 사건. ㉯직무. ㉰길하고 흉한 일.
[事主] shìhchŭ ㄕˋㄓㄨˇ ①당사자. ②일의 권리를 잡고 있는 사람. ③형사 사건의 피해자.
[事權] shìhchüán ㄕˋㄐㄩㄢˊ 직권.
[事覺] shìhchüéh ㄕˋㄐㄩㄝˊ 일을 눈치채이다. 일이 발각되다.
[事出不測] shìhch'ūp'ûts'è ㄕˋㄔㄨㄆㄨˊㄘㄜˋ 예측하지 않은 일이 일어나다.《成》
[事出有因] shìhch'ūyŭyīn ㄕˋㄔㄨㄧㄡˇㄧㄣ 사건이 일어나는 데는 원인이 있다.《成》
[事先] shìhhsiēn ㄕˋㄒㄧㄢ 사전.「一協商；사전협의」「一拟定；사전에 정하다」
[事宜] shìhí ㄕˋㄧˊ ①사무. ②그 일은 …해도 좋다.「一從速進行；그 일은 조속히 하여도 좋다」
[事故] shìhkù ㄕˋㄍㄨˋ ①사고. 의외의 손실.「消滅一；사고를 없애다」②사건.
[事關緊要] shìhkuānchǐnyào ㄕˋㄍㄨㄢㄐ

ㄧㄣˇㄧㄠˋ 일이 중대하다.

[事過境遷] shìhkuò chìngch'iēn ㄕˋㄍㄨㄛˋㄐㄧㄥˋ ㄑㄧㄢ 일이 끝나서 사정·환경이 달라지다. ‹成›

[事故由子(一兒)] shìhkùyútzǔ(—rh) ㄕˋㄍㄨˋㄧㄡˊㄗ(—ㄦ) 일의 발단. ＝事端.

[事例証明] shìhlì chěngmíng ㄕˋㄌㄧˋㄓㄥˋㄇㄧㄥˊ ①사례가 증명하다. ②사례가 증명하는 것처럼:문장 전체의 상황어로 사용한다.

[事半功倍] shìhpàn kūngpèi ㄕˋㄅㄢˋㄍㄨㄥㄅㄟˋ 품도 얼마 안 들고 효과가 크다. ‹成›

[事倍功半] shìhpèi kūngpàn ㄕˋㄅㄟˋㄍㄨㄥㄅㄢˋ 품은 많이 드는데 성적은 오르지 않는다. ‹成›

[事必躬親] shìhpìkūngch'īn ㄕˋㄅㄧˋㄍㄨㄥㄑㄧㄣ 일을 꼭 몸소하다. ‹成›

[事不關己] shìhpùkuānchǐ ㄕˋㄅㄨˋㄍㄨㄢㄐㄧˇ 자기에게 무관한 일로 여겨 개의치 않음. ‹成›

[事事] shìhshìh ㄕˋㄕˋ ①일을 하다.「無所一；아무 일도 하지 않고 놀고 지내다」②매사에.

[事勢] shìhshìh ㄕˋㄕˋ 일의 진행. 일의 추세.

[事實証明] shìhshíh chěngmíng ㄕˋㄕˊㄓㄥˋㄇㄧㄥˊ ①사실이 증명하다. ②사실이 증명하듯이.

[事體] shìht'ǐ ㄕˋㄊㄧˇ ①일의 체계가 서 있다. ②일의 경과. ③＝事情. ‹吳›

[事在人爲] shìhtsài jěnwéi ㄕˋㄗㄞˋ ㄖㄣˊㄨㄟˊ 일의 성공 여하는 사람이 하는 방법에 달려 있다.

[事端] shìhtuān ㄕˋㄉㄨㄢ 일:대개 의외의 일이라든가 화를 입은 일을 말함.

[事務主義] shìhwù chǔì ㄕˋㄨˋㄓㄨˇㄧˋ 사무적인 일만 중요시하고, 정치적 일에 대하여는 경시하는 것을 말함.

[事樣兒] shìhyàngrh ㄕˋㄧㄤˋㄦ 일의 경과.

[事由(兒)] shìhyú(rh) ㄕˋㄧㄡˊ(ㄦ) ①일의 유래나 경위. ②일. 직업. 일자리.「找着了一；일자리가 발견되었다」

[事有事在] shìhyǔ shìhtsài ㄕˋㄧㄡˇㄕˋㄗㄞˋ 그 일은 뒤로 미루다.

〔柹〕(柿) shìh ㄕˋ「一子；감」

[柹漆] shìhch'ī ㄕˋㄑㄧ 감물. 「감.

[柹餅(兒)] shìhpǐng(rh) ㄕˋㄅㄧㄥˇ(ㄦ) 곶

[柹霜] shìhshuāng ㄕˋㄕㄨㄤ 곶감의 시설(柹雪).

[柹子椒] shìhtzǔchiāo ㄕˋㄗˇㄐㄧㄠ 피망 「고추.

〔恃〕 shìh ㄕˋ 부탁하다. 의지하다.

[恃才傲物] shìhts'ái àowù ㄕˋㄘㄞˊㄠˋㄨˋ 재능을 믿고 남을 깔보다. ‹成›

〔拭〕 shìh ㄕˋ 닦다.

[拭目以待] shìhmùìtài ㄕˋㄇㄨˋㄧˇㄉㄞˋ 눈을 비비며 고대하다. 기대를 걸고 기다리다. 손 꼽아 기다리다. ‹成›

〔室〕 shìh ㄕˋ 방.「爲公一；사무실」

〔是〕 shìh ㄕˋ ①…이다.「我一工人；나는 노동자」「這朶花一紅的；이 꽃은 빨갛다」②정확성을 강조하다.「冷一冷，可我不怕；춥기는 춥다,그러나 나는 겁내지 않는다」「毛病一找出來了；약점은 드러났다」③잘 맞다. 들어 맞다.「來的一時候；오는 것이 시기적으로 알맞다. 적합한 때에 왔다」「衣服做得一様；의복이 어울리게 맞추어졌다」④모든 것의. 어떠한 …도.「一人都應該勞動；모든 사람은 일을 해야 한다」⑤예, 그렇습니다.「一我聽懂了；예, 잘 알았읍니다」⑥옳다. 이치에 맞다. 좋다.「懂得一非；좋고 나쁘고 시비를 가려내다」「好好兒地工作就一了；일만 잘하면 그것으로 족하다」⑦옳다고 하다.「一古非今；옛날을 옳다 하고 지금을 그르다고하다」⑧…이다:존재를 나타내다. 「滿身一汗；온 몸이 땀에 흠뻑 젖다」「街上全一泥；시가지가 진흙투성이다」⑨이것.「由一而知；이 일로 인하여 알다」「一日；이 날」

[是非] shìhfei ㄕˋㄈㄟ 말다툼. 다툼:「惹一；분쟁을 일으키다」

[是非感] shìhfēikan ㄕˋㄈㄟㄍㄢ 선악에 대한 감각.「有一；선악에 대한 감각이 있다」

[是風是雨] shìhfēng-shìhyǔ ㄕˋㄈㄥ ㄕˋㄩˇ ①바람이냐, 비냐? ②어떤 결과냐? 바다의 것이냐, 산의 것이냐? 좋으냐, 나쁘냐?「明天還不定一；내일은 어떤 결과가 될지 아직 모른다」

[是否] shìhfǒu ㄕˋㄈㄡˇ …인지 어떤지.

[是以] shìhǐ ㄕˋㄧˇ 그러므로. 그래서.

[是故] shìhkù ㄕˋㄍㄨˋ 이런 까닭으로. 그래서.

[是不] shìhpu ㄕˋㄅㄨ 문장 끝에 위치하여 그렇지요 하고 상대방을 납득시키는 어기(語氣)를 표시함.「你們都不能反對, 一；당신들은 모두 반대 못하겠지요, 그렇지요」

[是不是] shìhpushih ㄕˋㄅㄨㄕ 그러하냐? 그렇지 않으냐?「你一韓國人?；당신은 한국 사람입니까?」「一忘了帶來；가지고 올 것을 잊은 것은 아니냐?」「你要去打網球一?；당신은 테니스를 하러 가는 것이 아니냐?」

[是不是的] shìhpushìhtê ㄕˋㄅㄨㄕˋㄉㄜ 좋든 나쁘든. 어쨌든.

[是的] shìhtê ㄕˋㄉㄜ ①그렇다. 그대로 입니다. ②…처럼. ＝似的.「一陣風一跑來了；바람처럼 달려 왔다」

[是味兒] shìhwèirh ㄕˋㄨㄟˋㄦ 좋은 맛. 적당한 맛.「越想越一；생각하면 생각할수록 멋 있는 일이다」

〔舐〕 shìh ㄕˋ 핥다.

[舐犢] shìhtú ㄕˋㄉㄨˊ 아이를 지나치게 귀여워하는 비유.「老牛一；노인이 아이를 지나치게 귀여워하다」「一情深；부모가 자식을 귀여워하는 데 대한 비유」

〔逝〕 shìh ㄕˋ ①지나가다.「光陰易一；세월이 잘 가다」②죽다.「病一；병사」

[逝世] shìhshìh ㄕˋㄕˋ 서거하다. 죽다.

〔視〕 shìh ㄕˋ ①보다.「一而不見；보고도 부주의로 놓치다. 본체 만체한다」②시찰하다. ③간주하다. 취급하다.「重一；중시」「輕一；경시」

[視差] shìhch'ā ㄕˋㄔㄚ 시각(視覺)의 차.
[視察] shìhch'á ㄕˋㄔㄚˊ ①(책임을 지고 소속 부문에 가서)일을 검사하다. ②(정치나 경제 따위의 상황을)시찰하다.
[視而不見] shìhérhpúchièn ㄕˋㄦˊㄅㄨˋㄐㄧㄢˋ 보고도 알지 못하다. 보고도 못 본 체하다. ‹成›
[視若無睹] shìhjòwútǔ ㄕˋㄖㄨㄛˋㄨˊㄉㄨˇ =視而不見. ‹成›
[視如敝屣] shìhjúpìhsǐ ㄕˋㄖㄨˊㄅㄧˋㄒㄧˇ 헌 신짝 취급하듯이 하다. 전적으로 무시하다. ‹成› 「器官」
[視官] shìhkuān ㄕˋㄍㄨㄢ 시각기관(視覺
[視事] shìhshìh ㄕˋㄕˋ 취임하다.
[視死如歸] shìhssǔjúkueī ㄕˋㄙˇㄖㄨˊㄍㄨㄟ 정의를 위해서는 죽음을 조금도 두려워하지 않다. ‹成›
[視導] shìhtǎo ㄕˋㄉㄠˇ ①감독. ②시찰 지도하다.
[視聽] shìht'īng ㄕˋㄊㄧㄥ 견문하다.「以廣一；그것으로 견문을 넓히다」
[視同兒戲] shìht'úngérhhsì ㄕˋㄊㄨㄥˊㄦˊㄒㄧˋ 중요한 일이라 생각하지 않는다. 취할바가 못된다고 생각하다.
[視同路人] shìht'únglùjén ㄕˋㄊㄨㄥˊㄌㄨˋㄖㄣˊ 아무 관계가 없는 사람으로 보아 넘기다. ‹成›
[視爲] shìhwéi ㄕˋㄨㄟˊ 간주하다. …로 보다.「一畏途；위험한 길이라 생각하다」「一知己；사이 좋은 친구라 생각하다」

〔弑〕 shìh ㄕˋ 웃사람을 죽이다.

〔嗜〕 shìh ㄕˋ 특히 좋아하다. 친하다.「一讀書；독서를 진심으로 좋아하다」
[嗜好] shìhhào ㄕˋㄏㄠˋ ①도락. ②취미.
[嗜癖] shìhp'ǐ ㄕˋㄆㄧˇ 도락(道樂). 기호상(嗜好上)의 버릇.

〔試〕 shìh ㄕˋ ①시험하다.「一用；시용」「一一一看；시험하여 보다」 ②시험. 검사.「一題；시험 문제」
[試嘗] shìhch'áng ㄕˋㄔㄤˊ 맛을 보다. 시험해 보다.
[試場] shìhch'ǎng ㄕˋㄔㄤˇ 시험장.
[試車] shìhch'ē ㄕˋㄔㄜ ①시운전차(試運轉車). ②시운전하다.
[試着勁兒] shìhchê chìnrh ㄕˋㄓㄜ ㄐㄧㄣˋㄦ 천천히. 조금씩.
[試着路兒] shìhchê lùrh ㄕˋㄓㄜ ㄌㄨˋㄦ 시험해 보면서.
[試着步兒] shìhchêpùrh ㄕˋㄓㄜㄅㄨˋㄦ 일보일보 시험 삼다. 한걸음 한걸음 시험해 보면서.「一辦；차츰차츰 시험해 보다」
[試紙] shìhchǐh ㄕˋㄓˇ (화학용의)시험지.
[試制] shìhchìh ㄕˋㄓˋ 처음으로 만들어 보다.「一農具；농기구를 처음 만들어 보다」
[試卷(兒)] shìhchüàn(rh) ㄕˋㄐㄩㄢˋ(ㄦ) 시험 답안(試驗答案).
[試手(兒)] shìhshǒu(rh) ㄕˋㄕㄡˇ(ㄦ) ①=試工(兒). ②솜씨를 시험해 보다.
[試銷] shìhhsiāo ㄕˋㄒㄧㄠ 시매(試賣)하다.
[試新] shìhhsīn ㄕˋㄒㄧㄣ 햇곡식을 시식하다. ②신품을 시험해 보다.
[試行] shìhhsíng ㄕˋㄒㄧㄥˊ ①시험적으로 해 보다. ②시험해 보다.
[試衣] shìhī ㄕˋㄧ 가봉하다.「一室；가봉실」
[試工(兒)] shìhkūng(rh) ㄕˋㄍㄨㄥ(ㄦ) 고용하기 위하여 솜씨를 시험해 보다.
[試擬] shìhnǐ ㄕˋㄋㄧˇ 시안(試案)을 만들다.「一一個規則；하나의 규칙을 시험삼아 만들다」
[試巴] shìhpa ㄕˋㄅㄚ 조금 시험해 보다. ＞試試巴巴.
[試辦] shìhpàn ㄕˋㄅㄢˋ 시험해 보다.
[試表] shìhpiǎo ㄕˋㄅㄧㄠˇ ①시험 리스트. ②체온을 재다. 「試試探探.
[試探] shìht'an ㄕˋㄊㄢ 탐지해 보다. ＞
[試點] shìhtiěn ㄕˋㄉㄧㄢˇ 정책이나 운동을 시험적으로나 중점적으로 실시하는 곳:(중점적으로 지정하여) 시험적으로 일을 행하는 곳.
[試問] shìhwěn ㄕˋㄨㄣˋ 시험적으로 물어 보다. 시험 삼아 듣다.
[試演] shìhyěn ㄕˋㄧㄢˇ 시연(試演)·시사(試寫)하다. 「험해 보다.
[試驗] shìhyèn ㄕˋㄧㄢˋ ①하여 보다. 시
[試驗田] shìhyèntién ㄕˋㄧㄢˋㄊㄧㄢˊ ①농사 시험장. ②테스트케이스의 장소.
[試映] shìhyìng ㄕˋㄧㄥˋ (영화를)시사하다.

〔勢〕(势) shìh ㄕˋ ①세력. 권력.「倚一欺人；세력을 믿고 남을 깔보다」②현재 볼 수 있는 상황. ㉮자연계의 상황.「地一；지세」㉯동작의 상황.「手一；손놀림」㉰정치·군사 따위의 일반적인 상황.「時一」「乘一追擊；이긴 기세를 몰아 거듭 추격하다」
[勢家] shìhchiā ㄕˋㄐㄧㄚ 세력이 있는 집.
[勢均力敵] shìhchün-lìtí ㄕˋㄐㄩㄣ ㄌㄧˋㄉㄧˊ 세력이 비슷비슷하다. ‹成›
[勢利] shìhlì ㄕˋㄌㄧˋ 권세나 재력에 아첨하다.「這個人最一；이놈은 가장 권세나 재력에 아첨한다」「一眼；세력이나 재력을 보고 태도를 잘 바꾸는 사람」
[勢門] shìhmén ㄕˋㄇㄣˊ =勢家.
[勢敗] shìhpài ㄕˋㄅㄞˋ 세력이 떨어지다. 영락하다.
[勢派(兒)] shìhp'ài(rh) ㄕˋㄆㄞˋ(ㄦ) ①기개(氣概). ②형세(形勢). 모양.
[勢必] shìhpì ㄕˋㄅㄧˋ 꼭. 필히 … 하지 않으면 안된다. 사세 돌아 가는 곳 반드시 =是必.
[勢不兩立] shìhpùliǎnglì ㄕˋㄅㄨˋㄌㄧㄤˇㄌㄧˋ 정세로 보아 양립(兩立)되지 않는다.
[勢頭] shìht'óu ㄕˋㄊㄡˊ 형세.「看一；형세를 보다」

〔飾〕 shìh ㄕˋ ①치장하다. 아름답게 만들다.「一非；나쁜 점을 속이다」②분장하다. 「他在空城計裏一諸葛亮；그는 "空城計"에서 제갈공명으로 분장했다」
[飾詞] shìhtz'ú ㄕˋㄘˊ ①수식어. ②겉으로만 번지르르하게 꾸며대는 말. =飾辭.
[飾物] shìhwù ㄕˋㄨˋ 팔찌·비녀·목걸이 따위.

〔誓〕 shìh ㄕˋ ①맹세하다.「一不投降；투항 안할 것을 맹세하다」②맹세. 맹세하는 말.「發一個一；맹세를 외치다」
[誓不甘休] shìhpùkānhsiū ㄕˋㄅㄨˋㄍㄢ

ㄒㄧㄡˋ 결코 그대로 넘기지는 못한다.
[誓師] shìhshīh ㄕˋㄕ 출정(出征)할 때에 장병에게 훈계하다.
[誓死] shìhssǔ ㄕˋㄙˇ 죽음을 맹세하다. 결의의 굳셈을 보여 주는 것. 「一不二; 맹세코 두 마음을 품지 않다」「一反對; 목숨을 걸고 반대하다. 결사 반대」
[誓言] shìhyén ㄕˋㄧㄢˊ ①맹세하는 말. ②맹세하다.
[誓願] shìhyüàn ㄕˋㄩㄢˋ 맹세하다. 원하다.

〔適〕(适) shìh ㄕˋ ①적합하다. 잘 맞다. ②마치. 알맞게.「一值國慶節; 마치 국경일에 해당되다」③바로 전에. 금방. 「一才; 금방」④가다. ⑤시집 가다.「침.
[適巧] shìhch'iǎo ㄕˋㄑㄧㄠˇ 우연히 때마
[適間] chìhchiān ㄕˋㄐㄧㄢ ①방금. 바로 이제. ②요사이.
[適中] shìhchūng ㄕˋㄓㄨㄥ 적당한 시기나 적당한 정도.
[適逢其會] shìhféng ch'íhuì ㄕˋㄈㄥˊ ㄑㄧˊㄏㄨㄟˋ 좋은 기회를 만나다. ‹成›
[適逢其便] shìhféng ch'ípièn ㄕˋㄈㄥˊ ㄑㄧˊㄅㄧㄢˋ 마침 좋은 기회를 만났다. ‹成›
[適意] shìhì ㄕˋㄧˋ ①마음에 들다. ②쾌적(快適)하다. 기분이 좋다.
[適可] shìhk'ǒ ㄕˋㄎㄜˇ 적당한 정도에 도달하다.
[適可而止] shìhk'ǒérhchǐh ㄕˋㄎㄜˇㄦˊㄓˇ 적당한 때에 그치다. ‹成›
[適口] shìhk'ǒu ㄕˋㄎㄡˇ 음식이 맛 있다.
[適得其反] shìhté chífǎn ㄕˋㄉㄜˊ ㄑㄧˊ ㄈㄢˇ 결과가 꼭 그 반대가 되다. ‹成›
[適從] shìhts'ūng ㄕˋㄘㄨㄥ (어느 한쪽에) 따르다. 붙다.
[適用] shìhyùng ㄕˋㄩㄥˋ ①알맞다. 「已經不一了; 이미 때를 놓쳤다」

〔謚〕(諡) shìh ㄕˋ 생전의 업적을 찬양하여 죽은 이에게 보내는 칭호. 시호(諡號).

〔噬〕 shìh ㄕˋ 씹다.
[噬臍莫及] shìhch'í mòchí ㄕˋㄑㄧˊ ㄇㄛˋ ㄐㄧˊ 후회해도 이미 늦음을 비유. ‹成›

〔釋〕 shìh ㄕˋ ①설명. 해설. ②개이다. 사라지다.「氷一; 얼음이 녹다」「一疑; 의심이 풀리다. 의심이 없어지다」③석방하다. ④손을 떼다. 버리다.「手不一卷; 손에서 서적을 놓지 않는다」⑤석가. 불교에 관계 있는 것. 「一子; 승(僧)」「一氏; 불가」
[釋教] shìhchiào ㄕˋㄐㄧㄠˋ 불교.
[釋俘] shìhfú ㄕˋㄈㄨˊ 포로를 석방하다.
[釋道] shìhtào ㄕˋㄉㄠˋ 불교와 도교. = 釋老.

SHOU ㄕㄡ

〔收〕 shōu ㄕㄡ ①받다. 영수하다. 거두어 넣다. ②걷어 치우다.「這是重要東西, 要一好了; 이것은 귀중한 물건으로 잘 간수해 둬야만 한다」③농작물을 수확하다. 거두어 들이다.「一麥子; 보리를 거두어 들이다」④철수(撤收)하다.「一兵; 군대를 철수하다」⑤모으다. 아물다.「一攏; 모으다」「瘡一口了; 부스럼이 아물었다」⑥끝맺다. 마치다.「一工; 작업을 마치다」
[收閘] shōuchá ㄕㄡㄓㄚˊ 브레이크를 걸다.
[收場] shōuch'áng ㄕㄡㄔㄤˊ ①결말을 짓다. 수습하다. ②종국. 결말.
[收賬] shōuchàng ㄕㄡㄓㄤˋ 수금. 외상값을 받아 들이다.
[收帳] shōuchàng ㄕㄡㄓㄤˋ 수입장. 입금장(入金帳).
[收成] shōuch'êng ㄕㄡㄔㄥ 가을 수확. 추수(秋收).
[收輯] shōuchí ㄕㄡㄐㄧˊ 수록하다.「一遺文; 흩어진 문헌을 모아 수록하다」
[收齊] shōuch'í ㄕㄡㄑㄧˊ 전부 영수하다. 「一貨款; 물품 대금을 전부 받다」
[收訖] shōuch'ì ㄕㄡㄑㄧˋ 영수제(領收濟). 다 받았다.
[收繳] shōuchiǎo ㄕㄡㄐㄧㄠˇ 압수하다. 몰수하다.
[收件人] shōuchiěnjén ㄕㄡㄐㄧㄢˇㄖㄣˊ 수취인(收取人).
[收執] shōuchíh ㄕㄡㄓˊ 받음. 영수증.
[收進] shōuchìn ㄕㄡㄐㄧㄣˋ ①수입(收入). 입수하다. ②사 넣다. 구입하다.
[收取] shōuch'ǔ ㄕㄡㄑㄩˇ ①영수하다. ②흡수하다. 수납(收納)하다.
[收據] shōuchǜ ㄕㄡㄐㄩˋ 영수증. 영수.
[收發] shōufā ㄕㄡㄈㄚ ①문서 수발계(受發係). ②문서의 접수 또는 발송.
[收帆] shōufān ㄕㄡㄈㄢ 돛을 내리다.
[收費] shōufèi ㄕㄡㄈㄟˋ ①바쳐야 할 비용. ②요금을 받다.「托兒所全不一; 탁아소는 완전히 무료다」
[收復] shōufù ㄕㄡㄈㄨˋ 회수하다. 회복하다.「一失地; 잃은 땅을 회복하다」
[收效] shōuhsiào ㄕㄡㄒㄧㄠˋ 효과를 얻다. 성과를 거두다.
[收心] shōuhsīn ㄕㄡㄒㄧㄣ 정신을 긴장시키다.
[收信] shōuhsìn ㄕㄡㄒㄧㄣˋ ①편지를 받다. ②수신(受信)하다.
[收回] shōuhuí ㄕㄡㄏㄨㄟˊ ① 회수하다. ②철회하다.「一成命; 명령을 철회하다」
[收活] shōuhuó ㄕㄡㄏㄨㄛˊ 작업을 끝내다.
[收獲] shōuhuò ㄕㄡㄏㄨㄛˋ ①거두어 들이다. 수확하다. ②수확. 농작물. ③성과. 수확.
[收貨] shōuhuò ㄕㄡㄏㄨㄛˋ 상품을 받다.
[收入] shōujù ㄕㄡㄖㄨˋ ①받다. ②수입.
[收割] shōukō ㄕㄡㄍㄜ (농작물을) 거두어 들이다. 「一機; 수확기」
[收口(兒)] shōukǒu(rh) ㄕㄡㄎㄡˇ(ㄦ) ① 상처, 부스럼 따위 구멍이 막히다.「瘡一了; 부스럼이 아물다」② (이부자리나 편물 따위의)끝을 마무리다.
[收購] shōukòu ㄕㄡㄍㄡˋ 사들이다. 사다.
[收歸] shōukueī ㄕㄡㄍㄨㄟ 사들여 어떤 사람의 소유로 만들다.
[收歸國有] shōukueī kuóyǔ ㄕㄡㄍㄨㄟ ㄍㄨㄛˊㄧㄡˇ 사들여 국가 소유로 만들다.
[收鍋] shōukuō ㄕㄡㄍㄨㄛ 가게를 닫다. 폐업하다.

[收工] shōukūng ㄕㄡㄍㄨㄥ 끝맺다. 마치다.
[收禮] shōulǐ ㄕㄡㄌㄧˇ 선물을 받다.
[收殮] shōulièn ㄕㄡㄌㄧㄢˋ 입관(入棺)하다.
[收斂] shōulièn ㄕㄡㄌㄧㄢˋ ①(세금 따위를)받아 들이다. ②(농작물을)거두어 들이다. ③삼가하다. 「行動上一多了; 행동이 훨씬 신중하게 되었다」④걷다. 다스리다. 「一笑容; 웃음을 거두다」
[收領] shōulǐng ㄕㄡㄌㄧㄥˇ 받다. 영수하다.
[收留] shōuliú ㄕㄡㄌㄧㄡˊ ①수용(收容)하다. ②받아 들이다. 받다. ③(아이들을)떠맡다.
[收攏] shōulǔng ㄕㄡㄌㄨㄥˇ 한데 모으다. 한 곳에 합치다.
[收買] shōumǎi ㄕㄡㄇㄞˇ ①매수하다. ②사들이다.
[收買賣] shōu mǎimai ㄕㄡ ㄇㄞˇㄇㄞ 장사를 그만두다.
[收沒] shōumò ㄕㄡㄇㄛˋ 몰수하다.
[收報機] shōupàochī ㄕㄡㄅㄠˋㄐㄧ 전보수신기.
[收不住] shōupuchù ㄕㄡㄅㄨㄓㄨˋ ①머물 수 없다. 「一脚; 발이 멈추지 않는다」②전사할 수 없다. ↔收得住.
[收煞] shōushā ㄕㄡㄕㄚ· 결말. 귀결.
[收神] shōushén ㄕㄡㄕㄣˊ 마음을 가라앉히다.
[收拾] shōushih ㄕㄡㄕ ①수선하다. ②수습하다. 처리하다. ③죽이다.
[收受] shōushòu ㄕㄡㄕㄡˋ 받다.
[收束] shōushù ㄕㄡㄕㄨˋ ①결말이 나다. 끝장이 나다. ②검속(檢束)하다.
[收到] shōutào ㄕㄡㄉㄠˋ 받다. 받아 들여 간수하다. 「一來信; 편지를 받다」
[收條] shōut'iáo ㄕㄡㄊㄧㄠˊ 영수증.
[收聽] shōut'īng ㄕㄡㄊㄧㄥ 수신(受信)하다. 청취하다. 「一廣播; 방송을 듣다」
[收藏] shōuts'áng ㄕㄡㄘㄤˊ 저장하다. 간수하다. 「一甘薯; 고구마를 저장하다」
[收作] shōutsò ㄕㄡㄗㄨㄛˋ 정리하다. 처리하다.
[收租] shōutsū ㄕㄡㄗㄨ 지세(地稅)를 받다.
[收存] shōuts'ún ㄕㄡㄘㄨㄣˊ ①맡아 두다. ②저장하다.
[收尾] shōuwěi ㄕㄡㄨㄟˇ 각필(擱筆). 결어(結語). 에필로오그. 끝맺음. 「一工程; 공사에 있어서 마지막 손질」
[收押] shōuyā ㄕㄡㄧㄚ 압수하다.
[收音] shōuyīn ㄕㄡㄧㄣ ①수신(受信)하다. 「一機; 수신기. 라디오」②음향 효과가 좋다. 음성이 잘 들리다. 「這間房子蓋得很一; 이 집은 음향 효과의 장치가 잘되어 있다」

〔熟〕 shóu ㄕㄡˊ ①푹 삶다. 「飯一了; 밥이 지어졌다」②성숙하다. 익다. 「不一的果子; 익지 않은 풋 과일」③정도가 깊다. 「一思; 깊이 생각하다」④잘 알다. 낯이 익은. 「這條路我一; 나는 이 길을 잘 알고 있다」⑤익숙하다. 「一手; 숙련자」⑥정제(精製)한. 「一鐵; 단철(鍛鐵)」
[熟諳] shóu'ān ㄕㄡˊㄢ, shú'ān ①잘 알고 있다. ②숙지(熟知).
[熟悉] shóuhsī ㄕㄡˊㄒㄧ, shúhsi 잘 알고 있다. 숙지하다.
[熟習] shóuhsi ㄕㄡˊㄒㄧ, shú hsi 숙달하다. 숙련하다.
[熟貨] shóuhuò ㄕㄡˊㄏㄨㄛˋ 가공품. 정제품(精製品).
[熟人] shóujén ㄕㄡˊㄖㄣˊ ①아는 사람. 숙면(熟面)의 인사. 낯 익은 사람. ②단골기생.
[熟肉] shóujòu ㄕㄡˊㄖㄡˋ 찌거나 구운 고기.
[熟客] shóuk'ò ㄕㄡˊㄎㄜˋ 단골 손님.
[熟料] shóuliào ㄕㄡˊㄌㄧㄠˋ, shúliào 가공한 목재.
[熟臉兒] shóulièn(rh) ㄕㄡˊㄌㄧㄢˇ(ㄦ) 잘 아는 사이. 숙지의 관계.
[熟路] shóulù ㄕㄡˊㄌㄨˋ, shúlù 다녀서 익숙해진 길.
[熟能生巧] shóunéngshēngch'iǎo ㄕㄡˊㄋㄥˊㄕㄥ ㄑㄧㄠˇ 배우기보다 익숙해지기에 힘써라. 익숙하면 요령을 알게 된다.
[熟皮] shóup'í ㄕㄡˊㄆㄧˊ, shúp'í 무두질한 가죽.
[熟食] shóushíh ㄕㄡˊㄕˊ, shúshíh ①찌거나 구워 놓은 음식. ②굽거나 쪄서 먹다.
[熟識] shóushíh ㄕㄡˊㄕˊ, shúshíh 자세히 알다. 잘 알다.
[熟石灰] shóushíhhuī ㄕㄡˊㄕˊㄏㄨㄟ 소석회(消石灰).
[熟視無睹] shóushìhwútǔ ㄕㄡˊㄕˋㄨˊㄉㄨˇ 자세히 보면서 보지 않는 체하다.
[熟手(兒)] shóushǒu(rh) ㄕㄡˊㄕㄡˇ(ㄦ) 숙련자.
[熟水] shóushuǐ ㄕㄡˊㄕㄨㄟˇ 한 번 끓인 물.
[熟道(兒)] shóutào(rh) ㄕㄡˊㄉㄠˋ(ㄦ) 잘 아는 길. 낯 익은 길.
[熟鐵] shóut'iěh ㄕㄡˊㄊㄧㄝˇ, shút'iěh 연철(鍊鐵).
[熟透] shóut'òu ㄕㄡˊㄊㄡˋ ①잘 익은. ②자세히 알고 있다.
[熟菜] shóuts'ài ㄕㄡˊㄘㄞˋ 삶아 놓은 요리.
[熟銅] shóut'úng ㄕㄡˊㄊㄨㄥˊ, shút'úng 구리. 정동(精銅).
[熟字] shóutzû ㄕㄡˊㄗˋ 알고 있는 글자.
[熟藥] shóuyào ㄕㄡˊㄧㄠˋ 정제(精製)한 약. 조제약(調劑藥).

〔手〕 shǒu ㄕㄡˇ ①손. 「一雙一; 양 쪽 손」「一只一; 외쪽 손」②손에 쥐다. 「一劍而從之; 손에 칼을 쥐고 이에 따랐다」③「一兒; 기능. 능력」「有兩一兒; 상당한 기능을 가지다」④어떤 일에 능숙한 사람. 「能一; 수완가」⑤담당자. 어떤 일에 종사하는 사람. 「水一; 수부」「凶一; 하수인」⑥간편(簡便)한. 「一册; 핸드북. 편람(便覽)」⑦아주 가까운 것을 나타내는 말. 「一頭」「一邊」⑧일군. 일을 잘하는 사람. 「這裏眞缺你這麼二把一; 여기에는 너와 같은 일군이 없다」
[手閘] shǒuchá ㄕㄡˇㄓㄚˊ 핸드 브레이크.
[手掌] shóuchǎng ㄕㄡˊㄓㄤˇ 손바닥.
[手杖] shǒuchàng ㄕㄡˇㄓㄤˋ 스틱. 지팡이.
[手掌心] shóuchǎnghsīn ㄕㄡˊㄓㄤˇㄒㄧㄣ 「=手心.
[手車] shǒuch'ē ㄕㄡˇㄔㄜ ①손수레. ②인력거. 《廣》
[手摺] shǒuché ㄕㄡˇㄓㄜˊ ①관리(官吏).

가 상관에게 상신할 때 쓰는 서류. ② (상점 따위에서 쓰는)통장.
[手册] shǒuch'è ㄕㄡˇㄔㄜˋ 핸드북. 수첩. 편람.
[手氣] shǒuch'i ㄕㄡˇㄑㄧ 도박의 재수.
[手槍] shǒuch'iāng ㄕㄡˇㄑㄧㄤ 권총.
[手巧] shǒuch'iǎo ㄕㄡˇㄑㄧㄠˇ 솜씨가 뛰어나다. 손재주가 있다
[手脚] shǒuchiǎo ㄕㄡˇㄐㄧㄠˇ ①손발. ②동작. 「一快 ; 동작이 빠르다」 ③(나쁜 뜻에서) 계책. 계략. 「弄一 ; 계책을 꾸미다」
[手脚忙亂] shǒuchiǎo mángluàn ㄕㄡˇㄐㄧㄠˇㄇㄤˊㄌㄨㄢˋ 크게 당황하여 쩔쩔매다. 〈成〉
[手脚子] shǒuchiǎotzŭ ㄕㄡˇㄐㄧㄠˇㄗ「一大 ; 거만하다」
[手紙] shǒuchǐh ㄕㄡˇㄓˇ 수지. 휴지.
[手指頭] shǒuchíht'ou ㄕㄡˇㄓˊㄊㄡ 손가락.
[手巾] shǒuchin ㄕㄡˇㄐㄧㄣ 수건. 타월.
[手勤] shǒuch'ín ㄕㄡˇㄑㄧㄣˊ 귀찮아 하지 않고 꾸준히 일하다.
[手緊] shǒuchǐn ㄕㄡˇㄐㄧㄣˇ ①호주머니가 여의치 못하다. ②검약가. 구두쇠.
[手巾把兒] shǒuchīnpǎrh ㄕㄡˇㄐㄧㄣㄅㄚˇㄦ 물수건.
[手急眼快] shǒuchí-yěnk'uài ㄕㄡˇㄐㄧˊㄧㄢˇㄎㄨㄞˋ 눈치 빠르고 날렵하다. 날렵하면서 빈틈이 없다.
[手鐲] shǒuchó ㄕㄡˇㄓㄨㄛˊ 팔찌.
[手鋸] shǒuchǜ ㄕㄡˇㄐㄩˋ 작은 톱. 거도(鋸刀).
[手卷] shǒuchüàn ㄕㄡˇㄐㄩㄢˋ 두루마리.
[手創] shǒuch'uàng ㄕㄡˇㄔㄨㄤˋ 손수 만들다. 자진 창립하다. 「孫文一同盟會 ; "孫文"은 스스로 동맹회를 만들다」
[手絹(兒)] shǒuchüàn(rh) ㄕㄡˇㄐㄩㄢˋ(ㄦ) 손수건. 행커치이프.
[手錘] shǒuch'uí ㄕㄡˇㄔㄨㄟˊ 손으로 움직이는 해머 : "電錘"에 대해서 하는 말.
[手重] shǒuchùng ㄕㄡˇㄓㄨㄥˋ (손을 움직일 때) 손에 힘이 들어 있다.
[手法(兒)] shǒufa(rh) ㄕㄡˇㄈㄚ(ㄦ) 기교. 방법. 연구.
[手風琴] shǒufēngch'ín ㄕㄡˇㄈㄥㄑㄧㄣˊ 아코오디언. 손풍금.
[手狠心黑] shǒuhěn-hsīnhēi ㄕㄡˇㄏㄣˇㄒㄧㄣㄏㄟ 하는 수법이 악랄하고 마음씨가 나쁘다.
[手下] shǒuhsià ㄕㄡˇㄒㄧㄚˋ ① 근처. 주변(周邊). ②부하. 예하.
[手心(兒)] shǒuhsīn(rh) ㄕㄡˇㄒㄧㄣ(ㄦ) ①손바닥. ②장악(掌握). 수중. 「逃不出他的一去 ; 그의 손에서 벗어날 수 없다」
[手續] shǒuhsǜ ㄕㄡˇㄒㄩˋ 수속.
[手藝] shǒui ㄕㄡˇㄧ ①(물건을 만들어 내는)솜씨. 기능. ②손에 익힌 직업. 수예.
[手稿] shǒukǎo ㄕㄡˇㄍㄠˇ 손수 쓴 원고.
[手銬] shǒuk'ào ㄕㄡˇㄎㄠˋ 수갑. 고랑.
[手高眼低] shǒukāo yěntī ㄕㄡˇㄍㄠㄧㄢˇㄉㄧ 손은 날쌔나 안총(眼聰)이 없다.
[手快] shǒuk'uài ㄕㄡˇㄎㄨㄞˋ 민첩하다. 날쌔다.
[手棍(兒)] shǒukùan(rh) ㄕㄡˇㄍㄨㄢˋ(ㄦ) 지팡이.
[手工] shǒukūng ㄕㄡˇㄍㄨㄥ ①수공업. ②손일. ③수예. 수공(手工). 「一紙 ; 수공에 쓰는 종이」
[手拉手兒] shǒulāshǒurh ㄕㄡˇㄌㄚㄕㄡˇㄦ 손에 손을 잡고. 서로 손을 잇고.
[手令] shǒulìng ㄕㄡˇㄌㄧㄥˋ 손수 쓴 짤막한 명령문.
[手籠] shǒulúng ㄕㄡˇㄌㄨㄥˊ 머프 : 두 손을 양쪽에서 끼게 되어 있는 겨울철 부녀들의 보온용 토시. =手筒.
[手裏硬] shǒuliyìng ㄕㄡˇㄌㄧㄧㄥˋ 수중이 넉넉하다.
[手忙脚亂] shǒumáng chiǎoluàn ㄕㄡˇㄇㄤˊㄐㄧㄠˇㄌㄨㄢˋ =手脚忙亂.
[手碼兒] shǒumǎrh ㄕㄡˇㄇㄚˇㄦ 손가락으로 가르키는 수자.
[手面] shǒumièn ㄕㄡˇㄇㄧㄢˋ ①손등. ②풍채가 뛰어나다. 화려하다. ③수단.
[手模] shǒumó ㄕㄡˇㄇㄛˊ 지장(指章). 손도장.
[手粘] shǒunién ㄕㄡˇㄋㄧㄢˊ 손 버릇이 나쁘다.
[手帕] shǒup'a ㄕㄡˇㄆㄚ 손수건. 행커치이프.
[手板] shǒupǎn ㄕㄡˇㄅㄢˇ 손바닥=手掌.
[手刨脚蹬] shǒup'áo chiǎotěng ㄕㄡˇㄆㄠˊㄐㄧㄠˇㄉㄥ (고통을 못 이겨) 드러누운 채 손과 발을 허위적거리는 모양.
[手把手兒] shǒupáshǒurh ㄕㄡˇㄅㄚˊㄕㄡˇㄦ 손에 손을 잡고 알뜰히 지도하다.
[手把子] shǒupǎtzŭ ㄕㄡˇㄅㄚˇㄗ 돈·물건을 쓰는 방법「一大 ; 돈을 헤프게 쓰다」
[手背] shǒupèi ㄕㄡˇㄅㄟˋ 손등.
[手笨] shǒupèn ㄕㄡˇㄅㄣˋ 손재주가 없다. 서툴다.
[手棒子] shǒup'ěngtzŭ ㄕㄡˇㄆㄥˇㄗ 수갑. 고랑.
[手筆] shǒupi ㄕㄡˇㄅㄧ ①문장을 쓰다. ②손으로 베낀 책. 「是哪個人的一? ; 이것은 누가 쓴 책이냐?」 ③문장가. 기자. ④돈을 헤프게 쓰는 것. 「一就闊 ; 돈을 헤프게 쓰다」
[手臂] shǒupì ㄕㄡˇㄅㄧˋ 팔꿈치.
[手表] shǒupiǎo ㄕㄡˇㄅㄧㄠˇ 팔뚝 시계.
[手邊(兒)] shǒupiēn(rh) ㄕㄡˇㄅㄧㄢ(ㄦ) 주변(周邊). 수중. 「一不方便 ; 수중이 여의치 못하다」
[手臂膊] shǒupìpo ㄕㄡˇㄅㄧˋㄅㄛ 팔. =手臂. 手脖子. 〈方〉
[手不釋卷] shǒupúshihchüàn ㄕㄡˇㄅㄨˊㄕˋㄐㄩㄢˋ 손에서 책을 떼지 않다. 〈成〉
[手不穩] shǒupùwěn ㄕㄡˇㄅㄨˋㄨㄣˇ 손버릇이 나쁘다.
[手兒] shǒurh ㄕㄡˇㄦ ①손. ②(어떤 기능이나 성격을 뚜렷이 지니고 있을 때의)사람. 「老張那個一, 可眞不錯 ; 저 장(張)이란 사람은 사실 틀림 없는 사람이야」 ③기능. 솜씨. 기예. 「不管誰, 都有兩一 ; 누구에게도 무언가 기능은 있는 법이다」 ④수완. 수단. 계략. 「他這一一太利害了 ; 저놈의 이번 처사는 너무 심하였다」
[手勢] shǒushih ㄕㄡˇㄕ 손짓. 손으로 하는 제스처.
[手術] shǒushù ㄕㄡˇㄕㄨˋ 수술. 「動一 ; 수술을 하다」
[手碎] shǒusuì ㄕㄡˇㄙㄨㄟˋ 손버릇이 나쁘다.
[手松] shǒusūng ㄕㄡˇㄙㄨㄥ 돈을 헤프게 쓰다.
[手到病除] shǒutào pìngch'ú ㄕㄡˇㄉㄠˋ

ㄅㄧㄥˋㄔㄨˊ 의술(醫術)에 뛰어나다.

[手套(兒)] shǒut'ào(rh) ㄕㄡˇㄊㄠˋ(ㄦ) 장갑.

[手燈] shǒutēng ㄕㄡˇㄉㄥ 칸델라.

[手等] shǒutěng ㄕㄡˊㄉㄥˇ 손을 멈추고 있는 동안. 곧. 이내.

[手遞] shǒutì ㄕㄡˇㄉㄧˋ 직접 전하다. 수교(手交)하다.

[手條(兒)] shǒut'iáo(rh) ㄕㄡˇㄊㄧㄠˊ(ㄦ) 손수 쓴 간단한 편지. 짤막한 친필 서한.

[手電筒] shǒutièn t'ǔng ㄕㄡˇㄉㄧㄢˋ ㄊㄨㄥˇ 회중 전등. 플래시. =手電. 手電燈.

[手底下] shǒutǐhsia ㄕㄡˊㄉㄧˇㄒㄧㄚ ① 수중(手中).「一方便; 수중이 넉넉하다」②지배 하에. 휘하에.「在他一; 그의 산하에 있다」

[手錠子] shǒutìngtzǔ ㄕㄡˇㄉㄧㄥˋㄗ 수갑. 고랑.

[手提包] shǒut'ípāo ㄕㄡˇㄊㄧˊㄅㄠ 핸드백.

[手提式] shǒut'íshìh ㄕㄡˇㄊㄧˊㄕˋ 포오터블.「一唱機; 포오터블 전축」

[手頭] shǒut'óu ㄕㄡˇㄊㄡˊ ①수중. 주변. ②주머니 사정. 가지고 있는 돈.「一拮据; 주머니 사정이 여의치 않다」

[手頭活兒] shǒut'óuhuórh ㄕㄡˇㄊㄡˊㄏㄨㄛˊㄦ ①손일. ②주변의 잔손일.

[手頭字] shǒut'óutzǔ ㄕㄡˇㄊㄡˊㄗˋ 상용문자(常用文字). 항시 쓰는 생활에 필요한 글자.

[手采兒] shǒuts'ǎirh ㄕㄡˊㄘㄞˇㄦ ① (도박할 때의)속임수. 사기. ②(요술 따위의)재료. 내용.

[手澤] shǒutsé ㄕㄡˇㄗㄜˊ ①물건에 묻은 손자국. ②상용하는 것.

[手則] shǒutsé ㄕㄡˇㄗㄜˊ 좌우명(座右銘).

[手足] shǒutsú ㄕㄡˇㄗㄨˊ ①손과 발. ②형제.「情同一; 정의는 형제와 같다」③대응책. 타개책.「一失措; 대책이 없다. 어찌할 도리 없다」

[手推車] shǒut'uīch'ē ㄕㄡˇㄊㄨㄟㄔㄜ ①손수레. ②리어카.

[手推犂] shǒut'uīlí ㄕㄡˇㄊㄨㄟㄌㄧˊ 손으로 미는 쟁기. 핸드 플라우.

[手腕(兒)] shǒuwàn(rh) ㄕㄡˇㄨㄢˋ(ㄦ)① 솜씨. 기능. ②수완.「有一; 수완이 있다」

[手無縛鷄之力] shǒu wú fùchīlì ㄕㄡˇㄨˊ ㄈㄨˋㄐㄧㄌㄧˋ 힘이 몹시 부실한 데 대한 비유. «成»

[手無寸鐵] shǒuwúts'ùnt'iěh ㄕㄡˇㄨˊ ㄘㄨㄣˋㄊㄧㄝˇ 몸에 아무 무기도 지니지 않다.

[手無足蹈] shǒuwǔ·tsútǎo ㄕㄡˊㄨˇ ㄗㄨˊㄉㄠˇ 즐거운 나머지 자기도 모르게 춤을 추다. 좋아 어쩔 줄 모르다.

[手眼] shǒuyěn ㄕㄡˊㄧㄢˇ ①사귐. 교제. ②행위. 동작. ③기예(技藝).

[手印兒] shǒuyìnrh ㄕㄡˇㄧㄣˋㄦ ① 손자국. ②무인(拇印). 손도장.

[手語] shǒuyǔ ㄕㄡˊㄩˇ ①손짓. ②손짓으로 하는 말.

〔守〕 shǒu ㄕㄡˇ ①지키다. 방위하다.「堅一; 굳게 지키다」②준수하다. 지키다.「一着水的地方, 要多種稻子; 물이 가까운 곳에서는 벼를 심어야 한다」

[守着] shǒuchê ㄕㄡˇㄓㄜ ①곁을 떠나지 않고 있다. ②바로 곁에 있다.「一餅挨餓; 눈앞에 떡을 두고 굶고 있다」 모처럼 잡은 것도 이용을 못한다」 ③정절(貞節)을 지키다.

[守正不阿] shǒuchěng pù'ē ㄕㄡˇㄓㄥˋㄅㄨˋ ㄜ 올바른 자세를 지키면서 아첨하지 않는다. «成»

[守舊] shǒuchiù ㄕㄡˇㄐㄧㄡˋ ①고풍을 지키다. ②보수적이다.

[守株待兎] shǒuchū tàit'ù ㄕㄡˇㄓㄨ ㄉㄞˋㄊㄨˋ 노력을 하지 않고 행운만 기다리다. «成»

[守服] shǒufú ㄕㄡˇㄈㄨˊ 상(喪)을 입다.

[守候] shǒuhòu ㄕㄡˇㄏㄡˋ ①기다리다. ②파수 보다. 감시하다.

[守孝] shǒuhsiào ㄕㄡˇㄒㄧㄠˋ 부모의 상을 입다.

[守口如甁] shǒuk'ǒujúp'íng ㄕㄡˊㄎㄡˇㄖㄨˊㄆㄧㄥˊ 입이 몹시 무겁다. «成»

[守寡] shǒukuǎ ㄕㄡˊㄍㄨㄚˇ 과부로서 세상을 살아 가다.

[守靈] shǒulíng ㄕㄡˇㄌㄧㄥˊ 죽은 사람의 옆에서 밤을 새워 지킴. 밤을 새우다.

[守門] shǒumén ㄕㄡˇㄇㄣˊ 문을 지키다.「一員; 문지기. 수위」

[守兵] shǒupīng ㄕㄡˇㄅㄧㄥ 수비병.

[守歲] shǒusuì ㄕㄡˇㄙㄨㄟˋ 섣달 그믐날 밤에 온 집안이 둘러 앉아 묵은 해를 보내다.

[守燈人] shǒutēngjén ㄕㄡˇㄉㄥㄖㄣˊ 등대지기.

[守望] shǒuwàng ㄕㄡˇㄨㄤˋ 파수 보다. 망보다.

[守夜] shǒuyèh ㄕㄡˇㄧㄝˋ ①야경(夜警)하다. ②밤잠을 안 자다. ③밤을 새우다.

〔首〕 shǒu ㄕㄡˇ ①머리. =頭 ②. 중심 인물. 우두머리.「一長; 수장. 리이더」③시초. 최초.「一次; 최초의. 첫째의」④자수하다.「自一; 자수」⑤조수사(助數詞): 시가(詩歌)를 셈할 때 씀.「一一詩; 한 수의 시」

[首長] shǒuchǎng ㄕㄡˊㄓㄤˇ (기관이나 단체의)수뇌.

[首倡] shǒuch'àng ㄕㄡˇㄔㄤˋ 수창(首唱). 맨 먼저 부르짖음.

[首創] shǒuch'uàng ㄕㄡˇㄔㄨㄤˋ 창시(創始)하다. 처음으로 만들다.

[首創精神] shǒuch'uàng chīngshên ㄕㄡˇㄔㄨㄤˋ ㄐㄧㄥㄕㄣ 개척자 정신.

[首屈一指] shǒuch'ū ìchǐh ㄕㄡˇㄑㄩ ㄧˋㄓˇ 첫째로 손꼽다. 첫째번이다.

[首惡] shǒuè ㄕㄡˇㄜˋ 죄인의 두목. 주모자.

[首先] shǒuhsiēn ㄕㄡˇㄒㄧㄢ 첫째로. 제일 먼저.

[首戶] shǒuhù ㄕㄡˇㄏㄨˋ 부(富)와 권력을 겸비한 집. ②제일 가는.「他是當地一財主; 그는 이 지방에서 제일 가는 부자다」

[首義] shǒuì ㄕㄡˇㄧˋ 처음에 의병을 일으키다.

[首領] shǒulǐng ㄕㄡˊㄌㄧㄥˇ 두목. 우두머리.

[首飾] shǒushih ㄕㄡˇㄕ ① (협의로서는) 비녀. ②비녀·팔찌·귀걸이 따위의 장신구.

[首事] shǒushìh ㄕㄡˇㄕˋ ①일을 시작하다. 발기(發起)하다. ②발기인. 앞선자.

[首鼠] shǒushǔ ㄕㄡˊㄕㄨˇ 우물쭈물 결단을 짓지 못하다. =首鼠兩端.

[首當其衝] shǒutāng ch'ích'ūng ㄕㄡˇㄉ

ㄤ ㄍㄧˊㄔㄨㄥ 제일 먼저 어려운 일을 떠맡다.
[首次] shǒutz'ǔ ㄕㄡˇㄘˋ 제 1회. 첫째.
[首字母] shǒutzǔmǔ ㄕㄡˇㄘㄨˋㄇㄨˇ 대문자. 이니셜.
[首要] shǒuyào ㄕㄡˇㄧㄠˋ 제일 중요한.
[首演] shǒuyěn ㄕㄡˊㄧㄢˇ 초연(初演).

〔受〕 shòu ㄕㄡˋ ①받다. 받아 들이다. ②견디어 내다. ③…에게 당하다. 병 따위에 걸리다. 「一批評; 비평을 받다」 「一暑; 더위를 먹다」 ④…하기에 …족하다. 그럭저럭 …할 수 있다. 「一吃; 먹음직하다. 맛이 있다」 「받다.
[受潮] shòuch'áo ㄕㄡˋㄔㄠˊ 습기(濕氣)를
[受症] shòuchěng ㄕㄡˋㄓㄥˋ (나쁜 결과를 가져오는) 영향·방해·자극을 받다.
[受氣] shòuch'ì ㄕㄡˋㄑㄧˋ ①분함을 참다. ②꾸중을 듣다. 「兩頭一; 쌍방에서 꾸중을 듣다」 ③학대 받다. 「我每天一他的氣; 나는 매일 그에게 놀림을 받다」
[受奬] shòuchiǎng ㄕㄡˋㄐㄧㄤˇ 칭찬을 받다.
[受戒] shòuchièh ㄕㄡˋㄐㄧㄝˋ 불계(佛戒)를 받고 승(僧)이 되다.
[受吃] shòuch'īh ㄕㄡˋㄔ 먹음직하다.
[受制] shòuchìh ㄕㄡˋㄓˋ 피해를 입다.
[受斥] shòuch'ìh ㄕㄡˋㄔˋ 배척을 받다. 「到處一; 도처에서 배척을 당하다」
[受驚] shòuchīng ㄕㄡˋㄐㄧㄥ ①놀라다. ②위기에 처하다.
[受窮] shòuch'iúng ㄕㄡˋㄑㄩㄥˊ 가난에 시달리다. 빈곤으로 고생하다.
[受窘] shòuchiǔng ㄕㄡˋㄐㄩㄥˇ 어려운 고비에 부닥치다. 괴로움을 당하다.
[受屈] shòuch'ū ㄕㄡˋㄑㄩ ①억울한 일을 당하다. ②학대 받다. 혼나다.
[受寵] shòuch'ǔng ㄕㄡˋㄔㄨㄥˇ 총애를 받다. 「一若驚; 영예를 얻어 좋아 날뛰다」
[受厄] shòuè ㄕㄡˋㄜˋ 고통을 당하다. 귀찮게 느껴지다.
[受風] shòufěng ㄕㄡˋㄈㄥ ①바람을 맞다. ②감기에 걸리다.
[受寒] shòuhán ㄕㄡˋㄏㄢˊ ①추위를 만나다. ②감기에 걸리다.
[受訓] shòuhsǜn ㄕㄡˋㄒㄩㄣˋ ①훈련을 받다. ②훈계를 받다.
[受賄] shòuhuì ㄕㄡˋㄏㄨㄟˋ 뇌물을 받다.
[受惠] shòuhuì ㄕㄡˋㄏㄨㄟˋ 은혜를 입다.
[受熱] shòujè ㄕㄡˋㄖㄜˋ 더위를 먹다.
[受看] shòuk'àn ㄕㄡˋㄎㄢˋ 눈에 거슬리지 않다. 보기 좋다. 곱다.
[受苦] shòuk'ǔ ㄕㄡˋㄎㄨˇ 고통을 받다. 고생하다. 「一人; 농민」 《西》
[受累] shòulěi ㄕㄡˋㄌㄟˇ ① 연류되다. 난처한 경우를 당하다. ②shòulèi 수고를 끼치다. 「不能叫你白一; 너에게 공짜 일은 시키지 않는다」
[受領氣] shòu lěngch'ì ㄕㄡˋ ㄌㄥˇㄑㄧˋ ①차가운 공기를 쏘이다. ②(대우에 있어) 푸대접을 받다. ③까닭 없는 처우를 받다.
[受冷淡] shòu lěngtàn ㄕㄡˋ ㄌㄥˇ ㄉㄢˋ ①냉대를 받다. ②남이 상대해 주지 않는다.
[受涼] shòuliáng ㄕㄡˋㄌㄧㄤˊ 감기에 걸리다.
[受碰] shòup'ěng ㄕㄡˋㄆㄥˋ 장애에 부닥치다. 무서운 고비를 당하다. 혼이 나다.
[受逼] shòupī ㄕㄡˋㄅㄧ 추궁을 당하다.
[受疾] shòupiěh ㄕㄡˋㄅㄧㄝˇ 비참한 지경에 이르다. 어찌할 도리가 없는 지경에 처하다. 「出門沒帶錢, 受了癟了; 돈을 갖지 않고 외출하여 혼이 났었다」
[受病] shòupìng ㄕㄡˋㄅㄧㄥˋ 병에 걸리다.
[受不住] shòupuchù ㄕㄡˋㄅㄨㄓㄨˋ 지탱하기 어렵다. 참을 수 없다. 「這一頓打我一; 이토록 맞고는 견딜 수 없다」 ↔ 受得住.
[受不得] shòuputê ㄕㄡˋㄅㄨㄉㄜ ①심하다. 「他把孩子愛得一; 그는 아이를 몹시 사랑한다」 ②참을 수 없다. 「他一點兒苦也一; 그는 조그만 괴로움에도 견디지 못한다」
[受不了] shòupuliǎo ㄕㄡˋㄅㄨㄌㄧㄠˇ 참을 수 없다. 못 견디다. 「一那麼大的苦楚; 그와 같은 심한 고통은 참을 수 없다」 「冷得一; 추워서 견딜 수 없다」 ↔ 受得了.
[受不起] shòupuch'ì ㄕㄡˋㄅㄨㄑㄧˇ ①받을 만한 자격이 없다. 「您一的厚意; 당신의 호의를 받아 들일 만한 자격이 없다」 ②감당하지 못하다. ↔ 受得起.
[受騙] shòup'ièn ㄕㄡˋㄆㄧㄢˋ 속임을 당하다. 기만 당하다.
[受傷] shòushāng ㄕㄡˋㄕㄤ 부상을 당하다. 상처를 입다.
[受暑] shòushǔ ㄕㄡˋㄕㄨˇ 더위를 마시다. 더위를 먹다.
[受到] shòutao ㄕㄡˋㄉㄠ 받다. 당하다. 「一一些帮助; 약간의 원조를 받다」
[受聽] shòut'īng ㄕㄡˋㄊㄧㄥ 듣기 좋다. 귀에 달갑게 울리다. 듣기에 즐겁다.
[受托] shòut'uō ㄕㄡˋㄊㄨㄛ 위탁 받다. 위임 받다.
[受挫] shòuts'ò ㄕㄡˋㄘㄨㄛˋ 좌절 당하다.
[受罪] shòutsui ㄕㄡˋㄗㄨㄟˋ ①쓰라림을 당하다. 혼나다. ②죄를 받다.
[受凍] shòutùng ㄕㄡˋㄉㄨㄥˋ 추위로 고생하다.
[受委屈] shòu wěich'ü ㄕㄡˋ ㄨㄟˇㄑㄩ ①억울한 죄를 받다. ②학대를 받다. 혼나다.
[受業] shòuyèh ㄕㄡˋㄧㄝˋ ①스승이 학업을 가르치다. ②스승에 대한 자칭. 《舊》
[受孕] shòuyǜn ㄕㄡˋㄩㄣˋ 임신하다. 잉태하다.
[受用] shòuyung ㄕㄡˋㄩㄥ ①기분이 좋다. 쾌적(快適)하다. ②쓸모 있다.

〔狩〕 shòu ㄕㄡˋ ①사냥하다. 사냥. ②천자(天子)의 순행(巡幸).

〔售〕 shòu ㄕㄡˋ ①팔다. ②계획대로 실행하다.
[售價] shòuchià ㄕㄡˋㄐㄧㄚˋ 판매 가격
[售貨] shòuhuò ㄕㄡˋㄏㄨㄛˋ 상품을 판매하다. 「판매원.
[售貨員] shòuhuòyüán ㄕㄡˋㄏㄨㄛˋㄩㄢˊ
[售賣] shòumài ㄕㄡˋㄇㄞˋ 판매하다. 팔다.
[售票] shòup'iào ㄕㄡˋㄆㄧㄠˋ 표를 팔다. 「一處; 매표소」
[售品所] shòup'insǒ ㄕㄡˋㄆㄧㄣˇㄙㄨㄛˇ

물품 판매소.

〔授〕 shòu ㄕㄡˋ ①주다. 수여하다.「一課；수업하다」「一意；의견을 받아 들들여 실행케 하다」

〔瘦〕 shòu ㄕㄡˋ ①마르다. 여위다.「身體很一；몸이 매우 말랐다」②(의복 또는 신발이)작아서 옹색하다.「這件衣裳穿起來一了；이 옷은 입어 보니 거북스럽다」③(고기에) 기름기가 적다.「一肉；비계 없는 살코기」

[瘦肌肌的] shòuchīchītê ㄕㄡˋㄐㄧㄐㄧㄉㄜ 여위어 가냘픈 모양.

[瘦怯怯的] shòuch'ièhch'ièhtêㄕㄡˋㄑㄧㄝˋㄑㄧㄝˋㄉㄜ 여위고 허약하게 보이는 모양.

[瘦筋巴骨] shòuchīnpākŭ ㄕㄡˋㄐㄧㄣㄅㄚㄍㄨˇ 여위고 강마른 모양.

[瘦猴] shòuhóu ㄕㄡˋㄏㄡˊ ①여윈 사람을 욕하는 말. ②벌거벗은 사람을 욕하는 말. 나충(裸蟲).

[瘦小枯乾] shòuhsiăo k'ūkān ㄕㄡˋㄒㄧㄠˇㄎㄨㄍㄢ 여위고 살이 빠져 말라붙은 모양. 철사같이 여윈 모양.

[瘦削] shòuhsüēh ㄕㄡˋㄒㄩㄝ 매우 여위어 살이 빠지다.「一的臉；여위어 살이 빠지고 뼈만 남은 얼굴」

[瘦肉] shònjòu ㄕㄡˋㄖㄡˋ 비계가 없는 살코기.

[瘦個子] shòukòtzŭ ㄕㄡˋㄍㄜˋㄗ 몸이 여윈 사람.

[瘦呱呱的] shòukuākuātê ㄕㄡˋㄍㄨㄚㄍㄨㄚㄉㄜ 여위어 뼈가 앙상한 모양.

[瘦溜] shòuliu ㄕㄡˋㄌㄧㄡ 살이 빠지고 훌쭉한 모양.＞瘦瘦溜溜.

[瘦眉窄骨] shòuméi-cháikŭㄕㄡˋㄇㄟˊㄓㄞˇㄍㄨˇ 가름하고 조촐한 얼굴을 말함.

[瘦巴] shòupa ㄕㄡˋㄅㄚ 여윈 모양.＞瘦瘦巴巴.

[瘦子] shòutzŭ ㄕㄡˋㄗ.여윈 사람.

〔綬〕 shòu ㄕㄡˋ (인장 또는 훈장에 달린)명주 끈.

〔壽〕(寿) shòu ㄕㄡˋ ①수명. 장수하다. ②장수를 축하하다. ③연령. 나이.「長一；장수」④생일.「做一；생일 축하를 하다」⑤죽은 사람에게 쓰여짐.「一木；관」「一衣；수의」

[壽辰] shòuch'ĕn ㄕㄡˋㄔㄣˊ 생일. 탄신일.

[壽幢] shòuch'uáng ㄕㄡˋㄔㄨㄤˊ 생일 축하로 보내는 기(旗) 비슷한 것.

[壽終] shòuchūng ㄕㄡˋㄓㄨㄥ 죽다. 별세하다.

[壽險] shòuhsiĕn ㄕㄡˋㄒㄧㄢˇ 생명 보험.

[壽星] shòuhsing ㄕㄡˋㄒㄧㄥ ①별 이름 : 남극 노인성(南極老人星). ②생일 축하를 받는 사람.

[壽日] shòujih ㄕㄡˋㄖˋ ＝壽辰.

[壽考] shòuk'ăo ㄕㄡˋㄎㄠˇ 고령(高齡).

[壽禮] shòulĭ ㄕㄡˋㄌㄧˇ 생일 선물.

[壽麪] shòumièn ㄕㄡˋㄇㄧㄢˋ 생일 축하 국수.

[壽木] shòumù ㄕㄡˋㄇㄨˋ 관(棺).

[壽比南山] shòupĭnánshān ㄕㄡˋㄅㄧˇㄋㄢˊㄕㄢ 장수(長壽)함을 비유하는 말.

[壽詩] shòushīh ㄕㄡˋㄕ 생일 축시.

[壽數] shòushu ㄕㄡˋㄕㄨ 수명. ＝壽算.

[壽誕] shòutàn ㄕㄡˋㄉㄢˋ ＝壽辰.

[壽桃] shòut'áo ㄕㄡˋㄊㄠˊ 연로자의 생신 축하에 선물하는 밀가루로 만든 복숭아.

[壽頭] shòut'óu ㄕㄡˋㄊㄡˊ ①남의 꼬임에 돈을 헤프게 쓰는 사람. ②시골뜨기처럼 꾸물대는 사람.

[壽材] shòuts'ái ㄕㄡˋㄘㄞˊ 생전에 마련해 두는 관.

[壽圖] shòut'ú ㄕㄡˋㄊㄨˊ 생일 축하로 보내는 그림.

[壽文] shòuwĕn ㄕㄡˋㄨㄣˊ 생일 축하로 보내는 글.

〔獸〕(兽) shóu ㄕㄡˊ 짐승. 네 발 가진 짐승.

[獸行] shòuhsíng ㄕㄡˋㄒㄧㄥˊ 짐승 같은 행위.

[獸欄] shòulán ㄕㄡˋㄌㄢˊ 동물을 가두는 우리.

[獸力車] shòulìch'ē ㄕㄡˋㄌㄧˋㄔㄜ 동물이 끄는 차 : 인력·동력에 대한 말.

SHU ㄕㄨ

〔抒〕 shū ㄕㄨ 진술하다. 토로하다.

[抒發] shūfā ㄕㄨㄈㄚ (울분이나 고뇌 따위를)터뜨리다.

〔叔〕 shū ㄕㄨ ①형제의 순서에 있어서 세째 : "伯" "仲" "叔" "季". ②숙부 : 아버지의 아우. ③아버지 동배로서 나이 아래인 사람에 대한 존대어.

[叔姪] shūchíh ㄕㄨㄓˊ 숙부와 조카(질녀). 숙질.

[叔父] shūfù ㄕㄨㄈㄨˋ 숙부. 아버지의 아우.

[叔母] shūmŭ ㄕㄨㄇㄨˇ 숙모 : 숙부의 아내.

[叔伯] shūpó ㄕㄨㄅㄛˊ 동족의 형제 자매 관계를 나타내는 말.「一姐姐；사촌 누이」「一哥哥；사촌 형」

[叔婆] shūp'ó ㄕㄨㄆㄛˊ 아버지의 숙모.

[叔叔] shūshu ㄕㄨㄕㄨ ①숙부. ②(아이들이 어른을 부를 때의) 아저씨.

〔書〕(书) shū ㄕㄨ ①서적. ②편지.「家一；집에서 온 편지」③서류·문헌.「證明一；증명서」④글을 쓰다.「一寫；글을 쓰다」⑤글씨체.

[書案] shūàn ㄕㄨㄢˋ 책상.

[書札] shūchá ㄕㄨㄓㄚˊ 서신. 편지.

[書場] shūch'áng ㄕㄨㄔㄤˊ 강담(講談)을 들려 주는 곳.

[書脊] shūchĭ ㄕㄨㄐㄧˇ 책의 등.

[書記] shūchì ㄕㄨㄐㄧˋ 중국 공산당·중국 공산주의 청년 단체의 각급 조직의 지도자. 서기.「一處；서기국」

[書氣] shūch'ì ㄕㄨㄑㄧˋ 학자 기질. 학자티.

[書架(子·兒)] shūchià(tzŭ·rh) ㄕㄨㄐㄧㄚˋ(ㄗ·ㄦ) 책꽂이. 서가.

[書簽(兒)] shūch'iēn(rh) ㄕㄨㄑㄧㄢ(ㄦ) ①서표(書標). ②제첨(題簽).

[書柬] shūchiĕn ㄕㄨㄐㄧㄢˇ 편지. 서간.

[書桌(兒)] shūchō(rh) ㄕㄨㄗㄨㄛ(ㄦ) 글 쓰는 탁자. 책상.

[書櫥] shūch'ú ㄕㄨㄔㄨˊ 책궤. 《座》

[書卷] shūchüàn ㄕㄨㄐㄩㄢˋ 서적. 책.

「一氣；인텔리의 온화한 태도」
[書蟲子] shūch'úngtzŭ ㄕㄨㄔㄨㄥˊㄗ ①〈動〉 좀. ②반대좀.
[書法] shūfă ㄕㄨㄈㄚˇ ①서법. ②사가(史家)의 기록의 필법.
[書房] shūfáng ㄕㄨㄈㄤˊ 서재.
[書後] shūhòu ㄕㄨㄏㄡˋ 발문. 발사(跋辭). 후기.
[書香氣] shūhsiāngch'ì ㄕㄨㄒㄧㄤㄑㄧˋ 학자의 기풍.
[書信夾子] shūhsìn chiātzŭ ㄕㄨㄒㄧㄣˋㄐㄧㄚㄗ 편지나 서류 따위를 끼워 두는 쇠붙이로 된 기구.
[書香世家] shūhsiāng shìhchiā ㄕㄨㄒㄧㄤㄕˋㄐㄧㄚ 대대로 학문하는 집안.
[書寫] shūhsiĕh ㄕㄨㄒㄧㄝˇ 쓰다. 기록하다.
[書信] shūhsìn ㄕㄨㄒㄧㄣˋ 서한. 편지.
[書衣] shūī ㄕㄨㄧ 책 커버. 서질(書帙).
[書刊] shūk'ān ㄕㄨㄎㄢ 서적 잡지.
[書格子] shūkŏtzŭ ㄕㄨㄍㄜˊㄗ 책을 얹는 선반.
[書扣子] shūk'òutzŭ ㄕㄨㄎㄡˋㄗ 책만 아는 사람. 책벌레.
[書櫃] shūkueì ㄕㄨㄍㄨㄟˋ 책궤.
[書歸正傳] shū kueī chĕngchuàn ㄕㄨㄍㄨㄟㄓㄥˋㄓㄨㄢˋ 이야기를 본 줄거리로 되돌리다 : 야담가의 말.
[書眉] shūméi ㄕㄨㄇㄟˊ 책 갈피의 맨 윗가장자리. 서적의 천지(天地)의 천의 부분.
[書面] shūmìèn ㄕㄨㄇㄧㄢˋ 서면. 문서(文書). 「一材料；써 놓은 자료」「一語；문장을 쓸 때 사용하는 문장어」
[書面語] shūmièṅyŭ ㄕㄨㄇㄧㄢˋㄩˇ 글을 쓸 때 사용하는 말. 문장어.
[書名號] shumínghào ㄕㄨㄇㄧㄥˊㄏㄠˋ 문장 가운데서 서적명을 나타내는 부호 : 「～～～～」.
[書辦] shūpàn ㄕㄨㄅㄢˋ 서기(書記). «舊»
[書包] shūpāo ㄕㄨㄅㄠ 책가방.
[書報] shūpào ㄕㄨㄅㄠˋ 서적과 신문.
[書本] shūpĕn ㄕㄨㄅㄣˇ 책. 서적.
[書篇兒] shūp'iēnrh ㄕㄨㄆㄧㄢㄦ 서적. 서적의 한 면 : 페이지.
[書皮兒] shūp'írh ㄕㄨㄆㄧˊㄦ 책의 표지.
[書鋪] shūp'ù ㄕㄨㄆㄨˋ 서점. 책방.
[書生] shūshĕngㄕㄨㄕㄥ 독서인(讀書人). 인텔리.
[書呆子] shūtāitzŭ ㄕㄨㄉㄞㄗ 실제에 소원(疎遠)한 인텔리. 세상일에 서투른 지식인. ＝書癡.
[書攤(兒)] shūt'ān(rh) ㄕㄨㄊㄢ(ㄦ) 고서를 취급하는 노점(露店).
[書套] shūt'ào ㄕㄨㄊㄠˋ ①책 커버. ②서질(書帙).
[書店] shūtièn ㄕㄨㄉㄧㄢˋ (판매를 겸한) 출판사.
[書亭] shūt'íng ㄕㄨㄊㄧㄥˊ 정원에 마련된 정자(亭子) 비슷한 서재.
[書底兒] shūtĭrh ㄕㄨㄉㄧˇㄦ 학문의 기초. 「他有一；그는 학문의 기초가 되어 있다」
[書牘] shūtú ㄕㄨㄉㄨˊ 서한. 편지.
[書蠹] shūtù ㄕㄨㄉㄨˋ 책을 갉아 먹는 좀. 반대좀.
[書童] shūt'úng ㄕㄨㄊㄨㄥˊ 학자가 부리는 사동(使童).
[書頁] shūyèh ㄕㄨㄧㄝˋ 책의 페이지.

〔殊〕 shū ㄕㄨ ①다른. 틀린. 「一途同歸；길은 다르나 귀착하는 곳은 같다」 ②극히. 심하게. 특히. 「一佳；몹시 좋다」 ③잘라서 쪼개다. 끊기다.
[殊致] shūchìh ㄕㄨㄓˋ ①일치하지 않다. 특수한 풍속.
[殊效] shūhsiào ㄕㄨㄒㄧㄠˋ 특효.
[殊異] shūì ㄕㄨㄧˋ ①크게 다르다. 차이가 크다. ②특수한.
[殊能] shūnĕng ㄕㄨㄋㄥˊ 특수한 재능.
[殊死] shūssŭ ㄕㄨㄙˇ 죽는 힘을 다하다. 목숨을 걸고. 「一戰；결사적 투쟁. 사투(死鬪)」
[殊途同歸] shūt'ú t'úngkueī ㄕㄨㄊㄨˊㄊㄨㄥˊㄍㄨㄟ 길은 다르나 귀착하는 곳은 같다. 수단과 방법은 다르나 목적은 같다. «成»

〔紓〕 shū ㄕㄨ ①늦추다. 완화하다. ②제거하다. 「一禍；화를 제거하다」

〔倏〕 shū ㄕㄨ 별안간. 돌연히. 「一而不見；별안간 보이지 않게 되다」
[倏忽] shūhū ㄕㄨㄏㄨ 돌연히. 별안간.
[倏地] shūtê ㄕㄨㄉㄜ 돌연. 갑자기.

〔梳〕 shū ㄕㄨ ①「一子；빗」 ②빗질하다. 정발(整髮)하다. 「一頭；빗질하다」
[梳櫛] shūchìh ㄕㄨㄓˋ 빗질하다. 머리를 빗다.
[梳妝] shūchuāng ㄕㄨㄓㄨㄤ 화장하다. 「一臺；화장대」
[梳洗] shūhsĭ ㄕㄨㄒㄧˇ 머리를 빗고 낯을 씻다.

〔菽〕 shū ㄕㄨ
[菽麥] shūmài ㄕㄨㄇㄞˋ 콩과 보리 : 쉽게 구별할 수 있는 것의 비유. 「不辨一；콩과 보리도 구별 못한다」

〔舒〕 shū ㄕㄨ ①펴다. ②늘이다. ③느릿한. 여유 있는.
[舒展] shūchan ㄕㄨㄓㄢ ①겹친 물건을 펴다. ②주름을 펴다. ③반반하고 구김살이 없다. ④기분이 태평스럽고 한가하다. ＞舒舒展展.
[舒暢] shūch'àng ㄕㄨㄔㄤˋ 기분이 편안하고 후련하다. 태평스럽고 한가롭다.
[舒服] shūfu ㄕㄨㄈㄨ 기분이 좋다. 마음이 편안하다. ＞舒舒服服.
[舒心] shūhsīn ㄕㄨㄒㄧㄣ 마음이 태평스럽다. 기분이 좋다.
[舒徐] shūhsú ㄕㄨㄒㄩˊ 몹시 침착한. 여유 있고 침착한.
[舒意] shūì ㄕㄨㄧˋ 만족하게 느끼다. 만족하다.
[舒眉] shūméi ㄕㄨㄇㄟˊ 근심을 풀다. 안심하다.
[舒散] shūsăn ㄕㄨㄙㄢˇ 한산하다.
[舒適] shūshìh ㄕㄨㄕˋ 쾌적하다. 기분이 좋다.
[舒手舒脚] shūshŏu -shūchiăo ㄕㄨㄕㄡˇㄕㄨㄐㄧㄠˇ 손발을 한가히 편안하게 펴는 모양. 마음이 태평스럽고 한가로운 모양. 「天氣暖和了，可以一；날씨가 따스해져서 마음이 한가롭고 편안하다」

[舒坦] shūt'an ㄕㄨㄊㄢ ＝舒服. ＞舒舒坦坦.
[舒貼] shūt'ieh ㄕㄨㄊ丨ㄝ ①기분 좋다. 쾌적하다. ②편하다. ③딱 들어맞는 모양. ‹重›

〔疏〕(踈) shū ㄕㄨ ①통하다. 소통시키다. ②드문드문하다. 희박한.「一密不均 ; 소밀함이 한결같지 못하다」③친밀하지 못하다. 꺼림칙하다. ④경솔하다. 조심성이 없다. ⑤조목조목 나누어서 풀어 놓은 문장 따위.「注一 ; 주해」「奏一 ; 상주문(上奏文)」
[疏解] shūchiěh ㄕㄨㄐ丨ㄝˇ 나누어서 설명하다.
[疏浚] shūchǜn ㄕㄨㄐㄩㄣˋ 강 따위를 쳐내어 잘 유통되게 하다. 준설하다.
[疏懈] shūhsièh ㄕㄨㄒ丨ㄝˋ 태만하다. 게으름을 피우다.
[疏星淡月] shūhsīng-tànyüèh ㄕㄨㄒ丨ㄥ ㄉㄢˋㄩㄝˋ 별은 드문드문하고 달빛은 흐리다. ‹成›
[疏忽] shūhu ㄕㄨㄏㄨ 소홀하다. 부주의하다. ＞疏疏忽忽.
[疏花] shūhuā ㄕㄨㄏㄨㄚ 과수(果樹)의 꽃을 솎다.
[疏异] shūì ㄕㄨ 丨ˋ 의견 차이를 무마하여 소통시키다.
[疏果] shūkuǒ ㄕㄨㄍㄨㄛˇ 과일을 솎아 내다.
[疏闊] shūk'uò ㄕㄨㄎㄨㄛˋ ① 정밀하지 못하다. ②사이가 뜨다. 친밀하지 못하다.
[疏懶] shūlǎn ㄕㄨㄌㄢˇ 태만하다. 게으르다. ＞疏疏懶懶.
[疏朗] shūlǎng ㄕㄨㄌㄤˇ 선명하게 보이다.「一的群星 ; 선명하게 보이는 많은 별」
[疏落] shūlò ㄕㄨㄌㄨㄛˋ 드문드문 있는 모양. 사이가 뜨다.「這裏的松林很一;이 송림(松林)은 몹시 드문드문하다」＞疏疏落落.
[疏散] shūsàn ㄕㄨㄙㄢˋ 드문드문 흩어지다.
[疏神] shūshěn ㄕㄨㄕㄣˇ 주의를 게을리하다. 멍하니 정신을 잃고 있다. 멍청히 있다.
[疏導] shūtǎo ㄕㄨㄉㄠˇ 냇물을 끌어 넣다.「一水渠 ; 수도」
[疏通] shūt'ūng ㄕㄨㄊㄨㄥ ①수로를 개통하다. ②제3자를 통해서 말을 걸다.

〔蔬〕 shū ㄕㄨ 야채. 푸성귀. 소채.
[蔬圃] shūp'ǔ ㄕㄨㄆㄨˇ 소채밭.
[蔬食] shūshíh ㄕㄨㄕˊ ①채식. ②조식(粗食). 변변찮은 음식.
[蔬果] shūkuǒ ㄕㄨㄍㄨㄛˇ 야채와 과일.

〔樗〕 shū ㄕㄨ 〈植〉가죽나무. ＝臭椿.
[樗材] shūts'ái ㄕㄨㄘㄞˊ 재주 없는 사람.

〔樞〕 shū ㄕㄨ ①지도리. 돌쩌귀나 문장부. ②중앙기관. ③중요한 것.
[樞紐] shūniǔ ㄕㄨㄋ丨ㄡˇ (결정적 작용을 하는)중추 · 중심 · 열쇠.「運輸的一 ; 운수상의 주요 부분」「水利一 ; 수리 센터」
[樞軸] shūchóu ㄕㄨㄓㄡˊ 정치의 중심.

〔輸〕 shū ㄕㄨ ①나르다. 운송하다.「一出 ; 수출」②바치다. 다하다. 드리다.「一誠 ; 성의를 다하다」③지다(負).
[輸着兒] shūchāorh ㄕㄨㄓㄠㄦ 남에게 뒤떨어지다. 방법을 그르치다.
[輸氣] shūch'ì ㄕㄨㄑ丨ˋ 상대방의 주장에 양보하다.
[輸情] shūch'íng ㄕㄨㄑ丨ㄥˊ ①정보를 적에게 제공하다. ②진정을 기울이다.
[輸理] shūlǐ ㄕㄨㄌ丨ˇ 도리상 지다(패하다).
[輸電] shūtièn ㄕㄨㄉ丨ㄢˋ 송전하다.
[輸嘴] shūtsuǐ ㄕㄨㄗㄨㄟˇ ①잘못을 인정하다. ②약속대로 하지 못하다. ③설복당하다.
[輸東道] shūtūngtào ㄕㄨㄉㄨㄥㄉㄠˋ 내기에 져서 한턱 내다.
[輸眼] shūyěn ㄕㄨ丨ㄢˇ 잘못 보다. 잘못 알다.
[輸贏] shūyíng ㄕㄨ丨ㄥˊ 승부. 승패.
[輸油管] shūyúkuǎn ㄕㄨ丨ㄡˊㄍㄨㄢˇ 송유관.

〔攄〕 shū ㄕㄨ 진술하다. 발표하다.「各一已見(kò一chǐchièn) ; 각자 자기의 의견을 진술하다」

〔秫〕 shú ㄕㄨˊ 〈植〉①차수수 : 찰기 있는 고량. ②찰기가 있는 고량으로 소주(고량주)의 원료가 됨.「一一;수수(고량)」‹方›
[秫秸] shúchieh ㄕㄨˊㄐ丨ㄝ 수수깡. 고량의 줄기.
[秫米] shúmǐ ㄕㄨˊㄇ丨ˇ ① 찰기 있는 고량미. 수수찹쌀.

〔孰〕 shú ㄕㄨˊ ①누구. 「一謂不可 ? ; 누가 안된다고 하느냐 ?」②어느. 어느 것.「是可忍,一不可忍 ; 이것을 관대히 봐줄 수 있다면 어느 것을 관대히 못봐 주겠는가 ?」

〔淑〕 shú ㄕㄨˊ ①아름다운. 좋은. ②정숙한 : 여성의 성품과 인덕이 훌륭함을 말함.「一女 ; 숙녀」

〔菽〕 shú ㄕㄨˊ 콩의 총칭.

〔塾〕 shú ㄕㄨˊ 서당. 사설 학교.「家一 ; 사숙(私塾)」

〔熟〕 shú ㄕㄨˊ 복합어의 경우에는 이 음을 따른다. ⇨shóu.
[熟主兒] shúchǔrh ㄕㄨˊㄓㄨˇㄦ 낯이 익은 손님. 단골 손님.
[熟和] shúho ㄕㄨˊㄏㄜ ①잘 알고 있다. ②익숙해졌다. 습관화되어 있다.
[熟習] shúhsi ㄕㄨˊㄒ丨 ①배워서 잘 할 수 있다. 숙달하다. ②잘 복습하다. ③숙련되다. 익숙되었다.
[熟悉] shúhsi ㄕㄨˊㄒ丨 ＝熟稔.
[熟宣] shúhsüān ㄕㄨˊㄒㄩㄢ 가공한 아선지(雅仙紙).
[熟荒] shúhuāng ㄔㄨˊㄏㄨㄤ 다시 황폐된 경작지.
[熟稔] shújěn ㄕㄨˊㄖㄥˇ 잘 알고 있다.
[熟炭] shút'àn ㄕㄨˊㄊㄢˋ ①코우크스 비슷한 것들. ②연기가 안 나는 목탄. ③빨갛게 타오른 숯.

[熟套(子)] shút'ào(tzŭ) ㄕㄨˊㄊㄠˋ(ㄗ) 매너리즘. 천편 일률적인 방법. 언제나 같은 방법.
[熟地] shútì ㄕㄨˊㄉㄧˋ 개간하여 경작하고 있는 토지.
[熟土] shút'ŭ ㄕㄨˊㄊㄨˇ ① 오래 살아서 낯익은 땅. ②정제(精製)한 아편.

〔贖〕 shú ㄕㄨˊ ①저당물(抵當物)을 찾아내다.「一回房產 ; 가옥과 재산을 찾다」②금품이나 노동을 제공하며 형벌이나 죄를 면하다.「立功一罪 ; 공을 세워 속죄하다」
[贖回] shúhuí ㄕㄨˊㄏㄨㄟˊ 값을 치르고 되찾다.

〔黍〕 shŭ ㄕㄨˇ 기장.「一子 ; 기장 알: 찧은 것은 "黃米"라 한다」

〔暑〕 shŭ ㄕㄨˇ ① 덥다. 더위.「中一 ; 더위 먹다」
[暑期] shŭch'ī ㄕㄨˇㄑㄧ 서중(暑中). 한창 무더운 시기. 「방학.
[暑假] shŭchià ㄕㄨˇㄐㄧㄚˋ (학교의) 여름
[暑伏] shŭfú ㄕㄨˇㄈㄨˊ 여름 삼복(三伏)의 계절. 「씨.
[暑天] shŭt'iēn ㄕㄨˇㄊㄧㄢ 염천. 더운 날

〔署〕 shŭ ㄕㄨˇ ①관공서. ②배치. 「部一 ; 부서」③서명하다.「一名 ; 서명」④잠시 대리하다.
[署理] shúlĭ ㄕㄨˊㄌㄧˇ 임무를 대리하다. (관리가) 결원일경우에 대리하다.＝署任.
[署任] shŭjĕn ㄕㄨˇㄖㄣˋ 서리＝署理.
[署辦] shŭpàn ㄕㄨˇㄅㄢˋ 대행하다. 대리하다.
[署事] shŭshìh ㄕㄨˇㄕˋ 대리하다.
[署押] shŭyā ㄕㄨˇㄧㄚ 서명하다.

〔蜀〕 shŭ ㄕㄨˇ ①삼국 시대 유비(劉備)가 세운 나라의 이름. 현재의 "四川省". ②"四川"의 별칭. ③나비의 애벌레. ④제사 때에 쓰는 도구의 한 가지.

〔數〕(数) shŭ ㄕㄨˇ ①하나하나 세다. ②… 으로 간주하다. 우선 … 라고 할 수 있다.「就一他有本領 ; 우선 그는 재능이 있다고 할 수 있다」⇨shù, shuò.
[數着] shŭchê ㄕㄨˇㄓㄜ … 의 편이다. … 의 쪽이다. … 라고 손꼽다. 간주하다. 「這些人中就一他有本領 ; 이 사람들 중에서는 그는 솜씨가 나은 편이다」
[數不清] shŭpuch'īng ㄕㄨˇㄅㄨㄑㄧㄥ 똑똑히 계산할 수 없다.
[數九] shúchiŭ ㄕㄨˊㄐㄧㄡˇ 동지(冬至) 다음 날부터 81일간 : 9일씩 "19", "29"로 끊어서 "99"로 끝나며, 이 기간을 지나면 기후가 따뜻해진다고 한다.
[數一數二] shŭī-shŭèrh ㄕㄨˇㄧ ㄕㄨˇㄦˋ 1, 2등에 든다. 1, 2위를 하회(下回)하지 않는다.
[數來寶] shŭláipăo ㄕㄨˇㄌㄞˊㄅㄠˇ ①곡조의 하나. ②걸인이 가게 앞에서 즉흥시를 지어 노래를 부르는 것. 또는 그 거지를 말함.
[數落] shŭlo ㄕㄨˇㄌㄨㄛ ①귀찮게도 끈덕지게 말하다. ②책망하다. 남의 흠을 하나하나 지적해 가며 공박하다. > 數數落落.
[數罵] shŭmà ㄕㄨˇㄇㄚˋ 욕하고 책망하다.
[數不盡] shŭpuchìn ㄕㄨˇㄅㄨㄐㄧㄣˋ 일일이 헤아릴 수 없다. 다 셀 수가 없다.
[數不過來] shŭpukuòlai ㄕㄨˇㄅㄨㄍㄨㄛˋㄌㄞ 다 셀 수가 없다. ↔ 數得過來.
[數說] shŭshuō ㄕㄨˇㄕㄨㄛ 책망하다.
[數數兒] shŭ shùrh ㄕㄨˇ ㄕㄨˋㄦ 수를 세다.
[數得着] shŭtêcháo ㄕㄨˇㄉㄜㄓㄠˊ 수자 속에 들어 가다. 수에 들다. 저명하다. ↔ 數不着.
[數典忘祖] shŭtiĕn wàngtsŭ ㄕㄨˇㄉㄧㄢˇ ㄨㄤˋㄗㄨˇ 법칙을 헤아리다가 그 근원을 잊다. 사물의 근본을 망각하는 데 대한 비유.

〔鼠〕 shŭ ㄕㄨˇ 쥐: 구어(口語)로는 "老一" "耗子"라 한다.
[鼠竊] shŭch'ièh ㄕㄨˇㄑㄧㄝˋ 좀도둑.
[鼠瘡] shŭch'uāng ㄕㄨˇㄔㄨㄤ 〈醫〉나력(瘰癧).
[鼠疫] shŭì ㄕㄨˇㄧˋ 흑사병. 페스트.
[鼠目] shŭmù ㄕㄨˇㄇㄨˋ ①작고 튀어 나온 눈. ②식견이 좁다.
[鼠竄] shŭts'uàn ㄕㄨˇㄘㄨㄢˋ 슬금슬금 도망치다.「抱頭一 ; 머리를 움켜쥐고 슬금슬금 달아나다」
[鼠肚鷄腸] shŭtù-chīch'áng ㄕㄨˇㄉㄨˋ ㄐㄧㄔㄤˊ 도량이 좁은 사람에 대한 비유.
[鼠子] shútzŭ ㄕㄨˊㄗˇ 소인. 쥐새끼 같은 놈. 〈罵〉
[鼠瘟] shŭwĕn ㄕㄨˇㄨㄣ ＝鼠疫.

〔薯〕(藷) shŭ ㄕㄨˇ 고구마.「白一(pái一)·紅一(húng一), 番一(fān一); 고구마」「一蕷(一yù); 참마」

〔曙〕 shŭ ㄕㄨˇ 새벽. 여명(黎明). 「一光 ; 서광」

〔屬〕(属) shŭ ㄕㄨˇ ①가족. 일족.「家一 ; 가족」②계통.「金一 ; 금속」③ … 에 속하다.「直一 ; 직속」「一員 ; 속원. 종속하고 있는 말단 직」④귀속하다. 속하다.「一于自然科學 ; 자연 과학에 속하다」⑤… 의 소유이다.「這本書一你 ; 이 책은 너의 것이다」⑥"十二支"의 … 해 출생이다.「他是一牛的 ; 그는 소띠다」⇨chŭ.
[屬相] shŭhsiàng ㄕㄨˇㄒㄧㄤˋ, shúhsiang 출생한 해: 12지(支)의 하나.
[屬實] shŭshíh ㄕㄨˇㄕˊ 사실과 일치하다. 「調查一; 조사한 결과 사실과 일치하다」
[屬地] shŭtì ㄕㄨˇㄉㄧˋ 영토.
[屬于] shŭyú ㄕㄨˇㄩˊ … 에 속하다.「一集體所有 ; 공동 소유에 속하다」

〔戍〕 shù ㄕㄨˋ 지키다. 수자리하다. 수비하다.「衛一 ; 지키다. 경비하다」「一邊 ; 변경을 수비하다」

〔束〕 shù ㄕㄨˋ 단을 짓다. 묶다.「一髮 ; 속발. 머리를 묶다」②다발이나 묶은 것을 세는 조수사(助數詞).「一一鮮花 ; 한 묶음의 고운 꽃」③구속하다. 제어(制御)하다.「一身自愛 ; 자신을 도사려 자중하다」

[束之高閣] shùchīhkāokŏ ㄕㄨˊㄓㄍㄠㄍㄜˊ 방치해 둔 채 쓰지 않다. ＝置諸高閣. 《成》
[束裝] shùchuāng ㄕㄨˋㄓㄨㄤ 여장(旅裝)을 갖추다.
[束修] shùhsiū ㄕㄨˋㄒㄧㄡ 서당의 접장에 대한 사례금.
[束管] shùkuǎn ㄕㄨˋㄍㄨㄢˇ 속박하다.
[束手] shùshŏu ㄕㄨˋㄕㄡˇ 팔장을 끼다. 속수 무책이다. 어찌할 수가 없다.「一待斃；속수 무책하여 죽기를 기다리다」「一就擒；어찌할 도리 없이 잡히다」「一束脚；대책을 세워 볼 방법이 없다」「一無策；㉮속수 무책. ㉯팔장을 낀 채 보고만 있다」

〔述〕 shù ㄕㄨˋ ①진술하다. 설명하다. ＝叙述. 口述.
[述評] shùp'íng ㄕㄨˋㄆㄧㄥˊ 논평하다.
[述說] shùshuō ㄕㄨˋㄕㄨㄛ 말하다. 진술하다.

〔恕〕 shù ㄕㄨˋ ①용서하다. 남의 잘못을 탓하지 않다.「一不招待；보살피지 못하더라도 용서하시오」「一不奉陪；모시지 못하오나 용서하십시오」 ②동정해 주다. 동정.

〔庶〕 shù ㄕㄨˋ ①많은. 다수의.「一人；많은 사람」가장 많은 수를 차지하고 있는 사람들.「富一；사람이나 재산이 차 있는 것」②정통(正統)이 아니다. ③대체로. 거의. ④서민. ⑤첩의 자식. 서자.
[庶幾] shùchī ㄕㄨˋㄐㄧ ①원컨대…. ②이내. 얼마 안 가서. 이윽고.

〔術〕(术) shù ㄕㄨˋ ①기술. 기예.「技一；기술」「美一；미술」②방법. 수단.「法一；병 따위를 몰아 내는 일종의 마술」

〔漱〕 shù ㄕㄨˋ, sŏu 〈文〉 양치질하다.「一口；양치질하다」
[漱口盂] shùk'ŏuyǘ ㄕㄨˋㄎㄡˇㄩˊ 양치물을 뱉는 그릇. 타구.

〔數〕(数) shù ㄕㄨˋ ①수. ②개수. 회수.「一次；몇 번이나」⇨shǔ, shuò.
[數奇] shùchī ㄕㄨˋㄐㄧ 불행하다. 운명이 기구하다.
[數見不鮮] shùchièn pùhsiěn ㄕㄨˋㄐㄧㄢˋㄅㄨˋㄒㄧㄢˇ, shuòchièn pùhsiěn 자주 보아서 낯이 익어 조금도 새로운 맛이 없다.
[數據] shùchǜ ㄕㄨˋㄐㄩˋ 데이터. 통계 수치(數值). 통계한 셈값.
[數珠兒] shùchūrh ㄕㄨˋㄓㄨㄦ 염주.
[數額] shùě ㄕㄨˋㄜˊ 수. 금액.
[數碼(兒)] shùmǎ(rh) ㄕㄨˋㄇㄚˇ(ㄦ) 수자(數字).「阿拉伯一；아라비아 수자(數字)」
[數目] shùmu ㄕㄨˋㄇㄨ 수량. 수. 금액.「一字；수자」
[數兒] shùrh ㄕㄨˋㄦ ①수.「數一；수를 세다」②예산. 계획.「心裏有一；가슴 속에 계획을 품고 있다」「품사. 수사.
[數詞] shùtz'ǔ ㄕㄨˋㄘˊ 수를 나타내는

〔樹〕(树) shù ㄕㄨˋ ①나무. 수목. ②심다. 기르다.「一人；인재를 양성하다」③세우다. 건립하다.「一碑；비석을 세우다」
[樹杈兒(子)] shùch'àrh(tzǔ) ㄕㄨˋㄔㄚˋㄦ(ㄗ) 나무 가장귀: 줄기에서 가지가 갈라진 곳.
[樹膠] shùchiāo ㄕㄨˋㄐㄧㄠ ① 나무에서 분비된 점액. 나뭇진. ②고무나무에서 분비되는 수지(樹脂).
[樹尖] shùchiēn ㄕㄨˋㄐㄧㄢ 나뭇가지의 끝. 우죽.
[樹樁子] shùchuāngtzǔ ㄕㄨˋㄓㄨㄤㄗ 나무의 그루.
[樹行子] shùhāngtzǔ ㄕㄨˋㄏㄤˊㄗ 줄을 맞추어 심어 놓은 나무. 가로수.
[樹勛] shùhsūn ㄕㄨˋㄒㄩㄣ 공을 세우다.
[樹膏] shùkāo ㄕㄨˋㄍㄠ 나무의 진. 수지(樹脂).
[樹棵子] shùk'ōtzǔ ㄕㄨˋㄎㄜㄗ 큰 묘목.
[樹挂] shùkuà ㄕㄨˋㄍㄨㄚˋ 수빙(樹氷). 안개가 수빙처럼 나뭇가지에 얼어 붙은 것.
[樹立] shùlì ㄕㄨˋㄌㄧˋ 수립하다: 추상적인 경우에 많이 쓰임.
[樹林子] shùlíntzǔ ㄕㄨˋㄌㄧㄣˊㄗ 삼림.
[樹苗] shùmiáo ㄕㄨˋㄇㄧㄠˊ 묘목.
[樹本] shùpěn ㄕㄨˋㄅㄣˇ ①나무 뿌리. ②기초를 세우다.
[樹身] shùshēn ㄕㄨˋㄕㄣ 나무의 줄기. 수간(樹幹).
[樹敵] shùtí ㄕㄨˋㄉㄧˊ 적을 만들다.
[樹梃(兒)] shùt'ǐng(rh) ㄕㄨˋㄊㄧㄥˇ(ㄦ) 나무의 줄기. 수간(樹幹).
[樹叢] shùts'úng ㄕㄨˋㄘㄨㄥˊ 수풀의 우거짐. 삼림이 무성한 것.
[樹秧兒] shùyāngrh ㄕㄨˋㄧㄤㄦ 묘목.
[樹丫把(兒)] shùyāpa(rh) ㄕㄨˋㄧㄚㄅㄚ(ㄦ) 나뭇가지가 갈라져 나간 곳. 나무 가장귀.
[樹陰] shùyīn ㄕㄨˋㄧㄣ 나무 그늘.「一凉兒；나무 그늘」
[樹怨] shùyüàn ㄕㄨˋㄩㄢˋ 원한을 맺다. 원한을 품다.

〔豎〕(竪) shù ㄕㄨˋ ①세우다. 서다.「把棍子一起來；막대기를 세우다」②세로. 세로로 하다.「一着寫；세로로 쓰다」③(서법에서)위로부터 아래로 긋는 획.「十字是一橫一一；"十"자는 가로 한 획과 세로 한 획으로 되어 있다」
[豎心兒] shùhsīnrh ㄕㄨˋㄒㄧㄣㄦ 한자(漢字)의 부수(部首): "忄"변.
[豎心旁] shùhsīnp'áng ㄕㄨˋㄒㄧㄣㄆㄤˊ ＝豎心兒.
[豎心子] shùkāntzǔ ㄕㄨˋㄍㄢㄗ ①깃발을 세우다. ②일을 일으키다.
[豎櫃] shùkueì ㄕㄨˋㄍㄨㄟˋ 세로로 된 장롱 같은 가구로서 중요한 물건을 넣어 두는 것.
[豎立] shùlì ㄕㄨˋㄌㄧˋ 곧추 세우다. 곧추 서다.
[豎毛] shùmáo ㄕㄨˋㄇㄠˊ 겁이 나서 온몸의 털이 곤두서다.
[豎眉] shùméi ㄕㄨˋㄇㄟˊ (노하여)눈썹을 곧추 세우다.

[豎兒] shùrh ㄕㄨˋㄦ 한자(漢字)의 부수(部首): 위에서 내리 긋는 획.
[豎道兒] shùtàorh ㄕㄨˋㄉㄠˋㄦ 세로로 그은 선.
[豎子] shùtzǔ ㄕㄨˋㄗˇ ①젊은이. ②풋나기: 새파란 놈. 저놈. 《舊》
[豎眼] shùyěn ㄕㄨˋㄧㄢˇ 노하여 눈을 부라리다. 화가 난 눈 모양을 하다.

SHUA ㄕㄨㄚ

〔刷〕 shuā ㄕㄨㄚ ①「一子·一兒; 브러시. 솔」②브러시로 닦다. 소제하다. 「一鞋; 구두를 닦다」
[刷洗] shuāhsǐ ㄕㄨㄚㄒㄧˇ ①깨끗이 닦다. ②하나도 남기지 않고 모두 약탈해 버리다.
[刷拉] shuālā ㄕㄨㄚㄌㄚ 살살. 잘잘: 조르르: 흙이나 모래가 서로 부딪는 소리. =刷拉拉.
[刷抹] shuāmǒ ㄕㄨㄚㄇㄛˇ (흰벽 따위를) 바르다.
[刷地] shuātieh ㄕㄨㄚㄉㄧㄝ (솔로 씻은 듯). 유달리. 별안간. 「臉上一一下紅了; 얼굴이 별안간 빨갛게 되었다」
[刷子] shuātzǔ ㄕㄨㄚㄗ 브러시.
[刷牙] shuāyá ㄕㄨㄚㄧㄚˊ 이를 닦다. 「一子; 치솔」
[刷印] shuāyìn ㄕㄨㄚㄧㄣˋ 인쇄하다.

〔唰〕 shuā ㄕㄨㄚ 주룩주룩 「小雨一一地下起來; 가랑비가 주룩주룩 내렸다」「一地一下就跑到敵人背後去了; 재빨리 적의 뒤를 쫓아 달렸다」

〔耍〕 shuǎ ㄕㄨㄚˇ ①희롱하다. 놀리다. ②조종하다. 쓰다(使用). 「一猴兒; 원숭이를 부려서 곡예(曲藝)를 시키고 돈을 버는 일」「一手腕; 솜씨를 부리다. 옳지 못한 수단을 부리다」
[耍叉] shuǎch'ā ㄕㄨㄚˇㄔㄚ 사이가 나빠지다.
[耍槍] shuǎch'iāng ㄕㄨㄚˇㄑㄧㄤ 속임수를 쓰다. 재간을 부리다.
[耍強] shuǎchiàng ㄕㄨㄚˇㄐㄧㄤˋ ①고집센. 완고한. ②아무래도. 어떻게 하여도. ③허세를 부리다.
[耍俏] shu ch'iào ㄕㄨㄚˇㄑㄧㄠˋ 신이 나서)묘한 짓을 하다. =耍飄兒.
[耍家子(兒)] shuǎchiātzǔ(rh) ㄕㄨㄚˇㄐㄧㄚㄗ(ㄦ) 도박 상습자.
[耍奸] shuǎchiēn ㄕㄨㄚˇㄐㄧㄢ ①게으름을 피우다. ②억지 부리다. 떼를 쓰다. ③간책(奸策)을 쓰다.
[耍猴(兒)] shuǎhóu(rh) ㄕㄨㄚˇㄏㄡˊ(ㄦ) ①원숭이를 부려서 곡예를 시키고 돈을 벌다. 원숭이를 놀리다. ②지나친 장난을 하다. ③농담이나 익살 따위로 남의 말을 혼란시키다. 《北》
[耍戲] shuǎhsì ㄕㄨㄚˇㄒㄧˋ 우롱(愚弄)하다. 놀려대다.
[耍笑] shuǎhsiào ㄕㄨㄚˇㄒㄧㄠˋ 희롱하다. 야유하다.
[耍玄虛] shuǎ hsüánhsü ㄕㄨㄚˇ ㄒㄩㄢˊ ㄒㄩ 신이 나서 묘한 짓을 하다.
[耍花腔兒] shuǎ huāch'iāngrh ㄕㄨㄚˇ ㄏㄨㄚㄑㄧㄤㄦ 목청을 떨다.
[耍花槍] shuǎ huāch'iāng ㄕㄨㄚˇㄏㄨㄚㄑㄧㄤ =耍花招(兒).
[耍歡] shuǎhuān ㄕㄨㄚˇㄏㄨㄢ 희롱하다. =耍洋歡.
[耍滑(兒)] shuǎhuá(rh) ㄕㄨㄚˇㄏㄨㄚˊ(ㄦ) 교활하게 굴다. 요령을 부리다.
[耍滑頭] shuǎ huát'ou ㄕㄨㄚˇ ㄏㄨㄚˊㄊㄡ =耍滑(兒).
[耍貨兒] shuǎhuòrh ㄕㄨㄚˇㄏㄨㄛˋㄦ 장난감. 완구(玩具). =玩具. 「一攤; 완구점」
[耍狗熊] shuá kǒuhsiúng ㄕㄨㄚˊㄍㄡˇㄒㄩㄥˊ ①곰에게 재주를 부리게 하다. ②남을 얕보고 놀려 주다.
[耍光棍] shuǎ kuāngkùn ㄕㄨㄚˇ ㄍㄨㄤㄍㄨㄣˋ 직업이 없이 빈둥거리다. =耍光光. 耍流氓.
[耍空拳頭] shuǎ k'ūngch'üánt'ou ㄕㄨㄚˇㄎㄨㄥㄑㄩㄢˊㄊㄡ 입으로는 큰소리를 치지만 실제로는 아무 것도 할 힘이 없다. 말은 잘하지만 실천을 못한다.
[耍骨頭] shuǎ kǔt'ou ㄕㄨㄚˇ ㄍㄨˊㄊㄡ =耍滑(兒).
[耍賴皮] shuǎ làip'í ㄕㄨㄚˇ ㄌㄞˋㄆㄧˊ 뒤넘스럽게 굴다. 체면도 부끄러움도 모르고 날뛰다.
[耍臉子] shuáliěntzǔ ㄕㄨㄚˊㄌㄧㄢˇㄗ 남에게 화난 얼굴을 하다. 무뚝뚝하다.
[耍埋汰] snuǎ máit'ai ㄕㄨㄚˇ ㄇㄞˊㄊㄞ 잔재주를 부리다. 계략을 꾸미다. 《方》
[耍鬧] shuǎnào ㄕㄨㄚˇㄋㄠˋ 장난치고 떠들다. ＞耍耍鬧鬧.
[耍弄] shuǎnung ㄕㄨㄚˇㄋㄨㄥ 야유하다. 희롱하다.
[耍把戲] shuá pǎhsì ㄕㄨㄚˊ ㄅㄚˇㄒㄧˋ ①잡기(雜技)를 부리다. ②궤계(詭計)를 부리다. 간사하게 남을 속이는 꾀를 피우다.
[耍排場] shuǎ p'áich'ang ㄕㄨㄚˇ ㄆㄞˊㄔ ㄤ 겉치장을 하다. 외관을 꾸미다.
[耍脾氣] shuǎp'ích'i ㄕㄨㄚˇㄆㄧˊㄑㄧ 부아통을 터뜨려 옆사람을 못 살게 굴다. 마구 화를 내다.
[耍派頭] shuǎp'àit'ou ㄕㄨㄚˇㄆㄞˋㄊㄡ 잘난 체하다. 건방지게 굴다.
[耍貧嘴] shuǎp'íntsuǐ ㄕㄨㄚˇㄆㄧㄣˊㄗㄨㄟˇ 농담으로 지나치게 장난하다.
[耍勢力] shuǎ shìhlì ㄕㄨㄚˇㄕˋㄌㄧˋ 권력을 부리다.
[耍手藝] shuǎ shǒu i ㄕㄨㄚˇ ㄕㄡˇㄧ 수예를 하다. 「一的; 손으로 하는 일을 직업으로 삼는 사람」
[耍手段] shuá shǒutuan ㄕㄨㄚˊ ㄕㄡˇㄉㄨㄢ 부정한 수단을 쓰다.
[耍死狗] shuǎssǔkǒu ㄕㄨㄚˇㄙˇㄍㄡˇ 뻔뻔스런 태도를 하다. 《西》
[耍罈子] shuǎt'ántzǔ ㄕㄨㄚˇㄊㄢˊㄗ 발끝으로 독을 뱅뱅 돌리는 곡예.
[耍刀] shuǎtāo ㄕㄨㄚˇㄉㄠ 칼을 쓰다. 칼을 휘두르다.
[耍嘴片子] shuǎ tsuǐp'ièntzǔ ㄕㄨㄚˇ ㄗㄨㄟˇㄆㄧㄢˋㄗ 말만으로써 실천이 따르지 못하다.
[耍嘴皮子] shuátsuǐp'ítzǔ ㄕㄨㄚˊㄗㄨㄟˇㄆㄧˊㄗ 으쓱하여 쓸 데 없는 농담을 하다. 마구 지껄이다.

[耍子] shuǎtzǔ ㄕㄨㄚˇㄗ 희롱하다. 놀리다.
[耍刺兒] shuǎtz'ǜrh ㄕㄨㄚˇㄘˋㄦ 건방지게 굴다. 남이 싫어하는 짓을 굳이 하다.
[耍無賴] shuǎwúlài ㄕㄨㄚˇㄨˊㄌㄞˋ ①직업 없이 빈둥거리다. ②무뢰한이 되다.
[耍硬] shuǎyìng ㄕㄨㄚˇㄧㄥˋ 매우 엄하게 하다. 엄격하게 다루다.

SHUAI ㄕㄨㄞ

〔衰〕 shuāi ㄕㄨㄞ 쇠약해지다. 쇠하다. 「一敗；쇠약해지다」「一老；노쇠하다」
[衰落] shuāilò ㄕㄨㄞㄌㄨㄛˋ 영락하다. 힘을 잃다.
[衰變] shuāipièn ㄕㄨㄞㄅㄧㄢˋ 방사성 원자가 점차 파괴되어 다른 원자로 바뀌는 것.
[衰邁] shuāimài ㄕㄨㄞㄇㄞˋ 쇠퇴하여 무능하다.
[衰頹] shuāit'uì ㄕㄨㄞㄊㄨㄟˋ 쇠하다. 쇠퇴하다.
〔摔〕 shuāi ㄕㄨㄞ ①힘차게 던지다. 내동댕이치다. 「把帽子往床上一一；모자를 침대 위에 내던지다」 ②떨어뜨려 부수다. 「把碗一了；사기 그릇을 떨어뜨려 부수었다」③힘차게 구르다. 「他一倒了；그는 넘어졌다」
[摔跤] shuāichiāo ㄕㄨㄞㄐㄧㄠ ①구르다. 쓰러지다. ②씨름.
[摔觔斗] shuāi chīntǒu ㄕㄨㄞ ㄐㄧㄣㄉㄡˇ =摔跟頭.
[摔簧] shuāihuáng ㄕㄨㄞㄏㄨㄤˊ 비꼬는 말투로 암시하다.
[摔跟頭] shuāi kēnt'ou ㄕㄨㄞ ㄍㄣㄊㄡ 나가 동그라지다. 공중 제비를 하다.
[摔炮兒] shuāip'àorh ㄕㄨㄞㄆㄠˋㄦ 화약 종이를 끼워서 던지는 장난감: 큰 폭음이 남.
[摔打] shuāita ㄕㄨㄞㄉㄚ 세상의 경험을 겪다. 세상 풍파를 겪어내다.
[摔打砸拉] shuāitǎ-tsálá ㄕㄨㄞㄉㄚˇ ㄗㄚˊㄌㄚˊ ①어떤 곤란도 무릅쓰다. 「一的人；불요 불굴한 사람」②전후를 분별하지 않고 무턱대고 하다.
[摔讚兒] shuāitsànrh ㄕㄨㄞㄗㄢˋㄦ 불평하다. 투덜대다. 잔소리하다.
[摔瓦] shuāiwǎ ㄕㄨㄞㄨㄚˇ 출관(出棺) 때에 질그릇 따위를 내던져 부수다: 그 집안 후계자가 하는 의식의 하나.
〔蹿〕 shuāi ㄕㄨㄞ =摔③.
〔甩〕 shuǎi ㄕㄨㄞˇ ①흔들다. 휘두르다. 「狗一尾巴；개가 꼬리를 흔들다」② 버리다. 뿌리치다. 「一車；기관차가 객차를 떼어 버리다」「一袖子；소매를 뿌리치다」
[甩出] shuǎich'u ㄕㄨㄞˇㄔㄨ 내던지다.
[甩閑話] shuǎihsiénhua ㄕㄨㄞˇㄒㄧㄢˊㄏㄨㄚ 이러쿵저러쿵 세상 이야기를 하다. 나오는 대로 시시한 이야기를 하다.
[甩貨] shuǎihuò ㄕㄨㄞˇㄏㄨㄛˋ ①투매품(投賣品). 헐값으로 파는 물건. ②대염가 판매하다. 아주 싸게 팔다.
[甩開] shuǎik'ai ㄕㄨㄞˇㄎㄞ 크게 벌리다. 「一兩條腿；두 다리를 크게 벌리다」
[甩咧子] shuǎiliĕhtzǔ ㄕㄨㄞˇㄌㄧㄝㄗ = 閑話.
[甩臉子] shuǎiliěntzǔ ㄕㄨㄞˊㄌㄧㄢˇㄗ 원망스런 얼굴을 하다.
[甩輪] shuǎilún ㄕㄨㄞˇㄌㄨㄣˊ 기계의 회전축에 붙어 회전을 일정하게 하기 위한 큰 바퀴.
[甩賣] shuǎimài ㄕㄨㄞˇㄇㄞˋ 투매하다. 헐값으로 팔다.
[甩手] shuáishǒu ㄕㄨㄞˊㄕㄡˇ ①손을 뿌리치다. 내던지다. ②손을 앞뒤로 크게 흔들다. ③손을 떼다. 방치하다.
[甩大鞋] shuǎitàhsiéh ㄕㄨㄞˇㄉㄚˋㄒㄧㄝˊ ①태도가 교만하다. ②조잡하고 엉성하다.
[甩脫] shuǎit'ō ㄕㄨㄞˇㄊㄨㄛ 뿌리치다. 흔들어 떨어뜨리다.
[甩動] shuǎitùng ㄕㄨㄞˇㄉㄨㄥˋ (힘을 주어)흔들다. 흔들어 움직이게 하다.
〔帥〕(帅) shuài ㄕㄨㄞˋ ①군대의 최고 지휘관. ②총독(總督).
〔率〕 shuài ㄕㄨㄞˇ ①거느리다. 「一師；군대를 인솔하다」②경솔. ③솔직. ④대략. 대체. 「一皆如此；대개 모두 이 같은 상태이다」⑤아름다운. 여럿 중에서 가장 뛰어난 것. 「這個字寫得眞一；이 글자는 참으로 아름답게 쓰여져 있다」⇨lǜ.
[率性[shuàihsìng ㄕㄨㄞˋㄒㄧㄥˋ ①성질. ②본성(本性)을 좇아 분수를 넘지 않다.
[率意] shuàiì ㄕㄨㄞˋㄧˋ 임의로. 마음대로.
[率領] shuàilǐng ㄕㄨㄞˋㄌㄧㄥˇ 인솔하다. 이끌다.
[率爾] shuàiěrh ㄕㄨㄞˋㄦˇ ①시급한. 돌연히. ②경솔·소홀한 모양.
[率同] shuàit'úng ㄕㄨㄞˋㄊㄨㄥˊ 대동(帶同)하다. 같이 데리고 가다.

SHUAN ㄕㄨㄢ

〔閂〕 shuān ㄕㄨㄢ 문빗장. 문을 잠글 때에 가로 지르는 나무.
〔拴〕 shuān ㄕㄨㄢ ①새끼로 비끄러매다. 「一馬；말을 비끄러매다」
[拴縛] shuānfu ㄕㄨㄢㄈㄨ (마소 따위를) 붙잡아 매다. 비끄러매다.
〔栓〕 shuān ㄕㄨㄢ 기물(器物)의 마개. 「槍一；총의 탄창(彈倉)의 마개」「消火一；소화전」
〔涮〕 shuàn ㄕㄨㄢˋ ①물로 흔들어 씻다. 헹구다. 빨다. 「把衣服一一一；의복을 물에 한 번 헹구어 빨다」②끓는 물에 고기를 넣어 잠깐 삶은 뒤 조미료를 쳐서 먹는 요리. 「一羊肉；양고기를 위에 말한 바와 같이 하여 먹는 요리」③속이다. 「得了, 你別一我了；이제

알았어. 속임수는 그만둬」
[涮鍋水] shuànkuōshuǐ ㄕㄨㄢˋㄍㄨㄛㄕㄨㄟˇ ①부엌간의 구정물. ②몸을 더럽힌 여자.

SHUANG ㄕㄨㄤ

〔霜〕 shuāng ㄕㄨㄤ ①서리. ②서리와 같이 흰.「一鬢; 흰 살쩍」③서리 같은 것. 과일의 겉에 생기는 흰 가루」
[霜降] shuāngchiàng ㄕㄨㄤㄐㄧㄤˋ 상강(霜降): 양력 10월 23~24일. 가을철.
[霜雪] shuānghsüěh ㄕㄨㄤㄒㄩㄝˇ ①서리와 눈. ②마음이 결백함.
[霜兒] shuāngrh ㄕㄨㄤㄦ 과일의 표면에 생기는 흰 가루.「柿一; 시설(柿雪). 시상(姊霜)」
[霜凍] shuāngtùng ㄕㄨㄤㄉㄨㄥˋ ①서리. ②상해(霜害). 서리로 인한 농작물의 피해. 서리를 맞아 시듦.
[霜葉] shuāngyèh ㄕㄨㄤㄧㄝˋ 단풍.

〔雙〕(双) shuāng ㄕㄨㄤ ①한 쌍을 나타내는 조수사(助數詞).「一一鞋; 한 켤레의 신」「一一筷子; 한 벌의 수저」②우수(偶數). ③두 배의. 두 몫의.
[雙親] shuāngch'īn ㄕㄨㄤㄑㄧㄣ 양친.
[雙季稻] shūangchìtào ㄕㄨㄤㄐㄧˋㄉㄠˋ 이모작(二毛作)의 벼.
[雙周刊] shuāngchōuk'ān ㄕㄨㄤㄓㄡㄎㄢ 격주(隔週)간행물: 두 주에 한 번 내는 간행물.
[雙全] shuāngch'üán ㄕㄨㄤㄑㄩㄢˊ ①양쪽이 다 완전하다. ②쌍방이 일치하다.
[雙絕] shuāngchüéh ㄕㄨㄤㄐㄩㄝˊ 둘도 없는 것. 최고의 것.「色藝一; 용모와 기예가 더불어 비할 데 없다」
[雙重] shuāngch'úng ㄕㄨㄤㄔㄨㄥˊ 이중(二重).「一國籍; 이중 국적」「一領導; 양편에서 지도하다」
[雙重人格] shuāngch'úng jěnkǒ ㄕㄨㄤㄔㄨㄥˊㄖㄣˊㄍㄜˊ 이중인격.
[雙耳刀] shuāngěrhtāo ㄕㄨㄤㄦˇㄉㄠˋ 한자의 부수(部首)의 하나: 부방변. "阝".
[雙份(兒)] shuāngfèn(rh) ㄕㄨㄤㄈㄣˋ(ㄦ) 두 사람 몫. 두 몫.
[雙幅兒] shuāngfǔrh ㄕㄨㄤㄈㄨˇㄦ (옷감 따위)더블폭.
[雙行] shuānghángㄕㄨㄤㄏㄤˊ (세로로) 두 줄. 종이열(縱二列).「排成一; 두 줄로 늘어 놓다」
[雙喜] shuānghsǐ ㄕㄨㄤㄒㄧˇ 두 가지 중첩된 경사(慶事).
[雙晌(兒)] shuānghsiǎng(rh) ㄕㄨㄤㄒㄧㄤˇ(ㄦ) 두 번 소리를 내는 폭죽(爆竹).
[雙下巴] shuānghsiàpa ㄕㄨㄤㄒㄧㄚˋㄅㄚ 이중턱. 군턱.
[雙薪] shuānghsīn ㄕㄨㄤㄒㄧㄣ ①2 개월분이나 2인분의 급료. ②보우너스.
[雙喜字兒] shuānghsǐtzùrh ㄕㄨㄤㄒㄧˇㄗˋㄦ "喜"의 2자, 즉 "囍": 경사를 나타냄.
[雙鏵犁] shuānghuálí ㄕㄨㄤㄏㄨㄚˊㄌㄧˊ 쟁기 두 개가 달린 자동 경작기.
[雙簧] shuānghuáng ㄕㄨㄤㄏㄨㄤˊ ① 한 사람은 뒤에서 이야기하고 다른 한 사람은 앞에서 연기를 하는 것으로 한 사람이 이야기하는 것처럼 보이는 곡예의 한 가지. ②쌍방이 짜고 한 사람은 전면에서 다른 한 사람은 배후에 숨어서 간계를 부리는 것.
[雙簧管] shuānghuángkuǎn ㄕㄨㄤㄏㄨㄤˊㄍㄨㄢˇ 〈樂〉 오보에(oboe): 목관 악기.
[雙日(子)] shuāngjìh(tzǔ) ㄕㄨㄤㄖˋ(ㄗ) 우수(偶數)의 날.
[雙杠] shuāngkàng ㄕㄨㄤㄍㄤˋ 평행봉(平行棒).
[雙高潮] shuāngkāoch'áo ㄕㄨㄤㄍㄠㄔㄠˊ 생산과 기술 개혁에 대해 의욕을 높임.
[雙掛號] shuāngkuàhào ㄕㄨㄤㄍㄨㄚˋㄏㄠˋ 배달증명이 붙은 등기 우편.
[雙關] shuāngkuān ㄕㄨㄤㄍㄨㄢ 하나의 말이 두 가지 뜻을 가지고 있다.「一語一; 한 단어가 두 가지 뜻을 갖다」
[雙管齊下] shuāngkuǎn ch'íhsià ㄕㄨㄤㄍㄨㄢˇㄑㄧˊㄒㄧㄚˋ ①두 가지 뜻을 가진 문장. ②어떤 일을 동시에 병행하여 추진시키다.
[雙軌] shuāngkueǐ ㄕㄨㄤㄍㄨㄟˇ 복선(複線).
[雙股兒] shuāngkǔrh ㄕㄨㄤㄍㄨˇㄦ 이중으로 되어 있는 것. 꼬아서 합친 것.
[雙料兒] shuāngliàorh ㄕㄨㄤㄌㄧㄠˋㄦ ①두 배의 재료를 들여 만든 것. 두 개분의 재료. ②몹시 과장한.
[雙立人兒] shuānglìjénrh ㄕㄨㄤㄌㄧˋㄖㄣˊㄦ 한자(漢字) 부수(部首)의 하나 두인변 "彳".
[雙棒兒] shuāngpàngrh ㄕㄨㄤㄅㄤˋㄦ 쌍동이.
[雙瓣兒] shuāngpànrh ㄕㄨㄤㄅㄢˋㄦ 많이 겹쳐져 있는 것. 꽃이 여러 겹으로 겹쳐져 핌.
[雙邊協定] shuāngpiēn hsiéhtìng ㄕㄨㄤㄅㄧㄢ ㄒㄧㄝˊㄉㄧㄥˋ 쌍무협정(雙務協定).
[雙雙] shuāngshuāng ㄕㄨㄤㄕㄨㄤ 한쌍. 쌍쌍으로.
[雙數兒] shuāngshùrh ㄕㄨㄤㄕㄨˋㄦ 우수(偶數). 짝수.
[雙聲] shuāngshēng ㄕㄨㄤㄕㄥ 같은 자음을 가진 두 글자가 한 단어를 이루는 것: "輾轉"(chánchuǎn)은 ch를 공유하고 있다.
[雙身子] shuāngshēngtzǔ ㄕㄨㄤㄕㄣㄗ 임신.
[雙打] shuāngtǎ ㄕㄨㄤㄉㄚˇ ①쌍방이 서로 치다: 무술 따위의 경우. ②테니스의 복식(複式).
[雙層] shuāngts'éng ㄕㄨㄤㄘㄥˊ 이중(二重).「一國籍; 이중 국적」「一領導; 쌍방에서 지도하다」
[雙眼皮兒] shuāngyěnp'írh ㄕㄨㄤㄧㄢˇㄆㄧˊㄦ 쌍꺼풀. 겹으로 된 눈꺼풀.

〔爽〕 shuǎng ㄕㄨㄤˇ ①상쾌한. 기분이 좋은.「一目; 눈이 상쾌하게 보이다」②산뜻하다. 솔직하다. ③어기다. 틀리다.「一約; 위약하다」「毫厘不一; 조금도 틀리지 않다」
[爽氣] shuǎngch'ì ㄕㄨㄤˇㄑㄧˋ ①상쾌한 기분. ②상쾌하다. 〈重〉

[爽直] shuǎngchíh ㄕㄨㄤˇㄓˊ (성질이)솔직하다. ＞爽爽直直.
[爽心] shuǎnghsīng ㄕㄨㄤˇㄒㄧㄥ 마음이 상쾌하다.
[爽性] shuǎnghsing ㄕㄨㄤˇㄒㄧㄥ 차라리. 깨끗이. 시원스럽게. 「既然晚了, 一不去吧；기왕 늦은 것이니, 가지 않도록 하자」
[爽然] shuǎngján ㄕㄨㄤˇㄖㄢˊ ① 얼빠져 멍청한 모양. 「一自失；망연 자실하다」
[爽口] shuǎngk'ǒu ㄕㄨㄤˊㄎㄡˇ 맛이 좋다. 입에 맞다.
[爽快] shuǎngk'uai ㄕㄨㄤˊㄎㄨㄞ ①상쾌하다. 기분이 좋다. ②솔직하다. ＞爽爽快快.
[爽朗] shuǎnglǎng ㄕㄨㄤˊㄌㄤˇ ①도량이 크다. ②명랑하다. ③(날씨가) 쾌청하다. ＞爽爽朗朗.
[爽利] shuǎngli ㄕㄨㄤˇㄌㄧ ①날쌔다. 민첩하다. 「做事 一；일을 민첩하게 하다」 ②shuǎnglì ＝爽性.
[爽神] shuǎngshěn ㄕㄨㄤˇㄕㄣˊ ①기분이 상쾌하다. ②재빠르다. 날래다.
[爽脆] shuǎngts'uì ㄕㄨㄤˇㄘㄨㄟˋ 민첩하다. 날쌔다. 「做事一；일을 날쌔게 하다」
[爽得] shuǎngtê ㄕㄨㄤˇㄉㄜ ＝爽性.

SHUI ㄕㄨㄟ

〔誰〕 shuí ㄕㄨㄟˊ ①누구. 「一來務？；누가 왔느냐？」 ②누구라도. 어떤 사람일지라도. 「一都可以做；누구라도 할 수 있다」 ③누군가. 「彷佛聽見一正在說話；누군가의 이야기하는 소리가 들리는 듯하다」
[誰家] shuíchia ㄕㄨㄟˊㄐㄧㄚ ①누구의 집. ②누구.
[誰想] shuíhsiǎng ㄕㄨㄟˊㄒㄧㄤˇ 어쩌면. 뜻밖에도. 「一他會來了；어쩌면 그가 다 오다니」
[誰人] shuíjěn ㄕㄨㄟˊㄖㄣˊ 누구. 「一不知, 哪個不曉；누구나 잘 알고 있다」

〔水〕 shuǐ ㄕㄨㄟˇ ①물. ②강·호수·바다 따위. 「湘一；"湖南"의 강 이름」 ③즙액(汁液). 액체. 「藥一；물약」「桔子一；오렌지 주우스」 ④「一族；소수 민족의 하나」
[水閘] shuǐchá ㄕㄨㄟˇㄓㄚˊ 수문.
[水長船高] shuǐchǎng ch'uán' kāo ㄕㄨㄟˇㄓㄤˇ ㄔㄨㄢˊㄍㄠ ①의지하는 바탕이 높을수록 자체의 지위도 높아진다. ②주위의 조건이 좋아지면 그 자체도 좋아진다. ＝水漲船高. 《成》
[水車] shuǐch'ē ㄕㄨㄟˇㄔㄜ ①물방아. ②(논에 물을 대는)수차. ③급수차.
[水鷄] shuǐchī ㄕㄨㄟˇㄐㄧ 물새.
[水際] shuǐchì ㄕㄨㄟˇㄐㄧˋ ①물가. ②바다의 끝.
[水汽] shuǐch'ì ㄕㄨㄟˇㄑㄧˋ 수증기.
[水膠] shuǐchiāo ㄕㄨㄟˇㄐㄧㄠ 수피(獸皮)를 삶아 만든 아교. ＝黃明膠.
[水脚] shuíchiǎo ㄕㄨㄟˊㄐㄧㄠˇ ①수로(水路). ②(배로 운반할 때의) 하물(荷物)의 운임.
[水餃兒(子)] shuíchiǎorh(—tzū) ㄕㄨㄟˊㄐㄧㄠˇㄦ(—ㄗ) ①물만두. ②만두국.
[水池] shuǐch'íh ㄕㄨㄟˇㄔˊ 못. 저수지.
[水蛭] shuǐchìh ㄕㄨㄟˇㄓˋ 〈動〉 거머리.
[水井] shuíchǐng ㄕㄨㄟˊㄐㄧㄥˇ 우물.
[水晶宮] shuǐchīngkūng ㄕㄨㄟˇㄐㄧㄥㄍㄨㄥ ①용궁(龍宮). ②크리스털-팰리스.
[水警輪] shuíchǐnglún ㄕㄨㄟˊㄐㄧㄥˇㄌㄨㄣˊ 수상 경찰선(水上警察船).
[水球] shuǐch'iú ㄕㄨㄟˇㄑㄧㄡˊ 수구. 워어터 포울로우(water-polo).
[水酒] shuíchiǔ ㄕㄨㄟˊㄐㄧㄡˇ 싱거운 술. 박주. 《謙》
[水籌] shuǐch'óu ㄕㄨㄟˇㄔㄡˊ 물을 살 때에 쓰는 대로 만든 패. 회수권과 같은 것. 물패.
[水渠] shuǐch'ǘ ㄕㄨㄟˇㄑㄩˊ 배수로(排水路).
[水寨] shuǐchuài ㄕㄨㄟˇㄓㄨㄞˋ 수군(水軍)의 근거지.
[水鑽兒] shuǐchuànrh ㄕㄨㄟˇㄓㄨㄢˋ ㄦ 다이아몬드(金剛石)의 별칭.
[水曲柳] shuǐch'ǘliǔ ㄕㄨㄟˇㄑㄩㄌㄧㄡˇ 물가의 버들.
[水中撈月] shuǐchūng lāoyüèh ㄕㄨㄟˇㄓㄨㄥ ㄌㄠㄩㄝˋ 무익한 수고만을 거듭하는 데 대한 비유. ＝海底撈月. 《成》
[水飯] shuǐfàn ㄕㄨㄟˇㄈㄢˋ 죽. 「綠豆一；녹두죽」
[水販] shuǐfàn ㄕㄨㄟˇㄈㄢˋ 물을 파는 사람.. 물장수.
[水粉] shuífěn ㄕㄨㄟˊㄈㄣˇ ①물분. ②봄비.
[水分] shuǐfěn ㄕㄨㄟˇㄈㄣˋ 수분. 물기.
[水旱] shuǐhàn ㄕㄨㄟˇㄏㄢˋ ①논과 밭. 「一步犁；논밭 양쪽에 쓰이는 쟁기」 ②수해와 한해(旱害). 바다 또는 강과 뭍(陸地).
[水旱碼頭] shuǐhàn mǎt'ou ㄕㄨㄟˇㄏㄢˋ ㄇㄚˇㄊㄡ ＝水陸碼頭.
[水瀉] shuǐhsièh ㄕㄨㄟˇㄒㄧㄝˋ 물과 같은 설사를 하다.
[水險] shuǐhsiěn ㄕㄨㄟˊㄒㄧㄢˇ 해상 보험(海上保險).
[水泄不通] shuǐhsièh pùt'ūng ㄕㄨㄟˇㄒㄧㄝˋ ㄅㄨˋㄊㄨㄥ 물 샐 틈 없다. 개미 한 마리 기어 나올 틈이 없다. 「擠得一；혼잡하여 입추(立錐)의 여지가 없다. 《成》
[水嬉] shuǐhsī ㄕㄨㄟˇㄒㄧ 물 장난을 하다.
[水螅] shuǐhsī ㄕㄨㄟˇㄒㄧ 〈動〉 히드라(hydra).
[水心(兒)] shuǐhsīn(rh) ㄕㄨㄟˇㄒㄧㄣ(ㄦ) 강의 중심. 강심(江心). 하심(河心).
[水性] shuǐhsìng ㄕㄨㄟˇㄒㄧㄥ ①바람둥이. 바람기가 있음. 「一楊花；다정 다감하고 바람기가 많은 부녀에 대한 비유」 ②물에 익숙함.
[水銹] shuǐhsiù ㄕㄨㄟˇㄒㄧㄡˋ 물때.
[水壺] shuǐhú ㄕㄨㄟˇㄏㄨˊ ①주전자. ②수통. 빨병.
[水戽] shuǐhù ㄕㄨㄟˇㄏㄨˋ 논에 물을 대는 데 쓰이는 물을 푸는 기구.
[水患] shuǐhuàn ㄕㄨㄟˇㄏㄨㄢˋ 수해.
[水花兒] shuǐhuārh ㄕㄨㄟˇㄏㄨㄚㄦ ①물보라. 비말(飛沫). ②〈醫〉 수두(水痘). 작은 마마.
[水葫蘆兒] shuǐhúlurh ㄕㄨㄟˇㄏㄨˊㄌㄨ

ㄦ ①국자. ②쩍. 귀밑털.
[水紅] shuǐhúng ㄕㄨㄟˇㄏㄨㄥˊ 핑크. 연분홍.
[水火] shuǐhuǒ ㄕㄨㄟˇㄏㄨㄛˇ ①물과 불. 물불. ②상극(相剋)인 것의 비유. 「一無交; 전연 관계가 없다」 ③재난.「一無情; 수해나 화재 등이 혹심한 것」
[水乳交融] shuǐjǔ chiāojúng ㄕㄨㄟˊㄖㄨˇ ㄐㄧㄠㄖㄨㄥˊ 완전히 화합(和合)하다. 조금의 격의도 없이 사귀다.
[水缸] shuǐkāng ㄕㄨㄟˇㄍㄤ 물 항아리. 물독.
[水坑] shuǐk'ēng ㄕㄨㄟˇㄎㄥ 웅덩이.
[水溝] shuǐkōu ㄕㄨㄟˇㄍㄡ 수채. 도랑.
[水口] shuǐk'ǒu ㄕㄨㄟˊㄎㄡˇ ①물꼬. 수구. 수원. ②배수구.
[水臌] shuǐkǔ ㄕㄨㄟˊㄍㄨˇ ①수종(水腫). 부증. ② 〈醫〉 장만(腸滿)의 일종.
[水庫] shuǐk'ù ㄕㄨㄟˇㄎㄨˋ 저수지.
[水管子] shuǐkuǎntzǔ ㄕㄨㄟˊㄍㄨㄢˇㄗ 수도관. 호오스.
[水果] shuǐkuǒ ㄕㄨㄟˊㄍㄨㄛˇ 과실. 「一店; 과실점」「一糖; 드롭스」
[水過地皮濕] shuǐ kuò tìp'í shīh ㄕㄨㄟˇ ㄍㄨㄛˋ ㄉㄧˋㄆㄧˊ ㄕ 살짝 뜻을 암시해 주면 그것으로 충분히 해득하는 데 대한 비유. 《成》
[水來土掩] shuǐ lái t'ǔyěn ㄕㄨㄟˇ ㄌㄞˊ ㄊㄨˇㄧㄢˇ 방법을 강구하여 방위하다. 객관적인 방법을 써서 방지하다. 《成》
[水龍頭] shuǐlúngt'óu ㄕㄨㄟˇㄌㄨㄥˊㄊㄡˊ ①소화기. 소화 펌프. ②수신(水神).
[水老鴰] shuǐlǎokua ㄕㄨㄟˊㄌㄠˇㄍㄨㄚ 〈動〉 가마우지(鵜). =魚鷹子. 노자. 우지.
[水亮] shuǐliang ㄕㄨㄟˇㄌㄧㄤ ①물기가 많아 맛이 있다. 「蜜桃很一; 수밀도는 물기가 많아 맛이 좋다」 ②싱싱하다. 아름답다. 「長得一; 얼굴이 예쁘장스럽게 되다」 =水靈. 水零.
[水量] shuǐliàng ㄕㄨㄟˇㄌㄧㄤˋ ①수량. ②헤엄치는 솜씨.
[水蓼] shuǐliǎo ㄕㄨㄟˊㄌㄧㄠˇ 〈植〉 여뀌. 버들여뀌: 향신료(香辛料)로 씀.
[水力站] shuǐlìchàn ㄕㄨㄟˇㄌㄧˋㄓㄢˋ 수력 스테이션. 수력 발전소.
[水力化] shuǐlìhuà ㄕㄨㄟˇㄌㄧˋㄏㄨㄚˋ 물을 관개(灌漑) 따위 목적에 쓸 수 있도록 하는 것.
[水淋淋的] shuǐlínlíntê ㄕㄨㄟˇㄌㄧㄣˊㄌㄧㄣˊㄉㄜ 물방울이 떨어질 정도로 흠뻑 젖은 모양.
[水蘿蔔] shuǐlópo ㄕㄨㄟˇㄌㄨㄛˊㄅㄛ 무우.
[水落石出] shuǐlò shíhch'ū ㄕㄨㄟˇㄌㄨㄛˋ ㄕˊㄔㄨ 진상이 밝혀짐을 말함. 「知道個一; 철저히 알다」 《成》
[水綠] shuǐlù ㄕㄨㄟˇㄌㄨˋ 옥색. 연한 녹색.
[水陸碼頭] shuǐlù mǎt'ou ㄕㄨㄟˇㄌㄨˋ ㄇㄚˇㄊㄡ 하천이나 육지의 요소(要所)에 위치해 있는 도시.
[水輪] shuǐlún ㄕㄨㄟˇㄌㄨㄣˊ 수력 터어빈.
[水龍] shuǐlúng ㄕㄨㄟˇㄌㄨㄥˊ ①소화기(消火器). 소화 펌프. ②무자위(水龍).
[水龍帶] shuǐlúngtài ㄕㄨㄟˇㄌㄨㄥˊㄉㄞˋ 소화용 호오스.
[水門汀] shuǐmént'īng ㄕㄨㄟˇㄇㄣˊㄊㄧㄥ 시멘트. 양회(洋灰). 《譯》 =洋灰. 水泥.
[水磨] shuǐmò ㄕㄨㄟˇㄇㄛˋ ①수력 제분기. ②shuǐmó 정밀한 조각의 일종.
[水墨畫] shuǐmòhuà ㄕㄨㄟˇㄇㄛˋㄏㄨㄚˋ 묵화.
[水母] shuǐmǔ ㄕㄨㄟˊㄇㄨˇ 해파리.
[水能] shuǐnéng ㄕㄨㄟˇㄋㄥˊ 물의 에네르기.
[水泥] shuǐní ㄕㄨㄟˇㄋㄧˊ 시멘트.
[水嫩] shuǐnùn ㄕㄨㄟˇㄋㄨㄣˋ ①물기가 있어 연하다. ②(여자의 피부 따위가) 싱싱하다.
[水木作] shuǐmùtsō ㄕㄨㄟˇㄇㄨˋㄗㄨㄛ 미장이와 목수.
[水壩] shuǐpà ㄕㄨㄟˇㄅㄚˋ 댐. 제방.
[水牌] shuǐp'ái ㄕㄨㄟˇㄆㄞˊ 상점 등에서 메모 대용으로 쓰는 일종의 흑판.
[水泵] shuǐpěng ㄕㄨㄟˇㄅㄥˋ 물을 빨아올리는 펌프.
[水筆] shuǐpǐ ㄕㄨㄟˊㄅㄧˇ 항상 먹물을 먹여 쓰지 않을 때는 뚜껑을 끼워 두는 휴대용의 모필.
[水瓢] shuǐp'iáo ㄕㄨㄟˇㄆㄧㄠˊ 물을 푸는 호리병박. 호리병박으로 만든 국자.
[水表] shuǐpiǎo ㄕㄨㄟˊㄅㄧㄠˇ ①수위계(水位計). 양수표(量水標). ②수도 미터. 수량계(水量計).
[水平] shuǐp'íng ㄕㄨㄟˇㄆㄧㄥˊ ①수평. ②일반 표준. 수준. 「一儀; 수준기」 ③정도.
[水萍] shuǐp'íng ㄕㄨㄟˇㄆㄧㄥˊ 〈植〉 개구리밥. 부평초.
[水皮兒] shuǐpírh ㄕㄨㄟˇㄆㄧˊㄦ 수면(水面).
[水簸箕] shuǐpòchi ㄕㄨㄟˇㄅㄛˋㄐㄧ 인력거(人力車)에 탄 손님이 발을 얹는 곳.
[水波浪兒] shuǐpōlàngrh ㄕㄨㄟˇㄅㄛㄌㄤˋㄦ 파문. 「起了一; 파문이 일어났다」
[水玻璃] shuǐpōli ㄕㄨㄟˇㄅㄛㄌㄧ 무초자. 물 유리: 접착제로 쓰임. 무수 규산(無水硅酸)과 알칼리를 용해시킨 것.
[水兒] shuǐrh ㄕㄨㄟˇㄦ ①물. ②즙액. ③=水頭兒①.
[水杉] shuǐshān ㄕㄨㄟˇㄕㄢ 〈植〉 물석송.
[水聲兒] shuǐshěngrh ㄕㄨㄟˇㄕㄥㄦ 맥이 빠진 소리.
[水深火熱] shuǐshēn-huǒjê ㄕㄨㄟˇㄔㄣ ㄏㄨㄛˇㄖㄜˋ 말할 수 없는 고생. 물과 불이 마구 덮쳐드는 고초. 《成》
[水蛇腰兒] shuǐshéyāorh ㄕㄨㄟˇㄕㄜˊㄧㄠㄦ 가늘고 구부러진 허리.
[水濕] shuǐshīh ㄕㄨㄟˇㄕ 축축히 젖어 있는.
[水式] shuǐshìh ㄕㄨㄟˇㄕˋ 수영 기술. 헤엄치는 솜씨.
[水手] shuíshǒu ㄕㄨㄟˊㄕㄡˇ 수부(水夫). 선원.
[水絲] shuǐssū ㄕㄨㄟˇㄙ (한줄기 한줄기의) 물줄기.
[水塔] shuít'ǎ ㄕㄨㄟˊㄊㄚˇ 급수탑.
[水獺] shuǐt'ǎ ㄕㄨㄟˊㄊㄚˇ 〈動〉 수달.
[水道] shuǐtào ㄕㄨㄟˇㄉㄠˋ 수로(水路).
[水到渠成] shuǐ tào ch'ú ch'éng ㄕㄨㄟˇ ㄉㄠˋ ㄑㄩˊ ㄔㄥˊ 일이 자연적으로 성취(成就)되어 가는 것의 비유. 《成》
[水點] shuǐtiěn ㄕㄨㄟˇㄉㄧㄢˇ 물방울.
[水電] shuǐtièn ㄕㄨㄟˇㄉㄧㄢˋ ①수력 발전. ②수력 발전의 전기. 「一站; 수력 발전소」 ③수도와 전기.

[水電費] shuǐtiènfèi ㄕㄨㄟˇㄉㄧㄢˋㄈㄟˋ 수도세 및 전기세.

[水汀] shuǐt'īng ㄕㄨㄟˇㄊㄧㄥ 스티임. 증기.

[水滴石穿] shuǐtī shíhch'uān ㄕㄨㄟˇㄉㄧ ㄕˊㄔㄨㄢ 미력으로 나마 끊임 없이 노력하면 언젠가는 대업을 성취할 수 있다는 비유.《成》

[水頭] shuǐt'óu ㄕㄨㄟˇㄊㄡˊ ①물의 낙차(落差). ②수위(水位) 낙차의 에네르기.

[水頭發兒] shuǐt'óufarh ㄕㄨㄟˇㄊㄡˊㄈㄚ ㄦ 부녀자들의 앞이마에 늘어뜨리는 한 가닥의 머리칼.

[水頭兒] shuǐt'ourh ㄕㄨㄟˇㄊㄡㄦ 물기. 수분.

[水草] shuǐts'ǎo ㄕㄨㄟˇㄘㄠˇ 〈植〉① 수초(水草). ②골풀. 「두부집.

[水作坊] shuǐtsōfang ㄕㄨㄟˇㄗㄨㄛㄈㄤ

[水葱兒] shuǐts'ūngrh ㄕㄨㄟˇㄘㄨㄥㄦ ① 매우 순진하다. ②앳되고 예쁘다.

[水土] shuǐt'ǔ ㄕㄨㄟˇㄊㄨˇ ①물과 흙. 「一沖刷 ; 물이 지면이나 강언덕의 흙을 밀고 흘러가는 것」「保持一 ; 물과 땅의 유실(流失)을 막다」 ②기후나 풍토. 「一不服 ; 기후와 풍토에 맞지 않다」

[水碓] shuǐtuì ㄕㄨㄟˇㄉㄨㄟˋ 물의 힘으로 찧는 절구. 물방아.

[水漬險] shuǐtzǜhsiěn ㄕㄨㄟˇㄗˋㄒㄧㄢˇ 분손 보험(分損保險).

[水汪汪的] shuǐwāngwāngtê ㄕㄨㄟˇㄨㄤ ㄨㄤㄉㄜ 물이 가득 차 있는 모양.

[水窪子] shuǐwātzǔ ㄕㄨㄟˇㄨㄚㄗ 물이 괴어 있는 곳. 웅덩이.

[水文] shuǐwěn ㄕㄨㄟˇㄨㄣˊ ①물에 관한 문학·물의 과학. 「一站 ; 우량·수량 등의 측후소」 ②[一(兒)]＝水紋(兒).

[水紋(兒)] shuǐwěn(rh) ㄕㄨㄟˇㄨㄣˊ(ㄦ) 세파(細波). 잔물결.

[水舀子] shuǐyǎotzǔ ㄕㄨㄟˇㄧㄠˇㄗ 국자.

[水烟] shuǐyēn ㄕㄨㄟˇㄧㄢ 물담배. 수연. 「一袋 ; 물담뱃대. 수연통」

[水印] shuǐyìn ㄕㄨㄟˇㄧㄣˋ (종이 따위의) 투명한 것.

[水月燈] shuǐyüèhtēng ㄕㄨㄟˇㄩㄝˋㄉㄥ 아세틸렌 램프.

[水音兒] shuǐyīnrh ㄕㄨㄟˇㄧㄣㄦ 옥을 굴리는 듯한 맑은 음성.

〔稅〕 shuì ㄕㄨㄟˋ ①세금. ②납세하다. 「上一 ; 세금을 매기다」

[稅款] shuìk'uǎn ㄕㄨㄟˋㄎㄨㄢˇ 세금.

[稅票] shuìp'iào ㄕㄨㄟˋㄆㄧㄠˋ 납세증서.

[稅單] shuìtān ㄕㄨㄟˋㄉㄢ 납세증. 관세(關稅)영수증.

〔說〕 shuì ㄕㄨㄟˋ 설득하다. 「游一 ; 유세(遊說)하다」 ⇨shuō, yüèh .

〔睡〕 shuì ㄕㄨㄟˋ ①자다. ②잠. ③ 옆으로 눕다. 「一在床上看書 ; 침대 위에 누워 책을 읽다」

[睡着] shuìcháo ㄕㄨㄟˋㄓㄠˊ 잠들다.

[睡覺] shuìchiào ㄕㄨㄟˋㄐㄧㄠˋ 자다.

[睡房] shuìfáng ㄕㄨㄟˋㄈㄤˊ 침실.

[睡下] shuìhsia ㄕㄨㄟˋㄒㄧㄚ 눕다.

[睡鄉] shuìhsiāng ㄕㄨㄟˋㄒㄧㄤ 수면중. 꿈길.

[睡醒] shuìhsǐng ㄕㄨㄟˋㄒㄧㄥˇ 잠에서 깨다. 「러기.

[睡虎子] shuìhǔtzǔ ㄕㄩㄟˋㄏㄨˇㄗ 잠꾸

[睡衣] shuìī ㄕㄨㄟˋㄧ 잠옷.

[睡椅] shuìǐ、ㄕㄨㄟˋ ㄧˇ 침대용 소파. 잠자는 안락 의자.

[睡意] shuì ì ㄕㄨㄟˋ ㄧˋ 졸음.

[睡帽兒] shuìmàorh ㄕㄨㄟˋㄇㄠˋㄦ 나이트 캡.

[睡婆婆覺] shuìp'óp'ochiāo ㄕㄨㄟˋㄆㄛˊㄆㄛㄐㄧㄠ 어린 아이들이 잠잘 때에 웃기도 하고 소리를 내기도 하는 일.

[睡不着] shuìpucháo ㄕㄨㄟˋㄅㄨㄓㄠˊ잠을 이루지 못하다.

[睡不够] shuìpukòu ㄕㄨㄟˋㄅㄨㄍㄡˋ 잠이 모자라다. 선잠을 자다. ② 잠꾸러기. ＝睡虎兒.

[睡晌覺] shuì shǎngchiào ㄕㄨㄟˋ ㄕㄤˇㄐㄧㄠˋ 낮잠자다.

[睡熟] shuìshóu ㄕㄨㄟˋㄕㄡˊ 깊이 잠듦.

[睡在鼓裏] shuìtsai kǔli ㄕㄨㄟˋㄗㄞ ㄍㄨˇㄌㄧ ①모르는 사이에. ② 열중하여. ③무대에서 멀리 떨어져 대사가 들리지 않는 관람석에 자리 잡는 것.

[睡眼惺松] shuìyěn hsīngsūng ㄕㄨㄟˋㄧㄢˇ ㄒㄧㄥㄙㄨㄥ 잠에 취한 눈 모습. 멍청한 눈.

SHUN ㄕㄨㄣ

〔吮〕 shǔn ㄕㄨㄣˇ 입으로 빨다. 들이마시다. 「一乳 ; 젖을 빨다」

〔順〕 shùn ㄕㄨㄣˋ ①…에 따르다. 거역하지 않다. 「一風 ; 순풍」 ②…에 따라서. 「一河邊走 ; 내를 따라 걸어 가다」 ③차례로. 「遇雨一延 ; 우천 순연(雨天順延)」 ④겸하여. 「一請臺安 ; 겸하여 평안하심을 바랍니다」《翰》 ⑤ 정리하다. 갖추다. 「一一一頭髮 ; 머리카락을 가지런히 하다」 ⑥복종하다. 거역하지 않다. 「歸一 ; 귀순」「降一 ; 투항하다」 ⑦적합하다.

[順暢] shùnch'àng ㄕㄨㄣˋㄔㄤˋ 막힘이 없다.

[順城街] shùnch'ēngchiēh ㄕㄨㄣˋㄔㄥˊㄐㄧㄝ 성벽(城壁)을 따라 나 있는 길. 성벽의 연도(沿道).

[順轍兒] shùnchěrh ㄕㄨㄣˋㄓㄜˊㄦ ①길을 따라 가다. ②어조(語調)가 부드럽다. 「順路.

[順脚兒] shùnchiǎorh ㄕㄨㄣˋㄐㄧㄠˇㄦ＝

[順情順理兒] shùnch'íng shshùnlǐrh ㄕㄨㄣˋㄑㄧㄥˊ ㄕㄨㄣˋㄌㄧˇㄦ 정리(情理)에 들어맞다. 인정과 도리에 벗어남이 없다.

[順氣兒] shùnch'ìrh ㄕㄨㄣˋㄑㄧˋㄦ 심중에 불만이 없다.

[順耳] shùn ěrh ㄕㄨㄣˋ ㄦˇ 기쁜 소식을 듣다. 들어서 기분이 좋다. ＝順耳朵.

[順風轉舵] shùnfēng chuǎntò ㄕㄨㄣˋㄈㄥ ㄓㄨㄢˇㄉㄨㄛˋ 바람에 따라 뱃머리를 돌리다. 일정한 견식이 없이 기회만 엿보고 일을 하다.

남의 안색만 살피며 일을 하다. =順風扯旗. 看風使舵.《成》

[順風耳] shùnfêng'ěrh ㄕㄨㄣˋㄈㄥㄦˇ 어떤 일을 빨리 알아 듣는 것.

[順心] shùnhsīn ㄕㄨㄣˋㄒㄧㄣ 뜻대로 되다.

[順序] shùnhsǜ ㄕㄨㄣˋㄒㄩˋ ①순서. ②shùnhsü 순조롭다.

[順竿兒爬] shùnkānrhp'á ㄕㄨㄣˋㄍㄢㄦ ㄆㄚˊ 남의 의견에 영합(迎合)하다.

[順口] shùnk'ǒu ㄕㄨㄣˋㄎㄡˇ ①입에 맞다. 입맛이 좋다. ②=順嘴兒②.

[順口溜] shùnk'ǒuliū ㄕㄨㄣˋㄎㄡˇㄌㄧㄡ 어떤 문구의 어조(語調)에 맞추어 뜻이 다른 문구를 만드는 재담의 한 가지.

[順口答音兒] shùnk'ǒu tāyīnrh ㄕㄨㄣˋㄎㄡˇ ㄉㄚ ㄧㄣㄦ 말주변 좋게 응대하다. 남의 말에 잘 응답하다.

[順利] shùnli ㄕㄨㄣˋㄌㄧ ①(일의 진행이) 순조롭다. ②편리하다. ＞順順利利.

[順理] shùnlǐ ㄕㄨㄣˋㄌㄧˇ 이치에 맞다. 「一成章 ; 이치에 맞게 자연히 이루어져 조금도 무리가 없다」

[順溜] shùnliu ㄕㄨㄣˋㄌㄧㄡ ①얌전한. 순진한. ②순조로운. ＞順順溜溜. ③평온한. 온건한. ④조출한.

[順流] shùnliú ㄕㄨㄣˋㄌㄧㄡˊ ①흐름에 따르다. ②순조롭다. 스무드하다. ＞順順流流.

[順路(兒)] shùnlù(rh) ㄕㄨㄣˋㄌㄨˋ(ㄦ) ①가는 길에. 「一給我叫他一聲 ; 가는 길에 그에게 한마디 일러 주십시오」②우여 곡절이 없는 탄탄한 길. ③가는 길에 겸해서.

[順民] shùnmín ㄕㄨㄣˋㄇㄧㄣˊ ①항복한 인민. ②양민(良民).

[順把] shùnpǎ ㄕㄨㄣˋㄅㄚˇ 순순히 좇는. 순종하는.

[順事] shùnshìh ㄕㄨㄣˋㄕˋ 순조로운 일.

[順手牽羊] shùnshǒu ch'iēnyáng ㄕㄨㄣˋㄕㄡˇ ㄑㄧㄢㄧㄤˊ 힘들이지 않고 물건을 손에 넣다.

[順手(兒)] shùnshǒu(rh) ㄕㄨㄣˋㄕㄡˇ(ㄦ) ①순조롭게 나아가다. ②겸사겸사. 겸해서. 하는 김에. 「一寫上 ; 손을 댄 김에 쓰다」③비위에 맞다. 「這管毛筆用着一 ; 이 붓은 써 보니 마음에 들다」

[順水推舟] shùnshuǐ t'uīchōu ㄕㄨㄣˋㄕㄨㄟˇ ㄊㄨㄟㄓㄡ 기회를 타서 일을 진행하다.《成》

[順說] shùnshuō ㄕㄨㄣˋㄕㄨㄛ 순순히 말하다. 부드럽게 말하다. 「給他一是不行的 ; 그에게는 순순히 말해 보아도 되지 않는다」

[順遂] shùnsuì ㄕㄨㄣˋㄙㄨㄟˋ 순조롭다. ＞順順遂遂.

[順帶] shùntài ㄕㄨㄣˋㄉㄞˋ 하는 김에. 겸두겸두. =順帶着.

[順當] shùntang ㄕㄨㄣˋㄉㄤ 순조롭다. ＞順順當當.

[順道(兒)] shùntào(rh) ㄕㄨㄣˋㄉㄠˋ(ㄦ) ①도리에 따르다. 길을 좇다. ②=順便(兒).

[順條順理兒的] shùnt'iáo shùnlǐrhtê ㄕㄨㄣˋㄊㄧㄠˊ ㄕㄨㄣˋㄌㄧˇㄦㄉㄜ 남에게 거역하지 않는 모양. 순종하는 모양.

[順聽] shùnt'īng ㄕㄨㄣˋㄊㄧㄥ 귀에 거슬리지 않다. 듣기에 좋다.

[順嘴兒] shùntsuirh ㄕㄨㄣˋㄗㄨㄟˇㄦ ①입에서 나오는 대로 지껄이다. 「一說 ; 나오는 대로 시부렁거리다」②말이 술술 나오다. 「說着一 ; 이야기를 해 보니 어감이 부드럽다」

[順子] shùntzǔ ㄕㄨㄣˋㄗ 포우커의 스트레이트.

[順眼] shùnyěn ㄕㄨㄣˋㄧㄢˇ ①아름답다. ②눈에 거슬리지 않다. 보아서 마음에 들다.

〔舜〕 shùn ㄕㄨㄣˋ 중국 태고의 제왕(帝王)의 이름.

〔瞬〕 shùn ㄕㄨㄣˋ 깜박거리다. 「一息萬變 ; 순식간에 많은 변화가 있음을 비유」

[瞬息之間] shùnhsīchīhchiēn ㄕㄨㄣˋㄒㄧ ㄓㄐㄧㄢ 순식간에. 눈 깜짝할 사이에.

[瞬眼] shùnyěn ㄕㄨㄣˋㄧㄢˇ ①눈을 깜박이다. 「不一地望着 ; 눈 깜짝하지 않고 바라보고 있다」②눈 깜짝할 사이. 「一就過去了 ; 순식간에 지나갔다」

SHUO ㄕㄨㄛ

〔說〕 shuō ㄕㄨㄛ ①말하다. 이야기하다. 「一話 ; 말을 하다」②주장. 의견. 설. 「學一 ; 학설」「立一 ; 의견을 내세우다」③힐책하다. 비난하다. 「他挨一了 ; 그는 꾸중을 받았다」 ⇨shuì, yüèh.

[說叉了] shuōch'ǎlê ㄕㄨㄛㄔㄚˇㄌㄜ 말이 엇갈리다. 말다툼하다.

[說唱] shuōch'àng ㄕㄨㄛㄔㄤˋ ①대사(臺詞)와 노래로 꾸며져 있는 옛이야기를 하다. ②이야기도 하고 노래도 하다.

[說章兒] shuōchāngrh ㄕㄨㄛㄓㄤㄦ ①까닭. 이유. ②말투. ③조건. ④말하는 보람.

[說長道短] shuōch'áng-tàotuǎn ㄕㄨㄛㄔㄤˊ ㄉㄠˋㄉㄨㄢˇ 이러쿵저러쿵 트집을 잡다. =說長說短.

[說成] shuōch'êng ㄕㄨㄛㄔㄥˊ ①…이라고 해두다. ②…이라고 말해 버리다.

[說眞的] shuōchêntê ㄕㄨㄛㄓㄣㄉㄜ ①진실을 말하다. ②사실은. 실은: 문장 전체의 수식어로 쓰임.

[說着玩兒] shuōchêwánrh ㄕㄨㄛ ㄓㄜㄨㄢˊㄦ 농담하다. 희롱하다.

[說搶] shuōch'iāng ㄕㄨㄛㄑㄧㄤ 이야기가 결렬되다. 「兩個人一了, 打起來 ; 두 사람의 이야기가 결렬되어 서로 때리기 시작했다」

[說僵] shuōchiāng ㄕㄨㄛㄐㄧㄤ 말이 막히다.

[說起來] shuōch'ǐlai ㄕㄨㄛㄑㄧˇㄌㄞ ①말을 꺼내다. ②말하자면. =說來.

[說親] shuōch'īn ㄕㄨㄛㄑㄧㄣ 중매를 하다.

[說盡] shuōchìn ㄕㄨㄛㄐㄧㄣˋ 말을 다해 버리다. 이야기를 다 털어 놓다.

[說情] shuōch'íng ㄕㄨㄛㄑㄧㄥˊ ①의뢰하다. ②남을 대신하여 부탁하다.

[說穿] shuōch'uān ㄕㄨㄛㄔㄨㄢ 설파(說

破)하다. 말로써 폭로하다.
[說勸] shuōch'üàn ㄕㄨㄛㄑㄩㄢˋ 달래다.
[說絕] shuōchüéh ㄕㄨㄛㄐㄩㄝˊ 극언(極言)하다. 극단적인 말을 하다.
[說中] shuōchùng ㄕㄨㄛㄓㄨㄥˋ 알아 맞히다. 말한 것이 들어 맞다.
[說出大天來] shuōch'u tàt'iēn lái ㄕㄨㄛㄔㄡ ㄉㄚˋㄊㄧㄢ ㄌㄞˊ 어떤 소리를 하더라도. 아무리 좋은 소리를 하더라도. 「一我也不答應; 어떤 감언 이설에도 나는 응하지 않는다」=說出七來.
[說翻] shuōfān ㄕㄨㄛㄈㄢ 이야기가 엇갈리다. 이야기가 결렬되다.
[說法(兒)] shuōfa(rh) ㄕㄨㄛㄈㄚ(ㄦ) 말하는 방법. 말씨. 말투.
[說服] shuōfú ㄕㄨㄛㄈㄨˊ 설득하다. 「一力; 설득력」
[說好] shuōhǎo ㄕㄨㄛㄏㄠˇ ①명확하게 말하다. 말을 끝내다. ②좋다고 말하다. ③칭찬하다. 「要人一; 남에게 칭찬 받으려 하다」
[說好說歹] shuōhǎo-shuōtǎi ㄕㄨㄛㄏㄠˇ ㄕㄨㄛㄉㄞˇ ①(설득하기 위해)이러쿵저러쿵 말하다. ②=說長道短.
[說黑道白] shuōhēi-tàopái ㄕㄨㄛㄏㄟ ㄉㄠˋㄅㄞˊ 무책임한 비평을 하다. 《成》
[說和] shuōho ㄕㄨㄛㄏㄜ ①화해시키다. ②중매하다. ③중재하다. 「一事; 조정 사건(調停事件). =說合.
[說下] shuōhsia ㄕㄨㄛㄒㄧㄚ 말로 결판 짓다. 명확히 이야기를 매듭짓다.
[說嚮] shuōhsiǎng ㄕㄨㄛㄒㄧㄤˇ 뚜렷이 말하다.
[說相聲兒] shuō hsiàngshêng(rh) ㄕㄨㄛ ㄒㄧㄤˋㄕㄥ(ㄦ) 만담을 하다. (兒)]
[說笑] shuōhsiào ㄕㄨㄛㄒㄧㄠˋ ①시부렁거리고 웃다. 실없는 말을 주착 없이 함부로 지껄이다. > 說說笑笑. ②농담하다.
[說閑話] shuō hsiénhua ㄕㄨㄛ ㄒㄧㄢˊㄏㄨㄚ ①곁에서 비방하는 말, 또는 불만을 터뜨리다. ②군소리하다. 한담하다.
[說媳婦(兒)] shuōhsífu(rh) ㄕㄨㄛㄒㄧˊㄈㄨ(ㄦ) =說親.
[說序] shuōhsǜ ㄕㄨㄛㄒㄩˋ 말의 서두를 두다. 서언(序言).
[說話(兒)] shuōhuà(rh) ㄕㄨㄛㄏㄨㄚˋ(ㄦ) ①이야기를 하다. 「一不當話; 말 한 바를 실행하지 않는다. 한 말을 뒤집다」②담화하다. ③별안간. 즉시로. 「一就到; 곧 도착하다」
[說謊] shuō huǎng ㄕㄨㄛ ㄏㄨㄤˇ 거짓말을 하다. 「這孩子又在一!; 이 아이는 또 거짓말을 하고 있다」
[說活] shuōhuó ㄕㄨㄛㄏㄨㄛˊ 융통성 있게 말하다.
[說一不二] shuōī pūěrh ㄕㄨㄛㄧ ㄅㄨˋ ㄦˋ ①한번 한 말은 반드시 실행하다. ②한번 한 말은 반드시 실행시키다. =說一是一. 說二是二.
[說一定] shuōītìng ㄕㄨㄛㄧˊㄉㄧㄥˋ ①명백히 말하다. ②확약하다.
[說開] shuōk'ai ㄕㄨㄛㄎㄞ ①뚜렷이 말하다. ②해명하다. 변명하다. ③화해하다.
[說干脆的] shuōkānts'uìtê ㄕㄨㄛㄍㄢㄘㄨㄟˋㄉㄜ ①잘라 말하다. ②명백히 말하자면.
[說鬼話] shuō kueǐhuà ㄕㄨㄛ ㄍㄨㄟˇㄏㄨㄚˋ 거짓말을 하다. 괴상한 소리를 하다.
[說來] shuōlái ㄕㄨㄛㄌㄞˊ 말을 해 보면. 말을 하자면. 「一這也是一個問題; 말하자면 이것도 하나의 문제다」
[說來話長] shuōlái huàch'áng ㄕㄨㄛㄌㄞˊ ㄏㄨㄚˋㄔㄤˊ 말을 하자면 길어진다.
[說了歸齊] shuōlêkueich'í ㄕㄨㄛㄌㄜㄍㄨㄟㄑㄧˊ 결국. 급기야.
[說了不算] shuōlê pūsuàn ㄕㄨㄛㄌㄜ ㄅㄨˊㄙㄨㄢˋ 식언(食言)하다. 거짓말을 하다. 한 말을 뒤집다.
[說理] shuōlǐ ㄕㄨㄛㄌㄧˇ ①사실을 들어 도리를 설명하다. ②조리가 서는 말을 하다. 할 말을 하다. ③이유를 대다. 도리를 중히 여기다.
[說溜了嘴] shuōliūlêtsuǐ ㄕㄨㄛㄌㄧㄡㄌㄜㄗㄨㄟˇ 무심히 말해 버리다. 쓸 데 없는 말을 지껄이다.
[說漏] shuōlòu ㄕㄨㄛㄌㄡˋ 비밀 이야기를 누설하다. 말을 빠뜨리다.
[說媒] shuōméi ㄕㄨㄛㄇㄟˊ 중매를 서다.
[說夢] shuōmêng ㄕㄨㄛㄇㄥˋ 실없는 소리를 하다. 농담을 하다.
[說夢話] shuō mênghua ㄕㄨㄛ ㄇㄥˋㄏㄨㄚ ①=說夢. ②잠꼬대하다.
[說惱] shuōnǎo ㄕㄨㄛㄋㄠˇ 말함으로써 노하게 하다. 말로 부아를 돋구다.
[說白] shuōpái ㄕㄨㄛㄅㄞˊ ①대사(臺詞). ②헐뜯다. 이의를 말하다. ③비근한 비유로 설명하다.
[說頻] shuōp'ín ㄕㄨㄛㄆㄧㄣˊ (지겨울 정도로) 같은 말을 몇 번이고 몇 번이고 되풀이하다.
[說破] shuōp'ò ㄕㄨㄛㄆㄛˋ =說穿.
[說破嘴] shuōp'ò tsuǐ ㄕㄨㄛㄆㄛˋ ㄗㄨㄟˇ 입이 쓰도록 충고하다.
[說不齊] shuōpuch'í ㄕㄨㄛㄅㄨㄑㄧˊ=說不定.
[說不淸] shuōpuch'īng ㄕㄨㄛㄅㄨㄑㄧㄥ 명백히 말할 수 없다. 이루 다 말할 수 없다.
[說不出, 道不出] shuōpuch'ū, tàopuch'ū ㄕㄨㄛㄅㄨˋㄔㄨ ㄉㄠˋㄅㄨˋㄔㄨ ①심중(心中)의 괴로움과 불만을 털어 놓을 수가 없다. ②마음 먹은 바를 표현할 수 없다.
[說不下去] shuōpuhsiàch'ǜ ㄕㄨㄛㄅㄨㄒㄧㄚˋㄑㄩˋ ①미안하다. 가엾이 여기다. ②도리에 맞지 않다. ③이야기를 계속할 수가 없다.
[說不開] shuōpuk'āi ㄕㄨㄛㄅㄨㄎㄞ 타협이 되지 않는다. 납득시킬 수가 없다.
[說不來] shuōpulái ㄕㄨㄛㄅㄨㄌㄞˊ ①말이 어긋나다. 서로 사이가 벌어지다. 「我跟他一; 나는 그와는 말이 통하지를 않는다」②입 밖에 내어 말하기가 어색하다. 말을 못하다. ↔ 說得來.
[說不上] shuōpushàng ㄕㄨㄛㄅㄨㄕㄤˋ ①그렇지도 않다. 별수 없다. ②(친밀하지 못해) 말을 붙이기가 어렵다. 말을 꺼낼 수가 없다.
[說不上來] shuōpushànglái ㄕㄨㄛㄅㄨㄔㄤˋㄌㄞˊ ①말로는 표현 못하다. ②말해 보아도 이미 늦다. 「現在後悔也一了; 지금 후회해 보아도 이미 허사이다」↔ 說

得上來.

[說不得] shuōputê ㄕㄨㄛㄅㄨㄉㄜ ①말을 해서는 안된다.「這話一 ; 그런 소리는 해서는 안된다」②할 수 없다. 어쩔 수 없다.「一,你還要走一趟 ; 하는 수 없이. 역시 네가 한번 가야겠다」

[說不定] shuōputing ㄕㄨㄛㄅㄨㄉㄧㄥˋ 단언할 수 없다.「一他什麼時候回來 ; 그가 언제 돌아 올는지 확실히 말할 수는 없다」

[說三道四] shuōsān-tàossǔ ㄕㄨㄛㄙㄢ ㄉㄠˋㄙˋ 이러쿵저러쿵 불평을 하다.

[說啥] shuōshà ㄕㄨㄛㄕㄚˋ 여하튼.「一也買不着了 ; 여하튼 살 수 없게 되었다」

[說山] shuōshān ㄕㄨㄛㄕㄢ 남의 마음을 끌기 위해 달콤한 소리를 하다. 감언 이설로 남의 마음을 끌다.

[說聲] shuōshěng ㄕㄨㄛㄕㄥ ①잠시 동안 이야기하다. ②곧. 즉시.

[說事] shuōshìh ㄕㄨㄛㄕˋ ①(쟁의를) 조정하다. 화해하다.「一人 ; 중개인」②말과 행동이 맞지 않다. 가짜.

[說說話話] shuōshuōhuàhuà ㄕㄨㄛㄕㄨㄛㄏㄨㄚˋㄏㄨㄚˋ 떠들썩하게 지껄이다.

[說死] shuōssǔ ㄕㄨㄛㄙˇ ①단언하다. ②뭐라 하더라도. 어떤 소리를 듣더라도.「一我也不去 ; 무슨 소리를 하더라도 나는 안 간다」

[說死說活] shuōssǔ-shuōhuó ㄕㄨㄛㄙˇ ㄕㄏㄨㄛˊ ①여러 가지로 씨부렁거리다. ②입이 쓰도록 말을 되풀이하다.「一他也嫌敗興,死不贊成 ; 아무리 말해도 그는 흥겨워하지 않고 도무지 찬성하지도 않는다」

[說大話] shuō tàhua ㄕㄨㄛ ㄉㄚˋㄏㄨㄚ 호언 장담하다. 큰소리치다. 거짓말을 하다.

[說道] shuōtào ㄕㄨㄛㄉㄠˋ 말하다. 이야기하다. 상의하다.

[說的] shuōtê ㄕㄨㄛㄉㄜ 하는 말.「聽你一 ; 말도 아닌 소리를, 당치도 않게 : 상대편 발언을 나무라는 말」

[說得過去] shuōtêkuòch'ǖ ㄕㄨㄛㄉㄜㄍㄨㄛˋㄑㄩˋ ①(이치에 맞기 때문에) 이야기가 통하다. ②무난할 정도이다. 간신히 쓸 만하다.「這個法子總一了 ; 이 방법으로 우선 좋다고 해 두자」

[說天說地] shuōt'iēn-shuōtì ㄕㄨㄛㄊㄧㄢ ㄕㄨㄛㄉㄧˋ 큰소리치다. 호언 장담하다.

[說頭兒] shuōt'ourh ㄕㄨㄛㄊㄡㄦ 말할 만한 가치.

[說砸] shuōtsá ㄕㄨㄛㄗㄚˊ 말을 훼방 놓다. 이야기를 망쳐 놓다.

[說嘴] shuōtsui ㄕㄨㄛㄗㄨㄟˇ ①자랑하다. ②말뿐으로 실행하지 않다.

[說東道西] shuōtūng-tàohsī ㄕㄨㄛㄉㄨㄥ ㄊㄠˋㄒㄧ 이런 이야기 저런 이야기를 하다.

[說詞] shuōtz'ǔ ㄕㄨㄛㄘˊ 전해 오는 말. 언어.「下一 ; 설득하다」

[說辭] shuōtz'ǔ ㄕㄨㄛㄘˊ 구실. 변명.

[說圓] shuōyüán ㄕㄨㄛㄩㄢˊ 원만하게 이야기를 결말 짓다. 의논·교섭 따위를 원만하게 해결하다.

[說遠] shuōyüán ㄕㄨㄛㄩㄢˊ 이야기가 본 줄거리에서 벗어나다.「你這話可一了 ; 너의 이 이야기는 골자를 벗어나 버렸다」

[說暈] shuōyǖn ㄕㄨㄛㄩㄣ 큰소리를 쳐서 남을 현혹시키다.

〔妁〕 shuò ㄕㄨㄛˋ 중매인.

〔朔〕 shuò ㄕㄨㄛˋ ①음력 초하루. ②북쪽.「一風 ; 북풍」「一方 ; 북방」

〔蒴〕 shuò ㄕㄨㄛˋ「一果 ; 익으면 씨가 터져 나오는 열매 : 깨·양귀비 따위」

〔搠〕 shuò ㄕㄨㄛˋ 찌르다. 찔러 꿰뚫다.「一死 ; 찔러 죽이다」

〔碩〕 shuò ㄕㄨㄛˋ 커다란. 크나큰.「一儒 ; 대학자」

[碩果] shuòkuǒ ㄕㄨㄛˋㄍㄨㄛˇ 큰 과일.「一僅存 ; ㉮번영하던 자취가 조금 남아 있다. ㉯귀중한 인물이나 사물이 조금 남아 있다」

[碩士] shuòshìh ㄕㄨㄛˋㄕˋ ①석사. ②현사(賢士).

〔槊〕 shuò ㄕㄨㄛˋ 긴 창 : 옛 무기의 일종.

〔數〕(数) shuò ㄕㄨㄛˋ 몇 번이나. 자주. 누차.「一見不鮮 ; 자주 보아서 신기하지 않다」

〔爍〕 shuò ㄕㄨㄛˋ 번쩍이다. 빛나는 모양.

〔鑠〕(铄) shuò ㄕㄨㄛˋ ①금속을 녹이다.「一石流金 ; 무더운 더위를 말함」②소멸하다. 해치다.

SO ㄙㄨㄛ

〔唆〕 sō ㄙㄨㄛ 충동하다. 꾀다.

[唆弄] sōnùng ㄙㄨㄛㄋㄨㄥˋ 선동하다. 꼬드기다. 사주(使嗾)하다.

[唆使] sōshìh ㄙㄨㄛㄕˇ 꾀다.「一人反對 ; 사람을 꾀어서 반대시키다」

[唆調] sōt'iáo ㄙㄨㄛㄊㄧㄠˊ 충동하다. 꾀다.

〔莎〕 sō ㄙㄨㄛ 〈植〉 향부자(香附子). 사초(莎草).

〔梭〕 sō ㄙㄨㄛ 베틀의 북.

[梭鏢] sōpiāo ㄙㄨㄛㄅㄧㄠ 양끝이 뾰족한 북 모양의 창.

[梭子] sōtzǔ ㄙㄨㄛㄗ ①북. ②기관총의 탄협(彈夾).

[梭子米] sōtzǔmǐ ㄙㄨㄛㄗㄇㄧˇ 가늘고 길쭉한 현미(玄米).

[梭子葡萄] sōtzǔp'út'ao ㄙㄨㄛㄗㄆㄨˊㄊㄠ 씨 없는 잔 포도.

[梭魚] sōyǘ ㄙㄨㄛㄩˊ 〈動〉 꼬치고기의 무리. 꼬치고기 : 바다에 사는 가느다랗고 기다란 조그만 고기. 입이 뾰족함.

〔嗍〕 sō ㄙㄨㄛ 〈文〉 shuò 입을 오므리고 빨다.

〔羧〕 sō ㄙㄨㄛ 카아복실기(基).

〔簑〕(蓑) sō ㄙㄨㄛ 짚이나 떠로 만든 우장(雨裝). 도롱이.「一衣 ;도롱이」「一衣丈人 ; 도롱이벌레」

〔縮〕 sō ㄙㄨㄛ ①물러나다. 망설이다. 주저하다.「退一 ; 주저하다」 ②오그라들다. 짤막해지다.

[縮緊] sōchǐn ㄙㄨㄛㄐㄧㄣˇ 꽉 죄다. 꼭 오므리다.

[縮合] sōho ㄙㄨㄛㄏㄜ 조그맣게 오그라들다.

[縮衣節食] sōī-chiéhshíh ㄙㄨㄛㄧㄐㄧㄝˊㄕˊ 의식(衣食)을 절약하다.

[縮斂] sōlièn ㄙㄨㄛㄌㄧㄢˋ ①농축(濃縮)하다. 진하게 엉기어 바짝 졸아 들다. ②오그라들다.

[縮編] sōpiēn ㄙㄨㄛㄅㄧㄢ ①기구(機構)나 인원을 축소하다. ②문장 따위를 축소하여 편집하다.

[縮手] sōshǒu ㄙㄨㄛㄕㄡˇ 손을 떼다. 소극적 태도를 취하다.「一縮脚 ; 망설이는 모양」

[縮縮勢勢] sōsōshìhshìh ㄙㄨㄛㄙㄨㄛㄕˋㄕˋ 겁에 질려 벌벌 떨다.

[縮頭縮腦] sōt'óu-sōnǎo ㄙㄨㄛㄊㄡˊ ㄙㄨㄛㄋㄠˇ 벌벌 떠는 모양. 책임 회피하는 모양.

[縮短] sōtuǎn ㄙㄨㄛㄉㄨㄢˇ 오그라들다.「一建設期間 ; 건설 기간을 단축하다」

[縮影] sōyǐng ㄙㄨㄛㄧㄥˇ 축도(縮圖).

〔所〕 sǒ ㄙㄨㄛˇ ①장소. 곳. 「住一 ; 주소」 ②기관 · 사무소 따위.「研究一 ; 연구소」 ③가옥을 세는 조수사(助數詞).「兩一房子 ; 두 채의 집」 ④… 하는 바 : 동사 앞에서 동작을 받는 구실.「無一不知 ; 모르는 것이 없다」「耳一聞 ; 귀에 들리는 바」「這是我們一反對的 ; 이것은 우리들이 반대하는 바다」「他一提的意見 ; 그가 꺼낸 의견」 ⑤…에 하여지다.「爲… 所…」「被… 所…」「敵軍被韓國軍一敗 ; 적군은 한국군에 패했다」「他的作品爲一般人士一愛讀 ; 그의 작품은 일반 사람들에게 애독되고 있다」

[所值] sǒchíh ㄙㄨㄛˇㄓˊ 지닌 가치. 값어치.

[所向披靡] sǒhsiàng p'ímǐ ㄙㄨㄛˇㄒㄧㄤˋ ㄆㄧˊㄇㄧˇ 바람 부는 방향으로 초목이 쓸어지다. 힘이 미치는 곳에는 모든 장애가 제거된다는 비유.

[所幸] sǒhsìng ㄙㄨㄛˇㄒㄧㄥˋ 다행하게도.「這種人在印度是很少的 ; 다행하게도 이 같은 사람은 인도에서도 극히 드물다」

[所需] sǒhsū ㄙㄨㄛˇㄒㄩ 필요한 것.

[所以] sóǐ ㄙㄨㄛˊㄧˇ 또는 sǒi ①많은 경우 "因爲"등과 호응하여 인과 관계를 나타내다.「因爲下大雨,一沒有出門 ; 큰 비가 오므로 외출하지 않는다」 ②그에 따라. …하는 바.「一自責者嚴, 一責人者寬 ; 자기를 꾸짖는 기준은 엄하고, 남을 꾸짖는 기준은 관대하다」 ③이유.「其一遲遲不來者, 亦由此故 ; 그 늑장만 부리고 오지 않는 이유는 여기에 있다」

[所以然] sóǐján ㄙㄨㄛˊㄧˇㄖㄢˊ ①이유. 까닭. ②그와 같다. 연유하는 바. 「其一的原故 ; 그 연유하는 까닭」

[所能] sǒnéng ㄙㄨㄛˇㄋㄥˊ 할 수 있는 일.

[所屬] sóshǔ ㄙㄨㄛˊㄕㄨˇ 부하. 예하.

[所長] sǒch'áng ㄙㄨㄛˇㄔㄤˊ ①장점으로 삼는 점. 특히 뛰어난 점. ②sǒchǎng 소장(所長).

[所得] sǒtê ㄙㄨㄛˇㄉㄜˊ ①얻은 것. ②소득.

[所在] sǒtsài ㄙㄨㄛˇㄗㄞˋ ① 살고 있는 곳. ②있는 곳. 소재.

[所作所爲] sǒtsò-sǒwéi ㄙㄨㄛˇㄗㄨㄛˋㄙㄨㄛˇㄨㄟˊ 모든 행위. 행위의 전부.

[所爲] sǒwéi ㄙㄨㄛˇㄨㄟˊ ① 하는 일. ② sǒwèi 이유. 까닭.「一何來 ? ; 원인은 어디 있는가 ?」

[所有這些] sóyǔ chèhsiēh ㄙㄨㄛˊㄧㄡˇㄓㄜˋㄒㄧㄝ 이 모든. 이 모든 사물(事物).「一都充分說明… ; 이 모든 것이 충분히 …을 말해 주고 있다」

[所有一切] sóyǔ ích'ièh ㄙㄨㄛˊㄧㄡˇ ㄧˊㄑㄧㄝˋ 온갖. 모든.

[所有(的)] sóyǔ(tê) ㄙㄨㄛˊㄧㄡˇ(ㄉㄜ) 온갖. 모든.

〔索〕 sǒ ㄙㄨㄛˇ ①「一子 ; 굵은 새끼. 굵은 참바」「麻一 ; 삼으로 꼰 로우프」 ②찾다. 구(求)하다.「遍一 ; 도처에서 찾다」 ③요구하다. 청구하다.「一缺 ; 빌려 준 돈을 청구하다」 ④조금도 없다. ⑤고독. 외톨. 단독으로.

[索車] sǒch'ē ㄙㄨㄛˇ ㄨㄛˇㄔㄜ 케이블카아.

[索橋] sǒch'iáo ㄙㄨㄛˇㄑㄧㄠˊ 적교(吊橋). 《道》 양쪽 언덕에 줄이나 쇠사슬 등을 건너 질러 거기에 의지하여 매달아 놓은 다리. 구름다리.

[索解] sóchiěh ㄙㄨㄛˊㄐㄧㄝˇ 양해를 구하다.

[索取] sóch'ǚ ㄙㄨㄛˊㄑㄩˇ 재촉하여 거둬들이다. 강요하다.

[索薪] sǒhsīn ㄙㄨㄛˇㄒㄧㄣ 봉급 지불을 요구하다. (지불이 늦을 때)

[索性] sǒhsing ㄙㄨㄛˇㄒㄧㄥ, sóhsing ① 차라리. 오히려.「一不去吧 ; 차라리 가지 말자」 ②지체 없이. 빨리. 「一走了 ; 부리나케 가 버렸다」 ③드디어. 급기야. 하기는커녕.「他臉上青黃不定, 一坐也不是站也不是起來 ; 그는 얼굴빛이 변하여 불안한 표정이더니 드디어 안절부절 못하게 되다」

[索匯] sǒhuì ㄙㄨㄛˇㄏㄨㄟˋ (환 · 환어음 · 약속어음) 결재를 하다.

[索然] sǒján ㄙㄨㄛˇㄖㄢˊ ①눈물이 떨어지는 모양. ②쓸쓸한 모양. ③흥미 없는 모양.「興致一 ; 흥미가 떨어지다」「一無味 ; 무미 건조하여 남의 흥미를 끌지 않다」

[索盤] sǒp'án ㄙㄨㄛˇㄆㄢˊ 오퍼(offer)를 요구하다 : 무역 용어.

[索賠] sǒp'éi ㄙㄨㄛˇㄆㄟˊ ①배상을 요구하다. ②클레임. 손해 배상 청구권. ＝索償.

[索要] sǒyào ㄙㄨㄛˇㄧㄠˋ ①요구하다. ②강요하다.

〔嗩〕 sǒ ㄙㄨㄛˇ

[嗩吶] sǒna ㄙㄨㄛˇㄋㄚ 날라리.

〔瑣〕 sǒ ㄙㄨㄛˇ ①잔. ②천한. ③연결

된. ④번거로운. 「一事; 번거로운 일」
[瑣屑] sǒhsièh ㄙㄨㄛˇㄒㄧㄝˋ =瑣碎.
[瑣碎] sǒsuì ㄙㄨㄛˇㄙㄨㄟˋ ①자질구레한. ②어수선한. ③분규. ④잔병. > 瑣瑣碎碎.

〔鎖〕 sǒ ㄙㄨㄛˇ ①자물쇠. 「上一; 자물쇠를 잠그다」 ②자물쇠를 잠그다. ③사슬. 「鐵一; 쇠사슬」 ④감치다.
[鎖光圈] sǒkuāngch'üān ㄙㄨㄛˇㄍㄨㄤㄑㄩㄢ 사진기의 조리개.
[鎖孔] sǒk'ǔng ㄙㄨㄛˇㄎㄨㄥˇ 자물쇠 구멍.
[鎖鐐] sǒliào ㄙㄨㄛˇㄌㄧㄠˋ (형구에 딸린) 쇠사슬.
[鎖鏈(子)] sǒlièn(tzǔ) ㄙㄨㄛˇㄌㄧㄢˋ(ㄗ) 「쇠사슬.
[鎖簧] sǒhuáng ㄙㄨㄛˇㄏㄨㄤˊ 자물쇠 안에 들어 있는 용수철.
[鎖頭] sǒt'ou ㄙㄨㄛˇㄊㄡ ①자물쇠. ② sǒt'óu 자물쇠의 한 쪽:열쇠 구멍이 있는 곳.
[鎖子骨] sǒtzǔkǔ ㄙㄨㄛˇㄗㄍㄨˇ 〈生〉쇄골:목에서 어깨로 연결되는 약간 "S"자형으로 굽은 뼈.
[鎖鑰] sǒyüèh ㄙㄨㄛˇㄩㄝˋ ①자물쇠. ②요긴한 장소. 요지.

SOU ㄙㄡ

〔搜〕(蒐) sōu ㄙㄡ 찾다. 수색하다.
[搜集] sōuchí ㄙㄡㄐㄧˊ 조심성 있게 찾다. 수집(收集)하다. 「去熱帶一植物; 식물을 채집하기 위하여 열대 지방으로 가다」 「一意見; 적극적으로 의견을 구하다」
[搜家] sōuchiā ㄙㄡㄐㄧㄚ 집을 찾다.
[搜剿] sōuchiǎo ㄙㄡㄐㄧㄠˇ 찾아 내어 토벌하다.
[搜檢] sōuchiěn ㄙㄡㄐㄧㄢˇ 수사(搜査) 점검하다.
[搜尋] sōuhsün ㄙㄡㄒㄩㄣ 물어서 찾다. 문의해 가면서 찾다. 「탈하다.
[搜刮] sōukuā ㄙㄡ ㄍㄨㄚ ①찾다. ②약
[搜羅] sōulo ㄙㄡㄌㄨㄛ 남김 없이 찾아 모으다. 팔방으로 탐색(探索)하다.
[搜捕] sōupǔ ㄙㄡㄅㄨˇ 수사하여 체포하다. =搜拿. 搜緝.
[搜身] sōushēn ㄙㄡㄕㄣ (소지품을 조사하기 위해) 몸검사를 하다.
[搜索枯腸] sōusǒ k'ūch'áng ㄙㄡㄙㄨㄛˇㄎㄨㄔㄤˊ 시문(詩文)을 짓기 위해 애써 사색(思索)하다.

〔溲〕 sōu ㄙㄡ ①붓다. 밀가루에 물을 붓다. ②오줌 누다. 「一溺; 오줌을 누다」

〔嗖〕 sōu ㄙㄡ 〈擬〉 =颼①.

〔廋〕 sōu ㄙㄡ 숨다. 숨기다.

〔艘〕 sōu ㄙㄡ 선박을 세는 조수사(助數詞). 「軍艦十一; 군함 10척」

〔餿〕 sōu ㄙㄡ 음식물이 더위 따위로 시큼해지다. 쉬다. 「飯一了; 밥이 쉬었다」
[餿臭] sōuch'ou ㄙㄡㄔㄡ 썩어서 악취를 풍기다.
[餿主意] sōuchǔi ㄙㄡㄓㄨˇㄧ 쓸 데 없는 생각. 시시한 생각. 「새.
[餿味] sōuwèi ㄙㄡㄨㄟˋ ①쉰 맛. ②쉰 냄

〔鎪〕 sōu ㄙㄡ 나무에 조각하여 무늬를 새기다. 목각(木刻)을 하다. 「椅子的花紋是一出來的; 의자의 무늬는 조각한 것이다」

〔颼〕 sōu ㄙㄡ ①바람 소리. «擬» 「涼風一一; 서늘한 바람이 시원하게 불어 온다. 「一的一聲打過一個彈子來; 피융 소리를 내며 탄환이 날아오다」 「一地一聲球進網了; 갑자기 공이 그물 속에 들어갔다」 ②바람이 불다. 「被風一干了; 바람에 날리어 말랐다」

〔叟〕 sǒu ㄙㄡˇ 노안. 옹(翁). 「童一無欺; 아이들이나 노인이나 간에 속이지 않는다. 정직 제일주의: 주로 상점에서 쓰는 말.」

〔嗾〕 sǒu ㄙㄡˇ, tsú ①개를 부를 때 내는 소리」 ②부추기다. 사주(使嗾)하다. 교사(教唆)하다.
[嗾使] sǒushǐh ㄙㄡˇㄕˇ 부추기다, 사주(使嗾: 사수)하다. 꾀다.

〔瞍〕 sǒu ㄙㄡˇ 눈에 동자(瞳子)가 없는 것. 소경.

〔藪〕 sǒu ㄙㄡˇ ①풀이 우거져 있는 호수. ②인재가 모인 곳.

〔擻〕 sòu ㄙㄡˋ ①부젓가락 따위로 화로의 재를 쑤셔서 흔들어 떨다. 「把爐子一一一; 화로의 재를 흔들어 떠시오」

SSŬ ㄙ

〔司〕 ssū ㄙ ①관장하다. 「一賬; 회계(會計)」 ②중앙 관서의 부국(部局): 우리나라의 국에 해당. 「人事一; 인사국」
[司賬] ssūchàng ㄙㄓㄤˋ 회계계.
[司機] ssūchī ㄙㄐㄧ ①기계류를 관리·조작(操作)하다. 「一手; 기계 조작자」 ②기관사·조종사·운전사. 「汽車一; 자동차 운전사」
[司號員] ssūhàoyüán ㄙㄏㄠˋㄩㄢˊ 신호하는 사람.
[司儀] ssūí ㄙㄧˊ 의식의 진행계.
[司庫] ssūk'ù ㄙㄎㄨˋ ①창고계(係). ②금고계(金庫係).
[司空見慣] ssūkūng chiàngkuàn ㄙㄎㄨㄥㄐㄧㄢˋㄍㄨㄢˋ 신기한 것도 자주 보면 신기한 맛이 없다. «成»
[司爐] ssūlú ㄙㄌㄨˊ 보일러를 때는 사람.
[司秤] ssūch'èng ㄙㄔㄥˋ 계량계원 (計量係員). 도량계원.
[司務長] ssūwùchǎng ㄙㄨˋㄓㄤˇ 재무대

장(財務隊長) : 군대에서 군인 봉급을 관장하는 우두머리.

〔私〕 ssū ㄙ ①개인적인. 사적인. 「一信 ; 사신」 ②이기적(利已的)인. 「自一 ; 이기적이다」 ③사유(私有)의. 「公一合營 ; 국가와 민간의 공동 경영」 ④비합법적. 부정한. ⑤비밀의. 은근한.

[私產] ssūch'ǎn ㄙㄔㄢˇ 사유 재산.

[私章] ssūchāng ㄙㄓㄤ 개인의 인감. 사용 인감(私用印鑑).

[私房] ssūfáng ㄙㄈㄤ 남 모르게 모은 돈. 사천(私錢).

[私房話] ssūfanghuà ㄙㄈㄤㄏㄨㄚˋ 침실에서의 부부간의 속삭임. 잠자리의 귀엣말. ＝枕邊話.

[私孩子] ssūháitzǔ ㄙㄏㄞˊㄗ 사생아.

[私下裡] ssūhsiàli ㄙㄒㄧㄚˋㄌㄧ 남몰래. 표면에 나타내지 않고. 「一話和了 ; 표면에 드러나지 않고 이야기가 매듭지어졌다」

[私相] ssūhsiāng ㄙㄒㄧㄤ 서로 몰래. 서로 살짝. 「一授受政權 ; 몰래 정권을 수수(授受)하다」

[私蓄] ssūhsǜ ㄙㄒㄩˋ 개인의 저축. 은밀히 모은 돈.

[私話(兒)] ssūhuà(rh) ㄙㄏㄨㄚˋ(ㄦ) 비밀 이야기.

[私會] ssūhuì ㄙㄏㄨㄟˋ 밀회.

[私貨] ssūhuò ㄙㄏㄨㄛˋ ①밀수품. ②금제품(禁制品).

[私人] ssūjěn ㄙㄖㄣˊ 개인. 「一行醫 ; 개인 병원을 경영하다」 「一秘書 ; 개인 비서」

[私股] ssūkǔ ㄙㄍㄨˇ 개인 소유의 주(株).

[私囊] ssūnáng ㄙㄋㄤˊ 사복(私腹).

[私奔] ssūpēn ㄙㄅㄣ 사랑의 도피 : 사랑하는 사람끼리 남 몰래 함께 다른 곳으로 달아남. 사통(私通)하다.

[私弊] ssūpi ㄙㄅㄧ 남 몰래 하는 비행. 숨어서 하는 나쁜 짓.

[私商] ssūshāng ㄙㄕㄤ ①밀수업자. ②암(闇)상인. 암거래하는 사람. ③남 몰래 상의하다.

[私事] ssūshìh ㄙㄕˋ ①비밀. 비밀에 관한 일. ②자기 개인의 일.

[私德] ssūtě ㄙㄉㄜˊ 개인 도덕.

[私呑] ssūt'ūn ㄙㄊㄨㄣ 사복을 채우다. 공금이나 또는 남의 돈을 횡령하다.

[私通] ssūt'ūng ㄙㄊㄨㄥ ① 간통하다. ②기맥을 통하다.

[私自] ssūtzǔ ㄙㄗˋ ①자기. ②은밀히. 「先一通知他 ; 먼저 그에게 남 몰래 알리다」

[私養] ssūyǎng ㄙㄧㄤˇ "公社"와는 별도로 개인이 사육(飼育)하다.

[私鹽] ssūyén ㄙㄧㄢˊ 밀매하는 소금.

[私營] ssūyíng ㄙㄧㄥˊ ①개인 운영. ②개인 운영을 하다.

[私運] ssūyǜn ㄙㄩㄣˋ 밀수하다.

〔思〕 ssū ㄙ ①생각하다. 마음 먹다. 「一前想後 ; 전후를 잘 생각하다」 ②걱정하다. 염려하다. 「一鄉 ; 고향을 생각하다」 ③사상·생각. 「文一 ; 문장 속에 나타나 있는 생각이나 사상」

[思潮] ssūch'áo ㄙㄔㄠˊ ①사조·사상 경향. ②하염 없는 생각.

[思家病] ssūchiāpìng ㄙㄐㄧㄚㄅㄧㄥˋ 향주(鄉愁).

[思想] ssūhsiǎng ㄙㄒㄧㄤˇ ①사상. ②생각하다.

[思想懶漢] ssūhsiǎng lǎnhàn ㄙㄒㄧㄤˇㄌㄢˇㄏㄢˋ 사물을 철저히 생각하지 않는 사람.

[思緒] ssūhsǜ ㄙㄒㄩˋ ①심서(心緖)·심회. 여러 가지 생각. ②＝思路.

[思乎] ssūhu ㄙㄏㄨ 생각하다. 마음 먹다.

[思量] ssūliang ㄙㄌㄧㄤ 생각하다. 근심·걱정하다. 「다.

[思絡] ssūlò ㄙㄌㄨㄛˋ 고려하다. 생각하

[思路] ssūlù ㄙㄌㄨˋ ①생각하는 방향. 「一個人得有一, 才能做大事 ; 사고(思考)의 방향이 확립되지 않으면 큰 일은 할 수 없다」 ②사고상의 조리. 「一錯亂了 ; 생각이 여러 갈래로 엇갈려 버렸다」

[思謀] ssūmóu ㄙㄇㄡˊ 이모저모로 생각하다. 계책을 꾸미며 생각하다.

[思念] ssūnièn ㄙㄋㄧㄢˋ 사모하다. (어떤 사물에 얽힌)미련.

〔絲〕 ssū ㄙ ①생사(生絲). 견사(絹絲). ② 몹시 가느다란. 적은. 「臉上沒有一一笑容 ; 얼굴에는 실오리만큼의 미소도 없다」 ③「一兒 ; 가느다란 것」 「鐵一 ; 철사」 「一毫 ; 약간. 좀」

[絲廠] ssūch'ǎng ㄙㄔㄤˇ 제사(製絲)공장.

[絲毫] ssūháo ㄙㄏㄠˊ 추호. 극히 소수의.

[絲綫] ssūhsièn ㄙㄒㄧㄢˋ 견사. 명주실.

[絲絃(兒)] ssūhsién(rh) ㄙㄒㄧㄢˊ(ㄦ) 현악기(絃樂器).

[絲絨] ssūjúng ㄙㄖㄨㄥˊ 빌로오도. 우단.

[絲糕] ssūkāo ㄙㄍㄠ 조(粟)가루와 콩가루를 한데 이기어 효모(酵母)로 발효시킨 뒤에 쪄서 먹는 음식.

[絲瓜] ssūkua ㄙㄍㄨㄚ 〈植〉 수세미외.

[絲瓜絡] ssūkualò ㄙㄍㄨㄚㄌㄨㄛˋ 수세미외 열매 속에 들어 있는 해면(海綿) 같은 줄거리.

[絲光] ssūkuāng ㄙㄍㄨㄤ 실켓 제법(製法)에 따른 섬유의 광택.

[絲拉] ssūla ㄙㄌㄚ ①우물쭈물 하는 모양. ②끊임 없이. 질질 끄는 모양. 「肚子一地疼 ; 배가 계속 아프다」

[絲綹兒] ssūliǔrh ㄙㄌㄧㄡˇㄦ 섬세한 것.

[絲棉] ssūmién ㄙㄇㄧㄢˊ 풀솜. 설면자(雪綿子).

[絲絲入扣] ssūssū jùk'òu ㄙㄙ ㄖㄨˋㄎㄡˋ 꼭 들어 맞다.

[絲兒] ssūrh ㄙㄦ 가늘고 긴 물건.

[絲帶] ssūtài ㄙㄉㄞˋ 비단 리본. 명주 테이프. 「말.

[絲襪] ssūwà ㄙㄨㄚˋ 명주 양말. 비단 양

〔斯〕 ssū ㄙ ①이것. 이. 여기. 「一人 ; 이 사람」 ②그래서. 즉. 「觀過一知仁矣 ; 허물을 본 뒤에 어진 사람인가 아닌가를 알 수 있다」 ③뜻 없는 보조어(補助語). 「億萬一年 ; 억만년」

[斯文] ssūwěn ㄙㄨㄣ ①이 학문. 이 길. 유교(儒教)에 있어서의 학문 도의. ②유학자. 학자. ③고상한. 우아한. > 斯斯文文.

〔嘶〕 ssū ㄙ ①말이 울다. ②목소리가

쉬다.「力竭聲一；기진맥진하여 목소리가 쉬다」「一啞；목소리가 약간 쉬다」

〔澌〕 ssū ㄙ 얼음이 녹아서 흐르다.「一滅；소멸하다」

〔撕〕 ssū ㄙ 손으로 찢다.「把布一成兩塊；천을 두 갈래로 잡아 째다」

[撕毁] ssūhuǐ ㄙㄏㄨㄟˇ 찢다.

[撕開] ssūk'ai ㄙㄎㄞˇ 잡아 찢다.

[撕羅] ssūlo ㄙㄌㄨㄛ ①처리하다. ②희롱하다. 농담을 걸다. =撕擄.

[撕旁岔兒] ssūp'ángchàrh ㄙㄆㄤˊㄔㄚˋㄦ 이야기가 본 줄거리를 벗어나다.

[撕票兒] ssūp'iàorh ㄙㄆㄧㄠˋㄦ 볼모를 죽이다.

[撕破] ssūp'ò ㄙㄆㄛˋ 할퀴다. 잡아 찢다.

[撕打] ssūtǎ ㄙㄉㄚˇ 맞잡고 싸우다.

[撕碎] ssūsuì ㄙㄙㄨㄟˋ 갈기갈기 찢어버리다.

〔廝〕(厮) ssū ㄙ ①종. 하인. ②사람을 경멸하여 부르는 말: 옛날 소설에 많이 쓰임.「這一；이 놈·이 자식」③서로. 제각기.「一打；서로 때리다」

[廝跟] ssūkēn ㄙㄍㄣ 함께 가다. 따라 가다.

[廝殺] ssūshā ㄙㄕㄚ 서로 죽이다.

[廝熟] ssūshú ㄙㄕㄨˊ 서로 잘 알고 있다.

〔緦〕 ssū ㄙ 고운 삼베.「一服；고운 삼베로 지은 상복」

〔噝〕 ssū ㄙ 탄환(총알) 따위가 날으는 소리.

〔颸〕 ssū ㄙ 양풍(涼風). 시원한 바람.

〔死〕 ssǔ ㄙˇ ①죽다. 사망하다.「一了人；사람이 죽었다」②죽는 한이 있더라도. 무슨 일이 있어도.「一不承認；한사코 승인하지 않는다」③형용사 따위의 뒤에 붙어 매우 정도가 강력함을 나타냄.「樂一了；몹시 즐거웠다」「累一了；몹시 지쳤다」④활동하지 않는다. 생기가 없다. 움직이지 않는다.「把門釘一了；입구에 못질을 해 두었다」⑤불통이 되다. 막다른.「一胡同；막다른 골목」

[死挨] ssǔai ㄙˇㄞ 끝없이 고생하다.

[死戰] ssǔchàn ㄙˇㄓㄢˋ ①죽을 힘을 다해 싸우다. ②필사적으로 생산에 힘쓰다.

[死纏活纏] ssǔch'án-huóch'án ㄙˇㄔㄢˊㄏㄨㄛˊㄔㄢˊ 성가시게 달라붙어 떨어지지 않다.

[死氣] ssǔch'ì ㄙˇㄑㄧˋ (생기에 대한)사기. 「침체한.

[死記] ssǔchì ㄙˇㄐㄧˋ 무턱대고 외다. 죽도록 암기하다.

[死契] ssǔch'ì ㄙˇㄑㄧˋ 변경이나 갱신을 인정하지 않는 계약.

[死掐] ssǔch'iā ㄙˇㄑㄧㄚ 융통성이 없다.

[死節] ssǔchiéh ㄙˇㄐㄧㄝˊ 대의(大義)를 위해 죽다. 절의(節義)를 지키고 죽다.

[死結] ssǔchiéh ㄙˇㄐㄧㄝˊ =死扣兒 ①.

[死吃] ssǔch'īh ㄙˇㄔ ①무위 도식 (無爲徒食)하다.「一死嚼；무위 도식」②끊임 없이 남에게 의지하여 생활하다.「一他一口；여자가 남자의 후원을 받다」

[死氣活咽的] ssǔch'i-huóyèntê ㄙˇㄑㄧˋㄏㄨㄛˊㄧㄢˋㄉㄜ 기운을 잃고 위축되어 있는 꼴.

[死勁] ssǔchìn ㄙˇㄐㄧㄣˋ 필사적인 힘.「下一；지나치게 힘을 내다」

[死乞白賴] ssǔch'i-paílài ㄙˇㄑㄧ ㄅㄞˊㄌㄞˋ =死皮賴臉. ‹北›

[死就] ssǔchiù ㄙˇㄐㄧㄡˋ 죽다. 숨지다.「那只狗掙扎了三四個鍾頭，才一了；저 개는 서너 시간 신음한 뒤에 겨우 숨졌다」

[死抓] ssǔchuā ㄙˇㄓㄨㄚ ①잡고 놓지 않다. ②결사적으로 맞붙다.

[死拽] ssǔchuài ㄙˇㄓㄨㄞˋ ①죽을 힘을 다하여 잡아 당기다. ②ssǔchuai 생기가 없다.

[死絶] ssǔchüéh ㄙˇㄐㄩㄝˊ 죄다 죽어서 자손이 끊어지다. 절손(絶孫)이 되다.

[死去活來] ssǔch'ü-huólái ㄙˇㄑㄩˋㄏㄨㄛˊㄌㄞˋ 죽는냐 사느냐의 심한 고통을 나타내는 말. ‹成›

[死贅] ssǔchuì ㄙˇㄓㄨㄟˋ 외고집을 부리다. 억지로 떼를 쓰다.

[死法子] ssǔfǎtzǔ ㄙˊㄈㄚˇㄗ 융통성 없는 방법. 「하다.

[死心] ssǔhsīn ㄙˇㄒㄧㄣ 단념하다. 체념

[死性] ssǔhsìng ㄙˇㄒㄧㄥˋ ①완고하고 무지한 성질. ②지나치게 강직한 성질.

[死性子] ssǔhsingtzǔ ㄙˇㄒㄧㄥˋㄗ 고집상이. 융통성이 없는 사람.

[死心塌地] ssǔhsīn-t'ātì ㄙˇㄒㄧㄣ ㄊㄚㄉㄧˋ ①진지한 것. 점잖은 모양. =老老實實. ②외곬으로. 결연히. 필사적으로. ③착실한 모양. =着着實實 ④평온한 모양. =安安穩穩. ‹成›

[死心眼兒] ssǔhsīnyěnrh ㄙˇㄒㄧㄣㄧㄢˇㄦ 융통성이 없다. 고지식한.

[死話兒活說着] ssǔhuàrh-huóshuōchê ㄙˇㄏㄨㄚˋㄦㄏㄨㄛˊㄕㄨㄛㄓㄜ (상담·결정 등에)여지를 남겨 두다. 융통성 있게 하다.

[死灰復燃] ssǔhuī fùján ㄙˇㄏㄨㄟ ㄈㄨˋㄖㄢˊ 재가 다시 불타다. 일단 소멸했던 것이 다시 활동을 시작하는 데 대한 비유. ‹成›

[死葫頭兒] ssǔhúlut'óurh ㄙˇㄏㄨˊㄌㄨㄊㄡˊㄦ (비유적인 뜻에서)막다른 골목.

[死活] ssǔhuó ㄙˇㄏㄨㄛˊ ①생사(生死).「不顧一；생사를 돌보지 않다」②하여튼. 어쨌든.「一得開除掉他；어쨌든 그를 잘라 버려야겠다」

[死義] ssǔi ㄙˇㄧˋ 의리(義理)를 위해 죽다.

[死人] ssǔjén ㄙˇㄖㄣˊ ①보기 싫은 놈: 많은 경우 여성어로서. ‹南› ②귀여운 사람. ③동작이 느린 사람. ④죽은 사람. ⑤뒈져라. ‹罵›

[死啃] ssǔk'ěn ㄙˇㄎㄣˇ ①빈둥빈둥 놀면서 먹다. 무위 도식(無爲徒食)하다. ②필사적으로 한 일에만 달라붙다. 몹시 노력하다. 어디까지나 추구하다.

[死跟頭] ssǔkēnt'ou ㄙˇㄍㄣㄊㄡ (뭔가에 걸려)물구나무 섰다가 꽝하고 넘어지다.「摔了一個一；물구나무 섰다가 꽝하고 보기 좋게 넘어지다」

[死摳兒] ssǔk'ōurh ㄙˇㄎㄡㄦ ①완고하다. ②열심히 연구·규명하다. ③인색하다.

[死扣兒(一子)] ssǔk'òurh(-tzǔ) ㄙˇㄎㄡˋ

儿(ㄗ) ①좀처럼 풀 수 없는 매듭. ②완고하다.

[死光] ssǔkuāng ㄙˇㄍㄨㄤ 죄다 죽어서 자손이 끊어지다. 절손(絕孫).

[死鬼]]ssǔkuei ㄙˇㄍㄨㄟˇ ①뒈져라. 망할 놈.《罵》 ②죽은 사람. 귀신. 도깨비.

[死規矩(兒)] ssǔkuēichü(rh) ㄙˇㄍㄨㄟㄐㄩ(ㄦ) 변경하기 어려운 규칙. 융통성 없는 규칙.

[死庫容] ssǔk'ùjúng ㄙˇㄎㄨˋㄖㄨㄥˊ 댐의 배수구에서 일정량을 넘어서 배출되는 물의 용적.

[死拉活拽] ssǔlā-huóchuài ㄙˇㄌㄚ ㄏㄨㄛˊㄓㄨㄞˋ 마구 잡아 당기다.

[死賴] ssǔlài ㄙˇㄌㄞˋ 자꾸 떼를 쓰다.

[死裏逃生] ssǔlǐ t'áoshēng ㄙˊㄌㄧˇ ㄊㄠˊㄕㄥ 구사(九死)에서 일생을 얻다. 죽을 고비를 간신히 벗어나다.《成》

[死落後] ssǔlòhòu ㄙˇㄌㄨㄛˋㄏㄡˋ 완고하여 스스로 낙후해 있는 사실을 인정치 않는 것. 또는 그와 같은 사람.

[死驢] ssǔlǘ ㄙˇㄌㄩˊ 우둔한 놈.《罵》

[死路(兒)] ssǔlù(rh) ㄙˇㄌㄨˋ(ㄦ) ①통행할 수 없는 길. ②막다른 골목. ③사멸(死滅)의 길.

[死馬當活馬治] ssǔmǎ tàng huómǎ chìh ㄙˊㄇㄚˇ ㄉㄤˋ ㄏㄨㄛˊㄇㄚˇ ㄓˋ ①극력 치료하다. ②전망은 없어도 저버리지 않고 꾸준히 노력하다.

[死眉瞪眼] ssǔméi-tèngyěn ㄙˇㄇㄟˊ ㄉㄥˋㄧㄢˇ 활발하지 못함. 생기가 없어 꼴불견이다.《成》

[死麪(兒)] ssǔmièn(rh) ㄙˇㄇㄧㄢˋ(ㄦ) 발효시키지 않고 물에만 이겨 놓은 밀가루 반죽.

[死命] ssǔmìng ㄙˇㄇㄧㄥˋ 목숨을 걸고. 필사적으로. 「一地掙扎 ; 필사적으로 몸부림치다」

[死沒良心] ssǔméiliánghsīn ㄙˇㄇㄟˊㄌㄧㄤˊㄒㄧㄣ 쓸모 없는 것. 또 그와 같은 사람.

[死拿] ssǔná ㄙˇㄋㄚˊ 잡고 놔주지 않다.

[死難] ssǔnàn ㄙˇㄋㄢˋ 수난. 재난이나 국난을 위해 목숨을 버리다.

[死腦筋] ssǔnǎochin ㄙˊㄋㄠˇㄐㄧㄣ 완고하여 융통성이 없는 것. 또 그와 같은 사람.

[死膩] ssǔnì ㄙˇㄋㄧˋ 끈기 있게 견디며 버티다.

[死牛兒] ssǔniúrh ㄙˇㄋㄧㄡˊㄦ 옴쭉달싹 못하다.

[死板] ssǔpǎn ㄙˊㄅㄢˇ 융통성이 없다. 한결같다. ＞死死板板.

[死板板的] ssǔpánpǎntê ㄙˇㄅㄢˊㄅㄢˇㄉㄜ 융통성이 없는 모양. 변화 없는 모양.

[死搬硬套] ssǔpānyìngt'ào ㄙˇㄅㄢㄧㄥˋㄊㄠˋ 억지로 이론을 붙여 적합화(適合化)시키다. ＝生搬硬套.

[死巴巴的] ssǔpāpātê ㄙˇㄅㄚㄅㄚㄉㄜ 꼼짝 않고 있는 모양. 가만히.

[死皮賴臉] ssǔp'í làilièn ㄙˇㄆㄧˊ ㄌㄞˋㄌㄧㄢˇ 뻔뻔스럽다. 몰염치하다. ＝死皮不要臉.

[死不了] ssǔpuliǎo ㄙˇㄅㄨㄌㄧㄠˇ ①죽자니 죽을 수가 없다. ②죽을 리 없다.

[死不要臉] ssǔpúyàolièn ㄙˇㄅㄨˊㄧㄠˋㄌㄧㄢˇ 파렴치하기 그지 없다.

[死尸] ssǔshīh ㄙˇㄕ 시체. 주검.

[死事] ssǔshìh ㄙˇㄕˋ 순직(殉職)하다.

[死士] ssǔshìh ㄙˇㄕˋ 대의(大義)를 위해 목숨을 바치는 사람. 순교자·순국 열사 따위.

[死受] ssǔshòu ㄙˇㄕㄡˋ ①참고 견디다. ②한결같이 참고 견디다.

[死水] ssǔshuǐ ㄙˊㄕㄨㄟˇ 배수구가 없는 괴인 물. 「一坑子 ; 물 웅덩이」

[死水兒] ssǔshuǐrh ㄙˊㄕㄨㄟˇㄦ ①＝死水. ②더 늘어갈 가망이 없는 재산. 한정된 재산.

[死說活說] ssǔshuō-huóshuō ㄙˇㄕㄨㄛ ㄏㄨㄛˊㄕㄨㄛ 입이 쓰도록 되풀이하여 말하다. 「我跟他一, 他都不答應 ; 입이 쓰도록 그에게 타일렀으나 그는 전연 듣지 않는다」

[死打] ssǔtǎ ㄙˊㄉㄚˇ 함부로 때리다. 사정 없이 패다.

[死擋] ssǔtǎng ㄙˊㄉㄤˇ 필사적으로 막다. 완강히 저항하다.

[死套子(一兒)] ssǔt'àotzǔ(—rh) ㄙˇㄊㄠˋㄗ(—ㄦ) 틀에 박힌 방법. 언제나 같아서 새로운 맛이 없는 방법.

[死搭搭的] ssǔtātātê ㄙˇㄉㄚㄉㄚㄉㄜ 멍청한 표정. 얼빠진 모양.

[死搨搨的] ssǔt'āt'ātê ㄙˇㄊㄚㄊㄚㄉㄜ ①융통성이 없는 것. ②활발하지 못한 모양.

[死得過兒] ssǔtêkuòrh ㄙˇㄉㄜㄍㄨㄛˋㄦ 죽어도 괜찮다. 죽을 만한 가치가 있다.

[死等(兒)] ssǔtěng(rh) ㄙˊㄉㄥˇ(ㄦ) 언제까지라도 기다리다. 끝까지 기다리다.

[死敵] ssǔtí ㄙˇㄉㄧˊ 용서 못할 원수.

[死店活人開] ssǔtièn huójén k'āi ㄙˇㄉㄧㄢˋ ㄏㄨㄛˊㄖㄣˊ ㄎㄞ 쓰러진 가게도 수완에 따라서는 다시 일으킬 수 있다. 무엇이든지 수완 여하에 따라 할 수 있다.

[死頂] ssǔtǐng ㄙˊㄉㄧㄥˇ 말로써 어디까지나 저항하다. 끝까지 말대꾸하다. 「他發威, 我就一他 ; 그가 잘난 체 덤비면 나는 끝까지 대항하겠다」

[死釘坑兒] ssǔtīngk'ēngrh ㄙˇㄉㄧㄥㄎㄥㄦ 지나치게 신중한 것. 융통성 없는 것.

[死挺挺的] ssǔt'ǐngt'ǐngtê ㄙˊㄊㄧㄥˊㄊㄧㄥˇㄉㄜ ①(지쳐서 발 따위가) 딱딱해진 모양. ②딴딴하게 굳어져 움직이지 않는 모양.

[死拖] ssǔt'ō ㄙˇㄊㄨㄛ ①(시간을) 한사코 끌어 나가다. ②필사적으로 잡아 당기다.

[死鑿兒] ssǔtsáorh ㄙˇㄗㄠˊㄦ ①지나치게 성실하다. ②융통성이 없다.

[死做] ssǔtsò ㄙˇㄗㄨㄛˋ 엉망진창으로 만들다. 뒤죽박죽으로 해 놓다.

[死讀] ssǔtú ㄙˇㄉㄨˊ 쓸 데 없이 읽다.

[死對頭] ssǔtuìt'ou ㄙˇㄉㄨㄟˋㄊㄡ 오랫동안 원한을 품고 온 원수. 숙원(宿怨)의 원수.

[死字] ssǔtzù ㄙˇㄗˋ 폐지되어 쓰지 않는 글자. 폐자(廢字).

[死頑硬] ssǔwányìng ㄙˇㄨㄢˊㄧㄥˋ ①머리가 완고하다. ②벽창호.

[死物兒] ssǔwùrh ㄙˇㄨˋㄦ ①무생물(無生物). ②움직이지 않는 것. ③환금(換金)하기 힘드는 부동산(不動產).

[死呀活的] ssǔya-huótê ㄙˇㄧㄚ ㄏㄨㄛˊ ㄉㄜ 죽느니 사느니 하고 떠드는 모양.

[死樣] ssŭyàng ㄙˇㄧㄤˋ ①보기 싫은 추잡한 놈 ②움직이지 않는. 활발하지 못한.

[死樣怪氣] ssŭyàng-kuàich'ì ㄙˇㄧㄤˋ ㄍㄨㄞˋㄑㄧˋ ①우물쭈물하는 모양. ②추잡하고 불쾌한 모양.

[死硬] ssŭyìng ㄙˇㄧㄥˋ 끝까지 강경히. 철저하게. 완고하다.「一派; 완미파(頑迷派)」

[死約會兒] ssŭyüēhhuìrh ㄙˇㄩㄝㄏㄨㄟˋㄦ ①만나자는 굳은 약속. 변경할 수 없는, 만날 약속. ②생사를 건 마주침.

[死有餘辜] ssŭyŭyûkū ㄙˊㄧㄡˇㄩˊㄍㄨ 죽여도 죄를 다 갚지 못하다. 죽여도 죄가 남는다.

〔巳〕 ssû ㄙˋ ①십이지(十二支)의 여섯째. 뱀(巳). ②상오 9시부터 11시까지. ③동남쪽.

〔四〕 ssû ㄙˋ ①넷. ②옛날 악보의 기호: 오늘날의 "簡譜" "略譜"의 저음(低音) 6에 해당한다.

[四襯] ssûch'ĕn ㄙˋㄔㄣˋ 용모와 복장이 단정하고 균형이 잡혀 있는 것. =四稱.

[四正] ssûchĕng ㄙˋㄓㄥˋ 단정하다. 조촐하다. ②건전하다. 《西》

[四起] ssûch'ĭ ㄙˋㄑㄧˇ 사방에서 일어나다.「群雄一; 여러 영웅이 사방에서 일어나다」

[四氣] ssûch'ì ㄙˋㄑㄧˋ 석탄가스·증기(蒸氣)·천연가스·메탄가스를 일컬음: 煤氣·蒸氣·天然氣·沼氣.

[四郊] ssûchiāo ㄙˋㄐㄧㄠ 도시를 중심으로 한 사방 교외(四方郊外)·도시 근교.

[四脚兒朝天] ssûchiǎorh ch'áot'iēn ㄙˋㄐㄧㄠˇㄦ ㄔㄠˊㄊㄧㄢ 꽝하고 뒤로 자빠지는 모양.

[四角兒俱全] ssûchiǎorh chûch'üán ㄙˋㄐㄧㄠˇㄦㄐㄩㄑㄩㄢˊ 완전 무결하다. 완벽하다.

[四至(兒)] ssûchih(rh) ㄙˋㄓ(ㄦ) ①대강의 골자. 대략.「先做出一個一; 우선 대강의 기본 구조만을 만들어 내다」

[四致] ssûchìh ㄙˋㄓˋ 단정하다. 잘 정리되어 있다.

[四季花兒] ssûchìhuārh ㄙˋㄐㄧˋㄏㄨㄚㄦ 모란·석류·국화·매화의 네 가지 꽃: 기물·의상(衣裳) 등 무늬에 쓰임

[四周遭兒] ssûchōutsāorh ㄙˋㄓㄡㄗㄠㄦ 사방. 둘레. 주변. =四周圍.

[四處] ssûch'û ㄙˋㄔㄨˋ 주변의 이쪽 저쪽. 사방. 곳곳.

[四防] ssûfáng ㄙˋㄈㄤˊ 비적·간첩·도둑·화재의 네 가지를 막는 것.

[四方塊兒] ssûfāngk'uàirh ㄙˋㄈㄤㄎㄨㄞˋㄦ ①사각형. ②키가 작고 살이 찐 사람.

[四方臉兒] ssûfāngliĕnrh ㄙˋㄈㄤㄌㄧㄢˇㄦ 네모진 얼굴.

[四方步兒] ssûfāngpùrh ㄙˋㄈㄤㄅㄨˋㄦ 단정하고 침착한 걸음걸이.「邁一; 단정하고 침착하게 걷다」

[四害] ssûhài ㄙˋㄏㄞˋ 참새·쥐·파리·모기의 네 가지 해독.

[四合房兒] ssûhófángrh ㄙˋㄏㄜˊㄈㄤˊㄦ "正房", 동과 서에 있는 "廂房"·"倒廳"의 네 채로 되어 있는 건축 구조. 중앙에 "院子"가 있다. =四合兒.

[四合院] ssûhóyüàn ㄙˋㄏㄜˊㄩㄢˋ ①=四合房兒. ②"四合房兒"의 안마당.

[四喜] ssûhsĭ ㄙˋㄒㄧˇ (경사스러울 때·주먹으로 칠 때에 쓰는) 4의 별칭: 5는 "五魁 wŭk'uéi", 6은 "六順 liushûn", 7은 "七巧 ch'ich'iǎo"하는 식으로.

[四下] ssûhsià ㄙˋㄒㄧㄚˋ 사방. 동서남북. 주위.「一無人; 주위에는 사람이라고는 없다」=四下裏.

[四鄉] ssûhsiāng ㄙˋㄒㄧㄤ 주위(周圍)의 가까운 동네.

[四弦琴] ssûhsiénch'ín ㄙˋㄒㄧㄢˊㄑㄧㄣˊ 바이올린.

[四呼] ssûhū ㄙˋㄏㄨ "開口音·齊齒音 合口音·撮口音"을 말함. 예컨대 [a]는 "開口", [i]는 "齊齒", [u]는 "合口", [y]는 "撮口" 따위.

[四胡] ssûhú ㄙˋㄏㄨˊ 〈樂〉 호궁(胡弓)의 일종으로 "二胡"와 비슷하나 사현(四絃)으로 된 것.

[四化] ssûhuà ㄙˋㄏㄨㄚˋ 기계화·반기계화(半機械化)·자동화(自動化)·반자동화(半自動化)의 네 가지를 일컬음.

[四旮旯日] ssûkōlárh ㄙˋㄍㄜㄌㄚˊㄦ 네 구석. 네 모퉁이.

[四框欄兒] ssûk'uànglánrh ㄙˋㄎㄨㄤˋㄌㄢˊㄦ 한자의 부수의 하나: 큰 입구변 "口."

[四稜子] ssûlĕngtzŭ ㄙˋㄌㄥˊㄗ 입방체(立方體). 4각 6면체.

[四楱(子·兒)] ssûlêng(tzŭ·rh) ㄙˋㄌㄥ(ㄗ·ㄦ) ①시골뜨기. ②말씨가 불손하다. > 四四楱楱.

[四隣八舍] ssûlín-pâshĕ ㄙˋㄌㄧㄣˊㄅㄚㄕㄜˋ 가까운 이웃. 근린(近隣).

[四六夾開] ssûliùchiāk'āi ㄙˋㄌㄧㄡˋㄐㄧㄚㄎㄞ 뚜렷이 결론이 나와 있다.「說個一; 명확히 결론을 내다」

[四六句子] ssû liùchûtzŭ ㄙˋㄌㄧㄡˋㄐㄩˋㄗ 욕. 욕설.「說着說着一上來了; 이야기하는 도중에 욕이 나와 버렸다」

[四六步兒] ssûliùpùrh ㄙˋㄌㄧㄡˋㄅㄨˋㄦ 장단에 맞추어 걷는 리드미컬한 걸음걸이.

[四馬攢蹄] ssûmă ts'uánt'í ㄙˋㄇㄚˇㄘㄨㄢˊㄊㄧˊ 손발을 함께 묶다.

[四面楚歌] ssûmièn ch'ŭkō ㄙˋㄇㄧㄢˋㄔㄨˇㄍㄜ 사면초가. 둘레에는 원수 뿐이다. 사방에서 적의 공격을 받는 일. 《成》

[四面不靠邊兒] ssûmièn pûk'àopiēnrh ㄙˋㄇㄧㄢˋㄅㄨˊㄎㄠˋㄅㄧㄢㄦ 이것도 아니고 저것도 아닌 것. 불편부당(不偏不黨)한 것.「一的話; 어느 쪽에도 치우치지 않는 무난한 이야기」

[四面受敵] ssûmièn shòutí ㄙˋㄇㄧㄢˋㄕㄡˋㄉㄧˊ 사방에서 공격을 받다.

[四白落地] ssûpáilòtì ㄙˋㄅㄞˊㄌㄨㄛˋㄉㄧˋ 사방의 벽을 백지로 바르는 일.

[四旁] ssûp'áng ㄙˋㄆㄤˊ 전후 좌우(前後左右).

[四壁] ssûpì ㄙˋㄅㄧˋ ①둘레의 벽. ②둘러 싼 성벽.

[四邊(兒)] ssûpiēn(rh) ㄙˋㄅㄧㄢ(ㄦ) ①동서남북의 네 방향. ④네모진 것의 가장자리.

[四平八穩] ssûp'íng-pāwĕn ㄙˋㄆㄧㄥˊㄅㄚ

ㄨㄣˇ 태도가 침착함을 말함.

[四平調] ssǔp'ingtiào ㄙˋㄆㄧㄥˊㄉㄧㄠˋ 경극(京劇): "北京"을 중심으로 하는 중국의 고전적인 극의 일종.

[四不像子] ssǔpúhsiàngtzǔ ㄙˋㄅㄨˊㄒㄧㄤˋㄗ ①머리는 사슴, 다리는 소, 꼬리는 당나귀, 목은 낙타를 닮은 사슴 비슷한 사불상. 고라니의 속칭. ②어떻다고 말할 수 없는 것.

[四散] ssǔsàn ㄙˋㄙㄢˋ 흩어지다.

[四扇屛] ssǔshànp'íng ㄙˋㄕㄢˋㄆㄧㄥˊ 네 폭이 한 세트가 돼 있는 족자(簇子): 역시 네 폭으로 돼 있는 간막이 같은 것에 건다.

[四大家族] ssǔtà chiātsú ㄙˋㄉㄚˋ ㄐㄧㄚ ㄗㄨˊ 해방 전의 중국의 사대 재벌: "蔣介石·宋子文·孔祥熙·陳果夫·陳立夫"의 사대 가문.

[四大指標] ssǔtà chǐhpiāo ㄙˋㄉㄚˋㄓˇㄅㄧㄠ 철강·석탄·식량·목화의 증산 목표.

[四定] ssǔtìng ㄙˋㄉㄧㄥˋ 인원·임무·보수·장려(獎勵) 등 항목을 각각 정하다.

[四大關] ssǔtàkuān ㄙˋㄉㄚˋㄍㄨㄢ 고도 생산·원료·각종 노(爐)의 보존·품질 등 네 가지 관문.

[四坐] ssǔtsò ㄙˋㄗㄨㄛˋ 둘레에 앉아 있는 사람. =四座.

[四通] ssǔt'ūng ㄙˋㄊㄨㄥ ①사방으로 통하다.「一八達; 사방 팔방으로 통하다」②십자형의 접합관(接合管).

[四同一通] ssǔt'úng-it'ūng ㄙˋㄊㄨㄥˊ ㄧˋ ㄊㄨㄥ 군중과 더불어 식사하고, 같이 살고, 함께 일하며, 의논하는 것. 정책을 철저하게 세우는 것.

[四外] ssǔwài ㄙˋㄨㄞˋ 주변. 근처. 주위. 부근.

[四體不勤,五穀不分] ssǔtǐ pùch'ín, wúkǔ pūfēn ㄙˋㄊㄧˇㄅㄨˋㄑㄧㄣˊ ㄨˊㄍㄨˇㄅㄨˋㄈㄣ 손발을 움직이지 않고 오곡(五穀)을 분간조차 할 수 없다. 조금도 노동을 안해 생산 실정을 알 수 없다.

[四五不靠六] ssǔwǔ púk'àoliù ㄙˋㄨˇㄅㄨˋㄎㄠˋㄌㄧㄡˋ (말이나 행동을) 믿을 수 없다.

[四野] ssǔyěh ㄙˋㄧㄝˇ 주변의 벌판.

[四眼人] ssǔyěnjěn ㄙˋㄧㄢˇㄖㄣˊ 임신한 부인.

[四眼狗] ssǔyénkǒu ㄙˋㄧㄢˊㄍㄡˇ 눈썹 언저리가 하얀 개. 네눈이. 네눈박이.

[四遠] ssǔyüǎn ㄙˋㄩㄢˇ 사방 멀리 떨어져 있는 지역.「一馳名; 사방 멀리 떨어져 있는 지역까지 이름을 떨치다」

〔寺〕 ssǔ ㄙˋ ①옛날의 관서(官署)의 명칭.「太常一; 종묘(宗廟)의 의례(儀禮)를 관장하는 관서」②절. 사찰.

〔似〕 ssǔ ㄙˋ ①닮다.「相一; 비슷하다」②…과 같다. …비슷하다.「這個建議一乎有理; 이 제안은 일리가 있는 것 같다」③…보다 …이다: 비교를 나타냄.「人民生活一天好一一天; 백성의 생활이 하루하루 향상되어 가고 있다」④흉내내다. ⑤뒤를 잇다.

[似信非信] ssǔhsìnfēihsìn ㄙˋㄒㄧㄣˋㄈㄟ ㄒㄧㄣˋ 반신 반의(半信半疑).

[似乎] ssǔhu ㄙˋㄏㄨ …과 같다. …인 듯하다.

[似是而非] ssǔshihěrhfēi ㄙˋㄕˋㄦˊㄈㄟ 비슷한 것 같으면서도 다르다.《成》

[似的] ssǔtê ㄙˋㄉㄜ …과 같다.

〔汜〕 ssǔ ㄙˋ「一水; "河南省"에 있는 강 이름」

〔兕〕 ssǔ ㄙˋ ①무소. ②푸른 들소.

〔伺〕 ssǔ ㄙˋ 엿보다. 거동을 살피다. 「一探; 동정(動靜)을 살피다」⇨tz'ǔ.

[伺求] ssǔch'iú ㄙˋㄑㄧㄡˊ 이해 득실(利害得失)을 조사하다.

[伺便] ssǔpièn ㄙˋㄅㄧㄢˋ 편승(便乘)한 기회를 엿보다.

〔泗〕 ssǔ ㄙˋ ①콧물. ②"山東省"에 있는 강 이름.

〔祀〕 ssǔ ㄙˋ 조상이나 신을 모시다. 제사를 지내다.

[祀孔] ssǔk'ǔng ㄙˋㄎㄨㄥˇ 공자를 모시다.

〔姒〕 ssǔ ㄙˋ 남편의 형수(兄嫂). 동서.

〔食〕 ssǔ ㄙˋ 먹이다. ⇨shíh.

〔俟〕 ssǔ ㄙˋ ①기다리다. 「一該書出版後即寄上; 그 책이 출판될 때까지 기다렸다가 곧 부쳐 드리겠읍니다」「一俟; 기다리다」「一時; ㉮시기를 기다리다. ㉯그 때가 되면」

〔涘〕 ssǔ ㄙˋ 물가. 수변(水邊).

〔笥〕 ssǔ ㄙˋ 밥·의류 따위를 담는 네모진 대나무 그릇.

〔耜〕 ssǔ ㄙˋ 농구(農具)의 일종: 보습.

〔肆〕 ssǔ ㄙˋ ①멋대로 하다.「一無忌憚; 거리낌 없이 제멋대로 굴다」②가게. 상점.「酒一; 주점」③"四"의 같은 자: 장부 따위의 기입에 사용함.

[肆行] ssǔhsíng ㄙˋㄒㄧㄥˊ 멋대로 굴다.「一劫掠; 닥치는 대로 약탈하다」「一無忌; 거리낌 없이 멋대로 굴다」

[肆口] ssǔk'ǒu ㄙˋㄎㄡˇ 입에서 나오는 대로 함부로 지껄이다.「一大罵; 입에서 나오는 대로 함부로 욕을 퍼붓다」

[肆虐] ssǔnüèh ㄙˋㄋㄩㄝˋ 멋대로 남을 해치다.

〔嗣〕 ssǔ ㄙˋ ①뒤를 잇다.「一位; 지위를 계승하다」「一產; 재산을 상속하다」「一後; 금후. 그뒤」②자손.「後一; 자손」

〔飼〕 ssǔ ㄙˋ 기르다. 사육하다.

[飼料基地] ssǔliao chītì ㄙˋㄌㄧㄠˋ ㄐㄧ ㄉㄧˋ 천연, 또는 인공적 재배로써 목초·사료 등을 전문적으로 생산하는 토지.

[飼料日糧] ssǔliào jìhliáng ㄙˋㄌㄧㄠˋ ㄖˋ ㄌㄧㄤˊ 가축 한 마리에 대해 규정된 하루분의 사료.

[飼養] ssǔyǎng ㄙˋㄧㄤˇ (가축을) 기르다.

=喂養.「一員；사육계원」
[飼養員] ssŭyăngyüán ㄙˋㄧㄤˇㄩㄢˊ 가축의 사육계원(飼育係員).

〔駟〕 ssŭ ㄙˋ 옛날 네 필의 말이 끄는 마차. 사두마차.「一言船出, 一馬難追；한번 입 밖으로 토한 말은 어찌할 도리 없다는 비유」

SU ㄙㄨ ㄙ

〔酥〕 sū ㄙㄨ ①소나 양의 젖으로 만든 식품. ②부서지기 쉽고 파삭파삭한.「一糖；깨·밀가루·설탕 등으로 만든 파삭파삭한 과자」 「다.
[酥軟] sūjuăn ㄙㄨㄖㄨㄢˇ 맥이 탁 풀리
[酥酪] sūlào ㄙㄨㄌㄠˋ 치이즈.
[酥麻] sūmá ㄙㄨㄇㄚˊ 축 늘어져 맥이 없다.
[酥糖] sūt'áng ㄙㄨㄊㄤˊ 밀가루·설탕·깨·기름 등을 원료로 한 과자.
[酥油] sūyú ㄙㄨㄧㄡˊ ①소나 양의 젖을 달여 만든 낙제품(酪製品). ②파삭파삭하고 연하며 기름기가 많다.
[酥油茶] sūyúch'á ㄙㄨㄧㄡˊㄔㄚˊ 더운 차(茶)에 "酥油"를 넣은 것: 티베트 사람의 음료.

〔穌〕 sū ㄙㄨ 소생하다. 되살아 나다.

〔蘇〕(苏·甦②) sū ㄙㄨ ①〈植〉 자소(紫蘇). 차조기. ②소생하다.「死而復一；죽었다가 다시 살아나다. 고난에서 구출되다」「民生以一；민생은 이로써 소생했다」 ③파삭파삭 부스러지다.
[蘇州碼子(一兒)] sūchōu mătzŭ(—rh) ㄙㄨㄓㄡ ㄇㄚˇㄗ(—ㄦ) "蘇州"사람들이 사용하던 수자. 지금은 광범위하게 통용되고 있음(〡〢〣〤〥〦〧〨〩).
[蘇醒] sūhsing ㄙㄨㄒㄧㄥˇ 숨을 내쉬다.「一過來；숨을 내쉬다」
[蘇木] sūmù ㄙㄨㄇㄨˋ 소방(蘇方). 소목(蘇木) 줄기를 염료에 사용함. =다목(sapanwood). 「語).
[蘇白] sūpái ㄙㄨㄅㄞˊ "蘇州"의 언어(言
[蘇子] sūtzŭ ㄙㄨㄗ 들깨.「一油；들깨기름」
[蘇打] sūtă ㄙㄨㄉㄚˇ 소오다.《譯》「一餅干；소오다 크래커:중조를 넣어 하얗고 짠 맛이 있게 구운 비스킷」
[蘇灘] sūt'ān ㄙㄨㄊㄢ "蘇州"의 잡곡(雜曲). =蘇州灘簧.
[蘇維埃] sūwéiāi ㄙㄨㄨㄟˊㄞ 소비에트:공산국가의 정치기구의 한 형식.《譯》

〔俗〕 sú ㄙㄨˊ ①풍속. 습관.「土一；지방 풍속」 ②대중적인.「通一讀物；대중상대의 통속적인 도서(圖書)」 ③저속한. 속된.「這張畫畫得太一；이 그림은 몹시 저속하게 그려져 있다」
[俗氣] súch'i ㄙㄨˊㄑㄧ ①저속하다. 상스럽다. ②번거롭다. >俗俗氣氣.
[俗話(兒)] súhua(rh) ㄙㄨˊㄏㄨㄚ(ㄦ) 세속적으로 쓰이는 말. 속어.
[俗不可耐] súpùk'ŏnài ㄙㄨˊㄅㄨˋㄎㄜˇㄋㄞˋ 저속(低俗)하여 견딜 수 없다.
[俗尙] súshàng ㄙㄨˊㄕㄤˋ 일반 사회가 숭상하는 것.
[俗套子] sút'àotzŭ ㄙㄨˊㄊㄠˋㄗ ①관례. ②허례(虛禮).
[俗諺] súyèn ㄙㄨˊㄧㄢˋ 속담. 이언(俚諺). 금언(金言).
[俗語(兒)] súyŭ(rh) ㄙㄨˊㄩˇ(ㄦ) ①속어. ②속담. 속언.

〔夙〕 sù ㄙㄨˋ ①이른. 이른 아침.「一興夜寢；일찍 일어나고 늦게 자다」 ②평상시부터 가지고 있는.「一願；평소의 소원」 「뜻.
[夙志] sùchìh ㄙㄨˋㄓˋ 평소 품고 있는
[夙昔] sùhsí ㄙㄨˋㄒㄧˊ 옛날. 자난날.
[夙日] sùjih ㄙㄨˋㄖˋ 평소. 평상시.
[夙夜] sùyèh ㄙㄨˋㄧㄝˋ 아침 일찍부터 밤늦게까지.

〔素〕 sù ㄙㄨˋ ①흰.「一服；흰옷. 소복」 ②색이 단순하고 산뜻하다.「這塊布很一淨； 이 천은 색이 몹시 산뜻하다」 ③본래(원래)부터 가지고 있는.「一質；소질」 ④사물의 본질.「因一； 요소(要素)」 ⑤소찬(素饌).「吃一；소찬을 먹다」 ⑥평소의. 일상의.「一日；평소」 ⑦흰 생견(生絹).「尺一；명주에 쓴 편지」
[素諳] sù'ān ㄙㄨˋㄢ 잘 알고 있다.
[素常] sùch'áng ㄙㄨˋㄔㄤˊ 평소. 일상(日常). 「하다.
[素氣] sùch'i ㄙㄨˋㄑㄧ (무늬 따위가)담백
[素交] sùchiāo ㄙㄨˋㄐㄧㄠ 수년 전부터의 교제.
[素淨] sùching ㄙㄨˋㄐㄧㄥ ①색채가 산뜻하다. ②맛이 산뜻하다. ③고요하다.
[素靜] sùching ㄙㄨˋㄐㄧㄥ (마음이) 조용하다.
[素燭] sùchú ㄙㄨˋㄓㄨˊ (장례식 때에 쓰는) 흰 초. 흰 양초.
[素著] sùchù ㄙㄨˋㄓㄨˋ 일찍부터 이름난. 이미 저명하게 된.
[素服] sùfú ㄙㄨˋㄈㄨˊ ①흰옷. ②무늬 없는 의복.
[素負盛名] sùfù shèngmíng ㄙㄨˋㄈㄨˋㄕㄥˋㄇㄧㄥˊ 평소 널리 명성을 떨치고 있다. 「②본심.
[素心] sùhsīn ㄙㄨˋㄒㄧㄣ ①소박한 마음.
[素火腿] sùhuŏt'ui ㄙㄨˋㄏㄨㄛˇㄊㄨㄟˇ 두유(豆乳)를 끓여 그 표면에 생긴 걸더껑이를 건조시켜 만든 햄 모양의 식품.
[素日] sùjih ㄙㄨˋㄖˋ 평소. 일상.
[素來] sùlái ㄙㄨˋㄌㄞˊ 원래. 여태까지.
[素美] sùměi ㄙㄨˋㄇㄟˇ 청초(淸楚)하다.
[素昧平生] sùmèi-p'íngshēng ㄙㄨˋㄇㄟˋㄆㄧㄥˊㄕㄥ 한 번도 본 일이 없다. 전연 면식(面識)이 없다.
[素麪] sùmiěn ㄙㄨˋㄇㄧㄢˇ 고기 따위를 넣지 않는 국수의 일종. 소면.
[素食] sùshíh ㄙㄨˋㄕˊ 비린내 나지 않는 음식.
[素識] sùshíh ㄙㄨˋㄕˊ =素交.
[素手] sùshŏu ㄙㄨˋㄕㄡˇ ①희고 부드러운 손. ②맨손. 빈손.
[素絲] sùssū ㄙㄨˋㄙ 흰 명주실.

[素淡] sùtàn ㄙㄨˋㄉㄢˋ (무늬·빛깔 등이) 담백하다.
[素菜] sùts'ài ㄙㄨˋㄘㄞˋ 야채 요리. 소찬.
[素餐] sùts'ān ㄙㄨˋㄘㄢ ①무위 도식(無爲徒食)하다. ②소찬.
[素瓷] sùtz'ǘ ㄙㄨˋㄘˊ 질그릇: 유약을 바르지 않고 약한 불에 구운 도기.
[素雅] sùyǎ ㄙㄨˋㄧㄚˇ ①색채에 품위가 있다. ②담백하나 우아한 느낌이 있다.
[素油] sùyú ㄙㄨˋㄧㄡˊ 식물성 기름.

〔涑〕 sù ㄙㄨˋ "山西省"에 있는 강 이름. "涑水".

〔宿〕 sù ㄙㄨˋ ①숙박하다. 묵다. ②오래 된. 노련한. ③평소의. 일상의. 「一願; 평소의 소원」
[宿夕] sùhsī ㄙㄨˋㄒㄧ 하룻밤.
[宿昔] sùhsí ㄙㄨˋㄒㄧˊ 옛날. 이전.
[宿貨] sùhuò ㄙㄨˋㄏㄨㄛˋ 쓸모 없는 놈. 《罵》
[宿儒] sùjú ㄙㄨˋㄖㄨˊ 학문에 조예가 깊은 노학자(老學者).
[宿飽] sùpǎo ㄙㄨˋㄅㄠˇ 전야(前夜)에 먹은 음식이 다음날 아침까지 만복을 느끼다.
[宿夜] sùyèh ㄙㄨˋㄧㄝˋ ＝夙夜 sùyèh.
[宿願得償] sùyüàn têch'áng ㄙㄨˋㄩㄢˋㄉㄜˊㄔㄤˊ 숙망(宿望)이 달성됐다. 《成》

〔速〕 sù ㄙㄨˋ ①빠른. 「火一; 화급의. 긴급의」 ②초대하다. 「不一之客; 불청객」
[速寫] sùhsiěh ㄙㄨˋㄒㄧㄝˇ ①스케치. 약도(略圖). ②현지 통신.
[速率] sùlǜ ㄙㄨˋㄌㄩˋ 속도(速度).

〔訴〕 sù ㄙㄨˋ ①호소하다. 진술하다. ②고소하다. ③수단·방법으로 쓰다. 「一諸武力; 이것을 무력에 호소하다. 무력을 쓰다」
[訴屈] sùch'ü ㄙㄨˋㄑㄩ ①억울한 죄를 호소하다. ②불평을 하다.
[訴苦] sùk'ǔ ㄙㄨˋㄎㄨˇ ①쓰라림을 호소하다. 불평하다. ②억울함을 호소하다.
[訴苦窮兒] sùk'ǔchiúngrh ㄙㄨˋㄎㄨˇㄑㄩㄥˊㄦ 생활고를 호소하다.
[訴棍] sùkùn ㄙㄨˋㄍㄨㄣˋ 엉터리 변호사. 악덕 변호사.
[訴委屈] sùwěich'ü ㄙㄨˋㄨㄟˇㄑㄩ 불평하다. 쓰라림을 호소하다.
[訴寃] sùyüān ㄙㄨˋㄩㄢ ＝訴屈①.

〔粟〕 sù ㄙㄨˋ ①조: 탈곡한 것을 "小米"라 함. ②곡류의 총칭. 「一飯; 조밥」

〔溯〕 sù ㄙㄨˋ ①물을 거슬러 올라 가다. 「一河而上; 강을 거슬러 올라 가다」 ②근원을 더듬다. 「不一既往; 지나간 일을 캐묻지 않는다」

〔塑〕 sù ㄙㄨˋ 흙으로 인형이나 그밖의 모형을 만들다. 「一像; 소상: 진흙·유토 등으로 만든 상」

〔愫〕 sù ㄙㄨˋ 정성스런. 「情一; 진실한 마음」

〔嗉〕(膆①) sù ㄙㄨˋ ①「一子; 소낭(嗉囊)」 ②「一子, 一兒; 작은 술병」

〔窣〕 sù ㄙㄨˋ 아련한 소리의 형용: 옷 스치는 소리나 낙엽 소리 따위.

〔肅〕(粛) sù ㄙㄨˋ ①공경하다. 공손하다. ②엄정하게. 엄하게. 정비하다.
[肅靜] sùchìng ㄙㄨˋㄐㄧㄥˋ ①정숙하다. ＞肅肅靜靜. ②조용히 해라: 명령어.
[肅靜牌] sùchìngp'ái ㄙㄨˋㄐㄧㄥˋㄆㄞˊ (혼례·행렬 따위에 쓰이는) "靜肅" "정숙히 하라"고 써 놓은 패.
[肅反運動] sùfǎn yǜntùng ㄙㄨˋㄈㄢˇㄩㄣˋㄉㄨㄥˋ 반혁명 분자를 숙청하는 운동.
[肅然起敬] sùján ch'ìchìng ㄙㄨˋㄖㄢˊㄑㄧˇㄐㄧㄥˋ 엄숙하게 옷깃을 바르게 하다. 마음으로부터 존경심을 가지다.
[肅穆] sùmù ㄙㄨˋㄇㄨˋ 엄숙하면서도 온화하다.

〔謖〕 sù ㄙㄨˋ 「一一; 우뚝 솟아 있는 모양」

〔簌〕 sù ㄙㄨˋ ①솰솰. 쏴쏴. 《擬》 ②줄줄 떨어지는 모양. 「熱淚一一地往下落; 뜨거운 눈물이 뚝뚝 떨어지다」

SUAN ㄙㄨㄢ

〔痠〕 suān ㄙㄨㄢ 나른하다. 「腰一腿痛; 허리가 나른하고 다리가 아프다」
[痠軟] suānjuǎn ㄙㄨㄢㄖㄨㄢˇ 나른하고 맥이 풀리다. ＞痠痠軟軟.
[痠懶] suānlǎn ㄙㄨㄢㄌㄢˇ 노곤하다. ＞痠痠懶懶.
[痠疼] suānt'éng ㄙㄨㄢㄊㄥˊ 쿡쿡 쑤시고 아프다.

〔酸〕 suān ㄙㄨㄢ ①산(酸). ②시다. 시큼하다. 「這個梨眞一; 이 배는 참으로 시다」 ③나른한. ④슬픈. 쓰라린. 「心一; 마음이 쓰라리다」 ⑤질투하다. 아니꼽게 하다.
[酸楚] suānch'ǔ ㄙㄨㄢㄔㄨˇ ＝酸辛.
[酸腐] suānfǔ ㄙㄨㄢㄈㄨˇ ①진부(陳腐)한. 묵어서 썩은. 낡은. ②삭아서 시큼하다.
[酸辛] suānhsīn ㄙㄨㄢㄒㄧㄣ 쓰라린. 괴로운.
[酸心] suānhsīn ㄙㄨㄢㄒㄧㄣ ①슬프다. 상심(傷心)하다. ②(시큼하여) 가슴이 답답하다.
[酸意] suānì ㄙㄨㄢㄧˋ 시기심. 질투심.
[酸軟] suānjuǎn ㄙㄨㄢㄖㄨㄢˇ 나른하여 맥이 없다. ＝痠軟.
[酸款] suānk'uǎn ㄙㄨㄢㄎㄨㄢˇ 교만한 태도.
[酸咕囔的] suānkū'nāngtê ㄙㄨㄢㄍㄨㄋㄤㄉㄜ 부패하여 시큼하다.
[酸懶] suānlǎn ㄙㄨㄢㄌㄢˇ 노곤하다. 뻐근하다. ＝痠懶.
[酸辣湯] suānlàt'āng ㄙㄨㄢㄌㄚˋㄊㄤ 수우프에 초·후추가루를 친 것.

[酸梨] suānlí ㄙㄨㄢㄌㄧˊ 시큼한 배의 일종.

[酸溜溜的] suānliūliūtê ㄙㄨㄢㄌㄧㄡㄌㄧㄡㄉㄜ ①군침이 나올 정도의 시큼한 맛.②언어·행동에 교만하고 자만(自慢) 기가 엿보이다.③신물이 괼 정도의 불쾌함.④시기심이 있는 모양.

[酸麻] suānmá ㄙㄨㄢㄇㄚˊ 몸이 나른하고 저리다.

[酸梅湯] suānméit'āng ㄙㄨㄢㄇㄟˊㄊㄤ 말린 풋 매실(梅實)을 설탕 등에 담근 여름철의 음료. 산매탕.

[酸胖] suānp'àng ㄙㄨㄢㄆㄤˋ 퍼석한 채 살만 찌다. 매듭이 없이 살만 찌다.

[酸鼻] suānpí ㄙㄨㄢㄅㄧˊ 슬퍼서 기가 막히다. 몹시 슬퍼하다.

[酸不唧溜兒的] suānpuchīliūrhtê ㄙㄨㄢㄅㄨㄐㄧㄌㄧㄡㄦㄉㄜ ①약간 시큼한 맛이 있는.②쿡쿡 쑤시는.③지쳐서 나른해진. =酸不唧(兒)的.

[酸蛋] suāntàn ㄙㄨㄢㄉㄢˋ 건방진 놈. ‹罵›

[酸甜兒] suānt'iénrh ㄙㄨㄢㄊㄧㄢˊㄦ 달콤하고 시큼하다.

[酸頭兒] suānt'óurh ㄙㄨㄢㄊㄡˊㄦ 조금 신맛이 있는 것. 약간 시큼한 것.

[酸菜] suānts'ài ㄙㄨㄢㄘㄞˋ 배추 따위를 더운물에 담가 밀봉 발효시켜 시큼하게 만든 요리의 이름. 초김치.

[酸棗(子)] suāntsǎo(tzū) ㄙㄨㄢㄗㄠˇ(ㄗ) (야생의) 시큼한 돌대추.

[酸痛] suānt'ùng ㄙㄨㄢㄊㄨㄥˋ (지쳐서) 아리다. 쑤시고 아프다.

[酸漬漬的] suāntzǔtzǔtê ㄙㄨㄢㄗˇㄗˇㄉㄜ 보기만 해도 군침이 괴일 듯한 신맛. 「一梅子 ; 시큼한 매실(梅實)」

[酸味] suānwèi ㄙㄨㄢㄨㄟˋ ①시기. 질투. ②싫은 소리. 불쾌한 기분이나 태도.

[酸味兒] suānwèirh ㄙㄨㄢㄨㄟˋㄦ ①신맛.②시큼한 냄새.

[酸文假醋] suānwén-chiǎts'ù ㄙㄨㄢㄨㄣˊㄐㄧㄚˇㄘㄨˋ ①속된 냄새가 코를 찌르는 모양.②학자인 체하는 사람을 욕하는 말. = 酸文加醋.

〔蒜〕 suàn ㄙㄨㄢˋ 마늘.

[蒜毫兒] suànháorh ㄙㄨㄢˋㄏㄠˊㄦ 연한 풋 마늘 싹: 빛깔은 노리끼하고, "韮黃"의 대용으로 쓰임.

[蒜苗] suànmiáo ㄙㄨㄢˋㄇㄧㄠˊ ①마늘 줄기. =蒜薹. ②보잘 것 없는 놈.

[蒜泥(兒)] suànní(rh) ㄙㄨㄢˋㄋㄧˊ(ㄦ) 마늘을 짓찧은 것.

[蒜鉢子] suànpōtzū ㄙㄨㄢˋㄅㄛㄗ 마늘의 뿌리 부분.

[蒜瓣兒] suànpànrh ㄙㄨㄢˋㄅㄢˋㄦ 마늘 통의 하나하나의 낱개. 마늘쪽.

[蒜瓣子] suànpièntzū ㄙㄨㄢˋㄅㄧㄢˋㄗ 마늘 엮음: 마늘을 줄줄이 엮어서 단 것.

[蒜薹] suànt'ái ㄙㄨㄢˋㄊㄞˊ =蒜苗.

[蒜頭兒] suànt'óurh ㄙㄨㄢˋㄊㄡˊㄦ 마늘의 구근(球根).

[蒜頭(兒)鼻子] suànt'óu(rh) pítzū ㄙㄨㄢˋㄊㄡˊ(ㄦ)ㄅㄧˊㄗ 납작코.

〔筭〕 suàn ㄙㄨㄢˋ ①‹植› 산가지. ②어림수. =算.

〔算〕 suàn ㄙㄨㄢˋ ①계산하다. 셈하다. 「一錢 ; 돈을 계산하다」②기도. 계획. 「失一 ; 기대가 어긋나다」③추측하다.…이라고 생각하다. 「我一着他今天該來; 나는 오늘 그가 올 것으로 생각한다」④…이라고 본다. 간주(看做)하다. 「這個一我的 ; 이것은 내 것으로 간주하다」⑤승인하다. 계산에 넣다. 「不能說了不一 ; 말하고서 모르는 체할 수는 없다」⑥끝내다. 이상(以上). 「一了吧 ! ; 이제 됐어 ! 이제는 그만 !」

[算賬] suànchàng ㄙㄨㄢˋㄓㄤˋ ①(장부의)계산을 하다. 청산하다.②(보복의 뜻에서) 흑백을 가리다. 단판을 하다. 「都是他做的好事, 我今天跟他算一; 죄다 저놈이 저지른 일이다. 오늘은 저놈과 흑백을 가려야겠다」

[算計] suànchi ㄙㄨㄢˋㄐㄧ ①계산하다. ②이해(利害) 관계를 고려하다. ③함정에 빠뜨리다. 속이다. 「一損害別人 ; 남을 해치려고 꾀하다」> 算算計計.

[算尺] suànch'ǐh ㄙㄨㄢˋㄔˇ 계산척. 계산자. 산척(算尺).

[算起來] suànch'ilai ㄙㄨㄢˋㄑㄧㄌㄞ 계산하여 보다. 세어 보다.

[算計兒] suànchìrh ㄙㄨㄢˋㄐㄧˋㄦ 계획. 책략(策略).

[算就] suànchiù ㄙㄨㄢˋㄐㄧㄡˋ ①꼭…이라고 생각하다. 「一了你要來 ; 너는 꼭 오리라 생각했다」②전망하다. 계산에 넣다. 「一了敵人敗亡的命運 ; 적이 멸망할 운명에 있는 것을 예측했다」

[算籌] suànch'óu ㄙㄨㄢˋㄔㄡˊ 계산 기구의 일종.

[算卦] suànkuà ㄙㄨㄢˋㄍㄨㄚˋ 점치다. 괘를 뽑다. 「一攤 ; 점장이 집」「一的 ; 점장이. 역자(易者)」

[算來] suànlái ㄙㄨㄢˋㄌㄞˊ ①계산하여 보니.②추측컨대.

[算了] suànlê ㄙㄨㄢˋㄌㄜ 그만 두자. 이젠 다 틀렸다. 그것으로 끝장이다.

[算盤] suànp'an ㄙㄨㄢˋㄆㄢ ①주판. 「一檔 ; 주판의 테」「一手兒 ; 검약가」「一子兒 ; 주판 알」

[算盤疙瘩] suànp'an kōta ㄙㄨㄢˋㄆㄢㄍㄜㄉㄚ 실이나 끈을 원형으로 꼬아 만든 것: 단추구멍 또는 모자 장식으로 쓰는 것.

[算盤腦袋] suànp'annǎotai ㄙㄨㄢˋㄆㄢㄋㄠˇㄉㄞ 타산(打算)에 빠른 사람. 구두쇠.

[算不了] suànpuliǎo ㄙㄨㄢˋㄅㄨㄌㄧㄠˇ ①계산해 둔 수자의 범위에는 넣지 않다. 「一一回事 ; 대단한 것은 아니다」②수자에 관계 있는 것을 할 수 없다. 못하다. 「這個算術題我一 ; 나는 이 산수 문제를 풀 수 없다」

[算不得] suànputê ㄙㄨㄢˋㄅㄨㄉㄜ 계산할 수 없다. 「一英雄 ; 영웅 속에 들지 못하다」

[算數(兒)] suànshù(rh) ㄙㄨㄢˋㄕㄨˋ(ㄦ) 말한 대로 실행하다. 「到底兒你說的一呢, 還是他說的一? ; 결국 네가 한 말이 정확하냐, 아니면 그가 한 말이 정확하냐?」

[算題] suànt'í ㄙㄨㄢˋㄊㄧˊ 산수 연습 문제.

[算底] suàntǐ ㄙㄨㄢˋㄉㄧˇ 아래에 처해

있어 승산이 없다. 밑에 깔리다.

[算定] suàntìng ㄙㄨㄢˋㄉㄧㄥˋ ＝算就.

[算草兒] suànts'ǎorh ㄙㄨㄢˋㄘㄠˇㄦ ①산수 연습장. ②산수의 계산이나 그 식(式).

SUI ㄙㄨㄟ

〔尿〕 suī ㄙㄨㄟ 「一脬(—p'ao)；(주로 돼지의) 방광. 오줌통」⇨niào.

〔睢〕 suī ㄙㄨㄟ 「一縣；"河南省"에 있는 고을 이름」

〔雖〕(虽) suī ㄙㄨㄟ …이라고 할지라도. 설령 …일지라도: 이 경우 "可是" "但是"를 수반하는 수가 많다. 「話一如此說, 但還是去一趟好；그렇다고는 하나 역시 갔다 오는 게 좋아」

[雖然] suīján ㄙㄨㄟㄖㄢˊ …이라 할지라도. 설령 …일지라도.

[雖是] suīshìh ㄙㄨㄟㄕˋ ＝雖然.

[雖說] suīshuō ㄙㄨㄟㄕㄨㄛ …이라고 하나… 「一天氣熱, 究竟好些了；덥다고는 하나. 그저 견딜 만하게 되었다」

〔隋〕 suí ㄙㄨㄟˊ 옛 왕조의 이름: "楊堅"이 세운 왕조(서기 581—618년).

〔綏〕 suí ㄙㄨㄟˊ ①편하게 하다. 「一靖；진압하다. 진무(鎭撫)하다」 ②평안. 사고 없이. 「順頌臺一；겸하여 평안함을 축하드립니다」‹書›

[綏靖] suíchìng ㄙㄨㄟˊㄐㄧㄥˋ 백성을 평안하게 하다.

〔隨〕(随) suí ㄙㄨㄟˊ ①…을 따라 가다. 따르다. 「我一着大家一起走；나는 여러분을 따라 같이 간다」 ②맡기다. 「一意；뜻에 맡기다」 ③곧. ④닮다. …인 것 같다. ‹方› 「他長得一他父親；그는 아버지를 많이 닮았다」 ⑤어떤 동작이 상호 계속 일어나는 것. 「一說一忘；말하는 족족 잊어 버리다」

[隨常] suích'áng ㄙㄨㄟˊㄔㄤˊ 평소. 항상.

[隨着] suíchê ㄙㄨㄟˊㄓㄜ˙ …에 따라. …을 따라서. 「一壟斷資本的恢復和發展,…；독점자본의 회복과 발전에 따라서…」

[隨即] suíchí ㄙㄨㄟˊㄐㄧˊ 곧. 즉각.

[隨墻門] suích'iángmẽn ㄙㄨㄟˊㄑㄧㄤˊㄇㄣˊ 담장에 뚫어 놓은 간단한 문.

[隨脚兒] suíchiǎorh ㄙㄨㄟˊㄐㄧㄠˇㄦ (신발 따위가) 발에 잘 맞다. 신는 기분이 좋다.

[隨之] suíchīh ㄙㄨㄟˊㄓ 여기에 따라. 따라서. 「課本語言落後于兒童的語言, 知識內容也一貧乏；텍스트의 언어는 아동의 언어보다 뒤지고, 지식의 내용도 따라서 빈약하다」

[隨機應便] suíchī yìngpièn ㄙㄨㄟˊㄐㄧ ㄧㄥˋㄅㄧㄢˋ 임기응변(臨機應變). ‹成›

[隨群兒] suích'ǘnrh ㄙㄨㄟˊㄑㄩㄣˊㄦ 군중을 따르다.

[隨處兒] suích'ùrh ㄙㄨㄟˊㄔㄨˋㄦ 어디든. 도처에.

[隨方就圓] suífāng chiùyén ㄙㄨㄟˊㄈㄤ ㄐㄧㄡˋㄧㄢˊ 순응성(順應性)이 있다.

[隨風轉舵] suífēng chuǎntò ㄙㄨㄟˊㄈㄥ ㄓㄨㄢˇㄉㄨㄛˋ ①기회를 보아서 일을 추진하다. ‹成› ②각오가 서지 않아 흔들리는 모양. ＝隨風倒舵.

[隨風兒倒] suífēngrhtǎo ㄙㄨㄟˊㄈㄥㄦㄉㄠˇ 바람부는 대로 따라 하다: 외력(外力)에 의하여 작용되어 주관이 없다.

[隨份子] suífèntzǔ ㄙㄨㄟˊㄈㄣˋㄗ ①같이 모아 축하금을 보내다. ②축하금을 보내다.

[隨和] suího ㄙㄨㄟˊㄏㄜ˙ ①남과 협조하고 자기 의견을 고집 피우지 않다. ②원만하고 활달하다. ③suíhò 부화뇌동. ＞隨隨和和.

[隨河打淌] suíhó tát'ǎng ㄙㄨㄟˊㄏㄜˊ ㄉㄚˊㄊㄤˇ 대세에 따라 순간순간을 살아가다. 하루살이. 되어 가는 대로 살아가다.

[隨後] suíhòu ㄙㄨㄟˊㄏㄡˋ 나중에. 이 다음에. 「你先去, 我一就去；앞에 가십시오, 나는 나중에 갈 테니」

[隨鄉入鄉] suíhsiāng jùhsiāng ㄙㄨㄟˊㄒㄧㄤ ㄖㄨˋㄒㄧㄤ 그 지방에 가면 그 풍속을 따르라. 입향 순속(入鄕循俗). ＝入鄕隨鄕. ‹諺›

[隨心] suíhsīn ㄙㄨㄟˊㄒㄧㄣ 생각대로 되다. 마음에 들다.

[隨心兒草] suíhsīnrhts'ǎo ㄙㄨㄟˊㄒㄧㄣㄦㄘㄠˇ 자기의 기호(嗜好)에 따르는 것. 사람에 따라 각각 기호를 달리하는 일.

[隨意(兒)] suíì(rh) ㄙㄨㄟˊㄧˋ(ㄦ) ①생각대로 하다. 「一你的意；네 생각대로 하마」 ②무책임하게. 쉽게.

[隨高就低] suíkāo chiùtī ㄙㄨㄟˊㄍㄠ ㄐㄧㄡˋㄉㄧ ＝隨方就圓.

[隨口] suík'ǒu ㄙㄨㄟˊㄎㄡˇ ①입에서 나오는 대로. ②곧. 「他一答應說；그는 당장 대답한다」

[隨溜兒] suíliùrh ㄙㄨㄟˊㄌㄧㄡˋㄦ ①남의 축에 빠지지 않게 하다. ②남의 의향을 따르다.

[隨便] suípièn ㄙㄨㄟˊㄅㄧㄢˋ ①자유로이. 멋대로. 마음대로. ＞隨隨便便. ②형편 좋은 대로. 「隨你的便吧；당신 마음대로 하시오」 ③…에도 불구하고. 비록 … 할지라도. 「一這個家夥怎樣凶, 我也要當場打給你看！；이 놈이 아무리 지독한 놈일지라도 당장에 갈겨 줄 테다!」

[隨波逐流] suípō chúliú ㄙㄨㄟˊㄅㄛ ㄓㄨˊㄌㄧㄡˊ 정견(定見) 없이 시대 조류에 좌우되다. ‹成›

[隨身] suíshēn ㄙㄨㄟˊㄕㄣ 몸에 간직하다. 휴대하다. 「一帶去；지니고 가다」

[隨聲] suíshēng ㄙㄨㄟˊㄕㄥ 남의 소리에 호응하다.

[隨身寶] suíshēnpǎo ㄙㄨㄟˊㄕㄣㄅㄠˇ 몸에서 뗄 수 없는 귀중품.

[隨時] suíshíh ㄙㄨㄟˊㄕˊ ①언제나. 수시로. ②그때 즉시. 「一隨地；언제 어디서나. 때와 장소를 가리지 않고」

[隨手] suíshǒu ㄙㄨㄟˊㄕㄡˇ ①그 손으로 곧. 「一關門；문을 열어 놓지 말 것」 ②닥치는 대로.

[隨順] suíshùn ㄙㄨㄟˊㄕㄨㄣˋ ①따르다. 복종하다. ②＝隨和①.

[隨俗] suísú ㄙㄨㄟˊㄙㄨˊ 속화(俗化)하다.

[隨帶] suítài ㄙㄨㄟˊㄉㄞˋ 몸에 지니다.
[隨大流] suítàliú ㄙㄨㄟˊㄉㄚˋㄌㄧㄡˊ 모든 사람의 의견에 따르다. 대세에 순응하다. 「나.
[隨地] suítì ㄙㄨㄟˊㄉㄧˋ 도처에서. 어디서
[隨從] suíts'úng ㄙㄨㄟˊㄘㄨㄥˊ ①뒤따라가다. ②데리고 다니는 사람. 「하여.
[隨同] suít'úng ㄙㄨㄟˊㄊㄨㄥˊ 함께. 동반

〔髓〕 suǐ ㄙㄨㄟˇ ①골수. 「敲骨吸一; 가혹한 착취」 ②골수 비슷한 것. 「石一; 종유석(鐘乳石)」 ③사물의 정화(精華).

〔祟〕 suì ㄙㄨㄟˋ ①동티. 빌미. 신불이나 원령(怨靈)이 주는 재앙. ②동티 나다. 「作一; 동티가 나다」

〔遂〕 suì ㄙㄨㄟˋ ①마음 먹은 대로 되다. 「一願; 소원이 이루어지다」 ②드디어. 결국. ③마침내. ④suí「半身不一; 반신불수」
[遂心] suìhsīn ㄙㄨㄟˋㄒㄧㄣ 마음 먹은 대로 (마음대로)되다. 희망이 이루어지다. =遂意.

〔碎〕 suì ㄙㄨㄟˋ ①부수다. 부서지다. 「碗打一了; 차잔이 깨졌다」 ②흩어져 있는. 부서져 있는. 불완전한. 「一布; 헝겊」
[碎煩] suìfan ㄙㄨㄟˋㄈㄢ 자질구레하여 귀찮다. ‹重›
[碎屑] suìhsièh ㄙㄨㄟˋㄒㄧㄝˋ 쓰레기. 부스러기. 「한 무늬.
[碎花兒] suìhuārh ㄙㄨㄟˋㄏㄨㄚㄦ 정밀
[碎料] suìliào ㄙㄨㄟˋㄌㄧㄠˋ ①소량의 원료. ②쓰레기감.
[碎末(兒)] suìmò(rh) ㄙㄨㄟˋㄇㄛˋ(ㄦ) 분말. 가루. 「음.
[碎步兒] suìpùrh ㄙㄨㄟˋㄅㄨˋㄦ 총총걸
[碎催] suìts'uī ㄙㄨㄟˋㄘㄨㄟ ①주인의 힘을 믿고 건방지게 구는 천한 자들을 욕하는 말. ②분주히 뛰어 다니는 심부름군.
[碎嘴子] suìtsuǐtzŭ ㄙㄨㄟˋㄗㄨㄟˇㄗ ①잔소리하다. ②잔소릿군.
[碎務] suìwù ㄙㄨㄟˋㄨˋ 자질구레한 일. 자잘한 일.

〔歲〕(岁) suì ㄙㄨㄟˋ ①나이. 연령. 「三一的孩子; 세 살 먹은 아이」 ②해. 「一入; 세입」 ③수확. 「歉一; 흉작의 해. 흉년」 「差).
[歲差] suìch'ā ㄙㄨㄟˋㄔㄚ 연도차(年度
[歲計] suìchì ㄙㄨㄟˋㄐㄧˋ 연도(年度) 수지 계산. 일년(연말)의 수지 결산.
[歲除] suìch'ú ㄙㄨㄟˋㄔㄨˊ 섣달 그믐날.
[歲口] suìk'ǒu ㄙㄨㄟˋㄎㄡˇ (이빨로써 감정하는) 가축의 연령.
[歲杪] suìmiǎo ㄙㄨㄟˋㄇㄧㄠˇ 연말. 세말.
[歲首] suìshǒu ㄙㄨㄟˋㄕㄡˇ 연두(年頭). 연시.
[歲數(兒)] suìshu(rh) ㄙㄨㄟˋㄕㄨ(ㄦ) 연령. 「多大一?; 나이는 몇 살이냐?」 「一不饒人; 나이는 속일 수 없다」
[歲尾] suìwěi ㄙㄨㄟˋㄨㄟˇ 연말.

〔邃〕 suì ㄙㄨㄟˋ 심원(深遠)한. 그윽한.

〔隧〕 suì ㄙㄨㄟˋ ①터널. 굴. 「一道; 터널」
[隧洞] suìtùng ㄙㄨㄟˋㄉㄨㄥˋ 터널.

〔燧〕 suì ㄙㄨㄟˋ ①부싯돌. ②봉화(烽火). ③횃불.

〔穗〕 suì ㄙㄨㄟˋ ①「一兒; 이삭」「高粱一兒; 수수 이삭」「麥一兒; 보리 이삭」 ②「一子.一兒; 헝겊·종이 조각 등을 묶어 만든 장식이나 술」
[穗軸] suìchóu ㄙㄨㄟˋㄓㄡˊ 옥수수의 심(芯): 주로 돼지 사료나 술의 원료로 쓰임.
[穗選] suìhsüǎn ㄙㄨㄟˋㄒㄩㄢˇ 곡식이 성숙하여 거둬 들이기 전에 종자로 쓸 이삭을 가려 내는 것.

SUN ㄙㄨㄣ

〔孫〕(孙) sūn ㄙㄨㄣ ①손자. ②자손. 「玄一; 손자의 손자. 고손(高孫)」 ③손자와 같은 세대나 동배(同輩)의 사람. 「外一; 외손」 ④파생(派生)한 것. 「一竹; 대 뿌리에서 따로 뻗어 나온 대」
[孫兒] sūnérh ㄙㄨㄣㄦˊ 손자: 남자를 가리킴.
[孫媳] sūnhsí ㄙㄨㄣㄒㄧˊ 손부(孫婦).
[孫女] sūnnǚ ㄙㄨㄣㄋㄩˇ 손녀.
[孫輩] sūnpèi ㄙㄨㄣㄅㄟˋ 손자의 대(代).
[孫頭兒] sūnt'óurh ㄙㄨㄣㄊㄡˊㄦ 중국 "孫文"의 상(像)이 박힌 동전(銅錢).
[孫子] sūntzŭ ㄙㄨㄣㄗ ①손자. ②꼬마. 애송이. ‹罵› ③몹쓸 놈. 「我是一; 나는 인간의 자격이 없다」

〔飧〕(飱) sūn ㄙㄨㄣ 저녁 밥.

〔蓀〕 sūn ㄙㄨㄣ 〈植〉 꽃 창포.

〔損〕 sǔn ㄙㄨㄣˇ ①감하다. 덜하다. 「不能一益一字; 한 자(一字)도 가감(加減)할 수 없다」 ②해치다. 손해를 끼치다. 「一人利己; 남에게 손해를 끼쳐 가면서 자기 이익을 꾀하다」 ③지나친 소리를 하여 남을 괴롭히다. 「別一人啦!; 너무 사람을 괴롭히지 말라」 ④잔인하다. 참혹하다. 「這法子眞一; 이 방법은 너무 잔인하다」 ⑤깔보다. 얕잡다.
[損種] sǔnchǔng ㄙㄨㄣˇㄓㄨㄥˇ 바보녀석. 「어들다.
[損耗] sǔnhào ㄙㄨㄣˇㄏㄠˋ (소모하여)줄
[損人] sǔnjén ㄙㄨㄣˇㄖㄣˊ ①항상 남을 깎아 내리는 사람. ②sǔn jên 남을 깎아 내리다. 헐뜯다. 빈정대다.
[損根子] sǔnkēntzŭ ㄙㄨㄣˇㄍㄣㄗ 극악(極惡) 무도한 놈. ‹罵›
[損骨頭] sǔnkút'ou ㄙㄨㄣˇㄍㄨˊㄊㄡ = 損根子.
[損鳥兒] sǔnniǎorh ㄙㄨㄣˇㄋㄧㄠˇㄦ 여성에 대한 욕. 바람둥이. 화냥년.
[損兵折將] sǔnpīng-chéchiàng ㄙㄨㄣˇㄅㄧㄥ ㄓㄜˊㄐㄧㄤˋ 장병(將兵)을 잃다. 패전

을 당하다.
[損布] sŭnpù ㄙㄨㄣˇㄅㄨˋ 조각난 천. 헝겊.
[損事兒] sŭnshìhrh ㄙㄨㄣˇㄕˋㄦ 잔인한 일. 훌륭한 덕행을 해치는 나쁜 짓.
[損壽] sŭnshòu ㄙㄨㄣˇㄕㄡˋ 생명을 줄이다. 수명을 손상시키다.
[損德] sŭntế ㄙㄨㄣˇㄉㄜˊ 덕(德)을 해치다. 품격(品格)을 떨어뜨리다.
[損條子] sŭnt'iáotzŭ ㄙㄨㄣˇㄊㄧㄠˊㄗ 비꼼. 조롱하는 말. 참혹한 말.
[損樣兒] sŭnyàngrh ㄙㄨㄣˇㄧㄤˋㄦ ①꼴사나움. 보기 흉한 모양. ②얼빠진 모양.
[損友] sŭnyŭ ㄙㄨㄣˇㄧㄡˇ 나쁜 벗. 악우(惡友).

〔筍〕(笋) sŭn ㄙㄨㄣˇ ①죽순. ②=榫. 「부분 : 요리 재료.
[筍尖] sŭnchiēn ㄙㄨㄣˇㄐㄧㄢ 죽순의 끝
[筍衣] sŭnī ㄙㄨㄣˇㄧ 죽순 껍질.
[筍乾] sŭnkān ㄙㄨㄣˇㄍㄢ 말린 죽순.
[筍頭] sŭnt'óu ㄙㄨㄣˇㄊㄡˊ 죽순.
[筍子] sŭntzŭ ㄙㄨㄣˇㄗ 순자(笋子). 사개. 장부 : 기구를 만들 때 두 재료를 접합시키기 위하여 요철(凸凹) 형으로 만들어 들어 맞추게 된 부분. =榫子.

〔榫〕 sŭn ㄙㄨㄣˇ 「一子 · 一頭 · 一兒 ; 장부」「一眼 ; 장부 구멍」「一卯 ; 장부와 장부 구멍」

SUNG ㄙㄨㄥ

〔松〕(鬆 ②—⑤) sūng ㄙㄨㄥ ①소나무. 「一樹 ; 소나무」 ②느슨하다. 무르다. 성기다. 「捆得太一 ; 묶음새가 몹시 느슨하다」 ③관대하다. 「規矩太一 ; 규칙이 지나치게 엄하지 못하다」 ④풀어 주다. 놓아 주다. 늦추다. 「一手 ; 손을 늦추다. 손을 떼다」「一綁 ; 밧줄을 늦추다. 방면(放免)하다. ⑤살코기를 분말로 낸 식품.
[松鷄] sūngchī ㄙㄨㄥㄐㄧ 뇌조(雷鳥)의 일종. 송계. 들꿩.
[松氣] sūngch'ì ㄙㄨㄥㄑㄧˋ ①한숨을 내어 쉬는 모양. ②안심하는 모양.
[松膠] sūngchīao ㄙㄨㄥㄐㄧㄠ =松香.
[松節油] sūngchiéhyú ㄙㄨㄥㄐㄧㄝˊㄧㄡˊ 테레빈유(油).
[松弛] sūngch'íh ㄙㄨㄥㄔˊ (관계 · 규율 · 경계 등이) 해이하다. 엄중하지 못하다. ②선(線) 같은 것이 느슨해지다. 「纜纜一 ; 케이블이 느슨히 처져 있다」 < 松松弛弛.
[松勁] sūngchìn ㄙㄨㄥㄐㄧㄣˋ ①힘을 늦추어 주다.
[松緊帶兒] sūngchǐntàirh ㄙㄨㄥㄐㄧㄣˇㄉㄞˋㄦ 고무끈.
[松球] sūngch'iú ㄙㄨㄥㄑㄧㄡˊ 솔방울.
[松泛] sūngfan ㄙㄨㄥㄈㄢ 풀려 나서 한가로운 모양. 여유 있는 해방감.
[松香] sūnghsiāng ㄙㄨㄥㄒㄧㄤ 송진(松津).
[松懈] sūnghsièh ㄙㄨㄥㄒㄧㄝˋ ①늦추다. ②엄격하지 못하다. 맺힌 데가 없다. 「文章結構一 ; 문장 구조가 짜여 있지 않다」 ③긴장이 풀려 있다. 「工作隨便, 學習一 ; 작업에도 성의가 없고 학습에도 정신이 들어 있지 않다」
[松心] sūnghsīn ㄙㄨㄥㄒㄧㄣ 걱정거리가 사라져서 한시름 놓다.
[松花] sūnghuā ㄙㄨㄥㄏㄨㄚ 오리알을 석회 · 찰흙 · 겨 · 소금 따위에 절여서 밀봉하여 삭힌 것. =皮蛋.
[松活] sūnghuo ㄙㄨㄥㄏㄨㄛ (작업이)수월하다. 힘이 들지 않다.
[松一把兒] sūng ipărh ㄙㄨㄥ ㄧˋㄅㄚˇㄦ 잠시 풀어 주다. 한숨 돌리게 하다.
[松仁(兒)] sūngjến(rh) ㄙㄨㄥㄖㄣˊ(ㄦ) 잣. 소나무 씨. 솔방울 안에 있는 씨. =松子兒.
[松軟] sūngjuăn ㄙㄨㄥㄖㄨㄢˇ 말랑말랑하다. 연질(軟質). > 松松軟軟.
[松開] sūngk'āi ㄙㄨㄥㄎㄞ 풀리다. 풀어지다.
[松口] sūngk'ŏu ㄙㄨㄥㄎㄡˇ ①말을 부드럽게 하다. ②(오므렸던) 입술을 풀다. =松嘴.
[松快] sūngk'uai ㄙㄨㄥㄎㄨㄞ 마음이 가볍고 상쾌하다. > 松松快快.
[松寬] sūngk'uān ㄙㄨㄥㄎㄨㄢ 늦추다. 느슨하게 하다.
[松蘿] sūnglő ㄙㄨㄥㄌㄨㄛˊ "安徽省"의 "松蘿山"에서 생산되는 차(茶)의 이름.
[松明子] sūngmíngtzŭ ㄙㄨㄥㄇㄧㄥˊㄗ 관솔불. 송명(松明).
[松木] sūngmù ㄙㄨㄥㄇㄨˋ 소나무 재목. 송재(松材).
[松粘子] sūngniéntzŭ ㄙㄨㄥㄋㄧㄢˊㄗ 송진(松津).
[松綁] sūngpăng ㄙㄨㄥㄅㄤˇ 묶었던 밧줄을 풀다.
[松包] sūngpāo ㄙㄨㄥㄅㄠ 무기력한 사람. 겁장이. =松蛋包.
[松波波的] sūngpōpōtê ㄙㄨㄥㄅㄛㄅㄛㄉㄜ 파삭파삭하고 부스러지기 쉬운 모양. 「一餅干 ; 파삭파삭하고 연하여 먹기 좋은 비스킷」
[松散] sūngsăn ㄙㄨㄥㄙㄢˇ ①흙을 부수어 부드럽게 만들다. ②보드랍게 흐트러뜨리다. ③sūngsan 견실(堅實)하지 못하다. ④세밀하지 못하다. ⑤물건의 질(質)이 단단하지 못하다.
[松神話] sūngshếnhuà ㄙㄨㄥㄕㄣˊㄏㄨㄚˋ 실망시키는 이야기. 맥 풀리게 하는 말.
[松鼠] sūngshŭ ㄙㄨㄥㄕㄨˇ 다람쥐.
[松樹] sūngshù ㄙㄨㄥㄕㄨˋ 「一明子 ; 관솔」「一搭兒 ; 솔방울」「一油子 ; 송진」
[松爽] sūngshuăng ㄙㄨㄥㄕㄨㄤˇ (기분이) 가볍다. 경쾌하다. > 松松爽爽.
[松搭(兒)] sūngt'ă(rh) ㄙㄨㄥㄊㄚˇ(ㄦ) 솔방울. =松球.
[松脆] sūngts'uì ㄙㄨㄥㄘㄨㄟˋ 파삭파삭하여 이빨에 닿는 느낌이 좋다 : 주로 음식물에 대해.
[松通] sūngt'ung ㄙㄨㄥㄊㄨㄥ (재정적으로) 풍부하다. 「他的手頭一了些 ; 그는 살림이 조금 나아졌다」
[松動] sūngtung ㄙㄨㄥㄉㄨㄥ =松通.
[松子兒] sūngtzŭrh ㄙㄨㄥ ㄗˇㄦ 잣. 소나무 열매. =松仁兒.
[松烟墨] sūngyēnmò ㄙㄨㄥㄧㄢㄇㄛˋ 소

나무 그을음으로 만든 질이 좋은 먹(墨).

〔菘〕 sūng ㄙㄨㄥ 배추.

〔淞〕 sūng ㄙㄨㄥ "江蘇省"에 있는 "吳淞江": "太湖"에서 "山海"에 이르러 "黃浦江"과 합류하여 바다로 들어간다.

〔嵩〕(崧) sūng ㄙㄨㄥ ①높다. ②「一山; "河南省"에 있는 중국 "五岳" 중의 하나」

〔悚〕 sǔng ㄙㄨㄥˇ ①겁이 많다. 무기력하다. 「一然; 오싹하다. 두려워하는 모양」 ②súng《平》「一包; 겁장이」

[悚樣兒] sǔngyàngrh ㄙㄨㄥˇㄧㄤˋㄦ ①우스꽝스러운 모양. ②불쌍한 모양.

〔竦〕 sǔng ㄙㄨㄥˇ ①삼가다. ②두려워하다. ③공손히 하다. ④솟다.

〔慫〕 sǔng ㄙㄨㄥˇ ①놀라다. ②충동하다.

[慫慂] súngyǔng ㄙㄨㄥˊㄩㄥˇ ①선동하다. =攛掇. ②권하다. 장려하다. 「經再四一, 他才去了; 몇 번이나 권해서 그는 겨우 떠나갔다」 > 慫慫慂慂.

〔聳〕 sǔng ㄙㄨㄥˇ ①우뚝 솟다. 바로 서다. 「高一; 우뚝 높이 솟다」 ③우뚝 세우다. 「一一肩膀; 어깨를 으쓱 치키다」 ③질리게 하다. 깜짝 놀라게 하다. 「一人聽聞; 세상 사람의 이목(耳目)을 놀라게 해 주다」

[聳直] sǔngchíh ㄙㄨㄥˇㄓˊ 꼿꼿하게 우뚝 서다.

[聳聽] sǔngt'īng ㄙㄨㄥˇㄊㄧㄥ 세인(世人)의 이목(耳目)을 놀라게 하다.

[聳動] sǔngtùng ㄙㄨㄥˇㄉㄨㄥˋ ①놀라게 하다. ②발작적으로 움직이다. 「臉上的肌肉一了一下; 얼굴 피부와 살이 파르르 떨었다」

〔宋〕 sùng ㄙㄨㄥˋ ①현재 "河南省商丘縣" 일대에 있던 주(周) 시대의 나라 이름. ②"劉裕"가 세운 왕조의 이름: 서기 420~479년. ③"趙匡胤"이 세운 왕조의 이름: 서기 960~1279년.

[宋體字] sùngt'ǐtzû ㄙㄨㄥˋㄊㄧˇㄗˋ 송(宋)시대의 자체(字體).

〔送〕 sùng ㄙㄨㄥˋ ①전달하다. 배달하다. 「一信; 편지를 배달하다」 ②증정하다. 주다. 「他一了我一本書; 그는 나에게 책을 한 권 보내 주었다」 ③바래다 주다. 전송하다. 「一孩子上學去; 아이를 학교까지 바래다 주다」「把客人一到門口; 손님을 문 밖까지 배웅하다」

[送交] sùngchiāo ㄙㄨㄥˋㄐㄧㄠ 넘겨 주다. 인도(引渡)하다.

[送脚] sùngchiǎo ㄙㄨㄥˋㄐㄧㄠˇ 화물을 운송하다.

[送錢] sùngch'ién ㄙㄨㄥˋㄑㄧㄢˊ ①돈을 함부로 쓰다. ②재물을 남에게 기증하다.

[送經] sùngchīng ㄙㄨㄥˋㄐㄧㄥ 경험을 남에게 전해 주다

[送情] sùngch'íng ㄙㄨㄥˋㄑㄧㄥˊ (몸짓 표정 따위로) 심정을 전달하다.

[送終] sùngchūng ㄙㄨㄥˋㄓㄨㄥ 부모의 장례식. 임종을 지킴.

[送糞] sùngfěn ㄙㄨㄥˋㄈㄣˋ 똥 오줌(비료)을 주다. 거름을 주다.

[送信] sùnghsìn ㄙㄨㄥˋㄒㄧㄣˋ ①편지를 배달하다. 「一的; 우편 배달부」 ②(sùnghsìnrh) 정보나 소식을 전하다.

[送行] sùnghsíng ㄙㄨㄥˋㄒㄧㄥˊ ①여행 떠나는 사람을 전송하다. ②송별하다. 전별(餞別)하다.

[送話] sùnghuà ㄙㄨㄥˋㄏㄨㄚˋ 구실이나 트집을 잡아 말을 하다.

[送還] sùnghuán ㄙㄨㄥˋㄏㄨㄢˊ 돌려 보내다. 송환하다.

[送回] sùnghuí ㄙㄨㄥˋㄏㄨㄟˊ 돌려 보내다.

[送貨單] sùnghuòtān ㄙㄨㄥˋㄏㄨㄛˋㄉㄢ 화물 발송장(發送狀). 물표.

[送人] sùngjén ㄙㄨㄥˋㄖㄣˊ ①사람을 전송하다. ②남에게 선물을 하다. ③중매인이나 추천자가 당사자를 보내다.

[送人情] sùngjénch'íng ㄙㄨㄥˋㄖㄣˊㄑㄧㄥˊ ①청탁·의뢰 등에 대해 사례하다: 사례 금품을 주다. ②남의 부탁한 일을 해 주고 환심을 사다.

[送老] sùnglǎo ㄙㄨㄥˋㄌㄠˇ ①죽은 부모 장사 지내다. 「一的衣裳; 부모의 임종 때 입히는 옷」 ②여생을 끝내다.

[送禮] sùnglǐ ㄙㄨㄥˋㄌㄧˇ 선물(膳物)을 하다.

[送命] sùngmìng ㄙㄨㄥˋㄇㄧㄥˋ 목숨을 잃다. 살해 당하다.

[送報] sùngpào ㄙㄨㄥˋㄅㄠˋ 신문을 배달하다.

[送殯] sùngpìn ㄙㄨㄥˋㄅㄧㄣˋ 출관(出棺)하다. 장사 지내다.

[送三] sùngsān ㄙㄨㄥˋㄙㄢ 죽은 지 사흘째의 제사.

[送喪] sùngsāng ㄙㄨㄥˋㄙㄤ =送殯.

[送死] sùngssǔ ㄙㄨㄥˋㄙˇ =送命.

[送竈] sùngtsào ㄙㄨㄥˋㄗㄠˋ 음력 12월 23일 부엌신(神)을 승천(昇天)시키다.

〔訟〕 sùng ㄙㄨㄥˋ ①소송하다. 「訴一; 송사」 ②시비를 논쟁하다. 「聚一紛紜; 많은 사람들이 제각기 언쟁을 벌리다」

[訟案] sùngàn ㄙㄨㄥˋㄢˋ 소송 사건.

[訟棍] sùngkùn ㄙㄨㄥˋㄍㄨㄣˋ 남을 교사시켜 소송을 일으키는 악한.

[訟師] sùngshīh ㄙㄨㄥˋㄕ 남을 부추겨 소송을 일으키는 자. 엉터리 변호사.

〔頌〕 sùng ㄙㄨㄥˋ ①칭송하다. 「歌一; 노래하여 칭찬하다」 ②칭찬하여 읊은 시문(詩文).

[頌古非今] sùngkǔ fēichīn ㄙㄨㄥˋㄍㄨˇ ㄈㄟㄐㄧㄣ 옛날을 찬양하고, 현재를 잘못되었다고 하다.

[頌美] sùngměi ㄙㄨㄥˋㄇㄟˇ (남의 공적 따위를) 찬양하다.

[頌聲載道] sùngshēng tsàitào ㄙㄨㄥˋㄕㄥ ㄗㄞˋㄉㄠˋ 칭찬하는 소리가 온 천지를 메우고 있다.

[頌詞] sùngtz'ǔ ㄙㄨㄥˋㄘˊ 칭찬·축하의 말.

[頌揚] sùngyáng ㄙㄨㄥˋㄧㄤˊ 손윗사람의 덕행(德行)을 찬양하다.

〔誦〕 sùng ㄙㄨㄥˋ ①억양을 붙여 읽

다.「朗一；낭송하다」「一詩；시를 낭독하다」②찬사를 드리다. 「稱一；찬사를 드리다」

TA ㄉㄚ

〔奄〕 tā ㄉㄚ ①큰 귀. ②⇨搭.

[奇拉] tāla ㄉㄚㄌㄚ ①주룩주룩:비가 많이 내리는 모양.②축 늘어지다. 「一着眼皮；눈꺼풀을 축 늘어뜨리다」＞奄奄拉拉.

〔搭〕 tā ㄉㄚ ①얽어 세우다.걸다.「一棚；헛간을 얽다」②(두 사람 이상이 떠받들어) 운반하다.가지고 가다.「把桌子一起來；책상을 가져 가시오」③접촉하다.겹치다.「兩根電綫一上了；두 가닥의 전선이 접촉했다」④합치다. 사람과 짝을 짓다.「一夥；한 패가 되다」⑤위에 걸다.덧붙이다.「把衣服一在竹竿上；옷을 대 막대기에 걸다」⑥(선박이나 차 따위에) 타다.「貨船不一客人；화물선은 손님을 태우지 않는다」

[搭碴兒] tāch'árh ㄉㄚㄔㄚ'ㄦ ①답장하다.대답하다.②남의 말에 응답하다.③말로 대접하다. ＝答碴兒.

[搭着] tāchê ㄉㄚㄓㄜ 그 이외에 더. 게다가.

[搭車] tā ch'ê ㄉㄚ ㄔㄜ 차·기차·비행기 따위를 타다.「搭夜車去釜山；밤 기차로 부산에 가다」

[搭成] tāch'ěng ㄉㄚㄔㄥ' 짜서 쌓아 올리다.

[搭乘] tāch'ěng ㄉㄚㄔㄥ' 탑승하다.올라타다.

[搭腔] tāch'iāng ㄉㄚㄑㄧㄤ일이 잘 되도록 말해 주다. 말로써 후원하다. ②대답하다. ＝答腔.

[搭橋] tā ch'iáo ㄉㄚ ㄑㄧㄠ' ①다리를 놓다.②중간 역할을 하다.

[搭脚兒] tāchiǎorh ㄉㄚㄐㄧㄠˇㄦ ①걷는 대신으로 탈것을 이용하다. ＝代步. ②다리를 걸치다.

[搭架子] tā chiàtzǔ ㄉㄚ ㄐㄧㄚˋㄗ①사다리를 높이 건너 지르다. ②뼈대를 만들다. ③힘을 빌리다. 신세지다.

[搭界] tāchièh ㄉㄚㄐㄧㄝˋ 경계(境界)를 접하다.

[搭解] tāchièh ㄉㄚㄐㄧㄝˋ 함께 호송(護送)하다.

[搭街坊] tā chiēhfang ㄉㄚ ㄐㄧㄝㄈㄤ 이웃 교제를 하다. ＝搭隔房.

[搭之] tāchīh ㄉㄚㄓ 그 이외에 더.…과. ⟨吳⟩

[搭建] tāchièn ㄉㄚㄐㄧㄢˋ 세우다. 건립(建立)하다.「一住房；주택을 세우다」

[搭進來] tāchinlai ㄉㄚㄐㄧㄣㄌㄞ ①(두 사람 이상이) 함께 메어 들이다. ②(운반 도구 위에 얹어) 운반하다.

[搭救] tāchiù ㄉㄚㄐㄧㄡˋ 구해 주다. 구조하다.

[搭船] tā ch'uán ㄉㄚ ㄔㄨㄢ' 배를 타다. 「一到美國；배로 미국에 가다」

[搭扶] tāfú ㄉㄚㄈㄨ' 기대다.

[搭話] tāhuà ㄉㄚㄏㄨㄚˋ ①옆에서 말참견하다.②이야기하다.③말상대가 되다.

[搭夥] tāhuǒ ㄉㄚㄏㄨㄛˇ ①한패가 되다.②공동으로 하다.③동거(同居)하다. ④취사(炊事)를 공동으로 하다.

[搭夥計] tāhuǒchi ㄉㄚㄏㄨㄛˇㄐㄧ 한패가 되다.

[搭人兒] tājěnrh ㄉㄚㄖㄣ'ㄦ 어떤 여자와 관계를 맺다.

[搭葛] tāko ㄉㄚㄍㄜ ①관계를 맺다. ②귀찮게 매달리다.

[搭客] tāk'ò ㄉㄚㄎㄜˋ 승객(乘客).

[搭鈎] tākōu ㄉㄚㄍㄡ갈고랑이. 갈고랑이 모양의 물건.

[搭掛] tākua ㄉㄚㄍㄨㄚ 관계하다. 상관하다.

[搭拉] tāla ㄉㄚㄌㄚ ①아래로 늘어뜨리다.②잡아 당겨 길게 하다. ＝奄拉.

[搭利] tālì ㄉㄚㄌㄧˋ (원금에)이자를 합하다.

[搭理] tāli ㄉㄚㄌㄧ ①인사를 나누다. ②이야기하다.③상대가 되다.상대방 말에 대꾸를 하다.

[搭涼篷] tāliángp'ěng ㄉㄚㄌㄧㄤ'ㄆㄥ' ①햇빛을 가리기 위하여 차일을 치다. ②손으로 햇빛을 가리고 먼 곳을 바라보다.

[搭褳] tālien ㄉㄚㄌㄧㄢ ①어깨에 메는 두꺼운 천으로 만든 자루. ②(배나 허리에 차는) 전대.

[搭隣舍] tālínshê ㄉㄚㄌㄧㄣ'ㄕㄜ ＝搭街坊.

[搭脈息] tāmàihsī ㄉㄚㄇㄞˋㄒㄧ ①맥(脈)을 짚다.②상대방의 속셈을 알아 보다.

[搭幫] tāpāng ㄉㄚㄅㄤ ①＝搭伴兒. ②원조하다.돌보아 주다.

[搭伴兒] tāpānrh ㄉㄚㄅㄢˋㄦ ①길동무가 되다. ②한패가 되다.

[搭配] tāp'èi ㄉㄚㄆㄟˋ ①곁들이다.②교미(交尾)하다.③(물건을 팔 때) 껴서 팔다.

[搭姘頭] tāp'īnt'ou ㄉㄚㄆㄧㄣㄊㄡ 남녀가 같이 살다.

[搭鋪] tāpū ㄉㄚㄅㄨˋ (널판을 펼쳐서 임시로) 침상(寢床)을 만들다.

[搭補] tāpǔ ㄉㄚㄅㄨˇ 보충하다. 보태다.

[搭撒] tāsa ㄉㄚㄙㄚ (눈꺼풀이) 축 처지다.

[搭傘] tāsǎn ㄉㄚㄙㄢˇ우산 속으로 들게 하다. 우산을 받쳐 주다.우산을 받다.

[搭訕] tāshan ㄉㄚㄕㄢ ①멋적은 듯이. 미안한 듯이.죄송스러운 듯이.②입에서 나오는 대로 아무렇게나 대답하다.

[搭上] tāshang ㄉㄚㄕㄤ ＝搭着. ①덧붙이다.첨가하다.②상대편의 말에 대하여 입을 떼다.응수하다.③걸쳐 놓다.④관계를 맺다.

[搭聲] tāshěng ㄉㄚㄕㄥ ①대답하다. 응답하다.②상대편의 말에 입을 열다.

[搭識] tāshí ㄉㄚㄕ' 친지가 되다. 아는 사이가 되다.

[搭手] tāshǒu ㄉㄚㄕㄡˇ ①어깨 부근에 나는 종기.②장기(長技).특이한 재주.

[搭售] tāshòu ㄉㄚㄕㄡˋ 함께 껴서 팔다.

[搭手兒] tāshǒurh ㄉㄚㄕㄡˇㄦ 도와 주다. 거들다.

[搭調] tātiào ㄉㄚㄉㄧㄠˋ 박자가 고르다. 격조(格調)에 맞고 순조롭다.

[搭窩] tāwō ㄉㄚㄨㄛ ①결탁하다. ②(새 따위가) 집을 짓다.

〔褡〕 tā ㄉㄚ

[褡褳] tālien ㄉㄚㄌㄧㄢ ①어깨에 메는 두꺼운 천으로 만든 자루. ②(배나 허리에 띠는) 소형의 자루. ＝搭連.
[褡褳布] tālienpû ㄉㄚㄌㄧㄢㄅㄨˋ 무늬 있는 무명.

〔打〕 tá ㄉㄚˊ 다스(dozen). 타. ⇨tǎ.

〔達〕 tá ㄉㄚˊ ①통하다.「從漢陽直一釜山；서울에서 부산으로 직통하다」②통달하다.「下一；하달하다」③달성하다. 실현하다.「目的已一；목적은 이미 달성했다」④표현하다.「詞不一意；말이 기분을 표현하지 못하다」⑤현저한 지위를 얻는 일. 「官).
[達官] tákuān ㄉㄚˊㄍㄨㄢ 고관. 현관(顯
[達到] tátào ㄉㄚˊㄉㄠˋ ①(목적 따위를) 달성하다. ②(어떤 장소에) 도달하다.

〔答〕 tá ㄉㄚˊ ①대답하다.「我問, 你就一；내가 묻거든 너는 곧 대답하라」②보답하다.「一謝；답례(答禮)하다」③("答應"·"答理" 따위의 경우는 "tā"로 읽음).
[答碴兒] tách'árh ㄉㄚˊㄔㄚˊㄦ ①남의 말에 호응하여 이야기하다. ②대답하다. ③말로 응대하다. ＝搭碴兒.
[答腔] tách'iāng ㄉㄚˊㄑㄧㄤ 대답하다. ＝搭腔.
[答情] tách'íng ㄉㄚˊㄑㄧㄥˊ 남의 정의에 보답하다.
[答非所問] táfēisǒwěn ㄉㄚˊㄈㄟㄙㄨㄛˇㄨㄣˋ ①대답이 물음과는 어긋나다. ②대답이 흐리멍텅하다. ③동문서답하다.
[答復] táfù ㄉㄚˊㄈㄨˋ 대답하다. 회답하다.
[答謝] táhsièh ㄉㄚˊㄒㄧㄝˋ 답례하다.
[答話] táhuà ㄉㄚˊㄏㄨㄚˋ 대답하다. 답하다.
[答理] táli ㄉㄚˊㄌㄧ ①상대가 되다. 상대편의 말에 대답하다. ②인사하다. ＝搭理.
[答拜] tápài ㄉㄚˊㄅㄞˋ 답례하기 위하여 방문하다.
[答報] tápào ㄉㄚˊㄅㄠˋ 보답하다.
[答不上] tápushàng ㄉㄚˊㄅㄨㄕㄤˋ 대답할 수 없다.
[答訕(着)] táshàn(chê) ㄉㄚˊㄕㄢˋ(ㄓㄜ) ①말 끝을 흐리다. ②멋적어 하다. ③말을 회피하다. 딴 소리를 하다. ④주저주저하다. ＝搭訕.
[答數兒] táshùrh ㄉㄚˊㄕㄨˋㄦ 계산의 답.
[答答] tátá ㄉㄚˊㄉㄚˊ 부끄러워하는 모양.「羞人一的；부끄러워서 주저주저하다」 「②해답.
[答題] tát'í ㄉㄚˊㄊㄧˊ ①문제에 대답하다.
[答對] tátuì ㄉㄚˊㄉㄨㄟˋ 대답하다.
[答詞] tátz'ǔ ㄉㄚˊㄘˊ 답사(答辭).
[答問] táwěn ㄉㄚˊㄨㄣˋ 물음에 대답하다. 문제에 답하다. 「락하다.
[答應] táying ㄉㄚˊㄧㄥ ①대답하다. ②승

〔噠〕 tá ㄉㄚˊ ①말을 달릴 때 외치는 소리: 이려. ②권총이나 소총 소리: 탕.
[噠噠] tátá ㄉㄚˊㄉㄚˊ 말이 뛰는 소리. 말굽 소리.

〔瘩〕 tá ㄉㄚˊ

[瘩背] tápèi ㄉㄚˊㄅㄟˋ 등에 나는 악성 종기.

〔疊〕(叠·迭) tá ㄉㄚˊ
[疊子] tátzǔ ㄉㄚˊㄗ 얇은 것이 한데 포개인 것. 켜. ⇨tiéh.

〔打〕 tǎ ㄉㄚˇ ①치다. 때리다.「一球；공을 치다」②쏘다. 발사(發射)하다.「一槍；총을 쏘다」③시간·장소의 기점(起點)을 나타내는 말. …부터.「一哪裡來?；어디서 오느냐?」④구체적인 의미를 갖는 여러 가지 동사를 대신해서, 특정한 목적어와 결합하여 여러 가지 의미를 나타내는 말. ㉮제거하다. 벗기다.「一皮；가죽을 벗기다」㉯부수다. 상처를 입히다.「衣服被蟲一了；옷에 좀이 먹다」㉰잡다. 베다. 푸다.「一魚；고기를 잡다」「一柴；땔나무를 하다」「一水；물을 푸다」㉱사다.「一酒；술을 사다」㉲올리다. 펴다. 걸다.「一傘；우산을 받다」㉳열다. 넓히다. 쪼개다.「一帳子；모기장을 치다」「一鷄蛋；계란을 깨뜨리다」㉴건조(建造)하다. 축조(築造)하다.「一墻；담을 쌓다」㉵제조하다.「一鐮刀；낫을 만들다」㉶휘감다. 말다.「一裹腿；각반을 치다」㉷바르다. 칠하다.「一蠟；밀을 칠하다」㉸유희하다.「一撲克；포우커 놀이하다」㉹발신하다. 발송하다.「一電話；전화를 걸다」㉺계산하다.「設備費一 百元；설비비로써 200원을 계산하다」㉻정하다.「一主意；생각을 정하다」⑤어떤 종류의 동작을 나타내는 접두어.「一掃；청소하다」⇨tá. 「하다.
[打插] tǎch'ā ㄉㄚˇㄔㄚ 남의 말에 참견
[打叉] tǎch'ā ㄉㄚˇㄔㄚ ①＝打岔. ②못쓰게 하다. "×"표를 지르다.
[打杈] tǎch'à ㄉㄚˇㄔㄚˋ 줄기에서 나온 여분(餘分)의 나뭇가지를 자르다. 가지를 치다.
[打岔] tǎch'à ㄉㄚˇㄔㄚˋ ①딴 이야기로 말머리를 돌리다. 딴 이야기를 꺼내다. ②말을 뒤섞어 버리다.
[打喳喳] tǎch'āch'a ㄉㄚˇㄔㄚㄔㄚ 작은 소리로 소곤소곤 이야기하다. 소곤거리다.
[打柴] tǎch'ái ㄉㄚˇㄔㄞˊ 땔나무를 베다.
[打場] tǎcháng ㄉㄚˇㄔㄤˊ ①마당질하다. 타작하다. ②탈곡장.
[打賬] tǎchàng ㄉㄚˇㄓㄤˋ ①결산(決算) 때에 계정(計定)을 마감하다. ②장부에서 지워 버리다: 계산이 끝나다.
[打敞子] tǎch'ángtzǔ ㄉㄚˇㄔㄤˊㄗ 세상 이야기를 하다.《四》
[打招呼] tǎ chāohu ㄉㄚˇ ㄓㄠㄏㄨ ①손짓으로 상대방에게 알리다. ②통지하다. ③인사하다. 「하다.
[打吵子] tách'ǎotzǔ ㄉㄚˊㄔㄠˇㄗ 말다툼
[打折扣] tǎ chék'ǒu ㄉㄚˇㄓㄜˊㄎㄡˋ 할인하다. 「다.
[打針] tǎ chēn ㄉㄚˇㄓㄣ 주사(注射)를 놓
[打成一片] tǎch'ěngip'ièn ㄉㄚˇㄔㄥˊㄧˊㄆㄧㄢˋ 한데 뭉치다. 한군데로 합치다.
[打擊] tǎchī ㄉㄚˇㄐㄧ ①타격을 주다. ②좌절(挫折). 「추어지다.
[打齊] tǎch'í ㄉㄚˇㄑㄧˊ 가지런히 하다. 갖

[打旗] tăch'í ㄉㄚˇㄑㄧˊ 기를 흔들다.
[打氣] tăch'ì ㄉㄚˇㄑㄧˋ ①(타이어 따위에) 공기를 넣다.②기운을 내다.
[打枷] tăchiā ㄉㄚˇㄐㄧㄚ 죄인에게 칼이나 차꼬를 씌우다.
[打架] tăchià ㄉㄚˇㄐㄧㄚˋ 싸움을 하다.
[打家劫舍] tăchiā-chiéhshè ㄉㄚˇㄐㄧㄚㄐㄧㄝˊㄕㄜˋ 집을 파괴하거나 약탈하거나 하다.
[打尖] tăchiēn ㄉㄚˇㄐㄧㄢ ①농작물의 순을 치다.②여행 도중 휴식 식사를 하다.
[打錢] tăchién ㄉㄚˇㄑㄧㄢˊ ①돈치기를 하다.②(재주를 부리는 사람이 관중으로부터)돈을 모으다.③모금(募金)하다.
[打牮] tăchièn ㄉㄚˇㄐㄧㄢˋ받침대로 버티어 놓다.버팀목으로 기울어진 집을 바로 세우다.
[打尖兒] tăchiānrh ㄉㄚˇㄐㄧㄢㄦ＝打尖①.
[打千兒] tăch'iēnrh ㄉㄚˇㄑㄧㄢㄦ 옛날의 절.오른쪽 무릎을 꿇고 오른손을 앞에 놓음.
[打前站] tăch'iénchàn ㄉㄚˇㄑㄧㄢˊㄓㄢˋ 선두에 서서 곤란한.일을 해결하다.
[打墻] tăch'iáng ㄉㄚˇㄑㄧㄤˊ 담을 쌓다.
[打前失] tăch'iénshih ㄉㄚˇㄑㄧㄢˊㄕ (말이나 소 따위가)앞으로 넘어지다.
[打交道] tăchiāotao ㄉㄚˇㄐㄧㄠㄉㄠ ①교제하다.②교섭하다.③관계가 맺어지다.
[打攪] táchiăo ㄉㄚˊㄐㄧㄠˇ ①(일의) 방해를 놓다.②시끄럽게 하다.폐를 끼치다.소란.③한턱 얻어 먹다.
[打交手仗] tăchiāo shŏuchàng ㄉㄚˇㄐㄧㄠㄕㄡˇㄓㄤˋ 혼전(混戰)하다. 뒤섞이어 다투다. 「다.＝還價.
[打價兒] tăchiàrh ㄉㄚˇㄐㄧㄚˋㄦ 값을 깎
[打基礎] tăchīch'ŭ ㄉㄚˇㄐㄧㄔㄨˇ 기초를 굳히다.
[打劫] tăchié ㄉㄚˇㄐㄧㄝˊ 남의 재물을 강탈하다.
[打結] tăchiéh ㄉㄚˇㄐㄧㄝˊ ①옭매듭을 짓다.②바둑에서 방어하는 돌을 놓다.
[打結子] tăchiéhtzŭ ㄉㄚˇㄐㄧㄝˊㄗ 실로 옭매듭을 짓다.
[打飢荒] tăchīhuang ㄉㄚˇㄓㄏㄨㄤ ①굶어서 먹을 것을 찾아 다니다. ②이곳저곳에서 돈을 빌다. 《江》 「緊.
[打緊] táchin ㄉㄚˊㄐㄧㄣˇ 중요하다.＝要
[打更] tăkēng ㄉㄚˇㄍㄥ 야경을 돌다. 「一的；야경군」
[打井] táching ㄉㄚˊㄐㄧㄥˇ 우물을 파다. ＝挖井.掘井.
[打更下夜的] tăkēnghsiàyèhtê ㄉㄚˇㄍㄥㄒㄧㄚˋㄧㄝˋㄉㄜ①야경(夜警).②야경을 돌다.
[打淨撈乾] tăching-láokān ㄉㄚˇㄐㄧㄥˋㄌㄠˊㄍㄢ 깨끗이 계산하다.청산하다.
[打情罵俏] tăch'íng-màch'iào ㄉㄚˇㄑㄧㄥˊㄇㄚˋㄑㄧㄠˋ 정(情)이 있기 때문에 때리기도 하고 사랑하기 때문에 꾸짖기도 한다.《成》 ＝打是情罵是愛.
[打筋斗] tăchīntou ㄉㄚˇㄐㄧㄣㄉㄡ ＝打跟頭.
[打旗兒的] tăch'írhtê ㄉㄚˇㄑㄧˊㄦㄉㄜ연극의 단역(端役).＝跑龍套.
[打鷄蛋] tăchītàn ㄉㄚˇㄐㄧㄉㄢˋ 계란을 깨다.
[打旗子] tăch'ítzŭ ㄉㄚˇㄑㄧˊㄗ ①손에 들고 있는 기를 올리다.②기를 내 걸다.
[打球] tăch'iú ㄉㄚˇㄑㄧㄡˊ (야구·정구와 같은) 구기(球技)를 하다.
[打酒] tăchiŭ ㄉㄚˇㄐㄧㄡˇ ①술을 퍼내다.②술을 팔다.③술을 사다.
[打鞦韆] tăch'iūch'ien ㄉㄚˇㄑㄧㄡㄑㄧㄢ 그네를 뛰다. 「＝打抽手豐.
[打鞦風] tăch'iūfēng ㄉㄚˇㄑㄧㄡㄈㄥ
[打粥] tăchōu ㄉㄚˇㄓㄡ ①죽을 뜨다.②(구제소에서)죽을 타다.죽을 얻다.
[打皺] tăchōu ㄉㄚˇㄓㄡˋ주름살을 짓다.
[打抽豐] tăch'ōufēng ㄉㄚˇㄔㄡㄈㄥ ①부자에게서 약간의 이득을 얻다.②남에게 재물을 구걸하다.
[打住] tăchu ㄉㄚˇㄓㄨ ①정지하다. 동작을 그치다.②(정지를 명령하는) 중지!
[打拳] tăch'üán ㄉㄚˇㄑㄩㄢˊ 주먹으로 때리다. 「주다.
[打趣] tăch'ù ㄉㄚˇㄑㄩˋ 야유하다. 놀려
[打磚機] tăchuānchi ㄉㄚˇㄓㄨㄢㄐㄧ 돌이나 자갈을 깨는 기계.
[打樁] tăchuāng ㄉㄚˇㄓㄨㄤ 말뚝을 박다.
[打轉兒] tăchuànrh ㄉㄚˇㄓㄨㄢˋㄦ 빙글빙글 돌다.
[打卷兒] táchüănrh ㄉㄚˊㄐㄩㄢˇㄦ (돌돌) 말리다. 둘둘 감다.
[打穿(兒)] tăch'uān(rh) ㄉㄚˇㄔㄨㄢ(ㄦ) 지나가다.빠져나가다.
[打主意] táchŭi ㄉㄚˊㄓㄨˇㄧ 마음을 정하다.결정하다.
[打墜咕嚕兒] tăchuìkulŭrh ㄉㄚˇㄓㄨㄟˋㄍㄨㄌㄨˇㄦ 밑으로 축 늘어지다. 후퇴하다.
[打春] tăch'ūn ㄉㄚˇㄔㄨㄣ ①입춘 때에 부(府)나 현(縣)의 관리가 소를 때리던 행사.《舊》②입춘.
[打群架] tăch'ünchià ㄉㄚˇㄑㄩㄣˊㄐㄧㄚˋ 여러 사람이 패 싸움을 하다.
[打鐘] tăchūng ㄉㄚˇㄓㄨㄥ (절에서)종을 치다.(절의)종이 울리다.
[打沖鋒] tăch'ūngfēng ㄉㄚˇㄔㄨㄥㄈㄥ ①돌격하다.②용감히 쳐들어 가다.
[打出手] tăch'ūshŏu ㄉㄚˇㄔㄨㄕㄡˇ①"武旦"과 조연자(助演者)가 무기로 싸우다. ②싸움에서 서로 치고 받게 되다.
[打鋤頭] tăch'út'ou ㄉㄚˇㄔㄨˊㄊㄡˊ 삽을 만들다.
[打呃] tăè ㄉㄚˇㄜˋ 트림을 하다.
[打發] tăfa ㄉㄚˇㄈㄚ ①주다.베풀다. 도와주다.②파견하다.보내다.＝派遣.③힘으로 대항하여 문제를 해결짓다. ④(사용인을)해고하다. 사람을 모두 쫓다. ⑤가지런히 하다.
[打翻] tăfān ㄉㄚˇㄈㄢ ①(순서·방향 등을)뒤집어 놓다.옆으로 넘어뜨리다.
[打飛] tăfēi ㄉㄚˇㄈㄟ 날리다. 흩어지게 하다.
[打瘋權] tăfēngch'à ㄉㄚˇㄈㄥㄔㄚˋ쓸 데 없는 가지를 자르다. 옆순을 자르다.
[打哈欠] tăhāch'ien ㄉㄚˇㄏㄚㄑㄧㄢ 하품을 하다.
[打哈哈] tăhāha ㄉㄚˇㄏㄚㄏㄚ ①하하하고 웃다.②놀리다.조롱하다.
[打鼾] tăhān ㄉㄚˇㄏㄢ 코를 골다. ＝打呼.打呼嚕.
[打寒噤] tăhánchìn ㄉㄚˇㄏㄢˊㄐㄧㄣˋ ①

벌벌 떨다. ②소름이 끼치다.
[打夯] tăhang ㄉㄚˇㄏㄤ 땅을 다지다.
[打呵欠] tăhōch'ien ㄉㄚˇㄏㄜㄑㄧㄢ ＝打哈欠.
[打哼哼] tăhĕnghêng ㄉㄚˇㄏㄥㄏㄥ 신음(呻吟)하다.
[打橫兒] tăhĕngrh ㄉㄚˇㄏㄥㄦ ① 옆에 앉다. ② (세로 누어 있는 데서) 가로 눕다.
[打席] tăhsí ㄉㄚˇㄒㄧˊ 멍석 따위를 짜다.
[打閑(兒)] tăhsién(rh) ㄉㄚˇㄒㄧㄢˊ(ㄦ) 일정한 직업이 없이 건들거리다.
[打現鐘] tăhsiènchūng ㄉㄚˇㄒㄧㄢˋㄓㄨㄥ (경제적으로) 그날 그날을 살아가다.
[打先鋒] tăhsiēnfĕng ㄉㄚˇㄒㄧㄢㄈㄥ 선두를 달리다. 앞장 서다.
[打響] tăhsiăng ㄉㄚˊㄒㄧㄤˇ 소리를 내다.
[打小鼓] tăhsiaokŭ ㄉㄚˇㄒㄧㄠˊㄍㄨˇ ① 작은 북을치다. ② 다니며 넝마를 사들이다.「一的; 넝마주이」③가슴이 두근거리다.
[打下手兒] tăhsiàshŏurh ㄉㄚˇㄒㄧㄚˋㄕㄡˇㄦ 밑에서 일하다. 남의 조수(助手) 노릇을 하다. 「울다.
[打斜] tăhsiéh ㄉㄚˇㄒㄧㄝˊ 비스듬히 기
[打旋(兒)] tăhsüán(rh) ㄉㄚˇㄒㄩㄢˊ(ㄦ) 빙빙 돌다.
[打雪仗] táhsüenchàng ㄉㄚˊㄒㄩㄝˇㄓㄤˋ 눈싸움을 하다.
[打呼] tăhū ㄉㄚˇㄏㄨ ＝打鼾.
[打劃] tăhua ㄉㄚˇㄏㄨㄚ ①계산에 넣다. 생각하다.「沒一結果這麼精; 결과가 이렇게 되리라고는 생각해 보지도 않았었다」②마음 속으로 추측하다. 추량하다. ＝意料.
[打話] tăhuà ㄉㄚˇㄏㄨㄚˋ 이야기하다.
[打壞] tăhuài ㄉㄚˇㄏㄨㄞˋ 파괴하다. 부수다.
[打晃兒] tăhuàngrh ㄉㄚˇㄏㄨㄤˋㄦ 흔들리다. 비틀비틀하다. 「다.
[打毀] táhuĭ ㄉㄚˊㄏㄨㄟˇ 부수다. 파괴하
[打滙] tăhuì ㄉㄚˇㄏㄨㄟˋ 환(換)어음을 떼다.
[打諢] tăhùn ㄉㄚˇㄏㄨㄣˋ 우스운 소리를 하여 남을 웃기다.
[打哄] tăhùng ㄉㄚˇㄏㄨㄥˋ 야유하다. 조롱하다.
[打夥(兒)] táhuŏ(rh) ㄉㄚˊㄏㄨㄛˇ(ㄦ) 한패가 되다. 공동으로 하다. 「타.
[打火機] táhuŏchī ㄉㄚˊㄏㄨㄛˇㄐㄧ 라이
[打夥計] táhuŏchi ㄉㄚˊㄏㄨㄛˇㄐㄧ 좋은 사이가 되다. 서로 사랑하다. 「돌.
[打火石] táhuŏshíh ㄉㄚˊㄏㄨㄛˇㄕˊ 부싯
[打呼哨兒] tăhūshàorh ㄉㄚˇㄏㄨㄕㄠˋㄦ 휘파람으로 신호하다.
[打擾] tájăo ㄉㄚˊㄖㄠˇ ＝打攪攪.
[打入] tăjū ㄉㄚˇㄖㄨˋ 들어 가다. 파고 들다.
[打開] tăk'ai ㄉㄚˇㄎㄞ ①열다.「一皮箱子; 트렁크를 열다」②(스위치 따위를) 넣다.「一收音機; 라디오의 스위치를 넣다」 「다.
[打蓋兒] tăkàirh ㄉㄚˇㄍㄞˋㄦ 뚜껑을 열
[打稿兒] tákăorh ㄉㄚˊㄍㄠˇㄦ 초고(草稿)를 만들다.
[打坑] tăk'ĕng ㄉㄚˇㄎㄥ 구멍을 파다.
[打跟頭] tăkĕnt'ou ㄉㄚˇㄍㄣㄊㄡ ①곤두박질치다. ②거꾸로 처박히다. ＝翻跟頭.
[打個照會] tăkochàohuì ㄉㄚˇㄍㄜㄓㄠˋㄏㄨㄟˋ 자기의 뜻하는 바를 상대에게 통지하다.
[打個照面兒] tăkochàomiènrh ㄉㄚˇㄍㄜㄓㄠˋㄇㄧㄢˋㄦ 잠시 얼굴을 내놓다. 잠깐 만나보다.
[打個沉兒] tăkoch'ĕnrh ㄉㄚˇㄍㄜㄔㄣˊㄦ 얼마 있다가. 잠시 후에.
[打嗝兒] tăkŏrh ㄉㄚˇㄍㄜˊㄦ 딸꾹질하다.
[打瞌睡] tăk'ōshui ㄉㄚˇㄎㄜㄕㄨㄟ 꾸벅꾸벅 졸다.
[打瓜] tăkuā ㄉㄚˇㄍㄨㄚ 수박·참외 따위를 자르다. 「수다.
[打垮] ták'uă ㄉㄚˊㄎㄨㄚˇ 타도하다. 부
[打卦] tăkuà ㄉㄚˇㄍㄨㄚˋ 점치다.
[打快勺子] tăk'uàisháotzŭ ㄉㄚˇㄎㄨㄞˋㄕㄠˊㄗ 앞을 다투어 잡아 쥐다.
[打關節] tăkuānchiéh ㄉㄚˇㄍㄨㄢㄐㄧㄝˊ 몰래 부탁하다.
[打光棍兒] tăkuāngkùnrh ㄉㄚˇㄍㄨㄤㄍㄨㄣˋㄦ (남자가) 독신으로 지내다. 홀아비로 살다.
[打官司] tăkuānssŭ ㄉㄚˇㄍㄨㄢㄙ 소송을 일으키다. 소송을 걸다.
[打官訴] tăkuānsū ㄉㄚˇㄍㄨㄢㄙㄨˋ 소송사건이 되도록 소송을 걸다.
[打誑語] tăk'uángyŭ ㄉㄚˇㄎㄨㄤˊㄩˇ 거짓말을 하다. 아무렇게나 말하다.
[打拱] tákŭng ㄉㄚˊㄍㄨㄥˇ 팔짱을 끼고 예의를 표하다.
[打滾(兒)] tákŭn(rh) ㄉㄚˊㄍㄨㄣˇ(ㄦ) 데굴데굴 구르다. 돌돌 굴러가다. 딩굴다.
[打裹腿] tákuŏt'ui ㄉㄚˊㄍㄨㄛˇㄊㄨㄟ 각반을 치다.
[打鼓兒] tákŭrh ㄉㄚˊㄍㄨˇㄦ 고물을 사러 다니는 사람. 여러 가지 폐품을 사기 위하여 왼손에 북을 들고 치며 다니는 장수.
[打拉] tăla ㄉㄚˇㄌㄚ 달러(dollar)
[打來回兒] tăláihuírh ㄉㄚˇㄌㄞˊㄏㄨㄟˊㄦ 왕복하다.
[打撈] tălāo ㄉㄚˇㄌㄠ 건져내다. 퍼내다. 건지다.
[打老葉] tálăoyèh ㄉㄚˊㄌㄠˇㄧㄝˋ 밑 부분의 낡은 떡잎을 따내다.
[打雷] tăléi ㄉㄚˇㄌㄟˊ 뇌성이 울리다. 천둥치다.
[打擂] tălèi ㄉㄚˇㄌㄟˋ ①무술 시합을 하다. ② 상대와 맞서다. 적대하다.
[打冷戰] tálĕngchàn ㄉㄚˊㄌㄥˇㄓㄢˋ 덜덜 떨리다. 부들부들 떨다.
[打糧] tăliáng ㄉㄚˇㄌㄧㄤˊ ①식량을 구하다. ②도적이 남의 재물을 빼앗다.
[打量] tăliang ㄉㄚˇㄌㄧㄤ ①조사하듯이 보다. 살펴 보다. ＞打打量量. ②추량하다.
[打糧食] tăliángshih ㄉㄚˇㄌㄧㄤˊㄕ 양식으로 할 곡식을 수확하다.
[打獵] tăliĕh ㄉㄚˇㄌㄧㄝˋ 사냥하다.
[打連連] tăliénlien ㄉㄚˇㄌㄧㄢˊㄌㄧㄢ 항상 왕래하여 연락이 있음. 연락 부절(連絡不絕).
[打連戀] tăliénlien ㄉㄚˇㄌㄧㄢˊㄌㄧㄢ ＝打連連.
[打連臺] tăliént'ái ㄉㄚˇㄌㄧㄢˊㄊㄞˊ (연극 따위를) 계속적으로 하다. 계속하여.
[打鐮刀] tăliéntāo ㄉㄚˇㄌㄧㄢˊㄉㄠ 낫을 벼리다.

[打簾子] tǎliéntzǔ ㄉㄚˇㄌㄧㄢˊㄗ ①커어튼을 젖히다. ②발을 걷어 올리다.
[打零] tǎlíng ㄉㄚˇㄌㄧㄥˊ ①임시로 고용되어 일을 하다. ②잔일을 하다.
[打裡打外] tálǐ-tǎwài ㄉㄚˊㄌㄧˇ ㄉㄚˇㄨㄞˋ 가정의 안팎 일을 처리하다.
[打綹兒] táliǔrh ㄉㄚˊㄌㄧㄡˇㄦ ①(머리 따위를) 틀다. ②(실 따위가) 얽히다.
[打落水狗] tǎlòshuíkǒu ㄉㄚˇㄌㄨㄛˋㄕㄨㄟˊㄍㄡˇ 이미 곤경에 빠진 적을 쳐부수다.
[打嚕] tǎlū ㄉㄚˇㄌㄨ 말을 더듬거리다.
[打亂] tǎluàn ㄉㄚˇㄌㄨㄢˋ 공격하여 어지럽히다. 교란하다.
[打落] tǎlò ㄉㄚˇㄌㄨㄛˋ ①(상인을) 놀리다. 값을 묻기만 하다. ②쏘아 떨어뜨리다.
[打罵] tǎmà ㄉㄚˇㄇㄚˋ 때리고 욕하고 하다. ＞打打罵罵.
[打麻雀] tǎmách'üèh ㄉㄚˇㄇㄚˊㄑㄩㄝˋ 마작을 하다. ＝打麻將.
[打麻煩] tǎmáfan ㄉㄚˇㄇㄚˊㄈㄢ ①싸우다. ②귀찮게 굴다. ③분규를 일으키다.
[打馬虎眼] tǎmǎhuyěn ㄉㄚˇㄇㄚˇㄏㄨㄧㄢˇ ①거짓말을 하다. 속임수를 쓰다. ②적당히 얼버무려 책임을 회피하다. ③일부러 어물어물하여 남을 속이다.
[打麥] tǎmài ㄉㄚˇㄇㄞˋ ①보리를 두드리다. 보리 타작을 하다. ② 아이들이 서로 손뼉을 치는 유희.
[打慢車] tǎmànch'ē ㄉㄚˇㄇㄢˋㄔㄜ 일부러 기계의 운전을 천천히 하다. 차를 천천히 몰다.
[打門] tǎmēn ㄉㄚˇㄇㄣˊ 문을 두드리다. 노크하다. 안내(案內)를 요청하다.
[打悶棍] tǎměnkùn ㄉㄚˇㄇㄣˋㄍㄨㄣˋ 몽둥이로 때려 눕히고 약탈하다.
[打鳴(兒)] tǎmíng(rh) ㄉㄚˇㄇㄧㄥˊ(ㄦ) 닭이 홰를 치며 울어서 때를 알리다.
[打磨] tǎmo ㄉㄚˇㄇㄛ ①연마(練磨)하다. ②갈아서 빛을 내다. 제품에 광택이 나게 하다. ＞打打磨磨.
[打抹] támǒ ㄉㄚˊㄇㄛˇ 훔치다. 닦다. 씻다.
[打沫] tǎmò ㄉㄚˇㄇㄛˋ (액체 표면의) 거품을 건져내다.
[打磨旋] fǎmòhsüan ㄉㄚˇㄇㄛˋㄒㄩㄢ 빙빙 돌다.
[打墓] tǎmù ㄉㄚˇㄇㄨˋ 관을 무덤 속에 넣고 흙을 덮다.
[打鬧] tǎnāo ㄉㄚˇㄋㄠˋ 싸우다. 떠들어대다. ＞打打鬧鬧.
[打內] tǎnèi ㄉㄚˇㄋㄟˋ 집안 일을 보다.
[打蔫] tǎniēn ㄉㄚˇㄋㄧㄢ 식물이 말라서 시들다.
[打埝] tǎniàn ㄉㄚˇㄋㄧㄢˋ 둑을 만들다. 둑을 쌓다.
[打靶] tápǎ ㄉㄚˊㄅㄚˇ 과녁을 쏘다. 과녁을 맞추다.
[打巴掌] tǎpāchang ㄉㄚˇㄅㄚㄓㄤ 손뼉치다.
[打牌] tǎp'ái ㄉㄚˇㄆㄞˊ 화투나 마작을 두다. 또는 내기를 걸다. 노름을 하다.
[打敗] tǎpài ㄉㄚˇㄅㄞˋ ① 지게 하다. 패배시키다. ②지다. 「他一了；그는 졌다」
[打擺子] tápǎitzǔ ㄉㄚˊㄅㄞˇㄗ 학질의 발작이 시작되다. «江»
[打扮] tǎpan ㄉㄚˇㄅㄢ ①몸차림. 차림차림. ② 분장하다. 꾸미다. ＞打打扮扮.

[打盤兒] tǎp'ánrh ㄉㄚˇㄆㄢˊㄦ (비둘기 따위가) 빙빙 돌며 날다.
[打包] tǎpāo ㄉㄚˇㄅㄠ 싸다. 거적이나 새끼로 짐을 꾸려 묶다.
[打飽嗝兒] tápǎokórh ㄉㄚˊㄅㄠˇㄍㄜˊㄦ 과식하여 트림이 나다.
[打炮] tǎp'ào ㄉㄚˇㄆㄠˋ ①대포를 쏘다. ②환영을 받다.
[打包裹] tǎpāokuǒ ㄉㄚˇㄅㄠㄍㄨㄛ 보따리를 꾸리다.
[打抱不平] tǎpàopùp'íng ㄉㄚˇㄅㄠˋㄅㄨˋㄆㄧㄥˊ 부당하게 학대 받는 자를 구하다.
[打把式] tápǎshih ㄉㄚˊㄅㄚˇㄕ ①무술을 연습하다 ②무술을 연출하다. ③친지에게 돈을 꾸라고 졸라대다. ＝打把勢.
[打奔兒] tǎpēnrh ㄉㄚˇㄅㄣㄦ (글을 읽을 때)도중에서 막히다.
[打噴嚏] tǎp'ēnt'ì ㄉㄚˇㄆㄣㄊㄧˋ 재채기를 하다.
[打皮] tǎp'í ㄉㄚˇㄆㄧˊ 껍질을 벗기다.
[打邊鼓] tǎpiēnkǔ ㄉㄚˇㄅㄧㄢㄍㄨˇ 옆에서 추어 주다.
[打扁兒] tápiěnrh ㄉㄚˊㄅㄧㄢˇㄦ 병자가 입이 깔깔해서 음식을 먹지 못하다.
[打票] tǎp'iào ㄉㄚˇㄆㄧㄠˋ 표를 사다. 표를 끊다.
[打比方] tápǐfang ㄉㄚˊㄅㄧˇㄈㄤ (어떤 일을) 예로 들다. 빗대다.
[打冰] tǎpīng ㄉㄚˇㄅㄧㄥ (내나 못에 얼어 붙은)얼음을 떼어내다. 채빙(採氷)하다.
[打平] tǎp'íng ㄉㄚˇㄆㄧㄥˊ 평평하게 하다. 고르다.
[打鈸] tǎpó ㄉㄚˇㄅㄛˊ ①야유하다. 놀려주다. ＝打趣. ②말로써 상대방을 자극하다.
[打破] tǎp'ò ㄉㄚˇㄆㄛˋ 타파하다. 두들겨 부수다.
[打撲克] tǎp'ūk'o ㄉㄚˇㄆㄨㄎㄜ 포우커 놀이를 하다.
[打不倒] tǎputǎo ㄉㄚˇㄅㄨㄉㄠˇ 때려 눕히지 못하다. 타도할 수 없다.
[打補子] tápǔtzǔ ㄉㄚˊㄅㄨˇㄗ ①보결(補缺)로 보충하다. ②(옷 따위에)헝겊을 대고 꿰매다.
[打散] tásǎn ㄉㄚˊㄙㄢˇ 때려서 흩어지게 하다. 풍지 박산을 만들다.
[打傘] tásǎn ㄉㄚˊㄙㄢˇ 우산을 받다.
[打掃] tǎsao ㄉㄚˇㄙㄠ 소제하다. 청소하다. ＞打打掃掃.
[打閃] táshǎn ㄉㄚˊㄕㄢˇ 번갯불이 비치다.
[打傷] tǎshāng ㄉㄚˇㄕㄤ 때려서 상처를 입히다. 타박상(打撲傷).
[打勝] tǎshēng ㄉㄚˇㄕㄥˋ ①이기다. ②극복하다.
[打濕] tǎshīh ㄉㄚˇㄕ 적시다. 축축하게 하다.
[打食] tǎshíh ㄉㄚˇㄕˊ 설사약을 쓰다.
[打食兒] tǎshíhrh ㄉㄚˇㄕˊㄦ (새나 짐승이) 먹이를 찾다.
[打手] tǎshou ㄉㄚˇㄕㄡ 폭력으로 사람을 위압하기 위하여 고용된 사람. 호위자(護衛者).
[打手式] táshǒushìh ㄉㄚˊㄕㄡˇㄕˋ ①손짓을 하다. ②손짓으로 신호하다. ＝打手勢.
[打輸] tǎshū ㄉㄚˇㄕㄨ (승부에)지다.
[打水] táshui ㄉㄚˊㄕㄨㄟˇ 물을 긷다. 물

을 푸다. 물을 사다.
[打水仗] tăshuichàng ㄉㄚˊㄕㄨㄟˇㄓㄤˋ 물똥싸움을 하다.
[打水漂兒] tăshuip'iăorh ㄉㄚˊㄕㄨㄟˇㄆㄧㄠˇㄦ ①둥글고 납작한 돌로 물 위를 가로 쳐서 담방담방 뛰어 가게 팔매치다. ②(돈 따위를 함부로 쓸모 없이)쓰다.
[打順板] tăshùnpăn ㄉㄚˇㄕㄨㄣˋㄅㄢˇ 남의 말에 맞추어 이야기하다. 남의 말에 맞장구를 치다.
[打死] tăssŭ ㄉㄚˇㄙˇ 죽이다.
[打死老虎] tăssŭlăohu ㄉㄚˊㄙˇㄌㄠˊㄏㄨ 이미 세력이 쇠퇴한 자를 공격하다.
[打算] tăsuan ㄉㄚˇㄙㄨㄢ ①이해 득실(利害得失)을 계산하다. >打打算算. ②…할 예정이다.
[打算盤] tăsuànp'an ㄉㄚˇㄙㄨㄢˋㄆㄢ ①주판을 놓다. ②이해· 타산을 따지다.
[打碎] tăsui ㄉㄚˇㄙㄨㄟˋ 분쇄하다. 때려 부수다.
[打胎] tăt'ai ㄉㄚˇㄊㄞ 낙태(落胎)하다.
[打探] tăt'àn ㄉㄚˇㄊㄢˋ 탐색하다. 슬쩍 염탐해 보다.
[打擔] tătàn ㄉㄚˇㄉㄢˋ 여행 화물의 무게를 달다.
[打打鬧鬧] tátănàonào ㄉㄚˊㄉㄚˇㄋㄠˋㄋㄠˋ 장난을 하며 떠들어대다.
[打彈子] tătàntzŭ ㄉㄚˇㄉㄢˋㄗ 당구(撞球)를 치다. =打臺球.
[打道] tătào ㄉㄚˇㄉㄠˋ ①(행렬의) 선두에 서다. 길을 헤치고 나가다.
[打稻] tătào ㄉㄚˇㄉㄠˋ 벼의 이삭을 따다.
[打燈虎兒] tătĕnghŭrh ㄉㄚˇㄉㄥㄏㄨˇㄦ 밤에 초롱에 써 놓은 수수께끼(燈謎)를 풀다. = 打燈謎.
[打燈籠] tătĕnglung ㄉㄚˇㄉㄥㄌㄨㄥ ①등불을 들다. ②등불을 켜다.
[打掉] tătiào ㄉㄚˇㄉㄧㄠˋ 걷어 치우다. 제거하다.
[打迭] tătiéh ㄉㄚˇㄉㄧㄝˊ ①접다. 개키다. ②정리하다. 가지런히 놓다.
[打鐵] tát'iĕh ㄉㄚˊㄊㄧㄝˇ 쇠를 불에 달구어 두드리다. 「一的 ; 대장장이」
[打點] tătien ㄉㄚˇㄉㄧㄢ tătien ①조사하다. ②준비하다. 정리하다. ③아첨하다.
[打天下] tăt'iēnhsia ㄉㄚˇㄊㄧㄢㄒㄧㄚ ①정권을 빼앗다. 천하를 빼앗다. ②새로 사업을 개척하다.
[打電話] tătiènhuà ㄉㄚˇㄉㄧㄢˋㄏㄨㄚˋ 전화를 걸다.
[打電報] tătiènpào ㄉㄚˇㄉㄧㄢˋㄅㄠˋ 전보를 치다.
[打噴嚏] tăfĕnt'i ㄉㄚˇㄈㄣㄊㄧˋ 재채기를 하다.
[打底稿] tátĭkăo ㄉㄚˊㄉㄧˇㄍㄠˇ 원고를 만들다.
[打頂] táting ㄉㄚˊㄉㄧㄥˇ (작물이 자라는 것을 억제하기 위하여) 순을 자르다. 순을 치다.
[打聽] tăt'ing ㄉㄚˇㄊㄧㄥ 조회(照會)하다. 묻다. 물어 보다. > 打打聽聽.
[打挺兒] tát'ingrh ㄉㄚˊㄊㄧㄥˇㄦ ①꼿꼿이 펴다. ②옆으로 누웠다가 허리를 먼저 일으키고 단숨에 일어 나다. ③(양복 바지 따위의) 주름이 빳빳하고 곧다.
[打底(兒)] táti(rh) ㄉㄚˊㄉㄧˇ(ㄦ) ①기초를 만들다. 근거로 삼다. ②초벌을 바르다. 초벌칠하다. ③간단히 요기하다.
[打底子] tátĭtzŭ ㄉㄚˊㄉㄧˇㄗ ①초고(草稿)를 만들다. ②기초를 만들다.
[打哆嗦] tătōso ㄉㄚˇㄉㄨㄛㄙㄨㄛ 떨다. =打戰.
[打頭陣] tăt'óuchĕn ㄉㄚˇㄊㄡˊㄓㄣˋ 맨 앞장을 서도록 명령을 받다. 선진(先陣)에 서다.
[打頭風] tăt'óufĕng ㄉㄚˇㄊㄡˊㄈㄥ 정면에서 불어오는 바람. 맞바람. =迎頭風.
[打頭(兒)] tăt'óu(rh) ㄉㄚˇㄊㄡˊ(ㄦ) ①처음부터. 「一再做 ; 처음부터 다시 하다」 ②자릿값을 내다: 도박에서 이긴 사람이 내는 것이 관습임).
[打草驚蛇] táts'ăochingshé ㄉㄚˊㄘㄠˇㄐㄧㄥㄕㄜˊ ①갑(甲)을 징계함으로써 을(乙)을 훈계시키다. ②서투른 행동으로 오히려 상대를 경계하게 만들다.
[打草稿] táts'áokăo ㄉㄚˊㄘㄠˊㄍㄠˇ 초고(草稿)를 만들다.
[打雜兒] tătsárh ㄉㄚˇㄗㄚˊㄦ 자질구레한 일을 하다. 잡일을 하다.
[打坐] tătsò ㄉㄚˇㄗㄨㄛˋ 좌선(坐禪)할 때에 앉는 것과 같은 자세를 하다. 책상다리를 하고 앉다.
[打醋] tăts'ù ㄉㄚˇㄘㄨˋ ①초를 푸다. ②초를 넣다. ③초를 사다.
[打嘴] tátsuĭ ㄉㄚˊㄗㄨㄟˇ ①얼굴을 때리다. ②체면을 깎이다. 면목을 잃다. ③언행(言行)이 일치하지 않다.
[打從] tăts'úng ㄉㄚˇㄘㄨㄥˊ …으로부터. …에서. 「一上海來 ; 상해에서 오다」
[打總兒] tátsŭngrh ㄉㄚˊㄗㄨㄥˇㄦ 합계. 계. 합계하다.
[打斷] tătuàn ㄉㄚˇㄉㄨㄢˋ 끊어 버리다. 끊다. 「一聯係 ; 관계를 끊다」
[打退] tăt'uì ㄉㄚˇㄊㄨㄟˋ 물리치다. 격퇴하다.
[打對仗] tătuichàng ㄉㄚˇㄉㄨㄟˋㄓㄤˋ 상점끼리 판매를 경쟁하다.
[打退堂鼓] tăt'uìt'ángkŭ ㄉㄚˇㄊㄨㄟˋㄊㄤˊㄍㄨˇ ①관청에서 퇴근 시간을 알리는 북을 치다. ②퇴각(退却)하다. ③앞의 말을 취소하다.
[打短工] tătuănkūng ㄉㄚˇㄉㄨㄢˇㄍㄨㄥ (흔히 농가에서) 임시로 품팔이 일을 하다.
[打短兒] tátuănrh ㄉㄚˊㄉㄨㄢˇㄦ ①임시로 고용되다. ②짧은 옷을 입다.
[打躉] tátŭn ㄉㄚˊㄉㄨㄣˇ 대량으로 사입(仕入)하다. 대량으로 사들이다.
[打通] tăt'ūng ㄉㄚˇㄊㄨㄥ ①꿰뚫다. ②연극을, 보거나 강연을 들으면서 "通!" 하고 소리치면서 연사를 모욕하다. ③맺다. 「一聯係 ; 관련을 맺다」
[打動] tătùng ㄉㄚˇㄉㄨㄥˋ (남의 감정을) 움직이게 하다. 감동하다. 「被他的愛國情熱一了 ; 그의 애국적인 정열에 감동되었다」
[打通兒] tăt'ūngrh ㄉㄚˇㄊㄨㄥˋㄦ 연극의 제일장에 앞서서 북을 치다.
[打盹兒] tátŭnrh ㄉㄚˊㄉㄨㄣˇㄦ 졸다.
[打賭(兒)] tátŭ(rh) ㄉㄚˊㄉㄨˇ(ㄦ) 내기를 하다. (돈 따위를) 걸다.
[打圖書] tăt'úshū ㄉㄚˇㄊㄨˊㄕㄨ 도장을 찍다.
[打嘟嘟] tătūtu ㄉㄚˇㄉㄨㄉㄨ 투덜거리다. 투덜투덜 불평을 늘어놓다.

[打字] tǎtzû ㄉㄚˇㄗˋ 타이프를 치다.「一機 ; 타이프라이터」
[打外] tǎwài ㄉㄚˇㄨㄞˋ (집의) 바깥 일을 하다.
[打圍] tǎwéi ㄉㄚˇㄨㄟˊ 사냥을 하다.「一的 ; 사냥군」
[打問號] tǎwênhào ㄉㄚˇㄨㄣˋㄏㄠˋ 의문 부호를 찍다.
[打硪] tǎwò ㄉㄚˇㄨㄛˋ 달구로 땅을 다지다. 달구질하다.
[打牙] tǎyá ㄉㄚˇㄧㄚˊ 먹다. 입에 넣다.
[打牙祭] tǎyáchì ㄉㄚˇㄧㄚˊㄐㄧˋ ①뜻하지 않은 음식 대접을 받다. ②좋은 봉을 만나서 단물을 빨아 먹다.
[打樣兒(一子)] tǎyàngrh(一tzū) ㄉㄚˇㄧㄤˋㄦ(一ㄗ) ①설계를 하다. ②견본을 만들다.
[打鴨子上架] tǎyātzūshàngchià ㄉㄚˇㄧㄚ ㄗ ㄕㄤˋㄐㄧㄚˋ 남에게 억지로 능력 이상의 일을 시키다.
[打夜作] tǎyèhtso ㄉㄚˇㄧㄝˋㄗㄨㄛ 야간 작업을 하다. 밤일을 하다.
[打眼] táyěn ㄉㄚˊㄧㄢˇ ①작은 구멍을 뚫다. ②속이다. ③물건을 속아 사다. ④(이발소에서) 눈의 소제를 하다.
[打眼放炮] táyěn fàngp'ào ㄉㄚˊㄧㄢˇ ㄈㄤˋㄆㄠˋ〈鑛〉 다이너마이트를 장치하여 폭파하다.
[打掩護] táyěnhû ㄉㄚˊㄧㄢˇㄏㄨˋ ①실패를 감추다. 연막을 치다. ②옆에서 거들다.
[打印] tǎyìn ㄉㄚˇㄧㄣˋ ①도장을 찍다. ②타이프 인쇄를 하다. ③스탬프를 찍다.
[打油] tǎyú ㄉㄚˇㄧㄡˊ ①기름을 퍼내다. ②기름을 팔다. ③기름을 사다. ④(가죽에) 기름을 바르다.
[打魚] tǎyû ㄉㄚˇㄩˊ 고기를 잡다.
[打圓場] tǎyüánch'áng ㄉㄚˇㄩㄢˊㄔㄤˊ (싸움 따위를) 원만히 수습하다.
[打圓盤] tǎyüánp'án ㄉㄚˇㄩㄢˊㄆㄢˊ ＝打圓場.
[打游擊] tǎyúchi ㄉㄚˇㄧㄡˊㄐㄧ ① 유격전을 벌이다. ②교란 작전을 하다.
[打油飛] tǎyúfēi ㄉㄚˇㄧㄡˊㄈㄟ 이리저리 뛰어다니다. 한 곳에 진득하게 있지 않다.
[打游飛] tǎyúfēi ㄉㄚˇㄧㄡˊㄈㄟ 이리저리 놀러만 다니다.
[打油詩] tǎyúshīh ㄉㄚˇㄧㄡˊㄕ 저속한 시.

〔大〕 tà ㄉㄚˋ ①(면적 · 체적 · 용적 따위가) 크다.「這間屋子比那間一 ; 이 방은 저 방보다 크다」 ②(수량이) 많다. 크다.「一數 ; 다수(多數)」 ③(정도가) 깊다. 크다.「學問一 ; 학문이 깊다」 ④제일 나이가 많은.「一哥 ; 큰형」 ⑤어느 날, 어느 해 따위를 기준으로 하여 다시 그 전의 날·해를 표시하는 접두어.「一前年 ; 재작년」 ⑥존대말로 쓰이는 접두어.「一名 ; 귀명(貴名)」 ⇨tài.
[大案] tà àn ㄉㄚˋ ㄢˋ 큰 사건. 대사건. ＝巨案.
[大襖(兒)] tàǎo(rh) ㄉㄚˋㄠˇ(ㄦ) 겹이나 솜을 넣은 웃옷. ＝袍子.
[大岔] tàch'à ㄉㄚˋㄔㄚˋ 큰 잘못. 큰 사고.
[大拆大改] tàch'āi-tàkǎi ㄉㄚˋㄔㄞ ㄉㄚˋㄍㄞˇ 옛 것을 파괴하고 근본적으로 다시 고치다.
[大戰] tàchàn ㄉㄚˋㄓㄢˋ 큰 전쟁.
[大場] tàch'ǎng ㄉㄚˋㄔㄤˇ 대국(大局).
[大賬] tàchàng ㄉㄚˋㄓㄤˋ ①상점의 연말 총결산. ②원장부(原帳簿).
[大氅] tàch'ǎng ㄉㄚˋㄔㄤˇ 외투. ＝外套. 大衣.
[大敞車] tàch'ǎngch'ê ㄉㄚˋㄔㄤˇㄔㄜ ① 덮개가 없는 차. ＝無篷車. ②짧은 포장이 달린 무개차.
[大張旗鼓] tàchāngch'íkǔ ㄉㄚˋㄓㄤㄑㄧˊㄍㄨˇ 대규모로 하는 일.
[大敞門兒] tàch'ǎngmênrh ㄉㄚˋㄔㄤˇㄇㄣˊㄦ 두 짝으로 되어 좌우로 열 수 있는 큰 문.
[大場面] tàch'ǎngmièn ㄉㄚˋㄔㄤˇㄇㄧㄢˋ ①큰 장면. ②성대한 집회.
[大車] tàch'ê ㄉㄚˋㄔㄜ ①큰 차. ②기차의 기관수의 통칭. ③나무 바퀴로 된 수레.
[大臣] tàch'ên ㄉㄚˋㄔㄣˊ 중신(重臣).
[大症] tàchêng ㄉㄚˋㄓㄥˋ 큰 병. 중병(重病).
[大晨早上] tàch'êntsǎoshang ㄉㄚˋㄔㄣˊ ㄗㄠˇㄕㄤ . 첫새벽: 흔히 야단칠 적에 쓰이는 말.
[大徹大悟] tàch'ê-tàwû ㄉㄚˋㄔㄜˋㄉㄚˋ ㄨˋ 크게 깨닫다.
[大氣] tàch'i ㄉㄚˋㄑㄧ ①대범하다. 도량이 넓다. 언행에 무게가 있다. ＝大方. ② tàch'ì 공기. 대기.
[大家] tàchiā ㄉㄚˋㄐㄧㄚ ①많은 사람. 모든 사람. ②부자집. 큰 집. ③한 방면에서 특히 뛰어난 사람. 대가.
[大家夥兒] tàchiāhuǒrh ㄉㄚˋㄐㄧㄚㄏㄨㄛˇㄦ ＝大家①
[大講特講] tàchiǎng-t'êchiǎng ㄉㄚˋㄐㄧㄤˇㄊㄜˋㄐㄧㄤˇ 크게 허풍을 떨다.
[大叫] tàchiào ㄉㄚˋㄐㄧㄠˋ 큰소리로 외치다.
[大脚片兒] tàchiǎop'iènrh ㄉㄚˋㄐㄧㄠˇㄆㄧㄢˋㄦ 전족(纏足)하지 않은 발.
[大汽車] tàchìch'ê ㄉㄚˋㄑㄧˋㄔㄜ ①대형 자동차. ②버스 · 추럭 따위.
[大街] tàchiēh ㄉㄚˋㄐㄧㄝ 큰 거리. 대로(大路).
[大節] tàchiéh ㄉㄚˋㄑㄩㄝˊ 큰 재난(災難).
[大劫] tàchiéh ㄉㄚˋㄐㄧㄝˊ 생사 존망에 관계되는 일.
[大姐] tàchiěh ㄉㄚˋㄐㄧㄝˇ ＝大姐姐.
[大解] tàchiěh ㄉㄚˋㄐㄧㄝˇ ① 대변(大便). ②대변 보다.
[大姐姐] tàchiěhchieh ㄉㄚˋㄐㄧㄝˇㄐㄧㄝ ①맏누님. 장자(長姉). ②같은 또래의 젊은 여성들끼리 상대방을 친밀하게 일컫는 말. ③자기보다 젊은 여성에 대하여 정중히 부르는 말.
[大節目] tàchiéhmu ㄉㄚˋㄐㄧㄝˊㄇㄨ ① 대요(大要). ②큰 행사.
[大姐兒] tàchiěhrh ㄉㄚˋㄐㄧㄝˇㄦ 미혼의 처녀 식모.
[大建] tàchien ㄉㄚˋㄐㄧㄢ, tàchin 날짜가 하루 더 있는 큰 달. 대월(大月).
[大錢] tàch'ien ㄉㄚˋㄑㄧㄢ ①옛날의 구리돈: 50장을 한“吊”로 함. ②동화(銅貨).
[大致] tàchìh ㄉㄚˋㄓˋ 대체로. 대략.「他

們的意見一樣；저들의 의견은 대체로 같다」

[大智若愚] tàchìhjòyǘ ㄉㄚˋㄓˋㄖㄨㄛˋㄩˊ 매우 현명한 사람은 일견해서 바보같이 보인다.

[大前年] tàch'iénnien ㄉㄚˋㄑㄧㄢˊㄋㄧㄢ 삼작년. 그끄러께

[大前兒] tàch'ienrh ㄉㄚˋㄑㄧㄢˊㄦ 삼작일. 그끄저께.

[大前天] tàch'iént'ien ㄉㄚˋㄑㄧㄢˊㄊㄧㄢ ＝大前兒.

[大盡] tàchìn, ㄉㄚˋㄐㄧㄣˋ tàchin ㄉㄚˋㄐㄧㄣ 날짜가 하루 더 있는 큰 달.

[大清早] tàch'īngtsǎo ㄉㄚˋㄑㄧㄥㄗㄠˇ 새벽. 조조(早朝).

[大驚小怪] tàchīnghsiǎo kuàiㄉㄚˋㄐㄧㄥㄒㄧㄠˇㄍㄨㄞˋ 소동을 일으키다. 아우성치다.

[大驚失色] tàchīng shīhsè ㄉㄚˋㄐㄧㄥㄕㄙㄜˋ 깜짝 놀라 얼굴빛이 변하다. 대경실색하다.

[大襟(兒)] tàchīn(rh) ㄉㄚˋㄐㄧㄣ(ㄦ)옷의 앞자락. 단추 구멍이 있는 쪽. ↔底襟.

[大氣磅礴] tàch'ì p'ángpó ㄉㄚˋㄑㄧˋㄆㄤˊㄅㄛˊ 기백이 몹시 격렬한 모양.

[大秋] tàch'iū ㄉㄚˋㄑㄧㄡ 가을의 수확. 가을걷이.

[大秋作物] tàch'iū tsòwū ㄉㄚˋㄑㄧㄡㄗㄨㄛˋㄨˋ 가을 수확의 농작물; 수수·고구마·늦벼 따위.

[大舅子] tàchiùtzǔ ㄉㄚˋㄐㄧㄡˋㄗ 처남(妻男).

[大綢] tàch'óu ㄉㄚˋㄔㄡˊ 두꺼운 견직물.

[大軸戲] tàchòuhsi ㄉㄚˋㄓㄡˋㄒㄧ 경극(京劇)에서의 최후의 일막.

[大煮] tàchǔ ㄉㄨˋㄓㄨˇ 장시간 삶거나, 지지거나 다리다. 오래 끓이다.

[大抓] tàchuā ㄉㄚˋㄓㄨㄚ 특별히 적극적으로 장악 확보(確保)하다. 특히 중점적으로 행하다.

[大船] tàch'uán ㄉㄚˋㄔㄨㄢˊ 기선(汽船).

[大瘡] tàch'uāng ㄉㄚˋㄔㄨㄤ 매독(梅毒).

[大莊稼] tàchuāngchia ㄉㄚˋㄓㄨㄤㄐㄧㄚ 옥수수·수수 따위의 작물.

[大處着墨] tàch'ùchóumò ㄉㄚˋㄔㄨ ㄓㄨㄛˊㄇㄛˋ 중요한 데서부터 먹칠을 하다. 중요한 데서부터 손을 댄다는 비유. ＝大處落墨.

[大吹大擂] tàch'uī-tàléi ㄉㄚˋㄔㄨㄟㄉㄚˋㄌㄟˊ ①북이나 징을 치면서 크게 선전하다. ②크게 떠벌리다. 크게 준비 태세를 갖추다.

[大蟲] tàch'úng ㄉㄚˋㄔㄨㄥˊ 호랑이.

[大春作物] tàch'ūn tsòwū ㄉㄚˋㄔㄨㄣㄗㄨㄛˋㄨˋ 가을에 뿌려 봄에 수확하는 작물 "楊子江" 유역의 유채(油菜)·누에콩 따위.

[大兒子] tàérhtzǔ ㄉㄚˋㄦˊㄗ ①장남. ②오동통한 남자 아이.

[大而無當] tàérh wútàng ㄉㄚˋㄦˊ ㄨˊㄉㄤˋ 커서 타당하지 않다.

[大發了] tàfalē ㄉㄚˋㄈㄚㄌㄜ ①한도를 넘다. ②확대하다. 「這件事鬧一；이 일은 크게 벌어지고 말았다」

[大發雷霆] tàfā léit'ingㄉㄚˋㄈㄚㄌㄟˊㄊㄧㄥ 노발대발하다. 몹시 화를 내다.

[大凡] tàfán ㄉㄚˋㄈㄢˊ 대개. 거의.

[大方] tàfāng ㄉㄚˋㄈㄤ ①유명한 사람. ②세상 사람. 「見笑于一；세상 사람이 비웃다」 ③ tàfang ㉮대범하고 침착한 태도가 있다. ㉯인색하지 않다. ㉰침착한. ㉱당당한. ＞大大方方.

[大房] tàfáng ㄉㄚˋㄈㄤˊ 형제가 분가한 뒤의 장남. 장남의 집. 큰집. 큰댁.

[大放厥詞] tàfàngchüéhtz'ǘ ㄉㄚˋㄈㄤˋㄐㄩㄝˊㄘˊ 쓸 데 없는 공론(空論)을 펴다.

[大放盤] tàfàngp'án ㄉㄚˋㄈㄤˋㄆㄢˊ 대대적으로 방매(放賣)하다.

[大風暴] tàfēngpào ㄉㄚˋㄈㄥㄅㄠˋ ①대폭풍. ②사회적인 커다란 동요·변화.

[大副] tàfù ㄉㄚˋㄈㄨˋ 배의 사무장.

[大腹便便] tàfùp'iénp'ién ㄉㄚˋㄈㄨˋㄆㄧㄢˊㄆㄧㄢˊ 툭 불거진 배. 불룩배. 북통배.

[大幅度] tàfútù ㄉㄚˋㄈㄨˊㄉㄨˋ 대폭. 「生產一地增加了；생산을 대폭적으로 증가하였다」

[大海] tàhǎi ㄉㄚˋㄏㄞˇ ①큰 바다. 대해. ②큰 대접. 왕대접. ＝海碗.

[大海撈針] tàhǎi-lāochēn ㄉㄚˋㄏㄞˇㄌㄠㄓㄣ 바다에서 바늘을 건지다: 거의 불가능하다는 비유.

[大漢子] tàhàntzǔ ㄉㄚˋㄏㄢˋㄗ 체격이 큰 남자.

[大漢族主義] tàhàntsú chǔi ㄉㄚˋㄏㄢˋㄗㄨˊ ㄓㄨˇㄧˋ 한민족(漢民族)의 민족주의 사상.

[大好] tàhǎo ㄉㄚˋㄏㄠˇ 매우 좋다.

[大號] tàhào ㄉㄚˋㄏㄠˋ ①튜바 : 악기의 하나. ②귀점(貴店). ③남의 자(字). «敬»

[大亨] tàhēng ㄉㄚˋㄏㄥ 돈이나 권력이 있는 사람.

[大後方] tàhòufāng ㄉㄚˋㄏㄡˋㄈㄤ 전투지에서 떨어져서 전화(戰火)가 미치지 않은 지방.

[大後年] tàhòunién ㄉㄚˋㄏㄡˋㄋㄧㄢˊ 재재명년(再再明年).

[大後兒] tàhòurh ㄉㄚˋㄏㄡˋㄦ 삼명일(三明日). 글피. ＝大後天.

[大後天] tàhòut'ien ㄉㄚˋㄏㄡˋㄊㄧㄢ ＝大後兒.

[大戲] tàhsì ㄉㄚˋㄒㄧˋ 연극 : 다른 연예에 대하여 일컫는 말.

[大相徑庭] tàhsiāng chìngt'íng ㄉㄚˋㄒㄧㄤ ㄐㄧㄥˋㄊㄧㄥˊ 매우 동떨어지다. 그 때 사정과는 다르다. 「을 때.

[大限] tàhsièn ㄉㄚˋㄒㄧㄢˋ 사기(死期). 죽

[大顯身手] tàhsiěnshēnshǒu ㄉㄚˋㄒㄧㄢˇㄕㄣㄕㄡˇ 크게 솜씨를 떨치다. 실력을 과시하다.

[大小(兒)] tàhsiǎo(rh) ㄉㄚˋㄒㄧㄠˇ(ㄦ) ①크기. ②큰 것과 작은 것. ③어른과 아이.

[大小幷擧] tàhsiǎo pìngchǚ ㄉㄚˋㄒㄧㄠˇㄅㄧㄥˋㄐㄩˇ 크고 작은 것을 함께 취급하다.

[大寫] tàhsiěh ㄉㄚˋㄒㄧㄝˇ ①로마자(字)의 대문자. ②대문자로 쓰다.

[大寫特寫] tàhsiěh-t'èhsiěh ㄉㄚˋㄒㄧㄝˇㄊㄜˋㄒㄧㄝˇ 대서 특필(大書特筆)하다.

[大喜日子] tàhsǐjìhtzǔ ㄉㄚˋㄒㄧˇㄖˋㄗ 결혼 날짜.

[大喜過望] tàh sǐkuòwàngㄉㄚˋㄒㄧˇㄍㄨㄛˋㄨㄤˋ 기대 이상이므로 매우 기뻐하다. 과만하여 크게 기뻐하다.

[大刑] tàhsíng ㄉㄚˋㄒㄧㄥˊ 중형(重刑).

[大喜事] tàhsǐshìh ㄉㄚˋㄒㄧˇㄕˋ 결혼의 경사:"喜事"는 아이들의 생일 축하"에 만 한정되는 일이 있으므로 이와 구별할 적에 씀.

[大修] tàhsiū ㄉㄚˋㄒㄧㄡ (기계의)대수리를 하다.

[大選] tàhsüǎn ㄉㄚˋㄒㄩㄢˇ 총선거.

[大雪] tàhsüěh ㄉㄚˋㄒㄩㄝˇ ①큰 눈. 「一地里; 많은 눈이 쌓인 장소」②대설: 겨울의 절기의 하나.

[大戶] tàhù ㄉㄚˋㄏㄨˋ 부자. 대가(大家). 부호.

[大猾] tàhuá ㄉㄚˋㄏㄨㄚˊ 극히 교활한.

[大話] tàhuà ㄉㄚˊㄏㄨㄚˋ 거짓말. 흰소리. 대포 : 거짓말.

[大花臉] tàhuāliěn ㄉㄚˋㄏㄨㄚㄌㄧㄢˇ 연극에서 기승맞은 원로(元老)·대신·재상으로 분장하는 역(役). =正淨.

[大黃魚] tàhuángyǘ ㄉㄚˋㄏㄨㄤˊㄩˊ ①〈動〉조기. ②비싼 암표를 사가지고 기차나 기선을 타는 사람이나 비싼 운임을 내고 화물 수송을 부탁하는 사람.

[大會] tàhuì ㄉㄚˋㄏㄨㄟˋ ①대회. ②성회(盛會). ③총회. 「股東一; 주주(株主) 총회」

[大紅] tàhúng ㄉㄚˋㄏㄨㄥˊ①진홍색. ②《植》금잔화(金盞花).

[大禍臨頭] tàhuòlínt'óu ㄉㄚˋㄏㄨㄛˋㄌㄧㄣˊㄊㄡˊ 큰 불행이 닥쳐 오다.

[大惑不解] tàhuò-pùchiěh ㄉㄚˋㄏㄨㄛˋㄅㄨˋㄐㄧㄝˇ 대단히 의심스러워 이해가 되지 않다. 「夥兒.

[大夥兒] tàhuǒrh ㄉㄚˋㄏㄨㄛˇㄦ =大家

[大意] tàì ㄉㄚˋㄧˋ ①대의. 대체의 뜻. ②tài 부주의하다. 오활(迂闊)하다.

[大姨父] tàifù ㄉㄚˋㄧˊㄈㄨˋ 이모부(姨母夫).

[大義滅親] tàimièhch'iēn ㄉㄚˋㄧˋㄇㄧㄝˋㄑㄧㄢ 대의(大義)를 위하여는 친족에 대한 사정(私情)도 돌보지 않다.

[大姨(子)] tàí(tzū) ㄉㄚˋㄧˊ(ㄗ) 아내의 언니. 처형. 「一夫; (손위의)동서(同婿)」

[大嚷小叫] tàjǎng-hsiǎochiào ㄉㄚˋㄖㄤˇㄒㄧㄠˇㄐㄧㄠˋ 시끄럽게 외치는 모양.

[大人] tàjěn ㄉㄚˋㄖㄣˊ tàjên ①덕이 있는 사람. ②부모에 대한 존칭. ③직위가 높은 사람에 대한 존칭. ④대인(大人). 어른. 「아마.

[大概齊] tàkàich'í ㄉㄚˋㄍㄞˋㄑㄧˊ 대개.

[大開眼界] tàk'āiyěnchièh ㄉㄚˋㄎㄞㄧㄢˇㄐㄧㄝˋ 크게 식견을 넓히다.

[大幹] tàkàn ㄉㄚˋㄍㄢˋ 적극적으로 하다.

[大搞] tàkǎo ㄉㄚˋㄍㄠˇ 적극적이고 대대적으로 행하다.

[大哥] tàkō ㄉㄚˋㄍㄜ ①만형. ②형님: 상대방을 친밀하게 부를 때 씀.

[大個兒] tàkòrh ㄉㄚˋㄍㄜˋㄦ ①몸집이 큰 사람. ②부피가 많은 물건.

[大個子] tàkòtzū ㄉㄚˋㄍㄜˋㄗ 체격이 큰 사람. 키다리.

[大公] tàkūng ㄉㄚˋㄍㄨㄥ 공평 무사하다. 공평하다.

[大恭] tàkūng ㄉㄚˋㄍㄨㄥ 대변(大便). =大解.

[大塊人心] tàk'uàijěnhsīn ㄉㄚˋㄎㄨㄞˋㄖㄣˊㄒㄧㄣ 남의 마음을 몹시 기쁘게 해 주다. 남의 쾌재(快哉)를 불러 일으키다.

[大塊兒] tàk'uàirh ㄉㄚˋㄎㄨㄞˋㄦ ①큰 덩이. ②몸집이 큰 사람.

[大塊頭] tàk'uàit'óu ㄉㄚˋㄎㄨㄞˋㄊㄡˊ 몸집이 큰 사람.

[大關] tàkuān ㄉㄚˋㄍㄨㄢ ①성문(城門) 밖의 번화한 곳. ②큰 관문. 최고의 한도. 「一節目; ㉮대요(大要). ㉯중요한 곳」

[大觀] tàkuān ㄉㄚˋㄍㄨㄢ 내용이 매우 풍부한 것.

[大掛兒] tàkuàrh ㄉㄚˋㄍㄨㄚˋㄦ 남자용의 긴 홑 저고리.

[大閨女] tàkueīnü ㄉㄚˋㄍㄨㄟㄋㄩ 나이가 찬 미혼 처녀.

[大估摸] tàkūmo ㄉㄚˋㄍㄨㄇㄛ 대체로. 대개. 대충. =大約摸

[大功告成] tàkūngkàoch'ěng ㄉㄚˋㄍㄨㄥㄍㄠˋㄔㄥˊ 큰 일이 완성되다.

[大姑娘] tàkuniang ㄉㄚˋㄍㄨ ㄋㄧㄤ ①장녀. ②아가씨. ③tàkūniang 나이가 찬 처녀.

[大剌剌的] tàlàlàtê ㄉㄚˋㄌㄚˋㄌㄚˋㄉㄜ 고자세로 거만을 부리는 모양. 오만 불손한 모양.

[大喇叭] tàlǎpa ㄉㄚˋㄌㄚˇㄅㄚ 튜바 : 악기의 하나. =大號.

[大類] tàlèi ㄉㄚˋㄌㄟˋ ①상위 분류(上位分類). ②넓은 분류.

[大力] tàlì ㄉㄚˋㄌㄧˋ 매우 노력하다. 힘을 다하다.

[大亮] tàliàng ㄉㄚˋㄌㄧㄤˋ 날이 완전히 밝다. 「天還沒一; 아직 날이 밝아오지 않다」

[大量] tàliàng ㄉㄚˋㄌㄧㄤˋ ①대량. ②주량이 많은 사람. ③도량이 넓은 사람.

[大料] tàliào ㄉㄚˋㄌㄧㄠˋ①거의. 대체로. ②회향(茴香):조리용(調理用)의 향료.

[大簾] tàlién ㄉㄚˋㄌㄧㄢˊ 차의 객석(客席) 앞에 있는 막(幕):외부에서 보이지 않게, 또는 풍우를 막기 위하여 침.

[大斂] tàlièn ㄉㄚˋㄌㄧㄢˋ 시체를 관에 넣다. 납관하다.

[大鑼大鼓] tàló-tàkǔ ㄉㄚˋㄌㄨㄛˊ ㄉㄚˋㄍㄨˇ 화려하게 일을 떠벌린다는 비유.

[大落落] tàlòlò ㄉㄚˋㄌㄨㄛˋㄌㄨㄛˋ ①=大大落落兒. ②=大模大樣.

[大樓] tàlóu ㄉㄚˋㄌㄡˊ 큰 누각. 감옥.

[大路] tàlù ㄉㄚˋㄌㄨˋ 큰 길. 큰 거리.

[大率] tàshuài ㄉㄚˋㄕㄨㄞˋ 대체로. 거의. 거진. 무릇. 아마. 대개는.

[大略] tàlüèh ㄉㄚˋㄌㄩㄝˋ 대략. 거의.

[大媽] tàmā ㄉㄚˋㄇㄚ ①백모(伯母). 큰어머니. ②백모 정도의 연세를 가진 부인을 친밀하게 부르는 말.

[大馬金刀(兒)] tàmǎchīntāo(rh) ㄉㄚˋㄇㄚˇㄐㄧㄣㄉㄠ(ㄦ) 호화롭고 장한 모양.

[大忙] tàmáng ㄉㄚˋㄇㄤˊ 매우 바쁘다. 번망 시기(繁忙時期).

[大帽子] tàmàotzū ㄉㄚˋㄇㄠˋㄗ ①큰 모자. ②남을 위압할 만한 지위.

[大麻蠅] tàmáyíng ㄉㄚˋㄇㄚˊㄧㄥˊ 쉬파리. =肉蠅. 「媒人.

[大媒] tàméi ㄉㄚˋㄇㄟˊ 중매인. 매파. =

[大妹妹] tàmèimei ㄉㄚˋㄇㄟˋㄇㄟ ①같은 또래의 젊은 여성 사이에서 언니격되는 사람이 상대편을 친밀하게 부르는 말. ②젊은 여성을 점잖게 부르는 말.

[大門(兒)] tàmén(rh) ㄉㄚˋㄇㄣˊ(ㄦ) 정문

(正門). 앞문.

[大夢初醒] tàmêng ch'ūhsing ㄉㄚˋㄇㄥˋㄔㄨㄒㄧㄥˇ 오랜 꿈에서 겨우 깨어나다. 혼미한 가운데서 간신히 눈을 뜨다.

[大米] tàmi ㄉㄚˋㄇㄧˇ 쌀. 「一飯 ; 쌀밥」

[大面積豐產] tàmiènchī fēngch'ǎn ㄉㄚˋㄇㄧㄢˋㄐㄧㄈㄥㄔㄢˇ 시험적으로 어떤 지구를 선택하여 그 곳의 경험을 기초로 하여 그 성과가 지구 전체에 미치는 일.

[大面兒上] tàmiènrhshang ㄉㄚˋㄇㄧㄢˋㄦㄕㄤ ①표면. 겉탈. ②공중(公衆)의 앞. 「一過得去就行了 ; 표면상으로만 통과되면 그것으로 족하다」

[大明大擺] tàmíng-tàpǎi ㄉㄚˋㄇㄧㄥˊㄉㄚˋㄅㄞˇ 아무의 눈에도 잘 보이는 모양. 공공연하고 노골적인 모양.

[大模斷樣(兒)] tàmossǔyàng(rh) ㄉㄚˋㄇㄛㄙㄧㄤˋ (ㄦ) 방자하고 거만한 모양.

[大模大樣] tàmo-tàyàng ㄉㄚˋㄇㄛㄉㄚˋㄧㄤˋ ＝大模斷樣.

[大木] tàmu ㄉㄚˋㄇㄨ 대들보나 기둥에 쓰이는 재목.

[大拇指] tàmǔchǐh ㄉㄚˋㄇㄨˇㄓˇ 엄지손「가락.

[大拿] tànā ㄉㄚˋㄋㄚˋ ①대권(大權)을 장악하다. ②독차지하다. ③두목.

[大奶奶] tànǎinai ㄉㄚˋㄋㄞˇㄋㄞ 마나님.

[大男] tà'nán ㄉㄚˋㄋㄢˊ 성년이 된 남자.

[大鬧] tànào ㄉㄚˋㄋㄠˋ ①매우 시끄럽다. ②많은 사람이 대대적으로 행하다.

[大腦門兒] tà'nǎomênrh ㄉㄚˋㄋㄠˇㄇㄣˊㄦ ①매우 권세가 있는 사람. ②⇨大腦崩子.

[大腦崩子] ta'nǎopêngtzū ㄉㄚˋㄋㄠˇㄅㄥㄗ 이마가 넓은 사람.

[大年] tànién ㄉㄚˋㄋㄧㄢˊ ①고령. 노년(老年). ②연말에서 정월까지의 시기. 「一三十 ; 12월 30일」「一初一 ; 정월 초하루」

[大娘] tàniāng ㄉㄚˋㄋㄧㄤˊ ①비교적 나이가 많은 부인을 부르는 말. ②큰 어머니.

[大年底下] tàniéntǐhsia ㄉㄚˋㄋㄧㄢˊㄉㄧˇㄒㄧㄚ 연말. 세밑. 세모.

[大年夜] tàniényèh ㄉㄚˋㄋㄧㄢˊㄧㄝˋ 섣달 그믐날 밤.

[大把] tàpǎ ㄉㄚˋㄅㄚˇ ①한 주먹 잔뜩. 쥔 손에서 넘칠 정도로. ②모두. 송두리째.

[大白天] tàpáit'ien ㄉㄚˋㄅㄞˊㄊㄧㄢ 대낮. 백주(白晝).

[大伯子] tàpǎitzū ㄉㄚˋㄅㄞˇㄗ 남편의 형. 시아주버니.

[大班] tàpān ㄉㄚˋㄅㄢ 외국 상사(商社)의 지배인.

[大半(兒)] tàpàn(rh) ㄉㄚˋㄅㄢˋ(ㄦ) ①대부분. 태반. ②대체로.

[大帮] tàpāng ㄉㄚˋㄅㄤ 대군(大群). 대량. 「一人 ; 많은 사람」

[大棒政策] tàpàng chêngts'ê ㄉㄚˋㄅㄤˋㄓㄥˋㄘㄜˋ 위협 정책.

[大半天] tàpànt'iēn ㄉㄚˋㄅㄢˋㄊㄧㄢ ①긴 시간. ②한나절.

[大報] tàpào ㄉㄚˋㄅㄠˋ 일류 신문(一流新聞). (타블로이드판이 아닌)대형의 신문.

[大包大攬] tàpāo-tālǎn ㄉㄚˋㄅㄠㄉㄚˋㄌㄢˇ 완전히 책임을 지다. ＝一手承當.

[大包小攬] tàpāo-hsiǎolǎn ㄉㄚˋㄅㄠㄒㄧㄠˇㄌㄢˇ 크고 작은 모든 일을 다 떠맡다.

[大北風] tàpěifēng ㄉㄚˋㄅㄟˇㄈㄥ 심한 북풍. ＝老北風.

[大批] tàp'ī ㄉㄚˋㄆㄧ 대군(大群). 대량. 「一貨 ; 대화물」

[大兵] tàpīng ㄉㄚˋㄅㄧㄥ ①병사. ②군대. ③많은 군대. ④큰 싸움.

[大餅] tàping ㄉㄚˋㄅㄧㄥˇ 밀가루를 반죽하여 크고 둥글게 구운 떡.

[大白] tàpó ㄉㄚˋㄅㄛˊ ①술잔. ②진상(眞相)이 완전히 명백해지다.

[大伯] tàpó ㄉㄚˋㄅㄛˊ ①남편의 형. 아주버니. ②중년(中年) 이상의 남자에게 친밀감을 나타내는 호칭.

[大撥兒] tàpōrh ㄉㄚˋㄅㄛㄦ 대량(大量). 큰 무더기.

[大破大立] tàp'òtàlì ㄉㄚˋㄆㄛˋㄉㄚˋㄌㄧˋ 묵은 것을 파기하고,새 것을 크게 일으키다.

[大布] tàpù ㄉㄚˋㄅㄨˋ 조포(粗布). 올이 굵은 피륙.

[大不了] tàpuliǎo ㄉㄚˋㄅㄨㄌㄧㄠˇ ①크게 될 까닭이 없다. ②대수롭지 않다.

[大譜兒] tàp'ǔrh ㄉㄚˋㄆㄨˇㄦ 대개.

[大嫂] tàsǎo ㄉㄚˋㄙㄠˇ ①형수. 아주머니. ②비교적 젊은 부인에 대한 호칭.

[大撒巴掌兒] tàsāpāchangrh ㄉㄚˋㄙㄚㄅㄚㄓㄤㄦ 방임하다. 아무런 생각도 않고 일을 하다.

[大廈] tàshà ㄉㄚˋㄕㄚˋ 빌딩.

[大殺風景] tàshāfēngchǐng ㄉㄚˋㄕㄚㄈㄥㄐㄧㄥˇ 크게 흥취를 깨뜨리다.

[大衫] tàshān ㄉㄚˋㄕㄢ 소매까지 있는 중국식 홑적삼. ＝大褂兒.

[大少] tàshào ㄉㄚˋㄕㄠˋ 고용인을 많이 거느리거나 일가 친척이 많은 사람의 장남이나,또는 남자 아이를 높이거나 아첨하여 부르는 말. 도련님.

[大聲疾呼] tàshēngchīhū ㄉㄚˋㄕㄥㄐㄧˊㄏㄨ 큰소리로 말에 힘을 주어 부르다.

[大嬸兒] tàshěnrh ㄉㄚˋㄕㄣˇㄦ ①큰 숙모. ②자기의 부모보다 나이가 적은 부인에 대한 일반적인 호칭.

[大舌頭] tàshét'ou ㄉㄚˋㄕㄜˊㄊㄡ 혀가 길어 발음이 똑똑하지 못함.

[大師] tàshīh ㄉㄚˋㄕ ①중의 존칭. ②대가.

[大事] tàshìh ㄉㄚˋㄕˋ ①큰일 : 흔히 혼례나 장례를 말함. ② 크게… 하다. 「一宣傳 ; 크게 선전하다」

[大師傅] tàshihfu ㄉㄚˋㄕㄈㄨ ①요리사. 쿡. ②tàshīfu 중에 대한 존칭. 스님.

[大失所望] tàshīh sǒwàng ㄉㄚˋㄕㄙㄨㄛˇㄨㄤˋ 몹시 실망하다.

[大是大非] tàshìhftàfēi ㄉㄚˋㄕˋㄉㄚˋㄈㄟ ①확실한 시(是)·비(非)·정(正)·오(誤). ②크게 다투는 일. 큰 시비.

[大手大脚] tàshǒu-tàchiǎo ㄉㄚˋㄕㄡˇㄉㄚˋㄐㄧㄠˇ ①돈을 함부로 쓰는 모양. ②손이 크다. 인심이 후하다. ③성격이 대범하고 걸걸하다. ④ 침착하지 못하다.

[大暑] tàshǔ ㄉㄚˋㄕㄨˇ 대서: 절기(節氣)의 하나.

[大水沖不了龍王廟] tàshuǐ ch'ūngpuliǎo lúngwángmiào ㄉㄚˋㄕㄨㄟˇㄔㄨㄥㄅㄨㄌㄧㄠˇㄌㄨㄥˊㄨㄤˊㄇㄧㄠˋ 큰물도 용왕(龍王)의 궁에는 침입하지 않는다. 동지(同志)를 치지는 않는다.

[大書特書] tàshū-t'êshū ㄉㄚˋㄕㄨㄊㄜˋㄕㄨ

ㄨ 대서 특필하다.

[大肆] tàssŭ ㄉㄚˋㄙˋ 제 멋대로. 「一掠奪；난폭하게 약탈하다」

[大四合] tàssŭhó ㄉㄚˋㄙˋㄏㄜˊ 가운데 정원을 중심으로 하여 동서남북에 세워져 있는 집. ＝大四合房.

[大蒜] tàsuàn ㄉㄚˋㄙㄨㄢˋ ①밑둥이 큰 마늘. ②마늘. .

[大大(地)] tàtà(tê) ㄉㄚˋㄉㄚˋ(ㄉㄜ) 크게 몹시. 굉장히.

[大大小小] tàtàhsiáohsiăo ㄉㄚˋㄉㄚˋㄒㄧㄠˊㄒㄧㄠˇ 크고 작은 것이 뒤섞이다. 「一十幾個房間；대소 수십 칸의 방」

[大帶小] tàtàihsiăo ㄉㄚˋㄉㄞˋㄒㄧㄠˇ 큰 공장에 그 일을 보조하는 작은 공장을 부설하는 일.

[大大咧咧] tàtaliēhliēh ㄉㄚˋㄉㄚㄌㄧㄝㄌㄧㄝ ①멍청히 하고 있는 모양. 무심한 모양. ②＝大模大樣.

[大大落落兒] tàtalòlòrh ㄉㄚˋㄉㄚㄌㄨㄛˋㄌㄨㄛˋㄦ 대범한 모양.

[大膽] tàtăn ㄉㄚˋㄉㄢˇ ①대담하다. 「一兒；대담한 사람」 ②돼먹지 않다. 괘씸하다.

[大道] tàtào ㄉㄚˋㄉㄠˋ ①큰 길. 가로(街路). ②간선 도로.

[大纛旗] tàtàoch'í ㄉㄚˋㄉㄠˋㄑㄧˊ 군기(軍旗).

[大刀闊斧] tàtāo-k'uòfŭ ㄉㄚˋㄉㄠㄎㄨㄛˋㄈㄨˇ ①큰칼을 휘두르다. ②일을 하는데 기백이 있다.

[大踏步] tàt'àpù ㄉㄚˋㄊㄚˋㄅㄨˋ 서슴지 않고 활보하는 모양. 성큼성큼. 「一走進來了；성큼성큼 들어왔다」

[大抵] tàtĭ ㄉㄚˋㄉㄧˇ ①대개. ②대저. 무릇.

[大提琴] tàt'ích'ín ㄉㄚˋㄊㄧˊㄑㄧㄣˊ 첼로: 악기의 하나.

[大天] tàt'iēn ㄉㄚˋㄊㄧㄢ 제일 좋은 것. 가장 좋은 것. 「說出一來也不行；아무리 좋은 말을 해도 소용 없다」

[大天亮] tàt'iēnliàng ㄉㄚˋㄊㄧㄢㄌㄧㄤˋ 완전히 날이 밝아질 무렵. 먼동이 틀 무렵.

[大天白日] tàt'iēnpáijih ㄉㄚˋㄊㄧㄢㄅㄞˊㄖˋ 대낮. 백주.

[大典] tàtiĕn ㄉㄚˋㄉㄧㄢˇ ①큰 제전(祭典). ②큰 법전(法典).

[大殿] tàtièn ㄉㄚˋㄉㄧㄢˋ 본당(本堂). 몸채.

[大地方] tàtìfang ㄉㄚˋㄉㄧˋㄈㄤ ①농촌에서 본 도회지. ②큰 도시. 대도시(大都市).

[大題小做] tàt'íhsiăotsò ㄉㄚˋㄊㄧˊㄒㄧㄠˇㄗㄨㄛˋ 큰 문제를 적은 사건으로 취급하여 처리하다. 가래로 막을 일을 호미로 막다.

[大廳] tàt'īng ㄉㄚˋㄊㄧㄥ 넓은 호올. 대「청.

[大胤] tàtĭng ㄉㄚˋㄉㄧㄥˇ 물구나무 서기. ＝大頂.

[大庭廣衆] tàt'íng-kuăngchùng ㄉㄚˋㄊㄧㄥˊㄍㄨㄤˇㄓㄨㄥˋ 사람이 많은 공개(公開) 장소.

[大體上] tàt'ĭshang ㄉㄚˋㄊㄧˇㄕㄤ 대체로. 대략.

[大敵當前] tàtí tangch'ién ㄉㄚˋㄉㄧˊ ㄉㄤㄑㄧㄢˊ 눈앞에 대적(大敵)을 두다. 대적이 앞에 닥치다.

[大多數] tàtōshù ㄉㄚˋㄉㄨㄛㄕㄨˋ 대다수.

[大頭] tàt'óu ㄉㄚˋㄊㄡˊ ①어리석은 호인. 좋은 봉. ②옛 은화(銀貨)의 하나. ③tàt'óurh 책임자. 보스. 두목.

[大頭針兒] tàt'óuchēnrh ㄉㄚˋㄊㄡˊㄓㄣㄦ 핀(pin).

[大頭菜] tàt'óuts'ài ㄉㄚˋㄊㄡˊㄘㄞˋ 〈植〉 순무: 무우의 일종.

[大頭魚] tàt'óuyú ㄉㄚˋㄊㄡˊㄩˊ 〈動〉도미.

[大菜] tàts'ài ㄉㄚˋㄘㄞˋ 서양 요리. ＝大餐.

[大財主] tàts'áichu ㄉㄚˋㄘㄞˊㄓㄨ 큰 부자. 대재벌(大財閥).

[大材小用] tàts'áihsiăoyùng ㄉㄚˋㄘㄞˊㄒㄧㄠˇㄩㄥˋ ①인재(人材)를 부적당하게 배치하여 쓸모 없이 만들다. ②좋은 재료를 아깝게 써 버리다.

[大餐] tàts'ān ㄉㄚˋㄘㄢ ①서양 요리. ＝大菜. ②보통 때와 다른 좋은 음식. 성찬(盛饌).

[大草包] tàts'ăopāo ㄉㄚˋㄘㄠˇㄅㄠ 외양만 근사한 사람. 또는 내용이 시원치 않은 물건.

[大錯特錯] tàts'òt'èts'ò ㄉㄚˋㄘㄨㄛˋㄊㄜˋㄘㄨㄛˋ 광 쫓는 엉덩방아.

[大葱] tàts'ūng ㄉㄚˋㄘㄨㄥ 〈植〉 ①굵은 파의 일종. ②파. «山»

[大宗] tàtsūng ㄉㄚˋㄗㄨㄥ 가장 중대한. 큰 무더기의.

[大都] tàtū ㄉㄚˋㄉㄨ 대체(大體)로. 대강. 「成績一不錯；성적은 대체로 좋다」

[大度] tàtù ㄉㄚˋㄉㄨˋ 도량이 크다. 「一包容；도량이 넓고 포용력이 있다」

[大肚] tàtù ㄉㄚˋㄉㄨˋ ①큰 배(腹). 「一漢；대식가(大食家)」 ②말의 뱃대 끈.

[大緞(子)] tàtuàn(tzū) ㄊㄚˋㄉㄨㄢˋ(ㄗ) 공단의 상등품.

[大腿] tàt'ui ㄉㄚˋㄊㄨㄟˇ 넓적다리.

[大洞] tàtùng ㄉㄚˋㄉㄨㄥˋ 큰 굴.

[大動脈] tàtùngmài ㄉㄚˋㄉㄨㄥˋㄇㄞˋ ①대동맥. ②중요한 교통로.

[大字報] tàtzūpào ㄉㄚˋㄗㄅㄠˋ 신문. 벽보. ＝壁報.

[大慈大悲] tàtz'ū-tàpēi ㄉㄚˋㄘ ㄉㄚˋㄅㄟ 매우 자비심이 깊다. 대자대비하다.

[大晚上] tàwănshang ㄉㄚˋㄨㄢˇㄕㄤ 밤 늦게. 한밤중에.

[大爲] tàwéi ㄉㄚˋㄨㄟˊ 크게. 대단하게. 「一加強；대폭 강화하다」

[大洋] tàyáng ㄉㄚˋㄧㄤˊ ①대양. 큰 바다. ②옛날의 일원짜리 은화(銀貨).

[大搖大擺] tàyáo-tàpăi ㄉㄚˋㄧㄠˊ ㄉㄚˋㄅㄞˇ 의기 양양한. 제가 젠체하는.

[大爺] tàyéh ㄉㄚˋㄧㄝˊ ① 가족중의 나이 많은 남자 어른에 대한 존칭. ②나리: 하인이 주인을 부르는 말. ③아이들이 어른을 부르는 말. ④tàyeh 백부(伯父).

[大烟] tàyēn ㄉㄚˋㄧㄢ 아편.

[大雁] tàyèn ㄉㄚˋㄧㄢˋ 기러기.

[大言不慚] tàyén pùts'án ㄉㄚˋㄧㄢˊ ㄅㄨˋㄘㄢˊ 큰소리 치고 부끄러워하지 않다.

[大有見地] tàyŭ chièntì ㄉㄚˋㄧㄡˇ ㄐㄧㄢˋㄉㄧˋ 탁월한 견해를 갖다.

[大約] tàyüēh ㄉㄚˋㄩㄝ ①(수량에 대한) 대략. 「一有五十個；50개 가량 있다」②

아마.「一今天回不來；아마 오늘은 못 돌아올 것이다」
[大月] tàyüèh ㄉㄚˋㄩㄝˋ 큰 달. 하루가 더 있는 달. =大建.
[大躍進] tàyüèhchìn ㄉㄚˋㄩㄝˋㄐㄧㄣˋ 비약적인 발전. 대약진.
[大有可爲] tàyŭkŏwéi ㄉㄚˋㄧㄡˇㄎㄜˇㄨㄟˊ ①크게 이룬 바가 있다. ②할 여지가 남아 있다. ③전도가 매우 유망하다.
[大有年] tàyŭnién ㄉㄚˋㄧㄡˇㄋㄧㄢˊ 풍작(豊作)인 해. 풍년.
〔咑〕 tà ㄉㄚˋ 말·당나귀·노새 따위를 걸어가도록 지르는 소리 : 이러!

T'A ㄊㄚ

〔它〕(牠) t'ā ㄊㄚ, t'ō 그것 : 대명사 "他"가 사물을 가리킬 때 이 글자를 씀
[它們] t'āmên ㄊㄚㄇㄣ 그것들. 그들.
〔他〕 t'ā ㄊㄚ ①3인칭의 대명사 : 그 사람, 그 여자, 그것 : 현대는 남성에만 사용되고 여성은"她", 사물은"它"로 구분해 씀. ②t'ō 다른. 다른 것의.「一鄕 ; 타향」
[他人瓦上霜] t'ājĕn wăshang shuāng ㄊㄚㄖㄣˊ ㄨㄚˇㄕㄤ ㄕㄨㄤ 다른 사람의 일. 남의 일.「把這件事看成一 ; 이 일을 마치 남의 일처럼 간주하다」
[他故] t'ākù ㄊㄚㄍㄨˋ, t'ōkù 다른 의미. 다른 이유.
[他老] t'ālăo ㄊㄚㄌㄠˇ 저 분. 저 어른 : "他"의 경칭.
[他媽的] t'āmātê ㄊㄚㄇㄚㄉㄜ 짐승만도 못한 놈. 개 자식 같은 놈. 더러운 놈. «罵»
[他們] t'āmên ㄊㄚㄇㄣ 그네들.「一倆 : 그들 두 사람」
[他爹] t'ātiēh ㄊㄚㄉㄧㄝ 부인이 자기의 남편을 부르는 말.
[他往] t'ōwăng ㄊㄨㄛㄨㄤˇ 딴 데로 가다. 다른 곳으로 가다.
〔她〕 t'ā ㄊㄚ 3 인칭의 대명사 : 그녀. 「그 여자.
[她們] t'āmên ㄊㄚㄇㄣ 그녀들. 그 여자들.
〔趿〕 t'ā ㄊㄚ
[趿拉] t'āla ㄊㄚㄌㄚ ①신을 발끝에 걸치고 질질 끌다.「一着一雙舊布鞋 ; 낡은 헝겊신을 걸치고 있다」②t'ālarh 슬리퍼(slipper).
〔溻〕 t'ā ㄊㄚ 땀이 배서 의복이 축축하다.「天熱, 我的衣服都一了 ; 날씨가 더워서 땀이 배어 나의 의복은 죄다 젖었다」
〔塌〕 t'ā ㄊㄚ ①구멍 속에 빠지다. 무너지다. 붕괴하다.「房頂子一了 ; 지붕이 무너지다」「兩腮都一下去 ; 두 볼이 움폭 들어가다」②아래로 늘어뜨리다.「垂頭一翼 ; 머리를 드리우고 날개를 늘어뜨리다」
[塌架] t'āchià ㄊㄚㄐㄧㄚˋ ①집이 무너지다. ②사업에 실패하다.
[塌欠] t'āch'ièn ㄊㄚㄑㄧㄢˋ 결손(缺損).
[塌方] t'āfāng ㄊㄚㄈㄤ (공사나 토양 따위가) 붕괴하다.
[塌陷] t'āhsièn ㄊㄚㄒㄧㄢˋ 푹 꺼지다. 함몰하다.
[塌火] t'āhuŏ ㄊㄚㄏㄨㄛˇ (탄환 따위가) 발화되지 않다.
[塌窟窿] t'ā k'ūlung ㄊㄚ ㄎㄨㄌㄨㄥ 빚을 지다. 차재(借財)를 하다.
[塌鼻梁] t'āpíliáng ㄊㄚㄅㄧˊㄌㄧㄤˊ 납작한 코. 뭉툭한 코.
[塌實] t'āshih ㄊㄚㄕ ①견고하다. 단단하다. ②침착하다. 안정(安靜)하다.
[塌臺] t'āt'ái ㄊㄚㄊㄞˊ 실패하다. 엉망이 되다.
[塌地] t'ātì ㄊㄚㄉㄧˋ 평탄한 발.
[塌壓] t'āyā ㄊㄚㄧㄚ 무너져 덮치다.
[塌秧兒] t'āyāngrh ㄊㄚㄧㄤㄦ ①풀이나 꽃이 시들어 마르다. ②(실패하여) 깊이 낙심하다.
[塌腰] t'āyāo ㄊㄚㄧㄠ 허리를 낮추다.
〔踏〕 t'ā ㄊㄚ ⇨t'à.
[踏實] t'āshih ㄊㄚㄕ 착실하다. 안정(安定)하다.「他做工作很一 ; 그는 일을 참 착실히 한다」
〔褟〕 t'ā ㄊㄚ 레이스(lace)를 달다.
〔塔〕 t'ă ㄊㄚˇ ①(사원의)탑. ②탑 모양으로 생긴 물건.「水一 ; 급수탑 (給水塔)」
[塔灰] t'ăhuī ㄊㄚˇㄏㄨㄟ 천장에서 늘어진 그을음. 천장에서 늘어진 먼지.
[塔座兒] t'ătsòrh ㄊㄚˇㄗㄨㄛˋㄦ 탑의 밑부분.
〔溚〕 t'ă ㄊㄚˇ 타르(tar). «譯» "焦油"라고도 함. 코울타르.「木一 ; 나무를 건류(乾溜)할 때 생기는 갈색 또는 흑색의 끈적끈적한 액체. 나무 타르」「煤一 ; 코울타르」
〔獺〕 t'ă ㄊㄚˇ 〈動〉 수달.
[獺祭] t'ăchì ㄊㄚˇㄐㄧˋ 문장을 만드는 데 여러 가지 고사(故事)나 출전(出典)에 있는 말을 늘어 놓다.
〔拓〕(搨) t'à ㄊㄚˋ 비석 등의 그림이나 글을 종이를 대고 박아 내다. 탑본(搨本)하다. ⇨t'ŏ.
[拓片] t'àp'ièn ㄊㄚˋㄆㄧㄢˋ 탁본(拓本)한 종이. 탑본.
〔沓〕 t'à ㄊㄚˋ 많다. 겹치다.「雜一 ; 혼란(混亂)하다」
〔嗒〕 t'à ㄊㄚˋ 「一然 ; 실망(失望)한 모양」「一然若失 ; 무엇을 잃은 것처럼 낙심하다」「一喪 ; 낙망하다. 맥이 풀리다」 ⇨t'ā.
〔榻〕 t'à ㄊㄚˋ 침대.
〔遝〕 t'à ㄊㄚˋ 다다르다.「雜一 ; 혼잡하다」
〔踏〕 t'à ㄊㄚˋ ①밟다.「脚一着大地 ; 발은 대지를 딛고 있다」②스스로 현장

•(現場)으로 나가다.「一看 ; 답사하다」
[踏脚] t'àchiǎo ㄊㄚˋㄐㄧㄠˇ 제자리 걸음. 답보(踏步). 제자리 걸음을 하다.
[踏進] t'àchìn ㄊㄚˋㄐㄧㄣˋ 밟고 가다. 디디고 들어 서다. 나아가다.
[踏青] t'àch'īng ㄊㄚˋㄑㄧㄥ 봄철에 교외로 산책가는 일 : 전에는 청명절(清明節)을 "踏青日"이라고 하였음.
[踏勘] t'àk'ān ㄊㄚˋㄎㄢ 실지(實地)를 조사하다. 현장을 검사하다.
[踏板兒] t'àpǎnrh ㄊㄚˋㄅㄢˇㄦ ①발판. ②밑에 까는 널판대기. ③배의 판자벽에 붙은 널빤지. ④침대에 오르내리는 조그마한 발판.
[踏步不前] t'àpù pùch'ién ㄊㄚˋㄅㄨˋ ㄅㄨˋㄑㄧㄢˊ 제자리 걸음만 하고 나아가지 않다.

〔澾〕 t'à ㄊㄚˋ (길이) 미끄럽다.

〔撻〕 t'à ㄊㄚˋ (회초리나 작대기로 사람을) 때리다.

〔鰨〕 t'à ㄊㄚˋ 〈動〉 넙치 : 근해의 모래나 개펄에 사는 가자미과의 물고기.

TAI ㄉㄞ

〔呆〕(獃) tāi ㄉㄞ ①어리석다. 바보다. ②멍청하다. 눈치가 없다. 힘이 없다.「兩眼發一 ; 두 눈이 멍청하다」
[呆帳] tāichàng ㄉㄞㄓㄤˋ ①대출 미수금(貸出未收金). ②계정상(計定上)의 부족액. ③결손(缺損) 보다.
[呆氣] tāich'ì ㄉㄞㄑㄧˋ ①멍청한 태도. 무기력한 태도. ②바보스럽다.
[呆滯] tāichìh ㄉㄞㄓˋ ①(표정·행동이) 활발하지 못하다. 둔하다. ②정체되다. 유통되지 않다.「資金一 ; 자금이 정체되다」
[呆信] tāihsìn ㄉㄞㄒㄧㄣˋ 덮어 놓고 믿다. 맹신(盲信)하다.
[呆若木鷄] tāijòmùchī ㄉㄞㄖㄨㄛˋㄇㄨˋㄐㄧ 나무로 만든 닭처럼 무표정하다. 멍하니 정신을 잃거나 놀랐을 때의 형용.
[呆磕磕的] tāik'ōk'ōtê ㄉㄞㄎㄜㄎㄜㄉㄜ 멍청한 모양. 어리둥절한 모양.
[呆料] tāiliào ㄉㄞㄌㄧㄠˋ ①남은 재료. ②〈動〉 재료를 낭비하다. ③바보. «罵»
[呆板] tāipǎn ㄉㄞㄅㄢˇ, āipǎn ①무표정하다. ②한결같다. ③융통성이 없다.＞呆呆板板.
[呆笨] tāipèn ㄉㄞㄅㄣˋ 어리석다. 머리가 둔하다. ＝呆呆笨笨.
[呆呆地] tāitāitê ㄉㄞㄉㄞㄉㄜ 멍청하게. 무표정하게.
[呆頭呆腦] tāit'óu-tāinǎo ㄉㄞㄊㄡˊㄉㄞㄋㄠˇ 멍청한. 머리가 우둔한. 약삭빠르지 못한.
[呆子] tāitzǔ ㄉㄞㄗ 바보. 어리석은 사람.

〔呔〕 tāi ㄉㄞ 난폭하게 남을 불러 주의(注意)를 환기시키는 말 : 이놈아. 야!

〔待〕 tāi ㄉㄞ 체류하다. ⇨tài.
[待會兒] tāihuìrh ㄉㄞㄏㄨㄟˇㄦ 잠시 후에. 얼마 동안만 있으면.「一他一定來 ; 잠시 기다리면 그는 꼭 옵니다」
[待不住] tāipuchù ㄉㄞㄅㄨㄓㄨˋ 오랫동안 한 곳에 머물지 못하다. 가만히 있지 못하다.
[待不了] tāipuliǎo ㄉㄞㄅㄨㄌㄧㄠˇ (한 곳에) 머물지 못하다. 오랫동안 있을 수 없다.

〔歹〕 tǎi ㄉㄞˇ 나쁜. 비뚤어진.「一人 ; 악인」
[歹處] tǎich'u ㄉㄞˇㄔㄨ 결점. 단점.
[歹心] tǎihsīn ㄉㄞˇㄒㄧㄣ 나쁜 마음. 악심(惡心).
[歹話] tǎihuà ㄉㄚˇㄏㄨㄚˋ ①나쁜 이야기. 좋지 않은 일에 대한 이야기. ②욕.
[歹意] tǎiì ㄉㄞˇㄧˋ 남을 해치려는 마음씨.
[歹人] tǎijén ㄉㄞˇㄖㄣˊ 악인(惡人).
[歹念頭] tǎinièn t'ou ㄉㄞˇㄋㄧㄢˋㄊㄡ 나쁜 생각.「懷一 ; 나쁜 생각을 품다」
[歹毒] tǎitú ㄉㄞˇㄉㄨˊ (마음씨가) 음흉하다. 검다.
[歹徒] tǎit'ú ㄉㄞˇㄊㄨˊ 악당(惡黨).

〔逮〕 tǎi ㄉㄞˇ 잡다. 체포하다.「一老鼠 ; 쥐를 잡다」⇨tài.
[逮着] tàichê ㄉㄞˋㄓㄜ ①체포하다. ②발견하다. 찾아 내다.「他一什麼, 吃什麼 ; 그는 찾아낸 것은 무엇이든지 먹는다」
[逮住] tàichu ㄉㄞˋㄓㄨ 붙잡다.
[逮理] tàilǐ ㄉㄞˋㄌㄧˇ 이유를 붙이다. 이유를 만들다.

〔大〕 tài ㄉㄞˋ ⇨tà.
[大夫] tàifu ㄉㄞˋㄈㄨ 의사(醫師). ＝醫生.

〔代〕 tài ㄉㄞˋ ①대리(代理)하다. 대신하다.「一替 ; 대리하다」②세대. 시대.「古一 ; 고대」
[代茶] tàich'á ㄉㄞˋㄔㄚˊ 신랑집에서 신부집으로 보내는 결혼 준비금.
[代拆代行] tàich'āi-tàihsíng ㄉㄞˋㄔㄞㄉㄞˋㄒㄧㄥˊ 피대리자(被代理者)와 같은 권한을 가지고 대리하다.
[代賬] tàichàng ㄉㄞˋㄓㄤˋ 지불할 금액을 다른 것으로 대충하다.「首飾一 ; 패물로 계산을 대봉하다」
[代付] tàifù ㄉㄞˋㄈㄨˋ ①(어떤 금액) 대신으로 지불하다. ②입체하다.
[代號(兒)] tàihào(rh) ㄉㄞˋㄏㄠˋ(ㄦ) ①부호(符號). ②부호로 하다.
[代銷] tàihsiāo ㄉㄞˋㄒㄧㄠ 대리 판매하다.「一店 ; 대리 판매점」
[代耕] tàikēng ㄉㄞˋㄍㄥ ①남을 대신하여 경작하다. ②농사를 짓지 않고 다른 방법으로 생활하다.
[代管] tàikuǎn ㄉㄞˋㄍㄨㄢˇ 대신 관리하다. 대신 돌보아 주다.
[代款] tàik'uǎn ㄉㄞˋㄎㄨㄢˇ 돈에 대용(代用)하다.「郵票一 ; 우표 대용」
[代勞] tàiláo ㄉㄞˋㄌㄠˊ ①대신으로 일을 하다. ②수고를 해 주셨읍니다. «人»
[代理] tàilǐ ㄉㄞˋㄌㄧˇ ①대리(代理)하다. ②대리인.

[代領] tàilǐng ㄉㄞˋㄌㄧㄥˇ 대리로 영수하다.
[代辦] tàipàn ㄉㄞˋㄅㄢˋ ①대신하여 행하다. ②대리하다.
[代庖] tàip'áo ㄉㄞˋㄆㄠˊ 남을 대신하여 일하다.
[代筆] tàipǐ ㄉㄞˋㄅㄧˇ 대필(代筆)하다.
[代表] tàipiǎo ㄉㄞˋㄅㄧㄠˇ ①대표자. ②대표하다.
[代步] tàipù ㄉㄞˋㄅㄨˋ 보행(步行)에. 대신하다. 「用自行車一; 걷는 대신으로 자전거를 이용하다」
[代收] tàishōu ㄉㄞˋㄕㄡ 대리로 영수하다.
[代電] tàitièn ㄉㄞˋㄉㄧㄢˋ 표현이 간략한 전문식(電文式) 공문.
[代詞] tàitz'ǔ ㄉㄞˋㄘˊ ①명사・수사・동사・형용사・부사에 대신하는 품사. ②대명사.
[代字] tàitzǔ ㄉㄞˋㄗˋ =代詞②.
[代言人] tàiyénjěn ㄉㄞˋㄧㄢˊㄖㄣˊ 대변자(代辯者).

〔待〕 tài ㄉㄞˋ ①기다리다. 「一機; 기회를 기다리다」 ②… 하려고 하다: 구소설 따위에 흔히 쓰이는 말. 「正一出門, 有了來了; 마침 문을 나서려고 할 때, 어떤 사람이 왔다」 ③대우하다.(사람을) 대하다. 「大家一我太好了; 모두가 나에게 대해서 잘 해 줬다」 ⇨tāi.
[待茶] tàich'á ㄉㄞˋㄔㄚˊ 차(茶)를 대접하다.
[待查] tàich'á ㄉㄞˋㄔㄚˊ 조사를 기다리다. 조사를 요하다.
[待產] tàich'ǎn ㄉㄞˋㄔㄢˇ 산파가 아이 낳기를 기다리다.
[待承] tàich'êng ㄉㄞˋㄔㄥ 대우하다. 돌보아 주다.
[待價] tàichià ㄉㄞˋㄐㄧㄚˋ 적당한 값이 되기를 기다려서 팔다.
[待見] tàichien ㄉㄞˋㄐㄧㄢ 귀여워하다. 특히 돌보다.
[待人接物] tàijěn-chiēhwù ㄉㄞˋㄖㄣˊ ㄐㄧㄝ ㄨˋ 사물을 접하는 태도. 「一很謹愼; 사물을 대하는 태도가 몹시 조심성이 있다」
[待考] tàik'ǎo ㄉㄞˋㄎㄠˇ 고려(考慮)를 기다리다. 생각을 요(要)하다.
[待客] tàik'ò ㄉㄞˋㄎㄜˋ 손님을 대접하다. 「這菜是預備一的; 이 음식은 내빈용으로 준비한 것이다」
[待料] tàiliào ㄉㄞˋㄌㄧㄠˋ 원료가 오기를 기다리다.
[待理不理] tàilǐ pùlǐ ㄉㄞˋㄌㄧˇ ㄅㄨˋㄌㄧˇ 상대하는 둥 마는 둥 하다. 별로 상대하지 않다.
[待斃] tàipì ㄉㄞˋㄅㄧˋ 죽음을 기다리다.
[待時費] tàishíhfèi ㄉㄞˋㄕˊㄈㄟˋ 대기료(待機料).
[待說不說] tàishuō pùshuō ㄉㄞˋㄕㄨㄛ ㄅㄨˋㄕㄨㄛ 말을 꺼내다가 그치다. 말을 망설이다.
[待旦] tàitàn ㄉㄞˋㄉㄢˋ 날이 밝기를 기다리다.
[待到] tàitào ㄉㄞˋㄉㄠˋ … 하기에 이르러. … 하고 보니까. =等到.
[待搭不理] tàitā pùlǐ ㄉㄞˋㄉㄚ ㄅㄨˋㄌㄧˇ =待理不理.
[待作不作] tàitsò pútsò ㄉㄞˋㄗㄨㄛˋ ㄅㄨˊㄗㄨㄛˋ 망설이다. 하려다가 말다.
[待要] tàiyào ㄉㄞˋㄧㄠˋ … 하려고 하다. 「一回家, 可沒有車費; 집으로 돌아가려 하나 차비가 없다」

〔玳〕 tài ㄉㄞˋ
[玳瑁] tàimào ㄉㄞˋㄇㄠˋ 〈動〉 대모: 거북의 한 가지.

〔帶〕(帯) tài ㄉㄞˋ ①「一子・一兒; 띠・벨트・끈・리본 따위」 ②타이어. 「裡一; 튜우브」 ③지대(地帶). 구역. 「寒一; 한대」 ④나타내다. 띠다. 「面一笑容; 얼굴에 웃음을 띠다」 ⑤통솔하다. 이끌다. 선두에 서다. 「一路; 길을 안내하다」 ⑥몸에 지니다. 휴대하다. 달다. 가지다. 「胸前一着大花; 가슴에 큰 꽃을 달고 있다」 ⑦… 하는 김에 ∽하다. … 에 잇대어 … 하다. 「給他一個口信去; 그가 가는 편에 말을 전하다」
[帶案] tàiàn ㄉㄞˋ ㄢˋ 사건으로 법정에 소환하다.
[帶勁(兒)] tàichìn(rh) ㄉㄞˋㄐㄧㄣˋ(ㄦ) ①멋지다. 훌륭하다. 「他寫的字眞一; 저 사람의 글씨는 참으로 훌륭하다」 ② 기운차다. 힘이 있다. 「年輕人做工作是越幹越一; 젊은이는 일을 하면 할수록 기운이 난다」 ③치열해지다. 기분이 드높아지다. ④재미 있다. 「這出戲演的眞一; 이 연극은 참으로 재미 있다」 ⑤연구 기술이 깊은 경지에 이르다. 틀에 박히다. 「他做的木匠活兒到還一!; 그가 하는 목수 일이 이젠 틀에 박히다」
[帶鋸] tàichǜ ㄉㄞˋㄐㄩˋ 띠톱. 대거.
[帶住] tàichù ㄉㄞˋㄓㄨˋ 중지하다. 멈추다.
[帶出來] tàichulai ㄉㄞˋㄓㄨㄌㄞ 띠게 되다. 나타나다. 「臉上帶出氣色來了; 얼굴에 노기(怒氣)가 나타나다」
[帶孩子] tàiháitzǔ ㄉㄞˋㄏㄞˊㄗ ①아이를 동반하다. ②아이의 뒷바라지를 하다.
[帶下] tàihsià ㄉㄞˋㄒㄧㄚˋ 〈醫〉 대하증(帶下症). =白帶・赤帶. ②오는 길에 가지고 오시오. 「務請一; 모쪼록 가지고 오십시오」
[帶孝] tàihsiào ㄉㄞˋㄒㄧㄠˋ 상(喪)을 입다.
[帶信(兒)] tàihsìn(rh) ㄉㄞˋㄒㄧㄣˋ(ㄦ) 전갈하다. 「給他帶個信兒去; 그에게 전갈하다」
[帶花] tàihuā ㄉㄚˋㄏㄨㄚ 전투에서 부상하다.
[帶話兒] tàihuàrh ㄉㄞˋㄏㄨㄚˋㄦ 전갈하다. 전언하다.
[帶回] tàihuí ㄉㄞˋㄏㄨㄟˊ 가지고 돌아가다.
[帶日下雨] tàijìh hsiàyǚ ㄉㄞˋㄖˋ ㄒㄧㄚˋ ㄩˇ 볕이 났을 때 잠깐 오다 그치는 비. 여우비.
[帶個好兒] tàikohǎorh ㄉㄞˋㄍㄜㄏㄠˇㄦ 안부를 전하다. 좋도록 전갈하다. 「你見了他; 替我一; 자네 그 사람을 만나거든 내가 안부 전하더라고 말하게」
[帶扣] tàikòu ㄉㄞˋㄍㄡˋ 허리띠 장식.
[帶累] tàilěi ㄉㄞˋㄌㄟˇ 휩쓸려들게 하다. 연루(連累)시키다.
[帶零] tàilíng ㄉㄞˋㄌㄧㄥˊ … 남짓. 「〔余〕帶點兒零; 삽십 남짓」
[帶領] tàilǐng ㄉㄞˋㄌㄧㄥˇ 인솔하다.
[帶路] tàilù ㄉㄞˋㄌㄨˋ ①통솔하다. ②지

도하다.「一人 ; 지도자」

[帶門] tàimén ㄉㄞˋㄇㄣˊ … 하는 김에 문(門)을 닫다.

[帶上] tàishang ㄉㄞˋㄕㄤ … 하는 김에 닫다.「一門 ; 잇달아 문을 닫다」

[帶式運輸機] tàishìhyǜnshūchī ㄉㄞˋㄕˋㄩㄣˋㄕㄨㄐㄧ 벨트 콘베이어. 대운반 장치(帶運搬裝置).

[帶手兒] tàishǒurh ㄉㄞˋㄕㄡˇㄦ 잇달아서. 하는 김에. 손댄 김에.

[帶水] tàishuǐ ㄉㄞˋㄕㄨㄟˇ 뱃길을 안내하다.

[帶大] tàità ㄉㄞˋㄉㄚˋ (아이를 슬하에서) 크도록 기르다.

[帶道] tàitào ㄉㄞˋㄉㄠˋ 길을 안내하다.

[帶搭不理] tàitāpùlǐ ㄉㄞˋㄉㄚㄅㄨˋㄌㄧˇ ①봐주는 둥 마는 둥. ②귀찮은 듯이. 싫어하면서

[帶動] tàitùng ㄉㄞˋㄉㄨㄥˋ ①거느리다. 작용하다. ②한 물건에 의하여 딴 것을 움직이다. ③영향을 주어 촉진시키다.

[帶頭(兒)] tàit'óu(rh) ㄉㄞˋㄊㄡˊ(ㄦ) 선두(先頭)에 서다. 지휘하다.

[帶徒弟] tàit'úti ㄉㄞˋㄊㄨˊㄉㄧ 제자에게 가르치다. 제자로 삼다.

[帶子] tàitzǔ ㄉㄞˋㄗ 끈. 띠.

[帶刺兒] tàitz'ùrh ㄉㄞˋㄘˋㄦ 말에 가시가 있다. 가시가 돋친 말을 하다.「說話別一 ; 말은 순순히 하라」

[帶有] tàiyǔ ㄉㄞˋㄧㄡˇ 몸에 지니다. 수반하고 있다.「一決定意義 ; 결정적인 의의를 띠고 있다」

[帶魚] tàiyú ㄉㄞˋㄧㄡˊ 〈動〉 갈치. =刀魚.

〔怠〕 tài ㄉㄞˋ 게으름을 피우다. 태만「하다.

[怠忽] tàihū ㄉㄞˋㄏㄨ 소홀하게 하다.

[怠荒] tàihuāng ㄉㄞˋㄏㄨㄤ 게으름을 피우고 일을 하지 않다.

[怠工] tàikūng ㄉㄞˋㄍㄨㄥ 일에 태만하다. 꾀를 부리다.

[怠慢] tàimàn ㄉㄞˋㄇㄢˋ ①소홀히 하다 ②염치 없이 실례했읍니다.《人》

[怠惰] tàitò ㄉㄞˋㄉㄨㄛˋ 게으르다. 게으름 피우다. 근면하지 못하다. > 怠怠惰惰.

〔迨〕 tài ㄉㄞˋ 미치다. 이르다. 도달하다.

〔殆〕 tài ㄉㄞˋ ①거의. 틀림 없이. 정말로.「一不可得 ; 거의 입수할 수가 없다」②위험한.「危乎一哉 ; 몹시 위험하다」

〔逮〕 tài ㄉㄞˋ ①미치다. 이르다.「力有未一 ; 힘이 아직 미치지 못한 데가 있다」② 뒤쫓아서 잡다. 잡다.「一人 ; 사람을 붙잡다」 ⇨tǎi.

〔袋〕 tài ㄉㄞˋ「一子 · 一兒 ; 자루. 주머니. 포켓」

[袋茶] tàich'á ㄉㄞˋㄔㄚˊ 작은 봉지에 넣은 차 : 그대로 끓는 물에 넣어 한 잔이 되는 분량임.

[袋裝] tàichuāng ㄉㄞˋㄓㄨㄤ 봉지에 넣다. 봉지 들이.「一花生米 ; 봉지에 넣은 땅콩」 캥거루우.

[袋鼠(兒)] tàishǔ(rh) ㄉㄞˋㄕㄨˇ(ㄦ) 〈動〉

〔貸〕 tài ㄉㄞˋ ①빌리다. 차입(借入)하다. ②(부기상의) 대변(貸邊). ③책임을 전가하다.「責無旁一 ; 스스로 책임을 지고 남에게 전가하지 않다」④용서하다. 관용하다.「對反國家分子不一 ; 반국가 분자는 용서하지 않는다」

[貸放] tàifàng ㄉㄞˋㄈㄤˋ 대출(貸出)하다.

[貸項] tàihsiàng ㄉㄞˋㄒㄧㄤˋ 대변(貸邊).

[貸款] tàik'uǎn ㄉㄞˋㄎㄨㄢˇ ①돈을 빌려주다 ② 대금(貸金).

〔黛〕 tài ㄉㄞˋ 눈썹 그리는 먹.

〔戴〕 tài ㄉㄞˋ ①(머리에) 쓰다. 얹다.「一帽子 ; 모자를 쓰다」「一花 ; 머리에 꽃을 꽂다」②(얼굴에) 착용(着用)하다.「一眼鏡 ; 안경을 쓰다」③존경하다. 숭배하다. ④성(姓)의 하나.

[戴正] tàichěng ㄉㄞˋㄓㄥˋ (모자 따위를) 똑바로 쓰다.

[戴見] tàichien ㄉㄞˋㄐㄧㄢ 귀여워하다. 보살펴 주다. =待見.「蒙您一, 謝謝 ; 보살펴 주셔서 감사합니다」

[戴高帽子(兒)] tàikāomàotzǔ(rh) ㄉㄞˋㄍㄠㄇㄠˋㄗ(ㄦ) 남의 아첨하는 말을 듣고 좋아하다. 남이 추어 준다고 좋아서 우쭐하다.

[戴勝] tàishěng ㄉㄞˋㄕㄥˋ 〈動〉 뻐꾸기.

[戴罪圖功] tàitsui t'úkūng ㄉㄞˋㄗㄨㄟˋㄊㄨˊㄍㄨㄥ 공(功)을 세워 죄를 씻다. 죄값을 하다. =戴罪立功.

[戴圓履方] tàiyüán lǚfāng ㄉㄞˋㄩㄢˊ ㄌㄩˇㄈㄤ 하늘과 땅 사이에 서다.

[戴月披星] tàiyüèh p'īhsīng ㄉㄞˋㄩㄝˋ ㄆㄧㄒㄧㄥ 밤길을 급히 가다.

T'AI ㄊㄞ

〔苔〕 t'āi ㄊㄞ 〈植〉 이끼.「舌一 ; 설태」이 외에는 t'ái. ⇨t'ái.

〔胎〕 t'āi ㄊㄞ ①태. 태아(胎兒). ②사물의 시작. 근원(根源).「禍一 : 화의 근원」③기물(器物)의 소재(素材)나 내부의 심(芯).

[胎氣] t'āich'ì ㄊㄞㄑㄧˋ 산기(產氣). 태기.「有了一 ; 임신했다」「動一 ; 태기가 있다」

[胎骸] t'āihai ㄊㄞㄏㄞ 태어날 때부터 잘못되다 : 남을 경멸하여 하는 말.

[胎裏] t'āili ㄊㄞㄌㄧ 어머니의 태내(胎內): 나면서부터라는 뜻을 나타내는 데 쓰임.「一紅 ; 나면서부터의 행복」「一富 ; 나면서부터의 부자」「一壞 ; 나면서부터 나쁘다」

〔臺〕(台①~④·檯⑤·颱⑥) t'ái ㄊㄞˊ ①사람이 올라가는 단(壇).「講一 ; 연단. 교단」②물건을 놓는, 평평한 받침틀.「蠟一 ; 촛대」③남에게 경의를 표하는 말.「一甫」④기계 따위를 세는 조수사.「一一機器 ; 한 대의 기계」⑤ 책상.「寫字一 ; 사무용 책상」⑥태풍.

[臺安] t'áiān ㄊㄞˊㄢ 안녕 : 편지의 끝에 쓰는 말.《舊》「請一 ; 건강을 빌다」

[臺祺] t'áich'í ㄊㄞˊㄑㄧˊ 행운(幸運).《書》「祝一；행운을 빌다」

[臺啓] t'áich'ǐ ㄊㄞˊㄑㄧˇ =臺鑒.

[臺祉] t'áichǐh ㄊㄞˊㄓˇ =臺祺.

[臺階兒] t'áichiēhrh ㄊㄞˊㄐㄧㄝㄦ ①계단. ②퇴로(退路).「找個一；도망갈 길을 찾다」

[臺鑒] t'áichièn ㄊㄞˊㄐㄧㄢˋ 고람(高覽).「某某先生一；모모 선생 좌하(座下)」

[臺球] t'áich'iú ㄊㄞˊㄑㄧㄡˊ 당구(撞球).

[臺鐘] t'áichūng ㄊㄞˊㄓㄨㄥ 탁상 시계. 사발 시계.

[臺柱子] t'áichùtzǔ ㄊㄞˊㄓㄨˋㄗ 극단이나 단체 따위의 중심 인물.

[臺甫] t'áifǔ ㄊㄞˊㄈㄨˇ 당신의 호나 자.「貴一?；당신의 호는 무엇입니까?」

[臺函] t'áihán ㄊㄞˊㄏㄢˊ 편지의 경칭.

[臺曆] t'áilì ㄊㄞˊㄌㄧˋ 탁상(桌上)용 달력.

[臺面(上)] t'áimièn(shàng) ㄊㄞˊㄇㄧㄢˋ(ㄕㄤˋ) ①테이블의 위. ②공개한 장소.

[臺盤] t'áip'án ㄊㄞˊㄆㄢˊ =臺面(上)②.

[臺布] t'áipù ㄊㄞˊㄅㄨˋ 테이블 보. 식탁보.

[臺步] t'áipù ㄊㄞˊㄅㄨˋ 배우가 무대 위를 걷는 일.

[臺燈] t'áitēng ㄊㄞˊㄉㄥ ①전기 스탠드. 책상 따위에 놓는 램프.

[臺田] t'áit'ién ㄊㄞˊㄊㄧㄢˊ 평지(平地)의 사방이나 양쪽에 도랑을 만들어 흙을 가운데 쌓아 올린 전답: 염분이 있는 토지나 습지대를 개량하기 위하여.

[臺子] t'áitzǔ ㄊㄞˊㄗ ①받침틀. 단(壇). ②테이블. =枱子(t'áitzǔ). 《吳》

[臺詞] t'áitz'ǔ ㄊㄞˊㄘˊ 대사: 배우가 무대에서 연극 중에 하는 말.

〔抬〕 t'ái ㄊㄞˊ ①올리다. 들어 올리다. 들다.「一起頭來；머리를 들다」 ②(값 따위를)올리다.「一價；값을 올리다」③(두 사람 이상이) 메다. (손으로) 들어 나르다.「把桌子一過一來；책상을 메고 오다」

[抬愛] t'áiài ㄊㄞˊㄞˋ 사랑하여 돌봐 주다. 생각하여 보살펴 주다.「蒙您一；잘 보살펴 주십시오」

[抬秤] t'áich'ěng ㄊㄞˊㄔㄥˊ 짐을 어깨에 메고 운반하는 저울처럼 생긴 용구: 대칭(大秤). 멜대.

[抬脚動步] t'áichiǎo-tùngpù ㄊㄞˋㄐㄧㄠˇㄉㄨㄥˋㄅㄨˋ 조금 행동하는 일.

[抬肩] t'áichien ㄊㄞˊㄐㄧㄢ 소매가 옷몸에 붙는 부분: 진동.

[抬錢] t'áich'ién ㄊㄞˊㄑㄧㄢˊ 차금(借金)하다.

[抬擧] t'áichü ㄊㄞˊㄐㄩ ①북돋우다. 일으켜 세우다. ② 이치를 못 깨닫다.

[抬杠] t'áikàng ㄊㄞˊㄍㄤˋ ①고의적으로 반대하다. 거역하다. ②논쟁을 벌리다.

[抬裉] t'áik'ěn ㄊㄞˊㄎㄣˋ 소매가 옷 몸에 잇닿는 부분의 폭.

[抬手動脚(兒)] t'áishǒu-tùngchiǎo(rh) ㄊㄞˊㄕㄡˇㄉㄨㄥˋㄐㄧㄠˇ(ㄦ) ①기거 동작(起居動作). ②행위. 하는 짓.

[抬頭] t'áit'óu ㄊㄞˊㄊㄡˊ ①머리를 들다. ②태연하게 하다.「見了人也敢一了；사람을 만나도 태연하게 있을 수 있게 되었다」③표면에 나타나다.

[抬頭兒] t'áit'óurh ㄊㄞˊㄊㄡˊㄦ ①편지 따위에서 상대편에게 경의를 표하기 위하여 공간을 두거나 혹은 줄을 바꾸는 일. ②전표나 영수증 따위에 쓰는 사인(sign).

[抬頭紋(子)] t'áit'óuwěn(tzǔ) ㄊㄞˊㄊㄡˊㄨㄣˊ(ㄗ) 이마의 주름살.

[抬腿] t'áit'uǐ ㄊㄞˊㄊㄨㄟˇ 다리를 들다: 발의 동작이 빠른 일.「一就往裏跑去了；재빨리 안으로 달려 갔다」

〔邰〕 t'ái ㄊㄞˊ 성(姓).

〔炱〕 t'ái ㄊㄞˊ 그을음. 구어 로는 "烟子"·"煤子"라고 한다.「松一；소나무의 그을음: 먹을 만들다」

〔苔〕 t'ái ㄊㄞˊ

[苔衣] t'áiī ㄊㄞˊㄧ 이끼.

〔駘〕 t'ái ㄊㄞˊ ①빨리 달리지 못하는 느린 말. 둔한 말. ②어리석은 사람. 우둔한 인간.

〔鮐〕 t'ái ㄊㄞˊ 〈動〉①고등어. ②복어: "河豚魚"의 별명.

〔薹〕 t'ái ㄊㄞˊ 〈植〉 야채류의 장다리.

〔太〕 t'ài ㄊㄞˋ ①몹시. 너무나 … 지나치다. 대단히: 문장의 끝에 "了"가 붙는 수가 많음.「一好了；너무 좋다. 몹시 좋다」②웃사람의 또 그 웃사람을 가리킴.「一老師；아버지의 스승님. 또는 스승의 아버지」「一爺；증조부. 증조 할아버지」

[太謙] t'àich'iēn ㄊㄞˋㄑㄧㄢ ①너무 겸손하다. ②겸손한 말씀입니다. 《人》

[太監] t'àichièn ㄊㄞˋㄐㄧㄢˋ 환관(宦官). 내시(內侍).

[太以的] t'ài itê ㄊㄞˋㄧˇㄉㄜ 너무도 … 지나치다.「你可是一沒福分啦；너는 너무도 운이 없다」

[太公] t'àikūng ㄊㄞˋㄍㄨㄥ ①증조부. ②증조부나 동 연배자에 대한 호칭.

[太平間] t'àip'íngchiēn ㄊㄞˋㄆㄧㄥˊㄐㄧㄢ 병원 부속의 시체 안치장(屍體安置場).

[太平拳] t'àip'íngch'üán ㄊㄞˋㄆㄧㄥˊㄑㄩㄢˊ ①주먹질을 하다. ②남의 옆에서 역성을 들어 혼자 주먹을 쥐고 툭툭 치는 일.

[太平飯] t'àip'íngfàn ㄊㄞˋㄆㄧㄥˊㄈㄢˋ 태평스러운 생활을 말함.「吃一；조용하고 편안한 생활을 하다」

[太平龍頭] t'àip'íng lúngt'óu ㄊㄞˋㄆㄧㄥˊㄌㄨㄥˊㄊㄡˊ 방화용 수도(防火用水道) 마개.

[太平門] t'àip'íngměn ㄊㄞˋㄆㄧㄥˊㄇㄣˊ 비상구(非常口).

[太平水缸] t'àip'íng shuǐkāng ㄊㄞˋㄆㄧㄥˊㄕㄨㄟˇㄍㄤ 방화수 통. 방화용 물을 저장해 두는 통.

[太平梯] t'àip'íngt'ī ㄊㄞˋㄆㄧㄥˊㄊㄧ 비상용 사다리. 비상용 계단.

[太婆] t'àip'ó ㄊㄞˋㄆㄛˊ ①증조모(曾祖母). ②증조모의 동연배(同年輩)에 대한 호칭.

[太師椅] t'àishīhi ㄊㄞˋㄕ ㄧˇ 팔꿈치를 얹어 놓게 만든 커다란 의자(椅子).
[太歲] t'àisuì ㄊㄞˋㄙㄨㄟˋ 목성(木星).「一頭上動土；분수를 모르다」
[太太] t'àit'ai ㄊㄞˋㄊㄞ 부인：마님：(관리의 부인을 말함)
[太陽] t'àiyang ㄊㄞˋㄧㄤ ①태양. 「一地；양지(陽地).햇볕이 쬐는 곳」「一能；태양의 열과 빛의 에네르기」②귀의 위, 눈의 옆쪽.무엇을 씹으면 근육이 움직이는 곳：관자놀이.「一穴；관자놀이.태양혈(太陽穴)」「一膏；두통고：관자놀이에 붙임」
[太陰] t'àiyīn ㄊㄞˋㄧㄣ 달(月).「一曆；음력」

〔汰〕 t'ài ㄊㄞˋ (쓸모 없는 것을) 도태하다.없애다.「淘一；도태하다」
[汰浴] t'àiyǜ ㄊㄞˋㄩˋ ＝洗澡.《吳》

〔泰〕 t'ài ㄊㄞˋ ①편안한. 태평스러운. ②극히.몹시.「一西；구미(歐米) 혹은 유럽」
[泰山] t'àishān ㄊㄞˋㄕㄢ ①"山東省"에 있는 "泰山".「一鴻毛；무거운 것과 가벼운 것.차(差)가 격심한 것의 비유」② 장인：처의 아버지.

〔態〕(态) t'ài ㄊㄞˋ ①형태. 모양. ②사태.「事一；사태」③마음의 상태. 심리.
[態度] t'àitu ㄊㄞˋㄉㄨ 태도.

TAN ㄉㄢ

〔丹〕 tān ㄉㄢ ①붉은 색. ②일정한 처방(處方)에 의하여 만들어진 약：보통 환약이거나 분말임.
[丹竹] tānchú ㄉㄢㄓㄨˊ 〈植〉적죽(赤竹)：대의 한 가지.
[丹楓] tānfēng ㄉㄢㄈㄥ 단풍잎.
[丹心] tānhsin ㄉㄢㄒㄧㄣ 단심.정성스러운 마음.
[丹桂] tānkuei ㄉㄢㄍㄨㄟˋ ①진한 누렁빛의 목서(木樨)의 꽃. ②계피나무의 한 가지.
[丹砂] tānshā ㄉㄢㄕㄚ 진사(辰砂). 수은과 유황의 화합물. ＝硃砂.

〔眈〕 tān ㄉㄢ 「一一；아래쪽을 주시하는 모양」

〔耽〕(躭①) tān ㄉㄢ ①지연하다.우물쭈물하다. 결단력이 없는 모양. ②빠지다.열중하다.현혹되다.
[耽擱] tānko ㄉㄢㄍㄜ ①지연하다. ②우물쭈물하다.③방임하다.내버려 두다.④시간이 걸리다.손이 많이 가다. ⑤체재하다.묵다.＞耽耽擱擱.
[耽悞] tānwu ㄉㄢㄨ ①시간을 늦추다. 손이 많이 가다.「一工夫；잔손이 많이 가다」②체재하다.묵다.「在這兒一五天；여기서 5일 동안 체재하다」③실패하다.잘못하다.「一要緊的事；긴요한 일을 실패하다」

〔單〕 tān ㄉㄢ ①간단한.단순한.②다만.단순히.「一靠熱情不行；단순히 열정에만 기대해서는 안된다」③단일한. 외딴.「一扇門；외짝 문」④「一子．一兒；표.포스터」「一據；계약서」「帳一兒；계산서」⑥덮는 천.커버 「床一；베드에 까는 시이트」⇨ch'án, shàn.
[單程] tānch'éng ㄉㄢㄔㄥˊ 왕복의 한 쪽 길.「一票；편도 차표」
[單只] tānchīh ㄉㄢㄓ ①(한 켤레로 되어 있는 물건의)한 짝.「一的鞋；한 짝의 신」②tānchǐh 단지.겨우.「一一個人；겨우 한 사람」
[單己] tānchǐ ㄉㄢㄐㄧˇ 한 사람. 일인(一人).
[單槍匹馬] tānch'iāng-p'ǐmǎ ㄉㄢㄑㄧㄤ ㄆㄧˇㄇㄚˇ 용감하게 단독으로 위험한 일과 맞서다.홀로 위험 속에 뛰어들다.
[單制服] tānchìhfú ㄉㄢㄓˋㄈㄨˊ 여름철의 제복(制服).
[單靜] tānchìng ㄉㄢㄐㄧㄥˋ 식구가 단출하다.「人口一；식구가 적다」
[單據] tānchǜ ㄉㄢㄐㄩˋ 증거가 되는 기록.증빙 서류.
[單住] tānchù ㄉㄢㄓㄨˋ ①독신생활(獨身生活).②혼자 살다.
[單傳] tānch'uán ㄉㄢㄔㄨㄢˊ ①한 스승에게서만 전하여져 다른 설(說)이 섞이지 않은 것.②가전(家傳)으로 다만 한 자식에게만 전하는 일.
[單幢] tānch'uáng ㄉㄢㄔㄨㄤˊ 독채. 딴채.독립적으로 세워진 딴 집.＝單座.
[單寒] tānhán ㄉㄢㄏㄢˊ ①외롭다. 의지가지 없다.②(옷 따위가) 얇아서 을씨년스런.＞單單寒寒.
[單行] tānháng ㄉㄢㄏㄤˊ ①혼자서 가다. ②외줄.
[單綫] tānhsièn ㄉㄢㄒㄧㄢˋ ①단일 노선. 단선(單線).②사본을 남기지 않은 일.③간 채 돌아오지 않은 일.
[單相思] tānhsiāngssū ㄉㄢㄒㄧㄤㄙ 짝사랑.＝單思.
[單衣] tānī ㄉㄢㄧ 홑 옷.한겹으로 된 옷.
[單人] tānjén ㄉㄢㄖㄣˊ 한 사람.「一床；일인용 침대」
[單日子] tānjìhtzǔ ㄉㄢㄖˋㄗ 홀수가 되는 날.기수일(奇數日).
[單弱] tānjò ㄉㄢㄖㄨㄛˋ (몸이) 약하다.
[單幹] tān'kàn ㄉㄢ ㄍㄢˋ ①조직에 가담하지 않고 단독으로 일을 하다. ②혼자서 하다.
[單杠] tānkàng ㄉㄢㄍㄤˋ 철봉(鐵棒).
[單個兒] tān'kòrh ㄉㄢㄍㄜˋㄦ 단독(單獨). 단 한 사람.「你是一去,還是跟他去？；자네는 혼자서 가려는가,그렇지 않으면 그 사람과 같이 가려는가？」
[單褲] tānk'ú ㄉㄢㄎㄨˋ 중국식의 여름 바지.홑고의.
[單掛號] tānkuàhào ㄉㄢㄍㄨㄚˋㄏㄠˋ 보통 등기 우편(普通登記郵便). "雙挂號"에 대한 말.
[單軌] tānkuei ㄉㄢㄍㄨㄟˇ 단선(單線).
[單立人兒] tānlìjénrh ㄉㄢㄌㄧˋㄖㄣˊㄦ 인변(人邊)：즉"亻"의 이름.
[單門獨戶] tānmén-túhù ㄉㄢㄇㄣˊㄉㄨˊ ㄏㄨˋ 한 채만 떨어져 있는 집.외채.딴채.
[單寧] tānníng ㄉㄢㄋㄧㄥˊ 타닌. 오배자(五倍子) 속에 많이 있는 노란 가루.「一

酸 ; 탄닌산」

[單擺浮擱] tānpǎi-fúkō ㄉㄢㄅㄞˇ ㄈㄨˊ ㄍㄜ ①버팀대가 없어 위태로운 일 ②미봉적(彌縫的)이다.

[單邊戲] tānpiēnhsì ㄉㄢㄅㄧㄢㄒㄧˋ ①극중(劇中)에서 한두 사람이 주로 활약하는 연극. ②노래 또는 어떤 동작에만 중점을 두는 연극. ③남역(男役)이나 여역(女役)중 어느 하나에만 중심을 두는 연극.

[單薄] tānpó ㄉㄢㄅㄛˊ ①(옷 따위가) 얇다. ②(힘 따위가) 불충분하다. ③부족하다. 모자라다. ④가냘프고 약하다. ⑤궁상스럽다. ＞單單薄薄.

[單扇門] tānshànmén ㄉㄢㄕㄢˋㄇㄣˊ 외짝문. 한 짝으로 된 문.

[單身漢] tānshēnhàn ㄉㄢㄕㄣㄏㄢˋ 독신자(獨身者). ＝光棍兒.

[單數] tānshù ㄉㄢㄕㄨˋ 기수(奇數). 홀수.

[單思病] tānssūpìng ㄉㄢㄙㄅㄧㄥˋ 짝사랑. 「害一 ; 짝사랑하다」

[單絲不成綫] tānssū pūch'éng hsièn ㄉㄢㄙㄅㄨˋㄔㄥˊ ㄒㄧㄢˋ 단독으로는 소용에 닿지 않다. 무슨 일이나 혼자서는 이룰 수 없다.

[單打] tāntǎ ㄉㄢㄉㄚˇ (정구 · 탁구의) 단식(單式).

[單掉兒] tāntiàorh ㄉㄢㄉㄧㄠˋㄦ 남과 협력하지 않고 혼자서 행동하다.

[單丁] tāntīng ㄉㄢㄉㄧㄥ 형제가 없는 남자. 외톨.

[單則易折, 衆則難摧] tān tsé ìché, chùng tsé nánts'uī ㄉㄢㄗㄜˊ ㄧˋㄓㄜˊ ㄓㄨㄥˋ ㄗㄜˊ ㄋㄢˊㄘㄨㄟ 하나라면 꺾이기 쉬우나 여럿이면 꺾이지 않는다. «諺»

[單子] tāntzǔ ㄉㄢㄗ (한 장에 기록한) 작은 문서. 쪽지.

[單詞] tāntz'ǔ ㄉㄢㄘˊ 단어(單語).

[單字(兒)] tāntzǔ(rh) ㄉㄢㄗˋ(ㄦ) ①외자(字). 한 자(字). ②＝單音詞.

[單眼皮] tānyěnp'í ㄉㄢㄧㄢˇㄆㄧˊ 홑으로 된 눈꺼풀 : 쌍꺼풀에 대한 말.

[單音詞] tānyīntz'ǔ ㄉㄢㄧㄣㄘˊ 한 음(音)으로 한 말이 된 단어 : "山" · "川" · "水" 따위.

〔擔〕(担) tān ㄉㄢ ①(멜대에 짐을 나누어) 어깨에 메다. 운반하다. 「一着兩筐靑菜 ; 두 바구니에 야채를 담아 메고 있다」 ②담당하다. 부담하다. 책임을 지다. 「不怕一沉重 ; 중한 책임 맡기를 두려워하지 않다」 ⇨tàn.

[擔沉重兒] tānch'ěnchungrh ㄉㄢㄔㄣˊㄓㄨㄥㄦ 중책(重責)을 짊어지다.

[擔承] tānch'éng ㄉㄢㄔㄥˊ 떠맡다. (책임 따위를) 짊어지다.

[擔驚] tānchīng ㄉㄢㄐㄧㄥ 겁을 내어 벌벌 떨다. 「一害怕 ; 겁을 내어 벌벌 떨다」

[擔負] tānfù ㄉㄢㄈㄨˋ 짊어지다. 부담하다. 「一責任 ; 책임을 지다」

[擔心] tānhsīn ㄉㄢㄒㄧㄣ 걱정하다. 근심하다.

[擔保] tānpǎo ㄉㄢㄅㄠˇ 보증하다.

[擔不起] tānpuch'ǐ ㄉㄢㄅㄨㄑㄧˇ 책임을 지기 곤란하다. 떠맡을 수 없다.

[擔不是] tānpúshih ㄉㄢㄅㄨˊㄕ ①마음의 상처를 받다. 가책을 느끼다. ②책임을 지다.

[擔水] tān shuǐ ㄉㄢ ㄕㄨㄟˇ 물을 메어 나르다. 물을 팔다.

[擔待] tāntai ㄉㄢㄉㄞ ①받아 들이다. 「一不起 ; ㉮받아 들일 수 없다. ㉯죄송합니다」 «人» ②관대하게 보아 주다. 너그럽게 하다.

[擔戴] tāntài ㄉㄢㄉㄞˋ 담당하다.

[擔當] tāntāng ㄉㄢㄉㄤ ＝擔戴.

[擔擾] tānyū ㄉㄢㄧㄡ 걱정하다. 근심하다. 안달하다.

〔殫〕 tān ㄉㄢ 다(盡)하다. 없어지다.

[殫心] tānhsīn ㄉㄢㄒㄧㄣ 마음을 다하다. 마음껏 노력하다.

[殫力] tānlì ㄉㄢㄌㄧˋ 힘쓰다. 애쓰다. 노력하다.

〔簞〕 tān ㄉㄢ 옛적의 밥통 : 대로 둥글게 짰음.

[簞笥] tānssû ㄉㄢㄙˋ ①대로 만든 상자. ②식기(食器) : 둥근 것을 "簞", 네모진 것을 "笥"라고 함.

[簞食壺漿] tānssûhúchiāng ㄉㄢㄙㄏㄨˊ ㄐㄧㄤ 길에서 군대를 환영하기 위하여 마련한 간단한 음식.

〔疸〕 tǎn ㄉㄢˇ ①황달(黃疸). ②식물의 병명.

〔撢〕(撣) tǎn ㄉㄢˇ (먼지 떨이나 또는 그런 모양의 것으로) 털다. 「一桌子 ; 테이블에 총채질을 하다」

[撢把子] tǎnpàtzǔ ㄉㄢˇㄅㄚˋㄗ 먼지 떨이의 자루.

[撢瓶] tǎnp'íng ㄉㄢˇㄆㄧㄥˊ 병 모양으로 되어 먼지 떨이나 부채 따위를 꽂아 주는 실내의 장식 기구(裝飾器具).

[撢子] tǎntzǔ ㄉㄢˇㄗ 먼지 떨이. 총채.

〔膽〕(胆) tǎn ㄉㄢˇ ①담낭(膽囊). ②「一子 · 一兒 ; 간. 용기. 담력」 ③(그릇 따위의) 안쪽. 「暖瓶一 ; 보온병의 안에 든 유리 그릇」

[膽戰心驚] tǎnchàn-hsīnchīng ㄉㄢˇㄓㄢˋ ㄒㄧㄣㄐㄧㄥ 놀라고 겁이 나서 벌벌 떠는 모양. ＝膽戰心寒, 膽顫心寒.

[膽氣] tǎnch'ì ㄉㄢˇㄑㄧˋ 담력(膽力).

[膽怯] tǎnch'ièh ㄉㄢˇㄑㄧㄝˋ 겁이 많다. 비겁하다.

[膽礬] tǎnfán ㄉㄢˇㄈㄢˊ 〈化〉 유산동(硫酸銅).

[膽寒] tǎnhán ㄉㄢˇㄏㄢˊ 놀라서 겁을 내다. 간담이 서늘해지다.

[膽小如鼠] tǎnhsiǎojúshǔ ㄉㄢˇㄒㄧㄠˇㄖㄨˊㄕㄨˇ 쥐새끼처럼 겁이 많다.

[膽小鬼] tǎnhsiǎokueǐ ㄉㄢˇㄒㄧㄠˇㄍㄨㄟˇ 소심한 사람. 겁장이.

[膽虛] tǎnhsū ㄉㄢˇㄒㄩ 겁을 내어 벌벌 떨다. 겁을 집어먹다.

[膽敢] tǎn'kǎn ㄉㄢˇㄍㄢˇ 대담하게도. 끔찍하게도. 「一向虎挑釁 ; 대담하게도 감히 호랑이에게 덤벼들었다」

[膽量(兒)] tǎnliàng(rh) ㄉㄢˇㄌㄧㄤˋ(ㄦ) 담력(膽力). 간. 「一很大 ; 간이 매우 크다. 담력이 매우 세다」

[膽略] tǎnlüèh ㄉㄢˇㄌㄩㄝˋ 담력과 책략(策略). 용기와 꾀.

[膽瓶] tǎnp'íng ㄉㄢˇㄆㄧㄥˊ 메스 프라스

코:밑이 둥근 화학 실험용 유리병.
[膽破] tǎnp'ò ㄉㄢˇㄆㄛˋ 몹시 놀라다. 혼나다.
[膽識] tǎnshíh ㄉㄢˇㄕˊ 담력과 식견.
[膽大心細] tǎntà-hsīnhsì ㄉㄢˇㄉㄚˋ ㄒㄧㄣㄒㄧˋ 대담하고 세심하다.
[膽大妄爲] tǎntà-wàngwéi ㄉㄢˇㄉㄚˋ ㄨㄤˋㄨㄟˊ 대담하게 망동(妄動)하다.
[膽子(一兒)] tǎntzǔ(—rh) ㄉㄢˇㄗˇ(—ㄦ) 용기. 담력.

〔石〕 tàn ㄉㄢˋ ①석. 섬 : 한 말(斗)의 10배. ②재목의 용적의 단위 : 10입방척. ⇨shíh.

〔旦〕 tàn ㄉㄢˋ ①이른 아침. 아침. 「一暮 ; 조석(朝夕)」 ②날. 「元一 ; 원단」 ③여자 역(役)만 하는 남자 배우.
[旦角(兒)] tànchiǎo(rh) ㄉㄢˋㄐㄧㄠˇ(ㄦ), tànchüéh(rh) 여자 역役)만 하는 남자 배우. =旦脚.

〔但〕 tàn ㄉㄢˋ ①단지. 다만. 오로지. …뿐만 아니라. 「一完成任務, 還要提高德行 ; 임무를 완성할 뿐만 아니라 덕행도 높여야만 한다」 ②그러나. 그런데. 다만. 「我們熱愛和平, 一也不怕戰爭 ; 우리들은 평화를 몹시 사랑하지만, 그러나 전쟁도 두려워하지는 않는다」
[但凡] tànfán ㄉㄢˋㄈㄢˊ 다만 …하기만 한다면. 「一沒事, 我也不來 ; 일이 없었다면 나도 오지는 않았을 것이다」
[但分] tànfēn ㄉㄢˋㄈㄣ ①=但凡. ②겨우. 약간.
[但須] tànhsū ㄉㄢˋㄒㄩ 단지 …하기만 한다면. =只須.
[但是] tànshìh ㄉㄢˋㄕˋ 그렇지만. 다만. 그러나.
[但願] tànyüàn ㄉㄢˋㄩㄢˋ 단지 …을 원하다. 「一如此 ; 그러기를 원하다. 그랬으면 좋겠으나」 「一您成功 ; 오로지 그대의 성공만을 바란다」

〔淡〕 tàn ㄉㄢˋ ①소금기가 적다. 싱겁다. 「菜太一 ; 요리가 싱겁다」 ②희박한. 엷은. 「一綠 ; 엷은 녹색」 ③열성이 없는. 쌀쌀한. 「一一地說了 ; 쌀쌀하게 말해 주었다」 ④불경기한. 쓸쓸한. 「一月 ; 불경기한 달」
[淡季] tànchì ㄉㄢˋㄐㄧˋ 상거래가 한산한 계절.
[淡青] tànch'īng ㄉㄢˋㄑㄧㄥ 담청색(淡青色). 엷은 청색.
[淡出] tànch'ū ㄉㄢˋㄔㄨ 〈映〉 페이드 아우트. 용암(溶暗). ↔ 페이드 인. 용명(溶明).
[淡竹] tànchú ㄉㄢˋㄓㄨˊ 〈植〉 담죽. 솜대 : 대의 한 종류.
[淡飯] tànfàn ㄉㄢˋㄈㄢˋ 반찬 없는 밥. 변변찮은 밥.
[淡下去] tànhsiach'ü ㄉㄢˋㄒㄧㄚㄑㄩ 희미하여지다. 「紅霞慢慢的一 ; 저녁놀이 점차 희미하여지다」
[淡銷] tànhsiāo ㄉㄢˋㄒㄧㄠ 경기(景氣)가 부진하다.
[淡話] tànhuà ㄉㄢˋㄏㄨㄚˋ 평범한 이야기.
[淡然] tànján ㄉㄢˋㄖㄢˊ 소탈한 모양. 태연한 모양. 「一處之 ; 태연하게 대처하다」
[淡入] tànjù ㄉㄢˋㄖㄨˋ 〈映〉 페이드 인. 용명(溶明).
[淡漠] tànmò ㄉㄢˋㄇㄛˋ 냉정(冷靜)하다. 냉담하다. 「他對待人的態度很一 ; 그가 남을 대하는 태도는 몹시 냉정하다」 > 淡淡漠漠.
[淡巴菰] tànpākū ㄉㄢˋㄅㄚㄍㄨ 타바코 : 작물(作物)로서. 《譯》 담배.
[淡泊] tànpó ㄉㄢˋㄅㄛˊ 마음이 담담하고 욕심이 없다.
[淡菜] tànts'ài ㄉㄢˋㄘㄞˋ 말린 대합. 말린 조개.

〔啖〕(噉) tàn ㄉㄢˋ ①먹다. 먹이다. ②이익으로써 남을 꾀다.

〔蛋〕 tàn ㄉㄢˋ ①계란. ②「一子·一兒 ; 계란 모양의 것」 「山藥一 ; 감자」
[蛋家] tànchiā ㄉㄢˋㄐㄧㄚ 담민족(蛋民族). 화남의 수상(水上)생활자. =蛋民. 蛋戶. 蛋人.
[蛋青(兒)] tànch'īng(rh) ㄉㄢˋㄑㄧㄥ(ㄦ) =蛋白②.
[蛋粉] tànfěn ㄉㄢˋㄈㄣˇ 분말란(粉末卵). 계란 가루.
[蛋花(兒)] tànhuā(rh) ㄉㄢˋㄏㄨㄚ(ㄦ) 알을 휘저어서 국에 넣어 꽃 모양이 된 것. 「一湯 ; 계란탕」
[蛋黃(兒)] tànhuáng(rh) ㄉㄢˋㄏㄨㄤˊ(ㄦ) 알의 노른자위.
[蛋殼(兒)] tànkórh ㄉㄢˋㄍㄜˊㄦ 알의 껍질.
[蛋白] tànpái ㄉㄢˋㄅㄞˊ ①담백(蛋白). 「一質 ; 담백질」 ②알의 흰자위.
[蛋品] tànp'ǐn ㄉㄢˋㄆㄧㄣˇ 난제품(卵製品) : 알로 된 제품.

〔憚〕 tàn ㄉㄢˋ 꺼리다. 두려워하다. 기피(忌避)하다. 「不一煩 ; 귀찮아하지 않다」

〔彈〕 tàn ㄉㄢˋ ①「一兒 ; 탄환(彈丸). 구슬」 ②(대포 따위의) 탄환. 폭탄. 수류탄. ⇨tán.
[彈盡援絕] tànchìn-yüánchüéh ㄉㄢˋㄐㄧㄣˋ ㄩㄢˊㄐㄩㄝˊ 탄약(彈藥)도 끊어지고 구원도 단절되다.
[彈殼兒] tànk'órh ㄉㄢˋㄎㄜˊㄦ 탄환의 약협(藥莢).
[彈片兒] tànp'iènrh ㄉㄢˋㄆㄧㄢˋㄦ 탄환의 파편.
[彈子] tàntzǔ ㄉㄢˋㄗˇ ①탄환. =彈兒. ②당구. 「一臺 ; 당구대」
[彈丸] tànwán ㄉㄢˋㄨㄢˊ ①탄환. ②토지가 작다는 것을 형용하는 말. 「一之地 ; 좁은 땅. 척지(尺地)」
[彈眼(兒)] tànyěn(rh) ㄉㄢˋㄧㄢˇ(ㄦ) 탄환이 꿰뚫은 구멍.

〔誕〕 tàn ㄉㄢˋ ①탄생하다. 「一辰 ; 생일」 ②엉터리. 가짜. ②속이다. 거짓말하다.
[誕辰] tànch'én ㄉㄢˋㄔㄣˊ 생일.
[誕日] tànjìh ㄉㄢˋㄖˋ 생일.
[誕謾] tànmàn ㄉㄢˋㄇㄢˋ 언행이 엉터리다. 말과 행동이 다르다.

〔擔〕(担) tàn ㄉㄢˋ ①양쪽 끝에 짐을 걸어 메는 막대. 멜대. ②「一子 ; (한 짐의) 화물」 ③「一子 ; 책임」 「一子重 ; 책임이 무겁다」 ④무게를 헤아리는 단위의 하나. 1 "担"은 100근. ⇨tān.
[擔子] tàntzǔ ㄉㄢˋㄗˇ ①한 짐. 「一一菜

；한 짐의 채소」②부담. 책임.「一很重；책임이 몹시 무겁다」

〔癉〕 tàn ㄉㄢˋ ①피로에 의한 병. ②미워하다. 증오(憎惡)하다. 원망하다.「彰善一惡；선(善)을 칭찬하고 악(惡)을 미워하다」

T'AN ㄊㄢ

〔坍〕 t'ān ㄊㄢ (건축물이나 쌓아 올린 물건 따위가)붕괴되다. 무너지다.「墻一了；담이 무너졌다」

[坍塌] t'ānt'ā ㄊㄢㄊㄚ 붕괴되다. 파괴되다. 무너지다.

[坍臺] t'ānt'ái ㄊㄢㄊㄞˊ ①수치스럽다. 치욕. ②지탱하지 못하다.

[坍倒] t'āntāo ㄊㄢㄉㄠ 무너져 쓰러지다.

〔怹〕 t'ān ㄊㄢ 3인칭 대명사 "他"의 경칭(敬稱).「一二位；저 두 분. 저 두 사람. "怹們"이라고는 하지 않음」

〔貪〕 t'ān ㄊㄢ 대단히 탐내다. 열중하다. 마음을 빼앗기다.「一玩；노는 데 열중하다」「一小失大；작은 것을 탐내다가 큰 것을 놓치다. 작은 돈은 아끼면서 큰 돈 아낄 줄을 모른다」

[貪贓] t'ānchāng ㄊㄢㄓㄤˋ 뇌물을 탐내다. 뇌물을 받다.「一受賄；뇌물을 받다」「一枉法；뇌물을 받고 법을 어기다」

[貪心不足] t'ānhsīn pùtsú ㄊㄢㄒㄧㄣ ㄅㄨˋㄗㄨˊ 탐욕(貪慾). 욕심꾸러기.

[貪官汚吏] t'ānkuān-wūlì ㄊㄢㄍㄨㄢ ㄨㄌㄧˋ 탐관 오리. 부정 행위를 하여 관직을 더럽히는 공무원. 이익을 탐내는 부정한 관리.

[貪鬼] t'ānkueǐ ㄊㄢㄍㄨㄟˇ 욕심꾸러기. 욕심을 내는 사람.

[貪婪] t'ānlán ㄊㄢㄌㄢˊ 탐욕스럽다. 탐내다.

[貪戀] t'ānlièn ㄊㄢㄌㄧㄢˋ 연애에 열중하다.「一女色；여색에 빠지다」

[貪便宜] t'ānp'iéni ㄊㄢㄆㄧㄢˊㄧ ①눈앞의 임시적인 이익만을 탐내다. 이익을 취하다. 자기 편리만 찾다. 고양이 쥐 생각하듯하다.

[貪色] t'ānsè ㄊㄢㄙㄜˋ 여색을 탐내다.

[貪得無厭] t'āntê wúyèn ㄊㄢㄉㄜˊ ㄨˊㄧㄢˋ 만족하는 때가 없이 욕심을 부리다. 욕심이 한정 없다.

[貪多嚼不爛] t'āntō chiáopulàn ㄊㄢㄉㄛ ㄐㄧㄠˊㄅㄨㄌㄢˋ 서둘러 먹는 밥이 잘 체한다:너무 많이 욕심을 부리면 일이 제대로 되지 않는다는 말.《諺》

[貪多務得] t'āntō-wùtê ㄊㄢㄉㄛ ㄨˋㄉㄜˊ 탐욕이 한정 없이 많다. 마음껏 마구 탐내다.

[貪頭兒] t'ānt'ourh ㄊㄢㄊㄡㄦ ＝貪圖兒.

[貪圖] t'ānt'ú ㄊㄢㄊㄨˊ 욕심을 부리다. 탐내다.

[貪圖兒] t'ānt'úrh ㄊㄢㄊㄨˊㄦ 탐낼 만한 목적물. 욕심이 나는 물건, 목표물(目標物).

[貪玩兒] t'ānwánrh ㄊㄢㄨㄢˊㄦ 노는 데 만 열중하다.

〔灘〕(滩) t'ān ㄊㄢ ①모래가 깔린 바닷가나 해변. 강 가운데의 모래펄. ②강의 얕은 여울.

〔攤〕(摊) t'ān ㄊㄢ ①늘어놓다. 펴다. 열다.「把一大包文具都一在桌上；살짝 한 보따리의 문방구(文房具)를 책상 위에 펴놓았다」②풀 같은 것을 남비에 부어 엷게 지지다.「一鷄蛋；달걀 부침을 하다」③「一子·一兒；지붕을 씌우고 가게처럼 꾸며 판대기를 깔거나 가마니 따위에 물건을 진열해 놓은 노점. ④분담(分擔)하다. 나누어 주다.「每人一五斤小米；각자에게 5근씩의 조(粟)를 나누어 주다」

[攤場] t'ānch'áng ㄊㄢㄔㄤˊ ①곡물(穀物)을 타작 장소에 널다. ②t'ānch'āng 투전을 시작하다.

[攤錢] t'ānch'ién ㄊㄢㄑㄧㄢˊ 할당금(割當金)을 내다. 같이 분담하여 지불하다.

[攤販] t'ānfàn ㄊㄢㄈㄢˋ 노점(露店). 길가에서 물건을 파는 상인(商人).

[攤分] t'ānfēn ㄊㄢㄈㄣ 할당하다. 분담하다. 분배하다.

[攤黃菜] t'ānhuángts'ài ㄊㄢㄏㄨㄤˊㄘㄞˋ 날갈부침: 요리의 한가지. 오믈렛(omelet).

[攤認] t'ānjèn ㄊㄢㄖㄣˋ 할당해 주다. 할당한 것을 받아 들이다. 할당한 돈을 승인하다.

[攤開] t'ānk'ai ㄊㄢㄎㄞ 모아 놓은 것을 널어 놓다「一來說一說吧；노골적으로 말해 보자」

[攤牌] t'ānip'ái ㄊㄢㄆㄞˊ ①트럼프 놀이에서 자기가 가지고 있는 카아드를 보이다. 또는 나누어 주다. ②손 안을 남에게 보이다. ③문제나 사건의 진상을 공개하다.

[攤派] t'ānp'ài ㄊㄢㄆㄞˋ 분담하다. 나누어 주다. 균등하게 분배하다.

[攤配] t'ānp'èi ㄊㄢㄆㄟˋ 각각 할당해 주다. 각자에게 분배해 주다.

[攤子] t'āntzǔ ㄊㄢㄗ 노점(露店).

〔癱〕(瘫) t'ān ㄊㄢ 중풍(中風).

[癱瘓] t'ānhuàn ㄊㄢㄏㄨㄢˋ ①중풍(中風). 반신 불수(半身不隨).「一狀態；일반적인 사물의 마비 상태」②쓸모가 없다.

[癱軟] t'ānjuǎn ㄊㄢㄖㄨㄢˇ (맥이 풀려서)힘이 빠져 녹초가 된 모양.

[癱巴] t'ānpa ㄊㄢㄅㄚ ①걸음새가 비틀거리는 모양. ②무너져 파괴되다. ③쓸모 없다.

[癱子] t'āntzǔ ㄊㄢㄗ ①앉은뱅이. ②중풍으로 걷지 못하는 사람.

〔壇〕(坛①②③·壜罈鐔④) t'án ㄊㄢˊ ①고대의 제사(祭祀)나 그 밖의 큰 전례(典禮)나 행사에 사용하던 단(壇).「天一；하늘에게 제를 올리는 단」②문화 관계의 사회.「影一；영화계」③꽃을 심기 위하여 만든 화단.「花一；화단」④「一子；주둥이가 작은 오지그릇. 단지. 항아리」

〔覃〕 t'án ㄊㄢˊ 깊다.「一思 깊은 생각」

〔痰〕 t'án ㄊㄢˊ 담. 가래.「一盒兒 ; 가래를 뱉는 그릇. 타구」
[痰喘] t'ánch'uǎn ㄊㄢˊㄔㄨㄢˇ 담천. 기관(氣管)에 가래가 끓어서 숨이 가쁜 병 천식(喘息).
[痰厥] t'ánchuéh ㄊㄢˊㄍㄨㄝˊ 담궐: 가래가 목구멍에 막히다.
[痰筒] t'ántǔng ㄊㄢˊㄉㄨㄥˇ 타구. 침받 「이 통.
[痰盂(兒)] t'ányǘ(rh) ㄊㄢˊㄩˊ(ㄦ) 타구. 가래 뱉는 통.

〔談〕 t'án ㄊㄢˊ ①말하다. 대담(對談)하다. 「請你來一一一 ; 이야기를 하러 오십시오」②이야기. 소설.「無稽之一 ; 황당무계(荒唐無稽)한 이야기」
[談情] t'ánch'íng ㄊㄢˊㄑㄧㄥˊ 사랑을 속삭이다.「一說愛 ; 사랑을 속삭이다」
[談鋒] t'ánfēng ㄊㄢˊㄈㄥ 말투. 말솜씨. 말재주.
[談何容易] t'án hó júngi ㄊㄢˊ ㄏㄜˊ ㄖㄨㄥˊ ㄧ 말처럼 쉬운 일은 아니다.《成》
[談笑風生] t'ánhsiào fēngshēng ㄊㄢˊㄒㄧㄠˋ ㄈㄥㄕㄥ 말재주가 좋아서 재미 있다.
[談心] t'ánhsīn ㄊㄢˊㄒㄧㄣ 마음을 털어놓고 이야기하다.「一會 ; 의논하기 위한 모임」
[談虎色變] t'ánhǔ sèpièn ㄊㄢˊㄏㄨˇ ㄙㄜˋㄅㄧㄢˋ 호랑이 이야기만 해도 안색이 변하다. 무서운 이야기를 듣고 몹시 무서워하다. 말만 듣고도 무서워하다.《人》 =談虎變色.
[談判] t'ánp'àn ㄊㄢˊㄆㄢˋ 담판하다. 교섭하다. 회담을 하다.
[談柄] t'ánpǐng ㄊㄢˊㄅㄧㄥˇ 화제(話題). 이야깃거리.
[談得上] t'ántêshàng ㄊㄢˊㄉㄜㄕㄤˋ 말이 된다. ↔談不上.
[談天(兒)] t'ánt'iān(rh) ㄊㄢˊㄊㄧㄢ(ㄦ)① 세상 이야기. ②세간에 돌아가는 이야기를 하다.
[談吐兒] t'ánt'ǔ(rh) ㄊㄢˊㄊㄨˇ(ㄦ) 담론(談論). 언론(言論). 말. 말투.

〔潭〕 t'án ㄊㄢˊ ①못:물이 깊이 괴어 있는 곳. ②깊다.「一淵 ; 깊은 못」

〔曇〕 t'án ㄊㄢˊ 흐리다. 구름이 깊이 쌓인 것.
[曇花] t'ánhuā ㄊㄢˊㄏㄨㄚ ①우담화(優曇花): 3천년에 한 번 꽃이 핀다는 상상상(想像上)의 식물. ②진기하면서 빨리 없어져 버리는 물건의 비유.「一一現 ; 진기(珍奇)하고 곧 없어져 버리는 물건」

〔彈〕 t'án ㄊㄢˊ ①손가락으로 튀기다. 「把帽子上的土一下去 ; 모자의 먼지를 튀기어 털다」②(줄 따위를)타다. 치다. 「一鋼琴 ; 피아노를 치다」③(탄력성이 있는 것을)치다.「一棉花 ; 솜을 틀다. 솜을 타다」④튀겨 내다.「一射 ; 튀겨서 밀어 내다」⑤탄핵하다. ⇨t'àn.
[彈指] t'ánchǐh ㄊㄢˊㄓˇ 순간(瞬間). 「一之間 ; 순간. 잠깐」
[彈花機] t'ánhuāchī ㄊㄢˊㄏㄨㄚㄐㄧ 솜틀. 솜타는 기계.
[彈簧] t'ánhuáng ㄊㄢˊㄏㄨㄤˊ 용수철. 태엽. 「솜.
[彈棉] t'ánmién ㄊㄢˊㄇㄧㄢˊ 타서 놓은
[彈詞] t'ántz'ǘ ㄊㄢˊㄘˊ 현악기에 맞추어 노래하는 일종의 민간 문예(民間文藝).

〔檀〕 t'án ㄊㄢˊ ①단향(檀香): 열대 또는 아열대의 상록수로 향기가 있는 향나무의 총칭. ②자단(紫檀).

〔蟫〕 t'án ㄊㄢˊ 의복이나 책을 갉아 먹는 벌레: 좀. 반대좀.

〔譚〕 t'án ㄊㄢˊ 성(姓).

〔忐〕 t'ǎn ㄊㄢˇ
[忐忑] t'ǎnt'ê ㄊㄢˇㄊㄜˋ 겁을 내고 벌벌 떨다.「一不安 ; 겁을 내고 벌벌 떨며 진정하지 못하다. 겁이 나서 불안해 하다」

〔坦〕 t'ǎn ㄊㄢˇ ①평탄한.「一途 ; 평탄한 길」②마음이 조용하고 숨기는 데가 없다.
[坦然] t'ǎnján ㄊㄢˇㄖㄢˊ ①마음에 숨기는 일이 없는 모양. ②마음이 편안한 모양. >坦坦然然.
[坦克] t'ǎnk'ò ㄊㄢˇㄎㄜˋ 탱크(tank).《譯》
[坦白] t'ǎnpái ㄊㄢˇㄅㄞˊ ①고백하다. ②솔직하다. 우물쭈물 안하다. >坦坦白白. ③자기의 진실한 사상이나 행위를 조직체나 군중들에게 솔직히 말하는 일.
[坦率] t'ǎnshuài ㄊㄢˇㄕㄨㄞˋ 솔직하다. >坦坦率率.

〔袒〕 t'ǎn ㄊㄢˇ 상반신(上半身)을 벗다. 웃옷을 벗다.「一胸露背 ; 가슴이나 팔을 드러내다」
[袒護] t'ǎnhù ㄊㄢˇㄏㄨˋ 한 쪽만 편을 들다. 역성하다.

〔毯〕 t'ǎn ㄊㄢˇ「一子 ; 모포류(毛布類)」「地一 ; 융단: 꽃무늬를 넣어 짠 모직물의 한 가지로 마룻바닥 따위에 깔개로 「씀」

〔炭〕 t'àn ㄊㄢˋ ①목탄. 숯. ②숯과 비슷한 것.「骨一 ; 골탄」③석탄(石炭).
[炭廠] t'ànch'ǎng ㄊㄢˋㄔㄤˇ 탄(炭) 가게. 탄 종류를 취급하는 상점.
[炭氣] t'ànch'ì ㄊㄢˋㄑㄧˋ 탄산가스. 이산화 탄소.
[炭精] t'ànchīng ㄊㄢˋㄐㄧㄥ 카아본(carbon) 탄소.「一紙 ; 카아본지. 탄산지(炭酸紙)」 =炭紙.
[炭畫] t'ànhuà ㄊㄢˋㄏㄨㄚˋ 목탄화(木炭「畫).
[炭面子] t'ànmièntzǔ ㄊㄢˋㄇㄧㄢˋㄗ ①가루 석탄. 분탄. ②탄진(炭塵).
[炭盆] t'ànp'ěn ㄊㄢˋㄆㄣˊ 화로.
[炭筆] t'ànpǐ ㄊㄢˋㄅㄧˇ 목탄필(木炭筆). 카아본펜슬.
[炭油] t'ànyú ㄊㄢˋㄧㄡˊ 코울타르(coal tar)

〔探〕 t'àn ㄊㄢˋ ①찾아 내다.「一礦 ; 광산을 찾아 내다」②탐색하다. 정찰하다. 「一案子 ; 사건에 대해서 탐정(探偵)을 보내다」③찾아가다. 방문하다.「一望 ; 방문하다」④머리나 몸의 일부를 내밀다. 「不要一身車外 ; 몸을 차 밖으로 내밀면

안된다」⑤막대기 같은 것을 구멍으로 내보내다. 가볍게 여러 번 찌르다. 쑤시다.「——烟管 : 담뱃대를 쑤시다」
[探親] t'ànch'īn ㄊㄢˋㄑㄧㄣ ①오랫동안 찾아 뵙지 못한 가족이나 양친(兩親)을 방문하다. ②친척을 방문하다.
[探看] t'ànk'àn ㄊㄢˋㄎㄢˋ 탐색(探索)하다. 거동을 살피다.
[探口氣] t'ànk'ǒuch'i ㄊㄢˋㄎㄡˇㄑㄧ 남의 말투로써 그 뜻을 파악하다.
[探囊取物] t'ànnáng ch'ǚwù ㄊㄢˋㄋㄤˊㄑㄩˇㄨˋ 주머니를 뒤지어서 물건을 끄집어 내다. 극히 일이 용이(容易)한 모양을 비유하는 말. 《成》
[探寶] t'ànpǎo ㄊㄢˋㄅㄠˇ ①보물을 찾다. ②지하 자원을 탐색하다.
[探病] t'ànpìng ㄊㄢˋㄅㄧㄥˋ 병 문안을 하다. 환자를 방문하여 위로하다.
[探視] t'ànshih ㄊㄢˋㄕˋ =探看.
[探索] t'ànsǒ ㄊㄢˋㄙㄨㄛˇ (추상적인 것을) 탐구하다. 찾다.「一目標 ; 목표를 찾다」
[探討] t'ànt'ǎo ㄊㄢˋㄊㄠˇ 상세히 연구하다.
[探聽] t'ànt'ing ㄊㄢˋㄊㄧㄥ 탐정하여 듣다. 남청하다. 물어 보다.「一消息 ; 소식을 물어 보다」
[探頭] t'ànt'óu ㄊㄢˋㄊㄡˊ (무엇을 엿보는 따위에서) 앞으로 머리를 내밀다.「報童向屋裏探出頭來 ; 신문을 배달하는 어린이가 방안으로 머리를 내밀다」
[探頭探腦] t'ànt'óu-t'ànnǎo ㄊㄢˋㄊㄡˊㄊㄢˋㄋㄠˇ 엿보다. 탐지하다. 주위를 두리번거리며 살피다.

〔嘆〕(叹·歎) t'àn ㄊㄢˋ ①한숨을 쉬다.「一了一口氣 ; 푸 하고 한숨을 쉬다」②한탄을 하는 일.「歡喜讚一 ; 기뻐서 찬탄(贊嘆)하다」
[嘆服] t'ànfú ㄊㄢˋㄈㄨˊ 탄복하다.
[嘆賞] t'ànshǎng ㄊㄢˋㄕㄤˇ 자꾸 칭찬하다. 자꾸 추어 올리다.
[嘆詞] t'àntz'ǔ ㄊㄢˋㄘˊ 감탄사(感嘆詞).
[嘆惋] t'ànwǎn ㄊㄢˋㄨㄢˇ 탄식하며 애석해 하다.

〔碳〕 t'àn ㄊㄢˋ 카아본(carbon).「一黑(—hēi) ; 카아본 블랙(carbon black) : 매연(煤煙)에서 얻어지는 흑색 안료(顔料). 인쇄 잉크 등의 원료」

TANG ㄉㄤ

〔當〕(当) tāng ㄉㄤ ①(어떤 역할을) 맡아보다. 담당하다.「一主席 ; 의장(議長)을 맡아 보다」②관리하다.「一家 ; 집안 일을 관리하다」③(마치 그 장소나 시간).「一學習的時候, 不要做別的事 ; 학습하는 도중에 딴 짓을 하면 안된다」④적당하다. 알맞다. 필적(匹敵)하다.「旗鼓相一 ; 전력(戰力)이 백중(伯仲)하다」⑤당연히 …해야 한다.「一辦就辦 ; 해야 할 일이라면 한다」⑥꼭대기. 끝.「瓦一 ; 지붕의 서까래 끝에 놓는 기와」⑦(… 라고) 간주하다. 인정하다. 생각하다.「你一我不知道嗎? ; 너는 내가 모르리라고 생각하느냐?」⇨tàng.
[當差] tāngch'āi ㄉㄤㄔㄞ ①역할을 맡다. 어떤 직책에 취임하다. ②하급 일을 맡아서 하다.「一的 ; 말단 공무원」③노역(勞役)에 복무하다.
[當場] tāngch'ǎng ㄉㄤㄔㄤˇ 당장. 그 자리. 현장(現場).「一逮捕了違法戶 ; 현장에서 위반자를 체포하다」
[當即] tāngchí ㄉㄤㄐㄧˊ 즉각. 곧. 그 즉시로.
[當家] tāngchiā ㄉㄤㄐㄧㄚ ①집안 일을 처리하다. ②「一的 ; ㉮남편·상인·노동자의 아내가 자기의 남편을 이르는 말」. ㉯절의 주지.「一作主 ; ㉮한 집안의 주인이 되다. ㉯구속에서 해방되어 자유롭게 되다」
[當前] tāngch'ién ㄉㄤㄑㄧㄢˊ 눈앞의. 목전(目前)의. 현단계(現段階)의.「一的任務 ; 당면한 임무」
[當間兒] tāngchiènrh ㄉㄤㄐㄧㄢˋㄦ 한가운데. 복판.
[當街] tāngchiēh ㄉㄤㄐㄧㄝ 가로상(街路上).「一大罵人 ; 대로에서 남을 몹시 헐뜯다」
[當機立斷] tāngchī lìtuàn ㄉㄤㄐㄧㄌㄧˋㄉㄨㄢˋ 그 자리에 임하여 즉시 결단하다.
[當之無愧] tāngchīhwúk'uei ㄉㄤㄓㄨˊㄎㄨㄟˋ 이를 당하고도 부끄러워하지 않다. 그렇게 되어도 부끄럽지 않다.
[當初] tāngch'ū ㄉㄤㄔㄨ ①처음. 당초. 최초. ②이전(以前).
[當權] tāngch'üán ㄉㄤㄑㄩㄢˊ 권력을 잡다. 권세를 얻다.
[當中] tāngchūng ㄉㄤㄓㄨㄥ 중간(中間). 한복판.
[當下] tānghsià ㄉㄤㄒㄧㄚˋ 그 때. 그 당시에.「一他的對我說了 ; 그때 그는 나에게 말했다」
[當先] tānghsiēn ㄉㄤㄒㄧㄢ ①선두에 서서. ②제일 먼저. 우선. ③먼저 하다.
[當心] tānghsīn ㄉㄤㄒㄧㄣ 주의하다. 조심하다.
[當然] tāngján ㄉㄤㄖㄢˊ 당연하다. 물론. 당연히.
[當仁不讓] tāngjén pújàng ㄉㄤㄖㄣˊㄅㄨˊㄖㄤˋ ①옳은 일은 사양하지 않는다. ②남을 위한 일이라면 스스로 적극적으로 하다.
[當人一面, 背人一面] tāngjén ímièn, pèijén ímièn ㄉㄤㄖㄣˊㄧˊㄇㄧㄢˋㄅㄟˋㄖㄣˊㄧˊㄇㄧㄢˋ 남의 앞에서와 뒤에서의 태도가 다르다. 말과 행동에 표리(表裏)가 있다.
[當日] tāngjìh ㄉㄤㄖˋ ①이전에. 일찌기. ②tàngjìh 즉일(即日). 그날.
[當口(兒)] tāngk'ǒu(rh) ㄉㄤㄎㄡˇ(ㄦ) 바로 그때. 마침 그때.
[當官兒] tāngkuānrh ㄉㄤㄍㄨㄢㄦ 관리가 되다. 관리로 근무하다.
[當郎] tānglāng ㄉㄤㄌㄤ 벨이 울리는 소리나 쇠붙이가 부딪치는 소리: 찌르릉. 따르릉.
[當路] tānglù ㄉㄤㄌㄨˋ ①집정(執政)하다. ②=當街.
[當爐] tānglú ㄉㄤㄌㄨˊ ①취사 당번을 하다. ②난로불을 쬐다.

[當面兒] tāngmiènrh ㄉㄤㄇㄧㄢˋㄦ 직접 얼굴을 대하고. 눈앞에서. 「你去跟他一說吧；자네 직접 그를 만나서 이야기하게」

[當年] tāngnién ㄉㄤㄋㄧㄢˊ ①예전. 왕년(往年). 이전. ②꼭 알맞는 시기. 기회가 좋은 해. ③결혼할 나이이다. ⇨tàngnién.

[當炮灰] tāngp'àohuī ㄉㄤㄆㄠˋㄏㄨㄟ 총알 받이가 되다.

[當兒] tāngrh ㄉㄤㄦ ＝當口兒.

[當時] tāngshíh ㄉㄤㄕˊ ① 그때. ② tàng shíh 즉시. 곧.

[當事人] tāngshìhjĕn ㄉㄤㄕˋㄖㄣˊ 당사자(當事者).

[當道] tāngtào ㄉㄤㄉㄠˋ 당국(當局). 「一者；당국자」

[當地] tāngtì ㄉㄤㄉㄧˋ 그 지방(地方). 당지.

[當天] tāngt'iēn ㄉㄤㄊㄧㄢ ①이전(以前). 옛날. ②그날. 즉일.

[當頭] tāngt'óu ㄉㄤㄊㄡˊ ①그 때에. 그 당시에. ⇨tàngt'ou. ②머리 위에. 「一中彈：머리에 총탄이 맞다」

[當頭人] tāngt'óujĕn ㄉㄤㄊㄡˊㄖㄣˊ 남편. 가장(家長).

[當斷不斷] tāngtuàn pútuàn ㄉㄤㄉㄨㄢˋ ㄅㄨˊㄉㄨㄢˋ 일을 당하여 결단하지 않다. 결단을 내릴 일을 결단하지 않다.

[當晚] tāngwăn ㄉㄤㄨㄢˇ 그날 밤.

[當務之急] tāngwù chīhchí ㄉㄤㄨˋㄓㄐㄧˊ 당면한 급한 일.

[當院] tāngyüàn ㄉㄤㄩㄢˋ 뜰 안. 정원 내(庭園內).

〔襠〕 tāng ㄉㄤ ①바지 밑에 대는 천. ②가랑이.

〔鐺〕 tāng ㄉㄤ 쇠붙이를 두드릴 때에 나는 소리: 쩌르릉. 쩔렁. 쨍. ⇨ch'ēng.

〔黨〕(党) tăng ㄉㄤˇ ①정당. 당. ②도당(徒黨)을 만들다. 「一同伐異；도당을 만들어 남을 공격하다」 ③친족. 일가. 「父一；부계(父系)의 친척」

[黨際] tăngchì ㄉㄤˇㄐㄧˋ 당(黨)과 당과의 사이. 「一合作；당 상호간의 협력」

[黨群] tăngch'ún ㄉㄤˇㄑㄩㄣˊ 당과 대중. 「一關係；당과 대중과의 관계」

[黨中央] tăngchūngyāng ㄉㄤˇㄓㄨㄥㄧㄤ ① 당의 중앙부. ② 당 중앙위원회의.

[黨風] tăngfēng ㄉㄤˇㄈㄥ 당・당원의 기풍・태도.

[黨性] tănghsìng ㄉㄤˇㄒㄧㄥˋ 당적인 입장에 서서 생각하고 행동하는 일.

[黨徒] tăngtú ㄉㄤˇㄉㄨˊ 같은 당파의 사람.

[黨團] tăngt'uán ㄉㄤˇㄊㄨㄢˊ 당과 단체.

[黨委] tángwĕi ㄉㄤˊㄨㄟˇ ①당의 위원. ②당의 위원회.

[黨羽] tángyŭ ㄉㄤˊㄧㄡˇ 무리. 동료: 흔히 악인의 동료를 말함.

〔攩〕(擋) tăng ㄉㄤˇ ①가로막다. 차단하다. 「一住敵人；적을 방어하다」 ②「一子・一兒；덮개. 씌우개」

[攩潮閘] tăngch'áochá ㄉㄤˇㄔㄠˊㄓㄚˊ 방조용 수문(防潮用水門).

[攩駕] tăngchià ㄉㄤˇㄐㄧㄚˋ 주인이 방문자를 사절하다. 문전(門前)에서 쫓아 버리다.

[攩膜兒] tăngmorh ㄉㄤˇㄇㄛㄦ ①가로막는 것. 방해물. ②제한(制限).

[攩不住] tăngpuchù ㄉㄤˇㄅㄨㄓㄨˋ 막을 수 없다. ↔攩得住.

〔讜〕 tăng ㄉㄤˇ 솔직하게 말하다. 직언(直言)하다. 「一論；정확한 언론」

〔宕〕 tàng ㄉㄤˋ 늦추다. 잡아 늘이다. 방치(放置)하다.

[宕賬] tàngchàng ㄉㄤˋㄓㄤˋ 지불을 연기하여 미불(未拂)로 되어 있는 장부.

〔當〕(当) tàng ㄉㄤˋ ①적당한. 꼭 알맞는. 「處理不一；처리가 부당하다」 ②(…에) 해당하다. 필적(匹敵)하다. 「一個一倆人用；한 사람이 두 사람의 활동을 하다」 ③(… 라고)간주하다. (…의 대신으로)하다. 「我拿你一朋友；나는 너를 친구로 대접한다」 ④ tăng …라고 생각하다. 「你一是我知道嗎？；너는 내가 알고 있으리라고 생각하는가？」 ⑤꼭 같은 시각(時刻)에. 「一天就走；그날로 출발하다」 ⑥저당하다. 「一衣裳；옷을 저당하다」 ⑦저당한 물건. 전당거리. 「贖一；저당물을 찾다」 ⑧ tāng 선거에 뽑히다. 「一選；당선하다」 ⇨tāng.

[當眞] tàngchēn ㄉㄤˋㄓㄣ ①정말인 줄 알다. ②참으로.

[當成] tàngch'ĕng ㄉㄤˋㄔㄥˊ 견주다. 비유하다. 간주하다. 「你把他一客人嗎？；너는 그를 손님으로 간주하느냐？」

[當家子(一兒)] tàngchiātzŭ(—rh) ㄉㄤˋㄐㄧㄚㄗ(—ㄦ) 동족인(同族人). 같은 족속.

[當日] tàngjìh ㄉㄤˋㄖˋ 그날. 당일(當日). ⇨tāngjìh.

[當年] tàngnién ㄉㄤˋㄋㄧㄢˊ 그 해. 당년. ⇨tāngnién.

[當票(兒)] tàngp'iào(rh) ㄉㄤˋㄆㄧㄠˋ(ㄦ) 전당표.

[當鋪(子)] tàngp'ù(tzŭ) ㄉㄤˋㄆㄨˋ(ㄗ) 전당포.

[當當] tàngtàng ㄉㄤˋㄉㄤˋ 전당 잡히다. 전당포에 넣다.

[當頭] tàngt'óu ㄉㄤˋㄊㄡˊ 저당할 물건. 전당거리.

[當作] tàngtsò ㄉㄤˋㄗㄨㄛˋ ＝當成.

[當做] tàngtsò ㄉㄤˋㄗㄨㄛˋ ＝當成.

〔檔〕(档) tàng ㄉㄤˋ ①tăng 격자창이 있는 책장(冊欌). 「一案；관청 보관의 공문서」 ②사건이나 일거리를 세는 단위. 「又來了一一子事；또 하나 일거리가 생겼다」

[檔卷] tàngchuàn ㄉㄤˋㄓㄨㄢˋ 관청에서 보관하고 있는 문서.

[檔冊] tàngts'è ㄉㄤˋㄘㄜˋ 공문서철(公文書綴).

[檔子(一兒)] tàngtzŭ(—rh) ㄉㄤˋㄗ(—ㄦ) 일・사건을 헤아리는 조수사(助數詞). 「出了一一事；한 가지의 일이 생겼다」

〔蕩〕(盪①～④) tàng ㄉㄤˋ ①완전히 제거하다. 일소(一掃)하다. 「傾家一產；가산(家產)을 탕진하다」 ②씻다.

헹구다.「一口 ; 양치질하다」③방탕하다. ④흔들리다. 흔들다. 움직이다. 「一鞦韆 ; 그네를 뛰다」⑤호수(湖水).

[蕩產] tàngch'ǎn ㄉㄤˋㄔㄢˇ 파산(破產)하다. =傾家蕩產.

[蕩鞦韆] tàngch'iūch'ien ㄉㄤˋㄑㄧㄡㄑㄧㄢ 그네를 뛰다.

[蕩舟] tàngchōu ㄉㄤˋㄓㄡ 배를 젓다.

[蕩婦] tàngfù ㄉㄤˋㄈㄨˋ 부정(不貞)한 부인. 음탕한 여자.

[蕩析] tànghsī ㄉㄤˋㄒㄧ 산산 조각이 나다. 흐트러지다.

[蕩然] tàngján ㄉㄤˋㄖㄢˊ 빈털털이가 된 모양. 텅빈 모양. 「一無存 ; 빈털털이가 되어 아무 것도 남지 않다」

[蕩木] tàngmù ㄉㄤˋㄇㄨˋ 유동 원목(遊動圓木). 운동 기구의 하나.

[蕩平] tàngp'íng ㄉㄤˋㄆㄧㄥˊ 깨끗이 평정(平定)하다.

[蕩蕩悠悠] tàngtàngyūyū ㄉㄤˋㄉㄤˋㄧㄡㄧㄡ 흔들흔들 흔들리는 모양.

[蕩子] tàngtzǔ ㄉㄤˋㄗˇ ①난봉장이. 탕아(蕩兒). ②방랑자.

[蕩漾] tàngyàng ㄉㄤˋㄧㄤˋ ①(물이나 파도가) 움직이다. 흔들리다. ②(음성 따위가) 은은히 들리다. ③(감정 따위가)높아지거나 또는 평온해지다. > 蕩蕩漾漾.

T'ANG ㄊㄤ

〔湯〕 t'āng ㄊㄤ ①더운물. 「赴一蹈火 ; 물·불을 가리지 않다」②즙. 국물. 수우프. 「肉一; 고기의 수우프. 고기 국물」

[湯劑] t'āngchì ㄊㄤㄐㄧˋ 탕약(湯藥).

[湯鍋] t'āngkuō ㄊㄤㄍㄨㄛ ①구식 도살장(屠殺場). ②국 냄비.

[湯麪] t'āngmièn ㄊㄤㄇㄧㄢˋ 뜨거운 국물에 만 밀국수. 탕면.

[湯包] t'āngpāo ㄊㄤㄅㄠ 만두국. 국물이 많은 고기 만두.

[湯婆飯] t'āng p'ó fàn ㄊㄤㄆㄛˊㄈㄢˋ 국밥. 장국밥.

[湯婆子] t'āngp'ótzǔ ㄊㄤㄆㄛˊㄗ 각파(脚婆) : 끓는 물을 넣어서 발이나 허리들을 따뜻하게 하거나, 이부자리에 넣어서 보온 방법으로 쓰는 기구. 탕파. 유담뽀.

[湯兒麪] t'āngrhmièn ㄊㄤㄦㄇㄧㄢˋ 기름에 볶은 야채를 수우프에 넣은 중국 국수. 탕면.

[湯兒事] t'āngrhshìh ㄊㄤㄦㄕˋ ①실속이 없는 일. 덧없는 일. ②확실하지 않은 일. 「一的話 ; 믿을 수 없는 이야기. 확실하지 않은 말」

[湯團] t'āngt'uán ㄊㄤㄊㄨㄢˊ 찹쌀 가루를 둥그렇게 빚어서 소를 넣고 국물을 끓인 것. =元宵.

[湯團舞女] t'āngt'uán wǔnǔ ㄊㄤㄊㄨㄢˊ ㄨˇㄋㄩˇ 손님이 따르지 않는 댄서. 「吃一 ; 댄서가 손님에게 배척 당하다」

[湯藥] t'āngyào ㄊㄤㄧㄠˋ 탕약(湯藥) : 달이어서 먹는 한약. 탕제(湯劑).

[湯圓] t'āngyüán ㄊㄤㄩㄢˊ 찹쌀 새알심이 들어 있는 죽.

〔趟〕(蹚·蹚) t'āng ㄊㄤ ①물이나 풀 따위가 있는 곳을 크게 다리를 벌리고 건너 뛰어가다. 「他一着水過去了 ; 그는 물을 건너 갔다」②쟁기 따위를 사용하여 흙을 파뒤집다. 풀 따위를 뽑아 치우다. 「一地 ; 땅을 파 뒤집어 놓다」 ⇨t'àng.

[趟渾水兒] t'ānghúnshuǐrh ㄊㄤㄏㄨㄣˊ ㄕㄨㄟˇㄦ 나쁜 일에 참가하다. 부정한 단체에 참가하다.

[趟一水] t'āng ishuǐ ㄊㄤㄧㄕㄨㄟˇ 한 번 시험해 보다.

[趟趟] t'āngt'ang ㄊㄤㄊㄤ (위험스러운 일이나 부정한 일을) 시험해 보다. 시험삼아서 당하여 보다.

〔鏜〕 t'āng ㄊㄤ ①종이나 징 소리. ②táng 금속 가공법의 하나로 중심부를 도려 내다. 보오링(boring)을 하다.

[鏜床] t'āngch'uáng ㄊㄤㄔㄨㄤˊ 금속 보오링 기계.

〔唐〕 t'áng ㄊㄤˊ ①옛날 요제(堯帝) 시대(B.C.2357～B.C. 2258). ②"李淵"이 건립한 왕조(王朝)의 이름(A.D. 681～907).

[唐塞] t'ángsè ㄊㄤˊㄙㄜˋ 그때뿐인 일을 하다. 어물어물 넘기다. =搪塞.

[唐突] t'ángt'u ㄊㄤˊㄊㄨ ①범(犯)하다. 맞부딪치다. ②당돌하다. > 唐唐突突.

〔堂〕 t'áng ㄊㄤˊ ①넓은 방. 호올. 안채. 「一屋 ; 안채의 중앙에 있는 큰 방」「課一 ; 교실」②옛날 관공서의 사무실(법정). 「過一 ; 법정에 나가다. 심문을 받다」③같은 친할아버지에게 딸린 친족(親族) 관계. 「一兄弟 ; 아버지의 형제의 아들 : 종형제」④어머니. 「令一 ; 자당」⑤1회(一回)의 수업(授業)을 세는 데 씀. 「第一一 ; 제1교시(第一校時)」

[堂姐妹] t'ángchiěhmèi ㄊㄤˊㄐㄧㄝˇㄇㄟˋ 사촌 누이 : 아버지의 형제의 딸.

[堂侄(兒)] t'ángchíh(rh) ㄊㄤˊㄓˊ(ㄦ) 당질 : 아버지의 형제의 손자. 5촌 조카.

[堂侄女(兒)] t'ángchíhnu(rh) ㄊㄤˊㄓˊㄋㄩ(ㄦ) 당질녀 : 아버지의 형제의 손녀. 삼촌의 손녀. 오촌 조카 딸.

[堂房] t'ángfáng ㄊㄤˊㄈㄤˊ 일가. 친족(親族).

[堂兄弟] t'ánghsiūngtì ㄊㄤˊㄒㄩㄥㄉㄧˋ 종형제 : 아버지의 형제의 아들. 사촌 형제.

[堂皇] t'ánghuáng ㄊㄤˊㄏㄨㄤˊ ①당당하게 굴다. > 堂堂皇皇. ② 궁전. 궁전사무실.

[堂會] t'ánghuì ㄊㄤˊㄏㄨㄟˋ 경사(慶事)스러운 모임.

[堂倌] t'ángkuān ㄊㄤˊㄍㄨㄢ 보이. 소년급사. 심부름꾼.

[堂客] t'ángko ㄊㄤˊㄎㄜ ①여자 손님. ②부인(婦人). ③처(妻). 《方》

[堂伯叔] t'ángpóshū ㄊㄤˊㄅㄛˊㄕㄨ 당백숙. 오촌 백숙부. 아버지의 종형제. 당숙.

[堂布] t'ángpù ㄊㄤˊㄅㄨˋ 품질이 나쁜 면포(綿布).

[堂姊妹] t'ángtzǔmèi ㄊㄤˊㄗˇㄇㄟˋ =堂姐妹.

[堂屋] t'ángwū ㄊㄤˊㄨ "正房"의 가운데

에 있는 한 칸으로 가족이나 손님이 이야기하는 방.

〔棠〕 t'áng ㄊㄤˊ 〈植〉 아가위 : 식물 이름.「一梨 ; 팥배. 당리」「海一 ; 해당화」

〔溏〕 t'áng ㄊㄤˊ 굳지 않고 물렁물렁한 모양.「一心鷄蛋 ; 반숙으로 익힌 달걀」

[溏黃蛋] t'ánghuángtàn ㄊㄤˊㄏㄨㄤˊㄉㄢˋ ①반숙(半熟)의 노른자위. ②"松花蛋"의 노른자위의 굳어지지 않은 것.

〔塘〕 t'áng ㄊㄤˊ ①둑. 제방(堤防).「河一 ; 강의 둑」「海一 ; 방파제(防波堤)」②못. 물구덩이.「荷一 ; 연못」

[塘工] t'ángkūng ㄊㄤˊㄍㄨㄥ 호안 공사(護岸工事).

[塘路] t'ánglù ㄊㄤˊㄌㄨˋ 강남 일대(江南一帶)의 강이나 호수가의 연도(沿道).

[塘泥] t'ángní ㄊㄤˊㄋㄧˊ 못 바닥의 진흙탕 : 비료용.

[塘壩] t'ángpà ㄊㄤˊㄅㄚˋ 못의 제방.

〔搪〕 t'áng ㄊㄤˊ ①막다. 저항하다.「一饑 ; 굶주림을 막다」②속이다. 발뺌하다.「一帳 ; 꾼 돈을 말로 회피하다」③칠하다.「一瓷 ; 법랑(琺瑯)을 칠한 제품」

[搪差使] t'ángch'āishih ㄊㄤˊㄔㄞㄕ 적당히 책망을 막아 버리다. 적당히 책임을 회피하다. ＝搪差事.

[搪饑] t'ángchī ㄊㄤˊㄐㄧ 굶주림을 막다.

[搪出去] t'ángch'uch'ǜ ㄊㄤˊㄔㄨㄑㄩˋ 쫓아 돌려 보내다.

[搪布] t'ángpù ㄊㄤˊㄅㄨˋ 품질이 나쁜 면포(綿布).

[搪塞] t'ángsè ㄊㄤˊㄙㄜˋ 책임을 회피하다. 어물어물 넘기다.

[搪瓷] t'ángtz'ǔ ㄊㄤˊㄘˊ 법랑(琺瑯)을 입힌 제품.

〔膛〕 t'áng ㄊㄤˊ ①신체 내부의 궁글어 있는 부분.「胸一 ; 흉부. 가슴」「一兒裏頭 ; 마음 속(心中). 가슴 속」②「一兒 ; 어떤 기물(器物)의 가운데가 비어 있는 부분」「竈一兒 ; 아궁이 속. 화덕 안」

[膛嗓(兒)] t'ángsǎng(rh) ㄊㄤˊㄙㄤˇ(ㄦ) 뱃속에서 울려 나오는 소리. 잘 들리는 목소리. ＝膛堂兒.

〔樘〕 t'áng ㄊㄤˊ ①출입구 또는 창문의 문얼굴. ②문얼굴과 문을 합쳐서 세는 말.「一一玻璃門 ; 한 짝의 유리문」

〔糖〕 táng ㄊㄤˊ 당분(糖分). 사탕. 엿.

[糖炒栗子] t'ángch'ǎolìtzǔ ㄊㄤˊㄔㄠˇㄌㄧˋㄗ 말린 밤. 맛이 단 밤.

[糖漿] t'ángchiāng ㄊㄤˊㄐㄧㄤ 시럽(sirup). 사리별:이란어 sharbat에서 온 말로 당밀에 주석산 구연산 등으로 산미를 가하고 향료와 색소를 넣어 착색한 음료.

[糖醬] t'ángchiàng ㄊㄤˊㄐㄧㄤˋ 당밀(糖蜜)을 넣어서 만든 된장.

[糖精] t'ángchīng ㄊㄤˊㄐㄧㄥ 〈化〉 사카린(saccharin).

[糖球] t'ángch'iú ㄊㄤˊㄑㄧㄡˊ 눈깔사탕.

[糖稀] t'ánghsī ㄊㄤˊㄒㄧ 당시럽. 물엿.

[糖胡蘆(兒)] t'ánghúlu(rh) ㄊㄤˊㄏㄨˊㄌㄨ(ㄦ) 산사를 꿰어 엿을 칠한 것.

[糖人兒] t'ángjěnrh ㄊㄤˊㄖㄣˊㄦ 엿으로 사람이나 동물의 모양을 만든 것. 설탕을 어떤 모형에 부어 인형이나 새와 짐승 같은 모양으로 만든 과자.

[糖果兒] t'ángkuǒ(rh) ㄊㄤˊㄍㄨㄛˇ(ㄦ)과자 · 엿 · 캔디 따위.

[糖蘿蔔] t'ánglópo ㄊㄤˊㄌㄨㄛˊㄅㄛ〈植〉 사탕무우. 첨채(甜菜).

[糖餅] t'ángpǐng ㄊㄤˊㄅㄧㄥˇ 밀가루로 만든 단 과자. 당과(糖菓)와 비스킷(biscuit)

[糖三角兒] t'ángsānchiǎorh ㄊㄤˊㄙㄢㄐㄧㄠˇㄦ 밀가루로 만든 삼각형의 껍데기 속에 설탕을 넣어 만든 과자.

[糖食鋪] t'ángshíhp'ù ㄊㄤˊㄕˊㄆㄨˋ 엿이나 과자 따위를 파는 과자점.

[糖蒜] t'ángsuàn ㄊㄤˊㄙㄨㄢˋ 통마늘을 설탕을 넣은 간장에 담근 것. 마늘 장아찌.

[糖霜] t'ángshuāng ㄊㄤˊㄕㄨㄤ ①곶감 따위에서 내돋는 가루. 시상(柹霜). ②굵은 설탕.

〔螳〕 t'áng ㄊㄤˊ 「당랑.

[螳螂] t'ánglang ㄊㄤˊㄌㄤ 〈動〉 사마귀.

[螳臂當車] t'ángpì tāngchū ㄊㄤˊㄅㄧˋㄉㄤㄐㄩ 자기 분수도 모른다는 뜻의 비유. 《成》

〔䧛〕 t'áng ㄊㄤˊ 얼굴이 빨갛다.「紫一臉 ; 검붉은 얼굴

〔帑〕 t'ǎng ㄊㄤˇ 옛날의 돈이나 재물을 넣어 두는 금고. 또는 그 금고 속에 있는 돈이나 재물.

〔倘〕(儻) t'ǎng ㄊㄤˇ 만약 · 가령 : 흔히 "倘或 · 倘其 · 倘然 · 倘如 · 倘若 · 倘使"처럼 두 음절로 사용됨.「敵人一敢來犯, 一定叫他頭破血流 ; 적군이 만약에 감히 침입해 온다면 필연코 형태도 없이 쳐 부술 것이다」

〔淌〕 t'ǎng ㄊㄤˇ ①흐르다.「一眼淚 ; 눈물이 흐르다」②큰 파도.

[淌塵] t'ǎngch'ến ㄊㄤˇㄔㄣˊ 먼지.

〔躺〕 t'ǎng ㄊㄤˇ 드러눕다. 눕다.

[躺椅] t'ángǐ ㄊㄤˊㄧˇ 소파. 드러눕도록 만든 기다란 의자.

〔趟〕 t'àng ㄊㄤˋ ①왕래하는 회수(回數)를 세는 조수사.「他來了一一 ; 그는 한 번 왔다」②「一兒 ; 열(列). 행렬. 행(行)」「屋裏擺着兩一桌子 ; 방 안에는 책상이 두 줄로 진열되어 있다」③「一兒 ; 가로 세로로 그은 선」⇨t'āng.

〔燙〕 t'àng ㄊㄤˋ ①(불이나 더운 물에) 데다.「小心別讓開水一着 ; 뜨거운 물에 데지 않도록 주의하시오」②뜨겁게 하다. 인두질 따위를 하다.「一酒 ; 술을 데우다」③(화상을 입을 정도로)뜨겁다. ④소인(燒印)을 찍다. ⑤낙인(烙印)을 찍다. 태워서 붙이다.「一金 ; 책 따위의 금문자(金文字)처럼 열을 가하여 금속 가루를 칠하다」

[燙瘡] t'angch'uāng ㄊㄤˋㄔㄨㄤ ① 화상을 입다. ②덴 자리:화상을 입은 상처.
[燙髮] t'àngfǎ ㄊㄤˋㄈㄚˇ 머리를 고데로 지지다.
[燙麪] t'àngmièn ㄊㄤˋㄇㄧㄢˋ ①더운물로 밀가루를 반죽하다. ②t'àngmien 더운물로 반죽한 밀가루.
[燙傷] t'àngshāng ㄊㄤˋㄕㄤ 화상(火傷)을 입다.
[燙斗] t'àngtǒu ㄊㄤˋㄉㄡˇ 다리미. 아이론. 고데.
[燙嘴] t'àngtsuǐ ㄊㄤˋㄗㄨㄟˇ ①입을 데다. ②말하기가 어렵다. 말하기 곤란하다.

TAO ㄉㄠ

〔刀〕 tāo ㄉㄠ ①「一子·一兒； 칼의 총칭 : 바이트 · 나이프 · 식칼 따위」②종이를 세는 단위의 하나 : 1"刀"는 100장임. ③고대 화폐의 한 가지.
[刀叉] tāoch'ā ㄉㄠㄔㄚ 나이프와 포오크.
[刀尺] tāoch'ih ㄉㄠㄔ ①장식하다. 모양내다. ＝捯飭. ② 집게와 자.
[刀架] tāochià ㄉㄠㄐㄧㄚˋ 칼을 거는 기구. 칼걸이.
[刀槍] tāoch'iāngㄉㄠㄑㄧㄤ 칼과 창.
[刀尖兒] tāochiēnrh ㄉㄠㄐㄧㄢㄦ 칼날. 칼날의 끝.
[刀具] tāochǜ ㄉㄠㄐㄩˋ 날이 있는 연장의 총칭:주로 기계류에 부착시킴.
[刀創藥] tāoch'uāngyào ㄉㄠㄔㄨㄤㄧㄠˋ 칼에 벤 데 바르는 약.
[刀鋒] tāofēng ㄉㄠㄈㄥ 날이 있는 물건의 날의 부분. 칼날.
[刀削面] tāohsiāomièn ㄉㄠㄒㄧㄠㄇㄧㄢˋ ①평면. 횡단면(橫斷面). ② 밀가루를 반죽하여 길게 뽑은 것을 자르다. 또는 그 자른 것을 국에 넣어 요리하다.
[刀護手] tāohùshǒu ㄉㄠㄏㄨˋㄕㄡˇ 칼자루와 칼날 사이에 있는 쇠테. 날밑.
[刀刃兒] tāojěnrh ㄉㄠㄖㄣˋㄦ 도검(刀劒)의 날. 칼날.
[刀割] tāokō ㄉㄠㄍㄜ 칼로 자르다. 「心裡象一一般 ; 가슴을 에이는 듯하다」
[刀口] tāok'ǒu ㄉㄠㄎㄡˇ ＝刀鋒.
[刀螂] tāolang ㄉㄠㄌㄤ 〈動〉 당랑(螳螂). 사마귀.
[刀臉(兒)] tāoliěn(rh) ㄉㄠㄌㄧㄢˇ(ㄦ) 도신(刀身). 칼의 몸체.
[刀馬旦] tāomǎtàn ㄉㄠㄇㄚˇㄉㄢˋ 연극에서 여걸(女傑)의 역(役).
[刀把兒] tāopàrh ㄉㄠㄅㄚˋㄦ ①칼의 손잡이. 칼자루. ②약점(弱點). ＝刀靶兒.
[刀背兒] tāopèirh ㄉㄠㄅㄟˋㄦ 칼의 등. 칼등.
[刀皮] tāop'í ㄉㄠㄆㄧˊ 혁지(革紙). 면도칼 같은 것을 갈 때 사용하는 가죽.
[刀筆] tāopǐ ㄉㄠㄆㄧˇ 소송하는 일. «舊»
[刀片兒] tāop'iènrh ㄉㄠㄆㄧㄢˋㄦ 안전 면도칼의 날. 면도날. ＝保險刀片.
[刀柄] tāopǐng ㄉㄠㄅㄧㄥˇ ＝刀把兒①.
[刀頭] tāot'óu ㄉㄠㄊㄡˊ ＝刀尖.
[刀豆] tāotǒu ㄉㄠㄉㄡˋ 〈植〉 작두콩.
[刀魚] tāoyǘ ㄉㄠㄩˊ 〈動〉 갈치.

〔叨〕 tāo ㄉㄠ ⇨t'āo.
[叨嘮] tāolao ㄉㄠㄌㄠ ①썩둑썩둑 지껄이다. 중얼중얼 혼자 말하다. ②원망하다. ＞叨叨唠唠.
[叨念] tāonien ㄉㄠㄋㄧㄢ ①썩둑썩둑 지껄이다. ②혼자서 중얼중얼하다. ＞叨叨念念.
[叨叨] tāotao ㄉㄠㄉㄠ 말이 많은 모양. 재잘재잘.
[叨登] tāotêng ㄉㄠㄉㄥ ① (물건을 찾기 위해) 뒤적거리다. ②혼란시키다. 뒤섞다. ③옛 것을 들춰내어 교란시키다. ＞叨叨登登.
[叨動] tāotung ㄉㄠㄉㄨㄥ 뒤집어 엎다.

〔捯〕 táo ㄉㄠˊ ①(실·끈·새끼 따위를) 끌어 당기다. ②원인을 추구하다. 들추어 내다.
[捯氣兒] táoch'ìrh ㄉㄠˊㄑㄧˋㄦ ①숨을 가쁘게 쉬다. 헐떡이다. ②헐떡이며 말하다.
[捯綫] táohsièn ㄉㄠˊㄒㄧㄢˋ 실을 끌어 당기다.
[捯根兒] táokēnrh ㄉㄠˊㄍㄣㄦ 추구(追究)하다. 「一問底兒 ; 미주알 고주알 캐묻다」
[捯飭] táoshih ㄉㄠˊㄕ 장식하다. 꾸미다. 모양을 내다. ＝刀尺.

〔倒〕 tǎo ㄉㄠˇ ①(똑바로 섰던 것이) 넘어지다. 옆으로 쓰러지다. 「墻一了 ; 담이 쓰러졌다」 ②도산(倒產)하다. 망하다. 「那個鋪子一了 ; 저 가게는 망하고 말았다」 ③이동하다. 바꾸다. 「一車 ; 바꾸어 타다」 ⇨tào.
[倒茬] tǎoch'á ㄉㄠˇㄔㄚˊ 윤작(輪作)하다.
[倒賬] tǎochàng ㄉㄠˇㄓㄤˋ ①외상값을 떼이다. ②외상값으로 인하여 상점이 파산하다.
[倒車] tǎoch'ē ㄉㄠˇㄔㄜ 차를 바꾸어 타다. ＝換車. ⇨tàoch'ē.
[倒嚼] tǎochiào ㄉㄠˇㄐㄧㄠˋ 반추(反芻)하다.
[倒換] tǎohuàn ㄉㄠˇㄏㄨㄢˋ ①교환하다. 바꾸다. ②교체(交替)하다. 교대하다. ＞倒倒換換.
[倒霉] tǎoméi ㄉㄠˇㄇㄟˊ ①불운하다. 운수가 사납다. ②재수 없다. 속상하다: 스스로 비웃는 말.
[倒把] táopǎ ㄉㄠˊㄅㄚˇ 〈經〉 차금매매를 하다. 실물을 주고받지 않고 계산상으로만 거래하다.
[倒班兒] tǎopānrh ㄉㄠˇㄅㄢㄦ 교체하다. 교대로. 「一做工 ; 교대로 일을 하다」
[倒閉] tǎopì ㄉㄠˇㄅㄧˋ 파산(破產)하다. 영업을 그만두다.
[倒不開] tǎopuk'āi ㄉㄠˇㄅㄨㄎㄞ 융통이 잘 안되다.
[倒嗓子] táosǎngtzǔ ㄉㄠˊㄙㄤˇㄗˇ ＝倒倉.
[倒手] táoshǒu ㄉㄠˊㄕㄡˇ①한 쪽 손에서 다른 손으로 옮기다. ②두 손을 교대로 바꾸다. ③ 수고롭다. 힘들다. ④(제삼자에게) 되넘겨 팔다. ⑤방법을 갈다.
[倒塌] tǎot'ā ㄉㄠˇㄊㄚ ①(집 따위가) 기울어져 넘어가다. ②(일이) 완전히 실패하다. ③(믿고 있던 것이) 못 쓰게 되다. 와해하다.

[倒臺] tǎot'ái ㄉㄠˇㄊㄞˊ ①파산하다. ②실패하다. ③(조직이) 붕괴하다.
[倒坍] tǎot'ān ㄉㄠˇㄊㄢ =倒塌.
[倒蛋] tǎotàn ㄉㄠˇㄉㄢˋ ①일부러 아우성치다. 휘휘 저어 버리다. ②일부러 농을 하다.
[倒騰] tǎot'êng ㄉㄠˇㄊㄥ ①뒤집어 엎다. 뒤섞어 버리다. ②일을 번복하다. ③팔기도 하다. 융통하다. >倒倒騰騰. =搗騰.
[倒頭] tǎot'ǒu ㄉㄠˇㄊㄡˊ ①죽다. ②(몸을) 옆으로 하다. 「一便睡 ; 눕자마자 잠이 들다」
[倒倉] tǎots'āng ㄉㄠˇㄘㄤ 배우의 목청이 병이 나다. 배우의 목청이 가라 앉거나 쉬다.
[倒牙] tǎoyá ㄉㄠˇㄧㄚˊ 이가 흔들리다. 치아가 들뜨다.
[倒胃口] tǎowèik'ǒu ㄉㄠˇㄨㄟˋㄎㄡˇ ①실컷 먹어서 보기도 싫어지다. ②기분이 나쁘다. 메시껍다. 「我一看見那個人就一 ; 나는 저 사람을 보기만 하면 속이 메시꺼워진다」

〔島〕 tǎo ㄉㄠˇ 섬.
[島嶼] tǎoyǔ ㄉㄠˊㄩˇ 작은 섬. 군도(群島). 열도(列島).

〔導〕(导) tǎo ㄉㄠˇ, tào ㄉㄠˋ ①지도하다. 이끌다. ②전(傳)하다. 통하다. 「一電 ; 전기가 통하다」
[導致] tǎochìh ㄉㄠˇㄓˋ 결과를 가져오다. 어떤 사태를 초래하다. 「這一措施可能一戰爭的爆發 ; 이 조치는 전쟁이 발발하는 결과가 될지도 모른다」
[導火索] tǎohuǒsǒ ㄉㄠˊㄏㄨㄛˊㄙㄨㄛˇ 도화선(導火線).
[導管] tǎokuǎn ㄉㄠˊㄍㄨㄢˇ 파이프. 도관(導管).
[導師] tǎoshīh ㄉㄠˇㄕ ①지도자. ②지도교관. ③학급 담임.
[導彈] tǎotàn ㄉㄠˇㄉㄢˋ 유도탄. 「一基地 ; 유도탄 기지」
[導言] tǎoyén ㄉㄠˇㄧㄢˊ 서문(序文). 서언「緒言).
[導演] tǎoyěn ㄉㄠˊㄧㄢˇ (연극·영화를) 연출하다. 감독하다. 연출가(演出家).
[導遊] tǎoyú ㄉㄠˇㄧㄡˊ 유람자(遊覽者)를 안내하다.

〔蹈〕 tǎo ㄉㄠˇ ①밟다. 「手舞足一 ; 기뻐서 날뛰다」 ②실행하다. 「循規一矩 ; 규칙에 따라서 행하다」
[蹈常襲故] tǎoch'áng-hsíkù ㄉㄠˇㄔㄤˊㄒㄧˊㄍㄨˋ ①답습하다. ②하는 일에 새로운 맛이 없다.
[蹈海] tǎohǎi ㄉㄠˊㄏㄞˇ (자살하기 위하여) 바다에 뛰어들다. 「一自殺 ; 바다에 뛰어들어 자살하다」
[蹈虎尾] tǎohǔwěi ㄉㄠˇㄏㄨˇㄨㄟˇ 위험한 일을 한다는 비유. 호랑이 꼬리를 밟는다는 뜻으로 위험하다는 뜻.
[蹈水火] tǎoshuǐhuǒ ㄉㄠˊㄕㄨㄟˇㄏㄨㄛˇ 위험을 무릅쓰다. 괴로움을 받다. 불속으로 뛰어들다.

〔搗〕(擣) tǎo ㄉㄠˇ ①(절굿공이 같은 것으로) 찧다. 「一蒜 ; 마늘을 찧다」 ②돌진하다. 공격하다. 「一敵巢 ; 적의 소굴을 공격하다」 ③교란하다.
[搗毀] tǎohuǐ ㄉㄠˇㄏㄨㄟˇ 철저히 파괴하다. 찔러서 허물어뜨리다. 「一燕子窩 ; 제비집을 허물어뜨리다」
[搗固] tǎokù ㄉㄠˇㄍㄨˋ 땅을 다지다 : 건축할 때.
[搗鬼] tǎokuěi ㄉㄠˊㄍㄨㄟˇ ①남 몰래 나쁜 일을 계획하다. 실행하다. ②혼잣말로 지껄이다. ③지나친 장난을 하다.
[搗衣] tǎoī ㄉㄠˇㄧ 옷을 방망이로 두드려서 빨다.
[搗亂] tǎoluàn ㄉㄠˇㄌㄨㄢˋ 교란하다. 소동을 일으키다. 「一鬼 ; 훼방군, 방해자」
[搗蛋] tǎotàn ㄉㄠˇㄉㄢˋ ①소란을 피우다. ②(내부에서) 교란하다. 「騰騰.
[搗騰] tǎot'êng ㄉㄠˇㄊㄥ =搗搗 . >倒騰

〔到〕 tào ㄉㄠˋ ①도착하다. 도달하다. 「一釜山 ; 부산에 도착하다」 ②용이주도(用意周到)한. 구석구석까지 미치는. 「有不一的地方 ; 미치지 못한 곳이 있다」 ③동사 뒤에 놓여 그 동작이 효과를 거두었거나 또는 목적을 달성했다는 뜻을 나타냄. 「找一工作 ; 일거리를 찾아 냈다」 ④…로. …까지. 「一釜山去 ; 부산으로 가다」
[到期] tàoch'ī ㄉㄠˋㄑㄧ 기한이 되다. 「一奉還 ; 기한까지는 반환하겠읍니다」
[到家] tàochiā ㄉㄠˋㄐㄧㄚ ①집에 이르다 ②몹시. 「貴得一 ; 몹시 비싸다」 극도로. 「窮得一 극도로 가난한」 ③훌륭한. 더할 나위 없는. 「唱作處處一 ; 노래도 몸가짐도 더할 나위 없다」 ④ 실수익(實收益). =到手.
[到處] tàoch'ù ㄉㄠˋㄔㄨˋ 도처(到處). 어디든지. 도처에.
[到任] tàojên ㄉㄠˋㄖㄣˋ 착임(着任) 하다.
[到歸齊] tàokueīch'í ㄉㄠˋㄍㄨㄟㄑㄧˊ 결국. 요컨대.
[到了兒] tàoliǎorh ㄉㄠˋㄌㄧㄠˇㄦ 결국은. 요컨대. =到底.
[到不到] tàoputào ㄉㄠˋㄅㄨㄉㄠˋ 미치지 못하다. 충분하지 못하다. 「過去我有個一的, 你可別往心裡去 ; 과거에 제가 미흡한 점이 있었읍니다마는 언짢게 여기지 마십시요」 「하다.
[到手] tàoshǒu ㄉㄠˋㄕㄡˇ 획득하다. 입수
[到達] tàotá ㄉㄠˋㄉㄚˊ 도착하다. 도달하다.
[到底] tàotǐ ㄉㄠˋㄉㄧˇ 끝까지 해내다. 「進行一 ; 끝까지 밀고 나가다」 ① 끝에 이르러는. 결국은. 「一是誰說的? ; 결국은 누가 말했나?」 ②예상대로. 과연.
[到頭來] tàot'óulái ㄉㄠˋㄊㄡˊㄌㄞˊ 결국.
[到頭兒] tàot'óurh ㄉㄠˋㄊㄡˊㄦ =到頭來.
[到月兒] tàoyüèhrh ㄉㄠˋㄩㄝˋㄦ ①(달로 정한) 기한이 되다. 「定期存款一了 ; 정기 예금이 만기가 되다」 ②달이 차다. 산월(產月)이 되다.

〔倒〕 tào ㄉㄠˋ ①(상하의 위치를) 거꾸로 하다. 뒤집다. 「鏡子掛一了 ; 거울을 거꾸로 걸어 버렸다」 ②거꾸로. 「一數 ; 뒤에서부터 세다」 ③부어 넣다. 쏟다. ④오히려. 그러나. 도리어. 「一好子 ; 도리어 좋아졌다」 ⑤후퇴하다. 「一車 ; 차가 후

퇴하다」 ⇨tǎo.
[倒茶] tàoch'á ㄉㄠˋㄔㄚˊ 차를 따르다.
[倒挿筆] tàoch'āpǐ ㄉㄠˋㄔㄚㄅㄧˇ 글에서 정상적인 표현을 하지 않고 먼저 적을 것을 나중에 기록한다든가 또는 보충하여 쓰는 방법. =倒敍法.
[倒車] tàoch'ē ㄉㄠˋㄔㄜ 차를 뒤로 물리다.「開一; 시대에 역행하다」⇨tǎoch'ē.
[倒抽一口氣] tàoch'ōu ìk'ǒu ch'ì ㄉㄠˋㄔㄡ ㄧˋㄎㄡˇ ㄑㄧˋ 놀라거나 실소(失笑)하는 모양. =倒抽一口驚氣.
[倒反] tàofǎn ㄉㄠˋㄈㄢˇ 도리어. 의외로. 반대로.「這回一得罪了他; 이번에는 의외에도 그의 기분을 손상시켰다」
[倒放] tàofàng ㄉㄠˋㄈㄤˋ 거꾸로 놓다. 반대로 놓다.
[倒陷] tàohsièn ㄉㄠˋㄒㄧㄢˋ (병이)내부로 침입하다.
[倒現] tàohsièn ㄉㄠˋㄒㄧㄢˋ ①거꾸로 나타나다. ②현금을 유용하다.
[倒行逆施] tàohsíng-nìshīh ㄉㄠˋㄒㄧㄥˊ ㄋㄧˋㄕ 잘못된 일을 억지로 시행하다.
[倒許] tàohsǔ ㄉㄠˋㄒㄩˇ 어쩌면 …일지도. =也許.
[倒掛價格] tàokuà chiàkǒ ㄉㄠˋㄍㄨㄚˋ ㄐㄧㄚˋㄍㄜˊ 소매 가격이 도매 가격보다 싸고 소비 가격이 생산 가격보다 싼 시장 경기.
[倒賠] tàop'éi ㄉㄠˋㄆㄟˊ 변상하다.
[倒是] tàoshìh ㄉㄠˋㄕˋ ①도리어. 참으로.「肥料上多了, 一長不好; 비료를 많이 줬는데도 도리어 성장이 좋지 않다」②뜻밖에. 의외로. ③그러나. 그렇지만.「你那麼主張, 我一沒想到; 자네는 그렇게 주장하나 그렇지만 나는 그렇게 생각되지 않았다」
[倒鎖] tàosǒ ㄉㄠˋㄙㄨㄛˇ 밖에서 자물쇠로 잠그다.
[倒打] tàotǎ ㄉㄠˋㄉㄚˇ 손등으로 치다.
[倒打一瓦] tàotǎ iwǎ ㄉㄠˋㄉㄚˇ ㄧˋㄨㄚˇ 자기의 잘못이나 결점은 고사하고 도리어 원한을 품다. ②남을 꾸짖을 수 있음에도 불구하고 스스로 자신만을 꾸짖다. =倒打一耙.
[倒貼] tàot'iēh ㄉㄠˋㄊㄧㄝ 여자가 남자를 사랑하여 금전적으로 뒷바라지를 해 주다.
[倒踢一脚] tàot'īichiǎo ㄉㄠˋㄊㄧ ㄧˋㄐㄧㄠˇ =倒打一瓦.
[倒栽葱] tàotsāitsūng ㄉㄠˋㄗㄞㄘㄨㄥ 앞으로 고꾸라지다.
[倒座兒] tàotsòrh ㄉㄠˋㄗㄨㄛˋㄦ 안방의 맞은편 방.
[倒退] tàot'uì ㄉㄠˋㄊㄨㄟˋ ①후퇴하다. 뒤로 물러가다. ②tàot'ui 뒷걸음질 치다.

〔悼〕 tào ㄉㄠˋ 슬퍼함. 애통함.
[悼念] tàonièn ㄉㄠˋㄋㄧㄢˋ (죽은 사람을) 애석하게 생각하다.

〔盜〕 tào ㄉㄠˋ ①훔치다. ②도둑.「一人; 도둑놈」
[盜案] tàoàn ㄉㄠˋㄢˋ 강도 사건.
[盜竊] tàoch'ièh ㄉㄠˋㄑㄧㄝˋ 절도하다. 도둑질하다.
[盜汗] tàohàn ㄉㄠˋㄏㄢˋ ①식은땀. ②식은땀을 흘리다.
[盜墓] tàomù ㄉㄠˋㄇㄨˋ 묘를 파해치고 물건을 훔치다. 도굴(盜掘)하다.

〔道〕 tào ㄉㄠˋ ①「一兒; 길. 도로」「同一者; 동행자. 동조자(同調者)」②도리(道理).「這話還有點兒一; 이 말에는 약간의 도리가 있다」③「一兒; 방법. 기술」④도가(道家). ⑤말하다.「常言一得好; 속담은 멋진 말을 하고 있다」⑥「一子. 一兒; 줄. 선(線)」⑦역사상의 행정 구역. ⑧㉮가늘고 긴 것을 세는 단위.「一一紅綫; 하나의 붉은 줄」㉯출입하는 문이나 관문(關門) 따위를 세는 단위.「過一一關; 관문을 하나 지나다」㉰명령이나 표제(標題) 따위를 세는 말.「一一命令; 하나의 명령」㉱회수(回數)를 세는 말.「洗了三一; 세 번 씻었다」
[道長] tàochǎng ㄉㄠˋㄓㄤˇ 도사(道士)에 대한 존칭.
[道岔子] tàoch'àtzǔ ㄉㄠˋㄔㄚˋㄗ ①길의 교차점(交叉點). ②철도의 건널목.
[道叫] tàochiao ㄉㄠˋㄐㄧㄠ 큰소리로 외치다.
[道歉] tàoch'ièn ㄉㄠˋㄑㄧㄢˋ 미안하다고 말하다. 유감되게 생각한다는 뜻을 표하다.
[道情] tàoch'íng ㄉㄠˋㄑㄧㄥˊ ①도사(道士)의 음악과 노래. ②권선(勸善)의 뜻을 내포한 가사(歌詞).
[道具] tàochǜ ㄉㄠˋㄐㄩˋ ①불가(佛家)에서 사용하는 기구. ②연극의 대도구(大道具)와 소도구(小道具).
[道乏] tàofá ㄉㄠˋㄈㄚˊ ①남의 노고를 감사하다. ②수고하셨읍니다.
[道賀] tàohò ㄉㄠˋㄏㄜˋ 축하하다. 치하하다.
[道喜] tàohsǐ ㄉㄠˋㄒㄧˇ 기원(祈願)하다. 축복하다.
[道謝] tàohsièh ㄉㄠˋㄒㄧㄝˋ 축하의 뜻을 표하다.
[道行] tàohsìng ㄉㄠˋㄒㄧㄥˋ, tàohang ①수업(修業). ②법력(法力): 불법(佛法)의 위력.
[道故] tàokù ㄉㄠˋㄍㄨˋ 옛정을 말하다. 지난 정리를 이야기하다.
[道觀] tàokuàn ㄉㄠˋㄍㄨㄢˋ ①도사(道士)가 도를 닦는 장소. ②도사가 받드는 신묘(神廟). ③ 도교의 절.
[道理] tàoli ㄉㄠˋㄌㄧ ①정도(正道). ②이유. ③방법. 생각.
[道林紙] tàolínchǐh ㄉㄠˋㄌㄧㄣˊㄓˇ 희고 약간 두꺼운 질이 좋은 인쇄 용지의 한 가지.
[道路以目] tàolùimù ㄉㄠˋㄌㄨˋ ㄧˇㄇㄨˋ 지배자가 두려워 감히 소리를 내어 말을 하지 못하다.
[道貌岸然] tàomào ànján ㄉㄠˋㄇㄠˋ ㄢˋㄖㄢˊ 도학자와 같이 점잔을 빼고 거만을 떠는 모양.
[道門(兒)] tàomén(rh) ㄉㄠˋㄇㄣˊ(ㄦ) 도교(道敎) 또는 그 신자(信者).
[道木] tàomú ㄉㄠˋㄇㄨˊ 침목(枕木).
[道白] tàopái ㄉㄠˋㄅㄞˊ ①대사: 배우가 무대에서 하는 말. ② 대사를 말하다.
[道袍] tàop'áo ㄉㄠˋㄆㄠˊ 도사(道士)가 입는 옷. 도포.
[道破] tàop'ò ㄉㄠˋㄆㄛˋ 설파(說破)하다

잘라 말하다.

[道不拾遺] tàopùshíhí ㄉㄠˋㄅㄨˋㄕˊㄧˊ 땅에 떨어진 것은 줍지 않는다: 세상이 잘 다스려져 백성이 나쁜 짓을 하지 않는다는 말. =路不拾遺. ‹成›

[道兒] tàorh ㄉㄠˋㄦ ①길. ②계략. ③선(線) 모양으로 되어 있는 흔적.

[道臺] tàot'ai ㄉㄠˋㄊㄞ 청조(淸朝) 시대의 "道"의 장관명(長官名). ‹舊›

[道道子] tàotaotzǔ ㄉㄠˋㄉㄠㄗ ①수단. 방법. ②이유. 도리. 까닭. ③주름. 줄.

[道德] tàotê ㄉㄠˋㄉㄜˊ ①도덕. ②도덕적.

[道地] tàotì ㄉㄠˋㄉㄧˋ ①순수하다. 진실하다. 진짜다. =地道. ②미리 짜놓은 이야기. 복선(伏線).

[道釘] tàotīng ㄉㄠˋㄉㄧㄥ ①레일을 고정시키는 못. ②스파이크: 구두 밑창에 박는 징.

[道聽途說] tàot'īng-t'úshuō ㄉㄠˋㄊㄧㄥㄊㄨˊㄕㄨㄛ 근거가 확실치 않고 믿을 수 없는 이야기. ‹成›

[道子] tàotzǔ ㄉㄠˋㄗ 물건의 표면에 줄이 진 흔적.

[道眼] tàoyěn ㄉㄠˋㄧㄢˇ 도리(道理).

[道眼(兒)] tàoyěn(rh) ㄉㄢˋㄧㄢˇ(ㄦ) 요점. 요령. 말 가운데의 뜻. 「話裡頭有一; 말 속에 함축성이 있다」

〔稻〕 tào ㄉㄠˋ 「一子; 벼」

[稻場] tàoch'áng ㄉㄠˋㄔㄤˊ 곡식을 타작하는 마당.

[稻架] tàochià ㄉㄠˋㄐㄧㄚˋ 벼를 말리는 틀.

[稻床] tàoch'uáng ㄉㄠˋㄔㄨㄤˊ 탈곡기(脫穀機).

[稻穀] tàokǔ ㄉㄠˋㄍㄨˇ 벼. 껍질이 붙은 벼알.

[稻皮子] tàop'ítzǔ ㄉㄠˋㄆㄧˊㄗ 벼의 겉껍질. 왕겨.

[稻黍] tàoshǔ ㄉㄠˋㄕㄨˇ 〈植〉 수수. 고량.

[稻筒] tàot'ǔng ㄉㄠˋㄊㄨㄥˇ 벼를 담는 대로 만든 바구니.

[稻草] tàots'ǎo ㄉㄠˋㄘㄠˇ 볏짚. 「一人; 허수아비」

[稻子] tàotzǔ ㄉㄠˋㄗ 벼.

[稻瘟病] tàowěnpìng ㄉㄠˋㄨㄣㄅㄧㄥˋ 〈農〉 도열병(稻熱病): 벼에 생기는 병의 하나.

[稻秧子] tàoyāngtzǔ ㄉㄠˋㄧㄤㄗ 벼의 모종. 볏모.

T'AO ㄊㄠ

〔叨〕 t'āo ㄊㄠ ①대단히 탐내다. ②덕을 입다. 신세를 지다. 「一教; 가르침을 받다」 ⇨t'āo.

[叨擾] t'āojǎo ㄊㄠㄖㄠˇ ①음식 대접을 받다. ②잘 먹었읍니다. ‹人›

[叨光] t'āokuāng ㄊㄠㄍㄨㄤ 남에게 신세를 지다. 영광스럽다. 체면을 세우다.

〔掏〕 t'āo ㄊㄠ ①후비다. 파내다. 「一一個洞; 굴을 뚫다」 ②찾아내다. 「一出錢來; 돈을 찾아 내다」

[掏心窩子] t'āohsīnwōtzǔ ㄊㄠㄒㄧㄣㄨㄛㄗ ①자기의 기술 능력을 충분히 발휘하다. ②마음 속에 있는 것을 낱낱이 드러내 보이다.

[掏壞] t'āohuài ㄊㄠㄏㄨㄞˋ 나쁜 마음을 품다. 나쁜 꾀를 부리다.

[掏換] t'āohuan ㄊㄠㄏㄨㄢ ①교환하다. 바꾸다. ‹北› ②찾다. 구하다.

[掏窟窿] t'āok'ūlung ㄊㄠㄎㄨㄌㄨㄥ 차금(借金)하다. 돈을 꾸다.

[掏腰包(兒)] t'āoyāopāo(rh) ㄊㄠㄧㄠㄅㄠ(ㄦ) 사재를 털다. 남의 비용을 물다.

〔滔〕 t'āo ㄊㄠ 가득차다. 「罪惡~天; 한정 없을 정도로 많은 죄」

[滔滔] t'āot'āo ㄊㄠㄊㄠ ①물이 가득 흐르는 모양. ②잇닿아 계속되는 모양.

〔濤〕 t'āo ㄊㄠ 큰 파도.

〔絛〕(縧) t'āo ㄊㄠ 「一子; 실을 엮어서 꼰 가는 끈」 「一虫; 조충. 촌충」

〔韜〕 t'āo ㄊㄠ ①활(弓)이나 검의 커버(cover). ②숨다. 숨기다. 「一光; 재주를 숨기고 나타내지 않다」 「一略; ㉮옛날의 병서(兵書). ㉯전쟁의 계략」

〔饕〕 t'āo ㄊㄠ

[饕餮] t'āot'ièh ㄊㄠㄊㄧㄝˋ ①전설 속에 있는 흉악스럽게 생긴 동물. ②흉악한 사람. ③입버릇이 나쁜 사람.

〔逃〕 t'áo ㄊㄠˊ 도망치다. 도피하다.

[逃之夭夭] t'áochīhyāoyāo ㄊㄠˊㄓㄧㄠㄧㄠ 빨리 도망쳐 가다. 꽁무니가 빠지도록 도망가다. ‹成›

[逃出虎口] t'áoch'u hǔk'ǒu ㄊㄠˊㄔㄨ ㄏㄨˇㄎㄡˇ 호랑이 굴에서 도망치다. 생명의 위험에서 벗어나다. ‹成›

[逃歹] t'áotǎi ㄊㄠˊㄉㄞˇ 전란(戰亂)을 피하여 딴 데로 가다. 피난하다.

[逃犯] t'áofàn ㄊㄠˊㄈㄢˋ 도망 범죄인(逃亡犯罪人).

[逃學] t'áohsüéh ㄊㄠˊㄒㄩㄝˊ 학교를 빠지다: 학교에 가지 않고 놀다.

[逃荒] t'áohuāng ㄊㄠˊㄏㄨㄤ 기근(饑饉)을 피하여 딴 데로 가다.

[逃光] t'áokuāng ㄊㄠˊㄍㄨㄤ 도망가고 누구 한 사람 없다.

[逃命] t'áomìng ㄊㄠˊㄇㄧㄥˋ 죽음에서 벗어나다. 목숨을 아슬아슬하게 건지다.

[逃難] t'áonàn ㄊㄠˊㄋㄢˋ 피난하다. 「一人; 피난자(避難者)」

[逃匿] t'áonì ㄊㄠˊㄋㄧˋ 도망쳐 숨다.

[逃跑] t'áop'ǎo ㄊㄠˊㄆㄠˇ 도주하다. 도망쳐 달아나다.

[逃兵] t'áopīng ㄊㄠˊㄅㄧㄥ 도망병.

[逃生] t'áoshēng ㄊㄠˊㄕㄥ 도망가서 목숨을 구하다. =逃命.

[逃竄] t'áots'uàn ㄊㄠˊㄘㄨㄢˋ 도망하여 숨다. 도피하다.

[逃遁] t'áotùn ㄊㄠˊㄉㄨㄣˋ 도망치다.

〔桃〕 t'áo ㄊㄠˊ ①복숭아. 「一樹; 복숭아 나무」 ②모양이 복숭아 같은 것. 「棉花一兒; 다래: 목화의 덜 익은 열매」

[桃脯] t'áofǔ ㄊㄠˊㄈㄨˇ 설탕에 절인 복숭아 「씨.
[桃核兒] t'áohórh ㄊㄠˊㄏㄜˊㄦ 복숭아
[桃花] t'áohua ㄊㄠˊㄏㄨㄚ ①복숭아 꽃. ②여성의 아름다운 용모를 형용하는 말. 「一臉；미모(美貌)」「面似一；꽃 같은 안색」③사춘기(思春期)의 남녀가 연애로 인하여 몸을 그르치는 일.「走一運；남녀 관계로 몸을 그르치다」
[桃花汛] t'áohuāhsǜn ㄊㄠˊㄏㄨㄚㄒㄩㄣˋ 2,3월경에 얼음이 녹아서 물이 붇는 일. ＝桃汛.
[桃花夢] t'áohuāmèng ㄊㄠˊㄏㄨㄚㄇㄥˋ 연애의 꿈같은 달콤한 지경(地境). 도화몽.
[桃紅] t'áohúng ㄊㄠˊㄏㄨㄥˊ ①복숭아꽃빛. ②도색(桃色). 여성 관계.「一事件；도색 사건(桃色事件)」 「兒.
[桃瓤兒] t'áojángrh ㄊㄠˊㄖㄤˊㄦ ＝桃仁
[桃仁兒] t'áojénrh ㄊㄠˊㄖㄣˊㄦ 호두 속에 들어 있는 흰 알맹이.
[桃李] t'áoli ㄊㄠˊㄌㄧˇ 제자(弟子)가 많은 것.「一芬芬；가르친 제자가 많은 일」「一滿天下；가르친 제자가 전국 각지에 있다」
[桃毛] t'áomáo ㄊㄠˊㄇㄠˊ 복숭아 껍질에 난 보들보들한 잔털.
[桃子(一兒)] t'áotzǔ(—rh) ㄊㄠˊㄗ(一ㄦ) 복숭아.

〔淘〕 t'áo ㄊㄠˊ ①물로 씻다.「一米；쌀을 씻다. 쌀을 일다」「一金；금을 일다」②속에 있는 것을 모두 꺼내 치우다. 쳐내다.「一井；우물을 쳐내다」
[淘氣] t'áoch'ì ㄊㄠˊㄑㄧˋ 장난꾸러기. 개구장이.
[淘氣精] t'áoch'ìchīng ㄊㄠˊㄑㄧˋㄐㄧㄥ 장난꾸러기. ＝淘氣鬼. 淘氣兒. 淘氣包(子).
[淘換] t'áohuan ㄊㄠˊㄏㄨㄢ ①찾다. ②고르다. 선발하다.
[淘空] t'áok'ūng ㄊㄠˊㄎㄨㄥ 아주 아무것도 없게 깨끗이 쳐내다.
[淘籮] t'áoló ㄊㄠˊㄌㄨㄛˊ 쌀을 이는 조리(笊籬).
[淘神] t'áoshén ㄊㄠˊㄕㄣˊ ①(어린이가 개구장이가 되어서) 근심하다. ②속을 썩이다 : 마음을 상하게 하다.
[淘聲鬪氣] t'áoshēng-tòuch'ì ㄊㄠˊㄕㄥㄉㄡˋㄑㄧˋ 큰소리를 쳐가며 언쟁을 하는 모양.

〔陶〕 t'áo ㄊㄠˊ ①도기(陶器). 오지 그릇.「一匠；옹기장이」②옹기를 만들다. ③사람을 도야(陶冶)하다.「一冶；도야」④마음이 사로잡혀 멍청한 모양. 도취되다.「一醉；도취」
[陶瓷] t'áotz'ǔ ㄊㄠˊㄘˊ 도자기(陶磁器).
[陶鑄] t'áochù ㄊㄠˊㄓㄨˋ ①인간을 형성(形成)하다. ②교화(敎化)하다. 교도하다.

〔討〕 t'ǎo ㄊㄠˇ ①정벌(征伐)하다. ②연구하다.「硏一；자세히 연구하다」③요구(要求)하다.「一債；빚을 받아 들이다」「一饒；용서를 빌다」④…하게 하다. …을 받다.「一人嫌；남에게 미움을 받다」 「이다.
[討債] t'ǎochài ㄊㄠˇㄓㄞˋ 빚을 받아 들
[討價] t'ǎochià ㄊㄠˇㄐㄧㄚˋ 파는 사람이 값을 매기다. 장사군이 요구하는 값. 부르는 값.
[討巧] t'áoch'iǎo ㄊㄠˊㄑㄧㄠˇ 고생 안하고 재미 보다. 요령 있게 재미를 보다.
[討教] t'ǎochiào ㄊㄠˇㄐㄧㄠˋ 가르침을 바라다. 가르쳐 주기를 원하다. 「①.
[討俏] t'ǎoch'iào ㄊㄠˇㄑㄧㄠˋ ＝討好(兒)
[討賤] t'ǎochièn ㄊㄠˇㄐㄧㄢˋ (자중하지 않아) 남에게 얕보이다 : 남에게 깔보이다.
[討情(兒)] t'ǎoch'íng(rh) ㄊㄠˇㄑㄧㄥˊ(ㄦ) 용서를 빌다 : 용서하기를 바라다.
[討吃子] t'ǎoch'ītzǔ ㄊㄠˇㄔ ㄗ ①거지. ②빌어 먹다.
[討取] t'áoch'ǚ ㄊㄠˊㄑㄩˇ 독촉을 하여 받다. 받아 들이다.
[討飯] t'ǎofàn ㄊㄠˇㄈㄢˋ 밥을 빌어 먹다. 걸식하다.「一的；거지」
[討好(子)] t'áohǎo(rh) ㄊㄠˊㄏㄠˇ(ㄦ) ①비위를 맞추다. ②좋은 결과를 얻다.
[討還] t'ǎohuán ㄊㄠˇㄏㄨㄢˊ 반환할 것을 요구하다.
[討人嫌] t'ǎojénhsién ㄊㄠˇㄖㄣˊㄒㄧㄢˊ 남에게 미움을 받다.
[討論] t'ǎolùn ㄊㄠˇㄌㄨㄣˋ ①토론하다. ②검토하다.
[討沒趣(兒)] t'ǎoméich'ǜ(rh) ㄊㄠˇㄇㄟˊㄑㄩˋ(ㄦ) 스스로 고생을 하다. 스스로 고생을 사고 들어가다.
[討便宜] t'ǎop'iéni ㄊㄠˇㄆㄧㄢˊㄧ 자기의 이익을 꾀하다. 남의 이득을 톡톡히 보려고 하다.
[討厭] t'ǎoyèn ㄊㄠˇㄧㄢˋ ①싫어하다. 미워하다. 「我就是一你這樣的人；나는 너 같은 사람은 싫다」②밉살스럽다.「那個人眞一；그 사람은 참으로 밉살스럽다」

〔套〕 t'ào ㄊㄠˋ ①「一子·一兒；겉에 씌우는 물건」「手一兒；장갑」「外一兒；외투」②꼭 씌우다. 끼우다. 걸쳐 입다.「一上一件毛背心；털 조끼를 겉에 걸쳐 입다」③겹치다. 겹친.「一印；겹쳐서 인쇄된 일. 겹쳐서 찍힌 것」④이불이나 의복에 놓는 솜. ⑤조(組)나 한 벌로 되어 있는 세트 따위를 세는 데 쓰이는 조수사.「一一制服；한 벌의 제복(制服)」⑥흉내 내다. 모방하다. 베끼다.「這是從那篇文章上一下來的；이것은 그 문장에서 베낀 것이다」⑦「一兒；새끼 따위로 만든 고리」「牲口一；굴레」「雙一結；겹쳐서 묶어 놓은 마디」⑧(새끼로 만든 올가미 따위로) 매다.「一車；소나 말에게 마차나 우차를 메우다」⑨친밀히 하다.「一交情；사귀기를 바라다」⑩교묘한 수완으로 사람을 속이다.「用話一他；그를 말주변으로 속이다」
[套交情] t'ào chiāoch'ing ㄊㄠˋ ㄐㄧㄠㄑㄧㄥ (이편에서 자진하여) 교제를 맺다. 친밀히 하다.
[套間(兒)] t'àochiēn(rh) ㄊㄠˋㄐㄧㄢ(ㄦ) "正房"의 양쪽에 있는 방. 「一門；"套間"의 입구」
[套近] t'àochìn ㄊㄠˋㄐㄧㄣˋ ＝套拉攏. 套近乎.
[套圈兒] t'àoch'üanrh ㄊㄠˋㄑㄩㄢㄦ ①일정한 곳에 막대기를 세워 두고 고리

를 던져서 말뚝에 거는 놀이. ②고리를 던져서 말뚝에 걸다. ③올가미를 씌우다. 남을 속이다.
[套裙] t'àoch'ǘn ㄊㄠˋㄑㄩㄣˊ 서양식 스커어트. 양장의 치마.
[套種] t'àochùng ㄊㄠˋㄓㄨㄥˋ 간작(間作). 주작물(主作物)의 사이에 다른 종류의 작물을 심어 가꾸는 것을 말함.
[套房] t'àofáng ㄊㄠˋㄈㄤˊ ＝套間(兒).
[套鞋] t'àohsiéh ㄊㄠˋㄒㄧㄝˊ 오우버 슈우즈. 덧신.
[套話] t'àohuà ㄊㄠˋㄏㄨㄚˋ 상대자의 입에서 말이 나오도록 하다. 말을 유인하다.
[套環兒] t'àohuánrh ㄊㄠˋㄏㄨㄢˊㄦ ①고리를 잇대어 엮은 것. ②밀가루로 고리처럼 만든 식품의 한 가지.
[套滙] t'àohuì ㄊㄠˋㄏㄨㄟˋ 환이나 수표따위를 암거래하여 이익을 보는 일 : 환이나 수표를 싼 데서 사서 비싼 곳에서 팔다. 암거래 환(換)으로 송금하다.
[套購] t'àokòu ㄊㄠˋㄍㄡˋ 품목(品目)을 속여 구입하다.
[套褲] t'àok'ù ㄊㄠˋㄎㄨˋ 행전 : 중국옷의 발목에서 무릎까지 덧 씌우는 커버.
[套管] t'àokuǎn ㄊㄠˋㄍㄨㄢˇ 갱내(坑內)의 벽에 대는 지주(支柱).
[套拉攏] t'àolālung ㄊㄠˋㄌㄚㄌㄨㄥ ①관계를 맺다. 사귀다. ②세밀히 말하다.
[套弄] t'àonung ㄊㄠˋㄋㄨㄥ ①넘겨짚다. ②입에 발린 말을 하여 속이다. ＞套套弄弄.
[套版] t'àopǎn ㄊㄠˋㄅㄢˇ 이중 인쇄하다. 여러 가지 색을 겹쳐서 인쇄하다. ＝套印.
[套色] t'àoshǎi ㄊㄠˋㄕㄞˇ 색을 겹치다. 빛깔 있는 인쇄를 하다.
[套繩] t'àoshéng ㄊㄠˋㄕㄥˊ 소나 말에게 차를 메우는 끈. 봇줄.
[套數(兒)] t'àoshù(rh) ㄊㄠˋㄕㄨˋ(ㄦ) 수단(手段). 사람 호리는 재주. 남을 속이는 수완.
[套子話] t'àotzǔhuà ㄊㄠˋㄗˇㄏㄨㄚˋ ＝套語.
[套用] t'àoyùng ㄊㄠˋㄩㄥˋ 합쳐서 쓰다. 겹쳐 쓰다.
[套語] t'àoyǔ ㄊㄠˋㄩˇ ①너무 들어서 싫증이 날 정도로 같은 낡아 빠진 말. 내용이 빈곤한 말. 「去掉陳言一 ; 내용이 빈곤한 말을 제거하다」 ②상투적인 문구(文句). 틀에 박힌 말.

TÊ ㄉㄜ

〔地〕 tê ㄉㄜ, tê 상황(狀況)을 설명하는 말의 접미어. 「努力一幹 ; 노력해 주다」「好好一說 ; 잘 말하다. 공손히 말하다」「一個一個一吃 ; 하나씩 먹다」 ⇨ti.

〔的〕 tê ㄉㄜ, tê ①한정(限定)된 말을 나타내는 조사(助詞). ㉮동사·형용사 또는 이들을 포함한 연어(連語)에 쓰이는 경우. 「走一人 ; 걷는 사람」「走路一人 ; 길을 걷는 사람」「好一書 ; 좋은 책」 ㉯명사·대명사의 뒤에 쓰이는 경우. …의. 「我一書 ; 나의 책」 ②㉮사물·사람을 나타낼 때, "的"의 뒤에 명사가 없는 경우. 「走一 ; 걷는 사람」「吃一 ; 먹을 것」 ㉯직업 따위를 나타낼 때. 「送這一 ; 우편 배달부」「賣報一 ; 신문팔이」 ③문말(文末)에 위치하여 확정적인 어기(語氣)를 나타냄. 이럴 때는 "是"와 호응하는 경우가 많음. 「他(是)到過上海一 ; 그는 상해에 간 적이 있었을 것이다」 ④동사 뒤에 위치하여 그 동작이 과거에 있었음을 나타내는 경우. 「前天去一臺灣 ; 그저께 대만으로 갔다」 ⑤＝地. ⑥＝得⑧. ⑦…라도. …한다면 : 가정(假定)을 나타내는 조사. 「要是下雨一, 緩一兩天也可以 ; 만약 비가 온다면 하루 이틀 늦춰도 좋다」

〔底〕 tê ㄉㄜ, tê ＝的①㉯ : 단 송나라 시대에는 ①②다 「底」를 썼음. ⇨ti.

〔得〕 tê ㄉㄜˊ ①얻다. 획득하다. 「一獎 ; 입상(入賞)하다」 ②적합하다. 「一當 ; 타당하다」 ③의기양양하게 되다. 「揚揚自一 ; 의기양양」 ④되어지다. 완성되다. 「飯一了 ; 밥이 되었다」 ⑤충분하다. 그것으로 족하다. 「一了, 別說了 ; 됐어! 더 말하지 말라」 ⑥…해도 좋다. …해도 지장이 없다 : 부정사 "不"가 수반되는 경우가 많음. 「不一隨地吐痰 ; 아무 데나 가래침을 뱉지 말 것」 ⑦tê 동사 뒤에 위치하여 가능성을 나타낼 때는, "得"자에 연이어 방향 동사가 뒤따름. 「拿一起來 ; 들어 올릴 수 있다」 동사＋"得" 또는 동사＋"不"＋"得"의 형식. 「吃一 ; 먹어도 좋다」「說不一 ; 말해서는 안된다」 ⑧동사의 뒤에 놓여서 그 동작의 정도·결과·효과를 나타냄. 「跑一快 ; 뛰는 것이 빠르다」 ⇨těi.
[(동사)得着] 一têcháo ㄉㄜㄓㄠˊ ①동작이 대상에 미칠 수 있다는 뜻을 나타냄. 「在濟州吃一香蕉 ; 제주에서 바나나를 먹을 수 있다」「十萬塊錢也借一 ; 십만 원이라도 빌릴 수 있다」 ②동작이 대상에 미치는 것이 허용된다고 하는 뜻을 나타냄. 「別人的錢也花一嗎? ; 남의 돈이라도 쓸 수 있읍니까?」「你這身分, 可以見一他 ; 너의 이 신분으로도 그를 만날 수 있다」
[得逞] têch'ěng ㄉㄜˊㄔㄥˇ 뜻대로 되다 : 나쁜 방면에서 쓰여지는 말.
[(동사)得及] 一têchí ㄉㄜㄐㄧˊ 여유가 있어서 된다는 뜻을 나타냄. 「現在去就趕一 ; 지금 가면 시간에 알맞다」
[(동사)得起] 一têch'ì ㄉㄜㄑㄧˇ ①재물(財物)의 능력상 된다고 하는 뜻을 나타냄. 「價錢貴一點兒我也買一 ; 값이 조금 비싸더라도 살 수 있다」 ②역량상(力量上) 된다고 하는 뜻을 나타냄. 「那件事情, 我擔一 ; 그 건(件)은 나의 힘으로도 감당할 수 있다」 ③정신적으로 견딜 수 있다는 뜻을 나타냄. 「什麼人我都對一 ; 아무에게라도 얼굴을 대할 수 있다」
[得志] têchìh ㄉㄜˊㄓˋ 뜻과 같이 되다. 원하는 대로 되다.
[得竅] têch'iào ㄉㄜˊㄑㄧㄠˋ 요령을 얻다.
[得勁人] têchìnjén ㄉㄜˊㄐㄧㄣˋㄖㄣˊ ①쓸모 있는 사람. ②좋아하는 사람.

[(동사)得進來] —têchìnlai ㄉㄜㄐㄧㄣˋㄌㄞ "進來"의 가능형(可能型).
[得勁兒] tếchìnrh ㄉㄜˊㄐㄧㄣˋㄦ ①순조롭다. ②기분이 좋다. 유쾌하다. ③거리낄 것이 없다.
[(동사)得去] —têchǜ ㄉㄜㄑㄩˋ ①동작의 결과가 말한 사람과 떨어질 수 있다는 뜻을 나타냄.「那兒并不太遠我送—; 거기는 별로 멀지 않기 때문에 보낼 수 있다」②마음에 거리낄 것이 없어 통할 수 있다는 뜻을 나타냄. 「說這樣的話, 你不—嗎? ; 이런 말을 해서 너는 기분이 좋으냐?」
[(동사)得住] —têchù ㄉㄜㄓㄨˋ 동작·상태가 안정·확립·정지·부동성(不動性)을 갖는 뜻을 나타냄.「紙裡包—火嗎?; 종이 속에 불을 싸서 둘 수 있느냐?」「有柱子就支持—; 기둥이 있으면 받쳐 둘 수 있다」
[(동사)得出來] —têch'ūlai ㄉㄜㄔㄨㄌㄞ "(동사)出來"의 가능형.
[得法] tếfǎ ㄉㄜˊㄈㄚˇ ①적당하다. 적절하다.「保管—; 보관하는 것이 마땅하다」②일이 순조롭다.
[(동사)得下] —têhsià ㄉㄜㄒㄧㄚˋ ①충분한 장소가 있어서 될 수 있다는 뜻을 나타냄.「人不多, 坐—; 사람이 많지 않기 때문에 앉을 수 있다」②…해 둘 수 있다는 뜻을 나타냄.「定—坐兒; 좌석을 예약해 둘 수 있다」
[得閑(兒)] tếhsién(rh) ㄉㄜˊㄒㄧㄢˊ(ㄦ) 짬이 생기다. 여가가 생기다. ＝得空.
[得心應手] tếhsīn-yìngshǒu ㄉㄜˊㄒㄧㄣㄧㄥˋㄕㄡˇ ①잘 이해하고 있어서 몹시 익숙하다. ②생각대로 되다.
[(동사)得慌] —têhuang ㄉㄜㄏㄨㄤ (정신적·생리적인 불쾌감·부족감이)심하다.「累—; 심히 피곤하다」「餓—; 몹시 배고프다」
[得以] tếi ㄉㄜˊㄧˇ …할 수 있다.「使生產—迅速發展; 생산이 신속하게 발전하게 끔 하다」
[得意] tếì ㄉㄜˊㄧˋ ①의기양양하다. ②마음에 들다. ＝中意. ③지위(地位)를 얻다.「你在哪裡—? ; 어디서 근무하십니까?」
[得人] tếjến ㄉㄜˊㄖㄣˊ ①적당한 사람을 얻다. ②＝得人心兒.
[得人心(兒)] tếjếnhsīn(rh) ㄉㄜˊㄖㄣˊㄒㄧㄣ(ㄦ) 남에게 호감을 사다. 붙임성 있다.
[(동사)得開] —têk'āi ㄉㄜㄎㄞ ①사물을 해방·확장·분리할 수 있다는 뜻.「這只箱子容易打—; 이 상자는 쉽사리 열린다」②장소의 여유가 있어서 될 수 있다는 뜻을 나타냄.「這旅館一百個人住—; 이 여관은 백 명이 잘 수 있다」
[得看] tếk'àn ㄉㄜˊㄎㄢˋ ①보기에 아름답다. 보기 좋다. ②경치가 좋다. 전망이 아름답다.
[(동사)得過] —têkuō ㄉㄜㄍㄨㄛˋ 상대편을 능가할 수 있다고 하는 의미를 나타냄.「說—他; 저 사람에게 입으로는 지지 않는다」
[得過且過] tếkuōch'iěhkuō ㄉㄜˊㄍㄨㄛˋㄑㄧㄝˇㄍㄨㄛˋ ①그날그날을 살아 가다. 겨우 살아 가다. ②그 자리만을 얼버무리다.
[(동사)得過去]—têkuōch'ü ㄉㄜˋㄍㄨㄛˋㄑㄩ "(동사)過去"의 가능형.
[(동사)得過來] —têkuōlai ㄉㄜㄍㄨㄛˋㄌㄞ ①어떤 곳을 경과해서 올 수 있다는 뜻을 나타냄.「那座橋過—過不過來? ;저 다리를 건너 올 수 있느냐?」②정상적인 상태로 환원시킬 수 있다는 뜻을 나타냄.「他的毛病誰能改—呢? ; 저 사람의 결점을 누가 고칠 수 있읍니까?」③동작의 결과, 어떤 것이 반전(反轉)될 수 있다는 뜻을 나타냄.「那條胡同不窄, 磨得過車來 ; 그 샛길은 좁지 않기 때문에 차를 돌릴 수 있다」④고루 미칠 수 있다는 뜻을 나타냄.「客人不多, 張羅— ; 손님이 많지 않기 때문에 골고루 접대할 수 있다」
[(동사)得過兒] —têkuōrh ㄉㄜㄍㄨㄛˋㄦ …하는 데 알맞나. …하기에 꼭 알맞는 시기다.「這件衣裳我買—; 이 옷은 내가 사기엔 안성마춤이다」
[得啦] tếla ㄉㄜˊㄌㄚ ①좋다. 괜찮다. ②(귀찮아서 하는 말로) 좋다. 그만둬.「—, 別說了 ; 그래 그래! 그만 떠들어!」
[(동사)得來] —têlái ㄉㄜㄌㄞˊ ①동작의 결과가 말하는 사람에게 다가 온다는 뜻을 나타냄.「當天回—回不來? ; 당일 돌아올 수 있는가 없는가?」②경험상·습관상 익숙해져서 될 수 있다는 뜻을 나타냄.「中國菜我吃—; 중국 요리를 항상 먹어 버릇하고 있다」
[得了] tếlê ㄉㄜˊㄌㄜ ①되다. 마치다.「飯—嗎? ; 밥이 다 되었나?」②그만 두라. 중지하라.「—不要鬧了 ; 그만, 떠들지 말라」③＝tếliǎo.
[得力] tếlì ㄉㄜˊㄌㄧˋ ①능력이 있다. 적역(適役)이다. ②적당하다. 쓰기에 편리하다.
[得了] tếliǎo ㄉㄜˊㄌㄧㄠˇ 해 낼 수 있다. 될 수 있다.「你看, 這日子怎麼—?; 여보게, 이래 가지고 어떻게 살겠는가?」⇨ tếlê.
[(동사)得了] —têliǎo ㄉㄜㄌㄧㄠˇ ①동작을 양적(量的)으로 완료·완결할 수 있다는 뜻을 나타냄.「這樣的事我一個人辦—; 이런 일은 나 혼자서도 처리할 수 있다」②그러한 결과가 될 수 있다는 뜻을 나타냄.「哪兒能忘—您的好意呀? ; 어찌 당신의 호의를 저버릴 수가 있겠읍니까?」
[得臉] tếliěn ㄉㄜˊㄌㄧㄢˇ ①귀여움을 받다. ②면목을 세우다.
[得隴望蜀] tếlúngwàngshǔ ㄉㄜˊㄌㄨㄥˊㄨㄤˋㄕㄨˇ "甘肅省"을 얻게 된 후에 초나라를 욕심낸다는 뜻으로, 욕심은 한이 없다는 비유 : "隴"은 "甘肅省" 지방의 별칭 말타면 경마 잡히고 싶다. 《成》
[得便] tếpièn ㄉㄜˊㄅㄧㄢˋ (전달할) 편(便)이 있다. **여가를 얻다.**
[得病] tếpìng ㄉㄜˊㄅㄧㄥˋ 병에 걸리다. 득병하다.
[得不償失] tếpùch'ángshīh ㄉㄜˊㄅㄨˋㄔㄤˊㄕ 얻는 것보다 잃는 것이 많다. 《成》
[得色] tếsê ㄉㄜˊㄙㄜˋ 의기양양한 모양.
[(동사)得上] —têshàng ㄉㄜㄕㄤˋ 사물(事物)이 적당하거나 또는 지장이 없어서 될 수 있다는 뜻을 나타냄.「這件衣服正合式, 我穿—; 이 옷은 꼭 맞으니까

내가 입을 수 있다」
[得勝] tĕshĕng ㄉㄜˊㄕㄥˋ 승리하다. 승리를 쟁취하다.
[得時] tĕshíh ㄉㄜˊㄕˊ 행운을 얻다. 때를 만나다.
[得勢] tĕshìh ㄉㄜˊㄕˋ 세력을 얻다. 득세하다.
[得手] tĕshŏu ㄉㄜˊㄕㄡˇ(일을 행하는 데) 순조롭다. 손에 넣다. 짬이 생기다.
[得數兒] tĕshùrh ㄉㄜˊㄕㄨˋㄦ 계산한 결과로 얻은 수. 해답.
[得當] tĕtàng ㄉㄜˊㄉㄤˋ 타당하다.
[得到] tĕtào ㄉㄜˊㄉㄠˋ 획득하다. 얻다. 「一國民的支持；국민의 지지를 얻다」
[(동사)得到] —têtào ㄉㄜㄉㄠˋ 동작이 어떤 위치·정도까지 도달할 수 있다는 뜻을 나타냄.「樣樣都做一；이것 저것을 다 해치웠다」
[得體] tĕt'ĭ ㄉㄜˊㄊㄧˇ ①신분에 알맞다. ②격식에 맞다. 제격이다.
[得天獨厚] têt'iēntúhòu ㄉㄜㄊㄧㄢㄉㄨˊㄏㄡˋ 환경이 특히 좋다.
[得罪] tĕtsuì ㄉㄜˊㄗㄨㄟˋ ①죄를 짓다. 죄를 범하다. ②실례하다. 미안합니다. ③tĕtsui 남의 기분을 해치다.「我不願意一人；나는 남에게 미움받고 싶지 않다」
[得寸進尺] tĕts'ùnchìnch'ĭh ㄉㄜˊㄘㄨㄣˋㄐㄧㄣˋㄔˇ =得隴望蜀.
[(동사)得動] —têtùng ㄉㄜㄉㄨㄥˋ 위치를 변경할 만큼의 힘이 있다는 뜻.「不重, 我一個人搬一；무겁지 않다, 나 혼자서 운반할 수 있다」
[得樣(兒)] tĕyàng(rh) ㄉㄜˊㄧㄤˋ(ㄦ) 보기에 좋다. 모양이 좋다. 잘 어울리다.
[得用] tĕyùng ㄉㄜˊㄩㄥˋ 사용하기에 편리하다. 소용에 닿다.
[得魚忘筌] tĕyűwàngch'üán ㄉㄜˊㄩˊㄨㄤˋㄑㄩㄢˊ 고기를 잡은 후에는 통발을 생각하지 않는다는 뜻으로, 성공하고 나면 신세진 것을 잊고 만다는 말. ⇨忘筌.

〔德〕 tĕ ㄉㄜˊ ①도덕. 덕. ②은혜. ③도이치.
[德行] tĕhsìng ㄉㄜˊㄒㄧㄥˋ ①덕행. ②tĕhsing 개 돼지 같은 놈.《罵》=缺德.
[德性] tĕhsìng ㄉㄜˊㄒㄧㄥˋ ①덕성. ②tĕhsing =德行②.
[德意志] tĕìchìh ㄉㄜˊㄧˋㄓˋ 도이치.《譯》
[德高望重] tĕkāo-wàngchùng ㄉㄜˊㄍㄠㄨㄤˋㄓㄨㄥˋ 덕이 높고 매우 명성이 있다.
[德國] tĕkuó ㄉㄜˊㄍㄨㄛˊ 도이치.
[德才兼備] tĕts'ái chiēnpèi ㄉㄜˊㄘㄞˊ ㄐㄧㄢㄅㄟˋ 재능과 덕을 함께 갖춘. 재덕을 겸비하다.
[德文] tĕwĕn ㄉㄜˊㄨㄣˊ 독일어. 독일글 독문(獨文).

T'E ㄊㄜ

〔忒〕 t'ê ㄊㄜˋ, t'uī 지독하다. 심하다. 「今天的風一大；오늘 부는 바람은 특히 심하다」
[忒意] t'êi ㄊㄜˋㄧˋ 몹시. 분수 넘게.
[忒兒嘍] t'êrhlou ㄊㄜˋㄦㄌㄡ (국수 따위를) 쭈룩쭈룩 입으로 넣다.

〔特〕 t'ê ㄊㄜˋ ①특별히. 특수한. ②특히. 다만 그것만으로. ③다만 … 뿐.「不一此也；다만 이것만이 아니다」
[特出] t'êch'ū ㄊㄜˋㄔㄨ 남달리 뛰어나다. 특히 우수하다.
[特寫] t'êhsiĕh ㄊㄜˋㄒㄧㄝˇ ①특별히 쓰다. 특서.「大寫一；특필 대서하다」②르포르타아즈(프 reportage)식의 글. 보고문. 통신문」③클로우즈업(close-up).
[特訊] t'êhsùn ㄊㄜˋㄒㄩㄣˋ 특종(特種)：신문 기사 중에서 다른 신문사가 전혀 모르고 있는 특별한 기사 재료.
[特意] t'êì ㄊㄜˋㄧˋ 특별히. 일부러.
[特刊] t'êk'ān ㄊㄜˋㄎㄢ 특집(特集).「國慶一；국경절 특집」
[特快車] t'êk'uàich'ê ㄊㄜˋㄎㄨㄞˋㄔㄜ 특별 급행 열차. 특급.
[特別] t'êpiéh ㄊㄜˋㄅㄧㄝˊ ①특별히.「一招待；특별한 서어비스(service)를 하다」②특별하다.
[特殊風] t'êshūfēng ㄊㄜˋㄕㄨㄈㄥ 특권층(特權層)인 체하는 경향.
[特大號] t'êtàhào ㄊㄜˋㄉㄚˋㄏㄠˋ 특별히 큰 종류의 물건. 특대호.
[特地] t'êtì ㄊㄜˋㄉㄧˋ 특히. 일부러.
[特爲] t'êwèi ㄊㄜˋㄨㄟˋ 특별히. 일부러.
[特務] t'êwu ㄊㄜˋㄨ 특무. 반동적 집단 때문에 비밀히 공작하는 사람.
[特邀代表] t'êyāotàipiăo ㄊㄜˋㄧㄠㄉㄞˋㄅㄧㄠˇ 특별히 초대된 대표.

〔慝〕 t'ê ㄊㄜˋ 바르지 못함. 비뚤어짐.

TEI ㄉㄟ

〔得〕 tĕi ㄉㄟˇ ①주관상. 사실상의 필요성을 나타내는 말. … 하지 않으면 안된다.「一用功；공부하지 않으면 안된다」②필연성을 나타내는 말. …에 틀림 없다.「我會猜, 她一說什麼；나는 그녀가 무슨 말을 할 것이 틀림 없다고 추측한다」③(시간·금전이) 걸린다.「一十分鐘；10분이 걸린다」 ③만족하다. 기분이 좋다.《方》「挺一；아주 즐겁다」⇨tê.
[得虧] tĕik'ueī ㄉㄟˇㄎㄨㄟ 다행하게도. =幸虧.
[得要] tĕiyào ㄉㄟˇㄧㄠˋ 필요하다. 해야만 한다.

TÊN ㄉㄣ

〔撜〕(扽) tĕn ㄉㄣˋ 힘껏 잡아 당기다.「一綫；실을 힘껏 잡아 당기다」「把衣服一平了；옷을 평평히 잡아 당기다」

TÊNG ㄉㄥ

〔登〕 tēng ㄉㄥ ①오르다. 올라가다. 「一山；등산」 ②밟다. 발을 걸치다. ＝蹬 「一在凳子上；걸상에 다리를 걸치다」 ③기재(記載)하다. 게재(揭載)하다. 「一報；신문에 나다」 ④성숙하다. 「五穀豊一；오곡이 풍성하게 결실하다」

[登場] tēngch'ǎng ㄉㄥㄔㄤˇ ①(연극에서) 등장하다. ②대중 앞에 얼굴을 나타내다. ③물건이 시장에 나돌다.

[登賬] tēngchàng ㄉㄥㄓㄤˋ 장부에 싣다. 올리다.

[登車] tēngch'ē ㄉㄥㄔㄜ 차에 타다. 차에 오르다.

[登程] tēngch'éng ㄉㄥㄔㄥˊ 출발하다.

[登基] tēngchī ㄉㄥㄐㄧ 황제(皇帝)가 왕위에 오르다. 나라를 창업하다.

[登直] tēngchíh ㄉㄥㄓˊ 다리를 쭉 뻗다.

[登出來] tēngch'ulai ㄉㄥㄔㄨㄌㄞ 게재(揭載) 발표하다. 「報上一出那個消息來了；신문에 그 소식(뉴우스)이 실렸다」

[登峯造極] tēngfēng-tsàochí ㄉㄥㄈㄥ ㄗㄠˋㄐㄧˊ ①산정(山頂)까지 가다. ②학문·기능이 최고에 달하다. ③일이 최고도에 달하다.

[登高] tēngkāo ㄉㄥㄍㄠ ①높이 오르다. ②음력 9월 9일의 중양절(重陽節)에 조금 높은 곳에 올라 잔치를 베풀다.

[登陸] tēnglù ㄉㄥㄌㄨˋ 상륙하다. 「一艇；상륙정」

[登門] tēngmén ㄉㄥㄇㄣˊ 방문하다. 찾아뵙다. 《敬》

[登報] tēngpào ㄉㄥㄅㄠˋ 신문에 게재하다.

[登時] tēngshíh ㄉㄥㄕˊ 곧. 즉시.

[登臺] tēngt'ái ㄉㄥㄊㄞˊ ①무대(舞臺)에 나서다. ②화려한 장소에 나가다. 데뷔하다. ③정권을 담당하다.

[登堂入室] tēngt'ángjùshìh ㄉㄥㄊㄤˊㄖㄨˋㄕˋ 안채로 들어가서 안방에 들다. 학문 따위에서 처음에는 쉬운 것부터 시작하여 점차 깊이 들어간다는 비유.

[登第] tēngtì ㄉㄥㄉㄧˋ 시험에 급제하다.

[登梯爬高兒] tēngt'ī-p'ákāorh ㄉㄥㄊㄧㄆㄚˊㄍㄠㄦ 높은 곳에 기어 오르다.

[登載] tēngtsǎi ㄉㄥㄗㄞˇ (신문 따위에) 싣다. 게재하다.

[登冊] tēngts'è ㄉㄥㄘㄜˋ 등록하다. 등기하다.

[登腿] tēngt'uǐ ㄉㄥㄊㄨㄟˇ 다리를 펴다. 발을 뻗다.

[登徒子] tēngt'útzǔ ㄉㄥㄊㄨˊㄗˇ 여색(女色)을 밝히는 사람. 호색가(好色家).

〔噔〕 tēng ㄉㄥ 북소리. 또는 그와 비슷한 소리: 둥둥. 「一一一地走上樓來了；쿵쿵쿵하고 이층으로 올라 왔다」

〔燈〕(灯) tēng ㄉㄥ 등. 등불.

[燈罩子(一兒)] tēngchàotzǔ(-rh) ㄉㄥㄓㄠˋㄗ(ㄦ) ①램프의 등피. ②전등의 갓.

[燈節(兒)] tēngchiéh(rh) ㄉㄥㄐㄧㄝˊ(ㄦ) 음력 1월 15일의 밤. 정월 대보름. "燈謎"의 풍습이 있음. ＝元宵節.

[燈炷] tēngchù ㄉㄥㄓㄨˋ ＝燈心.

[燈號] tēnghào ㄉㄥㄏㄠˋ 등불로 하는 신호.

[燈紅酒綠] tēnghúng-chiǔlǜ ㄉㄥㄏㄨㄥˊ ㄐㄧㄡˇㄌㄩˋ 사치하고 방탕한 생활. ＝紅燈綠酒.

[燈心] tēnghsīn ㄉㄥㄒㄧㄣ (등의)심지 ＝燈草, 燈芯.

[燈花兒] tēnghuārh ㄉㄥㄏㄨㄚㄦ 심지가 타서 끝이 꽃처럼 된 것.

[燈虎兒] tēnghǔrh ㄉㄥㄏㄨˇㄦ ＝灯謎.

[燈稔兒] tēngjěnrh ㄉㄥㄖㄣˇㄦ ＝燈心.

[燈亮(兒)] tēngliàng(rh) ㄉㄥㄌㄧㄤˋ(ㄦ) 등의 불빛. 등불.

[燈籠] tēnglung ㄉㄥㄌㄨㄥ 자루가 있어서 들고 다닐 수 있게 된 등. 제등(提燈).

[燈謎] tēngmí ㄉㄥㄇㄧˊ 등불에 써붙이어 남이 알아맞추게 하는 은어(隱語)나 수수께끼: 놀이의 일종.

[燈苗兒] tēngmiáorh ㄉㄥㄇㄧㄠˊㄦ 등불이나 횃불의 불꽃.

[燈泡子(一兒)] tēngp'àotzǔ(-rh) ㄉㄥㄆㄠˋㄗ(ㄦ) 전구(電球).

[燈塔] tēngt'ǎ ㄉㄥㄊㄚˇ 등대(燈臺): 불이 켜져 있는 해상 표지(標識).

[燈頭(兒)] tēngt'óu(rh) ㄉㄥㄊㄡˊ(ㄦ) ①등의 불꽃. ②전등의 수(數). 「你家的一有多少；당신 집의 전등은 몇 개나 있읍니까?」

[燈草] tēngts'ǎo ㄉㄥㄘㄠˇ ＝燈心.

[燈影兒] tēngyǐngrh ㄉㄥㄧㄥˇㄦ 등불의 그림자.

[燈語] tēngyǔ ㄉㄥㄩˇ ＝燈號.

〔等〕 těng ㄉㄥˇ ①기다리다. 「一了一天；하루를 기다렸다」 ②같다. 대등(對等)하다. 「一于零；영(零)과 같다」 ③등급. ④… 따위. … 들.

[等成品] těngch'éngp'ǐn ㄉㄥˇㄔㄥˊㄆㄧㄣˇ ①미가공(未加工)의 원재(原材). ②반제품.

[等急] těngchí ㄉㄥˇㄐㄧˊ 기다리다 못해 조바심하다.

[等情] těngch'íng ㄉㄥˇㄑㄧㄥˊ …따위의 일. 등등(等等). 「如再有偷料一, 可急速通知；만약 또다시 재료를 사취한다든지 하는 것이 있다면 곧 알려야 한다」

[等距] těngchǜ ㄉㄥˇㄐㄩˋ 같은 거리.

[等而下之] těng'érhhsiàchīh ㄉㄥˇㄦˊㄒㄧㄚˋㄓ ①뒤로 갈수록 못해진다. ②그보다 못해서는. 《成》

[等候] těnghòu ㄉㄥˇㄏㄡˋ 기다리다. 대기하다.

[等閑] těnghsién ㄉㄥˇㄒㄧㄢˊ ①예사이다. 보통이다. 「事非一；일은 예사롭지 않다」 ②등한시하다.

[等量齊觀] těngliàngch'íkuān ㄉㄥˇㄌㄧㄤˋㄑㄧˊㄍㄨㄢ 동등하게 보다. 동위(同位)로 생각하다.

[等倫] těnglún ㄉㄥˇㄌㄨㄣˊ 동배(同輩). 같은 또래.

[等門(兒)] těngmén(rh) ㄉㄥˇㄇㄣˊ(ㄦ) 집에서 사람이 돌아오기를 기다리다: 문을 열어 주기 위하여.

[等待] těngtài ㄉㄥˇㄉㄞˋ 기다리다.

[等到] těngtào ㄉㄥˇㄉㄠˋ 올 때까지 기다리다. …에 이르러; …가 되어. 「一太陽平西我們到了目的地；해가 서쪽으로 기울 무렵에 이르러 우리들은 목적지에 도착했다」

[等第] těngtì ㄉㄥˇㄉㄧˋ 순서. 차례.
[等同] těngt'úng ㄉㄥˇㄊㄨㄥˊ ①같게하다. 동등하게 하다. ②같다. 동렬(同列)이다. 「不要跟他一看待 ; 그 사람과 동렬로 취급해서는 안된다」
[等次] těngtz'ǔ ㄉㄥˇㄘˋ 순위. 등급.
[等用] těngyùng ㄉㄥˇㄩㄥˋ 매우 급히 필요하다. 당장에 소용되다. 「急登着用 ;지금 곧 필요하다」
[等于] těngyǘ ㄉㄥˇㄩˊ 같다. 대등(對等)하다.

〔戥〕 těng ㄉㄥˇ ①「一子 ; 앉은저울」
[戥秤] těngch'ěng ㄉㄥˇㄔㄥˋ 앉은저울. =戥子.
[戥星] těnghsīng ㄉㄥˇㄒㄧㄥ 앉은저울에 새긴 눈.

〔澄〕 těng ㄉㄥˋ 액체를 가라앉히다. 혼합물을 침전(沈澱)시키다. ⇨ch'ěng.
[澄清] těngch'īng ㄉㄥˋㄑㄧㄥ ①가라앉아 맑게 되다. ②침전(沈澱)시키다.
[澄沙] těngsha. ㄉㄥㄕㄚ 콩이나 팥 따위를 삶아서 기피한 고물.

〔凳〕(櫈) těng ㄉㄥˋ 「一子·一兒 ; 걸상. 의자. 평상」

〔磴〕 těng ㄉㄥˋ ①돌층계. ②돌층계를 세는 단위.
[磴道] těngtào ㄉㄥˋㄉㄠˋ 돌층계. 돌로 쌓은 층계 길.

〔瞪〕 těng ㄉㄥˋ 눈을 뜨다. 눈을 부릅뜨다.
[瞪眼] těngyěn ㄉㄥˋㄧㄢˇ ①눈을 크게 뜨고 노려 보다. ②노리다. 흘기다. ③성내다.

〔鐙〕 těng ㄉㄥˋ 말 안장에 달린 발을 디디는 장치. 등자(鐙子).

T'ÊNG ㄊㄥ

〔熥〕 t'ēng ㄊㄥ (이미 만들어져 있는 음식물을) 데우다.

〔鼟〕 t'ēng ㄊㄥ 북을 치는 소리.

〔疼〕 t'éng ㄊㄥˊ ①아프다. 「肚子一 ; 배가 아프다」 ②몹시 귀여워하다. 「他奶奶最一他 ; 그의 할머니는 가장 그를 귀여워했다」 ③몹시 애석(愛惜)해 하다.
[疼愛] t'éng'ài ㄊㄥˊㄞˋ 귀여워하다.
[疼乎] t'énghu ㄊㄥˊㄏㄨ 애석(愛惜)하다.
[疼痛] t'éngt'ùng ㄊㄥˊㄊㄨㄥˋ ①아프다. ②아픔.

〔滕〕 t'éng ㄊㄥˊ 주대(周代)의 나라 이름.

〔謄〕(䞶) t'éng ㄊㄥˊ 옮겨 베끼다. 베끼다. 「這稿子太亂, 要一一遍 ; 이 원고는 몹시 지저분하니, 한 번 다시 베끼지 않으면 안된다」 「一清 ; 정서하다」
[謄錄] t'énglù ㄊㄥˊㄌㄨˋ 전기(轉記)하다. 또는 그것을 담당하는 계(係).

〔藤〕(籐) t'éng ㄊㄥˊ 〈植〉 ①등나무. ②등(藤). 「一子 ; 등나무의 덩굴」
[藤器] t'éngch'ì ㄊㄥˊㄑㄧˋ 등나무로 만든 기물(器物).
[藤箱] t'énghsiāng ㄊㄥˊㄒㄧㄤ 등제(藤製) 트렁크.
[藤椅] t'éngǐ ㄊㄥˊㄧˇ 등나무 의자.
[藤蘿] t'éngló ㄊㄥˊㄌㄨㄛˊ 등나무.
[藤牌] t'éngp'ái ㄊㄥˊㄆㄞˊ ①옛날의 무기(武器)의 한 가지. 등나무로 만든 방패. (비유적으로) 불평을 한몸에 떠받는 사람.
[藤條] t'éngt'iáo ㄊㄥˊㄊㄧㄠˊ 등나무 덩굴.

〔騰〕 t'éng ㄊㄥˊ ①(힘차게)뛰다. 뛰어오르다. ②오르다. 올라가다. 「一空 ; 하늘에 떠오르다」
[騰房] t'éngfáng ㄊㄥˊㄈㄤˊ 방을 비우다. 집을 명도(明渡)하다.
[騰歡] t'énghuān ㄊㄥˊㄏㄨㄢ 기뻐서 날뛰다. 환희에 넘치다. 「萬家一 ; 어느 집이나 기쁨에 넘치다」
[騰空而起] t'éngk'ūngérhch'ǐ ㄊㄥˊㄎㄨㄥㄦˊㄑㄧˇ ①하늘 높이 자꾸 올라가다. ②일이 차차 발전하다.
[騰空兒] t'éngk'ùngrh ㄊㄥˊㄎㄨㄥˋㄦ ①기회(機會)를 주다. ②시간을 만들다. 틈을 내다.
[騰挪] t'éngnó ㄊㄥˊㄋㄨㄛˊ ①(돈을) 둘러 맞추다. 융통하다. ②(직무상의 지위를) 교체하다.
[騰閃] t'éngshǎn ㄊㄥˊㄕㄢˇ 살짝 피하다.
[騰達] t'énftá ㄊㄥˊㄉㄚˊ ①오르다. 올라가다. ②출세하다.
[騰騰] t'éngt'éng ㄊㄥˊㄊㄥˊ ①기세가 등등한 모양. 「霧氣一 ; 안개가 자욱하다」 「熱氣一 ; 열기가 한창 치솟다」 ③느릿느릿한 모양. 「慢一 ; 느릿느릿하게」

TI ㄉㄧ

〔低〕 tī ㄉㄧ ①낮다. 얕다. 「一聲 ; 낮은 소리」 ②굽히다. 머리를 숙이다. ③낮추다. 「一着聲音 ; 소리를 낮추다」
[低矮] tīǎi ㄉㄧㄞˇ 낮다.
[低昂] tīáng ㄉㄧㄤˊ ①고저(高低). ②하락(下落)과 등귀(騰貴).
[低產] tīch'ǎn ㄉㄧㄔㄢˇ 생산력이 낮다.
[低潮] tīch'áo ㄉㄧㄔㄠˊ ① 썰물. ②부진(不振)하다. 저조(低調)하다.
[低沉] tīch'én ㄉㄧㄔㄣˊ 낮다. 잠기다.
[低垂] tīch'uí ㄉㄧㄔㄨㄟˊ 아래로 늘어뜨리다. 드리우다.
[低下] tīhsia ㄉㄧㄒㄧㄚ ①숙이다. 「一頭 ; 머리를 숙이다」 ②tīhsià 낮다.
[低回] tīhuí ㄉㄧㄏㄨㄟˊ 머리를 숙이고 왔다 갔다 하다. 떠나기 싫은 태도로 배회하다.
[低估] tīkū ㄉㄧㄍㄨ 싸게 견적(見積)하다. 「一了他的力量 ; 그의 역량을 낮춰보다」
[低卑] tīpēi ㄉㄧㄅㄟ 비천(卑賤)하다.
[低三下四] tīsān-hsiàssǔ ㄉㄧㄙㄢㄒㄧㄚˋ

ㄙˋ ①굽실굽실하는 모양. ②비굴하다. 천하다.
[低聲] tīshēng ㄉㄧㄕㄥ 낮은 소리.「一說;작은 소리로 말하다. 소리를 낮추다」「一下氣;비굴하게 아첨하는 태도를 취하다」
[低首下心] tīshǒu-hsiàhsīn ㄉㄧㄕㄡˇㄒㄧㄚˋㄒㄧㄣ 굴복하여 순종하는 모양. 굽실거림.
[低搭] tīta ㄉㄧㄉㄚ ①신분이 낮다. ②비열하다.
[低頭] tīt'óu ㄉㄧㄊㄡˊ ①머리를 숙이다.「他老是低着頭走路;그는 언제나 고개를 숙이고 걷는다」②항복하다. 잘못을 빌다.
[低次] tītz'ǔ ㄉㄧㄘˋ ①하등(下等). ②열등(劣等)하다.
[低窪] tīwā ㄉㄧㄨㄚ ①움푹 팬 곳. ②움푹 패이다. >低低窪窪.
[低微] tīwēi ㄉㄧㄨㄟ ①천하다.「出身一;출신이 비천하다」②근소(僅少)하다. 적다. ③하락(下落)하다.「行市一; 시세가 내리다」

〔堤〕(隄) tī ㄉㄧ, t'í 제방(堤防). 둑.
[堤岸] tī àn ㄉㄧㄢˋ 제방(堤防).

〔提〕 tī ㄉㄧ ☞t'í.
[提溜] t'īliu ㄉㄧㄌㄧㄡ ①들다. 드리우다.「一着筐子來了;바구니를 들고 왔다」②무리하게 끌어 당기다.「把他一來了;그를 잡아끌 듯이 데리고 왔다」
[提溜着心] tīliuchêhsīn ㄉㄧㄌㄧㄡㄓㄜㄒㄧㄣ 걱정하고 있다. 마음을 긴장하고 있다.
[提埝] tīniền ㄉㄧㄋㄧㄢˋ 내의 둑. 하천의 제방(堤防).

〔滴〕 tī ㄉㄧ ①물방울. ②물방울 따위를 세는 단위.「二一藥水; 두 방울의 물약」③물방울이 떨어지다.「一眼藥;(눈에) 안약을 넣다」
[滴蟲] tīch'ūng ㄉㄧㄔㄨㄥˊ 〈動〉 아메에바. =阿米巴.
[滴下] tīhsia ㄉㄧㄒㄧㄚ (물방울 따위가) 떨어지다.「眼淚一來;눈물이 흐르다」
[滴瀝] tīli ㄉㄧㄌㄧ (물방울 따위가) 떨어져서 나는 소리나 모양:뚝뚝. >滴滴瀝瀝.
[滴溜(兒)] tīliu(rh) ㄉㄧㄌㄧㄡ(ㄦ) 동그란 모양.「一圓;둥글디 둥글다」>滴滴溜溜.
[滴水] tīshuǐ ㄉㄧㄕㄨㄟˇ ①물방울. ②집의 추녀. 물이 방울이 되어 떨어지다.
[滴答] tīta ㄉㄧㄉㄚ ①물방울이 떨어지는 소리:뚝뚝. ②말굽 소리: 따각따각. ③시계 소리:똑딱똑딱. ④물이 뚝뚝 떨어지다. =滴滴答答 >滴打.
[滴滴金] tītīchīn ㄉㄧㄉㄧㄐㄧㄣ 〈植〉 금불초. 하국(夏菊).
[滴滴金兒] tītīchīnrh ㄉㄧㄉㄧㄐㄧㄣㄦ 지승(紙繩)에 화약을 비벼 넣은 불꽃놀이의 한 가지.
[滴滴涕] tītīt'ì ㄉㄧㄉㄧㄊㄧˋ D.D.T:살충제의 한 가지.
[滴藥] tīyāo ㄉㄧㄧㄠˋ ①(안약 따위와 같은) 물약. ②tī yāo 약을 넣다.

〔啾〕 tí ㄉㄧˊ =嘀.

〔荻〕 tí ㄉㄧˊ 〈植〉 물억새: 포아풀과에 속하는 다년초.

〔笛〕 tí ㄉㄧˊ ①「一子·一兒;저. 피리:구멍은 8개로 대로 만들었음」②「一子·一兒;기적. 사이렌」

〔嘀〕 tí ㄉㄧˊ
[嘀咕] tíku ㄉㄧˊㄍㄨ ①작은 소리로 귀에 대고 말하다. ②중얼중얼 혼자 지껄이다. ③겁을 내어 불안스럽게 생각하다. >嘀嘀咕咕.

〔嫡〕 tí ㄉㄧˊ ①(중국 옛날 혼인 제도에서의) 정실(正室). ②정실 몸에서 난 적자(嫡子). ③혈통·계통의 가장 가까운.「一系;직계(直系)」
[嫡長] tíchǎng ㄉㄧˊㄓㄤˇ 본처가 낳은 장남.
[嫡妻] tích'ī ㄉㄧˊㄑㄧ 본처(本妻). =嫡室.
[嫡親] tích'īn ㄉㄧˊㄑㄧㄣ 친부모와 친자식의 관계.
[嫡母] tímǔ ㄉㄧˊㄇㄨˇ 첩의 자식이 아버지의 본처를 가리키는 말.
[嫡派] típ'ài ㄉㄧˊㄆㄞˋ 정통 가계(家系).
[嫡室] tíshih ㄉㄧˊㄕˋ 본처(本妻). =嫡妻.
[嫡堂] tít'áng ㄉㄧˊㄊㄤˊ 같은 조상의 친척

〔滌〕 tí ㄉㄧˊ 씻다.
[滌除] tích'ú ㄉㄧˊㄔㄨˊ 제거하다.
[滌蕩] títàng ㄉㄧˊㄉㄤˋ (나쁜 물건을) 씻어 없애다. 세척하다.

〔敵〕(敌) tí ㄉㄧˊ ①적. ②필적(匹敵)하다.「勢均力一;세력이 백중(伯仲)하다」③대항하다. 적대하다.「寡不敵衆;소수(少數)는 다수에 대적할 수 없다」
[敵機] tíchī ㄉㄧˊㄐㄧ 적기(敵機).
[敵間] tíchièn ㄉㄧˊㄐㄧㄢˋ 적의 간첩.
[敵進我退] tíchìn wǒt'uì ㄉㄧˊㄐㄧㄣˋㄨㄛˇㄊㄨㄟˋ 적이 침공하면 이쪽은 후퇴한다. 정면으로 대적하지 않는다.
[敵後] tíhòu ㄉㄧˊㄏㄡˋ 적진의 후방.
[敵人] tíjén ㄉㄧˊㄖㄣˊ 적. 싸움의 상대.
[敵愾同仇] tík'ài t'úngch'óu ㄉㄧˊㄎㄞˋㄊㄨㄥˊㄔㄡˊ 적에게 격렬한 원한과 분노를 가지다. =同仇敵愾.
[敵耦] tí ǒu ㄉㄧˊㄡˇ 필적(匹敵)하다.
[敵疲我打] típ'í wǒtǎ ㄉㄧˊㄆㄧˊㄨㄛˇㄉㄚˇ 적이 피로한 때에 이 곳에서 공격하다.
[敵不過] típukuò ㄉㄧˊㄅㄨㄍㄨㄛˋ 대항할 수 없다. 당해 내지 못하다.
[敵擋] títǎng ㄉㄧˊㄉㄤˇ 막아내다. 방어하다.
[敵特] títè ㄉㄧˊㄉㄜˋ 적의 스파이.
[敵我] tíwǒ ㄉㄧˊㄨㄛˇ 적과 우리편.

〔鏑〕 tí ㄉㄧˊ 화살촉.

〔覿〕 tí ㄉㄧˊ 만나다.
[覿面] tímièn ㄉㄧˊㄇㄧㄢˋ 얼굴을 대하다. 직접 만나다.「一商量;직접 만나서 의논하다」

〔糴〕(籴) tí ㄉㄧˊ 곡식을 사다.「一米;쌀을 사다」

[糴穀] tíkŭ ㄉㄧˊㄍㄨˇ 곡식을 사들이다.

〔底〕 tǐ ㄉㄧˇ ①「一子·一兒; 밑」「鞋一兒; 신 바닥」②최후. 끝.「月一; 월말(月末)」③「一子·一兒; 기초. 토대. 근간」「一帳; 대장(臺帳)」④「一子·一兒; 초고(草稿). 사본」「留個一兒; 사본을 떠서 두다」⑤「一兒; 도안의 초(草)」⑥「一兒; 이유. 사정. 내정(內情)」⑦어떤. 무엇.《舊》「一事; 어떤 일」⇨tê̌.

[底案] tǐàn ㄉㄧˇㄢˋ ①사건의 전말(顚末)을 쓴 서류. ②먼저 준비해 둔 대책.

[底止] tǐchĭh ㄉㄧˇㄓˇ 멎다. 그치다.「不知一; 그칠 줄 모르다」

[底氣] tǐch'ì ㄉㄧˇㄑㄧˋ ①저의(底意). 속 마음. ②(목소리 따위의) 저력(底力).

[底價] tǐchià ㄉㄧˇㄐㄧㄚˋ ①기본 가격. ②기본 요금.

[底襟(兒)] tǐchīn(rh) ㄉㄧˇㄐㄧㄣ(ㄦ) 중국옷의 앞깃 아랫부분. 섶. ＝底衿(兒).

[底卷] tǐchüàn ㄉㄧˇㄐㄩㄢˋ 원부(原簿).

[底肥] tǐféi ㄉㄧˇㄈㄟˊ 〈農〉 밑거름.

[底細] tǐhsì ㄉㄧˇㄒㄧˋ ①내용. 내막. 경위. ②자상하다. ＞底底細細.

[底下] tǐhsia ㄉㄧˇㄒㄧㄚ ①밑. 아래.「天一; 하늘 아래. 이 세상」②다음. 차회(次回).「一該你去; 다음 번에는 네가 갈 차례다」「一怎麼樣, 我不知道; 그 후 어떻게 되었는지 나는 모른다」③금후(今後). 이후(以後). 하등(下等). 하층(下層).

[底綫] tǐhsièn ㄉㄧˇㄒㄧㄢˋ 복선(伏線).

[底薪] tǐhsīn ㄉㄧˇㄒㄧㄣ 기본 급료(基本給料).

[底貨] tǐhuò ㄉㄧˇㄏㄨㄛˋ ①재고품. ②팔고 남은 물건.

[底根兒] tǐkēnrh ㄉㄧˇㄍㄣㄦ, tǐkěnrh ①이전. 옛날. ②구두의 뒤축. 원래. 본래.

[底面] tǐmièn ㄉㄧˇㄇㄧㄢˋ ①밑. ②밑바닥. 저면(底面).

[底巴] tǐpa ㄉㄧˇㄅㄚ 밑.

[底盤] tǐpán ㄉㄧˇㄆㄢˊ ①(시세의) 최저가격. ②(자동차 따위의) 차대(車臺).

[底板] tǐpǎn ㄉㄧˇㄅㄢˇ 아래 층. 밑의 층.

[底本(兒)] tǐpěn(rh) ㄉㄧˇㄅㄣˇ(ㄦ) ①고본(稿本). 원고(原稿). ②생산 원가.

[底片(兒)] tǐp'ièn(rh) ㄉㄧˇㄆㄧㄢˋ(ㄦ), tǐp'iēnrh 사진의 원판.

[底兒] tǐrh ㄉㄧˇㄦ ①밑.「鞋一; 신바닥. 신창」②기초. ③초고(草稿). ④내용. 근원.「刨根問一; 미주알 고주알 캐묻다」⑤자신(自信). 생각.

[底定] tǐtìng ㄉㄧˇㄉㄧㄥˋ 내란을 평정(平定)하다.

[底財] tǐts'ái ㄉㄧˇㄘㄞˊ 토지·건물 따위의 재산. 고정 재산. 기본 재산.

[底冊] tǐts'è ㄉㄧˇㄘㄜˋ 원장(元帳). 원부.

[底層] tǐts'ěng ㄉㄧˇㄘㄥˊ ①(건물·지층의) 최하층. ②조직의 최하부. ③기저(基底).

[底座兒] tǐtsòrh ㄉㄧˇㄗㄨㄛˋㄦ (도자기로 만든) 차잔·화병 따위의 밑굽.

[底度] tǐtù ㄉㄧˇㄉㄨˋ 기본 도수(基本度數). 기본 요금.「電燈的一; 전등의 기본 요금」

[底子] tǐtzŭ ㄉㄧˇㄗ ①기초. 근저(根底). ②초고(草稿). ③구두의 밑바닥. ④＝底子錢.

[底子錢] tǐtzŭch'ién ㄉㄧˇㄗㄑㄧㄢˊ 상인이 거래처의 사용인(使用人)에게 주는 사례금.

[底蘊] tǐyǜn ㄉㄧˇㄩㄣˋ 내용. 경위.

〔抵〕(牴②·觝) tǐ ㄉㄧˇ ①가로막다. 차단하다. 버티다. 저항하다.「一住門; 문짝을 단단히 버티어 놓다」②뿔로 받다. ③대신(代身)하다. 저당하다.「一押; 저당하다」④도착하다.

[抵債] tǐchài ㄉㄧˇㄓㄞˋ ＝抵賬.

[抵償] tǐch'áng ㄉㄧˇㄔㄤˊ ①배상하다. ②상환하다. ③살인자를 처형하다. ④살인자에게 목숨으로 죄값을 내게 하다.

[抵賬] tǐchàng ㄉㄧˇㄓㄤˋ ①채무 변제에 충당하다. ②채무를 상쇄하다.

[抵掌而談] tǐchǎngěrht'án ㄉㄧˇㄓㄤˇㄦˊㄊㄢˊ 흉금을 털어 놓고 이야기하다.《成》

[抵制] tǐchìh ㄉㄧˇㄓˋ ①상대에게 항거하다. 배척하다. ②(세력이나 물건을) 들어오지 못하게 막다.「一外貨; 외래품을 보이콧하다」

[抵銷] tǐhsiāo ㄉㄧˇㄒㄧㄠ 상쇄하다. 맞비기다. ＝抵消.

[抵換] tǐhuàn ㄉㄧˇㄏㄨㄢˋ, tǐhuan ①교환하다. ②몰래 바꾸다. 바꿔치다.

[抵賴] tǐlài ㄉㄧˇㄌㄞˋ 죄·과실을 부인(否認)하다. 말로써 발뺌하다.「你不要一群衆的眼睛是雪亮的!; 핑계대지 말라, 여러 사람의 눈이 있다」＞抵抵賴賴.

[抵命] tǐmìng ㄉㄧˇㄇㄧㄥˋ ①자기의 죄값을 목숨으로 대신하다. ②＝抵償④.

[抵補] tǐpŭ ㄉㄧˇㄅㄨˇ (해당하는 물건으로) 배상하다. 다른 것으로 보상하다.

[抵埠] tǐpù ㄉㄧˇㄅㄨˋ 항구나 상업 도시에 도착하다.

[抵不住] tǐpúchù ㄉㄧˇㄅㄨˊㄓㄨˋ ①저항할 수 없다. 억누를 수 없다.「一大衆的抗議; 대중의 항의를 억누를 수 없다」②필적(匹敵)할 수 없다.

[抵不了] tǐpuliǎo ㄉㄧˇㄅㄨㄌㄧㄠˇ ①도저히 당해낼 수 없다. ②소용이 될 수가 없다.「對於他, 你的勸告一什麼; 그에게 대한 당신의 충고가 무슨 소용이 되겠읍니까?」↔抵得了.

[抵事] tǐshìh ㄉㄧˇㄕˋ 소용에 닿다. 써먹을 수 있다.「這只鋸一; 이 톱은 쓸 수 있다」

[抵死] tǐssŭ ㄉㄧˇㄙˇ 죽어도. 무어라 해도. 죽어라 하고.「一也不肯說實話; 암만해도 실토를 하려고 하지 않는다」

[抵達] tǐtá ㄉㄧˇㄉㄚˊ 도착하다. 도달하다.

[抵擋] tǐtǎng ㄉㄧˇㄉㄤˇ 막아내다. 버티어 내다.

[抵兌] tǐtuì ㄉㄧˇㄉㄨㄟˋ (돈을) 바꾸다. 태환(兌換)하다.

[抵對] tǐtuì ㄉㄧˇㄉㄨㄟˋ 반항하다. 대항하다.

[抵牾] tǐwŭ ㄉㄧˇㄨˇ 저촉하다.

[抵押] tǐyā ㄉㄧˇㄧㄚ 저당하다. 전당 잡히다.「一品; 저당물」

〔邸〕 tǐ ㄉㄧˇ 옛날 고급 관리의 집. 저택.

〔柢〕 tǐ ㄉㄧˇ 수목(樹木)의 뿌리.

〔砥〕 tǐ ㄉㄧˇ 결이 고운 숫돌.

[砥礪] tǐlì ㄉㄧˇㄌㄧˋ ①연마하다.「一品行；품행을 닦다」②숫돌

〔詆〕 tǐ ㄉㄧˇ 욕하다. 헐뜯다.

[詆毀] tǐhuǐ ㄉㄧˇㄏㄨㄟˇ 헐뜯다. 비방하다.

〔地〕 tì ㄉㄧˋ ①지구. 지구의 중심. ②토지. 지면. ③논. 밭.「種一；논밭을 갈다」④지방. 지구(地區).「此一；이 지방」⑤단계. 위치.「見一；견지」 ⑥밑바탕.「白一黑字；흰 바탕에 검은 글자」

[地鏟] tìch'ǎn ㄉㄧˋㄔㄢˇ 삽.

[地產] tìch'ǎn ㄉㄧˋㄔㄢˇ ①토지 부동산. 토지로 된 재산. ②그 토지의 산물.

[地車] tìch'ē ㄉㄧˋㄔㄜ 손수레. =排子車.

[地基] tìchī ㄉㄧˋㄐㄧ 택지(宅地). 집터. 건축물의 기초.

[地積] tìchī ㄉㄧˋㄐㄧ 토지 면적. 지적.

[地脊] tìchǐ ㄉㄧˋㄐㄧˇ 산맥.

[地契] tìch'i ㄉㄧˋㄑㄧˋ 토지 매매 계약서. 땅문서.

[地支] tìchīh ㄉㄧˋㄓ 십이지(十二支).

[地址] tìchǐh ㄉㄧˋㄓˇ 소재지(所在地). 주소.

[地錢] tìch'ién ㄉㄧˋㄑㄧㄢˊ ①〈植〉 우산이끼. ②자리값. 명절날 따위에 상인들에게서 받는 땅세.

[地脚兒] tìchiǎorh ㄉㄧˋㄐㄧㄠˇㄦ ①소재(所在)하는 장소. ②＝基地.

[地窖] tìchiào ㄉㄧˋㄐㄧㄠˋ 지하실. 움.

[地界] tìchièh ㄉㄧˋㄐㄧㄝˋ 지경(地境). 땅의 경계.

[地方] tìfang ㄉㄧˋㄈㄤ ①지방. ②장소. 곳. 점.「有不明白的一沒有？；알 수 없는 점이 있읍니까？」③중앙에 대한 다른 지방. ④＝地保.

[地府] tìfǔ ㄉㄧˋㄈㄨˇ 저 세상. 황천.

[地席] tìhsí ㄉㄧˋㄒㄧˊ 짚멍석.(땅에 까는) 돗자리. 거적. 매트.

[地下] tìhsià ㄉㄧˋㄒㄧㄚˋ ①땅 밑. 지하.「埋在一；땅 속에 묻다」②비합법(非合法). 적 가운데로 침입하는 일. ③tìhsia 지상(地上). 지면(地面). ④＝地府.

[地綫] tìhsièn ㄉㄧˋㄒㄧㄢˋ 어어드선(線). 접지선(接地線).

[地黃] tìhuáng ㄉㄧˋㄏㄨㄤˊ 〈植〉 지황：한약재로 쓰이는 약초의 한 가지.

[地埂子] tìkěngtzǔ ㄉㄧˋㄍㄥˇㄗ 논두렁. 논길.

[地格] tìkó ㄉㄧˋㄍㄜˊ ①턱. 아가미.「一方圓；턱이 복스럽다」②원고지의 밑의 공난(空欄).

·[地瓜] tìkuā ㄉㄧˋㄍㄨㄚ 〈植〉 ①고구마의 별칭. ＝白薯. 香薯. ②바보. 아둔패기. «罵»

[地塊] tìk'uài ㄉㄧˋㄎㄨㄢˋ 토지.

[地曠人稀] tìk'uàng-jénhsī ㄉㄧˋㄎㄨㄤˋㄖㄣˊㄒㄧ 토지는 넓고 사람은 적다.

[地棍] tìkùn ㄉㄧˋㄍㄨㄣˋ (그 지방의)부랑자. 건달.

[地老鼠] tìlǎoshu ㄉㄧˋㄌㄠˇㄕㄨ ①두더지. ②아이들이 터뜨리고 노는 불꽃의 하나.

[地老天荒] tìlǎo-t'iēnhuāng ㄉㄧˋㄌㄠˇㄊㄧㄢㄏㄨㄤ 오랜 세월을 지나다. 시대가 오래 되다.

[地塄] tìlěng ㄉㄧˋㄌㄥˊ ①논밭의 두렁길. ②산비탈의 층층으로 되어 있는 밭두렁.

[地栗] tìlì ㄉㄧˋㄌㄧˋ 〈植〉 자고. 쇠귀나물：택사과에 속하는 다년초.

[地利人和] tìlì-jénhó ㄉㄧˋㄌㄧˋㄖㄣˊㄏㄜˊ 토지는 비옥하고 사람은 화목하다.

[地理圖] tìlit'ú ㄉㄧˋㄌㄧˇㄊㄨˊ ①지도. ②그 지방 상황에 능통한 사람.

[地爐] tìlú ㄉㄧˋㄌㄨˊ 봉당 중앙에 오목하게 화로같이 만든 것.

[地壟] tìlǔng ㄉㄧˋㄌㄨㄥˇ ＝地塄①.

[地霉素] tìméisù ㄉㄧˋㄇㄟˊㄙㄨˋ 〈醫〉 스트렙토마이신.

[地面] tìmièn ㄉㄧˋㄇㄧㄢˋ ①지면. ②구역. ③장소. 지방. ④＝地保. «舊»

[地畝] tìmǔ ㄉㄧˋㄇㄨˇ 논밭. «西»

[地板] tìpǎn ㄉㄧˋㄅㄢˇ ①토지. ②마루창. 마루에 깐 널.

[地盤(兒)] tìp'án(rh) ㄉㄧˋㄆㄢˊ(ㄦ) ①지반. 지구 표면의 단단한 부분. ②가옥의 기반(基盤). ③근거지.

[地保] tìpǎo ㄉㄧˋㄅㄠˇ 마을의 치안 담당계.

[地堡] tìpǎo ㄉㄧˋㄅㄠˇ 지하 진지(陣地).

[地皮] tìp'í ㄉㄧˋㄆㄧˊ ①토지. 지면(地面). ②집을 지을 땅.

[地痞] tìp'ǐ ㄉㄧˋㄆㄧˇ (한 지방에서 세력을 가진) 건달. 무뢰한.

[地邊兒] tìpiēnrh ㄉㄧˋㄅㄧㄢㄦ ①땅의 끝. ②논밭의 가장자리.

[地皮兒] tìp'írh ㄉㄧˋㄆㄧˊㄦ 경제 상태.「一很緊；경제 상태가 몹시 긴박하다」

[地薄] tìpó ㄉㄧˋㄅㄛˊ 땅이 메마르다.

[地步] tìpu ㄉㄧˋㄅㄨ ①지위. ②경우(境遇). 경지. 상태.

[地鋪] tìp'ù ㄉㄧˋㄆㄨˋ ①마루에 임시로 꾸민 잠자리. ②땅에 눕다.「打一；땅에 누워 자다」

[地毯] tìt'ǎn ㄉㄧˋㄊㄢˇ 융단. 마룻바닥 등의 깔개로 씀.

[地攤兒] tìt'ānrh ㄉㄧˋㄊㄢㄦ (땅바닥에 벌려 놓고 파는) 노점(露店).

[地道] tìtao ㄉㄧˋㄉㄠ ①진짜다. 진실하다. ②완전히. 전혀.「一二五八；전혀 엉터리다」②인간이 믿음직해서 신용이 있다. ＞地地道道. ＝道地. ④tìtào 지하도.

[地大物博] tìtà-wùpó ㄉㄧˋㄉㄚˋ ㄨˋㄅㄛˊ 땅은 넓고 생산물은 풍부하다.

[地頭] tìt'óu ㄉㄧˋㄊㄡˊ ①논밭의 네 귀. ②논밭의 가장자리. 두렁. ③논밭.

[地豆] tìtòu ㄉㄧˋㄉㄡˋ 감자.

[地頭鬼] tìt'óukueǐ ㄉㄧˋㄊㄡˊㄍㄨㄟˇ 강도의 앞잡이를 하는 지방 깡패.

[地頭兒] tìt'óurh ㄉㄧˋㄊㄡˊㄦ ①＝地頭. ②한 지방의 왕초. 두목.

[地頭蛇] tìt'óushé ㄉㄧˋㄊㄡˊㄕㄜˊ 지방의 무뢰한.

[地嘴] tìtsuǐ ㄉㄧˋㄗㄨㄟˇ 〈地〉 갑(岬). 육지가 뾰족하게 물로 내민 땅.

[地段(兒)] tìtuàn(rh) ㄉㄧˋㄉㄨㄢˋ(ㄦ) 구역. 시내의 구(區)·동(洞) 따위.

[地動] tìtùng ㄉㄧˋㄉㄨㄥˋ ①지진. ②지진이 일다.

[地洞] tìtùng ㄉㄧˋㄉㄨㄥˋ 동굴(洞窟).

[地窨子] tìyìntzǔ ㄉㄧˋㄧㄣˋㄗ ①지하실. ②굴.

〔弟〕 tì ㄉㄧˋ ①동생. ②자기보다 나이가 어린 사람이나 동료를 부르는 말.
[弟婦] tìfù ㄉㄧˋㄈㄨˋ 동생의 아내. 계수.
[弟兄] tìhsiung ㄉㄧˋㄒㄩㄥ ①형제. ②친우끼리 친밀감을 나타내어 부르는 말. 「一們; 형제들. 여러분」
[弟妹] tìmèi ㄉㄧˋㄇㄟˋ ①동생의 아내. ②남동생과 여동생.
[弟弟] tìti ㄉㄧˋㄉㄧ 동생.
[弟子] tìtzŭ ㄉㄧˋㄗ ①제자. ②어린이.

〔的〕 tì ㄉㄧˋ ① 과녁. 「中一; 과녁에 맞다. 정중하다」 ②(tí)진정한. 확실한. 참다운. ③(tí). «擬» ⇨tê.
[的証] tíchèng ㄉㄧˊㄓㄥˋ 확증(確証).
[的確] tích'üèh ㄉㄧˊㄑㄩㄝˋ ① 확실하다. ②꼭. > 的的確確.
[的準] tíchŭn ㄉㄧˊㄓㄨㄣˇ ①확고하다. ②반드시. 꼭.
[的當] títàng ㄉㄧˊㄉㄤˋ 타당하다. 마땅하다.
[的答的答] tītatīta ㄉㄧㄉㄚㄉㄧㄉㄚ 재깍재깍 : 시계가 움직이는 소리.

〔帝〕 tì ㄉㄧˋ ①하늘. 신(神). ②천자(天子). 황제. ③제국주의(帝國主義)의 약칭(略稱).

〔娣〕 tì ㄉㄧˋ ①남편 동생의 처. 동서. ②누이동생.

〔第〕 tì ㄉㄧˋ ①순서. ②순서를 나타내는 접두어. 「一一; 제일」 ③저택(邸宅). 「門一; 저택」 ④그러나. 그렇지만. 「運動有益於健康, 一不宜過於劇烈 ; 운동은 건강에 좋다. 그러나 너무 지나치면 좋지 않다」
[第二] tìèrh ㄉㄧˋㄦˋ ①제 2. ②다음. 「一天; 다음날」 ③이세(二世).
[第老的] tìlăotê ㄉㄧˋㄌㄠˇㄉㄜ 막내동생.
[第二年] tìèrhnién ㄉㄧˋㄦˋㄋㄧㄢˊ ①이듬해. ②이년째.
[第二天] tìèrht'iēn ㄉㄧˋㄦˋㄊㄧㄢ ①다음날. ②이틀째.
[第八藝術] tìpá ìshù ㄉㄧˋㄅㄚˊ ㄧˋㄕㄨˋ 영화를 일컫는 말: 문학·음악·그림 회극·건축·조각·무용의 다음에 나왔기 때문에.
[第五縱隊] tìwŭ tsùngtuì ㄉㄧˋㄨˇ ㄗㄨㄥˋㄉㄨㄟˋ 간첩(間諜).
[第一號] tìīhào ㄉㄧˋㄧㄏㄠˋ ①일등. ②제일번.

〔棣〕 tì ㄉㄧˋ 「棠一; 앵두나무」
[棣棠] tìt'áng ㄉㄧˋㄊㄤˊ 〈植〉 황매화(黃梅花). 죽도화(竹桃花).

〔蒂〕(蔕) tì ㄉㄧˋ 꽃 또는 열매와 가지나 줄기가 연이은 부분. 꽃받침. 악(萼).
[蒂芥] tìchièh ㄉㄧˋㄐㄧㄝˋ ①심중에 유감스럽게 생각하는 일. ②마음의 응어리. 꼬부장한 마음. =芥蒂.

〔遞〕(递) tì ㄉㄧˋ ①내주다. 전하다. 「一眼色; 눈짓하다」 ②순서를 따라서.
[遞交] tìchiāo ㄉㄧˋㄐㄧㄠ 내주다. 수교(手交)하다.
[遞件] tìchièn ㄉㄧˋㄐㄧㄢˋ 문서를 제출하다.
[遞進] tìchìn ㄉㄧˋㄐㄧㄣˋ 차례로 전진하다.
[遞和氣(兒)] tìhóch'i(rh) ㄉㄧˋㄏㄜˊㄑㄧ(ㄦ) 상냥하게 사람을 대하다. 기분 좋게 대해 주다.
[遞嘻和(兒)] tìhsīho(rh) ㄉㄧˋㄒㄧㄏㄜ(ㄦ) =遞和氣兒.
[遞給] tìkei ㄉㄧˋㄍㄟ 건네 주다. 내주다. 수교(手交)하다.
[遞過] tìkuo ㄉㄧˋㄍㄨㄛ 내주다. 내다. 제출하다.
[遞補] tìpŭ ㄉㄧˋㄅㄨˇ 차례로 보충하다.
[遞達風] tìtáfēng ㄉㄧˋㄉㄚˊㄈㄥ 송화기(送話器). 딕터폰(dictaphone). «譯»
[遞投] tìtóu ㄉㄧˋㄉㄡˊ (편지 따위를)주다. 내주다.
[遞眼色] tìyĕnsê ㄉㄧˋㄧㄢˇㄙㄜ 눈짓을 하다.

〔諦〕 tì ㄉㄧˋ ①자세하게. 상세히. 「一視; 자세히 보다」 ②의미. 도리. 의의.
[諦聽] tìt'īng ㄉㄧˋㄊㄧㄥ 자세히 듣다.

〔締〕 tì ㄉㄧˋ 맺다. 연결하다.
[締交] tìchiāo ㄉㄧˋㄐㄧㄠ 수교(修交)하다.
[締造] tìtsào ㄉㄧˋㄗㄠˋ 만들다. 창건(創建)하다.
[締約] tìyüēh ㄉㄧˋㄩㄝ 조약을 맺다.

T'I ㄊㄧ

〔剔〕 t'ī ㄊㄧ ①뼈에서 살코기를 발라내다. 「把肉一得乾淨; 살코기를 깨끗이 발라 내다」 ②(나쁜 부분을) 골라 내다. 제거하다. 「把有傷的果子一出去 ; 흠이 있는 과실을 골라 내다」 ③후비다. 쑤시다. 「一牙; 이를 쑤시다」
[剔去] t'īch'ü ㄊㄧㄑㄩ (틈에서) 후벼 내다. 「一骨頭; 뼈를 발라 내다」
[剔除] t'īch'ú ㄊㄧㄔㄨˊ 골라 버리다. 골라서 꺼내다.
[剔莊貨] t'īchuānghuò ㄊㄧㄓㄨㄤㄏㄨㄛˋ ①흠이 있는 물건. ②곤란한 물건.
[剔牙簽兒] t'īyáchiēnrh ㄊㄧㄧㄚˊㄐㄧㄢㄦ 이쑤시개.

〔梯〕 t'ī ㄊㄧ ①「一子; 사다리」「樓一; 계단. 층층대」「電一; 엘리베이터. 승강기」 ②사다리와 비슷한 것. 「一田; 계단식으로 된 밭」
[梯己] t'īchi ㄊㄧㄐㄧ =體己(t'īchi).
[梯恩梯] t'īēnt'ī ㄊㄧㄢㄊㄧ 티이엔티이(TNT) 화약. «譯»

〔踢〕 t'ī ㄊㄧ 발로 차다. 「一倒; 발로 차서 넘어뜨리다」
[踢毽子] t'īchièntzŭ ㄊㄧㄐㄧㄢˋㄗ 제기를 차다.
[踢開] t'īk'ai ㄊㄧㄎㄞ 발로 차서 버리다. 발로 차서 열다.
[踢踏舞] t'īt'awŭ ㄊㄧㄊㄚㄨˇ 탭댄스(tap

dance).

[踢蹬] t'ītêng ㄊㄧㄉㄥ ①탕진하다. ②발로 차다.

[踢騰] t'īt'ếng ㄊㄧㄊㄥˊ 발을 버둥대다.

〔銻〕 t'ī ㄊㄧ 안티몬(도 Antimon): 은백색의 무른 금속 원소(기호는 sb).

〔體〕(体) t'ī ㄊㄧ

[體己] t'īchi ㄊㄧㄐㄧ, t'ǐchi ①숨겨둔 사유 재산.「一錢 ; 은밀히 모은 돈」②몹시 친한 사이.「一人 ; 절친한 사람」③비밀의. 집안 비밀의:「咱們說個一話 ; 우리들 집안끼리의 이야기를 합시다」④"梯己"라고도 씀.

〔啼〕(嗁) t'í ㄊㄧˊ ①소리 내어 울다. ②새나 짐승이 울다 「鷄一 ; 닭이 울다」

[啼饑號寒] t'íchī-háohán ㄊㄧˊㄐㄧㄏㄠˊㄏㄢˊ 굶주려 울고, 추워서 외치다. 배고파 울며 추워서 떨다. ‹成›

[啼笑皆非] t'íhsiào chiēhfēi ㄊㄧˊㄒㄧㄠˋㄐㄧㄝㄈㄟ 울 수도 없고 웃을 수도 없다. 어떻게 해야 옳을지 모르겠다. ‹成›

[啼哭] t'ík'ū ㄊㄧˊㄎㄨ ①소리를 내어 울다. ②곡을 하다. ＞啼啼哭哭.

〔提〕 t'í ㄊㄧˊ①손에 들다. 아래에서 위로 끌어 당기다.「一着一個籃子 ; 바구니를 들다」②말을 꺼내다. 제기하다.「一意見 ; 의견을 내다」「經他一一, 大家都想起了; 그가 말을 꺼내자 모두들 생각이 났다」③꺼내다. 집어 내다. 빼내다.「一款 ; 예금을 꺼내다」「一貨 ; 물품을 꺼내다」④(시간 따위를) 앞당기다. 「一到九月開大會 ; 대회를 9월로 앞당기어 열다」⑤끌어 올리다. 물러나다. ⇨t'ī.

[提倡] t'í ch'àng ㄊㄧˊㄔㄤˋ 제창(提唱)하다.「一使用簡字 ; 새로운 체재의 글자 사용을 제창하다」

[提早] t'ítsǎo ㄊㄧˊㄗㄠˇ (시간을) 서두르다. 앞당기다. 「一完成 ; 앞당겨 완성시키다」

[提級] t'íchí ㄊㄧˊㄐㄧˊ 등급(等級)을 올리다.「工資一了 ; 노동자 보수의 호봉(號俸)이 올랐다」

[提起] t'ích'ǐ ㄊㄧˊㄑㄧˇ ①제기하다. ②분발시키다.「一精神 ; 용기를 분발시키다」

[提氣] t'ích'ì ㄊㄧˊㄑㄧˋ ①배짱을 죽이다. ②골나게 하다. ③숨을 죽이고 주의하다.

[提交] t'íchiāo ㄊㄧˊㄐㄧㄠ 제출하다. 「一抗議信 ; 항의의 편지를 제출하다」

[提挈] t'ích'ièh ㄊㄧˊㄑㄧㄝˋ ①부조(扶助)하다. ②손에 들고 가다.

[提前] t'ích'ién ㄊㄧˊㄑㄧㄢˊ ①앞에 갖고 가다. 먼저 하다. 앞당기다.「一完成 ; 완성을 서두르다」

[提制] t'íchìh ㄊㄧˊㄓˋ 정제(精製)하다.

[提親] t'ích'īn ㄊㄧˊㄑㄧㄣ 혼담(婚談)을 꺼내다. 결혼을 중매하다.

[提琴] t'ích'ín ㄊㄧˊㄑㄧㄣˊ 〈樂〉 바이올린 따위의 악기.「小一 ; 바이올린」「中一 ; 비올라」「大一 ; 첼로」「低音一 ; 더블 베이스」

[提請] t'ích'ǐng ㄊㄧˊㄑㄧㄥˇ 제청(提請)하다. 신청하다.

[提取] t'ích'ǚ ㄊㄧˊㄑㄩˇ 빼내다. 끄집어 내다.「從原料一需要的東西 ; (화학 분해 방법에서) 원료에서 필요한 것을 뽑아 내다」「一存款 ; 예금을 꺼내다」

[提防] t'ífáng ㄊㄧˊㄈㄤˊ 조심하다. 정신을 차리다.

[提鞋] t'íhsiéh ㄊㄧˊㄒㄧㄝˊ ①신의 뒷축을 당겨서 발꿈치를 신 안에 들이 밀다. ②남의 발꿈치도 못따라 가다. 별로 쓸모 없는 사람을 욕하는 말.

[提薪] t'íhsīn ㄊㄧˊㄒㄧㄣ 승급하다.「一年一次 ; 일년에 한 번 승급하다」

[提醒] t'íhsǐng ㄊㄧˊㄒㄧㄥˇ 각성(覺醒)하다. 주의를 환기시키다. 힌트를 주다.「幸虧你一我, 不然就忘了 ; 다행히도 당신이 주의를 환기시켜 주시어서 좋았는데, 그렇지 않으면 모르고 있었읍니다」

[提心吊膽] t'íhsīn-tiàotǎn ㄊㄧˊㄒㄧㄣ ㄉㄧㄠˋㄉㄢˇ 마음에 겁을 내고 벌벌 떠는 모양. ‹成›

[提盒] t'íhó ㄊㄧˊㄏㄜˊ 손잡이가 있는 찬합. 들고 다닐 수 있는 찬합.

[提婚] t'íhūn ㄊㄧˊㄏㄨㄣ 결혼 문제를 꺼내다. 「親.

[提人家] t'íjếnchia ㄊㄧˊㄖㄣˊㄐㄧㄚ =提

[提綱] t'íkāng ㄊㄧˊㄍㄤ 대요(大要). 대강(大綱).

[提綱挈領] t'íkāng-ch'ièhlǐng ㄊㄧˊㄍㄤ ㄐㄧㄝˋㄌㄧㄥˇ 요점(要點)을 잡다. 급소를 찌르다.

[提高] t'íkāo ㄊㄧˊㄍㄠ ①끌어 올리다.「一不高 ; 끌어 올릴 수가 없다」「一工資 ; 임금을 올리다」②향상하다. 향상(向上)시키다.「文化水平一了 ; 문화적 수준이 높아졌다」

[提供] t'íkùng ㄊㄧˊㄍㄨㄥˋ 제공하다. 가져다 주다.

[提籃兒] t'ílánrh ㄊㄧˊㄌㄢˊㄦ 바구니. 장바구니.

[提梁兒] t'íliángrh ㄊㄧˊㄌㄧㄤˊㄦ 손잡이.

[提煉] t'íliền ㄊㄧˊㄌㄧㄢˋ (화학 분해 방법으로) 정련(精煉)하다. 정제(精製)하다. 정련하여 불순물을 제거하다.

[提溜] t'íliu ㄊㄧˊㄌㄧㄡ, tīliu ①달아매다. 위로 잡아 당기다. ②(가방 따위를) 손에 들다.

[提溜心] t'íliuhsīn ㄊㄧˊㄌㄧㄡㄒㄧㄣ, tīliuhsīn ①마음에 걸리다. 근심하다. ②마음 속으로 벌벌 떨다.

[提苗] t'ímiáo ㄊㄧˊㄇㄧㄠˊ 효과가 빠른 비료로 모종(苗種)의 성장을 촉진시키다.

[提名] t'ímíng ㄊㄧˊㄇㄧㄥˊ ①이름을 대다.「一道姓 ; 성명을 부르다. 지명하다」

[提拔] t'ípá ㄊㄧˊㄅㄚˊ ①발탁(拔擢)하다. 등용하다. ②t'ípa 주의를 환기시키다.

[提包] t'ípāo ㄊㄧˊㄅㄠ 들가방. 핸드백.

[提撥] t'ípo ㄊㄧˊㄅㄛ =提醒.

[提補] t'ípu ㄊㄧˊㄅㄨ 생각이 나도록 주의를 환기시키다.

[提步] t'ípù ㄊㄧˊㄅㄨˋ 다리(脚)를 들다.

[提不出] t'ípuch'ū ㄊㄧˊㄅㄨㄔㄨ 제출하지 못하다.

[提神] t'íshến ㄊㄧˊㄕㄣˊ 기운을 내다. 정신을 차리다.

[提審] t'íshěn ㄊㄧˊㄕㄣˇ 법정에 데리고 가서 조사하다.

[提升] t'íshēng ㄊㄧˊㄕㄥ 발탁(拔擢)하다.

등용하다.
[提手躡脚] t'íshǒu-nièhchiǎo ㄊㄧˊㄕㄡˇㄋㄧㄝˋㄐㄧㄠˇ 소리가 안 나도록 살금살금 걷는 걸음.
[提說] t'íshuō ㄊㄧˊㄕㄨㄛ 말하다. 제언하다.
[提單] t'ítān ㄊㄧˊㄉㄢ 하물 인환증(荷物引換証). 출고증(出庫證).
[提頭兒] t'ít'óurh ㄊㄧˊㄊㄡˊㄦ ①화제(話題)거리를 꺼내다. ②t'ít'ourh 말할 만한 가치.
[提問] t'íwěn ㄊㄧˊㄨㄣˋ ①문제를 끌어내 질문하다. ②(사람을) 소환하여 신문(訊問)하다. ＝提詢.

〔蹄〕(蹏) t'í ㄊㄧˊ「一子·一兒；발굽 또는 발굽이 있는 다리」「馬不停一；말이 다리를 쉬지 않다. 급히 달리는 모양」

〔題〕 t'í ㄊㄧˊ ①제목. 표제(標題). ②문제(問題).「試一；시험 문제」①쓰다. 서명(署名)하다.「一名；서명하다」
[題目] t'ímu ㄊㄧˊㄇㄨ 제목. 테에마 (thema). 주제(主題).
[題評] t'íp'íng ㄊㄧˊㄆㄧㄥˊ 품평(品評)하다.
[題字] t'ítzǔ ㄊㄧˊㄗˋ 책이나 그림 또는 비석 따위에 표제를 하는 글자나 또는 그것을 쓰는 일.

〔體〕(体) t'ǐ ㄊㄧˇ ①신체. ②몸의 일부분.「四一；사지」③사물의 본체(本體) 또는 전체.「整一；전체」④형식. 규격.「文一；문체」「得一；규격 따위가 들어 맞다」 ⑤동정하다.「一恤；동정하다」
[體察] t'ǐch'á ㄊㄧˇㄔㄚˊ 세심하게 고찰(考察)하다.
[體氣] t'ǐch'ì ㄊㄧˇㄑㄧˋ ①체력. 체질. ②문장의 격조(格調). ③인품(人品).
[體悉] t'ǐhsī ㄊㄧˇㄒㄧ 그 입장에서 마음 속을 충분히 참작하다.
[體現] t'ǐhsièn ㄊㄧˇㄒㄧㄢˋ(정신이나 성질 따위가 어떤 것을 통하여) 구체적으로 나타나다. 구체적으로 나타내다.「一特色；특색을 구체적으로 나타내다」
[體恤] t'ǐhsǜ ㄊㄧˇㄒㄩˋ (그 입장이 되어) 동정하다. 생각해 주다.
[體會] t'ǐhuì ㄊㄧˇㄏㄨㄟˋ 느끼다. 감각적(感覺的)으로 이해하다. 체득하다.「我一到你的意思；나는 당신의 마음을 이해했다」
[體例] t'ǐlì ㄊㄧˇㄌㄧˋ ①일을 하는 격식. ②문장의 격식(格式).
[體諒] t'ǐliang ㄊㄧˇㄌㄧㄤ 그 입장이 되어서 잘 보살피다.
[體力勞動] t'ǐlì lǎot'ùng ㄊㄧˇㄌㄧˋ ㄌㄠˊㄉㄨㄥˋ 육체 노동.
[體面] t'ǐmien ㄊㄧˇㄇㄧㄢ ①보기가 좋다. 보기에 근사하다. ②t'ǐmièn 체면. 면목. 체재(體裁).
[體魄] t'ǐp'ò ㄊㄧˇㄆㄛˋ 체력과 기백(氣魄).
[體式] t'ǐshih ㄊㄧˇㄕˋ 법식(法式).
[體態] t'ǐt'ài ㄊㄧˇㄊㄞˋ 형태(形態).
[體登] t'ǐtêng ㄊㄧˇㄉㄥ (신체 따위를) 못 쓰게 만들다. 망치다.
[體貼] t'ǐt'ieh ㄊㄧˇㄊㄧㄝ ①노심(勞心)하다. 걱정하다.
[體材] t'ǐts'ái ㄊㄧˇㄘㄞˊ 몸의 모양. 몸매.
[體統] t'ǐt'ǔng ㄊㄧˇㄊㄨㄥˇ 체면. 품위(品位).「失一；품위를 잃다. 체통이 떨어지다」
[體無完膚] t'ǐwúwánfū ㄊㄧˇㄨˊㄨㄢˊㄈㄨ 성한 데가 없다. 파탄이 심한 일. 형편 없이 되다.

〔屜〕(屉) t'ì ㄊㄧˋ 기물(器物)의 일부분으로 자유로이 끄집어 내서 물건을 넣어 둘 수 있게 만든 물건.「抽一；서랍」「籠一；시루」

〔剃〕 t'ì ㄊㄧˋ(털을) 깎다.「一頭；머리를 깎다」
[剃刀] t'ìtāo ㄊㄧˋㄉㄠ 면도.
[剃頭擔子] t'ìt'óu tàntzǔ ㄊㄧˋㄊㄡˊ ㄉㄢˋㄗ 짝사랑하다.

〔悌〕 t'ì ㄊㄧˋ 형제의 사이가 좋다. 형제간이 다정하다.

〔涕〕 t'ì ㄊㄧˋ ①눈물. ②콧물.
[涕泣] t'ìch'ì ㄊㄧˋㄑㄧˋ 울다.

〔倜〕(俶) t'ì ㄊㄧˋ「一儻；소탈하다. 소탈하여 속된 기분이 없다. 일에 구애되지 않다」

〔惕〕 t'ì ㄊㄧˋ 주의하다. 근심하다.「警一：돌발 사건에 대비하여 특히 주의하는 일」

〔啻〕 t'ì ㄊㄧˋ, ch'ì 다만 …뿐「不一；㉮…만으로 그치지 않다. ㉯…와 다름이 없다」⇨ch'ih.

〔替〕 t'ì ㄊㄧˋ ①대신하다. 대리하다.「他不來, 我一他吧；그는 오지 않으니 내가 그 사람 대신하마」②대신. 때문에…「我一你洗衣服；나는 너의 대신 세탁해 주마」③쇠퇴하다. 망하다.「興一；흥망(興亡)」
[替換] t'ìhuan ㄊㄧˋㄏㄨㄢ 교대(交代)하다. 바꾸다. ＞替替換換.
[替死鬼] t'ìssǔkueǐ ㄊㄧˋㄙˇㄍㄨㄟˇ 귀신에게 홀려서 횡사(橫死)한 사람. 재난(災難) 때에 남의 대신으로 재난을 당하는 사람.
[替古人擔憂] t'ìkǔjĕnt'ānyū ㄊㄧˋㄍㄨˇㄖㄣˊ ㄉㄢㄧㄡ 남의 일을 근심하다. 남의 아픈 걱정을 하다.
[替工兒] t'ìkungrh ㄊㄧˋㄍㄨㄥㄦ 고용인의 임시 대리인.
[替另] t'ìlìng ㄊㄧˋㄌㄧㄥˋ,‹京› t'ìlìng ①겹쳐서 다시. ②따로.
[替班] t'ìpān ㄊㄧˋㄅㄢ 교대(交代)하다.
[替身(兒)] t'ìshēn(rh) ㄊㄧˋㄕㄣ(ㄦ) 다른 사람을 대신하다.
[替代] t'ìtài ㄊㄧˋㄉㄞˋ 교대(交代)하다.

〔嚏〕 t'ì ㄊㄧˋ
[嚏噴] t'ìp'ên ㄊㄧˋㄆㄣ 재채기.「打一；재채기를 하다」

〔趯〕 t'ì ㄊㄧˋ ①팔딱팔딱 뛰는 모양. ②힘차게 붓끝을 왼쪽 밑에서 오른쪽 위

로 올려치는 서법의 하나:"㇀"

TIAO ㄉㄧㄠ

〔刁〕 tiāo ㄉㄧㄠ 교활한. 깜찍한.「這個人眞一;이 놈은 참으로 교활하다」
[刁悍] tiāohàn ㄉㄧㄠㄏㄢˋ 흉악하다.
[刁猾] tiāohuá ㄉㄧㄠㄏㄨㄚˊ 교활하다. 빈틈 없다.
[刁話] tiāohuà ㄉㄧㄠㄏㄨㄚˋ 빈틈 없는 말. 깜찍한 소리.
[刁乖] t'āokuāi ㄉㄧㄠㄍㄨㄞ 교활하다. 못 되게 약다.
[刁棍] tiāokùn ㄉㄧㄠㄍㄨㄣˋ 불량배. 산전 수전 다 겪은 놈.
[刁賴] tiāolài ㄉㄧㄠㄌㄞˋ 트집을 잡다. 공연히 시비를 걸다.
[刁零古怪] tiāolíng-kǔkuài ㄉㄧㄠㄌㄧㄥˊㄍㄨˇㄍㄨㄞˋ 괴상망측하다. 해괴하기 짝이 없다. 괴팍한 성질이 있다.
[刁難] tiāonàn ㄉㄧㄠㄋㄢˋ ①괴롭히다. ②방해하다. ③트집을 잡다. >刁刁難難.
[刁皮] tiāop'í ㄉㄧㄠㄆㄧˊ ①깜찍한 놈. ②교활하다. =刁滑.
[刁婦] tiāofù ㄉㄧㄠㄈㄨˋ 간부(奸婦).

〔叼〕 tiāo ㄉㄧㄠ (입에) 물다.「一着烟卷兒;담배를 물고 있다」

〔貂〕 tiāo ㄉㄧㄠ 〈動〉담비: 족제비과에 속하는 동물의 하나.
[貂褂] tiāokuà ㄉㄧㄠㄍㄨㄚˋ 담비털로 안을 넣은 의복.
[貂帽] tiāomào ㄉㄧㄠㄇㄠˋ 담비털로 만든 모자.
[貂扇] tiāoshàn ㄉㄧㄠㄕㄢˋ 담비의 꼬리로 만든 부채.

〔碉〕 tiāo ㄉㄧㄠ 요새(要塞). 벙커(banker). 보루(堡壘).
[碉樓] tiāolóu ㄉㄧㄠㄌㄡˊ 방위를 겸한 망루.
[碉堡] tiāopǎo ㄉㄧㄠㄅㄠˇ 돌로 만든 보루(堡壘).

〔凋〕 tiāo ㄉㄧㄠ ①마르다. 오므라지다. ②타락하다. ③힘이 빠지다. 지치다.
[凋歇] tiāohsiēh ㄉㄧㄠㄒㄧㄝ 마르다. 시들다.
[凋謝] tiāohsièh ㄉㄧㄠㄒㄧㄝˋ ①시들어 떨어지다. ②영락하다. ③쇠퇴하여 죽다.
[凋換] tiāohuàn ㄉㄧㄠㄏㄨㄢˋ 쇠퇴하여 변천하다.
[凋敝] tiāopì ㄉㄧㄠㄆㄧˋ ①쇠퇴하다. ②(병으로) 쇠약해지다.
[凋殘] tiāots'án ㄉㄧㄠㄘㄢˊ 쇠잔해지다. 쇠퇴하여 본디의 모습이 없어지다.
[凋萎] tiāowēi ㄉㄧㄠㄨㄟ 말라 죽다. 시들어 버리다.

〔彫〕 tiāo ㄉㄧㄠ ①(대·나무·옥석·금석 따위에) 조각하다. 새기다.「一花紋;꽃무늬를 새기다」②색칠하다. 장식하다. ③ 조락(凋落)하다. =凋.
[彫漆] tiāoch'ī ㄉㄧㄠㄑㄧ ①퇴주(堆朱). ②칠기(漆器). ③ 주칠을 하고 돈을새김을 하다.
[彫匠] tiāochiàng ㄉㄧㄠㄐㄧㄤˋ 조각사(彫刻師).
[彫靑] tiāoch'īng ㄉㄧㄠㄑㄧㄥ 문신(文身). 자문(刺文).
[彫蟲小技] tiāoch'ūng hsiǎochì ㄉㄧㄠㄔㄨㄥˊㄒㄧㄠˇㄐㄧˋ ①보잘 것 없는 재주. ②보통 글씨를 잘 씀.
[彫花] tiāohuā ㄉㄧㄠㄏㄨㄚ ① 조각한 무늬. ②tiāo huā 무늬를 새기다.
[彫胡米] tiāohúmǐ ㄉㄧㄠㄏㄨˊㄇㄧˇ〈植〉줄풀의 씨: 고미(菰米)라고 하여 구황(救荒) 식물임.
[彫刀] tiāotāo ㄉㄧㄠㄉㄠ 조각칼.

〔鵰〕 tiāo ㄉㄧㄠ 독수리「一翎;독수리의 날개: 화살에 쓰임」「一扇;독수리의 날개로 만든 부채」

〔鯛〕 tiāo ㄉㄧㄠ 도미. =鋼盆兒.

〔屌〕 tiǎo ㄉㄧㄠˇ ①「一兒;음경(陰莖). 자지」‹山› ②남을 욕하는 말.
[屌兒郞當] tiǎorh lāntāng ㄉㄧㄠˇㄦ ㄌㄢ ㄉㄤ =吊兒郞當.
[屌毛] tiǎomáo ㄉㄧㄠˇㄇㄠˊ개 같은 자식: 극히 추악한 욕. ‹罵› =媽拉個尼.

〔吊〕(弔) tiào ㄉㄧㄠˋ ①조상하다. 죽음을 슬퍼하다.「一喪;조상하다」②매어달다. 늘어뜨리다. 걸다.「一着紅澄䒥은 등이 매달리다」③모피(毛皮)를 의복 안에 대다. 「一皮襖;안에 모피를 넣어 가죽 점퍼를 만들다」
[吊場子] tiàochǎngtzǔ ㄉㄧㄠˋㄓㄤˇㄗ 가축을 울 안에서 풀어 놓아 운동을 시키다.
[吊車] tiàoch'ē ㄉㄧㄠˋㄔㄜ 체인블록(chain-block).
[吊機] tiàochī ㄉㄧㄠˋㄐㄧ 기중기(起重機).
[吊祭] tiàochì ㄉㄧㄠˋㄐㄧˋ 조상하다. 장례를 지내다.
[吊橋] tiàoch'iáo ㄉㄧㄠˋㄑㄧㄠˊ 적교: 양쪽에 줄을 건네어 매어달리게 된 다리.
[吊角眉] tiàochiǎoméi ㄉㄧㄠˋㄐㄧㄠˇㄇㄟˊ 끝이 치올라간 눈썹.
[吊頸] tiàochǐng ㄉㄧㄠˋㄐㄧㄥˇ 목을 매다. 목을 매어 죽다.
[吊鐘花] tiàochūnghuā ㄉㄧㄠˋㄓㄨㄥㄏㄨㄚ 〈植〉별석남: 석남과의 낙엽 관목.
[吊卷] tiàochüàn ㄉㄧㄠˋㄐㄩㄢˋ 서류를 꺼내다. 답안을 내게 하다.
[吊床] tiàoch'uáng ㄉㄧㄠˋㄔㄨㄤˊ 매어단 침상. 달아맨 그물 침대.
[吊綫] tiàohsièn ㄉㄧㄠˋㄒㄧㄢˋ 추(錘)를 늘어뜨리는 끈. 추를 늘어뜨려 수직(垂直)의 상태를 보다.
[吊銷] tiàohsiāo ㄉㄧㄠˋㄒㄧㄠ 취소하다. =吊消.
[吊孝] tiàohsiào ㄉㄧㄠˋㄒㄧㄠˋ 조상(吊喪)하다.
[吊禮] tiàolǐ ㄉㄧㄠˋㄌㄧˇ 조문(吊問)하는 예물. 조화(吊花)·조기(吊旗) 따위.
[吊爐] tiàolú ㄉㄧㄠˋㄌㄨˊ (고구마 따위를 굽는) 항아리 모양의 화로.

[吊毛兒] tiàomáorh, ㄉㄧㄠˋㄇㄠˊㄦ (연극에서의) 덤부링의 일종.
[吊膀(子)] tiàopàng(tzŭ) ㄉㄧㄠˋㄅㄤˋ(ㄗ) ①유혹하다. ②(남녀가) 정을 통하다.
[吊鋪] tiàop'ù ㄉㄧㄠˋㄆㄨˋ ＝吊床.
[吊兒郎當(的)] tiàorhlángtāng(tê) ㄉㄧㄠˋㄦㄌㄤˊㄉㄤ(ㄉㄜ) 제멋대로. 무성의하게. 아무렇게나. 산만하다. 짜임새가 없다. ＝屌兒郎當.
[吊嗓兒] tiàosănrh ㄉㄧㄠˋㄙㄢˇㄦ 목소리를 단련시키다. 노래 연습을 하다.
[吊死] tiàossŭ ㄉㄧㄠˋㄙ 목매어 죽다.「一鬼；목매달아 죽은 귀신 또는 그 사람」
[吊梯] tiàotī ㄉㄧㄠˋㄊㄧ 줄사다리.
[吊桶(兒)] tiàot'ŭng(rh) ㄉㄧㄠˋㄊㄨㄥˇ(ㄦ) 두레박.「十五個一打水七上八下； 옥신각신하고 말썽을 부리다」
[吊子] tiàotzŭ ㄉㄧㄠˋㄗ 질병. 옹기 또는 함석으로 만든 우묵한 그릇.
[吊唁] tiàoyèn ㄉㄧㄠˋㄧㄢˋ 애도(哀悼)하다.
[吊眼角] tiàoyénchiăo ㄉㄧㄠˋㄧㄢˊㄐㄧㄠˇ 눈을 치켜 뜨다.

〔釣〕 tiào ㄉㄧㄠˋ ①(물고기를) 나꾸다.「一魚；낚시질하다」 ②(사람을) 꾀다. 낚다.「沽名一譽；이름을 팔아 명예를 얻다」
[釣餌] tiàoĕrh ㄉㄧㄠˋㄦˇ 낚시의 미끼.
[釣鈎兒] tiàokōurh ㄉㄧㄠˋㄍㄡㄦ 낚시.
[釣綸] tiàolún ㄉㄧㄠˋㄌㄨㄣˊ 낚시 줄.
[釣名] tiàomíng ㄉㄠˋㄇㄧㄥˊ 남을 속여서 명예를 얻다. 명예를 구하다. 「판.
[釣臺] tiàot'ái ㄉㄧㄠˋㄊㄞˊ 낚시터의 발
[釣魚] tiàoyű ㄉㄧㄠˋㄩˊ ①낚시질. ②tiào yű물고기를 나꾸다. ③새우로 도미를 나꾸다. 적은 이익을 주고 큰 이익을 취하다.
[釣魚鈎兒] tiàoyű kōurh ㄉㄧㄠˋㄩˊㄍㄡㄦ 낚시. 낚시 바늘.

〔掉〕 tiào ㄉㄧㄠˋ ①떨어지다. 떨어뜨리다.「一眼淚；눈물을 떨어뜨리다」 ②하락하다. 내리다. 감소하다.「一色；빛이 바래다」 ③없애다. 분실하다.「東西一了；물건이 없어졌다」 ④돌리다. 방향을 바꾸다.「一頭；돌아다 보다」 ⑤흔들다. 휘두르다. ⑥바꾸다.「一換；교환하다」 ⑦동사의 뒤에 놓이어 동작의 완성·낙착이나 동작의 결과 그 객체가 소멸하였음을 나타내는 말.「賣一房子；집을 팔아 없애다」
[掉轉] tiàochuăn ㄉㄧㄠˋㄓㄨㄢˇ ①빙 돌아 방향을 바꾸다. ②융통하다.
[掉下] tiàohsia ㄉㄧㄠˋㄒㄧㄚ 떨어지다.
[掉向] tiàohsiàng ㄉㄧㄠˋㄒㄧㄤˋ ①방향을 바꾸다. ②방향을 잃다.
[掉換] tiàohuan ㄉㄧㄠˋㄏㄨㄢ ①교환하다. ②바꾸다. 변화시키다.「一職業；직업을 바꾸다」
[掉個兒] tiàokŏrh ㄉㄧㄠˋㄍㄜˋㄦ ①몸을 돌이키다.「不住一；몸을 뒤치락거리다」 ②자조를 바꾸어 상대편에게 붙다. ③장소를 바꾸다.
[掉魂兒] tiàohúnrh ㄉㄧㄠˋㄏㄨㄣˊㄦ 혼이 빠지다. 놀라 자빠지다. 혼이 나다.
[掉過兒] tiàokuŏrh ㄉㄧㄠˋㄍㄨㄛˋㄦ ①엎치락 뒤치락하다. ②＝掉個兒. ③뒤집다. 뒤집어 엎다. 뒤바꾸다.
[掉臉] tiàoliĕn ㄉㄧㄠˋㄌㄧㄢˇ ①목을 옆으로 돌리다. 고개를 꼬다. ②되돌아 보다. ＝轉臉.
[掉腦袋] tiàonăotê ㄉㄧㄠˋㄋㄠˋㄉㄜ 목이 떨어지다. 살해되다.
[掉包兒] tiàopāorh ㄉㄧㄠˇㄅㄠㄦ (남의 물건과) 살짝 바꾸다.
[掉色] tiàoshăi ㄉㄧㄠˋㄕㄞˇ 퇴색하다.
[掉手] tiàoshŏu ㄉㄧㄠˋㄕㄡˇ 바꾸어 쥐다. 손을 바꾸다. ＝倒手.
[掉胎] tiàotāi ㄉㄧㄠˋㄊㄞ 낙태시키다.
[掉蛋] tiàotàn ㄉㄧㄠˋㄉㄢˋ ①희롱하다. 야유하다. ②교활하여 다루기가 힘들다. ③장난으로 하다.
[掉點兒] tiàotiĕnrh ㄉㄧㄠˋㄉㄧㄢˇㄦ 빗방울이 떨어지다. 비가 오기 시작하다.
[掉底兒] tiàotĭrh ㄉㄧㄠˋㄉㄧˇㄦ ①밑이 빠지다. ②실패하다. 헛수고를 하다.
[掉頭] tiàot'óu ㄉㄧㄠˋㄊㄡˊ ①얼굴을 돌리다. 돌아다 보다. 외면하다. ②고개를 젓다. 머리를 흔들다. ③모르는 체하다.「一不顧；모르는 체하고 돌아보지 않다」 ④목을 자르다. ⑤돈을 융통하다.
[掉隊] tiàotui ㄉㄧㄠˋㄉㄨㄟ 대열에서 떨어지다. 낙오하다.
[掉文] tiàowĕn ㄉㄧㄠˋㄨㄣˊ 문자를 쓰다. 어려운 말을 사용하다.
[掉牙] tiàoyá ㄉㄧㄠˋㄧㄚˊ 이가 빠지다.

〔調〕 tiào ㄉㄧㄠˋ ①파견하다.「一兵；파병하다」 ②바꾸다. 이전하다.「一職；전직(轉職)하다. 직무를 바꾸다. 전임(轉任)하다」 ③「一子；가락. 리듬. 멜로디」 ⇨tiáo.
[調茬] tiàoch'á ㄉㄧㄠˋㄔㄚˊ 두루짓기. 환작(換作).「那地得一；그 밭은 환작을 하여야 한다」
[調遣] tiàoch'iĕn ㄉㄧㄠˋㄑㄧㄢˇ ① 지시하다. ②파견하다.
[調車] tiàoch'ē ㄉㄧㄠˋㄔㄜ 차(車)를 다루다.「一場；조차장(操車場)」
[調級] tiàochí ㄉㄧㄠˋㄐㄧˊ 등급을 조정하다.「工資一；임금(賃金) 조정」
[調集] tiàochí ㄉㄧㄠˋㄐㄧˊ 한 군데로 모으다.
[調遷] tiàoch'iēn ㄉㄧㄠˋㄑㄧㄢ (관리가) 전임(轉任)하다. 전근하다. 경질(更迭)되다.
[調猴兒] tiàohóurh ㄉㄧㄠˋㄏㄡˊㄦ ①감당 못할 계략을 쓰다. ② 기상 천외의 계략.
[調換] tiàohuan ㄉㄧㄠˋㄏㄨㄢ 교환하다. 바꾸다.「一座位；좌석을 바꾸다」＞調調換換.
[調虎離山] tiàohŭlíshān ㄉㄧㄠˋㄏㄨˇㄌㄧˊㄕㄢ 호랑이를 산에서 꾀어내다. 적군으로 하여금 본진을 떠나게 하여 그 허점을 이용하여 공격하다.
[調任] tiàojĕn ㄉㄧㄠˋㄖㄣˋ 전임(轉任)하다. 인사 이동을 하다.「一爲副司令；부사령으로 전임하다」
[調門(兒)] tiàomĕn(rh) ㄉㄧㄠˋㄇㄣˊ(ㄦ) 음조(音調).「矮一；음성을 낮추다」
[調包(兒)] tiàopāo(rh) ㄉㄧㄠˋㄅㄠ(ㄦ) ＝掉包兒.
[調兵遣將] tiàopīng ch'iĕnchiàng ㄉㄧㄠˋㄅㄧㄥㄑㄧㄢˇㄐㄧㄤˋ ①군대를 파견하다. ②인원을 이동 배치하다.

[調撥] tiàopō ㄉㄧㄠˋㄅㄛ ①조달(調達)하다. ②자금을 운용(運用)하다. ③군대를 각지로 파견하다. ④tiáopo 충동하다. 동하다.

[調調兒] tiàotiàorh ㄉㄧㄠˋㄉㄧㄠˋㄦ ①불쾌한 태도나 그런 모양.「你看看他那一；자네 저 꼬락서니를 좀 보게」②자기가 특히 좋아하는 습관적인 일.「我就喜歡喝酒這個一；나는 술을 즐겨 마시는 이것이 제일 좋다」

[調動] tiàotùng ㄉㄧㄠˋㄉㄨㄥˋ ①(우체통 따위를) 옮기다. ②(군대 따위를) 파견하다. ③차출(差出)하다. 배치하다. ＞調調動動.

[調走] tiàotsǒu ㄉㄧㄠˋㄗㄡˇ ①전임하여 가 버리다. 갈려 가다. ②다른 곳으로 전임(轉任)시키다.

[調度] tiàotù ㄉㄧㄠˋㄉㄨˋ ①적절히 처리하다. 고루 배분(配分)하다. ②기도(企圖)하다. 꾀하다. 획책하다. ＞調調度度.

[調歪] tiàowāi ㄉㄧㄠˋㄨㄞ 자기 재주를 믿고 일부러 남을 골려 주다. 자기 생각만 하고 남을 괴롭히다.

[調驗] tiàoyěn ㄉㄧㄠˋㄧㄢˇ 조사하여 실지로 시험하다. 검사하다.

[調養] tiàoyang ㄉㄧㄠˋㄧㄤ 요양(療養)하다. 몸조리하다.

[調運] tiàoyǜn ㄉㄧㄠˋㄩㄣˋ 이동 운송하다. 옮겨 실어 보내다.

[調用] tiàoyùng ㄉㄧㄠˋㄩㄥˋ ①전용(轉用)하다. ②이동시키다.

〔銚〕 tiào ㄉㄧㄠˋ「一子·一兒；물을 끓이거나 음식을 끓이는 그릇 : 약간 깊숙한 남비로서 자루가 달렸으며 물을 붓는 주둥이가 옆에 붙어 있음」⇨yáo.

〔窵〕 tiào ㄉㄧㄠˋ 심원(深遠)한.

[窵遠] tiàoyüǎn ㄉㄧㄠˋㄩㄢˇ 멀리 떨어져 있다.

T'IAO ㄊㄧㄠ

〔挑〕 t'iāo ㄊㄧㄠ ①(막대기 같은 것의 양쪽 끝에 물건을 달아매고 어깨에) 메다. 지다.「一水；물을 지다」②「一子·一兒；멜대(天秤棒) 따위로 메는 짐」③고르다.「一好的；좋은 것을 고르다」⇨t'iǎo.

[挑肩] t'iāochiēn ㄊㄧㄠㄐㄧㄢ 어깨에 메다.

[挑揀] t'iāochiěn ㄊㄧㄠㄐㄧㄢˇ 고르다. ＞挑挑揀揀.

[挑肥揀瘦] t'iāoféi-chiěnshòu ㄊㄧㄠㄈㄟˊㄐㄧㄢˇㄕㄡˋ 이러쿵 저러쿵 까다롭게 굴며 고르다. 시끄럽게 굴며 고르다.

[挑縫子] t'iāofèngtzǔ ㄊㄧㄠㄈㄥˋㄗ ＝挑毛病.

[挑夫] t'iāofū ㄊㄧㄠㄈㄨ 짐을 지거나 메어 나르는 인부.

[挑選] t'iāohsüǎn ㄊㄧㄠㄒㄩㄢˇ ①고르다. ②등용하다. 발탁하다.「一人材；인재를 등용하다」＞挑挑選選.

[挑花(兒)] t'iāohuā(rh) ㄊㄧㄠㄏㄨㄚ(ㄦ) 자수의 한 가지로 천에 색실을 가지고 "十字"형으로 수 놓는 법. 수를 놓다.

[挑毛病] t'iāomáoping ㄊㄧㄠㄇㄠˊㄅㄧㄥ 결점을 찾아 내다. 흠을 찾다.

[挑不動] t'iāoputùng ㄊㄧㄠㄅㄨㄉㄨㄥˋ 지고 일어날 수가 없다. 질 수가 없다. ↔挑得動.

[挑鼻子] t'iāopítzǔ ㄊㄧㄠㄅㄧˊㄗ 남의 흠을 들추어 내다.「横一豎挑眼；이러쿵 저러쿵 남의 흠을 들추어 내다」

[挑鼻子弄眼睛] t'iāopítzǔ-nùngyěnching ㄊㄧㄠㄅㄧˊㄗ ㄋㄨㄥˋㄧㄢˇㄐㄧㄥ 남의 흠을 들추어 내다.

[挑擔] t'iāotàn ㄊㄧㄠㄉㄢˋ ①데릴사위. ＝一擔挑. ②t'iāo tān 짐을 지다.

[挑剔] t'iāot'i ㄊㄧㄠㄊㄧ ①엄격히 선발하다. ②남의 흠을 들추어 내다. ③흠. 결점.「一點一沒有；완벽하다」＞挑挑剔剔.

[挑錯(兒)] t'iāots'ò(rh) ㄊㄧㄠㄘㄨㄛˋ(ㄦ) 흠을 들추어 내다. 결점을 찾아 내다. 잘못을 견책하다.

[挑子] t'iāotzǔ ㄊㄧㄠㄗ (멜대 양쪽 끝에 달아맨) 짐.

[挑刺兒] t'iāotz'ùrh ㄊㄧㄠㄘˋㄦ 흠을 들추어 내다.

[挑字眼兒] t'iāotzǜyěnrh ㄊㄧㄠㄗˋㄧㄢˇㄦ 남의 자그마한 흠을 들추어 내다.

[挑眼] t'iāoyěn ㄊㄧㄠㄧㄢˇ 흠을 들추어 내다.

〔佻〕 t'iáo ㄊㄧㄠˊ 경박한. 무게가 없는.

〔岧〕 t'iáo ㄊㄧㄠˊ 「一嶢；(一yáo)；산이 높다」

〔苕〕 t'iáo ㄊㄧㄠˊ ①〈植〉능소화. "紫葳" "凌霄花"라고도 함. ②갈(葦)의 이삭.

〔迢〕 t'iáo ㄊㄧㄠˊ 「一一；아득히 먼」

〔條〕(条) t'iáo ㄊㄧㄠˊ ①「一子·一兒；가느다란 가지」「柳一兒；버들 가지」②「一子·一兒；가느다란 물건」「麪一兒；가락 국수. 우동」③항목(項目). 조(條).「第一；제 1조」④조리(條理). 질서(秩序).「井井有一；잘 정돈되어서 줄이 맞는 모양」⑤조수사: ㉮기다란 것을 세는 데 씀.「一一河；한 줄기의 강」㉯항목으로 나누어진 물건.「五一新聞；다섯 가지의 뉴우스」

[條案] t'iáoàn ㄊㄧㄠˊㄢˋ 가느다랗고 긴 책상.

[條陳] t'iáoch'ến ㄊㄧㄠˊㄔㄣˊ ① 조목 조목으로 기술하다. 조목별로 쓰다. ② 조목별로 쓴 신청서. ③ 건의. ④상급자나 기관에 보내는 의견서(意見書).

[條几] t'iáo chī ㄊㄧㄠˊ ㄐㄧ 기다란 책상.

[條件] t'iáochièn ㄊㄧㄠˊㄐㄧㄢˋ ①조건. ②필수 조건(必須條件).「創造一,爭取入黨；필요 조건을 스스로 만들어서 입당(入黨) 목적을 달성하다」

[條分縷析] t'iáofēn-lǔhsī ㄊㄧㄠˊㄈㄣ ㄌㄩˇㄒㄧ 계통을 세워서 자세히 분석하다.

[條痕] t'iáohến ㄊㄧㄠˊㄏㄣˊ ①줄이나 금이 가 있는 흔적. ②(지문과 같은)금. 선.

[條款] t'iáok'uǎn ㄊㄧㄠˊㄎㄨㄢˇ 조목별로 된 조건이나 규정.

[條理] t'iáolǐ ㄊㄧㄠˊㄌㄧˇ 조리. 일의 계통이나 질서.
[條例] t'iáolì ㄊㄧㄠˊㄌㄧˋ 조례. 법령
[條目] t'iáomù ㄊㄧㄠˊㄇㄨˋ 세목(細目).
[條屛] t'iáop'íng ㄊㄧㄠˊㄆㄧㄥˊ 폭이 좁고 기다란 족자 : 대개 네 폭으로 되어 있음.
[條播] t'iáopō ㄊㄧㄠˊㄅㄛ 씨앗을 줄뿌림하다. 종자를 고랑으로 뿌리다.
[條櫈] t'iáotěng ㄊㄧㄠˊㄉㄥˋ 기다란 의자.
[條子] t'iáotzǔ ㄊㄧㄠˊㄗ ①가늘고 긴 물건. 테이프(tape).「紙一 ; 종이 테이프」 ②간단한 즉석에서 쓰는 편지」
[條紋] t'iáowěn ㄊㄧㄠˊㄨㄣˊ 무늬. 줄무늬.

〔笤〕 t'iáo ㄊㄧㄠˊ
[笤帚] t'iáochou ㄊㄧㄠˊㄓㄡ 비. 먼지 따위를 쓸어 치우는 데 쓰는 비.

〔蜩〕 t'iáo ㄊㄧㄠˊ 〈動〉 매미.

〔調〕 t'iáo ㄊㄧㄠˊ ①균등하게 배합(配合)하다. 정비하다.「一味 ; 간을 맞추다」 ②화해(和解)하다.「一解 ; 조정(調停)하다」 ③꾀다. 교사(敎唆)하다. ⇨tiáo.
[調劑] t'iáochì ㄊㄧㄠˊㄐㄧˋ ①약을 조합(調合)하다. ②합리적으로 배치하다.「一人事 ; 인사(人事) 처리를 합리화하다」 ③간을 맞추다. 맛이 있게 하다. ④조정(調整)하다.
[調解] t'iáochiěh ㄊㄧㄠˊㄐㄧㄝˇ 중재(仲裁)하다. 중개하다.
[調治] t'iáochih ㄊㄧㄠˊㄓˋ 치료하다.
[調情] t'iáoch'íng ㄊㄧㄠˊㄑㄧㄥˊ 마음을 끌다. 대개 남녀간에 있어서 마음을 쏠리게 하다.
[調處] t'iáoch'ǔ ㄊㄧㄠˊㄔㄨˇ 조정 처치(處置)하다.
[調準] t'iáochǔn ㄊㄧㄠˊㄓㄨㄣˇ 조절하다.
[調和] t'iáohó ㄊㄧㄠˊㄏㄜˊ ①간을 맞추다. ②악기의 음계를 조절하다. ③정리하다. ④타협하다. ⑤조화하다. ⑥중개하다. ⑦t'iáoho 조미료. ‹方›
[調戲] t'iáohsì ㄊㄧㄠˊㄒㄧˋ (여자를) 희롱하다.
[調笑] t'iáohsiào ㄊㄧㄠˊㄒㄧㄠˋ 희롱하다.
[調貨] t'iáohuo ㄊㄧㄠˊㄏㄨㄛ ①요리의 재료. ②t'iáohuó 놈.「他不是好一 ; 저놈은 대단한 놈은 아니다」
[調人] t'iáojěn ㄊㄧㄠˊㄖㄣˊ 조정(調停)하는 사람.
[調侃] t'iáok'ǎn ㄊㄧㄠˊㄎㄢˇ ①농담을 하다. ②은어(隱語)를 사용하다. ③간접적인 말로 남을 놀려 주다.
[調羹] t'iáokěng ㄊㄧㄠˊㄍㄥ 숟가락. 스푸운. 작은 사기 숟가락.
[調理] t'iáoli ㄊㄧㄠˊㄌㄧ ①교도(敎導)하다. 보도(補導)하다. ②보양하다. ③(인사문제를) 잘 운영하다. ④희롱하다. =調弄.
[調弄] t'iáonùng ㄊㄧㄠˊㄋㄨㄥˋ 희롱하다. 조롱하다.
[調配] t'iáop'èi ㄊㄧㄠˊㄆㄟˋ 조정하여 적당히 하다.
[調皮] t'iáop'í ㄊㄧㄠˊㄆㄧˊ ①걷잡을 수 없을 정도로 교활하다. ②우둔하고 완고하다. ③장난이 짓궂은 모양. ④희롱하기를 좋아하다.
[調色板] t'iáosèpǎn ㄊㄧㄠˊㄙㄜˋㄅㄢˇ 팔레트(palette). 조색판(調色板).
[調攝] t'iáoshè ㄊㄧㄠˊㄕㄜˋ 양생(養生)하다. 요양하다.
[調唆] t'iáoso ㄊㄧㄠˊㄙㄨㄛ 꾀다. 교사하다. > 調調唆唆.
[調帶] t'iáotài ㄊㄧㄠˊㄉㄞˋ 벨트. 피대(皮帶).
[調嘴學舌] t'iáotsuǐ-hsüéhshé ㄊㄧㄠˊㄗㄨㄟˇㄒㄩㄝˊㄕㄜˊ 뒤에서 이러쿵저러쿵 남의 장점이나 단점을 비평하다. 남의 흉을 보다. ‹成›
[調勻] t'iáoyǘn ㄊㄧㄠˊㄩㄣˊ 얼룩이 안 지도록 잘 혼합시키다.

〔髫〕 t'iáo ㄊㄧㄠˊ 다박머리. 더벅머리.「一年 ; 유년(幼年)」

〔挑〕 t'iǎo ㄊㄧㄠˇ ①(뾰족한 것으로) 위로 끌어 올리다. 후비다.「一燈心 ; 등불의 심지를 돋우다」 ②교사(敎唆)하다. 싸움을 일으키다.「一釁 ; 도전(挑戰)하다」. ⇨t'iāo.
[挑戰書] t'iǎochànshū ㄊㄧㄠˇㄓㄢˋㄕㄨ ①도전서(挑戰書). ②생산 경쟁(生産競爭)을 신청하는 편지.
[挑費] t'iǎofei ㄊㄧㄠˇㄈㄟ 일상 비용(日常費用). 생활비.
[挑縫兒] t'iǎofěngrh ㄊㄧㄠˇㄈㄥˋㄦ 머리칼의 가리마.
[挑釁] t'iǎohsìn ㄊㄧㄠˇㄒㄧㄣˋ 도전(挑戰)하다.
[挑花兒] t'iǎohuārh ㄊㄧㄠˇㄏㄨㄚㄦ 자수(刺繡)의 한 가지. ⇨t'iǎohuā(rh).
[挑禍] t'iǎohuò ㄊㄧㄠˇㄏㄨㄛˋ 꾀어서 사건을 일으키다
[挑明] t'iǎomíng ㄊㄧㄠˇㄇㄧㄥˊ 분명히 나타내다.
[挑八根繩] t'iǎopākěnshěngrh ㄊㄧㄠˇㄅㄚㄍㄣㄕㄥˊㄦ 여러 가지 능력에 있어서 다방면(多方面)으로 일을 혼자서 처리해 내다.
[挑撥] t'iǎopō ㄊㄧㄠˇㄅㄛ ①남의 과실(過失)을 헐뜯다. ②남을 꾀다.「一離間 ; 남을 꾀어서 이간시키다」 > 挑挑撥撥. ③몹시 노하게 만들다. 격노(激怒)시키다.
[挑唆] t'iǎoso ㄊㄧㄠˇㄙㄨㄛ ①교사(敎唆)하다. ②교사하여 사이가 나빠지게 만들다.
[挑動] t'iǎotùng ㄊㄧㄠˇㄉㄨㄥˋ 선동(煽動)하다. 달콤한 말로 남의 마음을 끌게 하다. 꾀다.
[挑逗] t'iǎotòu ㄊㄧㄠˇㄉㄡˋ 야유하며 꾀다.
[挑頭兒] t'iǎot'óurh ㄊㄧㄠˇㄊㄡˊㄦ 앞장서다. 인솔하다.

〔眺〕 t'iào ㄊㄧㄠˋ 바라 보다.

〔跳〕 t'iào ㄊㄧㄠˋ ①뛰어 오르다. 뛰다. ②중간을 빼어 놓고 가다. 비어 놓다.「這一課書一過去沒學 ; 이 한 과(課)는 뛰어 넘어 배우지 않았다」 ③두근거리다. 경련을 일으키듯이 부들부들 떨리다.「心一 ; 가슴이 두근거리다」「眼一 ; 눈이 부들부들 떨리다」
[跳棋] t'iàoch'í ㄊㄧㄠˋㄑㄧˊ ①아이들이

하는 장기 놀이의 한 가지. ② 다이아몬드 게임.
[跳脚兒] t'iàochiǎorh ㄊㄧㄠˋㄐㄧㄠˇㄦ 발을 동동 구르다.
[跳井] t'iàochǐng ㄊㄧㄠˋㄐㄧㄥˇ 우물에 몸을 던지다.
[跳房子] t'iàofángtzǔ ㄊㄧㄠˋㄈㄤˊㄗ 아동 유희(遊戲)의 한가지 : 땅에다 금을 긋고 교대로 뛰어서 자기 땅으로 만드는 놀이.
[跳海] t'iàohǎi ㄊㄧㄠˋㄏㄞˇ 바다에 투신자살하다.
[跳行] t'iàoháng ㄊㄧㄠˋㄏㄤˊ ①상업을 바꾸다. =改行. ①(편지 따위에서 상대방에게 경의를 표하기 위하여) 행(行)을 바꾸다.
[跳高] t'iàokāo ㄊㄧㄠˋㄍㄠ ①높이 뛰다. ②높이 뛰기.
[跳格] t'iàokǒ ㄊㄧㄠˋㄍㄜˊ (원고 용지 따위의) 줄칸에서 삐어져 나오다. 칸을 빼놓다.
[跳梁小丑] t'iàoliáng hsiáoch'ǒu ㄊㄧㄠˋㄌㄧㄤˊ ㄒㄧㄠˇㄔㄡˇ 오만(傲慢)한 적(敵). 교활한 적.
[跳樓] t'iàolóu ㄊㄧㄠˋㄌㄡˊ 옥상에서 투신(投身) 자살을 하다.
[跳門坎兒] t'iàoměnk'ǎnrh ㄊㄧㄠˋㄇㄣˊㄎㄢˇㄦ 변덕스럽게 이랬다 저랬다 하다.
[跳板(兒)] t'iàopǎn(rh) ㄊㄧㄠˋㄅㄢˇ(ㄦ) ①배와 육지에 걸쳐 놓는 승강판. ②디딤대. ③지름길.
[跳蹦] t'iàopêng ㄊㄧㄠˋㄅㄥ 홀짝 튀다.
[跳傘] t'iàosǎn ㄊㄧㄠˋㄙㄢˇ ①낙하산(落下傘). ②낙하산으로 하강(下降)하다.
[跳繩] t'iàoshěng ㄊㄧㄠˋㄕㄥˊ 줄넘기.
[跳蹋] t'iàotà ㄊㄧㄠˋㄊㄚˋ ①초조하다. 안절부절하며 화를 내다. ②발을 동동 구르며 떠들다.
[跳跶] t'iàota ㄊㄧㄠˋㄉㄚ ①튀다. ②(무예를) 연습하다.
[跳騰] t'iàot'êng ㄊㄧㄠˋㄊㄥ ①튀어 오르다. 뛰어 오르다. ②깡충 깡충 뛰다. ③활동·활약하다. >跳跳騰騰.
[跳蚤] t'iàotsao ㄊㄧㄠˋㄗㄠ 〈動〉 벼룩.
[跳槽] t'iàots'áo ㄊㄧㄠˋㄘㄠˊ 마음이 변하여 다른 데로 옮기다. 직업을 바꾸다.
[跳動] t'iàotûng ㄊㄧㄠˋㄉㄨㄥˋ ①약동(躍動)하다. ②(심장이) 고동(鼓動)하다.
[跳舞] t'iàowǔ ㄊㄧㄠˋㄨˇ ①댄스. 춤. ②춤을 추다.
[跳遠(兒)] t'iàoyüǎn(rh) ㄊㄧㄠˋㄩㄢˇ(ㄦ) ①멀리 뛰다. ②뛰어 넓이 뛰기. 주광도.
[跳跃] t'iàoyüèh ㄊㄧㄠˋㄩㄝˋ 튀어 오르다.

〔糶〕(粜) t'iào ㄊㄧㄠˋ 식량을 팔다. 「我一了二斗高粱 ; 나는 수수 두 말을 팔았다」

TIEH ㄉㄧㄝ

〔爹〕 tiēh ㄉㄧㄝ ①아버지. 아빠. ②노인이나 연장자에 대한 존칭. 「老一 ; 할아버지. 노인장」
[爹媽] tiēhmā ㄉㄧㄝㄇㄚ 부모.
[爹娘] tiēhniáng ㄉㄧㄝㄋㄧㄤˊ 부모.
[爹爹] tiēhtieh ㄉㄧㄝㄉㄧㄝ 아버지.

〔嗲〕 tiēh ㄉㄧㄝ, tiā (말을) 응석 부리며 하다.

〔跌〕 tiēh ㄉㄧㄝ ①굴다. 발이 걸려 넘어질 뻔하다. 「一了一交 ; 덜컥 넘어지다」 ②값이 떨어지다. 「一價 ; 값이 떨어지다」
[跌價] tiēhchià ㄉㄧㄝㄐㄧㄚˋ 물가가 떨어지다.
[跌交] tiēhchiāo ㄉㄧㄝㄐㄧㄠ 발이 걸려 넘어지다. =跌脚.
[跌撞] tiēhchuàng ㄉㄧㄝㄓㄨㄤˋ 넘어져 부딪다.
[跌風] tiēhfēng ㄉㄧㄝㄈㄥ (시세가) 떨어지는 경향. 낙세(落勢).
[跌落] tiēhlò ㄉㄧㄝㄌㄨㄛˋ ①가격이 하락하다. 값이 떨어지다. ②(높은 곳에서) 떨어지다.
[跌撲] tiēhp'ū ㄉㄧㄝㄆㄨ =跌倒.
[跌蕩] tiēhtàng ㄉㄧㄝㄉㄤˋ 제멋대로 하다. 형식에 얽매이지 않다.
[跌倒] tiēhtǎo ㄉㄧㄝㄉㄠˇ 넘어지다. >跌跌倒倒.
[跌跌銃銃] tiēhtiēhch'ùngch'ùng ㄉㄧㄝㄉㄧㄝㄔㄨㄥˋㄔㄨㄥˋ 비틀비틀하면서 곧 넘어질 것 같은 상태. 지그자그로 걸어가는 모양.
[跌足] tiēhtsú ㄉㄧㄝㄗㄨˊ (분하거나 후회하여) 발을 동동 구르다.

〔垤〕 tiéh ㄉㄧㄝˊ 조그만 흙더미.

〔喋〕 tiéh ㄉㄧㄝˊ 밟다. 짓밟다.
[喋血] tiéhhsüèh ㄉㄧㄝˊㄒㄩㄝˋ 많은 사람이 살해되어 부근 일대가 피바다를 이루는 일. 「一抗戰 ; 피투성이가 되어 항전하다」
[喋喋] tiéhtiéh ㄉㄧㄝˊㄉㄧㄝˊ 조잘조잘 지껄이는 모양. 「一不休 ; 조잘조잘 쉴 새 없이 지껄이다」

〔堞〕 tiéh ㄉㄧㄝˊ 성벽의 얕은 울타리.
[堞口] tiéhk'ǒu ㄉㄧㄝˊㄎㄡˇ 성벽의 얕은 울타리.

〔瓞〕 tiéh ㄉㄧㄝˊ 조그마한 오이.

〔耋〕 tiéh ㄉㄧㄝˊ 나이 많은 : 80세 전후를 말함.

〔絰〕 tiéh ㄉㄧㄝˊ 상복(喪服)에 쓰이는 삼 : 건과 띠에 쓰임.

〔牒〕 tiéh ㄉㄧㄝˊ 서신. 문서. 공문서.

〔碟〕 tiéh ㄉㄧㄝˊ 「一子·一兒 ; 작은 접시」

〔蝶〕(蜨) tiéh ㄉㄧㄝˊ 나비.
[蝶粉] tiéhfěn ㄉㄧㄝˊㄈㄣˇ ①나비의 날개의 가루. ②처녀에 비유하여 이르는 말. 「一蜂黃 ; 처녀」
[蝶式] tiéhshìh ㄉㄧㄝˊㄕˋ (수영법의) 버터플라이.

[蝶泳] tiéhyǔng ㄉㄧㄝˊㄩㄥˇ ＝蝶式.

〔諜〕 tiéh ㄉㄧㄝˊ 간첩 행위를 하다. 「一報 ; 첩보」

〔鰈〕 tiéh ㄉㄧㄝˊ 〈動〉 넙치 : 바닷물 고기의 하나.

〔疊〕(迭·叠 ①~③) tiéh ㄉㄧㄝˊ ①쌓아 올리다. 「一石爲山 ; 돌을 쌓아 산을 이루다」 ②중복되다. ③접다. 개다. 「一衣服 ; 의복을 개다」 ④서로서로. 교대교대로. 「一爲賓主 ; 서로 주인이 되었다 손님이 되었다 하다」 ⑤자주. 끊임 없이. 「一有發現 ; 계속적으로 발견되다」 ⇨t'á.

[疊起來] tiéhch'ilai ㄉㄧㄝˊㄑㄧㄌㄞ (종이 따위를) 접다. 깔끔히 접어 개다. 「把報紙一 ; 신문지를 접다」

[疊句] tiéhchǜ ㄉㄧㄝˊㄐㄩˋ 중구(重句).

[疊床架屋] tiéhch'uáng-chiàwū ㄉㄧㄝˊㄔㄨㄤˊ ㄐㄧㄚˋㄨ 지붕 위에 집을 짓는다는 뜻으로 소용에 닿지 않는 헛일을 한다는 말.

[疊放] tiéhfàng ㄉㄧㄝˊㄈㄤˋ 쌓아 두다.

[疊字] tiéhtzǔ ㄉㄧㄝˊㄗˋ 같은 글자를 중복시켜 하나의 단어를 만들다. 또는 그러한 단어. "爸爸 · 人人" 따위.

[疊次] tiéhtz'ǔ ㄉㄧㄝˊㄘˋ 자주. 종종. 가끔.

[疊韶] tiéhyǜn ㄉㄧㄝˊㄩㄣˋ 운모(韻母)가 같은 음절을 중복시키거나 또는 그 중복된 복음절(複音節). "汪洋 wāngyáng" 은 "ang"이라 하는 운모가 겹치고 있다.

〔氎〕 tiéh ㄉㄧㄝˊ 「一布(一pù) ; 올이 가느스름한 모직물」

T'IEH ㄊㄧㄝ

〔帖〕 t'iēh ㄊㄧㄝ ①적당한. 알맞은. ②복종하다. ⇨t'iěh, t'ièh.

[帖切] t'iēhch'ièh ㄊㄧㄝㄐㄧㄝˋ 적절하다. 알맞다. ＝貼切.

[帖耳] t'iēhěrh ㄊㄧㄝㄦˇ 점잖다. 어른답다.

[帖服] t'iēhfu ㄊㄧㄝㄈㄨ 순종(順從)하다.

[帖伏] t'iēhfú ㄊㄧㄝㄈㄨˊ 엎드려 머리를 숙이다.

〔貼〕 t'iēh ㄊㄧㄝ ①(풀 따위로 꼭 붙게) 붙이다. 「一郵票 ; 우표를 붙이다」 「一膏藥 ; 고약을 바르다」 ②접근하다. 붙다. 「一着墻走 ; 담에 붙어서 걸어 가다」 ③보충하다. 보상하다. 「一給他一些錢 ; 그에게 약간의 금액을 보조해 주다」 ④타당한. 적당한.

[貼己] t'iēhchǐ ㄊㄧㄝㄐㄧˇ 친하다. 다정하다.

[貼切] tiiēhch'ièhㄊㄧㄝㄑㄧㄝˋ 꼭 맞다. 적절하다. ＝帖切.

[貼金] t'iēhchīn ㄊㄧㄝㄐㄧㄣ ①금박(金箔)을 붙이다. ②자랑스러운 표정을 하다. 「臉上一了 ; 자랑스럽게 여기었다」

[貼近] t'iēhchìn ㄊㄧㄝㄐㄧㄣˋ 접근하다.

[貼服] t'iēhfu ㄊㄧㄝㄈㄨ 점잖게 복종하다. 순종하다. ＞貼貼服服.

[貼息] t'iēhhsī ㄊㄧㄝㄒㄧ 어음 따위의 할인 이자(割引利子).

[貼現] t'iēhhsièn ㄊㄧㄝㄒㄧㄢˋ 어음 할인 또는 어음 할인을 하다.

[貼心話] t'iēhhsīnhuà ㄊㄧㄝㄒㄧㄣㄏㄨㄚˋ ①마음 먹은 이야기. ②곰곰이 생각한 이야기.

[貼換] t'iēhhuan ㄊㄧㄝㄏㄨㄢ 교환하다.

[貼鄰] t'iēhlín ㄊㄧㄝㄌㄧㄣˊ 이웃.

[貼念] t'iēhnièn ㄊㄧㄝㄋㄧㄢˋ 동정하여 생각해 주다. 같은 입장에 서서 근심해 주다.

[貼報(兒)] t'iēhpào(rh) ㄊㄧㄝㄅㄠˋ(ㄦ) 포스터. 광고. 「一謊報 ; ㉮연극 광고에 출연하지 않는 배역의 이름을 나열하다. ㉯허튼 소리를 하다」

[貼邊] t'iēhpiēn ㄊㄧㄝㄅㄧㄢ 의복의 가장자리에 대는 테두리. 단.

[貼邊兒] t'iēhpiēnrh ㄊㄧㄝㄅㄧㄢㄦ (일이 진행되어) 알맞는 데까지 가다. 적당한 데 이르다.

[貼補] t'iēhpu ㄊㄧㄝㄅㄨ ①(불충분한 데를) 메우다. 보충하다. ②수당금

[貼身(兒)] t'iēhshēn(rh) ㄊㄧㄝㄕㄣ(ㄦ)① 측근. ②내의. 「一衣服 ; 속옷. 내의」

[貼水] t'iēhshuǐ ㄊㄧㄝㄕㄨㄟˇ 어음 할인료.

[貼倒] t'iēhtào ㄊㄧㄝㄉㄠˋ 거꾸로 붙이다. 「把廣告一了 ; 광고를 거꾸로 붙이었다」

〔帖〕 t'iěh ㄊㄧㄝˇ 「一子 · 一兒 ; 남에게 보내는 서장(書狀). 특히 초대장을 가리킴」 ⇨t'iēh, t'ièh.

〔鐵〕(鉄·銕) t'iěh ㄊㄧㄝˇ ①철. 쇠. ②단단한. 「一拳」 ③확고하다. 「一的紀律 ; 엄격한 기울」

[鐵案] t'iěhàn ㄊㄧㄝˇㄢˋ 움직일 수 없는 사안(事案). 철안. 확정되어 변하지 않는 사건(事件).

[鐵鏟] t'iěhch'ǎn ㄊㄧㄝˇㄔㄢˇ 쇠로 만든 삽이나 또는 삽과 같은 종류.

[鐵廠] t'iěhch'ǎng ㄊㄧㄝˇㄔㄤˇ 철공장 제철 공장.

[鐵砧] t'iěhchēn ㄊㄧㄝˇㄓㄣ 철침(鐵砧) 모루.

[鐵證] t'iěhchèng ㄊㄧㄝˇㄓㄥˋ 확증(確證). 「一如山 ; 증거가 산처럼 움직일 수 없도록 확고하다」 《成》

[鐵騎] t'iěhch'í ㄊㄧㄝˇㄑㄧˊ 강력한 군대.

[鐵匠] t'iěhchiang ㄊㄧㄝˇㄐㄧㄤ 대장간.

[鐵鍬] t'iěhch'iāo ㄊㄧㄝˇㄑㄧㄠ 삽. 가래. 스콥.

[鐵蒺藜] t'iěhchíli ㄊㄧㄝˇㄐㄧˊㄌㄧ 철조망(鐵條網).

[鐵青] t'iěhch'īng ㄊㄧㄝˇㄑㄧㄥ 흑청색(黑青色).

[鐵球] t'iěhch'iú ㄊㄧㄝˇㄑㄧㄡˊ ①철구(鐵球). 철탄(鐵彈). ②손안에서 굴리며 중풍을 예방하는 철제 방울 같은 것. ③포환. 「擲一 ; 포환 던지기」

[鐵床] t'iěhch'uáng ㄊㄧㄝˇㄔㄨㄤˊ 쇠로 만든 침대.

[鐵錘] t'iěhch'uí ㄊㄧㄝˇㄔㄨㄟˊ 망치.

[鐵漢] t'iěhhàn ㄊㄧㄝˇㄏㄢˋ ①강직 불굴(剛直不屈)한 사람. ②완강(頑強)한 사람.

[鐵耗] t'iĕhhào ㄊㄧㄝˇㄏㄠˋ 철의 손모(損耗)나 소비(消費).
[鐵箱] t'iĕhhsiāng ㄊㄧㄝˇㄒㄧㄤ ＝鐵框.
[鐵鍁] t'iĕhhsiēn ㄊㄧㄝˇㄒㄧㄢ 삽.
[鐵心] t'iĕhhsīn ㄊㄧㄠˇㄒㄧㄣ ①무정한 마음. ②굳은 결심.
[鐵活] t'iĕhhuó ㄊㄧㄠˇㄏㄨㄛˊ ①철제품(鐵製品).②철공 작업.
[鐵杆莊稼] t'iéhkăn chuāngchia ㄊㄧㄝˊㄍㄢˇㄓㄨㄤㄐㄧㄚ 손이 별로 안 가고 수확이 확실한 농작물. 품이 많이 안 들고 수확이 좋은 농작물.
[鐵杠] t'iĕhkàng ㄊㄧㄝˇㄍㄤˋ 철봉(鐵棒).
[鐵杆兒莊稼] t'iéhkănrh chuāngchia ㄊㄧㄝˊㄍㄢˇㄦ ㄓㄨㄤㄐㄧㄚ ①가장 확실한 것. 가장 신용 있는 것. ②확실한 방패.
[鐵鎬] t'iéhkăo ㄊㄧㄝˊㄍㄠˇ 곡괭이.
[鐵軌] t'iéhkueĭ ㄊㄧㄝˊㄍㄨㄟˇ 철길. 레일. 궤도.
[鐵櫃] t'iĕhkuei ㄊㄧㄝˇㄍㄨㄟˋ 로커: 자물쇠가 달린 상자나 찬장 같은 것. 금고(金庫).
[鐵公鷄] t'iĕhkūngchī ㄊㄧㄝˇㄍㄨㄥㄐㄧ 인색한 사람. 구두쇠. 노랑이.「一毛不拔;비겁함을 비유하는 말」
[鐵狼頭] t'iĕhlángt'ou ㄊㄧㄝˇㄌㄤˊㄊㄡ 큰 쇠망치.
[鐵了] t'iĕhlê ㄊㄧㄝˇㄌㄜ 움직이지 않는 것으로 만들다. 또는 그렇게 되다.
[鐵犁] t'iĕhlí ㄊㄧㄝˇㄌㄧˊ 쟁기.
[鐵煉(兒)] t'iĕhlièn(rh) ㄊㄧㄝˇㄌㄧㄢˋ(ㄦ) ①쇠사슬. ②범인을 묶는 수갑. ＝鐵鏈(兒).
[鐵路] t'iĕhlù ㄊㄧㄝˇㄌㄨˋ 철도.「一綫;철도 선로(鐵道線路)」
[鐵馬] t'iéhmă ㄊㄧㄝˊㄇㄚˇ ①굳센 군마(軍馬). ②금속성의 풍령(風鈴). 풍경: 처마끝에 다는 쇠로 만든 경쇠.
[鐵門檻] t'iĕhmĕnk'ăn ㄊㄧㄝˇㄇㄣˊㄎㄢˇ 엄격한 제한(制限).
[鐵面無私] t'iĕhmièn-wússŭ ㄊㄧㄝˇㄇㄧㄢˋㄨˊㄙ 공정 무사(公正無私)하여 조금도 인정에 기울지 않는다: 강직함을 비유하는 것.《成》
[鐵幕] t'iĕhmù ㄊㄧㄝˇㄇㄨˋ 쇠로 만든 막(幕). 철막(鐵幕).
[鐵板注脚] t'iéhpăn chùchiăo ㄊㄧㄝˊㄅㄢˇ ㄓㄨˋㄐㄧㄠˇ 확고 부동(確固不動)한 해석.
[鐵皮] t'iéhp'í ㄊㄧㄝˊㄆㄧˊ 엷은 철판.
[鐵片子] t'iéhp'ièntzŭ ㄊㄧㄝˊㄆㄧㄢˋㄗ 철편. 쇳조각.
[鐵餅] t'iéhpĭng ㄊㄧㄝˊㄅㄧㄥˇ 원반(圓盤).「擲一;원반 던지기」
[鐵駁] t'iĕhpó ㄊㄧㄝˇㄅㄛˊ 하물 운반용의 작은 배. 부두와 본선(本船) 사이를 왕래하며 짐이나 여객을 나르는 작은 배.
[鐵石心腸] t'iĕhshíh hsīnch'áng ㄊㄧㄝˇㄕˊㄒㄧㄣㄔㄤˊ 쇠나 돌처럼 사물에 대하여 쉽게 움직이지 않는 굳은 마음. 철석 같은 마음.《成》
[鐵石人] t'iĕhshíhjĕn ㄊㄧㄝˇㄕˊㄖㄣˊ ①무정한 사람. ②의지가 강한 사람. 철석 같은 사람.
[鐵水] t'iéhshuĭ ㄊㄧㄝˊㄕㄨㄟˇ 쇠를 녹인 쇳물.
[鐵樹開花] t'iĕhshù kāihuā ㄊㄧㄝˇㄕㄨˋ ㄎㄞㄏㄨㄚ 좀처럼 볼 수 없다는 말의 비유. 좀처럼 현실성(現實性)이 없다는 말의 비유.《成》
[鐵索橋] t'iéhsŏchiáo ㄊㄧㄝˊㄙㄨㄛˇㄑㄧㄠˊ 쇠줄로 공중에 매달아 놓은 다리. 구름 다리. 적교(吊橋).
[鐵絲] t'iéhssŭ ㄊㄧㄝˊㄙ 철사.
[鐵算盤] t'iéhsuànp'an ㄊㄧㄝˊㄙㄨㄢˋㄆㄢ 계산이 정확한 것. 틀림 없는 계산.
[鐵打的] t'iéhtătê ㄊㄧㄝˊㄉㄚˇㄉㄜ ①쇠로 만든 물건. ②불사신(不死身)인 사람.
[鐵定] t'iĕhtìng ㄊㄧㄝˇㄉㄧㄥˋ ①확실히 정하다. 확정하다. ②틀림 없이 …정해 있다.「今年是一要大豐收了;금년은 대풍작에 틀림 없다」
[鐵蠶豆] t'iĕhts'ántou ㄊㄧㄝˇㄘㄢˊㄉㄡ 잠두를 말린 것. 말린 누에콩..
[鐵桶江山] t'iéht'ŭng chiāngshān ㄊㄧㄝˊㄊㄨㄥˇ ㄐㄧㄤㄕㄢ 지위(地位)가 철통같이 견고하여 움직이지 않는다는 말의 비유.
[鐵碗(兒)] t'iéhwăn(rh) ㄊㄧㄝˊㄨㄢˇ(ㄦ) 생활이 걱정 없이 확실하다는 말.
[鐵葉] t'iĕhyèh ㄊㄧㄝˇㄧㄝˋ 철판(鐵板).
[鐵硬] t'iĕhyìng ㄊㄧㄝˇㄧㄥˋ ①쇠처럼 단단하다. ②액체가 진하다.

〔帖〕 t'ièh ㄊㄧㄝˋ 습자 교본. 글씨본. ⇨t'iēh, t'iĕh.

TIEN ㄉㄧㄢ

〔敁〕 tiēn ㄉㄧㄢ
[敁掇] tiēnto ㄉㄧㄢㄉㄨㄛ ①고려하다. 참작하다.「那件事由你一着辦吧;이 일은 자네가 짐작해서 하게나」 ②대체의 무게를 추측하다.「一這塊銅有多重?;이 구리 뭉치가 얼마나 무거운지 알아 맞춰 보시오」

〔掂〕 tiēn ㄉㄧㄢ 손으로 무게를 견양해 보다.「一着不輕;손에 들고 보니까 무겁다」
[掂斤掰兩] tiēnchīn-pāiliăng ㄉㄧㄢㄐㄧㄣㄅㄞㄌㄧㄤˇ ①마음이 너그럽지 못하여 사소한 일에도 신경을 쓰다. ②인색하다. 좀스럽다.《成》
[掂過兒] tiēnkuòrh ㄉㄧㄢㄍㄨㄛˋㄦ ①여러 번 듣기 싫은 소리를 하다. ②＝掂掇.
[掂量] tiēnliang ㄉㄧㄢㄌㄧㄤ ①추측하다. 참작하다. ②손으로 무게를 재다. >掂掂量量.
[掂配] tiēnpèi ㄉㄧㄢㄆㄟˋ ①분량을 어림하여 분배하다. ②정세(情勢)를 고려하여 분배하거나 배치하다.
[掂算] tiēnsuan ㄉㄧㄢㄙㄨㄢ ＝掂掇②. >掂掂算算.
[掂掇] tiēnto ㄉㄧㄢㄉㄨㄛ ①손으로 무게를 재다. ②추측하다. 조건부로 생각해 보다. >掂掂掇掇.
[掂對] tiēntui ㄉㄧㄢㄉㄨㄟ ①추측하다. ②(사정을 참작하여) 융통하다. ③짐작하다. >掂掂對對.

〔滇〕 tiēn ㄉㄧㄢ "雲南省"의 별칭.

〔顚〕 tiēn ㄉㄧㄢ ①머리의 맨 위. 머리 꼭대기. 물건의 맨 꼭대기. 「山一；산정」「一末；전말:일의 처음에서 끝까지의 사정」 ③넘어지다. 뒹굴다. 「車子一得很厲害；차가 몹시 흔들리다」

[顚躓] tiēnchìh ㄉㄧㄢㄓˋ 쓰러지다. 좌절되다.

[顚覆] tiēnfù ㄉㄧㄢㄈㄨˋ (조직 따위가) 전복되다.

[顚磕] tiēnk'o ㄉㄧㄢㄎㄜ 덜컹덜컹 흔들리다. 생활상의 변화.

[顚連] tiēnlián ㄉㄧㄢㄌㄧㄢˊ 일이 제대로 잘되지 않다. =顚頓.

[顚沛] tiēnp'èi ㄉㄧㄢㄆㄟˋ ①거꾸로 박히다. 뒹굴다. ②일이 좌절되다. 「一流離；곤란하거나 좌절되었을 때에 수습이 안되는 모양」

[顚簸] tiēnpŏ ㄉㄧㄢㄅㄛˇ, tiēnpō ㄉㄧㄢㄅㄛ ①뒤집힐 듯이 흔들리다. 덜컹덜컹 흔들리다. > 顚顚簸簸. ②사업이나 생활상의 풍파(風波).

[顚撲不破] tiēnp'ūpúp'ò ㄉㄧㄢㄆㄨㄅㄨˊㄆㄛˋ ①(이론이) 바르고 절대로 흔들리지 않다. ②만고 불변(萬古不變).

[顚兒] tiēnrh ㄉㄧㄢㄦ ①도망치다. 꽁무니를 빼다. 「聽到叫他請客, 立刻就一了；그에게 한턱 내게 한다는 소리를 듣자 그는 재빨리 도망쳐 버렸다」 ②걷는 일. 보행. 「就這麼幾步路, 我們一着去吧！；가까운 거리니까 걸어 갑시다」

[顚三倒四] tiēnsān-tăossŭ ㄉㄧㄢㄙㄢ ㄉㄠˇㄙˋ ①순서가 없는 모양. ②정신이 몽롱한 모양.

[顚倒黑白] tiēntăohēipái ㄉㄧㄢㄉㄠˇㄏㄟㄅㄞˊ 시비 선악(是非善惡)을 뒤바꾸어 놓다.

[顚蒜] tiēnsuàn ㄉㄧㄢㄙㄨㄢˋ 건망증 있는 사람.

〔癲〕 tiēn ㄉㄧㄢ 정신 이상이 되다. 미치다.

[癲狂] tiēnk'uáng ㄉㄧㄢㄎㄨㄤˊ 미치다. 정신 병자가 되다. > 癲癲狂狂.

[癲子] tiēntzŭ ㄉㄧㄢㄗ 미친 사람. 미치광이.

〔典〕 tiĕn ㄉㄧㄢˇ ①(표준이 되는)서적. 「詞一；사전」 ②표준. 법칙. ③관리가 직무를) 수행하다. 관장하다. 「一獄；전옥」 ④가옥이나 농토 또는 처(妻) 등을 저당으로 하여 돈을 빌다：거주권이나 경작권은 채권자에게 있으며 무이자, 또는 이상의 것을 저당잡고 돈을 빌려주는 일. 「一房；㉮집을 저당잡히고 돈을 빌며 그 집에 채권자가 살도록 하다. ㉯가옥을 저당잡고 돈을 빌려주고 그 집에 살다」

[典契] tiĕnch'ì ㄉㄧㄢˇㄑㄧˋ 저당 계약서(抵當契約書).

[典主] tiénchŭ ㄉㄧㄢˊㄓㄨˇ 저당권자(抵當權者).

[典范] tiĕnfàn ㄉㄧㄢˇㄈㄢˋ 모범. 본.

[典型] tiĕnhsíng ㄉㄧㄢˇㄒㄧㄥˊ ①전형(典型). ②전형적이다. 「比普通的生活更一；보통 생활보다는 퍽 전형적이다」

[典型示范] tiĕnhsíng shìhfàn ㄉㄧㄢˇㄒㄧㄥˊ ㄕˋㄈㄢˋ 전체를 위하여서 전형적인 시범을 하다.

[典故] tiĕnkŭ ㄉㄧㄢˇㄍㄨˇ ①근거가 되는 선례. ②옛부터 내려오는 유서 깊은 일. ③tiĕnku (여러 가지) 요구나 주문. 「那個人一可多了；저 사람은 바라는 게 너무 많다」「你別淨出一；자네 요구 조건만 내놓으면 곤란한데」.

[典禮] tiĕnlĭ ㄉㄧㄢˇㄌㄧˇ 의식(儀式).

[典當] tiĕntàng ㄉㄧㄢˇㄉㄤˋ ①전당포. ②전당 잡히다. 「一鋪；전당포」

[典押] tiĕnyā ㄉㄧㄢˇㄧㄚ ①저당 잡히다. ②저당 잡히다.

[典業] tiĕnyèh ㄉㄧㄢˇㄧㄝˋ 전당포 업.

〔碘〕 tiĕn ㄊㄧㄢˇ 옥소(沃素).

[碘酒] tiénchiŭ ㄉㄧㄢˊㄐㄧㄡˇ 옥도정기.

〔點〕(点) tiĕn ㄊㄧㄢˇ ①「一子·一兒；알맹이. 점(点). 물방울」「雨一兒；빗방울」 ②㉮(수학 용어의)점. ㉯일정한 위치 또는 한도. 「終一；종점」 ③부분. 개소(個所). 「重一；중점」 ④「一兒；한문 글자의 필법의 하나. 점(丶)」「三一水；삼수변(氵)」 ⑤점을 찍다. 「一睛；(그림의) 눈을 그려 넣다」 ⑥ 수긍하다. 「一頭；고개를 끄떡이다」 ⑦ (가느다란 작대기 같은 것으로 살짝 건드리다. 닿다. 「蜻蜓一水；잠자리가 꼬리로 물을 스치다」 ⑧알맹이나 물방울 같은 것을 떨구다. 「一眼藥；안약을 넣다」 ⑨불을 부치다. 태우다. 「一燈；점등」 ⑩수자(數字)를 하나 하나 고치다. 조사하다. 「一名；호명하다」 ⑪지시하다. 지정하다. 「一菜；요리를 주문하다」 ⑫적은 수량을 표시하는 말. 약간. 「一兒；조금」「吃一兒東西 ； 무엇을 조금 먹다」 ⑬시간을 세는 단위. 「一一點鐘；한 시간」 ⑭일정한 시간. 「火車不誤一；기차는 조금도 시간을 어기지 않는다」

[點竄] tiĕnch'àn ㄉㄧㄢˇㄔㄢˋ 문자나 구절을 첨삭(添削)하다.

[點脚兒] tiénchiăorh ㄉㄧㄢˊㄐㄧㄠˇㄦ 조금 다리를 절다.

[點睛] tiĕnchīng ㄉㄧㄢˇㄐㄧㄥ ①(그림의) 눈을 그려 넣다. ②문장을 작성할 때에 사람의 주의를 끌기 위하여 특히 뚜렷한 표식을 기재하다. ②요점을 분명히 하다.

[點景兒] tiĕnchĭngrh ㄉㄧㄢˊㄐㄧㄥˇㄦ 화분이나 액자 따위를 배치하다. 배경이 될 물건을 배치하여 놓다.

[點清] tiĕnch'īng ㄉㄧㄢˇㄑㄧㄥ 하나 하나 모조리 조사하다.

[點穿] tiĕnch'uān ㄉㄧㄢˇㄔㄨㄢ ＝點破.

[點綴] tiĕnchuì ㄉㄧㄢˇㄓㄨㄟˋ 장식하다. 분장하다. 「一品；장식품」 > 點點綴綴.

[點鐘] tiĕnchūng ㄉㄧㄢˇㄓㄨㄥ ①시(時). 「下午一時；오후 한 시(午後一時)」 ②시간. 「一一的工夫；한 시간 동안」

[點種] tiĕnchŭng ㄉㄧㄢˇㄓㄨㄥˇ 점파(點播)하다. 하나하나 메어서 파종하다.

[點號] tiĕnhào ㄉㄧㄢˇㄏㄠˋ 쉼표. 코머.

[點戲] tiĕn hsì ㄉㄧㄢˇ ㄒㄧˋ 연극 대본을 선택해서 배우로 하여금 연출하게 하다.

[點心] tiĕnhsīn ㄉㄧㄢˇㄒㄧㄣ ①과자나 간식. ②가벼운 식사 대용물. 빵이나 만

두 같은 종류. ③조금 먹다.
[點香] tiěn hsiāng ㄉㄧㄢˇ ㄒㄧㄤ 향불을 피우다. 선향(線香)을 피워 불전에 놓다.
[點穴] tiěnhsüéh ㄉㄧㄢˇㄒㄩㄝˊ ①무술에서 급소를 찌르다. ②tiěnhsüèh 묏자리를 정하다.
[點劃] tiěnhua ㄉㄧㄢˇㄏㄨㄚ 손가락으로 가리키다. > 點點劃劃.
[點畫] tiěnhuạ ㄉㄧㄢˇㄏㄨㄚˋ ①윤곽(輪廓). ②도본을 뜨다. 본을 뜨다.
[點染] tiénjǎn ㄉㄧㄢˊㄖㄢˇ ①그림에 배경을 넣거나 혹은 색칠을 하다. ②문장을 장식하다.
[點燃] tiěnján ㄉㄧㄢˇㄖㄢˊ (성냥 같은 것으로) 불을 부치다.
[點臘] tiěnlā ㄉㄧㄢˇㄌㄚˋ 촛불을 켜다.
[點名] tiěnmíng ㄉㄧㄢˇㄇㄧㄥˊ 호명하다. 「一簿; 출석부」
[點炮] tiěn-p'ào ㄉㄧㄢˇㄆㄠˋ ①불꽃놀이 화약에 불을 붙이다. ②화약에 점화하다.
[點破] tiěnp'ò ㄉㄧㄢˇㄆㄛˋ ①폭로하다. 간파하다. ②한 마디도 남김 없이 표현하다.
[點播] tiěnpō ㄉㄧㄢˇㄅㄛ ①하나하나 짚어가며 세다. ②꾀다. 충동하다. ③(방송에서) 희망곡을 지정하다. 요청하다.
[點兒] tiěnrh ㄉㄧㄢˇㄦ ①조금. 「多一吃; 좀 많이 먹다」 ②진창의 흙물. ③순간적인 운수. 「一背; 운수가 나쁘다」
[點兒低] tiěnrh tī ㄉㄧㄢˇㄦ ㄉㄧ 운이 나쁘다.
[點散] tiěnsàn ㄉㄧㄢˇㄙㄢˋ 흩어지다. 산재하다.
[點石成金] tiěnshíh ch'ẽngchīn ㄉㄧㄢˇㄕˊ ㄔㄥˊㄐㄧㄣ 선인(仙人)이 재간을 써서 돌을 금으로 변화시켰다는 전설에서 나온 말로, 서투른 문장을 수정해서 훌륭한 문장으로 만드는 데 솜씨가 있다는 뜻. «成» ＝點鐵成金.
[點收] tiěnshōu ㄉㄧㄢˇㄕㄡ 사수(査收)하다.
[點首] fiénshǒu ㄉㄧㄢˊㄕㄡˇ ＝點頭兒.
[點手(兒)] tiěnshǒu(rh) ㄉㄧㄢˊㄕㄡˇ(ㄦ) 손짓으로 부르다.
[點水] tiěn shuǐ ㄉㄧㄢˊ ㄕㄨㄟˇ ①물에 약간 닿다. ②물을 떨어뜨리다.
[點數] tiěnshū ㄉㄧㄢˇㄕㄨˋ 수(數)를 조사하다.
[點數(兒)] tiěn-shū(rh) ㄉㄧㄢˇ ㄕㄨˋ(ㄦ) 수(數)를 맞추다.
[點地] tiěn tì ㄉㄧㄢˇ ㄉㄧˋ ①땅에 약간 닿다. ②땅을 조금 찌르다. 「用棍子一; 작대기로 땅을 찌르다」
[點定] tiěntìng ㄉㄧㄢˇㄉㄧㄥˋ ①문자나 문장을 수정하다. ②(몇 개 중에서) 지정하거나 주문하다. 「一了三種菜; 세 가지의 요리를 주문했다」
[點頭(兒)] tiěn t'óu(rh) ㄉㄧㄢˇ ㄊㄡˊ(ㄦ) 고개를 끄덕이다. 「一哈腰兒; 만났을 때 고개를 끄덕하고 인사하다」
[點菜] tiěn-ts'ài ㄉㄧㄢˇ ㄘㄞˋ 요리를 주문하다.
[點子] tiěntzǔ ㄉㄧㄢˇㄗ ①작은 흔적이나 반점. ②방법이나 생각. ③의미. ④사소한. 극히 적은. 「這一錢; 요만큼한 돈」 생각. 계획. 「誰給你出的一; 누가 너에게 생각해 내 준 계획이냐」
[點藥] tiěn-yào ㄉㄧㄢˇㄧㄠˋ 약물을 떨어뜨리다. (안약 따위) 약을 넣다.

〔甸〕 tièn ㄉㄧㄢˋ 교외(郊外).
[甸子] tièntzǔ ㄉㄧㄢˋㄗ 방목지(放牧地).

〔佃〕 tièn ㄉㄧㄢˋ ①소작(小作). 「一戶; 소작인」 ⇨t'ién. ② 경작하다.
[佃主] tiènchǔ ㄉㄧㄢˋㄓㄨˇ 지주(地主).
[佃客] tiènk'ò ㄉㄧㄢˋㄎㄜˋ 소작인.
[佃農] tiènnúng ㄉㄧㄢˋㄋㄨㄥˊ 소작농.
[佃租] tièntsū ㄉㄧㄢˋㄗㄨ 소작료.

〔店〕 tièn ㄉㄧㄢˋ ①상점. 가게. ②여인숙.
[店家] tiènchiā ㄉㄧㄢˋㄐㄧㄚ 여관 종업원의 우두머리.
[店錢] tiènch'ien ㄉㄧㄢˋㄑㄧㄢ 여관비. 숙박비.
[店小二] tiènhsiǎoěrh ㄉㄧㄢˋㄒㄧㄠˇㄦˋ 여관이나 음식점의 심부름군. 보이.
[店夥] tiènhuǒ ㄉㄧㄢˋㄏㄨㄛˇ 점원(店員).
[店客] tiènk'ò ㄉㄧㄢˋㄎㄜˋ 여관에 든 손님.
[店面] tiènmièn ㄉㄧㄢˋㄇㄧㄢˋ 점두(店頭). 상점의 카운터.
[店肆] tiènssǔ ㄉㄧㄢˋㄙ 점포. 가게.
[店底] tièntǐ ㄉㄧㄢˋㄉㄧˇ 상점의 상품 재고.
[店東] tièntūng ㄉㄧㄢˋㄉㄨㄥ 상점 주인.
[店友] tiènyǔ ㄉㄧㄢˋㄧㄡˇ 점원. ＝店伙.

〔玷〕 tiēn ㄉㄧㄢ ①실수. ②치욕. ③옥의 티. 흠.
[玷辱] tiēnjǔ ㄉㄧㄢ ㄖㄨˇ 욕을 먹다. 치욕을 당하다.

〔惦〕 tièn ㄉㄧㄢˋ 꺼리다. 걱정하다. 「請勿一念; 별다르게 근심하지 마시기를 바랍니다」
[惦着] tiènchê ㄉㄧㄢˋㄓㄜ 근심하다. 마음에 거리끼다. 걱정하다.
[惦記] tiènchi ㄉㄧㄢˋㄐㄧ 걱정하다. 근심하다. > 惦惦記記.
[惦念] tiènnièn ㄉㄧㄢˋㄋㄧㄢˋ 걱정하다. 근심하다. > 惦惦念念.

〔淀〕 tièn ㄉㄧㄢˋ 얕은 호수. 물이 흐르지 않는 웅덩이.

〔奠〕 tièn ㄉㄧㄢˋ ①신전에 제물을 바치다. 「一酒; 신전에 술을 부어 놓다」 ②안치하다. 고정시키다. 「一都; 전도」
[奠基] tiènchī ㄉㄧㄢˋㄐㄧ 기초를 정하다.
[奠基人] tiènchījén ㄉㄧㄢˋㄐㄧㄖㄣˊ 창시자.
[奠敬] tiènchìng ㄉㄧㄢˋㄐㄧㄥˋ 향전(香典).
[奠酒] tiènchiǔ ㄉㄧㄢˋㄐㄧㄡˇ 제주 (祭酒)를 올리다.
[奠儀] tiènı́ ㄉㄧㄢˋㄧˊ ＝奠敬.
[奠定] tièntìng ㄉㄧㄢˋㄉㄧㄥˋ (중요한 것을) 설정하다. 「一根據地; 근거지를 설정하다」

〔電〕(电) tièn ㄉㄧㄢˋ ①전기. ②번개: 흔히 "閃"이라고 함.
[電閘] tiènchá ㄉㄧㄢˋㄓㄚˊ 비교적 큰 전기 회로의 스위치.

[電鏟] tiènchǎn ㄉㄧㄢˋㄓㄢˇ 전기로 움직이게 된 삽.
[電站] tiènchàn ㄉㄧㄢˋㄓㄢˋ 발전소.
[電鉆] tiènchàn ㄉㄧㄢˋㄓㄢˋ 전기 드릴.
[電唱機] tiènch'àngchī ㄉㄧㄢˋㄔㄤˋㄐㄧ 전축.
[電氣火車] tiènch'i-huǒch'ē ㄉㄧㄢˋㄑㄧˋㄏㄨㄛˇㄔㄜ 전기 기관차.
[電鋸] tiènchǜ ㄉㄧㄢˋㄐㄩˋ 전기 톱.
[電傳打字機] tiènch'uán-tǎtzǜchī ㄉㄧㄢˋㄔㄨㄢˊㄉㄚˇㄗˋㄐㄧ 텔레타이프(teletype) 전신 인자기(印字機).
[電決] tiènchüéh ㄉㄧㄢˋㄐㄩㄝˊ 전기로 사형하다. 「치.
[電錘] tiènch'uí ㄉㄧㄢˋㄔㄨㄟˊ 전기 쇠망
[電鍾] tiènchūng ㄉㄧㄢˋㄓㄨㄥ 전기 시계. 「다.
[電覆] tiènfù ㄉㄧㄢˋㄈㄨˋ 전보로 회답하
[電焊] tiènhàn ㄉㄧㄢˋㄏㄢˋ 전기 용접. 「一工 ; 전기 용접공」
[電賀] tiènhò ㄉㄧㄢˋㄏㄜˋ 축하 전보.
[電弧] tiènhú ㄉㄧㄢˋㄏㄨˊ 호광(弧光). 아아크. 「一燈 ; 아아크등」
[電話員] tiènhuàyüán ㄉㄧㄢˋㄏㄨㄚˋㄩㄢˊ 전화 계원.
[電匯] tiènhuì ㄉㄧㄢˋㄏㄨㄟˋ ①전신환(電信換). ②전신환으로 송금하다.
[電刑] tiènhsíng ㄉㄧㄢˋㄒㄧㄥˊ 전기 사형.
[電訊] tiènhsǜn ㄉㄧㄢˋㄒㄩㄣˋ ①전보로 전하는 뉴우스. 전기 통신. ②전보로 조회하다.
[電話總機] tiènhuǒchǔngchī ㄉㄧㄢˋㄏㄨㄛˋㄗㄨㄥˇㄐㄧ 교환대.
[電椅] tiènǐ ㄉㄧㄢˋㄧˇ 전기 의자(사형용).
[電釦] tiènk'òu ㄉㄧㄢˋㄎㄡˋ 초인종 따위의 단추.
[電挂] tiènkuà ㄉㄧㄢˋㄍㄨㄚˋ 전신 약호(電信略號).
[電灌站] tiènkuànchàn ㄉㄧㄢˋㄍㄨㄢˋㄓㄢˋ 전기 관개 양수 펌프장.
[電工] tiènkūng ㄉㄧㄢˋㄍㄨㄥ ①전기 공사. ②전기 공업.
[電滾子] tiènkǔntzǔ ㄉㄧㄢˋㄍㄨㄣˇㄗ 모우터. =電動機, 馬達.
[電纜] tiènlǎn ㄉㄧㄢˋㄌㄢˇ 케이블. 절연물로 피복한 여러 겹의 굵은 전선.
[電喇叭] tiènlǎpa ㄉㄧㄢˋㄌㄚˇㄅㄚ 확성기.
[電療] tiènliáo ㄉㄧㄢˋㄌㄧㄠˊ 전기 치료.
[電料] tiliào ㄉㄧㄌㄧㄠˋ 전기 기구 재료. 「一行 ; 전기 기구 재료점」
[電爐] tiènlú ㄉㄧㄢˋㄌㄨˊ 전기 난로. 전기 풍로.
[電驢子] tiènlǘtzū ㄉㄧㄢˋㄌㄩˊㄗ 오토바이.
[電碼(兒)] tiènmǎ(rh) ㄉㄧㄢˋㄇㄚˇ(ㄦ) 전보부호. 전보에 한자 대신으로 쓰는 숫자.
[電門] tiènmén ㄉㄧㄢˋㄇㄣˊ 전기 스위치(switch).
[電磨] tiènmò ㄉㄧㄢˋㄇㄛˋ 전기 제분기(製粉機).
[電木] tiènmù ㄉㄧㄢˋㄇㄨˋ 베이클라이트(bakelite):석탄산과 포르말린을 반응시켜 만든 합성 수지.
[電能] tiènnéng ㄉㄧㄢˋㄋㄥˊ 전기 에네르기.
[電鈕] tiènniǔ ㄉㄧㄢˋㄋㄧㄡˇ 소형 스위치의 누르는 단추.
[電擺] tiènpǎi ㄉㄧㄢˋㄅㄞˇ 전기 진자(振子):어떤 물체의 전기 유무를 시험하는 기구. =電氣擺.
[電板] tiènpǎn ㄉㄧㄢˋㄅㄢˇ 에칭(etching). 동판을 산(酸)으로 부식시켜 만든 판화.
[電棒(兒)] tiènpàng(rh) ㄉㄧㄢˋㄅㄤˋ(ㄦ) 회중 전등.
[電報] tiènpào ㄉㄧㄢˋㄅㄠˋ 전보. 「一挂號 ; 전신 약호(電信略號)」. 「기.
[電表] tiènpiǎo ㄉㄧㄢˋㄅㄧㄠˇ 전기 계량
[電瓶] tiènp'íng ㄉㄧㄢˋㄆㄧㄥˊ 전지(電池). 배터리.
[電冰箱] tiènpīnghsiāng ㄉㄧㄢˋㄅㄧㄥㄒㄧㄤ 전기 냉장고.
[電扇] tiènshàn ㄉㄧㄢˋㄕㄢˋ 선풍기.
[電石] tiènshíh ㄉㄧㄢˋㄕˊ 카아바이드. 「一氣 ; 아세틸렌(acetylene).
[電視] tiènshìh ㄉㄧㄢˋㄕˋ 텔레비전. 「一機 ; 텔레비전 수상기」
[電臺] tiènt'ái ㄉㄧㄢˋㄊㄞˊ 무선 전신국. 방송국. 「廣播一 ; 방송국」
[電燙] tiènt'àng ㄉㄧㄢˋㄊㄤˋ ①퍼어머넨트를 하다. ②퍼어머넨트.
[電燈杆] ièntēngkān ㄉㄧㄢˋㄉㄥㄍㄢ 전신주(電信柱).
[電燈泡兒] tièntēng p'àorh ㄉㄧㄢˋㄉㄥ ㄆㄠˋㄦ 전구(電球).
[電梯] tiènt'ī ㄉㄧㄢˋㄊㄧ 엘리베이터. 「自動一 ; 에스컬레이터」
[電剃刀] tiènt'itāo ㄉㄧㄢˋㄊㄧˋㄉㄠ 전기 면도.
[電彩] tiènts'ǎi ㄉㄧㄢˋㄘㄞˇ 일류미네이션.
[電槽] tiènts'áo ㄉㄧㄢˋㄘㄠˊ 전지(電池).
[電鍍] tiéntù ㄉㄧㄢˊㄉㄨˋ 전기 도금.
[電動機] tièntùngchī ㄉㄧㄢˋㄉㄨㄥˋㄐㄧ =電滾子.
[電動縫紉機] tièntùng féngjènchī ㄉㄧㄢˋㄉㄨㄥˋ ㄈㄥˊㄖㄣˋㄐㄧ 전기 자봉틀.
[電動留聲機] tièntùng liúshēngchī ㄉㄧㄢˋㄉㄨㄥˋ ㄌㄧㄡˊㄕㄥㄐㄧ 전기 축음기.
[電動吸塵器] tièntùng hsīch'énch'i ㄉㄧㄢˋㄉㄨㄥˋ ㄒㄧㄔㄣˊㄑㄧˋ 전기 소제기.
[電動洗衣機] tièntùng hsǐ īchī ㄉㄧㄢˋㄉㄨㄥˋ ㄒㄧˇ ㄧㄐㄧ 전기 세탁기.
[電筒] tièntǔng ㄉㄧㄢˋㄉㄨㄥˇ 회중 전등.
[電灶] tièntsào ㄉㄧㄢˋㄗㄠˋ 레인지(range) 서양식 취사용 난로.
[電阻] tièntsǔ ㄉㄧㄢˋㄗㄨˇ 전기 저항(電氣抵抗).
[電子琴] tièntzǔch'ín ㄉㄧㄢˋㄗˇㄑㄧㄣˊ 전자 피아노.
[電網] tiènwǎng ㄉㄧㄢˋㄨㄤˇ 전기가 통하고 있는 철조망.
[電鹽] tiènyán ㄉㄧㄢˋㄧㄢˊ 암모니아.
[電唁] tiènyàn ㄉㄧㄢˋㄧㄢˋ 조의(弔意)를 표하는 전보. 조전(弔電).
[電業] tiènyèh ㄉㄧㄢˋㄧㄝˋ 전기 사업.
[電影(兒)] tiènyǐng(rh) ㄉㄧㄢˋㄧㄥˇ(ㄦ) 영화. 「一院・一館 ; 영화관」「一劇本 ; 영화 시나리오」「一演員 ; 영화 배우」
[電影插曲] tiènyǐng ch'āch'ǚ ㄉㄧㄢˋㄧㄥˇ ㄔㄚㄑㄩˇ 영화 주제가.
[電熨斗] tiènyǜntou ㄉㄧㄢˋㄩㄣˋㄉㄡ 전기 다리미.

〔鈿〕 tièn ㄉㄧㄢˋ ⇨t'ién.

〔殿〕 tièn ㄉㄧㄢˋ ①웅대한 가옥. ②궁전. 어전(御殿). ③신전(神殿). 불전(佛殿). ④군대의 맨 후미(後尾).「一軍；행군 때의 맨 뒤에 있는 부대」⑤(시합 따위에서) 입상한 끝 순위. 3위까지가 입상일 때, 제1위는 "冠軍", 제2위는 "亞軍", 제3위를 "殿軍"이라고 함.

〔墊〕 tièn ㄉㄧㄢˋ ①바닥에 깔다.「抽屜裏一張紙；서랍 속에 종이를 깔다」②「一子·一兒；바닥에 까는 물건」「褥一子；방석」. ③돈을 입체하다.「一錢；돈을 입체하다」

[墊債] tiènchài ㄉㄧㄢˋㄓㄞˋ ＝墊賬.

[墊賬] tiènchàng ㄉㄧㄢˋㄓㄤˋ 빚을 입체하여 갚아 주다.

[墊錢] tiènch'ién ㄉㄧㄢˋㄑㄧㄢˊ ①＝墊款①. ②tièn ch'ién ＝墊款②.

[墊繳] tiènchiǎo ㄉㄧㄢˋㄐㄧㄠˇ 입체하여 지불하다.

[墊脚石] tiènchiǎoshíh ㄉㄧㄢˋㄐㄧㄠˇㄕˊ 디딤돌.

[墊脚凳] tiènchiǎotěng ㄉㄧㄢˋㄐㄧㄠˇㄉㄥˋ 디딤대.

[墊肩] tiènchiēn ㄉㄧㄢˋㄐㄧㄢ 노동자가 짐을 멜 때에 어깨에 대는 받침.

[墊圈] tiènch'üān ㄉㄧㄢˋㄑㄩㄢ 파이프 따위의 끝에 대는 마개. 좌금(座金).

[墊喘兒] tiènch'uǎnrh ㄉㄧㄢˋㄔㄨㄢˇㄦ ①방패막이. 이용물. ②아무에게나 마구 분풀이를 하다. ＝墊喘窩.

[墊付] tiènfù ㄉㄧㄢˋㄈㄨˋ 대신 지불하다. 입체하여 지불하다.

[墊戲] tiènhsì ㄉㄧㄢˋㄒㄧˋ 정식으로 내건 예제(藝題)가 사고로 인하여 상연하지 못할 때 대신하는 연극.

[墊話] tiènhuà ㄉㄧㄢˋㄏㄨㄚˋ ①코메디(comedy)에서 사회를 맡아 하다. ②남을 대신하여 말을 거듭 전하다.

[墊款] tiènk'uǎn ㄉㄧㄢˋㄎㄨㄢˇ ①입체금(立替金). ②tièn kuǎn 돈을 입체하다.

[墊料] tiènliào ㄉㄧㄢˋㄌㄧㄠˋ 끼우개. 패킹(packing). ＝塡料.

[墊木] tiènmù ㄉㄧㄢˋㄇㄨˋ 침목(枕木).

[墊辦] tiènpàn ㄉㄧㄢˋㄅㄢˋ 입체해서 처리하다.

[墊被] tiènpèi ㄉㄧㄢˋㄅㄟˋ 남의 희생이 되다. 남의 뒤치다꺼리를 하게 하다.

[墊背] tiènpèi ㄉㄧㄢˋㄅㄟˋ 다른 사람을 대신하다.

[墊補] tiènpǔ ㄉㄧㄢˋㄅㄨˇ 모자라는 것을 입체하다.

[墊上] tiènshang ㄉㄧㄢˋㄕㄤ ①밑에 깔다.「一褥子；방석을 깔다」②입체하다.「這錢我先給你一了；이 돈은 내가 우선 자네에게 입체해 주는 것일세」

[墊套] tiènt'ào ㄉㄧㄢˋㄊㄠˋ 쿠션 커버.

[墊底] tièntǐ ㄉㄧㄢˋㄉㄧˇ ①밑에 깔다. ②(요리 따위의) 주요한 재료로 쓰다.「白菜一；배추를 주로 하다」③(가게 따위의) 설비.「貨物一；물품과 설비」

[墊底子] tiènt ǐtzǔ ㄉㄧㄢˋ ㄉㄧˇㄗ ①기초를 튼튼히 하다. ②준비하다.

[墊底兒] tièntǐrh ㄉㄧㄢˋㄉㄧˇㄦ ①배부르게 하다. ②선수를 쓰다.

[墊頭] tiènt'ou ㄉㄧㄢˋㄊㄡ 보충물. 보충액(補充額). 밑받침.

[墊子(兒)] tièntzǔ(rh) ㄉㄧㄢˋㄗ(ㄦ) 깔개. 밑받침. 「補.

[墊用] tiènyùng ㄉㄧㄢˋㄩㄥˋ ＝墊辦. 墊

〔踮〕 tièn ㄉㄧㄢˋ 발돋움하다. 발끝으로 서다.「一脚；발돋움하다」

〔澱〕 tièn ㄉㄧㄢˋ 찌꺼기. 침전물(沈澱物).

〔靛〕 tièn ㄉㄧㄢˋ 청색이나 남색의 염료(染料).

[靛青] tiènch'īng ㄉㄧㄢˋㄑㄧㄥ ①짙은 청색. 남색. ②쪽.

[靛缸] tiènkāng ㄉㄧㄢˋㄍㄤ 남색 물감이 든 단지.「一裏拉不出白布來；남색 물감 단지에서 흰 천이 나올 수는 없다. 오이 섶에 가지는 달리지 않는다」

[靛藍] tiènlán ㄉㄧㄢˋㄌㄢˊ 인조람(人造藍). 인디고(indigo).

[靛油] tiènyú ㄉㄧㄢˋㄧㄡˊ 풀같이 걸쭉한 남색 물감.

〔癜〕 tièn ㄉㄧㄢˋ 어루러기. 피부병의 하나.

[癜風] tiènfēng ㄉㄧㄢˋㄈㄥ 어루러기：피부병의 일종. ＝白癜風.

〔簟〕 tièn ㄉㄧㄢˋ 대자리.

T'IEN ㄊㄧㄢ

〔天〕 t'iēn ㄊㄧㄢ ①하늘.「一空；하늘」②위의 것.「一頭；책 위의 공백(空白)」「一橋；육교(陸橋)」③가장. 몹시.「一好, 也只能是這樣；가장 좋다고 해도 이 모양이다」④천연(天然)의.「一性；천성」⑤날(日).「一一；일일(一日)」「今一；오늘」⑥주간.「一一一夜工作忙；주야로 일이 바쁘다」⑦하루의 시각(時刻).「一不早了；이미 늦었다」⑧기후(氣候). 천후(天候).「一冷；춥다」「好一；좋은 날씨」⑨계절. 시절.「春一；봄」「夏一；여름」⑩신(神). 신이 있는 곳. 또는 이와 관계 있는 것.「一堂；천국(天國)」「老一爺；태양. 해」

[天眞] t'iēnchēn ㄊㄧㄢㄓㄣ 순진하다. 천진하다. 낙관적이다. 꾸밈이 없다.

[天際] t'iēnchì ㄊㄧㄢㄐㄧˋ 하늘의 끝.

[天氣] t'iēnch'i ㄊㄧㄢㄑㄧ ①천기(天氣).「來了一；비바람이 불어 오다. 일기가 악화되다. 구름이 밀려오다」②때.「一不早了；늦었다」

[天塹] t'iēnch'ièn ㄊㄧㄢㄑㄧㄢˋ 교통을 방해하는 천연적인 하천(河川).

[天青] t'iēnch'īng ㄊㄧㄢㄑㄧㄥ 하늘 빛.

[天井] t'iēnchǐng ㄊㄧㄢㄐㄧㄥˇ ①사방으로 둘러 싸인 우물 같은 것을 말함. ②안마당. 안뜰.

[天經地義] t'iēnchīng-tìì ㄊㄧㄢㄐㄧㄥㄉㄧˋㄧˋ 불변(不變)의 조리. 금과옥조(金科玉條).

[天穹] t'iēnch'iúng ㄊㄧㄢㄑㄩㄥˊ 하늘.

창공.

[天窓] t'iēnch'uāng ㄊㄧㄢㄔㄨㄤ 광선을 받기 위해 천정에 낸 창문.

[天誅地滅] t'iēnchū-tìmièn ㄊㄧㄢㄓㄨ ㄇ ㄉㄧˋㄇㄧㄝˋ (죄악을) 하늘과 땅이 용서하지 않는다는 말.

[天鵝] t'iēn'ě ㄊㄧㄢㄜˊ 〈動〉 백조(白鳥). 「一絨 ; 빌로오도(포 veludo). 우단」

[天翻地覆] t'iēnfān-tìfù ㄊㄧㄢㄈㄢ ㄉㄧˋㄈㄨˋ ①천지(天地)가 뒤집힐 듯한 큰 소동 ② 천지가 뒤집히다. 《成》

[天分] t'iēnfên ㄊㄧㄢㄈㄣ 천분(天分). 타고난 자질. 천성.

[天旱] t'iēnhàn ㄊㄧㄢㄏㄢˋ 가물음. 한발.

[天黑] t'iēnhēi ㄊㄧㄢㄏㄟ 해질녘. 일모(日暮). 「一了 ; 해가 넘어갔다」

[天河] t'iēnhó ㄊㄧㄢㄏㄜˊ 은하. 천하(天河). =天漢.

[天象] t'iēnhsiàng ㄊㄧㄢㄒㄧㄤˋ 천문 현상(天文現象). 천체의 현상.

[天下烏鴉一般黑] t'iēnhsià wūyā ipān hēi ㄊㄧㄢㄒㄧㄚˋ ㄨㄧㄚ ㄧˋㄅㄢㄏㄟ 세상의 까마귀는 다 같이 까맣다. 어디 있는 악인이라도 악인은 다 나쁜 것, 악인은 어디에 가나 나쁘다.

[天綫] t'iēnhsièn ㄊㄧㄢㄒㄧㄢˋ 안테나.

[天旋地轉] t'iēnhsüán-tìchuàn ㄊㄧㄢㄒㄩㄢˊ ㄉㄧˋㄓㄨㄢˋ 눈이 팽하고 도는 모양. 정신이 아찔한 모양.

[天花(兒)] t'iēnhuā(rh) ㄊㄧㄢㄏㄨㄚ(ㄦ) ①천연두(天然痘). ②천상(天上)의 꽃. 「一亂墜 ; 말을 지나치게 잘하는 것의 비유」 ③옥수수의 수꽃 =雄穗.

[天花板] t'iēnhuāpǎn ㄊㄧㄢㄏㄨㄚㄅㄢˇ 천장널

[天昏地暗] t'iēnhūn-tì'àn ㄊㄧㄢㄏㄨㄣㄉㄧˋㄢˋ 천지가 캄캄하다.

[天衣無縫] t'iēn īwúfêng ㄊㄧㄢ ㄧㄨˊㄈㄥˋ 완전 무결한 일.

[天然律] t'iēnjánlǜ ㄊㄧㄢㄖㄢˊㄌㄩˋ 자연의 법칙.

[天干] t'iēnkān ㄊㄧㄢㄍㄢ "甲·乙·丙·丁·戊·己·庚·辛·壬·癸"의 십간(十干)을 말함.

[天高地厚] t'iēnkāo-tìhòu ㄊㄧㄢㄍㄠ ㄉㄧˋㄏㄡˋ ①하늘의 높이와 땅의 깊이. ②곤란한 세상. 일의 중대성. 「他不知道一 ; 그는 일의 중대성도 모르고 하려고 했다」 ③후한 은혜.

[天光] ti'ēnkuāng ㄊㄧㄢㄍㄨㄤ ①새벽. 《方》 ②=天色.

[天公地道] t'iēnkūng-tìtào ㄊㄧㄢㄍㄨㄥ ㄉㄧˋㄉㄠˋ 몹시 공평(公平)한 일. 공평 무사(公平無事)하다.

[天藍色] t'iēnlánsè ㄊㄧㄢㄌㄢˊㄙㄜˋ 하늘색.

[天老兒] t'iēnlǎorh ㄊㄧㄢㄌㄠˇㄦ 〈生〉 백자(白子). (물고기 수컷 따위의 뱃속에 있는) 이리.

[天老爺] t'iēnlǎoyéh ㄊㄧㄢㄌㄠˇㄧㄝˊ 태양. 해.

[天良] t'iēnliáng ㄊㄧㄢㄌㄧㄤˊ 양심(良心).

[天亮] t'iēnliàng ㄊㄧㄢㄌㄧㄤˋ ①새벽. ②(t'iēn liàng) 날이 새다.

[天靈蓋] t'iēnlíngkài ㄊㄧㄢㄌㄧㄥˊㄍㄞˋ ①두개골(頭蓋骨)의 꼭대기에 해당되는 부분. ②앞이마.

[天羅地網] t'iēnló-tìwǎng ㄊㄧㄢㄌㄨㄛˊ ㄉㄧˋㄨㄤˇ 그물을 치다. 개미가 빠져 나올 틈도 없다. 「擺下一 ; 빈틈 없이 그물을 치다」

[天倫] t'iēnlún ㄊㄧㄢㄌㄨㄣˊ ①인륜(人倫)의 도리. ②가족. 「一之樂 ; 한 가족의 단란(團欒)」

[天明] t'iēnmíng ㄊㄧㄢㄇㄧㄥˊ 새벽. 「一了 ; 밤이 샜다」

[天南地北] t'iēnnán-tìpěi ㄊㄧㄢㄋㄢˊㄉㄧˋㄅㄟˇ 멀리 떨어져 있는 일.

[天能] t'iēnnêng ㄊㄧㄢㄋㄥˊ 천직(天職).

[天牛] t'iēnniú ㄊㄧㄢㄋㄧㄡˊ 〈動〉 하늘소.

[天牌壓地牌] t'iēnp'ái yātìp'ái ㄊㄧㄢㄆㄞˊㄧㄚㄉㄧˋㄆㄞˊ ①당연한 도리. ①기는 놈 위에 나는 놈 있다: 강자 위에 다시 강자가 있어서 머리를 들 수 없는 일. ③남을 지배할 수 있는 사람은 정해져 있다는 말. 《諺》

[天棚] t'iēnp'éng ㄊㄧㄢㄆㄥˊ 차양(遮陽). 더위를 막기 위하여 해를 가리는 것.

[天崩地坼] t'iēnpêng-tìch'è ㄊㄧㄢㄅㄥ ㄉㄧˋㄔㄜˋ 큰 이변(異變). 천지가 무너질 듯한 큰소리.

[天邊兒] t'iēnpiēnrh ㄊㄧㄢㄅㄧㄢㄦ 몹시 머나먼 곳.

[天平] t'iēnp'íng ㄊㄧㄢㄆㄧㄥˊ 천평칭(天平秤): 저울의 한 가지.

[天兵] t'iēnpīng ㄊㄧㄢㄅㄧㄥ 신병(神兵). 「一天將 ; 하늘이 보낸 장병」

[天不怕, 地不怕] t'iēn pûp'à tì pûp'à ㄊㄧㄢ ㄅㄨˊㄆㄚˋ ㄉㄧˋ ㄅㄨˊㄆㄚˋ ①아무도 두려울 것 없다. ②천지에 부끄러움이 없다.

[天色] t'iēnsè ㄊㄧㄢㄙㄜˋ ①하늘 모양. 하늘 빛. ②시각. ③날씨. 일기.

[天生] t'iēnshêng ㄊㄧㄢㄕㄥ 천생. 나면서부터. =天生來.

[天師] t'iēnshīh ㄊㄧㄢㄕ 도교(道教)의 시조 "張天師".

[天時] t'iēnshíh ㄊㄧㄢㄕˊ ①일기. ②시간. ③기후(氣候). 기후의 한난(寒暖). ④천명(天命).

[天書] t'iēnshū ㄊㄧㄢㄕㄨ 천기(天機)가 기재되어 있는 법술서(法術書). 도교(道教)에서는 하늘에서 내려 준 기서(奇書). 「憑您的本事, 就是一也瞞不了您 ; 너의 수완으로 어떤 법술(法術)도 속일 수 없다」

[天水田] t'iēnshuǐt'ién ㄊㄧㄢㄕㄨㄟˇㄊㄧㄢˊ 빗물에 의하여 관개(灌漑)하는 논. 천수답. 천둥지기.

[天隨人願] t'iēn suí jênyüàn ㄊㄧㄢ ㄙㄨㄟˊ ㄖㄣˊㄩㄢˋ 하늘이 인간의 소원을 들어 주다.

[天膽] t'iēntǎn ㄉㄧㄢㄉㄢˇ 대담(大膽)하다.

[天堂] t'iēnt'áng ㄊㄧㄢㄊㄤˊ 천국(天國). 천상의 낙원. 천당.

[天坍地陷] t'iēnt'ān-tìhsièn ㄊㄧㄢㄊㄢ ㄉㄧˋㄒㄧㄢˋ 천지가 뒤집힐 듯한 대변동(大變動). 천지 개벽.

[天敵] t'iēntí ㄊㄧㄢㄉㄧˊ 농작물에 대한 자연의 해적(害敵). 자연적으로 일어나는 해를 주는 물건.

[天地] t'iēntì ㄊㄧㄢㄉㄧˋ ①하늘과 땅. 천지. ②이 세상. ③경우(境遇). 지위.

[天天(兒)] t'iēnt'iēn(rh) ㄊㄧㄢㄊㄧㄢ(ㄦ) 매

일. 날마다.

[天底下] t'iēntīhsia ㄊㄧㄢㄉㄧˇㄒㄧㄚ ① 이 세상. ②노천(露天).

[天地良心] t'iēntì liánghsīn ㄊㄧㄢㄉㄧˋㄌㄧㄤˊㄒㄧㄣ ①맹세코. ②공정하게.

[天庭] t'iēnt'íng ㄊㄧㄢㄊㄧㄥˊ 이마.「一飽滿,地閣方圓 ; 이마가 넓고 턱이 둥그스럼하다:부귀(富貴)의 상(相)」 양미간.

[天頂] t'iēntǐng ㄊㄧㄢㄉㄧㄥˇ 이마

[天才] t'iēnts'ái ㄊㄧㄢㄘㄞˊ ①천재(天才). ②나면서부터 뛰어난 재능(才能).

[天造地設] t'iēntsào-tìshè ㄊㄧㄢㄗㄠˋㄉㄧˋㄕㄜˋ 천연적으로나 자연적으로 되어 있는 물건. 자연의 미(美)나 은혜(恩惠).

[天足] t'iēntsú ㄊㄧㄢㄗㄨˊ 전족(纏足)이 아닌 자연 그대로의 발. 보통 사람들과 같은 발.

[天資] t'iēntzū ㄊㄧㄢㄗ 타고 난 소질. 천성.

[天字第一號] t'iēntzǜ tìīhào ㄊㄧㄢㄗˋㄉㄧˋㄧㄏㄠˋ 제1위. 첫째 가는 것.

[天網恢恢] t'iēnwǎng huīhuī ㄊㄧㄢㄨㄤˇㄏㄨㄟㄏㄨㄟ 하늘에 친 그물은 넓고도 샐 데가 없다. 악인(惡人)은 꼭 체포되어 처벌을 받게 되다. 《成》

[天物] t'iēnwù ㄊㄧㄢㄨˋ 하늘이 준 물건. 자연계의 산물(產物). 쌀·보리·야채 따위의 생활에 필요한 물건.

[天涯地角] t'iēnyá-tìchiǎo ㄊㄧㄢㄧㄚˊㄉㄧˋㄐㄧㄠˇ 저 멀리. 머나먼 곳. =天涯海角.

[天閹] t'iēnyēn ㄊㄧㄢㄧㄢ 내시: 나면서부터 성교(性交)가 불능한 사람.

[天淵] t'iēnyüān ㄊㄧㄢㄩㄢ 하늘과 못:큰 차이가 있는 것의 비유.「一之別;큰 차가 있다」

〔添〕 t'iēn ㄊㄧㄢ ①첨가(添加)하다. 늘다.「再一幾臺 ; 다시 몇 대의 기계를 증가시키다」 ②(아이가)태어나다.

[添債] t'iēnchài ㄊㄧㄢㄓㄞˋ 빚이 늘다. 채무가 증가하다.

[添價] t'iēnchià ㄊㄧㄢㄐㄧㄚˋ 물건을 사들일 때에 처음 값을 놓은 값보다 더 주고 사다. 값을 올려 주고 사다.

[添錢] t'iēnch'ién ㄊㄧㄢㄑㄧㄢˊ =添價.

[添置] t'iēnchìh ㄊㄧㄢㄓˋ 추가 구입(追加購入)하다.「一一批體育用品 ; 한 벌의 체육 용품을 구입하다」

[添枝添葉] t'iēnchīh-t'iēnyèh ㄊㄧㄢㄓ ㄊㄧㄢㄧㄝˋ 말을 보태다. 보태어 말하다. 《成》

[添貨] t'iēnhuò ㄊㄧㄢㄏㄨㄛˋ 상품(商品)을 추가 구입하다.

[添亂] t'iēnluàn ㄊㄧㄢㄌㄨㄢˋ 수고를 끼치다. 신세를 지다.

[添麻煩] t'iēnmáfan ㄕㄧㄢㄇㄚˊㄈㄢ =添亂.

[添盆(兒)] t'iēnp'én(rh) ㄊㄧㄢㄆㄣˊ(ㄦ) 아이가 출생하여 3일째 되는 날, 손님을 초대하여 목욕을 시킬 때에 아이의 장수(長壽)를 축복하여 손님이 "聚寶盆"에 축하의 선물을 넣다.

[添設] t'iēnshè ㄊㄧㄢㄕㄜˋ 증설하다.

[添油加醋] t'iēnyú-chiāts'ù ㄊㄧㄢㄧㄡˊㄐㄧㄚㄘㄨˋ 이것 저것 말을 덧붙여 큰일처럼 만들다.

〔田〕 t'ién ㄊㄧㄢˊ ①논. 밭.「種一 ; 논농사를 짓다. 경작(耕作)하다」 ②농업에 관계가 있는 것.「一家 ; 농가(農家)」

[田產] t'iénch'ǎn ㄊㄧㄢˊㄔㄢˇ 재산으로서의 땅.

[田鷄] t'iénchī ㄊㄧㄢˊㄐㄧ 〈動〉 참개구리.

[田間] t'iénchiēn ㄊㄧㄢˊㄐㄧㄢ ①들. 논.「一工程 ; 논의 관개(灌漑)·봇도랑·논두렁 그리고 관개 수량을 조절하는 설비 공사」 ②시골.

[田徑賽] t'iénchìngsài ㄊㄧㄢˊㄐㄧㄥˋㄙㄞˋ 육상 경기(陸上競技): "田賽"는 필드 경기, "徑賽"는 트랙(track) 경기를 말함.

[田疇] t'iénch'óu ㄊㄧㄢˊㄔㄡˇ 논밭. 논이나 밭.

[田父] t'iénfù ㄊㄧㄢˊㄈㄨˋ ①농부. ②늙은 농부.

[田坎] t'iénk'ǎn ㄊㄧㄢˊㄎㄢˇ 밭고랑.

[田埂兒] t'iénkěngrh ㄊㄧㄢˊㄍㄥˇㄦ (밭이나 논)두렁. 논두렁 길.

[田獵] t'iénlièh ㄊㄧㄢˊㄌㄧㄝˋ 수렵. 사냥.

[田螺] t'iénló ㄊㄧㄢˊㄌㄨㄛˊ 〈動〉 우렁이.

[田苗子] t'iénmiáotzǔ ㄊㄧㄢˊㄇㄧㄠˊㄗ 아직 이삭이 나오지 않은 농작물.

[田畔] t'iénpàn ㄊㄧㄢˊㄅㄢˋ 논밭 근처. 논밭의 변두리.

[田舍] t'iénshè ㄊㄧㄢˊㄕㄜˋ 시골집. 농가.

[田鼠] t'iénshǔ ㄊㄧㄢˊㄕㄨˇ 〈動〉①들쥐. ②두더지. ③마르모트. 마아못.

[田頭] t'iént'óu ㄊㄧㄢˊㄊㄡˊ ①논밭의 두렁.

[田租] t'iéntsū ㄊㄧㄢˊㄗㄨ 소작료(小作料).

〔佃〕 t'ién ㄊㄧㄢˊ 농사를 짓다. 경작하다. ⇨t'ièn.

〔恬〕 t'ién ㄊㄧㄢˊ ①조용하다.「一靜 ; 마음이 평정(平靜)하다」 ②태연하다.「一不知恥 ; 태연히 부끄러움을 모르다」

〔甜〕 t'ién ㄊㄧㄢˊ ①달다. ②기분 좋게 느끼다.「睡得眞一 ; 기분 좋게 자다」 ③상업에 재미를 보다.「這號生意也不怎樣一 ; 이 장사는 그렇게 재미를 보지는 못한다」

[甜醬] t'iénchiàng ㄊㄧㄢˊㄐㄧㄤˋ 단 된장 :밀가루를 주요 원료로 담근 된장.

[甜津津的] t'iénchinchintê ㄊㄧㄢˊㄐㄧㄣㄐㄧㄣㄉㄜ (침을 흘릴 정도로) 몹시 달다.

[甜酒] t'iénchiǔ ㄊㄧㄢˊㄐㄧㄡˇ 리큐르(프 liqueur). 달콤한 술.

[甜和] t'iénho ㄊㄧㄢˊㄏㄜ 기분이 만족하다.

[甜甘] t'iénkān ㄊㄧㄢˊㄍㄢ (말 재주가)좋다. 달콤하다. 마음에 들다.

[甜秆兒] t'iénkǎnrh ㄊㄧㄢˊㄍㄢˇㄦ 사탕수수의 줄기.

[甜瓜] t'iénkua ㄊㄧㄢˊㄍㄨㄚ 참외.

[甜買賣] t'iénmǎimai ㄊㄧㄢˊㄇㄞˇㄇㄞ 재미 보는 상업(商業).

[甜美] t'iénměi ㄊㄧㄢˊㄇㄟˇ 달콤하다.

[甜蜜] t'iénmì ㄊㄧㄢˊㄇㄧˋ 달다. 맛이 있다.「一的回憶 ; 달콤한 추억」

[甜麪醬] t'iénmiènchiàng ㄊㄧㄢˊㄇㄧㄢˋㄐㄧㄤˋ =甜醬.

[甜不到] t'iénputào ㄊㄧㄢˊㄅㄨㄉㄠˋ 이익을 볼 수가 없다.「一哪兒去 ; 큰 이익이 있는 것은 아니다」

[甜睡] t'iénshuì ㄊㄧㄢˊㄕㄨㄟˋ 달콤하게 잘 자다.
[甜絲絲的] t'iénssūssūtê ㄊㄧㄢˊㄙㄙㄉㄜ 몹시 단 모양.
[甜頭兒] t'iént'ourh ㄊㄧㄢˊㄊㄡˊㄦ ①단맛. 맛이 좋은 것. ②이익(利益).
[甜嘴蜜舌] t'iéntsuǐ-mìshé ㄊㄧㄢˊㄗㄨㄟˇㄇㄧˋㄕㄜˊ 사실과 맞지 않은 꾸민 달콤한 이야기. 감언 이설. 말 솜씨가 좋다.
[甜言蜜語] t'iényén·mìyǔ ㄊㄧㄢˊㄧㄢˊㄇㄧˋㄩˇ 사실과는 반대되는 달콤하게 꾸민 이야기. 감언 이설.

〔恭〕 t'ién ㄊㄧㄢˊ 첨채(甜菜). 사탕무우.

〔鈿〕 t'ién ㄊㄧㄢˊ, tièn ①금속이나 보석 따위를 상감(象嵌)하다.「螺一; 조개 껍데기를 상감한 기물(器物). ②고대에 금으로 꽃무늬 따위를 박아. 넣은 장신구(裝身具).

〔塡〕 t'ién ㄊㄧㄢˊ ①(결합되어 있는 부분을) 메우다. 보충하여 채우다.「一平窪地; 웅덩이를 평평하게 메우다」②공란(空欄)에 글자를 기입하다.「一志願書; 지원서에 기입하다」
[塡發] t'iénfā ㄊㄧㄢˊㄈㄚ 기입 발급(記入發給)하다.
[塡方] t'iénfāng ㄊㄧㄢˊㄈㄤ 흙을 쌓아 놓다.
[塡房兒] t'iénfangrh ㄊㄧㄢˊㄈㄤㄦ 후처(後妻).
[塡寫] t'iénhsiěh ㄊㄧㄢˊㄒㄧㄝˇ 문서·증서·계약서 따위에 성명이나 생년월일 따위의 필요한 글을 기입하다.
[塡餡兒] t'iénhsiènrh ㄊㄧㄢˊㄒㄧㄢˋㄦ ①소를 넣다. ②필요 없는 일을 하다. 쓸데 없는 희생이 되다.
[塡窟窿] t'iénk'ūlung ㄊㄧㄢˊㄎㄨㄌㄨㄥ 손실(損失)을 보충하여 메우다.
[塡空兒] t'iénk'ùngrh ㄊㄧㄢˊㄎㄨㄥˋㄦ 블랭크(공백·백치·여백)를 메우다.
[塡表] t'iénpiǎo ㄊㄧㄢˊㄅㄧㄠˇ 표(表)에 써서 넣다.
[塡平] t'iénp'íng ㄊㄧㄢˊㄆㄧㄥˊ 메워서 평평하게 하다.
[塡補] t'iénpǔ ㄊㄧㄢˊㄅㄨˇ 틈을 메우다.「一空缺; 비어 있는 자리를 메우다」
[塡鴨(子)] t'iényā(tzǔ) ㄊㄧㄢˊㄧㄚ(ㄗ) ①집오리 입에 사료를 무리하게 밀어 넣어서 살을 찌우다. 오리를 무리하게 먹이다. ②주입식(注入式)으로 하다.
[塡膺] t'iényīng ㄊㄧㄢˊㄧㄥ 가슴에 가득 차다.「義憤一; 의분이 가슴에 가득 차다」

〔忝〕 t'iěn ㄊㄧㄢˇ ①송구스럽게 하다. ②과분하게도.「一在至交; 송구스럽게도 친밀한 사이에 있다」

〔殄〕 t'iěn ㄊㄧㄢˇ 그치다. 없애다.「暴一天物; 물건을 소홀히 다루다」

〔腆〕 t'iěn ㄊㄧㄢˇ ①풍부하고 두텁다. ②(가슴이나 배를) 내밀다.「一胸脯兒; 가슴을 내밀다」
[腆胸迭肚] t'iěnhsiūng-tiéhtǔ ㄊㄧㄢˇㄒㄩㄥ ㄉㄧㄝˊㄉㄨˋ 가슴을 펴고 아랫배에 힘을 주어 끌어 당기다.

〔舔〕 t'iěn ㄊㄧㄢˇ 핥다. 혀끝을 물건에 대고 핥다.

〔覥〕(靦) t'iěn ㄊㄧㄢˇ ①(얼굴에) 창피해 하다.「一顏; 창피해 하는 기색이다」②뻔뻔스럽다.「一着臉; 뻔뻔스럽게 굴다. 몰염치하다」

〔掭〕 t'ièn ㄊㄧㄢˋ 붓에 먹을 칠하고 벼루에서 붓을 다듬다.

TING ㄉㄧㄥ

〔丁〕 tīng ㄉㄧㄥ ①십간(十干)의 네째. ②성년이 된 남자.「一壯; 장정. 젊은이」③인구.「一口; 인구」④머슴.「門一; 문지기」⑤우연히 만나다. 당하다.「一憂; 친상(親喪)을 당하다」⑥「一兒; 작은 덩어리」「肉一兒; 작은 고기 덩어리」⑦성(姓)의 하나. ⑧쇠붙이가 맞부딪는 소리.
[丁幾] tīngchǐ ㄉㄧㄥㄐㄧˇ 정기(丁幾). 약품을 알코홀이나 에에테르에 담가서 용해시킨 액체.
[丁艱] tīngchiēn ㄉㄧㄥㄐㄧㄢ 부모상을 입다.
[丁壯] tīngchuàng ㄉㄧㄥㄓㄨㄤˋ 장정(壯丁).
[丁香] tīnghsiang ㄉㄧㄥㄒㄧㄤ 〈植〉 ①정향나무: 향료와 약에 쓰임. ②릴라(lilas) 자정향(紫丁香). 라일락.
[丁口] tīngk'ǒu ㄉㄧㄥㄎㄡˇ 인구(人口).「一冊; 주민의 호적부」
[丁鈴鈴] tīnglínglíng ㄉㄧㄥㄌㄧㄥˊㄌㄧㄥˊ 종이 울리는 소리: 쩌르릉쩌르릉. =丁令令.
[丁是丁, 卯是卯] tīng shìh tīng, mǎo shìh mǎo ㄉㄧㄥㄕˋㄉㄧㄥㄇㄠˇㄕˋㄇㄠˇ ①공(公)은 공이고 사(私)는 사다. 구별이 확실하다. ②융통성이 없다.
[丁寧] tīngníng ㄉㄧㄥㄋㄧㄥˊ 간절히 타이르다.
[丁當] tīngtāng ㄉㄧㄥㄉㄤ 쇠붙이가 맞부딪는 소리: 쩌르릉. 댕그당. 딸랑. =叮當.
[丁倒] tīngtǎo ㄉㄧㄥㄉㄠˇ 〈動〉 장구벌레. =釘倒.
[丁點(兒)] tīngtiěn(rh) ㄉㄧㄥㄉㄧㄢˇ(ㄦ) 근소한: 약간의. =釘點(兒).
[丁字尺] tīngtzǔch'ǐh ㄉㄧㄥㄗˋㄔˇ "丁" 자형으로 된 자.
[丁字街] tīngtzùchiēh ㄉㄧㄥㄗˋㄐㄧㄝ 정자로(丁字路). 삼거리.
[丁字步] tīngtzùpu ㄉㄧㄥㄗˋㄅㄨ 발을 비스듬히 앞뒤로 디딘 모양. 발을 "丁" 자형으로 디디다.
[丁字鐵] tīngtzùt'iěh ㄉㄧㄥㄗˋㄊㄧㄝˇ 정자강(丁字鋼).

〔叮〕 tīng ㄉㄧㄥ ①은근히 타이르다. ②캐묻다. ③(모기·벼룩·이 따위가) 물다.「被蚊子一了: 모기에게 물렸다」③쇠붙이가 맞부딪는 소리.
[叮囑] tīngchǔ ㄉㄧㄥㄓㄨˇ 재삼 부탁하

다. 몇 번이나 명령하다.

[叮嚀] tīngníng ㄉㄧㄥㄋㄧㄥˊ ①=叮囑. ②알아듣도록 잘 타이르다. ③다짐하여 묻다. ④(친밀하게) 이야기를 잘하다.

[叮噹] tīngtāng ㄉㄧㄥㄉㄤ 쇠붙이가 맞부딪는 소리: 쟁그렁. 찌르릉. 딸랑. =叮當.

[叮問] tīngwèn ㄉㄧㄥㄨㄣˋ 묻다. 다져 묻다.

〔玎〕 tīng ㄉㄧㄥ

[玎玲] tīnglíng ㄉㄧㄥㄌㄧㄥˊ 구슬 따위가 맞부딪는 소리: 대그락대그락.

[玎璫] tīngtāng ㄉㄧㄥㄉㄤ 쇠붙이가 맞부딪는 소리.

〔盯〕 tīng ㄉㄧㄥ 응시(凝視)하다. 「大家直一着他; 모두 그 사람을 응시하고 있을 뿐이다」

〔疔〕 tīng ㄉㄧㄥ 뾰루지. 작은 부스럼. =疔瘡.

〔酊〕 tīng ㄉㄧㄥ 알코올 용액. 옥도정기.

[酊劑] tīngchì ㄉㄧㄥㄐㄧˋ 어떤 약품을 알코올에 삼출(滲出)한 액체. 약제.

[酊水] tīngshuǐ ㄉㄧㄥㄕㄨㄟˇ 정기(丁幾).

〔釘〕 tīng ㄉㄧㄥ ①「一子·一兒; 못」 ②촉구(促求)하다. 주의를 주다. 「你得常一着他點兒; 너는 항상 그를 조심하여야 한다」 ③=盯. ⇨tìng.

[釘住] tīngchu ㄉㄧㄥㄓㄨ ①튼튼히 못을 박아 두다. ②뒤를 딱 붙어다니다. ③꼼짝 않고 주의를 하다.

[釘錘(兒)] tīngch'uí(rh) ㄉㄧㄥㄔㄨㄟ(ㄦ) 망치. 장도리. =釘鎚兒.

[釘封] tīngfēng ㄉㄧㄥㄈㄥ 못을 박아서 밀봉하다.

[釘鞋] tīnghsiéh ㄉㄧㄥㄒㄧㄝˊ ①스파이크 슈우즈. ②비가 올 때에 신는 징을 박은 장화.

[釘抗兒] tīngkēngrh ㄉㄧㄥㄍㄥㄦ ①꼭 같은 상태를 장시간 계속하다. 「你一看着我做什麼?; 너는 나를 물끄러미 보고 있는데 어찌 된 셈이냐?」 ②한 가지 일에만 집중되어 융통성이나 변화가 없다. 「他一着抗兒地想着; 그는 한 가지 일에만 열중하고 여념이 없다」

[釘耙] tīngpà ㄉㄧㄥㄅㄚˋ 흙을 부수고 고르는 써레. =釘齒耙.

[釘屁蟲] tīngp'ìch'úng ㄉㄧㄥㄆㄧˋㄔㄨㄥˊ ①허리에 차는 염낭. ②언제나 곁을 떠나지 않는 사람.

[釘梢] tīngshāo ㄉㄧㄥㄕㄠ 미행하다. 뒤를 따르다.

[釘倒] tīngtǎo ㄉㄧㄥㄉㄠˇ 〈動〉 장구벌레. =丁倒.

[釘點(兒)] tīngtiěn(rh) ㄉㄧㄥㄉㄧㄢˇ(ㄦ) 약간의. 근소한. =丁點(兒).

[釘頭髮末兒] tīngt'óu-tsǎomòrh ㄉㄧㄥㄊㄡˊㄗㄠˇㄇㄛˋㄦ 억지로 남의 흠을 잡다.

[釘糟木爛] tīngtsāo-mùlàn ㄉㄧㄥㄗㄠㄇㄨˋㄌㄢˋ 장시간을 두고도 변치 않는 것을 비유하는 말. 《成》 =海枯石爛.

[釘鑽] tīngtsuàn ㄉㄧㄥㄗㄨㄢˋ 나사 돌리개.

[釘子] tīngtzǔ ㄉㄧㄥㄗ 못. 「一帽兒; 못대가리」「一碰了; 장애물에 부딪치다. 혼이 나다」

[釘問] tīngwèn ㄉㄧㄥㄨㄣˋ 추궁하다. 캐묻다. > 釘釘問問.

〔訂〕 tīng ㄉㄧㄥ (책을) 매다. 「一書; 제본하다」 ⇨tìng.

〔鞓〕 tīng ㄉㄧㄥ 구두 바닥을 고치다.

〔頂〕 tǐng ㄉㄧㄥˇ ①「一兒; 꼭대기. 정상」「頭一; 머리 끝」 ②(머리에) 얹다. 이다. 「用頭一糧食; 머리에 양식을 이다」 ③(물건으로) 버티어 놓다. 받치다. 「把門一上; 문을 받쳐 놓다」 ④(비바람을) 무릅쓰다. 거역하다. 「一着雨走了; 비를 무릅쓰고 나갔다」 ⑤가장. 제일. 「一好; 썩 좋다. 가장 좋다」 ⑥대신하다. 대역(代役)이 되다. 「用次貨一高貨; 이등품으로 일등품에 대용하다」 ⑦해당(該當)되다. 맞먹다. 「一個人一兩個人工作; 한 사람이 두 사람 몫의 일을 하다」 ⑧담당하다. 어떤 역할을 하다. 해내다. 「一個人就不一事; 혼자서는 일을 해낼 수가 없다」 ⑨도달하다. 이르다. 「一十點才到家; 열두 시가 되어서야 겨우 집에 도착했다」 ⑩모자·바구니 따위를 세는 말. 「兩一帽子; 두 개의 모자」

[頂錢] tǐngch'ien ㄉㄧㄥˇㄑㄧㄢ ①=頂費. ②tǐngch'ián 돈으로서의 가치가 있다.

[頂針] tǐngchēn ㄉㄧㄥˇㄓㄣ ①=頂箍兒. ②=頂心.

[頂眞] tǐngchēn ㄉㄧㄥˇㄓㄣ 착실하다. 성실하다.

[頂起來] tǐngch'ǐlai ㄉㄧㄥˇㄑㄧˇㄌㄞ 머리로 밀어 올리다. 「一棵嫩芽也能把土一; 한 가닥의 어린 싹도 능히 흙을 밀어 올릴 수가 있다」

[頂走] tǐngchǒu ㄉㄧㄥˊㄓㄡˇ ①(뒤의 것이 먼저 것을) 내쫓다. ②다른 것을 짓누르고 내쫓다. 축출하다.

[頂出去] tǐngch'ūch'ü ㄉㄧㄥˇㄔㄨㄑㄩ 밀어 내다. 떠밀다. ②양도하다.

[頂缺] tǐngch'üēh ㄉㄧㄥˇㄑㄩㄝ 결원을 보충하다.

[頂撞] tǐngchuàng ㄉㄧㄥˇㄓㄨㄤˋ (하급자가 상급자에게) 반항하다. 「兒子一了父親幾句; 자식이 아버지에게 몇 마디 말대꾸를 하였다」

[頂重器] tǐngchùng ch'ì ㄉㄧㄥˇㄓㄨㄥˋㄑㄧˋ 잭(jack): 기중기의 일종.

[頂費] tǐngfèi ㄉㄧㄥˇㄈㄟˋ (점포·가옥 따위의) 어떤 시설을 인수하는 권리금.

[頂風] tǐngfēng ㄉㄧㄥˇㄈㄥ ①맞받이 바람. ②tǐngfēng 바람 부는 쪽을 향해 가다.

[頂峯] tǐngfēng ㄉㄧㄥˇㄈㄥ 최고봉(最高峰).

[頂箱] tǐnghsiang ㄉㄧㄥˇㄒㄧㄤ 찬장·의장 따위의 위에 놓고 쓰는 상자. =頂櫃.

[頂心] tǐnghsīn ㄉㄧㄥˇㄒㄧㄣ 축. 굴대.

[頂凶] tǐnghsiūng ㄉㄧㄥˇㄒㄩㄥ 범인을 대신시키다. 범인 노릇을 하게 하다.

[頂回去] tǐnghuích'ü ㄉㄧㄥˇㄏㄨㄟˊㄑㄩ 닦아 세우다.

[頂人] tǐngjén ㄉㄧㄥˇㄖㄣˊ 박치기하다. 다짜고짜로 남에게 달려 들다.

[頂缸] tǐngkāng ㄉㄧㄥˇㄍㄤ ①남의 죄를 대신 쓰다. ②방편으로 이용하다. 「你別

拿我一；너는 내 핑계를 하지 말라」
[頂槅] tingkǒ ㄉㄧㄥˇㄍㄜˊ ①종이로 바른 천장. ②이름을 사칭하다. ＝頂名.
[頂客] tingkò ㄉㄧㄥˇㄎㄜˋ (기생집에서) 딴 손님이 오게 되어 있던 손님을 내보내다.
[頂垮] tingk'uǎ ㄉㄧㄥˊㄎㄨㄚˇ 상대방에게 압도(壓倒)되다.「這些支歌全叫流行歌給一了；이 노래들은 유행가에게 완전히 눌리었다」
[頂呱呱] tingkuākuā ㄉㄧㄥˇㄍㄨㄚㄍㄨㄚ 가장 좋다. 참으로 좋다. 뛰어난 물건이다.
[頂箍兒] tingkūrh ㄉㄧㄥˇㄍㄨㄦ 골무.
[頂靈] tinglíng ㄉㄧㄥˇㄌㄧㄥˊ ＝頂喪.
[頂樓] tinglǒu ㄉㄧㄥˇㄌㄡˊ 이층 위에 있는 조그만 방. 다락방.
[頂門] tingmén ㄉㄧㄥˇㄇㄣˊ ①머리 위. ②남을 대신하여 벌을 받다. ③ting mén 문의 빗장을 끼다.
[頂名] tingmíng ㄉㄧㄥˇㄇㄧㄥˊ ①이름을 사칭하다. 남의 이름을 대다. ＝頂槅. ②명의(名義).「一是他的, 其實是我的；명의는 그 사람이지만 사실은 내 것이다」
[頂腦頭兒] tingnǎot'óurh ㄉㄧㄥˊㄋㄠˇㄊㄡˊㄦ ①막바지.「胡同的一；골목의 막바지. 막다른 골목」②(너무 낮아서) 머리에 닿다.
[頂牛(兒)] tingniú(rh) ㄉㄧㄥˇㄋㄧㄡˊ(ㄦ) ①투전의 한 가지. ②엄지 손가락 씨름. ③(두 사람의 머리나 두 가지 물건의 끝이) 맞부딪다. ④밀치락달치락하다. ⑤(고의로) 남의 비위를 거스르다.
[頂盤] tingp'án ㄉㄧㄥˇㄆㄢˊ 점포를 현상대로 인수하다.
[頂棚] tingp'éng ㄉㄧㄥˇㄆㄥˊ 종이로 바른 천장.
[頂喪] tingsāng ㄉㄧㄥˇㄙㄤ 자녀가 부모의 상여를 뒤따르는 일.
[頂上] tingshang ㄉㄧㄥˇㄕㄤ ①머리 위. ②버티어 놓다.
[頂事] tingshih ㄉㄧㄥˇㄕˋ ①소용에 닿다. ②일을 맡아서 다시 하다.
[頂當] tingtāng ㄉㄧㄥˇㄉㄤ ①남의 이름을 사칭하고 그 사람 역할을 하다. ②책임을 지고 일하다.「這件事由我一；이 일은 내가 책임지고 처리하겠다」
[頂到] tingtào ㄉㄧㄥˇㄉㄠˋ …에 이르다. 도달하다.「一十點鐘他沒睡着；열 시가 되어도 그는 잠들지 않았다」
[頂得住] tingtêchù ㄉㄧㄥˇㄉㄜㄓㄨˋ ①견딜 수 있다. 참을 수 있다. ②책임질 수 있다. 책임을 다할 수 있다. ③감당할 수 있다. 능히 할 수 있다. ↔頂不住.
[頂替] tingt'i ㄉㄧㄥˇㄊㄧˋ 속이다. 가짜 노릇을 하다.
[頂天立地] tingt'iēn-lìtì ㄉㄧㄥˇㄊㄧㄢㄌㄧˋㄉㄧˋ 독립 독행(獨立獨行). 남에게 의지하지 않는 모양.
[頂天兒] tingt'iēnrh ㄉㄧㄥˇㄊㄧㄢㄦ 최상. 최고.「這個價兒就算一了；이 값으론 최고의 것이다」
[頂丁] tingtīng ㄉㄧㄥˇㄉㄧㄥ 금전이나 재물을 바쳐 징용을 회피하다.
[頂頂大名] tíngtìng-tàmíng ㄉㄧㄥˊㄉㄧㄥˇㄉㄚˋㄇㄧㄥˊ 명성이 높은. ＝鼎鼎大名.
[頂頭] tingt'óu ㄉㄧㄥˇㄊㄡˊ ① 꼭대기. ② 머리를 부딪다.
[頂頭風] tingt'óufēng ㄉㄧㄥˇㄊㄡˊㄈㄥ 역풍(逆風).
[頂嘴] tingtsuì ㄉㄧㄥˇㄗㄨㄟˇ 말대답하다. 입씨름하다.
[頂端] tingtuān ㄉㄧㄥˇㄉㄨㄢ ①꼭대기. ②가. 끝.
[頂窩兒] tingwōrh ㄉㄧㄥˇㄨㄛㄦ 양자를 들여 가계(家系)를 잇다.
[頂用] tingyùng ㄉㄧㄥˇㄩㄥˋ 소용에 닿다. 쓸 만하다. ＝頂事①.

〔鼎〕 ting ㄉㄧㄥˇ ①세발 달린 무쇠솥. ②셋이 병립(並立)하다.「一立；정립하다」
[鼎新] tinghsīn ㄉㄧㄥˇㄒㄧㄣ 갱신(更新)하다.
[鼎鍋] tingkuō ㄉㄧㄥˇㄍㄨㄛ 남비 모양의 솥.
[鼎力] tinglì ㄉㄧㄥˇㄌㄧˋ 노력하다. 진력하다.
[鼎鼎] tíngting ㄉㄧㄥˊㄉㄧㄥˇ 성대한 모양.「一大名；위대한 명성」＝頂頂大名.
[鼎足] tingtsú ㄉㄧㄥˊㄗㄨˊ 세 방면의 힘이 어금지금하게 맞서다.
[鼎足之勢] tingtsúchīhshih ㄉㄧㄥˇㄗㄨˊㄓㄕˋ 솥발처럼 셋이 대립한 국면.
[鼎言] tingyén ㄉㄧㄥˇㄧㄢˊ 중요한 언사(言辭).

〔定〕 ting ㄉㄧㄥˋ ①결정하다. 일정한.「一量；정량」②반드시. 꼭.「一能成功；꼭 성공할 수 있다」③정하다.「一勝負；승부를 정하다」④결말짓다. 안정되다. 안온한.「心神不一；심신이 불안하다」⑤진정시키다. 평온하게 하다.「一神；마음을 안정시키다」⑥굳어지다. 응고하다. ⑦주문하다. 마추다.「一貨；㉮상품을 주문하다. ㉯주문품」
[定案] ting'ànㄉㄧㄥˋㄢˋ ①결말이 난 사건. ②정해진 계획.
[定章] tingchāng ㄉㄧㄥˋㄓㄤ 규칙(規則).
[定產] tingch'ǎn ㄉㄧㄥˋㄔㄢˇ 논밭의 기준 생산량.
[定成] tingch'êng ㄉㄧㄥˋㄔㄥ 응고(凝固)하여 …가 되다.「熔化的金屬一塊；용해된 금속은 덩어리가 된다」
[定計] tingchi ㄉㄧㄥˋㄐㄧˋ ①예정하다. 준비를 갖추다. ②계획을 정하다.
[定錢] tingch'ien ㄉㄧㄥˋㄑㄧㄢ 착수금. 계약금.
[定檢] tingchiěn ㄉㄧㄥˋㄐㄧㄢˇ 정기 검사(定期檢查).
[定質] tingchìh ㄉㄧㄥˋㄓˋ 고체(固體).
[定親] tingch'īn ㄉㄧㄥˋㄑㄧㄣ 약혼하다. 혼담을 결정하다.
[定睛] tingchīng ㄉㄧㄥˋㄐㄧㄥ 눈을 바로 뜨다.「一一看；눈을 똑바로 뜨고 잘 보다」
[定更] tìngchīng ㄉㄧㄥˋㄐㄧㄥ 초경(初更). 오후 7시경.
[定卓子] ting chōtzǔ ㄉㄧㄥˋㄓㄨㄛㄗ (식당 같은 데서) 테이블을 예약하다.
[定出] tingch'u ㄉㄧㄥˋㄔㄨ 정하다. 만들다.「一幾條章程；몇 개조(個條)의 규칙을 정하다」
[定居] tingchū ㄉㄧㄥˋㄐㄩ 정주(定住)하다.
[定局] tingchǘ ㄉㄧㄥˋㄑㄩˊ 정해진 국면.

안정된 상태.「已成一；벌써 결말이 정해져 있다」②일을 확정하다. 성립하다.

[定準] tìngchǔn ㄉㄧㄥˋㄓㄨㄣˇ ①일정한 방식. ②확정하다. ③반드시. 꼭.「他一不來；그는 절대로 오지 않는다」

[定額] tìng·ê ㄉㄧㄥˋㄜˊ ①정원(定員).「超過一；정원을 초과하다」②정액. 기준(norma). 정량.「工作一；일의 표준량」

[定分] tìngfên ㄉㄧㄥˋㄈㄣ 몫을 정하다.

[定息] tìnghsī ㄉㄧㄥˋㄒㄧ ①소정의 이율. ②안정되다. 일단락 되다.

[定下] tìnghsia ㄉㄧㄥˋㄒㄧㄚ 정하여 두다.「一座兒；좌석을 예약하여 두다」

[定弦] tìnghsién ㄉㄧㄥˋㄒㄧㄢˊ (사전에 계획을) 확정하다.

[定弦兒] tìnghsiénrh ㄉㄧㄥˋㄒㄧㄢˊㄦ ①악기의 줄을 조정하다. ②기분을 안정시키다.

[定限] tìnghsièn ㄉㄧㄥˋㄒㄧㄢˋ ①일정한 한도. ②정해 놓은 기한.

[定向] tìnghsiàng ㄉㄧㄥˋㄒㄧㄤˋ 일정한 방향·목적.

[定象] tìnghsiàng ㄉㄧㄥˋㄒㄧㄤˋ ①현상(現像)하다.「一液；현상액」②흔히 볼 수 있는 현상(現象).

[定心] tìnghsīn ㄉㄧㄥˋㄒㄧㄣ ①기분을 안정시키다. 마음을 놓다. ②태연한 태도를 취하다. =定定心心.

[定活] tìnghuó ㄉㄧㄥˋㄏㄨㄛˊ ①청부(請負) 사업. ②(예금의) 정기와 당좌. ③dìnghuó 일거리를 주문하다. =訂活.

[定意] tìngì ㄉㄧㄥˋㄧˋ ①의사를 결정하다. ②꼭 하기로 하다.

[定然] tìngján ㄉㄧㄥˋㄖㄢˊ 반드시. 꼭.

[定規] tìngkuei ㄉㄧㄥˋㄍㄨㄟ ①정하다. 결정하다. ②규칙. 규정. ③꼭. 반드시.「他一是明天來；그는 내일 꼭 온다」

[定購] tìngkòu ㄉㄧㄥˋㄍㄡˋ 주문하여 사다. 주문하다. =訂購.

[定立] tìnglì ㄉㄧㄥˋㄌㄧˋ (계약을) 맺다.「一合同；계약을 맺다」

[定律] tìnglǜ ㄉㄧㄥˋㄌㄩˋ 법칙.「牛頓一；뉴우톤의 법칙」

[定論] tìnglùn ㄉㄧㄥˋㄌㄨㄣˋ 정론. 정설(定說).

[定苗] tìngmiáo ㄉㄧㄥˋㄇㄧㄠˊ 모종 착근(着根)을 잘 시키다.

[定名] tìngmíng ㄉㄧㄥˋㄇㄧㄥˊ ①명명(命名)하다. ②이름 짓다.

[定盤] tìngpán ㄉㄧㄥˋㄆㄢˊ ①일정한 물가 시세. ②시세를 정하다.

[定盤星] tìngpánhsīng ㄉㄧㄥˋㄆㄢˊㄒㄧㄥ 천칭(天秤)의 눈금이 "0"일 때. 저울눈의 영위(零位).

[定神(兒)] tìngshén(rh) ㄉㄧㄥˋㄕㄣˊ(ㄦ) 마음을 안정시키다.

[定神丸] tìngshén wán ㄉㄧㄥˋㄕㄣˊㄨㄢˊ 진정제: 정신을 안정시키는 환약.「吃一；진정제의 환약을 먹다. 마음을 안정시키다」

[定時] tìngshíh ㄉㄧㄥˋㄕˊ ①시간을 정하다. 일정한 시간.「一炸彈；시한 폭탄」②정시에. 시간대로.「一開會；정시에 개회하다」

[定數] tìngshù ㄉㄧㄥˋㄕㄨˋ ①정원(定員). 정액(定額). 정족수(定足數). ②정해진 운명. 타고 난 운명.

[定單] tìngtān ㄉㄧㄥˋㄉㄢ 주문서.

[定妥] tìngt'ǒ ㄉㄧㄥˋㄊㄡˇ 확실히 정하다.

[定做] tìngtsò ㄉㄧㄥˋㄗㄨㄛˋ 주문하여 만들다.「一西裝；양복을 맞추다」

[定座兒] tìngtsòrh ㄉㄧㄥˋㄗㄨㄛˋㄦ ①지정석. ② tìng tsòrh 좌석을 예약하다.

[定奪] tìngtó ㄉㄧㄥˋㄉㄨㄛˊ (가부를) 결정하다. =裁奪.「請速一；속히 결정하시기를 바람」

[定要] tìngyào ㄉㄧㄥˋㄧㄠˋ 꼭. 반드시.「看這天氣，一下雨；이런 날씨 같아서는 꼭 비가 오겠다」

[定銀] tìngyín ㄉㄧㄥˋㄧㄣˊ =定錢.

[定音鼓] tìngyīnkǔ ㄉㄧㄥˋㄧㄣㄍㄨˇ 〈樂〉 팀파니: 타악기의 한 가지.

[定於一尊] tìngyǘitsūn ㄉㄧㄥˋㄩˊㄧˋㄗㄨㄣ 최고의 권위자를 유일한 목표나 기준으로 삼다.

[定爲] tìngwéi ㄉㄧㄥˋㄨㄟˊ …로 정하다.「一國慶日；국경일로 정하다」

[定洋] tìngyáng ㄉㄧㄥˋㄧㄤˊ =定錢.

〔訂〕 tìng ㄉㄧㄥˋ ①개정하다. 수정하다.「一正；정정하다」②주문하다. 예약하다.「一報；신문을 예약하다」③정하다. 체결하다.「一婚；약혼하다」

[訂期] tìngch'ī ㄉㄧㄥˋㄑㄧ ①정한 기한. ②기한을 정하다. ③기일을 정하다.

[訂交] tìngchiāo ㄉㄧㄥˋㄐㄧㄠ 친교(親交)를 맺다.

[訂制] tìngchìh ㄉㄧㄥˋㄓˋ 주문하여 만들다.

[訂親] tìngch'īn ㄉㄧㄥˋㄑㄧㄣ =訂婚.

[訂費] tìngfèi ㄉㄧㄥˋㄈㄟˋ 주문 대금(注文代金).

[訂合同] tìng hót'ung ㄉㄧㄥˋㄏㄜˊㄊㄨㄥ 계약을 하다.

[訂戶] tìnghù ㄉㄧㄥˋㄏㄨˋ 예약자. 주문자.

[訂活] tìng huó ㄉㄧㄥˋㄏㄨㄛˊ ①일을 부탁하다. ② 청부 사업. =定活.

[訂貨] tìnghuò ㄉㄧㄥˋㄏㄨㄛˋ ①주문품. ②tìng huò 물품을 주문하다. =定貨.

[訂購] tìngkòu ㄉㄧㄥˋㄍㄡˋ 주문하여 구입하다.

[訂立] tìnglì ㄉㄧㄥˋㄌㄧˋ (계약·규칙 같은 것을) 정하다.

[訂書] tìngshū ㄉㄧㄥˋㄕㄨ ①책을 예약하다. ②제본하다. =釘書.

[訂單] tìngtān ㄉㄧㄥˋㄉㄢ 주문서.

[訂定] tìngtìng ㄉㄧㄥˋㄉㄧㄥˋ ①예약하다. 주문하다. ②(계약이나 규칙 같은 것을) 정하다.

[訂妥] tìngt'ǒ ㄉㄧㄥˋㄊㄨㄛˇ 이미 계약이 끝나다.

[訂約] tìngyüēh ㄉㄧㄥˋㄩㄝ 약속하다. 조약을 맺다.

[訂閱] tìngyüēh ㄉㄧㄥˋㄩㄝ 예약 구독하다.

〔釘〕 tìng ㄉㄧㄥˋ, tīng ①(못이나 쐐기를) 박다.「拿個一子一一一；못으로 두드려 박다」②철하다. 꿰매다.「一扣子；단추를 달다」⇨tīng.

[釘掌] tìngchǎng ㄉㄧㄥˋㄓㄤˇ 징을 박다. =釘馬掌.

[釘符號] tìng fúhao ㄉㄧㄥˋ ㄈㄨˊㄏㄠ 표가 될 만한 것을 실이나 철사로 매놓다.

[釘坑兒] tìngk'ēngrh ㄉㄧㄥˋㄎㄥㄦ 끝까

지 추궁하다. 차례로 캐어 묻다. ⇨tīng-k'ĕngrh.

[釘死] tìngssŭ ㄉㄧㄥˋㄙ 단단히 못박아 두다.

〔腚〕 tìng ㄉㄧㄥˋ 궁무니. =屁股.

〔碇〕(矴) tìng ㄉㄧㄥˋ 닻의 구실을 하는 돌.「下一; 배를 멈추다」

〔錠〕 tìng ㄉㄧㄥˋ ①「一子; 방추(紡錘). 스핀들」②「一子·一兒; (금속이나 약 따위의) 덩어리.「鋼一; 쇳덩이」

[錠子] tìngtzŭ ㄉㄧㄥˋㄗ 스핀들: 실을 뽑아 감는 기계의 한 가지. 주축(主軸).

T'ING ㄊㄧㄥ

〔汀〕 t'īng ㄊㄧㄥ ① 물가. 수변. ②조그만 주(洲).

〔町〕 t'īng ㄊㄧㄥ 논의 경계. 논 두렁.

〔烴〕 t'īng ㄊㄧㄥ 탄수화합물(炭水化合物)의 약칭.

〔桯〕 t'īng ㄊㄧㄥ (송곳 따위의) 자루.

〔聽〕(听) t'īng ㄊㄧㄥ ①듣다.「你一一外面有什麼聲音; 밖에서 무슨 소리가 나는지 들어 보아라」②말을 듣다. 순종하다.「我告訴他了, 他不一; 내가 그 사람에게 말을 했지만 그는 말을 들어주지 않는다」③조수사로서 깡통 따위를 세는 데 쓰임.「一一香煙; 한 깡통의 담배」⇨t'ìng.

[聽差] t'īngch'āi ㄊㄧㄥㄔㄞ 사환. 급사. 하인(下人).

[聽眞] t'īngchĕn ㄊㄧㄥㄓㄣ 똑똑히 듣다.「你的話我一了; 당신 말을 나는 똑똑히 들었다」

[聽講] t'īngchiăng ㄊㄧㄥㄐㄧㄤˇ 강의(講義)·강연을 듣다.

[聽墻根(兒)] t'īngch'iángkĕn(rh) ㄊㄧㄥㄑㄧㄤˊㄍㄣ(ㄦ) 몰래 숨어서 듣다.

[聽叫兒] t'īngchiàorh ㄊㄧㄥㄐㄧㄠˋㄦ ①(벌레 따위의) 소리를 듣다. ②남에게 고용되다.

[聽見] t'īngchien ㄊㄧㄥㄐㄧㄢ 들리다. 귀에 들어가다. "沒一 · 沒有一"일 때는 t'īngchièn라고도 발음함.

[聽其自然] t'īngch'ítzŭján ㄊㄧㄥㄑㄧˊㄗˋㄖㄢˊ 되어 가는 대로 맡겨 두다. 자연대로 맡기다.

[聽勸] t'īngch'üàn ㄊㄧㄥㄑㄩㄢˋ 충고를 듣다. 권고를 받아 들이다.

[聽缺] t'īngch'üēh ㄊㄧㄥㄑㄩㄝ 자리(직위)가 비기를 기다리다.

[聽衆] t'īngchùng ㄊㄧㄥㄓㄨㄥˋ ①청중(聽衆). ②라디오 따위의 청취자.

[聽主兒] t'īngchŭrh ㄊㄧㄥㄓㄨˇㄦ 연극 따위의 관람자. 또는 청취자.

[聽風兒] t'īngfĕngrh ㄊㄧㄥㄈㄥㄦ 소문을 듣다.

[聽好兒] t'īnghăorh ㄊㄧㄥㄏㄠˇㄦ ①좋은 소식을 듣다. ②안심하고 성공을 기다리다. ③틀림 없다. 염려 없다.

[聽喝(兒)] t'īnghō(rh) ㄊㄧㄥㄏㄜ(ㄦ) 남이 하라는 대로 하다. 남이 시키는 대로 하다.

[聽候] t'īnghòu ㄊㄧㄥㄏㄡˋ 기다리다.

[聽戲] t'īnghsì ㄊㄧㄥㄒㄧˋ 구극(舊劇)을 보다. 시대극을 보다.

[聽寫] t'īnghsiĕh ㄊㄧㄥㄒㄧㄝˇ ①받아 쓰기. ②받아 쓰다.

[聽信] t'īnghsìn ㄊㄧㄥㄒㄧㄣˋ (남의 말을) 믿다. 듣고 신용하다.

[聽信兒] t'īnghsìnrh ㄊㄧㄥㄒㄧㄣˋㄦ ①소식을 듣다. ②통지를 기다리다. 회답을 기다리다.

[聽話] t'īnghuà ㄊㄧㄥㄏㄨㄚˋ 말을 듣다. 이야기를 듣다.

[聽任] t'īngjèn ㄊㄧㄥㄖㄣˋ (자유로) 맡기다. 하라는 대로 하다.「不能一別國侵略; 딴 나라가 침략하는 대로 맡겨 둘 수 없다」

[聽課] t'īngk'ò ㄊㄧㄥㄎㄜˋ 강의를 듣다.

[聽够] t'īngkòu ㄊㄧㄥㄍㄡˋ ①충분히 듣다. ② 귀에 못이 박히도록 듣다.

[聽命] t'īngmìng ㄊㄧㄥㄇㄧㄥˋ 천명(天命)에 맡기다.

[聽憑] t'īngp'íng ㄊㄧㄥㄆㄧㄥˊ 맡기다.「一他挑選; 그의 선택에 맡기다」

[聽不進去] t'īngpuchìnch'ü ㄊㄧㄥㄅㄨㄐㄧㄣˋㄑㄩˋ 귀에 잘 들어가지 않다. 이해가 잘 안된다). ↔ 聽得進去.

[聽聲(兒)] t'īngshĕng(rh) ㄊㄧㄥㄕㄥ(ㄦ) 남의 이야기를 몰래 엿듣다. 도청(盜聽)하다.

[聽審] t'īngshĕn ㄊㄧㄥㄕㄣˇ 재판을 받다.

[聽說] t'īngshuō ㄊㄧㄥㄕㄨㄛ …라는 말이다. …이라는 것이다.

[聽到] t'īngtào ㄊㄧㄥㄉㄠˋ 들리다. 알아듣다. 귀에 들어 가다.

[聽得出] t'īngtêch'ū ㄊㄧㄥㄉㄜㄔㄨ 들어서 분간할 수 있다. 분별하여 들을 수 있다. ↔ 聽不出.

[聽天由命] t'īngt'iēn-yúmìng ㄊㄧㄥㄊㄧㄢㄧㄡˊㄇㄧㄥˋ 목숨을 하늘에 맡기다. 운명에 맡기다. 《成》

[聽賊話兒] t'īngtséihuàrh ㄊㄧㄥㄗㄟˊㄏㄨㄚˋㄦ 남 모르게 숨어서 듣다. 엿듣다.

[聽蹭兒的] t'īngts'èngrhtê ㄊㄧㄥㄘㄥˋㄦㄉㄜ (극장 따위의) 무료 입장자(無料入場者).

[聽從] t'īngts'úng ㄊㄧㄥㄘㄨㄥˊ 말을 듣다. 말에 따르다.

[聽頭兒] t'īngt'ourh ㄊㄧㄥㄊㄡㄦ 들을 만한 가치.「有一; 들을 만한 가치가 있다」

[聽斷] t'īngtuàn ㄊㄧㄥㄉㄨㄢˋ 재정(裁定)하다. 들어서 단정하다.

[聽筒] t'īngt'ŭng ㄊㄧㄥㄊㄨㄥˇ 수화기(受話器).

[聽懂] t'īngtŭng ㄊㄧㄥㄉㄨㄥˇ 들어서 이해가 되다.

[聽子] t'īngtzŭ ㄊㄧㄥㄗ 깡통.

[聽聞] t'īngwén ㄊㄧㄥㄨㄣˊ ①청각(聽覺).「聳人一; 귀를 기울이다」②들리다.

〔廳〕 t'īng ㄊㄧㄥ ①(회의 또는 접대할 때에 사용되는) 넓은 방.「客一; 객실」

「餐一；식당」②정부의 하부 기관(下部機關)의 하나.「文敎一；교육청」
[廳房] t'īngfáng ㄊㄧㄥㄈㄤˊ 넓은 방.
[廳堂] t'īngt'áng ㄊㄧㄥㄊㄤˊ 크고 넓은 방. 호올(hall).

〔廷〕 t'íng ㄊㄧㄥˊ 조정(朝廷).

〔亭〕 t'íng ㄊㄧㄥˊ ①「一子；정자. 지붕만 있고 벽이 없는 집」②대강 설치한 건물.「郵一；간이 우체국」 ③적당한. 균등한.「一勻；균형이 잡혀 있다」④비율:상대적인 분수(分數).「三一是好的, 一一是不好的；4분의 3은 좋고, 4분의 1은 좋지 않다」「十一有九一是好的；10분의 9는 좋은 것이다」
[亭子間] t'íngtzǔchiēn ㄊㄧㄥˊㄗˇㄐㄧㄢ 다락. 다락방.‹上›
[亭午] t'íngwǔ ㄊㄧㄥˊㄨˇ 정오(正午). 정오가 되다.
[亭勻] t'íngyǘn ㄊㄧㄥˊㄩㄣˊ 균형이 잡히다.

〔庭〕 t'íng ㄊㄧㄥˊ ①뜰. ②법정(法廷).「開一；재판을 열다. 개정하다」
[庭長] t'íngchǎng ㄊㄧㄥˊㄓㄤˇ 재판장(裁判長).
[庭院] t'íngyüàn ㄊㄧㄥˊㄩㄢˋ 집앞의 뜰이나 공지(空地). 넓은 뜰.

〔停〕 t'íng ㄊㄧㄥˊ ①멈추다. 정지하다. 그치다.「一輛車一在門口；한 대의 차가 문 앞에 멈추어 있다」「雨一了；비가 그쳤다」②시간이 경과하다.「一了一會兒；잠깐 시간이 걸렸다」
[停車] t'íngch'ē ㄊㄧㄥˊㄔㄜ ①차를 멈추다. 차가 멈추다. ②기계를 멈추다. 기계가 멈추다. ③공장에서 작업을 정지하다.
[停診] t'íngchěn ㄊㄧㄥˊㄓㄣˇ 휴진(休診)하다.
[停滯] t'íngchih ㄊㄧㄥˊㄓ ①정체하다. 지체하다.「一不前；그대로 머무르고 있어서 앞으로 나아가지 않다」
[停放] t'íngfàng ㄊㄧㄥˊㄈㄤˋ ①멈추어 두다. ②대출(貸出)을 중지하다. ③유해(遺骸)를 안치하다.
[停付] t'íngfù ㄊㄧㄥˊㄈㄨˋ 지불을 정지하다.
[停息] t'ínghsī ㄊㄧㄥˊㄒㄧ (바람이나 풍파(風波) 따위가) 그치다.
[停歇] t'ínghsiēh ㄊㄧㄥˊㄒㄧㄝ ①정지하다. ②쉬다.
[停火] t'ínghuǒ ㄊㄧㄥˊㄏㄨㄛˇ 포격(砲擊)이나 사격을 멈추다.
[停刊] t'íngk'ān ㄊㄧㄥˊㄎㄢ ① (정기 간행물의) 발행을 일시 중지하다. ② 정간.
[停擱] t'íngkō ㄊㄧㄥˊㄍㄜ 중절(中絕)하다. 중지하다.
[停課] t'íngk'ò ㄊㄧㄥˊㄎㄜˋ 학교에서 수업을 중지하다. 휴강하다.
[停工] t'íngkūng ㄊㄧㄥˊㄍㄨㄥ 작업을 중지하다.「一待料；일을 중지하고 재료를 기다리다」
[停留] t'íngliú ㄊㄧㄥˊㄌㄧㄡˊ 머무르다. 멈추게 하다.
[停擺] t'íngpǎi ㄊㄧㄥˊㄅㄞˇ ①시계의 추(흔들이)가 멈추다. ②일이 중단되다.
[停辦] t'íngpàn ㄊㄧㄥˊㄅㄢˋ (진행중의 일이) 중지되다.
[停閉] t'íngpì ㄊㄧㄥˊㄅㄧˋ 폐쇄하다.
[停表] t'íngpiǎo ㄊㄧㄥˊㄅㄧㄠˇ 스톱워치(stop watch).
[停食] t'íngshíh ㄊㄧㄥˊㄕˊ 음식이 소화되지 않고 위에 남아 있어 기분 나쁘게 느껴지다. 음식에 체하다.
[停駛] t'íngshǐh ㄊㄧㄥˊㄕˇ 운전을 멈추고 쉬다. 운전을 정지하다.
[停手] t'íngshǒu ㄊㄧㄥˊㄕㄡˇ 손을 멈추다.
[停臺] t'íngt'ái ㄊㄧㄥˊㄊㄞˊ 기계의 가동을 정지하다.
[停當] t'íngtang ㄊㄧㄥˊㄉㄤ 정돈되어 있다. 보기 좋게 완성되어 있다. 적당하다.「準備一；준비가 다 되다」＞停停當當.
[停停兒] t'íngt'ingrh ㄊㄧㄥˊㄊㄧㄥㄦ 잠깐 기다리다.
[停妥] t'íngt'ǒ ㄊㄧㄥˊㄊㄨㄛˇ 안정되다. 타당하다. 충분히 갖추어지다.「布置已經一了；배치는 이미 잘 되었다」「事情辦一了；일을 적당하게 낙착시켰다」＞停停妥妥.
[停嘴] t'íngtsui ㄊㄧㄥˊㄗㄨㄟˇ 이야기를 그치다.
[停頓] t'íngtùn ㄊㄧㄥˊㄉㄨㄣˋ ①쉬다. 정지하다. ②기세가 갑자기 꺾이다.

〔莛〕 t'íng ㄊㄧㄥˊ「一兒；초본 식물(草本植物)의 줄기」「麥一兒；보리나 밀의 줄기」

〔婷〕 t'íng ㄊㄧㄥˊ 아름답다.「一一；아름답다」

〔挺〕 t'ǐng ㄊㄧㄥˇ ①똑바로. 똑바로 힘차게 나아가는 모양.「一進；용기 있게 나아가다」② 곧게 펴다. ③지탱하다.「他雖然受了傷, 硬一着不下火綫；그는 부상을 당했지만 버티고 제일선에서 물러나지 않다」④몹시.「一好；몹시 좋다」⑤총을 세는 조수사.「一一機關槍；한 자루의 기관총」
[挺直] t'ǐngchíh ㄊㄧㄥˇㄓˊ 똑바로 하다.「一腰板；허리를 똑바로 펴다」
[挺勁兒] t'ǐngchìnrh ㄊㄧㄥˇㄐㄧㄣˋㄦ 기운을 북돋우다. 분발하다.
[挺床] t'ǐngch'uáng ㄊㄧㄥˇㄔㄨㄤˊ ＝挺屍.
[挺秀] t'ǐnghsiù ㄊㄧㄥˇㄒㄧㄡˋ 뛰어나게 좋다. 몹시 좋다.
[挺胸凸肚] t'ǐnghsiūng-tiéhtù ㄊㄧㄥˇㄒㄩㄥ ㄉㄧㄝˊㄉㄨˋ 용감한 모양. 뻐기는 모양. 가슴과 배를 내밀다.
[挺立] t'ǐnglì ㄊㄧㄥˇㄌㄧˋ 똑바로 일어서다. 발딱 일어서다.
[挺拔] t'ǐngpá ㄊㄧㄥˇㄅㄚˊ ①뛰어나다. ②초목(草木)이 힘차게 잘 자라다. ③t'ǐngpa 굴하지 않다. (아랫도리가) 단단하다.
[挺不住] t'ǐngpuchù ㄊㄧㄥˇㄅㄨㄓㄨˋ 참을 수가 없다. ↔ 挺得住.
[挺身而出] t'ǐngshēnérhch'ū ㄊㄧㄥˇㄕㄣ ㄦˊㄔㄨ 용감히 맞서 나가다.
[挺屍] t'ǐngshīh ㄊㄧㄥˇㄕ ①시체가 굳어서 뻣뻣하다. ②자다.‹罵›「你還在一呀！；너는 아직도 자고 있느냐！」
[挺道] t'ǐngtào ㄊㄧㄥˇㄉㄠˋ (의복이나 옷감 따위가) 팽팽하다. ＝挺式.

[挺脫] t'ingt'ō ㄊㄧㄥˇㄊㄨㄛ ①팽팽하다. ②적당하다. 쾌적(快適)하다. > 挺挺脫脫.

[挺腰] t'ingyāo ㄊㄧㄥˇㄧㄠ ①허리를 똑바로 펴다. ②강경(強硬)한 태도로 나가다.

〔梃〕 t'ing ㄊㄧㄥˇ 곤봉(棍棒).

〔艇〕 t'ing ㄊㄧㄥˇ 경쾌한 작은 배.「汽一 : 모우터 보우트」

〔鋌〕 t'ing ㄊㄧㄥˇ 빨리 걸어 가는 모양.「一而走險 ; 부득이 위험을 무릅쓰다」

TIU ㄉㄧㄡ

〔丟〕 tiū ㄉㄧㄡ ①잃어 버리다. 분실하다.「鉛筆一了 ; 연필이 없어졌다」②내던지다. 방치하다. 내버려 두다.「這件事可以一開不管 : 이 일은 내버려 두고 상관하지 말라」

[丟棄] tiūch'ì ㄉㄧㄡㄑㄧˋ 포기하다. 던져 버리다.

[丟錢] tiū ch'ién ㄉㄧㄡㄑㄧㄢˊ ①돈을 잃어 버리다. ②(쓰거나 도둑맞거나 하여) 돈이 없어지다. ③(거지 따위에게) 돈을 던져 주다.

[丟丑] tiūch'ǒu ㄉㄧㄡㄔㄡˇ 창피를 당하다. 추태를 부리다.

[丟下] tiūhsia ㄉㄧㄡㄒㄧㄚ ①내버려 두다.「把要緊的事一了 ; 중요한 일을 내버려 두었다」②떨어지다. 떨어뜨리다.

[丟遜] tiūhsûn ㄉㄧㄡˋㄒㄩㄣˋ 창피를 당하다.《方》

[丟魂(兒)] tiūhún(rh) ㄉㄧㄡㄏㄨㄣˊ(ㄦ) ①넋을 잃다. ②깜짝 놀라다. 혼나다.

[丟人] tiūjěn ㄉㄧㄡㄖㄣˊ 면목을 잃다. 부끄럽게 생각하다.「多一一份兒人 ; 창피를 거듭하다」「給父親一 ; 아버지의 체면을 손상시키다」「一現世 ; 웃음거리가 되다」

[丟開] tiūk'ai ㄉㄧㄡㄎㄞ ①버리다. ②내버려 두다. 방치(放置)하다. ③상대하지 않다. ④(관계 따위를) 끊다.

[丟官] tiūkuān ㄉㄧㄡㄍㄨㄢ 관직을 잃다.

[丟光] tiūkuāng ㄉㄧㄡㄍㄨㄤ 깨끗이 잃다. 아무 것도 없이 되다.「什麼東西都一了 ; 모두 깨끗이 없애 버렸다」

[丟盔卸甲] tiūk'ueī-hsièhchiǎ ㄉㄧㄡㄎㄨㄟㄒㄧㄝˋㄐㄧㄚˇ 갑옷을 벗어 던지다. 패배하여서 당황하는 모양.《成》

[丟臉] tiūliěn ㄉㄧㄡㄌㄧㄢˇ 볼 낯이 없게 되다. 면목을 잃다.

[丟面子] tiū mièntzǔ ㄉㄧㄡㄇㄧㄢˋㄗ =丟臉.

[丟包袱] tiū pāofu ㄉㄧㄡㄅㄠㄈㄨ ①무거운 짐은 버리게 하다. ②부담을 없애다. ③나쁜 사상을 버리다.

[丟包術] tiūpāoshù ㄉㄧㄡㄅㄠㄕㄨˋ 살짝 바꾸다. =掉包兒.

[丟三拉四] tiūsān-làssǔ ㄉㄧㄡㄙㄢㄌㄚˋㄙˋ ①잘 잊다. ②일에 실수가 많다. =丟三落四. 丟三忘四.

[丟失] tiūshīh ㄉㄧㄡㄕ 분실하다.「一了錢包兒 : 지갑을 분실하였다」

[丟掉] tiūtiào ㄉㄧㄡㄉㄧㄠˋ ①잃어 버리다. 분실하다. ②제거하다. 던져 버리다.「一包袱 : ㉮무거운 부담을 벗다. ㉯사상적인 편향을 버리다」③헛되게 하다.

[丟體面] tiūt'imièn ㄉㄧㄡㄊㄧˇㄇㄧㄢˋ 체면을 더럽히다. 창피 당하다.

[丟頭落尾巴] tiūt'óu-làwěipa ㄉㄧㄡㄊㄡˊㄌㄚˋㄨㄟˇㄅㄚ 시작과 끝이 분명치 않고 희미하다. 어떤 일을 할 때 철저하지 못하고 주의력이 없는 모양.

[丟盹兒] tiūtǔnrh ㄉㄧㄡㄉㄨㄣˇㄦ 졸다.

[丟眼色] tiū yěnsè ㄉㄧㄡ ㄧㄢˇㄙㄜˋ 눈짓하다.

TO ㄉㄨㄛ

〔多〕 tō ㄉㄨㄛ ①(수량이) 많다.「人很一 ; 사람이 몹시 많다」②여분. 나머지. 남짓하다.「一年一 ; 일년 정도. 일년 남짓하다」③불필요한 일을 하다. ④(형용사 +"多了", 형용사 +"得多"의 형식으로) 몹시 …하다. 더욱 …하다.「好一了 ; 더욱 좋다」「難得一 ; 몹시 어렵다」⑤(경탄의 말 뜻을 내포하여) 어떻게. 어느 정도. 얼마나.「一好! ; 얼마나 멋 있느냐!」⑥(의문의 말뜻을 내포하여) 어떻게. 어느 정도.「有一大呢? ; 어느 정도 크냐?」

[多產] tōch'ǎn ㄉㄨㄛㄔㄢˇ 많이 만들다. 많이 생산하다.「一作家 ; 작품을 많이 만들어 낸 작가」

[多級火箭] tōchí huǒchièn ㄉㄨㄛㄐㄧˊㄏㄨㄛˇㄐㄧㄢˋ 여러 계단식 로켓(locket). =多節火箭.

[多情] tōch'íng ㄉㄨㄛㄑㄧㄥˊ 정감(情感)이 풍부하다. 다정하다.

[多久] tōchiǔ ㄉㄨㄛㄐㄧㄡˇ 얼마나 오래도록.「你等了一? ; 어느 정도 오래 기다렸니?」

[多愁善感] tōch'óu-shànkǎn ㄉㄨㄛㄔㄡˊㄕㄢˋㄍㄢˇ 다감(多感)하다.

[多種多收] tōchùng-tōshōu ㄉㄨㄛㄓㄨㄥˋㄉㄨㄛㄕㄡ 보다 많이 파종하고 보다 많이 수확하다.

[多兒多女] tōérh-tōnǔ ㄉㄨㄛㄦˊㄉㄨㄛㄋㄩˇ 아들이나 딸이 많다. 자식이 많다.

[多方] tōfāng ㄉㄨㄛㄈㄤ ①여러 가지 방법. ②다방면(多方面).

[多謝] tōhsièh ㄉㄨㄛㄒㄧㄝˋ 감사합니다.《人》

[多嫌] tōhsien ㄉㄨㄛㄒㄧㄢ 싫어서(마음에 들지 않아서) 가까이 하지 않다. 싫어서 배척하다.「你何必一着他? ; 너는 그 사람을 싫어할 필요는 없잖으냐?」

[多仙傳道] tōhsiēn ch'uántào ㄉㄨㄛㄒㄧㄢㄔㄨㄢˊㄉㄠˋ 차례로 펌프로 물을 높은 곳까지 퍼 올리는 방법.

[多心] tōhsīn ㄉㄨㄛㄒㄧㄣ ①의심하다. ②미리 앞날의 일을 생각하여 쓸 데 없이 근심하다. ③딴 생각을 가지다.

[多會兒] tōhuirh ㄉㄨㄛㄏㄨㄟㄦ, tóhuirh ①언제.「你一走? ; 너는 언제 출발할 테냐?」②어느 정도의 시간. 얼마 만큼의 시간.

[多一半] tōipàn ㄉㄨㄛㄧˊㄅㄢˋ ①절반 남

짓하다. ②대개. ③tō ípàn절반이 많다.

[多寡不等] tōkuǎ pùtěng ㄉㄨㄛㄍㄨㄚˇ ㄅㄨˋㄉㄥˇ 다소 불균등하다. 다소나마 균등하지 못하다.

[多，快，好，省] tō, k'uài, hǎo, shěng ㄉㄨㄛ，ㄎㄨㄞˋ，ㄏㄠˇ，ㄕㄥˇ 양은 많고, 시간은 빠르고, 품질은 좋고, 코스트(원가·생산비)는 절약된다.

[多管閑事] tōkuǎn hsiénshìh ㄉㄨㄛㄍㄨㄢˇ ㄒㄧㄢˊㄕˋ 필요 없는 참견을 하다. 공연히 참견하다.

[多虧] tōk'ueī ㄉㄨㄛㄎㄨㄟ 다행히도. 요행히도. 덕분으로. 「一你來得早；다행히도 너는 빨리 왔다」

[多勞多得] tōláo tōtê ㄉㄨㄛㄌㄠˊ ㄉㄨㄛㄉㄜˊ 많이 일한 사람은 많은 분배를 받는다.

[多禮] tōlǐ ㄉㄨㄛㄌㄧˇ 너무 친절하다. 예의를 잘 지키다. 「你太一了；너무 친절히 해 주셔서 죄송합니다. 친절하게 하셔서 감사합니다」

[多麼] tómê ㄉㄨㄛˊㄇㄜ ①얼마나. 어느 정도. 「一遠？；얼마나 머냐？」 ②(감탄의 어의를 가지고) 얼마나. 「他一勇敢！；그는 얼마나 용감하냐！」

[多面手] tōmiènshǒu ㄉㄨㄛㄇㄧㄢˋㄕㄡˇ 자기의 직업 이외의 일에도 일반적으로 잘 통달되어 있는 사람. 다방면으로 일에 대해서 능숙한 사람.

[多半(兒)] tōpàn(rh) ㄉㄨㄛㄅㄢˋ(ㄦ) ①대다수(大多數). 대부분. 대개. ②과반수(過半數).

[多邊協定] tōpiēn hsiéhtìng ㄉㄨㄛㄅㄧㄢ ㄒㄧㄝˊㄉㄧㄥˋ 다각 협정(多角協定).

[多兒錢] tōrhch'ién ㄉㄨㄛㄦㄑㄧㄢˊ (값이)얼마냐？ 「一一個？；한 개에 얼마냐？」

[多少] tōshao ㄉㄨㄛㄕㄠ ①약간. 몇몇. 다소. 「有一人？；몇 사람이나 있느냐？」 「要一？；몇 개가 필요하냐？」 「一錢？；(값이)얼마냐？」 ②몹시 많다. 「我受過一欺侮；나는 몹시 천대를 받았다」 ③tōshao ＝多麼. ④tōshǎo ㉮다소(多少). ㉯많고 적음. ㉰많든 적든. ㉱어느 편으로 하더라도.

[多事] tōshìh ㄉㄨㄛㄕˋ ①일이 많다. 다사하다. 「一之秋；다사스러운 시기」 ②쓸 데 없는 일을 한다. 「你別一，我自己去做；쓸 데 없는 일을 하지 말라, 내 자신이 하겠다」

[多是] tōshìh ㄉㄨㄛㄕˋ ①아마. 대개. ②모두. 전연(全然).

[多說] toshuō ㄉㄨㄛㄕㄨㄛ ①쓸 데 없이 말을 하다. 「一一句；쓸 데 없이 말을 한 마디 하다」 ②필요 없는 말을 늘어 놓다. 말이 많다. 「別一了；필요 없는 말을 하지 말라」

[多大] tótà ㄉㄨㄛˊㄉㄚˋ ①얼마나 크냐？ 「這間屋子一？；이 방은 어느 정도 넓으냐？」 「一歲數兒？；어느 정도의 연령이냐？나이가 몇 살이냐？」 ②몹시. 「一幸福；얼마나 행복하랴」 ③(부정사를 수반하고) 그렇게 대단히. 별로 그다지. 「我等着他不是一的工夫；내가 그를 기다린 것은 그다지 오랜 시간은 아니었다」 「他沒有一的財產；그는 별로 큰 재산은 없었다」

[多刀切削法] tōtāo ch'iēhhsiāofǎ ㄉㄨㄛㄉㄠ ㄑㄧㄝㄒㄧㄠㄈㄚˇ 다도 절삭법. 여러 개의 칼날을 장치한 틀에 함께 재료를 넣고 깎거나 자르는 방법.

[多得] tōtê ㄉㄨㄛㄉㄜˊ 다행스럽게도. 다행하게도.

[多多益善] tōtōìshàn ㄉㄨㄛㄉㄨㄛㄧˋㄕㄢˋ 많으면 많을수록 좋다. 《成》

[多多少少] tōtōshǎoshǎo ㄉㄨㄛㄉㄨㄛㄕㄠˇㄕㄠˇ 많든 적든 간에. 어쨌든.

[多頭] tōt'óu ㄉㄨㄛㄊㄡˊ (증권 시장 따위에서 시세가 오를 것을 예상하고) 다량으로 사는 사람.

[多頭兒] tōt'ourh ㄉㄨㄛㄊㄡㄦ 나머지. 여분.

[多咱] tōtsan ㄉㄨㄛㄗㄢ, tótsan 언제. 어느 때. ＝多喒.

[多早晚兒] tótsáowǎnrh ㄉㄨㄛˊㄗㄠˊㄨㄢˇㄦ ＝多喒.

[多嘴] tōtsuǐ ㄉㄨㄛㄗㄨㄟˇ ①쓸 데 없는 말을 하다. 필요 이상의 말을 하다. ②쓸 데 없는 말 참견하다. 「官廳兒的事，我不便一；관청 일에 말 참견하는 것은 좋지 않다」

[多端] tōtuān ㄉㄨㄛㄉㄨㄢ 다단(多端)하다. 해결책이 많다. 다양(多樣)하다. 「變化一；변화가 다양하다」 「作惡一；온갖 나쁜 짓을 한다」

[多此一舉] tōtz'ǔichǔ ㄉㄨㄛㄘˇㄧˋㄐㄩˇ 그와 같은 일은 쓸 데 없는 짓이다. 「何必一；하필이면 이런 쓸 데 없는 일은 안해도」

[多詞兒] tōtz'ǔrh ㄉㄨㄛㄘˊㄦ ①말이 많다. 수다장이. ②충분한 이유가 있다. ③말참견하다.

[多樣化] tōyànghuà ㄉㄨㄛㄧㄤˋㄏㄨㄚˋ ①다양화. ②종류를 다양하게 하다. 여러 가지로 하다. 「把食堂裏的菜一；식당 요리 종류를 여러 가지로 하다」

[多餘] tōyǘ ㄉㄨㄛㄩˊ 여분의. 쓸 데 없는. 남은 「一的時間；필요 없는 시간. ＝多裕.

〔咄〕 tō ㄉㄨㄛ 남을 꾸짖는 말. 야！ 이놈！ 「一！何事！；이게 무슨 짓이냐！」

[咄咄] tōtō ㄉㄨㄛㄉㄨㄛ (놀라며 꾸짖을 때의) 참！ 「一怪事；참 괴상한 일이다」

〔哆〕 tō ㄉㄨㄛ

[哆嗦] tōso ㄉㄨㄛㄙㄨㄛ 부들부들 떨다. ＞哆哆嗦嗦. 「冷得直一；추워서 부들부들 떨다.

[哆子] tōtzǔ ㄉㄨㄛㄗ 진한 액체 같은 물방울을 세는 조수사(助數詞). 「一一泥；한 방울의 흙탕」

〔度〕 tó ㄉㄨㄛˊ 추측하다. 「一量；추측하다」 ⇨tù.

[度德量力] tótê-liànglì ㄉㄨㄛˊㄉㄜˊㄌㄧㄤˋㄌㄧˋ 인격이나 역량을 추측하다. 인격이나 역량을 생각해 보다.

〔掇〕 tó ㄉㄨㄛˊ 떨어진 물건을 줍다.

[掇弄] tónung ㄉㄨㄛˊㄋㄨㄥ ①조롱하다. 놀리다. ②꾀다. 달콤한 말로 상대방을 교사하다. ③수리하다. ＞掇掇弄弄.

〔奪〕(夺) tó ㄉㄨㄛˊ ①빼앗다. 약탈하다.「把敵人的槍一過來; 적군의 총을 약탈하여 오다」②승리하여 빼앗다.「一錦標; 우승기를 차지하다」
[奪錦] tóchǐn ㄉㄨㄛˊㄐㄧㄣˇ =奪標.
[奪眶而出] tók'uàng'ěrhch'ū ㄉㄨㄛˊㄎㄨㄤˋㄦˊㄔㄨ (눈물이)억수처럼 흘러 나오다.「熱淚不禁一; 생각지도 않던 뜨거운 눈물이 몹시 쏟아져 나오다」
[奪門而入] tóměněrhjù ㄉㄨㄛˊㄇㄣˊㄦˊㄖㄨˋ 문을 부수듯이 난폭하게 열고 들어오다.
[奪目] tómù ㄉㄨㄛˊㄇㄨˋ 눈부시다.「光輝一; 빛이 눈부시다」
[奪標] tópiāo ㄉㄨㄛˊㄅㄧㄠ 우승하다.「一賽; 우승 시합(優勝試合)」
[奪得] tótě ㄉㄨㄛˊㄉㄜˊ 빼앗다. 약탈하다. 이겨서 차지하다.「勝利地一了大豊收; 성공적으로 풍작을 거두었다」
[奪彩] tóts'ǎi ㄉㄨㄛˊㄘㄞˇ =奪標.

〔裰〕 tó ㄉㄨㄛˊ (의복을) 깁다. 수선하다.「直一; 중이나 도사(道士)가 입는 의복」

〔踱〕 tó ㄉㄨㄛˊ 천천히 걷다.「在街上一着; 거리를 산책하다」
[踱回] tóhuí ㄉㄨㄛˊㄏㄨㄟˊ 천천히 되돌아가다.
[踱來踱去] tólái tóch'ǖ ㄉㄨㄛˊㄌㄞˊ ㄉㄨㄛˊㄑㄩˋ 천천히 왔다 갔다 하다.

〔鐸〕 tó ㄉㄨㄛˊ ①옛날에 정치나 종교의 영(令)을 내릴 때에 사용하던 요령(鐃鈴). ②목탁.

〔朵〕(朶) tǒ ㄉㄨㄛˇ ①꽃잎. 꽃봉오리. ②꽃이나 뭉게뭉게 구름처럼 뭉쳐 있는 것을 세는 데 쓰는 조수사.「兩一雲彩; 두 점의 구름」

〔垛〕(垜) tǒ ㄉㄨㄛˇ「一子; 진흙과 벽돌로 구축해 놓은 은폐물. ⇨tò.
[垛口] tǒk'ou ㄉㄨㄛˇㄎㄡ 성벽이나 돌·벽돌 담 꼭대기의 "凹"형으로 되어 있는 곳.
[垛子] tǒtzǔ ㄉㄨㄛˇㄗ ①활 쏘기에서 과녁을 세워 놓는 데에 쌓아 놓은 흙. ②흙이나 벽돌을 쌓아 놓은 차폐물(遮蔽物). ②성벽이나 문기둥·담 따위의 꼭대기에 "凸" 처럼 나온 부분.

〔躲〕 tǒ ㄉㄨㄛˇ ①몸을 숨기다.「一在家裏; 집 안에서 숨다」②피하다. 옆으로 비키다. 도망가다.「一雨; 비를 피하다」
[躲債] tǒchài ㄉㄨㄛˇㄓㄞˋ =躲賬.
[躲賬] tǒchàng ㄉㄨㄛˇㄓㄤˋ 빚 받으러 온 사람을 피하다.
[躲開] tǒk'ai ㄉㄨㄛˇㄎㄞ (몸을) 피하다. 비키다.
[躲懶(兒)] tólǎn(rh) ㄉㄨㄛˊㄌㄢˇ(ㄦ) 게으름 피우다. 꾀를 부리다.
[躲避] tǒpì ㄉㄨㄛˇㄅㄧˋ 도피하다. 피하다. 도망하다. ＞躲躲避避.
[躲閃] tóshǎn ㄉㄨㄛˊㄕㄢˇ 고개를 돌려 살짝 피하다.
[躲身] tǒshěn ㄉㄨㄛˇㄕㄣ 피하다. 몸을 살짝 피하다.
[躲藏] tǒts'áng ㄉㄨㄛˇㄘㄤˊ 도망쳐 숨다. 피하다. =藏躲. ＞躲躲藏藏.

〔剁〕 tò ㄉㄨㄛˋ 난도질하다. 잘게 자르다.
[剁餡(兒)] tòhsièn(rh) ㄉㄨㄛˋㄒㄧㄢˋ(ㄦ) ①고기 따위를 난도질하여 만두나 떡 같은 데 넣는 소. ②tò hsièn ㄉㄨㄛˋ ㄒㄧㄢˋ 고기가 든 소를 칼로 잘게 난도질하다.
[剁肉] tòjòu ㄉㄨㄛˋㄖㄡˋ ①잘게 썬 고기. ②고기를 난도질하다.
[剁爛] tòlàn ㄉㄨㄛˋㄌㄢˋ 원형(原形)을 찾아볼 수 없을 정도로 난도질하다.
[剁碎] tòsuì ㄉㄨㄛˋㄙㄨㄟ 산산 조각으로 부수다.

〔垛〕(垜) tò ㄉㄨㄛˋ ①(농작물·벽돌·기와 따위를) 쌓아 올린 물건.「麥一; 쌓아 놓은 보리 더미」②쌓아 놓은 더미를 세는 조수사.「一一磚; 한 더미의 벽돌」③차곡차곡 더미를 가리다. 차곡차곡 쌓아 놓다.「柴火一得比房還高; 땔나무 더미가 집보다도 더 높이 쌓여 있다」⇨tǒ.

〔舵〕 tò ㄉㄨㄛˋ 배나 비행기 따위의 「키.
[舵車] tòch'ě ㄉㄨㄛˋㄔㄜ 타륜(舵輪). 핸들(handle).
[舵杆] tòkān ㄉㄨㄛˋㄍㄢ =舵把.
[舵工] tòkūng ㄉㄨㄛˋㄍㄨㄥ 조타수(操舵手). 기관사.
[舵樓] tòlóu ㄉㄨㄛˋㄌㄡˊ 배의 후미에 있는 갑판. 선미루(船尾樓).
[舵輪] tòlún ㄉㄨㄛˋㄌㄨㄣˊ ①(자동차의) 핸들(handle). ②타륜.
[舵把] tòpǎ ㄉㄨㄛˋㄅㄚˇ 키의 손잡이.
[舵手] tòshǒu ㄉㄨㄛˋㄕㄡˇ ①타수(舵手). ②지도자.

〔惰〕 tò ㄉㄨㄛˋ 게으르다. 태만하다.
[惰性] tòhsìng ㄉㄨㄛˋㄒㄧㄥˋ ①타성 게으른 성질. ②관성(慣性).
[惰輪] tòlún ㄉㄨㄛˋㄌㄨㄣˊ 기계의 회전축에 붙여 회전을 일정하게 하기 위한 큰 바퀴.

〔跺〕(跥) tò ㄉㄨㄛˋ (힘을 주어서) 제자리 걸음을 하다.「氣的直一脚; 화가 나서 발을 동동 구르다」
[跺脚] tò chiǎo ㄉㄨㄛˋ ㄐㄧㄠˇ ①발을 터벅거리다. ②발에 힘을 주어 차다.
[跺躂] tòta ㄉㄨㄛˋㄉㄚ 발을 허둥지둥하다. 발을 허둥대다.
[跺土] tòt'ǔ ㄉㄨㄛˋㄊㄨˇ 발을 탁탁 구르며 흙을 털다.

〔墮〕(堕) tò ㄉㄨㄛˋ (좋지 못한 결과로)떨어지고 말다.「一地; 추락(墜落)하다」
[墮落] tòlò ㄉㄨㄛˋㄌㄨㄛˋ ①타락하다. ②(정치가) 부패하다.
[墮于] tòyǘ ㄉㄨㄛˋㄩˊ …에 떨어지다.「一海中; 바다 속으로 떨어지다」「一破

產狀態；파산 상태에 빠지다」

T'O ㄊㄨㄛ

〔托〕(託④~⑥) t'ō ㄊㄨㄛ ①손바닥으로 물건을) 받다. 올려 놓다. 「一在掌上；손바닥 위에 올려 놓다」 ②아래에 깔다.「下邊一上一層紙；밑에 종이 한 장을 깔다」 ③아랫것에 의하여 윗것을 두드러지게 하다. 「烘雲一月；구름에 의하여 달을 두드러지게 하다」 ④「一兒；물건을 올려 놓거나 담아 놓는 기물(器物)」「茶一兒 ; 차탁(茶托)」 ⑤맡기다. 짐을 맡기다.「一兒所； 탁아소」⑥남에게 대행(代行) 시키다. 맡기다. 부탁하다.「一你買本書；너에게 책을 한 권 사도록 부탁한다」 ⑦핑계 삼다. 구실 삼다.「一病；병을 핑계 삼다」

[托寄] t'ōchì ㄊㄨㄛㄐㄧˋ 맡기다. 부탁하다.

[托交] t'ōchiāo ㄊㄨㄛㄐㄧㄠ 친구가 되다. 사귀다.

[托情(兒)] t'ōch'íng(rh) ㄊㄨㄛㄑㄧㄥˊ(ㄦ) 정실(情實)에 의하여 부탁을 하다.

[托船] t'ōch'uán ㄊㄨㄛㄔㄨㄢˊ 예인선(曳引船): 배를 끄는 배.

[托床(兒)] t'ōch'uáng(rh) ㄊㄨㄛㄔㄨㄤˊ(ㄦ) 썰매.

[托付] t'ōfu ㄊㄨㄛㄈㄨ ①부탁하다. 의뢰하다. ②t'ōfù 지불(支拂)을 의뢰하다.

[托福] t'ōfú ㄊㄨㄛㄈㄨˊ 덕분으로. 당신의 덕택으로.

[托人情] t'ōjénch'íng ㄊㄨㄛ ㄖㄣˊㄑㄧㄥˊ (돈 따위를 준다든가) 편의(便宜)를 도모하여 주도록 부탁하다.

[托故] t'ōkù ㄊㄨㄛㄍㄨˋ 일을 핑계 삼다.

[托管制] t'ōkuǎnchìh ㄊㄨㄛㄍㄨㄢˇㄓˋ 국제 관리제도 : 국제 연합 헌장이 규정하는 제도의 한 가지.

[托賴] t'ōlài ㄊㄨㄛㄌㄞˋ ①남의 덕분으로. ②부탁하다. 의뢰하다.

[托懶兒] t'ōlǎnrh ㄊㄨㄛㄌㄢˇㄦ (핑계 삼아) 게으름을 피우다.

[托領] t'ōlǐng ㄊㄨㄛㄌㄧㄥˇ 깃에 다는 칼라 따위.

[托夢] t'ōmèng ㄊㄨㄛㄇㄥˋ 꿈속에 신불(神佛) 따위가 나타나서 어떤 일을 고하다.

[托墨] t'ōmò ㄊㄨㄛㄇㄛˋ (종이에) 먹이 잘 묻다.

[托盤] t'ōp'ánㄊㄨㄛㄆㄢˊ 쟁반.「水果一 과일을 담아 놓는 그릇. 과일쟁반」

[托庇] t'ōpì ㄊㄨㄛㄅㄧˋ =托福.

[托生] t'ōshēng ㄊㄨㄛㄕㄥ ①다른 것으로 다시 태어 나다. ②곤경에서 빠져 나오다.

[托熟] t'ōshú ㄊㄨㄛㄕㄨˊ ①(처음 보는 사람에게) 친한 체하면서 예의를 차릴 줄 모른다. ②(그다지 친밀하지 못한 사람에게) 친한 손님인 체하다.

[托帶] t'ōtài ㄊㄨㄛㄉㄞˋ 남의 일로 고생을 하다. 괴로움을 끼치다. =拖累.

[托宕] t'ōtàng ㄊㄨㄛㄉㄤˋ (시간이나 기한을) 연장시키다.

[托底] t'ōtǐ ㄊㄨㄛㄉㄧˇ 의지하다. 의뢰하다.

[托子] t'ōtzǔ ㄊㄨㄛㄗ ①차탁. 코오피나 차잔을 받쳐 놓는 접시. ②의자 따위의 팔꿈치를 올려 놓게 만든 곳.

[托辭] t'ōtz'ǔ ㄊㄨㄛㄘˊ 핑계를 하다. 구실을 삼다.

〔拖〕 t'ō ㄊㄨㄛ ①땅에 닿게 질질 끌다.「一車；차를 질질 끌다」②닦다. 씻다.「一地板；걸레질하다」 ③연장시키다. 지연시키다.「這件事應赶快結束, 不能再一；이 문제는 빨리 결말을 지어야지, 이 이상 더 지연시킬 수는 없다」

[拖車] t'ōch'ē ㄊㄨㄛㄔㄜ 트레일러(trailer).

[拖欠] t'ōch'ièn ㄊㄨㄛㄑㄧㄢˋ 반제(返濟)를 지연시키다. 정한 기한이 지나도 갚지 않고 그냥 두다.

[拖進] t'ōchìn ㄊㄨㄛㄐㄧㄣˋ 끌어 넣다.「把國家一了戰爭；국가를 전쟁으로 끌어 들이다」

[拖入] t'ōjù ㄊㄨㄛㄖㄨˋ 끌어 들이다. 몰아 넣다.

[拖後腿] t'ōhòut'uǐ ㄊㄨㄛㄏㄡˋㄊㄨㄟˇ (비유적으로) 다리를 끌어 당기다.

[拖鞋] t'ōhsiéh ㄊㄨㄛㄒㄧㄝˊ 슬리퍼(slipper).

[拖回] t'ōhuí ㄊㄨㄛㄏㄨㄟˊ 되돌려 보내다.

[拖人下水] t'ōjén hsiàshuǐ ㄊㄨㄛㄖㄣˊ ㄒㄧㄚˋㄕㄨㄟˇ 사람을 가두어 나쁜 짓을 시키는 일.《成》

[拖拉] t'ōlā ㄊㄨㄛㄌㄚ ①잡아 당기다. >拖拖拉拉. ②우물쭈물하다. 느릿느릿하다.

[拖拉機] t'ōlāchī ㄊㄨㄛㄌㄚㄐㄧ 트랙터(tractor).

[拖拉斯] t'ōlāssū ㄊㄨㄛㄌㄚㄙ 트러스트(trust): 자본의 합동·경영 관리의 공동·시장의 독점 등을 목적으로 삼는 기업가의 합동. 독립적 기업 합동.

[拖累] t'ōlěi ㄊㄨㄛㄌㄟˇ 남의 일로 고생을 하다. 폐를 끼치다.

[拖泥帶水] t'ōní-tàishuǐ ㄊㄨㄛㄋㄧˊ ㄉㄞˋ ㄕㄨㄟˇ ①(동작이나 말 따위가) 활발하지 못하다. 우물쭈물하다.「他說話少不了"如果", 太一；그 사람의 이야기에는 틀림없이 "만약"이란 말이 따르고 몹시 불명확하다」 ②(성질이) 야무진 데가 없다. 느릿느릿하다.

[拖把] t'ōpǎ ㄊㄨㄛㄅㄚˇ 대형(大型)의 마루 걸레.

[拖扳] t'ōpān ㄊㄨㄛㄅㄢ 새들. 안장.

[拖駁] t'ōpó ㄊㄨㄛㄅㄛˊ (끌리는 쪽의) 예인선.

[拖實] t'ōshíh ㄊㄨㄛㄕˊ 염치 없이 굴다. 사양하지 않다.

[拖沓] t'ōt'à ㄊㄨㄛㄊㄚˋ ①(일을) 지연시키며 하지를 않다. ②우물쭈물하다. >拖拖沓沓.

[拖倒] t'ōtǎo ㄊㄨㄛㄉㄠˇ 끌어 넘어뜨리다.

[拖帶] t'ōtài ㄊㄨㄛㄉㄞˋ ①남의 죄·재난·사건 따위에 말려 들게 하다. ②관련되다.

[拖曳] t'ōyèh ㄊㄨㄛㄧㄝˋ 차·선박·인력으로) 끌다. (힘을 주어서) 끌다.

[拖延] t'ōyén ㄊㄨㄛㄧㄢˊ 연장시키다. 지

연시키다.「一時間；시간을 연장시키다」＞拖拖延延.
[拖運] t'ōyǜn ㄊㄨㄛㄩㄣˋ (배나 차량으로) 운반하다.
[拖油瓶] t'ōyúp'íngㄊㄨㄛㄧㄡˊㄆㄧㄥˊ 재혼한 부인이 데리고 온 자식. 의붓자식.

〔脫〕 t'ō ㄊㄨㄛ ①이탈하다. 떨어지다.「一皮；탈피」②빠지다. 누락되다.「這中間一去了兒個字；이 사이에 수자(數字)의 탈락이 있다」③벗다.「一衣裳；의복을 벗다」④만약. 가령.「一有不幸，…；만약에 불행한 일이 있으면…」
[脫產] t'ōch'ǎn ㄊㄨㄛㄔㄢˇ 생산 직장을 떠나다.
[脫期] t'ōch'ī ㄊㄨㄛㄑㄧ ①기일을 어기다. ②정기 간행물(定期刊行物)의 발행이 일부 누락되다.
[脫節] t'ōchiéh ㄊㄨㄛㄐㄧㄝˊ 연관성을 잃다. 연접하지 않다. ②탈구(脫臼)하다.
[脫肩] t'ōchiēn ㄊㄨㄛㄐㄧㄢ ＝脫卸.
[脫髮] t'ōfà ㄊㄨㄛㄈㄚˋ 머리가 빠지다. 탈모되다.
[脫肥] t'ōféi ㄊㄨㄛㄈㄟˊ 모종(苗種)에 비료 부족의 현상이 나타나다. 비료기기 없다.
[脫下] t'ōhsia ㄊㄨㄛㄒㄧㄚ 벗다. 벗어 버리다.「一衣服；의복을 벗다」
[脫銷] t'ōhsiāo ㄊㄨㄛㄒㄧㄠ 매진(賣盡)되다. 다 팔리다.
[脫孝] t'ōhsiào ㄊㄨㄛㄒㄧㄠˋ 상(喪)을 벗다. 상복(喪服)을 벗다.
[脫卸] t'ōhsièh ㄊㄨㄛㄒㄧㄝˋ 어깨의 짐을 내려 놓다. 책임을 다하다.
[脫險] t'ōhsiěn ㄊㄨㄛㄒㄧㄢˇ 위험을 피하다.
[脫心靜兒] t'ōhsīnchìngrh ㄊㄨㄛㄒㄧㄣㄐㄧㄥˋㄦ 무사주의(無事主義)로 책임 있는 일을 안하는 일.
[脫開] t'ōk'ai ㄊㄨㄛㄎㄞ 떨어지다. 이탈(離脫)하다.
[脫口而出] t'ōk'ǒuérhch'ū ㄊㄨㄛㄎㄡˇㄦˊㄔㄨ 말이 입에서 나오는 대로 함부로 하다. 무의식 중에 말이 나오다.
[脫光] t'ōkuāng ㄊㄨㄛㄍㄨㄤ (의복 따위를) 홀랑 벗다.
[脫軌] t'ōkueǐ ㄊㄨㄛㄍㄨㄟˇ 탈선(脫線)하다.
[脫空兒] t'ōk'ùngrh ㄊㄨㄛㄎㄨㄥˋㄦ 시간을 변통하다. 틈을 내다.
[脫懶] t'ōlǎn ㄊㄨㄛㄌㄢˇ 게으름을 피우다. 꾀를 부리다. 「다.
[脫離] t'ōlí ㄊㄨㄛㄌㄧˊ 이탈하다. 떨어지
[脫粒] t'ōlì ㄊㄨㄛㄌㄧˋ 탈곡(脫穀)하다.「一機；탈곡기」
[脫籠] t'ōlúng ㄊㄨㄛㄌㄨㄥˊ 도망치다.
[脫盲] t'ōmáng ㄊㄨㄛㄇㄤˊ 문맹(文盲)에서 벗어나다.
[脫難] t'ōnàn ㄊㄨㄛㄋㄢˋ 재난에서 벗어나다. 화를 면하다.
[脫班] t'ōpān ㄊㄨㄛㄅㄢ ①반(班)이나 클럽에서 이탈하다. ②(기차나 뻐스 따위의) 차를 놓치다.
[脫坯] t'ōp'ī ㄊㄨㄛㄆㄧ (구들을 놓을) 흙벽돌을 만들다.
[脫梢] t'ōshāo ㄊㄨㄛㄕㄠ 꼬리를 감추다. 미행에 대하여 자취를 감추다.
[脫身] t'ōshēn ㄊㄨㄛㄕㄣ 몸을 피하다.
[脫手] t'ōshǒu ㄊㄨㄛㄕㄡˇ ①손을 놓다. ②물품을 팔아 넘기다.
[脫胎(兒)] t'ōt'āi(rh) ㄊㄨㄛㄊㄞ(ㄦ) 남의 작품을 형식만 바꾸어서 모방하다.
[脫逃] t'ōt'áo ㄊㄨㄛㄊㄠˊ 탈주(脫走)하다.
[脫誤] t'ōwù ㄊㄨㄛㄨˋ ①탈락과 과오. ②누락. 잘못 쓰다.
[脫穎而出] t'ōyǐngérhch'ū ㄊㄨㄛㄧㄥˇㄦˊㄔㄨ 주머니 속에 있는 송곳 끝이 주머니를 뚫고 나온다 : 재주가 있는 사람은 쉽게 그 재능이 표면에 나타날 수 있다는 말. 낭중지추(囊中之錐). ‹成›

〔坨〕 t'ó ㄊㄨㄛˊ 노천에 쌓아둔 소금.

〔陀〕 t'ó ㄊㄨㄛˊ
[陀螺] t'óló ㄊㄨㄛˊㄌㄨㄛˊ 팽이.

〔柁〕 t'ó ㄊㄨㄛˊ 들보 : 가옥의 앞뒤의 기둥 사이에 가로 놓는 나무.

〔砣〕 t'ó ㄊㄨㄛˊ 저울의 분동(分銅). 저울의 추.「碾一；돌로 만든 절굿공이」

〔酡〕 t'ó ㄊㄨㄛˊ 술에 취하여 얼굴이 빨갛게 되다.

〔馱〕 t'ó ㄊㄨㄛˊ (주로 짐승의) 등에 사람이나 짐을 태우거나 싣다.「那匹馬一着兩袋糧食；저 말은 곡식을 두 포대(包袋) 등에 싣고 있다」⇨tò.
[馱運] t'óyǜn ㄊㄨㄛˊㄩㄣˋ 가축에게 짐을 실어 나르다.

〔駝〕 t'ó ㄊㄨㄛˊ 곱사등이. 꼽추.「一背；곱사등이」
[駝峰] t'ófēng ㄊㄨㄛˊㄈㄥ 낙타의 혹(물주머니).
[駝絨] t'ójúng ㄊㄨㄛˊㄖㄨㄥˊ 낙타의 털.
[駝毛] t'ómáo ㄊㄨㄛˊㄇㄠˊ 낙타의 털.
[駝子] t'ótzǔ ㄊㄨㄛˊㄗ 곱사등이.

〔鴕〕 t'ó ㄊㄨㄛˊ「一鳥；타조」

〔橐〕 t'ó ㄊㄨㄛˊ 포대(包袋)의 한 가지로 중앙에 주둥이가 있고 양쪽에 물건이 들어가도록 되어 있음.

〔妥〕 t'ǒ ㄊㄨㄛˇ ①적당하다. 온당하다.「已經商量一了；이미 다 합의를 보았다」
[妥洽] t'ǒch'ià ㄊㄨㄛˇㄑㄧㄚˋ ①의견이 꼭 들어 맞다. ②타협(妥協)하다.
[妥靠] t'ǒk'ào ㄊㄨㄛˇㄎㄠˋ 온당(穩當)하고 신용할 수 있다.
[妥善] t'ǒshàn ㄊㄨㄛˇㄕㄢˋ 타당하다. 말할 나위 없다.
[妥實] t'ǒshíh ㄊㄨㄛˇㄕˊ 타당하고 확실하다.
[妥當] t'ǒtang ㄊㄨㄛˇㄉㄤ 타당하다. 온당하다. ＞妥妥當當.
[妥帖] t'ǒt'ieh ㄊㄨㄛˇㄊㄧㄝ 온당 적절하다. ＞妥妥帖帖.
[妥定] t'ǒtìng ㄊㄨㄛˇㄉㄧㄥˋ 안정성이 있고 침착하다.

〔庹〕 t'ŏ ㄊㄨㄛˇ 양팔을 벌린 길이(발: 약 1.7미터.)

〔橢〕(椭) t'ŏ ㄊㄨㄛˇ 타원(橢圓). 「一圓 ; 타원」

〔拓〕 t'ŏ ㄊㄨㄛˋ 개척(開拓)하다. 넓히다. ⇨t'à.

〔柝〕(欜) t'ŏ ㄊㄨㄛˋ 야경을 돌 때에 쓰는 방망이. 딱다기.

〔唾〕 t'ŏ ㄊㄨㄛˋ ①침. 타액(唾液). ②침을 뱉다.

[唾棄] t'ŏch'ì ㄊㄨㄛˋㄑㄧˋ 경멸해 버리다.

[唾罵] t'ŏmà ㄊㄨㄛˋㄇㄚˋ 화가 치밀게 욕을 하다.

[唾沫] t'ŏmo ㄊㄨㄛˋㄇㄛ 침. 입에서 나오는 타액.

[唾手可得] t'ŏshŏu k'ŏtê ㄊㄨㄛˋㄕㄡˇㄎㄜˇㄉㄜˊ 쉽사리 손안에 넣을 수가 있다.

TOU ㄉㄡ

〔哹〕 tōu ㄉㄡ 남을 꾸짖을 때에 쓰이는 말: 백화 소설(白話小說)이나 희곡(戲曲) 등에 쓰임. 「一! 你這賊子! ; 이 자식아!」

〔都〕 tōu ㄉㄡ ①모두. 다. 어느 것이나. 「他們一來了 ; 그네들은 모두 왔다」 ②벌써. 몽땅. 이미: 흔히 완료형(完了形)에 쓰임. 「一十二點了 ; 벌써 12시가 되었구나」 ③…조차도. …일지라도. …까지도. 흔히 "連"자와 어울림. 「連小孩子一知道 ; 어린 아이조차도 다 알고 있다」 ⇨tū.

〔兜〕 tōu ㄉㄡ ①「一子·一兒 ; 호주머니. 자루. 봉투 따위」 「衣一 ; (의복의) 호주머니」 ②보자기에(묶지 않고) 싸 들다. 「用手巾一着 ; 손수건에 넣어 들고 있다」 ③바람을 받다. 바람을 안다. 「一風 ; 바람을 쏘이다. 드라이브하다」 ④모두 떠맡다. 「一買賣 ; 장사를 혼자 도맡다」 ⑤에워싸다. 둘러치다. 「一捕 ; 포위해서 잡다」 ⑥박다. 끼우다.

[兜抄] tōuch'āo ㄉㄡㄔㄠ 포위하다.

[兜起] tōuch'i ㄉㄡㄑㄧ 두 손으로 들어올리다. 「一褲子 ; 바지를 두 손으로 치켜 올리다」

[兜圈子] tōuch'üāntzŭ ㄉㄡㄑㄩㄢㄗ ①빈둥거리다. 빈들거리다. ②빙그르르 돌다. ③길을 돌아서 가다. 우회(迂回)하다. ④(말이나 하는 일이) 민첩하지 못하고 답답하다. 「다.

[兜剿] tōuchiăo ㄉㄡㄐㄧㄠˇ 포위 공격하

[兜翻] tōufan ㄉㄡㄈㄢ ①옛 이야기를 끄집어 내다. ②남의 지나간 잘못을 헐뜯다. 남의 흠을 들추어 내다.

[兜銷] tōuhsiāo ㄉㄡㄒㄧㄠ ＝兜售.

[兜跟頭] tōu kēnt'ou ㄉㄡ ㄍㄣㄊㄡ (발에 물건이 걸려서) 넘어지다. 「叫繩一了一個跟頭 ; 새끼에 걸려서 넘어졌다」

[兜客] tōuk'ŏ ㄉㄡㄎㄜˋ 손님을 끌다. 손님을 받다.

[兜攬] tōulăn ㄉㄡㄌㄢˇ ①독점하다. 모두 떠맡다. 「一生意 ; 상업을 독점하다」 ②(상점 같은 곳에서 손님을) 부르다.

[兜繩] tōushĕng ㄉㄡㄕㄥˊ ①새끼가 헝클어지다. ②줄넘기를 하다.

[兜生意] tōu shēngi ㄉㄡㄕㄥㄧ (상업에서) 독점하다. ＝兜買賣.

[兜售] tōushòu ㄉㄡㄕㄡˋ 총판매하다. 총도매하다.

[兜搭] tōuta ㄉㄡㄉㄚ ①접근하다. ②격의(隔意) 없이 사귀다. ③남녀가 관계를 맺다. ＞兜兜搭搭.

[兜底(兒)] tōutì(rh) ㄉㄡㄉㄧˇ(ㄦ) ①비밀을 폭로하다. ②철저하게 하다. 「這麼一來, 他一着底變了 ; 이렇게 되니까 그는 철저히 변하고 말았다」 「말.

[兜兜] tōutou ㄉㄡㄉㄡ "兜肚"의 어린이

[兜肚] tōutu ㄉㄡㄉㄨ 배 두렁이.

[兜嘴] tōutsui ㄉㄡㄗㄨㄟˇ ①부리망. ②tōu tsui 가축에 부리망을 씌우다.

[兜子] tōutzŭ ㄉㄡㄗ ①호주머니. ②＝兜肚. ③돈주머니. 돈자루. ④가마.

〔篼〕 tōu ㄉㄡ ①「一子 ; 대로 만든 간단한 가마」 ②대로 만든 그릇.

〔蔸〕 tōu ㄉㄡ

[蔸距] tōuchù ㄉㄡㄐㄩˋ 보리나 벼 따위의 포기와 포기의 간격. 포기 넓이.

〔斗〕 tŏu ㄉㄡˇ ①용량의 단위: 말(斗). ②한 말들이의 말. ③(작은 것을 크게 형용하여) 커다란. 「一膽 ; 말(斗)만한 간덩이」 ④(큰 것을 작게 표현하여) 작은. 「一室 ; 말(斗)만한 방. 코딱지만한 방」 ⑤말처럼 생긴 물건. 「漏一 ; 누두. 깔대기」 ⑥둥글게 맴돌은 지문(指紋). ⇨tòu.

[斗車] tŏuch'ê ㄉㄡˇㄔㄜ 흙이나 광석 따위를 운반하는 차. ＝翻斗車.

[斗秤] tŏuch'èng ㄉㄡˇㄔㄥˋ 저울.

[斗箕] tŏuchī ㄉㄡˇㄐㄧ 지문 : 소용돌이 모양의 둥근 것을 "斗". 꼬리가 흐른 것을 "箕"라고 함.

[斗方] tŏufāng ㄉㄡˇㄈㄤ ①서화를 그리는 네모진 종이. ②네모지고 크다.

[斗方兒] tŏufāngrh ㄉㄡˇㄈㄤㄦ ①50cm 가량의 네모진 서화. ②신년에 써붙이는 마름모꼴 정사각형의 서화.

[斗拱] tŏukŭng ㄉㄡˇㄍㄨㄥˇ ①도리. 기둥 위에 가로 지르는 각재(角材). ②되처럼 생긴 입방체(立方體). ＝斗栱.

[斗笠] tŏulì ㄉㄡˇㄌㄧˋ 모초(茅草)로 만든 삿갓.

[斗門] tŏumên ㄉㄡˇㄇㄣˊ 둑의 분수문(分水門). 수문.

[斗篷] tŏup'êngㄉㄡˇㄆㄥ 망토식의 외투.

[斗柄] tŏupìng ㄉㄡˇㄅㄧㄥˇ 북두칠성의 다섯 번째부터 일곱 번째까지 자루처럼 된 부분.

[斗山] tŏushān ㄉㄡˇㄕㄢ ①북두칠성과 태산. ②명성이 높은 사람. 또는 그 방면의 대가(大家).

[斗杓] tŏusháo ㄉㄡˇㄕㄠˊ ＝斗柄.

[斗大] tŏutà ㄉㄡˇㄉㄚˋ 말(斗)만큼 크다. 「膽如一 ; 담이 대단히 크다」

[斗子] tǒutzŭ ㄉㄡˇㄗ 말(斗).

〔抖〕 tǒu ㄉㄡˇ ①(춥거나 무서워서) 떨다.「髮一 ; 벌벌 떨다」②(몸에 붙은 것을) 털다.「一一身上的雪 ; 몸의 눈을 털다」③부자가 되다. 출세하다. (돈을) 벌다.「張三一起來了 ; "張三"은 부자가 되었다」④힘을 내다. 떨치다. 「一起精神 ; 기운을 내다」⑤들추다.

[抖起來] tǒuch'ilai ㄉㄡˇㄑㄧㄌㄞ 부자가 되다.

[抖機伶兒] tǒuchīlingrh ㄉㄡˇㄐㄧㄌㄧㄥ ㄦ 재치 있게 굴다. 약삭빠르게 굴다. 눈치 빠르게 행동하다.

[抖精神] tǒu chīngshēn ㄉㄡˇ ㄐㄧㄥ ㄕㄣ 기운을 내다.

[抖摟] tǒulou ㄉㄡˇㄌㄡ ①(몸에 묻은 것을) 떨다. 흔들어 털다. ②씀씀이가 헤프다. ③폭로하다. 파헤치다. >抖抖摟摟.

[抖落] tǒulo ㄉㄡˇㄌㄨㄛ 털다. 흔들어 떨다. ②(재산 따위를) 없애다. ③남김없이 파헤치다. ④의복을 벗다. ⑤(의복을 벗어) 감기에 걸리다.

[抖露] tǒulou ㄉㄡˇㄌㄡ =抖摟③.

[抖神兒] tǒushěnrh ㄉㄡˇㄕㄣˊㄦ 뻐기다. 의기양양한 태도를 취하다.

[抖底兒] tóutírh ㄉㄡˊㄉㄧˇㄦ ①철저히 하다. ②밑을 털다.「一大甩賣 ; 재고를 털어 대매출(大賣出)하다」③비밀을 폭로하다. =兜底兒.

[抖抖簌簌] tóutǒusùsù ㄉㄡˊㄉㄡˇㄙㄨˋㄙㄨˋ 부들부들 떨다.

[抖擻] tóusǒu ㄉㄡˊㄙㄡˇ 분기(奮起)하다. 정신을 차리다. 기운을 내다. 「精神一 ; 기운이 나다」

[抖動] tǒutùng ㄉㄡˇㄉㄨㄥˋ 떨다. >抖抖動動.

〔陡〕 tǒu ㄉㄡˇ ①험하다. 가파르다. 「這個山坡太一 ; 이 고개는 대단히 험하다」②돌연.「一變 ; 돌변하다」

[陡峭] tǒuch'iào ㄉㄡˇㄑㄧㄠˋ (산이나 길이) 험악하다. 험준하다.

[陡直] tǒuchíh ㄉㄡˇㄓˊ 가파르다.

[陡峻] tǒuchùn ㄉㄡˇㄐㄩㄣˋ 높고 험하다. 험준하다.

[陡然] tǒuján ㄉㄡˇㄖㄢˊ 돌연히. =陡陡.

[陡坡] tǒup'ō ㄉㄡˇㄆㄛ 험한 고개.

[陡地] tǒutê ㄉㄡˇㄉㄜ 돌연히. =陡然. 「車一轉了個彎 ; 차는 갑자기 구불어진 모퉁이를 돌았다」

〔豆〕 tòu ㄉㄡˋ ①콩. ②콩알과 모양이 비슷한 것.「土一兒 ; 감자」③고대에 사용된 고기 따위를 담는 식기.

[豆茬兒] tòuch'árh ㄉㄡˋㄔㄚˊㄦ 콩을 베고 난 밑대. 콩그루터기.

[豆莢] tòuchiá ㄉㄡˋㄐㄧㄚˊ 콩꼬투리.

[豆漿] tòuchiāng ㄉㄡˋㄐㄧㄤ 콩기름.

[豆醬] tòuchiàng ㄉㄡˋㄐㄧㄤˋ 누에콩과 고추로 만든 막장 : 죽 따위를 먹을 때 식욕을 돋구어 줌.

[豆角(兒)] tòuchiǎo(rh) ㄉㄡˋㄐㄧㄠˇ(ㄦ) 꼬투리째로 된 콩.

[豆秸] tòuchieh ㄉㄡˋㄐㄧㄝ 콩의 줄기.

[豆豉] tòuch'ǐh ㄉㄡˋㄔˇ =豆黃.

[豆汁兒] tòuchīhrh ㄉㄡˋㄓㄦ ①녹두로 만든 음료 : 신 맛이 있음. ②=豆漿.

[豆青] tòuch'īng ㄉㄡˋㄑㄧㄥ =豆綠.

[豆腐] tòufu ㄉㄡˋㄈㄨ 두부. 「부.

[豆腐花] tòufuhuā ㄉㄡˋㄈㄨㄏㄨㄚ 순두

[豆象] tòuhsiàng ㄉㄡˋㄒㄧㄤˋ 〈動〉 수염콩바구미 : 콩을 파먹는 해충.

[豆黃] tòuhuáng ㄉㄡˋㄏㄨㄤˊ 발효시킨 메주 : 말린 것은 "豆豉"라고 함

[豆蓉] tòujúng ㄉㄡˋㄖㄨㄥˊ 콩으로 만든 소 : 떡이나 과자의 소로 넣기 위하여 콩을 짓이겨 만든 것.

[豆蔻] tòuk'òu ㄉㄡˋㄎㄡˋ 〈植〉 육두구(肉荳蔻). 육두구과에 딸린 상록 교목의 하나.

[豆綠] tòulù ㄉㄡˋㄌㄨˋ 녹두색.

[豆苗兒] tòumiáorh ㄉㄡˋㄇㄧㄠˊㄦ 완두의 어린 싹이나 줄기 : 식용으로 함.

[豆麪] tòumièn ㄉㄡˋㄇㄧㄢˋ 녹두 가루.

[豆娘子] tòuniángtzŭ ㄉㄡˋㄋㄧㄤˊㄗ 〈動〉 실잠자리.

[豆瓣兒] tòupànrh ㄉㄡˋㄅㄢˋㄦ ①껍질을 깐 누에콩. ②잠두 같은 형태의 머리핀. 「묵.

[豆餅] tòupǐng ㄉㄡˋㄅㄧㄥˇ 둥그런 콩깻

[豆剖瓜分] tòup'ōu-kuāfēn ㄉㄡˋㄆㄡㄍㄨㄚㄈㄣ 영토를 분할하다.

[豆兒] tòurh ㄉㄡˋㄦ 콩.「一大 ; 콩알만큼한 크기. 극히 작은」「一粥 ; 콩죽」

[豆沙] tòushā ㄉㄡˋㄕㄚ 콩으로 만든 떡의 소. 콩소.

[豆菽] tòushū ㄉㄡˋㄕㄨ 두류(豆類).

[豆條] tòut'iáo ㄉㄡˋㄊㄧㄠˊ 조금 굵은 철사.

[豆子] tòutzŭ ㄉㄡˋㄗ 〈植〉 콩. 대두(大豆).

[豆芽兒] tòuyárh ㄉㄡˋㄧㄚˊㄦ 콩나물. =黃石芽.

[豆芽菜] tòuyáts'ài ㄉㄡˋㄧㄚˊㄘㄞˋ 숙주나물. =綠豆芽.

[豆油] tòuyu ㄉㄡˋㄧㄡ 콩기름.

〔逗〕 tòu ㄉㄡˋ ①머물다. ②일으키다. 끌다.「一笑 ; 웃음을 사다」③조롱하다. 「不要一他 ; 그를 놀리지 말라」④=讀.

[逗氣兒] tòuch'ìrh ㄉㄡˋㄑㄧˋㄦ ①약올리다. 골나게 굴다. ②장난 삼아 말다툼을 걸다.

[逗趣(兒)] tòuch'ù(rh) ㄉㄡˋㄑㄩˋ(ㄦ) =逗哏.

[逗號] tòuhào ㄉㄡˋㄏㄠˋ =逗點.

[逗惹] tòujě ㄉㄡˋㄖㄜˇ ①조롱하다. 놀리다. ②(아이를) 못 살게 굴다. 괴롭히다. ③남의 감정을 뒤흔들다.

[逗哏(兒)] tòukěn(rh) ㄉㄡˋㄍㄣˊ(ㄦ) ①우스운 짓으로 남을 웃기다. 놀려 주다. ②아이를 달래다.

[逗笑(兒)] tòuhsiào(rh) ㄉㄡˋㄒㄧㄠˋ(ㄦ) =逗哏.

[逗哭] tòuk'ū ㄉㄡˋㄎㄨ 놀려서 울리다.

[逗樂(兒)] tòulè(rh) ㄉㄡˋㄌㄜˋ(ㄦ) =逗哏. 「다.

[逗弄] tòunung ㄉㄡˋㄋㄨㄥ 유인(誘引)하

[逗點] tòutiěn ㄉㄡˋㄉㄧㄢˇ 구두점(句讀點). 쉼표. 코머(comma).

〔脰〕 tòu ㄉㄡˋ 목(首). 고개.

〔痘〕 tòu ㄉㄡˋ ①수두(水痘). ②포창

(疱瘡). 천연두(天然痘). ③"牛痘"의 준말.
[痘瘡] tòuch'uāng ㄉㄡˋㄔㄨㄤ 마마. 두창.
[痘種] tòuchǔng ㄉㄡˋㄓㄨㄥˇ =痘苗.
[痘苗] tòumiáo ㄉㄡˋㄇㄧㄠˊ 천연두의 왁찐.
[痘母] tòumǔ ㄉㄡˋㄇㄨˇ 천연두를 고친다는 여신(女神). =痘神.
[痘疤] tòupā ㄉㄡˋㄅㄚ 마마 자국.
[痘神] tòushén ㄉㄡˋㄕㄣˊ =痘母.
[痘子] tòutzǔ ㄉㄡˋㄗ 천연두의 흠집.

〔鬪〕(斗・鬭) tòu ㄉㄡˋ ①서로 싸우다. 「戰一; 전투」 ②싸움을 붙이다. 승부를 가리게 하다. 「一蟋蟀; 귀뚜라미를 싸우게 하다」 ③합치다. 접근시키다. 「兩個正方形一起來成爲長方形; 두개의 정방형을 합치면 장방형(長方形)이 된다」 ⇨tǒu.
[鬪爭] tòuchēng ㄉㄡˋㄓㄥ ①싸우다. 다투다. ②분투하다. 노력하다. ③반대 세력과 대항하다.
[鬪氣] tòuch'ì ㄉㄡˋㄑㄧˋ 싸움을 걸다.
[鬪巧] tòuch'iǎo ㄉㄡˋㄑㄧㄠˇ 어느것이 교묘한가를 비교해 보다.
[鬪脚兒] tòuchiǎorh ㄉㄡˋㄐㄧㄠˇㄦ 안짱다리.
[鬪智] tòuchìh ㄉㄡˋㄓˋ =鬪心工兒.
[鬪鷄眉] tòuchīméi ㄉㄡˋㄐㄧㄇㄟˊ 안쪽으로 다가 붙은 눈썹.
[鬪勁] tòuchìn ㄉㄡˋㄐㄧㄣˋ ①힘을 겨루다. ②안감힘을 쓰다. 기운을 내다. ③고집을 부리다.
[鬪趣兒] tòuch'ǜrh ㄉㄡˋㄑㄩˋㄦ 남을 웃겨 주다. =逗趣.
[鬪風] tòufēng ㄉㄡˋㄈㄥ 맞은바람. 역풍(逆風).
[鬪閑氣兒] tòuhsiénch'ìrh ㄉㄡˋㄒㄧㄢˊㄑㄧˋㄦ 까닭 없이 떠들고 싸우다. 공연히 떠들어대다.
[鬪心工兒] tòuhsīngkūngrh ㄉㄡˋㄒㄧㄥㄍㄨㄥㄦ 지력(智力)을 비교하다.
[鬪話] tòuhuà ㄉㄡˋㄏㄨㄚˋ 말대꾸를 하다. 「逗哏.
[鬪哏(兒)] tòukén(rh) ㄉㄡˋㄍㄣˊ(ㄦ) =
[鬪口齒] tòuk'óuch'ìh ㄉㄡˋㄎㄡˇㄔˇ 농담으로 상대편의 비위를 건드리다.
[鬪悶子] tòuméntzǔ ㄉㄡˋㄇㄣˋㄗ ①암투하다. ②남의 기분을 초조하게 만들다.
[鬪毆] tòuōu ㄉㄡˋㄡ 서로 구타하다.
[鬪牌] tòup'ái ㄉㄡˋㄆㄞˊ ①마작놀이하다. ②마작에서 따다. ③도박의 한 종류.
[鬪盆兒] tòup'énrh ㄉㄡˋㄆㄣˊㄦ 귀뚜라미를 싸움 붙이는 데 사용하는 그릇.
[鬪嘴] tòutsuǐ ㄉㄡˋㄗㄨㄟˇ 입씨름을 하다.
[鬪嘴皮子] tòutsuìp'ítzǔ ㄉㄡˋㄗㄨㄟˇㄆㄧˊㄗ 말다툼을 하다.
[鬪牙鉗子] tòuyách'iéntzǔ ㄉㄡˋㄧㄚˊㄑㄧㄢˊㄗ =鬪嘴.
[鬪眼兒] tòuyěnrh ㄉㄡˋㄧㄢˇㄦ 사팔뜨기.

〔竇〕 tòu ㄉㄡˋ 굴. 구멍. 「疑一; 의심스러운 곳」

〔讀〕 tòu ㄉㄡˋ 문장에서 잠시 쉬는 부분. 구두(句讀). =逗④. ⇨tú.

T'OU ㄊㄡ

〔偷〕 t'ōu ㄊㄡ ①훔치다. ②몰래. 남의 눈을 피하여. 「一看; 엿보다. 숨어 보다」 「一一地走了; 몰래 달아났다」 ③적당히 하다. 마음 내키는 대로 하다」 「一安; 마음대로 일시의 안락을 취하다」 ④시간을 내다. 「一安; 몰래 틈을 타다. 짬을 이용하다」
[偷竊] t'ōuch'ièh ㄊㄡㄑㄧㄝˋ 훔치다.
[偷鷄摸狗] t'ōuchī-mōkǒu ㄊㄡㄐㄧㄇㄛㄍㄡˇ 숨어서 하찮은 짓을 하다. «成»
[偷巧] t'ōuch'iǎo ㄊㄡㄑㄧㄠˇ 요령 있게 굴다. 이익을 보다.
[偷靑] t'ōuchīng ㄊㄡㄑㄧㄥ 밭에 있는 곡식을 훔치다.
[偷情] t'ōuch'íng ㄊㄡㄑㄧㄥˊ 밀통(密通)하다. 간통하다.
[偷漢子] t'ōuhàntzǔ ㄊㄡㄏㄢˋㄗ 샛서방을 가지다. 간부를 두다.
[偷暇] t'ōuhsiá ㄊㄡㄒㄧㄚˊ 틈을 타다. 짬을 이용하다.
[偷閑] t'ōuhsién ㄊㄡㄒㄧㄢˊ =偷暇.
[偷活] t'ōuhuó ㄊㄡㄏㄨㄛˊ =偷生.
[偷人] t'ōujén ㄊㄡㄖㄣˊ =偷漢子.
[偷光] t'ōukuāng ㄊㄡㄍㄨㄤ 하나도 남김 없이 훔치다. 「貨物叫他一了; 짐은 그 사람에게 죄다 도둑 맞았다」
[偷工減料] t'ōukūng chiěnliào ㄊㄡㄍㄨㄥ ㄐㄧㄢˇㄌㄧㄠˋ 날림 공사를 하여 원료를 훔치다. 노공(勞工)과 재료를 속이다. 「偷閑.
[偷工夫] t'ōukūngfu ㄊㄡㄍㄨㄥㄈㄨ =
[偷空兒] t'ōuk'ùngrh ㄊㄡㄎㄨㄥˋㄦ 틈을 타다. 짬을 내다.
[偷懶兒] t'ōulǎnrh ㄊㄡㄌㄢˇㄦ 게으름을 피우다.
[偷梁換柱] t'ōuliáng-huànchù ㄊㄡㄌㄧㄤˊㄏㄨㄢˋㄓㄨˋ 물건의 내용이나 본질을 남몰래 바꾸어 넣는다는 뜻의 비유.
[偷漏] t'ōulòu ㄊㄡㄌㄡˋ 탈세(脫稅)하다.
[偷生] t'ōushēng ㄊㄡㄕㄥ 무익(無益)하게 살다. 생을 탐내다.
[偷食] t'ōushíh ㄊㄡㄕˊ 훔쳐서 먹다.
[偷手(兒)] t'ōushǒu(rh) ㄊㄡㄕㄡˇ(ㄦ) 훔치다. 훔쳐 내다.
[偷稅漏稅] t'ōushuì-lòushuì ㄊㄡㄕㄨㄟˋㄌㄡˋㄕㄨㄟˋ 탈세(脫稅)하다.
[偷探] t'ōut'àn ㄊㄡㄊㄢˋ 엿보다. 몰래 탐지하다.
[偷盜險] t'ōut'àohsiěn ㄊㄡㄉㄠˋㄒㄧㄢˇ 도난 보험(盜難保險).
[偷天換日] t'ōut'iēn-huànjìh ㄊㄡㄊㄧㄢㄏㄨㄢˋㄖˋ 하늘을 속이고 날짜를 바꾸다. 커다란 나쁜 폐단을 조성하다. 일의 진상(眞相)을 대담(大膽)하게 왜곡(歪曲)하여 기만하다. «成»
[偷聽] t'ōut'īng ㄊㄡㄊㄧㄥ 도청(盜聽)하다. 몰래 엿듣다. 「一墻根; 도청하다」
[偷偷摸摸] t'ōut'oumōmō ㄊㄡㄊㄡㄇㄛㄇㄛ 소곤대다. 남 모르게 하는 모양.
[偷嘴] t'ōutsuǐ ㄊㄡㄗㄨㄟˇ 훔쳐 먹다.

[偷眼] t'ōuyěn ㄊㄡ ㄧㄢˇ 몰래 엿보다.「一看一下；살짝 엿보다」
[偷油(兒)] t'ōuyú(rh) ㄊㄡ ㄧㄡˊ(ㄦ) 게으름장이.
[偷油婆] t'ōuyúp'ó ㄊㄡ ㄧㄡˊㄆㄛˊ 〈動〉「바퀴.

〔投〕 t'óu ㄊㄡˊ ①던지다. 던져 버리다.「一石；돌을 던지다」②스스로 뛰어 들다.「一井；우물에 몸을 던지다」③…에 향하다. …에 던지다.「一考；시험을 치다」「一宿；투숙하다」④보내다.「一稿；투고」⑤알맞다. 적합하다. 남의 의견을 받아 들이다.「一情一意合；서로 마음이 통하다」「一其所好；남의 마음에 들게 하다」
[投案] t'óuàn ㄊㄡˊㄢˋ 자수(自首)하다.
[投誠] t'óuch'êng ㄊㄡˊㄔㄥˊ 성심 귀복(誠心歸服)하다. 반란자(反亂者)가 투항(投降)하다.
[投機] t'óuchī ㄊㄡˊㄐㄧ ①투기적인 일을 하다. ②의견이 맞다. 마음에 들다. 他倆一見就一；그들 두 사람은 처음에 만나서부터 퍽 마음에 들었다」③기회를 타다. 기회를 놓치지 않다.
[投契] t'óuch'ì ㄊㄡˊㄑㄧˋ 의기 투합(意氣投合)하다. 서로 마음이 맞다.
[投槍] t'óuchiāng ㄊㄡˊㄑㄧㄤ ①창을 던지다. 투창. ②항복하다.
[投擲] t'óuchíh ㄊㄡˊㄓˊ ①던지다. ②몸을 던지다.「把自己一在戰鬪裏；자기를 전쟁 속으로 몰아 넣다」＝拋擲.
[投情] t'óuch'íng ㄊㄡˊㄑㄧㄥˊ 남의 온정에 의지하다. 친구나 인연 있는 사람에게 의지하다.
[投井下石] t'óuchǐng hsiàshíh ㄊㄡˊㄐㄧㄥˇ ㄒㄧㄚˋㄕˊ 남이 궁지(窮地)에 빠져 있는 틈을 타서 공박을 하다.《成》
[投機倒把] t'óuchī tǎopǎ ㄊㄡˊㄐㄧ ㄉㄠˇ ㄅㄚˇ 투기(投機)나 차금매매(差金賣買)를 하다.
[投軍] t'óuchūn ㄊㄡˊㄐㄩㄣ 군(軍)에 참가하다.
[投河覓井] t'óuhó-mìchǐng ㄊㄡˊㄏㄜˊ ㄇㄧˋㄐㄧㄥˇ 강물이나 우물에 몸을 던지다. 사느니 죽느니 하고 떠들어대다 부녀의 입장에 한하다.
[投效] t'óuhsiào ㄊㄡˊㄒㄧㄠˋ ①자발적으로 있는 힘을 다하다. ②종군(從軍)하다. ③충심(衷心)으로 지원(志願)하다.
[投荒] t'óuhuāng ㄊㄡˊㄏㄨㄤ 먼 곳으로 도망치다.
[投入] t'óujù ㄊㄡˊㄖㄨˋ ①투입하다. ②적극적으로 참가 종사하다.「一生產；생산에 자진하여 참가하다」
[投靠] t'óuk'ào ㄊㄡˊㄎㄠˋ 의지하다. 달라붙다.
[投籃] t'óulán ㄊㄡˊㄌㄢˊ 농구에 있어서 슈우트(shoot) 또는 슈우트를 하다.
[投門路] t'óuménlù ㄊㄡˊㄇㄣˊㄌㄨˋ 연줄을 타서 들어가다. 권세 있는 사람에게 드나들면서 이익을 얻으려는 사람.
[投奔] t'óupēn ㄊㄡˊㄅㄣ 투신하다. …로 달리다.「一光明之路；광명이 있는 길로 달리다」
[投標] t'óupiāo ㄊㄡˊㄅㄧㄠ 입찰(入札) 하「다.
[投生] t'óushēng ㄊㄡˊㄕㄥ (다른 것으로) 다시 태어 나다.「一一條狗；개로 다시 태어 났다」
[投鼠忌器] t'óushǔ chìch'ì ㄊㄡˊㄕㄨˇ ㄐㄧˋㄑㄧˋ 어쩌할 방법이 없다：이롭기도 하고 해롭기도 하여 이해득실이 뒤섞여 쉽게 판단할 수 없다는 뜻.《成》
[投首] t'óushǒu ㄊㄡˊㄕㄡˇ ①자수(自首)하다. ②고발(告發)하다.
[投訴] t'óusù ㄊㄡˊㄙㄨˋ 고소(告訴)하다.
[投胎] t'óut'āi ㄊㄡˊㄊㄞ 죽은 사람의 혼이 다시 태어 나다.
[投遞] t'óutì ㄊㄡˊㄉㄧˋ 배달(配達)하다.「無法一；배달 불능(配達不能)」
[投刺] t'óutz'ǔ ㄊㄡˊㄘˋ 명함을 내놓다. 방문(訪問)하다.
[投送] t'óusùng ㄊㄡˊㄙㄨㄥˋ (편지를) 내다. 보내다.
[投吻] t'óuwěn ㄊㄡˊㄨㄣˇ 자기 입술에 손을 대었다가 상대방에게 던지는 시늉을 하는 키스.
[投緣] t'óuyüán ㄊㄡˊㄩㄢˊ 의기 투합(意氣投合)하다. 서로 마음이 맞다.

〔骰〕 t'óu ㄊㄡˊ 「一子；주사위. 다만 동의어"色子"는 shǎitzǔ 로 발음함」

〔頭〕(头) t'óu ㄊㄡˊ ①머리. ②머리칼.「他不想留一；그는 머리칼을 기르려고 하지 않다」「推一；머리 깎는 기계로 머리를 깎다」③「一兒；선단(先端). 사물의 시작. 발단」「從一兒說起；처음부터 이야기를 시작하다」④물건의 남은 부분.「布一兒；천의 자르고 나머지 조각」「烟卷一兒；피우다 남은 담배 꼬투리. 꽁초」⑤이전(以前).「一兩年；이년 전」⑥제일(第一)의.「一等；일등. 특등」⑦「一子·一兒；수령. 두목. 우두머리」⑧「一兒；편. 같은 편」「他們兩個是一一兒的；그 두 사람은 같은 편이다」⑨조수사. ㉮소나 당나귀를 세는데 쓴다.「一一牛；한 마리의 소」㉯머리 모양을 한 물건이니 사건 따위를 세는데 쓰임.「兩一蒜；두 뿌리의 마늘」「這一親事不合理；이 혼담(婚談)은 이상하다」⑩대략의 수(數)를 나타냄.「三一五百；3백에서 5백 정도」「十一八塊；10원이 될까말까」⑪t'ou 접미어. ㉮명사에 붙는다.「木一；나무. 재목」「石一；돌」㉯형용사에 붙어서 명사를 만든다.「苦一兒；고통」㉰방위사(方位詞)에 붙는다.「前一；전방(前方)」㉱동사에 붙어서 그 일을 하는 가치를 나타내다.「看一兒；볼 만함. 볼 만한 가치」
[頭茬] t'óuch'á ㄊㄡˊㄔㄚˊ 만물. 첫번째 작물. 첫번째 모심기. ＝頭楂.
[頭遭] t'óutsāo ㄊㄡˊㄗㄠ 제 1 회.
[頭朝下] t'óuch'áohsià ㄊㄡˊㄔㄠˊㄒㄧㄚˋ 실패하다. 좌절(挫折)하다.
[頭朝裏] t'óuch'áolǐ ㄊㄡˊㄔㄠˊㄌㄧˇ 의리도 인정도 없이 자기의 이익만을, 추구하다.
[頭卡] t'óuch'iǎ ㄊㄡˊㄑㄧㄚˇ (머리칼을 감는) 클립(clip).
[頭前] t'óuch'ién ㄊㄡˊㄑㄧㄢˊ ①방금. ②이전에. ③전면. 선두.「一帶路；앞에 서서 길 안내를 하다」
[頭齊脚不齊] t'óuch'í chiǎo pùch'í ㄊㄡˊㄑㄧˊ ㄐㄧㄠˇ ㄅㄨˋㄑㄧˊ ①완비되어 있지

못한 모양. ②웃사람들은 의견이 맞지만 아랫사람들은 의견이 구구하다.
[頭獎] t'óuchiǎng ㄊㄡˊㄐㄧㄤˇ 일등상(一等賞).
[頭頸] t'óuchǐng ㄊㄡˊㄐㄧㄥˇ ＝脖子.
[頭髮] t'óufa ㄊㄡˊㄈㄚ 머리칼 두발(頭髮).
[頭份兒] t'óufěnrh ㄊㄡˊㄈㄣˋㄦ 첫번째 배당. 칭찬의 표시로 주는 돈이나 물건. ＝頭一份兒.
[頭號] t'óuhào ㄊㄡˊㄏㄠˋ 제 1 번.
[頭銜] t'óuhsién ㄊㄡˊㄒㄧㄢˊ 직함(職銜). 본명 위에 쓰는 관직명(官職名)이나 학위(學位) 따위.
[頭性] t'óuhsìng ㄊㄡˊㄒㄧㄥˋ ＝索性.
[頭緒] t'óuhsü ㄊㄡˊㄒㄩ 실마리. 발단(發端). 「事情有了點兒一；일은 약간의 실마리가 잡혔다」「摸不着一；실마리가 잡히지 않다」
[頭昏腦脹] t'óuhūn-nǎochàng ㄊㄡˊㄏㄨㄣ ㄋㄠˇㄓㄤˋ 머리가 어질어질하고 아프다.
[頭一陣] t'óuichěn ㄊㄡˊㄧㄓㄣˋ 조금 전에. 앞서.
[頭口] t'óuk'ǒu ㄊㄡˊㄎㄡˇ 가축(家畜).
[頭裏] t'óuli ㄊㄡˊㄌㄧ ①전에. 앞서. 「走在一；앞서 걷다」②이전(以前).
[頭臉兒] t'óuliěnrh ㄊㄡˊㄌㄧㄢˇㄦ ①얼굴 모양. ②안면이 넓은 것.
[頭路] t'óulu ㄊㄡˊㄌㄨ ①실마리. 단서(端緖). ②방법. 요령.
[頭顱] t'óulú ㄊㄡˊㄌㄨˊ 두개골(頭蓋骨). 머리.
[頭路(兒)] t'óulù(rh) ㄊㄡˊㄌㄨˋ(ㄦ) 첫째. 일등. 「一貨；최고품」
[頭路貨] t'óulùhuò ㄊㄡˊㄌㄨˋㄏㄨㄛˋ 일급품. 최고품.
[頭輪(兒)] t'óulún(rh) ㄊㄡˊㄌㄨㄣˊ(ㄦ) (돌아오는 순번이) 첫번째. 「一影片；개봉영화」
[頭門頭水] t'óuměn-t'óushuǐ ㄊㄡˊㄇㄣˊ ㄊㄡˊㄕㄨㄟˇ 첫번째의.
[頭面] t'óumien ㄊㄡˊㄇㄧㄢ 부인의 머리의 장식품.
[頭目] t'óumù ㄊㄡˊㄇㄨˋ 두목. 수령(首領).
[頭腦] t'óunǎo ㄊㄡˊㄋㄠˇ ①두뇌. 생각. 머리. 「他一不淸楚；그는 머리가 그다지 명철하지 못하다」②실마리. 요령. 「這事我摸不着一；이 일에 대해서는 나는 실마리를 잡을 수 없다」③수뇌. 지도자(指導者). ④조리. 사리. 「袋
[頭腦殼] t'óunǎok'ó ㄊㄡˊㄋㄠˇㄎㄜˊ ＝腦
[頭腦托辣斯] t'óunǎo t'ōlàssū ㄊㄡˊㄋㄠˇ ㄊㄨㄛㄌㄚˋㄙ 브레인트러스트(brain-trust). 전문 위원회.
[頭年] t'óunién ㄊㄡˊㄋㄧㄢˊ ①일년 전. ②첫해. 최초의 해.
[頭半天(兒)] t'óupànt'iēn(rh) ㄊㄡˊㄅㄢˋ ㄊㄧㄢ(ㄦ) 오전(午前).
[頭批] t'óup'ī ㄊㄡˊㄆㄧ 제 1 군(第一群). 제 1 조(組). 「一的旅客；제 1 단(第一團)의 여객」
[頭皮] t'óup'í ㄊㄡˊㄆㄧˊ ①머리. 기분. 「硬着一干；무리하게 단안을 내리다」②머리의 가죽. 「撓一；머리를 긁다」
[頭破血流] t'óup'ò-hsüèhliú ㄊㄡˊㄆㄛˋㄒㄩㄝˋㄌㄧㄡˊ 머리가 깨어져서 피가 흐르다. 몹시 다쳐서 고통을 당하는 모양.
[頭布] t'óupù ㄊㄡˊㄅㄨˋ ①터어빈:머리에 감는 천. ②터부우(taboo : 禁律).
[頭兒] t'óurh ㄊㄡˊㄦ ①수령(首領). 두목. 대장. 동량(棟梁). ②물건의 끄트머리. ③실마리. ④ 극단적인 극점. 막다른 곳. 「黑到了一天會亮的；더 어두워질 대로 어두워지면 하늘은 밝아진다. 끝끝내 가면 희망이 생기는 것이다」
[頭(兒)錢] t'óu(rh)ch'ien ㄊㄡˊ(ㄦ)ㄑㄧㄢ (도박에서) 장소를 제공한 사람에게 판돈에 비례해서 내는 돈. 노름판의 공제금(控除金).
[頭兒上] t'óurhshang ㄊㄡˊㄦㄕㄤ ①처음. 최초. 「月一；월초(月初)」②끝. 가장자리. 「街一；시가지의 변두리」
[頭兒頂] t'óurhtǐng ㄊㄡˊㄦㄉㄧㄥˇ 정면으로 부딪치다. ＝頂頭兒. 「我跟他走了個一；나는 그와 정면으로 마주쳤다」
[頭紗] t'óushā ㄊㄡˊㄕㄚ 베일(veil). 부인의 머리에 쓰는 엷은 면사포(面紗布).
[頭晌(兒)] t'óushǎng(rh) ㄊㄡˊㄕㄤˇ(ㄦ) 오전(午前).
[頭生兒] t'óushêngrh ㄊㄡˊㄕㄥㄦ ①초산(初產). ②초산아(初產兒).
[頭繩兒] t'óushěng(rh) ㄊㄡˊㄕㄥˊ(ㄦ) 상투를 틀 때 쓰는 끈.
[頭水(兒)] t'óushuǐ(rh) ㄊㄡˊㄕㄨㄟˇ(ㄦ) ①특등(特等). 「一貨；최상품」②물품의 처음 사용. ③두발용(頭髮用) 화장수.
[頭胎(兒)] t'óut'āi(rh) ㄊㄡˊㄊㄞ(ㄦ) 초산(初產).
[頭燈] t'óutēng ㄊㄡˊㄉㄥ 헤드라이트. 기차·자동차·전차 따위의 앞에 단 등.
[頭疼] t'óut'ěng ㄊㄡˊㄊㄥˊ ①두통(頭痛). 「害一；머리가 아프다」②고민하여 머리가 아프다.
[頭等貨] t'óutěnghuò ㄊㄡˊㄉㄥˇㄏㄨㄛˋ 일등품.
[頭天] t'óut'iēn ㄊㄡˊㄊㄧㄢ 초일(初日). 첫번째 맞이하는 날.
[頭頂] t'óuting ㄊㄡˊㄉㄧㄥˇ 머리 꼭대기.
[頭頂頭] t'óutingt'óu ㄊㄡˊㄉㄧㄥˇㄊㄡˊ 첫째의. 최상의.
[頭頭是道] t'óut'óushìhtào ㄊㄡˊㄊㄡˊㄕˋㄉㄠˋ 모두가 사리에 들어 맞다.
[頭寸] t'óuts'un ㄊㄡˊㄘㄨㄣ 금융상(金融上)의 자금(資金).
[頭通兒] t'óut'ūngrh ㄊㄡˊㄊㄨㄥˋㄦ (연극에 있어서) 최초에 높은 소리 또는 악기로 가락을 맞추거나 흥을 돋우는 일.
[頭次] t'óutz'ǔ ㄊㄡˊㄘ 제 1 회. 제 1 차(第一次).
[頭尾] t'óuwěi ㄊㄡˊㄨㄟˇ ①머리와 꼬리. ②처음과 끝. 「有個一了；윤곽이 잡혔다」
[頭由(兒)] t'óuyú(rh) ㄊㄡˊㄧㄡˊ(ㄦ) 연유(緣由). 원인.
[頭暈眼花] t'óuyūn-yěnhuā ㄊㄡˊㄩㄣ ㄧㄢˇㄏㄨㄚ 머리가 어지럽고 눈앞이 캄캄하여 보이지 않다.

〔透〕 t'òu ㄊㄡˋ ①통하다. 빠져 나가다. 「這塊厚紙扎不一；이 두터운 종이는 꿰뚫어 낼 수는 없다」②(사리 따위가) 잘 통하다. 투철하다. 「理講一了；사리를 잘 깨달았다」③새다. 누설되다. 나타나다. 「一露風聲；소문이 누설되다」④(동사나 형용사의 뒤에 붙어서) 몹시. 극도로. 「餓

一了;배가 몹시 고프다」⑤…으로 보이다. …으로 느끼다.「他一着很老實;그는 몹시 착실해 보인다」
[透着] t'ǒuchê ㄊㄡˋㄓㄜ ①나타나다. …으로 보이다. ②느끼다.「一涼快;시원하게 느끼다」
[透徹] t'ǒuch'ê ㄊㄡˋㄔㄜˋ 철저하다. (어김 없이) 명쾌(明快)하다.
[透氣] t'ǒuch'ì ㄊㄡˋㄑㄧˋ ①공기를 통하게 하다. 「把車窓打開透一一;차창을 열고 환기(換氣)시키다」②숨을 내쉬다.「忙得一不過氣來;바빠서 숨 돌릴 새도 없다」③기분이 좋다.「他說的話很認人一;그의 이야기는 기분이 좋다」
[透支] t'ǒuchīh ㄊㄡˋㄓ 당좌대금(當座貸金):예금액보다 많은 지불을 하는 것 대월(貸越).
[透風] t'ǒufēng ㄊㄡˋㄈㄥ ①통풍(通風)을 시키다. ②비밀리에 소식을 서로 주고 받다.
[透汗] t'ǒuhàn ㄊㄡˋㄏㄢˋ (몸 전체가) 땀에 흠뻑 젖은 모양.
[透信] t'ǒuhsìn ㄊㄡˋㄒㄧㄣˋ ①소식을 알리다. 사전에 알려 주다. ②소식이나 뉴우스가 누설되다.
[透心涼] t'ǒuhsīnliáng ㄊㄡˋㄒㄧㄣㄌㄧㄤˊ ①몸 전체가 시원하다. ②몸이 오싹 춥다. ③(실망하여)낙심하다.
[透骨] t'ǒukǔ ㄊㄡˋㄍㄨˇ (추위 따위가)뼈 속까지 스며들다.
[透亮(兒)] t'ǒuliàng(rh) ㄊㄡˋㄌㄧㄤˋ(ㄦ) ①빛이 새다. 빛이 들다. ②t'ǒuliang ㉮ 아름답고 말쑥해 보이다. ㉯(말의 뜻이) 잘 통하다. ＞透透亮亮.
[透亮碑兒] t'ǒulàngpēirh ㄊㄡˋㄌㄧㄤˋㄅㄟㄦ 무엇이든지 잘 아는 머리 좋은 사람.
[透漏] t'ǒulǒu ㄊㄡˋㄌㄡˋ 새게 하다. 누설시키다.
[透露] t'ǒulù ㄊㄡˋㄌㄨˋ 퍼뜨리다. 알려지다.
[透明紙] t'ǒumíngchīh ㄊㄡˋㄇㄧㄥˊㄓˇ 셀로판(cellophane):비스코우스로 만든 무색 투명한 종이 같은 물건. ＝賽璐芬.
[透天兒] t'ǒut'iēnrh ㄊㄡˋㄊㄧㄢㄦ (비밀 따위가) 뚜렷하게 표면화(表面化)되다.
[透頂] t'ǒutǐng ㄊㄡˋㄉㄧㄥˇ 극히 이 이상 없이.「頑固一;완고하기 그지 없다」
[透脫] t'ǒut'o ㄊㄡˋㄊㄨㄛ 머리의 활동력이 빠르다. 이해가 빠르다.
[透雨] t'ǒuyǚ ㄊㄡˋㄩˇ ①땅 속으로 스며들 것 같은 큰비(大雨). ②비가 새다.「這件雨衣不一;이 비옷은 비가 새지 않는다」

TSA ㄗㄚ

〔匝〕(帀) tsā ㄗㄚ 둘레나 주기(周期) 등의 회수(回數)를 세는 말.「繞樹三一;나무를 세 바퀴 돌다」
〔咂〕 tsā ㄗㄚ ①혀를 차다.「一嘴;혀를 차다」②맛을 보며 먹다.「一滋味;㉮맛을 보다. ㉯좋은 기분을 느끼다」③마시다. 빨다.「臭蟲一人的血;빈대는 사람의 피를 빤다」
[咂壺] tsāhú ㄗㄚㄏㄨˊ 영아의 젖병 따위
[咂摸] tsāmo ㄗㄚㄇㄛ ①맛보다.「一得出這個滋味;맛을 보고야 그 맛을 잘 안다」②잘 추측해 보다.
[咂吧] tsāpa ㄗㄚㄅㄚ 입맛 다시다.
[咂兒] tsārh ㄗㄚㄦ 젖꼭지.「給小孩兒一吃;아기에게 젖꼭지를 물리다」
[咂咂(兒)] tsātsā(rh) ㄗㄚㄗㄚ(ㄦ)젖꼭지. 젖:아기들의 말.
〔紮〕(扎·紥) tsā ㄗㄚ ①동여 매다. 묶다.「一足;발을 묶다」「一彩牌樓;축전을 위해 붉은 헝겊으로 장식한 아아치를 만들다」②다발진 것을 세는 말. ⇨tsā, tsá, tsà.
〔咱〕 tsá ㄗㄚˊ ⇨tsán.
[咱家] tsáchia ㄗㄚˊㄐㄧㄚ 자기. 저.
〔砸〕 tsá ㄗㄚˊ ①(무거운 것으로)두드리다. 내리치다.「一釘子;못을 박다」②(단단한 것을)산산조각을 내다. 빻다.「碗一了;그릇을 깨뜨리다」③눌려서 부서지다.「一死;(집 따위가 쓸어져서)압사하다」「下雹子一了莊稼;우박이 와서 농작물이 상했다」④실패하다. 잘못되다.「辦一了;실패했다」
[砸夯] tsáhāng ㄗㄚˊㄏㄤ 쓰레질하다. 땅을 다지다.
[砸鍋] tsákuō ㄗㄚˊㄍㄨㄛ ①남비를 깨뜨리다. 밥줄을 잃다. (가게가)망하다. ②실수하다. 망그러뜨리다.
[砸鍋槌兒] tsákuōch'uírh ㄗㄚˊㄍㄨㄛㄔㄨㄟˊㄦ 일을 그르치는 사람의 비유.
[砸爛] tsálàn ㄗㄚˊㄌㄢˋ 눌러 망그러뜨리다. 짓이기다.
[砸門] tsámēn ㄗㄚˊㄇㄣˊ(문을) 세게 두드리다. 난타하다.
[砸傷] tsáshāng ㄗㄚˊㄕㄤ 밑에 깔리거나 세게 때려 상처가 나다.
[砸死] tsássǔ ㄗㄚˊㄙ ①압사하다. ②(메어치듯하여)타살(打殺)하다.
[砸蒜] tsá suàn ㄗㄚˊㄙㄨㄢˋ 마늘을 짓이기다.
[砸碎] tsásuì ㄗㄚˊㄙㄨㄟˋ 빻아서 부수뜨리다.
[砸兌] tsátuì ㄗㄚˊㄉㄨㄟˋ 캐물어서 확인(確認)하다.
[砸磧] tsáwò ㄗㄚˊㄨㄛˋ 달구질하다.
〔雜〕(杂·襍) tsá ㄗㄚˊ ①여러 가지가 뒤섞이다. ②섞다. 혼합(混合)하다.「把它一在好貨裡;그것을 좋은 물품 속에 섞다」「工作太一;일이 잡다(雜多)하다」
[雜攙] tsách'ān ㄗㄚˊㄔㄢ 여러 가지로 혼합하다.
[雜處] tsách'ǔ ㄗㄚˊㄔㄨˇ 서로 뒤섞여 살다. 잡거(雜居)하다.「五方一;여러 지방 사람들이 모여 살다」
[雜技] tsáchì ㄗㄚˊㄐㄧˋ 각종 곡예(各種曲藝).「一表演;곡예의 공연」
[雜記本子] tsáchipěntzǔ ㄗㄚˊㄐㄧˋㄅㄣˇㄗ 잡기장(雜記帳).
[雜脚] tsáchiǎo ㄗㄚˊㄐㄧㄠˇ 〈演〉 단역(端役).
[雜劇] tsáchǜ ㄗㄚˊㄐㄩˋ 희곡(戲曲). 원(元)·명(明) 이래 희곡만을 가리켰는데

그 시대 이전에는 "雜技" 전체를 가리켰음.
[雜捐] tsáchüān ㄗㄚˊㄐㄩㄢ 잡세(雜稅).
[雜七雜八] tsách'ī-tsápā ㄗㄚˊㄑㄧㄗㄚˊㄅㄚ 난잡(亂雜)하고 시끄러운 모양. 득실득실하다.
[雜合菜] tsáhots'ài ㄗㄚˊㄏㄜㄘㄞˋ 여러 가지를 섞어서 담은 요리(料理).
[雜合麪兒] tsáhomiènrh ㄗㄚˊㄏㄜㄇㄧㄢˋㄦ 조·옥수수 등을 혼합한 가루.
[雜燴] tsáhui ㄗㄚˊㄏㄨㄟ 여러 가지 채소·어육 따위를 볶은 요리.
[雜活] tsáhuó ㄗㄚˊㄏㄨㄛˊ 잡용(雜用). 잡무(雜務).
[雜項] tsáhsiang ㄗㄚˊㄒㄧㄤ 잡다(雜多)하다. 뒤섞이다.
[雜星] tsáhsing ㄗㄚˊㄒㄧㄥ 자질구레하다. 가지런하지 않다.
[雜工] tsákūng ㄗㄚˊㄍㄨㄥ 잡역부(雜役夫).
[雜癆] tsáláo ㄗㄚˊㄌㄠˊ 노인의 불치(不治)의 병.
[雜糧] tsáliáng ㄗㄚˊㄌㄧㄤˊ 잡곡(雜穀): 쌀·보리 이외의 주요 식량이 되는 농작물의 총칭.
[雜亂] tsáluàn ㄗㄚˊㄌㄨㄢˋ ①난잡하다. 「一無章; 난잡하고 질서가 없다」> 雜雜亂亂. ②보기 흉하다.
[雜麪] tsámièn ㄗㄚˊㄇㄧㄢˋ 녹두와 좁쌀 가루로 만든 국수.
[雜八湊兒] tsàpats'ðurh ㄗㄚˊㄅㄚㄘㄡˋㄦ 여러 가지가 난잡하게 한 군데 모이다.
[雜拌兒] tsápànrh ㄗㄚˊㄅㄢˋㄦ ①다종다양(多種多樣)한 물건을 혼합한 것. ②여러 가지 말린 과일을 혼합한 명절 음식. ③혼합한 담배. ④여러 가지를 혼합한 요리(料理). 「海一; 팔보채(八寶菜)」
[雜牌兒] tsáp'áirh ㄗㄚˊㄆㄞˊㄦ 잡다한 것. 걸어 모은 것. 「一貨; 잡화」
[雜色] tsásê ㄗㄚˊㄙㄜˋ ①단역(端役). ②혼합한 빛깔.
[雜耍兒] tsáshuǎrh ㄗㄚˊㄕㄨㄚˇㄦ ①노래·음악·요술 등을 연출하는 일. ②회합(會合)이나 연예(演藝).
[雜碎] tsásui ㄗㄚˊㄙㄨㄟ ①소나 양의 내장. ②지독한 놈. 잡놈.
[雜碎骨頭] tsásuì kút'ou ㄗㄚˊㄙㄨㄟㄍㄨˊㄊㄡ ①소·말·양 따위의 뼈를 섞은 것. ②분해한 뼈. ③잡놈. 《罵》
[雜湊] tsáts'ðu ㄗㄚˊㄘㄡˋ 너절하게 이것저것 걸어 모으다.
[雜宗] tsátsung ㄗㄚˊㄗㄨㄥ 개자식. 잡놈.
[雜嘴子] tsátsuìtzŭ ㄗㄚˊㄗㄨㄟˇㄗ 입 버릇이 사나운 사람. 수다장이.
[雜樣(兒)] tsáyàng(rh) ㄗㄚˊㄧㄤˋ(ㄦ) 여러 가지. 잡다한.

〔噈〕 tsá ㄗㄚˊ =怎 tsěn.

TS'A ㄘㄚ

〔擦〕 ts'ā ㄘㄚ ①닦다. 씻다. 「一桌子; 책상을 닦다」「一臉; 얼굴을 씻다」 ②문지르다. 마찰하다. 「磨拳一掌; 주먹과 손바닥을 맞비비다」 ③붙이다. 바르다. 「一白粉; 백분을 바르다」 ④닿을락말락하게 스치다. 「一着屋檐飛過; 처마끝을 스치면서 날아가다」
[擦床兒] ts'āch'uángrh ㄘㄚㄔㄨㄤˊㄦ 마루 훔치는 걸레.
[擦粉] ts'āfěn ㄘㄚㄈㄣˇ 분을 바르다.
[擦黑天] ts'āhēit'iēn ㄘㄚㄏㄟㄊㄧㄢ 저녁때. 땅거미. =擦黑兒.
[擦臉] ts'ā liěn ㄘㄚㄌㄧㄢˇ ①얼굴을 닦다. ② ts'āliěn 면목을 잃다.
[擦亮] ts'āliàng ㄘㄚㄌㄧㄤˋ 번쩍번쩍하게 갈다.
[擦麥機] ts'āmàichī ㄘㄚㄇㄞˋㄐㄧ 정맥기(精麥機).
[擦面子] ts'āmièntzŭ ㄘㄚㄇㄧㄢˋㄗ 체면을 잃다. 얼굴이 깎이다.
[擦抹] ts'āmo ㄘㄚㄇㄛ ①칠하다. 바르다. ②갈다. 문지르다.
[擦磨] ts'āmó ㄘㄚㄇㄛˊ 문지르다. 비비다.
[擦鼻子] ts'āpítzŭ ㄘㄚㄅㄧˊㄗ 창피를 당하다.
[擦破] ts'āp'ò ㄘㄚㄆㄛˋ ①살갗 따위가 벗겨지다. ②닳아서 없어지다.
[擦布] ts'āpù ㄘㄚㄅㄨˋ 걸레.
[擦傷] ts'āshāng ㄘㄚㄕㄤ 찰상: 물건과 물건이 스칠 적에 생기는 상처.
[擦子] ts'ātzŭ ㄘㄚㄗ 칠판 지우개. =擦兒.
[擦銅油兒] ts'āt'úngyúrh ㄘㄚㄊㄨㄥˊㄧㄡˊㄦ 광을 내게 하는 기름.
[擦油] ts'āyú ㄘㄚㄧㄡˊ ①기름칠을 하다. ②기름을 닦아 내다.

〔嚓〕 ts'ā ㄘㄚ
[嚓嚓] ts'āts'ā ㄘㄚㄘㄚ 저벅저벅 내는 구둣소리. 「一地走過去; 구둣소리를 저벅저벅 내며 지나가다」

〔礤〕 ts'ǎ ㄘㄚˇ
[礤床兒] ts'ǎch'uángrh ㄘㄚˇㄔㄨㄤˊㄦ 채칼

〔囃〕 ts'à ㄘㄚˋ 높은 소리나 악기 또는 박자를 쳐서 가락을 맞추거나 흥을 돋우는 일. 반주.
[囃着] ts'àchê ㄘㄚˋㄓㄜ 어째서 어떻게.

TSAI ㄗㄞ

〔災〕(灾) tsāi ㄗㄞ 화(禍). 재난. 재해. 「旱一; 한해(한재)」「兵一; 전재(戰災)」
[災患] tsāihuàn ㄗㄞㄏㄨㄢˋ 화환(禍患). 화난.
[災荒] tsāihuāng ㄗㄞㄏㄨㄤ 수해(水害)·한해(旱害) 등의 천재(天災).
[災黎] tsāilí ㄗㄞㄌㄧˊ 이재민(罹災民).
[災難財] tsāinànts'ái ㄗㄞㄋㄢˋㄘㄞˊ 남의 재난에 편승(便乘)하여 번 재산.

〔哉〕 tsāi ㄗㄞ 문어(文語)의 조사. ①의문(疑問)·반문의 뜻을 나타내는 말. 「有何難一?; 무슨 곤란한 일이 있으랴」

②감탄의 뜻을 나타내는 말.「嗚呼哀一！; 아아, 슬프도다」

〔栽〕 tsāi ㄗㄞ ①이식(移植)하다.심다.「一樹; 나무를 심다」② 꽂아 넣다. 끼워 넣다.「一牙刷; 칫솔의 털을 꽂다」③「樹一子; 묘목(苗木)」④창피를 당하다. 넘어지다.「一了一跤; 한 번 넘어졌다」

[栽插] tsāich'ā ㄗㄞㄔㄚ (모종 따위를)심다.＞栽栽插插.

[栽植] tsāichíh ㄗㄞㄓˊ 심다.

[栽種] tsāichùng ㄗㄞㄓㄨㄥˋ 재배(栽培)하다.

[栽絨] tsāiijùngㄗㄞㄖㄨㄥˋ 양탄자.

[栽跟頭] tsā ikēnt'ou ㄗㄞㄍㄣㄊㄡ ①곤두박히다.②실수하여 창피를 당하다.

[栽培] tsāip'éi ㄗㄞㄆㄟˊ ①재배하다. ②인재를 육성(育成)하다.

[栽倒] tsāitǎo ㄗㄞㄉㄠˇ 뒹굴다.

[栽倒了底] tsāitǎolêtǐ ㄗㄞㄉㄠˇㄌㄜㄉㄧˇ 끝까지 실패하다. 큰 창피를 당하다.

[栽贓] tsāitsāng ㄗㄞㄗㄤ 장물(贓物)을 남의 집에 두고 죄를 뒤집어 씌우다.

[栽種] tsāichùng ㄗㄞㄓㄨㄥˋ 재배하다.

[栽秧] tsāiyāng ㄗㄞㄧㄤ 모종을 심다.

〔仔〕 tsǎi ㄗㄞˇ 아이. 새끼. 작은 것. ‹廣›「猪一; ㉮돼지새끼. ㉯돼지 같은 놈」‹罵›「火船一; 증기선」

〔宰〕 tsǎi ㄗㄞˇ ①(가축을) 도살(屠殺)하다.「一一口猪; 돼지를 한 마리 잡다」②다스리다. 주관(主管)하다.「主一; 주재하다」③옛 관명(官名).「太一; 백관(百官)의 장」

〔崽〕 tsǎi ㄗㄞˇ ①「一子·一兒; 어린이」동물의 새끼.「猪一子; 돼지 새끼」②남을 경멸할 때 쓰이는 말.「西一; 외국인에게 고용된 중국인을 욕하던 말」

[崽子] tsǎitzǔ ㄗㄞˇㄗ ①아이.「狗下了一了; 개가 새끼를 낳다」②남색(男色)을 파는 소년. ‹舊›

〔載〕 tsǎi ㄗㄞˇ ①연(年).「一年半一; 반년이나 일년」②(신문이나 서적에) 기재하다. 기록에 올리다.「登一; 게재하다」⇨tsài.

〔再〕 tsài ㄗㄞˋ ①제 2회. 두 번째. ②또, 거듭하여 다시: 동작의 연속·중복을 가리킴.「晚上一來吧!; 밤에 또 오서요」③("等" "先"과 호응하여) …한 위에 다시. 그 후에.「等雨住了一走吧; 비가 멈춘 다음에 갑시다」 ④(형용사의 앞에 쓰여져)보다 이상(以上)으로. 더욱.「一大一點就好了; 좀더 크면 좋다」 ⑤("一…也…"와 호응하여) 더욱 … 해도.「火車一快也趕不上飛機; 기차가 더욱 빨리 달려도 비행기를 따를 수는 없다」⑥(부정 어구의 앞에 쓰여져) 이 이외에. 더 이상.「一也忍不住笑了出來; 더 이상 참을 수 없어서 웃음을 터뜨렸다」

[再加] tsàichiā ㄗㄞˋㄐㄧㄚ 그 위에. 게다가.

[再見] tsàichièn ㄗㄞˋㄐㄧㄢˋ 다시 뵙겠읍니다. 안녕히 계십시오: 헤어질 때의 인사말.

[再醮] tsàichiào ㄗㄞˋㄐㄧㄠˋ 재혼(再婚)하다.

[再接再勵] tsàichiēh tsàilì ㄗㄞˋㄐㄧㄝ ㄗㄞˋㄌㄧˋ 전보다 일층 더 열렬히 하다. 더욱 더 노력하다.

[再分] tsàifên ㄗㄞˋㄈㄣ ①…이기만 하면. ＝只要.「一有口飯吃, 誰肯離開家哪?; 밥만 먹을 수 있다면 누가 집을 떠나랴」②가사 …일지라도. ＝就算.「一困難, 我也不跟你借錢; 설사 곤란할지라도 나는 너에게 돈을 꾸지는 않겠다」

[再行] tsàihsíng ㄗㄞˋㄒㄧㄥˊ 다시금 …하고서. …하고서 …하다: 뒤에 흔히 두 음절의 말이 붙음.「一核低; 더욱 할인(割引)할 것을 검토(檢討)하다」

[再來] tsàilái ㄗㄞˋㄌㄞˊ ①다시금 오다. 또 오다. ②또 한 번하다.「一次不成, 一一次; 한 번에 안되면 또 한 번하다」

[再不] tsàipǔ ㄗㄞˋㄅㄨˋ ＝再不然.

[再不然] tsàipǔján ㄗㄞˋㄅㄨˋㄖㄢˊ 그렇지 않으면.「你快走, 一趕不上了; 빨리 가시오. 그렇지 않으면 늦습니다」

[再說] tsàishuō ㄗㄞˋㄕㄨㄛ ①… 한 뒤에 하기로 하다.「過兩天一; 이틀 후에 다시 하기로 합시다」②다시 한 번 말하다. 게다가. 덧붙여 말할 것은.「一他也沒有能耐; 게다가 그에게는 재능(才能)도 없읍니다」

[再造] tsàitsào ㄗㄞˋㄗㄠˋ 재생(再生)하다. 다시 이 세상에 태어나다.

[再怎麼] tsàitsěnme ㄗㄞˋㄗㄣˇㄇㄜ 어찌되었든간에. 어쨌든.

〔在〕 tsài ㄗㄞˋ①존재(存在)하다. 생존(生存)하고 있다.「我祖父已經不一了; 나의 조부님은 이미 돌아가셨읍니다」 ②…에 있다.「晚上一家; 밤에는 집에 있다」③…에 있다. …한 관계에 있다. …하는 바이다.「目的一於吃飯; 목적은 밥을 먹는 데 있다」④…에 속(屬)하다. ⑤("一·正一·一那兒" 따위의 동사 앞에 놓여 동작의 진행을 나타내는) …하는 중이다.「他一種地; 그는 경작(耕作)하고 있는 중이다」⑥접속사의 구실을 하는 말로서, ㉮장소를 나타낼 경우. …에서. …에.「一母親懷裡吃奶; 엄마 품에서 젖을 먹는다」㉯시간을 나타낼 경우. …에.「一晚上讀書; 밤에 책을 읽는다」㉰시발 시점(時點)을 나타낼 경우. …에서. …로부터.「一口袋裡取出錢來; 호주머니에서 돈을 꺼내다」㉱관점(觀點)을 나타낼 경우. …의 방면에서. …에서.「一我看; 내가 보는 바로는」⑦주요 동사 다음에 놓여, 동작의 도달점을 나타내는 말.「風吹一身上; 바람이 몸으로 불어 닥치다」

[在案] tsàiàn ㄗㄞˋㄢˋ 수속은 이미 끝났음: 공문 용어.

[在場] tsàich'ǎng ㄗㄞˋㄔㄤˇ 마침 그곳에 있다. 그 장소에 있다.

[在朝] tsàich'áo ㄗㄞˋㄔㄠˊ 정권을 쥐고 있다.

[在即] tsàichí ㄗㄞˋㄐㄧˊ (시각적으로) 아주 가깝다. 목전에 있다.「雙十節一; 쌍십절은 목전에 다가왔다」

[在敎] tsàichiào ㄗㄞˋㄐㄧㄠˋ ①신앙(信仰)을 가지고 있다. ②이슬람교를 믿음.
[在行] tsàiháng ㄗㄞˋㄏㄤˊ ①(예능 방면의) 전문가. =內行. ②어떤 방면에 통달하고 있다. 능숙하다.
[在乎] tsàihu ㄗㄞˋㄏㄨ ①(…에) 마음을 기울이다. 관심을 갖다.「滿不一; 전연 무관심하다. 태연하다」②(…에) 있다. 연유(緣由)하다.「努力不努力一個人; 노력하느냐 아니 하느냐는 그 사람에게 달렸다」
[在下] tsàihsià ㄗㄞˋㄒㄧㄚˋ 저. 소생(小生).
[在先] tsàihsiēn ㄗㄞˋㄒㄧㄢ ①미리. 사전에. ②이전(以前).
[在心] tsàihsīn ㄗㄞˋㄒㄧㄣ ①정신 차리다. 조심하다. =當心. ②마음 속에 남아 있다. 아직도 생각하고 있다.
[在意] tsàiì ㄗㄞˋㄧˋ 꺼림칙하게 생각하다. 근심하다.
[在理兒] tsàilǐrh ㄗㄞˋㄌㄧˇㄦ ①이치에 맞다.「你說得很一; 네 말은 정말 이치에 맞는다」②도리상으로 말한다면.「一那也是應該的; 도리상으로 보더라도 그것은 당연하다」
[在數] tsàishù ㄗㄞˋㄕㄨˋ ①수자 속에 들어 있다. ②운수 소관이다.
[在所不辭] tsàisǒpūtz'ǔ ㄗㄞˋㄙㄨㄛˇㄅㄨˋㄘˊ 결코 사양하지 아니하다. 조금도 희생을 두려워하지 않다.
[在所不惜] tsàisǒpūhsī ㄗㄞˋㄙㄨㄛˇㄅㄨˋㄒㄧ 결코 서운해 하지 않다. 조금도 아까와하지 않다.
[在所難免] tsàisǒnánmiěn ㄗㄞˋㄙㄨㄛˇㄋㄢˊㄇㄧㄢˇ 피할 수 없다. 모면할 수 없다.「年輕人有點兒荒唐是一的; 젊은이에게 경솔한 점이 약간 있다는 것은 불가피한 일이다」
[在地戶] tsàitìhù ㄗㄞˋㄉㄧˋㄏㄨˋ 토박이.
[在堂] tsàit'áng ㄗㄞˋㄊㄤˊ (어버이가) 생존하시다.
[在逃] tsàit'áo ㄗㄞˋㄊㄠˊ 도주(逃走)중이다.
[在座] tsàitsuò ㄗㄞˋㄗㄨㄛˋ 거기에 있다. 마침 그 곳에 있다.

〔載〕 tsài ㄗㄞˋ ①(짐을) 싣다.「滿一而歸; 가득히 싣고 돌아 가다 : 풍작·풍어(豊漁) 등의 비유」②가득 차다. 충만하다.「歡聲一道; 환성이 길에 넘치다」③문어에서 동작의 병렬(並列)을 표현하는 말.「一歌一舞; 노래하고 춤추다」⇨tsǎi.
[載脚] tsàichiǎo ㄗㄞˋㄐㄧㄠˇ 운임(運賃).
[載重] tsàichùng ㄗㄞˋㄓㄨㄥˋ ①적재. 중량(積載重量). ②중량물(重量物)을 싣다.「一汽車; 대형 화물 자동차」
[載貨] tsàihuò ㄗㄞˋㄏㄨㄛˋ 화물을 실어 나르다.「一單; 선하증서(船荷証書)」
[載上口碑] tsàishang k'ǒupēi ㄗㄞˋㄕㄤ ㄎㄡˇㄅㄟ 사람들 입에 오르내리다.《成》
[載運] tsàiyǜn ㄗㄞˋㄩㄣˋ 수송하다. 운반하다.

TS'AI ㄘㄞ

〔猜〕 ts'āi ㄘㄞ ①추측하다. 추찰(推察)하다.「你一他來不來?; 그 사람이 오리라고 생각합니까?」②의심하다.「見一於人; 남에게 의심을 받다」
[猜忌] ts'āichì ㄘㄞㄐㄧˋ 질투하다. 시기하다.
[猜中] ts'āichùng ㄘㄞㄓㄨㄥˋ 미루어 알다. 헤아려 맞추다.
[猜諷] ts'āifěng ㄘㄞㄈㄥˇ 사람을 의심하다.
[猜想] ts'āihsiǎng ㄘㄞㄒㄧㄤˇ 추측하다.
[猜疑] ts'āií ㄘㄞㄧˊ 의심하다. >猜猜疑疑.
[猜悶兒] ts'āimênrh ㄘㄞㄇㄣˋㄦ 수수께끼를 풀다.
[猜謎] ts'āimí ㄘㄞㄇㄧˊ ①수수께끼 맞추기. ②수수께끼를 풀다.
[猜三攛倆] ts'āisā-tsuànliǎ ㄘㄞㄙㄚㄗㄨㄢˋㄌㄧㄚˇ 주저하여 결정을 짓지 못하는 모양.《成》
[猜透] ts'āit'òu ㄘㄞㄊㄡˋ 완전히 추찰하다. 밑바닥까지 꿰뚫어 알다.「你簡直一了!; 당신이 짐작한 것과 같다」
[猜測] ts'āits'è ㄘㄞㄘㄜˋ 추측하다. 추량하다. >猜猜測測.
[猜度] ts'āitò ㄘㄞㄉㄨㄛˋ 미루어 헤아리다. 측량하다.

〔才〕(纔②④) ts'ái ㄘㄞˊ ①능력. 재능. ②방금. 이제 막.「現在一明白; 이제 겨우 알았다」③재목을 재는 단위. 절단 변이 사방 한 치 길이 12척인 것. ④겨우. 간신히.「說完了一回去; 말이 끝나고서야 겨우 돌아갔다」⑤단지. 다만.「一用了兩元; 다만 2원을 썼을 뿐이다」⑥매우. 도저히.「一好看呢!; 매우 보기 좋다」
[才分] ts'áifên ㄘㄞˊㄈㄣˋ 타고난 재능.
[才學] ts'áihsüéh ㄘㄞˊㄒㄩㄝˊ 재능과 학식.
[才華煥發] ts'áihuá huànfā ㄘㄞˊㄏㄨㄚˊ ㄏㄨㄢˋㄈㄚ 재기환발(才氣煥發). 재주가 매우 있는 모양.
[才幹] ts'áikan ㄘㄞˊㄍㄢ 일하는 능력. 수완.
[才怪] ts'áikuài ㄘㄞˊㄍㄨㄞˋ 우스꽝스럽다. 기껏해야 …인 것이다 : 대개 부정사(否定詞)가 앞에 오고 "呢"가 어미에 붙음.
[才力] ts'áilì ㄘㄞˊㄌㄧˋ 재능.
[才貌] ts'áimào ㄘㄞˊㄇㄠˋ 재능과 용모.
[才識] ts'áishíh ㄘㄞˊㄕˊ 재능과 견식.
[才望] ts'áiwàng ㄘㄞˊㄨㄤˋ 재능과 명망.

〔材〕 ts'ái ㄘㄞˊ ①재목. ②재료. 원료. ③소질. 자질. ④관(棺).
[材種] ts'áichǔng ㄘㄞˊㄓㄨㄥˇ 목재·강철 따위의 품종.
[材料] ts'áiliao ㄘㄞˊㄌㄧㄠ ①재료. ②포목. 천. ③유용한 물건.「不是一; 아무 쓸모가 없다」

〔財〕 ts'ái ㄘㄞˊ 재산. 재화(財貨).
[財安] ts'áiān ㄘㄞˊㄢ 장사나 사업의 번창.「祝一; 상업의 번영을 축원함」《書》
[財經] ts'áichīng ㄘㄞˊㄐㄧㄥ 재정 경제(財政經濟)

[財主] ts'ái chu ㄘㄞˊㄓㄨ ①자본가. ②지주. 부자.
[財權] ts'áich'üán ㄘㄞˊㄑㄩㄢˊ 동산 소유권.
[財臨旺地] ts'áilín wàngtì ㄘㄞˊㄌㄧㄣˊㄨㄤˋㄉㄧˋ 돈은 활기가 있는 곳에 모인다.
[財禮] ts'áilǐ ㄘㄞˊㄌㄧˇ 채단(采緞)값으로 주는 돈.
[財貿] ts'áimao ㄘㄞˊㄇㄠˋ 재정 무역. 재정 통산(財政通產).
[財迷] ts'áimí ㄘㄞˊㄇㄧˊ ①수전노(守錢奴). ②금전에 마음을 집착하는 일.
[財能通神] ts'áinéng t'ūngshén ㄘㄞˊㄋㄥˊㄊㄨㄥㄕㄣˊ 세상 일은 모두 돈으로 해결할 수 있다.
[財神] ts'áishén ㄘㄞˊㄕㄣˊ 행운의 신. 금전이나 재물을 맡아 보는 신.
[財東] ts'áitūng ㄘㄞˊㄉㄨㄥ ①자본가. ②지주. ③전주(錢主).
[財用] ts'áiyùng ㄘㄞˊㄩㄥˋ 재물의 용도.

〔裁〕 ts'ái ㄘㄞˊ ①가위나 칼로써 종이나 천을 베다. 재단하다. 「一衣服；옷을 재단하다」 ②줄이다. 감하다. 「一軍；군축(軍縮)하다」 ③결정하다. 판단하다. 「一奪；결재하다」
[裁撤] ts'áich'è ㄘㄞˊㄔㄜˋ 폐지하다. 철회하다.
[裁減] ts'áichiěn ㄘㄞˊㄐㄧㄢˇ 감축하다. 삭감하다. 「一核武器；핵무기를 감축하다」
[裁剪] ts'áichiěn ㄘㄞˊㄐㄧㄢˇ 천을 재단하다. 「一師；재단사」
[裁制] ts'áichìh ㄘㄞˊㄓˋ 제어(制御)하다.
[裁去] ts'áich'ǜ ㄘㄞˊㄑㄩˋ 인원을 줄이다. 「一一兩個店員；점원 한두 사람을 줄이다」
[裁縫] ts'áiféng ㄘㄞˊㄈㄥˊ ①옷을 깁다. 옷을 만들다. ② ts'áifêng 재단사.
[裁判員] ts'áip'ànyüán ㄘㄞˊㄆㄢˋㄩㄢˊ 심판원. 엄파이어.
[裁汰] ts'áit'ài ㄘㄞˊㄊㄞˋ 도태 정리(淘汰整理)하다.
[裁奪] ts'áit'ó ㄘㄞˊㄊㄨㄛˊ 결재하다.
[裁度] ts'áitò ㄘㄞˊㄉㄨㄛˋ 추측으로 단정하다.

〔采〕 ts'ǎi ㄘㄞˇ ①따다. 「一蓮；연을 채집하다」 ②사람의 태도·모양·풍채. ③ ⇨採·彩.
[采茶] ts'ǎich'á ㄘㄞˇㄔㄚˊ 차(茶)를 따다. 「一剪；차를 따는 가위」
[采繭] ts'áichiěn ㄘㄞˊㄐㄧㄢˇ 누에고치를 거두어 들이다.
[采集] ts'ǎichí ㄘㄞˇㄐㄧˊ 채집하다.
[采區] ts'ǎich'ū ㄘㄞˇㄑㄩ 채굴구(採掘區).
[采取] ts'áich'ǚ ㄘㄞˊㄑㄩˇ 채용하다. 선정하다.
[采訪] ts'áifǎng ㄘㄞˊㄈㄤˇ 탐방(探訪)하여 취재하다. 「一新聞；뉴우스를 취재하다」
[采肥] ts'ǎiféi ㄘㄞˇㄈㄟˊ 비료를 모으다.
[采擷] ts'ǎihsiéh ㄘㄞˇㄒㄧㄝˊ 따다. 잡아떼다.
[采選] ts'áihsüǎn ㄘㄞˊㄒㄩㄢˇ 선택하다.
[采花] ts'ǎihuā ㄘㄞˇㄏㄨㄚ ①폭행하다. ②처녀를 유린하다.
[采購] ts'ǎikòu ㄘㄞˇㄍㄡˋ ①사들이다. 구입하다. ②회사에서 일괄하여 사들이다.
[采購員] ts'ǎikòuyüán ㄘㄞˇㄍㄡˋㄩㄢˊ 구입계원(購入係員).
[采菱謳] ts'ǎilíng'ōu ㄘㄞˇㄌㄧㄥˊㄡ 마름을 거두어 들일 때에 부르는 노래.
[采路] ts'ǎilù ㄘㄞˇㄌㄨˋ 길을 안내하다.
[采苗地] ts'ǎimiáotì ㄘㄞˇㄇㄧㄠˊㄉㄧˋ 묘판. 모판. 못자리. ＝采苗圃.
[采納] ts'ǎinà ㄘㄞˇㄋㄚˋ 남의 의견을 받아 들이다.
[采辦] ts'ǎipàn ㄘㄞˇㄅㄢˋ 구입하다. 물건을 사들이다.
[采聲] ts'ǎishēng ㄘㄞˇㄕㄥ 박수 갈채하는 소리.
[采地] ts'ǎitì ㄘㄞˇㄉㄧˋ 영지(領地). 영토.

〔彩〕(綵) ts'ǎi ㄘㄞˇ ①색칠. 색채. ②현상금(懸賞金). 「得一；현상금을 타다」 ③문장. ④훌륭한 성과. ⑤구극(舊劇)에서 특수한 정경을 나타내는 연기. ⑥칭찬하다.
[彩旗] ts'ǎich'í ㄘㄞˇㄑㄧˊ 여러 빛깔의 깃발.
[彩氣] ts'ǎich'ì ㄘㄞˇㄑㄧˋ 좋은 운수.
[彩虹] ts'ǎichiàng ㄘㄞˇㄐㄧㄤˋ 무지개.
[彩轎] ts'ǎichiào ㄘㄞˇㄐㄧㄠˋ 혼례에 쓰기 위하여 꾸민 꽃가마.
[彩金] ts'ǎichīn ㄘㄞˇㄐㄧㄣ 상금(賞金). 상으로 주는 돈.
[彩紙] ts'áichǐh ㄘㄞˊㄓˇ 색지(色紙). 색종이.
[彩綢] ts'ǎich'ǒu ㄘㄞˇㄔㄡˊ ①빛깔 있는 비단. 무늬 있는 비단. ②기생집에서 그 집 기생의 이름을 써서 출입구에 걸어 놓는 간판. ＝花牌.
[彩號] ts'ǎihào ㄘㄞˇㄏㄠˋ 부상병(負傷兵).
[彩霞] ts'ǎihsiá ㄘㄞˇㄒㄧㄚˊ 아침놀. 저녁놀.
[彩畫] ts'ǎihuà ㄘㄞˇㄏㄨㄚˋ 색채화(色彩畫).
[彩禮] ts'áilǐ ㄘㄞˊㄌㄧˇ 약혼한 여자에게 보내는 금품. 채단금(采緞金).
[彩門] ts'ǎimén ㄘㄞˇㄇㄣˊ 울긋불긋하게 꾸며서 세운 문：환영 아아치 등.
[彩墨] ts'ǎimò ㄘㄞˇㄇㄛˋ 수채화(水彩畫).
[彩排] ts'ǎipái ㄘㄞˇㄆㄞˊ 분장(扮裝)을 하고 극(劇)의 예행 연습을 하다.
[彩牌樓] ts'ǎip'áilou ㄘㄞˇㄆㄞˊㄌㄡ 홍살문 모양의 「彩門」.
[彩票] ts'ǎip'iào ㄘㄞˇㄆㄧㄠˋ 복권(福券).
[彩色] ts'ǎisè ㄘㄞˇㄙㄜˋ 채색. 「一印刷片；천연색 슬라이드. 「一影片；천연색 영화」
[彩聲] ts'ǎishēng ㄘㄞˇㄕㄥ 박수 갈채하는 소리.
[彩飾] ts'ǎishìh ㄘㄞˇㄕˋ 여러 가지 빛깔로 장식하다.
[彩燈] ts'ǎitēng ㄘㄞˇㄉㄥ 곱게 꾸민 등롱(燈籠).
[彩子] ts'ǎitzǔ ㄘㄞˇㄗ 오색의 비단.
[彩印] ts'ǎiyìn ㄘㄞˇㄧㄣˋ 색채를 넣어 인쇄하다.

〔採〕 ts'ǎi ㄘㄞˇ ①손끝으로 따다. ②골라잡다. 선정하다. ③채용하다. ④채취하다.
[採購] ts'ǎikòu ㄘㄞˇㄍㄡˋ 구입하다. 사들이다.
[採鑛] ts'áikǔng ㄘㄞˊㄍㄨㄥˇ 광산을 채굴하다.

[採煤] ts'ăiméi ㄘㄞˇㄇㄟˊ 석탄을 채굴하다. =挖煤.
[採辦] ts'ăipàn ㄘㄞˇㄅㄢˋ 사들이다. 구입하다.
[採試] ts'ăishìh ㄘㄞˇㄕˋ 시굴(試掘)하다.
〔睬〕 ts'ăi ㄘㄞˇ ①주시하다. 주목하다. ②상관하다. 상대하다.
〔綵〕 ts'ăi ㄘㄞˇ ①여러 가지 빛의 (오색) 비단. ②능견(綾絹). ③ ⇨彩.
[綵棚] ts'ăip'ĕng ㄘㄞˇㄆㄥˊ 오색으로 장식한 홍행용의 임시 건물.
〔踩〕(跴) ts'ăi ㄘㄞˇ 힘을 넣어서 꽉 밟다. 짓밟다. 「一了一脚泥; 발로 진흙을 짓밟다」
[踩閘] ts'ăichá ㄘㄞˇㄓㄚˊ 수문(水門)을 밟아서 눌러 열다.
[踩緝] ts'ăichī ㄘㄞˇㄐㄧ 뒤쫓아서 체포하다.
[踩訪] ts'ăifăng ㄘㄞˊㄈㄤˇ 범인의 뒤를 쫓다.
[踩壞] ts'ăihuài ㄘㄞˇㄏㄨㄞˋ 밟아서 못 쓰게 하다.
[踩水] ts'ăishŭi ㄘㄞˊㄕㄨㄟˇ 물을 건너다.
[踩坍] ts'ăit'ān ㄘㄞˇㄊㄢ 밟아서 못 쓰게 만들다.
[踩地] ts'ăitì ㄘㄞˇㄉㄧˋ 토지를 측량하다.
[踩窩子] ts'ăiwōtzŭ ㄘㄞˇㄨㄛㄗ 도적이 숨은 집을 찾다.
〔菜〕 ts'ài ㄘㄞˋ ①채소. 야채. ②요리. 반찬. 「中國一; 중국 요리」
[菜罩] ts'àichào ㄘㄞˋㄓㄠˋ 파리장.
[菜床子] ts'àich'uángtzŭ ㄘㄞˋㄔㄨㄤˊㄗ 채소 가게.
[菜販] ts'àifàn ㄘㄞˋㄈㄢˋ 손수레에 싣고 다니면서 파는 야채 장수. 또는 그 장사.
[菜心] ts'àihsin ㄘㄞˋㄒㄧㄣ 배추 따위의 고갱이.
[菜花] ts'àihuā ㄘㄞˋㄏㄨㄚ 꽃양배추.
[菜瓜] ts'àikuā ㄘㄞˋㄍㄨㄚ 〈植〉김장박. 김장 오이. 월과(越瓜). =梢瓜.
[菜枯] ts'àik'ū ㄘㄞˋㄎㄨ 채종유(菜種油)를 짜낸 찌꺼기. 채유(菜油)의 깻묵. ‹方›
[菜籃] ts'àilán ㄘㄞˋㄌㄢˊ 야채를 담는 바구니.
[菜苗] ts'àimiáo ㄘㄞˋㄇㄧㄠˊ 어린 채소. 솎음 푸성귀.
[菜農] ts'àinúng ㄘㄞˋㄋㄨㄥˊ 채소 농사. 또는 그 농가.
[菜盤] ts'àip'án ㄘㄞˋㄆㄢˊ 요리 접시.
[菜扒子] ts'àip'átzŭ ㄘㄞˋㄆㄚˊㄗ 반찬을 자기 쪽으로 끌어당기는 욕심장이.
[菜板] ts'àipăn ㄘㄞˋㄅㄢˇ 도마. =菜墩子.
[菜色] ts'àisè ㄘㄞˋㄙㄜˋ 파리하고 윤기가 없는 살결. 굶주린 기색.
[菜市] ts'àishìh ㄘㄞˋㄕˋ 식료품 시장.
[菜蔬] ts'àishū ㄘㄞˋㄕㄨ 채소. 야채. 「鮮一; 생채소」「乾一; 건조한 채소」「鹹一; 식용 야채」「鹹一; 절인 야채」
[菜攤] ts'àit'ān ㄘㄞˋㄊㄢ 채소를 파는 노점.
[菜單子] ts'àitāntzŭ ㄘㄞˋㄉㄢㄗ 메뉴. 식단표.
[菜湯] ts'àit'āng ㄘㄞˋㄊㄤ 야채 수우프. 야채국.
[菜刀] ts'àitāo ㄘㄞˋㄉㄠ 식칼.
[菜地] ts'àitì ㄘㄞˋㄉㄧˋ 채소밭.
[菜豆] ts'àitòu ㄘㄞˋㄉㄡˋ 〈植〉 강남콩.
[菜籽田] ts'àitzŭt'ién ㄘㄞˋㄗˇㄊㄧㄢˊ 채소의 묘판. 야채 모종밭.
[菜團] ts'àit'uánㄘㄞˋㄊㄨㄢˊ 야채로 만든 경단.
[菜墩子] ts'àitūntzŭ ㄘㄞˋㄉㄨㄣㄗ 도마. =菜板.
[菜甕] ts'àiwèng ㄘㄞˋㄨㄥˋ 김치독.
[菜餚] ts'àiyáo ㄘㄞˋㄧㄠˊ 술안주. 반찬.
[菜葉] ts'àiyèh ㄘㄞˋㄧㄝˋ 채소의 잎.
[菜園(子)] ts'àiyüán(tzŭ) ㄘㄞˋㄩㄢˊ(ㄗ) 채소밭. 채전.
[菜油] ts'àiyú ㄘㄞˋㄧㄡˊ 평지 씨앗으로 짠 기름.
〔蔡〕 ts'ài ㄘㄞˋ 성(姓)의 하나.

TSAN ㄗㄢ

〔糌〕 tsān ㄗㄢ
[糌粑] tsānpa ㄗㄢㄅㄚ "青稞" 볶은 가루로 차나 버터에 개어 먹는 티베트 음식.
〔簪〕 tsān ㄗㄢ ①「一子·一兒; 비녀 따위의 머리 장식물」 ②관(冠)이나 머리에 꽂다. 「把一雜花一在頭上; 한 송이의 꽃을 머리에 꽂다」
〔咱〕(喒·偺) tsánㄗㄢˊ나. 저. ‹北› =我. 「一不懂他的話; 나는 그의 이야기를 알아 듣지 못하겠다」 ⇨tsá.
[喒們] tsánmên ㄗㄢˊㄇㄣ, tsámên 우리들: "我們"은 듣는 편을 포함치 않는데 대하여, "喒們"은 듣는 상대방까지를 포함함. 「你們是廣東人, 我們是河北人; 당신들은 "廣東" 사람이며, 우리들은 "河北" 사람이다」
〔拶〕 tsăn ㄗㄢˇ 죄다.
[拶指] tsánchĭh ㄗㄢˊㄓˇ 옛 형벌의 한가지. "拶子"를 죄인의 손가락 사이에 끼고 죄는 고문법.
[拶子] tsăntzŭ ㄗㄢˇㄗ 형구의 하나. 다섯 개의 나무 조각을 가죽끈으로 엮은 것.
〔攢〕 tsăn ㄗㄢˇ ①축적(蓄積)하다. 저축하다. 「一錢; 예금하다」 ②쌓아 올리다. 「一糞; 비료(肥料)를 퇴적(推積)하다」 ⇨ts'uán.
〔趲〕 tsăn ㄗㄢˇ 길을 서두르다. 「一路·一行; 길을 서두르다: 옛 소설·희곡에 흔히 나오는 말」
[趲步] tsănpū ㄗㄢˇㄅㄨˋ 길을 재촉하다. 빨리 걷다.
[趲子步兒] tsăntzŭpūrh ㄗㄢˇㄗㄅㄨˋㄦ 총총 걸음.
〔贊〕(賛·讚②③) tsàn ㄗㄢˋ ①찬성하여 돕다. ②칭찬하다. 「一不絕口

口; 극구(極口) 찬양하다. ③ 옛 시문의 한 문체로서 그림에 제목을 달거나, 사람·사물을 칭찬하거나 비평하던 문체.
[贊稱] tsànch'ēng ㄗㄢˋㄔㄥ 칭찬하다. 찬양하다.
[贊襄] tsànhsiāng ㄗㄢˋㄒㄧㄤ 보좌(補佐)하다. 돕다.
[贊許] tsànhsǔ ㄗㄢˋㄒㄩˇ 칭찬하다.
[贊禮] tsànlǐ ㄗㄢˋㄌㄧˇ ①식순(式順)의 낭독 ②식순을 소리높여 외고 진행을 맡아 보는 사람.
[贊賞] tsànshǎng ㄗㄢˋㄕㄤˇ 상찬하다. 잘한다고 칭송하다.
[贊揚] tsànyáng ㄗㄢˋㄧㄤˊ 찬양하다. 칭찬하여 추어 주다.

〔暫〕 tsàn ㄗㄢˋ ①잠시. 일시.「此事一不處理; 이 일은 일단 취급치 않는다」②짧다.「爲期短一; 기간이 짧다」
[暫且] tsànch'iěh ㄗㄢˋㄑㄧㄝˇ 잠깐. 잠시.「一不提; 각설(却說). 그것은 그렇다치고」
[暫缺] tsànch'üēh ㄗㄢˋㄑㄩㄝ 잠시 비어두다.「這一部分一; 이 부분은 잠시 공백(空白)으로 둔다」
[暫緩] tsànhuǎn ㄗㄢˋㄏㄨㄢˇ 일시 연기하다.
[暫行] tsànhsíng ㄗㄢˋㄒㄧㄥˊ임시적인. 일시적인.「一章程; 잠정적인 규칙」
[暫擱] tsànkō ㄗㄢˋㄍㄜ 일시 중지하다.
[暫厝] tsànts'ò ㄗㄢˋㄘㄨㄛˋ 가매장(假埋葬)하다.
[暫停] tsànt'íng ㄗㄢˋㄊㄧㄥˊ 일시 정지(停止)하다.
[暫用] tsànyùng ㄗㄢˋㄩㄥˋ 일시 사용(使用)하다. 우선 이용하다.

〔鏨〕 tsàn ㄗㄢˋ ①「一子; (조각용의) 작은 끌: 쇠붙이를 자르는 데 쓰는 강철로 만든 끌」②(끌로 금속·돌 따위를) 새기다. 파다.
[鏨花] tsànhuā ㄗㄢˋㄏㄨㄚ① 꽃무늬를 조각하다. ② 돋을새김의 무늬. 돋음무늬.
[鏨活] tsànhuó ㄗㄢˋㄏㄨㄛˊ 금속판 따위에 서화(書畫)를 누각(鏤刻)하는 세공(細工).
[鏨刀] tsàntāo ㄗㄢˋㄉㄠ 조각용의 칼.
[鏨字] tsàntzǔ ㄗㄢˋㄗˋ 글씨를 새기다.
[鏨子] tsàntzǔ ㄗㄢˋㄗ ①조각용의 작은 끌. ②강철로 만든 조각도(彫刻刀).

TS'AN ㄘㄢ

〔參〕(参) ts'ān ㄘㄢ ①참가하다. ②뵈옵다. 배알(拜謁)하다. ③탄핵(彈劾)하다. ⇨ts'ēn, shēn.
[參政] ts'ānchèng ㄘㄢㄓㄥˋ 정치에 참여하다.
[參加] ts'ānchiā ㄘㄢㄐㄧㄚ ①참가하다. 출석하다. ②더하다. 보태다.
[參見] ts'ānchièn ㄘㄢㄐㄧㄢˋ 뵈옵다. 배알(拜謁)하다.
[參軍] ts'ānchūn ㄘㄢㄐㄩㄣ ①군대에 들어가다. 전쟁에 참가하다. ②적령자가 병역에 복무하다.
[參看] ts'ānk'àn ㄘㄢㄎㄢˋ 조사하여 보다. 참고로 보다.
[參謀] ts'ānmóu ㄘㄢㄇㄡˊ ①참모. ②상의하다.
[參半] ts'ānpàn ㄘㄢㄅㄢˋ 반수(半數)를 차지하다.
[參天] ts'ānt'iēn ㄘㄢㄊㄧㄢ 하늘에 닿다. 하늘에 높이 솟다.「古樹一; 고목이 높이 하늘까지 치솟다」
[參雜] ts'āntsá ㄘㄢㄗㄚˊ 뒤섞이다. 혼합하다.
[參悟] ts'ānwù ㄘㄢㄨˋ 깨닫다.
[參預] ts'ānyǜ ㄘㄢㄩˋ 참가하다. 참여하다.

〔餐〕 ts'ān ㄘㄢ ①식사.「一日三一; 하루 세 끼의 식사」②음식을 먹다.「飽一一頓; 배불리 식사하다」
[餐車] ts'ānch'ē ㄘㄢㄔㄜ 식당차.
[餐桌] ts'ānchō ㄘㄢㄓㄨㄛ 식탁.
[餐具] ts'ānchǜ ㄘㄢㄐㄩˋ 식기(食器).
[餐風飲露] ts'ānfēngyǐnlù ㄘㄢㄈㄥㄧㄣˇㄌㄨˋ바람을 마시고 이슬을 먹음:괴로운 여행의 형용. 풍찬노숙(風餐露宿). 《成》
[餐盒] ts'ānhó ㄘㄢㄏㄜˊ 찬합. 도시락.
[餐臺] ts'ānt'ái ㄘㄢㄊㄞˊ 식탁.
[餐廳] ts'ānt'īng ㄘㄢㄊㄧㄥ 식당.

〔殘〕 ts'án ㄘㄢˊ ①불완전한. 흠이 있는. ②흉악한. ③해치다. ④남다. 남기다.
[殘疾] ts'ánchí ㄘㄢˊㄐㄧ① 불구자. 불구. = 殘廢. ② ts'ánchi 불구가 되는 병.
[殘缺] ts'ánch'üēh ㄘㄢˊㄑㄩㄝ 모자라다. 불완전하다.
[殘局] ts'ánchǘ ㄘㄢˊㄐㄩˊ 미해결의 국면(局面).
[殘廢] ts'ánfei ㄘㄢˊㄈㄟ =殘疾.
[殘害] ts'ánhài ㄘㄢˊㄏㄞˋ 해치다. 살해하다.
[殘毁] ts'ánhuǐ ㄘㄢˊㄏㄨㄟˇ 파손되다. 깨어지다.
[殘貨] ts'ánhuò ㄘㄢˊㄏㄨㄛˋ ①흠이 있는 상품. ②나머지 물건. 잔품.
[殘料] ts'ánliào ㄘㄢˊㄌㄧㄠˋ 망그러진 재료.
[殘年] ts'ánnién ㄘㄢˊㄋㄧㄢˊ ①연말. ②인생의 남은 여생.
[殘暴] ts'ánpào ㄘㄢˊㄅㄠˋ 무자비하고 난폭하다.
[殘品] ts'ánp'in ㄘㄢˊㄆㄧㄣˇ 파치: 흠 있는 물건.
[殘破] ts'ánp'ò ㄘㄢˊㄆㄛˋ ①부수다. ②부서져서 불완전하다. > 殘殘破破.
[殘殺] ts'ánshā ㄘㄢˊㄕㄚ 죽이다.
[殘山剩水] ts'ánshān-shèngshuǐ ㄘㄢˊㄕㄢㄕㄥˋㄕㄨㄟˇ 얼마 되지 않는 나머지 국토.
[殘剩] ts'ánshèng ㄘㄢˊㄕㄥˋ 남다.
[殘存] ts'ánts'ún ㄘㄢˊㄘㄨㄣˊ (불완전한 모양으로)남아 있다. 잔존.
[殘餘] ts'ányǘ ㄘㄢˊㄩˊ ①나머지. ②남다.

〔慚〕(慙) ts'án ㄘㄢˊ ①부끄러워하다. ②수치. ③부끄러운.
[慚恨] ts'ánhèn ㄘㄢˊㄏㄣˋ 뉘우치고 한탄한다.
[慚愧] ts'ánk'uei ㄘㄢˊㄎㄨㄟˋ 부끄러워하다. 미안스럽게 생각하다. > 慚慚愧愧.
[慚怍] ts'ántsò ㄘㄢˊㄗㄨㄛˋ 부끄러워하다.

〔蠶〕(蚕) ts'án ㄘㄢˊ 누에.

[蠶繭] ts'ánchiěn ㄘㄢˊㄐㄧㄢˇ 누에고치.

[蠶種] ts'ánchǔng ㄘㄢˊㄓㄨㄥˇ 잠지(蠶紙):누에 나방이 알을 슬게 한 종이.

[蠶蛾] ts'ánê ㄘㄢˊㄜˊ 〈動〉 누에나방.

[蠶花] ts'ánhuā ㄘㄢˊㄏㄨㄚ 〈動〉 잠란(蠶卵)에서 깐 지 얼마 안되는 누에. 애누에.

[蠶工] ts'ánkūng ㄘㄢˊㄍㄨㄥ 누에치기. 양잠하는 일.

[蠶箔] ts'ánpó ㄘㄢˊㄅㄛˊ 잠박. 누에치는 기구의 한 가지.

[蠶蟻] ts'ánǐ ㄘㄢˊㄧˇ 〈動〉 애누에.

[蠶事] ts'ánshih ㄘㄢˊㄕˋ 누에치기.

[蠶絲] ts'ánssū ㄘㄢˊㄙ 생사(生絲).「一夾毛; 명주실과 털실의 교직」「一綢緞; 견직물」

[蠶簞] ts'ántān ㄘㄢˊㄉㄢ 누에치는 삿자리.

[蠶臺] ts'ánt'ái ㄘㄢˊㄊㄞˊ 누에치는 시렁.

[蠶豆] ts'ántòu ㄘㄢˊㄉㄡˋ 잠두. 누에콩.

[蠶子] ts'ántzǔ ㄘㄢˊㄗˇ 누에알.

[蠶蛹] ts'ányǔng ㄘㄢˊㄩㄥˇ 〈動〉 누에의 번데기.

〔慘〕 ts'ǎn ㄘㄢˇ ①비참한. 잔인한.「一無人道; 비참해서 눈으로 볼 수 없다」 ②애처롭다. 한심스럽다. ③빛깔이 칙칙한.

[慘案] ts'ǎn'àn ㄘㄢˇㄢˋ 참살 사건.

[慘絕人寰] ts'ǎnchüéhjěnhuán ㄘㄢˇㄐㄩㄝˊㄖㄣˊㄏㄨㄢˊ 처참하여 인간 세상의 일이라고는 생각되지 않음.

[慘劇] ts'ǎnchǜ ㄘㄢˇㄐㄩˋ 참혹한 일. 참사(慘事).

[慘象] ts'ǎnhsiàng ㄘㄢˇㄒㄧㄤˋ 참상(慘狀).

[慘笑] ts'ǎnhsiào ㄘㄢˇㄒㄧㄠˋ ①슬픈 웃음을 짓다. ②쓴웃음을 짓다.

[慘然] ts'ǎnján ㄘㄢˇㄖㄢˊ 처참한. 참혹한.

[慘苦] ts'ánk'ǔ ㄘㄢˊㄎㄨˇ 비참하다. 괴롭다.

[慘酷] ts'ǎnk'ù ㄘㄢˇㄎㄨˋ 처참하다. 참혹하다.

[慘厲] ts'ǎnlì ㄘㄢˇㄌㄧˋ 음침하여 소름이 끼치다.

[慘綠] ts'ǎnlǜ ㄘㄢˇㄌㄩˋ 짙은 녹색.

[慘目] ts'ǎnmù ㄘㄢˇㄇㄨˋ 비참하다. 처참하다.

[慘白] ts'ǎnpái ㄘㄢˇㄅㄞˊ ①핏기 없는 빛깔. 윤이 없는 흰 빛깔. ②창백하다.

[慘暴] ts'ǎnpào ㄘㄢˇㄅㄠˋ 잔인한 행동. 포악한 행동

[慘變] ts'ǎnpièn ㄘㄢˇㄅㄧㄢˋ ①참사(慘事). ②얼굴 빛이 창백해지다.

[慘不忍睹] ts'ǎnpùjěntǔ ㄘㄢˇㄅㄨˋㄖㄣˊㄉㄨˇ 비참하여 차마 볼 수 없다.

[慘淡] ts'ǎntàn ㄘㄢˇㄉㄢˋ ①암담하다. ②애쓰다.「一經營; 불경기에 애써 경영하다」=慘澹. ③얼굴에 근심이 가득 찬 모양.

[慘痛] ts'ǎnt'ùng ㄘㄢˇㄊㄨㄥˋ 참혹하다. 비통하다.

[慘郁] ts'ǎnyǜ ㄘㄢˇㄩˋ 남의 기분을 상하게 하다.

〔粲〕 ts'àn ㄘㄢˋ ①정백(精白)한 쌀. 정미(精米) 작업. ②식사. ③선명한. 산뜻한.

[粲然] ts'ànján ㄘㄢˋㄖㄢˊ ①선명한 모양. 멋진 모양. ②이를 드러내고 웃는 모양.「一而笑; 싱글싱글 웃다」

〔燦〕(灿) ts'àn ㄘㄢˋ 눈부시게 빛나는. 산뜻한.

[燦爛] ts'ànlàn ㄘㄢˋㄌㄢˋ 선명하다. 눈이 부시다. >燦燦爛爛.

〔璨〕 ts'àn ㄘㄢˋ

[璨璨] ts'ànts'àn ㄘㄢˋㄘㄢˋ 번쩍거리는 모양.「一星光; 별빛이 번쩍이다」

TSANG ㄗㄤ

〔臧〕 tsāng ㄗㄤ 착하다.

[臧否] tsāngp'ǐ ㄗㄤㄆㄧˇ ①선악(善惡). ②비평하다.「一人物; 인물의 선악을 비평하다」

〔髒〕(脏) tsāng ㄗㄤ 더럽다. 때묻다.「衣服一了; 의복이 더러워졌다」⇨ tsàng.

[髒瘡] tsāngch'uāng ㄗㄤㄔㄨㄤ 매독(梅毒). 창병(瘡病).

[髒症] tsāngchěng ㄗㄤㄓㄥˋ ①성병(性病). ②증거로서의 장물(贓物).

[髒房] tsāngfáng ㄗㄤㄈㄤˊ ①도깨비집. 우중충한 집.

[髒心] tsānghsīn ㄗㄤㄒㄧㄣ 악한 마음. 추잡한 마음.

[髒心爛肺] tsānghsīn-lànfèi ㄗㄤㄒㄧㄣㄌㄢˋㄈㄟˋ 파렴치(破廉恥)한 마음. 염치를 모르는 마음씨.

[髒亂] tsāngluàn ㄗㄤㄌㄨㄢˋ 너저분하고 더럽다. 어수선하다.

[髒身] tsāngshēn ㄗㄤㄕㄣ 형벌(刑罰)로 문신(文身)한 몸뚱이.

[髒水] tsāngshuǐ ㄗㄤㄕㄨㄟˇ 오수(汚水) 하수(下水).「一溝; 하수도」「一水桶; 개숫물 통」

[髒東西] tsāngtūnghsi ㄗㄤㄉㄨㄥㄒㄧ ①오물. 대소변. ②더러운 놈. 《罵》

[髒土] tsāngt'ǔ ㄗㄤㄊㄨˇ 흙 먼지. 진토(塵土).

[髒字] tsāngtzǜ ㄗㄤㄗˋ 추잡한 말.

[髒汚] tsāngwū ㄗㄤㄨ 때. 더러움.

〔贓〕(赃) tsāng ㄗㄤ 뇌물(賂物). 장물(贓物). 부정한 소득물(所得物).「追一; 장물을 되찾다」

[贓貨] tsānghuò ㄗㄤㄏㄨㄛˋ 장물(贓物).

[贓銀] tsāngín ㄗㄤㄧㄣˊ =贓款.

[贓官] tsāngkuān ㄗㄤㄍㄨㄢ 탐관오리(貪官汚吏).

[贓款] tsāngk'uǎn ㄗㄤㄎㄨㄢˇ ①뇌물(賂物)로 받은 돈. ②훔친 돈.

[贓私] tsāngssū ㄗㄤㄙ 부정한 금품(金品).

[贓物] tsāngwù ㄗㄤㄨˋ 도둑질한 물건. 장물. =贓貨.

〔駔〕 tsǎng ㄗㄤˇ 양마(良馬). 좋은 말.「一儈; ㉮말의 거간군. ㉯브로우커

(broker)」

〔奘〕 tsàng ㄗㄤˋ 현장(玄奘) : 당대(唐代)의 승(僧). ⇨chuǎng.

〔葬〕(塟) tsàng ㄗㄤˋ 매장(埋葬)하다. 파묻다.「一在公墓 ; 공동 묘지에 묻다」

[葬禮] tsànglǐ ㄗㄤˋㄌㄧˇ 장의. 장례.

[葬埋] tsàngmái ㄗㄤˋㄇㄞˊ 매장하다. 파묻다.

[葬送] tsàngsùng ㄗㄤˋㄙㄨㄥˋ ①매장해 버리다.「把軍事條約一 ; 군사 조약을 묵살해 버리다」

〔臟〕(脏) tsàng ㄗㄤˋ 내장(內臟) ⇨tsāng.

[臟腑] tsàngfǔ ㄗㄤˋㄈㄨˇ ①오장 육부(五臟六腑). ②심중(心中).

〔藏〕 tsàng ㄗㄤˋ ①곳간. 창고.「寶一 ; 보고(寶庫)」②불교・도교(道敎)의 교전(敎典)의 총서(叢書).「三一 ; 불교 교전(佛敎敎典)의 경(經)・율(律)・논(論)의 삼부」③티베트(Tibet). 서장(西藏)의 약칭. ⇨ts'áng.

[藏經] tsàngchīng ㄗㄤˋㄐㄧㄥ ①불교・도교의 경전을 집성한 총서(叢書). ②라마교의 경문(經文).

[藏青] tsàngch'īng ㄗㄤˋㄑㄧㄥ 짙은 감색(紺色). =深藍色.

[藏青果] tsàngch'īngkuǒ ㄗㄤˋㄑㄧㄥㄍㄨㄛˇ 티베트에 나는 감람(橄欖):약용임.

[藏紅花] tsànghúnghuā ㄗㄤˋㄏㄨㄥˊㄏㄨㄚ〈植〉(티베트에서 나는)사프란(saffron).

[藏香] tsànghsiāng ㄗㄤˋㄒㄧㄤ 티베트에서 불전에 쓰이는 선향(線香).

[藏藍] tsànglán ㄗㄤˋㄌㄢˊ 약간 붉은 색을 띤 남색.

[藏曆] tsànglì ㄗㄤˋㄌㄧˋ 티베트(西藏)의 역법(曆法).

[藏葡萄] tsàngp'út'ao ㄗㄤˋㄆㄨˊㄊㄠ 티베트에서 나는 포도 : 건포도를 만듦.

[藏族] tsàngtsú ㄗㄤˋㄗㄨˊ 티베트족(族).

[藏語] tsàngyǚ ㄗㄤˋㄩˇ 티베트어(語).

[藏文] tsàngwén ㄗㄤˋㄨㄣˊ 티베트 문자(文字).

TS'ANG ㄘㄤ

〔倉〕(仓) ts'āng ㄘㄤ ①곡식 창고. ②당황하다. ③갑자기.

[倉廒] ts'āng'áo ㄘㄤㄠˊ 미창(米倉). =倉敖.

[倉儲] ts'āngch'ǔ ㄘㄤㄔㄨˇ 창고에 저장하다. 창고에 넣다.

[倉房] ts'āngfáng ㄘㄤㄈㄤˊ 곡물(穀物) 창고.

[倉皇] ts'ānghuáng ㄘㄤㄏㄨㄤˊ 창황하다. 당황하다.

[倉惶] ts'ānghuáng ㄘㄤㄏㄨㄤˊ 당황하다.

[倉廩] ts'ānglǐn ㄘㄤㄌㄧㄣˇ 미창(米倉). 곡창(穀倉).

[倉卒] ts'āngts'ù ㄘㄤㄘㄨˋ 황급하다.「事出一 ; 갑작스런 일」=倉猝.

〔傖〕 ts'āng ㄘㄤ ①천한 사람. ②천한.「一俗 ; 거칠고 속되다」

〔滄〕 ts'āng ㄘㄤ ①푸른. 암록색(暗綠色)의. ②추운. 찬.

[滄海] ts'ānghǎi ㄘㄤㄏㄞˇ 대해(大海). 창해(滄海).「一變桑田 ; 세상 일의 변화가 매우 심한 모양」

[滄浪] ts'ānglàng ㄘㄤㄌㄤˋ 옛날의 강의 이름:한수(漢水)의 지류. 물이 푸른 모양.

[滄桑] ts'āngsāng ㄘㄤㄙㄤ 급작스런 변화. =滄海桑田.

[滄滄] ts'āngts'āng ㄘㄤㄘㄤ 추운 모양.

〔蒼〕 ts'āng ㄘㄤ ①짙은 청색.「一天 ; 창공(蒼空)」②녹색.「一松 ; 짙은 녹색의 소나무」③창백(蒼白). ④성(姓)의 하나.

[蒼朮] ts'āngchú ㄘㄤㄓㄨˊ〈植〉왜삽주(창출) : 약용(藥用) 식물.

[蒼黃] ts'ānghuáng ㄘㄤㄏㄨㄤˊ 잿빛으로 보이는 황색.

[蒼老] ts'ānglǎo ㄘㄤㄌㄠˇ ①반백의. ②나이가 들어 보이는. ③노련하다.

[蒼茫] ts'āngmáng ㄘㄤㄇㄤˊ ①끝없이 넓은 모양. ②푸르고 넓은 모양.

[蒼白] ts'āngpái ㄘㄤㄅㄞˊ ①회색.「一頭髮 ; 반백의 머리」②창백한.「一臉孔 ; 창백한 얼굴」

[蒼生] ts'āngshēng ㄘㄤㄕㄥ 만민(萬民). 창생.

[蒼天] ts'āngt'iēn ㄘㄤㄊㄧㄢ 푸른 하늘.

[蒼蒼] ts'āngts'āng ㄘㄤㄘㄤ 백발이 성성한 상태.「白髮一 ; 머리털이 희끗희끗하다」

[蒼蠅] ts'āngying ㄘㄤㄧㄥ〈動〉파리.「一拍子 ; 파리채」「一罩兒 ; 파리장(帳)」

[蒼鷹] ts'āngyīng ㄘㄤㄧㄥ〈動〉매.

〔艙〕 ts'āng ㄘㄤ ①선실(船室). ②비행기의 객석(客席).

[艙房] ts'āngfáng ㄘㄤㄈㄤˊ 선실(船室).

[艙面] ts'āngmién ㄘㄤㄇㄧㄢˊ 갑판(甲板).

[艙底] ts'āngtǐ ㄘㄤㄉㄧˇ 배밑. 선저.

[艙位] ts'āngwèi ㄘㄤㄨㄟˋ 배 또는 비행기의 객석(客席).

〔鶬〕 ts'āng ㄘㄤ〈動〉재두루미.

[鶬鶊] ts'āngkēng ㄘㄤㄍㄥ〈動〉꾀꼬리. =倉庚.

[鶬鴰] ts'āngkūa ㄘㄤㄍㄨㄚ〈動〉재두루미.

〔藏〕 ts'áng ㄘㄤˊ ①숨기다. 저장하다. ②품다. ③성(姓)의 하나. ⇨tsàng.

[藏奸] ts'ángchiēn ㄘㄤˊㄐㄧㄢ ①능력이 있으면서도 못하는 체하다. ②남을 도우려 하지 않는다. ③교활한. 근성이 나쁜.

[藏拙] ts'ángchō ㄘㄤˊㄓㄨㄛ 자기의 약점을 숨기다.

[藏躲] ts'ángtǒ ㄘㄤˊㄉㄨㄛˇ 숨다. 몸을 숨기다.>藏藏躲躲.

[藏落] ts'ánglo ㄘㄤˊㄌㄨㄛ ①감추다. ②나쁜 짓을 하고도 시치미를 떼다.

[藏龍臥虎] ts'ánglúng-wòhǔ ㄘㄤˊㄌㄨㄥˊㄨㄛˋㄏㄨˇ 세상에 알려지지 않은 유능한 인물. 숨은 인재.

[藏猫猫] ts'ángmāomāo ㄘㄤˊㄇㄠㄇㄠ =藏悶兒.

[藏蒙蒙兒] ts'ángmĕngmêngrh ㄘㄤˊㄇㄥˊㄇㄥㄦ 숨바꼭질.

[藏悶兒] ts'ángmĕnrh ㄘㄤˊㄇㄣˊㄦ 숨바꼭질하다.

[藏匿] ts'ángnì ㄘㄤˊㄋㄧˋ 감추다. 은닉하다.

[藏私] ts'ángssŭ ㄘㄤˊㄙ ①숨기다. 비밀히 하다. ②금제품(禁制品)을 숨기다.

[藏掖] ts'ángyēh ㄘㄤˊㄧㄝˋ ①살짝 집어넣다. 몰래 감추다. ②폐해(弊害).

TSAO ㄗㄠ

〔遭〕 tsaō ㄗㄠ ①만나다. 부닥치다. 「一難；재난을 만나다. 조난하다」 ②「一兒；주위(周圍). 한 바퀴」「用繩子多繞兩一兒；끈으로 두서너 겹 더 감다」 ③여행 따위의 회수(回數)를 세는 말. 「到臺北這是頭一一兒；타이뻬이로 가는 것은 이번이 처음입니다」

[遭際] tsāochì ㄗㄠㄐㄧˋ ①만나다. 조우(遭遇)하다. ②경우(境遇).

[遭劫] tsāochiéh ㄗㄠㄐㄧㄝˊ ①재난을 만나다. ②강도를 만나다.

[遭搶] tsāoch'iǎng ㄗㄠㄑㄧㄤˇ 약탈 당하다. 노상 강도를 만나다.

[遭致] tsāochih ㄗㄠㄓˋ (결과에) 이르다. 「一更慘的失敗；더욱 비참한 실패를 보다」

[遭逢] tsāofĕng ㄗㄠㄈㄥˊ 우연히 만나다. 「一對手；적(敵)과 조우(遭遇)하다」

[遭報] tsāopào ㄗㄠㄅㄠˋ 벌을 받다. 업보(業報)를 받다.

[遭受] tsāoshȍu ㄗㄠㄕㄡˋ 받다. 부닥치다. 「一困厄；곤란에 부닥치다」

[遭到] tsāotao ㄗㄠㄉㄠ 조우(遭遇)하다.

[遭罪] tsāotsui ㄗㄠㄗㄨㄟˋ 혼이 나다. 벌을 받다.

[遭瘟] tsāowĕn ㄗㄠㄨㄣ ①병에 걸리다. ②혼이 나다.

[遭殃] tsāoyang ㄗㄠㄧㄤ 화를 입다. 재앙을 만나다.

[遭遇] tsāoyȗ ㄗㄠㄩˋ =遭際.

〔糟〕 tsāo ㄗㄠ ①술. 초(酢)의 찌꺼기. 「酒一；지게미」 ②술지게미에 담그다. 「一肉；고기를 술지게미에 담그다. 또는 그 고기」 ③해져서 너덜너덜하다. 「布一了；천이 해져 너덜너덜했다」 ④(사태가) 틀렸다. 신통치 않다. 「事情一了；일이 시원치 않게 되었다」

[糟踐] tsāochien ㄗㄠㄐㄧㄢ ①헐뜯다. 짓밟다. ②금품(金品)을 낭비하다.

[糟錢兒] tsāoch'iénrh ㄗㄠㄑㄧㄢˊㄦ 부정하게 얻은 돈.

[糟害] tsāohài ㄗㄠㄏㄞˋ 다치다. 해치다.

[糟銷] tsāohsiāo ㄗㄠㄒㄧㄠ 재산을 흩어 없애다. 산재(散財)하다.

[糟心] tsāohsīn ㄗㄠㄒㄧㄣ ①근심하다. 우울해지다. ②=糟糕.

[糟毀] tsāohuiㄗㄠㄏㄨㄟˇ 깨뜨리다. 파괴하다.

[糟朽] tsāohsiŭ ㄗㄠㄒㄧㄡˇ 썩어 문드러지다. 황폐해지다.

[糟擾] tsāojăo ㄗㄠㄖㄠˇ 방해하다. 폐를 끼치다: 남의 초대를 받았을 경우의 말.

[糟糕] tsāokāo ㄗㄠㄍㄠ ①수습할 수 없을 정도로 심하다. ②큰 실패를 하다. ③(감탄사적으로) 실수했어. 실패했군. 아뿔싸!

[糟糠] tsāok'āng ㄗㄠㄎㄤ ①험한 음식. 조악한 식량. ②조강지처(糟糠之妻).

[糟爛] tsāolàn ㄗㄠㄌㄢˋ 박살이 되다. 산산조각이 나다.

[糟老頭子] tsāolǎot'óutzŭ ㄗㄠㄌㄠˇㄊㄡˊㄗ ①늙어빠진 노인. ②늙어빠진 놈(년).

[糟鼻子] tsāopítzŭ ㄗㄠㄅㄧˊㄗ 주독으로 빨개진 코. =酒糟鼻子.

[糟粕] tsāop'ȍ ㄗㄠㄆㄛˋ ①찌꺼기 ②잡동사니.

[糟蛋] tsāotàn ㄗㄠㄉㄢˋ ①계란을 술지게미에 담근 것. ②=糟糕.

[糟豆腐] tsāot'ȍufu ㄗㄠㄊㄡˋㄈㄨ 남방인(南方人)을 얕잡아 일컫는 말.

[糟踏] tsāot'a ㄗㄠㄊㄚ ①짓밟다. ②(물건을) 부수다. 못 쓰게 만들다. 헛되게 하다. ③모욕하다. =糟蹋.

[糟魚] tsāoyȗ ㄗㄠㄩˊ 물고기를 술지게미에 절이다. 술지게미에 절인 어물(魚物).

〔鑿〕(凿) tsáo ㄗㄠˊ, tsuó ① 「一子；끌」 ②끌로 구멍을 파다. 뚫다. 「一個眼；구멍을 뚫다」 ③순자(筍子) 구멍. ④확실하다. 명백한. 「言之一一； 말이 확실하다」

[鑿氣] tsáoch'i ㄗㄠˊㄑㄧ 고집이 세다.

[鑿細] tsáohsì ㄗㄠˊㄒㄧˋ 추구(追求)하다.

[鑿枘] tsáojuì ㄗㄠˊㄖㄨㄟˋ ①순자(筍子)와 그것을 꽂는 구멍. ②빙탄(氷炭). 서로 상극된다는 비유. =方枘圓鑿.

〔早〕 tsǎo ㄗㄠˇ ①아침. 「一飯；조반. 아침밥」 ②아침 인사. 「老師, 您一；선생님 안녕히 주무셨읍니까?」 ③(시간 따위가)이르다: "晚"에 대한 말. 「天氣還一；시간은 아직 이르다」 ④이전의. 옛적의. 「那是很一的事；그것은 옛 일이다」 ⑤훨씬 전에. 이전부터. 「一知道；훨씬 그전부터 알고 있다」

[早安] tsǎoān ㄗㄠˇㄢ 안녕히 주무셨읍니까.

[早茬麥] tsǎoch'ámài ㄗㄠˇㄔㄚˊㄇㄞˋ 밀이나 옥수수 따위의 조기작물(早期作物)

[早場] tsáoch'ăng ㄗㄠˊㄔㄤˇ (극장의) 조조(早朝) 흥행.

[早車] tsǎoch'ē ㄗㄠˇㄔㄜ 첫차. 새벽차.

[早晨] tsǎoch'ĕn ㄗㄠˇㄔㄣˊ 아침.

[早晨頭] tsǎoch'ént'ou ㄗㄠˇㄔㄣˊㄊㄡ 꼭두새벽. 첫새벽.

[早尖] tsǎochiēn ㄗㄠˇㄐㄧㄢ 여행 도중의 아침 휴식. 「打一；여행지에서 아침 휴식을 취하다」

[早起] tsǎoch'i ㄗㄠˇㄑㄧ ①조조(早朝). ②오전. ③tsǎoch'ǐ 일찍 일어나다.

[早經] tsǎochīng ㄗㄠˇㄐㄧㄥ 이미. 벌써.

[早遲] tsǎoch'ih ㄗㄠˇㄔˊ 조만간(早晚間). =遲早.

[早清(兒)] tsǎoch'īng(rh) ㄗㄠˇㄑㄧㄥ(ㄦ) 조조(早朝). 이른 아침.

[早就] tsǎochiȗ ㄗㄠˇㄐㄧㄡˋ 오래 전부터. 벌써.

[早粥] tsǎochōu ㄗㄠˇㄓㄡ 아침 죽.
[早飯] tsáofàn ㄗㄠˊㄈㄢˋ 아침밥.
[早先] tsǎohsiēn ㄗㄠˇㄒㄧㄢ 이전에.
[早已] tsáoi ㄗㄠˊㄧˇ 이미. 벌써. 「歡迎的人一把月台擠滿了；환영 나온 사람은 이미 플랫포옴에 꽉 찼다」
[早日] tsáojìh ㄗㄠˊㄖˋ 가까운 장래. 근일(近日) 중에. 이미. 벌써.
[早年] tsǎonién ㄗㄠˇㄋㄧㄢˊ 왕년(往年). 그 옛날.
[早班兒] tsǎopānrh ㄗㄠˇㄅㄢㄦ ①(근무 시간이)이른 당번. 낮 당번. "晚班兒"에 대한 말. ②동료 사이의 아침 인사: 일찍 나오셨군요.
[早半天(兒)] tsǎopànt'iēn(rh) ㄗㄠˇㄅㄢˋㄊㄧㄢ(ㄦ) 오전(午前). ＝早半晌(兒).
[早報] tsǎopào ㄗㄠˇㄅㄠˋ 조간(朝刊): "晚報"에 대한 말.
[早市(兒)] tsǎoshìh(rh) ㄗㄠˇㄕˋ(ㄦ) 아침 장.
[早熟穀] tsǎoshúkǔ ㄗㄠˇㄕㄨˊㄍㄨˇ 빨리 익은 곡물(穀物).
[早膳] tsǎoshàn ㄗㄠˇㄕㄢˋ 조반. ＝早飯.
[早晌] tsáoshǎng ㄗㄠˊㄕㄤˇ ＝早起.
[早上] tsǎoshang ㄗㄠˇㄕㄤ 아침.
[早餐] tsǎots'ān ㄗㄠˇㄘㄢ 아침 식사. 조반. ＝早膳.
[早操] tsǎots'āo ㄗㄠˇㄘㄠ ①아침 훈련. ②아침 체조.
[早點] tsáotiěn ㄗㄠˊㄉㄧㄢˇ 간단한 아침 식사. 「吃一；아침 식사를 간단한 것으로 먹다」
[早頭] tsǎot'óu ㄗㄠˇㄊㄡˊ 종전(從前). 옛날. 「現在不是一；지금은 옛날과 다르다」
[早晚(兒)] tsáowǎn(rh) ㄗㄠˊㄨㄢˇ(ㄦ) 아침 저녁. 「一天氣還涼；아침 저녁은 서늘한 편이다」 ②시간. 때. 「怎麼這一纔來？；아니, 어째서 지금 오는 거야?」
[早夭] tsǎoyāo ㄗㄠˇㄧㄠ 요절(夭折)하다.

〔蚤〕 tsǎo ㄗㄠˇ ①벼룩 「蛇—·跳—；벼룩」 ②옛적에는 "早"로 통용되었음. 「一起；일찍 일어나다」

〔棗〕(枣) tsǎo ㄗㄠˇ 「一兒；대추」
[棗核兒] tsǎohórh ㄗㄠˇㄏㄜˊㄦ 대추씨.
[棗仁] tsǎojén ㄗㄠˇㄖㄣˊ 대추씨의 인(仁).
[棗泥兒] tsǎoní(rh) ㄗㄠˇㄋㄧˊ(ㄦ) 대추를 짓이겨 잼 비슷하게 만든 것.
[棗(兒)紅] tsǎo(rh)húng ㄗㄠˇ(ㄦ)ㄏㄨㄥˊ 짙은 분홍색.
[棗糖色] tsǎot'ángsè ㄗㄠˇㄊㄤˊㄙㄜˋ 대추색.
[棗子] tsǎotzǔ ㄗㄠˇㄗ 대추.

〔藻〕 tsǎo ㄗㄠˇ ①〈植〉말. 물 속에 나는 민꽃식물의 총칭. ②아름다운 무늬. 「辭一화려한 말」 ③시문(詩文)의 재주. 시문의 소양.
[藻飾] tsǎoshìh ㄗㄠˇㄕˋ ①모습을 단장하다. ②글이나 말을 다듬다.
[藻思] tsǎossū ㄗㄠˇㄙ 뛰어난 글재주.

〔澡〕 tsǎo ㄗㄠˇ 목욕하다. 미역감다. 「洗一；목욕(沐浴)하다」
[澡衣] tsǎoī ㄗㄠˇㄧ 욕의(浴衣).
[澡盆] tsǎop'ěn ㄗㄠˇㄆㄣˊ 목간통. ＝浴槽.
[澡堂子] tsǎot'ángtzǔ ㄗㄠˇㄊㄤˊㄗ 대중탕(大衆湯).

〔皂〕(皁) tsào ㄗㄠˋ ①검은색. 「不分一白；흑백을 분명히 하지 않고. 덮어놓고」 ②「肥一；세탁비누」 「香一；세수비누」
[皂莢] tsàochiá ㄗㄠˋㄐㄧㄚˊ 〈植〉 쥐엄나무: 씨는 한약과 세탁비누 대용으로 씀.
[皂角] tsàochiǎo ㄗㄠˋㄐㄧㄠˋ ＝皂莢.
[皂隸] tsàolì ㄗㄠˋㄌㄧˋ ①하인. 종. ②재판소의 말단 관리. 《舊》
[皂白] tsàopái ㄗㄠˋㄅㄞˊ 흑백(黑白). 시비(是非).
[皂刷] tsàoshuā ㄗㄠˋㄕㄨㄚ 면도(面刀)할 때 쓰는 브러시(brush).
[皂斗] tsàotǒu ㄗㄠˋㄉㄡˇ ①〈植〉 도토리. ②칠엽수(七葉樹)의 열매의 깍지.

〔造〕 tsào ㄗㄠˋ ①짓다. 제조하다. 「一船；배를 만들다」 「一句；글귀를 만들다」 ②날조(揑造)하다. ③양성 육성하다. ④…에 이르다. …로 나아가다. 「一門拜訪；댁으로 찾아 뵙겠읍니다」 ⑤원고(原告). 피고(被告).
[造厨] tsàochú ㄗㄠˋㄔㄨˊ ①조리(調理)하다. ②요리사(料理士)가 되다.
[造具] tsàochǜ ㄗㄠˋㄐㄩˋ 작성(作成)하다. 「一淸冊；대장(臺帳)을 작성하다」
[造反] tsàofǎn ㄗㄠˋㄈㄢˇ ①모반(謀叛)하다. ②거역하다. 반대하다. ③(아이가) 얌전하지 않고 난폭하게 굴다.
[造訪] tsàofǎng ㄗㄠˋㄈㄤˇ 방문하다.
[造福] tsàofú ㄗㄠˋㄈㄨˊ ①행복하다. ②행복하게 하다. 「一萬民；만민을 행복하게 하다」
[造府] tsàofǔ ㄗㄠˋㄈㄨˇ 댁으로 찾아 뵙겠읍니다. 《敬》
[造象] tsàohsiàng ㄗㄠˋㄒㄧㄤˋ ①상(像)을 조각하다. ②사진을 찍다.
[造化] tsàohuà ㄗㄠˋㄏㄨㄚˋ ①하늘. 조물주. ②tsàohua 행복. 행운.
[造詣] tsàoì ㄗㄠˋㄧˋ 방문하다. (학문의)조예가 깊다.
[造孽] tsàonièh ㄗㄠˋㄋㄧㄝˋ ①죄를 짓다. 나쁜 짓을 하다. ②죄받을 놈. 《罵》
[造報] tsàopào ㄗㄠˋㄅㄠˋ (경비 따위를) 서류로 만들어서 보고하다.
[造次] tsàotz'ǜ ㄗㄠˋㄘˋ 황급하다. 「一之間；다급한 시간」
[造端] tsàotuān ㄗㄠˋㄉㄨㄢ ①시작. ②시작되다.
[造窩] tsàowō ㄗㄠˋㄨㄛ (거미가)줄을 치다. (새가)집을 짓다.
[造謠] tsàoyáo ㄗㄠˋㄧㄠˊ 뜬소문을 퍼뜨리다.

〔噪〕 tsào ㄗㄠˋ ①새나 벌레가 시끄럽게 울다. ②시끄럽다. 떠들썩하다.

〔譟〕 tsào ㄗㄠˋ 큰 소리로 떠들다. 「鼓一而進；떠들어 대며 나아가다」
[譟聒] tsàoliáo ㄗㄠˋㄌㄧㄠˊ 떠들어 대어 시끄럽다.

〔燥〕 tsào ㄗㄠˋ 마른. 건조한. 「乾一；무미 건조하다. 말랐다」

〔躁〕 tsào ㄗㄠˋ 성급한. 조급한.「焦一·暴一·急一; 초조해 하다. 조바심이 나다」

〔竈〕(灶) tsào ㄗㄠˋ 아궁이. 부뚜막.「電一; 전기 풍로. 전기 레인지(range)」

[竈鷄] tsàochī ㄗㄠˋㄐㄧ =竈馬(兒).

[竈家] tsàochú ㄗㄠˋㄓㄨˊ 동상(凍傷).

[竈戶] tsàohū ㄗㄠˋㄏㄨˋ 소금을 굽는 사람.

[竈火] tsàohuǒ ㄗㄠˋㄏㄨㄛˇ 부뚜막.「一坑; 아궁이」

[竈馬(兒)] tsàomǎ(rh) ㄗㄠˋㄇㄚˇ(ㄦ) ①"竈神"을 찍은 화상. ②〈動〉 귀뚜라미.

[竈神] tsàoshén ㄗㄠˋㄕㄣˊ 부엌을 맡은 신(神). =竈君.

[竈地] tsàoti ㄗㄠˋㄉㄧˋ 제염장(製鹽場).

[竈臺(兒)] tsàotái(rh) ㄗㄠˋㄊㄞˊ(ㄦ) 부뚜막.

[竈突] tsàot'ū ㄗㄠˋㄊㄨ 아궁이의 굴뚝.

TS'AO ㄘㄠ

〔操〕 ts'āo ㄘㄠ ①행실. 품행. ②장악하다. 제어하다. ③ 조심하다. ④잡다. 쥐다. ⑤조종하다. ⑥연습하다. ⑦종사하다.

[操場] ts'āoch'ǎng ㄘㄠㄔㄤˇ ①운동장. ②연병장.

[操扯] ts'āoch'ě ㄘㄠㄔㄜ 이리 저리 변통하다. 돈을 애써 구하다. >操操扯扯.

[操切] ts'āoch'ièh ㄘㄠㄑㄧㄝˋ 일을 너무 조급히 굴다. 지나치게 서두르다.

[操持] ts'āoch'ih ㄗㄠㄔ 꾸려 나가다.「一家務; 가사를 꾸려 나가다」

[操之過急] ts'āochīhkuòchí ㄘㄠㄓㄍㄨㄛˋㄐㄧˊ 하는 식이 지나치게 성급하다.

[操琴] ts'āoch'ín ㄘㄠㄑㄧㄣˊ 거문고를 타다.

[操券] ts'āoch'üàn ㄘㄠㄑㄩㄢˋ 보증하다. 책임을 지다.

[操心] ts'āohsīn ㄘㄠㄒㄧㄣ 조심하다. 마음을 조리다.

[操行] ts'āohsíng ㄘㄠㄒㄧㄥˊ 조행. 품행.

[操勞] ts'āoláo ㄘㄠㄌㄠˊ 노력(勞力)을 기울이다. 노동하다.

[操練] ts'āoliền ㄘㄠㄌㄧㄢˋ 훈련하다. 교련.

[操弄] ts'āonùng ㄘㄠㄋㄨㄥˋ 함부로 취급하다. 농락하다.

[操神] ts'āoshén ㄗㄠㄕㄣˊ 마음을 졸이다. 고생하다.

[操蛋] ts'āotàn ㄘㄠㄉㄢˋ ① 사람을 욕하는 소리. 바보. =肏蛋. 草蛋. ②실패하다. =臊蛋

[操刀] ts'āotāo ㄘㄠㄉㄠ 칼을 손에 쥐다.

[操作] ts'āotsò ㄘㄠㄗㄨㄛˋ ① 노동하다. ②조작(操作)하다. >操操作作.

[操縱] ts'āotsùng ㄘㄠㄗㄨㄥˋ 조종하다. >操操縱縱

[操演] ts'āoyěn ㄘㄠㄧㄢˇ 연습하다.

〔糙〕 ts'āo ㄘㄠ ①현미(玄米). ②행동이 침착하지 못하고 거칠다. ③대강의. 조잡한.

[糙活兒] ts'āohuórh ㄘㄠㄏㄨㄛˊㄦ 조잡한 일.

[糙糧] ts'āoliáng ㄘㄠㄌㄧㄤˊ 옥수수·수수·조 따위

[糙米] ts'āomǐ ㄘㄠㄇㄧˇ 현미(玄米).

〔曹〕 ts'áo ㄘㄠˊ ①…들「你一; 너희들」 ②원고와 피고. ③성(姓)의 하나.

〔嘈〕 ts'áo ㄘㄠˊ 시끄러운.

[嘈吵] ts'áoch'ǎo ㄘㄠˊㄔㄠˇ 귀찮게 소란을 피우다. 싸우다. >嘈嘈吵吵.

[嘈雜] ts'áotsá ㄘㄠˊㄗㄚˊ ①뱃속이 꾸르륵대다. ②떠들어 대다. ③ 떠들썩한. 시끄러운.「人聲一; 사람 소리가 떠들썩하여 시끄럽다. >嘈嘈雜雜.

[嘈嘈] ts'áots'áo ㄘㄠˊㄘㄠˊ 시끄러운 모양. 왁작왁작.

〔漕〕 ts'áo ㄘㄠˊ ①물길로 식량을 운반하다. ②주운(舟運).

[漕河] ts'áohó ㄘㄠˊㄏㄜˊ 물건을 운반하는 수로(水路).

[漕運] ts'áoyǜn ㄘㄠˊㄩㄣˋ 수로(水路)로 곡식이나 물건을 운반하다.

〔槽〕 ts'áo ㄘㄠˊ ①물통. 수조(水槽). ②가축의 구유. ③물건의 위 쪽이 옴폭 팬 곳. 홈. ④수로. 통수로(通水路).

[槽坊] ts'áofāng ㄘㄠˊㄈㄤ 술 담그는 양조장.

[槽鋼] ts'áokāng ㄘㄠˊㄍㄤ 홈통이 있는 강재(鋼材).

[槽糕] ts'áokāo ㄘㄠˊㄍㄠ 카스텔라의 한 종류.

[槽櫪] ts'áolì ㄘㄠˊㄌㄧˋ ①가축의 구유. ②말을 기르는 마굿간.

[槽輪] ts'áolún ㄘㄠˊㄌㄨㄣˊ 벨트를 달아서 돌릴 수 있는 수레바퀴.

[槽兒] ts'áorh ㄘㄠˊㄦ ①술그릇. ②홈. ③홈구멍.

[槽鐵] ts'áot'iěh ㄘㄠˊㄊㄧㄝˇ 홈 모양이나 U자 모양의 강철.

[槽子] ts'áotzǔ ㄘㄠˊㄗ ①가축의 구유. ②수조(水槽). ③홈통.

[槽牙] ts'áoyá ㄘㄠˊㄧㄚˊ 〈生〉 어금니. =臼齒.

〔草〕 ts'ǎo ㄘㄠˇ ①풀. 풀숲. ②초고(草稿). 문안(文案). ③초서(草書). ④가축의 암컷. ⑤초고(草稿)를 만들다. 창시하다.

[草鷄] ts'ǎochi ㄘㄠˇㄐㄧ ① ts'ǎochī 암탉. ②쓸모 없는 물건. ③ 소심(小心)하다.

[草契] ts'ǎoch'ì ㄘㄠˇㄑㄧˋ 가계약서. =草合同.

[草池] ts'ǎoch'íh ㄘㄠˇㄔˊ 사료(飼料)를 섞는 나무구유.

[草菅人命] ts'ǎochiēnjénming ㄘㄠˇㄐㄧㄢㄖㄣˊㄇㄧㄥˋ 사람 죽이는 것을 풀을 베는 것과 같이 생각하다. 사람의 생명을 가볍게 본다는 비유. 〈成〉

[草芥] ts'ǎochièh ㄘㄠˇㄐㄧㄝˋ ①쓰레기. 먼지. ②가치 없는 것.「視如一; 쓰레기같이 보다」

[草紙] ts'ǎochǐh ㄘㄠˇㄓˇ 풀로 만든 종이.

포장지나 휴지로 쓰임.
[草創] ts'ǎoch'uàng ㄘㄠˇㄔㄨㄤˋ ①최초. 시작. ②초고(草稿)를 작성함.
[草蟲] ts'ǎoch'úng ㄘㄠˇㄔㄨㄥˊ 〈動〉 ① 메뚜기·귀뚜라미·여치 따위. ②풀벌레.
[草裙舞] ts'ǎoch'ǘnwǔ ㄘㄠˇㄑㄩㄣˊㄨˇ 훌라댄스: 허리를 흔드는 하와이안 댄스.
[草房] ts'ǎofáng ㄘㄠˇㄈㄤˊ 초가집.
[草席] ts'ǎohsí ㄘㄠˇㄒㄧˊ 돗자리. 멍석.
[草檄] ts'ǎohsí ㄘㄠˇㄒㄧˊ 격문(檄文)을 기초(起草)하다.
[草寫] ts'áohsiěh ㄘㄠˊㄒㄧㄝˇ ①초서(草書). ②아무렇게나 씀.
[草鞋] ts'ǎohsiéh ㄘㄠˇㄒㄧㄝˊ 짚신.
[草灰] ts'ǎohuī ㄘㄠˇㄏㄨㄟ 짚재. =草履.
[草人兒] ts'ǎojénrh ㄘㄠˇㄖㄣˊㄦ ①허수아비. ②쓸모 없이 겉모양만 그럴 듯한 사물의 비유.
[草菇] ts'ǎokū ㄘㄠˇㄍㄨ 〈植〉표고: 송이과의 버섯의 하나.
[草棍兒] ts'ǎokùnrh ㄘㄠˇㄍㄨㄣˋㄦ 풀의 줄기.
[草料] ts'ǎoliao ㄘㄠˇㄌㄧㄠˋ 꼴. 마소의 먹이.
[草簍子] ts'áolǒutzǔ ㄘㄠˊㄌㄡˇㄗ 짚으로 엮은 광주리.
[草驢] ts'ǎolǘ ㄘㄠˇㄌㄩˊ 〈動〉암당나귀
[草履] ts'áolǚ ㄘㄠˊㄌㄩˇ 짚신. =草鞋.
[草綠] ts'ǎolǜ ㄘㄠˇㄌㄩˋ 황록색.
[草莽] ts'ǎomǎng ㄘㄠˊㄇㄤˇ ①민간. 항간(巷間). ②마을. 고을. 「一英雄; 서민의 영웅」
[草帽] ts'ǎomào ㄘㄠˇㄇㄠˋ 맥고 모자.
[草莓] ts'ǎoméi ㄘㄠˇㄇㄟˊ 〈植〉딸기.
[草棉] ts'ǎomién ㄘㄠˇㄇㄧㄢˊ 솜. 「꽃.
[草茉莉] ts'ǎomòli ㄘㄠˇㄇㄛˋㄌㄧ 〈植〉분
[草木] ts'ǎomù ㄘㄠˇㄇㄨˋ 풀과 나무. 초목. 「一之人; 신분이 낮은 사람」
[草木皆兵] ts'ǎomùchiēhpīng ㄘㄠˇㄇㄨˋㄐㄧㄝㄅㄧㄥ 풀과 나무가 모두 적병(敵兵)으로 보임: 겁을 집어 먹음. «成»
[草木油料] ts'ǎomùyúliào ㄘㄠˇㄇㄨˋㄧㄡˊㄌㄧㄠˋ 〈植〉땅콩·참깨 따위의 착유(搾油) 식물. 「다.
[草擬] ts'áonǐ ㄘㄠˊㄋㄧˇ 초고(草稿)를 잡
[草包] ts'ǎopāo ㄘㄠˇㄅㄠ ①가마니. 멱서리. ②등신. 쓸모 없는 물건.
[草本] ts'áopěn ㄘㄠˊㄅㄣˇ 초본 식물 (草本植物). ②초고(草稿).
[草標兒] ts'ǎopiáorh ㄘㄠˇㄅㄧㄠˊㄦ 풀이나 짚으로 해 놓은 표시: 파는 물건이라는 뜻을 나타냄.
[草坪] ts'ǎop'íng ㄘㄠˇㄆㄧㄥˊ ①초원. 잔디밭.
[草繩] ts'ǎoshéng ㄘㄠˇㄕㄥˊ 새끼.
[草炭] ts'ǎot'àn ㄘㄠˇㄊㄢˋ 〈鑛〉 토탄(土炭). 이탄(泥炭).
[草甸子] ts'ǎotiéntzǔ ㄘㄠˇㄉㄧㄢˊㄗ 대초원. 목축하는 초원.
[草體] ts'áot'ǐ ㄘㄠˊㄊㄧˇ 초서체(草書體).
[草地] ts'ǎotì ㄘㄠˇㄉㄧˋ ①잔디. ②풀숲.
[草底兒] ts'áotǐrh ㄘㄠˊㄉㄧˇㄦ 초고(草稿).
[草草] ts'áots'ǎo ㄘㄠˊㄘㄠˇ ① 대강대강. 「一了事; 대강대강 일을 처리하다」 ② 간략한. 「一不恭; 이만 총총. 여불비례(餘不備禮)」 ②난잡한.
[草字] ts'ǎotzǜ ㄘㄠˇㄗˋ ①초서. ②자기의 자(字)를 겸손해서 일컫는 말.
[草圖] ts'ǎot'ú ㄘㄠˇㄊㄨˊ 스케치. 묘사(描寫).
[草堆] ts'ǎotūi ㄘㄠˇㄉㄨㄟ ①풀숲. 덤불. ②풀이나 짚의 더미.
[草墩] ts'ǎotūn ㄘㄠˇㄉㄨㄣ ①풀더미. ② 짚으로 엮은 둥근 방석.
[草刺兒] ts'ǎotz'ùrh ㄘㄠˇㄘˋㄦ ①풀의 가시. ②상대할 가치가 없는 것. 「一不值; 상대할 가치가 없다」
[草屋] ts'ǎowū ㄘㄠˇㄨ 초가집. =草房.
[草樣兒] ts'ǎoyàngrh ㄘㄠˇㄧㄤˋㄦ ①초고. ②견취도(見取圖). 약도. ③글씨의 견본.
[草藥] ts'ǎoyāo ㄘㄠˇㄧㄠˋ 초약(草藥): 고귀한 물건에 대하여 하는 말.
[草約] ts'ǎoyüēh ㄘㄠˇㄩㄝ 가계약서(假契約書). =草契.

〔肏〕 ts'ào ㄘㄠˋ 성(性) 행위를 하다. 교합하다.

TSÊ ㄗㄜ

〔則〕 tsê ㄗㄜ ①모범. 본보기. 「以身作一; 몸소 시범(示範)하다」 ②규칙. 법칙. ③의거하다. 본보기로 삼다. ④("一則…, 二則…"로 되어) 첫째로는…, 둘째로는…. 「一一是天氣好, 二一是星期天, 所以去的人很多; 첫째는 날씨가 좋고 둘째는 일요일이었기 때문에 간 사람이 퍽 많았다」 ⑤(두 가지 사태의 시간적 전후 관계를 나타내어) …하면. …한즉. 「雨止一天已晚; 비가 그치자 날은 이미 어두웠다」 ⑥(조건적으로 쓰이어) 만약 …한다면 그 경우에는. …한즉. 「熱一脹, 冷一縮; 뜨거우면 팽창하고 차면 수축한다」 ⑦(두 가지 사태의 대립적 관계를 나타내어) …에는. 「多一一年, 少一半載; 많으면 일년, 적으면 반년」 ⑧(양보적으로 쓰이어) …이기는 …지만. 「其事雖易爲, 其理一難明; 일로서야 쉬운 일이지만, 그 이치로 말하자면 설명하기 어렵다」 ⑨즉 말하자면. 「此一余之罪也; 이것은 나의 잘못이니라」 ⑩하다: 옛 소설이나 희곡에 쓰이는 말. =作. 「一甚; 무엇을 하는가」 「不一聲; 소리를 내지 않다」 ⑪조목을 세는 말. 「試題三一; 시험 문제 세 가지」
[則刀(兒)] tsêtāo ㄗㄜˊㄉㄠ(ㄦ) (한자의) 선칼도(刂)변. 칼도변.

〔責〕 tsê ㄗㄜˊ ①책임. 「負一; 책임을 지다」 ②구하다. 요구하다. 「求全一備; 완전을 기(期)함에 있어서 엄격하다」 ③ 강요하다. 책망하다. 문책하다. 「一罪; 징벌하다. 문죄(問罪)하다」
[責償] tsêch'áng ㄗㄜˊㄔㄤˊ 배상을 청구하다.
[責成] tsêch'éng ㄗㄜˊㄔㄥˊ 책임지고 완성시키다. 「一他們按期完成; 그들에게 책임지워서 기한 내에 완성시키다」
[責斥] tsêch'ìh ㄗㄜˊㄔˋ 꾸짖다. 책망하다.
[責誚] tsêch'iào ㄗㄜˊㄑㄧㄠˋ 견책하다.
[責銀] tsêyín ㄗㄜˊㄧㄣˊ 벌금(罰金). 벌금을

부과하다.
[責讓] tsêjàng ㄗㄜˊㄖㄤˋ 힐책(詰責)하여 묻다. 강력히 추궁하다.
[責怪] tsêkuài ㄗㄜˊㄍㄨㄞˋ 책망하다. 비난하다.
[責難] tsênàn ㄗㄜˊㄋㄢˋ 힐문(詰問)하다.
[責備] tsêpèi ㄗㄜˊㄅㄟˋ 비난하다. 추궁하다.
[責打] tsêtǎ ㄗㄜˊㄉㄚˇ 꾸짖고 때리다. 문책하다.
[責無旁貸] tsêwúp'ángtài ㄗㄜˊㄨˊㄆㄤˊㄉㄞˋ 자기의 책임을 남에게 전가시킬 수는 없다.

〔嘖〕 tsê ㄗㄜˊ 야단치다. 떠들어 대다.
[嘖嘖] tsêtsê ㄗㄜˊㄗㄜˊ ①칭찬하다.「一不已 ; 칭찬하여 마지않다」②시끄럽다.「一爭言 ; 시끄럽게 말다툼하다」
[嘖有煩言] tsêyǔfányén ㄗㄜˊㄧㄡˇㄈㄢˊㄧㄢˊ 여러 사람이 입을 모아 비난하다.

〔澤〕 tsê ㄗㄜˊ ①늪. ②은혜. ③광택 ④손때. ⑤윤택하다.
[澤瀉] tsêhsièh ㄗㄜˊㄒㄧㄝˋ 〈植〉벗풀 : 택사과의 다년초.
[澤鹵] tsêlǔ ㄗㄜˊㄌㄨˇ 곡식이 되지 않는 알카리성 토지.

〔擇〕 tsê ㄗㄜˊ 고르다. 선택하다. 「飢不一食 ; 굶주리면 음식을 가리지 않는다」 ⇨chái.
[擇吉] tsêchí ㄗㄜˊㄐㄧˊ 좋은 날을 택하다. 택일하다.
[擇期] tsêch'ī ㄗㄜˊㄑㄧ 날짜를 정하다. 기일을 선정하다.
[擇個空兒] tsêkok'ùngrh ㄗㄜˊㄍㄜㄎㄨㄥˋㄦ 한가한 때를 고르다.
[擇配] tsêpèi ㄗㄜˊㄆㄟˋ 배우자(配偶者)를 선택하다. 신랑이나 신부감을 고르다.
[擇定] tsêtìng ㄗㄜˊㄉㄧㄥˋ 선정하다. 골라 정하다.
[擇對] tsêtuì ㄗㄜˊㄉㄨㄟˋ ①배우자를 고르다. ②선정하다.「一日子 ; 날짜를 정하다」
[擇要] tsêyào ㄗㄜˊㄧㄠˋ 요점(要點)을 가리다.

〔鰂〕 tsê ㄗㄜˊ 「烏一 ; 오징어」 =烏賊. 墨魚.

〔仄〕 tsê ㄗㄜˋ ①기울다. ②협소하다. 좁다.「一路 ; 좁은 길」
[仄聲] tsêshēng ㄗㄜˋㄕㄥ "上聲·去聲·入聲"에 속하는 자음(子音)의 총칭. 평성(平聲)에 대한 말.
[仄頭仄腦] tsêt'óu-tsênǎo ㄗㄜˋㄊㄡˊㄗㄜˋㄋㄠˇ 머리를 갸웃거리는 모양.
[仄韵] tsêyûn ㄗㄜˋㄩㄣˋ "仄聲"의 운(韻).

〔昃〕 tsê ㄗㄜˋ ①(해가) 기울다. ②치우치다. ③오후. ④깜박이다.「一眼睛 ; 눈을 깜박이다」

TS'E ㄘㄜ

〔冊〕 ts'ê ㄘㄜˋ ① 책자. 문서. ② 기록. ③책을 세는 단위.
[冊帳] ts'êchàng ㄘㄜˋㄓㄤˋ 장부(帳簿).
[冊子] ts'êtzǔ ㄘㄜˋㄗ 큰책. 장부.
[冊次] ts'êtz'ǔ ㄘㄜˋㄘˋ 책자의 순위.
[冊葉] ts'êyèh ㄘㄜˋㄧㄝˋ 서화장(書畫帳). 화첩(畫帖).

〔側〕 ts'ê ㄘㄜˋ tsê ①곁. 측면. ②기울이다. ③비스듬히 옆으로 기울이다. ④치우쳐 있다.
[側技] ts'êchīh ㄘㄜˋㄓ 곁가지. 옆가지.
[側重] ts'êchùng ㄘㄜˋㄓㄨㄥˋ 편중(偏重)하다.
[側耳] ts'êěrh ㄘㄜˋㄦˇ 귀를 기울이다.「他一聽着 ; 저 사람은 귀를 기울이고 듣고 있다」 =傾耳.
[側門] ts'êmén ㄘㄜˋㄇㄣˊ ①곁문. 통용문. ②첩(妾).
[側目] ts'êmù ㄘㄜˋㄇㄨˋ ①외면하다. 얼굴을 돌리다. ②비스듬히 보다. 엿보다.「一而視 ; 곁눈질하다 : 성낸 표정」③질시(嫉視)하다.
[側幕] ts'êmù ㄘㄜˋㄇㄨˋ 무대(舞臺)의 옆 장막.
[側柏] ts'êpó ㄘㄜˋㄅㄛˊ 〈植〉측백나무.
[側身] ts'êshēn ㄘㄜˋㄕㄣ 몸을 비스듬히 하다.
[側聞] ts'êwén ㄘㄜˋㄨㄣˊ 옆에서 듣다.
[側泳] ts'êyǔng ㄘㄜˋㄩㄥˇ 몸을 옆으로 비스듬히 치는 헤엄. 사이드스트로우크.

〔策〕 ts'ê ㄘㄜˋ ①옛날에 종이 대신으로 쓰던 댓조각이나 나뭇조각. ②문서. 사령서(辭令書). ③과거(科擧)의 문제. 또는 그 답안. ④지팡이. 채찍. ⑤책략. ⑥매질하다.
[策勵] ts'êlì ㄘㄜˋㄌㄧˋ 격려하다. 채찍질하다.
[策劃] ts'êhuà ㄘㄜˋㄏㄨㄚˋ 획책(劃策)하다.
[策策] ts'êts'ê ㄘㄜˋㄘㄜˋ 바삭바삭.「秋風落葉一有聲 ; 가을 바람에 잎이 떨어져 바삭바삭 소리를 내다」
[策應] ts'êyìng ㄘㄜˋㄧㄥˋ 미리 의논하다. 서로 신호해서 알리다.

〔惻〕 ts'ê ㄘㄜˋ 매우 슬퍼하다. 애통하다.
[惻隱] ts'êyǐn ㄘㄜˋㄧㄣˇ 불쌍하고 딱하게 여김. 측은하게 여김.

〔廁〕 ts'ê ㄘㄜˋ ①변소. ②가담하다. 교제하다.「一身社會 ; 사회에 몸을 던지다」
[廁所] ts'êsǒ ㄘㄜˋㄙㄨㄛˇ 변소.

〔測〕 ts'ê ㄘㄜˋ ①측량하다. ②추측하다.「變化莫一 ; 변화를 추측할 수 없다」 ③예측하다.
[測繪] ts'êhuì ㄘㄜˋㄏㄨㄟˋ ①측량. 제도(製圖). ②측량하다.
[測勘] ts'êk'ān ㄘㄜˋㄎㄢ 실제로 측량하다.
[測規] ts'êkueī ㄘㄜˋㄍㄨㄟ 용적·수량·치수 등을 헤아리는 기계 게이지.
[測探] ts'êt'àn ㄘㄜˋㄊㄢˋ 탐지(探知)하다.

[測度] ts'ètò ㄘㄜˋㄉㄨㄛˋ 추측하다. 헤아리다.
[測驗] ts'èyèn ㄘㄜˋㄧㄢˋ ①(능력이나 성적을) 시험해 보다. 재다.「一成績；성적을 시험하다」②테스트. 검사.

TSEI ㄗㄟ

〔賊〕 tséi ㄗㄟˊ, tsé ①도둑. 도둑놈.「小一；좀도둑」②못되게 약다. 교활하다.「老鼠眞一；쥐는 교활하다」
[賊去關門] tséi ch'ǜ kuān mēn ㄗㄟˊㄑㄩˋㄍㄨㄢㄇㄣˊ 도둑이 간 뒤에 관문을 단속한다는 뜻으로, 소 잃고 외양간 고친다는 말. ＝賊走關門. ‹諺›
[賊犯] tséifàn ㄗㄟˊㄈㄢˋ 도둑.
[賊風] tséifēng ㄗㄟˊㄈㄥ 틈으로 새어드는 바람.
[賊喊捉賊] tséi hǎn chō tséi ㄗㄟˊㄏㄢˇㄓㄨㄛ ㄗㄟˊ 똥묻은 개가 겨묻은 돼지를 나무란다. ‹成›
[賊話兒] tséihuàrh ㄗㄟˊㄏㄨㄚˋㄦ (단독으로는 쓰이지 않음)「聽一；엿듣다」
[賊餛飩] tséihúnt'un ㄗㄟˊㄏㄨㄣˊㄊㄨㄣ 벽창호. 얼빠진 놈.
[賊星] tséihsīng ㄗㄟˊㄒㄧㄥ 유성(流星).
[賊形] tséihsīng ㄗㄟˊㄒㄧㄥ ①추잡한 모양. ②간악(奸惡)한 모양.
[賊性] tséihsìng ㄗㄟˊㄒㄧㄥˋ ①약은 체하는 성질. ②간사스러운 성질. ③도둑의 근성(根性).
[賊肉] tséijòu ㄗㄟˊㄖㄡˋ 뚱뚱보.
[賊鬼] tséikueǐ ㄗㄟˊㄍㄨㄟˇ 눈치가 빨라서 약삭빠르게 놀다. 교활하다.
[賊鬼溜滑] tséikueǐ liūhuá ㄗㄟˊㄍㄨㄟˇㄌㄧㄡㄏㄨㄚˊ 빤질빤질하고 교활한 모양.
[賊滑] tséihuá ㄗㄟˊㄏㄨㄚˊ 교활하다.
[賊亮] tséiliàng ㄗㄟˊㄌㄧㄤˋ (얄밉게, 지나치게) 번쩍거리다. ＝賊光賊亮.
[賊眉鼠眼] tséiméi-shúyěn ㄗㄟˊㄇㄟˊㄕㄨˊㄧㄢˇ 두리번거리는 눈매가 비열한 모양.
[賊頭兒] tséit'óurh ㄗㄟˊㄊㄡˊㄦ 도둑의 두목.
[賊頭賊腦] tséit'óu tséinǎo ㄗㄟˊㄊㄡˊㄗㄟˊㄋㄠˇ ①두리번거리며 침착하지 못한 모양. ②교활한 모양.
[賊贓] tséitsāng ㄗㄟˊㄗㄤ 장물(贓物).
[賊窩子] tséiwōtzǔ ㄗㄟˊㄨㄛㄗ 도둑의 소굴(巢窟).
[賊眼] tséyěn ㄗㄟˊㄧㄢˇ 두리번거리는 눈초리. 의심쩍어하는 눈초리.

TSÊN ㄗㄣ

〔怎〕 tsěn ㄗㄣˇ 왜? ＝怎麼.
[怎麼] tsěnmo ㄗㄣˇㄇㄛ ①동작의 방법을 묻는 의문을 나타냄: 어떻게? 왜?「一來的?；왜 왔니? 어떻게 왔니?」②반문을 나타냄: 왜 그럴까?「一能考中呢?；어떻게 합격이 되겠느냐；도저히 불가능하다의 의미를 내포함」③("個·回"와 함께 명사를 수식함)「他是一個人?；그는 어떤 사람이냐?」④ (원인을 묻다) 왜? 어떠해서?「他一也知道了；그는 또한 어떻게 알았느냐?」⑤ (상황 따위를 묻다) 어떻습니까?「你一了, 飯也不吃；밥도 먹지 않고 너는 어떻게 된 일이냐?」⑥("文頭"에 쓰여 놀라는 뜻을 나타냄) 어떻게 되었단 말이야. 뭐!「一！你讓他走啊；뭐! 너는 그를 보내려는구나」⑦명확하지 않은 동작·방식이나 속성 또는 상황 따위를 가리킴.「不知一；어떤 이유인지는 몰라도」⑧(조건문에 쓰여 임의의 동작 방식이나 속성·상황 따위를 가리킴) 아무리 …처럼 되어도. 아무리 …하더라도.「無論一用功, 也考不中；아무리 공부를 하여도 합격이 안된다」「不論一寫, 也寫不好；아무리 써도 잘 쓸 수가 없다」⑨같이 쓰여져 호응 형식을 구성함.「該一辦, 就一辦；하고 싶은 대로 하다」
[怎麼樣] tsěnmoyàng ㄗㄣˇㄇㄛㄧㄤˋ ＝怎樣.
[怎奈] tsěnnài ㄗㄣˇㄋㄞˋ 어떻게 할 것이냐?
[怎生] tsěnshēng ㄗㄣˇㄕㄥ ＝怎樣.
[怎的] tsěntê ㄗㄣˇㄉㄜ ①왜? 어째서? ②어떻게? 어떤 모양으로?
[怎樣] tsěnyàng ㄗㄣˇㄧㄤˋ ＝怎麼①③⑤⑦⑧⑨ 그러나 ③의 명사를 수식할 때는 "怎麼"는 조수사를 병용하여야 하는데, "怎樣"은 그러한 제약이 없음.

TS'ÊN ㄘㄣ

〔參〕 ts'ēn ㄘㄣ ⇨ts'ān, shēn.
[參差] ts'ēnts'ū ㄘㄣㄘ 길고 짜름이 고르지 못한.「一不齊；고르지 못하다」
〔岑〕 ts'ên ㄘㄣˊ 작으면서 높은 산.
[岑岑] ts'ênts'ên ㄘㄣˊㄘㄣˊ 번민하다.
〔涔〕 ts'ên ㄘㄣˊ 길 위에 괸 물. 빗물.

TSÊNG ㄗㄥ

〔曾〕 tsēng ㄗㄥ ①자기를 중심으로 하여 상하(上下) 2대(代)를 걸러서의 세대: 사람을 말할 경우에 씀.「一祖; 증조부」「一孫; 증손자」②성(姓)의 하나. ⇨ts'êng.
[曾父] tsēngfù ㄗㄥㄈㄨˋ 증조부.
[曾祖] tsēngtsǔ ㄗㄥㄗㄨˇ 증조부.
〔憎〕 tsēng ㄗㄥ 미워하다.「一嫌；미워하고 싫어하다」
[憎惡] tsēngè ㄗㄥㄜˋ 미움. 증오.
[憎恨] tsēnghèn ㄗㄥㄏㄣˋ 미워하며 원망하다.
〔增〕 tsēng ㄗㄥ 더하다. 늘다. 증가하다.「一加了一倍；두 배로 늘다」

[增長] tsěngch'ăng ㄗㄥㄓㄤˇ 증가하다. 늘리다. 많아지다. 「一率；증가율(增加率)」
[增高] tsěngkāo ㄗㄥㄍㄠ 높이 오름. 높아지다. 「溫度一十度；온도가 십도 오르다」
[增光] tsěngkuāng ㄗㄥㄍㄨㄤ 영광을 더하다. 면목을 세우다. 「給他一不少;그의 면목(面目)을 크게 세워 주다」
[增速] tsěngsù ㄗㄥㄙㄨˋ 속력을 빨리하다.
[增損] tsěngsŭn ㄗㄥㄙㄨㄣˇ 가감(加減).
[增添] tsěngt'iēn ㄗㄥㄊㄧㄢ 첨가하다. 늘리다.
[增多] tsěngtō ㄗㄥㄉㄨㄛ 증가하다. 「日益一；날로 증가하다」

〔甑〕 tsěng ㄗㄥˋ ①옛날 밥짓는 데 쓰이던 토기 시루. 「一兒;"揚子江" 일대에서 밥을 짓기 위하여 사용되는 나무 시루」 ②「一光瓦亮；번쩍번쩍 빛나는 모양」

〔罾〕 tsěng ㄗㄥˋ 어망 : 네 귀에 대를 대고 물 속에 가라앉혔다가 건져내어 고기를 잡는 그물. 「一投； 어망을 내리다」「拉一；어망을 끌어 올리다」

〔繒〕 tsěng ㄗㄥˋ ①견직물의 총칭. ②기계의 장치:북이 통할 수 있도록 실을 상하로 가르는 장치. ③단단히 묶다. 「把口袋嘴兒用繩子一起來；자루의 주둥이를 새끼로 단단히 묶어 매다」

〔贈〕 tsěng ㄗㄥˋ ①선물. ②증정하다. 「函索即一；편지로 청구하면 곧 증정합니다」 「다.
[贈給] tsěngchi ㄗㄥˋㄐㄧˇ 보내다. 증정하
[贈券] tsěngch'üan ㄗㄥˋㄑㄩㄢˋ 경품권(景品券). 상품권.
[贈禮] tsěngli ㄗㄥˋㄌㄧˇ ①선물. ②예물을 보내다.
[贈別] tsěngpiéh ㄗㄥˋㄅㄧㄝˊ 송별(送別).
[贈品] tsěngp'ìn ㄗㄥˋㄆㄧㄣˇ 선물.
[贈送] tsěngsùng ㄗㄥˋㄙㄨㄥˋ 예물을 보내다.
[贈彩] tsěngts'ăi ㄗㄥˋㄘㄞˇ 예물을 보내다. 「말을 드리다.
[贈言] tsěngyén ㄗㄥˋㄧㄢˊ 이별의 인사

TS'ÊNG ㄘㄥ

〔噌〕 ts'ēng ㄘㄥ 썩썩:톱질하는 소리. 「在木頭上鋸得一一地響；나무 위에서 썩썩 톱질하는 소리가 나다」

〔曾〕 ts'éng ㄘㄥˊ 이전에. 이미. …한 바 있다. 「他一去美國兩次；그 사람은 미국에 두 번 간 적이 있다」⇨tsēng.
[曾經] ts'éngchīng ㄘㄥˊㄐㄧㄥ 진작 …하다. 「那兒一到過一次；그 곳에 진작 한 번 가 본 적이 있다」

〔層〕 ts'éng ㄘㄥˊ 겹쳐진 물건이나 건물의 층계. 층 「二一樓； 이층집」「還有一一意思；게다가 또 하나 의미가 있다. ②중복해서. 연거퍼.
[層見] ts'éngchièn ㄘㄥˊㄐㄧㄢˋ 가끔 보다. 종종 나타나다. 「一疊出；(사건 따위가) 연이어 발생하다」
[層出不窮] ts'éngch'ūpùch'iúng ㄘㄥˊㄔㄨㄅㄨˋㄑㄩㄥˊ 차례차례로 나타나서 끝이 없다.
[層累] ts'énglěi ㄘㄥˊㄌㄟˇ 쌓여서 겹쳐지다. 누적되다.
[層樓] ts'énglóu ㄘㄥˊㄌㄡˊ 이층 이상의 건물.
[層巒疊嶂] ts'éngluán-tiéhchàng ㄘㄥˊㄌㄨㄢˊㄉㄧㄝˊㄓㄤˋ 산이 첩첩이 중첩한 모양.
[層報] ts'éngpào ㄘㄥˊㄅㄠˋ 밑에서부터 위로 차례차례로 보고하다.
[層兒] ts'éngrh ㄘㄥˊㄦ 중첩(重疊). 거듭 겹침.
[層層疊疊] ts'éngts'éng-tiéhtiéh ㄘㄣˊㄘㄣˊㄉㄧㄝˊㄉㄧㄝˊ 층층이 겹쳐 쌓인 상태.
[層次] ts'éngtz'ŭ ㄘㄥˊㄘˋ 순서. 차례.
[層雲] ts'éngyǖn ㄘㄥˊㄩㄣˊ 층운. 밝은 날에 밑으로 쳐진 뭉게구름.

〔蹭〕 ts'èng ㄘㄥˋ ①구두나 발을 문질러 닦다. ②(가볍게 또는 서서히)비비다. 문지르다. 「一了一身泥；온몸에 진흙을 문지르다」 ③우물쭈물하다. 「快點,別一了；좀 빨리,꾸물거리지 마라」
[蹭炕] ts'èngk'àng ㄘㄥˋㄎㄤˋ 구들에 기어 오르다.
[蹭工] ts'èngkūng ㄘㄥˋㄍㄨㄥ 일하는 데 우물쭈물 시간만 잡아 먹다.
[蹭棱子] ts'ènglĕngtzŭ ㄘㄥˋㄌㄥˊㄗ 우물쭈물하다.
[蹭亮] tsèngliàng ㄘㄥˋㄌㄧㄤˋ 번쩍번쩍 빛나다. =熗亮.
[蹭臉] ts'ènglièn ㄘㄥˋㄌㄧㄢˇ ① 얼굴의 피부를 까다. ②체면을 손상하다. 얼굴이 깎이다.
[蹭破] ts'èngp'ò ㄘㄥˋㄆㄛˋ ①비벼서 망그러뜨리다. ②비벼서 상처가 생기다.
[蹭蹬] ts'èngtèng ㄘㄥˋㄉㄥˋ ①발을 헛디디다. ②실패하다. 실의(失意)한 모양.
[蹭蹭磨磨] ts'èngts'èngmomo ㄘㄥˋㄘㄥˋㄇㄛㄇㄛ 고의로 우물쭈물하는 모양.
[蹭油兒] ts'èngyúrh ㄘㄥˋㄧㄡˊㄦ ①몸에 기름이 묻다. ②사소한 이익을 보다.

TSO ㄗㄨㄛ

〔作〕 tsō ㄗㄨㄛ ①작업장. 작은 공장. 「洗衣一；세탁소」「瓦一；벽돌 공장. 요업 업자」 ②직공. 「大一；목수」 ③스스로 구하다. 스스로 …이 되어 가다.⇨tsò.
[作坊] tsōfang ㄗㄨㄛㄈㄤ ①작업장. 작은 공장. ②중개인. 《舊》
[作癟子] tsōpiěhtzŭ ㄗㄨㄛㄅㄧㄝˇㄗ (스스로 곤경에 빠져)꼼짝도 못하다. 자승자박하다.
[作實] tsōshih ㄗㄨㄛㄕ ①훌륭하고 튼튼하다. ②적절하다. 건실하다.
[作死] tsōssŭ ㄗㄨㄛㄙˇ 스스로 죽음을 찾다. 자살하다.

[作酸] tsōsuān ㄗㄨㄛㄙㄨㄢ 위산 과다증으로 위가 나빠지다.
[作騰] tsōt'êng ㄗㄨㄛㄊㄥ ① 엉터리로 일을 하다. ②일을 엉망진창으로 하다. ③도락(道樂)으로 돈을 쓰다.

〔嘬〕 tsō ㄗㄨㄛ 빨다. 입술을 옴츠려 빨다.「小孩子一奶 ; 아이가 젖을 빨다」

〔昨〕 tsó ㄗㄨㄛˊ「一兒 ; 어제」
[昨者] tsóchě ㄗㄨㄛˊㄓㄜˇ 일전(日前). 지난 날.
[昨兒(個)] tsórh(ko) ㄗㄨㄛˊㄦ(ㄍㄜ) 어제.「一晚上 ; 어젯밤」
[昨天] tsót'ien ㄗㄨㄛˊㄊㄧㄢ 작일(昨日). 어제.「一早上 ; 어제 아침」
[昨夜頭] tsoyèht'ou ㄗㄨㄛㄧㄝˋㄊㄡ 어젯밤. 작야(昨夜). 《吳》

〔捽〕 tsó ㄗㄨㄛˊ 움켜 쥐다.「一頭髮 ; 머리털을 움켜 쥐다」「小孩兒一住母親的衣服 ; 어린이가 어머니 옷자락을 움켜 잡다」

〔鑿〕(凿) tsó ㄗㄨㄛˊ「一枘 ; 순자 구멍과 장부」 ⇨tsáo.

〔左〕 tsŏ ㄗㄨㄛˇ ①왼쪽. 왼쪽의.「向一轉 ; 좌향좌(구령)」②동쪽.「山一 ;"太行山"의 동쪽:지금의 "山東省"」「江一 ;"揚子江"의 동쪽 지방:지금의"江蘇省"」③옆.「道一 ; 길가」④정직하지 않다. 바르지 않다. (성질이)비틀어지다.「他那個說法實在一板了 ; 그의 말투는 죄다 비틀어졌다」「脾氣一 ; 근성이 비틀어졌다」⑤틀리다. 맞지 않다.「想一了 ; 틀리게 생각을 하였다」⑥증거.「一證 ; 증거」⑦정치·사상상의 급진주의(急進主義).
[左近] tsŏchìn ㄗㄨㄛˇㄐㄧㄣˋ 부근. 근처.
[左券] tsŏch'üàn ㄗㄨㄛˇㄑㄩㄢˋ ①계약서의 좌측 부분:좌우 동문을 씀. ②가망. 자신(自信).「操一 ; 증거를 잡다. 일을 장악하다」
[左行] tsŏhsíng ㄗㄨㄛˇㄒㄧㄥˊ 가로 쓰기:왼쪽에서 오른쪽으로.
[左性(子)] tsŏhsìng(tzŭ) ㄗㄨㄛˇㄒㄧㄥˋ(ㄗ) 성질이 비뚤어진 사람. 고집장이.
[左面(兒)] tsŏmièn(rh) ㄗㄨㄛˇㄇㄧㄢˋ(ㄦ) 좌측.
[左脾氣] tsŏp'ích'í ㄗㄨㄛˇㄆㄧˊㄑㄧˊ 비뚤어진 근성(根性).
[左撇子] tsóp'iěhtzŭ ㄗㄨㄛˊㄆㄧㄝˇㄗ 왼손잡이.
[左邊(兒)] tsŏpien(rh) ㄗㄨㄛˇㄅㄧㄢ(ㄦ) 좌측.
[左不是] tsŏpushih ㄗㄨㄛˇㄅㄨㄕ 아무렇든. 하옇든. =左不過.
[左嗓子] tsósăngtzŭ ㄗㄨㄛˊㄙㄤˇㄗ 음치(音痴).
[左手] tsóshŏu ㄗㄨㄛˊㄕㄡˇ 왼손. 좌측.
[左說右說] tsŏshuō-yùshuō ㄗㄨㄛˇㄕㄨㄛㄧㄡˋㄕㄨㄛ 이것도 아니다 저것도 아니다라고 말하다. 횡설 수설하다.
[左思右想] tsŏssū-yùhsiăng ㄗㄨㄛˇㄙㄧㄡˋㄒㄧㄤˇ 이것 저것 생각하다. 다각도로 생각하다.
[左袒] tsót'ăn ㄗㄨㄛˊㄊㄢˇ 편을 들다. 한쪽만 편들다. 편파적이다.
[左道旁門] tsŏtào-p'ángmên ㄗㄨㄛˇㄉㄠˋㄆㄤˊㄇㄣˊ 부정(不正)한 길. 사도(邪道).
[左等右等] tsótěng-yùtěng ㄗㄨㄛˊㄉㄥˇㄧㄡˋㄉㄥˇ 올까 하고 초조하게 기다리다.「我在家裏一她沒回來 ; 나는 집에서 이제야 올까 하고 초조히 기다렸으나 그녀는 오지 않았다」
[左右] tsŏyû ㄗㄨㄛˇㄧㄡˋ 좌와 우.「一逢源 ; 일이 순조롭게 진척하다」「一開弓, 양쪽 빰을 치는 일」(약간 많은 수에)…쯤.「十二點一 ; 열두 시쯤」「一百個一 ; 백 개쯤」부근. 옆. 좌우하다.「機會可以一生命 ; 기회는 생명을 좌우한다」
[左右兒] tsŏyùrh ㄗㄨㄛˇㄧㄡˋㄦ 신분(身分)의 상하.
[左右手] tsŏyûshŏu ㄗㄨㄛˇㄧㄡˋㄕㄡˇ (사업상의) 오른팔 : 보좌를 잘하는 사람.

〔佐〕 tsŏ ㄗㄨㄛˇ ①돕다. 더하다. ②보좌역(補佐役).「縣一 ; 부지사」
[佐助] tsŏchù ㄗㄨㄛˇㄓㄨˋ 보좌하다.
[佐理] tsólĭ ㄗㄨㄛˊㄌㄧˇ 일을 돕다. 원조하여 처리하다.

〔撮〕 tsŏ ㄗㄨㄛˇ「一子, 一兒 ; 한줌의 양을 세는 데 쓰임」「一小一兒點心 ; 한줌의 과자」

〔坐〕 tsò ㄗㄨㄛˋ ①앉다.「一在椅子上 ; 의자에 앉다」②(탈 것에)타다. 오르다.「一船 ; 배를 타다」③(건물이) 위치(位置)하다. 자리 잡다.「一北朝南 ; 북에 자리 잡고 남으로 향하다」④(뒤쪽 또는 아래 쪽으로)기울어지다.「這房子往後一了 ; 이 집은 뒤쪽으로 기울어졌다」⑤「一兒 ; 좌석」「各歸原一 ; 각자 본자리로 돌아 가다」⑥…의 까닭으로… 때문에.「一此解職 ; 이 때문에 해직하다」⑦벌(罰)을 받다. =連坐.
[坐場] tsòch'ang ㄗㄨㄛˋㄔㄤ 좌석. 자리. =坐席. 坐位.
[坐鎭] tsòchěn ㄗㄨㄛˋㄓㄣˋ 주둔(駐屯)하여 그곳을 진압하여 지키다.
[坐針氈] tsòchēnchān ㄗㄨㄛˋㄓㄣㄓㄢ 바늘 방석에 앉다. 몹시 불안한 모양.
[坐正] tsòchēng ㄗㄨㄛˋㄓㄥˋ 자세를 바르게 하여 앉다. 단정히 앉다.
[坐騎] tsòch'í ㄗㄨㄛˋㄑㄧˊ ①(말·낙타·당나귀 따위의)탈것. ②말.
[坐家女兒] tsòchiānŭrh ㄗㄨㄛˋㄐㄧㄚㄋㄩˇㄦ 결혼 전의 딸.
[坐監] tsòchiēn ㄗㄨㄛˋㄐㄧㄢ 수감(收監)하다. 형기(刑期)를 보내다.
[坐致] tsòchih ㄗㄨㄛˋㄓˋ 아무 일도 하지 않고 무엇을 얻다.「一厚利 ; 아무 일도 않고 큰 이득을 얻다」
[坐吃山崩] tsòch'īhshānpēng ㄗㄨㄛˋㄔㄕㄢㄅㄥ 아무리 많은 재산도 쓰기만 하면 허무하게 없어진다는 비유. =坐吃山空.
[坐起根] tsòch'ikēn ㄗㄨㄛˋㄑㄧㄍㄣ 결국은. 드디어는.
[坐井觀天] tsòchĭngkuānt'iēn ㄗㄨㄛˋㄐㄧㄥˇㄍㄨㄢㄊㄧㄢ 우물 안의 개구리. 《成》
[坐具] tsòchû ㄗㄨㄛˋㄐㄩˋ 의자·걸상 따

위의 총칭.
[坐莊] tsòchuang ㄗㄨㄛˋㄓㄨㄤ ①구입·판매 업무를 위하여 사원을 주재시키다. ②도박에서의 물주.
[坐鐘] tsòchūng ㄗㄨㄛˋㄓㄨㄥ 탁상 시계.
[坐法] tsòfǎ ㄗㄨㄛˋㄈㄚˇ ①법에 저촉되다. 법률로 처분하다. ②앉는 법.
[坐耗] tsòhào ㄗㄨㄛˋㄏㄠˋ 뻔히 알면서 허비하다.
[坐息] tsòhsī ㄗㄨㄛˋㄒㄧ 앉아서 휴식하다.
[坐下] tsòhsia ㄗㄨㄛˋㄒㄧㄚ 앉다.
[坐享其成] tsòhsiǎng ch'íchʻéng ㄗㄨㄛˋㄒㄧㄤˇㄑㄧˊㄔㄥˊ 아무 일도 하지 않고 남의 덕으로 편안히 살다.
[坐化] tsòhuà ㄗㄨㄛˋㄏㄨㄚˋ 단정히 앉아 죽다.
[坐以待斃] tsòitàipì ㄗㄨㄛˋㄧˇㄉㄞˋㄅㄧˋ 앉아서 죽음을 기다리다.
[坐蓐] tsòjù ㄗㄨㄛˋㄖㄨˋ 해산(解產)하다.
[坐褥] tsòjù ㄗㄨㄛˋㄖㄨˋ 온돌의 양쪽에 까는 짧은 요.
[坐客] tsòk'ò ㄗㄨㄛˋㄎㄜˋ ①승객(乘客). ②먼저 온 사람.
[坐科兒] tsòk'ōrh ㄗㄨㄛˋㄎㄜㄦ 전연. 전혀 : 부정사가 따름. 「一沒有這麼回子事 ; 전연 이런 일은 없다」
[坐觀成敗] tsòkuān chʻéngpài ㄗㄨㄛˋㄍㄨㄢㄔㄥˊㄅㄞˋ 남의 성패를 좌시(坐視)하다. «成»
[坐功] tsòkūng ㄗㄨㄛˋㄍㄨㄥ 좌선(坐禪)하다. 정좌(靜坐)하다.
[坐臘] tsòlà ㄗㄨㄛˋㄌㄚˋ ①간통(姦通)에 대한 사형(私刑) : 양초를 항문에 꽂고 앉게 함. ②고통스러운 일을 당하다.
[坐牢] tsòláo ㄗㄨㄛˋㄌㄠˊ 수감(收監)되다.
[坐立不安] tsòlì-pùān ㄗㄨㄛˋㄌㄧˋㄅㄨˋㄢ 안절부절 못하다.
[坐落] tsòlò ㄗㄨㄛˋㄌㄨㄛˋ ①위치. 소재. 「一在店鋪胡同 ; 점포(店鋪)는 길 모퉁이에 있다」 ②설치하다.
[坐娘家] tsò niángchia ㄗㄨㄛˋㄋㄧㄤˊㄐㄧㄚ 며느리가 친정에 가서 체재(滯在)하다.
[坐紐兒] tsòniǔrh ㄗㄨㄛˋㄋㄧㄡˇㄦ 오이나 호박 따위에 새끼로 받침대를 하다.
[坐票] tsòp'iào ㄗㄨㄛˋㄆㄧㄠˋ 좌석권(座席券).
[坐坡] tsòp'ō ㄗㄨㄛˋㄆㄛ 「打一 ; 몸이 뒤로 쓰러질 듯이 되다」
[坐不住] tsòpuchū ㄗㄨㄛˋㄅㄨㄓㄨˋ 가만히 머물러 있을 수가 없다. ↔ 坐得住.
[坐不開] tsòpuk'āi ㄗㄨㄛˋㄅㄨㄎㄞ (자리가 없어서) 앉을 수가 없다. ↔ 坐得開.
[坐商] tsòshāng ㄗㄨㄛˋㄕㄤ 점포를 가진 상인. ↔ 行商.
[坐失] tsòshīh ㄗㄨㄛˋㄕ 알면서 놓치다. 「一良機 ; 좋은 기회를 알면서 놓치다」
[坐實] tsòshíh ㄗㄨㄛˋㄕˊ ①견고(堅固)하다. ②내용이 풍부하다. ③확실하다.
[坐守] tsòshǒu ㄗㄨㄛˋㄕㄡˇ ①꾸준히 지키다. 꾹 참다. ②버티고 앉아 움직이지 않다. 「一回話 ; 대답을 기다려 꼼짝 아니하고 앉아 버티다」
[坐收漁利] tsòshōu yǘlì ㄗㄨㄛˋㄕㄡㄩˊㄌㄧˋ 아무 일도 하지 않고 어부지리(漁父之利)를 얻다.
[坐索] tsòsǒ ㄗㄨㄛˋㄙㄨㄛˇ 눌러 앉아서 독촉하다.
[坐待] tsòtài ㄗㄨㄛˋㄉㄞˋ 헛되이 기다리다. 「袖子一 ; 팔짱을 끼고 헛되이 기다리다」
[坐討] tsòt'ǎo ㄗㄨㄛˋㄊㄠˇ ＝坐索.
[坐等(兒)] tsòtěng(rh) ㄗㄨㄛˋㄉㄥˇ(ㄦ) 차분히 앉아서 기다리다.
[坐地] tsòtì ㄗㄨㄛˋㄉㄧˋ ①땅 위에 앉다. ②앉아 있다. ③즉석에서. 「一分贓 ; 장물을 즉석에서 분배하다」 ＝坐着.
[坐地戶] tsòtihù ㄗㄨㄛˋㄉㄧˋㄏㄨˋ ①그 땅에 영주하고 있는 사람. ②그 곳에 옛부터 있는 집.
[坐定] tsòtìng ㄗㄨㄛˋㄉㄧㄥˋ 앉다. 단정히 앉다.
[坐地窩兒] tsòtìwōrh ㄗㄨㄛˋㄉㄧˋㄨㄛㄦ ①최초. 당초. 「他一不會的 ; 그는 최초부터 할 수 없었다」 ②＝坐地③.
[坐草] tsòts'ǎo ㄗㄨㄛˋㄘㄠˇ ＝坐褥.
[坐蹲兒] tsòtūnrh ㄗㄨㄛˋㄉㄨㄣㄦ 웅크리고 앉다.
[坐次] tsòtz'ǔ ㄗㄨㄛˋㄘˋ 석차(席次).
[坐位] tsòwei ㄗㄨㄛˋㄨㄟ 좌석(座席). 앉는 장소.
[坐位兒] tsòweirh ㄗㄨㄛˋㄨㄟㄦ 의자·걸상 따위.
[坐臥不寧] tsòwò pùníng ㄗㄨㄛˋㄨㄛˋㄅㄨˋㄋㄧㄥˊ ＝坐立不安.
[坐窩兒] tsòwōrh ㄗㄨㄛˋㄨㄛㄦ ＝坐地窩兒.
[坐夜] tsòyèh ㄗㄨㄛˋㄧㄝˋ 경야(經夜)하다. 밤을 새다.
[坐月子] tsòyüèhtzǔ ㄗㄨㄛˋㄩㄝˋㄗ ＝坐褥.

〔作〕 tsò ㄗㄨㄛˋ ①만들다. 「這是用什麼一的 ; 이것은 무엇으로 만든 것인가」 「一開水 ; 물을 끓이다」 ②실행하다 : 두 음절(音節)의 말을 동사로 쓸 때에 많이 쓰임. 「一解釋 ; 해석하다」 「一準備 ; 준비하다」 「一報告 ; 보고하다」 ③…으로 되다. …의 관계가 되다. …을 맡아보다. 「一主席 ; 주석이 되다. 사회자역을 맡다」 「一朋友 ; 친구가 되다」 ④일어서다. 분기(奮起)하다. 「變色而一 ; 안색이 변하여 벌떡 일어섰다」 ⇨tsō.
[作案] tsòàn ㄗㄨㄛˋㄢˋ 원안(原案)을 세우다.
[作戰] tsòchàn ㄗㄨㄛˋㄓㄢˋ ①싸우다. ②생산(生產)에 적극적으로 서로 경쟁하다.
[作證] tsòchěng ㄗㄨㄛˋㄓㄥˋ 입증(立證)하다.
[作記] tsòchì ㄗㄨㄛˋㄐㄧˋ 표시로 삼다.
[作假] tsòchiǎ ㄗㄨㄛˋㄐㄧㄚˇ ①체하다. ②위조품을 만들다. 가짜 물건을 만들다.
[作價] tsòchià ㄗㄨㄛˋㄐㄧㄚˋ 값을 결정하다.
[作件] tsòchièn ㄗㄨㄛˋㄐㄧㄢˋ 일을 한 총량(總量). 완성된 작업량.
[作踐] tsóchien ㄗㄨㄛˊㄐㄧㄢ ①짓밟다. 아주 망그러뜨리다. 소홀히 하다. 낭비하다. 「一東西 ; 물건을 소홀히 하다」 「一錢 ; 돈을 낭비하다」 ②멸시(蔑視)하다.
[作奸犯科] tsóchiēn fànk'ō ㄗㄨㄛˊㄐㄧㄢㄈㄢˋㄎㄜ 법에 저촉되는 나쁜 일을 하다.

[作繭自縛] tsòchiĕn-tzŭfù ㄗㄨㄛˋㄐㄧㄢˇㄗˋㄈㄨˋ 자승 자박하다. «成» =作繭.

[作勁] tsòchìn ㄗㄨㄛˋㄐㄧㄣˋ 조력(助力)하다.「他眞給你一；그는 진실로 너에게 있는 힘을 다하여 조력하고 있다」

[作親] tsòch'īn ㄗㄨㄛˋㄑㄧㄣ 인척(姻戚)이 되다.

[作情] tsòch'íng ㄗㄨㄛˋㄑㄧㄥ ①의리(義理)를 세우다. ②중재(仲裁)하다.

[作就] tsòchiū ㄗㄨㄛˋㄐㄧㄡˋ 만들어 완성하다.「這是用鐵一；이것은 쇠로 만들어진 것이다」

[作主] tsòchŭ ㄗㄨㄛˋㄓㄨˇ ①결재자(決裁者)가 되다. ②처리하다.「這件事情不能我一個人一；이 일은 나 개인의 마음대로 처리할 수 없다」③자기 책임하에 처리하다.

[作準] tsòchŭn ㄗㄨㄛˋㄓㄨㄣˇ 규준(規準)으로 삼다.

[作惡] tsòê ㄗㄨㄛˋㄜˋ 나쁜 짓을 하다. 무례한 짓을 하다.

[作法] tsòfă ㄗㄨㄛˋㄈㄚˇ ①술법으로 재주를 부리다. ②만드는 법. ③법률·규칙을 정하다.「一自斃；자승 자박」「다.

[作反] tsòfăn ㄗㄨㄛˋㄈㄢˇ 모반(謀反)하

[作廢] tsòfèi ㄗㄨㄛˋㄈㄟˋ 무효(無効)로 하다.「過期一；기한이 지나면 무효로 한다」

[作風] tsòfēng ㄗㄨㄛˋㄈㄥ ①작가(作家)가 작품 중에 표현하는 독특한 풍격. ②일을 할 때의 태도나 방법.

[作福作威] tsòfú-tsòwēi ㄗㄨㄛˋㄈㄨˊㄗㄨㄛˋㄨㄟ 권력을 남용하여 남에게 뽐내다. «成»

[作耗] tsòhào ㄗㄨㄛˋㄏㄠˋ 소란을 일으키다.

[作好作歹] tsòhăo-tsòtăi ㄗㄨㄛˋㄏㄠˇㄗㄨㄛˋㄉㄞˇ 이러쿵저러쿵하며 달래다.

[作息] tsòhsī ㄗㄨㄛˋㄒㄧ 휴식(休息)하다.「一時間；휴식시간」

[作響] tsòhsiăng ㄗㄨㄛˋㄒㄧㄤˇ 소리를 내다.

[作興] tsòhsing ㄗㄨㄛˊㄒㄧㄥ ①주시(注視)하다. 추만(推挽)하다. ②(관례상) 허용되어 있다. 허용하다. …하여도 좋다.「說話不一亂說；말은 함부로 하여서는 안된다」③바라다. 원하다. …하려고 하다.「誰都不一做；아무도 하려고 하지 않다」④혹시. 어쩌면.「看這天氣一要下兩；이 날씨로는 혹시 비가 올지 모른다」

[作活(兒)] tsòhuó(rh) ㄗㄨㄛˋㄏㄨㄛˊ(ㄦ) ①집안 일을 하다. ②일을 하다. =做活(兒).

[作揖] tsòi ㄗㄨㄛˋㄧ 읍(揖)하다.

[作人] tsòjĕn ㄗㄨㄛˋㄖㄣˊ ①인품. ②인재를 양성하다

[作梗] tsòkĕng ㄗㄨㄛˋㄍㄥˇ 몰래 방해하다. 방해하다.

[作客] tsòk'ò ㄗㄨㄛˋㄎㄜˋ ①손님이 되다. ②사양하다. ③여객(旅客)이 되다. (타향에)체류하다.

[作古] tsòkŭ ㄗㄨㄛˋㄍㄨˇ 죽다. 돌아가다.

[作怪] tsòkuài ㄗㄨㄛˋㄍㄨㄞˋ ①(숨어서) 방해하다. 해를 끼치다. ②이상하다.

[作官] tsòkuān ㄗㄨㄛˋㄍㄨㄢ 관리(官吏)가 되다.

[作鬼兒] tsòkueirh ㄗㄨㄛˋㄍㄨㄟˇㄦ 사기를 하다. 속임수를 쓰다.　「다.

[作工] tsòkūng ㄗㄨㄛˋㄍㄨㄥ 노동을 하

[作闊] tsòk'uò ㄗㄨㄛˋㄎㄨㄛˋ 사치를 하다. 낭비하다.

[作樂] tsòlê ㄗㄨㄛˋㄌㄜˋ 즐기다. 오락을 하다.

[作料(兒)] tsòliào(rh) ㄗㄨㄛˊㄌㄧㄠˋ 조미료(調味料).

[作臉] tsòliĕn ㄗㄨㄛˋㄌㄧㄢˇ 면목을 세우다.「給他一；그에게 면목이 서게 하다」

[作落] tsòlo ㄗㄨㄛˋㄌㄛ 스스로 화(禍)나 죽음을 초래하다. =作雷.

[作亂] tsòluàn ㄗㄨㄛˋㄌㄨㄢˋ 난을 일으키다.　「다.

[作論] tsòlùn ㄗㄨㄛˋㄌㄨㄣˋ 논문을 쓰

[作媒] tsòméi ㄗㄨㄛˋㄇㄟˊ 중매(仲媒)하다.

[作美] tsòmĕi ㄗㄨㄛˋㄇㄟˇ ①(남의 일이 잘 되도록)도와 주다. ②분위기를 조성하여 주다. ③동정해 주다. ④형편을 좋게 해 주다.「不一的天氣；공교롭게도 좋지 못한 날씨이다」

[作眉眼] tsòméiyĕn ㄗㄨㄛˋㄇㄟˊㄧㄢˇ 눈짓으로 알리다.

[作夢] tsò-mĕng ㄗㄨㄛˋㄇㄥˋ 꿈을 꾸다. =做夢.

[作難] tsònán ㄗㄨㄛˋㄋㄢˊ 남을 난처하게 만들다.

[作孽] tsònièh ㄗㄨㄛˋㄋㄧㄝˋ 죄를 짓다.

[作嘔] tsòŏu ㄗㄨㄛˋㄡˇ 구역질이 나려고 하다.

[作罷] tsòpà ㄗㄨㄛˋㄅㄚˋ 중지하다. 그만두다.

[作派] tsòp'ai ㄗㄨㄛˋㄆㄞ (연극에서의) 동작.「一好；연기가 좋다」

[作伴(兒)] tsòpàn(rh) ㄗㄨㄛˋㄅㄢˋ(ㄦ) 동행. 친구.　「다.

[作保] tsòpăo ㄗㄨㄛˋㄅㄠˇ 보증(保證)하

[作陪] tsòp'éi ㄗㄨㄛˋㄆㄟˊ 상반(相伴)을 하다. 모시어 접대하다.

[作配] tsòp'èi ㄗㄨㄛˋㄆㄟˋ 짝이 되다. 결혼시키다.

[作弊] tsòpì ㄗㄨㄛˋㄅㄧˋ 나쁜 일을 하다. 속임수를 쓰다.

[作壁上觀] tsò-pìshangkuān ㄗㄨㄛˋㄅㄧˋㄕㄤˋㄍㄨㄢ 옆에서 구경만 하고 관여하지 않다. «成»

[作色] tsòsê ㄗㄨㄛˋㄙㄜˋ 안색이 변하다.

[作善] tsòshàn ㄗㄨㄛˋㄕㄢˋ 선행(善行)을 하다.　「다.

[作聲] tsòshēng ㄗㄨㄛˋㄕㄥ 소리를 내

[作事] tsòshìh ㄗㄨㄛˋㄕˋ 일을 하다.

[作勢] tsòshìh ㄗㄨㄛˋㄕˋ ①허세를 부리다. ②모양을 내다.

[作壽] tsòshòu ㄗㄨㄛˋㄕㄡˋ 생일 축하를 하다.

[作手勢] tsòshŏushìh ㄗㄨㄛˋㄕㄡˇㄕˋ 손으로 흉내 내다.

[作耍] tsòshuă ㄗㄨㄛˋㄕㄨㄚˇ ① 농담을 하다. ②유희(遊戲)를 하다.

[作祟] tsòsuì ㄗㄨㄛˋㄙㄨㄟˋ ①몰래 일을 어지르다.「不要讓共產主義一；공산주의에 교란 당해서는 안된다」②앙갚음을 하다.

[作損] tsòsŭn ㄗㄨㄛˋㄙㄨㄣˇ 무자비한 짓을 하다.

[作臺] tsòt'ái ㄗㄨㄛˋㄊㄞˊ 재단대(裁斷臺).

[作態] tsòt'ài ㄗㄨㄛˋㄊㄞˋ ①교태를 부리다. ②(어떤 종류의)모양을 하다.
[作臺板] tsòt'áipǎn ㄗㄨㄛˋㄊㄞˊㄅㄢˇ 작업대(作業臺).
[作倒了行市] tsòtǎolê hángshih ㄗㄨㄛˋㄉㄠˇㄌㄜ˙ㄏㄤˊㄕˋ ＝做倒了行市.
[作抵] tsòtì ㄗㄨㄛˋㄉㄧˇ 저당 잡히다.「用房屋一；가옥을 저당 잡히다」 「다.
[作砸] tsòtsá ㄗㄨㄛˋㄗㄚˊ (일을)망쳐 놓
[作賊] tsòtséi ㄗㄨㄛˋㄗㄟˊ 도둑질하다.
[作對(頭)] tsòtui(t'ou) ㄗㄨㄛˋㄉㄨㄟˋ(ㄊㄡ) ①적대(敵對)하다. ②심술궂게 굴다.
[作爲] tsòwei ㄗㄨㄛˋㄨㄟ …으로 하다.「把他一犯人；그를 범인으로 단정하다」…으로서.「一從屬者要聽從主人的話；종자(從者)로서는 주인의 말에 복종하지 않으면 안된다」행위와 동작.
[作僞] tsòwěi ㄗㄨㄛˋㄨㄟˇ 거짓을 하다. 거짓말을 하다.
[作威作福] tsòwēi-tsòfú ㄗㄨㄛˋㄨㄟ ㄗㄨㄛˋㄈㄨˊ ①횡포한 짓을 하여 향락을 다하다. ②＝作福作威.
[作文章] tsò wénchāng ㄗㄨㄛˋ ㄨㄣˊㄓㄤ ①문장을 짓다. ②무리한 조건을 내걸다.
[作惡] tsòwù ㄗㄨㄛˋㄨˋ 싫어하다.
[作押] tsòyā ㄗㄨㄛˋㄧㄚ 저당(抵當)하다.
[作業] tsòyèh ㄗㄨㄛˋㄧㄝˋ 숙제(宿題).「一本；숙제 공책」②자수(自修)한 성적.
[作樂] tsòyüèh ㄗㄨㄛˋㄩㄝˋ ①악률(樂律)을 정하다. ②음악을 연주하다. ③tsòlè 즐기다. 오락하다.

〔怍〕 tsò ㄗㄨㄛˋ 부끄럽게 여김. 참괴(慙愧). ＝愧怍.

〔柞〕 tsò ㄗㄨㄛˋ 〈植〉 상수리나무.
[柞蠶] tsòts'án ㄗㄨㄛˋㄘㄢˊ 멧누에. 작잠.

〔胙〕 tsò ㄗㄨㄛˋ 제물(祭物)로 바치는 고기.

〔做〕 tsò ㄗㄨㄛˋ ①하다. 일을 하다.「一事；작업을 하다」②제조(製造)하다. 만들다.「一糖；설탕을 제조하다」「一飯；밥을 짓다」「一菜；요리를 만들다」③…이 되다. …으로 근무하다.「一學生；학생이 되다」「一官；관리가 되다. 관리로 근무하다」④행동하다.「一生日；생일을 축하하다」⑤…의 모양을 나타내다. 체하다.「一怒容；성난 체하다」
[做廠] tsòch'ǎng ㄗㄨㄛˋㄔㄤˇ 공장에서 일하다.
[做長久] tsòch'ángchiǔ ㄗㄨㄛˋㄔㄤˊㄐㄧㄡˇ 기대고 앉아서.
[做成] tsòch'éng ㄗㄨㄛˋㄔㄥˊ 일을 끝내다.
[做七] tsòch'ī ㄗㄨㄛˋㄑㄧ 사람이 죽은 뒤 7일마다 49일 동안 법사(法事)를 행하는 일.
[做親] tsòch'īn ㄗㄨㄛˋㄑㄧㄣ 혼인을 맺다. 결연하다.
[做主] tsòchǔ ㄗㄨㄛˋㄓㄨˇ 자기 생각대로 처리하다. 자기 의견대로 실행하다.
[做圈套] tsò ch'üānt'ào ㄗㄨㄛˋㄑㄩㄢㄊㄠˋ (사람이 빠지게끔)함정을 파다.
[做法] tsòfǎ ㄗㄨㄛˋㄈㄚˇ 방식. 방법.
[做飯] tsòfàn ㄗㄨㄛˋㄈㄢˋ ①밥을 짓다. ②식사 준비를 하다.
[做好做歹] tsòhǎo-tsòtǎi ㄗㄨㄛˋㄏㄠˇㄗㄨㄛˋㄉㄞˇ 때에 따라 좋은 척도 하고 나쁜 척도 하다. 《成》.
[做活(兒)] tsò huó(rh) ㄗㄨㄛˋㄏㄨㄛˊ(ㄦ) ①집안 일을 하다. ②일을 하다.
[做活局子] tsò huóchǘtzǔ ㄗㄨㄛˋㄏㄨㄛˊㄐㄩˊㄗ 서로 짜고 남을 사기하다.
[做藝] tsòi ㄗㄨㄛˋㄧˋ 연예(演藝)를 하다.
[做人家] tsòjénchiā ㄗㄨㄛˋㄖㄣˊㄐㄧㄚ 절약하다. 살림살이를 잘하다.
[做人情] tsòjénch'íng ㄗㄨㄛˋㄖㄣˊㄑㄧㄥˊ 남에게 인정을 베풀다.
[做根兒] tsòkěnrh ㄗㄨㄛˋㄍㄣㄦ 최초(最初). 맨 처음.
[做客] tsòk'ò ㄗㄨㄛˋㄎㄜˋ ①손님이 되다. ②손님으로서 접대하다. ③＝作客.
[做官(兒)] tsò kuān(rh) ㄗㄨㄛˋㄍㄨㄢ(ㄦ) 관리(官吏)가 되다.
[做鬼兒] tsòkueirh ㄗㄨㄛˋㄍㄨㄟˇㄦ 몰래 나쁜 짓을 하다.
[做工] tsòkūng ㄗㄨㄛˋㄍㄨㄥ 일을 하다. 노동하다.
[做工兒] tsòkungrh ㄗㄨㄛˋㄍㄨㄥㄦ 배우(俳優)의 동작.
[做闊] tsòk'uò ㄗㄨㄛˋㄎㄨㄛˋ 부자(富者)인 것을 자랑하다. 돈 많은 것을 자랑하다.
[做臉(兒)] tsòliěn(rh) ㄗㄨㄛˋㄌㄧㄢˇ(ㄦ) 체면을 세우다.
[做媒] tsòméi ㄗㄨㄛˋㄇㄟˊ 결혼을 중매하다.
[做夢] tsòmèng ㄗㄨㄛˋㄇㄥˋ ①꿈을 꾸다. ②헛소리를 하다. 농담을 하다.
[做面子] tsòmièntzǔ ㄗㄨㄛˋㄇㄧㄢˋㄗ 체면이나 의리에 관한 일을 하다. 의리를 다하다.
[做弄] tsònung ㄗㄨㄛˋㄋㄨㄥ 놀리다. 조롱하다.
[做派] tsòp'ai ㄗㄨㄛˋㄆㄞ ①연극의 동작. ②일부러 하는 것 같은 태도를 하다.
[做甚] tsòshěn ㄗㄨㄛˋㄕㄣˊ ①무엇을 하는가. ②무엇이 되려는가. 어째서.
[做生意] tsò shēngi ㄗㄨㄛˋㄕㄥㄧ 장사를 하다. ＝做買賣.
[做勢] tsòshìh ㄗㄨㄛˋㄕˋ 눈짓을 하다. 시늉을 하다.「一要出門；집에서 나갈 시늉을 하다」
[做壽] tsòshòu ㄗㄨㄛˋㄕㄡˋ 생일을 축하하다. ＝做生日.
[做水] tsòshuì ㄗㄨㄛˋㄕㄨㄟˇ 물을 끓이다. 목욕물을 데우다.
[做倒了行市] tsòtǎolê hángshih ㄗㄨㄛˋㄉㄠˇㄌㄜ˙ㄏㄤˊㄕˋ ①장사가 잘 되지 않다. ②위엄(威嚴)도 신용도 다 잃다. ③상하(上下)의 관계가 거꾸로 되다. 상하의 관계가 바뀌다.
[做得] tsòtê ㄗㄨㄛˋㄉㄜ˙ 할 수가 있다. 하여도 관계 없다. 좋다.
[做頭兒] tsòt'óurh ㄗㄨㄛˋㄊㄡˊㄦ 한 보람. 한 솜씨.「沒有什麼一；무엇인지 한 보람이 없다」
[做賊心虛] tsòtséi hsīnhsū ㄗㄨㄛˋㄗㄟˊ ㄒㄧㄣㄒㄩ 도둑질을 하면 마음이 불안하다.

[做作] tsòtso ㄗㄨㄛˋㄗㄨㄛ 자연스럽지 못하다. 과장하다.「戲演得太一; 연극이 연기 과잉(演技過剩)이다」

〔酢〕 tsò ㄗㄨㄛˋ 손님이 주인에게 술을 따라 권하며 답례하는 일.「酬一; 교제하는 일」

TS'O ㄘㄨㄛ

〔搓〕 ts'ō ㄘㄨㄛ ①비벼 꼬다. ②(한쪽 손을 물건의 위에 올려 놓고)비비다. 문지르다.

[搓脚石] ts'ōchiǎoshíh ㄘㄨㄛㄐㄧㄠˇㄕˊ 발의 때를 문지르는 돌. 속돌 따위.

[搓拳摩掌] ts'ōch'üán-móchǎng ㄘㄨㄛㄑㄩㄢˊㄇㄛˊㄓㄤˇ 충분히 준비하고 기다리다.

[搓弄] ts'ōnung ㄘㄨㄛㄋㄨㄥ, ts'ónung ①조롱하다. ②들볶아 못살게 굴다.

[搓板兒] ts'ōpǎnrh ㄘㄨㄛㄅㄢˇㄦ 빨래판.

[搓手] ts'ōshǒu ㄘㄨㄛㄕㄡˇ (황송해서)손을 모아 빌다.

〔磋〕 ts'ō ㄘㄨㄛ 갈아서 기물을 만들다.

[磋磨] ts'ōmó ㄘㄨㄛㄇㄛˊ 물건을 갈아서 빛을 내다. 닦다. 훌륭한 물건으로 만들다.

[磋邊] ts'ōpiēn ㄘㄨㄛㄅㄧㄢ (유리 따위의) 가장자리를 엇비슷하게 자른 것.

[磋商] ts'ōshāng ㄘㄨㄛㄕㄤ 협의(協議)하다. 의논하다.

〔蹉〕 ts'ō ㄘㄨㄛ ①실수하다. ②실패하다. ③지나가다.

[蹉跎] ts'ōt'ó ㄘㄨㄛㄊㄨㄛˊ ①좌절되다. ②시간을 헛되이 보내다. ③시기를 놓치다.「一歲月; 노력하지 않고 헛되게 세월을 보내다」

〔撮〕 ts'ō ㄘㄨㄛ ①(흔히 쓰레받기로 흩어진 것을)쓸어 모으다.「把土一起來; 먼지를 쓸어 모으다」②잡다. 손에 넣다.「一要; 요점을 잡다」③한 되의 1000분의 1. ④=tsǒ.

[撮合] ts'ōhó ㄘㄨㄛㄏㄜˊ ①관계를 맺게 하다. >撮撮合合. ②한 곳에 모으다.

[撮口呼] ts'ōk'ǒuhū ㄘㄨㄛㄎㄡˇㄏㄨ ü를 주요 모음 또는 차요 모음(次要母音)으로 삼고 있는 음절.

[撮錄] ts'ōlù ㄘㄨㄛㄌㄨˋ 발췌(拔萃)하여 기록해 두다.

[撮弄] ts'ōnung ㄘㄨㄛㄋㄨㄥ ①놀려 주다. 조롱하다. ②교사(教唆)하다. 꾀다.

[撮土] ts'ōt'ǔ ㄘㄨㄛㄊㄨˇ ①적다는 형용.「一撮之土; 한줌의 흙」②흙을 모으다.

[撮要] ts'ōyào ㄘㄨㄛㄧㄠˋ 요점을 잡다.

[撮藥] ts'ōyào ㄘㄨㄛㄧㄠˋ 약을 조제(調製)하다.

〔矬〕 ts'ó ㄘㄨㄛˊ (키가)작다.「他太一; 그는 매우 키가 작다」

[矬子] ts'ótzǔ ㄘㄨㄛˊㄗ 몸집이 작은 사람. 꼬마. «北» 난장이.

〔嵯〕 ts'ó ㄘㄨㄛˊ 산이 우뚝 솟은 모양.

〔鹺〕 ts'ó ㄘㄨㄛˊ 짜다.

[鹺魚] ts'óyǘ ㄘㄨㄛˊㄩˊ 소금에 절인 생선.

〔剉〕 ts'ò ㄘㄨㄛˋ ①꺾어 상처를 내다. 삐다. ②억누르다. ③잘게 썰다.

〔厝〕 ts'ò ㄘㄨㄛˋ ①안치(安置)하다. 놓아 두다. ②관을 놓아 두고 매장을 안하다. 가매장하다.

[厝火積薪] ts'òhuǒ-chīhsīn ㄘㄨㄛˋㄏㄨㄛˇㄐㄧㄒㄧㄣ 장작더미 곁에 불을 두다: 매우 큰 위험성을 내포하는 비유. «成»

〔挫〕 ts'ò ㄘㄨㄛˋ ①좌절. 좌절하다.「經過了許多一折; 많은 좌절을 겪어 오다」②누르다. 꺾다.「抑揚頓一; 글을 읽을 때의 음성의 고저 장단(高低長短)」

[挫折] ts'òché ㄘㄨㄛˋㄓㄜˊ ①꺾이어 부러지다. ②중간에서 실패하다.

[挫辱] ts'òjù ㄘㄨㄛˋㄖㄨˋ 욕되게 하다. 창피를 주다.

[挫磨] ts'òmo ㄘㄨㄛˋㄇㄛ 학대하다. 들볶다.

[挫傷] ts'òshāng ㄘㄨㄛˋㄕㄤ 꺾어 상처를 입히다.

〔措〕 ts'ò ㄘㄨㄛˋ ①안치(安置)하다. 배치(配置)하다. ②(손을) 뻗치다. 처치하다.「一手; 착수하다」

[措辦] ts'òpàn ㄘㄨㄛˋㄅㄢˋ 준비(변통)하다. 채비를 하다.

[措施] ts'òshīh ㄘㄨㄛˋㄕ ①구체적으로 준비하다. 조치하다. 시행하다. ②구체적인 방법.

[措手] ts'òshǒu ㄘㄨㄛˋㄕㄡˇ 착수하다.「一不及; 손을 댈 여가가 없다」

[措詞] ts'òtz'ǘ ㄘㄨㄛˋㄘˊ 문장의 언어 용법. 조사(措辭). =措辭.

〔銼〕 ts'ò ㄘㄨㄛˋ ①줄. ②줄로 쓸다.「把鋸齒兒一一一; 줄로 톱날을 세우다」

[銼床] ts'òch'uáng ㄘㄨㄛˋㄔㄨㄤˊ 줄이 부설되어 있는 공작대(工作臺).

[銼刀] ts'òtāo ㄘㄨㄛˋㄉㄠ 줄.

〔錯〕 ts'ò ㄘㄨㄛˋ ①착오. 실패.「弄一了; 너는 시행 착오를 일으켰다」②「一兒; 잘못. 과실」③뒤섞인. 중복된.「犬牙交一; 경계가 개의 이빨처럼 울퉁불퉁하다」④엇갈리다.「一過機會; 기회를 놓치다」⑤숫돌.

[錯愛] ts'òài ㄘㄨㄛˋㄞˋ「承蒙一; 호의를 베풀어 주셔서 고맙습니다」=好意.

[錯處] ts'òch'u ㄘㄨㄛˋㄔㄨ 과실. 잘못된 점.

[錯愕] ts'òè ㄘㄨㄛˋㄜˋ 깜짝 놀라다. 어리둥절하다.

[錯翻眼皮] ts'òfānyěnp'í ㄘㄨㄛˋㄈㄢㄧㄢˇㄆㄧˊ 잘못 보다. 착각을 일으키다.

[錯非] ts'òfēi ㄘㄨㄛˋㄈㄟ ①…이 아니라면. ②그러므로. …해서. …으로서만. ③…가 틀림 없다. «北» =除非.

[錯疑] ts'òí ㄘㄨㄛˋㄧˊ ①오해로 인하여 의심하다. ②착오로 의심하다. 잘못 의심

하다.
[錯兒] ts'òrh ㄘㄨㄛˋㄦ 과실. 잘못.
[錯開] ts'òk'ai ㄘㄨㄛˋㄎㄞ ①(약속한 날짜 따위를) 잘못 알다. ②(기차 따위가) 엇갈리다.
[錯怪] ts'òk'uài ㄘㄨㄛˋㄎㄨㄞˋ 오해로 해서 원망하다.
[錯過] ts'òkuò ㄘㄨㄛˋㄍㄨㄛˋ ①잘못해서 놓치다.「別一機會 ; 기회를 놓치지 말라」②엇갈리다.「恰好在途中一了 ; 마침 도중에서 엇갈리고 말았다」
[錯路] ts'òlù ㄘㄨㄛˋㄌㄨˋ 잘못된 길. 어긋난 길.
[錯落] ts'òlò ㄘㄨㄛˋㄌㄨㄛˋ 가지런하지 못한 모양.
[錯謬] ts'òmiù ㄘㄨㄛˋㄇㄧㄡˋ 잘못. 착오.
[錯別字] ts'òpiéhtzû ㄘㄨㄛˋㄅㄧㄝˊㄗˋ 오자(誤字). 본뜻에 관계 없이 음이나 훈(訓)을 따서 어떤 말을 나타내는 한자. 또는 그런 용법.
[錯不了] ts'òpuliǎo ㄘㄨㄛˋㄅㄨㄌㄧㄠˇ 틀림 없다.
[錯上加錯] ts'òshang-chiāts'ò ㄘㄨㄛˋㄕㄤ ㄐㄧㄚㄘㄨㄛˋ 잘못을 거듭 저지르다.
[錯字] ts'òtzû ㄘㄨㄛˋㄗˋ 오자(誤字).

TSOU ㄗㄡ

〔諏〕 tsōu ㄗㄡ 상의하다.
[諏吉] tsōuchí ㄗㄡㄐㄧˊ 상의하여 길일(吉日)을 결정하다.

〔謅〕 tsōu ㄗㄡ 근거 없는 말을 하다. 엉터리로 말하다. ＝胡謅.「這些話是他一出來的, 不是眞的 ; 이런 여러 이야기는 그가 엉터리로 말한 것으로 진실이 아니다」
[謅咧] tsōulieh ㄗㄡㄌㄧㄝ 입에서 나오는 대로 말하다. 함부로 말하다. >謅謅咧咧.
[謅斷腸子] tsōutuàn ch'ángtzû ㄗㄡㄉㄨㄢˋ ㄔㄤˊㄗ (우스갯소리를 하여) 배꼽을 빼다.

〔走〕 tsǒu ㄗㄡˇ ①걷다. 가다. 「一得快 ; 걸음걸이가 빠르다」 ②교제하다. 「他們兩家一得很近 ; 저 두 집은 아주 친하게 교제하고 있다」 ③(물체가) 움직이다. 이동하다.「這鐘不一了 ; 이 시계는 가지 않고 멈추었다」④(바둑돌 따위를) 움직이다.「那一步棋一得好 ; 그 수는 대단히 좋다」⑤운반하다.「一了一批貨 ; 한 몫의 화물을 운반하였다」 ⑥떠나가다. 출발하다. 돌아오다.「他剛一 ; 그는 방금 떠났을 뿐이다」「我一了 ; 나는 간다, 잘 계시오 : 헤어질 때 하는 인사말」⑦도망치다.「他一下去了 ; 그는 도주하였다」「我放你一 ; 나는 너를 달아나게 해 주겠다」⑧(색이나 향기가) 퇴색하다. 빠지다.「味兒一了 ; 향기가 빠졌다」「潮腦一了 ; 장뇌의 냄새가 없어졌다」⑨(원형이) 허물어지다. 변하다.「這鞋一了樣兒了 ; 이 신은 모양이 망그러져 버렸다」⑩새다. 빠지다.「一了一個字 ; 글자 하나가 빠졌다」「一了風聲了 ; 풍문이 새어 나갔다. 소문이 났다」⑪쓰다.「一走腦子 ; 머리를 약간 쓰다. 약간 생각하다」⑫(운이)자연히 돌아 오다.
[走岔] tsǒuch'à ㄗㄡˇㄔㄚˋ 길을 잘못 들어 헤매다.
[走帳] tsǒuchàng ㄗㄡˇㄓㄤˋ 기장(記帳)하다.「這筆錢不一了 ; 이 돈은 기장 않기로 한다」
[走場] tsǒuch'áng ㄗㄡˇㄔㄤˊ 연극에서 소도구(小道具)를 맡는 사람.
[走場子] tsǒu ch'ǎngtzû ㄗㄡˊ ㄔㄤˇㄗ 무대(舞台) 연습을 하다.
[走着瞧] tsǒuchêch'iáo ㄗㄡˇㄓㄜㄑㄧㄠˊ 상황을 두고 보자. 당장 두고 봐라.
[走氣] tsǒuch'i ㄗㄡˇㄑㄧˋ 공기가 빠지다.「車胎一 ; 타이어의 공기가 빠지다」
[走腔(兒)] tsǒuch'iāng(rh) ㄗㄡˇㄑㄧㄤ(ㄦ) (노래 따위의)곡조가 틀리다. 곡조가 이상하게 되다.
[走江湖] tsǒuchiānghu ㄗㄡˇㄐㄧㄤㄏㄨ ①속계(俗界)에서 숨어 살다. ②각 지방을 돌아 다니다.
[走之兒] tsǒuchīhrh ㄗㄡˇㄓㄦ 한자 부수(部首)의 하나 책받침(辶).
[走親戚] tsǒuch'inch'i ㄗㄡˇㄑㄧㄣㄑㄧ 아주 친하게 교제하다. 친척처럼 친하게 지내다.
[走更] tsǒuchīng ㄗㄡˇㄐㄧㄥ 야경(夜警)을 돌다.
[走尺寸] tsǒuch'ǐhts'un ㄗㄡˇㄔˊㄘㄨㄣ 치수를 잘못 알다.
[走極端] tsǒuchítuān ㄗㄡˇㄐㄧˊㄉㄨㄢ 극단으로 치우치다.
[走訪] tsǒufǎng ㄗㄡˊㄈㄤˇ 방문하다.
[走方步(兒)] tsǒufāngpù(rh) ㄗㄡˇㄈㄤㄅㄨˋ(ㄦ) 모양을 내어 걷다. 멋을 부리며 걷다.
[走法兒] tsǒufǎrh ㄗㄡˊㄈㄚˇㄦ 보행법(步行法).
[走風] tsǒufēng ㄗㄡˇㄈㄥ 사정을 누설하다.
[走海] tsǒuhǎi ㄗㄡˊㄏㄞˇ 항해(航海)하다.
[走黑道兒] tsǒuhēitāorh ㄗㄡˇㄏㄟㄉㄠˋㄦ 밤길을 걷다. 도둑.
[走向] tsǒuhsiàng ㄗㄡˇㄒㄧㄤˋ …으로 향하다. …의 방향으로 가다.
[走斜道兒] tsǒu hsiéhtāorh ㄗㄡˇㄒㄧㄝˊㄉㄠˋㄦ 좋지 못한 곳에 빠지다. 나쁜 짓을 하기 시작하다.
[走險] tsǒuhsiěn ㄗㄡˊㄒㄧㄢˇ 위험한 일을 하다. 요행수를 바라고 일을 하다.
[走心] tsǒuhsīn ㄗㄡˇㄒㄧㄣ ①마음이 흔들리다. 관심을 가지다. ②열중(熱中)하다.「他對你可一哪 ; 그는 당신에게 열중하고 있단다」
[走心經] tsǒuhsīnchīng ㄗㄡˇㄒㄧㄣㄐㄧㄥ 유의(留意)하다. 유의하여 잊지 않다.
[走話] tsǒuhuà ㄗㄡˇㄏㄨㄚˋ 비밀을 누설하다.
[走會] tsǒuhui ㄗㄡˇㄏㄨㄟˋ 신불(神佛)을 공양하고 제를 올리는 날에 연극이나 곡예 따위를 헌납하다.
[走火] tsǒu huǒ ㄗㄡˊ ㄏㄨㄛˇ 실화(失火)를 하다. 누전되다.
[走火兒] tsǒuhuǒrh ㄗㄡˊㄏㄨㄛˇㄦ 발화(發火)하다.「手槍一了 ; 권총이 격발되었다」
[走貨] tsǒuhuò ㄗㄡˇㄏㄨㄛˋ 화물을 운송

하다. 상품을 실어 내다.
[走依性] tsǒuīhsing ㄗㄡˇㄧㄒㄧㄥˋ 엇갈리게 되다.
[走人] tsǒujěn ㄗㄡˇㄖㄣˊ ①나가다. ②지체 없이 물러나다.
[走開] tsǒuk'ai ㄗㄡˇㄎㄞ 피하다. 비키다.
[走高了脚] tsǒukāolê chiǎo ㄗㄡˇㄍㄠㄌㄜ ㄐㄧㄠˇ ①지위(地位)가 높이 되어 종전과는 태도를 달리하다. ②많이 걸어서 다리에 힘이 빠지다. ③부자나 권력자에게만 출입하다.
[走狗] tsǒukǒu ㄗㄡˊㄍㄡˇ ①사냥개. ②적(敵)의 앞잡이.
[走光] tsǒukuāng ㄗㄡˇㄍㄨㄤ (필름 따위에)광선이 들다.
[走廊] tsǒuláng ㄗㄡˇㄌㄤˊ ①회랑(回廊). ②지붕이 있는 낭하.
[走禮] tsǒulǐ ㄗㄡˊㄌㄧˇ 길흉사(吉凶事)에 인사 가다.
[走溜(兒)] tsǒuliù(rh) ㄗㄡˇㄌㄧㄡˋ(ㄦ) 어슬렁어슬렁 걷다.
[走漏] tsǒulǒu ㄗㄡˇㄌㄡˋ ①(비밀 따위가)새어 나다. ②밀수 탈세하다.
[走路] tsǒulù ㄗㄡˇㄌㄨˋ ①걷다. 「小孩會一了；아이가 걷게 되었다」 ②길을 걷다. ③여행을 하다. 「一的人；나그네. 여행자」
[走馬] tsǒumǎ ㄗㄡˊㄇㄚˇ 말을 달리다.
[走馬疳] tsǒumǎkān ㄗㄡˊㄇㄚˇㄍㄢ 〈醫〉 ①치경(齒莖). ②볼의 급성궤양. ③괴혈병(壞血病).
[走馬觀花] tsǒumǎ kuānhuā ㄗㄡˊㄇㄚˇ ㄍㄨㄢㄏㄨㄚ ①급히 꽃을 보다. ②대충 물체의 표면만 보는 비유. ③짧은 시간에 시찰이나 관찰을 하는 비유. 〈成〉
[走門子] tsǒu mĕntzŭ ㄗㄡˇ ㄇㄣˊㄗ ①청탁(請託)하다. 정실을 이용하여 부탁하다. 「一個人做事, 不要一；일을 하는 데 정실에 의지하여서는 안된다」 ②의지하여 살다 의지하다. 「那家夥專走女人的門子；저 새끼는 언제나 여자에게 의지하여 살고 있다」
[走南闖北] tsǒunán-ch'uǎngpěi ㄗㄡˇㄋㄢˊㄔㄨㄤˊㄅㄟˇ 동분 서주하다. 이리저리 뛰어 돌아 다니다. 〈成〉
[走內綫] tsǒunèihsièn ㄗㄡˇㄋㄟˋㄒㄧㄢˋ (직업을 구하기 위하여) 연고자를 찾아가다.
[走尿] tsǒuniào ㄗㄡˇㄋㄧㄠˋ 잠을 자면서 오줌을 싸다.
[走板] tsǒupǎn ㄗㄡˊㄅㄢˇ 노래의 곡조가 틀려지다.
[走板兒] tsǒupǎnrh ㄗㄡˊㄅㄢˇㄦ (사람 앞에서)상기되다. 흥분하다.
[走背運] tsǒupèiyǔn ㄗㄡˇㄅㄟˋㄩㄣˋ 악운(惡運)에 부딪치다.
[走背字兒] tsǒupèitzǔrh ㄗㄡˇㄅㄟˋㄗˋㄦ ＝走背運.
[走筆] tsǒupǐ ㄗㄡˊㄅㄧˇ 글씨를 쓰다.
[走鏢] tsǒupiāo ㄗㄡˇㄅㄧㄠ 여행자나 화물의 호위를 하다. 호송하다.
[走票] tsǒup'iào ㄗㄡˊㄆㄧㄠˋ 소인극(素人劇)을 하다.
[走不開] tsǒupuk'āi ㄗㄡˇㄅㄨㄎㄞ ①몸을 뗄 수가 없다. ②좁아서 차가 들어 갈 수가 없다. 「胡同兒太窄, 一車； 골목이 좁아서 차가 들어갈 수가 없다」 ↔走得開.
[走不通] tsǒuput'ūng ㄗㄡˇㄅㄨㄊㄨㄥ 빠져 나갈 수가 없다. 통하지 않다. 「這條路是一的；이 길은 통하지 않다. 갈 수가 없다」 ↔走得通.
[走散] tsǒusàn ㄗㄡˇㄙㄢˋ ①뿔뿔이 돌아가다. ②동행인을 놓치다.
[走色] tsǒusè ㄗㄡˇㄙㄜˋ 색이 빠지다. 색이 바래다.
[走神(兒)] tsǒushěn(rh) ㄗㄡˇㄕㄣˊ(ㄦ) 멍청해지다. 낙심하다. 「別盡一！ 언제나 멍청해 있지 말라」
[走身子] tsǒushěntzǔ ㄗㄡˇㄕㄣㄗ 유정(遺精)하다.
[走失] tsǒushīh ㄗㄡˇㄕ ①실종(失踪)하다. ②길을 잃어 헤매다.
[走時氣] tsǒ ushíhch'i ㄗㄡˇㄕˊㄑㄧ＝走運.
[走獸] tsǒushǒu ㄗㄡˇㄕㄡˋ 짐승. 야수.
[走水] tsǒushuǐ ㄗㄡˊㄕㄨㄟˇ 실화(失火)하다. 불이 나다.
[走私] tsǒussū ㄗㄡˇㄙ ①밀수입을 하다. ②금제품(禁制品)을 운반하다. ③몰래 떠나다. 도망가다.
[走單] tsǒutān ㄗㄡˇㄉㄢ ①홀로 걷다. ②남과 따로따로 길을 찾다.
[走刀] tsǒutāo ㄗㄡˇㄉㄠ 절단(切斷)하다.
[走桃花運] tsǒu t'áohuāyǔn ㄗㄡˇ ㄊㄠˊㄏㄨㄚㄩㄣˋ (귀신에게 홀린 양)남녀가 연정으로 몸을 망치다.
[走道兒] tsǒu tàorh ㄗㄡˇㄉㄠˋㄦ ①길을 가다. ②통로(通路). ③(부녀가)재혼하다.
[走趟趟兒] tsǒut'àngt'angrh ㄗㄡˇㄊㄤˋㄊㄤㄦ ①애기의 걸음마. ②잠깐 사이에 갈 수 있는 일.
[走調兒] tsǒutiàorh ㄗㄡˇㄉㄧㄠˋㄦ 샛길로 빠지다. 피하다. 「다.
[走電] tsǒutièn ㄗㄡˇㄉㄧㄢˋ 누전(漏電)되
[走脫] tsǒut'ō ㄗㄡˇㄊㄨㄛ 도주하다. 탈주하다.
[走投無路] tsǒut'óu wúlù ㄗㄡˇㄊㄡˊ ㄨˊㄌㄨˋ 몸을 의지할 곳이 없다.
[走嘴] tsǒutsuǐ ㄗㄡˊㄗㄨㄟˇ 실언(失言)을 하다. ＝說走了嘴.
[走對] tsǒutuì ㄗㄡˇㄉㄨㄟˋ 틀리지 않게 가다. 걸어서 원만히 목적 달성하다. 「一勁兒；좋은 기회를 만나다」 「一字兒；좋은 운을 만나다」
[走動] tsǒutung ㄗㄡˇㄉㄨㄥ ①친척이나 친구와 오가며 교제하다. ②교제하고 왕래하다. >走走動動. ③대변(大便)을 보다. ④화물을 이동하다. 「存的貨毫無一；재고품이 조금도 팔리지 않다」
[走肚子] tsǒutǔtzǔ ㄗㄡˇㄉㄨˋㄗ 설사를 하다.
[走字兒] tsǒutzǔrh ㄗㄡˇㄗㄦ 운이 좋다.
[走子午] tsǒutzǔwǔ ㄗㄡˇㄗˊㄨˇ ＝走運.
[走彎路] tsǒuwānlù ㄗㄡˇㄨㄢㄌㄨˋ 길을 멀리 돌아서 가다.
[走往] tsǒuwǎng ㄗㄡˊㄨㄤˇ 교제(交際).
[走味兒] tsǒuwèirh ㄗㄡˇㄨㄟˋㄦ 맛이나 향기가 빠지다.
[走樣(兒)] tsǒuyàng(rh) ㄗㄡˇㄧㄤˋ(ㄦ) ①형태가 무너지다. 망그러지다. ②잘 생긴 얼굴이 허물어지다. ③행위가 정상을 벗어나다.
[走油(兒)] tsǒuyú(rh) ㄗㄡˇㄧㄡˊ(ㄦ) ①기물(器物)에 칠한 기름이 녹아 흐르다. ②

기름을 품고 있는 것에서 기름기가 빠지다. ③기름에 튀기다. =過油
[走運] tsǒuyǜn ㄗㄡˇㄩㄣˋ 행운을 맞다. 좋은 운수를 만나다. =走運氣. 走好運. 走紅運.
[走油子] tsǒuyútzǔ ㄗㄡˇ丨ㄡˊㄗ (고약 따위의)기름이 스며나다.

〔奏〕 tsòu ㄗㄡˋ ①(음악을) 연주하다. ②황제에게 말씀드리다.「一折; 상주문」③(효과를)나타내다.
[奏凱] tsòuk'ǎi ㄗㄡˋㄎㄞˇ 개가(凱歌)를 올리다.

〔揍〕 tsòu ㄗㄡˋ (남을)난폭하게 때리다:경멸하거나 벌을 줄 때에 쓰임.「挨一; 매를 맞다」

TS'OU ㄘㄡ

〔湊〕(凑) ts'òu ㄘㄡˋ ①(흩어진 것을)모으다.「一錢; 돈을 긁어 모으다」②접근하다. 다가서다.
[湊集] ts'òuchí ㄘㄡˋㄐ丨ˊ 모으다. >湊湊集集.
[湊巧] ts'òuchiǎo ㄘㄡˋㄑ丨ㄠˇ 때마침. 공교롭게. =碰巧.
[湊趣兒] ts'òuch'ǜrh ㄘㄡˋㄑㄩˋㄦ ①농담을 하다. ②=湊熱鬧兒.
[湊合] ts'òuho ㄘㄡˋㄏㄜ①한곳에 모으다. ②어떻게든. 무리해 억지로라도. =勉強. 將就. ③그럭저럭 일치하다. >湊湊合合
[湊熱鬧兒] ts'òujènaorh ㄘㄡˋㄖㄜˋㄋㄠㄦ 여럿이 호여서 놀다. 번잡스럽게 떠들고 놀다.
[湊攏] ts'òulǔng ㄘㄡˋㄌㄨㄥˇ 긁어 모으다. 걷어 모으다.
[湊手] ts'òushǒu ㄘㄡˋㄕㄡˇ ①부족한 인원을 모집하다. ②있는 것으로 그럭저럭 융통이 되다.「材料不一; 재료는 있는 것만으로는 융통이 안된다」
[湊數(兒)] ts'òushù(rh) ㄘㄡˋㄕㄨˋ(ㄦ) 인원수를 맞추다. 수만 채우다.
[湊到] ts'òutao ㄘㄡˋㄉㄠ ①(어느 점까지)접근하다. ②(어느 분량까지) 걷어 모으다.
[湊足] ts'òutsú ㄘㄡˋㄗㄨˊ 모아서 충분히 하다.「一數兒; 충분한 수자를 채우다」

〔腠〕 ts'òu ㄘㄡˋ (피부의) 살결.
[腠理] ts'òuli ㄘㄡˋㄌ丨ˇ 살결.

TSU ㄗㄨ

〔租〕 tsū ㄗㄨ ①임대(賃貸)하여 주다. 임차(賃借)하다.「你的房子一給誰了? ; 너의 집은 누구를 빌려 주었느냐?」「一房子; 집을 빌다. 셋집 들다」 ②「一子; 조세. 소작료. 집세. 임차료」「收一; 연공, 조세를 징수하다」「交一; 지대(地代)·집세를 바치다」
[租照] tsūchào ㄗㄡㄓㄠˋ 소작 증서.
[租船] tsūch'án ㄗㄨㄔㄨㄢˊ ①용선(傭船). ②배를 빌다.
[租價] tsūchià ㄗㄨㄐ丨ㄚˋ 임대(賃貸). 차임(借貸).
[租借] tsūchièh ㄗㄨㄐ丨ㄝˋ 임차하다. 임대하여 주다. 「임
[租金] tsūchīn ㄗㄨㄐ丨ㄣ 차임. 집세. 대
[租種] tsūchùng ㄗㄨㄓㄨㄥˋ 소작하다.
[租額] tsūě ㄗㄨㄜˊ ①소작료의 액수. ②임대 가격.
[租房] tsūfáng ㄗㄨㄈㄤˊ 집을 빌다.
[租戶] tsūhù ㄗㄨㄏㄨˋ 셋집 든 사람. 차가인.
[租糧] tsūliáng ㄗㄨㄌ丨ㄤˊ 연공(年貢). 소작료.
[租賃] tsūlìn ㄗㄨㄌ丨ㄣˋ 임대하다. 임차하다.
[租丁] tsūtīng ㄗㄨㄉ丨ㄥ 소작인.
[租定] tsūtìng ㄗㄨㄉ丨ㄥˋ 빌기로 결정하다.
[租用] tsūyùng ㄗㄨㄩㄥˋ 임차하다.

〔卒〕 tsú ㄗㄨˊ ①옛 병사. 병졸. 소리(小吏). 하인. ②죽다. 죽음.「病一; 병으로 죽다」③끝내다.「一業」 ④드디어.「一勝敵軍; 드디어 적에게 승리하였다」

〔足〕 tsú ㄗㄨˊ ①발. 다리. 구어로는 각(脚). ②「一兒; 기구의 다리」「碗一兒; 그릇·푼주 따위의 밑굽」③가득 채우다. 만족하다.「酒喝一了; 만족하게 술을 마셨다」④충분하다.「一分量沒錯兒; 분량은 충분하여 틀림 없다」⑤ 충분히. 틀림 없이.「兩天一能完成任務; 이틀간에 임무를 충분히 완수할 수 있다」「一玩了一天; 하룻 동안 충분히 놀았다」⑥…에 상당하다.「微不一道; 말할 가치조차 없는 미미한 것이다」
[足見] tsúchièn ㄗㄨˊㄐ丨ㄢˋ 충분히 알 수 있다. 이해할 수 있다.「一其能幹; 수완가라는 것을 충분히 알 수 있다」
[足尖舞] tsúchiènwǔ ㄗㄨˊㄐ丨ㄢˋㄨˇ 토우댄스(toe dance). (바레에서)발 끝으로 추는 춤.
[足赤] tsúch'ih ㄗㄨˊㄔˋ =足金.
[足金] tsúchīn ㄗㄨˊㄐ丨ㄣ 순금(純金).
[足球] tsúchiú ㄗㄨˊㄑ丨ㄡˊ 사커(soccer): 아식 축구. 「로.
[足壯] tsúchuang ㄗㄨˊㄓㄨㄤ 아주 건장하다.
[足額] tsúě ㄗㄨˊㄜˊ 충분한 분량. 액면대
[足敷] tsúfū ㄗㄨˊㄈㄨ 충분하다.
[足以] tsúi ㄗㄨˊ丨ˇ (전자에 비추어) 충분히 …될 수 있다.「一知道並非假話; 거짓말이 아닌 것을 잘 알 수 있다」
[足可] tsúk'ǒ ㄗㄨˊㄎㄜˇ (전례에 비추어) 충분히 …된다.「一知道事先準備不足; 사전에 준비 부족이란 것을 충분히 알 수 있다」
[足够] tsúkòu ㄗㄨˊㄍㄡˋ 충분하다.「糧食也一吃; 먹을 만큼 식량도 충분하다」
[足兒] tsúrh ㄗㄨˊㄦ 기물(器物)의 다리.
[足色] tsúsè ㄗㄨˊㄙㄜˋ(금·은의)품질이 순수하다.
[足食] tsúshíh ㄗㄨˊㄕˊ 충분한 식량.
[足數] tsúshù ㄗㄨˊㄕㄨˋ 충분한 수. 수에

부족이 없다.
[足銀] tsúyín ㄗㄨˊ ㄧㄣˊ 순은(純銀).
[足月] tsúyüèh ㄗˊㄩㄝˋ 달이 차다.
[足用] tsúyùng ㄗˊㄩㄥˋ 쓰는 데 충분하다. 쓸모가 충분히 있다.

〔族〕 tsú ㄗㄨˊ ①가족. 일족. 「三一; 부(父)·자(子)·손(孫) 삼대」 「宗一; 일족. 종족」 ②한 사람의 죄로 인하여 삼족이 연좌형(連坐刑)을 받던 봉건시대의 혹형의 일종.
[族戚] tsúch'ī ㄗㄨˊㄑㄧ 친족과 인척.
[族姓] tsúhsìng ㄗㄨˊㄒㄧㄥˋ ①문벌. 가문. ②친족과 인척 관계의 사람들.
[族兄弟] tsúhsiūngtì ㄗㄨˊㄒㄩㄥㄉㄧˋ 같은 항렬의 종친간의 호칭.
[族類] tsúlèi ㄗㄨˊㄌㄟˋ 동족인(同族人). 동류(同類).
[族人] tsújén ㄗㄨˊㄖㄣˊ 동족인.

〔鏃〕 tsú ㄗㄨˊ, ts'ù ㄘㄨˋ 활촉. =箭鏃.

〔阻〕 tsǔ ㄗㄨˇ ①저지하다. 방해하다. 「通行無一; 지장 없이 통용하다」 ②험하다. 험준하다.
[阻截] tsǔchiéh ㄗㄨˇㄐㄧㄝˊ 가로 막다. 방해하다.
[阻滯] tsǔchìh ㄗㄨˇㄓˋ 저지하여 막다.
[阻厄] tsǔè ㄗㄨˇㄜˋ 저해(阻害)하다. 방해하다.
[阻扼] tsǔè ㄗㄨˇㄜˋ 눌러 방해하다.
[阻遏] tsǔè ㄗㄨˇㄜˋ 저지하다.
[阻隔] tsǔkó ㄗㄨˇㄍㄜˊ 막다. 칸을 막다.
[阻攔] tsǔlán ㄗㄨˇㄌㄢˊ 멎게 하다. 방해하다. 저지하다. >阻阻攔攔.
[阻力] tsǔlì ㄗㄨˇㄌㄧˋ 저항력(抵抗力).
[阻難] tsǔ'nàn ㄗㄨˇㄋㄢˋ 방해하다.
[阻撓] tsn'náo ㄗㄨˇㄋㄠˊ 저해(阻害)하다.
[阻塞] tsǔsè ㄗㄨˇㄙㄜˋ 저지하여 막다. 막아서 가지 못하게 하다.

〔俎〕 tsǔ ㄗㄨˇ ①옛날 제사(祭祀)지낼 때 제물을 담던 그릇. ②도마.
[俎上肉] tsǔshàngjòu ㄗㄨˇㄕㄤˋㄖㄡˋ 도마에 오른 고기: 죽음이 결정된 비유. 볼장 다 본 비유.

〔祖〕 tsǔ ㄗㄨˇ ①조부. ②조부와 한 항렬인 친족. 「伯一; 조부의 형제」 「姑一; 조부의 자매」 ③조상. ④사업의 창시자. 개조(開祖). ⑤최고(最古)의 것. 기원. 「煉金術是化學之一; 연금술은 화학의 기원이다」
[祖居] tsǔchū ㄗㄨˇㄐㄩ 본적. ↔寄居.
[祖傳] tsǔch'uán ㄗㄨˇㄔㄨㄢˊ 대대로 전하여 내려 오다. 조상 전래(祖上傳來).
[祖模] tsǔmó ㄗㄨˇㄇㄛˊ 원형(原型).
[祖奶奶] tsúnǎinai ㄗㄨˊㄋㄞˇㄋㄞ ①증조모. ②상대의 여성에게 애원할 때 쓰이는 말. 「靜點, 我的一!; 좀 조용히 하여 주시오, 부탁입니다」
[祖輩(兒)] tsǔpèi(rh) ㄗㄨˇㄅㄟˋ(ㄦ) ①가족 중의 존장. ②조부모.
[祖師] tsǔshīh ㄗㄨˇㄕ ①한 파의 학문의 창시자. ②각 업계(業界)의 시조(始祖).
[祖師爺] tsǔshīhyéh ㄗㄨˇㄕㄧㄝˊ ①직업의 창시자. ②종파(宗派)의 개조(開祖).
[祖道] tsǔtào ㄗㄨˇㄉㄠˋ 송별하다. 전별하다. =祖餞.
[祖宗] tsǔtsung ㄗㄨˇㄗㄨㄥ ①선조(先祖). ②선조 대대(先祖代代).
[祖宗單子] tsǔtsungtāntzǔ ㄗㄨˇㄗㄨㄥㄉㄢㄗ 과거장(過去帳). 귀적(鬼籍).
[祖祖輩輩] tsútsǔpèipèi ㄗㄨˊㄗㄨˇㄅㄟˋㄅㄟˋ 선조 대대.

〔組〕 tsǔ ㄗㄨˇ ①조직하다. 구성(構成)하다. ②반(班). 학급. 조(組). ③그루우프(group) 따위를 세는 데 쓰임. 「三一學生; 삼 분단의 학생」
[組長] tsúchǎng ㄗㄨˊㄓㄤˇ 반장. 조장.
[組成] tsǔch'éng ㄗㄨˇㄔㄥˊ 조립하다. 구성하다.
[組織] tsǔchih ㄗㄨˇㄓ ①같은 형태의 기능을 가진 세포의 집단. 조직. ②목적을 가지고 계통적으로 질서를 세워 결합함.
[組員] tsǔyüán ㄗㄨˇㄩㄢˊ ①조를 구성하고 있는 일원. 그루우프·행정 기관 단위의 멤버(member). ②상조회(相助會)의 회원.

〔詛〕 tsǔ ㄗㄨˇ 저주하다. =詛呪.

TS'U ㄘㄨ

〔粗〕(特·麤·麁) ts'ū ㄘㄨ ①거친. 투박한. 「一麪; 거친 밀가루」 ②(막대기·기둥·끈·실·나무 따위가) 굵다. 「這根棍子很一; 이 막대기는 몹시 굵다」 ③조잡한. 정제하지 않은. 「一製品; 조제품」 ④조심성이 없는. 소홀한. 「一心; 소홀한. 경솔한」 ⑤난잡한.
[粗茶淡飯] ts'ūch'á-tànfàn ㄘㄨㄔㄚˊㄉㄢˋㄈㄢˋ ①소박한 생활. ②변변치 않은 식사. 조찬(粗餐). ‹謙›
[粗車] ts'ūch'ē ㄘㄨㄔㄜ 투박한 천을 짜는 기계.
[粗淺] ts'ūch'iěn ㄘㄨㄑㄧㄢˇ ①우둔하고 천박하다. 조잡하여 깊은 맛이 없다.
[粗枝大葉] ts'ūchīh-tàyèh ㄘㄨㄓㄉㄚˋㄧㄝˋ ①줄거리. 개략. ②조잡. 대략(大略).
[粗重] ts'ūchùng ㄘㄨㄓㄨㄥˋ ①무겁고 투박하다. ②거칠다. 「一的活兒; 기운으로 하는 일. 막일」
[粗奘] ts'ūchǔang ㄘㄨㄓㄨㄤˇ =粗大.
[粗壯] ts'ūchuàng ㄘㄨㄓㄨㄤˋ 굵고 튼튼하다. >粗粗壯壯.
[粗具規模] ts'ūchǜkueīmó ㄘㄨㄐㄩˋㄍㄨㄟㄇㄛˊ 대충 모양만 갖추어져 있다.
[粗肥] ts'ūféi ㄘㄨㄈㄟˊ 잡비(雜肥): 성분이 단일하거나 순수하지 못한 비료.
[粗豪] ts'ūháo ㄘㄨㄏㄠˊ 호탕하여 사소한 일에 구애하지 않는다.
[粗黑] ts'ūhēi ㄘㄨㄏㄟ 굵고 검다. >粗粗黑黑.
[粗細] ts'ūhsì ㄘㄨㄒㄧˋ ①굵기. ②굵은 것과 가는 것. ③거친 것과 고운 것.
[粗綫條] ts'ūhsièntʻiáo ㄘㄨㄒㄧㄢˋㄊㄧㄠˊ ①굵은 실. ②말이나 행동을 거칠게 하는 사람.
[粗心] ts'ūhsīn ㄘㄨㄒㄧㄣ ①조잡하다. ②

멍청하다. 「늬.
[粗花] ts'ūhuā ㄘㄨㄏㄨㄚ 커다란 꽃 무
[粗話] ts'ūhuà ㄘㄨㄏㄨㄚˋ ①조잡한 이야기. ②상스러운 이야기. 비루한 이야기.
[粗活兒] ts'ūhuórh ㄘㄨㄏㄨㄛˊㄦ 막일. 험한 일.
[粗人] ts'ūjén ㄘㄨㄖㄣˊ ①상스러운 사람. ②힘이 센 사람. ③어렸을 때 팔려가서 성장한 뒤에 첩이나 종으로 팔리는 여자.
[粗獷] ts'ūkuǎng ㄘㄨㄍㄨㄤˇ ①조악(粗惡)하다. ②난폭하다. 거칠다. 「일.
[粗工] ts'ūkūng ㄘㄨㄍㄨㄥ 막일. 허드렛
[粗拉] ts'ūla ㄘㄨㄌㄚ ①당황하다. ②아무렇게나 하다.
[粗剌剌的] ts'ūlālātê ㄘㄨㄌㄚㄌㄚㄉㄜ ＝粗粗剌剌.
[粗糧] ts'ūliáng ㄘㄨㄌㄧㄤˊ 옥수수·고량·조 따위.
[粗陋] ts'ūlòu ㄘㄨㄌㄡˋ 조잡하다. 소홀하다.
[粗魯] ts'ūlu ㄘㄨㄌㄨ ①교양이 없는. 상스러운. ②무뚝뚝한. ＞粗粗魯魯.
[粗鹵] ts'ūlu ㄘㄨㄌㄨ ＝粗魯.
[粗略] ts'ūlüèh ㄘㄨㄌㄩㄝˋ 개략적으로. 대충. 「一地計算一下；대충 계산해 보다」
[粗眉大眼] ts'ūmé itàyěn ㄘㄨㄇㄟˊㄉㄚˋㄧㄢˇ 눈썹이 굵고 눈이 크다.
[粗米] ts'ūmǐ ㄘㄨㄇㄧˇ 현미(玄米).
[粗笨] ts'ūpěn ㄘㄨㄅㄣˋ ①서투르다. 거칠다. ②난폭하다.
[粗脖子紅筋] ts'ūpótzǔ húngchīn ㄘㄨㄅㄛˊㄗㄏㄨㄥˊㄐㄧㄣ 핏대를 올리고 성내는 모양.
[粗布] ts'ūpù ㄘㄨㄅㄨˋ 중국 재래의 올이 굵은 무명.
[粗紗] ts'ūshā ㄘㄨㄕㄚ 굵은 무명실.
[粗聲] ts'ūshēng ㄘㄨㄕㄥ 거칠고 굵은 목소리.
[粗手笨脚] ts'ūshǒu-pěnchiǎo ㄘㄨㄕㄡˇㄅㄣˋㄐㄧㄠˇ 동작이 거칠고 난폭한 모양.
[粗疏] ts'ūshū ㄘㄨㄕㄨ ①소홀하다. 조잡하다. ②조심성이 없다. 멍청하다.
[粗率] ts'ūshuài ㄘㄨㄕㄨㄞˋ 난폭하고 거칠고 조잡하다. ＞粗粗率率.
[粗俗] ts'ūsú ㄘㄨㄙㄨˊ 속(俗)되다. 촌스럽다. ＞粗粗俗俗.
[粗大] ts'ūtà ㄘㄨㄉㄚˋ ①굵고 크다. ②(목소리가) 굵다. ＞粗粗大大.
[粗通] ts'ūt'ūng ㄘㄨㄊㄨㄥ 조금 알다. 약간 통하다. 「一日本話；일본말을 조금 알다」
[粗糙] ts'ūts'āo ㄘㄨㄗㄠ 상스러운. 조잡한. ＞粗粗糙糙.
[粗粗剌剌] ts'ūts'ulālā ㄘㄨㄘㄨㄌㄚㄌㄚ 조잡한 모양. 거칠고 잡스러운 모양.
[粗腿] ts'ūt'uǐ ㄘㄨㄊㄨㄟˇ (아첨의 목표가 되는)권세 있는 사람이나 배경·흑막.
[粗有頭緒] ts'ūyǔt'óuhsü ㄘㄨㄧㄡˇㄊㄡˊㄒㄩ 약간의 실마리가 잡히다.

〔殂〕 ts'ú ㄘㄨˊ 사망하다.

〔促〕 ts'ù ㄘㄨˋ ①재촉하다. ②시간이 절박하다. 촉박하다.
[促進派] ts'ùchìnpài ㄘㄨˋㄐㄧㄣˋㄅㄞˋ 광적으로 사회주의에 열성적인 분자(分子). ↔促退派.
[促裝] ts'ùchuāng ㄘㄨˋㄓㄨㄤ 급히 여장(旅裝)을 꾸리다.
[促膝] ts'ùhsī ㄘㄨˋㄒㄧ 무릎을 대고 앉다. 「一談心；무릎을 맞대고 서로 마음속을 털어 놓다」
[促狹] ts'ùhsia ㄘㄨˋㄒㄧㄚ ①냉혹한. ②악랄한. ③엄험(陰險)한. 엉큼한.
[促忙] ts'ùmáng ㄘㄨˋㄇㄤˊ 총망한. 바쁜.
[促使] ts'ushǐh ㄘㄨˋㄕˇ ①…하도록 하다. 「一學生們參加愛國運動；학생들을 애국운동에 참가하도록 사주(使嗾)하다」…시키다. ②촉진하다.

〔猝〕 ts'ù ㄘㄨˋ 갑자기. 돌연. 「一生變化；갑자기 변화하다」
[猝然] ts'ùján ㄘㄨˋㄖㄢˊ 갑자기. 돌연.
[猝不及防] ts'ùpùchífáng ㄘㄨˋㄅㄨˋㄐㄧˊㄈㄤˊ 너무 급작스러워 막아낼 수 없다.

〔蔟〕 ts'ù ㄘㄨˋ 누에치는 잠족. 섶.

〔簇〕 ts'ù ㄘㄨˋ ①떼지어 모이다. 한 덩어리가 되다. ②무리·떼를 세는 수사. 「一一鴨子；한 떼의 오리」
[簇新] ts'ùhsīn ㄘㄨˋㄒㄧㄣ 새로운. 최신의. 흔히 의복에 대해서. ＞簇簇新新.
[簇擁] ts'uyǔng ㄘㄨˋㄩㄥˇ 떼지어 몰려들다. ＞簇簇擁擁.

〔醋〕 ts'ù ㄘㄨˋ ①식초. ②질투. 「吃一；질투하다」
[醋海生波] ts'ùhǎi shēngpō ㄘㄨˋㄏㄞˇㄕㄥㄅㄛ 질투로 일어나는 싸움이나 분규. 《成》
[醋心] ts'ùhsin ㄘㄨˋㄒㄧㄣ 위산 과다증(胃酸過多症).
[醋意] ts'ùì ㄘㄨˋㄧˋ 질투심. ＝醋勁兒.

〔槭〕 ts'ù ㄘㄨˋ 단풍나무의 총칭.

〔蹙〕 ts'ù ㄘㄨˋ ①닥치다. 촉박하다. 「形勢迫一；형세가 급박하다」 ②오그리다. 찌푸리다. 「一眉；눈썹을 찌푸리다」
[蹙迫] ts'ùpò ㄘㄨˋㄅㄛˋ 오그라들다. 줄다.

〔蹴〕〔蹵〕 ts'ù ㄘㄨˋ 걷어 차다. 「一跑；공을 차다」

〔鏃〕 ts'ù ㄘㄨˋ ⇨tsu

TSUAN ㄗㄨㄢ

〔躦〕 tsuān ㄗㄨㄢ 위(上)나 앞으로 힘차게 나아가다.
[躦程] tsuānch'éng ㄗㄨㄢㄔㄥˊ 여정(旅程)을 서두르다. 여정을 재촉하다.

〔鑽〕〔钻〕 tsuān ㄗㄨㄢ ①(송곳으로)구멍을 내다. 「一一個眼；구멍을 하나 내다」 ②잠입(潛入)하다. 「一到水中；수중으로 잠수하다」「一進人群裏；군중 속으로 잠입하다」 ③남에게 아첨하다.

영합(迎合)하다.「他不會一；그는 남에게 아첨하는 것이 서툴다」⑤깊이 연구하다.「光一本兒不行；책만 가지고 공부하여도 못쓴다」⇨tsuàn.
[鑽計] tsuānchi ㄗㄨㄢㄐㄧ ①면밀하게 계산이나 계획하다.②몰두하다.
[鑽勁] tsuānchìn ㄗㄨㄢㄐㄧㄣˋ 연구심(硏究心).
[鑽具] tsuānchǜ ㄗㄨㄢㄐㄩˋ 구멍 뚫는 도구.드릴(drill) 따위.
[鑽心] tsuānhsīn ㄗㄨㄢㄒㄧㄣ 가슴을 찔린 듯하다.「痛得一；가슴이 찔린 듯이 아프다」
[鑽狗洞] tsuān kǒutùng ㄗㄨㄢ ㄍㄡˇㄉㄨㄥˋ 사바사바하다.
[鑽孔] tsuānk'ǔng ㄗㄨㄢㄎㄨㄥˇ 구멍을 내다.
[鑽孔機器] tsuānk'ǔngchīch'i ㄗㄨㄢㄎㄨㄥˇㄐㄧㄑㄧ 보오링머시인(boring machine).
[鑽空子] tsqānk'ùngtzǔ ㄗㄨㄢㄎㄨㄥˋㄗ ①남의 허점을 이용하다.② 요령껏 처신하다.
[鑽門子] tsuānmḗntzǔ ㄗㄨㄢㄇㄣˊㄗ (직장을 얻기 위하여)연줄을 찾다.
[鑽牛犄角] tsuānniúchīchiao ㄗㄨㄢㄋㄧㄡˊㄐㄧㄐㄧㄠ 사고 방식이 완고하기 때문에 점점 고경(苦境)에 빠지다.《成》
[鑽弄] tsuānnung ㄗㄨㄢㄋㄨㄥ 비밀리에 일을 진척시키다.
[鑽探] tsuānt'àn ㄗㄨㄢㄊㄢˋ 기계 따위를 사용하여 탐광(探鑛)하다.「一機；시추기(試推機)」
[鑽天覓縫(兒)] tsuānt'iēn-mìfèng(rh) ㄗㄨㄢㄊㄧㄢㄇㄧˋㄈㄥˋ(ㄦ) (어떤 지위 따위를 얻기 위하여) 어떻게 하여서라도 파고 들려고 하다.《成》.
[鑽硏] tsuānyén ㄗㄨㄢㄧㄢˊ 연구하다.연찬(硏鑽)하다.
[鑽營] tsuānying ㄗㄨㄢㄧㄥ 아첨하여 마음에 들려고 애쓰다.>鑽鑽營營.

〔纂〕 tsuǎn ㄗㄨㄢˇ ①재료를 모아 책을 만들다.편찬하다.②「一兒；상투」「把頭髮挽個一兒；머리를 상투 틀다」

〔賺〕 tsuàn ㄗㄨㄢˋ 속이다.교묘한 수단으로 남을 속이다.「別一我；나를 속이지 말라」⇨chuàn.
[賺弄] tsuànnung ㄗㄨㄢˋㄋㄨㄥ 속이다.「受人一；남에게 속임을 당하다」

〔攥〕 tsuàn ㄗㄨㄢˋ 꽉 쥐다. 꽉 잡아 쥐다. 「一着不撒手；꽉 쥐고 놓아 주지 않다」「手裏一着兩把汗；(긴장하여) 양 손에 땀을 쥐다」
[攥仨猜倆] tsuànsā-ts'āiliǎ ㄗㄨㄢˋㄙㄚㄘㄞㄌㄧㄚˇ 주저하는 모양.깊이 의심하는 모양.

〔鑽〕 tsuàn ㄗㄨㄢˋ ①「一子；회전시켜 구멍을 뚫는 도구.송곳.드릴」「電一；전기 드릴」②「一兒；다이아몬드」「金剛一兒；금강석」⇨tsuān.
[鑽戒] tsuànchièh ㄗㄨㄢˋㄐㄧㄝˋ 다이아몬드 반지.
[鑽床] tsuànch'uang ㄗㄨㄢˋㄔㄨㄤˊ 보오르반(boor 盤).「深孔一；구멍을 깊이 뚫는 보오르반」「手動一；수동 보오르반」
[鑽杆] tsuànkǎn ㄗㄨㄢˋㄍㄢˇ 드릴롯(drill rod).착암기의 연접봉(連接棒).
[鑽石] tsuànshíh ㄗㄨㄢˋㄕˊ ①품질이 나쁜 금강석.②다이아몬드.
[鑽頭] tsuànt'óu ㄗㄨㄢˋㄊㄡˊ H·S 스트레이트드릴(straight drill). 착암기(穿岩機).

TS'UAN ㄘㄨㄢ

〔汆〕 ts'uān ㄘㄨㄢ ①(음식물을) 끓는 물에 넣고 잠깐 삶다.데치다.②「一子·一兒；국이나 물을 끓이는 금속제의 통(筒)」③"氽子"로 국을 끓이다.
[汆子] ts'uāntzǔ ㄘㄨㄢㄗ ①금속으로 만든 길고 밑이 뾰족한 주전자.②여러 가지를 섞어서 끓인 국.＝汆兒.
[汆湯] ts'uānt'āng ㄘㄨㄢㄊㄤ ① 고기나 생선으로 끓인 국. ②국을 끓이다.

〔攛〕 ts'uān ㄘㄨㄢ ①던지다. 동댕이치다.②황급하다.어수선하다.③교사(教唆)하다.꾀다.
[攛弄] ts'uānnung ㄘㄨㄢㄋㄨㄥ ＝慫掇.
[攛慫] ts'uānsung ㄘㄨㄢㄙㄨㄥ ＝慫掇.
[攛掇] ts'uānto ㄘㄨㄢㄉㄨㄛ (나쁜짓을 하도록) 교사하다.종용하다.>挖挖掇掇.

〔躥〕 ts'uān ㄘㄨㄢ ①뛰어 오르다.「猫一到樹上去了；고양이가 나무 위로 뛰어 올랐다」②설사를 하다.
[躥進] ts'uānchìn ㄘㄨㄢㄐㄧㄣˋ 돌진하다
[躥房越脊] ts'uānfáng-yüèhchǐ ㄘㄨㄢㄈㄤˊㄩㄝˋㄐㄧˇ 지붕 위를 자유로이 뛰어다니는 기술: 도적 따위의.
[躥稀] ts'uānhsī ㄘㄨㄢㄒㄧ 설사를 하다.
[躥血] ts'uānhsüèh ㄘㄨㄢㄒㄩㄝˋ 피가 쏟아져 나오다.
[躥鞭桿子] ts'uānpiēnkāntzǔ ㄘㄨㄢㄅㄧㄢㄍㄢㄗ 설사병(泄瀉病).

〔鑹〕 ts'uān ㄘㄨㄢ 얼음 깨는 송곳.

〔攢〕 ts'uán ㄘㄨㄢˊ 걷어 모으다.「一錢；돈을 걷어 모으다」⇨tsǎn.
[攢錢] ts'uánch'ién ㄘㄨㄢˊㄑㄧㄢˊ 돈을 걷어 모으다.
[攢盒] ts'uánhó ㄘㄨㄢˊㄏㄜˊ 과실·과자·간단한 안주 따위를 나누어 담는 합.찬합.
[攢餡兒] ts'uánhsiènrh ㄘㄨㄢˊㄒㄧㄢˋㄦ 팥·제비콩 등을 삶아 으깨어 설탕을 섞은 것.팥소.고물.
[攢眉] ts'uánméi ㄘㄨㄢˊㄇㄟˊ 눈살을 찌푸리다.
[攢毆] ts'uánōu ㄘㄨㄢˊㄡ 뭇매질을 하다.
[攢動] ts'uántùng ㄘㄨㄢˊㄉㄨㄥˋ 떼를 지어 움직이다.>攢攢動動.「只見萬頭一；다만 수만 군중의 인파가 보일 뿐이다」
[攢簇] ts'uànts'ù ㄘㄨㄢˋㄘㄨˋ 한 곳에 모이다.

〔竄〕(窜) ts'uàn ㄘㄨㄢˋ ①피해 다니다. 숨어 버리다.「東跑西一; 이곳 저곳으로 피해 다니다」②추방하다. 쫓아 버리다. ③글자를 고쳐 쓰다.「點一; 문구를 고쳐 쓰다」
[竄伏] ts'uànfú ㄘㄨㄢˋㄈㄨˊ 잠복하다.
[竄改] ts'uàn'kǎi ㄘㄨㄢˋㄍㄞˇ ①(문장을) 첨삭(添削)하다. ②(계산서를 고쳐)속이다.「一賬目; 장부의 수자를 속이다」>竄竄改改.
[竄匿] ts'uànnì ㄘㄨㄢˋㄋㄧˋ 살금살금 숨어 버리다.
[竄逃] ts'uànt'áo ㄘㄨㄢˋㄊㄠˊ 살짝 도망치다.

〔篡〕 ts'uàn ㄘㄨㄢˋ 신하가 임금의 자리를 빼앗다. 찬탈하다.「一位; 임금의 자리를 빼앗다」

〔爨〕 ts'uàn ㄘㄨㄢˋ 취사(炊事)하다. 끓이고 삶고 하다.「同居各一; 함께 살면서 제각기 끓여 먹다」②부뚜막. ③성(姓)의 하나.

TSUI ㄗㄨㄟ

〔觜〕 tsui ㄗㄨㄟˇ「一星; 이십팔 수(二十八宿)의 하나」

〔嘴〕 tsui ㄗㄨㄟˇ ①(동물의) 입. ②말을 하는 것.「一利害; 말투가 나쁘다」「一子·一兒; (기물 따위의) 아가리」「瓶一兒; 병의 아가리」④(지형의) 돌출부(突出部).「沙一; 사주」「끝.
[嘴岔] tsuich'à ㄗㄨㄟˇㄔㄚˋ 입의 양쪽
[嘴饞] tsuích'án ㄗㄨㄟˇㄔㄢˊ 천할 정도로 음식물을 탐내다. 탐식하다.
[嘴敞] tsuích'ǎng ㄗㄨㄟˊㄔㄤˇ 함부로 말을 하다. 마음 속에 있는 것을 모두 말하다.
[嘴岔子(一兒)] tsuich'àtzǔ(—rh) ㄗㄨㄟˇㄔㄚˋㄗ(—ㄦ) 입의 양쪽 가장자리. 입의 양쪽 끝. 양쪽 입가.
[嘴急] tsuichí ㄗㄨㄟˇㄐㄧˊ 먹는 것을 서둘다. (기다리지 못하고) 급히 먹으려고 하다.
[嘴強] tsuichiàng ㄗㄨㄟˇㄐㄧㄤˋ (웃사람에 대하여) 말투가 딱딱하다. 고집 센 말투
[嘴角] tsuíchiǎo ㄗㄨㄟˊㄐㄧㄠˇ 입가.
[嘴角邊] tsuíchiǎopiēn ㄗㄨㄟˊㄐㄧㄠˇㄅㄧㄢ 양쪽 입가.
[嘴尖] tsuichiēn ㄗㄨㄟˇㄐㄧㄢ 미움 받을 말.「一舌巧; 말솜씨가 좋다. 말버릇이 나쁘다」
[嘴直] tsuichíh ㄗㄨㄟˇㄓˊ 말에 조심성이 없다.
[嘴吃屎] tsuich'īhshǐh ㄗㄨㄟˇㄔㄕˇ 앞으로 고꾸라지다. =嘴啃地.
[嘴勤] tsuich'ín ㄗㄨㄟˇㄑㄧㄣˊ 말이 성실하다. 말이 꼼꼼하다.
[嘴唇] tsuich'ún ㄗㄨㄟˇㄔㄨㄣˊ 입술.「說破了一; 입이 쓰도록 말하다」
[嘴軟] tsuíjuǎn ㄗㄨㄟˊㄖㄨㄢˇ 말투가 온화하다. 온화하고 침착하다.
[嘴啃地] tsuík'ěntì ㄗㄨㄟˊㄎㄣˇㄉㄧˋ 고꾸라지다. =狗搶地. =嘴吃屎.
[嘴快] tsuik'uài ㄗㄨㄟˇㄎㄨㄞˋ 입이 가볍다.
[嘴虧] tsuik'ueī ㄗㄨㄟˇㄎㄨㄟ ①충분히 먹지 못하다. ②영양 상태가 좋지 않다.
[嘴懶] tsuílǎn ㄗㄨㄟˊㄌㄢˇ 말하기를 좋아하지 않고 귀찮게 여기다.
[嘴臉] tsuíliěn ㄗㄨㄟˊㄌㄧㄢˇ (나쁜 뜻에서의) 상판대기. 낯짝.
[嘴末子(一兒)] tsuimotzǔ(—rh) ㄗㄨㄟˇㄇㄛ˙ㄗ(—ㄦ) 말을 잘하는 재주.
[嘴巴] tsuipa ㄗㄨㄟˇㄅㄚ ①뺨. 볼.「打個一; 뺨을 때리다」「뼈.
[嘴巴骨] tsuipakǔ ㄗㄨㄟˇㄅㄚㄍㄨˇ 턱
[嘴把式] tsuípǎshih ㄗㄨㄟˊㄅㄚˇㄕ 입에 발린 말만 하는 자식.
[嘴把子] tsuipàtzǔ ㄗㄨㄟˇㄅㄚˋㄗ 입에서 뺨에 이르는 부분(部分). 볼. 뺨.
[嘴笨] tsuipěn ㄗㄨㄟˇㄅㄣˋ 말하는 것이 서툴다.
[嘴皮子] tsuip'ítzǔ ㄗㄨㄟˇㄆㄧˊㄗ 말재주.「鬪一; 언쟁을 하다」
[嘴不穩] tsuipùwěn ㄗㄨㄟˇㄅㄨˋㄨㄣˇ 입이 가볍다. 함부로 말하다.
[嘴兒] tsuirh ㄗㄨㄟˇㄦ ①변설(辯舌). ②물건의 돌출 부분.「噘一; 뾰족한 입」
[嘴兒來嘴兒去] tsuirhlái tsuirhch'ǜ ㄗㄨㄟˇㄦㄌㄞˊㄗㄨㄟˇㄦㄑㄩˋ ①같은 말만 되풀이하다. ②지지 않고 말대꾸를 하다.
[嘴碎] tsuisuì ㄗㄨㄟˇㄙㄨㄟˋ 잔소리가 많다.
[嘴損] tsuísǔn ㄗㄨㄟˊㄙㄨㄣˇ 입버릇이 나쁘다.
[嘴打人] tsuítǎ'jěn ㄗㄨㄟˊㄉㄚˇㄖㄣˊ 남을 나쁘게 말하다. 남을 욕하다. 남을 비꼬다.
[嘴甜心苦] tsuit'ién hsīnk'ǔ ㄗㄨㄟˇㄊㄧㄢˊㄒㄧㄣㄎㄨˇ 말은 버젓하나 심중에는 독을 품고 있다. 말과 생각이 다르다.
[嘴頂嘴] tsuitíngtsuí ㄗㄨㄟˇㄉㄧㄥˊㄗㄨㄟˇ 손해도 이득도 없다. 본전이다.
[嘴頭子(一兒)] tsuit'óutzǔ(—rh) ㄗㄨㄟˇㄊㄡˊㄗ(—ㄦ) ①입. 말투.「一利害些; 말투가 조금 나쁘다」②입 언저리.
[嘴子] tsuitzǔ ㄗㄨㄟˇㄗ ①변설(辯舌). ②기물의 튀어 나온 주둥이.「噴水的一; 분수구」
[嘴嚴] tsuiyén ㄗㄨㄟˇㄧㄢˊ 함부로 말하지 않다. 입이 무겁다.
[嘴硬] tsuiyìng ㄗㄨㄟˇㄧㄥˋ ①말이 딱딱하다. 고집이 세다. ②말투가 강경하다.

〔最〕 tsuì ㄗㄨㄟˋ ①가장. 극히.「一要緊; 가장 중요하다」②(부정사로서) 단연코. 결코.「一不應該忽略; 단연코 소홀히 해서는 안된다」③가장 심한 일. 으뜸 가는 것.「以此爲一; 이것으로써 최고로 삼는다」
[最好] tsuìhǎo ㄗㄨㄟˋㄏㄠˇ 가장 좋다. 제일 좋은 것은. 가장 바람직한 것은.「一你自己去買; 제일 좋은 것은 너 자신이 가서 사는 일이다」=頂好.

〔罪〕 tsuì ㄗㄨㄟˋ ①죄.「犯一; 죄를

짓다」 ②형벌(刑罰).「判一 ; 판결하다」 ③과실. 비행(非行).「歸一于人 ; 남에게 죄를 씌우다」 ④괴로움. 고민(苦悶). 곤궁(困窮).「受一 ; 괴로움을 당하다」

[罪案] tsuìàn ㄗㄨㄟˋㄢˋ 범죄 사건.

[罪證] tsuìchěng ㄗㄨㄟˋㄓㄥˋ 범죄의 증거.

[罪己] tsuìchǐ ㄗㄨㄟˋㄐㄧˇ ①죄를 스스로 덮어 쓰다. ②자기를 책하다.

[罪犯] tsuìfàn ㄗㄨㄟˋㄈㄢˋ 범인. 죄인.「戰爭一 ; 전쟁 범죄인」

[罪嫌] tsuìhsién ㄗㄨㄟˋㄒㄧㄢˊ 범죄의 혐의(嫌疑).

[罪行] tsuìhsíng ㄗㄨㄟˋㄒㄧㄥˊ 범행(犯行).

[罪魁] tsuìk'ueí ㄗㄨㄟˋㄎㄨㄟˊ 주범자(主犯者).「一禍首 ; 죄와 화를 일으킨 장본인」

[罪過(兒)] tsuìkuo(rh) ㄗㄨㄟˋㄍㄨㄛ(ㄦ) ① 죄악. 과실. ② 실례하다.「一一 ; 실례하였읍니다」 ‹人›

[罪孽] tsuìnièh ㄗㄨㄟˋㄋㄧㄝˋ 나쁜 행위에 대한 응보. 죄업(罪業).

[罪不容誅] tsuìpùjúngchū ㄗㄨㄟˋㄅㄨˋㄖㄨㄥˊㄓㄨ 사형에 처하여도 남음이 있는 대죄(大罪).

[罪大惡極] tsuìtà-ěchí ㄗㄨㄟˋㄉㄚˋㄜˋㄐㄧˊ 이 이상은 없는 큰 죄악이다. 극악 무도(極惡無道)하다.

[罪責] tsuìtsě ㄗㄨㄟˋㄗㄜˊ 죄과(罪科).

〔醉〕 tsuì ㄗㄨㄟˋ ①(술에) 취하다.「喝一了酒 ; 술에 취하였다」 ②열중하다. 지나치게 즐기다. ⑤술에 담근 것.「一螃蟹 ; 술에 담근 게」

[醉鄕] tsuìhsiāng ㄗㄨㄟˋㄒㄧㄤ 술에 취하여 속세를 떠난 경지에 있는 일. 취경(醉境). 「入一 ; 취경에 들다. 술에 취하여 도연(陶然)하다」

[醉蟹] tsuìhsièh ㄗㄨㄟˋㄒㄧㄝˋ 술에 담근 게.

[醉心] tsuìhsīn ㄗㄨㄟˋㄒㄧㄣ 심취(心醉)하다. 경도(傾倒)하다. 마음을 기울여 쓰러지다.

[醉後無狀] tsuìhòu-wúchuàng ㄗㄨㄟˋㄏㄡˋㄨˊㄓㄨㄤˋ 술에 취하여 주정하다.

[醉薰薰的] tsuìhsūnhsūntê ㄗㄨㄟˋㄒㄩㄣㄒㄩㄣㄉㄜ 곤드레만드레 취한 모양.

[醉鬼] tsuìkuei ㄗㄨㄟˋㄍㄨㄟˇ 주정뱅이. 고주망태.

[醉雷公] tsuìléikūng ㄗㄨㄟˋㄌㄟˊㄍㄨㄥ 남을 비평하기 좋아한다는 말.「一胡霹(批) ; 남의 문장에 함부로 비평을 하는 사람을 가리킴」

[醉咧咧兒] tsuìliēhliēhrh ㄗㄨㄟˋㄌㄧㄝㄌㄧㄝㄦ 취하여 혀가 돌지 않는 모양.

[醉猫兒] tsuìmāorh ㄗㄨㄟˋㄇㄠㄦ 취한. 주정뱅이.

[醉魔咕咚] tsuìmokūtūng ㄗㄨㄟˋㄇㄛㄍㄨㄉㄨㄥ 만취가 된 모양.

[醉八仙] tsuìpāhsiēn ㄗㄨㄟˋㄅㄚㄒㄧㄢ 술에 취한 팔선(八仙) : 이것을 그려서 요리집 따위의 벽에 걸다. "八仙"이란 "張果老·韓湘子·李鐵拐·曹國舅·呂洞賓·漢鍾離·藍采和·何仙姑"를 말함.

[醉倒] tsuìtǎo ㄗㄨㄟˋㄉㄠˇ 취하여 정신을 못차리다. 취하여 곯아 떨어지다.

[醉棗兒] tsuìtsǎorh ㄗㄨㄟˋㄗㄠˇㄦ 술에 담근 대추.

[醉翁] tsuìwēng ㄗㄨㄟˋㄨㄥ 술에 취한 사람.「一之意不在酒 ; 취중의 뜻은 술에 있는 것이 아니고 산수(山水)에 있다. 마음은 딴 데 있다」 ‹成›

TS'UI ㄘㄨㄟ

〔崔〕 ts'uī ㄘㄨㄟ 성(姓)의 하나.

[崔崔] ts'uīts'uī ㄘㄨㄟㄘㄨㄟ (산 따위가) 높고 크다.

[崔巍] ts'uīwéi ㄘㄨㄟㄨㄟˊ 높고 큰 모양.「山勢一 ; 산이 높고 크다」

〔催〕 ts'uī ㄘㄨㄟ ①재촉하다. 다그치다.「一他早點動身 ; 그에게 빨리 출발하도록 재촉하다」

[催靑] ts'uīch'īng ㄘㄨㄟㄑㄧㄥ 누에의 부화(孵化)를 촉진시키기 위하여 양잠실에 불을 지펴 따스하게 하는 일.

[催化] ts'uīhuà ㄘㄨㄟㄏㄨㄚˋ 기계화(機械化) 따위를 촉진시키다.

[催趕] ts'uīkǎn ㄘㄨㄟㄍㄢˇ 재촉하다. 독촉하다.

[催領單] ts'uīlǐngtān ㄘㄨㄟㄌㄧㄥˇㄉㄢ 수령 독촉장(受領督促狀).

[催命符] ts'uīmìngfú ㄘㄨㄟㄇㄧㄥˋㄈㄨˊ 남을 빨리 죽으라고 지니고 다니는 부적(符籍).

[催逼] ts'uīpī ㄘㄨㄟㄅㄧ 재촉하다. 다그치다.

[催生] ts'uīshēng ㄘㄨㄟㄕㄥ ①산모가 빨리 해산하도록 힘을 돋구어 주다. ②빨리 생기게 하다.

[催租] ts'uītsū ㄘㄨㄟㄗㄨ 소작료·임대료를 재촉하다.

〔摧〕 ts'uī ㄘㄨㄟ 파괴하다. 꺾다.

[摧折] ts'uīchě ㄘㄨㄟㄓㄜˊ 꺾다. 꺾이다.

[摧鋒陷陣] ts'uīfēng-hsiènchěn ㄘㄨㄟㄈㄥㄒㄧㄢˋㄓㄣˋ 적의 선봉을 치고 진지(陣地)를 함락하다.

[摧陷廓淸] ts'uīhsiènk'uòch'īng ㄘㄨㄟㄒㄧㄢˋㄎㄨㄛˋㄑㄧㄥ 철저히 타파하여 제거하다.

[摧毁] ts'uīhuì ㄘㄨㄟㄏㄨㄟˇ 철저히 파괴하다.

[摧辱] ts'uījǔ ㄘㄨㄟㄖㄨˇ 남의 세력을 꺾어 욕을 보이다.

[摧枯拉朽] ts'uīkū-lāhsiǔ ㄘㄨㄟㄍㄨㄌㄚㄒㄧㄡˇ 매우 무르다. 몹시 약하다.

[摧殘] ts'uīts'án ㄘㄨㄟㄘㄢˊ ①(주로 생물을 점차로) 못 쓰게 만들다. 파괴하다. ②남의 세력을 꺾어 욕을 보이다.

[摧頹] ts'uīt'uí ㄘㄨㄟㄊㄨㄟˊ ①시기를 잃다. 기회를 놓치다. ②낡아서 망그러지다.

〔璀〕 ts'uǐ ㄘㄨㄟˇ

[璀璨] ts'uǐts'àn ㄘㄨㄟˇㄘㄢˇ 반짝반짝 빛나다.「一個一奪目的鑽戒 ; 번쩍번쩍 눈이 황홀하도록 빛나는 다이아 반지」

〔淬〕 ts'uì ㄘㄨㄟˋ 담금질하다.

[淬火] ts'uìhuǒ ㄘㄨㄟˋㄏㄨㄛˇ 달군 쇠를 물에 담금질하다.

[淬礪] ts'uìlì ㄘㄨㄟˋㄌㄧˋ 스스로를 단련하다.
[淬牙輪] ts'uìyālún ㄘㄨㄟˋㄧㄚˊㄌㄨㄣˊ 불에 담금질한 톱니바퀴

〔啐〕 ts'uì ㄘㄨㄟˋ ①(침이나 가래를) 뱉다.「一一口痰; 가래를 한 번 탁 뱉다」② 화가 났을 때에 퇴 하고 침을 뱉다」

〔萃〕 ts'uì ㄘㄨㄟˋ ①무성하다. 번창하다. ②무리. 군집(群集).「出類拔一; 무리에서 뛰어나다. 출중하다」「다.
[萃集] ts'uìchí ㄘㄨㄟˋㄐㄧˊ 한 곳에 모이

〔脺〕(膵) ts'uì ㄘㄨㄟˋ 췌장(脺臟). 위의 뒤에 있으며 췌액을 분비함. =胰臟.

〔粹〕 ts'uì ㄘㄨㄟˋ ①순수한.「一白;순백(純白)」②본디의. 본래의.
[粹美] ts'uìměi ㄘㄨㄟˋㄇㄟˇ 순수하고 아름답다.

〔翠〕 ts'uì ㄘㄨㄟˋ ①녹색.「一竹; 취죽. 청죽」②물총새. ③ ⇨翡翠 (fěits'uì).
[翠菊] ts'uìchǘ ㄘㄨㄟˋㄐㄩˊ 〈植〉과꽃. =江西蠟.
[翠藍] ts'uìlán ㄘㄨㄟˋㄌㄢˊ 취색을 띤 남색.
[翠綠] ts'uìlǜ ㄘㄨㄟˋㄌㄩˋ 녹색. 풀색.
[翠鳥] ts'uìniǎo ㄘㄨㄟˋㄋㄧㄠˇ 〈動〉물총새. =魚狗.
[翠玉] ts'uìyǜ ㄘㄨㄟˋㄩˋ 비취(翡翠).
[翠月(兒)] ts'uìyüèh(rh) ㄘㄨㄟˋㄩㄝˋ(ㄦ) 엷은 녹색. 유록색(柳綠色).

〔脆〕 ts'uì ㄘㄨㄟˋ ①무르다. 연하다.「這紙太一; 이 종이는 퍽 약하다」②(목소리가) 맑은.「嗓音挺一; 목소리가 매우 맑다」③산뜻하다. 뒤가 깨끗하다.
[脆怯] ts'uìch'ièh ㄘㄨㄟˋㄑㄧㄝˋ 나약해서 쓸모가 없다.
[脆骨] ts'uìku ㄘㄨㄟˋㄍㄨ 연골(軟骨).
[脆快] ts'uìk'uài ㄘㄨㄟˋㄎㄨㄞˋ ①재빠르다. ②산뜻하다.
[脆快了當] ts'uìk'uài-liǎotang ㄘㄨㄟˋㄎㄨㄞˋㄌㄧㄠˇㄉㄤ 일을 결단성 있게 처리하는 모양.
[脆生] ts'uìshêng ㄘㄨㄟˋㄕㄥ ①연해서 잘 씹히다. 아삭아삭하다. ②사람의 말이 시원하고 명석하다. 목소리가·쨍쨍하고 명료하다. ③재빠르다.

〔毳〕 ts'uì ㄘㄨㄟˋ 새와 짐승의 가는「털.
[毳毛] ts'uìmáo ㄘㄨㄟˋㄇㄠˊ (짐승이나 새의) 가는 털. 잔털.
[毳幕] ts'uìmù ㄘㄨㄟˋㄇㄨˋ 털실로 짠 장막. =氈帳.

TSUN ㄗㄨㄣ

〔尊〕 tsūn ㄗㄨㄣ ①지위가 높다. 귀하다. ②당신의.「令一; 춘부장」③존경하다.「一師愛徒; 학생은 스승을 존경하고 스승은 학생을 사랑하다」④대포(大砲)나 불상(佛像) 따위를 세는 조수사.「一一炮; 대포 일문」「一一菩薩; 보살상 일기(一基)」⑤=樽.
[尊傲] tsūn'ào ㄗㄨㄣㄠˋ 거만하게 행동하다.
[尊家] tsūnchiā ㄗㄨㄣㄐㄧㄚ 귀하. 귀하신 몸: 때로는 비꼬는 뜻을 품다.
[尊駕] tsūnchià ㄗㄨㄣㄐㄧㄚˋ 남의 사자(使者)에 대한 경칭. =尊家.
[尊崇] tsūnch'úng ㄗㄨㄣㄔㄨㄥˊ 우러러 존경하다.
[尊甫] tsūnfǔ ㄗㄨㄣㄈㄨˇ 춘부장(椿府丈).
[尊夫人] tsūnfūjên ㄗㄨㄣㄈㄨㄖㄣ 남의 아내나 주부에 대한 존칭. 아씨. 《敬》
[尊項] tsūnhsiàng ㄗㄨㄣㄒㄧㄤˋ 귀하의 돈.「前負一;귀하로부터 앞서 빌어온 돈」
[尊姓] tsūnhsìng ㄗㄨㄣㄒㄧㄥˋ 귀하의 성.
[尊款] tsūnk'uǎn ㄗㄨㄣㄎㄨㄢˇ =尊項.
[尊貴] tsūnkuei ㄗㄨㄣㄍㄨㄟˋ 귀하다. 거룩하다. >尊尊貴貴.
[尊命] tsūnmìng ㄗㄨㄣㄇㄧㄥˋ 귀하의 분부 말씀하신 일. 《書》《敬》
[尊便] tsūnpièn ㄗㄨㄣㄅㄧㄢˋ 당신의 형편이 좋을 대로.「悉聽一; 모든 것을 당신 형편대로 맡기겠읍니다」
[尊師] tsūnshīh ㄗㄨㄣㄕ 스승이나 도사(道士)에 대한 경칭.
[尊堂] tsūnt'áng ㄗㄨㄣㄊㄤˊ 자당(慈堂). 남의 모친에 대한 존칭.
[尊裁] tsūnts'ái ㄗㄨㄣㄘㄞˊ 귀하의 재단(裁斷). 《敬》
[尊從] tsūnts'úng ㄗㄨㄣㄘㄨㄥˊ 존경하고 복종하다.

〔遵〕 tsūn ㄗㄨㄣ ①지시 또는 규칙대로 실행하다. 복종하다.「一海而南; 바다로 따라 남쪽으로 가다」
[遵照] tsūnchào ㄗㄨㄣㄓㄠˋ 준수(遵守)하다.「一上述的方針; 상술의 방침을 준수하다」
[遵行] tsūnhsíng ㄗㄨㄣㄒㄧㄥˊ 지시(指示)·규정대로 실행하다.
[遵循] tsūnhsǘn ㄗㄨㄣㄒㄩㄣˊ 따르다. 복종하다.「一他的教導; 그의 가르침에 따르다」
[遵依] tsūnī ㄗㄨㄣㄧ 그대로 하다.
[遵令] tsūnlìng ㄗㄨㄣㄌㄧㄥˋ 명령에 복종하다.
[遵路] tsūnlù ㄗㄨㄣㄌㄨˋ ①올바른 길을 따르다. ②여행을 떠나다.
[遵命] tsūnmìng ㄗㄨㄣㄇㄧㄥˋ 지시에 따르다.
[遵辦] tsūnpàn ㄗㄨㄣㄅㄢˋ 그대로 실행하다. 지시·명령대로 실행하다.
[遵從] tsūnts'úng ㄗㄨㄣㄘㄨㄥˊ =遵依.

〔樽〕(罇) tsūn ㄗㄨㄣ 옛날 주연(酒宴)에 사용한 술통. 술단지.
[樽俎] tsūntsǔ ㄗㄨㄣㄗㄨˇ ①술통과 도마. ②연회도구(宴會道具).

TS'UN ㄘㄨㄣ

〔村〕(邨) ts'ūn ㄘㄨㄣ 「一子·一兒 ; 촌(村). 마을」 촌스러운. 천한.
[村氣] ts'ūnch'ì ㄘㄨㄣㄑㄧˋ ① 촌티. ②촌스럽다.
[村莊(兒)] ts'ūnchuāng(rh) ㄘㄨㄣㄓㄨㄤ(ㄦ) 동네. 촌락.
[村坊] ts'ūnfāng ㄘㄨㄣㄈㄤ 촌리(村里). 시골.
[村話] ts'ūnhuà ㄘㄨㄣㄏㄨㄚˋ 상스럽고 야비한 이야기.
[村人] ts'ūnjên ㄘㄨㄣㄖㄣˊ ①동네 사람. ②둔한 사람.
[村姑(兒)] ts'ūnku(rh) ㄘㄨㄣㄍㄨ(ㄦ) 시골 여자.
[村頭兒] ts'ūnt'óurh ㄘㄨㄣㄊㄡˊㄦ 벽촌. 동네서 떨어진 곳.
[村子(一兒)] ts'ūntzǔ(—rh) ㄘㄨㄣㄗ(—ㄦ) 촌(村). 시골.
[村塢] ts'ūnwù ㄘㄨㄣㄨˋ 주위가 언덕이나 산으로 둘러 싸인 마을.

〔皴〕 ts'ūn ㄘㄨㄣ ①살이 터지다. ②동창(凍瘡). 「手都一了 ; 손이 온통 터지다」②때(垢). ③중국 그림에서 산이나 바위의 굴곡 등을 표현하는 화법의 하나.
[皴法] ts'ūnfǎ ㄘㄨㄣㄈㄚˇ 중국 그림에서 산이나 바위의 굴곡 등을 나타내는 기술과 화법.

〔存〕 ts'ún ㄘㄨㄣˊ ①생존하다. 있다. 「一亡 ; 삶과 죽음. 존망」. ②보존하다. 남기다. 「去僞一眞 ; 허위를 제거하고 진실을 남기다」 ③맡기다. 예치(預置)하다. 「把書一在你那裏吧 ; 책을 자네한테 맡겨 둠세」 ④괴다. 머물게 하다. 「街上就不一水了 ; 길에는 물이 괴지 않게 되었다」
[存案] ts'ún àn ㄘㄨㄣˊㄢˋ ①(기관·단체 따위가)보존하고 있는 문서. ②문서를 보존하다. ③등기·등록을 하다.
[存査] ts'únch'á ㄘㄨㄣˊㄔㄚˊ 뒷날을 위하여 서류를 보존하다.
[存摺] ts'únchê ㄘㄨㄣˊㄓㄜˊ 예금 통장.
[存車處] ts'únch'êch'ù ㄘㄨㄣˊㄔㄜㄔㄨˋ 차를 맡아 두는 곳.
[存記] ts'únchì ㄘㄨㄣˊㄐㄧˋ 기록에 남겨 후일의 참고로 삼다.
[存執] ts'únchíh ㄘㄨㄣˊㄓˊ 영수증. 보관증.
[存放] ts'únfàng ㄘㄨㄣˊㄈㄤˋ ①예치하다. 맡겨 두다. ②예금과 대출.
[存項] ts'únhsiang ㄘㄨㄣˊㄒㄧㄤ ①예금액(預金額). ②남은 돈.
[存心] ts'únhsīn ㄘㄨㄣˊㄒㄧㄣ ①생각. 심성(心性). ②…할 의사가 있다. 「只要你一給帮忙, 我就有把握 ; 자네가 나를 도와 줄 의사가 있다면, 나는 자신이 있다」③고의로.
[存恤] ts'únhsǜ ㄘㄨㄣˊㄒㄩˋ 불쌍히 여겨 위로함. 사람을 보내어 위로함.
[存戶(兒)] ts'únhù(rh) ㄘㄨㄣˊㄏㄨˋ(ㄦ) 예금주(預金主).
[存活] ts'únhuó ㄘㄨㄣˊㄏㄨㄛˊ ①생존하다. ②생존하게 하다. ③아직 남아 있는 잔일.
[存貨] ts'únhuò ㄘㄨㄣˊㄏㄨㄛˋ ①재고품(在庫品). 저장물. ②물건을 저장하다.
[存疑] ts'úní ㄘㄨㄣˊㄧˊ 의문점으로 남겨 두다.
[存根] ts'únkên ㄘㄨㄣˊㄍㄣ 수표(手票) 어음·증빙 서류 따위의 부본(副本).
[存款] ts'únk'uǎn ㄘㄨㄣˊㄎㄨㄢˇ ①예금 ②ts'án k'uǎn 예금하다.
[存欄數] ts'únlánshù ㄘㄨㄣˊㄌㄢˊㄕㄨˋ 기르는 가축의 마리수(頭數).
[存糧] ts'únliáng ㄘㄨㄣˊㄌㄧㄤˊ ①재고 식량(在庫食糧). ②지니고 있는 식량. ③식량을 따로 마련해 두다.
[存備] ts'únpèi ㄘㄨㄣˊㄅㄟˋ 준비하여 두다.
[存身] ts'únshên ㄘㄨㄣˊㄕㄣ ①몸을 보지하다. ②몸을 안정시키다. 「無處一 ; 몸 둘 곳이 없다」
[存食] ts'únshí ㄘㄨㄣˊㄕˊ 먹은 음식이 체하다.
[存水] ts'únshuǐ ㄘㄨㄣˊㄕㄨㄟˇ ① 저수(貯水). 괸 물. ②물이 괴다.
[存單] ts'úntān ㄘㄨㄣˊㄉㄢ 예금증(預金證). 보관증.
[存底] ts'úntǐ ㄘㄨㄣˊㄉㄧˇ 재고품(在庫品).
[存底(兒)] ts'úntǐ(rh) ㄘㄨㄣˊㄉㄧˇ(ㄦ) (참고로 할) 부본(副本).
[存問] ts'únwên ㄘㄨㄣˊㄨㄣˋ 안부를 묻게 하다.
[存有] ts'únyǔ ㄘㄨㄣˊㄧㄡˇ 가지다. 있다. 「一恐懼心理 ; 공포심을 가지다」

〔蹲〕 ts'ún ㄘㄨㄣˊ ⇨tūn.

〔忖〕 ts'ǔn ㄘㄨㄣˇ 상상하다. 추량(推量)하다.
[忖量] ts'ǔnliang ㄘㄨㄣˇㄌㄧㄤ ＝忖度. ＞忖忖量量.
[忖摸] ts'ǔnmo ㄘㄨㄣˇㄇㄛ 짐작하다. 추측하다.
[忖度] ts'ǔntú ㄘㄨㄣˇㄉㄨˊ 추측하다. 짐작하다. ＞忖忖度度.

〔寸〕 ts'ùn ㄘㄨㄣˋ ①한 자의 10분의 1. 치(寸). ②짧은. 겨우. 근소한. 「手無一鐵 ; 손에는 조그만 무기도 없다」
[寸勁兒] ts'ùnchìnrh ㄘㄨㄣˋㄐㄧㄣˋㄦ ①좋은 기회. ②적당히 노력하다.
[寸衷] ts'ùnchūng ㄘㄨㄣˋㄓㄨㄥ ＝寸心.
[寸心] ts'ùnhsīn ㄘㄨㄣˋㄒㄧㄣ ①마음. ②미의(微意).
[寸功] ts'ùnkūng ㄘㄨㄣˋㄍㄨㄥ 작은 공로.
[寸口] ts'ùnk'ǒu ㄘㄨㄣˋㄎㄡˇ 손목의 맥박이 뛰는 곳.
[寸白蟲] ts'ùnpáich'úng ㄘㄨㄣˋㄅㄞˊㄔㄨㄥˊ 〈動〉 요충(蟯虫) : 기생충.
[寸步] ts'ùnpù ㄘㄨㄣˋㄅㄨˋ 조금 걷는걸음. 촌보. 「一不離 ; 조금도 떨어지지 않다」
[寸地] ts'ùntì ㄘㄨㄣˋㄉㄧˋ 얼마 안되는 땅. 촌지.
[寸草] ts'ùnts'ǎo ㄘㄨㄣˋㄘㄠˇ 작은 풀. 「一不留 ; 풀 한 포기도 남기지 않는다」
[寸土] ts'ùntǔ ㄘㄨㄣˋㄊㄨˇ 얼마 안되는 땅. 촌토.
[寸陰] ts'ùnyīn ㄘㄨㄣˋㄧㄣ 짧은 시간. 순간. 촌음.

〔吋〕 ts'ùn ㄘㄨㄣˋ 인치(inch).

TSUNG ㄗㄨㄥ

〔宗〕 tsūng ㄗㄨㄥ ① 같은 조상에서 갈라진·친척이나 혈족(血族).「同姓不同一；성은 같으나 조상은 다르다」②파별(派別).「正一；정통파」③ 주요(主要)한 것.기본적인 것.「開一明義；가장 중요한 것을 들어 명백하게 하다」④존경하고 믿다. 모범으로서 존경 받는것.「詩一；모범으로서 존경 받는 시인」⑤종류나 수량을 세는 조수사.「這一貨;이 종류의 물건」⑥티베트의 행정 구역 단위로 "縣" 에 해당하다.

[宗旨] tsūngchǐh ㄗㄨㄥㄓˇ 목적(目的). 주요한 의의(意義).

[宗主] tsūngchǔ ㄗㄨㄥㄓㄨˇ ①남들이 우러러 존경하는 것.근원. ②종묘(宗廟)에 받들어 모셔 놓은 신주(神主).

[宗主國] tsūngchǔkuó ㄗㄨㄥㄓㄨˇㄍㄨㄛˊ 종주권을 가진 나라.

[宗法] tsūngfǎ ㄗㄨㄥㄈㄚˇ ①본가와 분가, 대종과 소종의 구별을 명백하게 하는 법.②종법제도.봉건제도.「一觀念；봉건적 관념」

[宗兄] tsūnghsiūng ㄗㄨㄥㄒㄩㄥ ①서자가 연장인 적자를 호칭하는 말. ②동족의 형제.

[宗派] tsūngp'ài ㄗㄨㄥㄆㄞˋ 파별. 유파(流派).「一主義；섹셔널리즘 (sectionalism)」

[宗師] tsūngshīh ㄗㄨㄥㄕ ①여러 사람들에게 존경을 받는 사람.②옛적 각"省"의 교육을 관장하던 장관으로 학정(學政)이라고도 함.

[宗族] tsūngtsú ㄗㄨㄥㄗㄨˊ 친척. 일가.

[宗宗件件] tsūngtsūngchiènchièn ㄗㄨㄥㄗㄨㄥㄐㄧㄢˋㄐㄧㄢˋ 각종각양(各種各樣)인. =宗宗樣樣(兒).

[宗仰] tsūngyǎng ㄗㄨㄥㄧㄤˇ 존경하고 믿다. 귀의(歸依)하다. 우러러 받들다.

〔棕〕(椶) tsūng ㄗㄨㄥ 〈植〉종려나무.

[棕箒] tsūngchǒu ㄗㄨㄥㄓㄡˇ 종려나무 털로 만든 비.

[棕櫚] tsūnglú ㄗㄨㄥㄌㄨˊ 〈植〉종려나무.

[棕色] tsūngsè ㄗㄨㄥㄙㄜˋ 갈색(褐色).다색(茶色).

[棕刷子] tsūngshuātzǔ ㄗㄨㄥㄕㄨㄚㄗ 종려털로 된 솔.

[棕毯] tsūngt'ǎn ㄗㄨㄥㄊㄢˇ 종려털로 짠 융단.

〔綜〕 tsūng ㄗㄨㄥ 정리하다. 전체를 계통 세우다.「錯一；교착하다. 뒤섞여 혼란하다」⇨tsùng.

[綜核] tsūnghó ㄗㄨㄥㄏㄜˊ 종합하여 조사 연구하다.

[綜理] tsūnglǐ ㄗㄨㄥㄌㄧˇ 정리하여 처리하다.

〔踪〕(蹤) tsūng ㄗㄨㄥ 발자국. 발자취. 흔적.「追一；발자국을 쫓다」「跟一；남의 뒤를 미행하다」

[踪迹] tsūngchì ㄗㄨㄥㄐㄧˋ 발자국. 흔적.「不見一；흔적도 없다」

[踪影] tsūngyǐng ㄗㄨㄥㄧㄥˇ 흔적. 행방.「不見一；행방을 모르다」

〔鬃〕 tsūng ㄗㄨㄥ 갈기. =鬃毛.

〔總〕(总) tsǔng ㄗㄨㄥˇ ①전체의. 총괄적인. 전반적인. 기본적인. 주요한.「一任務；전반적인 임무」「一工程師；기사장」②총괄하다. 묶다.「一在一起算；총괄하여 계산하다」「一起來說；총괄하여 말한다면」③모두. 합계. 총계.「一一多少？；전부 얼마입니까？」「年一；일년의 총계」 ④반드시. 꼭. 어떻게 해서라도.「明天他一該回來了；그는 내일 반드시 돌아올 것에 틀림 없다」「他一不肯聽；그는 도저히 승낙하지 않다」

[總站] tsǔngchàn ㄗㄨㄥˇㄓㄢˋ 중앙 스테이션(station).

[總產值] tsúngch'ǎnchíh ㄗㄨㄥˊㄔㄢˇㄓˊ 총생산 가격.

[總長] tsúngchǎng ㄗㄨㄥˊㄓㄤˇ 중앙 정부의 부장.

[總賬] tsǔngchàng ㄗㄨㄥˇㄓㄤˋ 원장부.「月一；그 달의 손익 계산을 기입하는 원장부」

[總產量] tsúngch'ǎnliàng ㄗㄨㄥˊㄔㄢˇㄌㄧㄤˋ 총생산량.

[總招待] tsǔngchāotài ㄗㄨㄥˇㄓㄠㄉㄞˋ 서어비스부의 주임.

[總機] tsǔngchī ㄗㄨㄥˇㄐㄧ 전화 교환대.

[總集] tsǔngchí ㄗㄨㄥˇㄐㄧˊ 여러 저자의 작품을 모은 문집. ↔別集.

[總結] tsǔngchiéh ㄗㄨㄥˇㄐㄧㄝˊ ①(경험 등을) 총괄하다. 묶다. ②결론짓다. 총괄적 보고.

[總之] tsǔngchīh ㄗㄨㄥˇㄓ 요컨대.

[總值] tsǔngchíh ㄗㄨㄥˇㄓˊ 총액(總額).

[總經理] tsǔngchīnglǐ ㄗㄨㄥˇㄐㄧㄥㄌㄧˇ 사장. 총지배인:회사의 최고 책임자.

[總淸簿] tsǔngch'īngpù ㄗㄨㄥˇㄑㄧㄥㄅㄨˋ 원장부. 대장(臺帳).

[總局] tsǔngchú ㄗㄨㄥˇㄐㄩˊ 본국(本局). 총국.

[總角] tsǔngchüéh ㄗㄨㄥˇㄐㄩㄝˊ ①결혼하지 않은 남자. ②아이들이 머리 양쪽에 틀어 맨 "總角丱兮"

[總而言之] tsǔngěrhyénchīh ㄗㄨㄥˇㄦˊㄧㄢˊㄓ 요컨대. 결론하건대. 요약컨대.

[總行] tsǔngháng ㄗㄨㄥˇㄏㄤˊ 은행이나 상사(商社)의 본점.

[總號] tsǔnghào ㄗㄨㄥˇㄏㄠˋ 본점(本店).

[總彙] tsǔnghuì ㄗㄨㄥˇㄏㄨㄟˋ 전체를 모으다.

[總會] tsǔnghuì ㄗㄨㄥˇㄏㄨㄟˋ ①단체의 본부. ②클럽(club).「夜一；나이트 클럽. 카바레」

[總綱] tsǔngkāng ㄗㄨㄥˇㄍㄤ 대강령(大綱領). 총강.

[總管] tsúngkuǎn ㄗㄨㄥˊㄍㄨㄢˇ ①옛 집사장(執事長). ②옛 태감(太監) : 환관(宦官)에 대한 존칭.

[總歸] tsǔngkueī ㄗㄨㄥˇㄍㄨㄟ ①아무리 보아도 …이다.「一是我的不是；아무

리 보아도 나의 잘못이다」②하나로 통합하다.「一一句話；한마디로 말하면」③결국.

[總利] tsŭnglì ㄗㄨㄥˇㄌㄧˋ 총이익금.

[總路綫] tsŭnglùhsièn ㄗㄨㄥˇㄌㄨˋㄒㄧㄢˋ 기본적 코오스:일정한 역사적 과정에서 제정된 기본적 방침이나 정책.

[總碼(兒)] tsúngmă(rh) ㄗㄨㄥˊㄇㄚˇ(ㄦ) 총액(總額).

[總目] tsŭngmù ㄗㄨㄥˇㄇㄨˋ 총목록.

[總辦] tsŭngpàn ㄗㄨㄥˇㄅㄢˋ 총재(總裁). 일을 총괄하는 사람.

[總是] tsŭngshìh ㄗㄨㄥˇㄕˋ ①(사실이)어찌 되었든. 하여튼. 결국. 「他一 作家, 技巧還是熟練；그는 어쨌든 노 이다. 기교에 있어서는 역시 익숙하다」「一要辦的；어쨌든 하지 않으면 안된다」 ②항상. 언제나. 대략. …하고만 있다. 항상 …하다.「爲什麼一來晚？；어째서 항상 늦게 오느냐」「這幾天一在家；이 며칠 동안은 대개 집에 있읍니다」

[總署] tsúngshŭ ㄗㄨㄥˊㄕㄨˇ 행정 기관의 부(部)와 국(局) 사이에서 독립성을 가진 한 부서.

[總算] tsŭngsuàn ㄗㄨㄥˇㄙㄨㄢˋ 대략 …것 같다.「他功課一不錯；그의 학업은 대체로 양호한 것 같다」 가까스로. 근근히. =好容易.

[總單] tsŭngtān ㄗㄨㄥˇㄉㄢ 총목록.

[總的] tsŭngtê ㄗㄨㄥˇㄉㄜ 통틀어. 전체의.「一說；총괄해서 말하다」

[總得] tsúngtĕi ㄗㄨㄥˊㄉㄟˇ 어쨌든 …하지 않으면 안된다.「我一去一趟；어떻게 해서라도 한 번 가지 않으면 안되겠다」

[總體戰] tsúngt'ĭchàn ㄗㄨㄥˊㄊㄧˇㄓㄢˋ 총력전(總力戰).

[總董] tsúngtŭng ㄗㄨㄥˊㄉㄨㄥˇ (회사의) 전무 취체역.

[總統] tsúngt'ŭng ㄗㄨㄥˊㄊㄨㄥˇ 대통령.

[總危機] tsŭngwēichī ㄗㄨㄥˇㄨㄟㄐㄧ 전반적 위기.

[總贏] tsŭngyíng ㄗㄨㄥˇㄧㄥˊ 총이익금.

〔從〕(从) tsùng ㄗㄨㄥˋ ① 종자(從者). 수행(隨行). ②부수적인 것.「不分首一；주범과 공범을 구분치 않다」 ③혈연 관계는 있어도 한층 먼 자를 가리킴. ⇨ts'ūng, ts'úng.

[從父] tsùngfù ㄗㄨㄥˋㄈㄨˋ 아버지의 형제.

[從兄弟] tsùnghsiūngtì ㄗㄨㄥˋㄒㄩㄥㄉㄧˋ 사촌 형제. 종형제.

[從伯叔] tsùngp'óshū ㄗㄨㄥˋㄅㄛˊㄕㄨ 오촌숙(五寸叔). 종숙(從叔).

〔粽〕(糉) tsùng ㄗㄨㄥˋ「一子；단오떡:찹쌀로 안에 대추 등을 넣고 갈대나 대잎에 싸서 찐 떡으로 단오절에 먹다.

〔綜〕 tsùng ㄗㄨㄥˋ 주름지다.「這張紙都一了；이 종이는 온통 주름투성이가 되었다」 ⇨tsūng.

[綜金字] tsùngchīntzŭ ㄗㄨㄥˋㄐㄧㄣㄗˋ 금박지에서 글자를 오려낸 것:장(幛)에 붙이는데 쓰임.

[綜鼻兒] tsùngpírh ㄗㄨㄥˋㄅㄧˊㄦ 코에 주름을 지우다. 코를 씰룩거리다.

〔縱〕(纵) tsùng ㄗㄨㄥˋ ①놓다. 놓아 주다.「一虎；호랑이를 놓아 주다」「一火；불을 놓다」 ②방임(放任)하다.「不能一着他們胡鬧；그들의 방종을 방임해 두는 것은 좋지 못하다」 ③가령 …이라도.「一不能有大貢獻, 也可有些成績；가령 큰 공헌은 안될지라도 조금은 효과가 있을 것이다」④세로. ⑤(몸을) 올려 솟구다. 튀어 오르다.

[縱情] tsùngch'íng ㄗㄨㄥˋㄑㄧㄥˊ 마음껏. 마음이 풀릴 때까지.

[縱性] tsùnghsìng ㄗㄨㄥˋㄒㄧㄥˋ 제 멋대로. 생각대로.

[縱然] tsùngján ㄗㄨㄥˋㄖㄢˊ 가령 …이라도.「一有時間, 也不能管這些少事；가령 시간이 있을지라도 이런 사소한 일에 상관할 수 없다」

[縱容] tsùngjúng ㄗㄨㄥˋㄖㄨㄥˊ 방임(放任)하다.

[縱觀] tsùngkuān ㄗㄨㄥˋㄍㄨㄢ 생각나는대로 보다.

[縱令] tsùnglìng ㄗㄨㄥˋㄌㄧㄥˋ =縱然.

[縱目] tsùngmù ㄗㄨㄥˋㄇㄨˋ 충분히.「一而視；충분히 보다」

[縱身(兒)] tsùngshēn(rh) ㄗㄨㄥˋㄕㄣ(ㄦ) 몸을 뛰어 올리다.「一一跳；몸을 날려 홱 뛰다」

[縱聲] tsùngshēng ㄗㄨㄥˋㄕㄥ 소리를 지르다.「一大笑；소리 내어 크게 웃다」

[縱矢] tsùngshĭh ㄗㄨㄥˋㄕˇ 화살을 쏘다.

[縱使] tsùngshĭh ㄗㄨㄥˋㄕˇ =縱然.

[縱談] tsùngt'án ㄗㄨㄥˋㄊㄢˊ 제 멋대로 이야기하다.

[縱欲] tsùngyù ㄗㄨㄥˋㄩˋ 마음먹은 대로 하다. 멋대로 하다.

TS'UNG ㄘㄨㄥ

〔囱〕 ts'ūng ㄘㄨㄥ 굴뚝. 연통.「烟一；연통」

〔怱〕(匆·悤) ts'ūng ㄘㄨㄥ 서두르다. 총총하다.

[怱遽] ts'ūngchǜ ㄘㄨㄥㄐㄩˋ 황급하다. 어수선하다.

[怱忙] ts'ūngmáng ㄘㄨㄥㄇㄤˊ 황망하다. 황급하다. ＞怱怱忙忙.

[怱怱] ts'ūngts'ūng ㄘㄨㄥㄘㄨㄥ 황급하다. 총망하다.

[怱促] ts'ūngtsù ㄘㄨㄥㄗㄨˋ 촉박하다. 여유가 없다. ＞怱怱促促.「一時間；시간이 촉박하다」

[怱猝] ts'ūngts'ù ㄘㄨㄥㄘㄨˋ 화급하다.

〔從〕 ts'ūng ㄘㄨㄥ ⇨ts'úng, ts'ùng.

[從容] ts'ūngjúng ㄘㄨㄥㄖㄨㄥˊ ① 침착하고 차분하다. ②여유가 있다.「時間很一；시간은 아직 충분하다」＞從從容容.

〔葱〕(蔥) ts'ūng ㄘㄨㄥ ①파. ②청색.

[葱心兒綠] ts'ūnghsīnrhlǜ ㄘㄨㄥㄒㄧㄣㄦㄌㄩˋ =葱綠.

[葱花(兒)] ts'ūnghuā(rh) ㄘㄨㄥㄏㄨㄚ(ㄦ) 칼로 다진 파. 약용으로 썰어 놓은 파.
[葱蘢] ts'ūnglúng ㄘㄨㄥㄌㄨㄥˊ 초목이 시퍼렇게 번식한 모양.
[葱綠] ts'ūnglǜ ㄘㄨㄥㄌㄩˋ 황록색. 노르스름한 연두빛. >葱葱綠綠.
[葱白] ts'ūngpái ㄘㄨㄥㄅㄞˊ 옅은 황색.
[葱白兒] ts'ūngpáirh ㄘㄨㄥˊㄅㄞˊㄦ 파의 흰 밑동.
[葱絲(兒)] ts'ūngssūrh ㄘㄨㄥㄙㄦ 가늘고 길게 썬 파.
[葱頭] ts'ūngt'óu ㄘㄨㄥㄊㄡˊ 양파. =洋葱.
[葱翠] ts'ūngts'uì ㄘㄨㄥㄘㄨㄟˋ 비취색이다. >葱葱翠翠.
[葱葱] ts'ūngts'ūng ㄘㄨㄥㄘㄨㄥ 초목이 푸릇푸릇 무성한 모양.
[葱郁] ts'ūngyǜ ㄘㄨㄥㄩˋ 초목이 무성한 모양. >葱葱郁郁.

〔樅〕 ts'ūng ㄘㄨㄥ 「一樹 ; 왜전나무」

〔聰〕 ts'ūng ㄘㄨㄥ ①귀가 밝다. 「耳一目明 ; 귀가 밝고 눈이 빠르다」②영리하다. 총명하다.
[聰明] ts'ūngming ㄘㄨㄥㄇㄧㄥ 총명하다. 영리하다. >聰聰明明.
[聰穎] ts'ūngyǐng ㄘㄨㄥㄧㄥˇ 총명하다.

〔鏦〕 ts'ūng ㄘㄨㄥ
[鏦鏦錚錚] ts'ūngts'ūngchēngchēng ㄘㄨㄥㄘㄨㄥㄓㄥㄓㄥ 쇠붙이가 울리는 소리: 쟁그렁쟁그렁.

〔從〕 ts'úng ㄘㄨㄥˊ ①…를 따르다. …를 뒤쫓다. 「願一其後 ; 그 뒤를 따르고 싶다」②말을 듣다. 복종하다. ③종사하다. 「一公 ; 공무에 종사하다」④…부터 …까지. 「一南到北 ; 남쪽에서 북쪽까지」⑤어떤 종류의 방침을 따라서. 「一速解決 ; 재빨리 해결하다」⇨ts'ūng, tsùng.
[從長計議] ts'úngch'áng chì ㄘㄨㄥˊㄔㄤˊㄐㄧˋㄧˋ 천천히 의논하다.
[從政] ts'úngchěng ㄘㄨㄥˊㄓㄥˋ 정치를 하다.
[從前] ts'úngch'ién ㄘㄨㄥˊㄑㄧㄢˊ 이전(以前). 종전.
[從權] ts'úngch'üán ㄘㄨㄥˊㄑㄩㄢˊ 임기응변(臨機應變)으로 하다. 일시적인 편법에 따르다.
[從而] ts'úngěrh ㄘㄨㄥˊㄦˊ 거기서. 그것에 의하여. 그로 인하여. 「掌握語法, 一養成正確的了解能力 ; 어법을 습득하고 그로 인하여 정확한 이해력을 길렀다」
[從小兒] ts'úngshiǎorh ㄘㄨㄥˊㄒㄧㄠˇㄦ 어릴 적부터 지금까지. 어렸을 때부터.
[從新] ts'úngshīn ㄘㄨㄥˊㄒㄧㄣ 처음부터 새로이. 「一再做 ; 처음부터 다시하다」
[從戎] ts'úngjúng 종군(從軍)하다.
[從根兒] ts'úngkēnrh ㄘㄨㄥˊㄍㄣㄦ 근본부터.
[從公] ts'úngkūng ㄘㄨㄥˊㄍㄨㄥ ①공무에 종사하다. ②공평하게. 「一辦理 ; 공평하게 처리하다」
[從寬] ts'úngkuān ㄘㄨㄥˊㄎㄨㄢ ①관대하다. ②관대하게.
[從來] ts'únglái ㄘㄨㄥˊㄌㄞˊ 이제까지 종래로.
[從良] ts'úngliáng ㄘㄨㄥˊㄌㄧㄤˊ ①기생이 기적(妓籍)을 떠나 시집가는 일. ②낙적(落籍)되다.
[從略] ts'únglüèh ㄘㄨㄥˊㄌㄩㄝˋ ①생략하다. ②생략해서.
[從命] ts'úngmìng ㄘㄨㄥˊㄇㄧㄥˋ 명령에 복종하다.
[從旁] ts'úngp'áng ㄘㄨㄥˊㄆㄤˊ 곁에서. 옆에서.
[從善如流] ts'úngshànjúliú ㄘㄨㄥˊㄕㄢˋㄖㄨˊㄌㄧㄡˊ 기꺼이 남의 선의의 충고나 비평에 순종하다.
[從事] ts'úngshìh ㄘㄨㄥˊㄕˋ ①종사하다. ②행하다.
[從速] ts'úngsù ㄘㄨㄥˊㄙㄨˋ ①어떤 방침에 따라. ②서둘러. 빨리.
[從打] ts'úngtǎ ㄘㄨㄥˊㄉㄚˇ …부터. 이로부터.
[從天而下] ts'úngt'iēněrhhsià ㄘㄨㄥˊㄊㄧㄢㄦˊㄒㄧㄚˋ 전혀 뜻하지 않은 일이 생기다. 하늘에서 내렸는지 땅에서 솟았는지.
[從頭至尾] ts'úngt'óuchìhwěi ㄘㄨㄥˊㄊㄡˊㄓˋㄨㄟˇ 처음부터 끝까지.
[從頭(兒)] ts'úngt'óu(rh) ㄘㄨㄥˊㄊㄡˊ(ㄦ) 처음부터.
[從頭到脚] ts'úngt'óutàochiǎo ㄘㄨㄥˊㄊㄡˊㄉㄠˋㄐㄧㄠˇ 머리 끝에서부터 발끝까지.
[從此] ts'úngtz'ǔ ㄘㄨㄥˊㄘˇ 이제부터. 그로부터.
[從違] ts'úngwéi ㄘㄨㄥˊㄨㄟˊ 복종과 배신(背信).
[從未] ts'úngwéi ㄘㄨㄥˊㄨㄟˊ 아직 …한 일이 없다. 「一經驗過 ; 이제까지 경험한 바가 아직 없다」
[從無到有] ts'úngwútàoyǔ ㄘㄨㄥˊㄨˊㄉㄠˋㄧㄡˇ 무(無)에서 유(有)를 낳다. 무(無)에서 유(有)를 창조하다.
[從嚴] ts'úngyén ㄘㄨㄥˊㄧㄢˊ 엄중히.
[從一而終] ts'úngiěrhchūng ㄘㄨㄥˊㄧㄦˊㄓㄨㄥ 부인이 재혼하지 않고 일생 동안을 과부로 지내다. 《成》

〔淙〕 ts'úng ㄘㄨㄥˊ ①물이 흐르는 소리. ②물이 흐르는 모양.
[淙淙] ts'úngts'úng ㄘㄨㄥˊㄘㄨㄥˊ 졸졸. 물 흐르는 소리나 모양.

〔叢〕(丛) ts'úng ㄘㄨㄥˊ ①모여들다. 빽빽하다. 「草木一生 ; 초목이 무성하다」②(사람이나 물건의) 무리(群). 「人一 ; 군중」
[叢集] ts'úngchí ㄘㄨㄥˊㄐㄧˊ 모여들다. 운집하다.
[叢聚] ts'úngchǜ ㄘㄨㄥˊㄐㄩˋ 많이 모이다.
[叢林] ts'únglín ㄘㄨㄥˊㄌㄧㄣˊ ①밀림(密林). ②불교도들이 모이는 곳.
[叢生] ts'úngshēng ㄘㄨㄥˊㄕㄥ 풀·나무가 무더기로 더부룩하게 나다. 군생(群生)하다.
[叢談] ts'úngt'án ㄘㄨㄥˊㄊㄢˊ 여러 가지 내용을 적어 모아 한 편(編)으로 만든 것.
[叢草] ts'úngts'ǎo ㄘㄨㄥˊㄘㄠˇ 풀섶. 우거진 풀.

[叢雜] ts'ūngtsá ㄘㄨㄥˊㄗㄚˊ 뒤섞여 있다. 난잡하다. >叢叢雜雜.
[叢脞] ts'úngts'ǒ ㄘㄨㄥˊㄘㄨㄛˇ 자질구레하여 번거롭다.
[叢郁] ts'úngyû ㄘㄨㄥˊㄧㄡˋ 초목이 무성한 모양. >叢叢郁郁.

TU ㄉㄨ

〔都〕 tū ㄉㄨ ①수도. 서울. ②도시. ⇨tōu.

〔督〕 tū ㄉㄨ ①감독하다. ②재촉하다. 「一着他快走；그에게 빨리 걸어 가도록 재촉하다」
[督察] tūch'á ㄉㄨㄔㄚˊ 감찰하다. 독찰하다.
[督戰] tūchàn ㄉㄨㄓㄢˋ 전투를 독려하다. 독전하다.
[督管] tūkuǎn ㄉㄨㄍㄨㄢˇ ①감독. 총감독. ②관리하다.
[督工] tūkūng ㄉㄨㄍㄨㄥ 공사를 감독하다.
[督理] tūlǐ ㄉㄨㄌㄧˇ ⇨督管.
[督率] tūshuài ㄉㄨㄕㄨㄞˋ 감독하여 인솔하다.
[督導] tūtǎo ㄉㄨㄉㄠˇ 감독 지도하다.
[督促] tūtsû ㄉㄨㄗㄨˋ (주로 추상적인 좋은 일에 대하여)독촉하다. 재촉하다. 격려하다. >督督促促.
[督催] tūts'uī ㄉㄨㄘㄨㄟ 독촉하다.

〔嘟〕 tū ㄉㄨ
[嘟嚕] tūlu ㄉㄨㄌㄨ ①매달린 송이를 세는 말. 「一大一葡萄；한 개의 큰 포도 송이」 ②축 늘어지다. 「脖子下頭一着肉；턱밑에 군살이 축 처져있다」>嘟嘟嚕嚕.
[嘟囔] tū'nang ㄉㄨㄋㄤ 중얼중얼하다. >嘟嘟囔囔.
[嘟念] tū nien ㄉㄨㄋㄧㄢ 성이 나서 중얼거리다.
[嘟噥] tū'nung ㄉㄨㄋㄩㄥ =嘟囔.
[嘟嘟] tūtū ㄉㄨㄉㄨ 나팔 소리 : 뚜우뚜우.

〔毒〕 tú ㄉㄨˊ ①독. 해독. 독이 있는 물건. 「有一；독이 있다」 ②해치다. 해독을 주다. 「一害；해치다」 ③독살하다. 「用藥一老鼠；약으로 쥐를 죽이다」 ④매섭고 표독하다. 흉악하다. 잔인하다. 「心一；성질이 잔인하다」 「太陽很一；햇볕이 따갑다」
[毒着兒] túchāorh ㄉㄨˊㄓㄠㄦ 악랄한 계략. 참혹한 수단. =毒招兒.
[毒計] túchì ㄉㄨˊㄐㄧˋ 악독한 꾀. 독살스런 계교.
[毒氣] túch'ì ㄉㄨˊㄑㄧˋ ①독기. ②독(毒)가스. =毒瓦斯.
[毒惡] túê ㄉㄨˊㄜˋ 악독하다.
[毒害] túhài ㄉㄨˊㄏㄞˋ ①독살하다. ②해치다. ③잔혹한 방법으로 남을 괴롭히다. ④해독.
[毒狠] túhěn ㄉㄨˊㄏㄣˇ 참혹하다. 악랄하다.
[毒花花的] túhuāhuātê ㄉㄨˊㄏㄨㄚㄏㄨㄚㄉㄜ 햇볕이 내려 쬐는 모양 : 쨍쨍.
[毒日] tújì ㄉㄨˊㄖˋ 혹독하게 뜨거운 태양
[毒辣] túlà ㄉㄨˊㄌㄚˋ 잔혹하고 악랄하다.
[毒瘤] túliú ㄉㄨˊㄌㄧㄡˊ 악성 종기.
[毒罵] túmà ㄉㄨˊㄇㄚˋ 몹시 꾸짖다. 독설을 퍼붓다.
[毒斃] túpì ㄉㄨˊㄅㄧˋ 독살하다.
[毒手] túshǒu ㄉㄨˊㄕㄡˇ 잔인하고 악랄한 처사. 「下一；잔인하고 악랄한 짓을 하다」
[毒死] tússŭ ㄉㄨˊㄙ 독살하다. =毒殺.
[毒打] tútǎ ㄉㄨˊㄉㄚˇ 몹시 때리다.

〔獨〕(独) tú ㄉㄨˊ 단일한. 단독의. 「一唱；독창」
[獨霸] túpà ㄉㄨˊㄅㄚˋ ①제패(制霸)하다. 패권을 잡다. 「一世界；세계에서 패권을 잡다」 ②독점하다. 「一世界的市場；세계의 시장을 독점하다」
[獨占鰲頭] túchàn áot'óu ㄉㄨˊㄓㄢ ㄠˊ ㄊㄡˊ 제일 첫째가 되다 : 옛날에 장원 급제하는 일. 《成》
[獨家] túchiā ㄉㄨˊㄐㄧㄚ ①자기의 독특한. 「一貨品；자기의 독특한 물건」 ②한 집뿐임. 「一經售；독점 총판매(獨占總販賣)」
[獨角戲] túchiǎohsì ㄉㄨˊㄐㄧㄠˇㄒㄧˋ ①단독 연극. ②혼자서 모든 일을 도맡아 처리하는 것.
[獨脚兒戲] túchiǎorhhsì ㄉㄨˊㄐㄧㄠˇㄦㄒㄧˋ ①조역·단역이 없이 혼자서 하는 연극. ②고립 무원(孤立無援)을 비유하는 말.
[獨間] túchiēn ㄉㄨˊㄐㄧㄢ 독채로 되어 있는 방. 떨어져 있는 방.
[獨具匠心] túchǜchiènhsīn ㄉㄨˊㄐㄩˋㄐㄧㄢˋㄒㄧㄣ 우수한 독자적인 창조성을 갖추고 있다. 《成》
[獨具隻眼] túchǜchīhyěn ㄉㄨˊㄐㄩˋㄓㄧㄢˇ 독자적인 식견을 가지고 있다. 《成》
[獨行] túhsíng ㄉㄨˊㄒㄧㄥˊ ①혼자서 가다. ②단독으로 행동하다.
[獨出心裁] túch'ū ihsīnts'ái ㄉㄨˊㄔㄨㄒㄧㄣㄘㄞˊ 독자적인 방법을 생각해 내다. 신기축(新機軸)을 창조하다.
[獨根苗] túkěnmiáo ㄉㄨˊㄍㄣㄇㄧㄠˊ 독자(獨子).
[獨個兒] túkòrh ㄉㄨˊㄍㄜˋㄦ 단 한 사람. 개인.
[獨輪車] túlúnch'ē ㄉㄨˊㄌㄨㄣˊㄔㄜ 일륜차(一輪車).
[獨門(兒)] túmén(rh) ㄉㄨˊㄇㄣˊ(ㄦ) ①비결. ②한 집안이 전용하는 문. 독문(獨門). 「一獨院(兒)；온채집. 독립가옥」
[獨木橋] túmùch'iáo ㄉㄨˊㄇㄨˋㄑㄧㄠˊ 외나무다리.
[獨幕劇] túmuchǜ ㄉㄨˊㄇㄨㄐㄩˋ 일막극(一幕劇).
[獨木難支] túmù nánchīh ㄉㄨˊㄇㄨˋㄋㄢˊㄓ 단독으로는 큰 일을 하기 어렵다. 독불장군은 없다. 《成》
[獨木不成林] túmù pùchěng lín ㄉㄨˊㄇㄨˋㄅㄨˋㄓㄥˊㄌㄧㄣˊ 외나무가 숲을 이룰 수는 없다는 말로, 혼자서는 일을 성공시킬 수 없다는 뜻. 《諺》
[獨女] túnǚ ㄉㄨˊㄋㄩˇ 외딸.
[獨步一時] túpù ishíh ㄉㄨˊㄅㄨˋㄧˋㄕˊ 어

느 시대에는 둘도 없이 훌륭한 시기를 독보하다.

[獨善其身] túshàn ch'ishēn ㄉㄨˊㄕㄢˋㄑㄧˊㄕㄣ 자기 수양(修養)생각만 하고 남의 일은 돌보지 않다.

[獨生(兒)子] túshēng(rh)tzŭ ㄉㄨˊㄕㄥ(ㄦ)ㄗˇ 외아들.

[獨樹一幟] túshùichìh ㄉㄨˊㄕㄨˋㄧˋㄓˋ 독자적으로 한 파를 형성하다.《成》

[獨膽英雄] tútǎn yīnghsiúng ㄉㄨˊㄉㄢˇㄧㄥㄒㄩㄥˊ 대단히 용감한 사람. 용감 무쌍한 사람.

[獨到] tútào ㄉㄨˊㄉㄠˋ (기술이나 사고방식이) 특이한 지경에 도달하다. 독창적(獨創的)이다.

[獨挑兒] tút'iāorh ㄉㄨˊㄊㄧㄠㄦ ①혼자서 떠맡다. ②tútiǎorh 혼자서 처리하다

[獨頭蒜] tút'óusuàn ㄉㄨˊㄊㄡˊㄙㄨㄢˋ 아니꼽게 거만을 떨다.

[獨呑] tút'ūn ㄉㄨˊㄊㄨㄣ 이익을 혼자서 차지하다.

[獨當一面] tútāng ímièn ㄉㄨˊㄉㄤ ㄧˊㄇㄧㄢˋ 혼자서 일부의 책임을 짊어지다.

[獨子] tútzŭ ㄉㄨˊㄗˇ 외아들. =獨兒子. 獨生子.

[獨自] tútzŭ ㄉㄨˊㄗˇ 혼자서. 단독으로. 「你一一個人去嗎；너는 단 혼자서만 가느냐?」

〔瀆〕 tú ㄉㄨˊ ①도랑. ②더럽히다. 멸시하다. 「一職；독직하다. 직책을 더럽히다」

[瀆者] túchě ㄉㄨˊㄓㄜˇ 부탁드리옵건대: 부탁하는 편지의 서두에 쓰이는 말.

[瀆犯] túfàn ㄉㄨˊㄈㄢˋ 남을 모독하는 결과를 만들다. 불경(不敬)이 되다.

〔犢〕 tú ㄉㄨˊ 「一子·一兒；송아지」

〔牘〕 tú ㄉㄨˊ 옛날에 글씨를 쓰던 나뭇조각.

〔讀〕 tú ㄉㄨˊ ①낭독하다. 소리내어 읽다. ②열람하다. 책을 읽다. 「一書；독서하다. 책을 읽다」 ③배우다. 「一大學；대학에서 배우다」 ⇨tòu.

[讀報] túpào ㄉㄨˊㄅㄠˋ 신문을 읽다. 신문을 보다.

[讀音] túyīn ㄉㄨˊㄧㄣ 문어체(文語體)의 자음(字音). 독서음(讀書音).

〔髑〕 tú ㄉㄨˊ

[髑髏] túlóu ㄉㄨˊㄌㄡˊ 해골. 촉루.

〔黷〕 tú ㄉㄨˊ ①더럽히다. 욕되게 하다. ②제 멋대로의 사리를 분별하지 못하는. ③멸시하다.

[黷武] túwŭ ㄉㄨˊㄨˇ 무도(武道)를 더럽히다: 정의에 위배되는 전쟁을 일으키다.

〔肚〕 tŭ ㄉㄨˇ 「一子·一兒； (식용으로서의) 내포. 내장」 「羊一兒；양의 위(胃)」 ⇨tù.

[肚絲兒] tŭssūrh ㄉㄨˇㄙㄦ 돼지 따위의 위(胃)를 잘게 썬 것」

〔堵〕 tŭ ㄉㄨˇ ①(통로 따위를) 막다. 가로막다. 「一老鼠洞；쥐구멍을 막다」 ②(기분이) 우울해지다. 「心裏一得慌;기분이 우울해지다」 ③담이나 울타리를 세는 말. 「一一牆；하나의 울타리」 ④방지하다. ⑤담.

[堵住] tŭchu ㄉㄨˇㄓㄨ 막다. 방해하다. 「把窟窿一；구멍을 막다」 ②틀어 막다. 박아 넣다. 「耳朵眼兒用綿花一；귓구멍을 솜으로 틀어 막다」③가로 막다. 「一門口；입구를 막아 서다」

[堵口] túk'ǒu ㄉㄨˊㄎㄡˇ 무너진 둑이나 터진 부분을 막다.

[堵悶] tŭmēn ㄉㄨˇㄇㄣˋ 기분이 울적해지다.

[堵塞] tŭsāi ㄉㄨˇㄙㄞ 막다. 틀어 막다. 「一漏洞；새는 구멍을 막다」>堵堵塞塞.

[堵喪] tŭsang ㄉㄨˇㄙㄤ 말로써 맹렬히 반항하다.

[堵搡] tŭsang ㄉㄨˇㄙㄤ =堵喪.

[堵死] tŭssŭ ㄉㄨˇㄙ ①빈틈 없이 틀어 막다. ②(숨이) 막혀서 죽다.

[堵嘴] tútsuǐ ㄉㄨˊㄗㄨㄟˇ ①(이유가 서지 않아서) 말문이 막히다. ②입을 틀어 막다. 말을 못하게 하다.

[堵窩] tŭwō ㄉㄨˇㄨㄛ 집으로 달려들다. 잠자리를 습격하다.

[堵噎] tŭyeh ㄉㄨˇㄧㄝ ①목이 메다. 가슴이 뿌듯해지다. ②=堵喪.

〔睹〕(覩) tŭ ㄉㄨˇ 보다. 눈에 띄다.

[睹物思人] tŭwù ssūjén ㄉㄨˇㄨˋㄙㄖㄣˊ 유품을 보고 죽은 사람이나 헤어진 사람을 생각하다.《成》

〔賭〕 tŭ ㄉㄨˇ ①도박. 놀음. 「打一；놀음을 하다. 내기를 하다」 ②(내기를) 걸다. 도박을 하다. 「一錢；돈을 걸다. 돈내기를 하다」

[賭氣子(一兒)] tŭch'itzŭ(—rh) ㄉㄨˇㄑㄧˋㄗ(—ㄦ) 화를 벌컥 내다. 빨끈해지다. 「一出去了；화를 벌컥 내고 나가 버리다」 「何必一氣兒；화를 벌컥 낼 필요가 없지 않은가」 ②용기를 내다. 분발하다.

[賭咒] tŭchòu ㄉㄨˇㄓㄡˋ ①맹세하다. 서약하다. 「憑天一；하늘을 두고 맹세하다」 ②사전에 분명히 말하다. 「他一要賣這塊地；그는 이 토지를 팔겠다고 분명히 말하다」 ③=起誓.

[賭局] tŭchű ㄉㄨˇㄐㄩˊ 노름판. 도박을 벌인 판국.

[賭注] tŭchù ㄉㄨˇㄓㄨˋ 노름돈. 도박에 건 돈.

[賭鬼] túkueǐ ㄉㄨˊㄍㄨㄟˇ 노름군.

[賭棍] tŭkùn ㄉㄨˇㄍㄨㄣˋ 노름으로 먹고 사는 불량배.

[賭賽] tŭsài ㄉㄨˇㄙㄞˋ 승부를 겨루다.

[賭神發咒] tŭshénfāchòu ㄉㄨˇㄕㄣˊㄈㄚㄓㄡˋ 신을 두고 맹세하다.

[賭誓] tŭshìh ㄉㄨˇㄕˋ =賭咒.

[賭頭] tŭt'óu ㄉㄨˇㄊㄡˊ 도박에 걸 금품.

[賭頭兒] tŭt'óurh ㄉㄨˇㄊㄡˊㄦ 도박장의 주인. 물주.

[賭東道] tŭtūngtào ㄉㄨˇㄉㄨㄥㄉㄠˋ 지는 편이 한턱 내는 내기를 하다. =賭東兒. 「익

[賭采] túts'ǎi ㄉㄨˊㄘㄞˇ 노름으로 딴 수

〔篤〕 tǔ ㄉㄨˇ ①독실한. 착실한. ②심한. 대단한. ③병이 중하다. ④두텁다.
[篤疾] tǔchī ㄉㄨˇㄐㄧ 병이 위독하다. 중한 병을 앓다.
[篤實] tǔshíh ㄉㄨˇㄕˊ 성실하다. 극진하다.
[篤信] tǔhsìn ㄉㄨˇㄒㄧㄣˋ 진심으로 믿다. 두텁게 믿다. 「一宗教 ; 종교를 독실하게 믿다」
[篤定] tǔtìng ㄉㄨˇㄉㄧㄥˋ 틀림이 없다. 안심이다.

〔妬〕(妒) tù ㄉㄨˋ 질투하다. 「嫉一 ; 질투하다」
[妬忌] tùchì ㄉㄨˋㄐㄧˋ 새암하다. 질투하다. =嫉妬.
[妬婦] tùfù ㄉㄨˋㄈㄨˋ 질투심이 많은 여자.
[妬羨] tùhsièn ㄉㄨˋㄒㄧㄢˋ 시기하여 부러워하다.
[妬心] tùhsīn ㄉㄨˋㄒㄧㄣ 질투심.

〔杜〕 tù ㄉㄨˋ ①감당(甘棠). 팥배. ②막다. 방지하다. 「一私運 ; 밀수(密輸)를 방지하다」
[杜漸] tùchièn ㄉㄨˋㄐㄧㄢˋ (사건 따위를) 미연에 방지하다. 미리 막다.
[杜酒] tùchiǔ ㄉㄨˋㄐㄧㄡˇ 술의 별명.
[杜鵑] tùchüān ㄉㄨˋㄐㄩㄢ ①〈動〉 두견새. ②〈植〉 두견화.
[杜口] tùk'ǒu ㄉㄨˋㄎㄡˇ 입을 다물다.
[杜梨] tùlí ㄉㄨˋㄌㄧˊ 〈植〉 돌배나무의 열매.
[杜門] tùmén ㄉㄨˋㄇㄣˊ 틀어 박혀 외출하지 않다. 두문불출하다.
[杜弊] tùpì ㄉㄨˋㄅㄧˋ 폐해를 막다. 폐단을 방지하다.
[杜塞] tùsāi ㄉㄨˋㄙㄞ 막다.
[杜松] tùsūng ㄉㄨˋㄙㄨㄥ 〈植〉 두송. 노간주나무. 「一燒酒 · 一子酒 ; 진(gin)」

〔肚〕 tù ㄉㄨˋ ①「一子 ; 배. 복부(腹部)」 ②「一兒 ; 그릇이 옆으로 불룩 내민 부분」「爐一兒 ; 난로의 복부」「腿一子 ; 장딴지」 ⇨tǔ.
[肚腸] tùch'áng ㄉㄨˋㄔㄤˊ 〈生〉 배. 위와 장이 있는 부분.
[肚臍] tùch'í ㄉㄨˋㄑㄧ 〈生〉 배꼽. =肚臍眼(兒 · 子).
[肚腹] tùfù ㄉㄨˋㄈㄨˋ 〈生〉 ①배. ②내장. 창자.
[肚裡] tùli ㄉㄨˋㄌㄧ ①뱃속. 심중(心中). 「一明白 ; 심중(心中)으로는 알고 있다」 ②생각. 심산(心算).
[肚皮(子)] tùp'í(tzǔ) ㄉㄨˋㄆㄧˊ(ㄗ) 〈生〉 ①배. ②뱃가죽.
[肚瀉] tùhsièh ㄉㄨˋㄒㄧㄝˋ 설사. 설사하다.
[肚帶] tùtài ㄉㄨˋㄉㄞˋ 말의 뱃대끈.
[肚大腰圓] tùtà-yāoyüán ㄉㄨˋㄉㄚˋㄧㄠㄩㄢˊ 허위대가 좋은 모양. 우둥퉁하다.
[肚痛] tùt'ùng ㄉㄨˋㄊㄨㄥˋ 복통. 배앓이.
[肚才] tùts'ai ㄉㄨˋㄘㄞ 학문적 소질.
[肚子] tùtzǔ ㄉㄨˋㄗ 〈生〉배. 「一一氣 ; 가슴에 복받치는 분노」「一裡有學問 ; 몸에 학문을 지니고 있다. 학문을 알다」

〔度〕 tù ㄉㄨˋ ①(도량형의) 도(度). ②(온도 · 경도 따위의 단위. 눈금의 도). 「濕一 ; 습도」 ③정도. 「高一 ; 고도」 ④법칙. 규칙. 「制一 ; 제도」 ⑤한도(限度). 「過一 ; 과도하다. 도가 지나치다」 ⑥지나다. 보내다. 건너다. 「一日 ; 날을 보내다」 ⑦회(回). 도수(度數). 「一一 ; 한 번」 ⑧ 매시간의 킬로와트. 킬로와트시 (kwh.). ⇨tǒ.
[度氣] tùch'i ㄉㄨˋㄑㄧ 도량(度量).
[度假] tùchià ㄉㄨˋㄐㄧㄚˋ 휴가를 보내다.
[度日] tùjìh ㄉㄨˋㄖˋ ①날을 보내다. 「一如年 ; 초조하여 하루가 일년같이 느껴지다. 일일여삼추(一日如三秋)」 ②살아가다. 그날그날을 살다.
[度命] tùmìng ㄉㄨˋㄇㄧㄥˋ 연명하다. 겨우 살아가다.
[度嘴] tùtsuǐ ㄉㄨˋㄗㄨㄟˇ 생활을 유지하다. 입에 풀칠하다.

〔渡〕 tù ㄉㄨˋ ①(물을)건너다. 「一河 ; 도하하다」 ②(날이나 시기를)보내다. 통과하다. 「一過難門 ; 난관을 빠져 나가다」 ③도선장(渡船場). 나루터.
[渡津] tùchīn ㄉㄨˋㄐㄧㄣ 도선장. 나루터.
[渡荒] tùhuāng ㄉㄨˋㄏㄨㄤ 흉년을 어떻게든 넘기다. 기근을 견디어 나가다.
[渡貨] tù huò ㄉㄨˋㄏㄨㄛˋ (강 저편으로) 물품을 건네다.
[渡過] tùkuò ㄉㄨˋㄍㄨㄛˋ 살아가다. 「這一天是安然一了 ; 오늘 하루는 별일 없이 지냈다」
[渡過去] tùkuoch'ü ㄉㄨˋㄍㄨㄛㄑㄩ (강 저편으로)건너다. 건너가다. 「請你把我一 ; 좀 저를 건너 보내 주십시오」
[渡口] tùk'ǒu ㄉㄩˋㄎㄡˇ =渡津.
[渡頭] tùt'óu ㄉㄨˋㄊㄡˊ =渡津.

〔鍍〕 tù ㄉㄨˋ 도금하다. 「一金 ; 금으로 도금하다」「金一 ; 금 도금」
[鍍鋅] tù hsīn ㄉㄨˋㄒㄧㄣ 아연(亞鉛)으로 도금하다. 「一鐵皮 · 一鐵片 ; 생철」
[鍍瓷] tùtz'ú ㄉㄨˋㄘˊ 법랑(琺瑯)을 입히다. 사기를 올리다.

〔蠹〕(蠧 · 螙) tù ㄉㄨˋ ①나무나 책 따위를 좀먹는 벌레. 반대좀. 「一魚 · 書一 ; 반대좀. 두어(蠹魚)」 ②벌레먹다. 좀먹다. 해치다.

T'U ㄊㄨ

〔禿〕 t'ū ㄊㄨ ①벗어지는 일. 대머리. ②털이 빠진 것. 끝이 무딘 물건. 「一尾巴鷄 ; 꼬리가 빠지고 털이 없는 닭」 ③불완전하다. 조화가 안되다. 「這篇文章寫得有點一 ; 이 문장은 조금 정리되지 않은 데가 있다」
[禿針] t'ūchēn ㄊㄨㄓㄣ 끝이 무딘 바늘.
[禿鉛筆] t'ūch'iēnpǐ ㄊㄨㄑㄧㄢㄅㄧˇ 끝이 무딘 연필.
[禿瘡] t'ūch'uang ㄊㄨㄔㄨㄤ 아이들에게 걸리는 탈모증의 일종.
[禿老美] t'ūlǎoměi ㄊㄨㄌㄠˇㄇㄟˇ 대머리. 머리가 벗어진 사람.
[禿魯] t'ūlu ㄊㄨㄌㄨ ①탈락하다. ②모두

없어지다.「吃一了 ; 깨끗이 먹어 없애다」
[禿筆] t'ūpi ㄊㄨㄅㄧˇ 끝이 뭉툭해지고 털이 빠진 붓.
[禿頂] t'ūting ㄊㄨㄉㄧㄥˇ ①머리가 벗어지다. ②대머리.
[禿頭兒] t'ūt'óurh ㄊㄨㄊㄡˊㄦ ① 대머리. ②앞뒤가 연결되어 있지 않은 일.「一文章 ; 앞뒤가 잘 연결이 되어 있지 않은 문장」
[禿子] t'ūtzŭ ㄊㄨㄗ 머리가 벗어진 사람.

〔突〕 t'ū ㄊㄨ ①돌연(突然). 급히.「一然 ; 돌연」 ②돌파(突破)하다.「一破記錄 ; 기록을 돌파하다」 ③연통. 굴뚝. 「曲一從薪 ; 화재를 예방하기 위하여 불이 나가는 굴뚝을 밖으로 굽히고, 근방에 있는 나무를 딴 곳으로 옮긴다는 말로, 재화(災禍)를 미연에 방지한다는 비유」
[突擊] t'ūchī ㄊㄨㄐㄧ ①돌격하다. ②단시간내에 일을 완성하기 위해 매진한다.
[突出] t'ūch'ū ㄊㄨㄔㄨ ①돌출하다. ②두드러지다.「重點一 ; 중점이 두드러지게 나타나다」
[突飛猛進] t'ūfēi-měngchìn ㄊㄨㄈㄟ ㄇㄥˇㄐㄧㄣˋ 신속(迅速)하게 진보 발전하는 일.
[突然間] t'ūjánchiēn ㄊㄨㄖㄢˊㄐㄧㄢ 돌연(突然). 별안간.
[突如其來] t'ūjúch'ílái ㄊㄨㄖㄨˊㄑㄧˊㄌㄞˊ 별안간에 닥쳐 오다.
[突地] t'ūti ㄊㄨㄉㄧ 갑작스럽게. 돌연.
[突頭突腦] t'ūt'óu-t'ūnǎo ㄊㄨㄊㄡˊ ㄊㄨㄋㄠˇ 아닌 밤중에 홍두깨 내미는 식. ‹成›
[突突] t'ūt'ū ㄊㄨㄊㄨ (심장의 고동이)두근대는 소리: 두근두근‹擬›
[突圍] t'ūwéi ㄊㄨㄨㄟˊ 포위망을 돌파하다.

〔凸〕 t'ú ㄊㄨˊ 볼록 튀어 나온. 볼록하다.「一出 ; 볼록하게 나오다」「一透鏡 ; 볼록렌즈」

〔徒〕 t'ú ㄊㄨˊ ①걷다.「一行 ; 도보로 가다」 ②아무 것도 없이. 아무 것도 가지지 않고.「一手 ; 도수. 맨손」 ③부질없이. 헛되이.「一勞無益 ; 헛된 고생만 하고 이익이 없다」 ④다만. 겨우.「一托空言 ; 다만 말뿐으로 실행치 않는다」 ⑤제자. 견습생.「學一 ; 학도」 (상점이나 직인 따위의)견습생. ⑥동일 계통이나 또는 동일 종파(宗派)의 사람.「教一 ; 교도」 ⑦한패. 무리 : 좋지 않은 사람을 가리켜서 말하는 수가 많음. 「不法之一 ; 불법자. 불법의 무리」 ⑧(옛날의 "五刑"의 하나)도형(徒刑).
[徒費] t'úfèi ㄊㄨˊㄈㄟˋ 낭비. 헛된 비용.
[徒刑] t'úhsíng ㄊㄨˊㄒㄧㄥˊ 징역.「無期一 ; 무기 징역」
[徒然] t'úján ㄊㄨˊㄖㄢˊ ①의욕이 없는 모양. ②헛된 모양.
[徒工] t'úkūng ㄊㄨˊㄍㄨㄥ 견습공(見習工).
[徒勞無功] t'úláo-wúkūng ㄊㄨˊㄌㄠˊ ㄨˊㄍㄨㄥ 헛된 고생. =徒勞無益.
[徒孫] t'úsūn ㄊㄨˊㄙㄨㄣ 제자의 제자. 손제자(孫弟子).
[徒弟] t'úti ㄊㄨˊㄉㄧ ①제자. 문인. ②견습공 : 직업에 필요한 지식이나 기능을 습득하기 위하여 남의 밑에서 노무에 종사하는 소년. 도제.
[徒子] t'útzǔ ㄊㄨˊㄗˇ 제자(弟子).

〔途〕 t'ú ㄊㄨˊ 길.「坦一 ; 평탄한 길」
[途徑] t'úchìng ㄊㄨˊㄐㄧㄥˋ ①길. ②(일을 해결하는) 실마리. 과정(過程).

〔荼〕 t'úㄊㄨˊ ①‹植›씀바귀(苦菜). =苦菜. ②흰 꽃이 달려 있는 띠(茅草).
[荼毒] t'útú ㄊㄨˊㄉㄨˊ ①해악(害惡). 고생. ②해치다.

〔屠〕 t'ú ㄊㄨˊ ①죽이다. 도살하다.「一狗 ; 개를 죽이다」 ②학살하다. 「他們一了村子 ; 그들은 마을에서 대량 학살을 감행했다」
[屠宰] t'úchǎi ㄊㄨˊㄓㄞˇ (가축을) 도살(屠殺)하다.
[屠夫] t'úfū ㄊㄨˊㄈㄨ 도살인(屠殺人). 백장.
[屠戶] t'úhù ㄊㄨˊㄏㄨˋ 도살하는 사람. 백장.
[屠殺] t'úshā ㄊㄨˊㄕㄚ ①도살하다. ②학살하다.「南京大一 ; 1937년 일본군에 의한 "南京" 대학살」

〔塗〕(涂) t'ú ㄊㄨˊ ①칠하다. 바르다.「寫錯了可以一掉 ; 쓰다가 틀리면 뭉개어도 좋다」 ②흙투성이.
[塗脂抹粉] t'úchīh-mófěn ㄊㄨˊㄓ ㄇㄛˊㄈㄣˇ 입술 연지나 분을 마구 칠하다. 화장을 하여 속이다.
[塗寫] t'úhsěh ㄊㄨˊㄒㄧㄝˇ ①서투르게 써 갈리다.
[塗改] t'úkǎi ㄊㄨˊㄍㄞˇ 칠해서 고치다. 개찬(改竄)하다.
[塗抹] t'úmǒ ㄊㄨˊㄇㄛˇ ①칠하다. 바르다. ②칠해서 지우다. ③(분 따위를) 마구 바르다. ④난잡하게 갈겨 쓰다.
[塗飾] t'úshìh ㄊㄨˊㄕˋ (색을) 칠하다.
[塗炭] t'út'àn ㄊㄨˊㄊㄢˋ 도탄. 극도로 곤궁함을 일컫는 말.
[塗鴉] t'úyā ㄊㄨˊㄧㄚ 서투른 글씨를 비유하는 말. 졸렬한 글씨.

〔圖〕(图) t'ú ㄊㄨˊ ①그림.「地一 ; 지도」「藍一 ; 청사진」 ②그림을 그리다.「一形 ; 모양을 그리다」 ③계획. ④계획하다.「唯利是一 ; 이익만 도모(圖謀)하다」
[圖章] t'úchāng ㄊㄨˊㄓㄤ 도장. 인장(印章). 인감(印鑑).
[圖強] t'úch'iáng ㄊㄨˊㄑㄧㄤˊ 향상(向上)을 도모하다.
[圖紙] t'úchǐh ㄊㄨˊㄓˇ 설계도(設計圖).
[圖景] t'úchǐng ㄊㄨˊㄐㄧㄥˇ 상상적인 경관(景觀). 상상적인 경치.
[圖窮匕見] t'úch'iúng-pǐchièn ㄊㄨˊㄑㄩㄥˊ ㄅㄧˇㄐㄧㄢˋ 마지막 단계에서 일이 탄로되다. ‹成›
[圖繪] t'úhuì ㄊㄨˊㄏㄨㄟˋ ①그림을 그리다. ②회화(繪畫). 도화(圖畫).
[圖快] t'úk'uài ㄊㄨˊㄎㄨㄞˋ 빨리 하도록

연구하다.

[圖盲] t'úmáng ㄊㄨˊㄇㄤˊ 도표(圖表)를 이해할 능력이 없는 사람.

[圖謀] t'úmóu ㄊㄨˊㄇㄡˊ 도모하다. 기도(企圖)하다.

[圖片] t'úp'ièn ㄊㄨˊㄆㄧㄢˋ 그림 카아드. 그림엽서.

[圖便宜] t'úp'iéni ㄊㄨˊㄆㄧㄢˊㄧ 이익을 도모하다. 자기에게 유리하게 생각하다.

[圖書] t'úshū ㄊㄨˊㄕㄨ ①지도와 서적(書籍). ②t'úshu. ＝圖章.

[圖騰] t'út'éng ㄊㄨˊㄊㄥˊ 토템(totem).

[圖釘] t'útīng ㄊㄨˊㄉㄧㄥ 압정(押釘). 압침.

[圖樣] t'úyāng ㄊㄨˊㄧㄤˋ 도면. 설계도. 「改一 ; 도면을 수정하다」

〔酴〕 t'ú ㄊㄨˊ 효모(酵母). 술밑. 이스트(yeast).

〔土〕 t'ǔ ㄊㄨˇ ①흙. 진흙탕. ②토지. 「國一 ; 국토」 ③그 곳의. 그 지방의. 「一產 ; 그 지방의 산물(產物). 토산물」 ④시골의. 야비한. 「一氣 ; 시골티. 촌티」

[土坳] t'ǔao ㄊㄨˇㄠˋ 산간. 골짜기.

[土車] t'ǔch'ē ㄊㄨˇㄔㄜ 흙을 운반하는 차. 쓰레기 운반차.

[土氣] t'ǔch'i ㄊㄨˇㄑㄧ ①촌티. 시골티. ②촌스럽게 느껴진다. ＞土土氣氣.

[土基] t'ǔchī ㄊㄨˇㄐㄧ 토대.

[土紙] t'úchǐh ㄊㄨˊㄓˇ 토산지(土產紙).

[土井] t'úchǐng ㄊㄨˊㄐㄧㄥˇ 황토층(黃土層)에 얕은 구멍을 파기만 한 간단한 우물.

[土酒] t'úchiǔ ㄊㄨˊㄐㄧㄡˇ 토주. 그 지방에서 만든 독특한 술.

[土著] t'ǔchó ㄊㄨˇㄓㄨㄛˊ, t'ǔchù ①토착한 곳. 정착하여 사는 곳. ②정착하여 사는 사람. 토착인.

[土專家] t'ǔchuānchiā ㄊㄨˇㄓㄨㄢㄐㄧㄚ 정식 교육을 받지 않고 경험에 의하여 된 전문가.

[土法] t'úfǎ ㄊㄨˊㄈㄚˇ ①그 지방 특유의 방법. ②중국 재래식 방법.

[土方] t'ǔfāng ㄊㄨˊㄈㄤ 조수사로서 하천이나 운하의 개간, 축제 · 또는 댐 공사 따위의 시공체적(施工體積). 1 "土方"은 흙의 양(量) 1입방(立方) 미터.

[土房子] t'ǔfángtzǔ ㄊㄨˇㄈㄤˊㄗ 흙벽돌로 만든 집.

[土豪劣紳] t'ǔháo-lièhshēn ㄊㄨˇㄏㄠˊㄌㄧㄝˋㄕㄣ 지방의 세력가(勢力家)나 악당의 두목.

[土腥] t'ǔhsīng ㄊㄨˇㄒㄧㄥ ① (음식이) 촌티가 나다. 촌스럽다. ②흙내가 나다.

[土話] t'ǔhuà ㄊㄨˇㄏㄨㄚˋ 토어(土語).

[土化肥] t'ǔhuāféi ㄊㄨˇㄏㄨㄚˋㄈㄟˊ 중국 재래식 방법으로 만든 화학 비료.

[土混混兒] t'ǔhùnhunrh ㄊㄨˇㄏㄨㄣˋㄏㄨㄣㄦ 그 지방에 세력을 잡고 있는 악한(惡漢). 지방 불량배.

[土貨] t'ǔhuò ㄊㄨˇㄏㄨㄛˋ 그 지방의 산물. 토산물.

[土改] t'úkǎi ㄊㄨˊㄍㄞˇ 토지 개혁(改革)의 약어(略語).

[土鋼] t'ǔkāng ㄊㄨˇㄍㄤ 구식 방법으로 생산한 강철(鋼鐵).

[土炕] t'ǔk'àng ㄊㄨˇㄎㄤˋ 온돌(溫突).

[土岡兒] t'ǔkāngrh ㄊㄨˇㄍㄤㄦ 언덕. 구릉(丘陵).

[土圪撻] t'ǔkōta ㄊㄨˇㄍㄜㄉㄚ 흙덩이

[土筐] t'ǔkuāng ㄊㄨˇㄎㄨㄤ 재나 흙을 담는 삼태기.

[土鼓風] t'úkǔfēng ㄊㄨˊㄍㄨˇㄈㄥ 중국 재래의 송풍기(送風機).

[土穀祠] t'úkǔtz'ǔ ㄊㄨˊㄍㄨˇㄘˊ 지장당(地藏堂).

[土老兒] t'úlǎorh ㄊㄨˊㄌㄠˇㄦ 촌사람. 시골 사람. 시골뜨기.

[土佬兒] t'úlǎorh ㄊㄨˊㄌㄠˇㄦ 농민을 경멸하여 부르는 말.

[土糧食] t'ǔliángshih ㄊㄨˇㄌㄧㄤˊㄕ 땅에 흐터진 곡식 : 가축용.

[土爐] t'ǔlú ㄊㄨˇㄌㄨˊ 중국 재래의 용광로(溶鑛爐).

[土脈] t'ǔmài ㄊㄨˇㄇㄞˋ 토층맥(土層脈).

[土眉土眼] t'ǔméi-t'úyěn ㄊㄨˇㄇㄟˊ ㄊㄨˊㄧㄢˇ 시골뜨기 같은 얼굴 모양을 하고 있는 사람.

[土木] t'ǔmù ㄊㄨˇㄇㄨˋ 토목 공사.

[土垻] t'ǔpà ㄊㄨˇㄅㄚˋ 흙으로 구축한 제방.

[土包子] t'ǔpāotzǔ ㄊㄨˇㄅㄠㄗ 시골뜨기. 시골 사람. ＝土豹子.

[土崩瓦解] t'ǔpēng-wáchiěh ㄊㄨˇㄅㄥ ㄨㄚˊㄐㄧㄝˇ 흔적도 없이 무너지다. ‹成›

[土坯] t'ǔp'ī ㄊㄨˇㄆㄧ 아직 굽지 않은 벽돌.

[土皮] t'ǔp'í ㄊㄨˇㄆㄧˊ 땅의 표면.

[土鼈] t'ǔpiēh ㄊㄨˇㄅㄧㄝ 〈動〉자라. 지별(地鼈).

[土平爐] t'ǔp'ínglú ㄊㄨˇㄆㄧㄥˊㄌㄨˊ 중국 재래의 "平爐".

[土坡兒] t'ǔp'ōrh ㄊㄨˇㄆㄛㄦ 언덕길. 비탈길.

[土布] t'ǔpù ㄊㄨˇㄅㄨˋ ①손틀로 짠 무명. ②염색하지 않은 무명(綿布).

[土生土長] t'ǔshēng-t'úchǎng ㄊㄨˇㄕㄥ ㄊㄨˊㄓㄤˇ 그 지방 태생(胎生)의. 그 지방에서 나서 그 지방에서 자란.

[土水泵] t'úshuǐpěng ㄊㄨˊㄕㄨㄟˇㄅㄥˋ 중국 재래식 펌프(pump).

[土臺] t'ǔt'ái ㄊㄨˇㄊㄞˊ 나무의 밑동 부분의 북돋은 데.

[土特產品] t'ǔt'èch'ánp'ǐn ㄊㄨˇㄊㄜˋㄔㄢˊㄆㄧㄣˇ 지방의 특산품.

[土地] t'ǔtì ㄊㄨˇㄉㄧˋ ①토지. ② t'ǔti 향토의 사당을 말함.

[土地集中] t'ǔtì chíchūng ㄊㄨˇㄉㄧˋ ㄐㄧˊㄓㄨㄥ 토지의 소유권이 소수 지주의 수중에 집중하고 대다수의 농민이 토지를 상실하는 현상.

[土地集中聯片] t'ǔtì chíchūng liénp'ièn ㄊㄨˇㄉㄧˋ ㄐㄧˊㄓㄨㄥ ㄌㄧㄢˊㄆㄧㄢˋ 중공에 있어서 영세적인 토지를 병합하여 토지 관리 공사의 농업 경영에 편리하도록 하는 일.

[土鐵路] t'út'iěhlù ㄊㄨˊㄊㄧㄝˇㄌㄨˋ 「산 철도. 국.

[土地廟] t'ǔtímiào ㄊㄨˇㄉㄧˊㄇㄧㄠˋ 토지신(土地神)을 모시는 사당. 「芋.

[土豆兒] t'ǔtòurh ㄊㄨˇㄉㄡˋㄦ 잠자. ＝洋

[土豆兒(一子)] t'ǔtòurh(—tzǔ) ㄊㄨˇㄉㄡˋㄦ(—ㄗ) 시골티가 나는 사람.

[土頭土腦] t'ǔt'óu-t'ǔnǎo ㄊㄨˇㄊㄡˊ ㄊ

ㄨˊㄋㄠˇ촌티 나는. 시골 사람 같은 티가 나다.
[土堆] t'ǔtuī ㄊㄨˇㄉㄨㄟ 흙더미.
[土腿] t'út'uǐ ㄊㄨˊㄊㄨㄟˇ 중국 재래식으로 해나가는 방법.
[土堆子] t'ǔtuītzū ㄊㄨˇㄉㄨㄟㄗ 그다지 높지 않은 언덕. 낮은 구릉.
[土動力機] t'ǔtùnglìchī ㄊㄨˇㄉㄨㄥˋㄌㄧˋㄐㄧ 중국에서 생산되는 발동기. 중국산 모우터.
[土尾巴] t'úwěipa ㄊㄨˊㄨㄟˇㄅㄚ 중국 재래의 방법에서 쓸모 없는 부분.
[土物兒] t'ǔwùrh ㄊㄨˇㄨˋㄦ 여행길의 선물.
[土洋] t'ǔyáng ㄊㄨˇㄧㄤˊ ①그 지방의 물건과 외래품. ②신구 절충.
[土窰] t'ǔyáo ㄊㄨˇㄧㄠˊ 거주(居住)하는 동굴. 토굴.
[土音(兒)] t'ǔyīn(rh) ㄊㄨˇㄧㄣ(ㄦ) 그 지방의 방언. (사투리)

〔吐〕 t'ǔ ㄊㄨˇ ①토하다. 뱉다. 「一痰; 가래를 뱉다」 ②말하다. 「一露實情 ; 실정을 털어 놓고 말하다」 ③(이삭 따위가) 패다. 「一穗了 ; 이삭이 팼다」 ⇨ t'ù.
[吐氣] t'ǔch'ì ㄊㄨˇㄑㄧˋ ①숨을 쉬다. ②마음 속에 쌓여 있던 우울한 감정을 털어 놓다. 「一了一口氣 ; 가슴이 시원했다」
[吐話(兒)] t'ǔhuà(rh) ㄊㄨˇㄏㄨㄚˋ(ㄦ)(말을)비치다. 「一了ㄩ話 ; 조금 말을 비치다」
[吐口] t'úk'ǒu ㄊㄨˊㄎㄡˇ ①말을 누설하다. ②말을 비치다.
[吐納] t'ǔnà ㄊㄨˇㄋㄚˋ ① 출납하다. ② 수출·수입하다.〉吐吐納納.
[吐舌] t'ǔshé ㄊㄨˇㄕㄜˊ 혀를 내밀다: 놀라거나 찬탄할 때에 하는 제스처.
[吐舌頭] t'ǔshét'ou ㄊㄨˇㄕㄜˊㄊㄡ ①=吐舌. ②농담 삼아 남에게 의사를 표시할 때 하는 몸짓.
[吐屬] t'úshǔ ㄊㄨˊㄕㄨˇ 말의 품위. 「一不凡 ; 말이 평범하지 않고 무게가 있다」
[吐芒] t'ǔwáng ㄊㄨˇㄨㄤˊ (보리나 벼의) 까끄라기가 나오다.
[吐烟] t'ǔyēn ㄊㄨˇㄧㄢ (담배 따위를) 피우다.

〔吐〕 t'ù ㄊㄨˋ ①토하다. 게우다. 「嘔一 ; 구토」 ②이익을 본 것을 도로 내놓다. 「非叫他把吞沒的款項一出來不可 ; 그에게 착복한 돈을 내놓도록 하여야 한다」 ⇨t'ǔ.
[吐沫] t'ùmo ㄊㄨˋㄇㄛ 침. 입에서 나오는 타액.

〔兎〕(兔) t'ù ㄊㄨˋ 「一子 ; 토끼」
[兎場] t'ùch'ǎng ㄊㄨˋㄔㄤˇ 양토장(養兎場). 토끼장.
[兎缺] t'ùch'üēh ㄊㄨˋㄑㄩㄝ 토순(兎唇) 언청이.
[兎死狗烹] t'ùssǔ kǒup'ēng ㄊㄨˋㄙˇ ㄍㄡˇㄆㄥ 쓸모가 없게 되면 버린다는 비유. 《成》
[兎子] t'ùtzū ㄊㄨˋㄗ ①토끼. 「不見一不撒鷹 ; 잡을 것을 보고서 매를 놓아 주다. 목적물이 확실치 않으면 손을 대지 않는다」 ②남창(男娼). 《罵》

〔堍〕 t'ù ㄊㄨˋ 다리(橋) 옆.

〔菟〕 t'ù ㄊㄨˋ 「一絲 ; 새삼. 토사. 기생 식물(寄生植物)」

TUAN ㄉㄨㄢ

〔端〕(耑) tuān ㄉㄨㄢ ① 바른. 곧은. 「品一學優 ; 품행이 단정하고 학업이 우수하다」 ②(물건의)끝. 「兩一 ; 양단」 ③(일의) 시작. 발단. 「開一 ; 발단(發端)」 ④항목(項目). 개소(個所). 「不只一一 ; 하나에 그치지 않는다」 ⑤(그릇 따위를)두 손으로 받쳐 들다. 「一碗 ; 바리를 받쳐 들다」
[端茶] tuānch'á ㄉㄨㄢㄔㄚˊ 차를 받들어 들다. 차를 손님에게 대접하다.
[端正] tuānchěng ㄉㄨㄢㄓㄥˋ ①정돈되다. >端端正正. ②단정히 하다. 「一態度 ; 태도를 단정히 하다」
[端架子] tuānchiàtzū ㄉㄨㄢㄐㄧㄚˋㄗ 거만을 떨다. 거드럭거리다.
[端槍] tuān ch'iāng ㄉㄨㄢㄑㄧㄤ 총을 겨누다.
[端起來] tuānch'ilai ㄉㄨㄢㄑㄧㄌㄞ ①한 손 또는 두 손으로 반드시 들어 올리다. ②거드름을 피우러 들다. 뻐기려고 하다.
[端莊] tuānchuāng ㄉㄨㄢㄓㄨㄤ 장중(莊重)하다.
[端飯] tuān fàn ㄉㄨㄢㄈㄢˋ 밥을 두 손으로 들어 올리다. 밥을 대접하다. 「一來! 밥 가져 오너라」
[端方] tuānfāng ㄉㄨㄢㄈㄤ 올바르다. 품행이 얌전하다. 방정하다.
[端相] tuānhsiang ㄉㄨㄢㄒㄧㄤ =端詳②.
[端詳] tuānhsiáng ㄉㄨㄢㄒㄧㄤˊ ①(일의) 경위. ② tuānhsien 상세히 보다. 자세히 살피다. >端端詳詳.
[端日] tuānjih ㄉㄨㄢㄖˋ 설. 정월 초하루.
[端量] tuānliang ㄉㄨㄢㄌㄧㄤ =端詳 ② >端端量量.
[端倪] tuānní ㄉㄨㄢㄋㄧˊ 실마리. 단서. 「不可一 ; 실마리가 잡히지 않다. 예측할 수 없다」
[端底] tuāntǐ ㄉㄨㄢㄉㄧˇ ① 까닭. 경위. ②(예측한 대로)역시. 과연. ③남의 비밀을 들추다.
[端的] tuāntì ㄉㄨㄢㄉㄧˋ ①과연. 예측한 대로. ②확실히. 틀림 없이. ③까닭. 내력.
[端頭] tuānt'óu ㄉㄨㄢㄊㄡˊ 원인. 이유.
[端菜] tuān ts'ài ㄉㄨㄢㄘㄞˋ 요리를 나르다.
[端委] tuānwěi ㄉㄨㄢㄨㄟˇ 시종(始終). 경위.
[端午] tuānwǔ ㄉㄨㄢㄨˇ 단오: 음력 5월 5일의 명절.
[端陽] tuānyáng ㄉㄨㄢㄧㄤˊ =端午.
[端硯] tuānyèn ㄉㄨㄢㄧㄢˋ "端溪"지방에서 나는 벼루

〔短〕 tuǎn ㄉㄨㄢˇ ①짧다. 「一距離 :

짧은 거리」「天長夜一 ; 해는 길고 밤은 짧다」②부족하다. 적다. 결여(缺如)되다. 「一他一個人;그 사람 하나만 없다」③빚지다. 「一我一千塊 ; 나에게서 천원을 빚지고 있다」④단점. 결점. 「護一;결점을 감싸다」
[短長] tuǎnch'áng ㄉㄨㄢˇㄔㄤˊ ① 우열(優劣). 장단(長短). 「較一 ; 우열을 비교하다. ②변(變). 별다른 일. 「他們 有了什麼一嗎? ; 그들에게 무슨 변고라도 생겼는가?」=長短.
[短折] tuǎnchê ㄉㄨㄢˇㄓㄜˊ 요절(夭折)하다. 젊어서 죽다.
[短氣] tuǎnch'ì ㄉㄨㄢˇㄑㄧˋ ①실망하다. 낙심하다. ②숨이 막히다.
[短交] tuǎnchiāo ㄉㄨㄢˇㄐㄧㄠ 매도(賣渡)한 상품의 수량이 부족하다.
[短見] tuǎnchièn ㄉㄨㄢˇㄐㄧㄢˋ ① 천견(淺見). 얕은 생각. ②자살하려는 얕은 생각. 「尋一 ; 자살하려고 하다」
[短欠] tuǎnch'ièn ㄉㄨㄢˇㄑㄧㄢˋ ①부족하다. ②빚지다.
[短吃短穿] tuǎnch'īh tuǎnch'uān ㄉㄨㄢˇㄔ ㄉㄨㄢˇㄔㄨㄢ 먹고 살기가 어렵다. 의식(衣食)이 부족하다.
[短絀] tvǎnch'ù ㄉㄨㄢˇㄔㄨˋ 자금의 융통이 막히다.
[短重] tuǎnchùng ㄉㄨㄢˇㄓㄨㄥˋ 중량 부족(重量不足).
[短劇] tuǎnchǜ ㄉㄨㄢˇㄐㄩˋ 토막극. 촌극(寸劇).
[短裝] tuǎnchuāng ㄉㄨㄢˇㄓㄨㄤ ①짧은 옷을 입다. ② 간단한 복장. 홀가분한 차림새.
[短撅撅的] tuǎnchüēh chüēhtê ㄉㄨㄢˇㄐㄩㄝ ㄐㄩㄝㄉㄜ 의복이 껑뚱한 모양. 또는 토끼꼬리처럼 짧고 채신 없는 모양.
[短號] tuǎnhào ㄉㄨㄢˇㄏㄠˋ 〈樂〉 악기의 하나: 코오넷(cornet).
[短小精悍] tuánhsiǎo chīnghàn ㄉㄨㄢˊㄒㄧㄠˇ ㄐㄧㄥㄏㄢˋ ①체격은 작지만 민첩하고 용감하다. ②짧지만 인간의 폐부를 찌르는 힘찬 문장이라는 비유.
[短褲] tuǎnk'ù ㄉㄨㄢˇㄎㄨˋ 반 바지. 짧은 팬츠.
[短褂兒] tuǎnkuàrh ㄉㄨㄢˇㄍㄨㄚˋㄦ 짧은 홑적삼.
[短工(兒)] tuǎnkūng(rh) ㄉㄨㄢˇㄍㄨㄥ(ㄦ) 농가에서 임시로 고용한 일군. 품팔잇군.
[短禮] tuánlǐ ㄉㄨㄢˊㄌㄧˇ 결례(缺禮)가 되다. 실례하다.
[短量] tuǎnliàng ㄉㄨㄢˇㄌㄧㄤˋ 중량 부족. 양(量)의 부족.
[短命] tuǎnmìng ㄉㄨㄢˇㄇㄧㄥˋ 단명하다. 생명을 단축시키다. 명재촉하다.
[短盤] tuǎnp'án ㄉㄨㄢˇㄆㄢˊ 단거리 운반.
[短跑] tuánp'ǎo ㄉㄨㄢˊㄆㄠˇ 단거리 경주.
[短本兒] tuánpěnrh ㄉㄨㄢˊㄅㄣˇㄦ ①자본부족. ②자본이 부족하다.
[短兵相接] tuánpīng hsiāngchiēh ㄉㄨㄢˊㄅㄧㄥ ㄒㄧㄤㄐㄧㄝ 칼을 맞대고 싸우다.
[短不了] tuǎnpuliǎo ㄉㄨㄢˇㄅㄨㄌㄧㄠˇ ①없이는 안된다. 「人一天也一水;사람은 하루도 물 없이 살 수는 없다」「一請您幫忙 ; 아무래도 당신의 원조를 청해야만 되겠읍니다」 ② 부단히. 시종(始終). 「以後一來看你 ; 앞으로 늘 당신을 만나러 오지요」③짧을 턱이 없다.
[短(兒)] tuǎn(rh) ㄉㄨㄢˇ(ㄦ) ①결점(缺點). ②약점(弱點). 「抓住他的一 ; 그의 약점을 잡았다」
[短衫] tuǎnshān ㄉㄨㄢˇㄕㄢ 허리까지만 닿는 짧은 적삼.
[短少] tuánshǎo ㄉㄨㄢˊㄕㄠˇ 부족하다. 결여되다. 「旅費還一一千元 ; 여비가 아직 천 원 부족하다」
[短視] tuǎnshìh ㄉㄨㄢˇㄕˋ ①근시(近視). ②앞을 내다 보지 못하다.
[短壽] tuǎnshòu ㄉㄨㄢˇㄕㄡˋ 단명(短命).
[短打扮] tuántǎpan ㄉㄨㄢˊㄉㄚˇㄅㄢ (긴 옷을 입지 않고)짧은 옷으로 홀가분하게 차려 입다. 경쾌한 복장을 하다.
[短打兒] tuántǎrh ㄉㄨㄢˊㄉㄚˇㄦ 짧은 복장. 기장이 짧은 의복.
[短笛] tuántí ㄉㄨㄢˊㄉㄧˊ 〈樂〉 피콜로(이 piccolo): 관악기의 한 가지.
[短才] tuǎnts'ái ㄉㄨㄢˇㄘㄞˊ 둔재(鈍才). 비재(菲才).
[短暫] tuǎntsàn ㄉㄨㄢˇㄗㄢˋ 잠시. 잠깐.
[短促] tuǎnts'ù ㄉㄨㄢˇㄘㄨˋ 다가 오다. 임박하다. 「時間一 ; 시간이 임박하다」
[短途] tuǎnt'ú ㄉㄨㄢˇㄊㄨˊ 단거리. 「一運輸 ; 단거리 수송」
[短腿褲子] tuánt'uǐ k'ùtzǔ ㄉㄨㄢˊㄊㄨㄟˇ ㄎㄨˋㄗ 짧은 팬츠.
[短噸] tuǎntūn ㄉㄨㄢˇㄉㄨㄣ 미국톤(美國噸): 쇼오트 톤. 1톤은 2000 파운드. ↔長噸.
[短語] tuányǔ ㄉㄨㄢˊㄩ ①짧은 말. ②단어와 단어가 문법적 원칙에 의하여 결부되더라도 문장으로 될 수 없는 언어단위.

〔段〕 tuàn ㄉㄨㄢˋ 사물이나 시간 따위의 한 구분을 세는 조수사. 「一一話 ; 한토막의 이야기. 일단락의 이야기」

〔椴〕 tuàn ㄉㄨㄢˋ ① 백양나무: 버들과에 속하는 낙엽 교목. ②무궁화.

〔緞〕 tuàn ㄉㄨㄢˋ 「一子 ; 공단. 새틴(satin)」

〔鍛〕(煅②) tuàn ㄉㄨㄢˋ ①쇠붙이를 불에 달구어 두드리다. ②한약 제법의 하나로 불에 약을 넣어서 굽는 일.
[鍛件(兒)] tuànchièn(rh) ㄉㄨㄢˋㄐㄧㄢˋ(ㄦ) 단조물(鍛造物). 쇠붙이를 달구어서 두드려 만든 것.
[鍛接] tuànchiēh ㄉㄨㄢˋㄐㄧㄝ 단조 용접(鍛造溶接)하다. "鍛工焊接"의 준말.
[鍛工] tuàn'kūng ㄉㄨㄢˋㄍㄨㄥ ①단조(鍛造). ②단조공(鍛造工).
[鍛鐵] tuànt'iěh ㄉㄨㄢˋㄊㄧㄝˇ 연철(鍊鐵).

〔斷〕(断) tuàn ㄉㄨㄢˋ ①(긴 것을 중간에서) 끊다. 자르다. 끊어지다. 「棍子一了 ; 막대기가 부러졌다」「把繩子剪一了 ; 새끼를 가위로 잘랐다」② 단절하다. 끊다. 「一烟 ; 담배를 끊다」 ③판단하다. 결정하다. 판정하다. 「診一;진단하다」④반드시. 절대로. 「一無此理 ; 이럴 리가 절대로 없다」

[斷按] tuànàn ㄉㄨㄢˋㄢˋ 이랑을 만들어 작물(作物)에 북을 주다. ＝斷埯.
[斷案] tuànàn ㄉㄨㄢˋㄢˋ 단안을 내리다.
[斷章取義] tuànchāng-ch'ǚi ㄉㄨㄢˋㄓㄤㄑㄩˇㄧˋ 작자의 본의를 무시하고 문장의 일부를 편리한 대로 인용함. 《成》
[斷七] tuànch'ī ㄉㄨㄢˋㄑㄧ 사십구일제(四十九日祭).
[斷簡殘篇] tuànchiěn-ts'ánp'iēn ㄉㄨㄢˋㄐㄧㄢˇㄘㄢˊㄆㄧㄢ ①책장이 떨어져 나가 온전치 못한 고서(古書). ②서적에 대한 어설픈 지식. 《成》＝斷篇殘簡.
[斷氣(兒)] tuànch'ì(rh) ㄉㄨㄢˋㄑㄧˋ(ㄦ) 숨이 끊어지다. 죽다.
[斷酒] tuànchiǔ ㄉㄨㄢˋㄐㄧㄡˇ 술을 끊다.
[斷炊] tuànch'uī ㄉㄨㄢˋㄔㄨㄟ 끼니를 못 잇다. 밥을 굶다.
[斷黑] tuànhēi ㄉㄨㄢˋㄏㄟ 해가 지다.
[斷後] tuànhòu ㄉㄨㄢˋㄏㄡˋ ①자손이 끊어지다. ②적(敵)의 배후를 차단하다.
[斷弦] tuànhsién ㄉㄨㄢˋㄒㄧㄢˊ ①현악기의 줄이 끊어지다. ②처가 죽다.
[斷綫風箏] tuànhsièn-fēngchēng ㄉㄨㄢˋㄒㄧㄢˋㄈㄥㄓㄥ ①줄이 끊어진 연. ②떠난 후 소식이 없음. 함흥차사. ③안정되지 못한 상태를 비유하는 말. 《成》
[斷心] tuànhsīn ㄉㄨㄢˋㄒㄧㄣ 단념하다.
[斷乎] tuànhū ㄉㄨㄢˋㄏㄨ 단호히. 절대로. ＝斷斷乎.
[斷人] tuànjén ㄉㄨㄢˋㄖㄣˊ 사람의 왕래가 끊어지다.
[斷根] tuànkēn ㄉㄨㄢˋㄍㄣ ①근절하다. 뿌리가 없어지다. ②(병이)근치되다.
[斷奶] tuànnǎi ㄉㄨㄢˋㄋㄞˇ 젖을 떼다.
[斷送] tuànsùng ㄉㄨㄢˋㄙㄨㄥˋ ①내버리다. ②못쓰게 만들다. 망그러뜨리다. ③목숨을 내던지다. ④죽이다. 멸망시키다.
[斷頭兒] tuànt'óurh ㄉㄨㄢˋㄊㄡˊㄦ ①끊어지다. 종말이 되다. ②끝이 부러지다.
[斷斷續續] tuàntuàn hsǜhsǜ ㄉㄨㄢˋㄉㄨㄢˋ ㄒㄩˋㄒㄩˋ 끊어졌다 이어졌다 하는. 단속적인. 중단되기 쉬운. 「一地看過, 可陸續續地忘記了 ; 가끔 보아 오기는 했으나 보는 족족 잊어 버리고 말았다」
[斷頓兒] tuàntùnrh ㄉㄨㄢˋㄉㄨㄣˋㄦ 결식(缺食)하다.
[斷子絕孫] tuàntzǔ-chüéhsūn ㄉㄨㄢˋㄗˇㄐㄩㄝˊㄙㄨㄣ 자손이 끊어지다. 대를 못 잇다. 벼락맞을. 《罵》
[斷烟] tuànyēn ㄉㄨㄢˋㄧㄢ 담배를 끊다.
[斷獄] tuànyǜ ㄉㄨㄢˋㄩˋ 소송 사건을 판결하다.
[斷由] tuànyú ㄉㄨㄢˋㄧㄡˊ 판결 이유.
[斷語] tuànyǚ ㄉㄨㄢˋㄩˇ 잘라 말하다. 단언하다.

〔籪〕 tuàn ㄉㄨㄢˋ 어살 : 고기잡이 도구의 하나.

T'UAN ㄊㄨㄢ

〔湍〕 t'uān ㄊㄨㄢ 급류(急流). 「一急 ; 물의 흐름이 급함」
[湍灘] t'uānt'ān ㄊㄨㄢㄊㄢ 물이 급히 흐르는 강의 얕은 여울.

〔摶〕 t'uán ㄊㄨㄢˊ 둥글게 빚다. 「一飯團子 ; 주먹밥을 빚다」

〔團〕(团·糰②) t'uán ㄊㄨㄢˊ ①둥글다. 「一扇 ; 부채」「一臉兒 ; 둥근 얼굴」 ②「一子·一兒 ; 둥근 물건」「紙一兒 ; 둥글게 빚은 종이」 ③대개 추상적인 것을 한 덩어리처럼 표현하는 조수사. 「一一和氣 ; 화기가 넘쳐 있는 모양」 ④하나로 뭉치다. 「一圓 ; 떨어져 있던 가족 따위가 한군데로 모이다」 ⑤단체. 집단. ⑥연대 : "營" 윗단위. 「一長 ; 연대장」
[團茶] t'uánch'á ㄊㄨㄢˊㄔㄚˊ 둥글게 똘똘 말은 차(茶)의 잎 : 비교적 품질이 좋은 차로 몇 번이고 우릴 수가 있다.
[團長] t'uánchǎng ㄊㄨㄢˊㄓㄤˇ 연대장.
[團結] t'uánchiéh ㄊㄨㄢˊㄐㄧㄝˊ ①단결하다. ②단결시키다. 집결하다.
[團支書] t'uánchīhshū ㄊㄨㄢˊㄓㄕㄨ 청년단의 연대장.
[團聚] t'uánchǜ ㄊㄨㄢˊㄐㄩˋ ①모이다. 회합(會合)하다. ②친숙한 사람끼리 모여 즐기다. 단란하다.
[團中央] t'uánchūngyāng ㄊㄨㄢˊㄓㄨㄥㄧㄤ "中國共產主義青年團中央委員會"의 준말.
[團粉] t'uánfěn ㄊㄨㄢˊㄈㄣˇ 녹두 가루에서 뽑은 녹말.
[團鳳] t'uánfèng ㄊㄨㄢˊㄈㄥˋ 봉황(鳳凰)을 둥글게 도안화(圖案化)한 것.
[團糕] t'uánkāo ㄊㄨㄢˊㄍㄠ 경단. 고물 따위를 묻힌 동그랗고 조그만 떡.
[團年] t'uánnién ㄊㄨㄢˊㄋㄧㄢˊ 섣달 그믐에 가족이 모여서 지내다.
[團弄] t'uánnung ㄊㄨㄢˊㄋㄨㄥ ①메를 쓰다. >團團弄弄. ②속이다. ③사건을 들고 나와 곤란하게 만들다.
[團拜] t'uánpài ㄊㄨㄢˊㄅㄞˋ 한 곳에 모여서 축하하다.
[團部] t'uánpù ㄊㄨㄢˊㄅㄨˋ 연대 본부.
[團團] t'uánt'uán ㄊㄨㄢˊㄊㄨㄢˊ 빙글빙글 도는 모양. 「一轉 ; 어떤 것을 중심으로 해서 빙글빙글 돌다」 ②빈틈 없이. 「把他們給一團住了 ; 그들을 빈틈 없이 둘러 쌌다」 ③동그랗다. 「臉一的 ; 얼굴이 동그랗다」
[團團簇簇] t'uánt'uánts'ùts'ù ㄊㄨㄢˊㄊㄨㄢˋㄘㄨˋㄘㄨˋ 가득히 모여 있는 모양.
[團魚] t'uányǘ ㄊㄨㄢˊㄩˊ 〈動〉 자라.
[團圓] t'uányüan ㄊㄨㄢˊㄩㄢ ①단란하다. ②t'uányüán 원상으로 되돌아 가다.
[團圓節] t'uányüanchiéh ㄊㄨㄢˊㄩㄢㄐㄧㄝˊ 중추절(中秋節). 추석 명절(秋夕名節).

〔疃〕 t'uǎn ㄊㄨㄢˇ ①짐승의 발자국. ②마을. 부락(部落).

TUI ㄉㄨㄟ

〔堆〕 tuī ㄉㄨㄟ ①「一子·一兒 ; 더미 높이 쌓아 올린 무더기」「土一 ; 흙

더미」②쌓다. 쌓아 올리다. 쌓이다. 「一了一桌子書 ; 책상 위에 산더미같이 책을 쌓아 올렸다」
[堆棧] tuīchàn ㄉㄨㄟㄓㄢˋ 상품 창고.
[堆場] tuīch'ǎng ㄉㄨㄟㄔㄤˇ 하물 집하장(荷物集荷場).
[堆成] tuīch'êng ㄉㄨㄟㄔㄥ 쌓이어 …가 되다. 「一幾座山 ; 쌓이어 몇 무더기를 이루다」
[堆積] tuīchī ㄉㄨㄟㄐㄧ 쌓다. 쌓이다. ＞堆堆積積.
[堆砌] tuīch'ì ㄉㄨㄟㄑㄧˋ ①(벽돌이나 돌을) 쌓다. ②문장 속에 불필요한 글자나 말을 사용하다. ③(내용이 없는 글이나 말을) 주어 모으다.
[堆假山] tuīchiǎshān ㄉㄨㄟㄐㄧㄚˇㄕㄢ 흙으로 산더미를 만들다. 정원에 동산을 꾸미다.
[堆房] tuīfang ㄉㄨㄟㄈㄤ 물건을 넣어 두는 헛간. 광.
[堆放場] tuīfàngch'ǎng ㄉㄨㄟㄈㄤˋㄔㄤˇ ＝堆場.
[堆雪人(兒)] tuīhsüěhjěn(rh) ㄉㄨㄟㄒㄩㄝˇㄖㄣˊ(ㄦ) 눈사람을 만들다.
[堆花兒] tuīhuārh ㄉㄨㄟㄏㄨㄚㄦ 헝겊 조각을 모아 여러 가지 무늬를 만들다.
[堆紅] tuīhúng ㄉㄨㄟㄏㄨㄥˊ 퇴주(堆朱). 붉은 옻칠을 여러 번 하여 무늬를 만든 것.
[堆落] tuīlò ㄉㄨㄟㄌㄨㄛˋ 쌓이어 허물어지다.
[堆疊] tuītiéh ㄉㄨㄟㄉㄧㄝˊ 쌓아 올리다. 「一石頭 ; 돌을 쌓아 올리다」 「건.
[堆垛] tuītò ㄉㄨㄟㄉㄨㄛˋ 쌓아 놓은 물
[堆囤] tuīt'ún ㄉㄨㄟㄊㄨㄣˊ 모아서 쌓다.

〔兌〕 tuì ㄉㄨㄟˋ ①화폐를 교환하다. 현금과 바꾸다. 「一款 ; 어음 따위를 현금과 바꾸다」②팔괘(八卦)의 하나. "☱"
[兌帳] tuìchàng ㄉㄨㄟˋㄓㄤˋ 외상값이나 빚을 갚다. 계산서의 금액을 지불하다.
[兌付] tuìfù ㄉㄨㄟˋㄈㄨˋ 지불하다.
[兌現] tuìhsièn ㄉㄨㄟˋㄒㄧㄢˋ ①현금으로 바꾸다. ②실제 행동으로 나타내다. 「說的話必須一 ; 말한 것은 실행하여야 한다」
[兌還] tuìhuán ㄉㄨㄟˋㄏㄨㄢˊ 환불(還拂)하다. 「付.
[兌給] tuìkei ㄉㄨㄟˋㄍㄟ 지불하다. ＝兌
[兌水] tuìshuǐ ㄉㄨㄟˋㄕㄨㄟˇ 물을 섞다. 「湯裡一些水 ; 수우프에 물을 조금 타다」＝對水.
[兌條(兒)] tuìt'iáo(rh) ㄉㄨㄟˋㄊㄧㄠˊ(ㄦ) 금전 인환증(金錢引換証). ＝對條兒.

〔碓〕 tuì ㄉㄨㄟ 디딜방아.
[碓臼] tuìchiù ㄉㄨㄟˋㄐㄧㄡˋ 디딜방아.
[碓房] tuìfáng ㄉㄨㄟˋㄈㄤˊ 방앗간.

〔隊〕(队) tuì ㄉㄨㄟˋ ①부대. ②대열.
[隊伍] tuìwǔ ㄉㄨㄟˋㄨˇ ①대오(隊伍). 대열(隊列). ②군대.

〔對〕(対) tuì ㄉㄨㄟˋ ①대하다. 「一太陽 ; 태양을 향하다」②…에게 대하여 …을 향하여. 「一他說明 ; 그에게 설명하다」③서로. 「一立 ; 대립하다」 ④…에 관하여. …에 대하여. 「一這件事還有意見 ; 이 일에 관하여는 아직 의견이 있다」⑤응대하다. 접대하다. 취급하다. 「他一我很客氣 ; 그는 나를 손님처럼 어렵게 대한다」⑥대조하여 조사하다. 대조하다. 「一筆迹 ; 필적을 감정하다」⑦적합하다. 꼭 맞다. 「一勁 ; 마음에 들다」⑧맞다. 옳다. 「這話很一 ; 이 말은 옳다」「一, 你說的不錯 ; 그렇다, 자네 말이 옳다」⑨짝. 쌍. 「配一 ; 짝이 되다. 교미하다」⑩쌍으로 되어 있는 물건 세는 조수사. 「一一夫妻 ; 한쌍의 부부」⑪「一子·一兒 ; 대구(對句)」⑫혼합하다. 섞다. 「一水 ; 물을 타다」⑬대답하다. 「無詞可一 ; 대답할 말이 없다」
[對仗] tuìchàng ㄉㄨㄟˋㄓㄤˋ ①대전(對戰). ②대항 「打一 ; 지지 않으려고 맞싸우다」③시문(詩文)의 대우(對偶).
[對賬] tuìchàng ㄉㄨㄟˋㄓㄤˋ 맞계산하다. 계산을 서로 대조하여 보다.
[對折] tuìchě ㄉㄨㄟˋㄓㄜˊ 반할인. 반값.
[對稱] tuìch'ěng ㄉㄨㄟˋㄔㄥˋ ①쌍방이 비등하다. ②배합이 적당하다.
[對正] tuìchěng ㄉㄨㄟˋㄓㄥˋ 꼭 맞다. 딱 들어맞다. 「兩塊板兒沒一 ; 두 장의 널빤지가 딱 들어맞지 않다」
[對証] tuìchěng ㄉㄨㄟˋㄓㄥˋ ①증거를 제시하다. 증거를 맞대다. ②증거.
[對症下藥] tuìchěng hsiàyào ㄉㄨㄟˋㄓㄥˋㄒㄧㄚˋㄧㄠˋ ①병세를 보고 약을 정하다. ②객관적 정세를 잘 보고 문제를 해결하다. 누울 자리를 보고 다리를 펴다. 《成》
[對成兒] tuìch'ěngrh ㄉㄨㄟˋㄔㄥˊㄦ 반반(半半). 절반.
[對轍兒] tuìchěrh ㄉㄨㄟˋㄓㄜˊㄦ 마음이 맞다. 기분이 꼭 맞다.
[對巧] tuìch'iǎo ㄉㄨㄟˋㄑㄧㄠˇ ①안성마춤이다. ②안성맞게.
[對交] tuìchiāo ㄉㄨㄟˋㄐㄧㄠ 서로 넘겨주다.
[對質] tuìchìh ㄉㄨㄟˋㄓˋ ①쌍방을 맞대면시키다. 대질하다. ②대결하다. 맞서다.
[對襟] tuìchīn ㄉㄨㄟˋㄐㄧㄣ 의복의 안섶과 겉섶을 겹치지 않고 가운데서 여미게 되어 있는 것.
[對景] tuìchǐng ㄉㄨㄟˋㄐㄧㄥˇ ①잘 어울리다. ②시류(時流)에 적합하다.
[對勁(兒)] tuìchìn(rh) ㄉㄨㄟˋㄐㄧㄣˋ(ㄦ) ①의기가 상통하다. 의가 좋다. ②마음에 들다. 「哪個都不一我的勁兒 ; 어느 것이나 내 마음에 들지 않는다」③기분이 홀가분하다. 「覺着不一 ; 어쩐지 기분이 꺼림칙하다」
[對準] tuìchǔn ㄉㄨㄟˋㄓㄨㄣˇ 바르게 맞추다. 「槍口一敵人 ; 총구를 적에게 바로 겨누다」
[對盅] tuìchūng ㄉㄨㄟˋㄓㄨㄥ 마주 앉아 술을 마시다. 대작하다. ＝對杯.
[對方] tuìfāng ㄉㄨㄟˋㄈㄤ ①맞은편. ②상대. ③적(敵).
[對分] tuìfēn ㄉㄨㄟˋㄈㄣ 이분(二分)하다.
[對縫] tuìfěng ㄉㄨㄟˋㄈㄥˋ 솔기. (두 개의 물체를) 합치다. 「桌子和桌子一的地方 ; 탁자와 탁자가 맞닿은 곳」
[對付] tuìfu ㄉㄨㄟˋㄈㄨ ①그럭저럭 괜찮다. 그저 적당하다. ②응답하다. 대해

주다. ③어떻게든 하다. ④임시 변통하다. 그것으로 족하다고 해두다. >對對付付. ⑤대항하다.
[對號(兒)] tuìhào(rh) ㄉㄨㄟˋㄏㄠˋ(ㄦ) 체크(check) 부호.번호를 맞추어 보다.
[對合子] tuìhótzŭ ㄉㄨㄟˋㄏㄜˊㄗ 〈經〉 판매 가격의 반의 이익. 「우.
[對蝦] tuìhsiā ㄉㄨㄟˋㄒㄧㄚ 〈動〉 각시새
[對銷] tuìhsiāo ㄉㄨㄟˋㄒㄧㄠ 상쇄(相殺)하다.맞비기다. =對消.
[對象] tuìhsiàng ㄉㄨㄟˋㄒㄧㄤˋ ①대상. ②상대방.③결혼의 상대.연애의 상대.
[對換] tuìhuàn ㄉㄨㄟˋㄏㄨㄢˋ 서로 교환하다.쌍방을 바꾸다.
[對火兒] tuìhuŏrh ㄉㄨㄟˋㄏㄨㄛˇㄦ (담배 따위의) 불을 빌다.
[對開] tuìk'āi ㄉㄨㄟˋㄎㄞ ①하나를 둘로 나누다.「一紙；종이를 둘로 접다.또는 그 종이」②(기차 따위가) 쌍방에서 동시에 출발하다. ③쌍방이 동시에 발행하거나 개설하다.「一信用狀；동시 개설 신용장」
[對課] tuìk'ò ㄉㄨㄟˋㄎㄜˋ 학생에게 작시(作詩)를 연습시키는 방법.=對對子.
[對口供] tuìk'ŏukūng ㄉㄨㄟˋㄎㄡˇㄍㄨㄥˋ 공술(供述)과 대조하다.
[對口印] tuìk'ŏuyìn ㄉㄨㄟˋㄎㄡˇㄧㄣˋ 계인(契印).
[對光] tuìkuāng ㄉㄨㄟˋㄍㄨㄤ ① (안경 따위의) 도수를 맞추다.②핀트가 맞다.
[對工兒] tuìkūngrh ㄉㄨㄟˋㄍㄨㄥㄦ 적당하다.적합하다.
[對空導彈] tuìk'ūng-tăotàn ㄉㄨㄟˋㄎㄨㄥㄉㄠˇㄉㄢˋ 대공 미사일(missile). 대공 유도탄.
[對過(兒)] tuìkuò(rh) ㄉㄨㄟˋㄍㄨㄛˋ(ㄦ) 맞은 편.건너 편.「正一；바로 앞.바로 맞대다」
[對壘] tuìlĕi ㄉㄨㄟˋㄌㄟˇ 양군이 서로 대치(對峙)하다.
[對聯] tuìlién ㄉㄨㄟˋㄌㄧㄢˊ 대련:한 쌍의 글귀를 써서 응접실 또는 입구에 붙이는 족자 따위.
[對臉(兒)] tuìliĕn(rh) ㄉㄨㄟˋㄌㄧㄢˇ(ㄦ) 대면하다.얼굴을 마주 보다.
[對路] tuìlù ㄉㄨㄟˋㄌㄨˋ ①용도에 적합하다.②기호에 맞다.성미에 맞다.
[對罵] tuìmà ㄉㄨㄟˋㄇㄚˋ 서로 욕하다. =相罵.
[對門(兒)] tuìmén(rh) ㄉㄨㄟˋㄇㄣˊ(ㄦ) =對過兒.
[對面(兒)] tuìmièn(rh) ㄉㄨㄟˋㄇㄧㄢˋ(ㄦ) ①마주 보다.맞대하다.「一擱着一張桌子；바로 정면에 한 개의 탁자가 놓여 있다」②대면하다.「跟他一商量吧 ；그와 직접 상면해서 의논하시오」 ③맞부닥치다.「二人打了個一；두 사람은 서로 바로 마주쳤다」
[對面炕] tuìmiènk'àng ㄉㄨㄟˋㄇㄧㄢˋㄎㄤˋ 마주 보게 설치된 아궁이
[對命] tuìmìng ㄉㄨㄟˋㄇㄧㄥˋ 목숨을 걸고.죽을 각오로.
[對牛彈琴] tuìníu t'ánch'ín ㄉㄨㄟˋㄋㄧㄡˊㄊㄢˊㄑㄧㄣˊ 쇠 귀에 거문고 뜯기.쇠 귀에 경 읽기.《成》
[對偶] tuìŏu ㄉㄨㄟˋㄡˇ ①대우. 문학 작품 중에서 음조가 조화되고 의미가 상대(相對)되며 자수(字數)가 같은 어구.② 배우(配偶).
[對白] tuìpái ㄉㄨㄟˋㄅㄞˊ (연극의) 대화(對話).
[對半(兒)] tuìpàn(rh) ㄉㄨㄟˋㄅㄢˋ(ㄦ) 절반.반분(半分).
[對保] tuìpăo ㄉㄨㄟˋㄅㄠˇ ①보증서와 대조하여 확인하다.②서로 보증하다.맞보증 서다.
[對本對利] tuìpĕn-tuìlì ㄉㄨㄟˋㄅㄣˇㄉㄨㄟˋㄌㄧˋ 원금과 같은 액수의 이자.
[對票] tuìp'iào ㄉㄨㄟˋㄆㄧㄠˋ ①보관증. ②tuì piào 어음 따위를 조사하다.
[對平] tuìp'íng ㄉㄨㄟˋㄆㄧㄥˊ ①천칭(天秤). ②고저 장단(高低長短)이 없이 꼭 맞추다.
[對不起] tuìpuch'ĭ ㄉㄨㄟˋㄅㄨㄑㄧˇ ①미안 하다.얼굴을 들 수 없다. ②미안합니다.↔對得已.
[對不住] tuìpuchù ㄉㄨㄟˋㄅㄨㄓㄨˋ =對不起.↔對得住.
[對兒] tuìrh ㄉㄨㄟˋㄦ ①=對聯. ②짝으로 된 물건을 세는 수사.「一一夫妻;한 쌍의 부부」③상대.적수(敵手).「沒一；적수가 없다」
[對賽] tuìsài ㄉㄨㄟˋㄙㄞˋ 경쟁하다.시합하다.
[對式] tuìshìh ㄉㄨㄟˋㄕˋ 적합하다. 알맞다.「一的房子；적당한 집」
[對視] tuìshìh ㄉㄨㄟˋㄕˋ 서로 응시하다. 서로 노리다.
[對事兒] tuìshìhrh ㄉㄨㄟˋㄕˋㄦ ①형편이 꼭 알맞다.②좋은 기회를 만나다.
[對手] tuìshŏu ㄉㄨㄟˋㄕㄡˇ ①(겨루는)상대.②적수가 될 만한 같은 정도의 사물.
[對答] tuìtá ㄉㄨㄟˋㄉㄚˊ ①대답하다.「一如流；술술 대답하다」②보답하다.
[對待] tuìtài ㄉㄨㄟˋㄉㄞˋ ①(사람을) 응대하다. ②(일에) 처하다.대하다.
[對調] tuìtiào ㄉㄨㄟˋㄉㄧㄠˋ 직무·지위를 교체시키다.「兩個人的職務一了；두 사람의 직무가 바뀌었다」
[對條(兒)] tuìt'iáo(rh) ㄉㄨㄟˋㄊㄧㄠˊ(ㄦ) =兌條兒.
[對點子] tuìtiĕntzŭ ㄉㄨㄟˋㄉㄧㄢˇㄗ 우연히 일치하다.
[對頭] tuìt'óu ㄉㄨㄟˋㄊㄡˊ ①결혼 상대. ②걸맞는 부부. ③말이 맞다.선후(先後)가 맞다. ④tuìt'ou 상대.적수.
[對嘴] tuìtsuĭ ㄉㄨㄟˋㄗㄨㄟˇ 말다툼하다.
[對對雙雙] tuìtuì-shuāngshuāng ㄉㄨㄟˋㄉㄨㄟˋㄕㄨㄤㄕㄨㄤ 쌍쌍이 되어 있는 모양.
[對子] tuìtzŭ ㄉㄨㄟˋㄗ ①=對聯.②(트럼프 따위의) 맞는 짝.
[對詞(兒)] tuìtz'ú(rh) ㄉㄨㄟˋㄘˊ(ㄦ) 대사(臺詞)를 맞추어 보다.
[對胃口] tuìwèik'ŏu ㄉㄨㄟˋㄨㄟˋㄎㄡˇ① 입에 맞다.구미에 맞다.②취미에 맞다. ③뜻이 맞다. 의기 투합하다.
[對樣] tuìyàng ㄉㄨㄟˋㄧㄤˋ 걸맞다.잘 어울리다.
[對眼] tuìyĕn ㄉㄨㄟˋㄧㄢˇ 눈에 들다. 마음에 맞다.
[對于] tuìyú ㄉㄨㄟˋㄩˊ …에 대하여.「一他的意見,我完全同意；그 사람 의견에 대하여 나는 전적으로 동의한다」 ②…

에 관하여.「一村裡的情形他很熟悉；마을 사정에 관하여 그는 대단히 밝다. ③…을 중심으로 생각하면.…에 있어서.

〔懟〕 tuì ㄉㄨㄟˋ ①원한(怨恨). ②원망하다.

T'UI ㄊㄨㄟ

〔推〕 t'uī ㄊㄨㄟ ①손으로 앞을 밀다.「一了他一把；그를 콱 밀었다」②기계 따위를 앞으로 밀며 일을 하다.「一刨子；대패질을 하다」「一頭；바리캉으로 머리를 깎다」③어떤 일의 진전이나 추진을 도모하다. 확장하다.「一動;추진하다」④추측하다, ⑤사퇴(辭退)하다.⑥말로 발뺌하다. 핑계하다. 책임 따위를 회피하다.「一病不到；병을 핑계 삼아 오지 않다」⑦기한을 연기하다.「今天一明天,究竟一到哪天算完？；하루하루씩 연기하여 도대체 언제면 끝을 맺을 것이냐?」 ⑧추천하다. 추거(推擧)하다.「公一一個人做代表；한 사람을 추천해 대표로 삼다」⑨칭찬하다. 추어 올리다.「一許；칭찬하여 추어 올리다」

[推誠] t'uīch'ěng ㄊㄨㄟㄔㄥˊ 성의를 가지고 사람에게 대하다.

[推陳出新] t'uīch'ěn ch'ūhsīn ㄊㄨㄟㄔㄣˊㄔㄨㄒㄧㄣ 낡은 데서 새로운 것을 창조해 내다.《成》

[推己及人] t'uīchǐ chíjěn ㄊㄨㄟㄐㄧˇㄐㄧˊㄖㄣˊ 자기 마음에 비추어서 남을 생각해 주다.《成》.

[推究] t'uīchiū ㄊㄨㄟㄐㄧㄡ 깊이 구명(究明)하다.

[推却] t'uīchüèh ㄊㄨㄟㄑㄩㄝˋ 거절하다. 각하(却下)시키다.

[推崇] t'uīch'úng ㄊㄨㄟㄔㄨㄥˊ 우러러 존경하다.

[推重] t'uīchùng ㄊㄨㄟㄓㄨㄥˋ 중시(重視)하다. 중점을 두다.

[推翻] t'uīfān ㄊㄨㄟㄈㄢ ①이미 결정되어 있던 일을 뒤집어 엎다. 전복하다.

[推想] t'uīhsiǎng ㄊㄨㄟㄒㄧㄤˇ 추측하다. 추상하다.

[推銷] t'uīhsiāo ㄊㄨㄟㄒㄧㄠ 판로(販路)를 확대시키다. 판로를 넓히다.

[推卸] t'uīhsièh ㄊㄨㄟㄒㄧㄝˋ (책임이 있는데)거절하다. 받아 주지를 않다.「一責任；책임을 지지 않다」

[推心置腹] t'uīhsīn chìhfù ㄊㄨㄟㄒㄧㄣㄓˋㄈㄨˋ 상대편을 믿고 마음을 주다. 성의를 가지고 사람을 대하다.《成》

[推行] t'uīhsíng ㄊㄨㄟㄒㄧㄥˊ 밀고 나아가다.

[推許] t'uīhsǔ ㄊㄨㄟㄒㄩˇ 특별히 어떤 점을 들어서 칭찬을 하다.

[推讓] t'uījàng ㄊㄨㄟㄖㄤˋ 남에게 양도(讓渡)하다. 사퇴(辭退)하다.>推推讓讓.

[推開] t'uīk'ai ㄊㄨㄟㄎㄞ 밀어놓다. 밀어젖히다.「他一了飯盌；그는 주발을 밀쳤다」

[推乾淨] t'uīkānching ㄊㄨㄟㄍㄢㄐㄧㄥ 책임을 회피하다. 발뺌을 하려 하다.

[推故] t'uīkû ㄊㄨㄟㄍㄨˋ 구실로 삼아 거절하다.

[推廣] t'uīkuǎng ㄊㄨㄟㄍㄨㄤˇ 보급(普及)하다. 널리 퍼뜨리다.「一銷路；판로를 확대시키다」

[推聾裝啞] t'uīlúng-chuāngyǎ ㄊㄨㄟㄌㄨㄥˊㄓㄨㄤㄧㄚˇ 모르는 체하다.

[推磨] t'uīmò ㄊㄨㄟㄇㄛˋ 맷돌질을 하다.

[推拿] t'uīná ㄊㄨㄟㄋㄚˊ ①암마의 한 가지. ②암마를 하다. > 推推拿拿.

[推扳] t'uīpān ㄊㄨㄟㄅㄢ 서툴다. 열등하다. 나쁘다. ＝推班. 推板.

[推病] t'uīping ㄊㄨㄟㄅㄧㄥˋ 병을 핑계 삼다.

[推平頭] t'uī p'ingt'óu ㄊㄨㄟ ㄆㄧㄥˊㄊㄡˊ상고머리를 깎다.

[推波助瀾] t'uīpō-chùlán ㄊㄨㄟㄅㄛ ㄓㄨˋㄌㄢˊ 파란이 일어나는 것을 조장하다.《成》

[推搡] t'uīsǎng ㄊㄨㄟㄙㄤˇ ①힘차게 밀다. ②싫어하는 것을 강요하다. 推推搡搡.

[推三阻四] t'uīsān-tsǔssû ㄊㄨㄟㄙㄢ ㄗㄨˇㄙˋ 이러쿵저러쿵 구실로 삼아서 지연시키다. 핑계하여 거절하다.

[推說] t'uīshuō ㄊㄨㄟㄕㄨㄛ 말로 회피하다.「一沒有經費；경비가 없다고 핑계하다」

[推算] t'uīsuàn ㄊㄨㄟㄙㄨㄢˋ ①(사리에 맞도록)추측 탐구하다. ②(점장이가) 점괘를 보다. 점을 치다.

[推宕] t'uītàng ㄊㄨㄟㄉㄤˋ 구실로 삼아 끌어 나가다. > 推推宕宕.

[推倒] t'uītǎo ㄊㄨㄟㄉㄠˇ ①밀어 넘어뜨리다. ② 뒤집다.

[推托] t'uīt'ō ㄊㄨㄟㄊㄨㄛ ①구실로 삼아서 회피하다. ②추천하여 의뢰하다.

[推脫] t'uīt'ō ㄊㄨㄟㄊㄨㄛ (책임을) 회피하다.「一責任；책임을 회피하다」

[推躲] t'uītǒ ㄊㄨㄟㄉㄨㄛˇ 핑계를 하다.

[推度] t'uītò ㄊㄨㄟㄉㄨㄛˋ 추측하다.

[推土機] t'uīt'ǔchī ㄊㄨㄟㄊㄨˇㄐㄧ 불도우저(bulldozer).

[推動] t'uītùng ㄊㄨㄟㄉㄨㄥˋ ①밀어 움직이다. ②영향력을 주어서 움직이게 하다.

[推動機] t'uītùngchī ㄊㄨㄟㄉㄨㄥˋㄐㄧ 프로펠러(propeller).

[推子] t'uītzǔ ㄊㄨㄟㄗ 바리캉：머리 깎는 기계.

[推辭] t'uītzǘ ㄊㄨㄟㄘˊ 거절하다. 사퇴하다. > 推推辭辭.

[推諉] t'uīwěi ㄊㄨㄟㄨㄟˇ (책임을) 회피하다. 발뺌하다.「一責任；책임을 회피하다」> 推推諉諉.

[推延] t'uīyén ㄊㄨㄟㄧㄢˊ (기한을)연기하다.

[推衍] t'uīyěn ㄊㄨㄟㄧㄢˇ 널리 퍼뜨리다. 확장하다.

〔頹〕 t'uí ㄊㄨㄟˊ ①무너지다. 넘어지다.「一垣斷壁；무너진 담이나 벽. 파괴된 집」②퇴폐(頹廢)하다. 쓸모 없게 되다.

[頹廢] t'uífèi ㄊㄨㄟˊㄈㄟˋ ①건물이 무너져 파괴되다. ②(정신이나 기분이) 위축되어 활발치 못하다.

[頹然] t'uíján ㄊㄨㄟˊㄖㄢˊ 물리거나

낙심한 모양. 지쳐서 싫증이 난 모양.
[頹敗] t'uípài ㄊㄨㄟˊㄅㄞˋ 무너지다. 퇴폐하다.
[頹喪] t'uísàng ㄊㄨㄟˊㄙㄤˋ ①쇠퇴하다. ②낙심하다. 맥이 풀리다.
[頹唐] t'uít'áng ㄊㄨㄟˊㄊㄤˊ (정신이나 기분 따위가) 풀이 죽다. 용기가 나지 않다. 위축되다. >頹頹唐唐.

〔腿〕 t'uǐ ㄊㄨㄟˇ ①다리. ②「一兒; 기물(器物)의 다리」「桌子一兒; 책상다리」
[腿脚] t'uǐchiǎo ㄊㄨㄟˇㄐㄧㄠˇ 다리 힘.
[腿脚兒] t'uǐchiǎorh ㄊㄨㄟˇㄐㄧㄠˇㄦ 걸음걸이. 다리. 「一很靈活; 걸음걸이가 빠르다」
[腿勤] t'uǐch'ín ㄊㄨㄟˇㄑㄧㄣˊ 귀찮게 여기지 않고 잘 돌아 다니며 일을 보는 사람. 또는 그렇게 하는 일.
[腿勁兒] t'uǐchìnrh ㄊㄨㄟˇㄐㄧㄣˋㄦ 다리의 힘. 「盡一地跑; 전력을 다하여 달리다」
[腿根兒] t'uǐkēnrh ㄊㄨㄟˇㄍㄣㄦ 다리가 달려 있는 부분. 고관절(股關節).
[腿懶] t'uǐlǎn ㄊㄨㄟˇㄌㄢˇ 게으름을 피우다. 무성의하다.
[腿把子] t'uǐpǎtzǔ ㄊㄨㄟˇㄅㄚˇㄗ 다리: 고관절에서 발목까지.
[腿兒] t'uǐrh ㄊㄨㄟˇㄦ 안경테.
[腿子] t'uǐtzǔ ㄊㄨㄟˇㄗ 나쁜 사람의 하수인.
[腿肚子] t'uǐtùtzǔ ㄊㄨㄟˇㄊㄨˋㄗ 종아리.
[腿腕(子)] t'uǐwàn(tzǔ) ㄊㄨㄟˇㄨㄢˋㄗ 발목.

〔退〕 t'uì ㄊㄨㄟˋ ①후퇴하다. 물러나다. 「敵人已經一了; 적(敵)은 이미 퇴각했다」 ②떨어지다. 따로따로 되다. 사퇴(辭退)하다. 「一席; 퇴석하다」 ③반송(返送)하다. 받지 않다. 「一貨; 반품 하다」 ④바래다. 감소(減少)되다. 「一色; 빛이 바래다」
[退親] t'uìch'īn ㄊㄨㄟˋㄑㄧㄣ =退婚.
[退燒] t'uìshāo ㄊㄨㄟˋㄕㄠ 열이 내리다.
[退社] t'uìshè ㄊㄨㄟˋㄕㄜˋ 합작사(合作社)나 결사(結社) 따위에서 탈퇴하다.
[退休] t'uìhsiū ㄊㄨㄟˋㄒㄧㄡ ①사퇴하다. ②사직(辭職)하다.
[退後] t'uìhòu ㄊㄨㄟˋㄏㄡˋ 후퇴(後退)하다.
[退化] t'uìhuà ㄊㄨㄟˋㄏㄨㄚˋ ①퇴화(退化)하다. ②차츰차츰 타락(墮落)하다.
[退換] t'uìhuàn ㄊㄨㄟˋㄏㄨㄢˋ 산 물건을 도로 물리다.
[退回] t'uìhuí ㄊㄨㄟˋㄏㄨㄟˊ ①퇴거(退去)하다. ②도로 돌려 주다.
[退讓] t'uìjàng ㄊㄨㄟˋㄖㄤˋ 양보하다. >退退讓讓.
[退股] t'uìkǔ ㄊㄨㄟˋㄍㄨˇ 공동 출자(共同出資)에서 탈퇴하다. 공동 사업에서 손을 떼다. 주식에서 손을 떼다.
[退保] t'uìpǎo ㄊㄨㄟˋㄅㄠˇ 보증인(保證人)을 그만 두다.
[退票] t'uìp'iào ㄊㄨㄟˋㄆㄧㄠˋ ①부도 어음. ②표를 반환하다.
[退兵] t'uìpīng ㄊㄨㄟˋㄅㄧㄥ ①퇴각하는 군인. 후퇴병. ②군대를 후퇴시키다.
[退避三舍] t'uìpì sānshè ㄊㄨㄟˋㄅㄧˋ ㄙㄢㄕㄜˋ 상대를 두려워하여 멀리 피하다. 남에게 양보하는 비유. 《成》
[退步] t'uìpù ㄊㄨㄟˋㄅㄨˋ ①퇴보하다. ②양보하다.
[退身步兒] t'uìshēnpùrh ㄊㄨㄟˋㄕㄣㄅㄨˋㄦ 여지(餘地). 「留個一; 여지를 남겨 두다」
[退縮] t'uìsō ㄊㄨㄟˋㄙㄨㄛ ①후퇴하거나 위축하다. ②감퇴하다. >退退縮縮.
[退組] t'uìtsǔ ㄊㄨㄟˋㄗㄨˇ 서어클에서 탈퇴하다.
[退伍] t'uìwǔ ㄊㄨㄟˋㄨˇ 퇴역(退役)하다.
[退押] t'uìyā ㄊㄨㄟˋㄧㄚ ①저당물(抵當物)을 돌려 주다. ②보증을 거절하다. ③보증금을 돌려 주다.

〔蛻〕 t'uì ㄊㄨㄟˋ ①뱀이나 매미가 탈바꿈을 하다. 탈피(脫皮)하다. 허물을 벗다. ②탈피한 그 껍질. ③껍질이 벗겨지다.
[蛻化] t'uìhuà ㄊㄨㄟˋㄏㄨㄚˋ ①허물을 벗다. ②변질(變質)하다. ③부패 타락(腐敗墮落)하다. 「一分子; 타락 분자」
[蛻變] t'uìpièn ㄊㄨㄟˋㄅㄧㄢˋ 탈바꿈을 하다.

TUN ㄉㄨㄣ

〔惇〕 tūn ㄉㄨㄣ ①인품이 좋다. 독실하다. ②성실하다. 믿음직하다.

〔敦〕 tūn ㄉㄨㄣ ①인정이 많은. 정직한. ②마음 속으로. 진심으로. 「一聘; 정중(鄭重)히 초빙하다」
[敦請] tūnch'ǐng ㄉㄨㄣㄑㄧㄥˇ 정중하게 부탁을 하다.
[敦厚] tūnhòu ㄉㄨㄣㄏㄡˋ 성실하고 친절하다. 인정미(人情味)가 있다.
[敦睦] tūnmù ㄉㄨㄣㄇㄨˋ ①친밀하게 교제를 하다. 「一邦交; 국교(國交)를 친밀히 하다」 ②친밀하다.
[敦聘] tūnp'ìn ㄉㄨㄣㄆㄧㄣˋ 정중하게 초빙하다.

〔墩〕(礅) tūn ㄉㄨㄣ ①쌓아 올린 흙더미. ②「一子·一兒; 크고 둥그스름한 그루터기 나무나 석조물」「橋一; 교량의 초석(礎石)」 ③초목 따위의 무더기로 되거나 포기로 된 것을 세는 조수사. 「一一穀子; 한 메를 이루고 있는 무더기의 조」
[墩椅] tūnǐ ㄉㄨㄣㄧˇ 통처럼 둥그스름하게 되어 있는 의자. 원통형(圓筒型)의 의자.
[墩實] tūnshih ㄉㄨㄣㄕ ①토실토실하게 살찌다. ②팽팽하다.
[墩布] tūnpù ㄉㄨㄣㄅㄨˋ 긴 자루가 달린 걸레. 몹(mop).
[墩頭] tūnt'ou ㄉㄨㄣㄊㄡ 통나무 의자나 받침대.
[墩子] tūntzǔ ㄉㄨㄣㄗ 통나무 도마: 통나무를 썰어서 만든 칼도마.

〔噸〕(吨) tūn ㄉㄨㄣ ①중량의 단위로 톤(1000kg). ②선박의 적재량의 단

위. 톤.

[噸位] tūnwèi ㄉㄨㄣㄨㄟˋ 배의 하물 적재량의 용적 단위(容積單位).

〔蹲〕 tūn ㄉㄨㄣ 〈文〉 ts'ún (궁둥이를 땅에 대지 않고)앉다. 웅크리고 앉다. 허리를 구부리다. 「他一下休息一會兒, 可決不坐下; 그는 웅크리고 앉아서 한참 동안 쉬기는 하지만 절대로 주저 앉아 있지는 않는다」 ②일하지 않고 빈둥빈둥하다. 「大家都要工作, 不能再一在家裏了; 모두 일해야만 하는 때에 더욱 집에서 빈둥빈둥 놀고만 있을 수는 없다」 ⇨ts'ún.

[蹲脚] tūnchiǎo ㄉㄨㄣㄐㄧㄠˇ 내려 뛰어서 발을 삐다.

[蹲伏] tūnfú ㄉㄨㄣㄈㄨˊ 엎드려 웅크리고 앉다.

[蹲下] tūnhsia ㄉㄨㄣㄒㄧㄚ 허리를 구부리다. 웅크리다.

[蹲籬笆子] tūn lípatzǔ ㄉㄨㄣ ㄌㄧˊㄅㄚㄗ 감옥에 들어가다. 영창 신세가 되다.

[蹲獸] tūnshòu ㄉㄨㄣㄕㄡˋ 지붕에 장식하는 짐승 모양의 토기. 잡상(雜像).

[蹲點] tūntiěn ㄉㄨㄣㄉㄧㄢˇ (일반과 개별 이론과 실제를 결합하는 지도 방법으로)중공에 있어서 지도적 간부가 인민공사나 공장 따위의 말단 조직체에 일정한 기간 동안 깊이 파고 들어가서 구체적인 문제를 실천에 의하여 해결하는 일.

[蹲膘兒] tūnpiāorh ㄉㄨㄣㄅㄧㄠㄦ 일도 안하고 잘 먹어서 살찐 사람. 놀고 잘 먹어서 뚱뚱하게 살찐 사람.

[蹲獄] tūnyǜ ㄉㄨㄣㄩˋ 감옥 생활을 하다. 옥중 신세를 지다.

〔蹾〕 tūn ㄉㄨㄣ 거칠게 집어 던지듯이 놓다. 마구 놓다.

〔盹〕 tǔn ㄉㄨㄣˇ 눈이 어지럽다. 눈에 맥이 없다. 졸다. 「一兒; 앉아서 졺」 「打一兒; 앉아서 졸다」

〔躉〕 tǔn ㄉㄨㄣˇ ①(수량적으로) 갖추다. 정리하다. 「一賣; 도매하다」 ②한꺼번에 사들이다. 대대적으로 사들이다. 「一貨; 상품(商品)을 몽뚱그려 사들이다」

[躉價] tǔnchià ㄉㄨㄣˇㄐㄧㄚˋ 도매 가격.

[躉船] tǔnch'uán ㄉㄨㄣˇㄔㄨㄢ 배나 창고에 짐을 싣고 내리기 위하여, 또는 승객의 승강용으로 사용하기 위하여 놓는 부잔교(浮棧橋)나 잔교(棧橋).

[躉發] tǔnfā ㄉㄨㄣˇㄈㄚ 도매하다.

[躉戶] tǔnhù ㄉㄨㄣˇㄏㄨˋ 도매상 또는 도매하는 사람.

[躉貨] tǔnhuò ㄉㄨㄣˇㄏㄨㄛˋ 물건을 한꺼번에 사들이다. 상품을 대량으로 사들이다.

[躉賣] tǔnmài ㄉㄨㄣˇㄇㄞˋ 도매하다.

[躉批] tǔnp'ī ㄉㄨㄣˇㄆㄧˋ ①도매 (都賣). 「一出賣; 도매하다」 ②도매하다.

[躉售] tǔnshòu ㄉㄨㄣˇㄕㄡˋ ＝躉賣.

〔囤〕 tùn ㄉㄨㄣˋ 곡식 따위를 저장하는 우리나 작은 곳간 : 대나 갈 따위로 만듦. ⇨t'ún.

[囤積] tùnchī ㄉㄨㄣˋㄐㄧ 저장하여 두다.

[囤圈] tùnch'üān ㄉㄨㄣˋㄑㄩㄢ 삿자리 따위로 우리를 만들어서 곡식을 넣어 두는 곳. 곡식 우리.

〔砘〕 tùn ㄉㄨㄣˋ ①「一子; 파종을 하고 그 위를 다지는데 쓰는 돌로 만든 도구」 ②이상의 것을 사용하여 흙을 다지다. 「一土; 흙을 다지다」

〔盾〕 tùn ㄉㄨㄣˋ 방패.

[盾牌] tùnp'ái ㄉㄨㄣˋㄆㄞˊ 방패.

〔鈍〕 tùn ㄉㄨㄣˋ ①칼 따위가 무디다. 잘 들지 않다. 「這把小刀子眞一; 이 조그마한 칼은 전연 안 들다」 ②머리의 활동이나 동작 따위가 둔하다. 「腦筋遲一; 머리가 둔하다. 머리의 활동이 둔하다」

[鈍漢] tùnhàn ㄉㄨㄣˋㄏㄢˋ 둔한 사람. 얼빠진 사람.

〔頓〕 tùn ㄉㄨㄣˋ

[頓足] tùntsú ㄉㄨㄣˋㄗㄨˊ 발을 동동 구르다.

〔遁〕(遯) tùn ㄉㄨㄣˋ 도망치다. 「一去; 도망가다」

[遁迹] tùnchì ㄉㄨㄣˋㄐㄧˋ 행방을 감추다. 자취를 감추다.

[遁北] tùnpěi ㄉㄨㄣˋㄅㄟˇ 패주(敗走)하다.

[遁逃] tùnt'áo ㄉㄨㄣˋㄊㄠˊ 피해서 도망가다.

[遁藏] tùnts'áng ㄉㄨㄣˋㄘㄤˊ 도망쳐 숨다.

[遁辭] tùntz'ú ㄉㄨㄣˋㄘˊ 관계나 책임을 회피하려고 억지로 꾸며서 하는 말.

〔撉〕 tùn ㄉㄨㄣˋ 갑자기 힘차게 당기다. ＝扽(tèn).

〔燉〕(炖) tùn ㄉㄨㄣˋ ①(액체 따위를 천천히)데우다. 뜨겁게 하다. 「一酒; 술을 데우다」 ②식품(食品)을 약한 불에 끓이다. 「一肉; 약한 불에 고기를 잘 삶다. 고기 스튜우(stew)를 만들다」

[燉肉] tùnjòu ㄉㄨㄣˋㄖㄡˋ ①약한 불에 잘 삶은 고기. 「誰掉眼淚誰吃一, 我都知道; 누가 슬퍼하고 누가 즐거워하는지 나는 다안다」 ②tùn jòu 고기를 약한 불에 잘 삶다. 고기를 약한 불에 천천히 잘 끓이다.

T'UN ㄊㄨㄣ

〔呑〕 t'ūn ㄊㄨㄣ ①(딱딱한 것을 씹지 않고) 삼키다. ②참고 견디다. 「忍氣一聲; 목소리를 죽이고 참다. 소리를 내지 않고 참고 견디다」

[呑吃] t'ūnch'īh ㄊㄨㄣㄔ ①착복하다. 횡령하다. 「一公款; 공금을 횡령하다」 ②입을 크게 벌리고 급히 먹다.

[呑金] t'ūnchīn ㄊㄨㄣㄐㄧㄣ 돈을 착복하고 자살하다.

[呑脊獸] t'ūnchǐshòu ㄊㄨㄣㄐㄧˇㄕㄡˋ 지

봉의 용마루에 얹는 용수형(龍首型)의 토기. 용두(龍頭).
[呑服] t'ūnfú ㄊㄨㄣㄈㄨˊ (약을) 통째로 삼키다.
[呑口] t'ūnk'ǒu ㄊㄨㄣㄎㄡˇ 검(劍)의 날밑. 칼자루와 칼날 사이에 있는 쇠테.
[呑摟] t'ūnlōu ㄊㄨㄣㄌㄡ 금전이나 재물을 착복하다.
[呑沒] t'ūnmò ㄊㄨㄣㄇㄛˋ 횡령(橫領)하다.
[呑幷] t'ūnpìng ㄊㄨㄣㄅㄧㄥˋ 병탄(倂呑)하다.
[呑食] t'ūnshíh ㄊㄨㄣㄕˊ ①삼키다. ②병탄(倂呑)하다.
[呑噬] t'ūnshìh ㄊㄨㄣㄕˋ ①대량으로 삼키다. ②부정한 수단으로 남의 것을 점유(占有)하다.
[呑吐] t'ūnt'ǔ ㄊㄨㄣㄊㄨˇ ①(숨을) 들이쉬다 내쉬다 하다. ②(말을) 더듬다. >呑呑吐吐.
[呑雲吐霧] t'ūnyún-t'ǔwù ㄊㄨㄣㄩㄣˊㄊㄨˇㄨˋ 담배나 아편을 한창 피우고 있는 모양. «成»

〔屯〕 t'ún ㄊㄨㄣˊ ①모으다. 저축하다. 「一糧 ; 식량을 저축하다」 ②주둔하다. 「一兵 ; 군대가 주둔하다」 ③「一子 一兒 ; 촌락」
[屯紮] t'únchá ㄊㄨㄣˊㄓㄚˊ 주둔하다.
[屯積] t'únchī ㄊㄨㄣˊㄐㄧ 저장해 두다. 물건을 많이 사서 저장해 두다.
[屯聚] t'únchǜ ㄊㄨㄣˊㄐㄩˋ 모이다. 떼지어 모이다.

〔囤〕 t'ún ㄊㄨㄣˊ 저장(貯藏)하다. 창고에 저장하다. 「一貨 ; 물품을 매점(買占)해 두고 값이 오르기를 기다리다」 ⇨ tùn.
[囤積] t'únchī ㄊㄨㄣˊㄐㄧ ①저장하여 두다. ②사서 많이 쌓아 두다. 「一居奇 ; 많이 사서 저장해 두고 값이 오르기를 기다림」
[囤苗] t'únmiáo ㄊㄨㄣˊㄇㄧㄠˊ 묘목을 묘상(苗床)에서 꺼내어 하루 이틀 방치했다가 다시 심는 일.

〔豚〕 t'ún ㄊㄨㄣˊ 돼지 새끼. 새끼 돼지.
[豚鼠] t'ūnshǔ ㄊㄨㄣˊㄕㄨˇ 〈動〉 마르모트(네marmot). 마아못

〔臀〕 t'ún ㄊㄨㄣˊ 엉덩이. 볼기.

〔氽〕 t'ǔn ㄊㄨㄣˇ 뜨다. 물 따위에서 떠 오르다. 「木頭在水上一 ; 나무가 물 위에 뜨다」

〔褪〕 t'ùn ㄊㄨㄣˋ ①(몸을 웅크리고) 뽑다. 벗다. 끄르다. 「狗一了套跑了 ; 개가 밧줄을 끄르고 달아나다」 ②안에 끌어 들이어 숨기다. 「把手一在袖子裏 ; 손을 소매 안에 넣다」 「袖子裏一着一封信 ; 소매 안에 편지를 넣고 있다」 ③빛이 바래다.
[褪下] t'ùnhsia ㄊㄨㄣˋㄒㄧㄚ 벗다. 「把袖子一 ; 소매를 벗다」
[褪色] t'ùnsè ㄊㄨㄣˋㄙㄜˋ 빛이 바래다. 퇴색하다.
[褪手] t'ùn shǒu ㄊㄨㄣˋ ㄕㄡˇ 손을 팔소매 안에 넣다.

TUNG　ㄉㄨㄥ

〔冬〕(鼕②) tūng ㄉㄨㄥ ①겨울. ②둥둥 : 북소리.
[冬節] tūngchiéh ㄉㄨㄥㄐㄧㄝˊ 동지(冬至).
[冬青] tūngch'īng ㄉㄨㄥㄑㄧㄥ 〈植〉감탕나무.
[冬季天兒] tūngchì t'iēnrh ㄉㄨㄥㄐㄧˋ ㄊㄧㄢㄦ 동기(冬期). 추운 계절.
[冬裝] tūngchuāng ㄉㄨㄥㄓㄨㄤ 겨울의 복장(服裝).
[冬防] tūngfáng ㄉㄨㄥㄈㄤˊ 동절의 치안 방위.
[冬修] tūnghsiū ㄉㄨㄥㄒㄧㄡ 겨울 농한기에 농기구를 수리하는 일.
[冬學] tūnghsüéh ㄉㄨㄥㄒㄩㄝˊ 겨울 농한기에 농민에게 글을 가르치거나 상식 교육을 실시하는 것.
[冬烘] tūnghūng ㄉㄨㄥㄏㄨㄥ 사고 방식이 뒤떨어지고 사리를 모르는 사람을 놀리는 말.
[冬衣] tūngī ㄉㄨㄥㄧ 동복(冬服).
[冬耕] tūngkěng ㄉㄨㄥㄍㄥ 동기 경작.
[冬菇] tūngkū ㄉㄨㄥㄍㄨ 〈植〉 표고
[冬瓜] tūngkua ㄉㄨㄥㄍㄨㄚ 〈植〉 동과. 동아 : 박과에 속하는 1년생 만초 ; 타원형의 과실이 열며 맛이 좋음.
[冬令] tūnglìng ㄉㄨㄥㄌㄧㄥˋ ①동계(冬季). ②겨울의 날씨.
[冬扇夏爐] tūngshàn-hsiàlú ㄉㄨㄥㄕㄢˋㄒㄧㄚˋㄌㄨˊ 무용지물(無用之物). «成»
[冬筍] tūngsǔn ㄉㄨㄥㄙㄨㄣˇ 〈植〉 가는 대나무의 죽순 : 이른 봄에 땀
[冬天] tūngt'ien ㄉㄨㄥㄊㄧㄢ 겨울.
[冬菜] tūngts'ai ㄉㄨㄥㄘㄞ 단지에 절인 야채 : 육류 등으로 볶아 먹음.
[冬腿] tūngt'uǐ ㄉㄨㄥㄊㄨㄟˇ 겨울철에 만든 햄.
[冬冬] tūngtūng ㄉㄨㄥㄉㄨㄥ 둥둥. 동동 : 북 소리.
[冬子月] tūngtzǔyüèh ㄉㄨㄥㄗㄩㄝˋ ＝「冬月.
[冬芽] tūngyá ㄉㄨㄥㄧㄚˊ 겨울 동안 싹을 보호하고 있는 식물의 외피(外皮).
[冬月] tūngyüèh ㄉㄨㄥㄩㄝˋ 음력 11월 : 동지달.
[冬瘟] tūngwěn ㄉㄨㄥㄨㄣ 겨울 유행병.

〔東〕 tūng ㄉㄨㄥ ①동(東). 동쪽. ②주인. 주인역(主人役). 「今天我做一吧 ; 오늘은 내가 한턱 내지요」
[東摘西借] tūngchāi-hsīchièh ㄉㄨㄥㄓㄞㄒㄧㄐㄧㄝˋ 이리저리 돈을 꾸며 돌아다니다. «成»
[東張西望] tūngchāng-hsīwàng ㄉㄨㄥㄓㄤㄒㄧㄨㄤˋ 불안하여 두리번거리다. «成»
[東抄西湊] tūngch'āo-hsīts'òu ㄉㄨㄥㄔㄠㄒㄧㄘㄡˋ 여기저기서 문장을 선집(選集)하다. «成»
[東扯西拉] tūngch'ě-hsīlā ㄉㄨㄥㄔㄜˇㄒㄧㄌㄚ ＝東拉西扯.
[東家] tūngchía ㄉㄨㄥㄐㄧㄚˊ ①주인. ②

자본주(資本主). 전주(錢主). ③지주(地主).
[東抓西抓] tūngchuā-hsīchuā ㄉㄨㄥㄓㄨㄚㄒㄧㄓㄨㄚ 닥치는 대로 물건을 잡아 쥐다.《成》
[東闖西蕩] tūngch'uǎng-hsītàng ㄉㄨㄥㄔㄨㄤˇㄒㄧㄉㄤˋ 이리저리 방랑하다. 정처 없이 돌아 다니다.《成》
[東風] tūngfēng ㄉㄨㄥㄈㄥ ①동풍. ②사회주의 진영의 세력.
[東風吹馬耳] tūngfēng ch'uī máěrh ㄉㄨㄥㄈㄥ ㄔㄨㄟ ㄇㄚˊㄦˇ 마이동풍(馬耳東風).《成》
[東扶西倒] tūngfú-hsītǎo ㄉㄨㄥㄈㄨˊㄒㄧㄉㄠˇ 여기저기서 고장이 생겨 융접할 겨를이 없다.《成》
[東西] tūnghsi ㄉㄨㄥㄒㄧ ①물건. ②놈. ③tūnghsī 동쪽과 서쪽.
[東成西就] tūngch'ěng-hsīchiù ㄉㄨㄥㄔㄥˊㄒㄧㄐㄧㄡˋ 만사가 잘 되어가다.《成》
[東夥] tūnghuǒ ㄉㄨㄥㄏㄨㄛˇ 주인과 점원. 주인과 고용인.「老東老夥; 장기간의 주인과 고용인과의 관계」
[東一句, 西一句] tūng íchǜ, hsī íchǜ ㄉㄨㄥ ㄧˊㄐㄩˋㄒㄧ ㄧˊㄐㄩˋ 말의 순서가 제대로 되어 있지 않은 모양.
[東一頭, 西一頭] tūng ít'óu, hsī ít'óu ㄉㄨㄥ ㄧˊㄊㄡˊㄒㄧ ㄧˊㄊㄡˊ 여기저기. 이곳저곳.「一地借; 여기저기서 꾸어 가며 돌아 다니다」「一地問; 이곳 저곳으로 찾아 다니다」
[東瓜] tūngkua ㄉㄨㄥㄍㄨㄚ ＝冬瓜.
[東拉西扯] tūnglā-hsīch'ě ㄉㄨㄥㄌㄚㄒㄧㄔㄜˇ ①이곳 저곳에서 잡아 당기다. 빈둥대다. ②말이 질서가 없어 요령을 잡지 못하는 모양. ③이러쿵저러쿵 말이 많다.《成》
[東鱗西爪] tūnglín-hsīchǎo ㄉㄨㄥㄌㄧㄣˊㄒㄧㄓㄠˇ 물건이 흩어져 정리되어 있지 않은 모양.《成》
[東零西碎] tūnglíng-hsīsuì ㄉㄨㄥㄌㄧㄥˊㄒㄧㄙㄨㄟˋ 이리저리 흩어져 있는 모양.《成》
[東面(兒)] tūngmien(rh) ㄉㄨㄥㄇㄧㄢ(ㄦ) 동쪽.
[東拿西湊] tūngná-hsīts'òu ㄉㄨㄥㄋㄚˊㄒㄧㄘㄡˋ 여기 저기에서 긁어 모으다.
[東跑西顚] tūngp'ǎo-hsītiēn ㄉㄨㄥㄆㄠˇㄒㄧㄉㄧㄢ 이리저리로 바삐 뛰어 돌아다니다. 동분서주하다.《成》
[東跑西竄] tūngp'ǎo-hsīts'uàn ㄉㄨㄥㄆㄠˇㄒㄧㄘㄨㄢˋ ①이리저리 뛰어 돌아 다니다. ②사방으로 도망치다.
[東北] tūngpěi ㄉㄨㄥㄅㄟˇ 원래의 만주지방. 동북방.
[東奔西逃] tūngpēn-hsīt'áo ㄉㄨㄥㄅㄣㄒㄧㄊㄠˊ 이리저리로 도망쳐 다니다.《成》
[東邊(兒)] tūngpien(rh) ㄉㄨㄥㄅㄧㄢ(ㄦ) 동방(東方). 동쪽.
[東拼西湊] tūngp'īn-hsīts'òu ㄉㄨㄥㄆㄧㄣㄒㄧㄘㄡˋ 이리저리 변통하여 걷어 모으다.《成》
[東不成, 西不成] tūngpuch'éng, hsīpuch'éng 이것 저것 모두가 잘 이루어지지 않다. 이일 저일이 잘 되지 않다.《成》
[東兒] tūngrh ㄉㄨㄥㄦ 초대자.「我今天來做個一; 오늘 너에게 한턱 내마」
[東山再起] tūngshān tsàich'ǐ ㄉㄨㄥㄕㄢ ㄗㄞˋㄑㄧˇ 다시. 제패(制覇)를 기도하다. 재기(再起)를 계획하다.《成》
[東施效顰] tūngshīh hsiàop'ín ㄉㄨㄥㄕ ㄒㄧㄠˋ ㄆㄧㄣˊ 자기의 장단점을 고려하지 않고 덮어 놓고 남하는 대로 하다.《成》
[東說西說] tūngshuō-hsīshuō ㄉㄨㄥㄕㄨㄛㄒㄧㄕㄨㄛ ①여기 가서도 말하고 저기 가서도 말하다. ②말을 바꾸어서 이러쿵저러쿵 이야기하다.《成》
[東道] tūngtào ㄉㄨㄥㄉㄠˋ 주인. 주인역. ＝東道主.
[東倒西歪] tūngtǎo-hsīwāi ㄉㄨㄥㄉㄠˇㄒㄧㄨㄞ ①기울어져 넘어가고 있는 모양. 영락하는 모습. ②쓰러질듯 비틀거리는 모양.《成》
[東頭(兒)] tūngt'ou(rh) ㄉㄨㄥㄊㄡˊ(ㄦ) 동쪽 막바지. 동쪽 끝.
[東渡] tūngtù ㄉㄨㄥㄉㄨˋ 일본에 가다. 일본을 방문하다.
[東塗西抹] tūngt'ú hsīmǒ ㄉㄨㄥㄊㄨˊㄒㄧㄇㄛˇ 난잡하게 쓰다. 여기저기 낙서를 하다.
[東洋] tūngyáng ㄉㄨㄥㄧㄤˊ 일본.「一貨; 일본 제품」「一人; 일본인」
[東搖西擺] tūngyáo-hsīpǎi ㄉㄨㄥㄧㄠˊㄒㄧㄅㄞˇ 이리빈둥 저리빈둥. 비틀비틀.

〔咚〕 tūng ㄉㄨㄥ 둥둥. 쿵쿵.「一一; 쿵쿵하는 소리: 북 소리나 계단을 오르내리는 소리」

〔董〕 tǔng ㄉㄨㄥˇ ①감독하다. 관리하다. ②"董事"의 준말.
[董事] tǔngshih ㄉㄨㄥˇㄕ 취체역(取締役). 이사(理事).「一長; 대표 취체역. 이사장」「常務一; 상무 취체역. 상무이사」「一會; 중역회의. 이사회의」

〔懂〕 tǔng ㄉㄨㄥˇ 이해하다. 양해하다. 알다.「一看就一了; 잠깐 보고 곧 알았다」
[懂行] tǔngháng ㄉㄨㄥˇㄏㄤˊ 장사(商業)·기술·골동품(骨董品) 따위에 지식이 밝다.
[懂門兒] tǔngménrh ㄉㄨㄥˇㄇㄣˊㄦ ①일에 대하여 잘 알다. ②요령이 있다.
[懂事] tǔngshìh ㄉㄨㄥˇㄕˋ 일을 분별하다.「不一的人; 일을 분별하지 못하는 사람」
[懂得] tǔngtê ㄉㄨㄥˇㄉㄜ 이해하고 있다. 알고 있다.
[懂眼] tǔngyěn ㄉㄨㄥˇㄧㄢˇ 수련된 사람. 물품에 대한 지식이 있는 사람.

〔洞〕 tùng ㄉㄨㄥˋ ①「一兒; 구멍」「衣服破了一個一兒; 의복에 구멍이 하나 뚫어졌다」②동굴.「山一; 굴(터널)」③확실히. 투철히.「一鑒; 간파하다」
[洞徹] tùngch'è ㄉㄨㄥˋㄔㄜˋ 막힘 없이 통한. 환이 통한 모양. 확실히 깨달은 모양. 통철.
[洞見] tùngchièn ㄉㄨㄥˋㄐㄧㄢˋ 간파하다.「一癥結; 숨겨져 있는 문제점을 알아 내다」
[洞鑒] tùngchièn ㄉㄨㄥˋㄐㄧㄢˋ 확실히. 투철히.

[洞燭其奸] tùngchúch'íchiēn ㄉㄨㄥˋㄓㄨˊㄑㄧˊㄐㄧㄢ 상대편의 음모를 알아 채다.<成>
[洞房] tùngfáng ㄉㄨㄥˋㄈㄤˊ 신혼 부부의 방.신방.
[洞悉] tùnghsī ㄉㄨㄥˋㄒㄧ 자세히 알다.
[洞簫] tùnghsiāo ㄉㄨㄥˋㄒㄧㄠ 〈樂〉퉁소의 일종.
[洞曉] tùnghsiǎo ㄉㄨㄥˋㄒㄧㄠˇ 확실히 알다.
[洞若觀火] tùngjòkuānhuǒ ㄉㄨㄥˋㄖㄨㄛˋㄍㄨㄢㄏㄨㄛˇ 불을 보는 것같이 명확하다.<成>
[洞口] tùngk'ǒu ㄉㄨㄥˋㄎㄡˇ 구멍의 입구.동굴의 입구.
[洞孔] tùngk'ǔng ㄉㄨㄥˋㄎㄨㄥˇ 구멍.
[洞兒] tùngrh ㄉㄨㄥˋㄦ 구멍.「挖了個一；구멍을 파다」
[洞身] tùngshēn ㄉㄨㄥˋㄕㄣ 갱도(坑道).
[洞達] tùngtá ㄉㄨㄥˋㄉㄚˊ 명확히 알다. 철저하게 이해하다.통달하다.
[洞天福地] tùngtiēn-fútì ㄉㄨㄥˋㄊㄧㄢㄈㄨˊㄉㄧˋ 선경(仙境).
[洞子] tùngtzǔ ㄉㄨㄥˋㄗ 움.지하실.「一貨；온실의 물건」

〔恫〕 tùng ㄉㄨㄥˋ「一嚇；놀라게 하다」

〔垌〕 tùng ㄉㄨㄥˋ 논밭.

〔峒〕 tùng ㄉㄨㄥˋ 산에 있는 동굴. 암굴(岩窟).

〔硐〕 tùng ㄉㄨㄥˋ 광산의 갱. 광갱(鑛坑).

〔凍〕 tùng ㄉㄨㄥˋ ①얼다.「一冰了；얼음이 얼었다」②「一子·一兒；액체가 얼어서 덩어리처럼 되거나 또는 젤리 같은 상태로 되어 있는 것」「肉一兒；고기를 조린 국물이 엉겨 굳어진 것」③얼리다. 차가와지다.「眞一得慌；정말 으스스하게 춥다」
[凍瘡] tùngch'āng ㄉㄨㄥˋㄔㄤ 동상.
[凍僵] tùngchiāng ㄉㄨㄥˋㄐㄧㄤ 추위로 손이 곱아지다.
[凍膠] tùngchiāo ㄉㄨㄥˋㄐㄧㄠ 젤리(jelly).
[凍腫] tùngchǔng ㄉㄨㄥˋㄓㄨㄥˇ 동상에 걸리다.
[凍肉] tùngjòu ㄉㄨㄥˋㄖㄡˋ 냉동육(冷凍肉). 냉동시킨 고기.
[凍凌] tùnglíng ㄉㄨㄥˋㄌㄧㄥˊ 얼음문(紋). 비단 같은 무늬의 살얼음.
[凍鈴鐺] tùnglíngtang ㄉㄨㄥˋㄌㄧㄥˊㄉㄤ 고드름.
[凍木] tùngmù ㄉㄨㄥˋㄇㄨˋ 추위서 움직이지 못하게 되다.「手都一了；손이 꽁꽁 얼어서 움직일 수 없게 되었다」
[凍餒] tùngněi ㄉㄨㄥˋㄋㄟˇ 추위와 굶주림.
[凍破] tùngp'ò ㄉㄨㄥˋㄆㄛˋ ①추위로 파열되다.②추위로 터져 갈라지다. 손발이 트다.
[凍冰] tùngpīng ㄉㄨㄥˋㄅㄧㄥ 얼음이 얼다.
[凍兒] tùngrh ㄉㄨㄥˋㄦ 얼어서 덩어리가 되거나 엉겨 굳어지다.
[凍上] tùngshang ㄉㄨㄥˋㄕㄤ 얼어 붙다.「河都一了；하천이 죄다 얼어 붙었다」
[凍石] tùngshíh ㄉㄨㄥˋㄕˊ 납석(蠟石).
[凍手凍脚] tùngshǒu-tùngchiǎo ㄉㄨㄥˋㄕㄡˇㄉㄨㄥˋㄐㄧㄠˇ 몹시 추운 모양.<成>
[凍豆腐] tùngtòufu ㄉㄨㄥˋㄉㄡˋㄈㄨ 언두부.
[凍子] tùngtzǔ ㄉㄨㄥˋㄗ ①젤리.②＝凍兒.
[凍紫] tùngtzǔ ㄉㄨㄥˋㄗˇ 얼어서 자색이 되다.
[凍雨] tùngyǔ ㄉㄨㄥˋㄩˇ 우박.

〔胴〕 tùng ㄉㄨㄥˋ ①몸통. ②큰창자. 대장(大腸).

〔動〕(动) tùng ㄉㄨㄥˋ ①움직이다. 옮기다. 「別一！；움직이지 말아라!」②움직이는 물건.「一物；동물」③변화하는 물건.④움직이다. 사용하다.「一腦筋；머리를 쓰다」⑤감동시키다. 느끼게 하다. 가슴을 울리다.「一人;사람을 감동시키다」⑥개시하다. 출발하다.「一工；일을 시작하다」⑦동사의 뒤에 붙어서 "움직이다·이동하다"라는 의미를 가짐.「搬不一；운반하지 못하다」⑧행동. 동작. 행위.「一擧一一；일거일동」 ⑨왕왕. 때때로.「參加游行者一以萬計； 데모에 참가하는 사람이 가끔 몇 만 명이나 된다」
[動輒] tùngchě ㄉㄨㄥˋㄓㄜˊ ＝動不動①.「一得咎；일거일동에 마구 꾸지람을 당하다」
[動針] tùngchēn ㄉㄨㄥˋㄓㄣ 바늘을 쓰다. 바느질을 하다.
[動氣] tùngch'ì ㄉㄨㄥˋㄑㄧˋ 화를 내다.
[動靜(兒)] tùngching(rh) ㄉㄨㄥˋㄐㄧㄥ(ㄦ) ①동태. 소식. 동정. ②물건의 소리.「一有一, 趕緊喊我！； 소리가 나면 곧 나를 부르시오」③변화. 변동.
[動情] tùngch'íng ㄉㄨㄥˋㄑㄧㄥˊ 연정을 느끼다.
[動火兒] tùnghǔorh ㄉㄨㄥˋㄏㄨㄛˇㄦ 벌컥 성내다.
[動轉] tùngchuǎn ㄉㄨㄥˋㄓㄨㄢˇ ①(몸을)움직이다.「沒有錢簡直不能一； 돈이 없어서 전혀 해볼 도리가 없다」②회전하다.
[動憤] tùngfěn ㄉㄨㄥˋㄈㄣˇ 분개하다.「動公憤；공분(公憤)에 넘치다」
[動撼] tùnghan ㄉㄨㄥˋㄏㄢ ①움직이다. ②(장시간 꼼짝 않고 있다가) 몸을 움직이다. 「我躺了整一天, 也該起來一了；나는 하루 종일 누워 있었으므로 일어나서 몸을 움직이지 않으면 안된다」
[動狠] tùnghěn ㄉㄨㄥˋㄏㄣˇ 무자비한 수단을 쓰다.
[動心] tùnghsīn ㄉㄨㄥˋㄒㄧㄣ 마음을 움직이다. 마음이 동요되다. 속으로 깜짝 놀라다. 심중이 막다른 곳을 헤매다.
[動刑] tùnghsíng ㄉㄨㄥˋㄒㄧㄥˊ 형구(刑具)를 사용하다. 고문하다.
[動心思] tùnghsīnssǔ ㄉㄨㄥˋㄒㄧㄣㄙ ①방법을 생각하다. 분별하다. ②마음이 움직이다. 마음이 끌리다.
[動凶] tùnghsiūng ㄉㄨㄥˋㄒㄩㄥ 흉포한 일을 하다.
[動畫] tùnghuà ㄉㄨㄥˋㄏㄨㄚˋ 만화영화.「一片；만화영화」
[動換] tùnghuan ㄉㄨㄥˋㄏㄨㄢ ＝動撼.

[動以萬計] tùngǐ wànchì ㄉㄨㄥˋ ㄧˇ ㄨㄢˋ ㄐㄧˋ 이따금 몇 만 명이 되다.
[動人] tùngjén ㄉㄨㄥˋ ㄖㄣˊ ①사람을 감동시키다. ②인사 이동을 시키다.
[動人心弦] tùngjénhsīnhsién ㄉㄨㄥˋ ㄖㄣˊ ㄒㄧㄣ ㄒㄧㄢˊ 사람의 마음을 흔들다.
[動容] tùngjúng ㄉㄨㄥˋ ㄖㄨㄥˊ ①온갖 행동의 표정. 거동. ②표정을 바꾸다. ③불쾌하고 노한 얼굴을 하다. ④욕망에 의해 용모를 바꾸다.
[動工] tùngkūng ㄉㄨㄥˋ ㄍㄨㄥ 기공하다.
[動量] tùngliàng ㄉㄨㄥˋ ㄌㄧㄤˋ ①운동량. ②동작의 회수나 시간.
[動魯] tùnglǔ ㄉㄨㄥˋ ㄌㄨˋ 폭력에 호소하다.
[動目] tùngmù ㄉㄨㄥˋ ㄇㄨˋ 사람의 주의를 끌다.
[動能] tùngnéng ㄉㄨㄥˋ ㄋㄥˊ 운동 에네르기.
[動怒] tùngnù ㄉㄨㄥˋ ㄋㄨˋ 갑자기 성을 내거나 흥분하다.
[動筆] tùngpǐ ㄉㄨㄥˋ ㄅㄧˇ 붓을 움직이다. 집필하다.
[動兵] tùngpīng ㄉㄨㄥˋ ㄅㄧㄥ 군대를 사용하다. 전투를 하다.
[動不動] tùngputùng ㄉㄨㄥˋ ㄅㄨ ㄉㄨㄥˋ ①자칫하면. 제 멋대로. 잘 …하기 쉽다. 「我哪能一就請假呢?; 제가 어찌하여 함부로 휴가를 얻겠읍니까?」「愛喝酒的人, 一就走進酒店裏去; 술을 좋아하는 사람은 술집에 들어 가기가 쉽다」 ②움직일 수 없다.
[動身] tùngshēn ㄉㄨㄥˋ ㄕㄣ 출발하다.
[動手動脚] tùngshǒu-tùngchiǎo ㄉㄨㄥˋ ㄕㄡˇ ㄉㄨㄥˋ ㄐㄧㄠˇ ①떠들어대다. ②완력을 호소하며 떠들어대는 모양. ③싸움을 걸거나 말참견을 하여 사람을 놀리다.
[動手兒] tùngshǒurh ㄉㄨㄥˋ ㄕㄡˇ ㄦ ①착수하다. ②사람을 때리다. 사람과 다투다. ③손을 대다.
[動態] tùngt'ài ㄉㄨㄥˋ ㄊㄞˋ ①변동 발전하는 상태. 동태. 「學界一; 학계의 동태」 ②움직이고 있을 때의 모습.
[動態度] tùng t'àitù ㄉㄨㄥˋ ㄊㄞˋ ㄉㄨˋ 강경한 태도를 취하다. 절도(節度) 있는 태도를 보이다.
[動彈] tùngt'an ㄉㄨㄥˋ ㄊㄢ ①몸을 움직이다. 「一不得; 몸의 움직임이 제대로 안되다」 ②일하다. 활동하다. 「他們不願意一; 그들은 움직이기를 싫어하다」
[動聽] tùngt'īng ㄉㄨㄥˋ ㄊㄧㄥ 이야기를 듣고 호감이 가다. 귀를 기울이게 하다.
[動定] tùngtìng ㄉㄨㄥˋ ㄉㄧㄥˋ 기거(起居). 일상 생활.
[動頭兒] tùngt'óurh ㄉㄨㄥˋ ㄊㄡˊ ㄦ ①시작. ②개시하다.
[動粗(兒)] tùngts'ū(rh) ㄉㄨㄥˋ ㄘㄨ(ㄦ) 거친 행동을 하다. 폭력을 쓰다.
[動土] tùngt'ǔ ㄉㄨㄥˋ ㄊㄨˇ 공사 관계로 흙을 파다. 토목 공사를 시작하다.
[動蕩] tùngtàng ㄉㄨㄥˋ ㄉㄤˋ 동요하다. 「政局一; 정국이 동요하다」>動動蕩蕩.
[動問] tùngwěn ㄉㄨㄥˋ ㄨㄣˋ ①방문하다. ②찾아 뵙겠읍니다.
[動窩兒] tùngwōrh ㄉㄨㄥˋ ㄨㄛ ㄦ ①이사하다. ②. 떠나다. 「你在這兒等着, 別一; 이곳에서 기다려라, 이곳을 떠나서는 안된다」
[動武] tùngwǔ ㄉㄨㄥˋ ㄨˇ ①무력을 사용하다. ②완력이나 칼부림을 하다.
[動搖] tùngyáo ㄉㄨㄥˋ ㄧㄠˊ ①(정상적 물건에 대하여) 동요하거나 불안정하다. ②동요하게 하거나 불안전하게 하다. >動動搖搖.
[動員] tùngyüán ㄉㄨㄥˋ ㄩㄢˊ ①(군대나 민중을) 동원하다. ②(어떤 목적을 가지도록, 어떤 일을 하도록) 설득하다. 교육하다.
[動用] tùngyùng ㄉㄨㄥˋ ㄩㄥˋ 사용하다. 「一公款; 공금을 사용하다」

〔棟〕(栋) tùng ㄉㄨㄥˋ ①동(棟). 채: 가옥을 세는데 쓰는 조수사.

〔腖〕 tùng ㄉㄨㄥˋ 「蛋白一(tànpái—); 젤라틴(gelatine)」

T'UNG ㄊㄨㄥ

〔通〕 t'ūng ㄊㄨㄥ ①통하다. 「條條大路一漢城; 모든 도로는 서울로 통하다」「這篇文章不一; 이 문장은 의미가 통하지 않다」 ②전하다. 알리다. 통지하다. 「一報; 통고하다. 전달하다」「一姓名; 성명을 알리다」 ③통상(通商)을 하다. 「一商; 통상」 ④모두. 전체. 전혀. 「一夜; 온밤중」「一紅; 진홍」 ⑤메워진 구멍을 뚫다. ⇨t'ùng.
[通場] t'ūngch'ǎng ㄊㄨㄥ ㄔㄤˇ (연극의) 전일장(全一場).
[通暢] t'ūngch'àng ㄊㄨㄥ ㄔㄤˋ ①쭉쭉 뻗는 모양. ②기분이 시원한 모양. ③조리가 밝아 환함.
[通車] t'ūngch'ē ㄊㄨㄥ ㄔㄜ ①직행 열차(直行列車). ②개통(開通)하다.
[通徹] t'ūngch'è ㄊㄨㄥ ㄔㄜˋ ①관철(貫徹)하다. ②어떤 일에 잘 통하다. 통철하다.
[通緝] t'ūngchī ㄊㄨㄥ ㄐㄧ 각 지방에 명령하여 체포하도록 수배하다. 「一令; 체포령」
[通竅] t'ūngch'iào ㄊㄨㄥ ㄑㄧㄠˋ 환하게 깨달아 알다. 통달하다.
[通奸] t'ūngchiēn ㄊㄨㄥ ㄐㄧㄢ 화간(和姦).
[通知] t'ūngchīh ㄊㄨㄥ ㄓ ①통지하다. ②통지. 통지서.
[通知單] t'ūngchīhtān ㄊㄨㄥ ㄓ ㄉㄢ (한 장의 종이에 쓴) 통지서. 통달서(通達書).
[通氣兒] t'ūngch'ìrh ㄊㄨㄥ ㄑㄧˋ ㄦ ①서로 기맥(氣脈)이 통하다. ②숨이 통하다. ③공기가 통하다.
[通權達變] t'ūngch'üán-tápièn ㄊㄨㄥ ㄑㄩㄢˊ ㄉㄚˊ ㄅㄧㄢˋ 정세(情勢)의 변화에 적응하다.
[通粉] t'ūngfěn ㄊㄨㄥ ㄈㄣˇ 통째로 빻은 밀가루.
[通風] t'ūngfēng ㄊㄨㄥ ㄈㄥ ①바람이 통하다. 바람을 통하게 하다. ②뉴우스가 누설되다.
[通航] t'ūngháng ㄊㄨㄥ ㄏㄤˊ 항로(航路)를 열다.

[通向] t'ūnghsiàng ㄊㄨㄥㄒㄧㄤˋ …에 통하다.
[通宵] t'ūnghsiāo ㄊㄨㄥㄒㄧㄠ 밤새도록. 온밤.「干了一一; 밤을 새워 했다」
[通心] t'ūnghsīn ㄊㄨㄥㄒㄧㄣ ①중심을 뚫다. ②가운데가 비고 둥글며 가늘고 긴 것을 말함.「一粉; 마카로니(macaroni):밀가루로 속이 비게 만든 서양식 국수」
[通行] t'ūnghsíng ㄊㄨㄥㄒㄧㄥˊ ①(사람이나 거마가)통행하다. ②널리 행하여지다.
[通宿兒] t'ūnghsiǔrh ㄊㄨㄥㄒㄧㄡˇㄦ ①철야. ②밤을 새다.
[通訊] t'ūnghsùn ㄊㄨㄥㄒㄩㄣˋ 통신 통신하다.「一員; ㉮명령 전달병. 전령(傳令). 연락병. ㉯(신문사 따위의)통신원. 관공서의 연락원」
[通訊員] t'ūnghsùnyüán ㄊㄨㄥㄒㄩㄣˋㄩㄢˊ ①기관의 연락원(連絡員). ②전달령(傳達令). 연락병. ③통신원(通信員).
[通火] t'ūnghuǒ ㄊㄨㄥㄏㄨㄛˇ ①재를 떨구어 불을 잘 붙게 하다. ②불을 휘젓다.
[通人] t'ūngjén ㄊㄨㄥㄖㄣˊ ①일에 통달된 사람. ②고금의 학문에 통한 사람.
[通融] t'ūngjung ㄊㄨㄥㄖㄨㄥ 융통하다. 융통이 되다.「新式農具不夠, 大家一 着使用; 신식 농구는 부족하여, 서로 융통하여 쓰다」
[通告牌] t'ūngkàop'ái ㄊㄨㄥㄍㄠˋㄆㄞˊ 게시판(揭示板).
[通咕] t'ūngku ㄊㄨㄥㄍㄨ ①낮은 목소리로 이야기하다. 소곤대다. ② 의논하러 오다.
[通款] t'ūngk'uǎn ㄊㄨㄥㄎㄨㄢˇ 적과 내통하다.
[通關節] t'ūng kuānchiéh ㄊㄨㄥㄍㄨㄢㄐㄧㄝˊ 암호로 신호하여 나쁜 짓을 하다 「계. 기맥(氣脈)이 통하다.
[通共] t'ūngkùng ㄊㄨㄥㄍㄨㄥˋ 전부. 합
[通國] t'ūngkuó ㄊㄨㄥㄍㄨㄛˊ 전국(全國).
[通過] t'ūngkuò ㄊㄨㄥㄍㄨㄛˋ ①통과하다. ②토론하고 찬성을 얻어 결정하다. ③…을 통해서. …의 도움으로.「一學習, 提高認識; 학습을 통하여 인식을 높이다」
[通力] t'ūnglì ㄊㄨㄥㄌㄧˋ 힘을 합치다. 「一合作; 전력을 다하여 합작하다」
[通亮] t'ūngliàng ㄊㄨㄥㄌㄧㄤˋ 몹시 밝다. 투명(透明)한.
[通令] t'ūnlìng ㄊㄨㄥㄌㄧㄥˋ ①동문(同文)으로 발포(發布)하는 훈령(訓令). 동문명령(同文命令). ②동문 명령(同文命令)을 각처(各處)에 보내다.
[通名] t'ūngmíng ㄊㄨㄥㄇㄧㄥˊ ①이름을 대다. 통성하다. ②연극에서 "上場詩·上場白"의 후에 스스로 자기 이름을 대다.
[通年] t'ūngnién ㄊㄨㄥㄋㄧㄢˊ 일년중(一年中). 연중(年中).
[通報紙] t'ūngpàchǐh ㄊㄧㄥㄅㄚˋㄓˇ 통신지(通信紙). 통보지.
[通盤] t'ūngp'án ㄊㄨㄥㄆㄢˊ 전면적으로. 전부.「一打算; 모두 생각해 두다」
[通票] t'ūngp'iào ㄊㄨㄥㄆㄧㄠˋ ①통과표. ②회수권(回數券). ③패스포오트. ④연락표.
[通病] t'ūngpìng ㄊㄨㄥㄅㄧㄥˋ 통폐(通弊). 일반적으로 두루 통하는 폐단.
[通稟] t'ūngpǐng ㄊㄨㄥㄅㄧㄥˇ 상관에게 하급자의 뜻을 중간에서 전하다. (중간에서 웃사람에게) 중개역을 하다.
[通身] t'ūngshēn ㄊㄨㄥㄕㄣ 몸 전체. 온 몸을 통하여「一大汗; 온 몸에 땀이 흠뻑 젖다」
[通神] t'ūngshén ㄊㄨㄥㄕㄣˊ 신통하다. 신통력(神通力)이 있다.「財可一;세상은 모두 돈으로 해결할 수 있다:돈만 있으면 지옥의 심판도 좌우할 수 있고, 돈만 있으면 지옥의 고생도 벗어날 수 있다는 말」
[通順] t'ūngshùn ㄊㄨㄥㄕㄨㄣˋ 문장의 뜻이 잘 통하다.
[通俗] t'ūngsú ㄊㄨㄥㄙㄨˊ 일반성 또는 대중성이 있다. 통속적이다.「一讀物; 대중성 있는 독서 자료」
[通達] t'ūngtá ㄊㄨㄥㄉㄚˊ ①통하다. ②뜻이 분명하다. ③일에 통달하다.
[通道] t'ūngtào ㄊㄨㄥㄉㄠˋ 사람들이 왕래하는 큰 길. 대로(大路).
[通體] t'ūngt'ǐ ㄊㄨㄥㄊㄧˇ 전체(全體). 총체(總體).
[通條] t'ūngt'iao ㄊㄨㄥㄊㄧㄠ 부젓가락.
[通天] t'ūngt'iēn ㄊㄨㄥㄊㄧㄢ …의 정도가 비상하다. 대단하다.「才氣一; 재주가 비범(非凡)하다」
[通天扯地] t'ūngt'iēn-ch'ětì ㄊㄨㄥㄊㄧㄢㄔㄜˇㄉㄧˋ 하늘에서 땅까지. 천지 사이에 가득히. 가는 곳마다. 도처(到處).
[通草紙] t'ūngts'áochǐh ㄊㄨㄥㄘㄠˊㄓˇ 라이스 페이퍼(ricepaper). 담배 마는 얇은 종이.
[通頭] t'ūngt'óu ㄊㄨㄥㄊㄡˊ 머리를 솔솔 빗다.
[通透] t'ungt'òu ㄊㄨㄥㄊㄡˋ 철저히 알다. 확실히 알다.
[通通] t'ūngt'ūng ㄊㄨㄥㄊㄨㄥ 모두 전부.
[通同] t'ūngt'úng ㄊㄨㄥㄊㄨㄥˊ ①공동으로 하다. ②기맥이 통하다.「一一氣; 기맥이 통하다」
[通統] t'ūngt'ǔng ㄊㄨㄥㄊㄨㄥˇ ＝通通.
[通往] t'ūngwǎng ㄊㄨㄥㄨㄤˇ 통하다. 「一戰爭的道路; 전쟁으로 통하는 길」
[通郵] t'ūngyú ㄊㄨㄥㄧㄡˊ 우편이 통하다.

〔同〕(仝) t'úng ㄊㄨㄥˊ ①같은 다름 없는.「情況不一; 형편이 같지 않다」 ②함께. ③…와.「我一你去; 나는 너와 함께 간다」「技術一生產是不開的; 기술과 생산을 분리할 수 없다」
[同級] t'úngchí ㄊㄨㄥˊㄐㄧˊ 동급. 동배(同輩):상급이나 하급에 대하여 하는 말.
[同志] t'úngchih ㄊㄨㄥˊㄓˋ ①동지:정치적 입장에서 같은 신념과 마음을 가지고 있는 사람. ②…씨(氏), …군(君) 처럼 이름 뒤에 붙여서 부르는데 사용함.
[同情] t'úngch'íng ㄊㄨㄥˊㄑㄧㄥˊ ①동정하다. ②공명하다.
[同仇敵愾] t'úngch'óutík'ài ㄊㄨㄥˊㄔㄡˊㄉㄧˊㄎㄞˋ 공동의 적에 대하여 한결같이 노기(怒氣)를 터트리다. 공동의 적에 대하여 다같이 적개심을 품다. 〈成〉
[同舟共濟] t'úngchōu kùngchì ㄊㄨㄥˊㄓ

ㄡㄍㄨㄥˋㄐㄧˋ 같은 곤경(困境)에 있는 사람끼리 서로 돕다.‹成›
[同行(兒)] t'únghsíng(rh) ㄊㄨㄥˊㄒㄧㄥˊ(ㄦ) 동업자(同業者).
[同鄕] t'únghsiāng ㄊㄨㄥˊㄒㄧㄤ ①동향(同鄕). ②같은 고향 사람.
[同心] t'únghsīn ㄊㄨㄥˊㄒㄧㄣ 합심(合心)하다. 마음을 합하다.
[同學] t'únghsüéh ㄊㄨㄥˊㄒㄩㄝˊ ①같은 학교에서 배우다. ②학우. 급우(級友). 동급생. 동창생.
[同夥兒] t'únghuǒrh ㄊㄨㄥˊㄏㄛˇㄦ 동료「(同僚).
[同仁] t'úngjén ㄊㄨㄥˊㄖㄣˊ ① 차별 없이 같이 취급하다. ②동인. 한패.
[同日而語] t'úngjìhérhyǚ ㄊㄨㄥˊㄖˋㄦˊㄩˇ 같은 수준으로 생각하고 하는 이야기. 「不可一 ; 같은 수준에서 말할 수는 없는 일이다」
[同甘共苦] t'úngkān-kùngk'ǔ ㄊㄨㄥˊㄍㄢ ㄍㄨㄥˋㄎㄨˇ 고락(苦樂)을 함께 하다. 동고 동락하다.
[同庚] t'úngkēng ㄊㄨㄥˊㄍㄥ 동갑. 같은 연배.
[同歸于盡] t'úngkueīyǘchìn ㄊㄨㄥˊㄍㄨㄟㄩˊㄐㄧㄣˋ 함께 무일푼이 되다. 함께 파멸되다.‹成›
[同惡相濟] t'úngkò hsiāngchì ㄊㄨㄥˊㄜˋㄒㄧㄤㄐㄧˋ 나쁜 사람끼리 서로 돕다. 악인(惡人)끼리 결탁하다.
[同工同酬] t'úngkūng t'úngch'óu ㄊㄨㄥˊㄍㄨㄥ ㄊㄨㄥˊㄔㄡˇ 동일한 노동에 동일한 임금(보수).
[同工异曲] t'úngkūng ìch'ǚ ㄊㄨㄥˊㄍㄨㄥ ㄧˋㄑㄩˇ 표면은 다른 것 같으나 내용은 같다. ＝异曲同工.‹成›
[同里] t'únglǐ ㄊㄨㄥˊㄌㄧˇ 동향(同鄕). 같은 고향.
[同流合汚] t'úngliú-hówū ㄊㄨㄥˊㄌㄧㄡˊㄏㄜˊㄨ 나쁜 사람과 합작하여 나쁜 짓을 하다. 나쁜 물이 들다.‹成›
[同路] t'únglù ㄊㄨㄥˊㄌㄨˋ ①같은 길. ②같은 길을 걷다. 「一人 ; ㉮동행자(同行者). ㉯혁명 운동 따위의 심퍼다이저. ㉰동일 계통」
[同謀] t'úngmóu ㄊㄨㄥˊㄇㄡˊ 공동 모의하다. 공모(共謀)하다.
[同謀共斷] t'úngmóu kùngtuàn ㄊㄨㄥˊㄇㄡˊ ㄍㄨㄥˋㄉㄨㄢˋ 함께 계획하고 함께 결정하다. 같이 의논하고 결정하다.
[同班] t'úngpān ㄊㄨㄥˊㄅㄢ ①동급생. ②(작업상에 있어서의)동료.
[同聲] t'úngshēng ㄊㄨㄥˊㄕㄥ 목소리를 같이 내다. 같이 소리를 맞추다.
[同時] t'úngshíh ㄊㄨㄥˊㄕˊ ①동시. ②동시에. ③그밖에도. 동시에 또한. 「在發展重工業的一… ; 중공업을 발전시킴과 동시에…」
[同事] t'úngshìh ㄊㄨㄥˊㄕˋ ①같은 사항. ②동료(同僚).
[同是] t'úngshìh ㄊㄨㄥˊㄕˋ 같이. 균일하「게.
[同時幷擧] t'úngshíh pìngchǚ ㄊㄨㄥˊㄕˊ ㄅㄧㄥˋㄐㄩˇ 동시에 두 가지 일을 다루다.
[同室操戈] t'úngshìh ts'āokō ㄊㄨㄥˊㄕˋ ㄘㄠㄍㄜ 같은 패끼리 전쟁을 하다. 한 패가 분열되다.《成》
[同堂] t'úngt'áng ㄊㄨㄥˊㄊㄤˊ 같은 집에 살다. 또는 같은 집에 사는 사람들.
[同道] t'úngtào ㄊㄨㄥˊㄉㄠˋ 마음을 같이 하는 사람. 동지.
[同宗] t'úngtsūng ㄊㄨㄥˊㄗㄨㄥ 동족(同族).
[同位素] t'úngwèisù ㄊㄨㄥˊㄨㄟˋㄙㄨˋ 동위원소(同位元素). 아이소토우프(isotope).
[同屋] t'úngwū ㄊㄨㄥˊㄨ ①같은 방. ②같은 방에 있는 사람.
[同樣] t'úngyàng ㄊㄨㄥˊㄧㄤˋ ①같다. ②같이: "一地"와 같이 되어 문장 전체의 상황어(狀況語)로서도 사용되는 수가 많다.
[同音詞] t'úngyīntz'ǔ ㄊㄨㄥˊㄧㄣㄘˊ 동음어(同音語).
[同義詞] t'úngìtz'ǔ ㄊㄨㄥˊㄧˋㄘˊ 동의어(同義語).
[同院] t'úngyüàn ㄊㄨㄥˊㄩㄢˋ 한 울타리 안에서 살다. 같은 동(棟)에서 살거나 또는 살고 있는 사람.

〔佟〕 t'úng ㄊㄨㄥˊ 성(姓).

〔彤〕 t'úng ㄊㄨㄥˊ 빨갛다.

〔桐〕 t'úng ㄊㄨㄥˊ ①오동나무. ②유동(油桐).
[桐油樹] t'úngyúshù ㄊㄨㄥˊㄧㄡˊㄕㄨˋ 중국유동(中國油桐).
[桐子餅] t'úngtzǔpǐng ㄊㄨㄥˊㄗˇㄅㄧㄥˇ 오동나무 열매에서 기름을 짜낸 나머지 찌꺼기 : 기비(基肥)에 알맞다.
[桐子樹] t'úngtzǔshù ㄊㄨㄥˊㄗˇㄕㄨˋ 유동나무(油桐).

〔茼〕 t'úng ㄊㄨㄥˊ
[茼蒿] t'únghāo ㄊㄨㄥˊㄏㄠ 춘국(春菊). 쑥갓. ＝蒿子.

〔童〕 t'úng ㄊㄨㄥˊ ①어린이. 아동. ②어린. 「一牛 ; 아직 뿔이 나지 않은 송아지」 ③미혼의. 「一男 ; 미혼의 남자」 ④머리가 벗어지다. 산에 나무가 없어지다. 「一山 ; 독산(禿山). 민둥산」
[童貞姑娘] t'úngchēn kūniang ㄊㄨㄥˊㄓㄣ ㄍㄨㄋㄧㄤ 수도원(修道院)의 여승.
[童裝] t'úngchuāng ㄊㄨㄥˊㄓㄨㄤ 아동복(兒童服).
[童工] t'úngkūng ㄊㄨㄥˊㄍㄨㄥ 어린 남녀공(男女工).
[童年] t'úngnién ㄊㄨㄥˊㄋㄧㄢˊ 어린 시「절.
[童子軍] t'úngtzǔchǖn ㄊㄨㄥˊㄗˇㄐㄩㄣ 보이스카우트. 소년단.
[童養媳] t'úngyǎnghsí ㄊㄨㄥˊㄧㄤˇㄒㄧˊ 민며느리.
[童子癆] t'úngtzǔláo ㄊㄨㄥˊㄗㄌㄠˊ 소아 결핵(小兒結核).

〔酮〕 t'úng ㄊㄨㄥˊ 〈化〉 케톤(ketone) : 유기 화합물의 한 가지.

〔僮〕 t'úng ㄊㄨㄥˊ ①나이 젊은 하인. 「書一 ; 서재에서 일하는 나이 어린 하인」 ②"僮族"은 중국 소수 민족의 하나.

〔銅〕 t'úng ㄊㄨㄥˊ 동(銅). 구리.

[銅匠] t'úngchiang ㄊㄨㄥˊㄐㄧㄤ 동세공점(銅細工店):구리로 자잘한 물건을 만드는 집.

[銅墻鐵壁] t'úngch'iáng-t'iěhpì ㄊㄨㄥˊㄑㄧㄤˊㄊㄧㄝˇㄅㄧˋ 방어나 혹은 적에게 대항하는 정신이 몹시 견고함을 비유하는 말. ‹成›

[銅件] t'úngchièn ㄊㄨㄥˊㄐㄧㄢˋ 기구(器具) 따위에 붙이는 구리 금속으로 만든 부속품.

[銅筋鐵骨] t'úngchīn-t'iěhkǔ ㄊㄨㄥˊㄐㄧㄣ ㄊㄧㄝˇㄍㄨˇ 신체가 강건(強健)함을 비유.

[銅臭] t'úngch'òu ㄊㄨㄥˊㄔㄡˋ ①돈 많은 사람을 저주하는 말. ②더러운 돈. ③돈에 대한 욕심이 많은 일.

[銅號] t'únghào ㄊㄨㄥˊㄏㄠˋ 구리로 만든 나팔.

[銅活] t'únghuó ㄊㄨㄥˊㄏㄨㄛˊ 동세공품(銅細工品). 동제품(銅製品).

[銅銹] t'únghsiù ㄊㄨㄥˊㄒㄧㄡˋ ①녹청(綠青). ②구리로 만든 그릇의 표면에 생기는 유독성 녹.

[銅工] t'úngkūng ㄊㄨㄥˊㄍㄨㄥ 구리 세공사(細工師). 구리 그릇을 만드는 사람.

[銅綠] t'únglǜ ㄊㄨㄥˊㄌㄨˋ 녹청(綠青). 동으로 만든 그릇의 표면에 생기는 유독성 녹.

[銅模] t'úngmú ㄊㄨㄥˊㄇㄨˊ 동제(銅製)의 모형. 모형. 「鉛字一; 활자 모형(活字母型)」

[銅牌] t'úngp'ái ㄊㄨㄥˊㄆㄞˊ 동메달. 동으로 만든 패.

[銅板] t'úngpǎn ㄊㄨㄥˊㄅㄢˇ 동화(銅貨). 동전(銅錢).

[銅盆魚] t'úngp'ényú ㄊㄨㄥˊㄆㄣˊㄩˊ 〈動〉 도미. ＝鯛魚.

[銅幣] t'úngpì ㄊㄨㄥˊㄅㄧˋ 동화(銅貨). 구리로 만든 돈. 동전.

[銅絲] t'úngssū ㄊㄨㄥˊㄙ 동선(銅線). 구리철사.

[銅子(兒)] t'úngtzǔ(rh) ㄊㄨㄥˊㄗˇ(ㄦ) 동화(銅貨):과거의 중화 민국 시대에 "大銅子(兒)"와 "小銅子(兒)"의 두 종류가 있었다.

[銅元] t'úngyüán ㄊㄨㄥˊㄩㄢˊ ＝銅幣. 銅圓.

〔瞳〕 t'úng ㄊㄨㄥˊ 눈동자. 동공(瞳孔). 「一人兒; 눈동자」

〔捅〕 t'ǔng ㄊㄨㄥˇ 막대기나 칼 따위로 쿡쿡 찌르다. 「把窓戶一破了;창문을 찔러 부수어 버렸다」

[捅錢] t'ǔngch'ién ㄊㄨㄥˇㄑㄧㄢˊ (뇌물을 주고) 매수하다.

[捅球] t'úngch'iú ㄊㄨㄥˊㄑㄧㄡˊ ①당구를 치다. ②당구(撞球).

[捅咕] t'úngku ㄊㄨㄥˊㄍㄨ ①꾀어 싸움을 붙이다. ②뇌물을 보내다. ③서로 조롱하며 장난하다.

[捅窟窿] t'úngk'ūlung ㄊㄨㄥˊㄎㄨㄌㄨㄥ 차금(借金)을 하다. 돈을 꾸다.

[捅漏子] t'únglòutzǔ ㄊㄨㄥˊㄌㄡˋㄗ 난처한 사건을 야기시키다. 잘못을 저지르다. 재난을 초래하다. ＝抒摟子.

[捅馬蜂窩] t'ūng mǎfēngwō ㄊㄨㄥˊ ㄇㄚˇㄈㄥㄨㄛ 스스로 화(禍)를 초래한다는 비유.

〔桶〕 t'ǔng ㄊㄨㄥˇ 통. 「水一; 물통」

〔統〕 t'ǔng ㄊㄨㄥˇ ①총괄(總括)하다. 「一率; 통솔」 ②일의 연속된 관계. 「傳一; 전통」 「血一; 혈통」

[統治] t'ǔngchìh ㄊㄨㄥˇㄓˋ (정치적으로) 지배하다. 통치하다.

[統籌] t'ǔngch'óu ㄊㄨㄥˇㄔㄡˊ 전면적으로 고려(考慮)하다. 「一互濟;전면적으로 계획을 하고 서로 도와 주다」 「一兼顧;전적으로 생각해 보고 통일성 있게 일을 처리하다」 ‹成›

[統銷] t'ǔnghsiāo ㄊㄨㄥˇㄒㄧㄠ 일괄 판매하다.

[統括] t'ǔngk'ò ㄊㄨㄥˇㄎㄨㄛˋ 총괄(總括)하다.

[統購] t'ǔngkòu ㄊㄨㄥˇㄍㄡˋ (정부 기관에 의하여) 일괄적으로 구매하다. 총괄구입(總括購入).

[統共] t'ǔngkùng ㄊㄨㄥˇㄍㄨㄥˋ 합계. 「一有多少? ; 통틀어 전부 얼마나 되느냐?」

[統售] t'ǔngshòu ㄊㄨㄥˇㄕㄡˋ (정부 기관에 의하여) 일괄 통일 판매(一括統一販賣). 일괄 통일 판매하다.

[統帥] t'ǔngshuài ㄊㄨㄥˇㄕㄨㄞˋ ①통수(統帥)하다. ②모든 것에 대하여 우선(優先)하다.

[統艙] t'ǔngts'āng ㄊㄨㄥˇㄘㄤ 3등 선실(三等船室). 배의 삼등실.

[統通] t'ǔngt'ūng ㄊㄨㄥˇㄊㄨㄥ ＝統統.

[統統] t'úngt'ǔng ㄊㄨㄥˊㄊㄨㄥˇ 모두. 다.

〔筒〕 t'ǔng ㄊㄨㄥˇ ①굵고 큰 참대통. ②비교적 굵고 속이 비어 있는 기물(器物). 「烟一; 연통」 「郵一;우체함」

[筒車] t'ǔngch'ē ㄊㄨㄥˇㄔㄜ 관개(灌漑)에 사용되는 수차(水車). ＝天車.

〔痛〕 t'ùng ㄊㄨㄥˋ ①아프다. 「頭一; 머리가 아프다」 ②슬퍼하다. 마음이 아프다. 「一恨; 몹시 한탄하다」

[痛斥] t'ùngch'ìh ㄊㄨㄥˋㄔˋ 몹시 책망하다.

[痛楚] t'ùngch'ǔ ㄊㄨㄥˋㄔㄨˇ 고통. 아픔.

[痛惜] t'ùnghsī ㄊㄨㄥˋㄒㄧ 몹시 애석해하다.

[痛心] t'ùnghsīn ㄊㄨㄥˋㄒㄧㄣ 마음을 아프게 하다. 슬퍼하다. 「一疾首; 가슴 아프게 몹시 한탄하는 모양」

[痛入骨髓] t'ùngjùkúsuǐ ㄊㄨㄥˋㄖㄨˋㄍㄨˊㄙㄨㄟˇ 뼈속까지 아프다. 몹시 아픈 모양. ‹成›

[痛改] t'ùngkǎi ㄊㄨㄥˋㄍㄞˇ 잘못을 깊이 뉘우치며 고치다.

[痛苦] t'ùngk'ǔ ㄊㄨㄥˋㄎㄨˇ ①몹시 괴로와하다. ②고통(苦痛).

[痛快] t'ùngk'uai ㄊㄨㄥˋㄎㄨㄞˋ ①통쾌하다. 시원스럽다. 「他是個一人; 그는 시원스러운 사람이다」 ②즐겁다. 유쾌하다. 「今天的旅行眞一; 오늘의 여행은 참으로 유쾌하다」 >. 痛痛快快.

[痛定思痛] t'ùngtìng ssūt'ùng ㄊㄨㄥˋㄉㄧㄥˋ ㄙㄊㄨㄥˋ 고생한 뒤에 과거의 고생

하던 생각을 하다. 고생 속에서 교훈(教訓)을 얻다. 《成》

[痛惡] t'ùngwù ㄊㄨㄥˋㄨˋ 몹시 증오(憎惡)하다.

[痛癢相關] t'ùngyǎng-hsiāngkuān ㄊㄨㄥˋㄧㄤˇㄒㄧㄤㄍㄨㄢ 이해 관계가 밀접함.

〔慟〕 t'ùng ㄊㄨㄥˋ 슬퍼서 통곡(慟哭)하다.

TZŪ ㄗ

〔吱〕 tzū ㄗ ①찍찍. 짹짹. 「老鼠一的一聲跑了 ; 쥐가 찍하고 도망쳤다」「小鳥一一的叫 ; 작은 새가 짹짹거리다」 ②소리를 내다. 「不一聲 ; 아무 말도 하지 않다」

[吱拉] tzūla ㄗㄌㄚ ①빡빡 담뱃대 따위를 빠는 소리. ②아이들이 칭얼거리며 우는 소리. 《擬》

[吱溜] tzūliu ㄗㄌㄧㄡ 슬슬. 「一一下滑下來 ; 슬슬 미끄러져 내려 오다」

[吱妞] tzūniū ㄗㄋㄧㄡ, chihniū 호궁(胡弓)이나 대문 여는 소리. 삐걱삐걱. 《擬》

[吱歪] tzūwai ㄗㄨㄞ 지쳐서 비틀거리다. 「累得一一的 ; 지쳐서 비틀비틀 하다」 >吱吱歪歪.

〔孜〕 tzū ㄗ 「一一 ; 힘써 열심히 하다」「一孜不倦 ; 열심히 하여 게으름을 피우지 않는 모양」

〔咨〕 tzū ㄗ 상의하다. 묻다. ＝咨詢.

[咨嗟] tzūchiēh ㄗㄐㄧㄝ ①한숨을 쉬다. ②칭찬하고 감탄하다.

[咨詢] tzūhsūn ㄗㄒㄩㄣˊ 상의하여 의견을 구하다.

[咨文] tzūwén ㄗㄨㄣˊ 동급(同級)의 관공서 사이에 쓰이는 공문서.

[咨議] tzūì ㄗㄧˋ 정부의 자문에 응하여 시비(是非)를 심의(審議)하다.

〔姿〕 tzū ㄗ ①용모(容貌). 형태(形態). ②모양.

[姿容] tzūjúng ㄗㄖㄨㄥˊ 풍채. 모습.

[姿式] tzūshìh ㄗㄕˋ 모양.

[姿采] tzūts'ǎi ㄗㄘㄞˇ 풍채.

〔玆〕 tzū ㄗ ①지금. 이번. 여기에. 「一制定農林部組織法, 公布之 ; 이번에 농림부 조직법을 제정하여 공포한다」「三載于一 ; 지금까지 삼 년이 된다」 ②이것의. 이것. 「一理易明 ; 이 이치는 알기 쉽다」 ③년(年). 시(時). 「今一 ; 금년」 ④더욱 더. 「一欲赴釜山參觀 ; 더욱 더 부산을 참관하고 싶어졌다」

〔孳〕 tzū ㄗ 무성(茂盛)하다. 번식(繁殖)하다.

[孳生] tzūshēng ㄗㄕㄥ ①번식하다. ②생산력(生產力)이 강하다.

[孳孳] tzūtzū ㄗㄗ 일을 열심히 하는 모양. ＝孜孜.

〔嗞〕 tzū ㄗ

[嗞啦] tzūlā ㄗㄌㄚ 확 : 성냥 따위를 켜는 소리. 《擬》

〔滋〕 tzū ㄗ ①태어나다. 성장하다. ②뿜어 내다. 「水管往外一水 ; 수도관에서 물이 밖으로 분출하다」 ③(싹이)돋아 나다. 「一芽兒 ; 싹이 돋아 나다」 ④(치아 따위를)드러내다. ⑤점점. 더욱 더.

[滋長] tzūchǎng ㄗㄓㄤˇ 자라다. 성장하다.

[滋潤] tzūjùn ㄗㄖㄨㄣˋ ①축이다. ②tzūjun 습기 차다. 축축하다. 「地皮兒一 ; 지면이 축축하다」 ③(목을)축이다. (음식물을)천천히 맛 보다.

[滋泥] tzūní ㄗㄋㄧˊ 질퍽질퍽한 진흙탕. 검은 진흙탕.

[滋補] tzūpǔ ㄗㄅㄨˇ 영양분을 보충하다.

[滋生] tzūshēng ㄗㄕㄥ ①번식하다. 태어나다. ②일어나다. 「一事端 ; 문제를 일으키다」

[滋事] tzūshìh ㄗㄕˋ 일을 귀찮게 만들다. 소동을 일으키다.

[滋嘴兒] tzūtsuǐrh ㄗㄗㄨㄟˇㄦ ① 방긋 웃다. ②꽃봉오리가 조금 벌어지다.

[滋蔓] tzūwàn ㄗㄨㄢˋ 만연(蔓延)하다.

[滋味兒] tzūweirh ㄗㄨㄟㄦ ①좋은 맛. ②흥미. 「眞有一 ; 참 재미 있다」 ③(사전의) 도리. 정리(情理).

[滋養] tzūyáng ㄗㄧㄤˊ ①자양. ②영양을 섭취하여 몸을 돌보다.

〔趑〕 tzū ㄗ

[趑趄] tzūchū ㄗㄐㄩ 나아갈까 어쩌할까 머뭇거리는 모양. 「一不前 ; 주저하여 나아가지 않다」

〔資〕(貲①—③) tzū ㄗ ①재화(財貨). 자원. ②자본. ③비용. 돈. 「工一 ; 임금」「車一 ; 찻삯」 ④천부(天賦)의 성질. 자질(資質). ＝天資. ⑤쓸모 있게 하다. 「以一參考 ; 참고로 삼다」

[資助] tzūchù ㄗㄓㄨˋ 금전으로 원조하다. 「一金 ; 수당」

[資畜] tzūch'ù ㄗㄔㄨˋ 자본으로서의 가축.

[資方] tzūfāng ㄗㄈㄤ 경영자측. 자본가측.

[資斧] tzūfǔ ㄗㄈㄨˇ 여비. 비용.

[資歷] tzūlì ㄗㄌㄧˋ 자격과 경력.

[資稟] tzūpǐng ㄗㄅㄧㄥˇ 자질. 천성.

[資敵] tzūtí ㄗㄉㄧˊ 이적(利敵). 적을 도우다.

[資望] tzūwàng ㄗㄨㄤˋ 자격과 명망(名望).

[資業] tzūyèh ㄗㄧㄝˋ 재산. 자산(資產).

〔緇〕 tzū ㄗ 검다. 「一衣 ; 검은 색의 옷」

〔輜〕 tzū ㄗ 옛 포장마차.

〔錙〕 tzū ㄗ 옛적의 중량 단위. 6수(銖)를 1치(錙), 4치를 1량(兩)으로 함

〔諮〕 tzū ㄗ ＝咨.

〔髭〕 tzū ㄗ ①콧수염. ②털이 꼿꼿하게 서다.

[髭鬚] tzūhsū ㄗㄒㄩ 콧수염.

[髭毛兒] tzūmáorh ㄗㄇㄠˊㄦ 털이 꼿꼿이 서다 : 성낸 모양.

[髭髭着] tzūtzūchê ㄗㄗㄓㄜ 털이 따로따로 떨어져 꼿꼿하게 서 있는 모양.

〔齜〕 tzū ㄗ 이를 드러내다.
[齜牙] tzūyá ㄗㄧㄚˊ 이를 드러내다. 「一咧嘴; 노할 때·아플 때의 표정 : 이를 드러내고 입을 찡그리다」

〔子〕 tzǔ ㄗˇ ①자식:옛적에는 남녀 같이 쓰였으나 현재는 사내 자식을 가리킴. ②소아(小兒). ③고대의 학자나 그 저서:특히 공자를 가리킴. 「諸一百家; 선진시대(先秦時代)의 학자들」「莊一; 장자」「一曰…; 공자 가라사대…」④보통 사람. 어떤 직업인(職業人). 「此一爲誰?; 이 사람은 누군가?」「游一; 나그네」「舟一; 뱃사공」⑤당신. 「一爲誰?; 당신은 누구입니까?」⑥「一兒; 식물의 종자나 동물의 알」「鷄一兒; 달걀」⑦십이지(十二支)의 첫째. ⑧자시(子時):밤11시에서 새벽1시까지의 시간. ⑨접미어(接尾語). 경성으로 발음함. ㉮물건이나 사람의 명칭에 붙임. 「孩一; 아이」「桌一; 테이블」㉯형용사나 동사에 붙어 명사로 됨. 「胖一; 살찐 사람」「墊一; 깔개」
[子雞] tzǔchī ㄗˇㄐㄧ 병아리.
[子金] tzǔchīn ㄗˇㄐㄧㄣ 금리(金利). 이자.
[子細] tzǔhsì ㄗˇㄒㄧˋ =仔細.
[子虛] tzǔhsū ㄗˇㄒㄩ 공허(空虛)하다. 존재하지 않다.
[子口] tzǔk'ou ㄗˇㄎㄡ ①(병 따위의) 아가리. 뚜껑. ②(내륙지의)세관(稅關).
[子粒] tzǔlì ㄗˇㄌㄧˋ 작은 알맹이. 곡식의 낟알.
[子目] tzǔmù ㄗˇㄇㄨˋ ①세목(細目). ②소목록(小目錄).
[子母扣兒] tzǔmǔk'òurh ㄗˊㄇㄨˇㄎㄡˋㄦ 요철(凹凸)한 쌍으로 된 작은 단추. 스냅(snap).
[子兒] tzǔrh ㄗˇㄦ ①종자(種子). ②작고 단단한 것. 「石頭一; 자갈」③ 가늘고 긴 다발을 셀 때 쓰는 조수사. 「一一掛麵; 한 다발의 국수」
[子兒繩] tzǔrhshéng ㄗˇㄦㄕㄥˊ 삼으로 만든 끈.
[子孫娘娘] tzǔsūnniángniang ㄗˇㄙㄨㄣㄋㄧㄤˊㄋㄧㄤ 삼신(三神) 할머니.
[子彈] tzǔtàn ㄗˇㄉㄢˋ 탄환(彈丸).
[子弟] tzǔtì ㄗˇㄉㄧˋ ①자제(子弟). 「工人一; 근로자의 자제」②청년. 「韓國一; 한국의 젊은이」
[子午卯酉兒] tzǔwǔmǎoyǔrh ㄗˊㄨˇㄇㄠˊㄧㄡˇㄦ ①일의 내막. 우여 곡절(于餘曲折). ②일의 내력. ③이유.
[子藥] tzǔyào ㄗˇㄧㄠˋ 탄환과 화약. 탄약.
[子夜] tzǔyèh ㄗˇㄧㄝˋ 한밤중.

〔仔〕 tzǔ ㄗˇ ⇨tsǎi:
[仔肩] tzǔchiēn ㄗˇㄐㄧㄢ 책임. 직무.
[仔密] tzǔmì ㄗˇㄇㄧˋ ①(직물의 바탕이) 곱다. 「這雙襪子織得一; 이 양말은 짜임새가 잘다」②(생활면에서)검소(儉素)하다.
[仔細] tzǔhsì ㄗˇㄒㄧˋ 잘다. 자세하다. 「一地看; 자세히 보다」①주의(注意)하다. 「一着拿着; 조심하여 붙잡아라」②절약하다. 「過日子一; 생활을 절약하다」>仔仔細細.

〔姉〕 tzǔ ㄗˇ 누나. 「一妹; ㉮자매. ㉯동년배의 여자끼리 부르는 말.

〔秄〕 tzǔ ㄗˇ 곡식의 종자. ⇨子⑥.
[秄棉] tzǔmién ㄗˇㄇㄧㄢˊ 씨앗이 붙어 있는 면화.

〔梓〕 tzǔ ㄗˇ ①〈植〉 개오동나무. =梓樹. ②목판(木版)이나 목공품을 만드는 일. 또는 그 일에 종사하는 사람. 「付一; 인쇄에 회부하다」
[梓匠] tzǔchiàng ㄗˇㄐㄧㄤˋ ①판목 또는 목제품을 만드는 공인(工人). ②목수. 대목.
[梓行] tzǔhsíng ㄗˇㄒㄧㄥˊ 출판하다. 간행하다.
[梓里] tzǔlǐ ㄗˊㄌㄧˇ 고향. =桑梓.

〔紫〕 tzǔ ㄗˇ ①보라색. ②보라색의.
[紫氣] tzǔch'ì ㄗˇㄑㄧˋ 서기(瑞氣).
[紫芝] tzǔchīh ㄗˇㄓ =芝(chīh). "靈芝"라고도 함.
[紫金] tzǔchīn ㄗˇㄐㄧㄣ 최상질(最上質)의 금.
[紫花] tzǔhua ㄗˇㄏㄨㄚ 엷은 자색. 엷은 적토색(赤土色).
[紫羔(兒)] tzǔkāo(rh) ㄗˇㄍㄠ(ㄦ) 털이 약간 검고 밑 부분이 자색인 양(羊).
[紫裏套青] tzǔlit'àoch'īng ㄗˇㄌㄧㄊㄠˋㄑㄧㄥ 자색과 청색의 혼합(混合). =紫裏萬青.
[紫杉] tzǔshān ㄗˇㄕㄢ 〈植〉 소나무과의 상록 교목(常綠喬木) : 기구 재료용으로 쓰임.
[紫糖色兒] tzǔt'ángshǎirh ㄗˇㄊㄤˊㄕㄞˇㄦ 거무죽죽한 색.
[紫菜] tzǔts'ài ㄗˇㄘㄞˋ 〈植〉 김. 해태(海苔).
[紫銅] tzǔt'úng ㄗˇㄊㄨㄥˊ 적동(赤銅).
[紫藥水] tzǔyàoshuǐ ㄗˇㄧㄠˋㄕㄨㄟˇ 〈醫〉 옥도정기.

〔滓〕 tzǔ ㄗˇ 앙금. 찌꺼기. 탁한 것. 「渣一; 앙금. 찌꺼기」

〔訾〕 tzǔ ㄗˇ 헐뜯다. 비난하다. 욕하다. 「不苟一議; 경솔하게 남을 비난하지 않다」
[訾毁] tzǔhuǐ ㄗˊㄏㄨㄟˇ 비난하여 명예를 훼손시키다.

〔字〕 tzù ㄗˋ ①「一兒; 글자」②말. 언어. 「我不明白你說的那四個一; 나는 네가 말한 네 가지 말을 알 수가 없다」③글자의 발음. 「咬一淸楚; 글자의 발음이 아름답다」④자. 「孫文一逸仙; 손문은 자를 "逸仙"이라고 한다」⑤「一兒; 문서. 증서」「立一爲憑; 증서를 써 증거물로 삼다」⑥여자가 결혼을 승낙하다.
[字斟句酌] tzùchěn-chǜchó ㄗˋㄓㄣˇㄐㄩˋㄓㄨㄛˊ 일언 일구(一言一句)의 운치와 맛을 음미해 보다.
[字迹] tzùchì ㄗˋㄐㄧˋ 필적(筆跡).
[字角兒] tzùchiǎorh ㄗˋㄐㄧㄠˇㄦ 글자. 문자.
[字紙] tzùchīh ㄗˋㄓˇ 글씨를 쓴 종이. 「一

簍兒；휴지통」
[字據] tzŭchü ㄗˋㄐㄩ 증서(證書). 「이.
[字縫] tzŭfêng ㄗˋㄈㄥˋ 글자와 글자 사
[字號] tzŭhào ㄗˋㄏㄠˋ 문자로서 부호로 삼다. ②한 치 정도의 네모꼴의 종이에 한 자씩 써서 아이들에게 가르치는 용지. ③명성. 「一人物；명성이 높은 사람」 ④옥호(屋號).
[字號兒] tzŭhàorh ㄗˋㄏㄠˋㄦ =字塊兒.
[字畫] tzŭhuà ㄗˋㄏㄨㄚˋ ①서화(書畫). ②문자의 점획.
[字彙] tzŭhuì ㄗˋㄏㄨㄟˋ 자전(字典).
[字格] tzŭkó ㄗˋㄍㄜˊ ①문자의 법칙. ②줄을 친 습자용의 밑받침.
[字塊兒] tzŭk'uàirh ㄗˋㄎㄨㄞˋㄦ 아이들의 식자용(識字用)에 쓰이는 글자가 적힌 네모꼴의 종이.
[字里行間] tzŭlĭ hángchiēn ㄗˋㄌㄧˇㄏㄤˊㄐㄧㄢ ①문장의 일자 일행(一字一行). ②문장의 구석구석.
[字謎] tzŭmí ㄗˋㄇㄧˊ 글자를 소재로 한 수수께끼.
[字面] tzŭmièn ㄗˋㄇㄧㄢˋ 글자의 생김새. =字眼(兒).
[字模(兒)] tzŭmó(rh) ㄗˋㄇㄛˊ(ㄦ) 자형(字型).
[字母] tzŭmŭ ㄗˋㄇㄨˇ ①표음(表音) 자모. ②활자 모형(母型). 자모. 「일.
[字排] tzŭp'ái ㄗˋㄆㄞˊ 항렬자를 붙이는
[字兒] tzŭrh ㄗˋㄦ ①문자. ②단음절(單音節) 또는 조어성분(造語成分)의 말. ③증서. ④운(運). 「走一；운이 좋다」
[字條兒] tzŭt'iáorh ㄗˋㄊㄧㄠˊㄦ 기록한 문서(文書).
[字帖] tzŭt'ièh ㄗˋㄊㄧㄝˋ 습자(習字)의 교본. 글씨본.
[字帖兒] tzŭt'iĕhrh ㄗˋㄊㄧㄝˇㄦ ①간단한 편지 따위. ②초대장.
[字頭] tzŭt'óu ㄗˋㄊㄡˊ 두문자(頭文字). 로마자의 대문자. 자두.
[字樣] tzŭyàng ㄗˋㄧㄤˋ ①문자의 범식(範式). ②문자.
[字眼(兒)] tzŭyĕn(rh) ㄗˋㄧㄢˇ(ㄦ) ①글자. ②글자를 사용하는 솜씨의 우열(優劣)·난이(難易). 「一很好；문자 쓰는 방법이 매우 능숙하다」 ③조그만 결점. 「挑一；조그만 결점을 찾다」

〔自〕 tzŭ ㄗˋ ①자기. 자신. ② 스스로. 자동적으로. ③자연히. 「脫離國民一將失敗；국민으로부터 이탈하면 자연 실패할 것이다」 ④만족하다. 기분이 좋다. ⑤ …에서. …부터. 「一古到今；예로부터 지금에 이르기까지」
[自傲] tzŭào ㄗˋㄠˋ 교만하여지다.
[自招] tzŭchāo ㄗˋㄓㄠ 자백(自白)하다. 「不打一；스스로 자백하다」
[自找] tzŭchăo ㄗˋㄓㄠˇ 스스로 구(求)하다. 스스로 초래하다. 「一沒趣兒； 스스로 불쾌감을 초래하다」「一無趣；스스로 무취미를 구하다」
[自己] tzŭchi ㄗˋㄐㄧ ①자기의. 친척과 친구. 친밀한 관계가 있는 사람. ②tzŭchĭ 자기. 자신. 「一誇一；스스로 자신을 뽐내다」「他一；그 사람 자신」 ③친하다. 친밀하다. 「一勁兒；친구끼리 아주 친밀한 태도」
[自欺] tzŭch'ī ㄗˋㄑㄧ 자기 자신을 속이다.
[自家] tzŭchiā ㄗˋㄐㄧㄚ 자기 자신.
[自家人] tzŭchiājĕn ㄗˋㄐㄧㄚㄖㄣˊ 동료. 친한 사이. 자기 편.
[自戕] tzŭch'iáng ㄗˋㄑㄧㄤˊ 자살하다.
[自強] tzŭch'iáng ㄗˋㄑㄧㄤˊ 향상(向上)을 위하여 쉬지 않다.
[自欺欺人] tzŭch'ī ch'ījĕn ㄗˋㄑㄧㄑㄧㄖㄣˊ 자신도 속이고 남도 속이다. 양심을 없애고 속이다.
[自謙] tzŭch'iēn ㄗˋㄑㄧㄢ 겸손(謙遜)하다.
[自給戶] tzŭchĭhŭ ㄗˋㄐㄧˇㄏㄨˋ 식량 자급 농가.
[自己人] tzŭchijĕn ㄗˋㄐㄧㄖㄣˊ ①매우 친한 사이. ②자기편. 한패.
[自己個兒] tzŭchikŏrh ㄗˋㄐㄧㄍㄜˇㄦ 자기 자신.
[自盡] tzŭchìn ㄗˋㄐㄧㄣˋ 자살하다.
[自咎] tzŭchiù ㄗˋㄐㄧㄡˋ 자책(自責)하다.
[自己園兒] tzŭchiyüánrh ㄗˋㄐㄧㄩㄢˊㄦ (사들인 것이 아닌) 자기 소유지에서 수확한 것.
[自主] tzŭchŭ ㄗˋㄓㄨˇ 자기 생각대로 하다. 「不能一；생각대로 안된다」
[自居] tzŭchü ㄗˋㄐㄩ 자부(自負)하다. 「以英雄一；영웅이라고 자처하다」
[自取] tzŭch'ü ㄗˋㄑㄩˇ 스스로 찾다. 스스로 초래하다. 「一滅亡；자멸하다」
[自出機杼] tzŭch'ūchīchù ㄗˋㄔㄨㄐㄧㄓㄨˋ 문장에 독창성을 발휘하는 일.
[自絕] tzŭchüéh ㄗˋㄐㄩㄝˊ 자멸(自滅)하다.
[自覺自願] tzŭchüéh-tzŭyüàn ㄗˋㄐㄩㄝˊㄗˋㄩㄢˋ 스스로의 자유스러운 의사에서 스스로 원하다.
[自吹自擂] tzŭch'uī-tzŭléi ㄗˋㄔㄨㄟㄗˋㄌㄟˊ 스스로 허풍을 치다.
[自伐其功] tzŭfách'íkūng ㄗˋㄈㄚˊㄑㄧˊㄍㄨㄥ 스스로 공로를 자랑하다.
[自反] tzŭfăn ㄗˋㄈㄢˇ 자기 반성을 하다.
[自肥] tzŭféi ㄗˋㄈㄟˊ 사복(私腹)을 채우다.
[自豪] tzŭháo ㄗˋㄏㄠˊ ①스스로 자랑하다. 자만하다. ②자랑. 자만.
[自好] tzŭhào ㄗˋㄏㄠˋ 자중(自重)하다. 자애(自愛)하다.
[自惜] tzŭhsī ㄗˋㄒㄧ 자기를 소중히 하다.
[自喜] tzŭhsĭ ㄗˋㄒㄧˇ 스스로 기뻐하다.
[自相] tzŭhsiāng ㄗˋㄒㄧㄤ (그 자체에서) 서로 서로. 「一矛盾；그 자신이 모순되다」
[自相殘殺] tzŭhsiāng ts'ánshā ㄗˋㄒㄧㄤㄘㄢˊㄕㄚ 자기편끼리 서로 죽이다.
[自卸卡車] tzŭhsièhk'ăch'ē ㄗˋㄒㄧㄝˋㄎㄚˇㄔㄜ 덤프카(dump car).
[自新] tzŭhsīn ㄗˋㄒㄧㄣ 스스로 잘못을 고쳐 행동을 새롭게 하다. 개과자신(改過自新)하다.
[自行] tzŭhsíng ㄗˋㄒㄧㄥˊ ①스스로 가다. ②스스로 실행하다. ③저절로 …이 되다. 「這事會一解決的；이 사건은 저절로 해결됩니다」
[自行車(兒)] tzŭhsíngch'ē(rh) ㄗˋㄒㄧㄥˊㄔㄜ(ㄦ) 자전거.
[自行消亡] tzŭhsínghsiāowáng ㄗˋㄒㄧㄥˊㄒㄧㄠㄨㄤˊ 저절로 소멸(消滅)되다.

[自許] tzûhsǔ ㄗˋㄒㄩˇ 자부(自負)하다.
[自以爲是] tzûiwéishìh ㄗˋㄧˇㄨㄟˊㄕˋ 자기가 옳다고 굳게 생각하다(주관적이며 겸허(謙虛)하지 않다).
[自如] tzûjú ㄗˋㄖㄨˊ 태연하다. 「意氣一; 태연한 기분」「談笑一; 평상시와 같이 담소하다」=自若.
[自看自高] tzûk'àntzûkāo ㄗˋㄎㄢˋㄗˋㄍㄠ 우쭐대다. 자기 자신이 잘났다고 생각하다. <成>
[自高] tzûkāo ㄗˋㄍㄠ =自大.
[自告奮勇] tzûkào fênyǔng ㄗˋㄍㄠˋ ㄈㄣˋㄩㄥˇ =自報奮勇.
[自耕農] tzûkēngnúng ㄗˋㄍㄥㄋㄨㄥˊ 자작농(自作農).
[自個兒] tzûkòrh ㄗˋㄍㄜˋㄦ 자기. 자신.
[自苦] tzûk'ǔ ㄗˋㄎㄨˇ 스스로 괴로움을 찾다.
[自誇] tzûkuā ㄗˋㄍㄨㄚ 자만(自慢)하다.
[自管] tzûkuǎn ㄗˋㄍㄨㄢˇ 전심(專心)으로. 오로지. 「你一放心吧; 이제는 오로지 안심하시오」=只管.
[自愧] tzûk'uei ㄗˋㄎㄨㄟˋ 스스로 부끄러워하다.
[自顧不暇] tzûkù pùhsiá ㄗˋㄍㄨˋ ㄅㄨˋㄒㄧㄚˊ 자신의 일도 돌볼 겨를이 없다.
[自顧自] tzûkùtzû ㄗˋㄍㄨˋㄗˋ 자기 생각만 하다. 이기주의적이다.
[自來] tzûlái ㄗˋㄌㄞˊ ①지금까지. ②원래(元來). ③극히 자연스럽게. ④천성.
[自來火] tzûláihuǒ ㄗˋㄌㄞˊㄏㄨㄛˇ 라이터(lighter).
[自來白] tzûláipái ㄗˋㄌㄞˊㄅㄞˊ "月餅(yüèhpǐng)"의 일종으로 "自來紅"이라고 하는 종류도 있다.
[自來水(兒)] tzûláishuǐ(rh) ㄗˋㄌㄞˊㄕㄨㄟˇ(ㄦ) 수도(水道).
[自來水筆] tzûláishuǐpǐ ㄗˋㄌㄞˊㄕㄨㄟˇㄅㄧˇ 만년필(萬年筆).
[自量] tzûliàng ㄗˋㄌㄧㄤˋ 자기 역량을 고려하다. 「不知一; 자기 분수도 모르다」
[自了漢] tzûliǎohàn ㄗˋㄌㄧㄠˇㄏㄢˋ 이기주의자.
[自憐] tzûlién ㄗˋㄌㄧㄢˊ 스스로 가련하다고 생각하다.
[自流] tzûliú ㄗˋㄌㄧㄡˊ 그대로 맡기다. 「放任一; 자기 멋대로 맡기다」
[自流井] tzûliúchǐng ㄗˋㄌㄧㄡˊㄐㄧㄥˇ 땅을 불투수층(不透水層)까지 깊이 판 우물.
[自留地] tzûliútì ㄗˋㄌㄧㄡˊㄉㄧˋ (인민공사에 제공하지 않은) 자기 보유의 토지.
[自賣自誇] tzûmài-tzûk'uā ㄗˋㄇㄞˋㄗˋㄎㄨㄚ 자화자찬(自畫自讚)하다.
[自滿] tzûmǎn ㄗˋㄇㄢˇ 스스로 만족하다. 뽐내다.
[自鳴] tzûmíng ㄗˋㄇㄧㄥˊ 뽐내다. 자부하다. 「一得意; 스스로 뽐내다」
[自命] tzûmíng ㄗˋㄇㄧㄥˊ 스스로 깊이 마음 먹다. 스스로 단정하다. 「一不凡; 스스로 비범하다고 단정하다」「一爲和平戰士; 스스로 평화를 위한 전사로 자처하다」
[自餒] tzûněi ㄗˋㄋㄟˇ 아주 실망하다. 낙담하다.
[自報奮勇] tzûpào fênyǔng ㄗˋㄅㄠˋㄈㄣˋㄩㄥˇ 용기를 내어 자진하여 일을 가로맡다.
[自報公議] tzûpào kūngì ㄗˋㄅㄠˋ ㄍㄨㄥㄧˋ ①자기가 제출한 의견이나 동의가 일동의 토론을 거쳐 찬성 결의되는 일. ②업자의 신고에 의하여 세무서에서 과세하는 방법.
[自卑] tzûpēi ㄗˋㄅㄟ 겸손하다. 스스로 자기를 낮추다.
[自備] tzûpèi ㄗˋㄅㄟˋ ①자기 스스로 준비하다. ②자가용. 「一汽車; 자가용 차」
[自便] tzûpièn ㄗˋㄅㄧㄢˋ 자기 형편만 좋도록 하다.
[自不量力] tzûpûliànglì ㄗˋㄅㄨˋㄌㄧㄤˋㄌㄧˋ 자기의 역량을 돌보지 않다.
[自生自滅] tzûshēng-tzûmièh ㄗˋㄕㄥㄗˋㄇㄧㄝˋ 저절로 생겼다가 저절로 멸망하다.
[自是] tzûshìh ㄗˋㄕˋ ①독선(獨善). ②앞으로. 차후. ③당연히. ④스스로. ⑤아주.
[自食其果] tzûshíhch'íhkuǒ ㄗˋㄕˊㄑㄧˊㄍㄨㄛˇ 자업자득(自業自得). <成>
[自食其力] tzûshíhch'íhlì ㄗˋㄕˊㄑㄧˊㄌㄧˋ 스스로 일해 먹다. 자활(自活)하다. <成>
[自食其言] tzûshíhch'íhyén ㄗˋㄕˊㄑㄧˊㄧㄢˊ 식언(食言)하다. <成>
[自私] tzûssū ㄗˋㄙ 이기적이다.
[自訟] tzûsùng ㄗˋㄙㄨㄥˋ 자책(自責)하다.
[自打] tzûtǎ ㄗˋㄉㄚˇ =自從.
[自大] tzûtà ㄗˋㄉㄚˋ 거만하다. 거드럭거리다.
[自當] tzûtāng ㄗˋㄉㄤ 당연히 …하여야 한다. …은 당연하다. 「既有錯誤, 一改正; 잘못이 있는 이상 고치는 것은 당연하다」
[自討苦吃] tzût'áok'ǔch'īh ㄗˋㄊㄠˇㄎㄨˇㄔ 스스로 사서 고생을 하다.
[自得] tzûtê ㄗˋㄉㄜˊ 혼자 잘난 체하다.
[自投羅網] tzût'óulówǎng ㄗˋㄊㄡˊㄌㄨㄛˊㄨㄤˇ 자기가 던진 그물에 걸리다. 자기 꾀에 자기가 넘어가다. =自繩自縛.
[自在] tzûtsai ㄗˋㄗㄞ ①임의(任意)대로 하다. ②마음이 편하다. ③기분이 상쾌하다. >自自在在.
[自裁] tzûts'ái ㄗˋㄘㄞˊ 자결(自決)하다.
[自殘] tzûts'án ㄗˋㄘㄢˊ 스스로 몸을 손상할 일을 하다.
[自慚] tzûts'án ㄗˋㄘㄢˊ 스스로 부끄럽게 여기다.
[自慚形穢] tzûts'ánhsínghuì ㄗˋㄘㄢˊㄒㄧㄥˊㄏㄨㄟˋ 스스로 훌륭하지 못함을 부끄러워하다. 남에게 따르지 못함을 부끄러워하다. <成>
[自造] tzûtsào ㄗˋㄗㄠˋ 손수 만들다.
[自作] tzûtsò ㄗˋㄗㄨㄛˋ 자초(自招)하다. 스스로 악(惡)의 씨를 뿌리다. 「一自受; 스스로 뿌린 씨는 스스로 거두어야 한다. 자업자득」「一聰明; 스스로 슬기롭다고 뽐내다」
[自作孽] tzûtsònièh ㄗˋㄗㄨㄛˋㄋㄧㄝˋ 자기 자신이 저지른 죄나 악의 씨. 「一不可活; 스스로 범한 죄는 건질 수 없다」
[自從] tzûts'úng ㄗˋㄘㄨㄥˊ …에서. …부터: 시간의 경우만 쓰임.
[自動] tzûtùng ㄗˋㄉㄨㄥˋ 자동적인. 자발적인. 자동적으로. 자발적으로. 「一電梯; 자동 계단. 에스컬레이터(escalator)」

「一槍；자동 소총」「一鉛筆；샤아프 펜슬(sharp pencil)」「一記號機；자동 번호기. 넘버링(numbering)」「一記錄器；레지스터(register)」
[自爲的] tzǔwéitê ㄗˋㄨㄟˊㄉㄜ ①스스로 실행하다. ②스스로 실행하는 사람.
[自刎] tzǔwěn ㄗˋㄨㄣˇ 스스로 목을 베어 자결하다.
[自我吹噓] tzǔwǒ ch'uīhsū ㄗˋㄨㄛˇㄔㄨㄟㄒㄩ 자기 선전을 하다.《成》
[自誤誤人] tzǔwù wùjěn ㄗˋㄨˋㄨˋㄖㄣˊ 자기도 실수하고 더우기 남도 실수하게 하다.《成》
[自言自語] tzǔyén-tzǔyǔ ㄗˋ|ㄢˊㄗˋㄩˇ 중얼거리다. 혼잣말하다.
[自應] tzǔyīng ㄗˋ|ㄥ ＝自當.
[自圓其說] tzǔyüánch'íshuō ㄗˋㄩㄢˊㄑ|ˊㄕㄨㄛ 잘못을 말로 얼버무려 수습하다.《成》
[自怨自艾] tzǔyüàn-tzǔì ㄗˋㄩㄢˋㄗˋ|ˋ 자기의 잘못을 후회하고 한탄하다.《成》
[自用] tzǔyùng ㄗˋㄩㄥˋ ①독선(獨善).「剛愎一；고집이 세어 남의 말을 듣지 않다」②자가용(自家用).
[自幼兒] tzǔyùrh ㄗˋ|ㄡˋㄦ 어릴 때부터.
[自由式] tzǔyúshih ㄗˋ|ㄡˊㄕˋ (수영에서) 크로올(crawl)：발로 차고 두 손으로 물을 긁으며 나아가는 수영법.

〔恣〕 tzǔ ㄗˋ 제 멋대로 하다.「自一；기분 내키는 대로 하다」
[恣情] tzǔch'íng ㄗˋㄑ|ㄥˊ 마음 내키는 대로.「一作樂；마음 내키는 대로 즐기다」
[恣目] tzǔmù ㄗˋㄇㄨˋ 시선(視線)을 던지다.「一遠望；시선을 던져 멀리 바라보다」
[恣肆] tzǔssù ㄗˋㄙˋ 마음대로 하다.
[恣睢] tzǔsuī ㄗㄙㄨㄟ 방자하게 행동하다.「暴戾一；포악하고 잔학한 행동을 제 마음대로 하다」
[恣意妄爲] tzǔì wàngwéi ㄗˋ|ˋㄨㄤˋㄨㄟˊ 제 마음대로 아무렇게나 마구 해치우다.

〔眦〕(眥) tzǔ ㄗˋ 눈초리. 눈꼬리：구어(口語)로는 "眼眶子"

〔漬〕 tzǔ ㄗˋ ①(물에)잠기다. 담그다. 적시다.「這片田地一在水裏了；이 논은 물에 잠겼다」「一他一身水；그를 흠뻑 적셔 주다」②(기름·진흙탕 따위가)착 달라 붙다.「脖子上一着泥；목에 진흙탕이 착 들어 붙어 있다」

TZ'Ŭ ㄘ

〔呲〕 tz'ū ㄘ 심한 말로 꾸짖다.「把孩子一了兩句；아이를 심하게 꾸짖다」
[呲哭] tz'ūk'ū ㄘㄎㄨ 꾸짖어서 울리다.
[呲牙咧嘴] tz'ūyáliéhtsuǐ ㄘ|ㄚˊㄌ|ㄝˇㄗㄨㄟˇ ①이를 드러내고 입을 크게 벌리다. ②흉악한 모양. ③고통스러운 모양.

〔疵〕 tz'ū ㄘ, tz'ǔ 흠. 결함.「吹毛求一；지나치게 남의 흠을 찾아내다」
[疵病] tz'ūpìng ㄘㄅ|ㄥˋ 결점. 흠.

〔茨〕 tz'ǔ ㄘˊ ①새나 띠로 지붕을 잇다. ②〈植〉납가새.
[茨菇] tz'ǔku ㄘˊㄍㄨ〈植〉자고. 쇠귀나물：택사과에 속하는 다년초. ＝慈姑.

〔祠〕 tz'ǔ ㄘˊ ①사당. 신전. ②제사.
[祠堂] tz'ût'áng ㄘˊㄊㄤˊ 조상·공로자·신불(神佛) 등을 모신 방이나 신당(神堂). 사당.

〔瓷〕 tz'ǔ ㄘˊ ①경질(硬質)의 사기 그릇. 자기(磁器). ②자기(磁器)로 만든.
[瓷漆] tz'ǔch'i ㄘˊㄑ| 페인트. 사기(沙器). 에나멜：도료(塗料)의 한 가지.
[瓷器] tz'ǔch'i ㄘˊㄑ| 자기(磁器). 사기(沙器).「一鋪；사기전」
[瓷磚(兒)] tz'ǔchuān(rh) ㄘˊㄓㄨㄢ(ㄦ) 사기로 만든 벽돌. 타일 벽돌.
[瓷盆] tz'ǔp'én ㄘˊㄆㄣˊ 사기로 만든 자배기：그릇을 씻거나 세탁할 때 쓰임.
[瓷坯] tz'ǔpī ㄘˊㄆ| 아직 굽지 않은 질그릇.
[瓷胎] tz'ǔt'āi ㄘˊㄊㄞ 아직 굽거나 가공하지 않은 질그릇.
[瓷土] tz'ǔt'ǔ ㄘˊㄊㄨˇ 도토(陶土).
[瓷碗] tz'ǔwǎn ㄘㄨㄢˇ 사기로 만든 공기나 보시기.
[瓷窰] tz'ǔyáo ㄘˊ|ㄠˊ 질그릇을 굽는 가마.

〔詞〕 tz'ǔ ㄘˊ ①단어. 낱말. ②언어. 문구.「歌一；가사」③사(詞). 운문(韻文)의 일종. ＝詩餘, 長短句. ④소송.
[詞章] tz'ǔchāng ㄘˊㄓㄤ 시·사(詞)·병문(駢文)·문장 따위의 총칭.
[詞窮] tz'ǔch'iúng ㄘˊㄑㄩㄥˊ 말이 궁하게 되다. 말이 막히다.
[詞句] tz'ǔchǜ ㄘˊㄐㄩˋ 어구(語句). 자구(字句).
[詞鋒] tz'ǔfēng ㄘˊㄈㄥ 필봉(筆鋒).
[詞滙] tz'ǔhuì ㄘˊㄏㄨㄟˋ 어휘(語彙).
[詞根] tz'ǔkēn ㄘˊㄍㄣ 어간(語幹). 어근(語根).
[詞令] tz'ǔlìng ㄘˊㄌ|ㄥˋ ＝辭令.
[詞不達意] tz'ǔpùtái ㄘˊㄅㄨˋㄉㄚˊ|ˋ 말의 뜻이 통하지 않다.
[詞兒] tz'ǔrh ㄘˊㄦ ①단어. ②가사(歌詞). ③언어. ④대사(臺詞).
[詞書] tz'ǔshū ㄘˊㄕㄨ 사전(辭典). ＝詞典.
[詞頭] tz'ǔt'óu ㄘˊㄊㄡˊ 접두사. 접두어. 어두(語頭).
[詞尾] tz'ǔwěi ㄘˊㄨㄟˇ 접미사. 접미어. 어미(語尾).
[詞藻] tz'ǔtsǎo ㄘˊㄗㄠˇ 잘 수식된 말이나 글의 표현. 글이나 말의 멋진 표현.

〔雌〕 tz'ǔ ㄘˊ ①암컷. ②암컷의.「一鷄；암탉」「一蕊；(꽃의)암술」
[雌黃] tz'ǔhuáng ㄘˊㄏㄨㄤˊ ①유황과 비소(砒素)의 혼합물. ②시문의 글귀를 정정하는 일. ③함부로 비평을 하다.「信口一；입에서 나오는 대로 악평하다」

〔慈〕 tz'ǔ ㄘˊ ①애정이 깊은. 애정이 어린. ②어머니.「家一；나의 어머니」
[慈竹] tz'ǔchú ㄘˊㄓㄨˊ 대(竹)의 일종：대

로 만든 세공품의 재료에 쓰임.
[慈祥] tz'ŭhsiáng ㄘˊㄒㄧㄤˊ 애정이 깊다. 자비심이 많고 상냥하다. >慈慈祥祥.
[慈姑] tz'ŭku ㄘˊㄍㄨ 〈植〉 =茨姑.
[慈悲] tz'ŭpei ㄘˊㄅㄟ 불쌍히 여기다. 사랑하다.
[慈眉善臉] tz'ŭméi-shànliĕn ㄘˊㄇㄟˊㄕㄢˋㄌㄧㄢˇ 인자한 얼굴. =慈眉善目.
[慈善] tz'ŭshàn ㄘˊㄕㄢˋ ①자비심이 깊은. 자비로운. ②자선.

〔磁〕 tz'ŭ ㄘˊ ①자석(磁石). ②자성(磁性). ③=瓷.
[磁化] tz'ŭhuà ㄘˊㄏㄨㄚˋ 자성(磁性)을 띠게 되다.
[磁鋼] tz'ŭkāng ㄘˊㄍㄤ 자철강(磁鐵鋼).
[磁感應] tz'ŭkănying ㄘˊㄍㄢˇㄧㄥˋ 자기 유도(磁氣誘導).
[磁盆] tz'ŭp'ĕn ㄘˊㄆㄣˊ 질그릇으로 만든 화분.
[磁實] tz'ŭshih ㄘˊㄕ 충실하고 튼튼하다. 「身體發育得一 ; 신체가 튼튼하게 발육했다」>磁磁實實.
[磁體] tz'ŭt'i ㄘˊㄊㄧˇ 자성체(磁性體).

〔糍〕(餈) tz'ŭ ㄘˊ 쌀 또는 쌀가루로 만든 식품.
[糍粑] tz'ŭpa· ㄘˊㄅㄚ 찹쌀을 쪄 이겨 떡 모양으로 빚어 말린 것: 찌거나 삶거나 기름에 튀겨 먹음.
[糍糰] tz'ŭt'uán ㄘˊㄊㄨㄢˊ 쌀로 만든 경단.

〔辭〕(辞·辤) tz'ŭ ㄘˊ ①작별을 고하다. 이별하다. 「一行 ; 작별 인사를 하다」 ②거절하다. 받아들이지 않다. ③사직하다. ④피하다. 사양하다. 「不一辛苦 ; 고생을 불사하다」 ⑤=詞①②.
[辭章] tz'ŭchāng ㄘˊㄓㄤ "詩·詞·文章"의 총칭. =詞章.
[辭歇] tz'ŭhsiēh ㄘˊㄒㄧㄝ (고용된 사람이)사직하다. 그만두다.
[辭活]tz'ŭhuó ㄘˊㄏㄨㄛˊ 일이나 근무를 그만두다.
[辭工] tz'ŭkūng ㄘˊㄍㄨㄥ 사직하다.맡은 일을 그만두다.
[辭令] tz'ŭlíng ㄘˊㄌㄧㄥˊ 응대하는 말.
[辭別] tz'ŭpiéh ㄘˊㄅㄧㄝˊ 작별 인사를 하다.
[辭色] tz'ŭsè ㄘˊㄙㄜˋ 말과 안색(顏色).
[辭藻] tz'ŭtsăo ㄘˊㄗㄠˇ 재치 있는 말.글의 멋진 표현.
[辭退] tz ŭt'uì ㄘˊㄊㄨㄟˋ 사퇴하다. 사직하다.

〔此〕 tz'ŭ ㄘˇ ①이것. 이. 「如一 ; 이와 같다」 ②여기. 「到一爲止 ; ㉮여기서 그치다. ㉯여기까지」
[此起彼伏] tz'ŭch'ĭ-pĭfú ㄘˇㄑㄧˇㄅㄧˇㄈㄨˊ =此伏彼起.
[此起彼落] tz'ŭch'ĭ-pĭlò ㄘˇㄑㄧˇㄅㄧˇㄌㄨㄛˋ =此伏彼起.
[此間] tz'ŭchiĕn ㄘˇㄐㄧㄢ ①당지(當地). ②현재.
[此伏彼起] tz'ŭfú-pĭch'ĭ ㄘˇㄈㄨˊㄅㄧˇㄑㄧˇ 한쪽이 조용하면 다른 쪽이 들고 일어나다: 소동 따위가 계속해서 일어나는 모양. «成»
[此後] tz'ŭhòu ㄘˇㄏㄡˋ 차후. 이후. 금후(今後).
[此刻] tz'ŭk'ò ㄘˇㄎㄜˋ 이때. 그때.
[此一時彼一時] tz'ŭ ìshíh pĭ ìshíh ㄘˇㄧˋㄕˊㄅㄧˇㄧˋㄕˊ 지금은 지금, 그때는 그때. 옛날은 옛날이고 지금은 지금: 이전과 지금과는 사정이 다르다는 말.
[此外] tz'ŭwài ㄘˇㄨㄞˋ 이것 이외. 이 밖에.

〔泚〕 tz'ŭ ㄘˇ ①청초하고 아름답다. ②붓에 먹을 묻히다.
[泚筆] tz'ŭpĭ ㄘˇㄅㄧˇ 붓에 먹을 묻히다.

〔跐〕 tz'ŭ ㄘˇ ①무엇을 밟고 서다. 「脚一兩隻船 ; 양다리 걸다. 양수겸이를 하다」 ②발돋움하다.
[跐脚] tz'ŭchiăo ㄘˇㄐㄧㄠˇ 발끝으로 서다.
[跐空] tz'ŭk'ūng ㄘˇㄎㄨㄥ 발을 헛디디다.

〔次〕 tz'ŭ ㄘˋ ①두 번째의. 다음의. 「一日 ; 다음날」 ②품질이 떨어지다. 「這東西太一 ; 이 물품은 몹시 질이 나쁘다」 ③순서. 순위. 「依一前進 ; 순서를 따라 전진하다」 ④회수를 세는 조수사. 「第一一來上海 ; 첫 번째로 "上海"에 오다. 처음 상하이에 오다」 ⑤「旅一 ; 여행의 도중」
[次序] tz'ŭhsü ㄘˋㄒㄩ 순서. 순번. 「一亂了 ; 순서가 뒤바뀌었다」
[次貨] tz'ŭhuò ㄘˋㄏㄨㄛˋ 이급품(二級品).
[次料] tz'ŭliào ㄘˋㄌㄧㄠˋ 나쁜 재료(材料).
[次品] tz'ŭp'ĭn ㄘˋㄆㄧㄣˇ 이등품(二等品).
[次布] tz'ŭpù ㄘˋㄅㄨˋ 품질이 떨어지는 면포(綿布). 규격 외의 면포.
[次數(兒)] tz'ŭshu(rh) ㄘˋㄕㄨ(ㄦ) 회수. 도수(度數).
[次等] tz'ŭtĕng ㄘˋㄉㄥˇ 이류(二流)의.(품질이)떨어지는.
[次第] tz'ŭtì ㄘˋㄉㄧˋ ①순서. 순차. 순서에 따라. 순서대로. ②단서. 실마리.
[次要] tz'ŭyào ㄘˋㄧㄠˋ 부차적(副次的)인. 부차적이다.

〔伺〕 tz'ŭ ㄘˋ ⇨ssŭ.
[伺候] tz'ŭhou ㄘˋㄏㄡ 봉공(奉公)하다. 시중을 들다. 근무하다. >伺伺候候.

〔佽〕 tz'ŭ ㄘˋ 금전으로 원조하다.
[佽助] tz'ŭchù ㄘˋㄓㄨˋ (주로 금전으로) 원조하다.

〔刺〕 tz'ŭ ㄘˋ ①(끝이 뾰족한 것으로) 찌르다. 「用刀一死敵人 ; 적을 칼로 찔러 죽이다」 ②암살하다. 「一客 ; 자객. 암살자」 ③탐색하다. ④풍자(諷刺)하다. ⑤가시. 바늘처럼 뾰족한 것. ⑥명함.
[刺船] tz'ŭch'uán ㄘˋㄔㄨㄢˊ 배에 돛대를 세우다.
[刺耳] tz'ŭĕrh ㄘˋㄦˇ 귀에 거슬리다. 귀가 아프다.
[刺綉] tz'ŭhsiù ㄘˋㄒㄧㄡˋ ①수를 놓다. ② 자수. 수.
[刺槐] tz'ŭhuái ㄘˋㄏㄨㄞˊ 〈植〉 아카시아. =洋槐.
[刺骨] tz'ŭkŭ ㄘˋㄍㄨˇ ①매우 춥다. ②몹시 원망하다. 「恨之一 ; 원한이 골수에 사무치다」

[刺目] tz'ǜmù ㄘˋㄇㄨˋ ①눈부시다. ②눈에 거슬리다. 「刺撓撓.
[刺撓] tz'ǜnao ㄘˋㄋㄠ 가렵다. «北» >刺
[刺兒] tz'ǜrh ㄘˋㄦ 가시. 밤송이의 가시.
[刺兒菜] tz'ǜrhts'ài ㄘˋㄦㄘㄞˋ 〈植〉 엉거시과에 속하는 엉겅퀴속 식물의 총칭.
[刺兒頭] tz'ǜrht'óu ㄘˋㄦㄊㄡˊ 다루기 힘드는 사람.
[刺傷] tz'ǜshāng ㄘˋㄕㄤ ①찔러서 상처를 입히다. ②(마음이)뼈저리게 슬프다.
[刺死] tz'ǜssŭ ㄘˋㄙ 찔러 죽이다.
[刺打] tz'ǜta ㄘˋㄉㄚ 심하게 꾸짖다. >刺刺打打.
[刺探] tz'ǜt'àn ㄘˋㄊㄢˋ 정탐하다. 탐색하다. >刺刺探探.
[刺刀] tz'ǜtāo ㄘˋㄉㄠ 총검(銃劍).
[刺刺] tz'ǜtz'ǔ ㄘˋㄘˋ 조잘거리는 모양.
[刺蝟] tz'ǜwèi ㄘˋㄨㄟˋ 〈動〉 고슴도치.
[刺眼] tz'ǜyěn ㄘˋㄧㄢˇ =刺目.
[刺癢] tz'ǜyang ㄘˋㄧㄤ 가렵다. >刺刺癢癢.

〔厠〕(廁) tz'ǔ ㄘˋ ⇨ts'ē.

〔賜〕 tz'ǔ ㄘˋ ①아랫사람에게 무엇을 주다. 하사(下賜)하다. ②하사품(下賜品).
[賜教] tz'ǜchiāo ㄘˋㄐㄧㄠˋ 가르침을 받다. «敬»
[賜復] tz'ǜfù ㄘˋㄈㄨˋ 답장을 받다. «書»
[賜予] tz'ǜyǔ ㄘˋㄩˇ 하사하다. 주다.

WA ㄨㄚ

〔挖〕 wā ㄨㄚ ①구멍을 파다. 「一個坑 ; 구멍을 하나 파다」 ②후비다. 「一耳朵 ; 귓구멍을 후비다」 ③(사람을) 빼오다. 빼내다. 「從我們手裡一去專家 ; 우리 편에서 전문가를 뽑다」
[挖墻脚] wāch'iángchiǎo ㄨㄚㄑㄧㄤˊㄐㄧㄠˇ 근본적으로 파괴한다는 데 대한 비유.
[挖潛力] wāch'iénlì ㄨㄚ ㄑㄧㄢˊㄌㄧˋ 잠재력을 발굴하다.
[挖窮根] wā ch'iúngkēn ㄨㄚ ㄑㄩㄥˊㄍㄣ 빈곤의 근본 원인을 철저히 찾아 내어 이것을 제거하다.
[挖抓] wāchuā ㄨㄚㄓㄨㄚ 방법을 강구하여 입수(入手)하다.
[挖掘] wāchüéh ㄨㄚㄐㄩㄝˊ 파다.
[挖貨] wāhuō ㄨㄚㄏㄨㄛˋ 좋은 물품만 꺼내다. 좋은 것만 뽑아내다.
[挖根兒] wākēnrh ㄨㄚㄍㄣㄦ ①뿌리를 뽑아 내다. ②근본. 원인을 뽑아 없애다.
[挖苦] wāk'u ㄨㄚㄎㄨ ①비꼬다. 빈정대다. 비웃다. 「這話眞一人 ; 이건 참 사람을 비꼰단말이야」 ②헐뜯다. >挖挖苦苦.
[挖空] wāk'ūng ㄨㄚㄎㄨㄥ ①하나 남김없이 모조리 파내다. ②「一心思 ; 몹시 애쓰다. 있는 모든 지혜를 짜내다」② 좋은 물품을 모조리 골라 내다.

〔哇〕 wā ㄨㄚ ①엉엉! 〈擬〉 울음 소리. 「哭得一一的 ; 엉엉 소리 내 울다」 ②왝. 〈擬〉 토하는 소리. 「一地一聲吐了一地 ; 왝하고 온 땅바닥에 토했다」 ③어기조사(語氣助詞)로서 경성으로 발음됨. 「別哭一! ; 우는게 아냐!」 「多好一! ; 얼마나 좋으냐!」 「快走一! ; 빨리 걸어라!」
[哇啦哇啦] wālawāla ㄨㄚㄌㄚㄨㄚㄌㄚ ①떠들어대는 소리. 「你一吵些什麼? ; 너는 무엇을 와글와글 떠들어대고 있느냐?」 ②분명하지 못한 음성.

〔媧〕 wā ㄨㄚ 「女一 ; 신화(神話)에 나오는 여제(女帝) : 오색(五色) 돌을 이기어 하늘을 수리(修理)하였다고 전해짐」

〔蛙〕 wā ㄨㄚ 〈動〉 개구리.
[蛙式] wāshih ㄨㄚㄕˋ 개구리 헤엄. 평영(平泳). 흉영(胸泳).

〔窪〕(洼) wā ㄨㄚ ①「一兒 ; 움푹 파인 곳」 「水一兒 ; 물이 괴어 있는 곳. 웅덩이」 ②움푹 들어가 있다. 「「這地太一 ; 이곳은 몹시 우묵하다」 「眼眶一了進去 ; 눈 언저리가 우묵하다」
[窪心兒臉] wāhsínrhliěn ㄨㄚㄒㄧㄣㄦㄌㄧㄢˇ 우묵한 얼굴. 복판이 우묵하게 들어간 얼굴.
[窪塄兒] wālěngrh ㄨㄚㄌㄥˊㄦ 밭 따위의 폭 꺼진 데나 우묵한 곳.

〔娃〕 wá ㄨㄚˊ ①「一子·一兒 ; 갓난아기」 「胖一一 ; 포동포동한 갓난 아기」 ②예쁜 딸아이. 「嬌一 ; 귀여운 딸아이」
[娃娃] wáwa ㄨㄚˊㄨㄚ 갓난 아이.
[娃娃生] wáwashēng ㄨㄚˊㄨㄚㄕㄥ 연극에 있어서의 아이 역(役).

〔瓦〕 wǎ ㄨㄚˇ ①질그릇의. 옹기의. 「一盆 ; 유약(釉藥)을 칠하지 않고 옹기흙을 구어서 만든 버치나 자배기 모양의 질그릇. 옹기흙으로 구어서 만든 화분 따위」 ②기와. 「一房 ; 기와집」 「弄一 ; 딸을 낳다」 ⇨wà.
[瓦碴兒] wǎch'árh ㄨㄚˇㄔㄚˊㄦ 기왓 조각. =瓦岔兒.
[瓦匠] wǎchiàng ㄨㄚˇㄐㄧㄤˋ ① 미장이. 기와장이. ②계집아이를 많이 낳은 사람을 농으로 일컫는 말. =泥水匠.
[瓦圈] wǎch'üān ㄨㄚˇㄑㄩㄢ 인력거·자전거 따위의 림(rim).
[瓦全] wǎch'üán ㄨㄚˇㄑㄩㄢˊ 헛되이 인생을 마치다. 절도(節度)를 잃지 않는 범위내에서 생애를 마치다.
[瓦灰] wǎhuī ㄨㄚˇㄏㄨㄟ 짙은 회색.
[瓦罐] wǎkuàn ㄨㄚˇㄍㄨㄢˋ 유약(釉藥)을 바르지 않고 구운 옹기 항아리. 옹기 단지.
[瓦工] wǎkūng ㄨㄚˇㄍㄨㄥ ①미장이 일. ②건축 따위의 작업에서 남의 밑에서 일하는 사람.
[瓦藍] wǎlán ㄨㄚˇㄌㄢˊ 짙은 남빛. 진한 남빛.
[瓦楞子] wǎlěngtzǔ ㄨㄚˇㄌㄥˊㄗˇ 〈動〉 새고막. 피안다미조개 : 살조개과에 딸린 조개.
[瓦壟(兒)] wǎlǔng(rh) ㄨㄚˇㄌㄨㄥˇ(ㄦ) 잇달아 깔아 놓은 기와의 배열·간격. =瓦隴. 瓦楞. 「一鐵 ; 물결 모양의 골이

진 철판」
[瓦木作] wǎmùtsō ㄨㄚˇㄇㄨˋㄗㄨㄛ 미장이를 겸한 목수.
[瓦盆] wǎp'ĕn ㄨㄚˇㄆㄣˊ 옹기흙으로 구어 만든 쟁반 모양의 질그릇. ⇨자해(字解)①.
[瓦片(兒)] wǎp'ièn(rh) ㄨㄚˇㄆㄧㄢˋ(ㄦ) ①기와.「吃一；집세를 받아 생활하다」②밀가루를 긴 네모꼴(長方形)로 늘이어 기름으로 튀긴 과자의 한 가지.
[瓦舍] wǎshè ㄨㄚˇㄕㄜˋ ①＝瓦房. ②청루(青樓). 유곽(遊廓). ‹舊›
[瓦特] wǎt'è ㄨㄚˇㄊㄜˋ 와트(watt). ‹譯›
[瓦釘] wǎtīng ㄨㄚˇㄉㄧㄥ 기와 못.
[瓦作] wǎtsō ㄨㄚˇㄗㄨㄛ ＝瓦匠.
[瓦窰] wǎyáo ㄨㄚˇㄧㄠˊ ①기와 굽는 솟. ②계집아이를 많이 낳은 여인을 농으로 하는 말.

〔瓦〕 wà ㄨㄚˋ 기와를 이다. ⇨wǎ.
[瓦刀] wàtāo ㄨㄚˋㄉㄠ 미장이 도구. 흙손.

〔膃〕 wà ㄨㄚˋ
[膃肭] wànà ㄨㄚˋㄋㄚˋ ①비대한. ②물개.「一獸；물개」＝해구(海狗).

〔襪〕(袜) wà ㄨㄚˋ「一子；양말·버선 따위」
[襪後跟兒] wàhòukēnrh ㄨㄚˋㄏㄡˋㄍㄣㄦ 양말의 발꿈치. 양말 뒤축.
[襪口兒] wàk'ǒurh ㄨㄚˋㄎㄡˇㄦ 양말 주둥이.
[襪帶兒] wàtàirh ㄨㄚˋㄉㄞˋㄦ 양말 대님.
[襪套兒] wàt'àrh ㄨㄚˋㄊㄚˋㄦ 양말 커버. 덧버선.
[襪底兒] wàtǐrh ㄨㄚˋㄉㄧˇㄦ 양말 밑바닥.
[襪頭兒] wàt'óurh ㄨㄚˋㄊㄡˊㄦ 짧은 양말.
[襪筒兒] wàt'ǔngrh ㄨㄚˋㄊㄨㄥˇㄦ 양말의 통으로 된 부분. 양말목. ＝襪統(兒).
[襪子] wàtzǔ ㄨㄚˋㄗ 양말.
[襪穿鞋綻] wàch'uān-hsiéhchàn ㄨㄚˋㄔㄨㄢㄒㄧㄝˊㄓㄢˋ 양말에는 구멍이 나고, 신은 메어지다. 동분서주하여 쇠진해지다. ‹成›
[襪靿兒] wàyàorh ㄨㄚˋㄧㄠˋㄦ 양말의 통으로 되어 있는 부분. 양말목.

WAI ㄨㄞ

〔歪〕 wāi ㄨㄞ ①비뚤어지다. 비스듬하다. 굽다.「一着頭；고개를 갸웃하다」「這張畫掛一了；이 그림은 비스듬히 걸려 있다」②좋지 못한. 나쁜. 부정한.「一道；사도(邪道)」③시간이 지나다.「晌午一了；정오가 지났다」④누워서 쉬다. 잠깐 눈을 붙이고 자다. ⑤무고(誣告)하다.「我一清二白, 不怕誰一我；나는 청렴결백하므로 누가 뭐라고 하든 두렵지 않다」
[歪纏] wāich'án ㄨㄞㄔㄢˊ 이유 없이 지분거리다. 까닭 없이 시비를 걸다. 못 살게 굴다. ＝糾纏.
[歪着] wāichê ㄨㄞㄓㄜ ①(휴식을 위해) 잠시 누워서 쉬다. ②비뚤어진.
[歪七扭八] wāich'ī-niǔpā ㄨㄞㄑㄧㄋㄧㄡˇㄅㄚ 찌그러진 모양.
[歪脚] wáichiǎo ㄨㄞˊㄐㄧㄠˇ 발을 삐다.
[歪風] wāifēng ㄨㄞㄈㄥ 좋지 못한 풍기. 문란한 풍기. 「‹方›
[歪好] wāihǎo ㄨㄞㄏㄠˇ ＝好歹(háo-tǎi).
[歪斜] wāihsiéh ㄨㄞㄒㄧㄝˊ 구부러진. 비뚤어진. >歪歪斜斜.
[歪貨] wāihuò ㄨㄞㄏㄨㄛˋ 쓸모 없는 것. 무용지물(無用之物). 세파에 시달려 순진성을 잃은 여자를 욕하는 말: 몸쓸년. ‹成›
[歪盔子] wāik'ueītzǔ ㄨㄞㄎㄨㄟㄗ (남에게 도전할 때의) 구실. 트집. 핑계.「抓一；트집 잡다」
[歪剌] wāilà ㄨㄞㄌㄚˋ 몹쓸 놈. ‹罵› ＝歪剌貨. 歪剌骨. 歪辣.
[歪稜] wāilêng ㄨㄞㄌㄥ 기울이다. 옆으로 갸웃하다.「一着腦袋；머리를 갸웃하다」
[歪毛兒] wāimáorh ㄨㄞㄇㄠˊㄦ ①어린 아이들의 머리를 깎은 뒤에 머리 양쪽에 조금 남겨서 늘어뜨리는 이발 방식. ②개구장이.「一淘氣兒；㉮개구장이. ㉯불량소년·소녀. 건달패. 불량패」
[歪泥] wāiní ㄨㄞㄋㄧˊ 시말(始末)이 나쁘다. 처음과 끝이 좋지 않다.
[歪派] wāip'ai ㄨㄞㄆㄞ ①오해하다. ②잘못 꾸짖다.
[歪憋] wāipieh ㄨㄞㄅㄧㄝ 부당한 짓을 하다. 함부로 마구 떠들다. >歪歪憋憋.
[歪不横楖] wāipuhĕngláng ㄨㄞㄅㄨㄏㄥˊㄌㄤˊ 단정하지 못한 모양. 올바르지 못한 모양.
[歪說好說] wāishuō-hǎoshuō ㄨㄞㄕㄨㄛㄏㄠˇㄕㄨㄛ 이리저리 타일러 설복시키다.「一, 他纔答應了；이것 저것 설득한 끝에 그는 겨우 승낙했다」
[歪打正着] wāitǎ chèngcháo ㄨㄞㄉㄚˇㄓㄥˋㄓㄠˊ 우연히 맞다. 운이 좋은 사람은 모로 쳐도 바로 맞다.
[歪詞兒] wāitz'ŭrh ㄨㄞㄘˊㄦ 터무니 없는 말. 남을 해치는 말.
[歪歪扭扭] wāiwāiniúniǔ ㄨㄞㄨㄞㄋㄧㄡˊㄋㄧㄡˇ ①구부러지거나 또는 찌그러진 모양. ②비틀거리는 모양.

〔外〕 wài ㄨㄞˋ ①바깥.「門一；집의 바깥. 옥외」「國一；국외」②딴 데의. 다른. ③외국.「對一貿易；대외 무역」④외가(外家)나 처가의 가족을 부를 때 씀. ⑤연극에서 늙은 남자 역(役). ⑥자기와 소원(疎遠)한 것.「都不是一人；모두가 아주 남은 아니다」⑦아내가 남편을 부르는 칭호. ⑧세상(세간)의. ⑨오른쪽.「往一拐；오른쪽으로 돌다」⑩정식(正式)이 아닌.
[外場] wáich'áng ㄨㄞˊㄔㄤˊ ①옥외 광장. ②사교적(社交的)인. 세상 물정에 익숙한.「一人；㉮체면을 중시하는 사람. ㉯사교적인 사람. 교제가 넓은 사람」③외교원. 외무원.
[外長] wàichǎng ㄨㄞˋㄓㄤˇ 외무부 장관 : "外交部長"의 약칭.「一會議；외무부 장관급의 회의」
[外鈔] wàich'āo ㄨㄞˋㄔㄠ 외국 지폐.

[外找兒] wàichǎorh ㄨㄞˋㄓㄠˇㄦ ＝外快(兒).
[外氣] wàich'i ㄨㄞˋㄑㄧ 사양하다. 염치를 차리다.
[外加] wàichiā ㄨㄞˋㄐㄧㄚ ①그 위에. 그 밖에. ②＝外帶. 「의 집.
[外家] wàichia ㄨㄞˋㄐㄧㄚ ①외가. ②첩
[外強中乾] wàich'iáng chūngkān ㄨㄞˋㄑㄧㄤˊ ㄓㄨㄥㄍㄢ 겉으로는 강하게 보이나 속은 텅텅 비어 있다. «成»
[外僑] wàich'iáo ㄨㄞˋㄑㄧㄠˊ 외국인의 거류민(居留民).
[外間(兒)] wàichien (rh) ㄨㄞˋㄐㄧㄢ(ㄦ) ①세상. ②바깥방. 행랑방.
[外欠] wàich'ièn ㄨㄞˋㄑㄧㄢˋ ①남이 자기에게 지고 있는 부채. ②외부에서 꾸다. 외부에서 차용한 돈.
[外錢兒] wàich'iénrh ㄨㄞˋㄑㄧㄢˊㄦ ＝外財(兒).
[外親] wàich'īn ㄨㄞˋㄑㄧㄣ 외척(外戚).
[外景] wàiching ㄨㄞˋㄐㄧㄥˇ 오우픈셋. 야외 시인(scene).
[外精內拙] wàichīng nèichō ㄨㄞˋㄐㄧㄥ ㄋㄟˋㄓㄨㄛ 겉은 번드레하나 속은 볼품없다. «成»
[外傳] wàichuàn ㄨㄞˋㄓㄨㄢˋ 정사(正史) 이외에 따로 기록된 전기(傳記).
[外方] wàifāng ㄨㄞˋㄈㄤ ①바깥. ② 먼 곳. 원방(遠方).
[外敷藥] wàifūyào ㄨㄞˋㄈㄨㄧㄠˋ 외부에 바르는 약. 외용약(外用藥).
[外行] wàiháng ㄨㄞˋㄏㄤˊ 풋나기. 미숙한 사람. 소인(素人).
[外號(兒)] wàihào(rh) ㄨㄞˋㄏㄠˋ(ㄦ) 별명. 니크네임.
[外鄉] wàihsiāng ㄨㄞˋㄒㄧㄤ 타향.
[外廂] wàihsiāng ㄨㄞˋㄒㄧㄤ ＝外邊兒.
[外銷] wàihsiāo ㄨㄞˋㄒㄧㄠ 국외(國外)판매.
[外心] wàihsīn ㄨㄞˋㄒㄧㄣ 두 가지 마음. 배심(背心).
[外姓] wàihsing ㄨㄞˋㄒㄧㄥˋ 타성(他姓).
[外話] wàihuà ㄨㄞˋㄏㄨㄚˋ 품위 없는 말씨. 천한 말.
[外匯] wàihui ㄨㄞˋㄏㄨㄟˋ 외국환(換).
[外匯管制] wàihui kuǎnchìh ㄨㄞˋㄏㄨㄟˋ ㄍㄨㄢˇㄓˋ 환관리(換管理) ; 정부가 외국환의 자유로운 거래를 금지 제한하는 것.
[外活] wàihuó ㄨㄞˋㄏㄨㄛˊ 분담 외의 작업. 내직(內職). 아르바이트.
[外貨] wàihuò ㄨㄞˋㄏㄨㄛˋ 외국 상품.
[外衣] wàiī ㄨㄞˋㄧ ①저고리. 상의(上衣). ②작업복.
[外人] wàijén ㄨㄞˋㄖㄣˊ ①남. 타인. ② 가족 이외의 사람.
[外客] wàik'ò ㄨㄞˋㄎㄜˋ 친척 외의 손님.
[外快] wàik'uài ㄨㄞˋㄎㄨㄞˋ ＝外財(兒).
[外官] wàikuān ㄨㄞˋㄍㄨㄢ 지방 관리. «舊»
[外光劇場] wàikuāng chǔch'ǎng ㄨㄞˋㄍㄨㄤ ㄐㄩˋㄔㄤˇ 노천(露天) 극장.
[外功] wàikūng ㄨㄞˋㄍㄨㄥ 근골(筋骨)·피부 등을 단련하는 수행(修行).
[外公] wàikūng ㄨㄞˋㄍㄨㄥ 외조부. 외할아버지.
[外來戶] wàiláihû ㄨㄞˋㄌㄞˊㄏㄨˋ 정주(定住)하고 있는 외래자 : 외부에서 떠 들어 와 정착하고 있는 사람.
[外來干涉] wàilái kānshè ㄨㄞˋㄌㄞˊ ㄍㄢㄕㄜˋ 외부로부터의 간섭.
[外路] wàilù ㄨㄞˋㄌㄨˋ 타향. 「一客商 ; 외래 상인(商人)」「一人(兒) ; 타향사람」
[外面] wàimien ㄨㄞˋㄇㄧㄢˋ ①바깥. ②교제. 「不懂 ; 교제상의 의리를 모른다」
[外面皮兒] wàimiènp'írh ㄨㄞˋㄇㄧㄢˋㄆㄧˊㄦ (사물의)표면. 겉. 외면(外面).
[外面兒] wàimiènrh ㄨㄞˋㄇㄧㄢˋㄦ ①＝外場②. ②표면. 겉. 바깥. 「一光 ; 겉치레만하다. 허울이 좋다」
[外男] wàinán ㄨㄞˋㄋㄢˊ ＝外甥.
[外版] wàipǎn ㄨㄞˋㄅㄢˇ 다른 회사의 출판물.
[外表] wàipiǎo ㄨㄞˋㄅㄧㄠˇ 외관. 허울 표면.
[外撇子] wàip'iěhtzǔ ㄨㄞˋㄆㄧㄝˇㄗ 친구나 동료들로부터 따돌림을 받는 사람. 성질이 비뚤어진 놈. 동조(同調)하지 않는 인간.
[外邊(兒)] wàipien(rh) ㄨㄞˋㄅㄧㄢ(ㄦ) ①바깥. 외부. ②물건의 가장자리. 「床一 ; 침대 가장자리」
[外賓] wàipīn ㄨㄞˋㄅㄧㄣ ①외국의 손님. 외빈. 귀한 외국 손님. ②＝外客.
[外婆] wàip'ó ㄨㄞˋㄆㄛˊ ＝外祖母.
[外埠] wàipù ㄨㄞˋㄅㄨˋ 다른 큰 도시. 다른 지방의 개항장(開港場). 외국 항구(港口).
[外甥] wàishêng ㄨㄞˋㄕㄥ 누이의 아들. 생질. 「一女(兒) ; 누이의 딸. 생질녀」
[外省] wàishěng ㄨㄞˋㄕㄥˇ ①다른 성(省). 타성(他省). ②수도(首都)가 있는 성 이외의 성(省).
[外手] wàishǒu ㄨㄞˋㄕㄡˇ 바깥. 바깥 쪽. 외부.
[外書房] wàishūfáng ㄨㄞˋㄕㄨㄈㄤˊ "外院"에 있는 서재(書齋).
[外水] wàishuǐ ㄨㄞˋㄕㄨㄟˇ ①커미션. ② 임시 또는 여분(餘分)의 수입.
[外四路兒] wàissǔlùrh ㄨㄞˋㄙˋㄌㄨˋㄦ 멀리하는 사람. 소외당한 사람.
[外祟] wàisui ㄨㄞˋㄙㄨㄟˋ ①자기 가족 이외의 죽은 영혼. ②지겹게 따라 다니는 것.
[外帶] wàitài ㄨㄞˋㄉㄞˋ 그 밖에. 겸하여. 미리. 더구나. 「自高自大一不負責任 ; 교만하고도 그밖에 책임까지 지지 않는다」＝外帶着.
[外道] wàitao ㄨㄞˋㄉㄠ 서먹서먹하다. 「您這樣客氣倒滋着一了 ; 선생께서 이처럼 사양하시면 오히려 서먹서먹해집니다」
[外道兒] wàitàorh ㄨㄞˋㄉㄠˋㄦ (좋지 못한 뜻에서) 도락(道樂). 사도(邪道).
[外地] wàiti ㄨㄞˋㄉㄧˋ ①국외(國外)의 땅. ②본적지 이외의 곳. ③다른 곳. 딴 데.
[外頭] wàit'ou ㄨㄞˋㄊㄡ 바깥. 바깥 쪽.
[外財(兒)] wàits'ái(rh) ㄨㄞˋㄘㄞˊ(ㄦ) 여분의 수입. 뜻밖의 수입.
[外層] wàits'éng ㄨㄞˋㄘㄥˊ 바깥 쪽. 겉면. 외면.
[外祖] wàitsǔ ㄨㄞˋㄗㄨˇ 외조부.
[外子] wàitzǔ ㄨㄞˋㄗˇ 아내가 자기 남편을 남에게 말할 때 쓰는 말.

[外圍] wàiwéi ㄨㄞˋㄨㄟˊ 바깥 테두리. 외곽.「—工事 ; 외부 공사」
[外文] wàiwến ㄨㄞˋㄨㄣˊ ①외국어. ②외국 문장.
[外務] wàiwû ㄨㄞˋㄨˋ ①외교에 관한 사무. ②본직(本職) 이외의 일.
[外洋] wàiyáng ㄨㄞˋㄧㄤˊ 해외. 외국.
[外秧兒] wàiyāngrh ㄨㄞˋㄧㄤㄦ ①저절로 생긴 모종(苗種). ②그루우프 이외의 사람. 본종파(本宗派) 이외의 사람.
[外遇] wàiyû ㄨㄞˋㄩˋ ①샛서방. 간부. ②정부(情婦).
[外援] wàiyüán ㄨㄞˋㄩㄢˊ 밖으로부터의 원조. 외국 원조.
[外院] wàiyüàn ㄨㄞˋㄩㄢˋ 앞뜰. 앞마당: "裏院"에 대해 하는 말.

WAN ㄨㄢ

〔剜〕 wān ㄨㄢ ①칼로 도려 내다.「把木板—一個槽兒 ; 판목(板木)에 골을 하나 파내다」②칼이나 숟가락 따위로 속을 도려 내다.
[剜肉補瘡] wānjòu pǔch'uāng ㄨㄢㄖㄡˋㄅㄨˇㄔㄨㄤ 살을 도려 내 상처에 덮어 씌우다. 목전의 화급(火急)한 일로 말미암아 다른 일을 돌볼 사이가 없다. 일시적인 도피책을 말함. «成»
[剜心眼兒] wānhsīnyěnrh ㄨㄢㄒㄧㄣㄧㄢˇㄦ 세세한 점에까지 마음을 쓰다. 세심한 주의를 기울이다.
[剜騰] wānt'êng ㄨㄢㄊㄥ 찾다. 구하다.
[剜眼剝皮] wānyěn-pāop'í ㄨㄢㄧㄢˇㄅㄠㄆㄧˊ 인정 사정도 없다. 잔인하다.「—地責罵人 ; 무자비하게 공박하다」 =剜肉剝皮. «成»

〔蜿〕 wān ㄨㄢ
[蜿蜒] wānyén ㄨㄢㄧㄢˊ ①뱀이 기어가는 꼴. ②꿈틀거리며 가는 모양. >蜿蜿蜒蜒.

〔豌〕 wān ㄨㄢ 완두.「—豆 ; 완두」「—豆泥 ; 완두콩 고물」

〔彎〕(弯) wān ㄨㄢ ① 구부리다. 굽은.「—路 ; 꼬불꼬불한 길」②「—子·—兒 ; 구부러진 것」「這根竹子有個—兒 ;이 대나무 장대는 구부러진 데가 있다」③활을 쏘다.「—弓 ; 활을 쏘다」
[彎尺] wānch'ǐh ㄨㄢㄔˇ "T"자(字) 또는 "L"자(字) 형의 자(尺).
[彎轉] wānchuan ㄨㄢㄓㄨㄢ 여러 가지 손을 써서 찾다. 수단을 써서 찾다.
[彎曲曲的] wānch'ūch'ūtê ㄨㄢㄑㄩㄑㄩㄉㄜ 꼬불꼬불한. >曲曲彎彎.
[彎弓] wānkūng ㄨㄢㄍㄨㄥ ①활을 쏘다. ②구부러진 것. =彎弓兒.
[彎路] wānlû ㄨㄢㄌㄨˋ 꼬부라진 길. 꼬불꼬불한 길.
[彎道] wāntào ㄨㄢㄉㄠˋ 꼬불꼬불한 길.
[彎子(—兒)] wāntzǔ(—rh) ㄨㄢㄗ(—ㄦ) 구부러진 것. 길 모퉁이.「繞— ; 길 모퉁이를 돌다」「心裏繞過點—來了 ; 마음속에 맺혔던 응어리가 약간 풀리다」
[彎彎折折] wānwānchěchě ㄨㄢㄨㄢㄓㄜˊㄓㄜˊ 꼬불꼬불한 모양.

〔灣〕 wān ㄨㄢ ①육지 깊숙이 들어간 바다·호수·만. ②정박(碇泊)시키다.「把船—在那邊 ; 배를 저곳에 정박시키다」

〔丸〕 wán ㄨㄢˊ ①「—子·—兒 ; 작고 둥근 것」「藥—兒 ; 환약」「肉—子 ; 고기 다진 것을 가루에 섞어서 경단으로 만든 것」②둥글게 만들다.
[丸散膏丹] wánsǎn'kāotān ㄨㄢˊㄙㄢˇㄍㄠㄉㄢ 환약·산약(가루약)·고약·연약(갠 약).
[丸子] wántzǔ ㄨㄢˊㄗ ①고기로 만든 경단.「肉— ; 고기 경단」 ②환약(丸藥)을 세는 조수사(助數詞).「——藥 ; 한 알의 환약」

〔完〕 wán ㄨㄢˊ①완전한.「—人 ; 완전한 인간」「—善 ; 나무랄 데가 없다. 완전하다」②끝나다.「用—了 ; 다 써 버렸다」「賣—了 ; 매진되었다」 ③완결하다. 끝내다.「—工 ; 작업이 끝나다」④(동사의 뒤에 붙어)…이 끝나다. …마치다.「做—了 ; 다했다. 일을 끝냈다」
[完案] wán'àn ㄨㄢˊㄢˋ 소송 사건에서 결심(結審)을 하다. 사건을 매듭짓다.
[完成] wánch'êng ㄨㄢˊㄔㄥˊ ①완성하다. ②완수하다. 잘되다.
[完整] wánchěng ㄨㄢˊㄓㄥˇ 말할 나위 없이 정돈되어 있다. 완전히 갖추어져 있다. >完完整整.
[完清] wánch'īng ㄨㄢˊㄑㄧㄥ 완전히 청산하다. 지불 완료하다.
[完全] wánch'üán ㄨㄢˊㄑㄩㄢˊ ①완전하다. ②완전히. 전혀. 참으로.
[完竣] wánchûn ㄨㄢˊㄐㄩㄣˋ 완공(完工)되다.「工程—了 ; 준공(竣工)되었다」
[完好] wánhǎo ㄨㄢˊㄏㄠˇ 오붓하다. 완전하고 양호하다. 조촐하게 정돈되어 있다. 완전한.
[完小] wánhsiǎo ㄨㄢˊㄒㄧㄠˇ "完全小學"의 준말 : 6년제 소학교.
[完婚] wánhūn ㄨㄢˊㄏㄨㄣ 아내를 맞이하다. 혼인을 마치다.
[完人] wánjến ㄨㄢˊㄖㄣˊ 완전한 사람.
[完璧歸趙] wánpì kueīchào ㄨㄢˊㄅㄧˋㄍㄨㄟㄓㄠˋ 빈 것을 흠 없이 본디대로 돌려 주다.
[完糧] wánliáng ㄨㄢˊㄌㄧㄤˊ 세금을 완납하다.
[完了] wánliǎo ㄨㄢˊㄌㄧㄠˇ ①완료하다. ②끝내. 드디어. 급기야. ③wánlê 끝장 났다. 끝났다. ④wánlê 온통 잡쳐 버렸다. 실패하다.
[完滿] wánmǎn ㄨㄢˊㄇㄢˇ①완전 무결하다. ②원만하다.
[完美] wánměi ㄨㄢˊㄇㄟˇ 완전한. 훌륭한.「—無缺 ; 완전 무결」
[完畢] wánpì ㄨㄢˊㄅㄧˋ 완료하다. 끝나다.「講課— ; 강의가 끝나다」
[完不成] wánpuch'êng ㄨㄢˊㄅㄨㄔㄥˊ 완성할 수 없음. ↔完得成.
[完善] wánshàn ㄨㄢˊㄕㄢˋ =完美.
[完事(兒)] wánshìh(rh) ㄨㄢˊㄕˋ(ㄦ) ①

일을 끝내다. ②끝장이다. 틀렸다.
[完蛋] wántàn ㄨㄢˊㄉㄢˋ ①끝장 나다. ②죽다. 뒈지다.

〔玩〕 wán ㄨㄢˊ ①「一兒；놀다. 장난하다」「一皮球；고무공 놀이를 하다」②사용하다. 손대다. 만지다. 「一兒手腕；손장난을 하다」③완상(玩賞)하다. 「一月；달을 완상하다」④완상품. 「古一；골동품」⑤깔보다. 업신여기다. 「一視；경시(輕視)하다」
[玩猴兒] wánhóurh ㄨㄢˊㄏㄡˊㄦ 비웃다. 놀리다.
[玩笑] wánhsiào ㄨㄢˊㄒㄧㄠˋ 놀리다. 희롱하다. 「開一；희롱하다」
[玩忽] wánhū ㄨㄢˊㄏㄨ, wànhū 소홀히 하다. 경시(輕視)하다.
[玩話] wánhua ㄨㄢˊㄏㄨㄚ 농으로 하는 말. 농담.
[玩花招(兒)] wán huāchāo(rh) ㄨㄢˊ ㄏㄨㄚㄓㄠ(ㄦ) 속임수를 쓰다. 사술(詐術)을 부려 남을 속이다.
[玩花頭] wán huāt'ou ㄨㄢˊ ㄏㄨㄚㄊㄡ ①수단을 부리다. ②외양(外樣)을 바꾸다. =玩花樣.
[玩火自焚] wánhuǒ tzǔfén ㄨㄢˊㄏㄨㄛˇ ㄗˋㄈㄣˊ 불장난하다가 불에 타 죽다. 자업자득(自業自得). 《成》
[玩意兒] wánìrh ㄨㄢˊㄧˋㄦ ①장난감. ②물품. 물건. 「傳家的一；대대로 전해 내려 오는 귀중한 보물」③(경멸하는 뜻에서)사람. 놈. 「不是一！；지독한 놈！」「到底是什麼一？；도대체 어떤 물건이냐？」=玩藝兒.
[玩弄] wánnùng ㄨㄢˊㄋㄨㄥˋ 희롱하다. ⇨wàn.
[玩偶] wán'ǒu ㄨㄢˊㄡˇ 장난감 인형.
[玩皮] wánp'í ㄨㄢˊㄆㄧˊ 장난꾸러기로 감당할 수 없는.
[玩兒] wánrh ㄨㄢˊㄦ ①놀이. ②놀다. 장난하다.
[玩(兒)壞] wán(rh)huài ㄨㄢˊ(ㄦ)ㄏㄨㄞˋ 주물러 망그러뜨리다.
[玩(兒)命] wán(rh)mìng ㄨㄢˊ(ㄦ)ㄇㄧㄥˋ 목숨을 내던지다. 목숨을 초개(草芥)와 같이 생각하다. =拼命.
[玩(兒)牌] wán(rh)p'ái ㄨㄢˊ(ㄦ)ㄆㄞˊ 트럼프 놀이를 하다.
[玩兒票] wánrhp'iào ㄨㄢˊㄦㄆㄧㄠˋ ①취미 삼아 연극을 배우다. ②소인(素人) 배우.
[玩(兒)硬] wán(rh)yìng ㄨㄢˊ(ㄦ)ㄧㄥˋ 강경책(強硬策)을 취하다. 매섭게 다루다.
[玩賞] wánshǎng ㄨㄢˊㄕㄤˇ, wànshǎng 완상하다.
[玩視] wánshìh ㄨㄢˊㄕˋ 경시(輕視)하다. 대수롭지 않게 여기다.
[玩世不羈] wánshìhpùchī ㄨㄢˊㄕˋㄅㄨˋㄐㄧ =玩世不恭.
[玩世不恭] wánshìh pùkūng ㄨㄢˊㄕˋㄅㄨˋㄍㄨㄥ, wànshíh pùkūng 세상을 얕보고 불손한 태도를 취하다.
[玩耍] wánshuǎ ㄨㄢˊㄕㄨㄚˇ 놀다. 장난하다. >玩玩耍耍.
[玩(兒)完(兒)] wán(rh)wán(rh) ㄨㄢˊ(ㄦ)ㄨㄢˊ(ㄦ) ①실패하다. 잡치다. ②뒈지다. 죽다.
[玩物] wǎnwù ㄨㄢˊㄨˋ ①장난감. 완구(玩具). ②완롱물(玩弄物). ⇨wànwù.
[玩物喪志] wánwù sàngchìh ㄨㄢˊㄨˋ ㄙㄤˋㄓˋ 지나치게 물질에 매혹되어 근본 뜻을 잊다. 취미 따위에 몰두하여 애초의 뜻을 잊어 버리다. 《成》

〔紈〕 wán ㄨㄢˊ 고운 비단. 누인 흰 명「주.
[紈袴子弟] wánk'ùtzǔtì ㄨㄢˊㄎㄨˋㄗˇㄉㄧˋ 세상 고통을 모르는 부유한 집안의 자제.

〔烷〕 wán ㄨㄢˊ 파라핀(paraffin) 계의 탄화 수소(炭化水素).

〔頑〕 wán ㄨㄢˊ ①어리석은. ②완고한. 「一固；완고」③짓궂은. 장난꾸러기의. 「一皮；짓궂다. 행실이 바르지 못하다」④탐내다.
[頑強] wánch'iáng ㄨㄢˊㄑㄧㄤˊ ①어려움에 꺾이지 않고 버티어 나가다. ②완고하고 사리에 어둡다.
[頑癬] wánhsüǎn ㄨㄢˊㄒㄩㄢˇ 옴.
[頑抗] wánk'àng ㄨㄢˊㄎㄤˋ 완강히 저항하다.
[頑梗] wánkěng ㄨㄢˊㄍㄥˇ 완고하여 남과 어울리지 못하다. 「一不化；완고하여 남과 어울리지 못하다」
[頑固不變] wánkù púpièn ㄨㄢˊㄍㄨ ㄅㄨˊㄅㄧㄢˋ 어디까지나 외고집을 부리다.
[頑皮] wánp'í ㄨㄢˊㄆㄧˊ =玩皮(wánp'í).
[頑石] wánshíh ㄨㄢˊㄕˊ 돌맹이. 「一點頭；설득력이 강해 돌마저 감복케 한다는 비유」
[頑鈍] wántùn ㄨㄢˊㄉㄨㄣˋ ①머리가 둔하다. 우둔하다. ②무기력하다.
[頑童] wánt'úng ㄨㄢˊㄊㄨㄥˊ 장난꾸러기. 개구장이.

〔宛〕 wǎn ㄨㄢˇ ①꾸불꾸불 구부러진 모양. ②흡사 … 와 같다. 마치.
[宛轉] wǎnchuǎn ㄨㄢˇㄓㄨㄢˇ ①완곡(婉曲)하다. 빙 둘러대다. ②(소리가)높고 낮고 빠르고 느리는 등 변화가 많다.
[宛轉周折] wánchuǎn-chōuchě ㄨㄢˊㄓㄨㄢˇ ㄓㄡㄓㄜˊ 우여곡절이 심하다.
[宛然] wǎnján ㄨㄢˇㄖㄢˊ 마치. 꼭. 「一是老大哥的口氣；마치 형뻘이라도 되는 듯한 말투」
[宛宛] wánwǎn ㄨㄢˊㄨㄢˇ ①꼬불꼬불 구부러진 모양. ②가냘픈 모양.

〔莞〕 wǎn ㄨㄢˇ「一爾；빙그레 웃는 모양」

〔浣〕(澣) wǎn ㄨㄢˇ ①씻다. 세탁하다. 「一衣；옷을 빨다」②십일간 (十日間). 순일(旬日). 「上一；상순(上旬)」⇨huǎn.

〔脘〕 wǎn ㄨㄢˇ 〈文〉kuǎn 한방의(漢方醫)에서 말하는 위(胃)의 내부.

〔惋〕 wǎn ㄨㄢˇ, wàn 놀라며, 탄식하다.
[惋惜] wǎnhsī ㄨㄢˇㄒㄧ (남의 불행을) 동정하다. 가엾게 생각하다. 유감스럽게 여기다.

〔婉〕 wǎn ㄨㄢˇ ①온순한. ②아름다운. ③완곡히.
[婉轉] wánchuǎn ㄨㄢˊㄓㄨㄢˇ 빙 둘러서 뜻을 전하다.「一說明來意; 빙 둘러서 찾아온 뜻을 알리다」>婉婉轉轉.
[婉麗] wǎnlì ㄨㄢˇㄌㄧˋ 모습이 아름다운 모양. 자태가 아름다운 모양.
[婉商] wǎnshāng ㄨㄢˇㄕㄤ 빙 돌려서 의논하다. 의논할 내용을 솔직히 털어 놓지 않고 빙 둘러서 말하다.
[婉辭] wǎntz'ǔ ㄨㄢˇㄘˊ ①부드럽게 빙 둘러댄 말.「一推却; 완곡히 거절하다」②부드럽게 거절하다.

〔晚〕 wǎn ㄨㄢˇ ①저녁 때. 밤.「從早到一; 아침부터 밤까지」②늦은.「時間一了; 시간이 늦었다」③뒤의. 다음의.「一輩; 후배」「一娘; 계모」
[晚安] wǎn'ān ㄨㄢˇㄢ 밤에 하는 인사. ‹人›
[晚場] wánch'ǎng ㄨㄢˊㄔㄤˇ =夜場(yèh- 「ch'ǎng).
[晚車] wǎnch'ē ㄨㄢˇㄔㄜ 야행열차. 밤차.
[晚間] wǎnchien ㄨㄢˇㄐㄧㄢ 야간. 밤.
[晚近] wǎnchìn ㄨㄢˇㄐㄧㄣˋ 요즈음. 근래. 최근.
[晚進] wǎnchìn ㄨㄢˇㄐㄧㄣˋ 후진자. 뒤따르는 자.
[晚景] wánchǐng ㄨㄢˊㄐㄧㄥˇ ①저녁 풍경. ②연말(年末). 세모(歲暮). ③만년(晚年)의 모습.
[晚莊稼] wǎnchuāngchia ㄨㄢˇㄓㄨㄤㄐㄧㄚ 늦게 익는 농작물: 고량·콩·조 따위의 수확을 말함. 「餐).
[晚飯] wǎnfàn ㄨㄢˇㄈㄢˋ 저녁밥. 만찬(晚
[晚席] wǎnhsí ㄨㄢˇㄒㄧˊ 밤 연회석.
[晚霞] wǎnhsiá ㄨㄢˇㄒㄧㄚˊ 저녁놀.
[晚香玉] wǎnhsiāngyǜ ㄨㄢˇㄒㄧㄤㄩˋ 네덜란드 수선화. 일명 월하미인(月下美人): 꽃은 희고 특히 야간에 향기를 뿜음. =月下香.
[晚會] wǎnhuì ㄨㄢˇㄏㄨㄟˋ ①야회(夜會). ②만찬회(晚餐會). ③…의 밤.
[晚娘] wǎnniáng ㄨㄢˇㄋㄧㄤˊ 계모.
[晚班] wǎnpān ㄨㄢˇㄅㄢ 늦게 근무하는 당번 또는 보초. 오후 근무. 오후 당직.
[晚輩] wǎnpeì ㄨㄢˇㄅㄟˋ 후배.
[晚不閃兒] wǎnpushǎnrh ㄨㄢˇㄅㄨㄕㄢˇㄦ 저녁때 사방이 어둑어둑할 무렵.
[晚兒] wǎnrh ㄨㄢˇㄦ ①때.「這一;이때」②시대. ③밤. 야간.「耗一; 밤일하다. 야업(夜業)하다」
[晚上] wǎnshang ㄨㄢˇㄕㄤ 밤. 저녁.
[晚生] wǎnshēng ㄨㄢˇㄕㄥ "선학(先學)"에 대한 후배들이 스스로를 일컫는 말」
[晚歲] wǎnsuì ㄨㄢˇㄙㄨㄟˋ ①만년(晚年). ②철 늦은 수확(收穫).
[晚爺] wǎnyéh ㄨㄢˇㄧㄝˊ 계부(繼父). 의붓아비.

〔皖〕 wǎn ㄨㄢˇ "安徽省"의 별칭.

〔碗〕(盌) wǎn ㄨㄢˇ 차잔이나 공기 같은 사기 그릇.
[碗櫥] wǎnch'ú ㄨㄢˇㄔㄨˊ 찬장.
[碗口兒] wánk'ǒurh ㄨㄢˊㄎㄡˇㄦ 차잔이나 공기·보시기 따위의 주둥이.
[碗筷] wǎnk'uài ㄨㄢˇㄎㄨㄞˋ 공기와 젓가락. 「나 접시.
[碗碟] wǎntiéh ㄨㄢˇㄉㄧㄝˊ 사기 그릇이
[碗足兒] wǎntsúrh ㄨㄢˇㄗㄨˊㄦ 차잔이나 공기 같은 사기 그릇의 밑굽.

〔綰〕 wǎn ㄨㄢˇ ①둥글게 서리다.「把頭髮一起來; 머리를 묶다」②감아 올리다. 걷어 올리다.「一起袖子來; 소매를 걷어 올리다」

〔挽〕(輓③) wǎn ㄨㄢˇ ①끌다. 잡아 당기다.「一弓; 활을 쏘다」②만회하다. 처음 상태로 돌이키다. 당겼다 놓다. ③애도(哀悼)하다.「一聯; 상가(喪家)에 보내는 "對聯"」
[挽幛] wǎnchàng ㄨㄢˇㄓㄤˋ 만사. 만장: 죽은 사람을 슬퍼하여 지은 글을 비단이나 종이에 적어서 상여 뒤를 따르게 하는 것.
[挽救] wǎnchiù ㄨㄢˇㄐㄧㄡˋ 구제하다. 만회(挽回)하다.
[挽髮] wǎnfà ㄨㄢˇㄈㄚˋ 머리칼을 타래지어 묶다.
[挽聯] wǎnlién ㄨㄢˇㄌㄧㄢˊ 사람이 죽었을 때 보내는 "對聯".
[挽留] wǎnliú ㄨㄢˇㄌㄧㄡˊ 만류하다.
[挽詩] wǎnshīh ㄨㄢˇㄕ 조시(弔詩). 죽은 사람을 애도하는 시.
[挽手] wánshǒu ㄨㄢˊㄕㄡˇ ①칼이나 대검(帶劍) 따위의 손잡이. ②(밀거나 당기거나 드는) 도구류(道具類)의 손잡이. ③손으로 잡아 끌다.

〔萬〕(万) wàn ㄨㄢˋ ①만. ②많다.「一能; 만능」「一國; 만국」③모든. 일체의.「一難; 만난」④절대로. 결코.「一不能行; 절대로 해서는 안된다」
[萬丈高樓平地起] wànchàng kāolóu p'íngtì ch'ǐ ㄨㄢˋㄓㄤˋ ㄍㄠㄌㄡˊ ㄆㄧㄥˊㄉㄧˋㄑㄧˇ ①무에서 유를 낳는 데 대한 비유. ‹諺› ②사람의 힘이 자연을 이겨낸다는 비유.
[萬家燈火] wànchiā tēnghuǒ ㄨㄢˋㄐㄧㄚ ㄉㄥㄏㄨㄛˇ 도시(都市)의 밤 풍경이 화려한 모양.
[萬請] wànch'ǐng ㄨㄢˋㄑㄧㄥˇ 아무쪼록…하여 주시오. 부디…하세요.「一關照; 아무쪼록 잘 봐 주셔요. 아무쪼록 잘 부탁드립니다」‹人› =千請.
[萬金油] wànchīnyú ㄨㄢˋㄐㄧㄣㄧㄡˊ 바르는 약의 일종: 멘솔레담이나 안티프라민 비슷한 것.
[萬狀] wànchuàng ㄨㄢˋㄓㄨㄤˋ ①여러 가지 형상. ②(동사·형용사 뒤에 붙어서) 심히. 몹시.「驚恐一; 몹시 놀라고 겁내다」
[萬惡] wàn'è ㄨㄢˋㄜˋ 각종 죄악.
[萬分] wànfēn ㄨㄢˋㄈㄣ 절대로. 몹시.「一不應該; 절대로 안된다」「一感謝; 몹시 감사한다」「一焦急; 몹시 초조해 한다」
[萬幸] wànhsìng ㄨㄢˋㄒㄧㄥˋ 참으로 다행이다. 천만 다행이다. 고마운 일이다.
[萬花筒] wànhuāt'ǔng ㄨㄢˋㄏㄨㄚㄊㄨㄥˇ 만화경(萬華鏡): 기다란 삼각형 유리통에 색종이를 잘라 넣고 돌리며 들여다 보

는 장난감.
[萬一] wànī ㄨㄢˋㄧ ①만분의 일. 극히 적은 양. ②만약. 만일.「一他不來…; 만일 그가 오지 않는다면…」③뜻밖의 사고.「準備一; 만일의 사태에 대비하다」
[萬人坑] wànjěnk'ēng ㄨㄢˋㄖㄣˊㄎㄥ 무연묘지(無緣墓地). 연고자가 없는 무덤.
[萬古] wànkǔ ㄨㄢˋㄍㄨˇ 영구(永久).「一長存; 영구히 남다」「一長青; 영구히 망하지 않다. 언제까지나 정정하다」「一流芳; 아름다운 명성을 길이 전하다」
[萬貫家私] wànkuàn chiāssū ㄨㄢˋㄍㄨㄢˋ ㄐㄧㄚㄙ 막대한 재산. 거대한 부(富). 거부.
[萬馬奔騰] wànmǎ pēnt'ēng ㄨㄢˋㄇㄚˇ ㄅㄣㄊㄥˊ 지도자의 호소에 호응하여 모두가 힘차게 나아가는 모양.
[萬難] wànnán ㄨㄢˋㄋㄢˊ ①몹시 곤란하다.「一挽回; 아무래도 만회할 도리가 없다」②wànnàn 여러 가지 곤란.
[萬能] wànněng ㄨㄢˋㄋㄥˊ 만능이다.「一表; 유니버어설 미터」「一廠; 여러 가지 제품을 생산하는 능률 높은 일련의 설비를 갖춘 공장」「一車刀; 만능 바이트(공작 기계의 하나)」「一工具胎; 만능형 테이블(공작 기계용)」
[萬年青] wànniénch'īng ㄨㄢˋㄋㄧㄢˊㄑㄧㄥ 〈植〉만년청: 백합과에 속하는 상록 다년초.
[萬年曆] wànniénlì ㄨㄢˋㄋㄧㄢˊㄌㄧˋ 해가 바뀌어도 쓸 수 있는 캘린더. 만년력.
[萬把] wànpa ㄨㄢˋㄅㄚ 일만(一萬) 정도. 만쯤. 일만 내외.「一兩銀子; 만 "兩"쯤 되는 은」
[萬般] wànpān ㄨㄢˋㄅㄢ 만반. 백반(百般). 빠짐 없이 전부.「一無奈; 도무지 어찌해 볼 도리가 없다」
[萬變不離其宗] wànpièn pùlí ch'ítsūng ㄨㄢˋㄅㄧㄢˋ ㄅㄨˋㄌㄧˊ ㄑㄧˊㄗㄨㄥ 아무리 변하더라도 근본은 하나다.
[萬不得已] wànputěi ㄨㄢˋㄅㄨˋㄉㄜˊㄧˇ 만부득이하다. 하는 수 없다.
[萬事俱備, 只欠東風] wànshìh chǜpèi chǐh ch'ièn tūngfēng ㄨㄢˋㄕˋㄐㄩˋㄅㄟˋ ㄓˇ ㄑㄧㄢˋ ㄉㄨㄥㄈㄥ 일체의 준비가 죄다 갖추어져 있으나 중요한 조건 하나가 빠져 있다. ‹成›
[萬事亨通] wànshìh hēngt'ūng ㄨㄢˋㄕˋ ㄏㄥㄊㄨㄥ 만사형통하다. 모든 일이 뜻대로 되다.
[萬事一攬子] wànshìh ilǎntzǔ ㄨㄢˋㄕˋㄧˋㄌㄢˇㄗ 만사에 걸쳐 일인일건(一人一件)의 조직으로 책임을 지다.
[萬事大吉] wànshìh tàchí ㄨㄢˋㄕˋㄉㄚˋㄐㄧˊ 모든 일이 원활하다. 만사가 안성마춤이다.
[萬事通] wànshìht'ūng ㄨㄢˋㄕˋㄊㄨㄥ 깊지는 못하나 넓게 알고 있는 사람. 딜레탕트.
[萬水千山] wànshuǐ-chiēnshān ㄨㄢˋㄕㄨㄟˇㄑㄧㄢㄕㄢ ①여로(旅路)의 험악함과 어려움. ②대자연을 말함.
[萬頭攢動] wànt'óu ts'uántùng ㄨㄢˋㄊㄡˊ ㄘㄨㄢˊㄉㄨㄥˋ 혼잡한 속에서 군중들의 머리가 자꾸만 움직이는 모양. 군중들의 열광적인 모습.
[萬端] wàntuān ㄨㄢˋㄉㄨㄢ 다방면. 모든 점.「卑劣一; 모든 일에 걸쳐 비열하다. 비열하기 그지 없다」
[萬紫千紅] wàntzǔ-ch'iēnhúng ㄨㄢˋㄗˇㄑㄧㄢㄏㄨㄥˊ ①울긋불긋한 여러 가지. ②풍부하고 다채로운 꽃의 빛깔. 모양. ‹成›
[萬萬] wànwàn ㄨㄢˋㄨㄢˋ ①억.「一一; 1억」②몹시 많은 것. ③절대로. 결코.「一不可; 절대로 안된다」
[萬無] wànwú ㄨㄢˋㄨˊ 전연 없다. 만무하다.「一此理; 그럴 리가 있을 수 없다. 원 천만에」「一一失; 절대 실패는 없다」
[萬應靈丹] wànyìnglíngtān ㄨㄢˋㄧㄥˋㄌㄧㄥˊㄉㄢ 만병통치약(萬病通治藥).
[萬愚節] wànyǘchiéh ㄨㄢˋㄩˊㄐㄧㄝˊ 만우절. 에이프릴푸울(April fool).

〔腕〕 wàn ㄨㄢˋ ①팔목. ②발목.
[腕釧] wànch'uàn ㄨㄢˋㄔㄨㄢˋ 팔찌.
[腕子] wàntzǔ ㄨㄢˋㄗ 팔목.

〔蔓〕 .wàn ㄨㄢˋ 덩굴. ⇨ mán.

〔玩〕(翫) wàn ㄨㄢˋ =玩(wán) ③～⑤의 문어음(文語音). ⇨wán
[玩法] wànfǎ ㄨㄢˋㄈㄚˇ 법을 가볍게 여기다. 법을 얕보다.
[玩好] wànhào ㄨㄢˋㄏㄠˋ 완상물. 즐기는 물건.
[玩忽] wànhū ㄨㄢˋㄏㄨ 경시(輕視)하다. 얕보다.
[玩弄] wànlùng ㄨㄢˋㄌㄨㄥˋ 조롱하다. ⇨ wánnùng.
[玩世] wànshìh ㄨㄢˋㄕˋ 세상을 얕보다.
[玩物] wànwù ㄨㄢˋㄨˋ 물건을 완상하다.「一喪志; 물질에 대한 취미가 지나쳐서 신념을 잃다」

WANG ㄨㄤ

〔汪〕 wāng ㄨㄤ ①물이 깊고 넓은 모양. ②물이 괴어 있다.「席子上一着水; 돗자리 위에 물이 괴어 있다」③개 짖는 소리. ④성(姓)의 하나.
[汪汪] wāngwāng ㄨㄤㄨㄤ ①망망한. ②물방울이나 물이 많은 모양.「眼泪一; 넘쳐 흐르는 눈물」③멍멍: 개 짖는 소리. ‹擬›
[汪洋] wāngyáng ㄨㄤㄧㄤˊ ①끝없이 넓은 수면의 모양.「大海一; 끝없는 대해」②문장의 힘이 웅장하고 큰. ③도량이 넓은.「一大度; 도량이 넓다」

〔亡〕 wáng ㄨㄤˊ ①달아나다.「一命; 망명」「流一; 피하여 떠돌아 다니다」②잃다.「一羊補牢; 소 잃고 외양간 고치기」③죽다.「傷一; 사상(死傷)」④멸망하다. 멸망시키다. ⇨wú.
[亡戟得矛] wángchǐ těmáo ㄨㄤˊㄐㄧˇ ㄉㄜˊㄇㄠˊ 얻는 것과 잃는 것이 거의 같다. 득실 상반(得失相半)하다. ‹成›
[亡化] wánghuà ㄨㄤˊㄏㄨㄚˋ =亡故.
[亡故] wángkù ㄨㄤˊㄍㄨˋ 사망하다. 죽다. 작고하다.

[亡國滅種] wángkuó mièhchŭng ㄨㄤˊㄍㄨㄛˊ ㄇㄧㄝˋㄓㄨㄥˇ 나라를 망치고 종족을 멸망시키다.
[亡命徒] wángmìngt'ú ㄨㄤˊㄇㄧㄥˋㄊㄨˊ 목숨을 돌보지 않는 불량배.
[亡羊補牢] wángyáng pŭláo ㄨㄤˊㄧㄤˊㄅㄨˇㄌㄠˊ 소 잃고 외양간 고치기. «成»

〔王〕 wáng ㄨㄤˊ ①왕 : "秦"이후부터는 한갓 작위로 변하다. ②우두머리.「花中之一 ; 꽃중에서 왕 : 모란의 별칭」 ③큰. 연장(年長)의. ④존칭에 쓰는 말.「一父 ; 조부」「一母 ; 조모」
[王法] wángfă ㄨㄤˊㄈㄚˇ ①법률. 국법.「沒有一 ; 엉망진창이다」 ②형구(刑具).「帶着一 ; 형구를 지니고 있다」
[王瓜] wángkuā ㄨㄤˊㄍㄨㄚ 〈植〉①쥐참외. ②오이의 속명(俗名).
[王八] wángpa ㄨㄤˊㄅㄚ ①거북의 속칭. =忘八. ②처를 뺏긴 남편. 서방 맞힌 남편. ③후안무치(厚顏無恥)한. 부끄러움을 모르는. =王八羔子. 王八蛋. «罵»
[王牌] wángp'ái ㄨㄤˊㄆㄞˊ ①트럼프의 킹 카아드. 킹. 「握有最後的一 ; 마지막 킹을 쥐고 있다」 ②장기(長技). 비방. ③가장 유력한 것. 최고 권위.
[王蛇] wángshé ㄨㄤˊㄕㄜˊ 〈動〉 이무기. 큰 뱀.
[王道] wángtào ㄨㄤˊㄉㄠˋ ①패도(覇道)에 대한 왕도. ②wángtao 지독한.「這風可眞一 ; 이 바람은 그야말로 지독하다」
[王子] wángtzŭ ㄨㄤˊㄗˇ ①왕자. ②여왕벌. 여왕봉.
[王爺] wángyeh ㄨㄤˊㄧㄝ 친왕(親王).

〔罔〕 wăng ㄨㄤˇ ①덮어 씌우다. 속이다. ②없다. ③아니다.「置若一聞 ; 들리지 않는 체하다」

〔往〕 wăng ㄨㄤˇ ①가다.「一返 ; 왕복하다」「一北京開會 ; 회의에 참석하기 위해 "北京"으로 가다」 ②옛날. 이전의.「一年 ; 왕년」「一事 ; 지난 일」 ③wàng (방향을 가리켜) …으로. …에. 「一東走 ; 동쪽으로 가다」「一前看 ; 앞을 보다」
[往常] wăngch'áng ㄨㄤˇㄔㄤˊ 평소. 일상.
[往前] wăngch'ién ㄨㄤˇㄑㄧㄢˊ 앞으로 나아가다. 전진하다.
[往前走] wăngch'ién tsŏu ㄨㄤˇㄑㄧㄢˊ ㄗㄡˇ ①재혼하다. ②전진하다. ③앞으로 갓! : 호령. ④진보·발전하다.
[往返] wángfăn ㄨㄤˊㄈㄢˇ 왕복하다.
[往後] wánghòu ㄨㄤˊㄏㄡˋ 차후. 앞으로.
[往心裏去] wănghsīnlich'ü ㄨㄤˇㄒㄧㄣㄌㄧㄑㄩˋ ①세세한 일에 지나치게 마음을 쓰다. ②마음에 두다.
[往還] wănghuán ㄨㄤˇㄏㄨㄢˊ =往來.> 往往還還.
[往日] wăngjìh ㄨㄤˇㄖˋ 옛날. 이전에.
[往來] wănglái ㄨㄤˇㄌㄞˊ ①왕래하다. ②사귀다. ③교제. 내왕.>往往來來.
[往年] wăngnién ㄨㄤˇㄋㄧㄢˊ 옛날. 이전. 왕년. 예년.
[往往] wángwăng ㄨㄤˊㄨㄤˇ 왕왕. 자칫하면. 늘.「這些小事一被人忽略了 ; 이와 같은 사소한 내용은 자칫하면 빠뜨리기 쉽다」

〔枉〕 wăng ㄨㄤˇ ①구부리다. 도리에 어긋나게 하다.「一法 ; 법을 어기다」 ②구부러진 것. 정당치 못한 것. ③부당한 취급을 받고도 이것을 감수해야만 하는 것. ④쓸 데 없는. 헛된. 쓸 데 없이. 「一費 ; 낭비하다. 마음을 괴롭히다」
[枉駕] wăngchià ㄨㄤˇㄐㄧㄚˋ 왕림(枉臨). 내가(來駕). 참석하여 주시다.「一光臨 ; 아무쪼록 출석의 영광을 베풀어 주시기 바랍니다」 «書»
[枉法] wăngfă ㄨㄤˊㄈㄚˇ 법을 어기다.
[枉費] wăngfèi ㄨㄤˇㄈㄟˋ 허비하다. 낭비하다.
[枉然] wăngján ㄨㄤˇㄖㄢˊ 헛되다. 보람 없다.
[枉顧] wăngkù ㄨㄤˇㄍㄨˋ =枉駕.
[枉死] wángssŭ ㄨㄤˊㄙˇ 횡사(橫死)하다. 원한을 품고 죽다.
[枉斷] wăngtuàn ㄨㄤˇㄉㄨㄢˋ 법을 어겨 부당한 판결을 하다.
[枉自] wăngtzù ㄨㄤˇㄗˋ 헛되다. 보람 없다. =枉然.

〔惘〕 wăng ㄨㄤˇ 실망한 모양.「一一 ; 낙심하여 멍한 모양」「一然若失 ; 정신을 잃고 어리둥절한 모양」

〔網〕(网) wăng ㄨㄤˇ ①그물. ②그물 모양의 것.「髮一 ; 헤어네트」「難逃法一 ; 법망을 뚫기는 어렵다」 「구.
[網球] wăngch'iú ㄨㄤˇㄑㄧㄡˊ 테니스. 정
[網籃] wănglán ㄨㄤˇㄌㄢˊ 여행용 손 바구니 : 위에 그물을 씌운 것.
[網漏吞舟] wănglòu t'ūnchōu ㄨㄤˇㄌㄡˋ ㄊㄨㄣㄓㄡ 법률에 큰 결함이 있어서 사소한 죄인은 잡고 큰 죄인은 놓친다는 말 : 법률의 불비(不備)를 말함.
[網袋] wăngtài ㄨㄤˇㄉㄞˋ 망태. 망태기. =網綫袋.
[網套] wăngt'ào ㄨㄤˇㄊㄠˋ 곤충망(昆蟲網). 포충망(捕蟲網).
[網兜] wăngtōu ㄨㄤˇㄉㄡ 손에 드는 그물 바구니. 휴대용 바구니.
[網子] wăngtzŭ ㄨㄤˇㄗ ①새나 물고기를 잡는 그물. ②그물 같은 것.
[網眼] wángyĕn ㄨㄤˊㄧㄢˇ 그물코.

〔魍〕 wăng ㄨㄤˇ
[魍魎] wángliăng ㄨㄤˊㄌㄧㄤˇ .전설(傳說)에 나오는 괴물.

〔妄〕 wàng ㄨㄤˋ ①망령된. 난잡한. 괴설된. ②함부로. 마구.「勿一言 ; 망령된 말을 말라」
[妄費] wàngfèi ㄨㄤˋㄈㄟˋ 허비하다. 낭비하다.
[妄花] wànghuā ㄨㄤˋㄏㄨㄚ (금전을) 낭비하다.
[妄人] wàngjén ㄨㄤˋㄖㄣˊ 망령된 사람. 엉터리 인간.
[妄口巴舌] wàngk'ŏupāshé ㄨㄤˋㄎㄡˇㄅㄚㄕㄜˊ 입에서 나오는 대로 마구 시부렁거리는 모양. 멋대로 지껄이는 모양.
[妄作] wàngtsò ㄨㄤˋㄗㄨㄛˋ 하는 일이 엉터리다.
[妄做] wàngtsò ㄨㄤˋㄗㄨㄛˋ 함부로 하

다. 멋대로 해치우다.
[妄圖] wàngt'ú ㄨㄤˋㄊㄨˊ 함부로 꾀하다. 터무니 없는 계획을 세우다.
[妄自菲薄] wàngtzŭ fěipó ㄨㄤˋㄗˋ ㄈㄟˇ ㄅㄛˊ 자중(自重)할 줄을 모르다. 자기를 중시할 줄 모르다.
[妄自尊大] wàngtzŭ tsūntà ㄨㄤˋㄗˋ ㄗㄨㄣㄉㄚˋ 능력이 없으면서 함부로 교만을 피우다.
[妄爲] wàngwéi ㄨㄤˋㄨㄟˊ 멋대로 행동하다. 망동하다.

〔忘〕 wàng ㄨㄤˋ ①잊어 버리다. 「別一了拿書; 책을 가져가는 것을 잊지 말라」
[忘記] wàngchi ㄨㄤˋㄐㄧ 잊어 버리다.
[忘寢廢食] wàngch'ìn fèishíh ㄨㄤˋㄑㄧㄣˇ ㄈㄟˋㄕˊ (일에 열중하다)침식을 잊다. =廢寢忘食.‹成›
[忘情] wàngch'íng ㄨㄤˋㄑㄧㄥˊ 희로애락(喜怒哀樂)의 정에 담담한 모양. 무표정한 모양.
[忘其所以] wàngch'ísŏi ㄨㄤˋㄑㄧˊㄙㄨㄛˇ ㄧˇ ①근본을 잊다. ②정신 없이 기뻐 날뛰다.
[忘舊] wàngchiù ㄨㄤˋㄐㄧㄡˋ 인정이 야박하여 옛날 친구를 잊어 버리다.
[忘恩負義] wàng'ēn-fūì ㄨㄤˋㄣ ㄈㄨˋㄧˋ 배은 망덕하다.‹成› 「다.
[忘形] wànghsíng ㄨㄤˋㄒㄧㄥˊ 기뻐 날뛰
[忘性] wànghsìng ㄨㄤˋㄒㄧㄥˋ 건망증(健忘症). 「一很大; 건망증이 심하다」
[忘懷] wànghuái ㄨㄤˋㄏㄨㄞˊ ①어떤 일이고 마음에 품지 않다. ②심중에 아무것도 없다.
[忘年交] wàngniénchiāo ㄨㄤˋㄋㄧㄢˊㄐㄧㄠ ①연령에 구애 없는 사귐. ②연령차가 많으나 마음 맞는 친구.
[忘八] wàngpā ㄨㄤˋㄅㄚ, wángpa 몰염치함. 후안무치(厚顔無恥).‹罵› =王八. 忘八蛋.
[忘本] wàngpĕn ㄨㄤˋㄅㄣˇ 근본을 잊다.
[忘掉] wàngtiào ㄨㄤˋㄉㄧㄠˋ 잊어 버리다. 망각하다.
[忘我] wàngwŏ ㄨㄤˋㄨㄛˇ 어떤 일에 정신이 쏠려 자기를 잊는 일. 「一地勞動; 자기를 잊고 열에 몰두하다」

〔往〕 wàng ㄨㄤˋ …으로. …에: 방향을 나타냄. 「一西走; 서쪽으로 가다」 ⇨wăng.
[往起] wàngch'ĭ ㄨㄤˋㄑㄧˇ 위로. 높은 곳으로. 「一提提褲子; 즈봉을 위로 끌어올리다」
[往出] wàngch'ū ㄨㄤˋㄔㄨ 바깥으로. 밖으로.
[往回] wànghuí ㄨㄤˋㄏㄨㄟˊ 본디로. 원점(原點)으로. 「一想; 생각을 고치다」
[往開裏] wàngk'āili ㄨㄤˋㄎㄞㄌㄧ 명랑한 방향으로. 「一想; 외곬으로 생각하지 않다」
[往死裏] wàngssŭli ㄨㄤˋㄙˇㄌㄧ 죽을 힘을 다하여. 결사적으로.

〔旺〕 wàng ㄨㄤˋ ①성한. 왕성한. 「火很一; 불이 세차게 타오르다」「一季; 왕성한 계절. 한창때」
[旺地] wàngtì ㄨㄤˋㄉㄧˋ 번창하여 벌이가 잘되는 고장.
[旺月(兒)] wàngyüèh(rh) ㄨㄤˋㄩㄝˋ(ㄦ) 한창 장사가 잘되는 달. 한창때.
[旺運] wàngyǜn ㄨㄤˋㄩㄣˋ 행운(幸運). 좋은 운수.

〔望〕 wàng ㄨㄤˋ ①먼데를 보다. 조망하다. 「遠一; 먼데를 바라보다」 ②방문하다. 「看一; 방문하다」 ③희망하다. 「大喜過一; 기대 이상의 기쁨」 ④명망(名望). ⑤음력 15일. ⑥…을 향하여. …으로. =往③. 「一東走; 동쪽을 향해 가다」
[望安] wàng'ān ㄨㄤˋㄢ ①무사 태평함을 빌다. ‹人› ②안심하다. 「您就一吧; 부디 안심하십시요」
[望塵不及] wàngch'én pūchí ㄨㄤˋㄔㄣˊ ㄅㄨˋㄐㄧˊ 발밑에도 못 따른다. 도저히 비교할 바가 아니다. =望塵莫及.‹成›
[望見] wàngchièn ㄨㄤˋㄐㄧㄢˋ 먼데를 바라보다.
[望而生畏] wàng'érhshēngwèi ㄨㄤˋㄦˊㄕㄥ ㄨㄟˋ 보아 하니 무서워지다. 보니 무섭다.
[望風] wàngfēng ㄨㄤˋㄈㄥ ①풍채(風采)를 흠모하다. ②소문을 듣다. 「一而逃; 부랴부랴 내빼는 모양」
[望風披靡] wàngfēng p'īmĭ ㄨㄤˋㄈㄥ ㄆㄧ ㄇㄧˇ 풀이 바람에 휩쓸려 쓰러지다. 군대가 적군에게 쫓기어 사방으로 흩어지다.
[望風撲影] wàngfēng-p'ūyĭng ㄨㄤˋㄈㄥ ㄆㄨ ㄧㄥˇ ①덮어 놓고 찾아 헤매다. ②근거 없는 엉뚱한 것.‹成›.=望空撲影.
[望候] wànghòu ㄨㄤˋㄏㄡˋ ①안부를 묻다.‹敬› ②기대를 걸고 기다리다.
[望看] wàngk'an ㄨㄤˋㄎㄢ 방문하다.
[望梅止渴] wàngméi chíhk'ŏ ㄨㄤˋㄇㄟˊ ㄓˇㄎㄜˇ ①일시적인 만족감만으로 실익(實益)이 없다는 비유. ②다만 공상만하고 만족하는 것.
[望門兒寡] wàngménrhkuă ㄨㄤˋㄇㄣˊㄦ ㄍㄨㄚˇ 약혼 중의 남편될 사람이 죽어 출가 전에 과수(寡守)가 되는 것.
[望天兒] wàngt'iēnrh ㄨㄤˋㄊㄧㄢㄦ ‹動› 눈퉁금붕어. 눈이 툭 튀어나온 금붕어의 한 가지.
[望族] wàngtsú ㄨㄤˋㄗㄨˊ 호족(豪族).
[望穿秋水] wàngts'uān ch'iūshuĭ ㄨㄤˋㄔㄨㄢ ㄑㄧㄡㄕㄨㄟˇ 몹시 기다리다. 대망(待望)하다: "秋水"는 "眼睛"의 "眼"에 대한 비유.‹成›
[望文生義] wàngwén shēngì ㄨㄤˋㄨㄣˊ ㄕㄥㄧˋ 글자 모양만 보고 뜻을 새기다.
[望洋興嘆] wàngyáng hsīngt'àn ㄨㄤˋㄧㄤˊ ㄒㄧㄥㄊㄢˋ 자기 능력이 부족함을 개탄하다.‹成›
[望眼欲穿] wàngyĕn yǜch'uān ㄨㄤˋㄧㄢˇ ㄩˋㄔㄨㄢ ①두 눈으로 뚫어지게 들여다 보는 것. ②몹시 탐내다.‹成›

WEI ㄨㄟ

〔危〕 wēi ㄨㄟ ①위태로운. ②상해 (傷

害)를 입히다. 위해(危害).「一及家國；위해가 국가에 미치다」③높다. 험악하다.「一樓；고루」④단정히.「正襟一坐；옷깃을 단정히 하고 앉다」⑤성(姓)의 하나.

[危及] wēichí ㄨㄟㄐㄧˊ 위태롭게 되다. 위태롭게 하다.「一自己階級的安全；자기 계급의 안전을 위태롭게 하다」

[危急] wēichí ㄨㄟㄐㄧˊ (정치·전쟁 따위의 국면이) 파국에 임박해 있다. 위급하다.

[危如累卵] wēijúléiluǎn ㄨㄟㄖㄨˊㄌㄟˊㄌㄨㄢˇ 몹시 위태로운 상태. 누란지세(累卵之勢).

[危殆] wēitài ㄨㄟㄉㄞˋ 위태롭다.「病勢一；병세 위독」

[危亭] wēit'íng ㄨㄟㄊㄧㄥˊ 높은 정자(亭子).

[危在旦夕] wēitsài tànhsī ㄨㄟㄗㄞˋ ㄉㄢˋㄒㄧ 위험이 신변(身邊)에 박두하다.

[危亡] wēiwáng ㄨㄟㄨㄤˊ 멸망 일보전.

[危言聳聽] wēiyén sŭngt'īng ㄨㄟㄧㄢˊ ㄙㄨㄥˇㄊㄧㄥ 일부러 남이 놀랄 이야기를 하다.

〔威〕 wēi ㄨㄟ ①존엄. 위력.「示一游行；데모행진」②위협하다.「一脅；위협」

[威權] wēich'üán ㄨㄟㄑㄩㄢˊ 위력과 권세.

[威風] wēifēng ㄨㄟㄈㄥ ①위풍. 위엄.「抖一·逞一·壯一·發一；뽐내다. 으시대다. 교만하게 굴다」②위엄(威嚴)이 있다.

[威福] wēifú ㄨㄟㄈㄨˊ 권세와 위풍.「作一·作威作福；권력을 휘두르다」

[威嚇] wēihò ㄨㄟㄏㄜˋ 위협하다.

[威脅] wēihsiéh ㄨㄟㄒㄧㄝˊ 위협하다.「一利誘；협박과 이권(利權)으로 사람을 유인하다」

[威逼] wēipī ㄨㄟㄅㄧ 협박하다. 협박하여 마구 강요하다. 압력을 가해…을 위협하다.「一他們服從；그들에게 압력을 가해 복종을 강요하다」

[威懾] wēishè ㄨㄟㄕㄜˋ (위력으로써) 짓누르다. 위압하다. 《譯》

[威士忌] wēishìchì ㄨㄟㄕˋㄐㄧˋ 위스키

[威妥瑪式] wēit'ómăshìh ㄨㄟㄊㄨㄛˊㄇㄚˇㄕˋ 토머스 웨이드 식(式). 《譯》: 중국어 발음 표기법의 하나.

[威望] wēiwàng ㄨㄟㄨㄤˋ 인망(人望). 권위.

[威武] wēiwǔ ㄨㄟㄨˇ ①위엄과 무력. ②위무를 갖추고 있다. 위광(威光)이 있다. ＞威威武武.

〔萎〕 wēi ㄨㄟ 시들다. 시들어 오므라들다. 마르다.「枯一；마르다」「一縮(wēiso)；위축하다」

[萎落] wēilào ㄨㄟㄌㄠˋ 시들어 떨어지다.

[萎靡] wēimǐ ㄨㄟㄇㄧˇ 힘이 빠져 녹초가 되다.

〔偎〕 wēi ㄨㄟ ①의지하다. 가까이 다가 들다.「母親一着小孩；어머니가 아이에게 가까이 다가 서다」②친해지다.

[偎愛] wēiài ㄨㄟㄞˋ 서로 친하며 사랑하다.

[偎依] wēiī ㄨㄟㄧ 가까이 다가 들다.

[偎倚] wēiǐ ㄨㄟㄧˇ 의지하다. 기대다.

[偎傍] wēipàng ㄨㄟㄅㄤˋ 가까이 다가 들다.

[偎冬兒] wēitúngrh ㄨㄟㄉㄨㄥㄦ (시골 등지에서) 겨울 동안 집에 틀어 박혀 지내다.

[偎窩子] wēi wōtzŭ ㄨㄟ ㄨㄛㄗ 늦잠을 더 자고 싶다. 늦잠이 오다.

〔隈〕 wēi ㄨㄟ ①산의 으슥한 구석진 곳이나 또는 바다·호수 등이 육지 깊숙이 들어 간 후미.

〔葳〕 wēi ㄨㄟ「一蕤(一juí)；초목이 무성한 모양」「一嵬(wēiwéi)；산이 높이 솟은 모양」

〔逶〕 wēi ㄨㄟ 비스듬히 가다. 잇따르다.

[逶迤] wēií ㄨㄟㄧˊ 길이나 강이 꾸불꾸불 길게 연달아 뻗어 있는 모양.「山路一；산길이 꼬불꼬불 잇달아 계속되다」

〔微〕 wēi ㄨㄟ ①작은. 미미한. 사소한.「相差甚一；차이가 몹시 작다」②적은. 근소한. 약간.「一笑；미소」③쇠퇴하다. 쇠약하다.「衰一；쇠미」④미묘한. 델리킷한.「一妙；미묘」⑤염탐하다. 정찰하다.

[微息] wēihsī ㄨㄟㄒㄧ ①약한 숨소리. 겨우 들리는 숨소리. ②불과 얼마 안되는 미약한 모양.

[微小] wēihsiǎo ㄨㄟㄒㄧㄠˇ ①희미하다. 작다. ②불과 얼마 안되는.

[微血管] wēihsüěhkuǎn ㄨㄟㄒㄩㄝˇㄍㄨㄢˇ 모세관(毛細管).

[微乎其微] wēihuch'íwēi ㄨㄟㄏㄨㄑㄧˊㄨㄟ ①몹시 적다. ②작아서 거의 보이지 않다.

[微火] wēihuǒ ㄨㄟㄏㄨㄛˇ 화력이 약한 불. 뭉근한 불. 희미한 불.

[微然] wēiján ㄨㄟㄖㄢˊ 양이 적은 모양. 희미한 모양.「一一笑；가냘프게 웃다. 희미하게 웃다」

[微米] wēimǐ ㄨㄟㄇㄧˇ 미크론. 100만분의 1미터 : 길이의 단위.

[微末] wēimò ㄨㄟㄇㄛˋ 미세(微細)한. 극히 작은.

[微漠] wēimò ㄨㄟㄇㄛˋ 희미하여 포착할 수가 없다.

[微不足道] wēipùtsútào ㄨㄟㄅㄨˋㄗㄨˊㄉㄠˋ 아주 작아서 보잘 것 없다. 아주 얼마 안되다.

[微颸] wēissū ㄨㄟㄙ 산들바람. 미풍(微風).

[微辭] wēitz'ú ㄨㄟㄘˊ ①빙 둘러서 비판하는 말. 완곡적인 비판. ②불평하는 소리.

[微微] wēiwēi ㄨㄟㄨㄟ 희미하게. 몽롱하게.

[微言大義] wēiyén tài ㄨㄟㄧㄢˊ ㄉㄚˋㄧˋ 말이나 문장은 보잘 것 없지만 그 뜻은 매우 깊다. 《成》

〔煨〕 wēi ㄨㄟ ①(잿불 속에 넣어) 굽다.「一白薯；고구마를 잿불에 넣어 굽다. 또는 그 구운 고구마」②뭉근한 불에 오래 삶다. 화력이 약한 불에 천천히 삶다.「一鷄；뭉근한 불에 닭을 고다」

[煨窩子] wēi wōtzŭ ㄨㄟ ㄨㄛㄗ ①아침

하다.《西》 ②＝偎窩子(wēi wōtzŭ).

〔薇〕 wēi ㄨㄟ 〈植〉 살갈퀴덩굴:목초(牧草).

〔巍〕 wēi ㄨㄟ 산이 우뚝 높이 솟아 있는 모양.

[巍顫] wēich'àn ㄨㄟㄔㄢˋ 부들부들 떨다. ＞巍巍顫顫.

[巍然] wēiján ㄨㄟㄖㄢˊ 높이 솟은 모양.

〔圩〕 wéi ㄨㄟˊ ①("長江·淮河"일대의)제방. 둑. ②제방으로 둘러 싸인 토지. 「一田；둑으로 둘러 싸인 전답」「鹽一；염전」

[圩子] wéitzŭ ㄨㄟˊㄗ 흙으로 쌓아 올린 제방.

〔韋〕(韦) wéi ㄨㄟˊ 무두질한 가죽.

〔桅〕 wéi ㄨㄟˊ 돛대. 마스트.

[桅檣] wéich'iáng ㄨㄟˊㄑㄧㄤˊ 마스트.

[桅竿] wéikān ㄨㄟˊㄍㄢ 마스트. 돛대.

[桅杆] wéikăn ㄨㄟˊㄍㄢˇ ＝桅竿.

[桅頂] wéitĭng ㄨㄟˊㄉㄧㄥˇ 마스트의 첨단(尖端). 돛대의 끝.

〔唯〕 wéi ㄨㄟˊ ＝惟. ⇨wĕi.

[唯恐] wéik'ŭng ㄨㄟˊㄎㄨㄥˇ 다만 …만이 무섭다.

[唯條件論] wéit'iáochiénlùn ㄨㄟˊㄊㄧㄠˊㄐㄧㄢˊㄌㄨㄣˋ 조건이 모든 것을 결정한다는 사고 방식.

〔惟〕 wéi ㄨㄟˊ ①다만. 단지. 오로지. 「一有他因病不能去；그 사람만이 병으로 가지 못하다」「一他是問；그이 혼자만 책임을 추궁 당한다」 ②그러나. 「雨雖止, 一路途仍甚泥濘； 비는 그쳤으나 길은 몹시 질다」 ③연월일(年月日) 앞에 오는 문어조사(文語助詞). 「一二月既望; 때는 2월 16일」 ④생각하다. 「思一；사유」

[惟恐] wéik'ŭng ㄨㄟˊㄎㄨㄥˇ …을 두려워하다. 다만 …만이 걱정이다. 「一趕不上；다만 따라 가지 못하는 것만이 걱정이다」

[惟利是圖] wēilìshìht'ú ㄨㄟㄌㄧˋㄕˋㄊㄨˊ 이익만을 도모하다. 돈벌이를 위해서는 어떤 짓이라도 한다.《成》

[惟妙惟肖] wéimiào-wéihsiào ㄨㄟˊㄇㄧㄠˋㄨㄟˊㄒㄧㄠˋ 정교하고 치밀한 품이 실감나는 것. ＝維妙維肖. 《成》

[惟命是從] wéimìngshìhts'úng ㄨㄟˊㄇㄧㄥˋㄕˋㄘㄨㄥˊ 명령이라면 무엇이든 복종하다. 기꺼이 명령에 따르다.《成》

[惟獨] wéitú ㄨㄟˊㄉㄨˊ 다만. 유독 …에 한해서. 「什麼地方都干淨, 一此地骯髒；어디나 다 정결한데 여기만 지저분하다」

[惟有] wéiyŭ ㄨㄟˊㄧㄡˇ ①다만 …뿐이다. 「那時一這種辦法；그 무렵은 이와 같은 방법밖에는 없었다」 ②다만. 그러나. 약간. 「大家都贊成 一他不贊成；모두들 찬성하는데 그이만이 불찬성이다」

〔帷〕 wéi ㄨㄟˊ 「一子；막(幕)」「車一子；차내에 치는 커어튼」

[帷房] wéifáng ㄨㄟˊㄈㄤˊ 부인실. 규방.

[帷幕] wéimù ㄨㄟˊㄇㄨˋ 막. 포장:둘러치는 것이 "帷"이고 위로 치는 것이 "幕"

〔爲〕(为) wéi ㄨㄟˊ ①하다. 행하다. 「所做所一；모든 행위. 하는 짓이 모두」 ②능력. 힘. ③…이 되다. …으로 하다. 「選他一代表；그를 뽑아 대표로 삼다」 ④변하다. 「化一烏有；오유(烏有)로 화하다. 아무것도 없이 됨」 ⑤…이다. 「十寸一一尺 ； 10"寸"은 1"尺"이다」 ⑥("爲…所…"되어서)…에 의하여 …가 되다. 「侵略者一人民所敗； 침략자는 인민에 의해 패배를 당했다」 ⑦의문 조사(疑問助詞). 「何自苦一？；무엇 때문에 자기 스스로 괴로워할 필요가 있느냐？」 ⇨wèi.

[爲非作歹] wéifēi tsòtăi ㄨㄟˊㄈㄟ ㄗㄨㄛˋㄉㄞˇ 못된 짓만 골라서 하다.《成》

[爲富不仁] wéifù pùjĕn ㄨㄟˊㄈㄨˋ ㄅㄨˋㄖㄣˊ 돈벌이를 위해서는 눈물도 인정도 없다.《成》

[爲荷] wéihò ㄨㄟˊㄏㄜˋ (…하여 주시면) 다행(多幸)이겠읍니다. 감사하겠읍니다. 《書》「敬請出席指導一；출석하셔서 지도 하여 주시면 영광(榮光)이겠읍니다」

[爲限] wéihsièn ㄨㄟˊㄒㄧㄢˋ ("以"와 호응하여)…으로써 …한도로 삼는다. 「以我的力量能夠辦得到一；我沒有不承認的；내가 할 수 있는 일이라면 무어든 나는 승낙한다」

[爲人] wéijĕn ㄨㄟˊㄖㄣˊ 타고난 인품. 천성. 인격.

[爲力] wéilì ㄨㄟˊㄌㄧˋ 힘이 되다. 진력하다. 「這件事他很替我一；이 일에 대해서는 그는 나를 위해 무척 노력하고있다」

[爲難] wéinán ㄨㄟˊㄋㄢˊ ①곤란하다. ②괴롭히다. 못살게 굴다.

[爲生] wéishēng ㄨㄟˊㄕㄥ 생업(生業)으로 삼다. 「打鐵一；대장간을 가업(家業)으로 삼다」

[爲時不晚] wéishíh pùwăn ㄨㄟˊㄕˊ ㄅㄨˋㄨㄢˇ 시기로서는 늦지 않다.

[爲時太早] wéishíh t'ài tsăo ㄨㄟˊㄕˊ ㄊㄞˋㄗㄠˇ 때가 아직 이르다. 시기상조.

[爲首] wéishŏu ㄨㄟˊㄕㄡˇ ①두령(頭領)이 되다. ②두령.

[爲數不多] wéishù pūtō ㄨㄟˊㄕㄨˋ ㄅㄨˋㄉㄨㄛ 대수로운 수자는 못된다. 그다지 많은 수가 아니다.

[爲所欲爲] wéisŏyǜwéi ㄨㄟˊㄙㄨㄛˇㄩˋㄨㄟˊ 마음대로 하다. 하고 싶은 대로 하다.

〔違〕 wéi ㄨㄟˊ ①어기다. 배반하다. 「一法；법을 어기다. 위법」 ②떨어지다. 만나지 않다. 「久一；오래간만입니다」 《人》 ③피하다. ④차이. ⑤과거(過去). ⑥사악(邪惡).

[違碍] wéiài ㄨㄟˊㄞˋ (법령·관습 따위에) 위배되어 장애가 되다.

[違拗] wéiào ㄨㄟˊㄠˋ 외고집을 부리다. 고집을 피우다. 성질이 비뚤어지다.

[違禁] wéichìn ㄨㄟˊㄐㄧㄣˋ 금령(禁令)을 어기다.

[違法戶] wéifăhù ㄨㄟˊㄈㄚˇㄏㄨˋ (법률·규정 따위의) 위반자.

[違心] wéihsīn ㄨㄟˊㄒㄧㄣ 마음에 어긋나는. 본심이 아닌. 마음에도 없는. 「一之論 ; 본심을 떠나서 벌이는 토론(討論).
[違抗] wéik'àng ㄨㄟˊㄎㄤˋ 어기고 거역하다.
[違理] wéilǐ ㄨㄟˊㄌㄧˇ 도리에 맞지 않다.
[違令] wéilìng ㄨㄟˊㄌㄧㄥˋ 명령을 어기다.
[違背] wéipèi ㄨㄟˊㄅㄟˋ 어기다. 위반하다.

〔圍〕 wéi ㄨㄟˊ ①포위하다. 둘러 싸다. 「包一 ; 포위」 ②둘레. 주위(周圍). 「內一 ; 둘레」 ③에워싼 것. 「土一子 ; 마을을 둘러 싼 흙담」「床一子 ; 침대 커어튼」 ④한아름 : 두 팔을 두른 둘레. 「樹大十一 ; 나무의 굵기가 열 아름이나 된다」 ⑤틈이 없이 주위를 둘러 싸다.
[圍場] wéich'áng ㄨㄟˊㄔㄤˊ 사냥터.
[圍棋] wéich'í ㄨㄟˊㄑㄧˊ 바둑을 둠.
[圍墻] wéich'iāng ㄨㄟˊㄑㄧㄤˊ 둘레. 둘러 싼 담.
[圍剿] wéichiǎo ㄨㄟˊㄐㄧㄠˇ 포위하여 퇴치(退治)하다.
[圍巾] wéichīn ㄨㄟˊㄐㄧㄣ 숄. 부인들이 어깨에 거는 목도리. 스카아프.
[圍裙] wéich'ün ㄨㄟˊㄑㄩㄣ 앞치마. 에이프런(apron).
[圍涎] wéihsién ㄨㄟˊㄒㄧㄢˊ 《吳》 =圍嘴兒.
[圍繞] wéijǎo ㄨㄟˊㄖㄠˇ 둘러 싸다.
[圍攻] wéikūng ㄨㄟˊㄍㄨㄥ 포위 공격하다.
[圍獵] wéilièh ㄨㄟˊㄌㄧㄝˋ 포위하여 사냥을 하다.
[圍攏] wéilǔng ㄨㄟˊㄌㄨㄥˇ ①빙 둘러 싸다. 둘러 싸면서 모여 들다. ②풍.
[圍屏] wéip'íng ㄨㄟˊㄆㄧㄥ 둘러 치는 병
[圍脖(兒)] wéipó(rh) ㄨㄟˊㄅㄛˊ 목도리.
[圍嘴兒] wéitsuǐrh ㄨㄟˊㄗㄨㄟˇㄦ 턱받이. 침받이.
[圍子] wéitzū ㄨㄟˊㄗ ①흙으로 쌓은 성벽. ②침대나 아궁이 앞에 드리우는 커어튼 같은 것. ③가마 따위에 둘러 치는 포장.
[圍腰兒] wéiyāorh ㄨㄟˊㄧㄠㄦ 여자가 하반신에 걸치는 천.

〔幃〕 wéi ㄨㄟˊ 둘러 치는 막. 장막.

〔維〕 wéi ㄨㄟˊ ①연결시키다. 맺다. ②유지하다. ③문어(文語)의 조사(助詞) : 운을 뗄 때 쓰는 말. 「一歲次… ; 유 세차…」 ④생각하다. =惟. ⑤우이그르(Uigur)족(族). 「一吾爾 ; 우이그르족(族)」 ⑥섬유.
[維繫] wéihsì ㄨㄟˊㄒㄧˋ 유지하다. 비끄러매다. 「一人心 ; 인심을 사다」
[維新] wéihsīn ㄨㄟˊㄒㄧㄣ ①정치를 새롭게 하다. ②진보적이다. 진보적으로 하다. 「你也要維一 ; 너도 조금 생각을 진보적으로 바꿔야 해」
[維修] wéihsiū ㄨㄟˊㄒㄧㄡ 유지하고 수리하다.
[維護] wéihù ㄨㄟˊㄏㄨˋ ①보호하다. 옹호하다. 「一當事人法定的權利 ; 당사자의 법정 권리를 옹호하다」
[維生素] wéishēngsù ㄨㄟˊㄕㄥㄙㄨˋ 비타민.
[維他命] wéit'āmìng ㄨㄟˊㄊㄚㄇㄧㄥˋ =維生素. 《譯》
[維文] wéiwén ㄨㄟˊㄨㄣˊ 우이그르어(語). 우이그르어로 된 문장.

〔闈〕(闱) wéi ㄨㄟˊ ①궁궐의 측문(側門)이나 통용문. ②과거(科擧)의 시험장.

〔尾〕 wěi ㄨㄟˇ ①꼬리. 꽁무니. ②말단. 「排一 ; 열(列)의 맨 뒤」 ③뒤를 따르다. 「一其後 ; 그 뒤를 따르다」 ④조수사(助數詞) : 마리. 필. 「一一魚 ; 한 마리의 고기」
[尾欠] wěich'ièn ㄨㄟˇㄑㄧㄢˋ 차금(借金)의 잔액.
[尾巴] wěipa ㄨㄟˇㄅㄚ ①꽁무니. 꼬리. 「搖一 ; 꼬리를 흔들다」 「一主義 ; 추종주의」 =尾巴子. ②가장자리. 변두리. 끝. 「城市一 ; 도시 변두리」 ③막다른 골. 최후. 「趕上了個一 ; 막다른 골목에 다다랐다」
[尾聲] wěishēng ㄨㄟˇㄕㄥ ①에필로오그. 종장(終章). ②바야흐로 끝나려는 상태. ③문장의 결론·결어(結語).
[尾隨] wěisuí ㄨㄟˇㄙㄨㄟˊ ①뒤를 따르다. ②미행하다.
[尾數(兒)] wěishù(rh) ㄨㄟˇㄕㄨˋ(ㄦ) 우수리. 어떤 단위 이하의 수.
[尾大不掉] wěitàpútiào ㄨㄟˇㄉㄚˋㄅㄨˊㄉㄧㄠˋ 부하편의 세력이 강하여 이것을 장악·좌우할 수가 없다. 《成》
[尾子] wěitzū ㄨㄟˇㄗ ①=尾數(兒). ②끝수.

〔委〕 wěi ㄨㄟˇ ①위임하다. 명령하다. 임명하다. 「一以重任 ; 중임을 맡기다」 ②버리다. 「一之于地 ; 땅에 버리다」 ③전가시키다. 「一過于人 ; 잘못을 남에게 전가시키다」 ④꼬불꼬불 꼬부라진. 「一婉 ; 완곡한」 ⑤말단. 끝. 「原一 ; 본래. 경위(經緯)」 ⑥확실히. 「一實不錯 ; 확실히 좋다」
[委屈] wěich'ü ㄨㄟˇㄑㄩ ①억울한 죄를 입다. ②뜻을 이루지 못하다. ③원망스럽다. 마음 속이 울적하다. ④불평. 분함. 「抱一 ; 불평을 말하다」 「受一 ; 자기 능력으로 봐 당연히 받아야 할 대우를 받지 못해 억울하다」 ⑤거북스럽거나 귀찮은 느낌이 든다. 「一你了 ; 불편을 끼쳐 드려 미안합니다」 > 委委屈屈.
[委曲求全] wěich'ǖ ch'iúch'üán ㄨㄟˇㄑㄩ ㄑㄧㄡˊㄑㄩㄢˊ 뜻을 굽혀 가며 일을 성취시키려 하다. 어떤 방법을 써서라도 성취해 보려는 것. 《成》
[委決不下] wěichüéhpúhsià ㄨㄟˇㄐㄩㄝˊㄅㄨˊㄒㄧㄚˋ 결단을 내리지 못한다. 명확히 결정을 못 짓다.
[委巷] wěihsiàng ㄨㄟˇㄒㄧㄤˋ 꼬불꼬불 꼬부라진 거리.
[委蛇] wěií ㄨㄟㄧˊ ①여유 있고 안정되어 있는. ②적당히 다루다. ③꾸불꾸불 꾸부러져 있다. ④기는 모양.
[委靡] wéimǐ ㄨㄟˊㄇㄧˇ 활기가 없다. 맥이 빠지다.
[委靡不振] wéimipúchěn ㄨㄟˊㄇㄧˇㄅㄨˊㄓㄣˋ 활기를 잃은 모양. 맥이 빠진 모양.
[委派] wěip'ài ㄨㄟˇㄆㄞˋ (명령에 따라) 파견하다.

[委實] wěishíh ㄨㄟˇㄕˊ 확실히. 틀림 없이.
[委瑣] wéisŏ ㄨㄟˊㄙㄨㄛˊ ①세세한 일에 구애(拘礙)를 받다. ②포부가 작고 하는 짓이 잘다.
[委托] wěit'ō ㄨㄟˇㄊㄨㄛ 위탁하다. 맡기다.「一店 ; 위탁 판매점」
[委座] wěitsò ㄨㄟˇㄗㄨㄛˋ 위원장(委員長)에 대한 경칭.
[委罪] wěitsuì ㄨㄟˇㄗㄨㄟˋ 죄를 전가하다.
[委頓] wěitùn ㄨㄟˇㄉㄨㄣˋ 지칠 대로 지치다.
[委婉] wéiwǎn ㄨㄟˊㄨㄢˇ ①공손하다. 정중하다. ②말의 표현이 멋지다.
[委窩子] wěiwōtzŭ ㄨㄟˇㄨㄛㄗ 잠자리를 뜨기가 싫다. 기상(起床)하기 싫다.

〔娓〕 wěi ㄨㄟˇ「一一 ; 싫증 나지 않는 모양」「一一而談 ; 유창하게 이야기하다」「一一動聽 ; 긴 이야기를 하는 사람이나 듣는 사람이나 다 싫증을 내지 않고 계속하다」

〔唯〕 wěi ㄨㄟˇ 대답하는 말.「一一諾諾 ; "예, 예"라고 하는 거침 없는 대답」 ⇨wéi.

〔偉〕 wěi ㄨㄟˇ ①큰. 위대한. 뛰어난.「身體魁一 ; 몸집이 크고 의젓하다」

〔萎〕 wěi ㄨㄟˇ 다만 단용(單用)의 경우는 wěi. ⇨wēi.
[萎謝] wěihsièh ㄨㄟˇㄒㄧㄝˋ 시들다. 풀이 죽다.

〔猥〕 wěi ㄨㄟˇ ①상스런. 천한. ②난잡한. ③잡다한.「一雜 ; 외잡하다. 잡다하다」④적당히. ⑤그래서. =乃(nǎi).
[猥瑣] wéisŏ ㄨㄟˊㄙㄨㄛˇ ①난잡하다. ②상스럽다. 천하다. ③인색하다.

〔葦〕 wěi ㄨㄟˇ 갈대.
[葦簾子] wěiliéntzŭ ㄨㄟˇㄌㄧㄢˊㄗ 갈대로 엮은 발.
[葦錐子] wěichuītzŭ ㄨㄟˇㄓㄨㄟㄗ 갈대의 싹. 갈대 순.
[葦眉子] wěiméitzŭ ㄨㄟˇㄇㄟˊㄗ 삿자리 따위를 엮기 위해 갈대를 엷고 길게 까놓은 것.
[葦箔] wěipó ㄨㄟˇㄅㄛˊ 갈대로 엮은 발 비슷한 것 : 기와를 얹을 때 그 깔개로 씀.
[葦塘] wěit'áng ㄨㄟˇㄊㄤˊ 갈대 밭. 갈대가 자라 있는 못(池).
[葦子] wěitzŭ ㄨㄟˇㄗ 갈대.

〔痿〕 wěi ㄨㄟˇ 마비되다. 근육이 움직이지 않게 되다. 무력해지다.

〔僞〕(伪) wěi ㄨㄟˇ ①허위. 가짜의. ②비합법 정권의.「一政府 ; 비합법 정부. 괴뢰 정부」
[僞鈔] wěich'āo ㄨㄟˇㄔㄠ 위조 지폐.
[僞器] wěich'ì ㄨㄟˇㄑㄧˋ 모조품(模造品).
[僞軍] wěichūn ㄨㄟˇㄐㄩㄣ 괴뢰 정권의 군대. 괴뢰군.
[僞做] wěitsò ㄨㄟˇㄗㄨㄛˋ 위조하다.

〔諉〕 wěi ㄨㄟˇ ①책임을 전가하다.「推一 ; 책임을 전가하다」②강요하다. ③빙자하다. 핑계하다.
[諉咎] wěichìu ㄨㄟˇㄐㄧㄡˋ 잘못을 남에게 덮어 씌우다.
[諉謝] wěihsièh ㄨㄟˇㄒㄧㄝˋ 무엇을 핑계삼아 거절하다.

〔緯〕 wěi ㄨㄟˇ ①씨실. ②위도(緯度). 위선(緯線). ↔ 날줄.
[緯綫] wěihsièn ㄨㄟˇㄒㄧㄢˋ ①씨실. ②위도선(緯度線). 위선. 씨금. 씨줄.
[緯紗] wěishā ㄨㄟˇㄕㄚ 천의 씨실.

〔未〕 wèi ㄨㄟˋ ①12지(支)의 여덟째. ②오후 1시부터 3시까지의 사이. ③아직 …하지 않다.「一知可否 ; 아직 가부를 알 수 없다」④문미(文尾)에 붙어 의문을 나타내는 조사(助詞).「君知其意一? ;너는 그 뜻을 아느냐?」
[未及] wèichí ㄨㄟˋㄐㄧˊ 아직 …할 틈이 없다. 아직 …할 기회가 없다. 아직 …할 계제에 이르지 않다.「一詳談 ; 아직 상세히 의론할 짬이 없다」
[未幾] wèichǐ ㄨㄟˋㄐㄧˇ 얼마 없다. 머지 않아. 이윽고.
[未婚妻] wèihūnch'ī ㄨㄟˋㄏㄨㄣㄑㄧ 약혼녀.
[未婚夫] wèihūnfū ㄨㄟˋㄏㄨㄣㄈㄨ 약혼자 : 남자의 경우. 약혼 남자.
[未可知] wèik'ŏchīh ㄨㄟˋㄎㄜˇㄓ (많은 경우 문미(文尾)에서) 어떻게 될지 모른다.「工程不到年底完竣也一 ; 공사는 연말이 되기 전에 완공할지 알 수 없다」
[未可厚非] wèik'ŏ hòufēi ㄨㄟˋㄎㄜˇ ㄏㄡˋㄈㄟ 흠도 있지만 취할 점도 있다.
[未免] wèimiěn ㄨㄟˋㄇㄧㄢˇ ①아무래도 …이다.「你一太好多說話了 ; 아무리 생각해 봐도 너는 좀 지나치게 지껄인다」②어김없이. 반드시. 꼭.「一發生意外的事 ; 꼭 뜻밖의 일이 생긴다」
[未必] wèipì ㄨㄟˋㄅㄧˋ …반드시 …라고는 할 수 없다.「一如此吧 ; 그렇다고만 할 수 없겠지」「有錢的人一幸福 ; 돈 있는 사람이 반드시 행복하다고는 할 수 없다」
[未便] wèipièn ㄨㄟˋㄅㄧㄢˋ ①(…하기에는)무례한 점이 있다. 무례하다. ②형편이 좋지 못하다. 「一采取那樣的手段 ; 그와 같은 수단을 쓰는 것은 좀 부당한 일이다」
[未卜先知] wèipŭ hsiēnchīh ㄨㄟˋㄅㄨˇ ㄒㄧㄢㄓ 점치기 전에 알다. 미리 알다. ‹成›
[未始不可] wèishǐhpùk'ŏ ㄨㄟˋㄕˇㄅㄨˋ ㄎㄜˇ 나쁠 리는 없다. 반드시 나쁘다고는 할 수 없다.
[未曾] wèits'éng ㄨㄟˋㄘㄥˊ 아직 …하지 않았다. 아직 …한 적이 없다. …이라고 말할 수 없다.「一聽見過 ; 아직 들어본 적이 없다」
[未雨綢繆] wèiyǔ ch'óumóu ㄨㄟˋㄩˇ ㄔㄡˊㄇㄡˊ 일이 닥치기 전에 미리 대비를 하다. ‹成›

〔位〕 wèi ㄨㄟˋ ①자리. 장소.「座一 ;

좌석」 ②사람을 세는 조수사(助數詞). 「諸一同志；동지 여러분」「三一客人；세 분의 손님」
[位置] wèichih ㄨㄟˋㄓ ①위치. ②위치를 잡다. 직장에 앉히다. 「給一一個事兒;일자리를 하나 주선해 주다」
[位分] wèifên ㄨㄟˋㄈㄣ 사회적 지위.
[位子] wèitzŭ ㄨㄟˋㄗ ①좌석. ②위치.
[位次] wèitz'ŭ ㄨㄟˋㄘ ①서열. ②석차. 석순.
[位望] wèiwàng ㄨㄟˋㄨㄤˋ 지위와 명망(名望).
[位于] wèiyü ㄨㄟˋㄩ …에 위치하다. …에 존재하다.

〔味〕 wèi ㄨㄟˋ ①「一兒；맛」「五一；다섯 가지 맛. 즉 "甜·酸·苦·辣·鹹". 「甘一兒；단맛」 ②「一兒；냄새」「香一兒；향기」「臭一兒；구린내. 악취」 ③「一兒；의미. 취미」「趣一；취미」 ④음미하다. 「細一其言；그 말을 잘 음미해 보다」 ⑤「一兒；약의 종류 따위를 세는 조수사(助數詞). 「這個方子一共七一藥；이 처방은 합쳐 7가지 약으로 돼 있다」
[味氣] wèich'i ㄨㄟˋㄑㄧ 냄새.
[味精] wèichīng ㄨㄟˋㄐㄧㄥ 화학 조미료.
[味道] wèitao ㄨㄟˋㄉㄠ ①맛. ②냄새. ③흥미. ④의미. ⑤풍미(風味).
[味蕾] wèilěi ㄨㄟˋㄌㄟˇ 〈生〉 미뢰:미각 세포의 집합체로서 미각(味覺)을 일으키는 감각기:미관구(味官球). 맛봉오리.
[味兒事] wèirhshìh ㄨㄟˋㄦㄕˋ 대수롭지 않은 일.
[味素] wèisù ㄨㄟˋㄙㄨˋ 화학 조미료.
[味同嚼蜡] wèit'úngchiáolā ㄨㄟˋㄊㄨㄥˊㄐㄧㄠˊㄌㄚˋ 밀랍(蜜蠟)을 씹는 맛. 무미건조한 맛.

〔胃〕 wèi ㄨㄟˋ 위.
[胃火] wèihuǒ ㄨㄟˋㄏㄨㄛˇ 위의 열(熱).
[胃口] wèik'ou ㄨㄟˋㄎㄡ ①위. 「一慣大了；㉮포식(飽食)하는 버릇이 생겼다. ㉯맛들였다」 ②식욕. ③시장의 구매력.
[胃瘤] wèiliú ㄨㄟˋㄌㄧㄡˊ 위암(胃癌).
[胃脘] wèiwǎn ㄨㄟˋㄨㄢˇ ①위. ②식욕.

〔畏〕 wèi ㄨㄟˋ 두려워하다. 「一惧；두려워 함」
[畏怯] wèich'ièh ㄨㄟˋㄑㄧㄝˋ 두려워하다. 벌벌매다.
[畏葸不前] wèihsǐ pǔch'ién ㄨㄟˋㄒㄧˇㄅㄨˋㄑㄧㄢˊ =畏縮不前.
[畏首畏尾] wèishǒu-wèiwěi ㄨㄟˋㄕㄡˇㄨㄟˋㄨㄟˇ 진퇴양난으로 어느 편도 두렵다. 벌벌 떨다.
[畏縮] wèisō ㄨㄟˋㄙㄨㄛ 두려워 벌벌 매다. 「一不前；두려워서 주저주저하다」
[畏途] wèit'ú ㄨㄟˋㄊㄨˊ 험악하고 무서운 길.

〔尉〕 wèi ㄨㄟˋ ①옛 관명(官名). ②군인의 계급:위관(尉官). ③yǜ 성(姓)의 하나.

〔爲〕(为) wèi ㄨㄟˋ ①돕다. ②…을 위하여. 「一國民服務；국민을 위해서 봉사하다」「你一什麼笑；너 왜 웃지?」 ③…에게. …에 대하여. 「不足一外人道；남에게 말할 정도의 것이 못된다」 ⇨ wéi.
[爲何] wèihó ㄨㄟˋㄏㄜˊ 무엇 때문에.
[爲項] wèihsiang ㄨㄟˋㄒㄧㄤ 까닭. 이유. 사정. 연유.
[爲虎傅翼] wèihǔfùì ㄨㄟˋㄏㄨˇㄈㄨˋㄧˋ 악인에게 가담하다. =爲虎添翼. 〈成〉
[爲虎作倀] wèihǔ tsòch'āng ㄨㄟˋㄏㄨˇㄗㄨㄛˋㄔㄤ 악인과 합세하여 잔인한 짓을 하다. 〈成〉
[爲人作嫁] wèijén tsòchià ㄨㄟˋㄖㄣˊㄗㄨㄛˋㄐㄧㄚˋ 남을 위해 부지런히 힘쓰다. 〈成〉
[爲了(一着)] wèilê(一chê) ㄨㄟˋㄌㄜ(一ㄓㄜ) …위하여(목적을 나타냄). 「一追求眞理, 進行熱烈爭論；진리 탐구를 위해 열렬한 논쟁을 벌이다」
[爲啥] wèishà ㄨㄟˋㄕㄚˋ =爲什麼.
[爲什麼] wèishénmo ㄨㄟˋㄕㄣˊㄇㄜ 왜. 무엇 때문에. 「一還不走呢? 왜 아직 떠나지 않지?」
[爲的是] wèitêshìh ㄨㄟˋㄉㄜㄕˋ …을 위해서다. 「我們學習, 一建設祖國；우리가 공부하는 것은 조국을 건설하기 위해서다」
[爲此] wèitz'ŭ ㄨㄟˋㄘˇ ①(목적을 표시하면서)이를 위해서. 「一, 就必須把革命進行到底；이를 위해서는 혁명을 철저히 수행하여야만 한다」 ②이 까닭에. ③그래서 여기에.
[爲要] wèiyào ㄨㄟˋㄧㄠˋ ①…하기 위해:목적을 나타냄. 「一理解他們, 必須深入他們；그들을 이해하기 위해서 그들 속에 깊이 파고 들어가야 한다」 ②wéiyào …하시기 바람. …을 무망(務望)함: 공문용어.
[爲淵驅魚] wèiyüān ch'ǖyǘ ㄨㄟˋㄩㄢ ㄑㄩㄩˊ 물고기를 물 밑으로 깊이 몰아 넣다. 자기 편을 원수의 편으로 쫓아 버리다. 〈成〉

〔猬〕(蝟) wèi ㄨㄟˋ 〈動〉 고슴도치. 「刺一；고슴도치」
[猬起] wèich'ǐ ㄨㄟˋㄑㄧˇ 사건이 잇달아 발생하다.
[猬集] wèichí ㄨㄟˋㄐㄧˊ 고슴도치의 털처럼 물건이 많이 모이다. 위집하다.

〔喂〕(餵①·餧) wèi ㄨㄟˋ ①먹이다. 기르다. 「一小孩；아이에게 무엇을 먹이다」「一牲口；가축을 기르다」 ②wēi 부르거나 대답하는 감탄사: 야. 어이. 여보시오. 「一! 你是誰?；야! 너는 누구냐?」「一! 你快來呀!；어이! 빨리 와!」
[喂奶] wèi nǎi ㄨㄟˋㄋㄞˇ 젖을 먹이다.
[喂養] wèiyǎng ㄨㄟˋㄧㄤˇ ①(동물을) 기르다」 ②(사람을) 양육하다.
[喂眼] wèiyěn ㄨㄟˋㄧㄢˇ 눈을 즐겁게 하다.

〔渭〕 wèi ㄨㄟˋ 강 이름: "黃河"의 지류.

〔蔚〕 wèi ㄨㄟˋ ①초목이 무성한 모양. ②성대(盛大)한 모양. ③무늬가 아름다운 모양.
[蔚藍] wèilán ㄨㄟˋㄌㄢˊ 짙은 남색. 쪽빛.
[蔚爲大觀] wèiwéitàkuān ㄨㄟˋㄨㄟˊㄉㄚˋ

《ㄨㄢ 다채롭고 성대한 광경.

〔慰〕 wèi ㄨㄟˋ ①위로하다. 안심시키다.「一問; 위문」②안심하다. 마음을 놓다.「甚一; 크게 마음을 놓을 수 있다」

[慰勞信] wèiláohsìn ㄨㄟˋㄌㄠˊㄒㄧㄣˋ 위문장(慰問狀).

[慰情勝無] wèich'íng shēngwú ㄨㄟˋㄑㄧㄥˊ ㄕㄥˋㄨˊ 약간 위로가 되다. 다소 위안이 되다.

〔磑〕(磈) wèi ㄨㄟˋ 곡식을 타는 맷돌.《方》

〔衞〕(衛·卫) wèi ㄨㄟˋ ①보호하다. 방위하다.「一國; 국가를 방위하다」②경영하다. ③주시대(周時代)의 나라 이름: 현재 "河北省"、남부에서 북부에 걸친 일대. ④성(姓)의 하나.

[衞星廠] wèihsīngch'ǎng ㄨㄟˋㄒㄧㄥㄔㄤˇ 부속 공장(附屬工場).

[衞星城] wèihsīngch'éng ㄨㄟˋㄒㄧㄥㄔㄥˊ 위성 도시(衞星都市).

[衞護] wèihù ㄨㄟˋㄏㄨˋ 수비하다. 비호(庇護)하다.

[衞生] wèishēng ㄨㄟˋㄕㄥ ①위생. ②위생적이다.

[衞生家] wèishēngchiā ㄨㄟˋㄕㄥㄐㄧㄚ ①위생가. ②몸 조심하고 건강에 유의하는 사람. ③위생 학자.

[衞生紙] wèishēngchǐh ㄨㄟˋㄕㄥㄓˇ 휴지. 토일릿 페이퍼. 화장지.

[衞生間] wèishēngchiēn ㄨㄟˋㄕㄥㄐㄧㄢ 토일릿. 변소. 화장실.

[衞生衣] wèishēngī ㄨㄟˋㄕㄥㄧ 메리야스 샤쓰.

[衞生院] wèishēngyüàn ㄨㄟˋㄕㄥㄩㄢˋ 보건소(保健所).

[衞戍] wèishù ㄨㄟˋㄕㄨˋ 군대로써 수비하다.

[衞生丸(兒)] wèishēngwán(rh) ㄨㄟˋㄕㄥㄨㄢˊ(ㄦ) ①나프탈린. =衞生球(兒). ②총알.

[衞嘴子] wèitsuǐtzǔ ㄨㄟˋㄗㄨㄟˇㄗ "天津人"을 멸시하는 말: "天津人"은 수다스럽다는 뜻에서.

[衞隊] wèituì ㄨㄟˋㄉㄨㄟˋ 호위대(護衞隊).

〔遺〕 wèi ㄨㄟˋ 증여하다. 선사하다. ⇨í.

〔謂〕 wèi ㄨㄟˋ ①말하다. 일컫다. 일러바치다.「人一予日; 사람들이 나에게 말하기를」「所一; 이른바」②뜻.「無一; 무의미하다」③연유. 이유.

〔魏〕 wèi ㄨㄟˋ ①주(周) 시대의 나라 이름: 지금의 "河南" 북부와 "山西" 서남부 일대. ②삼국 시대 "曹丕"가 세운 나라: "黃河" 유역과 "淮河" 이북. ③성(姓)의 하나.

WÊN ㄨㄣ

〔溫〕 wēn ㄨㄣ ①따뜻하다. 훈훈하다. 다스하다.「一水; 미지근한 물」②온도.「氣一; 기온」③온순한. 온건한.「一情; 온정」④데우다.「一酒; 술을 데우다」⑤복습하다.「把算術一一一; 산수를 복습하다」⑥한방(漢方)에서 말하는 열병.「春一; 봄철에 일어나는 열병」⑦성(姓)의 하나.

[溫居] wēnchū ㄨㄣㄐㄩ 이사 오는 사람을 마중 나가서 축하하다.

[溫和] wēnho ㄨㄣㄏㄜ ①온건하다. 온화하다. ②미지근한.「一分子; 온건 분자」

[溫習] wēnhsi ㄨㄣㄒㄧ 복습하다.

[溫煦] wēnhsǔ ㄨㄣㄒㄩˇ 다스하다. 부드럽고 잠잠하다.

[溫馴] wēnhsùn ㄨㄣㄒㄩㄣˋ 유순하고 친숙하다.

[溫柔] wēnjóu ㄨㄣㄖㄡˊ ①(성질이) 온순하다. ②(음성이) 낭랑하다.

[溫柔鄉] wēnjóuhsiāng ㄨㄣㄖㄡˊㄒㄧㄤ ①화류계. ②여색에 빠져 헤매는 경지(境地).

[溫課] wēnk'ò ㄨㄣㄎㄜˋ 학과를 복습하다.

[溫飽] wēnpǎo ㄨㄣㄅㄠˇ 의식(衣食)이 풍족하다.

[溫熟] wēnshóu ㄨㄣㄕㄡˊ 복습하여 숙달되게 하다.

[溫存] wēnts'un ㄨㄣㄘㄨㄣ ①정성껏 위로하다.「一話兒; 상냥하고 다정스러운 말」②온화하다. ③정양(靜養)하다.

[溫讀] wēntú ㄨㄣㄉㄨˊ 읽고 복습하다.

[溫吞水] wēnt'ūnshui ㄨㄣㄊㄨㄣㄕㄨㄟˇ 미지근한 물.《方》

[溫度表] wēntùpiǎo ㄨㄣㄉㄨˋㄅㄧㄠˇ 체온계.

[溫文爾雅] wēnwēn-ěrhyǎ ㄨㄣㄨㄣˊ ㄦˊ ㄧㄚˇ 태도가 온건하고 거동이 우아한 모양.

〔榲〕 wēn ㄨㄣ「一桲(一p'o); 마르멜로(marmelo): 장미과에 속하는 낙엽 교목으로, 봄에 담홍색의 꽃이 피고 과일은 살구 비슷하나 좀 크고 향기가 좋으며 잼 따위를 만듦」

〔瘟〕 wēn ㄨㄣ ①급성 전염병.「一疫; 급성 전염병」②가축의 전염병.「猪一; 돼지 전염병」

[瘟喪] wēnsāng ㄨㄣㄙㄤ 불길한 것.

[瘟神] wēnshén ㄨㄣㄕㄣˊ 역신(疫神): 병을 유행시키는 나쁜 신.

[瘟頭瘟腦] wēnt'óu-wēnnǎo ㄨㄣㄊㄡˊㄨㄣㄋㄠˇ 머저리. 아둔패기.

〔鰛〕 wēn ㄨㄣ「一鯨(一chīng); 고래의 일종」

〔文〕 wén ㄨㄣˊ ①무늬. 현상(現象).「天一; 천문」「地一; 지문」②문신(文身)하다.「一身; 문신하다」③외관. 자태.「一質彬彬; 바깥 미와 내부의 질이 알맞게 조화를 이루는 모양」④의식(儀式). 의례. ⑤지식·문화 따위.「一明; 문명」「一物; 문물」⑥지식인을 가리킴.「一人; 문인」⑦점잖은. 온건한.「一雅; 시문(詩文) 등에 풍치가 있고 아담함」⑧언어. 문자. 문장.「英一; 영어. 영문」⑨문어(文語). 문어문(文語文).「一言; 문

어문」 ⑩돈을 세는 조수사(助數詞). 「一一錢 ; 동전 1"文"」 ⇨wĕn.
[文章] wĕnchāng ㄨㄣˊㄓㄤ ①문장. ②문사(文辭). 문장에 나타난 말. ③wĕnchang. 까닭. 연유. 이유. 「話裡有一 ; 말 속에는 특별한 이유가 있다」
[文場] wĕnch'ăng ㄨㄣˊㄔㄤˇ ①연극 등에서 반주(伴奏)하는 사람. ②옛날 과거의 시험장.
[文氣] wĕnch'ì ㄨㄣˊㄑㄧˋ ①문장 속에 내포되어 있는 기세. 「一連貫 ; 문장 속에 힘이 넘치고 있다」 ②wĕnch'i 마음이 정답고 부드럽다. > 文文氣氣.
[文件] wĕnchièn ㄨㄣˊㄐㄧㄢˋ 문서. 서류.
[文件架] wĕnchiènchià ㄨㄣˊㄐㄧㄢˋㄐㄧㄚˋ 서류를 얹는 선반.
[文質彬彬] wĕnchìh pīnpīn ㄨㄣˊㄓˋ ㄅㄧㄣㄅㄧㄣ 외부 장식과 내용이 알맞게 조화를 이루고 있는 것. ‹成›
[文靜] wĕnchìng ㄨㄣˊㄐㄧㄥˋ 우아하고 침착하다. 단아(端雅)하다.
[文丑] wĕnch'ŏu ㄨㄣˊㄔㄡˇ 연극에서 광대역을 하는 사람 : 난투극은 제외.
[文縐縐的] wĕnchòuchòutê ㄨㄣˊㄓㄡˋㄓㄡˋㄉㄜ ＝文謅謅的.
[文句] wĕnchǜ ㄨㄣˊㄐㄩˋ 문장의 어구(語句).
[文卷] wĕnchüàn ㄨㄣˊㄐㄩㄢˋ 분류하여 보존되어 있는 서류.
[文房] wĕnfáng ㄨㄣˊㄈㄤˊ ①서재. 「一四寶 ; "筆·墨·紙·硯"의 네 가지」 ②문서를 취급하는 곳. ‹舊›
[文風] wĕnfēng ㄨㄣˊㄈㄥ 말을 하거나 문장을 쓰는 기풍이나 태도.
[文號] wĕnhào ㄨㄣˊㄏㄠˋ 서류 번호 문건 호수(文件號數).
[文戲] wĕnhsì ㄨㄣˊㄒㄧˋ 싸우는 장면이 없는 연극 : "武戲"의 반대어(反對語).
[文化] wĕnhuà ㄨㄣˊㄏㄨㄚˋ ①문화. ②기초적인 지식·교양. 「一教員 기초 교양 과목 담당 교사」 ③교양과 지식. 「一翻身 ; 교양 없는 자가 교양을 쌓아서 사람이 전연 달라지는 것」
[文話(兒)] wĕnhuà(rh) ㄨㄣˊㄏㄨㄚˋ(ㄦ) 문어(文語).
[文化站] wĕnhuàchàn ㄨㄣˊㄏㄨㄚˋㄓㄢˋ 문화 센터.
[文化課] wĕnhuàk'ò ㄨㄣˊㄏㄨㄚˋㄎㄜˋ 일반 상식에 관한 수업(授業). 「불.
[文火] wĕnhuŏ ㄨㄣˊㄏㄨㄛˇ 화력이 약한
[文藝] wĕnì ㄨㄣˊㄧˋ ①문예. ②문학 및 예술.
[文人相輕] wĕnjĕn hsiāngch'īng ㄨㄣˊㄖㄣˊ ㄒㄧㄤㄑㄧㄥ 문인끼리는 서로 경멸한다. ‹成›
[文開] wĕnk'āi ㄨㄣˊㄎㄞ 얼음이 서서히 녹다 : 홍수가 될 염려 없이.
[文改] wĕnkăi ㄨㄣˊㄍㄞˇ "文字改革"의 준말.
[文稿] wĕnkăo ㄨㄣˊㄍㄠˇ 문장의 원고.
[文過飾非] wĕnkuòshìhfēi ㄨㄣˊㄍㄨㄛˋㄕˋㄈㄟ 허물을 덮어 감추다.
[文理] wĕnlǐ ㄨㄣˊㄌㄧˇ ①문장의 법칙. ②문장 줄거리. ③경서사책(經書史冊)에서 인용하여 담화 속에 끼어 넣는 어구.
[文廟] wĕnmiào ㄨㄣˊㄇㄧㄠˋ "孔子"의 묘(廟). 공자를 모시는 사당.
[文面] wĕnmièn ㄨㄣˊㄇㄧㄢˋ 문신(文身)한 얼굴.
[文明] wĕnmíng ㄨㄣˊㄇㄧㄥˊ ①문명. 문화. ②하이칼라이다. ③고상하다. 품위가 있다.
[文明戲] wĕnmínghsì ㄨㄣˊㄇㄧㄥˊㄒㄧˋ ①구극(舊劇)에 대한 신극. ②현대극.
[文明人] wĕnmíngjên ㄨㄣˊㄇㄧㄥˊㄖㄣˊ 변혁(變革)을 이해한 사람. 진보적인 사람. 이해가 빠른 사람.
[文墨] wĕnmo ㄨㄣˊㄇㄛ ①문학. 저술. ②교양 있는 태도. 「一人兒 ; 문인」
[文白] wĕnpái ㄨㄣˊㄅㄞˊ 문어문(文語文)과 구어문(口語文).
[文憑] wĕnp'íng ㄨㄣˊㄆㄧㄥˊ ①졸업 증서. ②증명서.
[文不加點] wĕnpùchiātiĕn ㄨㄣˊㄅㄨˋㄐㄧㄚㄉㄧㄢˇ 가필할 여지 없는 문장. 완벽한 문장. ‹成›
[文不對題] wĕnpútuìt'í ㄨㄣˊㄅㄨˊㄉㄨㄟˋㄊㄧˊ ①문장이 제목에 어울리지 않다. ②말과 행동이 일치하지 않다.
[文社] wĕnshê ㄨㄣˊㄕㄜˋ 문장·문학을 연구하는 회(會).
[文石] wĕnshíh ㄨㄣˊㄕˊ ①마노(瑪瑙)의 별칭. ②무늬 있는 돌.
[文飾] wĕnshìh ㄨㄣˊㄕˋ 외양(外樣)을 꾸미다.
[文書] wĕnshū ㄨㄣˊㄕㄨ ①문서. ②서기(書記). 문서계(文書係).
[文打] wĕntă ㄨㄣˊㄉㄚˇ (무기를 쓰지 않고) 맞붙어 싸우다.
[文采] wĕnts'ăi ㄨㄣˊㄘㄞˇ ①무늬. 빛깔. ②문장이나 의복 따위가 화려한.
[文謅謅的] wĕntsōutsōutê ㄨㄣˊㄗㄡㄗㄡㄉㄜ ①고상한 체하다. 현학적(衒學的)으로 굴다. ②문인(文人) 냄새가 강하게 풍기다.
[文從字順] wĕnts'úng-tsŭshùn ㄨㄣˊㄘㄨㄥˊㄗˋㄕㄨㄣˋ 문장이 알기 쉽게 잘 통하다. ‹成›
[文牘] wĕntú ㄨㄣˊㄉㄨˊ ①공문서. 「一主義 ; 실제 상황(狀況)을 도외시하고 문제를 해결하려는 관료주의」 ②문서계.
[文字] wĕntzǔ ㄨㄣˊㄗˋ ①문자. ②문장. ③문서. 증서.
[文字獄] wĕntzǔyǜ ㄨㄣˊㄗˋㄩˋ 필화(筆禍)로 처벌을 받는 것.
[文玩] wĕnwán ㄨㄣˊㄨㄢˊ 문방구. 탁상 장식품.
[文武帶打] wĕnwŭ tàită ㄨㄣˊㄨˇ ㄉㄞˋㄉㄚˇ ①무엇이나 하다. ②못하는 것이 없다. 만능이다.
[文雅] wĕnyă ㄨㄣˊㄧㄚˇ 고상하고 우아하다.
[文言] wĕnyén ㄨㄣˊㄧㄢˊ 문어(文語). 「一文 ; 문어문」
[文魚] wĕnyǘ ㄨㄣˊㄩˊ ①금붕어. ②잉어. ③날치. 비어(飛魚). ④장어(長魚)의 일종.

〔炆〕 wĕn ㄨㄣˊ 뭉근한 불로 장시간 삶다. 화력이 약한 불에 고다. ‹方›

〔蚊〕 wĕn ㄨㄣˊ 「一子 ; 모기」
[蚊陣] wĕnchĕn ㄨㄣˊㄓㄣˋ 모기 떼. 날고 있는 모기 떼.
[蚊廚] wĕnch'ú ㄨㄣˊㄔㄨˊ 모기장.
[蚊蟲] wĕnch'úng ㄨㄣˊㄔㄨㄥˊ 모기.

[蚊雷] wěnléi ㄨㄣˊㄌㄟˊ 많은 모기들이 떼지어 앵앵거리는 소리.
[蚊力] wěnlì ㄨㄣˊㄌㄧˋ 가냘픈 힘. 미약한 역량.
[蚊市] wěnshìh ㄨㄣˊㄕˋ (해질 무렵의) 모기떼.
[蚊(子)香] wěn(tzǔ)hsiāng ㄨㄣˊ(ㄗ)ㄒㄧㄤ 모기향. 제충국(除蟲菊)의 가루를 막대기 모양이나 와상(泥狀)으로 굳힌 것.

〔紋〕 wěn ㄨㄣˊ ①무늬.「水一; 물의 소용돌이 무늬」②(무늬 모양의)줄. ③(질그릇 따위의) 금.
[紋風不動] wěnfēng pútùng ㄨㄣˊㄈㄥ ㄅㄨˊㄉㄨㄥˋ ＝紋絲不動.
[紋理] wěnlǐ ㄨㄣˊㄌㄧˇ 줄. 금. 무늬.
[紋縷(兒)] wěnlü(rh) ㄨㄣˊㄌㄩ(ㄦ) 무늬. 손금이나 파문(波紋) 따위.
[紋絲不動] wěnssū pútùng ㄨㄣˊㄙ ㄅㄨˊㄉㄨㄥˋ 꼼짝하지 않다. 조금도 움직이지 않다.
[紋銀] wěnyín ㄨㄣˊㄧㄣˊ 순은(純銀).

〔聞〕 wěn ㄨㄣˊ ①듣다.「耳一不如目見; 귀로 듣는 것보다 눈으로 보는 것이 틀림 없다. 백 번 듣는 것보다 한 번 보는 것이 낫다」②소문. 소식. 뉴우스.「新一; 뉴우스」③저명한. 명망이 있는.「一人; 저명 인사」④냄새를 맡다.「你一一這是什麼味; 무슨 냄새인가 맡아 보아요」
[聞見] wěnchien ㄨㄣˊㄐㄧㄢ ①냄새를 맡다. 냄새가 나다.「一香味兒; 좋은 향기가 풍기다」②wěnchièn 문견:보고 듣는 것.
[聞風] wěnfēng ㄨㄣˊㄈㄣ 소문을 듣다.「一而起; 소문을 듣고 일어 서다」「一而至; 소문을 듣고 찾아 오다」「一響應; (반란 따위의 경우)소문을 듣고 이에 호응하다」
[聞訊] wěnhsǜn ㄨㄣˊㄒㄩㄣˋ 소식을 듣다.
[聞人] wěnjěn ㄨㄣˊㄖㄣˊ 저명 인사. 유명한 사람.
[聞名] wěnmíng ㄨㄣˊㄇㄧㄥˊ 이름이 알려져 있다.
[聞所未聞] wěnsǒwèiwēn ㄨㄣˊㄙㄨㄛˇㄨㄟˋㄨㄣˊ 들어본 적이 없는 것을 듣다. 금시 초문.
[聞聽] wěnt'īng ㄨㄣˊㄊㄧㄥ 늘 들어서 귀에 익다. 들어서 알다.
[聞望] wěnwàng ㄨㄣˊㄨㄤˋ 명망(名望). 명성(名聲).

〔刎〕 wěn ㄨㄣˇ ①목을 베다.「自一; 스스로 목을 베어 죽다. 자문(自刎)」

〔吻〕 wěn ㄨㄣˇ ①입 언저리.「接一; 입맞추다」②키스하다.「一他心愛的槍; 진심으로 사랑하는 총에 입맞추다」

〔紊〕 wěn ㄨㄣˇ ①문란해지다. ②문란케 하다.「有條不一; 조리가 서 있어 흩어진 곳이 없다」
[紊亂] wěnluàn ㄨㄣˇㄌㄨㄢˋ 질서가 문란해지다.

〔穩〕(稳) wěn ㄨㄣˇ ①온건하다. 확고하다.「站一立場; 자기 입장에 확고히 서다」②확실하다. 틀림 없다.「十拿九一; 십중 팔구는 확실하다」
[穩碴兒] wěnch'árh ㄨㄣˇㄔㄚˊㄦ 태연하고 침착한 태도.
[穩扎穩打] wěnchá-wěntǎ ㄨㄣˇㄓㄚˊ ㄨㄣˇㄉㄚˇ 순차적으로 건물·시설 따위를 축조(築造)해 가면서 요령 있는 전법으로 적을 무찌르다.
[穩住] wěnchu ㄨㄣˇㄓㄨ (발판·처지 따위를)흔들리지 않게 확고하게 하다.
[穩住架] wěnchuchià ㄨㄣˇㄓㄨㄐㄧㄚˋ 기분이 가라앉다. 태연 자약(泰然自若)하다.
[穩重] wěnchùng ㄨㄣˇㄓㄨㄥˋ 대범하고 침착하다. ＞穩穩重重.
[穩固] wěnkù ㄨㄣˇㄍㄨˋ ①안정(安定)되어 있다. 견고하다. ②안정시키다.
[穩練] wěnlièn ㄨㄣˇㄌㄧㄢˋ 충분히 숙달(숙련)되어 있다.
[穩便] wěnpièn ㄨㄣˇㄅㄧㄢˋ ①온화하다. 부드럽고 원만하다. ②제멋대로 편리하도록.
[穩婆] wěnp'ó ㄨㄣˇㄆㄛˊ ①산파. 조산원. ②여자 검시인(檢屍人).
[穩步] wěnpù ㄨㄣˇㄅㄨˋ 침착한 걸음걸이.「一前進; 침착한 걸음걸이로 전진하다」
[穩當] wěntang ㄨㄣˇㄉㄤ ①온당하다. 타당하다. ②확실하다. ＞穩穩當當.
[穩帖] wěnt'iēh ㄨㄣˇㄊㄧㄝ ＝穩當.
[穩釘] wěntīng ㄨㄣˇㄉㄧㄥ 은혈못. 장부못. 은정.
[穩定] wěntìng ㄨㄣˇㄉㄧㄥˋ ① 안정되어 있다. 침착하다.「物價一; 물가가 안정되다」＞穩穩定定. ②안정시키다.
[穩妥] wěnt'ǒ ㄨㄣˇㄊㄨㄛˇ 온당하다. 아무런 문제나 지장도 없다.
[穩坐釣魚船] wěntsò tiàoyǘch'uán ㄨㄣˇ ㄗㄨㄛˋ ㄉㄧㄠˋㄩˊㄔㄨㄢˊ 사건을 소외시 하고, 외부 일에는 일체 무관심하며 냉정한 것의 비유. ‹成›

〔文〕 wěn ㄨㄣˋ 꾸미다. 숨기다. ⇨wén.

〔問〕 wěn ㄨㄣˋ ①묻다.「到一事處一一; 안내소에 가서 물어 보다」② 심문하다. 추궁하다.「一口供; 심문하여 공술케 하다」③간섭하다. 상대하다.「概不過一; 일체 상대하지 않다」
[問安] wěn'ān ㄨㄣˋㄢ 안부를 묻다. 문안을 드리다.
[問案] wěn'àn ㄨㄣˋㄢˋ 사건을 심리하다.
[問斬] wěnchǎn ㄨㄣˋㄓㄢˇ 참수(斬首) 형에 처하다. 목을 베어 죽이는 형벌을 가하다.
[問長問短] wěnch'áng-wěntuǎn ㄨㄣˋㄔㄤˊ ㄨㄣˋㄉㄨㄢˇ 이것 저것 다 묻다. 살살이 묻다.
[問津] wěnchīn ㄨㄣˋㄐㄧㄣ ①학문의 길을 찾다. 입학하다. ②입문법(入門法)을 모색하다. ③상품 주문에 관해 조회(照會)하는 일.
[問住] wěnchu ㄨㄣˋㄓㄨ 따지고 묻다. 캐묻다.
[問好] wěn hǎo ㄨㄣˋㄏㄠˇ 문안 드리다.「替我問他好; 그에게 안부 전해 주시오」

[問號] wēnhào ㄨㄣˋㄏㄠˋ 의문부(?).
[問候] wēnhòu ㄨㄣˋㄏㄡˋ 문안드리다.
[問心] wēnhsīn ㄨㄣˋㄒㄧㄣ 자문(自問) 하다.
[問訊] wēnhsùn ㄨㄣˋㄒㄩㄣˋ ①물어서 알아 보다. ②승려가 합장하고 절을 하다.
[問話] wēnhuà ㄨㄣˋㄏㄨㄚˋ (웃사람이 아랫사람에게 대한) 질문. 신문(訊問).
[問毛] wēnmáo ㄨㄣˋㄇㄠˊ 꼬치꼬치 캐어 물어 결점을 찾아 내다.
[問難] wēnnàn ㄨㄣˋㄋㄢˋ 상대방을 힐문하다.
[問聘] wēnp'ìn ㄨㄣˋㄆㄧㄣˋ 결혼 상담을 하다.
[問卜] wēnpǔ ㄨㄣˋㄅㄨˇ 점을 쳐서 일을 결정하다. 「소.
[問事處] wēnshìhch'ù ㄨㄣˋㄕˋㄔㄨˋ 안내
[問道于盲] wēntàoyúmáng ㄨㄣˋㄉㄠˋㄩˊㄇㄤˊ 장님에게 길을 묻다. ‹成›
[問題] wēnt'í ㄨㄣˋㄊㄧˊ ①문제. ②질문. 「問一；질문하다」
[問罪] wēntsuì ㄨㄣˋㄗㄨㄟˋ ①죄를 문책하다. ②죄과를 판정하다.
[問短] wēntuǎn ㄨㄣˋㄉㄨㄢˇ ＝問住.

〔璺〕 wēn ㄨㄣˋ(그릇 따위의)금. 흠. 티. 「瓶上有一道一；병에 한 줄기 금이 있다」

WÊNG ㄨㄥ

〔翁〕 wēng ㄨㄥ ①노인. 「漁一；늙은 어부」 ②「乃一；당신의 아버지. 춘부장」 ③시아버지. ④장인. 「一姑；시아버지와 시어머니」 ⑤나이 많은 사람을 부르는 존대어.
[翁婿] wēngnsǜ ㄨㄥㄒㄩˋ 장인과 사위.

〔嗡〕 wēng ㄨㄥ 웅웅. 붕붕. ‹擬› 「飛機一一地響；비행기가 붕붕 소리를 내다」

〔滃〕 wěng ㄨㄥˇ
[滃滃] wěngwěng ㄨㄥˊㄨㄥˇ 구름이 뭉게뭉게 이는 모양.

〔蓊〕 wěng ㄨㄥˇ
[蓊蔚] wěngwèi ㄨㄥˇㄨㄟˋ 초목이 무성한 모양.

〔甕〕(瓮) wèng ㄨㄥˋ 독. 「酒一；술독」
[甕城] wèngch'éng ㄨㄥˋㄔㄥˊ 성문(城門) 앞을 반원형으로 둘러 싸고 있는 작은 성곽(城郭). ＝甕門. 甕圈兒.
[甕中捉鱉] wèngchūng chōpiēh ㄨㄥˋㄓㄨㄥ ㄓㄨㄛㄅㄧㄝ ①피하려고 해도 피할 길이 없다는 비유. ②손을 뻗으면 곧 목적물을 잡을 수 있다는 비유.
[甕缸] wèngkāng ㄨㄥˋㄍㄤ 독.
[甕聲甕氣] wèngshēng-wèngch'ì ㄨㄥˋㄕㄥ ㄨㄥˋㄑㄧˋ 성조(聲調)가 장중하고 거친 모양. 목소리가 굵직하고 거친 모양.
[甕洞兒] wèngtùngrh ㄨㄥˋㄉㄨㄥˋㄦ 아치형의 성문(城門). 성의 출입문.

〔齆〕 wèng ㄨㄥˋ 코가 막히다. 코가 메다.

WO ㄨㄛ

〔倭〕 wō ㄨㄛ 고대(古代) 일본(日本)을 일컫는 말.
[倭漆] wōch'ī ㄨㄛㄑㄧ 칠그릇에 칠하는 방법의 하나 : 일본으로부터 중국으로 전해지다.
[倭瓜] wōkua ㄨㄛㄍㄨㄚ 호박. ‹北›: "江南·江北·浙江"에서는 "南瓜"라고 함.
[倭瓜子兒] wōkuatzǔrh ㄨㄛㄍㄨㄚㄗˇㄦ 호박씨 : 기름에 볶아서 알맹이를 까 먹음.
[倭刀] wōtāo ㄨㄛㄉㄠ 일본도(日本刀).

〔渦〕 wō ㄨㄛ ①소용돌이. 「旋一；소용돌이」 ②「酒一·笑一；보조개」 ⇨kuō.
[渦旋] wōhsüán ㄨㄛㄒㄩㄢˊ 소용돌이.
[渦輪] wōlún ㄨㄛㄌㄨㄣˊ 터어빈. 「蒸氣一；증기 터어빈」

〔喔〕 wō ㄨㄛ 닭 우는 소리. 「公鷄一一叫；수탉이 꼬끼오 하고 울다」 ⇨ō.

〔萵〕 wō ㄨㄛ 〈植〉 상치.
[萵苣] wōchǜ ㄨㄛㄐㄩˋ 상치.
[萵笋] wōsǔn ㄨㄛㄙㄨㄣˇ 상치. ＝萵筍.

〔窩〕 wō ㄨㄛ ①새·짐승·벌레 등의 둥우리나 집. 「鷄一；닭 둥우리」 「蜂一；벌집」 ②(장물 따위를) 감추다. (범인 등을) 숨겨 두다. 「一贓；장물을 은익하다」 「一賊；도둑을 숨겨 두다」 ③ 「一兒；옴폭 들어간 곳. 푹 파인 곳」 ④힘껏 구부리다. 「把鐵絲一個圓圈；철사를 굽혀 테를 만들다」 ⑤정체(停滯)하다. 동작을 멈추다. 「一着一大批物資；대량의 물자를 썩이고 있다」 ⑥동물의 한 배. 「一一下了五個猪；한 배에 5마리의 돼지를 낳았다」 「那一兒；저쪽」 ‹京› ⑧좌절되다. 「一回去；실패하고 돌아가다」
[窩巢] wōch'áo ㄨㄛㄔㄠˊ ①누옥(陋屋). ②둥우리. 보금자리.
[窩主] wōchǔ ㄨㄛㄓㄨˇ 범인·장물 등을 감추어 두는 사람. 「打一官司；장물 은닉죄로 재판을 받다」
[窩風] wōfēng ㄨㄛㄈㄥ 바람이 통하지 않다.
[窩心] wōhsīn ㄨㄛㄒㄧㄣ (남으로부터 멸시를 당하거나 억울한 누명을 입고) 원한을 품다.
[窩心氣] wōhsīnch'ì ㄨㄛㄒㄧㄣㄑㄧˋ 밖으로 나타낼 수 없는 유감이나 노여움.
[窩心脚] wōhsīnchiǎo ㄨㄛㄒㄧㄣㄐㄧㄠˇ 명치 언저리를 발로 차는 것. 「踢了一一；명치 언저리를 차다」
[窩火] wōhuǒ ㄨㄛㄏㄨㄛˇ ①마음 속에 울화가 가득 차다. ②화가 나다. 「곳.
[窩坎] wōk'ǎn ㄨㄛㄎㄢˇ 몸을 의지하는
[窩瞘眼] wōk'ouyěn ㄨㄛㄎㄡㄧㄢˇ 옴팡

눈.
[窩瓜] wōkua ㄨㄛㄍㄨ·ㄚ 호박.《京》
[窩工] wōkūng ㄨㄛㄍㄨㄥ ①작업을 중단하고 게으름 피우다. ②일의 진척이 잘 안되다.「《山》
[窩洛] wōlo ㄨㄛㄌㄨㄛ ①온돌. ②묘(墓).
[窩囊] wōnang ㄨㄛㄋㄤ ①뜻대로 안된다. ②낭비(허비)하다. ③견딜 수 없는. ④변변치 못함. 싹아 노랗다.
[窩囊氣] wōnangch'ì ㄨㄛㄋㄤㄑㄧˋ 배에다 꾹 참고 있어야 하는 분노. =骯髒氣.
[窩囊錢] wōnangch'ién· ㄨㄛㄋㄤㄑㄧㄢˊ =寃錢 (yüānch'ién).
[窩囊廢] wōnangfèi ㄨㄛㄋㄤㄈㄟˋ 등신 같은 자식. 무기력한 놈.
[窩擺] wōpǎi ㄨㄛㄅㄞˇ 볼품 없다.
[窩棚] wōp'êng ㄨㄛㄆㄥ 날림집. 허술한 집.
[窩憋] wōpieh ㄨㄛㄅㄧㄝ ①기가 막히다. 가슴이 답답하다. ②비좁아 답답하다. ③흉하다. 보기 싫다. =窩彆. 窩鱉.
[窩脖兒] wōpǒrh ㄨㄛㄅㄛˊㄦ ①무거운 물건을 어깨에 메고 운반하는 인부. ②실패를 하여 유감히 생각하다. =窩脖子.
[窩鋪] wōp'ǔ ㄨㄛㄆㄨˋ =窩棚.
[窩兒老] wōrhlǎo ㄨㄛㄦㄌㄠˇ 세상 물정에 어둡고 교제도 없는 편협하고 비굴한 자.
[窩兒裏反] wōrhlifǎn ㄨㄛㄦㄌㄧㄈㄢˇ 조그만 범위내의 내분(內紛). 가까운 범위의 집안 싸움
[窩頭腦袋] wōt'ou nǎotai ㄨㄛㄊㄡ ㄋㄠˇㄉㄞ 가난뱅이 꼴. 좀스러운 모양. 가난뱅이. 노랑이.
[窩藏] wōts'áng ㄨㄛㄘㄤˊ (범인·장물 등을)감추다. 숨기다.
[窩子] wōtzǔ ㄨㄛㄗ ①옴폭 파인 곳. 구멍. ②집단 장소. 소굴.「賊一; 도둑의 소굴」③집.「一病; 온 가족이 전념하는 병」
[窩窩洞兒] wōwotùngrh ㄨㄛㄨㄛㄉㄨㄥˋㄦ 비좁은 장소.

〔蝸〕 wō ㄨㄛ 달팽이. 와우(蝸牛).「一居; 오두막집을 일컬음」
[蝸旋] wōhsüán ㄨㄛㄒㄩㄢˊ 나선(螺旋).「一彈簧; 용수철. 태엽」
[蝸輪機] wōlúnchī ㄨㄛㄌㄨㄣˊㄐㄧ 터어빈.「蒸氣一; 증기 터어빈」
[蝸牛兒] wōniúrh ㄨㄛㄋㄧㄡˊㄦ 달팽이.

〔我〕 wǒ ㄨㄛˇ ①저. 나 (1인칭 대명사).「一們; 우리들」②자기. 자신(自身).「忘一精神; 자기를 잊어 버릴 정도로 열중하는 정신. 몰아정신(沒我精神)」③친절미 있게 부르는 호칭의 접두어(接頭語).「一哥!; 나좀 봐요!」
[我行我素] wǒhsíng wǒsù ㄨㄛˇㄒㄧㄥˊ ㄨㄛˇㄙㄨˋ 자기가 평소 늘 하는 방법으로 하다.《成》

〔沃〕 wò ㄨㄛˋ ①비옥한.「肥一 비옥」②붓다.「如湯一雪; 더운물을 눈에 쏟는 듯하다」③달걀을 까서 끓는 물에 삶다.「一鷄子兒; 위와 같은 뜻」⇨wù.
[沃果兒] wòkuǒrh ㄨㄛˋㄍㄨㄛˇㄦ 달걀을 깨서 끓는 물에 넣은 것.

〔臥〕 wò ㄨㄛˋ ①눕다. 드러 눕다. ②(새나 짐승이) 땅에 배를 대고 기다. ③자다.「一車; 침대차」「一室; 침실. 잠자는 방」
[臥起] wòch'ǐ ㄨㄛˋㄑㄧˇ 기상(起床, 취침. 일상 생활.
[臥具] wòchǜ ㄨㄛˋㄐㄩˋ 침구(寢具).
[臥房] wòfáng ㄨㄛˋㄈㄤˊ 침실.
[臥薪嘗膽] wòhsīn-ch'ángtǎn ㄨㄛˋㄒㄧㄣ ㄔㄤˊㄉㄢˇ 와신 상담. 고생을 참고 견디며 노력한다는 말: 옛날에 "吳王 夫差"가 섶나무 위에 자면서 "越"에 복수할 것을 잊지 않았고, 또 "越王 勾踐"이 쓸개를 핥으면서 "吳王"에게 복수할 것을 잊지 않고 피차 고생을 참고 견디었다 함.《成》
[臥軌] wòkuei ㄨㄛˋㄍㄨㄟ 철로를 베개로 삼다: 철도 자살을 하다.
[臥病] wòpìng ㄨㄛˋㄅㄧㄥˋ 병석에 눕다. 앓아 눕다.
[臥鋪] wòp'ù ㄨㄛˋㄆㄨˋ (기차·선박 따위의) 침대.
[臥式] wòshih ㄨㄛˋㄕˋ (기계 따위의)가로로 된 모형. 횡형(橫型).
[臥榻] wòt'à ㄨㄛˋㄊㄚˋ 침대: 약간 가늘고 길쭉한.
[臥倒] wòtǎo ㄨㄛˋㄉㄠˇ ①엎드리다. ②엎드려!: 호령.
[臥底] wòtǐ ㄨㄛˋㄉㄧˇ 내통자(內通者)를 잠입시키다. 복선(伏線)을 치다.
[臥蠶眉] wòts'ánméi ㄨㄛˋㄘㄢˊㄇㄟˊ 초승달 모양의 눈섭.

〔渥〕 wò ㄨㄛˋ ①축축하다. 적시다. 베품을 받다.「優一; 은혜가 깊고 두터움」②두터운.「一丹; 진홍색」「一恩; 깊은 은혜」

〔硪〕 wò ㄨㄛˋ「一子; 달구 달굿대」「打一; 달구질을 하여 땅을 단단하게 하다」

〔握〕 wò ㄨㄛˋ ①쥐다. ②악수하다.「一手; 악수」「一別; 악수하고 작별하다」③한 줌·두 줌하며 세는 조수사.「一一之砂; 한 줌의 모래」
[握緊] wòchǐn ㄨㄛˋㄐㄧㄣˇ 꼭 쥐다.
[握管] wòkuǎn ㄨㄛˋㄍㄨㄢˇ 집필하다. 붓을 잡다.
[握別] wòpiéh ㄨㄛˋㄅㄧㄝˊ ①악수하고 헤어지다. ②작별하다.
[握手言歡] wòshǒu yénhuān ㄨㄛˋㄕㄡˇ ㄧㄢˊㄏㄨㄢ 화해(和解)하고 이야기하며 웃다.

〔幄〕 wò ㄨㄛˋ 방안에 치는 장막. 커어튼.

〔斡〕 wò ㄨㄛˋ 돌다. 돌리다.「一運; 빙빙 돌다. 돌면서 운행(運行)하다」
[斡旋] wòhsüán ㄨㄛˋㄒㄩㄢˊ ①빙빙 돌다. ②만회(挽回)하다. ③알선하다.

〔齷〕 wò ㄨㄛˋ
[齷齪] wòch'ò ㄨㄛˋㄔㄨㄛˋ ①더럽다. 불결하다. ②안달하다. 사소한 일에 구애

되다.

WU ㄨ

〔汚〕(汙·污) wū ㄨ ①더러운. 불결한.「一泥; 진흙탕」②사람을 모욕하다.「一辱; 오욕」③더러워지다. 광택이 없어지다.「眼鏡一了擦一擦吧!; 안경이 흐려져 있으니 닦으시오」
[汚穢] wūhui ㄨㄏㄨㄟˋ ①부정(不淨)하다. 불결하다. ②더럽히다.
[汚辱] wūjǔ ㄨㄖㄨˇ 욕되게 하다. 더럽히다.
[汚垢] wūkǒu ㄨㄍㄡˋ 더러움. 때(垢).
[汚蔑] wūmièh ㄨㄇㄧㄝˋ (무책임한 언사로써 남의 명예를) 더럽히다. 모욕하다.

〔杇〕(圬) wū ㄨ ①흙손. ②흙손으로 바르다.「一牆; 흙손으로 벽을 바르다」

〔巫〕 wū ㄨ, 〈文〉 wú. ①무당. 「一婆; 무당」②"四川省"에 있는 산 이름: "巫山". ③성(姓)의 하나.
[巫神] wūshén ㄨㄕㄣˊ 무당. «西»

〔屋〕 wū ㄨ ①가옥. ②방.「北一; 북쪽 방」
[屋基] wūchī ㄨㄐㄧ 가옥의 토대.
[屋脊] wūchi ㄨㄐㄧˇ 용마루.
[屋下架屋] wūhsià chiàwū ㄨㄒㄧㄚˋ ㄐㄧㄚˋㄨ 지붕 밑에 거듭 집을 세운다는 뜻으로 일을 부질없이 거듭함을 두고 하는 말.
[屋裏] wūli ㄨㄌㄧ ①방안. 실내. ②아내를 일컬음.
[屋裏人] wūlijén ㄨㄌㄧㄖㄣˊ =屋裏 ②.
[屋裏的] wūlitê ㄨㄌㄧㄉㄜ 아내. 처.
[屋門(兒)] wūmén(rh) ㄨㄇㄣˊ(ㄦ) 방문(房門).
[屋山] wūshān ㄨㄕㄢ 실내의 안쪽 벽. =後房山.
[屋頂] wūtíng ㄨㄉㄧㄥˇ ①옥상. ②지붕.
[屋子(一兒)] wūtzŭ(—rh) ㄨㄗ(—ㄦ) 방.

〔烏〕 wū ㄨ ①까마귀.「一鴉; 까마귀」②검은.「一雲; 먹구름」③어찌하여 … 것인가.「一有此事; 어찌하여 이런 일이 있을 수 있을까?」⇨wù.
[烏漆麻黑] wūch'īmáhēi ㄨㄑㄧㄇㄚˊㄏㄟ ①몹시 검다. 새까맣다.「一的一輩子; 전과자의 일생」
[烏青] wūch'īng ㄨㄑㄧㄥ 보라빛.「凍得一的臉; 얼어서 보라빛이 된 얼굴」
[烏七八糟] wūch'ī-pātsāo ㄨㄑㄧㄅㄚㄗㄠ 몹시 혼란스러운 모양. 무질서한 모양. 분간할 수 없는.
[烏桕] wūchiù ㄨㄐㄧㄡˋ 〈植〉오구목.
[烏髮] wūfà ㄨㄈㄚˋ ①머리칼을 검게 물들이다.「一藥; 흰 머리를 검게 물들이는 약」
[烏黑] wūhēi ㄨㄏㄟ 새까만.「薰得一; 새까맣게 그을다」
[烏龜] wūkuei ㄨㄍㄨㄟ ①거북 ②사람을 욕하는 말. 무기력한 놈. 못생긴 놈.
[烏拉] wūlā ㄨㄌㄚ ①러시아어(語)의 "우라아"로 만세의 음역. ②쇠가죽으로 만든 구두: 보온용으로 속에 "吉林" 지방에서 나는 "烏拉草"를 넣어 신는다. ③티베트어(語)의 음역으로는 "使用人"을 뜻한다.
[烏亮] wūliàng ㄨㄌㄧㄤˋ 검은 광택이 나
[烏亮亮的] wūliàngliàngtê ㄨㄌㄧㄤˋㄌㄧㄤˋㄉㄜ 검은 광택이 나는 모양.「一良質煤; 검은 광택이 나는 품질이 우수한 석탄」
[烏裏巴塗] wūlipāt'ú ㄨㄌㄧㄅㄚㄊㄨˊ "烏塗"①②③④의 상태.
[烏龍茶] wūlúngch'á ㄨㄌㄨㄥˊㄔㄚˊ "臺灣·福建省·廣東省" 등지에서 산출되는 홍차의 일종. 일명 우우론차(茶).
[烏霉霉的] wūméiméitê ㄨㄇㄟˊㄇㄟˊㄉㄜ 곰팡이 핀듯 거무스름한 모양.
[烏麥] wūmài ㄨㄇㄞˋ 메밀의 별칭.
[烏木] wūmù ㄨㄇㄨˋ 흑단(黑檀).
[烏蓬船] wūp'éngch'uán ㄨㄆㄥˊㄔㄨㄢˊ 검정색 뜸으로 씌운 배: "江南"지방에서 많이 볼 수 있음.
[烏托邦] wūt'ōpāng ㄨㄊㄛㄅㄤ 유토피아. «譯»
[烏頭] wūt'óu ㄨㄊㄡˊ 〈植〉바곳. 오두: 독초의 하나.
[烏豆] wūtòu ㄨㄉㄡˋ 검은 콩.
[烏棗] wūtsǎo ㄨㄗㄠˇ 검은 대추.
[烏鰂] wūtséi ㄨㄗㄟˊ 오징어.
[烏禿] wūt'u ㄨㄊㄨ· ①(유리 따위가) 흐려지다. ②=烏塗.
[烏塗] wūt'ú ㄨㄊㄨˊ ①재치가 없다. 둔하다. ②분명하지 못하다. 소탈하지 못하다. ③침체되고 있다. >烏烏塗塗. 烏裏烏塗. ④미적지근한 물.
[烏文木] wūwénmù ㄨㄨㄣˊㄇㄨˋ =烏木.
[烏鴉] wūyā ㄨㄧㄚ 까마귀.
[烏烟瘴氣] wūyēn-chàngch'ì ㄨㄧㄢ ㄓㄤˋㄑㄧˋ 천지가 캄캄하고 온 세상에 독기가 가득 차 있는 모양. 사회가 암흑과 혼란에 빠져 있는 모양. «成»
[烏眼兒鷄] wūyěnrhchī ㄨㄧㄢˇㄦㄐㄧ 시기질투하는 모양.
[烏魚] wūyǘ ㄨㄩˊ 〈動〉숭어. 「一子; 숭어 따위의 난소(卵巢)를 소금에 절여 말린 것」
[烏芋] wūyǜ ㄨㄩˋ 〈植〉자고(慈姑), 또는 쇠기나물의 별칭.

〔嗚〕 wū ㄨ 따따따. «擬»「一都都; 나팔 소리」「工廠汽笛一一地叫; 공장 사이렌 소리가 붕하고 울린다」
[嗚呼] wūhū ㄨㄏㄨ ①문어(文語)의 감탄사. ②죽다.「一哀哉·一命一; 오호애재. 아아 죽도다」
[嗚咽] wūyèh ㄨㄧㄝˋ 목메어 울다. 흐느껴 울다.

〔誣〕 wū ㄨ ①속이다. 거짓말을 하다. 「一告; 무고」②애매한 사람에게 죄를 씌우다.
[誣陷] wūhsièn ㄨㄒㄧㄢˋ 무고(誣告)하여 죄를 받게 하다.
[誣賴] wūlài ㄨㄌㄞˋ 트집을 잡다. 죄를 뒤집어 씌우다. 사실 무근한 일을 가지

고 남의 명예를 훼손시키다.
[誣蔑] wūmièh ㄨㄇㄧㄝˋ 사실 무근한 일을 가지고 남의 명예를 훼손시키다.
[誣栽] wūtsāi ㄨㄗㄞ 억울한 죄를 덮어 씌우다.
[誣枉] wūwǎng ㄨㄨㄤˇ 억울한 죄를 덮어 씌우다. 사실 무근한 일을 가지고 남을 모함하다.

〔亡〕 wú ㄨˊ 옛날은 "尢"자(字) 대신으로 사용되었다. ⇨wáng.

〔毋〕 wú ㄨˊ …하지 말라. …해서는 안된다.「一忘此仇 ; 이 원수를 잊어서는 안된다」

〔吾〕 wú ㄨˊ ①나. ②나의. 우리들의. 「一兄 ; 나의 형」

〔吳〕 wú ㄨˊ ①"吳"나라 : 주(周) 시대의 나라의 이름. 현재"楊子江"하류 일대. ②삼국(三國) 시대"孫權"이 세운 나라 이름 : 현재 "楊子江"하류 및 동남 해안의 연안 일대.

〔唔〕 wú ㄨˊ ①노래 가락 소리. ②부정사. =不 ‹廣› ③ 사람의 어성(語聲). >말소리.
[唔哩哇啦] wúliwala ㄨˊㄌㄧㄨㄚㄌㄚ 시끄럽게 재잘거리는 모양.

〔梧〕 wú ㄨˊ 〈植〉「一桐 ; 벽오동」「碧一 ; 벽오동」
[梧桐] wút'ung ㄨˊㄊㄨㄥ 벽오동.

〔無〕(无) wú ㄨˊ ①없다. 「從一到有 ; 무에서 유가 되다」② …이 아니다. …하지 않는다.「一妨試試 ; 시험해 봐도 상관 없다」③…을 막론하고.「事一大小, 都由他決定 ; 일은 대소를 막론하고 모두 그의 손으로 결정하다」 ④ …하여서는 안된다.
[無礙于] wúàiyű ㄨˊㄞˋㄩˊ …에 지장이 없다.
[無產者] wúch'ánchě ㄨˊㄔㄢˊㄓㄜˇ 무산자. 프롤레타리아.
[無產階級專政] wúch'ǎn chiēhchí chuānchěng ㄨˊㄔㄢˇ ㄐㄧㄝㄐㄧˊ ㄓㄨㄢㄓㄥˋ 프롤레타리아 독재.
[無償] wúch'áng ㄨˊㄔㄤˊ 보수가 없다. 무상이다.「一地 ; 보수 없이. 무상으로」
[無腸公子] wúch'áng kūngtzǔ ㄨˊㄔㄤˊ ㄍㄨㄥㄗˇ 게(蟹)의 별칭.
[無稽] wúchī ㄨˊㄐㄧ 믿을 수 없는. 신용할 수 없는.「一之談 ; 터무니 없는 말」
[無幾] wúchǐ ㄨˊㄐㄧˇ ①몇 개 되지 않다. 몹시 적다. ②이내. 곧. 머지 않아.
[無疆] wúchiāng ㄨˊㄐㄧㄤ 한이 없다. 무한한.「福壽一 ; 한 없는 행복」
[無巧不成書] wúch'iǎo pū ch'éng shū ㄨˊㄑㄧㄠˇ ㄅㄨˋㄔㄥˊ ㄕㄨ 기연(機緣)이 없이는 사건은 발생하지 않는다.
[無價寶] wúchiàpǎo ㄨˊㄐㄧㄚˋㄅㄠˇ 값을 매길 수 없을 만큼 귀중한 보물. 평가할 수 없을 정도의 귀중한 보물.
[無堅不摧] wúchiēnpūts'uī ㄨˊㄐㄧㄢㄅㄨˋㄘㄨㄟ 어떤 견고한 것도 분쇄할 수 있다. 분쇄할 수 없을 만큼 견고한 것은 없다.
[無牽無挂] wúch'iēn-wúkuà ㄨˊㄑㄧㄢ ㄨˊㄍㄨㄚˋ 손발에 걸리는 것이 없다. 방해되는 것이 없다. 마음에 걸리는 것이라고는 조금도 없다.
[無恥] wúch'ǐh ㄨˊㄔˇ 몰염치하다. 뒤넘스럽다. 뻔뻔스럽다.
[無計可施] wúchì k'ǒshīh ㄨˊㄐㄧˋ ㄎㄜˇㄕ 손을 쓸 길이 없다. 아무런 대책이 서지 않다.
[無稽讕言] wúchī lányén ㄨˊㄐㄧˋㄌㄢˊㄧㄢˊ 터무니 없이 남의 명예를 훼손시키는 언사. 아무런 근거도 없이 남의 명예를 손상시키는 언사.
[無計奈何] wúchì nàihó ㄨˊㄐㄧˋ ㄋㄞˋㄏㄜˊ 어찌할 도리가 없다. =無計奈.
[無精少采] wúchīng-sháots'ǎi ㄨˊㄐㄧㄥ ㄕㄠˊㄘㄞˇ =無精打采. 無精失采.
[無精打采] wúchīngtáts'ǎi ㄨˊㄐㄧㄥㄉㄚˊㄘㄞˇ 의기소침(意氣銷沈)하다. 의기가 쇠하여 사그러지다.
[無奇不有] wúch'ípùyǔ ㄨˊㄑㄧˊㄅㄨˋㄧㄡˇ 진기한 것뿐이다.
[無窮] wúch'iúng ㄨˊㄑㄩㄥˊ 끝이 없다. 무궁무진하다.
[無濟于事] wúchìyűshìh ㄨˊㄐㄧˋㄩˊㄕˋ 아무런 쓸모도 없다. 소용 없다.
[無着] wúchó ㄨˊㄓㄨㄛˊ ① 일정치 않다. ②방법이 없다.「生活一 ; 생활의 목표가 서지 않는다」
[無出其右] wúch'ūch'íyù ㄨˊㄔㄨㄑㄧˊㄧㄡˋ 더 나은 사람이 없다. 보다 더 뛰어난 사람이 없다.
[無中生有] wúchūng shēngyǔ ㄨˊㄓㄨㄥ ㄕㄥㄧㄡˇ 무에서 유를 낳다.
[無拘無束] wúchū-wúshù ㄨˊㄐㄩ ㄨˊㄕㄨˋ 아무 거리낌이 없다. 자유자재하다.
[無法] wúfǎ ㄨˊㄈㄚˇ …할 방법이 없다. 「一滿足 ; 만족시킬 도리가 없다」
[無妨] wúfāng ㄨˊㄈㄤ ①지장이 없다. 「一個人做也一 ; 혼자서 해도 지장은 없다」②…하여도 좋다. 한 번 …해 보자 : 권유·유혹. 「一一塊兒散散步去 ; 함께 산책하지 않겠나」
[無法無天] wúfǎ-wút'iēn ㄨˊㄈㄚ ㄨˊㄊㄧㄢ 도리에 벗어난. 극악 무도한. 괘씸한.
[無非] wúfēi ㄨˊㄈㄟ …에 틀림 없다. 꼭 …그러하다.「菜一是豆腐 ; 찬은 정해 놓고 두부이다」
[無風不起浪] wúfēng pūch'ǐ làng ㄨˊㄈㄥ ㄅㄨˋㄑㄧˇ ㄌㄤˋ 아니 땐 굴뚝에 연기 날까. ‹諺›
[無限量] wúhsiengliàng ㄨˊ ㄒㄧㄢㄌㄧㄤˋ 한이 없다. 끝이 없다. 무한량.
[無懈可擊] wúhsièhk'ǒchī ㄨˊㄒㄧㄝˋㄎㄜˇㄐㄧ 약점을 잡힐 틈이라고는 없다. 빈틈없다.
[無綫電] wúhsièntièn ㄨˊㄒㄧㄢˋㄉㄧㄢˋ 라디오.
[無心] wúhsīn ㄨˊㄒㄧㄣ 무의식중에. 무심코. =無心中.
[無心之間] wúhsīnchīhchiēn ㄨˊㄒㄧㄣㄓㄐㄧㄢ 어느 사이에. 모르는 사이에.
[無心中] wúhsīnchūng ㄨˊㄒㄧㄣㄓㄨㄥ 무심중에. 아무 생각이 없이. 마음을 쓰지 않는 가운데.「一碰了他一下 ;

무심결에 그와 부딪쳤다」
[無需] wúhsū ㄨˊㄒㄩ …할 필요가 없다. 「他們現在一找人問字了；그들은 이제 글자를 묻기 위해 남을 찾아갈 필요가 없게 되었다. =無須. 無須乎.
[無話可說] wúhuà k'ǒshuō ㄨˊㄏㄨㄚˋㄎㄜˇㄕㄨㄛ 할 말이 없다.
[無花果] wúhuākuǒ ㄨˊㄏㄨㄚㄍㄨㄛˇ〈植〉 무화과 나무. 무화과.
[無疑] wúí ㄨˊㄧˊ ①의심할 바 없다. ②(많은 경우 "無疑地"로 되어)틀림 없이.
[無異] wúì ㄨˊㄧˋ 다른 점이 없다. 이색적인 데가 없다.
[無意] wúì ㄨˊㄧˋ 무의식중에. 뜻밖에. 본의 아니게. 「碰你一下, 我可是一；너에게 부딪쳤지만 모르고 한거야」
[無意中] wúìchūng ㄨˊㄧˋㄓㄨㄥ =無意. 상황어(狀況語)에만 사용함. 「一得罪他了；모르는 사이에 그의 감정을 상하게 해 버렸다」
[無以復加] wúǐfùchiā ㄨˊㄧˇㄈㄨˋㄐㄧㄚ (완전 무결하고·극점(極點)에 이르러)이상 더할 것이 없다.
[無以名之] wúǐmíngchīh ㄨˊㄧˇㄇㄧㄥˊㄓ 무어라고 하여서 좋을지 모르겠다. 말로써 그 상태를 표현하기 어렵다.
[無一是處] wúíshìhch'ù ㄨˊㄧˊㄕˋㄔㄨˋ 옳은 데가 하나도 없다. 좋은 점이라고는 없다. =一無是處.
[無依無靠] wúī-wúk'ào ㄨˊㄧㄨˊㄎㄠˋ 전혀 의지할 곳 없는. 무의 무탁의.
[無任] wújên ㄨˊㄖㄣˋ …을 누를 길 없다. …을 참을 수 없다. 「一感激；감격한 마음을 누를 길 없다」
[無日] wújih ㄨˊㄖˋ ①하루도 없다. 「一不想念；생각하지 않는 날이 하루도 없다」 ②불일중. 이내. 곧.
[無如] wújú ㄨˊㄖㄨˊ =無奈.
[無干] wúkān ㄨˊㄍㄢ 관계가 없다. 「與他一；그와는 관계가 없다」
[無告] wúkào ㄨˊㄍㄠˋ ①고해 바칠 곳이 없다. ②가난한 것. 곤궁에 빠져 있는 것.
[無可救藥] wúk'ǒ chiùyào ㄨˊㄎㄜˇㄐㄧㄡˋㄧㄠˋ 구해낼 도리가 없다. 구제할 길이 없다.
[無可非議] wúk'ǒ fēiì ㄨˊㄎㄜˇㄈㄟㄧˋ 별로 비난할 만한 것이 없다. 별로 나무랄 데가 없다.
[無可奈何] wúk'ǒ nàihó ㄨˊㄎㄜˇㄋㄞˋㄏㄜˊ =無計如何.
[無可不可] wúk'ǒ pùk'ǒ ㄨˊㄎㄜˇㄅㄨˋㄎㄜˇ (감격이나 기쁨의 나머지) 어찌할 바를 모르다. 「歡喜得一；기쁜 나머지 어찌해야 좋을지를 모르다」
[無可無不可] wúk'ǒ wúpùk'ǒ ㄨˊㄎㄜˇㄨˊㄅㄨˋㄎㄜˇ 이것도 저것도 관계 없다. 어느 쪽도 상관 없다.
[無可適從] wúk'ǒ shìhts'úng ㄨˊㄎㄜˇㄕˋㄘㄨㄥˊ 어느 쪽으로 가는게 좋을지 모르겠다.
[無辜] wúkū ㄨˊㄍㄨ 죄가 없다. 「屠殺一人民；죄 없는 백성을 학살하다」
[無故] wúkù ㄨˊㄍㄨˋ 이유도 없이. 까닭없이. 「無緣一；어떤 영문인지도 모르게」
[無關] wúkuān ㄨˊㄍㄨㄢ …와 관계가 없다. …에 관계치 않다. 「一緊要；문제가 안된다. 대수롭잖다」「一宏旨；주요 취지와는 관련성이 없다」「一痛痒；아프지도 가렵지도 않다」
[無官一身輕] wúkuān ìshēn ch'īng ㄨˊㄍㄨㄢㄧˋㄕㄣㄑㄧㄥ 관직이 없으면 몸이 가볍다. 책임을 벗고 유유자적하다. 〈成〉
[無怪] wúkuài ㄨˊㄍㄨㄞˋ 과연. 정말. 참으로 당연하다. =無怪乎.
[無孔不入] wúk'ǔngpùjù ㄨˊㄎㄨㄥˇㄅㄨˋㄖㄨˋ ①온갖 수단을 다해 마음에 들게 하려고 애쓰다. ②사소한 데까지 파고 들다.
[無賴] wúlài ㄨˊㄌㄞˋ ①의지할 곳이 없다. ②무뢰한(無賴漢). 건달. =無賴尤. 無賴子.
[無聊] wúliáo ㄨˊㄌㄧㄠˊ ①흥미가 없다. ②무의미한. 단조로운. ③용렬(庸劣)하다.
[無聊賴] wúliáolài ㄨˊㄌㄧㄠˊㄌㄞˋ 의지할 곳이 없다. 마음이 허전하다. 따분하다.
[無泪可揮] wúlèi k'ǒhuī ㄨˊㄌㄟˋㄎㄜˇㄏㄨㄟ 닦아낼 눈물도 없다. 눈물마저 말라 버렸다. 「傷心得一；슬픈 나머지 눈물도 안 난다」〈成〉
[無理取鬧] wúlǐ ch'ǚnào ㄨˊㄌㄧˇㄑㄩˇㄋㄠˋ 무리한 짓을 하다. 일부러 소동을 벌이다.
[無論] wúlùn ㄨˊㄌㄨㄣˋ …을 불문하고. …에도 불구하고. 「一什麼東西都長了錢；모든 물건의 값이 올랐다」
[無名指] wúmíngchǐh ㄨˊㄇㄧㄥˊㄓˇ 무명지. 약손가락.
[無明火] wúmínghuǒ ㄨˊㄇㄧㄥˊㄏㄨㄛˇ 노여움의 불길. 노기.
[無奈] wúnài ㄨˊㄋㄞˋ 어찌할 도리 없다. 「一他太不知好歹；그는 너무도 분별이 없으므로 어찌할 도리 없다」「萬般一；모든 것이 이제 그만이다」
[無寧] wúnìng ㄨˊㄋㄧㄥˋ =寧可(nìngk'ǒ).
[無邊] wúpiēn ㄨˊㄅㄧㄢ 끝이 없다. 한이 없다.
[無邊風月] wúpiēn fēngyüèh ㄨˊㄅㄧㄢㄈㄥㄩㄝˋ 풍경이 아름답고 뛰어 남.
[無邊無際] wúpiēn-wúchì ㄨˊㄅㄧㄢㄨˊㄐㄧˋ 끝이 한이 없다. 멀고 넓어서 끝이 없다.
[無病呻吟] wúpìng shēnyín ㄨˊㄅㄧㄥˋㄕㄣㄧㄣˊ ①병도 아니면서 신음하다. ②까닭 없이 탄식하며 슬퍼하다. ③문장에 있어 필요 없이 감정이 나타나 있는 것.
[無憑無據] wúp'íng wúchù ㄨˊㄆㄧㄥˊㄨˊㄐㄩˋ 아무런 근거도 없다.
[無裨實際] wúpì shíhchì ㄨˊㄅㄧˋㄕˊㄐㄧˋ 실제에 도움이 안되다. 실용 가치가 없다.
[無補] wúpǔ ㄨˊㄅㄨˇ 쓸모가 없다. 도움이 되지 않다.
[無一不作] wúīpùtsò ㄨˊㄧㄅㄨˋㄗㄨㄛˋ 하지 않는 것은 하나도 없다. 무엇이든지 하다.
[無傷] wúshāng ㄨˊㄕㄤ 지장이 없다. 「一大體；대체로 지장이 없다」
[無涉] wúshè ㄨˊㄕㄜˋ 관계가 없다. 관련성이 없다. 「大局一；대국적으로 구애됨이 없다」

[無聲無臭] wúshēng-wúhsiù ㄨˊㄕㄥ ㄨˊ ㄒㄧㄡˋ ①침묵을 지키고 있는 모양. ②아무도 모르다. ③아무런 기척도 없는 모양.

[無事忙] wúshìhmáng ㄨˊㄕˋㄇㄤˊ 하는 일 없이 바쁘다. 하찮은 볼일로 분주하다.

[無事不登三寶殿] wúshìh pùtēng sānpǎotièn ㄨˊㄕˋ ㄅㄨˋㄉㄥ ㄙㄢㄅㄠˇㄉㄧㄢˋ 볼일이 있기에 찾아 오는 것이다.

[無事生非] wúshìh shēngfēi ㄨˊㄕˋ ㄕㄥ ㄈㄟ 원래 아무런 일도 없는데 의식적으로 사건을 조성하는 일. 조용한 곳에 파란을 일으키다.

[無所不至] wúsǒ púchìh ㄨˊㄙㄨㄛˇ ㄅㄨˊㄓˋ ①미치지 않는 곳이 없다. ②온갖 수단을 다해 나쁜 짓을 하다.

[無所不包] wúsǒ pùpāo ㄨˊㄙㄨㄛˇ ㄅㄨˋ ㄅㄠ 모든 것을 다 포함하다. 빠뜨린 것은 하나도 없다.

[無所不到] wúsǒ pútào ㄨˊㄙㄨㄛˇ ㄅㄨˊ ㄉㄠˋ ＝無所不至.

[無所不在] wúsǒ pútsài ㄨˊㄙㄨㄛˇ ㄅㄨˊ ㄗㄞˋ 가는 곳마다 있다. 없는 곳이 없다.

[無所不爲] wúsǒ pùwéi ㄨˊㄙㄨㄛˇ ㄅㄨˋ ㄨㄟˊ 못하는 것이 없다 : 나쁜 뜻에서.

[無所不有] wúsǒ pùyǔ ㄨˊㄙㄨㄛˇ ㄅㄨˋ ㄧㄡˇ 없는 것이 없다. 무엇이든 다 있다.

[無所事事] wúsǒ shìhshìh ㄨˊㄙㄨㄛˇ ㄕˋ ㄕˋ 아무 일도 하지 않다.

[無所適從] wúsǒ shìhts'úng ㄨˊㄙㄨㄛˇ ㄕˋㄘㄨㄥˊ 누구를 따라야 할지 모르다.

[無所謂] wúsǒwèi ㄨˊㄙㄨㄛˇㄨㄟˋ ①관계가 없다. 상관 없다. ②새삼스럽게 말할 것이 못된다. 새삼스러운 것이 아니다.

[無所用心] wúsǒ yùnghsīn ㄨˊㄙㄨㄛˇ ㄩㄥˋㄒㄧㄣ 조금도 마음을 쓰지 않다. 조금도 머리를 쓰지 않다.

[無地] wútì ㄨˊㄉㄧˋ 몸 둘 곳이 없다. 쥐구멍이라도 있으면 들어 가고 싶다.「羞愧一·一自容 ; 부끄러워 몸 둘 곳이 없다」

[無條件] wút'iáochièn ㄨˊㄊㄧㄠˊㄐㄧㄢˋ ①무조건. ②(많은 경우 "一地"의 형식으로) 무조건.

[無的放矢] wútì fàngshǐh ㄨˊㄉㄧˋ ㄈㄤˋ ㄕˇ ①목적 없는 행위. ②사실 무근한 비판·공격.《成》

[無底洞] wútǐtùng ㄨˊㄉㄧˇㄉㄨㄥˋ ①한없이 깊은 구멍. ②(욕망 따위가) 한이 없는 데 대한 비유.

[無他] wút'ō ㄨˊㄊㄨㄛ ①배심할 마음은 없다. 다른 마음은 없다. ②(문안하는 말) 별고 없으십니까? ③다른 이유는 없다. 다른 것이 아니다.

[無頭案] wút'óuàn ㄨˊㄊㄡˊㄢˋ 미궁(迷宮)에 빠진 사건. 실마리를 잡을 수 없는 소송 사건.

[無頭無腦] wút'óu-wúnǎo ㄨˊㄊㄡˊ ㄨˊㄋㄠˇ 엉망진창. 지리멸렬(支離滅裂)한 모양. 갈가리 찢어지고 갈라져 갈피를 못 잡는 모양. ＝沒頭沒腦.

[無足輕重] wútsú ch'īngchùng ㄨˊㄗㄨˊ ㄑㄧㄥㄓㄨㄥˋ 문제를 삼을 만한 것은 없다. 특별히 꼬집어 내어 문제를 삼을 만한 것은 못된다.

[無從] wúts'úng ㄨˊㄘㄨㄥˊ …할 방도가 없다. …할 도리가 없다.「一下手 ; 손을 댈 수가 없다」「一解釋 ; 설명할 도리가 없다」

[無措] wúts'ò ㄨˊㄘㄨㄛˋ 당황하여 할 바를 모르다.「手足一 ; 당황하여 어찌할 바를 모르다」

[無度] wútù ㄨˊㄉㄨˋ 절도가 없다.「花費一 ; 절도 없이 돈을 쓰다」

[無端] wútuān ㄨˊㄉㄨㄢ ①끝이 없다. ②까닭이 없다.「一發笑 ; 까닭없이 웃어댄다」

[無動于中] wútùngyúchūng ㄨˊㄉㄨㄥˋㄩˊㄓㄨㄥ 조금도 마음에 동요함이 없다. 조금도 마음이 움직이지 않다.

[無獨有偶] wútú yǔǒu ㄨˊㄉㄨˊ ㄧㄡˇㄡˇ (악인은 보통) 혼자가 아니고 떼를 지어 있다. 단독이 아니고 집단을 이루고 있다.

[無往不利] wúwǎngpúlì ㄨˊㄨㄤˇㄅㄨˊㄌㄧˋ 가는 곳마다 원만히 안되는 데가 없다. 어디를 가나 만사 형통하다.

[無往不勝] wúwǎngpúshēng ㄨˊㄨㄤˇㄅㄨˊㄕㄥˋ 가는 곳마다 승리를 차지하다. 어디를 가나 승리하다.

[無畏] wúwèi ㄨˊㄨㄟˋ 두려워하거나 삼가하는 기색이 없다. 두려워하지 않다.「一精神 ; 아무것도 두려워하지 않는 정신」

[無謂] wúwèi ㄨˊㄨㄟˋ ①까닭 없는. 무의미한. ②부당한.

[無味] wúwèi ㄨˊㄨㄟˋ 흥미가 없다.

[無微不至] wúwēipúchìh ㄨˊㄨㄟㄅㄨˊㄓˋ 용의 주도하다. 빈틈 없다. 흠잡을 데 없는.「照顧得一 ; 빈틈 없이 돌봐 주다」

[無烟煤] wúyēnméi ㄨˊㄧㄢㄇㄟˊ 무연탄.

[無影無踪] wúyǐng wútsūng ㄨˊㄧㄥˇ ㄨˊㄗㄨㄥ 전연 형태를 알아볼 수 없다. 전연 형적이 없다.

[無有] wúyǔ ㄨˊㄧㄡˇ 없다. 있을 수 없다 : 뒤에 부정사가 따르기 마련.「一不歡喜的 ; 반가와하지 않는 사람이 없다」

[無緣無故] wúyüán-wúkù ㄨˊㄩㄢˊ ㄨˊㄍㄨˋ ①아무런 관계도 없다. ②아무런 이유도 없다.

[無與倫比] wúyülúnpǐ ㄨˊㄩˇㄌㄨㄣˊㄅㄧˇ 비교가 안되다.

[無庸] wúyūng ㄨˊㄩㄥ ＝無需.「一贅述 ; 더 여러 말할 필요도 없다」

[無憂無慮] wúyū-wúlǜ ㄨˊㄧㄡ ㄨˊㄌㄩˋ 조금도 우려할 것 없다.

〔蜈〕 wú ㄨˊ

[蜈蚣] wúkung ㄨˊㄍㄨㄥ 〈動〉 지네.「一梯子 ; 줄사다리」

〔蕪〕 wú ㄨˊ ①풀이 우거지다. ②난잡한. ③잡초가 우거진 곳.

[蕪菁] wúchīng ㄨˊㄐㄧㄥ 〈植〉 순무.

[蕪雜] wútsá ㄨˊㄗㄚˊ (문장의 이론 등이) 정연하지 못하다.

[蕪詞] wútz'ú ㄨˊㄘˊ 지리멸렬(支離滅裂)한 언사. 갈가리 찢기고 흩어져 갈피를 잡을 수 없는 언사.

〔鼯〕 wú ㄨˊ「一鼠 ; 오서. 날다람쥐」

〔五〕 wǔ ㄨˇ ①다섯. 5.「一大國 ; 오대

국」②제 5의.「一等 ; 5등」③옛날 음부 기호(音符記號)의 하나 : 약보(略譜)의 6에 해당함.

[五愛] wǔài ㄨˇㄞˋ 조국·국민·노동·과학·공공재물 등 다섯 가지에 대한 애호와 사랑:중공의 소위 국민 도덕이라는 것.

[五氣] wǔch'i ㄨˇㄑㄧˋ 관료주의·퇴영·사치·교만·낙천주의 등 다섯 가지 배척해야 할 기풍:官氣·暮氣·闊氣·驕氣·嬌氣.

[五角大厦] wǔchiǎo tàshà ㄨˇㄐㄧㄠˇ ㄉㄚˋㄕㄚˋ 펜타곤. 아메리카 국방부의 건물:국방부 그 자체를 일컬음.＝五角大樓.

[五加皮] wǔchiāp'í ㄨˇㄐㄧㄚ ㄆㄧˊ "五加" 껍질을 담근 술:약주의 한 가지.

[五脊六獸] wúchi-liùshòu ㄨˊㄐㄧˇ ㄌㄧㄡˋㄕㄡˋ ①궁전(宮殿)식 건물:5개의 봉우리가 있고 네 모서리에는 각각 6개의 짐승의 대가리로 장식되어 있다. ②황송하여 안절부절 못하다.

[五金] wǔchīn ㄨˊㄐㄧㄣ ①금·은·구리·철·주석의 다섯 가지 쇠붙이.「一工廠; 금속 공업 공장」「一行 ; 철물상. 금속 업자」②배비트 합금.

[五抓] wǔchuā ㄨˇㄓㄨㄚ "思想·規劃·組織·措施·檢査"의 5가지에 주력하다.

[五方雜處] wǔfāng tsách'ǔ ㄨˇㄈㄤ ㄗㄚˊㄔㄨˇ 도시에 각처 사람들이 모여 살고 있는 것.

[五分鐘熱度] wǔfēnchūng jètù ㄨˇㄈㄣ ㄓㄨㄥ ㄖㄜˋㄉㄨˋ 무슨 일에나 지속성이 없는 사람. 열나기 쉽고 식기 쉽다.

[五風十雨] wǔfēng-shíhyǔ ㄨˇㄈㄥ ㄕˊㄩˇ 날씨가 순조로운 것.《成》

[五分明兒] wǔfēnmíngrh ㄨˇㄈㄣㄇㄧㄥˊㄦ 희미하게 동이 틀 무렵.

[五分兒] wǔfēnrh ㄨˇㄈㄣㄦ 만점: 5점 만점의.

[五行八作] wǔháng-pātsuò ㄨˇㄏㄤˊ ㄅㄚ ㄗㄨㄛ 각종 직업.

[五香] wǔhsiāng ㄨˇㄒㄧㄤ ①산초(山椒 : 분디)·파·회향(茴香) 등으로 향료를 혼합시킨 것으로 요리의 보조 조미료로 사용함.＝五香麪兒.

[五香麪兒] wǔhsiāng miènrh ㄨˇㄒㄧㄤ ㄇㄧㄢˋㄦ 회향(茴香)·산초(山椒) 등을 혼합한 가루로 주로 튀김에 쳐서 먹다.

[五星] wǔhsīng ㄨˇㄒㄧㄥ 다섯 개의 별:중국 국기의 표지.「一紅旗 ; 이른바 중공 국기」

[五黃六月] wǔhuáng liùyüèh ㄨˇㄏㄨㄤˊ ㄌㄧㄡˋㄩㄝˋ 기후가 가장 더운 계절.

[五花綳裂] wǔhuā pēngliěh ㄨˇㄏㄨㄚ ㄅㄥˋㄌㄧㄝˋ 물건이 사방으로 갈라져 흩어지다

[五花三層兒] wǔhuā sānts'ěngrh ㄨˇㄏㄨㄚ ㄙㄢㄘㄥˊㄦ 세 겹으로 된 돼지고기.

[五花大綁] wǔhuā tàpǎng ㄨˇㄏㄨㄚ ㄉㄚˋㄅㄤˇ 새끼줄이나 끈으로 가로 세로로 얽어 매는 것.

[五湖四海] wǔhú-ssǔhǎi ㄨˇㄏㄨˊ ㄙˋㄏㄞˇ 넓은 세상. 천하.

[五日京兆] wǔjìh chīngchào ㄨˇㄖˋ ㄐㄧㄥㄓㄠˋ 삼일 천하(三日天下).

[五穀] wúkǔ ㄨˊㄍㄨˇ 쌀·보리·옥수수·조·수수의 다섯 가지를 일컬음.

[五光十色] wǔkuāng-shíhsè ㄨˇㄍㄨㄤ ㄕˊㄙㄜˋ 여러 가지 빛깔로 아름다운 모양.

[五供兒] wǔkùngrh ㄨˇㄍㄨㄥˋㄦ 제물을 담는 제기(祭器). 제구(祭具): 다섯 가지가 한 세트로 되어 있음.

[五供托兒] wǔkùngt'ōrh ㄨˇㄍㄨㄥˋㄊㄨㄛㄦ 제물을 담는 데 쓰는 기물(器物).

[五內如焚] wǔnèi júfén ㄨˇㄋㄟˋ ㄖㄨˊㄈㄣˊ 전신(全身)이 타는 듯하다.

[五色] wǔsè ㄨˇㄙㄜˋ, wúshǎi. 파랑·빨강·노랑·흰빛·검정의 다섯 가지 색.「一紙 ; 색종이」

[五世同堂] wǔshìh t'úngt'áng ㄨˇㄕˋㄊㄨㄥˊㄊㄤˊ 오대, 즉 조부모·부모·자기·자식·손자가 한 집안에서 함께 사는 것을 말함.

[五四] wǔssù ㄨˇㄙˋ 오사운동(五四運動)의 준말.

[五大三粗] wǔtà sānts'ū ㄨˇㄉㄚˋ ㄙㄢㄘㄨ 몸집이 전체적으로 큼직하다.

[五體投地] wút'ǐ t'óutì ㄨˊㄊㄧˇ ㄊㄡˊㄉㄧˋ 무릎을 꿇다. 진심으로 탄복하다.「佩服得一 ; 무조건 감동한다」

[五彩] wúts'ǎi ㄨˊㄘㄞˇ 청색·황색·적색·백색·흑색의 다섯 가지 색.「一繽紛;여러 가지 색채가 서로 뒤얽혀 있는 모양」「一影片 ; 천연색 영화 필름」

[五短身材] wútuǎnshēnts'ái ㄨˊㄉㄨㄢˇㄕㄣㄘㄞˊ 키가 작은 사나이. 난장이.

[五毒(兒)] wǔtú(rh) ㄨˇㄉㄨˊ(ㄦ) ①전갈·지네·뱀·영원(蠑螈)·두꺼비의 5가지 독. ②뇌물·탈세·국가 자재의 절취·조제품 납입·국가 경제 정보의 누설 등 다섯 가지의 죄악.

[五子登科] wútzǔ-tēngk'ō ㄨˊㄗˇㄉㄥㄎㄜ ①만사가 형통하여 경사스럽다. ②항일전(抗日戰)의 승리 후 국민당의 접수원(接收員)의 접수 대상물인 금·지폐·가옥·보석·여자를 가리킴.

[五味] wǔwèi ㄨˇㄨㄟˋ 단맛·신맛·쓴맛·매운맛·짠맛의 다섯 가지 맛.

[五顏六色] wǔyén-liùsè ㄨˇㄧㄢˊ ㄌㄧㄡˋㄙㄜˋ 각가지 빛깔.

[五月節] wǔyüèhchiéh ㄨˇㄩㄝˋㄐㄧㄝˊ 단오절(端午節).

〔午〕 wǔ ㄨˇ ①십이지(十二支)의 제 7 : 말(馬). ②오전11시부터 오후 1시까지. 점심때. ③뒤섞이다.「交一 ; 뒤섞여 혼잡하다」

[午覺] wǔchiào ㄨˇㄐㄧㄠˋ 낮잠.「睡一 ; 낮잠을 자다」

[午間] wǔchiēn ㄨˇㄐㄧㄢ 점심 무렵. 정오경.

[午飯] wǔfàn ㄨˇㄈㄢˋ 점심밥. 점심.

[午收] wǔshōu ㄨˇㄕㄡ 맥추(麥秋): 이 때의 "午"는 단오(端午)를 말함.

[午錯] wǔts'ò ㄨˇㄘㄨㄛˋ 오후 2시경. 이른 오후.

[午夜] wǔyèh ㄨˇㄧㄝˋ 야밤. 한밤중.

〔伍〕 wǔ ㄨˇ ①대열·대오:옛날 군대의 편제에 있어 5인을 한 대(隊)로 삼은 데서 유래함「入一 ; 입대하다」②한패. 한 무리. ③수자 "五"의 별체.

[伍的] wǔtê·ㄨˇㄉㄜ …등등. 따위:열거하

는 경우에 씀. =什麼的.「喝酒一；술 같은 것이나 마시고…」

〔仵〕 wǔ ㄨˇ
[仵作] wǔtso ㄨˇㄗㄨㄛ 검시관(檢屍官).

〔捂〕(摀) wǔ ㄨˇ ①가리다.「用手一着嘴；손으로 입을 가리고 있다」②밀폐하다.「放在罐子裏一起來；깡통속에 넣어 밀폐하다」
[捂蓋] wǔkài ㄨˇㄍㄞˋ ①가리다. ②덮어씌워 감추다. ＜梧梧蓋蓋.

〔忤〕 wǔ ㄨˇ 반대하다. 거역하다. 거스르다.

〔武〕 wǔ ㄨˇ ①무력. 군사. 폭력.「動一；완력에 호소하다」②용감한.「勇一；용감하고 무술에 뛰어나다」③발자국. 발자취. ④반보(半步).
[武裝] wǔchuāng ㄨˇㄓㄨㄤ ①무장. ②무장하다.「一鬪爭；무장 투쟁」③무장시키다.「一農民；농민을 무장시키다」
[武戲] wǔhsi ㄨˇㄒㄧˋ 무극(武劇)：무예와 싸움을 내용으로 하는 연극.
[武火] wúhuǒ ㄨˊㄏㄨㄛˇ 불길이 강하게 일어나는 불. 강화(強火).
[武開] wǔk'āi ㄨˇㄎㄞ (홍수가 날 만큼의) 얼었던 강물이 풀리다.
[武工] wǔkūng ㄨˇㄍㄨㄥ 무술의 수련(修鍊) 정도.
[武工隊] wǔkūngtui ㄨˇㄍㄨㄥㄉㄨㄟˋ 항일전(抗日戰) 당시의 무장 공작대.
[武廟] wǔmiào ㄨˇㄇㄧㄠˋ 무신을 모시는 사당：당(唐)에서 원(元) 시대는"呂尙", 청(淸)조 때는"關羽", 중화민국 초에는 "關羽" 와"岳飛"를 같이 모셨음.
[武生] wǔshēng ㄨˇㄕㄥ 연극에서의 무장(武將)・용사의 역할.
[武打] wútǎ ㄨˊㄉㄚˇ 잡은 것(수확물)을 서로 빼으려고 치고 박고 싸우다.
[武旦] wǔtàn ㄨˇㄉㄢˋ 여무사(女武士) 역을 연출하는 배우.
[武丑(兒)] wúch'ǒu(rh) ㄨˊㄔㄡˇ(ㄦ) 무극(武劇)에 있어서의 광대역.
[武把子] wúpǎtzǔ ㄨˊㄅㄚˇㄗ 무술. 무기(武技).

〔迕〕 wǔ ㄨˇ ①만나다. ②거역하다. 반대하다.

〔侮〕 wǔ ㄨˇ 모욕하다. 멸시하다. 학대하다.「外一；외모」
[侮謾] wǔmàn ㄨˇㄇㄢˋ 남을 깔보며 뽐내다. =侮慢.

〔舞〕 wǔ ㄨˇ ①춤추다.「手一足踏；기뻐 날뛰는 모양」②희롱하다. 마음대로 하다.「一文弄墨；문장에 마음대로 손대다. 사실과 틀리는 엉터리 문장을 만들다」③싱싱하다. 팔팔하다. ④북돋아 일으키다.「鼓一；고무」⑤선회하다.
[舞扎] wǔcha ㄨˇㄓㄚ 손을 크게 흔드적거리며 크게 뽐내다.
[舞場] wúch'ǎng ㄨˊㄔㄤˇ 댄스호올.
[舞池] wǔch'íh ㄨˇㄔˊ 호올 한가운데 있는 무도장.
[舞劇] wǔchǜ ㄨˇㄐㄩˋ 무용극. 발레.
[舞星] wǔhsīng ㄨˇㄒㄧㄥ 댄서. 「티.
[舞會] wǔhui ㄨˇㄏㄨㄟˋ 무도회. 댄스파아
[舞客] wǔk'ò ㄨˇㄎㄜˋ 댄스호올의 손님.
[舞女] wúnǔ ㄨˊㄋㄩˇ 댄서.
[舞弄] wǔnùng ㄨˇㄋㄨㄥˋ ①우롱하다.「一文墨；㉮문장을 휘둘러 남을 우롱하다. ㉯글짓기를 낙으로 삼다」②마음대로 희롱하다. ③휘두르다.
[舞弊] wǔpì ㄨˇㄅㄧˋ 함부로 해가 될 짓을 하다. 좋지 못한 짓을 하다.
[舞廳] wǔt'īng ㄨˇㄊㄧㄥ 댄스호올.
[舞動] wǔtùng ㄨˇㄉㄨㄥˋ 휘두르다.「一木棍；나무 막대기를 휘두르다」

〔憮〕 wǔ ㄨˇ「一然；무연. 실망한 모양」

〔嫵〕 wǔ ㄨˇ
[嫵媚] wǔmèi ㄨˇㄇㄟˋ 자태가 귀여운 모양.

〔兀〕 wù ㄨˋ ①높고 맨 위가 평평한 모양. ②단신. 고독.「一坐；멍하니 앉아 있는 모양」③역시.
[兀立] wùlì ㄨˋㄌㄧˋ 우뚝 높이 솟아 있는 모양.
[兀自] wùtzǔ ㄨˋㄗˋ 역시. 생각한 대로.
[兀突] wùt'ū ㄨˋㄊㄨ 갑작스럽다. 돌연히. 갑자기.

〔勿〕 wù ㄨˋ ①…해서는 안된다.「請一動手；손을 대지 마시오」②…은 아니다. …은 있을 수 없다.「世世一絕；대대로 끊어지는 일은 없다」
[勿論] wùlùn ㄨˋㄌㄨㄣˋ 물론. 논할 여지도 없는.

〔戊〕 wù ㄨˋ ①십간(十干)의 다섯번째. ②배열 순서가 다섯 번째.

〔沃〕 wù ㄨˋ「曲一；"山西省"의 지명」⇨wò.

〔杌〕 wù ㄨˋ ①작은 걸상. =杌子. ②그루터기. ③불안한 모양.
[杌隉] wùnièh ㄨˋㄋㄧㄝˋ 위험하거나 불안정한 모양. 「상.
[杌凳] wùtěng ㄨˋㄊㄥˋ 작은 네모진 걸

〔物〕 wù ㄨˋ ①물건. ②내용・실질(實質).「言之有一；이야기 속에는 구체적인 내용이 개재하다」
[物极必反] wùchí pìfán ㄨˋㄐㄧ ㄅㄧˋㄈㄢˇ 사물이 극(極)에 달하면 반드시 반전(反轉)한다.‹成›
[物件] wùchièn ㄨˋㄐㄧㄢˋ ①쓰더라도 소모되지 않거나 소모가 느린 것：예를 들면 도구・용기 따위. ②물건. ‹江›‹廣› =東西.
[物盡其用, 貨暢其流] wù chìn ch'íyùng, huò ch'àng ch'íliú ㄨˋ ㄐㄧㄣˋ ㄑㄧˊㄩㄥˋ ㄏㄨㄛˋ ㄔㄤˋ ㄑㄧˊㄌㄧㄡˊ 물건은 충분히 그 효용을 다하고 상품은 원활히 유통되다.
[物主] wùchǔ ㄨˋㄓㄨˇ 소유자. 물건을 소유하고 있는 임자.

[物阜民豐] wùfù-mínfēng ㄨˋㄈㄨˋㄇㄧㄣˊㄈㄥ 산물이 풍부하고 백성의 생활이 풍요하다.
[物以類聚] wùilèichǜ ㄨˋㄧˇㄌㄟˋㄐㄩˋ 동류끼리 서로 지낸다. 끼리끼리 어울리다. 유유 상종하다.
[物料] wùliào ㄨˋㄌㄧㄠˋ 재료. 원료.
[物標] wùpiāo ㄨˋㄅㄧㄠ 사물의 목표. 목표물. 「依賴一航行；목표물을 믿고 항행하다」
[物傷其類] wùshāngch'ílèi ㄨˋㄕㄤㄑㄧˊㄌㄟˋ 동병상련(同病相憐)하다. 어려운 처지에 있는 사람끼리 동정하고 돕다. «成»
[物事] wùshìh ㄨˋㄕˋ ①물건. «吳» = 東西. ②일. 사항. =事情.

〔悟〕 wù ㄨˋ 알아 차리다. 깨닫다. 이해하다. 각성하다. 「恍然大一；갑자기 크게 깨닫다」「執迷不一；완미(頑迷)하여 깨닫지 못하다」

〔烏〕 wù ㄨˋ ⇨wū.
[烏拉] wùla ㄨˋㄌㄚ =靰鞡 wùla.

〔務〕(务) wù ㄨˋ ①사무. 임무. 일. 「任一；임무」「公一；공무」② 근무하다. 다하다. 일에 주력하다. 「一農；농사에 주력하다」 ③꼭. 반드시. 아무쪼록. 「一請注意；부디 주의해 주시오」
[務正] wùchěng ㄨˋㄓㄥˋ 정업(생업)에 힘쓰다.
[務虛] wùhsū ㄨˋㄒㄩ 이론 방면에서 임무·학습을 착실히 수행하는 것: 정치 사상·정책·강령 등을 연구하는 이른바 정풍 운동(整風運動: 1957~58) 때에 쓰인 말.
[務須] wùhsū ㄨˋㄒㄩ 반드시 …하지 않으면 안된다.
[務藝] wùì ㄨˋㄧˋ 재배하다. «方»
[務農] wùnúng ㄨˋㄋㄨㄥˊ 농업 생산에 종사하다.
[務本] wùpěn ㄨˋㄅㄣˇ 사물의 근본에 주력하다.
[務必] wùpì ㄨˋㄅㄧˋ 아무쪼록. 꼭. 반드시.
[務實] wùshíh ㄨˋㄕˊ 실천면에서 그 임무를 착실히 수행하는 것: 이른바 정풍 운동(整風運動:1957~58) 때에 쓰이던 말.
[務書] wùshū ㄨˋㄕㄨ 공부하다. 학문하다.

〔晤〕 wù ㄨˋ 「一面；면회하다」「一談；면담하다」

〔焐〕 wù ㄨˋ (간접으로)다습게 하다. 따뜻하게 하다. 데우다. 「用熱水袋一一；(끓는 물을 넣어서 발이나 허리 등을 따뜻하게 하는)탕파로 다습게 하다」

〔靰〕 wù ㄨˋ
[靰鞡] wùla ㄨˋㄌㄚ "東北" 지방에서 겨울철에 신는 두터운 가죽으로 만든 구두. 구두 속에 "靰鞡草"를 깔다.

〔痦〕 wù ㄨˋ (볼록 솟구친) 사마귀.
[痦子] wùtzǔ ㄨˋㄗ 사마귀.

〔惡〕(恶) wù ㄨˋ ①싫어하다. 미워하다. 「可一；밉살스럽다」② 치사하게 생각하다. 부끄러워하다. ⇨è.

〔塢〕(隝) wù ㄨˋ ①작은 제방. ②사면이 높고 복판이 옴폭 들어간 곳. 「山一；산이 옴폭 들어간 곳」「船一；독. 선거(船渠)」

〔誤〕(悮) wù ㄨˋ ①잘못하다. 틀리다. 「筆一；잘못 씀」②시간에 늦다. 시간이 걸리다. 「火車一點；기차가 연착하다」③남에게 폐를 끼치다. 「一國；나라를 그르치다」
[誤會] wùhui ㄨˋㄏㄨㄟ 오해하다.
[誤人] wùjěn ㄨˋㄖㄣˊ 사람을 해치다.
[誤事] wùshìh ㄨˋㄕˋ 일을 그르치다.
[誤打誤撞] wùtǎwùchuàng ㄨˋㄉㄚˇㄨˋㄓㄨㄤˋ 모르고. 우연히. 「一找着了；우연히 찾아 냈다」
[誤點] wùtiěn ㄨˋㄉㄧㄢˇ ①시간에 늦게 대다. ②시간을 잘못 알다. ③시간이 걸리다. =誤鐘點.

〔寤〕 wù ㄨˋ ①잠에서 깨다. 눈을 뜨다. 「一寐思之；자나깨나 그 일만 생각하다」②깨닫다.

〔霧〕(雾) wù ㄨˋ ①안개. 「一裏看花；뚜렷이 보이지 않는 데 대한 비유」②안개 같은. 「噴一器；분무기」
[霧氣] wùch'ì ㄨˋㄑㄧˋ 안개.
[霧淞] wùsūng ㄨˋㄙㄨㄥ 수빙(樹氷)：빙점 이하로 냉각된 안개가 지상의 물체에 응결하여 마치 꽃같이 아름답게 보이는 것.

YA ㄧㄚ

〔丫〕(椏·枒) yā ㄧㄚ ①물건의 아귀. ②가장귀. 가랑이. 「一叉；가장귀」「樹一巴兒；나무의 가장귀」「脚一縫；발가락의 갈라진 곳」
[丫叉] yāch'ā ㄧㄚㄔㄚ ①나무의 가장귀. ②물건의 아귀. ③가지가 뒤얽히다. ④팔짱 끼다. >丫丫叉叉.
[丫鬟] yāhuan ㄧㄚㄏㄨㄢ (미혼의)계집종. =丫嬛(兒).
[丫巴兒] yāparh ㄧㄚㄅㄚㄦ 가랑이. 「手一；손가락이 갈라져 나간 곳. 손아귀」
[丫頭] yāt'ou ㄧㄚㄊㄡ ①(미혼의) 계집종. 몸종. ②여자를 경멸하여 일컫는 말: 년. ③친척이 손아래 계집아이를 친밀한 뜻으로 부르는 칭호.
[丫子] yātzǔ ㄧㄚㄗ 발. 다리. =脚丫子.

〔呀〕 yā ㄧㄚ ①어기조사(語氣助詞): 많은 경우 경성(輕聲)으로 발음함. ㉮문말(文末)에서 감탄·경고·당연·솔직·명령 등의 어기(語氣)를 나타냄. 「來一!；오시오!」「這是魚一! 이건 물고기냐!」「你小心點兒一! 넌 주의해야 돼!」「好大一!；야, 크다!」 ㉯문중(文中)에서 상대방의 주의를 끌기 위해서, 가정(假定)의 어기를 강조하기 위해서, 그리고 열거(列擧)를 나타내기 위해서 일단

정지함을 표시함.「他一, 眞不該；저놈은 참으로 몹쓸 놈이야」「明天要是不這麼冷一, 咱們早點兒出車；내일 날씨가 이렇게 춥지만 않으면 우리들은 차를 빨리 냅시다」「衣裳一, 鞋一, 冷一, 暖一, 成天兒忙着；의복이 어떠니, 신발이 어떠니, 차다니, 따습다니 하면서 하루 종일 분주하다」②감탄사：놀람을 나타냄.「一！這怎麼辦！이키！ 이게 어찌된 셈이냐！」③삐걱.《擬》「門一的一聲開了；문이 삐걱하면서 열렸다」

〔押〕 yā ㄧㄚ ①＝yā. 서명하다. 화압(花押)하다.「畫一·簽一； 서명하다」②저당 잡히다. 물건을 저당 잡히고 돈을 꾸다.「房契全都在外頭一着了； 가옥증서는 죄다 외부에 저당했다」③구금하다.「把人一起來；사람을 구류시키다」④호송하다.「一車；차를 호송하다」「一運貨物；화물을 호송하다」

[押賬] yāchàng ㄧㄚㄓㄤˋ 차금(借金)의 저당. 돈을 빌릴 때 잡히는 저당.

[押期] yāch'ī ㄧㄚㄑㄧ 저당의 기한.

[押解] yāchièh ㄧㄚㄐㄧㄝˋ 범인을 호송하다. 화물을 호송하다.

[押金] yāchīn ㄧㄚㄐㄧㄣ 보증금.

[押禁閉] yāchìnpì ㄧㄚㄐㄧㄣˋㄅㄧˋ 감금하다.

[押據] yāchǜ ㄧㄚㄐㄩˋ 전당표(典當票).

[押縫] yāfèng ㄧㄚㄈㄥˋ ＝押尾②.

[押款] yāk'uǎn ㄧㄚㄎㄨㄢˇ 상품·유가 증권 따위를 담보로 하여 은행에서 돈을 빌다. 또는 그 돈.

[押匯] yāhuì ㄧㄚㄏㄨㄟˋ ①화환(貨換) 어음을 보낼 수속을 밟다. ②화환 어음.

[押死(了)] yāssǔ(lê) ㄧㄚㄙˇ(ㄌㄜ) 유질(流質)되다. 저당에 잡힌 물건을 기한이 넘어 찾지 못하게 되다.

[押送] yāsùng ㄧㄚㄙㄨㄥˋ 호송(護送)하다.

[押題] yāt'í ㄧㄚㄊㄧˊ 요행수를 바라고 일을 하다.

[押典] yātiěn ㄧㄚㄉㄧㄢˇ ①담보하다. 저당 잡히다. ②담보. ＝押當.

[押店] yātièn ㄧㄚㄉㄧㄢˋ 조그만 전당포. ＝押鋪.

[押頭兒] yāt'ourh ㄧㄚㄊㄡˊㄦ 저당물(抵當物).

[押走] yātsǒu ㄧㄚㄗㄡˇ ①호송해 가다. ②호송하여 데리고 가다.

[押隊] yātuì ㄧㄚㄉㄨㄟˋ ①대열을 인솔·감독하다. ②호송대(護送隊).

[押子] yātzǔ ㄧㄚㄗ, yātzǔ 서명(署名).

[押尾] yāwěi ㄧㄚㄨㄟˇ, yáwěi ①종말. 말미(末尾). 말단. ②계약서의 끝이나 2 매 이상에 걸친 문서의 종이 사이에 서명하다.

[押運] yāyǜn ㄧㄚㄩㄣˋ 호송하다.

[押韻] yāyǜn ㄧㄚㄩㄣˋ 운(韻)을 밟다. 압운.

〔鴉〕 yā ㄧㄚ ①〈動〉까마귀.「烏一；까마귀」②흑색.

[鴉雀無聲] yāch'üèh wúshēng ㄧㄚㄑㄩㄝˋㄨˊㄕㄥ 몹시 고요한 모양. 죽은 듯이 조용하고 잠잠한 모양.

[鴉默悄靜兒] yāmoch'iǎochìngrh ㄧㄚㄇㄛ˙ㄑㄧㄠˇㄐㄧㄥˋㄦ 몹시 잠잠하며 소리 하나 들리지 않다.

[鴉片] yāp'ièn ㄧㄚㄆㄧㄢˋ 아편. ＝鴉片烟.

[鴉色] yāsè ㄧㄚㄙㄜˋ 흑청색(黑青色).

[鴉嘴鋤] yātsuǐch'ú ㄧㄚㄗㄨㄟˇㄔㄨˊ 까마귀 부리 형(型)의 삽.

〔鴨〕 yā ㄧㄚ ①집오리.「一子；집오리」

[鴨脚] yāchiǎo ㄧㄚㄐㄧㄠˇ〈植〉은행나무. 은행.

[鴨黃兒] yāhuángrh ㄧㄚㄏㄨㄤˊㄦ 집오리의 새끼.

[鴨兒廣梨] yārhkuǎnglí ㄧㄚㄦㄍㄨㄤˇㄌㄧˊ 배의 일종으로 모양이 타원형이고 꼭지 부근이 집오리 주둥이 비슷하게 생긴 배로 살이 깊고 연하다. ＝廣梨.

[鴨兒梨] yārhlí ㄧㄚㄦㄌㄧˊ 타원형의 큰 배(梨). 꼭지 둘레가 집오리 부리와 비슷하다.

[鴨舌帽] yāshémào ㄧㄚㄕㄜˊㄇㄠˋ 챙이 길게 나온 모자. 헌팅캡

[鴨蛋] yātàn ㄧㄚㄉㄢˋ 집오리의 알.「一圓兒；타원형」

[鴨條] yāt'iáo ㄧㄚㄊㄧㄠˊ 오리 고기를 가늘고 길다랗게 자른 것.

[鴨嘴筆] yātsuǐpǐ ㄧㄚㄗㄨㄟˇㄅㄧˇ 오구(烏口)：선(線)을 그을 때 쓰는 강철로 만든 제도 기구(製圖器具).

[鴨子兒] yātzǔrh ㄧㄚㄗˇㄦ 집오리의 알.

[鴨圓兒] yāyüánrh ㄧㄚㄩㄢˊㄦ 타원(楕圓).

〔壓〕(压) yā ㄧㄚ ①위에서 세게 내려 누르다.「一住；내려 누르다」「一碎；눌러서 산산이 부수다」②(권위로써) 내려 누르다. 위협하다.「一制；권력으로 억누르다」③가라앉히다. 제지(制止)하다.「一咳嗽；해소(咳嗽)를 진정시키다」④오래 두다. 묵히다.「積一資金；자금을 묵히다」⑤다가 오다. 가까이 오다.

[壓搾] yāchà ㄧㄚㄓㄚˋ ①압착하다. ②(백성들을) 압박하다.

[壓擠] yāchǐ ㄧㄚㄐㄧˇ 강제로 밀어 넣다. 힘껏 채워 넣다.

[壓氣機] yāch'ìchī ㄧㄚㄑㄧˋㄐㄧ 공기 압착기.

[壓驚] yāchīng ㄧㄚㄐㄧㄥ 주식(酒食)으로 놀란 가슴을 달래다. 술을 마시고 식사함으로써 놀란 마음을 진정시키다.

[壓境] yāchìng ㄧㄚㄐㄧㄥˋ 경계선까지 밀려 들다.「敵軍一；적군이 경계선까지 밀어 닥치다」

[壓氣(兒)] yāch'ì(rh) ㄧㄚㄑㄧˋ(ㄦ) 노염을 달래다. 마음을 진정시키다.

[壓軸戲] yāchóuhsì ㄧㄚㄓㄡˊㄒㄧˋ ①최후의 1막(幕). ②경극(京劇)에서는 끝에서 둘째 번 시인(scene)：마지막 시인을 "大軸戲"라고 함.

[壓抑] yāì ㄧㄚㄧˋ (힘·권력 따위로) 내려 누르다.

[壓根兒] yākēnrh ㄧㄚㄍㄣㄦ 본래. 원래. 전혀.

[壓管] yākuǎn ㄧㄚㄍㄨㄢˇ 누르다.

[壓派] yāp'ai ㄧㄚㄆㄞ 협박하여 굴복시키다.「拿話一人；협박 공갈로 사람을 굴복시키다」＞壓壓派派.

[壓寶] yāpǎo ㄧㄚㄅㄠˇ 도박의 일종.

[壓不注] yāpuchù ㄧㄚㄅㄨㄓㄨˋ 짓누를 수가 없다.「他歲數太小一人吧；그는 너

무 어려서 내려 누를 수도 없을것이다」
[壓山兒] yāshānrh ㄧㄚㄕㄢㄦ 해가 넘어가고 있다. 해가 막 지고 있다.
[壓聲] yāshēng ㄧㄚㄕㄥ 소리를 낮추다. 소리를 죽이다.
[壓事] yāshìh ㄧㄚㄕˋ ①분규를 진압하다. ②조심조심 소극적으로 다루다.
[壓歲] yāsuì ㄧㄚㄙㄨㄟˋ 섣달 그믐날 아이들에게 과자나 돈을 선물로 주는 것. 그 과자나 또는 돈. 「一錢；위와 같은 뜻의 돈」
[壓塌] yāt'ā ㄧㄚㄊㄚ 내려 눌러서 찌그러뜨리다. 눌러서 망그러뜨리다.
[壓道機] yātàochī ㄧㄚㄉㄠˋㄐㄧ 로우드 로울러. =壓路機.
[壓低] yātī ㄧㄚㄉㄧ 누르다. 죄다. 낮추다. 「一成本；생산 원가를 억제하다」
[壓蔓] yāwàn ㄧㄚㄨㄢˋ 덩굴·가시 등을 휘어서 땅속에 묻고는 뿌리를 내리게 하다.
[壓尾] yāwěi ㄧㄚㄨㄟˇ 말미(末尾). 종말.

〔牙〕 yá ㄧㄚˊ ①이. 이빨. ②「一子；변두리에 돌출한 부분」「鞋一子；신바닥의 가장자리」③중매인(仲買人). 거간군. 「一行；중매인」④생강(生薑) 따위를 세는 조수사(助數詞). 「一一鹽薑；소금에 저린 하나의 생강(生薑)」
[牙磣] yách'ên ㄧㄚˊㄔㄣ ①음식을 먹을 때 무언가 이에 씹히어 불쾌한 것. 「這飯吃着一, 許有沙子吧?；이 밥은 입에 뭔가 씹히는데 모래가 들어 있지 않나?」②(싫은 이야기나 싫은 소리를 듣고) 소름이 끼치다. ＞牙牙礶礶.
[牙襯] yách'ên ㄧㄚˊㄔㄣˋ 이똥. 이에 누렇게 낀 찌끼.
[牙祭] yáchì ㄧㄚˊㄐㄧˋ 「打一；오래간만에 융숭한 대접을 받다」
[牙籤(兒)] yách'iēn(rh) ㄧㄚˊㄑㄧㄢ(ㄦ) ①이쑤시개. ②인덱스: 장부 따위의.
[牙齒] yách'ih ㄧㄚˊㄔ 이. 치아.
[牙矩] yáchǚ ㄧㄚˊㄐㄩˇ 나사(螺絲) 피치.
[牙箸] yáchù ㄧㄚˊㄓㄨˋ 상아(象牙) 젓가락.
[牙床(子)] yách'uáng(tzǔ) ㄧㄚˊㄔㄨㄤˊ(ㄗ) 잇몸.
[牙粉] yáfěn ㄧㄚˊㄈㄣˇ 치분. 치약.
[牙縫兒] yáfèngrh ㄧㄚˊㄈㄥˋㄦ 잇새. 이와 이 사이에 벌어진 틈.
[牙行] yáháng ㄧㄚˊㄏㄤˊ 중매인(仲買人). 거간군.
[牙慧] yáhuì ㄧㄚˊㄏㄨㄟˋ 남의 말꼬리. 남의 말끝: 독립적 어구로서는 쓰여지지 않음. 「拾人一；남이 한 말을 그대로, 아니면 모방하여 말하다」
[牙疳] yákān ㄧㄚˊㄍㄢ 치조농루증(齒槽濃漏症).
[牙膏] yákāo ㄧㄚˊㄍㄠ 가루를 개어서 만든 치약.
[牙根] yákěn ㄧㄚˊㄍㄣ 아래턱뼈. 「咬定一；㉮이를 악물다. ㉯잘라 말하다」
[牙科] yák'ō ㄧㄚˊㄎㄜ 치과(齒科).
[牙口] yák'ou ㄧㄚˊㄎㄡ 우마(牛馬)의 잇바디. 치열(齒列): 이것으로 나이를 짐작한다. ②이빨의 힘. 씹는 힘.
[牙垢] yákòu ㄧㄚˊㄍㄡˋ 이똥.
[牙儈] yák'uài ㄧㄚˊㄎㄨㄞˋ 중매인(仲買人). 거간군.
[牙關] yákuān ㄧㄚˊㄍㄨㄢ ≒牙車(yách'ē). ①윗니(上齒)와 아랫니가 서로 맞물리는 일. ②위아래의 어금니가 서로 맞닿는 부분.
[牙醫] yá ī ㄧㄚˊㄧ 치과 의사(齒科醫師).
[牙輪] yálún ㄧㄚˊㄌㄨㄣˊ 톱니바퀴.
[牙白口淸] yápái-k'ǒuch'īng ㄧㄚˊㄅㄞˊㄎㄡˇㄑㄧㄥ 딱 잘라 말하는 것.
[牙巴骨] yápakǔ ㄧㄚˊㄅㄚㄍㄨˇ 턱뼈.
[牙帮兒(一子)] yápāngrh(—tzǔ) ㄧㄚˊㄅㄤㄦ(—ㄗ) 몹시 재치 있는 놈. 빈틈 없는 놈.
[牙刷(子·兒)] yáshuā(tzǔ·rh) ㄧㄚˊㄕㄨㄚ(ㄗ·ㄦ) 치솔.
[牙稅] yáshuì ㄧㄚˊㄕㄨㄟˋ "牙行"이 바치는 세금.
[牙疼] yát'ěng ㄧㄚˊㄊㄥˊ 치통(齒痛). 「忍個一；고통을 참다. 이를 악물다」
[牙子] yátzǔ ㄧㄚˊㄗ ①중매인(仲買人). 거간군. ②정통(精通). 숙련가. ③책상 가장자리의 조각 무늬.
[牙瓷] yátz'ǔ ㄧㄚˊㄘˊ 이(齒)의 법랑질(法瑯質). 이를 싸고 있는 단단한 물질.
[牙癢癢的] yáyángyǎngtê ㄧㄚˊㄧㄤˊㄧㄤˇㄉㄜ 격분하여 개탄하는 모양.
[牙印兒(一子)] yáyìnrh(—tzǔ) ㄧㄚˊㄧㄣˋㄦ(—ㄗ) (물린 뒤의) 잇자국.

〔芽〕 yá ㄧㄚˊ ①「一兒·一子；싹」「豆一兒；콩나물」②싹 비슷한 것. 「銀一；은광(銀鑛)의 지면에 노출된 부분」
[芽茶] yách'á ㄧㄚˊㄔㄚˊ 새싹으로 만든 차(茶).
[芽兒(一子)] yárh(—tzǔ) ㄧㄚˊㄦ(—ㄗ) (초목의) 싹.
[芽豆] yátòu ㄧㄚˊㄉㄡˋ 껍질을 벗긴 누에콩.

〔蚜〕 yá ㄧㄚˊ 〈蟲〉진디. 「一蟲；진디」 =膩蟲.

〔崖〕(厓) yá ㄧㄚˊ ①산의 벼랑. 절벽. ②끝. 가. ③높고 험한.
[崖岸] yáàn ㄧㄚˊㄢˋ 벼랑가. 절벽 가장자리.
[崖鹽] yáyén ㄧㄚˊㄧㄢˊ 암염(岩塩).

〔涯〕 yá ㄧㄚˊ ①물가. ②막바지. ③가. 끝. 한. 「天一海角；멀리 떨어져 있는 지방을 비유해 하는 말」

〔衙〕 yá ㄧㄚˊ 옛날의 관공서. 관가(官家). ②궁전. 「一門；관청」「一役；하급 관리」
[衙門] yámên ㄧㄚˊㄇㄣ 관공서. 관아(官衙).

〔睚〕 yá ㄧㄚˊ 눈꼬리. 눈초리. 「一眦(tzǔ)；화를 내면서 노려 보다」

〔啞〕(哑) yǎ ㄧㄚˇ ①벙어리. 벙어리의. 「聾一；귀머거리와 벙어리」②목이 막혀 말이 안 나오는 상태. 「嗓子喊一了；고함을 질러서 말소리가 쉬었다」③무언(無言)의. 「一劇；무언극. 팬터마임(pantomime). ⇨ē.
[啞口] yák'ǒu ㄧㄚˊㄎㄡˇ 입을 다문 채 말을 하지 않다.
[啞謎] yǎmí ㄧㄚˇㄇㄧˊ ①수수께끼. 「打一

;수수께끼를 풀다」②풀기 어려운 말이나 또는 일.
[啞巴] yǎpa ㄧㄚˇㄅㄚ 벙어리.
[啞巴虧] yǎpak'uei ㄧㄚˇㄅㄚㄎㄨㄟ 말 못할 손실(損失).「吃了一個一;말 못할 손실을 입었다」
[啞巴苦子] yǎpak'ŭtzŭ ㄧㄚˇㄅㄚㄎㄨˇㄗ 말 못할 고생.
[啞屁] yǎp'ì ㄧㄚˇㄆㄧˋ 소리 없는 방귀.
[啞嗓] yǎsǎng ㄧㄚˊㄙㄤˇ 목쉰 소리.
[啞子] yǎtzŭ ㄧㄚˇㄗ ＝啞巴.

〔雅〕 yǎ ㄧㄚˇ ①정상적인. 평소 표준이 될 만한. 「一聲;아성:시가(詩歌)를 가리킴」②고상한. 멋있는.「一俗共賞;일반 사람들의 취미에 맞다」③경어(敬語)에 쓰임.「一愛;애고(愛顧)하심」「一鑒;고람(高覽)하심」「一教;교시(教示)하심」④극히. 대단히. 「一不欲爲;몹시 마음이 내키지 않다」⑤어의(語義)를 해석하는 책 이름.「爾一」
[雅致] yǎchih ㄧㄚˇㄓ (풍경·색채·장식 따위가) 품위가 있다. 깊은 아취(雅趣)가 있다.「一的花樣;아취 있는 무늬」＞雅雅致致.
[雅黃] yǎhuáng ㄧㄚˇㄏㄨㄤˊ "四川省"에서 생산되는 보리: "雅州"가 그 집산지인데서. 「<敬>
[雅意] yǎì ㄧㄚˇㄧˋ 귀하의 의향(意向).
[雅觀] yǎkuān ㄧㄚˇㄍㄨㄢ 품위가 있다. 고상하다.
[雅俗共賞] yǎsúkùngshǎng ㄧㄚˇㄙㄨˊㄍㄨㄥˋㄕㄤˇ ①일반 사람들의 취미에 맞다. ②내용이 저속하지도 않고 지나치게 고상하지도 않다.
[雅座] yǎtsò ㄧㄚˇㄗㄨㄛˋ 요정이나 극장의 특등석.

〔亞〕(亚) yà ㄧㄚˋ ①다음 가다. 뒤를 잇다. 뒤떨어지다. 제 2 의. 「一軍;(경기 등에서) 준우승」②아시아.
[亞膠] yàchiāo ㄧㄚˋㄐㄧㄠ 젤라틴.
[亞非] yáfēi ㄧㄚˊㄈㄟ 아시아·아프리카. 「一各國;아시아·아프리카 여러 나라」
[亞賽] yásài ㄧㄚˋㄙㄞˋ 흡사하다. 「他的話一軍令一般;그의 말투는 꼭 군대의 명령과 같다」
[亞似] yàssǔ ㄧㄚˋㄙˋ 대체로 닮았다.「沙果一苹果;"沙果"는 대체로 사과 비슷하다」
[亞于] yàyǘ ㄧㄚˋㄩˊ …만 못하다. 미치지 못하다.「我的體力一他;내 체력은 그 이만 못하다」

〔軋〕 yà ㄧㄚˋ ①로울러로 밀다. 눌러 부스러뜨리다. 차로 밀다.「一平;(로울러로써) 고르다」「一棉花;목화를 타다」「一花機;조면기(繰綿機)」② (수레 바퀴 따위의) 마찰하는 소리」③chá 기계로써 압연(壓延)하다.「一鋼; 강철을 압연하다」⇨kā, chá.
[軋車] yàch'ê ㄧㄚˋㄔㄜ 트럭. 손으로 밀어 선로 위를 달리게 하는 운반차.
[軋花機] yàhuāchī ㄧㄚˋㄏㄨㄚㄐㄧ 조면기(繰綿機).
[軋鋼廠] yàkāngch'ǎng ㄧㄚˋㄍㄤㄔㄤˇ 강철 압연(壓延) 공장.
[軋鋼機] yàkāngchī ㄧㄚˋㄍㄤㄐㄧ 압연기(壓延機).
[軋輥] yàkǔn ㄧㄚˋㄍㄨㄣˇ, chákǔn 압연(壓延) 로울러.
[軋死] yàssǔ ㄧㄚˋㄙˇ 치어 죽다. 「다.
[軋地] yàtì ㄧㄚˋㄉㄧˋ 로울러로 땅을 고르
[軋軋] yàyà ㄧㄚˋㄧㄚˋ ①수레 바퀴가 마찰하는 소리. ②베 짜는 소리. ③비행기 소리.

〔挜〕 yà ㄧㄚˋ ①가지다. ②남에게 강제로 주다. ③흔들다.

〔砑〕 yà ㄧㄚˋ ①문지르다. 닦다. ②문질러 닦아 윤을 내다.

〔訝〕 yà ㄧㄚˋ 수상하게 여기다. 의심하다.
[訝異] yàì ㄧㄚˋㄧˋ 의심하고 이상하게 생각하다.

〔揠〕 yà ㄧㄚˋ 뽑다.
[揠苗助長] yàmiáo chùchǎng ㄧㄚˋㄇㄧㄠˊㄓㄨˋㄓㄤˇ 일을 서둘다가 실패하는 데 대한 비유.<成>

YANG ㄧㄤ

〔央〕 yāng ㄧㄤ ①중앙. 중심. ②간청하다. 「只好一人去找;남에게 의뢰하여 찾을 수밖에 없다」③끝나다. 완료하다. 「夜未一;밤은 아직 새지 않다」
[央及] yāngchi ㄧㄤㄐㄧ ＝央求.
[央戧] yāngch'iang ㄧㄤㄑㄧㄤ (병 따위) 어떻게든 버티어 나가다. ＞央央戧戧.
[央求] yāngch'iú ㄧㄤㄑㄧㄡˊ 정중하게 의뢰하다. 할 수 없이 의뢰하다. 「你越一他,他越神氣;네가 겸손하게 부탁하면 할수록 그는 점점 우쭐해진다」
[央告] yāngkào ㄧㄤㄍㄠˋ 간청하다. 정중히 부탁하다.

〔泱〕 yāng ㄧㄤ 깊고 넓은. 큰.「一一大國;광대한 국가」

〔殃〕 yāng ㄧㄤ ①화(禍). 재앙.「遭一;재난을 당하다」「一及池魚;이유 없이 재난을 당하다. 남의 불행에 말려 들어가 고생하다」②해치다.「禍國一民;나라를 그르치고 백성을 괴롭히다」
[殃及池魚] yāngchích'íhyǘ ㄧㄤㄐㄧˊㄔˊㄩˊ 까닭 없이 화를 당하다.

〔秧〕 yāng ㄧㄤ ①「一兒;볏모. 벼의 모」「插一;모를 심다」②「一兒;모종. 묘목」「樹一兒;묘목」「茄子一; 가지 모종」③어떤 식물의 줄기.「瓜一;참외 덩굴」「豆一;콩 대」④재배하다. 양육하다.「一幾棵樹;몇 그루의 나무를 재배하다」「他一了一池魚;그는 못에 고기를 길렀다」
[秧針] yāngchěn ㄧㄤㄓㄣ 갓 돋아난 어린 벼의 싹.
[秧歌] yāngko ㄧㄤㄍㄜ 원래는 화북(華北)

지방의 각 성민(省民) 사이에 유행하고 있던 가무(歌舞). 현재 전국에 보급되어 경작 노동(耕作勞働) 후의 오락으로서 홍(紅)·녹(綠)·백(白)색의 긴 천을 흔들면서 징과 북에 맞추어 춤을 춘다.

[秧田] yāngt'ién ㄧㄤ ㄊㄧㄢˊ 모종을 심은 전답. 못자리.

[秧子] yāngtzŭ ㄧㄤ ㄗ̌ ①볏모. ②묘목(苗木). ③갓 낳은 동물의 새끼. ④「魚一; 알에서 깐지 얼마 안되는 고기」「猪一; 돼지 새끼」 ⑤세상 물정을 모르는 도련님.

〔羊〕 yáng ㄧㄤˊ 양.

[羊鏟] yángch'ăn ㄧㄤˊ ㄔㄢˇ 양 치는 지팡이.

[羊腸小道] yángch'áng hsiăotào ㄧㄤˊ ㄔㄤˊ ㄒㄧㄠˇ ㄉㄠˋ 꼬불꼬불한 좁은 길. ＝羊腸路.

[羊角(兒)風] yángchiăo(rh)fēng ㄧㄤˊ ㄐㄧㄠˇ(ㄦ) ㄈㄥ ＝羊癇瘋.

[羊質虎皮] yángchìh-hŭp'í ㄧㄤˊ ㄓˋ ㄏㄨˇ ㄆㄧˊ 외관은 훌륭하지만 내용이 충실하지 못한데 대한 비유.

[羊毫] yángháo ㄧㄤˊ ㄏㄠˊ 양모필(羊毛筆). 양털로 만든 붓.

[羊肉床子] yángjòuch'uángtzŭ ㄧㄤˊ ㄖㄡˋ ㄔㄨㄤˊ ㄗ̌ 양육점(羊肉店). 양고기 파는 푸주.

[羊肝色] yángkānsè ㄧㄤˊ ㄍㄢ ㄙㄜˋ 흑자색(黑紫色)을 띤 적색(赤色). 양간색.

[羊羔(兒)] yángkāo(rh) ㄧㄤˊ ㄍㄠ(ㄦ) 어린 염소. 새끼양.

[羊絨] yángjúng ㄧㄤˊ ㄖㄨㄥˊ 양캐시미어. 「一圍巾; 캐시미어 숄」

[羊倌兒] yángkuānrh ㄧㄤˊ ㄍㄨㄢㄦ 양치기.

[羊癲風] yángtiēnfēng ㄧㄤˊ ㄉㄧㄢ ㄈㄥ 경풍(驚風). 간질(癇疾).

[羊頂架] yángtĭngchià ㄧㄤˊ ㄉㄧㄥˇ ㄐㄧㄚˋ ①양이 뿔을 맞대고 싸우는 것. ②머리를 숙이고 있는 힘을 다해 달리는 모양. ＝羊抵角.

[羊棗] yángtsăo ㄧㄤˊ ㄗㄠˇ 빛이 검고 알이 작은 대추. ＝黑棗.

[羊肚手巾] yángtŭ shŏuchin ㄧㄤˊ ㄉㄨˇ ㄕㄡˇ ㄐㄧㄣ 타월. 수건.

〔佯〕 yáng ㄧㄤˊ ①속이다. ②…체하다. 「一死; 죽은 시늉을 하다」「一作不知; 모르는 체하다」

[佯敗] yángpài ㄧㄤˊ ㄅㄞˋ 패(敗)한 체하다. 못 이긴 듯한 시늉을 하다.

[佯裝] yángchuāng ㄧㄤˊ ㄓㄨㄤ 시늉을 하다. …체하다. 가장하다.

〔洋〕 yáng ㄧㄤˊ ①큰 바다. 대해.「海一; 해양」 ②넓은. 많은. 「一溢; 넘쳐 흐르다」 ③외국의. 해외의. 「一貨; 외국 상품. 외래품」「一法子; 서양식. 근대식: 중국 토착의 "土法"에 대해」 ④ 옛날 중국의 은화(銀貨). 「現一; 옛날의 중국 은화」「一塊大一; 1"元"짜리 은화」 ⑤ 성대한. ⑥이상야릇한. 「眞一; 참 이상하다」

[洋車] yángch'ē ㄧㄤˊ ㄔㄜ 인력거.

[洋漆] yángch'ī ㄧㄤˊ ㄑㄧ 와니스. 니스.

[洋氣] yángch'ì ㄧㄤˊ ㄑㄧˋ 서양풍(風)의. 서양적.

[洋槍] yángch'iāng ㄧㄤˊ ㄑㄧㄤ 외국제 총.

[洋教] yángchiào ㄧㄤˊ ㄐㄧㄠˋ ①외국의 종교. ②그리스도교.

[洋錢] yángch'ién ㄧㄤˊ ㄑㄧㄢˊ 은화(銀貨).

[洋金] yángchīn ㄧㄤˊ ㄐㄧㄣ 구리와 금의 합금.

[洋情] yángch'íng ㄧㄤˊ ㄑㄧㄥˊ 외국 사정(外國事情).

[洋井] yángchĭng ㄧㄤˊ ㄐㄧㄥˇ 기계로 판 우물. 땅을 불투수층(不透水層)까지 깊이 파서 지하수를 솟게 한 우물.

[洋勁兒] yángchìnrh ㄧㄤˊ ㄐㄧㄣˋㄦ 서양식(西洋式). 양풍(洋風).

[洋縐] yángchòu ㄧㄤˊ ㄓㄡˋ 크레프드신 비슷한 견직물(絹織物). 가는 실로 짠 엷고 부드러운 고급 프랑스 비단.

[洋燭] yángchú ㄧㄤˊ ㄓㄨˊ 양초.

[洋裝] yángchuāng ㄧㄤˊ ㄓㄨㄤ ①양장(옷차림). ②책의 서양식 장정(裝幀). 책의 서양식 의장(意匠).

[洋房] yángfáng ㄧㄤˊ ㄈㄤˊ 양관(洋館). 서양식으로 지은 집.

[洋粉] yángfĕn ㄧㄤˊ ㄈㄣˇ ＝洋菜.

[洋袱] yángfu ㄧㄤˊ ㄈㄨ ＝手絹(兒) shŏuchüàn(rh).

[洋行] yángháng ㄧㄤˊ ㄏㄤˊ ①중국에 있는 외국인 상사(商社). 외인 상사(外人商社). ②외국 자본에 의한 상사. ③외래품을 취급하는 상점.

[洋號] yánghào ㄧㄤˊ ㄏㄠˋ 〈樂〉 트럼펫.

[洋簫] yánghsiāo ㄧㄤˊ ㄒㄧㄠ 〈樂〉 클라리넷.

[洋性] yánghsìng ㄧㄤˊ ㄒㄧㄥˋ 색다른 성질. 이색적인 성격.

[洋化肥] yánghuàféi ㄧㄤˊ ㄏㄨㄚˋ ㄈㄟˊ 외국산 화학 비료.

[洋槐] yánghuái ㄧㄤˊ ㄏㄨㄞˊ 아카시아.

[洋花布] yánghuāpù ㄧㄤˊ ㄏㄨㄚ ㄅㄨˋ 프린트 무늬의 무명천.

[洋灰] yánghuī ㄧㄤˊ ㄏㄨㄟ 시멘트. 양회.

[洋紅] yánghúng ㄧㄤˊ ㄏㄨㄥˊ 카아민: 밝은 적색. 양홍.

[洋火] yánghuŏ ㄧㄤˊ ㄏㄨㄛˇ 「一盒兒; 성냥갑」「一棍兒; 성냥 개비」

[洋貨] yánghuò ㄧㄤˊ ㄏㄨㄛˋ 외래품. 외제품. 박래품(舶來品).

[洋貨莊] yánghuòchuāng ㄧㄤˊ ㄏㄨㄛˋ ㄓㄨㄤ 양품점. ＝洋貨店.

[洋溢] yángì ㄧㄤˊ ㄧˋ 넘쳐 흐르다.

[洋胰子] yángítzŭ ㄧㄤˊ ㄧˊ ㄗ̌ 비누. 《舊》

[洋人] yángjén ㄧㄤˊ ㄖㄣˊ 외국인.

[洋鎬] yángkăo ㄧㄤˊ ㄍㄠˇ 곡괭이. ＝鎬頭. 十字鎬.

[洋狗] yángkŏu ㄧㄤˊ ㄍㄡˇ 서양개.

[洋鼓] yángkŭ ㄧㄤˊ ㄍㄨˇ 드럼.

[洋廣貨] yángkuănghuò ㄧㄤˊ ㄍㄨㄤˇ ㄏㄨㄛˋ 서양 상품. 서양 잡화: "廣東"을 경유하여 수입되는 데서 연유.

[洋鬼子] yángkueitzŭ ㄧㄤˊ ㄍㄨㄟˇ ㄗ̌ 서양 사람을 천하게 일컫는 말.

[洋蠟] yánglà ㄧㄤˊ ㄌㄚˋ 양초. 초.

[洋撈(兒)] yánglāo(rh) ㄧㄤˊ ㄌㄠ(ㄦ) ①전리품(戰利品). ②뜻밖의 수입. ＝洋落兒. 洋財.

[洋樓] yánglóu ㄧㄤˊ ㄌㄡˊ ①빌딩. ② 2층 이상의 양옥.

[洋爐(子)] yánglú(tzŭ) ㄧㄤˊ ㄌㄨˊ(ㄗ̌) 스토우브. 난로(暖爐).

[洋密] yángmì ㄧㄤˊㄇㄧˋ 글리세린.
[洋白菜] yángpáits'ài ㄧㄤˊㄅㄞˊㄘㄞˋ 양배추. 캐비지.
[洋白銅] yángpáit'úng ㄧㄤˊㄅㄞˊㄊㄨㄥˊ 양은(洋銀).
[洋盤] yángp'án ㄧㄤˊㄆㄢˊ 〈吳〉 =外行(wàiháng).
[洋標] yángpiāo ㄧㄤˊㄅㄧㄠ 바탕이 두꺼운 무명. 천축목면(天竺木綿).
[洋瓶] yángp'íng ㄧㄤˊㄆㄧㄥˊ 유리병.
[洋布] yángpù ㄧㄤˊㄅㄨˋ 캘리코우: "土布(t'ǔpù)" 가 아닌 무명.
[洋傘] yángsǎn ㄧㄤˊㄙㄢˇ 서양식으로 만든 우산. 양산(洋傘). 박쥐 우산.
[洋紗] yángshā ㄧㄤˊㄕㄚ ①모슬린. 메린스. ②외국제 면사(綿絲).
[洋式] yángshìh ㄧㄤˊㄕˋ (중국 본래의 "土式"에 대한) 서양식. 근대식.
[洋燈] yángtēng ㄧㄤˊㄉㄥ 램프.
[洋鐵] yángt'iěh ㄧㄤˊㄊㄧㄝˇ 양철. 블리키. 「一桶 ; 바께쓰」
[洋靛] yángtièn ㄧㄤˊㄉㄧㄢˋ 파리스 블루우(paris blue). 쪽빛. 감청(紺青).
[洋菜] yángts'ài ㄧㄤˊㄘㄞˋ 한천(寒天). 우뭇가사리.
[洋葱] yángts'ūng ㄧㄤˊㄘㄨㄥ 양파.
[洋葱頭] yángts'ūngt'óu ㄧㄤˊㄘㄨㄥㄊㄡˊ =洋葱.
[洋緞] yángtuàn ㄧㄤˊㄉㄨㄢˋ 모수자(毛繻子). 양단.
[洋土結合] yángt'ǔ chiéhhó ㄧㄤˊㄊㄨˇ ㄐㄧㄝˊㄏㄜˊ 외국의 방식(方式)과 중국의 방식(方式)과의 절충(折衷).
[洋磁] yángtz'ú ㄧㄤˊㄘˊ 법랑(琺瑯).
[洋字] yángtzù ㄧㄤˊㄗˋ 외국 문자. 외국 문장.
[洋娃娃] yángwáwa ㄧㄤˊㄨㄚˊㄨㄚ 서양 인형(人形).
[洋味] yángwèi ㄧㄤˊㄨㄟˋ 서양식(西洋式). 양풍(洋風). 서양 냄새.
[洋文] yángwén ㄧㄤˊㄨㄣˊ 외국문(外國文). 외국어.
[洋銀] yángyín ㄧㄤˊㄧㄣˊ 외국 은화(銀貨).
[洋油] yángyú ㄧㄤˊㄧㄡˊ ①석유. 「一桶 ; 석유관」 ②등유(燈油). 「‹方›
[洋芋頭] yángyǜt'ou ㄧㄤˊㄩˋㄊㄡ 감자.

〔烊〕 yáng ㄧㄤˊ ①(금속 따위를) 녹이다. ②녹이다. 녹다. ‹方› 「糖一了 ; 설탕이 녹았다」 「冰一了 ; 얼음이 녹았다」

〔煬〕 yáng ㄧㄤˊ ①(금속 따위를) 녹이다. ②화력이 굉장한. ⇨yàng.

〔揚〕(颺①) yáng ㄧㄤˊ ①위로 올리다. 「一帆 ; 돛을 올리다」 「一手;손을 올리다」 ②키질하다. 키로 까부르다. 「一場 ; 곡식을 키질하다. 또는 그 장소」 ③세상에 널리 퍼지게 하다. 「宣一 ; 널리 떨치게 함」 ④칭송하다. 「贊一 ; 찬양하다」 「頌一 ; 칭송하다」
[揚長] yángch'áng ㄧㄤˊㄔㄤˊ 알면서도 모르는 체하고. 태연하게. 「一而去 ; 인사도 없이 나가다」
[揚場] yángch'áng ㄧㄤˊㄔㄤˊ ①농부가 키로써 곡물을 바람에 부치어 골라 내는 장소. ②곡식을 키로 까불러 고르거나 또는 바람에 부치어 골라 내다.
[揚場鍁] yángch'ánghsiēn ㄧㄤˊㄔㄤˊㄒㄧㄢ "揚場"에 쓰는 목제(木製) 스쿱.
[揚旗] yángch'í ㄧㄤˊㄑㄧˊ ①기를 달다. ②신호기(信號旗).
[揚棄] yángch'ì ㄧㄤˊㄑㄧˋ 지양(止揚)하다.
[揚琴] yángch'ín ㄧㄤˊㄑㄧㄣˊ 대로 만든 나비꼴의 타현악기(打弦樂器). "蝴蝶琴(hútiéhch'ín)"이라고도 함.
[揚帆] yángfān ㄧㄤˊㄈㄢ 출범(出帆)하다. 출항(出航)하다.
[揚風] yángfēng ㄧㄤˊㄈㄥ ①포오크형(型)의 목제 삽: "揚場"의 경우 사용함. ②소문을 퍼뜨리다.
[揚嚷] yángjǎng ㄧㄤˊㄖㄤˇ 무책임하게 말을 퍼뜨리다.
[揚眉吐氣] yángméi-t'ǔch'ì ㄧㄤˊㄇㄟˊ ㄊㄨˇㄑㄧˋ 의기 충천한 모양. 득의 양양한 모양.
[揚名] yángmíng ㄧㄤˊㄇㄧㄥˊ ①명성을 울리다. ②악명을 떨치다. ‹西›
[揚聲] yángshēng ㄧㄤˊㄕㄥ ①명성(名聲)이 높아지다. ②큰 소리를 지르다.

〔陽〕(阳) yáng ㄧㄤˊ ①밝은. 밝다. ②"陰"에 대해서. ㉮남성(의). ㉯태양. 「一曆 ; 양력」 ㉰산(山)의 남쪽. 강(江)의 북쪽. 「衡一 ; "湖南省"의 도시: "衡山" 의 남쪽에 있음」 「漢一 ; "湖北省"의 도시 : "長江"의 북쪽에 있음」 ㉱외부에 나타난. 뚜렷한. 「一溝 ; 무개구(無蓋溝)」 「一奉陰違 ; 면종복배(面從腹背)」 ㉲돌기물(突起物). 양각(陽刻)의. 「一文圖章 ; 양각한 (돋을새김한) 도장」 ㉳현세 (現世). 이 세상. 「一宅 ; 사람이 사는 집」 「一間 ; 이 세상」 ㉴남근(男根). 남성의 생식기.
[陽畦] yángch'í ㄧㄤˊㄑㄧˊ 남향 또는 서쪽으로 경사진 기름진 땅에 만들어 놓은 못자리.
[陽間] yángchien ㄧㄤˊㄐㄧㄢ 이 세상.
[陽識] yángchìh ㄧㄤˊㄓˋ =陽文.
[陽春麪] yángch'ūnmièn ㄧㄤˊㄔㄨㄣㄇㄧㄢˋ 가락 국수의 일종 : 잘게 썬 파를 넣어 국물을 홍덩하게 만든 가락 국수로서 "上海 · 揚州" 지방에서 간이 식품으로 쓰임.
[陽春白雪] yángch'ūn páihsüěh ㄧㄤˊㄔㄨㄣ ㄅㄞˊㄒㄩㄝˇ ①뛰어난 문학·예술 작품에 대한 비유. ②옛 가곡명(歌曲名).
[陽奉陰違] yángfèng yīnwéi ㄧㄤˊㄈㄥˋ ㄧㄣㄨㄟˊ 면종복배(面從腹背): 겉으로는 복종하는 체하고 내심으론 배신하는 행위.
[陽溝] yángkōu ㄧㄤˊㄍㄡ 무개구(無蓋溝): 위를 가리어 열지 않은 도랑.
[陽關大道] yángkuān tàtào ㄧㄤˊㄍㄨㄢ ㄉㄚˋㄉㄠˋ 큰 길. 큰 거리.
[陽面兒] yángmiènrh ㄧㄤˊㄇㄧㄢˋㄦ 양성(陽性)의. 성격이 개방적인.
[陽平] yángp'íng ㄧㄤˊㄆㄧㄥˊ "北京語" 의 사성중 제2성을 말함 : 고승조(高昇調).
[陽傘] yángsǎn ㄧㄤˊㄙㄢˇ 양산. 파라솔.
[陽臺] yángt'ái ㄧㄤˊㄊㄞˊ ①세탁물 건조대. =晒臺. ②발코니.
[陽電] yángtièn ㄧㄤˊㄉㄧㄢˋ 양전기(陽電氣).
[陽文(兒)] yángwén(rh) ㄧㄤˊㄨㄣˊ(ㄦ) 돋을새김. 양각(陽刻).

〔蛘〕 yáng ㄧㄤˊ 〈動〉 바구미: 검은 깨알 만한 쌀벌레.

〔楊〕 yáng ㄧㄤˊ ①버드나무: "柳"와 비슷하나 가지가 아래로 처지지 않음.「白一; 포플라. 미류나무」「水一; 냇버들. 냇가에 나는 버들」

[楊花] yánghuā ㄧㄤˊㄏㄨㄚ 〈植〉 버들강아지. =楊絮.

[楊梅] yángméi ㄧㄤˊㄇㄟˊ 〈植〉 ①양매. 소귀나무. ②딸기. ③얼굴에 나타나는 매독(梅毒).

〔瘍〕 yáng ㄧㄤˊ ①머리에 나는 부스럼. 두창. ②뾰루지. 부스럼. ③상처.

〔仰〕 yǎng ㄧㄤˇ ①우러러 보다. 머리를 쳐들다.「一起頭來; 머리를 쳐들다」「一天大笑; 하늘을 쳐다 보고 크게 웃다」 ②존경하다. 올려 보다.「久一; 일찍부터 사숙(私淑)하고 있었읍니다」「信一; 마음으로부터 감복하고 따르다」 ③의뢰하다. 의지하다.「一人鼻息; 남의 의향 또는 기분을 살피다」 ④명령하다. …하기를 바랍니다. …하시오.

[仰仗] yǎngchàng ㄧㄤˇㄓㄤˋ 우러러 보다. 의존하다. 의지하다.

[仰人鼻息] yǎngjénpíhsī ㄧㄤˇㄖㄣˊㄅㄧˊㄒㄧ 남의 기분이나 의향을 살피다.

[仰賴] yǎnglài ㄧㄤˇㄌㄞˋ 의지하다. 의뢰하다.「一于外國的扶植; 외국의 원조에 의존하다」

[仰面朝天] yǎngmièn ch'áot'iēn ㄧㄤˇㄇㄧㄢˋ ㄔㄠˊㄊㄧㄢ 등을 대고 눕다. 쓰러지는 모양.

[仰八叉地] yǎngpach'ătê ㄧㄤˇㄅㄚㄔㄚˇㄉㄜ 땅을 등지고 하늘을 쳐다 보면서.「一摔在地上了; 땅을 지고 쓰러졌다」

[仰八脚子] yǎngpachiǎotzǔ ㄧㄤˇㄅㄚㄐㄧㄠˇㄗ 땅을 지고 쓰러지는 것.「摔了一個一; 땅을 지고 쓰러졌다」

[仰攀] yǎngp'ān ㄧㄤˇㄆㄢ ①(달라 붙듯이)기어 오르다. ②윗사람에게 아첨하며 달라 붙다.

[仰脖兒] yǎngpǒrh ㄧㄤˇㄅㄛˊㄦ 고개를 치켜 들고 위를 보다.

[仰式] yǎngshìh ㄧㄤˇㄕˋ 배영법(背泳法).

[仰事俯畜] yǎngshìh-fǔhsǜ ㄧㄤˇㄕˋ ㄈㄨˇㄒㄩˋ 부모에게 시중 들고 처자를 부양하다. «成»

[仰望] yǎngwàng ㄧㄤˇㄨㄤˋ 우러러 보다.

[仰臥] yǎngwò ㄧㄤˇㄨㄛˋ 가슴과 배를 위로 하여 반듯이 눕다. 등을 대고 눕다.

[仰泳] yángyǔng ㄧㄤˊㄩㄥˇ 배영(背泳). 송장 헤엄.

〔氧〕 yǎng ㄧㄤˇ 산소.「一氣(yǎngch'ì); 산소」

〔養〕(养) yǎng ㄧㄤˇ ①기르다. 양육하다. 생활을 돌보다.「一家; 가족을 부양하다」 ②(가축을) 기르다. (초목을) 재배하다.「一鷄; 양계」「一花; 꽃을 재배하다」 ③아이를 낳다. 「一了兩個女孩兒; 여자 아이를 둘 낳았다」 ④보양하다. 요양하다.「一精神; 원기를 배양하다」 ⑤보호하다.「一路; 선로를 보수(保修)하다. 보선」

[養氣] yǎngch'ì ㄧㄤˇㄑㄧˋ ①호연(浩然)의 기상을 기르다. ②기력을 배양하다. ③산소. =氧氣.

[養家] yǎngchiā ㄧㄤˇㄐㄧㄚ ①가축을 기르는 주인. ②가족을 부양하다. 가족의 생활을 돌보다.

[養家人] yǎngchiājén ㄧㄤˇㄐㄧㄚㄖㄣˊ 아내가 남편을 가리켜 하는 말.

[養親] yǎngch'īn ㄧㄤˇㄑㄧㄣ 양모(養母) 또는 양부(養父).

[養精蓄銳] yǎngchīng-hsǜjuì ㄧㄤˇㄐㄧㄥ ㄒㄩˋㄖㄨㄟˋ 정력을 배양하고 기력을 비축하다. «成»

[養主兒] yángchǔrh ㄧㄤˊㄓㄨˇㄦ 가축을 기르는 주인. 사육주(飼育主).

[養分] yángfên ㄧㄤˊㄈㄣ 양분. 자양분.

[養漢] yǎnghàn ㄧㄤˇㄏㄢˋ 샛서방을 만들다. 간부(姦夫)를 두다.

[養戶] yǎnghù ㄧㄤˇㄏㄨˋ 가축을 기르는 주인. 사육주(飼育主).

[養護] yǎnghù ㄧㄤˇㄏㄨˋ ①양호(養護)하다. 길러 보호하다. ②기계 등에 손질을 하여 오래 간수하다.

[養活] yǎnghuo ㄧㄤˇㄏㄨㄛ ①기르다. 부양하다. ②사육하다. 재배하다. ③(정신·기분 따위를) 배양하다.

[養乖] yǎngkuāi ㄧㄤˇㄍㄨㄞ ①길러서 길을 들이다. ②얌전하게 기르다.

[養老] yánglǎo ㄧㄤˊㄌㄠˇ ①노후(老後)에 까지 뒷바라지를 하다. ②늙어서 휴양하다.

[養老金] yánglǎochīn ㄧㄤˊㄌㄠˇㄐㄧㄣ 양로 연금. 은급(恩給).

[養料] yǎngliào ㄧㄤˊㄌㄧㄠˋ 자양물(滋養物). 영양.

[養路] yǎnglù ㄧㄤˇㄌㄨˋ 선로를 보수하다. 보선(保線).

[養苗] yǎngmiáo ㄧㄤˇㄇㄧㄠˊ ①모종·고기새끼 따위를 기르다. ②(토질이 좋아) 작물(作物)이 잘 자라다. «江»

[養娘] yǎngniáng ㄧㄤˇㄋㄧㄤˊ ①하녀. ②유모(乳母).

[養病] yǎngpìng ㄧㄤˇㄅㄧㄥˋ 요양하다. 보양하다.

[養人] yǎngjén ㄧㄤˇㄖㄣˊ (음식이) 몸에 이롭다. 영양 가치가 있다.

[養贍] yǎngshàn ㄧㄤˇㄕㄢˋ 부양하다.

[養傷] yǎngshāng ㄧㄤˇㄕㄤ 상처를 요양하다.

[養神] yǎngshén ㄧㄤˇㄕㄣˊ 기분을 편하게 하다. 마음을 쉬게 하다.

[養生] yǎngshēng ㄧㄤˇㄕㄥ ①살아 있는 사람의 생활을 편하게 하다.「一送死; 산 사람을 보살피고 죽은 사람을 정중히 매장하다. 생전의 효도와 사후의 장의(葬儀)」 ②요양하다. 보양하다.

[養尊處優] yǎngtsūn ch'ǔyū ㄧㄤˇㄗㄨㄣ ㄔㄨˇㄧㄡ 존경 받는 지위에 앉아 후대(厚待)를 받다. «成»

[養痛遺患] yǎngt'ùng ihuàn ㄧㄤˇㄊㄨㄥˋ ㄧㄏㄨㄢˋ 헌데를 내버려 두었다가 큰 화를 입다. 악인이나 못된 일을 방치해 두다가 큰 해를 입다. «成» =養痛成患.

[養子] yángtzǔ ㄧㄤˊㄗˇ ①양자. ②자식을 기르다. ③아이를 낳다.

〔癢〕(痒) yǎng ㄧㄤˇ 가렵다. 근질거리다.「身上直一一; 몸이 근질근질하다」

[癢癢筋] yǎngyangchīn ㄧㄤˇㄧㄤㄐㄧㄣ 간지러운 곳.「正碰在一上; 바로 예기한 대로 들어 맞았다」

[癢癢肉兒] yǎngyangjòurh ㄧㄤˇㄧㄤㄖㄡˋㄦ 닿으면 간지러운 곳.「抓一; 간질이다」

[癢癢撓兒] yǎngyangnáorh ㄧㄤˇㄧㄤㄋㄠˊㄦ 손자(孫子)의 손(手).

[癢癢(兒)] yángyǎng(rh) ㄧㄤˊㄧㄤˇ(ㄦ) ①가렵다」「你身上一嗎? 너 몸이 근질근질하니? 좀 맞아 볼 테냐?」②가려움.

〔怏〕 yàng ㄧㄤˋ ①불유쾌한. 불만이 있는. ②원망하다.

[怏怏] yàngyàng ㄧㄤˋㄧㄤˋ 불쾌한 모양. 기분이 답답한 모양.「一不樂; 마음이 답답하여 유쾌하지 못한 것」

〔恙〕 yàng ㄧㄤˋ ①병.「貴一; 병환」「微一; 가벼운 병」②리케차병(病)을 옮기는 진드기의 일종. ③걱정거리.

〔煬〕 yàng ㄧㄤˋ ①화력이 강한. ②금속을 녹이다. ⇨yáng.

〔漾〕 yàng ㄧㄤˋ ①물결이 출렁거리는 모양. ②넘쳐 흐르다.「一酸水; 신물이 나다」「盛得太滿都一出來了; 너무 꽉 채워서 넘쳤다」

〔樣〕(样) yàng ㄧㄤˋ ①「一子·一兒; 모양. 형(型). 본. 견본. 본보기」「看你這個一兒!; 너 이게 무슨 꼴이냐!」「這一不象一兒; 이거 꼴이 돼 먹지 않았다」「照一兒做; 견본대로 만들다」 ②「一兒; 종류」「一一兒; 한 종류. 같다. 닮다」「各一點心; 여러 종류의 과자」「一一兒都行; 아무거나 다 좋다」③…와 같은. …다운.「學生一的人; 학생 같은 사람」

[樣張] yàngchāng ㄧㄤˋㄓㄤ 견본쇄(見本刷). 교정쇄(校正刷).

[樣板] yàngpǎn ㄧㄤˋㄅㄢˇ ①인쇄의 양식 견본(樣式見本). ②공업 제품의 견본형(見本型). ③형판(型板). 게이지(gauge).

[樣本] yàngpěn ㄧㄤˋㄅㄣˇ 견본. 카탈로그. 목록.

[樣品] yàngp'ǐn ㄧㄤˋㄆㄧㄣˇ 견본품(見本品) 견본.

[樣冊子(兒)] yàngts'ètzǔ(rh) ㄧㄤˋㄘㄜˋㄗ(ㄦ) 수본(繡本)책. 부녀들의 재봉용의 본이나 도안을 끼워 두는 물건.

[樣子] yàngtzǔ ㄧㄤˋㄗ ①꼴. 형태. 형(型). 견본. 표본. ②꼴. 체재.「不成一; 꼴불견이다」③모양. 상태. 형편. ④태도. 거동.

[樣樣(兒)] yàngyàng(rh) ㄧㄤˋㄧㄤˋ(ㄦ) 이거나 저거나. 무엇이든지. 형형색색.

[樣樣宗宗] yàngyàngtsūngtsūng ㄧㄤˋㄧㄤˋㄗㄨㄥㄗㄨㄥ 형형색색의. 가지각색.

YAO ㄧㄠ

〔么〕 yāo ㄧㄠ ①작은. ②제일 작은. 막내: "西南" 방언.「一叔; 막내 숙부」「一妹; 막내 누이 동생」「一兒; 막내 아들」③"一"의 대신으로 쓰임: 특히 "七"과의 음의 혼동을 피하기 위해. ⇨má, mê, mō.

〔吆〕 yāo ㄧㄠ 큰 소리로 부르다. 소리지르다.

[吆喝] yāoho ㄧㄠㄏㄜ ①외치며 물건을 팔다. ②소리 지르다. ③큰 소리로 꾸짖다. ④(가축 따위를) 쫓다.

[吆呼] yāohu ㄧㄠㄏㄨ 큰 소리로 외치다.

〔妖〕 yāo ㄧㄠ ①유령. 도깨비. ②요염하다. 아름답게 느껴지다.

[妖氣] yāoch'ì ㄧㄠㄑㄧˋ ①요기(妖氣). ②요기가 떠돌다. ③요염하다. ＞妖裏妖氣. 妖妖氣氣.

[妖俏] yāoch'iào ㄧㄠㄑㄧㄠˋ. 요염하다. 성적(性的) 매력이 있다.

[妖形怪狀] yāohsíng-kuàichuàng ㄧㄠㄒㄧㄥˊㄍㄨㄞˋㄓㄨㄤˋ 기괴한 꼴. 괴상한 형상.

[妖魔] yāomaó ㄧㄠㄇㄠˊ 사람을 호리는 요마. 악마.

[妖孼] yāonièh ㄧㄠㄋㄧㄝˋ 도깨비. 허깨비. 요괴(妖怪).

[妖聲妖氣] yāoshěng-yāoch'ì ㄧㄠㄕㄥ ㄧㄠㄑㄧˋ 음성이나 자태가 정말로 요염하다.

[妖妖調調] yāoyāotiàotiào ㄧㄠㄧㄠㄉㄧㄠˋㄉㄧㄠˋ 요염한 모양.

[妖冶] yāoyěh ㄧㄠㄧㄝˇ 요염하다.

[妖言] yāoyén ㄧㄠㄧㄢˊ 사람을 호리는 말.

〔夭〕(殀②) yāo ㄧㄠ ①무성한. 아름다운 모양. ② yǎo 요절(夭折)하다. 젊어서 죽다.「一亡; 요절하다. 젊어서 죽다」

〔要〕 yāo ㄧㄠ ①강력히 요구하다. 굳이 희망하다. ②약속하다.「一約; 약속하다」③위협하다. 강박(強迫)하다.「一盟; 무력으로 위협하여 동맹을 맺다」④요컨대.「一之; 요컨대」⇨yào.

[要擊] yāochī ㄧㄠㄐㄧ 도중에서 맞이하여 공격하다. 오기를 기다려 공격하다.

[要求] yāochiú ㄧㄠㄑㄧㄡˊ ①굳이 희망하다. 요구하다. 향상하기를 원하다.「一自己; 자기 향상을 원하다」② 청구하다. 신입(申込)하다. 「一入黨; 입당을 신입하다」

[要挾] yāohsiéh ㄧㄠㄒㄧㄝˊ 강박하다. 강제하다.「這件事是他受一做的; 이것은 그가 강요를 당해 한 일이다」

[要脅] yāohsiéh ㄧㄠㄒㄧㄝˊ ＝要挾.

[要買] yāomǎi ㄧㄠㄇㄞˇ 아첨하여 남의 마음에 들게 하다.「一人心; 남의 마음에 들려고 아첨하다」

〔約〕 yāo ㄧㄠ 저울로써 달다.「你一一一有多重?; 얼마나 무게가 나갈는지 달아 보아라」

〔喲〕 yāo ㄧㄠ ①어기조사(語氣助詞): 상대를 권유할 때의 어기를 표시.「大

'家齊用力一！；모두 함께 힘을 냅시다！」②감탄사로서 의외의 기분을 표시.「一！你怎麼來了！；아니, 넌 어떻게 왔지！」

〔腰〕 yāo ㄧㄠ ①허리. 요부. ②사물의 중간.「山一；산의 중턱」③중간이 잘록하게 된 부분.「土一；중간이 잘록하게 들어 간 육지」④중심부.「箱一;상자의 중심부」

[腰斬] yāochǎn ㄧㄠㄓㄢˇ ①허리를 자르는 형벌. ②도중에서 잘라내 버리다.

[腰站兒] yāochànrh ㄧㄠㄓㄢˋㄦ 도중에서 쉬는 곳. 도중 휴게소.

[腰間] yāochiēn ㄧㄠㄐㄧㄢ 허리 부분. 요부(腰部).

[腰房] yāofáng ㄧㄠㄈㄤˊ "正房"과 "倒座兒"와의 중간에 위치하고 있는 방.

[腰穴] yāohsüéh ㄧㄠㄒㄩㄝˊ 옆구리의 아랫 부분:맹장이 있는 곳.

[腰花(兒)] yāohuā(rh) ㄧㄠㄏㄨㄚ(ㄦ) 돼지나 양의 신장(腎臟)으로 만든 요리. 콩팥으로 만든 요리.

[腰干] yāokān ㄧㄠㄍㄢ (나이를 먹어) 월경이 그치다.「他老婆一了, 不會 再生產了； 그의 아내는 월경이 그쳐 아이를 못 낳게 되었다」.

[腰杆(兒)] yāokǎn(rh) ㄧㄠㄍㄢˇ(ㄦ) 허리에서 어깨에 이르는 부분.

[腰褙] yāok'ěn ㄧㄠㄎㄣˋ 중국 의복(衣服)의 허리 둘레.

[腰鼓(兒)] yāokǔ(rh) ㄧㄠㄍㄨˇ(ㄦ) 허리에 차고 두드리는 북. 또 그 북을 치면서 추는 춤: 현재 "陝西"지방에서 성행함.「一隊；"腰鼓"를 치면서 행렬 맨 앞에 서서 행진하는 악대」

[腰骨頭] yāokǔt'ou ㄧㄠㄍㄨˊㄊㄡ 허리뼈.

[腰裏(頭)] yāolǐ(t'ou) ㄧㄠㄌㄧˇ(ㄊㄡ) 돈을 넣어 두는 곳. 「一橫(一hěng)·一沉(一ch'ěn)·一硬(一yìng)；주머니 사정이 든든하다」

[腰門(兒)] yāoměn(rh) ㄧㄠㄇㄣˊ(ㄦ) "院子"로 통하는 통용문.

[腰板兒] yāopǎnrh ㄧㄠㄅㄢˇㄦ 허리에서 등에 이르는 부분.「挺着一；허리를 똑바로 펴고 있다」

[腰包] yāopāo ㄧㄠㄅㄠ 허리에 차는 주머니.「挖一；남의 비용을 자기가 부담하다」 「도.

[腰別] yāopiéh ㄧㄠㄅㄧㄝˊ 비수(匕首). 단

[腰身] yāoshēn ㄧㄠㄕㄣ ①요부(腰部). ②허리 둘레: 재봉 용어.

[腰帶] yāotài ㄧㄠㄉㄞˋ ①허리띠. 밴드. ②골반(骨盤).

[腰腿(兒)] yāot'uǐ(rh) ㄧㄠㄊㄨㄟˇ(ㄦ) 다리와 허리의 활동 능력을 두고 하는 말.「一很靈；아랫도리가 든든하다」

[腰子] yāotzǔ ㄧㄠㄗ ①신장(腎臟). ②돼지 신장.

[腰圍] yāowéi ㄧㄠㄨㄟˊ 허리 둘레.

[腰窩] yāowō ㄧㄠㄨㄛ 옆구리.

[腰眼] yāoyěn ㄧㄠㄧㄢˇ 귀중한 곳. 급소(急所).

[腰眼(兒)] yāoyěn(rh) ㄧㄠㄧㄢˇ(ㄦ) ①허리의 뒷부분. ②(비유적으로) 의지(依持)가 될 만한 것. 유력자.「他有個人仗一；그에게는 밀어 주는 사람이 있다」

[腰圓兒] yāoyüánrh ㄧㄠㄩㄢˊㄦ 타원형.

〔邀〕 yāo ㄧㄠ ①맞다. 초대하다.「一他來談談；그를 불러 이야기를 듣도록 하자」②얻다. 받다.「一准；허가를 얻다」③잠복하여 기다리다. 대기하다.

[邀截] yāochiéh ㄧㄠㄐㄧㄝˊ 저지하다. 가로 막다.

[邀請] yāoch'ing ㄧㄠㄑㄧㄥˇ (연회 따위에) 초대하다.「一外賓舉行遊園大會;외빈을 초대하여 원유회를 열다」

[邀功] yāokūng ㄧㄠㄍㄨㄥ ①공로를 세워서 은상(恩賞)을 바람. ②공적을 세우려 하다.

[邀買人心] yāomǎi jěnhsīn ㄧㄠㄇㄞˇ ㄖㄣˊㄒㄧㄣ 남의 마음에 들려고 아첨하다. 환심을 사다.

[邀約] yāoyüēh ㄧㄠㄩㄝ 초대하다. 초치(招致)하다.

〔爻〕 yáo ㄧㄠˊ 육효(六爻): 점괘(卜卦)의 여섯 가지 획수(畫數).

〔堯〕(尧) yáo ㄧㄠˊ 고대 중국의 황제의 이름.

〔殽〕(淆) yáo ㄧㄠˊ 혼잡하다.「一雜；뒤섞이다. 혼잡하다」「一亂； 뒤섞여 혼잡하다」

〔搖〕 yáo ㄧㄠˊ ①(좌우로) 흔들다. 흔들어 움직이다.「一手；손을 좌우로 흔들다: 상대편의 의향을 거부하는 의미로」「一頭； 머리를 좌우로 흔들다: 부정(否定)의 표시」「一船；배를 젓다」②흔들리다.

[搖錢樹] yáoch'iénshù ㄧㄠˊㄑㄧㄢˊㄕㄨˋ 돈이 여는 나무: 신화(神話)에 나오는 보물의 한 가지.

[搖旗吶喊] yáoch'í nàhǎn ㄧㄠˊㄑㄧˊ ㄋㄚˋㄏㄢˇ 곁에서 힘을 불어 넣다. 측면에서 응원하다.

[搖唇鼓舌] yáoch'ún-kǔshé ㄧㄠˊㄔㄨㄣˊㄍㄨˇㄕㄜˊ 마구 지껄이다. 말을 잘하다.

[搖撼] yáohan ㄧㄠˊㄏㄢ (큰 힘으로써 비교적 큰 물건을) 흔들다. 동요시키다. > 搖搖撼撼.

[搖晃] yáohuang ㄧㄠˊㄏㄨㄤ (몸이나 비교적 큰 물건이 좌우로) 흔들리다. 비틀거리다. 흔들흔들 움직이다. >搖搖晃晃.

[搖椅] yáoi ㄧㄠˊㄧˇ 안락 의자. 소파.

[搖鈴] yáolíng ㄧㄠˊㄌㄧㄥˊ 방울을 울리다. 벨을 울리다.

[搖櫓] yáolǔ ㄧㄠˊㄌㄨˇ 노(櫓)를 젓다.

[搖煤] yáoméi ㄧㄠˊㄇㄟˊ 조개탄을 제조하다.

[搖擺] yáopǎi ㄧㄠˊㄅㄞˇ ①좌우로 흔들거리다. ②의지(意志)나 주장이 확립되지를 않고 흔들리다. ③동작이 느린 모양. 거동이 지나치게 거드름을 피우는 모양. >搖搖擺擺.

[搖兒晃兒的] yáorhhuàngrhtê ㄧㄠˊㄦ.ㄏㄨㄤˋㄦㄉㄜ 침착하지 못한 모양. 안절부절 못한 상태. 흔들리는 모양.

[搖身一變] yáoshěn ípièn ㄧㄠˊㄕㄣ ㄧˊㄅㄧㄢˋ 상태가 재빠르게 변하는 것.

[搖手(兒)] yáoshǒu(rh) ㄧㄠˊㄕㄡˇ(ㄦ) 손

을 좌우로 흔들다.

[搖蕩] yáotàng ㄧㄠˊㄉㄤˋ 흔들려 움직이다.

[搖頭] yáot'óu ㄧㄠˊㄊㄡˊ 머리를 좌우로 흔들다.「一不算,點頭算; 머리를 가로 젓는 것은 거절의 뜻이고,세로로 젓는 것은 승낙의 뜻이다」

[搖頭晃腦] yáot'óu-huàngnǎo ㄧㄠˊㄊㄡˊㄏㄨㄤˋㄋㄠˇ ①머리를 흔들다. ②거드름 피우며 의기 양양한 모양.

[搖頭擺尾] yáot'óu-pǎiwěi ㄧㄠˊㄊㄡˊㄅㄞˊㄨㄟˇ ①잘 보이기 위해 아첨하다. ②정신 없이 기뻐하는 모양.

[搖動] yáotùng ㄧㄠˊㄉㄨㄥˋ ①흔들다. 흔들거리다. 움직이게 하다.「風颳得樹都一; 바람이 불어 나무가 모두 흔들거리다」>搖搖動動. ②비틀거리다.「他的信用一了; 그의 신용은 흔들리고 말았다」

[搖尾乞憐] yáowěi ch'ǐlién ㄧㄠˊㄨㄟˇㄑㄧˇㄌㄧㄢˊ 아양을 떨며 동정을 구하다.

[搖曳] yáoyèh ㄧㄠˊㄧㄝˋ (작은 물체가) 움직이다. 깜박이다. 흔들리다.「燈光一不定; 등불이 깜박이다」>搖搖曳曳.

[搖搖欲墜] yáoyáoyǜchuì ㄧㄠˊㄧㄠˊㄩˋㄓㄨㄟˋ 흔들흔들 하면서 곧 떨어질 것 같다.「一的獨裁政權; 흔들리면서 곧 붕괴해 버릴 것 같은 독재정권」

〔瑤〕 yáo ㄧㄠˊ ①아름다운 구슬. 「一函; 옥서(玉書)」«書» ②「一族; 소수민족:"廣東·廣西·湖南" 등 각 지방에 분포하고 있음」

〔遙〕 yáo ㄧㄠˊ 요원한. 먼.「一望; 멀리 바라보다」

[遙遙] yáoyáo ㄧㄠˊㄧㄠˊ 아득히 먼 모양.「長路一; 멀고 먼 길이 아득히 계속되다」「一無期; 언제라는 기한도 없이 막연하다」

[遙遠] yáoyüǎn ㄧㄠˊㄩㄢˇ 요원하다. 먼 저쪽.

〔窰〕(窯·窑) yáo ㄧㄠˊ ①기와나 도기를 굽는 가마. ②탄갱(炭坑).「煤一; 탄갱」③(사람이 사는)동굴.「一洞; "山西·陝西" 등 지방에 있는 사람이 사는 동혈(洞穴)」

[窰姐兒] yáochiěhrh ㄧㄠˊㄐㄧㄝˇㄦ 기녀(妓女). 창기(娼妓).

[窰坑] yáok'ēng ㄧㄠˊㄎㄥ 도기 따위를 굽는 가마. 옹기 가마.

[窰子] yáotzǔ ㄧㄠˊㄗ ①청루(靑樓). 유각.

[窰窰兒] yáoyaorh ㄧㄠˊㄧㄠㄦ 사람이 사는 동혈(洞穴).

〔餚〕(肴) yáo ㄧㄠˊ 요리해 놓은 생선이나 육류. 또는 그러한 요리.「佳一; 맛 좋은 요리」

〔謠〕 yáo ㄧㄠˊ ①민요. 동요. 노래. ②데마(Demagogie). 데마를 퍼뜨리다.「闢一; 데마를 분쇄하다」

[謠諑] yáochó ㄧㄠˊㄓㄨㄛˊ 데마를 퍼뜨려 중상하다.

[謠傳] yáoch'uán ㄧㄠˊㄔㄨㄢˊ 데마를 퍼뜨리다.

[謠言] yáoyén ㄧㄠˊㄧㄢˊ 데마. 유언(流言).

〔杳〕 yǎo ㄧㄠˇ, miǎo. 흔적도 없는 모양.「一無音信; 전혀 소식이 없다」「一如黃鶴; 사라진 뒤 행방이 묘연하다」「音容已一; 모습을 찾아 보려고 해도 이미 그이는 가고 없다」

[杳渺] yǎomiǎo ㄧㄠˇㄇㄧㄠˇ 멀고 아득하다.

〔舀〕 yǎo ㄧㄠˇ ①국자 따위로 물을 푸다.「一水; 물을 푸다」「一湯; 수우프를 떠 넣다」②「一子; 국자」

〔咬〕 yǎo ㄧㄠˇ ①물다.「一了一口饅頭; 만두를 한입 베물었다」②죄인이 무고한 사람을 죄 있는 것처럼 허위 진술하다.「一好人; 범인이 결백한 사람을 같은 죄목에 끌어 넣다」③(개 따위가) 짖다.

[咬仗] yǎochàng ㄧㄠˇㄓㄤˋ (개 따위가)서로 물어 뜯으면서 하는 싸움.

[咬緊] yǎochǐn ㄧㄠˊㄐㄧㄣˇ 악물다.「一牙齒; 이를 악물다」

[咬群(兒)] yǎoch'ǘn(rh) ㄧㄠˇㄑㄩㄣˊ(ㄦ) 같은 연배나 동료들을 괴롭히다.

[咬耳朵] yǎoěrhto ㄧㄠˊㄦˇㄉㄨㄛ 귀엣말하다.

[咬舌(子·兒)] yǎoshé(tzǔ·rh) ㄧㄠˇㄕㄜˊ(ㄗ·ㄦ) 혀가 돌지 않다.

[咬手] yǎoshǒu ㄧㄠˊㄕㄡˇ ①손이 얼어 감각이 없어지는 듯. ②값을 올려 살 수 없게 만들다.

[咬死] yǎossǔ ㄧㄠˇㄙ 물어 죽이다. 교살(咬殺)하다.

[咬定] yǎoting ㄧㄠˇㄉㄧㄥˋ ①단언(斷言)하다.「一口一; 한마디로 잘라 말하다」②(악인이 선인을) 같은 죄목에 끌어 넣다.「那些狠心的強盜, 都一了我們; 저 짐승 같은 강도 놈이 우리들까지 한패에 끌어 넣었다」

[咬子] yǎotzǔ ㄧㄠˇㄗ 갓난 아이에게 빨리는 장난감.

[咬字] yǎotzù ㄧㄠˇㄗˋ ①한자한자씩 정확하게 발음하다. ② yǎotzùrh 구극(舊劇)에서 창(唱)을 할 때에 "반절법(反切法)"에 따라 자음(字音)을 발음하며 "陰·陽·尖·團"의 발음을 명확히 구별하다. ③(연설 따위의) 발음이나 표현법. 또는 말하는 모양.

[咬文嚼字] yǎowén chiáotzù ㄧㄠˇㄨㄣˊㄐㄧㄠˊㄗˋ ①자꾸 어려운 문구(文句)만을 들고 나오다: 현학적인 학자를 비꼬는 말. ②관료적인 냄새를 피우다. ③형식만 버젓할 뿐 내용이 없다. «成»

[咬牙] yǎoyá ㄧㄠˇㄧㄚˊ ①분하여 이를 갈다.「一的人; 성미가 급한 사람」②지나치게 결벽(潔癖)하다.「他爲人向來很一; 그는 원래 몹시 결벽한 사람이다」③단호한 태도를 취하다. 애매한 것은 용납하지 않는다.

[咬牙切齒] yǎoyá-ch'iēhch'ǐh ㄧㄠˇㄧㄚˊㄑㄧㄝㄔˇ (분개하거나 원통하여) 이를 갈다. «成»

[咬牙勁] yǎoyáchìn ㄧㄠˇㄧㄚˊㄐㄧㄣˋ 인내. 참을성.

〔窈〕 yǎo ㄧㄠˇ 심원(深遠)한.

[窈窕] yǎot'iǎo ㄧㄠˊㄊㄧㄠˊ ①부녀의 행동이 얌전하고 아리따운 모양. ② (골짜기나 궁궐 등이) 으늑한 모양.

〔要〕 yào ㄧㄠˋ ①중요한. 가장 요긴한. 「一事；중요한 일」 ② 요점. 가장 중요한 곳. 「提一；요령을 제시함. 제요.」 ③㉮구하다. 필요로 하다. 요구하다. 청구하다. 주문하다. 재촉하다. 「我一這一本書；나는 이 책이 탐이 난다」「這東西他還一呢；그는 아직 이 물건이 필요하다」㉯원하다. 하고자 희망하다. 바라다. 「他一我替他寫信；그는 나에게 자기 대신 편지를 써 달라고 부탁한다」④…하려 하고 있다. …할 것 같다. 「我們一參加生產競賽了；우리들은 생산 경쟁에 참가하게 될 것이다」⑤…하지 않으면 안된다. …하여야만 된다. 「一努力學習；학습에 힘써야만 된다」⑥만일 …한다면. 「明天一下雨, 我就不去了；내일 만일 비 오면 나는 외출하지 않을 테다」⑦형용사 앞에서 강조를 나타냄. 「女人化妝後一好看些；여자는 화장을 하면 예뻐진다」

[要隘] yàoaì ㄧㄠˋㄞˋ 요긴한 장소. 요새(要塞).

[要賬] yàochàng ㄧㄠˋㄓㄤˋ 외상값을 받다. 독촉하다.

[要強] yàoch'iáng ㄧㄠˋㄑㄧㄤˊ 분발하다. 노력하다. 「一好勝；향상심이 강하고 패하기를 싫어하다」

[要價兒] yàochiàrh ㄧㄠˋㄐㄧㄚˋㄦ ①대가(代價)를 요구하다. 지불을 재촉하다. ②에누리를 하다.

[要緊] yàochǐn ㄧㄠˋㄐㄧㄣˇ 요긴하다. 중요하다. 「一事；중대사」

[要勁兒] yàochìnrh ㄧㄠˋㄐㄧㄣˋㄦ ①지지 않으려고 버티는 것. ②몹시 힘이 들다.

[要衝] yàoch'ūng ㄧㄠˋㄔㄨㄥ 요긴한 곳. 요충(要衝).

[要犯] yàofàn ㄧㄠˋㄈㄢˋ 중대한 범인.

[要飯(兒)的] yàofàn(rh)tê ㄧㄠˋㄈㄢˋ(ㄦ)ㄉㄜ 거지. 걸인(乞人).

[要害] yàohài ㄧㄠˋㄏㄞˋ 요긴한 곳. 급소(急所). 「一處；급소」

[要好] yàohǎo ㄧㄠˋㄏㄠˇ ①사이가 좋다. ②사이 좋게 되려고 한다.

[要好瞧] yàohǎoch'iáo ㄧㄠˋㄏㄠˇㄑㄧㄠˊ ＝要好看(兒).

[要好看兒] yàohaǒk'ànrh ㄧㄠˋㄏㄠˇㄎㄢˋㄦ 모욕을 주다. 「一我的好看兒；나에게 창피를 주다」

[要謊] yàohuǎng ㄧㄠˋㄏㄨㄤˇ 에누리하여 부르다.

[要義] yàoì ㄧㄠˋㄧˋ 주지(主旨). 요지(要旨). ＝要意.

[要綱] yàokāng ㄧㄠˋㄍㄤ 요점. 요강.

[要口] yàok'ǒu ㄧㄠˋㄎㄡˇ 중요한 관문(關門).

[要乖乖] yào kuāikuai ㄧㄠˋ ㄍㄨㄞㄍㄨㄞ 어린 아이에게 뽀뽀하다.

[要公] yàokūng ㄧㄠˋㄍㄨㄥ 중용한 공무.

[要臉] yàoliěn ㄧㄠˋㄌㄧㄢˇ 체면을 중히 여기다. 「不一的；몰염치한」＝要臉面.

[要路口兒] yàolùk'ǒurh ㄧㄠˋㄌㄨˋㄎㄡˇㄦ 요긴한 장소. 요충(要衝).

[要麼] yàoma ㄧㄠˋㄇㄚ 어쩌면. 혹시. 「一他忘了沒帶來？ 혹시 잊어 버려고 가지고 안 왔을지도 몰라」

[要面子] yào mièntzǔ ㄧㄠˋ ㄇㄧㄢˋㄗ 체면이나 안면을 중히 여기다.

[要命] yàomìng ㄧㄠˋㄇㄧㄥˋ ①목숨을 요구하다. ②지독한. 심한. 「冷得一；몹시 차다」③막다른 경우에 처하여 노여움과 초조감을 내포한 말. 「多麼一！；이 얼마나 원통한 일이랴！」

[要命鬼(兒)] yàomìngkueǐ(rh) ㄧㄠˋㄇㄧㄥˋㄍㄨㄟˇ(ㄦ) ①(자기 자식을 꾸짖을 때) 바보 같은 놈. 천치같은 놈. 후레 자식: 단 이 때 어기(語氣)는 그다지 강하지 않음 ②살인귀. 살인마.

[要命傷] yàomìngshāng ㄧㄠˋㄇㄧㄥˋㄕㄤ 치명상.

[要不] yàopu ㄧㄠˋㄅㄨ ① 무엇하면. 경우에 따라서는: 상대방 의사(意思)를 물을 때. 「道兒這樣難走, 一, 我們回去吧！； 길이 이처럼 나쁘다. 무엇하면 우리 되돌아 갈까？」 ②만일 그렇잖으면. 「一怎麼說；만일 그렇잖으면 어찌하여 이런 말이 전해지고 있겠는가. 옛날부터 이와 같은 말이 전해지고 있는 것은 당연한 일이다」

[要不價] yàopùchia ㄧㄠˋㄅㄨˋㄐㄧㄚ ＝要不. 要不家.

[要不然] yàopuján ㄧㄠˋㄅㄨㄖㄢˊ ＝要不.

[要不是] yàopúshih ㄧㄠˋㄅㄨˊㄕ ①만일 …아니라면. ②가령 … 아니었다면. 「一你我怎麼能明白過來；만일 당신이 아니었다면 내가 어떻게 알 수 있었겠는가」③만일 …의 탓이 아니라면.

[要是] yàoshih ㄧㄠˋㄕ 만일: 보통 문장의 첫머리에 옴. 「一天氣好我就走； 만일 날씨가 좋으면 나는 외출한다」

[要事] yàoshih ㄧㄠˋㄕˋ 중요한 사항. 중요 안건.

[要說] yàoshuō ㄧㄠˋㄕㄨㄛ …라고 하면. …라면. 「一他可眞不錯；그이라면 참으로 안성 마춤이다」

[要死要活] yàossǔ-yàohuó ㄧㄠˋㄙˇ ㄧㄠˋㄏㄨㄛˊ 죽느냐 사느냐의 대소동.

[要道] yàotào ㄧㄠˋㄉㄠˋ ①꼭 거쳐 가야 할 길. ②소중한 도리(道理).

[要得] yàotê ㄧㄠˋㄉㄜ 근사하다. 됐다: 긍정이나 칭찬하는 경우에 쓰는 말.

[要菜] yàots'ài ㄧㄠˋㄘㄞˋ ①뒤넘스럽게 굴다. ＝擺架子. 擺譜兒. ②yào ts'ài 음식점에서 요리를 주문하다.

[要嘴吃] yàotsuìch'īh ㄧㄠˋㄗㄨㄟˇㄔ 비열하게도 남에게 음식을 조르다.

[要嘴兒] yàotsuǐrh ㄧㄠˋㄗㄨㄟˇㄦ 입맞추다. 키스하다.

[要端] yàotuān ㄧㄠˋㄉㄨㄢ 요긴한 점(點). 요긴한 곳. 「사.

[要聞] yàowén ㄧㄠˋㄨㄣˊ 중요 뉴우스·기

[要樣(兒)] yàoyàng(rh) ㄧㄠˋㄧㄤˋ(ㄦ) 체면을 중히 여기다.

〔瘧〕(疟) yào ㄧㄠˋ 말라리아. 학질. 「一疾；학질」「一子；말라리아」⇨nüèh.

〔靿〕 yào ㄧㄠˋ. 장화나 긴 양말의 목. 「長一子的靴子；목이 긴 구두. 장화」

〔曜〕 yào ㄧㄠˋ 밝게 비치다. 빛나다.

〔藥〕(药) yào ㄧㄠˋ ①약. ② 약물(藥物). 「火一；화약」「焊一；땜납」 ③

약으로 치료하다. 「不可救一 ; 아무리 해도 고칠 도리가 없다」④독살하다.「一老鼠 ; 약을 놓아 쥐를 죽이다」
[藥渣(子)] yàochā(tzŭ) ㄧㄠˋㄓㄚ(ㄗ) 약찌끼. 약을 다려 짜낸 뒤의 찌꺼기. 「침.
[藥針] yàochēn ㄧㄠˋㄓㄣ 주사 바늘. 주사
[藥劑子] yàochìtzŭ ㄧㄠˋㄐㄧˋㄗ 한방(漢方)에서 조제할 때의 약의 분량. 「一大; 한약을 제조할 때의 약의 분량이 많다. 한약첩이 크다」
[藥房] yàofang ㄧㄠˋㄈㄤ 약방 : 신약의 경우 : "藥舖"는 한약국을 말함.
[藥方(兒・子)] yàofāng(rh・tzŭ) ㄧㄠˋㄈㄤ(ㄦ・ㄗ) 처방. 처방전(處方箋).
[藥費] yàofèi ㄧㄠˋㄈㄟˋ 약대. 약값.
[藥肥皂] yàoféitsao ㄧㄠˋㄈㄟˊㄗㄠ 약용비누. 약비누.
[藥粉] yàofěn ㄧㄠˋㄈㄣˇ 가루약.
[藥衡] yàohéng ㄧㄠˋㄏㄥˊ 약의 분량을 다는 저울. 약저울.
[藥械] yàohsièh ㄧㄠˋㄒㄧㄝˋ 약을 뿌리는 기계 : 분무기(噴霧器). 흡입기(吸入器) 따위.
[藥綫] yàohsièn ㄧㄠˋㄒㄧㄢˋ ＝藥捻兒 ①.
[藥性氣] yàohsìngch'i ㄧㄠˋㄒㄧㄥˋㄑㄧˋ 약냄새.
[藥衣子] yàoītzŭ ㄧㄠˋㄧㄗ 당의(糖衣) : 환약이나 정제(錠劑) 따위를 먹기 좋게 하기 위하여 겉을 당제품(糖製品)으로 싼 것.
[藥胰子] yàoítzŭ ㄧㄠˋㄧˊㄗ ＝藥皂.
[藥膏子] yàokāotzŭ ㄧㄠˋㄍㄠㄗ ①고약. ②읽여서 반유동체(半流動體)가 된 약. 유약(油藥).
[藥料] yàoliào ㄧㄠˋㄌㄧㄠˋ ＝藥材.
[藥面(子・兒)] yàomièn(tzŭ・rh) ㄧㄠˋㄇㄧㄢˋ(ㄗ・ㄦ) 가루약. ＝藥末(兒).
[藥棉花] yàomiénhua ㄧㄠˋㄇㄧㄢˊㄏㄨㄚ 탈지면. 약솜. 「약.
[藥末(兒)] yàomò(rh) ㄧㄠˋㄇㄛˋ(ㄦ) 가루
[藥捻兒] yàoniènrh ㄧㄠˋㄋㄧㄢˇㄦ ①도화선. ②외과(外科)에서 환부내에 약을 주입하는 데 쓰는 종이로 꼰 노끈 비슷한 것. 심(心).
[藥包] yàopāo ㄧㄠˋㄅㄠ 약봉지.
[藥片兒] yàop'iènrh ㄧㄠˋㄆㄧㄢˋㄦ 정제(錠劑).
[藥餅(兒)] yàopǐng(rh) ㄧㄠˋㄅㄧㄥˇ(ㄦ) 고형(固型)의 한방약(漢方藥). 정제(錠劑). 환약(丸藥).
[藥布] yàopū ㄧㄠˋㄅㄨˋ 가아제 : 소독한 부드러운 면포(綿布).
[藥舖] yàop'ū ㄧㄠˋㄆㄨˋ 한약방. 약포 : "藥房"은 원래 양약방을 말함. 「약.
[藥水(兒)] yàoshuǐ(rh) ㄧㄠˋㄕㄨㄟˇ(ㄦ) 물
[藥死] yàossŭ ㄧㄠˋㄙ 독살하다.
[藥單] yàotān ㄧㄠˋㄉㄢ 처방전(處方箋).
[藥材] yàots'ai ㄧㄠˋㄘㄞ 약의 재료. 약재.
[藥皂] yàotsào ㄧㄠˋㄗㄠˋ 약용 비누. 약비누.
[藥丸(子・兒)] yàowán(tzŭ・rh) ㄧㄠˋㄨㄢˊ(ㄗ・ㄦ) 환약(丸藥).
[藥王廟] yàowángmiào ㄧㄠˋㄨㄤˊㄇㄧㄠˋ 약신(藥神)을 모신 사당 : "神農"을 모시다.
[藥味] yàowèi ㄧㄠˋㄨㄟˋ 한방(漢方)에서 쓰는 약의 종류. 약. 「他開的一太多 ; 그가 처방한 약은 너무 종류가 많다」
[藥引子] yàoyǐntzŭ ㄧㄠˋㄧㄣˇㄗ 한약(漢藥)에서 한층 효과를 얻기 위해 병용하는 보조약(補助藥).

〔耀〕(燿) yào ㄧㄠˋ ①번쩍이다. 빛을 내다. 「一眼 ; 눈에서 반짝이다. 눈에 어른거리다. 부시다」②나타내 보이다. 「一武揚威 ; 의기 양양하여 위세를 부리다」
[耀眼增光] yàoyěn tsēngkuāng ㄧㄠˋㄧㄢˇ ㄗㄥㄍㄨㄤ 빛이 눈에 부시는 모양.

〔鷂〕 yào ㄧㄠˋ ①「一子 ; 새매」②「一子 ; 연(鳶)」
[鷂子翻身] yàotzŭ fānshēn ㄧㄠˋㄗㄈㄢㄕㄣ 새매가 선회(旋回)하듯 맵시 있게 동작을 하는 것 : 무예(武藝) 등의 경우.
[鷂鷹] yàoyīng ㄧㄠˋㄧㄥ 새매.

〔鑰〕(鈅) yào ㄧㄠˋ 열쇠. 자물쇠. 빗장.
[鑰匙] yàoshih ㄧㄠˋㄕ 열쇠.

YEH ㄧㄝ

〔耶〕 yēh ㄧㄝ (의문・반문・추량(推量)・감탄 등을 나타내는) 어기조사(語氣助詞). 「是一非一 ; 시야비야」
[耶蘇堂] yēhsūt'áng ㄧㄝㄙㄨㄊㄤˊ 그리스도교의 교회당.

〔掖〕 yēh ㄧㄝ ①(옷자락・소매 따위를) 단으로 묶다. 걷어 올리다. 「把衣裳一上 ; 옷을 걷어 올리다」②좁은 곳에 밀어 넣다. 끼우다. 숨기다. 「不知道把信一在什麼地方了 ; 그가 편지를 어디 끼워 두었는지 모르겠다」⇨yèh.
[掖根] yēhkēn ㄧㄝㄍㄣ 구두 뒤축에 꿰매는 천. ＝鞋掖根.

〔椰〕 yēh ㄧㄝ 야자나무. 「一子 ; 야자・야자나무의 열매」「一油 ; 야자유」「一瓢 ; 야자 열매로 만든 국자」
[椰菜] yēhts'ài ㄧㄝㄘㄞˋ 양배추. 캐비지.

〔噎〕 yēh ㄧㄝ ①목이 메다. 「吃得太快, 一住了 ; 너무 빨리 먹어서 목이 메었다」②숨이 막히다. 「一得說不出話來 ; 숨이 막혀 말을 할 수 없다」
[噎膈] yēhkó ㄧㄝㄍㄜˊ 한방(漢方)에서 말하는 식도암(食道癌)・위암.

「다」
〔揶〕 yéh ㄧㄝˊ 「一揄 ; 야유하다. 놀리
〔爺〕(爷) yéh ㄧㄝˊ ①부친. 「一娘 ; 부모」②조부. 「一一奶奶 ; 조부모(祖父母)님」「老一 ; 외조부」③연장(年長)의 남자에 대한 경칭. 「張一 ; 장선생님. 장씨」④신(神). 「老天一 ; 천신(天神). 태양」
[爺們] yéhmên ㄧㄝˊㄇㄣ ①남자. ②남편.
[爺們兒] yéhmênrh ㄧㄝˊㄇㄣㄦ ＝爺兒們.
[爺娘] yéhniáng ㄧㄝˊㄋㄧㄤˊ 부모. 양친.

[爺兒倆] yéhrhliă ㄧㄝˊㄦㄌㄧㄚˇ 연장자와 연소자를 합쳐서 일컫는 말로 남성을 가리킴:부자·숙질·조손(祖孫) 따위.
[爺兒們] yéhrhmên ㄧㄝˊㄦㄇㄣ 남성.남자.
[爺爺] yéhyeh ㄧㄝˊㄧㄝ ①조부에 대한 존칭.조부님.②연장자에 대한 존칭.
[爺老子] yéhlăotzŭ ㄧㄝˊㄌㄠˇㄗ 부친. 아버지.

〔也〕 yěh ㄧㄝˇ ①같이.…도.…라도.「你去,我一去;네가 가면 나도 간다」「一不知道是誰拿走了;누가 가지고 갔는지조차 알 수 없다」 ②…도 하고 …도 하다.「一有好的,一有壞的;좋은 것도 있고 나쁜 것도 있다」「一會做詩,一會畫畫兒;시도 쓸 수 있고 그림도 그릴 수 있다」「左想一不妥,右想一不妥;이리 생각해 봐도 부당하고 저리 생각해 봐도 옳지 못하다」 ③(호응하는 부사·접속사가 없이) 그래도.…해도.「我死一不能承認;나는 죽어도 승인할 수 없다」「事情雖多,一該休息;할 일이 많아도 쉬어야만 한다」 ④("雖然·固然"과 호응하여) …하지만.「我雖然沒有見過他,一聽人說過;그를 만난 일은 없지만 사람을 통해 들은 일은 있다」 ⑤("就是·不管"등과 호응하여) 비록 …하더라도. 아무리 …해도.「就是你不說,我一知道;비록 네가 말하지 않더라도 나는 알고 있다」「不管多結實的東西,到他手裏一不得長久;아무리 견고한 것일지라도 그의 손에 들어 가기만 하면 오래 못 간다」 ⑥("不但"과 호응하여) …뿐만 아니라 …도.「不但老師不會答應,(連)同學們一不會贊成;선생님이 승낙 안하실 뿐만 아니라 급우(級友)들도 찬성할 리가 없다」 ⑦어떤 사항이나 수량 따위의 극단성(極端性)을 강조하는 경우에. ㉮("連·再"등과 호응하여) …까지도. 마저도.「連他一不認得;그이마저도 모르고 있다」「再一不敢鬧;두번 다시는 난폭하게 굴지 않을 것이다」 ㉯(수사 "一"을 포함한 어구와 호응하여) …도. …까지도.「一句一不說;한마디도 말하지 않다」「這話一點一不錯;이 말은 조금도 틀림없다」 ㉰(의문 대명사와 호응하여) …더라도 모두.「幾天幾夜一說不完;며칠이 걸려도 다 이야기할 수는 없다」 ⑧정돈(停頓)·주저(躊躇)의 어투(語套)를 나타냄. ㉮어느 쪽이냐 하면.「這樣辦一好;이와 같이 해 보는 것도 좋지」「一只好如此;이쯤 해 둘 수밖에 도리가 없다」 ㉯(가벼운 "反轉"의 어기를 표시) 그저 그런 대로. 어떻게든.「好在離家一不遠;그러나 다행히도 집에서 그다지 멀지도 않고」「年歲一不大;나이도 아직 많은 편도 아니고」 ㉰"倒一·一倒·一就"따위와 같이 복합어로서.「我這會子跑了來倒一不爲酒飯;내가 지금 찾아온 것은 무슨 술이나 밥을 먹기 위해서가 아니다」「一個月三百元的薪水一就算不少了;한 달에 3백 "元"의 월급이라면 그렇게 적은 편은 아니다」 ⑨문언조사(文言助詞). ㉮판단·단언(斷言)의 어투.「非不能一,是不爲一;안되는 것이 아니야, 하지 않는 것이다」 ㉯의문적 어세(語勢).「何爲不去一?왜 가지 않지?」 ㉰감탄의 어세.「是何言一?도대체 무슨 소리를 하지?」 ㉱명령적 어세.「不可不慎一!;조심해야 돼!」 ㉲정돈(停頓)의 어세.「其爲人一孝弟;그의 인품을 말하자면 부모에게 효도하고 형제간에 우애가 깊다」
[也只好] yěhchíhhăo ㄧㄝˇㄓˊㄏㄠˇ 우선 별 도리 없다.「一這樣辦吧;우선 이와 같이 할 수밖에 별수 없을 것이다」
[也就是說] yěhchiùshìhshuō ㄧㄝˇㄐㄧㄡˋㄕˋㄕㄨㄛ 결국.필경.즉.
[也許] yéhhsŭ ㄧㄝˊㄒㄩˇ 혹시 …일지도 모른다.「他一忘了;혹시 그가 잊었을지도 모른다」
[也罷] yěhpà ㄧㄝˇㄅㄚˋ ①그것으로 괜찮다.그리할 수밖에 별수 없다. ②…든 또 …든.「晴天一,雨天一,他那把雨傘老不離手;날이 들든 비가 오든 저 우산은 그의 손에서 벗어난 적이 없다」 ③…라도 좋다.「就是三百元一;3백 "元"이라도 좋다」

〔冶〕 yěh ㄧㄝˇ ①쇠붙이를 녹이다. 주조(鑄造)하다.「一金;야금」「一煉;정련(精鍊)하다」 ②아름다운.요염한.「一容;요염한 몸매」

〔野〕 yěh ㄧㄝˇ ①들.교외(郊外). 성외(城外).「一餐;피크닉」「一地;들. 교외」 ②궁정(宮廷),관계(官界)에 대한 민간(民間).「下一;관계(官界)에서 물러나다」 ③야비한.예의를 모르는.「這個人說話眞一;이 작자는 말 버릇이 참으로 야비하다」 ④제멋대로의.방자한.「一心;야심」 ⑤탐욕.「狼子一心;이리는 어린 새끼 때부터 포학하다:포학한 사람을 욕하는 말」 ⑥자연 그대로의 것.「一兎;산토끼」「一草;야초」 ⑦한계. 범위.「視一;시력이 닿는 범위. 시야(視野)」 ⑧방황하다.어정버정하다.「一到哪裏去了;어정버정하면서 어딜 갔었어? 어디를 그렇게 싸 다녔느냐?」
[野政] yěhchěng ㄧㄝˇㄓㄥˋ 야전군(野戰軍) 정치부.
[野鷄] yěhchī ㄧㄝˇㄐㄧ ①꿩.②점포 없이 영업하는 상인.③매음녀.창부. ④룸펜.
[野猪] yěhchū ㄧㄝˇㄓㄨ 산돼지.멧돼지.
[野種] yéhchŭng ㄧㄝˊㄓㄨㄥˇ ①사생아(私生兒).②쓸모 없는 놈(것).
[野孩子] yěhháitzŭ ㄧㄝˇㄏㄞˊㄗ 개구장이:버릇이 없는 아이.
[野漢子] yěhhàntzŭ ㄧㄝˇㄏㄢˋㄗ ①거칠고 비천한 사나이.②일정한 주소가 없는 떠돌이 사나이.③어디서 굴러온 놈.《罵》 ④남색(男色). 정부(情夫).《罵》
[野小子] yéhhsiăotzŭ ㄧㄝˊㄒㄧㄠˇㄗ 게으름뱅이 녀석.무례(無禮)한 놈.
[野心] yěhhsīn ㄧㄝˇㄒㄧㄣ ①들떠 있는 마음.옳지 못한 마음.「一着心;마음이 들떠 있다」 ②야심.
[野性] yěhhsìng ㄧㄝˇㄒㄧㄥˋ ① 야성적인 성질.야성.②난폭한 성질. ③난잡하고 방탕한 성질.
[野心狼] yěhhsīnláng ㄧㄝˇㄒㄧㄣㄌㄤˊ 탐욕스런 사람을 일컬음.지나친 욕심장이.
[野話] yěhhuà ㄧㄝˇㄏㄨㄚˋ 야비한 말씨.천한 말투.

[野意兒] yěhìrh ㅣㅔˇㅣˋㄦ 야취(野趣). 자연스럽고 소박한 취미. 전원(田園)의 정취(情趣).
[野鴿] yěhkō ㅣㅔˇㄍㄜ 산비둘기.
[野狗] yěhkoǔ ㅣㅔˊㄍㄡˇ 임자 없는 개. 야견(野犬).
[野果子] yěhkuǒtzū ㅣㅔˊㄍㄨㄛˇㄗ 야생의 과실.
[野猫] yěhmāo ㅣㅔˇㄇㄠ ①너구리. ②토끼. ③도둑 고양이. ④무례하고 우악스런 사람을 일컫는 말.
[野男人] yěhnánjên ㅣㅔˇㄋㄢˊㄖㄣ ①쓸모 없는 놈. ‹罵› ②샛서방. 정부(情夫).
[野娘們] yěhniángmên ㅣㅔˇㄋㄧㄤˊㄇㄣ ①말괄량이. 난잡한 여자. ②매음부. 갈보.
[野乘] yěhshěng ㅣㅔˇㄕㄥˋ =野史.
[野史] yěhsĭh ㅣㅔˊㄕˇ 칙명(勅命)에 따른 "正史"가 아니고 개인이 편 역사 책.
[野食兒] yěhshíhrh ㅣㅔˇㄕˊㄦ ①먹이. 미끼. ②뜻밖의 수입. 부정 수입. ③(옮지 못한) 수확물.
[野地] yěhtì ㅣㅔˇㄉㄧˋ ①교외(郊外)의 땅. ②들. 벌판. ③밭.
[野調無腔] yěhtiào wúch'iāng ㅣㅔˇㄉㄧㄠˋ ㄨˊㄑㄧㄤ 말씨가 난폭하고 무례하다. =野腔無調.
[野頭野腦] yěht'óu-yěhnaǒ ㅣㅔˇㄊㄡˊ ㅣㅔˊㄋㄠˇ 거칠고 품위가 없는 모양.
[野菜] yěhts'ài ㅣㅔˇㄘㄞˋ ①야생의 풀. ②식용으로 하는 야생의 나무 열매나 잎사귀 따위.
[野餐] yěhts'ān ㅣㅔˇㄘㄢ 피크닉. 소풍.
[野蠶] yěhts'án ㅣㅔˇㄘㄢˊ 산누에. 야잠.
[野味] yěhwèi ㅣㅔˇㄨㄟˋ 사냥에서 잡은 짐승의 맛있는 요리.
[野鴨(子)] yěhyā(tzū) ㅣㅔˇㄧㄚ(ㄗ) 물오리.
[野鴛鴦] yěhyüānyang ㅣㅔˇㄩㄢㄧㄤ ①야합(野合)한 부부. ②밀통(密通)한 남녀.

〔曳〕 yèh ㅣㅔˋ ①끌다. 「一車; 수레를 끌다」 ②뒤에서 질질 끌리다. ③맥없이 힘이 빠지다.
[曳引機] yèhyin chī ㅣㅔˋㄧㄣˇㄐㄧ 트랙터 =拖拉機.

〔夜〕 yèh ㅣㅔˋ ①밤. 야반(夜半). 밤중. 「日日一一; 매일 매야. 날마다 밤마다」 「熬一; 밤샘하다. 철야하다」 「查一; 야경 돌다」 ②조수사(助數詞). …밤. …야(夜). 「兩天兩一沒有吃; 연 이틀 동안이나 아무 것도 먹지 않았다」
[夜場] yèhch'ăng ㅣㅔˋㄔㄤˇ 야간 흥행: "日場" 즉 "晝間興行"의 반대어.
[夜長夢多] yèhch'áng mĕngtō ㅣㅔˋㄔㄤˊ ㄇㄥˋㄉㄨㄛ 시간을 끌면 상황도 달라진다. ‹成›
[夜車] yèhch'ē ㅣㅔˋㄔㄜ 야간 열차. 밤차.
[夜間] yèhchien ㅣㅔˋㄐㄧㄢ 밤. 야간.
[夜靜更深] yèhchìng-kēngshēn ㅣㅔˋㄐㄧㄥˋ ㄍㄥㄕㄣ 한밤중. 깊은 밤.
[夜淨兒] yèhchìngrh ㅣㄛˋㄐㄧㄥˋㄦ 요강.
[夜飯] yèhfàn ㅣㅔˋㄈㄢˋ 저녁밥. =晚飯.
[夜分] yèhfēn ㅣㅔˋㄈㄣ 한밤중. 야반(夜半).
[夜航] yèhháng ㅣㅔˋㄏㄤˊ 야간에 비행 또는 항행(航行)하다.
[夜戲] yèhhsì ㅣㅔˋㄒㄧˋ 밤의 연극. 야간 흥행.
[夜校] yèhhsiào ㅣㅔˋㄒㄧㄠˋ 야간 학교. 야학교.
[夜壺] yèhhú ㅣㅔˋㄏㄨˊ 요강.
[夜活] yèhhuó ㅣㅔˋㄏㄨㄛˊ 밤일. 야업(夜業).
[夜以繼日] yèhichìjih ㅣㅔˋㄧˇㄐㄧˋㄖˋ 밤낮을 가리지 않고 서둘러. 밤낮 쉬지 않고 계속하여.
[夜課] yèhk'ò ㅣㅔˋㄎㄜˋ 야간 수업.
[夜個] yèhko ㅣㅔˋㄍㄜ =昨天 (tsót'ien). 夜來. ‹吳›
[夜光表] yèhkuāngpiăo ㅣㅔˋㄍㄨㄤㄅㄧㄠˇ 야광 시계(夜光時計).
[夜工] yèhkūng ㅣㅔˋㄍㄨㄥ 야업(夜業). 야간 작업.
[夜來] yèhlái ㅣㅔˋㄌㄞˊ ①어제. 작일. ②밤.
[夜來香] yèhláihsiāng ㅣㅔˋㄌㄞˊㄒㄧㄤ ‹植› 달맞이꽃을 닮은 화초의 일종: 가을철에 피며 밤에 강한 향기를 뿜음.
[夜郎自大] yèhláng tzûtà ㅣㅔˋㄌㄤˊ ㄗˋㄉㄚˋ 분수를 모르고 교만하게 구는 것. ‹成›
[夜闌人靜] yèhlán-jénchìng ㅣㅔˋㄌㄢˊ ㄖㄣˊㄐㄧㄥˋ 한밤중. 밤이 깊어 모두 잠자는 축시(丑時).
[夜裏] yèhli ㅣㅔˋㄌㄧ 밤. 밤중.
[夜料] yèhliào ㅣㅔˋㄌㄧㄠˋ 밤에 먹이는 사료(飼料). 「上一; 밤 사료를 주다」
[夜猫子] yèhmāotzū ㅣㅔˋㄇㄠㄗ 부엉이.
[夜明表] yèhmíngpiăo ㅣㅔˋㄇㄧㄥˊㄅㄧㄠˇ =夜光表.
[夜幕] yèhmù ㅣㅔˋㄇㄨˋ 밤의 장막.
[夜班] yèhpān ㅣㅔˋㄅㄢ 야근(夜勤) 「晚班; 오후 당번. 야간 당번」
[夜報] yèhpào ㅣㅔˋㄅㄠˋ ①=晚報(wǎnpào). ②오후 9시 이후에 나오는 신문. ‹舊›
[夜深] yèhshēn ㅣㅔˋㄕㄣ 밤이 깊어지다. 야심해지다.
[夜市] yèhshìh ㅣㅔˋㄕˋ 야시장(夜市場). 야시. 밤에 거리에서 물건을 파는 매점.
[夜草] yèhts'ăo ㅣㅔˋㄘㄠˇ (밤에) 가축에게 먹이는 풀.
[夜作] yèhtso ㅣㅔˋㄗㄨㄛ =夜活.
[夜頭] yèht'óu ㅣㅔˋㄊㄡˊ =晚上(wǎnshang). 夜裏(yèhli).
[夜晚] yèhwǎn ㅣㅔˋㄨㄢˇ 밤.
[夜鶯] yèhyīng ㅣㅔˋㄧㄥ 나이팅게일. 밤꾀꼬리.
[夜游神] yèhyúshén ㅣㅔˋㄧㄡˊㄕㄣˊ ①야밤에 나와 걸어다닌다는 신(神). ②밤늦게까지 자지 않는 것. 또 그러한 사람.
[夜游子] yèhyútzū ㅣㅔˋㄧㄡˊㄗ =夜游神.

〔頁〕(页) yèh ㅣㅔˋ ①페이지를 세는 조수사(助數詞): 면(面). ②중국의 고서(古書)나 그림 등의 매수(枚數). 「活一; 루우스리이프」 「冊一; 서화장(書畫帳). 노우트」

〔咽〕 yèh ㅣㅔˋ ①막히다. ②목메다. 느끼다. 「嗚一; 흐느껴 욺. 오열」 「哽一; 몹시 흐느껴 울다」 ⇨yēn, yèn.

〔液〕 yèh ㅣㅔˋ 액체. 액. 「血一; 혈액」

〔掖〕 yèh ㅣㅔˋ ①손으로 사람을 부축하다. ②원조하다. 부조(扶助)하다. 「獎一

;격려하다. 북돋우다」③발탁하다. ④열.

〔葉〕(叶) yèh ㄧㄝˋ ①「一子·一兒;나뭇잎. 풀잎」「樹一子;나뭇잎」②잎사귀처럼 얇은 것을 일컬음. 「銅一;동편. 구리 조각」「鐵一;철편. 쇳조각」③세(世). 시대. 「二十世紀的中一;20세기 중엽(中葉)」④성(姓)의 하나. ⇨hsiéh.

[葉公好龍] yèhkūng hàolúng ㄧㄝˋㄍㄨㄥ ㄏㄠˋㄌㄨㄥˊ 표면으로는 좋아하며 잘 알고 있는 듯하나 실제는 아무 것도 모르는 말. ‹成›

[葉落歸根] yèhlò kueīkēn ㄧㄝˋㄌㄨㄛˋ ㄍㄨㄟㄍㄣ 낙엽귀근(落葉歸根). 결국 근본으로 되돌아 간다. ‹成›

[葉柄] yèhpǐng ㄧㄝˋㄅㄧㄥˇ 잎의 줄기.

[葉兒] yèhrh ㄧㄝˋㄦ ①잎. ②"葉子"의 ③④⑤⑥.

[葉甜菜] yèht'iénts'ài ㄧㄝˋㄊㄧㄢˊㄘㄞˋ =厚皮菜.

[葉子] yèhtzǔ ㄧㄝˋㄗ ①잎. ②가루다(歌留多): 놀이나 놀음 등에 사용하는 장방형의 딱지. 「一戰;가루다 놀이」③금박(金箔). ④서적의 페이지 따위를 세는 조수사. ⑤엽차(葉茶) : 가루 차에 대하여. ⑥"葉子烟"의 준말.

[葉子煙] yèhtzǔyēn ㄧㄝˋㄗㄧㄢ 엽초. 잎담배.

〔腋〕 yèh ㄧㄝˋ 겨드랑이 밑: 구어(口語)에서는 "胳肢窩". 「一窩;겨드랑이」

[腋氣] yèhch'ì ㄧㄝˋㄑㄧˋ 액취(腋臭). 암내.

〔業〕 yèh ㄧㄝˋ ①일. 작업. 사업. 「農一;농업」「失一;실업」②학업. 「畢一;졸업하다」③…을 업으로 삼다. …일로 삼다. 「一農;농사를 업으로 삼다」④부동산. 재산. 「一主;부동산 소유자」⑤이미. 「一得復信;이미 회답을 받았다」⑥과거의 악업(惡業). 죄업(罪業).

[業產] yèhch'ǎn ㄧㄝˋㄔㄢˇ 부동산. 가산(家產).

[業契] yèhch'ì ㄧㄝˋㄑㄧˋ 토지 소유권 증「서.

[業經] yèhchīng ㄧㄝˋㄐㄧㄥ 이미 …했다. =已經.

[業主] yèhchǔ ㄧㄝˋㄓㄨˇ ①부동산 소유자. ②사업주.

[業種] yèhchǔng ㄧㄝˋㄓㄨㄥˇ ①천벌을 받아야 할 나쁜 놈. ②벼락맞을 놈. ‹罵›

[業已] yèhǐ ㄧㄝˋㄧˇ 이미. 벌써. 「一完成;이미 완성했다」

[業餘] yèhyǘ ㄧㄝˋㄩˊ 업무의 여가. 「一學校;여가를 이용하여 교육하는 학교」

[業冤] yèhyüān ㄧㄝˋㄩㄢ ①죄장(罪障): 성불(成佛)하는 데 장애가 되는 죄업. ②업원: 전생에서 지은 죄로 이승에서 받는 괴로움.

〔燁〕(烨) yèh ㄧㄝˋ 불빛이 반짝이는 모양.

〔謁〕 yèh ㄧㄝˋ ①죄인을 면회하다. 「一見;알현하다」②고하다. ③말씀 올리다. ④참배하다.

〔靨〕 yèh ㄧㄝˋ 보조개. 「笑一; 보조개」「一子;보조개」

YEN ㄧㄢ

〔咽〕 yēn ㄧㄢ 목구멍. ⇨yèn, yèh.

〔殷〕 yēn ㄧㄢ 검붉은 빛. 농홍색. 「一紅;검붉은 빛」⇨yīn.

〔焉〕 yēn ㄧㄢ ①여기에. 이에. 이로부터: "于是"와 같음. 「天下之民至一; 온 천하의 백성이 여기에 이르다」「殆有甚一;아마 이것보다는 더 심할 것이다」②거기서. 비로소. 「必知亂之所自起,一能治之;반란의 원인을 알아야만 비로소 이것을 진압할 수 있다」=乃. 才. ③어찌서. 어디. 누구. 「一知?;어떻게 안단 말인가?」「其子一往?;그 애는 어디로 가나?」④문말(文末) 어기조사(語氣助詞). 「又何慮一!;아무 것도 걱정할 것은 없다」「有厚望一;큰 희망이 있다」

〔淹〕 yēn ㄧㄢ ①물에 잠기다. 「被水一了;물에 잠겼다. 침수되었다」②(피부가 땀 따위로) 헐다. 거칠어지다. 「眼藥一了眼睛;안약 때문에 눈이 문들어지다」

[淹纏] yēnch'an ㄧㄢㄔㄢ ①오래 앓다. ②오래 끌다. > 淹淹纏纏.

[淹踐] yēnchien ㄧㄢㄐㄧㄢ 쓸모 없게 됨. 못 쓰게 됨.

[淹留] yēnliú ㄧㄢㄌㄧㄡˊ 체류(滯留)하다.

[淹沒] yēnmò ㄧㄢㄇㄛˋ ①물에 잠기다. ②익사하다.

[淹博] yēnpó ㄧㄢㄅㄛˊ 학문이 넓고 깊다.

[淹死] yēnssǔ ㄧㄢㄙ 익사하다. 「一鬼;익사자」

〔煙〕(烟·菸④⑤) yēn ㄧㄢ ①「一兒;연기」「冒一;연기가 나다」②「一子;그을음」「松一;소나무 그을음: 먹 원료로 쓰임」「鍋一子;남비 밑에 꺼멓게 묻은 그을음」③운무(雲霧). 「一霞;아지랭이」④담배. 「香一;궐련」「旱一;살담배」⑤아편. 「大一;아편」⑥"廣東" 요리에서 톱밥을 사용하여 훈제(燻製)하는 것.

[煙瘴] yēnchàng ㄧㄢㄓㄤˋ 중국 남부 삼림(森林) 지대에서 발생하는 열병(熱病). 악질 말라리아.

[煙氣] yēnch'ì ㄧㄢㄑㄧˋ ①연기. ②담배 냄새. ③그을은 빛깔.

[煙家夥] yēnchiāhuo ㄧㄢㄐㄧㄚㄏㄨㄛ 아편 기구(器具)의 총칭.

[煙鹼] yēnchiěn ㄧㄢㄐㄧㄢˇ 니코틴. =尼古丁

[煙紙店] yēnchǐhtièn ㄧㄢㄓˇㄉㄧㄢˋ 담배 가게. 연초 판매소.

[煙禁] yēnchìn ㄧㄢㄐㄧㄣˋ 아편의 금제(禁「制).

[煙酒不分家] yēnchiǔ pū fēnchiā ㄧㄢㄐㄧㄡˇ ㄅㄨˋ ㄈㄣㄐㄧㄚ 술과 담배는 자타(自他)의 구별이 없다. 주저 없이 상대의 것을 마시고 피우는 것.

[煙捲紙] yēnchüǎnchǐh ㄧㄢㄐㄩㄢˊㄓˇ 라

이스 페이퍼. 궐련 마는 얇은 종이.
[煙蟲子] yēnch'úngtzŭ ㄧㄢㄔㄨㄥˊㄗ 골초. 담배를 지독히 피우는 사람.
[煙荷包] yēnhópao ㄧㄢㄏㄜˊㄅㄠ =煙袋荷包.
[煙消火滅] yēnhsiāo-huŏmièh ㄧㄢㄒㄧㄠ ㄏㄨㄛˇㄇㄧㄝˋ 연기나 불처럼 꺼져 사라지는 모양.
[煙心] yēnhsīn ㄧㄢㄒㄧㄣ (뜻대로 되지 않아) 마음 속에서 고민하다.
[煙灰] yēnhuī ㄧㄢㄏㄨㄟ 담뱃재. 「一碟; 재떨이」
[煙火] yēnhuŏ ㄧㄢㄏㄨㄛˇ ①삶거나 구운 음식. 「不食人間一; 속세(俗世)의 요리는 먹지 않는다」 ②불꽃. ③봉화.
[煙火氣] yēnhuŏch'ì ㄧㄢㄏㄨㄛˇㄑㄧˋ 속취(俗趣). 세속적인 냄새. 「鋉.
[煙牙] yēnyá ㄧㄢㄧㄚˊ 까맣게 된 이. =煙
[煙館] yēnkuăn ㄧㄢㄍㄨㄢˇ 아편을 먹이는 가게. ‹舊›
[煙膏(兒·子)] yēnkāo(rh·tzŭ) ㄧㄢㄍㄠ(ㄦ·ㄗ) 생(生)아편을 정제(精製)한 것.
[煙鬼] yēnkueĭ ㄧㄢㄍㄨㄟˇ ①아편 상용자. ②골초.
[煙鍋] yēnkuō ㄧㄢㄍㄨㄛ 담뱃대.
[煙煤] yēnméi ㄧㄢㄇㄟˊ 유연탄(有煙炭). 흑탄.
[煙苗] yēnmiáo ㄧㄢㄇㄧㄠˊ 양귀비. 「합.
[煙盤] yēnp'án ㄧㄢㄆㄢˊ 담배서랍. 담배
[煙包兒] yēnpāorh ㄧㄢㄅㄠㄦ 담배 쌈지.
[煙癖] yēnp'ĭ ㄧㄢㄆㄧˇ 담배·아편 등을 애용하는 습성.
[煙屁股] yēnp'ìku ㄧㄢㄆㄧˋㄍㄨ 담배 꽁초
[煙波] yēnpō ㄧㄢㄅㄛ 물위나 높은 장소에 가로로 길게 끼어 있는 안개.
[煙不出火不進] yēn pùch'ū huŏ pùchìn ㄧㄢ ㄅㄨˋㄔㄨ ㄏㄨㄛˇ ㄅㄨˋㄐㄧㄣˋ 애매하다. 분명치 않다. 요령부득(要領不得).
[煙兒煤] yēnrhméi ㄧㄢㄦㄇㄟˊ 새까만 유연탄(有煙炭).
[煙色] yēnsè ㄧㄢㄙㄜˋ 담배·아편 중독자의 얼굴빛.
[煙士披利純] yēnshìhp'ìlìch'ún ㄧㄢㄕˋㄆㄧㄌㄧˋㄔㄨㄣˊ 인스피레이션. 영감(靈感).
[煙絲] yēnssū ㄧㄢㄙ 살담배. 잘게 썬 담배.
[煙袋] yēntài ㄧㄢㄉㄞˋ 담뱃대. 「一杆兒; 담배 설대」 「一鍋子(一兒); 대통」 「一荷包; (담뱃대와 한쌍이 되어 있는) 살담배 쌈지」 「一油子; 담뱃진」 「一嘴口; 담뱃대의 물부리.
[煙蔕] yēntì ㄧㄢㄉㄧˋ 담배 꽁초.
[煙碳] yēnt'àn ㄧㄢㄊㄢˋ 가스 카아본.
[煙碟兒] yēntiéhrh ㄧㄢㄉㄧㄝˊㄦ 재떨이.
[煙頭] yēnt'óu ㄧㄢㄊㄡˊ =煙蔕.
[煙斗] yēntŏu ㄧㄢㄉㄡˇ ①마도로스 파이프. ②아편 피우는 담뱃대.
[煙草] yēnts'ăo ㄧㄢㄘㄠˇ 담배.
[煙嘴(兒)] yēntsuĭ(rh) ㄧㄢㄗㄨㄟˇ(ㄦ) 파이프. 담뱃대 물부리.
[煙囪] yēnts'ūng ㄧㄢㄘㄨㄥ 굴뚝. 연통. =煙筒. 「위.
[煙毒] yēntú ㄧㄢㄉㄨˊ 아편·헤로인 따
[煙土] yēnt'ŭ ㄧㄢㄊㄨˇ 정제(精製)하지 않은 아편.
[煙筒] yēnt'ung ㄧㄢㄊㄨㄥ =煙囪.
[煙子] yēntzŭ ㄧㄢㄗ 그을음. 유연(油煙).
[煙癮] yēnyĭn ㄧㄢㄧㄣˇ 아편 중독. 「진.
[煙釉子] yēnyùtzŭ ㄧㄢㄧㄡˋㄗ 담뱃진. 댓
[煙雲過眼] yēnyún kuòyĕn ㄧㄢㄩㄣˊ ㄍㄨㄛˋㄧㄢˇ 흔적도 없이 지나가 버리는 것. ‹成›

〔湮〕 yēn ㄧㄢ ①매몰되다. 멸망하다. ⇨yīn.
[湮滅] yēnmièh ㄧㄢㄇㄧㄝˋ 인멸되다. 소멸하다. 「古跡已經一了; 고적은 이미 매몰되어 버렸다」
[湮沒] yēnmò ㄧㄢㄇㄛˋ 인멸하다. 멸망시키다. 「一罪證; 범죄의 증거를 인멸하다」

〔嫣〕 yēn ㄧㄢ ①아리땁고 고운. ②생긋이 「一然一笑; 생긋 웃다」

〔燕〕 yēn ㄧㄢ "周"의 나라 이름. ⇨yèn.

〔醃〕(腌) yēn ㄧㄢ ①소금에 절이다. 「一肉; 고기를 소금에 절이다. 소금에 절인 고기」 「一菜·一鹹菜; 야채를 소금에 절이다. 소금에 절인 야채. 김치 따위」 ⇨ā.
[醃鷄子兒] yēnchītzŭrh ㄧㄢㄐㄧㄗˇㄦ ①소금에 절인 달걀. ②(yēn chītzŭrh) 달걀을 소금에 절이다.

〔閹〕 yēn ㄧㄢ ①거세(去勢)하다. 「一猪; 거세한 돼지」 ②환관(宦官).
[閹割] yēnkō ㄧㄢㄍㄜ 거세(去勢)하다.

〔懨〕 yēn ㄧㄢ 「一一; 앓는 모양. 병세」

〔胭〕(臙) yēn ㄧㄢ ①연지. ②목구멍. =咽.
[胭脂] yēnchih ㄧㄢㄓ 연지. 루우즈.
[胭脂虎] yēnchihhŭ ㄧㄢㄓㄏㄨˇ 말괄량이. 성질이 사나운 여자.

〔言〕 yén ㄧㄢˊ ①언어. 말. 「發一; 발언」 「閉口無一; 입을 다물고 말을 하지 않다」 ②말하다. 「知無不一; 알고 있는 말은 다 털어 놓다」 ③하나의 한자(漢字). 문자. 「五一詩; 오언시」 ④뜻.
[言差語錯] yénch'à-yŭts'ò ㄧㄢˊㄔㄚˋ ㄩˇㄘㄨㄛˋ 말의 실수. 말의 차질.
[言淺意深] yénch'iĕn-ìshēn ㄧㄢˊㄑㄧㄢˇ ㄧˋㄕㄣ 말은 간단하나 뜻은 깊다.
[言之成理] yénchīhch'ênglĭ ㄧㄢˊㄓㄔㄥˊㄌㄧˇ 말이 이치(理致)에 맞다.
[言之有物] yénchīhyŭwù ㄧㄢˊㄓㄧㄡˇㄨˋ 예사로운 말속에 깊은 의미가 들어 있다는 말: "言之無物"의 대(對).
[言近指遠] yénchìn chĭhyüăn ㄧㄢˊㄐㄧㄣˋ ㄓˇㄩㄢˇ 비근(卑近)한 말이지만 뜻은 깊다. 속된 말 에도 깊은 뜻이 있다.
[言傳] yénch'uán ㄧㄢˊㄔㄨㄢˊ ①말하다. 지껄이다. ‹方› =言聲. ②말로써 전하다.
[言重] yénchùng ㄧㄢˊㄓㄨㄥˋ 말씨가 지나치게 정중(鄭重)하다.
[言歸正傳] yénkueīchèngchuàn ㄧㄢˊㄍㄨㄟㄓㄥˋㄓㄨㄢˋ 이야기가 본론으로 들어가다.
[言歸于好] yénkueīyúhăo ㄧㄢˊㄍㄨㄟㄩˊㄏㄠˇ 벌어졌던 사이가 다시 좋아지다.

[言過其實] yénkuòch'íshíh ㄧㄢˊㄍㄨㄛˋㄑㄧˊㄕˊ 말이 사실보다 과장(誇張)되어 있다. 사실보다 말을 과장하여 하다.
[言必有中] yénpìyǔchùng ㄧㄢˊㄅㄧˋㄧㄡˇㄓㄨㄥˋ 말이 꼭 맞다 정확하게 적중(適中)되다.
[言不及義] yénpùchíi ㄧㄢˊㄅㄨˋㄐㄧˊㄧˋ ①진지한 말을 하지 않다. ②말이 그 뜻을 하지 못하다.
[言不應點] yénpǔyìngtiěn ㄧㄢˊㄅㄨˋㄧㄥˋㄉㄧㄢˇ 말에 진실성이 없다. 말이 신중하지 못하다.
[言不由衷] yénpùyúchūng ㄧㄢˊㄅㄨˋㄧㄡˊㄓㄨㄥ 마음에도 없는 말을 하다.
[言談] yént'án ㄧㄢˊㄊㄢˊ 말. 언어. 이야기.
[言道] yéntào ㄧㄢˊㄉㄠˋ 말하다. 이야기하다.
[言聽計從] yént'ìng-chìts'úng ㄧㄢˊㄊㄧㄥㄐㄧˋㄘㄨㄥˊ 남의 말을 승낙하고 그 계획에 따르다. 믿고 하라는 대로 하다.
[言多語失] yéntō yǔshīh ㄧㄢˊㄉㄨㄛ ㄩˇㄕ 말이 많으면 실언하기 쉽다.
[言詞] yéntz'ú ㄧㄢˊㄘˊ 말. 언사(言辭).
[言爲心聲] yénuéihsīnshēng ㄧㄢˊㄨㄟˊㄒㄧㄣㄕㄥ 말은 마음의 표현.
[言語] yényü ㄧㄢˊㄩˊ ①말하다. 이야기하다. 「怎麼不一呢？어째자고 아무 말도 안하느냐?」 ②yényǚ 말. 언어. 「一妙天下；말이 몹시 아름답다」「一道斷；언어도단」「村上一很多；마을에서는 소문이 자자하다」

〔延〕 yén ㄧㄢˊ ①잡아 늘이다. 「一年；장수(長壽)하다」 ②끌다. 연기하다. 순연(順延)하다. 「遇雨順一；우천순연(雨天順延)」 ③초빙하다. 초청하다. 「一師；교사를 초빙하다」 ④파급되다. 미치다. ⑤물리치다.
[延纏] yénch'án ㄧㄢˊㄔㄢˊ 오래 걸리다. 날짜를 끌다.
[延展] yénchǎn ㄧㄢˊㄓㄢˇ (쇠붙이 따위를)늘이다. 「一開幕日期；개막 날짜를 연기하다」
[延接] yénchiēh ㄧㄢˊㄐㄧㄝ 응접하다. 접대하다.
[延遲] yénch'íh ㄧㄢˊㄔˊ 연기하다. 늦추다.
[延請] yénch'ing ㄧㄢˊㄑㄧㄥˇ 초빙하다.
[延頸企踵] yénching-ch'ìchǔng ㄧㄢˊㄐㄧㄥˇㄑㄧˋㄓㄨㄥˇ 목을 길게 빼고 기다리다. =延企. 《成》
[延佇] yénchù ㄧㄢˊㄓㄨˋ 목을 길게 빼고 기다리다.
[延性] yénhsìng ㄧㄢˊㄒㄧㄥˋ 전성(展性):압력을 가하여 얇고 넓게 펼 수 있는 금속의 성질.
[延續] yénhsù ㄧㄢˊㄒㄩˋ 늘이다. 연기하다. 오래 끌다. 「人們爲了一生命, 而從事各方面的努力；사람들은 생명을 연장시키기 위해 온갖 노력을 다하다」 「一十周以上；10 주간(週間) 이상 걸리다」
[延緩] yénhuǎn ㄧㄢˊㄏㄨㄢˇ 연기하다. 잡아 늘이다.
[延人公里] yénjěn kūnglǐ ㄧㄢˊㄖㄣˊ ㄍㄨㄥㄌㄧˇ (철도에서 말하는) 1킬로미터마다의 연인원수(延人員數).
[延擱] yénkō ㄧㄢˊㄍㄜ (시간을) 끌다. 연기하다. 「一誤時；시간을 끌다가 시기를 놓치다」 > 延延擱擱.
[延攬] yénlǎn ㄧㄢˊㄌㄢˇ 불러다 자기 편에 끌어 넣다.
[延年益壽] yénnién-ishòu ㄧㄢˊㄋㄧㄢˊㄧˋㄕㄡˋ 오래 살다. 수명을 늘이다. 장수하다.
[延聘] yénp'in ㄧㄢˊㄆㄧㄣˋ 초빙하다.
[延伸] yénshēn ㄧㄢˊㄕㄣ ①뻗다. 뻗어 나가다. 「鐵路將要一到新疆境內；철도는 "新疆省"내에까지 뻗치려고 하고 있다」 ②(의미 따위를) 확대시키다. 확대하다.
[延宕] yéntàng ㄧㄢˊㄉㄤˋ 날짜를 끌다. 오래 걸리다. 「一一些日子；날짜를 조금 연기하다」 > 延延宕宕.
[延誤] yénwù ㄧㄢˊㄨˋ 지연(遲延)하다. 지연시키다.

〔炎〕 yén ㄧㄢˊ ①불꽃. ②더운. 「一夏；염하」 ③염증(炎症). 「發一；염증을 일으키다」
[炎腫] yénchǔng ㄧㄢˊㄓㄨㄥˇ 카타르. 「胃一；위카타르」
[炎涼] yénliáng ㄧㄢˊㄌㄧㄤˊ ①기후. ②세태나 인정(人情)이 변하기 쉬운 것. 「世態一；세태나 인정이 변하기 쉬운 일」
[炎炎] yényén ㄧㄢˊㄧㄢˊ 활활 타 오르는 모양. 힘찬 모양.

〔沿〕 yén ㄧㄢˊ ①따라…하다. 「一着河邊走；냇가를 따라 걷다」 ②답습하다. 따르다. 「一例；전례를 따르다」 ③「一兒；변두리. 가장자리」 「帽一；모자 가장자리」 ④가선을 두르다. 테를 두르다.
[沿襲] yénhsí ㄧㄢˊㄒㄧˊ 답습하다.
[沿例] yénlì ㄧㄢˊㄌㄧˋ 지난 예(例)에 따라 행하다.
[沿邊兒] yénpiēnrh ㄧㄢˊㄅㄧㄢㄦ 옷 가에 무늬로 가선을 두르다. 또는 그러한 물건.
[沿條兒] yént'iáorh ㄧㄢˊㄊㄧㄠˊㄦ 가선으로 쓰는 가늘고 긴 천.

〔姸〕 yén ㄧㄢˊ ①아름답다. 아름다운. 요염한. ②연마(硏磨)하다.

〔硏〕 yén ㄧㄢˊ ①갈다. 「一墨；먹을 갈다」 ②닦다. ③연구하다. 「一求；구명(究明)하다. 탐구하다」
[硏究] yénchiū ㄧㄢˊㄐㄧㄡ ①연구. ②검토.
[硏磨] yénmó ㄧㄢˊㄇㄛˊ ①연마. 갈고 닦음. ②노력을 거듭하여 정신이나 기술을 닦음. ③벼루를 갈다.
[硏討] yént'ǎo ㄧㄢˊㄊㄠˇ 연구 검토하다.

〔鉛〕 yén ㄧㄢˊ 지명. 「一山縣；"江西省"에 있는 지명」 ⇨ch'iēn.

〔筵〕 yén ㄧㄢˊ ①댓자리. 거적. ②주석(酒席). 「喜一；혼례(婚禮)의 축하연」「一席·一宴；주연(酒宴)·향연(饗宴)」

〔閻〕 yén ㄧㄢˊ 성(姓)의 하나.
[閻王] yénwang ㄧㄢˊㄨㄤ 염라대왕(閻羅大王). 「一爺；염라대왕님」
[閻王鼻子] yénwangpítzǔ ㄧㄢˊㄨㄤㄅㄧˊㄗˇ 위험하기 그지 없는 사물이나 장소에 대한 비유.

〔癌〕 yén ㄧㄢˊ 암.「乳一；유암」
[癌症] yénchěng ㄧㄢˊㄓㄥˇ 암:병명.
[癌腫] yénchŭng ㄧㄢˊㄓㄨㄥˇ 암:환부(患部).

〔檐〕(簷) yén ㄧㄢˊ ①「一兒;처마.차양.처마끝」「房一兒;처마」「前一;집앞 처마」②「一兒;차양처럼 내민 부분」「帽一兒;모자의 차양」
[檐墻] yénch'iáng ㄧㄢˊㄑㄧㄤˊ 처마밑의 벽.
[檐溜] yénliū ㄧㄢˊㄌㄧㄡ 처마끝에서 떨어지는 낙수물.

〔顔〕 yén ㄧㄢˊ ①얼굴.「無一見人;사람을 대할 면목이 없다」②색·색채·그림 물감 등 채색(彩色)에 쓰는 재료의 총칭.「五一六色;가지각색」③성(姓)의 하나.
[顔面] yénmièn ㄧㄢˊㄇㄧㄢˋ ①체면. 명예.「一攸關;체면에 걸리다」②얼굴 모양.
[顔色] yénsê ㄧㄢˊㄕㄜ, yénshai ①안색. ②안료(顔料). 그림 물감.

〔嚴〕(严) yén ㄧㄢˊ ①(물·공기 따위가 새지 않게) 꼭 틀어 막는. 빈틈 없는.「嘴一;없이 무겁다」「把罐子蓋一了;초롱을 뚜껑으로 꽉 막다」「房上的草都長一了;지붕 위의 풀이 빽빽이 자라서 지붕을 덮었다」②엄한. 지독한. 엄숙한.「規矩一;규칙이 엄하다」「一辦;엄중히 처벌하다」③옛날은 아버지를 가리켰음.「家一;우리 아버지」④성(姓)의 하나.
[嚴懲] yénch'ĕng ㄧㄢˊㄔㄥˊ 엄벌에 처하다.「一不貸;가차 없이 엄벌에 처하다」
[嚴整] yénchěng ㄧㄢˊㄓㄥˇ 똑바로 잘 정리되어 있다.
[嚴加] yénchiā ㄧㄢˊㄐㄧㄚ (어떤 대상에 대해) 엄하게…하다.「一管束;엄중히 감시 취체하다」
[嚴緊] yénchǐn ㄧㄢˊㄐㄧㄣˇ 엄한. 빈틈이 없는.
[嚴究不貸] yénchiū pŭtài ㄧㄢˊㄐㄧㄡ ㄅㄨˊㄉㄞˋ 철저히 조사하여 용서하지 않는다.
[嚴峻] yénchǜn ㄧㄢˊㄐㄩㄣˋ ①엄수하다. ②가혹(加酷)하다.
[嚴重] yénchùng ㄧㄢˊㄓㄨㄥˋ ①엄숙하고 무게 있다. 진지하다.「臉色一;얼굴빛이 엄숙하다」②긴장하고 있다. 소홀히 할 수 없다.「問題也非常地一;문제도 또한 결코 소홀히 할 수는 없다」③몹시 중대하다.「一的地步;극히 중대한 단계」「一性;중대성」
[嚴惡] yén'ê ㄧㄢˊㄜˋ 엄하다. 지독하다.「他對工人非常一;그는 노동자에 대해 몹시 엄하다」
[嚴防] yénfáng ㄧㄢˊㄈㄤˊ 엄중히 방비하다.
[嚴酷] yénk'ù ㄧㄢˊㄎㄨˋ ①몹시 엄하다. 냉혹하다. ②험악하다.
[嚴厲] yénlì ㄧㄢˊㄌㄧˋ 엄격하다. 엄중하다.
[嚴密] yénmì ㄧㄢˊㄇㄧˋ ①엄격하다. ②극비(極秘)에 붙이다. 극히 비밀로 하다. ③밀착(密着)하고 있다.
[嚴明] yénmíng ㄧㄢˊㄇㄧㄥˊ 심히 명백하다.「賞罰一;상벌이 엄격히 구별돼 있다」
[嚴實] yénshíh ㄧㄢˊㄕˊ ①빈틈이 없다. ＝嚴緊. ②(입 따위가)극히 무겁다. 견고하다. ③(일하는 솜씨가) 건실하다.
[嚴霜] yénshuāng ㄧㄢˊㄕㄨㄤ ①서리. ②엄격하다.
[嚴絲合縫兒] yénssūhófĕngrh ㄧㄢˊㄙㄏㄜˊㄈㄥˋㄦ 꼭 붙어서 조금도 빈틈이 없다.「兩只眼閉得一;두 눈은 꼭 감겨 있었다」
[嚴詞] yéntz'ŭ ㄧㄢˊㄘˊ ①엄한 말투. ②말을 엄하게 하다.「一責備;엄한 말투로 문책하다」

〔岩〕(巖① 嵒①) yén ㄧㄢˊ ①높고 험한 산. ②암석(岩石). 산에 있는 돌.
[岩嶂] yénchàng ㄧㄢˊㄓㄤˋ 깍은 듯이 서 있는 산봉우리.

〔鹽〕(盐) yén ㄧㄢˊ ①소금.「鹹一;소금」②〈化〉염(鹽). ③성(姓)의 하나.
[鹽場] yénch'ăng ㄧㄢˊㄔㄤˇ 제염지(製鹽地).
[鹽鹹地] yénchiěntì ㄧㄢˊㄐㄧㄢˇㄉㄧˋ 알카리성(性)의 토지.
[鹽池] yénch'íh ㄧㄢˊㄔˊ 염분(鹽分)을 포함한 못. 염전(鹽田):"陝西·甘肅·雲南" 등 여러 지방에서 볼 수 있음.
[鹽井] yénchǐng ㄧㄢˊㄐㄧㄥˇ 염수(鹽水)가 나오는 우물:"四川·雲南"지방에서 볼 수 있음.
[鹽膚木] yénfūmù ㄧㄢˊㄈㄨㄇㄨˋ 오배자(五倍子).
[鹽硝] yénhsiāo ㄧㄢˊㄒㄧㄠ 유산(硫酸)나트륨.
[鹽花] yénhuā ㄧㄢˊㄏㄨㄚ 소금 알맹이.
[鹽花兒] yénhuārh ㄧㄢˊㄏㄨㄚㄦ 소금의 결정체(結晶體).
[鹽工] yénkūng ㄧㄢˊㄍㄨㄥ 염공. 제염 노동자.
[鹽粒兒] yénlìrh ㄧㄢˊㄌㄧˋㄦ 굵은 소금 알맹이.
[鹽滷] yénlŭ ㄧㄢˊㄌㄨˇ 소금에서 나온 간수.
[鹽民] yénmín ㄧㄢˊㄇㄧㄣˊ 제염(製鹽) 노동자.
[鹽巴] yénpa ㄧㄢˊㄅㄚ ①약간 짭짤하다. ＞鹽鹽巴巴. ②소금.《四》
[鹽剝] yénpō ㄧㄢˊㄅㄛ 염소산(鹽素酸) 칼리.
[鹽兒] yénrh ㄧㄢˊㄦ 극소량(極少量)의 소금.
[鹽硝] yénhsiāo ㄧㄢˊㄒㄧㄠ 유산(硫酸) 나트륨.
[鹽霜] yénshuāng ㄧㄢˊㄕㄨㄤ (마른 미역 등에서 볼 수 있는) 물체의 표면에 핀 뽀얀 소금.
[鹽水豆兒] yénshuitòurh ㄧㄢˊㄕㄨㄟˇㄉㄡˋㄦ 소금을 두고 조린 콩.
[鹽灘] yént'ān ㄧㄢˊㄊㄢ 염전(鹽田).
[鹽田] yént'ién ㄧㄢˊㄊㄧㄢˊ 염수(鹽水)가 낀 전지(田地).
[鹽坨] yént'ó ㄧㄢˊㄊㄨㄛˊ 소금을 쌓아 두는 곳.
[鹽灶] yéntsào ㄧㄢˊㄗㄠˋ 소금을 굽는 솥.
[鹽圩] yénwéi ㄧㄢˊㄨㄟˊ 염전 지대. 염전 지구.
[鹽務] yénwù ㄧㄢˊㄨˋ 소금에 관한 업무.

〔奄〕 yěn ㄧㄢˇ ①덮어 씌우다. 싸다.

포장하다. ②숨이 끊어질듯끊어질듯하는 모양.「一一一息;숨이 끊어질 듯 끊어질 듯하다」

〔衍〕 yěn ㄧㄢˇ 널리 퍼지다. 만연시키다.「推一; 널리 퍼지게 하다」 잡아 늘이다. 넘치다. 남다.「一文; 문장 가운데 잘못 끼어든 여분의 자구(字句): 삭제(削除)되어도 의미가 통하게 되는 것.

〔眼〕 yěn ㄧㄢˇ ①눈. ②「一兒; 구멍」「炮一兒; 성벽에 뚫어 놓은 총안(銃眼)」「耳朶一兒; 귓구멍」「針一兒; 바늘귀」「鑽一個一兒; (송곳으로) 구멍을 하나 뚫다」 ③요점(要點). 표적. 과녁.「節骨一兒; 접점(接點). 기회(機會). 순간」「字一; 문장 중에서 중요한 글자」 ④ 음악의 박자: 중국 음악의 가락으로 "板"과 "板" 사이의 박자.「一板三一; 4박자 리듬에서 앞의 3박자는 치지 않고, 나머지 1박자만 박자를 침」 ⑤구멍·우물·바늘 등을 세는 조수사(助數詞).「一一井; 하나의 우물」「一一針; 한 개의 바늘」

[眼岔] yěnch'à ㄧㄢˇㄔㄚˋ 시각(視覺)이 혼모(昏耗)해지다. 잘못 보다.「打一; 잘못 보다」

[眼饞] yěnch'án ㄧㄢˇㄔㄢˊ 보고 탐을 내다. 선망하다.

[眼睜睜地] yěnchēngchēngtê ㄧㄢˇㄓㄥㄓㄥㄉㄜ ＝眼看(着)②.

[眼氣] yěnch'ì ㄧㄢˇㄑㄧˋ ＝眼紅.

[眼角(兒)] yénchiǎo(rh) ㄧㄢˊㄐㄧㄠˇ(ㄦ) 눈초리.「連一都沒掃過他; 그를 전혀 상대하지 않았다」

[眼犄角兒] yěnchīchiǎorh ㄧㄢˇㄐㄧㄐㄧㄠˇㄦ 눈초리.

[眼界] yěnchièh ㄧㄢˇㄐㄧㄝˋ ①시계(視界). 시야. ②견문(見聞).「開一; 견문을 넓히다」

[眼前] yěnch'ién ㄧㄢˇㄑㄧㄢˊ ①눈앞. ②현재.

[眼睫毛] yěnchiehmáo ㄧㄢˇㄐㄧㄝㄇㄠˊ 속눈썹.

[眼尖] yěnchiēn ㄧㄢˇㄐㄧㄢ ①안광(眼光)이 날카롭다. ②눈치가 빠르다.

[眼瞼] yénchiěn ㄧㄢˊㄐㄧㄢˇ 눈꺼풀.

[眼見得] yěnchièntê ㄧㄢˇㄐㄧㄢˋㄉㄜ 눈앞에 보면서. 뻔히 보면서.「一又不成了; 뻔히 알면서도 또 못했다」

[眼眵] yěnch'īh ㄧㄢˇㄔ 눈꼽.

[眼睛] yěnching ㄧㄢˇㄐㄧㄥ 눈.

[眼鏡框兒] yěnchìngk'uàngrh ㄧㄢˇㄐㄧㄥˋㄎㄨㄤˋㄦ 안경테.

[眼鏡蛇] yěnchìngshé ㄧㄢˇㄐㄧㄥˋㄕㄜˊ "臺灣"에서 나는 독사(毒蛇) 이름.

[眼鏡(子·兒)] yěnchìng(tzŭ·rh) ㄧㄢˇㄐㄧㄥˋ(ㄗ·ㄦ) 안경.

[眼拙] yěnchō ㄧㄢˇㄓㄨㄛ ①시각적(視覺的)인 조심성이 부족하다. ②알아 뵙지 못했읍니다.《人》

[瞅瞧着] yénch'ǒuchê ㄧㄢˊㄔㄡˇㄓㄜ ＝眼看着. 眼瞧着.

[眼圈兒(一子)] yěnch'üānrh(一tzŭ) ㄧㄢˇㄑㄩㄢㄦ(一ㄗ) ①눈언저리. 눈가. ②안계(眼界). 시야.

[眼中人] yěnchūngjén ㄧㄢˇㄓㄨㄥㄖㄣˊ 마음 속에 점 찍어 둔 사람. 연인(戀人).

[眼中釘] yěnchūngtīng ㄧㄢˇㄓㄨㄥㄉㄧㄥ 보기 싫은 사람. 방해되는 사람. ＝眼中刺.

[眼珠兒] yěnchūrh ㄧㄢˇㄓㄨㄦ ①눈알. 안구(眼球). ②안광(眼光). 눈빛. 사물이나 사람을 보는 힘.

[眼珠子] yěnchūtzŭ ㄧㄢˇㄓㄨㄗ ①＝眼珠兒①. ②사랑스럽기 그지 없는 사람. 몹시 사랑스런 사람.

[眼風] yěnfēng ㄧㄢˇㄈㄥ 눈짓.

[眼福] yěnfú ㄧㄢˇㄈㄨˊ 눈복. 눈요기.「飽一; 실컷 눈요기를 하다」

[眼下] yěnhsià ㄧㄢˇㄒㄧㄚˋ 목하. 현재.

[眼綫] yěnhsièn ㄧㄢˇㄒㄧㄢˋ ①시선(視線). ②밀정(密偵): 도둑을 잡을 때 앞잡이 노릇하는 자.

[眼系子(一兒)] yěnhsìtzŭ(一rh) ㄧㄢˇㄒㄧˋㄗ(一ㄦ) 눈의 근육. 눈의 힘살.

[眼花] yěnhuā ㄧㄢˇㄏㄨㄚ 눈이 어지럽다. 눈이 흐리다.

[眼紅] yěnhúng ㄧㄢˇㄏㄨㄥˊ ①탐을 내다. ②눈을 부릅뜨고 화를 내다.「仇人見面, 分外一; 눈앞에 원수를 보게 되면 한결 화가 치민다」 ③눈을 빛내다. 희망에 넘치다.

[眼看(着)] yěnk'àn(chê) ㄧㄢˇㄎㄢˋ(ㄓㄜ) ①얼마 안 있어. 멀지 않아. 보고 있노라니.「一要完; 얼마 안 있어 끝난다」 ②뻔히 보면서.「一認小偷兒跑掉了; 뻔히 보면서 도둑을 놓쳤다」

[眼高] yěnkāo ㄧㄢˇㄍㄠ ①자존심이 강하다. ②눈이 높다.

[眼高手低] yěnkāo-shǒutī ㄧㄢˇㄍㄠㄕㄡˇㄉㄧ 자신은 그다지 능력이 없으면서 남에 대해서는 지독하게 비판한다.

[眼坑] yěnk'ēng ㄧㄢˇㄎㄥ 안와(眼窩). 눈구멍.

[眼光(兒)] yěnkuāng(rh) ㄧㄢˇㄍㄨㄤ(ㄦ) ①안력(眼力). 견식(見識). ②눈의 표정. ③생각. 의지. ④감식안(鑑識眼). 판단력.「不對他的一; 그의 마음에 들지 않다」

[眼眶(子)] yěnk'uàng(tzŭ) ㄧㄢˇㄎㄨㄤˋ(ㄗ) 눈언저리. 눈가.

[眼泪] yěnlèi ㄧㄢˇㄌㄟˋ 눈물.「一滴一; 한 방울의 눈물」

[眼力] yěnlì ㄧㄢˇㄌㄧˋ ①안력(眼力). 감식력. ②견식.

[眼離] yěnlí ㄧㄢˇㄌㄧˊ 눈의 착란증(錯亂症).

[眼力見兒] yěnlichiènrh ㄧㄢˇㄌㄧㄐㄧㄢˋㄦ 눈치가 빠름. 사물에 민감함.

[眼簾] yěnlién ㄧㄢˇㄌㄧㄢˊ ①눈꺼풀.「映入一; 눈앞에 어른거리다」 ②홍채막(紅彩膜).

[眼裏不揉沙子] yěnli pūjǒu shātzŭ ㄧㄢˇㄌㄧㄅㄨˋㄖㄡˊㄕㄚㄗ 속지 않는다. 보는 눈에 어김이 없다.

[眼面前(兒)] yěnmiench'ién(rh) ㄧㄢˇㄇㄧㄢㄑㄧㄢˊ(ㄦ) 흔한. 일상 흔히 있는.「一的話; 일상 흔히 쓰는 말」

[眼明] yěnmíng ㄧㄢˇㄇㄧㄥˊ ①눈치가 빠르다. ②보고 탐을 내다.《方》

[眼明手快] yěnmíng-shǒuk'uài ㄧㄢˇㄇㄧㄥˊㄕㄡˇㄎㄨㄞˋ ①눈치가 빠르고 손이 민첩하다: 동작이 민첩함을 말함. ②재치가 있고 민첩하다.

[眼目] yĕnmù ㄧㄢˇㄇㄨˋ ①눈. ②실태 조사를 맡는 사람.
[眼胞] yĕnpāo ㄧㄢˇㄅㄠ 눈꺼풀.
[眼巴巴的] yĕnpāpātê ㄧㄢˇㄅㄚㄅㄚㄉㄜ 간절히 바라는 모양. 동경(憧憬)하는 모양.
[眼皮(兒)] yĕnp'í(rh) ㄧㄢˇㄆㄧˊ(ㄦ) 눈꺼풀.
[眼皮子淺] yĕnp'ítzŭ ch'iĕn ㄧㄢˇㄆㄧˊㄗ ㄑㄧㄢˇ 식견이 얕다. 눈앞 일밖에 모른다.
[眼皮子底下] yĕnp'ítzŭtǐhsia ㄧㄢˇㄆㄧˊㄗ ㄉㄧˇㄒㄧㄚ 눈앞. 목전(目前).
[眼不前兒] yĕnpuch'iénrh ㄧㄢˇㄅㄨ ㄑㄧㄢˊ ㄦ ①눈앞. 목전. ②현재.
[眼兒] yĕnrh ㄧㄢˇㄦ 구멍.「鼻子一;콧구멍」
[眼(兒)熱] yĕn(rh)jê ㄧㄢˇ(ㄦ)ㄖㄜˋ 부러운 듯이 바라보다. 부러워하다.
[眼兒眼兒] yĕnrhyenrh ㄧㄢˇㄦㄧㄢ ㄦ 구멍: 어린이 말.
[眼色] yĕnsê ㄧㄢˇㄙㄜ ①눈짓.「使一;눈짓을 하다」②안색. 눈빛. 눈치.「看一;남의 눈치를 살피다」
[眼梢(兒)] yĕnshāo(rh) ㄧㄢˇㄕㄠ(ㄦ) 눈초리.
[眼生] yĕnshēng ㄧㄢˇㄕㄥ 낯이 설다. 낯이 익지 않다.
[眼神(兒)] yĕnshén(rh) ㄧㄢˇㄕㄣˊ(ㄦ) ①눈매. 눈의 표정. ②눈의 주의력. ③안력. 관찰력.
[眼時] yĕnshíh ㄧㄢˇㄕˊ 목하(目下). 현재. 바로. 지금.
[眼屎] yénshǐh ㄧㄢˊㄕˇ 눈꼽.
[眼熟] yĕnshú ㄧㄢˇㄕㄨˊ 낯익다. 자주 보아서 낯이 익었다.
[眼絲兒] yĕnssūrh ㄧㄢˇㄙㄦ 조금도: 다음에 부정사가 따름. 「一不見;조금도 보이지 않다」
[眼底] yéntǐ ㄧㄢˊㄉㄧˇ ①눈 아래. 안하(眼下).「一風光;눈 아래 보이는 풍경」②안저(眼底). 눈알의 내면.
[眼跳] yĕnt'iào ㄧㄢˇㄊㄧㄠˇ 눈을 깜박이다.
[眼頭裡] yĕnt'óuli ㄧㄢˇㄊㄡˊㄌㄧ =眼前邊.
[眼雜] yĕntsá ㄧㄢˇㄗㄚˊ 교제가 넓다. 널리 사람을 사귀다.
[眼子] yĕntzŭ ㄧㄢˇㄗ 구멍.
[眼眦] yĕntz'ŭ ㄧㄢˇㄘ 눈꼽.
[眼子錢] yĕntzŭch'ién ㄧㄢˇㄗㄑㄧㄢˊ 쓸데없이 쓰는 돈. 낭비하는 돈.
[眼窩(子·兒)] yĕnwō(tzŭ·rh) ㄧㄢˇㄨㄛ(ㄗ·ㄦ) 안와(眼窩). 눈구멍.
[眼暈] yĕnyǜn ㄧㄢˇㄩㄣˋ 눈이 어지럽다. 눈이 아찔하다. 눈이 뱅뱅 돌다.

〔掩〕 yĕn ㄧㄢˇ ①뚜껑을 씌우다. 가로 막다. 덮다.「一鼻;코를 막다」「一耳盜鈴;귀를 막고 방울을 훔쳐 내다. 자기를 속이다」②(빗장을 지르지 않고) 닫다.「把門一上;문을 닫다」③흙 따위를 뿌리다.
[掩泣] yĕnch'ì ㄧㄢˇㄑㄧˋ 얼굴을 가리고 울다.
[掩懷] yĕnhuái ㄧㄢˇㄏㄨㄞˊ (단추를 잠그지 않은 채)옷으로 몸을 가리다.
[掩蓋] yĕnkài ㄧㄢˇㄍㄞˋ 엄폐하다. 숨기다.
[掩口葫蘆] yénk'ŏu húlú ㄧㄢˊㄎㄡˇ ㄏㄨˊㄌㄨˊ 입을 다물고 말을 하지 않으며 세상을 한탄하듯이 비웃음을 말함.
[掩埋] yĕnmái ㄧㄢˇㄇㄞˊ 묻다. 매장하다.
[掩面] yĕnmièn ㄧㄢˇㄇㄧㄢˋ 얼굴을 가리다.「一低泣;얼굴을 가리고 나직한 소리로 울다」
[掩蔽] yĕnpì ㄧㄢˇㄅㄧˋ 보이지 않도록 엄폐하다.
[掩飾] yĕnshìh ㄧㄢˇㄕˋ 감추다. 숨기다.「一自己的短處;자기 단점을 감추다」
[掩映] yĕnyìng ㄧㄢˇㄧㄥˋ 가리워진 곳에서 거꾸로 나타나 보이다.

〔偃〕 yĕn ㄧㄢˇ ①뒤로 자빠지다. ②그만 두다. 정지시키다.「一武;전쟁을 그만 두다」
[偃蹇] yénchiĕn ㄧㄢˊㄐㄧㄢˇ ①거만한 모양. ②높은 것에 대한 형용.
[偃旗息鼓] yĕnch'í-hsīkŭ ㄧㄢˇㄑㄧˊ ㄒㄧㄍㄨˇ ①깃발을 거두고 북소리를 멋게 하다. ②전투중 행방을 감추어 적(敵)의 눈을 속이다. ③작업을 중지하거나 열성도(熱誠度)가 줄어드는 데 대한 비유. 《成》
[偃臥] yĕnwò ㄧㄢˇㄨㄛˋ 등을 대고 눕다.
[偃月] yĕnyüèh ㄧㄢˇㄩㄝˋ ①반현(半弦)의 달. ②반원형(半圓形).

〔罨〕 yĕn ㄧㄢˇ ①덮어 씌우다. 가리다. ②덮어 씌워 물고기를 잡는 그물. ③뚜껑. 아가리.「冷一法;냉찜질법」「熱一法;온찜법. 온습포」

〔演〕 yĕn ㄧㄢˇ ①연출하다.「一劇;연극」「一唱;(무대 등에서)노래를 부르다」②사리(事理)에 따라 진술하다.「一說;연설」③(일정한 방식에 따라)연습(練習)하다.「一武;무술을 익히다」
[演唱] yĕnch'àng ㄧㄢˇㄔㄤˋ (무대 등에서) 노래를 부르다.
[演講] yénchiăng ㄧㄢˊㄐㄧㄤˇ ①강연. ②강연하다.
[演進] yĕnchìn ㄧㄢˇㄐㄧㄣˋ 진전(進展)하다. 진보하다.
[演出] yĕnch'ū ㄧㄢˇㄔㄨ 공연(公演)하다.
[演戲] yĕn hsì ㄧㄢˇㄒㄧ ˋ 연극을 하다.
[演化] yĕnhuà ㄧㄢˇㄏㄨㄚˋ 진화(進化)하다.
[演義] yĕnì ㄧㄢˇㄧˋ ①사실(史實)에 의거한 소설. 대중 역사 소설. ②원 뜻을 부연하다.「用老百姓的話一一番;대중을 알기 쉬운 말로써 타이르다」
[演變] yĕnpièn ㄧㄢˇㄅㄧㄢˋ 진전변화(進展變化)하다.
[演示] yĕnshìh ㄧㄢˇㄕˋ (교육·선전 등에서)실연(實演)하다.
[演員] yĕnyüán ㄧㄢˇㄩㄢˊ ①배우. ②연출자. 연기자.

〔蝘〕 yĕn ㄧㄢˇ
[蝘蜓] yĕnt'íng ㄧㄢˇㄊㄧㄥˊ 〈動〉 도마뱀붙이. 수궁(守宮). 벽호(壁虎).

〔儼〕 yĕn ㄧㄢˇ ①엄숙한. ②…와 흡사하다.「一如白晝;꼭 대낮과 같다」

[儼然] yěnján ㄧㄢˇㄖㄢˊ ①엄숙한 모양.「望之一；이것을 바라보니 장엄 하다」② 정연(整然)한 모양. ③꼭 …와 같다.「裝扮起來,一是一個老頭兒；분장을 하니 꼭 노인과 같다」

〔魘〕 yěn ㄧㄢˇ 가위 눌리다. 자다가 꿈에 놀라다.

〔鼴〕(鼹) yěn ㄧㄢˇ「一鼠；두더지」 통속적으로는 地排子(tìp'áitzū)라고도 함.

〔黶〕 yěn ㄧㄢˇ 피부에 생기는 검은 반점(斑點).

〔沿〕 yèn ㄧㄢˋ 물가.「河一；냇가」「井一；우물가」⇨yén.

〔彥〕 yèn ㄧㄢˋ 재덕(才德)을 겸비한 사람.

〔宴〕(讌②) yèn ㄧㄢˋ ①주식(酒食)으로써 대접하다.「一客；연회에 손님을 초대하다」②주연(酒宴)을 베풀다. ③즐기다. 휴식하다.「一居；편안하게 지내다」

〔唁〕 yèn ㄧㄢˋ 조문(弔問)하다. 조상(弔喪)하다.

〔晏〕 yèn ㄧㄢˋ ①즐기다. 휴식하다. ② 늦은.「一起；늦게 일어나다」

〔雁〕(鴈) yèn ㄧㄢˋ 기러기.

[雁翅] yènch'ìh ㄧㄢˋㄔˋ 기러기의 날개. 날개를 펼친 모양.「排成一的陣地；기러기가 날개를 펼친 모양으로 진(陣)을 치다」

[雁來紅] yènláihúng ㄧㄢˋㄌㄞˊㄏㄨㄥˊ 〈植〉 색비름.

〔硯〕 yèn ㄧㄢˋ 벼루.

[硯池] yènch'íh ㄧㄢˋㄔˊ 연지. 벼루의 물을 붓는 데.

[硯水壺兒] yènshuǐhúrh ㄧㄢˋㄕㄨㄟˇㄏㄨˊㄦ 연적(硯滴). 수승(水丞). 수적(水滴).

[硯臺] yènt'ai ㄧㄢˋㄊㄞ 벼루.

[硯瓦] yènwǎ ㄧㄢˋㄨㄚˇ 벼루.

〔焰〕(燄) yèn ㄧㄢˋ 불길.「火一；화염」

[焰火] yènhuo ㄧㄢˋㄏㄨㄛ ①대형(大型) 불꽃.「放一；대형 불꽃을 쏘아 올리다」 ②불길.

[焰口] yènk'ou ㄧㄢˋㄎㄡ 아귀(餓鬼)의 이름.「放一；연고자 없이 죽은 사람에게 공양(供養)을 하다」

〔堰〕 yèn ㄧㄢˋ ①둑. 댐 ②둑을 쌓아 막다.

[堰溝] yènkōu ㄧㄢˋㄍㄡ 소수(疏水). 땅을 파헤쳐서 만든 수로(水路).

[堰塘] yènt'áng ㄧㄢˋㄊㄤˊ 관개용(灌漑用) 저수지.

〔厭〕(厌) yèn ㄧㄢˋ ①싫어하다. 미워하다.「討一；싫다. 귀찮다」②물리다. 싫증나다.「吃一了；물리도록 먹었다」「貪得無一；욕심을 내어 그칠 줄을 모른다」

[厭氣] yènch'ì ㄧㄢˋㄑㄧˋ 진저리가 나다. 싫증나다.「老說這一句, 多麼一！; 꼭 같은 소리만 되풀이하여 지긋지긋하다！」

[厭倦] yènchüàn ㄧㄢˋㄐㄩㄢˋ 진저리가 나다.

[厭煩] yènfán ㄧㄢˋㄈㄢˊ 싫어하다. 좋아하지 않다.

[厭故喜新] yènkù-hsǐhsīn ㄧㄢˋㄍㄨˋ ㄒㄧˇ ㄒㄧㄣ 낡은 것을 싫어하고 새 것을 좋아하다.《成》

[厭套] yènt'ào ㄧㄢˋㄊㄠˋ 진부(陳腐)하다.

[厭足] yèntsú ㄧㄢˋㄗㄨˊ 만족하다. 충분하다.

[厭惡] yènwù ㄧㄢˋㄨˋ 염오하다. 싫어서 미워하다.

〔燕〕 yèn ㄧㄢˋ「一子；제비」⇨yēn.

[燕菜] yènts'ài ㄧㄢˋㄘㄞˋ "燕窩"로 만든 요리.「一席；메뉴에 "燕菜"가 들어 있는 테이블 요리」

[燕窩] yènwō ㄧㄢˋㄨㄛ 바다에 사는 제비의 둥지로 중국 요리의 최고품의 하나. "海燕(金絲燕)"의 둥지.

〔諺〕 yèn ㄧㄢˋ 속담. 이언(俚諺).

[諺文] yènwén ㄧㄢˋㄨㄣˊ 언문. 한글의 옛말.

〔嚥〕(咽) yèn ㄧㄢˋ 마시다. 삼키다.

[嚥氣] yènch'ì ㄧㄢˋㄑㄧˋ ①죽다. =斷氣. ②깜짝 놀라다. 몹시 놀라다.⇨yēn. yèh.

〔驗〕(騐) yèn ㄧㄢˋ ①검사하다. 조사하다.「一血；혈액을 검사하다」②효과가 있다.「屢試屢一；시험해 볼 때마다 효과가 나타나다」

[驗證] yènchèng ㄧㄢˋㄓㄥˋ 옳으냐 그르냐를 조사해 보다.「一理論；이론의 옳고 그름을 시험하다」

[驗訖] yènch'ì ㄧㄢˋㄑㄧˋ 검사필(檢查畢).

[驗方] yènfāng ㄧㄢˋㄈㄤ 효험(效驗) 있는 처방.

[驗糞] yènfèn ㄧㄢˋㄈㄣˋ 검변(檢便)하다. 변을 검사하다.

[驗貨] yènhuò ㄧㄢˋㄏㄨㄛˋ (세관 등에서) 화물을 검사하다.

[驗看] yènk'àn ㄧㄢˋㄎㄢˋ 관찰하다. 조사하다.

[驗光] yènkuāng ㄧㄢˋㄍㄨㄤ (안경 등의) 도수를 검사하다.

[驗工] yènkūng ㄧㄢˋㄍㄨㄥ ①검사공(檢查工). ②공사 완성 후 검사하다.

[驗票] yènp'iào ㄧㄢˋㄆㄧㄠˋ ①검사필증(檢查畢證). ②검찰(檢札)·승차권 등의 표를 검사함.

[驗屍] yènshīh ㄧㄢˋㄕ 검시(檢屍)하다.

[驗收] yènshōu ㄧㄢˋㄕㄡ 검사하다. 조사하다

[驗稅] yènshuì ㄧㄢˋㄕㄨㄟˋ 세관에서 검사한 뒤 세금을 바치다. 세관의 검사세(檢查稅).

[驗單] yèntān ㄧㄢˋㄉㄢ 검사필증(檢查畢證).

[驗溫表] yènwēnpiǎo ㄧㄢˋㄨㄣㄅㄧㄠˇ 체온계.

〔饜〕 yèn ㄧㄢˋ ①물리다. ②배 부르다.

〔艶〕(艳·豔) yèn ㄧㄢˋ ①고운. 요염한.「鮮一; 눈이 부시도록 아름답다」

[艶羨] yènhsièn ㄧㄢˋㄒㄧㄢˋ 부러워하다. 선망하다.

[艶紅] yènhúng ㄧㄢˋㄏㄨㄥˊ 산뜻한 붉은색. 선명한 홍색.「一的花朶; 새빨간 꽃」

[艶麗多姿] yènlì tōtzū ㄧㄢˋㄌㄧˋ ㄉㄨㄛ ㄗ 요염하고 아름답다.

[艶慕] yènmù ㄧㄢˋㄇㄨˋ 부러워하다.

[艶陽天] yènyángt'iēn ㄧㄢˋㄧㄤˊㄊㄧㄢ 음력 10월의 따뜻한 날씨.

〔釅〕 yèn ㄧㄢˋ (술이나 차 따위가) 진한.「這碗太一; 이 차는 너무 진하다」

YIN ㄧㄣ

〔因〕 yīn ㄧㄣ ①원인. 이유.「一果; 인과. 원인과 결과」「事出有一; 사건이 발생하는 데는 그 원인이 있다」 ②…에 의하여. …한 까닭에.「會議一故改期; 회의는 사정으로 인하여 기일을 변경한다」 ③…에 따라서 …에 좇다.「一勢利導, 형세를 보아서 잘 이끌어 주다」「一陋就簡; ㉮임시 변통하다. ㉯현실적인 모든 조건을 우선 이용하다」

[因而] yīn'érh ㄧㄣㄦˊ 그러므로. 따라서.

[因小失大] yīnhsiǎo shīhtà ㄧㄣㄒㄧㄠˇ ㄕ ㄉㄚˋ 적은 일로 말미암아 큰 일을 그르치다. 한 푼을 아끼다가 큰 손해를 보다.《成》

[因循] yīnhsún ㄧㄣㄒㄩㄣˊ ①구습을 지키고 고치지 않는다.「一慣例; 관례를 답습하다」 ②우물쭈물하다.「一着不辦; 우물쭈물하면서 하지 않다」 ③적당히 하다. 대충대충 해 치우다.

[因人成事] yīnjén ch'éngshìh ㄧㄣㄖㄣˊ ㄔㄥˊㄕˋ 남의 힘으로 일을 성취하다.

[因利乘便] yīnlì ch'éngpièn ㄧㄣㄌㄧˋ ㄔㄥˊㄅㄧㄢˋ 유리한 정세에 편승하다.

[因時制宜] yīnshíh chìhí ㄧㄣㄕˊㄓˋㄧˊ 그때그때의 구체적인 형편에 따라서 적절한 조치를 취하다.

[因素] yīnsù ㄧㄣㄙㄨˋ 이루어지는 원인. 성인(成因).

[因地制宜] yīntì chìhí ㄧㄣㄉㄧˋ ㄓˋㄧˊ 그 지방의 구체적인 사정에 따라서 적당한 조치를 취하다.

[因頭] yīnt'ou ㄧㄣㄊㄡ 〈吳〉 =頭緖.

[因此] yīntz'ǔ ㄧㄣㄘˇ 그렇기 때문에. 그것으로 말미암아.

[因爲] yīnwei ㄧㄣㄨㄟ ①…때문에. …이기 때문에: 이유를 먼저 말할 경우.「一今天下雨, 我沒有出門; 오늘은 비가 왔기 때문에 나는 외출하지 않았다」 ②왜냐하면: 이유를 나중에 말할 경우에.「我們要向他學習, 一他有經驗; 우리들은 그분에게서 배우지 않으면 안된다, 왜냐하면 그는 경험이 있으니까」

[因噎廢食] yīnyēh fèishíh ㄧㄣㄧㄝ ㄈㄟˋㄕˊ 작은 실패에 얽매여 정말 해야 할 일까지 저버린다는 비유.《成》 「유.

[因由(兒)] yīnyú(rh) ㄧㄣㄧㄡˊ(ㄦ) 원인. 이

〔音〕 yīn ㄧㄣ ①소리. 음성.「口一; 발음」「女高一; 소프라노」 ②소식.「佳一; 희소식」

[音耗] yīnhào ㄧㄣㄏㄠˋ 소식. 「락.

[音訊] yīnhsùn ㄧㄣㄒㄩㄣˋ 소식. 편지 연

[音義] yīnì ㄧㄣㄧˋ 글자의 발음과 뜻.

[音兒] yīnrh ㄧㄣㄦ ①소리. 음성. ②말투. 말하는 모양.

〔姻〕(婣) yīn ㄧㄣ ①결혼. 혼인.「婚一; 혼인」「聯一; 혼인 관계를 맺다」 ②혈연 관계가 없는 친족. 인척(姻戚).「一親; 혼인으로 맺어진 친척」

[姻親] yīnch'īn ㄧㄣㄑㄧㄣ 혼인으로 맺어진 친척.

[姻兄弟] yīnhsiūngtì ㄧㄣㄒㄩㄥㄉㄧˋ 인척 관계에 있는 자기 또래의 남성.

[姻母] yīnmǔ ㄧㄣㄇㄨˇ ①형제의 장모(丈母)되는 분. ②자매(姉妹)의 시어머니.

[姻伯] yīnpó ㄧㄣㄅㄛˊ ①형제의 장인(丈人). ②자매(姉妹)의 시아버지.

[姻緣] yīnyüán ㄧㄣㄩㄢˊ 부부의 관계. 부부의 인연.

〔茵〕 yīn ㄧㄣ ①옛날 차에 깔던 깔개. ②깔개. 요. 방석.「一褥; 요 또는 방석」

〔殷〕 yīn ㄧㄣ 왕성한. 충실한. 풍부한.「情意甚一; 인정이 매우 많다」「一戶; 부자집」 ①왕조(王朝)의 이름: "商朝"의 후기(B.C. 1401~1122). ②성(姓)의 하나. ⇨yēn.

[殷鑒不遠] yīnchièn pùyüǎn ㄧㄣㄐㄧㄢˋㄅㄨˋㄩㄢˇ 선현의 교훈이나 훈계의 말씀이 항상 눈앞에 있다.《成》

[殷切] yīnch'ièh ㄧㄣㄑㄧㄝˋ 간절하다.「一期望; (웃사람이 아랫사람에게) 은근히 기대하다」 >殷殷切切.

[殷勤] yīnch'ín ㄧㄣㄑㄧㄣˊ ①은근하다. 정이 두텁다.「通一; 남녀가 정을 통하다」 ②정성이 어리다.「一做活; 열심히 일하다」 ③생각이 깊다. >殷殷勤勤.

[殷實] yīnshíh ㄧㄣㄕˊ ①충만하다.「戶口一; 집들이 빽빽이 들어서서 번화하다」 ②풍부하다.「家道一; 생활이 부유하다」

〔陰〕(阴·隂) yīn ㄧㄣ ①그늘: "陽"의 반대.「一電; 음전기」「一曆; 음력」 ②움푹 파이다.「一文; 음각문(陰刻文)」 ③어두운. 숨은. 비밀의: "明"의 반대.「一暗; 어둑하다」 ④음모하다. 꾀하다. 엉큼하다. ⑤흐리다. ↔晴. ⑥「一兒; 그늘」「一凉兒; 서늘한 곳」 ⑦시간.「惜寸一; 촌음을 아끼다」 ⑧산의 북쪽. 강의 남쪽.「向一; 북향」 ⑨뒷면.「碑一; 비석의 뒷면」 ⑩여자의 생식기. ⑪저승.「一間; 저승. 명도」 「면.

[陰暗面] yīn'ànmièn ㄧㄣㄢˋㄇㄧㄢˋ 암흑

[陰着兒] yīnchāorh ㄧㄣㄓㄠㄦ 엉큼한 수단이나 생각.「使一; 엉큼한 수단을 쓰다」

[陰沈] yīnch'én ㄧㄣㄔㄣˊ ①어두컴컴하다.「天色一; 하늘이 흐리어 침침하다」

②명랑하지 못하다」「臉色一;안색이 명랑하지 못하다」>陰陰沈沈.
[陰沈沈的] yīnch'énch'éntê ㄧㄣㄔㄣˊㄔㄣˊㄉㄜ 날씨가 침침하게 흐린 모양.
[陰識] yīnchih ㄧㄣㄓˋ 놋쇠에 새긴 글자. 동기(銅器) 같은 것에 음각으로 새긴 글자.
[陰莖套] yīnchīngt'ào ㄧㄣㄐㄧㄥㄊㄠˋ 콘돔(condom).
[陰處] yīnch'ù ㄧㄣㄔㄨˋ 그늘. 그늘진 곳.
[陰惡] yīnê ㄧㄣㄜˋ 남이 모르는 악(惡).
[陰晦] yīnhuì ㄧㄣㄏㄨㄟˋ 날씨가 흐려서 침침한 모양.
[陰魂] yīnhún ㄧㄣㄏㄨㄣˊ 영혼.
[陰干] yīnkān ㄧㄣㄍㄢ ①십간(十干) 중의 짝수에 해당하는 것. "乙·丁·己·辛·癸" 따위. ②yīnkan 그늘에 말리다.
[陰溝] yīnkōu ㄧㄣㄍㄡ 하수구. 지하에 묻은 하수도.
[陰功] yīnkūng ㄧㄣㄍㄨㄥ 공덕(功德).
[陰冷] yīnlěng ㄧㄣㄌㄥˇ 음산하고 차갑다.
[陰霾] yīnmái ㄧㄣㄇㄞˊ 날씨가 침침하고 어두컴컴하다.
[陰面子] yīnmièntzǔ ㄧㄣㄇㄧㄢˋㄗ 표면은 부드러워 보이면서 내면은 엉큼한 태도. 또는 그런 사람.
[陰平] yīnp'íng ㄧㄣㄆㄧㄥˊ "北京語"의 사성의 하나:제 1성. 고평조(高平調).
[陰森] yīnsēn ㄧㄣㄙㄣ 으스스하고 어둡침침하다.>陰陰森森.
[陰私] yīnssū ㄧㄣㄙ 비밀. 내밀(內密).
[陰司] yīnssū ㄧㄣㄙ 저승. 황천.
[陰丹士林] yīntānshihlín ㄧㄣㄉㄢㄕˋㄌㄧㄣˊ ①인조 염료(染料)의 일종. ②짙은 청색의 면직물.
[陰道] yīntào ㄧㄣㄉㄠˋ 여자의 생식기의 일부. 질(膣).
[陰天] yīnt'iēn ㄧㄣㄊㄧㄢ 흐린 날씨.
[陰錯陽差] yīnts'ò-yángch'à ㄧㄣㄘㄨㄛˋㄧㄤˊㄔㄚˋ 실없이 잘못을 저지르다. 일이 제대로 잘 안된다.
[陰毒損壞] yīntú-sǔnhuài ㄧㄣㄉㄨˊㄙㄨㄣˇㄏㄨㄞˋ 음험하고 악랄하다.
[陰陽] yīnyáng ㄧㄣㄧㄤˊ ①음과 양. ②묏자리를 점치는 풍수(風水)를 "陰生". 장사 지낼 때의 악대를 "陽生"이라 함.
[陰雨] yīnyǔ ㄧㄣㄩˇ 장마.
[陰郁] yīnyǔ ㄧㄣㄩˇ 안색이 좋지 않다.

〔蔭〕 yīn ㄧㄣ 나무 그늘.「木一;나무 그늘」「日一;응달」⇨yìn.

〔洇〕 yīn ㄧㄣ 스미다. 물들다. 번지다.「這種紙寫起來有些一;이 종이는 글을 쓰면 약간 번진다」

〔瘖〕(喑) yīn ㄧㄣ 벙어리가 되다. 목소리가 안 나오다.

〔吟〕 yín ㄧㄣˊ ①노래하다. 시나 노래를 읊다. ②시가(詩歌). ③신음하다.「呻~;신음하다」
[吟哦] yín'ê ㄧㄣˊㄜˊ 낮은 소리로 읊다.
[吟嘯] yínhsiào ㄧㄣˊㄒㄧㄠˋ ①탄식하는 소리. ②읊다.

〔垠〕 yín ㄧㄣˊ 한계. 끝.「一望無一;아득하게 바라 볼 수 있는 한」

〔狺〕 yín ㄧㄣˊ 개 짖는 소리.「一一;컹컹」

〔寅〕 yín ㄧㄣˊ ①범:십이지(十二支)의 하나. ②오전 3시부터 5시까지. 인시(寅時).

〔淫〕 yín ㄧㄣˊ ①난잡한 성 행위. ②음란한. ③ 지나친.「一雨;장마」 ④현혹시키다. 현혹되다.「富貴不能一;부귀로서도 호릴 수는 없다」

〔夤〕 yín ㄧㄣˊ 깊은 밤.「一緣;아첨하다」

〔銀〕 yín ㄧㄣˊ ①은. ②「一子;(화폐로서의) 은. 은화.「洋一;외국 은화」③은색.「一燕;(은색) 비행기」
[銀匠] yínchiàng ㄧㄣˊㄐㄧㄤˋ 은세공사(銀細工師). 은장이.
[銀錢] yínch'ién ㄧㄣˊㄑㄧㄢˊ 돈. 은화.
[銀硃] yínchū ㄧㄣˊㄓㄨ 주홍색. 진사(辰砂).
[銀耳] yín'ěrh ㄧㄣˊㄦˇ 〈植〉 "泗川"에서 나는 흰 목이버섯.
[銀漢] yínhàn ㄧㄣˊㄏㄢˋ 은하수. =銀河.
[銀號] yínhào ㄧㄣˊㄏㄠˋ 어음·예금·대부 등을 취급하던 구식 은행.
[銀項圈] yínhsiàngch'iēn ㄧㄣˊㄒㄧㄤˋㄑㄧㄢ 은으로 만든 목걸이.
[銀杏] yínhsìng ㄧㄣˊㄒㄧㄥˋ 은행나무.
[銀花紙] yínhuāchǐh ㄧㄣˊㄏㄨㄚㄓˇ 백지에다 여러 모양의 무늬를 놓은 종이:색도배지:도배에 쓰임.
[銀紅] yínhúng ㄧㄣˊㄏㄨㄥˊ 붉으스레한 은색.
[銀根] yínkēn ㄧㄣˊㄍㄣ 금융(金融).「抽緊一;금융을 긴축시키다」
[銀樓] yínlóu ㄧㄣˊㄌㄡˊ 금은으로 만든 기물이나 장식품을 파는 가게. 금은의 매매를 겸함.
[銀幕] yínmù ㄧㄣˊㄇㄨˋ 스크리인(screen). 은막.
[銀鼠] yínshǔ ㄧㄣˊㄕㄨˇ "吉林省"의 산중에 사는 변색쪽제비.
[銀錠] yíntìng ㄧㄣˊㄉㄧㄥˋ 은괴(銀塊).
[銀洋] yínyáng ㄧㄣˊㄧㄤˊ 은화(銀貨).

〔霪〕 yín ㄧㄣˊ「一雨;장마」=淫雨.

〔齦〕 yín ㄧㄣˊ 잇몸.「牙一;치은」

〔尹〕 yǐn ㄧㄣˇ ①구시대의 관명.「府一;부윤」②다스리다. 바로 잡다.

〔引〕 yǐn ㄧㄣˇ ①잡아 당기다. 잡아 늘이다.「一弓;활을 쏘다」 ②(예를)들다. 인용하다. ③이끌다. 안내하다. ④길이의 단위:1 "引"은 10"丈"임. ⑤ 불러 일으키다. 유발하다. ⑥(실로) 철(綴)하다. =紖. ⑦영구차(靈柩車)를 끄는 밧줄.「發一;발인하다」
[引柴] yǐnch'ái ㄧㄣˇㄔㄞˊ 불쏘시개.
[引針] yǐnchēn ㄧㄣˇㄓㄣ 바늘에 실을 꿰다.
[引起] yǐnch'i ㄧㄣˇㄑㄧ 일으키다. 야기하다.
[引接] yǐnchiēh ㄧㄣˇㄐㄧㄝ ①접대하다 ②불러 들여 만나다. 인견(引見)하다.

[引見] yǐnchièn ㄧㄣˇㄐㄧㄢˋ ①안내를 받아 원수(元首)를 알현하다. ②소개를 받아 면회하다. 「《譯》
[引擎] yǐnch'íng ㄧㄣˇㄑㄧㄥˊ 엔진(engine).
[引經據典] yǐnching-chǜtiěn ㄧㄣˇㄐㄧㄥ ㄐㄩˋㄉㄧㄢˇ 경전(經典) 등에서 인용하다.
[引咎] yǐnchiù ㄧㄣˇㄐㄧㄡˋ 잘못을 자기가 떠맡다. 인책(引責)하다.
[引吭高歌] yǐnháng-kāokō ㄧㄣˇㄏㄤˊ ㄍㄠㄍㄜ 소리를 돋구어 큰소리로 노래 부르다. 대성방가(大聲放歌).
[引河] yǐnhó ㄧㄣˇㄏㄜˊ 물살을 약하게 하기 위한 인공 하천(人工河川).
[引惑] yǐnhuò ㄧㄣˇㄏㄨㄛˋ 유혹하다.
[引綫] yǐnhsièn ㄧㄣˇㄒㄧㄢˋ ①바늘에 실을 꿰다. ②이끌어 주다. ③도화선.
[引火燒身] yǐnhuǒ shāoshēn ㄧㄣˇㄏㄨㄛˇ ㄕㄠㄕㄣ ①스스로 멸망의 길을 걷는다는 비유:나뭇짐을 지고 불 속에 뛰어 들다. 《成》 ②자신의 결점을 스스로 들추어 비판하는 일.
[引以爲鑒] yǐnǐwéichièn ㄧㄣˇㄧˇㄨㄟˊㄐㄧㄢˋ 인용하여 교훈으로 삼다.
[引人入勝] yǐnjén-jùshèng ㄧㄣˇㄖㄣˊ ㄖㄨˋㄕㄥˋ 사람을 도취시키다. 「다.
[引港] yǐnkǎng ㄧㄣˇㄍㄤˇ 뱃길을 안내하
[引狼入室] yǐnláng jùshìh ㄧㄣˇㄌㄤˊ ㄖㄨˋㄕˋ 이리를 방으로 이끌어 들인다는 뜻으로 화를 자초(自招)한다는 말. 《成》
[引領而望] yǐnlǐng'érhwàng ㄧㄣˇㄌㄧㄥˇㄦˊㄨㄤˋ 기다리고 바란다. 대망(待望)하다.
[引滿] yǐnmǎn ㄧㄣˇㄇㄢˇ ①술을 잔에 가득 따르다. ②활을 힘껏 잡아 당기다.
[引水人] yǐnshuǐjén ㄧㄣˇㄕㄨㄟˇㄖㄣˊ 항구에서 뱃길을 안내하는 사람.
[引帶] yǐntài ㄧㄣˇㄉㄞˋ 동력 벨트.
[引導] yǐntǎo ㄧㄣˇㄉㄠˇ ①길을 안내하다. ②유도(誘導)하다.
[引得] yǐntê ㄧㄣˇㄉㄜˊ ①색인(索引). 인덱스(index). ②yǐntê …을 야기하다. 「他那麼一說一大家大笑；그가 그렇게 말하니까 모두 이끌려서 크게 웃었다」
[引端] yǐntuān ㄧㄣˇㄉㄨㄢ ①발단. ②실마리가 되다.
[引動] yǐntùng ㄧㄣˇㄉㄨㄥˋ ①(어떤 힘에 관련되어) 움직이다. ②유발(誘發)하다. 「一了我的感觸；나의 감개(感慨)를 유발시켰다」
[引子] yǐntzǔ ㄧㄣˇㄗ ①곡의 서곡. ②연극의 서곡. ③한방에서의 부약(副藥).
[引自] yǐntzǜ ㄧㄣˇㄗˋ …에서 인용하다. 「一他人論文；남의 논문에서 인용하다」
[引誘] yǐnyù ㄧㄣˇㄧㄡˋ 꾀어내다. 유인하다.

〔隱〕(隠) yǐn ㄧㄣˇ ①감추다. 「一姓埋名；자기의 성명을 남에게 감추다」 ②초야(草野)에 묻혀 있음. 「一逸；숨은 인재」 ③표면에 나타나지 않다」「一語；은어」
[隱情] yǐnch'íng ㄧㄣˇㄑㄧㄥˊ (어떤 일을) 감추다. 비밀로 하다. 비밀. 내밀(內密).
[隱惡揚善] yǐn'ê-yángshàn ㄧㄣˇㄜˋ ㄧㄤˊㄕㄢˋ 남의 잘못을 감싸 주고 좋은 점만을 찬양하다.
[隱患] yǐnhuàn ㄧㄣˇㄏㄨㄢˋ 표면에 나타나지 않은 재화(災禍).
[隱諱] yǐnhui ㄧㄣˇㄏㄨㄟˋ 꺼리다. 삼가하다. 「不一着說；꺼리낌 없이 말하다」
[隱瞞] yǐnmán ㄧㄣˇㄇㄢˊ 사실을 숨기고 속이다.
[隱身草] yǐnshēnts'ǎo ㄧㄣˇㄕㄣㄘㄠˇ 구실(口實). 방패. 입으면 몸뚱이가 보이지 않게 된다는 도롱이. 「他拿我當他的一；그는 나를 자기의 방패로 이용하고 있다」
[隱身法] yǐnshēnfǎ ㄧㄣˇㄕㄣㄈㄚˇ 몸을 감추는 술법. 둔갑술(遁甲術).
[隱痛] yǐnt'ùng ㄧㄣˇㄊㄨㄥˋ 남 모르는 고통이나 고민.
[隱藏] yǐnts'áng ㄧㄣˇㄘㄤˊ ①살짝 숨다. ②은닉(隱匿)하다. >隱隱藏藏.
[隱微] yǐnwēi ㄧㄣˇㄨㄟ ①희미하여 나타나지 아니하다. ②미묘(微妙). 「若論那裏頭的一, 只可意會；그 미묘한 점이란 다만 이심전심(以心傳心)으로 깨달을 수 밖에 도리가 없읍니다」 ③비밀. 내밀(內密). 「揭發人的一；남의 비밀을 폭로하다」
[隱憂] yǐnyū ㄧㄣˇㄩ 남 모르는 걱정 근심. 남 모르게 걱정하다.
[隱約] yǐnyüēh ㄧㄣˇㄩㄝ ① 뚜렷하지 않다. 희미하다. 「一可見；희미하게 보이다」 >隱隱約約. ② 말을 애매하게 하다.

〔癮〕 yǐn ㄧㄣˇ 술·담배 따위가 지나쳐서 중독 상태가 되다. 「烟一；담배·아편 중독」「酒一；알코홀 중독」「看書看上一了；책을 읽고 열중했다」

〔飲〕 yǐn ㄧㄣˇ ①마시다. 「一水思源；물을 마실 때 수원(水源)을 생각하다: 근본을 잊지 않는다」 ②술을 마시다. 「節一；음주를 삼가다」 ③마음에 품다. 「一恨；한을 품다」 ⇨yìn.
[飲鴆止渴] yǐnchěn chǐhk'ǒ ㄧㄣˇㄓㄣˋ ㄓˇㄎㄜˇ 중대한 결과가 될 것을 알면서 해로운 방법으로 궁지를 모면하다. 《成》
[飲恨吞聲] yǐnhěn-t'ūnshēng ㄧㄣˇㄏㄣˋ ㄊㄨㄣㄕㄥ 원한을 참고 견디다.
[飲泣] yǐnch'ì ㄧㄣˇㄑㄧˋ 슬픔을 참고 남몰래 울다. 「一吞聲; 소리를 죽이고 울다」

〔印〕 yìn ㄧㄣˋ ①도장. 인장. 「蓋一；도장을 찍다」 ②표해 놓다. 흔적을 남기다. 「把這象片多一幾帳；이 사진을 몇 장 더 인화하다」 ③인쇄하다. ④「一子. 一兒；흔적. 자국」「脚一兒；발자국」 ⑤맞다. 「心心相一；마음이 서로 맞다」
[印證] yìnchěng ㄧㄣˋㄓㄥˋ 서로 증명하다.
[印發] yìnfā ㄧㄣˋㄈㄚ 인쇄 발행하다.
[印痕] yìnhěn ㄧㄣˋㄏㄣˊ 흔적. 자국.
[印象紙] yìnhsiàngchǐh ㄧㄣˋㄒㄧㄤˋㄓˇ 인화지.
[印信] yìnhsìn ㄧㄣˋㄒㄧㄣˋ 관인(官印).
[印花] yìnhuā ㄧㄣˋㄏㄨㄚ ①인지(印紙). 「一稅；인지세」 ②세관의 화물 검사증. ③날염(捺染).
[印花布] yìnhuāpù ㄧㄣˋㄏㄨㄚㄅㄨˋ 등사망：등사 원지를 대는.
[印染] yìnjǎn ㄧㄣˋㄖㄢˇ 날염(捺染).
[印泥] yìnní ㄧㄣˋㄋㄧˊ 인주. ＝印色.
[印報] yìn pào ㄧㄣˋ ㄅㄠˋ 신문을 인쇄하다. 「一紙；신문 용지」
[印把子] yìnpǎtzǔ ㄧㄣˋㄅㄚˇㄗ ①관청의

인감. 관인. ②관직의 별칭.
[印本] yìnpěn ㄧㄣˋㄅㄣˇ 인쇄한 책: "寫本"에 대하여 쓰는 말.
[印色] yìnsê ㄧㄣˋㄙㄜˋ 인주. 「一盒子; 인주통」
[印書紙] yìnshūchǐh ㄧㄣˋㄕㄨㄓˇ 인쇄 용지
[印堂] yìnt'áng ㄧㄣˋㄊㄤˊ 미간(眉間): 중국 사람들은 여기에 장래 운세의 징조가 나타난다고 한다.
[印子錢] yìntzǔch'iěn ㄧㄣˋㄗˇㄑㄧㄢˊ 고리대금의 일종: 복리로 분할하여 반제하되 그 때마다 증서를 다시 씀.

〔蔭〕(廕) yìn ㄧㄣˋ ①그늘져서 축축하다. ②선조·부모의 덕분. 「一官; 부모 덕분에 얻은 벼슬」 ⇨yīn.

〔窨〕 yìn ㄧㄣˋ 지하실. 「地一子; 지하실」

〔飲〕 yìn ㄧㄣˋ 가축에게 물을 먹이다. 「一牲; 가축에게 물 먹이다」 ⇨yǐn.

YING ㄧㄥ

〔英〕 yīng ㄧㄥ ①꽃. 꽃잎. 「落一; 낙화」「黃一; 국화」 ②재능이 뛰어난 사람. 「一俊; 재주가 뛰어난 사람」 ③영국. 「一國; 영국」
[英尺] yīngch'ǐh ㄧㄥㄔˇ 피이트(feet).
[英華] yīnghuá ㄧㄥㄏㄨㄚˊ (초목이) 아름답다.
[英雄] yīnghsiúng ㄧㄥㄒㄩㄥˊ ①재능·용기가 뛰어난 사람. 「一漢; 영웅. 남자다운 남자」 ②대중을 위하여 큰 공을 세운 사람.
[英里] yīnglǐ ㄧㄥㄌㄧˇ 마일(mile).
[英烈] yīngliěh ㄧㄥㄌㄧㄝˋ 영웅.
[英鎊] yīngpàng ㄧㄥㄅㄤˋ ①파운드(pound): 영국의 화폐의 단위. ②영국의 중량의 단위.
[英鎊集團] yīngpàng chít'uán ㄧㄥㄅㄤˋ ㄐㄧˊㄊㄨㄢˊ 파운드권(pound圈).
[英寸] yīngts'ùn ㄧㄥㄘㄨㄣˋ 인치(inch).
[英勇] yīngyǔng ㄧㄥㄩㄥˇ (목숨을 바칠) 용기가 있다. 영웅적이다. > 英英勇勇.

〔應〕 yīng ㄧㄥ ①당연히 …해야 할 것이다. 하지 않으면 안된다. 「一有盡有; 있어야 할 것은 다 있다」 ②떠맡다. 승락하다. 「一他十天之內完工; 열흘 이내에 완공한다고 그에게 승락하다」 ③승인하다. 인정하다. 「我的話一了; 내 말이 옳다는 것을 알았다」 ⇨yìng.
[應下] yīnghsià ㄧㄥㄒㄧㄚˋ 인수하다. 「一一千部機器; 기계 1천 대를 인수하다」
[應許] yīnghsǔ ㄧㄥㄒㄩˇ 승락하다. 허용하다.
[應名兒] yīngmíngrh ㄧㄥㄇㄧㄥˊㄦ 이름뿐인. 「一的教授; 명목뿐인 교수」
[應當] yīngtāng ㄧㄥㄉㄤ 당연히 …하지 않으면 안되다. =應該.
[應當責分] yīngtāngtsêfěn ㄧㄥㄉㄤㄗㄜˊㄈㄣˋ 분수에 알맞다. =應當應分.
[應得] yīngtê ㄧㄥㄉㄜˊ 받아야 할 것이다. 「一的處罰; 받아야 할 처벌」
[應允] yīngyǔn ㄧㄥㄩㄣˇ 허락하다. 승락하다.
[應有的] yīngyǔtê ㄧㄥㄧㄡˇㄉㄜ 모든. 일체의.

〔膺〕 yīng ㄧㄥ ①가슴. 「義憤塡一; 의분이 가슴에 충만하다」 ②받다. 적중하다. 「一選; 당선되다」 ③토벌하다. 「一懲; 응징하다」

〔嬰〕 yīng ㄧㄥ 「一兒; 갓난 아기. 영아」「一幼園; 보육원」

〔罌〕(甖) yīng ㄧㄥ ①배가 불룩하고 아가리가 좁은 항아리. ②「一粟; 양귀비」
[罌子桐] yīngtzǔt'úng ㄧㄥㄗㄊㄨㄥˊ 〈植〉 기름오동나무(油桐).
[罌粟] yīngsù ㄧㄥㄙㄨˋ 〈植〉 양귀비. =鶯粟.

〔鶯〕 yīng ㄧㄥ 꾀꼬리. 「樹一·歌一; 꾀꼬리」「黃一; 조선 꾀꼬리」

〔鷹〕 yīng ㄧㄥ 매. 「蒼一·雀一; 매」
[鷹鼻鷂眼] yīngpí-yàoyěn ㄧㄥㄅㄧˊ ㄧㄠˋㄧㄢˇ 탐욕스러운 모양.
[鷹瞵鶚視] yīnglín-êshìh ㄧㄥㄌㄧㄣˊㄜˋㄕˋ 호시탐탐하다: 흔히 국가간에 대하여 쓰임.

〔櫻〕 yīng ㄧㄥ ①〈植〉 벚나무. ②버찌의 약칭.
[櫻脣] yīngch'ún ㄧㄥㄔㄨㄣˊ 미인의 앵두같은 입술.
[櫻花] yīnghuā ㄧㄥㄏㄨㄚ 〈植〉 벚꽃.
[櫻桃] yīngt'aò ㄧㄥㄊㄠ 〈植〉 앵두나무. 앵두. 버찌. 「一小口; 앵두과 같은 앳된 입」

〔鸚〕 yīng ㄧㄥ
[鸚哥兒] yīngkorh ㄧㄥㄍㄜㄦ 〈動〉 잉꼬: 완상용 새의 하나. 「一綠; 잉꼬의 깃털 같은 녹색」
[鸚鵡] yīngwǔ ㄧㄥㄨˇ 〈動〉 앵무새.

〔纓〕 yīng ㄧㄥ ①「一子·一兒; 모자 따위에 장식으로 단 끈. 또는 술」「帽一子; 모자의 술」 ②「蘿蔔一子; 무우의 잎」「芥菜一兒; 갓잎」

〔盈〕 yíng ㄧㄥˊ ①가득 차다. 「惡貫滿一; 악한 행동으로 충만하다」 ②남다. 「一利; 이익 이윤」
[盈千累萬] yíngch'iěnlěiwàn ㄧㄥˊㄑㄧㄢ ㄌㄟˇㄨㄢˋ 막대한 수자가 되다. 수천 수만에 이르다.
[盈虧] yíngk'ueī ㄧㄥˊㄎㄨㄟ ①차(滿)며 기운(虧)다. ②간만(干滿).
[盈滿] yíngmǎn ㄧㄥˊㄇㄢˇ 충만하다. 가득차다.
[盈盈] yíngyíng ㄧㄥˊㄧㄥˊ ①물이 맑고 깨끗한 모양. ②경쾌한 모양.
[盈餘] yíngyǘ ㄧㄥˊㄩˊ ①나머지. 잉여. 「一滾存; 잉여금을 이월하여 적립(積立)하다」 ②남다.

〔迎〕 yíng ㄧㄥˊ ①(사람을) 맞다. 「一人去; 사람을 영접하러 가다」 ②남의 뜻

을 받아 들이다. 「一合；영합(迎合)하다」 ③…를 향하여.…쪽으로.「一面；정면에서」
[迎接] yíngchiēh ㄧㄥˊㄐㄧㄝ ①마중하다. 영접하다. ②자진하여 순응(順應)시키다. 「一這係大時代；자진하여 이 위대한 시대에 적응시키다」
[迎親] yíngch'īn ㄧㄥˊㄑㄧㄣ 결혼날 신랑집에서 신부를 맞이하러 가는 일.
[迎春] yíngch'ūn ㄧㄥˊㄔㄨㄣ ①입춘날 행하는 영춘제(迎春祭). ②〈植〉황매(黃梅). =迎春花. ③〈植〉 백목련(白木蓮). =辛夷.
[迎風兒] yíngfēng(rh) ㄧㄥˊㄈㄥ(ㄦ) 맞바람. 역풍(逆風).
[迎合] yínghó ㄧㄥˊㄏㄜˊ ① 남의 뜻을 받아 들이다. ②때를 정해 만나다.
[迎刃而解] yíngjěn'ěrhchiěn ㄧㄥˊㄖㄣˋㄦˊㄐㄧㄝˇ 아무런 장애도 없이 술술 해결되다. 《成》
[迎面] yíngmièn ㄧㄥˊㄇㄧㄢˋ 마주 보고.직접 대면하여. 「一過來一個人；정면에서 한 사람이 왔다」
[迎神] yíngshěn ㄧㄥˊㄕㄣˊ 제야(除夜)에 "竈神"을 제사 지내다. "竈神祭"를 지내다.
[迎頭] yíngt'óu ㄧㄥˊㄊㄡˊ 서로 마주 보다. 만나자마자.「一碰着個朋友；나가자마자 친구를 만나다」「一痛擊；만나자마자 맹격을 가하다」
[迎迓] yíngyà ㄧㄥˊㄧㄚˋ 맞이하다. 마중하다.

〔塋〕 yíng ㄧㄥˊ 묘.「一地；묘지」

〔楹〕 yíng ㄧㄥˊ 옛날 저택 앞에 세웠던 두 개의 큰 둥근 기둥.

〔熒〕 yíng ㄧㄥˊ
[熒惑] yínghuò ㄧㄥˊㄏㄨㄛˋ 눈을 속이다. 현혹되다.
[熒熒] yíngyíng ㄧㄥˊㄧㄥˊ①(빛이)번쩍번쩍 빛나다. ②광선이 약한 모양.

〔螢〕 yíng ㄧㄥˊ 개똥벌레. 「一火蟲；개똥벌레」

〔縈〕 yíng ㄧㄥˊ ①돌다. ② 달라붙다. 「一懷；사모(思慕)하는 정」
[縈繞] yíngjǎo ㄧㄥˊㄖㄠˇ 둘러 싸다. 휘감다.

〔營〕(营) yíng ㄧㄥˊ ①병영. 캠프. 「軍一；병영」 ②육군의 편성:주로 대대(大隊)를 일컬음.「一長；대대장」 ③꾀하다. 경영하다.「一私；사리(私利)를 꾀하다」
[營寨] yíngchài ㄧㄥˊㄓㄞˋ 성(城) 밖에 지은 작은 요새. 성채(城砦).
[營帳] yíngchàng ㄧㄥˊㄓㄤˋ 캠프. 천막.
[營建] yíngchièn ㄧㄥˊㄐㄧㄢˋ 건조(建造)하다.
[營救] yíngchiù ㄧㄥˊㄐㄧㄡˋ 방법을 강구하여 구(救)하다.
[營求] yíngch'iú ㄧㄥˊㄑㄧㄡˊ 도모(圖謀)하다. 희구(希求)하다.
[營房] yíngfáng ㄧㄥˊㄈㄤˊ 병사(兵舍).
[營火] yínghuǒ ㄧㄥˊㄏㄨㄛˇ 횃불. =篝火.
[營盤] yíngp'án ㄧㄥˊㄆㄢˊ 병영(兵營).
[營商] yíng shāng ㄧㄥˊㄕㄤ 상업을 경영하다.
[營生] yíngshēng ㄧㄥˊㄕㄥ 생활을 영위하다.「獨立一；자립하다」
[營生(兒)] yíngshēng(rh) ㄧㄥˊㄕㄥ(ㄦ) ①작업. 직업.「整天地游手好閑沒有一做；하루 종일 빈둘빈둘하고 일정한 직업이 없다」
[營私舞弊] yíngssū-wǔpì ㄧㄥˊㄙㄨˇㄅㄧˋ 관직에 있는 자가 사욕을 채우려고 나쁜 짓을 하다.
[營造尺] yíngtsàoch'ǐh ㄧㄥˊㄗㄠˋㄔˇ 목수가 사용하는 자(尺). =魯班尺.
[營子] yíngtsǔ ㄧㄥˊㄗ 몽고(蒙古)의 촌락.
[營業捐] yíngyèhchüān ㄧㄥˊㄧㄝˋㄐㄩㄢ 영업세.
[營運兒] yíngyǜnrh ㄧㄥˊㄩㄣˋㄦ 생계(生計).

〔贏〕 yíng ㄧㄥˊ ①이익. 이득.「一利；이득」 ②(내기에)이기다. (상품(賞品)·금품 따위를) 받다.「那個籃球隊一了；저 농구 티임이 이겼다」
[贏縮] yíngsō ㄧㄥˊㄙㄨㄛ, yíngsū ①잉여(剩餘)와 부족. ②출소진퇴(出所進退)를 임기 응변하는 일.
[贏得] yíngtě ㄧㄥˊㄉㄜˊ 승리를 쟁취하다. 「他的報告一了熱烈的掌聲；그의 보고는 열렬한 박수 갈채를 받았다」
[贏餘] yíngyǘ ㄧㄥˊㄩˊ ①나머지. ②남다.

〔蠅〕(蝇) yíng ㄧㄥˊ 「一子；파리」「蒼一；파리」
[蠅拂] yíngfú ㄧㄥˊㄈㄨˊ 〈宗〉 불자(拂子): 중들이 가지고 다니는 법구(法具)의 하나. =蠅摔子.
[蠅虎] yínghǔ ㄧㄥˊㄏㄨˇ 〈動〉 승호: 승호과에 속하는 거미로서 거미줄을 치지 않고 벽이나 널에 붙었다가 날아서는 파리나 곤충을 잡아 먹음.
[蠅拍] yíngp'āi ㄧㄥˊㄆㄞ 파리채.
[蠅摔子] yíngshuǎitzǔ ㄧㄥˊㄕㄨㄞˇㄗ 불자(拂子).
[蠅頭] yíngt'óu ㄧㄥˊㄊㄡˊ 극히 작은 것의 비유.「一小利；극히 적은 이익」
[蠅營狗苟] yíngyíng-kǒukǒu ㄧㄥˊㄧㄥˊㄍㄡˇㄍㄡˇ 비굴하게 아첨한다는 비유. =狗苟蠅營.

〔影〕 yǐng ㄧㄥˇ ①「一子·一兒；그림자」「如一隨形；따르는 그림자처럼」 ②「一子·一兒；모습. 형태. 영상(映像)」「這件事在我腦子裏沒有一點一子了；이 일은 나의 머릿속에서 흔적도 없이 사라졌다」 ③인상(人像).「攝一；촬영하다」 ④본을 뜨다. ⑤물건의 배후나 그늘에 숨기다.
[影展] yǐngchǎn ㄧㄥˇㄓㄢˇ 영화 경연 대회. 영화 콩쿠우르.
[影綽] yǐngch'o ㄧㄥˇㄔㄨㄛ 보일락말락. >影影綽綽.
[影戲] yǐnghsì ㄧㄥˇㄒㄧˋ 종이나 가죽으로 만든 인형을 이용한 영상극(影像劇).
[影像] yǐnghsiàng ㄧㄥˇㄒㄧㄤˋ 영상(影像)·화상(畫像). 죽은 사람의 화상을 만들다.
[影星] yǐnghsing ㄧㄥˇㄒㄧㄥ 영화 배우. 스타아.

[影響] yǐnghsiǎng ㄧㄥˇㄒㄧㄤˇ ①영향을 주다. ②영향. ③교육적 효과. ④반향. 반응. ⑤동향. 동정(動靜).
[影戤] yǐngkài ㄧㄥˇㄍㄞˋ 남의 상표를 도용하다.
[影迷] yǐngmí ㄧㄥˇㄇㄧˊ 영화광(狂). 영화에 미친 사람.
[影幕] yǐngmù ㄧㄥˇㄇㄨˋ 영사막. 스크리인(screen).
[影本] yǐngpěn ㄧㄥˇㄅㄣˇ 글씨본.
[影壁] yǐngpi ㄧㄥˇㄅㄧ 대문 안에다 밖에서 보이지 않게 만든 독립된 벽. =影壁墻.
[影片(兒)] yǐngp'iēn(rh) ㄧㄥˇㄆㄧㄢ(ㄦ) 영화 필름.
[影評] yǐngp'íng ㄧㄥˇㄆㄧˊㄥ 영화평(評).
[影射] yǐngshê ㄧㄥˇㄕㄜˋ ①남의 것을 도용(盜用)하다. ②남의 명의를 사칭하다.
[影印] yǐngyìn ㄧㄥˇㄧㄣˋ (서적의) 사진판.
[影院] yǐngyüàn ㄧㄥˇㄩㄢˋ 영화관.

〔穎〕(頴) yǐng ㄧㄥˇ ①이삭의 끝. ②물건의 끝이 뾰족한 부분. ③재능이 뛰어난. 「聰一 ; 총명하고 슬기롭다」「一悟 ; 재능이 뛰어나다」

〔癭〕 yǐng ㄧㄥˇ 목에 생기는 혹(瘤). =瘤子.

〔映〕 yìng ㄧㄥˋ ①비치다. 반영(反映)되다. 「一着陽光 ; 일광에 반영되다」 ②(빛이) 반사하다. ③(물·거울 등에) 비치다. 「影子倒一在水裏 ; 그림자가 물 속에 거꾸로 비쳐 있다」 ④영사(映寫)하다. 「一演 ; 상연하다」
[映山紅] yìngshānhúng ㄧㄥˋㄕㄢㄏㄨㄥˊ 〈植〉 진달래. 영산홍.
[映射] yìngshê ㄧㄥˋㄕㄜˋ 반사하다.

〔硬〕 yìng ㄧㄥˋ ①굳다. 단단하다. 「這個點心太一 ; 이 과자는 너무 단단하다」 ②완강하다. 굴하지 않다. ③강제로. 「一買 ; 강제로 매점하다」 ④무정한. 냉정한. ⑤능력이 뛰어난. 질(質)이 좋은. ⑥어디까지나. 최후까지. 「一不承認 ; 끝까지 승인하지 않는다」 ⑦부유하다. 돈이 많다.
[硬柴] yìngch'ái ㄧㄥˋㄔㄞˊ 땔나무 : 조짚이나 수수대와 구별해서 이르는 말.
[硬纏] yìngch'án ㄧㄥˋㄔㄢˊ 귀찮게 매달리다. 졸라대다. 「一我買玩具 ; 장난감을 사 달라고 귀찮게 달라붙다」
[硬着心] yìngchê hsīn ㄧㄥˋㄓㄜ ㄒㄧㄣ 마음을 단단히 먹고. 눈 딱 감고. 인정사정 없이.
[硬着臉子] yìngchê liěntzǔ ㄧㄥˋㄓㄜ ㄌㄧㄢˇㄗ 염치(廉恥) 없이. 염치 불구하고. =硬着頭皮.
[硬撐] yìngch'ēng ㄧㄥˋㄔㄥ 억지로 참고 버티다. 억지로 견디어 내다. 억지로 지탱하다.
[硬掙] yìngchēng ㄧㄥˋㄓㄥ 강력하고 힘찬. 유력한. >硬硬掙掙.
[硬正氣兒] yìngchêngch'ìrh ㄧㄥˋㄓㄥˋㄑㄧˋㄦ 침착하고 굳센 성질. 씩씩한 기개.
[硬氣] yìngch'i ㄧㄥˋㄑㄧ 기질이 강하다. >硬硬氣氣.
[硬勁兒] yìngchìnrh ㄧㄥˋㄐㄧㄣˋㄦ ① 견강한 정도. 견고성. ②기개. 기골. 「有個一 ; 기개가 있다」
[硬撅撅的] yìngchüēhchüēhtê ㄧㄥˋㄐㄩㄝㄐㄩㄝㄉㄜ ①억세고 무뚝뚝한. ②(물건이) 딱딱한. ③(가지 따위가 손을 찌르듯이) 단단한.
[硬漢子] yìnghàntzǔ ㄧㄥˋㄏㄢˋㄗ 의지가 굳센 사람. 성질이 강직한 사람.
[硬席] yìnghsí ㄧㄥˋㄒㄧˊ (기차 따위의) 판자로 된 의자.
[硬橡皮] yìnghsiàngp'í ㄧㄥˋㄒㄧㄤˋㄆㄧˊ 에보나이트.
[硬心腸] yìnghsīnch'áng ㄧㄥˋㄒㄧㄣㄔㄤˊ ①무정(無情). ②무정한 사람.
[硬性] yìnghsìng ㄧㄥˋㄒㄧㄥˋ 불변성(不變性). 부동성(不動性). 「金剛石爲一最高 ; 금강석은 불변성이 가장 높다」「一規定 ; 융통성 없는 규정」
[硬話] yìnghua ㄧㄥˋㄏㄨㄚ ①강경한 언사. ②몰인정한 말.
[硬幹] yìngkàn ㄧㄥˋㄍㄢˋ 두려움이 없이 용감하게 일을 처리하다.
[硬拐硬碰] yìngkuǎi-yìngp'êng ㄧㄥˋㄍㄨㄞˇㄧㄥˋㄆㄥˋ 남과 타협하지 않다.
[硬功] yìngkūng ㄧㄥˋㄍㄨㄥ 강경한 방법.
[硬骨頭] yìngkǔt'ou ㄧㄥˋㄍㄨˇㄊㄡ 조금도 굴하지 않는 사람. 태도가 완강한 사람.
[硬來] yìnglái ㄧㄥˋㄌㄞˊ 강경한 태도를 취하다. (일을) 심하게 다루다.
[硬朗] yìnglang ㄧㄥˋㄌㄤ (노인의) 신체가 꼬장꼬장하다. 정정하다. 건강하다.
[硬臉] yìngliěn ㄧㄥˋㄌㄧㄢˇ 인정 사정을 돌보지 않다.
[硬領(兒)] yìnglǐng(rh) ㄧㄥˋㄌㄧㄥˇ(ㄦ) 동정. 옷깃에 다는 흰 헝겊.
[硬鋁] yìnglǚ ㄧㄥˋㄌㄩˇ 듀랄루민(duralumin) : 알미늄이 주성분인 경합금(輕合金)의 하나.
[硬煤] yìngméi ㄧㄥˋㄇㄟˊ ①무연탄. ②석탄 덩어리.
[硬麪(兒)] yìngmièn(rh) ㄧㄥˋㄇㄧㄢˋ(ㄦ) ①물을 적게 말은 국수. ②되게 반죽하여 발효시키지 않은 밀가루.
[硬模] yìngmú ㄧㄥˋㄇㄨˊ 영구 주형(永久鑄型). 오래 쓸 수 있는 거푸집.
[硬搬] yìngpān ㄧㄥˋㄅㄢ ①억지로 옮기다. ②억지로 인용하여 갖다 붙이다.
[硬棒] yìngpāng ㄧㄥˋㄅㄤ ①(정신·태도 따위가) 똑똑하다. 굳세다. =堅強 ②(육체적으로) 건강하다. =結實. ③단단하다. >硬硬棒棒.
[硬碰硬] yìngp'êngyìng ㄧㄥˋㄆㄥˋㄧㄥˋ 억지를 쓰고 강행하다.
[硬片] yìngp'ièn ㄧㄥˋㄆㄧㄢˋ ①경지(硬紙) 카아드. ②사진의 건판.
[硬實] yìngshih ㄧㄥˋㄕ 씩씩하고 늠름하다.
[硬水] yìngshuǐ ㄧㄥˋㄕㄨㄟˇ 경수 : 석회 등 광물질이 많이 들어 있는 물.
[硬打] yìngtǎ ㄧㄥˋㄉㄚˇ ①강타(強打)하다. ②힘에는 힘으로 대항하다. 「一軟熟和 ; 처음엔 강하고 나중엔 부드럽게 나오다」
[硬套] yìngt'ào ㄧㄥˋㄊㄠˋ 억지로 적용하다.
[硬到底] yìngt'àotǐ ㄧㄥˋㄉㄠˋㄉㄧˇ 굽히지 않고 끝까지 버티다.
[硬釘] yìngtīng ㄧㄥˋㄉㄧㄥ ①연해 다우쳐

추궁하다. ②뒤에 바싹 다가 붙다.

[硬頭貨] yìngt'ouhuò ㄧㄥˋㄊㄡˊㄏㄨㄛˋ ①잘 소화되지 않는 음식물. ②돈. 화폐(貨幣).

[硬臥車] yìngwòch'ē ㄧㄥˋㄨㄛˋㄔㄜ 이등 침대차. 좌석이 판자로 되어 있는 이등 침대차.

〔應〕(应) yìng ㄧㄥˋ ①대답하다. 응하다. 「山鳴谷一; 산이 울리고 골짜기가 울리다: 반응이 빠르다는 비유」 ②대항하다. 대응하다. ③적응하다. 적합하다. 「供不一求; 수요를 감당해 낼 수 없다」 ⇨yīng.

[應承] yìngch'éng ㄧㄥˋㄔㄥˊ 승락하다.

[應接不暇] yìngchiēh pùhsiá ㄧㄥˋㄐㄧㄝ ㄅㄨˋㄒㄧㄚˊ 접대하느라고 여가가 없다. 접대하기에 몹시 분주하다.

[應機立斷] yìngchī lìtuàn ㄧㄥˋㄐㄧ ㄌㄧˋㄉㄨㄢˋ 목전(目前)의 상황에 따라 재빠르게 조치하다.

[應景(兒)] yìngchìngrh ㄧㄥˋㄐㄧㄥˇㄦ ①그때그때에 알맞게 하다. ②어떤 분위기에 맞추어 적당하게 하다.

[應酬] yìngch'ou ㄧㄥˋㄔㄡ ①인사하다. ②교제하다. 대접하다. 「他講究一; 그는 교제를 중히 여긴다」 「一大; 교제가 넓다」

[應付] yìngfu ㄧㄥˋㄈㄨ ①(적당히) 응대하다. ②(그럭저럭) 둘러 맞추다. =敷衍. ③대처하다. 「一裕如; 여유 있게 대처하다」

[應和] yìnghó ㄧㄥˋㄏㄜˊ ①(노래 따위의) 가락을 맞추어 부르다. ②맞장구 치다.

[應活] yìnghuó ㄧㄥˋㄏㄨㄛˊ 일을 떠맡다.

[應募] yìngmù ㄧㄥˋㄇㄨˋ 모집에 응하다. 응모.

[應聲蟲兒] yìngshēngch'úngrh ㄧㄥˋㄕㄥ ㄔㄨㄥˊㄦ 추종자.

[應市] yìngshìh ㄧㄥˋㄕˋ 매출(賣出)하다. 시장 수요에 응하다.

[應時] yìngshíh ㄧㄥˋㄕˊ 계절에 호응(呼應)한. 「一茶點; 계절(季節)에 알맞는 다과(茶菓)」

[應手] yìngshǒu ㄧㄥˋㄕㄡˇ 입수(入手)하다. 「材料不一; 재료가 입수되지 않다」

[應電荷] yìngtiènhò ㄧㄥˋㄉㄧㄢˋㄏㄜˋ 감응 전하량(感應電荷量).

[應電流] yìngtiènliú ㄧㄥˋㄉㄧㄢˋㄌㄧㄡˊ 유도 전류(流導電流).

[應嘴] yìngtsuǐ ㄧㄥˋㄗㄨㄟˇ 대답하다. 응답하다.

[應邀] yìngyāo ㄧㄥˋㄧㄠ 초대에 응하다. 「他也一出席宴會; 그도 초대에 응하여 연회에 출석하다」

[應驗] yìngyèn ㄧㄥˋㄧㄢˋ ①징조. 표적. ②(예언 따위가) 꼭 들어 맞다. ③(신불 등의) 영험이 있다.

[應運] yìng yùn ㄧㄥˋㄩㄣˋ 운명에 순응하다. 천운(天運)을 따르다.

[應運而生] yìngyǜn'érhshēng ㄧㄥˋㄩㄣˋㄦˊㄕㄥ 시운(時運)에 순응하며 살다.

[應用] yìngyǜng ㄧㄥˋㄩㄥˋ ①실용의. ②응용하다.

YO ㄧㄛ

〔唷〕 yō ㄧㄛ 놀라거나 의문이 생겼을 때에 내는 감탄사: 앗. 아아. 「一! 這是怎麼了!; 앗! 이게 어찌된 일이야!」

YU ㄧㄡ

〔攸〕 yū ㄧㄡ ①(…하는) 바. =所. 「性命一關; 생명에 관계되는 바」 ②유유한 모양.

〔呦〕 yū ㄧㄡ (앗! 어마나 등) 놀람을 나타냄. 「一, 你也來了?; 오! 너도 왔니?」

〔幽〕 yū ㄧㄡ ①고요한. 잠잠한. 희미한. 깊숙한. 「一谷; 깊은 산골」 ②숨은. 외딴. 「一居; 세상을 숨어서 살다」 「一會; 밀회하다」 ③깊이 있고 흐뭇하다. 속세를 떠난. 「一香; 그윽한 향기」 ④연금(軟禁)하다. 「一囚; 연금하다」

[幽暗] yūàn ㄧㄡㄢˋ 으슥하고 어둡다.

[幽靜] yūchìng ㄧㄡㄐㄧㄥˋ 고요하다.

[幽情] yūch'íng ㄧㄡㄑㄧㄥˊ 아취(雅趣)가 있어 그윽하다.

[幽靈] yūlíng ㄧㄡㄌㄧㄥˊ 영혼. 죽은 사람의 혼.

[幽默] yūmò ㄧㄡㄇㄛˋ 익살. 유우머(humour). «譯»

[幽美] yūměi ㄧㄡㄇㄟˇ 자연·천연적으로 아름답고 고상한 것.

[幽深] yūshēn ㄧㄡㄕㄣ ①(경치가) 고요하고 아늑하다. ②의미심장하다.

[幽思] yūssū ㄧㄡㄙ 생각에 잠기다.

[幽微] yūwēi ㄧㄡㄨㄟ 희미하고 몽롱한.

[幽幽] yūyū ㄧㄡㄧㄡ ①아주 고요한 모양. ②힘 없는 모양. 「一地堤出了疑向; 망설이다가 질문을 하다」

〔悠〕 yū ㄧㄡ ①아득히 오래다. 유구(悠久)하다. ②공중에서 흔들다. 「把鞭子一一, …; 채찍을 휘두르자마자, …」 ③누르다. 진정시키다. 「一着點勁; 조금만 힘을 늦추시오」

[悠長] yūch'áng ㄧㄡㄔㄤˊ 오래다. 「一時歲月; 오랜 세월」

[悠忽] yūhū ㄧㄡㄏㄨ 빈둥빈둥하면서 잠깐 사이에 날을 보내다. ＞悠悠忽忽.

[悠閑] yūhsián ㄧㄡㄒㄧㄢˊ 침착하고 여유 있는 모양. ＞悠悠閑閑.

[悠停] yūt'íng ㄧㄡㄊㄧㄥ ①과도(過度)하지 않다. ②적당하다. 「喝酒要一點兒; 술은 적당히 마시지 않으면 안된다」

[悠悠蕩蕩] yūyūtàngtàng ㄧㄡㄧㄡ ㄉㄤˋㄉㄤˋ 잡을 곳이 없는 모양. 구름을 잡는 것과 같은 모양.

[悠揚] yūyáng ㄧㄡㄧㄤˊ ①아득한. ②소리가 높고 낮은 모양. ③유연(悠然)하다. ＞悠悠揚揚.

[悠悠] yūyū ㄧㄡㄧㄡ ①유유히. 한가로운. 태평스러운 모양. ②근심하는 모양. 걱정하는 모양.

[悠遠] yūyüǎn ㄧㄡㄩㄢˇ 아득히 멀다.

[悠着] yūchê ㄧㄡㄓㄜ 너무 서두르지 않다. 서둘지 않고 서서히.「你得一去；자네 너무 서두르지 말고 천천히 가게」

〔憂〕(忧) yū ㄧㄡ ①우려하다. 걱정하다.「先天下之一而一；세상의 근심을 앞장서서 걱정하다」②근심거리.

[憂煎] yūchiēn ㄧㄡㄐㄧㄢ 걱정에 잠기다.

[憂愁] yūch'óu ㄧㄡㄔㄡˊ 근심하다. 한탄하다. >憂憂愁愁.

[憂心] yūhsīn ㄧㄡㄒㄧㄣ 걱정되는 마음.「一悄悄;매우 가슴 아프다」「一如焚；근심 걱정으로 안절부절 못하다」

[憂患] yūhuàn ㄧㄡㄏㄨㄢˋ 걱정. 근심거리.

[憂悶] yūmên ㄧㄡㄇㄣˋ 번민. 근심. >憂憂悶悶.

[憂傷] yūshāng ㄧㄡㄕㄤ 몹시 마음 상하다.

[憂思成病] yūssū ch'éngpìng ㄧㄡㄙ ㄔㄥˊㄅㄧㄥˋ 걱정한 나머지 병들다.

〔優〕(优) yū ㄧㄡ ①우수하다. 뛰어나다.「品學兼一；품행과 학문이 함께 우수하다」② 후한. 정중한. ③배우.「一伶；배우」

[優長] yūch'áng ㄧㄡㄔㄤˊ ①뛰어 나다.「他們一於理解群衆運動的條件；그들은 대중 운동의 조건을 이해하는 데 뛰어나다」②장점.

[優質鋼] yūchìkāng ㄧㄡㄐㄧˋㄍㄤ 공작기계 따위의 재료에 쓰이는 질이 좋은 강철.

[優厚] yūhòu ㄧㄡㄏㄡˋ 친절하다. 후대하다.「給了我們一的報答；우리들에게 친절한 답례를 해 주었다」>優優厚厚.

[優異] yūì ㄧㄡㄧˋ 뛰어나다. 특히 우수하다.「成績一；성적이 발군(拔群)하다」

[優人] yūjén ㄧㄡㄖㄣˊ ＝優伶.

[優柔] yūjóu ㄧㄡㄖㄡˊ ①성질이 누긋한 모양. ②쉽게 결단을 못 내리는 모양.「一寡斷；우유 부단」

[優容] yūjúng ㄧㄡㄖㄨㄥˊ 관대하다.

[優禮] yūlǐ ㄧㄡㄌㄧˇ 예의를 갖추어 우대하다.

[優隆] yūlúng ㄧㄡㄌㄨㄥˊ (대우 따위가) 깍듯하다. 극진하다.「待遇一；대우가 흡족하다」

[優游] yūyú ㄧㄡㄧㄡˊ ①침착하고 여유 있는 태도. ②우유 부단(優柔不斷)한 모양. ③자유 자재로 지내는 모양.

[優裕] yūyù ㄧㄡㄧㄡˋ 풍부하다. 여유가 있다.

〔尤〕 yú ㄧㄡˊ ①특별한. 뛰어난.「拔其一；그 우수한 것을 뽑아내다」②더우기. 특히.「一妙；특히 사정이 좋다」③ 과실. 잘못.「言寡一行寡悔；말은 남에게 비난 받을 일을 하지 말고, 행동은 후회할 일을 하지 말라」④원망하다. 타박 주다.「怨天一人；하늘을 원망하고 사람을 원망하다」

[尤其] yúch'í ㄧㄡˊㄑㄧˊ 특별하게. 더우기.

〔由〕 yú ㄧㄡˊ ①…부터. …에서.「一哪兒來？；어디서 왔느냐？」「一上到下；위에서 밑으로」②닿다. 지나가다. 경유하다.「必一之路；반드시 지나지 않으면 안될 길」③원인. 이유. 유래.「來一；유래. 내력」「情一；(일의) 원인」④맡기다. …대로 하다. …에 의지하다.「一着性子；제 멋대로」⑤…이. …에 의하여. …의 손으로.「此事應一你辦理；이 일은 네가 처리하지 않으면 안된다」

[由起] yúch'ǐ ㄧㄡˊㄑㄧˇ ＝由打. 自從.

[由衷] yúchūng ㄧㄡˊㄓㄨㄥ 충심으로.「一之言；진심에서 우러난 말」

[由性] yúhsìng ㄧㄡˊㄒㄧㄥˋ ①마음대로 되다. ②제 멋대로이다.「她出嫁之後頗爲一；그녀는 결혼 후 퍽 방자해졌다」

[由性兒] yúhsìngrh ㄧㄡˊㄒㄧㄥˋㄦ 제 멋대로.「一鬧；장소를 분별하지 않고 떠들어대다」＝由着性兒.

[由兒] yúrh ㄧㄡˊㄦ 자초지종(自初至終).

[由人不由天] yújén pūyú t'iēn ㄧㄡˊㄖㄣˊ ㄅㄨˋㄧㄡˊ ㄊㄧㄢ 인력(人力) 여하에 의하는 것이지 운명에 의한 것은 아니다. 《成》

[由來] yúlái ㄧㄡˊㄌㄞˊ 내력. 지금까지.

[由不得] yúputê ㄧㄡˊㄅㄨㄉㄜ ①무심코.「一說了一句；무심코 한마디 말했다」＝不由得. ②맡길 수 없다.「這件事一你；이 일은 너에게 맡길 수 없다」

[由打] yútǎ ㄧㄡˊㄉㄚˇ …부터. …에 의하여.「一今天到明天；오늘부터 내일까지」

[由頭兒] yút'ourh ㄧㄡˊㄊㄡㄦ 구실(口實). (특별한) 사정. 이유.

[由此可知] yútz'ǔ k'ǒchīh ㄧㄡˊㄘˇ ㄎㄜˇ ㄓ 이것에 미루어 알 수 있다

[由于] yúyú ㄧㄡˊㄩˊ ①(어떤 일의 원인을 나타냄)에 의하여 …인 까닭에. ②…에 기인하다.

〔囮〕 yú ㄧㄡˊ〈文〉é 미끼로 쓰는 짐승.「鳥一子；새를 잡기 위한 새미끼」

〔油〕 yú ㄧㄡˊ ①(식물성·동물성·광물성의)기름·유지(油脂)·페인트.「花生一；낙화생유」「煤一；석유」②기름·페인트 따위를 칠하다. ③교활하다.「這個人太一了；이 사람은 대단히 교활하다」

[油茶] yúch'á ㄧㄡˊㄔㄚˊ 얼레짓 가루를 기름에 볶아 끓는 물을 부은 음식. 기름에 볶은 밀가루에 설탕을 타서 끓는 물에 넣어 죽처럼 하여 간식으로 먹음. ＝油炒麵兒.

[油炸果(兒)] yúchákuǒ(rh) ㄧㄡˊㄓㄚˊㄍㄨㄛˇ(ㄦ) 밀가루를 반죽해서 가락지 모양이나 손가락 모양으로 만들어 기름에 튀겨 낸 것. ＝油炸塊.

[油毡紙] yúchānchǐh ㄧㄡˊㄓㄢㄓˇ 루핑(roofing):섬유를 가공하여 만든 두꺼운 종이로서 지붕에 많이 깖.

[油漆] yúch'ī ㄧㄡˊㄑㄧ 페인트(paint). 「끼.

[油鷄] yúchī ㄧㄡˊㄐㄧ 샤모 : 닭의 일종으로 원산지는 태국(泰國), 투계(鬪鷄) 용으로 기름.

[油匠] yúchiang ㄧㄡˊㄐㄧㄤ 페인트(paint) 직업을 가진 사람. 칠장이. 간판장이.

[油腔滑調] yúchiāng-huátiào ㄧㄡˊㄑㄧㄤ ㄏㄨㄚˊㄉㄧㄠˋ 세속적인 재간에 뛰어나 허튼 말을 잘하다.

[油脂麻花兒] yúchih máhuarh ㄧㄡˊㄓ ㄇㄚˊㄏㄨㄚㄦ 기름에 더러워진 모양. ＝油脂模糊.

[油船] yúch'uán ㄧㄡˊㄔㄨㄢˊ 유조선(油槽船).

[油裙] yúch'ün ㄧㄡˊㄑㄩㄣ (숙수의) 앞치

마. 에이프런.
[油房] yúfáng ㄧㄡˊㄈㄤˊ 기름을 짜서 파는 가게.
[油坊] yúfáng ㄧㄡˊㄈㄤˊ =油房.
[油鞋] yúhsiéh ㄧㄡˊㄒㄧㄝˊ 동유(桐油)로 방수(防水)한 신발.
[油星] yúhsīng ㄧㄡˊㄒㄧㄥ 기름 방울.
[油星兒] yúhsīngrh ㄧㄡˊㄒㄧㄥㄦ 얼룩.「一水點兒；의복의 자그마한 얼룩」
[油滑] yúhuá ㄧㄡˊㄏㄨㄚˊ 교활하다.
[油灰] yúhuī ㄧㄡˊㄏㄨㄟ 퍼티(putty)：접착제(接着劑)의 일종.
[油葫蘆] yúhulǔ ㄧㄡˊㄏㄨㄌㄨˇ 〈動〉 벌레의 이름：귀뚜라미 비슷하나 약간 크다.
[油夥兒] yúhuǒrh ㄧㄡˊㄏㄨㄛˇㄦ 요리집·요리장에서 허드렛일을 하는 사람. 요리사의 허드렛군.
[油衣] yúī ㄧㄡˊㄧ 동유(桐油)를 천에다 발라서 만든 비옷.
[油然] yúján ㄧㄡˊㄖㄢˊ (구름 따위가) 일다.
[油垢] yúkòu ㄧㄡˊㄍㄡˋ 때. 기름때.
[油管] yúkuǎn ㄧㄡˊㄍㄨㄢˇ 송유관(送油管).
[油礦] yúk'uàng ㄧㄡˊㄎㄨㄤˋ 유전(油田).
[油光光的] yúkuāngkuāngtê ㄧㄡˊㄍㄨㄤㄍㄨㄤㄉㄜ 반들반들 윤이 도는 모양.
[油光兒] yúkuāngrh ㄧㄡˊㄍㄨㄤㄦ 반짝반짝 빛이나고 매끄럽다.
[油光水滑兒] yúkuāngshuǐhuárh ㄧㄡˊㄍㄨㄤㄕㄨㄟˇㄏㄨㄚˊㄦ 잘 닦이어서 반들반들 윤이 나는 모양.
[油光銼] yúkuāngts'o ㄧㄡˊㄍㄨㄤㄘㄨㄛ 눈이 극히 잔 줄(鑢). 잔줄.
[油亮] yúliàng ㄧㄡˊㄌㄧㄤˋ 반들반들 광택이 나는 모양.
[油料] yúliào ㄧㄡˊㄌㄧㄠˋ 기름 짜는 원료.
[油蛉] yúlíng ㄧㄡˊㄌㄧㄥˊ 〈動〉 방울벌레.
[油簍] yúlǒu ㄧㄡˊㄌㄡˇ 대나 버들 따위로 엮은 바구니에 다시 종이를 발라 동유(桐油)를 칠하여 기름·술 따위를 담는 것.
[油綠] yúlǜ ㄧㄡˊㄌㄩˋ 검은 빛이 나는 짙은 녹색.
[油輪] yúlún ㄧㄡˊㄌㄨㄣˊ 석유 발동 기선(發動機船).
[油麥] yúmài ㄧㄡˊㄇㄞˋ 연맥(燕麥). 귀리.
[油門] yúmén ㄧㄡˊㄇㄣˊ 자동차의 크러치(crutch).
[油苗] yúmiáo ㄧㄡˊㄇㄧㄠˊ 석유의 광유맥(鑛油脈).
[油麵] yúmièn ㄧㄡˊㄇㄧㄢˋ 연맥분(粉).
[油墨] yúmò ㄧㄡˊㄇㄛˋ 인쇄용 잉크.
[油母頁岩] yúmǔyèhyén ㄧㄡˊㄇㄨˇㄧㄝˋㄧㄢˊ 유혈암(油血岩). 유모혈암.
[油泥] yúní ㄧㄡˊㄋㄧˊ ①때(垢). ②유류의 반고체(半固體)의 침전물(沈澱物).
[油膩] yúnì ㄧㄡˊㄋㄧˋ ①기름진.「一性；유성(油性). ②기름진 식품.
[油杓兒] yúsháorh ㄧㄡˊㄕㄠˊㄦ =油子①.
[油盤] yúp'án ㄧㄡˊㄆㄢˊ 음식을 나르는 네모진 쟁반.
[油泵] yúpěng ㄧㄡˊㄅㄥˋ 기름 펌프.
[油餅] yúpíng ㄧㄡˊㄅㄧㄥˇ ①깻묵. ②기름기 많은. "烙餅"의 일종.
[油皮兒] yúp'írh ㄧㄡˊㄆㄧˊㄦ ①피부의 표피(表皮).「手上蹭了一點兒一；손껍질이 약간 벗겨졌다」②페인트 따위를 칠한 표피.
[油布] yúpù ㄧㄡˊㄅㄨˋ 방수포(防水布).
[油不漬的] yúputzūtê ㄧㄡˊㄅㄨㄗㄉㄜ 기름투성이가 된 모양.
[油兒] yúrh ㄧㄡˊㄦ ①기름. ②=油水兒.
[油飾] yúshìh ㄧㄡˊㄕˋ 기름·페인트 따위를 칠해서 단장하다.
[油水] yúshui ㄧㄡˊㄕㄨㄟ ①수수료. 구전. ②기름기 있는 음식.「缺不了一；기름기 있는 음식이 빠지지 않다」③이익의 일부를 슬쩍 가로채다.
[油水兒] yúshuirh ㄧㄡˊㄕㄨㄟㄦ ①적은 이익. 특종의 소 이익.「擠不出一點一；단돈 한푼도 짜낼 수 없다」②몹시 적은 이익을 얻다.
[油燈] yútēng ㄧㄡˊㄉㄥ 참기름·콩기름으로 켜는 등불.
[油條] yút'iáo ㄧㄡˊㄊㄧㄠˊ ①=油炸果(兒). ②=油子①.
[油點(子·兒)] yútiěn(tzǔ·rh) ㄧㄡˊㄉㄧㄢˇ(ㄗ·ㄦ) 「얼룩.
[油頭粉面] yút'óu-fěnmièn ㄧㄡˊㄊㄡˊ ㄈㄣˇㄇㄧㄢˋ ①부녀가 짙은 화장을 하다. ②경박한 사나이가 야하게 몸을 단장하다.
[油頭滑腦] yút'óu-huánǎo ㄧㄡˊㄊㄡˊ ㄏㄨㄚˊㄋㄠˇ 태도가 교활하다.
[油菜籽] yúts'àitzǔ ㄧㄡˊㄘㄞˋㄗˇ 채종(菜種).
[油嘴] yútsuǐ ㄧㄡˊㄗㄨㄟˇ 못되게 말재주만 좋다.「一滑舌；못되게 말재주만 좋다」
[油子] yútzǔ ㄧㄡˊㄗ ①교활한 사람.「學一；순진하지 못한 학생」②죽이지도 살리지도 못할 놈. ③진.「煙袋一；담뱃진」
[油壓泵] yúyāpěng ㄧㄡˊㄧㄚㄅㄥˋ 유압(油壓) 펌프.
[油眼] yúyěn ㄧㄡˊㄧㄢˇ 주유구(注油口).
[油烟子] yúyēntzǔ ㄧㄡˊㄧㄢㄗ 그을음. 유연(油煙).
[油印] yúyìn ㄧㄡˊㄧㄣˋ 등사기로 등사(謄寫)하다.「一機；등사 인쇄기」

〔疣〕

yú ㄧㄡˊ 사마귀. =疣子.「贅一；불필요한 것」

〔郵〕(邮)

yú ㄧㄡˊ ①우편으로 부치다.「一信；편지를 우송하다」②우편에 관한 것.「一票；우표.「一費；우송요금(郵送料金). 우편료」
[郵差] yúch'āi ㄧㄡˊㄔㄞ 체신부. 《舊》
[郵件] yúchàn ㄧㄡˊㄐㄧㄢˋ 우편물.
[郵車] yúch'ē ㄧㄡˊㄔㄜ 우편차(郵便車).
[郵政局] yúchěngchǘ ㄧㄡˊㄓㄥˋㄐㄩˊ 우체국.
[郵寄] yúchì ㄧㄡˊㄐㄧˋ 우송하다.
[郵戳(兒)] yúch'ō(rh) ㄧㄡˊㄔㄨㄛ(ㄦ) 우체국 소인(消印).
[郵局] yúchǘ ㄧㄡˊㄐㄩˊ 우체국.
[郵船] yúch'uán ㄧㄡˊㄔㄨㄢˊ 우편선(郵便船).
[郵箱] yúhsiāng ㄧㄡˊㄒㄧㄤ ①상자형의 포스트. ②수신함(受信函).
[郵花] yúhuā ㄧㄡˊㄏㄨㄚ 우표(郵票). =郵票.
[郵匯] yúhuì ㄧㄡˊㄏㄨㄟˋ 우편환. 우편환으로 송금하다.
[郵購] yúkòu ㄧㄡˊㄍㄡˋ 우편을 통한 구입.

[郵包(兒)] yúpāo(rh) ㄧㄡˊㄅㄠ(ㄦ) 우편 소포(小包). 「방.
[郵袋] yútài ㄧㄡˊㄉㄞˋ 우편물을 넣는 가
[郵遞] yútì ㄧㄡˊㄉㄧˋ 우송하다. 「一員; 우편 집배원」
[郵電] yútièn ㄧㄡˊㄉㄧㄢˋ 우편 전화.「一局; 우편 전신국」
[郵亭] yút'íng ㄧㄡˊㄊㄧㄥˊ 간이 우체국. 우체국 출장소. 「트.
[郵筒] yút'ǔng ㄧㄡˊㄊㄨㄥˇ 우체통. 포스
[郵資] yútzū ㄧㄡˊㄗ 우편료(郵便料).
[郵務] yúwù ㄧㄡˊㄨˋ 우정(郵政). 우편 행정.
[郵運] yúyǜn ㄧㄡˊㄩㄣˋ 우송(郵送)하다. 우편으로 부치다.

〔蚰〕 yú ㄧㄡˊ 「一蜒;(—yen) ㉮그리마. 절족류에 속하는 "지네" 비슷한 벌레. ㉯구불구불한 소로(小路)」

〔猶〕(犹) yú ㄧㄡˊ ①…같다. 「過一不及; 지나친 것은 미치지 못한 것과 같다」 ②…조차도 역시. ＝尙且. 「困獸一鬪; 궁지에 처한 짐승조차도 역시 발악한다」 ③역시. 아직. ＝還. 「記憶一新; 기억에 아직 새롭다」 「또.
[猶且] yúch'iěh ㄧㄡˊㄑㄧㄝˇ 역시. 그리고
[猶之乎] yúchīhhū ㄧㄡˊㄓㄏㄨ 마치 …같다.
[猶疑] yúi ㄧㄡˊㄧ 주저하다. 망설이다.
[猶如] yújú ㄧㄡˊㄖㄨˊ …와 같이. 「這種友誼一長江一樣長流不息; 이와 같은 우의(友誼)는 "揚子江"과 같이 끊임 없이 계속된다」
[猶自] yútzǜ ㄧㄡˊㄗˋ 전과 같이. 여전히.
[猶豫] yúyü ㄧㄡˊㄩ 망설이다. 주저하다. 「一不決; 우물쭈물하고 결정 못 짓다」 ＞猶猶豫豫.
[猶有餘勇] yúyǔyúyǔng ㄧㄡˊㄧㄡˇㄩˊㄩㄥˇ 아직 조급한 기분이 가시지 않다.《成》

〔游〕(遊④) yú ㄧㄡˊ ①헤엄치다.「一魚; 헤엄치고 있는 고기」 ②고정되지 않은. 여기저기 이동하다.「一擊戰; 게릴라전」 ③하천의 흐름.「上一; 상류(上流)」 ④놀다. 어슬렁어슬렁 돌아 다니다.「一歷; 빈둥거리다. 유력하다」
[游憩] yúch'ì ㄧㄡˊㄑㄧˋ 오락과 휴식.
[游擊作風] yúchī chòfēng ㄧㄡˊㄐㄧ ㄓㄨㄛˋㄈㄥ 유격 전술.
[游街] yúchiēh ㄧㄡˊㄐㄧㄝ 죄인을 끌고 다니다.
[游禽] yúch'ín ㄧㄡˊㄑㄧㄣˊ 〈動〉 물새.
[游船] yúch'uán ㄧㄡˊㄔㄨㄢˊ 유람선.
[游方] yúfāng ㄧㄡˊㄈㄤ 승려가 사방을 여행하다.
[游戲] yúhsì ㄧㄡˊㄒㄧˋ ①놀다. 시시덕거리며 놀다. ②유희.
[游息] yúhsī ㄧㄡˊㄒㄧ 오락과 휴식.
[游行] yúhsíng ㄧㄡˊㄒㄧㄥˊ 돌아 다니다. 시위 행진하다. 「분.
[游興] yúhsìng ㄧㄡˊㄒㄧㄥˋ 놀고 싶은 기
[游魂] yúhún ㄧㄡˊㄏㄨㄣˊ ①죽은 사람의 혼이 진혼(鎭魂)되지 못한 것. ②방황하다. 또는 그 사람.
[游移] yúí ㄧㄡˊㄧˊ 우물쭈물하여 확실하지 않다.
[游藝] yúì ㄧㄡˊㄧˋ ①연예. 유희.
[游藝會] yúìhuì ㄧㄡˊㄧˋㄏㄨㄟˋ 학예회.
[游移兩可] yúí liángk'ǒ ㄧㄡˊㄧˊ ㄌㄧㄤˊㄎㄜˇ 어느 쪽에도 붙지 않다.
[游人] yújén ㄧㄡˊㄖㄣˊ 유람객.「一止步; 유람자 입장 사절」
[游刃有餘] yújèn yǔyú ㄧㄡˊㄖㄣˋ ㄧㄡˇㄩˊ 모든 일에 여유 있는 태도를 나타내는 것.《成》
[游逛] yúkuàng ㄧㄡˊㄍㄨㄤˋ 빈둥빈둥 할 일 없이 쏘다니다. ＞游游逛逛.
[游廊] yúláng ㄧㄡˊㄌㄤˊ 회랑(回廊). 화원(花園)·정각(亭閣) 따위에 놓은 마루.
[游手好閑] yúshǒu hàohsién ㄧㄡˊㄕㄡˇ ㄏㄠˋㄒㄧㄢˊ 아무 일도 하지 않고 놀다.
[游水] yúshuǐ ㄧㄡˊㄕㄨㄟˇ 헤엄치다.
[游說] yúshuì ㄧㄡˊㄕㄨㄟˋ 자기 소신을 연설하고 다니다. 유세하다.
[游絲] yússū ㄧㄡˊㄙ ①아지랭이. 「起一; 아지랭이가 일다」 ②허공에 드리워져 있는 거미줄 따위. ③가는 용수철.
[游打] yúta ㄧㄡˊㄉㄚ 흔들흔들 흔들리다.
[游蕩] yútàng ㄧㄡˊㄉㄤˋ 도락에 빠져 빈둥빈둥 놀다. ＞游游蕩蕩.
[游動] yútùng ㄧㄡˊㄉㄨㄥˋ 고정되지 않고 여기저기 움직이다. ＞游游動動.
[游子] yútzū ㄧㄡˊㄗ 나그네. 여객.
[游玩] yúwán ㄧㄡˊㄨㄢˊ 놀다.
[游園] yúyüán ㄧㄡˊㄩㄢˊ ①유원지. ②공원 등에서 놀다.
[游游磨磨兒] yúyumomorh ㄧㄡˊㄧㄡㄇㄛㄇㄛ 일정한 직업 없이 빈둥빈둥 놀고 있다.
[游泳] yúyǔng ㄧㄡˊㄩㄥˇ 헤엄치다.「一池; 푸울」「一衣; 수영복」

〔魷〕 yú ㄧㄡˊ 말린 오징어.

〔友〕 yǔ ㄧㄡˇ ①벗. 동료(同僚).「益一; 양우」 ②벗을 삼다. 교제하다. ③형제·붕우(朋友)간의 우애(友愛).「一愛; 우애」 一好; 우의」

〔有〕 yǔ ㄧㄡˇ ①소유하다. 소지하다. 「他一一本書; 그는 책을 한 권 가지고 있다」 ②…이 있다.「那裏一十来個人; 저기에는 사람이 10명쯤 있다」 ③(뒤에 "了"가 올 경우) …가 되다. …가 나타나다.「一病了; 앓다」「形勢一了新的發展; 정세에 새로운 발전을 보았다」 ④부정(不定)의. 어느: 주어의 앞 또는 문장의 머리에 쓰일 경우. 「一一天; 어느날」「一人不贊成; 불찬성자가 있다」「一的走了, 一的不走; 어떤 사람은 떠났는데 어떤 사람은 가지 않고 있다」 ⑤수량·정도의 개략(概略)을 뜻함.「這棵樹一三丈高; 이 나무는 3"丈"가량의 높이다」 ⑥전체를 나누어서 서술(敍述)할 경우.「玫瑰花一紅的, 一白的; 장미는 붉은 것도 있고 흰 것도 있다」 ⑦많은 것을 나타내다.「他家裏一; 그의 집은 부자다」「咱們一日子沒見了; 서로 며칠 동안을 뵙지 못했읍니다」「他一了年紀; 그는 나이를 많이 먹었다」 ⑧몸이 무겁다. 임신중이다.「她一了: 그녀는 임신했다」 ⑨책임의 소재를 밝히는 경우. 「這事一我來辦; 이일은 제가 하겠읍니

다」 ⑩다른 어휘에 이어지거나 복합되어 형용사 구실을 한다. 「一趣;재미 있다」 ⑪접두어(接頭語). 「一周 ;"周" 왕조(王朝)의 이름」 ⑫인사말 중에 쓰이는 경우 : 경어가 되다. 「一勞你了 ; 수고하셨읍니다」 ⑬흔히 추상적인 명사를 상황어(狀況語)로 만든다. 「一系統地;계통적으로」「一計劃地;계획적으로」⇨yù.

[有朝一日] yǔchāo íjìh ㄧㄡˇㄓㄠ ㄧˊㄖˋ 언제인가는. 「一我成功, … ; 언제인가 내가 성공하면…」

[有碴(兒)] yǔch'á(rh) ㄧㄡˇㄔㄚˊ(ㄦ) ①개운치 않은 감정이 도사리고 있다. ②요구하는 사람이 있다. 「她已經三十了, 可還沒一 ; 그녀는 벌써 나이가 30인데 데려갈 사람이 없다」

[有成(兒)] yǔch'ěng(rh) ㄧㄡˇㄔㄥˊ(ㄦ) 희망이 있다.

[有奇] yǔchī ㄧㄡˇㄐㄧ …남짓. 「一百元一; 백원 남짓하다」

[有氣] yǔch'i ㄧㄡˇㄑㄧ ①성을 내다. ②거센 소리.

[有加利] yǔchiālì ㄧㄡˇㄐㄧㄚㄌㄧˋ 유우칼리(eucalyptus)의 준말. ‹譯›

[有講究] yǔchiǎngchiu ㄧㄡˊㄐㄧㄤˇㄐㄧㄡ ①예의 범절에 구애 받다. ②문제가 있다. 까닭이 있다.

[有加無已] yǔchiāwūì ㄧㄡˇㄐㄧㄚㄨˊㄧˇ 많아질 뿐이다. 점점 과격해지다.

[有錢能使鬼推磨] yǔ ch'ién něng shǐh kueǐ t'uīmō ㄧㄡˇ ㄑㄧㄢˊ ㄋㄥˊ ㄕˇ ㄍㄨㄟˇ ㄊㄨㄟㄇㄛˋ 돈만 있으면 귀신도 부릴 수 있다. ‹諺›

[有志竟成] yǔchìh-chìngchěng ㄧㄡˇㄓˋㄐㄧㄥˋㄔㄥˊ 결심하면 반드시 성공한다. 정신일도 하사불성(精神一到何事不成). ‹成›

[有其限] yǔch'íhsièn ㄧㄡˇㄑㄧˊㄒㄧㄢˋ ①한도가 있다. ②뻔한 일이다.

[有吃有穿] yǔch'ih-yǔch'uān ㄧㄡˇㄔ ㄧㄡˇㄔㄨㄢ 의식(衣食)에는 궁색하지 않다.

[有吃有喝] yǔch'ih-yǔhō ㄧㄡˇㄔ ㄧㄡˇㄏㄜ 식생활에 걱정 없다.

[有頃] yǔch'ing ㄧㄡˊㄑㄧㄥˇ 잠시 시간이 지나다.

[有請] yǔch'ing ㄧㄡˊㄑㄧㄥˇ 어서 들어 오십시오 : 사람을 맞이할 때의 인사말.

[有勁(兒)] yǔchìn(rh) ㄧㄡˇㄐㄧㄣˋ(ㄦ) ①힘이 세다. 늠름하다. ②재미 나다. 감동되다. 「那戲眞一! ; 그 연극은 정말 재미있다」 ③열렬하다. 긴장하다. 「他近來念書, 可眞一 ; 그는 요즘 공부에 매우 열중한다」 ④효과가 있다. 「要是你善勸他, 也許更一 ; 만일 당신이 그에게 잘 타이르면 더욱 효과가 있을지 모르지요」

[有今兒沒明兒] yǔchīnrh-méimíngrh ㄧㄡˇㄐㄧㄣㄦ ㄇㄟˊㄇㄧㄥˊㄦ 나중에야 삼수갑산에 갈지라도. ‹諺›

[有盡有讓] yǔchìn-yǔjàng ㄧㄡˊㄐㄧㄣˋㄧㄡˊㄖㄤˋ 나이 어린 사람이 예의를 차릴 줄 안다.

[有氣兒] yǔch'ìrh ㄧㄡˇㄑㄧˋㄦ 숨이 붙어 있다. 죽지 않았다.

[有枝兒添葉兒] yǔchīrh-t'iēnyèhrh ㄧㄡˇㄓㄦ ㄊㄧㄢㄧㄝˋㄦ 미주알 고주알. 남의 언어·행동을 더 보태어 하는 말의 비유.

[有起色] yǔ ch'isê ㄧㄡˊ ㄑㄧˇㄙㄜ ①노력 향상하는 모습이 보이다. ②활기차다.

[有舊] yǔchiū ㄧㄡˇㄐㄧㄡˋ 구교(舊交)가 있다. 오랫동안 사귀어 온 정이 있다.

[有求必應] yǔch'iǔ pìyìng ㄧㄡˇㄑㄧㄡˊ ㄅㄧˋㄧㄥˋ ①부탁하면 꼭 들어 준다. ②신불(神佛) 따위의 영험(靈驗)이 뚜렷하게 나타나다.

[有己無人] yǔchǐ wǔjěn ㄧㄡˊㄐㄧˇ ㄨˊㄖㄣˊ 제 생각만 하고 남의 사정은 조금도 돌보지 않다. ‹成›

[有氣無力] yǔch'i wǔlì ㄧㄡˇㄑㄧˋ ㄨˊㄌㄧˋ ①(말 따위에)조금도 힘이 없다. ②전혀 원기가 없다. 「一地在門前站着;전혀 힘 없이 문 앞에 서 있다」

[有出息] yǔch'ūhsi ㄧㄡˇㄔㄨㄒㄧ 장래성이 있다.

[有種] yǔchǔng ㄧㄡˊㄓㄨㄥˇ ①용기가 있다. 담력이 있다. ② (남을 칭찬할 때). 훌륭하다. 굉장하다.

[有重點地] yǔchùngtiěntê ㄧㄡˇㄓㄨㄥˋㄉㄧㄢˇㄉㄜ 중점적으로. 「一進行工作;중점적으로 일을 진척(進陟)시키다」

[有準兒] yǔchǔnrh ㄧㄡˊㄓㄨㄣˇㄦ ①가능성이 있다. 성산이 있다. ②(의지가)견고하여 동요하지 않다.

[有趣(兒)] yǔch'ǔ(rh) ㄧㄡˇㄑㄩˋ(ㄦ) 재미나다.

[有助于] yǔchùyǔ ㄧㄡˇㄓㄨˋㄩˊ …에 이바지하다. 약간의 도움이 되다. 「一加強兩國的結合 ; 양국의 결합을 강화함에 도움이 되다」

[有喜] yǔhsi ㄧㄡˊㄒㄧˇ 임신하다. (결혼·출산·임신) 등의 경사. =有肚子. 有身子.

[有想兒] yǔhsiǎngrh ㄧㄡˊㄒㄧㄤˇㄦ 희망이 있다.

[有些(兒)] yǔhsiēh(rh) ㄧㄡˇㄒㄧㄝ(ㄦ) 적은. 약간.

[有限] yǔhsièn ㄧㄡˇㄒㄧㄢˋ 희소(稀少)한 것. 보잘 것 없는 것. 「貴得一 ; 제 아무리 비싸다 해도 별것 아니다」

[有綫電] yǔhsièntièn ㄧㄡˇㄒㄧㄢˋㄉㄧㄢˋ 유선 전화(有線電話).

[有心] yǔhsīn ㄧㄡˇㄒㄧㄣ ①고의(故意)적으로. 일부러. ②의사(意思)가 있다. 「一人 ; ㉮의지(意志)가 강한 사람. ㉯분별이 있는 사람」 ③마음 먹다. 「一去細査這事 ; 이 일을 자세히 조사하려고 마음 먹다」

[有心胸] yǔhsīnhsiung ㄧㄡˇㄒㄧㄣㄒㄩㄥ ①포부(抱負) 또는 의향이 있는 사람. ②가슴 속에 담은 해치려는 계략을 품다. ③약간의 지식이 있다. 이해하다.

[有信兒] yǔhsìnrh ㄧㄡˇㄒㄧㄣˋㄦ ① 소식이 있다. ②징조가 보이다.

[有方] yǔfāng ㄧㄡˇㄈㄤ 방법이 있다. 방법에 맞다. 「教導一 ; 지도하는 방법이 적절하다」

[有分] yǔfěn ㄧㄡˇㄈㄣˋ ①이익을 배당 받고 책임을 지는 자격. ②인연이 있다.

[有心眼兒] yǔhsīnyěnrh ㄧㄡˇㄒㄧㄣㄧㄢˇㄦ 재치 있다.

[有心有腸兒] yǔhsīnyǔch'ángrh ㄧㄡˇㄒㄧㄣㄧㄡˇㄔㄤˊㄦ 열중(熱中)하고 있다. 「窮得這樣, 還一地畫畫兒 ; 이렇게 가난하면서도 아직 열심히 그림을 그리다」

[有系統地] yǔhsit'ǔngtê ㄧㄡˇㄒㄧˋㄊㄨㄥˇㄉㄜ 계통적(系統的)으로. 「一進行研究工

作；계통적으로 연구 작업을 진행하다」
[有選擇地] yǔhsüǎntsêtê ㄧㄡˇㄒㄩㄢˇㄗㄜˊㄉㄜ 가려 가면서. 골라 가면서 선택(選擇)적으로.「一學習先進經驗；가려 가면서 진보 발달한 경험을 배우다」
[有血有肉] yǔhsüèh-yǔjoǔ ㄧㄡˇㄒㄩㄝˋㄧㄡˇㄖㄡˋ 내용이 충실하다. 박진(迫眞)하다.
[有話在先] yǔhuàtsàihsiēn ㄧㄡˇㄏㄨㄚˋㄗㄞˋㄒㄧㄢ 그런 말을 해 두었다. 이미 말하였다. 이미 이야기가 돼 있다.
[有意] yǔì ㄧㄡˇㄧˋ ①＝有心①③. ②의사(意思)가 있다. 찬성하다.
[有一句沒一句] yǔ íchǔ méi íchǔ ㄧㄡˇㄧˊㄐㄩˋㄇㄟˊㄧˊㄐㄩˋ 말이 중단되기 쉬운 모양. 화제를 찾으면서 말하는 모양.
[有意識地] yǔìshíhtê ㄧㄡˇㄧˋㄕˊㄉㄜ 의식적으로. 확고한 의식을 가지고.
[有一手(兒)] yǔìshǒu(rh) ㄧㄡˇㄧˋㄕㄡˇ(ㄦ) ①솜씨가 있다. ②관계가 있다.「他同那個女用人一；그는 저 하녀와 관계가 있다」
[有意思] yǔìssǔ ㄧㄡˇ ㄧˋㄙ ①재미 있다. ②의의(意義)가 있다. ③작정이다.「我一跟他談；나는 그와 상의할 작정이다」
[有一搭沒一搭] yǔìtā méiìtā ㄧㄡˇㄧˋㄉㄚ ㄇㄟˊㄧˋㄉㄚ (억지로 화제를 찾아서) 띄엄띄엄 말하는 모양.
[有一套] yǔìt'ào ㄧㄡˇㄧˊㄊㄠˋ ①제나름의 수법(手法)이 있다. ②재주가 있다.
[有一得一] yǔìtêì ㄧㄡˇㄧˋㄉㄜˊㄧ 적나라(赤裸裸)하게. 있는 그대로.「把這回事一地全對他說了；이번 일은 사실 그대로 그에게 말하였다」
[有一腿] yǔìt'ui ㄧㄡˇㄧˋㄊㄨㄟˇ①(사람 사이에) 긴밀한 관계이다. ②(남녀가) 서로 통하다.
[有意無意] yǔì-wǔì ㄧㄡˇㄧˋ ㄨˊㄧˋ 무심코. 불시에.「他一打開了收音機；그는 무심코 라디오 스위치를 넣다」
[有染] yǔjǎn ㄧㄡˊㄖㄢˇ (남녀간에) 애매한 관계가 있다.
[有擾] yǔjǎo ㄧㄡˊㄖㄠˇ 잘 먹었읍니다. 폐가 많았읍니다.「一, 一；폐가 많았읍니다」《人》
[有人] yǔjên ㄧㄡˇㄖㄣˊ ①어떤 분. ②인재를 거느리고 있다. ③후원자(後援者)가 있다.
[有日(子)] yǔjìh(tzǔ) ㄧㄡˇㄖˋ(ㄗ) ①오랫동안.「咱們一沒會面了；오래간만입니다」②날짜를 잡다. ③날짜. 기일(期日).「離辦事還一呢；일을 하기까지엔 아직 날짜가 있다」
[有如] yǔjú ㄧㄡˇㄖㄨˊ …를 닮은. …와 같은.
[有根] yǔkên ㄧㄡˇㄍㄣ ①근거가 있다. 기초가 있다.「你放心, 他在這兒一；안심하세요. 그는 이곳에 기반이 있으니까」②방법이 있다「別看不起他是個孩子 可一着哪；아이라고 업신여기면 안됩니다, 보통내기가 아니니까」③대단하다. 훌륭하다.「嘿, 你一；야아, 굉장하다」④확고하다.
[有哏] yǔkên ㄧㄡˇㄍㄣˊ 익살스럽다. 우스꽝스럽다.
[有根兒有派兒] yǔkênrh-yǔp'àirh ㄧㄡˇㄍㄣㄦ ㄧㄡˇㄆㄞˋㄦ 내력이나 신원(身元)이 확실하다.
[有根有梢] yǔkên-yǔshāo ㄧㄡˇㄍㄣ ㄧㄡˇㄕㄠ ①근거(根據)가 있다. ②빈틈 없다.
[有可能] yǔk'ǒnêng ㄧㄡˇㄎㄜˇㄋㄥˊ 가능성이 있다.「他們倆的婚事一；두 사람의 혼담은 가능성이 있다」「一辦, 就辦起來吧；할 수 있을 것 같으면 즉시 시작하시오」
[有個說兒] yǔkoshuōrh ㄧㄡˇㄍㄜㄕㄨㄛㄦ ①비밀이기에 남에게 알릴 수 없는 것이 있다. 특별한 이유가 있다. ②계약이 있다.
[有口皆碑] yǔk'ǒuchiēhpēi ㄧㄡˊㄎㄡˇㄐㄧㄝㄅㄟ 누구나 다 칭찬하다.《成》
[有口難言] yǔk'ǒu nányên ㄧㄡˊㄎㄡˇ ㄋㄢˊㄧㄢˊ 말하기가 거북하다.
[有口無心] yǔk'ǒu wúhsīn ㄧㄡˊㄎㄡˇ ㄨˊㄒㄧㄣ 마음 내키는 대로 말하다.
[有瓜葛] yǔkuākо ㄧㄡˇㄍㄨㄚㄍㄜ ①(친척간에) 친분이 두텁다. ②복잡한 관계가 있다.
[有關] yǔkuān ㄧㄡˇㄍㄨㄢ 관계가 있다：흔히 한정어(限定語)로 쓰임. 「一團體；관계 단체」
[有光紙] yǔkuāngchǐh ㄧㄡˇㄍㄨㄤㄓˇ 로오루지(紙).
[有鬼] yǔkuei ㄧㄡˊㄍㄨㄟˇ ①이상한 데가 있다. ②마음에 걸리는 것이 있다. ③이상한데!
[有骨頭] yǔkǔt'ou ㄧㄡˇㄍㄨˊㄊㄡ 나쁜 근성(根性)이 있다.
[有來道去的] yǔláitàoch'ǔtê ㄧㄡˇㄌㄞˊㄉㄠˋㄑㄩˋㄉㄜ ①왕래가 있다. ②지당한 말씀이다. ③돌고 도는 것이다」
[有來有去] yǔlái-yǔch'ǔ ㄧㄡˇㄌㄞˊ ㄧㄡˇㄑㄩˋ (이야기 따위의) 전후 관계가 분명하다. (이야기·소설 따위의) 줄거리가 통하다.
[有勞] yǔláo ㄧㄡˇㄌㄠˊ 미안하지만. 수고롭지만.《人》
[有落兒] yǔlàorh ㄧㄡˇㄌㄠˋㄦ ①(생활 등의) 목표가 서다.「生活一；살림살이에 뚜렷한 목표가 서 있다」②저축이 있다.
[有理] yǔlǐ ㄧㄡˊㄌㄧˇ ①일리(一理)가 있다. 이유가 있다. ②지당하다. 「다.
[有量] yǔliàng ㄧㄡˇㄌㄧㄤˋ 술을 잘 마시
[有兩下子] yǔ liǎnghsiàtzǔ ㄧㄡˇ ㄌㄧㄤˇㄒㄧㄚˋㄗ ①재능·수완이 있다. ②뛰어난 재주를 갖고 있다. ③그 방면에 대해서 이해가 있다.
[有臉] yǔliěn ㄧㄡˊㄌㄧㄢˇ ①체면이 서다. 영광이다. ②총애를 받다.
[有零] yǔlíng ㄧㄡˇㄌㄧㄥˊ …나머지. …남짓하다. 「八十一；80여(餘).
[有領導地] yǔlǐngtǎotê ㄧㄡˇㄌㄧㄥˊㄉㄠˇㄉㄜ 영도력(領導力)을 갖다.「一進行改造；영도력(領導力)으로써 개조(改造)해 나가다
[有理無情] yǔlǐ wúch'ing ㄧㄡˊㄌㄧˇ ㄨˊㄑㄧㄥˊ ①가차 없다. ②어찌 할 수 없이.「一地吃了一碗；(생각 없이) 억지로 밥 한 상을 먹어 치웠다」
[有利于] yǔlìyü ㄧㄡˇㄌㄧˋㄩ 소용되다. 쓸모 있다.
[有眉目] yǔméimu ㄧㄡˇㄇㄟˊㄇㄨ 윤곽이 잡혀 있다.
[有美有刺] yǔměi-yǔtz'ǔ ㄧㄡˊㄇㄟˇ ㄧㄡˇ

ㄘˋ말로써 칭찬했다 비방했다 하는 것.
[有眉有眼] yǔméi-yǔyěn ㄧㄡˇㄇㄟˊ ㄧㄡˊㄧㄢˇ 용모를 갖추다. 그럴 듯하다. 근사하다.
[有門兒] yǔměnrh ㄧㄡˇㄇㄣˊㄦ 요령(要領)을 알고 있다. 방법이 있다. 「我覺得有些門兒 ; 나는 방법을 파악한 듯한 생각이 든다」
[有面兒] yǔmièrnrh ㄧㄡˇㄇㄧㄢˋㄦ 면목이 있다. 체면이 서다.
[有你的] yǔnitê ㄧㄡˊㄋㄧˇㄉㄜ 굉장하다 : 상대를 칭찬하는 말.
[有名有姓] yǔmíng-yǔhsìng ㄧㄡˇㄇㄧㄥˊ ㄧㄡˇㄒㄧㄥˋ ①유명한 사람. ②신원이 확실한 사람.
[有模有樣] yǔmó-yǔyàng ㄧㄡˇㄇㄛˊ ㄧㄡˇㄧㄤˋ 상세히. 자세히.
[有目共賞] yǔmù-kùngshǎng ㄧㄡˇㄇㄨˋ ㄍㄨㄥˋㄕㄤˇ 보는 사람마다 칭찬하다.
[有目共睹] yǔmù-kùngtǔ ㄧㄡˇㄇㄨˋ ㄍㄨㄥˋㄉㄨˇ 누가 봐도 확실한. 숨긴 수 없는.
[有拿手] yǔnáshou ㄧㄡˇㄋㄚˊㄕㄡ ①대단히 유망하다. 크게 성산이 있다. ② 장기(長技)를 갖고 있다.
[有年] yǔnién ㄧㄡˇㄋㄧㄢˊ ①풍년. ②다년간(多年間). 「硏究一 ; 다년간 연구하다」
[有你沒我] yǔni méiwǒ ㄧㄡˊㄋㄧˇ ㄇㄟˊㄨㄛˇ 양립하지 않다. 병존(倂存)할 수 없다.
[有把家夥] yǔpachiāhuo ㄧㄡˊㄅㄚ ㄐㄧㄚ ㄏㄨㄛ 재주군이다. 수완가(手腕家)다.
[有盼兒] yǔp'ànrh ㄧㄡˇㄆㄢˋㄦ 유망하다.
[有板有眼] yǔpǎn-yǔyěn ㄧㄡˊㄅㄢˇㄧㄡˊㄧㄢˇ ①노래나 음악이 박자(拍子)가 맞다. ②(언행이) 이치에 맞다.
[有把握] yǔpǎwò ㄧㄡˊㄅㄚˇㄨㄛˋ ①유망하다. ②요점을 파악하다.
[有背] yǔpèi ㄧㄡˇㄅㄟˋ 위반하다. 「一章程 ; 규정(規定)에 위반되다」
[有備無患] yǔpèi wúhuàn ㄧㄡˇㄅㄟˋ ㄨˊㄏㄨㄢˋ 사전에 방비하면 우환이 없다. 〈諺〉
[有偏] yǔp'iēn ㄧㄡˇㄆㄧㄢ 어서 먼저 : 인사에서 남에게 먼저 권할 때에 쓰는 말. 「一一 ; 어서 먼저 하셔요」
[有邊兒] yǔpiēnrh ㄧㄡˇㄅㄧㄢㄦ 윤곽이 잡히다. 가능성이 있다.
[有偏有向] yǔp'iēn-yǔhsiàng ㄧㄡˇㄆㄧㄢ ㄧㄡˇㄒㄧㄤˋ 불공평(不公平)하다.
[有憑有據] yǔp'íng-yǔchǜ ㄧㄡˇㄆㄧㄥˊㄧㄡˇㄐㄩˋ 증거(證據)·근거(根據)가 충분하다.
[有鼻子有眼兒] yǔpítzǔ-yǔyěnrh ㄧㄡˇㄅㄧˊㄗ ㄧㄡˊㄧㄢˇㄦ 박진(迫眞)하다. 어떤 상태를 마치 눈으로 보는 것같이 선명한 모양. 「他說的一 ; 그의 말은 마치 눈으로 보는듯 선명하다」
[有步驟地] yǔpùchòutê ㄧㄡˇㄅㄨˋㄓㄡˋㄉㄜ 단계적(段階的)으로. 한걸음 한걸음.
[有善] yǔshàn ㄧㄡˇㄕㄢˋ 친하다. 사이가 좋다.
[有嗓子] yǔsǎngtzǔ ㄧㄡˊㄙㄤˇㄗ 목청이 좋다.
[有神] yǔshén ㄧㄡˇㄕㄣˊ ①원기가 있다. 야무지고 힘차다. 「眼睛一 ; 눈에 야무진 활기가 있다」 ②(뜻밖에도) 수상하다. 신이 나다.
[有生] yǔshēng ㄧㄡˇㄕㄥ 태어나다. 「一以來 ; 이 세상에 태어나서부터」
[有生力量] yǔshēng lìliàng ㄧㄡˇㄕㄥ ㄌㄧˋㄌㄧㄤˋ ①병력(兵力)이나 인적 전력(人的戰力) : 군사용어. ②활동력.
[有聲沒氣] yǔshēng méich'ì ㄧㄡˇㄕㄥ ㄇㄟˊㄑㄧˋ 마음 내키지 않는 모양.
[有聲電影] yǔshēng tiènyǐng ㄧㄡˇㄕㄥㄉㄧㄢˋㄧㄥˇ 토오키(talkie)영화. 발성 영화.
[有聲有淚] yǔshēng yǔlèi ㄧㄡˇㄕㄥ ㄧㄡˇㄌㄟˋ 눈물을 흘리며 통곡하는 모양.
[有時] yǔshíh ㄧㄡˇㄕˊ 때로는.
[有事] yǔshìh ㄧㄡˇㄕˋ ①용무가 있다. 사정이 좋지 못하다. 「我今天一不能出去 ; 나는 오늘 사정이 있어 외출할 수 없다」 ②까닭이 있다. 「這裏頭一 ; 여기에는 까닭이 있다」 ③취직처(就職處)가 있다. ④사고(事故)가 나다.
[有始無終] yǔshǐh-wúchūng ㄧㄡˇㄕˇㄨˊ ㄓㄨㄥ 용두사미(龍頭蛇尾). 시작 뿐이고 끝 마감을 흐지부지하여 버리는 것.
[有恃無恐] yǔshìh wúk'ǔng ㄧㄡˇㄕˋ ㄨˊ ㄎㄨㄥˇ 의지할 곳이 있어서 두렵지 않다 : 그릇된 방향으로 쓰임.
[有數] yǔshù ㄧㄡˇㄕㄨˋ ①절도(節度)가 있다. ② 그러한 운명에 있다. ③=有數兒.
[有說有笑] yǔshuō-yǔhsiào ㄧㄡˇㄕㄨㄛ ㄧㄡˇㄒㄧㄠˋ 담소(談笑)하는 모양.
[有數兒] yǔshùrh ㄧㄡˇㄕㄨˋㄦ ① 가망이 있다. 성산이 있다. 「他肚子裏一 ; 그의 심중(心中)에는 성산(成算)이 서 있다」 ②극히 적은. 뻔한. 「一的幾本書 ; 겨우 몇 권의 책」 ③ 좀처럼. ④ 수(數)를 세서 알고 있다.
[有的] yǔtê ㄧㄡˇㄉㄜ ①어떤 사람. 어떤 것. ②=有得 ②.
[有得] yǔtê ㄧㄡˇㄉㄜˊ ①마음에 느끼는 바가 있다. ② yǔtê (동사뒤에 있어서) …하는 것이 있다. 「一買 ; 살 것이 있다」 「一穿 ; 입는 데에 걱정 없다」
[有德] yǔtê ㄧㄡˇㄉㄜˊ ①덕(德)이 있다. ②가문(家門)이 좋다. 「家門一 ; 선조(先祖)께서 선근(善根)을 베푼 보답이 있다」.
[有的沒的] yǔtêméitê ㄧㄡˇㄉㄜㄇㄟˊㄉㄜ 모두. 일체(一切). 부자와 가난뱅이. 있는 것과 없는 것. 이것저것. 「一都說出來了 ; 있는 일 없는 일 모두 떠벌리다」
[有的是] yǔtêshìh ㄧㄡˇㄉㄜㄕˋ 많다. 「這種東西, 我家裏一 ; 이와 같은 것은 집에 얼마든지 있다」 =多的是.
[有底] yǔtǐ ㄧㄡˊㄉㄧˇ ①준비하다. ②기초가 돼 있다. ③상세히 이해하고 있다. ④(사정(事情)에 밝아서) 자신(自信)을 갖게 되었다」
[有條不紊] yǔt'iáo pǔwěn ㄧㄡˇㄊㄧㄠˊ ㄅㄨˋㄨㄣˇ 질서 정연한 모양.
[有條有款] yǔt'iáo-yǔk'uǎn ㄧㄡˇㄊㄧㄠˊ ㄧㄡˊㄎㄨㄢˇ =有條有理.
[有條有理] yǔt'iáo-yǔlǐ ㄧㄡˇㄊㄧㄠˊ ㄧㄡˊㄌㄧˇ 조리가 서 있다. 질서가 정연하다.
[有天沒日] yǔt'iēn méijìh ㄧㄡˇㄊㄧㄢ ㄇㄟˊㄖˋ 거리낌 없이 못된 짓만하는 모양.
[有點兒] yǔtiěnrh ㄧㄡˊㄉㄧㄢˇㄦ ① 조금 …이 있다. 「一錢 ; 돈이 조금 있다」 ②막연한 비교의 어투로서) 좀 약간 「今天一冷 ; 오늘은 좀 춥다」

[有天無日] yǔt'iēn wújìh ㄧㄡˇㄊㄧㄢ ㄨˊㄖˋ (사회가) 무질서한 모양. 도의(道義)가 땅에 떨어진 모양.

[有頭兒] yǔt'óurh ㄧㄡˇㄊㄡˊㄦ 윤곽이 잡히다.

[有頭無尾] yǔt'óu wúwěi ㄧㄡˇㄊㄡˊ ㄨˊㄨㄟˇ 용두 사미(龍頭蛇尾).

[有頭有臉兒] yǔt'óu-yúliěnrh ㄧㄡˇㄊㄡˊㄧㄡˊㄌㄧㄢˇㄦ 훌륭하다. 체면을 세우다. 「這回事辦得總算一；이번 일로 겨우 체면이 서게 되었읍니다」

[有頭有尾] yǔt'óu-yúwěi ㄧㄡˇㄊㄡˊ ㄧㄡˊㄨㄟˇ ＝有始有終.

[有作爲] yǔtsòwei ㄧㄡˇㄗㄨㄛˋㄨㄟ 계획(計劃)·방안(方案) 등을 잘 세우다. 수완이 있다.

[有嘴無心] yútsuǐ wúhsīn ㄧㄡˊㄗㄨㄟˇㄨˊㄒㄧㄣ 말을 꾸밈 없이 먹은 그대로 하다. ＝有口無心.

[有滋有味] yǔtzū-yǔwèi ㄧㄡˇㄗ ㄧㄡˇㄨㄟˋ ①대단히 흥미 있다. ②대단히 편하다. 「他們活得一；그들은 편하게 살고 있다」 ③요리(料理)가 맛나다.

[有等] yǔtěng ㄧㄡˇㄉㄥˇ 오래 기다리셨읍니다. 늦어서 죄송합니다. «人»

[有爲] yǔwéi ㄧㄡˇㄨㄟˊ 포부(抱負)·재능(才能)이 있다. 「靑年一；청년은 포부가 있다」

[有味兒] yǔwèirh ㄧㄡˇㄨㄟˋㄦ ①(음식이) 맛 있다. ②(노래·글씨가) 좋다. 풍미(風味)가 있다.

[有尾有頭] yúwěi-yǔt'óu ㄧㄡˊㄨㄟˇ ㄧㄡˇㄊㄡˊ (이야기의) 앞뒤가 빈틈 없이 짜이다.

[有樣兒] yǔyàngrh ㄧㄡˇㄧㄤˋㄦ 모양이 좋다. ＝有樣子.

[有要沒緊] yǔyào méichǐn ㄧㄡˇㄧㄠˋㄇㄟˊㄐㄧㄣˇ 한가로운 모양.

[有眼不識泰山] yúyěn pùshíh t'àishān ㄧㄡˊㄧㄢˇ ㄅㄨˋㄕˊ ㄊㄞˋㄕㄢ 눈이 있어도 태산을 모르다. 상대를 잘못 보다. «成»

[有言在先] yǔyéntsàihsiēn ㄧㄡˇㄧㄢˊㄗㄞˋㄒㄧㄢ 이전에 그런 이야기가 있었다. 이전에 그렇게 말하고 있었다.

[有眼無珠] yúyěn wúchū ㄧㄡˊㄧㄢˇ ㄨˊㄓㄨ 사람이나 물건을 보는 눈이 어둡다.

[有原則地] yǔyüántsétê ㄧㄡˇㄩㄢˊㄗㄜˊㄉㄜ 원칙적으로. 「一同意了；원칙적으로 동의(同意)했다」

[有孕] yǔyǜn ㄧㄡˇㄩㄣˋ 임신하고 있다.

〔酉〕 yǔ ㄧㄡˇ ①12지(支)의 10번째: 닭. ②배열 순서의 제10. ③서(西)쪽 방향. ④오후 5시부터 7시(時)까지.

〔莠〕 yǔ ㄧㄡˇ ①〈植〉강아지풀. ②(품질 등이) 추(醜)하다. 나쁘다. 「良一不齊；좋은 것과 나쁜 것이 뒤섞이다」

〔黝〕 yǔ ㄧㄡˇ 검다. 「一黑；검다」 黑一一；검은 빛을 띠다」

〔又〕 yù ㄧㄡˋ ①또: 동작·상태의 중복(重複)·반복을 나타냄. 「他一立功了；그는 또 전공(戰功)을 세웠다」 ②(또…의 형식으로) …이기도 하고 …이기도 하다. …하고 한편으로는 …하다: 동작·상태의 병렬(並列)을 나타냄. 「做得一快一好；방법이 빠르기도 하고 좋기도 하다」「一想走一舍不得走；떠나고 싶으나 한편 섭섭하다」「他一會念, 一會作, 一會說；그는 읽기·글짓기·말하기도 잘하다」 ③그로부터 또. 그 위에 동작의 전후(前後) 이음을 나타내다. 「做完宿題一去運動；숙제를 마치고 난 뒤에 운동하러 가다」 ④이번에는, …의 위에 다시: 다시 한걸음 나아감을 나타낸다. 「他的病一轉了肺炎了；그의 병은 이번엔 또 폐렴으로 옮겨 갔다」 ⑤부정(否定)·반어(反語) 표현을 강조하다. 「你一不是小孩了, 還不懂這個！；너도 이젠 어린 아이도 아닌데 이것도 모르는거냐！」「一沒說你, 你嘖怪什麼？；별로 네 말을 한 것도 아닌데, 뭘 따지고 드느냐？」 ⑥딴. 또 하나의. 「一名；별명(別名)」 ⑦우수리. 가(加). 「一一二分之一；1과 2분의 1」

[又次之] yùtz'ǔchīh ㄧㄡˋㄘˋㄓ 또 그리고. 뿐만 아니라.

[又復] yùfù ㄧㄡˋㄈㄨˋ 그 밖에 또.

〔右〕 yù ㄧㄡˋ ①오른쪽. ②(남쪽을 향하여) 서(西). 「江一；"江西省"」「山一；"山西省"」 ③(정치적 사상으로) 보수파(保守派)의. 우익(右翼)의. 「一派；우파」

[右面(兒)] yùmien(rh) ㄧㄡˋㄇㄧㄢ(ㄦ) 오른쪽. 우측(右側).

[右邊(兒)] yùpiēn(rh) ㄧㄡˋㄅㄧㄢ(ㄦ) 오른편. 우측(右側).

[右手] yùshǒu ㄧㄡˋㄕㄡˇ ①오른손. 우수(右手). ②우측(右側).

〔幼〕 yù ㄧㄡˋ ①어리다. 「年一；나이가 어리다」 ②갓난. 「一蟲；유충」

[幼稚病] yùchìhpìng ㄧㄡˋㄓˋㄅㄧㄥˋ 소아병: 생각이 얕고 극단적인 견해나 행동.

[幼畜] yùch'ù ㄧㄡˋㄔㄨˋ 어린 가축. 「원.

[幼兒園] yù'ěrhyüán ㄧㄡˋㄦˊㄩㄢˊ 유치

[幼林] yùlín ㄧㄡˋㄌㄧㄣˊ 조림(造林)한지 얼마 되지 않는 숲.

[幼童] yùt'úng ㄧㄡˋㄊㄨㄥˊ 유아(幼兒).

〔有〕 yù ㄧㄡˋ 우수리를 나타내는 말. ＝又⑦. 「十一八人；18명」 ⇨yǔ.

〔佑〕 yù ㄧㄡˋ 돕다. 신불(神佛)의 가호. 「(加護).

〔宥〕 yù ㄧㄡˋ ①(죄를) 용서하다. 「一罪；죄를 용서하다」 ②양해하다. 「原一；양해하고 용서하다」

[宥貸] yùtài ㄧㄡˋㄉㄞˋ 죄를 용서하다.

〔囿〕 yù ㄧㄡˋ ①짐승을 기르는 곳. 「鹿一；사슴을 기르는 장소」 ②사물(事物)에 사로잡히다. 「一于成見；선입관(先入觀)에 사로잡히다」

〔柚〕 yù ㄧㄡˋ ①유자(柚子)나무. ②현재로는 흔히 왕귤나무를 말함.

[柚子] yùtzǔ ㄧㄡˋㄗ 유자나 또는 왕귤나무의 열매.

〔祐〕 yù ㄧㄡˋ 신(神)의 도움. 신조(神助)를 얻다.

〔釉〕 yù ㄧㄡˋ「一子·一兒;유약(釉藥)」
[釉灰] yùhuī ㄧㄡˋㄏㄨㄟ 유약. =釉藥.
[釉面磚] yùmiènchuān ㄧㄡˋㄇㄧㄢˋㄓㄨㄢ 화장(化粧) 타일.
[釉藥] yùyào ㄧㄡˋㄧㄠˋ 유약.

〔誘〕 yù ㄧㄡˋ ①꾀다. 권하다.「利一; 이문을 노리고 꾀어 내다」②이끌다. 가르치다.「循循善一; 친절하게 교도(教導)하다」
[誘餌] yùêrh ㄧㄡˋㄦ 꾀어 내다. 미끼를 써서 꾀다.
[誘騙] yùp'ièn ㄧㄡˋㄆㄧㄢˋ 감언(甘言)으로 써 속이다.

〔鼬〕 yù ㄧㄡˋ「一鼠; 족제비」=黃鼬.

YUNG ㄩㄥ

〔庸〕 yūng ㄩㄥ ①보통. 평시의. 「一言; 흔히 쓰이는 말」②평범한. 월례적인.「一人; 범인(凡人)」③쓰다. 사용하다.「無一細述; 자세하게 말할 필요가 없다」④(반어적인 말투로) 어째서.「一可棄乎?; 어째서 버려도 좋단 말인가?」
[庸人] yūngjên ㄩㄥㄖㄣˊ ①범인 (凡人). 범용한 사람.「一自擾; 몰상식한 사람은 스스로 아우성친다」
[庸碌] yūnglù ㄩㄥㄌㄨˋ 평범하다. >庸庸碌碌.
[庸俗] yūngsú ㄩㄥㄙㄨˊ 저속하다. 천박하다. >庸庸俗俗.
[庸醫] yūngī ㄩㄥㄧ 돌팔이 의사. 엉터리 의사.

〔慵〕 yūng ㄩㄥ 피로해서 나른하다. 태만하다.

〔雍〕 yūng ㄩㄥ 온화한 모양. 「一睦; 화친(和親)하다」

〔壅〕 yūng ㄩㄥ ①막히다. 고이다. ②(흙이나 비료를 주어) 북돋다. 배양하다.「一培; 북돋아 기르다」
[壅住] yūngchuㄩㄥㄓㄨ막히다. 가로 막다.「溝一了; 시궁창이 막혔다」
[壅滯] yūngchìh ㄩㄥㄓˋ 막혀서 통하지 않다.
[壅閼] yūng'è ㄩㄥ ㄜˋ 막히다.
[壅閉] yūngpì ㄩㄥㄅㄧˋ =壅滯.
[壅塞] yūngsè ㄩㄥㄙㄜˋ =壅滯.

〔臃〕 yūng ㄩㄥ
[臃腫] yūngchǔng ㄩㄥㄓㄨㄥˇ ①너무 퉁퉁하다. 호박살이 쪄다. ②(몸이 비대하거나 혹은 비둔해서) 동작이 부자유하다. ③(조직의 기구가 지나치게 커서) 일이 좀체로 진척되지 않다.

〔癰〕(痈) yūng ㄩㄥ 종기. 악성의 부스럼.
[癰疽] yūngchū ㄩㄥㄐㄩ 종기.

〔擁〕(拥) yūng ㄩㄥ ①끌어 안다. 껴안다. ②둘러 싸다.「前呼後一; 앞뒤로 포위하다」③한 덩어리가 되다. 밀치락 달치락하다.「大家都一到前邊去; 사람들은 갑자기 앞으로 밀어 닥쳤다」④모두 지지하다. 천거하다.「一立; 옹립하다」
[擁政愛民] yūngchěng-àimín ㄩㄥㄓㄥˋㄞˋㄇㄧㄣˊ 국민은 정부를 지지하고 정부는 국민을 사랑하다.
[擁擠] yūngchǐ ㄩㄥㄐㄧˇ 밀치락 달치락하다.
[擁軍愛民] yūngchūn-àimín ㄩㄥㄐㄩㄣ ㄞˋㄇㄧㄣˊ 국민은 군대를 옹호하고 군대는 국민을 애호하다.
[擁軍優屬] yūngchūn-yūshǔ ㄩㄥㄐㄩㄣ ㄧㄡㄕㄨˇ 군인·출정 군인 유가족을 보살펴 주다.
[擁抱] yūngpào ㄩㄥㄅㄠˋ 포옹하다.
[擁塞] yūngsè ㄩㄥㄙㄜˋ 뒤덮이다. 밀어 닥치다.「路上一着逃難的人; 길은 피난민으로 파묻혔다」
[擁戴] yūngtài ㄩㄥㄉㄞˋ 추대하다.
[擁有] yūngyǔ ㄩㄥㄧㄡˇ ①포옹하다. ②거느리다.

〔傭〕(佣) yūng ㄩㄥ 고용되다.「一工; ㉮고용 노동자. ㉯노동자를. 고용하다」

〔蕹〕 yūng ㄩㄥ「一菜; 메」=空心菜.

〔喁〕 yúng ㄩㄥˊ 물고기가 입을 수면으로 내밀고 숨을 쉬다.「一一; 사람들이 우러러 따르다」⇨yú.

〔永〕 yǔng ㄩㄥˇ ①길다. ②오랜. 영원한.「一不掉隊; 언제까지나 낙오(落伍)하지 않는다」
[永垂不朽] yǔngch'uí pùhsiǔ ㄩㄥˇㄔㄨㄟˊ ㄅㄨˋㄒㄧㄡˇ 방명(芳名)이 영원히 사라지지 않다. 그 이름이 영원히 빛나다.
[永訣] yǔngchüéh ㄩㄥˇㄐㄩㄝˊ 영결. 영원한 이별.
[永恒] yǔnghěng ㄩㄥˇㄏㄥˊ 시간을 초월하여 불변함. 항구적.
[永年] yǔngnién ㄩㄥˇㄋㄧㄢˊ ①장수(長壽). ②오랜 세월.
[永輩子] yǔngpèitzǔ ㄩㄥˇㄅㄟˋㄗ 한평생. 일생.
[永別] yǔngpiéh ㄩㄥˇㄅㄧㄝˊ 죽다. 영 이별하다.
[永生] yǔngshēng ㄩㄥˇㄕㄥ 영생. 육체는 죽어도 영혼은 영원히 불멸함.
[永佃權] yǔngtièn ch'üán ㄩㄥˇㄉㄧㄢˋ ㄑㄩㄢˊ 영구 소작권(永久小作權).
[永斷葛藤] yǔngtuàn kŏt'éng ㄩㄥˇㄉㄨㄢˋ ㄍㄜˊㄊㄥˊ 영원히 관계를 끊다.
[永遠] yǔngyüǎn ㄩㄥˇㄩㄢˇ ①영원히. 언제까지나.「一不改; 영원히 고치지 않다」②언제나. 항상.

〔甬〕 yǔng ㄩㄥˇ 〈地〉"寧波"의 별칭.
[甬道] yǔngtàoㄩㄥˇㄉㄠˋ 기와나 자갈을 깐 안뜰의 통행로. =甬路.

〔泳〕 yŭng ㄩㄥˇ ①수영(水泳).「仰一; 배영(背泳)」「蛙一; 평영(平泳)」②헤엄치다.

〔詠〕(咏) yŭng ㄩㄥˇ 노래하다. 시(詩)를 읊조리다.「吟一; 시가를 읊다」

〔俑〕 yŭng ㄩㄥˇ 순사자(殉死者)의 대신에 매장하던 흙이나 나무로 만든 사람의 형상.

〔勇〕 yŭng ㄩㄥˇ ①용감하다. 용기가 있다.「一往直前; 용감하게 곧장 전진하다」②솔직하게 …하다.「一于承認錯誤; 솔직하게 잘못을 인정하다」

[勇決] yŭngchüéh ㄩㄥˇㄐㄩㄝˊ 용감하게 결단을 내리다.

[勇悍] yŭnghàn ㄩㄥˇㄏㄢˋ 용감 무쌍하다.

〔湧〕(涌) yŭng ㄩㄥˇ ①물이 솟다.「雨過天晴, 一出一輪明月; 비가 개인 후 달이 둥실 떴다」「許多人從裏面一出來; 많은 사람들 가운데서 뛰쳐 나오다」②물가가 오르다.

〔蛹〕 yŭng ㄩㄥˇ 번데기.「蠶一; 고치의 번데기」

〔踴〕(踊) yŭng ㄩㄥˇ 뛰다. 뛰어오르다.

[踴貴] yŭngkuei ㄩㄥˇㄍㄨㄟˋ 물가가 갑자기 뛰다.

[踴躍] yŭngyüèh ㄩㄥˇㄩㄝˋ ①기뻐 날뛰다. ②즐겨서 …하다.「一認捐; 기꺼이 희사하다」③은성하다. 사람이 많다.「群衆來得越加一; 군중은 점점 많아지기만 하다」>踴踴躍躍.

〔用〕 yùng ㄩㄥˋ ①쓰이다. 쓰다.「一電; 전기를 쓰다」「一錢太多; 돈을 너무 많이 쓰다」②잡수시다.《敬》「一茶; 차를 드시다」③비용.「零一; 잡비」④효과. 용도.「家一; 가용」「有甚麼一?; 무엇에 쓰이느냐?」⑤…으로써.「一鋼鐵做機器; 강철로 기계를 만들다」⑥필요하다.「不一說; 말할 나위도 없다」⑦…에 의하여. =因.「一此; 이에 의하여」

[用場] yùngch'ăng ㄩㄥˋㄔㄤˇ 용도(用途).

[用錢] yùngchien ㄩㄥˋㄑㄧㄢ ①수수료(手數料). 코미션(commission). =傭錢. ②yùng ch'ién 돈을 쓰다.

[用情] yùngch'íng ㄩㄥˋㄑㄧㄥˊ (남의 마음을 움직이기 위하여) 인정(人情)을 베풀다.

[用勁(兒)] yùngchìn(rh) ㄩㄥˋㄐㄧㄣˋ(ㄦ) 힘을 쓰다.

[用處] yùngch'u ㄩㄥˋㄔㄨ 용도(用途).

[用主(兒)] yùngchŭ(rh) ㄩㄥˋㄓㄨˇ(ㄦ) 사용주. 고용주.

[用費] yùngfèi ㄩㄥˋㄈㄟˋ 비용.

[用項] yùnghsiang ㄩㄥˋㄒㄧㄤ 비용. 필요한 비용.

[用心] yùnghsīn ㄩㄥˋㄒㄧㄣ 주의(注意)하다.

[用意] yùng ì ㄩㄥˋ ㄧˋ ①의도(意圖). ②의미하는 것.

[用人] yùngjén ㄩㄥˋㄖㄣˊ ①사람이 필요하다. ②yùng jén 사람을 부리다. ③하인(下人). 일군.

[用功] yùngkūng ㄩㄥˋㄍㄨㄥ 공부하다. 정력을 기울이다.「一研究; 연구에 열중하다」

[用工夫] yùng kūngfu ㄩㄥˋ ㄍㄨㄥㄈㄨ ①수련을 쌓다. 공을 쌓다. ②시간을 들이다. 공을 들이다.

[用戶] yùnghù ㄩㄥˋㄏㄨˋ 사용 가구(使用家口). 어떤 물건을 사용하는 집.「電話一; 전화를 사용하는 가정」

[用力] yùnglì ㄩㄥˋㄌㄧˋ ①노력하다. ②힘쓰다.

[用料] yùngliào ㄩㄥˋㄌㄧㄠˋ 사용하는 원료. 재료.

[用命] yùngmìng ㄩㄥˋㄇㄧㄥˋ 명령에 따르다. 명령을 좇다.

[用不着] yúngpuchăo ㄩㄥˊㄅㄨㄓㄠˊ ①필요로 하지 않다.「一客氣; 사양하실 필요는 없읍니다」②쓸 수 없다. 쓸모없다. ↔用得着.

[用不了] yùngpuliăo ㄩㄥˋㄅㄨㄌㄧㄠˇ (많아서) 다 쓸 수 없다.「一這麼多; 이렇게 많이는 쓸 수 없다」↔用得了.

[用不到] yùngputào ㄩㄥˋㄅㄨㄉㄠˋ 필요없다. 소용 없다.

[用膳] yùngshàn ㄩㄥˋㄕㄢˋ 식사하다.

[用頭] yùngt'ou ㄩㄥˋㄊㄡ 소용되는 곳. 용도(用途).

[用度] yùngtù ㄩㄥˋㄉㄨˋ 비용. 경비.

[用武] yùngwŭ ㄩㄥˋㄨˇ ①무력을 사용하다. ②다투다. 겨루다.

[用印] yùngyìn ㄩㄥˋㄧㄣˋ 도장을 찍다.

〔佣〕 yùng ㄩㄥˋ「一金·一錢; 수수료. 구전(口錢)」⇨yūng.

YÜ ㄩ

〔迂〕 yū ㄩ ①구불다. 우회(迂回)하다. ②실제적(實際的)이 아니다.「你這話太一了; 네 말은 너무 딱딱하다」

[迂氣] yūch'ì ㄩㄑㄧˋ 완고하고 진부(陳腐)한 기풍(氣風).

[迂見] yūchièn ㄩㄐㄧㄢˋ ①사실과 부합되지 않는 의견. ②진부(陳腐)한 의견.

[迂拘] yūchū ㄩㄐㄩ 융통성이 없다.

[迂腐] yūfŭ ㄩㄈㄨˇ 융통성이 없고 비천하다.

[迂夫子] yūfūtzŭ ㄩㄈㄨㄗˇ 완고한 노(老)선생.

[迂陋] yūlòu ㄩㄌㄡˋ =迂腐.

[迂論] yūlùn ㄩㄌㄨㄣˋ ①실정에 부합되지 않는 의견. ②진부한 의견.

[迂道] yūtào ㄩㄉㄠˋ 길을 돌아 가다. =迂路.

[迂遠] yūyüăn ㄩㄩㄢˇ 실제(實際)와는 거리가 멀다.

〔淤〕 yū ㄩ ①흙탕으로 막히다.「一了好些泥; 흙탕이 많이 막혔다」②피(血) 따위가 한데 엉히다. ③충적(沖積)된 흙탕. 주(洲).「河一; 하천(河川)의 흙탕」

[淤積] yūchī ㄩㄐㄧ (흙탕 따위가)높이 쌓

임.
[淤滯] yūchìh ㄩㄓˋ 정체(停滯)하다.
[淤氣] yūch'ì ㄩㄑㄧˋ 궤갱(廢坑) 등에 차 있는 가스.
[淤河] yūhó ㄩㄏㄜˊ 흙탕과 모래로 메인 하천.
[淤肉] yūjòu ㄩㄖㄡˋ 썩어 문드러진 살 : 종기 따위의.
[淤泥] yūní ㄩㄋㄧˊ ①충적된 흙탕. ②물 밑에 썩은 흙탕.
[淤塞] yūsè ㄩㄙㄜˋ 막히다.「水道一了 ; 수로가 막혔다」
[淤沙] yūshā ㄩㄕㄚ (강이나 바다 등에) 침전(沈澱)한 모래.
[淤死] yūssǔ ㄩㄙˇ (흙탕 따위가) 막혀서 통하지 않다.

〔瘀〕 yū ㄩ 울혈(鬱血)하다.

〔予〕 yú ㄩˊ 자기(自己). =yǔ.
[予取予求] yúch'ǔ yúch'iú ㄩˊㄑㄩˇ ㄩˊㄑㄧㄡˊ 만사 형통하다.

〔於〕(于) yú ㄩˊ ①…에(장소·시간을 가리키다). =在. ㉮동사(動詞)의 뒤에 놓이는 경우.「火車行一橋上 ; 기차가 철교(鐵橋) 위를 달리다」㉯동사(動詞)의 앞에 놓일 때.「一傳有之 ; 옛 기록(記錄)에 있다」②…까지 二到.「一今三年 ; 현재까지 3년」③…의 방면(方面)에. …에 : 관계하는 방면을 가리키다「長一記誦 ; 암기(暗記)에 능하다」④…에게:동작이 미치는 점(點)을 가리키다. =給.「嫁禍一人 ; 화(禍)를 남에게 전가(轉嫁)하다」⑤…부터. …의하여. …에 따라서. =從. 由.「出一自願 ; 자유의지(自由意志)에 의함」⑥…때문에. …에 의하여:동작의 원인을 가리키다. =由於.「業精一勤而荒一嬉 ; 학업은 근면함으로써 정통(精通)하고 태만함으로써 황폐(荒廢)되다」⑦…으로 향하여. …으로. …에게. =向.「問計一我 ; 나에게 계략(計略)을 묻다」⑧…에 대하여. …에 있어서는. …대해서는. =對于.「一我有利 ; 나에게 있어서는 유리하다」⑨…되어지다:동사의 뒤에 놓아 입음(被)을 가리킴. =被.「治一人 ; 남에게 지배(支配)되다」⑩…보다도: 비교하여 앞선 모양을 나타냄.「意志堅一金石 ; 의지는 금석보다 굳다」
[於今] yúchīn ㄩˊㄐㄧㄣ 지금. 현재.
[於歸] yúkueī ㄩˊㄍㄨㄟ 시집 가는 것. 출가(出嫁).〈舊〉
[於時] yúshíh ㄩˊㄕˊ 옛날.
[於是] yúshìh ㄩˊㄕˋ 그리고. 그래서.「法院宣告無罪, 一他出了監獄 ; 법원에서 무죄를 언도(言渡)받고 그는 출감했다」
[於是乎] yúshìhhū ㄩˊㄕˋㄏㄨ 그래서. "於是"보다 말투가 가볍다.

〔盂〕 yú ㄩˊ 액체용(液體用)의 그릇.「痰一 ; 타구」

〔竽〕 yú ㄩˊ 〈樂〉생황(笙簧) 비슷한 아악(雅樂)에 쓰이는 옛날 악기.

〔舁〕 yú ㄩˊ 쥐어지다.「一轎 ; 가마를 메다」

〔娛〕 yú ㄩˊ 즐거다.「一親 ; 어버이를 즐겁게 하여 드리다」「自一 ; 스스로 즐기다」

〔隅〕 yú ㄩˊ ①가. 근처.「海一 ; 바닷가」②「一頭 ; 구석. 모퉁이」「一一三反 ; 하나를 보면 열 가지를 안다」

〔魚〕(鱼) yú ㄩˊ 물고기.
[魚叉] yúch'ā ㄩˊㄔㄚ 작살. =漁叉.
[魚膠] yúchiāo ㄩˊㄐㄧㄠ 물고기 부레로 만든 아교.
[魚池] yúch'íh ㄩˊㄔˊ 잡은 물고기나 요리에 쓸 물고기를 살려 두기 위하여 만든 못.
[魚翅] yúch'ìh ㄩˊㄔˋ 상어 새끼의 지느러미.
[魚床子] yúch'uángtzǔ ㄩˊㄔㄨㄤˊㄗ 어물전.
[魚種] yúchǔng ㄩˊㄓㄨㄥˇ =魚秧. 魚栽.
[魚綫] yúhsièn ㄩˊㄒㄧㄢˋ 낚싯줄.
[魚肉] yújòu ㄩˊㄖㄡˋ ①폭력으로 학대하다. ②이용물로 삼다.「一鄉人 ; 마을 사람을 이용물로 삼다」
[魚竿(子)] yúkān(tzǔ) ㄩˊㄍㄢ(ㄗ) 낚싯대.
[魚坑] yúk'ēng ㄩˊㄎㄥ 작은 양어장(養魚場).
[魚狗] yúkǒu ㄩˊㄍㄡˇ 〈動〉 물총새.
[魚鉤(兒)] yúkōu(rh) ㄩˊㄍㄡ(ㄦ) 낚시. 조구(釣鉤).
[魚鼓] yúkǔ ㄩˊㄍㄨˇ ①〈動〉도루묵. ②대나무 통에다 어피(魚皮)를 씌워서 만든 악기(樂器)의 일종.
[魚貫] yúkuàn ㄩˊㄍㄨㄢˋ 줄을 짓다.「一而人 ; 줄지어 들어 가다」
[魚鱗坑] yúlínk'ēng ㄩˊㄌㄧㄣˊㄎㄥ 고기 비늘 형(形)의 구멍: 식수(植樹) 때 파는 구멍.
[魚鱗兒] yúlínrh ㄩˊㄌㄧㄣˊㄦ 고기 비늘 모양으로 된 것.「一天兒 ; 비늘 구름이 뜬 하늘」
[魚簍] yúlǒu ㄩˊㄌㄡˇ 대로 만든 종다래끼.
[魚龍混雜] yúlúng hùntsá ㄩˊㄌㄨㄥˊ ㄏㄨㄣˋㄗㄚˊ 좋은 것(사람)이나 나쁜 것(사람)이 뒤섞이는 비유.〈成〉
[魚苗] yúmiáo ㄩˊㄇㄧㄠˊ 알에서 깐 지 얼마 되지 않은 어린 물고기. 치어(稚魚).
[魚米鄉] yúmǐhsiāng ㄩˊㄇㄧˇㄒㄧㄤ 물고기가 흔하고 식량이 풍부한 살기 좋은 곳. =魚米之鄉.
[魚目混珠] yúmù hùnchū ㄩˊㄇㄨˋㄏㄨㄣˋㄓㄨ 가짜가 진짜 속에 섞이다.〈成〉
[魚白] yúpái ㄩˊㄅㄞˊ ①청백색(青白色). ②〈生〉물고기의 이리.
[魚泡] yúp'āo ㄩˊㄆㄠˋ =魚鰾.
[魚鰾] yúpiào ㄩˊㄅㄧㄠˋ 〈生〉물고기의 부레.
[魚盆] yúp'én ㄩˊㄆㄣˊ 어항.
[魚片兒] yúp'iènrh ㄩˊㄆㄧㄢˋㄦ 썬 생선 토막. 썬 고기 조각.
[魚兒] yúrh ㄩˊㄦ ①잔고기. ②형태가 고기 비슷한 것.
[魚塘] yút'áng ㄩˊㄊㄤˊ 양어지(養魚地).
[魚挑子] yút'iāotzǔ ㄩˊㄊㄧㄠㄗ 생선 장수가 지고 다니는 짐.

[魚頭] yǘt'ǒu ㄩˊㄊㄡˊ 번잡하고 복잡한 것의 비유.「擇一; 곤란한 일을 처리하다」

[魚凍兒] yǘtùngrh ㄩˊㄉㄨㄥˋㄦ ①생선 조린 국물이 엉겨 굳어진 것. ②생선의 교질(膠質).

[魚肚白] yǘtùpái ㄩˊㄉㄨˋㄅㄞˊ ①=魚白. ②이른 아침의 하얀 빛. 이른 아침. =魚肚皮色.

[魚子] yǘtzǔ ㄩˊㄗˇ 〈生〉어란(魚卵).

[魚刺] yǘtz'ù ㄩˊㄘˋ 〈生〉물고기의 잔뼈.

[魚丸子] yǘwántzǔ ㄩˊㄨㄢˊㄗˇ 고기로 만든 경단. =魚圓.

[魚秧] yǘyāng ㄩˊㄧㄤ 양식용(養殖用)의 새로 깐 고기 새끼.

[魚雁] yǘyèn ㄩˊㄧㄢˋ 서함(書函). 편지. 서신(書信).

[魚鷹子] yǘyīngtzu ㄩˊㄧㄥㄗ 가마우지. =水老鴰.

[魚圓] yǘyüán ㄩˊㄩㄢˊ 어육(魚肉) 경단.

[魚游釜中] yǘyúfǔchūng ㄩˊㄧㄡˊㄈㄨˇㄓㄨㄥ 멸망중에 있는 비유. 퇴로(退路)가 없는 딱한 일.

〔喁〕 yǘ ㄩˊ 서로 맞장구를 치는 소리.「一一噥噥; 속닥속닥 속삭이는 모양」⇨yúng.

〔渝〕 yǘ ㄩˊ ①(감정·태도·방법 등을) 바꾸다. 바뀌다.「不一政策; 정책을 바꾸지 않다」②"重慶"의 별칭.

〔愉〕 yǘ ㄩˊ 기뻐하다. 즐기다.「一色; 희색(喜色)」「一逸; 안락(安樂)」

〔揄〕 yǘ ㄩˊ ①당기다. 끌다. ②「一揚; 화제에 올려 칭찬하다」

〔愚〕 yǘ ㄩˊ ①어리석은. ②저: 낮춤말.「一弟; 동배(同輩)에 대한 자기 겸손」

[愚騃] yǘái ㄩˊㄞˊ 우둔하여 도리(道理)를 모르다.

[愚氣] yǘch'ì ㄩˊㄑㄧˋ ①공연한 분노(憤怒). ②yǘch'i 싱거운 모양.

[愚蠢] yǘch'ǔn ㄩˊㄔㄨㄣˇ 게으르고 어리석다. >愚愚蠢蠢.

[愚憨] yǘhān ㄩˊㄏㄢ 재능이 없고 둔하다.

[愚公移山] yǘkūng íshān ㄩˊㄍㄨㄥ ㄧˊㄕㄢ 어떠한 곤란에도 굴하지 않고 착실히 하면 성공한다는 비유. 《成》

[愚魯] yǘlǔ ㄩˊㄌㄨˇ 우둔하다.

[愚笨] yǘpèn ㄩˊㄅㄣˋ 어리석다. >愚愚笨笨.

[愚玩] yǘwán ㄩˊㄨㄢˊ 버릇 없이 굴다.

〔榆〕 yǘ ㄩˊ 느릅.「一樹; 느릅나무」

[榆莢] yǘchiá ㄩˊㄐㄧㄚˊ 〈植〉느릅나무 열매.「一雨; 봄비」

[榆錢] yǘch'ién ㄩˊㄑㄧㄢˊ 〈植〉느릅나무 열매.「一糕; 유실(榆實)을 쪄서 만든 식품」

[榆木] yǘmù ㄩˊㄇㄨˋ 느릅나무의 목재(木材).

〔與〕(与) yǘ ㄩˊ =歟. ⇨yǔ, yù.

〔虞〕 yǘ ㄩˊ ①염려하다.「無一; 걱정 없다」②사려(思慮)하다.「以防不一; 뜻하지 않은 사태에 대비하다」③기만하다.「爾一我詐; 서로 속이다」④전설(傳說)상의 순제 시대(舜帝時代)의 이름.

〔漁〕 yǘ ㄩˊ ①물고기를 잡다.「一船; 어선」②부당하게 이익(利益)을 찾아 다니다.「一利; 위와 같은 뜻」

[漁叉] yǘch'ā ㄩˊㄔㄚ 작살. =魚叉.

[漁父] yǘfǔ ㄩˊㄈㄨˇ 노어부(老漁夫).

[漁汛] yǘhsǜn ㄩˊㄒㄩㄣˋ 어획기(漁獲期).

[漁戶] yǘhù ㄩˊㄏㄨˋ 어업을 가업으로 삼는 집. 또는 그 사람.

[漁人] yǘjén ㄩˊㄖㄣˊ 어부.「一之利; 어부지리(漁夫之利)를 얻다」

[漁獵] yǘlièh ㄩˊㄌㄧㄝˋ 어업과 수렵(狩獵).

[漁輪] yǘlún ㄩˊㄌㄨㄣˊ 저인망선(底引網船). 트로올선(船).

[漁翁] yǘwēng ㄩˊㄨㄥ 어부(漁夫).

〔餘〕(余④) yǘ ㄩˊ ①남은 것. 여분(餘分).「一糧; 공출(供出)하고 난 나머지 식량」「不遺一力; 여력(餘力)을 남기지 않다」②이상. 나머지. 남음. ③정식 이외의 것.「業一; 근무 시간 외의」④저(自己).

[餘齒] yǘch'ǐh ㄩˊㄔˇ 여생(餘生).

[餘額] yǘ'é ㄩˊㄜˊ 정액(正額) 외의 액수.

[餘暉] yǘhuī ㄩˊㄏㄨㄟ 석양(夕陽).

[餘款] yǘk'uǎn ㄩˊㄎㄨㄢˇ 잔금(殘金).

[餘利] yǘlì ㄩˊㄌㄧˋ 이익금. 잉여 이익(剩餘利益).

[餘糧戶] yǘliánghù ㄩˊㄌㄧㄤˊㄏㄨˋ 식량 잉여 농가(食糧剩餘農家).

[餘存] yǘts'ún ㄩˊㄘㄨㄣˊ 남겨 두다.

[餘外] yǘwài ㄩˊㄨㄞˋ 그 외. 이 밖에.

[餘音繞梁] yǘyīn jàoliáng ㄩˊㄧㄣ ㄖㄠˋㄌㄧㄤˊ 노래 소리가 대단히 우아하고 아름다운 비유.

[餘勇可賈] yǘyǔng kǒkǔ ㄩˊㄩㄥˇ ㄎㄜˊㄍㄨˇ 여전히 용기가 있다. 아직 기력이 남아 있다.

〔逾〕(踰) yǘ ㄩˊ ①초과하다. 넘다.「一期; 기한을 넘기다」②다시. 점점. 더욱 더.「一甚; 더욱 지독하다」

[逾分] yǘfèn ㄩˊㄈㄣˋ 분수에 지나치다.

[逾恒] yǘhéng ㄩˊㄏㄥˊ 상태(常態)를 넘다.「飲酒一; 술이 정도를 넘다」

[逾限] yǘhsièn ㄩˊㄒㄧㄢˋ 기한을 넘기다. =逾期.

[逾越] yǘyüèh ㄩˊㄩㄝˋ 지나다. 넘다. 초과(超過)하다.

〔歟〕 yǘ ㄩˊ 어기조사(語氣助詞). ①의문의 말투를 나타냄.「在齊一? 在魯一?; 제(齊) 나라에 있는 건지 노(魯) 나라에 있는 건지?」②감탄의 말투를 나타냄.「此誠大智大勇也一!; 이야말로 대지 대용인 걸!」

〔輿〕 yǘ ㄩˊ ①수레의 짐 싣는 곳. ②수레. ③많은 인원의.「一論; 여론」④국경(國境). 경계(境界).「一圖; 지도」

[輿夫] yǘfū ㄩˊㄈㄨ 가마를 메는 사람.

[輿地] yǘtì ㄩˊㄉㄧˋ 대지(大地).

〔予〕 yǔ ㄩˇ 주다. ⇨yú.
[予以] yǔi ㄩˊㄧˇ …을 주다. 「一協助；원조를 하다」「一拒絕；거절하다」

〔宇〕 yǔ ㄩˇ ①처마. 처마 밑. ②상하사방(上下四方). 모든 공간. 「一內；천하(天下)」
[宇宙飛船] yǔchòu fēich'uán ㄩˇㄓㄡˋㄈㄟㄔㄨㄢˊ 우주선(宇宙船).
[宇宙火箭] yǔchòu huǒchièn ㄩˇㄓㄡˋㄏㄨㄛˇㄐㄧㄢˋ 우주 로켓.
[宇宙觀] yǔchòu kuān ㄩˇㄓㄡˋㄍㄨㄢ 우주관(宇宙觀).

〔羽〕 yǔ ㄩˇ ①새의 날개. 「一毛；깃털」②고대 음악의 "宮·商·角·徵·羽"의 오음의 하나.
[羽翼] yǔi ㄩˇㄧˋ ①보조자(補助者). 아시스턴트. ②보조하다. 보좌하다. ③악당(惡黨)의 앞잡이.
[羽毛球] yǔmáoch'iú ㄩˇㄇㄠˊㄑㄧㄡˊ 배드민턴.
[羽毛紗] yǔmáoshā ㄩˇㄇㄠˊㄕㄚ 모직물의 하나로 우단보다 좀 엷은 비단. ＝羽紗.
[羽毛未豊] yǔmáo wèifēng ㄩˇㄇㄠˊㄨㄟˋㄈㄥ ①경험이 적어서 미숙함을 일컫는 말. ②조건(條件)이 성숙하지 않다.
[羽士] yǔshih ㄩˇㄕˋ 도사(道士).
[羽族] yǔtsú ㄩˇㄗㄨˊ 조류(鳥類).
[羽緞] yǔtuàn ㄩˇㄉㄨㄢˋ 두꺼운 모직물. 복지의 종류. 우단. ＝羽毛緞.

〔雨〕 yǔ ㄩˇ 비. ⇨yù.
[雨集] yǔchí ㄩˇㄐㄧˊ 밀집하다.
[雨脚] yǔchiǎo ㄩˊㄐㄧㄠˇ 빗발.
[雨前] yǔch'ién ㄩˇㄑㄧㄢˊ 녹차(綠茶)의 이름.
[雨珠兒] yǔchūrh ㄩˇㄓㄨㄦ ＝雨點(子·兒).
[雨遮] yǔchē ㄩˇㄓㄜ 우산. ‹方›
[雨害] yǔhài ㄩˇㄏㄞˋ 수해(水害).
[雨後春筍] yǔhòu ch'ūnsǔn ㄩˇㄏㄡˋㄔㄨㄣㄙㄨㄣˇ 우후죽순(雨後竹筍)같이 속출하다. ‹成›
[雨星兒] yǔhsīngrh ㄩˇㄒㄧㄥㄦ 빗방울.
[雨星星的] yǔhsīnghsīngtê ㄩˇㄒㄧㄥㄒㄧㄥㄉㄜ 가랑비가 내리는 모양.
[雨鞋] yǔhsiéh ㄩˇㄒㄧㄝˊ 비올 때 신는 신발. 우화(雨靴).
[雨靴] yǔhsüēh ㄩˇㄒㄩㄝ 비올 때 신는 장화.
[雨衣] yǔī ㄩˇㄧ 비옷. 레인코우트.
[雨露] yǔlù ㄩˇㄌㄨˋ 은혜(恩惠).
[雨淋頭] yǔlínt'óu ㄩˇㄌㄧㄣˊㄊㄡˊ ①비를 흠뻑 맞다. ②자극을 받다. ③샤우어(shower)의 물구멍.
[雨帽] yǔmào ㄩˇㄇㄠˋ 비올 때 쓰는 모자. 레인해트.
[雨沐風餐] yǔmù-fēngts'ān ㄩˇㄇㄨˋㄈㄥㄘㄢ 고생하며 방황하다. 여로(旅路)에서 고난을 거듭하는 일. ‹成›
[雨布] yǔpù ㄩˇㄅㄨˋ 방수포(防水布).
[雨不停點] yǔpùt'íngtiěn ㄩˇㄅㄨˋㄊㄧㄥˊㄉㄧㄢˇ 비가 쉬지 않고 내리는 모양.
[雨棚] yǔp'éng ㄩˇㄆㄥˊ 비를 맞지 않게 마련한 덮개.
[雨絲兒] yǔssūrh ㄩˇㄙㄦ 세우(細雨). 가랑비의 빗발.
[雨帶] yǔtài ㄩˇㄉㄞˋ 강우 지대(降雨地帶).
[雨點(子·兒)] yǔtiěn(tzǔ·rh) ㄩˊㄉㄧㄢˇ(ㄗ·ㄦ) 빗방울.
[雨字頭(兒)] yǔtzùt'óu(rh) ㄩˇㄗˋㄊㄡˊ(ㄦ) 비우변: "雨".

〔禹〕 yǔ ㄩˇ 고대 중국의 성왕(聖王)의 이름.
[禹域] yǔyù ㄩˇㄩˋ 중국의 명칭: 우(禹)왕이 치수(治水)로써 아홉 주(州)의 경계선을 바로 잡았다는 사실(史實)에서 유래[한.

〔語〕 yǔ ㄩˇ ①말. 이야기. 「一不發；한마디도 발언하지 않다」「一病；어폐」②언어·방언(方言): 학술용어(學術用語)로 일반적으로는 "話". 「漢一；중국어」「一言；언어」③속담(俗談). 널리 인용(引用)되는 고어(古語). ④말하다. 「不言不一；입을 다물고 말하지 않다」 언어 대용 기호. 신호. 「旗一；수기신호(手旗信號)」「手一；손짓. 손짓말」⇨yù.
[語病] yǔpìng ㄩˇㄅㄧㄥˋ 어폐(語弊).
[語塞] yǔsāi ㄩˇㄙㄞ 말을 더듬다. 말이 막히다.
[語聲兒] yǔshēngrh ㄩˇㄕㄥㄦ 어조(語調). 말투. [어.
[語詞] yǔtz'ú ㄩˇㄘˊ ①낱말. ②숙어와 단
[語次] yǔtz'ù ㄩˇㄘˋ 어순(語順). 어서(語序).
[語體文] yǔt'iwén(rh) ㄩˊㄊㄧˇㄨㄣˊ(ㄦ) 구어체(口語體)의 문장.
[語重心長] yǔchùng hsīnch'áng ㄩˇㄓㄨㄥˋㄒㄧㄣㄔㄤˊ 말이 의미 심장(意味深長)하다.
[語文] yǔwén ㄩˇㄨㄣˊ ①언어와 문자. ②언어와 문장. ③언어와 문학.
[語無倫次] yǔwúlúnt'zu ㄩˇㄨˊㄌㄨㄣˊㄘˋ 말의 갈피를 잡지 못하다.
[語音] yǔyīn ㄩˇㄧㄣ 구어음(口語音).

〔傴〕 yǔ ㄩˇ ①곱추. ②등을 굽히다.
[傴僂] yǔlóu ㄩˊㄌㄡˊ ①곱추. ②공손한 태도. ③허리를 구부리다. 「一而入；허리를 굽히고 들어 가다」

〔與〕(与) yǔ ㄩˇ ①…와(과). ＝和. 跟. 「韓國一中國；한국과 중국」②주다. 베풀다. 보내다. ＝給. 「交一；건네주다. 교부(交付)하다」③어울리다. 한패가 되다. 허용하다. 「相一甚厚；교제가 대단히 두텁다」④돕다. 「一人爲善；남이 착한 일을 하는 것을 돕다」⑤…와. …함께. ＝和. 跟. 「一世界各國和平共處；세계 각국과 평화 공존(平和共存)하다」⑥…에 있어서. 「一我們很方便；우리들에게 있어서는 대단히 편리하다」⑦…때문에. ＝爲. 給. …대신하여. ＝替. 「請你一我對他致謝；저 대신 그에게 치사해 주시오」⇨yú, yù.
[與其] yǔch'í ㄩˇㄑㄧˊ …하기 보다는: 뒤에 "不如"를 동반(同伴)하는 경우가 많음. 「一受到法西斯迫害不如死去算了；파시스트의 박해를 당하기 보다는 차라리 죽는 편이 낫다」
[與此相反] yǔ tz'ǔ siāngfǎn ㄩˊㄘˇㄒㄧㄤㄈㄢˇ ①이것과 상반되다. ②상반되어.

거꾸로:글 전체의 상황어(狀況語)로 쓰임.
[與衆不同] yǔchùngpùt'úng ㄩˇㄓㄨㄥˋㄅㄨˋㄊㄨㄥˊ 보통 사람과 다르다. 남보다 뛰어나다.
[與虎謀皮] yǔhǔmóup'í ㄩˇㄏㄨˇㄇㄡˊㄆㄧˊ 상대를 생각하지 않고 무모(無謀)한 짓을 하다.《成》
[與日俱增] yǔjìhchǜtsēng ㄩˇㄖˋㄐㄩˋㄗㄥ 날이 갈수록 번창하다. 날로 발전하다.
[與國] yǔkuó ㄩˇㄍㄨㄛˊ 동맹국(同盟國).
[與世無爭] yǔshìhwúchēng ㄩˇㄕˋㄨˊㄓㄥ 사회·세속(世俗)과 싸우지 않다. 현실 사회를 기피하는 태도.

〔窳〕 yǔ ㄩˇ ①바르지 못한. 일그러진. ②조악(粗惡)한.
[窳劣] yǔlièh ㄩˇㄌㄧㄝˋ 거칠고 나쁘다.
[窳陋] yǔlòu ㄩˇㄌㄡˋ 좁아서 답답하다. 조잡하다. 「房屋一不堪；건물이 몹시 조잡하다」
[窳敗] yǔpài ㄩˇㄅㄞˋ 실패하다. 끝을 맺지 못하다.

〔嶼〕(屿) yǔ ㄩˇ 작은 섬.

〔玉〕 yù ㄩˋ ①옥. 구슬 : 특히 비취옥(翡翠玉)을 가리킬 경우도 있음.「一石混淆；선악(善惡)·양 불량(良不良)의 것이 혼합(混合)되다」②경어(敬語).「一言；말씀」「一音；회신(回信)의 높임말」
[玉釧(子)] yùch'àn(tzǔ) ㄩˋㄔㄢˋ(ㄗˇ) 보석 팔찌.
[玉照] yùchào ㄩˋㄓㄠˋ 존영(尊影) : 상대방 사진의 높임말.
[玉成] yùch'éng ㄩˋㄔㄥˊ 훌륭히 완성하다. 훌륭히 성취(成就)하다. 훌륭한 인물로 육성하다.
[玉器] yùch'ì ㄩˋㄑㄧˋ 옥으로 만든 그릇. 옥(玉) 세공.
[玉茭] yùchiāo ㄩˋㄐㄧㄠ 〈植〉옥수수.《方》「一棒；옥수수」
[玉皇太帝] yùhuáng t'àitì ㄩˋㄏㄨㄤˊ ㄊㄞˋㄉㄧˋ 도가(道家)들이 섬기는 지상(至上)의 신(神).
[玉蘭片] yùlánp'ièn ㄩˋㄌㄢˊㄆㄧㄢˋ 말린 죽순.
[玉版宣] yùpǎnhsüān ㄩˋㄅㄢˇㄒㄩㄢ 두껍고 질이 좋은 화선지(畫宣紙)의 일종.
[玉不琢,不成器] yù pùchó, pùch'éngch'ì ㄩˋ ㄅㄨˋㄓㄨㄛˊ,ㄅㄨˋㄔㄥˊㄑㄧˋ 옥도 갈아야 빛이 난다. 사람도 단련을 해야 한다는 비유.《諺》
[玉石俱焚] yùshíhchǜfén ㄩˋㄕˊㄐㄩˋㄈㄣˊ 착한 사람이나 악한 사람이 다 함께 화(禍)를 입다.《成》
[玉簪] yùtsān ㄩˋㄗㄢ 옥으로 만든 비녀.

〔芋〕 yù ㄩˋ 토란.「一頭；토란」「小一頭；작은 토란」
[芋角] yùchiǎo ㄩˋㄐㄧㄠˇ 구약(蒟蒻)나물의 구경(球莖). 구약구.
[芋奶] yùnǎi ㄩˋㄋㄞˇ ＝芋頭.
[芋頭] yùt'ou ㄩˋㄊㄡ 토란:많은 경우 작은 토란을 가리킴.

〔雨〕 yù ㄩˋ (비·눈 따위가) 내리다. 「一竟日；종일 비가 왔다」「一雪；눈이 오다」⇨yu.

〔育〕 yù ㄩˋ ①기르다. 양육(養育)하다.「生兒一女；자녀(子女)를 양육하다」「一林；조림(造林)하다」②교육하다.「一才；영재(英才)를 교육하다」
[育種] yùchǔng ㄩˋㄓㄨㄥˇ 새 품종을 만들어 내다.
[育苗紙] yùmiáochǐh ㄩˋㄇㄧㄠˊㄓˇ 묘상(苗床)에 쓰이는 유지(油紙).

〔浴〕 yù ㄩˋ (물이나 더운 물을) 몸에 끼얹다. 몸을 씻다.
[浴池] yùch'íh ㄩˋㄔˊ 욕조(浴槽). 목욕통.
[浴巾] yùchīn ㄩˋㄐㄧㄣ 목욕 타월 목욕수건.
[浴盆] yùp'én ㄩˋㄆㄣˊ 서양식 목욕통.

〔峪〕 yù ㄩˋ 산골짜기.

〔馭〕 yù ㄩˋ 거마(車馬)를 부리다.「一車；거마를 부리다」「駕一；부리다. 지배하다」

〔域〕 yù ㄩˋ ①일정한 경계 내의 지역(地域).「領一；영역」②국경(國境).「一外；국외」「一中；국내」

〔寓〕(庽) yù ㄩˋ ①살다. 숙박(宿泊)하다.「暫一友人家；잠시 친구집에서 묵다」②주택. 주가.「張一；장씨네집(張家):그 고장 사람이 아닐 경우 : 그 고장 사람일 때에는 "張宅"이라 함」「公一；아파트. 하숙집」③이야기 속에 어떤 의미를 포함하다. 빗대다.「一言·一意；딴 일에 빗대어 암시를 주다」
[寓公] yùkūng ㄩˋㄍㄨㄥ 부자(富者)로서 타향 혹은 외국에서 유유자적(悠悠自適)하는 사람.
[寓目] yùmù ㄩˋㄇㄨˋ 눈여겨 보다.
[寓所] yùsǒ ㄩˋㄙㄨㄛˇ 주소(住所).
[寓次] yùtz'ù ㄩˋㄘˋ 주소(住所). 기류지(寄留地)

〔遇〕 yù ㄩˋ ①만나다. 해후(邂逅)하다.「一雨；비를 만나다」「不期而一；기약없이 우연히 만나다」②기회(機會).「巧一；우연한 기회」③대접하다.
[遇見] yùchien ㄩˋㄐㄧㄢ 만나다.
[遇合] yùhó ㄩˋㄏㄜˊ ①아는 사람과 우연히 서로 만나다. ②남녀·우인과 인연을 맺다. ③우연히 만나다.
[遇難] yùnàn ㄩˋㄋㄢˋ ①재난을 만나다. ②yùnán 난관에 봉착하다.
[遇事生風] yùshìh shēngfēng ㄩˋㄕˋ ㄕㄥㄈㄥ 즐겨 분쟁을 일으키다.
[遇到] yùtao ㄩˋㄉㄠ 만나다. 동행이 되다.

〔喩〕 yù ㄩˋ ①진리(眞理)를 깨닫다. 깨닫도록 하다.「不言而一；무언중(無言中) 진리를 깨닫다」「一之以理；이치를 따져 납득(納得)시키다」②비유(比喩). 비유하다.

〔裕〕 yù ㄩˋ 풍부한.「寬一；침착하여 초조해 하지 않는 모양」②여유 있게

하다. 부하게 하다.「一國 ; 국가를 부유하게 하다」
[裕如] yùjú ㄩˋㄖㄨˊ 풍분한 모양.「應付一 ; 접대하는 데 여유가 있다」
[裕度] yùtù ㄩˋㄉㄨˋ 허용도(許容度).

〔預〕 yù ㄩˋ ①미리. 사전에.「一定;예정하다」②한패가 되다. 가입하다.「參一 ; 참가하다」
[預計] yùchì ㄩˋㄐㄧˋ ①미리 계산하다.②예상(豫想)하다.③예정(豫定)하다.「一在今年之內, 機械化水平提高到 40%以上;금년 내에 기계화의 수준은 40 퍼센트 이상으로 높여질 예정이다」
[預產期] yùch'ǎnch'ī ㄩˋㄔㄢˇㄑㄧ 출산 예정일(出產 豫定日).
[預展] yùchǎn ㄩˋㄓㄢˇ 미리 전시(展示)하다.
[預支] yùchīh ㄩˋㄓ 사전에 지불(支拂)하다. 선불(先拂). 입체(立替).
[預祝] yùchù ㄩˋㄓㄨˋ 미리 축하하다.
[預先] yùhsiēn ㄩˋㄒㄧㄢ 미리. 먼저.
[預購] yùkòu ㄩˋㄍㄡˋ 예약 구입(購入)하다.
[預料] yùliào ㄩˋㄌㄧㄠˋ 예상(豫想)하다.「在一中 ; 예상하고 있었다」
[預備] yùpei ㄩˋㄅㄟ ①준비하다.「一好了 ; 준비가 되다」②하려고 하다.「他一出門 ; 그는 외출하려 하고 있다」
[預卜] yùpǔ ㄩˋㄅㄨˇ 예상하다.「事情還不能一 ; 사태는 아직 예측할 수 없다」
[預賽] yùsài ㄩˋㄙㄞˋ 예선.
[預售] yùshòu ㄩˋㄕㄡˋ 예매(豫賣)하다.
[預定] yùtìng ㄩˋㄉㄧㄥˋ ①예정하다. ②…할 예정이다. …할 작정이다.
[預聞] yùwén ㄩˋㄨㄣˊ (계획에) 참여하다.

〔語〕 yù ㄩˋ 알리다. 말하다.「不以一人 ; 그것을 남에게 말하지 않다」⇨yǔ.

〔飫〕 yù ㄩˋ 배가 부르다. 음식에 물리다.

〔嫗〕 yù ㄩˋ 노부인(老婦人). 할머니.「老一; 할머니」

〔與〕(与) yù ㄩˋ 관계하다. 참여(參與)하다.「一會 ; 참회(參會)하다」

〔欲〕(慾①) yù ㄩˋ ①욕망(慾望). 욕정(慾情).「食一 ; 식욕」「求知一;지식욕(知識慾)」②원(願)하다. 바라다.「一蓋彌彰 ; 감추려고 할수록 더욱 더 나타나다」③…하려고 하다. 지금이라도 할 것 같다.「搖搖一墜 ; 흔들흔들하는 것이 지금 막 떨어질 것 같다」
[欲取姑予] yùch'ǔ kūyǔ ㄩˋㄑㄩˇㄍㄨㄩˇ 가는 정이 있어야 오는 정이 있다.‹成› =慾擒先縱.
[欲火] yùhuǒ ㄩˋㄏㄨㄛˇ 욕정(慾情)의 불길.「一中燒 ; 욕정을 태우다」
[欲壑難塡] yùhuò nánt'ién ㄩˋㄏㄨㄛˋ ㄋㄢˊㄊㄧㄢˊ 욕망(慾望)에는 한(限)이 없다.
[欲罷不能] yùpà pùnéng ㄩˋㄅㄚˋ ㄅㄨˋㄋㄥˊ 그만두려고 해도 그렇게 안된다.
[欲速不達] yùsù pùtá ㄩˋㄙㄨˋㄅㄨˋㄉㄚˊ 급히 먹는 밥이 체한다. 서둘면 실패하기 쉽다.‹成›

〔獄〕 yù ㄩˋ ①감옥.「坐一 ; 투옥(投獄)되다 ②범죄 사건(犯罪事件). 소송(訴訟).「文字一 ; 언론 탄압 사건(言論彈壓事件)」
[獄訟] yùsùng ㄩˋㄙㄨㄥˋ 소송 사건.

〔諭〕 yù ㄩˋ ①(위로부터의) 알림.「奉一辦理 ; 지시(指示)를 받들어 처리하겠읍니다」 ②황제(皇帝)의 교시(敎示).「上一 ; 임금의 말씀」

〔御〕(禦③) yù ㄩˋ ①(차·말을)부리다.「一車 ; 수레를 몰다」 ②접두어(接頭語). 옛날 황제(皇帝)에 관한 사물(事物)이나 거동에는 "御"를 붙여서 불렀다.③막다.「一寒 ; 추위를 막다」
[御醫] yùī ㄩˋㄧ 시의(侍醫).
[御窯] yùyáo ㄩˋㄧㄠˊ 궁전(宮殿)에서 도자기(陶磁器)를 굽는 곳.
[御用] yùyùng ㄩˋㄩㄥˋ ①황제의 어용품(御用品).②지배자에게 이용되는 것.「一工會 ; 어용 노동조합(御用勞動組合)」

〔豫〕 yù ㄩˋ ①안심하다. 즐기다. 기뻐하다. 「而有不一之色 ; 얼굴에 불쾌한 기색을 띠우다」②=預①. ③"河南省"의 별칭.「一劇 ; "河南省"의 지방극(地方劇)」

〔愈〕(癒③·瘉) yù ㄩˋ ①더욱 더.「一甚 ; 더욱 더 심하다」一…一… ; …하면 할수록 …하다」「一多一好 ; 많으면 많을수록 좋다」②뛰어나다. 능가하다.「孰一? ; 어느 쪽이 더 낫느냐?」③병이 낫다.「病一·痊一 ; 병이 낫다」
[愈加] yùchiā ㄩˋㄐㄧㄚ 더욱 더.
[愈合] yùhó ㄩˋㄏㄜˊ 유착(癒着)하다.
[愈益] yùì ㄩˋㄧˋ 더욱 더.「鬪志一堅強 ; 투지는 더욱 더 굳어지다」

〔譽〕(誉) yù ㄩˋ ①명성(名聲). 영예(榮譽).「一滿全市 ; 명성이 시중(市中)에 자자하다」②찬양하다.「誰毁誰一? ; 누구를 비방하고 누구를 칭찬하는가?」
[譽望] yùwàng ㄩˋㄨㄤˋ 명망(名望).

〔鬻〕 yù ㄩˋ 팔다. 장사하다.「一文爲生 ; 문필(文筆)로써 생활하다」

〔鬱〕(郁) yù ㄩˋ ①우울하다.②수목(樹木)이 울창하다.
[鬱結] yùchiéh ㄩˋㄐㄧㄝˊ ①우울하다.②수목이 높이 우거진 모양.
[鬱金香] yùchīnhsiāng ㄩˋㄐㄧㄣㄒㄧㄤ 〈植〉 튜울립.
[鬱馥] yùfù ㄩˋㄈㄨˋ 향기가 짙다.
[鬱茂] yùmào ㄩˋㄇㄠˋ 울창하다.
[鬱悶] yùmèn ㄩˋㄇㄣˋ 우울하다.〉鬱鬱悶
[鬱鬱] yùyù ㄩˋㄩˋ ①우울한 모양. ②울창한 모양.

〔鷸〕 yù ㄩˋ ①〈動〉 도요새과에 속하는 새의 총칭.②〈動〉 물총새.
[鷸蚌相爭] yùpàng hsiāngchēng ㄩˋㄅㄤˋ ㄒㄧㄤㄓㄥ 어부지리(漁夫之利).「一, 漁翁得利 ; 어부지리(漁夫之利)」‹成›

〔籲〕(吁) yù ㄩˋ 부르다. 외치다.

「一請；탄원(嘆願)하다」「呼一；소리 내어 부르다. 외치다. 어필하다」 ⇨hsǔ.
[籲求] yǔch'iú ㄩˋㄑㄧㄡˊ 애원하다. 간원(懇願)하다.

YUAN ㄩㄢ

〔眢〕 yüān ㄩㄢ ① 장님의 우묵한 눈. ②우물이 말라서 물이 없는 것. 「一井；물이 마른 우물」
〔冤〕(寃) yüān ㄩㄢ ①무고한 죄. 부당한 취급. 「伸一；무고한 죄를 씻다」 ②불평. 불만. 「訴一；불만을 호소하다」 ③원수(怨讐). 원한(怨恨). 「一家；원수」 ④속이다. 사칭하다. 「不許一人；남을 속여서는 안된다」 ⑤손해를 보다. 헛탕치다. 「白跑一趟, 眞一！；헛걸음을 치고 나니 참 속이 상해서！」
[冤錢] yüānch'ién ㄩㄢㄑㄧㄢˊ ①헛돈. 보람 없이 쓴 돈. ＝冤枉錢. ②돈을 헤프게 쓰다.
[冤情] yüānch'íng ㄩㄢㄑㄧㄥˊ 무고한 죄의 실정.
[冤仇] yüānch'óu ㄩㄢㄔㄡˊ 원수.
[冤魂] yüānhún ㄩㄢㄏㄨㄣˊ 무고한 죄로 억울하게 죽은 영혼.
[冤抑] yüānì ㄩㄢㄧˋ 부당하게 억압하다.
[冤孽] yüānnièh ㄩㄢㄋㄧㄝˋ ①전생(前生)의 인업(因業). ②숙적(宿敵).
[冤大頭] yüāntàt'óu ㄩㄢㄉㄚˋㄊㄡˊ 흔히 추켜 준다고 돈을 쓰거나 세상 물정을 모르는 젊고 어리석은 호인을 가리키는 말: 봉·새서방님·두목 따위의 뜻. ＝冤大腦袋.
[冤桶] yüānt'ǔng ㄩㄢㄊㄨㄥˇ ＝冤大頭.
[冤枉] yüānwang ㄩㄢㄨㄤ ①무고한 죄. 부당한 취급. ②허사. 「走了一路了；헛걸음을 했다」
[冤獄] yüānyǜ ㄩㄢㄩˋ 무고한 형사 사건(刑事事件).
〔淵〕(渊) yüān ㄩㄢ ①못. 「天一之別；천지의 차」 ②깊은. 많이 모여 있는. 「一博；(학문 따위가) 해박하다」
[淵深] yüānshēn ㄩㄢㄕㄣ ①물이 많이 고인 곳：못·웅덩이 따위. ②심오(深奧)하다.
[淵識] yüānshíh ㄩㄢㄕˊ 깊은 식견(識見).
[淵藪] yüānsǒu ㄩㄢㄙㄡˇ 사람이나 물건이 모여 있는 곳.
〔鳶〕 yüān ㄩㄢ 솔개：구어(口語)로는 "鷂子·鷂鷹"라고 함. 「紙一；연」
[鳶飛魚躍] yüānfēi-yǘyüèh ㄩㄢㄈㄟ ㄩˊㄩㄝˋ ①동물이 자연 그대로 즐겁게 활동하는 모양. ②평화스로운 정경을 묘사한 말.
〔鴛〕 yüān ㄩㄢ 원앙(鴛鴦) 새. 「一鴦劒；자웅(雌雄) 한 쌍으로 된 칼」
〔元〕 yüán ㄩㄢˊ ①처음의. 시초(始初)의. 「一月；정월」 「公一；서력 기원(西曆紀元)」 ②원수(元首). 「一惡；원흉(元兇)」 ③중국의 왕조명(王朝名). ④화폐 단위: 우리 나라의 "원"에 해당하며 10 "角"은 1 "元"임. ⑤청대(淸代)에 있어서는 "玄"자 대신으로 쓰였음. ＝元青. 玄青.
[元青] yüánchīng ㄩㄢˊㄐㄧㄥ 감장. 검은 물감.
[元曲] yüánchǚ ㄩㄢˊㄐㄩˇ 원대(元代)의 희곡(戲曲).
[元惡] yüán'è ㄩㄢˊㄜˋ 원흉(元兇).
[元夕] yüánhsī ㄩㄢˊㄒㄧ ＝元宵①.
[元宵] yüánhsiāo ㄩㄢˊㄒㄧㄠ ①음력(陰曆) 1월 15일의 밤. 정월 대보름. ＝元夕. 元夜. 燈節. 上元節. ②상원절(上元節)에 먹는 음식물.
[元勛] yüánhsǖn ㄩㄢˊㄒㄩㄣ 국가에 대한 대공(大功). ②유공자(有功者).
[元戎] yüánjúng ㄩㄢˊㄖㄨㄥˊ 장령(將領).
[元母] yüánmǔ ㄩㄢˊㄇㄨˇ 모음(母音): "聲母"에 대한 말.
[元呢] yüánní ㄩㄢˊㄋㄧˊ 흑색의 모직물(毛織物).
[元寶] yüánpǎo ㄩㄢˊㄅㄠˇ 순(純) 은화(銀貨)：보통 50량(兩)의 무게.
[元寶鐵] yüánpǎot'iěh ㄩㄢˊㄅㄠˇㄊㄧㄝˇ V형(型)의 철괴(鐵塊).
[元配] yüánp'èi ㄩㄢˊㄆㄟˋ 조강지처(糟糠之妻).
[元本] yüánpěn ㄩㄢˊㄅㄣˇ ①시초. 시작. ②원금(元金). ③원대(元代)에 간행된 책.
[元色] yüánsè ㄩㄢˊㄙㄜˋ 원색(原色).
[元始] yüánshǐh ㄩㄢˊㄕˇ 원시(原始).
[元首] yüánshǒu ㄩㄢˊㄕㄡˇ ①원수(元首). ②최초. 시작.
[元帥] yüánshuài ㄩㄢˊㄕㄨㄞˋ ①원수(元帥). ②최고 책임자(最高責任者). ③식량(食糧). 철강(鐵鋼)·기계(機械)의 세 가지.
[元自] yüántzù ㄩㄢˊㄗˋ 원래(元來). 시초(始初)에.
[元音] yüányīn ㄩㄢˊㄧㄣ 모음(母音): "輔音"에 대한 말.
[元元本本] yüányüánpěnpěn ㄩㄢˊㄩㄢˊㄅㄣˇㄅㄣˇ 근본이 확실하여 명명백백한 모양. ＝源源本本.
[元月] yüányüèh ㄩㄢˊㄩㄝˋ 정월(正月).
〔芫〕 yüán ㄩㄢˊ
[芫花] yüánhuā ㄩㄢˊㄏㄨㄚ 〈植〉 팥꽃나무. 이팝나무.
〔垣〕 yüán ㄩㄢˊ 울타리. 벽(壁). 「隔一有耳；벽에도 귀가 있다」
〔袁〕 yüán ㄩㄢˊ 성(姓)의 하나.
〔原〕 yüán ㄩㄢˊ ①원래의. 최초(最初)의. 원시적(原始的)인. 「放還一處；원래의 장소로 반환(返還)하다」 ②본래(本來). 「這話一不錯；이 말은 본래 틀리지 않다」 ③용서하다. 양해하다. 「情有可一；정상(情狀)에는 용서할 여지가 있다」 ④평지(平地). 평야(平野).
[原禽] yüánchín ㄩㄢˊㄐㄧㄣˊ 들새. 꿩·참새·메추리 따위: 수금(水禽)에 대한 말.
[原青] yüánch'īng ㄩㄢˊㄑㄧㄥ 원청색(原

青色).
[原舊(兒)] yüánchiù(rh) ㄩㄢˊㄐㄧㄡˋ(ㄦ) 본래부터. 원래.
[原主(兒)] yüánchǔ(rh) ㄩㄢˊㄓㄨˇ(ㄦ) 본디의 주인(主人). 소유권자(所有權者).
[原處(兒)] yüánch'ù(rh) ㄩㄢˊㄔㄨˋ(ㄦ) 본래의 장소.
[原封(兒)] yüánfēng(rh) ㄩㄢˊㄈㄥ(ㄦ) ①순수한 소주(燒酒). ②본디대로.「一不動; 본디 그대로이다」
[原先] yüánhsiēn ㄩㄢˊㄒㄧㄢ 이전에. 본래.
[原形畢露] yüánhsíng pìlù ㄩㄢˊㄒㄧㄥˊ ㄅㄧˋㄌㄨˋ 원래의 형체(形體)가 완전히 드러나다. 진상(眞狀)이 명백하게 폭로되다.
[原紅] yüánhúng ㄩㄢˊㄏㄨㄥˊ 원홍색(原紅色).
[原任] yüánjèn ㄩㄢˊㄖㄣˋ 선임(先任). 전에 근무하던.
[原根兒] yüánkěnrh ㄩㄢˊㄍㄣㄦ 본시. 원래(原來).
[原故] yüánku ㄩㄢˊㄍㄨ 까닭. 이유. ＝緣故.
[原糧] yüánláng ㄩㄢˊㄌㄤˊ 원곡(原穀).
[原諒] yüánliàng ㄩㄢˊㄌㄧㄤˋ 양해하다. 당연하다고 생각하다.「請多一!; 아무쪼록 양해하여 주십시오」
[原路] yüánlù ㄩㄢˊㄌㄨˋ 왔던 길.
[原煤] yüánměi ㄩㄢˊㄇㄟˊ 갱구원탄(坑口原炭). 캐낸 그대로의 석탄.
[原盤日月] yüánp'án jìhyüèh ㄩㄢˊㄆㄢˊ ㄖˋㄩㄝˋ 이전의 생활(生活). 이제까지의 생활.「孩子能守着一就好; 아이가 이제까지의 생활을 그대로 계속할 수 있다면 그것으로 족(足)하다」
[原本] yüánpěn ㄩㄢˊㄅㄣˇ 원래(元來). 본래.
[原璧歸趙] yüánpì kueīchào ㄩㄢˊㄅㄧˋ ㄍㄨㄟㄓㄠˋ 빌었던 것을 원래의 형태대로 반환하다.
[原始記錄] yüánshǐh chìlù ㄩㄢˊㄕˇ ㄐㄧˋㄌㄨˋ ①원시 시대(原始時代)의 기록(記錄). ②정리 수정(整理修正)을 하지 않은 기록.
[原始主義] yüánshǐh chǔì ㄩㄢˊㄕˇ ㄓㄨˇㄧˋ 조직(組織)을 가진 적(敵)에게 일상생활을 통하여 대항하는 사상행위(思想行爲).
[原定] yüántìng ㄩㄢˊㄉㄧㄥˋ 원래는 …로 했었다.「一八點, 又改晩了點兒; 전에는 8시였는데 다시 변경하여 약간 늦추었다」
[原訂] yüántìng ㄩㄢˊㄉㄧㄥˋ 원래부터 정해지다.「一的計劃; 원래부터 정해졌던 계획」
[原底(兒)] yüántì(rh) ㄩㄢˊㄉㄧˇ(ㄦ) ①기본(基本)이 되는 것. ②원판(原版).
[原底子] yüántitzǔ ㄩㄢˊㄉㄧˇㄗ ①본래(本來). ②맨 처음의 초고(草稿).
[原蠶] yüántsán ㄩㄢˊㄗㄢˊ 하잠(夏蠶). 여름 누에.
[原早] yüántsǎo ㄩㄢˊㄗㄠˇ 본래부터 원래가.
[原造] yüántsào ㄩㄢˊㄗㄠˋ 원고(原告).
[原子反應堆] yüántzǔ fǎnyìngtuī ㄩㄢˊㄗˇ ㄈㄢˇㄧㄥˋㄉㄨㄟ 원자로(原子爐).
[原子筆] yüántzǔpǐ ㄩㄢˊㄗˇㄅㄧˇ 보올펜. ＝球尖筆.
[原子彈] yüántzǔtàn ㄩㄢˊㄗˇㄉㄢˋ 원자폭탄(原子爆彈).
[原委] yüánwěi ㄩㄢˊㄨㄟˇ 경위. 경과.
[原位] yüánwèi ㄩㄢˊㄨㄟˋ 원 위치(位置). 본래의 좌석(座席).「他又坐到一上; 그는 다시 원래의 자리로 가서 앉았다」
[原物(兒)] yüánwù(rh) ㄩㄢˊㄨˋ(ㄦ) 본래의 것.
[原樣] yüányàng ㄩㄢˊㄧㄤˋ 원형(原形). 본래와 같이. 본디대로.「一地保持這種方式; 종전대로 이 같은 방식을 지속한다」
[原由] yüányú ㄩㄢˊㄧㄡˊ 원인(原因).
[原宥] yüányú ㄩㄢˊㄧㄡˊ 정상(情狀)을 참작하여 용서하다.

〔員〕 yüán ㄩㄢˊ ①일정한 일을 하고 있는 사람.「演一; 연예인(演藝人)」 ②단체의 일원(一員).「黨一; 당원」 ③인원을 세는 단위: 고대 소설에 흔히 나옴.「一一大將; 한 사람의 대장」
[員工] yüánkūng ㄩㄢˊㄍㄨㄥ 직원(職員)과 공원(工員).
[員外] yüánwai ㄩㄢˊㄨㄞ ①옛 관명(官名): "員外郎"의 준말. ②부자집의 주인.

〔猿〕(猨) yüán ㄩㄢˊ 원숭이: 구어(口語)로는 "猴兒".
[猿猴] yüánhóu ㄩㄢˊㄏㄡˊ 〈動〉. 원숭이.

〔援〕 yüán ㄩㄢˊ ①돕다. 구원(救援)하다.「支一; 지원하다」 ②당기다. 손에 쥐다. ③인용(引用)하다. 예(例)로 들다.「一例; 전례(前例)를 들다」
[援照] yüánchào ㄩㄢˊㄓㄠˋ …에 따르다. …에 준거(準據)하다. …와 같이.
[援救] yüánchiù ㄩㄢˊㄐㄧㄡˋ 구원(救援)하다.
[援手] yüánshǒu ㄩㄢˊㄕㄡˇ 구원(救援)의 손길.
[援引] yüányǐn ㄩㄢˊㄧㄣˇ 인용하다.

〔園〕(园) yüán ㄩㄢˊ ①「一子·一兒; 정원. 밭」 ②「一子·一兒; 극장(劇場). 요리(料理)집」「菜一子; 야채밭」「劇一; 극장」
[園林] yüánlín ㄩㄢˊㄌㄧㄣˊ ①정원(庭園). ②채원(菜園).「一化; 영농 방식(營農方式)을 채원 방식(菜園方式)으로 돌리다」
[園陵] yüánlíng ㄩㄢˊㄌㄧㄥˊ 능(陵).「밭.
[園圃] yüánp'ǔ ㄩㄢˊㄆㄨˇ 밭: 채소밭·꽃
[園地] yüántì ㄩㄢˊㄉㄧˋ ①밭. 야채밭. ②문화 방면의 한 부분.
[園田] yüánt'ién ㄩㄢˊㄊㄧㄢˊ ①과수원(果樹園). ②＝園圃.

〔源〕 yüán ㄩㄢˊ ①수원(水源). 근원.「泉一; 원천(源泉)」 ②기원(起源). 출처(出處). ③「一一; 끊기지 않고 이어지는」「一一而來; 끊임 없이 잇달라 밀어 닥치다」
[源頭] yüánt'óu ㄩㄢˊㄊㄡˊ ①수원(水源). ②원인.
[源委] yüánwěi ㄩㄢˊㄨㄟˇ ＝原委.
[源遠流長] yüányüǎn-liúch'áng ㄩㄢˊㄩㄢˇ ㄌㄧㄡˊㄔㄤˊ 역사가 유구(悠久)함.
[源源本本] yüányüánpěnpěn ㄩㄢˊㄩㄢˊ ㄅㄣˇㄅㄣˇ ＝元元本本.

[源源不絕] yüányüán pùchüéh ㄩㄢˊㄩㄣˊ ㄅㄨˋㄐㄩㄝˊ 끊임 없이 계속(繼續) 되는 모양. 연속 부절(連續不絕).

〔圓〕 yüán ㄩㄢˊ ①둥굴다.「皮球是一的；공은 둥굴다」②원(圓).③화폐의 단위(單位):보통 "元"을 씀. 구어(口語)로는 "塊". ④정리(整理)된. 충분하다.「這話說得不一；이 이야기는 말하는 방법이 불충분했다」⑤원활(圓滑)하다.「這人作事很一；이 사람은 일을 대단히 원활하게 합니다」⑥말을 꾸미다. 입을 모으다.「自一其說;자기 말을 그럴 듯하게 꾸며내다」⑦음성이 부드럽고 원만한 모양.「唱得很一；노래 소리가 퍽 유창하다」

[圓案] yüán'àn ㄩㄢˊㄢˋ 사건의 결말을 짓다.

[圓成] yüánch'êng ㄩㄢˊㄔㄥ 원만히 해결하다.

[圓場] yüánch'ǎng ㄩㄢˊㄔㄤˇ 원만히 매듭짓다. 수습하다.

[圓圈(兒)] yüánch'üān(rh) ㄩㄢˊㄑㄩㄢ(儿) 동그라미.「畫一作記號；동그라미를 그려서 기호로 삼다」

[圓全] yüánch'üan ㄩㄢˊㄑㄩㄢ ①결함이 없이 원만(圓滿)하다. ②본디대로 완전(完全)하게 하다.③훌륭히 끝맺다.

[圓珠筆] yüánchūpǐ ㄩㄢˊㄓㄨㄅㄧˇ 보올펜. =原子筆.

[圓轉] yüánchuǎn ㄩㄢˊㄓㄨㄢˇ 남의 비위를 상하게 하지 않다. =圓圓轉轉.

[圓號] yüánhào ㄩㄢˊㄏㄠˋ 〈樂〉 프렌치 호른(French horn):악기의 하나.

[圓盒] yüánhó ㄩㄢˊㄏㄜˊ 둥근 합.

[圓虎虎的] yüánhūhūtê ㄩㄢˊㄏㄨˊㄏㄨˊㄉㄜ ①통통하고 둥그스럼한 모양.②눈을 번득이는 모양.「一眼睛； 번득거리는 눈」

[圓謊] yüánhuǎng ㄩㄢˊㄏㄨㄤˇ (말을) 꾸며대다.

[圓心] yüánhsīn ㄩㄢˊㄒㄧㄣ ①원(圓)의 중심. 원심(圓心).②목재(木材)의 상등품.

[圓鼓鼓的] yüánkūkūtê ㄩㄢˊㄍㄨˊㄍㄨˊㄉㄜ 터질 듯이 오동통한 모양.

[圓光兒] yüánkuāngrh ㄩㄢˊㄍㄨㄤㄦ 원형(圓形)으로 된 것.「用紙剪一個一；종이를 오려서 원형을 만들다」

[圓規] yüánkueī ㄩㄢˊㄍㄨㄟ 콤파스. =兩脚規.

[圓臉] yüánliěn ㄩㄢˊㄌㄧㄢˇ 생색(生色)내다. 체면을 세우다.

[圓臉兒] yüánliěnrh ㄩㄢˊㄌㄧㄢˇㄦ 둥근 얼굴.

[圓溜溜的] yüánliūliūtê ㄩㄢˊㄌㄧㄡㄌㄧㄡㄉㄜ 공처럼 둥근 모양.

[圓籠] yüánlúng ㄩㄢˊㄌㄨㄥˊ 식당 등에서 배달용으로 쓰이는 원형으로 된 목제 기물(木製器物).

[圓顱方趾] yüánlú-fāngchǐh ㄩㄢˊㄌㄨˊㄈㄤㄓˇ 인류(人類)를 비유한 말.

[圓夢] yüánmêng ㄩㄢˊㄇㄥˋ 해몽(解夢)하다.

[圓柏] yüánpǎi ㄩㄢˊㄅㄞˇ 〈植〉노송나무.

[圓實] yüánshih ㄩㄢˊㄕ 통통하게 둥글다.둥글고 알차다.「一的臉盤；둥글고 토실토실한 얼굴」

[圓到] yüántào ㄩㄢˊㄉㄠˋ 고루 손이 가다. 낭비가 없다.

[圓兜兜的] yüántōutōutê ㄩㄢˊㄉㄡㄉㄡㄉㄜ 봉곳하게 둥근 모양.

[圓套規] yüánt'àokueī ㄩㄢˊㄊㄠˋㄍㄨㄟ 링게이지(ring gauge). 원형의 계기.

[圓圓] yüányüan ㄩㄢˊㄩㄢ ① 동그란. ②용안(龍眼)의 속칭.

[圓通] yüánt'ung ㄩㄢˊㄊㄨㄥ (마음씨가) 원만하고 자상하다.

[圓鑿方枘] yüántsó-fāngjuì ㄩㄢˊㄗㄨㄛˊㄈㄤㄖㄨㄟˋ 둥근 장부에 네모난 장부: 서로 용납되지 않는다는 비유.〈成〉

〔緣〕 yüán ㄩㄢˊ ①까닭. 이유(理由).「無一無故；아무런 이유도 없이」②(사람끼리의) 인연. 연분(緣分).「有一相見；인연이 있어 서로 만나다」 ③기인(基因)하다.「一何如此？；어떤 이유로 이러한가？」④더듬어 가다. 의거하다.「一木求魚；나무에 올라 가서 물고기를 구하다 : 불가능하다는 뜻」〈成〉 ⑤가장자리.「帽一；모자의 전」

[緣起] yüánch'ǐ ㄩㄢˊㄑㄧˇ ①유래(由來). ②발생(發生)·발기(發起)·개시(開始)를 설명하는 글.

[緣法(兒)] yüánfa(rh) ㄩㄢˊㄈㄚ(儿) 인연(因緣).

[緣由] yüányû ㄩㄢˊㄧㄡˊ 원인. 실마리. 까닭.

〔螈〕 yüán ㄩㄢˊ 「一蠶；하잠(夏蠶). 여름철 누에」

〔羱〕 yüán ㄩㄢˊ「一羊；면양(緬羊)의 원종(原種)」

〔轅〕 yüán ㄩㄢˊ ①수레의 긴 손잡이.「車一子；수레의 손잡이」②「一門；옛 군영(軍營)의 문. 관가(官家)」

〔遠〕〔远〕 yüǎn ㄩㄢˇ ①(거리가) 멀다.「住得一；먼 곳에 살다」②(시간이) 오래다.「這話一了；이 이야기는 옛적 일이다」③격조(隔阻)하다. 친밀(親密)하지 않다.「一親；먼 친척」④꺼리어 멀리하다.「你可以一着點兒他；너는 그를 가까이 하지 않는 편이 좋다」⑤차(差)가 많다. 많이 틀리다.「你這話說一了；그건 얼토당토 않은 말이다」⑥아득하게. 훨씬.「黑的一不知紅的好；검은 것은 붉은 것만 훨씬 못하다」

[遠程] yüǎnch'êng ㄩㄢˇㄔㄥˊ 장거리(長距離).「一導彈;장거리 미사일」「一火箭；우주 로켓」

[遠見] yüǎnchièn ㄩㄢˇㄐㄧㄢˋ 원대(遠大)한 식견.

[遠支(兒)] yüǎnchīh(rh) ㄩㄢˇㄓ(儿) (같은 성의) 먼 친척. 「戚).

[遠親] yüǎnchīn ㄩㄢˇㄑㄧㄣ 먼 친척(親

[遠景] yüǎnchǐng ㄩㄢˊㄐㄧㄥˇ ①원경.②미래(未來)의 상황(狀況).「幸福生活的一；행복한 생활의 설계도(設計圖)」③과거의 형편.

[遠近(兒)] yüǎnchin(rh) ㄩㄢˇㄐㄧㄣˋ(儿) ①거리.원근. ②관계의 친소

[遠房] yüǎnfáng ㄩㄢˇㄈㄤˊ =遠支兒.

[遠慮] yüǎnlǜ ㄩㄢˇㄌㄩˋ 먼 장래까지 염

려하다. 「휘.
[遠略] yüănlüèh ㄩㄢˇㄌㄩㄝˋ 원대한 계
[遠年] yüănnién ㄩㄢˇㄋㄧㄢˊ 옛날.
[遠涉重洋] yüănshè ch'ungyáng ㄩㄢˇㄕㄜˋ ㄔㄨㄥˊㄧㄤˊ =遠渡重洋.
[遠識] yüănshíh ㄩㄢˇㄕˊ =遠見.
[遠水不救近火] yüănshuĭ pŭchiù chìnhuŏ ㄩㄢˇㄕㄨㄟˇㄅㄨˋㄐㄧㄡˋㄐㄧㄣˋㄏㄨㄛˇ 먼 데 있는 물은 가까이 있는 불을 끄지 못한다는 뜻으로 먼 친척보다 가까운 이웃 사촌이란 말.《成》
[遠走] yüăntsŏu ㄩㄢˇㄗㄡˇ ①먼 곳으로 외출하다. ②먼 곳으로 떠나다. 원정(遠征)하다. ③멀리 도망치다.「一高飛；멀리 도망치다」
[遠渡重洋] yüăntù ch'úngyáng ㄩㄢˇㄉㄨˋㄔㄨㄥˊㄧㄤˊ 멀리 외국으로 건너 가다.
[遠東] yüăntung ㄩㄢˇㄉㄨㄥ 극동(極東). 원동.
[遠揚] yüănyáng ㄩㄢˇㄧㄤˊ ①멀리까지 전파(傳播)되다.「臭名一；악명(惡名)이 먼 곳까지 퍼지다」

〔苑〕 yüàn ㄩㄢˋ ①울을 만들어 짐승을 기르거나 식물을 심거나 하는 곳. ②임금의 화원(花園). ③물건이 모이는 곳.「藝一；학문 예술(學問藝術)의 사회(社會). 예원」

〔院〕 yüàn ㄩㄢˋ ①「一子·一兒；중정(中庭). 안 마당：중국 저택의 사면(四面) 혹은 삼면(三面)이 집으로 둘러 싸인 부분으로 보통 벽돌을 깔았음」「場一；농가의 앞마당」②법정(法廷)·학교·병원 따위의 공공 시설(公共施設) 또는 정부 기관의 건물.「學一；단과 대학：종합 대학은 "大學"」「戱一；극장」
[院長] yüànchăng ㄩㄢˋㄓㄤˇ ①원장(院長). ②대신(大臣). 장관.
[院墻] yüànch'iáng ㄩㄢˋㄑㄧㄤˊ 담장. 울타리.
[院落] yüànlò ㄩㄢˋㄌㄨㄛˋ 마당. 안뜰.
[院本] yüànpĕn ㄩㄢˋㄅㄣˇ 잡극(雜劇)의 각본.
[院兒] yüànrh ㄩㄢˋㄦ =院落.
[院士] yüànshìh ㄩㄢˋㄕˋ 아카데미의 회원.
[院宇] yüànyŭ ㄩㄢˋㄩˇ 마당과 가옥.

〔怨〕 yüàn ㄩㄢˋ ①원한(怨恨).「結一；원한을 맺다」②불평을 호소하다. 원한을 품다.「一家；원수」③비난하다. 꾸짖다.「別一他, 這是我的錯；그를 꾸짖지 말라, 이것은 나의 잘못이다」
[怨氣] yüànch'ì ㄩㄢˋㄑㄧˋ 원한이 어린 노기(怒氣).
[怨誹] yüànfĕi ㄩㄢˋㄈㄟˇ 원망하여 비방하다. 탓하다. 「노.
[怨憤] yüànfèn ㄩㄢˋㄈㄣˋ 원한에 찬 분
[怨恨] yüànhèn ㄩㄢˋㄏㄣˋ 원망하다.
[怨女] yüànnŭ ㄩㄢˋㄋㄩˇ 고규(孤閨)를 원망하는 여자.
[怨偶] yüàn'ŏu ㄩㄢˋㄡˇ 금슬이 좋지 못한 부부.
[怨不得] yüànpute ㄩㄢˋㄅㄨˋㄉㄜ ①당연하다. 무리는 아니다.「一你沒去, 原來你病了；네가 가지 않은 것도 무리가 아니다, 앓고 있었으니까」②원망해서는 안된다.
[怨聲載道] yüànshēng tsàitào ㄩㄢˋㄕㄥ ㄗㄞˋㄉㄠˋ 원성이 자자하다.《成》
[怨毒] yüàntú ㄩㄢˋㄉㄨˊ 원망하여 미워하다.
[怨懟] yüàntuì ㄩㄢˋㄉㄨㄟˋ 원망하다. =怨恨.
[怨望] yüànwàng ㄩㄢˋㄨㄤˋ ①원망하다. ②원한. 원망.
[怨言] yüànyén ㄩㄢˋㄧㄢˊ 원망하는 말. 원성.

〔垸〕 yüàn ㄩㄢˋ「一子；"湖南·湖北"에서 호수의 제방(堤防)을 일컫는 말」

〔願〕(愿) yüàn ㄩㄢˋ ①원하다. 희망하다.「甘心情一；진심으로 원하다」②소망. 소원.「平生之一；평소의 소원」③기원(祈願)·서원(誓願).「還一；소원이 성취되어 감사의 참배(參拜)를 하다」
[願心(兒)] yüànhsīn(rh) ㄩㄢˋㄒㄧㄣ(ㄦ) 심원(心願). 원하는 일.
[願意] yüànì ㄩㄢˋㄧˋ ①…하기를 원하다. 하고 싶어하다.「你一辦那件事嗎？；자네, 저 일을 하고 싶은가？」②승낙(承諾)하다.

YUEH ㄩㄝ

〔曰〕 yüēh ㄩㄝ 말씀하시기를. 가로되. 왈.「子一；공자(孔子)가 말씀하시기를」

〔約〕 yüēh ㄩㄝ ①구속하다. 제한(制限)하다. ②약속. 조약(條約). 협정.「和一；강화 조약(講和條約)」③약속하다.「和他一好了；그와 꼭 약속했다」④권유(勸誘)하다.「一了一個朋友看花；한 친구를 불러내어 함께 꽃 구경을 했다」⑤약분(約分)하다. ⑥약. 대략. ⇨yāo.
[約計] yüēhchì ㄩㄝㄐㄧˋ ①개산(概算). ②개산하다. ③대략. 대체로.
[約據] yüēhchǜ ㄩㄝㄐㄩˋ 계약서(契約書) 따위.
[約期] yüēhch'ī ㄩㄝㄑㄧ ①약속(約束)한 날짜. ②기한을 약속하다
[約請] yüēhch'ĭng ㄩㄝㄑㄧㄥˇ 초대(招待)하다.
[約法三章] yüēhfă sānchāng ㄩㄝㄈㄚˇ ㄙㄢㄓㄤ 잠정적(暫定的)으로 정한 규칙(規則).
[約會] yüēhhuì ㄩㄝㄏㄨㄟˋ, yüéhhui ①시일을 정하여 만나다. ②초대하다. ③만날 약속.
[約翰牛] yüēhhànniú ㄩㄝㄏㄢˋㄋㄧㄡˊ 존불(John Bull)：영국 사람의 별명.《譯》
[約略] yüēhlüèh ㄩㄝㄌㄩㄝˋ 대체(大體). 대략.
[約摸] yüēhmo ㄩㄝㄇㄛ ①대략. 약(約). =約莫. ②추량(推量)하다. ③짐작(斟酌)하다.
[約數] yüēhshù ㄩㄝㄕㄨˋ 개수(概數). 어림 잡은 수자.

[約同] yüēht'úng ㄩㄝㄊㄨㄥˊ 권유하여 행동을 같이 하다.

〔月〕 yüèh ㄩㄝˋ ①달. 태음(太陰). ②월(月).「上一 ; 지난 달」「下一 ; 내월(來月)」③달같이 둥근 것.「一餅 ; 추석에 먹는 과자의 한 가지」

[月賬] yüèhchàng ㄩㄝˋㄓㄤˋ 월말 결산(月末決算).

[月季] yüèhchì ㄩㄝˋㄐㄧ〈植〉 붉은 장미(월계). =月季花.

[月錢] yüèhchien ㄩㄝˋㄑㄧㄢ 한 달에 소요되는 경비.

[月琴] yüèhch'ín ㄩㄝˋㄑㄧㄣˊ〈樂〉 악기의 하나: 비파(琵琶)와 같은 모양이며 4 현(弦) 12주(柱)로 되어 있음.

[月球] yüèhch'iú ㄩㄝˋㄑㄧㄡˊ 달.

[月球火箭] yüèhch'iú huǒchièn ㄩㄝˋㄑㄧㄡˊㄏㄨㄛˇㄐㄧㄢˋ 달 로켓.

[月終] yüèhchūng ㄩㄝˋㄓㄨㄥ 월말. =月底.

[月費] yüèhfèi ㄩㄝˋㄈㄟˋ ① 1 개월의 경비. ②(한 달분의) 아이들의 용돈.

[月份牌兒] yüèhfènp'áirh ㄩㄝˋㄈㄣˋㄆㄞˊㄦ 달력. 캘린더. =月分牌兒.

[月分(兒)] yüèhfèn(rh) ㄩㄝˋㄈㄣˋ(ㄦ) ①한 달.「他的病够一了 ; 그의 병은 한 달이 된다」②임신(妊娠)의 달수.「這個孩子一不足 ; 이 아이는 달을 다 채우지 않고 낳았다」

[月黑天] yüèhheit'iēn ㄩㄝˋㄏㄟㄊㄧㄢ 달 없는 암야(闇夜). 캄캄한 밤.

[月息] yüèhhsī ㄩㄝˋㄒㄧ 월리(月利).

[月下老人] yüèhsiàlǎojén ㄩㄝˋㄒㄧㄚˋㄌㄠˇㄖㄣˊ 결혼 중매인. 중매장이. =月下老兒.

[月薪] yüèhhsīn ㄩㄝˋㄒㄧㄣ 월급.

[月窠兒] yüèhk'orh ㄩㄝˋㄎㄜㄦ(산후 한 달 미만의) 아기.

[月朗星稀] yüèhlǎng-hsīnghsī ㄩㄝˋㄌㄤˇㄒㄧㄥㄒㄧ 달은 밝고 별은 드문드문하다.

[月老] yüèhlǎo ㄩㄝˋㄌㄠˇ =月下老人.

[月亮] yüèhliang ㄩㄝˋㄌㄧㄤˋ 달.「一地兒 ; 달이 비치는 곳」=月亮爺.

[月杪] yüèhmiǎo ㄩㄝˋㄇㄧㄠˇ =月底.

[月白] yüèhp'ái ㄩㄝˋㄅㄞˊ 연한 청색(青色).

[月半] yüèhpàn ㄩㄝˋㄅㄢˋ ①보름께. 보름날. 15일. ②상·하 현(弦).

[月餅] yüèhpǐng ㄩㄝˋㄅㄧㄥ 추석에 먹는 과자·밀가루 반죽을 하여 속에 참깨·수박씨·호도 등 소를 넣어서 기름에 튀긴 과자.

[月婆子] yüèhp'ótzū ㄩㄝˋㄆㄛˊㄗ 산부(產婦).

[月事] yüèhshìh ㄩㄝˋㄕˋ〈生〉 월경(月經).

[月臺] yüèht'ái ㄩㄝˋㄊㄞˊ 플랫포옴.

[月底] yüèhtǐ ㄩㄝˋㄉㄧˇ 월말.

[月頭兒] yüèht'óurh ㄩㄝˋㄊㄡˊㄦ ①월초(月初). ②그 달에 특히 정한 날:예를 들면 집세를 내는 날 따위.

[月度] yüèhtù ㄩㄝˋㄉㄨˋ 월간(月間). 한 달.「一運輸量 ; 월간 수송량」

[月子] yüèhtzǔ ㄩㄝˋㄗ 부인의 산후 1개월 동안.「一病 ; 산후병(產後病)」

[月望] yüèhwàng ㄩㄝˋㄨㄤˋ 보름날.

[月尾] yüèhwěi ㄩㄝˋㄨㄟˇ =月底.

[月窩(兒)] yüèhwo(rh) ㄩㄝˋㄨㄛ(ㄦ) 생후(生後) 1 개월. =月窠.

[月牙兒] yüèhyárh ㄩㄝˋㄧㄚˊㄦ ①초승달. ②초승달 같은 모양의 물건.

[月月紅] yüèhyüèhhúng ㄩㄝˋㄩㄝˋㄏㄨㄥˊ =月季.

[月暈] yüèhyǜn ㄩㄝˋㄩㄣˋ 달무리.

〔悅〕 yüèh ㄩㄝˋ ①기뻐하다.「和顏一色 ; 안색이 부드럽고 희색을 띠다」②기쁘게 하다. 즐겁게하다.「一目 ; 보기 좋게 해 주다」

[悅服] yüèhfú ㄩㄝˋㄈㄨˊ 기꺼이 복종하다.

[悅色] yüèhsè ㄩㄝˋㄙㄜˋ 기쁜 표정(表情). 희색(喜色).

〔越〕 yüèh ㄩㄝˋ ①건너다. 넘다.「爬山一嶺 ; 산을 넘고 고개를 넘어서 가다」②정도를 넘다. 과분하다.「一級昇官 ; 등급을 뛰어 넘고 승진하다」③더욱. 점점. ④「一…一… ; …하면 할수록…」「一早一好 ; 빠르면 빠를수록 좋다」⑤고대 주(周) 말엽의 나라 이름. ⑥"浙江省" 또는 "紹興" 지방을 일컫는 말. ⑦월남(越南)의 준말.

[越級] yüèhchí ㄩㄝˋㄐㄧˊ ①(발탁되는 따위로) 어떤 지위를 뛰어 넘다. ②수속상의 순서를 뛰어 넘다.

[越加] yüèhchiā ㄩㄝˋㄐㄧㄚ 더욱 더. 점점.

[越界] yüèhchièh ㄩㄝˋㄐㄧㄝˋ ①한계를 넘다. ②월경(越境)하다. ③한계선.

[越劇] yüèhchǜ ㄩㄝˋㄐㄩˋ "浙江"지방의 연극.

[越發] yüèhfā ㄩㄝˋㄈㄚ 더욱 더. 한층.

[越日] yüèhjìh ㄩㄝˋㄖˋ 익일(翌日). 이튿날.

[越瓜] yüèhkuā ㄩㄝˋㄍㄨㄚ〈植〉 월과: 참외의 한 변종.

[越軌] yüèhkuei ㄩㄝˋㄍㄨㄟˇ 탈선(脫線)하다.

[越過] yüèhkuò ㄩㄝˋㄍㄨㄛˋ 넘다. 넘어가다.

[越次] yüèhtz'ù ㄩㄝˋㄘˋ 순서를 뛰어 넘다.

[越俎代庖] yüèhtsǔ tàip'áo ㄩㄝˋㄗㄨˇㄉㄞˋㄆㄠˊ 제 분수를 저버리고 쓸 데 없는 참견을 하다.

[越獄] yüèhyǜ ㄩㄝˋㄩˋ 탈옥(脫獄)하다.

〔粵〕 yüèh ㄩㄝˋ "廣東省"의 별칭.「一劇 ; "廣東" 지방의 연극」

〔說〕 yüèh ㄩㄝˋ "悅"의 옛 자체(字體). ⇨shuì, shuō.

〔閱〕 yüèh ㄩㄝˋ ①자세히 읽다. 보다.「一報 ; 신문(新聞)을 보다」②관찰하다. 조사하다. ③검열하다.「一兵 ; 열병하다」④경과하다. 지나다.「已一三月 ; 이미 3 개월이 경과됐다」

[閱卷] yüèhchüàn ㄩㄝˋㄐㄩㄢˋ 답안(答案)을 조사하다. 보존된 문서를 조사하다.

[閱看] yüèhk'àn ㄩㄝˋㄎㄢˋ 조사해 보다.

[閱操] yüèhts'āo ㄩㄝˋㄘㄠ 훈련(訓練)을 검열하다.

〔樂〕(乐) yüèh ㄩㄝˋ 음악.「奏一 ; 음악 연주(演奏)하다」⇨lào lè.

[樂池] yüèhch'íh ㄩㄝˋㄔˊ 무대(舞臺) 앞의 악단석(樂團席). 오케스트라 박스. 「곡.
[樂曲] yüèhch'ǚ ㄩㄝˋㄑㄩˇ 음곡(音曲). 악
[樂府] yüèhfǔ ㄩㄝˋㄈㄨˇ 고대(古代)의 가 ⌊요.

〔岳〕(嶽) yüèh ㄩㄝˋ ①높은 산(山)에 대한 호칭. 「五一; 중국의 5 대 명산(名山): "泰山·華山·衡山·恒山·嵩山". ②처의 부모. 연장자(年長者). 「一父; 장인」「淑一; 처숙(妻叔)」
[岳丈] yüèhchàng ㄩㄝˋㄓㄤˋ 장인. 악부.
[岳立] yüèhlì ㄩㄝˋㄌㄧˋ 우뚝 솟아 움직이지 않는 모양.
[岳廟] yüèhmiào ㄩㄝˋㄇㄧㄠˋ "嶽飛"를 모신 사당(祠堂).

〔躍〕(跃) yüèh ㄩㄝˋ 뛰다. 튕기다. 「飛一前進; 비약적(飛躍的)으로 전진하다」
[躍上] yüèhshàng ㄩㄝˋㄕㄤˋ 뛰어 오르다. 「一他們的水平; 그들의 수준에 뛰어 오르다」
[躍躍] yüèhyüèh ㄩㄝˋㄩㄝˋ ①마음이 침착하지 못한 모양. ②기뻐하는 모양. 가슴이 두근거리는 모양. 「一慾試; 해보고 싶어서 분발하는 모양」

〔籥〕 yüèh ㄩㄝˋ 옛날 피리의 일종.

〔籰〕 yüèh ㄩㄝˋ 「一子; 얼레」

YÜN ㄩㄣ

〔暈〕 yǖn ㄩㄣ ①현기증(眩氣症)이 나다. 정신이 아찔아찔하다. ②머리가 나쁘다. 「這人一頭一腦; 이 자식은 머리가 돌았다」 ⇨yǜn.
[暈頭] yǖnt'óu ㄩㄣㄊㄡˊ 머리가 나빠서 바보 짓만 하는 사람.
[暈頭轉向] yǖnt'óu chuànhsiàng ㄩㄣㄊㄡˊ ㄓㄨㄢˋㄒㄧㄤˋ 머리가 핑핑 돌아 정신이 멍하다. 「鬧得一; 현기증이 날 정도로 법석을 떨다」
[暈頭巴腦] yǖnt'óu-pānǎo ㄩㄣㄊㄡˊ ㄅㄚ ㄋㄠˇ 머리가 어질어질하다.
[暈頭打腦] yǖnt'óu-tánǎo ㄩㄣㄊㄡˊ ㄉㄚˊㄋㄠˇ 머리가 어질어질하다. ＝暈頭巴腦. 暈頭搭腦.

〔熅〕 yǖn ㄩㄣ 불이 약한. 불꽃이 없는.

〔蕓〕 yǖn ㄩㄣ
[蕓薹] yǘnt'ái ㄩㄣˊㄊㄞˊ 〈植〉평지. 유채(油菜). 운대. 또는 유채의 씨.

〔云〕 yǘn ㄩㄣˊ ①말하다. 「詩一; 시경(詩經)에 이르기를」 ②문어(文語)의 조사. 「一誰之思; 누구를 사모하고 있는가」
[云乎] yǘnhū ㄩㄣˊㄏㄨ …이라 하는가. 「和平一哉?; 평화란 무엇인가?」
[云云] yǘnyǘn ㄩㄣˊㄩㄣˊ 다른 글이나 말을 인용한 끝에 "이와 같이 말하다"라는 뜻으로 쓰는 말.

〔匀〕 yǘn ㄩㄣˊ ①균일(均一)하다. 균형이 잡히다. 「顏色塗得不一; 색칠한 것이 얼룩덜룩하다」 ②둘러 맞추다. 융통하다. 「把你買的紙一給我一些; 당신이 산 종이를 나에게 좀 융통해 주시오」
[匀稱] yǘnch'èn ㄩㄣˊㄔㄣˋ 균형이 잡히다. 조화(調和)되다. ＞匀匀稱稱.
[匀整] yǘnchěng ㄩㄣˊㄓㄥˇ 정돈되다. 균형이 잡히다. ＞匀匀整整.
[匀淨] yǘnching ㄩㄣˊㄐㄧㄥ 고르다. 균일(均一)하다. 「顏色很一; 빛깔이 고르다」
[匀乎] yǘnhu ㄩㄣˊㄏㄨ 균형이 잡히다. 고르다.
[匀和] yǘnhuo ㄩㄣˊㄏㄨㄛ 균등(均等)하게 혼합하다. 고루 섞다.
[匀溜] yǘnliu ㄩㄣˊㄌㄧㄡ 과부족(過不足)이 없이 알맞다. 균등하다. ＞匀匀溜溜.
[匀面] yǘnmièn ㄩㄣˊㄇㄧㄢˋ 얼룩지지 않게 얼굴에 분을 골고루 바르다.
[匀實] yǘnshih ㄩㄣˊㄕ ①세밀하다. ②올이 촘촘하다.
[匀調] yǘnt'iáo ㄩㄣˊㄊㄧㄠˊ 동일하게 조정(調整)하다.
[匀停] yǘnt'ing ㄩㄣˊㄊㄧㄥ 균등하다. 고르다. 「吃東西要一; 음식물은 고르게 먹어야만 한다」
[匀兌] yǘntui ㄩㄣˊㄉㄨㄟ 분양(分讓)하다. 「一出一個地方; 장소(場所)를 하나 분양하다」
[匀圓] yǘnyüán ㄩㄣˊㄩㄢˊ 정연하게 둥글다.

〔芸〕 yǘn ㄩㄣˊ 「一香; 운향. 산초」

〔雲〕 yǘn ㄩㄣˊ ①구름. ②"雲南省"의 약칭(略稱): 간체자(簡体字)로 "云"을 쓰기도 함.
[雲遮月] yǘnchēyüèh ㄩㄣˊㄓㄜㄩㄝˋ ①광명을 찾을 수 없는 비유. ②표면에 나타날 수 없다는 비유. ③저음(低音)이면서 매력이 있다.
[雲際] yǘnchì ㄩㄣˊㄐㄧˋ 구름의 가. 아득한 하늘.
[雲氣] yǘnch'ì ㄩㄣˊㄑㄧˋ 구름.
[雲漢] yǘnhàn ㄩㄣˊㄏㄢˋ 은하수(銀河水).
[雲霞] yǘnhsiá ㄩㄣˊㄒㄧㄚˊ ①구름과 놀. ②많이 모인다는 비유. ③고결한 모양.
[雲霄] yǘnhsiāo ㄩㄣˊㄒㄧㄠ 창공(蒼空). 넓은 하늘.
[雲開見日] yǘnk'āi chiènjìh ㄩㄣˊㄎㄞ ㄐㄧㄢˋㄖˋ 불운(不運)한 사람이 갑자기 운이 트인다는 말. 〈成〉
[雲路] yǘnlù ㄩㄣˊㄌㄨˋ 높은 산길.
[雲馬紙錢] yǘnmǎ chǐhch'ién ㄩㄣˊㄇㄚˇ ㄓˇㄑㄧㄢˊ 신불(神佛) 혹은 귀신을 모실 때 태우는 금종이나 은종이로 만든 말이나 돈 모양을 한 것.
[雲霓] yǘnní ㄩㄣˊㄋㄧˊ 구름과 무지개: 비가 온다는 징조.
[雲板] yǘnpǎn ㄩㄣˊㄅㄢˇ ①신호(信號)로 두들기는 악기(樂器)의 이름: 구름 모양의 철판이 붙어 있음. ②수레의 장식(裝飾)으로 운형(雲形)을 그린 판(板).
[雲扁豆] yǘnpiěntòu ㄩㄣˊㄅㄧㄢˇㄉㄡˋ 〈植〉강남콩.
[雲山霧罩] yǘnshān wùchào ㄩㄣˊㄕㄢ

ㄨˋㄓㄠˋ 이야기가 너무 거창해서 비현실적(非現實的)이라는 말.《成》
[雲梯] yünt'ī ㄩㄣˊㄊㄧ 성(城)을 공격할 때 쓰이는 긴 사닥다리.
[雲頭兒] yünt'ourh ㄩㄣˊㄊㄡˊㄦ 소용돌이치는 구름 무늬.
[雲彩] yünts'ai ㄩㄣˊㄘㄞ 구름.
[雲端] yüntuān ㄩㄣˊㄉㄨㄢ 구름 속.

〔耘〕 yün ㄩㄣˊ 김매다. 제초하다.「一田 ; 밭의 김을 매다」
[耘鋤] yünch'ú ㄩㄣˊㄔㄨˊ 경운기(耕耘機).

〔允〕 yün ㄩㄣˇ ①응하다. 허가하다. ②공평한.「公一 ; 공평(公平)한」
[允稱] yünch'ēng ㄩㄣˇㄔㄥ 칭(稱)해도 좋다. …라 할 수 있다.「一先進國;선진국이라고 할 수 있다」
[允洽] yünch'ià ㄩㄣˇㄑㄧㄚˋ 의견이 맞다.
[允許] yünhsü ㄩㄣˇㄒㄩˇ 허가하다. ＝允准.
[允諾] yünnuò ㄩㄣˇㄋㄨㄛˋ 승낙(承諾)하다. 허가하다.
[允當] yüntāng ㄩㄣˇㄉㄤ 극히 당연하다 극히 타당하다.
[允從] yünts'úng ㄩㄣˇㄘㄨㄥˊ 따르다. 승낙(承諾)하다.

〔隕〕 yün ㄩㄣˇ ①떨어지다.「一落 ; 추락(墜落)하다」「一涕 ; 눈물을 떨어뜨리다」②죽다.

〔殞〕 yün ㄩㄣˇ 죽다.「一命 ; 숨지다」「一滅 ; 멸망(滅亡)하다」「一沒 ; 죽다」

〔孕〕 yün ㄩㄣˋ 잉태하다. 임신하다.「受一 ; 임신하다」
[孕婦] yünfù ㄩㄣˋㄈㄨˋ 임신한 부인. 임부(姙婦).
[孕育] yünyü ㄩㄣˋㄩˋ ①아이를 낳아 기르다. ②잠재(潛在)하다. 내포하다.「一危機 ; 위기를 내포하다」

〔運〕(运) yün ㄩㄣˋ ①이동(移動)하다. 선회(旋回)하다. ②(물건을) 운반하다. 수송하다. ③수송(輸送).「陸一 ; 육상수송」④움직이다. 휘두르다. 배려하다.「一思 ; 배려(配慮)하다」 ⑤운명(運命).「幸一 ; 행운」
[運氣] yünch'i ㄩㄣˋㄑㄧ 운세(運勢). 운수.
[運價] yünchià ㄩㄣˋㄐㄧㄚˋ ①운송료. 운반비. ②운임. 교통비.
[運脚] yünchiǎo ㄩㄣˋㄐㄧㄠˇ ＝運費.
[運籌學] yünch'óuhsüéh ㄩㄣˋㄔㄡˊㄒㄩㄝˊ 전술학(戰術學).
[運籌帷幄] yünch'óu wéiwò ㄩㄣˋㄔㄡˊㄨㄟˊㄨㄛˋ 계획을 세워서 지휘하다.《成》
[運費] yünfèi ㄩㄣˋㄈㄟˋ 운임.
[運銷] yünhsiāo ㄩㄣˋㄒㄧㄠ 운송하여 판매하다.
[運靈車] yünlíngch'ē ㄩㄣˋㄌㄧㄥˊㄔㄜ 영구차(靈柩車).
[運輸員] yünshūyüán ㄩㄣˋㄕㄨㄩㄢˊ 운송 계원.
[運思] yünssū ㄩㄣˋㄙ 배려(配慮)하다.
[運送機] yünsùngchī ㄩㄣˋㄙㄨㄥˋㄐㄧ 콘베이어(conveyor).
[運數] yünshù ㄩㄣˋㄕㄨˋ 운명(運命).
[運土機] yünt'ǔchī ㄩㄣˋㄊㄨˇㄐㄧ 토사 운반기(土砂運搬機).
[運單] yüntān ㄩㄣˋㄉㄢ 송장(送狀).
[運道] yüntào ㄩㄣˋㄉㄠˋ 운세(運勢).「交好一 ; 행운을 만나다」
[運祚] yüntsò ㄩㄣˋㄗㄨㄛˋ 시운(時運).
[運動戰] yüntùngchàn ㄩㄣˋㄉㄨㄥˋㄓㄢˋ 군대를 수시로 이동시켜 적으로부터의 피해를 적게 하는 전술.

〔慍〕 yün ㄩㄣˋ 성내다. 원망(怨望)하다.
[慍色] yünsè ㄩㄣˋㄙㄜˋ 노기(怒氣)를 띤 얼굴.

〔暈〕 yün ㄩㄣˋ ①해·달무리. ②배나 차(車)에 멀미하다.「一飛機 ; 비행기 멀미하다」⇨yün.
[暈厥] yünchüéh ㄩㄣˋㄐㄩㄝˊ 졸도하다. 기절하다.
[暈眩] yünhsüàn ㄩㄣˋㄒㄩㄢˋ 현기증(眩氣症)이 나다. 어지럽다. ＝眩暈.
[暈倒] yüntǎo ㄩㄣˋㄉㄠˇ 어지러워서 졸도하다.

〔熨〕 yün ㄩㄣˋ ①「一斗 ; 인두. 다리미」②인두질하다. 다리미질하다.
[熨貼] yünt'ieh ㄩㄣˋㄊㄧㄝ ①가려운 곳에 손이 닿는 것 같다. 빈틈 없다.「托兒所對兒童照料得很一 ; 탁아소는 아이들을 용의 주도(用意周到)하게 보살피다」②대단히 쾌적(快適)하다. >熨熨貼貼.

〔醞〕(酝) yün ㄩㄣˋ 술을 빚다. 양조하다.
[醞釀] yünniàng ㄩㄣˋㄋㄧㄤˋ ①발효(發酵)하다. 양조하다. ②(조건을 갖추어) 점차 구체화하다.「一擴大社員 ; 점차 사원을 늘일 수 있도록 조건을 갖추다」

〔蘊〕 yün ㄩㄣˋ 품다. 간직하다.「一量 ; 매장량(埋藏量)」
[蘊結] yünchiéh ㄩㄣˋㄐㄧㄝˊ 가슴에 맺히다.
[蘊麻] yünmá ㄩㄣˋㄇㄚˊ 난마(亂麻). 엉키어 풀리지 않는 삼.
[蘊蓄] yünhsü ㄩㄣˋㄒㄩˋ 저축하여 쌓아두다. 축척하다.

〔韻〕(韵) yün ㄩㄣˋ ①어음(語音)의 음미(音尾). 운(韻).「押一 ; 운(韻)을 달다」②시가(詩歌)·문묵(文墨)에 관한 것.「風一 ; 풍아(風雅)한 취미(趣味). 아취(雅趣)」
[韻脚] yünchiǎo ㄩㄣˋㄐㄧㄠˇ 시(詩)의 구절(句節) 끝에 쓰는 운자(韻字).
[韻致] yünchìh ㄩㄣˋㄓˋ 고아(高雅)한 흥취(興趣). 운치.
[韻母] yünmǔ ㄩㄣˋㄇㄨˇ 중국어의 한 음절의 후반부(後半部). 음절 미음(音節尾音) : 음절 두음(音節頭音)은 "聲母" 라고 함.
[韻書] yünshū ㄩㄣˋㄕㄨ 글자를 운(韻)에 따라 분류·배열한 서적.
[韻味] yünwèi ㄩㄣˋㄨㄟˋ 아취(雅趣).
[韻語] yünyü ㄩㄣˋㄩˇ 운문(韻文).

부 록 (附 録)

색 인 (索 引)

한중 동의 복합어표(韓中同意複合語表)

1. 이 표에 수록된 어휘는 두 음절 이상으로 된 한중(韓中) 양어에서 공통되는 것만을 추려 낸 것이다.

2. 한중 동의어라고는 하지만 각 어휘들이 갖는 뜻의 범위나 그 작용이 미치는 면에서 볼 때, 순수한 의미에 있어서 반드시 동의어라고 할 수 없는 것들도 적지 않다. 이 점에 대하여는 본문의 해설과 대조하기를 바란다. 그러나 뜻의 범위나 활용면에서 큰 차이가 없는 것은 취급되지 않은 것이 많다.

3. 이 표를 찾아보는 방법은 첫자의 우리말 발음을 찾으면 된다. 단 음을 표시하는데 있어 "女"는 "녀"가 아니라 첫자로 나올 때의 발음인 "여"로, "年"은 "연"으로, "冷"은 "냉", "來"는 "내", "老"는 "노" 등으로 표시했다.

4. 로마자는 웨이드식의 중국 발음을 표시한 것이다.

가	歌	kō	ㄍㄜ	歌曲. 歌劇. 歌詞. 歌謠. 歌聲.
	家	chiā	ㄐㄧㄚ	家業. 家族. 家具. 家計. 家財. 家事. 家政. 家長. 家庭. 家傳.
	加	chiā	ㄐㄧㄚ	加工. 加重. 加速. 加入. 加法.
	假	chiă	ㄐㄧㄚˇ	假借. 假設. 假裝. 假定.
	價	chià	ㄐㄧㄚˋ	價格. 價値.
	架	chià	ㄐㄧㄚˋ	架橋. 架空. 架設.
	可	k'ŏ	ㄎㄜˇ	可能. 可否.
	街	chiēh	ㄐㄧㄝ	街道.
	袈	chiā	ㄐㄧㄚ	袈裟.
각	各	kò	ㄍㄜˋ	各位. 各個. 各自.
	角	chiăo	ㄐㄧㄠˇ	角度. 角膜. 角柱.
	脚	chiăo	ㄐㄧㄠˇ	脚註.
	覺	chüéh	ㄐㄩㄝˊ	覺醒.
	閣	kó	ㄍㄜˊ	閣下.
간	簡	chiĕn	ㄐㄧㄢˇ	簡易. 簡潔.
	間	chièn	ㄐㄧㄢˋ	間接.
	看	k'ān	ㄎㄢ	看護. 看守.
		k'àn	ㄎㄢˋ	看破.
	刊	k'ān	ㄎㄢ	刊行.
	肝	kān	ㄍㄢ	肝臟.
갈	葛	k'ó	ㄎㄜˊ	葛藤.
	褐	hò	ㄏㄜˋ	褐色.
감	感	kăn	ㄍㄢˇ	感化. 感慨. 感覺. 感激. 感光. 感謝. 感傷. 感情. 感性. 感觸. 感染. 感想. 感嘆. 感動.
	甘	kān	ㄍㄢ	甘薯. 甘藷.
	減	chiĕn	ㄐㄧㄢˇ	減價. 減刑. 減少. 減法.
	監	chiēn	ㄐㄧㄢ	監禁. 監獄. 監察. 監視. 監督.
갑	甲	chiă	ㄐㄧㄚˇ	甲板.
강	強	ch'iáng	ㄑㄧㄤˇ	強權. 強硬. 強行軍. 強國. 強壯. 強弱. 強襲. 強大. 強度. 強風. 強烈. 強姦. 強盜. 強暴.
	強	ch'iăng	ㄑㄧㄤˇ	強制. 強迫. 強辯.
	鋼	kāng	ㄍㄤ	鋼材. 鋼管. 鋼鐵.
	綱	kāng	ㄍㄤ	綱目. 綱要. 綱領.
	講	chiăng	ㄐㄧㄤˇ	講演. 講義. 講座. 講師. 講習. 講壇. 講堂 講和. 講話.
개	開	k'āi	ㄎㄞ	開演. 開花. 開會. 開化. 開國. 開學. 開業. 開墾. 開始. 開場. 開設. 開戰. 開拓. 開通. 開發. 開放. 開票.
	概	kài	ㄍㄞˋ	概括. 概觀. 概算. 概念. 概要. 概略. 概論.
	改	kăi	ㄍㄞˇ	改革. 改正. 改性. 改選. 改善. 改裝. 改造. 改編. 改良.
	個	kò	ㄍㄜˋ	個人.
객	客	k'ò	ㄎㄜˋ	客船. 客車. 客人. 客觀.
갱	坑	k'ēng	ㄎㄥ	坑道.
거	居	chū	ㄐㄩ	居住. 居留.

	擧	chǚ	ㄐㄩˇ	擧行. 擧手. 擧動. 擧列.
	巨	chǜ	ㄐㄩˋ	巨額. 巨匠. 巨人. 巨大. 巨頭.
	拒	chǜ	ㄐㄩˋ	拒絕.
	距	chǜ	ㄐㄩˋ	距離.
	據	chǜ	ㄐㄩˋ	據點.
	去	ch'ǜ	ㄑㄩˋ	去就. 去年.
건	乾	kān	ㄍㄢ	乾燥. 乾電池.
	建	chièn	ㄐㄧㄢˋ	建設. 建議. 建築. 建造.
	健	chièn	ㄐㄧㄢˋ	健胃. 健康. 健在. 健兒. 健全. 健忘.
걸	傑	chiéh	ㄐㄧㄝˊ	傑作. 傑出.
검	檢	chiěn	ㄐㄧㄢˇ	檢閱. 檢査. 檢察. 檢定. 檢討.
게	揭	chiēh	ㄐㄧㄝ	揭示.
격	隔	kó	ㄍㄜˊ	隔離. 隔膜. 隔絕.
	格	kó	ㄍㄜˊ	格言. 格式.
	激	chī	ㄐㄧ	激昂. 激戰. 激怒. 激動. 激發. 激變. 激勵. 激烈.
견	堅	chiēn	ㄐㄧㄢ	堅固. 堅持. 堅實. 堅忍. 堅牢.
	見	chièn	ㄐㄧㄢˋ	見解. 見識. 見地. 見聞.
	譴	ch'iěn	ㄑㄧㄢˇ	譴責.
	牽	ch'iēn	ㄑㄧㄢ	牽引. 牽強. 牽制.
결	潔	chiéh	ㄐㄧㄝˊ	潔白.
	結	chiéh	ㄐㄧㄝˊ	結果. 結核. 結婚. 結合. 結社. 結晶. 結氷. 結論.
	決	chüéh	ㄐㄩㄝˊ	決意. 決議. 決算. 決心. 決戰. 決定. 決斷. 決裂.
	缺	ch'üēh	ㄑㄩㄝ	缺陷. 缺席. 缺損. 缺乏. 缺點.
겸	兼	chiēn	ㄐㄧㄢ	兼職. 兼任.
	謙	ch'iēn	ㄑㄧㄢ	謙虛. 謙讓. 謙遜.
경	境	chìng	ㄐㄧㄥˋ	境界. 境遇. 境地.
	競	chìng	ㄐㄧㄥˋ	競爭. 競走.
	經	chīng	ㄐㄧㄥ	經過. 經驗. 經濟. 經常費. 經典. 經度. 經費. 經由. 經理. 經歷.
	景	chǐng	ㄐㄧㄥˇ	景氣. 景仰. 景慕. 景物 景色.
	警	chǐng	ㄐㄧㄥˇ	警衛. 警戒. 警告. 警句. 警察. 警鐘. 警備. 警報.
	敬	chìng	ㄐㄧㄥˋ	敬愛. 敬意. 敬仰. 敬禮.
	輕	ch'īng	ㄑㄧㄥ	輕快. 輕氣球. 輕擧妄動. 輕金屬. 輕視. 輕重. 輕薄. 輕微. 輕蔑. 輕率. 輕佻.
	傾	ch'īng	ㄑㄧㄥ	傾向. 傾斜. 傾聽. 傾倒.
	更	kēng	ㄍㄥ	更生. 更新. 更改.
	硬	yìng	ㄧㄥˋ	硬化. 硬水. 硬度.
	耕	kēng	ㄍㄥ	耕田. 耕種. 耕地 耕作.
계	階	chiēh	ㄐㄧㄝ	階級. 階層. 階段.
	繼	chì	ㄐㄧˋ	繼續. 繼承. 繼父. 繼母.
	啓	ch'ǐ	ㄑㄧˇ	啓示. 啓發. 啓蒙.
	契	ch'ì	ㄑㄧˋ	契約.
	系	hsì	ㄒㄧˋ	系統. 系列.
	季	chì	ㄐㄧˋ	季節.
	計	chì	ㄐㄧˋ	計劃. 計算. 計算尺.
고	孤	kū	ㄍㄨ	孤軍. 孤兒. 孤島. 孤獨. 孤立.
	鼓	kǔ	ㄍㄨˇ	鼓吹. 鼓舞. 鼓膜.
	古	kǔ	ㄍㄨˇ	古語. 古今. 古蹟. 古代. 古典. 古物. 古墳. 古文. 古來
	雇	kù	ㄍㄨˋ	雇傭.
	故	kù	ㄍㄨˋ	故意. 故鄉. 故事. 故障. 故殺.
	固	kù	ㄍㄨˋ	固執. 固體. 固定. 固有. 固辭.
	高	kāo	ㄍㄠ	高壓. 高溫. 高價. 高級. 高原. 高尙. 高速. 高調. 高低 高度. 高等. 高熱. 高論. 高潮. 高樓.
	考	k'ǎo	ㄎㄠˇ	考古. 考究. 考慮.
	告	kào	ㄍㄠˋ	告示. 告訴. 告知. 告白. 告發. 告別.
	苦	k'ǔ	ㄎㄨˇ	苦笑. 苦心. 苦戰. 苦痛. 苦難. 苦惱.
	拷	k'ǎo	ㄎㄠˇ	拷問.
	膏	kāo	ㄍㄠ	膏藥.
	顧	kù	ㄍㄨ	顧問.
곡	曲	ch'ǖ	ㄑㄩ	曲折.
곤	困	k'ùn	ㄎㄨㄣˋ	困窮. 困難.
	昆	k'ūn	ㄎㄨㄣˋ	昆虫. 昆布.
	棍	kùn	ㄍㄨㄣˋ	棍棒.
골	骨	kǔ	ㄍㄨˇ	骨格. 骨髓. 骨董. 骨盤. 骨粉.
	滑	huá	ㄏㄨㄚˊ	滑稽.
공	工	kūng	ㄍㄨㄥ	工業. 工具. 工藝. 工作. 工事. 工場. 工程.
	攻	kūng	ㄍㄨㄥ	攻擊. 攻勢.

	功	kūng	ㄍㄨㄥ	功績. 功能. 功用. 功勞.
	公	kūng	ㄍㄨㄥ	公安. 公營. 公益. 公演. 公園. 公海. 公開. 公共. 公告. 公債. 公使. 公式. 公衆. 公傷. 公正. 公認. 公文. 公平. 公務. 公約. 公有. 公理. 公子.
	貢	kùng	ㄍㄨㄥˋ	貢獻.
	供	kūng	ㄍㄨㄥ	供給.
	共	kùng	ㄍㄨㄥˋ	共同. 共鳴. 共產主義. 共和國.
	空	k'ūng	ㄎㄨㄥ	空氣. 空虛. 空襲. 空前. 空想. 空中. 空生. 空砲. 空論.
		k'ùng	ㄎㄨㄥˋ	空地. 空白.
	控	k'ùng	ㄎㄨㄥˋ	控訴.
과	寡	kuǎ	ㄍㄨㄚˇ	寡婦.
	果	kuǒ	ㄍㄨㄛˇ	果敢. 果實. 果樹. 果汁. 果斷.
	過	kuò	ㄍㄨㄛˋ	過去. 過失. 過剩. 過程. 過度. 過渡. 過當. 過分.
	科	k'ō	ㄎㄜ	科學. 科目.
	課	k'ò	ㄎㄜˋ	課稅. 課題. 課程.
관	官	kuān	ㄍㄨㄢ	官員. 官軍. 官職. 官能. 官吏. 官僚.
	關	kuān	ㄍㄨㄢ	關係. 關心. 關稅. 關節.
	觀	kuān	ㄍㄨㄢ	觀光. 觀察. 觀測. 觀點. 觀念. 觀望.
	管	kuǎn	ㄍㄨㄢˇ	管轄. 管弦樂. 管制. 管理.
	灌	kuàn	ㄍㄨㄢˋ	灌漑. 灌腸.
	貫	kuàn	ㄍㄨㄢˋ	貫通. 貫徹.
	慣	kuàn	ㄍㄨㄢˋ	慣習. 慣性. 慣例.
광	狂	k'uáng	ㄎㄨㄤˊ	狂犬病. 狂想曲. 狂暴. 狂風.
	光	kuāng	ㄍㄨㄤ	光榮. 光輝. 光學. 光景. 光源. 光線. 光澤. 光年. 光明.
	廣	kuǎng	ㄍㄨㄤˇ	廣告. 廣大. 廣場.
	礦(鑛)	k'uàng	ㄎㄨㄤˋ	礦區. 礦山. 礦石. 礦泉. 礦物. 礦脈.
괴	怪	kuài	ㄍㄨㄞˋ	怪物. 怪事.
교	交	chiāo	ㄐㄧㄠ	交易. 交換. 交誼. 交響樂. 交叉. 交際. 交錯. 交涉. 交代. 交替. 交通. 交配. 交尾. 交付. 交遊.
	郊	chiāo	ㄐㄧㄠ	郊外.
	狡	chiǎo	ㄐㄧㄠˇ	狡猾.
	攪	chiǎo	ㄐㄧㄠˇ	攪亂.
	校	hsiào	ㄒㄧㄠˋ	校醫. 校旗. 校舍. 校長. 校門. 校友. 校正. 校黃. 校內. 校了.
	教	chiào	ㄐㄧㄠˋ	教育. 教員. 教科書. 教訓. 教唆. 教材. 教師. 教室. 教授. 教徒. 教務. 教條主義. 教養. 教練.
구	舊	chiù	ㄐㄧㄡˋ	舊式. 舊情. 舊友. 舊歷.
	救	chiù	ㄐㄧㄡˋ	救援. 救急. 救護. 救濟. 救助. 救命.
	丘	ch'iū	ㄑㄧㄡ	丘陵.
	求	ch'iú	ㄑㄧㄡˊ	求婚.
	球	ch'iú	ㄑㄧㄡˊ	球根. 球莖.
	驅	ch'ū	ㄑㄩ	驅使. 驅除. 驅逐. 驅虫劑.
	區	ch'ū	ㄑㄩ	區分. 區別.
	毆	ōu	ㄡ	毆打.
	謳	ōu	ㄡ	謳歌.
	仇	ch'ou	ㄔㄡ	仇敵.
	拘	chū	ㄐㄩ	拘束. 拘泥. 拘留.
	嘔	ōu	ㄡ	嘔吐.
	構	kòu	ㄍㄡˋ	構成. 構造. 構圖.
	購	kòu	ㄍㄡˋ	購買. 購買力.
국	局	chú	ㄐㄩˊ	局外. 局限. 局部. 局面.
	國	kuó	ㄍㄨㄛˊ	國歌. 國家. 國會. 國旗. 國境. 國庫. 國交. 國營. 國王. 國產. 國立. 國語. 國民. 國土. 國防. 國法. 國際.
	菊	chú	ㄐㄩˊ	菊花. 菊月.
군	君	chūn	ㄐㄩㄣ	君子. 君主.
	軍	chūn	ㄐㄩㄣ	軍醫. 軍歌. 軍樂. 軍艦. 軍紀. 軍旗. 軍港. 軍需品. 軍人. 軍隊. 軍閥. 軍備. 軍服. 軍法. 軍用.
	群	ch'ún	ㄑㄩㄣ	群像. 群衆. 群小. 群島. 群雄.
굴	屈	ch'ū	ㄑㄩ	屈辱. 屈服.
궁	宮	kūng	ㄍㄨㄥ	宮殿.
	窮	ch'iúng	ㄑㄩㄥˊ	窮氣.
권	倦	chüàn	ㄐㄩㄢˋ	倦怠.
	權	ch'üán	ㄑㄩㄢˊ	權威. 權限. 權謀. 權利. 權力.
	勸	ch'üàn	ㄑㄩㄢˋ	勸告. 勸誘.
궤	軌	kueǐ	ㄍㄨㄟˇ	軌道. 軌範.
	詭	kueǐ	ㄍㄨㄟˇ	詭辯.
귀	歸	kueī	ㄍㄨㄟ	歸結. 歸順. 歸隊. 歸納.

	貴	kueì	ㄍㄨㄟˋ	貴金屬. 貴重. 貴族. 貴賓.
규	規	kueī	ㄍㄨㄟ	規格. 規則. 規定. 規範. 規約. 規律.
극	劇	chǜ	ㄐㄩˋ	劇作家. 劇場. 劇團.
	克	k'ǒ	ㄎㄜˋ •	克服.
	極	chí	ㄐㄧˊ	極刑. 極限. 極端. 極致. 極度. 極力. 極點.
근	筋	chīn	ㄐㄧㄣ	筋肉. 筋骨.
	近	chìn	ㄐㄧㄣˋ	近況. 近郊. 近視. 近似. 近日. 近世. 近代. 近年. 近來.
	勤	ch'ín	ㄑㄧㄣˊ •	勤勉. 勤儉. 勤務. 勤勞.
	根	kēn	ㄍㄣ	根據. 根源. 根治. 根絕. 根底. 根本.
금	金	chīn	ㄐㄧㄣ	金額. 金庫. 金字塔. 金石. 金錢. 金星. 金屬. 金融.
	禁	chìn	ㄐㄧㄣˋ	禁忌. 禁令. 禁輸. 禁止.
	今	chīn	ㄐㄧㄣ	今後. 今日. 今年. 今夜.
급	急	chí	ㄐㄧˊ	急遽. 急降下. 急進. 急性. 急速. 急迫.
긍	肯	k'ěng	ㄎㄣˇ	肯定.
기	基	chī	ㄐㄧ	基幹. 基金. 基準. 基數. 基礎. 基地. 基調. 基本.
	機	chī	ㄐㄧ	機會. 機械. 機關. 機構. 機智. 機動. 機能. 機密.
	飢	chī	ㄐㄧ	飢饉.
	幾	chǐ	ㄐㄧˇ	幾何.
	寄	chì	ㄐㄧˋ	寄宿. 寄宿舍. 寄食. 寄生虫. 寄託.
	記	chì	ㄐㄧˋ	記憶. 記號. 記載. 記事. 記者. 記述. 記帳. 記名. 記錄.
	紀	chì	ㄐㄧˋ	紀元. 紀念. 紀律.
	期	ch'ī	ㄑㄧ	期間. 期限. 期待.
	奇	ch'í	ㄑㄧˊ	奇異. 奇怪. 奇觀. 奇計. 奇才. 奇襲. 奇人. 奇妙.
	騎	ch'í	ㄑㄧˊ	騎士. 騎馬. 騎兵.
	起	ch'ǐ	ㄑㄧˇ	起因. 起居. 起源. 起重機. 起床. 起點. 起立.
	企	ch'ǐ	ㄑㄧˇ	企業. 企圖.
	氣	ch'ì	ㄑㄧˋ	氣壓. 氣焰. 氣溫. 氣化. 氣管支. 氣球. 氣候. 氣概. 氣孔. 氣象. 氣質. 氣色. 氣絕. 氣體. 氣魄. 氣流. 氣力.
	汽	ch'ì	ㄑㄧˋ	汽船. 汽笛.
	技	chì	ㄐㄧˋ	技巧. 技藝. 技術.
	妓	chì	ㄐㄧˋ	妓女.
	伎	chì	ㄐㄧˋ	伎倆.
긴	緊	chǐn	ㄐㄧㄣˇ	緊急. 緊縮. 緊張. 緊迫.
나	裸	lǒ	ㄌㄨㄛˇ	裸體.
낙	落	lò	ㄌㄨㄛˋ	落花生. 落後. 落伍. 落日. 落成. 落選. 落魄.
난	難	nán	ㄋㄢˊ	難關. 難產. 難題. 難民.
	暖	nuǎn	ㄋㄨㄢˇ	暖流.
	卵	luǎn	ㄌㄨㄢˇ	卵巢. 卵生. 卵白.
	亂	luàn	ㄌㄨㄢˋ	亂雲. 亂世.
남	南	nán	ㄋㄢˊ	南極. 南部. 南方. 南北.
	男	nán	ㄋㄢˊ	男子. 男兒. 男女. 男性. 男裝.
납	納	nà	ㄋㄚˋ	納稅. 納入.
낭	浪	làng	ㄌㄤˋ	浪費. 浪漫. 浪漫主義.
	狼	láng	ㄌㄤˊ	狼狽.
내	內	nèi	ㄋㄟˋ	內應. 內科. 內情. 內閣. 內勤. 內心. 內政. 內戰. 內臟. 內定. 內服. 內部. 內幕. 內容. 內亂.
	來	lái	ㄌㄞˊ	來客. 來信. 來年. 來賓. 來訪. 來歷.
	耐	nài	ㄋㄞˋ	耐火. 耐寒. 耐久. 耐熱. 耐酸.
냉	冷	lěng	ㄌㄥˇ	冷汗. 冷氣. 冷却. 冷血. 冷水. 冷酷. 冷戰. 冷靜.
노	努	nǔ	ㄋㄨˇ	努力.
	奴	nú	ㄋㄨˊ	奴隸.
	怒	nù	ㄋㄨˋ	怒氣. 怒濤.
	勞	láo	ㄌㄠˊ	勞苦. 勞動. 勞動力. 勞動者.
	老	lǎo	ㄌㄠˇ	老人. 老練.
	路	lù	ㄌㄨˋ	路上. 路線. 路程.
녹	錄	lù	ㄌㄨˋ	錄音. 錄音機.
	鹿	lù	ㄌㄨˋ	鹿茸.
	綠	lǜ	ㄌㄩˋ	綠豆.
논	論	lùn	ㄌㄨㄣˋ	論據. 論說. 論戰. 論爭. 論壇. 論調. 論點. 論理. 論証.
농	農	núng	ㄋㄨㄥˊ	農家. 農業. 農具. 農作物. 農場. 農村. 農產物. 農夫. 農民. 農藥(葯). 農林.
	濃	núng	ㄋㄨㄥˊ	濃厚. 濃度. 濃密.
뇌	腦	nǎo	ㄋㄠˇ	腦溢血. 腦出血. 腦神經. 腦髓. 腦貧血. 腦膜炎.
	雷	léi	ㄌㄟˊ	雷雨. 雷管. 雷同.
	牢	lao	ㄌㄠ	牢固. 牢獄.
능	能	něng	ㄋㄥˊ	能動. 能力:
	菱	líng	ㄌㄧㄥˊ	菱形.

다	茶	ch'á	ㄔㄚˊ	茶色. 茶具.
	多	tō	ㄉㄨㄛ	多元. 多事. 多少. 多情. 多數.
단	單	tān	ㄉㄢ	單位. 單一. 單行本. 單語. 單純. 單身. 單調. 單獨.
	端	tuān	ㄉㄨㄢ	端午. 端正. 端緒.
	短	tuǎn	ㄉㄨㄢˇ	短期. 短評. 短篇.
	斷	tuàn	ㄉㄨㄢˋ	斷言. 斷乎. 斷絕. 斷然. 斷層. 斷定. 斷片.
	段	tuàn	ㄉㄨㄢˋ	段落.
	團	t'uán	ㄊㄨㄢˊ	團員. 團結. 團體.
담	膽	tǎn	ㄉㄢˇ	膽力.
	蛋	tàn	ㄉㄢˋ	蛋白質.
	談	t'án	ㄊㄢˊ	談笑. 談判. 談話.
답	答	tá	ㄉㄚˊ	答案. 答辯. 答禮.
당	當	tàng	ㄉㄤˋ	當日. 當年.
	黨	tǎng	ㄉㄤˇ	黨員. 黨派.
	唐	t'áng	ㄊㄤˊ	唐突.
	糖	t'áng	ㄊㄤˊ	糖衣. 糖尿病.
	當	tāng	ㄉㄤ	當局. 當地. 當時. 當初. 當然.
대	大	tà	ㄉㄚˋ	大意. 大家. 大會. 大概. 大學. 大學生. 大局. 大軍. 大綱. 大使. 大使館. 大赦. 大衆. 大將. 大勢. 大戰. 大寒. 大自然. 大事. 大人物. 大多數. 大體. 大腿. 大地. 大膽. 大豆. 大腸. 大道. 大動脈. 大前提. 大便. 大本營. 大理
	待	tài	ㄉㄞˋ	待遇. 待避.
	對	tuì	ㄉㄨㄟˋ	對岸. 對應. 對外貿易. 對空射擊. 對抗. 對象. 對策. 對照. 對等. 對比. 對立. 對話.
	隊	tuì	ㄉㄨㄟˋ	隊員. 隊旗. 隊形. 隊伍. 隊長.
	代	tài	ㄉㄞˋ	代價. 代議制. 代書. 代數. 代替. 代筆. 代表. 代名詞. 代用品. 代理.
덕	德	tế	ㄉㄜˊ	德育. 德行.
도	逃	t'áo	ㄊㄠˊ	逃走. 逃避. 逃亡.
	淘	t'áo	ㄊㄠˊ	淘汰.
	道	tào	ㄉㄠˋ	道義. 道教. 道具. 道德. 道理. 道路.
	徒	t'ú	ㄊㄨˊ	徒手. 徒弟. 徒步.
	屠	t'ú	ㄊㄨˊ	屠殺.
	圖	t'ú	ㄊㄨˊ	圖書. 圖書館. 圖案. 圖章.
	都	tū	ㄉㄨ	都會. 都市.
	賭	tǔ	ㄉㄨˇ	賭博.
	塗	t'ú	ㄊㄨˊ	塗料.
	度	tù	ㄉㄨˋ	度數. 度量.
	導	tǎo	ㄉㄠˇ	導火線.
	挑	t'iǎo	ㄊㄧㄠˇ	挑戰.
	渡	tù	ㄉㄨˋ	渡船.
독	督	tū	ㄉㄨㄨ	督促.
	毒	tú	ㄉㄨˊ	毒氣. 毒殺. 毒蛇. 毒物. 毒藥.
	讀	tú	ㄉㄨˊ	讀者. 讀書. 讀本.
	獨	tú	ㄉㄨˊ	獨裁. 獨唱. 獨身. 獨占. 獨奏. 獨特. 獨立
돌	突	t'ū	ㄊㄨ	突起. 突擊. 突出. 突然. 突入. 突破.
동	東	tūng	ㄉㄨㄥ	東部. 東風. 東方. 東北.
	冬	tūng	ㄉㄨㄥ	冬季. 冬至. 冬眠.
	動	tùng	ㄉㄨㄥˋ	動員. 動向. 動機. 動議. 動作. 動產. 動詞. 動物. 動脈. 動搖. 動力.
	同	t'úng	ㄊㄨㄥˊ	同意. 同一. 同化. 同感. 同居. 同志. 同鄉. 同時. 同情. 同性. 同調. 同等. 同伴. 同胞. 同盟. 同僚. 同類. 同窓. 同列.
	銅	t'úng	ㄊㄨㄥˊ	銅器. 銅鑛. 銅像. 銅版.
두	杜	tù	ㄉㄨˋ	杜絕.
	豆	tòu	ㄉㄡˋ	豆腐.
	逗	tòu	ㄉㄡˋ	逗留.
	頭	t'óu	ㄊㄡˊ	頭髮. 頭痛.
득	得	tế	ㄉㄜˊ	得意.
등	登	tēng	ㄉㄥ	登記. 登場.
	等	těng	ㄉㄥˇ	等級. 等分. 等差級數.
	謄	t'éng	ㄊㄥˊ	謄寫.
	燈(灯)	têng	ㄉㄥ	燈火. 燈臺.
마	摩	mó	ㄇㄛˊ	摩擦. 摩天樓.
	魔	mó	ㄇㄛˊ	魔力.
	馬	mǎ	ㄇㄚˇ	馬脚. 馬車. 馬匹. 馬糞紙. 馬力.
만	滿	mǎn	ㄇㄢˇ	滿期. 滿月. 滿腔. 滿載. 滿面. 滿足.

	蔓	màn	ㄇㄢˋ	蔓延.
	慢	màn	ㄇㄢˋ	慢性. 慢性病.
	晩	wǎn	ㄨㄢˇ	晩年. 晩稻. 晩餐.
	萬	wàn	ㄨㄢˋ	萬歲. 萬全. 萬能. 萬般. 萬物. 萬一. 萬年.
	漫	màn	ㄇㄢˋ	漫談.
말	末	mò	ㄇㄛˋ	末日. 末節. 末尾. 末路. 末流.
망	亡	wáng	ㄨㄤˊ	亡命. 亡國.
	妄	wàng	ㄨㄤˋ	妄想. 妄語. 妄動.
	忘	wàng	ㄨㄤˋ	忘我. 忘却.
	望	wàng	ㄨㄤˋ	望遠鏡.
매	埋	mái	ㄇㄞˊ	埋藏. 埋沒. 埋葬.
	每	měi	ㄇㄟˇ	每日.
	賣	mài	ㄇㄞˋ	賣國. 賣國奴. 賣主.
	媒	méi	ㄇㄟˊ	媒介. 媒介物.
	買	mǎi	ㄇㄞˇ	買主.
	邁	mài	ㄇㄞˋ	邁進.
	梅	méi	ㄇㄟˊ	梅毒.
	枚	méi	ㄇㄟˊ	枚擧.
맥	脈	mài	ㄇㄞˋ	脈搏.
맹	盲	máng	ㄇㄤˊ	盲從. 盲人. 盲腸. 盲動. 盲目.
	萌	méng	ㄇㄥˊ	萌芽.
	猛	měng	ㄇㄥˇ	猛禽. 猛省. 猛烈. 猛獸.
면	綿	mián	ㄇㄧㄢˊ	綿花. 綿布. 綿密.
	免	miǎn	ㄇㄧㄢˇ	免疫. 免罪. 免除. 免職. 免稅.
	面	miàn	ㄇㄧㄢˋ	面積. 面前. 面談. 面目.
	勉	miǎn	ㄇㄧㄢˇ	勉勵.
멸	滅	miè	ㄇㄧㄝˋ	滅亡.
	蔑	miè	ㄇㄧㄝˋ	蔑視.
명	明	míng	ㄇㄧㄥˊ	明確. 明察. 明晰. 明白. 明文. 明瞭. 明日.
	名	míng	ㄇㄧㄥˊ	名醫. 名家. 名義. 名言. 名作. 名詞. 名手. 名勝. 名稱. 名聲. 名著. 名望. 名目. 名譽. 名利.
	命	mìng	ㄇㄧㄥˋ	命題. 命中. 命脈. 命令.
모	毛	máo	ㄇㄠˊ	毛細管. 毛筆.
	摸	mō	ㄇㄛ	摸索.
	模	mó	ㄇㄛˊ	模擬. 模型. 模寫. 模範. 模倣.
	母	mǔ	ㄇㄨˇ	母音. 母校. 母子. 母親.
	矛	máo	ㄇㄠˊ	矛盾.
	牡	mǔ	ㄇㄨˇ	牡丹.
	募	mù	ㄇㄨˋ	募集.
	帽	mào	ㄇㄠˋ	帽子.
	侮	wǔ	ㄨˇ	侮辱.
목	牧	mù	ㄇㄨˋ	牧草. 牧場. 牧師. 牧童. 牧畜.
	木	mù	ㄇㄨˋ	木刻. 木工. 木材. 木炭. 木星. 木馬. 木版.
	目	mù	ㄇㄨˋ	目下. 目擊. 目次. 目前. 目的. 目標. 目錄.
몰	沒	mò	ㄇㄛˋ	沒落. 沒收.
몽	蒙	méng	ㄇㄥˊ	蒙昧.
	夢	mèng	ㄇㄥˋ	夢想.
묘	妙	miào	ㄇㄧㄠˋ	妙計. 妙策. 妙藥. 妙論.
	描	miáo	ㄇㄧㄠˊ	描寫.
무	貿	mào	ㄇㄠˋ	貿易.
	無	wú	ㄨˊ	無意識. 無期. 無機物. 無記名. 無休. 無形. 無限. 無原則. 無產階級. 無視. 無効. 無情. 無數. 無比. 無双. 無神論. 無恥. 無能. 無味. 無名氏. 無用. 無力. 無論.
	武	wǔ	ㄨˇ	武器. 武術. 武裝. 武斷. 武力.
	舞	wǔ	ㄨˇ	舞臺. 舞蹈.
	誣	wū	ㄨ	誣告.
묵	默	mò	ㄇㄛˋ	默讀. 默認.
	墨	mò	ㄇㄜˋ	墨汁.
문	文	wén	ㄨㄣˊ	文化. 文科. 文學. 文學家. 文教. 文藝. 文庫. 文献. 文豪. 文士. 文弱. 文書. 文章. 文人. 文體. 文筆. 文法. 文明. 文盲. 文字.
	門	mén	ㄇㄣˊ	門外漢. 門戶.
	問	wèn	ㄨㄣˋ	問題. 問答.
물	物	wù	ㄨˋ	物價. 物資. 物質. 物色. 物品. 物理. 物力.
미	味	wèi	ㄨㄟˋ	味覺.
	未	wèi	ㄨㄟˋ	未遂. 未成年. 未來. 未知數.
	美	měi	ㄇㄟˇ	美化. 美學. 美感. 美術. 美酒. 美人. 美談. 美德. 美味. 美名. 美麗.

	微	wēi	ㄨㄟ	微細. 微笑. 微生物. 微妙.
	迷	mí	ㄇㄧˊ	迷信. 迷路.
민	敏	mǐn	ㄇㄧㄣˇ	敏感. 敏捷.
	民	mín	ㄇㄧㄣˊ	民間. 民權. 民主. 民主主義. 民衆. 民政. 民俗. 民俗學. 民兵. 民謠.
밀	密	mì	ㄇㄧˋ	密集. 密接. 密談. 密度. 密約.
박	薄	pó	ㄅㄛˊ	薄弱. 薄情.
	博	pó	ㄅㄛˊ	博愛. 博學. 博士. 博物館. 博覽會.
	拍	p'āi	ㄆㄞ	拍手.
	迫	p'ò	ㄅㄛˋ	迫害.
반	半	pàn	ㄅㄢˋ	半徑. 半身. 半信半疑. 半生. 半透明. 半製品. 半島. 半日.
	反	fǎn	ㄈㄢˇ	反映. 反感. 反擊. 反抗. 反作用. 反射. 反證. 反省. 反戰. 反對. 反動. 反比例. 反目. 反問. 反復.
	伴	pàn	ㄅㄢˋ	伴侶. 伴奏.
	頒	pān	ㄅㄢ	頒布.
발	發	fā	ㄈㄚ	發育. 發音. 發芽. 發覺. 發刊. 發揮. 發狂. 發言. 發行. 發酵. 發散. 發達. 發展. 發電. 發動. 發熱. 發表. 發生. 發布. 發明. 發起. 發起人. 發端. 發作.
방	方	fāng	ㄈㄤ	方案. 方位. 方言. 方向. 方式. 方針. 方正. 方面. 方丈.
	訪	fǎng	ㄈㄤˇ	訪問.
	放	fàng	ㄈㄤˋ	放火. 放縱. 放射. 放蕩. 放屁. 放送.
	防	fáng	ㄈㄤˊ	防衛. 防疫. 防火. 防禦. 防空. 防備. 防風. 防風林.
	妨	fáng	ㄈㄤˊ	妨害.
	傍	p'áng	ㄆㄤˊ	傍證. 傍觀.
배	背	pèi	ㄅㄟˋ	背景. 背後.
	排	p'ái	ㄆㄞˊ	排除. 排水. 排泄. 排斥. 排列.
	配	p'èi	ㄆㄟˋ	配給. 配合. 配色. 配置.
	倍	pèi	ㄅㄟˋ	倍加. 倍數. 倍增.
백	白	pái	ㄅㄞˊ	白眼. 白血球. 白菜. 白痴. 白晝. 白熱. 白米.
	百	pǎi	ㄅㄞˇ	百貨. 百科全書. 百日咳. 百般. 百分率.
번	繁	fán	ㄈㄢˊ	繁榮. 繁華. 繁殖. 繁雜.
	番	fān	ㄈㄢ	番號.
범	犯	fàn	ㄈㄢˋ	犯罪. 犯人.
	範	fàn	ㄈㄢˋ	範圍. 範疇.
법	法	fǎ	ㄈㄚˇ	法案. 法規. 法制. 法則. 法定. 法律. 法令.
벽	壁	pì	ㄅㄧˋ	壁畫.
변	變	pièn	ㄅㄧㄢˋ	變壓. 變化. 變革. 變格. 變形. 變更. 變質. 變色. 變節. 變遷. 變動.
	辯	pièn	ㄅㄧㄢˋ	辯護. 辯解. 辯證法. 辯論.
	便	pièn	ㄅㄧㄢˋ	便所. 便利. 便宜. 便秘.
별	別	piéh	ㄅㄧㄝˊ	別名. 別離.
병	病	pìng	ㄅㄧㄥˋ	病院. 病菌. 病原體. 病根. 病症. 病人. 病歷. 病蟲害.
	兵	pīng	ㄅㄧㄥ	兵營. 兵役. 兵器. 兵士. 兵力.
	並	pìng	ㄅㄧㄥˋ	並列.
보	保	pǎo	ㄅㄠˇ	保安. 保育. 保溫. 保管. 保菌. 保健. 保險. 保護. 保持. 保守. 保證. 保障. 保全. 保存. 保母. 保養. 保留.
	補	pǔ	ㄅㄨˇ	補語. 補習. 補充. 補助. 補足.
	輔	fǔ	ㄈㄨˇ	輔導.
	寶	pǎo	ㄅㄠˇ	寶庫. 寶石. 寶物.
	報	pào	ㄅㄠˋ	報恩. 報告. 報國. 報酬.
	普	p'ǔ	ㄆㄨˇ	普通. 普遍. 普遍性.
	步	pù	ㄅㄨˋ	步行. 步兵.
복	福	fú	ㄈㄨˊ	福利.
	伏	fú	ㄈㄨˊ	伏兵.
	服	fú	ㄈㄨˊ	服役. 服罪. 服從. 服裝. 服務. 服用.
	複(復)	fù	ㄈㄨˋ	複眼. 複雜. 複數. 複葉. 複寫. 復習. 復職. 復學. 復命. 復舊.
	腹	fù	ㄈㄨˋ	腹部. 腹膜炎.
본	本	pěn	ㄅㄣˇ	本意. 本位. 本義. 本家. 本國. 本日. 本質. 本心. 本性. 本體. 本土. 本人. 本年. 本能. 本部. 本來. 本末. 本論.
봉	蜂	fēng	ㄈㄥ	蜂起.
	鳳	fèng	ㄈㄥˋ	鳳凰.
	封	fēng	ㄈㄥ	封建. 封鎖.
부	復	fù	ㄈㄨˋ	復活. 復興.
	夫	fū	ㄈㄨ	夫人. 夫婦.
	孵	fū	ㄈㄨ	孵化.

	扶	fú	ㄈㄨˊ	扶助. 扶養.
	符	fú	ㄈㄨˊ	符號. 符合.
	腐	fǔ	ㄈㄨˇ	腐蝕. 腐蝕土. 腐敗. 腐爛.
	富	fù	ㄈㄨˋ	富強. 富豪. 富農.
	附(付)	fù	ㄈㄨˋ	附加. 附屬品. 附着. 附錄.
	負	fù	ㄈㄨˋ	負債. 負傷. 負擔.
	婦	fù	ㄈㄨˋ	婦女. 婦人.
	父	fù	ㄈㄨˋ	父兄. 父子. 父母. 父親.
	部	pù	ㄅㄨˋ	部下. 部署. 部族. 部隊. 部分. 部落. 部門.
	副	fù	ㄈㄨˋ	副業. 副作用. 副產物. 副詞. 副食.
	否	fǒu	ㄈㄡˇ	否決. 否定. 否認.
	簿	pù	ㄅㄨˋ	簿記.
북	北	pěi	ㄅㄟˇ	北緯. 北極. 北半球. 北部.
분	紛	fēn	ㄈㄣ	紛爭.
	粉	fěn	ㄈㄣˇ	粉碎. 粉末. 粉節.
	憤	fèn	ㄈㄣˋ	憤慨. 憤激. 憤怒.
	奮	fèn	ㄈㄣˋ	奮鬪. 奮發.
	噴	p'ēn	ㄆㄣ	噴水. 噴飯. 噴霧器.
	分	fēn	ㄈㄣ	分化. 分解. 分割. 分岐. 分業. 分家. 分散. 分子. 分水. 分水嶺. 分析. 分擔. 分配. 分布. 分母. 分泌. 分娩. 分野. 分離. 分類. 分裂.
	奔	pēn	ㄅㄣ	奔走. 奔放. 奔馬. 奔流.
	盆	p'én	ㄆㄣˊ	盆地.
불	不	pù	ㄅㄨˋ	不穩. 不可解. 不可能. 不快. 不朽. 不景氣. 不幸. 不動產. 不在. 不時. 不肖. 不淨. 不測. 不足. 不定. 不道德. 不能. 不服. 不平. 不便. 不滿. 不眠不休. 不名譽. 不毛. 不要. 不用. 不利. 不良. 不和.
붕	繃	pěng	ㄅㄥ	繃帶.
비	悲	pēi	ㄅㄟ	悲哀. 悲觀. 悲劇. 悲慘. 悲嘆. 悲壯. 悲痛. 悲憤.
	比	pǐ	ㄅㄧˇ	比較. 比重. 比例. 比喩.
	庇	pǐ	ㄅㄧˇ	庇護.
	非	fēi	ㄈㄟ	非常. 非難.
	飛	fēi	ㄈㄟ	飛行. 飛躍.
	肥	féi	ㄈㄟˊ	肥大.
	費	fèi	ㄈㄟˋ	費用.
	秘	mì	ㄇㄧˋ	秘書. 秘密.
	批	pī	ㄅㄧ	批准. 批判. 批評.
빈	瀕	pīn	ㄅㄧㄣ	瀕死.
	頻	p'ín	ㄆㄧㄣˊ	頻繁. 頻頻.
	貧	p'ín	ㄆㄧㄣˊ	貧窮. 貧血. 貧困. 貧賤. 貧農. 貧民.
사	師	shīh	ㄕ	師弟.
	使	shǐh	ㄕˇ	使節. 使命. 使用.
	士	shìh	ㄕˋ	士氣.
	思	ssū	ㄙ	思考. 思考力. 思索. 思想. 思想家. 思潮. 思慕. 思慮.
	私	ssū	ㄙ	私見. 私營. 私心. 私事. 私情. 私藏. 私生子. 私通. 私有. 私慾. 私立.
	司	ssū	ㄙ	司法. 司令. 司令塔. 司令部.
	死	ssǔ	ㄙˇ	死刑. 死罪. 死守. 死者. 死生. 死人. 死亡. 死亡率.
	四	ssù	ㄙˋ	四角. 四月.
	飼	ssù	ㄙˋ	飼料.
	辭	tz'ú	ㄘˊ	辭職. 辭退.
	事	shìh	ㄕˋ	事業. 事件. 事故. 事實. 事情. 事前. 事跡. 事態. 事項. 事物. 事變. 事務.
	寺	ssù	ㄙˋ	寺院.
	社	shè	ㄕㄜˋ	社會. 社會主義.
	射	shè	ㄕㄜˋ	射擊.
	斜	hsiéh	ㄒㄧㄝˊ	斜陽.
	寫	hsiěh	ㄒㄧㄝˇ	寫實. 寫實主義. 寫生.
	謝	hsièh	ㄒㄧㄝˋ	謝罪. 謝絕. 謝禮.
	查	ch'á	ㄔㄚˊ	查定. 查問.
	砂	shā	ㄕㄚ	砂金. 砂漠. 砂丘.
산	產	ch'ǎn	ㄔㄢˇ	產業. 產後. 產前. 產地. 產物. 產婦.
	散	sàn	ㄙㄢˋ	散會. 散布. 散步.
	山	shān	ㄕㄢ	山河. 山岳. 山水. 山頂. 山道. 山脈. 山野. 山林. 山麓.
	珊	shān	ㄕㄢ	珊瑚. 珊瑚礁.
	酸	suān	ㄙㄨㄢ	酸性.
	算	suàn	ㄙㄨㄢˋ	算術.
살	殺	shā	ㄕㄚ	殺害. 殺氣. 殺傷. 殺菌劑. 殺風景.

삼	三	sān	ㄙㄢ	三角. 三角形. 三三五五. 三輪車. 三月.
	森	sēn	ㄙㄣ	森林.
삽	挿	ch'ā	ㄔㄚ	挿話.
상	象	hsiàng	ㄒㄧㄤˋ	象徵. 象形.
	常	ch'áng	ㄔㄤˊ	常溫. 常識. 常人. 常用. 常備. 常用字. 常例.
	上	shàng	ㄕㄤˋ	上映. 上演. 上級. 上下. 上弦. 上策. 上旬. 上層. 上等. 上部. 上陸. 上流.
	狀	chuàng	ㄓㄨㄤˋ	狀況. 狀態.
	喪	sàng	ㄙㄤˋ	喪失.
	爽	shuǎng	ㄕㄨㄤˇ	爽快.
	相	hsiāng	ㄒㄧㄤ	相愛. 相應. 相互. 相思. 相似. 相對. 相等. 相當.
	想	hsiǎng	ㄒㄧㄤˇ	想像.
	詳	hsiáng	ㄒㄧㄤˊ	詳細.
쌍	雙	shuāng	ㄕㄨㄤ	雙方.
색	色	sè	ㄙㄜˋ	色素. 色盲. 色彩.
	索	sǒ	ㄙㄨㄛˇ	索引.
생	生	shēng	ㄕㄥ	生涯. 生活. 生活費. 生活力. 生計. 生產. 生產力. 生殖. 生殖器. 生前. 生存. 生物. 生命. 生理. 生理學. 生物學.
서	西	hsī	ㄒㄧ	西部. 西風. 西方.
	敍	hsù	ㄒㄩˋ	敍述.
	序	hsù	ㄒㄩˋ	序數. 序文. 序曲. 序幕.
	書	shū	ㄕㄨ	書架. 書記. 書庫. 書信. 書生. 書目. 書籍. 書店. 書面.
	署	shǔ	ㄕㄨˇ	署名.
	庶	shù	ㄕㄨˋ	庶民.
	抒	shū	ㄕㄨ	抒情詩.
석	石	shíh	ㄕˊ	石灰. 石器. 石膏. 石油.
	惜	hsī	ㄒㄧ	惜別.
	釋	shìh	ㄕˋ	釋放.
선	船	ch'uán	ㄔㄨㄢˊ	船員. 船體. 船長. 船尾.
	仙	hsiēn	ㄒㄧㄢ	仙人.
	先	hsiēn	ㄒㄧㄢ	先覺. 先驅. 先見之明. 先決問題. 先天. 先進.
	宣	hsüān	ㄒㄩㄢ	宣言. 宣告. 宣誓. 宣戰. 宣傳.
	選	hsüǎn	ㄒㄩㄢˇ	選擧. 選擧權. 選手. 選拔.
	善	shàn	ㄕㄢˋ	善惡. 善意. 善後. 善良.
	鮮	hsiēn	ㄒㄧㄢ	鮮花. 鮮血. 鮮明.
	扇	shān	ㄕㄢ	扇動.
설	設	shè	ㄕㄜˋ	設計. 設置. 設備. 設立.
	說	shuō	ㄕㄨㄛ	說明. 說明書.
섬	纖	hsiēn	ㄒㄧㄢ	纖維. 纖細.
성	成	ch'éng	ㄔㄥˊ	成員. 成果. 成語. 成功. 成人. 成熟. 成績. 成長. 成敗. 成分. 成立. 成就.
	城	ch'éng	ㄔㄥˊ	城門.
	誠	ch'éng	ㄔㄥˊ	誠意. 誠心. 誠實.
	姓	hsìng	ㄒㄧㄥˋ	姓名.
	星	hsīng	ㄒㄧㄥ	星座.
	性	hsìng	ㄒㄧㄥˋ	性格. 性急. 性質. 性病. 性別. 性慾.
	聲	shēng	ㄕㄥ	聲援. 聲明. 聲望.
	盛	shèng	ㄕㄥˋ	盛況. 盛裝. 盛大.
	聖	shèng	ㄕㄥˋ	聖人.
세	歲	suì	ㄙㄨㄟˋ	歲月.
	細	hsì	ㄒㄧˋ	細菌. 細菌戰. 細心. 細胞.
	世	shìh	ㄕˋ	世界. 世界觀. 世間. 世代. 世紀.
	勢	shìh	ㄕˋ	勢力.
	稅	shuì	ㄕㄨㄟˋ	稅率.
	洗	hsǐ	ㄒㄧˇ	洗禮. 洗滌.
소	所	sǒ	ㄙㄨㄛˇ	所在. 所在地. 所屬. 所得. 所得稅. 所有. 所有者.
	小	hsiǎo	ㄒㄧㄠˇ	小學校. 小康. 小心. 小數. 小數點. 小說. 小腸. 小兒. 小兒科. 小便. 小型. 小夜.
	笑	hsiào	ㄒㄧㄠˋ	笑話.
	少	shǎo	ㄕㄠˇ	少數.
	少	shào	ㄕㄠˋ	少女. 少將. 少年.
	召	chào	ㄓㄠˋ	召喚. 召集.
	素	sù	ㄙㄨˋ	素行. 素材. 素質.
	訴	sù	ㄙㄨˋ	訴訟.
	掃	sǎo	ㄙㄠˇ	掃射. 掃除.
	騷	sāo	ㄙㄠ	騷動.
	消	hsiāo	ㄒㄧㄠ	消化. 消極. 消失、消息. 消費. 消防. 消滅. 消耗.

속	束	shù	ㄕㄨˋ	束縛.
	速	sù	ㄙㄨˋ	速記. 速度. 速成. 速力.
	俗	sú	ㄙㄨˊ	俗語. 俗字. 俗名. 俗流.
	續	hsǜ	ㄒㄩˋ	續編.
	贖	shú	ㄕㄨˊ	贖罪.
손	損	sǔn	ㄙㄨㄣˇ	損益. 損害. 損失. 損傷. 損耗.
	遜	hsǜn	ㄒㄩㄣˋ	遜色.
솔	率	shuài	ㄕㄨㄞˋ	率直.
송	送	sùng	ㄙㄨㄥˋ	送達. 送別.
쇄	刷	shuā	ㄕㄨㄚ	刷新.
쇠	衰	shuāi	ㄕㄨㄞ	衰弱. 衰退. 衰亡.
수	守	shǒu	ㄕㄡˇ	守衛.
	首	shǒu	ㄕㄡˇ	首相. 首席. 首都. 首腦. 首領.
	手	shǒu	ㄕㄡˇ	手藝. 手工業. 手段. 手法. 手榴彈. 手續.
	壽	shòu	ㄕㄡˋ	壽命.
	受	shòu	ㄕㄡˋ	受胎. 受理.
	授	shòu	ㄕㄡˋ	授受.
	樹	shù	ㄕㄨˋ	樹胎. 樹木. 樹葉. 樹立.
	需	hsū	ㄒㄩ	需要. 需用.
	収	shōu	ㄕㄡ	収益. 収入. 収容. 収容所. 収穫.
	羞	hsiū	ㄒㄧㄡ	羞恥.
	修	hsiū	ㄒㄧㄡ	修業. 修辭. 修正. 修正主義. 修膳. 修築. 修養. 修理. 修節.
	獸	shòu	ㄕㄡˋ	獸醫.
	水	shuǐ	ㄕㄨㄟˇ	水位. 水牛. 水銀. 水準. 水彩. 水彩畵. 水源. 水晶. 水晶體. 水草. 水蒸氣. 水仙. 水田. 水分. 水兵. 水平線. 水面. 水利. 水流. 水陸. 水力. 水路. 水鳥.
	睡	shuì	ㄕㄨㄟˋ	睡眠.
	隨	suí	ㄙㄨㄟˊ	隨意. 隨時. 隨筆. 隨員.
	數	shù	ㄕㄨˋ	數學. 數詞. 數量. 數字.
	搜	sou	ㄙㄡ	搜索.
	垂	ch'uí	ㄔㄨㄟˊ	垂直.
숙	宿	sù	ㄙㄨˋ	宿怨. 宿舍. 宿命論.
	肅	sù	ㄙㄨˋ	肅淸.
순	醇	ch'ún	ㄔㄨㄣˊ	醇朴.
	純	ch'ǔn	ㄔㄨㄣˇ	純潔. 純粹.
	順	shùn	ㄕㄨㄣˋ	順次. 順序. 順風. 順當.
	循	hsǘn	ㄒㄩㄣˊ	循環.
	旬	hsǘn	ㄒㄩㄣˊ	旬刊.
	巡	hsǘn	ㄒㄩㄣˊ	巡回. 巡警.
	瞬	shùn	ㄕㄨㄣˋ	瞬間.
술	術	shù	ㄕㄨˋ	術語.
숭	崇	ch'úng	ㄔㄨㄥˊ	崇高. 崇拜.
습	濕	shīh	ㄕ	濕氣. 濕度.
	習	hsí	ㄒㄧˊ	習字. 習慣.
	襲	hsí	ㄒㄧˊ	襲撃.
승	昇	shěng	ㄕㄥ	昇格. 昇級. 昇天.
	勝	shèng	ㄕㄥˋ	勝算. 勝負. 勝利.
	僧	sēng	ㄙㄥ	僧侶.
	承	ch'ěng	ㄔㄥˊ	承認.
	省	shěng	ㄕㄥˇ	省略.
	乘	ch'éng	ㄔㄥˊ	乘客. 乘務員.
시	詩	shīh	ㄕ	詩集. 詩人.
	市	shìh	ㄕˋ	市民. 市場.
	視	shìh	ㄕˋ	視覺. 視野. 視力.
	試	shìh	ㄕˋ	試金石. 試驗. 試行. 試問. 試用.
	時	shíh	ㄕˊ	時間. 時機. 時期. 時局. 時候. 時效. 時刻. 時差. 時事. 時勢. 時節. 時代.
	是	shìh	ㄕˋ	是非.
	施	shīh	ㄕ	施工. 施行. 施政.
	猜	ts'āi	ㄘㄞ	猜疑.
식	識	shíh	ㄕˊ	識別.
	食	shíh	ㄕˊ	食道. 食堂. 食品. 食物. 食用. 食慾. 食糧.
	植	chíh	ㄓˊ	植物.
	殖	chíh	ㄓˊ	殖民地.
신	申	shēn	ㄕㄣ	申請書.
	伸	shēn	ㄕㄣ	伸縮.

	紳	shĕn	ㄕㄣ	紳士.
	身	shĕn	ㄕㄣ	身體. 身分.
	神	shén	ㄕㄣˊ	神聖. 神經. 神童. 神父. 神話.
	愼	shèn	ㄕㄣˋ	愼重.
	辛	hsīn	ㄒㄧㄣ	辛酸. 辛苦. 辛辣.
	新	hsīn	ㄒㄧㄣ	新記錄. 新興. 新婚. 新式. 新鮮. 新年. 新郎.
	信	hsìn	ㄒㄧㄣˋ	信仰. 信號. 信號燈. 信條. 信徒. 信任. 信念. 信奉. 信用. 信賴.
	迅	hsǜn	ㄒㄩㄣˋ	迅速.
실	失	shīh	ㄕ	失意. 失業. 失言. 失策. 失神. 失踪. 失敗. 失望. 失明. 失禮. 失戀.
	實	shíh	ㄕˊ	實驗. 實現. 實行. 實力. 實際. 實地. 實質. 實習. 實情. 實踐. 實體. 實物. 實用.
심	深	shĕn	ㄕㄣ	深淵. 深呼吸. 深度. 深夜.
	心	hsīn	ㄒㄧㄣ	心機. 心境. 心血. 心中. 心情. 心臟. 心痛. 心理. 心理學.
	尋	hsǘn	ㄒㄩㄣˊ	尋常.
십	十	shíh	ㄕˊ	十月. 十一月. 十二月. 十字架. 十二指腸. 十分.
아	亞	yà	ㄧㄚˋ	亞鉛. 亞熱帶. 亞麻.
악	惡	è	ㄜˋ	惡意. 惡化. 惡性. 惡習. 惡人. 惡魔. 惡夢. 惡名.
	樂	yüèh	ㄩㄝˋ	樂器. 樂隊. 樂譜.
안	安	ān	ㄢ	安逸. 安穩. 安閒. 安危. 安心. 安靜. 安息. 安全. 安置. 安定. 安眠. 安樂.
	按	àn	ㄢˋ	按摩.
	眼	yĕn	ㄧㄢˇ	眼下. 眼界. 眼球. 眼鏡. 眼光. 眼前. 眼底. 眼力.
	顔	yén	ㄧㄢˊ	顔色. 顔面. 顔料.
알	斡	wò	ㄨㄛˋ	斡旋.
암	暗	àn	ㄢˋ	暗記. 暗號. 暗殺. 暗算. 暗示. 暗室. 暗礁.
	岩	yén	ㄧㄢˊ	岩石. 岩塩. 岩壁.
압	壓	yā	ㄧㄚ	壓延. 壓延機. 壓縮. 壓制. 壓例. 壓迫. 壓力.
애	愛	ài	ㄞˋ	愛護. 愛好. 愛國. 愛國主義. 愛情. 愛人. 愛惜. 愛憎. 愛慕.
	曖	ài	ㄞˋ	曖昧.
	哀	āi	ㄞ	哀悼.
액	液	yèh	ㄧㄝˋ	液體. 液化.
앵	鸚	yīng	ㄧㄥ	鸚鵡.
야	冶	yĕh	ㄧㄝˇ	冶金.
	野	yĕh	ㄧㄝˋ	野外. 野獸. 野心. 野人. 野生. 野性. 野戰. 野蠻.
	夜	yèh	ㄧㄝˋ	夜學. 夜間. 夜勤. 夜景. 夜襲. 夜盲. 夜半.
약	若	jò	ㄖㄨㄛˋ	若干.
	弱	jò	ㄖㄨㄛˋ	弱小. 弱點.
	藥	yào	ㄧㄠˋ	藥材. 藥劑. 藥劑師. 藥酒. 藥品.
	躍	yüèh	ㄩㄝˋ	躍進.
	約	yüēh	ㄩㄝ	約數. 約定.
양	讓	jàng	ㄖㄤˋ	讓步.
	養	yăng	ㄧㄤˇ	養育. 養護. 養子. 養女. 養成. 養父. 養老. 養老院. 養母.
	樣	yàng	ㄧㄤˋ	樣式.
	諒	liàng	ㄌㄧㄤˋ	諒解.
	良	liáng	ㄌㄧㄤˊ	良好. 良策. 良種. 良心. 良導體. 良友.
	陽	yáng	ㄧㄤˊ	陽性.
	兩	liăng	ㄌㄧㄤˇ	兩極. 兩側. 兩端. 兩面. 兩立.
어	魚	yǘ	ㄩˊ	魚網. 魚類. 魚雷.
	漁	yǘ	ㄩˊ	漁業. 漁港. 漁場. 漁船. 漁夫. 漁民. 漁獵. 漁撈.
	語	yǚ	ㄩˇ	語氣. 語句. 語調. 語錄.
억	臆	ì	ㄧˋ	臆測.
	抑	ì	ㄧˋ	抑制. 抑揚.
언	言	yén	ㄧㄢˊ	言動. 言行. 言論. 言語.
엄	嚴	yén	ㄧㄢˊ	嚴格. 嚴寒. 嚴重. 嚴肅. 嚴正. 嚴密.
업	業	yèh	ㄧㄝˋ	業務.
여	女	nǚ	ㄋㄩˇ	女工. 女子. 女兒.
	余	yǘ	ㄩˊ	余暇. 余興. 余生. 余地. 余波. 余裕. 余力. 余剩.
	旅	lǚ	ㄌㄩˇ	旅館. 旅客. 旅行.
	黎	lí	ㄌㄧˊ	黎明.
역	譯	ī	ㄧ	譯本. 譯文.
	逆	nì	ㄋㄧˋ	逆境. 逆轉. 逆風. 逆流.
	曆	lì	ㄌㄧˋ	曆法.

	歷	lì	ㄌㄧˋ	歷史. 歷代. 歷年.
연	鉛	ch'iēn	ㄑㄧㄢ	鉛筆.
	煙	yēn	ㄧㄢ	煙幕.
	延	yén	ㄧㄢˊ	延期. 延長.
	沿	yén	ㄧㄢˊ	沿海. 沿岸. 沿革.
	演	yěn	ㄧㄢˇ	演繹. 演劇. 演習. 演說. 演奏.
	宴	yèn	ㄧㄢˋ	宴會.
	淵	yüān	ㄩㄢ	淵源.
	研	yén	ㄧㄢˊ	研究.
	年	nién	ㄋㄧㄢˊ	年限. 年月. 年代. 年度. 年表. 年輪. 年齡.
	燃	ján	ㄖㄢˊ	燃料.
	軟	juǎn	ㄖㄨㄢˇ	軟禁. 軟膏. 軟弱. 軟水.
	練	lièn	ㄌㄧㄢˋ	練習. 練兵. 練達.
	戀	lièn	ㄌㄧㄢˋ	戀愛. 戀人.
	連	lién	ㄌㄧㄢˊ	連結. 連鎖. 連接. 連作. 連日. 連續. 連帶. 連綿.
	聯	lién	ㄌㄧㄢˊ	聯合. 聯想. 聯盟.
열	閱	yüèh	ㄩㄝˋ	閱讀. 閱兵. 閱覽.
	熱	jè	ㄖㄜˋ	熱血. 熱愛. 熱情. 熱心. 熱誠. 熱帶. 熱度. 熱中. 熱病. 熱量.
	烈	lièh	ㄌㄧㄝˋ	烈火. 烈士.
	劣	lièh	ㄌㄧㄝˋ	劣勢. 劣等.
	列	lièh	ㄌㄧㄝˋ	列擧. 列強. 列國. 列車. 列席. 列傳. 列島.
염	炎	yén	ㄧㄢˊ	炎署. 炎熱.
	厭	yèn	ㄧㄢˋ	厭世.
	染	jǎn	ㄖㄢˇ	染料.
	念	nièn	ㄋㄧㄢˋ	念頭.
엽	獵	lièh	ㄌㄧㄝˋ	獵犬. 獵奇.
영	榮	júng	ㄖㄨㄥˊ	榮典. 榮譽.
	英	yīng	ㄧㄥ	英語. 英國. 英明. 英雄.
	營	yíng	ㄧㄥˊ	營業. 營膳. 營造. 營養. 營利.
	影	yǐng	ㄧㄥˇ	影響.
	永	yǔng	ㄩㄥˇ	永久. 永遠. 永世.
	迎	yíng	ㄧㄥˊ	迎合. 迎春.
	領	lǐng	ㄌㄧㄥˇ	領域. 領事. 領主. 領土.
	靈	líng	ㄌㄧㄥˊ	靈感. 靈柩. 靈驗. 靈魂.
예	藝	yìng	ㄧˋ	藝術. 藝術家. 藝能.
	豫	yǜ	ㄩˋ	豫見. 豫言. 豫告. 豫算. 豫選. 豫知. 豫定. 豫防. 豫報. 豫約.
	銳	juì	ㄖㄨㄟˋ	銳角. 銳意. 銳氣. 銳利.
	例	lì	ㄧˋ	例會. 例外. 例言. 例證. 例題.
	禮	lǐ	ㄌㄧˇ	禮節. 禮服. 禮讓.
오	五	wǔ	ㄨˇ	五月.
	午	wǔ	ㄨˇ	午後. 午前.
	誤	wù	ㄨˋ	誤解. 誤殺. 誤認.
	娛	yǘ	ㄩˊ	娛樂.
	傲	ào	ㄠˋ	傲慢.
옥	玉	yǜ	ㄩˋ	玉石.
온	溫	wēn	ㄨㄣ	溫室. 溫床. 溫情. 溫泉. 溫帶. 溫暖. 溫度. 溫度計. 溫和.
	穩	wěn	ㄨㄣˇ	穩健. 穩當.
옹	擁	yūng	ㄩㄥ	擁護.
와	瓦	wǎ	ㄨㄚˇ	瓦解. 瓦斯.
완	緩	huǎn	ㄏㄨㄢˇ	緩急. 緩衝. 緩和.
	玩	wán	ㄨㄢˊ	玩具. 玩物.
	頑	wán	ㄨㄢˊ	頑強. 頑固.
	完	wán	ㄨㄢˊ	完結. 完成. 完全. 完備. 完璧. 完了.
왕	王	wáng	ㄨㄤˊ	王冠. 王國. 王子. 王朝. 王道.
	往	wǎng	ㄨㄤˇ	往年. 往事. 往來. 往復.
	旺	wàng	ㄨㄤˋ	旺盛.
외	外	wài	ㄨㄞˋ	外因. 外觀. 外患. 外勤. 外語. 外國. 外交. 外在. 外地. 外套. 外部. 外務. 外面. 外科.
	歪	wāi	ㄨㄞ	歪曲.
요	妖	yāo	ㄧㄠ	妖艶. 妖氣. 妖怪. 妖精.
	要	yāo	ㄧㄠ	要求.
	要	yào	ㄧㄠˋ	要害. 要件. 要塞. 要旨. 要素. 要務.
	搖	yáo	ㄧㄠˊ	搖籃.

한글	漢字	로마자	注音	複合語
	尿	niào	ㄋㄧㄠˋ	尿道.
	療	liáo	ㄌㄧㄠˊ	療養.
욕	浴	yǜ	ㄩˋ	浴室.
	欲	yǜ	ㄩˋ	欲望.
용	容	júng	ㄖㄨㄥˊ	容器. 容貌. 容易.
	溶	júng	ㄖㄨㄥˊ	溶解.
	用	yùng	ㄩㄥˋ	用具. 用語. 用度. 用途. 用品. 用兵. 用法.
	勇	yǔng	ㄩㄥˇ	勇敢. 勇氣. 勇士. 勇猛.
우	優	yū	ㄧㄡ	優越. 優越感. 優越性. 優秀. 優柔. 優先. 優先權. 優勢. 優待. 優美. 優良. 優劣.
	郵	yú	ㄧㄡˊ	郵政. 郵船.
	友	yǔ	ㄧㄡˇ	友愛. 友誼. 友軍. 友好. 友情. 友人.
	憂	yū	ㄧㄡ	憂鬱. 憂愁. 憂慮.
	右	yù	ㄧㄡˋ	右派. 右手. 右翼.
	迂	yū	ㄩ	迂廻.
	宇	yǚ	ㄩ丨ˇ	宇宙. 宇宙觀. 宇宙線.
	雨	yǚ	ㄩˇ	雨季. 雨天. 雨量. 雨傘. 雨靴. 雨水.
	愚	yǘ	ㄩˊ	愚鈍. 愚昧. 愚弄.
	偶	ǒu	ㄡˇ	偶然. 偶像. 偶發.
운	運	yǜn	ㄩㄣˋ	運河. 運行. 運送. 運轉. 運動. 運動員. 運動會. 運命. 運輸. 運用.
	隕	yǔn	ㄩㄣˇ	隕石.
웅	雄	hsiúng	ㄒㄩㄥˊ	雄壯. 雄辯.
원	院	yüàn	ㄩㄢˋ	院長.
	元	yüán	ㄩㄢˊ	元氣. 元兇. 元勳. 元首. 元帥. 元素. 元老. 元來. 元旦.
	原	yüán	ㄩㄢˊ	原案. 原因. 原價. 原形. 原稿. 原始. 原子. 原狀. 原告. 原生動物. 原籍. 原則. 原動力. 原文. 原本. 原油. 原理. 原料.
	源	yüán	ㄩㄢˊ	源泉. 源流.
	鴛	yüān	ㄩㄢ	鴛鴦.
	圓	yüán	ㄩㄢˊ	圓滑. 圓形. 圓心. 圓錐體. 圓卓會議. 圓柱. 圓滿.
	猿	yüán	ㄩㄢˊ	猿人.
	遠	yüǎn	ㄩㄢˇ	遠距離. 遠近. 遠景. 遠視. 遠足. 遠大. 遠方. 遠來. 遠路.
	援	yüǎn	ㄩㄢˇ	援軍. 援助.
	願	yüàn	ㄩㄢˋ	願望.
월	越	yüèh	ㄩㄝˋ	越境.
	月	yüèh	ㄩㄝˋ	月刊. 月經. 月光. 月蝕. 月報.
위	威	wēi	ㄨㄟ	威儀. 威嚴. 威信. 威武. 威風. 威力. 威名.
	違	wéi	ㄨㄟˊ	違反. 違法. 違約.
	委	wěi	ㄨㄟˇ	委員. 委員會. 委託. 委任.
	偉	wěi	ㄨㄟˇ	偉人. 偉大.
	緯	wěi	ㄨㄟˇ	緯度.
	位	wèi	ㄨㄟˋ	位置.
	慰	wèi	ㄨㄟˋ	慰安. 慰問. 慰勞.
	胃	wèi	ㄨㄟˋ	胃液. 胃潰瘍. 胃酸.
	危	wēi	ㄨㄟ	危害. 危機. 危急. 危險.
	衛	wèi	ㄨㄟˋ	衛生. 衛星.
	僞	wěi	ㄨㄟˇ	僞裝. 僞造.
유	乳	jǔ	ㄖㄨˇ	乳牛. 乳房.
	油	yú	ㄧㄡˊ	油紙. 油脂. 油性. 油井. 油田.
	由	yú	ㄧㄡˊ	由來.,
	愉	yǘ	ㄩˊ	愉快.
	唯・惟	wéi	ㄨㄟˊ	唯一. 唯心論. 唯物史觀. 唯物論.
	遊	yú	ㄧㄡˊ	遊泳. 遊學. 遊記. 遊戲. 遊擊. 遊擊戰. 遊擊隊. 遊說. 遊牧. 遊覽. 遊離. 遊歷.
	有	yǔ	ㄧㄡˇ	有爲. 有益. 有閑. 有機物. 有形. 有限. 有効. 有色. 有名. 有權. 有用. 有利.
	誘	yù	ㄧㄡˋ	誘導. 誘惑.
	悠	yū	ㄧㄡ	悠遠. 悠久. 悠然.
	幼	yù	ㄧㄡˋ	幼兒. 幼稚. 幼虫. 幼年.
	蹂	jóu	ㄖㄡˊ	蹂躪.
	柔	jóu	ㄖㄡˊ	柔和. 柔順. 柔軟.
	輸	shū	ㄕㄨ	輸血. 輸出. 輸送. 輸入.
	流	liú	ㄌㄧㄡˊ	流域. 流血. 流言. 流行. 流產. 流星. 流速. 流彈. 流暢. 流通. 流動. 流派.
	遺	í	ㄧˊ	遺憾. 遺棄. 遺稿. 遺產. 遺書. 遺失. 遺族. 遺體. 遺留.

				遺傳性. 遺漏.
	類	lèi	ㄌㄟˋ	類型. 類似. 類人猿. 類推. 類別. 類比.
	硫	liú	ㄌㄧㄡˊ	硫酸.
	留	liú	ㄌㄧㄡˊ	留意. 留學. 留學生. 留用.
육	肉	jòu	ㄖㄡˋ	肉眼. 肉色. 肉體.
	陸	lù	ㄌㄨˋ	陸軍. 陸續. 陸路.
윤	輪	lún	ㄌㄨㄣˊ	輪廓. 輪作. 輪番.
융	隆	lúng	ㄌㄨㄥˊ	隆起. 隆盛.
은	殷	yīn	ㄧㄣ	殷勤.
	隱	yīn	ㄧㄣ	隱居. 隱語. 隱然. 隱忍. 隱遁. 隱蔽.
	恩	ēn	ㄣ	恩愛. 恩惠. 恩賜. 恩德. 恩人.
	銀	yín	ㄧㄣˊ	銀河. 銀行. 銀鑛. 銀白色. 銀粉. 銀幕.
음	陰	yīn	ㄧㄣ	陰鬱. 陰影. 陰極. 陰莖. 陰險. 陰性. 陰謀. 陰曆.
	飮	yǐn	ㄧㄣˇ	飮食. 飮料.
	音	yīn	ㄧㄣ	音階. 音樂. 音響. 音色. 音素. 音調. 音程. 音節. 音波.
				音標. 音符.
응	應	yìng	ㄧㄥˋ	應援. 應接. 應戰. 應對. 應諾. 應變. 應用.
	凝	níng	ㄋㄧㄥˊ	凝結. 凝視.
의	衣	ī	ㄧ	衣裳. 衣服. 衣料.
	依	ī	ㄧ	依據. 依然. 依賴.
	醫	ī	ㄧ	醫院. 醫學. 醫師. 醫務. 醫療. 醫藥. 醫術.
	椅	ǐ	ㄧˇ	椅子.
	意	ì	ㄧˋ	意向. 意外. 意氣. 意義. 意見. 意志. 意匠. 意識. 意圖.
				意中. 意味. 意表. 意譯.
	儀	í	ㄧˊ	儀器. 儀式. 儀仗.
	疑	í	ㄧˊ	疑意. 疑似. 疑心. 疑問. 疑惑.
	議	ì	ㄧˋ	議案. 議員. 議決. 議定書. 議題.
	義	ì	ㄧˋ	義齒. 義士. 義憤. 義務. 義勇軍.
이	移	í	ㄧˊ	移植. 移動. 移民.
	以	ǐ	ㄧˇ	以下. 以外. 以後. 以上. 以前. 以內. 以來.
	異	ì	ㄧˋ	異議. 異域. 異鄕. 異常. 異性. 異樣.
	履	lǚ	ㄌㄩˇ	履歷.
	離	lí	ㄌㄧˊ	離間. 離合. 離婚. 離職. 離別.
	理	lǐ	ㄌㄧˇ	理科. 理解. 理財. 理事. 理性. 理想. 理智. 理髮. 理由.
				理路. 理論.
	利	lì	ㄌㄧˋ	利益. 利害. 利已主義. 利潤.利息. 利用. 利率.
익	益	ì	ㄧˋ	益虫. 益鳥. 益母草.
	溺	nì	ㄋㄧˋ	溺愛. 溺死.
인	因	yīn	ㄧㄣ	因果. 因子. 因襲. 因循.
	隣	lín	ㄌㄧㄣˊ	隣國. 隣人. 隣接. 隣邦.
	引	yǐn	ㄧㄣˇ	引火. 引見.
	印	yìn	ㄧㄣˋ	印刷. 印象. 印章.
	人	jén	ㄖㄣˊ	人員. 人家. 人格. 人工. 人口. 人心. 人生. 人事不省.
				人生觀. 人造. 人道主義. 人品. 人物. 人民. 人命. 人文.
				人力. 人類.
	仁	jén	ㄖㄣˊ	仁義.
	認	jèn	ㄖㄣˋ	認可. 認識. 認定.
일	一	ī	ㄧ	一概. 一偶. 一月. 一元. 一覽表. 一律. 一角. 一擧. 一
				擧兩得. 一切. 一瞬. 一生. 一色. 一心. 一齊. 一體. 一
				旦. 一致. 一朝 一夕. 一定. 一般. 一般化.
	日	jìh	ㄖˋ	日月. 日常. 日沒. 日用品. 日記. 日光. 日光浴. 日誌.
				日射病. 日食. 日程.
임	任	jèn	ㄖㄣˋ	任意. 任務. 任命. 任免. 任用.
	林	lín	ㄌㄧㄣˊ	林業. 林產. 林立.
	臨	lín	ㄌㄧㄣˊ	臨時. 臨時工. 臨終.
	淋	lìn	ㄌㄧㄣˋ	淋病.
입	入	jù	ㄖㄨˋ	入會. 入學. 入港. 入手. 入場券. 入籍. 入隊. 入團. 入
				黨. 入門. 入口.
	立	lì	ㄌㄧˋ	立案. 立脚. 立憲. 立志. 立秋. 立體. 立冬. 立法. 立論.
				立方體. 立場.
잉	剩	shèng	ㄕㄥˋ	剩餘.
자	雌	tz'ǘ	ㄘˊ	雌雄.
	刺	tz'ǜ	ㄘˋ	刺客. 刺戟.
	資	tzū	ㄗ	資格. 資金. 資源. 資產. 資材. 資質. 資本家. 資本主義.
				資料.
	姿	tzū	ㄗ	姿勢. 姿態.
	子	tzǔ	ㄗˇ	子音. 子宮. 子午線. 子女. 子弟.

	自	tzǔ	ㄗˋ	自然. 自然界. 自愛. 自慰. 自衛. 自覺. 自我. 自己. 自殺. 自在. 自治. 自若. 自首. 自主. 自修. 自習. 自身. 自信. 自足. 自尊心. 自重. 自傳. 自動化. 自負. 自問 自由. 自由主義. 自立.
	慈	tz'ǔ	ㄘˊ	慈愛. 慈善. 慈悲.
	磁	tz'ǔ	ㄘˊ	磁石.
	滋	tz'ǔ	ㄘ	滋養.
	仔	tz'ǔ	ㄘˇ	仔細.
	字	tzǔ	ㄗˋ	字句. 字體. 字母. 字幕.
작	作	tsò	ㄗㄨㄛˋ	作家. 作曲. 作詩. 作者. 作成. 作戰. 作品. 作風. 作文. 作業. 作用.
	昨	tsó	ㄗㄨㄛˊ	昨日. 昨夜.
잔	殘	ts'án	ㄘㄢˊ	殘酷. 殘存. 殘忍. 殘品. 殘餘.
잠	潛	ch'ién	ㄑㄧㄢˊ	潛在. 潛入. 潛伏.
잡	雜	tsá	ㄗㄚˊ	雜貨. 雜感. 雜記. 雜居. 雜誌. 雜種. 雜草. 雜談. 雜費. 雜務.
장	將	chiāng	ㄐㄧㄤ	將軍. 將來.
	將	chiàng	ㄐㄧㄤˋ	將校.
	奬	chiǎng	ㄐㄧㄤˇ	奬學金. 奬勵.
	醬	chiàng	ㄐㄧㄤˋ	醬油.
	樟	chāng	ㄓㄤ	樟腦.
	長	ch'áng	ㄔㄤˊ	長期. 長壽. 長處. 長短. 長途. 長篇. 長方形.
	長	chǎng	ㄓㄤˇ	長子. 長者.
	莊	chuāng	ㄓㄨㄤ	莊嚴.
	壯	chuàng	ㄓㄨㄤˋ	壯觀. 壯大. 壯年. 壯烈.
	場	ch'ǎng	ㄔㄤˇ	場所. 場面.
	裝	chuāng	ㄓㄨㄤ	裝飾. 裝置. 裝訂(釘). 裝備.
재	才	ts'ái	ㄘㄞˊ	才學. 才氣. 才能.
	栽	tsāi	ㄗㄞ	栽培.
	災	tsāi	ㄗㄞ	災禍. 災害. 災難.
	再	tsài	ㄗㄞˋ	再會. 再婚. 再三. 再生產. 再版.
	在	tsài	ㄗㄞˋ	在職.
	材	ts'ái	ㄘㄞˊ	材料.
	財	ts'ái	ㄘㄞˊ	財源. 財產. 財政. 財物. 財務. 財力.
	裁	ts'ái	ㄘㄞˊ	裁決. 裁判. 裁縫.
쟁	爭	chēng	ㄓㄥ	爭奪.
저	低	tī	ㄉㄧ	低音. 低級. 低能.
	抵	tǐ	ㄉㄧˇ	抵抗. 抵抗力.
	著	chù	ㄓㄨˋ	著作. 著者. 著述. 著書. 著名.
	貯	chù	ㄓㄨˋ	貯藏. 貯蓄.
	阻	tsǔ	ㄗㄨˇ	阻隔. 阻止.
	狙	chū	ㄐㄩ	狙擊.
적	敵	tí	ㄉㄧˊ	敵意. 敵軍. 敵國. 敵情. 敵對.
	適	shìh	ㄕˋ	適應. 適中. 適當. 適用. 適齡.
	赤	ch'ìh	ㄔˋ	赤心. 赤貧. 赤痢. 赤字.
	寂	chì	ㄐㄧˋ	寂寞.
	積	chī	ㄐㄧ	積極. 積極性.
	的	tí	ㄉㄧˊ	的確.
	摘	chāi	ㄓㄞ	摘錄.
전	專	chuān	ㄓㄨㄢ	專科. 專攻. 專心. 專賣. 專用. 專門.
	前	ch'ién	ㄑㄧㄢˊ	前衛. 前景. 前後. 前日. 前進. 前身. 前線. 前奏. 前途. 前方. 前夜. 前例.
	全	ch'üán	ㄑㄩㄢˊ	全局. 全軍. 全權. 全國. 全身. 全集. 全世界. 全然. 全體. 全能. 全部. 全貌. 全面. 全力.
	戰	chàn	ㄓㄢˋ	戰役. 戰火. 戰艦. 戰況. 戰局. 戰士. 戰術. 戰勝 戰場. 戰線(綫). 戰爭. 戰地. 戰鬪. 戰敗. 戰犯. 戰友. 戰利品. 戰慄. 戰略.
	傳	ch'uán	ㄔㄨㄢˊ	傳授. 傳說. 傳染. 傳染病. 傳達. 傳統. 傳聞.
	傳	ch uàn	ㄓㄨㄢˋ	傳記.
	電	tièn	ㄉㄧㄢˋ	電壓. 電解. 電氣. 電源. 電光. 電車. 電線(綫). 電池. 電燈. 電波. 電文. 電報. 電流. 電力. 電鈴. 電話.
	田	t'ién	ㄊㄧㄢˊ	田園.
	展	chǎn	ㄓㄢˇ	展開. 展望. 展覽會.
	典	tiěn	ㄉㄧㄢˇ	典型.
	顚	tiēn	ㄉㄧㄢ	顚倒. 顚覆. 顚末.
	轉	chuǎn	ㄓㄨㄢˇ	轉移. 轉化. 轉嫁. 轉學. 轉換. 轉機. 轉業. 轉向. 轉變.

절	節	chīeh	ㄐㄧㄝˋ	節制. 節操. 節約.
	切	ch'ièh	ㄑㄧㄝˋ	切實. 切斷.
	絕	chüéh	ㄐㄩㄝˊ	絕緣. 絕好. 絕交. 絕食. 絕對. 絕頂. 絕版. 絕望. 絕妙.
점	占	chàn	ㄓㄢˋ	占據. 占有. 占領.
	點	tiěn	ㄉㄧㄢˇ	點火. 點燈.
	店	tièn	ㄉㄧㄢˋ	店員. 店舖(鋪).
접	接	chiēh	ㄐㄧㄝ	接近. 接觸. 接待.
정	程	ch'ěng	ㄔㄥˊ	程度.
	定	tìng	ㄉㄧㄥˋ	定員. 定價. 定額. 定期. 定義. 定時. 定數. 定例.
	訂	tìng	ㄉㄧㄥˋ	訂正.
	停	t'íng	ㄊㄧㄥˊ	停學. 停止. 停車. 停職. 停電. 停滯. 停頓. 停泊.
	貞	chēn	ㄓㄣ	貞操.
	偵	chēn	ㄓㄣ	偵察.
	鄭	chěng	ㄓㄥˋ	鄭重.
	頂	tǐng	ㄉㄧㄥˇ	頂點.
	情	ch'íng	ㄑㄧㄥˊ	情況. 情景. 情勢. 情報.
	正	chēng	ㄓㄥ	正月.
	正	chěng	ㄓㄥˋ	正午. 正直. 正體. 正面. 正確. 正規. 正義. 正義感. 正業. 正誤. 正視. 正式. 正常. 正大. 正當. 正統. 正道. 正負. 正方形.
	精	chīng	ㄐㄧㄥ	精華. 精巧. 精神. 精髓. 精通. 精密. 精力. 精靈. 精練.
	靜	chìng	ㄐㄧㄥˋ	靜止. 靜養.
	整	chěng	ㄓㄥˇ	整頓. 整理.
	政	chěng	ㄓㄥˋ	政權. 政策. 政治. 政治家. 政黨. 政府. 政令.
	征	chēng	ㄓㄥ	征伐. 征服.
제	制	chìh	ㄓˋ	制海權. 制空權. 制限. 制裁. 制止. 制定. 制度. 制服. 制約.
	製	chìh	ㄓˋ	製作. 製圖. 製造. 製版. 製品.
	題	t'í	ㄊㄧˊ	題材. 題字. 題名. 題目.
	帝	tì	ㄉㄧˋ	帝王. 帝國. 帝國主義.
	提	t'í	ㄊㄧˊ	提案. 提供. 提携. 提示. 提出. 提要.
	除	ch'ú	ㄔㄨˊ	除去. 除名.
	堤	tī	ㄉㄧ	堤防.
조	助	chù	ㄓㄨˋ	助手. 助長.
	條	t'iáo	ㄊㄧㄠˊ	條件. 條約. 條理. 條例.
	粗	ts'ū	ㄘㄨ	粗製品. 粗暴. 粗野.
	措	ts'ò	ㄘㄨㄛˋ	措置.
	祖	tsǔ	ㄗㄨˇ	祖國. 祖父. 祖母.
	操	ts'āo	ㄘㄠ	操作. 操縱.
	遭	tsāo	ㄗㄠ	遭遇. 遭難.
	早	tsǎo	ㄗㄠˇ	早婚. 早產. 早熟. 早春. 早晚.
	造	tsào	ㄗㄠˋ	造詣.
	嘲	ch'áo	ㄔㄠˊ	嘲笑.
	潮	ch'áo	ㄔㄠˊ	潮流.
	調	t'iáo	ㄊㄧㄠˊ	調劑. 調整. 調節. 調停. 調味. 調和.
	調	tiào	ㄉㄧㄠˋ	調査.
	照	chào	ㄓㄠˋ	照會. 照準. 照明. 照明彈.
	眺	t'iào	ㄊㄧㄠˋ	眺望.
	租	tsū	ㄗㄨ	租借.
족	足	tsú	ㄗㄨˊ	足跡.
존	存	ts'ún	ㄘㄨㄣˊ	存在. 存亡.
	尊	tsūn	ㄗㄨㄣ	尊敬. 尊嚴. 尊重.
종	種	chùng	ㄓㄨㄥˋ	種痘.
	種	chǔng	ㄓㄨㄥˇ	種族. 種別.
	終	chūng	ㄓㄨㄥ	終極. 終局. 終止. 終生. 終點. 終了.
	綜	tsūng	ㄗㄨㄥ	綜合.
좌	左	tsǒ	ㄗㄨㄛˇ	左派. 左右. 左翼. 左手.
	挫	ts'ò	ㄘㄨㄛˋ	挫折.
	座	tsò	ㄗㄨㄛˋ	座談會.
	罪	tsuì	ㄗㄨㄟˋ	罪惡. 罪狀. 罪人. 罪名.
	坐	tsò	ㄗㄨㄛˋ	坐視.
주	酒	chiǔ	ㄐㄧㄡˇ	酒肴. 酒度. 酒量.
	朱	chū	ㄓㄨ	朱筆.
	珠	chū	ㄓㄨ	珠算.
	主	chǔ	ㄓㄨˇ	主觀. 主觀主義. 主義. 主權. 主語. 主旨. 主食. 主人. 主席. 主題. 主張. 主任. 主筆. 主要. 主流. 主犯. 主力.
	周	chōu	ㄓㄡ	周圍. 周知. 周到. 周波. 周遊.

	週	chōu	ㄓㄡ	週刊. 週間. 週期. 週末.
	住	chù	ㄓㄨˋ	住所. 住宅.
	走	tsǒu	ㄗㄡˇ	走狗.
	晝	chòu	ㄓㄡˋ	晝夜.
	注	chù	ㄓㄨˋ	注意. 注意力. 注視. 注射. 注釋. 注入. 注目.
	駐	chù	ㄓㄨˋ	駐軍. 駐兵.
준	準・准	chǔn	ㄓㄨㄣˇ	準備.
중	重	ch'úng	ㄔㄨㄥˊ	重複.
	重	chùng	ㄓㄨㄥˋ	重工業. 重視. 重傷. 重心. 重大. 重任. 重病. 重要. 重要性. 重量.
	中	chūng	ㄓㄨㄥ	中央. 中外. 中學. 中間. 中級. 中繼線(綫). 中堅. 中古. 中興. 中止. 中旬. 中將. 中秋. 中心. 中樞. 中世. 中性. 中斷. 中途. 中年. 中農. 中部. 中篇. 中立. 中和.
	中	chùng	ㄓㄨㄥˋ	中毒. 中風.
	仲	chùng	ㄓㄨㄥˋ	仲裁.
즉	即	chí	ㄐㄧˊ	即刻. 即時. 即日.
증	証	chèng	ㄓㄥˋ	証券. 証據. 証書. 証人. 証明.
	曾	tsēng	ㄗㄥ	曾祖父. 曾祖母.
	憎	tsēng	ㄗㄥ	憎惡.
	增	tsēng	ㄗㄥ	增加. 增刊. 增減. 增產. 增進. 增補.
	贈	tsèng	ㄗㄥˋ	贈與.
	蒸	chēng	ㄓㄥ	蒸氣. 蒸發.
지	支	chīh	ㄓ	支援. 支給. 支持. 支出. 支店. 支配. 支部. 支流.
	脂	chīh	ㄓ	脂肪.
	指	chǐh	ㄓˇ	指揮. 指示. 指針. 指定. 指導.
	紙	chǐh	ㄓˇ	紙幣.
	志	chìh	ㄓˋ	志願. 志氣. 志向. 志士.
	地	tì	ㄉㄧˋ	地震. 地主. 地盤. 地面. 地位. 地域. 地下. 地下室. 地下水. 地球. 地區. 地形. 地獄. 地軸. 地質. 地勢. 地層. 地上. 地圖. 地帶. 地點. 地平線(綫). 地方. 地名. 地雷. 地理.
	知	chīh	ㄓ	知覺. 知己. 知遇. 知識. 知名.
	智	chìh	ㄓˋ	智能. 智慧. 智謀.
	持	ch'íh	ㄔˊ	持久. 持久戰.
직	職	chíh	ㄓˊ	職員. 職業. 職權. 職工. 職責. 職務.
	直	chíh	ㄓˊ	直角. 直覺. 直轄. 直觀. 直經. 直系. 直接. 直線(綫). 直屬. 直譯.
진	進	chìn	ㄐㄧㄣˋ	進軍. 進攻. 進行. 進展. 進度. 進入. 進步.
	眞	chēn	ㄓㄣ	眞意. 眞空. 眞空管. 眞實. 眞相. 眞理. 眞心.
	診	chěn	ㄓㄣˇ	診斷. 診療.
	震	chèn	ㄓㄣˋ	震動.
	振	chèn	ㄓㄣˋ	振動.
	盡	chìn	ㄐㄧㄣˋ	盡力.
	陣	chèn	ㄓㄣˋ	陣營. 陣地. 陣痛.
	陳	ch'én	ㄔㄣˊ	陳述. 陳列. 陳腐.
	珍	chēn	ㄓㄣ	珍奇. 珍品.
	鎭	chèn	ㄓㄣˋ	鎭壓. 鎭靜.
질	疾	chí	ㄐㄧˊ	疾病.
	嫉	chí	ㄐㄧˊ	嫉妒.
	桎	chìh	ㄓˋ	桎梏.
	質	chìh	ㄓˋ	質疑. 質問. 質量.
	秩	chìh	ㄓˋ	秩序.
	窒	chìh	ㄓˋ	窒息.
짐	斟	chēn	ㄓㄣ	斟酌.
집	執	chíh	ㄓˊ	執行. 執政. 執拗.
	集	chí	ㄐㄧˊ	集會. 集結. 集合. 集團. 集中.
차	車	ch'ē	ㄔㄜ	車輛. 車輪.
	借	chièh	ㄐㄧㄝˋ	借用.
	差	ch'ā	ㄔㄚ	差異. 差額. 差別.
착	錯	ts'ò	ㄘㄨㄛˋ	錯覺. 錯誤.
	着	chó	ㄓㄨㄛˊ	着服. 着實. 着手. 着色.
찬	燦	ts'àn	ㄘㄢˋ	燦爛.
	贊	tsàn	ㄗㄢˋ	贊助. 贊成. 贊美.
찰	刹	ch'à	ㄔㄚˋ	刹那.
참	參	ts'ān	ㄘㄢ	參加. 參觀. 參考. 參考書. 參酌. 參照. 參戰. 參謀. 參與.
	慚	ts'án	ㄘㄢˊ	慚愧.

창	娼	ch'āng	ㄔㄤ	娼妓.
	倉	ts'āng	ㄘㄤ	倉庫.
	創	ch'uàng	ㄔㄨㄤˋ	創刊. 創作. 創始. 創設. 創造. 創立.
채	採	ts'ǎi	ㄘㄞˇ	採掘. 採光. 採鑛. 採集. 採用.
	債	chài	ㄓㄞˋ	債券. 債權. 債務.
책	策	ts'ê	ㄘㄜˋ	策動. 策略.
	册	ts'ê	ㄘㄜˋ	册子.
	責	tsê	ㄗㄜˊ	責任. 責任感. 責問.
처	處	ch'ǔ	ㄔㄨˇ	處女. 處女作. 處女地. 處世. 處置. 處罰. 處分. 處方. 處理.
척	尺	ch'ǐh	ㄔˇ	尺度.
	脊	chǐ	ㄐㄧˇ	脊髓.
	斥	ch'ìh	ㄔ	斥候.
천	淺	ch'iěn	ㄑㄧㄢˇ	淺薄.
	天	t'iēn	ㄊㄧㄢ	天下. 天氣. 天才. 天災. 天主敎. 天職. 天眞. 天性. 天體. 天地. 天然. 天賦. 天分. 天文. 天文臺. 天理. 天賦.
철	徹	ch'ê	ㄔㄜˋ	徹底.
	鐵	t'iěh	ㄊㄧㄝˇ	鐵器. 鐵橋. 鐵鑛. 鐵道. 鐵板. 鐵筆.
	哲	chê	ㄓㄜˊ	哲學.
첨	尖	chiēn	ㄐㄧㄢ	尖銳. 尖端.
청	青	ch'īng	ㄑㄧㄥ	青春. 青銅. 青年. 青年團.
	清	ch'īng	ㄑㄧㄥ	清潔. 清算. 清濁. 清貧. 清凉劑. 清廉.
	晴	chíng	ㄑㄧㄥˊ	晴天.
	請	ch'ǐng	ㄑㄧㄥˇ	請願. 請求.
체	逮	tài	ㄉㄞˋ	逮捕.
	體	t'ǐ	ㄊㄧˇ	體育. 體溫. 體格. 體系. 體驗. 體積. 體重. 體質. 體制. 體操. 體面. 體力.
	滯	chìh	ㄓˋ	滯貨. 滯納金.
초	抄	ch'āo	ㄔㄠ	抄本.
	焦	chiāo	ㄐㄧㄠ	焦點. 焦土.
	憔	ch'iáo	ㄑㄧㄠˊ	憔悴.
	肖	hsiào	ㄒㄧㄠˋ	肖像.
	招	chāo	ㄓㄠ	招待.
	草	ts'ǎo	ㄘㄠˇ	草案. 草原. 草書. 草木.
	超	ch'āo	ㄔㄠ	超越. 超過. 超絶. 超然.
	初	ch'ū	ㄔㄨ	初期. 初級. 初稿. 初診. 初版. 初步. 初夜. 初等. 初秋. 初刊.
촉	促	ts'ù	ㄘㄨˋ	促進. 促成.
촌	村	ts'ūn	ㄘㄨㄣ	村長. 村落.
총	聰	ts'ūng	ㄘㄨㄥ	聰明.
	叢	ts'úng	ㄘㄨㄥˊ	叢書.
	總	tsǔng	ㄗㄨㄥˇ	總括. 總計. 總攻擊. 總司令. 總數. 總則. 總體. 總理. 總動員. 總論. 總和.
	寵	ch'ǔng	ㄔㄨㄥˇ	寵愛. 寵兒.
최	最	tsuì	ㄗㄨㄟˋ	最後.
	催	ts'uī	ㄘㄨㄟ	催促. 催淚彈.
추	秋	ch'iū	ㄑㄧㄡ	秋分.
	趨	ch'ū	ㄑㄩ	趨勢.
	推	t'uī	ㄊㄨㄟ	推移. 推測.
	追	chuī	ㄓㄨㄟ	追加. 追求. 追擊. 追隨. 追悼.
	抽	ch'ōu	ㄔㄡ	抽象.
축	縮	sō	ㄙㄨㄛ	縮減. 縮小.
	祝	chù	ㄓㄨˋ	祝賀. 祝福.
	畜	hsù	ㄒㄩˋ	畜產.
	蓄	hsù	ㄒㄩˋ	蓄電池.
	逐	chú	ㄓㄨˊ	逐次.
춘	春	ch'ūn	ㄔㄨㄣ	春分.
출	出	ch'ū	ㄔㄨ	出擊. 出現. 出國. 出產. 出場. 出色. 出身. 出度. 出動. 出入. 出馬. 出發. 出版. 出版社. 出品. 出兵. 出沒. 出納.
충	忠	chūng	ㄓㄨㄥ	忠告. 忠實. 忠誠.
	充	ch'ung	ㄔㄨㄥ	充血. 充實. 充分. 充滿.
취	取	ch'ǔ	ㄑㄩˇ	取材. 取得. 取下. 取消. 取締.
	趣	ch'ù	ㄑㄩˋ	趣味. 趣向.
	就	chiù	ㄐㄧㄡˋ	就職.
	脆	ts'uì	ㄘㄨㄟˋ	脆弱.
측	測	ts'ê	ㄘㄜˋ	測候. 測量.

	側	ts'ê	ㄘㄜˋ	側面.
치	恥	ch'ǐh	ㄔˇ	恥辱.
	治	chìh	ㄓˋ	治安. 治外法權. 治水.
	致	chìh	ㄓˋ	致命. 致命傷.
친	親	ch'īn	ㄑㄧㄣ	親愛. 親戚. 親切. 親善. 親族. 親密.
칠	漆	ch'ī	ㄑㄧ	漆器.
	七	ch'ī	ㄑㄧ	七月.
침	浸	chìn	ㄐㄧㄣˋ	浸蝕. 浸透.
	侵	ch'īn	ㄑㄧㄣ	侵害. 侵蝕. 侵入. 侵犯. 侵略. 侵略者.
	寢	ch'ǐn	ㄑㄧㄣˇ	寢具. 寢室.
	滲	shèn	ㄕㄣˋ	滲透.
	沈	ch'én	ㄔㄣˊ	沈着. 沈痛. 沈沒. 沈點.
칭	稱	ch'ēng	ㄔㄥ	稱號. 稱讚.
쾌	快	k'uài	ㄎㄨㄞˋ	快感. 快活. 快速. 快樂.
타	他	t'ā	ㄊㄚ	他日. 他人. 他鄕.
	打	tǎ	ㄉㄚˇ	打開. 打擊. 打算. 打倒.
	惰	tò	ㄉㄨㄛˋ	惰性.
	墮	tò	ㄉㄨㄛˋ	墮落. 墮胎.
	妥	tǒ	ㄉㄨㄛˇ	妥協. 妥當.
	唾	t'ò	ㄊㄨㄛˋ	唾液.
탁	拓	t'à	ㄊㄚˋ	拓本.
	卓	chō	ㄓㄨㄛ	卓越. 卓見.
탄	誕	tàn	ㄉㄢˋ	誕生.
	彈	tàn	ㄉㄢˋ	彈丸. 彈道. 彈藥. 彈壓. 彈力. 彈劾.
탈	脫	t'ō	ㄊㄨㄛ	脫稿. 脫脂綿. 脫皮. 脫毛. 脫落.
탐	探	t'àn	ㄊㄢˋ	探照燈. 探訪.
탑	塔	t'ǎ	ㄊㄚˇ	塔級. 塔乘. 塔乘員.
태	胎	t'āi	ㄊㄞ	胎兒. 胎生. 胎盤.
	台	t'ái	ㄊㄞˊ	台風.
	太	t'ài	ㄊㄞˋ	太古. 太平. 太陽.
	泰	t'ài	ㄊㄞˋ	泰然.
	態	t'ài	ㄊㄞˋ	態度.
토	土	t'ǔ	ㄊㄨˇ	土地. 土語. 土質. 土人. 土星. 土層. 土着. 土壤. 土木.
	吐	t'ǔ	ㄊㄨˇ	吐露.
	討	t'ǎo	ㄊㄠˇ	討論.
통	通	t'ūng	ㄊㄨㄥ	通過. 通貨. 通行. 通告. 通稱. 通商. 通常. 通信. 通俗. 通達. 通知. 通知書. 通路.
	痛	t'ùng	ㄊㄨㄥˋ	痛飮. 痛快.
	統	t'ǔng	ㄊㄨㄥˇ	統計. 統治. 統治者.
	洞	tùng	ㄉㄨㄥˋ	洞察.
퇴	頹	t'uí	ㄊㄨㄟˊ	頹廢.
	退	t'uì	ㄊㄨㄟˋ	退役. 退化. 退學. 退却. 退職. 退出. 退場. 退席. 退潮. 退步. 退路.
투	鬪	tòu	ㄉㄡˋ	鬪志. 鬪爭.
	透	t'òu	ㄊㄡˋ	透視. 透明. 透徹.
	投	t'óu	ㄊㄡˊ	投影. 投機. 投降. 投合. 投資. 投擲. 投入. 投票.
특	特	t'ê	ㄊㄜˋ	特級. 特許. 特權. 特効藥. 特產. 特質. 特赦. 特殊. 特色. 特性. 特長. 特等. 特派. 特別. 特命. 特約.
파	波	pō	ㄅㄛ	波及. 波長. 波濤. 波動. 波紋. 波瀾. 波浪.
	罷	pà	ㄅㄚˋ	罷免.
	派	p'ài	ㄆㄞˋ	派遣. 派出所. 派生.
	破	p'ò	ㄆㄛˋ	破壞. 破產. 破損. 破裂.
	芭	pā	ㄅㄚ	芭蕉.
판	判	p'àn	ㄆㄢˋ	判決. 判斷. 判別.
	版	pǎn	ㄅㄢˇ	版權. 版本.
패	覇	pà	ㄅㄚˋ	覇氣. 覇權. 覇者. 覇道.
	敗	pài	ㄅㄞˋ	敗兵. 敗走.
편	編	piēn	ㄅㄧㄢ	編纂. 編者. 編輯. 編制. 編隊. 編著. 編譯.
	扁	piěn	ㄅㄧㄢˇ	扁桃腺.
	便	pièn	ㄅㄧㄢˋ	便宜. 便利. 便秘. 便所.
	偏	p'iēn	ㄆㄧㄢ	偏見. 偏向.
평	平	p'íng	ㄆㄧㄥˊ	平安. 平易. 平穩. 平均. 平原. 平行. 平衡. 平時. 平日. 平常. 平靜. 平生. 平素. 平地. 平等. 平方. 平坦. 平凡. 平野.
	評	p'íng	ㄆㄧㄥˊ	評價. 評議. 評定. 評論.
폐	肺	fèi	ㄈㄟˋ	肺炎. 肺活量. 肺結核. 肺臟. 肺病.
	廢	fèi	ㄈㄟˋ	廢棄. 廢止. 廢人. 廢品. 廢物.

포	葡	p'ú	ㄆㄨˊ	葡萄. 葡萄酒.
	包	pāo	ㄅㄠ	包圍. 包括. 包含. 包裝.
	飽	pǎo	ㄅㄠˇ	飽滿. 飽和.
폭	暴	pào	ㄅㄠˋ	暴君. 暴行. 暴徒. 暴動. 暴風. 暴雨. 暴利. 暴力. 暴露.
	爆	pào	ㄅㄠˋ	爆竹. 爆破. 爆發.
표	標	piāo	ㄅㄧㄠ	標記. 標語. 標準. 標題. 標傍. 標本.
	表	piǎo	ㄅㄧㄠˇ	表決. 表現. 表示. 表情. 表明. 表面.
	票	piào	ㄅㄧㄠˋ	票決.
품	品	p'ǐn	ㄆㄧㄣˇ	品格. 品行. 品質. 品種. 品評. 品名. 品目.
풍	風	fēng	ㄈㄥ	風壓. 風雨. 風雲. 風化. 風格. 風紀. 風景. 風月. 風光. 風向. 風車. 風速. 風俗. 風趣. 風土. 風波. 風物. 風味. 風流.
	諷	fěng	ㄈㄥˇ	諷刺.
	豊	fēng	ㄈㄥ	豊年. 豊富. 豊滿.
피	被	pèi	ㄅㄟˋ	被壓迫. 被告. 被選. 被選擧權.
	避	pì	ㄅㄧˋ	避暑. 避難. 避雷針.
	皮	p'í	ㄆㄧˊ	皮下注射. 皮革. 皮相. 皮膚. 皮膚病.
	疲	p'í	ㄆㄧˊ	疲勞.
필	筆	pǐ	ㄅㄧˇ	筆記. 筆算. 筆順. 筆跡. 筆談. 筆答. 筆法. 筆名. 筆者. 筆墨.
	必	pì	ㄅㄧˋ	必需品. 必定. 必須. 必然. 必然性. 必要.
	匹	pǐ	ㄅㄧˇ	匹敵.
하	下	hsià	ㄒㄧㄚˋ	下級. 下肢. 下情. 下層. 下等. 下部. 下流. 下旬. 下水道.
	夏	hsià	ㄒㄧㄚˋ	夏季.
	河	hó	ㄏㄜˊ	河底. 河柳.
학	學	hsüéh	ㄒㄩㄝˊ	學位. 學科. 學會. 學期. 學業. 學校. 學士. 學識. 學者. 學習. 學術. 學制. 學生. 學生服. 學說. 學年. 學費. 學府. 學風. 學名. 學問. 學用品. 學理. 學力. 學歷.
	虐	nüèh	ㄋㄩㄝˋ	虐待.
한	寒	hán	ㄏㄢˊ	寒氣. 寒心. 寒色. 寒帶. 寒風. 寒流. 寒冷.
	漢	hàn	ㄏㄢˋ	漢字. 漢奸.
	閑	hsién	ㄒㄧㄢˊ	閑暇. 閑散. 閑談. 閑話.
	限	hsièn	ㄒㄧㄢˋ	限定. 限界. 限度.
할	割	kō	ㄍㄜ	割愛. 割據. 割讓.
함	艦	chièn	ㄐㄧㄢˋ	艦隊. 艦長. 艦艇.
	含	hán	ㄏㄢˊ	含蓄. 含有.
	陷	hsièn	ㄒㄧˋㄢˋ	陷落. 陷沒.
합	合	hó	ㄏㄜˊ	合意. 合格. 合金. 合計. 合成. 合同. 合法. 合理. 合流.
	合	hò	ㄏㄜˋ	合作. 合算. 合唱. 合奏.
항	肛	kāng	ㄍㄤ	肛門.
	航	háng	ㄏㄤˊ	航海. 航空. 航行. 航路.
	恒	héng	ㄏㄥˊ	恒久. 恒心. 恒星. 恒例.
	抗	k'àng	ㄎㄤˋ	抗議. 抗戰.
	降	hsiáng	ㄒㄧㄤˊ	降服.
해	海	hǎi	ㄏㄞˇ	海員. 海運. 海外. 海岸. 海岸線(綫). 海峽. 海軍. 海戰. 海藻. 海底. 海棠. 海難. 海拔. 海濱. 海面. 海洋. 海里. 海流.
	解	chiěh	ㄐㄧㄝˇ	解決. 解雇. 解散. 解釋. 解除. 解說. 解體. 解答. 解放. 解剖. 解約.
	害	hài	ㄏㄞˋ	害虫. 害鳥.
핵	核	hó	ㄏㄜˊ	核心.
행	行	háng	ㄏㄤˊ	行列.
	行	hsíng	ㄒㄧㄥˊ	行書. 行政. 行爲. 行軍. 行使. 行進. 行動.
	幸	hsìng	ㄒㄧㄥˋ	幸運. 幸福.
향	香	hsiāng	ㄒㄧㄤ	香氣. 香水. 香油. 香料.
	鄕	hsiāng	ㄒㄧㄤ	鄕村. 鄕土. 鄕里.
허	虛	hsū	ㄒㄩ	虛榮. 虛榮心. 虛僞. 虛構. 虛心. 虛實. 虛弱. 虛脫. 虛報. 虛名. 虛妄.
	許	hsǔ	ㄒㄩˇ	許可. 許諾.
헌	憲	hsièn	ㄒㄧㄢˋ	憲兵. 憲法.
	獻	hsièn	ㄒㄧㄢˋ	獻策. 獻身.
험	險	hsiěn	ㄒㄧㄢˇ	險惡. 險阻.
혁	革	kó	ㄍㄜˊ	革新. 革命.
현	顯	hsiěn	ㄒㄧㄢˇ	顯示. 顯著. 顯微鏡.
	絃	hsién	ㄒㄧㄢˊ	絃樂器.
	現	hsièn	ㄒㄧㄢˋ	現役. 現下. 現況. 現金. 現行. 現行犯. 現在. 現實. 現

				實主義. 現實性. 現出. 現象. 現狀. 現職. 現勢. 現代. 現代化. 現場.
	懸	hsüán	ㄒㄩㄢˊ	懸案. 懸賞.
혈	血	hsüèh	ㄒㄩㄝˋ	血壓. 血液. 血緣. 血管. 血球. 血色. 血清. 血統. 血淚.
혐	嫌	hsién	ㄒㄧㄢˊ	嫌惡. 嫌疑.
협	協	hsiéh	ㄒㄧㄝˊ	協會. 協議. 協調. 協定. 協同. 協約. 協力.
	脅	hsiéh	ㄒㄧㄝˊ	脅迫.
형	兄	hsiūng	ㄒㄩㄥ	兄弟.
	形	hsíng	ㄒㄧㄥˊ	形而上學. 形式. 形象. 形象化. 形狀. 形成. 形勢. 形跡. 形態. 形容. 形容詞. 形骸.
	刑	hsíng	ㄒㄧㄥˊ	刑期. 刑具. 刑事. 刑罰. 刑法.
	螢	yíng	ㄧㄥˊ	螢光燈.
혜	慧	huì	ㄏㄨㄟˋ	慧星.
호	呼	hū	ㄏㄨ	呼應. 呼吸.
	戶	hù	ㄏㄨˋ	戶主. 戶籍.
	好	hǎo	ㄏㄠˇ	好意. 好感. 好漢. 好轉. 好天.
	好	hào	ㄏㄠˋ	好奇心. 好事.
	號	hào	ㄏㄠˋ	號數. 號令.
	豪	háo	ㄏㄠˊ	豪雨. 豪華. 豪傑. 豪語. 豪放.
혼	婚	hūn	ㄏㄨㄣ	婚姻. 婚約. 婚禮.
	混	hùn	ㄏㄨㄣˋ	混血兒. 混合. 混雜. 混戰. 混亂.
홍	紅	húng	ㄏㄨㄥˊ	紅茶. 紅白. 紅葉.
화	花	huā	ㄏㄨㄚ	花崗岩. 花壇. 花瓶. 花粉.
	火	huǒ	ㄏㄨㄛˇ	火焰. 火災. 火山. 火星. 火葬. 火藥. 火力.
	化	huà	ㄏㄨㄚˋ	化學. 化合. 化合物. 化石.
	貨	huò	ㄏㄨㄛˋ	貨車. 貨幣. 貨物.
	畫	huà	ㄏㄨㄚˋ	畫家. 畫譜. 畫報. 畫板. 畫面. 畫廊.
	和	hó	ㄏㄜˊ	和解. 和氣.
	話	huà	ㄏㄨㄚˋ	話題.
확	擴	k'uò	ㄎㄨㄛˋ	擴散. 擴充. 擴大. 擴張.
	確	ch'üèh	ㄑㄩㄝˋ	確証. 確實. 確信. 確定. 確認.
환	歡	huān	ㄏㄨㄢ	歡喜. 歡迎. 歡呼. 歡心. 歡送. 歡樂.
	環	huán	ㄏㄨㄢˊ	環境.
	換	huàn	ㄏㄨㄢˋ	換算.
	喚	huàn	ㄏㄨㄢˋ	喚起.
	幻	huàn	ㄏㄨㄢˋ	幻想. 幻燈.
활	活	huó	ㄏㄨㄛˊ	活火山. 活字. 活動. 活動家. 活潑. 活躍. 活用. 活力. 活路.
	滑	huá	ㄏㄨㄚˊ	滑車.
황	黃	huáng	ㄏㄨㄤˊ	黃金. 黃疸. 黃土. 黃銅.
	荒	huāng	ㄏㄨㄤ	荒唐. 荒廢. 荒野. 荒涼.
	皇	huáng	ㄏㄨㄤˊ	皇后. 皇帝.
회	回	huí	ㄏㄨㄟˊ	回歸線(綫). 回歸熱. 回顧. 回生. 回想. 回轉. 回答. 回復. 回避.
	蛔	huí	ㄏㄨㄟˊ	蛔蟲.
	會	huì	ㄏㄨㄟˋ	會員. 會館. 會期. 會議. 會見. 會合. 會場. 會心. 會長. 會費. 會話.
	會	k'uài	ㄎㄨㄞˋ	會計.
	繪	huì	ㄏㄨㄟˋ	繪畫.
횡	橫	hěng	ㄏㄥˊ	橫行. 橫隊. 橫斷面.
	橫	hèng	ㄏㄥˋ	橫死. 橫暴.
효	効	hsiào	ㄒㄧㄠˋ	効果. 効能. 効用. 効率.
	酵	chiào	ㄐㄧㄠˋ	酵素. 酵母.
후	厚	hòu	ㄏㄡˋ	厚意. 厚顏. 厚誼.
휘	徽	huī	ㄏㄨㄚ	徽章.
흑	黑	hēi	ㄏㄟ	黑色. 黑幕.
흔	欣	hsin	ㄒㄧㄣ	欣然.
흡	吸	hsī	ㄒㄧ	吸引. 吸血. 吸收.
희	希	hsī	ㄒㄧ	希望.
	犧	hsi	ㄒㄧ	犧牲.
	喜	hsǐ	ㄒㄧˇ	喜劇. 喜色.

상용 이언집(常用俚諺集)

1. 중국의 속담 중 비교적 상용(常用)되는 것을 골라 수록했다.
2. 배열은 한어 평음 자모(漢語拼音字母)의 발음순으로 했다.
3. 해석으로 붙인 뜻은 현대 중국어에 있어서 최신·보편적인 것을 선택했다.

A

[挨金似金, 挨玉似玉] 금(金)을 가까이 하면 금을 닮고, 옥(玉)을 가까이 하면 옥을 닮는다. → 사람은 친구의 좋고 나쁨에 따라 선(善)하게도 되고 악(惡)하게도 된다. =近朱者赤近墨者黑.

[挨着大樹有柴燒] 큰 나무 곁에 있으면 땔감 걱정은 없다. → 기왕에 섬길 바엔 세력이 큰 자를 섬기라. 같은 값이면 과부집 머슴살이. =大樹底下好乘涼.

B

[扒得高跌得重] 높이 기어 오를수록 떨어질 때는 그만큼 지독하다. → 웃사람 노릇은 어렵다. 바라는게 크면 클수록 실패도 크다. 높은 가지가 부러지기 쉽다.

[白刀子進去, 紅刀子出來] 흰 칼이 들어가고 붉은 칼이 나온다. → 물러설 수도 없고, 피할 수도 없는. 진퇴양난(進退兩難).

[百里不同風, 千里不同俗] 백리를 떨어지면「風」이 다르고, 천리를 떨어지면「俗」이 다르다. → 풍속 습관은 그 지방 그 지방에 따라 다르다.

[百人吃百味] 백 사람이면 백 사람이 좋아하는 음식은 다 다르다. → 사람이 좋아하는 것도 가지각색이란 뜻. 십인십색(十人十色).

[百聞不如一見] 백번 듣는 것이 한번 보는 것만 못하다. 백문이 불여 일견. =聽景不如看景. 眼見是實, 耳聞是虛.

[敗將莫提當年勇] 패장(敗將)은 과거의 용맹을 말하지 않는다. → 패군(敗軍)한 장수는 용맹을 말하지 않는다. 패군지 장은 불가이언용이라.

[敗子回頭金不換] 방탕아(放蕩兒)의 개심(改心)은 돈으로도 바꿀 수 없다. → 젊어서 개심하게 되면 장래성은 있는 것이다. =浪子回頭金不換.

[班門弄斧] "魯班"의 문 앞에서 도끼를 휘두르다. → 부처님한테 설법(說法). 공자님에게 어법(語法).

[飽肚不知餓肚飢] 배부른 사람은 배고픈 사람의 굶주린 심정을 모른다. → 제 배가 부르면 종 배고픈 줄 모른다. 부자는 가난한 사람의 고통을 모른다. =飽漢不知餓漢子飢.

[豹死留皮, 雁過留聲] 범은 죽어서 가죽을 남기고, 기러긴 날아가도 소리를 남긴다. → 사람은 죽으면 이름을 남기고, 범은 죽으면 가죽을 남긴다. 결국 사람은 죽어서 이름을 남겨야 한다는 뜻.

[笨鳥先飛] 서툴고 둔한 새가 먼저 난다. → 서툰 점은 근면(勤勉)으로 보충하라.

[比上不足, 比下有餘] 위에 비하면 모자라고, 아래에 비하면 남는다. → 죽도 밥도 안된다.

[病急亂投醫] 병이 위급해서야 무턱대고 의사를 찾아간다. → 제 발등에 불이 떨어져서야 비로소 서둔다.

[不打不成相與] 다투고 나서야 더 가까와진다. → 비 온 뒤에 땅이 굳어진다. 전화위복(轉禍爲福).

[不恨繩短, 只怨井深] 두레박줄 짧은 것은 원망치 않고 우물 깊은 것을 원망한다. → 자기의 역부족(力不足)은 생각지도 않고 일이 제대로 안되는 것만 원망한다. 서투른 무당이 장고만 나무란다.

[不到黃河心不死] 황하(黃河)까지 가지 않고는 단념할 수 없다. → 끝까지 가지 않고는 단념하지 않는다. 고집이 세고 끈덕진 비유. =不見棺材不下泪, 不見喪不掉泪.

[不見兎, 不撒鷹] 토끼를 보지 않고는 매를 풀어 놓지 않는다. → 목표가 정해지지 않으면 행동하지 않는다. 꿩 보고 매 놓기.

[不經一事不長一智] 하나의 일을 경험하지 아니하고는 하나의 지혜가 생기지 않는다. → 경험은 지혜를 낳는다. 맴질도 하던 놈이 낫다.

[不怕慢, 只怕站] 느린 것은 두렵지 않지만 멈추는 것이 두렵다. → 일은 느리더라도 중단(中斷) 말고 하여라. 멈춤은 안 가니만 못하다.

[不入虎穴焉得虎子] 호랑이 굴에 들어가지 아니하고는 호랑이 새끼를 얻을 수 없다. → 호랑이 굴에 가야 호랑이 새끼를 잡는다. 산에 가야 범을 잡지. 불입 호혈 부득호자(不入虎穴不得虎子).

[不聽老人言飢荒在眼前] 노인의 말씀을 듣지 않으면 기아(飢餓)는 눈앞에 있다. → 노인·선배의 말을 귀담아 듣지 않으면 화(禍)를 입는다. 옛말 그른 데 없다.

C

[藏之名山傳之其人] 자기가 이룩한 것은 잘 간직하였다가 적당한 후계자에게 물려준다. 가치 있는 것은 전하는 데 있어 사람을 골라서 하여라.

[差之毫釐失之千里] 일호 일리(一毫一釐)의 차가 천리의 차가 된다. → 처음은 대단치 않은 것 같으나 나중에는 큰 차이가 생긴다. 바늘 도둑이 소도둑 된다. 호

리천리(毫釐千里).
[常將有日思無日] 있을 때에 없을 때를 생각하라.→여유 있을 때에 뜻하지 아니한 때를 대비하라. ～, 莫到無時思有時.
[長綫放遠鷂] 기다란 끈은 새매를 멀리 놓아 준다.→자금이 많으면 이익도 많다.
[扯着耳朵顋頰動] 귀를 잡아 당기면 빰이 움직인다.→밀접한 관계이므로 곧 영향을 받는다. 입술이 없으면 이가 시리다.
[趁火打劫] 불난 틈을 타서 약탈한다. →혼잡 속에서 이익을 취하는 사람. 불난 집에 도둑놈. 불 놓고 도둑질한다. =乘火打劫.
[趁熱打鐵] 쇠(鐵)는 달았을 적에 친다.→쇠뿔은 단숨에 빼라.
[成事不足, 敗事有餘] 성공은 적고, 실패는 많다. 성공하는 일은 드물고 실패하는 일은 흔히 있는 일이다.
[成則爲王, 敗則爲寇] 성공하면 왕이요, 패하면 역적이다. 잘되면 충신이요 못되면 역적이다. 성즉군왕 패즉역적.
[城門失火, 殃及池魚] 성문의 화재로 말미암아 그 화(禍)가 못 속의 고기에 미친다.→뜻밖의 남의 일로 화를 입는다. 남 눈 똥에 주저앉고, 애매한 두꺼비 떡돌에 치운다.
[吃飯忘記種田人] 밥을 먹으면서도 농사짓는 사람을 잊는다.→은혜는 잊어서는 안된다. =吃水別忘淘井的.
[吃力不討好] 애써 고생만하고 칭찬을 못 받는다.→애써 노력한 것이 헛수고가 된다. 십년 공부 도레미타불.
[吃誰飯服誰管] 밥을 먹여 준 사람에게는 머리가 수그러진다. →누군가의 밥을 먹으면 그 사람의 지배에 복종하지 않으면 안된다. 남의 특별한 대접을 받으면 큰소리를 칠 수 없고, 남의 뇌물을 받으면 적당히 하게 마련이다.
[吃一塹長一智] 한 번 실패하면 그만큼 슬기로와진다. →실패는 가르치는 교사(教師)와도 같다. 한 번 경험하면 그만큼 현명해진다.
[聰明一世, 胡塗一時] 일생 동안 총명(聰明)하여도 어리석은 한때는 있다.→총명하다 하더라도 때로는 바보 같은 짓을 할 수도 있는 것으로, 지혜있는 자라 하더라도 천 가지 만 가지에 한 실수는 있는 일이다.
[初生牛犢不怕虎] 갓난 송아지는 범을 무서워하지 않는다.→알지 못하면 어떤 위험이 닥치더라도 무서워하지 않고 의젓이 있다는 뜻. 하룻 강아지 범 무서운 줄 모른다.
[處處老鴰一般黑] 까마귀는 어디에 가나 다 까맣다.→①어디 가나 모두가 다 같다. 그 꼴이 그 꼴이다. ②악인(惡人)은 다 같다. 그 놈이 그 놈이다.
[船到江中補漏遲] 배가 강 복판에 이르러 새는 데를 보수하려 해도 이미 늦다. →소 잃고 외양간 고친다. 사후 약방문(死後藥方文). =江心補漏. 臨陣磨槍. 臨渴掘井.
[船到橋門自然直] 배는 다리의 통로(通路)에 이르면 자연히 똑바로 서게 된다. →근심할 것 없다, 해보면 다 된다는 뜻. 궁(窮)하면 수가 트인다.
[船中老鼠艙內覓食] 배 안에 사는 쥐는 선창(船倉) 속에서 먹을 것을 찾는다. →사람은 제각기 그 직업을 가지고 벌어 먹고 산다.

D

[打不成狐狸落一身臊] 여우를 놓치고 온 몸에 누린내만 칠한다.→실패한 데 다시 다른 곤란이 덮친다는 뜻. 엎친 데 덮치기. 설상가상(雪上加霜).
[打人別打臉, 說人別說短] 남을 칠 때는 얼굴을 치지 말고, 남을 꾸짖을 경우에는 그 사람의 결점을 들지 말라.→지나치게 남을 궁지에 몰아 넣거나 추궁하지 말아라. 개도 나갈 구멍을 보고 쫓아라.
[大樹底下好尋凉] 큰 나무 그늘이 더위를 풀기 좋다. →기왕에 일할 바엔 세력이 큰 자에게 붙어서 일하는 것이 좋다는 뜻. 같은 값이면 부자집 머슴살이.
[大水漫不過橋去] 큰물도 다리를 띄워 보낼 수는 없다.→자기의 분수만을 지키고 남의 세력권을 침범하지 말라. =大水漫不過鴨子去. 井水不犯河水. 江水不犯河水.
[大水衝不了龍王廟] 큰물도 용궁(龍宮)을 띄워 보내는 짓은 안한다. → 동지(同志)는 서로 치지 않는다.
[大魚吃小魚, 小魚吃蝦米] 큰 고기는 작은 고기를 먹고, 작은 고기는 작은 새우를 먹는다.→①약한 자를 못살게 군다. ②어떤 것이나 자기보다 못한 것이 있다.
[單絲不成綫] 한 가닥의 실로는 끈을 꼴 수 없다.→단독으로는 일을 이룰 수 없다. ～, 獨木不成林. =一個巴掌拍不響. 孤掌難鳴.
[當局者迷, 傍觀者清] 직접 그 일을 맡고 있는 사람은 실지 사정에 어둡지만 제삼자는 확실히 알고 있다. →제삼자가 보면 오히려 시비를 잘 알 수 있다. 등잔 밑이 어둡다.
[當一天和尙撞一天鐘] 하루는 화상(和尙)이 되는가 하면 하루는 종을 친다.→ 그날그날을 그럭저럭 산다.
[得了屋子想了炕] 방을 얻고나니 또한 온돌(溫突) 생각이 간절하다.→사람의 욕망은 한이 없다. =得隴望蜀. 得一步進一步. 人心不足蛇吞象.
[靛缸裏拉不出白布來] 남색 물감통 속에서 흰 천을 꺼낼 수는 없다.→일에는 그 나름대로의 원인이 있다. 나쁜 원인에서 좋은 결과를 얻을 수 없다. 콩 심은 데 콩 나고 팥 심은 데 팥 난다. 외 심은 데 콩이 날까. 외 덩굴에 가지 열릴까.

E

[惡人自有惡人魔] 악인에게는 그 나름대로의 악인의 악마가 있다. →악인 위에 악인 있다. 나는 놈 위에 타는 놈 있다.
[耳聞不如目見] 듣는 것은 보는 것만 못하다.→백번 듣는 것이 한 번 보는 것만 못하다. 백문이 불여일견. =耳聞是虛, 眼見是實.
[二虎相爭, 必有一傷] 두 마리의 호랑이가 싸우면 한 마리는 필연코 다친다.

F

[飯來張口, 衣來伸手] 밥을 갖다 주면 입

을 벌리고, 옷을 갖다 주면 손을 내민다. →아무 일도 하지 않고 손 하나 까딱 안 한다. 손 끝에 물도 튀긴다. =茶來伸手,飯來張口. 水來伸手, 飯來張口.

[放下屠刀, 立地成佛] 백장도 칼을 놓으면 그 자리에서 성불(成佛)한다. →악인도 회개(悔改)하면 곧 선인(善人)으로 돌아간다.

[放之四海而皆準] 어느 점에 있어서나 모두 옳다. →보편성(普遍性)있는 진리는 어디서나 적용(適用) 된다.

[飛得不高, 摔得不重] 높이 날지 않으면 심하게 떨어지지도 않는다. →주제넘게 굴지 않으면 남의 눈총도 받지 않는다. 웃는 낯에 침 뱉으랴.

[飛蛾赴火] 나는 나방 불 속으로 달려든다. →누앞의 일을 분간 못하고 스스로 화(禍)를 안고 달려든다는 비유. 스스로 불 속으로 뛰어 든다. =飛蛾撲燈.

[費力不討好] =吃力不討好.

[肥猪拱門] 살찐 돼지 문전에 제몸을 제공한다 →선반에서 떡이 굴러 떨어지는 것처럼 생각지 않던 이익이나 행운이 오는 것. 호박이 넝쿨째로 굴러 떨어졌다.

[風不來樹不動] 바람이 불지 않으면 나무가 흔들리지 않는다. →아니 땐 굴뚝에 연기 날까.

[風馬牛不相及] 풍마우 불상급. →마소의 암수가 서로 찾으면서도 미치지 못할이 만큼 멀리 떨어져 있어, 전혀 무관계하다는 뜻. 전혀 무관심하다. 마이동풍. 풍마우(風馬牛). =東風馬耳.

[福過災生] 복과재생. →복이 너무 지나치면 도리어 재앙이 생기는 법이라는 뜻.

[福無雙至] 복은 쌍으로 오지 않는다. →복은 잇달아 오지 않는다.「~, 禍不單行 : 복은 쌍으로 오지 않고 화는 홀로 오지 않는다」

G

[干打雷不下雨] 마른 천둥만으로 비는 오지 않는다. →허풍만 떨고 실속은 없다.

[高不成, 低不就] 높은 데나 낮은 데나 쓸모가 없다. 죽도 밥도 안된다.

[割鷄焉用牛刀] 작은 일을 하는 데 큰 인물을 쓸 필요가 없다. 닭 잡는 데 소 잡는 칼이 무슨 필요냐.

[胳臂拗不過大腿去] 약자는 강자에게 필경은 이길 수는 없다. →우는 아이와 마름은 당해낼 재간이 없다. 막무가내 (莫無可奈).

[隔行不隔理] 직업은 다르다 하더라도 원리에는 변함 없다. 원리는 하나다.

[隔行如隔山] 직업이 다르면 산을 사이에 두고 있는 것처럼 그 상황도 다르다. →전문 분야가 다르면 전혀 알 수 없는 일이다.

[隔墻有耳] 벽에도 귀가 있다. →비밀이 새어 나가기 쉽다는 비유. 밤 말은 쥐가 듣고 낮 말은 새가 듣는다. =隔垣有耳. 墻有縫, 壁有耳.

[隔山買老牛] 산을 앞에 두고 멀리 떨어져 늙은 소를 산다. →실정을 알아보지 않고 일을 행하여 손(損)을 본다. 아는 길도 물어 가라. 돌다리도 두들겨 보고 건너라. 삼년 벌던 전답도 다시 돌아보고 산다.

[各人自掃門前雪, 不管他人瓦上霜] 각자는 자기 집 문 앞의 눈만을 쓸고, 남의 집 지붕 위의 눈은 관계하지 않는다. ①남이야 전보대로 이를 쑤시건 말건. 남의 참견말고 제 발등에 불이나 끄지. ②이기주의(利己主義)로서 자기 일만 생각한다. 남이야 죽든 말든.

[根生土長, 戀土難移] 낳서 자란 땅은 미련이 있어 떠나기 섭섭하다. 사람은 낳서 자란 고향을 사랑하는 마음이 강하다. →고기도 저 놀던 물이 좋다.

[狗裏吐不出象牙來] 개 입에서 상아(象牙)를 꺼낼 수는 없다. →하찮은 인간은 훌륭한 말을 할 수가 없다.

[挂羊頭賣狗肉] 양의 대가리를 걸어 놓고 개고기를 판다. →겉으로 좋은 것을 내놓고 알맹이를 속인다. 양질호피(羊質虎皮). 양두구육(羊頭狗肉).

[孤掌難鳴] 외손뼉이 소리날까. →두 손뼉이 맞아야 소리가 난다. 단독으로는 일을 성취(成就)시킬 수 없다. =單絲不成綫, 獨木不成林.

[光脚的不怕穿鞋的] 맨발로 있는 자는 신 신은 자를 두려워하지 않는다. →돈 없는 자는 자칫하면 대담하기 마련.

[光陰似箭, 日夜如梭] 광음은 화살과 같고, 밤과 낮은 북(梭)과 같다. →세월의 흐름은 빠르기도 하다. 세월이 흐르는 물과 같다.

[過河折橋] 다리를 건너고 나서 다리를 부수어 버린다. 은혜를 모르는 것을 비유. 내 밥 먹은 개가 발 뒤축을 문다. =得魚忘筌. 念完了經打和尙. 恩將仇報.

H

[海水不可斗量] 바닷물은 말(斗)론 될 수 없다. →큰 인물(人物)은 외견(外見)만으로 헤아릴 수 없다. =人不可貌相, 海不可斗量.

[害人害已害自身] 남을 해치면 자신도 해를 입는다. →남을 저주하면 마침내는 그 보복이 온다. 남 잡이가 제 잡이.

[行行出狀元] 어느 직업이나 제각기 장원(壯元)을 낸다. →어느 직업이고 그 전문적인 면에서는 으뜸 간다.

[好景不長] 좋은 일은 오래 계속되지 못한다. →좋은 일에는 고장이 잘 생기는 법. 달도 차면 기운다. 화무십일홍 (花無十日紅).

[好了疤痢忘了痛] 상처가 나으면 아픔을 잃는다. →고통이나 재난은 겪고 나면 잊어 버리고, 의리나 은혜도 때가 지나면 잊기 쉽다.

[好男不跟女鬪, 好鷄不跟狗鬪] 대장부는 여자와 다투지 않고, 훌륭한 닭은 개와 다투지 않는다. →대장부는 하찮은 사람과는 다투지 않는다.

[好死不如癩活着] 잘 죽는다 하더라도 가난하게 사는 것만 못하다. →죽으면 그만이지 다시 좋은 시절은 오지 않는 것이니 살고야 볼 일이다. 죽은 석숭(石崇) 보다 산 돼지가 낫다. 죽은 저승이 산 개만 못하다. =死皇帝不如生吁化.

[耗子才知耗子路] 쥐라야 비로소 쥐의 길을 안다.→과부 사정은 과부가 안다. 河水不犯井水＝井水不犯河水.

[恨鐵不成鋼] 철(鐵)이 강철(鋼鐵)이 못됨을 한탄한다.→모처럼 소질이 있으면서 그것을 충분히 발휘하지 못함을 유감스럽게 생각한다 : 유능한 사람을 분기(憤起)시키는 말.

[黃金得從佛口出] 황금은 부처님의 입에서 내주지 않으면 안된다.→중대한 일에는 자격·능력 있는 사람이 나서서 일에 임하지 않으면 안된다.

[黃泉路上沒老少] 황천 길에는 노소(老少)가 없다.→사람의 죽음은 연령에 관계되이 없다.

[黃犬吃肉, 白犬當罪]고기는 누렁개가 먹고 죄는 흰개가 입는다. →억울한 죄(원죄)를 뒤집어 쓴다. 죄는 막동이가 짓고 벼락은 샌님이 맞는다. 도둑질은 내가 하고 오라는 네가 져라.

[黃鼠狼對鷄拜年] 족제비가 닭에게 새해인사를 한다.→겉으로는 호의(好意)를 보이면서 남을 모함에 빠뜨린다. 본심은 따로 있다. 고양이 쥐 생각하듯, 겉 다르고 속 다르다.

[話不投機半句多] 말이란 시기(時機)에 맞지 않으면 반 마디의 말도 너무 많아 보인다.→말은 때와 장소가 중요하다. 酒逢知己千杯少, ~, 話到千句千句少, ~.

[話到舌頭留半句] 말은 혀 끝에서 반 마디만 남겨 두어라.→말은 조심스럽고 적게 하는 것이 좋다. 말이 많으면 쓸 말이 적다.

[話是開心的鑰匙] 말은 마음을 열어 주는 열쇠.→근심하고 있는 사람에게는 이야기를 걸어 말해 주는 것이 가장 중요하다.

[禍不單行] 재화는 단행(單行)하지 않는다. →나쁜 일은 중첩되는 것. 엎친 데 덮치는 격.

J

[饑不擇食] 굶주리면 음식을 가리지 않는다.→다급해지면 수단을 가리지 않는다. 배고픈 호랑이가 원님을 알아 보랴. 없는 놈이 찬 밥 더운 밥 가리랴. ~, 寒不擇衣.

[鷄蛋裏尋骨頭] 달걀 속에서 뼈를 찾는다. →남의 없는 허물을 들추어 낸다. ＝吹毛求疵.

[鷄飛蛋打] 닭은 날아가 버리고 알은 깨어졌다. →둘을 얻으려다가 도리어 하나도 얻지 못한다. 산 토끼 잡으려다 잡은 토끼 놓친다. 꿩 잃고 매 잃는 셈. ＝鷄也飛了蛋也打了. 賠了夫人又折兵.

[鷄口牛後] 소 꼬리보다 닭 대가리가 낫다. 큰 것의 꼬리에 달아붙어 사느니 보다 차라리 작은 것의 우두머리가 되는 것이 낫다.→작더라도 독립성을 가져라.

[急來抱佛脚] 다급하면 부처님의 다리도 끌어 안는다. →급하면 관세음보살(觀世音菩薩). 平時不燒香, ~.

[疾風知勁草] 질풍 경초(疾風勁草). 질풍이 불어야 강초(強草)를 알 수 있다. →어려운 일을 당하여야 사람의 진가(眞價)를 알 수 있다. 강초(強草)는 태풍에 안다.

[己欲不欲, 勿施于人] 자기가 좋아하지 않는 일을 남에게 강요하지 말아라. 내 싫으면 남도 싫다.

[家菜不香, 外菜香] 자기 집 반찬은 맛이 없고 남의 집 반찬은 맛이 있다.→제 논의 모가 큰 것은 모른다. 남의 밥에 든 콩이 굵어 보인다. 家花不及野花香. 這山望着那山高. 遠來和尙會念經.

[家丑不可外揚] 집안의 흠은 외부에 내지 말라.

[嫁鷄隨鷄] 닭에게 시집가면 닭을 따르라. →출가하면 남편을 따라야 한다. ~, 嫁狗隨狗.

[薑是老的辣] 생강은 묵은 것이 맵다.→무엇보다도 경험이 으뜸간다. ＝薑桂之性越老越辣.

[江山易改, 本性難移] 강이나 산은 고칠 수 있지만 타고난 성질은 고치기 어렵다.→세 살 적 버릇이 여든까지 간다. ＝山河容易改, 禀性最難移.

[江心補漏] ＝船到江心補漏遲.

[脚踩兩只船] 두 척의 배 위에 동시에 올라탄다.→동시에 두 가지 일은 할 수 없다. 한 어깨에 두 지게를 질까. ＝兩脚踏兩頭船. 騎馬頭馬.

[狡兎三窟] 교토삼굴. 교활한 토끼는 숨을 굴을 셋을 가진다.→나쁜 놈의 하는 수법은 교활하다. 교활하게 잘 숨는 사람을 비유하는 말.

[借花獻佛] 꽃을 빌어 부처님께 바친다.→남의 물건으로 자기 일을 본다는 뜻. 남의 떡에 설쇤다. 차와헌불.

[今朝有酒今朝醉] 오늘 술은 오늘 마시고 취한다.→그날그날 벌어 먹는다. 내일은 내일에 가서 어떻게 될 터이지. ＝今日且吃今日飯, 明天有事明天辦.

[金鈎兒蝦米釣鯉魚] 작은 새우로 잉어를 낚군다.→자그마한 선사를 하고 큰 것을 얻으려고 한다. 소자본으로 큰 이득을 보려고 한다. 보리밥 알로 잉어 낚는다.

[金玉其外, 敗絮其中] 밖은 금옥으로 꾸미고 안은 누더기로 채운다.→겉만 번드레하고 실속은 없다. 빛 좋은 개살구.

[近水知魚性, 近山識鳥音] 물에 가까이 있으면 고기의 성미를 알고, 산에 가까이 있으면 새소리를 식별할 줄 안다.→사람의 경험 지식은 환경에 의하여 지배된다.

[近朱者赤近墨者黑] 주(朱)를 가까이 하면 빨개지고 먹을 가까이 하면 까맣게 된다. →사람은 그가 늘 가까이 사귀는 사람에 따라 그 영향을 받아서 변하는 것이니 조심하라는 말. 근묵자흑 근주자 필적. ＝挨金似金挨玉似玉.

[井水不犯河水] 우물은 강물을 침범하지 않는다.→남의 영역(領域)을 침범하지 않는다. ＝江水不犯河水.

[竟撥燈不添油] 등잔을 흔들어 놓기만 하고 기름은 넣지 않는다.→그때그때의 입장만을 피해 넘기고 근본적인 책임은 회피한다.

[酒逢知己千杯少] 술은 지기(知己)와 같이 마실 때는 천 잔의 술도 오히려 적다.→술은 마음이 통하는 사람과 마실 일이다. 話不投機半句多, ~.

[酒不醉人人自醉] 술이 사람을 취하게 하지 않고, 사람이 스스로 취한다.

[酒醉心不醉] 술에는 취하지만 마음은 취하지 않는다.→술에는 취하여도 본성은 잃지 않는다.

[鋸倒了樹拿老鴰] 나무를 톱으로 썰어 넘기고 까마귀를 잡는다. →일을 하는데 융통성이 없다.
[君子報仇十年不晩] 군자는 원수를 갚는데 10년이 걸려도 늦지 않는다.→ 일을 하는 데는 참고 견뎌야 한다.
[君子一言快馬一鞭] 군자의 말 한마디는 빨리 달리는 말에 채찍질하는 것과 같다.

K

[開門揖盜] 문을 열고 도둑을 불러 들인다.→스스로 재난을 초래한다. 이리를 집안에 불러 들인다.
[刻薄成家, 理無久享] 지독히 탐욕적이고 무자비한 방법으로 재물을 모으더라도 언제까지나 그 혜택을 받을 리는 없다.
[刻舟求劍] 흘러가는 배에 표를 해 놓고 떨어뜨린 칼을 찾는다.→일을 하는데 융통성이 없다. 사리(事理)에 어둡고 어리석음을 가리키는 말. 각주구검(刻舟求劍).
[孔子門前賣孝經] 공자의 문전에서 효경(孝經)을 판다.→부처님한테 설법(說法).
[枯木逢春又發芽] 고목에도 봄이 오면 또한 싹이 튼다.→때가 오면 다시 번영(繁榮)도 한다. 쥐 구멍에도 볕 들 날이 있다.
[苦盡甜來] 괴로움이 끝나면 즐거움이 온다.→고진감래(苦盡甘來). 고생한 끝에 낙(樂)이 온다. =苦盡甘來.
[苦瓠只生苦瓠] 쓴 오이덩굴에는 쓴 오이밖에 달리지 않는다.→자식은 부모 닮는다. 개구리 새끼는 개구리가 된다. 오이덩굴에 가지 달릴까.
[誇嘴的大夫沒好藥] 자랑 많은 의사에게 좋은 약은 없다. →큰소리 치는 놈 실속 없다.
[口是風, 筆是踪] 말은 바람과 같고 필적은 흔적과 같다. →말만으로는 증거가 되지 않고, 필적만이 뒷날에 증거가 된다.

L

[拉不出屎怨茅房] 똥이 안 나온다고 변소를 원망한다.→자기 실수는 모르고 남을 원망한다. 제 얼굴 더러운 줄 모르고 거울만 나무란다. 제 똥 구린 줄 모른다. =不恨繩短, 只怨井深.
[癩蛤蟆想吃天鵝肉] 두꺼비가 백조의 고기를 먹으려고 한다.→분수도 모르고 주제넘게 욕심을 부린다. 기지도 못하는게 날려 한다. =蚍蜉撼大樹.
[浪子回頭金不換] =敗子回頭金不換.
[老鴰落在猪身上] 까마귀가 돼지 몸 위에 내려와 앉는다(중국 재래의 돼지는 까맣다). →남의 결점은 알면서 자기 결점은 모른다. 제 흉·열 가진 놈이 남의 흉 한가지 본다.
[老天不負苦心人] 하늘은 열심히 하는 자를 저버리지 않는다.→하늘은 스스로 돕는 자를 돕는다.
[老天爺餓不死瞎雀兒] 하늘은 눈먼 참새를 굶어 죽이지는 않는다. 천도(天道)는 무심치 않다. 산 입에 거미줄 치랴.
[老鷹不吃窩下食] 매는 둥우리의 주변의 것을 먹이로 삼지 않는다.→악한(惡漢)도 자기 사는 주변을 소란케 하지 않는다.
[老子英雄, 兒好漢] 아버지가 영웅이면 아들은 대장부이다. 그 부모에 그 자식. 부전자전. =有什麼老子有什麼兒子.
[良藥苦口] 양약은 입에 쓰다. ~, 良言逆耳.
[臨陣磨槍] 싸움에 임해서야 창을 간다.→소 잃고 외양간 고치기. =臨陣看兵書. 臨渴掘井.
[留得靑山在, 不怕沒柴燒] 청산(靑山)을 남겨 두면 땔 나무 걱정은 없다.→ 몸만 건강하면 일은 걱정 없다.
[流水不腐, 戶樞不蠹] 흐르는 물은 썩지 않고, 문 장부는 좀 먹지 않는다. →활동하는 것은 늘 새롭다.
[麵糖裏搾不出油來] 왕겨에서는 기름을 짜낼 수 없다.→①가난한 사람에게는 아무 것도 짜낼 수 없다. ②보잘 것 없는 것으로써 좋은 물건을 만들 수 없다. ③천한 자에게 훌륭한 것을 기대할 수 없다.
[龍生龍, 鳳生鳳, 老鼠生兒會打洞] 용은 용을 낳고, 봉은 봉을 낳으며, 쥐가 새끼를 낳으면 그 새끼는 구멍을 잘 뚫는다. →부전자전(父傳子傳). 외 덩굴에 가지는 달리지 않는다.
[龍生九子, 種種有別] 용이 새끼 아홉을 낳아도 서로 같지 않다.→십인십색. 각양각색. =十個指頭沒有一般齊.
[路見不平, 拔刀相助] 노상에서 남이 어려운 고비를 당함을 보고 칼을 뽑아 도와준다.→남의 어려운 처지를 보면 의분에 의하여 도와준다.
[路遙知馬力, 日久見人心] 길이 멀어야 말의 힘을 알 수 있고, 오랜 세월을 두고 보아야 사람의 마음을 알 수 있다. →말은 타봐야 알고, 사람은 지내 봐야 안다.
[路中說話草裏有人] 길에서 말을 하면 풀섶에 숨어 있는 사람이 그것을 엿듣는다. ①여행중에 말은 조심하여야 한다. ② 밤말은 쥐가 듣고 낮 말은 새가 듣는다.
[落水擒水泡] 물속에 떨어지면 물 방울도 붙잡는다.→물에 빠지면 짚이라도 잡는다.
[驢唇不對馬嘴] 당나귀의 입술은 말의 입에 맞지 않는다.→말이 이치에 맞지 않는다.

M

[馬瘦毛長, 人貧志短] 말은 여위면 털이 길어지고, 사람은 가난하면 그 뜻이 작아진다. =貪字貧字一樣寫.
[馬尾兒拴豆腐] 말의 꼬리로 두부를 묶는다.→두부에 꺾쇠. 겨에다 못 박기.
[買金的遇見賣金的] 금을 살 사람이 금을 팔 사람을 만난다.→살 사람과 팔 사람이 잘 만나다. 안성마춤.
[賣瓜的說瓜甜] 참외 장수는 참외가 달다고 한다.→제 논에 물 대기. 아전인수(我田引水).
[滿招損, 謙受益] 건방지게 굴면 손해를 보고, 겸손(謙遜)하게 굴면 이득을 본다.
[慢工出細貨] 공들여 만든 데서 좋은 세공품이 나온다. →천천히 공들여 하는 작업이 좋은 세공품이 된다. 공든 탑이 무너지랴. =慢工出巧匠.
[猫哭耗子] 고양이가 쥐를 위하여 곡(哭)을 한다. →고양이 쥐 생각한다. =老虎挂佛珠.

[明人不做暗事] 공명 정대한 사람은 엉큼한 일을 하지 않는다. →군자대로행.

[魔高一尺, 道高一丈] 사기(邪氣)는 일척(一尺)이요, 정기(正氣)는 일장(一丈)이다. →사(邪)는 정(正)에게 이기지 못한다.

[謀事在人, 成事在天] 모사는 재인이요 성사는 재천이라. → 일을 계획하는 것은 사람이지만 그것을 이루느냐 못 이루느냐 하는 것은 하늘에 달렸다.

[沒有高山不顯平地] 높은 산이 없으면 평지는 뚜렷하지 않다. →높은 데가 있어야 낮은 데가 있지. 큰 것이 있어야 작은 것이 있지. ① 사물의 정도는 상대적인 것. ② 찬양하는 사람이 있어야 진가(眞價)는 뚜렷해진다.

N

[能人背後有能人] 능력 있는 자의 배후에 또 유능한 사람이 있다. →뛰는 놈 위에 나는 놈 있다.

[能者多勞] 능력 있는 자는 더 많이 일한다. →일은 능력 있는 사람에게 쏠린다. 능자 다로(能者多勞).

[泥人還有土性兒] 진흙으로 만든 인형(人形)마저도 흙의 성질을 띤다. →작아도 의지(意志)만 있으면 버티는 힘도 있다는 뜻. 지렁이도 밟으면 꿈틀한다.

[念完了經打和尙] 경(經)을 읽고나면 화상(和尙)을 때린다. →이용 가치가 없어지면 천대한다 : 은혜를 저버린다는 비유. 내 밥 먹은 개가 발 뒤축을 문다. =過河拆橋. 得魚忘筌.

[寧走一步遠, 不走一步險] 한 걸음 더 멀리 돌아가는 한이 있더라도 한 걸음의 위험을 범하지는 않는다. →바삐 먹는 밥이 체하기 쉽다. =忙行無好步.

[牛兒不喝水不能強摁頭] 소가 물을 마시지 않는데 무리하게 머리를 눌러 마시게 할 수는 없다. →물을 마시기 싫어하는 말에게 물을 먹일 수는 없다. 하기 싫은 놈 목매달 수는 없다.

[牛頭不對馬嘴] =驢唇不對馬嘴.

[木匠多了蓋歪房] 목수가 많으면 집을 비뚤게 세운다. → 의견만 내세우는 사람이 많아 일이 통합되지 않는다. 뱃머리가 많으면 배가 산으로 올라간다. 사공이 많으면 배가 기운다. = 船公多了打爛船.

P

[傍觀者清, 當局者迷] =當局者迷, 傍觀者清

[胖子不是一口吃的] 살찐 사람도 한 입에 살찐 것은 아니다. →일이란 일조일석(一朝一夕)에 이루어지는 것은 아니다. 만리장성(萬里長城)도 하루 아침에 쌓은 것은 아니다. 첫술에 배 부르랴.

[賠了夫人又折兵] 부인을 잃은 데다 병사(兵士)마저 잃는다. →이중(二重)의 손실(損失)을 본다는 비유. 엎친 놈 위에 덮친다. 닭 놓치고 알 깨고. =鷄飛蛋打.

[皮之不存, 毛將焉附] 가죽이 없으면 털은 어디 붙을까. →토대가 없으면 그 위에 아무 것도 만들 수 없다. 가죽이 있어야 털이 나지. 뿌리 없는 나무가 없다.

[蚍蜉撼大樹] 왕거미가 큰 나무를 흔든다. →제 분수를 모른다. 이도 안 난 것이 뼈다귀 추렴하겠단다. 당랑 거철(螳螂拒轍).
=癩蛤蟆想吃天鵝肉.

[破鼓亂人捶] 찢어진 북은 함부로 사람들이 두드린다. →세력이 없어지면 남이 업신여긴다. =勢敗奴欺主, 時衰鬼弄人.

[破家値萬貫] 남루한 집이라 하더라도 만관(萬貫)의 값어치가 있다. →제 가정처럼 좋은 데는 없다. 남의 돈 천냥이 내 돈 한 푼만 못하다.

Q

[棋走一着錯, 滿盤皆是失] 바둑은 한 수 잘못 놓으면 전부 실패하고 만다. →하나의 실책(失策)은 전체에 미친다.

[巧婦難做無米之飯] 주변성 있는 부인이라도 쌀 없이 밥을 지을 수는 없다. →없으면 제 아비 제사도 못 지낸다. 나는 새도 깃을 쳐야 날아간다.

[墻倒衆人推] 담도 무너지면 모두가 누른다. →세력이 없어지면 남이 없신여긴다. =破鼓亂人捶.

[墻有縫, 壁有耳] 담에는 틈이 있고, 벽에는 귀가 있다. →밤 말은 쥐가 듣고 낮 말은 새가 듣는다. =隔墻有耳.

[千里馬兒還得千里人兒騎] 천 리를 달리는 말은 천 리를 갈 수 있는 능력이 있는 사람이 타야 한다. →재능(才能)이 있는 자는 재능이 있는 자를 써야 한다.

[前門拒虎, 後門進狼] 앞 문에선 범 막고 뒷문에선 이리를 끌어 들인다. →한 쪽에만 정신을 쏟으면 다른 쪽에서 뜻밖의 일이 일어난다.

[前怕虎, 後怕狼] 앞에선 범을 두려워하고 뒤에선 이리를 무서워한다. →곤란한 입장에서 주저하고 있는 비유.

[前人栽樹, 後人乘凉] 앞 사람이 나무를 심으면 후대의 사람이 더위를 푼다. →후래자(後來者)를 위하여 꾀한다는 말.

[前事不忘, 後事之師] 지난 일을 잊지 않으면 앞날의 귀감이 된다. →과거의 경험은 후일에 도움이 된다.

[前頭有車, 後頭有轍] 앞에 차가 있으면 뒤에 수레바퀴 자국이 있다. →앞차의 전복(轉覆)은 뒷차의 본보기가 된다. 전자(前者)의 한 일은 후자(後者)의 충고가 된다.

[親是親, 財是財] 부모는 부모요, 돈은 돈이다. →부모 자식간에도 돈에 관해서는 남과 같다.

[擒賊先擒王] 적(賊)을 잡으려면 우선 왕(王)을 잡아라. →장수를 잡는 데는 우선 말을 쏘아라.

[青出於藍] 청출어남. →푸른 물감은 쪽 풀에서 뽑아낸 것이나 그보다 오히려 푸르다 함이니, 스승보다 제자가 더 뛰어 났을 때 이름. 청출어남이청어남 (青出於藍而青於藍).

[清官難斷家務事] 청렴한 관리라도 남의 가정 싸움은 처리하지 못한다. 집안 일은 제삼자가 처리할 수 없는 것.

[情人眼裏出西施] 애인의 눈에는 "西施"가 떠오른다. →사랑에 미치면 미운 것이 없다. 반하면 곰보도 보조개로 보인다. 제 눈에 안경이다.

[窮漢赶上閏年月] 없는 사람이 윤년(閏年)을 만난다. →돈 없는 사람이 돈 쓸 데를 만난다.

R

[讓高山低頭, 叫河水讓路] 고산(高山)을 머리 숙이도록 하고, 하수(河水)에게 길 비키게 한다. →인력(人力)으로 자연을 정복하고 개척한다는 뜻.

[人不虧地, 地不虧人] 사람이 땅에다 있는 힘을 다하면 땅은 사람을 배반하지 않는다. →땅은 노력을 들이면 그 만큼의 보답을 한다. =人勤地不懶.

[人不可貌相, 海不可斗量]= 海水不可斗量.

[人敬當的, 狗咬破的] 사람은 부자를 존경하고 개는 남루한 차림을 보고 짖는다. →사람은 부귀(富貴)와 권세(權勢)에 붙기 쉽다.

[人老珠黃不値錢] 사람이 늙고 구슬이 누렇게 변색하면 가치가 없어진다. →사람이 늙으면 타마(駄馬)와 같다.

[人怕出名, 猪怕肥] 사람은 이름이 나는 것을 두려워하고 돼지는 살찌는 것을 두려워한다. →잘난 체하는 사람은 남의 비난 공격의 대상이 된다.

[人怕傷心, 樹怕剝皮] 사람은 마음 상하는 것을 두려워하고, 나무는 껍질 벗겨지는 것을 두려워 한다. →슬픔은 몸의 해독이 된다.

[人貧志短, 馬瘦毛長]=馬瘦毛長, 人貧志短. 人窮志短.

[人人有臉, 樹樹有皮] 사람들에게는 낯이 있고 나무에는 껍질이 있다. →체면은 누구나 중(重)히 여기는 법이다. =人有臉, 樹有皮.

[人容天不容] 사람은 용서하지만 하늘은 용서하지 않는다. →악인(惡人)에게는 천벌(天罰)이 있다.

人善被人欺, 馬善被人騎] 사람이 좋으면 남에게 멸시를 당하고, 말이 좋으면 사람을 태운다. →호인은 남의 속임수에 빠지기 쉽다.

[人是舊的好, 衣裳是新的好] 사람은 구면이 좋고 의복은 새 것이 좋다. →사람은 구면이 좋은 법.

[人是苦蟲, 不打不成人] 사람은 고생하는 벌레와 같으므로 때리지 않으면 사람답게 되지 못한다. →귀여운 자녀에겐 엄하게 키워라. 귀여운 애한테는 매채를 주고 미운 애한테는 엿을 준다.

[人是衣裳, 馬是鞍] 사람은 의상에 따라, 말은 안장에 따라 볼품이 달라진다. 의복이 날개다.

[人往高處走, 水往低處流] 사람은 높은 곳으로 가고, 물은 낮은 곳으로 흐른다. →사람은 향상심(向上心)을 가져야 한다.

[人爲財死, 鳥爲食亡] 사람은 재물 때문에, 새는 먹이 때문에 목숨을 잃는다. →탐욕(貪欲)은 몸을 망친다.

[人無千日好, 花無百日紅] 사람에겐 천일(千日)의 호의(好誼)가 없고, 꽃은 백일(百日) 동안의 붉은 꽃이 없다. → 친구와의 교제는 오래 계속되기 어렵다.

[人心不足蛇呑象] =得了屋子想了炕.

[人心是肉長的] 사람의 마음은 육체(肉體)에서 이루어져 있다. →사람에게는 피도 눈물도 있다.

[人心似鐵, 官法如爐] 인심은 쇠와 같으나 법은 용광로와 같다. →나쁜 짓은 법으로 방지할 수 있다.

[人有千算不如老天一算] 리 꾀하더라도 하늘의 한 가지 생각만 못하다. →나쁜 사람이 제아무리 능숙한 재주를 부려 보아도 하늘의 응보(應報)를 면하지 못한다.

[仁者見仁, 智者見智] 인자는 인을 보고, 지자는 지를 본다. →같은 일이라도 사람에 따라 보는 방법이 다르다.

[忍字心頭一把刀] "忍"자의 마음심(心) 위에는 칼도(刀)의 칼이 있다. → 인내(忍耐)는 가장 어렵고도 중요한 것의 하나다.

[入木三分雖罵亦榮] 나무에 서푼(三分)정도의 깊이로 새겨 진다면 욕을 먹어도 역시 영광이다. →책에 기재(記載)된다면 그것이 비록 악평을 받는다 하더라도 영광이다.

[若要人不知, 除非己莫爲] 남에게 알려지기가 싫으면 스스로 하지 않아야 한다. →자기가 저지른 나쁜 짓은 감추어 둘 수는 없다.

S

[三個臭皮匠抵得一個諸葛亮] 세 사람의 피혁공(皮革工)이라 하더라도 한 사람의 제갈양과 맞 먹는다. → 한 사람보다 여러 사람과 의논(議論)하면 좋은 묘안도 나올 수 있다.

[三個人抬不過理字] 세 사람이 "理"라는 글자를 함께 메고 갈 수는 없다. → 세 사람이면 사이가 벌어지기 마련이다.

[三人同心, 黃土變金] 세 사람이 의견을 같이 하면 황토(黃土)도 금으로 바꿀 수가 있다. →협력하면 좋은 성과가 나온다.

[三句話不離本行] 두 서너 마디의 말도 자기 직업에서 떠날 수가 없다. →조금만 이야기하여도 직업 이야기가 나오는 법이다.

[三人行必有我師] 삼인행 필유아사. 세 사람이 가면 그 안에는 필히 스승과 같은 사람이 있다.

[三十六策, 走爲上策] 삼십육책 주위상책. →삼십육계(三十六計)에 줄행랑이 으뜸.

[三天打魚, 兩天曬網] 사흘은 고기를 잡고 이틀은 그물을 말린다. →일을 계속하지 못한다. 무엇이든지 오래 계속하지 못하는 사람을 가리키는 말.

[殺鷄給猴子看] 닭을 죽여서 원숭이에게 보여 준다. →타(他)에 대한 본보기로 삼는다.

[殺人償命, 欠債還錢] 사람을 죽이면 목숨을 보상하고, 돈을 빌면 돈을 갚는다. →남을 죽이면 자기도 죽는 법이 당연하다.

[山河容易改, 禀性最難移]=江山易改, 本性難移.

[山雨欲來, 風滿樓] 산비가 오려고 바람이 불어 누(樓)에 가득찬다. →큰 변동(變動)이 일어날 전조(前兆)이다.

[上梁不正下梁歪] 상량(上梁)이 바르지 못하면 하량(下梁)이 구부러진다. →윗물이 맑아야 아랫물이 맑다.

[上馬容易, 下馬難] 말에 타기는 쉽고 말에서 내리기는 어렵다. →나중이 문제이다. =上山容易, 下山難.

[上山擒虎容易, 開口告人難] 산에 올라

가 범을 잡는 것은 쉽지만, 남에게 부탁하기 위한 말을 꺼내기는 어렵다. →남에게 돈을 꾸거나 부탁하기는 어렵다.

[上天無路, 入地無門] 하늘에 올라가는 데는 길이 없고, 땅으로 들어가는 데는 문이 없다. →진퇴 양난(進退兩難)이다.

[少壯不努力, 老大徒傷悲] 젊어서 노력하지 않으면 늙어서 헛되이 슬퍼하게 된다.

[舌頭底下壓死人] 혀 밑에 사람을 압사시킨다. →말 한 마디가 자칫하면 사람의 생사를 좌우하는 수가 있다.

[蛇入竹筒, 曲性難改] 뱀이 대통(竹筒)에 들어가도 구부러지는 성질을 고치기는 어렵다. →세 살 적 버릇이 여든 까지 간다.

[射人先射馬] 사람을 쏘려면 먼저 말을 쏘아라. →장수를 잡으려거든 말을 쏘아라.

[身在曹營, 心在漢室] 몸은 조조(曹操)의 진영(陣營)에 있어도 마음은 한실(漢室)에 있다. →몸은 적지(敵地)에 있어도 마음만은 아군(我軍)에게 있다. 몸은 딴 데 있다 하더라도 마음만은 변하지 않는다.

[生行莫入, 熟行莫出] 서툰 직업에 들어가지 말고, 익숙한 직업에서 떠나지 말라. →한번 시작한 직업은 바꾸는 법이 아니다.

[十個指頭沒有一般兒齊] 열 손가락도 같지를 않다. 열 손가락도 길고 짧다. →각양 각색(各樣各色). 십인십색(十人十色). =十個指頭有長有短.

[十目所視, 十手所指] 열 눈이 보고 있고, 열 손이 가리키고 있는데. →여러 사람이 지켜보고 있어 나쁜 일을 할 여지(餘地)가 없다.

[十年樹木, 百年樹人] 식수(植樹)에는 십년이요, 인재 양성에는 백년이나 걸린다. 십년 수목에 백년 수인.

[時來運轉, 福至心靈] 때가 오면 운이 트고, 운이 오면 마음 활동도 민첩해진다.

[世上無難事, 只要有心人] 세상에는 어려운 일은 없다, 마음을 바꾸지 않는 사람에게 있어서는. →변심만 않는다면 세상에는 어려운 일은 없는 법이다.

[是兒不死, 是財不散] 참으로 내려 주신 아이라면 죽지 않으며, 참으로 내리신 재물(財物)이라면 없어지지 않는다. →하늘에서 주신 것이 아니고서는 오래도록 그 혜택을 받을 수가 없다.

[手大把不過天來] 손이 아무리 크더라도 하늘을 움켜 쥐고 올 수는 없다. →아무리 수완이 좋더라도 혼자서 많은 일을 해낼 수는 없다.

[瘦死駱駝比馬大] 여위어 죽은 낙타라 하더라도 말보다는 크다. →썩어도 준치.

[書到用時方恨少] 책은 필요할 때가 되어서야 비로소 그 수량이 적은 것을 한탄한다. →학문은 사회에 나갈 때까지 충분히 닦아둬야 할 것이다.

[死馬當作活馬醫] 죽은 말을 산 말로 간주하고 치료한다. →절망 상태에 있더라도 전력을 다하여 일에 임한다.

[說他胖, 他就喘] 비대(肥大)하다고 하면 그는 씨근거린다. →조금만 칭찬하면 우쭐해진다.

[說着曹操, 曹操就到] 조조(曹操) 이야기를 했더니 조조가 왔다. →호랑이도 제 말하면 온다.

[說着容易做着難] 말하기는 쉽고 행하기는 어렵다.

[死皇帝不如生叫化] =好死不如癩活着.

[送君千里, 終有一別] 자네를 천리나 전송한다 하여도 마침내는 헤어져야 한다. →만난 이상에는 이별이 따르는 법이다. 만나면 이별이라.

T

[貪多嚼不爛] 너무 탐내면 충분히 저작(咀嚼)할 수 없다. 목 메인 밥이 체하기 쉽다.

[貪字貧子一樣寫] "貪"자와 "貧"자는 비슷하게 쓴다. →가난하면 탐내게 된다.

[抬頭老婆低頭漢] 머리를 쳐든 부인, 머리를 숙인 남자. →악랄(惡辣)한 남녀의 예(例).

[天不怕地不怕] 하늘도 무섭지 않고 땅도 두렵지 않다. →천하에 두려운 것은 아무 것도 없다.

[天牌壓地牌] 천패(天牌)가 지패(地牌)를 누른다. →①당연한 이치. ②기는 놈 위에 나는 놈 있다. ③제압할 수 있는 힘을 가지고 있는 것은 정해져 있다.

[天下老鴰一般黑] 천하의 까마귀는 한결같이 까맣다. →세상 악한(惡漢)은 모두가 같다.

[同行是冤家] 동업자(同業者)는 적(敵)이다.

[偸鷄不着蝕把米] 닭은 훔치지도 못하고 한 줌의 쌀만 손해 본다. →꿩 잃고 매 잃는 셈. 게도 구럭도 다 잃었다. =鷄飛蛋打.

[頭痛醫頭, 脚痛醫脚] 머리가 아프면 머리를 치료하고, 다리가 아프면 다리를 치료한다. →임시적인 예방 조치만을 한다.

[圖賤買老牛] 값 싼 물건을 바라던 나머지 늙은 소를 산다. →값이 싸다고 생각하고 사고 보니 보잘 것없는 물건으로 결국은 손해를 보았다는 뜻. 값 싼 것이 비지떡.

[兎死狐悲, 物傷其類] 토끼 죽은 데 여우가 슬퍼하듯이 모든 것은 그 동류(同類)를 위하여 슬퍼한다. →동류는 서로 사랑하는 법이다. 토사호비(兎死狐悲). 호사토읍(狐死兎泣).

W

[萬般起頭難] 모든 일은 시초(始初)가 어렵다.

[萬事俱備, 只缺東風] 만사는 구비되었는데, 동풍만이 없다 : "三國演義"의 고사(故事)에서 나온 것. →모두가 거의 구비되었는데 가장 중요한 조건 하나가 빠졌다. 만사구비에 지결 동남풍(萬事具備 只缺東南風).

[萬丈高樓從地起] 만 길이나 되는 고루(高樓)도 땅에서부터 세운다. →모든 것은 기초로부터 시작되는 것. 천리 길도 한 걸음으로부터.

[爲人不作虧心事, 半夜敲門心不驚] 마음에 꺼림칙한 것이 없으면 밤중에 남이 문을 두드려도 놀라지는 않는다. →도둑놈이 제 발자국에 놀란다. 노루도 제 방귀에 놀라듯.

[搵着矮子捉帽] 키 작은 사람을 누르고

모자를 빼앗다. → 약한 자를 학대한다.

[捂着耳朵偷鈴鐺] 귀를 손으로 막고 방울을 훔친다. → ①일부는 감출 수 있더라도 전부는 감출 수 없다. 꿩은 머리만 풀에 감춘다. ②스스로를 속인다는 말.

[無風不起浪] 바람이 없으면 파도는 일지 않는다. → 아니 땐 굴뚝에 연기 날까.

[無事不登三寶殿] 일이 없으면 삼보전(三寶殿 : 佛殿)에 올라가지 않는다. → 일이 있으니까 찾아 온다.

[無針不引綫, 無水不渡船] 바늘이 없으면 실을 꿰지 못하고 물이 없으면 배를 건너지 못한다. → 만사가 중개자(仲介者) 없이는 잘 되지 않는다.

[五十步笑百步] 오십보로 소백보. → 둘 사이에 약간의 차이가 있다고는 하나 본질적으로는 서로 같다는 말. 대동소이(大同小異)하다. 작아도 콩 싸라기 커도 콩 싸라기.

X

[惜飯有飯吃,惜衣有衣穿] 밥을 천대치 않으면 밥에 곤란하지 않고, 의복을 아끼면 입는 데 아쉽지 않다. → 검약(儉約)하면 어려운 일은 없다.

[瞎猫碰耗子] 눈먼 고양이가 죽은 쥐에게 부딪친다. → 우연히 맞추다.

[瞎子打燈籠] 소경이 초롱을 켜들다. → 아무 쓸모도 없다. 소경 잠 자나 마나.

[小巫見大巫] 작은 무당이 큰 무당을 만난다. → 능력 없는 자가 능력 있는 자에게 맞닥뜨리다.

[先小人後君子] 처음은 소인이요, 나중에는 군자이다. → 선소인이요 후군자라. 처음에는 염라대왕처럼 무섭게 굴다가도 나중에는 싱글벙글 웃음을 띠고 부드럽게 군다.

[先下手爲強] 먼저 손을 쓰는 편이 강하다. → 한 걸음 앞서 손을 쓰면 남을 제압하여 이길 수가 있다. 앞서면 이기고 뒤지면 진다. ~, 後下手遭殃.

[新官上任三把火] 새로 취임한 관리(官吏)는 세 자루의 횃불과 같다. → 새로 나온 사람은 정력과 긴장으로 일에 대한다. 비도 새 것이 잘 쓸린다.

[新鞋不踩臭狗屎] 새 신발은 구린내 나는 개똥을 밟지 않는다. → 훌륭한 사람은 시시한 놈과 상대하지 않는다.

[星星之火可以燎原] 작은 불도 벌판을 태울 수가 있다. → 작은 것도 큰 힘이 될수 있다. 천리 길도 한 걸음으로부터. 티끌 모아 태산.

[惺惺惜惺惺] 성성이는 성성이를 아낀다. → ①영웅은 영웅을 아껴 준다. ②동류(同類)는 서로 아끼고 사랑해 준다. 동병상련(同病相憐). 과부 설음은 친구 과부가 안다.

Y

[啞巴吃黃連] 벙어리가 황련(黃連)을 먹듯하다. 벙어리 냉가슴 앓듯. → 고통스러운 것이 있어도 어디에 호소할 때가 없다.

[羊毛出在羊身上] 양털은 양의 몸에서 나온다. → 공금(公金)으로 공사(公事)를 행한다. 자기에게는 아무런 손해도 없다.

[羊群裏出駱駝] 양의 무리 속에서 낙타가 나온다. → 평범한 데서 비범(非凡)한 것이 나온다. 개천에서 용(龍) 난다.

[淹死是會水的] 물에 빠져 죽는 사람은 헤엄 잘 치는 사람. → 헤엄 잘 치는 놈 물에 빠져 죽고 나무에 잘 오르는 놈이 나무에서 떨어져 죽는다.

[眼不見爲淨] 보지 않으면 후련하고 좋다. 안 보면 마음에 걸리지 않는다. =眼不見心不煩.

[眼見是實, 耳聞是虛] =聽景不如看景.

[一不做, 二不休] 일불주 재불휴. → 무엇을 하려거든 철저히 하여라.

[一朝天子, 一朝臣] 일조의 천자에는 일조의 신. → 천자가 바뀌면 신하도 바뀐다는 말로 운명을 같이 한다는 뜻.

[一牀被裏不蓋兩樣人] 한 벌의 이불을 다른 두 사람에게는 덮을 수 없다. → 안성마춤의 부부.

[一方水土養一方人] 한 지방(地方)의 풍토(風土)는 한 지방의 사람을 기른다. → 그 지방 그 지방에 따라 풍속·습관·언어를 달리한다.

[一個槽裏拴不下倆叫驢] 한 개의 구유에 두 마리의 당나귀를 매어둘 수는 없다. → 동료(同僚)는 서로 시기하고 배척하는 법이다.

[一個牛也是放, 十個牛也是放] 한 마리의 소도 방목(放牧)하고 열 마리의 소라도 방목한다. → 일에는 "하는 김에" 라는 것이 있다.

[一個巴掌拍不響] =單絲不成綫.

[一個人是死的, 倆人是活的] 혼자서는 움직이지 못하고, 두 사람이면 움직인다. → 도움이 있으면 일은 순조롭게 된다.

[一蟹不如一蟹] 한 마리의 게는 다른 한 마리의 게만 못하다. → 차츰차츰 나빠진다.

[一遭經蛇咬, 三年怕井繩] 한 번 뱀에게 물리면 삼년이나 두레박줄을 보고도 놀란다. → 한 번 해를 입으면 늘 의심하게 된다. 자라에게 놀란 놈이 솥뚜껑 보고 놀란다. =一朝叫蛇咬, 三年怕井繩.

[醫得病, 醫不得命] 병은 고칠 수 있지만 운명은 고칠 수 없다.

[英雄無用武之地] 영웅이 무(武)를 사용할 곳이 없다. → 아까운 인재 그를 등용할 자리가 없다.

[有得青山在不愁無柴燒] =留得青山在, 不怕沒柴燒.

[有奶就是娘] 젖(乳)만 있으면 어머니이다. → 이익을 주는 사람에게는 모두 따르기 마련이다.

[有錢能使鬼推磨] 돈만 있으면 귀신에게 맷돌질도 시킬 수 있다. → 돈만 있으면 귀신도 부릴 수 있다. 유전이면 사귀신. =錢能通神.

[有什麼老子有什麼兒子] =老子英雄, 兒好漢. 有其父必有其子.

[有眼不識泰山] 눈은 있지만 "泰山"을 알아보지 못한다. → 눈뜬 장님.

[有志者事竟成] 뜻만 있으면 필경에는 일을 이룬다. → 마음 먹으면 안되는 것이 없다. 정신일도 하사불성.

[又要吃又怕燙] 먹고는 싶지만 한편으로는 데일까봐 무섭다. → 하고 싶기는 굴뚝 같지만 뒷일이 무서워서 손을 댈 수가 없다.

[雨後送傘] 비 온 뒤에 우산을 보내 준다. → 소 잃고 외양간 고치기. =賊走了關門.

[冤家路窄] 원수는 길이 좁다.→원수는 외나무 다리에서 만난다.

[遠來的和尙會念經] 먼 데서 온 화상(和尙)은 경(經)이 능숙해 보인다. 먼 데 것이나 남의 것은 좋아 보인다. 남의 밥에 든 콩이 굵어 보인다. ＝家菜不香, 外菜香. 這山望着那山高.

[遠水不能救近火] 먼 데 있는 물로써는 가까운 불을 끌 수가 없다.→먼 데 친척보다 가까운 데 있는 남이 낫다. 이웃 사촌. ＝遠親不如近隣.

Z

[在家千日好, 出外一時難] 집에 있을 때는 늘 편하지만 객지에 나가면 곧 고생스럽다. →비좁고 답답하더라도 내 가정에서의 생활이 가장 좋다.

[賊走了關門] 도둑이 달아난 뒤에 문을 잠근다.→소 잃고 외양간 고친다. 도둑 맞고 사립문 고친다. ＝雨後送傘.

[斬草不除根, 逢春芽又生] 풀을 베고 뿌리를 뽑아 치우지 않으면 봄이 되면 다시 싹이 튼다.

[占小便宜吃大虧] 작은 이익을 취하려다 큰 손해를 본다.→소리(小利)만을 따지다가 큰 손해를 보게 된다. 혹 떼려 갔다가 혹 붙였다. 소탐 대실.

[丈八燈臺照遠不照近] 일장(一丈)팔척(八尺)이나 되는 등대도 먼 데는 비추어 주지만 가까운 데는 비추지 못한다.→등잔 밑이 어둡다.

[丈二和尙摸不着頭腦] 일장(一丈)이척(二尺)이나 되는 화상(和尙)이라면 머리를 쓰다듬을 수는 없다. →손을 대 볼 수가 없다. 실마리를 잡을 수가 없다.

[這山望着那山高] ＝遠來的和尙會念經. 家菜不香, 外菜香.

[眞金不怕火] 참다운 금은 불을 무서워하지 않는다.→자신이 있는 자는 아무 것도 무서워하지 않는다. ＝眞金不怕火煉.

[整瓶子不動, 半瓶子搖] 가득히 찬 병은 흔들리지 않지만, 반밖에 들어 차지 않은 병은 흔들린다. →능력이 없는 자는 잘 떠들어 댄다. 빈 수레가 더 요란하다. ＝滿瓶不響, 半瓶叮噹.

[知人知面不知心] 사람을 아는 데는 얼굴은 알아도 마음은 알 수가 없다.→남의 마음은 알 수 없는 일이다.

[終日打雁會叫雁嗛了眼了] 하루 종일 기러기 사냥을 하면서도 기러기에게 눈을 쪼이는 수가 있다.→익숙한 일에도 실책(失策)하는 수가 있다.

[種瓜得瓜, 種豆得豆] 오이 심은 데서 오이를 거두고, 팥 심은 데서 팥을 거둔다. →오이 밭에 오이 나고, 팥 밭에 팥이 난다. 인과응보(因果應報). ＝種麥得麥.

[衆人拾柴火焰高] 여럿이 나무를 주워다 불을 놓으면 화염(火焰)이 치솟아 오른다.→힘을 합하면 좋은 결과가 나온다.

[衆志成城] 뭇사람의 마음이 하나로 합치면 성(城)과 같이 굳게 될 수도 있다. →모두가 굳게 뭉치면 좀처럼 침범할 수 없다. 중심 성성(衆心成城).

[煮熟了的鴨子飛了] 삶은 오리가 달아나 버렸다.→마땅히 수중에 들어올 것을 놓쳐 버렸다. 다 된 죽에 코 떨어뜨리다.

[嘴上無毛, 辦事不牢] 입가에 수염이 없는 사람은 일을 하여도 실수(失手)가 있다. →젊은 사람이 하는 일에는 실수가 많다.

[醉翁之意不在酒] 취하는 사람의 진정한 마음은 술에는 없다. 목적은 딴 데 있다.

[坐吃山崩] 앉아 놀고 먹으면 산마저 무너져 버린다.→아무리 재산이 많아도 벌지 않고 놀고 먹으면 종국에는 없어지고 만다. 좌식 산공(坐食山空).

[做賊心虛] 도둑질을 하면 마음이 안정되지 못한다.→나쁜 짓을 하면 늘 겁을 내게 마련이다.

[自大是一個臭字] 「自大(잘난 체한다)」란 「臭」와 같은 것.→잘난 체하는 것은 구려서 참아 보고 견딜 수가 없다.

성씨표(姓氏表)

艾	Ài	ㄞˋ
愛	Ài	ㄞˋ
安	Ān	ㄢ
敖	Áo	ㄠˊ
查	Chā	ㄓㄚ
翟	Chái	ㄓㄞˊ
詹	Chān	ㄓㄢ
湛	Chàn	ㄓㄢˋ
章	Chāng	ㄓㄤ
張	Chāng	ㄓㄤ
仉	Chăng	ㄓㄤˇ
仉督	Chăngtū	ㄓㄤˇㄉㄨ
長孫	Chăngsūn	ㄓㄤˇㄙㄨㄣ
趙	Chào	ㄓㄠˋ
甄	Chēn	ㄓㄣ
正	Chèng	ㄓㄥˋ
鄭	Chèng	ㄓㄥˋ
支	Chīh	ㄓ
卓	Chō	ㄓㄨ
周	Chōu	ㄓㄡ
朱	Chū	ㄓㄨ
諸	Chū	ㄓㄨ
諸葛	Chūkŏ	ㄓㄨㄍㄜˇ
竺	Chù	ㄓㄨˋ
祝	Chù	ㄓㄨˋ
顓	Chuān	ㄓㄨㄢ
顓孫	Chuānsūn	ㄓㄨㄢㄙㄨㄣ
莊	Chuāng	ㄓㄤ
鍾	Chūng	ㄓㄨㄥ
鍾離	Chūnglí	ㄓㄨㄥㄌㄧˊ
終	Chūng	ㄓㄨㄥ
仲	Chùng	ㄓㄨㄥˋ
仲孫	Chùngsūn	ㄓㄨㄥˋㄙㄣ
姬	Chī	ㄐㄧ
嵇	Chī	ㄐㄧ
吉	Chí	ㄐㄧˊ
汲	Chí	ㄐㄧˊ
籍	Chí	ㄐㄧˊ
計	Chì	ㄐㄧˋ
季	Chì	ㄐㄧˋ
紀	Chì	ㄐㄧˋ
冀	Chì	ㄐㄧˋ
薊	Chì	ㄐㄧˋ
暨	Chì	ㄐㄧˋ
家	Chiā	ㄐㄧㄚ
夾	Chiá	ㄐㄧㄚˊ
夾谷	Chiákŭ	ㄐㄧㄚˊㄍㄨˇ
郟	Chiá	ㄐㄧㄚˊ
賈	Chiă	ㄐㄧㄚˇ
簡	Chiĕn	ㄐㄧㄢˇ
蹇	Chiĕn	ㄐㄧㄢˇ
江	Chiāng	ㄐㄧㄤ
姜	Chiāng	ㄐㄧㄤ
蔣	Chiăng	ㄐㄧㄤˇ
焦	Chiāo	ㄐㄧㄠ
金	Chīn	ㄐㄧㄣ
晉	Chìn	ㄐㄧㄣˋ
靳	Chìn	ㄐㄧㄣˋ
經	Chīng	ㄐㄧㄥ
荊	Chīng	ㄐㄧㄥ
井	Chĭng	ㄐㄧㄥˇ
景	Chĭng	ㄐㄧㄥˇ
居	Chǖ	ㄐㄩ
鞠	Chǘ	ㄐㄩˊ
巨	Chǜ	ㄐㄩˋ
柴	Ch‘ái	ㄔㄞˊ
昌	Ch‘āng	ㄔㄤ
長	Ch‘áng	ㄔㄤˊ
常	Ch‘áng	ㄔㄤˊ
晁	Ch‘áo	ㄔㄠˊ
巢	Ch‘áo	ㄔㄠˊ
車	Ch‘ē	ㄔㄜ
陳	Ch‘én	ㄔㄣˊ
成	Ch‘éng	ㄔㄥˊ
承	Ch‘éng	ㄔㄥˊ
程	Ch‘éng	ㄔㄥˊ
遲	Ch‘íh	ㄔˊ
池	Ch‘íh	ㄔˊ
丑	Ch‘ŏu	ㄔㄡˇ
充	Ch‘ūng	ㄔㄨㄥ
楚	Ch‘ŭ	ㄔㄨˇ
褚	Ch‘ŭ	ㄔㄨˇ
儲	Ch‘ŭ	ㄔㄨˇ
淳	Ch‘ún	ㄔㄨㄣˊ
淳于	Ch‘únyǘ	ㄔㄨㄣㄩˊ
戚	Ch‘ī	ㄑㄧ
淒	Ch‘ī	ㄑㄧ
漆雕	Ch‘ītiāo	ㄑㄧㄉㄧㄠ
元	Ch‘í	ㄑㄧˊ
元官	Ch‘íkuān	ㄑㄧˊㄍㄨㄢ
祁	Ch‘í	ㄑㄧˊ
齊	Ch‘í	ㄑㄧˊ
錢	Ch‘ién	ㄑㄧㄢˊ
強	Ch‘iáng	ㄑㄧㄤˊ
喬	Ch‘iáo	ㄑㄧㄠˊ
譙	Ch‘iáo	ㄑㄧㄠˊ

欽	Ch'īn	ㄑㄧㄣ
秦	Ch'ín	ㄑㄧㄣˊ
琴	Ch'ín	ㄑㄧㄣˊ
丘	Ch'iū	ㄑㄧㄡ
秋	Ch'iū	ㄑㄧㄡ
邱	Ch'iū	ㄑㄧㄡ
仇	Ch'iú	ㄑㄧㄡˊ
裘	Ch'iú	ㄑㄧㄡˊ
屈	Ch'ǖ	ㄑㄩ
瞿	Ch'ǖ	ㄑㄩ
璩	Ch'ǘ	ㄑㄩˊ
麴	Ch'ǘ	ㄑㄩˊ
全	Ch'üán	ㄑㄩㄢˊ
權	Ch'üán	ㄑㄩㄢˊ
闕	Ch'üēh	ㄑㄩㄝ
鄂	È	ㄜˋ
佴	Ěrh	ㄦˇ
法	Fǎ	ㄈㄚˇ
樊	Fán	ㄈㄢˊ
范	Fàn	ㄈㄢˋ
方	Fāng	ㄈㄤ
房	Fáng	ㄈㄤˊ
費	Fèi	ㄈㄟˋ
豐	Fēng	ㄈㄥ
封	Fēng	ㄈㄥ
酆	Fēng	ㄈㄥ
馮	Féng	ㄈㄥˊ
鳳	Fèng	ㄈㄥˋ
伏	Fú	ㄈㄨˊ
扶	Fú	ㄈㄨˊ
符	Fú	ㄈㄨˊ
福	Fú	ㄈㄨˊ
父	Fǔ	ㄈㄨˇ
甫	Fǔ	ㄈㄨˇ
富	Fù	ㄈㄨˋ
傅	Fù	ㄈㄨˋ
哈	Hā	ㄏㄚ
海	Hǎi	ㄏㄞˇ
韓	Hán	ㄏㄢˊ
杭	Háng	ㄏㄤˊ
郝	Hǎo	ㄏㄠˇ
衡	Héng	ㄏㄥˊ
何	Hó	ㄏㄜˊ
和	Hó	ㄏㄜˊ
賀	Hò	ㄏㄜˋ
赫	Hò	ㄏㄜˋ
赫連	Hòlién	ㄏㄜˋㄌㄧㄢˊ
弘	Húng	ㄏㄨㄥˊ
洪	Húng	ㄏㄨㄥˊ
紅	Húng	ㄏㄨㄥˊ
侯	Hóu	ㄏㄡˊ
后	Hòu	ㄏㄡˋ
後	Hòu	ㄏㄡˋ
呼	Hū	ㄏㄨ
呼延	Hūyén	ㄏㄨㄧㄢˊ
胡	Hú	ㄏㄨˊ
狐	Hú	ㄏㄨˊ
扈	Hù	ㄏㄨˋ

花	Huā	ㄏㄨㄚ
華	Huá	ㄏㄨㄚˊ
滑	Huá	ㄏㄨㄚˊ
懷	Huái	ㄏㄨㄞˊ
桓	Huán	ㄏㄨㄢˊ
宦	Huàn	ㄏㄨㄢˋ
皇	Huáng	ㄏㄨㄤˊ
皇甫	Huángfǔ	ㄏㄨㄤˊㄈㄨˇ
黃	Huáng	ㄏㄨㄤˊ
惠	Huì	ㄏㄨㄟˋ
霍	Huò	ㄏㄨㄛˋ
西	Hsī	ㄒㄧ
西門	Hsīmén	ㄒㄧㄇㄣˊ
奚	Hsī	ㄒㄧ
郗	Hsī	ㄒㄧ
習	Hsí	ㄒㄧˊ
席	Hsí	ㄒㄧˊ
郤	Hsì	ㄒㄧˋ
夏	Hsià	ㄒㄧㄚˋ
夏侯	Hsiàhóu	ㄒㄧㄚˋㄏㄡˊ
向	Hsiàng	ㄒㄧㄤˋ
相	Hsiàng	ㄒㄧㄤˋ
項	Hsiàng	ㄒㄧㄤˋ
蕭	Hsiāo	ㄒㄧㄠ
解	Hsièh	ㄒㄧㄝˋ
謝	Hsièh	ㄒㄧㄝˋ
鮮	Hsiēn	ㄒㄧㄢ
鮮于	Hsiēnyǘ	ㄒㄧㄢㄩˊ
咸	Hsién	ㄒㄧㄢˊ
辛	Hsīn	ㄒㄧㄣ
莘	Hsīn	ㄒㄧㄣ
邢	Hsíng	ㄒㄧㄥˊ
幸	Hsìng	ㄒㄧㄥˋ
姓	Hsìng	ㄒㄧㄥˋ
胥	Hsǖ	ㄒㄩ
徐	Hsǘ	ㄒㄩˊ
許	Hsǚ	ㄒㄩˇ
宣	Hsüān	ㄒㄩㄢ
軒	Hsüān	ㄒㄩㄢ
軒轅	Hsüānyüán	ㄒㄩㄢㄩㄢˊ
薛	Hsüēh	ㄒㄩㄝ
荀	Hsǘn	ㄒㄩㄣˊ
熊	Hsiúng	ㄒㄩㄥˊ
須	Hsǖ	ㄒㄩ
伊	Ī	ㄧ
蟻	Ǐ	ㄧˇ
裔	Ì	ㄧˋ
易	Ì	ㄧˋ
益	Ì	ㄧˋ
羿	Ì	ㄧˋ
冉	Jǎn	ㄖㄢˇ
壤	Jǎng	ㄖㄤˇ
壤駟	Jǎngssǔ	ㄖㄤˇㄙˋ
饒	Jáo	ㄖㄠˊ
人	Jén	ㄖㄣˊ
任	Jén	ㄖㄣˊ
茹	Jú	ㄖㄨˊ
汝	Jǔ	ㄖㄨˇ

阮	Juǎn	ㄖㄨㄢˇ
芮	Juì	ㄖㄨㄟˋ
戎	Júng	ㄖㄨㄥˊ
融	Júng	ㄖㄨㄥˊ
榮	Júng	ㄖㄨㄥˊ
容	Júng	ㄖㄨㄥˊ
干	Kān	ㄍㄢ
甘	Kān	ㄍㄢ
高	Kāo	ㄍㄠ
郜	Kào	ㄍㄠˋ
耿	Kěng	ㄍㄥˇ
戈	Kō	ㄍㄜ
蓋	Kǒ	ㄍㄜˇ
葛	Kǒ	ㄍㄜˇ
勾	Kōu	ㄍㄡ
苟	Kōu	ㄍㄡ
緱	Kōu	ㄍㄡ
古	Kǔ	ㄍㄨˇ
谷	Kǔ	ㄍㄨˇ
穀	Kǔ	ㄍㄨˇ
穀梁	Kǔliáng	ㄍㄨˇㄌㄧㄤˊ
顧	Kù	ㄍㄨˋ
關	Kuān	ㄍㄨㄢ
官	Kuān	ㄍㄨㄢ
管	Kuǎn	ㄍㄨㄢˇ
光	Kuāng	ㄍㄨㄤ
廣	Kuǎng	ㄍㄨㄤˇ
歸	Kueī	ㄍㄨㄟ
桂	Kueì	ㄍㄨㄟˋ
弓	Kūng	ㄍㄨㄥ
公	Kūng	ㄍㄨㄥ
公西	Kūnghsī	ㄍㄨㄥㄒㄧ
公良	Kūngliáng	ㄍㄨㄥㄌㄧㄤˊ
公孫	Kūngsūn	ㄍㄨㄥㄙㄨㄣ
公羊	Kūngyáng	ㄍㄨㄥㄧㄤˊ
公冶	Kūngyěh	ㄍㄨㄥㄧㄝˇ
宮	Kūng	ㄍㄨㄥ
龔	Kūng	ㄍㄨㄥ
鞏	Kǔng	ㄎㄨㄥˇ
貢	Kùng	ㄍㄨㄥˋ
過	Kuō	ㄍㄨㄛ
郭	Kuō	ㄍㄨㄛ
國	Kuó	ㄍㄨㄛˊ
闞	K'ǎn	ㄎㄢˇ
康	K'āng	ㄎㄤ
亢	K'àng	ㄎㄤˋ
柯	K'ō	ㄎㄜ
空	K'ūng	ㄎㄨㄥ
孔	K'ǔng	ㄎㄨㄥˇ
寇	K'òu	ㄎㄡˋ
蒯	K'uǎi	ㄎㄨㄞˇ
匡	K'uāng	ㄎㄨㄤ
況	K'uàng	ㄎㄨㄤˋ
曠	K'uàng	ㄎㄨㄤˋ
鄺	K'uàng	ㄎㄨㄤˋ
奎	K'ueí	ㄎㄨㄟˊ
夔	K'ueí	ㄎㄨㄟˊ
蕢	K'ueì	ㄎㄨㄟˋ
賴	Lài	ㄌㄞˋ
藍	Lán	ㄌㄢˊ
郎	Láng	ㄌㄤˊ
勞	Láo	ㄌㄠˊ
雷	Léi	ㄌㄟˊ
冷	Lěng	ㄌㄥˇ
離	Lí	ㄌㄧˊ
黎	Lí	ㄌㄧˊ
里	Lǐ	ㄌㄧˇ
李	Lǐ	ㄌㄧˇ
栗	Lì	ㄌㄧˋ
利	Lì	ㄌㄧˋ
厲	Lì	ㄌㄧˋ
勵	Lì	ㄌㄧˋ
酈	Lì	ㄌㄧˋ
良	Liáng	ㄌㄧㄤˊ
梁	Liáng	ㄌㄧㄤˊ
梁丘	Liángch'iū	ㄌㄧㄤˊㄑㄧㄡ
廖	Liào	ㄌㄧㄠˋ
連	Lién	ㄌㄧㄢˊ
廉	Lién	ㄌㄧㄢˊ
林	Lín	ㄌㄧㄣˊ
藺	Lìn	ㄌㄧㄣˋ
凌	Líng	ㄌㄧㄥˊ
令	Lìng	ㄌㄧㄥˋ
令狐	Lìnghú	ㄌㄧㄥˋㄏㄨˊ
劉	Liú	ㄌㄧㄡˊ
柳	Liǔ	ㄌㄧㄡˇ
羅	Ló	ㄌㄨㄛˊ
駱	Lò	ㄌㄨㄛˋ
婁	Lóu	ㄌㄡˊ
樓	Lóu	ㄌㄡˊ
盧	Lú	ㄌㄨˊ
魯	Lǔ	ㄌㄨˇ
鹿	Lù	ㄌㄨˋ
路	Lù	ㄌㄨˋ
陸	Lù	ㄌㄨˋ
祿	Lù	ㄌㄨˋ
欒	Luán	ㄌㄨㄢˊ
隆	Lúng	ㄌㄨㄥˊ
龍	Lúng	ㄌㄨㄥˊ
閭	Lǘ	ㄌㄩˊ
閭丘	Lǘch'iū	ㄌㄩˊㄑㄧㄡ
呂	Lǚ	ㄌㄩˇ
麻	Má	ㄇㄚˊ
馬	Mǎ	ㄇㄚˇ
滿	Mǎn	ㄇㄢˇ
毛	Máo	ㄇㄠˊ
茅	Máo	ㄇㄠˊ
茆	Mǎo	ㄇㄠˇ
梅	Méi	ㄇㄟˊ
門	Mén	ㄇㄣˊ
蒙	Méng	ㄇㄥˊ
孟	Mèng	ㄇㄥˋ
糜	Mí	ㄇㄧˊ
米	Mǐ	ㄇㄧˇ
宓	Mì	ㄇㄧˋ
苗	Miáo	ㄇㄧㄠˊ

繆	Miáo	ㄇㄧㄠˊ
閔	Mǐn	ㄇㄧㄣˇ
明	Míng	ㄇㄧㄥˊ
万	Mò	ㄇㄛˋ
万俟	Mòch'í	ㄇㄛˋㄑㄧˊ
莫	Mò	ㄇㄛˋ
墨	Mò	ㄇㄛˋ
牟	Móu	ㄇㄡˊ
母	Mǔ	ㄇㄨˇ
木	Mù	ㄇㄨˋ
牧	Mù	ㄇㄨˋ
慕	Mù	ㄇㄨˋ
慕容	Mùjúng	ㄇㄨˋㄖㄨㄥˊ
穆	Mù	ㄇㄨˋ
那	Nā	ㄋㄚ
南	Nán	ㄋㄢˊ
南宮	Nánkūng	ㄋㄢˊㄍㄨㄥ
南門	Nánmén	ㄋㄢˊㄇㄣˊ
能	Néng	ㄋㄥˊ
倪	Ní	ㄋㄧˊ
乜	Nièh	ㄋㄧㄝˋ
聶	Nièh	ㄋㄧㄝˋ
年	Nién	ㄋㄧㄢˊ
甯	Nìng	ㄋㄧㄥˋ
牛	Niú	ㄋㄧㄡˊ
鈕	Niǔ	ㄋㄧㄡˇ
農	Núng	ㄋㄨㄥˊ
歐	Ōu	ㄡ
歐陽	Ōuyáng	ㄡㄧㄤˊ
毆	Ōu	ㄡ
巴	Pā	ㄅㄚ
拔	Pá	ㄅㄚˊ
白	Pái	ㄅㄞˊ
百	Pǎi	ㄅㄞˇ
百里	Páilǐ	ㄅㄞˊㄌㄧˇ
柏	Pǎi	ㄅㄞˇ
班	Pān	ㄅㄢ
包	Pāo	ㄅㄠ
暴	Pào	ㄅㄠˋ
鮑	Pào	ㄅㄠˋ
貝	Pèi	ㄅㄟˋ
賁	Pēn	ㄅㄣ
畢	Pì	ㄅㄧˋ
別	Piéh	ㄅㄧㄝˊ
邊	Piēn	ㄅㄧㄢ
卞	Pièn	ㄅㄧㄢˋ
賓	Pīn	ㄅㄧㄣ
邴	Pǐng	ㄅㄧㄥˇ
薄	Pó	ㄅㄛˊ
伯	Pó	ㄅㄛˊ
卜	Pǔ	ㄅㄨˇ
步	Pù	ㄅㄨˋ
潘	P'ān	ㄆㄢ
逄	P'áng	ㄆㄤˊ
龐	P'áng	ㄆㄤˊ
裴	P'éi	ㄆㄟˊ
彭	P'éng	ㄆㄥˊ
蓬	P'éng	ㄆㄥˊ
皮	P'í	ㄆㄧˊ
朴	P'iáo	ㄆㄧㄠˊ
平	P'íng	ㄆㄧㄥˊ
蒲	P'ú	ㄆㄨˊ
濮	P'ú	ㄆㄨˊ
濮陽	P'úyáng	ㄆㄨˊㄧㄤˊ
溥	P'ǔ	ㄆㄨˇ
普	P'ǔ	ㄆㄨˇ
浦	P'ǔ	ㄆㄨˇ
薩	Sà	ㄙㄚˋ
賽	Sài	ㄙㄞˋ
桑	Sāng	ㄙㄤ
沙	Shā	ㄕㄚ
山	Shān	ㄕㄢ
單	Shàn	ㄕㄢˋ
單于	Shànyǘ	ㄕㄢˋㄩˊ
商	Shāng	ㄕㄤ
賞	Shǎng	ㄕㄤˇ
上	Shàng	ㄕㄤˋ
上官	Shàngkuān	ㄕㄤˋㄍㄨㄢ
尚	Shàng	ㄕㄤˋ
韶	Sháo	ㄕㄠˊ
召	Shào	ㄕㄠˋ
邵	Shào	ㄕㄠˋ
佘	Shé	ㄕㄜˊ
厙	Shè	ㄕㄜˋ
申	Shēn	ㄕㄣ
申屠	Shēnt'ú	ㄕㄣㄊㄨˊ
沈	Shěn	ㄕㄣˇ
慎	Shèn	ㄕㄣˋ
生	Shēng	ㄕㄥ
盛	Shèng	ㄕㄥˋ
師	Shīh	ㄕ
施	Shīh	ㄕ
石	Shíh	ㄕˊ
時	Shíh	ㄕˊ
史	Shǐh	ㄕˇ
壽	Shòu	ㄕㄡˋ
殳	Shū	ㄕㄨ
舒	Shū	ㄕㄨ
叔	Shū	ㄕㄨ
束	Shù	ㄕㄨˋ
帥	Shuài	ㄕㄨㄞˋ
雙	Shuāng	ㄕㄨㄤ
水	Shuǐ	ㄕㄨㄟˇ
稅	Shuì	ㄕㄨㄟˋ
索	Sǒ	ㄙㄨㄛˇ
司	Ssū	ㄙ
司寇	Ssūk'òu	ㄙㄎㄡˋ
司馬	Ssūmǎ	ㄙㄇㄚˇ
司空	Ssūk'ūng	ㄙㄎㄨㄥ
司徒	Ssūt'ú	ㄙㄊㄨˊ
思	Ssū	ㄙ
斯	Ssū	ㄙ
駟	Ssù	ㄙˋ
蘇	Sū	ㄙㄨ
粟	Sù	ㄙㄨˋ
宿	Sù	ㄙㄨˋ

孫	Sūn	ㄙㄨㄣ
松	Sūng	ㄙㄨㄥ
宋	Sùng	ㄙㄨㄥˋ
達	Tá	ㄉㄚˊ
戴	Tài	ㄉㄞˋ
但	Tàn	ㄉㄢˋ
黨	Tǎng	ㄉㄤˇ
刀	Tāo	ㄉㄠ
鄧	Tèng	ㄉㄥˋ
狄	Tí	ㄉㄧˊ
第	Tì	ㄉㄧˋ
第五	Tìwǔ	ㄉㄧˋㄨˇ
刁	Tiāo	ㄉㄧㄠ
雕	Tiāo	ㄉㄧㄠ
丁	Tīng	ㄉㄧㄥ
斜	Tǒu	ㄉㄡˇ
竇	Tòu	ㄉㄡˋ
都	Tū	ㄉㄨ
督	Tū	ㄉㄨ
堵	Tǔ	ㄉㄨˇ
杜	Tù	ㄉㄨˋ
端	Tuān	ㄉㄨㄢ
端木	Tuānmù	ㄉㄨㄢㄇㄨˋ
段	Tuàn	ㄉㄨㄢˋ
段干	Tuànkān	ㄉㄨㄢˋㄍㄢ
頓	Tùn	ㄉㄨㄣˋ
東	Tūng	ㄉㄨㄥ
東方	Tūngfāng	ㄉㄨㄥㄈㄤ
東郭	Tūngkuō	ㄉㄨㄥㄍㄨㄛ
東門	Tūngmén	ㄉㄨㄥㄇㄣˊ
董	Tǔng	ㄉㄨㄥˇ
宰	Tsǎi	ㄗㄞˇ
昝	Tsǎn	ㄗㄢˇ
臧	Tsāng	ㄗㄤ
曾	Tsēng	ㄗㄥ
左	Tsǒ	ㄗㄨㄛˇ
左丘	Tsǒch'iū	ㄗㄨㄛˇㄑㄧㄡ
鄒	Tsōu	ㄗㄡ
祖	Tsǔ	ㄗㄨˇ
宗	Tsūng	ㄗㄨㄥ
宗政	Tsūngchèng	ㄗㄨㄥㄓㄥˋ
資	Tzū	ㄗ
訾	Tzū	ㄗ
子	Tzǔ	ㄗˇ
子車	Tzǔchū	ㄗˇㄐㄩ
臺	T'ái	ㄊㄞˊ
邰	T'ái	ㄊㄞˊ
太	T'ài	ㄊㄞˋ
太叔	T'àishū	ㄊㄞˋㄕㄨ
覃	T'án	ㄊㄢˊ
談	T'án	ㄊㄢˊ
譚	T'án	ㄊㄢˊ
澹	T'án	ㄊㄢˊ
澹臺	T'ánt'ái	ㄊㄢˊㄊㄞˊ
湯	T'āng	ㄊㄤ
唐	T'áng	ㄊㄤˊ
陶	T'áo	ㄊㄠˊ
滕	T'éng	ㄊㄥˊ
逄	T'í	ㄊㄧˊ
田	T'ién	ㄊㄧㄢˊ
拓	T'ò	ㄊㄨㄛˋ
拓拔	T'òpá	ㄊㄨㄛˋㄅㄚˊ
涂	T'ú	ㄊㄨˊ
屠	T'ú	ㄊㄨˊ
徒	T'ú	ㄊㄨˊ
通	T'ūng	ㄊㄨㄥ
佟	T'úng	ㄊㄨㄥˊ
童	T'úng	ㄊㄨㄥˊ
蔡	Ts'ài	ㄘㄞˋ
蒼	Ts'āng	ㄘㄤ
曹	Ts'áo	ㄘㄠˊ
草	Ts'ǎo	ㄘㄠˇ
岑	Ts'én	ㄘㄣˊ
崔	Ts'uī	ㄘㄨㄟ
從	Ts'úng	ㄘㄨㄥˊ
萬	Wàn	ㄨㄢˋ
汪	Wāng	ㄨㄤ
王	Wáng	ㄨㄤˊ
微	Wēi	ㄨㄟ
微生	Wēishēng	ㄨㄟㄕㄥ
韋	Wéi	ㄨㄟˊ
隗	Wěi	ㄨㄟˇ
衛	Wèi	ㄨㄟˋ
蔚	Wèi	ㄨㄟˋ
魏	Wèi	ㄨㄟˋ
溫	Wēn	ㄨㄣ
文	Wén	ㄨㄣˊ
聞	Wén	ㄨㄣˊ
聞人	Wénjén	ㄨㄣˊㄖㄣˊ
翁	Wēng	ㄨㄥ
沃	Wò	ㄨㄛˋ
巫	Wū	ㄨ
巫馬	Wūmǎ	ㄨㄇㄚˇ
烏	Wū	ㄨ
鄔	Wū	ㄨ
吾	Wú	ㄨˊ
吳	Wú	ㄨˊ
五	Wǔ	ㄨˇ
伍	Wǔ	ㄨˇ
武	Wǔ	ㄨˇ
羊	Yáng	ㄧㄤˊ
羊舌	Yángshé	ㄧㄤˊㄕㄜ
陽	Yáng	ㄧㄤˊ
楊	Yáng	ㄧㄤˊ
仰	Yǎng	ㄧㄤˇ
養	Yǎng	ㄧㄤˇ
姚	Yáo	ㄧㄠˊ
葉	Yèh	ㄧㄝˋ
冶	Yèh	ㄧㄝˋ
鄢	Yēn	ㄧㄢ
延	Yén	ㄧㄢˊ
言	Yén	ㄧㄢˊ
嚴	Yén	ㄧㄢˊ
顏	Yén	ㄧㄢˊ
閻	Yén	ㄧㄢˊ
燕	Yèn	ㄧㄢˋ

晏	Yèn	ㄧㄢˋ
殷	Yīn	ㄧㄣ
陰	Yīn	ㄧㄣ
尹	Yǐn	ㄧㄣˇ
印	Yìn	ㄧㄣˋ
應	Yìng	ㄧㄥˋ
游	Yú	ㄧㄡˊ
尤	Yú	ㄧㄡˊ
有	Yǔ	ㄧㄡˇ
于	Yű	ㄩˊ
余	Yű	ㄩˊ
於	Yű	ㄩˊ
兪	Yű	ㄩˊ
魚	Yű	ㄩˊ
庾	Yű	ㄩˊ
虞	Yű	ㄩˊ
宇	Yǚ	ㄩˇ
宇文	Yǚwén	ㄩˇㄨㄣˊ
禹	Yǚ	ㄩˇ
尉	Yǜ	ㄩˋ
尉遲	Yǜch'íh	ㄩˋㄔˊ
鬱	Yǜ	ㄩˋ
喩	Yǜ	ㄩˋ
元	Yüán	ㄩㄢˊ
袁	Yüán	ㄩㄢˊ
轅	Yüán	ㄩㄢˊ
越	Yüèh	ㄩㄝˋ
樂	Yüèh	ㄩㄝˋ
樂正	Yüèhchěng	ㄩㄝˋㄓㄥˋ
岳	Yüèh	ㄩㄝˋ
雲	Yűn	ㄩㄣˊ
雍	Yūng	ㄩㄥ

소수민족표(小數民族表)

표 속의 언어(言語)의 항목의 설명 방법은 다음과 같다.
문자를 가지고 있지 않은 민족………「~語(○)」
문자를 가지고 있는 민족……………「~語(文字)」
혁명 후에 새로 문자를 만든 민족…「~語(新字)」

民　族　名	人口數	分　布　地　區	言語·生業·宗教
A ch'āng tsú ㄚ ㄔㄤ ㄗㄨˊ 阿 昌 族	17,741	雲南省 德宏 傣族 景頗族 自治卅의 盈江·梁河·隴川·遑山 等의 各縣.	阿昌語(○) 農業이 主이며, 그 밖에 手工業. 佛教.
Chàng tsú ㄓㄤˋ ㄗㄨˊ 藏 族	2,775,622	主로 西藏地方(昌都地區를 포함). 그 밖의 青海省, 四川省의 阿土壩·甘孜의 兩藏族自治卅, 甘肅省의 甘南 藏族 自治州 및 雲南省 迪慶 藏族 自治州.	티베트 語(文字). 農業 및 牧畜.라마教.
Ch'áo hsiēn tsú ㄔㄠˊ ㄒㄧㄢ ㄗㄨˊ 朝 鮮 族	1,255,551	主로 吉林省 延邊 朝鮮族 自治州 및 同省의 他地區. 그 밖에 黑龍·遼寧省·內蒙古 自治區의 若干의 地域.	韓國語(文字).農業. 佛教·그리스도新教 ·그리스도 旧教.
Chuàng tsú ㄓㄨㄤˋ ㄗㄨˊ 僮 族 [註2]	7,785,414	主로 廣西 僮族 自治區. 그 밖의 雲南省의 文山 僮族 苗族 自治州, 廣東省의 東興 各族 自治縣 및 欽北 僮族 自治縣.	僮語(新字). 農業. 多神教.
Ch'iāng tsú ㄑㄧㄤ ㄗㄨˊ 羌 族	42,955	四川省 阿壩 藏族 自治卅의 茂汶 羌族 自治縣.	羌語(○). 農業·牧畜. 多神教.
Chīng tsú ㄐㄧㄥ ㄗㄨˊ 京 族	4,444	廣東省의 東興 各族 自治縣.	京語(文字). 또는 漢語(文字)가 通用. 主로 漁業이고 小數가 農業. 道教. 그리스도 旧教.
Chǐng p'ō tsú ㄐㄧㄥˇ ㄆㄛ ㄗㄨˊ 景 頗 族	101,852	雲南省 德宏 傣族 景頗 自治州.	景頗語(文字) 및 載佤語(新字). 農業. 그리스도新教 및 旧教와 佛教.
É ló ssū tsú ㄜˊ ㄌㄨㄛˊ ㄙ ㄗㄨˊ 俄 羅 斯 族	9,766	新疆 위이구르 自治區의 우룸치市·伊寧市·塔城 等의 縣.	러시아語(文字).農業·商業. 그리시아 正教.
È lún ch'ūn tsú ㄜˋㄌㄨㄣˊㄔㄨㄣㄗㄨˊ 鄂 倫 春 族	2,459	內蒙古 自治區의 鄂倫春 自治旗. 黑龍江省의 呼瑪·遜克·愛輝 等의 縣.	鄂倫春語(○).수렵·農業. 샤아먼信仰.
È wēn k'ò tsú ㄜˋ ㄨㄣ ㄎㄜˋ ㄗㄨˊ 鄂 溫 克 族 [註1]	7,245	內蒙古 自治區의 鄂溫克族 自治旗·扎賚特旗·莫力達瓦旗·阿榮旗. 黑龍江省의 訥河 等의 縣.	鄂溫克語(○).牧畜·農業. 샤아먼信仰.

Hā ní tsú ㄏㄚ ㄋㄧˊ ㄗㄨˊ 哈 尼 族	549,362	主로 雲南省 紅河哈尼族 彝族 自治州. 그 밖에 江城哈尼族 彝族 自治縣, 西双版納傣族 自治州 및 元江縣.	哈尼語(新字). 農業. 多神教.
Hā sà kò tsú ㄏㄚㄙㄚˋㄍㄜˋㄗㄨˊ 哈 薩 克 族	533.160	主로 新疆 위이구르 自治區의 伊犂 哈薩克 自治州. 그 밖의 巴里坤 哈薩克族縣·木壘哈薩克族 自治縣. 甘肅省의 阿克塞哈薩克族自治縣 및 青海省의 海西 蒙藏 哈薩克族 自治州.	哈尼語(新字). 農業. 哈薩克語(文字). 주로 牧畜. 小數가 農業을 兼한다. 이슬람教.
Hò chě tsú ㄏㄜˋ ㄓㄜˊ ㄗㄨˊ 赫 哲 族	575	黑龍江省 合江專區의 撫遠·饒河·富綿 等의 縣.	赫哲語(○). 주로 漁獵, 小數가 農사아먼 信仰.
Huí tsú ㄏㄨㄟˊ ㄗㄨˊ 回 族	3,934,335	主로 寧夏 回族 自治區. 그 밖에 甘肅·河南·河北·青寧·山東·雲南·安徽·遼河等의 省, 新疆 위이구르 自治區, 北京市 및 그 밖의 全國 各地.	漢語(文字). 大部分이 農業이며 若干이 小規模의 商業과 手工業. 이슬람教.
Kāo shān tsú ㄍㄠ ㄕㄢ ㄗㄨˊ 高 山 族	200,361	臺灣 中部 · 北部 · 臺東市周邊의 山地 및 蘭嶼.	高山語(○). 農業. 토템 信仰.
Kō lǎo tsú ㄍㄜ ㄌㄠˇ ㄗㄨˊ 仡 佬 族	※(약) 23,000	貴州省의 關嶺·郎岱·黔西·織金 等의 縣.	仡佬語(○). 農業.
K'ō ĕrhk'ò tzū tsú ㄎㄜ ㄦˇㄎㄜˋㄗㄗㄨˊ 柯 爾 克 孜 族	68,862	新疆 위이구르 自治區의 克孜勒蘇柯爾克孜族 自治州.	柯爾克孜語(新字). 牧畜·이슬람教.
Lā hù tsú ㄌㄚ ㄏㄨˋ ㄗㄨˊ 拉 祜 族	183,103	主로 雲南省의 瀾滄 拉祜族 自治區. 그 밖에 孟連縣 傣族 拉祜族 佧佤族. 自治區, 耿馬 傣族 佧佤族 自治區 및 双江·景谷 等의 縣.	拉祜語(新字). 農業. 小數가 佛教. 그리스도新教 및 旧教.
Lí tsú ㄌㄧˊ ㄗㄨˊ 黎 族	395,556	廣東省 海南 黎族苗族 自治州.	黎語(新字). 農業. 多神教.
Lì sù tsú ㄌㄧˋ ㄙㄨˋ ㄗㄨˊ 僳 僳 族	317,465	主로 雲南省 怒江 傈僳族 自治州. 또는 雲南省의 維西·鳳慶·武定·瀘西等의 縣 및 四川省 西昌專區 塩邊·德昌·會東 等의 縣.	僳僳語(新字). 주로 農業이고 牧畜·狩獵을 兼함. 그리스도新教 및 旧教.
Măn tsú ㄇㄢˇ ㄗㄨˊ 滿 族	2,430,561	遼寧·黑龍江·吉林·河北等의 省, 內蒙古 自治區 및 北京市.	漢語(文字). 農業. 小數이지만 샤아먼 信仰·佛教.
Máo nán tsú ㄇㄠˊ ㄋㄢˊ ㄗㄨˊ 毛 難 族	24,239	廣西 僮族 自治區 宜山專區의 環江 및 南丹·河池 等地.	毛難語(○). 農業. 그리스도教.
Mĕn pā tsú ㄇㄣˊ ㄅㄚ ㄗㄨˊ 門 巴 族	不 明	西藏 東南部 및 中印 國境地方, 門隅地區.	西藏語(文字). 牧畜·農業、라마教.

Mĕng kŭ tsú ㄇㄥ ㄍㄨˇ ㄗㄨˊ 蒙 古 族	1,645,695	主로 內蒙古 自治區. 또한 新疆 위이구르 自治區 및 遼寧·吉林·黑龍江·青海·甘肅·河北·河南省 等地의 若干의 地區.	蒙古語(文字). 農業·牧畜. 라마教.
M iáo tsú ㄇㄧㄠˊ ㄗㄨˊ 苗 族	2,687,590	主로 貴州省 黔東南 苗族 侗族 自治州 및 湖南省 湘西土家族 苗族 自治州. 또한 貴州省 및 廣西僮族 自治區 雲南·廣東·四川 各省.	苗語(新字). 農業. 小數는 그리스도新教 및 旧教.
M ù lǎo tsú ㄇㄨˋ ㄌㄠˇ ㄗㄨˊ 仫 佬 族	44,679	主로 廣西 僮族 自治區의 羅城縣. 其他 宣山·柳城·忻城의 各縣.	仫佬語(○). 農業. 牧畜. 小數가 佛教.
Nà hsī tsú ㄋㄚˋ ㄒㄧ ㄗㄨˊ 納 西 族	155,748	主로 雲南省 麗江縣. 또한 維西·中甸·寧蒗·永勝 等의 各縣.	納西語(新字). 農業·牧畜. 東巴教·라마教·그리스도新教.
Nù tsú ㄋㄨˋ ㄗㄨˊ 怒 族	13,724	雲南省 怒江 傈僳族 自治州의 貢山 獨龍族 怒族 自治縣 및 碧江·福貢·蘭坪省 等地.	怒語(○). 農業. 小數가 그리스도 新教 및 旧教·라마教.
Páitsú (M ínchiātsú) ㄅㄞˊㄗㄨˊ 白 族 (民家族)	684,386	主로 雲南省 大理 白族 自治州. 그 밖에 蘭坪·麗江·保山等의 縣 및 昆明市 周邊 地區.	白語(○). 農業. 佛教. 그리스도新教. 그리스도旧教.
Pǎo ān tsú ㄅㄠˇ ㄢ ㄗㄨˊ 保 安 族	5,516	甘肅省 臨夏縣 大河家 保安族鄉.	保安語(○) 農業. 이슬람教.
Pĕng lúng tsú ㄅㄥ ㄌㄨㄥˊ ㄗㄨˊ 崩 龍 族	6,309	雲南省 德宏 傣族 景頗族 自治州의 潞西·隴川·瑞麗·盈江 等의 縣.	崩龍語(○). 農業. 佛教.
Pù lǎng tsú ㄅㄨˋ ㄌㄤˇ ㄗㄨˊ 布 朗 族	41,596	雲南省 西双版納傣族 自治州, 双江縣 및 瀾滄 拉祜族 自治區 等地	布朗語(○). 農業. 佛教가 主고, 그리스도新教.
Pù ī tsú ㄅㄨˋ ㄧ ㄗㄨˊ 布 依 族	1,311,015	主로 貴州省黔南布依族苗族 自治州. 그 밖에 安順·畢節專區 및 廠江縣.	布依語(新字). 農業. 多神崇拜.
P'ŭ mĭ tsú ㄆㄨˇ ㄇㄧˇ ㄗㄨˊ 普 米 族	※ (약) 15,000	雲南省 蘭坪·寧浪·麗江·維西·永勝縣의 山地.	普米語(文字). 牧畜·農業. 多神教.
Sā lā tsú ㄙㄚ ㄌㄚ ㄗㄨˊ 撒 拉 族	31,923	主로 青海省의 循化 撒拉族 自治縣. 그 밖의 同省의 化隆回族 自治縣 및 甘肅省의 臨夏縣.	撒拉語(○). 農業. 이슬람教.
Shē tsú ㄕㄜ ㄗㄨˊ 畲 族	226,697	福建省 福安專區, 浙江省의 溫州·金華 兩專區, 廣東省의 始興·潮安 및 江西省의 鉛山·貴溪 等의 各縣.	漢語(文字). 農業.

Shuǐ chiā tsú ㄕㄨㄟˇㄐㄧㄚ ㄗㄨˊ 水 (家) 族	160,363	主로 貴州省 三都 水族 自治縣.	水語(○). 多神族.
Hsī pó tsú ㄒㄧ ㄅㄛˊ ㄗㄨˊ 錫 伯 族	21,405	主로 新疆 위이구르 自治區의 察布査爾 錫伯族 自治縣. 또한 吉林省・遼寧省의 一部分.	新疆 위이구르 自治區의 錫伯族은 錫伯語(文字). 기타 地域은 漢語(文字). 農業. 샤아먼信仰.
Tá wō ěrh tsú ㄉㄚˊㄨㄛˋ ㄦˇㄗㄨˊ 達 斡 爾 族	50,121	內蒙古 自治區의 莫力達瓦旗・布特哈旗・索倫旗. 黑龍江省의 치치해얼(齊哈哈爾) 市 周邊地區와 富裕縣. 新疆 위이구르自治區의 塔城縣等.	達斡爾語(○). 주로 農業, 그 밖에 牧畜 및 狩獵. 主로 샤아먼信仰. 라마敎.
T'ǎ Chí k'ò tsú ㄊㄚˇㄐㄧˊ ㄎㄜˋㄗㄨˊ 塔 吉 克 族	15,014	新疆 위이구르 自治區의 塔仕庫爾干 塔吉克族 自治縣 및 皮山・葉城・莎車의 各縣.	塔吉克語(○). 牧畜. 이슬람敎.
T'ǎ t'ǎ ěrh tsú ㄊㄚˇㄊㄚˇㄦˇㄗㄨˊ 塔 塔 爾 族	4,370	新疆 위이구르 自治區의 伊寧市 및 塔城 等의 縣.	塔塔爾語(文字). 農業・手工業・商業. 이슬람敎.
Tǎi tsú ㄉㄞˇ ㄗㄨˊ 傣 族	503,616	主로 雲南省 西双版納 傣族 自治州・德宏 傣族 景頗族 自治州. 그 밖에 同省의 기타 地區.	傣語(文字). 農業. 小乘佛敎.
Tú lúng tsú ㄉㄨˊ ㄌㄨㄥˊ ㄗㄨˊ 獨 龍 族	2,763	雲南省의 貢山 獨龍族 怒族 自治縣.	獨龍語(○). 主로 農業 및 狩獵. 小數가 그리스도 新敎 및 旧敎.
T'ǔ chiā tsú ㄊㄨˇ ㄐㄧㄚ ㄗㄨˊ 土 家 族	603,773	主로 湖南省의 湘西 土家族 苗族 自治州. 또한 湖北省의 來鳳・鶴峰・宣恩의 各縣.	大部分이 漢語(文字), 또는 土家語. 農業. 그리스도 旧敎.
T'ǔ tsú ㄊㄨˇ ㄗㄨˊ 土 族	63,259	主로 青海省 互助 土族 自治縣. 또한 民和・大通縣 等地.	土語(○). 農業. 라마敎.
Tūng hsiāng tsú ㄉㄨㄥ ㄒㄧㄤ ㄗㄨˊ 東 鄉 族	159,345	主로 甘肅省의 東鄉族 自治縣. 廣河・和政・臨夏 等의 縣.	東鄉語(○). 主로 農業과 牧畜 및 이슬람敎.
Tùng tsú ㄉㄨㄥˋ ㄗㄨˊ 侗 族	825,323	貴州省 黔東南 苗族 侗族 自治州. 湖南省의 新晃・通道 兩 侗族 自治縣 및 廣西 僮族 自治區의 三江 侗族 自治縣.	侗語(○). 農業・林業. 多神敎.
Wǎ tsú (k'ǎ wǎ tsú) ㄨㄚˇㄗㄨˊ 佤 族 (佧 佤 族)	※(약) 280,000	主로 雲南省의 滄源 佤族 自治縣, 耿馬 傣族 佧佤族 自治縣, 瀾滄 拉祜族 自治區, 滄源縣 및 西盟地區.	佧佤語(新字). 農業. 小乘佛敎・그리스도新敎 및 旧敎.

Wĕi wú ĕrh tsú ㄨㄟˇ ㄨˊ ㄦˇ ㄗㄨˊ 維 吾 爾 族	3,901,205	主疆 위이구르 自治區. 그 밖의 小數가 湖南省 桃源縣.	위이구르語(文字). 主로 農業이며 기타 牧畜·手工業·商業. 이슬람教.
Wū tzū piéh k'ò tsú ㄨㄗㄅㄧㄝˊㄎㄜˋㄗㄨˊ 烏 孜 別 克 族	11,557	新疆 위이구르 自治區의 伊寧·喀什·우룸치市와 塔城·莎車縣等地.	우즈벡語(文字). 農業·商業. 이슬람教.
Yáo tsú ㄧㄠˊ ㄗㄨˊ 瑤 族	747,985	廣西 僮族 自治區. 그 밖에 湖南·廣東·雲南省 等地의 若干 地區.	玷語(○). 農業·林業. 多神教.
Íˊ tsú ㄧˊ ㄗㄨˊ 彝 族	3,264,432	主로 四川省의 凉山 彝族自治州·西昌專區 및 雲南省. 그 밖에 貴州省 및 廣西 僮族 自治區의 약간의 地區.	彝語(新字). 農業·牧畜. 小數가 그리스도新教 및 旧教.
Yǜ kù tsú ㄩˋ ㄍㄨˋ ㄗㄨˊ 裕 固 族	4,617	甘肅省의 肅南 裕固族 自治縣 및 酒泉縣.	裕固語(○). 牧畜. 라마教.

[註1] 從來의 索倫族·通古斯族·雅庫特族은 합하여 鄂溫古族이 된다.
[註2] 從來의 儂族·沙族·土老族·偏族은 합하여 僮族이 된다.

음역 고유명사표(音譯固有名詞表)

A

[阿加的米] Āchiātìmǐ ㄚˋㄐㄧㄚ ㄉㄧˋㄇㄧˇ〈名〉아카데미.
[阿基米得] Āchīmǐtê ㄚˋㄐㄧㄇㄧˇㄉㄜˊ〈人〉아르키메데스 : 고대 그리이스의 수학자·물리학자(B.C. 287~212).
[阿爾] āěrh ㄚˋㄦˇ〈名〉아아르 : 면적의 단위.
[阿爾及利亞] Āěrhchílìyà ㄚˋㄦˇㄐㄧˊㄌㄧˋㄧㄚˋ〈地〉알제리아.
[阿爾科爾] āěrhk'òěrh ㄚˋㄦˇㄎㄜˋㄦˇ〈名〉알코홀.
[阿爾巴尼亞] Aěrhpāníyà〈地〉알바니아.
[阿爾卑斯] Āěrhpēissū ㄚˋㄦˇㄅㄟㄙ〈地〉알프스.
[阿非利加] Āfēilìchiā ㄚˋㄈㄟㄌㄧˋㄐㄧㄚ〈地〉아프리카.
[阿富汗] Āfùhàn ㄚˋㄈㄨˋㄏㄢˋ〈地〉아프가니스탄.
[阿西台林] āhsīt'áilín ㄚˋㄒㄧㄊㄞˊㄌㄧㄣˊ〈名〉아세틸렌.
[愛奧尼亞] Āiàoníyà ㄞˋㄠˋㄋㄧˊㄧㄚˋ〈地〉이오니아 : 고대 그리이스의 식민지.
[挨及] Āichí ㄞㄐㄧˊ〈地〉이집트.
[愛琴海] Āich'ínhǎi ㄞˋㄑㄧㄣˊㄏㄞˇ〈地〉에게해(海).
[愛爾蘭] Āiěrhlán ㄞˋㄦˇㄌㄢˊ〈地〉아일란드.
[挨佛勒斯峰] Āifólèssūfēng ㄞˋㄈㄛˊㄌㄜˋㄙㄈㄥ〈地〉에베레스트산봉(山峰).
[愛服蓋獨] Āifúkàitú ㄞˋㄈㄨˊㄍㄞˋㄉㄨˊ〈人〉아보가드로 : 이탈리아의 물리·화학자(1776~1856). =亞佛加德羅 「一氏定律 ; 아보가드로의 법칙」
[愛克] àik'ò ㄞˋㄎㄜˋ〈名〉에이커 : 면적의 단위.
[愛克司光] àik'ò ssūkuāng ㄞˋㄎㄜˋㄙㄍㄨㄤ〈名〉X광선.
[愛羅先珂] Āilóhsiēnk'ò ㄞˋㄌㄨㄛˊㄒㄧㄢㄎㄜ〈人〉에로센코 : 소련의 소경 시인(1890~1952).
[愛羅斯] ilóssū ㄞˋㄌㄨㄛˊㄙ 에로스 : 그리이스 신화 중의 사랑의 신
[愛納爾基] àinàěrhchī ㄞˋㄋㄚˋㄦˇㄐㄧ〈名〉에네르기.
[挨塞俄比亞] Āisèèpǐyà ㄞㄙㄜˋㄜˋㄅㄧˇㄧㄚˋ〈地〉이디오피아. =阿比西尼亞.
[愛因斯坦] Āiyīnssūt'ǎn ㄞˋㄧㄣㄙㄊㄢˇ〈人〉아인쉬타인 : 도이칠란트의 물리학자(1879~1955).
[阿根延] Ākēnt'íng ㄚˋㄍㄣㄊㄧㄥˊ〈地〉아르헨티나.
[阿克拉] Āk'òlā ㄚˋㄎㄜˋㄌㄚ =阿固拉.
[阿奎那] Āk'ueìnà ㄚˋㄎㄨㄟˋㄋㄚˋ〈人〉토마스 아퀴나스 : 이탈리아의 신학자·철학자(1225~1274).
[阿固拉] Ākùlā ㄚˋㄍㄨˋㄌㄚ〈地〉아크라 : 가나의 수도.
[阿拉海] Ālāhǎi ㄚˋㄌㄚㄏㄞˇ〈地〉아랍해(海) : 카스피해(海). 동쪽에 있는 염호(鹽湖).
[阿拉伯] Ālāpó ㄚˋㄌㄚㄅㄛˊ〈地〉〈名〉아랍. 「一聯盟 ; 아랍 연맹」「一聯合 ; 아랍 연합」
[阿刺伯聯邦] Ālàpó liénpāng ㄚˋㄌㄚˋㄅㄛˊㄌㄧㄢˊㄅㄤ〈地〉아랍 연합.
[阿賴] Ālài ㄚˋㄌㄞˋ 알라 : 마호멧교의 신. =阿拉.
[阿拉斯加] Ālāssūchiā ㄚˋㄌㄚㄙㄐㄧㄚ〈地〉알래스카.
[阿米諾酸] āmìnòsuān ㄚˋㄇㄧˋㄋㄨㄛˋㄙㄨㄢ〈名〉아미노산(酸).
[阿穆爾] Āmuěrh ㄚˋㄇㄨˋㄦˇ〈地〉아무르강(江) : 흑룡강(黑龍江).
[阿姆斯特丹] Āmǔssūt'ètān ㄚˋㄇㄨˇㄙㄊㄜˋㄉㄢ〈地〉암스테르담 : 네덜란드의 수도.
[安卡拉] Ānk'ǎlā ㄢㄎㄚˇㄌㄚ〈地〉안카라 : 터어키의 수도.
[安培] ānp'éi ㄢㄆㄟˊ〈名〉암페어.
[安斯基勒斯] Ānssūchīhlèssū ㄢˋㄙㄐㄧㄌㄜˋㄙ〈人〉아이스킬로스 : 그리이스 비극의 시인(525~456 B.C.).
[安徒坐] Ānt'úshêng ㄢㄊㄨˊㄕㄥ〈人〉안데르센 (아네르슨) : 덴마아크의 동화 작가·시인(1805~1875).
[奧斯陸] Āossūlù ㄠˋㄙㄌㄨˋ〈地〉오슬로 : 노르웨이의 수도.
[澳大利亞] Āotàlìyà ㄠˋㄉㄚˋㄌㄧˋㄧㄚˋ〈地〉오스트레일리아.
[奧地利] Āotìlì ㄠˋㄉㄧˋㄌㄧˋ〈地〉오스트리아.
[阿比西尼亞] Āpǐhsīníyà ㄚˋㄅㄧˇㄒㄧㄋㄧˊㄧㄚˋ〈地〉이디오피아. =挨塞俄比亞.
[阿波羅] Āpōló ㄚˋㄅㄛㄌㄨㄛˊ 아폴로 : 그리이스 신화 중의 신.
[阿士必林] àshìhpìlín ㄚˋㄕˋㄅㄧˋㄌㄧㄣˊ〈名〉아스피린. =阿斯匹靈.
[阿史德洛夫斯基] Āshǐhtêlòfūssūchī ㄚˋㄕˇㄉㄜˊㄌㄨㄛˋㄈㄨㄙㄐㄧ〈人〉1. (니콜라이) 오스트로프스키 : 러시아의 작가(1904~1936). 2. (알렉산더) 오스트로프스키 : 러시아의 극작가(1823~1886).
[阿斯匹淋] àssūpìlín ㄚˋㄙㄆㄧˋㄌㄧㄣˊ =阿士必林.
[阿斯注] Āssūwāng ㄚˋㄙㄨㄤ〈地〉아스완 : 이집트의 남동부에 있는 댐으로 1954년에 건설됨.
[阿梯拉] Āt'īlā ㄚˋㄊㄧㄌㄚ〈人〉아틸라 : 흉노족의 왕(406~453).
[阿的勒] Ātìlê ㄚˋㄉㄧˋㄌㄜ〈地〉오데르강(江).

[阿狄尼] Àtíní ㄚˋㄉㄧˊㄋㄧˊ 〈地〉 아테네 : 그리이스의 수도.

C

[柴霍甫] Ch'áihuǒfǔ ㄔㄞˊㄏㄨㄛˇㄈㄨˇ 〈人〉 체호프 : 러시아의 소설·극작가(1860~1904).

[柴門霍夫] Ch'áimēnhuǒfū ㄔㄞˊㄇㄣˊㄏㄨㄛˇㄈㄨ 〈人〉 자멘호프 : 폴란드 태생의 에스페란토의 창안자(1859~1917).

[車爾尼雪夫斯基] Ch'ēěrhníhsüěhfūssūchī ㄔㄜㄦˇㄋㄧˊㄒㄩㄝˇㄈㄨㄙㄐㄧ 〈人〉 체르니세프스키 : 러시아의 철학자·문예평론가(1828~1889).

[加爾各答] Chiāěrhkòtá ㄐㄧㄚㄦˇㄍㄜˋㄉㄚˊ 〈地〉 캘커타.

[加爾文] Chiāěrhwén ㄐㄧㄚㄦˇㄨㄣˊ 〈地〉 캘빈 : 프랑스의 종교 개혁자(1509~1564).

[加拉加斯] Chiālāchiāssū ㄐㄧㄚㄌㄚㄐㄧㄚㄙ 〈地〉 카라카스 : 베네스웰라의 수도.

[加萊爾] Chiāláiěrh ㄐㄧㄚㄌㄞˊㄦˇ 〈人〉 카알라일 : 영국의 문학자·역사가·철학자(1795~1881).

[加利佛尼亞] Chiālìfóníyà ㄐㄧㄚㄌㄧˋㄈㄛˊㄋㄧˊㄧㄚˋ 〈地〉 캘리포오니아주(州) =加利福尼亞.

[加里寧] Chiālǐníng ㄐㄧㄚㄌㄧˇㄋㄧㄥˊ 〈人〉 카리이닝 : 소련의 정치가(1875~1946).

[加羅林] Chiālólín ㄐㄧㄚㄌㄨㄛˊㄌㄧㄣˊ 〈地〉 캐롤라인(군도).

[加倫] chiālún ㄐㄧㄚㄌㄨㄣˊ 〈名〉 갈론 : 용적 단위.

[加馬] Chiāmǎ ㄐㄧㄚㄇㄚˇ 〈人〉 바스코다가마(華斯哥·達·一) : 포르투갈의 항해자(1469~1524).

[加納] Chiānà ㄐㄧㄚㄋㄚˋ 〈地〉 가나.

[加那列] Chiānàlièh ㄐㄧㄚㄋㄚˋㄌㄧㄝˋ 〈地〉 카나리아도(島).

[加拿大] Chiānátà ㄐㄧㄚㄋㄚˊㄉㄚˋ 〈地〉 캐나다.

[加特力] chiāt'èlì ㄐㄧㄚㄊㄜˋㄌㄧˋ 〈名〉 가톨릭교(敎).

[加德滿都] Chiātémǎntū ㄐㄧㄚㄉㄜˊㄇㄢˇㄉㄨ 〈地〉 카트만드 : 네팔의 수도.

[捷克(斯洛伐克)] Chiéhk'ò(ssūlòfák'ò) ㄐㄧㄝˊㄎㄜˋ(ㄙㄌㄨㄛˋㄈㄚˊㄎㄜˋ) 〈地〉 체코슬로바키아.

[柬埔寨] Chiénp'ǔchài ㄐㄧㄢˊㄆㄨˇㄓㄞˋ 〈地〉 캄보디아.

[金邊] Chīnpiēn ㄐㄧㄣㄅㄧㄢ 〈地〉 프놈펜 : 캄보디아의 수도.

[基輔] chīfǔ ㄐㄧㄈㄨˇ 〈名〉 지이프.

[吉隆坡] Chílúngp'ō ㄐㄧˊㄌㄨㄥˊㄆㄛ 〈地〉 콰알라룸푸르 : 말라야 연방의 수부(首府)

[吉本] Chípěn ㄐㄧˊㄅㄣˇ 〈人〉 기본 : 영국의 역사가(1737~1794).

[吉普車] chíp'ǔch'ē ㄐㄧˊㄆㄨˇㄔㄜ 지이프 차(車).

[吉蒲賽] chípǔsài ㄐㄧˊㄅㄨˇㄙㄞˋ 〈名〉 집시.

[基斯塔心理學] Chīssūt'ǎ hsīnlǐhsüéh ㄐㄧㄙㄊㄚˇ ㄒㄧㄣㄌㄧˇㄒㄩㄝˊ 〈名〉 게쉬탈트 심리학.

[紀得] Chìtě ㄐㄧˋㄉㄜˊ 〈人〉 지이드 : 프랑스의 소설가(1869~1951).

[基托] Chīt'ō ㄐㄧㄊㄨㄛ 〈地〉 키토 : 에콰도르의 수도.

[基督] Chītū ㄐㄧㄉㄨ 그리스도.

[舊金山] Chiùchīnshān ㄐㄧㄡˋㄐㄧㄣㄕㄢ 〈地〉 샌프란시스코.

[酒吧] chiǔpā ㄐㄧㄡˇㄅㄚ 〈名〉 바아 : 술집의 한 가지.

[鷄尾酒] chīwěichiǔ ㄐㄧㄨㄟˇㄐㄧㄡˇ 〈名〉 칵테일. 「一會 ; 칵테일 파아티」

[爵士樂] cnüéhshìhyüèh ㄐㄩㄝˊㄕˋㄩㄝˋ 〈名〉 재즈 음악.

[巧古力糖] ch'iǎokǔlìt'áng ㄑㄧㄠˇㄍㄨˇㄌㄧˋㄊㄤˊ 〈名〉 초콜렛.

[伽利略] Ch'iéhlìluèh ㄑㄧㄝˊㄌㄧˋㄌㄩㄝˋ 〈人〉 갈릴레오 갈릴레이 : 이탈리아의 천문·물리학자(1564~1642).

[怯尼亞] Ch'ièhníyà ㄑㄧㄝˋㄋㄧˊㄧㄚˋ 〈地〉 케냐.

[契訶夫] Ch'ìhōfū ㄑㄧˋㄏㄜㄈㄨ 〈人〉 체호프 : 러시아의 소설·극작가(1860~1904).

[丘吉爾] Ch'iūchíěrh ㄑㄧㄡㄐㄧˊㄦˇ 〈人〉 처어칠 : 영국의 정치가(1874~1965).

[哲斐孫] Chéfěisūn ㄓㄜˊㄈㄟˇㄙㄨㄣ 〈人〉 제퍼어슨 : 미국의 제3대 대통령(1743~1826).

[眞理報] Chēnlǐpào ㄓㄣㄌㄧˇㄅㄠˋ 〈名〉 프라우다지(紙) : 소련의 공산당 기관지.

[芝加哥] Chīhchiākō ㄓㄐㄧㄚㄍㄜ 〈地〉 시카고.

[智利] Chìhlì ㄓˋㄌㄧˋ 〈地〉 칠레.

[仲馬] Chùngmǎ ㄓㄨㄥˋㄇㄚˇ 〈人〉 뒤마 : 「大一 ; 프랑스의 소설가(1802~1870)」 「小一 ; 대(大)뒤마의 아들」

E

[俄亥俄] Êhaiê ㄜˊㄏㄞˋㄜˊ 〈地〉 오하이오 : 미국의 주(州)의 하나.

[鄂霍次克] Êhuǒtz'ùk'ò ㄜˋㄏㄨㄛˇㄘˋㄎㄜˋ 〈地〉 오호츠크해(海).

[俄克拉荷馬] Êk'òlāhómǎ ㄜˊㄎㄜˋㄌㄚㄏㄜˊㄇㄚˇ 〈地〉 오클라호마 : 미국의 주(州)의 하나.

[厄瓜多爾] Êkuātōěrh ㄜˋㄍㄨㄚㄉㄨㄛㄦˇ 〈地〉 에콰도르.

[俄勒岡] Êlèkāng ㄜˊㄌㄜˋㄍㄤ 〈地〉 오리건 : 미국의 주(州)의 하나.

[俄羅斯] Êlóssū ㄜˊㄌㄨㄛˊㄙ 〈地〉 러시아.

[恩克魯瑪] Ênk'òlǔmǎ ㄣㄎㄜˋㄌㄨˇㄇㄚˇ 〈人〉 엔크루마 : 가나의 정치가.

[恩格思] Ênkóssū ㄣㄍㄜˊㄙ 〈人〉 엥겔스 : 도이칠란트의 경제학자·정치가·철학자(1820~1895).

F

[法西斯] fǎhsīssū ㄈㄚˇㄒㄧㄙ 〈名〉 파쇼주의(主義).

[法國] Fǎkuó ㄈㄚˇㄍㄨㄛˊ 〈地〉 프랑스.

[法朗士] Fǎlǎngshìh ㄈㄚˇㄌㄤˇㄕˋ 〈人〉 아나톨 프랑스 : 프랑스의 소설가·평론가(1844~1924).

[法蘭克林] Fǎlánk'òlín ㄈㄚˇㄌㄢˊㄎㄜˋㄌㄧㄣˊ 프랭클린 : 미국의 정치가·과학자(1706~1790). =佛蘭克林

[非州] Fēichō ㄈㄟㄓㄡ 〈地〉 아프리카(洲).

[凡士林] fánshìhlín ㄈㄢˊㄕˋㄌㄧㄣˊ 〈名〉 와셀린.
[梵蒂岡] Fàntìkāng ㄈㄢˋㄉㄧˋㄍㄤ 〈地〉 바티칸.
[費爾巴哈] Fèiĕrhpāhā ㄈㄟˋㄦˇㄅㄚㄏㄚ 〈人〉 포이에르바하：도이칠란트의 철학자(1804～1872).
[費希特] Fèihsīt'ē ㄈㄟˋㄒㄧㄊㄜˋ 피히테：도이칠란트의 철학자(1762～1814).
[菲律賓] Fēilùpīn ㄈㄟㄌㄩˋㄅㄧㄣ 〈地〉 필리핀.
[費德林] Fèitēlín ㄈㄟˋㄉㄜˊㄌㄧㄣˊ 〈人〉 페드린코：소련 외교관·중국 문학자(1912～).
[芬蘭] Fēnlán ㄈㄣㄌㄢˊ 〈地〉 핀란드.
[佛蘭克林] Fálánk'òlín ㄈㄛˊㄌㄢˊㄎㄜˋㄌㄧㄣˊ 〈人〉 프랭클린：미국의 정치가·과학자(1706～1790). ＝法蘭克林.
[佛羅貝爾] Fólópèiĕrh ㄈㄛˊㄌㄨㄛˊㄅㄟˋㄦˇ 〈人〉 플로오베에르：프랑스의 소설가(1821～1880).
[福爾馬林] fúĕrhmălín ㄈㄨˊㄦˇㄇㄚˇㄌㄧㄣˊ 〈名〉 포르말린.
[福爾泰] Fúĕrhtài ㄈㄨˊㄦˇㄊㄞˋ 〈人〉 볼테에르：프랑스의 사상가·문예가(1692～1778).
[服爾泰] Fúĕrht'ài ㄈㄨˊㄦˇㄊㄞˋ ＝福爾泰.
[傅立葉] Fùlìyèh ㄈㄨˋㄌㄧˋㄧㄝˋ 〈人〉 푸리에：프랑스의 공상적 사회주의자(1772～1835).
[弗洛伊德] Fúlòìtē ㄈㄨˊㄌㄨㄛˋㄧˇㄉㄜˊ 〈人〉 프로이드：오스트리아의 병리학자(1856～1939).
[浮士德] Fúshìhtē ㄈㄨˊㄕˋㄉㄜˊ 〈名〉 파우스트：괴에테의 작품 이름.
[伏特加] fút'èchiā ㄈㄨˊㄊㄜˋㄐㄧㄚ 〈名〉 워트카.

H

[哈佛大學] Hāfó tàhsüéh ㄏㄚㄈㄛˊㄉㄚˋㄒㄩㄝˊ 〈名〉 하아버어드 대학.
[海涅] Hăinièh ㄏㄞˇㄋㄧㄝˋ 〈人〉 하이네：도이칠란트의 시인(1797～1856).
[海參威] Hăishēnwēi ㄏㄞˇㄕㄣㄨㄟ 〈地〉 블라디보스톡. ＝佛拉迪伏斯特克.
[海牙] Hăiyá ㄏㄞˇㄧㄚˊ 〈地〉 헤이그：네덜란드의 수도.
[哈雷彗星] Hāléi huìhsīng ㄏㄚㄌㄟˊ ㄏㄨㄟˋㄒㄧㄥ 〈名〉 하레 혜성.
[漢堡] Hànpăo ㄏㄢˋㄅㄠˇ 〈地〉 함부르크.
[漢城] Hànch'éng ㄏㄢˋㄔㄥˊ 〈地〉 서울：대한민국의 수도.
[哈代] Hātài ㄏㄚㄉㄞˋ 〈人〉 하아디：영국의 시인·소설가(1840～1928).
[哈瓦那] Hāwănà ㄏㄚㄨㄚˇㄋㄚˋ 〈地〉 아바나：쿠바의 수도.
[好萊塢] Hăoláiwù ㄏㄠˇㄌㄞˊㄨˋ 〈地〉 할리우드.
[黑智爾] Hēichìhĕrh ㄏㄟㄓˋㄦˇ ＝黑格爾.
[黑格爾] Hēikóĕrh ㄏㄟㄍㄜˊㄦˇ 〈人〉 헤겔：도이칠란트의 철학자(1770～1831).
[合衆社] Hóchùngshè ㄏㄜˊㄓㄨㄥˋㄕㄜˋ UP(유우피이) 통신사.
[赫爾辛基] Hòĕrhhsīnchī ㄏㄜˋㄦˇㄒㄧㄣㄐㄧ 〈地〉 헬싱키：핀란드의 수도.
[荷爾蒙] hóĕrhméng ㄏㄜˊㄦˇㄇㄥˊ 〈名〉 호르몬.
[荷爾巴哈] Hóĕrhpāhā ㄏㄜˊㄦˇㄅㄚㄏㄚ 〈人〉 포이에르바하：도이칠란트의 철학자(1804～1872).
[赫胥黎] Hòhsūlí ㄏㄜˋㄒㄩㄌㄧˊ 〈人〉 헉슬리：영국의 자연 과학자(1825～1895).
[荷蘭] Hólán ㄏㄜˊㄌㄢˊ 〈地〉 네덜란드.
[赫魯曉夫] Hòlŭhsiăofū ㄏㄜˋㄌㄨˇㄒㄧㄠˇㄈㄨ 〈人〉 흐루시초프 ：소련의 정치가(1894～1971).
[荷馬] Hómă ㄏㄜˊㄇㄚˇ 〈人〉 호메로스：그리이스의 시인.
[河內] Hónèi ㄏㄜˊㄋㄟˋ 〈地〉 하노이：북부 베트남의 중심 도시.
[赫塞] Hòsè ㄏㄜˋㄙㄜˋ 〈人〉 헤세：도이칠란트의 시인·작가(1877～1962).
[香賓] hsāngpīn ㄒㄧㄤㄅㄧㄣ 〈名〉 샴페인.
[消息報] Hsiāohsīpào ㄒㄧㄠㄒㄧㄅㄠˋ 〈名〉 이즈베스티야：소련 정부의 기관지(紙)로서 프라우다에 다음 가는 큰 신문.
[蕭洛霍夫] Hsiāolòhuòfū ㄒㄧㄠㄌㄨㄛˋㄏㄨㄛˋㄈㄨ 〈人〉 숄로호프 ：소련의 작가(1905～).
[曉邦] Hsiăopāng ㄒㄧㄠˇㄅㄤ 〈人〉 쇼팡：폴란드의 작곡가(1810～1849).
[蕭伯納] Hsiāo-Pónà ㄒㄧㄠ ㄅㄛˊㄋㄚˋ 〈人〉 버어나아드 쇼오 ：영국의 극작가·평론가(1856～1950).
[夏威夷] Hsiàwēií ㄒㄧㄚˋㄨㄟㄧˊ 〈地〉 하와이.
[希法亭] Hsīfăt'íng ㄒㄧㄈㄚˇㄊㄧㄥˊ 〈人〉 히르파징：도이칠란트의 경제학자(1877～1941).
[西哈努克] Hsīhānŭk'ò ㄒㄧㄏㄚㄋㄨˇㄎㄜˋ 〈人〉 시아누크：캄보디아의 정치가.
[西貢] Hsīkùng ㄒㄧㄍㄨㄥˋ 〈地〉 사이공：베트남의 수도.
[希臘] Hsīlà ㄒㄧㄌㄚˋ 〈地〉 그리이스.
[錫蘭] Hsílán ㄒㄧˊㄌㄢˊ 〈地〉 실론.
[席勒] Hsílē ㄒㄧˊㄌㄜ 〈人〉 쉴러：도이칠란트의 시인·극작가·철학자(1759～1805).
[西門土] hsīmĕnt'ŭ ㄒㄧㄇㄣˊㄊㄨˇ 〈名〉 시멘트.
[新加波] Hsīnchiāpō ㄒㄧㄣㄐㄧㄚㄅㄛ 〈地〉 싱가포우르. ＝新嘉坡.
[新西蘭] Hsīn-Hsīlán ㄒㄧㄣ ㄒㄧㄌㄢˊ 〈地〉 뉴우지일란드.
[悉尼] Hsīní ㄒㄧㄋㄧˊ 〈地〉 시드니.
[新德里] Hsīn-Tēlĭ ㄒㄧㄣ ㄉㄜˊㄌㄧˇ 〈地〉 뉴우델리.
[西班牙] Hsīpānyá ㄒㄧㄅㄢㄧㄚˊ 〈地〉 스페인.
[西伯利亞] Hsīpólìyà ㄒㄧㄅㄛˊㄌㄧˋㄧㄚˋ 〈地〉 시베리아.
[西斯蒙第] Hsīssūmĕngtì ㄒㄧㄙㄇㄥˇㄉㄧˋ 〈人〉 시스몽디：스위스의 경제학자·역사가(1773～1889).
[西德] Hsī-Tē ㄒㄧ ㄉㄜˊ 〈地〉 서독(서부 도이칠란트).
[希特勒] Hsīt'èlē ㄒㄧㄊㄜˋㄌㄜ 〈人〉 히틀러：도이칠란트의 독재 정치가(1889～1944).
[匈牙利] Hsiūngyálì ㄒㄩㄥㄧㄚˊㄌㄧˋ 〈地〉 헝가리.
[西萬提斯] Hsīwànt'íssū ㄒㄧㄨㄢˋㄊㄧˊㄙ

〈人〉 세르반테스：스페인의 작가 (1547 ~1616).

[西雅圖] Hsīyăt'ú ㄒㄧㄧㄚˇㄊㄨˊ 〈地〉 시애틀：아메리카 합중국 북서안의 항구 도시.

[敍利亞] Hsǜlìyà ㄒㄩˋㄌㄧˋㄌㄧㄚˋ 〈地〉 시리아.

[華爾滋舞] huáĕrhtzūwŭ ㄏㄨㄚˊㄦˇㄗㄨˇ 왈츠：무도곡(舞蹈曲).

[華格納] Huákōnà ㄏㄨㄚˊㄍㄜˊㄋㄚˋ 〈人〉 바그너：도이칠란트의 작곡가(1813 ~1883).

[華沙] Huáshā ㄏㄨㄚˊㄕㄚ 〈地〉 바르샤바：폴란드의 수도.

[華盛頓] Huáshèngtùn ㄏㄨㄚˊㄕㄥˋㄉㄨㄣˋ ①〈地〉 와싱턴. ②〈人〉 조오지 와싱턴：미국의 초대 대통령(1732~1799).

[華德生] Huátēshēng ㄏㄨㄚˊㄉㄜˊㄕㄥ 〈人〉 와트슨：미국의 행동 심리학의 창시자(1878~1958).

[華滋華斯] Huátzūhuássū ㄏㄨㄚˊㄗㄏㄨㄚˊㄙ 〈人〉 워어즈워어드：영국의 계관 시인(1770~1850).

[胡志明] Hú Chìhmíng ㄏㄨˊ ㄓˋㄇㄧㄥˊ 〈人〉 ：호지명：월맹(越盟)의 정치가(1892~1971).

[虎列拉] hŭlièhlā ㄏㄨˇㄌㄧㄝˋㄌㄚ 〈名〉 콜레라. 호열자(급성 전염병의 하나).

[洪都拉斯] Húngtūlāssū ㄏㄨㄥˊㄉㄨㄌㄚㄙ 〈地〉 온두라스.

[火奴魯魯] Huŏnúlúlŭ ㄏㄨㄛˇㄋㄨˊㄌㄨˊㄌㄨˇ 〈地〉 호놀룰루.

[霍布斯] Huŏpùssū ㄏㄨㄛˋㄅㄨˋㄙ 〈人〉 홉즈：영국의 철학・법리학자(1588~1679).

[胡森] Húsēn ㄏㄨˊㄙㄣ 〈人〉 후세인：요르단 국왕(國王).

I

[伊爾庫次克] Īĕrhk'ùtz'ŭk'ò ㄧㄦˇㄎㄨˋㄘˇㄎㄜˋ 〈地〉 이르쿠츠크.

[伊爾文] Īĕrhwĕn ㄧㄦˇㄨㄣˊ 〈人〉 어어빙：미국의 소설가(1783~1859).

[伊拉克] Īlāk'ò ㄧㄌㄚㄎㄜˋ 〈地〉 이라크.

[伊朗] Īlăng ㄧㄌㄤˇ 〈地〉 이란.

[伊麗奥脫] Īlìāot'ō ㄧㄌㄧˋㄠㄊㄨㄛ 〈人〉 (조오지)엘리어트：영국의 여류 작가 (1819 ~1890).

[伊里奇] Īlìch'ī ㄧㄌㄧˇㄑㄧˊ 〈人〉 일리치：레닌의 본명.

[伊利諾州] Īlìnòchōu ㄧㄌㄧˋㄋㄨㄛˋㄓㄡ 〈地〉 일리노이주(州) ：미국의 주(州)의 하나.

[易蔔生] Ìpŭshēng ㄧˋㄅㄨˇㄕㄥ 〈人〉 입센：노르웨이의 극작가(1828~1906).

[以色列] Ĭsèlièh ㄧˇㄙㄜˋㄌㄧㄝˋ 〈地〉 이스라엘.

[伊斯蘭教] Īssūlánchiào ㄧㄙㄌㄢˊㄐㄧㄠˋ 〈名〉 이슬람교.

[伊索] Īsŏ ㄧㄙㄨㄛˇ 〈人〉 이솝：그리이스의 우화 작가(620？~560？B.C.)

[義大利] Ìtàlì ㄧˋㄉㄚˋㄌㄧˋ 〈地〉 이탈리아.

[意大利] Ìtàlì ㄧˋㄉㄚˋㄌㄧˋ ＝義大利.

[伊甸樂園] Ītièn Lèyüán ㄧㄉㄧㄢˋ ㄌㄜˋㄩㄢˊ 〈名〉 에덴 동산.

J

[熱那亞] Jĕnàyà ㄖㄜˋㄋㄚˋㄧㄚˋ 〈地〉 제노바：이탈리아의 북서부의 항구 도시.

[日內瓦] Jìhnèiwă ㄖˋㄋㄟˋㄨㄚˇ 〈地〉 제네바.

[日丹諾夫] Jìhtānnòfū ㄖˋㄉㄢㄋㄨㄛˋㄈㄨ 〈人〉 (알렉산더)지다노프：소련의 정치가(1896~1948).

[瑞士] Juìshìh ㄖㄨㄟˋㄕˋ 〈地〉 스위스.

[瑞典] Juìtiĕn ㄖㄨㄟˋㄉㄧㄢˇ 〈地〉 스웨덴.

K

[甘地] Kāntì ㄍㄢㄉㄧˋ 〈人〉 간디：인도의 민족 독립 운동가(1869~1835).

[剛果] Kāngkuŏ ㄍㄤㄍㄨㄛˇ 〈地〉 콩고.

[高爾夫球] kāoĕrhfūch'iú ㄍㄠㄦˇㄈㄨㄑㄧㄡˊ 〈名〉 골프.

[高爾基] Kāoĕrchī ㄍㄠㄦˇㄐㄧ 〈人〉 고리키：소련의 소설가・극작가(1868~1936).

[高棉] kāomién ㄍㄠㄇㄧㄢˊ 〈地〉 캄보디아(크메르).

[高本漢] Kāo-pĕnhàn ㄍㄠ ㄅㄣˇㄏㄢˋ 〈人〉 (베른할트)카아르그렌：스웨덴의 언어학・중국어 학자(1889~).

[高月白蘭地] Kāoyüèh pólántì ㄍㄠㄩㄝˋ ㄅㄛˊㄌㄢˊㄉㄧˋ 〈名〉 코냑(브랜디의 한 가지).

[格林姆] Kōlínmŭ ㄍㄜㄌㄧㄣˊㄇㄨˇ 〈人〉 그림(형제)：도이칠란트의 동화 작가, 형은 언어학자.

[格陵蘭] Kōlínglán ㄍㄜㄌㄧㄥˊㄌㄢˊ 〈地〉 그리인란드.

[葛羅米柯] Kólómĭk'ō ㄍㄜˊㄌㄨㄛˊㄇㄧˇㄎㄜ 〈人〉 그로미코：소련 외교관(1909~).

[格羅提渥] Kólót'íwò ㄍㄜˊㄌㄨㄛˊㄊㄧˊㄨㄛˋ 〈人〉 그로테볼：동독(東獨)의 정치가(1874~1964).

[哥倫比亞] Kōlúnpĭyà ㄍㄜㄌㄨㄣˊㄅㄧˇㄧㄚˋ 〈地〉 콜롬비아.

[哥倫布] Kōlúnpù ㄍㄜㄌㄨㄣˊㄅㄨˋ 〈人〉 컬럼버스：이탈리아의 항해・탐험가(1446~1509).

[哥白尼] Kōpáiní ㄍㄜㄅㄞˊㄋㄧˊ 〈人〉 코페르니쿠스：폴란드의 천문학자(1473~1543).

[哥本哈根] Kōpĕnhākĕn ㄍㄜㄅㄣˇㄏㄚㄍㄣ 〈地〉 코펜하겐：덴마아크의 수도.

[戈壁] Kōpì ㄍㄜㄅㄧˋ 〈地〉 고비： 중부 아시아 동북부에 있는 큰 사막(沙漠).

[哥伯尼] Kōpóní ㄍㄜㄅㄛˊㄋㄧˊ ＝哥白尼.

[格士林] kóshìhlín ㄍㄜˊㄕˋㄌㄧㄣˊ 〈名〉 가솔린.

[哥斯達黎加] Kōssūtálíchiā ㄍㄜㄙㄉㄚˊㄌㄧˊㄐㄧㄚ 〈地〉 코스타리카.

[哥德] Kōté ㄍㄜㄉㄜˊ 〈人〉 괴에테：도이칠란트의 작가・시인・정치가(1749~1832). ＝歌德.

[戈登] Kōtēng ㄍㄜㄉㄥ 〈人〉 고오드："李鴻章"을 따라 중국의 태평천국 (太平天國) 진압에 참가한 영국 사람.

[關島] Kuāntăo ㄍㄨㄢㄉㄠˇ 〈地〉 구암도(島).

[國際新聞社] Kuóchì hsīnwénshè ㄍㄨㄛˊㄐㄧˋㄒㄧㄣㄨㄣˊㄕㄜˋ I.N.S.통신사.
[果戈里] Kuŏkōlĭ ㄍㄨㄛˇㄍㄜㄌㄧˇ 〈人〉 고골리 : 러시아의 소설가·극작가(1809~1852).
[古巴] Kŭpā ㄍㄨˇㄅㄚ 〈地〉 쿠바.
[喀爾文] K'āĕrhwén ㄎㄚㄦˇㄨㄣˊ 〈人〉 캘빈 : 프랑스의 종교 개혁자(1509~1564).
[開羅] K'āiló ㄎㄞㄌㄨㄛˊ 〈地〉 카이로 : 통일아랍의 수도.
[開麥拉] k'āimàilā ㄎㄞㄇㄞˋㄌㄚ 〈名〉 카메라 : 사진기.
[開普敦] K'āip'ŭtūn ㄎㄞㄆㄨˇㄉㄨㄣ 〈地〉 케이프타운.
[愷撒] K'ăisā ㄎㄞˇㄙㄚ 〈人〉 케에자르(시이저) : 로마 제국(帝國)의 정치가.(B.C. 100 ? ~B.C.44).
[開司] k'āissū ㄎㄞㄙ 〈名〉 키스(입을 맞추는 일).
[凱因斯] K'ăiyīnssū ㄎㄞˇㄧㄣㄙ 〈人〉 케인즈 : 영국 근대 경제학자(1833~1946).
[卡岡諾維奇] K'ăkāngnòwéich'í ㄎㄚˇㄍㄤㄋㄨㄛˋㄨㄟˊㄑㄧˊ 〈人〉 카가노비취 : 소련의 정치가(1893~).
[卡拉奇] K'ălāch'í ㄎㄚˇㄌㄚㄑㄧˊ 〈地〉 카라치 : 파키스탄의 수도.
[咯萊爾] K'ăláiĕrh ㄎㄚˇㄌㄞˊㄦˇ =加萊爾.
[康民圍] k'āngmínt'uán ㄎㄤㄇㄧㄣˊㄊㄨㄢˊ 〈名〉 코민테른.
[康拜因] k'āngpàiyīn ㄎㄤㄅㄞˋㄧㄣ 〈名〉 콤바인 : 복식수확기(複式收穫機).
[康拜因維雄] k'āngpàiyīnwéihsiúng ㄎㄤㄅㄞˋㄧㄣㄨㄟˊㄒㄩㄥˊ 〈名〉 콤비네이션.
[堪培拉] K'ānpéilā ㄎㄢㄆㄟˊㄌㄚ 〈地〉 캔버라 : 오스트레일리아의 수도.
[康德] K'āngtĕ ㄎㄤㄉㄜˊ 〈人〉 칸트 : 도이칠란트의 근대 철학자(1724~1804).
[考茨基] K'ăotz'ŭchī ㄎㄠˇㄘˇㄐㄧ 〈人〉 카우츠키 : 도이칠란트의 경제학자(1854~1938).
[喀布爾] K'āpùĕrh ㄎㄚˋㄅㄨˋㄦˇ 〈地〉 카불 : 아프카니스탄의 수도.
[卡斯特羅] K'ăssūt'èlò ㄎㄚˇㄙㄊㄜˋㄌㄨㄛˋ 〈人〉 카스트로 : 쿠바의 정치가(1927~).
[喀德璘] K'ătèlín ㄎㄚˋㄉㄜˊㄌㄧㄣˊ 〈人〉 캐더린 여제(女帝) : 에카테리나 여제(1683~1727).
[肯尼第] K'ĕnnítì ㄎㄣˇㄋㄧˊㄉㄧˋ 〈人〉 케네디 : 미국의 정치가로 제35대 대통령(1917~1963).
[科爾火支] K'ŏĕrhuŏchīh ㄎㄜ ㄦˇㄏㄨㄛˇ ㄓ 〈名〉 콜호즈 : 소련의 집단 농장.
[可兒脫] k'ŏĕrht'ŏ ㄎㄜˇㄦˊㄊㄜ 〈名〉 코올타르.
[可可] k'ŏk'ŏ ㄎㄜˊㄎㄜˇ 〈名〉 코코아.
[可口可樂] k'ŏk'ŏu k'ŏlè ㄎㄜˊㄎㄡˇ ㄎㄜˇㄌㄜˋ 〈名〉 코카콜라.
[克里姆林宮] K'ŏlímŭlínkūng ㄎㄜˋㄌㄧˇㄇㄨˇㄌㄧㄣˊㄍㄨㄥ 크레믈린 궁전.
[克林威爾] K'ŏlínwēiĕrh ㄎㄜˋㄌㄧㄣˊㄨㄟㄦˇ =克倫威爾.
[科倫坡] K'ōlúnp'ŏ ㄎㄜㄌㄨㄣˊㄆㄛ 〈地〉 콜롬보 : 실론의 수도.
[克倫斯基] K'ŏlúnssūchī ㄎㄜˋㄌㄨㄣˊㄙㄐㄧ 〈人〉 케렌스키 : 러시아의 정치가(1881~).
[克倫威爾] K'ŏlúnwēiĕrh ㄎㄜˋㄌㄨㄣˊㄨㄟㄦˇ 〈人〉 크롬웰 : 영국의 혁명 정치가(1599~1658).
[克魯泡特金] K'ŏlúp'àot'èchīn ㄎㄜˋㄌㄨˊㄆㄠˋㄊㄜˋㄐㄧㄣ 〈人〉 크로포트킨 : 러시아의 무정부주의자(1842~1921).
[刻匐勒] K'ŏpŭlè ㄎㄜˋㄅㄨˇㄌㄜ 〈人〉 케플러 : 도이칠란트의 천문학자·지동설론자(1571~1630).
[魁奈] K'ueínài ㄎㄟˊㄋㄞˋ 〈人〉 케네 : 프랑스의 경제학자(1694~1774).
[孔德] K'ŭngtĕ ㄎㄨㄥˇㄉㄜˊ 〈人〉 콩트 : 프랑스의 철학자·사회학의 창시자(1798~1857).
[庫慈涅茨克] K'ùtzŭnièhtz'ŭk'ŏ ㄎㄨˋㄗㄋㄧㄝˋㄘˋㄎㄜˋ 〈地〉 쿠즈네츠크 : 소련의 도시 이름.

L

[拉斐爾] Lāfēiĕrh ㄌㄚㄈㄟㄦˇ 〈人〉 라파엘 : 이탈리아의 화가·건축가(1483~1520).
[拉 封登] Lā-fēng tēng ㄌㄚ ㄈㄥㄉㄥ 〈人〉 라·퐁테에느 : 프랑스의 시인·고전문학자(1621~1695).
[來復槍] láifùch'iāng ㄌㄞˊㄈㄨˋㄑㄧㄤ 〈名〉 라이플 총(銃).
[來布庇屁] Láipùnítz'ŭ ㄌㄞˊㄅㄨˋㄋㄧˊㄘ 〈人〉 라이프니쯔 : 도이칠란트의 수학자 정치가(1646~1716).
[來布尼茲] Láipùnítzū ㄌㄞˊㄅㄨˋㄋㄧˊㄗ =來布庇屁.
[拉馬克] Lāmăk'ŏ ㄌㄚㄇㄚˇㄎㄜˋ 〈人〉 라마르크 : 프랑스의 자연 과학자(1744~1829).
[蘭凱] Lánk'ăi ㄌㄢˊㄎㄞˇ 〈人〉 랑케 : 도이칠란트의 역사학자(1795~1856).
[蘭格] Lánkŏ ㄌㄢˊㄍㄜˊ 〈人〉 랑게 : 도이칠란트의 철학자·경제학자(1828~1875).
[蘭波] Lánpō ㄌㄢˊㄅㄛ 〈人〉 랑보 : 프랑스의 상징파(象徵派) 시인(1854~1891).
[老撾] Lăokuō ㄌㄠˇㄍㄨㄛ 〈地〉 라오스.
[勞倫斯] Láolúnssū ㄌㄠˊㄌㄨㄣˊㄙ 〈人〉 로오렌스 : 영국의 소설가(1887~1930).
[拉巴斯] Lāpāssū ㄌㄚㄅㄚㄙ 〈地〉 라파스 : 볼리비아의 사실상의 수도.
[拉巴特] Lāpāt'è ㄌㄚㄅㄚㄊㄜˋ 〈地〉 라바트 : 모로코의 수도.
[拉比來] Lāpĭlái ㄌㄚㄅㄧˇㄌㄞˊ 〈人〉 라블레 : 프랑스의 소설가·승려(僧侶)·의사(1494 ? ~1553 ?).
[拉薩] Lāsà ㄌㄚㄙㄚˋ 〈地〉 라사 : 티베트의 중심 도시.
[雷斯] Léissū ㄌㄟˊㄙ 〈人〉 로이스-저시아 : 미국의 절대적 관념론 철학자(1855~1916).
[雷達] léitá ㄌㄟˊㄉㄚˊ 〈名〉 레이다.
[雷渥那德] Léiwònàtè ㄌㄟˊㄨㄛˋㄋㄚˋㄉㄜˊ 〈人〉 레오나르도다빈치 : 이탈리아의 예술가(1452~1519).
[勒夢托夫] Lèmèngtōfū ㄌㄜˋㄇㄥˋㄊㄨㄛㄈㄨ 〈人〉 레르몬토프 : 러시아의 시인(1814~1841).

[寮國] Liáokuó ㄌㄧㄠˊㄍㄨㄛˊ〈地〉라오스. =老撾.
[利奧波爾得維爾] Lìaopōěrhtéwéiěrh ㄌㄧˋㄠˋㄅㄛㄦˇㄉㄜˊㄨㄟˊㄦˇ〈地〉레오폴드빌 : 콩고의 수도.
[李嘉圖(大衛)] Lìchiāt'ú(-Tàwèi) ㄌㄧˇㄐㄧㄚㄊㄨˊ(ㄉㄚˋㄨㄟˋ)〈人〉 (다빗) 리카르도 : 영국의 경제학자(1772~1823).
[列寧] Lièhníng ㄌㄧㄝˋㄋㄧㄥˊ〈人〉레닌 : 러시아 혁명의 지도자(1870~1924).
[列寧格勒] Lièhníngkólè ㄌㄧㄝˋㄋㄧㄥˊㄍㄜˊㄌㄜ〈地〉레닌그라드.
[里爾刻] Lǐěrhk'ò ㄌㄧˊㄦˇㄎㄜˋ〈人〉릴케 : 도이칠란트의 시인·소설가(1875~1926).
[利馬] Lìmǎ ㄌㄧˋㄇㄚˇ〈地〉리마 : 페루의 수도.
[利 瑪竇] Lì-Mǎtòu ㄌㄧˋ ㄇㄚˇㄉㄡˋ〈人〉마테오 리치 : 이탈리아의 선교사(1552~1610).
[林酒] línchiǔ ㄌㄧㄣˊㄐㄧㄡˇ〈名〉럼주(酒).
[林肯] Línk'ěn ㄌㄧㄣˊㄎㄣˇ〈人〉링컨 : 미국의 제16대 대통령. 노예 해방 운동의 선구자(1809~1865).
[林內] Línnèi ㄌㄧㄣˊㄋㄟˋ〈人〉린네 : 스웨덴의 생물학자(1707~1778).
[黎巴嫩] Lípānùn ㄌㄧˊㄅㄚㄋㄨㄣˋ〈地〉레바논.
[利比里亞] Lìpílǐyà ㄌㄧˋㄅㄧˊㄌㄧˇㄧㄚˋ〈地〉리베리아.
[利比亞] Lìpǐyà ㄌㄧˋㄅㄧˇㄧㄚˋ〈地〉리비아.
[里斯本] Lǐssūpěn ㄌㄧˇㄙㄅㄣˇ〈地〉리스본 : 포르투갈의 수도.
[利物浦] Lìwùp'ǔ ㄌㄧˋㄨˋㄆㄨˇ〈地〉리버푸울 : 영국의 무역항.
[利亞得] Lìyàtě ㄌㄧˋㄧㄚˋㄉㄜˊ〈地〉리야드 : 사우디 아라비아의 수도.
[里約熱內盧] Lǐyüēhjènèilú ㄌㄧˇㄩㄝㄖㄜˋㄋㄟˋㄌㄨˊ〈地〉리오데자네이로 : 브라질의 수도.
[邏輯] lóchí ㄌㄨㄛˊㄐㄧˊ〈名〉로직. 논리(論理).
[羅馬] Lómǎ ㄌㄨㄛˊㄇㄚˇ〈地〉로마.
[羅馬尼亞] Lómǎníyà ㄌㄨㄛˊㄇㄚˇㄋㄧˊㄧㄚˋ〈地〉루마니아.
[羅曼羅蘭] Lómàn-Lólán ㄌㄨㄛˊㄇㄢˋㄌㄨㄛˊㄌㄢˊ〈人〉(로맹)롤랑 : 프랑스의 희곡·소설가(1866~1944).
[洛克] Lòk'ò ㄌㄨㄛˋㄎㄜˋ〈人〉(존) 로크 : 영국의 철학자·정치학자(1632~1704).
[洛克(約翰)] Lòk'ò(-Yüēhhàn)〈人〉 (존) 로크 : 영국의 철학자·정치학자(1632~1704).
[洛杉磯] Lòshānchī ㄌㄨㄛˋㄕㄢㄐㄧ〈地〉로스앤젤리스.
[羅素] Lósù ㄌㄨㄛˊㄙㄨˋ〈人〉(버트란드) 러셀 : 영국의 철학자·수학자·문명 비평가(1872~).
[羅丹] Lótān ㄌㄨㄛˊㄉㄢ〈人〉로당 : 프랑스의 조각가(1840~1917).
[羅伯斯庇爾] Lópóssūpièrh ㄌㄨㄛˊㄅㄛˊㄙㄅㄧˋㄦˇ〈人〉로베스피에르 : 프랑스의 혁명 지도자(1758~1794).
[盧騷] Lúsāo ㄌㄨˊㄙㄠ〈人〉=盧梭.
[盧森堡] Lúsēnpǎo ㄌㄨˊㄙㄣㄅㄠˇ〈地〉룩셈부르크.
[盧梭] Lúsō ㄌㄨˊㄙㄨㄛ 루소 : 프랑스의 사상가·철학자(1712~1778).
[路透] Lùt'òu ㄌㄨˋㄊㄡˋ〈名〉로이터 통신사.
[倫敦] Lúntūn ㄌㄨㄣˊㄉㄨㄣ〈地〉런던 : 영국의 수도.
[倫巴舞] lúnpāwǔ ㄌㄨㄣˊㄅㄚㄨˇ〈名〉룸바 : 쿠바의 민속 무용.

M

[馬其頓] Mǎch'ítùn ㄇㄚˇㄑㄧˊㄉㄨㄣˋ〈地〉마케도니아.
[馬爾薩斯] Mǎěrhsàssū ㄇㄚˊㄦˇㄙㄚˋㄙ〈人〉맬더스 : 영국의 경제학자(1766~1834). =馬薩斯.
[麥克風] màik'òfēng ㄇㄞˋㄎㄜˋㄈㄥ〈名〉마이크로폰.
[馬可] Mák'ǒ ㄇㄚˊㄎㄜˇ 마가 : 그리스도의 사도(使徒).
[馬格尼托哥爾斯克] Mǎkónítōkōěrhssūk'ò ㄇㄚˇㄍㄜˊㄋㄧˊㄉㄨㄛㄍㄜㄦˇㄙㄎㄜˋ〈地〉마고니토고르스크 : 소련에 있는 도시 이름.
[馬哥孛羅] Mǎkō-Póló ㄇㄚˋㄍㄜ ㄅㄛˊㄌㄨㄛˊ〈人〉마르코폴로 : 이탈리아의 탐험가(1254 -1324).
[馬克思] Mǎk'òssū ㄇㄚˇㄎㄜˋㄙ〈人〉마르크스 : 도이칠란드의 경제학자·철학자(1818~1883).
[馬克 吐溫] Mǎk'ò-T'ùwēn ㄇㄚˇㄎㄜˋㄊㄨˋㄨㄣ〈人〉마아크 트웨인 : 미국의 소설가(1835~1910).
[馬來亞] Mǎláiyà ㄇㄚˇㄌㄞˊㄧㄚˋ〈地〉말레이.
[馬拉松賽] mǎlāsūngsài ㄇㄚˇㄌㄚㄙㄨㄥㄙㄞˋ〈名〉마라톤 경주.
[馬林科夫] Mǎlínk'ōfū ㄇㄚˇㄌㄧㄣˊㄎㄜㄈㄨ〈人〉말렌코프 : 소련의 정치가(1902~).
[馬利亞] Mǎlìyà ㄇㄚˇㄌㄧˋㄧㄚˋ〈人〉마리아성 : 섬모(聖母).
[馬那瓜] Mǎnàkuā ㄇㄚˇㄋㄚˋㄍㄨㄚ〈地〉마나과 : 니카라과의 수도.
[馬尼拉] Mǎnílā ㄇㄚˇㄋㄧˊㄌㄚ〈地〉마닐라.
[曼谷] Mànkǔ ㄇㄢˋㄍㄨˇ〈地〉방콕 : 타이의 수도.
[馬賽] Mǎsài ㄇㄚˇㄙㄞˋ〈地〉마르세이유.
[馬薩斯] Mǎsàssū ㄇㄚˇㄙㄚˋㄙ =馬爾薩斯.
[馬紹爾群島] Mǎshàoěrh ch'üntǎo ㄇㄚˇㄕㄠˋㄦˇ ㄑㄩㄣˊㄉㄠˇ〈地〉마아셜 군도.
[馬達] mǎtá ㄇㄚˇㄉㄚˊ〈名〉모우터. =摩托.
[馬達加斯加] Mǎtáchiāssūchiā ㄇㄚˇㄉㄚˊㄐㄧㄚㄙㄐㄧㄚ〈地〉마다가스카르.
[馬太] Mǎtài ㄇㄚˇㄊㄞˋ〈人〉마태 : 그리스도의 사도.
[馬德里] Mǎtélǐ ㄇㄚˇㄉㄜˊㄌㄧˇ〈地〉마드리드 : 이스파니아의 수도.
[馬丁 路得] Mǎtīng-Lùtě ㄇㄚˇㄉㄧㄥ ㄌㄨˋㄉㄜˊ〈人〉(마르틴)루터 : 도이칠란트의 종교 개혁가(1483~1546).
[瑪雅柯夫斯基] Mǎyǎk'ōfūssūchī ㄇㄚˇㄧ

ㄚˇㄎㄜㄈㄨㄙㄐㄧ〈人〉마야코프스키：소련의 시인(1893～1933).
[美聯社] Mĕiliénshè ㄇㄟˇㄌㄧㄢˊㄕㄜˋ〈名〉A.P.통신사.
[梅農] Méinúng ㄇㄟˊㄋㄨㄥˊ〈人〉메논：인도의 정치가·U.N.대사.
[梅特涅] Méit'ènièh ㄇㄟˊㄊㄜˋㄋㄧㄝˋ〈人〉메테르니히：오스트리아의 정치가(1773～1859).
[孟買] Mèngmăi ㄇㄥˋㄇㄞˇ〈地〉봄베이.
[孟德爾] Mèngtéĕrh ㄇㄥˋㄉㄜˊㄦˇ〈人〉멘델：오스트리아의 식물학자(1822～1884).
[孟德斯鳩] Mèngtéssŭchiū ㄇㄥˋㄉㄜˊㄙㄐㄧㄡ〈人〉몽테스큐：프랑스의 정치학자(1689～1755).
[蒙得維的亞] Mĕngtéwéitìyà ㄇㄥˇㄉㄜˊㄨㄟˊㄉㄧˋㄧㄚˋ〈地〉몬테비데오：우루과이의 수도.
[門羅] Ménló ㄇㄣˊㄌㄨㄛˊ〈人〉먼로우：미국의 제5대 대통령(1758～1831).
[門得列也夫] Méntélièhyĕhfū ㄇㄣˊㄉㄜˊㄌㄧㄝˋㄧㄝˇㄈㄨ〈人〉멘델레에프：소련의 화학자(1834～1907).
[米丘林] Mĭch'iūlín ㄇㄧˇㄑㄧㄡㄌㄧㄣˊ〈人〉미추린：소련의 농업학자(1855～1955).
[緬甸] Miĕntièn ㄇㄧㄢˇㄉㄧㄢˋ〈地〉버어마.
[彌爾] Míĕrh ㄇㄧˊㄦˇ〈人〉①(제임즈)밀：영국의 공리주의(功利主義) 철학자(1773～1836). ②〈人〉(존 스튜어트)밀：영국의 경제학자(1806～1873).
[彌爾敦] Míĕrhtūn ㄇㄧˊㄦˇㄉㄨㄣ〈人〉밀턴：영국의 시인(1608～1674).
[密歇根州] Mìhsiēhkēnchōu ㄇㄧˋㄒㄧㄝㄍㄣㄓㄡ〈地〉미시간 주(州)：미국의 주(州)의 하나.
[米高揚] Mĭkāoyáng ㄇㄧˇㄍㄠㄧㄤˊ〈人〉미코얀：소련의 정치가(1895～).
[密斯] Mìssŭ ㄇㄧˋㄙ〈名〉미스(Miss).＝密司.
[密斯特] Mìssŭt'è ㄇㄧˋㄙㄊㄜˋ〈名〉미스터(Mr).
[墨爾本] Mòĕrhpĕn ㄇㄛˋㄦˇㄅㄣˇ〈地〉멜버른.
[莫爾 托馬斯] Mòĕrh-T'ōmăssŭ ㄇㄛˋㄦˇㄊㄛㄇㄚˇㄙ〈人〉토머스 모어：영국의 정치가·사상가(1475～1535).
[摩西] Móhsī ㄇㄛˊㄒㄧ〈人〉모세：고대 이스라엘(유태) 민족의 지도자.
[莫里哀] Mòlĭāi ㄇㄛˋㄌㄧˇㄞ〈人〉몰리에르：프랑스의 희극 작가(1622～1673).
[摩洛哥] Mólòkō ㄇㄛˊㄌㄨㄛˋㄍㄜ〈地〉모로코.
[摩納哥] Mónàkō ㄇㄛˊㄋㄚˋㄍㄜ〈地〉모나코.
[墨西哥] Mòhsīk'ō ㄇㄛˋㄒㄧㄎㄜ〈地〉멕시코.「一城；멕시코시티(멕시코의 수도)」
[莫斯科] Mòssŭk'ō ㄇㄛˋㄙㄎㄜ〈地〉모스크바：소련의 수도.
[莫特兒] mòt'èĕrh ㄇㄛˋㄊㄜˋㄦˊ〈名〉모델.
[摩登] mótēng ㄇㄛˊㄉㄥ 모던：현대.현대적인 것.
[摩托] mót'ō ㄇㄛˊㄊㄨㄛ 모우터.＝馬達[mătá].
[穆札爾特] Mùchāĕrht'è ㄇㄨˋㄓㄚㄦˇㄊㄜˋ〈人〉모짜르트：오스트리아의 작곡가(1756～1791).
[穆罕默德] Mùhănmòté ㄇㄨˋㄏㄢˇㄇㄛˋㄉㄜˊ〈人〉마호멧：이슬람교의 창시자(571 ～632).
[穆罕默德 阿里] Mùhănmòté-Ālĭ ㄇㄨˋㄏㄢˇㄇㄛˋㄉㄜˊㄚㄌㄧˇ〈人〉마호멧 알리：파키스탄의 정치가.
[穆勒約翰] Mùlè-Yüēhhàn ㄇㄨˋㄌㄜˋㄩㄝㄏㄢˋ〈人〉(존 스튜어트)밀：영국의 경제학자(1806～1873). ＝彌爾.

N

[奈端] Nàituān ㄋㄞˋㄉㄨㄢ〈人〉뉴우턴：영국의 과학자(1642～1727). ＝牛頓.
[奈亭給爾] Nàitíngkéiĕrh ㄋㄞˋㄊㄧㄥˊㄍㄟˊㄦˇ〈人〉나이팅게일：영국 사람으로 적십자의 시조(1820～1910).
[南 斯拉夫] Nán-ssŭlāfū ㄋㄢˊㄙㄌㄚㄈㄨ〈地〉유고슬라비아.
[拿破侖] Náp'òlún ㄋㄚˊㄆㄛˋㄌㄨㄣˊ〈人〉나폴레옹：프랑스의 군인·황제(1769～1821).
[納賽爾] Nàsàiĕrh ㄋㄚˋㄙㄞˋㄦˇ〈人〉나세르：통일 아랍의 정치가(1918～1970).
[尼加拉瓜] Níchiālākuā ㄋㄧˊㄐㄧㄚㄌㄚㄍㄨㄚ〈地〉니카라과.
[尼赫魯] Níhòlŭ ㄋㄧˊㄏㄜˋㄌㄨˇ〈人〉네루：인도의 정치가(1889～1964).
[尼克松] Ník'òsūng ㄋㄧˊㄎㄜˋㄙㄨㄥ〈人〉닉슨：미국의 37대 대통령(1913～).
[尼吉丁] níkŭtīng ㄋㄧˊㄍㄨˇㄉㄧㄥ〈名〉니코틴.
[尼龍] nílúng ㄋㄧˊㄌㄨㄥˊ〈名〉나일론.
[諾貝爾] Nòpèiĕrh ㄋㄨㄛˋㄅㄟˋㄦˇ〈人〉노벨：스웨덴 사람으로 노벨상 기금 제공자(1833～1896).
[尼泊爾] Nípóĕrh ㄋㄧˊㄅㄛˊㄦˇ〈地〉네팔.
[尼采] Nítsăi ㄋㄧˊㄘㄞˇ〈人〉니이체：도이칠란트의 철학자(1844～1900).
[牛頓] Niútùn ㄋㄧㄡˊㄉㄨㄣˋ〈人〉뉴우턴：영국의 물리·수학자(1642～1727). ＝奈端.
[紐約] Niŭ-yüēh ㄋㄧㄡˇㄩㄝ〈地〉뉴우요오크.
[挪威] Nówēi ㄋㄨㄛˊㄨㄟ〈地〉노르웨이.

O

[歐拉定理] Ōulā tìnglĭ ㄡㄌㄚㄉㄧㄥˋㄌㄧˇ 유우라의 정리.
[歐雷西亞] Ōuléihsīyà ㄡㄌㄟˊㄒㄧㄧㄚˋ〈地〉유우라시아.「一大陸：유우라시아 대륙」
[歐姆定律] Ōumŭ tìnglù ㄡㄇㄨˇㄉㄧㄥˋㄌㄩˋ〈名〉오옴의 법칙.
[歐文 羅柏特] Ōuwén-Lōpót'è ㄡㄨㄣˊㄌㄨㄛㄅㄛˊㄊㄜˋ〈人〉로버트 오웬：영국의 사회·개혁가(1771～1858).

P

[巴基斯坦] Pāchīssŭt'ăn ㄅㄚㄐㄧㄙㄊㄢˇ〈地〉파키스탄.

[巴爾扎克] Pāĕrhchák'ò ㄅㄚ ㄦˇㄓㄚˊㄎㄜˋ〈人〉 발작：프랑스의 소설가(1799～1850).
[巴西] Pāhsī ㄅㄚ ㄒㄧ〈地〉 브라질.
[巴格達] Pākótá ㄅㄚ ㄍㄜˊㄉㄚˊ〈地〉 바그다드：이라크의 수도.
[巴拿馬] Pānámă ㄅㄚ ㄋㄚˊㄇㄚˇ 〈地〉 파나마.
[拜崙] Pàilún ㄅㄞˋㄌㄨㄣˊ〈人〉 바이런：영국의 시인(1788～1824).
[保加利亞] Păochiālìyà ㄅㄠˇㄐㄧㄚ ㄌㄧˋㄧㄚˋ〈地〉 불가리아.
[巴斯格] Pāssūkó ㄅㄚ ㄙ ㄍㄜˊ〈地〉 파스칼：프랑스의 물리학자·철학자·수학자(1623～1662).
[貝爾格來德] Pèiĕrhkóláitĕ ㄅㄟˋㄦˇㄍㄜˊㄌㄞˊㄉㄜˊ〈地〉 벨그라드：유고슬라비아의 수도.
[貝魯特] Pèilŭt'è ㄅㄟˋㄌㄨˇㄊㄜˋ 〈地〉 베이루트：레바논의 수도.
[貝多芬] Pèitōfĕn ㄅㄟˋㄉㄨㄛ ㄈㄣ〈人〉 베에토오벤. ＝比沙文.
[邊沁] Piēnch'ìn ㄅㄧㄢ ㄑㄧㄣˋ〈人〉벤덤：영국의 법철학자(1748～1832).
[比利時] Pìlìshíh ㄅㄧˇㄌㄧˋㄕˊ〈地〉 벨기에.
[秘魯] Pìlŭ ㄅㄧˋㄌㄨˇ〈地〉 페루.
[冰島] Pīngtăo ㄅㄧㄥ ㄉㄠˇ〈地〉 아이슬란드.
[比沙文] Pĭshāwĕn ㄅㄧˇㄕㄚ ㄨㄣˊ 〈地〉 베에토오벤：도이칠란트의 작곡가(1770～1827). ＝貝多芬.
[畢達哥拉斯] Pìtákōlāssū ㄅㄧˋㄉㄚˊㄍㄜ ㄌㄚ ㄙ〈人〉 피타고라스：고대 그리이스의 철학자·수학자(B.C. 582～500 ?).
[彼得] Pĭtĕ ㄅㄧˇㄉㄜˊ 베드로：그리스도의 사도(使徒).
[彼得一世] Pĭtĕ Īshìh ㄅㄧˇㄉㄜˊㄧˊㄕˋ〈人〉 표트르 1세：러시아 황제(1672～1725).
[薄伽邱] Póchiāch'iū ㄅㄛˊㄐㄧㄚ ㄑㄧㄡ〈人〉 보카치오：이탈리아의 작가(1313～1375).
[波恩] Pōēn ㄅㄛ ㄣ〈地〉 본：서부 도이칠란트의 수도.
[伯恩施坦] Póēnshīt'ăn ㄅㄛˊㄣ ㄕ ㄊㄢˇ〈人〉 베른쉬타인：도이칠란트의 사회주의자(1850～1932).
[伯爾尼] Póĕrhní ㄅㄛˊㄦˇㄋㄧˊ〈地〉 베른：스위스의 수도.
[波士頓] Pōshihtùn ㄅㄛ ㄕˋㄉㄨㄣˋ〈地〉 보스턴.
[波斯] Pōssū ㄅㄛ ㄙ〈地〉 페르시아.
[柏格森] Pókósēn ㄅㄛˊㄍㄜˊㄙㄣ 〈人〉 베르그송：프랑스의 철학자(1859～1941).
[波哥大] Pōkōtà ㄅㄛ ㄍㄜ ㄉㄚˋ 〈地〉 보고타：콜롬비아의 수도.
[波蘭] Pōlán ㄅㄛ ㄌㄢˊ〈地〉 폴란드.
[勃朗寧槍] pólăngníngch'iāng ㄅㄛˊㄌㄤˇㄋㄧㄥˊㄑㄧㄤ〈名〉 브라우닝 총(銃).
[白蘭地] pólántì ㄅㄛˊㄌㄢˊㄉㄧˋ〈名〉 블랜디.
[孛勞寧] Póláoníng ㄅㄛˊㄌㄠˊㄋㄧㄥˊ〈人〉 브라우닝：영국의 시인(1812～1889).
[柏拉圖] Pólāt'ú ㄅㄛˊㄌㄚ ㄊㄨˊ〈人〉 플라톤：고대 그리이스의 철학자(427～347B.C.).
[柏林] Pólín ㄅㄛˊㄌㄧㄣˊ〈地〉 베를린：동독의 수도.
[玻里尼西亞] Pōlíníhsīyà ㄅㄛ ㄌㄧˇㄋㄧˊㄒㄧ ㄧㄚˋ〈地〉 폴리네시아.
[玻里維亞] Pōlìwéiyà ㄅㄛ ㄌㄧˇㄨㄟˊㄧㄚˋ〈地〉 볼리비아.
[波特萊爾] Pōt'èláiĕrh ㄅㄛ ㄊㄜˋㄌㄞˊㄦˇ〈人〉 보오들레르：프랑스의 시인(1821～1867).
[波多黎各] Pōtō-líkò ㄅㄛ ㄉㄨㄛ ㄌㄧˊㄍㄜˋ〈地〉 포르토리코(푸에르토·리코).
[布爾喬亞] pùĕrhch'iáoyà ㄅㄨˋㄦˇㄑㄧㄠˊㄧㄚˋ〈名〉 부르조아：유산 계급(有產階級).
[布爾塞維克] Pùĕrhsèwéik'ò ㄅㄨˋㄦˇㄙㄜˋㄨㄟˊㄎㄜˋ 볼셰비키：다수당의 뜻.
[布加勒斯特] Pùchiālèssūt'è ㄅㄨˋㄐㄧㄚ ㄌㄜˋㄙ ㄊㄜˋ〈地〉 부카레스트：루마니아의 수도.
[布宜諾斯艾利斯] Pùínòssūàilìssū ㄅㄨˋㄧˊㄋㄨㄛˋㄙ ㄞˋㄌㄧˋㄙ〈地〉 부에노스아이레스：아르헨티나의 수도.
[布拉格] Pùlākó ㄅㄨˋㄌㄚ ㄍㄜˊ〈地〉 프라하：체코슬로바키아의 수도.
[布魯塞爾] Pùlŭsèĕrh ㄅㄨˋㄌㄨˇㄙㄜˋㄦˇ〈地〉 브뤼셀：벨기에의 수도.
[布魯士] pùlŭshìh ㄅㄨˋㄌㄨˇㄕˋ〈名〉 블루우스：4분의 4박자의 구슬픈 무도곡(舞蹈曲).
[布達佩斯] Pùtáp'èissū ㄅㄨˋㄉㄚˊㄆㄟˋㄙ〈地〉 부다페스트：항가리의 수도.
[盤尼西林] p'ánníhsīlín ㄆㄢˊㄋㄧˊㄒㄧ ㄌㄧㄣˊ〈名〉 페니실린. ＝配尼西林.
[潘迪特夫人] P'āntít'è fūjén ㄆㄢ ㄉㄧˊㄊㄜˋ ㄈㄨ ㄖㄣˊ〈人〉 판디트 부인：인디아의 외교관.
[培根] P'éikēn ㄆㄟˊㄍㄣ〈人〉 베이컨：영국의 철학자(1561～1626).
[配尼西林] p'èiníhsīlín ㄆㄟˋㄋㄧˊㄒㄧ ㄌㄧㄣˊ ＝盤尼西林.
[啤酒] P'íchiŭ ㄆㄧˊㄐㄧㄡˇ〈名〉 맥주.
[乒乓球] p'īngp'āngch'iú ㄆㄧㄥ ㄆㄤ ㄑㄧㄡˊ〈名〉 핑퐁(탁구).
[普希金] P'ŭhsīchīn ㄆㄨˇㄒㄧ ㄐㄧㄣ 〈人〉 푸시킨：러시아의 시인·작가(1799～1837).
[普拉沙德] P'ŭlāshātĕ ㄆㄨˇㄌㄚ ㄕㄚ ㄉㄜˊ〈人〉프라사드：인디아의 정치가(1884～).
[普列哈諾夫] P'ŭlièhhānòfū ㄆㄨˇㄌㄧㄝˋㄏㄚ ㄋㄨㄛˋㄈㄨ〈人〉 플레하노프：소련의 사회주의자·마르크스주의 이론가(1856～1918). ＝普列漢諾夫.
[普羅列太林] p'ŭlólièht'àilín ㄆㄨˇㄌㄨㄛˊㄌㄧㄝˋㄊㄞˋㄌㄧㄣˊ〈名〉 프롤레타리아：무산자(無產者).
[葡萄牙] P'út'aoyá ㄆㄨˊㄊㄠ ㄧㄚˊ 〈地〉 포르투갈.
[蒲魯東] P'úlŭtūng ㄆㄨˊㄌㄨˇㄉㄨㄥ〈人〉 프루동：프랑스의 무정부주의자(1809～1865).

S

[薩爾] Sàĕrh ㄙㄚˋㄦˇ〈地〉 자아르：도이칠란트와 프랑스 사이의 지방.
[塞爾維亞] Sèĕrhwéiyà ㄙㄜˋㄦˇㄨㄟˊㄧㄚˋ〈地〉 세르비아：유고슬라비아의 남동 지

방.
[薩爾瓦多] Saěrhwǎtō ㄙㄚˋㄦˇㄨㄚˇㄉㄛ 〈地〉 살바도르.
[撒哈拉] Sāhālā ㄙㄚㄏㄚㄌㄚ 〈地〉 사하라 : 아프리카 북부의 대사막(大沙漠).
[薩哈連] Sàhāliến ㄙㄚˋㄏㄚㄌㄧㄢˊ 〈地〉 사할린.
[賽珍珠] Sài-Chēnchū ㄙㄞˋ ㄓㄣㄓㄨ 〈人〉펄벅:미국의 여류 작가(1892~1973).
[賽璐珞] sàilùlò ㄙㄞˋㄌㄨˋㄌㄨㄛˋ 〈名〉 셀룰로이드.
[賽門脫] sàimēnt'ō ㄙㄞˋㄇㄣˊㄊㄛ 〈名〉 시멘트.
[賽浦路斯] Sàip'ǔlùssū ㄙㄞˋㄆㄨˇㄌㄨˋㄙ 〈地〉 사이프러스 : 키프로스 섬.
[賽因斯] sàiyīnssū ㄙㄞˋㄧㄣㄙ 〈名〉 사이언스.
[薩拉森] Sàlāsēn ㄙㄚˋㄌㄚㄙㄣ 〈地〉 사라센 : 사라센 제국을 말함.
[撒馬爾汗] Sāmǎěrhhàn ㄙㄚㄇㄚˇㄦˇㄏㄢˋ 〈地〉 사마르칸드 : 소련의 남서부 우즈베크 공화국의 도시. ＝撒馬爾罕.
[薩摩亞] Sàmóyà ㄙㄚˋㄇㄛˊㄧㄚˋ 〈地〉 사모아 ; 사모아 섬(島)」
[撒丁] Sātīng ㄙㄚㄉㄧㄥ 〈地〉 사르디니아 섬(島).
[沙發] shāfā ㄕㄚㄈㄚ 〈名〉 소파.
[沙孚克累斯] Shāfúk'òlèissū ㄕㄚㄈㄨˊㄎㄜˋㄌㄟˋㄙ 〈人〉 소포클레스 : 그리이스의 비극 작가(496 ? ~406 B.C.),
[沙皇] shāhuáng ㄕㄚㄏㄨㄤˊ 〈名〉 짜아르 : 제정 러시아 황제의 칭호.
[沙龍] shālúng ㄕㄚㄌㄨㄥˊ 〈名〉 살롱.
[山格爾夫人] Shānkóěrh fūjēn ㄕㄢㄍㄜˊㄦˇ ㄈㄨㄖㄣˊ 〈人〉 생거 부인 : 미국의 산아 제한론자(1883~1966).
[山道年] shāntàonién ㄕㄢㄉㄠˋㄋㄧㄢˊ 〈名〉 산토닌.
[莎士比亞] Shāshìpǐyà ㄕㄚㄕˋㄅㄧˇㄧㄚˋ 〈人〉 셰익스피어 : 영국의 시인·극작가(1564~1616).
[沙特 阿拉伯] Shāt'ē-Alāpó ㄕㄚㄊㄜˋ ㄚㄌㄚㄅㄛˊ 〈地〉 사우디아라비아.
[沙地] Shātì ㄕㄚㄉㄧˋ 〈人〉 사드 : 프랑스의 작가(1740~1814).
[沙文主義] shāwēn chǔì ㄕㄚㄨㄣˊ ㄓㄨˇㄧˋ 〈名〉 쇼오비니슴. 「一者 ; 극단적인 애국주의자」
[聖海倫島] Shēng-Hǎilúntǎo ㄕㄥˋ ㄏㄞˇㄌㄨㄣˊㄉㄠˇ 〈地〉 세인트헬레나 섬(島).
[聖西門] Shēng-Hsīmēn ㄕㄥˋ ㄒㄧㄇㄣˊ 〈人〉 상시몽 : 프랑스의 공상적(空想的) 사회주의자(1766~1825).
[聖薩爾瓦多] Shēngsàěrhwǎtō ㄕㄥˋㄙㄚˋㄦˊㄨㄚˇㄉㄨㄛ 〈地〉 산살바도르 : 엘살바도르의 수도.
[聖地亞哥] Shēngtìyàkō ㄕㄥˋㄉㄧˋㄧㄚˋㄍㄜ 〈地〉 산티아고 : 칠레의 수도.
[聖約瑟] Shēng-Yüēhsē ㄕㄥˋ ㄩㄝㄙㄜˋ 〈地〉 상호세 : 코스타리카의 수도.
[士敏土] shìmǐnt'ǔ ㄕˋㄇㄧㄣˊㄊㄨˇ 〈名〉 시멘트.
[水門汀] ehuǐmēnt'īng ㄕㄨㄟˇㄇㄣˊㄊㄧㄥ 시멘트.
[叔本華] Shūpěnhuá ㄕㄨㄅㄣˇㄏㄨㄚˊ 〈人〉 쇼오펜하우에르 : 도이칠란트의 철학자(1788~1860).
[索緒耳] Sǒhsüěrh ㄙㄨㄛˇㄒㄩˋㄦˇ 〈人〉 소쉬르 : 스위스의 언어학자(1857~1913)
[索非亞] Sǒfēiyà ㄙㄨㄛˇㄈㄟㄧㄚˋ 〈地〉 소피아 : 불가리아의 수도.
[索福克儷] Sǒfúk'òlì ㄙㄨㄛˇㄈㄨˊㄎㄜˋㄌㄧˋ 〈人〉 소포클레스 : 고대 그리이스의 비극 작가(496?~406B.C.). ＝沙孚克累斯.
[所羅門] Sǒlómēn ㄙㄨㄛˇㄌㄨㄛˊㄇㄣˊ 솔로몬 : 이스라엘의 왕(971?~932?B.C.).
[瑣羅亞斯德] Sǒlóyàssūtē ㄙㄨㄛˇㄌㄨㄛˊㄧㄚˋㄙㄉㄜˊ 〈人〉 조로아스터 : 고대 페르시아의 예언자(660?~583?B.C.).
[索馬利蘭] Sómǎlìlán ㄙㄨㄛˊㄇㄚˇㄌㄧˋㄌㄢˊ 〈地〉 소말릴란드 : 아프리카 동부 해안 지방.
[斯芬克士] ssūfēnk'òshìh ㄙㄈㄣㄎㄜˋㄕˋ 〈名〉 스핑크스.
[斯堪的那維亞] Ssūkāntìnàwéiyà ㄙㄎㄢㄉㄧˋ ㄋㄚˋㄨㄟˊㄧㄚˋ 〈地〉 스칸디나비아.
[斯拉夫] Ssūlāfū ㄙㄌㄚㄈㄨ 〈名〉 슬라브 민족.
[斯密司] Ssūmìssū ㄙㄇㄧˋㄙ 〈人〉 아담 스미드 : 영국의 경제학자(1723~1790). ＝斯密亞當.
[斯巴達] Ssūpātá ㄙㄅㄚㄉㄚˊ 〈地〉 스파르타.
[斯賓諾莎] Ssūpīnnòshā ㄙㄅㄧㄣㄋㄨㄛˋㄕㄚ 〈人〉스피노자 : 네덜란드의 철학자(1632~1677).
[斯賓塞] Ssūpīnsē ㄙㄅㄧㄣㄙㄜˋ 〈人〉(하버어트)스펜서 : 영국의 철학자.
[斯匹次倍根] Ssūp'ǐtz'ǔpēikēn ㄙㄆㄧˇㄘˋㄅㄟˋㄍㄣ 〈地〉 스피츠베르겐 : 북극해에 가까운 군도(群島).
[斯塔哈諾夫(運動)] Ssūt'āhānòfū(yüntùng) ㄙㄊㄚˇㄏㄚㄋㄨㄛˋㄈㄨ(ㄩㄣ ㄉㄨㄥˋ) 〈名〉 스타하노프 운동 : 사회주의적 생산력 증대 운동).
[斯大林] Ssūtàlín ㄙㄉㄚˇㄌㄧㄣˊ 〈人〉 스탈린 : 소련의 정치가(1879~1953).＝斯塔林.
[斯大林格勒] Ssūtàlín kólē ㄙㄉㄚˇㄌㄧㄣˊㄍㄜˊㄌㄜ 〈地〉 스탈린그라드. ＝斯塔林格勒.
[斯坦因] Ssūt'ǎnyīn ㄙㄊㄢˇㄧㄣ 〈人〉(서어) 스타인 : 영국의 탐험가로 중국의 "敦煌"을 탐험한 고고학자(1862~1943).
[斯德 爾摩] Ssūtēkōěrhmó ㄙㄉㄜˊㄍㄜㄦˇㄇㄛˊ 〈地〉 스톡홀름 : 스웨덴의 수도.
[斯替文生] Ssūtìwēnshēng ㄙㄉㄧˋㄨㄣˊㄕㄥ 〈人〉 스티븐슨 : 영국의 시인·소설가(1850~1894).
[斯陀] Ssūt'ó ㄙㄊㄨㄛˊ 〈人〉 스토우 : 미국의 여류 작가·박애주의자.
[蘇加諾] Sūchiānò ㄙㄨㄐㄧㄚㄋㄨㄛˋ : 수카르노 : 인도네시아의 정치가(1901~1970).
[蘇彝士] Sūíshìh ㄙㄨㄧˊㄕˋ 〈地〉 수에즈 : 「~運河 ; 수에즈 운하」＝蘇伊士.

즈 : 「~運河 ; 수에즈 운하」 =蘇伊士.
[蘇非亞] Sūfēiyà ㄙㄨㄈㄟˇㄧㄚˋ 〈地〉 소피아 : 불가리아의 수도.
[蘇格蘭] Sūkólán ㄙㄨㄍㄜˊㄌㄢˊ 〈地〉 스코틀란드.
[蘇格拉底] Sūkólātǐ ㄙㄨㄍㄜˊㄌㄚㄉㄧˇ 〈人〉 소크라테스 : 고대 그리이스의 철학자(469~399 B.C.).
[蘇門答臘] Sūméntálà ㄙㄨㄇㄣˊㄉㄚˊㄌㄚˋ 〈地〉 수마트라.
[松巴]Sūngpā ㄙㄨㄥㄅㄚ 〈地〉 산바 섬(島).
[蘇打] sutǎ ㄙㄨㄉㄚˇ 〈名〉 소오다.
[蘇維埃] sūwéiāi ㄙㄨㄨㄟˊㄞ 〈名〉 소비에트.

T

[大仲馬] Tà-Chūngmǎ ㄉㄚˋㄓㄨㄥㄇㄚˇ 〈人〉 대(大) 뒤마 : 프랑스의 소설가. 소(小) 뒤마의 아버지(1802~1870).
[達爾文] Táěrhwěn ㄉㄚˊㄦˇㄨㄣˊ 〈人〉 다아윈 : 영국의 박물학자(1807~1882).
[戴高樂] Tàikāolè ㄉㄞˋㄍㄠㄌㄜˋ 〈人〉 드골 : 프랑스의 정치가·군인 출신(1890~1970).
[大馬士革] Tàmǎshihkó ㄉㄚˊㄇㄚˇㄕˋㄍㄜˊ 〈地〉 다마스커스 : 시리아의 수도.
[丹麥] Tānmài ㄉㄢㄇㄞˋ 〈地〉 덴마아크.
[丹等] Tāntěng ㄉㄢㄉㄥˇ =但丁.
[但丁] Tàntīng ㄉㄢˋㄉㄧㄥ 〈人〉 단테 : 이탈리아의 시인(1265~1321) =丹等.
[塔什干] T'ǎshíhkān ㄊㄚˇㄕˊㄍㄢ 〈地〉 타시켄트: 소련 우즈베크공화국의 수도.
[德黑蘭] Tēheilán ㄉㄜˊㄏㄟㄌㄢˊ 〈地〉 테헤란 : 이란의 수도.
[德意志] Tēìchih ㄉㄜˊㄧˋㄓˋ 〈地〉 도이칠란트.
[德克薩斯] Tēk'òsàssū ㄉㄜˊㄎㄜˋㄙㄚˋㄙ 〈地〉 텍사스 : 아메리카의 주(州)의 하나.
[德謨克利得] Těmók'òlìt'è ㄉㄜˊㄇㄛˊㄎㄜˋㄌㄧˋㄊㄜˋ 〈人〉 데모크리토스 : 고대 그리이스의 철학자 (460?~370? B.C.).
[迭更斯] Tiéhkēngssū ㄉㄧㄝˊㄍㄥㄙ〈人〉 디킨즈 : 영국의 소설가(1812~1870).
[狄孚] Tífú ㄉㄧˊㄈㄨˊ 〈人〉 디포우 : 영국의 소설가(1660~1731).
[笛卡兒] Tík'ǎěrh ㄉㄧˊㄎㄚˇㄦˊ 〈人〉 데카르트 : 프랑스의 철학자·수학자(1596~1650).
[地拉那] Tìlānà ㄉㄧˋㄌㄚㄋㄚˋ 〈地〉 티라나 : 알바니아의 수도.
[的黎波里] Tìlípōlǐ ㄉㄧˋㄌㄧˊㄅㄛㄌㄧˇ 〈地〉 트리폴리 : 리비아의 수도.
[底特律] Tit'èlù ㄉㄧˇㄊㄜˋㄌㄨˋ 〈地〉 디트로이트
[多米尼加] Tōmínichiā ㄉㄨㄛㄇㄧˇㄋㄧˊㄐㄧㄚ 〈地〉 도미니카.
[杜爾閣] Tùěrhkó ㄉㄨˋㄦˇㄍㄜˊ 〈人〉 튀르고 : 프랑스의 경제학자·정치가(1727~1781).
[杜林] Tùlín ㄉㄨˋㄌㄧㄣˊ 〈人〉 듀우링 : 도이칠란트의 철학자·경제학자(1833~1921).
[都伯林] Tūpólín ㄉㄨㄅㄛˊㄌㄧㄣˊ 〈地〉 더블린 : 아이레의 수도.
[杜斯退益夫斯基] Tùssŭt'uìifūssūchī ㄉㄨˋㄙㄊㄨㄟˋㄧˋㄈㄨㄙㄐㄧ 〈人〉 도스토예프스키 : 러시아의 소설가(1821~1881).
[杜松子酒] tùsūngtzǔchiǔ ㄉㄨˋㄙㄨㄥㄗˇㄐㄧㄡˇ 〈名〉 진 : 술의 한 가지.
[杜威] Tùwēi ㄉㄨˋㄨㄟ 〈人〉 듀우이 : 미국의 교육학자(1859~1952)
[泰戈爾] T'àikōěrh ㄊㄞˋㄍㄜㄦˇ 〈人〉 타고르 : 인도의 시인(1861~1941).
[泰國] T'àikuó ㄊㄞˋㄍㄨㄛˊ 〈地〉 타이 : 태국. =暹羅.
[泰晤士報] T'àiwùshìhpào ㄊㄞˋㄨˋㄕˋㄅㄠˋ 〈名〉 타임즈지(紙).
[檀香山] T'ánhsiāngshān ㄊㄢˊㄒㄧㄤㄕㄢ 〈地〉 하와이.
[坦噶尼喀] T'ǎngkānik'ā ㄊㄤˇㄍㄚㄋㄧˊㄎㄚ 〈地〉 탕가니카.
[坦克車] t'ǎnk'òch'ē ㄊㄢˇㄎㄜˋㄔㄜ 〈名〉 탱크. 전차.
[探戈舞] t'ànkōwǔ ㄊㄢˋㄍㄜㄨˇ 〈名〉 탱고 : 무도곡.
[塔斯] T'ǎssū ㄊㄚˇㄙ 〈名〉 타스 : 소련 정부에 속하는 국제 통신사.
[特古西加爾巴] T'èkǔhsichiāěrhpā ㄊㄜˋㄍㄨˇㄒㄧㄐㄧㄚㄦˇㄅㄚ 〈地〉 테구시갈파 : 온두라스의 수도.
[鐵托] t'iěht'ō ㄉㄧㄝˇㄊㄨㄛ 〈人〉 티토 : 유고슬라비아의 정치가.
[托爾斯泰] T'ōěrhssūt'ài ㄊㄨㄛㄦˇㄙㄊㄞˋ 〈人〉 톨스토이 : 러시아의 소설가·사상가(1828~1910).
[托拉機] t'ōlāchī ㄊㄨㄛㄌㄚㄐㄧ 〈名〉 트랙터.
[佐拉] Tsǒlā ㄗㄨㄛˇㄌㄚ 〈人〉 졸라 : 프랑스의 소설가(1840~1902).
[托洛斯基主義] T'ōlòssūchī chǔi ㄊㄨㄛㄌㄨㄛˋㄙㄐㄧㄓㄨˇㄧˋ 〈名〉 트로츠키주의(主義).
[托馬斯 曼] T'ōmǎssū-Màn ㄊㄨㄛㄇㄚˇㄙ ㄇㄢˋ 〈人〉 토마스 만 : 도이칠란트의 소설가(1875~1955).
[突尼斯] T'ūnissū ㄊㄨㄋㄧˊㄙ 〈地〉 튜우니스 : 튜니지아의 수도.
[土耳其] T'ǔěrhch'í ㄊㄨˇㄦˇㄑㄧˊ 〈地〉 터어키.

W

[萬象] Wànhsiàng ㄨㄢˋㄒㄧㄤˋ 〈地〉 비엔트얀 : 라오스의 수도.
[萬隆] Wànlúng ㄨㄢˋㄌㄨㄥˊ 〈地〉 반둥 : 인도네시아의 자바 섬의 도시.
[瓦薩] Wǎsà ㄨㄚˇㄙㄚˋ 〈地〉 와르소 : 폴란드의 수도. 바르샤와.
[瓦時] wǎshíh ㄨㄚˇㄕˊ 〈名〉 와트시(時) : whr.
[瓦斯] wǎssū ㄨㄚˇㄙ 〈名〉 가스.
[威爾斯] Wēiěrhssū ㄨㄟㄦˇㄙ : 영국의 역사가·문명 비평가(1866~1946).
[威廉忒爾] Wēilién-T'èěrh ㄨㄟㄌㄧㄢˊ ㄊㄜˋㄦˇ 〈人〉 윌리엄 텔 : 도이칠란트의 작가 쉴러의 작품명.
[委內瑞拉] Wěinèiruìlā ㄨㄟˇㄋㄟˋㄖㄨㄟˋㄌㄚ 〈地〉 베네스웰라.

[威尼斯] Wēinissū ㄨㄟ ㄋㄧ ˊㄙ 〈地〉 베니스.
[威士忌酒] wēishìhchìchiǔ ㄨㄟㄕˋㄐㄧˋ ㄐㄧㄡˇ 〈名〉 위스키.
[威士忌蘇打水] wēishìhchìsūtáshuǐ ㄨㄟ ㄟㄕˋㄐㄧˋㄙㄨㄉㄚˊㄕㄨㄟˇ 〈名〉 하이보올.
[威斯特敏斯特寺] Wēissūt'ēminssūt'èssū ㄨㄟㄙㄊㄜˋㄇㄧㄣˇㄙㄊㄜˋㄙˋ〈名〉 웨스트민스터 사원(寺院)
[維他命] wéit'āmìng ㄨㄟˊㄊㄚㄇㄧㄥˋ 〈名〉 비타민.
[危地馬拉] Wēitìmǎlā ㄨㄟㄉㄧˋㄇㄚˇㄌㄚ 〈地〉 과테말라.
[維多利亞] Wéitōlìyà ㄨㄟˊㄉㄨㄛㄌㄧˋㄧㄚˋ 〈人〉 빅토리아 : 영국 최성기(最盛期)의 여왕(1819～1901).
[維也納] Wéiyěhnà ㄨㄟˊㄧㄝˇㄋㄚˋ 〈地〉 비인.
[渥太華] Wòt'àihuá ㄨㄛˋㄊㄞˋㄏㄨㄚˊ 〈地〉 오타와 : 캐나다의 수도.
[烏干達] Wūkāntá ㄨㄍㄢㄉㄚˊ 〈地〉 우간다.
[烏克蘭] Wūkòlán ㄨㄍㄜˋㄌㄢˊ 〈地〉 우크라이나.
[烏拉爾] Wūlāěrh ㄨㄌㄚㄦˇ 〈地〉 우랄.
[烏拉圭] Wūlākuei ㄨㄌㄚㄍㄨㄟ 〈地〉 우루과이.
[烏蘭巴托] Wūlánpāt'ō ㄨㄌㄢˊㄅㄚㄊㄨㄛ 〈地〉 우란바토르 : 몽고 인민 공화국의 수도.
[吳努] Wú Nǔ ㄨˊ ㄋㄨˇ 〈人〉 우 누 : 버어마의 정치가(1907～).
[烏托邦] Wūt'ōpāng ㄨㄊㄨㄛㄅㄤ 〈名〉 유토피아 : 공상적(空想的) 사회체제.

Y

[雅加達] Yǎchiātá ㄧㄚˇㄐㄧㄚㄉㄚˊ 〈地〉 자카르타 : 인도네시아의 수도.
[雅庫次克] Yǎk'ùtz'ùk'ò ㄧㄚˇㄎㄨˋㄘˋㄎㄜˋ 〈地〉 야쿠츠크.
[亞州] Yàchōu ㄧㄚˋㄓㄡ 〈地〉 아시아주(洲).
[亞爾薩斯洛林] Yàěrhsàssūlòlín ㄧㄚˋㄦˇㄙㄚˋㄙㄌㄨㄛˋㄌㄧㄣˊ 〈地〉 알사스로오렌.
[亞佛加德羅] Yàfóchiātélō ㄧㄚˋㄈㄛˊㄐㄧㄚㄉㄜˊㄌㄨㄛˊ ＝愛服蓋獨.
[亞歷山大] Yàlìshāntà ㄧㄚˋㄌㄧˋㄕㄢㄉㄚˋ 〈人〉 알렉산더 : 마케도니아의 왕(356～ 323 B.C.).
[亞里士多德] Yàlǐshìhtōté ㄧㄚˋㄌㄧˇㄕˋㄉㄨㄛㄉㄜˊ 〈人〉 아리스토텔레스 : 고대 그리이스의 철학자(384～322 B.C.)
[亞倫　坡] Yàlún-Pō ㄧㄚˋㄌㄨㄣˊ ㄆㄛ 〈人〉 (에드가알란)포우 : 미국의 작가 · 시인(1809～1849).
[亞美尼亞] Yàměníyà ㄧㄚˋㄇㄟˇㄋㄧˊㄧㄚˋ 〈地〉 아르미니아.
[仰光] Yǎngkuāng ㄧㄤˇㄍㄨㄤ 〈地〉 랑구운 : 버어마의 수도
[亞伯拉罕] Yàpólāhǎn ㄧㄚˋㄅㄛˊㄌㄚㄏㄢˇ 〈人〉 아브라함 : 이스라엘 민족의 개조(開祖).
[亞斯匹靈] yàssūp'ìlíng ㄧㄚˋㄙㄆㄧˇㄌㄧㄥˊ 〈名〉 아스피린.
[亞松森] Yàsūngsēn ㄧㄚˋㄙㄨㄥㄙㄣ 〈地〉 아순숀 : 파라과이의 수도
[亞丹　斯密] Yàtān-Ssūmì ㄧㄚˋㄉㄢ ㄙㄇㄧˋ 〈人〉 (아담)스미드 : 영국의 경제학자(1723～1790).
[亞當] Yàtāng ㄧㄚˋㄉㄤ 〈人〉 아담 : 신이 최초로 만든 남자.
[雅典] Yǎtiěn ㄧㄚˇㄉㄧㄢˇ 〈地〉 아테네.
[亞的斯亞貝巴] Yàtìssūyàpèipā ㄧㄚˋㄉㄧˋㄙㄧㄚˋㄅㄟˋㄅㄚ 〈地〉 아디스아바바 : 이디오피아의 수도.
[耶路撒冷] Yēhlùsālěng ㄧㄝㄌㄨˋㄙㄚㄌㄥˇ 〈地〉 예루살렘.
[也門] Yěhmén ㄧㄝˇㄇㄣˊ 〈地〉 예멘.
[耶斯拍遜] Yēhssūp'àihsūn ㄧㄝㄙㄆㄞˋㄒㄩㄣˋ 〈人〉 예스페르슨 : 덴마아크의 언어학자(1860～1943).
[耶蘇] Yēhsū ㄧㄝㄙㄨ 예수그리스도. ＝基督.
[印尼] Yìnní ㄧㄣˋㄋㄧˊ ＝印度尼西亞.
[印度尼西亞] Yìntùníhsīyà ㄧㄣˋㄉㄨˋㄋㄧˊㄒㄧㄧㄚˋ 〈地〉 인도네시아.＝印尼.
[幽默] yōumò ㄧㄡㄇㄛˋ 〈名〉 유우머.
[瑜伽] yúchiā ㄩˊㄐㄧㄚ 〈名〉 유가 : 인도 6파 철학의 하나. 또는 그 일파의 수행법(修行法)
[約旦] Yüēhtàn ㄩㄝㄉㄢˋ 〈地〉 요르단.
[約翰] Yüēhhàn ㄩㄝㄏㄢˋ 〈人〉 요한 : 그리스도의 사도(使徒).
[雨果] Yǔkuǒ ㄩˇㄍㄨㄛˇ 〈人〉 (빅톨)위고 : 프랑스의 시인 · 작가(1802～1885).
[由里披底斯] Yúlǐp'ìtǐssū ㄧㄡˊㄌㄧˇㄆㄧㄉㄧˇㄙ 〈人〉 유리피데스 : 고대 그리이스의 비극 작가(‥5?～ 406?B.C.).

화학원소명(化學元素名)

原子 NO.	中國語名			記號 및 韓國語名	
1	氫	ch‘īng	ㄑㄧㄥ	H	수소(水素)
2	氦	hài	ㄏㄞˋ	He	헬륨(helium)
3	鋰	lǐ	ㄌㄧˇ	Li	리튬(lithium)
4	鈹	p‘í	ㄆㄧˊ	Be	베릴륨(beryllium)
5	硼	p‘ěng	ㄆㄥˊ	B	붕소(硼素)
6	碳	t‘àn	ㄊㄢˋ	C	탄소(炭素)
7	氮	tàn	ㄉㄢˋ	N	질소(窒素)
8	氧	yǎng	ㄧㄤˇ	O	산소(酸素)
9	氟	fú	ㄈㄨˊ	F	불소(弗素)
10	氖	nǎi	ㄋㄞˇ	Ne	네온(neon)
11	鈉	nà	ㄋㄚˋ	Na	나트륨(natrium)
12	鎂	měi	ㄇㄟˇ	Mg	마그네슘(magnesium)
13	鋁	lǚ	ㄌㄩˇ	Al	알루미늄(aluminum)
14	硅 矽	kueī hsì	ㄍㄨㄟ ㄒㄧˋ	Si	규소(珪素)
15	磷	lín	ㄌㄧㄣˊ	P	인(燐)
16	硫	liú	ㄌㄧㄡˊ	S	유황(硫黃)
17	氯	lǜ	ㄌㄩˋ	Cl	염 소(鹽素)
18	氬	yà	ㄧㄚˋ	A	아르곤(argon)
19	鉀	chiǎ	ㄐㄧㄚˇ	K	칼륨(kalium)
20	鈣	kài	ㄍㄞˋ	Ca	칼슘(calcium)
21	鈧	k‘àng	ㄎㄤˋ	Sc	스칸듐(scandium)
22	鈦	t‘ài	ㄊㄞˋ	Ti	티타늄(titanium)
23	釩	fán	ㄈㄢˊ	V	바나듐(vanadium)
24	鉻	kò	ㄍㄜˋ	Cr	크로뮴(chromium)
25	錳	měng	ㄇㄥˇ	Mn	망간(manganese)
26	铁	t‘iěh	ㄊㄧㄝˇ	Fe	철(鐵)
27	鈷	kǔ	ㄍㄨˇ	Co	코발트(cobalt)
28	鎳	nièh	ㄋㄧㄝˋ	Ni	니켈(nickel)
29	銅	t‘úng	ㄊㄨㄥˊ	Cu	구리(銅)
30	鋅	hsīn	ㄒㄧㄣ	Zn	아연(亞鉛)
31	鎵	chiā	ㄐㄧㄚ	Ga	갈륨(gallium)
32	鍺	chě	ㄓㄜˇ	Ge	게르마늄(germanium)
33	砷	shēn	ㄕㄣ	As	비소(砒素)
34	硒	hsī	ㄒㄧ	Se	셀레늄(selenium)
35	溴	hsiù	ㄒㄧㄡˋ	Br	브롬(bromine)

36	氪	k'ò	ㄎㄜˋ	Kr	크립톤(krypton)
37	銣	jú	ㄖㄨˊ	Rb	루비듐(rubidium)
38	鍶	ssū	ㄙ	Sr	스트론튬(strontium)
39	釔	ǐ	ㄧˇ	Y	이트륨(yttrium)
40	鋯	kào	ㄍㄠˋ	Zr	지르코늄(zirconium)
41	鈮	ní	ㄋㄧˊ	Nb	니오븀(niobium)
42	鉬	mù	ㄇㄨˋ	Mo	몰리브덴(molybdän)
43	鍀	tế	ㄉㄜˊ	Tc	테크네튬(technetium)
44	釕	liǎo	ㄌㄧㄠˇ	Ru	루테늄(ruthenium)
45	銠	lǎo	ㄌㄠˇ	Rh	로오듐(rhodium)
46	鈀	pǎ	ㄅㄚˇ	Pd	팔라듐(palladium)
47	銀	yín	ㄧㄣˊ	Ag	은(銀)
48	鎘	kő	ㄍㄜˊ	Cd	카드뮴(cadmium)
49	銦	yīn	ㄧㄣ	In	인듐(indium)
50	錫	hsí	ㄒㄧˊ	Sn	주석(朱錫)
51	銻	t'ī	ㄊㄧ	Sb	안티몬(antimon)
52	碲	tì	ㄉㄧˋ	Te	텔루륨(tellurium)
53	碘	tiěn	ㄉㄧㄢˇ	I	요오드(iodine)
54	氙	hsiēn	ㄒㄧㄢ	Xe	크세논(xenon)
55	銫	sề	ㄙㄜˋ	Cs	세슘(cesium)
56	鋇	pèi	ㄅㄟˋ	Ba	바륨(barium)
57	鑭	lán	ㄌㄢˊ	La	란타늄(lanthanum)
58	鈰	shìh	ㄕˋ	Ce	세륨(cerium)
59	鐠	p'ǔ	ㄆㄨˇ	Pr	프라세오디뮴(praseody-mium)
60	釹	nǚ	ㄋㄩˇ	Nd	네오디뮴(neodymium)
61	鉕	p'ǒ	ㄆㄛˇ	Pm	프로메튬(promethium)
62	釤	shān	ㄕㄢ	Sm	사마륨(samarium)
63	銪	yǔ	ㄧㄡˇ	Eu	유우로퓸(europium)
64	釓	ká	ㄍㄚˊ	Gd	가돌리늄(gadolinium)
65	鋱	t'ề	ㄊㄜˋ	Tb	테르븀(terbium)
66	鏑	tī	ㄉㄧ	Dy	디스프로슘(dysprosium)
67	鈥	huǒ	ㄏㄨㄛˇ	Ho	홀뮴(holmium)
68	鉺	ěrh	ㄦˇ	Er	에르븀(erbium)
69	銩	tiū	ㄉㄧㄡ	Tm	툴륨(thulium)
70	鐿	ì	ㄧˋ	Yb	이테르븀(ytterbium)
71	鑥	lǔ	ㄧㄌㄨˇ	Lu	루테튬(lutetium)
72	鉿	hā	ㄏㄚ	Hf	하아프늄(hafnium)
73	鉭	t'ǎn	ㄊㄢˇ	Ta	탄탈룸(tantalum)
74	鎢	wū	ㄨ	W	텅스텐(tungsten)
75	錸	lái	ㄌㄞˊ	Re	레늄(rhenum)
76	鋨	ế	ㄜˊ	Os	오스뮴(osmium)
77	銥	ī	ㄧ	Ir	이리듐(iridium)

78	鉑	pó	ㄅㄛˊ	Pt	백금(白金)
79	金	chīn	ㄐㄧㄣ	Au	금(金)
80	汞	kǔng	ㄍㄨㄥˇ	Hg	수은(水銀)
81	鉈	t'ā	ㄊㄚ	Tl	탈륨(thallium)
82	鉛	ch'iēn	ㄑㄧㄢ	Pb	납(鉛)
83	鉍	pì	ㄅㄧˋ	Bi	비즈머드(bismuth)
84	釙	p'ō	ㄆㄛ	Po	폴로늄(polonium)
85	砹	ài	ㄞˋ	At	아스타틴(astatine)
86	氡	tūng	ㄉㄨㄥ	Rn	라돈(radon)
87	鈁	fāng	ㄈㄤ	Fr	프란슘(francium)
88	鐳	léi	ㄌㄟˊ	Ra	라듐(radium)
89	錒	a	ㄚ	Ac	악티늄(actinium)
90	釷	t'ǔ	ㄊㄨˇ	Th	토륨(thorium) 「nium)
91	鏷	p'ú	ㄆㄨˊ	Pa	프로토악티늄(protocti-
92	鈾	yú	ㄧㄡˊ	U	우라늄(uranium)
93	鎿	ná	ㄋㄚˊ	Np	넵투늄(neptunium)
94	鈈	pù	ㄅㄨˋ	Pu	플루토늄(plutonium)
95	鋂	méi	ㄇㄟˊ	Am	아메리슘(americium)
96	鋦	chú	ㄐㄩˊ	Cm	큐륨(curium)
97	錇	p'éi	ㄆㄟˊ	Bk	베르켈륨(berkelium)
98	鐦	k'āi	ㄎㄞ	Cf	칼리포르늄(californium)
99	鑀	ai	ㄞ	E	아인쉬타이늄(einsteinium)
100	鐨	fèi	ㄈㄟˋ	Fm	페르뮴(fermium)
101	鍆	mén	ㄇㄣˊ	Mv	멘델레븀(mendelevium)
102	鍩	jò	ㄖㄨㄛˋ	No	노오벨륨(nobelium)

발음표기법 대조표(發音表記法對照表)

漢語拼音字母	注音字母	웨이드式 로마字	漢語拼音字母	注音字母	웨이드式 로마字
a	ㄚ	a	chen	ㄔㄣ	ch'ên
ai	ㄞ	ai	cheng	ㄔㄥ	ch'êng
an	ㄢ	an	chi	ㄔ	ch'ih
ang	ㄤ	ang	chong	ㄔㄨㄥ	ch'ung
ao	ㄠ	ao	chou	ㄔㄡ	ch'ou
ba	ㄅㄚ	pa	chu	ㄔㄨ	ch'u
bai	ㄅㄞ	pai	chua	ㄔㄨㄚ	ch'ua
ban	ㄅㄢ	pan	chuai	ㄔㄨㄞ	ch'uai
bang	ㄅㄤ	pang	chuan	ㄔㄨㄢ	ch'uan
bao	ㄅㄠ	pao	chuang	ㄔㄨㄤ	ch'uang
bei	ㄅㄟ	pei	chui	ㄔㄨㄟ	ch'ui
ben	ㄅㄣ	pên	chun	ㄔㄨㄣ	ch'un
beng	ㄅㄥ	pêng	chuo	ㄔㄨㄛ	ch'o
bi	ㄅㄧ	pi	ci	ㄘ	tz'ŭ
bian	ㄅㄧㄢ	pien	cong	ㄘㄨㄥ	ts'ung
biao	ㄅㄧㄠ	piao	cou	ㄘㄡ	ts'ou
bie	ㄅㄧㄝ	pieh	cu	ㄘㄨ	ts'u
bin	ㄅㄧㄣ	pin	cuan	ㄘㄨㄢ	ts'uan
bing	ㄅㄧㄥ	ping	cui	ㄘㄨㄟ	ts'ui
bo	ㄅㄛ	po	cun	ㄘㄨㄣ	ts'un
bu	ㄅㄨ	pu	cuo	ㄘㄨㄛ	ts'o
ca	ㄘㄚ	ts'a	da	ㄉㄚ	ta
cai	ㄘㄞ	ts'ai	dai	ㄉㄞ	tai
can	ㄘㄢ	ts'an	dan	ㄉㄢ	tan
cang	ㄘㄤ	ts'ang	dang	ㄉㄤ	tang
cao	ㄘㄠ	ts'ao	dao	ㄉㄠ	tao
ce	ㄘㄜ	ts'ê	de	ㄉㄜ	tê
cen	ㄘㄣ	ts'ên	dei	ㄉㄟ	tei
ceng	ㄘㄥ	ts'êng	den	ㄉㄣ	tên
cha	ㄔㄚ	ch'a	deng	ㄉㄥ	têng
chai	ㄔㄞ	ch'ai	di	ㄉㄧ	ti
chan	ㄔㄢ	ch'an	dian	ㄉㄧㄢ	tien
chang	ㄔㄤ	ch'ang	diao	ㄉㄧㄠ	tiao
chao	ㄔㄠ	ch'ao	die	ㄉㄧㄝ	tieh
che	ㄔㄜ	ch'ê	ding	ㄉㄧㄥ	ting

漢語拼音字母	注音字母	웨이드式 로마字	漢語拼音字母	注音字母	웨이드式 로마字
diu	ㄉㄧㄡ	tiu	guo	ㄍㄨㄛ	kuo
dong	ㄉㄨㄥ	tung	ha	ㄏㄚ	ha
dou	ㄉㄡ	tou	hai	ㄏㄞ	hai
du	ㄉㄨ	tu	han	ㄏㄢ	han
duan	ㄉㄨㄢ	tuan	hang	ㄏㄤ	hang
dui	ㄉㄨㄟ	tui	hao	ㄏㄠ	hao
dun	ㄉㄨㄣ	tun	he	ㄏㄜ	ho
duo	ㄉㄨㄛ	to	hei	ㄏㄟ	hei
e	ㄜ	ê	hen	ㄏㄣ	hên
ê	ㄝ	eh	heng	ㄏㄥ	hêng
ei	ㄟ	ei	hong	ㄏㄨㄥ	hung
en	ㄣ	ên	hou	ㄏㄡ	hou
eng	ㄥ	êng	hu	ㄏㄨ	hu
er	ㄦ	êrh	hua	ㄏㄨㄚ	hua
fa	ㄈㄚ	fa	huai	ㄏㄨㄞ	huai
fan	ㄈㄢ	fan	huan	ㄏㄨㄢ	huan
fang	ㄈㄤ	fang	huang	ㄏㄨㄤ	huang
fei	ㄈㄟ	fei	hui	ㄏㄨㄟ	hui
fen	ㄈㄣ	fên	hun	ㄏㄨㄣ	hun
feng	ㄈㄥ	fêng	huo	ㄏㄨㄛ	huo
fo	ㄈㄛ	fo	ji	ㄐㄧ	chi
fou	ㄈㄡ	fou	jia	ㄐㄧㄚ	chia
fu	ㄈㄨ	fu	jian	ㄐㄧㄢ	chien
ga	ㄍㄚ	ka	jiang	ㄐㄧㄤ	chiang
gai	ㄍㄞ	kai	jiao	ㄐㄧㄠ	chiao
gan	ㄍㄢ	kan	jie	ㄐㄧㄝ	chieh
gang	ㄍㄤ	kang	jin	ㄐㄧㄣ	chin
gao	ㄍㄠ	kao	jing	ㄐㄧㄥ	ching
ge	ㄍㄜ	ko	jiong	ㄐㄩㄥ	chiung
gei	ㄍㄟ	kei	jiu	ㄐㄧㄡ	chiu
gen	ㄍㄣ	kên	ju	ㄐㄩ	chü
geng	ㄍㄥ	kêng	juan	ㄐㄩㄢ	chüan
gong	ㄍㄨㄥ	kung	jue	ㄐㄩㄝ	chüeh
gou	ㄍㄡ	kou	jun	ㄐㄩㄣ	chün
gu	ㄍㄨ	ku	ka	ㄎㄚ	k'a
gua	ㄍㄨㄚ	kua	kai	ㄎㄞ	k'ai
guai	ㄍㄨㄞ	kuai	kan	ㄎㄢ	k'an
guan	ㄍㄨㄢ	kuan	kang	ㄎㄤ	k'ang
guang	ㄍㄨㄤ	kuang	kao	ㄎㄠ	k'ao
gui	ㄍㄨㄟ	kuei	ke	ㄎㄜ	k'o
gun	ㄍㄨㄣ	kun	ken	ㄎㄣ	k'ên

漢語拼音字母	注音字母	웨이드式 로마字	漢語拼音字母	注音字母	웨이드式 로마字
keng	ㄎㄥ	k'êng	mai	ㄇㄞ	mai
kong	ㄎㄨㄥ	k'ung	man	ㄇㄢ	man
kou	ㄎㄡ	k'ou	mang	ㄇㄤ	mang
ku	ㄎㄨ	k'u	mao	ㄇㄠ	mao
kua	ㄎㄨㄚ	k'ua	me	ㄇㄜ	mê
kuai	ㄎㄨㄞ	k'uai	mei	ㄇㄟ	mei
kuan	ㄎㄨㄢ	k'uan	men	ㄇㄣ	mên
kuang	ㄎㄨㄤ	k'uang	meng	ㄇㄥ	mêng
kui	ㄎㄨㄟ	kuei	mi	ㄇㄧ	mi
kun	ㄎㄨㄣ	k'un	mian	ㄇㄧㄢ	mien
kuo	ㄎㄨㄛ	k'uo	miao	ㄇㄧㄠ	miao
la	ㄌㄚ	la	mie	ㄇㄧㄝ	mieh
lai	ㄌㄞ	lai	min	ㄇㄧㄣ	min
lan	ㄌㄢ	lan	ming	ㄇㄧㄥ	ming
lang	ㄌㄤ	lang	miu	ㄇㄧㄡ	miu
lao	ㄌㄠ	lao	mo	ㄇㄛ	mo
le	ㄌㄜ	lê	mou	ㄇㄡ	mou
lei	ㄌㄟ	lei	mu	ㄇㄨ	mu
leng	ㄌㄥ	lêng	n	ㄋ	n
li	ㄌㄧ	li	na	ㄋㄚ	na
lia	ㄌㄧㄚ	lia	nai	ㄋㄞ	nai
lian	ㄌㄧㄢ	lien	nan	ㄋㄢ	nan
liang	ㄌㄧㄤ	liang	nang	ㄋㄤ	nang
liao	ㄌㄧㄠ	liao	nao	ㄋㄠ	nao
lie	ㄌㄧㄝ	lieh	ne	ㄋㄜ	nê
lin	ㄌㄧㄣ	lin	nei	ㄋㄟ	nei
ling	ㄌㄧㄥ	ling	nen	ㄋㄣ	nên
liu	ㄌㄧㄡ	liu	neng	ㄋㄥ	nêng
lo	ㄌㄛ	lo	ng	ㄫ	ng
long	ㄌㄨㄥ	lung	ni	ㄋㄧ	ni
lou	ㄌㄡ	lou	nia	ㄋㄧㄚ	nia
lu	ㄌㄨ	lu	nian	ㄋㄧㄢ	nien
luan	ㄌㄨㄢ	luan	niang	ㄋㄧㄤ	niang
lun	ㄌㄨㄣ	lun	niao	ㄋㄧㄠ	niao
luo	ㄌㄨㄛ	lo	nie	ㄋㄧㄝ	nieh
lü	ㄌㄩ	lü	nin	ㄋㄧㄣ	nin
lüan	ㄌㄩㄢ	lüan	ning	ㄋㄧㄥ	ning
lüe	ㄌㄩㄝ	lüeh	niu	ㄋㄧㄡ	niu
lün	ㄌㄩㄣ	lün	nong	ㄋㄨㄥ	nung
m	ㄇ	m	nou	ㄋㄡ	nou
ma	ㄇㄚ	ma	nu	ㄋㄨ	nu

漢語拼音字母	注音字母	웨이드式 로마字	漢語拼音字母	注音字母	웨이드式 로마字
nuan	ㄋㄨㄢ	nuan	re	ㄖㄜ	jê
nun	ㄋㄨㄣ	nun	ren	ㄖㄣ	jên
nuo	ㄋㄨㄛ	no	reng	ㄖㄥ	jêng
nü	ㄋㄩ	nü	ri	ㄖ	jih
nüe	ㄋㄩㄝ	nüeh	rong	ㄖㄨㄥ	jung
o	ㄛ	o	rou	ㄖㄡ	jou
ou	ㄡ	ou	ru	ㄖㄨ	ju
pa	ㄆㄚ	p‘a	ruan	ㄖㄨㄢ	juan
pai	ㄆㄞ	p‘ai	rui	ㄖㄨㄟ	jui
pan	ㄆㄢ	p‘an	run	ㄖㄨㄣ	jun
pang	ㄆㄤ	p‘ang	ruo	ㄖㄨㄛ	jo
pao	ㄆㄠ	p‘ao	sa	ㄙㄚ	sa
pei	ㄆㄟ	p‘ei	sai	ㄙㄞ	sai
pen	ㄆㄣ	p‘ên	san	ㄙㄢ	san
peng	ㄆㄥ	p‘êng	sang	ㄙㄤ	sang
pi	ㄆㄧ	p‘i	sao	ㄙㄠ	sao
pian	ㄆㄧㄢ	p‘ien	se	ㄙㄜ	sê
piao	ㄆㄧㄠ	p‘iao	sen	ㄙㄣ	sên
pie	ㄆㄧㄝ	p‘ieh	seng	ㄙㄥ	sêng
pin	ㄆㄧㄣ	p‘in	sha	ㄕㄚ	sha
ping	ㄆㄧㄥ	p‘ing	shai	ㄕㄞ	shai
po	ㄆㄛ	p‘o	shan	ㄕㄢ	shan
pou	ㄆㄡ	p‘ou	shang	ㄕㄤ	shang
pu	ㄆㄨ	p‘u	shao	ㄕㄠ	shao
qi	ㄑㄧ	ch‘i	she	ㄕㄜ	shê
qia	ㄑㄧㄚ	ch‘ia	shei	ㄕㄟ	shei
qian	ㄑㄧㄢ	ch‘ien	shen	ㄕㄣ	shên
qiang	ㄑㄧㄤ	ch‘iang	sheng	ㄕㄥ	shêng
qiao	ㄑㄧㄠ	ch‘iao	shi	ㄕ	shih
qie	ㄑㄧㄝ	ch‘ieh	shou	ㄕㄡ	shou
qin	ㄑㄧㄣ	ch‘in	shu	ㄕㄨ	shu
qing	ㄑㄧㄥ	ch‘ing	shua	ㄕㄨㄚ	shua
qiong	ㄑㄩㄥ	ch‘iung	shuai	ㄕㄨㄞ	shuai
qiu	ㄑㄧㄡ	ch‘iu	shuan	ㄕㄨㄢ	shuan
qu	ㄑㄩ	ch‘ü	shuang	ㄕㄨㄤ	shuang
quan	ㄑㄩㄢ	ch‘üan	shui	ㄕㄨㄟ	shui
que	ㄑㄩㄝ	ch‘üeh	shun	ㄕㄨㄣ	shun
qun	ㄑㄩㄣ	ch‘ün	shuo	ㄕㄨㄛ	shuo
ran	ㄖㄢ	jan	si	ㄙ	ssŭ
rang	ㄖㄤ	jang	song	ㄙㄨㄥ	sung
rao	ㄖㄠ	jao	sou	ㄙㄡ	sou

漢語拼音字母	注音字母	웨이드式로마字	漢語拼音字母	注音字母	웨이드式로마字
su	ㄙㄨ	su	xiong	ㄒㄩㄥ	hsiung
suan	ㄙㄨㄢ	suan	xiu	ㄒㄧㄡ	hsiu
sui	ㄙㄨㄟ	sui	xu	ㄒㄩ	hsü
sun	ㄙㄨㄣ	sun	xuan	ㄒㄩㄢ	hsüan
suo	ㄙㄨㄛ	so	xue	ㄒㄩㄝ	hsüeh
ta	ㄊㄚ	t'a	xun	ㄒㄩㄣ	hsün
tai	ㄊㄞ	t'ai	ya	ㄧㄚ	ya
tan	ㄊㄢ	t'an	yai	ㄧㄞ	yai
tang	ㄊㄤ	t'ang	yan	ㄧㄢ	yen
tao	ㄊㄠ	t'ao	yang	ㄧㄤ	yang
te	ㄊㄜ	t'ê	yao	ㄧㄠ	yao
teng	ㄊㄥ	t'êng	ye	ㄧㄝ	yeh
ti	ㄊㄧ	t'i	yi	ㄧ	i
tian	ㄊㄧㄢ	t'ien	yin	ㄧㄣ	yin
tiao	ㄊㄧㄠ	t'iao	ying	ㄧㄥ	ying
tie	ㄊㄧㄝ	t'ieh	yo	ㄧㄛ	yo
ting	ㄊㄧㄥ	t'ing	yong	ㄩㄥ	yung
tong	ㄊㄨㄥ	t'ung	you	ㄧㄡ	yu
tou	ㄊㄡ	t'ou	yu	ㄩ	yü
tu	ㄊㄨ	t'u	yuan	ㄩㄢ	yüan
tuan	ㄊㄨㄢ	t'uan	yue	ㄩㄝ	yüeh
tui	ㄊㄨㄟ	t'ui	yun	ㄩㄣ	yün
tun	ㄊㄨㄣ	t'un	za	ㄗㄚ	tsa
tuo	ㄊㄨㄛ	t'o	zai	ㄗㄞ	tsai
wa	ㄨㄚ	wa	zan	ㄗㄢ	tsan
wai	ㄨㄞ	wai	zang	ㄗㄤ	tsang
wan	ㄨㄢ	wan	zao	ㄗㄠ	tsao
wang	ㄨㄤ	wang	ze	ㄗㄜ	tsê
wei	ㄨㄟ	wei	zei	ㄗㄟ	tsei
wen	ㄨㄣ	wên	zen	ㄗㄣ	tsên
weng	ㄨㄥ	wêng	zeng	ㄗㄥ	tsêng
wo	ㄨㄛ	wo	zha	ㄓㄚ	cha
wu	ㄨ	wu	zhai	ㄓㄞ	chai
xi	ㄒㄧ	hsi	zhan	ㄓㄢ	chan
xia	ㄒㄧㄚ	hsia	zhang	ㄓㄤ	chang
xian	ㄒㄧㄢ	hsien	zhao	ㄓㄠ	chao
xiang	ㄒㄧㄤ	hsiang	zhe	ㄓㄜ	chê
xiao	ㄒㄧㄠ	hsiao	zhei	ㄓㄟ	chei
xie	ㄒㄧㄝ	hsieh	zhen	ㄓㄣ	chên
xin	ㄒㄧㄣ	hsin	zheng	ㄓㄥ	chêng
xing	ㄒㄧㄥ	hsing	zhi	ㄓ	chih

漢語拼音字母	注音字母	웨이드式 로마字	漢語拼音字母	注音字母	웨이드式 로마字
zhong	ㄓㄨㄥ	chung	zhuo	ㄓㄨㄛ	cho
zhou	ㄓㄡ	chou	zi	ㄗ	tzŭ
zhu	ㄓㄨ	chu	zong	ㄗㄨㄥ	tsung
zhua	ㄓㄨㄚ	chua	zou	ㄗㄡ	tsou
zhuai	ㄓㄨㄞ	chuai	zu	ㄗㄨ	tsu
zhuan	ㄓㄨㄢ	chuan	zuan	ㄗㄨㄢ	tsuan
zhuang	ㄓㄨㄤ	chuang	zui	ㄗㄨㄟ	tsui
zhui	ㄓㄨㄟ	chui	zun	ㄗㄨㄣ	tsun
zhun	ㄓㄨㄣ	chun	zuo	ㄗㄨㄛ	tso

한자편방 간화표(漢字偏旁簡化表)

이 표에서 54개의 한자 편방(漢字偏旁)의 간략화(簡略化)방법이 표시되어 있다. 현재 중국의 교과서·신문·잡지 등에는 「한자 간화 방안(漢字簡化方案)」의 1, 2표에 수록된 간체자 이외에도 이 표에 따라 만든 간체자를 사용하는 일이 상당한 수에 달한다.

이 표에서 ×로 표시된 것은 그 편방(偏旁)이 글자의 왼쪽에 있을 경우에만 적용되고, ×표시가 없는 것은 글자의 어느 쪽에도 적용될 수 있다.

纟× (糸)	冈 (岡)	师 (師)	乔 (喬)	宾 (賓)
见 (見)	戋 (戔)	𫝀 (𤇾)	只 (戠)	齐 (齊)
讠× (言)	収 (臤)	鱼 (魚)	尧 (堯)	寿 (壽)
贝 (貝)	韦 (韋)	乌 (烏)	当 (當)	监 (監)
车 (車)	页 (頁)	娄 (婁)	𠬤 (睪)	〢⺈ (臨)
𢀖 (巠)	风 (風)	区 (區)	会 (會)	卤 (鹵)
钅× (金)	饣× (食)	产 (產)	肃 (肅)	卖 (賣)
长 (長)	𠃓 (昜)	专 (專)	义 (義)	龙 (龍)
门 (門)	呙 (咼)	发 (發)	𭕄 (𦥯)	罗 (羅)
东 (東)	马 (馬)	单 (單)	佥 (僉)	亦 (䜌)
仑 (侖)	刍 (芻)	几 (幾)	农 (農)	

간체자 일람표(簡體字一覽表)

ai
爱(愛)
碍(礙)
ao
袄(襖)
pa
罢(罷)
pai
摆(擺)
(襬)
pan
办(辦)
板(闆)
pang
帮(幫)
pao
宝(寶)
报(報)
pei
备(備)
pi
笔(筆)
币(幣)
毕(畢)
毙(斃)
pien
边(邊)
变(變)
piao
标(標)
表(錶)
pieh
别(彆)
pin
宾(賓)
pu
卜(蔔)
补(補)
ts'ai
才(纔)
ts'an
参(參)
惨(慘)
蚕(蠶)
ts'ang
仓(倉)
ts'êng
层(層)
ch'an
产(產)
搀(攙)
谗(讒)

馋(饞)
ch'ang
尝(嘗)
偿(償)
厂(廠)
长(長)
ch'ê
彻(徹)
ch'ên
陈(陳)
尘(塵)
衬(襯)
ch'êng
称(稱)
惩(懲)
ch'ih
迟(遲)
齿(齒)
ch'ung
冲(衝)
虫(蟲)
ch'ou
丑(醜)
筹(籌)
ch'u
处(處)
触(觸)
出(齣)
础(礎)
刍(芻)
ch'uang
疮(瘡)
tz'ŭ
辞(辭)
ts'ung
从(從)
聪(聰)
丛(叢)
ts'uan
窜(竄)
ta
达(達)
tai
带(帶)
tan
担(擔)
胆(膽)
单(單)
tang
当(當)
(噹)
档(檔)

党(黨)
tao
导(導)
têng
灯(燈)
邓(鄧)
ti
敌(敵)
籴(糴)
递(遞)
tien
淀(澱)
点(點)
电(電)
垫(墊)
tung
冬(鼕)
东(東)
冻(凍)
栋(棟)
动(動)
tou
斗(鬥)
tu
独(獨)
tuan
断(斷)
tui
对(對)
队(隊)
tun
吨(噸)
to
夺(奪)
堕(墮)
ê
恶(惡)
(噁)
êrh
尔(爾)
儿(兒)
fa
发(發)
(髮)
fan
范(範)
矾(礬)
fei
飞(飛)
fên
奋(奮)
粪(糞)

坟(墳)
fêng
丰(豐)
凤(鳳)
fu
妇(婦)
复(復)
(複)
(覆)
麸(麩)
肤(膚)
kai
盖(蓋)
kan
干(幹)
(乾)
赶(趕)
ko
个(個)
kung
巩(鞏)
kou
沟(溝)
构(構)
购(購)
ku
谷(穀)
顾(顧)
kua
刮(颳)
kuan
关(關)
观(觀)
kuang
广(廣)
kuei
归(歸)
龟(龜)
柜(櫃)
kuo
过(過)
国(國)
han
汉(漢)
hao
号(號)
hung
轰(轟)
hou
后(後)
hu
护(護)

壶(壺)
沪(滬)
hua
画(畫)
划(劃)
华(華)
huai
怀(懷)
坏(壞)
huan
欢(歡)
环(環)
还(還)
hui
会(會)
秽(穢)
汇(匯)
(彙)
huo
伙(夥)
获(獲)
(穫)
chi
几(幾)
机(機)
击(擊)
际(際)
剂(劑)
济(濟)
挤(擠)
积(積)
饥(饑)
鸡(鷄)
极(極)
继(繼)
chia
家(傢)
价(價)
夹(夾)
chien
艰(艱)
荐(薦)
坚(堅)
歼(殲)
监(監)
茧(繭)
舰(艦)
鉴(鑒)
拣(揀)
chiang
姜(薑)
将(將)

奖(獎)
浆(漿)
桨(槳)
酱(醬)
讲(講)
chiao
胶(膠)
chieh
借(藉)
阶(階)
节(節)
疖(癤)
洁(潔)
chin
尽(盡)
(儘)
紧(緊)
仅(僅)
进(進)
烬(燼)
ching
惊(驚)
竞(競)
chiu
旧(舊)
chü
举(舉)
剧(劇)
据(據)
惧(懼)
chüan
卷(捲)
chüeh
觉(覺)
k'ai
开(開)
k'o
克(剋)
k'ên
垦(墾)
恳(懇)
k'ua
夸(誇)
k'uai
块(塊)
k'uang
矿(礦)
k'uei
亏(虧)
k'un
困(睏)
k'uo

扩(擴)
la
腊(臘)
蜡(蠟)
lai
来(來)
lan
兰(蘭)
拦(攔)
栏(欄)
烂(爛)
lao
劳(勞)
痨(癆)
lê
乐(樂)
lei
类(類)
累(纍)
垒(壘)
li
里(裏)
礼(禮)
丽(麗)
厉(厲)
励(勵)
离(離)
历(曆)
(歷)
隶(隸)
lia
俩(倆)
lien
帘(簾)
联(聯)
恋(戀)
怜(憐)
炼(煉)
练(練)
liang
粮(糧)
两(兩)
辆(輛)
liao
了(瞭)
疗(療)
辽(遼)
lieh
猎(獵)
lin
临(臨)
邻(鄰)

ling
灵(靈)
龄(齡)
岭(嶺)
liu
刘(劉)
浏(瀏)
lung
龙(龍)
lou
楼(樓)
娄(婁)
lu
录(錄)
陆(陸)
虏(虜)
卤(鹵)
(滷)
卢(盧)
庐(廬)
泸(瀘)
芦(蘆)
炉(爐)
luan
乱(亂)
lo
罗(羅)
(囉)
lü
屡(屢)
虑(慮)
滤(濾)
驴(驢)
mai
迈(邁)
买(買)
卖(賣)
麦(麥)
man
蛮(蠻)
mê
么(麼)
mei
霉(黴)
mêng
蒙(濛)
(懞)
(矇)
梦(夢)
mi
弥(彌)
(瀰)
mien
面(麵)
miao
庙(廟)
mieh
灭(滅)
蔑(衊)
mu
亩(畝)
nan
难(難)
nao
恼(惱)
脑(腦)
ni
拟(擬)
niang
酿(釀)
nieh
镊(鑷)
ning
宁(寧)
nung
农(農)
ou
欧(歐)
p'an
盘(盤)
p'i
辟(闢)
p'ing
苹(蘋)
凭(憑)
p'u
朴(樸)
扑(撲)
ch'i
齐(齊)
气(氣)
启(啓)
岂(豈)
ch'ien
千(韆)
迁(遷)
签(簽)
(籤)
牵(牽)
ch'iang
墙(墻)
蔷(薔)
枪(槍)
ch'iao
乔(喬)
侨(僑)
桥(橋)
壳(殼)
窍(竅)
ch'ieh
窃(竊)
ch'in
亲(親)
寝(寢)
ch'ing
庆(慶)
chiung
穷(窮)
琼(瓊)
ch'iu
秋(鞦)
ch'ü
区(區)
趋(趨)
ch'uan
权(權)
劝(勸)
ch'ueh
确(確)
jang
让(讓)
jao
扰(擾)
jê
热(熱)
jên
认(認)
jung
荣(榮)
sa
洒(灑)
san
伞(傘)
sang
丧(喪)
sao
扫(掃)
sê
啬(嗇)
sha
杀(殺)
shai
晒(曬)
shang
伤(傷)
shê
舍(捨)
摄(攝)
shên
沈(瀋)
审(審)
渗(滲)
shêng
声(聲)
胜(勝)
圣(聖)
绳(繩)
shih
湿(濕)
适(適)
时(時)
实(實)
势(勢)
师(師)
shou
寿(壽)
兽(獸)
shu
数(數)
术(術)
树(樹)
书(書)
shuai
帅(帥)
shuang
双(雙)
sung
松(鬆)
su
苏(蘇)
肃(肅)
sui
虽(雖)
随(隨)
岁(歲)
sun
孙(孫)
t'ai
态(態)
台(臺)
(檯)
(颱)
t'an
摊(攤)
滩(灘)
瘫(癱)
坛(壇)
(罎)
叹(嘆)
t'êng
誊(謄)
t'i
体(體)
t'iao
条(條)
粜(糶)
t'ieh
铁(鐵)
t'ing
听(聽)
厅(廳)
t'ou
头(頭)
t'u
图(圖)
t'uan
团(團)
(糰)
wa
袜(襪)
洼(窪)
wan
万(萬)
弯(彎)
wang
网(網)
wei
为(爲)
伪(僞)
韦(韋)
卫(衛)
wên
稳(穩)
wu
务(務)
无(無)
雾(霧)
hsi
牺(犧)
系(係)
(繫)
戏(戲)
习(習)
hsia
吓(嚇)
虾(蝦)
hsien
献(獻)
咸(鹹)
显(顯)
宪(憲)
县(縣)
hsiang
向(嚮)
响(響)
乡(鄉)
hsieh
协(協)
写(寫)
胁(脅)
泻(瀉)
亵(褻)
hsin
衅(釁)
hsing
兴(興)
hsüan
选(選)
旋(鏇)
悬(懸)
hsüeh
学(學)
hsün
寻(尋)
逊(遜)
ya
压(壓)
亚(亞)
哑(啞)
yen
艳(艷)
严(嚴)
盐(鹽)
厌(厭)
yang
养(養)
痒(癢)
样(樣)
阳(陽)
yao
尧(堯)
钥(鑰)
药(藥)
yeh
叶(葉)
爷(爺)
业(業)
i
医(醫)
义(義)
仪(儀)
艺(藝)
亿(億)
忆(憶)
yin
隐(隱)
阴(陰)
ying
蝇(蠅)
应(應)
营(營)
yung
拥(擁)
佣(傭)
踊(踴)
痈(癰)
yu
优(優)
犹(猶)
邮(郵)
忧(憂)
yü
余(餘)
御(禦)
吁(籲)
郁(鬱)
与(與)
誉(譽)
屿(嶼)
yüan
远(遠)
园(園)
yüeh
跃(躍)
yün
云(雲)
运(運)
酝(醞)
tsa
杂(雜)
tsang
赃(贓)
tsao
灶(竈)
凿(鑿)
枣(棗)
chai
斋(齋)
chan
战(戰)
毡(氈)
chao
赵(趙)
chê
这(這)
折(摺)
chêng
征(徵)
症(癥)
证(證)
郑(鄭)
chih
只(祗)
(隻)
帜(幟)
职(職)
致(緻)
制(製)
执(執)
滞(滯)
质(質)
chung
种(種)
众(衆)
钟(鐘)

색 인 (索引)

일 러 두 기

I. 이 부수(部首)의 색인(索引)은 종래의 부수에 대폭적(大幅的)으로 수정을 가하여 검자(檢字)하기가 쉽다.
「人」과「亻」,「手」와「扌」,「火」와「灬」… 따위는 각각 부수를 달리 했다.

II. 한자(漢字)의 구조상 그 성립적인 근본의의(根本意義)에서 부수별(部首別)은 존중되어야 하는데, 실제적인 글자 모양으로 보아서 두 개 이상의 부수에 넣는 편이 검자에 편의하다고 생각되는 것은 제각기 부수에 중복하여 넣은 것이 적지 않다. 예컨대「則」은「刂」부와「貝」부로,「街」는「行」부와「彳」부에 각각 수록했다.

III. 간체자(簡體字) 그 밖에도 검자하는 데 있어서 그 부수를 즉각 결정하여야 할 경우가 많다. 그러한 경우에는 될 수 있는 한 많은 부수를 수록하였으므로, 그 글자를 보아 짐작하고 부수를 찾아 주기를 바란다. 예컨대,「发」은「丶」또는「又」,「为」는「丶」이나「丿」,「电」은「乙」,「曰」또는「田」처럼 짐작이 가면 쉽게 검출(檢出)할 수 있다.
특히「丶」부,「一」부,「丨」부,「丿」부가 활용되면 편리한 경우가 많을 것이다.

IV. 본문에 채록되지 않은 간체자로서 중국에서 널리 이용되고 있는 글자는 모두 색인(索引)에 따라 그 번체자(繁體字)가 즉시로 검출되도록 되어 있다.

V. 간체자(簡體字)·이체자(異體字)도 각각 부수에 수록되어 있으나 본문에서는 특별한 경우를 제외하고는 번체자의 뒤에 (　)로 묶어 놓았다.

VI. 본문 중의 동일 표제자(標題字)로 사성(四聲)이나 발음이 다르더라도 같은 페이지에 수록되어 있는 것에 대해서는 색인에서는 한군데에만 기록하였으므로 그 점에 대해서는 표제자의 ⇨표에 유의하여 주기 바란다.

부수검자표(部首檢字表)

부수색인(部首索引)

【犬】